U0748827

丁福保 编

佛學大辭典

上海書店出版社

出版說明

佛教是世界三大宗教之一，起源於古印度，漢代傳入我國。佛教思想對於我國哲學、文學、藝術和民間風俗都有一定的影響。研究佛學不僅是宗教界的事情，對於研究哲學和文史工作者來説，也有必要了解和研究佛學。

丁福保編著的《佛學大辭典》，初版於一九二二年。全書共收三萬餘條辭目，内容包括佛教典籍、專著、典故、術語、名詞、名僧、史蹟等。每條辭目下均注明其類別、解釋辭義、徵引出處，重要的專名則注以梵文或巴利文。

本店影印這部大辭典時，將原書十六册線裝本合爲精裝二册，删去了與本書無關的《疇隱居士自訂年譜》和《敬告注佛經之居士》，保留了三篇《自序》以及《例言》、《通檢目次》等，還附有辭目索引，以便讀者檢索。

上海書店　一九九一年十二月

佛學大辭典自序一

余平生無他嗜好。獨於古人之典籍、如種宿緣、積書都十餘萬卷、耽耽癖嗜、朝斯夕斯者、二十餘年。嘗謂儒家註經之學、漢儒尙矣。晉唐以還、漸滋鑿空。迄乎宋人專尙義理、斂屣考據。元明諸儒鹵莽滅裂、強附解人者居多。昧闕如之義、啓師心之習。嚮壁虛造之風、自此而愈扇。求其幾於河間獻王所謂實是求事者、則如鳳毛、如麟角、蔑焉僅矣。陸務觀謂著書易而註書難者、良以此耳。余自四十以後、皈依象教、發願箋註佛經。竊欲矯前賢之失、立不朽之言。上下古今、絜長量短、微漢儒吾誰與歸。漢儒註經、皆守師說、不尙新奇、不自臆造、不爲附會、不事剽竊、不望文生義、不增字解經、不妄詆古訓、不率改經文、無騎牆之見、無固執之談。此兩漢經學所以獨絕千古也。註儒書當如此、註佛經亦何可不然。佛經譯自天竺、彼國典籍浩繁、未能盡譯。文獻無徵、像法陵替。鴻生鉅儒、日操盈尺之簡、而遇釋氏之僻典、往往有瞪目結舌、不能詮解其一字者。所以註佛經較註他書爲尤難也。余以溝猶瞀儒、不揣檮昧、箋註佛經十餘種、貿然行之於世。今且一再版矣。余誠不敢謂凡所箋註、盡得佛恉。然據事徵典、不參末議。無悖乎漢儒經註之例、則竊敢自信者也。其註而未畢業者、有法華經、及楞嚴經、此外尙擬註地藏本願經、維摩經、圓覺經、無量壽佛經、勝鬘經、金光明經、梵網經、楞伽經、華嚴經、大日經、成唯識論等數十種。預計殺靑之日、已非余個人之所能爲役矣。既又思諸經之註、皆可單行、亦未始非節省刊貲之一法。考漢初儒家之爲傳註者、皆與經別行。春秋三傳之文、不與經連。故石經書公羊傳、並無經文。至馬融爲周禮註、乃云欲省學者兩讀、故具載本文、始以註與經合而爲一。然其後如儀禮單疏、爾雅單疏等、在趙宋時尙單行於世、今之仿宋本可覆案也。又以史部集部之註證之、亦有離原書而單行者、如司馬貞之史記索隱、沈欽韓之兩漢書補註、及范石湖詩註、周壽昌之漢書註校補、孫元培之小謨觴館集註之類、其初皆單行本也。余於佛經之註、亦擬師單行之法。然經註之業、數較少者固易爲力矣。脫欲注華嚴大日等、其功將窮年而不能竟。日月逝於上、形神衰於下、卽此發願欲註之經、在三十年內、且不易脫稿。況十二部經、浩浩大海、形有盡、願無盡。以無盡之願、入有盡之年。幻軀石火、心力難酬。昧昧我思之、不得不變通其例矣。爰擬一註經之簡捷法、於此選擇諸經中之專門名詞、先去其複見者、而後釋其意義、示其出處。以第一字之筆畫、分別部居、略如駢字類編、而嚴密其體例。使檢查者可一索而得之。倘此書果成、可作爲一切經之總註。余發願註經之心、庶幾而得大遂矣。正不必逐部而箋註也。余規畫既定、遂於佛書中之專門名詞、竭力搜羅。自民國紀元以來、固已積數千條、皆隨筆甄錄、先後無次、擬囑孫生繼之董理而譯補之。顏曰佛學大辭典。然茲事體大、非更積數年之功不能成。後聞繼之將有遠行、雖挽之使留、而塵世勞勞、聚散何常、繼之縱欲竟其業、或爲他事所牽掣、深恐此願終不能償。余於是遂自任編纂之役。屏棄一切、痛自淬厲。更參以日本織田氏、望月氏之佛敎大辭典、若原氏之佛敎辭典、藤井氏之佛敎辭林等、以補舊稿之所不及。余於此書、沈面濡首、至忘寢食。捃摭蒐輯、蔚爲鉅觀。崇臺非一幹、珍裘非一腋。淮陰將兵、多多益善。士行取材、竹木無遺。資料既備、始將各條裁而離之、依筆畫之繁簡而先後之、繼則依次而聯之。或聯而復離、離而復聯。錯綜經緯、要於各歸其類、不復有衡決顚倒之爲病。蓋其事甚淆且碎、牛毛繭絲之事也。後又爲之刪其瑕礫、搴其蕭稂。歷數年之變積、而余之佛學大辭典始潰於成。於是客有見余書者、起而謂余曰、此書也笙簧於羣雅、殺烝於衆藝。識大識小、亦玄亦史。莊嚴如入天府、瑰麗如入都市、大則黃鐘赤刀弘璧琬琰、小則米鹽粟菽竹馬䀹盤、色色形形、奇奇怪怪、聞之動心、覩者駭目。舉凡東西方與佛乘有關係之學說、悉滙萃於斯。洵屬名理之淵府、心王之遊苑。蔚然爲東西大小乘元氣浩瀚之一切經總註也。前之小辭典、猶小乘經、爲半字未圓之義。今之大辭典、爲滿字無欠少之義。然乎否乎、余曰、昔靈峯大師有言曰、漢宋註盛而聖賢心法晦、如方木入圓竅也。隨機羯摩出、而律學衰、如水添乳也。指月錄盛行、而禪道壞、如鑿混沌竅也。四教儀流傳、而台宗昧、如執死方醫變症也。是書也、稱多聞備故實可矣。吾人般若體中空空寂寂、畢竟清淨、無有一物可得。卽維摩詰經所謂善哉善哉、乃至無有文字語言、是眞入不二法門也。亦卽楞伽經所謂世尊不說一字、離言說相、離分別相、離名字相也。學者苟不求教外別傳之微旨、徒執著於語言文字、自矜博雅、而適以玩物喪志而已。則當推靈峯之意而告之曰、自佛學大辭典盛行、而三藏十二部之津梁斷、八萬四千法門之鈐鍵毀矣。稗販語言文字、正如吹網欲滿、非愚卽狂。此書以世諦言之、名曰佛學大辭典。以第一義諦言之、僅可曰佛學吹網錄。烏足當涅槃經所稱滿字義哉。雖然、余註經之願、於此已償、此後便當燒却毛穎、碎却端溪、兀然作一不識字之人、而專修禪淨矣。

中華人民建國之八年九月無錫丁福保仲祜識

佛學大辭典自序二

昔釋迦文佛在靈山會上、拈花示衆、惟迦葉尊者破顏微笑、如來卽以正法眼藏付迦葉尊者。是名如來清淨禪。卽最上乘禪也。其道由迦葉至達摩、凡二十有八傳。方來震旦。後達摩五百年而雲門生。隨機應問、逗接來學。凡有言句、競務私記、積以成編。雖不許傳錄、而密相受授、闕之篋衍。此猶近世之所謂佛學辭典也。蓋釋氏之有辭典、實自雲門始。宋釋法英曰、後世惜其流布不廣、遂刊木以印行於時、吾少讀之、疑其書之脫誤、欲求他本較之而未暇。然吾宗印寫傳錄、率多舛謬者。蓋禪家者流、清心省事、而未嘗以文學爲意。法英之言如此。可以知禪宗有辭典之大略矣。其後有釋善卿者、宋時東越人、姓陳氏、晚號睦菴。爲開元慈惠師弟子。獵涉衆經、徧詢知識、聞一緣得一事、卽錄之於心、編之於簡、而又求諸古錄、以較其是非。積二十載、得二千四百餘條、名曰祖庭事苑。分爲八卷。(宋紹興甲戌刻本)此禪宗第二次改良之辭典也。然以今之佛學大辭典較之、則事苑爲椎輪、此編爲大輅矣。是書自一畫至三十三畫、以筆畫之簡繁爲次第。字從所統、若律呂之有元聲。類以字分、如百川之歸大壑。提綱挈領、義例粲然。部分則簡而不煩。取材則博而能要。極學林之瑋麗。爲法苑之奇觀。記曰、比事屬辭。易曰、方以類聚。今則字皆從同。而不妨於並列。事雖各別、而不至於混淆。於是乎大藏續藏萬數千卷中怪怪奇奇之名物象數。大備於一書之中。而蔚然萃爲羣經之秀矣。嗚呼、三世如來、始於學、終於無學。胡可與博地凡夫、競言不立文字、單傳心印、直指人心、見性成佛之最上乘禪哉。民國八年十月中旬無錫丁福保仲祜序

佛學大辭典自序三

佛學大辭典、余已一再序之矣而意猶未盡、故復爲之序曰、佛經者、其旨微、其趣深、其事溥、其寄託也遠、苟欲明其眞實義者、必以通其詞爲始。詞者積字而成之專門名詞也。名詞既通、諷詠涵濡之、意義自見。否則傅會穿鑿、雖反復數千百言、不過爲捫象之瞽說。庸有當乎。程伊川先生之序易曰、得其詞而不得其意者有之、未有不得其詞而能得其意者。此言誠可爲後人讀佛經者法。故欲讀如來所說之一切經者、必備此可爲一切經總註之大辭典也。佛經自後漢明帝時譯入中國、其專門名詞見於歷朝正史者、如魏書釋老志、隋書經籍志中之舍利、桑門、般涅槃、阿育王、須陀洹、斯陀含等、不下數十百條。見於宋齊梁陳隋各書及南北史者、尤指不勝屈。讀史者遇之、往往瞪目不能解。若檢此大辭典、則昧者明而惑者解矣。非唯讀史然、讀詩文集亦然。吾國歷朝所傳之別集、徵引釋典者甚夥、如徐孝穆、庾子山、王右丞、柳柳州、白香山、蘇東坡、王介甫、黃山谷、宋學士等集。則其尤也。後之作註者。雖亦於釋典名詞、間附詮釋。然大率荒陋而不詳。慧業文人苟檢此大辭典而爲古人補註之、必能與李善之註頭陀寺碑、述三藏十二部如瓶瀉水者、相頡頏也。又如聖教序中之鹿苑、鷲峰、多寶塔碑中之化城、檀施、圭峯碑中之五戒、八戒、四諦、十二緣、六波羅蜜、四無量心、三明、六通、三十七品、十力、四無畏、十八不共法、世諦、第一義諦、玄秘塔碑中之定慧、舍利、摩頂、菩提、法種、靈山、大不思議等等。臨池家朝斯夕斯、而未審其意義者、何限。苟檢此大辭典、則不啻若自其口出、源源本本、如數家珍。或以此而播菩提種子、非僅免數典忘祖之譏而已。且佛學書中之名詞。往往濫觴中土典籍。而後人多昧其所由來。如本師二字見史記樂毅傳、祖師二字見漢書丁姬傳、居士見禮記及韓非子魏管寧傳、侍者見國語及漢書、眷屬見史記樊噲傳、本作婘註音眷長老見漢書、宰官見郭象莊子註、某甲見周禮鄭玄註及應劭漢官儀、布施見國語、供養見嵇中散集、煩惱見河上公老子註、䒦字見釋名、印可見論語皇侃疏、懺悔見廣雅及子虛賦、唐捐之唐見莊子。如斯種種。未可殫述。夫古今典冊。浩如煙海。後人讀書不多、欲盡知其出處、誠爲難事。佛學大辭典乃爲之一一詳證。雖所引各書。間有在譯經之後者、是爲引後明前。如李善註班固西都賦、引用蔡邕獨斷、實示其先例矣。又釋典名詞、世俗承襲誤用者、亦頗不尠。如以得某種學術之奧妙者曰三昧、而不知三昧爲正定。以傳布其所宗之道者曰行道、而不知行道爲向佛右行迴旋之敬佛儀式。以玄奘法師所譯之心經稱之曰多心經、而不知多字當屬於般若波羅蜜字之下。以羣集袒裼男女爲無遮大會、而不知其爲聚集賢聖道俗貴賤上下、實行平等財法二施之法會。如此紕繆、難更僕數。大辭典乃爲之一一考覈。可以破疑團、標確解。庶盡祛其耳食沿譌之陋矣。昔宋釋贊寧有文學、洞古博物、王禹偁徐鉉有所疑、皆就質焉。徐贈以詩、有空門今日見張華之句。高僧傳曰、非博則語無所據。而雲法師務學十門、亦曰非博覽無以據。蓋古時之佛學、猶漢儒訓詁之學。雖專門授受、株守師承、而名物典故、悉求依據。其學核實而難誣。後世之冒爲禪宗者、猶後儒之空談義理、非不覃思冥會、妙悟多方、而擬議揣摩、可以臆測、其說憑虛而易騁。故心印之教既行、天下咸避難趨易。辯才無礙、語錄日增。而腹笥三藏之學、在釋家亦幾乎絕響矣。若佛子而閱此大字典者。斯知華梵名義、言不翳空、語有典則、則黃宗羲佛者空疏妄談載籍之譏。（見答濟洞兩宗爭端書）庶可免乎。大辭典之有裨於世者如此。昔衛正叔纂禮記集說、恒病世儒勦取前人之說爲已說、曰他人著書惟恐不出於已、余此編惟恐不出於人。余不敏、竊有取於此旨、故於各專門名詞下所引諸書、無不詳其出處。此非侈摭采之博也、慮觀者莫究其所由來。默啟其嚮壁虛造之漸也。惟其中往往有一專門名詞。以所引經論有大小乘之不同、而兩說各異。又有同屬一乘、而彼此所說若相矛盾者。初學於此、輒心焉疑之。雖然、何疑爲。試以儒書爲喩。魯史非亦有所見異詞、所聞異詞、所傳聞又異詞之說乎。昔鄭康成註論語哀而不傷、讀哀如字、箋詩則改哀爲衷、而答劉炎云、論語註人間行久、不復定以遺後。又註坊記引燕燕詩以爲定姜之詩、而答炅橫云、記註已行、不復改之。可見古人著述、無妨彼此兼明、不必改從畫一。況乎如來一音演說、衆生隨類各解。仁者見仁、智者見智、如來不過因病與藥耳。故金剛經曰、無有定法如來可說。若各守宗派、互相水火。則其戾於大道圓融之恉、不已甚乎。編者資性檮昧、不能彊記。丹鉛塗勒、心勦形瘵。捃摭典籍、積有年所。關福田之菑畬。作有學之塗徑。洗專已抱殘之陋。滙羣學詳說之資。郭璞有言、可以博物不惑、多識於草木鳥獸之名者、莫近於爾雅。吾於此書之於佛乘也亦云。然全書浩博、讐對非易。通人譌筆、俗儒踵謬。自漢以來、兩者均不能免。如以典爲與、以陶爲陰。見劉歆七略。叟書作更、見蔡邕明堂論。六朝隋唐、譌謬輩出。以豐同豊、將東作宋。見李陽冰書。若顏氏家訓所載文子爲學、言反爲變等俗字、凡數十見。是編卷帙既繁、雖數四校勘、而魯魚亥豕、自愧未盡。昔王引之先生校正康熙字典訛誤二千五百八十八條作攷證三十卷。余亦希同志剟其瑕而正其誤。卬須有願、翹足竢之。嗚呼莊子有言、小夫之知、敝精神於蹇淺、韓子云、注爾雅蟲魚者非磊落人。若有以此相誚者。則余無以自解矣。無錫丁福保仲祜甫識

佛學大辭典例言

丁福保

一　總論

凡編書必先定凡例。凡例既定、其書乃有條理可觀。試以儒家之書證之、左傳中言凡者、皆凡例也。易乾坤二卦、用九用六者、亦凡例也。唐修晉書、敬播令狐德棻之徒、先定凡例、使秉筆者遵用之。劉子元史通序例篇云、史之有例、猶國之有法。例之爲體、自左傳後中絕。自干寶凡例起、而後人承之。雖短長各見、要皆自出條理云云。隋書魏澹傳所著魏書條例一卷、詳密足傳於後。此外如易略例、春秋釋例纂例等、皆凡例之單行者也。傳注之家、尤嚴於用例。如左、公、穀、何休、王弼、虞翻、杜預、皆先立一例、不得有所出入。卽以佛經而論。先序分、次正宗分、次流通分。其首句必冠以如是我聞一時佛在某處與某某等、亦佛經之凡例也。余編纂佛學大辭典、多至三百餘萬言。若無精密之體例、爲之範圍、必如亂絲之不可爬疏。狂流之不可障遏。此余所以摭徵文末義、平日所誦習者、聊取證於往訓、以爲法。非敢云發凡起例也。

二　編纂之例

考吾國編纂辭書之法、略分數種。有以音韻分類者、始於周彥倫之四聲切韻、至佩文韻府而大備。自東韻至洽韻、爲部一百有六。法非不善、然欲强學者辨某字收在某韻、某字數韻互收、實爲難事。又有以偏旁分類者、始於許叔重之說文解字、至康熙字典而大備。自子集至亥集、爲部二百十四。如炅字向收日部、今則改爲火部。隸字向收隶部、今則改爲雨部。頛頪穎潁四字、向收頁部、今則改爲水火禾木四部。法非不善、然欲强學者盡爲小學家詳悉古人製字之意、辨某字宜歸某部、亦是非易。故本書不取以音定字之法、亦不取以形定字之法、惟參用明陳禹謨駢志類編、有清欽定駢字類編之例、反覆推勘、使檢查者力求便易。依各名辭第一字及第二字筆畫之多寡分類而排列之。字之筆畫自一畫至三十三畫而止。本書卽因之而分爲三十三部。庶幾學者檢查時可無辨韻辨偏旁之苦。

本書大抵先用簡單語言表明各條專名之意旨。再引經論或古德之著述、通人之筆錄、及詩歌等以博證之。此猶經籍纂詁先列本訓本義、而以經史諸子引於其後也。

吾國幅員遼闊、方言隨處而異。所以吳楚失於輕、燕趙失於重。宋程子經說・秦隴則去聲爲入、梁益則平聲似去。隋陸法言廣韻序・北人不識盱眙、南人不識盩厔。熊安生河朔人、其反切多北音。陸德明吳縣人、其音釋多南音。荀子每言案、楚詞每言羌、均屬楚音。公羊子之傳春秋、鄭康成之注三禮、類多齊語。是皆足以證方言之不能從同也。佛經譯自天竺、譯者因方隅之隔、時代之異、往往同一梵文、而譯音之別名、遂多至不可勝數、蓋不能操一舌以齊萬喙也。本書將各種別名悉載備數。如般若・又作班若・波若・鉢若・般羅若・鉢刺若・鉢羅枳孃・般賴若・波賴若・鉢羅若・鉢羅賢禳・波羅孃是也・而各別名亦按筆畫之多寡分載於本書之索引。如班若・波若・鉢若・般羅若・鉢刺若・鉢羅枳孃・般賴若・波賴若・鉢羅若・鉢羅賢禳・波羅孃之爲般若之別名・皆備載於索引是也・以便檢查。又重要之專名下、間有附以西文。西文後附一梵字、則爲梵語之省文。附一巴字、則爲巴利語之省文。而可知其西文卽爲梵巴二語之對音也。

各名詞下所引用之書、大抵用其略名。省篇幅也。例如玄應所著之一切經音義、省曰玄應音義。慧琳所著之一切經音義、省曰慧琳音義。希麟所著之續一切經音義、省曰希麟音義。又如大毗盧遮那成佛神變加持經疏、省曰大日經疏。或單曰大疏。（大方廣佛華嚴經疏、辭典中亦常省作大疏。學者以意求之可也。）又如異部宗輪論、省曰宗輪論。均以最普通之略名揭出之。夫書名之不用全名、而用略名者、儒家已開其例。如尙書大傳稱書大傳。大戴禮記稱大戴記。逸周書稱周書。白虎通德論稱白虎通。風俗通義稱風俗通。世說新語稱世說。淮南鴻烈解稱淮南子。呂氏春秋有十二記、八覽、六論、而省曰呂覽。佛書之用略名、非是我作古也。學者如有見其略名而欲知其全名者、可依略名之筆畫在本書檢查之。其全名卽詳注於略名之下。

凡述古人之言、必當引其立言之人。古人又述古人、則兩引之。昔李涪刊誤、演繁露所引諸書、必著名某篇某卷。令觀者易於檢校。陳厚耀等倣之、足以矯明人杜撰之弊。姚之駰後漢書補遺、不著所出之書、使讀者無從考證。余蕭客古經解鉤沈、一一各著其所出之書。並倣資暇集、龍龕手鑑之例、兼著其書之卷第。以示有徵。此皆可以取法者。故本書嚴守此例。凡引經論等、必載明其卷數。

本書所引之經論、間有因原文過長、未能全載者、則刪節之。而於所節處、用中略二字、書於括弧中表示之。或撮其要義著之於篇。而於句末注見於某書某卷。竊謂古人引書、用其意而約略其詞者甚多。孟子、左傳、史記、莊子、周秦諸子皆然。非如後人之記舊文、不全妄以臆見改竄、以貽誤閱者也。

本書採用之疏論、除支那撰述外、又多採用日本人著作。其間以關於密教者爲尤多。蓋以日本佛教、流自中土、頗有撰述、足資闡發玄旨者不少。而密教又自明以來、中土久絕、僅行於日本。故採用之、以期吾國再有如善無畏、一行、不空等者出、昌而明之。

真言種子、本屬梵文、而各種真言、原用譯音、然有不可不載梵文者、則必載其梵文之原形。

結印誦咒、或結壇誦咒、其壇式及手印、最爲緊要。本書述壇式甚詳。於手印則一一作圖、附於卷首。

古來經論之有注釋者不少。如金剛經之注釋、現存者幾及百家。心經亦然。他如楞嚴、法華、起信論、唯識論等、注者亦多。本書將注疏家之書名、咸備載於某經某論條下。其注疏之最著名者、則別列專條。

凡通俗相傳之語、有關於佛教者、(如燒香・行香・喫素・朝山・齋僧・七七・百日・寄庫・血汚池・枉死城・望鄉臺・孟婆神・酆都城・臘八粥・坐餓關・抱佛脚・唐僧取經・達摩渡江・十殿閻王等。)有無關於佛教、而世上往往因佛教而牽連及之者、(如甲馬・紙錢・冥寶・抽籤・城隍・土地・竈神・門神・紫姑・五通神・送羹飯・少林武藝・牛頭馬面等・)此二類雖傳自俗語、而一一皆有出處。今亦詳著於篇、閱之可免數典忘祖之誚。

水經注、注中有注、用小字夾寫、汲古閣三國志注、亦間如此。惟本書文字過小、不能用雙行小注。故凡遇小注、則用括弧之號以別之。

三　用符號之例

凡一名辭之上下方、加粗線括弧之符號、以代墨匡、其旁則附以圓黑點。(如【八萬四千法門】是)醒眉目也。

凡一名辭有與同類之辭相關聯者、則以同類之名辭附屬於後、而名辭之旁不附圓黑點、而附之以圈。(如(聲緣二乘)附於二乘之後是)或以同類之事、列爲一表。總以易於了解爲宗旨。

各名辭之門類、均注明於各條之下。其門類有名數、術語、地名、天名、界名、人名、譬喻、佛名、菩薩、羅漢、異類、眞言、修法、儀式、職位、傳說、故事、印名、種子、經名、書名、流派、寺名、堂塔、動物、植物、雜語、雜名等。外加細線括弧之符號。（如（術語）是）

意斷爲章。語斷爲句。章句之學。發自子夏。後漢書徐防傳 章者明也。積句成章。所以明段落也。本書所引經論等文。其首尾卽爲一段落。皆用勾股之符號。（如說文曰「一切普也」是） 以醒眉目。此亦古人章句之遺意。且亦斷章取義之微旨也。

本書每條專名之下。所引各種經論及各家學說。或大小乘殊途。或各宗派不同。往往有不能一致者。則每一別解。皆用又字以識之。而又字之四周。則圍之以方墨匡。以醒眉目。（如図是）

古人刻書。皆無句讀。然窮鄉後進。往往有指義未通。不免以破句相授受者。昔班氏漢書初出。當時如大儒馬融。至執贄於曹大家。請授句讀。韓昌黎上兵部李侍郎書。亦有反覆乎句讀之論。古人之重視句讀也如此。至趙宋紹興初。九經監本。及建大字本。始仿館閣校書式。從旁加圈點。今此書並師其例。每條皆熟思詳考。務期句讀分明。使學者開卷瞭然。然顏祕監之注漢書。胡景參之注資治通鑑。亦間有破句。而失兩書之本旨者。況後人學識精神。遠出二公之下者哉。惟有不執己見。隨時改正。斯可矣。

四　檢查之例

本書既分三十三部。而每部之字。其多者數逾二千。檢閱亦難。故特編索引一冊。部居整然。罔有凌替。閱者欲檢某名辭。卽以其第一字之畫數。先檢索引。知在本書中某頁之上層或中層下層。一索卽得。猶正續皇淸經解之別有編目也。

本書所列之各名辭、往往有名異而實同者。（如定、正受、三摩提、調直定、正心行處、息慮凝靜等、皆三昧也。）有此處僅載大略、而別詳於他處者。（如檢查佛經二字、其說甚略、而別詳於經藏、經、一切經等條下是也。）又有索引中雖列其名而實附見於他名辭中者。（如索引中雖有四王天一條、而實附見於六欲天條者是也。）學者檢一名辭、須彼此互求、往往有檢至數處數十處而其說始大備者。是在學者之勤求敏索、勿以得一說而安於苟且、其亦庶乎盡本書之用已。

五　分册之例

是書分訂十有六册、不分篇章、又無卷數者、非無故也。蓋以古人文字、書於簡策、標其起訖、是曰篇章。如漢書藝文志記某書若干篇是也。秦時始以隸書代篆書、以帛代竹木。帛可作卷軸藏之、已較簡策爲便。所以篇從竹簡、卷從縑素。周秦稱篇、入漢始有卷也。然彼時竹素並行、書入縑素、亦有稱爲篇者。嗣後訖於隋唐、書籍計卷者多、計篇者少、著述家之所謂一卷、大抵卽古人之一篇也。北宋始有刻版、卷軸之書、一變而爲紙册、則成書之易、不啻百倍於古人。古書每葉字數、大抵無過六百、今是書每葉字數、幾及二千。古人所謂簡帙繁重、不能合爲一篇者、或卷軸過長、巨如牛腰者、若載入是書、不過數紙、或數十紙而已。若是書不計其册數、約以八千字爲一卷、銖銖而分之、可得三百餘卷、以爲題籤著錄之美觀、是泥古而忘實者也。攷諸古書、如崇文宋志、亦間有著册而不詳卷者。至文淵閣書目、菉竹堂書目、絳雲樓書目、述古堂書目、季滄葦書目、知聖道齋書目等、皆但計册數而無卷數矣。故是書不分篇卷、而釐爲十六册者以此。每册皆百葉者、因取百爲成數、且厚薄適得乎中也。惟首末二册、過乎百葉、在勢不得不然耳。

六　結論

日本織田氏之佛教大辭典。誤文脫簡、觸目皆是。如七衆溺水條、第五人、出已即住、住（脫去住字）已觀方、第六人淺（誤作法字）處則住、第七人登上大山、下脫無復恐怖四字、非查涅槃經則不能知其誤。又如二諦條（原書一三三〇頁）曰、百論四諦品、諸物依二諦、案百論中無四諦品、惟中論有觀四諦品、因檢出改曰中論觀四諦品、諸佛依二諦、非查中論亦不能知其誤。又如三車條、引宋高僧傳四窺基傳、措疏略之句、後檢出原書、知係舉措疏略之誤。又則吾法有寄矣之吾字、誤作我、奘先以欲勾牽之牽字、誤作率、皆依原書更正。又八十一科條、竟將八十一科之原文、全行脫漏、誤以八十一法之原文代之。如此種種、難以枚舉、略舉數條、以概其餘。採輯時業爲之一一更正、然本書搜羅廣博、多至三百餘萬言、證引浩繁、採書無慮數百千種、其原書亦間有脫誤。豈第魚魯豕亥所在多有而已。況佛書出自譯本、文義古奧、其校讎之難、蓋有十百倍於儒書者。故編纂本書、雖不敢掉以輕心、而才終不逮。力小任重、每自兢兢、甚至對食忘餐、中宵起立、銳意緝治、幸以成書。然每一展卷、輒愧悚交集。世有直諒多聞、引繩墨以糾余不逮者、禱祀求之矣。

此書剏始於民國紀元、歷十載而蕆事。中間雖有事故、亦不敢一日廢棄。其間多藉同人之助。襄余翻譯者、朱君仲濂之力爲多。其次則黃君逸農、徐君蘊宣、孫生繼之也。鈔錄者、陸生應琦、萬生保年、錢生仲霞、袁生葆生、萬生寶琛也。校勘者、黃君逸農、黃君理齋、萬生叔豪也。預算經費、採辦材料者、李生炳南也。獨任删改之勞、又兼校閱者、朱君仲濂也。取資良友、不敢掠美。編纂既竣、例得附書。

與此書相輔而行者、有二書焉。一爲翻譯名義集新編。因原書不易檢查、亦照辭典之例、以筆畫之多寡排列之。其引證之博雅宏贍、徵特元明人莫能爲、卽唐宋諸古德玄應慧琳贊甯而外、亦未有能幾之者。一爲一切經音義彙編。昔唐釋玄應撰一切經音義二十五卷、孫星衍氏從釋藏錄出付印。於是輯佚書者踵相接。孫氏首輯倉頡篇、任大椿氏輯字林及小學鉤沈、馬國翰氏輯倉頡、凡將、訓纂等十餘種、刻入玉函山房叢書。其輯佚時雖皆佐以他書、然大抵漁獵於玄應音義也。唐釋慧琳撰一切經音義百卷、惜吾國久佚、徒存其名於唐書藝文志及高僧傳中而已。使孫氏任氏馬氏等得見此書、其引證之繁博、又將倍蓰於今之所輯者。嗚呼、天監斯文、奇書出於日本、久佚之慧琳音義、竟從海外渡來矣。於是易碩氏又輯淮南許注鉤沈、黃奭氏賈輯逵春秋左氏解服虔左氏傳解誼、爾雅李巡注、爾雅孫炎音注、以及字指字統、桂苑珠叢等十餘種、刻入漢學堂叢書。顧震福氏又採倉頡、三倉、古文官書等十餘種、成小學鉤沈續編。余統觀慧琳全書、宏博無涯、所引羣籍、如許愼淮南子注、鄭康成尙書注、論語注、三家詩、賈逵服虔春秋傳注、李巡孫炎爾雅注、以及倉頡、三倉、葛洪字苑、字林、聲類、服虔通俗文、說文音穩等、多不傳之祕册、一字一縑、未足相喩也。惟各條散列、頗不易檢查。余以其全書及唐釋希麟續一切經音義、將各字及各字相聯之名辭、一一錄出、而去其重複者、倣大辭典之例、彙爲一集、名曰一切經音義彙編。學者如欲檢査某字某名辭之音義、雖在俄頃間、可必得矣。大辭典與名義集、爲多識博物之淵藪、一切經音義彙編、爲集唐以前小學之淵藪。三書如鼎足而立、不可闕一。後之君子、並覽觀焉。幸勿封己抱殘、守一先生家言、暖暖姝姝而私自悅以足也。

（終）

佛學大辭典通檢目次

九畫

十二畫

十五畫

佛學大辭典通檢 一名佛學大辭典索引

敍曰、佛學大辭典、草創於民國元年、七閱寒暑、至八年春、付剞劂氏、歷二年有半、至十年六月、始克印竣、余自刻全漢三國晉南北朝詩後、當以此書之工程、爲最鉅矣。全書約三百萬言、都三萬餘條、每苦難於檢尋、因仿康熙字典檢字之例、編爲一書、名之曰佛學大辭典通檢。俾學者一展卷間、卽知某條在某葉某層、或附見於某葉某層之某行、如按圖索驥者然。此雖於佛祖西來大意、無裨萬一。然梁釋慧皎法師有言曰、非才則言無可採、非博則語無依據、綺製彫華、文藻橫逸、才之爲用也、商搉經論、採撮書史、博之爲用也。(見高僧傳卷十五)若有說法講經注經之士、欲以多文爲富、多識爲辨者、可藉是以爲檢尋之階梯焉。攷通檢二字、出於金史世宗紀、命張弘信等二十四人、分路通檢諸路物力。今用以爲書名者、則仿番禺黎永椿所撰之說文通檢例也。又索引者、出於易林愛我嬰女、索引不得之語。日本著作家、每將書籍之內容、別爲目錄、以便檢索者、謂之索引。論其實、卽通檢也。此書以筆畫多寡爲次第、似較歸安毛謨以偏旁分類之說文通檢、元和朱駿聲以音韻分類之分部檢韻、爲直捷多矣。

例言

中華人民建國之十年六月無錫丁福保仲祜識

一欲確知某名辭、在佛學大辭典之某葉某層或在某層之某行者、宜先查通檢。如通檢內之『圓頓 2336 上』卽知圓頓二字、在大辭典之二千三百三十六葉之上層也。如別條有中字下字、則爲中層下層。餘仿此。又如通檢內之『二指淨法2281中8』卽知二指淨法在二千二百八十一葉中層之第八行也。又如別條有上16卽爲上層之十六行。如下7卽爲下層之第七行。餘類推。

一欲確知某名辭之第一字在通檢之某葉者、宜先查通檢之目錄。以免亂翻盲查之苦。

一通檢各條名辭下、所載之數目、不用本國文字、而用阿剌伯數字者省篇幅也。且其數字、較吾國數字及羅馬數字爲便。故通行於世界。其數有十。如1 2 3 4 5 6 7 8 9 0 卽一二三四五六七八九〇也。檢書時宜認識清楚。

一畫

二畫

三畫

大般涅槃論 406中
大般涅槃經後分 406中
大般若波羅蜜多經 406下
大神力 408上
大神咒 408上
大准提 408上
大准提經 408上
大准提菩薩焚修悉地懺悔玄文 408上
大鬼道 408上
大娑羅 408上
大展三拜 408中
大恩敎主 408中
大笑明王 408中
大唐內典錄 408中
大唐衆經音義 408中
大祕密王曼拏羅 408中
大梵 408中
大梵天 408下,1864中4
大梵寺 409下
大梵王 409下
大梵王宮 409下
大梵天王 410上
大梵外道 933中7
大梵深遠 410上
大梵如意天 410上
大梵深遠觀音 662中13
大梵天王問佛決疑經 410上
大敎 410上
大敎網 410上
大敎王經 410中
大曼 410中
大曼荼羅 410中,1913下9
大曼荼羅王 410中
大船 410下
大船師 410下
大魚 410下
大魚事經 410下
大通 410下
大通智勝 410下
大通和尙 411上
大執 784中10
大海 411上
大術 2575中17
大寂定 411中
大寂滅 411中
大寂法王 411下
大寂室三昧 411下
大寂靜妙三摩地 411下
大族王 411下
大秦寺 411下
大祥忌 412上
大域龍 412上,2960中15
大莊嚴經 412上
大莊嚴論 412上,222上4
大莊嚴論經 412上
大莊嚴經論 412中
大莊嚴世界 412中
大莊嚴三昧經 412中
大莊嚴法門經 412中
大國師 412中
大通結緣 2272下
大陰界入 412中
大婆羅門 412下
大淨法門經 412下
大無量壽經 412下
大堅固婆羅門 412下
大堅固婆羅門緣起經 412下
大悲 412下
大悲心 413上
大悲呪 413上
大悲者 413上
大悲經 413中
大悲壇 413中
大悲懺 413中
大悲弓 413上
大悲三昧 413中
大悲方便 256中9
大悲胎藏 413下
大悲普現 413下
大悲菩薩 413下
大悲闡提 48中,413下
大悲觀音 414上,662中2
大悲千手獄 414上
大悲千地獄 414上
大悲代受苦 414上
大悲觀世音 414上
大悲曼荼羅 414中
大悲鎧冑門 414中
大悲四八之願 413上
大悲分陀利經 414中
大悲心陀羅尼 414中
大悲胎藏三昧 414中
大悲胎藏八字法 414下
大悲胎藏曼荼羅 414下
大悲觀世音菩薩讚 414下
414上
大悲心陀羅尼修行念誦略儀 414中
大悲生心三昧耶 414下
大悲空智金剛大敎王儀軌經 414下
大黑 2575上12
大黑天 415上
大黑眞言 416上
大黑礫飛法 416中
大黑與黑色 416下
大黑天供相應物 416上
大象藏 417上
大衆 417上
大衆印 417中
大衆部 417中,1510上15
大衆莊嚴 1891上15
大衆生彌盧 418中
大衆威德畏 418中,534中1
大智 418中
大智藏 418中
大智度論 418中
大智慧門 418中
大智灌頂地 418中

四畫

五畫

六畫

八畫

九畫

十一畫

一

十二畫

十三畫

十六畫

十七畫

十八畫

甕中捉鼈 2790中
瞖咳 2794中,1818下4
戴塔吉祥 2794中
覆 2794下,97中2
覆手合掌 2794下
覆手向下合掌 2794下
覆帛 2794下
覆肩衣 2794下
覆面 2795中
覆油鉢 1528上
覆俗諦 2795中
覆迹顯本 2795中,2967下15
覆腋衣 2795中
覆鉢 2795中
覆業無明 2795下,2159上15
覆墓 2795下
覆器 2795下
覆諦 2795下
覆諱過失 2796上,217下15
覆講 2796上
覆藏犍度 2796上,2414下13
覆藏他重罪戒 2796上,1537下1
醫方 2796上
醫方明 2796上
醫方論 2796上
醫子 2796上
醫王 2796中
醫王善逝 2796中
醫喻經 2796中
醫羅鉢龍王 2796下
醫羅鉢呾邏龍王池 2796下
豎羅跋那 2796下
藍宇 2796下
藍風 2796下
藍毘尼 2742下2
藍婆 2797上
藏 2797上
藏六 2798中
藏主 2798中
藏司 2798中
藏持 2789中,537中15
藏海 2798中
藏教 2798中,330中11
藏教四門 768中,2798下
藏教七階 2798下
藏通 2798下
藏通別圓 2798下
藏理 2798下
藏經 2799上
藏經紙 2800上
藏殿 2800上
藏塵 2800上
藏識 2800中
藏識四相 775中,2800中
薩他泥濕伐羅 2800中
薩多琦梨 2800中
薩多般那求訶 2800中
薩利殺跋 2800下
薩底也 2800下
薩陀波崙 2800下,2802中,1533上17
薩怛多般怛羅 2800下
薩迦耶見 2800下
薩耽菩王 2554上16
薩婆若 2801上
薩婆訶 2892上16
薩婆多部 2800下
薩婆悉多 2801中
薩婆薩埵 2801上
薩婆吃隸奢 2801上
薩婆悉達多 2801中
薩婆愼若提婆 2800下
薩婆曷刺他悉陀 2801中
薩婆多部鼻祖迦旃延 1635上
薩偷羅 2801中
薩埵 2801中,356中2
薩埵王子 2801下
薩埵剌闍答摩 2802上
薩跢也 2802上
薩達喇摩 2802上
薩達磨芬茶利 2802上
薩達磨芬茶利迦 2802中
薩達磨芬陀利修多羅 2802中
薩達摩奔茶利迦素怛纜 2802中
薩曇分陀利 2802下
薩囀羅娑 2802下
薩囀呾 2802下
薩羅國 2802下
薩羅國經 2802下
薩羅計 2802下
薩羅縛奢 2802下
薩羅薩伐底 2803上
藉通開導 2803上
藁幹喻經 2803上
薰修 2803上
薰習 2803中
薰陸香 2803下
舊住 2803下
舊住菩薩 2803下
舊事淨法 2804上,2281上18
舊律家 2804上
舊俱舍 2804上
舊城喻經 2804上
舊華嚴 2804上
舊善客善 2804中
舊論 2804中
舊醫 2804中
舊雜譬喻經 2804中
舊譯 2804中
瞿折 2804下
瞿夷 2804下,2846下7
瞿夷本生 2805上
瞿伽尼 2805上
瞿伽離 2805上

十九畫

二十畫

二十一畫

二十四畫

二十五畫

二十六畫

二十七畫

二十八畫

二十九畫

三十三畫

佛學大辭典通檢終

佛學大辭典

無錫丁福保仲祜編纂

一畫

【一一】（雜語）猶言逐一也。首楞嚴經曰、「現一一形誦一一咒」觀無量壽經曰、「一一指端有八萬四千畫猶如印文、一一畫有八萬四千色。一一色有八萬四千光。其光柔軟普照一切。」梵網經開題曰、「一一字字一一句句皆是諸尊法曼陀羅身。」觀智軌曰、「即以陀羅尼文字右旋布列心月輪面上觀一一字皆如金色一一字中流出光明遍照無量無邊世界。」

【一人作虛】（雜語）公案名。一人吐虛言、則萬人相傳爲實也。空谷集云、「有僧問興化存奘多子塔前、共談何事。化云、一人作虛、萬人傳實。」謂佛祖之大道、爲言句思量所可及、一涉文字葛藤、則忽失眞也。

【一人當千】（雜語）以一人之力當千人。涅槃經二曰、「譬如人王有大力士。其力當千更無有能降伏之者。故稱此人一人當千。」

【一刀三禮】（雜語）彫刻佛像、每下一刀須禮拜三寶三次、畫像經文謂之一筆三禮。又曰一字三禮。

【一大宅】（譬喻）以長者之一大宅、譬三界之火宅。法華經譬喻品曰、「譬如長者有一大宅。」見火宅條。

【一大劫】（術語）一個之大劫也。見大劫條。

【一大車】（譬喻）以一大車譬法華之妙法。又云大白牛車。法華經譬喻品曰、「是時長者見諸子等安穩得出、皆於四衢道中露地而坐、無復障礙。其心泰然歡喜踊躍。時諸子等各白父言、父先所許玩好之具羊車鹿車牛車。願時賜與。舍利弗爾時長者各賜諸子等一大車。」見火宅條下火宅喻。

【一大事】（術語）開顯實相妙理之事業、開示佛知見之事業也。一大者實相之妙理、謂佛知見、即法華之妙法也。法華經方便品曰、「諸佛世尊唯以一大事因緣故出現於世。」文句四上曰、「一則一實相也。非五非三非七非九。故言一也。其性廣博。博五三七九。故名爲大。諸佛出世之儀式故名爲事。」止觀一下曰、「云何爲一。一實不虛故。一道清淨故。一切無礙人一道出生死故。云何爲大。其性廣博多所含容(乃至)事者十方三世佛之儀式。以此自成佛道。以此化度衆生。故名爲事。」玄贊三曰、「大事體卽智見。諸佛出世爲此大事。四義明之。謂開示悟入。」又人之生死謂爲大事。善導之臨終正念訣曰、「世之大事。莫越生死。一息不來。乃屬後生。一念若錯。便墮輪迴。」

【一大事因緣】(術語)爲一大事之因緣。文句四上曰、「衆生有此機。感佛名因。佛乘機而應。故名爲緣。是爲出世本意。」

【一大三千世界】(術語)一世界之中央有須彌山。此四方之大海中有四大洲。此大海之外。以鐵圍山圍繞之。如是謂之一小世界。合一千一小世界。謂之小千世界。合一千小千世界。謂之中千世界。合一千中千世界。謂之大千世界。夫以一小世界爲單位數。則一大千世界之數爲一〇〇〇〇〇〇〇〇〇也。其成立及破壞。無不相同。又爲一佛所領之土。俱舍論十一曰、「千四大洲乃至梵世。如是總說爲一小千。千倍小千名一中千界。千中千界總名一大千。如是大千同成同壞。」一大千世界中含有小千中千大千三種之千。故一大三千世界。謂之三千大千世界。

【一三昧】(術語)一行三昧之略。惟專心思一事。不顧其他也。

【一千二百功德】(名數)六根清淨之功德也。法華經法師功德品曰、「若善男子。善女人。受持是法華經。若讀若誦若解說若書寫。是人當得八百眼功德。千二百耳功德。八百鼻功德。千二百舌功德。八百身功德。千二百意功德。以是功德。莊嚴六根。皆令淸淨。」

【一山】(雜名)以寺院多在山中。故一寺亦名一山。但一山之名廣。而一寺之稱狹。又(人名)僧一寧字一山。見一寧條。

【一弓】(雜語)尺度之量。言如弓之長也。鶴林玉露九曰、「荆公詩云臥占寬閑五百弓。蓋佛家以四肘爲弓。肘一尺八寸。四肘蓋七尺二寸。其說出譯梵。」俱舍論十二曰、「二十四指橫布爲肘。豎積四肘爲弓。」頌疏六曰、「一肘有一尺八寸。一弓有七尺二寸。」梵 Dhanu

【一小劫】(術語)一增或一減之間曰一小劫。是新譯家之說。合一增一減曰一小劫。是舊譯家之說。法華經化城喻品曰、「諸佛法不現在前。如是一小劫乃至十小劫。」又詳劫條。

【一丈六像】(圖像)一丈六尺之佛

像化身之形。觀無量壽經曰、「一丈六像在池水上」又詳丈六條下。

【一叉鳩王】（人名）Ikṣvāku 譯曰甘蔗氏。慧琳音義二十六曰、「又名日種善生。釋迦種族之祖先也。在印度河流域之浮陀落（褒多那 Potala）城。

【一切】（術語）該羅事物之稱。玄應音義曰、「說文云一切普也。普卽遍具之義。故切宜從十。說文十謂數之具。從七者俗也。一史記曰、「臣觀諸侯王邸第百餘。皆高祖一切功臣」同索隱曰、「此一切猶一例同時也。非如他一切劃權時也」勝鬘經寶窟中末曰、「一切止是該羅之名」法苑珠林二十八曰、「一以普及爲言。切以盡際爲語」無量壽經慧遠疏上曰、「舉一名餘。故云一切」智度論三十曰、「一切有二。一名字一切。一實一切」

【一切無障礙】（雜語）言通達一切而無不及也。法華經神力品曰、「能持此經者於諸法之義名字及言辭樂說無窮盡如風於空中一切無障礙」

【一切一心識】（術語）梵名乾栗陀耶。十識之一。見識條。

【一切法】（術語）又名一切萬法、一切諸法。爲總該萬有之稱。智度論二曰、「一切法畧說有三種。一者有爲法。二者無爲法。三者不可說法。此三已攝一切法」梵 Sarva-dharma

【一切法高王經】（經名）佛說一切法高王經。元魏瞿曇般若流支譯。一卷。

【一切法義王經】（經名）一切高王經之異名。

【一切智】（術語）佛智之名。三智之一。知了一切之法。此一切智對於一切種智有總別二義。若依總義、則總名佛智、與一切種智同。若依別義、則一切種智爲視差別界事相之智。一切智爲視平等界空性之智也。先示總義、則法華經譬喻品曰、「勤修精進。求一切智佛智、自然智、無師智」同化城喻品曰、「爲佛一切智。當發大精進」仁王經下曰、「滿足無漏界。常淨解脫身。寂滅不思議。名爲一切智」中論疏九末曰、「知一切法名一切智」華嚴經大疏十六下曰、「智度論云、如函大蓋亦大。還以無盡之智。知無盡法。是故如來名一切智」次示別義、則爲知一切平等空理之智。嘉祥之法華經義疏二曰、「般若三慧品云知一切法一相。故名一切智。又云知種種相。故名一切種智」同六曰「一切智者謂空智也」智度論二十七曰、「論一切種智之差別。有人言無差別。或時言一切智。或時言一切種智。有人言總相是一切智。別相是一切種智。因是一切智。果是一切種智。畧說一切智。廣說一切種智。一切智總破一切法中無明闇。一切種智觀種種法門破諸無明。」大乘義章十曰、「舉六種之差別又以名聲聞緣覺之智。」智度論二十七曰、「後品中佛說一切智是聲聞辟支佛事道智是菩薩事一切種智是佛事。聲聞辟支佛但有總一切智無有一切種智。」

【一切智者】（術語）謂具足一切智者、是佛之異稱法華經藥草喻品曰「我是一切智者一切見者智度者開道者說道者」梵 Sarvajña

【一切智藏】（術語）知一切者之意。佛之尊稱善生經曰「如來即是一切智藏。」

【一切智人】（術語）同前條。智度論二曰、「問曰有一切智人何等人是答曰是第一大人三界尊名曰佛。」

【一切智智】（術語）三智中之一切智混聲聞緣覺之智故爲分別彼一切智而名佛智爲一切智智大日經疏一曰、「梵云薩婆若那 Sarvajñāna 卽是一切智。今謂一切智智卽是智中之智也」又「一切智智。如實了知名爲一切智者。」又謂一切智智譬如虛空界離一切分別又如大地爲一切衆生所依、又如火界燒一切無智之薪又如風界除去一切諸煩惱之塵、又如水界一切衆生依之歡樂又謂此智菩提心爲因大悲爲根、方便爲究竟菩提心爲因者謂行者如實知自心也大悲爲根者謂行者發悲願拔衆生之苦、與以樂也。方便爲究竟者、爲一切智智之果卽以利他之行而名之也。仁王經中曰、「自性清淨名本覺性卽是諸佛一切智智。」

【一切智心】（術語）求一切智之心也日本源信之往生要集中末曰、「一切智心者是第一義空相應心或可是願求佛種智心。」

【一切智地】（術語）證得一切智之位、卽佛果位也。法華經藥草喻品曰、「其所說法皆悉至於一切智地。」

【一切智船】（譬喻）乘人而運於一切智地岸之船卽佛也。教行信證文類二曰、「能流入願海乘一切智舟」

【一切智相】（術語）梵語薩婆若多。Sarvajñatā 一切智之相貌智度論二十七曰、「薩婆秦言一切若多秦言相。」

【說一切智】（雜語）無量壽經四十八願中第二十五願爲說一切智願經上曰、「設我得佛國中菩薩不能演說一切智者。不取正覺」願之意謂欲往生我國土者宜悉隨順佛智而演說一切智之妙境界也。

【一切智忍】（術語）六忍之一。見忍條。

【一切智無所畏】（術語）四無畏之一見四無畏條。

【一切智光明仙人慈心因緣不食肉經】（經名）佛說一切智光明仙人慈心因

緣不食肉經失譯一卷。

【一切智經】（經名）佛爲波斯匿王、分別一切智之事、四姓之勝劣等者。攝於中阿含經五十九。

【一切經】（術語）佛教聖典之總名。或曰大藏經。省曰藏經。隋書開皇元年、京師及諸大都邑之處、並官寫一切經置於寺內。而又別寫藏於秘閣。一切經之名、本乎此。此名原稱佛所說之經律等、而今則倂吾國印度日本等高僧之著作而稱之。佛教傳播於世界各國之間、其聖典爲各種之國語所翻譯。舉其主要者、則原本爲散斯克利圖Samskrt語及巴利Pali語。翻譯而傳者有漢譯藏、西藏藏、蒙古藏、滿洲藏、（詳清字經館條）及歐譯之諸典。散斯克利圖語之原本、自北方尼波羅地方、漸次爲學者所發見、然其數未甚多。巴利語之原本、爲巴利三藏、即錫蘭暹羅緬甸等南方諸國所現傳者。其中暹羅之官版藏經、以西紀一八八八年出版、世界各國之大學或學會、均得寄贈。巴利三藏中、律藏 Vinaya-Piṭakaṁ 爲波羅提木叉 Pratimokkha 註釋之悉答章蒲般伽 Sutta-vibhanga 蹇陀 Khandh-aka 波利婆羅 Parivāra 三部、經藏 Sutta-Piṭakaṁ 爲長阿含 Digha-nikāya 中阿含 Majjhima-nikāya 雜阿含 Saṁyutta-nikāya 增一阿含 Aṅguttara-nikāya 小阿含 Khuddak-anikāya 之五部、論藏 Abhidhamma-Piṭakaṁ 爲法僧伽 Dhamma-Saṅgaṇi 以下總有七論。西藏藏爲喇嘛教徒之所護持、屬於經部者、總計八類、百五十一部、三百五十冊、更有續藏二百二十三冊、其經部爲清康熙二十三年所刋行、其續藏則爲雍正六年所鏤刻者。蒙古藏及滿洲藏爲奉天所保存、其中滿洲藏經、世界唯有一部、日俄之戰、爲日本所得。此外各國語之藏經、雖尙有數種、而其中卷帙最浩繁、部義皆完備者、實維漢譯藏。案漢譯藏經印行之最古者、則以宋太祖開寶五年、平定列國、造金銀字佛經、前後凡數藏。同年敕印雕佛經一藏、凡一十三萬版、爲其嚆矢。尋而至道元年、高麗王治遣使至宋求官本、與其國從來所藏之前後二藏及契丹藏、參訂校讐、經十四年、全行刻成。世所謂高麗藏者是也、凡一千五百二十一部、六千五百八十九卷。南宋理宗嘉熙三年、復開版藏經、有一千四百二十一部、五千九百十六卷、所謂宋藏者是也。（詳宋藏條）元世祖至元十四年、亦翻刻藏經、至二十七年告竣、有一千四百二十二部、六千一十七卷、稱爲元藏者是也。（詳元藏條）此藏罹元末之兵燹、與宋藏共歸灰燼、惟流傳於日本者尙存。有尼法珍者、（詳法珍條）慨然起與藏之志、經三十年、漸奏其功、是爲方冊藏經之濫觴。明成祖永樂十八年、勅印刻大藏經版、至正統五年、始告竣、是爲北藏。藏於北京。其南藏者、爲太祖洪武時所刻。成祖又勅安置石刻一藏於大石洞。然流通未遍、學者多感不便。後神宗時、密藏禪師亦發願刻方册藏本、萬曆十七年、於五台山創刻、業未竣而入寂。後人迭繼其業、遂完成之、是謂明藏。有六千七百七十一卷。清藏則於雍正十三年開工、乾隆三年告竣。又有京西石經山之石刻藏經。則晉琬公法師刻石貯封石洞者也。日本現存古寫本不少。而最著者、爲堀川天皇勅僧侶一萬人、於一日寫一切經。順德天皇勅一萬五千僧、於一日寫一切經等。德川氏使天海僧正、刻活字排印大藏、其活字及藏經今尚在、有六千三百廿三卷。尋而黃檗之鐵眼和尚、又將明藏上梓。明治十三年、弘敎書院以麗藏爲本、與宋元明三本對校、印行活字板大藏經、計一千九百十六部、八千五百三十四卷、縮成四十帙、四百十八冊。明治三十三年、藏經書院、又以活字印行日本大藏經。藏敎書院復纂輯藏經所漏者、題爲日本續藏經、共七千八百七十三卷。清季上海頻伽精舍、根據弘敎本略加增減、以活字印行大藏經四十帙、四百十四冊、一千九百十六部、八千四百十六卷。輓近英法德俄諸國語之譯本漸見於世、將來更有西文一切經、未可知也。

【一切經供養】（行事）書寫一切經而供養之之法事。一切經爲法寶、故以爲三寶之一而供養之。

【一切經音義】（書名）唐玄應撰、二十五卷。詳玄應音義條。又唐慧琳撰百卷。此書採集玄應音義慧苑音義等而成。中土亡佚已久。日本有單行本。又收入續藏中。近收入頻伽精舍大藏經中。詳慧琳音義條。

【續一切經音義】（書名）唐希麟撰、十卷。此書中土亡佚已久。日本有單行本。又收入續藏中。近收入頻伽精舍大藏經中。詳希麟音義條。

【一切經中彌陀偈】（經名）即後出阿彌陀佛偈也。見後出阿彌陀佛偈條。

【一切處】（術語）又名徧處。禪定之名。以所觀之境、周徧於一切處也。有十種名十一切處。又云十徧處。見法界次第下、三藏法數三十八。

【一切如來】（術語）種種之如來也。

【一切如來寶】（佛名）胎藏界曼陀羅第六釋迦院中之一尊也。左手持蓮花、上有如意寶珠。詳日本秘藏記、曼陀羅大鈔。

【一切如來智印】（印相）胎藏界之曼陀羅、第二遍知院中之三昧耶形也。在蓮華上作三角形者。

【一切世間】（術語）總稱穢土之語。阿彌陀經曰、「一切世間天人阿修羅等。」

【一切世間難信之法】（雜語）此言

甚深微妙之法、爲一切世間衆生之難信受者。法華經序品曰、「咸得聞知一切世間難信之法。」阿彌陀經曰「爲諸衆生、說是一切世間難信之法。」

【一切有爲】（術語）謂有作爲有造作之一切因緣所生者。

【一切有部】（流派）具名說一切有部。梵名薩婆多。小乘宗之名。二十部之一。見說一切有部條。

【一切有情】（術語）與一切衆生同。舊譯爲衆生、新譯爲有情。大般若經五百七十八曰、「一切有情如來藏。」

【一切皆成】（術語）謂一切衆生、皆悉成佛也。對於五性各別而言。蓋三乘家有無性有情之一類、爲定性二乘不成佛之說、立無餘界永滅之計。而一乘家則唱悉有佛性之義、明二乘開會之旨、爲無餘界迴心之說。故謂一切衆生無不成佛者。今舉三五經說證之。法華經方便品曰、「聲聞若菩薩、聞我所說法、乃至於一偈、皆成佛無疑。」又「若有聞法者、無一不成佛。」涅槃經十曰「一切菩薩聲聞緣覺、於未來世皆當歸大般涅槃、譬如衆流歸大海。」又第三十六曰、「一切衆生悉有佛性、一闡提人雖謗方等經、作五逆罪、犯四重禁、然必當成菩提道。須陀洹人、斯陀含人、阿那含人、阿羅漢人、辟支佛等、必當得成阿耨菩提。」又第十一說五種人成佛中、明須陀洹果人過未來八萬劫成菩提、斯陀含果人過未來六萬劫、阿那含果人過未來四萬劫、阿羅漢果人過未來二萬劫、辟支佛道人過未來十千劫成阿耨菩提之旨。大雲經第四曰、「一切衆生悉有佛性、得菩提心。」入楞伽經第二曰、「說三乘者、爲使發起修行地。故雖說諸性差別、然非究竟地、聲聞緣覺畢竟得如來身。」中陰經上曰、「於無餘泥洹界、發金剛心、一一成佛。」密嚴經中曰「十梵之處、無煩、無熱、善見、善現、阿迦尼吒、空處、識處、無所有處、非想非非想處、住彼已、漸除貪欲、從此生淸淨佛土、常遊妙定、至於眞解脫。」尼乾子經二曰、「爲此衆生故、分別差別說、究竟皆成佛、更無餘乘有。我爲化衆生、分別說餘道、漸化入於一、故無三差別。」勝鬘經曰、「聲聞辟支佛乘皆入於大乘。」圓覺經曰「有性無性、齊成佛道。」等是也。

【一切智句】（術語）句者住處之義。一切智句者、佛之住處也。大日經六曰、「於彼恒勤修求一切智句。」義釋十四曰、「句是住處義、一切智之住處、即是佛住也。」

【一切佛會】（術語）稱蓮華胎藏界會也。大疏十六曰、「從金剛智出生一切佛會也。」

【一切卽一】（術語）見一卽一切條。

【一切義成】（佛名）又譯之一切義

成就。悉達太子之譯名。西域記七曰、「薩婆曷剌他悉達。唐言一切義成。舊言悉達訛也。」是世尊之幼名。華嚴經十二曰、「如來於四天下中或名一切義成。或名釋迦牟尼。」金剛頂經說此菩薩五相成佛之相。見釋迦條。

【一切萬物】（術語）與一切萬法同。無量壽經下曰、「於一切萬物隨意自在。」

【一切萬法】（術語）與一切諸法同。宗鏡錄三曰「一切萬法至理虛玄。」

【一切諸佛】（術語）總括三世十方諸佛之稱。

【一切諸佛所護念經】（經名）佛說阿彌陀經之異名。此經爲一切諸佛護持憶念之經。故名。同經曰、「汝等衆生當信是稱讚不可思議功德一切諸佛所護念經。」

【一切諸佛秘藏之法】（術語）法華經爲甚深秘密之要法。非爲小機劣慧所容易開演。故名。同經信解品曰、「一切諸佛秘藏之法。但爲菩薩演其實事。」同經法師品曰、「此經是諸佛秘要之藏。不可分布妄授與人。」同品曰、「是法華經藏。深固幽遠。無人能到。」文句八上曰、「秘要之藏者。隱而不說爲秘。總一切爲要。眞如實相包蘊爲藏。

【一切種智】（術語）三智之一。言能以一種之智知一切諸佛之道法。又能知一切衆生之因種也。見三智條。

【一切種識】（術語）八識之一。即第八識之異名。又名種子識。言執持一切種子而不失之識也。詳見識條。

【一切人中尊】（術語）稱毘盧遮那如來也。義釋十三曰、「此上有一切人中尊。即是毘盧遮那也。」

【一切如來定】（術語）稱大空三昧也。大日經一曰、「正覺之等持。三昧證知心。非從異緣得。彼如是境界。一切如來定。故說爲大空。圓滿薩婆若。」同疏六曰、「彼如是境界。一切如來定者。如大般若經說、一切有心者悉有佛性。此佛性即名首楞嚴定。亦名金剛三昧。亦名般若波羅蜜多。佛佛道同。更無異路。若行人初發心時。能如是正觀心佛性者。亦即名入如來定。」

【一切皆空宗】（流派）華嚴宗所立十宗之一。見十宗條。

【一切眞言心】（術語）稱百光徧照眞言之扎暗字也。大疏十八曰、「此是暗字一切眞言之心、於一切眞言最爲上首。」

【一切眞言主】（術語）稱兩部之諸尊也。瑜祇經曰、「一切眞言主。及金剛界大曼荼羅王皆悉集會。」

【一切智慧者】（術語）稱大日如來也。大日經一曰、「一切智慧者。出現於世間。如彼優曇華時時乃一現。」

【一切佛心印】（印相）一切徧智印

之異名。
【一切普門身】（術語）具足四重法界之徧一切身也大疏八曰、「供養一切普門身。」
【一切遍智印】（印相）謂三角形也。是爲火形、以智火燒煩惱之意。大日經疏五曰「於大日如來上畫作一切遍智印、作三角形。其銳向下。純白色光焰圍之、在白蓮華上。卽是十方三世一切如來大勤勇印也。亦名諸佛心印也。三角是降伏除障義。謂佛坐道樹以威德大勢降伏四魔得成正覺。鮮白是大慈悲色也。」
【一切法生界印】（印相）三種三昧耶印中之法界生三昧耶印也。
【一切佛頂輪王】（佛名）由佛眼尊流出之金輪佛頂也。以八輻輪爲其三昧耶形。瑜祇經曰、「一切佛頂輪王手持八輻金剛寶輪。」因攝一切佛頂輪王之略稱。
【一切菩薩眞言】（眞言）與普通種子心眞言同。見大日經持誦次第儀軌。
【一切種妙三昧】（術語）得此三昧、則得以一切種之功德莊嚴吾身。見智度論四十七。
【一切法界自身表】（術語）表者表現之義。於一切法界中表現自身、而使一切衆生知見、謂之一切法界自身表。大日經五曰、「法界生如來身。一切法界自身表化雲徧滿。」義釋十一曰、「一切法界自身表者、謂能令一切衆生悉知見也。謂如來身表普現色身、如彼大雲徧於法界也。雲是徧滿義也。言化身之雲徧滿於法界、徧於十方世界、不可限量也。」
【一切無上覺者句】（眞言）稱百光徧照眞言之𠲎暗字。大日經六曰、「此一切無上覺者句、於寺門尊處諸佛所說心。」
【一切無障法印明】（印相）左右爲刀印、而向外二頭指著於側。口誦娑誐嚩帝（世尊）蘇婆訶（成就）。見印田七。
【一切流攝守因經】（經名）佛說一切流攝守因經之略名。後漢安世高譯。一卷。
【一切如來諸法本性清淨蓮華三昧】（術語）稱大日如來所入西方妙觀察智大智慧門之蓮華三昧。由此而阿彌陀如來出生。見攝眞實經上。
【一切如來必定印】（術語）菩提心之德名也。以發一切如來菩提心、而爲必定之德名也。以發一切如來菩提心而爲必定成佛、稱此謂之一切如來必定印。大疏五曰「次一偈讚嘆行人發菩提心功德。卽以一切如來必定印、爲授大菩提記。」
【一切如來所生印明】（印相）又曰三三昧耶。攝百印底哩秘密法中卷所說不動尊之印明也。其文曰此印名爲功德母。佛法僧法住其中。請善明王及本尊、結此秘印、皆雲集。以此如來所生印想爲閼伽、奉獻諸佛菩薩諸尊賢聖供養念誦速得成就此印母之内傳(金剛堅固内相傳)佛心卽是五智(五指)秘於内心(掌中)教令彰於外相也。佛口云二空(二大指)入於掌中者、兩部大日之智德(秘)又人法二空之智(淺)也。二空之妙理卽諸法之本源兩部之極智乃衆德之總括佛法諸寶住其中卽此意也。二地豎開(檀慧堅開)係功德之母。譬如世間萬物皆自地出生。一切之功德均由菩提心(狃本不生之義)而生。今表此義卽二地(二小)豎開也。見不動瑜伽要鈔。

【一切如來金剛誓誡】(術語)如來三昧耶之本誓也。大疏九曰、「結三昧耶者。卽是必定師子吼說諸法平等義故立大誓願。當令一切衆生得如我故欲善爲衆生開淨知見故以此警覺衆生及諸佛故是故此三昧耶名爲一切如來金剛誓誡」。

【一切如來眼色如明照三摩地】(術語)佛眼三摩地也。大日如來住於此三摩地而說攝一切大阿闍梨位眞言。見瑜祇經大阿闍梨經品。

【一切如來寶冠三界法王灌頂】(修法)金剛頂經一曰、「成就一切如來金剛加持殊勝三昧耶智得一切如來寶冠三界法王灌頂」同疏二曰「如來在因位而入三昧耶智曼荼羅、加持阿闍梨弟子身中本有之如來藏性以成修眞言行菩薩之法益、則堪任傳授持明乃至印可等灌頂之階位、以此而爲初因、由三密四智印相應得一切如來之灌頂寶冠爲究竟三界之法王也」。

【一切如來普賢摩訶菩提薩埵三昧耶】(術語)大日如來東方金剛手菩薩出生之三昧耶也。見略出經註一。

【一切如來摩訶菩提金剛堅牢不空最勝成就種種事業三昧】(術語)稱北方不空成就佛之三摩地。見攝眞實經上。

【一切如來頂白傘蓋 Sarvatathāgatoṣṇisasit'ātapatra 經】(經名)原本爲散斯克利圖語。爲霍奇孫所發見。佛一時在三十三天時說其眉間傳出之神咒及其功德。漢譯佛典、似無可與之對當者。

【一切如來入三昧耶徧一切無能障礙力無等三昧力明妃】(眞言)入佛三昧耶眞言之德名也。

【一切法界決定智印】(術語)毘盧遮那之眞言乃至天龍八部之眞言皆爲使衆生入於法界而得決定智之法印。義釋八曰「欲令此中普皆成就悉地果故更說一切法界決定智印」。

【一切世尊最尊特身】(術語)稱毘盧遮那如來。大日經五曰、「其中如來一切世尊最尊特身」。

【一切處無不相應眞言】(眞言)四攝菩薩眞言也。參照四攝菩薩條。

【一切虛空極微塵數出生金剛威德大寶三昧】（術語）稱大日如來所入南方灌頂智大福德門之大寶三昧也。由此而出生寶生如來。見攝眞實經上。

【一分家】（流派）心識之一分說。即起認識作用之時。唯起於自體分。至於見分相分。乃自無始以來妄執之熏習。與能緣所緣相似而發現之遍計所執也。安慧所立。與難陀之二分說均非正義。

【一心】（術語）謂萬有之實體眞如也。止觀五上曰、「一心具十法界。」又唯一之信心不爲他心所奪。謂之一心。止觀四下曰、「一心者修此法時。一心專志更不餘緣。」探玄記三曰、「一心者心無異念故。」教行信證文類三末曰、「言一念者信心無二心故曰一念。是名一心。一心則淸淨報土眞因也。」又一心有事理之二種。無餘念爲事之一心。入實相爲理之一心。觀音義疏上曰、「一心歸憑更無二意。故名事一心也。（乃至）理一心者達此心自他共無因不可得。」

【一心合掌】（術語）心定於一處而合掌也。合掌者表一心。見「合掌」條。法華經信解品曰、「右膝着地一心合掌。」

【一心歸命】（術語）一心而歸順於佛也。淨土論曰、「世尊我一心歸命盡十方無礙光如來。願生安樂國。」

【一心正念】（術語）一心正念而歸於佛也。善導之觀經疏四曰、「西岸上有人喚言。汝一心正念直來。我能護汝。」

【一心稱名】（術語）一心而稱佛名也。法華經普門品曰、「聞是觀世音菩薩。一心稱名。觀世音菩薩。即時觀其音聲。皆得解脫。」

【一心專念】（術語）念佛之心專一也。往生論曰、「心常作願。一心專念。畢竟往生安樂國土。」善導之觀經疏四曰、「一心專念彌陀名號。行住坐臥。不問時節久遠。念念不捨者。是名正定之業。」

【一心念佛】（術語）念佛之心不二也。法華經安樂行品曰、「不獨入他家。若有因緣須獨入時。但一心念佛。」

【一心不亂】（術語）一心而不散亂也。阿彌陀經曰、「執持名號。若一日（乃至）若七日。一心不亂。」慈恩之阿彌陀經疏曰、「一心不亂者。專注無散也。」

【一心金剛寶戒】（術語）天台宗相傳之菩薩戒名。依梵網經而立此稱。又名圓頓戒。其戒相僅爲梵網之十重四十八輕戒。梵網經下曰、「我本盧舍那佛心地中初發心中常所誦一戒光明金剛寶戒。是一切佛本源。一切菩薩本源。」

【一心敬禮】（術語）敬禮三寶之心不二也。法華懺法之初、「一心敬禮十方一切常住佛。一心敬禮十方一切常住法。一心敬禮十方一切常住僧。」

【一心頂禮】（術語）一心頭面禮拜也。觀音懺法曰「一心頂禮本師釋迦牟尼世尊。」

【一心三觀】（術語）又曰圓融三觀、不可思議三觀、或不次第三觀。爲天台圓教之觀法、利根菩薩之所修習。原出於大智度論二十七所謂三智一心中得之文。又得中論觀四諦品衆因緣生法、我說卽是無、亦爲是假名、亦是中道義之意、天台智者大師之義因之而立。天台觀經疏曰「一心三觀者、此出釋論。論云三智實在一心中得、秖一觀而三觀、觀於一諦而三諦、故名一心三觀。類如一心而有生住滅、如此三相在一心中。此觀成時證一心三智。」又摩訶止觀五上曰、「一空一切空、無假中而不空、總空觀也。一假一切假、無空中而不假、總假觀也。一中一切中、無空假而不中、總中觀也。卽中論所說不可思議一心三觀。」蓋天台之意、在對於別教隔歷之次第三觀、而明圓教之不次第三觀也。別教之說、先修空觀、破見思之惑、得一切智而證眞諦之理、次修假觀、破塵沙之惑、得道種智而知假諦恒沙之法門、後修中觀、破無明之惑、得一切種智而證中道法身。故三觀次第而用之。圓教之說則不然、三觀融卽、於一心不縱不橫、恰如伊字之三點、又如一剎那之法有生住滅之三相、三卽非三、一卽非一。是故擧一觀、卽圓具三觀。謂擧一空觀、則假中亦空、以三觀悉能蕩相著故也。擧一假觀、則空中亦假、以三觀皆有立法之義故也。擧一中觀、則空假亦中、以三觀之當處皆爲絕對故也。是卽三觀只在一心、故得一一之觀、任運具三。如是三一圓融、修性泯絕、非次第而入、非並別而觀、故得三惑破於一時、三智發於一心。所以稱爲不可思議之三觀也。維摩經玄疏三明一心三觀有三意。一所觀之境、卽一念無明之心、因緣所生之十法界也。二能觀、觀此一念無明之心、圓照三諦之理。三證成、證一心三觀、卽是一心三智五眼也。古來惟天台一家、立一心三觀之論目。其餘諸教絕不說一心三觀之旨。又見維摩經略疏七及止觀輔行五之三。

【一心三智】（術語）三智於一心之上同時發得也。蓋在別教、修空觀得一切智、修假觀得道種智、修中道觀得一切種智、由如是次第之三觀次第發得三智。而在天台圓教、則三觀融於一心、故卽所發之三智、亦同時於一心證得、無前後並別。云原出大智度論二十七。彼文自爲問答曰「一心中得一切智、一切種智、斷一切煩惱習。今云何言以一切智具足得一切種智、以一切種智斷煩惱習。答曰實一切智一時得、此中爲令人信般若波羅蜜、故次第差別品說、欲令衆生得淸淨心、是故如是說。」卽是也。昔北齊之慧文、讀此文、豁然悟圓理之極致、以之授慧思、慧思以之傳智顗、智顗依之證得一心三觀一境三諦等之圓理、遂爲開立天台一宗之基。此所以同宗以龍樹爲高祖師也。

【一心三惑】（術語）見思塵沙無明三惑融鎔於一心之意。又曰同體三惑。止觀輔行六之三所謂「見思尙乃即是法性、豈有塵沙在見思外、豈有無明在二觀後、三惑既即、三觀必融」是也。蓋在別敎、此三惑其體各別、次第爲隔歷三觀所破。而圓敎則不然、唯就一惑之義用有麤中細之別邊、且不過分三惑。即迷於絕對之一理之一惑、麤分名爲見思、細分名爲塵沙、極細分名爲無明。一惑即三惑、故起一惑、從而障三諦、麤分之見思障眞諦、細分之塵沙障假諦。極細分之無明障中道。然覈其實則爲一心之三惑、故一見一思、其體無非法界、見思之外、別無塵沙無明之可見。且能破之三觀、既融即於一心、則所破之三惑、亦自同時必破也。

【一化】（術語）指如來一代之敎化而言。天台觀經疏曰「此約一化以明通」因一時化益之意。法華玄義一上曰「一期化導事理俱圓」三論玄義曰、「釋迦小乘一化徒然虛設」

【一化五味之敎】（術語）天台宗區別釋迦如來一代之敎法、爲華嚴時、阿含時、方等時、般若時、法華涅槃時之五時、此五時之敎法、託於涅槃經所出之五味喩、謂爲五味之敎。五味者乳酪、生酥、熟酥、醍醐、如其次第配於彼五時。見五味條。法華文句六下曰、「四大弟子。深得佛意。探領一化五味之敎。始終次第其文出此也」

【一分菩薩】（術語）受一分戒之菩薩也。瓔珞本業經下曰、「有受一分戒者。名一分菩薩乃至二分三分四分。十分名具足受戒」。

【一中】（術語）設齋食普及於一堂之中也。又云一普。聯燈會要洞山价禪師章曰、「令主事辦愚痴齋一中」。傳燈錄作一普。一普者及於一堂之義。象器箋十五有多解。

【一中一切中】（術語）空假中三觀之中、中不惟爲中觀之一、空觀假觀亦謂爲中也。止觀五上曰、「一中一切中。無空假而不中。總中觀也。」

【一中劫】（術語）一個之中劫時之名也。見劫條。

【一日】（術語）自日出至日沒之間也。

【一日經】（術語）在一日中將一部經寫完名爲一日經。

【一日齋】（行事）一日持八齋戒而精進也。

【一日佛】（術語）一日淸淨至暮、則

爲一日間之佛也。宗鏡錄二十三曰、「一念相應一念佛。一日相應一日佛。」

【一日三時】（術語）晨朝、日中、黃昏、也。一日分晝三時、夜三時。印度古代之風。阿彌陀經曰、「晝夜六時雨天曼陀羅華。」

【一月三舟】（譬喻）以月譬佛、三舟喻衆生之機感不同。謂同一之月、依舟之動止而所見各有異也。華嚴經疏鈔十六上曰、「譬猶朗月流影偏應。且澄江一月、三舟共觀。一舟停住、二舟南北。南者見月千里隨南、北者見月千里隨北。停住之者見月不移。設百千共觀、八方各去。則百千月各隨其去。」三藏法數四曰、「一月喻佛、三舟喻世間衆生。見佛不同。」

【一月三身】（譬喻）以一月譬法、報、應之三身。寶王論曰、「法身如月體、報身如月光、應身如月影。」蓋法身者常住之理。理體惟一。不遷不變、而能生出諸法、統攝萬事。猶如月體。一輪在天、影含衆水。報身爲寂照之智。智無自體、依理而發明了、一切無有差謬。猶如月光之照臨萬象。無有隱形。應身爲變化之用。用無自性、從體而起。有感則通、無感則不通。猶如月影有水則現、無水則不現。雖然此三者原是一體。惟從用而立名耳。

【一毛端】（術語）極少之稱。楞嚴經二曰、「不動道場、於一毛端偏能含受十萬國土。」

【一水四見】（譬喻）見一境四心條。

【一代】（雜語）人之一生也。

【一代教】（術語）釋迦如來自成道至滅度一代中所說大小乘之諸教也。止觀義例下曰、「一代教法會在法華。」

【一代五時佛法】（術語）天台宗區別釋迦一代之教法、爲華嚴、阿含、方等、般若、法華涅槃之五時。四教儀曰、「以五時八教判釋東流一代聖教。罄無不盡。」詳五時條。

【一代三段】（術語）總括釋尊一代之說教、視如一經、分爲序分、正宗分、流通分三段。華嚴、阿含、方等、般若諸經爲序分。無量義經、法華經、普賢觀經爲正宗分。涅槃經爲流通分。此日本日蓮上人依傍天台五時教判、主張法華經中心主義之名目也。見觀心本尊鈔四種三段下。

【一代半滿教】（術語）釋尊一代中所說有半字教、滿字教也。半滿教者、猶言大小乘。見半滿教條。

【一生果遂】（術語）於現在一生之間、經歷三往生也。第二十願、聞名係念之衆生果遂其志願。以三生果遂之義釋之。然眞宗以今生自雙樹林下往生之要門、轉入難思往生之眞門、更出方便眞門、歸入難思議往生之弘願、謂爲一生果遂。

【一生不犯】（術語）一生不犯戒律、不行婬、謂之一生不犯。

【一生補處】（術語）見彌勒條、因密教之釋義、一者一實之理、於初地菩薩之位、先得淨菩提心、自此一實出生無量之三昧總持門。乃至至於第十地、更有第十一地、即佛地之法、以一轉生補佛處、是名一生補處。大疏六曰、「今此經宗。言一生者。謂從一而生也。初得淨菩提心時、從一實之地發生無量無邊三昧總持尼門。如是一一地中次第增長、當知亦爾。迄至第十地滿足、未至第十一地、爾時從一實境界、具足發生一切莊嚴。唯少如來一位、未得證知。更有一轉法性生。即補佛處。故名一生補處。」梵 Eka-jāti-Pratibuddha

【一生補處菩薩最勝大三昧耶像】（圖像）稱三十臂之彌勒菩薩。見彌勒條。

【一生入妙覺】（術語）天台宗所說。三論唯識等他宗之法門、非經三大阿僧祇劫、不得至於佛位。(妙覺)然天台以圓頓之妙覺、傳之行之、則於現在世中得自凡夫位一躍直達於妙覺之佛果。謂之一生入妙覺。

【一生所繫菩薩】（術語）與一生補處菩薩同。見彌勒條。

【一句】（術語）表詮一个之義理者為一句。唯識論二曰、「名詮自性。句詮差別。」俱舍論五曰、「句者謂章。詮義究竟。如說諸行無常等章。」秘藏寶鑰中曰、「一句妙法億劫難遇。」碧巖錄七則垂示曰、「聲前一句。千聖不傳。」

【一句子】（術語）向上之那一句子。者語助。景德傳燈錄十四曰、「藥山上堂曰、我有一句子、未曾說向人。道吾出曰、相隨來也。」此為暗示無言無說無示無識之端的者。非云相對的言語文句之句。

【末後一句】（術語）臨終最末之一句。即示悟最要之一句也。證道歌曰、「一句了然超百億。」禪林句集乾曰、「一句定乾坤。一劍平天下。」

【一句投火】（故事）菩薩為聞一句之法而入大火坑也。佛祖統紀智禮傳曰、「半偈亡身。一句投火。」十華嚴經三十五曰、「若有人言。我有一句佛所說法、能淨菩薩行。汝今若能入大火坑、受極大苦、當以相與。菩薩爾時作如是念、我以一句佛所說法。淨菩薩行故、假令三千大千世界大火滿中。尚欲從於梵天之上、投身而下親。況小火坑而不能入。」

【一句道盡】（雜語）以一句道破真理無所有之意。宋竹庵頌曰、「中論因緣所生法。一句道盡無剩語。我說即是空假中。朱簾暮捲西山雨。」見稽古略四。

【一九】（術語）指彌陀而言。

【一九之教】（術語）彌陀之教。迦才淨土論上曰、「二八弘規。盛乎西土。一九之教。陵遲東夏。」

【一九之生】(術語)謂九品往生也。迦才淨土論上曰、「二八之觀齊闕一九之生同歸」。

【一由旬】(雜語)里程名。見由旬條。

【一由繕那】(雜語)由旬之新稱。見由旬條。

【一四天下】(界名)指須彌山四方之四大洲而言。東弗於逮、南閻浮提、西瞿耶尼、北鬱單越是也。見須彌條。

【一四句偈】(術語)四句所成之一偈文也。心地觀經二曰、「勸諸衆生、開發此心、以眞實法一四句偈施衆生、使向無上正等菩提、是爲眞實波羅蜜多。」

【一日多伽】(經名)又作一曰多伽。見十二部經條。

【一白三羯磨】(術語)授戒之作法也。略作白四。亦謂之白四羯磨。白者表白一白者、一讀表白文也。羯磨梵語、譯曰作業、即爲授戒作業之義、是亦一種表白之文。三羯磨者、三讀羯磨之表文也。雖均是表白、而最初對大衆告白某行授戒作法之表文謂之白。其次記授戒法於受者之表文、謂之羯磨。是爲完全受戒。然則白四、亦曰白四羯。表白與羯磨、讀四度表文之意也。是授戒之作法上最爲鄭重者。其白文如下。「大德僧聽。此某甲從和尚某甲、求受具足戒。此某甲今從衆僧、乞受具足戒。某甲爲和尚。某甲自說。清淨無諸難事。年滿二十。三衣鉢具。若僧時到。僧忍聽授某甲、具足戒某甲爲和尚。白如是。」其次羯磨「大德僧聽。此某甲從和尚某甲、求受具足戒。此某甲今從衆僧、乞受具足戒。某甲爲和尚。某甲自說。清淨無諸難事。年滿二十。三衣鉢具。僧今授某甲具足戒。某甲爲和尚。誰諸長老忍僧與某甲受具足戒。某甲爲和尚者默然、誰不忍者說。」見行事鈔資事記上三之二羯磨條。

【一字】(術語)一个之文字。名之極少也。俱舍論世間品曰、「極微字剎那色名時極少。」光記十二曰、「析名至一字爲名極少。」大方廣師子吼經曰、「法唯一字所謂無字。」

【一字文殊】(菩薩)以齒嚙或體哩呬淫一字爲眞言之文殊菩薩也。三摩耶形、爲於靑蓮華上載如意寶珠者。尊象爲童子形。金色。半跏坐千葉白蓮華上。左手執靑蓮華。其華上有如意寶珠。右手向外。五指垂下。作滿願之印。熙怡微笑。其首髻爲一髻。故又稱一髻文殊。以此菩薩爲本尊而修法、其法名一字文殊之法。祈產生虛疾等者修之。文殊師利根本一字陀羅尼經、謂「此咒能滅一切惡邪魍魎、是一切諸佛吉祥之法也。」一又謂「若有女人產難時、取阿吒盧沙迦根、或郎伽利迦根、誦之七遍、和以無蟲水摩之、塗於產女之臍中、兒即易生。或諸男子中箭之所鏃入筋骨拔之不出則以十年酥三兩、咒一百八遍安瘡中及食之則箭鏃卽出。」

【一字不說】（術語）佛雖說八萬四千之法而佛自證之法則非可以言說說。又所說之諸致有本來法性而非爲佛之創說。此義謂之一字不說。四卷楞伽經三曰、「我從某夜得最正覺乃至某夜入般涅槃於其中間乃至不說一字。」七卷楞伽經四曰、「大慧菩薩摩訶薩復白佛言世尊如世尊說。我於某夜成最正覺乃至某夜當入涅槃於其中間不說一字亦不已說亦不當說不說是佛說。世尊依何密意作如是語。佛言依二密法故。作如是說。云何二法。謂自證法及本住法。云何自證法。謂諸佛所證我亦同證不增不減證智所行離言說相離分別相離名字相。云何本住法。謂法本性如金等在鑛若佛出世若不出世法住法位法界法性皆悉常住。」金剛經曰、「須菩提於意如何。如來有所說法不。須菩提白佛言世尊如來無所說。」同經曰、「若人言如來有所說法卽爲謗佛。」

【一字禪】（術語）雲門接人好說一字謂之一字禪。碧巖六則評唱曰、「雲門尋常愛說三字禪顧鑒咦又說一字禪僧問殺父殺母佛前懺悔殺佛殺祖向什麼處懺悔。門云露。又問如何是正法眼藏。門云普。」大慧語錄十曰、「一字入公門九牛拔不出。」

【知之一字】（術語）唐釋宗密自荷澤得悟入之處謂知之一字。說破吾人之心性而無餘蘊。宗密之禪源都序上之二曰、「諸法如夢諸聖同說。故妄念本寂塵境本空。空寂之心靈知不昧卽是空寂之知。是汝眞性。任迷任悟。心本自知。不藉緣生不因境起。知之一字衆妙之門。」同上之二曰、「六代相傳皆如此也。至荷澤時他宗競播欲求默契不遇機緣又思達磨懸絲之記恐宗旨絕滅遂明言知之一字衆妙之門。」

【善解一字】（術語）一字者、指律字而言戒相種種皆解得律之一字也。涅槃經三曰、「善學戒律不近破戒見有所行隨順戒律心生歡喜如是能知律法所作善能解說是名律師善解一字。」四分律資持記下三之四曰、「一字卽律字以律訓法總合大小開遮重輕故雖博通指歸一字。」

【一字三禮】（術語）書經文每一字、三次禮拜三寶也。

【一字金輪】（佛名）見次項。

【一字金輪法】（修法）具云一字金輪佛頂法。金輪佛頂者、尊體之名以𑖥𑖿𑖨𑖳𑖽（勃嚕唵）之一字爲眞言故謂之一字金輪。其德廣大無邊勝於諸尊其種子𑖥𑖿𑖨𑖳𑖽名三身具足之呪爲秘中之甚秘者。三摩耶形爲八輻輪尊像爲黃金色或白色坐八葉白蓮華上手結智拳印頂有肉髻之形其上更有髮髻。形如輪王。故名。祈一切悉地及除災、修其法。是五佛頂尊之一也。大日經疏五曰、明五佛頂「此是釋迦如來五智之頂。於一切功德中。猶如輪王具大勢力。其狀皆作轉輪聖王形。謂頂有肉髻形。其上復有髮髻。卽是重髻也。」經軌如下。一字奇特佛頂經三卷、一字頂輪王念誦儀軌一卷菩提場所說一字頂輪王經五卷、一字佛頂輪王經六卷、一字頂輪王瑜伽經一卷金輪王佛頂要略念誦法一卷、金剛頂經一字頂輪王瑜伽一切時處念誦成佛儀軌一卷大陀羅尼末法中一字心呪經一卷、

【一字金輪佛頂法】（修法）一字金輪法之具名也。

【一字佛頂眞言與佛眼眞言】（眞言）一字佛頂輪王經曰、「卽說一字佛頂輪王呪曰娜莫（歸命）縛曼陀勃馱喃（普徧諸覺者）勃琳。（種子）」次世尊說佛眼呪曰、「大善男子。若所在方處持此佛頂呪者。五百由繕那出世世間一切呪王悉無成住。（中略）十地一切諸大菩薩。亦怖是呪威德神力。何況諸天小威力者。若常誦是一字佛頂輪王呪時。每當先誦此佛眼呪七徧。滿已又乃安誦是一字佛頂輪王呪。時數畢已又誦佛眼呪數一七徧。則得安穩無諸嬈惱。」眞言修行鈔二曰「一切散念誦之初誦佛眼眞言。以其爲三部之佛母故也。大金剛輪之眞言。以補闕分之故、最後誦之。又一字金輪眞言、爲悉地成就之呪。故誦之。但以一字呪之功德勝於餘呪、餘呪之威光皆隱、故於一字呪之後、密誦佛眼呪七徧、鴆鳥入海、鱗類悉死、此時入以犀角、必能蘇生。故於儀軌中以犀角譬佛眼呪。故深密之口傳、於一字之後密誦佛眼眞言七徧。

【一字業】（術語）修習菩提道場所說一字頂輪王經之行業。遮那業六種之一。日本台家六祖智證大師所設。見台宗學則上。

【一字輪王呪】（眞言）金輪佛頂尊之呪文也。Bhrūṃ 見密呪圓因往生集。

【一字佛頂輪王經】（經名）唐菩提流支譯。六卷。略曰五佛頂經。佛以金剛密跡主菩薩之請、入大三摩地、現大轉輪王之相、說一字佛頂輪王呪已、時大千震動、魔宮火起、地獄苦息、觀世音金剛主二大菩薩悶絕躃地。佛復說一切佛眼大明母呪、二大菩薩卽醒起身。次說白傘蓋頂輪王呪、次說光聚頂輪王呪、次說高頂輪王呪、共有十三品。

【一字頂輪王經】（經名）唐菩提流支譯、同上。

【一字經】（經名）菩提道場所說一字頂輪王經之略稱。

【一字布身德】（術語）大日經悉地成就品及轉字輪品所說。以阿之一字布於

身之一切處也。註轉字輪品曰、「或一切阿字。髮髻金色光住白蓮華台等同於仁者。」演奧鈔四十三曰、「或一切阿字者。謂以阿一字徧布金身。爲一曼茶羅也。」

【一百八】（名數）佛家慣用一百八字。又略作百八。

【一百八遍】（雜語）念佛之遍數一百八也。一百八本爲煩惱之數。量爲對治此煩惱。故貫數珠一百八顆。爲一百八遍之念佛。百八之曉鐘。亦此意也。見煩惱條下。

【一百八臂金剛藏王】（明王）胎藏界之曼陀羅。位於第十虛空藏院之忿怒尊。有一百八臂。持各種之器杖。見胎藏界曼陀羅大鈔五。

【一百八名陀羅尼經】（經名）聖多羅菩薩一百八名陀羅尼經之略名。

【一百八尊法身契印】（經名）金剛頂經毘盧遮那一百八尊法身契印之略名。

【一百八名梵讚】（書名）聖金剛手菩薩一百八名梵讚之略名。

【一百五十讚佛頌】（書名）尊者摩咥里制吒造。唐義淨譯。一卷。以百四十八頌讚嘆佛德者。

【一百一十城】（名數）善財童子以福城爲起點。次第南行而求善知識之城數。八十華嚴經七十八曰、「此長者子。曩於福城受文殊教。展轉南行。求善知識。經由一百一十善知識已。然後而來至於我所。」六十華嚴五十九曰、「彌勒說曰。此童子者。昔於頻陀伽羅城。受文殊師利教。求善知識。展轉經由一百一十諸善知識。聞菩薩行。心無疲倦。次至我所。」

【一百一十知識】（名數）善財童子所值之一百一十城善知識也。經之結文。雖言經由一百一十諸善知識。而實際所說者。祇有五十四處。遇五十五知識也。（德生與有德遇於同處）然結爲一百一十知識者。在五十五知識之下。以修行有當分與勝進二者。二倍之。故有此數也。又常曰五十三參者。謂五十五人中。文殊前後參兩度。又德生與有德在同處參見。各省去一名。故也。詳見五十三知識條。

【一百八尊契印】（經名）金剛頂經毘盧遮那一百八尊法身契印之略稱。

【一向】（術語）意向於一處。無餘念。無散亂之心也。六十華嚴經五曰、「一向信如來。其心不退轉。」無量壽經下曰、「一向專念無量壽佛。」善導之觀經疏四曰、「一向專稱彌陀佛名。」探玄記八曰、「情無異念。故云一向。」因一向者。全也。專也。偏也。藥師經曰、「彼佛國土。一向清淨。無有女人。」

【一向宗】（流派）日本眞宗之別名。以一向念佛爲宗旨故名。

【一向記】（術語）一向人問與以決定

之答也。俱舍論十九曰、「若作是問。一切有情皆當死不。應一向記。一切有情皆定當死。」

【一向出生菩薩經】（經名）佛說一向出生菩薩經、一卷。隋闍那掘多譯。攝於秘密部。對舍利弗說所謂入無邊門之陀羅尼者。

【一向小乘寺】（雜語）總稱一向專學小乘不兼大乘之寺。非一寺之名。見大藏日本撰述部之顯戒論。

【一向大乘寺】（雜語）總稱一向專習大乘不兼小乘之寺。非一寺之名。見大藏日本撰述部之顯戒論。

【一印】（術語）一印相也、一印契也。見印相條。

【一印頓成】（術語）習得一印相而頓得成佛之利益也。因一法印之意、謂諸法實相唯一不二之眞理也。玄義八之上曰、「釋論云。諸小乘經。若有無常無我涅槃三印印之。卽是佛說。（中略）大乘經但有一法印。謂諸法實相。」

【一印會】（術語）金剛界九會曼荼羅之第六會。見九會曼荼羅條。

【一印二明】（術語）金胎兩部之大日菩薩印。皆爲徧法界無所不至之塔印。其眞言、金大日爲[vaṃ]、胎大日爲[a vi ra hūṃ khaṃ]之五字明。金剛頂經曰、「諸法本不生。（一地）自性離言說。（一水）清淨無垢染。（一火）回業等虛空。（一風一空）」是說無所不至之塔印也。因大日經眞言品曰、「我覺本不生。（一地）出過語言道。（一水）諸過行解脫。（一火）遠離於因緣。（一風）知空等虛空。（一空）」是亦說無所不至之塔印也。然則兩部之大日俱以塔婆爲三昧耶行。故爲一印。而兩部大日之種子[a][vaṃ]兩相交替。故爲二明。是曰一印二明。初傳法時、爲秘而不授之印明。原雙紙云、「師傳云、體不變故印爲一也。說交替故眞言爲兩種也。」口傳云。體不變、故爲六大法界之體、無相無分別之義。說交替故爲設說之義也。又體不變者爲口決云兩部皆爲一種之法身。故印爲一也。住於理而說胎名曰胎藏部。住於智而說金名曰金剛頂部。故說有兩種。問以[a]等五字爲六大法界之眞言可乎。以[vaṃ]之一字、亦爲法界之眞言如何。答曰。[vaṃ]爲水大之種子。此[vaṃ]字引長則其響爲[a]字。卽地大之種子。而於此地大之方形。切於角違。卽爲[ra]字之三角火轉。又折半此水圓形。卽爲[ha]字之半月風輪。又於風大之半月合火大之三角、則爲[kha]字之團形虛空輪。故[vaṃ]字具五大之種子。見頼瑜秘記

【一色】（術語）一色也。爲微細之意。

【一色一香無非中道】（雜語）一色一香雖爲微細之物、而盡有中道實相之本

體。天台立空假中之三觀而照一切諸法。爲悟之極處。止觀一上曰、「繫緣法界。一念法界一色一香無非中道。已界及佛界衆生界亦然。」

【一行】（人名）直隸鉅鹿人、姓張、本名遂。初就普寂出家。强記非凡、遊諸方究律藏。又得歷數算法之秘訣。唐玄宗聞其名、開元三年、勅入禁廷。九年撰大衍歷九卷。十一年製黃道儀。善無畏來、師就習密敎。參與譯經。且撰大日經疏。又遇金剛智受秘密灌頂。十五年寂於華嚴寺。年四十五。諡大慧禪師。所著有大日經疏二十卷、七曜星辰別行法一卷、北斗七星護摩法一卷、梵天火羅九曜一卷、大毘盧遮那佛眼修行儀軌一卷、宿曜儀軌一卷、華嚴海印懺儀四十二卷等。見宋高僧傳五。佛祖通載十六。

【一行】（術語）專於一事也。善導之觀經疏一曰、「成佛之法。要須萬行圓備方乃剋成。豈將念佛一行卽望成。」

【一行三昧】（術語）心定於一行而修三昧也。又名眞如三昧。或一相三昧。三藏法數四曰、「一行三昧者。惟專一行修習正定也。」此有事理二種。理之一行三昧者。爲定心觀眞如之一理也。文殊般若經下曰、「法界一相。繫緣法界。是名一行三昧。（中略）入一行三昧者。盡知恒沙諸佛法界無差別相。」起信論曰、「依是三昧故則知法界一相。謂一切諸佛法身與衆生身平等無二。卽名一行三昧。當知眞如是三昧根本。」六祖壇經曰、「若於一切處行住坐臥。純一直心。不動道場直成淨土。此名一行三昧。」次事之一行三昧、卽念佛三昧之異名。一心念佛也。文殊般若經下曰、「若善男子善女人欲入一行三昧。應處空閑。捨諸亂意。不取相貌。繫心一佛。專稱名字。隨佛方所端身正向。能於一佛。念念相續。卽是念中能見過去未來現在諸佛。」見起信論義記下、末安樂集下、往生禮讚。

【一行一切行】（術語）言一行中具一切之行也。故稱之曰圓行。華嚴天台諸宗所立之妙行、皆是。止觀一上曰、「衆生有大精進勇猛。佛說一行一切行。則四三昧。」探玄記一曰、「一行卽一切行。初發心時。便成正覺。具足慧身。不由他悟。」

【一光三尊】（圖像）彌陀如來與觀音菩薩、勢至菩薩、三尊。或釋迦與藥王藥上三尊、立於一光明中。謂之一光三尊。

【一成】（術語）一人成道或一事成就也。

【一成一切成】（術語）一人成道卽萬人成道。一事成就卽萬事成就。一切例皆然。名之爲事事無礙法界。此爲華嚴經所明。華嚴大疏二曰、「有分之事。全同無分之理、故一小塵卽徧法界。（中略）出現品云。如來成正覺時於其身中普見一切衆生成正覺。(中略)理徧事故一成一切成」

【一地】(譬喻)　以地譬衆生之佛性。一切之草木種子皆依地而生、一切之善根功德皆依一佛性而生也。法華經藥草喩品曰、「一地所生」文句七上曰、「地實相也。究竟非二故名一」法華義疏八曰「一相謂一實相合一地也」

【一多相容不同門】(術語)　十玄門之一。詳見玄門條下。

【一如】(術語)　一者不二之義。如者不異之義。名不二不異曰一如。卽眞如之理也。三藏法數四曰、「不二不異名曰一如。卽眞如之理也」文殊般若經下曰、「不思議佛法等無分別。皆乘一如成最正覺」讚彌陀偈曰、「同乘一如號正覺」敎行信證四曰「法性卽是眞如眞如卽是一如」密敎以事事物物曰理稱其理彼此同相曰一如。故與顯敎諸法同體之一如差異、蓋顯敎之一如、一法界也。密敎之一如、多法界也。吽字義曰、「同一多如。多故如如」図(人名)　明上天竺寺之僧。撰法華科註。並撰大明三藏法數。見續稽古略三。

【一如頓證】(術語)　十方之人同乘一如之理而頓證菩提也。図一眞如也。止觀八下曰、「魔界如佛界如。一如無二如」輔行八之三曰、「魔佛理一。故名爲如」

【一如觀音】(圖像)　三十三觀音之一。爲乘雲飛行之像。

【一因】(術語)　一個之原因也。俱舍論六曰、「一因生法決定無有」瑜伽論釋曰、「證得一因卽成佛道」

【一妄】(術語)　一片迷妄之心也。宗鏡錄一曰、「一翳在目千華亂空一妄在心恒沙生滅」

【一合相】(術語)　世界爲微塵之集合者。故稱世界爲一合相。華嚴經大疏演義鈔曰、「一合相者衆緣和合故攬衆微以成於色。合五陰等以成於人名一合相」

【一回忌】(術語)　又名一周忌。死後滿一年之忌日也。此日多請僧行佛事。儒家曰小祥。十王經曰、「一年過此轉苦辛男女修齋福業因。六道輪回仍未定。造經造佛出迷津」詳見年忌條。

【一那由多】(術語)　數名。詳見那由他條。

【一念】(術語)　其說有二。(一)極短促之時刻也。文句八上曰、「一念時節極促也」敎行信證文類三末曰、「一念者斯顯信樂開發時尅之極促」觀無量壽經曰、「如一念頃卽生彼國七寶池中」然其時限諸說不同。仁王般若經上曰、「九十刹那爲一念。一念中之一刹那經九百生滅」往生論註上曰、「百一生滅名爲一刹那。六十刹那名爲一念。」摩訶僧祇律十七則謂「二十念名爲一瞬頃、二十瞬名爲一彈指、二十彈指名爲一羅豫、二十羅豫名爲一須臾、日極長時有十八須臾、夜極短時有十二須臾、夜極長時有十八須臾、日極短時有十二須臾。」此卽一晝夜爲三十須臾、一須臾二十分爲一羅豫、一羅豫二十分爲一彈指、一彈指二十分爲一瞬、一瞬二十分卽爲一念之說也。又大智度論三十、引經論謂「一彈指頃有六十念。」華嚴探玄記十八、謂「刹那玆云念頃、一彈指頃有六十刹那。」此二說可爲同意。彼翻譯名義集五謂「刹那毘曇翻爲一念」者、亦卽以一念與一刹那解爲同義也。(二)思念對境一次也。其義亦多。如天台以陰妄刹那之心名爲一念。又或以本覺靈知之自性謂爲一念。淨土門諸派、以古來一念多念之論盛行、隨而一念之解、其說不一、如日本幸西氏稱彌陀果體所成就之佛智、謂爲一念、所謂「一乘卽弘願、弘願卽佛智、佛智卽一念」是也。如日本親鸞氏以聞名信喜之心、名爲一念、教行信證六、所謂「一念云者、信心無二心故曰一念、是名爲一心」是也。又依選擇集上、則謂「念與聲是一」、其證則引觀經下品下生「使聲不絕具足十念稱南無阿彌陀佛」、論十念卽爲十聲。故誦經謂之念經、誦法華謂之念法華、稱佛名謂之念佛。凡念字之義、雖通於觀念稱念、而彌陀之本願爲稱念、故一念十念之念、卽指稱佛之聲也。按義寂之無量壽經疏曰、「此言念者、謂稱南無阿彌陀佛。經此六字頃、名一念。」同疏一曰、「言一念者、以事究竟爲一念、非唯生滅刹那等。」無量壽經上曰「乃至十念。」同下曰「乃至一念。」卽一念十念之義也。

【一念義多念義】(流派)　又曰一念往生、多念往生。日本源空上人立念佛往生之宗、出其門者非一人、異解頗多。幸西立一念義。一念義者、凡夫之信心與佛智之一念相應、往生之業事自然成辦、不須多念之念佛也。隆寬立多念義、積念佛之功、往生之業事始爲成辦、故一生之間念念相續、以待臨終百萬遍之類也。

【一念隨喜】(術語)　歸依於法而信服之之念也。法華經法師品曰、「如是等類。咸於佛前聞妙法華經一偈一句、乃至一念隨喜者。我皆與授記、當得阿耨多羅三藐三菩提。」

【一念三千】(術語)　天台宗之觀法、觀一念之心而具三千諸法也。一心三觀、北齊慧文禪師於中論發之、一念三千、天台大師於法華經發之。三千者地獄、餓鬼、畜生、阿羅修、人天、聲聞、緣覺、菩薩、佛之境界爲界、據由圓融之妙理、此十界互具十界、則相乘而爲百界、百界一一有性、相、體、力、作、因、緣、果、報、本末究竟十如之義、則相乘而爲千如、此千如各有衆生國土五陰三世間之別、則相乘而爲三千世間。於是一切之法盡矣。止觀五上曰「夫一心具十法界。一法界又具十法界百法界。一界具三十種世間。百法界即具三千種世間。此三千在一念心。若無心而已。介爾有心即具三千」止觀五曰「問一念具十法界。爲作念具。爲任運具。答諸性自爾。非作所成。如一微塵具十方分」

【一念不生】（術語）超越念慮之境界也。五教章上之三曰「頓教者。言說頓絕。理性頓顯。解行頓成。一念不生即是佛等」頓教爲華嚴宗所立五教之一、禪之宗旨當之。冠註曰「通路云。一念不生等者。即心本是佛。妄起故爲衆生。一念妄心不生。何謂不得名佛。故達磨碑云。心有也曠劫而滯凡夫。心無也剎那而登正覺」華嚴清涼國師對則天武后之語曰「若一念不生。則前後際斷。照體獨立。物我皆如」見稽古略三。

【一念相應】（術語）（一）謂無間道金剛喩定相應之智唯爲一剎那也。大般若經三百九十三有曰「從此無間以一剎那金剛喩定相應妙慧、永斷一切煩惱所知二障麤重習氣相續、證得無上正等菩提」起信論云「如菩薩地盡滿足方便、一念相應、覺心初起、心無初相、遠離微細念、故得見心性、心即常住、名究竟覺」又天台通教以一念相應之慧頓斷殘習、現滯劣勝應身而成佛云。是等爲於無間道斷盡最後一品習氣之慧名一念相應也。（二）謂與靈知自性之一念相應也。法華玄義二曰、「果即一念相應、大覺朗然、無上菩提爲習果」蓋一念者、爲靈知之自性、即始覺與彼本覺靈知之性冥然不二、故曰一念相應。是等爲佛果之理智冥合不二之當體名一念相應也。

【一念相應慧】（術語）是定慧相應之一念、理智相應之一念、將成佛時之智慧也。智度論九十二曰、「住如金剛三昧、用一念相應慧、得阿耨多羅三藐三菩提。是時名爲佛。一切法中得自在」起信論曰、「如菩薩地盡滿足方便。一念相應覺心初起。心無初相」

【一念業成】（術語）一念信阿彌陀佛之本願而往生淨土之業成辦也。

【一念萬年】（術語）謂剎那一念之心而攝萬年之歲月無餘。

【一念逾新羅】（雜語）即一念已逾海外之意。傳燈錄曰、「有僧問盛禪師、如何是覿面事、師曰、新羅國去也」東坡詩曰、「我生乘化日夜逝、坐覺一念逾新羅」

【一佛】（雜語）一人之佛陀也。

【一佛成道】（雜語）一佛成道於世間、則法界盡受其德。金剛錍曰、「一佛成道。法界無非此佛依正」

【一佛土】（術語）與一佛世界同。往生論曰「於一佛土身不動搖而遍十方種種應化。」又同一佛土即彌陀之淨土也。

【一佛乘】（術語）唯一成佛之敎法。是法華經所說。法華經方便品曰「十方佛土中唯有一佛乘。」同品曰「但以一佛乘故。爲衆生說法」同品曰「於一佛乘分別說三。」金剛頂一字頂輪王儀軌經曰「十方刹土中唯有一佛乘如來之頂法等指諸佛體。是故名智拳。」

【一佛世界】（術語）謂一佛所化之世界也。又曰一佛土或一佛國土。中阿含經十七謂二佛無同時出現者。恰如轉輪聖王。一四天下同時無二人云。此爲一佛敎化。普及須彌四洲。更不須餘佛出世之意。即一佛所化之世界爲一四天下之說也。然智度論五十曰、明五重世界。謂三千大千世界爲一世界。數之至恒沙。謂之一佛世界。復數之至恒沙。謂之一佛世界海。復數之至恒沙。謂之一佛世界種。復至其數無量。謂之一佛世界云。此論文第二重與第五重。雖同爲一佛世界。而五敎章卷下。取華嚴之意。改第二重爲世界性。第五重爲一佛世界。此爲終敎所談一佛所化之範圍也。

【一佛多佛】（術語）大乘有多世界一時出現多佛之論。在小乘則有異說。詳見佛條。

【一佛淨土】（術語）從一般之佛土、稱彌陀淨土曰一佛淨土。十疑論曰「閻浮提之衆生。心濁多亂。偏讚一佛淨土。使專心一境。即得往生。若總念一切佛。境寬則心散漫。三昧難成。故不得生」又一佛土即一佛淨土。皆指彌陀之淨土而言。

【一坐食】（術語）謂比丘受頭陀法者。不數數食。及小食等。唯受一坐食。法於一坐中食令滿足。更無坐食。設未滿足。有因緣起者。亦無更坐食。故名一坐食。

【一即十】（術語）所謂一即十者。乃一至十之數。均由一相纍而成。若以一爲本數。即單位。則舍一而不能有二至十。此所以一即二。一即三。以至一即十也。易言之。二乃由本數之一爲始。漸次成而爲二。一之外別無二之本體也。由此以推。十亦由本數之一爲始。漸次成而爲十。一之外別無十之本體也。由是論之。一乃組成他數之一。非自性之一。若果爲自性之一。則一終爲一。不能成二至十之數。既能成二至十之數。其爲組成他數之一可知矣。故此時所論之本數之一。爲有體數。二至十爲無體數。即空也。故一十相即。又一爲有力數。二至十爲無力數。故一十相入。根據此法而詳論之。一塵爲主。一切佛土悉在此中。一念爲主。無量之時劫亦盡在其中。此即大陀羅尼緣起之法門。華嚴一家之盛談者也。又一即多之意義。與上相同。見五教章中。

【一即三】（術語）言一乘教即三乘教之意也。

【一即六】（術語）謂眼等六根之中、一根返於真性則餘五根亦得解脫也。楞嚴經六曰「一根既返源。六根成解脫。」又「六根亦如是。元依一精明分成六和合。一處成休復。六用皆不成。」

【一即多多即一】（術語）見一即十條。

【一即一切一切即一】（術語）一與一切融即。其體無礙也。指月錄四曰、「三祖僧璨信心銘曰一即一切。一切即一。但能如是。何慮不畢。筆削記一曰、「一即一切。一切即一。一入一切。一切入一。互為主伴。」傳心法要下曰、「若能了知心外無境。境外無心。心境無二。一切即一心。心即一切。更無罣礙。」又曰「一即一切。一切即一。諸佛圓通。更無增減。流入六道。處處皆圓。萬類之中。個個是佛。譬如一團水銀分散諸處顆顆皆圓。若不分時祗是一塊。此一即一切。一切即一。種種形貌喻如屋舍。捨驢屋入人屋。捨人身至天身乃至聲聞緣覺菩薩佛屋。皆是汝取捨處。所以有別。本源之性。何得有別。」永嘉禪師云「一性圓通一切性。一法徧含一切法。一月普現一切水。一切水月一月攝。諸佛法身入我性。我性同共如來合。」華嚴經第九初發心菩薩功德品曰「一切中知一。一中知一切。」是為佛教中最究極之說。蓋以萬有之法在真如法界中。雖現種種之差別相而其本體中則無絲毫之差別。種種之法。悉為絕對而與一切法鎔融時。知其一。即知一切。如嘗海水一滴。即能知一切大海水之鹹味也。此妙旨在華嚴天台兩家發揮最多。即約觀法而為一空一切空。一假一切假。一中一切中之說。以一心三觀示一境三諦之圓理。約觀境而傳一心一切心。一陰一切陰。一境一切境等之幽意。更於諸法上說一塵一切塵。一法一切法。一界一切界。一國土一切國土。一相一切相。一色一切色。一毛孔一切毛孔。一衆生一切衆生。一身一切身。一人一切人。一字一切字。一識一切識等。或約修證迷悟等使明一斷一切斷。一行一切行。一位一切位。一障一切障。一修一切修。一證一切證。一顯一切顯。一欲一切欲。一魔一切魔。一佛一切佛。一入一切入。一佛一切佛。一智一切智。一理一切理。一究竟一切究竟。一門一切門。一種一切種。一受一切受等。又約破立權實而為一破一切破。一立一切立。一權一切權。一實一切實等之解釋也。

【一形】（術語）謂人之形骸存續之期間也。又名一期一生涯。

【一劫】（名數）一個之劫也。劫示長時。為梵語。有大中小之三劫。詳見劫條。

【一吹】（雜語）劫滅之失火、人一吹之、極言其力之弱小。佛藏經上曰、「譬如劫盡大火燒時、人以一唾能滅此火。又以一吹還成世界及諸天宮。於意如何爲希有不。」

【一肘】（雜語）印度尺數名。俱舍論十二謂七麥爲一指節、三指節爲一指、橫列二十四指爲一肘、竪布四肘爲一弓。西域記二謂七宿麥爲一指節、二十四指爲一肘、四肘爲一弓。據此而論、俱舍論之一肘、當一指節之七十二倍。西域記之說、僅當二十四倍。人指之廣狹不同、肘之長亦無一定、惟有一說、一尺八寸乃至一尺四寸爲一肘、佛之量倍之。

【一禿乘】（術語）斥佛道不具功德者之謂。止觀七下曰、「祇一禿乘、無法門具度。」

【一角仙人】（人名）又名獨角仙人。過去久遠之昔、於波羅奈山中由鹿腹而生、頭有一角、形如人、故以爲名。及長修禪定而得通力、因惑於名扇陀之婬女、遂失其通力、出山爲國之大臣。此一角仙人卽今之釋尊也。扇陀卽今之耶輸多羅女也。見智度論十七、經律異相三十九。

【一位一切位】（術語）言得一位、則同時得一切位也。爲華嚴經所明。與一門普門同。探玄記一曰、「圓教者、明一位卽一切位、一切位卽一位。」同卷曰、「若依普門、一位卽一切位、故亦一運卽一切運、名不思議乘。」

【一法】（術語）一切事物盡備法則、故總名爲法。一法者、猶言一事一物也。三藏法數四曰、「法卽規則之義。」華嚴經十三曰、「惟以一法得出離。」

【一法若有】（公案）「僧問古德、一法若有、毘盧墮在凡夫。萬法若無、普賢失其體界。去此二途、請師速道。」見會元十七、葛藤集下。

【一法身】（術語）一個之法身。華嚴經十三曰、「一切諸佛身、惟是一法身。」見法身條。

【一法印】（術語）對小乘之三法印、稱大乘之實印相曰一法印。又有一實相印之名、卽諸法實相之理也。妙玄八之上曰、「釋論云、諸小乘經、若有無常無我涅槃三印印之、卽是佛說、修之得道。無三法印、卽是魔說。大乘經但有一法印、謂諸法實相。」

【一法句】（術語）謂一法也。句爲章句之義、卽謂絕待無爲清淨之法身也。天親之淨土論、分極樂國土之莊嚴功德爲十七句、如來之莊嚴功德爲八句、菩薩之莊嚴功德爲四句、總爲三種功德二十九句。此二十九句之莊嚴、略說之、則說入一法句。且自解之曰、一法句者、淸淨句也。淸淨句者、眞實智慧無爲法身也。蓋彼論立奢摩他（止）毘婆舍那（觀）之二觀中觀二十九句現象之差別。卽爲毘婆舍那觀一法理體之平等卽爲奢摩他。初雖別觀奢摩他毘婆舍那而其機純熟則止觀俱行成柔輭心二十九句卽爲一法句、一法句卽爲二十九句廣略相入得如實知見差別卽平等平等卽差別之妙理。

【一法界】（術語）眞如之理體也。界、爲所依及所因之義。眞如爲生聖法之所依所因。故曰法界。唯一無二。故名一也。起信論曰「心眞如者。卽是一法界大總相法門體」義記中本曰、「一法界者。卽無二眞心爲一法界。此非算數之一。謂如理虛融平等不二。故稱爲一。依生聖法故云法界。中邊論云。法界者聖法因爲義。故是故說法界。聖法依此境生。此中因義是界義故也」

【一法界心】（術語）超絕有無而離差別之心。二教論上曰、「一法界心。非百非。背千是」

【一味】（術語）如來之教法、譬如甘味。教法之理趣唯一無二。故名一味。法華經藥草喩品曰、「如來說法一相一味」涅槃經五曰、「又解脫者名爲一味」深密經四曰、「徧一切一味相勝義諦」三藏法數四曰、「一味者喩法華一乘之教也」法華經義疏八曰「一味謂一智味合上一雨也」

【一味禪】（術語）對階段的漸進的之禪而名頓悟頓入之禪曰一味禪。瑯琊代辭編三十二曰、「有僧辭歸宗。云往諸方學五味禪。歸宗云我這裏有一味禪。爲甚不學。

【一味瀉瓶】（術語）又曰瀉瓶。一瓶之水瀉於他瓶。毫無餘滴遺漏。以譬師資相承無遺餘也。八宗綱要上曰、「佛滅百年寫瓶無遺」

【一味蘊】（術語）無始已來、一味相續而轉之細意識也。是於經量部爲輪廻之主體者。見異部宗輪論。

【一剎】（術語）Kṣetra 一國土也。剎、掣多羅之略名。譯作土田。一佛濟度之境。以三千大千世界爲一剎。見名義集七。

【一剎那】（術語）Kṣaṇa 謂時之極少。曰一剎那。俱舍論十二曰、「極微字剎那、色名時極少」仁王經上曰、「九十剎那爲一念。一念中一剎那經九百生滅」俱舍論十二曰、「何等名爲一剎那量。衆緣和合法得自體頃。或有動法行度一極微。對法諸師說如壯士一疾彈指頃六十五剎那。如是名爲一剎那量」無性攝論六曰、「處夢謂經年。寤乃須臾頃。故時雖無量攝在一剎那」

【一盲】（雜名）一個盲目者。

【一盲引衆盲】（譬喩）無門關曰、「拚身能捨命。一盲引衆盲。」

【一門】（譬喩）謂出生死之道、譬如門也。法華經譬喩品曰、「唯有一門。而復狹小。」文句五上曰、「門者出要路也。」楞嚴經一曰「十方如來一門超出妙莊嚴路。」又入涅槃之門也安樂集上曰、「唯有淨土一門可通入路。」

【一門普門】（術語）亦曰一門卽普門言通一法則達一切法之道理也。大日經疏一曰、「從此一門得入法界卽是普入一切法界門也。」

【一空】（術語）三藏法數四曰、「一空者謂一切諸法皆無自性若色若心若依若正乃至聖凡因果之法雖種種不同求其體性畢竟皆空。」寂調音所問經五曰、「如瓦器中空寶器中空俱同一空無二無別。」止觀七上曰、「方等云大空小空皆歸一空。」一空卽法性實相宋高僧傳五澄觀傳曰、「寂寥於萬化之域動用於一空之中。」

【一空一切空】（雜語）空假中三觀中空不唯爲空之、假中皆爲空也。止觀五上曰、「一空一切空無假中而不空。總空觀也。」

【一周忌】（行事）又名一回忌死後滿一年之忌日。儒家名小祥。見年忌條。

【一周關】（雜語）與一周忌同。

【一來向】（術語）四向之一、詳見四向條。

【一來果】（術語）四果之一、詳見四果條。

【一明】（術語）一陀羅尼也。明爲眞言陀羅尼之異名此從佛口所出之陀羅尼、猶佛身所出之光明故以爲名。大日經疏十二曰、「破除一切無明煩惱之闇故名之爲明然明及眞言義有差別若心口出者名眞言從一切身分任運生者名之爲明也。」

【一雨】（譬喩）敎法之一味譬之雨、佛雖說一味之法然衆生隨機緣而有差別、如草木之於雨然。法華藥草喩品曰、「一雨所潤。」法華義疏八曰、「一味謂一智味、合上一雨也。」

【一往】（雜語）一渡也、一通也。止觀七上曰、「一往然二往不然。」法華諭記二曰、「一往三藏名爲小乘再往三敎名爲小乘。」文句記五上曰、「言非盡理故云一往。」

【一宗】（術語）一個宗旨也又指吾宗而言西方要訣曰、「依此一宗。」輔行一之一曰、「一宗敎門文無假以爲總者。」迦才淨土論曰、「此之一宗竊爲要路。」

【一炷】（雜語）燒香一次又燈明一次。楞嚴經六曰、「於身上爇一香炷。」

【一物不將來】（術語）公案名言本來無一物之消息卽向上屋裏空界無物今一物亦不將來之意也。從容錄第五十七則曰、「嚴陽尊者問趙州、一物不將來時如何。州云放下著。嚴云一物不將來放下個甚麼。州云恁麼則擔取去。」是問一物不將來卽爲旣擔一物來。故爲趙州所勘破。

【一放一收】（雜語）一次把住、一次放行也。是爲師家應學人機根之活手段。把住者抑學人。放行者縱學人。一放之時、森森羅列。一收之時、空界無物。謂擒縱與奪有自在之狀也。見碧巖錄第九十九則。

【一枝花】（雜名）禪家語。謂金波羅華爲一枝花。

【一陀羅尼】（術語）陀羅尼一章。如尊勝陀羅尼、千手陀羅尼等。

【一相】（術語）（一）謂爲無二之相。卽言無差別之諸相、平等一味也。法華經譬喩品曰、「是皆一相一種、聖所稱嘆。」維摩經弟子品曰、「不壞於身而隨一相。」注肇曰、萬物齊旨。是非同觀。一相也。然則身卽一相。豈待壞身滅體而後謂之一相乎。（二）對於異相而言。計一切法唯從一元而生之外道見解也。外道小乘四宗論、謂一切法言一者、外道僧佉論師之說也。蓋中論八不中之非一卽非此僧佉之計。起信論謂眞如自性非一相、亦破此計。

【一相一味】（術語）一相者、衆生之心體。詮一實之眞如也。一味者、如來之敎法。詮一實之理也。文句七上曰、一相者、衆生之心同一眞如相、是一地也。一味者、一乘之法。同詮一理、是一雨也。法華經義疏八曰、「一相謂一實相、合一地也。一味謂一智味、合上一雨也。

【一相三昧】（術語）禪定之名。六祖壇經曰、「若於一切處而不住相、於彼相中、不生憎愛、亦無取捨。不念利益成壞等事、安閒恬靜、虛融澹泊、此名一相三昧。」

【一相無相】（術語）渾然而現一相、爲無相之意。智度論二十七曰、「一相所謂無相。」

【一相智】（術語）證悟諸法一實相之智也。智度論六曰、「以此方便敎諸弟子入一相智。」

【一相法門】（術語）文殊功德莊嚴經下曰、「智上菩薩言文殊師利、以何一相而說於法。文殊師利言、善男子、云何所說一相法耶。智上菩薩答曰、文殊師利、不見蘊及處界、亦非無見、亦非有見。於法無分別、亦無所分別。又不於法而見積集、亦不於法而見散失。是卽名爲一相法門。（一）師子勇猛雷音菩薩曰、若於法性不違法性、不作種種分別、是凡夫法、是聲聞法、是緣覺法、是如來法、入於一相、謂遠離相。是卽名爲一相法門。（二）善見菩薩曰、若修行眞如、而於眞如無所思惟、亦不分別。此是甚深。是卽名爲一相法門。（三）無盡辨菩薩曰、諸法皆盡究竟盡者、乃曰無盡。說一切法不可盡者、是卽名爲一相法門。（四）善思惟菩薩曰、若於思惟入不思惟、彼無所思、亦不可得、是卽名爲一相法門。(五)離塵菩薩曰、若究竟不染於一切相、染無所染、亦不愛、不恚、不癡、不作、一不作異、亦非作、亦非不作、不取、不捨、是卽名爲一相法門。(六)娑蘖羅菩薩曰、若入甚深法、難測如大海、而於正法亦不分別、如是住、如是說、於自無所思、於他無所說、是卽名爲一相法門。(七)月上童眞菩薩曰、若思惟一切有情平等如月、而亦不思我及有情、如是說者、是卽名爲一相法門。(八)攝一切憂闇菩薩曰、若遇憂感而無所憂、而於憂箭亦不疲厭、云何有情起於憂根、所謂於我若有於我住平等者、是卽名爲一相法門。(九)無所緣菩薩曰、若不緣欲界、不緣色無色界、不緣聲聞獨覺之法、不緣佛法、如是說者、是卽名爲一相法門。(十)普見菩薩曰、若說法者應平等說、其平等者、所謂空性、不於空性思惟平等、於平等法亦無所得、如是說者、是卽名爲一相法門。(十一)三輪淸淨菩薩曰、夫所說法、不違三輪。云何爲三、於我無所得、於聞不分別、於法無所取、如此名爲三輪淸淨、如是所說者、是卽名爲一相法門。(十二)成就行菩薩曰、若知不著一切法、如是知、如是說、不說於一字、所謂離言說故、若如是說一切法者、是卽名爲一相法門。(十三)深行菩薩曰、若樂瑜伽、知一切法、則於諸法而無所見、於彼若說者無說者、於法無二、是卽名爲一相法門。(十四)

【一持】(術語)受持一佛名及一經文曰一持。不動經曰、偈文。「一持秘密咒、生生而加護、隨逐不相離、必送華藏界」

【一指頭禪】(術語)公案名。盡天盡地悉攝盡於一指頭上之意。景德傳燈錄第十一、金華俱胝傳、俱胝時爲實際尼所勘破、憤慨不能措、偶以杭州天龍和尚到其庵、俱胝因問之、天龍時竪一指示之、俱胝卽坐大有所悟。由是常竪一指對學者參問、不別爲提唱。當欲示寂曰、吾得天龍一指頭禪、一生用不盡。由是一指頭禪、於禪家之間大爲喧傳、收於碧巖集第十九則及無門關第三則。

【一段事】(術語)謂本體上之姿。此相自天地未成以前至崩壞以後猶存續、無始無終者。雖至於聖境亦無得、雖住於凡夫亦不失、底一大事也。雲門禪師曰、自古至今、只是一段事、無是無非、無得無失、無生與未生。古人到這裏、放一線道、有出有入。

【一面】(雜語)場所之一部也。法華經序品曰、「各禮佛足、退坐一面」

【一面器】(儀式)飾於護摩壇四方之六器曰四面器。止在正面之一方者、謂之一面器。

【一撈】(術語)禪語。謂匆促談話也。係師僧試弟子者。

【一撈撈倒了】(雜語)爲匆促談話已畢之謂。碧巖三十五則著語曰、「一撈撈倒了也。」

【一品】（術語）經中之篇章曰品。梵曰跋渠Varga巴Vaggo譯作品別之義也。

【一品經】（雜名）經之全部有由多品合成者分一品而書寫之名曰一品經。各經均可書寫其一品而其例則由書寫供養法華經爲始。

【一音】（術語）一音聲也、指如來之說法而言。維摩經佛國品曰「佛以一音演說法衆生隨類各得解。」止觀七下曰、「一音殊唱萬聽咸悅。」

【一音敎】（術語）敎判名。佛唯以一音說一切敎之意。鳩摩羅什並菩提流支所立。華嚴經疏第一出一音敎中有曰「然有二師、一後魏菩提流支云如來一音同時報萬、大小並陳。二姚秦羅什法師云佛一圓音、平等無二無思普應機聞自殊。非謂言音本陳大小。故維摩經云佛以一音演說法、衆生各各隨所解。上之二師、初則佛音具異、後則異自在機各得圓音一義。然並爲敎本不分之意耳。」是卽敘流支立大小並陳之義、羅什唱圓音異解之義者也。流支之說、並出於義林章第一、探玄記第一及五敎章卷上等。謂佛於一音中陳大小二乘之法、故稱大乘之機、聞大乘之法而解其義、小乘之機、聞小乘之法而解其義也。又法華玄義第十上有曰「北地禪師非四宗五宗六宗二相半滿等敎、但一佛乘無二亦無三、一音說法隨類異解。諸佛常行一乘衆生見三。但是一音敎也」是卽指羅什圓音異解之義乎。而謂爲北地禪師則羅什以後、似有敷演其說以唱之者。又一音之義、婆沙論第七十九頗有其說。

【一界】（術語）一世界也。楞嚴經一曰、「佛之威神令諸世界合成一界」又十界中任何界之一。玄義二上曰「九界之權。一界之實。」

【一食】（術語）十二頭陀行之一。詳見頭陀條。

【一城】（譬喩）以城譬小乘之涅槃。法華經化城喩品曰、「以方便力於險道中、過三百由旬化作一城。」文句七下曰、「防非禦敵稱之爲城」

【一衲】（衣服）又作一納。一枚之衲衣也。衲衣爲僧衣之名。見衲衣條。佛祖統記六慧思傳曰「平昔禦寒唯一艾納」

【一洛叉】（雜語）數名。見落叉條。

【一恒】（名數）一恒河沙之略。

【一恒河沙】（名數）一恒河沙之數。見恒河沙條。

【一乘】（術語）成佛唯一之敎也。乘爲車乘、以譬佛之敎法。敎法能載人運於涅槃岸、故謂之乘。法華經專說此一乘之理。法華經方便品曰、「十方佛土中唯有一乘法。

無二亦無三。除佛方便說。同品曰、「諸佛如來以方便力。於一佛乘。分別說三。」同品曰、「唯此一事實。餘二則非眞。」文句四上曰、「圓頓之敎。爲一佛乘。」勝鬘經曰、「一乘卽是第一義乘。」勝鬘寶窟上本曰、「一乘者。至道無二。故稱爲一。運用自在。目之爲乘。依法華論。此大乘修多羅。有十七種名。第十四名一乘經。」起信論義記上曰、「乘者就喩爲稱。運載爲功。」案方便品所說。卽開會三乘之別執、悉歸趣於平等大會、等使一切衆生成佛道也。蓋大乘佛敎中、所謂權大乘家、立一切有情爲法爾、五性各別之說。故其中定性二乘及無性、畢竟無由成佛。是故諸佛之法、自不可無三乘之別。定性二乘、必由聲聞緣覺之二乘而般涅槃、菩薩種性、必由大乘而般涅槃。然法華等經、或說唯有一乘者、是引攝不定性者、不使墮於二乘地、進而使由大乘般涅槃也、卽如來密意之說也。又以所趣之眞如無差別、三乘解脫等相等、故說爲一乘耳。實則非無二三之別也。如大乘莊嚴經論第五、攝大乘論釋第十、廣列十義或八義意趣而論之。是爲所謂三乘眞實一乘方便之敎旨、以深密等經爲所依之法相家所主張也。至於實大乘則不然。蓋其所立之說、一切衆生、本無五性之別、悉有佛性、一性平等、故皆得由佛乘而成佛。昔會說三乘各別之法者、不過爲對於權機假說之方便耳。此爲所謂一乘眞實三乘方便之敎旨、天台華嚴等宗家所主張也。其中天台所依之法華經、主對於三乘之人、說其敎之所以方便、開會之、使歸於一佛乘、華嚴經主對於十地之大菩薩、廣說其所入之一乘法、故至智儼賢首、分一乘而更論同敎別敎之二種。五十要問答上、謂「一乘敎有二種、一共敎、二不共敎。」孔目章一、謂「一乘之義、分別有二、一正乘、二方便乘、正乘如華嚴經所說、方便乘有十義」云云。又五敎章上、謂「一乘敎義之分齊、開爲二門。一別敎、二同敎。」並廣釋述之。今擇要言之、則在同於三乘而說一乘爲同敎、於三乘全不共而別說一乘爲別敎。彼法華譬喩品所謂宅內所指之門外三車、三乘敎也。界外露地所授之大白牛車、是別敎一乘敎也。同敎者、如是三一不爲別說。或謂一同於三、或謂三同於一、互相交參、是欲使成根欲性、進而入於華嚴別敎一乘也。由是而概括之、一乘凡有三種。一爲存三之一乘、所謂不破三乘之疑執、亦不會二乘之行果、唯就空理之平等而說爲一乘。如攝大乘論之十義意趣是也。二爲遮三之一乘、會二乘之行果、遮三乘之別執、而說爲一乘。如法華之同敎一乘是也。三爲直顯之一乘、不對於二乘、故無可破、唯爲大菩薩、直示法界成佛之儀。如華嚴之別敎一乘是也。又若經五敎而論之、則總有五種之一乘。一別敎一乘、如華嚴是。二同教一乘、如法華是。三絕想一乘、如楞伽是。是爲頓教。所謂絕想亡言之邊、名爲一乘。四佛性平等一乘、是爲終教。一性皆成之邊、名爲一乘。五密意一乘、即爲始教。如攝論之十義意趣是。

【一乘法】（術語）一佛乘之法也。即法華之教義。

【一乘家】（雜語）弘一佛乘之法者、尋常稱華嚴天台之二家、謂之兩一乘家。又對於弘三乘教者而稱弘一乘者用之。

【一乘經】（經名）法華經也。此經爲主明一乘法者。

【一乘法門】（術語）一乘之法爲入佛地之門戶。故曰法門。即法華經之所說。

【一乘圓宗】（流派）天台宗之美稱。以彼宗弘宣一乘圓頓之妙義也。

【一乘妙典】（經名）明一乘之理之妙典、即法華經是。又云一乘妙經。

【一乘妙文】（經名）法華經文也。

【一乘之機】（術語）可聞一乘法之根機者。

【一乘菩提】（術語）言一乘爲眞實之菩提、非二乘三乘方便之菩提也。

【一乘之珠】（譬喻）以譬妙法一乘珠也。出法華經五百授記品。見「珠」條。

【一乘一味】（雜語）一乘之教味、唯一不二、故曰一味。

【一乘究竟教】（術語）一乘之法、爲一代教中究竟至極之教、即法華經是也。

【本願一乘】（術語）彌陀之本願爲一乘之法。以本願使一切衆生盡成佛也。愚禿鈔曰「本願一乘頓極頓速圓融圓滿教者。絕對不二之教。一實眞如之道也。」

【一乘顯性教】（術語）圭峯所立五教之一。見五教條。

【一時】（雜語）巴利語翳迦三昧耶 Ekaṃsamayaṃ 之譯語。在某時之義。諸經之初、皆有「如是我聞一時佛在」等。天台觀經疏、一謂「今不論長短假實說此經竟。總謂爲一時」

【一莖草】（雜語）一莖之草、與梵刹或丈六金身、一如而不二也。從容錄第四則曰「世尊與衆行次、以手指地云、此處宜建梵刹。帝釋將一莖草、插於地上云、建梵刹已竟。世尊微笑」又趙州語錄曰、「此事如明珠在掌。胡來胡現、漢來漢現。老僧把一莖草、作丈六金身、用把丈六金身、作一莖草用。佛即是煩惱。煩惱即是佛。」是漏心佛不二物我一如之消息也。

【一夏】（術語）修夏時九十日安居之行也。本行經曰「作一房與彼一夏安坐」見安居條。

【一夏九旬】（術語）從四月十六日至七月十五日之九十日。爲夏安居之日數。

略曰一夏。

【一俱胝】（雜語）一億也。希麟續音義曰、「一俱胝、梵語數名、此翻為億也。」詳俱致條。

【一拳】（雜語）握拳也。

【一拳五指】（譬喻）卷則一拳、開則五指、以喻總別一體之義。

【一家】（術語）一宗一派一門名曰一家。大乘義章三曰、「一家宣說。」輔行一之五曰、「此六即義起自一家。深符圓旨。」

【一家宴】（儀式）禪院之語。入院之節、不請他寺、唯供養寺內大衆、曰一家宴。見象器箋九。

【一息】（術語）人間之一呼吸也。止觀四上曰、「一息不追、千載長往。」同七上曰、「一息不返、即名命終。」

【一息半步】（雜語）自定起而經行時之步行法。即靜起座、先於呼吸之間、舉左足、進於右足之半、於次之呼吸、舉右足、與左足相並。次自左足始、進十步乃至二十步、則轉右而返、就原座云。如淨禪師語曰、一息半步、此古佛之法也。近來之長老曾無知者。

【一根】（術語）一類之根性也。妙玄一上曰、「一根一緣、同一道味。」因為眼等六根、任何根之一。楞嚴經六曰、「一根既返源、六根成解脫。」

【一流】（術語）同一流類。法華文句八上曰、「此二千人、或是學、或是無學、人同是一流。」拾毘尼義鈔上之一曰、「衆生行別、不能一流。」

【一隻眼】（術語）與所謂頂門眼同。眞正見物之一個眼也。碧巖八則垂示曰、「具一隻眼、可以坐斷十方、壁立千仞。」

【一浮漚】（譬喻）浮漚、水泡也。以大海中之浮漚、喻人身。楞嚴經二曰、「譬如澄清百千大海、棄之、唯認一浮漚體、目為全潮、窮盡瀛渤。」同經三曰、「反觀父母所生之身、猶彼十方虛空之中吹一微塵、若有若亡。如湛巨海流一浮漚、起滅無從。」

【一殺多生】（雜語）殺一人救多人也。殺生雖為罪惡之業、然殺一人、得生多數之人、則却為功德。瑜伽論第四十一曰、「如菩薩見劫盜賊為貪財故、或復欲害大德聲聞獨覺菩薩、或復欲造多無間業、我寧殺彼墮那落迦、終不令其受無間苦。如是思維、以憐愍心而斷彼命、由是因緣、於菩薩戒無所違犯、生多功德」云。涅槃經第十二、記仙豫王殺害世惡婆羅門、以其因緣、却不墮地獄。行願品疏鈔五引報恩經文、以明一殺多生之因緣。報恩經七曰、「有一婆羅門子、聰明黠慧、受持五戒、護持正法。婆羅門子緣事他行、有五百人共為徒侶、前至嶮路。五百羣賊、常住其中。賊主密遣一人、歷伺諸伴、應時欲發。爾時賊中復有一人、先與是婆羅門子、親善知識。故先來告語。爾時婆羅門子。聞此語已。譬如人噎。既不得咽。又不得吐。欲告語伴。懼畏諸伴害此一人。若害此人。懼畏諸伴沒三惡道受無量苦。若默然者。賊當害伴。若害諸伴。賊墮三惡道。受無量苦。作是念已。我當設大方便利益衆生。三惡道苦。是我所宜。思惟是已。即便持刀斷此賊命。使諸同伴安隱無爲。」

【一眞】（術語）又名一如。亦曰一實。皆爲絕待之眞理也。一者無二。以平等不二之故謂之一。眞者離虛妄之義。所謂眞如也。

【一眞法界】（術語）華嚴宗所用極理之稱。猶天台家用諸法實相之語也。唯識論九曰。「勝義勝義。謂一眞法界。」華嚴大疏曰。「往復無際。動靜一言。含衆妙而有餘。超言思而迥出者。其唯法界歟。」大疏鈔一曰。「以一眞法界爲玄妙體。」言事事物物。一微一塵。盡足爲一眞法界也。其體絕待。故曰一眞實。故曰眞。融攝一切萬法。故曰法界。乃華嚴經一部之主意。三藏法數四曰。「無二曰一。不妄曰眞。交徹融攝。故曰法界。即是諸佛平等法身。從本以來不生不滅。非空非有。離名離相。無內無外。惟一眞實。不可思議。是名一眞法界。」

【一眞地】（術語）悟一眞法界理之位也。四十二章經曰。「視平等如一眞地。」道沛註曰。「平等視衆生。如一眞地。」以一眞法界。絕自他也。」

【一眞無爲】（術語）言一眞法界之體爲無爲自然。楞嚴經八曰。「清淨無漏。一眞無爲。性本然。」長水義疏曰。「體即眞如。無漏清淨。一眞法界。此法界體具如是。無方妙用。故云本然。」

【一宿覺】（術語）稱永嘉玄覺禪師也。傳燈錄曰。「永嘉禪師詣曹溪。語契六祖。六祖歎曰。善哉善哉。少留一宿。時謂之一宿覺。」

【一連】（雜語）以線繫之。曰一連。

【一異】（術語）彼此皆同。曰一。彼此皆異。曰異。皆爲偏於一方之思想。中論因緣品曰。「不生亦不滅。不常亦不斷。不一亦不異。不來亦不去。」嘉祥疏二曰。「不一不異。治外道計執一異障。」智度論二十曰。「諸聖人破吾我相。滅一異相。」

【一婆訶】（物名）希麟續音義曰。「一婆訶。下音呵。梵語也。此云圖。又作篅。同音市緣反。即倉圖也。」參照婆訶條。

【一寂】（術語）謂寂滅一理也。五教章上曰。「一相一寂。」冠註曰。「一相。一寂。即一事一理。」止觀大意曰。「於一寂理。不分而分。」

【一偈】（雜語）規定字數句數。以三字乃至八字爲一句。以四句爲一偈。見偈字下。涅槃經二十二曰。「一偈之力。尚能如是。」

法華經法師品曰、「妙法華經。一偈一句。」

【一途】（術語）以途譬一義理也。安樂集上曰、「經舉大車亦是一途。」戒疏一之上曰、「一途之釋也。」埀裕記一曰、「義匪通方。故曰一途。」

【一麥】（雜語）量名。俱舍論十二曰、「七蝨為穬麥。七麥為指節。三節為一指。」

【一麻】（故事）世尊苦行之日、僅食一麻一米。麻、麻子也。智度論三十四曰、「如釋迦文佛於漚樓頻螺樹林中、食一麻一米。諸外道言我等先師。雖修苦行。不能如是六年勤苦。」

【一旋一咒】（術語）在佛之周圍一旋之間、誦畢一次陀羅尼也。摩訶止觀第二上、明半行半坐三昧中、引大方等陀羅尼經、「禮覺、以志誠心悲泣雨淚、陳悔罪咎竟、起旋百二十帀、一旋一咒、不遲不疾、不高不下。」

【一脫】（術語）三德中解脫之一德。文句記四中曰、「三德中之一脫。」

【一假一切假】（術語）空假中三觀、中假不唯言假觀之一。空觀中觀皆謂為假。止觀五上曰、「一假一切假。無空中而不假。總假觀也。」

【一理】（術語）同一之理性也。華嚴大疏二曰、「一理齊平故。說生界不增不減。」法華文句記六中曰、「由一理故徧通一切。」

【一理隨緣】（術語）見但理隨緣條。

【一唾】（術語）與一吹同、言其力弱小也。

【一唾消世界火】（譬喻）佛藏經上曰、「無明相中。假名相說。皆是如來不思議力。譬如有人嚼須彌山。飛行虛空。石筏渡海。負四天下及須彌山。蚊脚為梯。登至梵宮。劫盡燒時。一唾劫火即滅。一吹世界即成。以藕絲懸須彌山。手接四天下雨。」止觀五下曰、「劫火起時。菩薩一唾火即滅。」性靈集一曰、「一唾能銷百界火。一朝能滅萬人愁。」

【一眼之龜】（譬喻）大海有龜、腹有一眼。隨波浮遊於中、遇大木之穴則乘之、偶風吹來、遂覆此木、龜仰向其腹之一眼、當於浮木之孔、見日月之光、此譬希有難逢之遇。（見十住論之鼈眼持頭）盲龜之喻少異之。法華經莊嚴王品曰、「佛難得值。如優波羅華。又如一眼之龜值浮木孔。」十住論八曰、「人身難得。如大海中有一眼鼈頭入板孔。」

【一莊嚴三昧】（術語）觀得諸法一味相之三昧也。見智度論四十七。

【一道】（術語）一實之道也。六十華嚴經六曰、「一切無礙人。一道出生死。」八十華嚴經十三曰、「諸佛世尊唯以一道而得出離。」涅槃經十三曰、「實諦者。一道清淨。無有二也。」大日經疏十七曰、「一道者即是一切無礙人共出生死直至道場之道也。而言一者此即如如之道獨一法界故言一也」涅槃經二十五曰「一道者謂大乘也」

【一道法門】（術語）稱孔阿字之一門曰一道法門大日經六曰、「吾今演說差別道一道法門」大疏十七曰、「謂一切法不出阿字門即是一道也。道者謂乘此法有所至到之義也。一道者即一切無礙人共出生死直至道場之道也。而言一者此即如如之道獨一法界故言一也。」

【一道神光】（雜語）謂自己本具之光明即虛靈不昧之心光是也。從容錄第三十一則頌曰、「一道神光初不覆藏」又隱山和尚頌曰、「三間茅屋從來住一道神光萬境閑莫把是非來辨我浮世穿鑿不相關」即其例也。

【一道無為心】（術語）眞言宗所立十住心之一。又名如實一道心、如實知自心、空性無境心、一如本淨心。一道者、為一乘一如等、言其理乃離諸造作及有為無為之別執名為無為是蓋謂眞言行者超三劫中於第二劫雖了達萬有唯心心外無別法而恐沈沒於眞如無為之中故知於此住心不壞因緣而證法界之理同時不動法界隨緣自在顯現而作為萬有即體達因緣之生滅是法界之生滅法界之不生滅是因緣之不生滅而離有為無為之別執也。大日經第一住心品曰、「謂空性者、離根境而為無相無境界離諸戲論而等於虛空無邊之佛法依此相續而生、離有為無為界離諸造作離眼耳鼻舌身意」由是此住心亦名為空性無境心若以此住心寄在顯教則當於天台摩訶止觀第一有曰、「云何為一、一實不虛故、一道清淨故、一切無礙之人從一道出生死故。」所以此住心又名如實一道心。蓋天台一乘盛談諸法即實相、唯色即唯心、言心色之體無二、依正合於理內、根境備於性中、泯境智於一如、故其分齊恰似眞言行者第八之住心是以配之於天台也。顯教雖以此分齊為終極、然眞言行者、不許停滯於此處、金剛界儀軌云、「身證十地而住於如實際、空中諸如來彈指驚覺告言善男子、汝所證之處、是一道清淨金剛喻三昧及薩婆若智、尚未能證知勿以此為足、應滿足普賢方成最正覺。」是乃謂進而發足第十祕密莊嚴心可開金剛寶藏也。

【一圓相】（術語）在禪門為悟之對照而出之圓相也。有圓相之商量者自慧忠國師始。傳燈錄五曰、「師見僧來以手作圓相相中書曰字僧無對」碧巖六十九則曰、有南泉一圓相之公案。「南泉、歸宗、麻谷同去禮拜忠國師至中路。南泉於地上畫一圓相云。道得即去。歸宗於圓相中坐。麻谷便作女人拜。泉云。恁麼則不去也。」

【一業】（術語）一業因也。同一之業因也。俱舍論十七曰、「一業引一生。業能圓滿。」一業引未來世一生之意。

【一業所感】（術語）各人爲同一之業而感同一之果也。又名共業共果。

【一筆勾】（術語）謂破除一切也。蓮池大師作七筆勾詞訣勸世、有五色金章一筆勾、魚水夫妻一筆勾等七首。謂一切塵緣、皆可消除淨盡也。今亦謂前事不提曰一筆勾銷。

【一源】（譬喻）以水源譬一個之原理也。大集經八曰、「諸法無二無有分別。一味一乘一道一源。」三論玄義曰、「一源不究。則戲論不滅。」

【一搩手】（雜語）Vitasti 尺度名。又名一磔手、一張手、一折手、張中指與大指之長也。又搩字作磔、摷、探、析。字典曰、「搩陟格切。音磔。手度物也。」同曰、「磔陟格切。音摘。張也。開也。」玄應音義曰、「磔、古文厇同、知格反、通俗文、張申曰磔、廣雅、磔張也、開也、炘曰、古文厇當作厇、玉篇云、厇亦作磔、開厇也。」然則搩磔二字可通用。他皆假借。行事鈔中曰、「佛搩手尺量不定。今總會諸部。校勘是非。僧祇佛搩手長二尺四寸。明了論同之。善見云。中人三搩手長佛一搩手。多論云。佛一搩手凡人一肘半五分佛搩手長二尺。」行事鈔下曰、「今依五分佛一搩手長二尺。准唐尺者。則一尺六寸七分强。」詳於資持記中二之一下一之二。名義集三曰、「磔周尺。人一尺佛二尺。」釋氏要覽上曰、「佛一搩手長二尺四寸。」壒囊鈔十五曰、「一搩手者八寸（中略）智證之雜記云一搩者散舒中大兩指以爲一析。」

【一搩手半】（雜語）造佛之尺也。壒囊鈔十五曰、一搩手半者。一尺三寸也。卽自母之肘節以至腕節也。或云一尺二寸。一搩八寸、半乃四寸也。人在母胎之時。至第二十七日、人相皆備。以手推面蹲踞而坐。其時身體之長與母之一搩手半齊等故也。但此亦非人人皆同。略有差異。概言之。一搩手半。大約爲普通之一尺或一尺二三寸。造佛之所以取一搩手半者。乃取胎內等身之義。吾人出生之後。藉養育而得五尺八寸等之身體。

【一著】（術語）猶言一事也。宗論三曰、「向上一著。千聖不傳。」梵室寓談曰、「有名異而實同者。如台宗謂之一心三觀。賢首謂之一眞法界。相宗謂之勝義唯識。禪宗謂之向上一著。蓋未始少異也。」

【一萬僧會】（行事）會僧一萬人而作法事也。若會千人則曰千僧會。

【一萬八千人】（雜語）謂從劫初已來。惡王殺害親父者有一萬八千人。此說出觀無量壽經。

【一會】（術語）讀經及說法之會座。

多人會合曰會。無量壽經上曰、「菩薩大士。不可稱計。一時來會。」阿彌陀經曰、「諸上善人俱會一處。」

【一遍】（雜語）誦一度佛名及經文也。觀世音菩薩秘密藏神咒經曰、「若讀誦此陀羅尼一遍。如上等事。悉得隨意。」南岳願文曰、「講摩訶般若波羅蜜經一遍。」又（人名）日本時宗之開祖。名智真。號一遍。

【一滅】（術語）四諦中之滅諦也。成實論一諦品曰、「以一諦得道。所謂爲滅。」三論玄義曰、「就成實義。但會一滅。方乃成聖。」歸敬儀中曰、「事分三義。宗成一滅。」（三義。戒定慧也。）

【一鉢】（物名）三衣一鉢爲比丘生活之質素也。鉢梵語鉢多羅之略。譯曰意量器。見鉢條。秘藏寶鑰中曰、「僧尼一鉢。」

【一解脫】（術語）法華經方便品曰、「佛說一解脫義。」文句記四中曰、「一解脫者。昔教三人同一解脫。」涅槃經三十二曰、「一切衆生同有佛性。皆同一乘。同一解脫。」

【一微塵】（術語）極微分子。爲物質之最小者。見極微條。首楞嚴經三曰、「反觀父母所生之身。猶彼十方虛空之中吹一微塵。若存若亡。」止觀一下曰、「一微塵中有大千經卷。心中具一切佛法。」輔行一之五曰、「寶性論云。有神通人見佛法滅。以大千經卷藏一塵中。後有人破塵出卷。」

【一葉觀音】（菩薩）三十三觀音之一。爲乘於一片之蓮葉中。故而有此名。

【一間】（術語）舊云一種子。言不還向中一種之聖者。雖斷欲界修惑八九品。然猶有一品或二品之餘殘。更可受欲界之生者。俱舍論二十四曰、「一間者。間謂間隔。彼餘一生爲間隔故。不證圓寂。或餘一品欲修所斷惑爲間隔故。不得不還果。有一間者。說名一間。」玄應音義二十四曰、「一間。梵言翳迦鼻至迦 Ekavīcika 翳迦此云一。鼻至迦此云間。言有一間隙在。不得般涅槃也。舊云一種子者。梵言鼻致迦 Bījika 此言種。斯或譯者不善梵言。或筆人不尋本語。致茲訛失也。」

【一普】（術語）普及一堂之意。見一中條。

【一喝】（術語）喝爲張口出叱叱之聲也。禪家祖師爲提撕人而用之。六祖門下二世法嗣馬祖道一。嘗於其弟子百丈參之之時。振威一喝。他日百丈謂其門下曰、「佛法不是小事。老僧昔再參馬大師。一喝。直得三日耳聾眼黑。」見傳燈錄六。碧巖八則評唱曰、「德山棒。臨濟喝。」禪林句集坤曰、「一喝大地震動。一棒須彌粉碎。」註曰、「贊臨濟德山句。」蓋盛用棒喝爲德山臨濟已後之事。

【一喝商量】（公案）「臨濟問僧有

時一喝如金剛王寶劍。有時一喝如踞地金毛獅子。有時一喝如探竿影草。有時一喝不作一喝用。汝作麼生會。僧擬議。師便喝。」見臨濟錄、會元十一等。

【一惑】（術語）一類之妄惑也。歸敬義中曰「元立三學。同傾一惑爲宗。」

【一極】（術語）一實至極之道。至理不二。故曰一。無量義經序曰、「一極正覺。任機而通。」三論玄義曰、「法華會三乘同歸一極。」止觀義例上曰、「若異若同入一極。」

【一超直入】（術語）頓速驀直超入於本覺地也。卽直指人心見性成佛之意。謂不屈著於他之敎相言句。不依賴於念佛修懺。直徹見自己是何物。到入卽心卽佛非心非佛之眞境也。永嘉證道歌有曰、爭似無爲實相門。一超直入如來地。與所謂單刀直入同義。

【一等】（術語）一樣平等也。無量壽經上曰、「百千由旬。縱廣深淺各皆一等。」又同一之階級也。

【一虛】（術語）一樣空之事也。肇論曰、「齊萬有於一虛。」

【一期】（術語）人之一生也。唯識論五曰、「無想有情一期生中心心所滅。」四念處三曰、「佛一期諸大經。門門不同。」妙玄義一上曰、「一期化導事理俱圓。」

【一尋】（雜名）尺度名。八尺曰尋。無量壽經下曰、「諸聲聞衆身光一尋。」

【一棒】（雜語）禪宗祖師、提撕弟子振棒而警醒之。見一喝條。

【一路】（術語）到涅槃之一道路也。首楞嚴經五曰、「此阿毘達磨十萬薄伽梵。一路涅槃門。」長水之義疏曰、「唯此一路。能通至彼。」傳燈錄七、盤山語曰、「向上一路。千聖不傳。學者勞形。如猿捉影。」

【一訶子】（雜語）一阿黎勒果也。名義集三曰、「訶黎勒新云訶梨怛雞。此云天主持來。此果爲藥功用至多。」四十二章經曰、「視大千界如一訶子。」見訶梨勒條。

【一揣食】（飯食）又曰一摶食。作丸而食也。比丘唯一度受一揣之食、其後不增加爲二度。又名節量食。乃十二頭陀行之一。大乘義章十五曰、「揣者手握物使堅固也。」見揣食條。

【一無礙道】（術語）生死與涅槃融和無障之悟道也。往生論註下曰、「一道者。一無礙道也。無礙者謂知生死卽是涅槃。」

【一筆三禮】（雜語）繪佛像寫經文每一筆三次禮拜也。

【一塵】（術語）一微塵也。爲物質之極小者。涅槃經十曰、「一塵一佛。」華嚴經五十一曰、「如有大經卷。量等三千界。在於一塵內。一切塵悉然。有一聰慧人淨眼悉明見。」

破塵出經卷、普饒益衆生。」

【一塵法界】（術語）一微塵即法界也。圓悟錄一曰「一塵含法界、一念徧十方。」

【一境】（術語）一種之境界也。碧巖四十六則評唱曰「古人垂示一機一境、要接人。」

【一境三諦】（術語）空假中三諦、融即於一境之意。又曰圓融三諦、不思議三諦。是天台圓教之說。諸法無自性、故爲空。因緣所成、故爲假、即空即假、故爲中。如是一一之境、三諦之理鎔融相即、三一一三無礙圓融、爲絕對不可思議也。法華玄義第一、謂此妙諦爲天然之性德。蓋此意也。但就三千即空假中之意言之、則有山家山外之異義。山家之智禮、謂三諦皆具三千。山外之神智、謂三千定是妙假、固執空中不具三千。

【一境四心】（雜語）同一之境、由見之者不同而生差違也。又名一水四見。唐譯攝大乘論釋第四、有「謂於餓鬼自業變異、增上力故、所見江河、皆悉充滿膿血等處。魚等傍生、即見舍宅遊從道路。天見種種寶莊嚴地。人見是處有清冷水波浪湍洄。若入虛空無邊處定、即於是處唯見虛空」云云。大明三藏法數第十八題之爲一境四心。一天見是寶嚴地。二人見是水。三餓鬼見是膿血。四魚見是住處。

【一塲懡㦬】（雜語）懡㦬爲梵語、譯曰慚愧。即一塲之慚愧也。碧巖集第一則、達磨渡江至魏、有「不免一塲懡㦬」之語。此外禪宗語錄多用之。

【一漚】（譬喻）一水泡也。楞嚴經六曰、「空生大覺中、如海一漚發。」

【一蓋】（故事）一天蓋也。維摩經中所說不可思之神變。維摩經佛國品曰、「爾時毘耶離城有長者子、名曰寶積。與五百長者子、俱持七寶蓋、來詣佛所。頭面禮足、各以其蓋共供養佛。佛之威神、令諸寶蓋合成一蓋、遍覆三千大千世界。而此世界廣長之相、悉於中現。」

【一際】（術語）彼此二邊無分別也。智度論十九曰、「涅槃際世間際、一際無有異故。」宗鏡錄二十二曰、「法報雖分、眞化一際。」

【一寧】（人名）號一山。台州人。俗姓胡氏。長入佛門、侍郡之鴻福寺無等融公。二年辭入四明山、隨普光寺處謙、習法華諸經。後受律宗台宗之敎旨。元成宗欲遣有道名僧勸化日本、歸附。衆推一寧。大德三年、成宗賜金襴之僧伽梨、並妙慈弘濟之號。勅使東航日本。日本疑爲游偵、禁錮之。師晝夜禪誦、悠然樂道。未幾解禁。迭主建長圓覺南禪諸寺。年七十一寂。有偈曰「橫行一世、佛祖呑氣。箭已離弦、虛空墜地。」日本人列入本國高僧傳。

【一說部】（流派）又曰執一語言部。

梵名猶柯毘與婆訶利柯。Ekavyavahārika又Ekabyohara或作鞞婆訶羅小乘二十部之一。爲佛滅二百年頃由大衆部中分裂之一派。從大衆部現在有體過未無體之說而出立一切法無有實體但有假名之說。故有此名異部宗輪論謂此部之說世出世法皆無實體、但有假名名即說也。意謂諸法爲唯一之假名無體可得。即乖於本旨所以分別名一說部。從所立爲名也。慈恩及賢首分小乘二十部爲六宗名此部爲諸法但名宗。判爲分通大乘。文殊問經卷下註執一語言曰、「所執與僧祇同、故言一也」雖然非也。何則、若其所執、與大衆部(僧祇)之本旨相同、則無立別部之必要也。

【一障者】(術語)　又名自性。喻本有之見修二惑無始無明也。瑜祇經第七品曰、「時會中有一障者不從空生亦不從他方而來。忽然而現諸菩薩各如醉人。不知所從來處(中略)時障者忽然現身作金剛薩埵形。於頂上現一金剛輪足下現一金剛輪兩手中各現一金剛輪又於心上現一金剛輪。徧身於光照觸會中。」此五輪爲心、左手、足、下右手、頂上。如其次第爲中東南西北之五方五部以表五秘、即中央係金剛薩埵四方即欲觸愛慢之四菩薩障者作此五秘密爲表示無明即明之義。

【一個半個】(雜語)　極少之數也。南泉禪師所謂會取佛未出世時尚不得一個半個之類是也。但原非禪語。而出於道安習鑿齒之故事。秦符堅陷襄陽。謂左右曰、我以十萬之師取襄陽唯得一人半。安公一人、習鑿齒半人也。習鑿齒跛一足、故戲之爲半個。

【一團心識】(術語)　與密教所說肉團心同。父母所生血肉身中之一團、其狀似蓮華開合之心臟、爲意識之所存者。故遂以心臟直解一團之心識也。見肉團心條。

【一實】(術語)　眞如也。一、平等之義、名平等之實相曰一實。三藏法數四曰、「一實諦謂一實相中道之理也。無有虛妄無有顛倒名一實諦也」四教義一曰、「諸佛菩薩之所證見審實不虛。謂之爲諦。」

【一實乘】(術語)　一實之教法也。教法能乘人到涅槃之岸。故曰乘。

【一實相】(術語)　一實相者、謂眞實之理無二無別、離諸虛妄之相也。

【一實觀】(術語)　一實之觀法也。寶積經百十二曰、「百千萬劫久習結業、以一實觀即皆消滅。」

【一實相印】(術語)　諸法實相之一法印也。即對於三法印而謂諸法實相之一理也。妙法蓮華經方便品曰、「無量衆所尊。爲說實相印。」嘉祥疏四曰、「爲人說於實相印定諸法」三藏法數四曰、「一實相者、謂眞實之理無二無別。離諸虛妄之相也。印者信也。蓋如來所說諸大乘經。皆以實相理印定其說。外道不能雜。天魔不能破。若有實相印。則是佛說。若無實相印。則是魔說。見一法印條。

【一實境界】（術語）悟一實之境界也。占察經下曰、「一實境界者。謂衆生心體從本以來不生不滅。自性清淨。無障無礙。猶如虛空。」往生要集中本曰、「此一實境界。卽是如來法身也。」

【一實無相】（術語）一實之妙體。絕待不二。而離諸虛妄之相。是曰一實無相。無方圓之相。如水之妙體。此卽諸法之實相也。無量義經曰、「無量義者。從一法生。其一法者。卽無相也。」

【一實圓頓】（術語）讚嘆法華之敎旨也。謂一實之理、具圓頓之功德。圓頓者。言圓滿頓速之義。爲功德圓滿成佛頓速也。

【一實圓乘】（術語）明一圓頓之旨之敎法。「卽法華經是也。」

【一實圓宗】（流派）說一乘實相之敎法。無礙圓滿之宗旨也。指天台宗而言。

【三權一實】（術語）天台宗所立藏通別圓四敎中。前之藏通別曰三權。後之圓敎爲一實。玄義七上曰、「因中則有三權一實。在果則四實而無權。」四敎儀集注上曰、「設三種權。扶一圓實。」

【本願一實】（術語）如來之本願。卽一實之理。敎行信證文類三本曰、「道者。卽是本願一實之直道。」

【眞如一實】（術語）眞如卽一實之理。敎行信證文類三本曰、「眞如一實之信海。」

【一髻】（雜語）頂上結一髻也。古梵志中有此風。

【一髻羅刹王菩薩】（菩薩）住于胎藏界曼陀羅第一蘇悉地院之忿怒尊名。有大火炎髻、身色靑黑。有四手。見祕藏記下、曼陀羅大鈔五。

【一髻羅刹女】（異類）羅刹名。孔雀王經曰、「有大羅刹女名曰一髻。是大羅刹婦。居大海岸。聞血氣香。於一夜中行八萬踰繕那。」

【一髻羅刹法】（修法）一髻羅刹尊之修法也。見一髻尊陀羅尼經。

【一髻尊陀羅尼經】（經名）佛說一髻尊陀羅尼經。唐不空譯。一卷。

【一髻文殊】（圖像）頂結一髻之文殊菩薩也。與五髻文殊八髻文殊有別。修文殊一字法時。則畫此尊。見文殊條。

【一蓮】（雜語）一蓮華也。與蓮臺同。

【一蓮之實】（雜語）于同一淨土之蓮臺上結成佛之實也。

【一蓮托生】（術語）往生淨土、托生于同一之蓮華中也。阿彌陀經所謂諸上善人倶會一處是也。

【一增】（術語）由人之定命十歲起、每百歲增一歲達於八萬四千歲之定命間。倶舍論光記十二曰、「增者從人壽十歲增至八萬歲」佛祖統紀三十曰、「以人壽八萬四千歲百年命減一年至十歲復增至八萬四千歲」。

【一增一減】（術語）經劫之間人壽一增一減也。倶舍論光記十二曰「增減者從人壽十歲增至八萬歲復從八萬歲減至十歲」此一增一減之間新譯家稱曰中劫。倶舍論十二曰、「此洲人壽經無量時至住劫初壽方漸減從無量減至極十年卽名爲初一住中劫。此後十八皆有增減謂從十年增至八萬復從八萬減至十年。爾乃名爲第二中劫。次後十七例皆如是。於十八後從十歲增極至八萬歲。名第二中劫」舊譯家名此一增一減曰小劫。佛祖統紀三十曰、「如是一減一增爲一小劫。二十增減爲一中劫。」

【一篋四蛇】（譬喩）以一篋盛四蛇、喩一身之四大和合也。涅槃經二十三曰、「譬如有王以四毒蛇盛之一篋令人瞻養餧飼臥起摩跣其身。若令一蛇生瞋恚者我當准法戮之都市」四卷金光明經一曰、「地水火風合集成立。隨時增減共相殘害。猶如四蛇同處一篋。四大蚖蛇其性各異」止觀一下曰、「三界無常一篋偏苦」。

【一慮】（術語）專一心慮也。歸敬儀中曰、「論美四修經歎一慮」

【一箭道】（雜名）里程名。法華經藥王品曰「其樹去臺盡一箭道」同嘉祥疏十一曰、「一箭道者二里也。」

【一燈】（譬喩）以一燈明喩智慧破迷闇。華嚴經七十八曰、「譬如一燈入於暗室。百千年暗悉能破盡」大集經一曰、「譬如百年闇室一燈能破」楞嚴經六曰、「身然一燈、燒一指節。」

【一緣】（術語）同一類之機緣、同一種之因緣也。妙玄一之上曰、「一根一緣。同一道味」大集經三十八曰、「行住坐臥。常係一緣」

【一機】（術語）一類之機緣也、謂當受同一種教之動機也、碧巖四十六則評唱曰、「古人垂示一機一境要接人」因一機關也。楞嚴經六曰、「雖見諸根動。要以一機抽息機歸寂然。諸幻成無性」

【一機一境】（術語）機謂屬於內而働於心者。境謂屬於外而顯於形者。釋尊拈華爲境。迦葉會其消息破顏微笑爲機。又如烟爲境。見之早知是有火爲機。碧巖錄馬大師不安則垂示有曰「一機一境、一言一句、且圖有個入處。好肉上剜瘡成窩成窟、大用現前、不存規則」此卽機境也。涉於言句者、欲暫使學人有入處、誘引之方便耳。眞個之大用現前非拘於此規則者。雖然機境非絕對的不用着只忌學人執之而已。一說非眞個自性徹見之師徒拈槌豎拂以對學人而擬禪機者名爲一機一境之禪者。

【一諦】（術語）對於二諦三諦而言。謂究竟無二之實義也。與所謂一實諦同。涅槃經第十三曰「文殊白佛言第一義中有世諦不世諦之中有第一義不。如其有者即是一諦。如其無者將非如來虛妄說耶。佛答曰世諦者即第一義諦。有善方便故隨順衆生說有二諦。」是世諦即第一義諦。言有二諦者示方便之意也。法華玄義第二明一諦之意義謂譬如醉人其心眩亂視日月山川等悉皆迴轉而醒人但見不轉。不見轉。衆生爲諸煩惱無明所覆生顚倒心雖謂有二諦。而世諦如轉日實唯爲本日之一諦也。又毘婆沙論第七十二解一諦之說頗多。有謂滅諦爲一諦。有謂道諦名爲一諦。乃至師家謂四諦。亦是世諦。亦是第一義諦云。又勝鬘經。謂四聖諦中三諦是虛妄法。不眞實。一滅諦爲眞實諦。」義林章第二末。謂勝鬘經說。爲一實諦。是唯如來藏乃爲一實。餘有起盡云。案智度論八十六曰「聲聞人以四諦得道。菩薩以一諦入道。」

【一臈】（術語）又作一臘。僧受戒經一夏曰一臈。集韻曰。「臘或作臈。」臈爲冬祭。乃一年之終也。說文曰「冬至後三戌臘祭百神也。」而佛立安居之制。以四月十六日至七月十五日之九十日定安居之期日。以此安居爲僧家之一歲。謂之法臘。又曰法歲。其屬於夏期者曰夏臘。又有僧臘戒臘之名。釋氏要覽下曰「夏臘即釋氏法歲也。凡序長幼。必問夏臘。多者爲長。」又作一老稱法臈第一之長老。詳見戒臘條。

【一盧舍】（雜語）一俱盧舍之略。見俱盧舍條。

【一檀構】（修法）灌頂式道場之莊嚴。有一檀構與兩檀構之二種。兩壇構者。金胎兩部之曼荼羅。莊嚴於兩壇也。一檀構者。金胎之兩部隨受法之前後而各嚴其一壇也。普通用者均一壇構。見金剛界式幸聞記。

【一翳】（雜語）言爲他所障蔽也。傳燈錄十曰「福州芙蓉山靈訓禪師。初參歸宗問如何是佛。宗曰我向汝道。汝還信否。師曰和尙發誠實言。何敢不信。宗曰即汝便是。師曰如何保任。宗曰一翳在眼。空華亂墜。」此言一障蔽物在眼。則見空華之亂墜。不得認虛空之實性也。空華爲空中之花。視爲有而無實體者。宗鏡錄一曰。「先德云。一翳在目。千華亂空。一妄在心。恒沙生滅」

【一縷一觸】（雜語）言得袈裟之一絲。及觸袈裟一度。皆得無量之功德也。文句記三中曰「龍得一縷。牛角一觸」同私記三本曰。「龍得一縷。牛角一觸者。龍得袈裟一縷。免金翅鳥難。牛角一觸娑婆。免畜身。」往生要集指麾鈔九曰、「龍得一縷者廣見法苑四十七。經律異相四十八。大部補注六等。牛角一觸者箋難第二云。曾以角觸娑婆。後改報爲僧聞法等。未見出處。後更追注。」

【一鎚】（譬喩）如鎚之作器。以喩說法而開發衆生之機也。祖庭事苑五曰、「鎚當作椎。」椎。鐵椎。智覺心賦曰。「如王索一椎之器。」

【一鎚便成】（術語）一言之下大悟徹底也。祖庭事苑五曰、「雪峯問投子云。一椎便成時如何。子云。不是性懆漢。峯云。不假一椎時如何。子云。不快漆桶。」

【一觸】（雜語）詳見一縷一觸條。

【一斷】（術語）斷一煩惱也。

【一斷一切斷】（術語）謂斷一煩惱、即有斷一切煩惱之道理也。華嚴宗依無盡緣起之理而盛談此旨。五敎章三曰、「但如法界。一得一切得故。是故煩惱亦一斷一切斷也。故普賢品明一障一切障。小相品明一斷一切斷者。是此義也。」

【一蟣】（雜語）數量名。爲隙塵之七倍。俱舍論十二曰、「積七牛毛塵爲隙遊塵量。隙塵七爲蟣。七蟣爲一蝨。」梵 Likṣā

【一轉語】（術語）機轉之一語、謂發揚轉翻心機之格外語句也。向於公案而吐意見時所說者。碧巖九十一則曰、「請禪客各下一轉語。」傳燈錄百丈章曰、「黃檗曰。古人祗錯對一轉語。五百生墮野狐身。」

【一擧萬里】（雜語）行脚抖擻之行也。止觀七下曰、「若遁迹不脫。當一擧萬里。絕域他方。無相諳練。快得學道。」

【一識外道】（流派）外道名。謂人身中有一心魂。常由眼耳鼻舌身意之六根而攀緣外境。恰如六窻之室內畜猿猴者。行事鈔下曰、「一識外道如一室六局獼猴遍歷。根亦如是。一識外道通遊。」

【一類】（雜語）彼此相似也。唯識述記七末曰、「一類者是相似義。」

【一轍】（術語）一軌轍也。止觀五上曰、「斯一轍之意」法華文句二之下曰、「千車共一轍」

【一臘縛】（雜語）量名。見臘縛條。

【一顚迦】（術語）見闡提條。

【一願建立】（術語）彌陀之四十八願中本第十八之一願而立宗旨。

【一闡提】（術語）Icchântika 爲無成佛之性者。舊稱一闡提。譯言不信。是不信佛法之義。涅槃經五曰、「無信之人名一闡提。一闡提者名不可治。」同五曰、「一闡提者斷滅一切諸善根本。心不攀緣一切善法。」同十九曰、「一闡提者。不信因果。無有慚愧。不信業報。不見現及未來世。不親善友。不隨諸佛所說敎戒。如是之人名一闡提。諸佛世尊所不能治。」同二十六曰、「一闡名信。提名不具。不具信故名一闡提。」涅槃經疏十曰、「古來云。闡提具含衆惡。不知的翻。唯河西翻爲極欲。言極愛欲之邊。此卽於總惡之內。取一事爲翻。例如涅槃名含衆德。亦無的翻。而翻爲滅度者。亦是總中取此一事爲翻。」新稱、一闡底迦。譯曰樂欲。樂生死之義。見「阿顚底迦」條。又作一顚迦。楞嚴經六曰、「是一顚迦銷滅佛種。如人以刀斷多羅木。」長水之義疏曰、「一顚迦。卽斷善根者。」

【二種一闡提】（名數）一爲斷絕一切善根之極惡人不成佛者。一爲濟度一切衆生之大悲菩薩不成佛者。皆名一闡提。入楞伽經二曰、「一闡提者無涅槃性。（中略）一闡提者有二種。何等爲二。一者焚燒一切善根。二者憐愍一切衆生。作盡一切衆生界願。大慧云何焚燒一切善根。謂謗菩薩藏。作如是言。彼非隨順修多羅毘尼解脫說。捨諸善根。是故不得涅槃。大慧。憐愍衆生作盡衆生界願者。是爲菩薩。大慧。菩薩方便作願。若諸衆生不入涅槃者。我亦不入涅槃。是故菩薩摩訶薩不入涅槃。」

【謗法闡提】（術語）二種中之第一種名謗法闡提。

【斷善闡提】（術語）亦爲二種闡提中第一種之稱。因誹謗大乘法斷滅一切之善根者。

【大悲闡提】（術語）此爲第二種之通名。以大悲誓願、欲度盡一切衆生而後成佛者。故已無成佛之期。何則、以衆生盡有成佛之期也。因之亦名一闡提。

【一闡提杖】（雜名）涅槃經三十八曰、「是經能爲一闡提杖。」

【一闡底迦】（術語）見一闡提條。

【一魔萬箭】（雜語）意謂微少之惡、亦極可怕也。歸元直指有曰、「見一魔事、則萬箭攢心。聞一魔聲、則千錐箚耳。」

【一寶】（譬喻）以寶譬一心之靈性也。寶藏論曰、「夫天地之內宇宙之間中有一寶。秘在形山。識物靈照內外空然寂寞難見。其號玄玄。」

【一覺】（術語）與覺同。卽一悟也。金剛三昧經曰、「諸佛如來常以一覺而轉諸識。入菴摩羅。」起信論曰、「本來平等同一覺故。」

【一體】（術語）外相雖異而其本性則一。故曰一體。涅槃無名論曰、「天地與我同根。萬物與我一體。」法界觀曰、「情與非情共一體。」

【一體速疾力三昧】（術語）一體而具速疾力之三昧也。大日經疏一曰、「毘盧遮那。本行菩薩道時以一體速疾力三昧供養無量善知識。遍行無量諸度門。」大疏六曰、「一切如來一體速迅三昧者。謂入此三昧時。則證知一切如來皆同一法界智體。於一念中。能次第觀察無量世界海微塵數等諸三昧門。知如是如是若干衆生。於彼三昧門中。應得入道。知彼善知識。已爲若干衆生作種種因緣。未爲若干衆生作種種因緣。或有衆生入如是法門。不可得超昇成佛。入餘法門。久遠稽留不得成佛。如是等種種根性不同。進趣方便皆亦隨異。乃至遊戲其中。次第修習出入超世間。於一一門。各得能成就無量衆生。故名一體速疾力三昧也。」

【一體三分】（術語）摩醯首羅天與那羅延天梵天爲一體而亦三分也。外道小乘涅槃論謂「摩醯首羅論師作如是說果是那羅延所作。梵天爲因。摩醯首羅一體三分。謂梵天那羅延摩醯首羅也」吉藏中論疏第一末謂「外道明有三天。卽是彼家三身。自在天爲本。如內法身佛。應爲韋紐。如內應身佛。韋紐臍中化爲梵王。如內化身佛。」此中韋紐。與那羅延同觀。

【一體三寶】（術語）慧海禪師曰。心是佛。不用將佛求佛。心是法。不用將法求法。佛法無二。和合爲僧。卽是一體三寶。經云。心佛與衆生。是三無差別。

【一體三身自性佛】（術語）於己色身內歸依法報化三身佛也。六祖壇經曰「於自色身。歸依淸淨法身佛。於自色身。歸依圓滿報身佛。於自色身。歸依千百億化身佛。」

二畫

【二入】（名數）一理入。衆生深信本具之理性。於理無所疑。謂之理入。二行入。依理起行。依行入理。謂之行入也。金剛三昧經上曰。達摩所說有理行二入。夫入道多途。要不出二種。一理入。二行入。理入者。謂藉敎悟宗。深信含生同一眞性。俱爲客塵妄想所覆。不能顯了。若捨妄歸眞。則聖凡等一。與理冥符而無分別。寂然無爲。名曰理入。行入則有四者。一報寃行。凡修道之人。若受寃苦之時。當念我往昔劫中。捨本逐末。流浪諸有。多起寃憎。違害無限。今雖無犯。是我宿殃惡業之果熟。甘心忍受。都無寃訴。此心生時。與理相應。是體寃進道。故名報寃行。二隨緣行。衆生無我。皆緣業轉。苦樂齊受。若受勝報榮譽之事。皆是過去宿因之所感。緣盡還無。何喜之有。得失隨緣。心不增減。八風不動。冥順於道。謂之隨緣行。三無所求行。世人長迷。處處貪求。名之爲求。智者悟眞。安心無爲。萬有皆空。無所希求。是眞無求。順道而行。故謂之無所求行。四稱法行。性淨之理。名之爲法。法體無慳貪。順之而行。檀乃至法體明朗而無痴闇。順之而行般若。如是稱法而行六度。名爲稱法行。見少室六門第三門二種入。

【二入】（雜語）觀經所說之十六觀

也、迦才淨土論上曰「二八弘規盛乎西土」。

【二九韻】（術語）梵語示動詞之變化、名爲丁岸哆聲、有十八之不同、名爲二九韻。寄歸傳四曰、「二九韻者明上中下尊卑彼此之別、言有十八不同、名丁岸哆聲也」。參照底彥多條。

【二九五部】（術語）小乘之宗計有二九十八部之分派、又律宗有五部之分派。

【二三合緣】（術語）謂於別相念住位、觀身受心法四法之中、以第四之法與他三法合爲二法而緣觀之也、即合法與身法、與受法、與心而觀之。

【二七曼荼羅】（術語）日本覺鑁上人所傳之五輪九字曼荼羅也。五字輪九字輪合爲十四字輪、故曰二七。五字九輪明秘密釋曰「二七曼荼羅者大日帝王之內證。彌陀世尊之肝心。現生大覺之普門。順次往生之一道」。

【二十天】（名數）一大梵天王、二帝釋尊天、三多聞天王、四持國天王、五增長天王、六廣目天王、七金剛密迹、八摩醯首羅、九散脂大將、十大辯才天、十一大功德天、十二韋䭾天神、十三堅牢地神、十四菩提樹神、十五鬼子母神、十六摩利支天、十七日宮天子、十八月宮天子、十九娑竭龍王、二十閻摩羅王。見諸天傳。

【二十空】（名數）見空條。

【二十部】（名數）小乘之分派有二十。見小乘條。

【二十二門】（名數）俱舍界品曰、以二十二門分別十八界。一有見無見、二有對無對、三善惡無記之三性、四欲色無色之三界、五有漏無漏、六有尋有伺無尋無伺、七有所緣無所緣、八有執受無執受、九大種所造、十積聚非積聚、十一能斫所斫、十二能燒所燒、十三能稱所稱、十四五類分別、十五得成就、十六內外、十七同分法同分、十八三斷、十九見非見、二十六識內幾識所見、二十一常無常、二十二根非根。

【二十二門】（名數）諸佛大仙、欲依自在三昧之力、安一切衆生、以出生自在勝三昧、一切所行諸功德無量之方便而度衆生、即由其三昧出生二十二門也。如供養如來門、一切布施門、具足持戒門、無盡忍辱門、無量苦行精進門、禪定寂靜三昧門、無量大辯智慧門、一切所行方便門、四無量神通門、大慈大悲四攝門、無量功德智慧門、一切緣起解脫門、清淨根力道法門、聲聞小乘門、緣覺中乘門、無上大乘門、無常衆苦門、無我衆生門、不淨離欲門、寂靜滅定三昧門、隨諸衆生起病門、一切對治衆法門等。

【二十二品】（名數）謂三十七道品中四念處、四正勤、四如意足、五根、五力之二十二種也。以此皆在見道之前而分之。仁王經上曰「二十二品十一切入」。

【二十二根】（名數）見根條。

【二十七宿】（名數）見星宿條。

【二十八天】（名數）欲界之六天與色界之十八天及無色界之四天也色界之天數有異論薩婆多部立十六天經部立十七天上座部立十八天大乘則據上座部見四教儀集註中。

【二十八生】（名數）與二十八有同。

【二十八有】（名數）又名二十八生。謂欲惑九品潤二十八生也見有條。

【二十八見】（名數）二十八種之不正見也雜集論十二引大法鏡經中說二十八不正見因明大疏上曰「二十八見蟻聚於五天」。

【二十八祖】（名數）台家依付法藏傳從摩訶迦葉至師子尊者於西天立二十三祖若加第三祖商那和須同時之末田地。則有二十四祖要皆金口相承至師子尊者而窮盡也（止觀一）然禪家於西天立二十八祖此說出於慧炬之寶林傳成於明教之傳法正宗記明教以達磨多羅禪經之達磨多羅爲菩提達磨之別名而證之以付藏傳爲謬書可燒二十八祖傳燈錄一傳法正宗記二曰一摩訶迦葉二阿難尊者三商那和修四優婆毱多五提多迦六彌遮迦七婆須蜜八佛陀難提九伏馱蜜多十脇尊者十一富那耶舍十二馬鳴大士十三迦毘摩羅十四龍樹尊者十五迦那提婆十六羅睺羅多十七僧伽難提十八伽耶舍多十九鳩摩羅多二十闍夜多二十一婆修盤頭二十二摩拏羅二十三鶴勒那二十四師子尊者二十五婆舍斯多二十六不如蜜多二十七般若多羅二十八菩提達磨是於付法藏傳之二十三祖加第七之婆須蜜與婆舍斯多已下之四人也而四明之四教儀以六義難之。

【二十八宿】（名數）見星宿條

【二十八輕戒】（名數）見戒條。

【二十四炮】（名數）九相隨一炮相有二十四炮有二十炮。

【二十五有】（名數）見有字條。涅槃經二十五曰「被無明枷繫生死桎達二十五有不能得離」

【二十五部】（術語）金剛界之五智爲五部五智互具五智則爲二十五部。秘藏記下曰「建立二十五部如何五部即五智。一智所互具五智。所以成二十五部。如是展轉有無量部」。且約阿閦佛言之則阿閦佛爲中台之法界體性智薩王愛喜之四菩薩爲其餘之四智。更約金剛薩埵言之則金剛薩埵爲中台之法界體性智欲觸愛慢之四眷屬爲其餘之四智金剛界理趣會之曼荼羅是也。如是一一之法皆具五智則有無盡無數之意故謂之無量部。

【二十五神】（名數）持五戒、則常有二十五之善神擁護其身。

護不殺戒五神
- 蔡芻毘愈他尼　除邪惡
- 輸多利輸陀尼　完具人之六根
- 毘樓遮那波　平調五臟
- 阿陀龍摩坻　通暢人之血脈
- 婆羅桓尼和婆　保護爪指

護不盜戒五神
- 坻摩阿毘婆馱　出入往來安寧
- 阿修輪婆羅陀　飲食甘香
- 婆羅摩亶雄雌　護人之睡夢
- 婆羅門地鞞哆　除毒蟲
- 那摩吁哆耶舍　除霧露之害

護不邪婬五神
- 佛馱仙陀樓哆　除口舌之非
- 鞞闍耶數多娑　除瘟疫鬼之害
- 涅坻醯馱多耶　除縣官之害
- 阿邏多賴都耶　護持人之舍宅
- 波羅那佛曇　平定舍宅之八神

護不妄語五神
- 阿提梵者珊耶　除塚墓鬼之害
- 因臺羅因臺羅　護人之門戶
- （三摩毘羅尸陀　護四大安隱）
- 阿伽嵐施婆多　除外氣神之害
- 佛曇彌摩多哆　除災火之害
- 多賴乂三察陀　除偷盜之害

護不飲酒五神
- 阿摩羅斯兜嘻　除虎狼之害
- 那羅門闍兜帝　除死靈之害
- 薩鞞尼乾那波　除惡鳥惡狐之鳴
- 荼鞞闍毘舍羅　除犬鼠之變怪
- 伽摩毘那闍尼佉　防冥官之注記

見灌頂經一、法苑珠林八十八。

【二十五條】（衣服）袈裟之一種。在大衣中、此爲最大。以二十五條之布橫綴之。每一條豎綴長布四、短布一。（四長一短。）

【二十五諦】（術語）見數論外道條。

【二十五點】（雜名）一夜五更、每更五點。遂爲二十五點。見五更條。

【二十九有】（名數）二十九生也。見有字條。

【二十唯識】（書名）唯識二十論之名。

【二十唯識論疏】（書名）又名二十述記。二卷。法相宗慈恩著。釋唯識二十論。

【二十億耳】（人名）Śroṇakoṭivimsa 比丘名。佛在世時證阿羅漢果。足下毛長二寸、足不踏地。爲弟子中精進第一。智度論二十二曰、「沙門二十億耳、鞞婆尸佛時作一房舍、以物覆地、供養衆生。九十一劫天上人中受福樂果。足不踏地。生時足下毛長二寸。柔軟淨好。父兄歡喜、與二十億兩金。見佛問法得阿羅漢。於諸弟子中精進第一。」增一阿含經三曰、「勇猛精進堪任苦行。所謂二十億耳比丘是。」

【二十犍度】（名數）犍度爲梵語、Khaṇḍa譯作章篇。戒律於作持門之戒區別爲二十類。四分律三十一卷至五十三卷。編集之爲二十篇。如受戒犍度、說戒犍度、安居犍度、自恣犍度、皮革犍度、衣犍度、藥犍度、迦稀那衣犍度、俱睒彌犍度、瞻波犍度、呵責犍度、人犍度、覆藏犍度、遮犍度、破僧犍度、滅諍犍度、尼犍度、法犍度、房舍犍度、雜犍度等。

【二十五方便】（名數）台家修禪之法、分方便與正修二道、先爲方便行有二十五種。其次正修十乘觀法。二十五種之方便行分爲五科。一具五緣、持戒清淨（離三業之非）衣食具足（蔽形凌飢）閒居靜處（山林蘭若）息諸緣務（學問猶廢何況俗事）近善知識（資我身長我道）二訶五欲、訶色（色如熱鐵丸）訶聲（聲如塗毒鼓）訶香（香如燃龍之氣）訶味（味如沸蜜湯）訶觸（觸如臥師子）三棄五蓋、貪欲、瞋恚、睡眠、掉悔、疑、此五法蓋覆心神使不能發定慧故名爲蓋。四調五事、調心不沈不浮、調身不緩不急、調息不澁不滑、調眠不節不恣、調食不飢不飽、五事各須中庸。五行法、欲（欲離妄想顚倒欲得禪定智慧）精進、（持戒棄蓋初中後夜勤行精進）念（賤世法貴禪定智慧之念）巧慧（籌量世樂與禪定智慧樂之得失輕重）一心。（念慧分明見世間之苦患與定慧之尊貴）止觀四曰、「此二十五法通爲一切禪慧方便。諸觀不同、故方便亦轉。」四敎儀曰、「依上四敎修行時、各有方便正修。謂二十五方便十乘觀法。（中略）此二十五法爲四敎前方便。故應須具足。若無此方便者、世間禪定尚不可得、豈況出世妙理乎。」

【二十五圓通】（名數）圓而通於法性之實者、謂之圓通。衆生之機緣萬差、欲得圓通、須依種種之法。佛於楞嚴會上對菩薩聲聞、問本何法而得圓通。菩薩聲聞各擧自得之法答之、有二十五種。卽六塵六根六識七大也。此中始於陳那之圓通聲塵、至觀音之圓通耳根而終。論圓通雖無優劣、而如來特使文殊選擇、取耳根之圓通者、因此方之人耳根聰明、入法易也。而聲與耳根爲初後者、是首尾相貫之意也。一音聲、陳那之圓通、卽聲塵也。二色因、優波尼沙陀比丘之圓通、卽色塵也。三香因、香嚴童子之圓通、卽香塵也。四味因、藥王藥上二法子等之圓通、卽味塵也。五觸因、跋陀婆羅之圓通、卽觸塵也。六法因、摩訶迦葉等之圓通、卽法塵也。七見元、阿那律陀之圓通、卽眼根也。八息空、周利槃特迦之圓通、卽鼻根也。九味知、憍梵鉢提之圓通、卽舌根也。十身覺、畢陵伽婆蹉之圓通、卽身根也。十一法空、須菩提之圓通、卽意根也。十二心見、舍利弗之圓通、卽眼識也。十三心聞、普賢菩薩之圓通、卽耳識也。十四鼻息、孫陀羅難陀之圓通、卽鼻識也。十五法音、富樓那之圓通、卽舌識也。十六身戒、優波離之圓通、卽身識也。十七心達、目乾連之圓通、卽意識也。十八火性、烏芻瑟摩之圓通、卽火大也。十九地性、持地菩薩之圓通、卽地大也。二十水性、月光童子之圓通、卽水大也。二十一風性、瑠璃光法王子之圓通、卽風大也。二十二空性、虛空藏菩薩之圓通、卽空大也。二十三識性、彌勒菩薩之圓通、卽識大也。二十四淨念、大勢至菩薩等之圓通、是見大卽根大也。二十五耳根、是觀音之圓通、卽六根中之第二卽耳根也。見楞嚴經五六。

【二十五菩薩】（名數）影護念佛行者之菩薩也。十往生經曰「若有衆生念阿彌陀佛願往生者。彼極樂世界阿彌陀佛卽遣觀世音菩薩。大勢至菩薩。藥王菩薩。藥上菩薩。普賢菩薩。法自在菩薩。師子吼菩薩。陀羅尼菩薩。虛空藏菩薩。佛藏菩薩。菩藏菩薩。金藏菩薩。金剛藏菩薩。山海慧菩薩。光明王菩薩。華嚴王菩薩。衆寶王菩薩。月光王菩薩。日照王菩薩。三昧王菩薩。定自在王菩薩。大自在王菩薩。白象王菩薩。大威德王菩薩。無邊身菩薩。是二十五菩薩擁護行者。」觀念法門曰、「又如十往生經說佛告山海慧菩薩以及阿難。若有人專念西方阿彌陀願往生者。我從今已去常使二十五菩薩影護行者。不令惡鬼惡神惱亂行者日夜常得安穩。」

【二十八部衆】（名數）千手觀音有孔雀王二十八部之大仙衆。二十八部者一方有四部、四方上下之六方有二十四部、四維各有一部、通爲二十八也。千手經曰、「我遣金色孔雀王二十八部大仙衆。常當擁護受持者。」金光明文句七曰、「孔雀王經云。一方有四部、六方則二十四部、四維各一部。合爲二十八部。」參照千手觀音條。図毘沙門等四天王各有二十八部之鬼神衆。金光明經三曰、「散脂鬼神大將及二十八部諸鬼神等。卽從座起偏袒右肩。右膝着地白佛言（中略）隨是經典所流布處我當與此二十八部大鬼神往至彼所。隱蔽其形隨逐擁護是說法者。」最勝王經五曰、「我等四王與二十八部藥叉大將。並與無量百千藥叉以淨天眼過於世人觀察擁護此贍部衆。」

【二十八宿經】（經名）舍頭諫太子二十八宿經之略名。

【二十八大藥叉】（名數）見二十八部衆條。

【二十唯識順釋論】（書名）成唯識寶生論之異名。

【二十四不相應法】（名數）倶舍宗立十四不相應法而唯識宗分不相應法爲

二十四類。以假立色心心所之分位。如得、命、根、衆同分、異生性、無想定、滅盡定、無想事、名身、句身、文身、生、老、住、無常、流轉、定異、相應、勢速、次第、方、時、數、和合性、不和合性是也。

【二十四周減行】(名數) 於中忍位減緣減行之時。每一周減一行。則三十一周、爲三十一之減行。其四種目之減行、攝收於減緣故少去七減行。爲二十四周減行。

【二十八品】(名數) 法華經一部有二十八品。經論之篇章謂之品。

【二十五種淸淨定輪】(術語) 一切菩薩欲證圓覺而修禪定。有二十五種之差別。謂無礙淸淨慧皆依禪定而生。其禪定有三種之別。一奢摩他、此譯作止、靜行也。(安於無爲也)二三摩鉢提、此譯作觀、幻行也。(修有爲之幻行也)三禪那、此譯作思惟、寂行也。(靜幻皆亡也)於此三行。單修一行者有三人。三行互修者有二十一人。三行圓修者有一人、因而有二十五人。此二十五人所修之禪定謂之二十五種淸淨定輪。圓覺經曰「一切諸菩薩無礙淸淨慧。皆依禪定生。所謂奢摩他三摩提禪那三法頓漸修有二十五種。十方諸如來三世修行者無不因此法而得成菩提。」

【二十五壇別尊法】(修法) 爲破二十五有各別供養二十五尊之護摩法也。

【二十九種莊嚴】(名數) 見莊嚴條。

【二力】(名數) 自力他力也。爲淨土門所談、以衆生自身之三學爲自力、以彌陀之願力爲他力、捨自力而歸他力、乃淨土門之至極也。略論曰「一切萬法皆有自力他力自攝他攝」。又一思擇力、思擇正理而對治諸障之力也。二修習力、修習一切善行而使堅固決定之力也。見華嚴經疏八。又有力無力也。爲華嚴宗所談。論萬法之彼此相入以此二力。五敎章中曰「由有力無力義故有相入門也。(中略)自有全力所以能攝他。他全無力故所以能入自。他力自無力反上可知」

【二人俱犯】(術語) 台宗用語。藏通別三敎之人爲麤人、圓敎之人爲細人、在法華以前以圓敎之人與前三敎之人俱住皆爲有過之人。以譬彼之圓敎不若法華之圓也。釋籤一曰「總結前四味不立妙名。爲何所以。以兼等故。判部屬麤。如麤人細人二俱犯過。從過邊說俱名麤人。」

【二六】(雜語) 十二也。

【二六之緣】(雜語) 十二因緣也。

【二六之願】(雜語) 藥師如來之十二願也。

【二六之難行】(雜語) 悉多太子十二年之苦行也。

【二六時中】(雜語) 一晝夜十二時也。是我國之曆法。若印度則爲六時或八時。

虛堂錄曰、「二六時中抛三作兩。」應庵錄曰、「二六時中一動一靜」

【二天】（名數）日天月天也。又一同生天、此天與其人生於同時者、二同名天、此天與其人同名字者。此二天常隨逐其人而護之。見華嚴經六十。又梵天與帝釋天也。

【二天三仙】（名數）中論列二天、百論列二天三仙。合之則爲二天三仙。二天者、摩醯首羅天與毘紐天也。三仙者第一迦毘羅仙、爲數論外道、第二優樓僧佉、爲勝論外道、第三勒沙婆、爲苦行外道也。輔行十曰、「一切外人所計不過二天三仙。」中論一曰、「有人言萬物從大自在天生。有言從韋紐天生。」百論一曰、「有人言、韋紐天（秦言遍勝天）名世尊。又言摩醯首羅天（秦言大自在天）名世尊。又言迦毘羅優樓迦勒沙婆等仙人、皆名世尊。」

【三天四仙】（名數）二天加鳩摩羅天則爲三天、三仙加若提子則爲四仙。智度論二曰、「如摩醯首羅天。秦言大自在。八臂三眼騎白牛。如韋紐天。秦言遍聞四臂捉貝持輪騎金翅鳥。如鳩摩羅天。秦言童子。是天擘雞持鈴提赤幡騎孔雀。皆是諸天大將。」入大乘論上曰、「諸外道不解因緣而起四執。僧佉所說有計一。過優樓迦計異。尼健陀計一異。若提子計非一非異。一切外道及摩他羅等異計、皆悉不離如是四種。」案印度於佛敎外之宗計凡有二、一有神、二無神。無神者如數論勝論等、於萬有之中不認唯一之神我也。有神者、以唯一之天神爲萬物之生因也。此有三類。一以摩醯首羅天爲生因。此天生梵天與那羅延天、以梵天爲造萬物之因、以那羅延天爲造萬物之果。而摩醯首羅爲二者之所依、猶如地也。（提婆論之說）其形相爲八臂、三眼、騎白牛。（智度論二之說）是爲摩醯首羅論師之宗計。六師中之迦羅鳩馱迦旃延奉之者、現今印度敎之西拔派是也。二以韋紐天爲生因、劫初大海中化生一千頭二千手之神、名韋紐。由其臍中生蓮華、蓮華之中生梵天、由梵天之心中生八子、八子生天地人民。見智度論八。其韋紐天之形相有四臂、執貝持輪、騎金翅鳥。見智度論二、今印度敎之「毘修奴」派本此。三以那羅延天爲生因、從那羅延之臍中生梵天、由梵天之口中生婆羅門種、乃至從其脚跟生首陀羅種。見提婆論、是韋陀論師之說也。

【二三】（雜語）六師外道也。三論大義鈔一曰、「二三邪徒。」

【二凡】（名數）內凡外凡也。三乘之行人、見諦已前爲凡位。凡位分爲二、但聞敎法而信之者爲外凡、正行其法近於聖位者爲內凡。小乘之三賢、大乘之十信位、是外凡也。小乘之四善根、大乘之十住已上、是內凡也。法華玄義三曰「四教並以外凡爲教內凡爲行。聖位爲證」

【二女】（名數）一功德天女能使人盈財寶者。二黑闇女能使人耗盡財寶者。此二女功德天爲姉。黑闇女爲妹。姉妹常不相離。功德天所到之處。黑闇女必伴之。見涅槃經十二。

【二土】（名數）一性土。法性之理。非穢非淨。非廣非狹。猶如虛空。徧滿於一切處。如常寂光土是也。二相土。或名淨土。或爲穢土。隨衆生之心行而有種種之差別者。見宗鏡錄八十九。（又）一淨土。爲金銀瑠璃所成。種種莊嚴。且無四趣五濁等之雜穢者。如西方之極樂世界是也。此中有報土化土之二。報土爲佛之果報而自行受用之淨土。化土爲衆生而變化之淨土。極樂淨土或曰報土。或曰化土。諸家各有異論。二穢土。爲瓦礫土石所成。穢惡充滿而有四趣五濁之雜穢者。如娑婆世界是也。此二土爲相土中之差別。見華嚴疏鈔四。（又）一報土。報身所居之土也。此中有自受用他受用之別。佛自受用身之所居。爲自受用報土。對於初地已上菩薩而現之報土。爲他受用報土。如華嚴經所說之蓮華藏世界是也。二化土。佛之化身住處也。此中有淨穢之別。如釋迦佛之於娑婆世界。示現雜穢之國土。敎化凡夫二乘者。是化土之穢土也。如阿彌陀佛之於懈慢界。觀音之於補陀落山。是化土之淨土也。化土者。爲佛菩薩度凡夫二乘而變現化作之國土也。問。娑婆國土爲衆生實業所生之穢土。何以謂之化土。答曰。娑婆國土雖爲衆生之實業所生。而佛示現此土時。以佛之成所作智變現與彼穢土相似之國土而住之。其衆生之所變。與佛之所變相和合而似一國土也。故由衆生言之。則爲實業所感之有漏實穢土。而由佛言之。則爲由成所作智變化與穢土相似之無漏假穢土。今從佛而稱爲化土之穢土也。淨土亦然。由衆生清淨之實業所感與佛之成所作智變現而成。今亦謂佛所變之邊爲化土之淨土也。見百法問答鈔八。

【極樂報化】（術語）彌陀之極樂國土。爲報土。爲化土。諸宗各有異論。天台淨影謂之化土。道綽善導謂之報土。慈恩或唯謂之報土。或謂之報化二土。日本之源信。則以極樂爲報土。以處胎經所說極樂之邊地懈慢界爲化土。日本之見眞。推源信之意。以觀經所說九品之淨土及菩薩處胎經所說之懈慢界並無量壽經所說之疑城胎宮。皆爲化土。以無量壽經所說之極樂爲報土。但此化土爲報中之化。非三土中第三之化土。於報中分眞假二土也。然則眞假雖異。皆爲酬報大悲之願者。（報土酬第十八願。化土酬第十九二十願）眞假皆爲報土也。故道綽善導所定之是報非化。不背於此。敎行信證五曰、「既以眞假是酬報大悲願海。故知報佛土也。良假佛土業因千差。土復應千差。是名方便化身化土。」

【二世】（術語）今生與未來也。如二世之悉地、二世之安樂等。法華經藥草喩品曰「現世安穩後生善所。」

【二世間】（名數）有爲法之過現未遷流曰世、事事物物間隔曰間。大別有二種、一有情世間、五蘊假和合而有情識、以爲鬼畜人天等之差別者。二器世間、四大積聚而爲山河大地國土家屋等之別、以容受有情者。蓋有情世間爲有情之正報、而器世間爲有情之依報也。見俱舍論世間品。

【二世尊】（名數）釋迦如來與多寶如來、是多寶塔中之二佛也。

【二心】（名數）一眞心、爲衆生本具之如來藏心、眞淨明妙、離虛妄之想者。二妄心爲起念而分別生一切種種之境界者。楞嚴經曰、「從無始來生死相續、皆由不知常住眞心性淨明體。用諸妄想。此想不眞。故有流轉。」又一定心禪定之心也。又修定善之心也。二散心散亂之心也。又修散善之心也。見二善條。

【二王】（圖像）寺門兩脇所立之二個金剛夜叉也。略名金剛神、亦曰夜叉神。其本名曰密迹金剛。爲法意王子之化身。大寶積經密迹金剛力士會曰、「昔有轉輪聖王曰勇羣王。具足千子。有二夫人。有二孩童自然來上夫人膝上。一云法意、二云法念。父王知諸子發道意、欲知當來成佛之次第。使千子探籌。有太子名淨意、得第一籌。拘留孫佛是也。得第四籌者、釋迦佛也。乃至得最後之籌者樓由佛也。（他經曰樓至）時後二子、兄爲法意曰、吾自誓當諸人成得佛時、爲金剛力士親近於佛、聞一切諸佛秘要密迹之事、信樂不懷疑結。弟爲法念曰、願諸仁成佛道、則身當勸助法輪使轉。其時之勇羣王、卽過去之定光如來是也。其時之諸子、卽此賢劫中之千佛是也。其法意太子卽今之金剛力士名爲密迹者是也。其法念太子卽今之梵王是也。彼時聖王之中宮夫人婇女卽今之諸來會者是也。」（金光明文句記六）謂出於正法念經、誤也。檢七十卷正法念經無此文。）依此本緣、則金剛力士唯爲一人。故知禮之金光明文句記六曰、「據經唯一人。今狀於伽藍之門爲二像者。夫應變無方。多亦無礙。」但以此爲二像者、亦據佛說毘奈耶雜事十七曰、「給孤長者施園之後、作如是念。若不彩畫便不端嚴。佛若許者吾欲莊飾。（中略）佛言長者於門兩頰應作執杖藥叉。」（夜叉新譯作藥叉）然嘉祥之法華義疏十二、謂金剛力士爲樓至佛之化身。又禪錄皆爲青葉樓至二佛之化身。此未審見寶積經文之誤也。禪錄之誤本於陸遊之入蜀記。又密宗以愛染明王與不動明王並稱曰二王。愛染明王表煩惱卽菩提不動明王表生死卽涅槃。

【二木】（譬喻）見三草二木條。

【二五食】（名數）一者、蒲闍尼、翻云噉食。此有五種。謂飯麨乾飯魚肉。二者佉闍尼、翻云嚼食。此有五種。謂枝葉華果細末食。

【二分家】（流派）心識之二分說也。卽心識起認識作用時生相分（所緣之影像）與見分（能緣之主觀作用）二種差別之一派。此爲難陀論師所立。

【二出】（名數）一豎出、聖道門自力之敎、歷劫修行而出生死者。二橫出、淨土門他力之敎。不歷修行地位但念彌陀而生淨土者。樂邦文類四擇𣶢辨橫豎二出曰、「豎出者。聲聞修四諦。緣覺修十二因緣。菩薩修六度萬行。此涉地位。譬如及第。須自有才學。又如歷任轉官。須有功効。橫出者。念佛求生淨土。譬如蔭敍。功由祖父他力。不同學業有無。又如覃恩普轉。功由國王。不論歷任淺深。」

【二犯】（名數）一止犯、於諸善業厭不修學。依於止而犯戒體者、謂之止犯。二作犯、於諸惡法策身口而作之。依於作而犯戒體者、謂之作犯。

【二加】（名數）一顯加、佛以平等大悲常鑑衆生之機。若宿世善根成熟或現世之精勤不怠。則光照摩頂等顯以神力加被之、增其威力、長其辯才、利益顯然可見者。二冥加、佛對衆生冥以神力加被之、消其罪、增其德、使衆生密得其利益者。見華嚴疏鈔一。

【二如】（名數）一隨緣眞如、不守自性。隨染緣而生染法。隨淨緣而生淨法者。二不變眞如、隨緣而爲萬差之諸法、亦不失眞如之自性者。隨緣眞如如波、不變眞如如水、不變之水起波相、而隨緣之波、不失水性、故以隨緣眞如之故、眞如卽萬法也、以不變眞如之故萬法卽眞如也。小乘不知二種之眞如、大乘之權敎知不變眞如而不知隨緣眞如、大乘之實敎二種皆知之。起信論一部正明此義。起信論義記上曰、「繁興鼓躍。未始動於心源。靜謐虛凝。未曾乖於業果。故使不變於性。緣起染淨恒殊。不捨緣而卽眞。凡聖致一。」金剛錍論曰、「萬法是眞如。由不變故。眞如是萬法。由隨緣故。」因一離言眞如、眞如之本體、唯爲觀智之境、離一切言說之相者。二依言眞如、眞如之相狀可依言說而分別者。見起信論。因一空眞如、眞如之自體、眞空虛明、離一切之妄染者。猶如虛空之空。二不空眞如、眞如之自體具有一切之性功德者。猶如虛空含有一切萬象。見起信論。因一在纏眞如、凡夫之眞如實性、隱沒而爲無量之煩惱所纏縛者、謂之如來藏。二出纏眞如、佛菩薩之眞如實性、顯現而出煩惱之纏縛者謂之法身。勝鬘經曰、「若於無量煩惱藏所纏如來藏不疑惑者於出無量煩惱藏法身亦無疑惑。同寶窟下本曰、「如來藏之與法身更無有二。只是隱顯之名。」理趣分述讚下曰、「如來藏者卽是眞如在纏之名。出纏之時名法身故。」図一有垢眞如自性眞如之體雖覆於煩惱、而原來淸淨。譬如泥中之蓮華不汚於泥。名爲自性眞如。亦名有垢眞如。卽在纏眞如是也。二無垢眞如、佛果所顯之理體、淸淨而不覆於惑。譬如望月之淸淨圓滿、名曰淸淨眞如、又名無垢眞如。卽出纏眞如是也。眞諦譯之攝論五曰、「論曰。眞實性亦有二種。一自性淸淨。釋曰、謂有垢眞如。論曰二淸淨成就。釋曰。謂無垢眞如。」図一安立眞如、眞如之體能生世間出世間之諸法者、卽隨緣眞如是也。二非安立眞如、眞如之體本來寂滅無爲而離諸相者、卽不變眞如也。見華嚴大疏鈔六。

【二如來藏】（名數）見如來藏條。

【二字】（名數）一半字、悉曇章爲生字之根本而文字不具足者。二滿字、餘章之文字語法具足者。図（雜語）僧之實名、以二字爲古實。故僧名謂之二字。師弟之契書實名奉師、謂之呈二字。又稱他人之實名敬其人、則分二字曰上某字下某字而呼之。後拾遺往生傳曰、「須以今生結緣之力。必爲當來引導之因。今欲得二字。」

【二字文殊】（菩薩）見文殊條。

【二足】（術語）以人之兩足譬福智二者。六度中般若爲智足、其餘五度爲福足。義楚六帖一曰、「智論云、佛積萬行於三大劫。福足智足無間無遺。」

【二足尊】（術語）又名兩足尊。言在有二脚之生類中爲最尊者。是佛之尊號。図二足者、譬福智也。（見前項）佛圓滿福智之二足、故曰二足尊。法華經授記品曰、「供養最上二足尊。」

【二死】（名數）見生死條。

【二行】（名數）一見行、爲我見邪見等迷理之惑、卽見修二惑中之見惑也。二愛行、爲貪欲瞋恚等迷事之惑。其中以愛惑爲主要、故舉一以攝他、卽一切之修惑也。行者常作心行、心識之行動也。涅槃經十五曰、「人有二種。一者見行、二者愛行。見行之人多修慈悲。愛行之人多修喜捨。」智度論二十一曰、「衆生有二分行。愛行、見行。愛多者著樂多縛、在外結使行。見多者多著身見等行。爲內結使縛。」図煩惱所知二障之現行也。華嚴經十二曰、「妙悟皆滿、二行永絕。」同疏鈔十二曰、「凡夫二乘現行二障。世尊無故。凡夫現行生死起諸雜染、卽煩惱障。二乘現行涅槃辨利樂事。世尊無彼二事、故云永絕。」図唐善導就往生淨土之行業分別二種。一正行、正行彌陀法者、此有五種。一讀誦正行、一心專誦淨土之三部經等也。二觀察正行、一心專思想觀察淨土依正二報之莊嚴也。三禮拜正行、一心專禮彼佛也。四稱名正行、一心專稱彼佛之名號也。五讚嘆供養正行、一心專讚嘆供養彼佛也。二雜行、除以上五正行而修其餘諸善萬行、迴向淨土之行者。雜行無量、姑對以上五正行而亦明五雜行。讀誦雜行乃至讚嘆供養雜行也。讀誦雜行者除上三部經等、讀誦其餘之諸經而迴向淨土之行、乃至讚嘆供養雜行、除阿彌陀佛、而讚嘆供養其餘之諸佛菩薩、爲往生淨土之行也。見觀經散善義、選擇集二行章。

【二門】（名數）　唐道綽所判。一聖道門、此土由凡至聖修道之敎門也。除淨土三經、其餘之諸經是。二淨土門、往生彌陀淨土而證聖果之敎門也。三部經之所說是。安樂集上曰、「一謂聖道。二謂往生淨土。」選擇集本曰、「道綽禪師立聖道淨土二門。而捨聖道正歸淨土。」敎行信證六本曰、「凡就一代敎於此界中入聖得果名聖道門。云難行道。於安養淨刹入聖證果名淨土門。云易行道。」

図一遮詮門、謂遮遣其所非也、又謂揀却其餘也。如涅槃說不生不滅眞空寂滅是空門之言詮、遮情門也。二表詮門、謂顯其所是也。又謂直示自體也。如涅槃說常樂我淨三德秘藏、是有門之言詮、表德門也。此遮詮表詮之名、出於法相宗、遮情表德之目、出於華嚴宗。宗鏡錄三十四、辨空宗性宗之相違、其十異中之第六、「遮詮表詮異者。遮謂遣其所非。表謂顯其所是。又遮者揀却諸經。表者直示當體。」杜順之華嚴三昧曰、「一遮情、二表德。言遮情者、問、緣起是有耶。答不也。卽空故。(中略)二表德者、問、緣起是有耶。答是也。幻有不無故。」是全與前遮詮二門之意相同。故此二種爲顯敎諸宗所通用。然則遮詮表詮、爲言詮之相違、遮情表德爲法體之相違、其意則一也。故諸宗通用之。眞言宗用此中華嚴之遮情表德以爲簡別顯密二敎之稱目。謂一切之顯敎、爲遮情門、故所歸唯無相之一理、密敎爲表德門、故自始卽行三密之事相。二敎論曰、「中觀等息諸戲論。寂滅絕離以爲宗極。如是之義意皆是遮情之門。不是表德之謂。」秘藏寶鑰上曰、「顯藥拂塵。眞言開庫。」但此爲顯密相對一往之判。若就自宗言、亦有遮情表德之二門。胎藏界爲表德門、以性具之十界爲體、卽多法界之法門也。金剛界爲遮情門、以無相之一智爲體、卽一法界之法門也。

図一迹門、法華經中前十四品之所說者。二本門、法華經中後十四品之所說者。見本迹條。

図一抑止門、佛欲衆生不造重罪、使惡逆之衆生不得往生淨土、乃抑止彼之敎門。是佛之大智也。二攝取門、極惡之衆生念佛則得往生、乃攝取彼之敎門。是佛之大悲也。是善導會大觀二

經相違而判釋者。（諸家立種種之義而會之）觀經散善義曰、「問曰。如四十八願中。唯除五逆誹謗正法。不得往生。今此觀經下品下生中。簡謗法攝五逆者有何意也。答曰。此義仰就抑止門解。如四十八願中除謗法五逆者。然此二業、其障極重、衆生若造、直入阿鼻。歷劫周障。無由可出。但如來恐其造斯二過。方便止言不得往生。亦不是不攝也。」見羣疑論三、探要六、散善記三。図華嚴一經、具行布圓融之二門、皆能通入法界。一行布門、行者行列、布者分布也。經中廣明十住十行十迴向十地等覺妙覺之四十二位法門、由淺至深、行列次第分布、故曰行布門。二圓融門、經中又明法界之理、圓融無礙、於前之四十二位、隨舉一位、而該攝諸位、謂之圓融門、如說初發心時便成正覺是也。爲視別敎圓敎之差別。見天台之華嚴大疏一。図一折伏門、折惡伏非而不假借、是佛大智之德也。二攝受門、不與物逆、善惡皆攝取之、是佛大悲之德也。止觀十曰、「夫經有兩說。一攝二折。如安樂行不稱長短是攝義。大經執持刀杖乃至斬首是折義。雖與奪殊途。俱令利益。」図一性起門、至如來之果上、則眞如法性、順於自性而起淨法。所謂性海無風、金波自涌也。故唯是淨法也。二緣起門、眞如法性在衆生之因中、隨染緣而起染法、故緣起之法、通於染淨也。問佛果之功德豈可無緣而起耶。答非云無緣。實由緣而起、但起已、則違緣而順性。故廢緣而但云性起。探玄記十六曰、「以果海身體當不可說不稱機感具緣。約緣明起。起已違緣而順自性。是故廢緣但名性起。」図一流轉門、無始之無明不達本覺之理性、起惑造業、感生死之苦果、以流轉三界六道、是曰流轉門。二還滅門、流轉之衆生、厭生死之苦、修戒定慧之三學、以還歸於寂滅之涅槃、是曰還滅門。苦集之二諦、爲流轉門之因果、滅道之二諦爲還滅門之因果、釋摩訶衍論、謂之下轉門上轉門。図一眞如門、如來藏之一心、其體性平等一味、離差別之相、眞實如常、故曰眞如門、卽不變眞如也。不和合於無明之緣之眞如也。二生滅門、如來藏之一心、隨緣生滅、起差別之相、故曰生滅門。以眞如與無明互相熏也。蓋卽無明以熏於眞如而生流轉之染法、眞如以熏於無明而生還滅之淨法、是爲隨緣眞如、和合於無明之緣之眞如也。然則眞如門爲如來藏心之體、生滅門爲如來藏心之相。一切之小乘敎、皆不知如來藏心之有實性、大乘中之權敎、僅知其眞如門之一邊而不知生滅門之一邊、大乘之實敎、則二門皆知。起信論曰、「依一心法有二種門。云何爲二。一者心眞如門。二者心生滅門。」図一福德門、布施持戒忍辱精進禪定之五度爲福德門、入於福德門、則一切之罪業皆除、所願皆得。二智慧門、了知諸法之實相爲智慧門、卽般若也。入於智慧門、則不厭生死不樂涅槃也。見智度論十五。◎一戒門。二乘門。佛說涅槃經有二意、一單說常住之理而爲捃拾法華所漏之機類也。因而謂之常住涅槃名爲捃拾敎。二爲末代之衆生破戒執無常、亡失法身之慧命。因說戒乘二門、贖常住之命也。蓋涅槃經中、欲贖滅後之衆生爲破戒無慚天傷法身之慧命、而說戒律名爲戒門。欲贖爲固執無常之見亡失法身之常住、而說佛性常住之理名爲乘門。因而謂之贖命涅槃名爲扶律說常敎、釋籤曰「賴由此經扶律說常、則乘戒具足。」◎一悲門。諸佛菩薩利他之德也。爲大悲之故、永度衆生而不住於涅槃。二智門、諸佛菩薩自利之德也。爲大智之故、自斷惑業、而不住於生死。是一雙不離之德也。◎一定門、智照法界而心性常湛然、謂之照而寂、是諸佛菩薩之定門也。二慧門、心性雖湛然不動而常照法界無謬、謂之寂而照、是諸佛菩薩之慧門也。是一雙不離之德也。報恩記曰、「觀音勢至爲彌陀如來悲智二門」

【二光】(名數)一色光、爲佛身所發之光明、眼可見者、亦名身光。二心光、爲佛心所發之光明、常照護衆生者。往生論註謂之智慧光。六要鈔三末曰「言心光者、此非光分身相心想、其體各別。只就義門宜得其意。以佛慈悲攝受之心所照觸光名心光。是含佛行相應佛心。其佛心者、慈悲爲體。(中略)是故照觸稱名行人之大悲之光得心稱耳。私案、觀佛三昧所觀所見之光明等可預身光之者耶。」選擇集決疑鈔三曰「心光者佛心所起光明、故名心光。論註稱智慧光與今同也。」◎一常光。諸佛身常放之光明也。如釋迦佛一尋之光明、阿彌陀佛無量之光明是也。二神通光、諸佛對一機之衆生、以神力特放之光明、如釋迦之說法華經、照東方萬八千土、彌陀佛之放神光、臨月蓋門是也。見輔行一。「若放一光等者。常光一尋則不言放、尋外之光故云神變。」見觀經記三、選擇決疑鈔三。

【二因】(名數)一生因、本具法性之理則能發生一切善法、如穀麥等種、能生萌芽是也。二了因、以智慧照了法性之理、如燈照物了了可見是也。見涅槃經二十八。◎一能生因、第八識能生起眼等之諸識、又爲一切善惡之因、如穀麥等種爲發生萌芽之因是也。二方便因、眼等之諸識能爲方便引發第八識善惡之種、如水土以發生穀麥等萌芽之方便是也。見宗鏡錄七十一。◎一習因、如習貪欲、則貪欲愈增長、新譯曰同類因。二報因、如行善惡之因、卽得苦樂之報、新譯曰異熟因。見四敎儀集註中。◎一正因、衆生本具之理性、正爲成佛之因者。二緣因、一切之功德善根資助智慧之了因、開發正因之性者。見涅槃經二十八。又有近因遠因見大論。牽引因生起因見瑜伽論。

【二印】（印相）一無相三昧印、菩薩初入八地則上不見可求之佛、下不見衆生之可度、沈空多時、名曰無相三昧印。二有相三昧印、此時諸佛以七法勸起之、以如幻三昧爲種種利益衆生之事、名爲有相三昧。見演密鈔六。

【二衣】（名數）一制衣、如僧衆之三衣、尼衆之五衣、如來制使必受持者。二聽衣、如長衣、百一資具、如來特應於機緣而聽蓄之者。制衣不受持之則得罪、聽衣不畜之則無罪也。

【二色身】（名數）如來之二種色身、如實色身（報身）化色身（應身）是也。

【二吉羅】（名數）突吉羅罪分二種、一爲惡作、非如法之動作也。二爲惡說、非如法之言語也。見突吉羅條。

【二百億比丘】（人名）見守籠那條。

【二百五十戒】（術語）見具足戒條。

【二我】（名數）一人我、二法我。見次項。

【二我見】（名數）一人我見、一切凡夫不了人身爲五蘊假和合、固執人有常一我體之惡見也。二法我見、一切凡夫不了諸法之空性、固執法有眞實體用之妄見也。起信論下末曰「人我見者、計有總相主宰。法我見者、計一切法各有體性。」

【二我執】（名數）一倶生我執、爲先天隨生具有之我執。二分別我執、爲後天的我執、依自己之分別力而生者。

【二佛身】（名數）見二身條。

【二佛中間】（雜語）釋迦與彌勒之中間、即釋迦既入滅、彌勒尚未出世也。

【二佛並坐】（術語）法華會座迹門三周說法已後、涌出於靈山空中之多寶塔中二佛也。初寶塔涌出在空中、依大衆之請、釋迦佛開其塔門、多寶佛全身舍利結跏趺座、結法界定印。其時多寶佛在寶塔中分半座使釋迦佛坐、謂之二佛並座。多寶表法佛及定、釋迦表報佛及慧、並座表法報不二、定慧一如也。此二佛孰左孰右之說、各有異義。但以多寶在左、釋迦在右爲正。蓋觀智之法華儀軌謂爲「塔門西開」、則知釋迦未入塔以前、向東而說迹門、迹門爲因位之法、故向發心之東方而說之。多寶塔表本門之壽量、則塔之門開於西。本門爲果上之法、則或向菩提之西方也。然則法華之曼荼羅曰、東向西中央多寶塔中之二佛中、多寶佛在南方、即左位、結定印、釋迦佛在北方、即右位、結轉法輪印。左爲定位、右爲慧位、顯密之通則也。隨屬於定門之多寶爲左位。屬於慧門之釋迦爲右位。見法華秘略要鈔三。參照多寶塔條。

【二身】（名數）一分段身、分段生死之身也。二變易身、變易生死之身也。參照性地條。㈡佛之二身也。佛身之開合、經論之說雖有多端、但以二身三身兩門爲通會。二身之說頗多。

【生化二身】（名數）一生身、降生王宮修行成道之佛身也。二化身、佛以神通力變化鬼畜等之身也。此就小乘而說。若配大乘之四身而言、則生身爲應身、化身卽化身也。

【生法二身】（名數）有大小乘之別、小乘謂王宮所生之身爲生身、戒定慧等之功德爲法身。（大乘義章十九）大乘謂理智冥合之眞身爲法身、隨機現生之應化身爲生身、卽合法報應身三中之法報二身爲法身、應身爲生身也。佛地論七曰、「或處說佛有二種身、一者生身、二者法身。」智度論九曰、「佛有二種身、一者法性身、二者父母生身。是法性身、滿十方虛空、無量無邊、色像端正、相好莊嚴、無量光明、無量音聲、聽法衆亦滿虛空、（此衆亦法性身、非生死人所得）常出種種身、種種名號、種種生處、種種方便、度衆生、常度一切、無須臾息時、如是法性佛、能度十方衆生、受諸罪報者、是生身佛。生身佛次第說法如人法。」

【眞應二身】（名數）卽生法二身、名異義同也。大乘義章十九曰、「自德名眞、隨化所現說以爲應。眞則是其法門之身、應則是其共世間身。」

【實相爲物二身】（術語）曇鸞所立。一實相身、是理佛、卽法性法身也。又佛之光明也。二爲物身、是事佛、卽方便法身也。又佛之名號也。往生論註下曰、「云何爲不如實修行與名義不相應、謂不知如來是實相身、爲物身。」六要鈔三本曰、「此有二義。一義云、實相身者、此是理佛、卽云法性法身是也。爲物身者、此是事物、卽云方便法身是也。一義云、實相爲物二種法身共是事佛。二種法身是約自利利他之德、卽名與義、實相約義、卽是光明攝法身、故爲物是名、卽是名號攝衆生、故問且就後義、既云實相、何爲事佛、答所言實相、非無相義、是虛實義、卽約生佛、謂佛爲實、衆生爲虛、以悟爲實、以迷爲虛、問二義之中、以何爲正、答二義俱存、用捨可在學者之意。但約名義、猶親文歟。」鸞師亦立法性方便之二法身、見法身條。

【眞化二身】（名數）一眞身、佛所得之法報二身也。二化身、又名應身、佛所現之應身化身也。

【常無常二身】（名數）一常身、卽眞身也。二無常身、卽應身化身也。見涅槃經三十四。

【實化二身】（名數）見二色身條。

【二妙】（名數）妙爲法華經題之妙、

故有二義、一相待妙、藏通別圓之四敎相對而判麤妙也。爾前所說諸經藏通別之三敎爲麤法、法華經所說之圓敎爲妙法、如斯就敎體之上彼此相待、以今經名爲妙、是曰相待妙。二絕待妙、開會三敎麤法、爲一妙法、妙法之外無麤法可待望、是曰絕待妙。是今經獨特之妙也。前四時之間、所化之機根未熟、故說圓敎、以圓敎不能開會他三敎、圓敎之外存他之三敎、則其圓敎不過爲相待妙、今至第五時、所化之機根淳熟、開前三敎之權法、悉使歸入於一實之妙法、故法華獨得爲絕待妙也。然則爾前所說之圓敎、唯爲相待妙、而法華之圓敎具相絕二妙也。以相待妙判法華出於前四時中所說藏通別三敎之上、以絕待妙開會彼之三敎使皆爲圓妙也。相待論判、絕待論開也。四敎儀集註下曰、「妙名一唱、待絕俱時。故相待論判出前三敎四時之上。絕待論開復能開前令皆圓妙。」

又福智之二莊嚴也。宗門無盡燈論上曰、「刻苦盡二妙、」

【二求】（名數）衆生所有二種之欲求也。即得求與命求。得求者求得諸樂也。命求者、欲得長樂而求長命也。

【二忍】（名數）一衆生忍、忍者忍耐也。諸衆生以種種惡害加之、我能忍耐不起瞋恚、謂之衆生忍。二無生法忍、忍者安忍也。理原爲不生不滅、今但言不生、又名無生、菩薩於無生之法、安忍而不動心、謂之無生法忍。見智度論六。又一安受苦忍、安受諸苦而不動心者、即衆生忍也。二觀察法忍、觀察諸法深理而安然忍可者、即無生法忍也。見持地經五。

【二戒】（名數）二種之戒也。各隨其所出而異其名目、如性戒、遮戒、（孔目章）道共戒、定共戒、（毘婆沙論）威儀戒、從戒戒、（涅槃經）隨相戒、離相戒、（華嚴經疏）止持、戒作持戒、（華嚴經疏）性重戒、息世譏嫌戒、（涅槃經）邪戒、正戒、（四敎儀集註）等。四敎儀集註亦以十戒具足戒稱二戒、謂之出家之二戒。毘婆沙論以五戒八戒稱二戒、謂之在家之二戒。見戒條。

【二利】（名數）自利與利他也。上求菩提爲自利、下化衆生爲利他。小乘之行、唯爲自利、菩薩之行、乃兼利他。無量壽經上曰、「自利利人人我兼利。」贊阿彌陀佛偈曰、「自利利他力圓滿。」

【二序】（名數）諸經之首、有通序別序、如是我聞等之六成就、通諸經有之、曰通序、本經特殊之緣起、曰別序。參照序條。

【二往】（名數）又名再往。謂再詮義也。止觀七曰、「一往然。二往不然。」

【二見】（名數）一財慳、慳悋惜財物、見諸窮困不肯惠施者。二法慳、慳惜佛法、不肯敎導他人者。見地持經三。又一有見、固執實有物之見也、又增益實性之妄見也。二無見、固執實無物之見也、又損減實性之妄見也。此有無之二見、通於一切法、邊見中之斷常二見、人身之有無二見也。智度論七曰「復有二種見、有見無見」図一斷見、固執人之身心、斷滅不續生之妄見、卽無見也。二常見、固執人之身心過現未皆常住無間斷之妄見、卽有見也。智度論七曰、「見有二種、一者常、二者斷、常見者、見五衆常心忍樂、斷見者見五衆滅心忍樂」。

【二空】（名數）一人空、又名我空、生空、人我空無之眞理也。凡夫濫計五蘊爲我、强立主宰、以引生煩惱、造種種之業、佛欲破此計、爲說五蘊無我之理、二乘悟之入於無我之理、謂之人空。二法空、諸法空無之眞理也。二乘之人、未達法空之理、計五蘊之法實而不免一切之所知障、佛爲之說五蘊之自性皆空、菩薩悟之、入於諸法皆空之理、謂之法空。唯識論一曰、「今造此論、爲於二空有迷謬者生正解故、生解爲斷二重障故、由執我法二障具生。若證二空、彼障隨斷」図一性空、法無實性也。二相空、法既無實性、但有假名字之相、此相亦非實、故名爲相空。止觀五曰「當知無生之心不自不他不共不離、無四性、無四性故名性空、性空卽無心而言心者、但有名字、名字不在內外、是名相空。」又曰「如是破已、三假四句陰入皆無實性。卽是性空、但有名字、名字卽空、是名相空」図一但空、二不但空、爲台家之所明、凡於四敎各說空理、藏通二敎之空、謂爲但空、別圓二敎之空、謂爲不但空。七帖見聞二末曰、「但空不但空有二義、一藏通不明三諦、但計空理、談爲至極之理、故名但空也、別圓非但爲空、亦爲假中、故三諦中之空名不但空也。二別圓之空、爲三諦相卽之空、故爲不但空。藏通之空、爲假中不具之空、故名但空也。」又就藏通二敎言之、藏敎所詮析空之空曰但空。通敎所詮體空之空曰不但空、以體空之內暗含中道故也。止觀三曰、「大論云。空有二種、一但空、二不但空。大經云。二乘之人但見於空、不見不空、智者非但見空、能見不空、不空卽大涅槃。」図一如實空、謂眞如體內無一切之妄染也。二如實不空、謂眞如體內具一切無漏之功德也。起信論曰、「眞如者、依言說分別有二種義。云何爲二。一者如實空、以能究竟顯實故。二者如實不空、以有自體具足無漏性功德故。」図希麟續音義曰「案瑜伽持明儀、作諸印契、用五輪十波羅蜜。五輪謂地水火風空、兩手各以小指爲頭、依次輪上。經言並二空、卽並竪二大拇指也。經作兩腔、音苦江反、乃羊腔字、書寫誤也。甚乖經義。」

【二空觀】（術語）一無生觀、法無自性而相由故生、雖生而非實有、則是卽爲空、性自不生故曰無生。是與南山所立三觀中之性空觀相同也。二無相觀、性無體相、即無相見有相、猶凡夫之妄情也。離妄法而無相、如明眼而無空華。是南山所立三觀中之相空觀也。見遊心法界記上。因思惟人空我空理之觀法也。

【二受】（名數）一身受、眼等五識之苦樂捨也。二心受、意識之憂喜捨也。

【二受業】（名數）一由色界中間定以上乃至有頂天之善曰無尋業、（二禪已上亦無伺）此唯感心受而不感身受、身受必與尋伺俱生、故無尋之業不感身受也。又一切之惡業、唯招身受之苦、苦在五識、故招身受、與心俱之苦受名爲憂、憂非異熟果、故惡者不感心受之憂也。見俱舍論十五。

【二法】（名數）凡明法門約於增數、以欲遍攝之也。一一數中雖至無量而詰攝行要無過於二法、即如行人若能總識十重之二法、始終無闕、則方可論道。以所謂十重之二法攝盡一切諸法也。一眞修二敎行三信法四乘戒五福慧六權實七智斷八定慧九悲智十正助此十雙闕一則一切諸增數亦不可盡也。見輔行六之二。

【二法身】（名數）有種種。見法身條。

【二法執】（名數）一俱生法執、無始時來熏習成性、常於一切法妄生執着者。此妄執非由心分別而起、乃與自身俱生、故曰俱生。二分別法執、爲邪敎及邪師所誘導、故分別計度而固執諸法之實有、是爲分別起之法執。分別之法執、菩薩於見道頓斷之、俱生之法執、於修道漸斷之。見法苑義林章二執章。

【二宗】（名數）法相宗與法性宗也。此爲大乘之宗別、華嚴宗之所判。一法相宗、略曰相宗。以萬法之生起歸於阿賴耶識、以阿賴耶識爲一切染淨因果之根本、就其所生之法、廣分別名義、故名法相宗。如深密經唯識論之所明是也。華嚴之大乘始敎、天台之通敎、八宗中之法相宗當之。二法性宗、略曰性宗。破前相宗所說之萬法、而顯眞性空寂之理、故名法性宗、如般若經、四論等之所明是也。華嚴宗五敎中之終敎已上、天台之四敎中別圓二敎、八宗中之三論宗當之。在竺土稱爲龍樹天親之二宗、中觀瑜伽之二宗、護法戒賢之有相大乘、淸辨智光之無相大乘者也。

【性相二宗十異】（名數）華嚴綱要辯性相二宗之十異。一一乘三乘異、法相宗以三乘爲眞實、一乘爲方便、法性宗以三乘爲方便、一乘爲眞實。二一性五性異、法相以五性各別有不成佛之衆生爲了義、一性皆成爲方便、法性以五性各別爲方便、一性皆成爲眞實。三唯心眞妄異、法相謂萬法由阿賴耶之一心而生、法性謂眞如與無明和合而緣起諸法。四眞如隨緣凝然異相宗、謂眞如凝然不作諸法、性宗謂眞如具不變隨緣之二義、因隨緣之故、應染淨之緣而作善惡之法。五三性空有卽離異法相謂三性中遍計性是空、依他圓成之二性、皆爲有、有爲無爲別也。相性謂依他之無性卽圓成也。六生佛不增不減異相宗謂五性之中有無種性之人、不能成佛、故生界不減、佛界亦不增、性宗謂一理齊平、生佛體無二、故生物二界不增不減。七二諦空有卽離異法相謂俗諦爲空、眞諦爲有、空有各別、性宗謂卽有之空爲眞、卽空之有爲俗、眞空妙有體一名異。八四相一時前後異法相謂生住異滅之四相、前後異時、生住異爲現、滅爲未來、生滅不能同時、法性謂同時之具足四相、剎那相有名生、實無名滅、正生卽正滅、不待後無也。九能所斷證卽離異法相謂能斷是智、所斷是惑、能證是心、所證是無爲之理、體性俱別也。法性謂照惑之無體、卽是智、能證之智外、無所斷之惑、又照智無自體、卽是如之德、如自體自具光德也。故智之外有如、無智之所入也。如之外有智、無能證如也。十佛身有爲無爲異法相謂如來之四智、自受用身、他受用身、皆依種而生、是與有爲無漏涅槃之無爲不同、法性謂有卽於法性之色心、故佛之色心皆無爲常住、非四相之所遷。

【二宗】（名數）卽空宗與性宗。此於相宗之外、又於性宗中分別者也。就經論上而言、則般若經四論已上、就八宗上而言、則三論已上、均顯寂滅之眞性、宜統名性宗、然此中以陽破諸相爲主、而陰顯眞性、直有顯示眞性之二門、卽遮詮與表詮之相違、前者名空宗、後者正名性宗。以之料簡八宗、則三論之一宗、正爲空宗、天台以上爲性宗也。就經論言之、則於般若經四論等、破諸法而顯如實際實相等之眞性者、是空宗也。楞伽經起信論等之初顯示如來藏、而說眞妄和合之緣起者、是性宗也。此法性宗在竺土尙未開揚、梁朝眞諦三藏譯攝論起信論等、開攝論宗、由是始闡明之。華嚴之宗密、於原人論判大乘、一曰大乘法相敎、二曰大乘破相敎、三曰一乘顯性敎、禪源都序謂、一曰密意依性說相敎、二曰密意破相顯性敎、三曰顯示眞心卽性敎、其第一與第二第三、卽爲相性二宗之判別、第二與第三、卽空性二宗也。然空性二宗之判別、殊爲不易、古來禪家講經家、往往混同之、動輒以遮詮之破相爲深、表詮之顯性爲淺。宗鏡錄三十四、擧十異以判空性之二宗。一法義眞俗異、空宗未顯眞性、僅以一切差別之相爲法、法是俗諦也。此諸法、以無爲無相無生無滅爲義、義是眞諦也。性宗以一眞之性爲法、以空有等種種之差別爲義。二心性二名異、空宗目諸法之本原爲性、性宗多目諸法之本原爲心。三性宗二體異。空宗以諸法無性爲性。性宗以虛明常住不空之體爲性。性字雖同而體異也。四、眞智眞知異。空宗以分別爲知。以無分別爲智，知淺而智深。性宗以能證聖理之妙慧爲智。以兼有理智而通凡聖之眞性者爲知。知通而智局。五、有我無我異。空宗以有我爲妄。以無我爲眞。性宗以無我爲妄。以有我爲眞。六、遮詮表詮異。遮謂遣其所非。表者顯其所覺。又遮爲揀却諸餘。表乃直示當體。今時之人。均以遮言爲深、表言爲淺。故專重非心非佛無爲無相乃至一切不可得之言。良以遮非之詞爲妙。不欲親自證認法體也。七、認名認體異。空宗對於初學及淺機之人、只示以名。性宗對於久學及上根之人、忘言而認體。設有人問經云、迷之卽垢、悟之卽淨、能生世出世間一切諸法。此是何物。答曰是心。是舉名而答也。愚者認名而不加推求。智者應問何者是心。考徵其體也。答云知卽是心、指其體也。八、二諦三諦異。空宗住有眞俗二諦。性宗總有三諦。以緣起之諸法爲俗諦。以緣起無自性諸法、卽空爲眞諦。以一眞心體非空非色能空能色爲中道第一義諦。九、三性空有異。空宗之有、卽徧計依他之二性、空卽圓成實性也。性宗、三性皆具空有之義。徧計卽情有理無。依他卽性有相無。圓成卽情無理有。十、佛海空有異。空宗謂佛、以空爲德。以無少法者爲菩提。性宗謂一切諸佛之自體。皆有常樂我淨、十身十智相好無盡也。性自本有、不待機緣。

【二美】（名數）定慧之二莊嚴也。吽字義曰、「二美具足。四辯澄滿。」

【二河】（譬喻）二河白道之喻也。見二河白道條。

【二和】（名數）一理和、二乘之聖者同斷見思之惑、同證無爲之理也。二事和、就二乘之凡僧而言。有六種、一戒和、謂同修也。二見和、謂同解也。三身和、謂同住也、四利和、謂同均也。五口和、謂無諍也。六意和、謂同悅。也以此理事二和名爲僧伽、僧伽者、和合之義也。見名義集一。

【二柱】（名數）續多論曰、「佛法有二柱能持佛法。謂坐禪學問。」

【二明】（名數）五明中之二。一內明、佛所說大小乘之敎法也。二因明、古仙所說宗因喻三支之論理法也。

【二乳】（譬喻）牛驢之二乳也。見牛驢二乳條。因新舊醫之二乳也。見新舊醫條。

【二始】（名數）佛於寂滅道場說華嚴經、爲大乘之始。於鹿園說阿含經、爲小乘之始。謂之二始。

【二果】（術語）小乘四果之第二一來果也。梵名斯陀含。Sakṛdāgāmin 因一習氣果、由宿世修習善惡之氣分、而今生感善惡之果也。如往昔修善、故今生善心强、往昔修惡、故今生惡心强。二報果、依宿世善惡之因而感今生之苦樂。感前之習氣果爲等流果、後之報果爲異熟果。見阿毘曇論一。

【二河白道】（譬喩）以水火二河、喩衆生之貪瞋。以中間之白道、喩清淨願往生心。觀經散善義曰、「譬如有人欲向西行百千里。忽然中路見有二河。一是火河在南。二是水河在北。二河各闊百步。各深無底。南北無邊。正水火中間有一白道。可闊四五寸許。此道從東岸至西岸云云」智度論三十七曰、「河譬如人行狹道。一邊深水。一邊大火。二邊俱死。」

【二事非行】（名數）指樗蒲圍碁與種種歌舞伎樂。律宗所談。

【二食】（名數）一法喜食、聞法歡喜、因而增長善根、資益慧命、猶世間之食能養諸根、支持其身也。二禪悅食、入於禪定、得安靜之悅樂、因而增長善根、資益慧命、猶世間之食能養諸根支持其命也。見法華文句八。又一正命食、出家之人常以乞食自資色身、清淨延命、故曰正命食。二邪命食、依四邪或五邪之法而活命、故曰邪命食。

【二持】（名數）戒之二方面也。一止持、止者制止、制止身口意不爲諸惡行、故曰止。五戒八戒等是也。依止而保持戒體曰止持。二作持、作者造作、策勵身口意造作諸善業、故曰作。如說戒安居布施禮拜等是也。依作而保持戒體曰體持。見行事鈔持犯方規篇。

【二相】（名數）淨智相與不思議用相也。淨智相者、由眞如內熏之力與法外熏之力而如實修行之結果、圓滿方便、生純淨圓常之相也。由此淨智相而現一切勝妙之境界與功德之相、利益衆生、謂之不思議用相。起信論上曰、「淨智相者、謂依法熏習、如實修行、功德滿足、破和合識、滅轉識相、顯現法身清淨智故。一切心識相卽是無明相。與本覺非一非異、非是可壞非不可壞。（中略）不思議用相者、依於淨智、能起一切勝妙境界。常無斷絕。謂如來身具足無量增上功德。隨衆生根示現成就無量利益」又同相與異相也。同相者、以染淨之二相同解爲眞如性相之見界也。異相者、眞如平等之理、隨染淨之緣而顯現一切差別相之見界也。起信論上曰、「言同相者、如種種瓦器皆同土相。如是無漏無明種種幻用、皆同眞相。（中略）言異相者。如種種瓦器各各不同。此亦如是。無漏無明種種幻用相差別故」又總相與別相也。智度論三十一曰、「總相者。如無常等。別相者。諸法雖皆無常。而各有別相。如地爲堅相。火爲熱相。

【二廻向四願】（名數）淨土眞宗、謂衆生之往相還相、爲彌陀之本願力所廻向也。往還二廻向配於四願。

往相廻向——往相大行 第十七願
　　　　　往相大信 第十八願
　　　　　往相證果 第十一願
還相廻向——還相證果 第廿二願

【二根】（名數）一利根、修佛道根性之銳利者。二鈍根、修佛道根性之鈍弱者。無量壽經下曰「諸明利、其鈍根者成就二忍。其利根者得不可計無生法忍。」又一正根、二扶根。扶根又名扶塵根浮塵根、我等所見及之血肉所成之五根也。此唯爲正根之依處、更無發識取境之用。眼如葡萄耳如卷葉者是也。正根又名勝義根。爲清淨微細之色法、非凡夫二乘之所見、非現量所得、然以能有發識取境之用、故比知爲正根也。又（術語）男女之二根也。楞嚴經九曰「口中好言眼耳鼻舌皆爲淨土、男女二根即是菩提涅槃眞處。彼無知者信此穢言。」

【二脇】（術語）二脇士之略名。

【二脇士】（術語）又名二挾侍。彌陀如來之兩脇有觀音勢至二菩薩、藥師如來之兩脇有日光月光二菩薩、釋迦如來之兩脇有文殊普賢之二菩薩。謂之兩脇士。

【二祖】（人名）禪宗東土之第二祖慧可禪師也。

【二祖斷臂】（故事）禪宗二祖慧可、求道於達磨不得、乃在雪中以利刀斷左臂、示其堅固不動之志。遂得法。後世稱爲斷臂慧可。

【二乘】（術語）乘人使各到其果地之教法名爲乘。有一乘乃至五乘之別。其中二乘有三種。

【聲緣二乘】（術語）一聲聞乘、聞佛之聲教、觀四諦而生空智因斷煩惱者。二緣覺乘、又名獨覺乘。機根銳利、非由佛之聲教、獨自觀十二因緣而生眞空智因斷煩惱者。此二乘有二類、一愚法二乘、於現世之中不回心向大而入於涅槃者。二不愚法二乘、於現世之中回心而爲菩薩乘之人者。天台之藏教華嚴小教中之二乘、爲愚法二乘。又天台之通教、屬於華嚴始教之大乘三乘中二乘、即不愚法二乘也。今合此二類爲二乘。

【二乘異同】（雜語）法華玄贊五論三同七異、謂三同者、一同斷煩惱障、二同悟生空之理、三同得假之擇滅無爲。七異者、一聲聞根性鈍、緣覺根性利。二聲聞依佛而出離、緣覺自覺而出離。三聲聞藉聲教、緣覺觀法理。四聲聞觀四諦、緣覺觀十二因緣。五聲聞分四果、緣覺唯一果。六聲聞練根三生乃至六十劫、緣覺練根四生乃至百劫。七聲聞爲說法、緣覺現神通。大乘義章十七末辨五同六異、謂五同者、一見理同、同見生空之理也。二斷障同、同斷四住之惑也。三修行同、同修行三十七道品也。四得果同、同得盡智無生智之果也。五證滅同、同證有餘無餘之涅槃也。六異者、一根異利與鈍也、二所依異、依師與不依師也。三藉緣異藉敎法與藉事相也、四所觀異四諦與十二因緣也、五向果異、四向四果與一向一果也、六通用異神通之境界狹與廣也。法華嘉祥疏八判七同十一異謂七同者一斷惑同同斷見思之二惑也、二出義同同出三界也、三智同依大品則同得一切智依小乘則同得盡智無生智也。四涅槃同同得有餘無餘之涅槃也。五見同同見四諦之理也、六同知同知過去未來八萬劫之事也。七同名同名小乘也。十一異者、一根有利鈍、二修因有短長、三時有異聲聞與佛同世緣覺不然、四有悲無悲聲聞如鹿但見自身故無悲、緣覺如羊顧念其子故有少悲、五福德厚薄聲聞之身或有相好或無相好、緣覺之身必有相好、六印字有無、緣覺手中有十二因緣之因字、聲聞手中無四諦之印字、七現通說法異緣覺爲人現通聲聞爲人現法、八利益淺深、聲聞之化度、能使人得七賢七聖、緣覺之化度不能使人得煖法已上之益、其所以然者聲聞與佛同世衆生福德利根、緣覺出於無佛世、衆生薄福鈍根、且不堪多說也。九神通之境界聲聞狹而緣覺寬、十出處異聲聞出於人世而緣覺隱處山林、十一漸頓異、聲聞漸得四果、緣覺頓證一果。法華文句七、明六同十異、謂六同者、一同出三界、二同證盡智無生智、三同斷見思之正使、四同得有餘無餘之涅槃、五同得一切智、六同名小乘、十異者、一行因之久近、二根之利鈍、三從師與獨悟、四悲之有無、五相好之有無、六觀之略廣、謂四諦與十二因緣也。七利益之淺深、聲聞使人得四果、緣覺不能得煖法、八一在佛世、一不然、九緣覺頓證一果、聲聞漸證四果、十緣覺多現通、少說法、聲聞不定也。

【二乘成佛】（術語）謂舍利弗等二乘之人、既於阿含經說時、得二乘之極果、而中間緣於大乘諸經、其機調熟、終至法華、迴其小心而發大菩提心、由佛受未來成佛之記也。相性二宗各有異義、法相宗謂五姓各別、定性二乘永無歸涅槃而成佛者、法華於聲聞授成佛之記者、爲欲引一類漸悟之機之方便也。華嚴天台等之法性宗、謂一切皆成佛、卽得小果者、又其身已死入無餘涅槃者、亦更迴小向大、成萬行、得佛果、法華之授記非方便、乃眞實也。

【大小二乘】（術語）一曰大乘、二曰小乘。大乘乃大人之乘、此中攝一乘與三乘中之菩薩乘與不愚法及二乘。（此三者卽大乘之三乘）小乘者小人之乘、卽愚法之二乘也。涅槃經中說爲半字敎滿字敎、智度論判爲聲聞藏摩訶衍藏者是也。自經本上論之、四阿含經爲小乘、其餘諸經爲大乘。以八宗配之、則俱舍成實爲小乘、律宗以上爲大乘。若依諸家之教判。則天台之三藏經、華嚴之愚法小乘教、法相之初時有教、天台之通教以上、華嚴之始教以上、法相之第二時空教以上。皆爲大乘。問曰四阿含經中有六度萬行之菩薩乘。俱舍成實之宗中亦有釋迦佛有彌勒菩薩。何聲聞緣覺之爲二乘耶。答曰以小乘爲本位而論之。則本有三乘。見三乘條。然自大乘上論之。則彼小教中說佛菩薩之大乘法。實非對菩薩之機而說菩薩之法。爲使二乘信能化之佛。而說佛之自行即菩薩之大法而已。推其意。惟在度二乘。故其所說之佛果。亦無異於二乘之所證。惟與彼等同斷見思二惑而脫離三界之生死。依析空觀僅證但空偏眞之理而已。所不同者。在依長劫之修行、斷不染汚無知而自在度一切衆生。八十而住世之緣盡。則與彼等同歸無餘涅槃、而法界中減一有情也。此小乘中所說之大乘佛果也。假說如是淺近之佛果。畢竟爲度彼等二乘。故抑就所化之人、總爲此二乘(即小乘)也。例如天台之通教華嚴之始教。爲欲化菩薩兼不愚法回心之二乘。雖說聲緣之二乘。其本意爲欲度菩薩。且使彼二乘向大。故總稱之曰大乘。問曰小乘教中雖有菩薩乘。而爲二乘之菩薩乘。則從二乘而爲小乘教。大乘教中雖有二乘。而爲菩薩乘之二乘。則從菩薩而爲大乘教。然則大小乘之別。止就所化之人而差別。於教義上、無有深淺。何也。答曰。於教義大有深淺。例如瑜伽雜集論等、說聲聞等之教行住果及斷惑之分齊。與婆沙俱舍等不同、是也。又天台以觀法判之。凡大乘有獨菩薩法、有通三乘法。通三乘法、即天台之通教。獨菩薩法、即天台之別圓二教。此中獨菩薩法以中道爲觀法。通三乘法。以空理爲觀法。觀此空理有析空與體空之二。分析諸法而悟空理爲析空。知諸法如夢如幻。而體不壞悟其空理爲體空。以此析體二空爲大小之區別。小乘之聲緣菩均爲析空。大乘之聲緣菩均爲體空。由是可知教義之深淺也。止觀三曰「小者小乘也。智慧力弱。但堪修析法止觀、析於心色。(中略)大者大乘也。智慧深利、修不生不滅體法止觀。大人所行、故名大乘。中論明即空者中摩訶衍。摩訶衍即大也。衍中云。欲得聲聞當學般若者。元此是菩薩法。大能兼小傍狹聲聞。譬如朱雀門、天家所立、正通王路、不妨羣小由之出入。雖通小人。終是天門。今摩訶衍亦如是。正爲菩薩體法入空。雖有小乘、終爲大。例如三藏析法、雖有佛菩薩、終是小乘」

【三三乘】(術語)一三乘、法華以前說聲緣菩三乘。有證道之別是也。此三乘中聲緣二乘攝愚法之二乘(即小乘)二一乘。在法華一切衆生悉可成佛、十方佛土中、唯有一乘法。會三乘而歸於一佛乘者是也。

配於天台之四敎、則藏通二敎爲三乘、別圓二敎爲一乘、配於華嚴之五敎、則小始二敎爲三乘、終頓圓之三敎爲一乘。配於諸宗、則三論、法相、成實、俱舍之四宗爲三乘、華天已上爲一乘。見五敎章上二。

【二乘作佛】（術語）法華已前佛爲方便說故、不說聲聞緣覺二乘之作佛、至法華說眞實之一乘、始說二乘作佛、與以記別。輔行六曰「遍尋法華以前諸敎、實無二乘作佛之文、以明如來久成之說。故知並由帶方便故」

【二流】（名數）一順流、流卽生死之流、六道之衆生起惑造業、順生死之流而背涅槃之道、卽流轉之因果也。二逆流、由初果須陀洹斷已後三界之惑、漸逆生死之流、而趣涅槃之道、卽還滅之因果也。見涅槃經三十六。

【二現】（名數）佛之尊特身相好、有須現不須現二者、須現者、爲中道之智眼未開者、現起丈六之應身、廣大無邊之身相也。不須現者、中道之智眼已開者、觀丈六之佛身爲周遍法界之妙身、故佛不必更現廣大之尊特相也。如法華之龍女見佛之三十二相、讚嘆爲微妙淨法身者。此中須現爲別敎之機、不須現爲圓敎之機、因之華嚴以兼別敎之故、謂爲須現之尊特、法華以純圓之故、謂爲不須現之尊特。見觀經妙宗鈔下。

【二悟】（名數）菩薩有頓悟漸悟之二類、頓悟者、自無始以來第八阿賴耶識之所、唯有菩薩之無漏種子、其人經聲緣二乘之行、直入菩薩之行位者、亦名直往之菩薩。漸悟者、由無始以來第八阿賴耶識之所有三乘之無漏種子、必由淺入深、故先經二乘之果、後廻心入菩薩之行位者、亦名廻入之菩薩。見百法問答鈔六。

【二時】（名數）朝夕二時也。佛祖統紀智顗傳曰、「二時慈霔」同註曰、「此早晚兩講之明據。」又一迦羅時、梵語迦羅 Kāla 譯作實時、佛於律中誡諸弟子聽時食、遮非時食等、是實時也。二三昧耶時、梵語三昧耶 Samaya 譯作假時、於諸法遷流上假立長短之時者、如諸經之初言一時、Ekasmin samaye 是也。見智度論一。

【二師】（名數）釋迦如來、多寶如來之二大導師也。又一聖師、具慧眼、法眼、化導之三力者。二凡師、不具此三者。止觀五之二曰「敎他又爲二、一聖師、二凡師。」

【二益】（名數）謂現當二世之利益也。眞宗說正定與滅度之二益、謂前者爲現益、以信之一念入正定聚之位、受現生十種之益。後者爲當益、命終後往生淨土、開滅度之證者。

【二修】（名數）一專修、二雜修、唐善導於觀經疏、就往生之行、分別正行雜行、更於禮讚、舉此二修以料簡其得失。卽專修爲專修正行、雜修爲雜修雜行之謂。二行就所行之法而言。二修不外就能行之機而言。空師之所制亦爾。選擇集二行章引禮讚文畢曰、「私云。見此文須捨雜修專。豈捨百卽百生專修正行堅執千中無一雜修雜行乎。」然日本見眞大師就雜行分專行雜行、就正行別專修雜修以專修雜修獨爲正行中之判目。正行中有五種、第四之念佛爲正業、前三後一爲助業。於此二業專修正業之念佛、爲專修、助正兼行爲雜修。敎行信證六曰、「就雜行有專行專心。復有雜行有雜心。專行者專修一善故曰專行。（中略）諸善兼行故曰雜行。（中略）亦就正助有專修。有雜修。（中略）雜修者助正兼行故曰雜修。」図一緣修、緣眞如而叶於理。有心有作之修行也、如地前之菩薩是。二眞修。證眞如無修之行法、自合於理無心無作之修行也。如地上之菩薩是。法華玄義一上曰、「先藉緣修、生後眞修。」

【二涅槃】（名數）有餘涅槃、無餘涅槃也。詳見涅槃條。

【二俱犯過】（術語）華嚴之圓敎、雖與法華之圓敎相同、然其圓敎兼有別敎之麤、不得謂爲純一、故不得如法華名爲妙。釋之曰二俱犯過。又曰二人俱犯。釋籤一曰、「總結四味不立妙名。爲何所以。以兼等故。判部屬麤。如麤人細人二俱犯過。從過邊說俱爲麤人。」

【二假】（名數）一無體隨情假、世間之人於心外之境執實我實法、此實我實法爲徧計所執性而非實體、但一妄情耳。世人隨此妄情而於虛假執我法也、故謂之無體隨情假。是世間常用之我法也。二有體施設假、謂依他起性上假施設之我法也、卽內識所變之見相二分爲依他法、從實之種子而生、有實之體用、就此體用假付我法之名、故名爲有體施設假、是聖敎中所用之我法也。見唯識論一。

【二衆】（名數）一道衆、出家修道業、受具足戒十戒者。二俗衆、在俗歸於法受五戒八戒者。玄義釋籤一曰、「道俗顒顒。」觀經玄義分曰「道俗時衆等。」

【二鳥】（譬喻）迦提或鴛鴦之雌雄二鳥、常同遊而不相離、以喻常與無常苦與樂、空與不空等事理之二法常相卽而不離也。南本涅槃經鳥喻品曰、「鳥有二種。一名迦鄰提。二名鴛鴦。遊止共俱、不相捨離。是苦無常無我等法亦復如是不得相離。」章安會疏八曰、「云雙遊者、生死具常無常。涅槃亦爾。在下在高雙飛雙息。卽事而理。卽理而事。二歸卽中中卽二歸、非二中而二中。是則雙遊義成。雌雄亦成。」

【二執】（名數）一我執、又名人執、以

五蘊假和合而有見聞覺知之作用、固執此中有常一主宰之人我者。一切之煩惱障從此我執而生。二法執、不明五蘊等法由因緣而生、如幻如化、固執法有實性者。一切之所知障從此法執而生。唯識論一曰、「由執我法、二障具生。」法苑義林章二執章詳說之。此二執、爲五見中薩迦耶見(卽我見)之所執也。同體之我見有二用、一執取物之常一主宰爲我執、一固執法體之實有爲法執。此中法執爲本、而起十我執、起法執者、必非我執、而我執起時、必有法執也。由此我執而生煩惱障、由法執而生所知障。

【二密】(名數)於台密立二密。一理密、說圓融不離之理者。二事密、說如來身口意之秘密者。日本之慈覺、以法華涅槃爲理密、以眞言部諸經爲事理俱密。蘇悉地經疏中曰、「世俗勝義圓融不二。是爲理密。若三世如來身語意密。是爲事密。問、華嚴維摩般若法華等諸大乘敎於此顯密何等攝耶。答、如華嚴維摩等諸大乘敎是密敎也。問、若如云是密者、與今所立眞言密敎有何等異。答、彼華嚴等經雖俱爲密而未盡如來秘密之旨。故與今所立眞言別。假令雖少密言等未及究盡如來秘密之意。今所立毘盧遮那金剛頂等經咸是究盡如來事理俱密之意。是故爲別也。」天台學則下曰「法華涅槃二部爲理密之大圓敎、眞言五部爲俱密之大圓敎、是判一代五時中第五時二密之大圓也。」

【二貧】(名數)財貧法貧也。財貧謂乏資生之財物也。法貧、謂邪見不能信正法也。智度論九十八曰「貧有二種。一者財貧、二者功德法貧。功德法貧最大可恥。」

【二敎】(名數)一顯敎、二密敎。顯敎之判、有天台眞言之別。天台就釋迦佛之說法作法而立顯密二敎。蓋以對一會大衆顯露說法、使彼此相知者爲顯露敎、此時更密對餘衆說法、使一會之人不能知之者爲秘密敎。如鹿園之會、八萬諸天得聞深法、故在我爲顯露敎者、於彼爲秘密敎。在彼爲秘密敎者、在我則顯露敎也。法華玄義一曰、「如來於法得最自在。若智若機若時若處。三密四門無妨無礙。此座說頓。十方說漸、說不定。頓座不聞十方。十方不聞頓座。或十方說頓、說不定。此座說漸。各各不相知聞。於此是顯、於彼是密。或爲一人說顯、或爲多人說漸、說不定。或爲一人說漸、爲多人說漸、各各不相知。互爲顯密。或一座嘿、十方說。十方嘿、一座說。或俱嘿、或俱說、各各不相知。互爲顯密。」又眞言所立之顯密二敎、以釋迦佛所說之大小乘一切爲顯敎、大日如來所說之兩部大法爲密敎。釋迦佛爲化身、化身之說法各應所化之機而說之、其法顯露而淺略、故名顯敎。大日爲法身、法身爲法樂、集自己眷屬說內證之境、其法秘奧而不可思議、故曰密教。顯密二教論上曰、「應化開說名曰顯教。言顯略逗機、法佛談話謂之密藏、言秘奧實說。」図一漸教二頓教有三義、一就佛之化儀而分之、如來成道直對大乘之菩薩頓說大乘之法為頓教、從阿含已下至法華涅槃、對二乘之弟子始說小乘終會大乘、為漸教。齊朝隱士劉虬淨影慧遠等、依此義立頓漸二教、(見大乘義章一本華嚴玄談四)天台之漸頓、亦依此意謂法華為漸圓教。(彼宗謂之約部之頓漸)法華玄義一曰、「若低頭、若小音若散亂若微善、皆成佛道、不令有人獨得滅度、皆以如來滅度而滅度之、具如今經。若約法被緣名漸圓教、若約說次第、醍醐味相。」二就機之漸頓而判之、對漸悟之機、初說小乘後說大乘、因大由小起、為漸教、對頓機直說大乘、大不由小、為頓教、隋之誕法師等、依此義而立二教、(見五教章上二)天台亦依此意判觀經、謂之頓教。以觀經對凡夫之韋提希、直說大乘之圓教也。三就法之偏圓而分漸頓、偏僻迂曲之方便教為漸教、除圓教外、其餘之諸教是也。直成佛之圓滿至極法為頓教、圓教是也。(台家謂之約教之頓漸)止觀三曰、「漸名次第、藉淺由深、頓名頓足頓極。此亦無別意、還扶成偏圓三教止觀、悉皆是漸、圓教止觀名之為頓。」図一界內教台家所立四教中、藏通之二教、說凡夫出離解脫三界之教法、故謂之界內教。二界外教、別圓二教說既出三界出離解脫三界外方便土及實報土變易生死之教法、故謂之界外教。見七帖見聞三本同七本。図一半字教、悉曇章為生字之根本而未成字體、故曰半字、以譬不了義之小乘教。二滿字教、毘伽羅論文字具足、故曰滿字、以喻了義究竟之大乘教、故半滿二教者、為大小二乘之異名。此說出於涅槃經、西晉曇無讖、依此義而立二教。涅槃經五曰、「如彼長者教半字已。次為演說毘伽羅論、我今亦爾、為諸弟子說於半字九部經已。次為演說毘伽羅論、所謂如來常存不變。」止觀三曰、「半者明九部法也。滿者明十二部法也。世傳涅槃常住始復是滿、餘者悉半。菩提流支云、三藏是半。般若去皆滿、今明半滿之語、直是扶成大小前已析體判大小。今亦以體析判半滿如前。」羣疑論探要記十四曰、「小乘九部妙義未究、故名半字。大乘三部正理已顯、故名滿字。」大乘義章一曰、「聲聞藏法、狹劣名小、未窮名半。菩薩藏法、寬廣名大、圓極名滿。」図增長煩惱之言說為半字、增長善法之言語為滿字。涅槃經八曰、「半字義者、皆是煩惱言說之本、故名半字。滿字者、乃是一切善法言說之根本也。譬如世間為惡之者為半人、修善之者名為滿人。」図涅槃經之二教也。依台家之意、佛最後說涅槃經、有二意。一因在世之弟子機根未熟漏於法華之開會、故更說藏通別圓四教使之歸入一乘圓常之妙理、以捃拾法華之殘類、故名法華曰大收教、涅槃曰捃收教。又謂之常住之涅槃、三悉檀(除對治)之涅槃。文句十曰、「今世五味、節節調伏、收羅結撮、歸會法華、譬如田家春生夏生、耕種耘治、秋收冬藏、一時穫刈。自法華已後、有得道者、如捃拾耳。」釋籤二曰、「法華開權如已破大陣、餘機至彼、如殘黨不難。故以法華為大收、涅槃為捃收。」四教儀曰、「說大涅槃有二義。一為未熟者、便說四教、具談佛性、令具眞常入大涅槃、故名捃收教。」二因末代之比丘起惡見、佛入涅槃、則執無常、又或偏貴理性而廢戒律之事行、遂失法身常住之命、故佛以之對治末代之惡見、贖常住之命、謂之贖命涅槃、又曰對治無常涅槃。此贖命涅槃有單複二義、謂涅槃經唯說戒律、是單義、謂乘門與戒門共說是複義。依單義、則此經為扶律、律是贖常住之命之重寶也。若依複義則為乘及戒也。此涅槃經、扶律談常、乘戒具足、故為贖常住之命之重寶、因之贖命涅槃、又曰扶律談常教。法華玄義十曰、「涅槃臨滅更扶三藏誡約三乘、使末代鈍根不於佛法中起斷滅見、廣開常宗、破此顛倒、令佛法久住。」釋籤二曰、「彼經部前後諸文扶律說常、若末代中諸惡比丘破戒、說如來無常及讀誦外典、則並無乘戒、失常住命、賴由此經扶律說常、則乘戒具足、故號此經為贖常住命之重寶也。」図一偏教、即偏僻之教、藏通別三教之所明是也。二圓教、即圓滿之教、第四圓教之所明是也。止觀三曰、「偏名偏僻、圓名圓滿。」図一權教、藏通別之三教為實教權設而還廢者。二實教、如來出世元意眞實之教法、第四之圓教是也。止觀三曰、「權者是權謀、暫用還廢、實是實錄、究竟旨歸。(中略)一大事出世元為圓頓一實止觀、而施三觀止觀。」図一世間教、可生三界善處之善法也。二出世間教、出離生死之三乘教法也。大乘義章一曰、「聖教雖衆、要唯有二。一是世間、二是出世。三有善法、名為世間。三乘出道、名出世間。」図一了義教、大乘經所說、顯了盡深義者。二不了義教、小乘所說、不盡顯了實義者。涅槃經六曰、「依了義經、不依不了義經。(中略)聲聞乘名不了義、無上大乘乃名了義。」図江南印法師敏法師等所判之一代教也。一屈曲教、如法華涅槃等釋迦所說之經、逐於物機、屈曲正道而說者。二平道教、如華嚴經盧舍那佛所說、隨於法性而說平等之法者。見五教章上。図一化教、如來一代施化之教、通教內衆受道之弟子及外衆在俗之人、使皆依之修行而出離生死之苦者、如經藏之所明是也。二制教、如來說諸戒律、專禁制內衆受道之弟子、使如法受持而成聖果者、如律藏之所明是也。見華嚴孔目章。

【二教論】（書名）顯密二教論之略名。

【二眞如】（名數）見眞如條。

【二部五部】（名數）印度小乘教、佛滅之年結集時分上座大衆之二部。佛滅百年優婆毱多之時分曇無德部、薩婆多部、彌沙塞部、迦葉遺部、婆麤富羅部之五部。行宗記一上曰「二部結集上座大衆二部。五部、橫分五部者是」。三論玄義曰「言諸部異執者。或二部或五部」。參照結集條。

【二宿因力】（名數）如來爲今日衆生悲智雙行攝化之宿因有二種。即大願力（因位之誓願力）昔行力（因位之萬行力）也。華嚴經疏一曰「一者大願力故現相品云。毘盧遮那佛願力周法界。一切國土中恒轉無上輪。兜率偈云。如來不出世亦無有涅槃。以大願力示現自在法。諸會佛加、皆大願力。及餘諸文、成證非一。二者昔行力故。謂無量劫依願起行。行成得果方能頓演」云云。

【二處三會】（術語）法華經之說會也。二處者靈山與虛空、三會者自初至寶塔品之半在靈山說。故曰靈山會。自以大音聲普告四衆至神力品之終坐於虛空中之多寶塔中。又佛以神力使大衆亦在虛空。故曰虛空會。囑累品已下由塔出還本座說。故曰復靈山會。

【二尊】（名數）釋迦與彌陀也。觀經玄義分曰、「今乘二尊教、廣開淨土門。」觀經散善義曰、「仰蒙釋迦發遣指向西方。又藉彌陀悲心招喚。今信順二尊之意。不顧水火二河念念無遺。」

【二尊一教】（術語）觀無量壽經流通分之說相。於正宗分釋迦開要門。彌陀彰弘願。二尊所教各自異別。至流通分釋迦上來說要門之定散二善、以弘願之念佛附屬阿難、故釋迦之發遣與彌陀之招喚全然一致。二尊所教同爲念佛之一道。

【二尊一致】（術語）與二尊一教同。

【二尊二教】（術語）觀無量壽經正宗分之說相。二尊爲釋迦彌陀。二教爲要門與弘願。此經之正宗分以釋迦顯說要門方便之定散諸善。彌陀彰弘願眞實之實力念佛。故云。

【二善】（名數）一定善、定心所修之善業也。息慮凝心觀淨土之依正二報也。二散善、散心所修之善業也。策身口意廢惡修善也。唐善導釋觀經以此二善。以十三觀爲定善、以三福爲散善。謂一經之所明、不出定散之二善也。觀經疏玄義分曰、「其要門者、即此觀經定散二門是也。定即息慮以凝心。散即廢惡以修善。迴斯二行、求願往生也。」㊁一未生善、戒定慧等諸善法未曾修習者。二已生善、戒定慧等諸善法已曾修習者。見智度論四十八。又事理善、藏教爲界內之事善、通教爲界內之理善、別教爲界外之事善圓教爲界外之理善。是淺深相對而分事理也。見法華玄義五上。

【二善三福】（名數）觀無量壽經所說之善根、二善爲定善散善、三福爲世福戒福行福。

【二無知】（名數）小乘有部所說、一染汚無知、即一切之煩惱。台家所謂見思二惑也。以無明爲體、無明執着於事理之法、其性分不淨、故曰染汚、其體昏闇、不知四諦之眞理、故曰無知。此無明俱起一切之餘惑、故舉無明即攝一切之煩惱也。二不染汚無知、以劣慧爲體、劣慧爲無始以來怠於學問研究之結果、不解事物義理之下劣智慧也。是非執着於物之不淨性分、故謂之不染汚、不知事物之義理、故謂之無知、台家所謂塵沙之惑也。不染汚無知不執着於事物、不能爲出生死之障、故聲聞緣覺之二乘不斷之、佛於濟度衆生上有知一切事物之必要、故斷此劣慧而成一切種智也。俱舍光記一曰「問染汚無知何爲體。解云以無明爲體。所以不言餘煩惱者。無明通與諸惑相應。若說無明亦顯餘惑。（中略）不染無知以未成佛來所有一切有漏無染劣慧爲體。」

【二無我】（名數）一人無我、自主自在之我爲我。凡夫不了五蘊假和合之義、固執實有自主自在之人體、曰人我。今了五蘊假和合之義、達實無人體、曰人無我。是爲小乘之觀道、以斷煩惱障、而得涅槃者也。二法無我、固執諸法有實體有實用、曰法我。今了諸法因緣生之義、達實無自性、曰法無我。是爲大乘菩薩之觀道、以斷所知障、而得菩薩者也。小乘唯悟人無我、菩薩則二無我皆悟。楞伽經一曰、「大慧菩薩摩訶薩善觀二種無我相。云何二種無我相。謂人無我。及法無我。」

【二無我智】（名數）知人無我法無我理之智也。楞伽經一曰、「如河流。如種子。如燈。如風。（中略）如汲水輪。生死趣有輪。種種身色。如幻術神咒機發像起。分善彼相知。是名人無我智。云何法無我智。謂覺陰界入妄想自性。」

【二無記】（名數）體性羸弱、不可記善不可記惡者、曰無記性。此無記有二種、一有覆無記、惑障之極微弱者、惑障隱覆聖道、故曰有覆、非感苦果之惡性、故曰無記。又名染無記。如俱生之我見是也。二無覆無記、離惑障之無記法也。又名淨無記。宿世業力如所感之五蘊色心及山河草木等、即一切果報是也。見唯識論三、百法問答鈔三、七帖見聞三末。

【二無常】（名數）一念念無常、一切有爲之法、念念生滅而不停住也。二相續無常若干期限中相續之法終必壞滅也。如人命之死、燈火之滅是。見智度論四十三。又刹那無常、一期無常。見析玄記。

【二智】（名數）一如理智、如佛菩薩眞諦之理之實智也。或名根本智、無分別智、正體智、眞智、實智。二如量智、如佛菩薩俗諦之事量之智也。或名後得智、有分別智、俗智、徧智。十八空論曰、「如理智卽是無分別智。如量智卽是無分別後智」佛性論三曰、「此二智有二種相。一者無著。二者無礙。言無著者、見衆生界自性淸淨名爲無著。是如理智相。無礙者、能通達無量無邊界故、是名無礙。是如量智相」行宗記一上曰、「迷是者障俗諦故。世出世法唯佛通達、名如量智。迷理者障眞諦故。法性眞理唯佛盡證、境智相冥、名如理智」又一根本智、如理智之異名。眞智初起契會眞理之智也。證此眞理之實智、爲通後有爲事相之俗智之本、故名根本智。二後得智、如量智之異名。眞智後照了有爲萬法之俗智也。此爲生於根本智後邊之智、故名後得智。此二者、又稱無分別智、後得智、以根本智之境離一切之分別也。唯識論十曰、「緣眞如故、是無分別。緣餘境故、後得智攝。其體是一、隨用分二。了俗由證眞故、說爲後得」同九曰、「前眞見道根本智攝、後相見道後得智攝」又一眞智、根本智之異名。照了眞諦理性之智也。二俗智、後得智之異名。照了俗諦事相之智也。眞諦譯攝大乘論下曰、「眞俗二智更互相違」佛性論二曰、「般若有二。一無分別眞智。二有分別俗智」又一實智、達於佛菩薩實理之智也。二權智、又名方便智。通於佛菩薩權方便之智也。維摩經佛道品曰、「智度菩薩母、方便以爲父」天台維摩經會疏九曰、「智度是實智。實智有能顯出法身之力。方便是權智。權智外用、能有成辨。」往生論註下曰、「般若者達如之慧名。方便者通權之智稱。」大乘義章十九曰、「知於一乘眞實之法、名爲實智。了知三乘權化之法、名方便智」又一一切智、達於一切法實性之智也。二一切種智、通於一切法種種事相之智也。聲聞緣覺唯有一切智、佛具二智。智度論二十七曰、「一切智是聲聞辟支佛事。一切種智是佛事。聲聞辟支佛但有總一切智。無有一切種智。」

【二智圓滿】（術語）如來實智權智二智圓滿之意。

【二報】（名數）一依報。又名依果。卽世界國土房舍器具等也。諸衆生因先業而感之、其身依之而住、故名依報。二正報。又名正果。卽五蘊之身也。諸衆生各因先業感得此身、是正彼之果報、故名正報。見華嚴大疏一。

【二答】（名數）一言答。以答言語也。二示相答。示種種之形相而答也。

【二超】（名數）竪超、橫超也、聖道門之頓教即身是佛即身成佛等之教謂之竪超。淨土門之頓教、選擇本願之念佛、謂之橫超。

【二惑】（名數）一見惑。見者推度之義、以邪推度而起之迷情也。我見邊見等是也。又此等之惑、爲於見道之位見理而斷之惑、故謂之見惑。二思惑。新譯謂之修惑。爲凡夫之思念對於事事物物而起之惑、謂之思惑、貪瞋癡等是也。又此等之惑爲修道之位屢屢思惟眞理而斷之惑故謂之思惑、或名修惑。又一理惑二事惑、藏通二教以見惑爲理惑、以思惑爲事惑。謂見惑者迷於四諦眞理之惑、思惑者爲迷於世法事相之惑也。別圓二教以根本無明爲理惑、以塵沙及見思爲事惑。謂根本無明爲覆中道之理之惑、塵沙者能障化導、故爲覆俗諦之法之惑、見思者能障空寂、故爲覆眞諦之法之惑、又依法相家所立之二障、則煩惱障爲理惑、所知障爲事惑。以煩惱障迷於涅槃之理、所知障迷於俗諦之事相也。

【二愚】（名數）菩薩十地中各有二種之愚法當斷之者。見百法問答鈔七。

【二惡】（名數）見思煩惱、無明煩惱之稱。又謂之已生惡、未生惡。

【二業】（名數）一引業、二滿業。六趣各有總別之二報、例如人趣上自一人下至賤民同一人趣之果報爲總報、其中根有利鈍、形有好醜、福有多少等、人人各異、謂之別報、引發其總報之業因、謂之引業、成滿其別業之業因、謂之滿業。見俱舍論十七。又一善業、爲五戒十善等善道之所作而能感善趣之樂果者。二惡業、爲五逆十惡等罪惡之所作而能引惡趣之苦果者。見俱舍論十七。又一助業、善導所立五正行中前三後一之四業、能資助往生之業者。二正業、五正行中第四之稱名正爲往生之正因者。觀經散善義曰「又就此正中復有二種。一者心專念彌陀名號、行住坐臥、不問時節久近、念念不捨者。是名正定之業。順彼佛願故。若依禮誦等即名爲助業」

【二聖】（名數）釋迦如來與多寶如來、是爲法華之二聖。

【二滅】（名數）一擇滅二非擇滅也。又有餘涅槃與無餘涅槃也。

【二罪】（名數）一性罪、殺盜婬妄之四重戒、其自性是惡、不待佛制、犯之則得罪報也、二遮罪、酒戒等自性非惡、佛爲保護餘戒故遮止之、若犯之則獲犯佛制之罪也。

【二煩惱】（名數）二種之煩惱。見煩惱條。

【二義】（名數）一了義、諸大乘經中、明了說究竟眞實之理者。如煩惱即菩提、悉有佛性是也、二不了義、諸經中隱蔽實義而爲方便之說者、如爲我空記法有爲遣法有說皆空是也。見圓覺經略疏。

【二愛】（名數）一欲愛、衆生愛念妻子貪染五欲者。二法愛、菩薩以平等心生法喜欲使一切衆生皆至佛道者。見智度論七十二。

【二領】（名數）一曰探領。二曰齊領。法華經信解品四大聲聞、陳述自己之領解。其領解如來未出世前、在法身地照聲聞之機之大悲狀者、謂之探領。是探佛意之底蘊而領解者也。一品之中、「窮子歡喜得未曾有、從地而起往至貧里、以求衣食」已上之文足也。齊領一名齊敎領。「爾時長者將欲誘引其子而設方便密遣二人」已下之文足也。是以取聲聞之身、受敎於如來現在之身而領能者也。故謂之齊敎領。

【二圓】（名數）天台家之名數。一今圓、二昔圓。今圓又曰開顯圓、絕待圓、於今時之法華經開會藏通別之三敎、顯揚一實絕待之圓敎也。昔圓又曰相待圓、於昔時之諸經藏通別三敎相待而說之圓敎也。故昔圓雖爲自圓而不能使他爲圓也。又有部圓敎圓之二者。前四時部之圓、爲相待無開會他之用、法華部之圓、爲絕待圓、有開會他之用、如此就部意判今昔二圓之麤妙、謂之部圓、今圓昔圓、皆爲圓敎之體而無異、就敎體今昔視爲同一之圓敎、謂之敎圓。蓋依敎圓、一切諸敎不出八敎也。依部圓、法華爲超八醍醐也。又華嚴之清凉、分圓敎爲漸圓頓圓二者、爲荊溪所破斥。見二頓條。

【二頓】（名數）華嚴宗之清凉國師澄觀、原爲天台宗荊溪尊者湛然之弟子、後入華嚴宗、分頓敎爲漸頓頓頓、分圓敎爲漸圓頓圓、以華嚴經爲頓頓頓圓、以法華經爲漸頓漸圓。其故以爲法華者、諸聲聞人自小乘來、經歷諸味、至法華之會方開圓頓、故知法華是漸頓漸圓也。華嚴最初未經諸味、直開頓圓、故是頓頓頓圓也。荊溪於止觀籤例之中設喻疑顯正之一科、自問自答而破斥之。

【二道】（名數）大小便之二處。佛祖統紀三十曰、「殘穢在身、爲欲蠲除便在二道成男女根」。又無礙道、解脫道也。新譯曰無間道、解脫道。斷惑證理之智慧名也。正斷惑之智慧、爲無礙道、正證理之智慧、爲解脫道。無礙者、正對破惑而智不爲惑所障礙也。無間者、其智不爲惑所間隔也。解脫者、其智離繫縛於惑也。自在證理之義也。凡斷一切之惑、必存此二道。倶舍論二十五曰、「無間道者、謂此能斷所應斷障。解脫道者、謂已解脫所應斷障最初所生道。義云何。謂涅槃道。乘此能往涅槃城故」。又一難行道、修難行而求佛果之法也、謂在此娑婆世界、欲修六度萬行而因以成佛也、此法難行、故謂之難行道。二易行道。易修行而求佛果之法也。謂信阿彌陀佛往生淨土而因以成佛者。此法易行。故謂之易行道。是龍樹菩薩所判。而淨土門諸家之敎判皆依之。十住毘婆沙論易行品曰「至阿惟越地者。行諸難行。久乃可得。(中略)或有以信方便易行。疾至阿惟越地(Avaivartya)者。」図一有漏道。三乘之行人於見諦以前之一切行法。悉云有漏道。二無漏道。三乘之行人於見諦後順諦理所修之一切之行法。皆曰無漏道。漏者。煩惱之異名也。見諦已前。未斷一毫之煩惱。其所修之行法。悉雜煩惱之垢染。故云有漏。見諦以後。已斷一分之煩惱。離煩惱之垢染。故其行法謂之無漏。図一敎道。方便敎示之道也。二證道。諸佛所證之實理也。此敎證之二道。據十地論。一所謂「敎說者於中有二種。一者爲說阿含義。二者爲證入義。」而立。大乘義章九曰。「證敎兩行出地經論。所言證者。乃知得之別名也。實觀平等契如。故名證。(中略)上德下被爲敎。」然如天台一家。借此敎證二道。一以判今昔之權實。一以釋別敎之敎權證實。判今昔之權實者。前四時係隨他意之說。故判爲敎道之方便。第五時係隨自意之說。故判爲敎道之眞實。(玄義三)釋別敎之敎權證實者。四敎雖均有敎證之二道。然藏通之二敎。隨於界內之機情而說。故其敎勿論。論其所證之理。亦爲偏眞之空理。則敎證均爲權也。圓敎能入之敎門。所入之理。均隨佛之自意。則敎證均爲實也。惟別敎能入之敎門。隨於界外鈍根之機情。次第斷破九界二邊之法。而顯佛界中道之理。是爲隨情之權。然所入之理。稱爲中道。九界卽佛界。不爲中偏所隔。故與圓敎同爲證實也。爲釋此敎證之權實。借用彼二道之名耳。(輔行三)由此而輔行出約行約說二種之敎證。約行之敎證。就行人之觀行而立敎證也。別敎之行人。地前之間。依佛之隔歷次第之方便敎。修次第之三觀。故以之爲敎道。至於初地。則自證入圓融之三觀。故以之爲證道。蓋地前之觀行。爲敎道方便。地上之觀行。爲證道眞實也。約說之敎證。就如來之說法而別敎證也。佛對於地前之人。通於一敎之始終。(卽地前以上)就別敎之當分。說隔歷次第之法。爲約說之敎道。又佛對於地前地上之人。詳說中道。爲約說之證道。由此而論。於別敎論證道。非別敎當分之說。乃存行人之親證隔歷。(約行之證道)及默示如來已證之圓融而已。因而可知別敎之分際。

【二詮】(名數)一遮詮。二表詮。遮者遣其所非。表者顯其所是也。具說事理曰詮。如諸經說眞如之妙性。爲不生不滅不增不減。不垢不淨。無因無果。無相無爲。非凡非聖。非性非相等。是爲遮詮。如云知見覺照。靈鑑光明。朗朗昭昭。是爲表詮。禪源諸詮三曰。「

如說鹽、云不淡是遮、云鹹是表。說水、云不乾是遮、云溼是表。諸教每云絕百非者、皆是遮詞、直顯一眞、方爲表語」空宗專以遮詮爲宗、性宗則具遮表二門。宗鏡錄三十四曰「今時人皆謂遮言爲深、表言爲淺。故唯重非心非佛無爲無相乃至一切不可得之言。良由只以遮非之詞爲妙。不欲親自證認法體、故如此也。」

【二解脫】（名數）一慧解脫、智慧能離一切之煩惱障而證涅槃者。二心解脫、心識能離一切之定障而得入滅盡定者。見成實論十。図一慧解脫、慧能離煩惱障而證涅槃者。二俱解脫、又名心解脫。與慧解脫共而得之定解脫也。見俱舍論二十五。

【二經體】（名數）經典中文與義之謂也。經者自一面觀之、惟爲顯義之文字也。自他面觀之、則由文而顯之義理也。故文與義、爲二種之經體。

【二萬燈明佛】（佛名）見日月燈明佛條。

【二種子】（名數）一名言種子、爲現行一切善惡諸法親因之種子。善種子生善法、惡種子生惡法、無記種子生無記法、乃至由色種生色法、由心種生心法等、依附於第八阿賴耶識而爲一切諸法之親因者是也。名之爲名言者、或自發名言而詮顯色心之諸法、於自心之前反現彼諸法之相分、而熏彼諸法種子於阿賴耶識。或聞他之名言所詮色心之法、於自心之目前反現其相分、以熏彼種子於本識。蓋以名言爲介成此種子之新熏、故謂之名言種子。（是表義名言之義）又名言種子者、不特介能詮之言語而熏習之、凡一切之心心所緣諸境時、亦反現其諸境之相分於心前、以熏其種子於本識也。如此依心心所緣境而熏成其種子者、亦名名言種子。名之爲名言者、以心心所緣境時、能緣之心了顯所對之境、恰如名言詮顯諸法之體義也。因是又名之爲顯境名言。此中第一種之表義名言、限於第六識。以名言緣名言、唯爲第六識相應之尋伺力也。第二種之顯境、通於七識、以了所緣之境而熏種子、通於一切之心心所也。但第八識爲所熏處、自無能熏之用。二業種子、爲第六識相應之思心所作善惡之業、熏習第八識之種子。業者造作之義、造作善惡所熏善惡之種子也。此思心所之種子、有二功能、一爲自生思心所之功能、名言種子也。二爲助他羸劣無記之種子、使生現行之功能、此名爲業種子。蓋生自果者、非爲業種、助他果使生之功能、乃名爲業種子也。其助他果之法、第八識爲三性中極劣無記之識體、故能生之名言種子、亦爲羸劣無記之種子、自無生果之力用。然依第六識相應之思心所造作五戒十善等善事之力、使彼第八識無記之種子決定可生於當來善趣之功能、爲彼之業力所助、自生善起之無記之果也。故名言種子通於八識、且通於三性、業種子局於第六識之思心所且局於善惡之二性、以無記羸劣無助他之功能也、又思心所兼名言業種之二能、他之心心所法惟有名言種子之功能而已。見唯識論八百法問答鈔三。

【二種戒】（名數）見戒條。

【二種色】（名數）見色條。

【二種性】（名數）一本性住種性、此自無始以來、依附第八阿賴耶識法爾所存之大乘無漏法爾種子也、此種性於我等具縛之身中亦自無始備於法爾、假令受六道四生之輪迴、而於阿賴耶識之中持之而不失壞也。二習所成種性、聞如來之教法而起聞思修之三慧、新熏習有漏之善種、依此熏習力增長彼法爾無漏之種子者、具此本有新熏之二種性、而得完全菩提涅槃之妙果也。見百法問答鈔六。

【二種死】（名數）全其天命而死者、謂之命盡死、反之而不順天命、自殺或被殺害之橫死者、謂之外緣死。曇無讖所譯之大涅槃經十二、會細別此二死曰「命盡死者亦有三種。一者命盡非是福盡、二者福盡非是命盡。三者福命俱盡。外緣死者亦有三種。一者非分自害死。二者橫爲他死。三者俱死。」

【二種常】（名數）智度論所說。一、如菩薩自百歲經八萬劫、至於入滅、長時間之無變化、謂之常非眞常也。二、常住不壞爲常、是眞常也。

【二種病】（名數）一身病、一身四大不調所生之病苦、謂之身病。二心病、或歡喜太過、或憂愁太過、或依恐怖、或依愚痴等、失心之平和而起諸病者、謂之心病。見涅槃經十二。図一先世行業病、謂先世好鞭打人、以種種之惡法、惱害衆生、而感今世之多病也。二現世失調病、卽上之身病也、見智度論八。

【二種施】（名數）財施、法施也。

【二種聖】（名數）一聖說法、說三藏十二部經也。二聖默然、一字不說也。如來唯有此二法。見思益經如來二事品。

【二種證】（名數）聲聞乘之人證四果有二種。一次第證、又云次第斷、自初果次第斷修惑、次第證第四果阿羅漢也。二超越證、又云超越斷、利根之聲聞、一時斷幾許之修惑、超越一果乃至三果而證阿羅漢果也。此有四種、見超越證條。

【二種識】（名數）見識條。

【二種薰】（名數）薰習、資薰也。前者爲自習慣而薰者、後者則資助而薰者也。翻譯名義集六曰「一熏習、謂熏心體成染淨等事。二資熏、謂現行心境及諸惑相資等。」一大藏法數四曰、「熏資薰擊發之義也。蓋言第八識雖含藏一切善惡種子。若無染淨二緣熏發。則不能成染淨等事。如穀麥等種雖有生芽之能。若不得水土資熏。芽亦不生。故名熏也。熏即熏發習即數習。謂數習染淨之緣。熏發心體而成染淨等事。故名熏習。資猶助也。謂現對塵境所起之心及諸惑相資熏發而成染淨等事。故名資熏」

【二種一乘】（名數）華嚴宗所立也。一乘二種。一同敎一乘、二別敎一乘也。

【二種三心】（名數）淨土眞宗以爲觀無量壽經所說之至誠心、深心、迴向發願心有二種。又日本見眞大師分自利之三心與利他之三心、即要門自力行者之信心與弘願他力行者之信心也。又於敎行信證化身土卷分定之三心、與散之三心、即息慮凝心行者之信心、與廢惡修善行者之信心也。此定散之信心。即自力各別之三心也。

【二種比丘】（名數）一多聞比丘、聞誦經典、雖多而不併行修行者。二寡淺比丘、讀誦經典雖少、而專心修行者。

【二種心相】（名數）一心內相、心之本性清淨平等也。二心外相、心隨諸緣生種種之對境也。

【二種世間】（名數）衆生世間、與器世間也。

【二種因果】（名數）分四諦爲二種之因果。一世間因果、苦諦爲果、集諦爲因。二、出世間因果。滅諦爲果、道諦爲因。

【二種生死】（名數）見生死條。

【二種自在】（名數）見自在條。

【二種我見】（名數）人我見、法我見也。

【二種忍辱】（名數）一非衆生忍辱、於風雨寒熱等非情法之迫害而忍辱之也。二衆生忍辱、於殺傷罵詈等衆生之迫害忍受之也。見智度論十四。

【二種佛境】（名數）一證境、諸佛所證之境界、即眞如法性之理也。二化境、諸佛所化之境界、即十方國土也。

【二種邪見】（名數）一破世間樂邪見。謂無視因果之理而造惡、墮於苦趣不得人天之樂之邪見也。二破涅槃道邪見、雖修善、而執着於我、雖得人天之樂、而不得涅槃之邪見也。中論四曰、「邪見有二種。一者破世間樂。二者破涅槃道。破世間樂者。是麤邪見言無罪無福無如來等賢聖。起是邪見捨善爲惡。則破世間樂。破涅槃道者。貪著於我。分別有無。起善滅惡。起善故得世間樂。分別有無故不得涅槃。是故若言無如來者。是深厚邪見。乃失世間樂。何況涅槃。若言有如來。亦是邪見。」

【二種供養】（名數）見供養條。

【二種法身】（名數）見法身條。

【二種信心】（名數）信法華經有二

種之信心。一就佛立信、法華經爲久遠實成之圓佛所說、故信之。二就經立信、無量義經、及涅槃經、謂法華經爲眞實、故信之。

【二種迴向】（名數）見迴向條。

【二種清淨】（名數）一自性清淨、衆生眞如之心、體性本清淨而無所染礙、名爲自性清淨。二離垢清淨、衆生自性清淨之心體、遠離一切煩惱之垢染、名爲離垢清淨。見華嚴大疏鈔六。

【二種福田】（名數）見福田條。

【二種深信】（名數）見機法一體條。

【二種寂靜】（名數）一身寂靜、捨離恩愛之家、避喧閙之世、閑居靜處也。二心寂靜、離貪瞋癡等諸煩惱、修禪定、不起惡心也。

【二種資糧】（名數）二種莊嚴之異名。福德與智德也。以此二德爲資糧而證佛果也。見寶積經十二。

【二種莊嚴】（名數）見二嚴條。

【二種無知】（名數）染汚無知、不染汚無知也。見無知條。

【二種菩薩】（名數）見菩薩條。

【二種輪身】（名數）正法敎令之二輪身也。見敎令輪身條。

【二種遠離】（名數）修行佛道之際、爲欲使身器淸淨、遠離身心二種之惡。卽身遠離、心遠離也。

【二種尊特】（名數）見尊特條。

【二種獨覺】（名數）麟喻獨覺、部行獨覺也。

【二種闡提】（名數）一捨善根之闡提。此先天的本來之闡提也。二方便闡提。菩薩爲化度衆生、以方便假爲闡提也。參照闡提條。

【二種薰習】（名數）七轉識各緣其外境時、依其識自體之力、薰習其所緣境之相分與本質之種子於第八識、謂之相分薰。薰習能緣之見分及自證分證自證分之種子於第八識內、謂之見分薰。

【二種羅漢】（名數）見羅漢條。

【二種羯磨】（名數）有二種之羯磨。見羯磨條。

【二種超越三昧】（名數）超入三昧、超出三昧之稱。

【二福】（名數）一梵福、大梵天王之福德也。二聖德、三乘聖果之福德也。見法華文句十。

【二語】（術語）又謂之兩舌。卽前後相違之語也。大集經十曰、「須彌可說口吹動、不可說佛有二語。」

【二際】（名數）一涅槃際、二生死際、際者界之義。視生死涅槃有別際者、小乘也。大乘則生死卽涅槃、本無際畔。見華嚴經一。

【二漏】（名數）一有漏、漏者煩惱之異名也、有煩惱之法、或爲增長煩惱緣之法、謂之有漏。二無漏、離煩惱之清淨法、及不爲增長他煩惱緣之法、謂之無漏。

【二壽行】（名數）一留多壽行、是阿羅漢捨福而延長其壽之法也。阿羅漢爲成就神通、心得自在者、或於僧衆、或於別人、布施諸命緣之衣鉢等、施已發願、卽入第四禪定、從定起已、心念口言、凡我感能富果報之業、願皆轉招壽命之果報。彼時招能富果之業、卽轉招壽命之果。二捨多壽行、是阿羅漢滅壽命而增長富福之法也。阿羅漢如前布施僧衆了、發願、卽入第四禪定、從定起已、心念口言、凡我招壽果之業、願皆轉招富果。彼時招壽果之業、卽轉招富果。見俱舍論二。

【二學】（名數）一讀誦、二禪思。釋氏要覽中曰、「毗奈耶云、佛說有二種學業。一讀誦、二禪思。」

【二諦】（術語）一俗諦、迷情所見世間之事相也。是順凡俗迷情之法、故云俗。其爲凡俗法之道理、決定而不動、故云諦。又此事相於俗爲實、故云諦。二眞諦、聖智所見眞實之理性也、是離虛妄、故云眞。其理決定而不動、故云諦。又此理性於聖爲實、故云諦。經論所說其名稱不一。涅槃經、仁王般若經、謂之世諦、第一義諦。金剛不壞假名論謂之眞諦、俗諦。瑜伽論、唯識論謂之世俗諦、勝義諦。南海寄歸傳謂之覆俗諦、勝義諦。或謂之覆諦、眞諦。其中以眞俗之名、最爲通行。出二諦之法、諸家各異。法華玄義二曰、「夫二諦者、名出衆經、而其理難曉。世間紛紜、由來碩諍。」南山之廣弘明集二十四、明二諦列古來之異說二十三家。而淨影於大乘義章一、舉四宗而辨相宗之二諦。天台於法華玄義二就藏通別圓四敎、辨七種之二諦。嘉祥於二諦章辨三種之二諦。慈恩則在義林章二末、於眞俗辨四重。蓋眞俗之名、如言長短輕重、隨於所對而重重不同也。大乘義章一曰、「俗謂世俗、世俗所知、故名俗諦。眞者是其絕妄之稱。」義林章二末曰、「體相顯現目之爲俗。」二諦章中曰、「俗是浮虛義、眞眞實義。」中論觀四諦品曰、「諸佛依二諦爲衆生說法、以一世俗諦、二第一義諦。」百論下曰、「諸佛說法常依俗諦第一義諦。」智度論三十八曰、「佛法中有二諦、一者世諦、二者第一義諦。爲世諦故說有衆生、爲第一義諦故說衆生無所有。」已上眞俗二諦、於涉一切諸法而分別事理淺深之義門也。梵眞Paramārtha-satya 俗Saṁvṛti-satya

【二諦觀】（術語）台家三觀中空觀之異名也。空觀成就、不但成空諦、復以俗諦歷然顯現之故、云二諦觀。

【二縛】（名數）見縛條。

【二鼠】（譬喻）黑白之二鼠、以譬晝夜、或日月。見鼠條。

【二輪】（名數）以車之二輪、譬定慧。

止觀五曰、「馳二輪而致遠。翥兩翅以高飛。」同輔行五曰「二輪遠運。翼定慧横周。」因食輪與法輪也。大會必有說法、說法即轉法輪也。又必行齋食因法輪而謂爲食輪。又此二者必相爲而轉、猶如車之兩輪。故云二輪。元亨釋書會儀志曰、「牟尼覺王之御於西印也。嘉都之大會也。一說也、梵釋聖凡遝沓而聽矣。一餐也菩薩聲緣排列而食矣。是曰二輪必於會焉二者相轉。所謂食輪法輪也。」

【二輪身】（名數）一正法輪身、二敎令輪身也。見敎令輪身條。

【二廛】（名數）玄應音義曰、「廛値連反。梵言阿縛遮羅、此云市廛。禮記、市廛不征。鄭玄曰、廛謂市物邸舍也。今市中行肆是也。舊云欲行、非也。案梵本僧塞迦羅、此云行名不當本故立爲廛也。

【二增菩薩】（名數）菩薩有二類、一智增菩薩、大智之性分增上、而斷惡證理自利之善根多、利生化物之善根少者。二悲增菩薩、大悲之性分增上、欲久住生死、利樂有情、不欲疾進菩提之果者。故智增之菩薩、於初地捨分段身而取變易身、悲增之菩薩、至第八地初捨分段身也。見百法問答鈔七。

【二禪】（名數）色界之禪定有四重、此乃第二重之禪定也、定心微細、無尋伺之心所。於三受之中感受喜樂之二受者。參照四禪定條。

【二禪天】（界名）修成二禪者、所生之天處也、爲色界天之第二重、新譯謂之二靜慮。此中更別爲三天、一少光天、二無量光天、三光音天也、二禪之天人、既離尋伺之麤動、雖免劫末之大火災、然以其猶有喜樂之念、故不得免劫末之大水災、何則、以喜樂之潤身、與水大之潤身相似故也。俱舍論十二曰、「第二靜慮喜受爲內災。與輕安潤身如水故。」

【二翼】（譬喩）譬二事相資之法、如止觀、如眞俗、如福智。

【二餘】（名數）生身之苦果與煩惱之餘殘也、又加業之餘殘爲三餘、就最後身之菩薩謂之餘殘。無量壽經曰、「生身煩惱二餘俱盡。」

【二藏】（名數）一聲聞藏、說聲聞緣覺二乘之敎理行果者、即小乘之三藏也。二菩薩藏、說菩薩大士之敎理行果者、大乘之三藏也。淨影嘉祥以此二藏判一代敎。大乘義章一曰、「就出世間中復有二種。一聲聞藏、二菩薩藏。爲聲聞說名聲聞藏。爲菩薩說、爲菩薩藏。故地持云。十二部經唯方廣部是菩薩藏。餘十一部是聲聞藏。（中略）龍樹亦云。迦葉阿難於王舍城結集三藏爲聲聞藏。文殊阿難於鐵圍山集摩訶衍爲菩薩藏。聖敎明證顯然矣。此二亦名大乘小乘、半滿敎也。聲聞藏法狹劣名小、未窮名半。菩薩藏法寬廣名大、圓極名滿。」三論玄義曰「但應立大小二習。不應制於五時。略引三經三論證之。(中略)以經論驗之。唯有二藏無五時矣。」

【二應身】(名數) 一勝應身、應初地已上菩薩之機、而示現殊妙尊特之佛身也。一劣應身、應初地以下乃至凡夫之機而示現劣惡之佛身也。

【二離】(名數) 離煩惱障、離所知障也、義楚六帖一曰、「佛地論云。佛者具一切智一切種智。離煩惱所知二障」

【二轉】(名數) 二轉依之略。

【二斷】(名數) 二種之斷惑。緣縛斷、不生斷之稱。

【二轉依】(術語) 相宗以第八識爲迷悟之所依、性宗以眞如爲迷悟之所依。今轉第八識或眞如之迷依、而爲悟依、以得菩薩涅槃之二果、謂之二轉依。楞嚴經七曰、「如來無上菩提及大涅槃二轉依。」見轉依條。

【二歸戒】(術語) 歸依於佛寶僧寶之戒法也。釋氏要覽上曰、「五分律云。初佛成道。爲二賈客及女人須闍陀並五比丘。皆受二歸緣。未有僧故。」

【二雙四重】(術語) 眞宗所立之教判也。難行道有豎出豎超之二重、豎出者自小乘至權大乘之法相三論。歷劫修行之教法也。豎超者實大乘之眞言法華華嚴等、卽心是佛。卽身成佛之教法也。又易行道有橫出橫超二重。橫出者、生於化土之三福九品之自力行法、觀無量壽經之所明是也、橫超者、生於報土之選擇本願之實大無量壽經之所明是也。因而合難行道之一雙二重與易行道之一雙二重、而稱爲二雙四重。豎者難行道、橫者易行道、出者漸教、超者頓教也。亦是權教實教之異名也。教行信證二本曰、「然就菩提心有二種。一者豎。二者橫。又就豎有二種。一者豎超。二者豎出。豎超豎出明權實顯密大小之教。歷劫迂迴之菩提心。自力金剛心。菩薩大心也。亦就橫復有二種。一者橫超。二者橫出。橫出者正雜定散。他力中之自力菩提心也。橫超者斯乃願力迴向之信樂。是曰願作佛心。願作佛心卽是橫大菩提心。是名橫超金剛心也。」同六要鈔曰「然就菩提者。此有二雙四重之釋。所謂豎出豎超橫出橫超是也。所立差異。就文可見。」

【二障】(名數) 煩惱障。智障也。新譯爲煩惱障、所知障。貪瞋痴等諸惑各有二用。一者發業潤生而縛有情、使在三界五趣之生死中。由此而障涅槃寂靜之理。名爲煩惱障。擾惱有情之身心、故名煩惱、煩惱能障涅槃、故名障。此煩惱障由我執而生。二者一切貪瞋痴等諸惑、爲愚痴迷闇、不能了知諸法之事相及實性、（眞如）蓋其用能障可以了知事相實性之菩提妙智也。名障此妙智之愚痴迷闇、名爲智障、亦名爲知障。障礙所知之境而不使現、故云所知障。障礙能知之智而不使生、故云智障。此所知障由法執而生。此二障、一體二用、事物之用迷於和合之事邊者、名煩惱障。事物之體迷於如幻之理邊者、名所知障。小乘謂此爲染汚無知、不染汚無知、勝鬘經於五住地中分別之、以見等四住地爲所知障、以第五無明住地爲智障。二乘但斷煩惱障、而證涅槃、菩薩兼斷所知障、亦不得菩提、此二障有寬狹。煩惱障所在處必有所知障。而所知障所在處煩惱障未必隨之。蓋煩惱障局於不善與有覆無記、而所知障亦通於無覆無記。且煩惱障粗顯而易知、故示其頭數、如十惑乃至一百二十八等是也。所知障行相難知、且隨所知之法、而其數無數、故經論中不示其頭數。唯識論九曰、「煩惱障者。謂執遍計所執實我。薩迦耶見而爲上首。百二十八根本煩惱及等流諸隨煩惱。此皆擾惱有情身心能障涅槃。名煩惱障。所知障者。謂執遍計所執實法薩迦耶見而爲上首見疑無明愛恚慢等覆所知境無顚倒性能障菩提。名所知障。」又一煩惱障、即同上二解脫障。解脫者滅盡定之異名也、滅盡定者心念都滅離一切之障礙、是名解脫、即八解脫中之第八解脫是也。因而障聖者入滅盡定之法、謂之解脫障。其法即不染汚無知之一種也、利根之不還及阿羅漢、以離其解脫障、而得入於滅盡定也。俱舍論二十五曰「謂唯依慧離煩惱障者、立慧解脫。依兼得定離解脫障者、立俱解脫。」又一理障。邪見等之理惑障正知見也。二事障。貪等之事惑相續生死而障涅槃也。圓覺經曰、「云何二障。一者理障。礙正知見。二者事障。相續生死。」

【二德】（名數）一智德、衆生所具之了因至於佛性果爲智德、照了一切之事理者。二斷德、衆生所具之緣因至於佛性果爲斷德、斷盡一切之妄惑者。智德是菩提、斷德是涅槃也。諸佛必具此二德。見觀音玄義上。又一悲德。諸佛菩薩利他之德也。二智德。諸佛菩薩自利之德也。又一性德。本來性具之德也。三因中之正因佛性、三德中之法身是也。二修德。修成之德也。三因中了因緣之二佛性、三德中般若解脫之二德是也。小乘不知此性修、大乘之權教使二德隔歷、大乘之實教使二德相即。見四教儀集註下。

【二類各生】（術語）淨土宗之一義。往生於彌陀之淨土、不僅限於念佛之一類、修念佛以外之諸行者、亦得往生。此宗義名曰二類各生。蓋彌陀本願其第十八願雖誓救濟但修念佛者、而其第十九、第二十之二願於修諸行者、亦誓使往生也。

【二證】（名數）一事證、二理證。三學之中修戒學謂之事證修定慧二學謂之理證見南山戒本疏一上。

【二難化】（名數）一欲天難化、欲界之天執着於上妙之五欲。故難教化。二色天難化、色界之諸天執着於世間禪定之樂故難教化。

【二礙】（名數）又名二障。見二障條。

【二邊】（名數）斷常之二邊見也。見二見條。又一增益邊、因緣所生之法若分別推求則本無自性衆生不之了固執之以爲有此名增益邊。二損減邊、因緣所生之法原無自性然非無因果之功能衆生不之了撥無之以爲空此名損減邊。見攝大乘論釋一。又一有邊、邊者邊際、世間一切之事物必假衆緣之和合而生無有自性。顧雖無自性然不得謂爲無此名有邊。二無邊、世間一切之事物既無有自性若無自性則一切法皆空不得謂爲有、此名無邊見中論四。

【二攝】（名數）一自攝、以自力而自攝取也。二他攝、以他力爲他所攝也。略論曰「一切萬法皆有自力他力自攝他攝」

【二護】（名數）一內護、內者自己身心之心也。佛所制之大小乘戒持人之身心、使離三業之非、使成菩提之果者。二外護、外者親族眷屬也。凡學人之所須由親族眷屬之供給安穩身心而成辦道業者。見涅槃經三十三。

【二覺】（術語）一本覺、衆生之心體本來離妄念而靈明虛廓、等於虛空界、無處不徧。卽是如來之平等法身也。此名本覺。二始覺、衆生本覺之心源由無明之熏動而爲覺不覺在於多劫迷者本覺熏於內修治資於外漸漸覺悟、名爲始覺。始覺之究竟、卽成佛也。起信論曰「所言覺義者謂心體離念。離念相者等虛空界無所不徧。法界一相卽是如來平等法身。依此法身說名本覺。（中略）始覺義者依本覺故而有不覺依不覺故說有始覺」又一等覺、大乘行位五十二位中之第五十一位、等似之覺位也。又去佛之妙覺一等之位也。二妙覺、五十二位之終極佛陀之覺位也。仁王經立五十一位而略等覺、本業瓔珞經立五十二位而開等覺。又一自覺、諸佛自開覺而成妙道者。二覺他、既覺而運無緣之慈、廣說諸法開悟一切衆生者。此二覺圓滿名佛陀。善見論四曰、「佛者名自覺、亦能覺他、是名爲佛」性靈集八曰、「二覺寂照沒䭾之號也。」

【二變】（名數）一因緣變、謂心心所變現相分、不借能緣之分別力由自己種子之因緣而生有心色之實體實用者。卽三類境中之性境是也。二分別變、謂藉能緣之分別力而反起之相分。此有二種、一偏隨能緣之分別力、不帶本質亦不具能生之種子卽是三類境中獨影境之相分也、如緣龜毛兔角之相分。二帶本質、又有能生之種子、亦借能緣之分別力、故不稱境之自相、不備色心之實用、卽帶質境是也。如第七識緣第八見分、第六識緣一切心心所時之相分。見唯識論二百法問答鈔二。

【二嚴】（名數）一智慧莊嚴、研智慧而爲身之莊嚴者。二福德莊嚴、積福德而爲身之莊嚴者。六度中檀等五者、福德莊嚴也、慧度者智慧莊嚴也。涅槃經二十七曰、「二種莊嚴。一者智慧。二者福德。若有菩薩具足如是二莊嚴者。則知佛性。」唯識述記七末曰、「善資糧者福智二嚴。」

【二觀】（名數）一事觀、觀因緣所生之事相。二理觀、觀萬法之實性也。諸宗之觀法各分此二觀、如天台一家、以占察經所說唯識實相之二觀、爲事理之二觀、唯識觀爲事觀、實相觀爲理觀、

【七七】（雜名）人死後之四十九日也。北史胡國珍傳、詔自始薨至七七、皆爲設千僧齋。

【七七忌】（行事）中陰四十九日也。人死亡後、每七日營齋、修佛事而追薦之、是云齋七。其第七追薦日稱爲七七忌。

【七七齋】（術語）人命終後未受報之間、是中有也、中有之壽命但極於七日而死、死而復生、未得生緣、則至七七日、七七日、罪業審定、方受其報。此間親屬爲亡者修追福、則轉劣而爲勝云。古婆沙論五十三曰、「尊者奢摩達多說曰。中有衆生。壽七七日。尊者和須蜜曰。中有衆生壽命七日。所以者何。彼身羸弱故。」瑜伽論一曰、「此中有若未得生緣極七日住。若極七日未得生緣死而復生。極七日住。如是展轉未得生緣。乃至七七日住。自此以後定得生緣」地藏菩薩本願經上曰、「聖女又問。此水何緣而乃涌沸。多諸罪人及以惡獸。答曰。此是閻浮提造惡衆新死之者。經四十九日後無繼嗣、爲作功德、救拔苦難。生時又無善因。當據本業所感地獄。」

【七八行】（雜語）七覺支、八正道之行法也。

【七十二字】（雜語）百論曰、劫初梵天王得七十二字、來化世間、世間皆不信、故呑七十字、唯二字留著於口之左右、卽阿與漚也。故外道書之首、皆安此二字。阿者無、漚者有。謂一切諸法、不出有無之義、故安於經之首以表吉相。

【七十二天】（名數）六十九天、太山府君、五道大神、及大吉祥天、合爲七十二天。

【七十二威儀】（名數）沙彌之威儀數也。扶桑略記曰、「沙彌十戒七十二威儀」。

【七十二歲】（雜名）如來說法華之歲也。法華玄義五曰、「傳云。佛年七十二歲。

說法華經。

【七十三尊】（名數）金剛界曼荼羅之成身會于五十三尊外加金剛部之二十天而爲七十三尊。

【七十五法】（術語）小乘俱舍宗立一切法爲七十五、攝爲五類。一色法十一、心法一、心所有法四十六、心不相應行法十四、無爲法三也。第一色法十一。Rūpāṇi 分之爲三種、一五根、二五境、三無表色也。五根者、一眼根 Cakṣur indriya 二耳根、Śrotra indriya 三鼻根、Ghrāṇa iudriya 四舌根、Jihvā indriya 五身根 Kāya indriya 也、此五法能發識取境、故名根。五境者、一色境、Rūpa viṣaya 二聲境 Śabda viṣaya 三香境、Gandha viṣaya 四味境 Rasa viṣaya 五觸境 Sparśa viṣaya 也。此五法能爲五根所對之境、故名境。無表色 Avijñapti 者、依身口發動之善惡二業、生於身內之一種無形色法、感苦樂果之業因也。其中、五根五境有質礙之用、故名色、無表色則自體無質礙之用、以存質礙之四大爲因而生者、故亦名爲色。第二心法一。Cittam 根境相對之時、依根而生覺知境之總作用也。是從於所依之根、故雖爲六識、而其心體是一也、此法必領有他之心所法、猶如國王之於臣民、故謂爲心王。第三心所有法四十六、Cittasaṃprayuktasaṃskārāḥ 又分六位、一遍大地法十、二大善地法十、三大煩惱地法六、四大不善地法二、五小煩惱地法十、六不定地法六也。此四十六法、皆爲心王所領有、而與心王皆爲對於境界之別作用、故云心所有法。常略稱心所法。一遍大地法十 Mahābhūmikāḥ（dharmāḥ）者、一受 Vedanā 領納苦樂捨三境之作用也。二想 Saṃjñā 想像事物之作用也。三思、Cetanā 造作身口意三業之作用也。四觸 Sparśa 觸對境界之作用也。五欲、Chanda 希求之作用也。六慧、Mati 簡擇之作用也。七念 Smṛti 記憶之作用也。八作意 Manaskāra 警覺他心心所之作用也。九勝解、Adhimokṣa 印決事理之作用也。十三摩地 Samādhi 譯爲定、使心心所注住於一境之作用也。此十法隨逐善不善無記之一切心王而起、故名遍大地法、略云大地法。二大善地法十 Kuśalamahābhūmikāḥ 者、一信、Śraddhā 使心心所澄淨之作用也。二不放逸 Apramāda 於諸善惡法不使放逸之作用也。三輕安、Prasrabdhi 使身心輕妙安穩之作用也。四行捨、Upekṣā 使身心捨離執着諸法之念而住於平等之作用也。是行蘊所攝之捨、故簡別於彼受蘊所攝之捨受而謂之行捨。五慚、Hrī 於所造之罪自恥之作用也。六愧 Apatrapā 於所造之罪自恥之作用也。七無貪、Alobha 於順境無貪着之作用也。八無瞋 Adveṣa 於逆境不瞋恚之作用也。九不害、Ahiṁsā 不損害他之作用也。十勤、Vīrya 於修善法使心勇悍之作用也。此十法與一切之善心相應而起、故名大善地法。三大煩惱地法六、Kleśamahābhūmikāḥ 者、一無明、Moha 愚痴爲性、反於上之慧之作用也。二放逸、Pramāda反於上之不放逸、於惡法放逸之作用也。三懈怠、Kausīdya 反於上之勤、於善法不勇悍之作用也。四不信、Aśrāddha 反於上之行、使心不澄淨之作用也。五惛沈、Styāna使心涽重之作用也。六掉舉、Auddhatya使心輕浮之作用也。此六法者常與惡心及有覆無記心相應、故名大煩惱地法。四大不善地法二、Akuśalamahābhūmikāḥ 者、一無慚、Ahrīkatā 反於上之慚、不自耻之作用也。二無愧、Anapatrapā 反於上之愧、不他耻之作用也。此二法者、與一切之不善心相應、故名大不善地法。五小煩惱地法十、Upakleśabhūmikāḥ 者、一忿、Krodha 使起忿怒相之作用也。二覆、Mrakṣa 隱藏己罪之作用也。三慳、Mātsarya 使於財施法施慳悋之作用也。四嫉、Īrṣyā 妬忌他人盛事之作用也。五惱、Pradāśa 堅執惡事而惱亂身心之作用也。六害、Vihiṁsā 反於上之不害而行打罵他人等之作用也。七恨、Upanāha 於忿境結怨不捨之作用也。八諂、Māyā 使心心所邪曲不定之作用也。九誑、Śāṭhya 欺他之作用也。十憍、Mada 染着於自法、使心貢高之作用也。此十法者、雖與惡心及有覆無記心相應而起、而唯爲修道所斷、不通於見道所斷、又但與意識之無明相應、不通於他識、且此十法、現行各別而必非十法俱起、以此三義、故名小煩惱地法。六不定地法八、Aniyatabhūmikāḥ 者、一尋、Vitarka 尋求事理之麤性作用也。二伺、Vicāra 伺察事理之細性作用也。三睡眠、Middha 使心心所闇昧之作用也。四惡作、Kaukṛtya思念惡作之事而使心追悔之作用也。五貪、Rāga 反於上之無貪、而貪愛順境之作用也。六瞋、Pratigha反於上之無瞋、瞋恚逆境之作用也。七慢、Māna 對於他人使心高舉之作用也。八疑、Vicikitsā於諦理使猶豫之作用也。此八法、不入前之五地、爲特殊之法、故名不定地法。第四心不相應行法十四、Cittaviprayuktasaṁskārāḥ 者、一得、Prāpti使諸法獲得於身之實法也。二非得、Aprāpti 使諸法離身之實法也。三同分、Sabhāgatā 如人趣者、使人趣之果報同一、天趣者、使天趣之果報同等、各隨其趣其地而使得同一果報之實法也。四無想果、Asaṁjñika 於無想天之中使心心所都滅之實法也。是一種外道所執之涅槃也。五無想定、Asaṁjñisanāpatti 欲得外道之無想果所修得之無心定也。六滅盡定、Nirodhasanāpatti 不還或阿羅漢之聖者、爲止息暫時所入之無心定也。七命根、Jivita 維持壽之實法也。八生、Jāti 使法生之實法也。九住、Sthiti 使法住之實法也。十異、Jarā 使法衰異之實法也。十一滅、Anityatā 使法壞滅之實法也。十二名身、Nāmakāya 色聲等之名也。十三句身、Padkāya 諸法無常等之章句也。十四文身、Vyañjanakāya 名與句所依之文字也。二箇已上名爲身。此十四法者、爲非色非心之法而非與心相應之法、故名心不相應行法。行者、有爲法之總名也。又此十四者爲五蘊中行蘊之所攝、故名行。第五無爲三、Asaṁskṛtadharmāh 者、一擇滅無爲、Pratisaṁkhyānirodha 依正智簡擇力而得之寂滅法也、卽涅槃也。此法能使煩惱寂滅、故名滅。二非擇滅無爲、Apratisaṁkhyānirodha 非依擇力但依缺生緣而現之寂滅法也。此法能使生法不更生、故名滅。三虛空無爲、Ākāśa 無礙爲性、得

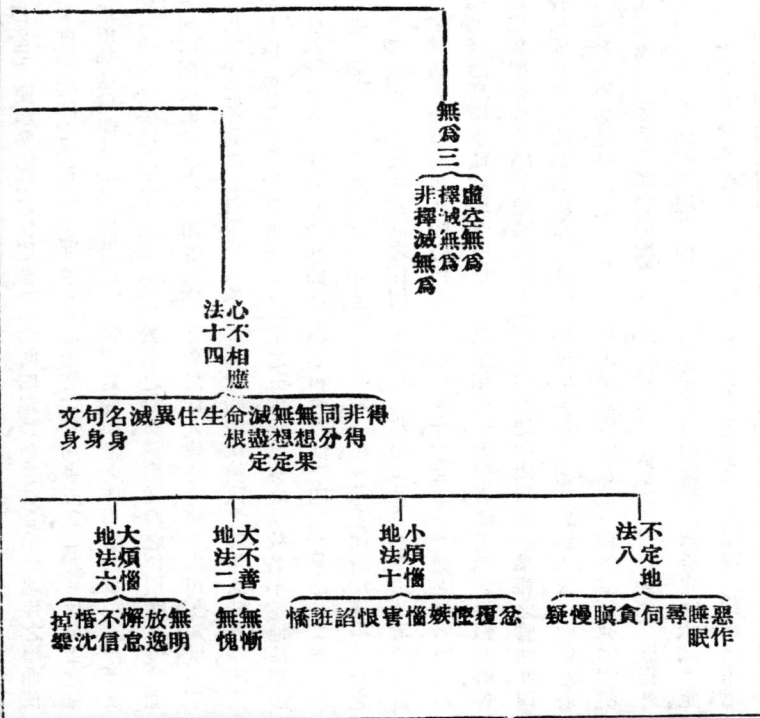

俱舍七十五法
- 無爲三
  - 虛空無爲
  - 擇滅無爲
  - 非擇滅無爲
- 心不相應法十四
  - 得、非得、同分、無想果、無想定、滅盡定、命根、生、住、異、滅、名身、句身、文身
- 不定地法八
  - 惡作、睡眠、尋、伺、貪、瞋、慢、疑
- 小煩惱地法十
  - 忿、覆、慳、嫉、惱、害、恨、諂、誑、憍
- 大不善地法二
  - 無慚、無愧
- 大煩惱地法六
  - 無明、放逸、懈怠、不信、惛沈、掉舉

通行於一切之礙法中也。此三法無生住異滅四相之作爲、故名無爲法。

【七十眞實論】（書名） 天親菩薩破數論之金七十論今不傳。婆藪槃豆法師傳曰、「外道身既成石。天親彌復憤懣、即造七十眞實論破外道僧佉論首尾瓦解。無一句得立。」梵 Tattva-saptati

【七大】（術語） 楞嚴經三就地水火風空見識之七法明周遍法界之義。周遍法界者大之義也、此七法、性眞圓融、皆如來藏、故種種法法無不周遍、無不含容、此爲大之實義。大小乘中雖說四大五大六大、然是各持自相、地大不能遍於水大風大、水大不能容火大、豈成大之義哉、欲顯此義、故經中先就五陰六入十二入十八界。（是云四科）說明幻空性眞之理、更說七大之義。此中第六之見大爲眼根之見性、舉一而其他耳根等之聞性等、可推而知、即六根之性也。故疏

- 有爲法
  - 色法十一
    - 眼根
    - 耳根
    - 鼻根
    - 舌根
    - 身根
    - 色境
    - 聲境
    - 香境
    - 味境
    - 觸境
    - 無表色
  - 心法一
  - 心所有法四十六
    - 大善地法十
      - 信
      - 勤
      - 捨
      - 慚
      - 愧
      - 無貪
      - 無瞋
      - 不害
      - 輕安
      - 不放逸
    - 遍大地法十
      - 受
      - 想
      - 思
      - 觸
      - 欲
      - 慧
      - 念
      - 作意
      - 勝解
      - 三摩地

釋者通稱之爲根大。（案俱舍有根見識見之二說而毘曇宗成立根見之義今于有情世間爲愚者依根見之說開顯能緣能了之眞性也。）然則地水火風空之五大爲六境、見大爲六根識大爲六識但與十八界開合不同耳。世尊就十八界破凡夫所見幻化之相顯圓融之眞性是七大之義也。詳見大條。

【七子】（名數）父母有七子於病子慈心最深七子譬人天、二乘、藏通別三教之菩薩也涅槃經二十曰「譬如一人而有七子。是七子中一子遇病。父母之心非不平等。然於病子心則偏多。大王如來亦爾於諸衆生非不平等然於罪者心則偏重。」章安疏曰、「或以七方便根性爲七子。謂人天二乘三乘菩薩是七子中有起過者。心則偏重。」

【七丈夫】（名數）七聖也。

【七女經】（經名）吳支謙譯拘留國婆羅門之七女、貢高憍奢、佛呵之、說往昔國王七女之因緣。

【七千夜叉】（雜名）藥師十二神將之眷屬也。藥師經曰、「此十二藥叉大將。一一各有七千藥叉以爲眷屬。」

【七千八百問】（傳說）釋迦如來往昔爲比丘時、趣大施會、途中至大橋、就其橋向一智人發七千八百問爲智者所呵

【七士夫趣】（名數）七聖也。

【七支】（名數）身三口四之惡業也。身三者殺生、偸盜、邪婬。口四者妄言、綺語、惡口、兩舌。七惡支分故名爲支。十惡中之前七惡也。又轉輪聖王象寶之七支。所謂四足首及陰尾是也。見大薩遮尼乾子所說經三。

【七支業】（名數）七支之作業也。詳見七支條。

【七支念誦法】（修法）大毘盧遮那成佛神變加持經略示七支念誦隨行法所出。爲極略之念誦法。見諸儀軌訣影二。

【七支念誦隨行法】（書名）大毘盧遮那成佛神變加持經略示七支念誦隨行法之略名。

【七方便】（名數）小乘之七賢位也、是爲入見道之聖位之方便行位。故曰方便。詳見七賢條。又天台涉於諸教立二種之七方便第一爲人乘、天乘、聲聞乘、緣覺乘、藏教之菩薩乘、通教之菩薩乘、別教之菩薩乘。此七方便依藥草喩品三草二木之意而立者。法華玄義六曰、「章安云或以七方便根性爲七子。謂人天二乘三教菩薩。」第二爲藏教之聲緣二人、通教之聲緣菩三人、與別教之菩薩、圓教之菩薩也。是在斷見思二惑上立之。見七帖見聞。

【七方便人】（雜名）七方便之人也。見七方便條。

【七日藥】（飲食）四藥之一、得保持七日受用之食物也。見四藥條。

【七日作壇法】（修法）大日經疏四曰、「凡造曼荼羅於七日內須畢。」陀羅尼集經十二曰「七日夜法事總了。」

【七五三】（雜名）稱名之譜有七五三之別。天台山不斷念佛發願表白曰「高和七五三之唱。」

【七心界】（名數）十八界中眼、耳、鼻、舌、身、意之六識加意根而爲七。

【七分全得】（雜語）隨願往生經、地藏本願經等說爲他作追福、則他得一分自七分全得見追修條。

【七母天】（名數）又稱七姉妹。遮文茶、嬌吠利、吠瑟拏嬌、摩野、燕捺利、唥嗏利、未羅弭之七天也。其曼荼羅、存於理趣經十七段曼荼羅中大黑天及焰摩天之眷屬也。

【七生】（名數）又曰七有。詳見有條。

【七加行】（名數）七方便之別名。

【七有依福業】（名數）依他苦而行施、以成福業、有七種名曰七有依福業。一施於客人、二施於行人、三施於病人、四施於侍病之人、五以園林施於諸寺等、六以常食施於衆僧、七應寒風熱等之時施隨時之飲食衣服等。見俱舍論十八。

【七百結集】（故事）見結集條。

【七百賢聖】（雜語）佛滅後百年、在吠舍離城爲第二結集之賢聖也。見結集條。

【七同十一異】（雜語）聲聞緣覺二乘之同異也。見二乘條。

【七字文殊】（菩薩）見文殊條。

【七多羅樹】（植物）多羅樹Tala者、多羅葉之樹、高木也。故譬物之高、輙曰七多羅樹。言比多羅樹高七倍也。法華經藥王品曰「坐七寶之臺上昇虛空高七多羅樹。」智度論二曰、「千阿羅漢聞是語已昇虛空高七多羅樹。」

【七地沈空難】（雜語）在十地中之第七地遠行地、以深入無相觀、無菩提可求、無衆生可度、沈於無相空寂之理而不能修行此沈空之難也。菩薩故意起菩提有情實有之執入八地不動地而證佛果也。

【七佛】（名數）過去之七佛也。其七佛出世敎化之相說於長阿含一之大本經及增一阿含四十四之十不善品。其他有七佛父母姓字經、七佛經之別譯、七佛名號少異同。一梵語之轉訛也。長阿含大本經曰、「過去九十一劫時世有佛名毘婆尸如來Vipaśyin 復次過去三十一劫有佛名尸棄如來Śikhin復次卽彼三十一劫中有佛名毘舍婆如來、Viśvabhū 復次此賢劫中有佛名拘樓孫Krakucchanda 又名拘那含 Kanakamuni 又名迦葉 Kāśyapa 我亦今於賢劫中成最正覺。」增一阿含十不善品曰、「毘婆尸如來式詰如來毘舍羅婆如來拘那含牟尼如來迦葉如來及我也。」藥王經曰「毘婆尸佛、尸棄佛、毘舍浮佛、拘留孫佛、拘那含牟尼佛、迦葉佛、釋伽牟尼佛」七佛八菩薩神呪經一曰「維衛佛。式佛。隨葉佛。拘留秦佛。拘那含牟尼佛。迦葉佛。釋迦牟尼佛」大悲經三曰「阿難。我滅度後此賢劫中當有九百九十六佛出興於世拘留孫如來爲首。我爲第四。次後彌勒當補我處乃至最後盧遮如來。如是次第汝應當知」四分律比丘戒本曰「毘婆尸如來尸棄如來毘葉羅如來、拘樓孫如來、拘那含牟尼如來、迦葉如來、釋迦牟尼如來」智度論九曰「賢劫之前九十一劫初有佛名鞞婆尸(秦言種種見)第三十一劫中有二佛一名尸棄(秦言火)二名鞞恕婆附(秦言一切勝)是賢劫中有四佛。一名迦羅鳩飧陀二名迦那伽牟尼(秦言金仙人也)三名迦葉四名釋迦牟尼」此中前三佛爲過去莊嚴劫之最後三佛次四佛爲現在賢劫之出世者法天譯之七佛經一卷說七佛教化之本末最詳悉行宗記四下曰「欲順世諦以七爲祖」Buddhavamsa XX] 図藥師之七佛也見七佛藥師條。

【七佛經】(經名)一卷趙宋法天譯。記過去七佛教化之相比增一阿含不善品稍詳。

【七佛說偈】(雜語)景德傳燈錄一、謂過去之七佛各舉得法之偈謂之七佛之說偈此七佛之說偈不知出何經典是寶林傳著者慧炬之揑造也釋門正統四痛斥之。

【七佛藥師】(名數)藥師瑠璃光七佛本願功德經上曰「一東方去此四殑沙佛土有世界曰光勝佛曰善稱名吉祥王如來發八大願二東方去此五殑沙佛土有世界曰妙寶佛曰寶月智嚴光音自在王如來。發八大願三東方去此六殑沙佛土有世界曰圓滿香積佛曰金色寶光妙行成就如來。發四大願四東方去此七殑沙佛土有世界曰無憂佛曰無憂最勝吉祥如來發四大願。五東方去此八殑沙佛土有世界曰法幢佛曰法海雷音如來發四大願六東方去此九殑沙佛土有世界曰善住寶海佛曰法海勝慧遊戲神通如來發四大願七東方去此十殑沙佛土有世界曰淨瑠璃佛曰藥師瑠璃光如來發十二大願」以此中最後之藥師如來爲主體故稱爲七佛藥師亦曰藥師七佛又一東方離垢衆德莊嚴世界之輪遍照吉祥如來二東方妙覺衆德莊嚴世界之妙功德住吉祥如來三東方衆生主世界之一寶蓋王如來四東方自在力世界之善逝定迹如來五東方最勝寶世界之寶華吉祥如來六南方寂靜主世界之超無邊迹如來七南方最上香世界之妙香王如來見七佛名號所生功德經以上爲七佛之異稱或異譯也。

【七佛藥師法】(修法)日本叡山四

大法之一。觀七佛爲一體而供養之法也。百二十尊法曰、「次道場觀想地湖上金剛牆之內有寶樓閣。閣中有八葉蓮華。蓮華臺上有月輪。輪中有孔字。字成佛頂印。印變成藥師如來。遍身放無數光明。（七佛一體想可成之）聖衆眷屬圍繞」又有七佛各壇之法。

【七佛藥師經】（經名）藥師瑠璃光七佛本願功德經之異名。

【七佛八菩薩】（名數）七佛者、維衛佛、式佛、隨葉佛、拘留秦佛、拘那含牟尼佛、迦葉佛、釋迦牟尼佛。八菩薩者、文殊師利菩薩、虛空藏菩薩、觀世音菩薩、救脫菩薩、跋陀和菩薩、大勢至菩薩、後大勢至菩薩、及堅勇菩薩。見七佛八菩薩神咒經一。

【七佛通戒偈】（術語）謂之通戒或略戒。諸佛出世之初。因弟子清淨。不須別制戒禁。但以一偈通爲禁戒、故曰通戒或略戒。即七佛各有一通戒也。增一阿含經四十四十不善品、謂第一毘婆尸佛偈、（百歲中但說一偈。）忍辱爲第一。佛說無爲最。不以剃鬚髮。害他爲沙門。第二式詰佛偈、（八十年中但說一偈。）若眼見非邪。慧者護不著。棄捐於衆惡。在世爲黠慧。第三毘舍羅婆佛偈、（七十年中說一偈半。）不害亦不非。奉行於大戒。於食知止足。牀座亦復然。執志爲專一。是則諸佛教。第四拘樓孫佛偈、（六十年中說二偈。）譬如蜂採華。其色甚香潔。以味惠於他。道士遊聚落。不誹謗於人。亦不觀是非。但自觀身行。諦觀正不正。第五拘那含牟尼佛偈、（三十年中說一偈。）執志莫輕戲。當學尊寂道。賢者無愁憂。常滅志所念。第六迦葉佛偈、（二十年中但說一偈。）一切惡莫作。當奉行其善。自淨其志意。是則諸佛教。第七釋迦佛偈、（十二年中但說一偈。）護口意法淨。身行亦清淨。淨此三行迹。修行他人道。又散見於四分律戒本、五分律戒本及法句經。所記雖略異、而原偈文之同一、則無疑。增一阿含經一、「迦葉問曰何等偈中出生三十七品及諸法。時尊者阿難便說此偈。諸惡莫作云云。」即七佛中迦葉佛之偈（法句經原本第十二章第百八十三偈）也。法華玄義二、亦有「七佛通戒偈云。諸惡莫作云云。」

【七佛讚唄伽陀】（經名）一卷、趙宋法天譯。讚過去七佛及彌勒並有迴向結讚、皆梵語也。

【七佛父母姓字經】（經名）一卷、失譯。增一阿含十不善品之別譯也。

【七佛名號功德經】（經名）受持七佛名號所生功德經之略名。

【七佛所說神咒經】（經名）七佛八菩薩所說大陀羅尼神咒經之略名。

【七佛藥師五壇修法】（修法）七佛

藥師法與五壇之修法也。五壇之修法者、設五壇場中壇祀大聖不動明王、南方祀軍荼利明王、北方祀金剛夜叉明王、東方祀降三世明王、西方祀大威德明王祈禱之修法也。

【七佛八菩薩所說大陀羅尼神咒經】（經名）四卷、晉代失譯。說七佛八菩薩各神咒。

【七佛俱胝佛母心大准提陀羅尼法】（經名）一卷、唐善無畏譯。七俱胝佛母尊之儀軌也。

【七戒經】（經名）七佛之略戒經也。附於四分律戒本之後。戒本後偈曰、「七佛爲世尊、滅除諸結使、說此七戒經、諸縛得解脫。」

【七災難】（名數）見七難條。

【七見二疑二無明】（名數）十一遍行也。

【七知】（名數）在涅槃會上、住於大乘知七善法、具足梵行也。一知法、知十二部經能詮之法。二知義、知經中一切文字語言所詮之義理。三知時、知可修寂靜、精進、捨定、供養佛師、布施、忍辱、般若等之時。四知足、於飲食衣藥行住坐臥、知止足。五知自、知悉自己之戒、多聞、慧、正念、善行等。六知衆、知分別刹利、婆羅門、居士、沙門之衆而爲應機之說法問答。七知尊卑、知人尊卑、知信者不信者之別。又知自度他度之尊卑。

【七知經】（經名）一卷、吳支謙譯。知法知義等也。與中阿含善法經同本。

【七治】（術語）七羯磨之治罰法、謂之七治。行事鈔上三曰、「此七治法、實爲良藥。持於正法、讁罰惡人、佛法再興、福流長世。」見七羯磨條。

【七宗】（名數）律、法相、三論、華嚴、天台、眞言、禪之七宗也。是於八宗中除俱舍成實加禪宗者。元亨釋書諸宗志舉此七宗。

【七空】（名數）見空條。

【七使】（名數）一欲愛、欲界之貪欲也。二恚瞋、恚也。三有愛、色界無色界之貪欲也。四慢、慢煩惱也。五無明、痴惑也。六見、五邪見也。七疑、疑四諦之理也。見輔行六。

【七金山】（雜語）圍繞須彌山之七重金山也。見九山八海條。

【七返生】（雜語）言預流果之聖者。見極七返條。

【七步蛇】（動物）有毒蛇、人爲所螫、行七步必死、故曰七步蛇。婆沙論四十六曰、「爲七步毒蛇所螫、大種力故能行七步、毒勢力故不至第八。」

【七卷章】（書名）慈恩之法苑義林章有七卷、故別稱爲七卷章。

【七事隨身】（名數）常持者。三衣、鉢、香合、拂子、尼師壇、紙被、浴具也。見諸乘法數。

【七事斷滅宗】（流派）外道十六宗

之一言人死後皆斷滅七事也。見斷見條。

【七陀羅尼】（名數）七種之陀羅尼也。爲尊勝陀羅尼、寶篋印陀羅尼、大悲陀羅尼、光明眞言陀羅尼、隨求陀羅尼、衆陀羅尼、十甘露陀羅尼。

【七周行慈】（術語）五停心觀中第二爲慈悲觀。是使多瞋之衆生修慈悲而對治瞋毒也。而行之之境分爲七種、以三樂與之。是曰七周行慈。周者周遍於怨親周遍平等也。又周遍而行之也。七境者、一上品之親、二中品之親、三下品之親、四中人非寃親、五下品之寃、六中品之寃、七上品之寃也。三樂者、上樂中樂下樂也。如是之境分七種。向其境運與樂之念也。其中向上親與上樂最易故以之爲最初。

【七周滅緣】（術語）詳見滅緣滅行條。

【七法不可避】（名數）一生不可避、依善惡之業因苦樂之生不可避。二老不可避、生者不可避老。三病不可避、生者不可避病。四死不可避、生者不可避死。五罪不可避、有罪業則惡道之苦果不可避。六福不可避、有善業則善道之樂果不可避。七因緣不可避、如是之因和於如是之緣、生吉凶禍福貧富壽夭、是法爾之道理不可避。見法苑珠林六十九。

【七法財】（名數）財者、謂信等七種出世法財也。若一切衆生行此七法、資成道果、故謂之財。一信財、謂信能決定受持正法、以爲佛道之糧。二進財、謂未能見眞諦理、而一心精進求出世道、以爲成佛之資。三戒財、謂戒爲解脫之本、能止防身口意之惡非、以爲成佛之資。四慚愧財、慚者慚天、愧者愧人。謂既能慚愧則不造諸惡業、以爲成佛之資。五聞財、聞爲三慧之首。聞必能思。思必能修。若能聞佛聲敎、則開發妙解、如說而行、以爲成佛之資。六捨財。捨卽捨施。謂若能運平等心無憎愛想、身命資財、隨求給施、無所悋惜、以爲成佛之資。七定慧財。定慧卽止觀也。定則攝心不散、止諸妄念。慧則照了諸法、破諸邪見。以爲成佛之資。見止持會集音義。參照七聖財條。

【七星】（名數）北斗之七星也。見北斗條。

【七星如意輪秘密要經】（經名）一卷。唐不空譯。造般多羅道塲、中央安置如意輪王菩薩、周圍安置七星之像、及訶利低毋、禳災之法也。

【七星如意輪觀音】（菩薩）如意輪觀音爲本尊、七星爲眷屬、故名。卽如意輪王菩薩也。見七星如意輪秘密要經。

【七垢】（名數）一欲垢、二見垢、三疑垢、四慢垢、五憍垢、六隨眠垢、七慳垢。隨眠者、煩惱之異名也。煩惱隨逐於人、使人之心性昏昧、猶如睡眠、故云隨眠。此七法能垢染心道、故名爲總垢。見瑜伽論十四。

【七毘尼】（術語）七滅諍也。南山戒疏一上曰「以七毘尼用殄四諍」

【七重行樹】（雜名）極樂國土之寶樹也。行列七重、故曰七重之行樹。阿彌陀經曰「極樂國土。七重欄楯。七重羅網。七重行樹。皆是七寶周帀圍繞」

【七科道品】（雜名）三十七之助道品分七種、謂之七科道品。見三十七道品條。

【七珍萬寶】（雜名）七珍者、七種可珍重之寶也。與所謂七寶同。萬寶者、指一切之財寶而言。

【七逆】（名數）梵網經所說、一出佛身血、二殺父、三殺母、四殺和尚、五殺阿闍梨、六破羯磨轉法輪僧、七殺聖人。見梵網經下。輔行二曰「言五逆者。謂殺父殺母殺阿羅漢破僧出血。（中略）若大乘中加殺和尚殺阿闍梨以爲七逆。」

【七逆罪】（名數）見前項。

【七祖】（名數）華嚴宗禪宗有七祖。日本淨土眞宗亦有七祖。

【華嚴宗七祖】（名數）第一馬鳴菩薩、第二龍樹菩薩、第三支那之元祖帝心尊者杜順、第四雲華尊者智儼、第五賢首大師法藏、第六清涼大師澄觀、第七圭峯大師宗密也。此七祖宋淨源奉勅記之。見八宗綱要。

【禪宗七祖】（名數）傳燈錄謂初祖達磨至六祖慧能、以法及衣相傳、自七祖以後不傳衣。又荷澤神會禪師於天寶四載入京著顯宗記、以訂兩宗、南能頓宗、北秀漸宗。師嗣六祖禪宗推爲七祖。杜甫詩曰門求七祖禪。

【日本所謂淨土眞宗七祖】（名數）第一祖龍樹菩薩、第二祖天親菩薩、第三祖梁曇鸞和尚、第四祖唐道綽禪師、第五祖唐善導大師、第六祖橫川之源信和尚、第七祖黑谷之源空上人也。此七祖爲日本眞宗開祖見眞大師所自定。見正信偈。

【七祖四師】（名數）華嚴宗之相承也。見七祖及四師條。

【七祖相承】（術語）淨土眞宗之相承也。見七祖條。

【七祖聖敎】（書名）三卷、集淨土眞宗七祖所撰述之論疏、名爲七祖聖敎。

【七財】（名數）見七法財七聖財條。

【七海】（名數）八海之中除鹹海、寄歸傳四曰「殊因類七海而無窮」

【七流】（名數）見思之二惑使衆生漂流而流轉。華嚴孔目章說七流、一見諦所滅流、初果之人見眞諦而斷欲界之見惑。二修道所滅流、二果三果之人修四諦之觀而斷欲界之見惑。三遠離所滅流、第四果之人修四諦之觀、斷盡見思之惑而無餘。四數事所滅流、第四果之人、視五蘊十二入十八界等數事之法爲空寂。五捨所滅事、第四果之人以數事爲空、所空之法既無、則能空之心亦捨、能所兩亡、無憎無愛、則一味平等。六護所滅流、第四果之人、見思之惑盡而證無學。恐已於所證有退失、善加守護、使見思之習氣不再起。七制伏所流、第四果之人、見思之惑縛已斷、色身之果縛猶有之、故制伏見思之習氣而不使起。

【七俱胝】（菩薩）七俱胝佛母尊也。

【七躬醫王】（佛名）七佛藥師也。

【七俱胝佛母尊】（菩薩）准提觀音之異名也。胎藏界曼荼羅第二佛母院七尊中之一。俱胝者七億也、釋迦如來在給孤獨園入准提三摩地、說過去七億佛所說之准提陀羅尼、故約過去佛之所說、謂之七俱胝。約陀羅尼之主、謂之准提。是爲蓮華部之母、（諸佛有部母與部主）司生蓮華部諸尊功德之德。故名佛母尊。白黃色、十八臂、遍身有白色輕羅錦之文。七俱胝佛母所說准提陀羅尼經曰：「懸念未來薄福惡業衆生、故即入准提三摩地、說過去七俱胝佛所說陀羅尼。」梵 Saptakoṭibuddha-mātṛ

【尊形】（圖像）金剛智儀軌曰：「其像作黃白色、種種莊嚴其身、腰下着白衣、衣上有花文、身着輕羅綽袖之天衣、以綬帶繫腰、朝霞絡身、其手腕以白螺爲釧。其臂上之釧七寶莊嚴、一一手上著指環、都十八臂。面有三目、上二手作說法之相、右第二手施無畏、第三手劍、第四手數珠、第五手微若布羅迦果（名曰子滿果）第六手鉞斧、第七手鉤、第八手拔折羅、第九手寶鬘。左第二手如意寶幢、第三手蓮華、第四手澡罐、第五手索、第六手輪、第七手螺、第八手賢瓶、第九手般若波羅蜜經夾也。」

【經軌】（經名）佛說七俱胝佛母准提大明陀羅尼經一卷、金剛智譯、稱爲金剛智儀軌。七俱胝佛母所說准提陀羅尼經一卷、不空譯、稱爲不空儀軌。佛說七俱胝佛母心大准提陀羅尼經一卷、地婆訶羅譯。七佛俱胝佛母心大准提陀羅尼法一卷、善無畏譯。七俱胝獨部法一卷、善無畏譯。

【七條】（衣服）七條之袈裟也。

【七條衣】（衣服）七條之袈裟也。

【七條袈裟】（衣服）三衣中之中衣也。梵名鬱多羅僧。Uttarāsaṅga 譯爲上着衣。計其條數、謂之七條。見鬱多羅僧條。

【七情】（名數）喜、怒、哀、樂、愛、惡、欲之稱。

【七處善】（術語）觀法之名。一觀色爲苦、二觀色爲集、三觀色爲滅、四觀色爲道、五觀色爲愛味、六觀色爲過患、七觀色爲出離。前四種觀色之四諦、色愛味之言、重觀色之集、色過患之言、重觀色之苦、色出離之言、重觀色之滅諦。如是受想行識各七、故爲三十五也。不過七、故但曰七處善。見婆沙論百八十三、倶舍光記二十三。

【七處八會】（術語）六十卷之華嚴經七處八會之說也。見華嚴經條。

【七處九會】（術語）八十卷華嚴經、七處九會之說也。見華嚴經條。

【七處平滿相】（術語）如來三十二相之一。兩足下、兩手、兩肩及頂中之七處皆平滿端正也。

【七眞如】（名數）見眞如條。

【七深信】（術語）善導之散善義以深心爲深信之心。信相有二種而列七種。日本親鸞名爲七信機之深信、法之深心（以上二種深信）觀經之深信、彌陀經之深信、唯信佛語之深信、此經之深信、建立自心之深信也。其中除此經之深信、其他冠決定之字、謂之六決定。

【七莎髻】（雜名）見莎髻條。

【七淨華】（譬喩）見七華條。

【七常住果】（名數）楞伽經四明七種之常住法。一菩提、二涅槃、三眞如、四佛性、五菴摩羅識、六空如來藏、七大圓鏡智也。此法在修謂之因、在證謂之果。

【七莖蓮華】（本生）見然燈佛條。

【七善】（名數）佛所說大小乘之經典、具七善、故曰正法。成實論三善品曰「佛自讚言我所說法初中後善、義善、語善、獨法、具足、清淨調柔、隨順梵行」。就論解之、一時善、一部初中後三時之所說、皆甚深也。二義善、佛法之義、深有利益、得今世後世及出世之道利也。三語善、隨方俗之語而能示正義也。四獨法、但爲無餘說之也。五具足、佛之所說以一經一偈、而諸法具足圓滿、不待餘經而成也。六清淨調柔、語清淨、故曰清淨、義清淨、故曰調柔。七梵行、梵者以涅槃而名。此道能至涅槃、故名梵行。又涅槃經名字功德品曰「佛告迦葉、此經名爲大般涅槃。上語亦善、中語亦善、下語亦善、義味深邃、其文亦善、純備具足、清淨梵行、金剛寶藏滿足無缺」章安疏解之、一語善、二義善、三文善、四獨一善（純備具足）五行善（清淨）六慈善（梵行）七備具善（金剛寶藏滿足無缺）又法華經序品曰「演說正法、初善中善後善。其義深遠、其語巧妙、純一無雜、具足淸白梵行之相」。天台文句解之、一時節善、序正流通三時皆善也。二義善、三語善、四獨一善、言純一無雜也。五圓滿善、言具足也。六調柔善、言淸白也。以淸白之善法、其性調柔故也。七慈悲善、梵行即具無緣之慈悲也。此七善之義雖通大小乘經、而其法體則隨經而有差別。如小乘經解獨一爲無餘涅槃、法華經解爲圓頓一乘法。

【七善士趣】（術語）不還之聖者。有

生般中般上流般三種。此三般又各有三種之別、謂之九種不還。見九種不還條。此中上流般之三種不分開之。總爲一上流般、合前之六種、謂之七善士趣。其所以不別立之者。婆沙論一百十五謂中生之二種、各爲一生中之差別。行相難知、故分之。上流般各受多生、其行易知、故不分之。其所以名之爲善士趣者。趣、是行之義。其餘有學、或行善、或行不善、唯此七種之不還、有行善而無行不善者。且但行往上地而無還來。故特名爲善士趣。見倶舍論二十四頌。

【七華】（譬喩）　譬七覺支也。維摩經佛道品偈曰、「無漏法林樹。覺意淨妙華。解脫智慧果。」同註曰、「生曰。七覺以開悟爲道。無染爲淨華之法者也。」同天台疏曰、「覺意即七覺支。七覺支調停生眞智因華。故智論云。無漏實覺。此七能到。故以爲華。」図七種淨也。」同偈曰、「八解之浴池。定水湛然滿。布以七淨華。浴此無垢人。」同什註曰、「一戒淨、（心口所作淸淨）二心淨、（斷煩惱心淸淨）三見淨、（見法眞性不起妄想）四度疑淨、（眞見深斷疑）五分別道淨（分別是道非道）六行斷知見淨（知見所行善法與所斷惡法而淸淨分明）七涅槃淨、（證得涅槃遠離諸垢）」

【七華八裂】（雜語）　裂破而爲七或爲八也。

【七衆】（名數）　一比丘、Bhikṣu　二比丘尼、Bhikṣuṇī　是男女之受具足戒者。三式叉摩那、Śikṣamāṇā　沙彌尼之學六法者。四沙彌、Śrāmaṇera　五沙彌尼、Śrāmaṇerikā　男女之受小戒者。六優婆塞、Upāsaka　七優婆夷、Upāsikā　男女之受五戒者。此中上五衆出家。下二衆在家。是諸經論通說之七衆也。天台於戒疏之中依十誦律建立九衆。第六爲出家男。第七爲出家女。是受齋戒之男女也。第八第九爲優婆塞優婆夷。此中取式叉摩那已下名爲下之七衆。」參照九衆條。

【七衆溺水】（名數）　第一人入水則溺。不習浮入水故、溺水者生死之河水也、譬一闡提。第二人雖沒還出、出已還沒。譬人天乘之將進而退者。第三人沒已即出、出更不沒。譬內凡之人、內凡者煖頂忍世第一法之四善根也、永不墮於三惡。第四人入已便沒沒已還出、出已即住、遍觀四方。譬四果之人。第五人入已即沒、沒已還出、出已即住、住已觀方、觀已即去。譬緣覺人。第六人入已即去、淺處則住。譬菩薩。第七人既到彼岸、登上大山、無復恐怖、離諸寃賊、受大悅樂。譬佛。見涅槃經三十二。図一常沒、入水則沒。譬一闡提、常墮於惡道。二暫出還沒。（人天）三出已則往。（內凡）四出已遍觀四方、（聲聞）四方者四諦也。五遍觀已行、（緣覺）越聲聞而行於緣覺也。六行已復往、(菩薩)七水陸俱行。(佛)見涅槃經三十六。

【七喩】(名數)法華經之七喩也。見譬喩條。

【七最勝】(名數)一切布施等之行、不得悉名爲波羅密多。必具最勝、方成波羅密多也。一安住最勝安住於菩薩之種性也。二依止最勝依止於大菩提心也。三意果最勝悲愍一切之有情也。四事業最勝、具行一切之事業不限於一行也。五巧便最勝、住於無相智了達一切法如幻而離執着也。六迴向最勝、迴向於無上菩提也。七清淨最勝、不爲煩惱所知之二障所間雜也。見唯識論九。

【七筆勾】(術語)詳見一筆勾條。

【七滅諍】(名數)比丘具足戒八篇之第八爲滅比丘諍論之戒律也。比丘之諍有四事。一言諍、此由談論法相是非而起之諍也。二覓諍、求覓比丘所犯之罪而起之諍也。三犯諍、緣比丘犯罪之虛實輕重而起之諍也。四事諍、依他行羯磨之事或云如法或云不如法之諍也。滅已上四諍、有七種之毘尼、應用此七種之毘尼可滅之也。一現前毘尼 Sammukhavinaya 或使雙方對決於現前、或於現前引證三藏之教法而決之、或於現前引證戒律之制條而決之。二憶念毘尼、Smṛtivinaya 使餘人憶念陳述依是決當人之犯不犯。三不痴毘尼 Amūḍhavinaya 有比丘時發癲狂病而犯衆罪、說戒之時、此人若來、彼果有病、雖造過而差後證知不造、則於彼與以不痴羯磨而得加於說戒之僧數。四自言毘尼、Tatsvabhavaisiya 比丘犯罪、不以威力制之、但使彼自吐露其罪而決之。五多語毘尼、Pratijñākāraka 僧中之諍論長而不息時、則或顯露、或秘密行籌而決其是非於多數。六罪處所毘尼、Yadbhūyasikiya 比丘犯罪、彼妄語以重爲輕、不自首本罪、則衆僧以白四之羯磨治罰彼本罪、待彼伏首本罪、復解之。七草覆地毘尼、Tṛṇastāraka 若彼此二衆共諍不止、則會二衆、由其中各出一上座、各陳滅諍之言而息其諍。法藥如草、諍論如泥、今以此法藥而止諍論如草之覆泥地、故云草覆地。見戒疏行宗記四下。

【七葉巖】(地名)在王舍城之側、有七葉樹生於巖窟之上、故名。第一五百結集之窟也。毘婆尸佛經下曰「王舍城七葉巖」。長阿含經七曰「佛在羅閱城毘訶羅山七葉樹窟」。參照五山條。

【七菩提分】(名數)見七覺支條。

【七菩提寶】(雜語)七菩提分爲聖道之至極、故稱爲寶。見大日經。

【七無上道】(名數)與七種無上同。見七種無上條。

【七經】(名數)淨土之七經也。

【七聖】（名數）俱舍論說七賢七聖。見七賢條。

【七聖財】（名數）見道以後之聖者、分七種。諸經所說少異。寶積經四十二曰「云何聖財。謂信（信受正法）、戒（持法律）、聞（能聞正教）、慚（自分有慚）、愧（於人有愧）、捨（捨離一切而無染着）、慧（智慧照事理）。如是等法。是謂七聖財。彼諸衆生不護此故。名極貧窮。」涅槃經十七曰、「有七聖財。所謂信戒慚愧多聞智慧捨離。故故名聖人。」二卷法句經上曰、「信財戒財、慚愧亦財、聞財施財、慧爲七財。」維摩經佛道品曰、「富有七財寶。教授以滋息。」報恩經謂人生世間。禍福從口生。當護於口。甚於猛火。猛火能燒一世。惡口能燒無數世。猛火燒世間財。惡口燒七聖財。口舌皆鑿身之斧也。七聖財謂一信、二精進、三戒、四慚愧、五聞捨、六忍辱、七定慧。七者能資用成佛。故名。參照七法財條。梵 Saptadhana

【七微】（術語）依一切有部宗所說、則雖欲界之有形質中最爲單簡者、亦稱爲八事俱生、隨一不滅、能造之地水火風四大與所造之色香味觸四境互相和融而成一微體。此八事不得更爲分離、是爲色聚之最極者、故名之爲微聚。又曰極微。此極微六方、中心與七微聚集、而始爲天眼等之所見。謂之阿菟色 Anu 又曰阿拏色。又曰阿耨。譯言微。此非至極微。則不與以極之名。但是眼可見之色之極少者、又分析之色之細極者、則亦曰極微。大日經疏一曰、「梵云阿耨。即是七微合成。於從緣生色最爲微小。」唯識了義燈二本曰、「有宗云。以七極微成一拏色。」俱舍光記十二曰、「七極微爲一微量。微顯細聚。梵云阿菟。此名微。眼見色中最微細也。」見極微條。

【七種人】（名數）見七乘溺水條。

【七種衣】（名數）一毛、二芻摩迦、此方所無。三奢搦迦。此方所無。四羯播死迦。白氎也。五獨孤洛迦、紵布也。六高詀薄迦、是上毛緂。此方所無。七阿般闌得迦。是北方地名。彼處有此衣。又有名釋者、是絁絹之衣耳。見有部毘奈耶十八。

【七種般】（名數）又名七種不還、七種那含。見不還果條。

【七種食】（雜語）眼以眠爲食、耳以聲爲食、鼻以香爲食、舌以味爲食、身以細滑爲食、意以法爲食、涅槃以不放逸爲食。

【七種語】（名數）佛有七種之語。一因語。於現在之因中說未來之果也。如說此人樂殺。爲地獄之人是也。二果語、於現在之果中說過去之因也。如見貧窮之衆生顏貌醜陋、說此人定爲破戒妬心瞋心之人是也。三因果語。於一事說因說果也。如說現在之六人爲過去之果、又爲未來之因是也。四喩語、如說如來爲師子王是也。五不應說語、如爲波斯匿王說四方山來、爲鹿母優婆夷說沙羅樹能受八戒故受人天之樂是也。六世流布語、如順世間流布之語說我人瓶衣等之語是也。七如意語、如說一切衆生悉有佛性也。見涅槃經二十五。

【七種聖】（名數）與七聖同。見七賢條。

【七種辯】（名數）菩薩得七種之辯。一捷疾辯、於一切之法無礙故。二利辯、有人雖能捷疾而不能深入、以能深入乃名爲利。三不盡辯、此以利辯說諸法實相無邊無盡也。四不可斷辯、於般若之中無諸戲論、故能無間難之離間者、卽名爲不可斷辯。五隨應辯、能斷法愛、故隨衆生之所應而說之也。六義辯、爲說趣於涅槃之利益事也。七一切世間最上辯、說一切世間第一之事、所謂大乘也。見智度論五十五。

【七種慢】（名數）見慢條。

【七種二諦】（術語）天台有眞俗二諦、藏通別圓四敎之四種與別接通、圓接通、圓接別三種也。

【七種不淨】（名數）於自他之身分起貪著、妨正道、故爲此七種想破著心也。一、種子不淨、煩惱業因之內種、父母遺體之外種、皆爲不淨。二、受生不淨、父母交媾赤白和合之不淨。三、住處不淨、於不淨之女體胎處十月者。四、食噉不淨、胎中食母血之不淨。五、初生不淨、言十月滿足初生時之腥穢狼籍。六、舉體不淨、薄皮之下皆爲穢物。七、究竟不淨、業盡報終、捐棄於塚間之不淨流溢。

【七種不還】（名數）又名七種那含、七種般、見不還果條。

【七種布施】（名數）見布施條。

【七種立題】（術語）天台謂一切之經題不出於人法譬之三者、而有單複具足之不同、總爲七種。

單三
- 人——佛說阿彌陀經等
- 法——涅槃經等
- 譬——梵網經等

複三
- 人法——文殊問般若經等
- 法譬——妙法蓮華經等
- 人譬——如來師子吼經等

具足一——人法譬——大方廣佛華嚴經等

【七種生死】（名數）見生死條。

【七種那含】（名數）又曰七種不還、七種般。見不還果條。

【七種無上】（名數）如來有七種之無上。一身無上、具三十二相八十種好也。二道無上、以慈悲之道利一切之衆生也。三見無上、以正戒正見正命成就其身也。四智無上、具四無礙智也。五神力無上、如來神通之力不可思議也。六斷障無上、斷惑業苦之三障也。七住無上、住於大寂滅定也。見菩薩地持經三。梵 Sapta-anitya

【七種無常】（名數）楞伽經四謂「一切外道有七種無常、非我法也。一作捨無常、四大造色作已而捨、以爲無常。二處壞無常、處者形處、卽諸色形狀、彼意四大及造色畢竟不壞、但觀形狀長短等壞滅、以爲無常。三色卽無常、第二外道見形處變壞、以爲無常、今言形色卽爲無常、佛破其言曰是卽前之處無常也。四轉變無常、以四大及造色爲常住、惟以色相轉變爲無常、譬如器具轉變而金性不變也。五性無常、彼計有無常之性、此性雖不壞而能壞一切法、使之無常、猶杖破瓦石壞諸物而自體不壞也。六性無性無常、四大之性、皆無自性、能造及所造之相皆變壞、是無常也。七不生無常、一切之法本來不生、不生卽無常也。佛破其言曰不生尙無、何有生滅、名爲無常、實不成無尙也。」梵Sapta-anitya

【七種禮佛】（名數）勒那三藏Ratnamati對於北方之俗不習禮佛、教以七種禮佛。混是非淺深、皆教人心之我慢、使歸於正法也。一我慢禮、身雖設拜、然無敬心、外觀似恭而內懷我慢也。二求名禮、欲得修行之名譽、詐現威儀、常行禮拜、口稱佛名而心實馳求外境也。三身心禮、口唱佛名、心存相好、身業翹勤、恭敬供養而無異念也。四智淨禮、慧心明利、達於佛之境界、內外清淨、虛通無礙也。禮一佛時卽是禮一切諸佛、諸佛之法身本來融通、故一拜之禮、偏通法界也。五徧入法界禮、自己身心等之法、不離本來法界、諸佛不離我心、我心不離諸佛、性相平等、原無增減、禮一佛則通於諸佛也。六正觀修誠禮、雖攝心正念對於佛身而自禮自身之佛也。以一切衆生皆有覺性、與佛平等也。隨於染緣、有迷己性、妄認爲惡、明知此理、則得解脫。七實相平等禮、前正觀中仍存有禮有觀、自他兩異。今此一禮、自無他、無凡聖一如、體用不二也。法苑珠林二十曰、「有西國三藏、厥號勒那、視此下凡居在邊鄙、不閑禮儀、情同猴馬。悲心內溢、爲翻七種禮法、（中略）從麤至細、對麤爲邪、對細爲正、故階級有七。意存後三也云云」

【七種阿羅漢】（名數）六種阿羅漢中不動阿羅漢、別爲不動阿羅漢與不退阿羅漢之稱。

【七種懺悔心】（名數）欲爲懺悔時、當起之七種心也。一生大慚愧心。我與釋迦如來同爲凡夫、今世尊成道以來、已經劫數、我猶輪轉生死、無有出期、以此爲慚愧也。二恐怖心。我等凡夫身口意之業、常與罪相應、以此因緣命終之後、應墮於地獄畜生餓鬼、受無量之苦、以此爲恐怖也。三厭離心。我等於生死之中虛假不實、如水上之泡、速起速滅、往來流轉、猶如車輪、此身爲衆苦所集、一切皆不淨、以此爲厭離也。四發菩提心。欲得如來之身者、當發菩提心、救度衆生、身命財無所悋惜也。五寃親平等心、於一切衆生、無寃無親、起慈悲、無彼我之相、平等救度、以此心爲懺也。六念報佛恩心、如來往昔在無量劫中爲我等故修諸苦行、如此恩德實難酬報、須於此世勇猛精進、不惜身命、廣度衆生入於正覺、以此爲念也。七觀罪性空、罪性本空、無有實體、但從因緣顛倒而生、可知罪之性、非內、非外、非中間、本來爲空、故罪亦無有以此爲觀也。

【七塵】（譬喩）色等之六境、謂之六塵。塵法極於六、無第七塵、故喩無法爲七塵。楞嚴經一曰、「若無有體而合者、則十九界因七塵合。」

【七境三樂】（名數）七周行慈之法門也。見七周行慈條。

【七夢】（傳說）阿難之七夢、見夢條。

【七夢經】（經名）阿難七夢經之略名。

【七慢】（名數）見慢條。

【七勝事】（雜語）如來勝於他衆生之七種也。身勝、法住勝、智勝、具足勝、行處勝不可思議勝、解脫勝是也。

【七僧】（名數）英俊記曰、「一咒願師、二導師、三唄師、四散花師、五梵音師、六錫杖師、七堂達。」捨芥鈔五曰、「一講師、二讀師、三咒願師、四三禮師、五唄師、六散華師、七堂達。」

【七僧齋】（術語）西國之法、有以錢財或莊田寄附寺院、限七僧常供齋食者、謂之七僧齋。俱舍光記十八曰、「有檀越布施錢財或莊田等。白衆僧言、從今已去、日別爲我設七僧齋。」

【七僧法會】（行事）請咒願師等七僧之大法會也。

【七聚】（術語）戒律之七聚也。見五篇及篇聚二條。

【七聚戒】（術語）與前項同。

【七等覺支】（名數）見七覺支條。

【七趣】（名數）一地獄趣 Naraka-gati 二餓鬼趣 Preta—三畜生趣 Tiryagyoni—四人趣 Manuṣya—五神仙趣 Ṛṣi—六天趣 Deva—七阿修羅趣 Asura—也。楞嚴經九曰、「如是地獄餓鬼畜生人及神仙天洎修羅、精研七趣、皆是昏沈諸有爲相、妄想受生、妄想隨業。」

【七篇】（術語）戒之七聚、又曰七篇。寄歸傳一曰、「局提法衆、遂廣彰守七篇。」

【七遮罪】（術語）大乘之七逆也。犯此七逆之一者、遮之不使受菩薩戒、故名遮罪。梵網經下曰、「二師應問言、汝有七遮罪否。若現身有七遮罪者、師不應與受戒。」

【七羯磨】（名數）治罰比丘之七種

作法。一訶責、二擯出、三依止、四不至白家、五不見擧、六不懺擧、七惡見不捨擧也。後三者謂之三擧。擧棄於僧外也。見行事鈔上二。巴 Kammavācā

【七摩怛里】（名數）Mātṛ 閻羅王有七姊妹稱爲七母。梵曰摩怛里。大日經疏五曰「七摩怛里。此譯云七母。皆女鬼也。」大日經義釋七曰「凡有七姊妹也。一名左問拏。二名嬌吠哩。三名吠瑟拏微。四名嬌麼哩。五名印捺哩。六名勞捺哩。七名末羅呬弭。此七名皆是眞言。今云莽怛哩毘藥則七母通名也。」

【七曇】（術語）與悉曇同。見悉曇條。

【七壇炎魔天天供】（修法）設七處壇場供養閻魔王之法會也。

【七隨眠】（名數）見睡眠條。

【七聲】（術語）蘇漫多聲之七轉聲也。又曰七例句。見七轉九例條。

【七聲覺】（名數）七覺支也。涅槃經十一曰「有七聖覺故名聖人」見七覺支條。

【七賢】（名數）又曰七方便位。亦曰七加行位。小乘見道以前之修行位也。總稱見道以前爲賢位。見道以後爲聖位。賢位中有七位。一五停心觀、二別相念住、三總相念住。謂之三賢位。四煖法、五頂法、六忍法、七世第一法。謂之四善根。此中有通別二名。通者皆稱爲七賢。皆稱爲加行位。別者前三位爲三賢。後四位爲四善根。或四加行位。今則對於後之七聖位。而總稱七位爲七賢位。見四善根條。因有大乘之七賢。仁王經天台疏上曰「一初發心人、二有相行人、三無相行人、四方便行人、五習種性人、六性種性人、七道種性人。俱在地前調心順道。名爲七賢。」

【七賢七聖】（名數）是小乘俱舍宗所立賢聖之數也。七賢如前、七聖者俱舍論、四教儀之目也。華嚴孔目章謂之七士夫、七大夫、七聖人。聖者正也。以正智照見眞理。故名見道以上者是也。差別其聖者之位次。有八聖、四向四果是也。今由利鈍之根性差別其聖者。則爲七聖。一隨信行、二隨法行、三信解、四見至、五身證、六慧解脫、七俱解脫。俱舍論二十五曰「學無學位有七聖者。一切聖者皆此中攝。一隨信行。二隨法行。三信解。四見至。五身證。六慧解脫。七俱解脫。」四教儀三曰「七聖位者。一隨信行。二隨法行。三信解。四見得。五身證。六時解脫羅漢。七不時解脫羅漢。」止觀三下曰「若析法入空有無二門所斷三道。如毘曇所明七賢七聖四沙門果。成論所明二十七賢聖等差別位次。」大乘義章十七本曰「或分十四。如毘曇說。見諦道前說七方便。（七賢）見諦道中信行法行。修道位中有信解脫及與見到。通前十一。阿那含中得滅定者名爲身證。通前十二。

無學位中說慧解脫及俱解脫通前十四。」（七聖）

【七曜】（名數）日月與火水木金土五星也。宿曜經上曰「夫七曜日月五星也。其精上曜於天。其神下直於人。所以司善惡而主理吉凶也。其行一日一易。七日一周。周而復始。」宿曜經下列胡國波斯語天竺語之名。日曜太陽、胡名蜜 Mihr 波斯名曜森勿 Yek sumbad 天竺名阿彌底耶(二合) Aditya 月曜大陰、胡名莫 Mah 波斯名婁禍森勿 Douh sumbad 天竺名蘇摩 Soma 火曜熒惑、胡名雲漢 Vahrām 波斯名勢森勿 Seh sumbad 天竺名盎哦囉迦 Aṅgāraka 水曜辰星、胡名咥 Tir 波斯名掣森勿 Chehar sumbad 天竺名部陀 Bubha 木曜歲星、胡名鶻勿 Hur muzd 波斯名本森勿 Penj sumbad 天竺名勿哩訶娑跛底 Bshaspati 金曜太白、胡名那歇 Nahid 波斯名數森勿 Shesh sumbad 天竺名戍羯羅 Sukra 土曜鎭星、胡名枳院 Kevān 波斯名翕森勿 Haft sumbad 天竺名賒乃以室折羅 Sanaiścara

【七曜供】（修法）祭供七曜之法也。有七曜攘災決一卷、七曜星辰別行法一卷。

【七轉識】（語語）八識中末那識已下之七識、為自第八識轉生之識、故對於第八識而謂之七轉識。

【七轉九例】（術語）七轉、又曰七聲、亦曰七例。依語尾之變化知體業等之差別者謂之蘇漫多聲 Sub-anta(名詞)九例、又名二九韻丁彥多聲 Tiṅ-anta(動詞)十八種之變化也。見蘇槃多條。

【七轉第八互為因果】（術語）種子生現行、現行薰種子之法相也。見種子條。

【七識】（術語）八識中之第七識也、名末那識。見末那識條。

【七識住】（術語）見識住條。

【七證】（名數）七證師也。

【七證師】（名數）受具足戒時之七個證明師也。見三師七證條。

【七寶】（名數）諸經論所說少異。法華經受記品曰、「金、銀、瑠璃、硨磲、碼磠、眞珠、玫瑰七寶合成。」無量壽經上就樹說七寶、「金、銀、瑠璃、玻瓈、珊瑚、碼磠、硨磲。」智度論十曰、「有七種寶。金、銀、毘琉璃、頗梨、車渠、馬瑙、赤眞珠。(此珠極貴非珊瑚也)」阿彌陀經曰「亦以金 Suvarṇa 銀 Rūpya 瑠璃 Vaidūrya 玻瓈 Sphaṭika 硨磲 Musāragalva 赤珠 Rohita-mukta 碼磠 Aśmagarbha 而嚴飾之」般若經以金、銀、瑠璃、硨磲、瑪瑙、虎珀、珊瑚、為七寶。

【七寶塔】（雜名）即所謂多寶塔也。法華經見寶塔品曰、「爾時佛前有七寶塔。高五百由旬、縱橫二百五十由旬。從地涌出。

住在空中。（中略）爾時寶塔中出大音聲。歎言善哉善哉。釋迦牟尼世尊能以平等大慧。教菩薩法。佛所護念妙法華經。爲大衆說。」

【七寶華】（雜名）七寶所成之華也。無量壽經下曰、「得生無量壽國。於七寶華中自然化生。」

【七寶經】（經名）輪王七寶經之異名。

【七寶獄】（譬喻）疑惑佛智、以自力之善本胎生於西方極樂之邊地懈慢界者、五百歲間。不見三寶、不能得法樂、故譬之繫於七寶所成之牢獄也。無量壽經下曰、「譬如轉輪聖王別有七寶宮室。種種莊嚴。張設牀帳。懸諸繒幡。若有諸王子。得罪於王。輒內彼宮中。繫以金鎖。供給飲食衣服牀褥華香妓樂。如轉輪王。無所乏少。於意云何。此諸王子寧樂彼處不。」

【七寶樹林】（雜名）淨土莊嚴中、七寶合成之園林也。

【七覺】（名數）見七覺分條。

【七覺支】（名數）見七覺分條。

【七覺分】（名數）又曰七菩提分、七覺支。俱舍論謂之七等覺支。七科道品中之第六也。覺有覺了覺察之義。此爲使定慧均等之法。故名等覺。覺法分七種。故曰支或曰分。一擇法覺支、以智慧簡擇法之眞僞。二精進覺支、以勇猛之心。離邪行行眞法。三喜覺支、心得善法卽生歡喜。四輕安覺支、止觀及法界次第名爲除覺分。斷除身心麤重、使身心輕利安適。五念覺支、常明記定慧而不忘、使之均等。六定覺支、使心住於一境而不散亂。七行捨覺支、捨諸妄謬、捨一切法平心坦懷。更不追憶。是行蘊所攝之捨之心所。故名行捨。此七法、若行者之心浮動時、可用除捨定之三覺支攝之。若心沈沒時、可用擇法精進喜之三覺支起之。念覺支常念定慧、不可廢退。是故除念覺外、他六覺隨行人之要而用之。以此七事得證無學果。止觀七曰、「心浮動時。以除覺除身口之麤。以捨覺捨觀智。以定心入禪。若心沈時、以精進擇喜起之。念通緣兩處。」同輔行曰、「定慧各三。隨用一得益便止。無假遍修。若全無益方趣後品。念能通持定慧六分。是故念品通於兩處。」梵Saptabodhyaṅga

【七難】（名數）仁王經受持品、佛爲十六大國王說、若國土中有七難。則宜講讀仁王經滅七難生七福。一日月失度難、二星宿失度難、三災火難、四雨水難、五惡風難、六亢陽難、七惡賊難。藥師經謂國起七難時。國王宜發大赦。依前所說之供養法供養藥師如來。則國土安穩。一人民疾疫難、二他國侵逼難、三自界叛逆難、四星宿變怪難、五日月薄蝕難、六非時風雨難、七過時風雨難。法華經普門品說觀音之威神力能滅衆生之諸難。天台之觀音義疏上以七難科之。一火難、二水難、三羅刹難、四王難、五鬼難、六枷鎖難、七怨賊難。

【七辯】（名數）見七種辯條。

【七識十名】（名數）第七識末那識有七識、轉識、妄相識、相續識、無明識、解識、行識、無畏識、現識、智障識之十名。

【七觀音】（名數）見觀音條。

【八一有能】（術語）俱舍論之法相也。一切之有爲法、有四本相與四隨相之八相。此八相有八與一之功能、以其互爲能生所生、故謂之八一有能。見有爲條。

【八九二識】（術語）法性宗所立九識中第八之阿梨耶識與第九之菴摩羅識也。

【八十一科】（名數）大藏一覽三引指要錄曰、注出般若名相八十餘科、庶發披閱者智智爾。一、五蘊。二、六根。三、六塵。四、六識。五、六觸。六、六緣所生。七、四緣。八、六大。九、十二因緣。十、六度。十一、我者。十二、生者。十三、壽者。十四、命者。十五、有情者。十六、養育者。十七、衆數者。十八、作者。十九、使作者。二十、起者。二十一、使起者。二十二、受者。二十三、使受者。二十四、見者。二十五、知者。二十六、二十空。二十七、四諦。二十八、眞如。二十九、法界。三十、法性。三十一、不虛妄性。三十二、不變易性。三十三、平等性。三十四、離生性。三十五、法定。三十六、法住。三十七、實際。三十八、虛空界。三十九、不思議界。四十、四靜慮。四十一、四無量。四十二、四無色定。四十三、八解脫。四十四、八勝處。四十五、九次第定。四十六、四念處。四十七、四正勤。四十八、十徧處。四十九、四神足。五十、五根。五十一、五力。五十二、七覺支。五十三、八聖道支。五十四、空解脫門。五十五、無相解脫門。五十六、無願解脫門。五十七、菩薩十地。五十八、五眼。五十九、六通。六十、十力。六十一、四無畏。六十二、四無礙解。六十三、大慈。六十四、大悲。六十五、大喜。六十六、大捨。六十七、十八不共法。六十八、無忘失法。六十九、恒住捨性。七十、一切智。七十一、道相智。七十二、一切相智。七十三、一切陀羅尼門。七十四、一切三摩地門。七十五、預流果。七十六、一來果。七十七、不還果。七十八、阿羅漢果。七十九、獨覺菩提。八十、一切菩薩摩訶薩行。（自覺覺他）八十一、諸佛無上正等菩提。（因圓果滿）

【八十一法】（名數）大般若經所說之法門、有八十一科、一爲色、二爲心、三爲五陰、四爲十二入、五爲十八界、六爲四諦、七爲十二因緣、八爲十八空、九爲六度、十爲四智、總爲八十一法。見教乘法數十二。

【八十四法】（名數）成實論所立。

【八十八佛】（名數）世合五十三佛與三十五佛、稱爲八十八佛。五十三佛出於觀藥王藥上二菩薩經、三十五佛出於大寶積經九十八卷優婆離會。又別有不空譯之三十五佛名禮懺文觀虛空藏菩薩經、又說虛空藏之天冠內有三十五佛之像。

【八十誦律】（書名）根本之律藏也、如來滅後結集三藏之時優婆離比丘於一夏九旬之間、八十番誦出之故名八十誦律。至其後四分律五分律等諸律、由此分立、此根本律遂世無存者。戒疏上曰、「時接利機、各體權實雖開異制不相是非故但通爲八十誦律大毘尼藏」同行宗記一上曰、「八十誦者即根本部波離結集一夏九旬八十番誦故以爲號」又「根本部波離一夏誦出。逐座爲曰。

【八十無盡】（名數）無盡意菩薩、說八十種無盡之法門。見無盡意菩薩經。

【八十種好】（名數）又曰八十隨形好、更細別三十二相爲八十種之好也。隨形好者隨三十二形相之好也。一無見頂相、佛頂上之內髻、仰之則愈高、遂不見其頂上。二鼻高不現孔。三眉如初月。四耳輪垂埵。五身堅實如那羅延。六骨際如鉤鎖。七身一時迴旋如象王。八行時足去地四寸而現印文。九爪如赤銅色、薄而潤澤。十膝骨堅而圓好。十一身清潔。十二身柔軟。十三身不曲。十四指圓而纖細。十五指文藏覆。十六脈深不現。十七踝不現。十八身潤澤。十九身自持不逶迤。二十身滿足。二十一容儀備足。二十二容儀滿足。二十三住處安無能動者。二十四威振一切。二十五一切衆生見之而樂。二十六面不長大。二十七正容貌而色不撓。二十八面具滿足。二十九脣如頻婆果之色。三十言音深遠。三十一臍深而圓好。三十二毛右旋。三十三手足滿足。三十四手足如意。三十五手文明直。三十六手文長。三十七手文不斷。三十八一切惡心之衆生見者和悅。三十九面廣而殊好。四十面淨滿如月。四十一隨衆生之意和悅與語。四十二自毛孔出香氣。四十三自口出無上香。四十四儀容如師子。四十五進止如象王。四十六行相如鵝王。四十七頭如摩陀那果。四十八一切之聲分具足。四十九四牙白利。五十舌色赤。五十一舌薄。五十二毛紅色。五十三毛軟淨。五十四眼廣長。五十五死門之相具。五十六手足赤白、如蓮華之色。五十七臍不出。五十八腹不現。五十九細腹。六十身不傾動。六十一身持重。六十二其身大。六十三身長。六十四手足軟淨滑澤。六十五四邊之光長一丈。六十六光照身而行。六十七等視衆生。六十八不輕衆生。六十九隨衆生之音聲、不增不減。七十說法不著。七十一隨衆生之語言而說法。七十二發音應衆聲。七十三次第以因緣說法。七十四一切衆生觀相不能盡。七十五觀不厭足。七十六髮長好。七十七髮不亂。七十八髮旋好。七十九髮色如青珠。八十手足爲有德之相。

見法界次第下之下大乘義章二十末。

【八十億劫】（雜語）依罪業而流轉生死之劫量也。觀無量壽經曰、「稱佛名故。除八十億劫生死之罪。命終之時見金蓮華猶如日輪住其人前。」

【八十華嚴經】（經名）唐實叉難陀新譯之華嚴經八十卷、謂之八十華嚴經。

【八十隨形好】（名數）見八十種好條、

【八十一品思惑】（名數）見思惑條。

【八十八使見惑】（名數）對於八十一品之修惑而有八十八使之見惑。見見惑條。

【八人地】（術語）通教十地之第三地也。人者忍也、三乘之人同自世第一法入於十六心見道正斷見惑之八忍位也。止觀六曰、「八人者。八忍也。從世第一法入無間三昧。故名八人。」大乘義章十四曰、「具修八忍。名八人地。」

【八大】（名數）卽八大地獄。

【八大丈夫】（名數）聲聞乘之四向四果也。見諸儀軌訣影二。

【八大人覺】（名數）有八法。菩薩、聲聞、緣覺之大力量人所覺悟、故名八大人覺。一世間無常覺、二多欲爲苦覺、三心無厭足覺、四懈怠墮落覺、五愚痴生死覺、六貧苦多怨覺、七五欲過患覺、八生死熾然苦惱無量覺。見八大人覺經。

【八大人覺經】（經名）一卷、後漢安世高譯。八大人覺者有八法。爲菩薩聲聞緣覺大力量人所覺悟、故名。其註解列下。○八大人覺經略解。一卷。明智旭解。○八大人覺經疏。一卷續法述。○八大人覺經箋註、一卷。丁福保註。

【八大地獄】（名數）八寒地獄及十六小地獄之外、有八熱地獄、卽八大地獄也，見地獄條。

【八大佛頂】（名數）見佛頂尊條。

【八大辛苦】（名數）八苦也。詳見苦條。

【八大明王】（名數）大妙金剛經說八大菩薩現八大明王。一金剛手菩薩現作降三世、二妙吉祥菩薩現作兩臂六頭六足之大威德金剛明王、三虛空藏菩薩現作大笑金剛明王、四慈氏菩薩現作大輪金剛明王、五觀自在菩薩現作馬頭金剛明王、六地藏菩薩現作無能勝明王、七除蓋障菩薩現作不動尊金剛明王、八普賢菩薩現作步擲金剛明王。已上菩薩爲大日之正法輪身、忿怒身之明王、爲大日之敎令輪身也。又秘藏記末於上五大明王。見五大明王條。加三大明王而爲八大明王。卽第六穢跡金剛明王、爲不空成就佛之敎令輪身。其自性輪、金剛業也。第七無能勝金剛明王、爲釋迦之敎令輪身、其自性輪身、慈氏菩薩也。第八馬頭明王。爲無量壽之敎令輪身、其自性輪身觀音也。

【八大夜叉】（名數）寶賢夜叉、滿賢夜叉、散支夜叉、衆德夜叉、應念夜叉、大滿夜叉、無比夜叉、密嚴夜叉也。

【八大奈落】（名數）八大地獄也。奈落者地獄之梵語。

【八大金剛】（名數）八大金剛明王之略。又曰八大明王。大妙金剛大甘露軍荼利焰鬘熾盛佛頂經曰、「八大菩薩各現光明輪、各現作八大金剛。金剛手現降三世、妙吉祥現大威德、虛空藏現大笑、慈氏現大輪、觀自在現馬頭、地藏現無能勝、降一切蓋障現不動、普賢現步擲。」能現者菩薩之正法輪身、所現者明王之敎令輪身也。

【八大神將】（名數）輪藏周圍所安置之神將也。釋門正統三曰、「又列八大神將運轉其輪、謂天龍八部也。」象器箋四曰、「今輪藏八面排列八天像、所謂密迹金剛分二軀、梵天、帝釋、四天王也。異正統說。」

【八大菩薩】（名數）般若理趣經說八大菩薩經曰、「所謂金剛手菩薩摩訶薩。觀自在菩薩摩訶薩。虛空藏菩薩摩訶薩。金剛拳菩薩摩訶薩。文殊師利菩薩摩訶薩。纔發心轉法輪菩薩摩訶薩。虛空庫菩薩摩訶薩。摧一切魔菩薩摩訶薩。與如是等大菩薩衆。恭敬圍繞而爲說法。」又八大菩薩曼荼羅經說八大菩薩、經曰、「觀自在菩薩。慈氏菩薩。虛空藏菩薩。普賢菩薩。金剛手菩薩。曼殊室利菩薩。除蓋障菩薩。地藏菩薩。」又藥師經說八大菩薩、義淨譯之七佛藥師經曰、「有八大菩薩、其名曰文殊師利菩薩。觀世音菩薩。得大勢至菩薩。無盡意菩薩。寶檀華菩薩。藥王菩薩。藥上菩薩。彌勒菩薩。」玄奘譯之藥師經曰、「若聞世尊藥師瑠璃光如來名號、臨命終時。有八菩薩乘神通來。示其道路。」又八大菩薩經說八大菩薩、經曰「復有八大菩薩摩訶薩。其名曰、妙吉祥菩薩摩訶薩。聖觀自在菩薩摩訶薩。慈氏菩薩摩訶薩。虛空藏菩薩摩訶薩。普賢菩薩摩訶薩。金剛手菩薩摩訶薩。除蓋障菩薩摩訶薩。地藏菩薩摩訶薩。」大妙金剛大甘露軍荼利焰鬘熾盛佛頂經所說與之同、而說八大菩薩現八大明王。又七佛八菩薩所說神呪經有八大菩薩各說神呪。一文殊、二虛空藏、三觀世音、四救脫、五跋陀和、六大勢至、七堅勇、八釋摩男也。金剛頂經說八大菩薩、各現光明輪、各現作大金剛。見八大明王條。

【八大童子】（名數）不動明王之使者八金剛童子也。因文殊菩薩有八大童子。見文殊條。

【八大觀音】（名數）眞言宗所立。據大本如意經之說。一圓滿意願明王菩薩、二白衣自在、三髻羅剎女、四四面觀音、五馬頭羅剎、六毘俱胝、七大勢至、八陀羅觀音也。

【八大龍王】（名數）法華經序品曰、「有八龍王。難陀龍王、跋難陀龍王、娑伽羅龍王、和修吉龍王、德叉迦龍王、阿那婆達多龍王、摩那斯龍王、優鉢羅龍王等。」

【八大靈塔】（名數）八大靈塔名號經曰、「一佛生處、迦毘羅城龍彌儞園。二成道處、摩迦陀國泥連河。三轉法輪處、迦尸國波羅奈城鹿園。四現神通處、舍衛國祇陀園。五從忉利天下處、桑伽尸國曲女城、佛忉利天安居竟自七寶階降下處。六化度分別僧處、在王舍城、提婆達多作破僧、僧衆分離二處、佛化度之使歸一味處。七思念壽量處、毘耶離城（譯言廣嚴）佛在此思念壽量將入涅槃。八入涅槃處、在拘尸那城。」又心地觀經言佛放光、於光中現八大寶塔、與之大同小異。經一曰、「又此光中影現如來不可思議八大寶塔。拘婆羅國淨飯王宮生處寶塔。摩伽陀國伽耶城邊菩提樹下成佛寶塔。波羅奈國鹿野園中初轉法輪度人寶塔。舍衛國中給孤獨園與諸外道六日論議得一切智聲名寶塔。安達羅國曲女城邊昇忉利天為母說法、共梵天王及天帝釋十二萬衆從三十三天現三道寶階下閻浮時神異寶塔。摩竭陀國王舍城邊耆闍崛山說大般若法華一乘心地經等大乘寶塔。毘舍離國菴羅衛林維摩長者不可思議現疾寶塔。拘尸那國跋提河邊娑羅林中圓寂寶塔。如是八塔大聖化儀、人天有情所歸依供養恭敬為成佛因。」有趙宋法賢譯之八大靈塔梵讚一卷。

【八大自在我】（名數）大般涅槃有常樂我淨之四德、其我德以自然為義、自在有八義、名曰八大自在我。一能示一身為多身。二示一塵身滿大千界。三大身輕舉遠到、四現無量類常居一土。五諸根互用。六得一切法如無法想。七說一偈義經無量劫。八身遍諸處猶如虛空。見涅槃經二十三。

【八大菩薩法】（修法）指八大菩薩曼荼羅經之修法。

【八大菩薩經】（經名）一卷、趙宋法賢譯。佛對八大菩薩說東方五佛之名。

【八大童子儀軌】（經名）聖無動尊一字出生八大童子秘要法品之異名。

【八大金剛明王】（名數）即八大金剛童子也。

【八大金剛童子】（名數）不動明王之使者八大童子也。一慧光童子、二慧喜童子、三阿耨達多童子、四指德童子、五烏俱婆迦童子、六清德童子、七矜羯羅童子、八制吒迦童子也。此童子皆手持金剛杵、故名金剛童子。見八大童子儀軌。

【八大曼拏羅經】（經名）具名大乘

八大曼拏羅經。一卷、趙宋法賢譯。說觀自在菩薩乃至地藏菩薩八大菩薩之修法。

【八大總持王經】（經名）持明藏八大總持王經之略名。

【八大靈塔名號經】（經名）一卷、并梵讚一卷、皆趙宋法賢譯。

【八大菩薩曼荼羅經】（經名）一卷、唐不空譯。卽大乘八曼拏羅經也。

【八不】（術語）三論宗所說八不中道也。

【八不淨】（名數）比丘有不可畜積之八種不淨物。諸師之解不一。涅槃經六曰、「八種不淨之物」同疏六曰、「八不淨者。畜金、銀、奴婢、牛羊、倉庫、販賣、耕種、自作食不受而啖、汙道汙威儀。損妨處多。故名不淨」佛祖統紀四曰「案律云。八不淨者。一田園。二種植。三穀帛。四畜人僕。五養禽獸。六錢寶。七褥釜。八象金飾床及諸重物。

【八不中觀】（術語）八不中道之觀法也。

【八不中道】（術語）又曰、八不正觀、八不中觀。中道、就所作之理而言。正觀中觀、就能證之智而言。又對於偏謂之中。對於邪、謂之正。三論宗以之爲至極之宗旨。八不者。不生不滅、不斷不常、不一不異、不來不出之八句四對也。反之則爲生滅斷常、一異去來。謂之八迷。又曰、八計。不門雖無量。今姑寄於八不而該攝一切。爲此八不爲衆生之得源。亦爲羣生之失本。悟八不故有三乘之衆生。迷八不故有六趣之紛然。但因悟有高下、迷有淺深。故成六趣之別三乘之異。何則諸佛說法。不出眞世二諦。眞世二諦。該攝一切之佛法。佛說此二諦。使衆生依世諦而成方便。依眞諦而得般若也。然衆生於此二諦每執八迷。不得方便般若。故今就眞世諦破各八迷。以顯二諦之中道焉。不者。有泯之義。有破之義。就體言、謂之泯。就情言、謂之破。是言雖屬空門。其意則在於顯中。如成論師、乃單就世諦以明眞諦之中道。嘉祥師、則依本業經。就眞世二諦而各明八不之中道。其言曰。破世諦之八迷。治凡夫之有病。破眞俗八迷。治大乘中方廣道人之空病。一不生不滅。先言俗諦之中道。俗諦之生滅。非實生實滅。但由因緣而假生。依因緣而假滅。故不生不滅也。是之謂世諦中道。如外道小乘違此不生不滅之中道而執世諦實生實滅。故世諦墮於有之偏邪。今因破之曰不生不滅。是顯世諦之中道也。次言眞諦之不生不滅。對於俗諦之有假生假滅。故說眞諦之假不生假不滅。何則空以有爲世諦。有以空爲眞諦。二諦相依相卽也。可知空以有爲世諦、則世諦卽是假生假滅也。有以空爲眞諦、則眞諦卽假不生假不滅也。此中對於世諦之生、說眞諦之不生、對於世諦之不滅、說眞諦之不滅。故世諦之生滅是假、眞諦之不生不滅亦是假也、指此假不生假不滅爲眞諦之不生不滅。不生之言、顯假不滅、不滅之言、顯假不生、假不生假不滅卽是眞諦之中道也。大乘之方廣道人、不了此眞諦之假不生假不滅、執眞諦破世諦之假生與假滅、方爲不生不滅、故眞諦墮於空之偏邪、實則眞諦之不生要破世諦之假生、因假生而明其爲假不生。因世諦之假滅、而明其爲假不滅。以顯眞諦之中道也。故經云、不壞假名而說諸法實相、或問何故先就不生不滅而明中道耶。答曰、世諦以因果相生爲根本、因果若成卽一切皆成、因果若壞則一切皆壞。今欲正世諦因果相生之義、故先就不生不滅、而論世諦之中道也。或問既說不生不滅、便足矣、何故復說斷常等六事。答曰、利根者初聞卽悟、無須更說、蓋以世諦無性實之生滅、則病無不破、又以了因緣假名之生滅、卽正無不顯、故不須更說六事、但爲鈍根未悟、宜轉勢而演之。又根性不同、受悟非一、自聞不生不滅而不悟、聽不常不斷而便悟者有之、故趣於異緣、宜開別敎、二不斷不常已下六事、就世諦眞諦而論中道、准於以上不生不滅之中道而可解矣、今但就世諦而明之。不斷不常於以上之不生不滅、知世諦之因果相生、是爲假生滅、非爲實之生滅、卽雖離性實之過、猶未免因中有果無果等之失、如僧佉計因中有果、故生、是常之義也、衞世執因中無果、是斷之義也、佛法內之薩婆多明三世常有、亦是常之義也、大衆部過未無之義、以爲本無今有、已有還無、是斷之義也、今明眞實妙有之因果、不可常不可斷、故說不斷不常之中道也。(三不一不異、既離世諦性實之生滅及決定之斷常、猶恐墮於一異、如僧佉與大衆部明因果之一體。如衞世與上座部明因果之異體、如此之一異並壞世諦因果之中道、故不斷不常之次、明不一不異也。四不來不出、惑者雖聞以上六不、而終謂決定有果、或謂自外來、或謂自內出、或執外道衆生之苦樂、萬物之生滅、皆從自在天來、是外來之義也、復計外道苦樂之果、皆是我之自作、我之自受、是內出之義也、又如毘曇計木有火性、由性火以成事、火內出之義也、成實論明木無火性、但待緣而生、外來之義也、如是來出皆壞世諦之因果、是故說不來不出之中道也。本業瓔珞經下曰「二諦義者、不一亦不二、不常亦不斷、不來亦不去、不生亦不滅」(八不也)涅槃經二十七曰「十二因緣不出不滅、不常不斷、非一非二、不來不去、非因非果」(十不也)龍樹承之、智度論五曰「如說諸法相偈、不生不滅、不斷不常、不一不異、不去不來、因緣生法、滅諸戲論」(八不也)同七十四曰「觀一切法、不生不滅、不增不減、不垢不淨、不來不去、不一不異、不常不斷、非有非無。」（十二不也）中論歸敬頌曰、「不生亦不滅。不常亦不斷。不一亦不異。不來亦不出。能說是因緣。善滅諸戲論。」（末書多舉八不而言不生不滅不去不來不一不異不斷不常、是依智度論而變其次第耳、）大乘玄論卷二八不義曰、「八不者蓋是諸佛之中心。諸聖之行處也。（中略）豎貫衆經、橫通諸論也。」中論疏二本曰、「八不者。蓋是正觀之旨歸、方等之心骨也。定佛法之偏正。示得失之根原。迷之則八萬法藏冥若夜遊。悟之卽十二部經如對白日。」止觀六曰、「橫門者。如中論八不。不生不滅。不常不斷。不一不異。不來不去。一論明八門。諸經論則無量。」八宗綱要下曰、「八不妙理之風、拂妄想戲論之塵。無得正觀之月、浮一實中道之水。」

【八不正見】（名數）八種之不正見也。一我見、迷執實有我體也。二衆生見、迷執五衆（五陰）有和合之生（卽衆生）也。三壽命見、迷執實有長短之壽命也。四士夫見、迷執衆生實有士夫之用、能作一切之營務也。五常見、迷執我身今世雖滅後世復生相續不斷也。六斷見、迷執我身今世已滅更不再生、卽行斷滅也。七有見、迷執一切諸法爲實有也。八無見、迷執諸法皆空也。見大集經二十六。

【八不正觀】（術語）三論宗所說之八不正觀也。見八不中道條。

【八不可越】（名數）八敬戒之異名。

【八不思議】（名數）大海有八不思議、以譬涅槃。見大海條。

【八不顯實】（術語）諸法實相之妙體、由不生不滅不去不來不一不異不斷不常之八不而顯者。

【八支】（名數）正見等之正道、八種所支分、故謂之八支。詳見八正道條。図無着所造之論有八部、謂之八支。寄歸傳四曰、「瑜伽畢學、體窮無着八支。」詳見八論條。図齋戒八種所支分、亦名八支、詳見戒條。

【八支論】（名數）無着所造之八論、對於瑜伽本論、謂之八支論、見八論條。

【八支齋】（行事）八戒之異名。八戒實有八戒與齋法之九支、故謂之八戒齋、詳見戒條。然八戒以一齋法爲體、餘八戒不過資助之耳、故不言九戒或九支齋、而言八戒或八支齋。行事鈔資持記下三之四曰、「准文九戒。而言八者。多論云。齋以過中不食爲體。八事昭明。故成齋體。共相支持名八支齋。故言八齋不言九也。」

【八水】（名數）印度之八大河也。涅槃經長壽品曰、「佛告迦葉。善男子。如八大河。一名恒河。二名閻魔羅。三名薩羅。四名阿夷羅跋提。五名摩河。六名辛頭。七名博叉。八名悉陀。是八大河及諸小河悉入大海。」唐太宗三藏聖敎序曰、「雙林八水、味道餐風。」

【八天】（名數）色界之四禪天與無色界之四空處也。

【八方天】（名數）東方因陀羅、帝釋天也。南方燄摩羅、燄摩天也。西方嚩嚕拏、水天也。北方毘沙門、毘沙門天也。東北伊舍尼、伊舍那天也。東南護摩、火天也。西南涅哩底、羅刹天也。西北嚩庾、風天也。約於八方之天神而立方名。大日經疏五曰、「行者應知護法八位。凡所造作漫荼羅、隨此而轉。東方因陀羅、次第隨轉至南方閻摩羅。西方嚩嚕拏。北方毘沙門。東南為護摩。西南涅哩底。西北為嚩臾。」

【八方便】（名數）妙吉祥菩薩秘密八字陀羅尼修行儀軌說、持誦者當具八方便。頌曰、「淨浴著淨衣。塗香嚴身體。歸命念眞言。至誠恭敬禮。焚香懺諸罪。隨喜及難請。回向發弘誓。深起大慈悲。如此八方便。勤行勿遺忘。然後淨三業。依法作持念。」

【八方上下】（術語）謂四方、四維、上下之十方也。

【八王子】（雜名）法華經序品曰、「其最後佛未出家時有八王子。」

【八王日】（雜名）法苑珠林八戒篇引提謂經曰、「何等八王日。謂立春、春分、立夏、夏至、立秋、秋分、立冬、冬至。是謂八王日。天地諸神陰陽交代。故名八王日。」

【八中洲】（名數）四大洲各有二中洲附屬之。南贍部洲之二中洲、一遮末羅洲、Cāmara 此譯言猫牛。二筏羅遮末羅洲、Varacāmara 此譯言勝猫牛。東勝身洲之二中洲、一提訶洲、Deha 此譯言身。二毘提訶洲、Videha 此譯言勝身。西牛貨洲之二中洲、一舍諦洲、Śāthā 此譯言諂。二嗢怛羅漫怛里拏洲、Uttaramantrina 此譯言上儀。北拘盧洲之二中洲、一矩拉婆洲、Kurava 此譯言勝邊。二憍拉婆洲、Kaurava 此譯言有勝邊。見俱舍疏頌。

【八分齋戒】（名數）與八支齋戒同。藥師經曰「受持八分齋戒。」

【八五三二】（雜語）八識、五法、三性、二無我也。是楞伽經唯識論所明、即法相宗之法門也。

【八世風】（名數）八風也。

【八六四二萬十千劫】（雜語）小乘之聖者、迴心於大乘後、至入初僧祇之位、其間所費之修行時間也。見八萬劫小乘條。

【八正】（名數）八正道也。

【八正道】（術語）總謂之八正道分。俱舍作八聖道支。聖者正也、其道離偏邪、故曰正道。又聖者之道、故謂之聖道。（Āryamārga 巴 Ariyamagga）玄應音義三曰、「八由行。又作遊行。又作道行。或作直行。或言八直道。亦言八聖道。或言八正道。其義一也。」一正見、Samyak-dṛṣṭi 巴 Sammā-diṭṭhi

(正者Samyak及Sammā也、以下略之、)見苦集滅道四諦之理而明之也。以無漏之慧爲體、是八正道之主體也。二正思惟(—saṁkalpa 巴-saṁkappa)既見四諦之理、尙思惟而使眞智增長也。以無漏之心所爲體。三正語(-vāc 巴-vācā)以眞智修口業、不作一切非理之語也。以無漏之戒爲體。四正業(-karmānta 巴-kammanta)以眞智除身之一切邪業、住於淸淨之身業也。以無漏之戒爲體。五正命(-ājīva巴同)淸淨身口意之三業、順於正法而活命、離五種之邪活法(謂之五邪命)也。以無漏之戒爲體。六正精進(-vyāyāma 巴-vāyāma)發用眞智而强修涅槃之道也。以無漏之勤爲體。七正念(-smṛti 巴-sati)以眞智憶念正道而無邪念也。以無漏之念爲體。八正定(-samādhi 巴同)以眞智入於無漏淸淨之禪定也。以無漏之定爲體。此八法盡離邪非、故謂之正、能到涅槃、故謂之道。總爲無漏、不取有漏、是見道位之行法也。七覺支者修道之行法也。經以七覺八正爲次第者、是數之次第、非修之次第也。此中正見之一是八正道中之主體、故爲道、亦爲道分道支、餘七者是道分道支而非道也。

【八正道經】(經名)一卷、後漢安世高譯、雜阿含經二十八卷有八正道經、此其別譯也。

【八由行】(名數)卽八正道也。是爲聖者之所由行、故名。

【八句義】(術語)禪宗之根本眼目、最切要之義有八句。卽正法眼藏、涅槃妙心、實相無相、微妙法門、不立文字、敎外別傳、直指人心、見性成佛之八句是也。

【八成】(名數)八相成道之略。

【八成立因】(術語)成立一個命題之八種因。卽立宗、立因、立喩、合、結、現量、比量、聖敎量也。阿毘達磨雜集論所說。

【八字】(雜名)涅槃經聖行品所說之生滅滅已寂滅爲樂八字也。謂之雪山八字。三敎指歸二曰「雪山八字者、卽聖行品雪山大士從羅刹求半偈而捨全身也。八字卽生滅滅已寂滅爲樂」涅槃經十四曰「誰當信汝如是之言、爲八字故棄所愛身。」

【八字布字】(修法)大日經實智品說八字布字之法。阿字(純白)布於心中。(佛部)娑字布於臍下。(蓮華部)吽字布於眉間。(金剛部)阿字布於腰以下。(地輪第一命)縛字布於臍(水輪)囉字布於心(火輪)吽字布於額(風輪忿怒)佉字布於頂(空輪虛空同)

【八字文殊法】(修法)誦八字眞言之文殊法也。詳見文殊條。

【八字陀羅尼】(眞言)八字文殊之眞言也。有大聖妙吉祥菩薩秘密八字陀羅尼修行曼荼羅次第儀軌法一卷。

【八有】（名數）又曰八生。詳見有條。

【八名經】（經名）秘密八名陀羅尼經之略名。

【八名三昧】（術語）念誦八名普密陀羅尼經之勤行法也。

【八名普密經】（經名）八名普密陀羅尼經之略名。

【八名普密陀羅尼經】（經名）一卷、唐玄奘譯。有異譯者、謂之秘密八名陀羅尼經。佛告金剛手菩薩、有八名呪、受持之者、廣大之威德易成、秘密之神用無損、故說八名呪。八名者神呪之八種德名也、一功德寶藏、二莊嚴象耳、三普勇猛、四勝諦雲、五成熾然、六微妙色、七嚴飾、八金剛。

【八自在】（名數）見八大自在我條。

【八妄想】（名數）宗鏡錄所出。一自性妄想。妄執根塵等之法、各有體、如不相混濫也。二差別妄想。差別無差別之妄想也。三攝受積聚妄想。妄執五蘊和合而成一切衆生也。四我見妄想。執有我之妄想也。五我所妄想。妄執有我身及所受用物之妄想也。六念妄想。分別可愛之淨境而不斷之妄想也。七不念妄想。不緣念可憎之境之妄想也。八念不念俱相違妄想。於愛憎兩境皆違理之妄想也。

【八交道】（雜名）通達四方四維之道路也。法華經譬喩品曰、「有八交道、黃金爲繩以界其側。」

【八色幡】（物名）西方阿彌陀佛之三昧耶形也。瞿醯經中曰、「其幡竿者端直及長、各於八方去處不遠、如法安置。東著白幡、東南紅幡、正南黑幡、西南煙色幡、西方赤色幡。西北靑色幡。正北黃色幡。東北赤白幡。如是八色隨方而置。」

【八吉祥經】（經名）一卷、蕭梁僧伽婆羅譯。與八佛名號經同本、八吉祥卽八佛之名號也。

【八吉祥神呪經】（經名）一卷、吳支謙譯。與八吉祥經同本異譯。

【八印功德】（術語）謂胎藏界中臺八葉四佛四菩薩四智四行之智印也。見悉曇三密鈔上。

【八百功德】（雜名）六根中眼鼻身三根之功能數量也。見一千三百功德條。

【八多羅樹】（雜語）多羅樹爲高大之樹、故凡形容物之高者曰八多羅樹、言有多羅樹八本之高也。法華經分別功德品曰、「以赤栴檀作諸殿堂三十有二。高八多羅樹。」見多羅條。

【八位】（名數）圓敎之位次也。法華之圓敎、以六卽爲位次、而以分眞卽之位長、姑借別敎之位分其品秩。八位中前一位從法華經、後七位依瓔珞經。

一　五品弟子位——外凡—觀行卽
二　十信位六根淸淨經—內凡—相似卽
三　十住位——聖初
四　十行位
五　十迴向位
六　十地位
七　等覺位　因修　分眞卽
八　妙覺位——果位—究竟卽

【八位胎藏】（名數）小兒在母胎中之八時期也。一羯羅藍 Kalala 二頞部曇 Arbuda 三閉尸 Peśī 四健南 Ghana 五鉢羅奢佉 Praśākhā 六毛髮爪齒位。七根位。八形位。受胎後七日間曰羯羅藍。譯作凝滑。受胎二七日後其形如瘡疱。謂之頞部曇。譯作疱。受胎至三七日則其狀如聚血。謂之閉尸。譯作聚血、或軟肉。受胎四七日則漸漸堅固、有身意二根而未具眼耳鼻舌之四根、謂之健南。譯作凝厚。受胎五七日、則肉團增長、四支及身分之相始現、謂之鉢羅奢佉。受胎後六七日、則生毛髮爪齒、謂之毛髮爪齒位。受胎七七日、則眼耳鼻舌之四根圓滿具備、謂之根位。受胎八七日以後、在胎藏中形相完備、此位謂之形位。

【八忍】（名數）於欲界與上二界四諦之理忍可印證之智也、忍可印證欲界之四諦謂之四法忍、一苦法忍、二集法忍、三滅法忍、四道法忍也。忍可印證色界無色界之四諦、謂之四類忍、一苦類忍、二集類忍、三滅類忍、四道類忍也。以此八忍正斷三界之見惑也。既斷見惑已、而觀照明了、則爲八智、蓋八忍是無間道、八智是解脫道、忍爲智之因、智爲忍之果也。合此八忍八智、稱爲見道之十六心。止觀輔行六曰、「忍者因也。」

【八忍八智】（名數）此係入於見道觀四聖諦而生、無漏之法忍法智也。名曰十六心。唯識宗謂十六心悉爲見道、俱舍宗謂前十五心爲見道、後一心爲修道、八忍八智者、苦法忍、苦法智、苦類忍、苦類智、集法忍、集法智、集類忍、集類智、滅法忍、滅法智、滅類忍、滅類智、道法忍、道法智、道類忍、道類智是也。

【八忍八觀】（名數）八忍八智也。是爲見道之十六心。慈恩寺傳曰、「船筏者八忍八觀之淨業。」參照八忍八智與八忍及八智條。

【八戒】（名數）詳見戒條。

【八佛】（名數）一東方難降伏世界之善說稱功德如來。二東方無障碍世界之因陀羅𡎺星王如來。三東方愛樂世界之普光明功德莊嚴如來。四東方普入世界之善光明功德莊嚴如來。五東方淨聚世界之鬬戰難降伏超越如來。六東方無毒主世界之普功德明莊嚴如來。七東方側塞香滿世界之無碍藥樹功德稱如來。八妙音明世界之寶蓮華善住沙羅樹王如來。見八佛名號經。

【八佛名號經】（經名）一卷、隋闍那崛多譯。因舍利弗之問而說東方八佛之名號、聞者不退菩提也。

【八邪】（名數）反於八正道者。一邪見、二邪思惟、三邪語、四邪業、五邪命、六邪方便、七邪念、八邪定也。維摩經弟子品曰、「不捨八邪入八解脫。」同淨影疏二本曰「言八邪者、翻八正說八邪。邪見邪思邪語邪業乃至邪定。」普賢觀經曰「八邪八難無不經歷。」

【八定】（術語）色界之四禪定與無色界之四空定也。四禪定者、第一初禪定、（新譯云初靜慮、次下同）得生於初禪天之禪定也。此定具尋與伺之二心所、喜與樂之二受。第二第二禪定、得第二禪天生果之禪定也。此定無尋伺、但有喜樂之二受。第三第三禪定、得第三禪天生果之禪定也。此定但有樂受。第四第四禪定、得第四禪天生果之禪定也。此定離尋伺喜樂、最爲寂靜。四空定者、第一空無邊處定、可生無色界空無邊處之禪定也。此乃作空爲無邊、解破一切色相之禪定、故名無邊。第二識無邊處定、可生無色界識無邊處之禪定也。此乃作識爲無邊解、破第一空無邊能觀心相之禪定、故名識無邊。第三無所有處定、可生無色界無所有處之禪定也。此乃作所觀能觀皆爲無所有解之禪定、故名無所有。第四非想非非想處定、可生無色界有頂天即非想非非想處之禪定也。此禪定極爲寂靜、心想離有如無、故名非想非非想。見俱舍論二十八。

【八定根本】（名數）四禪四無色之八定各有根本與近分二種、根本定者、如離欲界之修惑、得色界之初禪定、乃至斷無所有處地之修惑、得非想非非想處之禪定。總爲離下地之修惑、而得上地之禪定也。若但伏壓下地修惑所得之禪定、則謂之近分定、是有近似根本之功能、故曰近分。而得之之順序、先近分定、後根本定也。七十五法名目曰、「根本定離下地煩惱、得之近分定伏下地煩惱得之。（中略）上二界合八根本八近分也。」

【八宗】（名數）日本弘傳之宗有八宗。一俱舍宗、二成實宗、三律宗、四法相宗、五三論宗、六華嚴宗、七天台宗、八眞言宗也。此中前六宗起於奈良朝、後二宗起於平安朝。古來通稱爲八宗。八宗綱要奧書曰、「日本所傳自昔已來共許所翫唯此八宗。」

【八宗九宗】（名數）與八家九宗同。

【八供】（名數）金剛界三十七尊中八供養之菩薩也。見八供養條。

【八供養】（名數）金剛界三十七尊中內供之四菩薩與外供之四菩薩也。內供者、從中央大日如來流出爲供養四方如來之菩薩、約於能現之佛而謂之內供、外供者從四方如來流出爲供養中央大日如來之菩薩、是亦約於能現之佛而謂之外供。大日如來應四方如來所證三摩地之德、故供養之於四方如來。四方如來亦以自己所證三摩地之德而供養大日如來也。是主從之分所由然也。此八供與三十七尊中四攝菩薩皆爲對於十六菩薩慧門之定門、故皆爲方形。

【內四供養】（名數） 先由大日如來之心中流出嬉戲菩薩供養東方阿閦如來、嬉戲者、衆生初得生佛不二之菩提、照了自身卽佛、大歡喜之幖幟、是金剛部阿閦如來之三摩地也。故今與以相應之嬉戲適悅形菩薩供養之。次由中心流出鬘菩薩供養南方寶生如來、華鬘者、理智具足萬德開發之幖幟、是寶部寶生佛之三摩地也、故與以相應之華鬘瓔珞形菩薩供養之。次由心中流出歌菩薩供養西方彌陀如來。歌者、說法之幖幟、是蓮華部彌陀如來之三摩地也、故與以相應之歌菩薩供養之。次由心中流出舞菩薩供養北方不空成就如來。旋舞者、神通自在遊戲作業之幖幟、是羯磨部不空成就如來之三摩地也、故今以舞菩薩供養之。此四菩薩中第一者取其心身之愛嬌、第二者取其服裝之善美。後之二者、取其技藝之精妙也。

【外四供養】（名數） 四方如來應之、各流出一女菩薩供養中央如來也。其先東方之阿閦如來流出香菩薩而供養之、此以東方爲初發菩提心之方、又東方者初也、是故以妙香供養之。其故東方是三摩耶戒也。（理趣經意）戒名戒香、戒者是三學之初也、故以己所證之香三摩地供養大日也。其次南方之寶生如來流出華菩薩供養之、是於胎藏界此如來名開敷華王如來、此爲南方福德門之幖幟、卽以己所證之香三摩地供養大日也。其次西方之阿彌陀如來、流出燈菩薩供養之、此以阿彌陀爲智慧門、故以己所證之智慧三摩地燈供養大日也。其次北方不空成就如來流出塗香菩薩供養之、不空成就者釋迦如來也、又塗香爲五分法身之幖幟。戒定等之功德、能除煩惱之汚穢、故譬如塗香也。北方爲入涅槃門、故以五分法身爲其自證。蓋釋迦如來出於穢土利益衆生親近於濁亂之境界、故以此五分法身之塗香淸穢濁、以己所證之塗香三摩地供養大日也。見辨惑指南三。

【八供菩薩】（名數） 見八供養條。

【八門】（名數） 見八門兩益條。

【八門二悟】（名數） 八門兩益也。

【八門兩益】（名數） 因明入正理論一部所明也。八門者何、一曰能立、因喩滿足、圓成宗義、生他之正智者也。二曰能破、檢出他過失之量、我能斥其非（名之曰顯過破）

或立量而破之(名之曰立量破)者也。三曰似能立。宗因喻之三支互有缺、或三支完全、而所陳有過、(三十三過是也)墮於自負者也。四曰似能破。他量圓滿妄爲彈詰、或立量而破之者也。五曰現量。例如眼識之於色、耳識之於聲、定心之於諸境、能緣之心符於境之自體者也。六曰比量。例如見烟而知火、以極成之因喻而比知未許之宗義者也。七曰似現量。如目見玄黃謂爲見瓶、能緣之心妄爲計度、與境之自相不符者也。八曰似比量。妄與因喻過成邪宗者也。此八門中、能立能破、皆有立者自發言開悟他敵者及證義者之益。似能立、似能破、雖不使他敵者開悟、而有使證義者生解之益、故皆以之爲悟他之益。其次眞似之現量比量、均爲發言立量就立者之自智而分別者、智能自悟而不能悟他、故以之爲自悟之益。然則前四門爲關於言語之上者、後四門爲關於自智之上者。則當先自悟而後悟他。蓋以不自證、卽不能使他悟也。然因明之法、原在利他、故悟他爲先而自悟在後。因明入正理論開益頌曰、「能立與能破、及似唯悟他、現量與比量、及似唯自悟」。

【八念】(名數)智度論二十一謂「佛弟子於閑靜處乃至山林曠野、善修不淨等之觀、厭患其身、忽生驚怖、及作惡魔種種之惡事、惱亂其心、憂懼轉增、是故如來爲說八念法、若存此心、恐怖卽除。一念佛。念佛神德無量、拔苦與樂也。二念法。念法力廣大、能滅煩惱也。三念僧。念僧爲佛弟子具足五分法身、爲世間無上之福田也。四念戒。念戒遮諸惡、爲無上菩提之本也。五念捨。念布施能生大功德、又捨斷煩惱得大智慧也。六念天。念四天王乃至他化天、果報淸淨、利安一切也。(已上六念)七念出入息。(又云念阿那般那)念出息入息也。(卽數息觀)此是治散亂之良藥、入禪定之捷徑。八念死。死有二種、一自死、命報盡而死者、二他緣死、遇惡緣而死者。念此二種之死、由生以來常與身俱、欲避無所也。」法界次第中之上曰、「通言念者、內心存憶之異名也。專心存憶八種功德、故名爲八念。非但能除世間驚怖、若能善修、亦除世間三界生死一切障難也。」又大人之八念也。佛爲阿那律說大人之八念法、一道從無欲、非有欲得。二道從知足、非無厭得。三道從遠離、非聚會得。四道從精勤、非懈怠得。五道從正念、非邪念得。六道從定意、非亂意得。七道從智慧、非愚痴得。八道從戲樂、非戲行得。見八念經。

【八念門】(名數)同於八念。

【八念經】(經名)具名阿那律八念經、一卷、後漢支曜譯、爲中阿含八念經之別譯。

【八法】(名數)謂利衰等之八風也。

見八風條。因八法者、名地水火風爲四大、以此四種無處不有故也。名色香味觸爲四微、以此四種體性微細故也、謂人身因四大之假合而有此四大亦由四微之所成故總稱曰八法。見楞嚴經義海十四。因八法者、一教、師所說之教法也。二理、教所詮之諦理也。三智、行人所發之觀解也。四斷、眞智所斷之煩惱也。五行、學人所修之行法也。六位、次第趣入之位次也。七因、正感證果之因體也。八果、所得之聖果也。凡一切之法門、總歸此八法。(若略之則曰教理行果之四法)故天台大師以此八法詮量藏通別圓四教之義。見四教儀大藏法數四十六。又釋摩訶衍論之法相有八法八門之目。見三十三過條。

【八味】(名數)如來所得之大涅槃、有八種之法味。稱曰涅槃之八味。一常住、二寂滅、三不老、四不死、五淸淨、六虛通、七不動、八快樂也。見方等般泥洹經二。又有甘辛鹹、苦、酸、淡、澀、不了之八種。見釋氏要覽上。

【八卷藏】(書名)悉曇藏之異名。

【八事隨身】(術語)行事鈔上三曰、「善見云佛度五比丘已有三衣、鉢、盂、坐具、漉水袋、針線、斧子八事隨身。」

【八波羅夷】(名數)比丘尼之八重罪也。見波羅夷條。

【八相】(名數)如來成道之八相也。見八相成道條。因生住異滅有大小二相。即四本相四隨相也。合之則有八相。以此八相遷流萬物謂之八相遷物。見四相條。

【八相示現】(名數)世尊八相之示現也。見次項。

【八相成道】(名數)佛陀以成道爲中心示現由始至終一期之相狀、謂之八相成道。成道雖爲八相中之一、然爲八相中之主腦、故別揭成道之名。八相經論所說存沒不同、而大要有二說。大乘起信論所說者一降兜率、先住於兜率天、在彼天四千歲。見時機熟、遂乘白象由彼天降下之相也。二入胎、乘白象由摩耶夫人左脇入胎之相也。三住胎、在母胎行住坐臥一日六時爲諸天說法之相也。四出胎、四月八日於藍毘尼園由摩耶右脇出生之相也。五出家、十九歲(或二十五歲)觀世之無常出王宮入山學道之相也。六成道、經六年苦行在菩提樹下成佛得道之相也。七轉法輪、成道以後五十年間說法普度人天之相也。八入滅、八十歲在娑羅雙樹下入於涅槃之相也。起信論曰、「隨其願力能現八種、利益衆生。所謂從兜率天退入胎住胎出胎出家成道轉法輪入於涅槃。」天台大師之四教儀、除第三之住胎、加入第五降魔之相爲八相。四教儀四曰、「釋菩薩位略爲七位。一發菩提心、二行菩薩道、三種三十二相業、四六度成滿、五一生補處、六生兜率天。七八相成道。(中略)所言八相成道者。一、從兜率天下。二、託胎。三、出生。四、出家。五、降魔。六、成道。七、轉法輪。八、入涅槃。「古來以此二說爲大小乘之別、初爲大乘之八相、後爲小乘之八相、然此二種八相僅開合不同耳、非區別二乘也。佛祖統紀二曰、「述曰。大乘開住胎合降魔於成道。小乘開降魔合住胎於託胎。住胎見起信。降魔見四敎儀。此先達之論也。今觀大小皆有住胎降魔之文。如華嚴云菩薩住母胎已、示現出家成道等相。此大乘住胎也。因果經、菩薩在母胎行住坐臥、一日六時、爲諸天鬼神說法。此小乘住胎也。華嚴離世間品菩薩出家成道降魔轉法輪等。妙樂云。四德各有四降魔相。此大乘降魔也。因果經、既降魔已、卽便入定。明星出時、得最正覺。此小乘降魔也。今欲順八相之言。且用起信四敎儀二文開合爲證。」

【八相成道圖畫】（圖像） 有部毘奈耶雜事三十八曰、「爾時世尊纔涅槃後、大地震動、時大迦攝波作是念。此未生怨王。勝身之子。信根初發。彼若聞佛入涅槃者、必嘔熱血而死。我今宜設方便。作是念已、卽命城中行雨大臣、仁今知不。佛已涅槃。未生怨王信根初發。彼若聞佛入涅槃者、必嘔熱血而死。我今宜可豫設方便、卽依次第而爲陳說。仁今疾可詣一園中、於妙堂殿如法圖畫佛本因緣。菩薩昔在覩史天宮、將欲下生、觀其五事。託生母胎。既誕之後、踰城出家、苦行六年。坐金剛座菩提樹下成等正覺。（中略）於諸方國、在處化生、利益既周、將趣圓寂、遂至拘尸那城娑羅雙樹。北首而臥入大涅槃。如來一代所有化迹、既圖畫已、白王觀其圖畫。（中略）行雨大臣一如尊者所敎之事、次第作已。（中略）王至園所、見彼堂中圖畫新異。始從誕生。乃至倚臥雙林。王問臣曰。豈可世尊入涅槃耶。是時行雨默然無對。王見是已、知佛涅槃。卽便號咷悶絕、宛轉於地。」是爲圓通八相成道之濫觴、世之爲涅槃像者、基因于此。

【八直行】（名數） 八正道也。以此爲正道之行法也。

【八重】（名數） 比丘尼之八波羅夷也。見波羅夷條。

【八重眞寶】（名數） 世爲無上之福田者有八種、以八種之金屬譬無價之眞寶。八種者金、銀、鍮石、假寶、赤白銅鐵、白鑞、鉛錫也。大集經五十五曰、「譬如眞金、爲無價寶。若無眞金、銀爲無價。若無銀者、鍮石爲無價。若無鍮石、僞寶爲無價。若無僞寶、赤白銅鐵、白鑞、鉛、錫爲無價寶。如是一切諸世間中。佛寶爲無上。若無佛寶、緣覺爲無上。若無緣覺、羅漢爲無上。若無羅漢、諸餘聖衆爲無上。若無聖衆、得定凡夫爲無上、若無得定、淨持戒者爲無上。若無淨戒、污戒比丘爲無上。若無污戒、剃除鬚髮、身著袈裟、名字比丘爲無上實。比餘九十五種異道最尊第一。應受世供爲物福田。」末法燈明記曰「如所引大集所說八重眞寶是其證也。」

【八重無價】（名數）八重眞寶也。見前項。

【八音】（名數）如來所得八種之音聲也。一極好音、佛德廣大之故使皆入於好道。二柔軟音、佛德慈善之故使之喜悅、皆捨剛强之心而自然入於律行。三和適音、佛居中道之理、故音聲能調和、使皆和融、自會於理。四尊慧音、佛德尊高故聞者尊重智解開明。五不女音、佛住首楞嚴定有世欲之德其音聲使敬異、一切天魔外道無不歸服。六不誤音、佛智圓明照了無謬使聞者各各得正見、離九十五種之邪非。七深遠音、佛智如實窮際、行位極高其音聲由臍而起、徹至十方。使近聞非大、遠聞非小、皆證甚深之理。八不竭音、如來極果願行無盡、以住於無盡之法藏。故其音聲滔滔無盡、其響不竭。使能尋其語義、得無盡常住之果。見法界次第下之下。

【八風】（名數）又名八法。世有八法。爲世間之所愛憎、能扇動人心、故名八風。一利、二衰、三毀、四譽、五稱、六譏、七苦、八樂也。行宗記一上曰、「智論云衰利毀譽稱譏苦樂四順四違、能動物情名爲八風。」法華文句一曰、「佛無食想久離八風。不爲損益」止觀五曰、「止是壁定。八風惡覺不能入。」同輔行曰、「八風只是四違四順」思益經一曰、「利衰及毀譽稱譏與苦樂。如此之八法常牽於世間。」寒山子詩曰、「八風吹不動」案得可意事名利、失可意事名衰。不見前排撥名毀、不見前讚美爲譽、現前讚美爲稱、見前排撥名譏、逼迫聲心名苦、悅適心意爲樂。見要覽。

【八苦】（名數）詳見苦條。

【八功德水】（術語）極樂之池中及須彌山與七金山之內海、皆盈滿八功德水。無量壽經上曰、八功德水湛然盈滿、淸淨香潔味如甘露」稱讚淨土經曰、「何等名爲八功德水。一者澄淨。二者淸冷。三者甘美。四者輕軟。五者潤澤。六者安和。七者飲時除飢渴等無量過患。八者飲已定能長養諸根四大增益。」倶舍論十一曰、「妙高爲初輪圍最後中間八海前七名內七中皆具八功德水。一甘二冷。三輭。四輕。五淸淨。六不臭。七飲時不損喉。八飲已不傷腸。」

【八功德池】（雜名）極樂之浴池也。無量壽經上曰、「內外左右有諸浴池。（中略）八功德水湛盈滿」

【八功德水想】（術語）觀經所說十六觀之一。觀想極樂八功德水之行法也。

【八災】（名數）八災患之略。

【八災患】（名數）憂、喜、苦、樂、尋、伺、出息、入息之八法爲妨害禪定者故稱爲八災患。對於火水風三災彼曰外災此曰內災離此八種之內災卽色界之第四禪定也故外三災不至第四禪。俱舍論二十八曰「下三靜慮名有動者有災患故第四靜慮名不動者無災患故災患有八其八者何尋伺四受入息出息此八災患第四都無故佛世尊說爲不動。」

【八炎火地獄】（名數）智度論所說十六小地獄之八地獄也。見地獄條。

【八炎熱地獄】（名數）與八炎火地獄同。

【八段】（雜語）律宗分比丘比丘尼之具足戒爲八律。例如比丘之二百五十戒分爲波羅夷、僧殘、不定、捨墮、單提、提舍尼、衆學、滅諍是也。見篇聚條。

【八施】（名數）見布施條。

【八背捨】（名數）新曰八解脫。再加八勝處、十一切處、謂之三法。此三法爲遠離三界貪愛一具之出世間禪也。智度論二十一曰「背捨爲初門勝處爲中行。一切處爲成就也。三種觀足卽是觀禪體成就。」

【八解脫】（術語）一內有色想觀外色解脫。內身有色想之貪爲除此貪觀外之不淨青瘀等色、使貪不起故名解脫。此初解脫依初禪定而起緣欲界之色也。二內無色想觀外色解脫。內身雖無色想之貪而欲使更爲堅牢、觀外之不淨青瘀等色使不起貪。故名解脫。此依二禪而起緣初禪之色也。以上二者爲不淨觀。三淨解脫身作證具足住。觀淨色故名淨解脫。於定中除不淨相、唯觀八色等光明清淨光潔妙寶之色也。觀淨色而不生貪、足顯觀之轉勝、證得此性解脫於身中、故名身作證、具足圓滿而得住於此定故名具足住、此第三解脫之位依第四禪而起、亦緣欲界之色也、所異者上二項爲可憎之不淨色、此爲可愛之淨色、故是淨觀也、四空無邊處解脫、五識無邊處解脫、六無所有處解脫、七非想非非想處解脫、此方者依四無色定而起各於所得之定觀苦空無常無我生厭心而棄捨之故名解脫、八滅受想定身作證具住、滅受想定者滅盡定也、是亦依第四禪棄捨前之非非想卽一切之所緣故名解脫。（以上新譯之名稱、舊譯少異、）問唯第三禪無解脫云何。答曰以第三定中無眼識所引之顯色貪故（二禪已上五識皆無）又爲自地之妙樂所動亂故、（彼地曰離喜妙樂地）無解脫也。

【八勝處】（名數）發勝知勝見以捨貪愛之八種禪定也。是爲起勝知勝見之依處故名勝處。一內有色想觀外色少勝處、內心有色想故云內有色想、又以觀道未增長、若觀多色則恐難攝持、故觀少色、謂爲觀外色少。但觀內身之不淨、或觀少許之外色淸淨也。二內有色想觀外色多勝處、內心有色想之義如上、但以行人之觀道漸、熟多觀外色亦無妨、譬觀一死屍而至於十百千萬之死屍、若觀一胖脹時悉觀一切之胖脹、觀廣大之外色清淨謂為觀外色多。三內無色想觀外色少勝處、觀道漸為勝妙、雖觀外色、而內心不存色想、故曰內無色想觀外色少之義、如第一勝處、又觀淨不淨亦如初。四內無色想觀外色多勝處、內心不留色想、故曰內無色想。觀外色多之義、如第二勝處、觀淨不淨如前。以上四者、淨不淨雜觀也。（俱舍說唯淨觀）五青勝處、觀外之青色、轉變自在、使少為多、使多為少、於所見之青相、不起法愛也。六黃勝處、觀黃色而不起法執、如青勝處。七赤勝處、觀赤色如青勝處。八白勝處、觀白色如青勝處。（今四色以為勝處者、依智度論俱舍論、若依瓔珞經、則以四大為四勝處、以上四者唯淨觀也、凡觀淨色、必遠離不淨色也、）此八勝處之相、與八解脫（又名八背捨）同、蓋前二勝處、如第一解脫、次二勝處如第二解脫、後四勝處如第三解脫、然則云何重說之。曰、為使八解脫之觀心自在勝妙、對於所緣、不起執惑、進修此八勝處也。譬之人之乘馬、能破前陣、（八解脫）亦能自制其馬（八勝處）也。俱舍論二十九曰、「勝處有八。一內有色想觀外色少。（中略）觀外青黃赤白為四。足前為八。八中初二如初解脫。次二如第二解脫。後四如第三解脫。前修解脫唯能棄背。後修勝處能制所緣。隨所樂觀。惑終不起。」法界次第中之下曰、「大智度論作譬云。如人乘馬能破前陣。亦能自制其馬。故名勝處也。亦名八除入。」

【十一切處】（名數）新曰十遍處。觀青黃赤白地水火風空識之十法、使其一一周遍於一切處也。十中之前八者、如前之第三淨解脫、觀色之清淨、其所依之禪定亦如前、依第四禪定緣欲界之色也。後二者以空無邊處識無邊處定為所依、緣其他受想行識之四蘊也。修觀行者由解脫入於勝處、由勝處入於一切處、起於後後者勝於前前也。蓋修解脫、但於所緣、總取淨相、未能分別青黃赤白、後之四勝處、雖能分別青黃赤白、而未能作無邊之行相、又前之四一切處、青黃赤白一一觀為無邊、而思此青等以何者為其所依、知依於大種、故地水火風一一觀為無邊。復思此所覺之色、何所依而廣大、知由於虛空、故次觀虛空無邊。又思此能覺之識、以何者為所依、知依於識、故次觀識無邊。此所依之識別無所依、故更無第九之遍處。見智度論二十一、俱舍論二十九、同頌疏二十九、法界次第中之下。

【八城經】（經名）阿難為八城居士說十二禪、居士信心施食及房。收於中阿含第十六。

【八恆値佛】（雜語）涅槃經六謂佛對迦葉菩薩於熙連河及八洹沙之諸佛所說値佛發心之功德。

【八家】（名數）日本入唐學密教有八師稱爲眞言八家。八家者高野之弘法、安祥寺之慧運、禪林寺之宗叡、小栗栖之常曉、靈巖寺之圓行、此云東寺五家。傳敎慈覺智證之三師此云台密三家。合爲八家。又俱舍宗等之八宗云八家。

【八家九宗】（名數）八家者俱舍等之八宗也再加禪稱爲九宗。淨土門總稱他門之名目。

【八師】（名數）爲殺、盜、邪婬、妄語、飲酒、老、病、死。佛師此八法而修道也。見八師經。

【八師經】（經名）一卷吳支謙譯、梵志邪旬問佛之師。佛以八師答之。見八師條。

【八迷】（術語）三論宗之正觀八不所對治生滅去來一異斷常八種之迷見也。八宗綱要下曰、「遣八迷。故說此八不。此卽今宗所顯理也。」

【八迷戲論】（雜語）同於八迷。戲論云者謂違背正理之虛妄見解也。

【八海】（名數）見九山八海條。

【八時】（名數）印度俗法以一日一夜爲八時如那爛陀寺亦依此俗法。然聖敎所說以六時爲法西域記二曰、「居俗日夜分爲八時晝四夜四。於一一時各有四分。」寄歸傳三曰、「夜有四時與晝相似。成八時也。（中略）調御之敎但列三時。謂分一夜爲三分也。」

【八倒】（名數）凡夫二乘迷執之八種轉倒也。常樂我淨爲凡夫之四倒、非常非樂非我非淨爲二乘之四倒。止觀五曰、「止是淨水蕩貪婬八倒」

【八除入】（名數）八勝處之異名。八勝處之禪也。定能除去煩惱故曰除境觀涉入、故曰入。仁王經上曰、「八除入。八解脫。」見八背捨條。

【八袟鈔】（書名）一切經之目錄也、袟者以絹布類卷之、有八卷故名八袟鈔。見因陀羅網十。

【八神變】（名數）見八變化條。

【八祖相承】（名數）謂眞言宗之相承也。第一大日如來第二金剛菩薩第三龍猛菩薩、第四龍智菩薩、第五金剛智、第六不空第七惠果第八日本之弘法也。

【八敎】（名數）台家所立之八敎也。於華嚴時乃至法華涅槃時五時所說、化法之四敎與化儀之四敎是也。化法之四敎者、一三藏敎經律論之三藏部類判然說因緣生滅之四諦正敎聲聞緣覺之二乘傍化菩薩者。二通敎說卽空無生之四眞諦使通三乘而同學者但以菩薩爲正機、二乘爲傍機。三別敎於二乘之人皆不同別對菩薩說大乘無量之法者。四圓教、對最上利根之菩薩說事理圓融之中道實相者。（別圓二教之相違唯隔歷二圓融耳）以上之四教、爲化益衆生之法門故名化法。化儀之四教者、以彼化法說示衆生之儀式作法也。一頓教、對頓大之機頓說別教圓教之大法者。如華嚴時是也。二漸教、對漸機漸漸次第說化法之四教。如鹿園方等般若三時之說相是也。三秘密教、對一種之機說秘密之法使一會之人自他互知者是由如來身口意之不思議力。四不定教、於一會之中說一法使聞者異解、或得益或不得益者。蓋化法之四教如藥味、化儀之四教如藥方、合成八教也。止觀義例曰「頓等四教是佛化儀藏等四教是佛化法」。

【三種四教】（名數）藏通別圓化法之四教有三種。一方等之四教、二別教之四教、三涅槃之四教也。此三種之差別如何、或言方等之四教、隔別不融、別教之四教、法四而人一、涅槃之四教、四人俱知常住。或言涅槃之四教、通入佛性、別教之四教、次第見佛性、方等之四教、二乘見佛性。見釋籤講述四上。

【八教大意】（書名）天台八教大意之略名。

【八部】（名數）天龍等之八部衆、又乾闥婆等之八部鬼神也。

【八部衆】（名數）有二說。一爲舍利弗問經等之說、通常用之。一天衆 Deva 欲界之六天、色界之四禪天、無色界之四空處天也。身具光明故名爲天、又自然之果報殊妙故名爲天。二龍衆 Nāga 爲畜類水屬之王也。如法華經之聽衆列八大龍王。三夜叉 Yakṣa 新云藥叉、飛行空中之鬼神也。四乾闥婆 Gandharva 譯作香陰、陰者五陰之色身也。彼五陰唯嗅香臭而長養、故名香陰。帝釋天之樂神也。法華經之聽衆、列四乾闥婆。五阿修羅 Asura 舊作無酒、新作非天、又作無端正。此果報雖類天而非天部、故云非天。又容貌醜惡、故云無端正。彼之果報有美女而無酒、故云無酒、常與帝釋戰鬪之神也。六迦樓羅 Garuḍa 譯作金翅鳥、兩翅相去有三百三十六萬里、撮龍爲食。七緊那羅 Kinnara 譯作非人、新譯作歌神、似人而頭上有角、故名人非人、爲帝釋天之樂神、故云歌神、帝釋有二種之樂神、前之乾闥婆爲奏俗樂者、此則爲奏法樂者之天神也。八摩睺羅迦 Mahoraga 譯作大蟒神、大腹行、地龍也。見名義集二。此八部總爲以人眼不能見者、故謂之冥衆八部。八部中天龍之神驗殊勝、故曰天龍八部、又名龍神八部。

【八部般若】（名數）般若經之部類有八部。見般若條。

【八部鬼衆】（名數）四天王所領之

鬼衆也。仁王經合疏上曰、「八部者。乾闥婆、毘舍闍二衆東方提頭賴吒天王領。鳩槃茶、薜荔多二衆南方毘留勒叉天王領。龍富單那二衆西方毘留博叉天王領。夜叉羅剎二衆北方毘沙門天王領。」一乾闥婆 Gandharva 譯爲香陰不食酒肉唯以香資陰身者。二毘舍闍、Piśāca 譯爲噉精氣食人及五穀精氣之惡鬼也。三鳩槃茶 Kumbhāṇḍa 譯爲甕形其陰莖似甕形之厭魅鬼也。四薜荔多、Preta 譯爲餓鬼常逼於飢渴之陰鬼也。五諸龍 Nāga 水屬之王也。六富單那、Pūtana 譯爲臭餓鬼是主熱之病鬼也。七夜叉、Yakṣa 譯爲勇健鬼有地行夜叉虛空夜叉天夜叉之三種。八羅剎、Rakṣasa 譯爲捷疾鬼見名義集二。図天龍等之八部衆也。三藏法數三十三曰、「八部鬼神森然而翊衞。」

【八部佛名經】（經名） 一卷元魏瞿曇譯。佛爲善作長者說東方八佛之名號功德。

【八梵】（名數） 八種之梵音也。梵者、清淨之義。如來之淨梵名爲梵音。玄應音義二曰、「八梵八種梵音者。按十住斷結經云。一不男音。二不女音。三不強音。四不軟音。五不清音。六不濁音。七不雄音。八不雌音。」

【八乾】（名數） 又作八犍。八揵度也。廣弘明集三十曰、「五部橫流。八乾起執。」

【八偈】（雜名） 仁王經所說之四無常偈總有八頌謂爲八偈之文。

【八斛食】（故事） 八斛四斗之略。如言八萬四千而言八萬也。佛臨涅槃時陶器師純陀最後之供養奉佛以摩竭陀國之粳米八斛四斗。佛以神力施之於一切大會之衆使之充足。涅槃經十曰、「爾時純陀所持粳糧成熟之食。摩伽陀國滿足八斛。以佛神力皆悉充足一切大會。」釋門正統三曰、「大經云。如來受長者八斛四斗供入滅。留八斛四斗舍利。」

【八漸偈】（雜名） 唐白居易、就觀覺、定、慧、明、通、濟、捨之八言各頌一偈。此八言爲入道之漸門故稱八漸。見傳燈錄二十九載之。

【八惟無】（名數） 又作八惟務。八背捨也。八背捨復作八解脫。爲八種之禪定。以此禪定思惟色心之空無。謂爲惟無。勤行思惟。謂爲惟務。玄應音義三曰、「八惟無或作八惟務。卽八背捨也。」見八背捨條。

【八曼茶羅】（經名） 師子莊嚴王菩薩請問經之異名。

【八寒八熱】（名數） 八寒地獄與八熱地獄也。梁武帝文曰、噉食衆生。是八寒八熱地獄。四按翻譯名義集地獄篇云、八大獄外附十六小地獄。八寒冰。八炎火。八炎火地獄者。一炭坑。二沸屎。三燒林。四劍林。五刀道。六鐵刺林。七鹹河。八銅橛。八寒冰地獄者。一頞浮陀。寒生皰。二尼羅浮陀。皰裂。三呵羅羅。四阿婆婆五睺睺。皆寒顫聲。六漚波羅。寒逼其身作青蓮華色。七波頭摩。紅蓮華色。八摩訶波頭摩。大紅蓮華色。八寒冰八炎火。即八寒八熱。

【八寒地獄】（名數）又作八寒冰地獄。在八熱地獄傍之八處寒地獄也。見地獄條。

【八寒冰地獄】（名數）同於八寒地獄。

【八棄】（名數）比丘尼之八波羅夷罪也。波羅夷譯作斷頭、又作棄。謂犯此罪者、棄於佛法之邊外也。楞嚴經八曰、「持聲聞四棄八棄。執身不動。」同長水疏曰、「梵云波羅夷。此云棄。謂犯此者永棄佛法邊外。猶如死屍。大海不受。故名爲棄。」見八波羅夷條。

【八智】（名數）觀欲界及上二界之四諦之眞智也。觀欲界之四諦有四、是曰四法智。觀上二界之四諦有四、是曰四類智。詳見智條。

【八軸】（術語）法華經八卷也。見八講條。

【八筏】（譬喩）以八個之筏譬八正道也。名義集五曰、「智論云。筏是八正道。到常樂涅槃之彼岸。」

【八喩】（名數）見譬喩條。

【八萬歲】（雜語）八萬四千歲之略數也。增減劫中以八萬四千歲之人壽爲最長、以十歲之人壽爲最短。俱舍論十二曰、「從十年至八萬。復從八萬減至十年。」

【八萬藏】（雜語）八萬四千之法藏也。舉大數而言、故曰八萬。

【八萬十二】（雜語）八萬四千法藏與十二部經也。法華經見寶塔品曰、「若持八萬四千法藏十二部經。爲人宣說。」

【八萬四】（雜語）八萬四千之略名。華嚴經三十五曰、「或說八萬四。乃至無量行。」同四十四曰、「爲發大悲心。具說八萬四。」般舟讚曰、「門門不同八萬四。」

【八萬四千】（雜語）西天之法、顯物之多者、常舉八萬四千之數。略云八萬、如舉煩惱之多曰八萬四千之塵勞、舉敎門之多曰八萬四千之法門、須彌之高深曰八萬四千由旬、非想天之壽命、劫初之人壽曰八萬四千歲。

【八萬法門】（術語）八萬四千之法門也。

【八萬法藏】（術語）八萬四千之法藏也。

【八萬法蘊】（術語）與八萬法藏同。蘊者積聚之義、藏者包藏之義、包藏即積集也。

【八萬細行】（術語）行住坐臥之四

威儀各有二百五十戒共爲一千對於攝律儀戒等之三聚而爲三千又對於殺盜婬(身之三支)兩舌惡口妄言綺語(口四支)之身口七支而爲二萬一千又配於貪瞋痴之三毒及等分之四煩惱則爲八萬四千是卽八萬四千之律儀也今言八萬者僅舉其大數而言之耳見三藏法數參照三千威儀條。

【八萬四千塔】(故事)謂多數之塔婆也法華經藥王品曰「火滅已後收取舍利作八萬四千寶缾以起八萬四千塔」佛滅後阿輸迦王作八萬四千塔見阿育條。

【八萬四千病】(術語)以病譬八萬四千之煩惱智度論曰「般若波羅蜜能除八萬四千病根本」

【八萬劫小乘】(雜語)開聲聞緣覺二乘之證果者而聲聞之初果經八萬劫二果經六萬劫三果經四萬劫四果經二萬劫緣覺經十千劫則自發心而入大乘因指聲聞之初果(卽預流果)謂之八萬劫小乘。

【八萬四千光明】(術語)無量壽佛一一之相好有八萬四千之光明觀無量壽經曰「無量壽佛有八萬四千相一一相各有八萬四千隨形好一一好復有八萬四千光明一一光明徧照十方世界念佛衆生攝取不捨」

【八萬四千法門】(術語)就能詮之敎曰法藏就所詮之義曰法門皆有八萬四千之數勝鬘經曰「廣大義者則是無量得一切佛法攝八萬四千法門」見法藏條。

【八萬四千法藏】(術語)衆生有八萬四千煩惱之病佛爲退治之說八萬四千之經典法華經見寶塔品曰「持八萬四千法藏十二部經爲人演說」見法藏條。

【八萬四千相好】(術語)對於劣應身(卽化身佛)之三十二相八十種好而勝應身有八萬四千之相與好觀無量壽經曰「無量壽佛有八萬四千相一一相各有八萬四千隨形好」

【八萬四千敎門】(術語)八萬四千之法門也見法藏條。

【八萬四千煩惱】(術語)同於八萬四千塵勞。

【八萬四千塵勞】(術語)八萬四千之煩惱也塵勞爲煩惱之異名以煩惱汚人之眞性使人煩勞也止觀一曰「一一塵有八萬四千塵勞門」

【八葉印】(印相)八葉蓮華開敷之印相也爲阿彌陀如來之印見圖印集上又蓮華部之三昧耶印也見三昧耶條。

【八葉院】(術語)胎藏界之中臺八葉院也見八葉蓮臺條。

【八葉九尊】(術語)見八葉蓮臺條。

【八葉中臺】(術語)見八葉蓮臺條。

【八葉蓮華】（術語）密教以爲須彌山之異名。又見八葉蓮華觀條。

【八葉之中尊】（術語）胎藏界之中臺稱爲八葉院。卽八葉之蓮華、有中胎八葉之九座。而九尊住立其中。胎之尊卽胎藏界之大日如來也。

【八葉蓮座】（術語）見八葉蓮臺條。

【八葉蓮臺】（術語）胎藏界曼陀羅之第一院中臺也。中央爲大日、四方之八葉、爲寶生、開敷華王、無量壽、天鼓雷音之四佛、普賢、文殊、觀音、彌勒之四菩薩。合爲九尊。是三密相應之時、吾人肉團心（心臟）開敷之相也。大日經二曰、「內心大蓮華。八葉及鬚蘂。」同疏四曰、「先觀此蓮。令其開敷。爲八葉白蓮座。此臺上應觀阿字。」敎時義一曰、「心中八分千栗馱心開爲八葉芬陀利華。故現中胎八葉而已。」

【八葉肉團心】（術語）密家之說、吾人之心臟名肉團心、其形如合蓮華。若修瑜伽觀而三密相應、則開敷而爲八葉、於中胎及八葉顯現胎藏界之九尊云。菩提心論曰、「凡人心如合蓮華。佛心如滿月。」

【八葉蓮華觀】（術語）於吾人之肉團心（心臟）觀想八葉之蓮華、示現胎藏界九尊之觀法也。大日經疏十二曰、「此心之處卽是凡夫肉心。最在於中。是汗栗馱心也。將學觀者。亦於此處思蓮華之形。所以者何。一切衆生此心卽是蓮華三昧之因。以未能令開敷。故爲諸煩惱等之所纏縛。所以不能自了其心如實之相也。是故先當觀此心處、作八葉蓮華觀。令開敷諸蘂具足。於此臺上思想阿字而在其中。（中略）何故須觀八葉不多不少耶。此有二義。一者一切凡夫心處雖未能自了。然其上自然而有八瓣如合蓮華形。今但觀照此心令其開敷。卽是三昧觀而且便也。」宗鏡錄二十六曰、「問何故蓮唯八葉。答、一切凡夫心處雖未能自了。其內心亦自然而有八瓣、合成蓮華形。今但視照此心令其開敷。卽是三昧實。故若視此心八葉之華、卽得與理相應。此八葉者。四方卽是表四攝。四隅卽表如來四智。此華本來無生、卽是菩提心。當知一切法門皆是從心所得也。」

【八無暇】（名數）八難之異名。八種之難處無修佛道之閒暇也。玄應音義二十一曰、「八無暇言八難之時、無有閒暇可修善業也。」

【八無礙】（名數）十八界中眼耳鼻舌身意之六識與六根中之意根（謂之七心界）六境中之法界也。此八法皆爲無障礙之法、故曰無礙。俱舍論二曰、「八無礙者。七心法界。」

【八無暇有暇經】（經名）一卷、唐義淨譯。說八難處之有無者。

【八童子】（名數）見八大金剛童子條。

【八勝處】（名數）八背捨、八勝處、十一切處、此三者爲遠離三界貪愛之一具禪定也。見八背捨條。

【八菩薩】（名數）見八大菩薩條。

【八備十條】（名數）唐彥琮法師就翻譯立八備十條之法式。義楚六帖九曰、「彥琮法師云、夫預翻譯有八備十條。一誠心愛法、志願益人。二將踐覺場、先牢戒足、不染譏惡。三文詮三藏、學貫五乘、不苦暗滯。四傍涉墳史、工綴典辭、不過魯拙。五襟抱平恒、器量虛融、不好專執。六要識梵言。七不墜彼學。八博閱蒼雅、粗諳篆隸、不昧此文。十條者、一句韻、二問答、三名義、四經論、五歌頌、六咒功、七品題、八專業、九本部、十字番」

【八尊重法】（名數）八敬戒之異名。

【八陽神咒經】（經名）一卷、西晉竺法護譯、爲八佛名號經之異譯。

【八聖】（名數）聲聞乘之四向四果也。仁王經上曰、「七賢八聖」同天台疏上曰、「八聖謂四果四向也」又八聖道也。與八正道同。三藏聖教序曰、「發揮八聖、固先聖之丕業」

【八聖道】（名數）與八正道同。阿彌陀經曰、「七菩提分八聖道分」俱舍論二十五曰、「七等覺支八聖道支」

【八聖道支】（名數）又名聖道分。見前條。

【八解】（雜名）八解脫之略。唯識述記序曰、「澄八解之眞波、遼淨玉井」維摩經佛道品曰、「八解之浴池、定水湛然滿」

【八解脫】（名數）又名八背捨、違背三界之煩惱而捨離之解脫其繫縛之八種禪定也。觀無量壽經曰、「三明六通具八解脫」同天台疏中曰、「能脫心慮、故名解脫。亦名背捨。背者背彼淨潔五欲也、捨者捨是着心也」見八背捨條。

【八敬】（名數）比丘所持之八敬戒也。

【八敬戒】（名數）又名八敬法、八尊師法、八不可越法、八不可過法。如來成道之十四年、姨母求出家、佛不許之、蓋以正法千年、若度女人則減五百也。阿難三請、便傳八敬法、使向彼說、若能行之、則聽女出家、姨母頂戴信受、乃得戒。由得戒之十緣而正法亦復千載。四分律四十八曰、「佛告阿難、今爲女人說八盡形壽之不可過法、若能行之、即是受戒也。何等爲八、一百歲之比丘尼見新受戒之比丘、亦應起而迎逆禮拜、敷淨座請坐、二比丘尼不得罵謗比丘、三不得擧比丘之罪、說其過失、比丘能得說尼之過、四式叉摩那（學法女）巳學戒、（六法也）應從衆僧求受大戒、五比丘尼犯僧殘（罪名）應於半月中在二部之僧(比丘、比丘尼、)中行摩那埵。六尼於半月內當於僧中求敎授之人。七、在比丘處不可夏安居。八夏訖則當詣僧中求自恣之人。(自恣者、懺悔之法也、)如此八法應尊重恭敬讚嘆不可盡形違越。」(取意引行事鈔下四)善見律十八曰「比丘尼犍度何以佛不聽女人出家。爲敬法故若度女人出家、正法但得五百歲住由佛制比丘尼八敬正法、還得千年。」中阿含三十八瞿曇彌經說八尊師法、同此但第五云非得比丘之聽許、不得就比丘問經律論之義。尊師卽敬之異名、故八尊師法卽八敬也。

【八敬法】(名數)　見八敬戒條。

【八敬得】(術語)　得戒十緣中之受重得也。見具足戒條。

【八犍度】(名數)　阿毘曇八犍度論所說八種之犍度也。見犍度條下。

【八犍度論】(書名)　具名阿毘曇八犍度論、三十卷、迦旃延子造、苻秦僧伽提婆等譯。爲阿毘達磨發智論之舊譯。以所說之法聚名論。

【八道】(名數)　八正道也。

【八道支】(名數)　同於八正道支。

【八道行】(名數)　八正道也。此正道爲聖者之所行故。

【八道船】(譬喻)　八正道之船也。同性經上曰、「勤行八聖道者。似正疾風吹於船舶。」寶積經六十八偈曰、「斯諸世間天人衆。生死苦惱之所逼。願度羣生於有海。演說八正大船路。」往生要集上末曰「乘彼八道船。能度難度海。」

【八會】(名數)　華嚴一經爲七處八會之法、故謂爲八會之經。慈恩寺傳序曰、「八會之經。謂之爲本。」見華嚴經條。

【八禁】(名數)　卽八戒也。

【八圓】(名數)　敎理智斷行位因果之八種圓融也。見圓敎條。

【八塔】(名數)　見八大靈塔條。

【八達】(人名)　高僧支學龍、學達內外、稱爲八達。釋氏要覽中曰、「高僧支學龍博通內外阮瞻等名士並爲知己。呼爲八達。

【八遊行】(名數)　八正道也。是爲聖者遊行之所。故名。

【八業家】(流派)　俱舍宗以三時業爲四業。四業復各開爲二業。立爲八業。故稱爲八業家。卽順現業、順生業、順後業、三者各開爲時報俱定業、時定報不定業二種。順不定業開爲報定時不定業、時報俱不定業二業、故合成八業也。

【八慢】(名數)　慢之八種類。如慢、慢慢、不如慢、增上慢、我慢、邪慢、憍慢、大慢是也。

【八福生處】(名數)　瑜伽師地論所說。爲布施等之福業、應其福之多少而生於下之八處、如人中之富貴、四王天、忉利天、夜摩天、兜率天、化樂天、他化天、梵天是也。

【八福田】（名數）　梵網經有八福田之目、諸師解釋不同。天台戒疏下曰、「八福田者、一佛、二聖人、三和尚、（受戒本師）四闍梨、（受戒時教授威儀之阿闍梨）五僧、六父、七母、八病人。」（諸家多用之）此中佛與聖人及僧爲敬田、和尚闍梨父母爲恩田、病人爲悲田、若人向此八種能恭敬供養、慈愍惠施、則皆能生無量之福果、故曰福田。賢首之梵網經戒本疏三更舉三種之異說、「八福田者有人云。一造曠路美井、二水路橋梁、三平治險路、四孝事父母、五供養沙門、六供養病人、七救濟苦厄、八設無遮大會。未見出何聖教。有云供養三寶爲三、四父母、五師僧、六貧窮、七病人、八畜生。亦未見教。賢愚經云、施五人得福無量。一知法人、二遠行人、三遠去人、四飢餓人、五病人。是以三寶亦爲八種。」

【八種法】（名數）　一三三昧、二四禪定、三四無量心、四四無色定、五八背捨、六八勝處、七九次第定、八十一切處、合爲五十法。

【八種塔】（名數）　如來塔、菩薩塔、緣覺塔、阿羅漢塔、阿那含塔、斯陀含塔、須陀洹塔、轉輪王塔也。此八人滅後爲必當立塔者、故有此名。翻譯名義集所說。

【八種施】（名數）　布施之八種類也。即隨至施、怖畏施、報恩施、求報施、習先施、希天施、要名施、爲莊嚴心等施。

【八種謬】（名數）　一性謬、若色作色相、乃至重作重想、是名性謬。二分別謬、若分別色、是色非色、是可見是不可見、是有對是無對、是名分別謬。三聚謬、如於色中見我、見衆生士夫之壽命、於屋舍四衆、軍旅、衣食、蓮華、車乘、樹木、積聚、如是等中各作一相、是名聚謬。四我謬、五我我所謬、於有漏中取我我所、於常無量世中生取著、計我我所、是名我我所謬。六愛謬、於淨物中生貪著心、是名愛謬。七不愛謬、於不淨物中生瞋恚心、是名不愛謬。八非愛非不愛謬、於一切不淨物中生貪恚心、是名非愛非不愛謬。見菩薩善戒經二。

【八種清風】（名數）　四方四維八方之清風也。觀無量壽經曰、「八種清風從光明出。」同傳通記曰、「八種清風者、今家無判。天台云。八種清風者、彼處實無時節、若寄此八、謂除上下、餘四方四維、故云八。亦可以對八卦也。」

【八種勝法】（名數）　謂受持八齋戒者得八種之勝功德也。一不墮獄、二不墮鬼、三不墮畜、四不墮須羅、五常生人中出家得道、六生欲天上、七恒生梵天值佛請法、八得菩提。見十善戒經。

【八種別解脫戒】（名數）　八種之別解脫也。一比丘戒、二比丘尼戒、三正學戒、四沙彌戒、五沙彌尼戒、六優婆塞戒、七優婆夷戒、八近住戒。

【八種長養功德經】（經名）一卷、趙宋法護譯。說發心受八齋戒之功德者。

【八種旋陀羅尼字門】（名數）見旋陀羅尼條。

【八熱地獄】（名數）與八大地獄同。

【八輪】（名數）八正道也。世間之輪、有輻轂輞、互相資助以成輪體。八支之正道、互相資助以成正道、故譬之爲輪。名義集五曰、「正理論云、如世間輪有輻轂輞。八支聖道似彼名輪。正見正思惟正勤正念似輻。正說正義正命似轂。正定似輞。三事具足可乘轉通徧也。」

【八遮】（名數）三論宗所明之八不中道也。遮者遮遣、八遮者謂遮遣不生不滅等與生滅等之八迷也。性靈集六曰、「八遮蕩穢、一眞簡淨」

【八論】（名數）外道十八明處中有八論、一肩亡婆論、簡釋諸法之是非者。二那邪毘薩多論、明諸法之道理者。三伊底呵婆論、明傳記宿世之事者。四僧佉論、明二十五諦者。五課伽論、明攝心之法者。六陀菟論、釋用兵杖之法者。七犍闥婆論、明音樂之法者。八阿輸論、明醫方者。見百論疏上之下。因無着之八支論也。一二十唯識論、世親造、有慈恩述記二卷。二三十唯識論、世親頌、十師長行、慈恩述記二十卷。三攝大乘論、無着論本、有世親無性各釋、眞諦達磨笈多玄奘各譯之。四對法論、無着論本、師子覺釋。安慧糅之。慈恩作疏。五辨中邊論、彌勒頌、世親釋、六緣起論、有藏中緣生論、鬱迦道達磨笈多譯、恐是。七大莊嚴論、無着造、波羅頗迦羅密多羅譯。八成業論、世親造。此中雖有餘人造者、然歸功於無着也。見寄歸傳四。因陳那有八論。一觀三世論、未譯。二觀總相論、義淨譯。三觀境論、似是玄奘譯之觀所依論。四因明論、未譯。五似因明論、未譯。六理門論、玄奘譯。七取事施設論、未譯。八集量論、未譯。見寄歸傳四、解纜鈔四。

【八德】（名數）大海有八德、以譬戒律。見大海條。

【八輩】（名數）四向四果之聖者也。

【八墮】（名數）比丘尼之八波羅夷也。

【八篇】（名數）具足戒分類爲八種、謂之八篇。

【八憍】（名數）憍、憍慢也。諸人恃自己勝於他人、遂生慢心、如鳥有凌高視下之概、故法華文句六引文殊問經配八憍於八種之鳥。一盛壯憍、恃己盛壯凌他劣弱、如鴟鳥。二姓憍、恃己種姓凌他、如梟鳥。三富憍、恃己財物凌他、如鵰鳥。四自在憍、恃己長大適意凌他、如鷲鳥。五壽命憍、恃己壽高凌他、如鳥鳥。六聰明憍恃、己聰明凌他、如鵲鳥。七行善憍恃、己行少善凌他、如鳩鳥。八色憍恃、己顏容凌他、如鴿鳥。

【八億四千萬念】（雜語）安樂集下曰、「淨度菩薩經云、人生世間凡經一日一夜有八億四千萬念。一念起惡受一惡身、十念起惡得十生惡身。（中略）惡法既爾善法亦然。」

【八龍】（名數）見八大龍王條。

【八諦】（名數）法相宗所立之眞俗八諦也。詳見諦條。

【八穢】（名數）一、置買田宅。謂比丘當依衆居止、勤修出世清淨無爲之道。若私置田宅、以圖自足、是爲不淨。二種植根栽。比丘當勤修道業、於世間資生之事不生貪着。若不爲衆私自種植田園、內妨行業、是爲不淨。三貯聚穀粟。謂比丘當乞食資身、淸淨活命。若不爲衆、私自藏貯穀粟米麥、是爲不淨。四、畜養奴婢。謂比丘當閒居靜處、修攝其心、行安樂行。若不爲衆、畜養奴婢、驅使作務、是爲不淨。五畜養羣畜。謂比丘當持禁戒、慈心不殺。若畜牛馬等孳生之類、以汚梵行、是爲不淨。六藏積金銀錢寶。謂比丘當以淸雅爲高、安貧樂道、身無長物。若貪積世間所重金銀資財等物、資生求利、計算出納、有乖道行、是爲不淨。七藏積象牙刻鏤等物。謂比丘當奉佛戒、志尙儉素。於諸玩好、心不貪戀、布衣草座、常懷知足。若貪世間稀有雕飾之物、是爲不淨。八藏積銅鐵釜鑊以自煮爨。謂比丘於衆居止、當於衆同餐、或乞食自活、勵精梵行、成就道業。若藏積釜鑊以自煮爨、背衆而食、是爲不淨。

【八講】（行事）妙法蓮華經八卷、講八座稱爲八講。朝夕二座、分爲四日。三寶感應錄中曰、「釋慧明、不知何處人。頴悟佛乘、講法華經。入深山、坐於石室講經、有光明漸近窟前。是天人也。自稱吾是猿猴羣中之老弊盲者、聞公講、因生於忉利天、思師之恩、故降臨於此、願聞講說。明云、如何講說、天曰、吾怱怱欲還天、師以一部之典、分八座講之。明云、所持七卷、（法華經古本爲七卷）可分七座、何必八講。天曰、法華是八年所說、若講八年、則實悠久、願開八座、以擬八歲之說。且亦叶於佛旨。明乃開七卷爲八軸、爲天人講之。」因後來倣法華八講、有最勝八講、卽金光明最勝王經之八講也。

【八還】（名數）諸變化相、各還本所因處、有八種也。楞嚴經曰、「佛告阿難、汝咸看此諸變化相、吾今各還本所因處。云何本因。阿難、此諸變化、明還日輪。何以故。無日不明。明因屬日、是故還日。暗還黑月。通還戶牖。擁還牆宇。緣還分別。頑虛還空。鬱𡋯還塵。淸明還霽。則諸世間一切所有、不出斯類。汝見八種見精明性、當欲誰還。」蘇軾次韻道潛留別詩曰、「異同更眞疑三語。物我終當付八還。」

【八齋】（名數）八支齋之略。即八戒也。

【八齋戒】（名數）八戒齋之異名。見齋戒條。

【八臂天】（天名）那羅延天也。涅槃經二十四曰、「八臂天摩醯首羅天」。慧琳音義二十六曰、「八臂天此云那羅延天。」見那羅延條。

【八藏】（名數）八部之法藏也。詳見藏條。

【八識】（名數）法相宗謂耳目鼻舌身意六識之外。更有末那識阿賴耶識二者、末那之義為我執。謂執持我之見者。即此識也。阿賴耶者。即末那識所執以為我者也。其義為藏。謂能藏一切法。世俗所云神識性靈、皆指此。詳見識條。

【八識十名】（名數）第八阿賴耶識之異名有十。見阿賴耶識條。

【八識心王】（名數）眼等之八識、各有心王與心所。識之本體為心王。與之相應而起之作意、觸、受等之別作用、為心所有法。略曰心所。

【八識五重】（名數）法相宗之觀門、就八識有五重唯識觀之法、觀萬法唯識由淺至深為五重之觀想也。見五重唯識條。

【八識規矩】（書名）天親宗相攝瑜伽百卷為嗢陀藍。護法愍迷、造成唯識論解三十頌。闡發慈氏之奧典。十師稱貫、百卷洞該。類聚羣分、各遵其本。玄奘大師糅茲十釋譯成十卷。既使文同義異者、若出一師。然而記憶猶艱。乃造八識頌、以統其緒。謂之規矩者。眼耳鼻舌身意末那阿賴耶之八識、行相心所緣性量境界地諸法、各有定斷故也。見相宗八要中。

茲將本書各家之註述列之如下。

八識規矩補註二卷明普泰補註。○八識規矩補註證義一卷明明昱證義。○八識規矩略說一卷明正誨略說。○八識規矩頌解一卷明眞可述。○八識規矩通說一卷明德清述。○八識規矩纂釋一卷明廣益纂釋。○八識規矩直解一卷明智旭解。○八識規矩淺說一卷行舟說。○八識規矩頌註一卷行舟註。○八識規矩論義一卷性起論釋。善漳等錄。

【八識體一】（雜語）對八識體別而言。謂諸八識之體性、悉為同一也。出於無性之攝論四卷、世親之攝論三卷、為一類之菩薩所主張者。唯識宗之異義也。

【八識體別】（術語）對八識體一而言。謂諸八識之體性各有別也。此為唯識宗之正義。

【八難】（名數）謂見佛聞法有障難

八處也。又名八無暇。謂修道業無閒暇也。一地獄。二餓鬼。三畜生。四鬱單越。（新作北拘盧洲）以樂報殊勝而總無苦故也。五長壽天。色界無色界長壽安穩之處。六聾盲瘖瘂。七世智辯聰。八佛前佛後。二佛中間無佛法之處。維摩經方便品曰「菩薩成佛時。國土無有三途八難。」同天台疏三曰「言八難者。三惡道爲三。四北鬱單越。五長壽天。六盲聾瘖瘂。七世智辯聰。八佛前佛後。」淨心誡觀法曰「四百四病以夜食爲本。三途八難以女人爲本。」大乘義章八末廣說其相。

【八關齋】（術語）八齋戒之異名。三藏法數三十二曰「關者禁也。謂禁閉盜殺婬等八罪使之不犯故也。」見齋戒條。

【八關齋經】（經名）一卷。劉宋沮渠京聲譯。中阿含持齋經之別譯。

【八寶塔】（名數）見八大靈塔條下。

【八轉】（名數）八轉聲也。

【八轉聲】（名數）梵語之名詞。曰蘇漫多聲。Subanta(Sup + anta)此蘇漫多聲。有八種之語格。稱爲八轉聲。一曰體聲。又名汎說聲。梵語爲儞利提勢。Nirdeśa(-e) 此爲主格。乃汎說物體之語也。二曰業聲。又名所說聲。梵名爲鄔波提舍泥。Upadeśana(-e) 此爲賓格或目的格。自主格言之。則爲賓格。自作業之目的言之。便爲目的格也。三曰具聲。梵名爲羯咥唎迦囉泥 Kaitṛkāraṇa(-e) 屬於具格。乃表示能作者之具之詞也。四曰所爲聲。又名所與聲。梵名三鉢囉陀儞鷄 Sampradāna (-ike) 屬於與格。乃表示能作者之所對之詞也。五曰所從聲。梵名係裒波陀泥 Apādāna 屬於奪格。乃表示其物所從來之詞也。六曰所屬聲。梵名莎弭婆者儞。Svāmivacana(-e) 屬於物主格。乃舉物主以示所屬之格也。七曰所依聲。又曰所於聲。梵名珊儞陀那囉梯。Saṃnidhānārtha(-e) 此爲於格。乃表示物之所依（此謂爲依之第七轉。卽所依聲）及物之所對（此謂爲境之第七轉。卽所依聲）之詞也。八曰呼聲。梵名阿曼怛囉泥。Āmantraṇa(-e) 乃但爲指呼物體之格也。以上八轉聲。各有一言聲。二言聲。多言聲三種之別。爲二十四聲。此二十四聲。又有男聲女聲中聲三性。則有七十二聲之變形。此卽蘇漫多聲變化之總數也。此蘇漫多聲之變化。係於名詞之語基上。附以語尾。由其語尾之變化而來。而附加語尾。僅限於前七轉。第八轉呼聲。非有語尾之變化。僅於語基上加一醯字而已。職此之由。示轉聲僅限於前七種。稱爲七轉聲。七例句。七言論句。唯識樞要上本曰「蘇漫多聲說卽八轉聲也。（中畧）瑜伽論第二卷七轉聲亦名七例句。（中略）然有別目但唯七轉。第八乃是汎爾呼聲。更無別詮。」寄歸傳四曰「言七例者。一切聲上皆悉有之。（中略）於七例外有呼召聲、便成八例。」

【八觸】（名數）身有所感觸、謂之觸。將得初禪定時身中生八種之感觸。謂之八觸。一曰動觸。坐禪時俄而身起動亂之象也。二曰痒觸。俄而身痒、如無置身處也三曰輕觸。身輕如雲如塵有飛行之感也。四曰重觸。俄而身重如大石、不能少動也。五曰冷觸。俄而身如水冷也六曰暖觸。身熱如火也。七曰澁觸。身如木皮也。八曰滑觸。身滑如乳也考此八觸發生之原因。欲得初禪定時。上界之極微入於欲界之極微而相替地水火風狂亂而如此發動也。不知此法相之人、驟起驚怖思我今發病馳廻不已、遂亂血道眞為狂氣矣。（此依止觀九止觀八無動痒二者、有輭麤二者）止觀八曰、「八觸者心與四大合則有四正體觸。復有四依觸合成八觸。重、如沈下。輕、如上昇。冷、如冰室。熱、如火舍。澁、如挽逆。滑、如磨脂。輭、如無骨。麤、如糠肌。此八觸。四上四下。入息順地大而重。出息順風大而輕。又入息順水大而冷。出息順火大而熱。又入息順地大而澁。出息順風大而滑。又入息順水大而輭。出息順火大而麤。

【八蘊】（名數）發智論有八品、稱為八犍度譯作八聚八蘊等大毘婆沙論為解釋此八蘊之法門者。俱舍頌疏一曰、「包括六足、呑納八蘊。」

【八覺】（名數）八種之惡覺也、覺猶言念。一欲覺、貪欲之念也。二瞋覺、瞋恚之念也。三惱覺、惱害他之念也。四親里覺、常憶親戚鄉里之念也。五國土覺、常憶國土安危之念也。六不死覺、富有財寶常憶不死之念也。七族姓覺、常憶族姓高貴之念也。八輕侮覺、恃己才德常輕侮他之念也。見華嚴經十三。

【八辯】（名數）如來之八種辯也。如不斷喝辯。不迷亂辯、不怖畏辯、不憍慢辯、義具足辯、味具足辯、不拙澁辯、應時分辯是。

【八魔】（名數）見魔條。

【八纏】（名數）八種之根本煩惱也。纏為纏縛之義、指煩惱而言。八種者、無慚無愧、嫉、慳、悔、眠、掉舉、惛沈是也。

【八變化】（名數）智度論謂為八神變。涅槃經謂為八自在。八神變者、一能小。以變化力使自他身及世界等為極小微塵也。二能大、以變化力使自他身及世界等滿於極大虛空也。三能輕、以變化力使自他身及世界等如極輕鴻毛也。四能自在、以變化力使大小長短等轉化自在也。五能有主、以變化力自化為大人小人而心無高下、降伏一切、攝受一切也。六能遠至、以變化力能到遠處。凡有四種、一飛行遠至、二此沒彼出、三移遠而近、不往而到、四於一念遍到十方。七能動、以變化力使大地為六種震動或十八種震動也。八隨意、以變化力而能一身多身、山壁直過、履水火、蹈虛空、轉四大、使地作水、使石作金等、悉得如意之所欲也。（八自在我大同小異）玄義釋籤四曰「大論名八神變大經名八自在我言神變者無而忽有有而忽無言自在者不謀而運一切無礙故與大論義同而名小異。」

【九十八使】（術語）使又名隨眠。皆爲煩惱之異名。小乘俱舍以見思之惑立九十八使。見見思條及九十八隨眠條。

【九十八隨眠】（術語）亦名九十八使。煩惱之異名也。常隨逐於人、故謂之隨。其狀體幽微難知、如眠性故謂之眠。此爲貪、瞋、痴、慢、疑、身邊邪取戒之十隨眠配於三界五部者。即欲界見苦所斷十種、見集及見滅所斷七種（除身邊戒）見道所斷八種、（除身邊）並欲界修所斷四種、（貪瞋痴慢）合之欲界有三十六種。色無色無瞋故於五部減之各有三十一種。故爲九十八種。蓋見惑八十八使、加修惑之十隨眠也。出於阿毘達磨發智論五、大毘婆沙論四十六、俱舍論十九等。

【九十六術】（名數）九十六種之外道也。三論玄義曰「九十六術栖火宅爲淨道。五百異部縈見網爲泥洹。」見外道條。

【九十六種外道】（名數）六師外道各有十五弟子。合成九十。再加六師謂之九十六種外道。見外道條。

【九十五種外道】（名數）外道之總數。見外道條。

【九十單墮】（名數）見但茶條。

【九入】（雜名）人之身上眼耳鼻各二、及口大便小便之九孔。由內流漏曰九漏、由外通入曰九入。又名九瘡九孔。見行事鈔中之二。

【九山八海】（名數）謂須彌山等九山與周於各山間之八海也。是蓋印度世界建立說所表之山海總數。以須彌山爲中心、其周圍有遊乾陀羅等八大山、成列迴繞、而山與山之間、各有一海水、故總爲九山八海。據起世經一、長阿含經十八等、所謂九山者一須彌、Sumeru 二佉提羅 Khadiraka 三伊沙陀羅、Īṣādhara 四遊乾陀羅、Yugaṁdhara 五蘇達梨那、Sudarśana 六安濕縛竭拏、Aśvakarṇa 七尼民陀羅、Nimindhara 八毘那多迦 Vinataka 九斫迦羅 Cakravāḍa 是也。須彌又作蘇迷盧、須彌樓、修迷樓、須彌盧、或作彌樓、譯爲妙高或好光。屹立世界之中央、高八萬四千由旬、頂上闊亦八萬四千由旬、中有帝釋之宮殿。佉提羅又作朅地洛迦、佉提羅迦、佉得羅柯、朅那里酤、軻梨羅、朅達洛迦、竭地羅、佉陀羅、軻竿羅、可梨羅。譯爲擔木或空破。高四萬二千由旬、頂上闊亦四萬二千由旬、以七寶合成、在須彌山之外圍而繞之。二山之中間有大海、闊八萬四千由旬。無量之優鉢羅華、鉢摩華、拘牟陀、華奔茶利迦華等諸妙香物、遍覆水上。此海中又有東弗婆提、南閻浮提、西瞿陀尼、北鬱單越之四洲。伊沙陀羅又作伊沙馱羅、伊沙多。譯爲持軸或自在持。高二萬一千由旬、頂上闊亦同之。以七寶合成、在佉陀羅山之外圍而繞之。二山之中間有大海、闊四萬二千由旬。優鉢羅華鉢頭摩華等妙香物遍覆水上。遊乾陀羅又作遊犍陀羅、踰健達羅、由犍陀羅、踰乾陀羅、由乾陀喻漢多。譯爲雙持。高一萬二千由旬、頂上闊亦同之。圍繞伊沙陀羅山。二山中間之海水、闊二萬一千由旬。蘇達梨舍那又作修騰娑羅。譯爲善見。高六千由旬、頂上闊亦同之。圍繞遊乾陀羅山。二山中間之海水、闊一萬二千由旬。安濕縛碣拏又作阿輸割那。譯爲馬半頭或馬耳。高三千由旬、頂上闊亦同之。圍繞蘇達梨舍那山。二山中間之海水、闊六千由旬。尼民陀羅又作尼民達羅、尼民馱羅。譯爲持邊或持地。高一千二百由旬、頂上闊亦如之。圍繞安濕縛碣拏山。二山中間之海水、闊二千四百由旬。毘那多迦又作毘那耶迦、毘泥怛迦那、吠那野怛迦、毘那怛迦、尾那怛迦、毘那矺迦、維那兜。譯爲障礙或犍與又曰象鼻。亦周而在尼民陀羅山之外。高六百由旬、頂上闊亦如之。圍繞尼民陀羅山。二山中間之海水、闊一千二百由旬。其水上並皆遍覆四種之雜華、諸妙香物。斫迦羅又作斫羯羅、遮迦和、斫訖羅、斫迦婆羅。譯爲輪圍或鐵圍。高三百由旬、頂上闊亦如之、圍繞毘那多迦山。是爲世界之外廓、出之卽爲太虛。二山中間之海水、闊六百由旬。但據俱舍論十一、等其所傳稍有不同者。其頌云「蘇迷盧處中、次踰健達羅、伊沙馱羅山、朅地洛迦山、蘇達梨舍那、頞濕縛羯拏、毘那怛迦山、尼民達羅山。於大洲等外、有鐵輪圍山。前七金所成、蘇迷盧四寶、入水皆八萬、妙高出亦然、餘八半半下、廣皆等高量。山間有八海、前七名爲內、最初廣八萬、四邊各三倍。餘六半半陿、第八名爲外、三洛叉二萬二千踰繕那。」此說以遊乾陀羅爲第二山、伊沙馱羅爲第三山、乃至尼民達羅爲第七山、列次少與前異。且前起世經等、謂九山皆爲七寶所成、八大海水、皆各遍覆優鉢羅華等諸妙香物。而俱舍論等謂須彌山爲四寶所成、中間七大山悉爲金所成。八大海水內七海名之爲內海、八功德水滿於其中、第八海其量爲三億二萬二千由旬、名之爲外海、鹹水盈滿云。諸經說此者甚多、茲不一一揭出。

【九上緣惑】（術語）九種緣上界上地之惑也。卽見苦所斷之邪見、見取見、戒禁取見、疑、無明五者及見集所斷之邪見、見取見、疑、無明四者。蓋十一遍行中、除身邊二見者也。俱舍論十九曰「於十一中除身邊見、所餘九種、亦能上緣。上言正明上界上地緣顯無有緣下隨眠。此九雖能通緣自上、然理無有自上頓緣於緣、上中且約界說或唯緣一、或二合緣。故本論(品類足論五)言有諸隨眠是欲界繫緣色界繫有諸隨眠是欲界繫緣無色界繫有諸隨眠是欲界繫緣色無色界繫有諸隨眠、是色界繫緣無色界繫。約地分別准界應思」大乘阿毘達磨雜集論六曰、「欲界煩惱除無明見疑、餘不能緣上地為境。此無明等雖亦有能緣上地者、然彼不能親緣上地如緣自地。由依彼門起分別故立彼為所緣。」是也。但小乘及雜集論等、謂唯此九能上緣、餘貪瞋慢等、不能上緣。然成唯識論六曰、「有處言貪瞋慢等不緣上者依麤相說、或依別緣。」總之此等亦得緣上地也。出於大毘婆沙論十八、瑜伽師地論六十二等。

【九世】(名數) 過現未三世、各具三世、合成九世。

【九世間】(名數) 十界之中、除去佛界他之九界也。此九界皆為迷妄之境、故名為世間。見十界條。

【九厄】(名數) 見七難條。

【九孔】(雜語) 兩眼兩耳兩鼻及口、大小便之九處也。又名九入、九漏、九瘡。見資持記中之二。涅槃經二十九曰、「男女等根九孔不淨」

【九方便】(名數) 九種之方便也。原出於大日經第七增益守護清淨行品、即胎藏次第修法中所誦九種之頌及其印契眞言也。由此九種印明之方便力而成眞實、或所修之法前後方便、故稱為九方便。一作禮方便、二出罪方便、三歸依方便、四施身方便、五發菩提心方便、六隨喜方便、七勸請方便、八奉請法身方便、九迴向方便是也。作禮方便者、先歸命於十方之三寶恭敬禮拜之意。其頌有八句曰、「歸命十方正等覺三世一切具三身、歸命一切大乘法、歸命不退菩提衆、歸命諸明眞實言、歸命一切諸密印以身口意清淨業、殷勤無量恭敬禮。」出罪方便者欲修萬善、不滅罪業則善業難生、故懺悔衆罪。其頌有十句曰、「我由無明所積集身口意業造衆罪、貪欲恚痴覆心故、於佛正法賢聖僧父母二師善知識以及無量諸生所、無始生死流轉中具造極重無盡罪。親對十方現在佛、悉皆懺悔不復作。」歸命方便者歸依三寶之意。其頌有四句曰、「南無十方三世佛、三種常身正法藏勝願菩提大心衆我今皆悉正歸依。」施身方便者、以三業為己有、恐煩惱因惡業得便、故獻身於如來、如教而行。其頌有四句曰、「我淨此身離諸垢、及與三世身口意、過於大海剎塵數、奉獻一切諸如來。」發菩提心方便者、既以身獻佛、則必應有上求菩提下化衆生之所作、故應發菩提心。其頌有六句曰、「淨菩提心勝願寶、我今起發濟拏生生苦等集所纏繞、及與無知所害身、故攝歸依令解脫常當利益請含識」隨喜方便者、菩薩乃至衆生微少之善根、皆可隨意之意。其頌有六句曰「十方無量世界中、諸正遍知大凝衆、種種善巧方便力、及諸佛子爲衆生、諸有所修福業等、我今一切盡隨喜。」勸請方便者、衆生之修善、即因佛之說法、故勸請佛而請法雨。其頌有四句曰、「我今勸請諸如來菩提大心救世者、唯願普於十方界恆以大雲降法雨。」奉請法身方便者、佛之說法、在於利益、利益種類雖多、而以轉在纏之苦身使證悟淨妙法身爲最、故奉請法身。其頌有四句曰、「願令凡夫所住處、速捨衆苦所集身、當得至於無垢處安住淸淨法界身。」迴向方便者、願以上八善根並十方三世之諸善萬行、悉迴向於法界自他皆證得菩提也。其頌有四句曰、「所修一切衆善業、利益一切衆生故、我今盡皆正迴向、除生死苦至菩提。」印契眞言、今從略。又要略念誦經九種方便、一虔誠禮拜。二懺悔法。三歸依法。四分身供養。五發勝菩提心。六隨喜功德。七勸請德雲。八請佛住世。九迴向菩薩。其意亦同。

【九方便十波羅蜜菩薩】（名數）於前九方便一一配以檀波羅蜜菩薩、戒波羅蜜菩薩。忍辱波羅蜜菩薩。精進波羅蜜菩薩。禪波羅蜜菩薩。般若波羅蜜菩薩。方便波羅蜜菩薩。願波羅蜜菩薩。力波羅蜜菩薩。第十之智波羅蜜菩薩。通於隨喜已下四方便。此十波羅蜜菩薩在胎藏界之虛空藏院。

【九句因】（名數）因有九句之意。謂因於宗同品及宗異品、以關係之有無而判其正不、有九種之別也。一同品有異品有。二同品有異品非有。二同品有異品有非有。三同品非有異品有。五同品非有異品非有。六同品非有異品有非有。七同品有非有異品有。八同品有非有異品非有。九同品有非有異品有非有。因明正理門論曰、「宗法於同品謂有非有俱、於異品各三、有非有及二」是也。因明入正理論疏卷上末釋之、謂「宗法云者、言爲宗之法、即因是也。於同品、爲宗同品體、即爲同喩。言能立之因、於同品喩成其三種。一有、二非有、三亦有亦非有也。於彼名爲俱。此三種之因、於宗異品異法喩上亦各有三、一有、二非有、三亦有亦非有也。於彼名爲及二者。且同品有而爲異品之三者、謂因於同品有、於異品亦有、於同品有、於異品爲非有、於同品有、於異品爲有非有也。如是因於同品非有、於異品亦有三。於同品有非有、於異品亦有三、故成九句」云。是即於同品爲有、於異品有爲有、爲非有、爲有非有。於同品爲非有、於異品有爲有、爲非有、爲有非有。又於同品爲有非有、於異品亦有爲有、爲非有、爲有非有。故成九句也。蓋因原爲成宗者、故必以於宗同品有關係、於宗異品無關係爲法。今九句之中有全分關係者、名爲有。不有全分關係者、名爲非有。一分關係一分不關係者名爲有非有。因之一三五七九之五句、即成不定之過、四與六成相違之過、惟二與八得爲無過之因也。

【九心輪】(名數) 九心次第轉而成輪之意。爲小乘上座部所立、即謂心隨境轉、有九種之別也。成唯識論樞要卷下本謂「上座部師立九心輪。一有分、二能引發、三見、四等尋求、五等貫徹、六安立、七勢用、八返緣、九有分也。然實但有八心、以周帀而言總說有九、故成九心輪。且如初受生時、未能分別、心但任運緣境而轉、名爲有分。心若有境至、心欲緣時、便生警覺、名爲能引發。其心既於此境上轉見照矚彼(見心)既見彼已、便等尋求、察其善惡(等尋求心)既察彼已、遂等貫徹識其善惡(等貫徹心)而安立心起語分別說其善惡(安立心)隨其善惡、便有動作、(勢用心)勢用心生、動作既興、將欲休廢、遂復返緣前所作事、(返緣心)既返緣已、遂歸有分任運緣境、(有分心)名爲九心方成輪之義。其中見心通於六識、餘唯意識有分心通於死生。返緣心唯得死、若離欲者之死、唯有分心。以既無我愛返緣無所不生顧戀也。未離欲者、以返緣心而死。有戀愛故。若有境至則心可生。若無異境、則恒任有分任運相續。然見與尋求、前後不定。無性攝論第二卷謂五識於法無所了知者、先說見心也。復言見唯照矚者却結前心也。」彼文無九心輪之名。蓋此名爲起於慈恩者。攝大乘論上成唯識論三等引其中之有分識。聲聞乘中亦以異門密意爲巳說阿賴耶識之證。又出於成唯識論述記第四本宗鏡錄第四等。

【九字】(修法) 成自九字印明之呪術。又名六甲秘祝。即唱臨、兵、鬥、者、皆、陳、列、在、前、之九字、後畫四縱五橫之直線於空中也。又有縱橫法之稱。此爲禳災害制勝利所修之一種咒法也。原行於道家或兵家之間。抱朴子內篇第四登陟篇曰、「入山宜知六甲秘祝。祝曰臨兵鬥者皆陳列前行。凡九字常當密祝之、無所不避。要道不煩。此之謂也。」往生論註卷下曰、行師對陳、但於一切齒中、誦臨兵鬥者皆陳列前行。誦此九字、五兵所不中。抱朴子謂之要道者也。或謂此九字之九、爲陽之滿數、故以陽數伏陰氣云。蓋此法非佛敎之所詮。及後世、以爲兵法之秘傳而傳之、又混入眞言密敎之一部。日本遂有承之者。其作法稍爲複雜。手結金剛針印、口唱臨。手結大金剛輪印、口唱兵。結外獅子印、而唱鬥。結內獅子印而唱者。結外縛印唱皆。結內縛印唱陳。結智拳印唱列。結日輪印唱在。結實瓶印唱前。次結刀印、如次畫四縱五橫之形於空中。但線須各爲直角、而其各線皆對於同一方向、亦無妨。或謂九字呪與縱橫法實爲兩事、後人誤合爲一。軍林寶鑑上速用篇說縱橫法曰「正立門內叩齒三十六通、以右手大拇指先畫四縱、後爲五橫訖、即呪曰四縱五橫、吾今出行、禹王衛道、蚩尤避兵、盜賊不起、虎狼不行、還歸故鄉、當我者死、背吾者亡、急急如律令。呪畢即行、愼勿反顧。」特佛徒亦用之。

【九字名號】（術語）對於六字名號十字名號而言。即南無不可思議光如來之九字讚嘆阿彌陀佛光明不可思議之名號也。大寶積經第十七無量壽如來會、謂之不思議光。曇鸞讚阿彌陀佛偈有曰「南無不可思議光一心歸命稽首禮」。九字名號、即由此出。

【九字曼荼羅】（圖像）安九個訖哩字之曼荼羅也。其曼荼羅於開敷蓮華之中臺並八葉各安彌陀觀音共通之種子訖哩字而建立之。有以像而現之者、於中臺觀自在菩薩、八葉上各安置阿彌陀佛、觀自在菩薩、左手持蓮華、右手作開華葉之勢、阿彌陀佛結跏趺坐、住於定印、各面中臺觀自在菩薩。又於次之八葉次第安置觀音、慈氏、虛空藏、普賢、金剛手、文殊、除蓋障、地藏、八大菩薩。內院之四隅敷列嬉、鬘、歌、舞、四菩薩。外院敷列香、華、燈、塗香、鉤、索、鏁、鈴、八菩薩是也。無量壽如來修觀行供養儀軌曰「即入觀自在菩薩三摩地、閉目澄心、觀自身中圓滿潔白、猶如淨月、仰在心中、於淨月上想呬哩（二合引）字放大光明。其字變成八葉蓮華、於蓮華上有觀自在菩薩、相好分明、左手持蓮華、右手作開華葉勢。是菩薩作是思維、一切有情身中、具有此覺悟蓮華、淸淨法界、不染煩惱、於其蓮華八葉上、各有如來入定結跏趺坐、面向觀自在菩薩、頂佩圓光、身如金色、光明晃耀。即想此八葉蓮華漸舒漸大、量等同空。即作是思惟、以此覺華照觸如來海會、願成廣大供養。若心不移此定、則於無邊有情、深起悲愍、以此覺華蒙照觸者、於苦煩惱悉皆解脫、等同觀自在菩薩、即想蓮華漸漸收斂、量等己身」。蓋觀自在與阿彌陀、爲同一本誓之佛菩薩、觀自在爲因位之身、阿彌陀爲果位之尊也。今因位之觀自在居中臺、果位之阿彌陀各居八葉上、表彌陀之果還歸於觀音大悲之因之意也。彌陀之妙果、原爲不取正覺之因位願力所成、即於此願之外無果位。示因果之別者、唯約於所化之淨穢。在淨妙佛國土現彌陀之佛身、在雜染五濁之世界、現觀音之菩薩身。皆不外乎爲法身慈悲之化現。又此九字九尊爲心王九識、一切有情身中有法爾覺悟之大白蓮、是爲衆生之自性淸淨心。五塵不能穢、煩惱業苦不能染、三毒猛火不能燃之金剛智體也。今開發此衆生本有之大白蓮、於自心中證蓮華藏世界、是爲密教淨土往生之相也。

【九有情居】（名數）有情樂住之處有九種也。又曰九衆生居、亦曰九居。一欲界之人天。二梵衆天。三極光淨天。四遍淨天。五無想天。六空無邊處。七識無邊處。八無所有處。九非想非非想處。長阿含經九曰、「云何九覺法。謂九衆生居。或有衆生若干種身、若干種想。天及人是。是初衆生居。或有衆生若干種身而一想者、梵光音天最初生時是。是二衆生居。或有衆生一身若干種想。光音天是。是三衆生居。或有衆生一身一想。遍淨天是。是四衆生居。或有衆生無想無所覺知。無想天是。是五衆生居。復有衆生空處住。是六衆生居。復有衆生識處住。是七衆生居。復有衆生不用處住。是八衆生居。復有衆生有想無想處住。是九衆生居」。此於七識住加無想天與非想非非想處也。俱舍論八曰、「諸有情類唯於此九欣樂住。故立有情居。餘處皆非、不樂住。故言餘處者、謂諸惡處、非有情類自樂居。中惡業羅剎逼之令住。故彼如牢獄、不立有情居。第四靜慮除無想天。餘非有情居」。又大乘義章八末謂「九衆生居如經中所說。何故說之。則以破外道之總計故也。有諸外道總計以衆生爲神我、擇善而居。佛爲破之。故說斯九。是衆生之居、非我之居也」。諸經說此者甚多。

【九地】（名數）又名九有。以欲界爲一地、色界及無色界各分爲四地也。一欲界五趣地、二離生喜樂地、三定生喜樂地、四離喜妙樂地、五捨念淸淨地、六空無邊處地、七識無邊處地、八無所有處地、九非想非非想處地。欲界五趣地者、或名五趣雜居地、卽地獄、餓鬼、畜生、人及天之五趣等爲散地、並有欲、故合爲一地。離生喜樂地者、卽色界初禪。與尋伺、卽覺觀相應、已離欲界之苦、而生喜樂、故立爲一地。定生喜樂地者、卽色界第二禪、已無尋伺、從定生喜樂、故爲一地。離喜妙樂地者、卽色界第三禪、離前喜貪、心悅安靜、有勝妙之樂、故爲一地。捨念淸淨地者、卽色界第四禪、離前喜樂等、淸淨平等、住於捨受正念、故爲一地。空無邊處地者、爲無色界之第一定、厭色而住於空無邊處定。識無邊處地者、爲無色界之第二定、住於識無邊處定。無所有處地者、爲無色界之第三定、住於無所有處定。非想非非想處地者、爲無色界之第四定、住於非想非非想處定。故各立爲一地。其中後四地乃所謂四無色界、其名稱別無所異。前五地據雜阿含經十七之說、立其名目。彼文曰、「云何食念。謂五欲因緣生念。云何無食念。謂比丘離欲、離惡不善法、有覺有觀、離生喜樂、初禪具足住。是名無食念。云何無食無食念。謂有覺有觀息。內淨一心、無覺無觀、定生喜樂、第二禪具足住。是名無食無食念。云何有食樂。謂五欲因緣生樂生喜。

是名有食樂。云何無食樂。謂息有覺有觀、内淨一心、無覺無觀定生喜樂。是名無食樂。云何無食無食樂。謂比丘離喜貪、捨心住正念正知、安樂住彼聖說捨。是名無食無食樂。云何有食捨。謂五欲因緣生捨。是名有食捨。云何無食捨。謂彼比丘離喜貪捨心住正念正知、安樂住彼聖說捨第三禪具足住。是名無食捨。云何無食無食捨。謂彼比丘離苦息樂、憂喜先已離、不苦不樂捨淨念一心第四禪具足住。是名無食無食捨」亦見大毘婆沙論三十一、俱舍論二十八等。

【九地九品思惑】（名數）三界九地、各有九品之惑。合爲八十一品之惑。

【九色鹿經】（經名）佛說九色鹿經一卷。吳支謙譯。說世尊往昔爲九色之鹿王而行忍辱之事。

【九住心】（名數）行者修禪定時、使心不散亂而住著於一境、有九種。卽安住心、攝住心、解住心、轉住心、伏住心、息住心、滅住心、性住心、持住心也。

【九因一果】（術語）十界中前九界爲因、後一界爲果也。

【九次第定】（名數）四禪、四無色、及滅受想定、（亦云滅盡定）九種之禪定。不雜他心、次第自一定入於一定之法也。一初禪次第定。二二禪次第定。三三禪次第定。四四禪次第定。（已上名色界四禪天之根本定）五空處次第定。六識處次第定。七無所有處次第定。八非想非非想處次第定。（已上名無色界四處之根本定）九滅受想次第定。止息一切心識之定、以是爲禪定之至極。智度論三十一曰「九次第定者、從初禪心起、次第入第二禪。不令餘心得入。如是乃至滅受想定。問曰、餘者亦有次第。何以但稱九次第。答曰、餘功德皆有異心間生。故非次第。此中深心智慧利行者、自試其心、從一禪心起。次入二禪。不令異念得入。」同八十一曰、「入初禪。乃至過非想非無想處。入滅受想定。是名次第定」又見大乘義章十三、三藏法數三十四等。

【九河供佛】（雜語）謂信解大乘之人、爲過去世供養熙連河八恒河等河邊諸佛舊跡之果報也。見涅槃經六。

【九河發心】（雜語）同於九河供佛。

【九宗】（名數）八宗之外加禪宗或淨土宗者。

【九居】（名數）九有情居之略。寄歸傳一曰、「住持八紀、弘濟九居」行事鈔四之二曰、「三界九居既是衆生居處」。

【九劫】（雜語）釋尊與彌勒雖同發心、而釋尊由勇猛之精進力、便超九劫而先成佛。見寶積經一百十一。

【九門】（術語）謂九有情居也。寄歸傳二曰、「棄九門之虛僞、希十地之圓堅」。

【九例】（名數）聲明論之七轉九例也。見七轉九例條。

【九帖】（名數）唐善導大師之著述、即觀經玄義分一卷、觀經序分義一卷、觀經定善義一卷、觀經散善義一卷（已上謂爲四帖之疏）淨土法事讚二卷、觀念法門一卷、往生禮讚一卷、般舟讚一卷也。又曰五部九卷（四帖之疏共屬於觀經一部之疏）

【九股杵】（物名）金剛杵上下之頭九分者。微妙漫拏羅經曰、「若復作九股上下猛炎相。此是忿怒金剛杵。」

【九卷章】（書名）日本眞言宗開祖空海之九卷著述。即顯密二敎論二卷、秘藏寶鑰三卷、心經秘鍵一卷、即身成佛義一卷、聲字實相義一卷、吽字義一卷也。

【九味齋】（雜語）又作鳩美菜、供備菜、法會宿忌（逮夜）之供物也。盛九種之美味。故名九味。象器箋十四曰、「九味齋或作鳩美菜。蓋集美味也。或作供備菜。大鑑清規。作九味齋。今依此爲正。蓋果蓏類有九味而已。如今時小器長脚者。金銀裝飾。高飾飣餖頭羊羹等及諸珍果。或十二器。（左右各六器）或十六器（左右各八器）」大鑑清規末後事儀曰、「正大夜時念誦諷經。九味齋略之」

【九乳梵鐘】（雜語）佛事時撞打之、故曰梵鐘。九乳者、鐘之上部周圍作乳狀突出者。通例一行有五乳。

【九品】（名數）九種品類之意。即上上、上中、上下、中上、中中、中下、下上、下中、下下也。感智機行等皆分此等九種之品類、謂爲九品惑等。而於淨土敎亦然。觀無量壽經所說上品上生乃至下品下生、爲九品。又名九輩。其往生稱爲九品之往生。其來迎稱爲九品之來迎。其佛稱爲九品之彌陀。其往生之土稱爲九品之淨土等。淨影謂四地至六地之菩薩、爲上品上生之人。初二三地信忍之菩薩、爲上品中生之人。種性以上之菩薩、爲上品下生之人。又小乘前三果之聖者、爲中品上生。見道已前之內外二凡、爲中品中生。見道已前之世俗凡夫、爲中品下生。又下品三生皆爲大乘始學之人。未可辨其階降。故唯隨於過之輕重以分三品。天台以習種至解行之菩薩、爲上品之人。外凡十信已下、爲中品之人。今時悠悠之凡夫、爲下品之人。嘉祥亦如淨影。謂上上品之無生、爲七地上六品之機、爲大小乘之聖人。善導則反之。謂九品悉爲凡夫。上品三人、爲遇大之凡夫。中品三人、爲遇小之凡夫。下品三人、爲遇惡之凡夫。以凡夫亦可遂上六品之往生也。其行法及得果、據觀經言之、則上品上生者、發三心。又慈心不殺、修諸戒行、誦讀大乘方等經典、修行六念、往生即時悟無生法忍。上品中生者、雖不必受持誦讀方等經典、而必善解義趣、於第一義心不驚動、深信因果、不謗大乘、往生已後、經一小劫、得無生忍。上品下生者、亦信因果、不謗大乘、但發無上道心、經一小劫、住於歡喜地。中品上生者、持五戒八戒等、不造衆惡、卽時得阿羅漢道。中品中生者、持一日一夜八戒齋、又持沙彌戒、具足戒、威儀無缺、往生卽得須陀洹、經半劫成阿羅漢。中品下生者、孝養父母、行世之仁慈、命終時聞阿彌陀佛之本願及國土之樂事、經一小劫成阿羅漢。下品上生者、雖不誹謗方等經典、而多造衆惡、無有慚愧、命終時聞大乘十二部經之首題名字、又稱南無阿彌陀佛、除多劫之罪、經十小劫入於初地。下品中生者、毀犯五戒八戒具足戒、偷僧祇物、不淨說法、無有慚愧、命終時、聞阿彌陀佛之十力威德、罪滅往生、經六劫而華開、發無上道心。下品下生者、造五逆十惡、具諸不善、命終時、至心具足十念、稱南無阿彌陀佛、經十二大劫而華開、發菩提心。是也。蓋此等九品之行法、與觀經所說之三福、爲開合之異、雖一往配之於各品、而實則各品之行、亦皆通於各品、成九九八十一品、又更成無量無數品也。又此九品與無量壽經所說之三輩、有開合之異說。曇鸞、淨影等、謂三輩九品、全爲開合之不同、彼之上輩、卽此之上品三生、中輩卽中品、下輩卽下品云。諸經說九品者甚多。

【九品淨土】（術語） 又曰九品淨刹、九品安養、九品蓮臺。有九品差別之淨土也。願往生之人、有九品之別、故所生之極樂淨土、亦有九品之殊。其說雖基於觀無量壽經。而彼經但謂衆生之機、有九品之別、各修其品之行者、有來迎之眞化、華開之遲速、悟道之早晚。實未明言極樂有九品之別。惟據無量清淨平等覺經三、及支謙之阿彌陀經下、則說與九品開合不同之三輩往生。謂其上輩者、直往生淨土、住於空中七寶舍宅、且去阿彌陀佛爲近。中輩及下輩者、不得直至佛所、道見彌陀國界邊自然七寶城、縱廣各二千里者、止於此、居五百歲、出而至阿彌陀佛所、聞法亦不開解、住於地上之舍宅、且去佛甚遠云。是卽說三輩人所生之土、有中邊優劣之殊者也。若據無量壽經下、則其明三輩往生之文中、不言所生之處有異同。而別至末段、說疑惑者生於邊地、處於百由旬或五百由旬之宮殿、五百歲中、不見佛聞法。是爲邊地不攝於三輩者、與前二經不同。然淨土有中邊之說、則彼此無異。又九品往生阿彌陀三摩地集陀羅尼經、別有九品淨土之說。文曰、「無量壽國、在九品淨識三摩地。是卽諸佛境界、如來所居。三世諸佛、從是成正覺、具足三明、增長福慧。其九品境界、上品上生眞色地、上品中生無垢地、上品下生離垢地。中品上生善覺地、中品中生明力地、中品下生無漏地、下品上生眞覺地、下品中生賢聖、地下品下生樂門地是名曰九品淨識眞如境。」又「若有衆生欲往生如是九品淨土奉觀十二圓妙（卽十二光佛）日夜三時稱如是九品淨土名讚十二光佛號卽永出三界火宅定生眞如離有漏永入無漏」是蓋爲密教一種之所說與淨土家所謂九品不同之處也。

【九品彌陀】（圖像）阿彌陀佛之尊形有九品之別也。此爲九品往生之機類所感見故其尊形亦有九品之異。其說基於觀無量壽經。經言九品往生之人感彌陀來迎之相有差別也。後世遂於印契等說九品之別。隋唐之世似既有其說。觀夫往生禮讚所謂五山毫濁朗寶手印恒分者其爲述彌陀寶手印契從於各品而不同可知也。日本所傳睿本阿彌陀九品曼荼羅於中臺安上品上生之阿彌陀佛於八華安置上品中生以下之八品阿彌陀佛云。其手印古今不同。古圖來迎阿彌陀尊之手皆作安慰攝取之一印是合於授手迎接之經文。新圖則上上上中下上之三品作轉法輪之印。上下中上之二品作安慰攝取之印作攝取之印則可如輪印密家雖有其說然不如安慰攝取之爲親切也。

【九品行業】（名數）爲往生彌陀淨土之九種修行。觀經十六觀中下三觀說之。

【九品覺王】（佛名）阿彌陀佛也。是九品淨土之教主。

【九品安養之化生】（雜語）安養者極樂之異名。化生者極樂之往生有胎生與化生二種而九品之往生人盡化生於蓮花中。是生於邊地疑城（極樂之中）者於宮殿之中爲胎生也。見胎宮條。

【九品往生】（術語）行業有差別故往生彌陀之淨土有九品。但九品之往生。常生於蓮華之中。

【九品往生阿彌陀三摩地集陀羅尼經】（經名）一卷。唐不空譯。說九品往生之差別且教陀羅尼。

【九品往生阿彌陀經】（經名）九品往生阿彌陀三摩地集陀羅尼經之略稱。

【九品往生經】（經名）同上。

【九品上】（雜語）九品往生中之上品上生也。見九品條。

【九品惑】（名數）又作九品煩惱。卽貪瞋慢無明四種之修惑。就麤細而分爲上中下等九品也。蓋三界總有九地。欲界四禪及四無色是也。其中欲界具四種之修惑。四禪及四無色除瞋而有三惑。然於其一地中將此等修惑總分爲上上乃至下下九品。故九地合有八十一品。名之爲八十一品之修惑。通於有漏無漏之兩斷。凡夫亦得斷其中之下八地七十二品。若就聖者言之。則於修道位斷欲界之前六品者爲第二果。全斷欲界之九品者爲第三果、斷上二界之七十二品者爲第四果。又斷此一品、每各有無間解脫二道、稱爲九無間九解脫是也。參照九無間道條。

【九品大衣】（衣服）大衣即僧伽梨有三位九品之別。薩婆多毘尼毘婆沙四曰「又僧伽梨下九條、中十一條、上十三條、中僧伽梨下十五條、中十七條、上十九條、上僧伽梨下二十一條、中二十三條、上二十五條。下僧伽梨二長一短、中僧伽梨三長一短、上僧伽梨四長一短」古來所通行者其間上上品之二十五條、下上品之十三條及下下品之九條衣也。

【九界】（名數）十界中除佛界、自菩薩界至地獄界之九界也。此九界由佛界言之悉爲迷之境界也。玄義二上曰、「已身他身微妙寂絕、皆非權非實、而能應於九界之權一界之實」。

【九界情執】（雜語）九界之人、雖有淺深之別、而盡不免無明之情執、獨離情執而全知見者、但佛界之一而已。

【九拜】（名數）即三次三拜之儀式也。百丈清規第一達磨忌條曰、「住持上香三拜、不收坐具、上湯、退身三拜、再進前問訊揖湯、復位三拜收坐具」。此其例也。

【九重塔】（堂塔）見塔條。

【九面觀音】（圖像）有九個頭面之觀世音菩薩像也。大佛頂首楞嚴經說觀音之圓通而現衆多之妙容、有一首二首三首五首七首九首十一首（中略）八萬四千爍迦囉首云。

【九帶禪】（雜語）浮山遠錄曰、「公編禪家爲九帶集」。故山谷贈淸隱禪隱師云參得浮山九帶禪」。

【九祖】（名數）天台宗之所奉者。佛祖統紀七所定。「高祖龍樹菩薩。二祖北齊之慧文。三祖南岳之慧思。四祖天台之智顗。四祖章安之灌頂。六祖法華之智威。七祖天台之慧威。八祖左溪之玄朗。九祖荊溪之湛然。

【九祖相承】（雜語）天台宗三種相承之一。龍樹、慧文、南岳、天台、章安、智威、慧威、玄朗、湛然之九祖、順次承繼天台教也。蓋天台宗雖爲智顗所創、而顗承慧思、思承慧文、文由龍樹大智度論三智一心中得之文、並三論四諦品之偈、而了悟三觀相即之旨、故以龍樹爲同宗之高祖。又智顗以下、次第相承、及於湛然、大敷衍祖書、啓中興之運、故尊之爲九祖。

【九鬼】（名數）見餓鬼條。

【九華山】（山名）爲四大名山之一。淸一統志八十二曰、「九華山在靑陽縣西南四十里、顧野王輿地志、上有九峯、千仞壁立、周圍二百里、高一千丈、太平寰宇記、舊名九子山。唐李白以九峯如蓮華削成、改爲九華山。」案九華山相傳以爲地藏勝地。參看地藏條。

【九病】（名數）人壽八萬歲之上代、既有九病。一寒病、二熱病、三饑病、四渴病、五大便病、六小便病、七欲病、八饕餮病、九老病。見長阿含經六、三藏法數三十四。

【九流】（雜名）或云九孔、九入、九瘡。兩眼兩耳兩鼻口大小便之九穴也。見九入條。

【九條衣】（物名）三種袈裟之一。又名九條袈裟、或單名九條。卽僧伽梨之一種、所謂九品大衣之下下品也。其製兩長一短、條數有九分、故名。十誦律五曰、「若比丘初日得衣、用作僧伽梨、最下九條、成分別若干長若干短、總說九條作衣竟。曰、卽應受持作是言、我是最下僧伽梨作持」。四分律四十曰、「應九條、不應十條、乃至十九條、不應二十條。」蓋九條衣、原唯僧伽梨之一種、以條數而立名、與五條七條同。本律非別有九條衣之名稱。故四分律行事鈔下謂就條數便云十九十七乃至九條七條五條等。律中無五七九之名、但云安陀會乃至僧伽梨。人名爲七九條也。雖然、僧伽梨中此最下九條衣之名、自古通行、今稱五條七條九條爲三衣、安陀會鬱多羅僧僧伽梨之名、反多不用矣。案五條爲常着之衣。七條在寺內衆中禮誦齋講時着之。九條巳上、外出時及其他嚴儀時着之。

【九條錫杖】（雜名）見錫杖條。

【九執】（名數）與九曜同。執者執持之義。隨逐諸曜日時而不相離也。大日經疏四曰、「九執者、梵音訖栗何。Graha 是執持義。」

【九域】（界名）九地也。又九界也。

【九部】（名數）十二部經中去方廣與授記及無問自說之三部者。是小乘敎之九部也。又有大乘敎之九部、十二部中除因緣與譬喻及論義之三部者是也。然常言之九部、則多指小乘敎。法華經方便品曰、「我此九部法、隨順衆生說、入大乘爲本、以故說是經。」梁僧傳三（求那跋陀）曰、「洞明九部、博曉四含。」皆言小乘敎也。參照九部經及九經條。

【九部經】（名數）佛經之內容分類、有九種也。（一）一修多羅、二祇夜、三和伽羅那、四伽陀、五優陀那、六伊帝目多伽、七闍陀伽、八毘佛略、九阿浮陀達磨。涅槃經第三曰、「能師子吼、廣說妙法、謂修多羅、祇夜、受記、伽陀、優陀那、伊帝目多伽、闍陀伽、毘佛略、阿浮陀達磨、以如是等九部經典、爲他廣說。」又第五曰、「半字者謂九部經。」又第七曰、「如來先說九部法印。」又曰、「過九部經有方等典。」是卽小乘經中唯有九部之意、乃以九部經爲小乘經之分類者也。然大乘義章第一、法苑義林章第二本等。謂以九部爲大乘經中之內容分類十二部經中菩薩大乘之人無犯戒等。故無尼陀那（卽緣起）、機根勝、故無阿波陀那（卽譬喻）無徵詰問答之要故無優波提舍（卽論議）云。然此九部之名目、與南方所傳一致。則涅槃經所說、以九部爲小乘經之分類。似不容疑。但涅槃九部中第八有毘佛略。毘佛略 Vaipuya 譯言方廣或方等。通常以之爲大乘之異名。故以此九部爲大乘經之分類。亦自有據。南方所傳者無此毘佛略、代以毘陀略、Vedaa 置於第九、毘陀略有破碎或執明及獲明之義與毘佛略之意不同。涅槃之九部中列毘佛略者、恐爲毘陀略之寫誤也。若不然則所謂過九部經有方等典者、不得不全陷於無意味。既言過九部經有方等（卽毘佛略）、則毘佛略不應存於九部中也。(二)修多羅、祇夜、和伽羅那、伽陀、優陀那、尼陀那、伊帝目陀伽、毘佛略、阿浮陀達磨也。十住毘婆沙論第九念佛品曰「善說九部經法、所謂修多羅、祇夜、授記、伽陀、憂陀那、尼陀那、如是語經、斐肥儸未曾有經。」是涅槃之九部中除闍陀伽尼陀那也。(三)修多羅、祇夜、伽陀、尼陀那、阿波陀那、伊帝目多伽、闍陀伽、阿浮陀達磨、優波提舍也。法華經第一方便品曰「或說修多羅、伽陀及本事本生未曾有、亦說於因緣、譬喻并祇夜優波提舍經。」又曰「我此九部經、隨順衆生說、入大乘爲本、以故說是經。」此古來傳爲小乘之九部者。言十二部經中小乘不明行因成佛之義、故無和伽羅那（卽授記）、法淺易諦、故無優陀那（卽無問自說）未顯廣理、故無毘佛略（卽方廣）也。

【九淨肉】（名數）不見爲已殺之肉、不聞爲已殺之肉、不疑爲已殺之肉、不爲已殺之肉、命盡自死之肉、鳥所食殘之肉、死久自乾之肉、未嘗約期之肉、前已殺之肉也。詳見食條。

【九梵】（名數）第四禪天之九天也。仁王經上曰、「九梵三淨」同天台疏上曰、「言九梵者。謂第四禪九天。一無雲。二福生。三廣果四無想五無煩。六無熱。七善現。八善見九色究竟也。」

【九參上堂】（行事）謂一月九次上堂也。一月中每三日上堂一參。卽爲九參。參者進參之義、非數。見象器箋十一。

【九衆】（名數）尋常之七衆、加出家出家尼之二衆也。出十誦律五十五。一比丘、持具足戒之男衆。二比丘尼、持具足戒之女衆。三六法尼、持六法之女衆。四沙彌、持十戒之男衆。五沙彌尼、持十戒之女衆。六出家、持八戒齋之男衆。七出家尼、持八戒齋之女衆。八優婆塞、持五戒之男衆。九優婆夷、持五戒之女衆。天台之戒疏下引之。

【九無學】（名數）無學位有九根之別。（一）一退相、二守相、三死相、四住相、五可進相、六不壞相、七不退相、八慧解脫相、九俱解脫相也。中阿含經第三十福田經曰、「云何九無學人。思法、昇進法、不動法、退法、不退法、護法、護則不退、不護則退、實住法、慧解脫、俱解脫、是謂九無學人。」成實論第一分別賢聖品曰、「阿羅漢有九種。退相、守相、死相、可進相、住相、不壞相、慧解脫相、俱解脫相、不退相、是諸阿羅漢以得信等根故有差別。（中略）如是九種名無學人。先十八人及九無學是二十七人名爲一切世間福田。」大乘義章第十七本釋中阿含之文曰、「九中前七就根以別、後二約法。前七種猶如毘曇中六種羅漢。六羅漢者、退、思、護、住、昇進、不動。彼阿含經分不動人以爲二種、故有七。（中略）後二慧解脫及俱解脫約法以別。前七人中、不得滅定、名慧解脫、得滅定者、名俱解脫。」（二）一退法、二思法、三護法、四安住法、五堪達法、六不動法、七不退法、八獨覺、九佛。俱舍論第二十五曰、「居無學位聖者有九、謂七聲聞及二覺者。退法等五、不動分二、後先別故、名七聲聞。獨覺大覺、名二覺者。由下下等九品根異、今無學聖成九差別。」是爲唯就根次第立九種之別者、卽退法爲下下根、思法爲下中根、乃至佛爲上上根也。又出俱舍論光記二十五、同頌疏二十五等。參照羅漢條。

【九無爲】（名數）九種無爲之意。卽不爲四相所遷之實在法、有九種之別也。（一）一擇滅、二非擇滅、三虛空、四空無邊處、五識無邊處、六無所有處、七非想非非想處、八緣起支性、九聖道支性。是爲大衆部一說部說出世部鷄胤部所立。其中前三者、與薩婆多部之三無爲同、惟薩婆多部計擇滅非擇滅爲多體、而大衆部等以之爲各一體、雖同實反也。次四者、卽四無色所依之定體。彼能依之五蘊、原爲有爲、今就其所依之處、故爲無爲。後二者、爲十二緣起並八聖道支之理法。緣起支聖道支之差別、雖爲生滅、然其理法、寂然不動、而無改易。故立爲無爲。（二）一擇滅、二非擇滅、三虛空、四不動、五善法眞如、六不動法眞如、七無記法眞如、八緣起眞如、九聖道眞如。是爲化地部所立、其中前三者、後二者與前大衆部等之說同。第四不動、謂斷定障而得。五六七三者、謂爲善惡無記三性之理法、眞實如常、體各一而性皆善也。出異部宗輪論、同述記等。

【九無礙道】（名數）新譯曰九無間道。舊譯曰九無礙道。見九無間道條。

【九結】（名數）結縛衆生使不出生死之煩惱、有九種也。一愛、二恚、三慢、四無明、五見、六取、七疑、八嫉、九慳是也。卽於六隨眠加取嫉慳三者。六隨眠爲根本煩惱、繫縛之義强、故特立爲結、但五見之中、唯身邊邪三者立爲見結。又四取之中唯見戒二取立爲取結者有二義。一、三見之體十八事、二取之體亦十八事、物相等也。二、三見爲所取、二取爲能取、所取能取雖異而取之義相等也。又十纏之中唯嫉慳二者、立爲結有七由。一、由此二者數數現行。二、由嫉爲賤之因、慳爲貧之因。三、由嫉與憂相應、偏顯成之隨惑、慳與喜相應、偏顯歡之隨惑。四、由出家於教法在家於財寶爲此二者所惱亂。五、由帝釋天有甘露味、阿修羅有女色、天慳味嫉色、修羅慳色嫉味、互與鬪諍。六、由此二者惱亂人天二趣。七、由此二者惱亂自他。蓋九結以百事爲自性。愛慢無明三者、各通三界五部、總有四十五事。恚爲欲界五部、有五事。見之中身邊二見各爲三界見苦所斷、有六事。邪見三界各四部、有十二事。取之中見取三界各四部、有十二事。戒取爲三界各苦道所斷、有六事。疑三界各四部、有十二事。嫉慳二者各爲欲界修所斷、有二事。故計成百事。出於品類足論一、成實論十、大乘義章五、倶舍論二十一等。參照結條。

【九惱】（名數）又云九難、亦云九橫、亦云九罪報。佛現生所受之九種災難也。智度論九曰「一者梵志女孫陀利謗。五百阿羅漢亦被謗。二者旃遮婆羅門女繫木盂作腹謗佛。三者提婆達推山壓佛、傷足大指。四者逆木刺脚。五者毘琉璃王興兵殺諸釋子。佛時頭痛。六者受阿耆達多婆羅門請而食馬麥。七者冷風動故脊痛。八者六年苦行。九者入婆羅門聚落、乞食不得、空鉢而還。復有冬至前後八夜寒風破竹、索三衣禦寒。又復患熱、阿難在後扇佛。如是等世界小事、佛皆受之。」與起行經擧十惱、一一釋之、省乞食不得、而加奢彌跋謗與骨節飾之二事。法苑珠林七十三、大部補註八、詳與起行經之說。

【九尊】（名數）胎藏界中臺八葉院之九尊也。有開敷之八瓣蓮華、其中心與八瓣各現一尊、中心爲大日如來、四方者四如來、四隅者四菩薩也。是胎藏界曼陀羅十三大院中之第一、而表示凡夫肉心之具德者、吾人之肉心如合蓮華、一旦三密相應、則開敷爲八葉之蓮、現此九尊也。參照心蓮條。

【九無間道】（名數）三界分爲九地、一地之修惑、又分九品、斷之各有無間解脫二道。正斷惑之智、謂之無間道、解脫既斷了、而解脫惑之智、謂之解脫道。一地之惑有九品、則有九無間九解脫也。參照九解脫道及九品惑條。新譯曰無間道、舊譯曰無礙道。間卽礙之義、觀眞智理、不爲惑所間礙也。

【九會】（術語）九番之法會。華嚴經之法會說、金剛界之九會曼陀羅等。

【九會說】（雜語）佛說華嚴經、依舊

譯六十卷經、則爲七處八會、依新譯八十卷經、則爲七處九會也。見華嚴經條。

【九會一印】（術語）金剛界九會曼陀羅中有一印會者、乃九會衆尊盡納於大日如來一智拳印之法門也。他八會爲開大日之德者、而一印會爲合之者、即開合之二門也。

【九會曼陀羅】（術語）是金剛界之現圖曼荼羅也。東方爲正面、第一會置中央、自東面右旋而置八會、合爲九會。第一會乃說大日如來以五相現成等正覺、成佛後自金剛三摩地現出三十七尊乃至外部諸衆攝化衆生之狀者、故名成身會。爲曼陀羅之根本故、或名爲根本會。或就其諸尊之活動作業、名爲羯磨會。是四曼中之大曼也。第二會者、爲成身會諸尊、示其本誓非塔杵寶珠等之三昧耶身、故名三昧耶。又取其作業、名爲羯磨會。是四曼中之三昧耶曼也。第三會爲諸尊各各標五智等微細之德者、故名微細會。諸尊深入禪定故、又名三昧耶。四曼中之法曼也。第四會爲述諸尊各各以寶冠華鬘等、供養大日尊之作業者、故名大供養會。四曼中之羯磨曼也。如已上次第爲大三法羯之四曼。第五會者、因前四會分離四曼於別會、各置一曼、今爲破四曼不離、以四曼合集於一會者、故名四印會。是爲大日之五智、故又名五智會。第六會者、爲示大日如來之獨一法界、更合前四曼、而示大日獨一法界之一智拳印者、故名一印會。已上六會、爲自麤至細之次第。爲大日如來之自性輪身、又爲自證門。是四曼中之法三曼也。第七會以金剛薩埵爲中臺、（至第五會大日爲中臺、第六會大日一尊也）轉欲觸愛慢之四煩惱、而爲欲觸愛慢之四菩薩、示深密之理趣者、故名理趣會。金剛薩埵與普賢菩薩同體、故又名普賢會。是前六會之大日如來來此會、現金剛薩埵相而說正法者、故此爲、日如來化他之正法輪身。（菩薩之稱）是四曼中法曼也。第八會爲大日如來。爲折伏强剛難化之衆生、從金剛薩埵更現降三世明王之忿怒身者、故名降三世羯磨會。是四曼中大曼也。第九會爲同列降三世明王之三昧耶形者、故名降三世三昧耶會。是四曼中三曼也。此二會爲大日化他之敎令輪身、（明王之稱）要之九會之曼荼羅者、大日如來之三輪身也。以上九會之次第、爲從果向因、大日自自證門出於降伏門之相也。對於此而有從因至果之次第、爲自凡夫上於佛果之相、此時降三世三昧耶爲第一、中央之成身爲第九也。見十八會指歸、秘藏記本等。參照金剛界曼荼羅條。

【九會曼陀羅由來】（雜語）九會曼陀羅爲合集本經別會別品之說者、本經於九會次第無所說。金剛頂經總有十萬頌十入會。（支那無全本之譯、不空譯金剛大教王經三卷、出初會四品中前一品、趙宋施護譯大教王經三十卷、出初會之四品、惟由不空譯之十八會指歸一卷、略知十八會之綱領而已、）初會中有四品、一金剛界品、二降三世品、三徧調伏品、四一切義成就品也。其初品說六曼陀羅、第二品說十曼陀羅、第三品第四品亦各說六曼陀羅。今九會曼陀羅者、取彼初品之六曼陀羅、爲前六會、第七之一會、雖有異說、而據其一義、則爲十八會中第六會之曼陀羅也。第八之降三世羯磨會、與第九之降三世三昧耶會、爲十八會中初會第二品十曼陀羅中之第一第二曼陀羅。如是選拔本經十八會中處處之曼陀羅、取麤細（前六）自證（前六）化他（後三）自性輪（前六）正法輪（後三）之次第而組織今之九會也。

【九會曼陀羅創起】（傳說）九會之次第、未見本經、究誰圖示之耶。或云龍猛菩薩開南天鐵塔時、空中現九會之尊位。或云金剛智三藏從龍智受之。或云不空爲之。或云善無畏與胎曼、皆於空中感得之。遂無一定之說。見金剛界曼陀羅大鈔一、秘藏記鈔二等。

【九會尊數略頌】（術語）成身千六十一尊、三微供各七十三、四十三、一理十七。降降七十七三尊。分別九會諸尊位。佛體一千三十六、菩薩二百九十七、忿怒四尊執金四、外金剛部百二十。總千四百六十一。是名金剛現圖尊。圓融相卽一法界。

【九道】（名數）卽九有情居。見大部補注五。

【九經】（名數）十二部經中之九部也。有大小乘之別。大乘義章一曰「小乘九者、十二部中除彼授記無問自說及以方廣。大乘九者、十二部中、除彼因緣譬喻論義。大小各九。」四敎儀集注上曰、「別言之小乘讓三存九。小乘灰斷無方廣經。說必假緣無無問自說。雖有受記作佛者少。」三論玄義曰、「鑽仰九經澂汰五部」梁僧傳二曰、「託意九經遊心十二」參照九部及九部經條。

【九徧知】（名數）見修無學之三道中、特於見修道所斷煩惱等之斷、建立九種之區別也。蓋徧知爲於四諦之境周遍知之之意、雖以智爲其性、然今非稱智爲徧知、乃以因此徧知而斷煩惱之故、於果附以因之名、名斷爲徧知。所謂斷徧知是也。俱舍論光記二十一云「斷徧知謂諸斷擇滅爲體。徧知是智、卽是斷因。斷是智果、體非徧知。而是名徧知者、此於果上假立因名」卽其意也。九者、三界繫見諦所斷煩惱等之斷立六、所餘三界修道所斷煩惱等之斷立三是也。見諦所斷煩惱等之斷有六種者、於欲界繫苦集二部之所斷立一徧知。又於滅道二部之所斷各立一徧知。故欲界見諦所斷煩惱等之斷、合有三徧知。又色無色二界見諦所斷煩惱等之斷、亦與欲界同有見苦集與見滅及見道等之三徧知。總之如是三界見諦所斷法之斷、有六種徧知。其餘修道所斷煩惱等之斷有三種者、於欲界繫修道所斷煩惱等之斷、立一徧知。即是五順下分結盡徧知也。於色界繫修道所斷煩惱等之斷立一徧知。即是色愛盡徧知也。於無色界繫修道所斷煩惱等之斷、立一徧知。即一切結永盡徧知也。總之如是三界修道所斷法之斷有三種徧知。見修合而成九徧知。但修道所斷法之斷於色無色二界別各立一徧知。見道所斷合之各不別立。其故以修所斷爲對治不同也。其中見斷法斷之六種徧知、爲忍之果。修斷法斷之三種爲智之果。一一之斷、不別立徧知、唯於如是九位建立之者。總由於有四緣。所謂見斷六忍之果、由於具得無漏離繫得與缺有頂及滅雙因之三緣。故特立徧知之名。得無漏之離繫得者、無漏道所斷、必有離繫得。是簡有漏斷。缺有頂者、言亦斷有頂地之惑。滅雙因者、言滅自部之同類因及他部之遍行因。由是異生之位、有滅雙因者、而無無漏斷之得、又以未缺有頂。故雖得斷亦不名爲徧知。若聖位中入於見諦而苦類忍未現行以前、雖已得無漏斷之得、而未缺有頂、未滅雙因。至於苦類智集法忍之位、則雖缺有頂而未滅雙因、未滅見集所斷之諸遍行因、至於後之法智類智位、以諸所得之斷、三緣具故、方得建立徧知。又修斷三智之果、由於前三者外、別加越界緣、總具四緣特立徧知之名。越界緣者、爲越界之意。即斷欲界並色無色界繫修道所斷煩惱等時、具前三緣及越界緣之四緣、故各立一徧知。但於諸越界之位、皆必滅雙因而滅雙因時、皆非越界、故於滅雙因之外、別立越界緣也。又此徧知、無異生定成之理。諸聖者住於見道中、自初至集法忍之時、亦未成就之。至於集法智集類忍之時唯成就一。至於集類智滅法忍之時成就二。至於滅法智滅類忍之時、成就三。至於滅類智道法忍之時成就四。至於道法智道類忍之時、成就五。又住於修道之位而未得離欲界之染、及離欲退者、成就六。又全離欲而色愛未盡、或先離欲而從道類智未起色盡之勝果道以前、唯成就順下分盡徧知之一。又有色愛者從色愛永盡又先離色者從起色盡道、至於未全離無色愛以前成就順下分盡與色愛盡之二。住於無學位者唯成就一切結永盡之一。見大毘婆沙論百八十六、俱舍論二十一、順正論五十八、瑜伽師地論五十七等。

【九業】（名數）九種之業也。欲界及色界各有作業無作業非作非無作業之三種、無色界有無作業、非作非無作業、及無漏之三種、合為九種。成實論第八曰「欲界繫業三種、作無作非作非無作。色界繫業亦如是。無色界二種及無漏業。身口所造業名作。因作所集罪福常隨、是心不相應法、名為無作。又有無作、但從心生。非作非無作者、即是意、意即是思、思名為業。」是也。其中作業謂身口所造之業、無作業謂身口作業所生之散無作並定共無作、非作非無作業、謂意業也。意業與身口之作業不同、故為非作。與身口之無作業不同、故為非無作。無漏業謂無漏之身口意業也。又出大乘義章第七等。

【九僧】（名數）大法會有帶領衆僧之職者九人。一導師。二咒願師。三唄師。四散花師。五梵音師。六錫杖師。七引頭。八堂達。九衲衆。

【九漏】（名數）兩眼兩耳兩鼻及口大小便處之九穴也。此九穴常漏泄身內之不淨、故云九漏。行事鈔中之一曰、「九瘡九孔、九入、九漏、九流。」

【九慢】（名數）恃己高舉之煩惱、有九種。一我勝慢類、二我等慢類、三我劣慢類、四有勝我慢類、五有等我慢類、六有劣我慢類、七無勝我慢類、八無等我慢類、九無劣我慢類是也。阿毘達磨發智論二十曰、「此見取見苦所斷。有九慢類、謂我勝。我等。我劣。有勝我。有等我。有劣我。無勝我。無等我。無劣我慢。有劣我者。是依見起過慢。無勝我者。是依見起慢。無等我者。是依見起過慢。無劣我者。是依見起卑慢。」蓋此九慢、為從七慢中慢與過慢及卑慢三種離出者。前三慢為過慢與慢及卑慢。中三慢為卑慢與慢及過慢。後三慢為慢與過慢及卑慢。其中我勝慢者、謂我較彼為勝也。此於等而謂己勝、即過慢也。我等慢者、謂我等於彼也。此於等而謂己等、即慢也。我劣慢者、謂我較彼為劣也。此於勝而謂己劣、即卑慢也。有勝我慢者、謂他有較我勝者。此於勝而謂己劣、即卑慢也。有等我慢者、謂他有等於我者。此於等而謂己等、即慢也。有劣我慢者、謂他有較我劣者。此於等而謂己勝、即過慢也。無勝我慢者、謂他無較我勝者。此於等而謂己等、即慢也。無等我慢者、謂他無等於我者。此於等而謂己勝、即過慢也。無劣我慢者、謂他無較我劣者。此於勝而謂己劣、即卑慢也。但此乃據發智論之說所解。故俱舍論十九釋前列之九慢已、即曰、「如是且依發智論釋依品類足釋慢類者、且我勝慢從三慢出、謂慢、過慢、慢過慢三。由觀劣等勝境別故。」是即我勝慢之中、若觀劣境而謂己勝、即是慢。觀等境而謂己勝、即是過慢。觀勝境而謂己勝、即是慢過慢明矣。餘八慢亦如是自三慢出、准於前解可知也。又詳於品類足論一、大毘婆沙論百九十九、唯識論述記六等。

【九想】(名數)又作九相。於人之屍相起九種之觀想也。是爲觀禪不淨觀之一種。即使貪着五欲之法起美好耽戀之迷想者、覺知人之不淨、除其貪欲之觀想也。一脹想、Vyādhmātakasaṁjñā 死屍之膨脹也。二青瘀想、Vinīlakasaṁjñā 風吹日曝而死屍之色變也。三壞想、Vipadumakasaṁjñā 死屍之破壞也。四血塗想、Vilohitakasaṁjñā 破壞已而血肉塗地也。五膿爛想、Vipūyakasaṁjñā 膿爛腐敗也。六噉想、Vikhāditakasaṁjñā 鳥獸來噉死屍也。七散想、Vikṣiptakasaṁjñā 鳥獸噉後而筋骨頭手分裂破散也。八骨想、Asthisaṁjñā 血肉既盡、只有白骨狼籍也。九燒想、Vidagdhakasaṁjñā 白骨又火燒歸於灰土也。智度論二十一舉經文曰、「九想脹想。壞想。血塗想。膿爛想。青想。噉想。散想。骨想。燒想。」同四十四之經文曰、「九相脹相、血相、壞相、膿爛相、青相、噉相、散相、骨相、燒相。」大乘義章十三曰、「死相。脹相。青淤相。膿爛相。壞相。血塗相。蟲食相。骨鏁相。分散相。」此加死相除燒相者。智者之禪波羅蜜門九曰、「膨脹想。青瘀想。壞想。血塗漫想。膿爛想。蟲噉想。散想。骨想。燒想。」此依智度論、而第七青想改爲第二、次第較善者。又法華玄義四上、加死想而除散想、以此九想對治六欲故也。死想破威儀、言語之兩欲、脹想壞想噉想破形貌欲、血塗想青瘀想膿爛想破色欲、骨想燒想破細滑欲、九想通破忻著之人相欲、此九想爲觀練熏修四種禪之第一也。見禪條。

【九想觀】(名數)即九想。

【九種大禪】(名數)九種之大乘禪也。此爲不共於外道二乘而菩薩所修之禪定。一自性禪、二一切禪、三難禪、四一切門禪、五善人禪、六一切行禪、七除煩惱禪、八此世他世樂禪、九清淨淨禪是也。原出於菩薩地持經第六方便處忍品、爲羼提波羅蜜中之分類、名爲自性忍乃至清淨忍、天台於法華玄義第四上、並法界次第初門卷下之上等、稱之爲九種大禪、爲出世間上上禪中之種別也。自性禪者、觀心之實性、觀一切諸法、無不由心、心攝一切、如如意珠。或唯住於止而攝心不散。或唯住於觀而分別照了。或止觀雙修而定慧均等也。一切禪者、能得自行化他一切功德之禪也。此有世間出世間之二種。又其二種、各有現法樂住禪、出生三昧功德禪、利益衆生禪之三種。離一切妄想、身心止息、第一寂滅、名爲現法樂住禪。出生種種不可思議無量無邊十力種性所攝之三昧、入於一切無礙慧、無諍願智之勝妙功德、名爲出生三昧功德禪。布施於衆生、護諸恐怖、能爲開解、名爲利益衆生禪。難禪者、意爲難修之禪。亦有三種。久習勝妙之禪、定於諸三昧、心得自在、哀愍衆生、欲使成熟、故捨第一禪之樂而生於欲界名爲第一難禪。依禪而出生無量無數不可思議之諸深三昧名爲第二難禪。依禪而得無上菩提名爲第三難禪。一切門禪者、爲一切禪皆從此門出之意。此有與有覺有觀俱之禪、與喜俱之禪、與樂俱之禪、與捨俱之禪等四種。欲界及初靜慮、有覺有觀也。第二靜慮、喜也。第三靜慮、樂也。第四靜慮、捨也。善人禪者、爲大善根衆生所修。此有不味著與慈心俱與悲心俱與喜心俱與捨心俱之五種。一切行禪者、意爲大乘一切行法無不含攝之禪。此有十三種。善禪、無記化化禪、止分禪、觀分禪、自他利禪、正念禪、出生神通力功德禪、名緣禪、義緣禪、止相緣禪、舉相緣禪、捨相緣禪、現法樂住第一義禪是也。攝一切之善法、名爲善禪。自然能於定中作種種變化而無窮、謂爲無記化化禪。攝心不散與定相應、謂爲止分禪。分別照了、與慧相應、謂爲觀分禪。正定現前時、卽能自利利他、謂爲自他利禪。正念思維、無諸雜想、謂爲正念禪。得此大定、一切之神通功德、悉由是出生、謂爲出生神通力功德禪。於一切諸法之名相因緣、悉爲通達無礙、謂爲名緣禪。於一切諸法之義理因緣、悉能通達曉了、謂爲義緣禪。於寂靜因緣之相圓明洞徹、永離一切散亂、謂爲止相緣禪。能照了諸法起滅之因緣、悉皆清淨無礙、謂爲舉相緣禪。於一切善惡法相因緣、悉皆捨離清淨而無染着、謂爲捨相緣禪。因此定而現得法喜之樂、安住於第一義、名爲現法樂住第一義禪。除煩惱禪者、意爲能除衆生種種苦患疾病等之禪。此有八種。呪術所依禪、除病禪、雲雨禪、等度禪、饒益禪、調伏禪、開覺禪、等作禪是也。因此定能除諸苦患毒害、霜雹、熱病及鬼、謂爲呪術所依禪。能除地水火風四大所起之衆病、謂爲除病禪。與甘雨能銷災旱救諸飢饉、謂爲雲雨禪。能濟諸恐難及一切水陸人非人之怖、謂爲等度禪。能以飲食、饒益曠野飢渴之衆生、謂爲饒益禪。能以財物調伏衆生、謂爲調伏禪。能等開覺迷惑之衆生、謂爲開覺禪。使衆生所作、悉爲成就、謂爲等作禪。此世他世樂禪者、謂能使衆生得現在未來二世之樂之禪定。此有九種。能變現種種之神足通力、調伏一切衆生、謂爲神足變現調伏衆生禪。能隨順說法、調伏一切衆生、謂爲隨說調伏衆生禪。能以正法敎誡訓諭、調伏一切衆生、謂爲敎誡變現調伏衆生禪。能爲惡業之衆生、示現修羅餓鬼畜生等趣、使之改惡遷善、謂爲爲衆生示惡趣禪。爲不能辯說正法之衆生、卽以辯才饒益之、使其心識開悟、謂爲失辯衆生以辯饒益禪。爲失正念之衆生、能以正念饒益之、使其不生邪見、謂爲失念衆生以念饒益禪。開發妙慧心不顚倒、能造微妙之讚頌摩得勒伽論、流通正法、使久住於世、謂爲造不顚倒論微妙讚頌摩得勒伽爲令正法久住世禪。能以書數算計資生方便等種種之衆具攝取饒益一切衆生、謂爲世間技術義饒益攝取衆生禪。放大光明暫使修羅等趣息其苦惱名爲暫息惡趣放光明禪。清淨淨禪者謂斷盡一切煩惱惑業得大菩提清淨果之禪。此有十種。世間清淨淨不味不染汙禪、出世間清淨淨禪、方便清淨淨禪、得根本清淨淨禪、根本上勝進清淨淨禪、住起力清淨淨禪、捨復入力清淨淨禪、神通所作力清淨淨禪、離一切見清淨淨禪、煩惱智庫斷清淨淨禪是也。又出於法華玄義講述第四之上。

【九種不還】（名數）　從欲界上色界而般涅槃之不還果聖者、分九種。即於中有般涅槃者有速般、非速般、經久般之三稱。生於色界不久而般涅槃者有生般、有行般、無行般之三種。生於色界更上轉生於天而般涅槃者有全超、半超、遍沒之三種也。

【九種食】（名數）　見食條。

【九種世間】（名數）　見九世間條。

【九種淨肉】（名數）　見食條及九淨肉條。

【九儀】（名數）　九等之儀禮也。此爲印度古來所行之致敬式。西域記第二謂「致敬之式、其儀九等。一發言慰問。二俯首示敬。三擧手高揖。四合掌平拱。五屈膝。六長跪。七手膝據地。八五輪俱屈。九五體投地。」是也。又出釋氏要覽中。

【九橫】（名數）　橫死有九因。一不應飯而飯、即不可食而食也。二不量食、食無節制也。三不習食、食不習食之食也。四不出食、食未消化而又食也。五止熱、強制止大小便也。六不持戒、不持戒行而遂觸世法也。七近惡知識、近於惡友也。八入里不時、不時入里井也。九可避不避、惡疫狂犬等可避而不避也。見九橫經。又九種之橫死。一得病無醫、得病而不爲醫療也。二王法誅戮、所爲非道而爲國法所刑戮也。三非人奪精氣、耽荒樂而身不慎、鬼怪乘隙奪其精氣也。四火焚、被火焚燒也。五水溺、墜於水而溺死也。六惡獸啖、於山林等爲惡獸所啖食也。七墮崖、自絕壁墮下喪其命也。八毒藥咒咀、中毒藥、羅咒咀而死也。九饑渴所困、困於饑渴而死也。見藥師經。（又）佛之九橫也。見九惱條。

【九橫經】（經名）　佛說九橫經一卷、後漢安世高譯。

【九橫死】（名數）　見九橫條。

【九蓮】（術語）　九品之蓮臺。謂彌陀之淨土也。見九品條。釋門正統八曰「修三福業想像九蓮」。

【九徹】（術語）　又謂之不動九徹。不動明王之利劍、周圍有九個火焰表九徹也。九徹者、顯三界九地惑障盡滅、成十地滿足之佛也。又顯八葉九尊於一心之蓮臺、故云九徹。總之以不動之身而即知爲行者之身、謂之三昧耶。或云九徹。

【九徹印明】（印明）以不動明王爲中央、兩部大日爲兩側士、建立三尊帳者、觀無所不至印爲三尊帳、三誦阿哈鍐之明。

【九瘡】（名數）又云九竅、九孔。兩眼兩鼻兩耳一口兩便道也。此名爲瘡者、以常流不淨故也。須彌藏經曰「復次如是出入息於九瘡門出入往來」行事鈔資持記中二之一曰、「九瘡眼耳鼻各二。口及大小通。」破如瘡」涅槃經曰「九孔常流膿血不淨。」

【九輪】（物名）又曰空輪。爲安於塔頂九重之金輪也。有九重、故云九輪。在空中故云空輪。皆俗稱也。本名相輪、輪相、金剎、金幢、露盤等。輪相之數、依人而有多少。法苑珠林三十七曰、「十二因緣經云、有八人得起塔。一如來。二菩薩。三緣覺。四羅漢。五阿那含。六斯陀含。七須陀洹。八輪王。若輪王已下起塔。安露盤。見之不得禮。以非聖塔故。初果二露盤。乃至如來安八露盤。八盤已上。並是佛塔」

【九解脫道】（名數）三界有九地、九地一一有見惑修惑。其修惑每一地分九品、以先斷麤大而次第斷微細者爲法而斷一一品之修惑每有無間道解脫道之二節、正斷惑之位謂之無間道、既斷惑已而得解脫之位謂之解脫道。因之而對於修惑每一地有九無間九解脫之十八節。（又云十八心。）見大藏法數五十。參照九無間道條。

【九縛一脫】（名數）摩訶止觀一上明涉於內外十道之發心、一火途道、二血途道、三刀途道、四阿修羅道、五人道、六天道、七魔羅道、八尼犍道、九色無色道、十二乘道。此中前九者爲縛、後一者爲脫。縛脫雖異、同是邪非之發心也。「九種是生死、如蠶自縛。後一是涅槃、如麞獨跳。雖得自脫、未具佛法。俱非故雙簡。」又「以明了四諦故非九縛、起四弘誓故非一脫」

【九諦】（名數）無常等九種之理審實不虛也。一無常諦。三界諸法之生滅無常也。二苦諦。三界有漏果之逼迫苦痛也。三空諦。諸法之自性空也。四無我諦。一切法無我無常一主宰之實我也。五有愛諦。由於以後有爲常有之愛執（即常見）而有苦果也。六無有愛諦。由於以後有爲斷無之愛執、（即斷見）而有苦果也。七彼斷方便諦。斷捨苦集二諦之方便在於道也。八有餘依涅槃諦。斷煩惱而證得涅槃理、猶有惑業所感之依身也。九無餘依涅槃諦。盡此依身歸於空寂之理。滅諦之果也。前四者爲苦諦、次二者爲集諦、次一者爲道諦、後二者爲滅諦。此與四諦不過開合不同耳。見法苑義林章第二。

【九齋日】（術語）九種之齋日也。一

正月每日、二五月每日、三九月每日、於此加六齋日。六齋日者每月之八日、十四日、十五日、二十三日、二十九日、三十日也。齋者不可中食之謂。此九種日爲帝釋四天王等伺察人間善惡之日、故過午時不食以愼身心也。見三藏法數三十五。

【九禪】（名數）地持十地二論所說、不通於外道二乘、獨菩薩所修之大禪也。一切之善根功德悉攝在此九禪之中。一自性禪、或止或觀或止觀均等也。二一切禪、世間出世間禪也。三難禪、生下化衆生上求菩提現行之禪也。四一切門禪、與覺觀俱之禪、乃與捨受俱之禪也。五善人禪、無味着念之禪也。六一切行禪、生一切菩薩善行之禪也。七除惱禪、消除一切衆生苦惱之禪也。八此世他世樂禪、菩薩現不思議神通、利益此世他世衆生之禪也。九淸淨禪、成就一切功德證得無上菩提之禪也。見法界次第下。參照九種大禪條。

【九曜】（名數）梵語 Navagraha 之譯。九種照耀者之意。又名九執。日時隨逐而不相離、執持之義也。一日曜、Āditya 二月曜、Śōma 三火曜、Aṃgāraka 四水曜、Budha 五木曜、Vṛhaspati 六金曜、Śukra 七土曜、Śanaiścara 八羅睺、Rāhu 九計都、Ketu 是也。大日經疏四曰、「執有九種、卽是日月水火木金土七曜及與羅睺計都合爲九執。羅睺是交會蝕神、計都正翻爲旗、旗星謂彗星也。除此二執之外、其餘七曜相次直日、其性類亦有善惡、如梵曆中說。」是卽於七曜加使日月起蝕之羅睺（卽蝕神）與計都（卽彗星）二者、立於梵曆之一種曆象也。崇陽之梵天火羅曰、「按聿斯經云、凡人只知七曜、不知暗虛星號曰羅睺計都。此星在隱位不見、逢日月卽蝕、號曰蝕神。計都者蝕神之尾。號豹尾。」據此則可見彗星爲蝕神（卽羅睺）之尾。據唐書曆志第十八、記開元六年、詔太史監瞿曇悉達譯九執曆。此爲類似所謂回回曆及太陽曆之一種梵曆。日曜爲太陽、配之於丑寅方。月曜爲太陰、配之於戌亥方。火曜爲熒惑星、配之於南方。水曜爲辰星、配之於北方。木曜爲歲星、配之於東方。金曜爲太白星、配之於西方。土曜爲鎭星、配之於中方。羅睺爲黃旛星、配之於丑寅方。計都爲豹尾星、配之於未申方。又論其本地、謂日爲觀音、（或虛空藏）月爲勢至、（或千手觀音）火爲寶生佛、（或阿嚕迦觀音）水爲微妙莊嚴身佛、（或水面觀音）木爲藥師佛、（或馬頭觀音）金爲阿彌陀、（或不空羂索）土爲毘盧遮那佛、（或十一面觀音）羅睺爲毘婆尸佛、計都爲不空羂索。又有配之於人之年齡、判吉凶之法、出於七曜禳災決等。

【九曜曼陀羅】（圖像）圖畫九曜及其所屬之神像者。大日經疏四曰、「如是執曜。即是漫荼羅中一種善知識門。彼諸本尊即能順世間事業而作加持方便。以阿闍梨善擇吉祥時故。與彼眞言本誓法爾相關。爲作加持、得離諸障也」梵天火羅九曜圖其神像卷尾載梵天火羅圖一帳是正爲九曜曼陀羅。

【梵天火羅九曜】（書名）一卷。唐一行著。

【九類生】（名數）一胎生、二卵生、三溼生、四化生。此四者三界受生之差別也。天與地獄唯化生、鬼兼胎化人畜具四。五有色、謂色界天。六無色。謂無色界天。七有想無色界之中除無想天一而其他一切天處也。以彼總有心想故也。八無想、屬色界第四禪之無想天也。此爲五百大刧之間、感無心無想之果、外道所迷執爲眞涅槃處者也。九非有想非無想。無色界之第四處非想非非想天也。此天處非如無想天之無心。亦非如有想天有粗漫之心想、故名爲非想（無粗想）非非想（有細心）天。金剛經曰「所有一切衆生之類。若卵生。若胎生。若濕生。若化生。若有色。若無色。若有想。若無想。若非有想。若非無想。我皆令入無餘涅槃而滅度之。」

【九轍】（名數）九種軌轍之意。秦道融始講羅什譯之法華經。開爲九轍。即分判法華爲九科也。法華玄論一曰「及羅什至長安。翻新法華。覓道融講之。開爲九轍。時人呼爲九轍法師。九轍之文今所未見。講新法華。始乎融也。」法華文句記八之四曰「什譯纔畢。叡便講之。開爲九轍。時人呼爲九轍法師。一者昏聖相扣轍。即序品是。次有七轍。即是正宗。一者涉教歸眞轍。爲上根人。（方便品）二者興類潛彰轍。爲中根人。（譬喩品）三者述窮通昔轍。中根領解。（信解品）四者彰因進悟轍。爲下根人。即化城授記。五讚揚行李轍。即法師品。爲如來使。六本迹無生轍。即多寶品。多寶不滅。釋迦不生。多寶爲本。釋迦爲迹。本既不滅。迹豈有生。本迹雖殊。不思議一。七擧因徵果轍。即踊出壽量品。彌勒擧因徵果。佛擧壽量因果所由。八稱揚遠濟轍。即隨喜去訖經。屬流通也」是蓋爲什譯法華經科釋之嚆矢。當時著名者。惟詳細之解說今不傳。又出於法華傳二等。

【九難】（名數）佛有九種之橫難。見九惱條。

【九識】（名數）識有九種之意。（一）一眼識、二耳識、三鼻識、四舌識、五身識、六意識、七阿陁那識、八阿賴耶識、九阿摩羅識。蓋經中雖無列九識之明文。而語則非無。金剛三昧經入實際品曰「如彼心地八識海澄、九識流淨。風不能動。波浪不起」又入楞伽經第九曰、「八九種種識。如水中諸波」。大乘密嚴經卷中曰「心有八種、或復九種」是也。說阿摩羅識者、大佛頂首楞嚴經第四曰、「如果位中菩提、涅槃、眞如、佛性、菴摩羅識、空如來藏、大圓鏡智、是七種名、稱謂離別、淸淨圓滿、體性堅凝、如金剛王、常住不壞。」此外見金剛三昧經、密嚴經、轉識論等。其如前所舉、以阿摩羅識爲第九、總立之爲九識者、似至眞諦三藏、始見其說。圓測之解深密經疏第三曰、「眞諦三藏、依決定藏論、立九識義。九識品如說。言九識者、眼等六識、大同識論。第七阿陀那、此云執持。執持第八爲我我所。唯煩惱障而無法執、定不成佛。第八阿梨耶識、自有三種。一者解性梨耶、成佛之義。二者果報梨耶、緣十八界。故中邊分別偈云、塵根我及識、本識生似彼。依彼論等說、第八識、緣十八界。三者染汚阿梨耶、緣眞如境起四種謗。卽是法執、而非人執。依安慧宗、作如是說。第九阿摩羅識、此云無垢識。眞如爲體。於一眞如、有其二義。一者所緣之境、名爲眞如及實際等。二者能緣之義、名無垢識、亦名本覺。具如九識章、引決定藏論九識品中說。」據此可知眞諦唯以阿陀那爲煩惱障我執、又阿梨耶有解性（卽覺）與染汚法執（卽不覺）之義。又大乘義章第三末曰、「亦得說九。故楞伽經總品中云、八九種識、如水中波。其狀如何。分別有二。一者眞實分別、以說九種。妄中分七。謂六事識及妄識。眞中分二。謂阿摩羅及阿梨耶。義如上辯。以此通前、故合有九。二者眞妄離合、以說九種。獨眞爲一。所謂本淨阿摩羅識。眞妄和合、共爲八種。義如上辯。共本識與阿陀那識及起六識。通前爲九。」其中前眞妄分別之義、約於阿梨耶不失眞而攝之於眞、後眞妄離合之義、爲阿梨耶等眞妄和合故、以之對於阿摩羅之唯眞離妄而分別者也。又金光明經玄義卷上曰、「菴摩羅識、是第九不動識。若分別之、卽是佛識。阿梨耶識、卽是第八無沒識。猶有隨眠煩惱與無明合。別而分之、是菩薩識。大論云、在菩薩心、名爲般若、卽其義也。阿陀那識、是第七分別識。訶惡生死、欣羨涅槃。別而分之、是二乘識。」法華玄義第五下曰、「若地人明、阿黎耶是眞常淨識。攝大乘人云、是無記無明隨眠之識、亦名無沒識、九識乃名淨識。互諍云云。」可見陳隋之間、地論師與攝論師、關於阿梨耶之眞妄、互有所諍難。又據此可知九識爲眞諦一派之攝論家所立。玄奘門下、依瑜伽等、唯建立八識、說阿摩羅無垢識、兼第八阿賴耶之識性、或謂爲取第八之淨分而名之者、非識體有九也。且破眞諦以阿陀耶爲第七（法相宗謂阿陀耶爲阿賴耶之異名）唯以爲煩惱障、又彈斥阿賴耶起法執、並緣十八界之說。彼十住心論第十所謂「他緣覺心而敎但示八心、一道極無、但知九識。」雖由法華玄義第五上等、謂菴摩羅爲第九識、以之爲道後之眞如而論。然天台等必非屬於九識家也。又出於維摩經玄疏五、成唯識論述記一、法苑義林章一等。(二)阿梨耶識中之種別。顯識論曰、「顯識者有九種、一身識、二塵識、三用識、四世識、五器識、六數識、七四種言說識、八自他異識、九善惡生死識。」是也。蓋顯識卽本識、指阿梨耶。其中身識爲轉作眼等五根相似之身之識、塵識爲轉作色等六塵之識、名爲應受識。用識爲轉作眼識等六識之識、名爲正受識。世識轉作過去等三世、又生死相續不絕名爲世。器識爲轉作外四大五塵等器、世間及十方三世等之識、亦名處識。數識爲算計量度。四種言說識爲見聞覺知之四種。自他異識爲六趣身。善惡生死識爲一切生死不離人天四趣善惡之意、卽轉作此等事之識也。又出宗鏡錄四、人天眼目臆說下等。

【九羅漢】(名數)見羅漢條。

【九辯】(名數)菩薩有九種之辯說。無差辯、無盡辯、相續辯、不斷辯、不怯弱辯、不驚怖辯、不共餘辯、無邊際辯、一切天人所愛重辯是也。

【九顯一密】(術語)眞言宗判十住心中前九住心爲顯教、後一住心爲密教、故曰九顯一密。

【十】(術語)華嚴圓教說諸法之數量、總以十。以此現其圓滿無盡故也。探玄記三曰、「但此經所明皆應十種。以顯無盡故。設有七八十二等數、皆是增減云十。」演密鈔五曰、「十數表圓以彰無盡。」

【十一位】(名數)十地與妙覺位也。

【十一法】(名數)比丘應成就十一法。一戒、二定、三慧、四解脫、五解脫見慧、已上五者卽五根也。六根寂、六根之寂靜也。七知足、八修法、九知方使、十分別義、十一不著利。

【牧牛十一法】(名數)法喻比丘。一知色、譬知四大及四大所造之色。二知相、譬知行善行惡之相。三知摩刷、譬離惡念。四知護瘡。譬護持五根。五知起烟。譬多聞說法。六知良田茂草、譬八正道。七知所愛、譬愛法寶。八知擇道行。譬行十二部經。九知渡所。譬四意止。十知止足。譬不貪食。十一知時宜。譬恭奉長老比丘。

【阿羅漢所不習十一法】(名數)一捨戒、二不淨、三殺生、四盜、五不食殘食、六妄語、七羣黨、八惡言、九狐疑、十恐懼、十一受餘師及受胞胎。見增一阿含經四十六。

【十一色】(名數)見色條。

【十一宗】(名數)外道之十一宗也。見外道條。

【十一門】(名數)唐光明寺和尚釋觀經三輩九品立十一門之義。其九品各有十一義、相乘則爲九十九義。加以總之一義、爲總別一百義也。一總明告命、告命阿難及韋提希二人諦聽善思者是也。二辨定其位、上上品乃至下下品是也。此二門有總別之二告命是總後十門是別。三總舉有緣之類、若有衆生願生彼國者是也。四辨定三心爲正因發三種心等是也。此二門人法相對。五正簡機之堪與不堪、若有三種衆生當得往生等是也。六正明受法之不同。何等爲三、一者慈心不殺等是也。此二門亦人法相對。七正明修行之時節延促有異、迴向發願願生彼國是也。八明願迴所修之行而生於彌陀佛國、具此功德已下是也。此二門時與處相對、而上來之八門、悉在此土。九明臨命終時聖衆來迎接之不同、去時之遲速、生彼國時已下是也。十明到彼華開遲速之不同。往彼國已已下是也。此二門第九該淨穢、第十徧淨土也。十一明華開已後得益有異。見佛色身已下是也。此中第十障盡花開第十一聞法而漸證菩提也。見觀經散善義同記。

【十一果】(名數)若比丘以慈心廣行布施、則可得十一種之果報。

【十一持】(名數)如來有十一持。見如來條。

【十一想】(名數)比丘應以十一想思念如來。一戒意清淨、二威儀具足、三諸根不錯、四信意不亂、五常有勇健意、六苦樂不以爲意、七意不忘失、八止觀現在前、九三昧意無休息、十智慧意無量、十一觀佛無厭息。見十一想思念如來經。

【十一根】(名數)數論師所立。見數論條。

【十一號】(名數)如來十號中佛與世尊離數爲十一號。參照十號條。

【十一智】(名數)見智條。

【十一觸】(名數)觸有十一事。見觸條。

【十一善】(名數)十一種善之心所也。見百法條。

【十一生類】(名數)金剛經曰、「一卵生、二胎生、三溼生、四化生、五有色生、六無色生、七有想生、八無想生、九非有想生、十非無想生。」此中前四生參照四生條。第五之有色生、爲色界四禪天之衆生。第六之無色生、爲無色界四空處之衆生。第七之有想生、則爲三界九地中除第四禪無想天之衆生、其餘一切之衆生也。第八之無想生、即無想天之衆生。第九之非有想生與第十之非無想生、則二分非想非非想處之一處也。加一以總通之一生、則爲十一生。猶如華嚴之九世加總而爲十世也。性靈集六曰、「十一生類入無餘而不度。」

【十一切處】(名數)總合一切萬有爲一對象而觀之。其方法有十種。如地水火風、青、黃、赤、白、空、識是也。若住於水想、則萬有自身皆成流動之觀。又曰十禪支、十遍處定。見法界次第十。詳出八背捨項中。巴、Kasiṇāyatana

【十一苦法】（名數）一阿練若、二乞食、三一處坐、四一時食、五正中食、六不擇家食、七守三衣、八坐樹下、九露坐閑靜處、十著補衲衣、十一在塚間。若有人於十一年中、學此苦法、卽於現身成阿那含、轉身卽成阿羅漢。見增一阿含經四十六。

【十一面經】（經名）十一面觀世音神咒經之略名。図十一面神咒心經之略名。図十一面觀自在菩薩心密言念誦儀軌經之略名。

【十一遍使】（名數）遍行因之惑、七見二疑二無明也。見六因條。

【十一想經】（經名）十一想思念如來經之略名。

【十一遍行惑】（名數）與十一遍使同。

【十一面觀音】（菩薩）六觀音之一。具十一個顏面之觀音也。依三部經軌其影像有三種、一耶舍崛多譯之十一面經曰「善男子善女人須用白栴檀作觀世音像。身長一尺三寸。作十一面。當前三面作菩薩面。左廂三面作瞋面。右廂三面似菩薩面。狗牙上出。後有一面作大笑。頂上一面作佛面。悉向前後著光。其十一面各戴華冠。其華冠中各有阿彌陀佛。觀世音左手把澡瓶。瓶口出蓮華。其右手以串瓔珞施無畏手。」二玄奘譯之十一面經曰、「若欲造立此神咒者。應當先以堅好無際白栴檀香刻作觀自在菩薩像。長一磔手半。左手執紅蓮華軍持。右臂以掛數珠。及作施無畏手。其像作十一面。當前三面作慈悲相。左邊三面作瞋怒相。右邊三面作白牙上出相。當後一面作暴惡大笑相。上一面作佛面。像諸頭冠中皆作佛身。」三不空譯之十一面經曰、「若欲成就者。以堅好無隙白檀香。彫觀自在菩薩身長一尺三寸。作十頭四臂。右邊第一手把念珠。第二手施無畏。左第一手持蓮華。第二手執軍持。其十一面。當前三面作寂靜相。左三面威怒相。右三面利牙上出相。後有一面笑怒容。最上一面作如來相。頭冠中各有化佛。」右三經中、崛多玄奘之二譯為二臂、不空所翻為四臂也。案左面之瞋相表金剛部。當前之菩薩面表寶部。右面似菩薩面而出利牙者、表蓮華部、（其利牙表彌陀之六自在勇猛）後面暴惡大笑之相表羯磨部。頭上之佛面表佛部。其左中右之三面表胎藏界之三部也。其數珠表金剛部、（其圓者為菩薩之圓明也）軍持表寶部、蓮華表蓮華部、施無畏手表羯磨部。完具此四部者、卽佛部也。胎藏界蘇悉地院八尊中之第八尊。以□字為種子、以賢瓶為三昧耶形、金剛號為變異金剛也。見胎曼大鈔五。梵 Ekādaśamukha

【十一面神咒經】（經名）十一面神咒心經之略名。

【十一面神咒心經】（經名）一卷、唐玄奘譯、慧沼疏通論疏各有一卷。

【十一面觀自在法】（修法）此道場觀、當金剛合掌而觀想妙高山之頂有寶樓閣、其殿以無量之衆寶而成、處處懸列珠鬘瓔珞鈴鐸繒絲、微風搖激出和雅之音、以種種之摩尼半滿月等校飾之、復有無量之諸供養具遍滿樓中。於其殿內觀大曼茶羅、曼茶羅之中心有蓮華臺蓮上有月輪輪內有𑖎字、字變爲賢瓶、賢瓶變爲十一面觀世音菩薩。具足十一面。左手執紅蓮華與軍持、展右臂以掛數珠、及作施無畏之印、蓮華部之眷屬圍繞之。見百二十尊法觀音部。

【十一想思念如來經】（經名）一卷、宋求那跋陀羅譯、增一阿含經禮三寶品之別譯。

【十一面觀世音神咒經】（經名）一卷、宇文周耶舍崛多譯。

【十一面觀自在菩薩心密言念誦儀軌經】（經名）三卷唐不空譯。

【十一面眞言】（眞言）念十一面觀音時之誦文、密教所用有大小二咒。

【十二入】（名數）與十二處同。見三科條。

【十二天】（天名）一梵天。印相爲右手作拳安於右腰、左手五指相著豎之而屈。其高過肩、即作蓮華之想。眞言曰、南莫三滿多沒䭾喃。沒羅賀摩寧。娑嚩訶。（第一句歸命諸佛、其義如例、又結句之娑嚩訶亦如例、下皆同、故略之、又其眞言各舉其名、故以其首字爲其種字、以下例亦然、）二地天、印相爲先合掌、人指已下四指頭相跓而前方大開、二拇指各著於人指之側。眞言曰、―喃。畢哩體微曳。（地）娑嚩訶。三月天。印相同於前之梵天印、但於仰掌中有月之潔白之相。眞言曰、―喃。戰捺羅也。（月也爲聲）娑嚩訶。四日天。印相與前之地天印無異、但以二拇指駐於人指下節。眞言曰、―喃。阿儞底也。（日）娑嚩訶。五帝釋天。乘白象王住五色雲中、身作金色、右手持三股當心、左手托左胯、左脚垂下。三天女各手持蓮華、或以盤盛雜花。印相爲右手作拳安於腰、左手五指直豎相著、背拇指屈中節。眞言曰、喃。因捺羅耶。（帝）娑嚩訶。六火天。乘青羊、赤肉色、遍身火焰、右二手、一持青竹、一持軍持、左二手、一舉掌、一持念珠。有二天女持天花、左右置苦行仙。垂右足、蹉左足。印相爲左手作拳安於腰、左右手五指、直豎相著、屈拇指納著掌中、人指屈中節、與娑婆訶相招、眞言曰、阿哦娜曳。七焰摩天。乘水牛、右手執人頭幢、左手仰掌。有二天女侍、二鬼使者持刀捧戟。赤黑色、垂右脚。印相爲先合掌、二小指屈中節而背相著、二人指亦屈而背相著、以拇指各持人指中節。眞言曰。—喃。焰摩耶(平等又靜息)。娑嚩訶。八羅刹天。乘白獅子、身著甲冑、右手持刀令竪、左手大指押中小二指、赤肉色。二天女侍其左右、二羅刹鬼持三股戟。印相爲右手作拳安於腰右、左手五指、竪而相著、小無名二指屈中節、以拇指端押小無名指之甲。眞言曰。—喃。乃哩底曳。(彼趣方言)娑嚩訶。九水天。住於水中、乘龜淺綠色。右手執刀、左手持龍索、冠上有五龍、四天女持妙花。印相、右手如前、左手握拳、拇指不入掌中、人指直竪、中節少屈、眞言曰。喃。嚩嚕拏耶。(水)娑嚩訶。十風天。雲中乘麞、著甲冑、左手托胯、右手執獨股頭劍、劍上有緋幡。二天女侍之、幷有藥叉衆。印相右手如前、左手五指、直竪相著、小無名二指屈中節。眞言曰。—喃。嚩耶吠。(風)娑嚩訶。十一毘沙門天。坐二鬼上身著甲冑、左手掌捧塔、右手執寶棒。身金色、二天女持寶花等。印相、先合掌十指內相叉、二小指頭竪而相柱、二人指竪少屈、左拇指入右掌中、押左中指之甲、右拇指越左拇指、入左掌中、押右中指之甲、二風與娑嚩訶相招。眞言曰。—喃。吠室囉嚩拏耶。娑嚩訶。十二大自在天。伊舍那天、舊云摩醯首羅天、又云大自在天。乘黃犢牛、左手執劫波杯、右手執三戟劍、淺青肉色、三目忿怒、二牙上出、髑髏爲瓔珞、頭冠中有二仰月、二天女持花、印相爲右手作拳安於腰右、左手五指、直竪相著、小無名二指屈中節、中人拇三指各少相去。眞言曰、喃。伊舍曩曳(自在)。娑嚩訶。曼荼羅之配位如左。見十二天供儀軌。

北

大自在天　帝釋天　火天

梵天　日天

毘沙門天　四臂不動　焰摩天

地天　月天

風天　水天　羅刹天

南

【十二支】(術語)十二因緣也。

【十二地】(名數)十地與等覺妙覺也。大日經疏十曰、「亦如菩薩十二地。卽十地等妙之覺。猶如十二月。故此中得一月之分。卽是入初住地、」

【十二宮】(術語)位於胎藏界曼荼羅外金剛部院、分爲四方。大疏以爲月天之眷屬。與今日之天文學方位有異、而大體則同、在東方者爲夫婦宮、(又曰雙女宮)羊宮、(又曰白羊宮)牛宮、(又曰金牛宮)在西方者爲秤宮、(又曰天秤宮秤量宮)蝎宮、(又曰天蝎宮蝎蟲宮)弓宮、(又曰人馬宮)在南方者爲瓶宮、(又曰寶瓶宮)二魚宮、(又曰雙魚宮賢瓶宮)蜜牛宮、(又曰摩竭宮)在北方者爲螃蟹宮、(又曰巨蟹宮)獅子宮、雙女宮(又曰室女宮小女宮)。參照星宿條。

【十二佛】(名數)於東方配三佛於

西南北四維上下各配一佛、一東方虛空功德清淨微塵等目端正功德相光明華波頭摩瑠璃光寶體香最上香供養訖種種莊嚴頂髻無量無邊日月光明願力莊嚴變化莊嚴法界出生無障礙王如來。二東方毫相日月光明燄寶蓮華堅如金剛身毘盧遮那無障礙眼圓滿十方放光照一切佛刹相王如來。三東方一切莊嚴無垢光如來。四南方辯才瓔珞思念如來。五西方無垢月相王名稱如來。六北方華莊嚴作光明如來。七東南方作燈明如來。八西南方寶上相名稱如來。九西北方無畏觀如來。十東北方無畏無怯毛孔不豎名稱如來。十一下方師子奮迅根如來。十二上方金光威王相似如來。見十二佛名神咒校量功德除障滅罪經。

【十二神】（名數）見藥師條。因十二時之十二神也。見十二獸條。

【十二禮】（書名）龍樹菩薩造、讚禮阿彌陀文一卷、禪那崛多譯、此中敘禮拜之偈十二章、謂之十二禮。收入眞宗教典上卷。

【十二燈】（修法）陀羅尼集經六千轉陀羅尼軌救病人法之供養物、「果食十盤燃十二燈」也。蓋取供藥師十二神將之意。

【十二倒】（名數）見四倒條。

【十二願】（術語）見藥師條。

【十二禽】（名數）見十二獸條。

【十二輪】（名數）十二因緣之異名。

【十二類】（名數）因動有聲。因聲有色。因色有香。因香有觸。因觸有味。因味有法。六亂妄想成業性。故十二區分。由此輪轉。是故十二變爲一旋復。乘此輪轉。故有卵生、濕生、胎生、化生。有色無色。有想無想。若非有色。若非無色。若非有想。若非無想。謂之十二類。見楞嚴經。

【十二獸】（名數）

大集經二十三、虛空目分中淨目品五			十二因緣生祥瑞經	大集經五十六星宿攝受品第十八、	十二時辰所屬
南海中、瑠璃山、名潮、	種種色窟、	毒蛇、	蛇	迦若、	巳
	無死窟、	馬、	馬	兜羅、	午
	善住窟、	羊、	羊	毘梨支迦、	未
西海中、玻璃山、不記名、	上色窟、	獼猴、	猴	檀尼毘、	申
	誓願窟、	雞、	鷄	摩迦羅、	酉
	法床窟、	犬、	犬	鳩槃、	戌
北海中、白金山、名菩提、目、	金剛窟、	猪、	豕	彌那、	亥
	善功德窟、	鼠、	鼠	彌沙、	子
	高功德窟、	牛、	牛	毘利沙、	丑
東海中、黃金山、名功德、相、	明星窟、	獅子、	虎	彌倫那、	寅
	淨道窟、	兎、	兎	羯迦吒迦、	卯
	喜樂窟、	龍、	龍	絲阿、	辰

此中與我國相傳之十二支相違者、唯虎與獅子而已。然止觀等引大集經、將師子改虎。(十二支配十二獸見漢王充之論衡、似基於列子三十六獸說、故我國十二支說非依佛敎也。)此一一方各有二羅剎女及五百眷屬、隨其方面各自供養其方之三神、而其窟皆是古昔菩薩之住處也。又一一各修各慈。晝夜常巡閻浮提內、人皆敬願。已曾於過去佛處發願、一獸一日一夜遍歷閻浮提、餘十一獸安住修慈、由七月一日鼠爲其首、二牛、三寅、乃至十三、旋再從鼠起、是故此土多禽獸、能行敎化、然此有權實二種、其權者在寶山中常修衆生緣之慈、其實者能惱亂行人、故於邪想之坐禪、或現少男少女、乃至種種禽獸之形、或使人娛樂、或使人恐怖、是禪定魔三種中之時媚鬼也。此時行者持其時識其獸、呼其名而呵之、必逃去云。

【三十六獸】(名數) 一時各有三獸。總爲三十六獸。止觀八曰「一時爲三、十二時卽有三十六獸。寅有三、初是狸、次是豹、次是虎。卯有三、狐、兎、貉。辰有三、龍、蛟、魚。此九屬東方木也。巳有三、蟬、鯉、蛇。午有三、鹿、馬、麞。未有三、羊、雁、鷹。此九屬南方火也。申有三、狖、猿、猴。酉有三、烏、鷄、雉。戌有三、狗、狼、豺。此九屬西方金也。亥有三、豕、貐、猪。子有三、貓、鼠、伏翼。丑有三、牛、蟹、鼈。此九屬北方水也」止觀八之二開三十六獸爲百八獸、但三十六獸出列子及瑯琊代醉篇。

【百八獸】(名數) 於三十六獸各開三獸、爲百八、止觀列記其名。

【十二藏】(雜語) 謂千手觀音陀羅尼人之功德藏也。見千手觀音條。

【十二大願】(術語) 藥師如來之十二願也。見藥師條。

【十二上願】(術語) 藥師如來之十二願也。見藥師條。

【十二天供】(修法) 此於修大法時多加修之者。見密門雜鈔。

【十二火天】(修法) 見十二種火法條。

【十二火尊】(修法) 見十二種火法條。

【十二分經】(經名) 同十二部經。

【十二分敎】(經名) 同十二部經。

【十二行相】(名數) 四諦各有示勸證三行相、合成十二行相。見三轉法輪條。

【十二合掌】(儀式) 大日經疏十三說十二合掌。見合掌條。

【十二因緣】(術語) Dvādaśāṅga Pratītyasamutpāda 新作十二緣起。舊作十二因緣、又單名因緣觀、支佛觀。是爲辟支佛之觀門、說衆生涉三世而輪迴六道之次第緣起也。一無明、Avidyā 過去世無始之煩惱也。二行、Saṁskāra 依過去世煩惱而作之善惡行業也。三識 Vijñāna 依過去世之業而受現世受胎之一念也。四名色 Nāmarūpa 在胎中心身漸發育之位也。名者心法。心法不能以體示之。但以名詮之。故謂爲名。色者即眼等之身。五六處 Ṣaḍāyatana 六處即六根。爲六根具足將出胎之位也。此中有五位。見五意條。六觸 Sparśa 二三歲間對於事物未識別苦樂。但欲觸物之位也。七受 Vedanā 六七歲以後漸對事物識別苦樂而感受之之位也。八愛 Tṛṣṇā 十四五歲以後生種種强盛愛欲之位也。九取 Upādāna 成人已後愛欲愈盛。馳驅諸境取求所欲之位也。十有 Bhava 依愛取之煩惱作種種之業。定當來之果之位也。有者業也。業能有當來之果。故名爲有。十一生 Jāti 即依現在之業於未來受生之位也。十二老死 Jarāmaraṇa 於來世老死之位也。其中無明與行二者。即惑業之二。屬過去世之因。識名色六處觸受五者屬緣於過去惑業之因而受之現在果。是過現一重之因果也。又愛取二者爲現在之惑。有則爲現在之業也。緣於此惑業現在之因而感未來之生與老死之果。是現未一重之因果也。此爲三世兩重之因果。依此兩重之因果而知輪廻之無極。蓋既見現在之惑(愛取)業(有)由現在之苦果(識乃至受)而生。則知過去之惑(無明)業行亦從過去之苦果而生。既見現在之苦果(識乃至受)生現在之業(有)則亦知未來之苦果(生老死)生未來之業。上溯之則過去之惑業。更從過去之苦果而來。下趁之則未來之苦果更生未來之惑業。過去無始。未來無終。此爲無始無終之生死輪廻。辟支佛觀之。一以厭生死。一以知無常實之我體。遂斷惑業而證涅槃也。其中分別因與緣。則行與有之二支是因。無明與愛取之三支是緣。餘七支總是果。但果爲還起惑業因緣之緣。故攝之於緣中。不別存果名。是曰因緣觀。

【四種十二因緣】(名數)一剎那。是於剎那立十二支也。謂剎那之頃。由貪行殺。有具十二支者。蓋貪是無明。思欲行殺。思是行。了別所殺之人及其諸境之事是識。與其識俱之色想行三蘊是名色。名色是總。六處是別。別必在於總。住其所住之法即是六處。意處雖屬於過去。而原爲六處之攝。故說名六處。六處是根。合其餘識境而生之心所是觸。領觸之心所是受。貪即是愛。(即行殺之貪心)與貪相應之諸煩惱是取。依此所起之身語二業。是有。如是諸法之起是生。其法熟變是老。其法終滅壞是死。然則於剎那完具十二支也。二連續。是十二支因果無間連續而起也。三分位。是如前所釋。各於其起位而分別之也。故此緣起支十二支各具五蘊。四遠續。是依順後受及不定受業。而前分位之五蘊隔越多生。從無始遠續之因果也。見俱舍論九。

【生滅二觀】（術語）一生觀、觀緣無明生行緣行生識乃至緣生生老死次第生起之相也是爲流轉門二滅觀觀無明滅則行滅乃至生滅則老死滅次第滅壞之相也是爲還滅門見四教儀。

【順逆二觀】（術語）一順生死觀觀有漏業爲因愛取等爲緣感識等乃至老死等生死果之相也二逆生死觀觀無漏之正慧爲因正行爲緣證涅槃果之相也是亦爲流轉還滅之二觀見止觀五之三。

【十二因緣與四諦】（雜語）若但依生觀順觀二者則十二因緣爲苦集之二諦、卽無明行愛取有之五支爲集諦餘七支爲苦諦也若依生滅二觀順逆二觀則其生順二觀爲苦集之二諦滅逆二觀爲道滅之二諦也。

【十二因緣異名】（雜語）一名十二重城。五句章句經曰、「一切衆生常在長獄。有十二重城圍之。以三重棘籬籬之。」三重棘籬卽三界、又名三世、十二重城卽十二因緣也。一名十二牽連。增一阿含經四十曰、「佛自看比丘病。因責諸比丘言。汝爲何事而出家耶。爲畏王等故欲捨十二牽連。」三世繫續、故名牽連。一名十二輪。輔行三之三曰、「十二輪者。大瓔珞文展轉不窮。猶如車輪。」按文在本業。非大瓔珞。今檢大瓔珞未見此文。一名十二棘園。妙玄二本曰、「亦名十二重城。亦名十二棘園。」是依五句章句經棘籬之語也。

【十二因緣眞言】（眞言）最勝王經長者流水品說之、又密咒圓因往生集亦說之。但與前不同。

【十二有支】（術語）見十二因緣條。

【十二光佛】（雜名）阿彌陀之十二光佛也。無量壽經上曰、「無量壽佛威神光明最尊第一。（中略）是故無量壽佛號無量光佛。無邊光佛。無礙光佛。無對光佛。燄王光佛。淸淨光佛。歡喜光佛。智慧光佛。不斷光佛。難思光佛。無稱光佛。超日月光佛。」九品往生阿彌陀三摩地集陀羅尼經曰、「是內坐十二曼陀羅大圓鏡智寶像。其名曰、一切三達無量光佛。遍覺三明無邊光佛。智道三明無礙光佛。六眞理智三明無對光佛。色善三明光燄王佛。一覺三明淸淨光佛。普門三明歡喜光佛。入慧三明智慧光佛。光色三明不斷光佛。明達三明難思光佛。五德三明無稱光佛。智力三明超日月光佛。」

【十二門禪】（術語）四禪、四無量、四空定也。

【十二神明王】（名數）藥師之十二神也。見十二神將條。

【十二神將】（名數）與十二神明王同。

一、宮毘羅（金毘羅）　彌勒菩薩　子神
二、伐折羅　勢至菩薩　丑神
三、迷企羅　彌陀如來　寅神
四、安底羅　觀音菩薩　卯神
五、頞儞羅　如意輪觀音　辰神
六、珊底羅　虛空藏菩薩　巳神
七、因陀羅　地藏菩薩　午神
八、波夷羅　文殊菩薩　未神
九、摩虎羅　大威德明王　申神
十、眞達羅　普賢菩薩　酉神
十一、招杜羅　大日如來　戌神
十二、毘羯羅　釋迦如來　亥神

十二大將應於本尊之十二大願、保護晝夜之十二時也。又其大將一一具孟仲季之三輔、故成三十六禽、又於七覺各具千如、故其藥叉之眷屬成七千（經中說藥叉眷屬七千）、十二神將各具七千之藥叉、則爲八萬四千、是成八萬四千之護法神、轉一切衆生八萬四千之煩惱、成八萬四千之菩提、此藥師醫王之大善巧方便也。十二天梵音如次 1. Kumbhīra 2. Vajra 3. Mihira 4. Andīra' 5. Anila 6. Śaṇḍila' 7. Indra 8. Pajra' 9, Mahoraga 10. Kinnara 11. Catura 12. Vikarāla'

【十二禮拜】（儀式）依十二禮文之十二偈而作十二番禮拜也。

【十二禮拜文】（書名）十二禮拜之偈文也。

【十二供養】（術語）合內外四供與四攝菩薩、而稱爲十二供養。此名目出守護經九。又以四攝爲供養尊、其說見本說略出經及出生義。

【十二妄想】（名數）見妄想條。

【十二重城】（雜語）十二因緣之異名。

【十二門論】（書名）三論之一。一卷、龍樹造、秦羅什譯。說以觀因緣門乃至觀生門之十二門而入於空義者。有吉藏疏二卷及略疏一卷、元康疏二卷、法藏疏一卷。

【十二門論宗致義記】（書名）二卷。唐法藏述。

【十二眞如】（名數）又名十二空、十二無爲。見眞如條。

【十二部經】（術語）一切經分爲十二種類之名。據智度論三十三之說、一修多羅、Sūtra 此云契經、經典中直說法義之長行文也。契經者、猶言契於理契於機之經典。二祇夜、Geya 譯作應頌、又作重頌。應於前長行之文、重宣其義者。卽頌也。凡定字句之文體、謂爲頌。三伽陀、Gāthā 譯作諷頌、又作孤起頌。不依長行、直作偈頌之句者。如法句經是也。四尼陀那、Nidāna 此譯因緣。經中說見佛聞法因緣、及佛說法教化因緣之處。

如諸經之序品卽因緣經也。五伊帝目多、Itivṛtaka此譯本事。佛說弟子過去世因緣之經文。如法華經中藥王菩薩本事品是也。六闍多伽、Jātaka 此譯本生。佛說自身過去世因緣之經文也。七阿浮達磨、Adbhuta-dharma 新云阿毘達磨。此譯未曾有。記佛現種種神力不思議事之經文也。八阿波陀那、Avadāna 此譯譬喩。經中說譬喩之處也。九優婆提舍、Upadeśa 此譯論義。以法理論義問答之經文也。十優陀那、Udāna 此譯自說。無問者、佛自說之經文。如阿彌陀經是也。十一毗佛畧、Vaipulya 此譯方廣。說方正廣大之眞理之經文也。十二和伽羅、Vyākaraṇa 此譯授記。於菩薩授成佛之記之經文也。此十二部中修多羅與祇夜及伽陀三者、爲經文上之體裁。餘九部從其經文所載之別事而立名。

【十二夢王】（名數）見夢條。

【十二勝劣】（名數）懷感禪師就兜率與西方淨土立十二勝劣。

【十二遊經】（經名）一卷、東晉迦留陀伽譯。佛三十五歲成道、其後十二年始還父國、記其十二年間之遊化、名爲十二遊經。

【十二頭陀】（名數）見頭陀條。

【十二棘園】（雜語）見十二因緣附錄條。

【十二無爲】（名數）又名十二眞如、十二空。見眞如條。

【十二類生】（名數）見生死條。

【十二緣門】（術語）見十二因緣條。

【十二摩多】（術語）又名十二轉聲。摩多譯作點、或韻。一𑖀（阿）二𑖁（阿長）三𑖂（伊）四𑖃（伊長）五𑖄（烏）六𑖅（烏長）七𑖊（藹）八𑖋（愛）九𑖌（奧）十𑖍（奧長）十一𑖀𑖽（闇）十二𑖀𑖾（啞）也。此十二摩多攝於三門之發音、則如左。

喉門
- 𑖀 𑖁 本
- 𑖀𑖽 𑖀𑖾 末

舌內
- 𑖂 𑖃 本
- 𑖊 𑖋 末

脣內
- 𑖄 𑖅 本
- 𑖌 𑖍 末

一切之音聲、盡攝於此三門、其中前二字爲根本字、是男聲、智慧字也。又伊等八字爲增加字、（謂增加於阿迦等根本字之點畫也）。是女聲、三昧字也。此十二摩多、若依世法、則爲十二支、十二月、十二宮、人身之十二纓絡等。若依出世法、則爲菩薩佛果之十二地、流轉之十二因緣。若依眞言門、則胎藏之十二眞言、金剛界之十二供養、並十二火天等、皆其幖幟也。見悉曇三密鈔二。又以此十二摩多配於因行證入之四轉、則前之二阿爲因、伊等八字爲行、暗爲證、惡爲入也。見吽字義顯宗記。更依大日經等、則加哩𑖆哩𑖇里𑖈狸𑖉之四摩多、總爲十六摩多。

【摩多通別】（術語）十二摩多中前

十字爲別摩多、後𑖀𑖽𑖀𑖾二字爲通摩多。別摩多者、以局於體文而負之故也。通摩多者、以於負體文之別摩多上、復加此二點故也。如𑖎𑖽𑖎𑖾等。或於十摩多直加此二點、故名爲通。如𑖎𑖽𑖎𑖾等。或云十二摩多總爲通摩多、其他𑖆哩𑖇嚟𑖈里𑖉狸四字爲別摩多。

【摩多自他】（雜語）以上十二或十六爲自摩多、其他𑖒仰𑖗若等五字、變爲仰月點、或爲半月點、（卽大空點也）爲他摩多。此時五字之體文爲點也。故體文有摩多、摩多有體文、如𑖎字者、摩多成爲體文而受通摩多。如𑖎字者、摩多受體文也。見梵漢對映集上。

【十二願王】（雜語）藥師如來建十二願、故稱爲十二願王。

【十二緣起】（術語）與十二因緣同。

【十二隨眠】（名數）見隨眠條。

【十二大天衆】（天名）十二天也。仁王經上曰、「此三界中十二大天衆皆來集會坐九級蓮華臺。」見十二天條。

【十二天儀軌】（書名）十二天供儀軌之略名。

【十二不律儀】（名數）與十二惡律儀同。見十二惡律儀條及惡律儀條。

【十二三昧聲】（雜語）十二摩多是女身表三昧也。見悉曇條。

【十二因緣經】（經名）聞城十二因緣經之署名。又爲貝多樹下十二因緣經之異名。

【十二因緣論】（書名）一卷、淨意菩薩造、後魏菩提流支譯。

【十二行法輪】（名數）卽三轉法輪也。

【十二品生死】（名數）見生死條。

【十二佛名經】（經名）十二佛名神咒校量功德除障滅罪經之署名。

【十二法人】（名數）卽頭陀十二行也。又名杜多、此翻抖擻、亦翻修治、亦翻淘汰。十二法者、一住阿蘭若處。二常乞食。三次第乞食。四受一食法。五節量食。六中後不飮果漿蜜漿。七着糞掃衣。八但三衣。九塚間住。十樹下止。十一露地坐。十二但坐不臥。

【十二頭陀經】（經名）一卷、宋求那跋陀譯。佛對大迦葉說十二種之頭陀行。

【十二惡律儀】（名數）謂法所不應作、名曰惡律儀。有十二種。一、屠羊、屠者殺也。謂人或以自食而常宰殺、或因取利販賣而常宰殺。二、養鷄、謂因嗜其肉味、以充口體、常自畜養、意圖烹殺。三、養豬、謂或因自欲充於口腹、或因販賣求利以資其生而畜養之。四、捕鳥、謂以殺心故網捕禽鳥、或食或賣、傷害生命。五、捕魚、謂以殺心故而用網罟取捕諸魚、或食或賣、傷害物命。六、獵師、謂以殺心獵捕一切禽獸、或食或賣、傷害物命。七、作賊、謂見一切物、常懷刦盜之心。不思物各有主、妄行擄竊、賊害於人。八魁膾。乃爲官操刃行刑之人。謂人本同類、彼雖犯法、理固當死。然習爲操刃之業、以害其生、實爲惡行。九守獄。謂爲獄吏、守其牢獄、以杻械枷鎖、非理陵虐罪囚、無慈善心。十呪龍。謂習諸邪法、呪術、呪於龍蛇、以爲戲樂。十一屠犬。謂殺犬、以資利養。十二伺獵。謂作獵主、伺捕禽獸、以利其生、而自積罪業。

【十二面觀音】（菩薩）　經軌無十二面觀音、是誌大士等之化現也。佛祖通載九曰、「梁武令僧繇寫誌公像、公以指剺面門分披、出十二面觀音妙相」山谷外集十四曰、「十二面觀音無正面、注、僧伽至臨淮、嘗卧賀跋氏家、現十二面觀音形、其家欣慶、遂捨宅歸焉。即今寺也。見宋高僧傳」臨濟錄曰、「問十二面觀音阿那面正。」

【十二種火法】（修法）　大日如來以梵志說四十四種邪道之火法、分說十二種眞道之護摩法。十二神。一智火。爲最初。名大因陀羅。端嚴淨嚴相。增益施威力、焰鬘住三昧。當知智圓滿。此中最初之火、即是菩提心之慧光也。形方色黃、即是表金剛座、端嚴者、是內莊嚴、言此智火具本尊之形、一切之功德故也。增威者、是外事、謂十力等之用也、此智火其性如是、內外之功德莊嚴圓滿、能與十力共、故增威也。識此火、故燒無始以來無明之積薪、無復遺餘、如劫燒時之火、灰燼皆盡、蕩然無垢、一切如來之功德皆成就也、然此火神即名爲智、其相端嚴、成金剛色、以圓光焰鬘自圍繞、坐此光中、住於寂然正受三昧、由住此三昧、故智光滿足、此智光即是毘盧遮那之別名也、即以此尊表此智。若於初觀觀此火神、則能成一切之事、此中方壇、梵言摩訶因陀羅、是帝釋尊之別名也、又即金剛輪之別名也、智是內證、其外發之表作金剛杵形。與此方座之形相似。然但觀四角壇中有本尊即是也。（此杵頭有四角形）上言增威者、若就形像所表而論、即是體貌圓滿豐備之言、然據理言之、則即心法門、事[illegible]火有二法、若能修瑜伽者、唯觀此尊形像之相而誦其眞言、（即誦其名是也。）即名內心火法、若以順於世間之故作壇、則當作方壇、而周匝有光焰、自身亦著黃衣、想火爐中有此本尊、然後所作之事成、不然則不成。此法與息災相應、是堅固之法、是配於初菩提心之阿字門、由此因緣而智具足也。二第二火名行滿普光秋月華吉祥圓輪中珠鬘鮮白衣。第二火名行滿者、即按名而表義、其梵音即亦眞言也。初發菩提心、次修行、其行滿者、即名爲佛也、此即以大悲爲根、菩提心爲種子。其形如秋夜之月、光輝照朗、周匝四面、身服白衣、具種種之德、（謂身端嚴肥滿可喜也）其右手持數珠、左持軍持。此像在月輪中、即是心性清淨圓明之義、以此妙行之火燒垢心戲論之薪也、若作觀時亦卽觀此圓明、作爲本尊之形、上文所謂皆體如來內證之德、意彰於外故者、以法門表示之故也。若外作者作圓爐、以白檀末塗之以白華等爲供養、自亦衣白衣、是爲息災之法。災有無量、如諸外世間小火蟲霜蝗等種種之寂耗、及內身一切病惱之類、其形萬端、自身他身皆能淨除之也。又無始以來有疑心、謂於深法生猶豫信不決定、此卽爲障、此火能消除之。亦是息災之義也。此息災護摩、亦有二種、但爲瑜伽相應之念誦、或外護摩而作火法也。然若能辨供則兼事作、若不辨則但心作、卽得有物可作而不作之、但以心作、不如法也。三第三摩嚕多黑色風燥形、第三火尊名風爲燥、由風而生、因作風子之形、而燥黑也、此內色黑而外加燥形、如塗灰外道也。此尊處風輪中、卽爲半月形、亦作端坐三昧之形、謂行人初發菩提心、雖欲進行、而無始以來妄惑煩惱之根本未除、數來牽破觀心、而加鬧擾、因作此法也。風者不住之義、又如世間之風、能壞重雲、此不住之風亦如是、能散壞諸障也。此尊坐於風壇中、手執帛去頭三五寸、兩頭執之、如天衣之形、其色青、是表風之義、此是阿毘闍嚕迦法、亦有內外二法。四第四盧醯多色如朝日暉。第四火尊、赤如日暉、住於三角中、右手執刀端坐、刀者表利慧斷結也、如日初出時、夜除晝現、暗盡明現、故取此色、火神如此形色、光焰亦爾、身相端滿住於前之三昧而作微怒之形。五第五沒嚟拏多髭淺黃色修頸大威光遍一切哀愍。沒嚟拏者、和合之義、此尊作黃色、謂黃色兼有火色也、和合者是兼二法也、其像左邊作怒狀、右邊作熙怡微笑之形、各生半身、此微笑不嗔不大喜、是寂住之表也、身上有毛、謂髭鬚髮之類稍多、然不可過多、若多置則使不端嚴也。其頂長、有大威光、其身色一邊赤、一邊黃、怒邊當赤、其坐亦右方爲半金剛座、左方爲三角半火座、左持刀、右持跋折囉。有內外二法、例如前。此和合能遍於一切之招召息災而俱成之。內用卽智光煩惱卽滅無生、若外作時、香華身服要亦二種、念誦時亦作此形、如本尊也、仍一目怒一目寂、然除災滿願一時得成、以此等遍之理、故得有如是之用、不同於偏方之數也。六第六名忿怒。眇目霧煙色聳髮而震吼大力現四牙、其身烟色者、非甚黑非甚白也、其閉一目者、如不動尊也、其髮上散、作蓬頭狀、作大吼形、謂大開其口、如呼吼之形也、口有四牙而俱出、上下各二、此亦攝二事、一火一風也。七第七闍吒羅迅疾備衆彩。第七名溫腹、如以上世間之火、謂是身內之火能消化食物而資身也、此正法中之義則不然、腹內之火、卽是內證之智、迅疾者、其形更加忿怒、又比前甚。八迄灑耶猶如電光聚。第八名費耗。是除遣之義、謂使一切業垢等事、悉除遣而無餘也、此尊能除一切身中之障、即毘那也迦之類、皆使消耗、其色如聚集衆多電光而不可瞻覩之狀、此是金剛輪之同類也。九第九名意生。大勢巧色身。意生者、隨由意而生之法意而成也、種種之形皆作、所念皆能成就、巧者謂毘首羯磨也、即是隨類而現身、普門成就之義、隨於自在之慧作而皆成就、有大力也。十第十羯羅微。赤黑唵字印。第十名受食火、又名劫微。謂火施時受飲食之義。受食者即施火食時受食之也。其尊持唵字印、而作相、即是梵志之儀法、淨行者凡有所言語則皆傾右手作印形、舉而案之以唵字之聲而作相也。十一第十一火神、（梵本缺名）第十一本文缺少、但依諸火天總相之形也。（疏六之釋）十二護賀那。第十二名悉成。謂悉成一切、即是所作已辦之處、為寂滅道場而伏魔之義也、有一類衆生作惡而不可止遏、假令加以勸導、則更增其惡、若縱之、則復趣於惡道、故以方便伏其身、使閉目都無所知、以此因緣善惡俱不能造、次即漸漸引導之、使入於正法。如金剛頂經金剛手降伏大自在天之義、此皆住於方便道所作也。出於大日經疏二十。

【十二火天真言】（真言）南麼三曼多勃馱喃。阿哦娜曳。阿哦娜曳。莎訶。初句歸命諸佛如常、第二句阿哦娜曳者是火之義、以此中最初之阿字為種子。以一切諸法本不生之故、即與金剛智體相同、哦是行之義、以諸法本不生之故、雖具萬行、亦無所行、是故名為無師自覺、若是為無師自覺即是與大空之遍一切處相同。故娜字之一切諸法施不可得又為同體、以諸法無師無行之故、自遍於一切處、故於三界不動出而至於薩婆若、是故無乘及乘者、爾乃為大乘、故於也字加三昧聲也。其意明此乘之定慧均等、諸佛菩薩行道時皆以如是慧火焚燒一切心垢、正法之光明燃然也。見大日經疏八。

【十二品生死經】（經名）一卷、劉宋求那跋陀羅譯。說自聖至凡之生死有十二品之不同、以勸誡人。

【十二方淨土佛世界】（名數）見十二佛條。

【十二天供儀軌】（經名）一卷、失譯。

【十二處】（名數）見三科條。

【十二佛名神呪】（真言）十二佛名經所說之神咒也。

【十二藥乂大將】（名數）藥師之十二神將也。見藥師條。

【十二大願醫王善逝】（雜名）藥師如來也、藥師又云醫王善逝者、諸佛十號之一、如言如來。

【十二因緣生祥瑞經】（經名）二卷、趙宋施護譯。

【十二佛名神咒校量功德除障滅罪經】（經名）一卷、隋闍那崛多譯。佛對彌勒說東方佛餘九方九佛之名號功德及神咒。

【十七句】（雜名）理趣經所說之十七清淨句也。

【十七尊】（名數）理趣經所說普賢之根本眞言十七字句、卽十七尊之種子也。

【十七地】（名數）瑜伽論一部所明之法門有十七種、是爲瑜伽論所觀之境、故云十七地。一五識身相應地、二意地、三有尋有伺地、四無尋有伺地、五無尋無伺地、六三摩呬多地、七非呬三摩多地、八有心地、九無心地、十聞所成地、十一思所成地、十二修所成地、十三聲聞地、十四獨覺地、十五菩薩地、十六有餘依地、十七無餘依地也。

【十七地論】（書名）瑜伽師地論之別名也。

【十七淸淨】（名數）與次項同。

【十七種莊嚴】（名數）極樂之莊嚴總有二十九種、其中依報之莊嚴有十七種。正報之莊嚴有十二種。見莊嚴條。

【十七羣比丘】（名數）止持會集音義云、時羅閱城中有十七羣童子共爲親友、最大者年十七、最小者年十二。最富者八十百千、最貧者八十千、有一童子名優婆離、此翻上首、最爲大者、時諸童子要共出家、卽往僧伽藍中求爲見度、諸比丘卽度令出家與授具足。多習嬉戲、少學禪誦、唯優婆離童子（此非持律優婆離尊者）先斷煩惱、證阿羅漢果。

【十八天】（名數）色界之十八天也。初禪天三、梵衆天、梵輔天、大梵天是也。二禪天三、少光天、無量光天、光音天是也。三禪天三。少淨天、無量淨天、徧淨天是也。四禪九天。無雲天、福生天、廣果天、無想天、無煩天、無熱天、善見天、善現天、色究竟天是也。

【十八日】（雜語）觀音之緣日也。見緣日條。

【十八支】（名數）四禪定之十八種功德法也。見四禪定條。

【十八宗】（名數）日本之佛敎、有十八宗。三論宗、法相宗、華嚴宗、律宗、俱舍宗、成實宗、天台宗、眞言宗、融通念佛宗、淨土宗、眞宗、日蓮宗、時宗、與臨濟宗、曹洞宗、黃檗宗、加普化宗及修驗宗、爲十八宗。

【十八物】（名數）見六物條。

【十八問】（名數）汾陽太子院之善照禪師、擧凡參禪學道者之爲問狀態有十八種。蓋師家常於敎化學人前、先辨其學人之問道狀態、有無斯種類、以能適其時機之答敎化、之不然則彼此互不得其效果也。一請益問、請敎化之益而問也。二呈解問、學人自呈見解而問也。三察辨問、巧爲辨難試察師家之問也。四投機問、學人之機宜與師家之機鋒互相投合之問也、五偏僻問、學人以偏僻見解爲問也。六心行問、學人既知自分之心却問行於師家也。七探拔問、或曰驗主問、學人探拔其師家見解之問也。八置問問、置古人之語而問也。九故問問、故舉經論等而問也。十不會問、學人未會得而問也。十一擎擔問、劈頭擎某物來問。十二借事問、借某事而問也。十三實問問、以其實理而問也。十四假問問、借虛假事而問也。十五默問問、不敢表於言語於默默中爲問也。十六明問問、學人心中既已明知直捷而問也。十七審問問、審詳而問也。十八徵問問、徵詰而問也。詳見人天眼目。

【十八空】（名數）見空條。

【十八部】（名數）印度小乘之十八部也。見小乘條。

【十八界】（名數）見三科條。謂六根六境六識也。龍舒心經謂眼識色處爲眼識界、耳聞聲處爲耳識界。并鼻識界身識界意識界謂之六識界。總爲十八界。

【十八章】（名數）悉曇之十八章也。見悉曇章條。

【十八會】（術語）金剛頂大本十萬頌之說會有十八會。出於十八會指歸。

初會　一切如來眞實攝大乘現證大教王　色究竟天
二會　一切衆集瑜伽　色究竟天
三會　一切如來秘密主瑜伽　法界宮天
四會　降三世金剛瑜伽　須彌盧頂
五會　世間出世間金剛瑜伽　波羅奈國
六會　大安樂不空三昧耶眞實瑜伽　他化自在天宮
七會　普賢瑜伽　普賢菩薩宮殿
八會　勝初瑜伽　普賢宮殿
九會　一切佛集會拏吉尼戒網瑜伽　眞言宮殿
十會　大三昧耶瑜伽　法界宮殿
十一會　大乘現證瑜伽　色究竟天
十二會　三昧耶最勝瑜伽　空界菩提場
十三會　大三昧耶眞實瑜伽　金剛界曼荼羅道場
十四會　如來三昧耶眞實瑜伽　同上
十五會　秘密集會瑜伽　秘密處說
十六會　無二平等瑜伽　法界宮
十七會　如虛空瑜伽　實際宮殿
十八會　金剛寶冠瑜伽　第四靜慮處

【十八賢】（名數）十八賢聖之略稱。

【十八道】（術語）此爲眞言修法最初之法。通於胎金兩部者也。十八道念誦次第密記曰、「先洗手著淨衣懸袈裟作淨三業三部神守護身法、觀[梵字]字於心上、成爲金薩、而趣行於道場。五秘密軌云、一切修金剛乘人皆名金剛薩埵、故三密修行之人、無論行何法必住於此尊三摩地。次行普禮於壇前、搯念珠誦普禮眞言、唵(歸命三身)薩婆(一切)怛他俄多(如來)波馱(足)嚩默盤(禮)迦路彌(我作)。次塗香以香塗五指、即成五分法身於磨覺也。次三密觀作蓮華合掌、先於掌中想有月輪、次觀月輪上有八葉蓮華、華上有[梵字]字成五股金剛杵、斷除身業中煩惱不淨、速顯得佛部諸尊。誦[梵字]字三徧。次以印當口、觀舌上有月輪、月輪上有八葉蓮華、蓮華上有[梵字]字變爲五股金剛杵、斷除口業中煩惱不淨、速顯得蓮華部諸尊。誦[梵字]字四徧。次以印當心、觀心上有月輪、月輪上有八葉蓮華、蓮華上有[梵字]字成五股金剛杵、斷除意業中煩惱不淨、速顯得金剛部諸尊。誦[梵字]字三徧。亦合觀掌中舌上心上各有字、變成八葉蓮華、蓮華上各有[梵字]字、變成圓淨月輪、月輪上各有[梵字]字、變成五股金剛杵、從杵各照身口意業中、由此加持力而三業罪障速疾消滅、顯得三部諸尊。此即滅身三口四意三之十惡而顯得三部諸尊之實義也。已下正爲十八道。」十八道者、金剛界九會與胎藏界九尊合爲十八也。故謂爲兩部不二之行法。若合攝之則爲一大曼茶羅、若開列之則爲十八各大曼茶羅。故曰十八道。道者曼茶羅之義、又初入學法灌頂之道場、散華而得緣佛、故以此緣佛爲本尊、因結誦十八契印及眞言、故復名爲十八道。使初入之行者、結十八契印者、以開顯兩部十八曼茶羅故也。於每日之三昧修行此一尊之三摩地、分明證顯本不生之理、故名爲道。其法如下。一淨三業、先隨行人力而嚴供具、對於其緣佛本尊之本方禮拜本尊、次禮餘方之佛、以五輪著地、如敎敬禮、雙膝長跪、虛心合掌住於誠心、悉陳說三業一切罪曰、「我從過去世流轉於生死、今對大聖尊、誠心而懺悔。如先佛所懺、我如今亦是、願垂加持力、衆生悉清淨、以此大願故、自他獲無垢。」眞言曰、唵(歸命三身)薩嚩婆嚩(自性)輸馱(自即自清淨)薩婆(一切)達(磨法)薩嚩婆嚩(自性)輸度(他即他清淨)啥(我)。此十六字攝三十七尊(見淨三業眞言)。次對本尊結跏趺坐或半跏趺坐、起大悲心我修此法爲一切衆生速證無上正等菩提。二佛部三昧耶陀羅尼印、二手虛心合掌、開二頭指少屈而各著於二中指上節、又屈二大指著於二頭指下節。此印爲牽覩婆印、開大指者是開塔印、即法界塔也。又爲佛頂之形、安印於頂、頂配於佛部、淨身業之義也。中指爲正體智、頭指爲方便智。其印成而置於當心如來三十二相八十種好一一分明、如對目前、而至心誦眞言七遍、於頂上散之、眞言曰、唵(歸命)怛他誐都(如來)納婆嚩(發生)娑嚩訶。(圓滿也究竟也)由結此印及誦眞言之故、卽警覺一切如來悉當護念加持行者以光明照觸所有罪障皆得消滅、壽命長遠、福慧增長、佛部聖衆擁護歡喜、生生世世離諸惡趣、蓮華化生、速證無上菩提。三蓮華部三昧耶印、二手虛心合掌、散開二頭指、二中指、二無名指少屈、如蓮華之形、是爲八葉印。印置心上、想觀自在菩薩相好具足、誦眞言七遍、於頂右散印。此印爲心蓮開敷之形、開卽修生顯得之義、開自心八分之心蓮、上有一大摩尼寶、此蓮華部之寶珠也。以前淨三業表衆生本有淸淨之心蓮、故爲合蓮之印。今印爲三部果德之隨一、故作開蓮之印也。印置於頂右者、成蓮華部之灌頂也。眞言曰唵(歸命)跛納謨(蓮華)納婆嚩也(發生)娑嚩訶。(究竟)結誦此印言、故警覺觀自在菩薩等持蓮華部聖衆、悉皆歡喜、加持護念。一切菩薩光明照觸、所有業障皆得除滅。一切菩薩常爲善友。四金剛部三昧耶印、以左手翻掌向外、以右手掌背安左手背、以左右大指小指互相鉤、中間六指散開、如金剛杵形、是爲三股印。安置心上、想金剛手菩薩、誦眞言七遍、於頂左散之、眞言曰、唵(歸命)嚩日羅(金剛)納婆嚩也娑嚩訶(究竟)由結此印及誦眞言之故、卽警覺一切金剛部聖衆加持護念、所有罪障皆悉消滅、一切病苦不著於身、當得金剛堅固之體。五被甲護身三昧耶印、以二手內相叉、右押左、竪二手中指、屈二頭指如鉤、於中指背勿使相著、並二大指押無名指。以此印印於身之五處、初額、次右肩、次左肩、次心、次喉、於頂上散之。各誦眞言一遍、此印爲內三股之印。眞言曰、唵(歸命)嚩日羅(金剛)銀儞(火卽智也)鉢囉捻跛多也(極威曜)娑嚩訶。(究竟)以結誦此印言之故、卽成被金剛甲冑、所有毘那耶迦及諸天魔作障礙者、退散馳走、悉是見行者身被光明威德自在、若居山林、若居險難、皆悉無畏。六地界印、又云地結金剛橛。右無名指入左無名指與小指內、右中指入左中指頭指內、左亦如此、餘指並頭相著、卽想印變成火焰金剛杵形、以大指著地掣之、一掣一誦、三遍乃止。隨意大小、標心卽成堅固地界。眞言曰、唵(歸命)枳里枳里(縛義禁罰義)嚩日囉(金剛慧)嚩日唎(金剛定)部律(堅固)滿馱(結縛)滿馱(極結縛)吽(恐怖)發吒(破壞)由結此印及誦眞言加持地界之故、下至水際、如金剛座、天魔及諸障者不作惱害、少加功力速得成就。七方隅金剛牆印、又云四方結、準於前地界印、開二大指竪之、側如牆形。想印如金剛杵形、右遶身三轉、隨標心大小、卽成金剛堅固之城、諸佛菩薩、尚不違越、何況其餘難調伏者、毘那耶迦及毒蟲利牙爪者不得近。眞言曰、唵(歸命)薩囉薩囉(堅固極堅固)嚩日囉(金剛)鉢囉迦囉(牆)吽發吒。(如上)八道場、觀行者次應想於壇中八葉大蓮華上有師子座、師子座上有七寶樓閣、垂諸瓔珞繪綵幡蓋、寶柱行列、垂妙天衣、周布香雲、普雨雜華、奏諸音樂、寶瓶有閼伽天妙飯食、摩尼作燈。作此觀已而說此偈。以我功德力。如來加持力。及以法界力。普供養而住。其印爲如來拳。左手作蓮華、右手作金剛拳、以右手小指、握左拳大指甲。蓮華拳者、地水火風之四指握之、以大指腹捻風(頭指)之側也。金剛拳者、以地水火之三指握大指、風豎於大指背也。此胎(蓮)金(金)二拳重合之爲如來拳。蓮金二部具足、爲如來部也。眞言曰、唵(佛寶法身)步(法寶應身)欠(僧寶報身)九大虛空藏普通供養印、二手合掌、以二中指相叉於外、以二頭指相著、反蹙如寶形。此印二頭指表寶形、二中之外、又表蓮華、二小二無名指並立、表幢。是卽幢上蓮華之寶珠也。自此高幢上寶珠、流出周徧法界廣大供養雲、而供養前道場觀之本尊海會、一切賢聖、皆受用之也。眞言曰、唵(歸命)誐誐曩(虛空)三婆嚩(生)嚩日囉(金剛)斛。(喜)由此印眞言加持故、所想供養供具、眞實無異、一切賢聖衆、皆得受用。十寶車輅印又云送車輅、二手相叉於內、而仰其掌、頭指橫相著、以二大指各捻頭指根下。想七寶車輅金剛駕御寶車、乘空而去、至於本尊極樂世界。誦眞言三遍。眞言曰、唵(歸命)部嚕部嚕。(重轉聲也)由此眞言印加持故七寶車輅至本尊國土、且想本尊及諸聖衆眷屬圍繞乘寶車輅、至於道場虛空而住。十一請車輅印、準前印以大指向身、撥中指頭、誦眞言三徧。此印之八指內縛者、爲八葉蓮華、卽華藏世界也。二掌者卽雙圓之性海、(理圓智圓)二大指者於兩部大日所謂華藏世界重如(理如智如)之月殿召請本尊之義也。眞言曰、那麽(歸命)悉底哩野三地尾加喃(世)怛他誐他喃(諸如來)唵(三身)嚩日囉(金剛)銀儞也(火也)迦刺沙也(召請)娑嚩訶。(成就)由此印眞言加持、故聖衆自本土來至道場空中而住。十二請本尊三昧耶降至於道場印、二手內相叉而作拳、左大指入掌、右大指向身招之。眞言曰、唵(歸命)爾曩(仁)爾迦(者)翳計翳枳(召請)娑嚩訶(成就)。由此眞言印加持、故本尊不越本誓、卽赴集於道場。十三馬頭觀自在菩薩眞言印、次應辟除諸作障者、結蓮華部明王馬頭觀自在菩薩眞言印、二手合掌、屈二頭指二無名指於掌內甲相背、豎開二大指。以此印左轉三帀、心想辟除諸作障者、一切諸魔見此印已、退散馳走。以印右旋三帀、卽成堅固火界。眞言曰、唵(歸命）阿密哩都（甘露）納皤嚩（發生）吽（恐怖）發吒（破壞）。十四金剛網印、又云虛空網、虛空結、準前擴印（地界）二大指捻二頭指下節。誦眞言三遍、於頭上右轉三帀而止。此印表網形、觀上下虛空覆網也。眞言曰、唵（歸命）尾娑普囉（周遍）捺囉乞叉（擁護）嚩日囉（金剛）半惹囉（網）吽發吒。（如上）由此網印眞言加持故、即成金剛堅固不壞之網。十五火院密縫印、又云金剛炎、火界。以左手掩右手背、竪二大指。誦眞言三遍、右繞身三帀、想金剛牆外火院圍繞。眞言曰、唵（歸命）阿三莽（無等）擬儞（火也）吽發吒。（如上）十六獻閼伽香水眞言印、二手捧器、想浴聖衆足、誦眞言三遍。眞言曰、曩莫（歸命）三曼多沒馱喃（普徧請如來）誐誐那（虛空）三摩（引）三摩（等無等）娑嚩訶。（成就）由獻閼伽香水故、行者三業清淨、洗滌煩惱垢、十七獻蓮華座印、二手虛心合掌、舒開左右無名指中指頭、屈如微敷蓮華形。是使三部法尊座也。在寶樓閣內想諸聖衆及本尊各坐本位、眷屬圍繞、了了分明。誦眞言三遍。眞言曰、唵（歸命）伽摩囉（蓮）娑嚩訶。（成就）由結華座印誦眞言故、行者當得十地滿足、當得座於金剛座。十八普供養印、二手合掌、以右押左、交指。誦眞言三遍、想無量無邊塗香雲海、花鬘雲海、燒香雲海、飲食燈明號雲海、皆成清淨廣多供養、普供養之。眞言曰、唵（三身供養）阿目伽（不空即無間斷義）布惹（供養）摩尼（寶）鉢納摩（蓮）嚩日囉（金剛）怛他誐他（如來）尾嚕枳帝（觀）三曼多（普徧）鉢囉娑囉（舒展）吽。（皆滿願）攝以上十八契印爲六種。一莊嚴行者法、此有五法、一淨三業、二佛部三、蓮華部、四金剛部、五被甲護身也。二結界法、此有二法、一地結、二方結也。三莊嚴道場法、此有二法、一道場觀、二大虛空藏也。四召請法、此有三法、一送輅車、二請輅車、三奉請諸尊也、五結護法、此有三種、一當部明王、二金剛網、三火院也。六供養法、此有三法、一閼伽、二華座、三普供養也。出於無量壽軌十八契印儀軌、十八道念誦次第密記等。

【十八經】（名數）毘伽羅論等之十八也。見十八大經條。

【十八變】（術語）羅漢入定之時現十八種之神變。見羅漢條。

【十八聲】（術語）丁彥哆聲之二九韻十八聲也。

【十八大經】（名數）又云十八明處。四韋陀與六論八論也。四韋陀出別項。六論者、一式叉論、明六十四種之能法。二毘伽論、釋諸無常之法。三柯刺波論、釋諸天仙上古以來之因緣名字。四竪底沙論、釋天文地理算數等之法。五闡陀論、釋作首盧迦之法。六尼鹿多論、釋一切物立名之因緣。八論者、一肩亡婆論、簡釋諸法之是非。二那邪毘薩多論、明諸法之道理。三伊底迦婆論、明傳記宿世之事。四僧法論、明二十五諦之義。五課伽論、明攝心之法。此之兩論皆釋解脫之法。六陀菟論、釋用兵杖之法。七揵闥婆論、釋音樂之法。八阿輸論、釋醫方。出於百論疏上之下。

【十八生處】（名數）色界十八天處也。見四禪天條。

【十八有學】（名數）見有學條。

【十八地獄】（名數）見地獄條。

【十八明處】（名數）與十八大經同。

【十八空論】（書名）一卷、龍樹造、陳眞諦譯。

【十八部主】（名數）小乘十八部之論主也。

【十八部論】（書名）一卷、陳眞諦譯。

【十八神變】（名數）見神變條。

【十八圓淨】（名數）又名十八圓滿、是報身佛之依持圓淨也。一色相圓淨、光明遍照無明世界色相周遍也。二形貌圓淨、妙飾界處各各形貌殊勝也。三量圓淨、大城無邊不可量也。四處圓淨、出過三界所行處也。五因圓淨、世出世之善根自功德而生也。六果圓淨、淸淨自在唯識之相也。七主圓淨、如來所鎭恒居於中也。八助圓淨、菩薩安樂所住處也。九眷屬圓淨、無量八部衆等所行處也。十持圓淨、大法味喜樂所持長養法身也。十一業圓淨、作一切利益之事也。十二利益圓淨、離一切煩惱之災橫也。十三無怖畏圓淨、非諸魔所行處也。十四住處圓淨、一切莊嚴所依處也。十五路圓淨、大法與念與慧與行之出離也。十六乘圓淨、以止觀定慧爲所乘也。十七門圓淨、以三解脫門爲入處也。十八依止圓淨、以大蓮華爲依止也。出於攝大乘論。

【十八異部】（名數）小乘二十部中除根本之上坐部與大衆部、而但數其末派之數也。

【十八契印】（術語）十八道之印契也。見十八道條。

【十八契印軌】（書名）一卷、或云惠果和尚所作、或云日本弘法大師所作。

【十八種物】（名數）見六物條。

【十八賢衆】（名數）與次項同。見有學條。

【十八賢聖】（名數）與十八有學同。見有學條。

【十八檀林】（名數）見檀林條。

【十八境界】（名數）與十八有學同。

【十八學人】（名數）聲聞乘之十八有學也。見有學條。

【十八應眞】（名數）應眞者、阿羅漢聖者之稱。卽十八羅漢也。見應眞及羅漢條。

【十八獄卒】（名數）見獄卒條。

【十八不共法】（名數）是限於佛之十八種功德法也。限於佛而不共同於其他二乘菩薩、故云不共法。一身無失、佛自無量劫以來、常用戒定慧智慧慈悲以修其身、此功德滿足之故、一切煩惱皆盡、是名身無失。二口無失、佛具無量之智慧辯才、所說之法、隨衆之機宜、而使皆得證悟、是名口無失。三念無失、佛修諸甚深之禪定、心不散亂、於諸法之中、心無所著、得第一義之安穩、故名念無失。四無異想、佛於一切衆生平等普度、心無簡擇、是名無異想。五無不定心、佛之行住坐臥、常不離甚深之勝定、是名無不定心。六無不知已捨、佛於一切諸法、皆悉照知而方捨、無有了知一法而不捨者、是名無不知已捨。七欲無滅、佛具衆善、常欲度諸衆生、心無厭足、是名欲無滅。八精進無滅、佛之身心精進滿足、常度一切衆生、無有休息、是名精進無滅。九念無滅、佛三世諸佛之法、一切智慧相應滿足、無有退轉、是名念無滅。十慧無滅、佛具一切智慧、無量無際、不可盡、故名慧無滅。十一解脫無滅、佛遠離一切執著、具二種解脫、一者有爲解脫、謂無漏智慧相應之解脫也。二者無爲解脫、謂一切煩惱淨盡而無餘也。是名解脫無滅。十二解脫知見無滅、佛於一切解脫中知見明了、分別無碍、是名解脫知見無滅。十三一切身業隨智慧行、佛現諸勝相、調伏衆生、稱於智而演說一切諸法、各使解脫證入、是名一切身業隨智慧行。十四一切口業隨智慧行、佛以微妙清淨之語、隨智而轉、化導利益一切衆生、是名一切口業隨智慧行。十五一切意業隨智慧行、佛以清淨之意業、隨智而轉、入於衆生心、爲說法而除滅其無明痴惑之膜、是名一切意業隨智慧行。十六智慧知過去世無礙、佛以智慧照知過去世所有一切、若者衆生法、若者非衆生法、悉能遍知而無礙、是名智慧知過去世無礙。十七智慧知未來世無礙、佛以智慧照知未來世所有一切、若者衆生法、若者非衆生法、悉能遍知而無碍、是名智慧知未來世無礙。十八智慧知現在世無礙、佛以智慧照知現在世所有一切、若者衆生法、若者非衆生法、悉能遍知而無礙、是名智慧知現在世無礙。出智度論廿六。梵Avenikadharma

【十八地獄經】（經名）十八泥犁經之異名。

【十八重地獄】（名數）明郎瑛七修類稿以六根六塵六識十八界爲十八重。六根六塵六識不得其所、爲十八重地獄。曲園雜纂引問地獄經云、十八王者、卽主領十八地獄。一迦延典泥犁。二屈遵典刀山。三沸進壽典沸沙。四沸屎典沸屎。五迦世典黑身。六⿰山盡嵯典火車。七湯謂典鑊湯。八鐵迦然典鐵牀。九惡生典⿰山盡山。十寒冰經闕王名。十一毘迦典剝皮。十二遙頭典畜生。十三提薄典刀兵。十四夷大。典鐵磨。十五悅頭。典冰地獄。十六鐵箳。經闕王名。十七名身。典蛆蟲。十八觀身。典烊銅。

【十八會指歸】（書名）金剛頂瑜伽經十八會指歸之略名。

【十八泥犁經】（經名）一卷、後漢安世高譯。說十八地獄之受苦及壽命之長遠。

【十八道次第】（術語）見十八道條。

【十八種震動相】（術語）六種震動相有三種也。參照六種震動條。

【十八護伽藍神】（名數）見伽藍條。

【十八臂陀羅尼經】（經名）一卷、趙宋法覺譯。佛對阿難說十八臂觀音之陀羅尼。

【十九界】（名數）此猶言六蘊十三處、蠻無法而言之也。楞嚴經一曰、「若無有體而能合者。則十九界因七塵合。是義不然。」

【十九大士】（菩薩）與十九應身同。但此正指觀音也。日本慈覺大師顯揚大戒論偈曰、「文殊妙海菩薩僧。十九大士契聖衆。」

【十九出家】（故事）釋尊出家之年時有十九與二十五兩說。見釋迦牟尼條。

【十九說法】（術語）見三十三身十九說法條。

【十九應身】（菩薩）寶光大士爲觀音之應化、故稱爲十九應身。十九者、指法華普門品三十三身十九說法中十九說法而言。

【十九執金剛】（名數）此爲大日如來之內眷屬、列於大日經之首、皆爲菩提心之功德相。十者、陰之滿數。九者、陽之滿數。此十九執金剛、盡理智一切之諸尊矣。一說、對於顯教瑜伽論之十九無知、而爲十九差別智印。或謂金剛手爲總、十八金剛爲九尊理智之數。其名則虛空無垢、虛空遊步、虛空生、被雜色衣、善行步、住一切法平等、哀愍無量衆生界、那羅延力、大那羅延力、妙、勝、迅、無垢、刃迅、如來甲、如來句生、住無戲論、如來十力生、無垢眼、金剛手秘密主是也。

【十力】（術語）如來之十力也。一知覺處非處智力、處者道理之義、知物之道理非道理之智力也。二知三世業報智力、知一切衆生三世因果業報之智力也。三知諸禪解脫三昧智力、知諸禪定及八解脫三三昧之智力也。五知種種解智力、知一切衆生種種知解之智力也。六知種種界智力、於世間衆生種種境界不同而如實普知之智力也。七智一切至所道智力、如五戒十善之行至人開天上、八正道之無漏法至涅槃等、各知其行因所至也。八知天眼無礙智力、以天眼見衆生生死及善惡業緣無障礙之智力也。九知宿命無漏智力、知衆生宿命又知無漏涅槃之智力也。十知永斷習氣智力、於一切妄惑餘氣、永斷不生能如實知之智力也。出智度論二十五俱舍論二十九。

【十力明】（術語）佛之十力與十明也。

【十力教】（雜語）佛有十力、故總稱佛教曰十力教西域記七曰「有十事達十力教」

【十力經】（經名）一卷唐勿提犀魚譯。

【十力迦葉】（人名）Daśabalakāśyapa 又名婆敷迦葉、五比丘之一也。

【十力無等尊】（雜語）佛具十力三界無與等者、故稱十力無等尊。

【十力尊】（雜語）如來具十智力故稱爲十力尊。增一阿含經十三曰、「歸命十力尊圓光無塵翳」。

【十三宗】（名數）吾國佛教之十三宗也。見宗派條。

【十三佛】（名數）司死者七七日乃至三十三回忌之佛也。一、[illegible]不動此明王現於冥途時名秦廣王司初七日。一息切斷之處也、禪謂之大力量人其黑色表無分別火炎爲茶毘之火。種子爲因業之[illegible]字。其意以爲今此之最期卽爲來生之因也。又以具足修行菩提之故、有三昧與大空二點、是風大之一息收處也。此謂不動本所遍至十方。二[illegible]釋迦此如來在冥界稱初江王司初二七日種子爲[illegible]字之有、有遠離之涅槃點、法華經謂爲破有法王出現世間、是正當於[illegible]字也。三、[illegible]文殊此菩薩在冥途成宋帝王司三七日種子爲吾我之[illegible]字、是差別之義也。智表差別、以菩提圓滿之故、加大空點。大日經所謂我見心際卽是菩提是也。有智必有理、故次有普賢。四[illegible]普賢此菩薩在地獄現五官王司四七日。種子爲遍際之[illegible]字。是理之無邊際也。經所謂普賢菩薩自體遍是也。理之所司爲大地故次表地藏。五[illegible]地藏此菩薩在冥界現閻魔王司五七日。以地卽藏之、故用因業之[illegible]字。古人所謂依地含諸種是也。其種宜有心法、故次有彌勒。六[illegible]彌勒此菩薩現變成王司六七日、翻爲慈氏。慈字爲茲之心。然則指一心而謂爲彌勒也。古人所謂彌陀彌勒爲一心異名是也。種子爲乘之[illegible]字。乘於萬法之一心也。句云、能爲有像主。此句中之主、不現形之主也。故謂爲兜率籠居之句。加譬喻之[illegible]點者、表以譬喩治煩惱之病也。以治煩惱之病、故次有藥師如來。七[illegible]藥師此如來在冥途變泰山王司七七日。無病則心月明如淨瑠璃色。心豐似圓鏡。種子[illegible]爲字有自在之點。句云內證朗外用自在是也。以此時言談口說自在之故、次有觀音。八[illegible]觀音此菩薩在冥途變平等王司百個日。此大士能觀世間之音而使解脫、故種子爲三諦之[illegible]字。諦者明也、語云見色聞聲隨所自在是也。音必自感勢出故次有勢至。九□●●勢至此菩薩在冥途變都市王司一周忌。種子依音聲而開悟則住於涅槃故於三諦之□字有涅槃點。又以此時離機智故加涅槃之遠離點。文云普照一切令離三途是也。以上一一之義成就、則壽命無量故次有阿彌陀。十□●●阿彌陀此如來在冥途變五道轉輪王司三回忌。壽命無量而無中夭種子爲風大之□字有火大之□點遠離之涅槃點、是無風火之三災也。故論云永離身心惱是也。壽命無量而於三世無移動故次有阿閦。十一□●●阿閦此如來在冥界變蓮華王司七年忌。阿閦此云無動。無動者約於內證種子爲因業之□字有損減□之點又有空點、畢竟入於無動之理也。經云法性無邊元來不動是也。此時無迷暗故次有大日。十二□●●大日此如來在冥界變祇園王司十三回忌。爲五智總主諸尊之中央、故云大日。種子爲言說之□字。水土一體、大空圓滿、故有空點、此胎藏界也。於金剛界用□字。□者開也。陽之現前也。發心之修行處有不生不滅之理、故加涅槃點。經云大智光明遍照法界是也。此法身周遍法界故次有虛空藏。十三□●●虛空藏此菩薩在冥界變法界王司三十三回忌。種子爲如之心法□字。塵垢爲色法色心修行都遠離之處虛空藏也。故爲追修成就之本尊。此中前十者即世所謂十王也。見梵漢對映私鈔末。

【十三縛】（名數）十三煩惱也。見煩惱條。

【十三難】（名數）見遮難條。

【十三大會】（術語）與十三大院同。

【十三大院】（術語）胎藏界之曼荼羅也。青龍軌十三院具有之、現圖曼荼羅略四大護院而爲十二院。其所以略之者、一說謂爲四重總在故也。悉案十三院其數自與十三層之法界塔婆相應也。見現圖曼荼羅條。

【十三法師】（名數）仁王經所說行十三觀門者、爲大法師。世人宜如佛供養之云。見十三觀門條。

【十三事法】（名故）出家人宜務之十三行法。乞食四法（住正戒、住正威儀、住正命、住正覺）威儀四法（依法、依時、依處、依次）離煩惱五事（離貪、離瞋、離取著、離驕獷、離憍慢）是也。

【十三資具】（術語）一、僧伽胝 Saṅghāṭi 譯云重複衣。二、嗢呾囉僧伽 Uttarāsaṅga 譯云上衣。三、安呾婆娑 Antarvāsa 譯云下衣。此三服皆名支伐羅 Cīvara 北方諸人多名法衣爲袈裟、即是赤色之義。律文中無此語、中方皆云支伐羅。四、尼師但娜 Niṣīdana 臥坐具也。五、泥伐散娜 Nivāsana 裙也。六、副泥伐散娜 Pratinivāsana 副裙也。七僧脚敧迦 Saṃkakṣikā 是掩腋衣也。古名覆肩、覆於長臂、非眞義、向使覆右腋、交搭於左臂、是與佛制同。八副僧脚敧迦 Pratisaṃkakṣikā 副掩腋衣也。九迦耶裒折娜 Kāyopeṣaṇa' 拭身巾也。十木佉裒折娜 Mukhopoṣaṇa 拭面巾也。十一雞舍鉢羅底喝喇呵 Keśapratigrahaṇa 剃髮衣也、披之剃髮者也。十二建立鉢刺底車憚娜 Kaṇḍūpraticchadana 遮瘡疥衣也。十三鞞殺社鉢利色迦羅 Bheṣajapariṣkāracīvara 藥資具衣也。出於有部百一羯磨。十名義大集二七二以拭身拭面二者爲手巾 Śatrasaṭaka 之一。別出雨衣 Varṣāśāṭicīvara 藥資具衣但稱資具衣。

【十三僧殘】（術語）僧殘者僧伽波尸沙 Saṅghāvaśeṣa 也。有十三條之規制、故云十三。見僧殘條。

【十三層塔】（塔堂）十三層之塔也。見塔條。

【十三觀門】（術語）仁王經謂三賢十聖之行法爲十三觀門。配之於五忍則於伏忍信忍順忍無生忍各有上中下三忍、爲十二、又加寂滅忍之下忍爲十三。修此十三觀門者爲大法王、宜如佛供養之也。仁王經受持經曰「大牟尼言有修行十三觀門。諸善男子。爲大法王。從習忍至金剛頂皆爲法師依持建立。汝等大衆。應如佛供養而供養之應持百萬億天香妙華而以奉上」

【十大章】（名數）天台之摩訶止觀以十大章統收之。第一大意、豫示九章之大意、此有五略、一發大心、大菩提也。二修大行、止觀之行也。三感大果、近者初住、遠者妙覺也。四裂大網、裂所化之疑網也。五歸大處、平等之一理也。第二釋名、止觀之名也。三體相、止觀之體相也。四攝法、攝諸法也。五偏圓、偏圓相對也。六方便、二十五方便也。七止觀觀十境、用十乘觀也。八果報、近遠之兩果也。九起敎、敎化衆生也。十指歸、自他俱歸一理也。此稱五略十廣。然大師謂說第七章止觀當於此境中以十乘觀觀十境。(見別項)而說第七境已、即入滅。但已於大意章之五略中具後三章後三境之意、故章安大師承其意具列十章十境也。其五略所具後三章、感大果者兼第八之果報、裂大網者即第九之起敎、歸大處者即第十之指歸也。出止觀一。

【十大願】（術語）普賢之十大願王也。見普賢條。

【十大護】（名數）十位之大護法神也。見十護條。

【十大弟子】（名數）大小諸經中常見佛特說十弟子之第一。一舍利弗、智慧第一。二目犍連、神通第一。三摩訶迦葉、頭陀第一。四阿那律、天眼第一。五須菩提、解空第一。六富樓那、說法第一。七迦旃延、論義第一。八優婆離、持律第一。九羅睺羅、密行第一。十阿難陀、多聞第一。天台淨名疏曰、「今十子各執一法者。人以類聚。物以羣分。隨其樂欲各一法門攝爲眷屬。雖各掌一法何曾不具十德。自有偏長。故稱第一。」

【十大弟子即佛十心數】（雜語）宗鏡錄二十四謂心王即是師、十數即是十弟子、十弟子各具十德。如十心數、隨有一起、十數即隨起、雖以一數、當名、然實有十數也。對十弟子者、初想數、即對富樓那、想數偏强、從想入道、是故聲聞弟子中說法第一也。成論云、識得實法、想得假名、富樓那用想數分明、故能分別名相、無礙辯才無滯、於說法人中最爲第一。推之、則欲數對迦葉、更樂數對迦旃延、慧數對舍利弗、念數對優婆離、思數對羅睺羅、解脫對須菩提、作意對阿那律、三摩地對目犍連、受數對阿難。

【十大論師】（名數）釋唯識三十頌之十論師也。一護法、梵云達磨波羅 Dharmapāla 南印度境達羅毘荼國、建至城中帝王之子也。二德慧、梵云窶拏末底 Guṇamati 安慧之師也。三安慧、梵云悉恥薩末底 Sthilamati 又Sthīramati 糅雜集論、持俱舍論破正理論、爲護法論師同時之先德、南印度境邏羅國人。四親勝、梵云畔徒室利 Bandhuśrī 世親同時人、本頌初行、先作略譯。五歡喜、梵云難陀 Nanda 勝軍論師之師也。六淨月、梵云戍陀戰達羅 Śudhacandra 與安慧同時。七火辯、梵云質呾羅婆拏 Citrabhāṇa 與世親同時。八勝友、梵云毘世沙密多羅 Viśeṣamitra 九勝子、梵云若那弗多羅 Jinaputra 十智月、梵云若那戰達羅 Jñānacandra 此後三師皆護法門人也。出唯識述記一本。

【十大羅刹女】（名數）詳見羅刹條附錄。

【十久兩寶】（術語）十劫之彌陀與久遠之彌陀皆爲實身、所謂相即之妙法身也。

【十山王】（名數）一雪山王、Himālaya-girirāja 山中具諸藥草、能療衆病、取之無盡、以喻歡喜地菩薩聖智之法藥、用之不竭、以破無明、超前之行位也。二香山王、Gandhamādana-girirāja 此山中徧滿一切諸香、以譬離垢地菩薩戒行威儀功德之妙香徧熏一切也。三鞞陀梨山、梵語鞞陀梨 Vaidharī 華云種種持、此山純寶所成、持種種之寶、以譬發光地菩薩禪定神通解脫三昧之諸法可貴可寶也。四神仙山王、此山中多神仙所居、以譬焰慧地菩薩超出世間得大自在也。五由乾陀山王、Yugandhara 梵語由乾陀、華云持雙、此山純寶所成、諸夜叉王咸住其中、以譬難勝地菩薩如意神通善巧自在也。六馬耳山王、Aśvakarṇa 此山純寶所成、一切諸果咸產其中、以譬現前地菩薩自理體起諸妙用化導衆生以證聲聞之果也。七尼民陀羅山王、Nemindhara 梵語尼民陀羅、華言持邊、此山純寶所成、大力龍神咸在其中、以譬遠行地菩薩方便智慧化諸衆生、使證緣覺果也。八斫迦羅山王、Cakravada 梵語斫迦羅、華言輪圍、此山爲金剛輪圍、純寶所成、諸自在仙咸住其中、以譬不動地菩薩無功用道、得心自在化諸菩薩衆也。九計度末底山王、Ketumati 梵語計度末底、華言幢慧、此山純寶所成、大威德之阿修羅王咸住其中、以譬善慧地菩薩善巧攝衆生之大力智行也。十須彌盧山王、Sumeru 梵語須彌盧、華言妙高、此山純寶所成、大威德天咸住其中、以譬法雲地菩薩具如來力成就無畏得不共法、爲衆宣說問答無盡也。出華嚴大疏四十四。

【十小劫】（雜語）法華經化城喻品曰、「其佛（大通智勝佛）本坐道場。破魔軍已。垂得阿耨多羅三藐三菩提而諸佛法不現在前。如是一小劫乃至十小劫。結跏趺坐身心不動。而諸佛法猶不現前。」參照十劫條。

【十上經】（經名）佛勅舍利弗使說法、舍利弗因說十上法。一成法、二修法、三覺法、四滅法、五退法、六增法、七難解法、八生法、九知法、十證法也。此之十法、於第一法說十法、各各增十、而說五百五十法。出長阿含經九。

【十千日光三昧定經】（經名）最勝問菩薩十住除垢斷結經之異名。

【十不二門】（術語）荊溪尊者釋法華玄義所明之本迹十妙、立十種不二門、歸結之於一念之心、以示觀法大綱、發其深意。今以其本迹十妙與不二門之相攝列之如左。

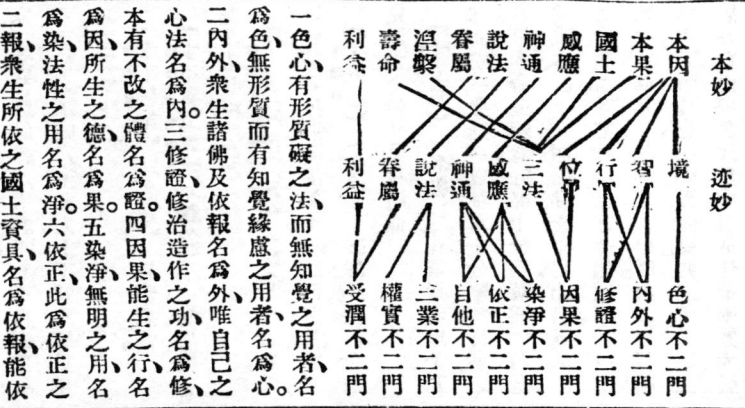

本妙	迹妙	
本因	境	色心不二門
本果	智	內外不二門
國土	行	修證不二門
感應	位	因果不二門
神通	三法	染淨不二門
說法	感應	依正不二門
眷屬	神通	自他不二門
涅槃	說法	三業不二門
壽命	眷屬	權實不二門
利益	利益	受潤不二門

一色心、有形質礙之法、而無知覺之用者、名爲色、無形質而有知覺緣慮之用者、名爲心。二內外、衆生諸佛及依報名爲外、唯自己之心法名爲內。三修證、修治造作之功、名爲修、本有不改之體名爲證。四因果、能生之行、名爲因、所生之德、名爲果。五染淨、無明之用、名爲染、法性之用名爲淨。六依正、此爲依正之二報、衆生所依之國土資具、名爲依報、能依

之心身、名爲正報。七自他、此就三法而論。佛法衆生法名爲他、心法名爲自。八三業、身之發動名爲身業、口之發動名爲口業、意之發動名爲意業。九權實、九界七方便之法名爲權、佛界圓實之法名爲實。十受潤、此從喩之名也。受卽領納三草二木、藏通別圓五乘之機、名爲能受、潤卽沾潤、如來所說前四時三敎之法如雲之注雨、名爲能潤。此十門皆名爲不二者、蓋法華已前四時三敎所談之色心等、一一隔異、是名爲二。至法華而四時三敎所談偏權之法、皆是諸法實相、諸法實相、平等一如、爲中之一法、無隔歷不融之法、故總名爲不二也。出十不二門。因(書名)唐荊溪尊者述。本是釋籤中結釋十妙者、然爲妙觀之大體、故後人錄出別行之。其註解多至五十餘部、其著名者。○科十不二門、一卷、唐湛然述、宋知禮科。○十不二門指要鈔、二卷、唐湛然述、宋知禮著。○十不二門義、一卷、唐道邃錄出。○法華十妙不二門示珠指、二卷、宋源清述。○註法華本迹十不二門、二卷、宋宗翌述。○十不二門文心解、一卷、宋仁岳述。○法華玄記十不二門顯妙、一卷、宋處謙述。○十不二門樞要、二卷、宋了然述。○十不二門指要鈔詳解、四卷、宋可度詳解、明正謐分會。

【十不知境】(名數)小乘之果佛、不斷不染汚無知、故闇於世間之事法。其事雖多、十不知境其首也。一味、諸法之滋味也。二勢、損益之勢力也。三熟、物之成熟也。四德、物之德用也。五數、物之數量也。六量、大小之量也。七處、遠近等之處也。八時、遠近等之時也。九同、物之相似也。十異、物之差別也。見傳通記糅鈔六。

【十不悔戒】(名數)一不殺人乃至二十八天諸佛菩薩。二不盜乃至草葉。三不婬乃至非人。四不妄語乃至非人。五不說出家在家菩薩過罪。六不酤酒。七不自讚毀他。八不慳。九不瞋乃至非人。十不謗三寶。見瓔珞本業經上。

【十不善業】(名數)見善惡條。

【十不善道經】(經名)一卷、馬鳴菩薩集、宋日稱等譯。

【十不二門指要鈔】(書名)二卷、宋智禮著。發揮荊溪湛然十不二門之眞意者。

【十五心】(名數)經過小乘俱舍宗見道之念數也。見見道條。

【十五尊】(名數)眞言行者以十五尊而成一身、第一以根本命金剛爲行者之名、根本命金剛者、五部中金剛薩埵之名、是爲根本、故下文謂極秘密中秘、此名五部源命者、名也、言意爲命、世之金剛薩埵於五薩埵中隨取其一也。明爲縛曰吽。第二以釋輪爲座、天帝釋也、一名因陀羅、此云帝、又曰主、居妙高山頂善法堂中、有常住金剛界大曼荼羅三十七尊、此曼荼羅爲釋輪。輪者方壇也。名爲大因陀羅、是地地之名也。行者當住於堅勝金剛座妙高山王頂大因陀羅輪壇上、明爲斫羯羅。第三第四兩尊之多羅爲二目。第五毘俱胝爲耳。此二尊、是觀音之眷屬也、下文謂多羅毘俱胝、並是羯磨部。於此攝羯磨部四菩薩、此金剛界在西向東、故以西方二尊爲耳目、能以此身作事業、故屬於羯磨部。明爲多羅、斫羯、必哩俱胝。第六吉祥爲口舌。是文殊也、又爲蓮華部之利菩薩。行者在東向西、故又以西方尊爲口舌。此文殊者、般若藏也。故爲行者口舌而作轉法輪。此攝賢劫十六尊等、明謂爲曼殊室利耶。第七喜戲爲鼻端。是金剛喜戲菩薩也。舉初之一而攝八供養菩薩、故下文謂喜戲名供養。明爲縛曰羅𠺕底。第八金剛、第九觀自在、以此二菩薩爲兩手臂。於此二菩薩攝金剛蓮華部八菩薩、故下文云右臂觀音部、左臂金剛業。右者慧、故爲蓮華開覺、左者定、故爲金剛降伏。明爲纈唎(觀音)吽(金剛)。第十三世、第十一不動尊、以此二明王爲兩膝脚。於此二明王攝四攝菩薩、故下文云三世不動尊、即名四攝智。右觀不動、左觀降三世。即菩提心調伏降魔之四攝也。於此使者衆攝五大尊及塔下方之諸執金剛神等。明爲悉但𨽻路枳也。(三世)左攞吽(不動)。第十二心爲遍照尊。雖於五部佛中隨得何佛、然必以大日爲五佛心。明爲鑁。第十三臍爲虛空眼。此佛眼佛母菩薩能攝破七曜二十八宿一切天。故下文謂虛空眼外持。佛母能孕諸佛、故爲行者之臍。明云欠室利。第十四虛空寶爲冠。於此虛空藏菩薩攝寶部之四攝菩薩、故下文謂頂上摩尼屬。五輪持身時、頂爲空輪、故爲虛空寶。大日經謂諸菩薩欠字安頂上者、即此義也。明爲阿迦捨廞𨽻。第十五相好爲金剛日。此寶部金剛光菩薩、是一切如來自性之光明、故爲行者之相好。下文謂金剛光彼岸。於此攝四攝四波羅蜜菩薩、是如來四八之相好、能遍攝法界之相好。明云帝儒吽。以此十五尊共爲一佛身。如世月團圓、佛性亦如月。此十五尊能攝五部三部三十七尊、互爲同體、更無二味、通能成五部五法。出於瑜祇經金剛薩埵菩提心內作業灌頂悉地品同疏。

【十五鬼神】(異類) 惱童子之十五鬼神也。

【十五智斷】(名數) 十五之智德與斷德也。涅槃經曰、「月愛三昧從初一日至十五日、光色漸漸增長。又從十六日至三十日、光色漸漸損減。」是以光色增長譬十五智德之摩訶般若、以光色漸減譬斷德之無累解脫。以地前之三十心爲三智斷、十地爲十智斷、等覺妙覺各爲一智斷、合爲十五智斷也。以月之體譬法身。見法華玄義五之一。

【十五種無明】（名數）見無明條。

【十五尊觀音】（名數）一正觀音、二千手觀音、三馬頭觀音、四十一面觀音、五准胝觀音、六如意輪觀音、七不空羂索觀音、八白衣觀音、九葉衣觀音、十水月觀音、十一楊柳觀音、十二阿摩𩕳觀音、十三多羅觀音、十四靑頸觀音、十五香王觀音。見諸尊眞言句義抄中。

【十六】（術語）華嚴以十數爲滿數、攝無量無盡、眞言密敎以十六數表圓滿無盡。故畫胎藏界之曼荼羅、其中臺八葉院最少之極爲十六指、其十六者衆生肉團心之八葉曼荼羅也、此八葉開人法而有八種善知識之人與八種金剛慧印之法、以成十六之數也。大日經疏五曰、「內心白蓮華此是衆生本心。妙法芬陀利華秘密幖幟。華臺八葉圓滿均等。如正開敷形。(中略)正方四葉是如來四智。隅角四葉是如來四行。約此現爲八種善知識各持金剛慧印。(中略)如是十六法。一一皆等法界乃至無有少分不平等處。故其幖相亦與冥符。略攝如來萬德以爲十六指。申而長之則無量無邊。故此曼荼羅極小之量劑十六指。大則無限也。」一義釋曰「人法各八故成十六。」演密鈔五曰、「四智四行八種善知識幷各持金剛慧印故成十六法也。」出生義曰、「厥有河沙塵海數量。舉十六位焉。亦塵數之義不出於此矣。」其他金剛界之十六大菩薩、十六尊、十六執金剛神、十六天神、顯經所說之十六菩薩、十六居士等、總以十六之數該攝一切般若之十六空、月之十六分等、皆依此意。

【十六心】（名數）與八忍八智同。

【十六天】（名數）八字文殊法說之。

東方（帝釋天王　帝釋后）　東南（火天神　火天后）
南方（焰摩天　焰摩后）　西南（羅刹王　羅刹后）
西方（水天神　龍天后）　西北（風天神　風天后）
北方（毘沙門天王　毘沙門天后）　東北（伊舍天王　伊舍天后）

【十六生】（術語）眞言行者成就十六大菩薩之十六三昧、以證圓滿之大覺也。十六三昧、卽因行證入四轉之功德次第漸生。恰如月之十六分漸生而至圓月、故託於月光謂之十六生。

【十六行】（名數）四諦之十六行相。略云十六行。又云十六諦觀。苦法智忍等十六之觀法也、見見道條。

【十六法】（雜語）中臺八葉中四法、是如來之四智、四隅是如來之四行、就此因果之八約於八種之人與所持金剛慧印之法而成十六法。見十六條。

【十六師】（名數）十六外道也。

【十六會】（名數）般若之十六會也。

【十六諦】（名數）十六行相也。

【十六觀】（術語）觀無量壽經正宗分所說。韋提希夫人願生西方極樂世界、乘欲未來世之衆生往生、請佛世尊說其所修之法。故佛說此十六種之觀門。一日想觀、正坐西向、諦觀落日、使心堅住、專想不移、見日將沒之狀、如懸鼓形、既見日已、閉目開目、皆令了了、此名日想觀。二水想觀、次作水想、見水澄淨、亦使明了、無分散之意、既作水想已、當作冰想、既見冰已、作瑠璃想。此想成已、則見瑠璃地內外映徹、是名水想觀。三地想觀、四寶樹觀、五八功德水想觀、六總想觀、七華座想觀、八像想觀、九佛眞身想觀、十觀世音想觀、十一大勢至想觀、十二普想觀、十三雜想觀、十四上輩上生觀、十五中輩中生觀、十六下輩下生觀。詳見觀無量壽經。

【十六大力】（名數）佛趣阿耨達龍王之請、爲說無欲之法、使諸菩薩修諸清淨行、當得此十六大力、調攝身心而化諸衆生也。一志力、菩薩心志善總持一切諸佛所說之法、以化衆生、名爲志力。二意力、菩薩心意與佛之所行同、於諸衆生未度者、願悉度之、名爲意力。三行力、菩薩能以精進之行、通達一切諸法甚深之法義、名爲行力。四慚力、菩薩能以慚愧之故、遠離一切罪業、興起種種善法、名爲慚力。五强力、菩薩於一切障難中能堅忍而不爲非行、名爲强力。六持力、菩薩於所受之法、悉能演說開導、而無遺忘、名爲持力。七慧力、菩薩有大智慧、照了諸法皆空、千億魔兵不能惱之、名爲慧力。八德力、菩薩修無欲行、具諸功德、離諸染著、名爲德力。九辯力、菩薩有大辯力、於百千劫隨解諸法、所說無礙、名爲辯力。十色力、菩薩色相端正、若帝釋梵天及四天王至菩薩所、一見之頃、豁然無色、名爲色力。十一身力、菩薩之身堅固淸淨、猶如金剛、火不能燒、刀不能斷、於外道中最高特勝、名爲身力。十二財力、菩薩於衆珍寶、隨所念願、應時即至、名爲財力。十三心力、菩薩知諸衆生性欲、能一其心、順而化之、名爲心力。十四神足力、菩薩化導衆生、能以神通具足之力、即現神變度脫之、名爲神通力。十五弘法力、菩薩於諸佛之法、能廣爲一切衆生宣說、使衆生聞之而不斷絕、信受奉行、等除衆苦、名爲弘法力。十六降魔力、菩薩修習禪定、承順佛旨、能伏衆魔、名爲降魔力。見三昧弘道廣顯定意經二。

【十六大士】（名數）十六羅漢也。見羅漢條。

【十六大天】（名數）天部中之主者、有十六位、謂之十六大天。見十六天條。

【十六大國】（名數）見十六國王條。

【十六心行】（名數）與十六行相同。見見道條。

【十六王子】（名數）法華經化城喩品所說。往昔三千塵點劫有大通智勝佛。其佛未出家時有十六王子。大通智勝佛成道後。十六王子皆出家爲沙彌。從佛聞三乘教。初發大乘心。更請說大乘之妙法。聞佛說法華經。佛於八千劫說法華經。卽入靜室。八萬四千劫間寂然入定。此時十六王子各上法座。八萬四千劫間爲四部衆覆講法華經。今已各成佛。爲八方之如來。

【十六玄門】（術語）釋眞言之方規也。見旋陀羅尼條。

【十六行相】（名數）略云十六行。亦云二八行。見見道條。

【十六沙彌】（名數）見十六王子條。

【十六知見】（名數）又云十六神我。未見正道之人。於五陰等法中强立主宰。妄計有我我所。計我之心。歷諸緣。卽有十六知見之別。一我。於五陰等法中妄計有我我所之實。故名爲我。二衆生。於五陰等法和合中妄計有實之衆生而生。故名爲衆生。三壽者。於五陰法中妄計有我受一期之報。命有長短。故名壽者。四命者。於五陰法中妄計我之命根連續不絕。故名命者。五生者。於五陰法中妄計我能生起衆事。又我來生人中。故名生者。六養育。於五陰法中妄計我能養育他人。及我生爲父母所養育。故名養育。七衆數。於五陰法中妄計我有五陰十二入十八界等衆法之數。故名衆數。八人。於五陰法中妄計我爲能修行之人。異於不能修行之人。及我生於人道。異於餘道。故名人。九作者。於五陰法中妄計我有身力手足。而能任事。故名作者。十使作者。於五陰法中妄計我能使役他。故名使作者。十一起者。於五陰法中妄計我能起後世罪福之業。故名起者。十二使起者。於五陰法中妄計我能使他起後世罪福之業。故名使起者。十三受者。於五陰法中妄計我後身當受罪福之果報。故名受者。十四使受者。於五陰法中妄計我能使他受後世罪福之果報。故名使受者。十五知者。於五陰法中妄計我有五根能知五塵。故名知者。十六見者。於五陰法中妄計我有眼根能見一切之色相。故名見者。出智度論二十五。

【十六資具】（術語）見頭陀條。

【十六開士】（名數）賢護等十六居士菩薩也。碧巖七十八則曰。「古有十六開士於浴僧時隨例入浴。」見十六菩薩條。

【十六善神】（名數）是叢林轉讀大般若經時。揭釋尊與此十六神也。載於陀羅尼集經三。般若波羅密大心經曰。「達哩底囉瑟吒大將。禁毘嚕大將。縛日嚕大將。迦毘羅大將。彌覩羅大將。哆怒毘大將。阿儞嚕大將。娑儞嚕大將。印捺嚕大將。波夷嚕大將。摩虎嚕大將、嬌尾嚕大將、眞特嚕大將、嚩吒徒嚕大將尾迦嚕大將俱吠嚕大將。其造壇法除去惡物淨之築平又以牛糞和香湯泥、摩塗其地以五色物造三重院三重各開四門。第三重內院作一圓月、中心安般若波羅蜜多菩薩像西面向門。其像右邊安帝釋天、左邊安梵摩天。東面安侍者持明者西面。第一重外四方各列四神主像總數卽是十六神王」谷響集八曰「一擭頭攞吒善神。身綠青色、開怒顏、著赤衣、被甲冑、右手持刀、左手杖鋒、鬚髮赤黑色。二毘盧勒义善神。赤紫色、忿顏、閉脣、著白青衣、擐甲冑、右手拔刀、左手按腰、鬚髮紺青色。三攞伏毒害善神。赤肉色、著白色衣、擐甲冑、右執刀、左手掌向外、當胸、鬚髮皆堅而紺色。四增益善神。身赤肉色、怒顏有四臂、右第一手持刀、第二手把劍輪、左第一手執楊枝、第二手擎半月、著綠色袈裟、紅裳、頸懸瓔珞。五歡喜善神。身綠青色、忿顏、頂金色孔雀、右手持鉤、左手安於腰、著赤衣、被甲冑、鬚髮赤色。六除一切障難善神。身黃色、怒相、有六臂、右手第一手持三戟、第二手捧經卷、第三手擎塔、左第一手執紅蓮華、第二手執劍、第三手執槍、首戴寶冠、垂瓔珞、著白衣、挂袈裟、風翻環佩。七拔罪垢善神。身青黑色、躶體、著雜色袈裟。右手持五义棒、左手作拳、置於頂上、瞋目開口、利牙出於上下、髮毛堅立。八能仁善神。身紺青色、躶體被鎧、頭著素帽、垂於左、右手持劍、左手執矟、鬚髮赤黑。已上爲右方者。九吠室羅摩拏善神。身赤黑色、瞋面合脣、右手執金剛棒、左手捧寶塔、被赤衣、著甲冑、鬚髮赤黑色。十毘盧博义善神。身青黑色、笑顏、著綠衣、著甲冑、右手執筆、左手執卷、作欲書之勢、鬚髮赤色。十一離一切怖畏善神。形相全似帝釋天、但頭戴髑髏、其上有三鈷杵、是異於彼天耳。十二救護一切善神。身白青色、形相全如毘沙門天、但兩手合掌指端揷紅色之微敷蓮華。十三攝伏諸魔善神。身黑肉色、右手持劍、左手垂掌、而向外、瓔珞莊嚴身。十四能救諸有善神。身綠色、顏貌如玉、二手合掌、二人頭著中指背。第一節、被鎧、帶紅裙、著白色袈裟。十五師子威猛善神。身肉色、忿怒相、具四臂、右第一手持斧、第二手持劍、左第一手捧梵篋、第二手持三戟、首戴師子冠、著紺色袈裟、被虎皮小服。十六勇猛心地善神。身綠色、微笑、擐甲冑、形如能救諸有善神。二手外縛當心、已上爲左方者。集者云、世有金剛智所譯之般若守護十六善神王形體一卷、凡三紙、讀之可明知之、此非金剛智筆語、綴文甚拙、想係先達依金剛智之圖畫錄之而假金剛智之名者。」

【十六特勝】（名數）　特勝於四念處等之觀、始自調心、終至悲想地、地地有觀照、能發無漏善業、厭惡自害之失、故名特勝。十六者。一、知息入。二、知息出。三、知息長短。四、知息徧身。五除諸身行。六受喜。七受樂。八受諸心行。九心作喜。十心作攝。十一心作解脫。十二觀無常。十三觀出散。十四觀離欲。十五觀滅。十六觀棄捨也。

【十六菩薩】（名數）涉於顯密二教。有十六菩薩。

【顯教十六菩薩】（名數）顯教之經論。處處舉賢護等十六菩薩。是皆在家之菩薩也。全舉其名者。但思益經與智度論。寶積經百十一曰。「復有十六大士。賢護菩薩而爲上首。」無量壽經曰。「又賢護等十六正士。」法華論上曰。「如颰陀波羅（譯言賢護）菩薩等十六大賢士具足菩薩不可思議事。」智度論曰。「善守（與賢護同義）等十六菩薩。是居家菩薩。颰陀婆羅居士菩薩是王舍城內人。寶積王子菩薩是毘耶離國人。皇德長者子菩薩是瞻波國人。導師居士菩薩是舍衛國人。那羅達婆羅門菩薩是浮梯羅國人。水天優婆塞菩薩。且舉此六。餘有略也。」思益經一曰。「及跋陀羅婆羅等十六賢士。跋陀婆羅（譯曰賢護或善守）寶積菩薩。星德菩薩。帝天菩薩。水天菩薩。善力菩薩。大意菩薩。殊勝意菩薩。增意菩薩。善發意菩薩。不虛見菩薩。不休息菩薩。不少意菩薩。導師菩薩。日藏菩薩。持地菩薩。」此中論之第一第二與經之第一第二全同。第三論作皇德。經作星德。是殆經論有一寫誤者。又論之第四導師居士與經之第十四全同。又論之第五那羅延婆羅門菩薩。卽經之第四帝天菩薩也。又論之第六水天與經之第五全同。

【密教十六菩薩】（名數）有二種。一者金剛界四方四佛各各之四親近也。一者表賢劫千佛因位千菩薩之十六菩薩也。金剛界九會曼荼羅中。第一成身會舉果上之千佛。第二三昧耶會以下舉因位之千佛也。今選取千菩薩中主要之菩薩十六尊。代表千菩薩耳。但千菩薩中前四菩薩已成道。其餘者第五彌勒以下九百九十六尊也。（第四卽釋迦也）故自今以後以第五彌勒爲首。故此十六菩薩亦以彌勒爲第一也。（實際賢劫之菩薩爲九百九十六人千菩薩云者從大數也）諸部要目曰。「又有四方賢劫中十六大菩薩。表賢劫中一千菩薩。」其十六菩薩之名字。出于六卷之略出經第四。四卷之略出經第三。敎王經第一。賢劫十六尊軌。今依賢劫十六尊軌示之如左。

自東北角右邊

方		菩薩	持物
東方	一	彌勒	軍持
	二	不空	蓮華眼
	三	除憂	梵夾
	四	除惡	三股杵
南方	一	香象	蓮華
	二	大精進	鏴戟
	三	虛空藏	寶珠
	四	智幢	寶幢

西方｛一 無量光 蓮華　二 賢護 寶瓶　三 網明 網傘蓋　四 月光 半月幢｝

北方｛一 無量意（文殊） 梵夾　二 辨積 華雲　三 金剛藏 獨股　四 普賢 五智印｝

【十六想觀】（術語） 略云十六觀。見十六觀條。

【十六斛食】（雜名） 大量滿腹之食也。十六斛者斗量也。焰魔供次第曰、「某甲等謹以香潔飲食及錢財幣帛等先奉獻十方諸佛百千俱胝百億那由佗不可不說國土微塵等一切冥官冥道僧尼靈界半天婆羅門諸餓鬼衆。一一各得摩伽陀國十六斛食。能令此食悉皆變爲法喜禪悅甘露醍醐淨乳、海充滿法界廣大無量無不飽滿。」

【十六觀門】（術語） 十六觀者、往生西方極樂之門戶、故云十六觀門。因眞言準於顯教九次第定之順逆觀、就無盡法界與無餘衆生界立十六觀門、無盡法界有八門、以一切心爲一心（順觀）以一心爲一切心（逆觀）以一心爲一心（三門）以一切心爲一切心（四門）以一切門爲一門（五門）以一門爲一切門（六門）以一門爲一門（七門）以一切門爲一切門（八門）其中心以所入之體而名門、以能入之教而名無餘衆生界有八門、如上。無盡法界爲一法界門而觀諸佛法界、無餘衆生界爲多法界而觀九界差別之迷境。出大日經疏三、演密鈔四。

【十六觀經】（經名） 觀無量壽經說十六觀、故云十六觀經。

【十六國王】（名數） 印度古昔十六國之王也。仁王經下曰、「大王吾以此經付囑汝等。毘舍離國、vaśiāli 憍薩羅國、Kośala 室羅筏國、Śrāvasti 摩伽陀國、Magadha 波羅痆斯國、Bārāṇasi 迦毘羅國、Kapilavastu 拘尸那國、Kuśinagara 憍睒彌國、Kauśāmbi 般遮羅國、Pañcāla 波吒羅國、Pāṭaliputra 末吐羅國、Mathurā 烏尸國、Uṣa 奔吒跋多國、Puṇgavardh-ana 提婆跋多國、Devatāra 迦尸國、Kāśi 瞻波國、Campā 如是一切諸國王等皆應受持般若波羅密多。」

【十六旒幡】（名物） 因十六執金剛、或十六大天等而建十六旒之幡也。

【十六羅漢】（名數） 見羅漢條。

【十六大菩薩】（名數） 四如來四親近之十六菩薩也。簡別於賢劫之十六尊特稱爲大菩薩。見十六菩薩條。

【十六心見道】（名數） 大乘唯識立十六心之相見道、小乘俱舍論爲十五之眞見道、最後之一心立爲修道。然小乘之曇無德部成實謂十六心爲見道。是台家四教儀等所說也。成實論與大乘義章對比則成實以無相行爲見道、不敢如俱舍別觀四諦之十六行相、但以無相之一行相斷見惑爲見道也。

【十六王子佛】（名數）見十六王子條。

【十六重玄義】（名數）眞言行者漸次證入六無畏與自二地至佛地之十地、合有十六重以到一切地。（第六無畏卽初地也）但此一一重各有因根究竟三心、而起證者、依重重之一法門、得到一切智地、卽十六生之義也。而此十重初後更更收聚、凡互攝、一法門具無盡之法門、故謂之重玄。大日經疏三曰、「漸次證入者。如初無畏時以聲字觀修漫茶羅行。（中略）第六無畏於平等心中修漫茶羅行。離垢地以去各於自地觀心中修漫茶羅行。略以行信分之。已作十六重淺深不同。此一一位自有菩提種子心。有大悲胎藏增長因緣。有慧方便業受用之果。如前所說從一一門各流出種種門等。」演密鈔四曰、「以初地菩薩入三世平等故。與第六無畏平等無畏無異。故取二地已去乃至佛地、足前六種無畏、故成十六重玄義也。」又曰、「如第一重玄以聲字觀修曼茶羅行、聲字爲門、卽當其因、觀行圓明、卽當其根。增不已、入法界壇、則當究竟一位、既爾、餘位皆然。」

【十六大阿羅漢】（名數）卽十六羅漢也。見羅漢條。

【十六執金剛神】（名數）位於金剛界成身會曼茶羅下方之神也。出生義曰、「又下方有十六執金剛神。蓋一切如來勇健菩提心所生化。亦明如來修行之時、有塵數心障煩惱。以是金剛慧破之。大覺之後、成塵數種類智門。以此金剛慧用之。故復現其暴惡可畏之身。操大威之智。以調伏難調。叱吒則大千震蕩。指顧則羣魔懾竄。所以鬼母伺懼而收跡。象頭畏威而連引。彼大惑之主魔醯首羅亦蒙被其害而成正覺。則知向憑怒適是大悲。此等金剛所有河沙塵滴數量。今舉十六住爲亦塵數之義不出於此矣。」神名如下、一虛空無垢金剛。（十九執金剛之一）二、金剛輪。三、金剛牙。（不空成就四親近之一）四、蘇喇多金剛。（譯作妙住、謂其住安穩也）五名稱金剛。六、大分金剛。（謂大者之分、大心衆生、卽體分也。）七、金剛利。八寂然金剛。九大金剛。十、青金剛。十一、蓮華金剛。十二、廣眼金剛。十三、執妙金剛。十四、金剛金剛。（金剛爲慧、單金剛名之）十五、住無戲論金剛。（十九執金剛之一、住大空慧）十六、虛空無邊遊步金剛。（十九執金剛之一）。出大日經疏十六。

【十六遊增地獄】（名數）八寒八熱之大地獄、各有四門、各門有四獄。各各附屬十六地獄。墮於此之衆生轉歷諸所而增其苦、故曰遊增地獄。

【十六善神王形體】（書名）般若守護十六善神王形體之略軌名也。

【十方】（雜語）佛經稱東西南北、東南西南東北西北上下、爲十方。

【十方剎】（術語）不拘甲乙請諸方名宿使住持之名十方剎。梵語謂寺院爲招提即此義也。

【十方十佛】（名數）見十佛條。

【十方世界】（雜語）東西南北、四維、上下、十方有有情世界無量無邊、故曰十方世界。

【十方淨土】（術語）東西南北、四維、上下十方有諸佛淨土、無量無邊、故云十方淨土。

【十方住持】（術語）與十方剎同。

【十方佛土】（雜語）猶言大千世界。法華經方便品曰、「十方佛土中。唯有一乘法。無二亦無三。」

【十方常住僧物】（術語）四種僧物之一。見僧物條。

【十方現在佛悉在前立定經】（經名）三卷。般舟三昧經之異名。

【十方現前僧物】（術語）四種僧物之一。

【十方業普現色身】（術語）隨十方衆生之意業而普示現其身也。如妙音菩薩觀音菩薩是。

【十王】（名數）冥土之十王也。一秦廣王。二初江王。三宋帝王。四伍官王。五閻羅王。六變成王。七泰山府君。八平等王。九都市王。十轉輪王。見十王經。此十王各有本地。見十三佛條。

【十王經】（經名）一卷。成都府大聖慈寺沙門藏川所撰。而今存者爲日本人僞撰、鄙俚不堪卒讀。

【十心】（名數）有二種。（一）順流十心、一無明昏暗。謂諸衆生從無始以來、暗識昏迷、無所明了。爲煩惱所醉、於一切法妄計人我、起諸愛見想計顚倒起貪瞋痴、廣作諸業、由是流轉於生死也。二外加惡友。謂諸衆生內具煩惱外値惡友扇動邪法、益加惑我、無由開悟而修善業、以是流轉於生死也。三善不隨從。謂諸衆生內外惡緣既具、即內滅善心外滅善事、又於他人所作之善事、不生隨喜之心以是流轉於生死也。四三業造惡。謂諸衆生恣縱身口意三業、起殺盜婬妄貪瞋等過、無惡不作、以是流轉於生死也。五惡心遍布。謂諸衆生所造惡事雖不廣、而作惡之心、遍布一切處、以所欲惱害人、以是流轉於生死也。六惡心相續。謂諸衆生唯起惡心、增長惡事、晝夜相續、無有間斷、以是流轉於生死也。七覆諱過失。謂諸衆生所作之惡行、忌諱人知、不自發露、無改悔之心、以是流轉於生死也。八不畏惡道。謂諸衆生心性陰很、不知戒律、於殺盜婬妄種種惡事無不作之、於惡道恬然不畏、以是流轉於生死也。九無慚無愧。謂諸衆生爲愚痴所覆、造諸惡業、上不慚天、下不愧人、以是流轉於生死也。十撥無因果。謂諸衆生不具正信之心、但生邪惡之見、於一切善惡因緣果報悉皆撥而爲無、以是流轉於生死也。出止觀四之一。(二)逆流十心。一深信因果。謂修行之人先信善惡果報不生疑惑、以是翻破撥無因果之心也。二生重慚愧。謂修行之人尅責往昔我無羞無恥、棄捨淨行、習諸惡行、天見我之隱罪、是故慚於天、人知我之顯過、是故愧於人、以是翻破無慚無愧之心也。三生大怖畏。謂修行之人自念人命無常、一息不續、千載永往、幽途緜邈、無有資糧、苦海悠深、那得不怖、由是苦切懺悔不惜身命、以是翻破不畏惡道之心也。四發露懺悔。修行之人所有過失、不自隱覆、發露懺悔、以是翻破覆諱過失之心也。五斷相續心。謂修行之人所作惡行、既懺悔已、即更決定不作惡事、以是翻破惡念相續之心也。六發菩提心。謂修行之人往昔專起惡念惱人、今則廣起救濟之心、偏於虛空界、利益衆生、以是翻破徧布之惡心也。七斷惡修善。謂修行之人前恣身口意造作諸惡、不計晝夜、今則策勵不休、斷諸惡行、修功補過、無善不爲、以是翻破三業造惡之心也。八守護正法。謂修行之人昔自滅善、見他人行善、亦生嫉妬、無隨喜之心、今則守護正法、方便增廣益法、以是翻破善不隨喜之心也。九念十方佛。謂修行之人昔親狎惡友、信受其言、起諸邪見、今則念十方佛有大福德、能救援我、以是翻破隨順惡友之心也。十觀罪性空。謂修行之人無始以來不知諸法本性空寂、廣作諸惡、今則了知貪瞋等一切惡行、起於妄念、妄念起於顚倒、顚倒起於人我之見、今既了達我心本空、則罪性無依處、以是觀破無明昏闇之心也。出止觀四之一。

【眞言十心】(名數)一種子心。從久遠世間展轉相承、有善法之名、然以違理之心推求種種而不能得、後忽自有念生、我今節食持齋、是善法也、然猶未是佛法中之八關戒、彼以節食自戒、故即覺緣務減少、使我飲食易足、不生馳求勞苦、爾時生少分不意之心歡喜、而得安穩、亦數數修有此利益、此是最初微識善惡之因果、故名種子心。二芽種。於每月六齋日持八關戒也。六齋日即是智度論中所說上代五通仙人勸於此日斷食、順善法、又免鬼神災橫之論、由於止息貪求、常見利樂之故、欲修有此法、使得增長、於持齋日捨財物以與六親、自己不食、則我無守護之憂、使他人愛敬、獲孝養之譽、見此因果故轉生歡喜、生歡喜故善心稍增。如由種生芽也。三疱種。欲成此守齋之善心、修有無貪慧捨之心、由於修有。故善心漸漸增長、復能施與非親識之人、爾時善萌益見增長。猶如芽莖滋盛、尙未生葉之時、故名疱種。四葉種、已能習行慧捨、藉此爲因、漸能甄釋所觀之境、如此之人德行高勝、我今應親近而供養之、即是慧性漸開、遇善知識之由漸也。五敷華、慧性漸開、甄別所施之境、見其利他之益、如世間伎樂之人、能化大衆而使歡喜、故施與之、又以尊宿耆舊見聞較多、及學行高尙爲世師範、推誠歡喜而施與之、使我施時之心益形歡喜、此即花種也。六成果、所習純熟、不特歡喜、復能以親愛之心施與學行之人。又由前施之因緣、得聞法之利、知彼懷出離內欲等勝德、狎習親附而供養之、即是成果也。七受用種子、已能作齋施、見其利益、即知三業不善、皆以是爲衰惱之因緣、我當捨之、護戒而住、由於護戒、故現世獲諸善利、有大名聞、身心安樂、益復增廣賢善、命終得生天。譬如種果已成、受用其實也。故曰受用種子。八嬰童心、既知尊行之人、宜親近供養、又見持戒能生善利、即是漸識因果、今復聞善知識言、此大天能與一切之樂、若虔誠供養、則所願皆滿、即能生歸依之心、所謂自在天、梵天、那羅延天、乃至大圍陀論師等也。時彼聞如是等世間之三寶、（自在天、四韋陀爲傳法者）。歡喜歸依隨順修行、即是第八嬰童心之無畏依也。九殊勝心、即於此第八無畏依中、復有殊勝心也、既聞世間諸薄伽梵宜供養歸依、遂生心、此諸三寶中何物爲勝、我當擇其善者、隨順修行、由於前之善根力故、於彼所說法中、隨得殊勝住、有求解脫之智、（即求空智之心）生也。十決定心、已於解脫之空法作證也。（此心即第四唯蘊無我乘之初種子心也）已上十心中前六心就愚童齋心而說之、後四心就第三嬰童無畏而明之。然三乘一一之地皆具此十心也。十心中前八心、對於外道違理之心、而名爲順理之心、又對於後二心爲違世之心、而名爲順世之八心。若以十住心分別之、則第三嬰童無畏心爲後二心、是違世第四唯蘊無我心已上、總爲違世之十心。出大日經疏三。

【十日十夜】（修法）十日十夜念佛之行也。平等覺經曰「佛言要當齋戒、一心淸淨、晝夜常念欲生無量淸淨佛國、十日十夜不斷絕」

【十牛圖序】（譬喩）一尋牛序、二見跡序、三見牛序、四得牛序、五牧牛序、六騎牛歸家序、七忘牛存人序、八人牛俱亡序、九返本還源序、十入廛垂手序。十牛圖之作者不能確定爲誰、據會元、似廓庵禪師、（大隨靜禪師之法嗣）作此圖與頌、然在四部錄等見十牛圖序、乃爲所謂淸居禪師（傳未詳）者所作。或言淸居禪師之十牛圖、與今圖不同、依牛之彩色形式、似示進步之次第者、或者廓庵禪師修正之而行於今時也。然而譬心事修練之事以牧牛之事、實有由來。阿含經中說牧牛十二法、智度論明十一事。又禪門之諸祖有提唱水牯牛之公案者。如馬祖禪師之水牯牛公案是也。又如潙山靈祐禪師上堂曰、老僧百年後向山下作一個水牯牛是也。如是以牛譬說心地之修治、自古已然。案第一尋牛、卽發菩提心之位也。第二見跡至第六騎牛歸家五者、修行之位也。第七忘牛存人與第八人牛俱存、成菩提之位也。此忘牛存人為小乘我空之成菩提、人牛俱忘為大乘我法俱空之成菩提也。第九返本還源入涅槃之位也。是通於大小乘而言。第十入廛垂手方便究竟之位也。其頌列下。十牛圖頌一卷宋師遠述。○十牛圖頌一卷、明胡文煥著。○十牛頌和頌一卷。

【十四生】（術語）密教通說之十六生成佛、託於仁王經所說之十四忍、謂為十四生成佛。見忍條。

【十四等】（名數）善財童子於普賢菩薩所得十四等、是童子之入法界也。一普賢之圓因等、二諸佛之果滿等、三剎等、四行等、五等正覺等、六神通等、七法輪等、八辯才等、九言辭等、十音聲等、十一力無畏等、十二佛所住等、十三大慈悲等、十四不可思議之解脫自在等。出唐華嚴經八十。

【十四根】（名數）眼等五根與憂喜等五受及男女意命四根也。仁王經下曰「復觀十四根、所謂五情五受男女意命等有無量罪過故」

【十四難】（名數）外道十四難句、佛不答之。一世界及我為常耶、二世界及我為無常耶、三世界及我為亦有常亦無常耶、四世界及我為非有常非無常耶、五世界及我為有邊耶、六世界及我為無邊耶、七世界及我為亦有邊亦無邊耶、八世界及我為非有邊非無邊耶、九死後有神去耶、十死後無神去耶、十一死後亦有神去亦無神去耶、十二死後亦非有神去亦非無神去耶、十三後世是身是神耶、十四身異神異耶。問曰、若佛為一切智人、何不答此十四難。答曰、無此事實故不答。諸法有常、無此理、諸法斷、亦無此理、以是故佛不答。譬如人問搆牛角得幾汁之乳、是為非問。不可答也。出智度論二、俱舍論十九。

【十四行偈】（書名）善導觀經疏最首之歸三寶偈、為四句十四偈、故稱十四行偈。

【十四種色】（名數）見色條。

【十四變化】（名數）（一）初禪天有二種變化。一、初禪初禪化、能變化自地也。二、初禪欲界化、能變化欲界地也。（二）二禪天有二種變化。一、二禪二禪化、能變化自地也。二、二禪初禪化、能變化初禪地也。三、二禪欲界化、能變化欲界地也。(三)三禪天有四種變化。一三禪三禪化。二三禪二禪化。三三禪初禪化。四三禪觀音化。(四)四禪天有五變化。一四禪四禪化。二四禪三禪化。三四禪二禪化。四四禪初禪化。五四禪欲界化。見智度論六。

【十四神九王】 (名數) 華嚴經末會之初文殊菩薩由善住樓閣出拜辭世尊時、隨從之神王也。一常隨侍衛之諸金剛神、二普爲衆生供養諸佛之諸身衆神、三久發堅誓願常隨從之諸足行神、四樂聞妙法之主地神、五常修大悲之主水神、六智光照耀之主火神、七以摩尼爲冠之主風神、八明練十方一切儀式之主方神、九專勤除滅無明黑暗之主夜神、十一心不懈闡明佛日之主晝神、十一莊嚴法界一切虛空之主空神、十二普度衆生超諸有海之主海神、十三常勤趣於一切智積集助道善根如山之主山神、十四常勤守護一切衆生菩提心城之主城神、一常勤守護一切智智無上法城之諸大龍王、二常勤守護一切衆生之夜叉王、三常使衆生增長歡喜之乾闥婆王、四常勤除滅諸餓鬼趣之鳩槃茶王、五恒願救濟一切衆生出諸有海之迦樓羅王、六願得成就諸如來身高出世間之阿修羅王、七見佛歡喜曲躬恭敬之摩睺羅迦王、八常厭生死恒願見佛之諸大天王、九尊重佛而讚歎供養之諸大梵王。出唐華嚴經六十一。

【十四佛國往生】 (名數) 無量壽經下說、於此世界有六十七億不退菩薩、當往生西方極樂、其諸小行之菩薩及小功德者、不可計也。而其往生者、不僅此土之菩薩、復有十三佛國百八十億乃至七百九十億之大菩薩衆諸小菩薩及比丘等不可計也。其十三佛國者、一遠照佛國、二寶藏佛國、三無量音佛國、四甘露味佛國、五龍勝佛國、六勝力佛國、七師子佛國、八離光垢佛國、九德首佛國、十妙德仙佛國、十一人王佛國、十二無上華佛國、十三無畏佛國。此十三佛國合此土之釋迦佛國、則爲十四佛國。

【十世】 (名數) 見三世條。

【十世隔法異成門】 (術語) 十玄緣起之一。見玄門條。

【十支論】 (名數) 以瑜伽論爲本論、其他釋論爲支論、總有十論。一百法論、又名略陳論數論。二五蘊論、又名粗釋體義論。依名釋義論。已上二論是天親菩薩所作。三顯揚論、又名總包集義論。是無著菩薩所造。四攝大乘論、又名廣包大義論。是無著菩薩造。其釋論爲天親及無性造。五雜集論、又名分別名數論、廣陳體義論。是無著等所作。今盛行者、唯覺師子之釋論及安慧菩薩之糅論也。六辨中邊論、又名離僻彰中論。本頌是慈氏菩薩造、釋論是天親菩薩造。七十二唯識論。又名摧破邪論。八三十唯識論。又名高建法幢論。此二論本頌皆爲天親所造、三十唯識之釋、是護法菩薩等十師造。二十唯識爲天親菩薩造。九大莊嚴論。又名莊嚴體義論。此論本頌爲慈氏菩薩造。釋爲天親菩薩造。十分別瑜伽論。又名攝散歸觀論。是慈氏菩薩所造。

【十支居士八城經】（經名）一卷、失譯。中阿含八城經之別譯。阿難爲此居士說十二禪居士信心施食及房。

【十甘露王】（雜名）阿彌陀之別稱。

【十甘露明】（眞言）阿彌陀之大咒也。咒中阿蜜嘌多即爲甘露之言有十個。故云十甘露明。

【十玄】（術語）十玄緣起也。見玄門條。

【十玄門】（術語）十玄緣起也。

【十玄談】（名數）唐安察禪師之十首偈頌也。一心印、二祖意、三玄機、四塵異、五演敎、六達本、七還源、八廻機、九轉位、十一色。見傳燈錄二十九。

【十玄六相】（名數）十玄門與六相也。

【十玄緣起】（術語）見玄門條。

【十句義論】（書名）勝宗十句義論之略名。

【十句觀音經】（經名）太平廣記、宋太原王玄謨爽邁不羣、北征失津、軍法當死。夢人謂之曰、汝誦觀世音千遍、可得免禍。謨曰、命懸旦夕、千遍何日可得。授云、觀世音南無佛、與佛有因、與佛有緣。佛法僧緣。（僧誤作相）常樂我淨。朝念觀世音、暮念觀世音。念念從心起、念念不離心。（念念不離心之念字誤作佛）既而誦滿千遍。將就戮、將軍沈慶之諫、遂免。歷位尙書金紫豫州刺史。按此事又見南史卷十六王玄謨傳。

【十生】（名數）於別之十生、加總之一生、謂之十一生。詳見十一生類條。

【十仙】（名數）見仙人條。

【十布施】（名數）見布施條。

【十功德論】（名數）佛對比丘制無益之世論、使論十事之功德。一精勤、二少欲知足、三有勇猛心、四多聞能與人說法、五無畏無恐、六戒律具足、七三昧成就、八智慧成就、九解脫成就、十解脫見慧成就。見增一阿含經四十三。

【十因六果】（名數）見因條。

【十因緣】（名數）十二因緣中由無明至有之十支也。不言生死之二支者、以其屬於未來也。故明過去至現在之因緣爲十因緣。涅槃經曰「十因緣法爲生作因」。

【十字金剛】（物名）羯磨金剛之異名。羯磨金剛之三鈷杵、橫竪交叉作十字形、故謂之十字金剛。大日經疏十九曰、「十字金剛、卽羯磨金剛也。」

【十字佛頂印眞言】（眞言） 轉法輪菩薩摧魔怨敵法曰「欲誦此十字佛頂眞言先當結印印以二手內相叉爲拳二大指入掌二頭指各屈拄二大指背是也眞言曰、唵。嚩日囉（金剛）薩怛奉（有情）吽（忿怒）發吒（破壞）」

【十住】（術語） 亦名十地。入理般若名爲住。住生功德名爲地。謂既得信後進而住於佛地之位也。一發心住、以眞方便發起十住心、涉入十信之用、圓成一心之位也。二治地住、心之明淨、如瑠璃內現精金、以前之妙心履治爲地也。三修行住、涉知前地俱已明了、故遊履十方而無留礙也。四生貴住、與佛同受佛之氣分、彼此冥通入於如來種也。五方便具足住、自利利他方便具足、相貌無所缺也。六正心住、非僅相貌、而心相亦與佛同也。七不退住、身心合成、日日長增也。八童眞住、佛之十身靈相一時具足也。九法王子住、由初發心至第四生貴皆名入聖胎、由第五至第八、名爲長養聖胎、而於此第九則相形具足而出胎也。十灌頂住、菩薩既爲佛子、堪行佛事、則佛以智水灌頂、如刹利王子之受職灌頂也。參照五十二位條。

【十住心】（名數） 此眞言宗之教相判釋也。其名目雖本於大日經十心品並大日經疏。（亦本於菩提心論釋摩訶衍論）至其本質、實可稱爲日本弘法大師之獨創。故其本據在弘法之十住心論及秘藏寶鑰。一異生羝羊心、異生爲凡夫、六趣、四生等各異之生、卽如所謂羣生也。羝羊爲牡羊、其性下劣、除求水草念婬欲外、他非所知、以譬凡夫愚痴闇昧、不解世理、醉生夢死、非道惡人、無信、無德者、屬於此部者、本不可列於教判之內、以皆爲可進第二心之階段、故列於此處也。二愚童持齋心、愚童者愚昧之童子也。持齋者、持八關齋也。惡者非始終爲惡、爲內薰與外緣所誘、亦修五戒十戒等、作善忠孝仁義禮智等德者是也。人乘之教、如儒教等皆攝於其中。三嬰童無畏心、嬰童爲母所抱則安、願生於天得神佛擁護則滿足。如弘法註「外道生天暫得蘇息」（秘藏寶鑰）乃修四禪六行之生天教也。以上爲世間三個之住心、攝於胎藏界曼荼羅第三大院外金剛部之衆。以下爲出世間。四唯蘊無我心、入佛之法門最初之住心也。畏生死、厭苦、願寂滅涅槃者、觀四諦之理、執三世實有法體恒有、得唯我空者、卽聲聞乘之佛法也。如小乘二十部俱舍成實是也。五拔業因種心、較前者更進、處於無佛世界、修無言等業、見飛華落葉觀十二因緣之法者、卽煩惱所作之因雖拔而其習氣未薰在者、如緣覺乘是也。以上二乘小乘教之類、攝於胎曼釋迦院之眷屬。六他緣大乘心、他緣與無緣同住於自他怨親平等之觀、悟眞如平等、度衆生界使歸入佛界也。正與法相宗所敎相當。彌勒菩薩之內證法門也。七覺心不生心、從前心之賴耶緣起進一步入於心境倶空之證。覺悟心性之不生不滅。說三論宗所謂八不中道、起信論所說當之。此文殊菩薩之內證也。以上二心爲三乘敎、以下三心爲一乘敎。八一道無爲心又名如實一道心。如實知自心、空性無性心。法華所說以心卽境無爲無相爲極意、大日經謂爲「如實知自心」配於天台宗。觀音菩薩之內證也。九極無自性心有淺深之二釋。淺釋者、華嚴法界諸法卽眞如實相、眞如無自性、隨變不守自性、染淨眞妄交徹、事事無礙重重無盡之義也。深釋者、是由毘盧遮那之敎覺而無自性、華嚴之法門當之、以爲普賢菩薩之內證。以上九心是爲顯敎之攝也。十秘密莊嚴心、秘密者金胎兩部六大三密五相五智等之無盡法門也。等覺十地亦不能見聞其法門之德、謂之莊嚴。卽眞言宗敎之心地也。此十住心有橫竪二者。橫十住心者於一十住心又有十住心、委如十住論。橫十住心爲胎藏界之十住心、竪十住心爲金剛界之十住心、胎金不二之處謂爲不二之十住心。出決義鈔直牒十。

【十住論】（書名）十住毘婆沙論之略名。

【十住經】（經名）六卷、秦羅什等譯、卽華嚴六經之十地品也。又爲菩薩十住經之略名。又爲漸備一切智總經之異名。

【十住心論】（書名）秘密曼茶羅十住心論之略名。

【十住斷結經】（經名）最勝問菩薩十住除垢斷結經之略名。

【十住行道品經】（經名）菩薩行道品之異名。

【十住小白華位】（譬喩）天台以法華六瑞中雨華瑞之小大白赤四華配於四輪四種性四位、小白華當於銅輪習種性十住之開佛知見見四華條。

【十住毘婆沙論】（書名）又云十生論十七卷、龍樹造、秦羅什譯。

【十住除垢斷結經】（經名）最勝問菩薩十住除垢斷結經之略名。

【十地】（名數）或曰十住。種種不一。

【三乘共十地】（名數）是智度論七十八所說、聲緣菩三乘共通之十地也。台宗以爲四敎中通敎之地位也。一乾慧地、此爲外凡之位、與藏敎五停心別總念處總相念處三賢之位相當。乾者乾燥之義也。此位爲未得法性理水之智慧、故云乾慧地。又有漏之智慧不以法性理水潤之、故云乾慧。二性地、此爲內凡之位、藏敎之四善根也。此位伏見思之惑、朦朧望見法性之空理、故曰性地。三八人地、八人者忍也、見道之苦法智忍等八忍謂之八忍地。卽見道十五心之位也。見道十五雖爲八忍七智。然今就决定因道之邊、但取八忍而名之也。四見地、爲第十六心之道類智、藏敎預流果之位也。於此位斷三界之見惑。得見上下八諦之理。故云見地。五薄地、爲欲界修惑九品中斷前六品之位、藏敎之一來果也。欲界九品惑中僅餘後三品。故云薄地。六離欲地、爲斷盡欲界九品修惑之位、卽藏敎之不還果也。七巳辦地、爲斷盡三界見思惑之位、藏敎之阿羅漢果也。是於斷惑一道、爲所作巳辦之位、故云巳辦地。八支佛地、此爲緣覺之位、斷三界見思二惑、上更侵害其二惑之習氣、入於空觀也。侵非斷、斷者如燒炭成灰、更吹其灰而散盡之也。此爲第十佛地之事。今於緣覺之習氣、猶如燒炭、爲灰而止、故曰侵。緣覺由初地至此而入證、緣覺之梵語、爲辟支佛、故云支佛地。九菩薩地、是菩薩三無數刧六度萬行之修行地也。十佛地、是爲菩薩之最後身、斷餘殘習氣、於七寶樹下以天衣爲座、成就乃至入寂之位也。但此就通敎之佛而言、若藏敎之佛、則於菩提樹下以吉祥草爲座而成道也。

【大乘菩薩十地】（術語）是華嚴仁王等諸大乘經所明大乘菩薩之十地也。一歡喜地、爲菩薩旣滿初阿僧祇刧之行、初得聖性、破見惑、證二空理、生大歡喜、故名歡喜地。菩薩於此位成就檀波羅蜜。二離垢地、成就戒波羅蜜、斷修惑、除毀犯之垢、使身清淨、故云離垢地。三發光地、成就忍辱波羅蜜、斷修惑、得諦察法忍、智慧顯發、故云發光地。四焰慧地、成就精進波羅蜜、斷修惑、使慧性熾盛、故云焰慧地。五極難勝地、成就禪定波羅蜜、斷修惑、眞俗二智之行相互違者、使之合而相應、故云極難勝地。六現前地、成就慧波羅蜜、斷修惑、發最勝智、使現前無染淨之差別、故云現前地。七遠行地、成就方便波羅蜜、發大悲心、亦斷修惑、遠離二乘之自度、故云遠行地。此位卽終第二阿僧祇刧之行。八不動地、成就願波羅蜜、斷修惑、作無相觀、任運無功用相續、故云不動地。九善慧地、成就力波羅蜜、斷修惑、具足十力、於一切處知可度不可度、能說法、故云善慧地。十法雲地、成就智波羅蜜、亦斷修惑、具足無邊功德、出生無邊功德水、如大雲覆虛空出淸淨之衆水、故云法雲地。

【四乘十地】（術語）大乘同性經下於四乘各說十地。（一）聲聞乘十地、一受三歸地、初受三歸戒之位也。二信地、信根成就之位也。三信法地、信四諦理之位也。四內凡夫地、修五停心觀等之位也。五學信戒地、三學成就之位也。六八人地、見道之位也。七須陀洹地、預流果之位也。八斯陀含地、一來果之位也。九阿那含果、不還果也。十阿羅漢地、無學果也。（二）緣覺乘十地、一苦行具足地、修戒行之位也。二自覺深甚十二因緣地、修十二因緣觀法之位也。三覺了四聖諦地、修四諦觀之位也。四甚深利智地生甚深無相智之位也。五九聖道地、修八聖道之位也。六覺了法界虛空界衆生界地覺了此三法界之位也。七證寂滅地見道之位也。八六通地、得六神通之位也。九徹和密地證無學果之位也。十習氣漸薄地侵害習氣之位也。(三)菩薩乘十地與以上大乘菩薩十地同。(四)佛乘十地、一甚深難知廣明智慧地、除細習氣、於諸法得自在也。二清淨自分成嚴不思議明德地、轉正法輪顯深義自在也。三善明日幢實相海藏地、開說三乘差別之法自在也。四精妙金光功諸神通智德地、說八萬法降四魔自在也。五大輪威藏明德地、攝異邪法、伏惡行自在也。六虛空內淸淨無垢炎光開相地、現六神通、示無常事自在也。七廣勝法界藏明界地、爲諸菩薩顯菩提自在也。八普覺智藏能淨無垢邊無礙智通地、爲諸菩薩授記別自在也。九無邊德莊嚴回向能照明地、爲諸菩薩現方便自在也。十毘盧舍那智海藏地、爲諸菩薩能說法自在也。天台以此四地配於四教。問佛地有十地、豈非於果佛不平等乎。答此經之意從佛德之別而論十地、非言初地爲劣乃至第十地勝於前佛、是皆諸佛之境界、非諸菩薩二乘之所行、故經曰佛有十地、一切菩薩及聲聞辟支佛等所不能行云云。出探要記七。

【眞言十地】(名數)兩部大經不說十地、惟大日經說第八第十二地、金剛頂經說初地第十地之二地。故準於華嚴仁王等之說而釋其名字也。然其意與顯敎異、以十地爲十六大菩薩之位、約其漸修之位而言十六生究竟也。故卽身義云、「歡喜地者非顯敎所言初地。是卽自家佛乘之初地云云」其十六大菩薩日本有兩說。列表如下。

覺鑁之義
- 初地(薩王、愛喜)——金剛部　發心　菩提心門
- 二地——光；三地——寶；四地——幢；五地——笑——摩尼部　修行　大福德門
- 六地(法、利)；七地(因、語)——蓮華部　菩提　大智慧門
- 八地(業、護)；九地——牙；十地——拳——羯摩部　涅槃　大精進門

賴寶等之義
- 初地(薩王、愛喜)——阿賴耶識——大圓鏡智

二地—寶
三地—光
四地、五地—幢—末那識—平等性智
六地、七地—笑
八地—法、利—意識—妙觀察智
九地—因、語
十地—業護、牙拳—前五識—成所作智

然是尚借別教之名而明超。大日經云十地此生滿足。尊勝瑜伽云身證十地住如實際是也。是密教之十地非佛之十地、佛之十地已明於上同性經所說、佛乘之十地是也、即台宗所謂圓教之十地也。菩提心義七曰「諸經十地淺深不同。若證契經（同性經之異譯）四乘各有十地。天台以為四教十地。若中阿含明十二證、若大品經明二十地。一乾慧等。二歡喜地等。智論有二十地。一但菩薩十地（即歡喜地等）二共菩薩十地（即乾慧地等）此等二種是通別十地也。華嚴仁王四十二地中十地是圓十地。若大日經云十地此生滿足是密十地。借別明超今此中云身證十地非佛十地。佛十地者。一廣明地德地乃至毘盧舍那智藏海地。滿空諸佛皆是毘盧舍那化身何有十地階級。」

【密教十地廢立】（術語）眞言於歡喜地等十地有廢立二門。其廢門者謂於三劫之外不立十地、以三劫斷三妄執而究竟十地也。是秘藏記等所說。依立門則大日經疏於三劫之上立十地、以之為開發金剛寶藏位。其所以有此廢立二門者、以十地有淺深二種也。大日經疏二曰、「華嚴十地經一一名言。依阿闍梨所傳者。須作二種釋。一者淺略釋二者深秘釋云云」此淺深之十地有開合之兩門、一合淺略之十地而屬於地前、開深秘之十地而為開發金剛寶藏地。二合深秘之十地而屬於佛果、開淺略之十地而為三妄執之斷位。大日經所說之三劫十地含此二意。若依初門、則淺略之十地攝於地前。更開深秘之十地、三劫十地為地前地上之二位也。疏家處處配立多分、即此義也。若依後門則三劫十地只是建立之不同。約於惑為三劫、約於位即為十地、秘藏記之說約於此門也。見秘藏記鈔六。

【眞言十地十心】（名數）初地為種子。二地為芽。三地為皰。四地為葉。五地為花。六地為果。七地為受用種子。八地為無畏依。所謂果中之果也。九地為有進求佛慧生。是最勝心也。十地為決定心。此二心無別之境界、還是於第八心中約於方便而轉開出耳。一一地中亦有此十心。見大疏三。參照十心條之眞言十心。

【十地心】（名數）一四無量心。二十善心。三明光心。四焰慧心。五大勝心。六現前心。七無生心。八不思議心。九慧光心。十受位心。如是次第爲十地之異名。見瓔珞本業經上。

【十地品】（經名）華嚴經之品名。六十華嚴第二十二品。八十華嚴第二十六品。詳說十地菩薩之修業。

【十地經】（雜名）九卷。唐尸羅達摩譯。

【十地寄報】（術語）謂十地之菩薩。假諸天王之形守護正法也。出於華嚴經三十四。

【十地虎狼】（術語）金光明經謂十地之菩薩。猶有虎狼之畏。爲說十番之陀羅尼。（合部經陀羅尼最淨地品）除其怖畏。台宗以之爲肉身超證十地之證。其故以既超證十地。尚有前業所感之肉身。爲虎狼等所噉食之事也。但別教以之喻煩惱。妙玄二下曰「圓教方一生中有超十地之義。此則煩惱已破無地獄業。猶有肉身未免惡獸。餘教肉身一生之中不登十地。唯作行解。以煩惱爲虎狼。作行解者。於理則通。於事不去。」

【十地願行】（術語）菩薩十地所行十波羅蜜之行也。行必具四弘誓願。故謂之願行。

【十地經論】（書名）十二卷。天親著。後魏菩提留支等譯。譯華嚴之十地品。

【十地證王】（術語）十地之菩薩感得十王之華報。是曰證王。

【十如】（術語）又云十如是。法華之十如。出於方便品。天台大師開演其深旨者。有玄義。文句。止觀。別行玄之四書。其中正釋十如之相貌者。玄義與止觀也。有通解與別解二種。別解分四類。四類者。四越（止觀謂爲四途）與人天與二乘及菩薩佛也。玄義分五類。別解菩薩與佛也。文句釋佛之權實二智。故與玄義止觀聊異其義。因而文句三有上玄義中已說。今不具說之語。又別行玄明圓頓之三慈悲。故約於觀心而釋之。因而彼文有今觀十法界衆生假名。一一界各有十種性相本末究竟等之說。故亦與玄義止觀大異其釋。體此十如以通解爲根本。苟能會得通解。則通四類。自會四類之妙義。故今就通解釋之。一相如是。「相以據外。覽而可別。善惡等顯於外者。謂之相。相雖顯於外。然非相見者則不能見。故止觀引三國故事曰。「昔孫劉相顯。曹公相隱。相者舉聲大哭。四海三分。百姓荼毒。」二性如是。「性以據內。自分不現」謂人目不見。狀若天生。長無改變也。「如木有火。遇緣即發」謂如木有火性。鑽即火出也。玄義與止觀釋性如是。其義各異。玄義以爲薰習成性之性。如上所釋。止觀則以爲理性佛性之性也。三體如是。「主質名爲體」。言爲主之質謂之體。人身之總體也。四力如是。「功能爲力」。是其用所立之功能也。故涅槃經曰。「欲造牆壁則取泥土。欲造畫像則取彩色。不取草木」。五作如是。「搆造爲作」。言身口意三業之所爲爲作也。六因如是。「習因爲因」。謂前所習者爲後之種也。如善人習善而益善。惡人習惡而益惡。新譯家名之爲等流因。七緣如是。「助因爲緣」。因與緣不同。如五穀之種因也。雨露水土緣也。五穀之種出生者。借雨露水土之緣故也。是爲新譯家之異熟因。八果如是。「習因爲果」。謂從來所習之因得其果也。新譯家謂之等流果。此習因習果有隔過現之二世。現未之二世者。又有現在一切中因果皆有者。九報如是。「報果爲報」。謂酬今生之善惡業因而受未來之苦樂果也。新譯家謂之異熟果。此依報因而成報果。必隔一世以上。十本末究竟等。「初相爲本。後報爲末。所歸趣處爲究竟等」。謂其本末諸相之落下處。爲究竟等也。論其意。前之九如是。皆事也。今之究竟等理也。九事所緣爲平等之理。故謂之等。其理有三諦。以空諦之故。本末悉爲眞空。以假諦之故。本末皆爲妙假。以中諦之故。本末總爲中道法界。此究竟等之三諦。卽爲實相。然則前之九如是。爲諸法。而此本末究竟等。爲實相也。故釋諸法實相四字說此十如是也。

【別解四類】（術語）今於四類之別解中。示地獄界與人界及佛界三種之相。先言地獄界之十如是。相如是者。惡人顯後墮地獄之前相。凡夫雖不知。而佛菩薩之目則能見之也。性如是者。專習惡之人。其習狀如生。改變爲難也。體如是者。「摧折麤惡色心以爲體質」。卽墮於地獄爲獄卒所責之荒惡身心體是也。私記二本云。「問。體者卽指受報身。與報何異。答。陰身爲體。苦樂爲報。」力如是者。「地獄有登刀上劍之用」。卽於地獄有上劍山上刃林裂破身體之力用也。作如是者。「搆造經營」。謂於身口意之三業造惡也。私記云。「作是造業。與因何別。答。搆造爲作。約外約色。習因爲因。約內約心」。因如是者。「惡習因也」。謂於過去習惡也。緣如是者。作惡之緣助也。果如是者。謂過去所習之惡事。受地獄之身亦能起也。報如是者。「銅柱鐵床之苦」。謂於地獄攀登銅柱。坐熱鐵床也。本末究竟等者。相如是。報如是。皆爲空諦。故謂爲等。又惡之果報在本之性相中。本之性相在惡之果報中。則爲假諦等。又地獄之理體與佛果無異。則皆爲中道法界。是中道之等也。次明人界之十如是。則相如是者。「相表清昇」。謂對於四惡趣之沈淪。格別清淨有上昇之相也。性如是者。「性覺白法」。謂清白之善法。成爲其性也。體如是者。體是安樂身心。謂與三途等苦報相違、安穩快樂之身心也。力如是者「堪任善器」。謂堪於勤善之器也。作如是者「造止行二善」。謂作止惡行善之二善也。因如是者「因是白業」。謂成就淸白之善因也。緣如是者「作善我我所」。謂我思能作善也、此爲白善之緣。果如是者、「任運修善心生」。謂依前來習善之習用、而自然生善心也。報如是者「自然受樂」。謂自然受人果之快樂也。本末究竟如前地獄界。次明佛界之十如、則「佛界十法者、皆約中道分別也。」言佛界之十如其體皆爲中道也。此雖爲一中道、而因義理相違、故分爲十如。相如是者爲緣因佛性、是外修萬行也。性如是者爲了因佛性、是內生眞智也。體如是者爲正因佛性、是眞如法界也。力如是者、謂初發菩提心、超二乘上爲力、是發菩提心也。作如是者四弘誓願也。因如是者智慧莊嚴也。緣如是者福德莊嚴也。果如是者一念相應大覺朗然之無上正覺也。報如是者大般涅槃三德秘藏也。本末究竟等者三諦法界之體等也。

【十如權實】(術語)五類十如中前四爲權、後一爲實。法華玄義二上曰、「又一法界具九法界則有百法界千如是。束爲五差。一惡二善三二乘四菩薩五佛。判爲二法。前四是權法、後一是實法。細論各具權實。」

【十如三轉】(術語)三轉者、一讀爲。如是相、如是性、乃至如是本末究竟等。顯假諦之義。相性體力等不同者、以爲假諦故也。二讀爲是相如、是性如、乃至是本末究竟等如。顯空諦之義。相性體力等諸法皆如、一味平等者、以爲空諦故也。三讀爲相如是、性如是、乃至本末究竟如是、顯中諦之義。此時如作想像解、是對於非而言。以中道實相諸法皆是而無非故也。卽性相等法一一如於其是法也。因知佛之知見、爲一心三諦。南岳得其意、初發之、而天台承之也。

【圓密十眞如】(術語)通別諸教、以遍行眞如等十種爲十眞如、圓教及眞言教則指此唯佛與佛乃能窮盡諸法實相所謂如是相等十如是之法、爲十眞如、十如是與十眞如其名義俱同出菩提心義四。

【三大部十界十如釋體】(術語)

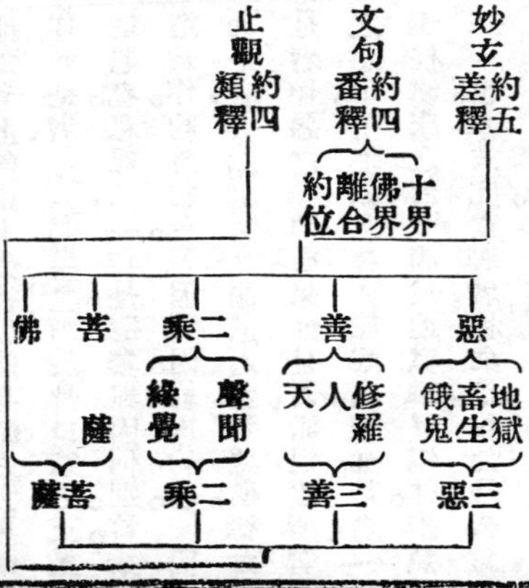

妙玄約五差釋
文句約四番釋 } 十界佛界離合約位
止觀約四類釋

惡 { 地獄、畜生、餓鬼 } 三惡
善 { 修羅、人、天 } 三善
二乘 { 聲聞、緣覺 } 二乘
菩薩 { 菩薩 } 菩薩
佛

【十如是】(術語)略云十如。詳見十如條。

【十如來地】（術語）光明智德地等之十地也。詳見十地條。

【十門】（名數）種種不一。

【理事無礙十門】（名數）於事（現象）與理（本體）之關係立十門。一理偏於事、一眞法界之理徧在一切之事法、雖理無分限事有分限、而事既卽於理、則亦無分限、故一一微塵具足眞理。二事徧於理、理既徧於事、事亦徧於理、以有分限之事具無分限之理、故徧在一微塵法界。三依理成事、依眞如之理成世間之事、事無別體、全攬理而成、如波依於水、水全成波也。四事能顯理、理無形相、卽事而明、事既依理而成、則理乃依事而顯、如波相盡而水體全顯也。五以理奪事、事相既虛、全體是理、故一切之事法不可得。般若心經所謂是故空中無色無受想行識、是也。六事能隱理、眞理既隨緣而成事相、遂令事顯而理不現、如水之成波、波顯水隱也。經所謂法身轉五道名曰衆是也。七眞理卽是眞如之理性卽是事相、眞如之外非有事相、如水卽是波、波之外別無水。般若心經所謂空卽是色是也。八事法卽理、世間一切事法本無自性、皆由因緣會集而有、擧體卽是眞性、眞性之外無事法。般若心經所謂色卽是空是也。九眞理非事、事卽眞理而非是事、蓋理爲眞而絕諸相、事爲妄而帶差別、眞妄既異、故卽妄之眞異於妄、如水之濕性卽非波之動相也。十事法非理、爲全理之事、而非是理、蓋理性平等、事相差別也。性相既異、故擧體全爲事而事相宛然、如波之動相非是水之濕性也。說見華嚴大疏二。

【止觀十門】（名數）一心行稱理攝散名止、二止不滯寂不礙觀事、三由理事交徹而必俱、遂使止觀無礙而雙運。四理事形奪而俱盡、故止觀兩亡而絕寄。五絕理事無礙之境、與泯止觀無礙之心、二而不二、故不礙心境而一味、不二而二、故不礙一味而心境。六由卽理之事攝一切法、故卽止之觀亦見一切。七由此事卽是彼事、故令止觀見此心卽是彼心。八由前中六則一多相入而非一。七則一多相是而非異、此二不二同一法界、止觀無二之智、頓見卽入二門同一法界而無散動。九由事則重重無盡、止觀亦普眼齊照。十卽此普門之智、爲主故頓照普門法界時、必攝一切爲伴、無盡無盡。出宗鏡錄三十五。

【周遍含容觀十門】（名數）華嚴宗所立五觀中之第五周遍含容觀立十門。一理如事門、是與上事理無礙中第七眞理卽事門同。二事如理門、是與第八法法卽理門同。三事含理事門、謂諸事法與理無異、故存本一事而能廣容。如一微塵共相不大、而能容攝無邊法界、由剎等諸法既不離法界、故俱在一塵中而現、如一塵一切法亦爾。四通局無碍門、事與理非一卽非異。故令此事法不離一處、卽全徧十方一切塵內。由非異卽非一、故全徧十方而不動一位。卽近卽遠、卽住無障無礙。五廣狹無礙門、非一卽非異、故不壞一塵而能容十方刹海。由非異卽非一、故廣容十方法界而微塵不大。是則一塵之事、卽廣卽狹、卽大卽小、無障無礙。六徧容無礙門、此一塵望於一切、由普徧卽是廣容、故徧在一切中、卽復攝一切諸法全住自中。又由廣容卽是普徧、故令此一塵還卽徧在自內一切差別法中、是故此塵自徧他時、卽他徧自、能容能入、無障無礙。七攝入無礙門、彼一切望於一法、以入他卽是攝他、故一切全入一中之時、卽令彼一還復在自一切之中、同時無礙。又由攝他卽是入他、故一法全在一切中時、還使一切恒在一內、同時無礙。八交涉無礙門、一法望一切、有攝有入、通有四句、謂一攝一切、一入一切、一切攝一、一切入一、一攝一、一入一、一切攝一切、一切入一切也。同時交參無礙。九相在無礙門、一切望一、亦有四句、謂攝一入一、攝一切入一、攝一入一切、攝一切入一切、交參無礙。十普融無礙門、一切及一、皆同時更互相望、一一具前兩重四句、普融無礙。前九門之文以不頓顯、故此攝同使一刹那、既總別同時、則重重無盡也。出註法界觀。

【華嚴釋經十門】（名數）・釋華嚴經自十方面者、一敎起因緣、二藏敎所攝、三義理分齊、四敎所被機、五敎體淺深、六宗趣通局、七部類品會、八傳譯感通、九總釋經題、十別釋文義。出華嚴大疏一。

【十門辯惑論】（書名）三卷、唐復禮著。

【十吉祥經】（經名）一卷、失譯。佛為離垢蓋大士說東方十佛之名號功德。

【十成】（雜語）十分成就之至極位。

【十名】（術語）與十號同。

【十行】（術語）菩薩修行、雖於十信十住滿足自利、然利他之行未滿、故不可不經此目。一歡喜行、爲佛子之菩薩、以如來之妙德隨順十方也。二饒益行、利益一切衆生也。三無瞋恨行、自覺覺他、無違逆者。又曰無恚恨無違逆。四無盡行、隨衆生之機類而現其身、三世平等、通達十方、利他之行無盡也。五離痴亂行、種種之法門雖不同、然一切合同而無差誤也。六善現行、以離痴亂故、能於同類中現異相、於一一異相各現同相、同異圓融也。七無着行、十方虛空滿足微塵、於一一塵中現十方界、塵界不留礙也。八尊重行、又曰難得行、以前種種現前、皆般若觀照之力也。故於六度中特尊重般若波羅蜜。九善法行、圓融之德、能成十方諸佛之軌則也。十眞實行、以前圓融德相、一一皆清淨無漏、一眞無爲之性、本來常恒也。參照五十二位條。

【十身】（名數）見佛身條。

【十身藥樹】（術語）十身者、華嚴所說佛具之十身、藥樹者法華所說佛之藥樹王身。

【十劫】（術語）阿彌陀佛往昔爲法藏比丘時、立四十八願、以期成佛、自成就而爲阿彌陀佛、至今已經十劫。無量壽經上曰、「阿難又問其佛成道已來爲經幾時。佛言、成佛已來凡歷十劫。」然言十劫者、不過舉其爲衆生濟度而成就四十八願之時而止、其實爲久遠之古佛。故彌陀爲法華經化城喩品所說十六王子之第九王子、釋迦其第十六王子也。於壽量品釋迦自顯其本地、說爲久遠實成之古佛、以是可知彌陀佛之本地亦爲久遠之古佛、但因欲度衆生自本地示現爲法藏比丘、建四十八願、以五劫之思惟與兆載永劫之修行、於十劫之昔、現正覺也。又依眞宗之敎意、則西方之阿彌陀、於胎藏界主證菩提之德、於金剛界主大智慧門、妙觀察智之所成也、然則大日如來成道之年劫不可說不可思議、彌陀之成道亦不可說不可思議也。又言大通智勝佛坐於道場十劫、不現佛道、是非不現佛道、以衆生之機緣未熟也。法華經化城喩品曰、「大通智勝佛十劫坐道場。佛法不現前。不得成佛道。」

【十劫正覺】（術語）彌陀佛之正覺也。見十劫條。

【十劫須臾】（術語）依華嚴十玄門之意、則念劫融通、十劫亦一念須臾之頃、然則彌陀之成佛、由凡情觀之、爲十劫之往昔、自普賢眼觀之、則爲現前之正覺也、十萬億之佛土、准此可知。

【十劫彌陀】（術語）於十劫之昔成正覺之彌陀也。對於久遠之彌陀而言、阿彌陀經曰、「阿彌陀佛成佛已來。於今十劫。」

【十佛】（名數）種種不一。（一）稱讚淨土經十佛。一東方不動如來、二南方日月光如來、三西方無量壽如來、四北方無量光嚴通達覺慧如來、五下方一切妙法正理常放火王勝德光明如來、六上方梵音如來、七東南方最勝廣大雲雷音王如來、八西南方最勝日光名稱功德如來、九西北方無量功德火王光明如來、十東北方無數百千俱胝廣慧如來。此十方經中或舉一佛或舉五佛六佛之名、今取其上首之一佛。（二）十住毘婆沙論易行品十佛。一東方無憂界善德如來、二南方歡喜界栴檀德如來、三西方善世界無量明如來、四北方無動界相德如來、五東南方月明界無憂如來、六西南方衆相界寶施如來、七西北方衆音界華德如來、八東北方安穩界三乘行如來、九上方衆月界廣衆德如來、十下方廣世界海德如來。（三）十吉祥經十佛。一東方莊嚴世界大光曜如來、二東方諦勝諸勝世界慧燈明如來、三東方金剛世界大雄如來四東方淨尊位世界無垢塵如來、五東方金光明世界上像幢十蓋王如來六東方大威神世界威神自在王如來、七東方香薰世界極受上願王如來、八東方寶嚴世界內寶如來、九東方海燈明世界大海如來十力燈明世界十力現如來。（四）華嚴經十佛、華嚴經昇須彌山頂品帝釋向世尊頌偈說過去十佛各來此處演妙法是理實過去一切諸佛體圓融法爾無二、今於此殿說十住法故復欲顯無盡說十佛也。一迦葉如來、二拘那含牟尼佛、三拘留孫佛、四隨業佛、又曰毘舍符。五尸棄佛、六毘波尸佛、七弗沙佛、八提舍佛九波頭摩佛十錠光佛。出探玄記五。

【十佛剎微塵數】（雜語）見塵數條。

【十戒】（術語）小乘沙彌沙彌尼戒也。見戒條。

【十戒儀則經】（經名）沙彌十戒儀則經之略名。

【十戒持律法體】（雜語）受十戒、能住持之而不犯之法師、尊稱之曰十戒持律之法體。法體與法師同。

【十戒法幷威儀經】（經名）一卷、失譯。

【十忍】（名數）音聲忍、順忍、無生忍、如幻忍、如焰忍、如夢忍、如響忍、如影忍、如化忍、如空忍、詳見忍條。

【十利】（名數）有種種。（一）乞食十利。見乞食條。（二）多聞十利。見多聞條。（三）聞經十利。見聞經條。（四）般若十利。見般若條。（五）禪定十利。見禪定條。（六）精進十利。見精進條。（七）粥十利。見粥條。

【十快】（名數）淨土十種之快樂也。見十樂條。

【十妙】（名數）不可思議曰妙、實相之理也。總論因果自他具十妙、此有本迹二種。

【迹門十妙】（名數）（一）境妙、境卽理境、謂十如是等境、心佛及衆生是三無差別不可思議也。經云唯佛與佛乃能究盡諸法實相、所謂諸法如是相如是性等是也。此有六境一十如之境二十二因緣之境三四諦之境、四二諦之境、五三諦之境、六一諦之境。（二）智妙、智卽全境而起之智、以境妙之故智亦隨妙、函蓋相應、不可思議也。經曰我所得智慧微妙最第一是也。（三）行妙、行卽所修之行、妙智導行、故亦隨而妙不可思議也。經云行此諸道已道場得成果是也。（四）位妙、位卽諸行所歷之位、次十住乃至十地是也。以行妙之故、所證之位亦妙不可思議。經云、乘是實乘遊於四方是也。（五）三法妙、三法卽眞性觀照資成之三法、眞理是理、觀照是慧、資成是定、此三法是爲佛之所證、妙不可思議也。(六)感應妙、感謂衆生、應卽佛。謂衆生能以圓機感佛、佛卽以妙應應之、如水不上昇、月不下降、而一月普現於衆水。是妙不可思議也。經曰、一切衆生皆是吾子、是也。(七)神通妙、如來無謀之應、稱適於善權方便機宜變現自在、是妙不可思議也。經曰、今佛世尊入於三昧、是不可思議現希有事、是也。(八)說法妙、說大小乘偏圓之法、使衆生咸悟入佛之知見、是妙不可思議也。經云、如來能種種分別、巧說諸法、言辭柔軟、悅可衆心是也。(九)眷屬妙、佛出世則十方諸大菩薩、皆來贊輔、或以神通而來生者有之、或以宿願而來生者有之、或以應現而來生者有之、皆名爲眷屬、俱妙不可思議也。(十)利益妙、佛說法、一切衆生咸開悟本性、得入於佛知見、猶如時雨普洽、大地蒙益、是妙不可思議也。說見玄義二之二。

【本門十妙】(名數)一本因、本初發菩提心修菩薩道所修之因也、經云、我本行菩薩道時所成壽命今猶不盡是也。二本果、本初所行圓妙之因、契得究竟常樂我淨、乃是本果。經曰、我成佛已來甚大久遠是也。三國土、本既成果、必有依國、今既迹在同居土、或在三土中間、亦有四土、本佛亦應有土、復居何處。經云、自從是來我常在此娑婆世界說法敎化。案此文則非今日迹中娑婆、亦非中間權迹處所、乃是本之娑婆、卽本國土妙也。四感應、既已成果、卽有本時所證二十五三昧、慈悲誓願、機感相關、能卽寂而照、故言本感應也。經曰、若有衆生來至我所、我以佛眼觀其信等衆根利鈍是也。五神通、亦是與昔時所得無記化化禪、與本因時諸慈悲合、以神通駭動最初可度之衆生、故言本神通也。經謂之如來秘密神通力、或謂示己身他身、示己事他事是也。六說法、卽是往昔初坐道場始成正覺、初轉法輪、四辯所說之法、名爲本說法妙也。經曰、此等我所化、令發大道心、今皆住不退是也。七眷屬、本地說法所被之人、如地涌之菩薩、彌勒不識、乃本之眷屬也。經曰、此諸菩薩下方空中住、此等是我子、我則其父是也。八涅槃、本時所證之斷德涅槃也、亦是本時之應身、處同居方便二土有緣既度、倡言入滅、卽本時之涅槃也。經曰、然今非實滅度、而便唱言當取滅度是也。九壽命、既言入滅、則有長短遠近壽命。經曰、處處有說名字不同、年紀大小是也。十利益、本業願通應之眷屬(除理性之一)八番十番饒益者。經云、皆令得歡喜是也。見法華玄義七。

【本迹相攝】(雜語)參照十不二門條。於迹中開因而合果、合習果報果爲三法妙也。於本中合因而開果、開習果出報果、明本國土妙也。又於迹中委悉明境智行位、於本通爲因妙、次爲果妙、是迹中之三法、卽三軌妙也。感應神通說法眷屬與本迹相同、本開涅槃壽命二妙者、釋迦佛在法華雖未入滅。而久遠諸佛迦葉燈明佛等。皆於法華入滅。以此義推之。本佛必是淨土之淨機。又往事已成。故開出涅槃等妙也。迹中無此二義者。以釋迦雖倡言入滅。而未入滅也。最後之利益妙。彼此相同。見玄義七。

【十妙生起次第】(雜語) 先言迹門十妙之次第。實相之境。非佛天人所作。本自有之。非始於今。故居最初。既迷故起惑。解理故起智。智爲行之本。因智之目而起行之足。目足及境之三法爲乘。乘於此乘入清涼池。登諸位。位住於何所。則住在三法秘密藏中。住是法已。寂而常照。照十方界之機緣。來則必應。若趣機垂應。先以身輪之神通駭發之。見變通已。堪於受道。卽以口輪說法開導。既潤法雨。則稟教受道而爲法之眷屬。行眷屬行。拔生死之本。開佛之知見。得大利益。見玄義二之二。次爲本門之十妙。所以本因居初者、心由因而致果。果成故有國土。極果居國、卽有照機。機感動則應之而施化。施化則有神通、神通竟卽說法。說法所被卽成眷屬。眷屬已度。則緣盡涅槃。故論壽命長短。長短之壽命爲所作之利益。乃至佛滅度後正像等之利益也。見玄義七。

【十佉】(名數) 玄應音義曰、「佉去伽反。十佉盧爲一佉利。又經文作呿非也。」案佉盧當於一斗。佉利者十斗也。

【十弟子】(儀式) 如來有十大弟子、此後大法會之大導師或灌頂式之大阿闍梨等。擬之。引率十弟子。以是亦曰阿闍梨弟子。陀羅尼集經十二曰、「阿闍梨把香爐出領六弟子。一一弟子各執一事。一人執華水、二人共輿煮熟五穀。一人擎食盤。一人擎蜜水盞。一人執炬火。隨阿闍梨後行。普施與一切陪從。幷及守護諸鬼神等。乃至周遍施與一切餓鬼類。悉使滿足。四方上下、總散施已、阿闍梨洗手漱口入道場中、三禮已、更作讚唄。作法事竟。門外息樂。(作觀世音之曲出終止) 復次阿闍梨把拔折羅喚十弟子。至堂前、使立。一人執蠟燭。一人捉香爐。一人擎華盤。一人擎香盤。一人執巾。此五人等引阿闍梨在前行。其阿闍梨在後。出隨五人後。又使五人從阿闍梨後、一人執澡鑵、一人擎三衣。一人擎白芥子盤。一人擎末香盤。一人擎安息香盤。次後音樂次第作行。」

【十來】(雜名) 見十來偈條。

【十來偈】(雜名) 示現當二世之果報有十偈。各偈以來字結故名。

端正者忍辱中來　貧窮者慳貪中來
高位者禮拜中來　下賤者憍慢中來
瘖啞者誹謗中來　盲聾者不信中來
長壽者慈悲中來　短命者殺生中來
諸根不具者破戒中來
六根具足者持戒中來

【十夜】（行事）淨土宗每年自十月六日至十五日、誓修十夜之誦經念佛事。經曰、「於此修善十日十夜。勝於他方諸佛國土爲善千歲。」是十夜之所據也。但實爲十日十夜。茲略爲十夜耳。

【十夜念佛】（行事）見十夜條。

【十法】（名數）佛言成就十法。爲住於大乘。一成就正信、二成就行、三成就性、四樂菩提心、五樂法、六樂觀正法、七行正法、八順於正法、九遠離我慢等事、十善通達諸微密之語、而不樂聲聞及緣覺等。見大乘十法經。

【十法行】（名數）對於經典十種之行法、一書寫、於佛所說之經律論文書寫流通而不使斷也。二供養、於佛之經典所在處。如佛之塔廟供養之也。三施他、以所聞之法爲他演說、或施與經卷、不專自用、但欲利他也。四諦聽、聞他人讀誦經典而解說之、深生愛樂、一心諦聽也。五披讀、於諸佛所說之經典常披閱看讀而不釋手也。六受持、於諸佛所說之敎法、從佛稟受持而勿失也。七開演、於如來所說之敎法常開示演說、使人信解也。八諷誦、於如來所說之一切道法諷誦宣揚、梵音清徹、使人樂聞也。九思惟、於如來所說之一切法義思惟籌量、憶念而不忘也。十修習、依如來所說之法、精修數習而成道果也。出辯中邊論下。

【十法界】（名數）顯敎依法華經以地獄、餓鬼、畜生、阿修羅、人、天之六凡與聲聞緣覺、菩薩、佛之四聖爲十法界、密敎依理趣釋經以地鬼畜人天之五凡與聲緣菩權佛實佛之五聖爲十法界。

【十法經】（經名）大乘十法經之略名。

【十法界鈔】（書名）一卷、日本日蓮撰。

【十法界明因果鈔】（書名）一卷、日本日蓮撰。入大藏經。

【十法乘成觀】（名數）常略云十乘觀。

【十念】（術語）念佛等之十念也。見念條。又十遍之稱名也。觀無量壽經曰、「具足十念稱南無阿彌陀佛。」淨土宗如他宗之授三歸五戒等、以十遍之稱名授其信者、謂之授十念。

【十念處】（名數）菩薩常觀念十境也。身念處、受念處、心念處、法念處、境界念處、阿蘭若念處、都邑念處、名聞利養念處、如來學問念處、斷諸煩惱念處是也。

【十念往生】（術語）惡業之凡夫、臨終時由十聲之念佛而往生於極樂世界也。卽觀無量壽經所說下品下生者之往生。

【十念成就】（雜語）言具十聲之念佛也。

【十念血脉】（術語）言十念授受師資相承之法。

【十宗】（名數）佛門之宗派也。(一)華嚴宗有五教十宗之說。卽我法俱有宗、法有我無宗、法無去來宗、現通假實宗、俗妄眞實宗、諸法但名宗、一切皆空宗、眞德不空宗、相想俱絕宗、圓明具德宗是也。(二)律宗一名南山宗、俱舍宗一名有宗、成實宗、三論宗一名性空宗、天台宗一名法華宗、賢首宗一名華嚴宗、慈恩宗一名相宗、禪宗一名心宗、密宗一名眞言宗、淨土宗一名蓮宗、亦稱十宗。

【十剎】（名數）見五山十剎條。

【十使】（名數）又曰十大惑。亦曰十根本煩惱。此中分利鈍二種。貪瞋痴慢疑五者、謂之五鈍使。身見邊見邪見見取見戒禁取見五者、謂之五利使。見五利使及五鈍使條。

【十卷章】（書名）又曰十卷疏、日本弘法大師著秘藏寶鑰三卷、顯密二教論二卷、卽身成佛義一卷、聲字實相義一卷、吽字義一卷、般若心經秘鍵一卷、共六部九卷、加龍猛菩薩之菩提心論一卷、稱爲十卷章。

【十事經】（經名）舍衛國王夢十事經之略名。

【十事功德】（名數）菩薩修行涅槃經者得十事之功德也。一第一功德有五事、得聞所不能聞者、(中略)斷疑惑之心、慧心正直、能知如來之密義也。二第二功德有五事、得見聞到知也。三第三功德有三事、得第一義、慈得菩薩所緣之慈、得菩薩無緣之慈。四第四功德有十事、根深而難傾動、生自身決定之想、見福田及非福田、修淨佛土、滅除有餘、斷除業緣、修淸淨身、了知諸緣、離諸怨敵、斷除二邊。五第五功德有五事、果諸根完具、邊地不生、諸天愛念、常爲天魔沙門婆羅門等所恭敬、得宿命智。六第六功德有一事、得金剛三昧、安住此中、悉能破散一切諸法、見一切法、皆是無常、皆是動相、恐怖之因緣、病苦、念念滅壞、而無有眞實。七第七功德有四種之法、爲大涅槃之近因、善友親近、專心聽法、繫念思惟、如法修行。八第八功德有五事、斷除五事、斷除色受想行識之五陰、而不見其相、遠離五事、遠離身等五見、成就念佛念法念僧念天念戒念施六法、修習知定寂定身心受快樂定、無樂定、首楞嚴定五種禪定、守護菩提心、菩薩守護此菩提心、猶如世人守護一事。九第九功德初發之五事、悉能成就、信直心、戒、親近善友、多聞是也。十第十功德有一事、菩薩修習三十七品、入於大涅槃之常樂我淨、爲諸衆生分別解說大涅槃經、顯示佛性、自南本涅槃經十九至巳下二十四皆廣說之。

【十事非法】（故事）佛滅後一百年、

比舍離地方比丘稱十個非法、因而引起第二結集之問題也。元來之性質乃關於律者。見秘法條、

【十忿怒明王】（名數）一焰鬘得迦忿怒大明王、以[梵字]爲種子字變成明王。光如劫火、身作大青雲色、有六面六臂六足、身短、腹大、作大忿怒相。利牙如金剛、面各有三目、以八大龍王爲眷屬、以虎皮爲衣、以髑髏爲冠、乘小牛、足蹈蓮華、鬚赤黃色、有大辯才、頭戴阿閦佛而坐。大惡相顧禮、正面笑容、右面黃色、舌相出外、左面白色、齩唇、是妙吉祥菩薩之變化身也。右第一手執劍、第二手執金剛杵、第三手執箭、左第一手執羂索、復豎人指、第二手持般若波羅蜜多經、第三手執弓、於此明王之下、想諸天魔怖畏而作禮。二無能勝忿怒大明王、以[梵字]爲種子字變成明王。三面六臂、三面各有三目、身黃色、日輪之圓光照曜廣大。以八大龍王爲莊嚴、正面笑容、右面大青色、微有忿怒之相、左面白色、齩唇作大忿怒之相。右第一手執金剛杵、第二手執寶杖、第三手執箭、左第一手執羂索、復少豎人指、第二手執般若波羅蜜多經、第三手執弓、頂戴阿閦佛。三鉢納鬘得迦大忿怒明王、以[梵字]爲種子字變成明王。三面八臂、三面有三目、正面笑容、右面大青色、舌相出外如金剛杵、左面黃色、利牙齩舌、以虎皮爲衣。右第一手執金剛杵、第二手執寶杖、第三手執迦那耶、第四手執箭。左手第一執羂索豎人指、第二手持般若波羅蜜多經、第三手持蓮華、第四手執弓、頂戴阿閦佛。四尾覲那得迦大忿怒明王、以[梵字]爲種子字變成明王。大青色、三面六臂、三面各有三目、正面笑容、右面白色、左面黃色、作忿怒之相齩唇、右足蹈諸魔、左足蹈蓮華。右第一手執利劍、第二手執鉞斧、第三手執箭、左第一手執羂索、豎人指、第二手持般若波羅蜜多經、第三手執弓、頂戴阿閦佛。五不動尊大忿怒明王、以[梵字]爲種子、字變成明王。眇目、爲童子相。六臂、三面各三目、作童子莊嚴、正面笑容、右面黃色、舌相出外、上有血相、左面白色、爲忿怒相、作吽字聲、身作翡翠色、足蹈蓮華及寶山、立作舞勢、能除一切魔、徧身熾焰、有日輪圓光、右第一手執劍、第二手執金剛杵、第三手執箭、左第一執羂索豎人指、第二手持般若波羅蜜多經、第三手執弓、頂戴佛冠。是阿閦佛所變也。六吒枳大忿怒明王、以[梵字]爲種子、字變爲明王、三面各三目、有六臂。頂戴寶冠、冠上有佛、明王垂髮、正面笑容、右面黃色、顰眉、左面白色、作忿怒相齩唇、身青雲色、有日輪圓光、左右二手結本印、右第二手執金剛杵、第三手執箭、左第二手持般若波羅蜜多經、第三手執弓、足蹈蓮華、立作舞勢。七儞羅難拏大忿怒明王、以[梵字]爲種子、字變爲明王。三面各三目、有六臂、正面青色、作笑容、左面黃色、右

面白色、皺唇。以八大龍王爲莊嚴、髮髻青潤、頂戴佛足蹈蓮華立作辯勢。右第一手執金剛杵、第二手執寶杖、第三手執箭、左第一手執羂索豎人指、第二手持般若波羅蜜多經、第三手執弓。八大力大忿怒明王、以□爲種子種子變爲明王。三面各三目、有八臂、身作青色以八大龍王作莊嚴、熾焰偏身、髮皆豎立。目大作赤色頂戴阿閦佛、正面笑容、右面金色、左面白色、皺唇足蹈蓮華、作大忿怒相。右第一手執金剛杵、第二手執寶杖、第三手執劍、第四手執箭、左第一手執羂索豎人指、第二手持般若波羅蜜多經、第三手執骨㮇、第四手執弓。九送婆大忿怒明王、以□爲種子字變爲明王。身大青色、一面六臂、左右兩手作本印、右第二手執劍、第三手執箭、左第二手持般若波羅蜜多經、第三手執弓。十縛日羅播多羅大忿怒明王、以□爲種子、字變爲明王。身白乳色、有六臂、右第一手執金剛杵、第二手執金剛鈎、第三手執箭、左第一手執羂索豎人指、第二手持般若波羅蜜多經、第三手執弓見十忿怒明王經。

【十忿怒明王經】（經名）幻化網大瑜伽教十忿怒明王大明觀想儀軌經之略名。

【十長養心】（術語）梵網經心地品曰、「十長養心向果。一慈心。二悲心。三喜心。四捨心。五施心。六好語心。七益心。八同心。九定心。十慧心。諸佛當知、從是十長養心入堅修忍中」案明蕅益梵網合注以爲即十行法門。

【十受生藏】（名數）受生者、即生於如來之家也。藏即含藏之義、含藏所修所證之理也。善財童子在華嚴會上、第三十九參妙德夜神、問言云何修菩薩行、生於如來家。答言善男子菩薩有十種受生藏、若能修習圓滿、即入毘盧遮那如來無量之受生藏海一切菩薩示現受生、我皆願與親近、是名受生藏、一供養諸佛受生藏。（中略）十入如來地受生藏。見華嚴經七十四。

【十金剛心】（名數）一覺了法性、菩薩發大願心、誓欲了解無量無邊不可窮盡之一切微妙法門、而不使有遺餘、故曰覺了諸法。二化度衆生、菩薩以無上涅槃道、度脫十方無量無邊之一切衆生、悉使出離諸趣、故曰化度衆生。三莊嚴世界、菩薩謂十方世界無量無邊不可窮盡、我當以諸佛國土最上莊嚴之具莊嚴之、故曰莊嚴世界。四善根回向、菩薩以種種修行之善根、悉皆回向於無上之佛果菩提及法界之衆生、故曰善根回向。五奉事大師、菩薩以所修之善根功德、奉事供養無量無邊之一切諸佛、悉使周遍而無所闕少、故曰奉事大師。六實證諸法、菩薩於諸法實相之理、非實非虛、非有非無、悉皆眞實證知、故曰實證諸法。七廣行忍辱、菩薩或被衆生呵罵、或被衆生楚撻、或被截手足、或被割耳鼻、如是一切皆能忍受無有瞋恨、故曰廣行忍辱。八長時修行菩薩謂未來世刧無量無邊、不可窮盡、我當盡彼之刧行菩薩之道、敎化衆生、永不疲倦、故曰長時修行。九自行滿足菩薩建立妙行、以心爲主、心體寂靜、則能圓滿一切功德善根、具足無上大菩提道、故曰自行滿足。十令他願滿菩薩自行既滿、慈悲之心轉更增上、故爲求解脫者、敎涅槃之道、爲求佛法者、說大乘之法、悉使其願心滿足、故曰令他願滿。見華嚴經五十五。

【十金剛心向果】（術語）梵網經心地品曰「十金剛心向果。一信心。二念心。三迴向心。四達心。五直心。六不退心。七大乘心。八無相心。九慧心。十不壞心。諸佛當知、從是十金剛心入堅聖忍中。」案明藕益梵網合注、以爲似圓家十信、亦卽十迴向法門。

【十波羅夷】（術語）十重禁戒也。有顯密二種。見十重戒條。

【十波羅蜜】（名數）見六波羅蜜條。

【十波羅蜜菩薩】（名數）檀波羅蜜、戒波羅蜜、忍辱波羅蜜、精進波羅蜜、禪波羅蜜、般若波羅蜜、方便波羅蜜、願波羅蜜、力波羅蜜、智波羅蜜之十菩薩也。位於胎藏界曼荼羅虛空藏院。

【十重戒】（術語）一作十波羅夷。有顯密兩種。

【顯敎十重戒】（術語）顯敎中、又有深淺兩種。其深者、千鉢經所說之十重是也。但此唯約於心性、說實相之理、爲十重、未別說其戒相、蓋其戒相卽梵網所說之十重戒也。經五說「一者如來一切心法、金剛自性。本來淸淨、畢竟寂滅、菩薩若於大乘性中、能持十重戒者、覺心眞淨、了見心性、無染無着。是故菩薩能持十重戒者、是卽名爲不壞毘尼。（中略）十者如來一切心法、畢竟無相離於心想淸淨無障。菩薩能持十重戒者、於戒淨性、不見有戒、不見無戒、得名蹬離小乘執縛一切戒相、是則名爲究竟毘尼。」其淺者卽梵網經所說之十無盡藏戒也。是戒相離爲十種、而此中具法界一切之戒、故名無盡藏戒。對於四十八之輕戒、故稱爲重。若犯之、則得波羅夷。兹淺釋之。第一殺戒、佛子若自殺、敎人使殺、方便而殺、讚嘆而殺、見作而隨喜、乃至咒殺、殺之因、殺之緣、殺之法、殺之業、乃至一切有命者不得故殺、是菩薩應起常住之慈悲心孝順心、方便救護一切衆生、而反自恣心快意殺生、則是菩薩之波羅夷也。第二盜戒、若佛子自盜、敎人使盜、方便而盜、讚嘆而盜、見作而隨喜、乃至以咒而盜、盜之因、盜之緣、盜之法、盜之業、乃至鬼神有主刧賊之物、一切之財物、一針一草、不得故盜、菩薩應生佛性孝順心慈悲心、常助一切人生福生業、而反更盜人之財物者、是菩薩之波羅夷也。三婬戒。四妄語戒。五酤酒戒。六說四衆過戒。七自讚毀他戒。八慳惜加毀戒。九瞋心不受悔戒。十謗三寶戒。所以言十無盡者、如例示一二。以一戒中存種種項目故也。

【密教十重戒】（術語）有二說（一）無畏三藏禪要曰「一菩提心不可退。有妨成佛故也。二不可捨三寶而歸依外道、是爲邪法故也。三不可毀謗三寶及三乘之教典、背佛性故也。四於甚深之大乘經典有不通解處、不可生疑惑、非凡夫之境故也。五若有衆生已發菩提心、則不可說使退菩提心而趣向二乘之法、斷三寶之種故也。六於未發菩提心者、亦不可說使彼發二乘心之法、違於本願故也。七不應對於小乘及邪見人之前、輒說大乘之法、恐彼生謗獲大殃故也。八不可發起諸邪見等之法。恐斷善根故也。九於外道之前、不可自說我具無上菩提之妙戒。恐彼以瞋恨之心、求如是之物、不辨得、則退菩提心、二俱有損故也。十但於一切衆生有所損害及無利益者、皆不可作、又不可使人作、見作而隨喜、與利他之法及慈悲心相違背故也」（二）大日經九說前四重同十七說後六重曰「一不應捨正法、一切如來之聖教、皆當授修行受持讀誦、如大海之納百川無厭足之心、若於諸乘了不了之義、於一切法門隨生棄捨之心、則如聲聞乘中對於若堪作法之人、心生口言捨一法、隨成捨戒、在具足毘尼、雖不捨衆教、固非犯戒之罪、今於此秘密大乘、畢竟無有捨義、故成重罪也。又此一切法門、皆是大悲世尊於無量阿僧祇劫所積集、爲欲於普門饒益一切衆生、故演說之、猶如不應不辨字輪之一、如聲聞人捨一事、猶因和合之義斷、而喪失律儀、何況摩訶衍耶。二不應捨離菩提心、此菩提心、於菩薩之萬行、猶如大將之幢旗、若大將喪失幢旗時、則是三軍敗績、墮於他之勝處、故爲波羅夷也。三於一切法不應慳悋、有人不捨正不離菩提心、然於正法慳悋、不肯觀機而惠施、亦波羅夷罪也。四勿於一切衆生作不饒益行、此是與四攝相違之法、四攝是菩薩具戒中之四依、初受戒時、先應開示此遮難、若能奉行者方可受之、不能奉行、則非摩訶薩埵。不得受之。其所以然者、菩薩發一切智心、爲欲普攝一切衆生、爲欲作三乘入道因緣、而今反作四攝相違之法、起衆生障道之因緣故也。五不謗一切三乘教法、若謗之者、卽是謗佛法僧、謗大菩提心、故爲犯重。以秘密藏中一切方便、皆是佛之方便也、是故毀一一之法、卽是謗一切法、世間治世產業藝術等事、皆有正理相應、亦不可謗、何況三乘法耶。六不應於一切法生於慳悋、菩薩集一切法、爲一切衆生也、若有所秘惜、則是捨菩提也。故爲犯重。七不得邪見、撥無因果、無無見道之人等諸邪見是也、自然捨佛法僧及菩提心、故為犯重。八於發大心人勸發其心不令退息。若見其懈退而不勸發、或阻止其心、或使離無上菩提之道、則是違逆一切如來所應作之事、故為犯重。九於小乘人前不觀彼根而說小法、或於大乘人之前不觀彼機而說小法之行、即犯重禁、是以方便不具。違逆如來之方便差機說法、為人天之怨故也。十菩薩常當行施、不得施他人以害物之具、如施酒施藥刀杖之類。一切不饒益之具是犯重也。

【十重罪】（名數）與十惡同。

【十重障】（名數）別教之菩薩於十地所漸斷之十種重障也。一異生性障、異生性者以分別起之二障而名、以此二障之種子建立凡夫異生性故也。菩薩初地之入心入於見道、即斷此障、以捨異生性而得聖性也。二邪行障、所知障中俱生一分及所知障所起悞犯三業也。所知障障二地極淨之尸羅戒、故入二地時便能永斷。三闇鈍障、所知障中俱生一分令所聞思修法忘失之障也。此障障三地之勝定與總持及其所發之殊勝三慧、故入三地時便能永斷。四微細煩惱現行障、所知障中俱生一分、攝於與第六識俱之身見等、為最下品故、不作意緣故、遠隨現行故、說名微細。彼障四地菩提分法、入四地時、便能永斷。五於下乘般涅槃障、所知障中俱生一分、令厭生死樂趣涅槃同下二乘、厭苦欣滅、彼障五地無差別道、入五地時、便能永斷。六麤相現行障、所知障中俱生一分、執有染淨麤相現行、障六地無染淨道、入第六地時、便能永斷。七細相現行障、所知障中俱生一分、執有生滅細相現行、障七地妙無相道、入七地時、便能永斷。八無相中作加行障、所知障中俱生一分、令無相觀不任運起、前之五地有相觀多、無相觀少、第六地無相觀多、有相觀少、第七地中純無相觀、雖恆相續而尙有加行、由無相中有加行故、未能任運現相及土、如是加行、障八地中無加行道、故得入八地時、便能永斷。九利他中不欲行障、所知障中俱生一分、令於利樂有情事中、不欲勤行、樂修己利、障九地四無礙解、入九地時、便能永斷。十於諸法中未得自在障、所知障中俱生一分、令於諸法中不得自在、障十地大法智雲及所含藏所起之事業、入十地時、便能永斷。說見成唯識論九。

【十重深行】（名數）眞言阿闍梨有十重之深行。

【十重禁戒】（術語）與十重戒同。

【十信】（術語）菩薩五十二位修行中之第一十位也。十信云者、入佛之教法、先以信所以能入也。一信心、滅盡一切妄想、而中道純眞之謂也。二念心、眞信明了、一切圓通、雖經幾多生死、亦不遺忘現前之習氣也。

三精進心。以妙圓純眞之精明、進趣於眞淨也。四慧心。心精現前則純眞之智慧自然發起也。五定心。執持智明則周徧寂湛、心常凝於一境也。六不退心。定光發明則明性深入、唯知進而不退也。七護法心。心進安然、則保持一切佛法而不失、與十方如來氣分交涉也。八迴向心。覺明保持、則能以妙力、感佛光迴照、又向佛而安住也。九戒心。心光密迴則安住無爲而不遺失也。十願心。住戒自在、故能遊於十方所作悉隨願也。

【十信道圓】（術語）爲十信之位、果道圓滿者。

【十問】（術語）大日經初、金剛手先問佛十題、佛一一答之、是本經一部之所明也。一菩提心之性如何、二菩提心之相如何、三有幾心次第得是菩提心乎、四此諸心差別之相如何、五凡經幾時得究竟之菩提心、六菩提心所具微妙之功德如何、七將以何行修行、八云何修行之、九衆生之異熟心如何、十瑜伽行者之心云何與之殊異。（經之文句九句、由善無畏之言而爲十句）見大日經疏一。

【十問訊】（儀式）普同問訊之異名、合掌橫竪如畫十字、故名。見象器箋十。

【十問擧疑】（術語）論場之論題也。

【十度】（名數）與十波羅蜜同。

【十度三行】（名數）十度一一各有三行。一、施度之三行、財施、法施及無畏施也。二、戒度之三行、攝律儀戒（持佛戒律具衆威儀）攝善法戒（所作善法、悉皆攝持）饒益有情戒也。三、忍度之三行、耐怨害忍（無返報心）安受苦忍、諦察法忍（審法性虛幻、超絕生滅）也。四、進度之三行、被甲精進、攝善精進、利樂精進也。五、禪度之三行、安住靜慮（亂想不起深入禪定）引發靜慮（知慧現前、生諸功德）辨事靜慮（功行圓成利益衆生）也。六、慧度之三行、生空無分別慧（平等照了俗諦之法）法空無分別慧（平等照了眞諦之法）俱空無分別慧（超前二空悉皆平等）也。七、方便度之三行、進趣果向方便（修諸功德迴向佛果）巧會有無方便（融會二諦）不捨不受方便（了達能所皆空）也。八、願度之三行、求菩提願、利樂他願、外化願也。九、力度之三行、思擇力、修習力、變化力（神通力）也。十、智度之三行、無相智（達觀性自空）受用法樂智、成熟有情智也。

【十界】（界名）十法界之略。見法界條。

【十界曼荼羅】（術語）與十界大曼荼羅同。

【十界一念】（術語）融通圓門章曰、「十界一念融通念佛億百萬徧功德圓滿」此四句一偈總括融通念佛宗之宗意。上二句舉所修之法、下二句舉所得之益。本宗既以圓融爲旨、則十界具一念、一念起十界。十界一念、一念十界、融通徹底、無二無別也。故一稱一切稱、一切稱一稱、一人之稱名交絡於沙界、沙界之衆稱赴集於一人。是融通念佛之義也。故聲聲無礙億百萬遍、聲聲圓融微塵數行。須臾圓具曠劫之行、刹那到達妙覺之位、是即得往生之義也。

【十界互具】（術語）十界互具十界而成百界之謂也。見一念條。

【十界權實】（術語）天台宗於十界中惟以佛界爲實、他界總爲權界。

【十界皆成佛】（雜語）法華經迹門中說地獄等十法界之衆生成佛。其中佛界爲已成、故不言之。序品五佛開顯中過去佛章、若有衆生類以下之文、明人界天界聲聞界緣覺界菩薩界五界五乘之成佛。又譬喻品之首法說段之終、四衆領解之文具出八部衆。八部中天與修羅、天界修羅界也。龍與迦樓羅及摩睺羅伽、畜生界也。夜叉與乾闥婆及緊那羅、鬼界也。故此中有四界之成佛。又提婆達多品、提婆授天王如來之記別、地獄界之成佛也。以提婆既造五逆罪、先墮地獄故也。又同品明龍女成道、畜生界之成佛也。是曰迹門之十界皆成。

【十界大曼荼羅】（術語）畫十界身相之大曼荼羅也。是四曼中之大曼、故云大曼荼羅。日本日蓮宗以之爲本尊。

【十界能化菩薩】（雜語）初地以上之菩薩、能現十界之身、敎化十界之衆生、故云十界能化之菩薩。但十界者乃約其大數言之、其實除佛界、其餘僅九界也。

【十界一心平等大念】（雜語）上自佛界下至地獄界之十界、皆爲吾人一心之所作、故其體平等、無有差別。觀此平等之理謂之十界一心平等大念。

【十界十如三千世間】（術語）見一念條。

【十科】（名數）又曰十條、翻譯之十科也。見翻譯條。

【十指】（雜語）以十指配於十波羅蜜十法界等。見蓮華合掌條。足十趾亦曰十指。淨印法門經曰「於是海意菩薩承佛敎敕、即時於其足十指間、放十千光。」

【十軍】（名數）煩惱爲魔軍、分爲十種。智度論十五曰、「問曰何處釋煩惱爲魔。答如雜寶藏經中佛說偈語魔言、欲是汝初軍、憂愁爲第二、飢渴第三軍、渴愛爲第四、第五睡眠軍、怖畏爲第六、疑爲第七軍、含毒爲第八、第九利養軍、著虛妄多聞、第十軍自高、輕慢出家人。諸天世間人、無能破之者、我以智慧力、摧伏汝軍衆。汝雖不欲放、到汝不到處。」小止觀亦引之、名雖略異而意則大同也。

【十施】（名數）見布施條。

【十苦】（名數）見苦條。

【十甚深】（名數）法界有十種之甚深。見甚深條。

【十迴向】（名數）以大悲心救護一切衆生。謂之迴向。一救護一切衆生離衆生相迴向。二不壞迴向。三等一切物迴向。四至一切處迴向。五無盡功德藏迴向。六隨順平等善根迴向。七隨順等觀一切衆生迴向。八眞如相迴向。九無縛解脫迴向。十法界無量迴向。見楞嚴經。

【十乘】（名數）十乘觀也。

【十乘床】（譬喩）十乘觀法。可安住吾等之心。故以坐處喩之。

【十乘風】（譬喩）觀法之除去迷妄。恰如風之拂塵。故以風喩十乘觀法。

【十乘觀】（名數）乘者車乘也。三諦之妙觀。爲直到涅槃寶所之大白牛車。故云乘。十乘云者。非有觀法十種。觀法唯觀不思議境之一。惟加資助觀法之法。乃爲十乘。一觀不思議境。是指介爾陰妄之一念。（介者弱也。謂細念也。但異於無心。陰者新譯蘊也。然則介爾陰妄者。識蘊中極弱之妄念也。與無記心相當。）觀爲卽空卽假卽中之不思議境也。蓋佛陀與衆生與草與木。皆爲三諦不思議之妙境。而佛陀高諸法廣。於我最迂且簡者。無過於陰妄之念。故特取之爲所觀之境也。此荊溪譬之以燒炙得穴。就此可知有兩重之能所。觀者能觀之智也。不思議境者所觀之境也。此觀智與妙境相望而立一重之能所。而此二者。望於陰妄之心。則皆爲能觀。故對所觀之妄心。又有一重之能所。是以妄心觀爲不思議境也。指要鈔譬之於槌與淳朴及砧三種。言槌與砧相望。則爲一重之能所。此二者望於淳朴。則更爲一重之能所云。要之以能觀之智慧之槌與所觀之三諦之砧。鍛妄心之淳朴。使爲一念三千之妙體。是謂之觀不思議境。圖示之則如左。

第一重（能——觀　鐵槌
　　　　所　陰妄一念—淳朴
第二重（能
　　　　所　不思議境—砧石

卽上根之人。以此一乘直到寶所也。二眞正發菩提心。此言中根之人。修第一乘未得眞證時。發上求菩提下化衆生之眞正菩提心。助成觀法也。三善巧安心。此言於第二乘尙不得眞證時。更修靜明之止觀。善巧安住一心也。四破法遍。此言於第三乘尙不得眞證時。以一心三觀之智慧。遍破三惑之情執也。是因眞證未發。有三惑之情執礙之故也。五識塞通。此言於第四乘尙未入法性時。能識別何行相通入法性。何行相法性蔽塞而存通破塞也。六道品調適。此言一一調試三十七科之道品而以其中適於吾機邊者入道也。此以於第五乘尚未達眞性、先存之法門尙有我與不相應者故也、中根之人至此第六乘、必發眞證。七對治助開。此言修藏敎之五停心或六度等行對治事惑（修惑）以助開正道之理觀也。此爲最下根之人在第六乘觀行尙未進、以有迷事之粗惑爲之障礙故也。八知次位。此言已知修行之分齊、防增上慢之心也。九能安忍。此言、於內外之障礙安然耐忍也。十無法愛。此言不愛着於已得之法、益進而入於法性也。卽下根之人至修如是十乘漸得到道場也。

【十乘觀法】（名數）見前項。

【十哲】（名數）羅什三藏門下、生肇融叡四師稱爲什門之四聖、加入曇影慧嚴慧觀僧䂮道常道標六師稱爲什門之十哲。見釋氏稽古略三。

【十師】（術語）比丘受具足戒時、三師七證之十師也。見三師七證條。

【十家】（名數）判釋釋迦一代敎相之十家也。見敎判條。

【十恩】（名數）一發心普被恩、如來最初發菩提心修習勝行、成就功德、欲普被於法界之羣生、咸使利益安樂也。是名發心普被恩。二難行苦行恩。如來在往昔因中捨頭目髓腦國城妻子身剜千燈投形飼虎雪嶺亡軀、積如是難行苦行劫、其行之者皆爲利益衆生也、是名難行苦行恩。三一向爲他恩、如來積劫修諸功德、不顧身命、但爲度脫一切衆生、未曾一念爲自己也。是名一向爲他恩。四垂形六道恩。如來化身之形、垂於天人修羅等六道中。救濟衆苦使得安樂。是名垂形六道恩。五隨逐衆生恩。如來見諸衆生無有出離生死之心、而長劫不捨、故運平等之大悲使衆生離苦得樂、是名隨逐衆生恩。六大悲深重恩、如來見諸衆生造惡如劓支體、心生痛切、不能自安。復見衆生墮於三惡道受種種之苦、心大憂惱、卽起大悲以救護之。若見作善則生大歡喜。是名大悲深重恩。七隱勝彰劣恩。如來爲大乘小乘之機、起勝應身劣應身之用、如說華嚴時、爲普賢等諸大菩薩、示現實報勝應之身、是十蓮華藏世界海微塵數微妙相好無盡之勝法也。如說三乘敎時、但示現三十二相之劣應身、於二乘及小敎之菩薩、方蒙利益、是名隱勝彰劣恩。八隱實施權恩。如來現觀諸衆生之根機狹劣、隱覆大乘之實敎、以人天三乘之權法、誘引衆生、使之成就、然後以大乘度脫之。是名隱實施權恩。九示滅令慕恩。如來若久住世、則薄德之人、不植善根、不生難遭之想、是故示現滅度、使諸衆生知値遇佛出世之難、心懷戀慕、便植善根。是名示滅令慕恩。十悲念無盡恩。如來悲念一切衆生、故留餘福、以救濟之。若示同於人壽、則爲住世百年、而八十卽入滅、則留二十年之餘福、以蔭末法之弟子。復留三藏之教法、廣使衆生依之修行、皆成勝果。悲愍愛念利益無窮也。是名悲念無盡恩。見大疏演義鈔二十三。

【十秘密】（名數）見秘密條。

【十惱亂】（名數）修行安樂者應離十種之惱亂。一豪勢、國王王子等也。二邪人法、外道之法也。三凶戲、凶惡之遊戲也。四旃陀羅、從事屠殺等之賊種也。五二乘、小心自調之行人也。六不男、五種之不男、卽不具人也。七欲想、婬慾之情也。八危害、獨入他人之家也。九譏嫌、世人諱嫌所行也。十畜養、畜養犬猫等之八不淨也。見法華玄義四之二。

【十殊勝語】（名數）一所知依殊勝殊勝語、阿賴耶識也。是爲所知之本體、故名所知依。二所知相殊勝殊勝語、阿賴耶識三種之自相、卽遍計所執性依他起性圓成實性也。是爲所知之相、故名所知相。三入所知相殊勝殊勝語、唯識性也。是爲行者證入之所、故名入所智相。四彼入因果殊勝殊勝語、世出世之六波羅蜜也。地前世間之六波羅蜜、謂之因。地上出世間之六波羅蜜、謂之果。是爲彼行者修入之所、故名彼入因果。五彼因果修差別殊勝殊勝語、十地之行法也。修者修習之義、是爲彼行者所宜修習之因果差別、故名彼因果修差別。六增上戒殊勝殊勝語、卽於十地之修差別中、特依戒而學之、一切之不善不復作也。七增上心殊勝殊勝語、於十地之修差別中、特依心而學之、發諸三摩地也。八增上慧殊勝殊勝語、於十地之修差別中、特依慧而學之、發無分別智也。九彼果斷殊勝殊勝語、斷煩惱所智二障所證之無住涅槃也。是爲彼行人斷二障所得之證果、故名彼果斷。十彼果智殊勝殊勝語、三身所依之大圓鏡智等四智也。又無分別智也。彼十地中之無分別智、有所對治、今此佛智、已離一切之障、則究竟解脫之無分別智也。是爲彼行人離一切障所生之智德、故名彼果智。此十法通名殊勝殊勝語者、以十法之體殊勝、故名殊勝。因此體之殊勝、而其所說之語言亦殊勝、故名殊勝語。說殊勝法之殊勝語、故名殊勝殊勝語。此十種殊勝語、爲大乘之教體。見玄奘譯世親攝論釋一。

【十根本煩惱】（名數）與十使同。

【十過】（名數）有食肉十過、飲酒十過。見食及飲酒條。

【十習】（名數）十習因也。

【十習因】（名數）感六果之十因也。見因條。

【十通】（名數）見五通條。

【十眼】（名數）見五眼條。

【十敎】（名數）長者之十敎也。見長者條。

【十務】（名數）禪寺置十務、謂之寮

舍。置首領一人管多人之營事。如主飯者名飯頭、主菜者名菜頭等。然十務未一一稽其目。見象器箋七。

【十眞如】（名數）見眞如條。

【十宿緣】（名數）佛之十宿緣也。見佛身條。

【十無二】（名數）諸佛世尊有十種之無二行自在法。一、一切諸佛悉能善說授記之言說決定無二也。二、一切諸佛悉能隨順衆生之心念使其意滿決定無二也。三、一切諸佛悉能知三世一切諸佛與其所化一切衆生之體性平等決定無二也。四、一切諸佛悉能知世法及諸佛之法性無差別、決定無二也。五、一切諸佛悉能知三世諸佛所有之善根同一善根、決定無二也。六、一切諸佛悉能現覺一切諸法演說其義、決定無二也。七、一切諸佛悉能具足去來今諸佛之慧決定無二也。八、一切諸佛悉能知三世一切之刹那。決定無二也。九、一切諸佛悉能知三世一切之佛刹入於一佛刹之中、決定無二也。十一切諸佛悉能知三世一切佛之語、即一佛之語決定無二也。見宗鏡錄九十九。

【十無礙】（名數）一用周無礙、於佛刹塵等處現法界身雲、起無邊之業用也。二相遍無礙、佛在十方一切世界無量之佛刹、神變種種、皆有如來示現受生之相、隨現相而衆相皆具萬德斯圓也。三寂用無礙、佛常住三昧而爲寂、無妨利物爲用、即定即用無礙自在也。四依起無礙、佛雖寂用無心、然能依海印三昧之力、起無礙之用也。五眞應無礙、眞即遮那眞身、應即應身釋迦、眞身是體、應身是用、全體起用、用即是體、故釋迦遮那圓融自在、原無二體也。六分圓無礙、分即支分、圓即全身、支分不礙全身、全身不礙支分、故遮那一一身分手足眼耳乃至一毛、皆有遮那之全身也。七因果無礙、佛昔修菩薩之行、修波羅蜜之因、而證波羅蜜之果、故所受之報身及所成之事業、亦現十方一切之菩薩身。靈而自在無礙也。八依正無礙、依謂依報、即佛所依之國土、正謂正報、即佛能依之色身、依正相入、而二智無礙也。九潛入無礙、佛智潛入衆生心內、即名如來藏、雖作衆生、亦不失自性、如大海之水雖依風作波、而不失濕性也。十圓通無礙、佛融大法界爲其身、無理不具、無事不攝、故一多依正人法因果彼此無礙也。見華嚴演義鈔三。

【十無依行】（名數）又名十無依止。依行法以爲生功德善根之所依處、然或緣邪見、或依惡緣、其行法有不爲功德善之所依止者、此有十種、名爲十無依行。一意業不壞而加行壞者。二加行不壞而意業壞者。三加行意業皆壞者。四戒壞而見不壞者。五見壞而戒不壞者。六戒見皆壞者。七加行與意業見與戒皆不壞而但依止於惡友之力者、八雖依止於善友之力而復愚鈍猶如啞羊、不能分別事理者、九於種種之財寶衆具常無厭足以追求之因緣故其心迷亂者、十爲衆病所逼近求種種之咒術祠祀、爲此因緣而壞其行者。見大集地藏十輪經五。

【十無依止】（名數）與前項同。

【十無盡句】（雜名）見無盡條。

【十無盡戒】（術語）梵網經說之十重禁戒也。見十重戒條。

【十無盡藏】（名數）有十種之法、各含藏無盡之法海、故名十無盡藏。一行藏、菩薩淨信堅固、解諸法空、心不退轉、生於如來之家、增長信解、聞持一切佛法、爲衆生使所聞皆信解、故名信藏。二戒藏、菩薩奉持三世諸佛無盡之淨戒、具足圓滿、無所毀犯、念諸衆生之顛倒破戒、我欲成菩提說眞實之法、使離顚倒、同得此戒、是名戒藏。三慚藏、菩薩憶念過去不知慚於天、於諸眷屬備造衆惡、今爲諸佛所知而生慚、是故發露懺悔、修行梵行、欲證得菩提、爲諸衆生說眞實之法、使之修慚、是名慚藏。四愧藏、菩薩自愧往昔及諸衆生於五欲之境具行惡法感垢穢之身、今爲諸佛所知而生愧、是故發露懺悔修行梵行、欲速證得菩提、爲諸衆生說眞實之法、使之知愧、是名愧藏。五聞藏、菩薩聞世間出世間一切諸法、故於諸佛菩薩緣覺聲聞之出現入滅皆能知悉、念諸衆生無有多聞、不知此一切法、我當持多聞藏證得菩提、爲衆生說之、是名聞藏。六施藏、菩薩稟性仁慈、常行十施、無有念悔恨之心、又不求果報、但欲利益法界衆生、是名施藏。七慧藏、菩薩智慧具足、知世間出世間一切諸法、皆從業報所造、悉是虛僞、無有堅固、欲使衆生知其實性、廣爲演說、是名慧藏。八念藏、菩薩捨離痴惑、得具足念、能憶知一生乃至百千生之成住壞空一劫乃至無數劫、一切諸佛出世說諸佛名號、授記修多羅等十二部經及衆會根性、悉能記憶、是名念藏。九持藏、菩薩具大威力、於諸佛所說之修多羅法文句義理、一生受持、乃至無數生受持、及諸佛之名號劫數授記修多羅等無盡無量、皆悉受持而無忘失、是名持藏。十辯藏、菩薩具大辯才、廣爲衆生演說諸法、一文一句義理無盡、隨衆生之根皆使滿足、是名辯藏。見華嚴經二十。

【十善】（術語）不犯十惡、則謂之十善。見善惡條。天台云十善有二種、一止、二行。止則但止前惡不惱於他、行則修行勝德、利樂一切。此二通稱善者、善以順利爲義、息倒歸眞曰順理、止則息於重倒之惡、行則漸歸勝道之善、故止作二種、皆名曰善。或以加道名以能通至樂果也。

【十善王】（雜語）見十善戒力條。

【十善巧】（名數）緣覺之所觀也。一蘊善巧、爲五蘊。二處善巧、爲十二處。三界善巧、為十八界四緣起善巧、為十二因緣。五處非處善巧善之因果為處惡之因果為非處。六根善巧信等五根總為二十二根。七世善巧為三世之道理、八諦善巧為四諦世出世之因果九乘善巧為二乘三乘等之義。十有為無為善巧、為依他圓成之二性見辨中論。

【十善位】（雜語）見十善戒力條。

【十善戒】（名數）大乘之在家戒也。

見善惡條。

【十善道】（名數）十善業道也。見善惡條。

【十善業】（名數）十善之業行也。見善惡條。

【十善戒力】（雜語）持十善戒行者、中上品者與中品者由其功德得生於天上、下品者能王於人中有此功力謂之十善戒力、

【十善戒經】（經名）受十一善戒經之略名。

【十善正法】（雜語）十善為順理之正法故有此名。

【十善菩薩】（術語）是圓教十信位之菩薩也。仁王經上曰、「十善菩薩發大心。長別苦輪海。」

【十善業道】（名數）十善之業行、為生於善處之道、故曰十善業道。見善惡條。

【十善業道經】（經名）一卷、唐實叉難陀譯、佛為海龍王說一切法無不由心、應修十善、終明廣攝十善之功德及一切之善法。

【十喻】（名數）有種種之十喻。詳見喻條。

【十喻觀】（術語）大日經所說之十喻也、眞言行者於修法中必修之而除執念。見十緣生句條。

【十號】（術語）劫初諸說上、皆有萬名、衆生漸鈍、則減為千名（如帝釋之千名）、衆生彌昧、則減為百名、衆生更愚、則減為今之十名、天竺俗法有十名、天上利根、尚有百名、大日如來於天上成道、故應之而立百八號、釋尊於人界成道、故亦應之而立十號。其十號者、一如來、梵曰多陀阿伽陀 Tathāgata 成實論謂乘如實之道而來而成正覺、故名如來。又大論謂諸佛如自安穩之道而來、此佛亦如是而來、故名如來。二應供、梵曰阿羅訶、Arhat 應於人天之供養、故名應供。三正徧知、梵曰三藐三佛陀 Samyaksambuddha 正徧知一切之法、故名正徧知。四明行足、梵曰鞞多庶羅那三般那 Vidyācarana-sampanna 三明之行具足、故名明行足。五善逝、梵曰修伽陀、Sugata 又曰好去好去、以一切智為大車、行八正道而入涅槃、故名善逝。六世間解、梵曰路伽憊、Lokavid 能解世間之有情非情事、故名世間解。七無上

士、梵曰阿耨多羅 Anuttara 在諸法中、如涅槃無上、在一切衆生中、佛亦無上、故名無上士。八調御丈夫、梵曰富樓沙曇藐婆羅提、Pnruṣa-damya-sārathi 佛某時以柔軟語、某時以苦切語、能調御丈夫、使入善道、故名調御丈夫。九天人師、梵曰舍多提婆魔㝹沙喃、Śāstā-deavamanuṣyāṇām 佛爲人及天之導師、能敎示其應作不應作、故名天人師。十佛世尊、梵曰佛陀路迦那他、Buddha-lokanātha 佛陀譯言知者或覺者、世尊者、爲世尊重之義。然而此中分佛與世尊、則爲十一號、惟成實論等、合無上士與調御丈夫爲一號、故至世尊、正爲十號。蓋以具前之九號爲世尊重、故名世尊也。又大論別開此二者、至佛、正爲十號、世尊別爲尊號。蓋具上十號之德、故稱爲世尊也。梵曰薄伽梵 Bhagavān 者、卽是。見智度論、瑜祇經疏、倘詳釋於各項。

【十號經】(經名) 一卷、趙宋天息災譯。阿難一一問、致佛一一答之。

【十惡】(術語) 又曰十不善。見善惡條。

【三品十惡】(名數) 上品之十惡、墮於地獄道、中品之十惡、墮於畜生道、下品之十惡、墮於餓鬼道。見止觀一之三。

【十惡業】(名數) 十惡爲招苦果之業因、故云十惡業。見善惡條。

【十惡五逆】(術語) 十惡有三品、故有三途之異、五逆則必墮於無間地獄。見五逆條。

【十惡業道】(名數) 十惡之業因、能通苦報、故云十惡業道。見善惡條。

【十報法】(名數) 修十種之行法、成無爲之果報、故曰十報法。一行者意無爲、但守行、二可思惟意不離身、三可識世間麤細、四可棄憍慢、五可著意觀心、六可多修觀、七身受苦不中止、八可止定意、九當知一切人在於食、十當證理使意勿疑。見十報法經。

【十報法經】(經名) 長阿含十報法經之略名、二卷。

【十智】(名數) 大小乘說十智。見智。

【十智同眞】(術語) 汾陽昭禪師示衆、夫說法者須具十智同眞。一同一質、二同大事、三總同參、四同眞智、五同徧普、六同具足、七同得失、八同生殺、九同音吼、十同得入。若不具十智同眞、邪正不辨、緇素不分、不能爲人天眼目、決斷是非。說見人天眼目卷上。

【十普門】(名數) 菩薩以圓融中道之妙觀、通入常住之實際理地、故立此十門。一慈悲普、菩薩於一念中徧觀十界之善惡苦樂、起慈悲與拔之想、普使衆生離一切苦、得一切樂、故名慈悲普。二弘誓普、菩薩於四諦之境、發弘誓願、若見苦諦逼迫楚毒之相、則緣此起誓、故言未度者令度、若見集諦迷惑繫縛甚可哀傷者、則緣此起誓、故言未解者令解。若見滅諦滅煩惱處爲涅槃、則緣此起誓、故言未得涅槃者令得。若見道諦能出生死之苦、至於安樂之地、則緣此起誓、故言未安者令安。三修行普、行有五種不同。一聖行、謂戒定慧也、二梵行、謂慈悲喜捨也、三天行、謂由證第一義天之理而行也、四嬰兒行、謂示三乘七方便大所修之行也、五病行、謂示六道之身有三障之相也。此五行菩薩雖修之、亦未名爲普。涅槃經言復有一行名如來行、所謂大乘之大般涅槃也、大乘爲圓因、涅槃爲圓果、菩薩能修此一行、故名修行普。四斷惑普、圓教之菩薩、即觀中道正破無明、無明既破、則一切見思塵沙之惑自然先破、故名斷惑普。五入法門普、二乘之人若入一法門、即不能入二、此即歷別之行、證有差降、今菩薩圓修三諦、則無量之法門、悉入其中。故名入法門普。六神通普、羅漢之天眼見三千大千世界、辟支佛見百佛之國土、小教之菩薩見恒沙之佛土、皆是限量之神通也。今圓教之菩薩、徧見法界而無限局、所發之六通自在、變現無有限量、故名神通普。七方便普、二乘及小教菩薩之方便化他、則但齊其所得、未名爲普。圓教之菩薩以眞俗二諦爲方便、照眞時則以眞身益物、照俗時則現應身趣機、資發中道、利一切衆生、故名方便普。八說法普、二乘及小教之菩薩、不能一時普答衆問、未名爲普、圓教之菩薩、一音演法、而殊方異類、悉得解之。故名說法普。九供養諸佛普、菩薩之所供養不止於一佛一國土、於微塵數之諸佛、能以身命財及一切供具、普至十方供養諸佛、故名供養普。十成就衆生普、圓教之菩薩饒潤成熟一切衆生而無限量、譬如大雨四方俱下、一切草木叢林普生長華果、悉皆成就、故名成就衆生普。說詳觀音玄義下。

【十勝行】（名數）菩薩十地所修之十波羅蜜也。見波羅蜜條。又小乘以梵福爲四種勝行（見梵福條）加以六種、爲十種勝行、一因救母之命而捨自身之命、二因救父之命而捨自身之命、三因救如來之命而捨自身之命、四於正法之中出家、五教他出家、六未轉法輪、能請轉法輪。見俱舍光記十八。

【十發趣】（名數）見四十位條。

【十發趣心】（術語）梵網經心地品曰「十發趣心向果。一捨心。二戒心。三忍心。四進心。五定心。六慧心。七願心。八護心。九喜心。十頂心。諸佛當知從是十發趣入堅法忍中。」案明蕅益大師梵網合註以爲即十住法門。

【十進九退】（雜語）言佛道難行、十人進修中有九人退墮也。五秘密軌曰「若依顯教修行者、久住三大無數劫、然後證成無上菩提。於其中間十進九退。」三昧耶戒序曰「劫石高價難盡。弱心易退。十進九退。吾亦何堪。」

【十道】（名數）守護國界主陀羅尼經復有十道。是解脫道。謂不殺生、不偷盜、不邪行、不妄語不兩舌不惡口不綺語不貪不嗔、不邪見是名爲十道。

【十業】（名數）此有善惡二種、見善惡條。

【十業道】（名數）與十業同。

【十聖】（術語）十地之聖者也、地前之三十位、謂之三賢、地上之十位謂之十聖。

【十惑】（名數）與十使同。

【十想】（名數）見苦想條。

【十殿閻王】（名數）見十王條。

【十境】（名數）台宗於觀法、立所觀之十種。一陰境卽色受想行識之五陰也。十境以陰爲初、有二義。一現前、一依經。現前者、人受一期果報之身卽是五陰。五陰之重擔常自現前、是故爲初觀。依經者、大品般若言之聲聞依四念處而行道。五陰卽四念處所觀之境也。又經中多列法門無非以五陰爲首、是故爲初觀。此但就五陰之通總而言之。若專論所觀之境則必於五陰中除去前四陰的取第五之識陰爲所觀之境也。（所謂介爾陰妄之一念也。）二煩惱境、無始以來積集之重惑今因用觀觀察陰境而卽發譬如流水尋常不覺其急若槩之以木卽流奔而不能止遏。此時應捨陰境而觀煩惱境。三病患境、病起之因雖多然不過四大增損有患而生、又因觀境惑而激動四大而有患生、身若染病則廢修聖道若能觀察而彌用心則復須識其病之源由宜以何法治之或內觀力、或術、或醫、其病若瘉則聖道可修爲是宜觀疾患境也。四業相境、修行之人無量劫來所作之善惡業、或已受報不復更發、或未受報而於靜心中忽然俱發。蓋爲善業將受報、故發、惡業來責報故發。於此善惡之相現時、勿喜勿怖、彌須用觀謝業行一成心取道、爲是宜觀業相境也。五魔事境、此由觀前諸境、惑尙未破、天魔尙恐彼比丘出其境界而度他、使我民屬失、使我宮殿空、又慮彼得大神通得大智慧、必當調伏控制我。我今應豫破之、壞彼善根、故有魔事發、治魔之法有三、初當觀察而訶棄之、如守門人遮惡而不進。二當自頭至足一一諦觀、身心了不可得、魔何自而來、欲惱何等、如惡人入舍處處照捨而使不得住。三觀之而不去、卽當强心抵捍、以死爲期、一心用觀使道行成就、爲是宜觀魔事境也。六禪定境魔境已過而眞明未顯以觀之故、過去修習之諸禪紛現、當置魔事而用觀觀之。良以禪爲樂美妙喜、而生耽味、故雖免魔害、而更爲定所縛、如避火而墮於水。於正行無益。爲是宜觀禪定境也。七諸見境、因諸邪見或禪而發、或因聞而發因禪而發、者謂因心靜而後觀轉、明有如見解通徹妙悟也。因聞而發者謂廣能曉悟諸法而聰辯也、此見解分明此曉悟聰辨雖因禪因聞而發、然不當以理推之、皆屬邪見實非見解聰辨。此等見發卽須用觀觀之使達正道、而不爲所障。爲是宜觀諸見境也。八慢境既伏諸見妄執之心卽息、無智者謂爲涅槃、濫明高位大起憍慢、慢心旣發則廢正行、爲是宜觀慢境也。九二乘境見慢之心旣因修觀而息則前世所習之小志因靜而發、蓋小志溺於空寂不能到大乘究極之地、所謂寧起疥癩野干之心、勿學聲聞緣覺之行是也。故二乘之境界若發、則亦須用觀觀察之、使不生害、爲是宜觀二乘境也。十菩薩境、見慢之心旣息、而或發前世所習三敎菩薩境界之心、今修觀者既依大乘圓頓之妙敎、同解立行、故藏等三敎之菩薩境界心若發、亦須觀察、勿使生害、爲是宜觀菩薩境也。此十境、一一皆爲十乘觀法所觀之境。若論十境之生起、則由觀陰境而發下九境、能所相扶、次第出生、故成十。若論下九境則互發不定、無復次第。可知陰境常現前、若者發、若者不發、恒得爲觀、下九境發則皆用十乘觀法觀之、不發則不觀。見止觀五。

【十義書】（書名）二卷、四明知禮著。

【十誠證】（術語）稱讚淨土經誠證十方如來彌陀之本願也。

【十煩惱】（名數）見煩惱條。

【十萬普賢】（雜名）謂爲十萬之普賢菩薩。普賢者、華嚴經中慈悲門之菩薩也。見普賢條。

【十萬億佛土】（界名）極樂世界也。阿彌陀經曰「從是西方過十萬億佛土。有世界名曰極樂。」

【十歲減劫】（術語）人壽漸減、至十歲、爲減劫之極。見劫條。

【十遍處定】（名數）與十一切處同。見八背捨條。

【十種仙】（名數）詳見仙條。

【十種因】（名數）見因條附錄。

【十種見】（名數）十種之邪見也。見五見條。

【十種忍】（名數）見忍條。

【十種佛】（名數）十佛有三種。見佛身條。

【十種鬼】（名數）見鬼條。

【十種通】（名數）見通條。

【十種智】（名數）有大小乘之十智。詳見智條。

【十種夢】（故事）波斯匿王之夢也。見夢條。

【十種三世】（名數）見三世之項。

【十種三法】（名數）見三軌條。

【十種不淨】（名數）愚痴有十種之

不淨。一身不淨。不慣上品清淨之佛性律儀、其身在於生死之泥中、故身不淨也。二口不淨。不說上品眞如藏性之誠言、徒說煩惱戲論之雜言、故口不淨也。三意不淨。不知自性清淨之心體、起妄想不淨之諸念、故意不淨也。四行不淨。不遊行根本智之大地、而遊六道輪迴之穢土、故行不淨也。五住不淨。不住海印定之寶所、而住流轉生死之闇宅、故住不淨也。六坐不淨。不坐無障礙空之寶座、而坐生死淤泥之獄中、故坐不淨也。七臥不淨。不臥法界大涅槃之寶城、而臥無常受苦之旅宿、故臥不淨也。八自行不淨。不行如來眞傳之性戒、徒持如來方便之淺戒、故自行不淨也。九化他不淨。不使機行法性清淨之淨行、徒使持小乘權門之善、故化他不淨。十所期不淨。不期本淨清淨之佛果、徒期有漏不淨之疎果、故所期不淨也。見說法明眼論上。

【十種方便】（名數）一、布施方便。無慳吝喜捨身命財、不求恩報。二、持戒方便。持禁戒、行頭陀、不輕他、無染着。三、忍辱方便。遠離顚倒瞋恚、雖有橫逆侵加、亦忍受不動。四、精進方便。捍勞忍苦、勇猛無怠。五、禪定方便。遠離一切五欲及諸煩惱、於禪定解脫等法銳意修心。六、智慧方便。遠離愚癡煩惱、長養一切功德、歡喜愛樂之心無厭足。七、大慈方便。起平等大慧之心、利樂一切衆生、雖歷塵劫而不疲厭。八、大悲方便。雖知諸法無自性、然以平等之大悲心、代一切衆生受諸苦、歷塵劫而無厭足。九、覺悟方便。以無礙知慧開示一切衆生、使了悟本有、無所疑惑。十、轉不退法輪方便。轉無上法輪、化導一切衆生、使依教修學、增長菩提、行位不退、皆修菩薩行者之善巧也。

【十種行願】（術語）普賢之十大願也。見普賢條。

【十種利益】（名數）種種不一、見利益條。

【十種見佛】（名數）見佛身條。

【十種供養】（名數）供養法華經之十法也。見供養條。

【十種自在】（名數）見自在條。

【十種依果】（名數）菩薩依菩薩乘而修行、其所得之功德有十種、謂爲十種之依果。一、菩提心依果、究竟不忘失大乘、故名。二、善知識依果、隨順和合、故名。三、善根依果、長養諸善根、故名。四、諸波羅蜜依果、究竟修行、故名。五、一切法依果、永出生死、故名。六、諸願依果、長養菩提、故名。七、諸行依果、廣爲修習、故名。八、菩薩依果、得一生補處、故名。九、供養佛依果、信心不壞、故名。十、一切如來依果、離正數轉倒、故名。見華嚴經三十八。

【十種念處】（名數）見十念處條。

【十種法行】（名數）見十法行條。

【十種神力】（名數）見神力條。

【十種現益】（名數）念佛之行者、獲得金剛之眞心者橫超五趣八難之道、必於現生獲十種之益見現益條。

【十種智力】（名數）十智與十力也。詳見智及力二條。

【十種智明】（名數）智明者、智慧明了也菩薩以十種善巧之智明、明了通達一切衆生之境界以教化調伏使出生死之苦海而已成正覺也此有二種、一華嚴經十明品所說。一善知他心智明、二無礙天眼智明。三深入過去際無礙宿命智明。四、深入未來際劫智明。五無礙清淨天耳智明。六、安住無畏神力智明。七分別一切言音智明。八出生無量阿僧祇色身莊嚴智明。九一切諸法眞實智明。十、一切諸法滅定智明。因離世間品所說、一知一切境界業報智明。二知一切境界寂妙滅智明。三、知一切所緣唯一相智明。四、能以妙音普聞十方智明。五普壞染著心智明。六、能以方便受生智明。七、捨離想受境界智明。八、知一切法無相無性智明。九知衆生緣起本無有生智明。十、以無著心濟度衆生智明。

【十種發心】（名數）見發心條。

【十種衆生】（名數）十法界之衆生也。見教時問答一。

【十種教體】（名數）華嚴宗所立十種之教體也。見教體條。

【十種觀法】（名數）天台之十乘觀法也。

【十種魔軍】（名數）見十軍條。

【十種方便戒】（名數）又曰三世無障礙戒。密教之方便戒也。大日經受方便品說之所謂大乘之十善戒也。見戒條。

【十種所觀法】（名數）十種之所觀法、立於十住十行十回向十地等覺之五位。十住位十種所觀法。十行位十種所觀法。十回向位十種所觀法。十地位十種所觀法。等覺位十種所觀法也。出於瓔珞本業經上。

【十種方便學處】（名數）十種方便戒也。

【十種有依行輪】（名數）有依行者、有可憑依之行業也。輪者摧破之義、衆生依此行業而修菩提、則能摧破一切煩惱惑業、故曰輪。一具足淨信。二具足慚愧。三安住律儀。四安住慈心。五安住悲心。六安住喜心。七安住捨心。八具正歸依。九具足精進。十常樂寂靜。見地藏十輪經六。

【十誦律】（書名）六十一卷、後秦弗若多羅羅什共譯。四律之一。有部之本律也。

【十誦比丘要用】（書名）十誦羯磨比丘要用之略名。

【十誦律毘尼序】（書名）東晉毘摩羅叉續譯與十誦律第六十已下同。

【十誦律比丘尼戒本】（書名）十誦

律波羅提木乂比丘尼戒本之略名。

【十誦律比丘尼大戒】（書名）十誦律比丘尼波羅提木乂戒本之略名。

【十誦律比丘戒本】（書名）十誦律波羅提木乂戒本之略名。

【十誦僧尼要事羯磨】（書名）十誦羯磨比丘要用之異名。

【十誦羯磨比丘要用】（書名）一卷、宋僧璩撰出說有部律之羯磨法。

【十誦律比丘波羅提木乂戒本】（書名）一卷、姚秦羅什譯。

【十誦律比丘尼波羅提木乂戒本】（書名）一卷宋法顯集出。

【十說三世】（名數）見三世條。

【十個量等身】（術語）見佛身條。

【十夢】（故事）訖栗枳王之十夢與不梨先泥（波斯匿）王之十夢也見夢條。

【十夢經】（經名）舍衛國王十夢經之畧名、又舍衛國王夢見十事經之略名、又國王不梨先泥十夢經之略名。

【十障】（名數）菩薩於十地斷十障、而證十眞如。一於初地斷異生性障證適行眞行、異生性障者此地入心中斷之所、卽見道所斷之煩惱所知二障也、此二障爲無始以來凡夫異生之性、故云異生性。二於第二地斷邪行障、證最勝眞如。邪行障者其體爲俱生所知障之一分。於諸有情身爲行邪之障、故名邪行障。三於第三地斷暗鈍障、證勝法眞如。闇鈍障者、是亦俱生之所知障之一分。此障能使此地勝定與總持所發之三慧、忘失所聞思之境、故名勝鈍障。四於第四地斷細惑現行障、證無攝受眞如。細惑現行障者執實有諸法之法執、卽俱生所知障中之身見也。爲俱生之身見故對於分別之身見名爲細惑障。五於第五地斷下乘涅槃障、證無別眞如。下乘涅槃障者厭生死、樂涅槃、與下二乘同、故名下乘涅槃障。六於第六地斷粗相現行障、證無染淨眞如、粗相現行障者、言執有染淨相之障也。七於第七地斷細相現行障、證法無別眞如、細相現行障者、流轉還滅之生滅相也。前六地雖作染淨無分觀而因作緣起觀、故猶有生滅之微細相爲障也。八於第八地斷無相加行障、證不增減眞如。無相加行障者、於無相中作加行之障也。前第七地、雖住純無相之觀、然猶借功用而不自在、此第八地、於無相斷作功用之障、故功德任運自在也。九於第九地斷不欲行障、證智自在所依眞如、不欲行障者、不欲利他之行之障也。前第八地爲剎那增進之位、故於自利之功德任運無功用、然於利他之功德尚不任運、尚借加行功用、爲此地之障也。十於第十地、斷法未自在障、證業自在所依眞如。法未自在障者、於諸法中未得自在之障也。前第九地非遍緣自在、入此第十地斷彼未得自在之障、故於一切之法得自在也。見唯識論十、百法問答鈔七。參照十地條。

【十對】（名數）華嚴十玄門所攝之十義、卽敎義理事等十雙、故曰十對。詳見玄門條。

【十疑論】（書名）具曰淨土十疑論。又曰阿彌陀經決十義。一卷天台著。

【十樂】（名數）極樂之十樂也。詳見樂條。

【諸佛十樂】（名數）一不可思議所信樂。二無有等比佛三昧樂。三不可限量大慈悲樂。四一切諸佛解脫之樂。五無有邊際大神通樂。六最極尊重大自在樂。七廣大究竟無量力樂。八離諸知覺寂靜之樂。九住無礙住恒正定樂。十行無二行不變異樂。見唐華嚴經廿四。

【十樂講】（行事）講讚淨土十樂之法會也。

【十輪】（譬喩）卽如來之十力也。地藏十輪經十輪品之說轉輪聖王以十種智力勸諭國土人民並懲誡之使己國土增長安樂、能伏一切怨敵得種種之福利、是名十王輪。如來亦成十種智力知第一分別道理非道理、乃至第十永斷惑習之法、於一切衆生中大轉梵輪、故名爲十種之佛輪。見十力條。

【十輪經】（經名）大方廣十輪經之略名。大乘大集地藏十輪經之別譯也。

【十論匠】（名數）釋三十唯識頌之十大論師也。

【十緣生句】（名數）一幻、幻術師所作之種種相貌也。二陽炎、熱空塵等因緣和合於曠野之中現水相者也。三夢、睡眠中所見之種種境界也。四影、鏡中之影像也。五乾達婆城、蜃氣映日光於大海上現宮殿之相者也。六響、深谷等中依聲而生之聲也。七水月、水中所現之月影也。八浮泡、水上所現之泡沫也。九虛空花、眼膜於空中所見之種種花也。十旋火輪、人以火爐旋轉空中則生輪像是也。以上十緣生句、皆爲從緣生無自性之義、眞言行人修瑜伽時、於所現之本尊海會生著相、魔卽得便、是故以此十喩觀無性生而不執著也。然此十喩有三重之淺深。詳見幻條。又演密鈔據疏意言初劫之修行者、觀此中之前六喩、於第二劫觀八喩、於第三劫觀十喩云。見大日經。

【十緣生觀】（術語）又曰十喩觀。觀十緣生句者也。見十緣生句條。

【十誡】（名數）魏書釋道志、其爲沙門者、初修十誡、曰沙彌。按十誡爲不殺生、不偷盜、不淫、不妄語、不飮酒、不塗飾香鬘、不歌舞觀聽、不眠坐高廣嚴麗牀座、不食非時食、不畜金銀寶。

【十德】（名數）種種不一。

【法師十德】（名數）華嚴經十地品中第九善慧地之菩薩修行一切功德之願行、爲大法師、能守護如來之法藏、以無量之善巧智慧辯才、能爲大衆演說法使諸衆生得大安樂。具此十德名爲法師。一善知法義、菩薩無礙之智、善知一切諸法之句義差別也。二能廣宣說、菩薩能以智慧廣爲衆生立說如來微妙之法也。三處衆無畏、菩薩處大衆會、善說法要、隨他問難悉能酬答而無所畏也。四無斷辯才、菩薩辯才無礙、說一切法、經無量劫而相續不斷也。五巧方便說、菩薩隨順善巧方便機宜、說大說小、一切法門使他通解也。六法隨法行、菩薩說法、使一切衆生如說修行、隨順無違、修諸勝行也。七威儀具足、菩薩於行住坐臥之四威儀中有威可畏、有儀可則、無有缺犯也。八勇猛精進、菩薩發勇猛心精進修習一切善法、化導衆生而無有退轉也。九身心無倦、菩薩齋肅身心修諸勝行、常起慈心攝化衆生、無有懈怠也。十成就忍力、菩薩修習一切諸忍辱行、成就無生法忍之力也。見華嚴經疏四十三。

【弟子十德】（名數）弟子欲受灌頂者、應具十德。是灌頂具支分之隨一也。一信心阿闍梨觀彼現在之根性或久遠之因緣、於此不思議之緣起三種秘密（即三密）諸法便中直信無疑、能無怖畏、乃堪攝受也。二種姓清淨、可爲婆羅門等四種大姓者、若是旃陀羅等、則以家法相承、習行不清淨事之故、性弊惡多、若爲作傳法灌頂使流通大法、則輕慢他、或成匱法之因緣、即如比丘之受具、亦宜簡去毀辱衆僧之極卑下姓也。若但爲結緣受法、則非所論。復次若久遠以來曾有發菩提心之因緣、則是生於如來種姓中、最爲殊勝。三恭敬三寶、於佛法衆僧起淳厚謙下之心、常好親近供養尊重讚嘆、可知是人有前世行過之因緣也。四深慧嚴身、如是等於虛空之無邊佛法、非劣慧者心器所能堪、故以智性深利自爲莊嚴者、乃可爲說也。五堪忍無懈怠、此是有所能堪而無所退屈之義、梵音與忍辱不同、謂求法之因緣種種艱苦之事、皆能作之、假令一度不成、復更發迹而修之、如誓掲盡大海而後已、若人之志性如是、則可傳法也。六尸羅淨無缺、於在家出家之律儀、乃至於本姓受之諸禁戒、隨所奉持、深心防護、無有缺毀、若具如是之性、則雖未入三昧耶平等大誓、亦當恭順無違、故堪傳法也。七忍辱、於內外違順境界八種大風、其心安忍、無所傾動、可知是人必不犯持明之重禁、作不利衆生之行、（此十重禁之第四也）故堪傳法也。八不慳悋、於所有財法、常念惠施、於來求者、心無鄙悋、可知是人不犯持明之重禁而慳悋正法（此十重禁中第三）故堪傳受也。九勇健、即是阿闍梨中之德、勇健之菩提心之種姓、於行道時、過種種可畏之色聲、亦心不怯弱、乃至出生入死無怖畏之想、正順於菩提薩埵大人所行、故可傳授也。十堅願行、此是要心之願、梵音與求願之願不同、如自立志每日念誦三時、則終竟一期、雖遇種種之異緣、亦無間絕、如是事有終始、則善行菩薩之事時、亦不虧本誓、故堪傳法也。然此所說弟子之十德、若兼備者甚爲希有、但有所偏長、可望匠成、卽應攝受。又如聲聞之受具時、觀察種種之遮難、如所謂太小太老色貌瑕疵諸病患等、是恐白衣之嫌呵故也。今此摩訶衍、卽不如是、但使道機可濟、則雖有諸餘過失、亦皆所不觀也。見大日經疏四。

【十慮】（名數）釋論所說之十識也。性靈集七曰「十慮心滅休遊」。詳見識條。

【十諦】（術語）十藏所詮之理謂之十諦。法集經曰「善男子何者是菩薩摩訶薩十諦、所謂世諦、第一義諦、相諦、差別諦、觀諦、事諦、生諦、盡無生智諦、入道智諦、集如來智諦、是名十諦」。廣弘明集序曰「學統九流、義包十諦」。

【十盡句】（雜名）見衆生界盡條。

【十蓮華藏世界】（術語）十示滿數、無盡爲意味猶言無盡之蓮華藏世界也。

【十隨眠】（名數）見睡眠條。

【十壇焰魔天供】（修法）供養冥道十王之法式也。

【十禪】（名數）見禪條。

【十禪支】（名數）與十一切處同。見八背捨條。

【十齋】（行事）言每月定十日持八齋戒也。此十齋日出於地藏本願經、十王經。地藏本願經如來讚嘆品曰、「復普廣若未來世衆生。於月一日八日十四日十五日十八日二十三日二十四日二十八日二十九日乃至三十日、是諸日等、諸罪結集、定其輕重。（中略）於此十齋日對佛菩薩諸賢聖像前讀此經一遍、東西南北百由旬門無諸災難」。宋趙與旹賓退錄曰「今人以月一日八日、十四日、十五日、十八日、二十三日、二十四日、二十八日、二十九日、三十日、不食肉、謂之十齋。釋氏之教也。按唐會要武德二年正月二十四日、詔自今已後、每年正月九日及每月十齋日、並不得行刑、所在公私宜斷屠釣、永爲常式。乾隆元年四月二十二日。勅每月十齋日、不得採捕屠宰、其來尚矣。

【十齋日佛】（名數）配於此十齋日之佛菩薩、謂之十齋佛。一日定光佛、八日藥師如來、十四日普賢菩薩、十五日阿彌陀如來、十八日觀音菩薩、二十三日勢至菩薩、二十四日地藏菩薩、二十八日毘盧遮那佛、二十九日藥王菩薩、三十日釋迦如來也。但此配法出拾芥抄、無經論之明據、或由五祖戒禪師配三十佛於三十日、而摹仿之歟。

【十齋日】（行事）見十齋條。

【十齋佛】（名數）與十齋日佛同見十齋條。

【十聲一聲】（術語）淨土門之極意、念聲是一、一念之信卽爲一遍之聲名故十念一念謂之十聲一聲。無量壽經下曰「信心歡喜乃至一念」。觀無量壽經曰「如是至心令聲不絕具足十念稱南無阿彌陀佛。」是也。

【十講】（儀式）無量義經一卷、法華八卷、普賢經一卷共十卷五日朝夕共講十座謂之十講。

【十護】（名數）十大明王之護法神也。轉法輪菩薩摧魔怨敵法曰「所謂毘首羯摩。劫毘羅。法護。肩目。廣目。護軍。珠賢。滿賢。持明阿吒縛俱。」

【十藏】（名數）見藏條。

【十類經】（雜語）華嚴經有廣略十種。見華嚴經條。

【十題判斷】（雜語）見五問十題條。

【十願】（名數）見普賢條。

【十願王】（菩薩）見普賢條。

【十羅刹女】（名數）法華經陀羅尼品所說。一藍婆、正法華謂之結縛。能繫縛衆生而殺害之。故名結縛。若從於歸佛之後則縛煩惱之賊。二毘藍婆、正法華謂之離結。卽結縛人或脫離之而得自在。故名離縛。若從於歸佛之後則遠離煩惱之結使。三曲齒、正法華謂之施積。齒牙生於上下甚可怖畏。故名曲齒。若從於歸佛之後則積財而施於人。四華齒、正法華謂之施華。齒牙鮮明、上下並生。故名華齒。五黑齒、正法華謂之施黑。齒牙黑色有可畏之相。故名黑齒。六多髮、正法華名爲被髮。並是從於形相也。七無厭足、害衆生而無厭足。故名無厭足。若從於歸佛之後、則慈念衆生而不厭、故名。八持瓔珞、正法華謂之持華。是皆從其所執之物名之也。九皐帝、正法華謂之何所。天上人間、來往自在。故名何所。若從於歸佛之後、則諸法皆空無染無所住着故名何所。十奪一切衆生精氣、十女並爲羅刹女奪人之精氣。今以總名爲別名也。若從於歸佛之後則奪除一切衆生之煩惱惡氣而長養菩提之善法。

【十羅刹女神本地】（雜語）有三說。妙法蓮華三昧三昧耶秘密三摩耶經曰、「金剛薩埵白世尊言十羅刹女等本源云何。遮那答言十羅刹女本有三覺。一等覺二妙覺三本覺」已下依經意圖示之。

羅刹女	本地	覺
藍婆	上行	妙覺
毘藍婆	無邊行	
曲齒	靜行	
華齒	安立行	
黑齒	釋迦如來	
多髮	普賢	等覺
無厭足	文殊	
持瓔珞	觀音	
皐帝	彌勒	

奪一切衆生精氣──多寶──本覺

日本五大院安然云引類雜集五梵漢對映集

藍婆──阿閦如來──釋迦

毘藍婆──寶生如來──彌陀

曲齒──阿彌陀如來──藥師

華齒──不空成就佛──多寶

黑齒──大日如來──大日

多髮──普賢菩薩──普賢

無厭足──彌勒菩薩──文殊

持瓔珞──觀音菩薩──彌勒

皐諦──文殊菩薩──觀音

奪一切衆生精氣──大日如來──地藏

類雜集五各記其三昧耶形

藍婆　持三角菱　三惑頓斷之義、

毘藍婆　持三角杵　三德秘藏之意、

曲齒　持獨鈷　唯有一乘法無二亦無三之意、

華齒　持白拂　除難障之意、

黑齒　持水瓶　生福德之意、

多髮　曲人指　除魔之意、

無厭足　持華鬘　供養莊嚴之義、

持瓔珞　瓔珞　四十一地莊嚴之意、

皐諦　持燒香　精進之義、

奪一切衆生精氣　合掌　愛取衆生之義。

【十寶山】（地名）見十善王條。

【十識】（術語）見識條。

【十魔】（名數）見魔條。

【十纏】（名數）有十種之妄惑、纏縛衆生、不使出生死、不使證涅槃、故名十纏。一無慚二無愧三嫉四慳五悔六睡眠七掉擧八昏沈九瞋忿十覆也。見智度論七、俱舍論二十一。

【入】（術語）悟眞理謂爲入。大乘義章一曰「證會名之爲入。」因解知事物曰入。無量壽經上曰「入衆言音」淨影疏曰「入謂解也。」因根境互相涉入而生識、謂之入。如十二入。新譯言十二處。大乘義章八末曰「根塵互相順入、亦名爲入。」止觀五曰「入者涉入。」因二入見本條。十二入見三科條。

【入一切平等善根】（術語）十迴向之第六位。見回向條。

【入一切佛境智陪盧遮那藏經】（經名）證契大乘經之異名。

【入大乘論】（書名）二卷。堅意菩薩造。北涼道泰譯。由義品入摩訶衍品議論空品、順修諸行品之四品而成。大乘敎之概論。

【入不二門】（術語）維摩經入不二法門品所說一實平等之理、謂之不二。明理體之無異無別也。此不二之義爲法界中之一門、故名爲門。通入此不二之法門、謂之入不二門。大乘義章一曰「不二者無異之謂。」卽是經中一實義也。一實之理妙寂離相。如如平等亡於彼此故曰不二。」

【入山學道】（術語）世尊出家後六年之苦行也。無量壽經上曰、「棄國財位入山學道。（中略）端坐樹下勤苦六年。」普賢菩薩證明功德經曰「於檀德山苦行六年。」此爲八相之一、

【入支】（雜名）玄應音義曰、「此外道瓶圓如瓠無足以三杖交之支舉於瓶也。諸經中或言執三奇立距、或言三叉立距皆是也論文作鈸非也。」

【入心】（術語）三乘行位之地每地、分入住出三位、初入其地時謂之入心。

【入文解釋】（術語）凡講經論先於文前論一部之大意及題號、了後則釋本文、謂之入文解釋。

【入王宮聚落衣】（衣服）三衣中之大衣即僧伽梨之別名。入王宮或聚落乞食及說法時着之故名。見六物圖。

【入正理論】（書名）因明入正理論之略名。

【入正定聚益】（術語）現生十種益之一。

【入出二門】（名數）入門與出門之稱。入門者謂修淨業而入於極樂功德莊嚴中之自利門也。出門者、謂以慈悲心爲苦惱衆生出施敎化之利他門也。淨土論所說之五念門與五功德門中前四門爲入門後一門爲出門也。

【入寺】（雜語）入寺住持也。

【入住出三心】（名數）爲菩薩階位之十地各有入住出之三位。入其地位、居其地位出其地位而進於次之地位也。

【入佛】（儀式）迎入佛像也。迎入於寺院從寺院迎入檀家、皆謂之入佛。

【入佛供養】（儀式）爲入佛所行之法會供養也。

【入佛平等戒】（術語）三種三昧耶之一、入佛三昧耶也。大疏九曰、「世尊前入法界胎生三昧時見一切衆生悉有菩提種等同諸佛故說入佛三昧耶持明以此持明得入佛平等戒。即是託聖胎義也。」

【入見道】（儀式）悟入見道也。

【入我我入】（術語）如來三密入於我我三業入於如來、即如來之三密與衆生之三業彼此相應互入因而具足一切諸佛之功德於吾身也。是謂之三平等。以是稱爲三平等觀。秘藏記本曰、「眞言印契等故引入諸佛於吾身中、是曰入我。引入吾身於諸佛身中。是曰我入。入我我入故諸佛之無數劫中所修集功德具足我身。」

【入法界】（術語）華嚴謂之法界、法華謂之實相、同體異名也。爲諸法本眞之理諸佛所證之境、證入法界之理、曰入法界。華嚴宗立三處之入法界。一上根之菩薩於初

住之位、破無明、證法界之理。二中根之菩薩於十迴向之終。三下根之菩薩於初地見華嚴大疏鈔七。

【入法界品】（經名）華嚴經之末品說善財童子證入法界理之始末也。

【入法界無量】（術語）十迴向之第十位。見迴向條。

【入法界體性經】（經名）一卷、隋闍那崛多譯。佛住於寶積三昧說法界之義。

【入定】（術語）入於禪定也。使心定於一處、止息身口意之三業曰入定。觀無量壽經曰「出定入定恆聞妙法。」

【入定印】（印相）有三部之入定印、佛部爲法界定印、蓮華部爲妙觀察智定印、金剛部爲縛定印。說見胎藏曼陀羅大鈔一。

【入定瑞】（術語）法華六瑞之一。爲佛說法華經前入於無量義處三昧也。出法華經序品。

【入定不定印經】（經名）一卷、唐義淨譯。妙吉祥問菩薩之退行不退行。佛言有五種之行。一羊車行、二象車行、三日月神力行、四聲聞神力行、五如來神力行。前二種有退、名爲不定。後三種不退、名爲入定。即入定與不定之法印也。

【入空】（術語）分析諸法、或了因緣之生義、悟入諸法實性無之眞理也。此中分析諸法、初知空理、爲析色入空。小乘人之空觀也。因緣生之法、知事體爲空、以分析事體爲要、稱爲體色入空。大乘人之空觀也。而此二者總爲出虛假境界而入眞諦空理之觀法、故謂之從假入空觀。卽瓔珞經所觀三觀之一也。四敎儀曰「小析色入空故拙。（中略）巧謂體色入空。（中略）用從假入空觀。見眞諦理。」

【入金剛問定意經】（經名）弘道廣顯三昧經之異名。

【入阿毘達磨論】（書名）一卷、塞建陀羅阿羅漢造、唐玄奘譯。略說薩婆多宗之法數。

【入胎相】（術語）八相成道之一。見托胎條。

【入信】（術語）入於信仰也。

【入骨】（儀式）俗云納骨。蓋於僧曰入塔、在家云入骨。白骨入墓也。於此行入骨佛事。見象器箋十四。

【入室】（術語）禪規謂久參之弟子入師室參問道也。是勘責弟子之得分者。故非久參之人則不許之。在古時則臨機行之別無入室之規。馬祖百丈已後、別立方規定日行之。世謂得師法、爲入室之弟子。然言入室者、未必盡得師法也。祖庭事苑八曰「祖師傳云。五祖大師至夜密令侍者於碓坊召盧行者入室。遂傳衣法。又法華云。著如來衣入如來室。阿含經云。佛告茲芻。吾兩月欲宴坐。汝等不須參問。唯除送食及灑地時可至於此。應知佛祖當時有入室參問之儀也。」敕修清規入室曰：「入室者師家勘辯學子。策其未至。擣其虛亢。攻其偏重。」與禪護國論曰：「入室謂過和尙閒暇之日建立之。此宗一大事也。」僧堂清規二曰：「凡請益之翌日曰入室。」又（修法）眞言宗入灌頂室行受法灌頂。謂爲入室弟子。

【入重玄門】（術語）成佛果之前。更重修習無始凡夫地已來所作之事。使之一一稱理也。是爲入重玄門。倒修凡事。其所以然者。則以等覺菩薩之元品無明難斷故也。凡輪迴生死之苦。於一切衆生悉起偏執之見。存自他彼此之隔異。此我執之念更難止。雖由初地以來。地地斷無明。入等覺之位後。元品之無明尙存。此隔異之我執若不破。則妙覺智之無我法體。更不能顯。是故再爲凡夫。交於一切衆生。以彼爲他山之石。遣蕩自他之隔異。以此行力而元品之無明自盡也。後位之顯理明了。故凡夫之方。謂爲玄門。又此爲菩薩究極之玄理。故云玄門。已極玄理。重修凡事之玄門。故曰重玄。瓔珞經上曰：「第四十一地心者名入法界心。（中略）修行小法。（中略）六入重玄門。」天台淨名經疏一曰：「圓敎初從初住終至法雲。圓斷諸見。猶有習在。等覺入重玄門。千萬億劫重修凡事。見理分明。」法華文句九曰：「從初地至十地名善入。十地入重玄門。倒修凡夫事。名善出。」輔正記九曰：「等覺證極玄理。究竟名爲一玄。從等覺位却漸次向於下位。次第修集藥法。廣巡衆病。又爲一玄。欲受妙覺佛職。理非容易。令觀智深細。故須却入倒修於凡事。」是別敎之意也。若依圓敎之意。則遍應法界而現十界之身。爲入重玄。是非獨等覺位而然。於初住已上乃至佛果亦然。玄義釋籤三曰：「來至等覺入重玄門。（中略）觀達無始無明源底邊際。智滿名爲等覺。卽成圓門遍應法界。名入重玄。不同別敎。敎道重玄。」大日經疏六曰：「黃是如來念處萬德開敷。爾時卽入重玄門居寂光土。」

【入音聲陀羅尼】（術語）三陀羅尼之一。見三陀羅尼條。

【入院】（雜語）禪僧出世入某院也。

【入涅槃】（術語）與入滅同。

【入唐八家】（名數）日本平安朝時代入唐學密敎者八人。卽傳敎、弘法、慈覺、智證、常曉、圓行、慧雲、宗叡也。傳敎慈覺智證三人爲台密。餘爲東密。日本總稱之爲入唐八家。

【入般涅槃】（術語）入於般涅槃也。見般涅槃條。

【入堂】（儀式）入僧堂也。

【入堂五法】（名數）戒律宗入法堂當守五種之法規。參照入衆五法條。

【入寂】（術語）入寂滅也。梵語涅槃、一譯寂滅。離煩惱云寂。絕生死之苦果曰滅。故證果人之死。名為入寂。

【入曼荼羅者】（術語）五種三昧耶中前四種之三昧耶也。義釋十二。指秘密印而言曰、「假令已入曼荼羅者。尚不得於前輒爾而作。況餘人耶。」演奧鈔五十五曰「入曼荼羅者。指前四種三昧耶也。」

【入衆】（術語）又云交衆。與衆共起居也。

【入衆衣】（衣服）鬱多羅僧即七條袈裟之別名。禮拜、齋食、講經等與衆共事時著之。六物圖曰「鬱多羅僧名中價衣。從用名入衆衣。」

【入衆五法】（名數）戒律入僧伽中當守五種之規法。五分律曰、「佛言入衆應以五法。一下意。二慈心。三恭敬。四知次第。五不說餘事。」

【入衆時衣】（衣服）即入衆衣。

【入棺】（儀式）入龕之俗語也。

【入滅】（術語）入於滅度也。梵語涅槃、譯為滅度。滅惑度生死海之義。謂證果之人死也。

【入無分別法門經】（經名）一卷、宋施護譯。說大乘無分別之法。

【入瓶】（傳說）沙彌有通力。能入於澡瓶中。阿育王傳七曰、「昔阿恕伽王見一七歲沙彌。將至屏處而為作禮。語沙彌言。莫向人道我禮汝。時沙彌前有一澡瓶。沙彌即入其中。從澡瓶中還來出。而語王言。王慎莫向人道沙彌入澡瓶中復還來出。王即語沙彌言。我當現向人說。不復得隱。是以諸經皆云。沙彌雖小亦不可輕。王子雖小亦不可輕。龍子雖小亦不可輕。沙彌雖小能度人。王子雖小能殺人。龍子雖小能興雲致雨。」

【入塔】（儀式）納亡僧遺骨或全身於塔內。此時有入塔之佛事。見象器箋十四。

【入道】（術語）捨世法入佛道也。猶言出家。其人曰入道人。或略云道人。寶積經三十六曰、「以淨信心於佛法中出家入道。」十住論七曰、「或捨家入道。」遺敎經曰、「入道智慧人。」智度論曰、「見畫跏趺坐。魔王亦愁怖。何況入道人安坐不傾動。」

【入聖】（術語）斷惑證理之人曰聖。入聖者入於聖位也。俱舍論十八曰、「入聖得果離染漏盡。」往生十因曰、「三乘行人入聖之方便。」

【入楞伽經】（經名）十卷、元魏菩提留支譯。復有舊譯四卷。題為楞伽阿跋多羅寶經。新譯有七卷。楞伽為師子國之山名。佛入彼山所說之經。故名入楞伽經。

【入楞伽心玄義】（書名）一卷。唐釋法藏撰。按此卷中土失傳。得自日本。詳見楞伽經條。

【入壇】（修法）金胎兩部各如法集諸尊於一處謂之曼陀羅譯作壇眞言行者入此壇場而受灌頂謂之入壇。

【入諸佛境界莊嚴經】（經名）具名佛說大乘入諸佛境界智光明莊嚴經。五卷。宋法護譯。妙吉祥菩薩問不生不滅是何增語。佛言不生不滅是卽如來之增語因爲廣說種種之譬喩及種種之法句。

【入觀】（術語）觀者觀照之義。吾人靜止散亂麤動之心則諸法之理自得觀照謂之觀。入於此觀謂之入觀。多以爲與入定同義。自心之寂靜一邊用之名爲定。自觀照理一邊用之謂爲觀。

【入嚩羅】（雜語）Jvala 譯曰光明。又曰燄光。見大日經疏九。

【入龕】（儀式）俗云入棺。亡者浴後入於龕中。入龕既了隨行入龕之佛事。

【人】（術語）欲界所屬之有情思慮最多者。過去戒善之因感人倫之果現前之境界是也。俱舍頌疏世品一曰「言人者多思慮故名之爲人」大日經一曰「云何人心謂思念利他」大乘義章八末曰「依涅槃以多恩義故名爲人。人中父子親戚相憐名多恩義」止觀四曰「作意得報名爲人」

【人人本具】（術語）言人人本來具足佛性也。

【人天】（術語）人趣與天趣也。

【人天乘】（術語）諸宗通途五乘之一。五乘有通別二種見五乘條。

【人天敎】（術語）圭峯所立五敎之第一。見五敎條。

【人天眼目】（書名）六卷。宋智昭著。集禪宗諸家之要義。

【人天致敬願】（術語）阿彌陀佛四十八願中第三十七。使天恭敬念佛行者之願也。無量壽經上曰「設我得佛。十方無量不可思議諸佛世界諸天人民聞我名字五體投地稽首作禮。歡喜信行。修菩薩行。諸天世人莫不致敬。若不爾者不取正覺」

【人天勝妙善果】（術語）謂六趣中人天二趣之果報也。對於他四惡趣而言故曰勝妙之善果。

【人中樹】（術語）諸佛之身業能除世人之熱惱故曰人中之樹。仁王經中曰「法王無上人中樹。普蔭大衆」

【人中尊】（術語）佛之德號。佛於人中最尊最勝也。法華經序品曰「有佛人中尊號日月燈明。」

【人中三惡】（名數）指一闡提與誹謗大乘者及犯四重禁者而言。

【人中牛王】（術語）佛之德號。佛如有大力之牛王也。涅槃經十八曰「人中象王。人中牛王。人中龍王。人中丈夫」

【人中師子】（術語）天竺沙門佛陀

斯那、天才特拔、獨步諸國、世人號曰人中師子。見治禪經後序。又稱佛爲人師子。見智度論八。

【人中分陀利華】（術語）佛之德號。涅槃經十八曰、「人中丈夫人中蓮花分陀利華。」分陀利華譯爲白蓮華。又名念佛者之稱。觀無量壽經曰、「若念佛者。當知此人是人中分陀利華。」

【人牛俱妄】（譬喻）十牛之一。

【人生】（術語）鞞婆沙論問曰云何知人中有化生。答曰、劫初人也。朱子亦嘗言及。其云佛經說初生人云云。今見阿含經。世界初成。光音天人下來。各有身光。飛行自在。因地肥香美。取食多者。卽失神足。體重無光。日月始生。因貪食故。地肥滅沒。復生婆羅。婆羅滅沒。復生粳米。食彼米故。方分男行、女相行、不淨行、云云是也。見餘冬序錄。

【人仙】（術語）佛之德號。佛是人中之仙也。涅槃經二曰、「遠離於人仙。永無有救護。」

【人仙經】（經名）一卷、宋法賢譯。頻婆娑羅王命終爲毘沙門天王之太子、名曰人仙。述忉利天上梵王說法之事。與長阿含闍尼沙經同本。

【人因】（術語）爲人生原因之行爲也。生享尊貴者、施惠普廣、敬禮三寶及長者、忍辱不瞋、柔和謙下、博聞經戒故也。又布施貧窮、持戒不犯十惡、忍辱不亂、精進勸化、一心奉孝盡忠、故具大富、長壽、端正、威德。受卑賤之生者、憍慢、剛強、不恪、放逸、不禮事三寶、盜竊以爲生活、負債不返納故也。至誠不欺、誦經護戒、使人遠惡就善、不求人之長短、則口氣香潔、身心安樂、爲人所稱譽、決不受誹謗。至誠無而欺人、於衆中罵詈說法者、見諸同學輕蔑、不見他事而作過爲鬪亂、兩舌、則常受誹謗及憎惡、形醜惡而心意不[illegible]、常懷恐怖。勇猛、憶念、梵至三勝生於人天。釋氏要覽曰、「人因（中略）由先造增上下品身語意妙行、故生人道。」

【人有】（術語）七有之一。

【人我】（術語）人身固執常一主宰之我有實體。謂之我之相、人我之見。由此執見而生種種之過失。六祖壇經曰、「無人我貢高貪愛執着爲離欲尊。」

【人我見】（術語）二我見之一。我爲常一主宰之義、人固執有常一之主宰者曰人我之見。

【人見】（術語）固執實有人我之見也。又名人我見、或單云我見。楞伽經三曰、「是故我說。寧取人見如須彌山。不起無所得增上慢空見。」

【人身】（術語）人界之生也。梵網經序曰、「一失人身。萬劫不復。」涅槃經二十三曰、「人身難得。如優曇花。」

【人身牛】（譬喻）無聞無智者名爲人中之牛。智度論五曰、「無聞亦無智是名人身牛」

【人空】（術語）又名生空、我空。二空之一。觀人爲五蘊之假和合、又爲因緣所生、知中無常一之我體、故云人空。證此人空之理、因而斷一切煩惱、終得涅槃果、是乃小乘之至極也。又大乘立一切法有眞如性、空人我之執者、言人空之顯眞如也。孔目章三曰、「我執無處所顯眞如名人空。」唯識述記一本曰、「智緣空起、爲所由門、顯二眞如、名二空理。（中略）如是空性、卽是二空所顯實性」

【人空觀】（術語）了人空之理之觀法也。

【人非人】（天名）緊那羅之別名。似人而非人也。法華文句二曰、「緊那羅、亦云眞陀羅。此云疑神。似人而有一角、故號人非人。」因天龍等八部衆之總稱、以彼等本非人而詣佛所、皆現人體也。舍利弗問經曰、「八部皆曰人非人。」法華經義疏二曰、「人非人者、八部鬼神本悉非人、而變作人形來聽說法、故云人非人也。」

【人林】（雜語）人樹之林也。阿毘曇論一曰、「人林果形如人。」

【人法】（術語）人爲受敎之衆生、法爲佛之敎法。又一切之有情數曰人、一切之非情數曰法、

【人命不停】（雜語）人命無常也。涅槃經三十三曰、「人命不停、過於山水。今日雖存、明亦難保。云何縱心住惡法。」

【人命第一】（術語）智度論十三曰、「一切寶中人命第一。」

【人定】（雜名）初更三點、卽亥時也。

【人界】（界名）人類爲十界之第五、故曰人界。界者差別之義。

【人相】（術語）見四相條。

【人鬼】（雜語）人間與鬼類也。無量壽經下曰、「如是之惡、著於人鬼。」

【人乘】（術語）五乘之一。謂五戒之敎。乘此以生於人趣也。

【人間】（雜語）住於人界者、卽人類是也。法華經法師品曰、「生於此人間。」

【人間界】（界名）與人間、人界同。間卽界之義。

【人師】（術語）爲他人之師者。梵網經下曰、「不解一切法、而爲他人作師。」止觀五曰、「自匠匠他、兼利具足、人師國寶。非此是誰。」又對於佛菩薩等大導師、稱尋常之師家曰人師。謂凡人之師家也。

【人師子】（術語）Nrsimha 佛之稱號。佛於人中最勇雄、猶如師子也。智度論八曰、「佛名人師子。」

【人記品】（經名）授學無學人記品

之略稱。法華經二十八品中第九品之名。說學無學之聖人授與成佛之記者。

【人執】（術語）又云我執。不了人身為五蘊之假和合、固執有常一之我體也。菩提心論曰、「二乘之人雖破人執。猶有法執。」

【人無我】（術語）二無我之一。又名眾生無我、生空、人空、我空。人體為五蘊之假和合、其中無真實之我體、故云人無我。

【人無我智】（術語）二無我智之一。

【人華】（術語）就七方便人之法而言、謂之人。就三草二木之喻而言、謂之華。法華經藥草喻品曰、「佛所說法。譬如大雲。以一味雨潤於人華。各得成實。」

【人鳥】（雜名）人與鳥也。顯密二教論上曰、「文隨執見隱。義逐機根現而已。譬如天鬼見別、人鳥明暗。」

【人尊】（術語）佛之德號。言人中之尊也。增一阿含經序品曰、「人尊說六度無極。」

【人莽娑】（雜名）見摩娑條。

【人雄師子】（術語）佛之德號。佛於人中最雄健、故曰人雄。與世雄、師子皆譬其之雄健也。無量壽經上曰、「人雄師子。神德無量。」

【人道】（界名）六道之一。人界也。人界者以五戒善因而趣之道途、曰人道。業報差別經曰、「由先造增上下品身語妙行、故生人道。」

【人趣】（術語）六趣之一。有人類業因者之所趣向也。

【人樹】（術語）人林之樹也。見人林條。

【人頭幢】（物名）梵云壇茶Danda。幢上置人頭者、琰摩王之三摩耶形也。見檀拏印條。

【人寶】（術語）佛為人中之寶也。維摩經佛國品曰、「孰聞人寶不敬承。」註云、「肇曰。在天為天寶。在人為人寶。寶於天人者、豈天人之所能。故物莫不敬承也。」

【人藥王子】（本生）昔閻浮提摩醯斯那王時、夫人生一子、諸病人觸之即愈、故字曰人藥。如是千歲中治病。後命終。碎其死骨塗身則瘥。人藥王子即今之釋迦佛是也。見菩薩藏經下、經律異相三十二。

【力】（雜語）力用也、梵語麼攞Bala。

【二力】（名數）一思擇力、二修習力。說詳本條。

【三力】（名數）一佛之威力。二三昧之力、三行者之本功德力。此三力和合、能於定中見佛。謂之般舟三昧。般舟譯作佛立。見止觀二。

【五力】（名數）說見本條。

【六力】（名數）一小兒以啼泣為力。二女人以瞋為力。三國王以憍豪為力。四羅漢以精進爲力。五諸佛以大慈爲力。六比丘以忍辱爲力。見增一阿含經三十一。

【十力】（名數）佛及菩薩所具十種之力用也。說詳本條。

【力士】（雜名）大力之士夫也。拘尸那城有力士之一族。長阿含經四謂之末羅。異譯之大般涅槃經下譯爲力士。佛荼毘時、此輩舁棺槨。

【力士額珠喻】（傳說）見額上珠條。

【力士城】（地名）拘尸那城也。見次項。

【力士生地】（地名）拘尸那城有力士之一族。是彼之生處。故云力士生地。涅槃經一曰「佛在拘尸那國力士生地阿利羅跋提河邊娑羅雙樹間。」涅槃經疏一曰「力士生地者。人中力士力敵千人。凡三十萬共爲羣黨。無所臣屬。以法自持。亦不亂暴。即土人也。故言生地。」

【力士移山經】（經名）一卷、西晉竺法護譯。增一阿含經八難品之別譯。

【力生】（雜語）和倘之翻名也。見和倘條。

【力波羅蜜】（術語）十波羅蜜之一。

【力波羅蜜菩薩】（菩薩）胎藏界曼陀羅虛空藏院二十八尊之一。梵云波羅尼波羅蜜多。密號爲勇力金剛。主如來之十力。肉色。着羯磨衣。右手捧荷葉上有獅子。左手爲拳坐於赤蓮。

【力者】（雜名）昔拘尸那城諸力士舁佛棺。因而諸山之輿夫謂之力者。

【力者法師】（雜語）謂出家之身。以力業爲事。好鬭作奴僕事之墮落僧。如僧兵之徒是也。又單曰力者。

【力莊嚴三昧經】（經名）三卷、隋那連提耶舍譯。佛由力莊嚴三昧出、說佛之十力。

【力無畏】（術語）力無所畏之略。

【力無所畏】（術語）十力與四無所畏也。法華經方便品曰、「力無所畏禪定解脫三昧。」

【乃至】（雜語）超越中間之辭。攝多少之辭。窮邊際之辭也。乃至之梵語有二。一爲 Antaśas 此爲示最少之語。善導所謂下至者是也。二爲 Yāvat 此爲中略之義。一英語譯爲 at least 二譯爲 as far as 勝鬘經寶窟中本曰「乃至者。還是窮到之辭。」輔行二之三曰「越却中間。故云乃至。」教行信證行卷曰、「乃至者。一多包容之言。」同信卷末曰「言乃至者。攝多少之言也。」

【乃至一念】（雜語）舉極少之念而攝多念也。無量壽經下曰、「諸有衆生。聞其名號。信心歡喜。乃至一念。至心迴向。願生彼國。即得往生。」

【乃至十念】（雜語）舉十念而上攝

多念下攝一念也。無量壽經上曰、「十方衆生。至心信樂。欲生我國。乃至十念。若不生者。不取正覺。」

【乃往】（雜語）由今往過去世。謂之乃往。

【了了見】（雜語）頓悟入道要門論上曰、「體寂湛然。無有去來。不離世流。世流不能流。坦然自在。卽是了了見也。」

【了本際】（人名）阿若憍陳如比丘、一譯了本際。見阿若憍陳如條。

【了本生死經】（經名）一卷。吳支謙譯。謂見了十二因緣。卽是見法見佛。與大乘舍黎娑擔摩經同本。但說人不同。此爲舍利弗對比丘而說者。

【了因】（術語）生了二因之一。因體有二種。如種之生芽曰生因。如燈之照物顯隱曰了因。因明大疏上曰、「因體有二。一生二了。如種生芽能起用。故名爲生因。如燈照物。能顯果。故名爲了因。」

【了因佛性】（術語）三因佛性之一。了達正性之覺智也。見三因佛性條。

【了別境識】（術語）三能變識第三能變之名。見三能變條。

【了悟】（術語）釋家以明心見性爲了悟。傳法正宗記偈曰、泡幻同無礙。如何不了悟。

【了敎】（人名）阿若憍陳如、舊譯了本際、知本際等義。淨三藏譯爲了敎。寄歸傳一曰、「始自了敎。會初願以標誠。」

【了義】（術語）對於不了義而言。顯了分明說示究竟之實義。謂之了義。未了未盡之說。謂之不了義。了義不了義者。方便（不了義）眞實（了義）之異名也。圓覺經曰、「得聞如是修多羅敎了義法門。永斷疑悔。」又「是諸菩薩最上敎誨了義大乘。」同畧疏一曰、「了義者。決擇究竟顯了之說。非覆相密意含隱之譚。」寶積經五十二曰、「若諸經中有所宣說厭背生死欣樂涅槃。名不了義。若有宣說生死涅槃二無差別。是名了義。」大集經二十九曰、「了義經者。生死涅槃一相無二。」涅槃經曰、「依了義經。不依不了義經。」

【了義敎】（術語）眞實顯了之敎法也。

【了義經】（術語）說示究竟顯了之義之經典也。從大乘言之、則小乘總爲不了義經。然大小乘經典中。亦有了義不了義之別。故佛言依了義經不依不了義經也。見四依項下「法四依」條。

【了義燈】（書名）唯識三個疏之一。唐淄洲慧沼著。具名唯識論了義燈。

【了達】（術語）了悟通達事理也。法華經提婆品曰、「深入禪定了達諸法。」唐華嚴經三十七曰、「了達三界依心有十二因緣亦復然。」

【了論】（書名）明了論之略稱。

【刀山】（界名）刀劍之山地獄之難處也。千手經曰「我若向刀山刀山自摧折。」往生要集上本曰「牙如劍齒如刀山。」

【刀風】（術語）人命欲終時有風氣、解支節如刀名爲刀風所謂斷末魔之苦也。正法念經六十六曰、「見命終時刀風皆動。皮肉筋骨脂髓精血一切解截」五王經曰、「欲死時刀風解形無處不痛」安樂集上曰、「若刀風一至百苦輳身」。行事鈔資持記上一之下曰、「能解支節故喻如刀」

【刀途】（界名）三途之一。畜生道之異名畜生爲人驅逼屠殺殘害故曰刀途止觀一曰、「若其心念念欲得名聞四遠八方稱揚欽詠。因無實德虛比賢聖起下品十惡如摩犍提者。此發鬼心行刀途道。」同輔行曰、「從被驅逼爲名。故名刀途。」

【卜經】（雜名）說占卜事之經典也。灌頂經十曰、「今我梵王承佛威神演說卜經一百偈頌以示百姓決了狐疑知人吉凶。」

【卜羯娑】（雜名）玄應音義曰、「卜羯娑又作補羯娑聲之轉也謂除糞擔死屍等鄙賤種類也」

三畫

【三七日思惟】（故事）佛成道後三七日間觀樹經行、思惟如何說妙法化度衆生也法華經方便品曰、「我始坐道場觀樹亦經行於三七日中思惟如是事我所得智慧微妙最第一。衆生諸根鈍著樂痴所盲。如斯之等類云何而可度。」

【三八日】（雜語）禪剎古以每旬之三八日念誦、一月共有六日今以上八中八下八爲三八、一月作三日之念誦。見象器箋三。

【三九行因】（術語）觀無量壽經所說三業九品之行業也

【三十生】（名數）十地有入住出三者、出生功德故云三十生。仁王經上曰、「十地皆成就。始生功德。住生功德。終生功德。三十生功德皆成就。

【三十佛】（術語）三十日秘佛也。

【三十論】（書名）唯識三十論頌之異名。

【三十棒】（物名）爲禪家宗匠警醒學人之語、以擬俗刑之笞杖者但含褒貶二意宜依處解之禪林類集棒喝曰、「德山示衆云。道道得也三十棒道不得也三十棒。」又「睦州見僧來云見成公案放汝三十棒。」碧巖第一則着語曰、「好與三十棒。」

【三十講】（行事）法華經二十八品與開經之無量義經一卷及結經之普賢觀

經一卷、合爲三十以三十日講之。

【三十二相】（名數）具名三十二大人相。此三十二相、不限於佛、總爲大人之相也。具此相者在家爲輪王、出家則開無上覺。是爲天竺國人相說。智度論八十八曰、「隨此間閻浮提中天竺國人所好、則爲現三十二相。天竺國中人於今故治肩髆令厚大頭上皆有結爲好。如人相中說。五處長爲好。眼耳鼻舌臂指髀手足相若輪若蓮華若貝若日月。是故佛手足有千輻輪纖長指鼻高好。舌廣長而薄。如是等皆勝於先所貴。故起恭敬心。」佛感此相者、由於百劫之間、一一之相、積百種之福、法界次第下之下曰、「此三十二通云相者。相名有所表。發攬而可別。名之爲相。如來應化之體現此三十二相。以表法身衆德圓極。使見者受敬。有勝德可崇。人天中尊衆聖之王。故現三十二相也。」三藏法數四十八謂。一足安平相、足裏無凹處者。二千輻輪相、足下有輪形者。三手指纖長相、手指細長者。四手足柔軟相、手足之柔者。五手足縵網相、手足指與指間有縵網之纖緯交互連絡如鵝鴨者。六足跟滿足相、跟是足踵、踵圓滿無凹處者。七足趺高好相、趺者足背也、足背高起而圓滿者。八腨如鹿王相、腨爲股肉、佛之股肉纖圓如鹿王者。九手過膝相、手長過膝者。十馬陰藏相、佛之男根密藏體內如馬陰也。十一身縱廣相、頭足之高與張兩手之長相齊者。十二毛孔生青色相、一一毛孔、生青色之一毛而不雜亂者。十三身毛上靡相、身毛之頭右施向上偃伏者。十四身金色相、身體之色如黃金也。十五常光一丈相、身放光明四面各一丈者。十六皮膚細滑相、皮膚軟滑者。十七七處平滿相、七處爲兩足下兩掌兩肩幷頂中、此七處皆平滿無缺陷也。十八兩腋滿相、腋下充滿者。十九身如獅子相、身體平正威儀嚴肅如獅子王者。二十身端直相、身形端正無偏曲者。二十一肩圓滿相、兩肩圓滿而豐腴者。二十二四十齒相、具足四十齒者。二十三齒白齊密相、四十齒皆白淨而堅密者。二十四四牙白淨相、四牙最白而大者。二十五頰車如獅子相、兩頰隆滿如獅子之頰者。二十六咽中津液得上味相、佛之咽喉中、常有津液、凡食物因之得上味也。二十七廣長舌相、舌廣而長、柔軟細薄、展之則覆面而至於髮際者。二十八梵音深遠相、梵者清淨之義、佛之音聲清淨而遠聞也。二十九眼色如紺青相、眼睛之色如紺青者。三十眼睫如牛王相、眼毛殊勝如牛王也。三十一眉間白毫相、兩眉之間有白毫、右旋常放光也。三十二頂成肉髻相、梵名鳥瑟膩、譯作肉髻、頂上有肉、隆起爲髻形者。亦名無見頂相。以一切有情皆不能見故也。此三十二相依法界次第。法界次第依智度論八十八。其他智度論四、涅槃經二十八、中阿含三十二相經所載者大同小異。無量義經、曰「一毫相如月旋。二淨眼如明鏡。三脣四額廣。五獅子臆。六掌有合縵。七指直而纖。八馬陰藏。九頂有日光。十上下眴。十一舌赤好如丹菓。十二鼻修。十三手足柔軟。十四內外相握。十五皮膚細軟。十六細筋。十七旋髮紺靑。十八眉睫紺而展。十九白齒。二十面門開。二十一具千輻輪。二十二臂修。二十三毛右旋。二十四鍱骨。二十五頂有肉髻。二十六方口頰。二十七四十齒。二十八胸表萬字。二十九腋。三十肘長。三十一踝膝露現。三十二鹿腨腸。」亦出優婆夷淨行出門經修學品。與諸本大體同。

【三十二應】（術語）　由觀音普現色身三昧應現之三十二身也。楞嚴經六曰「我身成三十二應入諸國土。」法華經所說三十三身與此大同小異。一佛身、二獨覺身、三緣覺身、四聲聞身、五梵王身、六帝釋身、七自在天身、八大自在天身、九天大將軍身、十四天王身、十一四天王太子身、十二人王身、十三長者身、十四居士身、十五宰官身、十六婆羅門身、十七比丘身、十八比丘尼身、十九優婆塞身、二十優婆夷身、廿一女主國夫人命婦大家身、廿二童男身、廿三童女身、廿四天身、廿五龍身、廿六藥叉身、廿七乾闥婆身、廿八阿修羅身、廿九緊那羅身、三十摩睺羅迦身、三十一人身、三十二非人身。

【三十二祖傳】（書名）　一卷、清世宗御筆恭繪古德道像三十二尊、又取其本傳提綱摘要作爲小傳、每傳又作一讚、刻石大內、以備摹搨流布。未既世宗崩、高宗以所搨祖像三十二軸賜武林理安寺。後修寺志、即以此傳讚載於首冊。然此傳讚未刻書板。民國七年普陀山法雨寺住持印光法師捐資刻於揚州藏經院。其三十二祖次列如下。

肇法師　寶誌公　南嶽思　永嘉覺　南陽忠　馬祖一　石頭遷　藥山儼　淸涼觀　寒山子　拾得　黃檗運　趙州諗　長沙岑　潙山祐　臨濟玄　仰山寂　洞山价　投子同　曹山寂　玄沙備　雲門偃　羅漢琛　法眼益　天台韶　雪竇顯　永明壽　天衣懷　圓悟勤　蓮池宏　玉林琇　茆溪森

【三十三天】（界名）　梵語、忉利天Trayastriṃśa 譯作三十三天。爲欲界之第二天、在須彌山頂上。中央爲帝釋天。四方各有八天。故合成三十三天也。佛地經論五曰、「三十三天、謂此山頂四面各有八大天王、帝釋居中、故有此數。」智度論九曰、「須彌山高八萬四千由旬。上有三十三天城。」勝鬘經寶窟下末曰「此言三十三天者、中國音言。悉怛梨余悉衛陸。此中唯取怛梨二字爲忉利。天也。怛梨忉利彼國音不同耳。」

【三十三過】（名數）　因明論理上、自

宗因喻三支立量時、由種種配列次第生過誤。陳那數廿九過、天主(商羯羅主)更加四過、爲所謂三十三過。卽宗九過、因十四過、喻十過也。

- (甲)宗九過
  - 現量相違、比量相違、自敎相違、
  - 世間相違、自語相違、能別不極成、
  - 所別不極成、俱不極成、相符極成、
- (乙)因十四過
  - 四不成
    - 兩俱不成　隨一不成
    - 猶豫不成　所依不成
  - 六不定
    - 共不定　不共不定
    - 同品一分轉異品徧轉不定
    - 異品一分轉同品徧轉不定
    - 俱品一分轉不定
    - 相違決定
  - 四相違
    - 法自相相違
    - 法差別相違
    - 有法自相相違
    - 有法差別相違
- (丙)喻十過
  - 似同喻
    - 能立法不成
    - 所立法不成
    - 俱不成　無合　倒合
  - 似異喻
    - 所立法不遣
    - 能立法不遣
    - 俱不遣　不離　倒離

(甲)宗之九過。一現量相違、謂於現證之事實立相違之宗也。例如言聲非所聞、雖不述因喻、然已明爲誤謬也。二、比量相違、謂於萬人得比知之事柄立相違之宗也。例如立瓶等是常住是也。三、自敎相違、當欲述自己所屬之敎派意見時、却立與之相違之宗也。例如勝論派之人主張以聲爲常住是也。四、世間相違、立與常識反對之宗也。例如印度有一類之行者、以人頂骨爲其裝飾、有人難之、則立量曰、人之頂骨可爲清淨、(宗)且爲衆生之分、(因)猶如螺貝、(喻)此雖似一見無過之立量、然立人間頂骨可爲清淨之宗義、實反於常識、故定爲過誤也。五、自語相違、謂於自己言語有矛盾之宗也。例如言我母可爲石女是也。以下四過爲天主所附加、非理論門、惟於入正理論說之。六、能別不極成、謂宗之后陳用立敵不共許之語也。例如佛子對於數論師而立聲可壞滅是也。數論師信萬有之發展Parrmāṇa還歸Pralaya而不許壞滅、故宗之能別(卽后陳)不極成、故爲過失。七、所別不極成、宗之前陳不極成之過失也。例如數論師對於佛敎徒立我Purusa可爲有時、佛敎不許我之存在、因而所別爲不極成、宗體不成立。八、俱不極成、勝論師對於佛敎徒立以我可爲和合因緣時、我與和合因緣爲佛敎徒不通之語、因而前陳后陳共不極成、亦爲過誤也。九、相符極成、宗體以不可極成爲規則、反之而立萬人共通之事件時、則無其功、因而爲過失、例如立聲爲所聞性是也。(乙)因之十四過、其因可大別爲不成 Asiddha 不定Aniścita,Anaikāntika 相違 Viruddha 三類。不成因者、因犯立敵共具備遍是宗法性條件之規定、名爲不成之過失。不成因有四過。一、兩俱不成。於以聲爲無常之宗。欲指眼爲所見性(可見的)之故因而述之、其因由立敵兩者見地不協於遍是宗法性之條件。何則以無論何人皆以聲爲不可見者故也。故爲兩俱不成之過失。二、隨一不成。此乃一方認爲具備遍是宗法性條件、而他方不認之因也。三、猶豫不成。因果爲有法之必然的屬性否尚疑而未確定、乃如已確定者辦之也。例如遙見如雲霧未確定爲霧爲煙、而卒然謂彼處有火(宗)以有烟之故(因)而立量是也。四、所依不成。宗有所別不極成之過失時、其因無基礎。不具遍是宗法性之條件也。例如對於不認虛空之實有者而虛空可爲實有(宗)以爲德之所依故(因)而立量時、一方已不認虛空之存在而一方欲認爲德之所依。是名爲所依不成。其次不定因及相違因者關於三相中後二相之誤謬也。一、共不定。卽九句因中第一同品有異品有之情狀。以因關係於同異品之全部、故名爲共。二、不共不定。卽九句因中第五同品非有異品非有之情狀。以因與同喻異喻全無關係、故謂爲不共。三、同品一分轉、(亦云同分異全)第七同品有非有異品有之情狀也。四、異品一分轉、(亦云同品遍轉異分同全)第三同品有異品有非有之情狀也。五、俱品一分轉、(亦云俱分轉)第九同品有非有異品有非有之情狀也。六、相違決定、立敵兩者由同一事件相異之處觀察而立量。兩者各各具三相、難於決定。謂爲相違決定。於問題一方不決定之點爲過失也。其次相違因。九句因中四六爲相違因。此因與立證之宗義矛盾者、適於成立。故得其名。四六非其性質異者。故自九句因之表面觀之相違因惟宜有一。然陳那於此下緻密之考察、抱懷意內至表面不顯之誤謬、亦入計算。此乃有四。一、法自相相違因。是爲與宗法表面的意義矛盾之因、九句因中四六之表面的情狀也。二、法差別相違因、謂與宗法裏面的意義矛盾之因。如服等必爲他所用、(宗)以係積聚性故、(因)如臥具等(同喻)是也。三、有法自相相違因、此乃由后陳(卽法)關係上而生者、雖非關係於有法者、而在謠詐的論法、則有如通例置所證之對象於宗法、却置有法於主要點者於立物之存不存時尤然。有法自相相違因、及有法差別相違因者、卽此際之誤謬也。此謂與有法表面的意義矛盾之因。例如有性非實非德非業、(宗)以有一實故有德業故、(因)尙如同異性是也。四、有法差別相違因。陳那此例不出別立量由前例說明之。(丙)喻之十過。喻之誤謬有十。其中五者屬同喻他五者屬異喻。似同喻之五者。一、能立法不成、缺因同品條件之過失也。例如聲可爲常住、以無質礙之故(無對觸)尙如極微、(同喻)立量時。極徵之常住雖具宗同品之條件、然其性爲有對觸故缺因同品之條件、以「無質之故」與因不一致故名之爲能立法不成。二所立法不成缺宗同品條件之喩也。於前之宗因謂爲如覺(智等)出喩之時、雖以覺爲無質礙協於因同品之條件、然以其性無常缺宗同品與所謂聲之常住不相應。故名之爲所立法不成。三俱不成缺兩條件之喩。於前之宗因謂爲如瓶時、以瓶無常住及無質礙之性質故全無喩之質格。四無合缺喩體之過失也。五倒合諸所作者反對謂彼爲無常時、以諸無常者與所作性配合、卽爲倒合自能遍進於所遍之過失也。其次似異喩之五者異喩之過失、全與同喩之過失併行相應、同有五。一所立法不遣缺宗異品條件之喩。例如聲爲常住以無質礙故之異喩、諸無常者視彼爲質礙、謂尙如極微、以極微爲質礙性、具備同異品之條件、然以其性常住缺宗異品之條件、故謂之爲所立法不遣。二能立法不遣於上之宗因立異喩、謂爲如業時、以業無質礙缺同異品之條件、故稱之爲能立不遣。三俱不遣缺宗同異品兩條件、此過失也。如於上之宗因立異喩、謂爲如虛空是其例也。何則以虛空無質礙且爲常住故也。四不離不施離作法之過失也。觀同喩之無合其例可知。五倒離反對先宗後因配合之過失也。以上所述三十三過中除宗之五相違大體爲與宗因喩構成法照應之過失、頗具科學的分類之面目。

【三十三身】(名數)　法華經普門品所說觀音由普現色身三昧示現之三十三種變化身也。一佛身、二辟支佛身、三聲聞身、四梵王身、五帝釋身、六自在天身、七大自在天身、八天大將軍身、九毘沙門身、十小王身、十一長者身、十二居士身、十三宰官身、十四婆羅門身、十五比丘身、十六比丘尼身、十七優婆塞身、十八優婆夷身、十九長者婦女身、二十居士婦女身、廿一宰官婦女身、廿二婆羅門婦女身、廿三童男身、廿四童女身、廿五天身、廿六龍身、廿七夜叉身、廿八乾闥婆身、廿九阿修羅身、三十迦樓羅身、三十一緊那羅身、三十二摩睺羅伽身、三十三執金剛神身、與楞嚴經六所說觀音自由往昔觀音如來授如幻聞薰聞修金剛三昧而現三十二身、大同小異。見三十二應條。

【三十三身十九說法】(名數)　法華經普門品記觀音現種種之身而說法。其中化現之身有三十三、說法二字有十九次。

【三十三尊觀音】(名數)　二中曆三云「頌曰。不空羂索不空勾、夜輸多羅忿怒勾。阿嚕利迦如意輪、圓滿意願大隨求。利樂金剛滅惡趣、一髻羅刹多羅女、蓮華發生披葉衣。千手千眼十一面、大吉祥明水吉祥。大吉祥變大勢至、大明白身毘俱胝。大吉大明、及豐財、馬頭、白身、白處尊、又加六大三十三。」（六大爲台宗所立之六觀音也。）

【三十三觀音】（名數）圖畫普門品所說三十三身爲三十三觀音。其典據不明。三十三觀音者楊柳觀音、龍頭觀音、持經觀音、圓光觀音、遊戲觀音、白衣觀音、蓮臥觀音、瀧見觀音、施藥觀音、魚籃觀音、德王觀音、水月觀音、一葉觀音、靑頸觀音、威德觀音、延命觀音、衆寶觀音、岩戶觀音、能靜觀音、阿耨觀音、阿麼提觀音、葉衣觀音、瑠璃觀音、多羅尊觀音、蛤蜊觀音、六時觀音、普慈觀音、馬郎婦觀音、合掌觀音、一如觀音、不二觀音、持蓮觀音、灑水觀音是也。

【三十五佛】（名數）佛說決定毘尼經說犯五無間業者宜於三十五佛之邊至心懺悔。三十五佛者一釋迦牟尼佛、二金剛不壞佛、三寶光佛、四龍尊王佛、五精進軍佛、六精進喜佛、七寶火佛、八寶月光佛、九現無愚佛、十寶月佛、十一無垢佛、十二離垢佛、十三勇施佛、十四淸淨佛、十五淸淨施佛、十六娑留那佛、十七水天佛、十八堅德佛、十九栴檀功德佛、二十無量掬光佛、廿一光德佛、廿二無憂德佛、廿三那羅延佛、廿四功德華佛、廿五蓮華光遊戲神通佛、廿六財功德佛、廿七德念佛、廿八善名稱功德佛、廿九紅炎幢王佛、三十善遊步功德佛、三十一鬪戰勝佛、三十二善遊步佛、三十三周帀莊嚴功德佛、三十四寶華遊步佛、三十五寶蓮華善住娑羅樹王佛。不空譯之三十五佛名禮懺文亦列之。但譯語有新舊之別。

【三十六物】（名數）人身有三十六之不淨物。涅槃經二十四曰、「凡夫身三十六物不淨充滿」。分爲三類。一外相十二。髮、毛、爪、齒、眵、淚、涎、唾、屎、溺、垢、汗。二身器十二。皮、膚、血、肉、筋、脈、骨、髓、肪、膏、腦、膜。三內含十二。肝、膽、腸、胃、脾、腎、心、肺、生臟、藏、赤痰、白痰。見大疏演義鈔三十。

【三十六神】（名數）見三十六部神條。

【三十六禽】（術語）子丑等十二時、有鼠牛等十二獸。此一一獸中有三屬獸。故正屬合有三十六禽獸也。各隨其時來惱坐禪行者。見十二獸條。

【三十七尊】（名數）金剛界曼陀羅之主腦也。第一根本成身會一千六十一尊中五佛與屬於中央大日之四波羅蜜菩薩、屬於他四佛之十六大菩薩、內四供養、外四供養之八供、及四攝菩薩是也。此中十六大菩薩爲慧德。四波八供四攝爲定德。此數自應於三十七菩提分法之數也。參照九會曼陀羅條。因於密敎依諸尊廢立之數法門而有重重有一尊八尊九尊十尊五十三尊七十三、（中略）十佛剎微塵數尊。

【三十七尊四大輪】（名數）金剛頂

十八會之第一敎王會有四大輪。一金剛界輪、三十七尊皆持金剛界之印。二降三世敎令輪、三十七尊皆持降三世之印。三遍調伏法輪、三十七尊皆持觀世音之印。四一切義成就輪、三十七尊皆持虛空藏之印。見瑜祇經疏二。

【三十捨墮】（名數）尼薩耆波逸提也。見該條下。

【三十二相經】（經名）此經攝於中阿含經十一。

【三十二相願】（術語）阿彌陀佛四十八願中之第二十一。無量壽經上曰「設我得佛國中人天不悉成滿三十二大人相者不取正覺」

【三十三觀音】（名數）三十三體異形之觀音見三十三身條附錄。

【三十六部神】（名數）灌頂三歸五戒帶佩護身咒經（佛說灌頂經神咒經一）謂受三歸者、有三十六部之神王、將無量之眷屬守護其人。一彌栗頭不羅婆、譯曰善光、主疾病。二彌栗頭婆呵婆、譯曰善明、主頭痛。三彌栗頭婆邏婆、譯曰善力、主寒熱。四彌栗頭抗陀羅、譯曰善月、主腹滿。五彌栗頭陀利奢、譯曰善見、主癰腫。六彌栗頭阿婁呵、譯曰善供、主癲狂。七彌栗頭伽婆帝、譯曰善捨、主愚痴。八彌栗頭悉抵哆、譯曰善寂、主瞋恚。九彌栗頭菩提薩、譯曰善覺、主婬慾。十彌栗頭提婆羅、譯曰善天、主邪鬼。十一彌栗頭呵婆帝、譯曰善住、主傷亡。十二彌栗頭不若羅、譯曰善福、主塚墓。十三彌栗頭苾闍伽、譯曰善術、主四方。十四彌栗頭迦隸婆、譯曰善帝、主怨家。十五彌栗頭羅闍遮、譯曰善主、主偷盜。十六彌栗頭須乾陀、譯曰善香、主債主。十七彌栗頭檀那波、譯曰善施、主劫賊。十八彌栗頭支多那、譯曰善意、主疫毒。十九彌栗頭羅婆那、譯曰善吉、主五溫。二十彌栗頭鉢婆馱、譯曰善山、主蜚尸。廿一彌栗頭三摩提、譯曰善調、主注連。廿二彌栗頭戾禘馱、譯曰善備、主往復。廿三彌栗頭波利陀、譯曰善敬、主相引。廿四彌栗頭波利那、譯曰善淨、主惡黨。廿五彌栗頭度伽地、譯曰善品、主蠱毒。廿六彌栗頭毘梨馱、譯曰善結、主恐怖。廿七彌栗頭支陀那、譯曰善壽、主厄難。廿八彌栗頭伽林摩、譯曰善逝、主產乳。廿九彌栗頭阿留伽、譯曰善願、主縣官。三十彌栗頭閣利馱、譯曰善固、主口舌。三十一彌栗頭阿伽馱、譯曰善照、主憂惱。三十二彌栗頭阿訶婆、譯曰善生、主不安。三十三彌栗頭婆和邏、譯曰善思、主百怪。三十四彌栗頭波利那、譯曰善藏、主嫉妬。三十五彌栗頭固陀那、譯曰善音、主咒咀。三十六彌栗頭韋陀羅、譯曰善妙、主厭禱。經曰「佛語梵志。是爲三十六部神王。此諸善神凡有萬億恒沙鬼神以爲眷屬。陰相番代以護男子女人等輩受三歸者。當書神王名字帶在身上行來出入無所畏也。」行事鈔資持記下三之四曰、「准大灌頂經一歸十二天神總三十六神。」

【三十七尊禮】（書名）金剛頂瑜伽三十七尊禮之略名。

【三十七分法】（名數）三十七菩提分品之略稱。

【三十七道品】（名數）又名三十七品、三十七分法、三十七菩提分法。道者能通之義、到涅槃道路之資糧有三十七種。如四念處、四正勤、四如意足、五根、五力、七覺支、八正道是也。維摩經佛國品曰、「三十七道品是菩薩淨土。」自誓三昧經曰、「善權隨時三十七品具足佛事。」法界次第中之下曰、「道者能通義品者品類也。」

【三十日秘佛】（名數）謂每月一日至三十日之緣日佛也。見緣日條。

【三十二大人相】（名數）見三十二相條。

【三十七尊心要】（書名）金剛頂瑜伽略述三十七尊心要之略名。

【三十七尊出生義】（書名）金剛頂瑜伽三十七尊出生義之略名。

【三十七尊禮懺文】（書名）金剛頂經金剛界大道場毘盧遮那如來自受用身內證智眷屬法身異名佛最上乘秘密三摩地禮懺文之異名。

【三十七菩提分法】（名數）三十七道品之異名。四念處等三十七法為成就菩提行法之支分品類、故謂之菩提分法。

【三十五佛名禮懺文】（經名）一卷、唐不空譯。

【三力】（名數）大日經悉地出現品曰、「以我功德力、如來加持力、及與法界力、周遍衆生界。」以此偈中說三力、故稱為三力偈。一我功德力、即自身之修行、是自緣也。二如來加持力、即如來之加持、是他緣也。三法界力、自心所具之佛性、是內因也。此內外自他之因緣和合而成辦業事。大日經疏十一曰、「以我功德力故、以如來加持力故、以法界平等力故、以此三緣合故、則能成就不思議業也。」又一慧眼力、明法藥也。二法眼力、知病障也。三化導力、應病授藥、使得服行也。見止觀五。又一佛威力、二三昧力、三行者本願功德力。見教行錄一。

【三力偈】（雜名）說三力之偈頌也。見三力條。

【三三品】（術語）謂淨土論所說女人根缺二乘之三體與名也。

【三三昧】（術語）是為舊稱。新稱云三三摩地、譯曰三定、三等持。就能修之行而名之。仁王經謂之三空、此就所觀之理而名之。十地論謂之三治、此就所斷之障而名之。此三昧有有漏無漏二種。有漏定謂之三三味。無漏定謂之三解脫門。解脫卽涅槃、無漏爲能入涅槃之門也。猶如有漏曰八背捨、無漏曰八解脫也。三三昧之義、一空三昧與苦諦之空、無我、二行相相應之三昧也。觀諸法爲因緣生、無我無我所有。空此我我所二者、故名爲空三昧。二無相三昧、是與滅諦之滅、靜、妙、離、四行相相應之三昧也。涅槃離色聲香味觸五法、男女二相、及三有爲相（除住相）之十相、故名爲無相。以無相爲緣、故名爲無相三昧。三無願三昧、舊云無作三昧、又云無起三昧。是與苦諦之苦、無常、二行相、集諦之因、集、生、緣、四行相相應之三昧也。苦諦之苦、無常及集諦可厭惡、又道諦之道、如、行、出、四行相如船筏之必捨故總不願樂之、故以之爲緣、謂之無願三昧。又於諸法無所願樂、則無所造作、故謂爲無、名爲無起。但苦諦之空無我二行相與涅槃之相相似、非可厭捨、故無願三昧中、不取之也。法華經信解品曰、「世尊往昔說法既久。我時在座、身體疲懈。但念空無相無作。」無量壽經上曰、「超越聲聞緣覺之地。得空無相無願三昧。」同下曰、「住空無相無願之法。無作無起觀法如化。」智度論十九曰、「於三界中智慧不著。一切三界轉爲空無相無作、解脫門。」同二十曰、「涅槃城有三門。所謂空無相無作。（中略）行此法得解脫。到無餘涅槃。以是故名解脫門。」俱舍論二十八曰、「空謂非我。無相謂滅四。無願謂餘十。諸行相相應、此通淨無漏無漏三脫門。」大乘義章二曰、「言無願者。經中或復名爲無作。亦名無起。（中略）此三經論名解脫門。亦名三治。亦名三空義。或復說爲三三昧門。三脫三昧經論同說。三治一門如地論說。言三空者、如仁王經。言三脫者就果名也。三障對治、故名三治。言三空者就理彰名。三三昧者、就行名也。」

【重三三昧】（術語）又稱重空三昧。是舉前空空三昧之一以攝他也。若各別稱之、則爲重空、重無相、重無願也。一空空三昧、羅漢先以無漏智觀諸法之空無我、是名空三昧、更以有漏智觀前之空智爲空相、厭捨之名爲空空三昧。二無相無相三昧、先以無漏智觀涅槃之滅靜妙離、名爲無相三昧、更以有漏智觀盡滅此智之非擇滅無爲靜相、而厭捨前之無相、名爲無相無相三昧。三無願無願三昧、觀如上苦集道三諦之苦無常等相、更厭捨之也。故總是有漏。俱舍論十八曰、「重二緣無學。取空非常相。後緣無相定。非擇滅爲靜。」大乘義章二曰、「何故修此重空三昧。成實論言如人以杖燒尸。死屍既盡杖亦須燒。智亦如是。前用斷結。結患既亡。智亦須捨。故須修之。」

【密敎三三昧門】（術語）眞言行者於行法之初中後爲此觀。此三三昧爲吽字之三摩地、吽字備三解脫之德也。大日經疏九曰、「此眞言以最後吽字爲體。具足三密解脫門。謂上有㲉字空點。是大空義。卽是空解脫門本體是訶字離因緣故。卽是解脫門。下有郞字三昧點。以本不生故。卽是無作解脫門。如是三門。一切諸障所不能入」秘藏記本曰「於心月輪之觀。觀淨菩提心除煩惱之心垢。明了見心之實相。此時生我物之想。起我見之執。故爲除此執。卽作空觀。我今所觀見之月輪爲空。又恐爲此反墮於空執。更宜作無相觀。更又觀我斯心所得之淨菩提心。已離造作之法。本來宛然而有之。本爲我物。非今更求得者。如是亡願求之念。謂之無願。」此中前二釋爲遮情之釋。後一釋表德釋也。然前二釋亦非無表德之義。空者一切諸法無礙涉入之義。無相者萬德輪圓無盡。無一別相之義也。今此觀法爲遮行者之執情。以故前二者遮執情。迷情遮了。方顯性德。其次第如此。同鈔四曰、「先於行法之初作之、次於行法之最中將入字輪觀時再作此觀。次於行法已、復作此觀也。」

【三三昧門】（術語）三解脫門之異名。見前項。

【三三摩地】（術語）見三三昧條。

【三千】（術語）如三千諸法。一念三千。三千世界。三千威儀等是。

【三千佛】（術語）見三世三千佛條。

【三千界】（術語）三千大千世界之略稱。

【三千世界】（術語）三千大千世界之略稱。

【三千威儀】（術語）細別比丘之威儀作法者也。大部輔注十一曰、「三千威儀。約二百五十戒各有四威儀（行住坐臥）合爲一千。循三世轉爲三千威儀。」案是不過騃說。三千者極言其多也。藏中大比丘三千威儀有二、明一千百八十二事。楞嚴經曰、「三千威儀。八萬微細。性業遮業。」六祖壇經曰、「三千威儀八萬細行」因經名大比丘三千威儀之略名。

【三千淨行】（術語）修一念三千妙觀之淨行也。爲天台宗所言。

【三千實相】（術語）三千爲台宗該收一切諸法之語。三千實相猶言諸法實相也。見諸法實相條。

【三千諸法】（術語）見一念三千條。

【三千床座】（雜語）以身爲牀座徧三千世界也。大論曰、「假使頂戴經塵劫身爲床座徧三千。若不傳法度衆生。畢竟無能報恩者。」

【三千年一現】（雜語）謂優曇華也。法華經方便品曰、「如是妙法諸佛如來時乃說之。如優曇鉢華時一現耳。」文句四曰、「優曇華此言靈瑞。三千年一現。現則金輪王出。」

【三千佛名經】（經名）具名三劫三千佛名經。經錄則過去莊嚴劫千佛名經一卷、現在賢劫千佛名經一卷、未來星宿劫千佛名經一卷。各別元藏合之爲一部、題云三劫三千佛名經。日本之藥藏亦倣之。

【三千有門頌】（書名）宋陳瓘撰。明眞覺有略解一卷。

【三千塵點劫】（術語）法華經化城喻品明大通智勝佛出世久遠之劫量也。「乃往過去無量無邊不可思議阿僧祇劫。爾時有佛名大通知勝如來。（中略）彼佛滅度已來。甚大久遠。譬如三千大千世界所有地種。假令有人磨以爲墨。過東方千國土乃下一點。大如微塵。又過千國土復下一點。如是展轉盡地種墨。於汝等意云何。是諸國土若算師若算師弟子能得邊際知其數不。（中略）是人所經國土若點不點盡抹爲塵。一塵一劫。彼佛滅度已來復過是數無量無邊百千萬億阿僧祇劫。」

【三千大千世界】（術語）須彌山爲中心。七山八海交互繞之、更以鐵圍山爲外郭、是曰一小世界。合此小世界一千爲小千世界、合此小世界一千爲中千世界、合此中千世界一千爲大千世界。大千世界之數量爲一〇〇〇〇〇〇〇〇〇也。大千世界之上有三千者、示此大千世界成自小千中千大千三種之千也。內容卽一大千世界。以此一大千世界爲一佛之化境。且此三千大千世界之廣、恰等於第四禪天、成壞必同時焉。見智度論七、佛地論六。

【三千大千世界藏】（術語）勝鬘經之語。勝鬘經寶窟中本曰「隔別故稱爲界。三千苞含人物目之爲藏也。」

【三大】（名數）起信論以衆生心爲大乘之法體、名之爲大乘之義理、分爲三種之大義與二種之乘義。一體大。衆生心之體性、眞如平等、無生無滅、無增無減、畢竟常恒也。二相大。衆生心之自性、具足大智大悲常樂我淨等一切功德也。三用大。衆生心之體性、具足一切功德、內潛源底而薰妄心、外現報化二身、敎化衆生、依此內外之二用、使人初修世間之善而得世間之善果、後修出世之善因而生出世之妙果也。卽第一爲眞如之體性、第二爲眞如之德相、第三爲眞如之作用也。大者周遍法界之義。起信論曰「一者體大。謂一切法眞如平等不增減故。二者相大。謂如來藏具足無量性功德故。三者用大。能生一切世間出世間善因果故。」密敎以地等六大爲體大、等四種曼荼羅爲相、身等三密爲用。

【體宗用三大】（名數）天台釋經題立名體宗用敎之五重、日本智證之大日經心目立體宗用之三重、日本弘法之秘藏記亦立體宗用之三重。此體宗用卽體相用之三大也。弘法以曼荼羅爲體、以三三昧爲宗、以方便爲用。以曼荼羅爲體者、即六大。據三種悉地儀軌五輪皆號爲曼荼羅也。三三昧者爲心佛生自語意等之三平等。方便者爲始曼上轉本曼下轉之妙業。出於秘藏記鈔九。

【三大部】（名數） 玄義十卷、文句十卷、止觀十卷。爲天台之三大部。三大部補註序曰「玄文止觀共三十卷時人謂之三大部。」釋門正統三曰、「所謂玄義釋題、止談化意。文句解經、但事消文。至於止觀方談行法。故教在玄文行在止觀。意令行解相濟、成我自心。是故三部相須缺一不可。」因律有三大部見次項。

【三大五部】（名數） 南山律師之著書、行事鈔三卷、戒疏四卷、業疏四卷曰三大部。復加拾毘尼義鈔三卷、比丘尼鈔三卷稱爲五大部。

【三大五小部】（名數） 天台智者之說、玄義、文句、止觀謂之三大部。荊溪悉爲之作疏記。觀經疏、光明玄、光明疏、觀音玄、觀音疏謂之五小部。四明皆爲之作疏記。

【三土】（名數） 見三佛土條。

【三子】（譬喩） 第一子孝順父母、且有智慧、能知世間之事。第二子不孝順父母、而亦爲利根能知世間之事。第三子不孝順父母且爲鈍根、不知世間之事。父母教三子先第一子。次及第二子第三子。第一子譬菩薩、第二子譬聲聞、第三子譬闡提。佛教此三類、次第亦如彼三子。出於涅槃經三十三。

【三五】（術語） 三性與五法。唯識之法相也。

【三六九】（雜語） 密法不許三六九人同入灌頂壇。大日經疏四曰、「一曼荼羅中不得同時爲三人六人九人灌頂。蓋如來密意。阿闍梨不釋所由。」

【三六不共】（名數） 佛之十八不共法也。瓔珞本業經上曰、「三六不共一切功德」見不共法條。

【三六異端】（雜語） 小乘十八部之異計也。

【三六獨法】（術語） 佛獨具之十八不共法也。此十八之功德不共通於二乘之人。故不共法亦謂之獨法。寄歸傳曰、「獲十八獨法、號天人師。」

【三不失】（名數） 佛之三不護、又名三不失。觀音義疏下曰、「此是聖人三業無謀而偏應一切。亦名三不失。三輪不思議化也。亦名三不護。」見三不護條。

【三不成】（名數） 晉道安淨土論所說。就淨土與穢土之土體本質而論一異、立三種不成之義。一、一質不成。如維摩經佛國品所云、佛以足指按地、則草木瓦礫之穢土忽變爲七寶莊嚴之淨土。此穢心所見爲遍界穢土淨心所見爲遍界淨土也。依如此淨心穢心之相違、淨穢之二相盈虧時知土體亦不爲一。是一質不成之義也。二異質不成、土體果爲異乎、雖心有二而土現兩相、然若搜玄妙之性、則彼此之二相冥然而同在一處、不相障礙。同時現於同處、故不可謂爲二土異體也。是異質不成之義也。三無質不成、既不可謂爲一體、又不可謂爲異體、則謂爲無體乎、依緣集趣之處、淨土穢土歷然也。不同於情有理無之兎角龜毛、豈可謂爲絕無。是無體不成之義也。然則不可執一異有無、一而亦異、有而亦無、是法性之妙體也。然論此三不成係性宗之義、而在相宗、由於一處四見等之經說而成一質之義也。安樂集上曰、「淨土論云、一質不成、故淨穢有盈虧。異質不成、故搜玄則冥一。無質不成、故緣起則萬形。」(安師之淨土論今不傳。)

【三不能】(名數)唐嵩嶽之元珪、於佛立三能三不能。三能者、一空一切之相、成萬法之智也。二知羣生之性、窮億劫之事也。三度無量之衆生也。三不能者、一不能滅定業也。二不能度無緣也。三不能盡衆生界也。傳燈錄四(元珪傳)曰、「佛能空一切相、成萬法智、而不能卽滅定業。佛能知羣有性、窮億劫事。而不能化導無緣。佛能度無量有情。而不能盡衆生界。是謂三不能也。」無盡居士之護法論曰、「嵩嶽珪禪師云、佛有三能三不能。」

【三不退】(名數)見不退條。

【三不善】(名數)與三不善根同。

【三不護】(名數)大乘義章十九曰、「如來之三業、純淨離過、不須防護、名爲三不護。諸羅漢之三業、雖淨而常須防護、方能離過。如來與彼異、故立三不護。」法華經藥草喩品曰、「知道者。開道者。說道者。」文句七曰、「知道謂意不護。開道謂身不護。說道謂口不護。」同記曰、「三不護者、常與智俱。」

【三不三信】(名數)梁曇鸞就念佛者立三不三信。一信心不淳、二信心不一、三信心不相續、是曰三不。反之則曰三信。淨土論註下曰、「一者信心不淳、若存若亡故。二者信心不一。無決定故。三者信心不相續、餘念間故。此三句展轉相成。以信心不淳故無決定。無決定故念不相續。亦可念不相續故、不得決定信。不得決定信故、心不淳。」西河道綽承之、更闡明三信。安樂集上曰、「若能相續、則是一心。但能一心、卽是淳心。具此三心、若不生者、無有是處。」文類聚鈔行卷曰、「三不三信誨慇懃、像末法滅同悲引。」

【三不善根】(名數)貪瞋痴之三毒也。新譯仁王經中曰、「治貪瞋痴三不善根。起施慈慧三種善根。」智度論六曰、「開三善則喜、開三不善則不歡喜。」

【三不堅法】(名數)一身不堅、父母

所生之身、爲四大假合而成生滅無常、不可久存也。二命不堅、人所受之壽命雖長短不齊、而同爲夢幻之體倐忽無常、不可久存也。三財不堅、一切世間之財物體非堅固集散無常不可久存也。出本事經七。

【三不淨肉】（名數）與三淨肉相反。見爲我所殺者。聞爲我所殺者。有爲我所殺之疑念者。持戒之比丘、不可食此三種之肉。見食條。

【三天】（術語）佛教立三身、婆羅門亦立三身。中論疏曰、「明三天者是彼家三身。自在爲本如內法身。應爲韋紐如內應佛。韋紐臍中化爲梵天如化佛也。」此與佛教之三身稍異、其三天卽三神一體觀、由於時代而三神有相違者。

【三天使】（名數）見天條。

【三天四仙】（名數）見二天三仙條。

【三分別】（術語）一自性分別、對於六識現在之六境、而自性了別自境者。二計度分別、意識之散慧於不現前之事計較量度者。三隨念分別、若散若定之意識、對已經之六境而追念者。眼等之五識有唯一之自性分別、而意識具三。俱舍論二曰、「分別略有三種。一自性分別。二計度分別。三隨念分別。」

【三分家】（流派）立心識三分說（卽立見分相分自性分）之流。陳那所立。與四分家皆爲唯識之正流。

【三分科經】（名數）晉道安、初科節諸經而立三分。及後親光之佛地論來、果有三分之說。由是諸經皆科三分。一序分、起本經之由序因緣也。中有通序別序之二。通於諸經曰通序、局於本經曰別序。二正宗分、正爲本經之所說也。三流通分、擧本經之利益勸正說之流通也。見法華文句一。佛地論之三分。一教起因緣分、二聖所說分、三依教奉行分。

【三心】（名數）一至誠心、眞實願淨土之心。二深心、深願淨土之心。三廻向發願心、廻向所修之功德、願求往生淨土之心。具此三心者、必得往生。觀無量壽經曰、「一者至誠心。二者深心。三者廻向發願心。具三心者、必生彼國。」又一根本心、第八阿賴耶識之心王。含藏一切善惡之種子、生染淨之諸法者。二依本心、依第七末那識根本識爲一切染法之本者。三起事心、執著眼等之六識外境、起種種之業者。出於宗鏡錄八十九。又無量壽經第十八願中所說至心、信樂、欲生我國之三者、謂之三心。文類信卷曰、「本願三心之願」又「爲愚惡衆生阿彌陀如來已發三心願。」然此三心爲一信心之分開、故又稱三信。又道綽禪師依淨土論註之意而立三心。一淳心、信心深厚也。二一心、信心純一也。三相續心、信心相續不雜餘念也。安樂集上曰「若能相續、則是一心。但能一心、即是淳心。具此三心若不生者、無有是處。」一曰本親鸞之文類行卷謂之三信。因一歡喜地等十地一一分三位謂之三心。一入心、初入其地之時分也。二住心、住於其地之時分也。三出心、將出其地入後地之時分也。

【三心相見道】（術語）謂眞見道之後、更發後得智、以三心觀二空之理之位也。

【三止】（名數）台家對於三觀而立三止。一體眞止、諸法由因緣而生、因緣假和合之法體爲性空、止息一切之攀緣妄想者、隨空理謂之體眞。空即眞也。是對於中觀之止也。二方便隨緣止、又名繫緣守境止。菩薩知空非空、停止於諸法幻化之理、分別藥病化益衆生者。知空非空謂之方便、分別藥病隨緣歷境謂之隨緣、安住假諦之理而不動、謂之止。是對於假觀之止也。三息二邊分別止、又名制心止。第一止偏於眞、第二止偏於俗、俱不會於中道、今知眞非眞、則空邊寂靜。知俗非俗則有邊寂然。即息眞俗之二邊、而止於中諦者。是對於中觀之止也。已上三止前後次第、爲別教之三止。三即一、一即三、三相即爲圓教之三止。止觀三曰、「此三止名、雖未見經論、映望三觀、隨義立名。」因止之三義曰三止。一止息之義。二停止之義。三不止之止之義。見止條。因法華經方便品有佛三止舍利弗三請、見三止三請條。

【三止三請】（故事）法華經方便品之初、先讚嘆如來之二智、以諸法實相爲甚深微妙、欲說而止、次舍利弗代衆請說之。如此佛與舍利弗交互各三止三請、佛遂容第三請、廣說妙法。謂之三止三請。

【三支】（名數）因明之宗與因及喻、曰三支。宗者、所立之義也。因者、成宗之理由也。喻者、助成宗之譬喻也。喻有同異之二、存宗因二義之喻法爲同喻、無宗因二義之喻法爲異喻。「聲爲無常、以所作性故、如瓶等（同喻）、如虛空等。（異喻）」如此以此三支立比量之作法謂之立量。

【三支比量】（術語）因明法也。以宗因喻之三分立比量也。比量者以因喻之二者、比知宗義也。

【三日齋】（儀式）謂人死後三日、請僧設齋食也。釋氏要覽下曰、「北人亡至三日必齋僧、謂之見王齋。」（由此齋見焰魔王可免罪之義。）

【三日耳聾】（雜語）五燈會元曰、「懷海禪師謂衆曰、佛法不是小事、老僧昔被馬大師一喝、直得三日耳聾。」

【三水】（名數）一時水。從明相現至午時間、得隨意飲用之水也。二非時水。過午後得飲用之淨水也。三觸用水。不論時得用之洗淨用水也。說見受用三水要行法。

【三火】（譬喻）三毒之火、即貪瞋癡

也。寶積經九十六曰、「我見諸衆生。三火所熱惱。」歸敬儀中曰「有將崩朽宅三火恒然。」

【三帀】（儀式）爲恭敬所尊而右遶三帀者乃表仰望之至誠也。見右繞條。

【三夫人】（雜語）五夢經謂悉達太子有三妃。第一夫人瞿夷、第二夫人耶輸、第三夫人鹿野。探玄記二十謂第三爲摩奴舍。十二持經與五夢經說同。

【三方便】（名數）密教所說身口意之三密也。大日經疏一曰、「一者身密門。二者語密門。三者心密門。行者以此三方便自淨三業。即爲如來三密之所加持。乃至能於此生滿足地波羅蜜。不復經歷劫數。備修諸對治行。」又「然此毘盧遮那內證之德。從一一智印各現執金剛神形色性類。皆有表象。各隨本緣性欲引攝衆生。若諸行人慇懃修習。能令三業同於本尊。從此一門得入法門。即是普入一切法界門也。」

【三文陀達多】（人名）六羣比丘之一。無譯語。

【三世】（術語）又云三際。過去現在未來也。世者遷流之義。有爲之事物。一刹那之間。亦不止。生了直滅。因之謂來生爲未來世、生了爲現在世。滅了爲過去世。此於事物遷流上、假立三種之世。離事物別無世之實體也。又三世有就時就法二種。若爲時之經過之三世、則過去爲前、未來爲後。其次第爲過現未。即十二緣起之次第也。若爲法之生起之三世。則未來爲前過去爲後。是爲未現過之次第。以事物之生起有未生（未）巳生（現）後滅（過）之次第也。猶如未至名爲前路、巳往名爲後路。生住異滅之四相是也。寶積經九十四曰、「三世所謂過去未來現在。云何過去世。若法生巳滅、是名過去世。云何未來世。若法未生未起、是名未來世。云何現在世。若法生巳未滅、是名現在世。」

【三種三世】（名數）唯識宗所云過現未之三世、有三種之別。一道理三世。又云種子曾當之因果。於現在法上、以道理假立之三世也。現在之法、爲過去因之酬、故假現在法之因、爲過去。現在之法、有未來必引果之義、故假果而名爲未來。即於現在一刹那之法、立三世也。二神通三世。過未非實體。而由宿命智觀過去、由生死智觀未來、由他心智觀現在之境。非實之三世。乃心識所變現在刹那之相分也。三唯識三世。過未之法、非有實體。由妄情而顯現。過未之事物、心中故妄情有三世。實皆爲現在法之相分。而唯識所變也。神通三世者就於悟心。唯識三世者就於迷情。

【十種三世】（名數）一過去世說過去世。二、過去世說未來世。三過去世說現在世。四未來世說過去世。五未來世說現在世。

六未來世說無盡。（於未來說未來亦曰未來無盡）七現在世說過去世。八現在世說未來世。九現在世說平等。十現在說三世卽一念。說見華嚴經五十三。

【三世假實】（雜語）大乘勿論。小乘如大乘部化地部經部立現在之法有實體、過去未來之法無實體。故過去未來云者、已有當有之假名也。小乘之薩婆多部立三世實有法體恒有、謂三世之法歷然實有、若爲無法、則對於過去未來無可起謂爲過去謂爲未來思想之理。然則云何而立三世之別、解此者共有四論。一類之不同、是法救尊者之說。有爲之諸法由未來來於現世時、捨未來之類而得現在之類、由現在遷於過去時、捨現在之類而得過去之類。三世之類雖異、法體則實有也。喻如破金器而製餘物、長短方圓之形雖異、而金體不異。二相之不同、是妙音尊者之說。三世有各別之相、有爲之諸法在於未來時、正合未來之法、故雖名未來而非離過去現在之相。來於現在時正合現在、故雖名現在之法、而非離過去未來之相、入於過去時正合過去之相、故雖名過去之相、而非離未來現在之相、依其正合之世相不同而有三世之異、法體則實有也。喻如持妻妾三人者、正染於其一人也。三位之不同、是世友尊者之說。未來爲未作用之位、現在爲正作用之位、過去爲已作用之位。有爲之諸法遷流三世、在未作用之位則名未來、在正作用之位則名現在、在已作用之位則名過去。依三位之不同、有三世之別、法體則實有也。喻如算盤之珠置千一之位則名爲一、置於十之位則名爲十、置於百之位則名爲百。名與作用雖異、體則一也。四待之不同、是覺天尊者之說。待者待望之義。彼此望合望前於後、爲過去、望後於前爲未來、望中於前後之爲現在。依待望之不同有三世之別。法體則實有也。譬如一女、對於母則爲女、對於女則爲母、對於夫則爲妻也。已上四師稱爲婆沙之四評家。此四說中、婆沙俱舍皆取就第三說作用而立之義、斯爲最善說。詳婆沙論七十七、俱舍論二十、頌疏一。

【三世心】（術語）心爲刹那生滅者、未來心未成故不可得、過去心既滅故不可得、現在心不暫停故不可得。是謂之三世心不可得。般若維摩諸經深明此旨。見三世不可得條。

【三世佛】（名數）三世者。過去現在未來也。過去佛爲迦葉諸佛。現在佛爲釋迦牟尼佛。未來佛爲彌勒諸佛。此卽佛經所云三世諸佛也。

【三世間】（名數）過現未遷流謂爲世、彼此間隔謂爲間、有爲法之別名也。一切有爲法分類爲三種。一五陰世間、又名五衆世間。五陰者色受想行識之五法也。十界之五陰各各差別名爲五陰世間。二衆生世間、又名假名世間假五陰和合之上名爲衆生者、上自佛界下至地獄各各差別也。三國土世間又名器世間衆生所依之境界十界各各差別者、是五陰中假立於色陰之上者。要之第一爲實法第二第三爲假法假法之中、分正報之內身與依報之外器說見智度論四十七止觀五。又一器世間即國土世間舉釋迦如來所化之境二衆生世間舉釋迦如來所化之機類三智正覺世間具如來大智慧覺了世間出世間之法者、是釋迦如來爲教化一切衆生種種差別之智身也。此三世間於如來敎化上立之說見華嚴大疏三。

【三世智】（術語）　如來十智之一。通達三世之佛智也。

【三世了達】（術語）　諸佛之智慧、達觀過去現在未來之三世了了分明故云三世了達。法華經科註曰、「如來三達無礙。觀破久遠如今。」

【三世成佛】（術語）　與三生成佛同。

【三世諸佛】（術語）　三世出現之諸佛法華經方便品曰、「三世諸佛說法之儀式」觀無量壽經曰「三世諸佛淨業正因」

【三世覺母】（菩薩）　文殊菩薩之異名由出生智慧之意故云覺母。蓋文殊菩薩、司毘盧舍那之大智、爲三世諸佛成道之母故也。心地觀經曰「三世覺母吉祥。」聖無動尊大威怒王秘密陀羅尼經曰、「妙吉祥菩薩是三世覺母故名文殊師利。」

【三世三千佛】（術語）　過去世莊嚴劫之一千佛、現在世賢劫之一千佛、未來星宿劫之一千佛合成三千佛也。此中賢劫即現在劫之千佛出世時代經論之所論出沒、隱顯不一。定佛祖統記三十記諸經論之勘考。藥王經於三劫千佛各舉首尾之佛名。三千佛名經具列其名。賢愚經出賢劫千佛之名。但明藏之佛名經、與藥王經首尾佛名同、麗藏之佛名經僅賢劫千佛之首尾與前二經同他二劫不同也。秘藏記末謂本來無量無數差別智身之功德莊嚴藏爲過去千佛、最初起普賢行者爲賢劫千佛又說身有無量無數之如來如法修行煩惱雲散、本有如來出現之未來千佛賢劫千佛。參照賢劫條。

【三世不可得】（術語）　謂三世之諸法不可得一實體也。維摩經弟子品曰、「若過去生過去生已滅若未來生未來生未至、若現在生現在生無住。」金剛經曰、「過去心不可得現在心不可得未來心不可得。」

【三世不相待】（雜語）　謂三世之法新新生滅更不相待也。維摩經弟子品曰、「一切法生滅不住如幻如電諸法不相待。乃至一念不住。」

【三世無比力眞言句】（雜名）　如來於十方三世積集無量福德、一切事業不可破壞之無比力所生之眞言句也。大日經二曰、「如巧色摩尼能滿一切願積聚無量福德住不可害行三世無比力眞言句。」同疏九曰、「常徧十方三世以無量門植種種德本無窮已時住不可害行。卽是於一切事業中皆悉不可留難不可破壞之義故名三世無比力眞言句。」

【三世無障礙智戒】（術語）此戒能成就三世無障礙之智故名爲三世無障礙智戒。又名三昧耶戒自性本源戒三平等戒、菩提心戒無爲戒眞法戒。入壇之前初心行者所受之三世無障礙戒卽十善戒也。大日經一曰、「應授彼三世無障礙智戒。」同疏五曰、「菩薩所以發心攝受方便學處皆爲成就如來清淨智慧。」大疏演奥鈔十一曰、「方便學處者下方便學處品所說十善戒也。依攝受此戒成就三世無障智故云皆爲成就如來清淨智慧也。」同十三曰、「三世無障礙戒者戒體也。四重、十重、十善戒等戒相也。戒體通二機戒相有通局通者十善戒。局者四重禁等也。」

【三世實有法體恒有】（術語）小乘敎中一切有部宗所立。三世實有謂時間的諸法體性實在也。法體恒有謂空間的諸法體性實有也。所見事物之生滅、惟爲體上之作用。於自體非有生滅故謂法體爲恒有。參照三世條。

【三世最勝心明王經】（經名）金剛恐怖集會方廣儀軌觀自在菩薩三世最勝心明王經之略名。

【三生】（術語）卽三世轉生之意。傳燈錄曰、「有一省郎。夢至碧岩下一老僧前。烟穗極微云此是檀越結願。香烟存而檀越已三生矣。」白居易詩「世說三生如不謬。共疑巢許是前身。」案此三生指轉生而言。其外又有諸宗所立三生成佛之義者有數家、今列之如下。

【聲聞乘三生】（術語）得阿羅漢極速者、經三生。第一生植順解脫分之善。第二生植順決擇分。第三生入於見道。乃至得阿羅漢果。無更較此爲速者。俱舍論二十三曰、「極速三生、方得解脫。謂初生起順解脫分。第二生起順決擇分。第三生入聖乃至得解脫。譬如下種苗成結實三位不同身入法性成就解脫三位亦爾。」

【天台三生】（術語）台家約種熟脫三段示佛道成就之相。初種菩提心之種子爲種、修行漸熟爲熟。修行成而果德顯爲脫。此三段或配於久遠與中間及今世之三。或於一生一念之中立此三。然則三生者但示三位之別耳。見種熟脫條。

【華嚴三生】（術語）華嚴宗又立三生成佛、一見聞生。於宿世見盧舍那佛、聞普賢法門成就金剛不壞佛種子之位。是屬於宿善。二解行生、於今生開圓解修圓行、由十信具足十地等覺妙行之位。三證入生、於當來世證入佛果之位。然而以此三生、配於過現未三世、爲約於下根之義、卽隔世之三生也。若對於上根之機、則三生爲示法門分位之語。在一生一念之中、亦有三生也。善財童子或曰來世成佛、或曰一生成佛、示此二義也。探玄記十八曰「依圓教宗有其三位。一見聞位、卽是善財次前生身。（中略）二是解行位、頓修如是五位行法、如善財此生所成至普賢位者是也。三證入位、卽因位究修潛同果海、善財來生是也」。見三生成佛條。

【三生成佛】（術語）華嚴宗所立、成佛有二義。一以此三生配於過現未之三世、於過去生見佛聞法植佛種子、於今生全十信乃至十地之解行、於來世之生證入果海。卽以三生而成佛、故謂之三生成佛、是爲通途之義。二見聞等三生各自其一生成佛也。本經隨好品記地獄天子於前生見聞華嚴大經之正法而毀謗之、故今雖處於地獄、而爲佛光所照、由前之見聞力卽脫地獄之苦、而生於兜率天、於此一生成就十地解行、遂得成佛、是見聞之一生成佛也。又本經入法界品謂善財童子於福城之東始見文殊、自此南詢、最後見普賢菩薩、一切解行於此一生得圓滿成就、是解行之一生成佛也。又本經入法界品謂舍利弗等於逝多林使六千比丘觀察文殊師利、文殊爲彼等說大法、使彼等證入法界、是證入之一生成佛也。說見華嚴大疏鈔三。參照三聖條。

【三生六十劫】（術語）聲聞乘之修行時也。極速者三生得極果、極遲者六十劫得極果。俱舍二十三曰「極速三生方得解脫」。俱舍光記二十三曰、「此據聲聞極疾三生修加行。極遲六十劫修加行」。

【三平等】（術語）又名三三昧。密敎謂身口意三者互相攝入、不二一味、是乃眞言行之宗要。大日常恒之說法、亦不外說此宗要。大日經一曰、「身語意平等句法門」。同疏一曰、「如此時中佛說何法、卽是身語意三平等句法門。言如來種種三業皆至第一實際妙極之境、身等於語、語等於心、猶如大海遍一切處同一鹹味。故云平等也」。是佛之三密也。秘藏記末以之約衆生曰、「三平等。以三密攝一切諸法。一切色攝身、身卽印契、見色也。一切聲攝口語、卽眞言、聞聲也。一切理攝心、心卽本尊、表實相、是三密平等。平等遍一切處。是故行者常可思一切所見境皆遍一切處身、一切所聞音皆是陀羅尼、卽是諸佛說法音。又吾口所出音皆是誨他之音、敎誨前人。此身語之下理攝自心。自心卽實相、實相卽本尊、本尊卽自心。如是觀謂三平等」。秘藏記鈔二以之約護摩之修法曰、「護摩大宗以三平等觀爲至極。三平等者自身爐壇本尊三種無二平等也。以壇總體觀自身爐口卽行者口也。以種種燒具獻自口供養自身本有佛。燒除無始業障垢。又此自身爐壇卽成毘盧遮那如來。從一一毛孔澍甘露乳雨利法界衆生也。」此有三種之三平等、一吾身卽印也。吾語眞言也。吾心本尊也。此三密彼此攝入平等平等周遍法界是乃自之三平等。二爲已成未成一切諸佛之三密平等也。三爲自之三業與佛之三密入我我入平等平等也。秘藏記末曰、「問秘密藏以何爲體宗用。答以曼荼羅爲體。以三三昧爲宗。以方便爲用。(中略)自三平等互相攝入。他三平等互相攝入。其三平等互相攝入平等平等是卽宗也。」而三平等之法不止此。大日經疏九曰、「三等爲三世等三因等三業道等(卽三密)三乘等。」卽身義曰、「佛法僧是三。身語意又三。心佛及衆生三也。如是三法平等一也。」是亦一端耳。準於佛部蓮華部金剛部之三部、法身般若解脫之三點、空假中之三諦、定智悲之三德、法報應之三身、種種之三法。台宗之三軌可知矣。此平等觀念爲眞言行者最要之法。故入眞言行者必先受持此觀念。是卽三昧耶戒也。

【三平等地】(術語)謂譯空、無相、無願之三三摩地也。

【三平等戒】(術語)密敎之略戒。爲三昧耶戒之譯名。見三昧耶戒條。大疏演奧鈔十三曰、「三業平等、是爲此戒。三業平等者一心本源也。亦名自性本源戒。若住此處衆惡永息。故立戒稱也。」

【三平等觀】(術語)又云三三昧觀。觀念三平等也。卽入我我入觀。見三平等條。又行者正念誦之初作入我我入之觀、謂之三平等觀。

【三平等護摩壇】(術語)自身與本尊及護摩壇三位一體之護摩壇。

【三目】(譬喩)自在天面上之三目、以譬法身、般若、解脫三德之不縱不橫不一。

【三田】(譬喩)以喩菩薩、聲聞、闡提之三種。涅槃經三十三曰、「善男子如三種田。渠流便易無諸砂墟瓦石棘刺。種一得百。二者雖無沙墟瓦石棘刺。渠流險難。收實減半。三者渠流險難。多諸沙墟瓦石棘刺。種一得一。爲藁草故。善男子、農夫春月先種何田。世尊先種初田。次第二田。後及第三。初喩菩薩。次喩聲聞。後喩一闡提。」

【三句】(術語)雲門之三句、一截斷衆流、二函蓋乾坤、三隨波逐浪。祖庭事苑一曰、「立此三句自德山圓明大師始也。今皆謂雲門三句者蓋參尋之不審也。然德山卽雲門之嗣、有此三句爾。」見雲門條。

【大日經三句】(名數)大日經一曰、「佛言菩提心爲因。大悲爲根。方便爲究竟。」

大日經一部以此三句爲大宗同疏一曰、「以此三句義中悉攝一切佛法(中略)佛已開示淨菩提心略明三句大宗竟卽統論一部始終。(中略)當知十方三世一切如來種種因緣隨宜演說法無非爲此三句法門究竟同歸本無異轍。」此三句攝於金剛薩埵種子𑖮(吽)之一字其故以字體之𑖮字爲因之義當於菩提爲因之句、𑖨字之三昧點爲行當於大悲爲根之句、𑖦(麽)字之大空點爲究竟之果當於方便究竟之句也。吽字義曰、「雖千經萬論亦不出此三句一字其一字中所開因行果等準前思之。」

【三白食】(名數)牛乳牛酪白米也。修法行者食之。十一面神咒經曰、「行者唯應食三白食乳酪飯」末法中一字心咒經曰、「持法之人須喫三白食所謂乳酪粳米。不得破齋。」大寶樓閣善住秘密陀羅尼經曰、「淸淨洗浴著鮮淨衣喫三白食所謂乳酪粳米。」一切法功德莊嚴王經曰、「惟喫三種白食謂白飯乳酪。」大雲輪請雨經曰「應食三種白淨之食所謂牛乳酪及粳米。」

【三白法】(術語)持三白食之法也。宋高僧傳二十三(元慧傳)曰、「立志持三白法」見三白食條。

【三末多】(人名)Sammata 劫初之王名俱舍光記十二曰、「三末多此云共許。衆人共許爲好人也。

【三仙二天】(名數)三仙者、一迦毘羅仙數論之祖也。二鵂鶹仙勝論之祖也。三勒沙婆仙尼犍子之祖也。二天者、一大自在天二毘紐天大部輔注一曰、「一伽毘羅此云黃頭頭如金色。二優樓僧佉此云鵂鶹仙。三勒沙婆此云苦行此卽三仙也。一摩醯首羅此云大自在天。二毘紐亦云韋紐亦云韋糅此云徧勝亦云徧淨及云徧悶此卽二天也。」

【三百矛】(雜名)猶言三十棒也。指數多而云。雜阿含經十四曰、「彼王治罪劖以三百矛。」梵網經下曰、「菩薩聞外道惡人以惡言謗佛戒時如三百鉾刺心。」涅槃經十一曰、「我寧以身受三百鉾終不敢以毀戒之身受於信心檀越床臥具。」

【三百會】(雜語)見三百六十會條。

【三百由旬】(雜語)法華經化城喩品說有導師欲率衆越五百由旬之險難至寶處、恐衆疲倦而還遂方便於三百由旬之中途作一城暫爲止息。三百由旬者爲超三界營小乘之有涅槃。文句七曰、「三界果報處爲三百。」

【三百五十戒】(術語)與三百四十八戒同。

【三百六十會】(雜語)或曰三百會禪家諸師言佛於一代中說會多之套語也。非有經論之典據碧巖十四則評唱曰、「釋迦老子四十九年住世。五十六十會開談頓漸權實。謂之一代時敎」釋門正統曰、「金口宣揚五十年正敎。阿難結集三百會之眞詮。」

【三百四十一戒】（術語）與三百四十八戒同。

【三百四十八戒】（術語）比丘尼之戒數也。常舉大數謂之五百戒、見戒條。

【三因】（術語）俱舍論有六因、成實論因之立三因。一生因、法生之時能爲因者。如善惡業爲苦樂報之因。卽六因中之異熟因也。二習因、如習貪欲而益長貪欲。卽六因中之同類因也。三依因、如以六根六境爲所依而生六識。卽六因中俱用相應遍行之三因也。而六因中之能作因。卽爲四緣中之增上緣、故成實論不立之。說見釋籤十之一、補註十四。

【三因四緣】（名數）成實論以三因四緣爲生心心所法。三因如前。四緣見緣條。

【三因三果】（名種）三種之因與三種之果也。一異熟因異熟果、言今世所作善惡之因、於來世生果也。二福因福果、言以布施持戒忍辱爲因、於現在及未來世得自在之果也。三智因智果、言以修習一切之智慧爲因、故得證三乘及佛果也。出於瑜伽師地論。

【三因佛性】（名數）涅槃經所說。一正因佛性、離一切邪非之中正眞如也。依之成就法身之果德、故名正因佛性。二了因佛性、照了眞如之理之智慧也。依之成就般若之果德、故名了因佛性。三緣因佛性、緣助了因開發正因之一切善根功德也。依之成就解脫之德、故名緣因佛性。金光明玄義曰、「云何三佛性。佛名爲覺。性名不改。不改卽是非常非無常。如土內金藏。天魔外道不能壞。名正因佛性。了因佛性者。覺智非常非無常。智與理相應。如人能知金藏。此智不可破壞。名了因佛性。緣因佛性者。一切非常非無常功德善根資助覺智開顯正性。如耘除草穢掘出金藏。名緣因佛性。」同記上曰、「正謂中正。了謂照了。緣謂助緣。緣資了。了顯正。正起勝緣。亦是正發於了。了導於緣。緣嚴於正。正起勝緣相由。既然非橫義也。一心頓具非縱義也。此妙因能尅妙果。俱名因者其義在茲。」此三佛性、又爲空假中之三諦。因爲空諦、緣因爲假諦、正因爲中諦也。輔行二曰、「三千卽空性了因也。三千卽假性緣因也。三千卽中性正因也。」

【三有】（術語）三界之生死。見有條。

【三有對】（名數）對爲礙之義、有障礙之義者謂之有對。一障礙有對、如手礙手、石礙石、互礙而被礙者。二境界有對、六根六識及諸心所、爲五境及法境之一分境界所拘束、而取境之作用不得自在者。三所緣有

對、為六識及法境之一分所拘束而緣慮之作用不得自在者

【三有為相】（名數）見有為條。

【三有為法】（名數）見有為條。

【三自】（名數）八正道分有自調自淨自度三種。是二乘自利之三學也。圖之如下。

正語、正業、正命 ｝自　調——持　戒

正念、正定 ｝自　淨——修　禪

正見、正思惟、正精進 ｝自　度——智　慧

見智度論六十一。図（術語）具曰三自一心摩訶衍法。具自體自相自用三大之一心。即起信論所說之一心、華嚴宗所明之一真法界也。釋摩衍論五曰、「三自一心摩訶衍法、一不能一假能入一。心不能心假能入心。（中略）如是勝處為明無明。如是勝處無明邊域非明分位。」秘寶鑰上曰、「十地不能窺窬。三自不得齒接。」

【三自一心】（術語）見三自條。

【三光】（名數）色界之第二禪、有少光天、無量光天、光音天之三天、名曰三光。舊譯仁王經上曰、「九梵三淨。三光三梵。」因指日月星而言、見次項。

【三光天】（術語）日月星也。一日天子、法華經名寶光天子、有經言觀音名為寶意、作日天子者是也。二月天子、法華經名名月天子、有經言大勢至菩薩名為寶吉祥作月天子者是也。三明星天子、法華經名普光天子、有經言虛空藏菩薩名為寶光作星天子者是也。法華經序品曰、「名月天子。普光天子。寶光天子。」法華文句二曰、「或云。是三光天子耳。名月是寶吉祥、月天子。大勢至應作。普光是明星天子。虛空藏應作。寶意是日天子。觀世音應作。」同嘉祥疏二曰、「復有經云。觀世音名寶意。作日天子。大勢至名寶吉祥作月天子。虛空藏名寶光作星天子。」而明三光本地之經本不可確定。日本證真之私記引天地本起經、道綽之安樂集、永觀之經生十因引須彌四域經、以明觀音勢至之應作日月、然此二經皆偽經也。天台既曰或云、嘉祥亦云有經、則後生存疑可也。但明星之本地、虛空藏菩薩神咒經、七佛存菩薩神咒經有明據、見虛空藏條。

【三光天子形像】（圖像）畫三光之像以明星為菩薩形、置於中央、以日月為天人形、置於左右、學海餘滴四曰、「在佛工家造三光像、大明星為菩薩形、日月二天作天人形、若三光俱依其本、即宜為菩薩形。若約其迹、則宜並為天人形。今一是從本、二是就

迹、本迹互顯也。若約日月星辰階位、則宜於日月後列明星。今則明星依其本地、故安於中央、日月就迹、故列於左右。況復妙經以名月天子、普光天子、寶光天子爲次第、大明星在其中間耶。」愚案明星有先日破世間闇之本誓。大集經二十三虛空目分淨目品曰「往昔發願、此閻浮提夜五分過、餘一分在、當在日前十千由旬、先當破壞閻浮提闇、而作明相。」

【三衣】（名數）佛制稱爲衣者袈裟也。後世別袈裟與衣、稱三衣爲袈裟、種種僧衣咸有別名。三衣者、一僧伽梨Saṅghāṭi譯言衆聚時衣、大衆集會爲授戒說戒等嚴儀時着之。二鬱多羅僧Uttarāsaṅga譯言上衣、在安陀會上着之。三安陀會、Antarvāsaka譯言中着衣、襯體而着之。三衣皆爲方形縫綴數多之小片者、故隨其條數而分三衣。五條爲安陀會、七條爲鬱多羅僧、九條已上爲僧伽梨、特稱僧伽梨爲大衣。見袈裟條。

【單三衣】（術語）唯有此一具之三衣、不更蓄餘衣、謂之單三衣。爲十二頭陀行之一。大乘義章十五曰、「言三衣者、謂五條衣、七條衣、大衣。上行之流、唯受此三、不蓄餘衣。」

【三字】（術語）阿彌陀之三字也。謂之爲三字之名號。譯言無量壽。

【三字禪】（術語）碧巖六則頌評唱曰、「雲門尋常愛說三字禪、顧鑑咦。又說一字禪。」顧者顧慮、鑑者鑑察、咦爲呼人之聲。

【三妄】（術語）三妄執之略。

【三妄執】（術語）密家所立。於六大惑中除見惑、以其餘貪瞋痴慢疑五大惑倍倍五度而得百六十心。

【三牟尼】（名數）牟尼條。

【三牟提耶】（雜語）Samudaya譯曰集。四諦中之集諦。說見賢愚經十二。

【三同七異】（名數）聲聞緣覺二乘之同異也。見二乘條附錄。

【三色】（名數）三種之色法、五根、五境、無表色。

【三印】（術語）法印也。法華玄義八曰、「釋論云、諸小乘經、若有無常、無我、涅槃三印印之、則是佛說、修之得道。無三法印、即是魔說。」見三法印條。

【三行】（名數）一福行、行十善等福感天上人間之果者。二罪行、又曰非福行、行十惡等罪感三惡道之苦者。三不動業、又曰無動行、修有漏之禪定、感色界無色界之果者。是爲禪定不動之行、故云不動。又感果不動、如福行罪行時非如異變、故云不動。見智度論八十八。

【三多】（名數）多近善友、多聞法音、多修不淨觀也。又多供養佛、多事善友、多問法要也。或以名天台之三觀等、三多不一種也。輔行序曰、「三多之妙運遞階。」四念處一曰、「三多倍際」助覽曰、「或云。三止三觀所蘊法多或云三種止觀所蘊法多故曰三多。」四敎集解中曰「言三多者、長阿含(九卷十上經)云三多成就。一近善友。二聞法音。三惡露觀大般若云。多供養佛。多事善友。於多佛所請問法要。妙經亦云。有福供佛求法等三。(序品曰、若人有福、曾供養佛志求勝法、爲說緣覺。)或以福田時節種子名爲三多。是則三多大小皆有。然三多義解者鮮矣。余今所示、其必然耶。」

【三年忌】(行事) 又曰三周忌、三周闕、死後三年之忌日也。此日請僧設齋而祈追福。

【三安居】(術語) 見安居條。

【三舟觀月】(雜語) 宗鏡錄曰、「三舟共觀。一舟停住。二舟南北。南者見月千里隨南。北者見月千里隨北。停者見月不移。是謂此月不依中流而往南北。設百千並觀。八方各去。則百千月各隨其去。」

【三佛】(名數) 法佛報佛化佛也。即三佛菩提等。〔又〕太平之佛鑑禪師慧勤、龍門之佛眼禪師清遠、天寧之佛果禪師克勤、此三師爲楊岐派第三祖五祖山法演之法嗣、稱爲楊岐之三佛。又名演門之三傑。釋門正統三曰、「楊岐三佛最爲競爽。」佛祖通載三一曰、「演門二勤一遠。聲價籍甚。叢林謂之三傑。」

【三佛土】(名數) 對於唯識論所說之三佛身。定三佛所居之國土。一法性土、自性身之土。即眞如之理也。此身土與體雖無差別。然相性不同。故以能知之覺相爲佛、(即身、)以所知之法性爲土。二受用土、即報身受用之國土。爲與大圓鏡智相應之淨識所變現。盡未來際而相續、以無漏之色爲體。此中有自受用土與他受用土二種。自受用土。如上、他受用土者、依平等性智之大慈悲力。對於初地已上之菩薩。變淨土者亦以無漏之五塵爲體。三變化土、即變化身所居之土也。依成所作智之大慈悲力。應初地以下乃至一切之凡夫、或現淨土、或現穢土者、見義林章七末。

【三佛子】(名數) 一切衆生、皆爲佛子。凡夫爲外子。二乘爲庶子。菩薩爲眞子。貶二乘而褒大乘家之名也。見華嚴疏。

【三佛身】(名數) 唯識論所明之三身也。見三身條。

【三佛陀】(術語) Sambuddha 譯言正覺者。

【三佛性】(名數) 佛性雖常住不變、然爲他修證分三義。一自性住佛性、一切衆生本有之爲自性而常住者。三惡之衆生唯具此一。二引出佛性、依修行之功而本有之佛性漸爲引出者。三乘之行人具之。三至得果佛性、修因滿足、而本有之佛性了了顯發者。卽諸佛之佛性也。見華嚴孔目章二。

【三佛頂】（名數）謂發生、廣生、無量聲之三佛頂也。分掌如來三部之德。大疏謂發生白色（息災）廣生黃色（增益）無量聲赤色。（降伏）

【三佛語】（名數）佛之說法有隨自意等三語。見佛語條。

【三佛粟底】（術語）Saiṃvṛti 世俗諦之梵語。舊師譯爲世俗諦。玄奘譯爲隱顯諦。義淨譯爲覆俗諦。隱顯者。隱眞理而顯事相之義。義林章二末曰「此諦理應名隱顯諦。隱覆空理、有相顯現。如結手巾爲兎等物。隱本手巾、兎相顯現。此亦如是。今隨古名名世俗諦。梵云三佛粟底。故以義釋名隱顯諦。」

【三佛菩提】（術語）法報化三身之佛果也。菩提以佛果而名。法華論曰「示現三種佛菩提。一者應化佛菩提。隨所應見而爲示現故。（中略）二者報佛菩提。下地行滿足得常涅槃證故。（中略）三者法佛菩提。謂如來藏性涅槃常恒清涼不變故。」安樂集上曰「菩提有三種。一者法身菩提。二者報身菩提。三者化身菩提。」

【三身】（術語）佛之三身也。經論所說、或二身、乃至十身、開合多途。然以三身爲通途。蓋諸身之不同不出三身也。

【法報應三身】（術語）台家所立之三身也。法報應之名、法華論取之。是開眞合應之三身也。開眞者。法與自受用及報之二合。應者。應中合他受用與報之勝應也。一法身、中道之理體也。本有之三千也。二報身、報因行功德而顯佛之實智也。二分之、自受內證法樂之身、名爲自受用報身。對於初地已上菩薩應現之報身、名爲他受用報身。此與應中之勝應身、同體異名。三應身、又曰應化身。自理智不二之妙體、爲化度衆生應現種種之身也。亦二分之。對於初地菩薩應現者。名爲勝應身。卽上之他受用報身也。應現於地前凡夫及二乘者。名爲劣應身。釋迦如來之丈六身是也。此三身中法身如來名爲毘盧舍那。譯言遍一切處。報身如來名爲盧舍那。譯言淨滿。又譯曰光明遍照。應身如來名爲釋迦文。譯言度沃燋。此三名爲但就佛身分別者。故應化身單爲釋迦文度沃燋。然汎別應化身、則固於此中攝盡諸趣隨類之身也。若以此三身配於彼宗所立之四土。則法身處於寂光土。報身處於實報土、勝應身處於方便土。劣應身處於同居土。法華論曰。「一者示現應佛菩提。故隨所應見而爲示現。二者示現報佛菩提。十地行滿足得常涅槃證故。三者示現法佛菩提。謂如來藏性常涅槃常恒清涼不變等義。」天台光明玄曰、「法報應是爲三。三種法聚故名身。所謂理法聚名法身智法聚名報身功德法聚名應身。」止觀六曰、「就境爲法身就智爲報身起用爲應身。」文句九曰「法身如來名毘盧舍那此翻遍一切處報身如來名盧舍那此翻淨滿應身如來名釋迦文此翻度沃燋。」輔行一之一曰、「從體三身相卽無暫離時既許法身遍一切處報應未曾離於法身況法身處二身常在故知三身遍於諸法何獨法身乎。」又密教立法報應之三身日本弘法之三昧耶戒儀曰、「歸依無上二身諸佛。」同資秉記曰、「約於密教之兩部曼荼羅則各有橫竪之三身其胎藏中胎是法身與第一重之內眷屬第二重之大眷屬合是報身、第三重是應身此是竪也上之諸身各具三身是橫也其金剛依禮懺文等於五佛之中中東合是法身南西合是報身北方是應身、此竪也橫之義如前。」

【自性受用變化三身】（術語）法相宗所立之三身也。佛地論、取唯識論之名是又開眞合應之三身也。一自性身、卽上之法身。二受用身、此有二、唯爲佛與佛之境界他菩薩不能見聞佛自受用法樂之佛身名爲自受用身是大圓鏡智之所變也。又使初地已上之菩薩感見之使彼受用法樂之佛身。名爲他受用身是平等性智之所現也。此卽上之勝應身。三變化身、對於初地已前菩薩、二乘凡夫及諸趣之衆生變化種種之身使之感見者。卽上之劣應身。是成所作智之所現也。佛地論三曰、「佛具三種身一者自性。二者受用三者變化」唯識論十曰、「一自性身。謂諸如來眞淨法界受用變平等所依。離相寂然絕諸戲論具無邊際眞淨功德是一切法平等實性卽此自性亦名法身大功德法所依止故。二受用身此有二種一自受用謂諸如來三無數劫修集無量福慧資糧所起無量眞實功德及極圓淨常遍色身相續湛然盡未來際、恒常自受用廣大法樂。二他受用謂諸如來由平等智示現微妙淨功德身居純淨土爲住十地諸菩薩衆現大神通轉正法輪決衆疑網令彼受用大乘法樂、合此二身名受用身。三變化身謂諸如來由成所作智變現無量隨類化身居淨穢土爲未登地諸菩薩二乘異生稱彼機宜現通說法令各獲得諸利樂事」與上之三身相對、則如左、

自性身——法身
受用身｛自受用心 ／ 他受用心—勝應身｝報身
變化身——劣應身＞應身

【法應化三身】（術語）是最勝王經所說合眞開應之三身也開應者於應身之中別應與化卽

法身＜自性身 ／ 自受用身

應身──他受用身
化身──變化身
最勝王經分別三身品曰、「一切如來有三種身。一者化身。二者應身。三者法身。如是三身具足攝受阿耨多羅三藐三菩提。」

【法報化三身】（術語）大小乘通用之名目也。小乘以戒定慧解脫解脫知見五品之功德為法身。以王宮所生相好之形為報身。以化獼猴鹿等為化身。若就大乘則卽天台之法報應。又法相宗自性受用變化之三身也。

【三種身】（名數）台宗諸佛立三身。一色身、為三十二相乃至微塵數之相好身、是解脫之德也。二法門身、為三德四無量五分六度七覺八聖乃至八萬四千法門功德積聚之身、是般若之德也。三實相身、是所謂實相眞如、三身中法身之德也。止觀二之三曰、「別相者身有三種。一者色身。二者法門身。三者實相身。若息化論歸、色身歸解脫。法門身歸般若。實相身歸法身。」因於密敎、為四種曼陀羅中之法曼荼羅、卽法門身也。又曼荼羅之諸尊、悉自大日如來之功德法流出者。則為法門身、色身、實相身如上。

【三身業】（名數）十業道中身業之三種。一淫業、二盜業、三殺業。

【三身三德】（名數）三身者法報應。三德者法般解。二者配對則法身卽法身之德。報身為般若之德。應身為解脫之德。

【三身如來】（術語）法身如來、報身如來、應身如來也。見三身條。

【三身佛性】（名數）佛性有三、一正因佛性、是法身如來之因。二了因佛性、是報身如來之因。三緣因佛性、是應身如來之因。見三因佛性條。

【三身梵讚】（書名）一卷、宋法賢譯。總為梵語。

【三身卽一佛】（術語）一佛身具三身之功德性能也。參照三身項中法報應三身下、輔行之引文。

【三戒】（名數）一在家戒、八戒也。二出家戒、十戒具足戒也。三道俗共戒、五戒也。見釋氏要覽上。

【三戒經】（經名）大方廣三戒經之略名。

【三劫】（術語）三阿僧祇劫。三無數劫。菩薩修行之年時。因眞言所立三妄執之異名。劫有時分與妄執之二義。今取妄執之義。凡妄惑有百六十心。分之為三重。一麤妄執、執實我者。二細妄執、執實法者。三極細妄執、障中道之無明也。見眞言廣名目六。因過現未三世之劫、過去名莊嚴劫、現在名賢劫、未來名星宿劫。見佛祖統紀三十。又法苑珠林劫量篇曰、「夫劫者大小之內、各有三焉。大則水火風而為災。小則刀饑疫以為害。」

【三劫三千佛】（雜名）三劫一一有一千佛出世。見三世三千佛條。

【三劫三千佛名經】（經名）三卷、失譯人名。先舉五十三佛。次舉三劫各千佛。過去莊嚴劫千佛名經一卷、現在賢劫千佛名經一卷、未來星宿劫千佛名經一卷之合本經也。藏經目錄揭別名。

【三車】（譬喻）羊車鹿車牛車也。如此次第乃以譬聲聞乘、緣覺乘、大乘者。法華經譬喻品所說。見火宅條。傳燈錄曰：「法達問經說三車。大牛車與白牛車。如何區別。祖曰：汝自迷背。不知坐却白牛車。更於門外覓三車」因法華宗之慈恩常從三車。故稱爲三車和尚。宋高僧傳四窺基傳曰：「奘師始因陌上見其眉秀目朗。舉措疎略。曰：將家之種不謬也哉。脫或因緣相扣。度爲弟子。則我法有寄矣。（中略）遂造北門將軍。微諷之出家。父曰：伊類麤悍。那勝教詔。奘曰：此之器度、非將軍不生。非某不識。父雖然諾。基亦強拒。激勉再三。拜以從命。奮然抗聲曰：聽我三事。方誓出家。不斷情欲葷血。過中食也。奘先以欲勾牽。後令入佛智。佯而肯焉。行駕累載前之所欲。故關輔語曰：三車和尚。卽貞觀二十二年也。」基自序云：九歲丁艱。漸疏浮俗。若然者。三車之說。乃厚誣也」

【三車家】（術語）三乘家之異名。見四車家條。

【三妙】（術語）三法妙之畧。

【三妙行】（名數）又曰三牟尼。見牟尼條。

【三災】（術語）劫末所起之三種災害。有小大之二。

【小三災】（術語）一住劫之中、有二十增減劫。其起於減劫之終者。謂之小三災。一刀兵災。時人爲非法、瞋毒轉盛。相見卽起猛利之害心。隨手所執、皆爲利刀。互相殘害也。二疾疫災。時人具如前諸過失。故吐非人毒。而流行疾疫。遇之便命終。三飢饉災。時人具如前諸過失。故天龍怒而不降雨。世間久遭饑饉。多分命終。俱舍論十二曰：「從諸有情起虛誑語。諸惡業道。後後轉增。故此洲人壽量漸減。乃至極十。小三災現。此小三災中劫末起。三災者。一刀兵、二疾疫、三饑饉。（中略）刀兵災起極唯七日。疾疫災起七月七日。饑饉七年七月七日。度之便止。」

【大三災】（術語）過住劫、則入壞劫、壞劫有二十增減劫。前十九增減劫壞有情世間。最後一增減劫壞器世間。壞此器世間有火災水災風災之三者。是曰大三災。此三災非起於同時。各自輪次而起。以壞世界也。第一火災。七個日輪同時並出。焚燒此世界、下自無間地獄、上至色界之初禪天者。第二水災。下自無間地獄上至色界之第二禪天、爲水所浸爛者。第三風災。下自無間地獄上至色界之第三禪天、一切物質爲風飄散者。其次第、先有火災七度、後有一度水災、更有七度火災、復有一度水災。如此每七火有一水、七度水災後、更經七度火災、有一風災、然則三災爲一周、有八七火災、與一七水災與一風災、故總經六十四度之大災。卽六十四大劫也。(一大劫中有成住壞空之四劫壞劫之終有一度之大災也。)俱舍論十二曰、「初火災與由七日現、次水災起由雨霖淫。後風災生由風相擊。此三災力壞器世間。乃至極微亦無餘在。(中略)第二靜慮爲火災頂、此下爲火所焚燒故。第三靜慮爲水災頂。此下爲水所浸爛故。第四靜慮爲風災頂。此下爲風所飄散故。(中略)先無間起七火災。其次宜應一水災起。此後無間後七火災還有一水。如是乃至滿七水災。復七火災後風災起。如是總有八七火災一七水災一風災起。」

【三形】(術語)三昧耶形之略稱。

【三忍】(名數)有種種之三忍。見忍條。

【三沙彌】(名數)沙彌有三種。見沙彌條。

【三角壇】(修法)眞言行者、修護摩時。由其修法之目的如何、或用圓壇、或用方壇、或用蓮華壇、或用三角壇、或用金剛壇。卽胎藏之三種、金剛之五種是也。而所以用三角壇者、以阿毘遮嚕迦法卽降伏目的而修之法也。

【三序六緣】(名數)善導於觀無量壽經之序分義、科經之序分、立三序六緣。三序者、證信化前發起也。其發起序有六緣。禁父禁母、厭苦、欣淨、散善顯行、定善示觀是也。

【三耶三佛】(雜語)Sanyaksambuddha 三耶三佛之誤。

【三法】(名數)一教法。釋迦一代所說之十二分教是也。二行法。依教修行之四諦十二因緣六度等是也。三證法。依行證果之菩提涅槃二果是也。此三者、該收一切之佛法也。十地論三曰、「第二大願有三種。一切諸佛所說法輪、皆悉受持者。謂教法、修多羅等。書寫供養讀誦受持爲他演說故。攝持一切佛菩提者、所謂證法。證三種佛菩薩法。攝受此證法。法他轉授故。一切諸佛所教他法皆悉守護者、謂修行法。於修行時有諸障難攝護救濟故。」義林章六本曰、「具教行證三、名爲正法。但有教行、名爲像法。有教無餘、名爲末法」。日本法然之撰擇集以此三法爲該收淨土一教之意。然日本見眞更加信之一法而爲四法、特置重於此也。見四法條。

【三法印】(名數)一切之小乘經、以三法印印之證、其爲佛說、大乘經以一實相印印之證、其爲大乘之了義教。一諸行無常印行有遷流之義。謂有爲法言一切之有爲法、念念生滅而無常也。是爲諸行無常印。二諸法無我印、行之名局於有爲法、法之名通於無爲法。言一切有爲無爲諸法中無有我之實體。是諸法無我印也。三涅槃寂靜印、言涅槃之法滅一切生死之苦而爲無爲寂靜。是涅槃寂靜印也。智度論二十二曰、「佛法印有三種。一者一切有爲法念念生滅皆無常。二者一切法無我。三者寂滅涅槃。（中畧）摩訶衍中說諸法不生不滅、一相所謂無相。」玄義八曰、「釋論云、諸小乘經若有無常無我涅槃三印。卽是佛說修之得道。無三法印卽魔說。大乘經但有一法印。謂諸法實相名了義經。能得大道。若無實相印。卽是魔說。」

【三法忍】（名數）見忍條。

【三法妙】（術語）法華玄義所說迹門十妙之一。見十妙條。

【三法輪】（名數）眞諦三藏、及三論宗嘉祥、法相宗玄奘所立。判一代敎於三法輪也。

【三法無差】（術語）言心與佛及衆生、三法無差別也。

【三法道界】（名數）本尊之身與眞言及印曰三法、道此三法之界畔曰三法道界、言眞言行者於此三法界內修行、不可越此界畔也。大日經密印品曰、「不越三法界道界圓滿地波羅蜜」義釋十曰、「此明力故能滿諸地。能令修者得現三法。謂成就有三法。謂本尊之身眞言及印等。此三法具卽得成就也。（中略）不越三法道界者。此界是終大界之界。非馱都也。於界道當中而行。故名不越耳。」

【三法展轉因果同時】（術語）相宗談萬法之緣起、第八識之種子待衆緣和合而現行。是曰種子生現行。其種子與現行之因果、非前後異時、而全爲同時。一方現行、正在現行、同時又直以種子薰於本識、是現行種子也。此現行薰習種子因果亦全同時。此種子爲緣所扶、於同時生現行、現行又同時薰習種子、三者展轉爲因爲果。故名。

【三空】（名數）言空、無相、無願之三解脫也。此三者共明空理。故曰三空。見三三昧條。又布施行言受者施者布施物三相之空也。少室六門二種入曰、「行檀捨施。心無怖惜達解三空不倚不著。」

【三空門】（術語）三解脫門之異名。安樂集下曰、「晏安暫時則坐三空門遊則入八正之路。」見三三昧條。

【三空不空】（術語）小乘之法門知三解脫門之空理、不知第一義空不空之理、謂之三空不空。往生論註下曰、「盡彼生者。上失無爲能爲之身。下酣三空不空之痼。」

【三空觀門】（術語）三解脫門之異名。舊譯仁王經上曰、「三空觀門。四諦十二因緣。」見三三昧條。

【三空三摩地】（術語）同上。

【三門】（堂塔）山門之制形如闕、開三門、故亦曰三門。又只有一門、亦呼爲三門、蓋標幟空無相無作三解脫門之稱也。釋氏要覽上曰：「凡寺院有開三門者、只有一門亦呼爲三門者何也。佛地論云。大宮殿三解脫門爲所入處、大宮殿喻法空涅槃也。三解脫門謂空無相無作。今寺院是持戒修道求至涅槃人居之、故由三門入也。」傳燈錄睦州章曰：「一日有天使問、三門俱開、從那門而入。師呼尙書。天使應諾。師云：從信門入。」三門閣上必安置十六羅漢之像、中安寶冠之釋迦、以月蓋長者善財童子挾侍之。（有爲釋迦或觀音者。）又有置五百羅漢者。

【三門三大侍者】（職位）禪家之燒香侍者書狀侍者請客侍者曰三侍者。

【三性】（名數）善惡無記之三。偏依圓之三。

【善惡無記三性】（名數）一善性、於現世來世爲自他爲順益者、信等善心及善心所起一切之善根是也。二惡性、於現世來世、爲自他爲違損者、貪等惡心及惡心所起一切之惡業是也。三無記性、非善非惡、爲中容之法、亦爲順益、亦爲違損、不可記別者。此中有有覆無記與無覆無記二種。妄惑之勢用微弱、雖無違損自他之力、然其體爲妄惑、故蔭覆聖道者、又與此惑障俱者、謂之有覆無記。末那識等是也。其體非妄惑、又非與妄惑俱之法、其自性微弱、曾無損益自他者、謂之無覆無記。阿賴耶識及內根外器等是也。出於唯識論五百法問答抄三。

【偏依圓三性】（術語）一偏計所執性、由凡夫之妄執認爲實物者。凡夫之妄情遍計度一切法、故曰遍計。爲此遍計之妄情所迷執者、謂之所執性。例如見繩而誤以爲蛇。非有蛇之實體。但妄情迷執爲蛇耳。是曰偏計所執性。吾人於內外認實我執實法、亦如此。有爲之萬法、爲因緣假和合之法、無一實我、無一實法。但自妄情計度而迷執爲我、爲法、因而指實我實法。謂之偏計所執性。是但由妄情而存。不能離妄情而有者。二依他起性、依因緣而生之一切萬法是也。他指因緣、以阿賴耶識之種子爲第一之因。藉其他種種之助緣而生者、是離妄情而自存也。例如繩自麻等之因緣而生者。三圓成實性、圓滿成就之眞實性也。亦曰法性、亦曰眞如。是一切有爲法體性也。恰如繩之實性爲麻。此有二義。謂此法性隨緣、爲依他起性者、爲實大乘之義。謂此法性爲所依而依他起性成立者、爲權大乘之義。然而此三性中遍計所執性爲妄有、依他起性爲假有、圓成實性爲實有。又遍計所執性爲實無、依他起性爲似有、圓成實性爲眞有。此三性於別事上、亦在於一事上亦具龜毛兎角及過未之法。認爲實者、爲遍計所執性。如於百法之中、差別前九十四法、爲依他起性、後六無爲爲圓成實性、是別事上之三性也。又舉一花以妄情迷執爲實之花、花之相是遍計所執性也。自因緣而生、假現花之相、是依他起性也。花之實體是圓成實性也。如此分別之則諸法各各於一事上具三性。說見唯識論八、百法問答抄四。

【三性分別】（術語）就事物之性質、分別善惡無記之三性者。

【三性對望中道】（術語）萬有有遍計所執性依他起性圓成實性之三面。配於空假實、故萬有爲非有非空、不可不以爲離有空之中道。結論之如是三性對望而說萬有之中道也。

【三受】（名數）受者領納外境也。境有順違俱非之三、故受有苦樂捨之三。一苦受、領納違情之境而起苦惱之感者。二樂受、領納順情之境而起適悅之感者。三不苦不樂受、又曰捨受、領納不適不順之境而苦樂之感共捨離者。俱舍論一曰、「受蘊謂三領納隨觸、即樂及苦不苦不樂。」

【三受業】（名數）招順於苦樂捨三受之異熟果之業。順樂受業順苦受業順不苦不樂受業之稱也。

【三受門戒】（術語）謂三聚淨戒。瓔珞本業經下曰、「今爲諸菩薩結一切戒根本、所謂三受門攝善法戒。」詳見戒條。

【三明】（名數）在佛曰三達、在羅漢曰三明。智之知法顯了、故名爲明。又曰智明、又曰智證明。證智之境而顯了分明也。一宿命明、知自身他身宿世之生死相。二天眼明、知自身他身未來世之生死相。三漏盡明、知現在之苦相、斷一切煩惱之智也（漏者煩惱）。又如次第名爲宿住智證明、死生智證明、漏盡智證明。然則三明者、六通中之宿命天眼漏盡三通也。智度論二曰、「宿命天眼漏盡、名爲三明。問曰、神通明有何等異。答曰、直知過去宿命事、是名通。知過因緣行業、是名明。直知死此生彼、是名通。知行因緣際會不失、是名明。直盡結使、不知更生不生、是名通。若知漏盡更不復生、是名明。」俱舍論二十七曰、「言三明者、一宿住智證明、二死生智證明、三漏盡智證明。（中略）名明者、如次對三際愚、故謂宿住智通治前際愚、死生智通治後際愚、漏盡智通治中際愚。」婆沙論七十七謂、「六通中餘三何不謂明。答曰、身如意（言神境通）但工巧、天耳通但聞聲、他心但知他人心、故此三不立爲明。餘三所以爲明者、天眼知未來苦、宿命知過去苦、俱能厭離生死。又漏盡能爲正觀而斷煩惱故。」

【三明經】（經名）有婆羅門、通達三部異典、求生於梵天、稱爲三明婆羅門。佛爲

三明婆羅門二弟子破三明所說梵道之虛妄、說眞實之梵道。攝於長阿含十六。巴Tev-ijja

【三明六通】（術語）三明與六通。阿羅漢所具之德也。觀無量壽經曰、「聞衆音聲讚嘆四諦應時卽得阿羅漢道三明六通具八解脫。」

【三事戒】（名數）身口意三事之戒也。

【三事衲】（衣服）又曰三事衣。言五條七條九條之三衣也。禪林之語。

【三事練磨】（術語）菩薩於資糧位生三種退屈時、以三事練磨之也。見三退屈條。

【三念住】（名數）佛之大悲、攝化衆生、常住於三種之念。第一念住、衆生信佛、佛亦不生喜心、常安住於正念正智也。第二念住、衆生不信佛、佛亦不生憂惱、常安住於正念正智也。第三念住、同時一類信、一類不信、佛知之亦不生歡喜與憂慼、常安住於正念正智也。見俱舍論二十七。又謂三念處。見法界次第下之下。

【三念處】（名數）舊譯曰三念處、新譯曰三念住。見三念住條。又三種四念處之畧稱。見四念處觀條。

【三念五念】（雜語）念佛三遍五遍也。法事讚下曰、「種種法門皆解脫。無過念佛往西方上盡一形至十念三念五念佛來迎。」

【三波多】（雜語）Samāpta 譯曰成就。已竟。護摩時所用之語也。見諸儀軌訣影七。

【三波提】（人名）阿育王之孫、法益之子之名。見釋迦譜十。

【三波羅聶提】（名數）Prajñapti三假也。見假條。

【三金】（術語）三密之異名。其性常住堅固、故曰三金剛。密教之六大、卽三密也。地水火之三大爲身密、空風之二大爲語密、識大爲意密。日本覺鑁之顯密不同頌曰、「顯理無六境、密照之三金。」又言金銀銅三者。

【三金剛觀】（術語）於身口意之三處置吽字、觀吽字變爲五股金剛杵之觀法也。於行法之初修之、滅吾身口意之罪障、使成金剛不壞之身、猶如五字嚴身觀。

【三卷鈔】（書名）南山道宣著、拾毘尼鈔之異名。一部有三卷、因行事鈔爲六卷鈔、故卽謂此爲三卷鈔。

【三味】（名數）一出家味、二讀誦味、三坐禪味。見涅槃經十二。

【三毒】（術語）又曰三根。一貪毒、引取之心名爲貪、以迷心對於一切順情之境、引取無厭者。二瞋毒、恚忿之心名爲瞋、以迷心對於一切違情之境起忿怒者。三痴毒、迷闇之心名爲痴。心性闇鈍、迷於事理之法者。亦名無明。此有二種、痴毒獨起名爲獨頭無明。與貪毒共起名爲相應無明。貪毒等必與癡毒相應而起也。智度論三十一曰、「有利益我者生貪欲、違逆我者而生瞋恚、此結使不從智生、從狂惑生、故是名爲癡。三毒爲一切煩惱根本。」大乘義章五本曰、「此三毒通攝三界一切煩惱。一切煩惱能害衆生、其猶毒蛇。亦如毒龍。是故喻龍名爲毒。」止觀五曰、「四大是身病、三毒是心病。」同六曰、「心起三毒、卽名三毒。」智度論十九曰、「一切三界無常爲三衰、三毒火所燒。」涅槃經曰「毒中之毒無過三毒。」

【三毒尸利】（名數）　諸法無行經下、文殊師利、說不動相之法門已、空中有萬天子讚言、「世尊文殊師利名爲無礙尸利。文殊師利名爲不二尸利。」等。文殊語天子曰、「止止。諸天子。汝等勿取相分別。我不見諸法是上是中是下。（中略）我是貪欲尸利。瞋恚尸利。愚癡尸利。是故我名文殊師利。」是說爲天台所立性惡之深義者。

【三所斷】（名數）　見三斷條。

【三具足】（物名）　爲佛前之供養具、花瓶、蠟燭台、香爐三者也。

【三具磑輪】（譬喻）　磑輪三具也。馬繫於此而調御。以譬調御放心也。善導製觀經疏後夢三具之磑輪、是表示以本經所說之三心可調御其心也。大莊嚴論曰、「訓馬之法道立磑輪以繫馬也。行者調心亦爾。」安樂集下曰、「心若散亂時如調馬用磑。」觀經疏跋曰、「當夜卽見三具　輪道邊獨轉。」

【三周】（術語）　佛說法華經於其迹門度聲聞人分正說、領解、述成、授記四段、以之爲一周。而於其聲聞人以上中下之三根有爲前後三周。是曰三周說法。一法說周、當舍利弗一人之上根直說妙法之實理、使之悟入一乘者。涉於方便品與譬喻品二譬喻周、當大迦葉等四人之中根說三車之譬喻、使之悟入一乘者。涉於譬喻品信解品藥草喻品授記品之四品。三因緣周、當其他一切聲聞人之下根說過去大通智勝佛時之因緣、使之悟入一乘者。化城喻品、五百授記品、人記品是也。如此三段次第度上中下根。周足而迹門法華之正宗分畢於此矣。法華玄義十曰、「如法華三周說法斷奠聲聞、咸歸一實。」

【三周聲聞】（術語）　言三周說法所度之上中下根聲聞也。

【三長月】（術語）　三長齋月之略。

【三長齋月】（術語）　又曰三齋月。於正五九之三月自朔至晦持每日不過中食之戒也。長齋云者其月一月之間長續持齋也。梵網經下曰、「於六齋日年三長齋月。作殺生劫盜破齋犯戒者犯輕垢罪也。」法苑珠林八十八曰、「提謂經云。諸天帝釋太子使者日月鬼神地獄閻羅百萬神衆等。其用正月一日五月一日九月一日。四布案行帝王臣民八夷飛鳥走獸鬼龍行之善惡。知與四天王月八日十五日盡三十日所奏同。無不均天下。(中略)除罪名定福祿。故使持此三長齋。」行事鈔資持記下三之四曰、「正五九月冥界業鏡輪照南洲。若有善惡鏡中悉現。或云天王巡狩四天下。此三月對南洲。又云此三月惡鬼得勢之時。故令修時。」

【三宗】(術語) 空假不空假也。齊書周顒傳、「顒汎涉百家。長於佛理。著三宗論。立空假名。立不空假名。設不空假名難空假名。設空假名難不空假名。假名空難二宗。又立假名空。西凉州智林道人遺顒書曰。此義旨趣、似非始開。妙聲中絕。六七十載。貧道年二十時。便得此義。竊每歎喜。無與共之。年少見長安耆老。多云關中高勝。乃舊有此義。當法集盛時。能深得斯趣者。本無多人。過江東略是無一。貧道捉塵尾來四十餘年。東西講說。謬重一時。餘義頗見宗錄。唯有此塗白黑無一人得者。爲之發病。非意此音猥來入耳。始是眞實行道第一功德。其論見重如此。」

【三果】(術語) 小乘四果中之第三果、不還果也。

【三季】(雜語) 印度之曆法分一年爲春夏冬三季。一年之三時季也。

【三和】(名數) 言根境識之三事和合也。依之而生觸之心所。唯識論三曰、「根境識互相隨順。故名三和。觸依彼生。」

【三兩】(本生) 釋迦如來自說往因、我往昔日日割身肉三兩、賣於病家。得金錢五枚。奉於古之釋迦佛。因而開涅槃經。見涅槃經二十二。

【三治】(術語) 三三昧門之異名。見三三昧條。

【三於】(名數) 於有所依之義。三論之嘉祥依三種之所依立三種之二諦。一本於二諦。佛出世先有空有二諦之理。是爲佛二諦根本之二諦。故曰本於之二諦。二敎於二諦。依佛之言敎而說二諦。卽佛之言敎。爲二諦之所依。故曰敎於之二諦。一代佛敎是也。三末於二諦。於佛滅後、迷於敎於。執爲有、執爲空者。末於之二諦也。見三論大義鈔一。

【三武】(名數) 魏太武、周武帝、唐武宗。皆破佛法。謂爲三武之難。護法論曰、「上世有三武之君。」

【三呪】(名數) 一大呪。根本之呪也。二中呪。總略大呪者。三心呪。總略中呪者。見眞言修行鈔二。

【三使】(名數) 生病死三者。謂爲三天使。

【三定聚】（名數）正定聚、邪定聚、不定聚也。見三聚條。

【三供養】（名數）見供養條。

【三表業】（術語）見業條

【三拔諦】（雜語）與三跋致同。

【三陀羅尼】（名數）法華經勸發品所說三陀羅尼。陀羅尼者。智慧之總持力也。天台以之配於三諦而解之。一旋陀羅尼、旋轉凡夫心執着於諸法之有相而達於空理之智力也。是故為空諦。二百千萬億旋陀羅尼、旋轉空而出於假、通達於百千萬億法之智力也。是故為假諦。三法音方便陀羅尼、更一轉而入中道、於法音說法得自在方便之智力也。是故為中諦。文句十曰「陀羅尼旋假入空也。百千旋者旋空出假也。方便者二為方便道得入中道第一義諦也。」図一聞持陀羅尼、得此陀羅尼者。於一切所聞之法憶持不忘也。二分別陀羅尼、得此陀羅尼者、分別一切諸法而不誤也。三入音聲陀羅尼、得此陀羅尼者、於一切衆生之毀譽語言不動其心也。見智度論二十八。

【三阿僧祇劫】（術語）菩薩成佛之年時也。阿僧祇劫 Asaṁkhyeyakalpa 者、譯言無數長時。菩薩之階位有五十位。以之區別為三期之無數長時。十信十住十行十迴向之四十位為第一阿僧祇劫。十地之中、自初地至第七地、為第二阿僧祇劫。自八地至十地為第三阿僧祇劫。第十地卒即佛果也。起信論曰「而實菩薩種性根等。發心則等。所證亦等。此有超過之法。以一切菩薩皆經三阿僧祇劫故。」劫有大中小三者。此劫為大劫。故曰三大阿僧祇劫。此三大劫中釋迦佛值遇於數萬之佛。參照劫條。

【三昧】（術語）梵音 Samādhi 舊稱三昧、三摩提、三摩帝。譯言定、正受、調直定、正心行處、息慮凝心。心定於一處而不動。故曰定。正受所觀之法、故曰受。調心之暴、直心之曲、定心之散、故曰調直定。正心之行動、使合於法之依處、故曰正心行處。息止緣慮、凝結心念、故曰息慮凝心。智度論五曰「善心一處住不動。是名三昧。」同二十八曰「一切禪定亦名定。亦名三昧。」同二十曰「諸行和合皆名為三昧。」同二十三曰「一切禪定攝心皆名為三摩提。秦言正心行處。是心從無始世界來常曲不端。得此正心行處。心則端直。譬如蛇行常曲、入竹筒中則直。」止觀二曰「通稱三昧者。調直定也。大論云。善心一處住不動。是名三昧。」大乘義章十三曰「定者當體為名。心住一緣、離於散動、故名為定。言三昧者。是外國語。此名正定。」同二曰、「以心合法。離邪亂。故曰三昧。」同九曰、「心體寂靜。離於邪亂。故曰三昧。」同二十曰、「定者據行便息亂住緣。目之為定。」就實而辨。眞心體寂。自性不動。故名為定。」

新稱三摩地、譯爲定或正受等持等念。又曰現法樂住。定與正受其義同前。平等保持心、故曰等持。諸佛諸菩薩入有情界平等護念彼等、故曰等念。是就利他業而釋之也。又現定中法樂、故曰現法樂住。正受之異名也。唯識論五曰、「於所觀境令心專注不散爲性。智依爲業。」探玄記三曰、「三昧此云等持。離沈浮、故定慧等、故名等也。心不散故住一境、故名持也。」法華玄贊二曰、「梵云三摩地。此云等持。平等持心而至於境。即是定也。云三昧者訛也。」玄應音義三曰、「三昧。或言三摩提、或云三摩帝、皆訛也。正言三摩地。此譯云等持等者。正也正持心也。持謂持諸功德也。或云正定。謂住緣一境、離諸邪亂也。」菩提心義一曰、「梵云三摩地、唐云等念。入有情界平等攝受而護念之者。」

【五種三昧】（名數）一一善知識於法門身眞實相中心住於緣、不生妄想戲論、是等持之義也。如入阿字門、一念法界、是毘盧遮那三昧也。於蓮華印一心不亂、是觀自在三昧也。於金剛慧印一心不亂、是秘密主三昧也。乃至釋梵之諸尊各於一法界門得自在、若於彼解脫身一緣不亂、名爲淨天眼三昧。若於大悲藏雲海中、一心不亂、名爲普眼三昧、亦名普現身三昧。見大日經疏六。

【三昧火】（術語）傳法正宗記曰、釋迦以化期爲近、乃命迦葉、以清淨法眼及金縷僧伽梨衣付汝。一旦往拘尸那城右脇而臥、泊然大寂。內之金棺。待迦葉至而後三昧火燔然而焚舍利光燭天地。

【三昧印】（印相）入定印也。見定印條。

【三昧地】（術語）Samādhi 與三摩地同。見三昧條。

【三昧佛】（術語）華嚴經所說十種佛之一也。

【三昧門】（術語）爲種種三昧之差別、故曰門。菩薩所得之三昧、爲入於佛所具無量三昧之門戶、故曰門。見智度論二十八。

【三昧魔】（異類）十魔之一。

【三昧聲】（術語）伊等之十二摩多也。見悉曇章條。

【三昧耶】（術語）Samaya 三昧耶之義甚多。時（一時佛在）會（大會經）宗（顯宗論）平等、誓願、驚覺、除垢障也。秘藏記曰、「佛知衆生身中本來自性之理、與佛等無差別、而衆生不知己之本有本始兩覺與佛等、恆覆蔽於六塵煩惱而不能顯出。是故佛發悲願、垂我拔濟衆生如我之誓願。若有衆生歸依、則住於法界定自受法樂之如來驚覺而不敢違越本願、影向行者之所以眞言印契加持護念。譬如國王自造法令不敢違犯、使他行之衆生蒙佛之加持力、突破六塵之淤泥、出現自心之覺理、如賴春雷之響而蟄蟲出地。知與佛等無差別者、是平等之義也。使如我而無異者、是誓願之義也。如來驚覺者、是驚覺之義也。衆生蒙佛之加持力而得益者、是除垢障之義也。如佛部、餘部亦同。如一佛、諸佛亦同」

【三昧耶身】（術語）與三昧耶形同。但從佛身謂爲身。法報應之三身。密教如其次第謂爲種子、三昧耶、尊形之三身。塔婆、寶珠、蓮華、五鈷等爲大日之三昧耶身。當於顯教之報身。依通門則一切之事物、盡爲大日之三昧耶身。依別門則以塔婆爲大日之三昧耶身。乃至以蓮華爲彌陀之三昧耶身等。各有別個之標幟。雜談集九曰、「密教之意、佛有三身、種子三昧耶尊形也。如次第爲法報應三身。」

【三昧耶形】（術語）以佛菩薩內證之本誓爲標幟者。不動明王之刀劍、觀音菩薩之蓮華、及諸尊之印相等。是四種曼陀羅之一也。

【三昧耶戒】（術語）授傳法灌頂以前所授之作法也。三昧耶有不違越之義、故於通戒初上座、次驚覺鈴、作法、歸命、運心、懺悔、歸依、發心、遮難、請師、羯磨及楊枝、打塗香、花鬘、燒香、燈明、齒木、金剛線、金剛水是也。諸儀軌訣影一曰「密教修行、先三摩耶戒、初門也。今修四度加行、終傳法灌頂之時、初受三摩耶戒者、末世也。何則所謂三摩耶戒者、以三種之菩提心爲戒也。住於根本三摩地之心。而非三平等則之心。則行法不成就故也。」

【三昧耶界】（術語）言三昧耶之法門也。密教之總稱。

【三昧耶智】（術語）在密教爲佛智之稱、此有總別二者、一總名五佛之智。而解之則金剛智以平等之義而譯爲平等性智。不空譯理趣經之三昧耶智、金剛智譯理趣經以爲平等性智也。又不空取本誓之義、譯爲誓智。謂此智如顯教不許自得自證、必就灌頂佛受之。是佛之本誓也。不空譯之理趣經曰、「薄伽梵成就特勝一切如來金剛加持三昧耶智。已得一切如來灌頂寶冠、爲三界主。」金剛智之理趣經曰「薄伽梵妙善成就如來金剛住持平等性智種種希有殊勝功德。已能善獲一切如來無上法王灌頂寶冠過三界」不空之理趣釋上曰、「三昧耶智者誓也。亦曼荼羅也。勿令將來最上勝者不從師受、而專意自受者也。是故得知修最上乘、必須師受三昧耶、然後可修行也」、二別名於五智中之第三平等性智。金剛頂經一序「一切如來平等智三昧耶」。

【三昧耶會】（術語）言金剛界九會曼荼羅之第二會也。此會三十七尊、賢劫十六尊、外金剛部三十天、共有七十三尊。皆畫其三昧耶形。如大日爲塔、寶生爲五股杵、金剛歌為箏篌。杲寶抄曰、「三昧耶曼荼羅、言其體則諸尊手所執持之器杖印契也。世間國王立法令、印璽了。則萬人不違越之、王不自毀破之。今亦如是、諸尊之本誓、正顯於印文、而成五股刀蓮等、於手中持之、則天魔破句不敢違越之。若衆生見彼三昧耶形、而信其本願、如法修行、則若智者福隨所願而必與之、誠秘密三昧也。」

【三昧相應】（術語）謂密教使道理與事實適應也。深密鈔四曰、「三昧相應者。謂若本尊作慈悲之容。或身白色。應供白花。名三昧相應。若獻黃赤。名不相應。香等類之。」

【三昧耶戒壇】（術語）行授三昧耶戒式之道場也。

【三昧月輪相】（術語）月輪三昧之相也。月輪三昧即月輪觀也。佛菩薩之背光為此月輪觀成就之幖幟也。見月輪三昧條。

【三昧耶曼荼羅】（術語）Samayamaṇḍala 四種曼陀羅之一。以塔婆、寶珠、五鈷、刀劍等形、及印契、為諸尊內德之幖幟者。三昧耶者、平等之義、內德外相平等之義也。亦釋本誓之義。表其尊之本誓也。秘藏記本曰、「三昧耶曼荼羅。尊等所執持器杖印契。平等義。」

【三昧弘道廣顯定意經】（經名）四卷。西晉竺法護譯。佛為阿耨達龍王說法。應其請而入龍宮半月。

【三界】（術語）凡夫生死往來之世界分為三。一欲界、有婬欲與食欲二欲之有情住所也。上自六欲天、中自人界之四大洲、下至無間地獄。謂之欲界。二色界。色為質礙之義、有形之物質也。此界在欲界之上、離婬食二欲之有情住所也。謂為身體、謂為宮殿、物質的物、總殊妙精好。故名色界。此色界由禪定之淺深麤妙分四級、稱為四禪天、新曰靜慮。此中或立十六天、或立十七天、或立十八天。（見四禪天條）三無色界。此界無一色、無一物質的物、無身體、亦無宮殿國土。唯以心識住於深妙之禪定。故謂之無色界。此既為無物質之世界。則其方所、非可定。但就果報勝之義、謂在色界之上。是有四天。名為四無色。又曰四空處。（見四空處條）說出俱舍論世間品、三界義圖表三界則如左。

欲界 Kāmadhātu
- 地居 Bhauma
- 虛空居 Āntarikṣavāsina
- 四天王天 Cāturmahārājakāyika-
  - 持國天 Dhṛtarāṣṭra（東）
  - 增長天 Virūḍhaka（南）
  - 廣目天 Virūpākṣa（西）
  - 多聞天 Vaiśrāmana(Dhanada)（北）
- 忉利天 Trāyastriṁśa
- 須夜摩天 Yāma
- 兜率天 Tuṣita

- 化樂天 Nirmāṇarati
- 他化自在天 Paranirmitavaśavartin

色界 Rūpadhātu

- 初禪天
  - 梵(衆)天 Brahmakayia
  - 梵衆天 Brahmapārṣadya
  - 梵輔天 Brahmapurohita
  - 大梵天 Mahābrahmā
- 二禪天
  - 少光天 Parittābha
  - 無量光天 Apramāṇābha
  - 光音天 Ābhāsvara
- 三禪天
  - 少淨天 Parittaśubha
  - 無量淨天 Apramāṇaśubha
  - 徧淨天 Śubhakṛtsna
- 四禪天
  - 無雲天 Anabhraka
  - 福生天 Puṇyaprasava
  - 廣果天 Bṛhatphala

Brahmaloka

- 淨梵地
  - 無想天 Avṛha
  - 無煩天 Atapa
  - 無熱天 Sudṛśa
  - 善見天 Sudarśana
  - 色究竟天 Akaniṣṭha
  - 和音天 Aghaniṣṭha
  - 大自在天 Mahāmaheśvara

無色界 Arūpadhātu

- 四空天 Caturūpabrahma loka
  - 空無邊處 Ākāśānantyāyatana
  - 識無邊處 Vijñānānantyāyatana
  - 無所有處 Ākiñcanyāyatana
  - 非想非非想處 Naivasaṃjñānāsaṃjñāyatana

【三界牀】（譬喩）以病牀譬三界之苦處。智度論七十一曰、「從三界牀起。我當作佛。」

【三界雄】（術語）佛之德稱。佛爲三界中之大雄。伏一切之魔障。無量壽經上曰、「願慧悉成滿。得爲三界雄。」

【三界眼】（術語）佛之德稱。佛爲三界人之眼、使避生死之險難者。佛般泥洹經下曰、「佛爲大明。三界中眼。」

【三界尊】（術語）佛之德稱。佛爲三界中之尊也。維摩經佛國品曰、「我今稽首三界尊。」

【三界藏】（術語）三界包含一切衆生之煩惱業果。故爲藏。仁王經上曰、「一切衆生煩惱不出三界藏。」

【三界一心】（術語）見三界唯一心條。

【三界六道】（術語）三界之中有六道。見六道條。

【三界八苦】（術語）在迷界之八苦。即生老病死之四苦。與愛別離苦、怨憎會苦、求不得苦、五陰盛苦之四苦也。詳見苦條。

【三界九地】（術語）區分三界爲九地見九地條。

【三界火宅】（譬喻）以火宅譬三界。見火宅條。

【三界空花】（譬喻）三界無實譬如空華楞嚴經六曰、「三界若空花。」

【三界苦輪】（術語）三界之迷苦界、爲有罪惡衆生生死輪迴之境界故名。

【三界慈父】（雜語）謂佛也以佛垂教導迷於三界之衆至於善所故也。

【三界萬靈】（術語）三界中一切之有情也迴向所修功德時之語。

【三界唯一心】（術語）古來華嚴經之偈曰「三界唯一心心外無別法心佛及衆生是三無差別」雖習之而此經中無此成語八十華嚴經三十七卷十地品曰、「三界所有唯是一心」六十華嚴經十卷夜摩天宮菩薩說偈品曰、「心如工畫師畫種種五陰一切世界中無法而不造如心佛亦然。如佛衆生然心佛及衆生是三無差別」取此二頌文一經之主意者不知爲誰創造。

【三界萬靈牌】（物名）牌上書云、「三界萬靈十方至聖六親眷屬七世父母。」盂蘭盆會等立之先萬靈而後至靈有深義而然非倒語見象器箋十六。

【三界二十五有】（術語）區別三界爲二十五處見二十五有條。

【三面大黑】（神名）東密指爲忿怒身摩訶迦羅天台密指爲大黑天毘沙門天與辨才天三尊合一體。

【三品成就】（名數）與三品悉地同。

【三品沙彌】（名數）一下品沙彌自七歲至十三者名爲駈烏沙彌二中品沙彌。自十四歲至十九者名爲應法沙彌三上品沙彌二十已上者名爲名字沙彌。

【三品相好】（名數）見相好條。

【三品悉地】（名數）悉地譯言成就。言三密之行業相應而成就妙果也有三品而各異生處一上品悉地生於密嚴國土二中品悉地生於十方之淨土西方之極樂亦在此中三下品悉地生於諸天修羅宮等見眞言廣名目六。

【三品塵沙】（名數）言塵沙之惑有上中下之三品。

【三品聽法】（名數）聽法有上中下三品上品以神中品以心下品以耳見法苑珠林。

【三品懺悔】（名數）見懺悔條。

【三品弟子經】（經名）一卷吳支謙譯言在家弟子有上中下三品而功德罪業不同。

【三重三昧】（名數）與三重等持同。

【三重法界】（名數）華嚴宗所立三種之觀門也一理法界觀、一切諸法盡爲平等之眞如界者性之義也。二理事無礙法界、觀諸法卽眞如眞如卽諸法。故界具分與性之二義、事者分之義理者性之義。三事事無礙法界觀諸法既具性則諸法一一復如性融通、而一切事事悉相融相卽。界具性分之二義。如第二華嚴法界玄鏡上曰、「法界相要唯有三。然總具四種。一事法界。二理法界。三理事無礙法界。四事事無礙法界。今是後三。其事法界歷別難陳」。註法界觀門曰、「法界統唯一眞法界。總該萬有卽是一心。然心融萬有成四種法界。一事法界界是分義。一一差別有分齊故。二理法界界是性義。無盡事法同一性故。三理事無礙法界具性分義。性分無礙故。四事事無礙法界。一切分齊事法、一一如性融通重重無礙故。(中略)觀門有三種。除事法界也。事不獨立也」。

【三重等持】(名數)　又曰三重解脫、三重三昧。見三三昧條。

【三重都壇】(術語)　胎藏界之曼陀羅。以大日爲中胎。其外圍有三重之壇。而都收諸尊、謂之三重都壇。見現圖曼陀羅條。

【三重曼陀羅】(術語)　言自胎藏界之曼陀羅中胎流出三重也。見現圖曼陀羅條。

【三祇】(雜語)　三阿僧祇劫之略。菩薩修行之年時。

【三祇百劫】(術語)　菩薩在三阿僧祇劫間、修六度之行。更於百劫間修感三十二相之福業、乃成佛。俱舍論十八曰、「於三無數劫各供養七萬五六七千佛」。又「餘百劫方修各百福莊嚴」。止觀三曰、「三阿僧祇修六度行。使功德身肥。百劫種相好獲五神通」。釋籤四曰、「三藏菩薩明位爲三。初三祇位。次百劫。三佛果位」。

【三祇百大劫】(術語)　見三祇百劫條。

【三相】(名數)　一解脫相、言無生死之相也。二離相、言無涅槃之相也。三滅相、言生死涅槃之無相、其無相亦無。卽非有非無之中道也。法華經藥草喩品曰、「如來說法一相一味。所謂解脫相離相滅相」。文句七上曰、「解脫相者、無生死相。離相者、無涅槃相。滅相者無相亦無相」。又曰、三有爲相。見有條。

【三相續】(名數)　一世界相續、由衆生之有業而國土世界安立。二衆生相續、五蘊法和合而衆生存立。三業界相續、依善惡之業因而苦樂之果報成立。說見楞嚴經四。

【三科】(術語)　五蘊十二處十八界之三門。舊譯曰五陰十二入十八界。三門皆爲欲破凡夫實我之執而施設。爲凡夫之迷執有偏頗、迷於心偏重者、合色而爲一、開心而爲四。立五蘊。色蘊之一色也。後之受想行識、心之差別也。次爲迷於色偏重者、開色而為十、合心而為二、立十二處。五根五境之十處、色也。意根法境之二處、心也。次為色心共迷者、開色而為十、開心而為八。立十八界。五根五境之十界、色也。意根與法境及六識之八界、心也。此次第即上中下之三根也。說見毘婆沙論七。法界次第上之上。密教以之配於胎藏界佛蓮金之三部。為迷於心法者、說五蘊、表金剛部之智。為迷於色法者、說十二處、表蓮華部之理。(密教色屬於法理)為色心雙迷者、說十八界、表蓮金不二之佛部。見秘藏記鈔九。

【三科揀境】(術語)天台以為觀心之境、於五陰、十二入、十八界之三科中、捨入與界而取五陰。於五陰中捨色、受、想、行之前四者而取第五識。於識中捨見行、發得二種能招報之心、而取正對外境所分別之心。為外觀之境。

【三軌】(術語)天台所立迹門十妙中之三法妙、即三軌也。以三法可為軌範、故名三軌。一真性軌、無虛偽謂為真、不改謂為性、指真如實相之本體也。二觀照軌、指觀達真性之智慧也。三資成軌、指資助觀照之智而使開發真性之萬行也、是如次第有境智行三者。此三軌不一不異、不縱不橫、如伊字之三點、首羅之三目。故名三法妙、以此三軌類通一切三法、故名三軌之法門。玄義五下曰、「言三法者、即三軌也。軌名軌範。還是三法可軌範耳。(中略)三軌者、一真性軌、二觀照軌、三資成軌。名雖有三、祇是一大乘法也。」又「赴緣名異、得意義同。粗通十條、餘者可領。三道、三識、三佛性、三般若、三菩提、三大乘、三身、三涅槃、三寶、三德、諸三法無量。正用十者、舉其大要、明始終耳。」

【三軌弘經】(術語)法華經法師品、謂佛對藥王菩薩、示三軌之弘經。是為末世弘通妙經之三種法則、復為真性等三軌之法門。故名為三軌之弘經。一慈悲室、言弘經之人宜先住於大慈悲之心也。二忍辱衣、言弘經之人宜被忍辱之衣、堪任一切衆生之惡障也。三法空座、言弘經之人宜住於第一義空之理也。以大慈使一切衆生安樂者、為資成軌。柔和伏瞋者、為觀照軌。坐於第一義空之座者、是為真性軌。見弘經條。

【三契】(儀式)三唱伽陀也。行事鈔下三曰、「圍繞三帀唄讚三契。」資持記下三之四曰、「三契契猶遍也。」大藏法數十六曰、「婆沙億耳尊者以三契聲頌所解法。佛言善哉。音義云契者一節一科。」

【三契經】(儀式)言調子分三段而諷詠經也。高僧傳曰、「帛法橋作三契經聲徹里許。」

【三耶三佛】(術語)又曰三藐三佛陀、三耶三佛檀。梵音 Samyakambuddha 之具略耳。譯言正偏知。正偏覺。等正覺等。如來十號之一。放光般若經一曰、「咀薩阿竭阿羅訶三耶三佛。」支讖譯阿彌陀經曰、「南無阿彌陀三耶三佛檀」玄應音義三曰、「三耶三佛大品經作三藐三菩陀此云正徧知也。」

【三耶三菩】（術語）Samyaksambodhi 與三藐三菩提同。阿闍世王經曰、「阿耨多羅三耶三菩心。」

【三苦】（名數）一苦苦、由苦事之成而生苦惱者。二壞苦、由樂事之去而生苦惱者。三行苦、行者遷流之義、由一切法之遷流無常而生苦惱者。欲界有三苦。色界有壞苦行苦。無色界有行苦。無量壽經上曰、「以諸法藥救療三苦。」法華經信解品曰、「以三苦故。於生死中、受諸熱惱。」

【三拜】（儀式）示三業之敬意而爲三拜也。西天無此法。釋氏要覽中曰、「俗中兩拜者、蓋法陰陽也。今釋氏以三拜者蓋表三業歸敬也。」寄歸傳三曰、「凡禮拜者。意在敬上自卑之儀也。欲致敬時及有請白。先整法衣搭左肩上。（中略）足跟雙豎。脊頂平直。十指布地方始叩頭。然其膝下迴無衣物。復還合掌復還叩地慇懃致敬。如是至三。必也尋常一禮便能。中間更無起義。西國見爲三拜人皆怪之。」

【三垢】（術語）三毒之異名。貪瞋癡也。無量壽經下曰、「消除三垢。冥廣濟衆厄難。」淨影疏下曰、「小乘法化。斂斷三毒名除三垢。」

【三衍】（名數）衍者梵語衍那 Yāna 之略譯爲乘。三衍者聲聞緣覺菩薩之三乘也。

【三要】（名數）臨濟演唱宗乘必於一句之中具三玄、一玄之中具三要。

【三施】（術語）一財施、持戒之人不犯他人之財物、且以己財施與他人也。二法施、能爲人說法、使開悟得道也。三無畏施、一切衆生皆畏死、持戒之人、無殺害之心、使衆生無所畏也。出於智度論十一。又一物施、即財施也。二供養恭敬施、信心清淨、恭敬禮拜等也。三法施、即爲人說法也。出於智度論十二。又一飲食施、以飲食施人、是下品之施也。二珍寶施、以珍寶施人、是中品之施也。三身命施、以身命施人、是上品之施也。出於華嚴大疏鈔二。

【三信】（術語）眞宗謂無量壽經第十八願所說至心、信樂、欲生我國之三心也。此三心俱爲疑蓋無雜之一信心、故稱爲三信。文類信卷曰、「明知至心即是眞實誠種之心故疑蓋無雜也。信樂即是眞實成滿之心。（中略）疑蓋無雜也。欲生即是願樂覺知之心。（中略）疑蓋無雜也。」又安樂集所說淳心、一心、相續心之三者、謂之三信。見三不三信條。

【三迦葉】（名數）見迦葉條。

【三律儀】（名數）由律儀不律儀之作法、而於身內生律儀不律儀之本體、此謂之無表色。無表色有三種之別、一律儀、持善戒而發善之無表色者、即上品之善也。二不律儀、持惡戒而發惡之無表色者、即上品之惡也。三非律儀非不律儀、此中攝中善中惡之二無表色。若行中品之善而發善之無表色、非如律儀之極善、故謂之非律儀。若行中品之惡而發惡之無表色、非如不律儀之極惡、故謂之非不律儀。蓋上二者、別開極善極惡、第三者、合聚中善中惡。下善下惡不發無表色、則不攝於此中。俱舍論十四曰、「無表三律儀不律儀非二。」図律儀之一、別開爲三律戒。一別解脫律儀、受五戒八戒等戒法發身內之善無表色者。別解脫者界法之異名。戒法爲別別除身口之惡者、故云別解脫。二靜慮律儀、入於禪定、身中自發防非止惡之無表色者。靜慮爲禪定之異名。又名定共戒。三無漏律儀、聖者發無漏智身中自發防非止惡之無漏無表色者。又名道共戒。俱舍論十四曰、「律儀別解脫靜慮道生。」

【三即一】（術語）三乘教即一乘教之意。

【三恒河沙】（術語）見恒河沙條。

【三乘】（術語）乘人而使各到其果地之教法、名爲乘。有一乘乃至五乘之別、其中三乘有四種。（一）大乘之三乘也。一聲聞乘、又云小乘。速則三生、遲則六十劫間修空法、終於現世聞如來之聲教、而悟四諦之理、以證阿羅漢者。二緣覺乘、又云中乘、辟支佛乘。速則四生、遲則百劫間修空法、於其最後之生不依如來之聲教、感飛花落葉之外緣、而自覺十二因緣之理、以證辟支佛果者、三大乘、又云菩薩乘。三無數劫間修六度之行、更於百劫間植三十二相福因、以證無上菩提者。或以羊鹿牛三車譬之。或以象馬兎三獸比之。是爲大乘之三乘、故不攝不愚法之二乘。（二乘有愚法不愚法二種見二乘條）法華經譬喩品曰、「若有衆生內有智性。從佛世尊聞法信受。慇懃精進。欲速出三界。自求涅槃。是名聲聞乘。（中略）若有衆生。從佛世尊聞法信受。慇懃精進。求自然慧。獨樂善寂。深知諸法因緣。是名辟支佛乘。（中略）若有衆生。從佛世尊聞法信受。勤修精進。求一切智。佛智。自然智。無師智。如來知見力無所畏。愍念安樂無量衆生。利益天人。度脫一切。是名大乘。」（二）小乘之聲緣菩三乘也。又稱小中大。皆灰身滅智、故此中之聲緣、即是愚法。四教儀集註上曰、「三乘乘以運載爲義。聲聞以四諦爲乘。緣覺以十二因緣爲乘。菩薩以六度爲乘。運出三界歸於涅槃。」五教章上二曰、「大乘中乘小乘爲三乘。（中略）如小論中自有聲聞緣覺法及佛法。」（三）

大小合論之聲緣菩三乘也。又云小中大此中之菩薩乘攝一乘聲緣二乘攝愚法不愚法之二類。五教章上二曰「融一乘同大乘合愚法同小乘唯三也。」(四)一乘如華嚴法華明一切皆成佛者。二三乘法如深密般若別立三乘之得道者。三小乘執於四阿含等之所明而不信一切大乘之教理者。見五教章上。是由大小合論之三乘中菩薩乘開一乘由其二乘別開愚法之一類也。密教以第一類之三乘為法佛內證之三密。聲聞依聲教而悟道、故配之於語密、緣覺只心觀十二因緣而悟道、故配之於意密、菩薩以大悲利他之故、捨身於娑婆界而廣修六度萬行。故配之於身密、菩薩之行通於三業而於身業最重、故且為身密。三業之中身兼意口、三乘之中菩薩之行廣兼三業、故寄於總德而配之於身密。然而法華經以三乘為方便、一佛乘為眞實、會三乘而歸於一乘也。然密教之見、以為三乘卽法佛內證之三密。故三乘之行不動、直以為秘密佛乘之體也。故大日經疏三釋經之通達三乘文曰、「眞言門乘三密印至佛三平等地名為通達三乘。」詳見秘藏記鈔七。

【三乘家】(流派)法相宗為首、主張三乘別在之宗家也。

【三乘教】(術語)深密經唯識論等明三乘別立之教法也。

【三乘共學十地】(術語)謂乾慧地等十地、是般若經之說、以其示聲緣菩三乘共同修道之行位也。

【三乘無漏種子】(術語)謂聲聞緣覺菩薩三乘之本有無漏種子也。相宗依其種子具不具而立五姓各別。

【三乘眞實一乘方便】(術語)三乘家依深密經以三乘為眞實、以法華所說之一乘但為誘引不定性一類之方便。一乘家依法華經以深密經所說之三乘、為調熟機根之方便說。詳五教章上、法華玄贊四、守護國界章下。

【三時】(名數)晨朝、日中、黃昏也。又謂正像末之三時。佛滅後、正法行時為正法、正法後似法行時為像法、像法之法漸滅時為末法。此三時之年限、經說不同、詳見正像末條。

【三時性】(名數)謂徧依圓之三性也。見三性條。

【三時業】(名數)一順現受業、現生作業而現生受果者。二順次受業、現生作業而次生受果者。三順後受業、現生作業而二生已後受果者。

【三時教】(名數)法相宗所立有空中之三時教也。此有年月之三時教與義類之三時教二者。年月之三時教者、一第一時教、佛成道最初為破外道凡夫實我之執、說四大五蘊等諸法之實有而明人我之爲空。無四阿含等之小乘經是也。二第二時教。佛復爲破小乘乘實法之執、說一切諸法皆空之理。卽諸部之般若經是也。三第三時教。佛更爲併破菩薩之空執與小乘之有執、說心內之法非空、心外之法非有、而明非空非有之中道。深密法華等之諸經是也。以前二時教爲佛說之方便、以第三時教爲佛說之眞實、如此追年月之次第而分別三時之教法。謂之年月三時教。見唯識述記一本。義類三時教者、偏於如上年月次第之時、如於阿含經前說中道教之華嚴經、又如於法華經後說有教之遺教經、此乃恐三時教有漏、故立義類之三時教、不拘說時之前後、詮一切有之教爲第一時教、詮空之教爲第二時教、詮中之教爲第三時教。見了義燈一本。

【三時教判】（術語）法相宗有空中三時之教判也。見教判條。

【三時年限】（名數）見正像末條。

【三時坐禪】（雜語）早晨之坐禪（粥後巳時）晡時之坐禪（申時）黃昏之坐禪（戌時）也。見象器箋九。

【三草】（譬喩）見三草二木條。

【三草二木】（譬喩）法華經藥草喩品所說、以譬五乘之機類。「一切衆生聞我法者、隨力所受住於諸地、或處人天轉輪聖王釋梵諸王、是小藥草。知無漏法、能得涅槃、起六神通、及得三明、獨處山林、常行禪定、得緣覺證、是中藥草。求世尊處、我當作佛、行精進定、是上藥草。又諸佛子專心佛道、常行慈悲、自知作佛、決定無疑、是名小樹。安住神通、轉不退輪、度無量億百千衆生、如是菩薩名爲大樹」。以此配於通途之五乘。（五乘有通別二種）則如左。

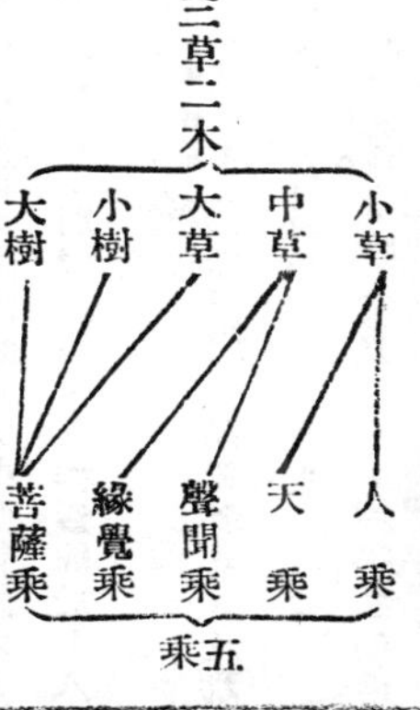

三草二木
- 小草 — 人乘
- 中草 — 天乘、聲聞乘
- 大草 — 緣覺乘
- 小樹 — 菩薩乘
- 大樹 — 菩薩乘

五乘

然菩薩乘中之大草二木、諸宗各依其字義、解釋不同。天台如其次第配於藏通別三教之菩薩、而攝圓教之菩薩。然則三草二木卽五乘、但示方便乘之機之差別耳。見法華文句七。嘉祥以大草二木如其次第配於三僧祇之菩薩。初地以前之菩薩爲大草、至七地爲小樹、八地已上爲大樹。見法華義疏。慈恩以大草與二木爲總別、大草者、對於人天二乘、總名菩薩爲大草。二木者、更分別大草、以地前爲小樹、地上爲大樹。見法華玄贊七。又慈恩以此配於五性各別之三無二有。三草配於無性與定性聲聞、定性緣覺之三者。二木爲不定性菩薩與定性二者。見法華玄贊。

【三根】（術語）謂貪瞋癡之三毒也。此三者能生惡業。故名爲根。見大乘義章五。本図上中下之三根。就衆生善根之强弱而言。図謂三無漏根也。

【三根坐禪說】（書名）日本瑩山著。附於坐禪用心記之後。入大藏經。

【三師】（術語）授戒之式。要三師七證之人數。見三師七證條。

【三師七證】（術語）比丘受具足戒。要三師七證。三師者。一戒和尚。正授戒者。二羯磨師。讀表白及羯磨文者。三教授師。教受以威儀作法者。七證者。七人之證明師也。（自七人而上不厭其多）若在邊地則可減爲三師二證。見行事鈔上三。

【三家二郎】（術語）台宗所立習氣之差別也。見受記條。

【三病】（名數）一貪病。修不淨觀可治。二瞋病。修慈悲觀可治。三癡病。修因緣觀可治。見涅槃經三十九。図一謗大乘。二五逆罪。三一闡提。是爲無佛性。此爲難治之三病。見涅槃經十一。

【三病人】（名數）謗大乘等三難治病之人也。見三病條。

【三能】（名數）佛有三能三不能。見三不能條。

【三能變】（名數）唯識論對於說萬法爲識之諸變而稱八識爲能變。分三種之次第說之。唯識論一曰「此能變唯三。謂異熟思量及了別境識」一初能變。爲八識中之第八識。卽阿賴耶識也。以此爲依於善惡業而感無記總報之異熟識故也。七識者有覆無記而非異熟性。前六識雖有異熟性。然是從第九識起者。故名爲異熟生。不得謂爲異熟之識也。唯識論二曰。「異熟習氣爲增上緣。感第八識。酬引業力恒相續故云異熟名。感前六識。酬滿業者。從異熟起。名異熟生。不名異熟。有間斷故」二第二能變。謂之思量識。爲八識中之第七識。卽末那識也。此識常恒思量第八識而計度實我實法。故名思量識。唯識述記一本曰。「二謂思量識卽第七識。思謂思慮。量謂量度。思量第八識度爲我故。又恒審思量。餘識無故。餘之二識不名思量」三第三能變。謂之了別境識。眼等之六識也。此六識者。各了別麤顯之境。故名了別境識。唯識述記一本曰。「三了別境識卽餘六識。二十論說。心境識了名之差別。是諸識之通名也。了別別境及麤顯境唯前六故。對此六塵說六識故。然濫第七。應言此六了別麤境名了別境識。以了別相麤簡於七八故」

【三祕密】（名數）印契與眞言及觀想之三者。卽身口意之三密也。

【三祕密身】（名數）一種子。二印塔。

五鈷寶珠等之三昧耶形。三形像、刻鑄畫泥之佛像。爲法報化之三身。是密教之三本尊也。大日經本尊三昧品曰、「諸尊有三種身。所謂字印形像。」

【三眞實】（術語）觀音之圓通有三眞實之說。見圓通大士條。

【三涅槃】（名數）見涅槃條。

【三涅槃門】（名數）三解脫門之異名。智度論二十曰、「涅槃城有三門。所謂空、無相、無作。」

【三馬】（譬喻）譬菩薩、聲聞、一闡提之三者。涅槃經三十三曰、「大王有三種馬。一者調壯大力。二者不調齒壯大力。三者不調羸老無力。王若乘者。當先乘誰。（中略）調壯大力喻菩薩。僧其第二者喻聲聞僧。其第三者喻一闡提。」

【三鬼】（名數）見鬼條。

【三索】（雜語）法華火宅之譬。諸子出門外索羊鹿牛之三車也。見火宅條。

【三衰】（名數）三毒之異名。

【三修】（名數）有勝劣之三種。一無常修。聲聞之人不知法身常住之德。但觀一切有爲法之無常者。二非樂修。聲聞之人不知諸法中自有涅槃寂滅之樂。但觀諸法之苦者。三無我修。聲聞之人不知有自在無礙之眞我。但觀五蘊之空者。此名聲聞人之劣三修。又一常修。菩薩知法身之體常住不滅。而破聲聞無常之執者。二樂修。菩薩知諸法中自有涅槃寂滅之樂。而破聲聞人之苦執者。三我修。菩薩知無我法中自有眞我之自在。而破聲聞人之無我執者。此名菩薩之勝三修。見涅槃經二。

【三倒】（名數）三顚倒之略。釋門歸敬儀中曰、「三倒常行。革凡何日。」

【三株】（名數）株者株杭。謂貪瞋癡之三毒。三毒深入而不拔。如株杭也。雜集論七曰、「株杭有三。謂貪瞋癡。（中略）堅固難拔猶株杭故。」寄歸傳二曰、「絕三株之害種。偃四瀑之洪流。」

【三迷】（雜語）Sama 譯曰等。平等之義。均等之義。見大日經疏九。

【三逆】（術語）提婆達多造三逆罪。在生墜於無間地獄。一破和合僧。得五百弟子。此五逆罪之破和合僧也。二僧還和合。則起惡心而以大石擲佛。佛足出血。此五逆中之出佛身血也。三華色比丘尼見之呵彼。則以拳殺尼。此五逆中之殺阿羅漢也。彼更入毒於爪中。欲於禮佛時中傷佛。未到佛處。地自然破裂。火車來迎入於地獄。智度論十七又有提婆達多教阿闍世王放醉象欲害佛之事。加前之三逆與置毒爪中。稱爲五逆罪。但後二事皆爲害佛之罪。故攝於出佛身血之一科而爲三逆也。法華文句八舉前之五逆、次文曰「若作三逆。教王毒爪。並害佛攝。」

【三退屈】（名數）菩薩五位中、第一資糧位之間有三種之退屈。一菩提廣大屈、無上菩提廣大深遠聞而生退屈之心也。二萬行難修屈、布施之萬行甚難修聞而生退屈之心也。三轉依難證屈、二轉依之妙果難證聞而生退屈之心也。對治此三退屈、謂之三練磨。見唯識論九。第一引他既證大菩提者而練磨自心、第二省己意樂而練磨自心、第三引他之麤善比已之妙因而練磨自心也。

【三荒章】（經名）聲明學處五經中第四經之稱。見毘伽羅條。

【三悔法】（名數）三種之懺悔法。見懺悔條。

【三般若】（名數）見般若條。

【三部】（名數）胎藏界之曼荼羅分佛蓮金三部。見藏界條。又胎藏界與金剛界與蘇悉地法爲三部。

【三部主色】（名數）毘盧遮那是佛部、即如來法界之身、一向白色。次觀世音即是阿彌陀佛、其身黃色。次金剛藏（金剛手）即釋迦牟尼佛、其身赤黃色、即雜色。見義釋十一。

【三部經】（名數）種種不一。

【彌陀三部】（名數）又云淨土三部。一佛說無量壽經二卷、二佛說觀無量壽經一卷、三佛說阿彌陀經一卷。

【大日三部】（名數）見三部秘經條。

【法華三部】（名數）一佛說無量義經一卷、二妙法蓮華經八卷、三佛說觀普賢菩薩行法經一卷。

【彌勒三部】（名數）一佛說觀彌勒菩薩上生兜率天經一卷、二佛說彌勒下生經一卷、三佛說彌勒大成佛經一卷。

【三部大法】（名數）胎藏界與金剛界與蘇悉地法之三部。此三部盡一切之秘法。

【三部被甲】（修法）密教修法中之作法。修法行者入道場、先以印明加持自身、內護淨身、外防魔障、謂之被甲護身。其法呪明結印、初當中額、次當右額、後當左額。如是次第爲佛部蓮華部金剛部三部也。以此三部加持自身、故謂之三部被甲。是金剛界之護身法也。見眞言修行鈔二等。

【三部秘經】（名數）一大日經、具名大毘盧遮那神變加持經七卷、善無畏譯。二金剛頂經、具名金剛頂一切如來眞實攝大乘現證大教王經三卷、不空譯。三蘇悉地經、具名蘇悉地羯羅經三卷、善無畏譯。大日經明胎藏界之法、金剛頂經明金剛界之法、蘇悉地經明蘇悉地法。蘇悉地譯曰妙成就、明成就所作胎金合行之法、於台密最爲秘要。

【三部都法】（修法）都集胎藏界佛蓮金三部諸尊之壇法也。

【三部灌頂】（修法）台密所傳有胎藏界與金剛界與胎金合部之三種灌頂法。

【三部都會】（修法）與三部都法同。

【三密】（術語）身密、語密、意密也。今分爲如來自證之三密與衆生修行之三密而辨之、如來三密者、身語意之三業、本來平等、身等於語、語等於意、皆遍法界、謂爲法佛平等之三密。然則一切之形色爲身密、一切之音聲爲語密、一切之理爲意密也。而謂之爲密者、非秘隱於人之謂、乃以此等之義爲法佛自證之境、無凡人之分、故謂之密。又吾等於一切平等、雖本來具之、然以惑染隱秘之、故謂之密也。顯教雖於密迹力士經說佛之三密不可思議、然未顯一一之三業所作、盡法性之至理。又凡夫爲印言觀想、即與如來之三密同備無盡之德用、又依三密之加持力、自他同有滅罪障、禳災疫、除病患等無量之不思議、均未說也。密教則頗能說其眞實之相、見辨惑指南四。修行三密、吾等既具法佛之三密、然爲惑染而不能證得之、故以佛之大悲心、使衆生行生佛平等之三密、身結印契、是身密、口誦眞言爲語密、意觀其種子、或觀其三昧耶形、或觀其本尊、是爲意密。行此三密、則爲如來之三密所加持、衆生之三業與如來之三密入我我入、無二無別、謂之三密相應、依三密相應、成就一切之悉地也。菩提心論曰、「凡修習瑜伽觀行人、當須具修三密行、證悟五相成身義也。所言三密者、一身密者、如結契印召請聖衆是也。二語密者、如密誦眞言令文句了了分明無謬誤也。三意密者、如住瑜伽相應白淨月滿觀菩提心也」。大日經疏一曰「入眞言門略有三事、一者身密門、二者語密門、三者心密門。（中略）行者以此三方便自淨三業、即爲如來三密之所加持、乃至能於此生滿足地波羅蜜、不復經歷劫數、備修諸對治行。」又「然毘盧遮那內證之德、以加持故、從一一智印各現執金剛神、形色性類、皆有表象、各隨本緣性欲、引攝衆生、若諸行人慇懃修習、能令三業同於本尊、從此一門得入法界。」然是爲對於劣機之方便、非爲至極、以無相之三密爲至極也。大日經供養法曰、「甚深無相法、劣慧所不堪、爲應彼等故、兼說有相法。」要略念誦經曰「相無相甚深、少智所不能入、依無相說相、攝彼二種人。」

【三密配屬】（雜語）天台以軌統收一切之三法、眞言以胎藏界之三部、又三乘攝屬一切之三法。今於三密記三法、則一佛部者身密也、佛爲身體、故配於身、蓮華部者語密也、蓮華部之主爲阿彌陀、阿彌陀主說法斷疑之德、故以語配於蓮華部、金剛部者意密也、金剛部爲智慧、意者心法、了知、故以意配於金剛部、二法身者語密也、語爲文字言語、是名法文身、故以之配於法身、般若配於意密。解脫者身密也、爲解脫理智具足之果德、故配於身密。三佛寶者身密也、是如上三部之佛部、法寶者語密也。語者說法故配於法寶、僧寶者意密也、意爲心法、心法者無礙一味、故配於僧寶、以僧翻和合故也。見秘軌鈔六。

【三密觀】（術語）觀吾之三業與本尊之三密入我我入也。見秘藏記末。

【三密加持】（術語）以佛之三密加持衆生之三業也。

【三密六大】（雜語）地水火者身密、風空者語密、識者意密。

【三密四曼】（術語）大曼與羯磨爲身密、法曼爲語密、三曼爲意密。見觀名目六。

【三密相應】（術語）衆生身語意之三密與法身佛之三密相應、融和而無隔歷、父母所生之肉身、卽爲佛身也。

【三密瑜伽】（術語）總名眞言之行法也。以眞言之行法欲得三密之瑜伽故也。瑜伽者相應之義、身結印口唱呪意觀理、此三事相應、又衆生之三業與佛之三密入我我入彼此平等、謂之瑜伽、依此瑜伽成就所求之事。

【三密栗底尼迦耶】（流派）Samimitiya-nikāya 小乘十八部中正量部之梵名。寄歸傳一曰、「阿離野三蜜栗底尼迦耶唐云聖正量部。」阿離野 Arya 者聖、三密栗底是正量、尼迦耶是部也。

【三國土】（術語）四敎四土中除寂光土之稱。見四土條。

【三國論師】（人名）釋氏要覽下曰、「齊僧粲號也。三國謂齊陳周。」

【三曼多】（雜語）Samanta 三滿多又作三曼陀。譯曰、等、普、遍。

【三曼颰陀】（菩薩）見三滿多跋捺囉條。

【三曼陀颰陀】（菩薩）見三滿多跋捺囉條。

【三曼陀犍陀】（雜語）又名三萬陀犍提。Samantagandha 譯作普熏。道神足經四曰、「彼世界有樹、三曼陀犍陀、晉云其香普熏。」稱讚諸佛功德經中曰、「三萬陀犍提如來、晉言圍繞香熏。」

【三曼陀颰陀羅】（菩薩）見三滿多跋捺囉條。

【三處木叉】（術語）木叉爲戒、三處木叉者身口意三處之戒也。

【三處傳心】（名數）謂禪宗也、世尊三處傳心於迦葉、一靈山之拈花微笑、一於多子塔分半座、一於雙林樹下由棺中出足。禪宗象鑑曰、「世尊三處傳心者爲禪旨。一代所說者爲敎門。故曰、禪是佛心、敎是佛語。」然說拈花微笑事之大梵天經、其出處不分明、多子塔前分半座雙樹下出足事、諸經雖有其事而如五燈會元所「吾以正法眼藏密付於汝」曾無之。但如是禪家公案因緣。常底之事。取其意可也。

【三處入法界】（名數）法界爲華嚴經所證之理。猶法華言實相。聲聞之根性有上中下之別。如法華之入理有三周之別。菩薩之根性。有上中下之別。則華嚴之入理亦有三處之別。一十住初心入法界。是上根之菩薩於初住證法界之理者。二廻向終心入法界。是中根之菩薩於十廻向之滿位證法界之理者。三初地入法界。是下根之菩薩至初地之位。證法界之理者。見華嚴大疏七。

【三處阿蘭若】（名數）三種之空閑處也。慧苑音義上曰、「有三類。一名達摩阿蘭若。即此所明者也。謂說諸法本來湛寂無起作義。因名其處爲法阿蘭若處。此中處者。即菩提場中是也。二名摩登伽阿蘭若。謂塚間處。要去村落一俱盧舍。大牛吼聲所不及處者也。三名檀陀伽阿蘭若。謂沙磧之處也。磧音遷歷反」

【三假】（名數）梵音曰波羅攝提、Prajñapti譯作假施設。假爲虛妄不實之義。爲破實我實法之執而說三種之假。見假條。

【三假觀】（名數）一、法假虛實觀。色陰之法是也。二、受假虛實觀。受想行識之四陰是也。三、名假虛實觀。法受之二是也。此三者自實無體、依他方有。故皆稱爲假虛實觀者、一虛一實相形而不得稱。三者皆虛。凡夫謂爲實、智者以爲虛。實即爲虛。故名虛實。是通教之意也。若依別教之意。則三假之中各有三觀。法即虛。是空觀也。假即實、一色一香莫非般若。是假觀也。觀之一字。是中觀也。空假是方便道。故不立觀之名。入於中道。故方獨稱爲觀。受及名準此可解。說詳仁王經合疏上。

【三假施設】（名數）又名三攝提。一、受假施設。二、法假施設。三、名假施設。是大品經所說之三假也。爲別於因成假等三假。謂之三假施設。見假條。

【三假浮虛觀】（名數）成實論所宗、觀因成等三假法之浮虛空無也。見假條。

【三教】（名數）謂儒教、佛教、道教。緇譯名義集曰、「吳主問三教。尚書令闞澤對曰、孔老設教、法天制用。不敢違天。佛之設教。諸天奉行。是三教之名。起於三國之時。因佛家以一代之教判而爲三也。

【南中三教】（名數）齊朝已後、江南諸師立左之三教。以判一代所說之法。一漸教。謂自初轉法輪至涅槃。自小至大者。二頓教。謂佛成道之初。爲諸菩薩說華嚴經者。三不定教。如勝鬘經及金光明經。非頓漸之所攝。別明佛性常住者。見華嚴經玄談四。

【光統三教】（名數）後魏光統所立。一漸教。爲未熟者先說無常、後說常、先說空、後說不空。如是次第者。二頓教、爲已熟者於一法門頓說常無常空者。三圓教、爲上達者說究竟之果海圓極自在之法門、卽華嚴經是也。見五教章上、華嚴玄談四。

【三時教】（名數）有二種。一、空宗智光論師所立、遠受於文殊龍樹、近稟於靑目淸辯。一第一時教、爲小乘說心境俱有者、阿含經是也。二第二時教、爲大乘之下根、說法相大乘之境空心有者、深密經等是也。三第三時教、爲大乘之上根說無相大乘之心境俱空者、般若經是也。此三次第、智光論師般若燈論釋中引大乘妙智經證之。見華嚴玄談四。二有宗戒賢論師所立、遠受於彌勒無著、近踵於護法難陀、是玄奘慈恩之所宗也。

【南山三教】（名數）一性空教、分析小乘教諸法之性分、唯觀其自性之空、無尙許因緣生之假相者。二相空教、觀大乘淺教諸法之自性爲本末如幻卽空、不許其假相者。三唯識圓教、見大乘深教萬法唯識之圓理者。見行事鈔中四。

【天台三教】（名數）一頓教、二漸教、三不定教、是於化儀四教中除秘密教一者、此稱爲大綱之三教。此三教恰攝法華已前之諸經、法華玄義十曰「大綱三種。一頓、二漸、三不定。此三名同。舊義異也。」図一漸教、二頓教、三圓教。圓教卽法華經。此三教攝一代。日本智證之唐決曰、「經云唯此一事實。餘二則非眞。疏七餘二者指頓漸。又淨名經廣疏云圓頓漸三教也。」図一三藏教、二通教、三別教、是於化法四教中除圓教之一者。謂之權門之三教。法華經科註一下曰、「執所入之一理、疑三教之能門。」

【內外三教】（名數）一儒教、二道教、三佛教、是我國之三教也。図一神教、二儒教、三佛教、是日本之三教也。

【三細】（名數）起信論所說。分別根本無明之相狀者。對於枝末無明之六麤而謂爲三細。一無明業相、業者動作之義、不達於一法界之理、眞心之初動作者。二能見相、旣有由動作、有能見之相。三境界相、有能見之相則必有所見之相。此三相中動作就體、能見所見就用、體用不離、一時具三相。此相用至爲微細、故稱爲三細。出於起信論義記中末。

【三細相】（術語）見三細條。

【三細六麤】（術語）起信論所明三細者、根本無明相也。六麤者、枝末無明之相也。見三細條與六麤條。

【三淨】（名數）謂色界第三禪天有少淨無量淨遍淨之三天也。新譯仁王經上曰「九梵三淨」

【三淨肉】（名數）見三種淨肉條。

【三淨頭】（雜名）僧堂床前之一尺、爲三淨頭。以一展鉢、二安袈裟、三頭所向故也。見象器箋一上。

【三條椽下】（雜語）僧堂之床、每人之座位橫占三尺許、其頭上之椽有三條、因指禪床曰三條椽下。碧巖二十五則評曰、「僞諸人若見得與蓮華峯庵主同參。其或未然三條椽下七尺單前試去參詳看。」

【三通】（名數）見通數三通條。

【三通力】（名數）三明也。見三達條。

【三啓經】（經名）佛說無常經之異名。一卷唐義淨譯。馬鳴菩薩於經前與經後讚歎三寶之德、論迴向發願、添述意及宣明經意無常之偈頌、開一部爲三段、故名爲三啓經。佛制使以此經於葬亡時諷詠之。又印度僧徒於日暮禮塔必諷詠此經。寄歸傳四曰、「所誦之經多誦三啓。乃是尊者馬鳴之所集置。初可十頌許、取經意讚歎三尊。次述正經。是佛親說。讀誦既了。更陳十餘頌、論迴向發願。節段三開、故云三啓。」毘奈耶雜事四曰、「然有二事作吟詠聲。一謂讚大師德。二謂誦三啓經。餘皆不合。」同十八曰、「送喪苾芻可令能者誦三啓無常經幷說伽陀爲其咒願。」

【三啟無常經】（經名）佛說無常經之異名。又略稱三啟經。

【三梵】（名數）色界初禪天中有梵衆梵輔大梵之三天、謂之三梵。仁王經上曰、「三光三梵」

【三堅】（名數）身命財三種之堅法。見堅法條。

【三術】（名數）修禪拂魔障有內外之三術。內三術者、對於煩惱等內心所發之魔障、即空假中之觀法也。外三術者對於名利等外來之魔障、一於一切之名利、不受不著。二縮吾德露疵。三一舉住於他方、輔行七曰、「言三術者如上文自列。一莫受莫著。二縮德露疵。三一舉萬里。內三術者、謂空假中。」

【三從】（名數）女子從父母、從夫、從子、謂之三從。四十華嚴經二十八曰、「處女居家從父母。弃年嬪事又從夫。夫亡從子護嫌疑。」賢愚經三、智度論九十九亦同。超日明三昧經下曰、「女有三事隔五事礙。何謂三。少制父母、出嫁制夫、不得自由、長大難子。是謂三。」法句譬喩經二曰、「我等稟形生爲女人、從少至老爲三事所監不得自由。」因而勝鬘經寶窟上本謂之五礙三監。案三從之說、儒書亦有之。

【三甜】（飲食）一酪、二蜜、三酥。見大教王經金翅鳥王品。囚希麟續音義曰、「一字頂輪王經云三甜謂蘇乳酪也。即西域所倘者也。」

【三莊嚴】（術語）莊嚴國土之三種莊嚴。一事莊嚴、謂色聲香味等之事物也。二法莊嚴、謂種種勝妙之法音也。三人莊嚴、謂菩薩聲聞等之衆生也。

【三清淨】（術語）又名三牟尼。見牟尼條。

【三脫門】（名數）空、無相、無願也。新譯仁王經中曰、「位三脫門空解脫門無相解脫門無願解脫門。此是菩薩摩訶薩從初發心至一切智諸行根本。」因三三昧門也。但有通別之差。解脫門之名局於無漏、三昧門之名通於有漏無漏。同良賁疏中一曰、「若三三昧門通漏無漏、言解脫門即無漏。」

【三無差】（名數）見三無差別條。

【三無性】（名數）楞伽經唯識論等所明。對偏等三性之有法而說相等三無性之空義。一相無性。一切衆生以妄心向因緣生之事物、計度有我有法之我法相名爲遍計所執性。此遍計所執性之法、如認繩而爲蛇之相、其相非實有、故名相無性。二生無性、一切諸法、不關於本來妄心、由因緣相和而生者、謂之依他起性。此依他起性之法爲因緣生、因緣生無實性、恰如繩之因緣生、無繩之實體、故名爲生無性。三勝義無性。眞如爲圓爲常爲一切有爲法之實性、故謂之圓成實性。離此圓成實性、一切有無之諸相、名爲勝義無性。勝義者、名於圓成實性。圓成實性爲絕待之法、故不帶何等之相、如麻中無蛇與繩之相。即空眞如也。又名相無性、無自然性、法無性。唯識論九曰、「依此三性立彼三無性。（中略）稱三無性。謂即相生勝我無性。」

【三無爲】（名數）見無爲條。

【三無礙】（名數）見無礙條。

【三無差別】（名數）一心無差別、謂一念之心體凡聖不二、具十界十如是之法、諸佛與衆生之性無有差別也。二佛無差別、謂十方諸佛了悟十界十如是之法而成正覺。即是悟本心之所具、悟衆生之所迷。迷悟因果雖殊、而其體無有差別也。三衆生無差別、謂九界衆生各具十界十如是之法、諸佛之所悟、與本心之所具、其體無有差別也。華嚴經曰、「心佛及衆生、是三無差別。」

【三無性論】（書名）二卷、陳眞諦譯。說三無性之義。

【三無表業】（術語）見業條。

【三無漏根】（術語）二十二根中最後之三根也。意根、樂根、喜根、捨根、及信勤念定慧之九根、依見修無學之三道而立三根。一未知當知根、此九根之在見道者、在於見道、欲知所未曾知之四諦之理而行動者、謂之未知當知。二已知根、彼九根之在修道者。在於修道、雖已知了四諦之理、而更爲斷所餘之煩惱、於彼四諦之境數數了知者、名爲已知。三具知根、彼九根之在無學道者。在於無學道、已知爲知了四諦之理、具有其知、故名爲具知。此三根皆無漏也。舊譯之未知欲知根、知根、知已根。俱舍論三曰、「意樂喜捨信等五根。如是九根在三道如次建立三無漏根。謂在見道依意等九立未知當知根。若在修道。即依此九立已知根。在無學道亦依此九立具知根。」智度論二十三曰、「未知欲知根(中略)知根(中略)知已根。」

【三無漏學】(名數) 戒定慧之三學、在凡夫之身為有漏。在聖者之身為無漏。楞嚴經六曰、「攝心為戒。因戒生定。因定發慧。是則名為三無漏學。」

【三無盡莊嚴藏】(術語) 如來之身口意三密。各無量無邊而無邊際、故稱為三無盡莊嚴藏。大疏一曰、「所謂莊嚴者。從一平等身普現一切威儀。如是威儀無非密印。從一平等語音普現一切音聲。如是音聲無非真言。從一平等心普現一切本尊。如是本尊無非三昧。然此一一三業差別之相。皆無邊際不可度量。故名無盡莊嚴藏也。」

【三階】(人名) 自隋至唐初有所謂三階法者、為三階禪師信行所創。信行姓王氏。魏郡人。其母祈佛而生。四歲出家、八歲轉涉經論、後於相州法藏寺受具足戒。持戒嚴峻。四遠英達皆造其門。隋開皇初住真寂寺。撰對根起行三階集錄等四十餘卷。智行兼備、時稱為四依之菩薩。其化大行。十四年寂。壽五十四。見續高僧傳十四。

【三階院】(名數) 奉三階法之諸院。

【三階教】(流派) 見三階佛法條。

【三階五疑】(雜語) 西方要決通三階行者對於淨土念佛門之五疑。五疑者、一厭娑婆欣淨土者。凡夫取捨之迷情也。豈得生於淨土耶。二業道如秤、善惡必酬、云何一生造惡不得其果直得生於淨土耶。三治末世凡夫之曲情、宜以普行普解為宗。別念彌陀、益助長凡情之偏執。豈得免輪迴耶。四三乘之聖眾垂化而應現於娑婆。但宜於此處懺除其罪。今厭此處而向西。豈與大慈結怨耶。五彌陀之淨土上代上行之人所修、非末代凡愚之所及。今當禮懺地藏菩薩受機教相應之益。尊上機上法豈得成功耶。要決主一一通之。

【三階行者】(術語) 奉三階佛法者之稱。

【三階佛法】(流派) 信行禪師、於教乘立二階。就根機立三階。教乘之二階者、即一乘教與三乘教也。五教章上曰、「後代信行禪師依此宗立二教。謂一乘三乘。三乘者即別解別行及三乘差別。並先習小乘後趣大乘是也。一乘者、謂普解普行。唯是一乘。亦華嚴法門及直進等是也。」根機之三階者、謂最上利根一乘之機為第一階。利根而有正見之三乘機為第二階。利根或住於空見或住於有見而不化。諸佛不度諸法者、又鈍根之無慚無愧。造五逆十惡者、為第三階。佛滅後一千年已前為第一階第二階之機類而一千年後惟爲第三階之機類、第一階第二階之衆生成就正見而無愛憎故一乘三乘各學別法則解脫生死獲得菩提而第三階之機成就我見邊見故偏學一乘偏學三乘或偏念彌陀偏念法華愛此憎彼非彼是此因成誹謗罪墮於深坑而無出離之期故佛開普眞普正之佛法以化第三階之人病藥相當治道無違法不分大小人不辨凡聖普信普歸名爲普法若如斯不墮於愛憎能離毀謗則菩提涅槃在近矣三階佛法之大要如此著書有三十五部四十四卷見羣疑論探要記六說中自存至理然因之至謂念佛讀經等爲所謂別法今日修之爲增長我見之墮獄業因其弊有不堪者故當時禁其傳播毀其撰集歷代三寶記曰「費長房錄中初列信行撰述而後同二十年判斷不聽流行」開元釋敎錄十八曰「開皇二十年有勅禁斷不聽傳行而其徒既衆蔓延彌廣既以信行爲敎主別行異法似同天授立邪三寶乃至開元十三年乙丑歲六月三日敕諸寺三階院並令除去」

【三善】（名數）即初善、中善、後善。謂佛說法初中後之三時皆爲善味也。乃七善中之時節善。法華經序品曰「演說正法初善中善後善」。又三善根也。

【三善根】（名數）對於三毒而立三善根。一無貪、二無瞋、三無痴。此三者皆爲生無量善法之根本。故名善根。見集異門足論三。又即施慈慧之三者。反於貪瞋痴之三者。新譯仁王經中曰、「治貪瞋痴三不善根起施慈慧三種善根」

【三善道】（名數）對於三惡道而立三善道。由善業所赴故名善道。一天道。由上品之善所赴者。二人道。由中品之善所赴者。三阿修羅道。由下品之善所赴者。智度論三十曰、「善有上中下。故有三善道。天人阿修羅。」同九十六曰、「善業亦有上中下。上者天中者人下者阿修羅等。」

【三善趣】（名數）對於三惡趣而立三善趣。如修羅、人、天三趣是也。

【三善知識】（名數）以善爲衆人所知者。謂之善知識。有三種。一敎授善知識。敎授我者。即我師也。二同行善知識。與我同觀行而互相策勵者。即我友也。三外護善知識。給我以修道之資者。即檀越也。見止觀四。

【三惡】（名數）三惡道之略。

【三惡道】（名數）依惡業可往來之處有三所。名爲三惡道。一地獄道。成上品十惡業者趣之。二餓鬼道。成中品十惡業者趣之。三畜生道。成下品十惡業者趣之。法華經方便品曰、「以諸欲因緣墜墮三惡道」。無量壽經上曰、「人天壽終之後。復更三惡道。」

【三惡趣】（名數）即三惡道也。

【三惡覺】（名數）一欲覺。貪欲之知

覺也。二瞋覺、瞋恚之知覺也。三害覺、侵害他之知覺。使瞋覺增長者。一切凡夫必具此三惡覺。見無量壽經上。

【三等】（術語）密教所說。謂身語意之三者平等一如也。凡眞言之行法、以此三等爲本主。顯密不同頌曰、「顯一心爲本。密宗三等。」見三平等條。因諸佛修行及法身及度生之三事平等也。俱舍論二十七曰、「由三事故諸佛皆等。一由資糧等圓滿故。二由法身等成辯故。三由利他等究竟故。」

【三等持】（名數）俱舍論所說。有有尋有伺等之三與空等之三。見三三昧條。

【三等流】（名數）一眞等流、以善性惡性無記性爲因所引善惡無記同類之果、與因性眞實同者、故名爲眞等流。二假等流、如前世殺生、令他命短、今世自命亦短、有相似之義、故假名等流、謂之假等流。三分位等流、眼等諸識、各隨自類轉變。如眼識（中略）身識皆從第八識之種子而生、對於色等諸塵、名等流果。若第六識從種子識而生、起諸分別、亦名等流果。而識與塵分位各同、故名分位等流。說詳宗鏡錄七十一。

【三尊】（名數）佛法僧三寶名。是尊重之意也。四十二章經曰、「三尊者佛法僧也。」出曜經十五曰、「如契經所說。告諸比丘。今當爲汝說三第一之尊。一者佛爲第一之尊。二者法爲第一之尊。三者僧爲第一之尊。」無常經曰、「稽首總敬三寶尊。」因西方之尊三尊爲阿彌陀、觀音、勢至。藥師之三尊爲藥師、日光、月光。釋迦之三聖、爲釋迦、文殊、普賢。

【三尊佛】（圖像）西方之三尊、彌陀、觀音、勢至是也。此觀音、勢至雖爲菩薩、然從彌陀佛、故皆稱爲佛。

【三尊來迎】（術語）念佛行者、將命終時、阿彌陀如來、觀音、勢至皆應其行者臨終現前之願、出現其所、迎行者至極樂淨土也。

【三惑】（名數）或云惑、或云煩惱、或云漏、或云垢、或云結。皆爲同體異名。天台一家統收一切之妄惑爲三類。一見思惑、如身見邊見等、邪分別道理而起、謂之見惑。如貪欲瞋恚等、倒想世間事物而起、謂之思惑。離此見思二惑、即離三界、聲聞緣覺以之爲涅槃、菩薩更進而斷後之二惑。如此見思、三乘之人通斷、故名爲通惑、後之二惑、名爲別惑。二塵沙惑、爲化道障。菩薩敎化人之障也。菩薩敎化人、必通如塵如沙無量無數之法門、然心性闇昧、不能達此塵沙無數之法門、自在敎化、謂爲塵沙之惑。蓋非謂惑體有塵沙之數、惑體唯爲劣慧之一、而不知之法門多、故名塵沙也。菩薩欲斷此劣慧、得所謂道種智、必於長劫之間學習無量之法門。三無明惑、又稱障中道之惑、爲障蔽中道實相理之惑、與前思惑中之痴惑異。彼爲障蔽空理之惑枝末無明也。此爲迷於根本理體之惑、根本無明也。此無明十二品斷、卽爲別教之佛、四十二品斷卽爲圓敎之佛。藏通二敎之佛亦不知其名。

【三惑同異斷】（雜語）三惑同時可斷、抑異時可斷、別圓二敎不同。別敎爲隔歷三諦次第之三觀、其三惑異斷勿論矣。先於十住初位發心住以空觀斷三界之見惑、至第七不退住復以空觀斷三界之思惑、次三住以假觀斷界內之塵沙、傍伏界外之塵沙、次於十行復以假觀斷界外之塵沙、次於十迴向習中觀伏無明、次於十地等妙之十二位正以中觀斷十二品之無明。要之別敎三觀各別修習於三時、如其次第斷三惑也。圓敎有同斷異斷二義。若云同時斷、則諸文並云於初信斷見、七信斷思、八信斷塵沙、初住以上斷無明。若云前後斷、則三惑相卽三觀圓修、故可同斷。諸文中謂爲同時斷。古來學者亦多言同時斷也。何則、蓋三諦既相卽、則能障之惑體亦當相卽、同體同體之惑、豈異時斷耶。但同體之惑有麤細之分、麤爲見思中爲塵沙、細爲無明、故斷之依智之淺深而亡情執自生麤細之次第也。其相如冶鐵麤垢先落、惑體非有別種。

【三跋致】（雜語）Saṃpatti 又曰三拔諦。譯曰發趣。見玄應音義三。

【三跋羅】（術語）Saṃvara 又名三婆羅、三嚩羅。譯爲禁戒、或護。禁戒護人不使墮於三塗也。又名戒體之無表色。玄應音義十四曰「梵言三婆囉。此譯云禁。戒者亦禁義也。」有部百一羯磨一曰「律儀護。此言護者。梵云三跋羅。譯爲擁護。由受歸戒護使不落三塗。舊云律儀乃當義譯。云是律法儀式。若但云護、恐學者未詳、故兩俱存。明了論已譯爲護。卽是戒體無表色也。」

【三量】（術語）三量有二種。一因明之三量、卽現、比、聖敎之三也。詳見量條。二就心心所量知所緣之境而立三量之不同。一現量、如鏡之對於物體、能緣之心不爲些之分別計度、量知現在之境者。如耳識之對於聲、眼識之向於色是也。二比量、於不現顯之境、比知分別而量知者。如見烟知有火。凡因明依第六意識之比量智而成也。三非量、於現在之境與非現在之境、以逆亂之心錯分別取不實之事者。卽以似現量似比量而爲非量也。就八識所知而分之、則第八識與眼等之五識唯爲現量、第七識唯爲非量、第六識通於三量。說見百法問答抄二。

【三智】（術語）智度論所說、一一切智、聲聞緣覺之智也。知一切法之總相者。總相卽空相也。二道種智、菩薩之智也。知一切種種差別之道法者。三一切種智、佛智也。佛智圓明、通達總相別相、化道斷惑一切種之法者。天台以之配於空假中三諦之觀智。然三智就人分別、雖如上各別、而就法之勝劣分別之、則以上兼下、於一切種智中容餘二智、猶如五眼中之佛眼容餘四眼也。智度論二十七曰、「一切智是聲聞辟支佛事。道智是菩薩事。一切種智是佛事。」止觀三曰、「佛智照空如二乘所見名一切智。佛智照假如菩薩所見名道種智。佛智照空假中皆見實相名一切種智。故言三智一心中得。」四教儀集註下曰、「三智圓明五眼洞照。」又一世間智。是凡夫外道之智也。於一切法分別種種、執著有無、不能出離世間、故名。二出世間智。是聲聞緣覺二乘之智也。發無漏智、照偏眞之四諦、能出離世間、故名。三出世間上上智。是佛菩薩之智也。觀察一切諸法之實相、能得妙覺、超出二乘之智、故名。說見楞伽經三。

【三結】（名數）得預流果人所斷之三種煩惱、見結條。

【三報】（名數）一現報、依現在之業受於現在之果報。二生報、依此生之業受於次生之果報。三後報、由作業之生隔二生以上後所受之果報。

【三發心】（名數）起信論所說之三種發心。見三種發心條。因菩提心論所說之三種菩提心、見三種菩提心條。

【三菩提】（術語）Sambodhi 又作糝帽地。譯作正等覺。希麟音義四曰、「糝帽地。舊云三菩提。此云正等覺也。」見菩提條。

【三補吒】（印相）譯作虛心合掌。十二合掌之一。大日經疏十三曰、「三補吒掌。先以手相遠、漸近令相著、掌內稍空者是也。」梵 Samputa

【三棄羅章】（書名）聲明學處五經中第四經之稱。見毘加羅條。

【三業】（名數）身口意三處之所作也。如身之所作、口之所語、意之所思是。其他三業有種種、詳見業條。

【三業供養】（名數）一身業供養、身至誠敬禮也。二口業供養、口至誠讚嘆功德也。三意業供養、意至誠想念相好也。說見法華文句二。

【三業相應】（術語）身口意一致無乖角也。如身爲禮拜而意無敬重之念、則非三業相應。往生要集上末曰、「禮拜門者是即三業相應之身業也。」

【三業不二門】（術語）十不二門之一。如來果後垂化之三業、恒彼此相應平等一味、密教所謂三平等也。

【三業四威儀】（術語）四威儀爲行住坐臥之儀表、故三業四威儀乃總標一切所作之語。

【三鈷】（物名）又作三古、三胡、鈷古胡、皆借字。本字作股、具名爲股杵、原爲印度之武器、杵頭分三枝、故云三股杵。是表胎藏界之三部也。又總表三智三觀等三軌之法門。

【三鈷印】（印相）立左右之中指合作一鈷、開左右之人指、指作兩鈷、以形三鈷。眞言修行鈔二曰、「大師雜問答曰三古印即三佛三昧耶佛」。

【三經】（名數）種種不一。見三部經條。

【三經一論】（名數）淨土門所依之經論也。一佛說無量壽經二卷、二佛說觀無量壽經一卷、佛說阿彌陀經一卷、天親之淨土論一卷。選擇集上曰、「正明往生淨土之敎者、謂三經一論是也」。

【三經通申論】（書名）通淨土三經而申論之意。天親之往生淨土論是也。

【三道】（名數）又作輪迴三道、三輪。一煩惱道、又名惑道、無明貪欲瞋恚等之煩惱妄惑也。二業道、依煩惱而發之善惡所作也。三苦道、以善惡之業爲因而獲之生死苦果也。道者能通之義、此三者互相通、自煩惱通於業、自業通於苦、自苦更通於煩惱、故謂之三道。如此輪轉、謂之三輪。光明玄義上曰、「道名能通、此三更互相通。從煩惱通業、從業通苦、從苦復通煩惱、故名三道」。因聲緣菩三乘之道也。見三乘條。

【行位三道】（名數）一見道、無始已來初發眞無漏智而觀諦理、以斷一切見惑之位。在聲聞乘爲世第一法後之預流向、在菩薩乘爲初地之入心。二修道、更觀諦理而斷一切修惑之位。在聲聞乘爲預流一來不還之三果、在菩薩乘爲初地住心已後乃至第十地。三無學道、證理斷惑、究竟更無法可學之位。在聲聞乘爲阿羅漢果、在菩薩乘爲佛果。此三者皆爲通涅槃之道、故名爲道。因十業道中之貪、瞋、邪見也。見大乘義章五本。

【三道眞言】（眞言）大日經祕密曼荼羅品所說淨治行者三業之眞言也。吽嚂、嚂身道眞言、訶囉鶴語道眞言、嚂嚂意道眞言。大疏十四曰、「此三道眞言、即攝如來身語意平等法門。然此三眞言若著莎訶字亦爾、若不著亦得。行者得意時、自著方便也」。

【三聖】（名數）三種之聖道也。台家指藏別圓三敎之聖道而言。法華玄義一曰、「橫破凡夫四執、竪破三聖之證得」。其他三位聖人、種種不一。

【華嚴三聖】（名數）一毘盧舍那佛、理智完備。二文殊菩薩、主智門、位於佛之左位。三普賢菩薩、主理門、位於佛之右位。轉之而右爲智、左爲理時、則示理智之涉入、胎藏界曼陀羅之意也。

【彌陀三聖】（名數）一阿彌陀佛、悲智二德全備。二觀世音菩薩、主悲門、位於佛之左位。三勢至菩薩、主智門、位於佛之右位。

即彌陀三尊也。

【震旦三聖】（名數）老子孔子顏回也。止觀五曰、「元古混沌、未宜出世。邊表根性、不感佛興。我遣三聖化彼震丹。禮義先開、大小乘經然後可信。眞丹既然。十方亦爾。」同輔行曰、「清淨法行經云、月光菩薩彼稱顏回。光淨菩薩彼稱仲尼。迦葉菩薩彼稱老子。天竺指此震旦爲彼。准諸目錄、皆推此經以爲疑僞。文義既正、或是失譯。」

【三過】（術語）身口意之過也。

【三解脫門】（術語）又云三三昧。有單重二種。見三三昧條。

【三鉢羅佉哆】（術語）Saṁprāgata 譯作善至、正至、時至。舊稱僧跋。譯作等施。於大衆食前使維那唱此語。然後使大衆食。南山舊律以之爲施主對於衆僧表白平等施意之語。義淨新律、以此爲消食毒之秘密語。行事鈔下三之三曰、「梵摩難經夫欲施者。皆應平心。不同大小、佛令阿難臨飯說僧跋。僧跋者衆僧飯皆平等。」同資持記曰、「僧跋謂令食均一味。與前等供不同。」等供就行食之均等而言。僧跋就食味之均等而言。總言之、則等供亦僧跋也。寄歸傳一曰、「其行食法。先下薑鹽。薑乃一片兩片、大如指大。鹽則全匕半匕。藉之以葉。其行鹽者。合掌長跪在上座前。口唱三鉢羅佉哆。譯爲善至。舊云僧跋者訛也。上座告白平等行食。意道供具善成食時復至。准其字義合當如是。然而佛與大衆受他毒食。佛教令唱三鉢羅佉哆。然後方食。所有毒藥皆變成美味。以此言之。乃是秘密言詞。未必目其善至。東西兩音臨時任道。並汾之地唱時至者頗有故實。」有部目得迦八曰、「凡於衆首爲上座者。所有供養置在衆前。先令一人執持飲食。或先行鹽在上座前。曲身恭敬唱三鉢羅佉哆。未唱已來不得受食。當知此言有大威力。輒違受食得惡作罪。」同注曰、「三鉢羅佉哆。譯爲正至。或爲時至。或是密語神咒。能消毒故。昔云僧跋者訛也。佛教遣唱食前。今乃後稱。食遍。非直失本意。上座未免其愆。訛替多時。智者詳用。」

【三鉢羅陀儞雞】（術語）Saṁpradāna，八囀聲中第四、爲所與聲也。見唯識樞要上本。

【三愛】（名數）人命終時、起三種之貪愛。一境界愛、二自體愛、三當生愛。詳見愛條。

【三會】（術語）三度之法會也。羅什譯之彌勒大成佛經曰、「說此偈已。出家學道。坐於金剛莊嚴道場龍華菩提樹下。（中略）於此日初夜降四種魔。成阿耨多羅三藐三菩提。（中略）爾時釋提桓因護世天王。無數天子。於華林園頭面禮足。合掌勸請轉於法輪。時彌勒佛默然受請。（中略）說是語時九十六億人不受諸法。漏盡意解得阿羅漢。三明六通。具八解脫。三十六萬天子。二十萬天女發阿耨多羅三藐三菩提心。（中略）時閻浮提城邑聚落小王長者及諸四性。皆悉來集龍華樹下華林園中。爾時重說四諦十二因緣。九十四億人得阿羅漢。（中略）第三大會九十二億人得阿羅漢。三十四億天龍八部發三菩提心。」嘉祥法華義疏八曰、「彌勒有三會者度釋迦餘殘三根衆生也。於釋迦佛持五戒人初會得道。受三歸人次會道道。一稱南無佛人三會得道。」

【三敬】（雜語）諷誦文一通中始中終三所置敬字。始爲「敬白諷誦之事」、次爲「仍所修如件敬白」、後爲「干時某年某月日弟子等敬白」是曰三敬。

【三想】（名數）一欲想、起貪欲之思想也。二瞋想、起瞋恚之思想也。三害想、起害人之思想也。無量壽經上曰、「不生欲覺瞋覺害覺。不起欲想瞋想害想。」淨影疏曰、「未對境界。預起邪思。名之爲覺。對緣生心。說爲三想。」因一怨想、於人欲加害於我者、及害我父母兄弟者、亦生親愛之想也。二親想、於父母兄弟及親戚朋友、皆生親愛之想也。三中人想。於非怨非親之人、生親愛之想也。見智度論七十二。

【三塗】（名數）四解脫經之說。塗者、途之義。一火途、地獄趣猛火所燒之處。二血途、畜生趣互相食之處。三刀途、餓鬼趣以刀劍杖逼迫之處。輔行一曰、「四解脫經以三途名火血刀也。途道也。作此塗者。悞。小獄通寒熱。大獄唯在熱。且從熱說故云火途。從相噉邊、故云血途。從被馳逼爲名、故名刀途。」（四解脫經經目無之）因直謂地獄餓鬼畜生三者、與三惡趣、三惡道同。玄應音義四曰、「三塗。又作途廷二形同達胡切。言三塗者。俗書春秋有三塗危險之處。借此爲名。塗猶道也。非謂塗炭之義。若依梵本則云阿波那伽低。此云惡趣。」

【三途八難】（名數）三途與八難也。淨心誡觀曰、「四百四病以根本爲本。三途八難以女人爲本。」

【三達】（名數）在羅漢謂之三明。在佛謂之三達。卽天眼、宿命、漏盡也。天眼知未來之生死因果、宿命知過去之生死因果、漏盡知現在之煩惱而斷盡之。知之而明、謂之明、知之而窮盡、謂之達。大乘義章二十本曰、「知之究盡說三達。明共二乘。達唯如來。」大部補註八曰、「三明居極。故云三達。」

【三照】（譬喻）台家依華嚴經所立、喻顯彼宗所立之五時敎者。一高山、日出先照高山、以喻佛成道後、最初說華嚴經、化頓大之菩薩。二幽谷、日光次照幽谷、以喻於鹿苑說小乘經化聲聞緣覺。三平地、日光次照平地、以喻說方等經、乃至涅槃經、化一般大乘漸入之機。而照平地之日光分食時。禺中、正中三者、配之於方等般若之三時、使與涅槃經所說五味之喩無異。但彼五時相生之次第明了、而五時教一體之義未爲顯然、故以此日光之喩、闡明如來教法同一味之義。然觀本經之文。譬有四照。合法有五。六十華嚴經三十五寶王如來性起品曰、「譬如日出先照一切諸大山王。次照一切大山。次照金剛寶山。然後普照一切大地。日光不作是念。我當先照諸大山王、次第乃至普照大地。但彼山地有高下、故照有先後。如來如是。成就無量無邊法界智慧、日輪常放無量無邊智慧光明。先照普賢菩薩等諸大山王。次照緣覺。次照聲聞。次照決定善根衆生。隨應受化。然後悉照一切衆生乃至邪定。爲作未來饒益因緣。如來智慧日光不作是念。我當先照菩薩乃至邪定。但放大智光普照一切。佛子譬如日月出現世間。乃至深山幽谷無不普照、如來智慧日月亦復如是」然。而以台家解此文、法華之信解品有密遣二人、爲聲聞緣覺之二人、視二乘爲同一之機。然則此經文亦分緣覺與聲聞爲二照、而其意爲同一照之分際。因之定爲三照、依後結文立三照之名。蓋深山幽谷、無不普照、卽高山幽谷平地之三照也。此文觀八十華嚴經所謂「大山幽谷普照無私。」其意益明。止觀一曰、「華嚴曰。譬如日出。先照高山。次照幽谷。次照平地。平地不定也。幽谷漸也。高山頓也。」釋籤一曰、「別行義疏記云。彼經豫敍一代始終。故立譬云。猶如日出先照高山次照幽谷、次照平地。今家以義開平地爲三。對於涅槃五味。」說詳四教儀集註上、同半字談一。

四照	五法	三照	五味
諸大山王	菩薩	高山	乳味
一切大山	緣覺	幽谷	酪味
金剛寶山	聲聞		
普照大地	決定善根	平地	食時—生酥
	一切衆生		禺中—熟酥
			正中—醍醐

【三猿】（圖像）庚申之典。靑面金剛之使者。三猿各各塞耳目口。卽道書之三尸也。

【三落叉】（雜語）Lakṣa 密教說念誦陀羅尼之數、謂之三落叉。落叉原爲數名、十萬曰落叉。以十萬爲一億、則三落叉譯作三億、是乃一往淺畧之釋也。若依其深秘之釋、則落叉爲相之義、見之義、三落叉者見字與印及本尊三平等實相之義也。又於身口意三業各見瑞相之義也。又時分之義、晨午昏三時或寒熱雨三分謂之三落叉。大日經疏十七曰、「落叉者。若淺略說是十萬遍。今此不爾。落叉是見也。若見實之時此眞言行卽得終覺。不然無有中息之義。非如世持誦者劑爾所。（中略）亦是成就義也。行者心住三昧得見本尊寂止正定。假使妙高山王崩壞震動尙不能間動其心(中略)又落叉是㨾義。如射中齊也。如首楞嚴文殊經習射義。若住諦理任運相應。是落叉義也」大日經疏二十曰「三落叉是數。數是世間也。出世間落叉是見三相。謂字印本尊」又「落叉梵音是相義、亦是見義也」演密鈔十曰「又落叉是時分。卽晨午昏等時。寒熱雨等分名三落叉。又落叉是現相。卽煖烟光三種相現也。又落叉是增益等。謂煖相現卽作息災。烟相現卽作降伏。光相現卽作增益」

【三極少】(雜語)三種之極少者。如一極微爲物質之極少、一字爲名之極少、一刹那爲時之極少。俱舍論十二曰、「極微字刹那色名時極少」

【三煩惱】(名數)見煩惱條附錄及三惑條。

【三義觀】(術語)次第觀蘊處界之義也。別相念處了、於總相念處之前加行修此與七處善。婆沙論百八十三說之。俱舍論則略而不說。見俱舍光記二十三。

【三種天】(名數)見天條。

【三種生】(名數)潙仰宗之靈祐、依楞嚴經而揭三種生、以提撕學者。一想生、對於塵境而妄想之能思心也。二相生、識情所思一切境界之相也。三流注生、識塵和合、念念相續之一切煩惱也。吾等無始以來以此三者汚淸淨之鏡智。人天眼目四曰、「師一日謂仰山曰。吾以鏡智爲宗要。出三種所謂想生相生流注生。楞嚴經曰想相爲塵。識情爲垢。二俱遠離。則汝法眼應時淸明。云何不成無上知覺(已上經文)想生卽能思之心雜亂。相生卽所思之境歷然。微細流注俱爲塵垢。若能淨盡。方得自由」(經文之當意以想相二字示六境。識情二字示六識與六根。)

【三種色】(名數)見色條。

【三種有】(名數)有名有實謂爲有。有有三種。一相待有、待者對待之義。如對於長而有短、對於短而有長、對於境而有心、對於心而有境者。二假名有、假者虛假不實之義。如假四大之和合、名爲瓶。假五蘊之和合名爲人。有假名而無實體者。三法有、色心之諸法由因緣而生者。是雖無自性、然非如兎龜角毛有名無實者。故名爲法有。說見智度論十二。

【三種身】(名數)密教所說諸尊之三身。見三秘密身條。又身者聚集之義。於名句文二數以上聚集、名爲身。一名身、爲二名以上集者。二句身、有二句以上集者。三文身、爲二字以上集者。見大乘五蘊論。

【三種定】(名數)見三昧條。

【三種香】(名數)一根香、採自樹之根者。二枝香、採自樹之枝者。三華香、採自樹之華者。戒德香經曰、「阿難白佛世有三種香。一曰根香。二曰枝香。三曰華香。」

【三種相】（名數）因明列三種相。一標相。如見烟知為火。二形相。如長短方圓等之形狀。三體相。即體質。如火以熱為體質。図智度論所說。一假名相。世間一切事物。及衆生由衆緣和合而有種種名字。然皆無自性。虛假不實。衆生迷故。於此假名起執取之相。故名為假名。二法相。五蘊十二入十八界等諸法。以肉眼觀故。則見為有。以慧眼觀故。則見為無。衆生迷故。於此等之法起執取之相。故名法相。三無相相。離上之二相。但為無相。有衆生迷故。於無相中起執取相。故名無相相。

【三種欲】（名數）飲食欲、睡眠欲、婬欲之稱。

【三種得】（名數）不相應行法之得、別為三種。如法前得、法後得、法俱得是也。

【三種常】（名數）一、本性常、法身佛本性常住無生無滅者。二、不斷常、報身佛常生起無間斷者。三、相續常、化身佛沒已復化現竟不斷絕者。說詳佛地經論七。

【三種智】（名數）謂凡夫、外道、與三乘及諸佛菩薩三種人之智。即世間智、出世間智、出世間上上智是。楞伽經三曰、「一切外道凡夫計著有無。一切二乘隨自共相希望計著。諸佛菩薩觀所有法。見不生滅。離有無品。人法無我緣自得生。」

【三種禪】（名數）見禪條。

【三種斷】（名數）斷法不再起之三種也。一、自性斷。智慧起時。煩惱闇障自性應斷。故名自性斷。二、不生斷。得法空時。使三途惡道苦果永不更生。故名不生斷。三、緣縛斷。但斷心中之惑。則於外塵之境不起貪瞋。於境雖緣而不生染著。故名緣縛斷。出宗鏡錄七十六。図一見所斷。聲聞初果之人名斷惑見理為見道。因斷三界八十八使之見惑而謂之見所斷。二修行斷。聲聞之第二果第三果修眞斷惑。名為修道。因斷三界十隨眠之惑而名為修所斷。三非所斷。聲聞第四果三界之煩惱皆已斷。覺得無漏果。更無可斷之惑。故云非所斷。出阿毘達磨品類足論三。

【三種大師】（名數）如來、阿羅漢、有學聖者。是衆生之師範。故云大師。見本事經。

【三種大智】（名數）無師智、自然智、無礙智之稱。

【三種三世】（名數）法相謂過現未之三世有三種之別。即道理、神通、唯識之三世是也。

【三種三觀】（名數）觀三諦之理之觀心有三種之別。次第有圓融之義。一別相三觀。於別途觀三諦也。二通相三觀。於一觀之中圓解三諦也。三一心三觀。於一念之心觀三諦也。宗鏡錄三十五曰、「一別相三觀者。歷別觀三諦。若從假入空。但得觀眞。尙不得觀俗。豈得觀中道也。若從空入假。但得觀俗。尙未得觀中道。若入中道。正觀方得雙照二諦。二通相三觀者。則異於此。從假入空。非但知俗假是空。眞諦中道亦通是空也。若從空入假。非但知俗假是假。眞空中道亦通是假。（中略）但以一觀當名解。心無不通也。三一心三觀者。知一念心不可得、不可說。而能圓觀三諦也。（中略）在境爲一諦而三諦。在心爲一觀而三觀。在果爲一智而三智。（中略）觀一念心爲所緣境。返觀此心。從何處來。去至何所。畢竟無有。淨若虛空。名空觀。觀境歷歷分明。名假觀。雖歷歷分明。而性常自空。而境觀歷然。名中觀。卽三而一。卽一而三。」

【三種止觀】（名數）漸次、不定、圓頓也。見止觀條。

【三種心苦】（名數）謂貪、瞋、癡之三毒煩惱也。

【三種示導】（名數）菩薩見地獄之苦而救之。有三種之示導。一神變示導。現神通之力而救苦者。是屬於身業。二記說示導。念念記憶不忘。而說法以救苦者。是屬於身業。三敎誡示導。起慈悲之心。敎誡說法以救苦者。是屬於口業。見般若經四百六十九。

【三種世間】（名數）見三世間條。

【三種光明】（名數）就光明而立三種之別。大藏法數十二曰、「一謂日月星光。及火珠燈炬等光。皆能破除昏暗。是名外光明。二謂隨其所聞之法。觀察修習。皆依法則、因此明心見性、破除愚癡之暗。顯發本覺妙明。是名法光明。三謂諸佛菩薩二乘及諸天等身皆有光。亦能破暗。是名身光明。」

【三種地獄】（名數）熱地獄、寒地獄、孤獨地獄之稱。

【三種成佛】（名數）見卽身成佛條。

【三種見惑】（名數）一俱生見惑。生而自然有之見惑。二推理見惑。遇各種事件推理而生之見惑。三發得見惑。修學問等而得堅固之見惑。

【三種作意】（名數）大地法中作意之心所、別爲三種。一自相作意。與觀法自相之智慧相應而起之作意心所也。二共相作意。與觀法共相之智慧相應而起之作意心所也。三勝解作意。與假想觀相應而起之作意心所也。如對於未見不淨之物境、而修不淨觀時之作意是也。

【三種身苦】（名數）言老、病、死之三苦也。

【三種忍行】（名數）於身口意三處行忍辱也。見諸經要集中。

【三種舍利】（術語）謂佛舍利之三種。如骨爲白舍利。髮爲黑舍利。肉爲赤舍利是也。參照舍利條。

【三種奇特】(名數)見奇特條。

【三種念處】(名數)一性念處、緣無生之空理而斷煩惱者、如慧解脫是也。二共念處、由性念處而具得三明六通者、即具解脫是也。三緣念處、由三藏經十二部經而悟達者、即大羅漢是也。

【三種夜叉】(名數)在地之夜叉及虛空之夜叉與天之夜叉也。

【三種長老】(名數)一耆年長老、臘高耆宿之僧也。二法長老、通達於法、智德圓滿之僧也。三作長老、自假號爲長老之僧也。

【三種法身】(名數)見法身條。

【三種法相】(名數)與三性同。見三性條。

【三種法輪】(名數)見三輪教條。

【三種思惑】(名數)一俱生思惑、與形俱生者、即於托胎於父母、愛惡之心生也。二依見思惑、伴見惑而生之惑。即如因見外道而起瞋也。又名背上使、三界繫思惑。三界九地之思惑也。一名事障、又名正三毒。

【三種迴向】(名數)三心具足之迴向心也。觀無量壽經曰、「願生彼國者發三種心、即便往生。何等爲三。一者至誠心、二者深心、三者迴向發願心」

【三種神變】(名數)見神變條。

【三種退屈】(名數)見三退屈條。

【三種教相】(術語)謂南三諸家所通用之頓漸不定三教也。玄義十曰、「出異解者爲十意、所謂南三北七。南地通用三種教相、一頓二漸三不定」。

【三種淨業】(名數)又名三福。一孝養父母、奉事師長、慈心不殺、修十善業也。二具諸戒行也。三發菩提心、深信因果、讀誦大乘經也。見觀無量壽經。

【三種清淨】(名數)智度論所謂修般若之菩薩三種清淨也。一心清淨。不生染心、瞋心、憍慢心、慳貪心、邪見心。二身清淨。心清淨、故不再受後身、常得化生。三相清淨。心身既皆清淨、則能具足相好莊嚴其身。

【三種善根】(術語)布施、慈悲、智慧之稱。

【三種發心】(名數)起信論所說。一信成就發心、於初住至第十住之位、信心成就之人之發菩提心也。二解行發心、於十行乃至十迴向之位、解理行道之人之發菩提心也。三證發心、於初地至第十地之位、證法性之人之發菩提心也。

【三種睡眠】(名數)睡眠之起有三種之因、即食、時節、心是也。

【三種圓融】(名數)華嚴宗所明。一事理圓融、事如波、理如水、波與水之相即也。二事事圓融、波與波之相即也。三理理圓融、水與水之相即也。見法界觀門七帖見聞一本。

【三種莊嚴】（名數）天親淨土論說極樂三種之莊嚴如佛莊嚴、菩薩莊嚴、國土莊嚴是也。

【三種慈悲】（名數）衆生緣、法緣、無緣也。見慈悲條。

【三種輪身】（名數）密教所說。見教令輪身條。

【三種緣慈】（名數）見三緣慈條。

【三種薰習】（名數）見薰習條。

【三種羅漢】（名數）見羅漢條。

【三種闡提】（名數）一闡底迦、又云斷善根闡提。謂樂欲生死而焚燒善根也。二阿闡提迦、又云大悲闡提。謂菩薩之大悲、度盡衆生方證覺果也。三阿顚底迦又云無性闡提。謂無畢竟涅槃之性也。

【三種灌頂】（名數）見灌頂條。

【三種觀法】（名數）見觀法條。

【三種懺法】（名數）懺悔之三種方法。無生懺悔、取相懺悔、作法懺悔之稱。

【三種四念處】（名數）見四念處條。

【三種波羅蜜】（名數）六度有三種。一世間波羅蜜、凡夫爲神通生天而修者。二出世間波羅蜜、二乘爲自入涅槃自利而修者。三出世間上上波羅蜜、菩薩爲利他而修者。見楞伽經。

【三種悉地軌】（名數）佛頂尊勝心破地獄轉業障出三界秘密三身佛果三種悉地眞言儀軌之略名。

【三種菩提心】（名數）菩提心論所說。見菩提心條。

【三種羯磨法】（名數）見羯磨條。

【三種卽身成佛】（名數）見卽身成佛條。

【三種離菩提障】（名數）離菩提障之三種法門。卽遠離我心、遠離無安衆生心、遠離自供養心是也。遠離我心者、不由智慧門而求自樂、遠離自己貪著之我心也。遠離無安衆生心者、由慈悲門拔一切衆生之苦、遠離不安衆生之心也。遠離自供養心者、由方便門憐愍一切衆生、遠離供養恭敬自身之心也。淨土論所說。

【三種樂】（名數）三樂也。見樂條。

【三聚】（名數）以三聚該收一切衆生也。一正定聚、必定證悟者。二邪定聚、畢竟不證悟者。三不定聚、在二者中間、有緣證悟、無緣不證悟也。此三聚之義、通於大小乘。小乘之倶舍論十曰「正邪不定聚、聖造無間餘」預流向已上之聖者爲正定聚、造五無間業者爲邪定聚、在此二者中間修七方便之行者爲不定聚。大乘之三聚有多義。智度論八十四曰「能破顚倒者名正定。必不能破顚倒者是邪定。得因緣能破、不得則不能破是名不定」是通相說三聚、未判其位也。依起信論之所說、則十信已前之凡夫不信因果、爲邪定、十住已上爲正定、十信之人爲不定性。此爲實大乘之義。權大乘之相宗、則依智度論之說、意不因位而制之。依彼宗所立之五性而立之。卽無種性之人爲邪定、不定種性之人爲不定性。菩薩定性之人爲正定。又依釋摩訶衍論之一說、則十聖爲正定聚、三賢爲不定聚、自餘之凡夫爲邪定聚。是亦權大乘之意也。圭峯之起信筆削記三曰、「權敎以無種性人爲邪。以菩薩爲正。以不定性人爲不定。終敎以一切異性爲邪。三賢爲正。十信爲不定。」探玄記三曰、「若依地論見道已上方名正道。」

【三聚戒】（術語）三聚淨戒之略。見戒條。

【三聚敎】（術語）三聚戒之敎也。

【三聚經】（經名）佛爲比丘說至惡趣法、至善趣法、至涅槃法之三法聚。由一而增至十。攝於長阿含經十。

【三聚淨戒】（術語）見戒條。

【三聚圓戒】（術語）謂三聚戒一一具三聚戒而圓融無礙也。就殺生戒而云、則離殺生之惡、是攝律儀、爲長慈悲心是攝善法、爲保護衆生是攝衆生。八宗綱要上曰、「此三聚亦圓融行。故三聚互攝、諸戒融通。如不殺生卽具三聚、乃至一切諸戒皆爾。隨持一戒具三聚」參照戒條。

【三聚懺悔經】（經名）具名大乘三聚懺悔經。一卷。隋闍那崛多譯。菩薩藏經之異譯。說隨喜勸請迴向三聚之懺悔法。

【三福】（名數）三種之福業。一世福、孝養父母、奉事師長、持十善戒。二戒福、持三歸五戒乃至具足戒。三行福、發菩提心而行佛道。觀無量壽經曰、「欲生彼國者、當修三福。一者孝養父母、奉事師長、慈心不殺、修十善業。二者受持三歸、具足衆戒、不犯威儀。三者發菩提心、深信因果、讀誦大乘、勸進行者。」又俱舍論十八、一施類福、行布施、以感大富之福果也。二戒類福、持性遮二戒、以感生天之福果也。三修類福、修禪定、以感解脫之福果也。

【三福九品】（名數）經之序分說三福、正宗分之末開之爲九品。卽十六觀中下三觀也。觀經玄義分曰、「從日觀下至十三觀已來名爲定善。三福九品名爲散善。」同序分義曰、「如來方便顯開三福、以應散動根機。」選擇集末曰、「九品者、開前三福爲九品業。」

【三福田】（名數）見福田條。

【三福業】（名數）一施福業、布施也。二平等福業、起平等之慈悲愛護之心也。三思惟福業、思惟出世之要法也。出增一阿含經十二三寶品。

【三際】（術語）猶言三世也。頌疏九曰、「一前際卽是過去。二後際卽是未來。三中際謂現在世。」青龍仁王疏三曰、「所言際者是際畔義。謂有爲法墮三世故無爲實相無前後中。故云無際。」見三世條。

【三際時】（名數）印度之三季。卽春、夏、冬。以配熱際時、雨際時、寒際時。是曰三際時。

【三僧祇】（術語）三阿僧祇劫之略。譯作三無數長時。菩薩修行之年時也。見三阿僧祇劫條。

【三僧祇百大劫】（術語）菩薩爲度他而作三阿僧祇劫之修行、更爲自己成佛之身感三十二相、而於百大劫間植無量之福德。

【三監】（術語）三從之異名。勝鬘經寶窟上本曰、「女人穢陋、兼以五礙三監。」

【三慈】（名數）見慈悲條。

【三疑】（術語）以疑故、於諸法中不得定心。無定心故、於佛法無所獲。疑有三種、一疑自。二疑師。三疑法。出禪波羅蜜門三。

【三漏】（名數）漏者煩惱之異名。統收三界一切之煩惱爲三種。一欲漏、欲界一切煩惱中除無明者。二有漏、有者苦果之異名。總稱色界無色界、是於色界無色界一切煩惱中除無明之一者。三無明漏、謂三界一切之無明。見涅槃經二十二。

【三漸】（術語）五時中漸教之三教也。卽鹿苑、方等、般若是。

【三境】（術語）阿賴耶識所緣之三境也。見三類境條。

【三障】（名數）障正道害善心者有三、一煩惱障、貪欲瞋恚愚癡等之惑。二業障、五逆十惡之業。三報障、地獄餓鬼畜生等之苦報。見涅槃經十一。又一皮煩惱障、三界中之思惑也。貪瞋等之惑、對於外之六塵而起。如皮之在身外。二肉煩惱障、三界中之見惑也。斷見常見等皆屬於內心之分別者。如肉之在皮內。三心煩惱障、根本無明也。由此無明惑迷眞心而妄起故名心煩惱障。見孔目章。又三重障也。一我慢重障、二嫉妬重障、三貪欲重障。見瑜伽大教王經五。

【三銖】（雜語）天人之衣輕妙而其重僅三銖。瓔珞本業經下曰、「梵天衣重三銖。」見天衣條。

【三語】（術語）如來之三語。一隨自意語、佛隨自意而說自所證之實法。二隨他意語、隨順衆生之機而說方便之法。三隨自他意語、佛爲衆生說法、半隨自證之意、半隨他機之意。見華嚴大疏鈔六。

【三綱】（職位）各寺設三人之役務、吾國有上座、寺主、維那、或上座、維那、典座、日本謂之上座、寺主、都維那。如僧綱、以有德之人爲綱繩而提挈之。故云綱。西天之諸寺僅有上座之一綱。求法高僧傳上曰、「寺內但以最老上座而爲尊主。不論其德。諸有門鑰每宵封印。將付上座。更無別置寺主維那。但造寺之人爲寺主。梵云毘訶羅莎弭。Vihārasvāmin 若作香直典掌寺門及和僧白事者、名毘訶羅波羅。Vihārapāla 譯爲護寺。若鳴犍椎及監食者、名爲羯磨陀那。Karmadāna 譯爲授事。言維那者訛也。」吾國東漢後唯置寺主、使知一寺之事。秦魏已後、始有上座之勅補、而置於寺主維那之上、由此而三綱之稱起。僧史略中曰、「寺之設也。三綱立焉。若網罟之巨綱、提之則正故曰也。梵語摩摩帝。悉替那。Sthavira 羯磨陀那。華言言寺主上座悅衆。」又「道宣勅爲西明寺上座。列寺主維那上。」名義集曰、「隋智琳。潤州刺史李海遊命琳爲斷事綱維。爾護寺立三綱上座維那典座也。」

【三魂】（雜名）人有三個之靈魂也。大藏法數十三曰、「三魂亦云三精。道書云。身中三精。一台光。二爽靈。三幽精。」

【三篋】（術語）與三藏同。梵語比多迦。Pitaka 譯作藏或篋、經律論之三、或聲緣菩之三。大唐三藏聖教序曰、「八藏三篋之文」可洪音義一曰、「三篋、篋藏也、謂菩薩藏獨覺藏聲聞藏爲三篋。」

【三疏】（術語）慈恩之唯識論樞要、惠沼之唯識了義燈、智周之唯識論演秘也。

【三罰業】（術語）身口意之三惡業。

【三誓偈】（雜名）無量壽經上載法藏比丘說四十八願訖、更說偈立三重之誓願。謂之三誓偈、又云重誓偈。「我建超世願。（中略）當雨玲妙華。」是也。六要鈔二本曰、「六八願上重有此誓。是故此偈云重誓偈。（中略）義寂云。望三種果。一望滿願果。二望大施果。三望名聞果。依此三誓、此偈又名云三誓偈。」又淨家一流稱爲四誓偈、蓋總三誓偈以下偈語爲一誓也。

【三僞一眞】（術語）三乘方便與一乘眞實也。見文句記四。

【三精氣】（術語）以地與衆生及法之精氣伏魔障者。大集經五十二月藏分諸魔得敬信品曰、「護持養育佛之正法。熾然三寶種、久住於世間。令地精氣、衆生精氣、法精氣、皆悉增長。」

【三酸圖】（圖像）僧與二俗士共圍一甕、染指嘗之之像。是宋佛印禪師東坡山谷兩居士共嘗桃華醋、趙子昂圖之、世稱爲釋迦孔老三教圖者、謬也。學海餘滴九曰、「東坡先生遺蹟圖曰。金山寺住持佛印乃端卿出家。有三才學、守戒行。同黃門黃魯直與先生友善。一日遇謁佛印。曰吾得桃華醋。甚美。取而共嘗。皆皺其眉。稱爲三酸。至大二年五月五日趙子昂畫幷書。」

【三摩】（故事）法華經囑累品說、釋迦如來三摩諸菩薩之頂而付囑法華經、「爾時釋迦牟尼佛。從法座起。現大神力。以右手摩無量菩薩摩訶薩頂而作是言。我於無量百千萬億阿僧祇劫修習是難得阿耨多羅三藐三菩提法。今以付囑汝等。汝等應當一心流布此法廣令增益。如是三摩諸菩薩摩訶薩頂而作是言。(中略)廣宣此法令一切衆生普得聞知。」又梵語三摩地之略。性靈十曰「信一覺之妙行修三摩之難思」

【三摩地】(術語)Samādhi 舊稱三昧、三摩提、三摩帝、三摩底。新稱三摩地、三昧地。譯曰定、等持、正定、一境性。心念定止故云定。離掉擧故云等。心不散亂故云持。見三昧條。

【三三摩地】(術語)觀察所對之境之麤想謂爲尋。舊謂之覺。其細想謂爲伺。舊謂之觀。屬於色界無色界之諸定。依此尋伺之有無而分三種。一有尋有伺三摩地、定心尋伺皆有者。初禪天之根本定及其未至定(謂初禪之加行定)是也。二無尋有伺三摩地、定心唯有伺者。在初禪與二禪天間之中間定(大梵天之果報)是也。三無尋無伺三摩地、定心至妙而尋伺皆無者。二禪天以上至非想處之七根本定及七近分定是也。見俱舍論二十八。又謂空無相無願之三解脫門。見三昧條。

【三摩曳】(術語)Samaya 與三昧耶同。見大日經疏十三。

【三摩若】(術語)勝論所明六句義之第四句義。舊譯總相。新譯有。百論疏上之中曰「四者三摩若諦。此云總相諦。謂總萬法爲一大有等」

【三摩底】(術語)又曰三摩帝。三摩跋。見三摩地條。

【三摩娑】(術語)敓三摩娑 Sat-samāsa 之略。譯爲六合釋。唯識述記序曰「三摩娑釋依士立名」見六離合釋條。

【三摩提】(術語)即三摩地。

【三摩越】(術語)Samāpatti 稱第四禪定。見玄義音義三。

【三摩竭】(人名)Sumagadhā 舍衞國給孤獨長者之女也。嫁於難國、化其國王及人民見佛。說三摩竭經。

【三摩半那】(術語)定之別名。玄應音義二十一曰「欲入定時名三摩鉢底。正在定中名三摩半那」梵 Samāpanna

【三摩皮陀】(術語)Sāma-veda 四吠陀之一。新稱縒摩吠陀。百論疏上之下曰、「三三摩皮陀明欲塵法。謂一切婚嫁欲樂之事」

【三摩咀吒】Samataṭa 東印度古國。大唐西域記曰三摩咀吒國周三千餘里。濱近大海地卑濕。人性剛烈。形卑色黑。其國在今恒河河口以西、直至呼格里河一帶之地。

【三摩呬多】(術語)Samāhita 禪定之一種。譯爲等引。謂能引諸功德也。見玄應音義。

【三摩地印】（印相）即定印。三部之定印別也。見定印條。

【三摩地法】（術語）總稱密教之法。以此宗之本意修三密平等之三摩地故也。菩提心論明三種之菩提心而密教之菩提心謂之三摩地菩提心。

【三摩地軌】（經名）金剛頂經瑜伽修習毘盧遮那三摩地法之異名。

【三摩近離】（行事）譯曰和集。道俗相集爲佛事之供養也。西國於安居竟日、道俗雲集、爲大法樂名爲三摩近離。見寄歸傳二。

【三摩拔提】（術語）與三摩鉢底同。

【三摩婆夜】（術語）勝論所明六義句之第六。舊譯無障礙、新譯利合。百論疏上之中曰「六三摩婆夜諦。此云無障礙諦。如一色色香遍有而不相障」梵 Samavāya

【三摩耶道】（術語）總稱密教之法。三摩耶者平等之義、密教以明三密平等之音爲本故也。大日經疏一曰、「如此時中佛說何法。卽是身語意三平等句法門」。

【三摩耶灌頂】（修法）三昧耶戒與灌頂法。受三昧耶戒而後受學法或傳法之灌頂。

【三摩鉢底】（術語）Samāpatti 禪定之一種。又曰三摩鉢提、三摩拔提、三摩跋提。見三摩半那條。又希麟續音義曰「三摩鉢底。梵語也。此云等至。琳菀兩法師云謂由加行伏沈掉力至其受位身心安和也。亦云等持」。

【三摩跋提】（術語）見三摩地及三摩鉢底條。

【三摩地菩提心】（術語）密教三種菩提心之第三。見菩提心條。

【三摩地念誦】（術語）五種念佛之一。秘藏記末曰、「三摩地念誦者。都不動舌。於心念誦」

【三摩諾健那】（天名）神名。譯曰大露形。見俱舍光記二十七。

【三摩難呾囉】（術語）Samanatara 譯曰等無間緣。四緣之一。唯識述記四末曰、「三是等義。摩是無義。難呾囉是間義」。

【三輪】（術語）佛之身口意三業也。佛以三業碾摧衆生之惑業、故云三輪。非下地之所測、故云三密。又一神通輪、又云神變輪。由佛之身業現種種之神變使衆生起正信者。二記心輪、以佛之意業分別他之心行差別者。記心者識別他之心也。三教誡輪、又云正教輪。以佛之口業教誡彼而使修行者。此三者如次第爲身意口之作用、先以神通導之、次以記心鑑機、次以教誡使行正道。化導之次第應然也。雜集論一曰、「神通記說教誡變現等無量調伏方便導引所化有情令心界清淨。」光明文句記一曰、「身業現化名神通輪口業說法名正教輪意業鑑機、名記心輪。三皆摧碾衆生惑業故名輪。」義林章三輪章曰、「爲示現身意語三如其次第三業化故不增不減。」又一神足輪同於上之神通輪二說法輪同於上之教誡輪三憶念輪使衆生憶念佛之教法而去邪行正、者。此憶念之名雖就衆生之機法而言之然使之憶念亦本於佛之意輪故此三者如其次第、歸於佛之身口意三輪。此三輪爲律藏之所說而南山以之判戒定慧之三學以定慧之法門爲神足說法二輪之所屬以戒學爲憶念輪之所屬。戒學者對於內德使憶持、思惟事之善惡邪正而樹立正道者故此爲佛之三輪中憶念輪所發之法門也。四分律受戒犍度曰、「至象頭山中以三事教化一者神足。(中略)二者憶念教化。(中略)三者說法教化。」(此次第爲身意語同於經宗所說)戒疏行宗記一上曰、「問經宗所論。身輪現通口輪說法、意輪鑑機上二句同今。後輪異者、答彼取佛意授法無差今約機心奉持不忘此據律中三事教化。所出不同未須融會。」又「據律但名三事以能摧業惑故名爲輪。」又三輪相之略見三輪相條。又風輪水輪金輪之三。見輪世界條。又謂惑業苦之三者。依惑作業、依業感苦更依苦起惑作業。此三者如輪轉而不止故有輪之稱。又謂無常不淨苦之三者。此三者堅固而非易破摧如鐵輪然故云輪。彌陀經通贊曰、「此經起由爲破三輪故。三種輪者一爲破無常輪。二爲破不淨輪。三爲破苦輪。又謂三輪教。與禪護國論序曰、「三輪八藏之文四樹五乘之旨。」見三輪教條。

【三輪身】(術語)大日如來之三種輪身也。見教令輪身條。

【三輪教】(名數)眞諦三藏依金光明經而立三輪教。一轉法輪佛成道後於七年中轉小乘四諦之法輪而說空。二照法輪。七年後說諸部之般若而明空以空照有故名照法輪。三持法輪三十年後說解深密經等、雙說空有持轉照之二輪故名持法輪。見華嚴玄談四。又三輪之嘉祥依法華經信解品而立三種法輪。一根本法輪、華嚴經也。純爲菩薩開一因一果之法門二枝末法輪小乘諸經乃至方等般若諸大乘經也。鈍根之流不堪聞一因一果、故於一佛乘分別爲三。三攝末歸本法輪法華經也。會三乘而使歸於一佛乘也。見法華遊意上。又玄奘三藏依深密經瑜伽論等之意而立三法輪。一轉法輪初時小乘經之有教也。二照法輪第二時般若經之空教也。三持法輪第三時解深密經等之中道教也。(三藏所立與眞諦大同小異其釋名同)是即法相宗之三時教也。見五教章上、華嚴玄談四。

【三輪相】（名數）就布施言、以施者受者與施物謂之三輪。此三輪之相存於意中、稱為有相之三輪、而非眞檀波羅蜜之行。滅此三輪、住於無心而行之施、為三輪清淨之檀波羅蜜。金剛經曰、「菩薩於法應無所住行於布施。」能斷金剛經論上曰「攝伏在三輪於相心除遣（中略）此顯所捨之物及所施衆並施者於此三處除著想心。」心地觀經七曰、「三輪清淨是檀那。以此修因德圓滿。」

【三輪世界】（界名）此世界之最下為風輪、風輪之上有水輪、水輪之上有金輪、金輪之上安置九山八海而成一世界、故此世界稱為三輪世界。而簡別於蓮華藏世界等。

【三輪體空】（術語）見三輪相條。

【三輪清淨偈】（雜語）心地觀經一曰、「能施所施及施物、於三世中無所得。我等安住最勝心、供養一切十方佛。」此一偈說無相之三輪、故云三輪清淨偈。布施之時誦之。故又云布施偈。參照三輪相條。

【三論】（書名）三論宗所依之論藏也。一中論、申明大乘中實之理、故名中論。龍樹所造五百偈（實四百四十六偈）有二十七品。前二十五品破大乘之迷執、而申大乘之實理。後二品破小乘之迷執、而申小乘之實義。婆羅門靑目作釋。秦羅什刪補之。（刪補者惟釋耳）譯為四卷。二、十二門論、偈頌論釋皆龍樹所造。所明之法門有十二、故名十二門論。十二門盡破大乘之迷執、而申大乘之實理。羅什譯有一卷。三、百論、龍樹弟子提婆菩薩所造。原為二十品、一品各有五偈。（此偈為句數偈、非結頌偈、但數論文之文字三十二字為一偈）因從偈數而名為百論。破鄭蔽大小乘之外道之執、以申大小之兩正。天親菩薩釋之。羅什以後之十品為非要而省之、但譯前之十品。（各品中細注修妬路者提婆之偈句也、其偈句各品有增減者、天親釋時又羅什譯時添削者。）有二卷。僧肇中論序曰、「百論治外以閑邪。斯文祛內以流滯。大智釋論之淵博、十二門觀之精詣。」

【三論宗】（流派）依中論等三論而立宗、故名三論。言祖師之血脈、則以文殊菩薩為高祖、馬鳴為次祖、龍樹為三祖。龍樹有二弟子、分二流、一者龍樹、龍智、清辨、智光、師子光、一者龍樹、提婆、羅睺羅多、沙車王子、羅什、羅什來中國、盡譯三論、為此土之高祖。弟子事之者稱三千人、以道融、僧叡、僧肇、道生、為尤著、稱關中四傑。道生後有曇濟、僧瑾、道猷、曇濟後有道朗、道朗後有僧詮。時當北齊之初、法統將絕、詮再興之。詮後有法朗、辨公、慧勇、慧布、以法朗為尤著。嘉祥大師吉藏出其門。三論宗於以大成。嘉祥已前稱古三論、又稱北地之三論。嘉祥已後謂之新三論、又云南地之三論。諸祖中特定嘉祥爲太祖。而北方又加龍樹之智度論稱四論宗。惟不盛。寄歸傳一曰、「所云大乘無過二種。一則中觀二乃瑜伽。中觀則俗有眞空體虛如幻。瑜伽則外無內有事皆唯識」是三論法相之二宗也。

【三論玄義】（書名）一卷。嘉祥著。三論之開題也。

【三論游意義】（書名）一卷。隋碩法師撰。

【三賢】（名數）謂大乘十住十行十回向之菩薩也。仁王護國經疏曰、「十住十行十回向諸位菩薩。皆稱賢者。此就別教而論。蓋諸位菩薩但斷見思惑盡。尚有無明惑在。未入聖位、故名賢。」

【三賢位】（名數）三賢之階位。見三賢十聖條。

【三賢十地】（名數）與三賢十聖同。

【三賢十聖】（名數）十住十行十迴向爲三賢、初地乃至十地爲十聖。賢者發似解而伏惑之位。聖者發眞智而斷惑之位。於此該收菩薩乘之因位。仁王經上曰、「三賢十聖忍中行。唯佛一人能盡原」。

【三緣】（名數）淨土門所立、說念佛有三緣之功力。一親緣、衆生起行口常稱佛名。佛卽聞之、身常禮敬佛。佛卽見之、心常念佛。佛卽知之、謂衆生之三業與佛之三業不相捨離也。二近緣、衆生願見佛。佛卽應念而現至目前也。三增上緣、衆生稱念佛。則念念除多劫之罪、命終之時、佛聖衆皆來迎。不爲諸邪業所繫。見觀經定善義。

【三緣慈】（名數）見慈悲條。

【三緣悲】（名數）見慈悲條。

【三節】（名數）十二因緣涉於過現未三世。謂之三節。無明、行之二者爲過去。識、乃至有之八者、爲現在。生、老死之二者爲未來。舊俱舍論七曰、「如是緣生法十二分三節。前後際二二。於中八」。寄歸傳二曰、「不悟緣起三節。從死趣死」。

【三慧】（名數）一聞慧、依見聞經教而生之智慧。二思慧、依思惟道理而生之智慧。三修慧、依修禪定而生之智慧。前之二慧爲散智、而爲但發修慧之緣、修慧爲定智。而正有斷惑證理之用。見成實論二十。

【三慧經】（經名）一卷。失譯。集經論中之種種因緣法義。

【三樂】（名數）一天樂、修十善業者生天上而受種種殊妙之樂。二禪樂、修行之人入諸禪定而受寂靜之樂。三涅槃樂、斷諸惑而證涅槃。則生滅苦樂皆無。是究竟樂也。見寶積經一百一。

【三練磨】（名數）見三退屈條。

【三請】（故事）迹門之法華、由舍利

弗之三請而說之。本門之法華、由彌勒之三請而說之。方便品曰、「世尊告舍利弗、汝已慇懃三請、豈得不說」壽量品曰、「是時菩薩彌勒為首。分掌白佛言、世尊惟願說之。我等當信受佛語。如是三白已。爾時世尊知諸菩薩三請不止而告之言、汝等諦聽」

【三熱】（名數）龍種有三種之熱惱、又云三患。長阿含經十八曰、「佛言何故名為阿耨達。其義云何。此閻浮提所有龍王盡有三患。一者諸龍皆被熱風熱沙著身、燒其皮肉及燒骨髓。以為苦惱。唯阿耨達龍無有此患。二者舉閻浮所有龍宮、惡風暴起吹其宮內失寶飾衣。龍身自現以為苦惱。唯阿耨達龍王無如是患。三者舉閻浮提所有龍王各在宮中娛樂時。金翅大鳥入宮搏撮、或始生方便欲取龍食。諸龍怖懼常懷熱惱。唯阿耨達龍無如是患。若金翅鳥生念欲往、即便命終。故名阿耨達」大樓炭經一曰、「天下餘諸龍以三熱見燒。阿耨達龍王不以三熱見燒」（三熱即前經之三患）

【三輩】（名數）無量壽經說、往生彌陀淨土之人其業行之淺深有上中下之三類。一上輩、捨家棄欲而為沙門、發菩提心、一向念無量壽佛者。二中輩、身不能為沙門修大功德而能發菩提心、一向念無量壽佛、起立塔像飯食沙門等、多少修善者。三下輩、但發菩提心、一向念無量壽佛乃至十念者。此三輩與觀經所說之九品有同異之諸釋。為曇鸞、淨影、嘉祥、法位、龍興、懷興、源淸之七師、以此為同。天台、義寂、孤山、靈芝之四家以此為別。淨土一家從鸞師之說但視為開合之異耳。無量壽經下曰、「十方世界諸天人民其有至心願生彼國者。凡有三輩。其上輩者。捨家棄欲而作沙門。發菩提心一向專念無量壽佛。修諸功德願生彼國。（中略）其中輩者。雖不能行作沙門大修功德。當發無上菩提之心一向專念無量壽佛。多少修善。奉持齋戒起立塔像。飯食沙門。懸繒燃燈。散華燒香。以此迴向願生彼國。（中略）其下輩者。假令不能作諸功德。當發無上菩提之心。一向專意乃至十念念無量壽佛。願生彼國」曇鸞之略論曰、「無量壽經中唯有三輩上中下。無量壽觀經中一品分為上中下。三三而九合為九品」

【三僁】（名數）貪、瞋、邪見之三者。可洪音義二曰、「僁丘乾反意有三業也。謂貪瞋邪見也」廣韻曰「僁愆俗字」

【三德】（名數）涅槃經所說大涅槃所具之三德。一法身德、為佛之本體。以常住不滅之法性為身者。二般若德、般若譯曰智慧、法相如實覺了者。三解脫德、遠離一切之繫縛而得大自在者。此三者各有常樂我淨之四德。故名三德。而此三德不一不異、不縱不橫、如伊字之三點、首羅之三目、稱為大涅槃之秘密藏。涅槃經二曰、「我今當令一切衆生及以吾子四部之衆悉皆安住秘密藏中。我亦復當安住是中入於涅槃。何等名爲秘密之藏。猶如伊字三點若並則不成伊。縱亦不成。如魔醯首羅面上三目乃得成伊三點。若別亦不得成。我亦如是解脫之法亦非涅槃。如來之身亦非涅槃。摩訶般若非涅槃。三法各異亦非涅槃。我今安住如是三法爲衆生故名入涅槃如世伊字。」因諸佛自利利他之三德。一智德、破一切之無知而具無上菩提者。二斷德、斷一切之煩惱而具無上涅槃者。此二者屬於自利。三恩德、具大悲而救濟一切衆生者。是利他之德也。俱舍論之歸敬頌舉此三德以讚佛。因諸佛因果之三德。一因圓德、三大劫之修行圓滿者。二果圓德、智斷等之諸總圓滿者。三恩圓德、度一切衆生而使解脫者。俱舍論二十七曰、「諸有智者。思惟如來三種圓德。深生愛敬。其三者何。一因圓德。二果圓德。三恩圓德。」因數論所說自性諦之三德。一薩埵、Sattva 勇健之德。二刺闍、Rajas 塵坌之德。三答摩、Tamas 闇鈍之德。通常呼爲喜憂闇。自性有此三德、故生種種善惡好醜之法。唯識述記一本曰、「問、自性云何能與諸法爲生因也。答、三德合、故能生諸諦」

【三德指歸】（書名）十卷、宋孤山智圓著。釋章安之涅槃經疏。

【三暮多】（天名）風神之名。慧琳音義十二曰、「三暮多。風神名也。亦曰風天。異名耳也。」

【三億家】（雜語）舍衛城三億之家不見聞佛之出世。智度論九曰、「在人天中佛出世時其人不見。如說舍衛城九億家三億家眼見佛、三億家耳聞有佛、三億家不聞不見。佛在舍衛二十五年。而此衆生不聞不見。何況遠者。」止觀四曰、「振丹一國不覺不知。舍衞三億不聞不見。着樂諸天及生難處。不來聽受。」

【三雜染】（術語）雜亂染汚眞性者有三。一煩惱雜染、起貪瞋我見等煩惱而雜染眞性者。二業雜染、由煩惱而造種種之惡業、以雜染眞性者。三生雜染、由惡業感生老病死之苦而雜染眞性者。見顯揚聖敎論一。

【三羯磨】（術語）一白三羯磨也。與白四羯磨同。見羯磨條。

【三慕達羅】（雜語）Samudra 譯曰海。見華嚴疏鈔七。又作三母捺羅娑誐羅。Sagara 見梵語雜名。

【三諦】（名數）天台所立之諦理。空諦、假諦、中諦也。昔北齊慧文禪師自記曰、我獨步河淮、呼誰爲師。若得經則以佛爲師、若得論則以菩薩爲師。乃入大經藏、燒香散花、反手執之、得龍樹菩薩所造之中觀論。開論讀之、至觀四諦品、「因緣所生法。我說卽是空亦爲是假名。亦是中道義。」之偈、恍然悟三諦之妙旨、以授南岳之慧思。慧思授之於天台之智顗。故一家之觀門以此一偈二十字爲究竟之勸文。釋籤曰「中論偈意一實不思議。遍申諸經」諸經者諸大乘也。依通敎則因緣所生法我說卽是空者、爲依因緣而生者之自性空。以諸法有自性、不待依因緣而生、而可自有也。次亦爲是假名者、謂諸法既無自性、故依因緣而生、是非實性、有依因緣而假呈有之相者、故謂之爲假。次亦是中道義者、然則諸法以空之故、非爲假有、以假之故、非爲實空。又以空諦之故、爲實空、以假諦之故、爲假有也。如是非假有、非實空、亦實空亦假有、卽是中也。依圓敎之義、則三千諸法彼此圓融無別、謂之空諦。非如別敎使歸於眞如而爲空。三千諸法本來具眞如、謂之假諦。非如別敎待無明之緣而始生假相。又具此二者爲中諦。非如別敎於空假之外有中。故三千之法不但假諦、空與中亦有。又中不但中諦、假與空亦有。是依一空一切空、一假一切假、一中一切中而然也。謂性具之三千雖爲本有、而事造之三千、依迷悟之緣而成、則亦謂是非賴緣假。假令賴於迷悟之緣、亦非如別敎謂依之而起、本來一味之性、至本來性具之三千現爲事造也。故不可謂爲假生。而此三諦之圓融、非待觀者而始圓融。諸法天然法爾自然圓融也。修三觀但欲達於其性德而已。故始終心要曰「夫三諦者天然三性德也。中諦者統一切法。眞諦者泯一切法。俗諦者立一切法。心性不動、假立中名。亡泯三千、假立空稱。雖亡而存、假立假號」斯三諦以本來圓融、故經中雖謂爲畢竟空、然此惟以空爲言端、實則爲全假中之空也。雖謂爲如來藏中道、然亦全空中空假也。故止觀一之三曰、「若爾云何復言遊心法界如虛空。又言明者卽畢竟空。此擧空爲言端。空卽不空。亦非空非不空。又言一微塵中有大千經卷。心中見一切佛法。如地種如香丸者。此擧有爲言端。有卽不有。亦卽非有非不有。又言一色一香無非中道。此擧中道爲言端。卽中而邊。卽非邊非不邊。具足無減。勿守語害圓誣聖意。」又「並是畢竟空。並是如來藏。並是中道」法華文句八曰、「妙有不可破壞。故名實相。諸佛能見。故名眞善妙色。不雜餘物。名畢竟空。無二無別。名如是了了。故名佛性。含備諸法。故名如來藏。寂滅靈智。故名中實理心。遮離諸邊。故名中道。無上無上。名第一義諦。」竹庵禪師頌中論之句曰、「中論因緣所生法。一句道盡無剩語。我說卽是空假中。朱簾暮捲西山雨。」

【圓敎三種三諦】（名數）一名隨德用三諦。於空假中之三諦各有一功能。空諦有破情之用。假諦有立法之用。中諦有絕待之功能。二體一互用三諦。三諦本爲圓融而一相一味、非可見其界畔之法、即三諦各具三能之說也。

【三種三諦】（名數）不思議之三諦、雖以無決定性之故不可說之、然爲機緣說之則不出三意、一隨情說、此爲大悲方便、或約於有門、或約於空門而明之、此三諦在圓教十行已前也。二隨情智說、即隨自他意語也、就情而說有空之二、就智而說中之一、此三諦當於圓教十信位。三隨智說、即隨自意語也。是初住已去、非徒中絕視聽、眞假亦然。三諦玄微、唯智所照、不可示、不可思、聞者驚怪、唯佛與佛乃能窮盡、言語道斷、心行處滅、不可以凡情圖想也。

【三諦相即】（術語）謂天台圓教之空假中三諦圓融不二也。以簡別於別教三諦之隔歷。輔行一曰、「即者爾雅云合也。若據此釋、仍似二物相合、名即、其理猶疎。今以義求體不二、故名爲即、即三而一。與合義異。」

【三諦圓融】（術語）觀空假中三諦於同時達到圓融之眞理也。

【三學】（術語）學佛人可通學者有三。一戒學、戒者禁戒也、能防禁身口意所作之惡業者。二定學、定者禪定也、能使靜慮澄心者。三慧學、慧者智慧也、觀達眞理而斷妄惑者。戒學者律藏之所詮、定學者經藏之所詮、慧學者論藏之所詮、依戒而資定、依定而發慧、依慧而證理斷惡、因位之修學、過此三者、果上則無學也。名義集三學篇曰、「道安法師云、世尊立教、法有三焉、一者戒律、二者禪定、三者智慧。斯之三者至道之由戶、泥洹之關要。戒乃斷三惡之干將也、禪乃絕分散之利器也、慧乃濟藥病之妙醫也。今謂防非止惡曰戒、息慮靜緣曰定、破惑證眞曰慧。」

【三機】（術語）正定聚、邪定聚、不定聚之三機也。見三聚條。

【三餘】（名數）聲聞緣覺之人雖云入無餘涅槃、然猶有三事之餘殘、非眞無餘也。一煩惱餘、斷三界內之見惑思惑、猶餘界外之無明惑。二業餘、雖盡三界內之有漏業、猶餘界外之無漏業。三果餘、雖出三界內分段生死之苦果、猶餘界外變易生死之苦果。說詳佛性論三、起信論義記上本。

【三縛】（術語）謂貪瞋痴之煩惱繫縛。俱舍論二十一曰、「縛有三種、一貪縛、二瞋縛、三痴縛。」入阿毘達磨論上曰、「契經中復說三縛、一貪縛、謂一切貪如受結相說。二瞋縛、謂一切瞋如恚結相說。三痴縛、謂一切痴如無明結相說。」

【三默堂】（雜名）浴室、僧堂、西淨（圊處）之三處、不許語笑、總謂之三默堂。見象器箋一。

【三磨鉢躭】（雜語）數名、俱舍論十二曰、「十大印達羅爲三磨鉢躭。」梵 Samāpta.

【三頭八臂】（雜語）梁書扶南國傳、俗事天神。以銅爲像。二面者四手。四面者八手。手各有所持、或小兒、或日月、或鳥獸、法苑珠林、修羅道者、體貌麤鄙。並出三頭。重安八臂。梁簡文大敬愛寺刹下銘、八臂三目。頂帶護持。

【三滿多跋捺囉】（菩薩）又作三曼陀颰陀、三曼陀颰陀羅。三曼跋陀、Samantabhadra 譯曰普賢。菩薩名。仁王經儀軌曰、「三滿多者。此云普。亦云偏。亦云等也。跋捺囉。此云賢也。」慧琳音義二十八曰、「三曼陀颰陀。唐云普賢是也。」智度論九曰、「偏吉。」法華經八曰、「普賢」探玄記二曰、「德周法界曰普。至順調善曰賢。智論名偏吉也。」阿差末菩薩經一曰、「三曼颰陀。晉云普賢。」

【三彌陀那梯】（術語）Samiṇidl-āṅga-八轉聲中第七所依聲也。見唯識樞要上本。

【三禪】（界名）色界之第三禪天也。此天名定生喜樂地、由深妙之禪定生身心之快樂。三界九地之中以此地爲樂受之限、在同此已上之天處、唯有捨受。故此地之樂受、爲三界中最第一。聖教中多引之以爲比。悲華經二曰、「身心快樂。無有疲極。譬如比丘入第三禪。」涅槃經二十一曰、「有佛世界名曰不動。若有衆生聞其華香身心安樂。譬如比丘入第三禪。」

【三禪樂】（術語）三禪天之快樂。見三禪條。

【三彌叉】（書名）外論之名。譯曰觀察。闍提首那所造。廣釋二十五諦。飾宗記七末曰、「依涅槃經第三十九。名闍提首那。發造三彌叉論。此云觀察。廣辨二十五諦。」涅槃經三十九曰、「闍提首那、與佛論二十五諦遂屈伏、剃髮而爲弟子。」梵 Samikṣa

【三彌提】（人名）尊者名。見中阿含經四十三。梵 Sammiti?

【三彌底】（流派）具名三蜜栗底尼迦耶 Sammatiya-nikāya 小乘十八部中正量部之梵名。又作三眉底與部、彌底部、彌離底部。又謂之量弟子。

【三彌底部論】（書名）三卷。失譯人名、破我與見明中有之不無。

【三點】（術語）以伊字之三點譬法身般若解脫之三德。見伊字三點條。性靈集七曰、「三點凝心。四量滿懷。」梁高僧傳八曰、「始自鹿苑、以四諦爲言初。終至鵠林、以三點爲圓極。」図密教稱理智事爲三點、手鏡鈔上曰、「法身是自性身。般若是自是自身。解脫是他受用身。是名理智事三點。即大日上三身也。亦名名字印形三秘密身也。」図道家有繫心懸中之法。以兩目爲左右兩點、兩目齊平山根處之一點爲中點、謂之懸中。恰如伊之三點也。按此說本出於佛家、即小止觀所云令心住緣中是也。

【三檀】(名數)檀者梵語檀那Dāna之略、譯曰布施、三檀者財施、法施、無畏施之三施也。智度論十四曰、「檀有三種、一者財施、二者法施、三者無畏施」以此三檀攝六度。金剛般若論上曰、「檀那有三種、一資生施者、謂檀那波羅蜜、二無畏施者、謂尸羅波羅蜜羼提波羅蜜、三法施者、謂毘梨耶波羅蜜禪那波羅蜜般若波羅蜜」觀經玄義分曰、「三檀等備、四攝齊收。」稽古略三曰、「仰山粥疏曰、義冠三檀功標十利。」參照三施條。

【三齋月】(雜名)正五九之三月也。見三長齋月條。

【三應供養】(名數)世有三種宜供養者、一如來所應供養、自利利他圓滿而爲世之最尊者。二阿羅漢所應供養、既盡生死之因、而爲世之福田者。三轉輪聖王所應供養、以正法治天下、爲四海之父母者。見增一阿含經十二。

【三轉】(名數)三轉法輪之略。小乘說四諦之法有示觀證之三轉也。見三轉法輪條。慈恩寺傳序曰、「八會之經謂之爲本。根其義也。三轉之法謂之爲末、枝其義也。」

【三轉十二行相】(術語)見三轉法輪條。

【三轉語】(名數)機轉之語三番。轉者宛轉投合之義。

【巴陵三轉語】(名數)碧巖十三則評唱曰、「巴陵深得雲門脚跟下大事、(中略)出世後而法嗣於雲門、先住岳州巴陵、更不作法嗣之書、只將三轉語上雲門、如何是道、明眼人落井。如何是吹毛劍、珊瑚枝枝撑著月。如何是提婆宗、銀椀裏盛雪。雲門云、他日老僧忌辰、只舉此三轉語、即足報恩。自後果不作忌辰齋、依雲門囑、只舉此三轉語。」

【趙州三轉語】(名數)碧巖九十六則曰、「趙州示衆三轉語」會元四趙州章曰、「師上堂曰、金佛不渡爐。木佛不渡火。泥佛不渡水。」碧巖評唱曰、「泥佛若渡水則爛却了也。金佛若渡爐中則鎔却了也。木佛若渡火、便燒却了也。」

【三轉讀文】(術語)天台大師立十如是、讀經中之文爲三轉。見十如條。

【三轉法輪】(名數)佛於鹿野苑對聲聞乘人說苦集滅道之四諦、有示勸證之三轉。一示轉、此是苦也、此是集也、此是滅也、此是道也。此示四諦之四相。二勸轉、苦當知、集當斷、滅當證、道當修。此勸四諦之修行。三證轉、苦者我已知、集者我已斷、滅者我已證、道者我已修。此佛自舉己爲證也。於此三轉、上根者以第一之示轉、中根者以第二之勸轉、下根者以第三之證轉而各悟道。又此三轉、如次第配於見道修道無學道。法華經化城喻品曰、「三轉十二行法輪。」維摩經佛國品曰、「三轉法輪於大千。其輪本來常清淨。」文句七曰、「三轉者謂示勸證。」俱舍論二十四曰、「此苦聖諦此應徧知。此已徧知。是名三轉。」

【三轉法輪十二行】（術語）此有二種、一爲敎之十二、四諦一一有示勸證之三轉而爲十二之敎法者。二行之十二、三轉一一生眼智明覺四種之智者。若以四諦各別論之、四則有四十八行。眼智明覺者見道十六心中四法智忍爲眼、四法智爲智、四類智忍爲明、四類智爲覺。是就見道而解之。又眼者觀見之義、智者決斷之義、明者照了之義、覺者警察之義。（已上二義出婆沙論）又眼以總體之智而名之。智明覺三者如其次第、以知過現未而名之。（慈恩之義）此後一義通於見修無學之三道而解之。婆沙論七十九曰、「眼者謂法忍。智者謂諸法智。明者謂類忍。智覺者謂諸類智。復次眼是觀見義。智是決斷義。明是照了義。覺是警察義。」法華玄贊七曰、「一一轉令聞法者發生無漏眞正慧眼。隨其次第於去來今苦諦之中生智明覺。如是一轉總別四行。三轉諦諦皆有十二行相。然數等故但說三轉十二行相。三轉如次顯示令入見修無學等三」此二種十二中言十二行法輪（法華經）十二行相（俱舍論）則以行之十二可爲解之本義。天台文句舉敎行之二義、俱舍論玄贊則單就行解之。佛說三轉法輪經曰、「爾時世尊告五苾芻曰、汝等苾芻此苦聖諦於所聞法如理作意。能生眼智明覺。」

【三轉法輪經】（經名）佛說三轉法輪經、一卷、唐義淨譯。佛於鹿野苑對於五比丘三轉四諦使生眼智明覺。

【三皈】（術語）皈通歸。卽三歸。見次項。

【三歸】（術語）又曰三歸依、三歸戒。一歸依佛、歸依佛寶以爲師者。二歸依法、歸依法寶以爲藥者。三歸依僧、歸依僧寶以爲友者。此三歸由師受之謂之三歸戒。三歸戒有二稱、一翻邪三歸、二重受三歸。翻從來之邪信而初入佛道受三歸者、謂之翻邪三歸。由是每受五戒八戒等、輙先受三歸者、謂之重受三歸。觀無量壽經曰、「受持歸。具足衆戒。」釋氏要覽上曰、「五分律云佛於鹿苑度五俱鄰人間已有六羅漢。故次爲耶舍父母最先授三歸依也。」而受之之意、於顯敎、一爲表自之信心、一爲乞三寶之加被。若約密敎之意則表自己之信心皆歸入依合於三寶。乞我與三寶入我我入也。

【三歸受法】（儀式）三歸者在家入道之戒法、宜自師受之。其受之之法、先懺悔從前之邪、非起淳淨之信、一心合掌隨師口授三歸而已。亦唱三歸。如此三周三歸謂之受三歸。釋氏要覽上曰「阿含經云於受歸戒前先須懺悔然後受三歸」

【五種三歸】（名數）翻邪三歸為一、重受三歸有四、一五戒之三歸、二八戒之三歸、三十戒之三歸、四具足戒之三歸。受諸種之戒時、必先受三歸。通為五種。釋氏要覽上曰「毘尼母云有五種三歸、一翻邪、二五戒、二八戒、四十戒、五具足戒」

【三十六部神王護三歸人】（雜語）佛說灌頂經一曰「佛語梵志是為三十六部神王。此諸善神凡有萬億恒河沙鬼神以為眷屬陰相番代以護善男子女人等受三歸者」見三十六部神條。

【三歸依】（術語）與三歸同。

【三歸五戒】（術語）在家之男女初受三歸、次受五戒、是名優婆塞優婆夷。

【三歸五戒功德經】（經名）佛說三歸五戒慈心厭離功德經之異名。

【三歸五戒慈心厭離功德經】（經名）一卷、失譯人名。即中阿含須達多經之少分。

【三藏】（術語）Tripiṭaka 經律論也。此三者各包藏文義、故名三藏。經說定學、律說戒學、論說慧學。因之而通三藏達三學者、稱為三藏。特為眞諦玄奘等翻譯師之稱號。其梵名一一列之於下。一素呾纜藏、Sūtrapiṭaka 舊曰修多羅藏、譯曰綖。聖人之言說能貫穿諸法、如綖之貫花鬘、故喻之以綖。然經者訓常訓法、以聖人之言而名之。且經之持緯恰具綖之義、故譯家易綖以經。二毘奈耶藏、Vinayapiṭaka 舊作毘尼藏、譯曰滅。滅三業過非之義。別名優婆羅叉、譯曰律。毘奈耶之教、能詮律、故別名謂之律。三阿毘達磨藏、Abhidharmapiṭaka 舊作阿毘曇藏、新譯曰對法、以對觀眞理之勝智而名。舊譯無比法、亦稱勝智而謂為無比。此藏生對觀涅槃之無比勝智、故名阿毘達磨。別名優婆提舍、譯曰論。論諸法之義。此藏所詮論諸法之性相而生勝智、故別名為論。此三藏有三種。一小乘之三藏、二大乘之三藏、三大小之三藏。

【小乘三藏】（術語）四部之阿含經等為經藏、四分五分十誦律等為律藏、六足發智論等為論藏。此三藏之根本皆佛說。於佛入滅時分部帙而結集者。佛所說之大乘義理之分際、遠異於小乘、故於別處結集之而單名摩訶衍藏。Mahāyānapiṭaka 以對小乘之三藏。是智度論之意也。智度論百曰「如摩訶迦葉於耆闍崛山中集三藏。佛滅度後文殊師利彌勒諸大菩薩、亦將阿難集是摩訶衍。（中略）三藏是聲聞法、摩訶衍是大乘法」法華經安樂行品曰「貪著小乘三藏學者。」天台據之、於四教之中呼小乘教爲三藏教。然於小乘宗之中如經量部不許佛說之論藏。謂論藏者如來滅後弟子之所說。故世親於俱舍論之初敘有部宗之義曰、「離擇法定無餘能滅諸惑勝方便由惑世間漂有海因此傳佛說對法」此依經量部之意示論藏之佛說、非己所信、故置傳字者因而衆賢於正理論之初痛駁之。今案結集小乘之三藏以三藏爲小乘之別名、雖在佛滅後、而佛在世時、其教法中既有三藏分別之存在、其證文不一。智度論百曰、「佛在世時無有三藏名、但有持修多羅比丘持毘尼比丘、持摩多羅迦 Mātṛka 比丘。」（摩多羅迦論藏之異名也）毘奈耶雜事十四曰「緣在室羅伐羅城時有苾芻名毛血。（中略）見佛說法於三藏經說地獄苦」同十八曰、「三藏經中有疑處除我更無能答者。」同三十四曰、「賊言聖者仁是三藏持經律論耶。苾芻亦同前答。（中略）佛言汝等苾芻善閑經律論。」此等皆佛在世之事也。因是可知佛在世已有三藏之名矣。

【大乘三藏】（術語）依智度論之意則三藏爲小乘之特稱、而大乘爲一修多羅藏。依攝大乘論之意、則大乘中亦有三藏、華嚴經等爲經藏、梵網經等爲律藏、阿毘達磨經等爲論藏。（阿毘達磨經此土不譯唯識論中往往引之）然是爲一修多羅藏之分類、故名之爲總部之三藏。小乘之三藏稱爲別部之三藏。玄奘譯世親攝論釋一曰、「此中三藏者、一素怛纜藏、二毘奈耶藏、三阿毘達磨藏。如是三藏下乘上乘有差別故則成二藏、一聲聞藏、二菩薩藏。」

【密教三藏】（術語）日本以東寺爲密場、置五十比丘習密教三藏。三藏者、大毘盧遮那金剛頂經等二百卷、密修多羅也。蘇婆呼經根本部等一百七十卷、密毘奈耶也。菩提心訶摩衍等十一卷、密阿毘曇也。

【大小三藏】（術語）合論大小乘而立三藏。一聲聞藏、二緣覺藏、三菩薩藏也。見阿闍世王經下、嘉祥法華義疏十。又一聲聞藏、二菩薩藏、三佛藏也。見釋氏要覽中。

【三藏教】（術語）天台所立四教之一。指一切之小乘教。佛入滅之年、大迦葉等結集經律論之三藏、而爲該收小乘一切之教理者、故呼小乘謂之三藏教。大乘亦有三藏之別、然非如小乘之三藏、部帙整然而分之者、因以之爲一摩訶衍藏、與彼小乘之三藏二者對峙。此智度論之意也。

【三藏法師】（術語）通稱則爲法師之美稱、特稱則指唐之玄奘三藏。

【三藏法數】（書名）具名大明三藏法數、五十卷、明一如等撰。

【三藏學者】（術語）指小乘之學人。

【三藐三佛陀】（術語）Samyak-sam

buddha又云三耶三佛、三耶三佛檀。佛十號之第三。舊譯曰正偏知、等正覺等。新譯曰正等覺。對於外道之邪覺稱羅漢爲正覺、對於羅漢之偏覺稱菩薩爲等覺。對於菩薩之分覺稱佛爲正等覺。案菩提就法而名、佛陀就人而名。故三藐三菩提宜謂爲正偏知、正等覺等。三藐三佛陀宜言爲正偏知者、正等覺者等。智度論二曰。「何名三藐三佛陀。三藐名正。三名遍。佛名知。是言正遍知一切法。」法華玄贊二曰。「舊云正偏知。即正覺等覺正等覺。如次簡外道小乘菩薩三種。」希麟續音義曰。「三藐三佛陀正云三藐三沒馱。三字去聲。此云正等覺。亦云正遍知。即第三號也。」

【三藐三菩提】（術語）Samyaksaṃbodhi 舊譯曰正偏知、正偏知道、正眞道等。新譯曰正等覺、正等正覺。是以佛所得之法名之。見阿耨多羅三藐三菩提條。

【三貌糝帽地】（術語）與三藐三菩提同。

【三禮】（儀式）表身口意而三禮拜、敬禮之至。見三拜條。

【三覆八校】（術語）五戒經之說。三覆者正五九月各月之一日、四天王之善神覆奏人中善惡於天王而校格是非。八校者、歲之八王日。立春、春分、立夏、夏至、立秋、秋分、立冬、冬至也。於此日復覆奏而校格之。嘉祥之無量壽經疏曰。「一切衆生皆有二神。一名同生、二名同名。同生女在右肩上書其作惡。同名男在左肩上書其作善。四天善神一月六反錄其名籍奏上天王。地獄亦然。一月六齋。一歲三覆。一載八校。便不差錯。」（五戒經載於僞經錄。）

【三醫】（名數）一上醫、聽聲。二中醫、相色。三下醫、診脈。見止觀八之一。

【三舉】（術語）戒律中之罪名。一犯罪而他人忠告之、不自認罪之人。二不肯懺悔之人。三說婬欲不障道之人。此三種人爲宜行白四羯磨之法舉其罪棄於衆外者。故謂之三舉。見行事鈔上一。

【三斷】（名數）一見所斷。於見道而斷者、小乘八十八使之見惑是也。二修所斷、於修道而斷者、八十一品之修惑及色等有漏法是也。三非所斷、一切之無漏法也。見俱舍論二。若就大乘而論、則分別起之煩惱所知二障是見所斷、俱生起之二障是修道所斷、非所斷與小乘同。又一自性斷、與惑體及惑相應俱有之法、無漏智起時斷其自性、使自心身遠離者。二緣縛斷。五根五境及其他無記法、不斷其自性、生無漏智、悉斷內心之煩惱、畢竟至於五根境等無染着者。即斷緣五根境之繫縛也。但斷能緣之縛、而非斷所緣之體、以無學之身猶有五根五境等也。三不生斷、缺一切生法之緣而畢竟不生者。如斷見惑身之三惡道苦果畢竟不生也、依自性斷緣縛斷所得之無爲法謂之擇滅無爲、依不生斷所得之無爲法謂之非擇滅無爲。見宗鏡錄七十六。

【三關】（雜語）三處之玄關。就法門而言。

【楞嚴三關】（故事）佛祖統紀十慈雲傳曰「慈雲法師遵式居天竺日有貴宦註楞嚴求師印可。師烹烈燄謂之曰、閤下留心佛法誠爲希有。今先申三問若答之契理、當爲流通。若其不合當付此火。宦許之。師曰、眞精妙元性淨明心不知如何註釋。三四四三宛轉十二流變三疊一十百千爲是何義。二十五聖所證圓通既云實無優劣文殊何獨得取觀音。其人罔措師即舉付火中。於是楞嚴三關自茲而出。」

【黃龍三關】（名數）見黃龍條。

【兜率三關】（名數）見上兜率條。

【三獸】（譬喻）兎馬象也。三獸渡河、兎足在水上、以譬聲聞之悟道最淺。馬足在水中、以譬緣覺之悟道稍深。象足到水底、以譬菩薩之悟道最深。見思之煩惱有正體與習氣、聲聞但斷正體、緣覺兼侵習氣、菩薩正習俱盡。法性之空理、或譬生死爲河水、譬三乘爲三獸。三乘之人雖證同一之法性、渡同一生死之流、然從其淺深而生如此之差別。天台以之爲四敎中通敎之敎理。涅槃經二十三曰、「譬如有河、第一香象不能得底。則名爲大。聲聞緣覺至十住菩薩不見佛性。名爲涅槃、非大涅槃。若能了了見於佛性、則得名爲大涅槃也。是大涅槃唯象王能盡其底。大象王者、謂諸佛也。」同二十七曰、「二乘之人雖觀因緣、猶不得名爲佛性。（中略）又未能渡十二因緣河猶如兎馬。何以故。不見佛性故。」優婆塞戒經一曰、「如恒河水、三獸俱渡。兎馬香象。兎不至底、浮水而過。馬或至底或不至底。象則盡底。恒河水者即是十二因緣河也。聲聞渡時猶如彼兎。緣覺渡時猶如彼馬。如來渡時猶如香象。是故如來得名爲佛。聲聞緣覺雖斷煩惱、不斷習氣。如來能拔一切煩惱習氣根原、故名爲佛。」止觀六曰、「涅槃名爲三獸渡河通敎觀意。」同輔行曰、「三人如獸。眞如水底。」

【三獸渡河】（譬喻）婆沙論三獸渡河。兎浮水上。馬及一半。象窮底。喻菩薩緣覺聲聞。所得有淺深也。詳見前項。

【三識】（術語）就心識之眞妄而立三識之不同。一眞識、自性淸淨心也。第八阿賴耶識、通眞不通妄。妄者染、眞者淨也。謂其淨分也。二現識、變現之意也。第八識、含藏一切善惡種子、而變現根身世界。故名。三分別識、於六塵等種種之諸境而起分別也。第七末那識由傳送第六意識而起分別、故名。見楞伽經。因末那識、阿賴耶識、奄摩羅識之稱。

見翻譯名義集。

【三類境】（名數）境者、八識所變之相分也。此相分有三類。一性境。性者、實體之義。自實之種子而生、有實性。自維持實性、不隨能緣之心。能緣之心、不過爲彼之自性。以現量而量知者。此之謂性境不隨心。第八識與眼識等五識之全部相分及第六識之一部相分是也。二獨影境。如第六意識浮龜毛兎角之相。其相非自實體種子而生之實法、唯自能緣之見分顚倒計度而發現假相者。此假相既無能生之種子、亦無所託之本質、唯獨起影像。故云獨影境。此境爲隨其種子及善惡之性等能緣之見分者。故云獨影唯隨見。三帶質境。如第七識緣第八識之見分、或如散心獨影之意識緣五塵之境。其自識之相分。謂爲第八識之見分。謂爲五塵確有所託之本質、（性質）非如彼龜毛兎角無本質者。故對於彼獨影境而謂之帶質境。顧彼所託之本質、雖爲有實體之性境、而所起之相分、非爲所託之本質。似必支配於能緣之妄情、（即自己之身分。）而於非我之物體現我相。爲依實之本質與非實之妄情而現之一種似非相分、故此相分不得使屬於任何一方。於見分之妄情與性境之本質二者、可使爲兩質之性質者。故謂之帶質通情本。帶質境通於妄情與本質通也。頌曰、性境不隨心。獨影唯隨見。帶質通情本。性種等隨應。」見唯識樞要上末。

【三顚倒】（名數）見顚倒條。

【三寶】（名數）觀無量壽經曰、「恭敬三寶奉事師長。」一切之佛陀 Buddha 佛寶也。佛陀所說之教法、法寶 Dharma 也。隨其教法而修業者、僧寶 Saṅgha 也。佛者覺知之義。法者法軌之義。僧者和合之義也。寶性論三舉所以名寶者有六義。「偈言眞寶世希有。明淨及勢力。能莊嚴世間。最上不變等。」法華經方便品曰、「思惟是事已、即趣波羅奈。諸法寂滅相。不可以言宣。以方便力故。爲五比丘說。是名轉法輪。便有涅槃音。及以阿羅漢法僧差別名。」

【四種三寶】（名數）三寶有四種。一一體三寶。又云同體三寶。又云同相三寶。三寶一一之體有三寶之義。佛之體上有覺照之義者、佛寶也。有軌則之義者、法寶也。無違諍之過者、僧寶也。乃至僧有觀智者爲佛寶、有軌則者爲法寶、和合者爲僧寶。二理體三寶。於眞如之體上立三寶。眞如之理體、視覺性法相無違諍過。三化相三寶。又云別體三寶。又云眞實三寶。大乘之三寶者、諸佛之三身爲佛寶。六度爲法寶。十聖爲僧寶。小乘之三寶者、丈六之化身爲佛寶、四諦十二因緣之法爲法寶。四果緣覺爲僧寶、四住持三寶。佛滅後住於世間者、木佛畫像佛寶也。三藏之文句、法寶也。剃髮染衣者、僧寶也。此中前二種局於大乘、後二種通於大小乘。行事鈔資持記上一之二曰、「三寶四種、一體理體就理而論。化相一種局據佛世。住持一位通被三時。」

【六種三寶】（名數）一同體三寶、卽一體三寶也。二別相三寶、卽化相三寶也。三一乘三寶、究竟之法身爲佛寶、一乘之法爲法寶、一乘之菩薩衆爲僧寶。勝鬘經法華經等之意也。四三乘三寶、爲三乘者所現之佛之三身爲佛寶、三乘之法爲法寶、三乘之衆爲僧寶。勝鬘經攝論等之意也。五眞實三寶、三身爲佛寶、一切無漏之敎理行果爲法寶、見諦已上之三乘聖衆爲僧寶。六住持三寶、同於四種三寶之中。見義林章六本。

【外道三寶】（雜經）外道亦立三寶。百論疏上之中曰、「廣明三寶化世。此中凡列十師。一迦毘羅三寶行世。二優樓迦三寶行世。三勒沙婆三寶行世。（中略）迦毘羅謂佛寶。弟子謂僧寶。僧法住謂法寶。

【三寶加持】（術語）蒙三寶之加護也。參照加持條。

【三寶衣】（名數）三衣也、僧寶所着之衣。故稱寶衣。瓔珞本業經上曰、「剃頭被三寶衣。」

【三寶印】（物名）刻佛法僧寶四個篆字者。押於道場疏。

【三寶物】（術語）佛像殿堂香花幡蓋等佛物也。經卷紙筆箱函巾帊等法物也。僧房田園等常住僧物、衣鉢穀菜等現前僧物、僧物也。此三者各異所屬、不許盜用與互用。見行事鈔中之一盜戒。

【三寶恩】（術語）四恩之一。

【三寶階】（雜名）佛自忉利天降時、帝釋所造之階也。在劫比他國。西域記四（一劫比他國）曰、「伽藍大垣內有三寶階。南北列東面下。是如來自三十三天降還也。昔如來起自勝林上昇天宮、居善法堂、爲母說法。過三月已、將欲下降、天帝釋乃縱神力建立寶階。中階黃金、左水精、右白銀。」

【三寶藏】（名數）佛法僧也。此三者、藏一切之功德、故云寶藏。新譯仁王經中曰、「佛法衆海三寶藏、無量功德於中藏。」（衆者僧也）又經律論之三藏、又聲聞緣覺菩薩也。

【三覺】（名數）一自覺、二覺他、三覺行窮滿。阿羅漢具自覺之一、菩薩具自覺覺他之二、佛具三覺。又一本覺、一切衆生本來固有之自性淸淨心也。二始覺、依本覺內薰與敎法外薰、而妄心漸起契於本覺之知覺者。三究竟覺、始覺極與本覺一致者。見起信論。

【三難】（名數）三惡道之苦難。

【三蘊】（名數）於化地部別萬法爲三種。一、一念蘊、者剎那生滅之法也。二、一期蘊者、人自生至死間相續之法也。五根等屬之。三、窮生死蘊者、窮生死而至金剛喩定間相續之法也。

【三魔】（名數）於四魔之中除死魔其餘之三魔也。等覺之菩薩、除此三魔。瓔珞本業經上曰「超度三魔」。見魔條。又止持會集音義釋三魔曰、「一煩惱魔、謂三界中一切妄惑也。修行之人爲此妄惑惱亂心神、不能成就菩提。是名煩惱魔。而五蘊魔亦攝其中。二、天魔。此魔卽欲界第六天攝也。若人勤修勝善、欲超越三界生死、而此天魔爲作障礙、發起種種擾亂之事、令行人不得成就出世善根。是名天魔。三、死魔。謂四大分散、夭喪殞歿也。行人爲此夭喪、不能續延慧命。是名死魔」。案此又爲於四魔中除陰魔者。

【三懺】（術語）三種之懺悔法。見懺悔條。

【三攝提】（名數）攝提具云波羅攝提、Prajñapti 譯曰假施設。大品般若經三假品所說、謂受假施設、法假施設、名假施設也。見假條。

【三觀】（名數）諸家說三觀、以天台之三觀爲最普通。一空觀、觀諸法之空諦也。二假觀、觀諸法之假諦也。三中觀。此有二觀。諸法亦非空亦非假、卽是中、謂爲雙非之中觀、觀諸法亦空亦假、卽是中、謂爲雙照之觀。又就性德之理而謂爲三諦、就修德之智而謂爲三觀、以吾人凡常之一心爲所觀之境而觀之、則謂爲一心三觀。而三諦三觀有別圓二教相違。參照三諦條。

【華嚴宗三觀】（術語）初祖杜順依華嚴經而立、謂之法界三觀。法界者所觀之境、三觀者能觀之心也。一、眞空觀、窮盡法界之事相、無一有自爾之別性、皆歸於平等之空性、以空爲性也。空者非頑無之空、眞如之理性超然而離諸相、故名爲空觀。吾人所見之森羅萬象、悉爲妄情之偏計、猶如空華之實性爲虛空。於口泯亡妄情所見之事相、顯眞空之妙體、名爲眞空觀。眞空卽四法界中之理法界也。二、理事無礙觀、今題實空泯情所見之事相、以顯眞如之空性。然共此眞如、非凝然無爲之頑體、具不變隨緣之二義。雖以不變之故、常往無作。然以隨緣之故、變造一切諸法。然則吾人所見之萬象、皆爲眞如之隨緣。隨緣之萬象、卽眞如也。猶如水卽爲波、波卽爲水。所謂色卽是空、空卽是色也。如是觀眞如性起萬法、萬法一一以眞如爲性、名爲事理無礙觀。此四法界中事理無礙法界也。三、周遍含容觀。既知法界一一之事相爲眞如之隨緣性起矣。而其起也、非分取眞如之性、性爲一味平等、不可分取。一微一塵、悉完具眞如之全體也。故完具理之一一事相、如其理性之法界融通、一一事相亦遍含容一切法界、而重重無盡也。此名周遍法界性。是爲四法界中之事事無礙法界、隨緣觀之至極也。詳見華嚴法界觀。

【南山三觀】（名數）四分律宗南山所立。一性空觀、阿含經所說小乘之觀法也。觀諸法爲因緣生、性空無我也。許因緣生之相許爲實有而觀性之空無、故名性空觀。二相空觀、般若經所說大乘之初門也。觀諸法之相爲空也。視爲有實之相、尚爲凡夫之妄見、如實無其相、而指空華爲實有也。此更進而空無諸法之相、故名相空觀。三唯識觀、華嚴法華等所說。大乘至極之觀法也。觀一切萬法各爲自識之所變、故萬法惟爲心識之影像、所歸唯一心識。此不止如前之性空相空空於一邊、心外諸法、性相皆空、惟心內萬法、性相皆非空也。行事鈔四曰、「然理大要不出三種。一者諸法性空無我。此理照心、名爲小乘。二者諸法本相是空。唯情妄見。此理照用、屬小菩薩。三者諸法外塵本無。實唯有識。此理深妙。建意緣知。是大菩薩佛果證行。」

【慈恩三觀】（術語）一有觀、觀依他圓成之二性爲有也。二空觀、觀遍計之一性爲空也。三中觀、觀諸法以遍計性之故非有、以依他圓成之故非空、即非有非空之中道也。然此中道有二。對望中道者、如上所云、三性對望立非有非空之中道也。一法中道者、三性一一有非有非空中道之義也。其先遍計性爲情有理無之法、故以情有之故非空、以理無之故非有、即非有非空之中道也。其次依他圓成之二性爲情無理有、妄情所執之依圓、其體性非有、離迷情之聖智之境、體性宛然、而非空、故亦非有非空之中道也。見義林章一本、觀心覺夢鈔。

【三變】（故事）見三變土田條。

【三變土田】（故事）法華經見寶塔品、釋迦如來之十方分身佛、各將一菩薩、爲供養多寶塔、來靈鷲山時。釋迦如來以神力、三變穢土而爲淨土也。初變娑婆一世界、次變二百萬億那由他之國、後更變二百萬億那由他之國爲淨土。依此謂之三變土田。

【千二百羅漢】（名數）法華經之會座、成千二百之羅漢一類、於第三周之說法得授記、是常列於諸經首之千二百五十比丘也。方便品曰、「我等千二百及餘求佛者。」又「千二百羅漢、悉亦當作佛。」五百弟子授記品曰、「是千二百阿羅漢。我今當現前次第與授阿耨多羅三藐三菩提記。」

【千二百五十人】（雜語）過去現在因果經四曰、「耶舍長者子朋黨五十人、優樓頻螺迦葉師徒五百人、那提迦葉師徒二百五十人、伽耶迦葉師徒二百五十人、舍利弗師徒一百人、大目犍連師徒一百人、此千二百五十人先事外道、後承佛之化導、而得證果。於是感佛之恩、一一法會常隨不離、故諸經之首列衆多云千二百五十人俱」。

【千二百舌功德】（術語）舌根清淨之功德數也見六根清淨條。

【千二百耳功德】（術語）耳根清淨之功德數也見六根清淨條。

【千二百意功德】（術語）意根清淨之功德數也見六根清淨條。

【千七百則】（名數）公案之數目見公案條。

【千化】（術語）謂盧舍那佛所坐之千葉蓮花臺釋迦化佛。梵網經下曰、「我今盧舍那方坐蓮華臺周匝千華上復現千釋迦一華百億國一國一釋迦各坐菩提樹一時成佛道如是千百億盧舍那本身」。

【千中無一】（術語）顯雜修人之失也雜修之人往生極樂者甚稀、千人中無有一人也。

【千手】（菩薩）千手觀音也。見千手觀音條。

【千手軌】（經名）金剛頂瑜伽千手千眼觀自在菩薩修行儀軌經之略名。

【千手經】（經名）具名千手千眼觀世音菩薩廣大圓滿無礙大悲心陀羅尼經。一卷唐伽梵達磨譯、略云千手經千手陀羅尼經。是卽流通本之大悲咒也。宋四明尊者依經設立行法至今如說修之、應驗非一。不空譯之千手千眼觀世音菩薩大悲心陀羅尼爲此本之異譯。其他別本之千手經有二部。一爲唐智通譯之千眼千臂觀世音菩薩陀羅尼神咒經二卷、一爲唐菩提流志譯之千手千眼觀世音菩薩姥陀羅尼身經。此二者同本異譯也。

【千手千眼】（菩薩）千手觀音也。

【千手眞言】（眞言）具名千手陀羅尼。一名大悲咒。

【千手神咒】（眞言）卽千手眞言。

【千手二十八部】（名數）千手觀音所領二十八部之衆屬也。見千手觀音條。

【千手觀音】（菩薩）具名千手千眼觀世音、又名千眼千臂觀世音。Sahasrabhujasahasranetra 六觀音之一。兩眼兩手外左右各具二十手、手中各有一眼、四十手四十眼配於二十五有、而成千手千眼、表度一切衆生有無礙之大用也。爲伽梵達磨譯之千手經所說通途之千手觀音是也。若依智通及菩提流支譯之千手經、則面具三眼、體具千臂、掌中各有一眼。又秘藏記曰、「千手千眼觀世音具二十七面有千手千眼、黃金色」。按楞嚴經、觀世音菩薩以修證圓通無上道故、能現衆多妙容。由一首三首乃至一百八首、千首、萬首、八萬四千爍迦羅首。由二臂四臂乃至一百八臂、千臂、萬臂、八萬四千母陀羅臂。由二目三目乃至一百八目、千目、萬目、八萬四千清淨寶目云。

【千手觀音曼荼羅】（圖像）第一內心地有九淨月輪、中央之月輪中安置施無畏觀音。（是二十五觀音中南大洲之觀音但今取千體之總本尊）妙色超三界、具金色暉曜、首戴髮髻冠、自冠下垂紺髮、頂上有十一面、諸頭之寶冠中、安住化佛身。菩薩身上具足四十手。一一手掌中各有一慈眼、隨諸衆類而執持雜寶物、住蓮華臺、放大光明、左手持日輪、右手持月輪、叉左宮殿、右五色雲、左戟鞘、右錫狀。左羂索、右寶劍、左寶弓、右寶箭、左紅蓮、右紫蓮、左白蓮、右青蓮、左軍持、右胡瓶、左玉環、右金輪、左寶篋、右貼經、左鐵鈎、右鉞斧、左金剛杵、右三鈷、左寶螺、右蒲桃、左白拂、右楊柳、左寶鐸、右寶印、左如意珠、右施無畏、左化佛、右頂上化佛、左寶鏡、右髑髏、左榜棑、右珠數、左寶鉢、右合掌。各各妙寶臂猶如尼瞿枝、臂上懸環釧、天衣及瓔珞莊嚴大悲之體、圓光有微妙色、跏趺右押左、次前當月輪、金剛觀自在、南方之月輪中、與願觀自在、西方之西輪中、數珠觀自在、北方月輪中、鈎召觀自在。以此本尊及四尊表五智五部。次除怖觀自在、（卽施無畏）在東南月輪、寶劍觀自在、在西南月輪。寶印觀自在、在西北月輪、不退轉金輪觀自在、在東北月輪。是四大觀音也。表法利因語、已上九月輪以五鈷杵爲界云云。亦有四月輪、是爲內院。金剛舞菩薩等住於是。次爲第二院、金剛鈎等住於是。已上八供三攝菩薩之本形如金剛界。亦於東西南北四門之兩邊、各有四觀音、合三十二尊、此爲第三院。除內院中之本尊、合其餘之八尊、卽五八尊也。次爲第三院、置伊舍那、帝釋等十二天。其內院之地爲紺青色、散金色花、自內至第二院間、以獨鈷杵爲界。第二院之地爲淺黑色、散銀色花、至第三院間、以白銀之三鈷爲界。第三院之地、卽青色。第四院之大地、以蓮華莊嚴之。

【千手觀音二十八部衆】（名數）千手觀音造次第法儀軌曰、「其尊之正面天冠上有三重（中略）第三重有二十八部衆。有各各本形。一密迹金剛士。二烏芻君茶央俱尸。三魔醯那羅達。四金毘羅陀迦毘羅、五婆馺婆樓那。六滿善車鉢眞陀羅。七薩遮摩和羅。八鳩蘭單托半祇羅。九畢婆伽羅王。十應德毘多薩和羅。十一梵摩三鉢羅。十二五部淨居天。十三釋王三十三。十四大辯功德天。十五提頭賴吒王。十六神母女。十七毘樓勒叉王。十八毘樓博叉王。十九毘沙門天王。二十金色孔雀王。二十一二十八部大仙衆。二十二摩尼跋陀羅。二十三散支大將。二十四難陀跋難陀。二十五修羅、乾闥婆、迦樓羅、王、緊那羅、摩睺羅伽。二十六水火雷電神。二十七鳩槃茶王。二十八毘舍闍。」

【千手觀音小呪印言】（眞言）無量壽儀軌曰、「卽結觀自在菩薩印。加持四處所謂心額喉頂。其印以二手外相叉。二頭指相拄。如蓮華葉。二大指並豎。卽成。卽誦觀自在菩薩眞言曰。唵(歸命)嚩日囉(金剛)達磨(法)紇哩(觀音種子)由結此印及誦眞言加持心額喉頂故。卽自身等同觀自在菩薩。」

【印契】(術語)本尊之印契名千眼印。出千臂經中。先以二小指無名指中指各以甲背相着。其二人指豎頭相拄。二大指側搏附人指第二文上側。腕開五寸許。置於眉間而誦眞言。

【種子】(術語)

【三形】(術語)開敷華。

【經軌】(術語)千手千眼觀世音菩薩廣大圓滿無礙大悲心陀羅尼經。一卷。唐伽梵達磨譯。是通常之千手經也。千眼千臂觀世音菩薩陀羅尼神咒經。二卷。唐智通譯。千手千眼觀世音菩薩姥陀羅尼身經。一卷。唐菩提流志譯。金剛頂瑜伽千手千眼觀自在菩薩修行儀軌經。一卷。唐不空譯。大悲心陀羅尼修行念誦略儀。一卷。唐不空譯。千光眼觀自在菩薩秘密法經。一卷。三昧蘇婆羅譯。千手千眼觀世音菩薩大悲心陀羅尼。一卷。唐不空譯。千手觀音造次第法儀軌。一卷。唐善無畏譯。千手千眼觀自在菩薩廣大圓滿無礙大悲心陀羅尼咒本。一卷。唐金剛智譯。千手千眼觀世音菩薩大身咒本。一卷。唐金剛智譯。千手千眼觀世音菩薩治病合藥法。一卷。唐伽梵達磨譯。千手眼大悲心咒行法。一卷。宋知禮集。

【千手千眼觀音】(菩薩)卽千手觀音。

【千手陀羅尼】(經名)具名千手千眼觀世音菩薩廣大圓滿無礙大悲心陀羅尼。略云千手陀羅尼。大悲心陀羅尼。大悲陀羅尼。大悲咒等。是伽梵達磨譯之千手經所說之咒語。有八十二句。現今諸宗流通者是也。其他不空所說之千手經等。咒語少異。又經中說種種之別名。伽梵達磨譯之千手經曰。「佛告阿難。如是神咒有種種名。一名廣大圓滿。一名無礙大悲。一名救苦陀羅尼。一名延壽陀羅尼。一名滅惡趣陀羅尼。一名破惡業障陀羅尼。一名滿願陀羅尼。一名隨心自在陀羅尼。一名速超上地陀羅尼。」

【千手千眼儀軌經】(經名)金剛頂瑜伽千手千眼觀自在菩薩修行儀軌經之略。一卷。不空譯。

【千如】(術語)千如是之略。

【千如是】(術語)天台之用語。上自佛界下至地獄界。總有十界。十界之性各具十界。故相乘而爲百界。其百界一一具如是相乃至如是本末究竟等十種如是。故爲千如是。以乘三種之世間。則有三千。台家所立諸法實相之數目也。玄義二曰。「此一法界具十如是、十法界具百如是。又一法界具九法界則有百法界千如是。」

【千百億化身】（術語）謂菩提樹下成道之佛身即八相成道之佛也。梵網經說盧舍那佛坐千葉之蓮華臺、其千葉一一有百億之國、（即三千大千世界也。）其一一國各有一佛於成道菩提樹下而說法。經下曰、「我今盧舍那。方坐蓮華臺。周匝千華上。復現千釋迦。一華百億國。一國一釋迦。各坐菩提樹、一時成佛道。如是千百億盧舍那本身。」

【千里駒】（人名）玄奘三藏之嘉號也。釋氏要覽中曰、「長安常辯二法師爲上京法匠。嗟賞奘法師曰汝可謂釋門千里駒也。」

【千佛】（術語）謂過現未三劫各有一千佛出世也。單言千佛者賢劫即現劫之千佛、釋迦其第四佛也。法華玄義六曰、「摩耶是千佛之母。淨飯是千佛之父。羅睺羅千佛之子。」三寶感通錄上曰、「釋舍照圖寫千佛像感應。」

【千佛名經】（經名）有過去莊嚴劫千佛名經、現在賢劫千佛名經、未來星宿劫千佛名經三種、各一卷闕譯。參照三千佛名經條。傳燈錄曰、「有秀才看千佛名經。問招賢禪師曰。百千諸佛但見其名。未審居何國土。還化物也無。」

【千佛因緣經】（經名）一卷、秦羅什譯。說現劫千佛之因緣。

【千是】（術語）千百之是非也。對於百非而言。二教論上曰、「一一法界心非百非。背千是。」

【千法明門】（術語）明門者、智慧之異名、通達千種之法之智慧、謂之千法明門。第二地菩薩之所修。新譯仁王經中曰、「若菩薩摩訶薩住千佛刹。作忉利天王。修千法明門。說十善道化一切衆生。」

【千度觸犯不捨離印明】（眞言）不動尊之印明也。見不動明王條。

【千眼天】（天名）帝釋天之異名。雜阿含經四十曰、「比丘白佛言。何因何緣釋提桓因復名千眼。佛告比丘。彼釋提桓因本爲人時聰明智慧。於一坐間思千種義。觀察稱量。以是因緣彼天帝釋復名千眼。」最勝王經曰、「千眼帝釋王。」

【千眼千臂觀世音】（菩薩）與千手千眼觀世音同。

【千眼千臂觀世音菩薩陀羅尼神咒經】（經名）一卷、唐智通譯。與千手千眼觀世音菩薩姥陀羅尼身經同本。

【千部論師】（人名）龍樹天親二菩薩皆有千部論師之名。止觀七曰、「龍樹作千部論。」百論序疏曰、「天親本小乘學。造五百部小乘論。（中略）於是造大乘五百部論時人呼爲千部論主。」頌疏一曰、「弘道於五天製論於千部。」

【千無一失】（術語）對於雜修之失、千中無一而稱專修者之德也。千人中千人往生、故云無有一失。

【千葉臺】（術語）報身盧舍那佛所坐之蓮華也。梵網經下曰、「我今盧舍那。方坐蓮華臺。周匝千華上。復現千釋迦。」

【千僧齋】（行事）趙宋神宗元豐三年正月、於大內設千僧齋、施千袈裟千金剛經、爲慈聖太后薦福。見佛祖統紀四十五。

【千輻輪相】（術語）佛三十二相之一。言佛之足下有千輻輪之印紋也。是懾御一切之法王相者。觀無量壽經曰、「足下有千輻輪相。」

【千壇阿彌陀供養法】（修法）設千處之壇、供養阿彌陀佛之修法也。

【千轉經】（經名）千轉大明陀羅尼經之略名。一卷。宋施護譯。

【千轉觀世音呪經】（經名）千轉陀羅尼觀世音菩薩呪之異名。一卷。唐知通譯。

【大】（術語）梵語、Maha 摩訶、麽賀。自體寬廣之義、周遍包含之義、又多之義、勝之義、妙之義、不可思議之義。俱舍論一曰、「體寬廣故。」起信論義記上本曰、「包含爲義。」法華玄義二曰、「大義有三。大、多、勝。」玄義十曰、「卽妙是大。卽大是妙也。」止觀三曰、「大經云、大名不可思議也。」長水楞嚴義疏三下曰、「周遍含攝。體無不在。物無不且。非因待小當體受稱。故名爲大。」

【三大】（名數）起信論所說。一體大、二相大、三用大。別見三大條。

【四大】（名數）俱舍論所說、地水火風也。此四者廣大、造作生出一切之色法、（物質）故名四大。

【五大】（名數）大日經所說、地水火風空也。數論勝論皆立之。別見五大條。

【六大】（名數）有三種。一、小乘之說。地水火風空識也。此因示人空而分析一有情爲六大者。中阿含四十七、多界經所說六界是也。俱舍論一曰、「六界是諸有情生所依。」二、大乘因示法空故說六大。是名遍到空。仁王經上曰、「色受想行識空。十八界空。六大法空。四諦十二因緣空。」同天台疏中曰、「六大名遍到空。阿含云、六王諍大。地云我能載。水云能漂潤。火云能燒照。風云能生動。空云能容受。識云若無我者色則敗壞。五雖大而識爲主。故云四大鬧空識居中也。」菩薩處胎經地神品亦有此說。三、密敎因示諸法本不生之實體、故說六大。亦地水火風空識也。此六法本來自爾有實體、有實形、周偏法界、圓滿十方、而不生不滅者也。參照六大條。

【七大】（名數）楞嚴經所說。七大者

地水火風空見識上五大。爲該括一切六塵之境者。見者舉經中眼根見性之一、使例知其他耳根等之聽齅嘗知、即眼耳鼻舌身意六根之作用也。因之又名根大。（經三）「如一見根見周法界。聽齅嘗觸覺觸妙德瑩然徧周法界。圓滿十虛寧有方所循業發現。」識者六根六塵和合而生了別六塵之識心也。開則爲六識。要之爲六境六根六識之十八界也。大者周遍之義。地水火風空周遍法界、十方圓滿。根識之二大、亦周遍法界十方圓滿、故皆稱爲大也。此中明根識二大之周遍法界、他經尙無所說、是本經之特別發明也。雖密教之六大無礙、亦無過於此。「當知了別見聞覺知圓滿湛然性非從所。兼彼虛空地水火風均名爲七大。性眞圓融皆如來藏。本無生滅」

【大七寶經】（經名）大七寶陀羅尼經之略名。

【大七寶陀羅尼經】（經名）一卷、失譯。說七佛之陀羅尼、能除衆生之畏怖。

【大人相印】（術語）以法界生之印印弟子、使決得大人之相也。義釋十一曰、「如王以印印之、一切信受。今以一切法界印印之、即法印也。即是大人相印也」

【大力王】（人名）昔有王曰大力、好施。有來乞者、則一切施與。帝釋欲試之、化爲婆羅門、來乞王之身分。王以刀斷臂與之、無悔恨之心。大力王者今之釋迦佛、婆羅門者今之提婆達多是也。見菩薩藏經下、經律異相二十五。

【大力大護明妃】（眞言）又云無堪忍大護明。誦此眞言者、與如來等具大力、能護持其身、故云大力大護。又此眞言威光猛盛、如小兒之眼不堪烈日之光、故云無堪忍。大疏九曰「爾時世尊（中略）發普徧一切如來法界哀愍無餘衆生界音聲。說持明法句。若我所言誠實不虛者。其有誦持習令其勢力與我無異。故名大力大護明妃也」同十三曰、「此名無堪忍大護。由彼威光猛盛、如初生小兒不堪初日之光。此亦如是。一切不能堪忍而映奪之者。故名無堪忍大護。以此護眞言之行者也」

【大力金剛】（菩薩）位於胎藏界曼荼羅金剛手院第一行金剛薩埵前之使者也。梵云摩縛羅。譯言大力。爲忿怒形、青色。左手執獨股杵、踏蓮花。又爲香象菩薩之金剛名。

【大三災】（術語）劫末之三災、有大小二種。見三災條。

【大三摩惹經】（經名）一卷、趙宋法天譯。三摩惹者梵語、會之義。是與長阿含大會經同本。

【大千】（術語）三千大千世界也。維摩經佛國品曰、「三轉法輪於大千」無量壽經上曰、「斯願若尅果大千應感動。」

【大千界】（術語）三千大千世界也。見三千大千世界條。

【大千世界】（術語）三千大千世界也。經說世界有小千中千大千之別。合四大洲日月諸天爲一世界。一千世界名小千世界。小千加千倍名中千世界。中千加千倍名大千世界。

【大小二乘】（名數）大乘小乘也。一切經自敎義之上分此二者、以對於小機說羅漢之道爲小乘、以對於大機說作佛之道爲大乘。四部之阿含經等爲小乘、法華經維摩經等爲大乘。智度論百曰、「阿難知籌量衆生志業大小、是故不於聲聞人中說摩訶衍。（中略）雖俱求一解脫門而有自利利他人之別。是故有大小乘差別。」法華遊急下曰、「佛敎雖復塵沙。今以二義往收則事無不盡。一者赴小機。說名曰小乘。二者赴大機。說稱爲大乘。」傳燈錄曰、「禪有深淺階級。悟我空偏眞之理而修者是小乘禪。悟吾法空所顯眞理而修者是大乘禪。」柳宗元文曰、「儒以禮行。覺以律興。一歸眞源。無大小乘。」

【大士】（術語）菩薩之通稱也。或以名聲聞及佛。士者凡夫之通稱。簡別於凡夫而稱爲大。又士者事也。爲自利利他之大事者、謂之大士。韓詩外傳曰、「孔子與子路子貢顏淵言志。謂子路曰、勇士哉。謂子貢曰、辯士哉。謂顏淵曰、大士哉。」管子法法篇曰、「務物之人無大士焉。」大士文本出儒傳。法華文句記二曰、「大士者、大論稱菩薩爲大士。亦曰開士。士謂士夫。凡人之通稱。以大開簡別故曰大等。」四敎儀集解上曰、「大士者。大非小也。士事也。運心廣大能建佛事故云大士。亦名上士。瑜伽論云無自利利他行者名下士。有自利無利他名中士。具自他行名上士。大論以菩薩名大士。亦開士。普賢觀以聲聞菩薩爲大士。金光明以佛爲大士。諸文不同。」釋門正統四曰、「宋神宗宣和元年。詔改釋氏爲金仙。菩薩爲大士。僧爲德士。」梵 Mahāsattva

【大士籤】（物名）別名觀音籤。於觀音像前抽竹籤以決吉凶也。佛祖統紀三十三曰、「天竺百籤越圓通百三十籤以決吉凶。其應如響相傳是大士化身所述。」見觀音條。

【大己】（雜語）自己對於五夏以上之同侶長者所呼之尊稱也。

【大丈夫論】（書名）二卷。提婆羅菩薩造。北涼道泰譯。有三十九品。廣說悲心行施之相狀及功德。

【大天】（人名）摩訶提婆 Mahādeva 譯曰大天。比丘名。出於佛滅後百年。於大衆部中出家、小乘部中初創異見。更稱爲大衆部。先是雖有上座大衆二部之名、但結集之場處不同、其宗義實爲一味至此而上座大衆初生宗義上之區別也。時國王阿輸迦黨於大天、欲悉殺上座部之聖僧、故彼等去而往迦濕彌羅國云。西域記三曰「摩竭陀國無憂王以如來涅槃之後、第一百年命世君臨。威被殊俗、深信三寶愛育四生。時有五百羅漢僧、五百凡夫僧、王所敬仰供養無差。有凡夫僧摩訶提婆唐言大天。闊達多智、幽求名實、潭思作論、理達聖教。凡有聞知羣從異議。無憂王不識凡聖、同情所好、黨授所親召集僧徒赴殑伽河欲沈深流、總從誅戮。時諸羅漢既逼命難、咸運神通、凌虛履空、來至此國、山棲谷隱」宗輪論述記曰、「昔末土羅國、有一商主少聘妻室生一男子。顏容端正、字曰大天。」

【大天三種無間】（傳說）婆沙論九十九曰、「昔末土羅國有一商、聘妻生一男兒、字大天。商主往他國、久不還、其母與其子有染、後聞父還、與母設計殺父。是第一無間業也。事恐露、與母逃於摩竭陀國華氏城、彼後遇在本國供養之羅漢、復恐事彰、而殺羅漢。是第二無間業也。其後母通於他人、大天怒殺母。是第三無業間也。」案此事或出於後世之僞造。

【大天五事妄語】（故事）婆沙論九十九曰、「大天雖犯三逆罪、然善根未斷、深生憂悔、聞沙門釋氏有滅罪法、遂詣鷄園寺、於其門外聞一苾芻誦伽陀曰、若人造重罪。修善以滅除、彼能照世間、如月出雲翳、彼聞已歡喜、往一苾芻所請出家。大天聰明出家未久、便能誦持三藏說法、自稱阿羅漢、上下歸仰。後一夜起染心、夢失不淨汚衣、使弟子洗之。弟子曰、阿羅漢盡一切煩惱、何猶有斯事。大天曰、天魔所繞、阿羅漢亦不能免不淨漏失。是第一惡見也。又彼欲使弟子歡喜、矯記別某爲預流果、乃至某爲阿羅漢果。弟子曰、我聞阿羅漢等有證智、如何我等都無知。大天曰、阿羅漢雖無染汚無知、猶有不染汚無知、故汝等不能自知。是第二惡見也。時弟子曰、曾聞聖者已離疑惑、如何我等於四諦實理猶懷疑惑。大天曰、阿羅漢煩惱障疑惑雖已斷、猶有世間的疑惑。是第三惡見也。弟子曰、阿羅漢有聖慧眼、自知解脫、如何我等不自證知、而由師令知。大天曰、如舍利弗目連猶佛若未記、彼不自知、汝鈍根何能自知。是第四惡見也。然彼大天雖造衆惡、而未斷盡善根、故後於中夜自悔責重罪、憂惶所迫、數數呼苦哉。弟子聞之怪而問師。大天曰、稱苦者呼聖道也。是爲第五惡見。大天遂造偈曰、「餘所誘無知、猶豫他令入、道因聲故起。是名眞佛教」（然此五事必非惡見、分別之各有一理、如眞諦三藏部執疏所解、三論玄義幽撿鈔五卷五十八紙所引巴利書

Kathāvatthu 出於五事之原語可案考之。

【大日】（佛名）見大日如來條。

【大日宗】（流派）胎藏界之宗義、謂之大日宗。見菩提心義。

【大日供】（修法）供養大日如來之法會也。

【大日經】（經名）本名大毘盧遮那成佛神變加持經。以毘盧遮那爲日之別名、故稱爲大日經。唐善無畏譯、共七卷。前六卷爲正經文、第七卷爲其供養法。秘密部三經之一、而胎藏界眞言之本經也。所說之法對於金剛頂經之所說、而謂之胎藏界。亦曰大日宗瑜伽宗。大日經疏二曰、「所以稱大日經王者非爲此乎。」

【大日經疏】（書名）善無畏三藏爲玄宗皇帝講說本經。一行阿闍梨記之、異本有多種、據日本僧家言、現今存者唯二本、一爲日本弘法攜回本國者、有二十卷、稱爲大日經疏。一爲日本慈覺攜回本國者、有十四卷、稱爲大日經義釋。此二部大同小異也。大日經疏、日本東密之學者稱爲本疏、或謂之大疏、無畏疏等。計二十卷、其中至第三卷半釋本經住心品之一品、謂之口疏。由是已下謂之奧疏。古來釋疏者有口奧二疏之異。此以教相事相之二門異故也。其解釋吾國不多見、日本則甚多、如遍明鈔、指心鈔、口筆鈔、大疏鈔、（又名宥快鈔）已上皆解口疏。妙印鈔、演奧鈔皆解奧疏。

【大日經義釋】（書名）十四卷、與大日經疏大同小異。日本之演密鈔十卷卽釋義釋者。/

【大日經不思議疏】（書名）二十卷之疏、及十四卷之義釋、皆爲善無畏三藏解釋本經七卷中前六卷之經文者、其第七卷爲說供養本經所說諸之次第者、三藏未釋之後、不可思議法師解釋之、稱爲不思議疏。有二卷。

【大日經義軌】（書名）一攝大毘盧遮那成佛神變加持經入蓮華胎藏海會悲生曼荼羅廣大念誦儀軌供養方便會三卷、唐善無畏譯。稱爲攝大軌。二大毘盧遮那經廣大儀軌三卷、同人譯、稱爲廣大軌。三大毘盧遮那成佛神變加持經蓮華胎藏悲生曼荼羅廣大成就儀軌供養方便會、二卷、唐法全於玄法寺集、稱爲玄法軌。四大毘盧遮那成佛神變加持經蓮華胎藏菩提幢幖幟普通眞言藏廣大成就瑜伽、三卷、法全於青龍寺集、稱爲青龍軌。已上謂之四部儀軌。

【大日業】（術語）日本叡山所立五業之一、專門習大日經之課業也。傳教合密經諸部爲遮那業。至智證乃分諸經、爲大日業、金剛頂經業等、各以一經爲專門。見天台學則下。

【大日如來】（佛名）密教之本尊、梵

名謂之摩訶毘盧遮那。Mahāvairocana 摩訶者大之義、毘盧遮那爲日之別名、故譯云大日。又毘盧遮那者光明遍照之義、謂之遍照如來。又云最高顯廣眼藏如來。大日經疏一曰、「梵音毘盧遮那者是日之別名。卽除暗遍明之義也。然世間日則別方分。若照其外不能及內。明在一邊不至一邊。又唯在晝光不燭夜。如來智慧日光則不如是。遍一切處作大照明矣。無有內外方所晝夜之別。（中略）世間之日不可爲喻。但取是少分相似。故加以大名曰摩訶毘盧遮那也。」演密鈔二曰、「毘云遍。盧遮那云光明照。爲順此方云光明遍照。」金剛頂經義訣曰、「梵音毘盧遮那。此翻最高顯廣眼藏如來。毘者最高顯也。盧遮那者廣眼也。先有翻爲遍照如來。又有翻爲大日如來。此蓋略而名義闕也。」金胎兩部之大日各異。

【金剛界大日如來】（佛名）金剛界曼荼羅五大月輪中央輪五尊之中尊也。爲於色界頂摩醯首羅宮。（卽大自在宮與胎藏大日依處同）不壞金剛光明心殿中、五相圓滿、始成正覺之相、顯修生智德之智法身也、其相似菩薩、作天人之狀、頭垂髮、戴五智之寶冠、手結智拳印、其色淸白。以वं字爲種子、以五鈷爲三昧耶形、密號謂之遍照金剛。聖位經曰、「爾時金剛界毘盧遮那佛在色界頂阿迦尼吒天宮。初受用身成等正覺。證得一切如來平等。」略出經三曰、「由結大智拳印契故能入佛智。（中略）結跏趺坐有大威德。色如白鵝。形如淨月。一切相好悉皆圓滿。顯具寶冠垂髮。以繒綵輕妙天衣繞腰被紳而爲上服。」秘藏記上曰、「鑁字者。智法身種子。」瑜祇經疏曰、「以वं字爲大日種子。」瑜祇經曰、「薄伽梵遍照如來。」秘藏記鈔三曰、「金剛界者以五股爲體。五股表五智。卽大日三昧耶形也。」

【胎藏界大日如來】（佛名）此爲胎藏界中臺八葉院之中尊、於大自在天廣大金剛法界宮顯本有理德之理法身也。是亦菩薩形、首戴髮髻、身纏輕妙之衣、手結法界定印、通身金色、（或云白色）आः字爲種子、以卒都婆爲三昧耶形、密號謂之遍照金剛。大日經疏四曰、「觀作寶蓮華臺寶王宮殿。於中敷座。座上置白蓮華臺。以阿字門轉作大日如來身。如閻浮檀紫磨金色。如菩薩形。首戴髮髻猶如冠形。通身放種種色光。被綃縠衣。此是首陀會天成最正覺之標幟也。（首陀會、譯云淨居。大日經疏一曰、「釋論云第四禪五種那含住處。名淨居天。過之以往有十住菩薩住處。亦名淨居。號曰大自在天王是也。」）彼界諸聖天衆衣服輕妙。乃至無有銖兩。本質嚴淨不復假以外飾。故世尊俯同其像也。」秘藏記上曰、「阿字者毘盧遮那理法身種子。」同下曰、「八葉九尊中臺大日如來(中略)黃色金入定印。」

【大日與釋迦】（雜語）台密謂大日與釋迦爲同一佛、但有法身(大日)與應身(釋迦)之差、東密謂二佛別體、各具三身。守護國界守陀羅尼經九曰「佛言秘密主、我於無量無數劫中修集如是波羅蜜多。至最後身六年苦行。不得阿耨多羅三藐三菩提。成大毘盧遮那坐道場時。無量化佛猶如油麻徧滿虛空。(中略)是時諸佛同告我言。善男子諦聽諦聽。當爲汝說。汝今宜應於鼻端想淨月輪。於月輪中作唵字觀。作是觀已。於夜後分得成阿耨多羅三藐三菩提。」金剛頂經一曰、「時一切如來滿此佛世界猶如胡麻。爾時一切如來雲集於一切義成就菩薩摩訶薩坐菩提場。往詣現受用身咸作是言。善男子云何證無上正等覺菩提。不知一切如來眞實忍諸苦行。(中略)一切如來異口同音告彼菩薩言。善男子當住觀察自三摩地。以自性成就眞言自恣而誦。」是爲明金剛界五相成佛之文、一切義成就菩薩者、悉達太子即釋迦如來也。依巳上此等經文、則台密諸師成立大日釋迦一體之義、其說頗盛。然東密依差別門謂大日釋迦有各三身、釋迦之法身爲無相之空理、大日之法身爲六大平等之體性、故二身有天淵之別也。大日經六曰、「入薄伽梵大智灌頂。即以陀羅尼形示現佛事。爾時大覺世尊隨住一切諸衆生前施作佛事。演說三三昧耶句。佛言。秘密主。觀我語輪境界廣長遍至無量世界。淸淨門。如其本性表示隨類法界門。令一切衆生皆得歡喜。亦如今釋迦牟尼世尊流遍無盡虛空界。於諸刹土勤作佛事。」二教論下舉此經文曰、「此文明大日尊三身遍諸世界作佛事。亦如釋迦三身。釋迦三身大日三身各各不同。應當知之。」

【大日金輪覺勝印明】（印相）時處儀軌曰、「智拳印者、所謂中小名之三指握拇指、柱頭指大背、金剛拳乃成。右拳握左頭指一節、面當於心。是名智拳印。當誦此密言。[illegible]勃嚕唵。三密纔相應、則自身同本尊、能徧入佛智、成佛猶不難。獲智壽力年、得一切遍行、現證大菩提。故名覺勝印。」

【大日所現三菩薩】（名數）大日經一曰、「又現執金剛普賢蓮華手菩薩等像貌。普於十方宣說眞言道淸淨句法。」同疏曰。「執金剛對金剛智慧門降伏方便。普賢對如法身門寂災力便。觀音對蓮華三昧門增益方便。舉此三點則無量不思議妙用皆已攝在其中。故殊言之。」

【大日如來四種身】（名數）一瑜祇經、謂金剛界徧照如來是自性身。二分別聖位經、謂有二種之受用身、盧遮那是二受用身也。三攝眞實經言毘盧遮那示現化身至釋迦菩提道場。又義訣言龍樹先持誦毘盧遮那眞言感得現眞身爲說持念法、是變化身。四略出經言毘盧遮那來天等之會者是等流身。見菩提心義十。

【大日覺王】（佛名）大日如來也、覺王者如來之別稱。

【大日大聖不動明王】（明王）不動明王者五大明王之中尊、爲大日如來之化身、故冠以大日之二字。

【大化】（術語）謂佛陀一代之敎化也。法華玄義十曰「說敎之綱格、大化之筌罤。」

【大王】（雜語）梵語、摩賀羅惹 Mahārāja 見梵語雜名。

【大幻師】（術語）佛之德名、佛說幻化之事、能爲幻化之事、故云幻師。大集經十九曰「說一切法如水月、我今敬禮大幻師。」

【大水火】（術語）大三災中之水災火災也。

【大水災】（術語）大三災之一。於壞劫之末、下自無間地獄、上至色界二禪天、悉以洪水破壞之大災也。見三災條。

【大火災】（術語）大三災之一、住劫終而入壞劫、壞劫之末、有七日輪出、上自色界之初禪天、下至無間地獄、盡被焚燒、俱舍論十二曰「唯器世間空曠而住、（中略）於是漸有七日輪現、諸海乾渴、衆山洞然、洲渚三輪並從焚燎、風吹猛焰燒上天宮、乃至梵宮無遺灰燼。」

【大火聚】（譬喩）大火聚於一處者。以譬不可觸着之物體。智度論六曰「是實智慧四邊叵捉、如大火聚、亦不可觸、法不可受、亦不應受。」

【大方便】（術語）佛菩薩廣大之方便也、善巧之敎化謂之方便。

【大方等】（術語）又謂之大方廣、大乘經之通名。言所說之義理方正平等也。於方等部中爲最上、是大方等也。閱藏知津二曰「方等亦名方廣、於十二分敎中十一並通大小、此唯在大。」

【大方廣】（術語）又云大方等。方者方正、廣者廣大、諸大乘經之通名也。方廣者十二分敎之一、雖爲大小乘之通名、而獨用於大乘經者爲最多。探玄記一曰「對法論說一切有情利益安樂所依處故、宣說廣大甚深法、故名爲方廣。又瑜伽說聲聞藏中無方廣故。」今大乘於方廣部中爲最上、故云大方廣。梵 Mahāvaipulya

【大方廣佛】（佛名）華嚴經之本尊也。證得大方廣理之佛、謂之大方廣佛。探玄記一曰「大以包含爲義、方以軌範爲功、廣則體極用周、佛乃果圓覺滿。」又「方廣之佛、簡下乘佛。」

【大方等大集經】（經名）大集經之

具名見大集經條。

【大方等無想經】(經名) 別名大方等大雲經六卷、北涼曇無讖譯。有大雲密藏菩薩、使諸問雲與讚許而說種種不可思議解脫之法門、有三十七品。最後南方諸天子來問經名。佛答三名、一大雲、二大般涅槃、三無想。并授記末法中之事。其第三十六品說祈雨之神咒。

【大方等修多羅王經】(經名) 一卷、元魏菩提流支譯。與大乘流轉所有經同本先出。

【大方廣三戒經】(經名) 三卷、北涼曇無讖譯。與大寶積經三律會第一同本異譯。

【大方廣十輪經】(經名) 八卷、失譯人名。與大集地藏十輪經同本、文稍簡略。

【大方廣佛冠經】(經名) 二卷、趙宋施護譯。具名佛說大乘大方廣佛冠經、示十方淨土諸佛之名號、說稱念受持之功德。

【大方廣寶篋經】(經名) 二卷、劉宋求那跋陀羅譯。佛在祇園先說法、文殊後來與須菩提應答、而使之默舍利弗目連等各述文殊之智慧辯才。

【大方廣菩薩藏】(術語) 大乘十二部經中方廣部之通名。

【大方等如來藏經】(經名) 一卷、東晉佛陀跋陀羅譯。與大方廣如來藏經同本先出。

【大方等陀羅尼經】(經名) 四卷、北涼法衆譯。說方等三昧之法。規南岳大師依此經行方等三昧、而證圓位。固之天台智者說方等三昧行法一卷、

【大方廣如來藏經】(經名) 一卷、唐不空譯。舉種種譬喩、說如來藏之義、如來藏者衆生煩惱之中具如來法身之德也。

【大方廣師子吼經】(經名) 一卷、唐地婆訶羅譯。佛在日月宮中、使勝積菩薩、往北方歡樂世界法起如來之所、法起如來爲師子吼、後告於大衆釋迦牟尼卽我法起也。

【大方便佛報恩經】(經名) 七卷、失譯。佛在羅鷲山、阿難聞外道譏佛非孝、以白佛。佛乃放光、集十方之菩薩、說昔爲須闍提太子、以身肉濟父母之難、或昇忉利天爲母說法等。有九品。係結集家之手草。

【大方廣佛華嚴經】(經名) 常略稱華嚴經。有六十卷、八十卷、四十卷之三本。見華嚴經條。

【大方廣佛華嚴經入不思議解脫境界普賢行願品】(經名) 四十卷華嚴經之具名。但常爲四十卷中最末一卷之別稱。

【大方廣佛華嚴經入法界品】(經名) 又曰大方廣佛華嚴經續入法界品、一卷、唐地婆訶羅譯。是本經入法界品中之一分自天主光天至有德童女也。

【大方廣佛華嚴經不思議佛境界分】（經名）一卷、唐提雲般若譯。與大方廣如來不思議境界經同本異譯。

【大方廣佛華嚴經修慈分】（經名）一卷、唐提雲般若譯。佛在靈鷲山、對於十方之梵天說慈心之法門。

【大方廣佛華嚴經入法界品四十二字觀門】（經名）一卷、唐不空譯。具出經文及梵字四十二。

【大方廣佛華嚴經入法界品頓證毘盧舍那法身字輪瑜伽儀軌】（經名）一卷、唐不空譯。說四十二字之字輪觀。

【大方廣菩薩十地經】（經名）一卷、元魏吉迦夜譯。說菩薩十地之治法。最勝王經淨地陀羅尼品之別譯也。

【大方廣文殊儀軌經】（經名）大方廣菩薩藏文殊師利菩薩根本儀軌經之略名。

【大方廣普賢所說經】（經名）一卷、唐實叉難陀譯。普賢菩薩說見佛之法。

【大方廣善巧方便經】（經名）四卷、趙宋施護譯。與慧上菩薩問大善權經、皆大寶積經第三十八大乘方便會之異譯。

【大方廣總持寶光明經】（經名）五卷、趙宋法天譯。明寶光明陀羅尼之法門。多與華嚴經十住品及賢者品同。

【大方廣如來秘密義經】（經名）二卷、失譯。東方寶杖佛所有菩薩、名無量志莊嚴王菩薩。問佛以如來秘密藏之法。佛答以發一切智心為首。說種種之法。迦葉更請說秘密藏之法。佛說逼惱菩薩、亦以菩薩之願力而無害、如倒於地者還依地而起。打旃檀者亦得香氣。次說極重之十惡、能解如來之因緣說、亦即除滅。

【大方廣如來不思議境界經】（經名）一卷、唐實叉難陀譯。佛於菩提樹下成正覺時、十方之諸佛、現菩薩之形、為觀音普賢等、無量之菩薩、現聲聞之形。為舍利弗等。佛入三昧、名如來不思議境界。於諸相中現十方之佛剎、於諸好中現往昔之行門。於是德藏菩薩問普賢菩薩此三昧之名、普賢說其名義及證得此三昧之福德因緣。

【大方廣圓覺修多羅了義經】（經名）常略稱圓覺經。見圓覺經條。

【大方廣入如來智德不思議經】（經名）一卷、唐實叉難陀譯。與大方廣佛華嚴經修慈分同本先出。

【大牛車】（譬喻）三車之一。以譬大乘者。法華經譬喻品曰、「羊車鹿車大牛之車、今在門外。」見三車條。

【大心力】（術語）以名佛之大智大用者。讚阿彌陀佛偈曰、「皆是法藏願力為稽首頂禮大心力。」

【大心海】（術語）謂佛智之廣大也。

讚阿彌陀偈曰「集佛法藏爲衆生。故我頂禮大心海」。

【大元帥明王】（明王）梵名、阿吒薄俱、阿吒薄迦等。或譯爲曠野鬼。以義而稱曰大元帥。慧琳音義十二曰「阿吒薄迦曠野鬼神大將名也。或名遏吒薄皆聲轉也。俗名元帥大將非也。十六藥叉將之一將也。」見阿吒嚩迦條。

【經軌】（術語）阿吒薄俱元帥大將上佛陀羅尼經修行儀軌、三卷。唐善無畏譯。又有阿吒婆拘鬼神大將上佛陀羅尼神咒經一卷、阿吒婆拘鬼神大將上佛陀羅尼經、一卷、阿吒薄拘付囑咒一卷、俱失譯。

【大比丘】（術語）比丘之德高年長者。又對於沙彌而總稱比丘爲大。

【大比丘三千威儀】（書名）二卷、後漢安世高譯。說比丘之威儀行法。

【大孔雀王】（明王）明王部之一尊。鴐孔雀、故云孔雀明王。詳見孔雀明王條。

【佛母大孔雀明王經】（經名）三卷、唐不空譯。佛在祇園、莎底苾芻爲衆破薪、螫於黑蛇、苦痛甚。阿難向佛求救、佛爲說大孔雀咒。諸譯中今此本流通。

【孔雀王咒經】（經名）二卷、梁僧伽婆羅譯。同於前經而稍略。

【大孔雀咒王經】（經名）三卷、唐義淨譯。亦同前經。華梵之音聲稍別。

【大金色孔雀王咒經】（經名）一卷、失譯人名。

【佛說大金色孔雀王咒經】（經名）一卷失譯。

【孔雀王咒經】（經名）一卷、秦羅什譯。已上三本皆爲前經中之少分。

【大孔雀明王畫像壇場儀軌】（經名）一卷、唐不空譯。說修法之儀軌。

【大不善地法】（術語）於一切不善心相伴而起之二種心所法也。一無慚、二無愧。見俱舍論四。

【大本】（經名）天台稱淨土三經中之無量壽經爲大本。稱阿彌陀經爲小本。

【大仙】（雜名）Maharsi 行道而求長生之人名爲仙。佛子爲仙中之極尊、故稱爲大仙。涅槃經稱佛爲大仙。仁王經稱緣覺爲大仙。涅槃經二曰、「大仙入涅槃。佛日墜於地。」仁王經上曰、「大仙緣覺。」探玄記四曰、「涅槃中名佛爲大仙也。」祖庭事苑二曰、「漢明帝問摩騰法師。佛道中亦有仙號不。曰仙者並修梵行多諸技術。是以爲世所尚。佛初成道坐於菩提樹下。世人未識是佛光明顯照。咸言摩訶大仙未曾有也。舍利弗目連等坐臥空中神化自在。各相讚言此是大仙弟子也。佛以隨機應現仙號生焉。」

【大仙戒】（術語）大仙所說之戒法也。大仙者、佛之稱。毘婆尸佛經下曰、「釋梵一切天俱聽大仙戒」

【大生主】（人名）佛之姨母摩訶波闍婆提 Mahāprajāpati 舊譯曰大愛道、新譯曰大生主。玄應音義二十五曰、「大生主。舊言摩訶波闍婆提、翻爲大愛道者是也。」

【大生義經】（經名）一卷、趙宋施護譯。阿難思念十二緣生之深義、以此問佛、佛爲廣說、卽中阿含大因緣經也。

【大白衣】（菩薩）白衣觀音之修法也。見白衣條。

【大白華】（植物）又曰大白團華。梵語摩訶曼陀羅華。四華之一。法華光宅疏一曰「摩訶曼陀羅華者。譯爲大白團華」

【大白光神】（天名）山城名勝志九曰、「大白光神。梵云鬱多羅迦神。天竺雪山神也。有禪法擁護之誓。故勸請之。卽十二神之隨一也」

【大白牛車】（譬喩）法華經譬喩品所說三車之一。對於聲聞乘之羊車、緣覺乘之鹿車而以譬菩薩乘也。「爾時長者各賜諸子等一大車。其車高廣衆寶莊校（中略）駕以白牛。膚色充潔。形體姝好。有大筋力。行步平正。其疾如風」見四乘家條。

【大白傘蓋經】（經名）此經爲元朝自西藏剌嘛敎之經本譯出者。有二譯。一者光錄大夫司徒三藏法師沙羅巴之譯、題云佛頂大白傘蓋陀羅尼經。一者俊辯大師唧嚩銘得哩連得囉磨寧等譯、題云佛說大白傘蓋總持陀羅尼經。共一卷、後譯之本、前記白傘蓋佛母之畫像念誦法、後附總讚嘆禱祝偈。而元本藏經記收前譯、明本藏經載後本。此經說白傘蓋佛母之陀羅尼及其功德。

【大白傘蓋佛母】（菩薩）此佛母尊有大威力、放光明表覆蓋一切衆生、以大白傘爲三味耶形、故名大白傘蓋佛母。佛母者、諸佛之母之義也。大白傘蓋總持陀羅尼經曰、「於其空中華月輪上想白色唵字。唵字放光。其光復迴。字種變成白傘金柄。柄上嚴唵字。其字放光復迴。字種變成白傘蓋佛母。一面二臂具三目。金剛跏趺而坐。右手作無怖畏印。左手執白傘當胸。嚴飾種種瓔珞。身色潔白如雪山上日光明照。具喜悅相。顯無自性。應觀如鏡中像然。」

【大弘誓】（術語）廣大之誓願也。如來會曰、「廣發如是大弘誓願。」

【大叫喚地獄】（界名）八大地獄之第五。智度論十六曰、「第四第五名叫喚大叫喚」見地獄條。

【大目犍連】（人名）比丘名。見摩訶目犍連條。

【大正句王經】（經名）一卷、趙宋法賢譯。卽中阿含蜱肆王經也。

【大召】（雜名）西藏新志中曰、「大召在拉薩之大召內名曰老木郞。唐時所建。

樓高四層。上有金殿五座。宏敞壯麗。中殿供大佛名覺釋迦摩尼。自中國隨唐文成公主至西藏者。年甫十二。在西域成聖。或謂請鑄於中國者。左廊有唐文成公主及西藏王贊普（特勒德蘇隆贊）並巴布國王女像。（贊普之前妻）其內神佛數以萬計。皆用大銅釭滿貯黃油以點燈。惟文成公主前不點黃油燈。樓頂東南隅之金殿。內有百喇末殿神名百喇末係文成公主成聖之神。神靈顯赫。人民敬畏。（中略）殿門外前廊壁上繪唐三藏師徒四人之像。」

【大衣】（衣服）三衣中僧伽梨衣最大。故云大衣。九條以上為大衣。有三品。釋氏要覽上曰、「薩婆多論云。僧伽梨有三品。自九條十一條十三條名下品衣。皆兩長一短作。十五條十七條十九條名中品衣。皆三長一短作。二十一條二十三條二十五條名上品衣。皆四長一短作。」

【大寺】（雜名）梵語摩訶毘訶羅、Mahāvihāra 玄應音義十六曰、「梵言毘訶羅。此云遊。謂僧遊履處也。舊本以寺代之。寺之言司也。」

【大有經】（經名）勝論六句義中之說大有句義者。仁王經上曰、「一切衆生煩惱不出三界藏。一切衆生果報二十二根不出三界。諸佛應化法身亦不出三界。三界外無衆生。佛何所化。是故我言三界外別有一衆生界藏者。外道大有經中說。非七佛之所說。」起信論曰、「若說三界外更有衆生始起者。卽外道經說。」良賁仁王疏中一曰、「若言界外有衆生者。卽是外道吠世史迦六句義中大有經說。非佛敎也。」

【大地】（術語）謂見道已上之菩薩。分為十地。高地之位。謂之大地。

【大地法】（術語）俱舍宗所立之心所法四十六中、有受想等十個心所。與一切之心相應而起。故名之為大地法。善惡一切之心。名為大地。大地之心所有之法。故為大地法。一受。二想。三思。三觸。五欲。六慧。七念。八作意。九勝解。十三摩地。見俱舍論四。

【大自在】（術語）言廣大之力用無論何事皆作得也。法華經弟子授記品曰、「諸佛有大自在神通之力。」

【大自在宮】（雜名）梵語摩醯首羅宮。大自在天之宮殿也。在色界之頂。外道所祭祀之大自在天住於此。又第十地之菩薩將成佛時。於此處變現淨土。自十方諸佛施成佛之灌頂。唯識論七曰、「諸異生求佛果者。定色界後引生無漏。後必生在淨居天上大自在宮得自在故。」同述記七末曰、「大自在宮者。淨居上有實淨土。卽自受用身初於彼起證。是第十地菩薩宮。舊言摩醯首羅今應言莫醯伊濕伐羅。卽大自在也。」天台觀音義疏下曰、「大自在卽色界頂摩醯首羅也。樓炭稱爲阿迦尼吒。華嚴稱爲色究竟。或有人以爲第六天而諸經論多稱大自在是色界頂釋論云過淨居天有十住菩薩號大自在。大千界主。」

【大自在天】(天名)自在天外道之主神也。梵語摩醯首羅訛略、正爲摩醯濕伐涅 Maheśvara 譯言大自在在色界之頂、爲三千界之主此大自在天有二種。一曰毘舍闍摩醯首羅。一曰淨居摩醯首羅。毘舍闍爲鬼類之名。摩醯首羅論師之所祀有二目八臂、乘白牛、住於色界密敎以之爲大日如來之應現彼又言此自在天現種種之形、有種種之名。韋紐天、那羅延天等是也。提婆涅槃論明二十種外道中以之爲第十五摩醯首羅論師。涅槃經明六師外道中第五迦羅鳩馱迦旃延之宗計是也。中古以來至於今盛爲印度所崇拜之西拔派之西拔神卽爲大自在天。以牛或男根爲其神體之幖幟。其次淨居摩醯首羅者、第十地之菩薩、將成佛時在色界之頂、淨居天之上現大自在天子之勝報以勝妙之天形紹佛位。行灌頂。入大乘論下曰、「淨治第十地得無量無邊禁咒方術能令一切無礙自在作摩醯首羅天子。亦爲一切世間依止。問曰、所言摩醯首羅者爲同世間摩醯首羅。更有異耶。答曰、是淨居自在非世間自在。汝言摩醯首羅者。名字雖同而人非一。有淨居摩醯首羅。有毘舍闍摩醯首羅。其淨居者。如是菩薩隣於佛地猶如羅縠障(中略)如皇太子初受職時。以已業力故大寶蓮華自然化出受一切種智位。(中略)坐蓮華已十方世界諸佛放大光明照此菩薩受灌頂位如轉輪聖王長子受王位時。」慧苑音義上曰、「摩醯首羅正云摩醯濕伐羅、言摩醯者此云大也。濕伐羅者自在也。謂此天王於大千世界中得自在故也。」唯識述記七末曰、「舊言摩醯首羅。今應言摩醯伊濕伐羅。卽大自在也。」智度論二曰、「摩醯首羅天。秦言大自在。八臂三眼。騎白牛。」俱舍光記七曰、「嗢達羅。此云暴惡。大自在異名大自在天總有千名今現行世唯有六十。嗢達羅其一名也。又解塗灰外道說自在出過三界有三身。一法身遍充法界。二受用身居住色界上自在天宮卽佛法中說摩醯首羅天三目八臂身長萬六千踰繕那。三化身隨形六道種種敎化。」十二天供儀軌曰、「伊邪那天。舊云摩醯首羅。唐言大自在天也。」因明大疏上曰、「商羯羅天。是摩醯首羅天。於一切世界有大勢力。」提婆涅槃論曰、「外道摩醯首羅論師作如是論果是那羅延所作。梵天是因。摩醯首羅一體三分。所謂梵天、那羅延、摩醯首羅。地是依處。地主是摩醯首羅天。於三界中所有一切命非命物皆是摩醯首羅天生。摩醯首羅身者。虛空是頭。地是身。水是尿。山是糞。一切衆生是腹中蟲。風是命。火是煖。罪福是業（百論疏引之作日月爲眼）是八種是摩醯首羅身」涅槃經十九曰、「今有大師名迦羅鳩馱迦旃延（中略）爲諸弟子說如是說。若人殺害一切衆生、心無慚愧、終不墮惡。猶如虛空不受塵水。有慚愧者卽入地獄。猶如大水潤濕於地。一切衆生悉是自在天之所作。自在天喜、衆生安樂。自在天瞋、衆生苦惱。一切衆生若罪若福乃是自在天之所爲作。云何當言人有罪福。」図（界名）謂欲界六欲天中之第六他化自在天也。法華經序品曰、「自在天子。大自在天子。」同文句二曰、「自在卽第五。大自在卽第六。」

【大自在天與男根】（術語）大自在天依萬物生本之義。而自在天派之人。以人之男根爲天神之神實而祀之。續高僧傳玄奘傳曰、「至劫比他國。俗事大自在天。其精舍者高百餘尺。中有天根。謂諸有趣由此而生。王民同敬不爲鄙恥。諸國天祠率置此形。大都異道有百數中所高者自在爲多。」西域記健馱羅國記曰、「跋虜沙城東北五十里至崇山。山有青石大自在天婦像。毘摩羅天女也。聞諸土俗曰。此天像者自然有也。靈異既多。祈禱亦衆。印度諸國求福請願。貴賤畢萃。遠近咸會。乃至山下有大自在天祠。」是初爲男根。後爲女根也。此男女根之義爲與自在天同體之那羅延天名更爲分明。（所引）玄應音義二十五曰、「那羅延。那羅此翻爲人。延那此云生本。謂人生本卽是梵王。外道謂一切人皆從梵王生。故名人生本也。」俱舍光記二十七曰、「那羅延是神名。此云人種神。」此那羅延天之居處居於欲界之頂上第六天、常爲佛道之障礙。故佛法之中名爲摩羅天。慧琳音義六曰、「那羅延。欲界中天名也。」智度論五曰、「奪慧命。壞道法功德善本。是故名爲魔。諸外道人輩言是名欲主。亦名華箭。亦名五箭。破種種善事。佛法中名爲魔羅。」（愛染明王之箭極秘說亦表男根）同十曰、「魔王六欲天主。」其先以女根爲毘摩羅〔Vimalā〕（毘如毘婆沙。毘沙門。毘盧舍那之毘。妙勝高大之義）又摩羅之名本來爲男女根之名。見摩羅條。

【大自在天外道】（流派）與自在天外道同。

【大自在天子因地經】（經名）一卷、趙宋施護譯。佛對目連等說大自在天子之往因。

【大安慰】（術語）佛之異名。以佛於一切衆生施安樂、使得法喜故也。讚阿彌陀佛偈曰、「慈光遐被施安樂。故佛又號歡喜光。光所至處得法喜。稽首頂禮大安慰。」

【大安般經】（經名）大安般守意經

之略名。

【大安樂經】（經名）大樂金剛不空眞實三摩耶經之異名。

【大安鎭法】（修法）營造宮禁時、以不動明王爲本尊之修法也。爲台密之大法。

【大安般守意經】（經名）三卷、後漢安世高譯、安般者梵語數息觀也。座禪而數出入氣息、以止散守意之法也。梵Ānāpāna

【大安樂不空金剛眞實菩薩】（菩薩）與大樂金剛薩埵同坐於胎藏界曼荼羅遍知院之最南。梵名摩訶縛曰羅母伽三昧耶薩怛縛。譯言金剛不空眞實菩薩。密號稱爲眞實金剛。卽普賢延命菩薩也。

【大行道】（儀式）盛大行道之儀式也。見行道條。

【大吉祥天】（天名）又名功德天。主富貴之女天也。大吉祥陀羅尼經謂之大吉祥菩薩。見吉祥天條。

【大吉祥天女十二契一百八名無垢大乘經】（經名）一卷、唐不空譯。佛住安樂世界、爲觀自在菩薩初說三十八吉祥如來之名號、次說吉祥天女之一百八名。爲十二契諷稱之分十二段之曲譜故云。

【大吉祥天女十二名號經】（經名）一卷、唐不空譯。佛住極樂世界、爲觀自在菩薩說吉祥天女之十二名及陀羅尼。

【大吉祥金剛】（菩薩）金剛手之異名。義釋十二曰、「大吉祥金剛。歡喜文殊等」

【大吉祥大明菩薩】（菩薩）胎藏界曼荼羅觀音院第二行第五位。梵名摩訶室利摩訶微地也。譯言大吉祥明王。密號稱爲靈瑞金剛。肉色。左手持蓮華。安股上。右手豎小指屈餘指、當胸。坐赤蓮華。

【大吉祥明菩薩】（菩薩）胎藏界曼荼羅觀音院第二行第六位。梵名摩訶室利微地也。譯言大吉祥明。密號稱爲常樂金剛。肉色。左手持半開蓮華。右手屈無名小二指、豎餘指。置胸邊。坐白蓮華。

【大吉祥變菩薩】（菩薩）胎藏界曼荼羅觀音院第三行第六位。梵名攞乞义摩摩訶微地也。譯言吉祥大變。司觀音三十三變化之妙用。密號稱爲動用金剛。白肉色。左手持半開蓮華。右手當胸。仰掌如受物。眼作上視之相。

【大吉祥經】（經名）大吉祥陀羅尼經之略名。

【大吉祥陀羅尼經】（經名）一卷、趙宋法賢譯、佛在蘇珂嚩帝佛刹、爲觀自在菩薩說大吉祥菩薩所有之陀羅尼。使衆生得大富貴。

【大吉義神咒經】（經名）二卷、元魏曇曜譯。帝釋與阿修羅戰而敗、請救於佛。佛爲說大結界咒、次有一切天龍鬼神次第助佛說咒。

【大光音天】（天名）色界第二禪天也。在胎藏界曼荼羅位於外金剛部院之北方。肉色。右手持瓶。左手竪頭中二指屈餘指仰而當胸。坐於筵。左右有侍者。右持未敷蓮左竪頭指小指屈餘指向胸。右手作掬勢。置於膝。

【大光明佛】（佛名）馬鳴菩薩之本地也。釋摩訶衍論一曰。「馬鳴菩薩若尅其本大光明佛。若論其因。第八地內住位菩薩。西天誕生。盧伽爲父。瞿那爲母。」

【大光明王】（本生）釋迦如來於過去爲閻浮提之國王。稱爲大光明。

【大光明王發心因緣】（本生）賢愚經大光明始發無上心緣品說大光明王自外國得白象。付之象師。使其調養。不久象能調從。象師以白於王。王乃駕象出遊。象氣猛壯。見牝象。奔馳至深林。王因傷身。垂死。以責象師。象師言我唯能調身。不能調心。唯有佛能調心。王聞之。踊躍發大菩提心。

【大光明王捨頭施婆羅門】（本生）大方便佛報恩經四說。「釋迦如來於過去爲波羅奈國王。稱爲大光明。惠施一切不逆人意。敵國之王聞之。使婆羅門來乞王之頭。王許之。羣臣諫不聽。使婆羅門捉刀斫頭。以果其慈心。」經律異相二十五曰。「大光明王捨頭施婆羅門。」

【大光普照】（雜語）法華經序品曰。「眉間白毫大光普照。」

【大光普照觀音】（菩薩）七佛八菩薩所說神呪經所說六觀音之一。天台以之爲修羅道之能化。道邃六字經驗記配之於十一面觀音。見六觀音條。

【大耳三藏】（人名）唐代宗時。有西天之大耳三藏到京。云得他心慧眼。帝敕使與忠國師試驗。三藏方見師。便禮拜而立於右邊。師問曰。汝得他心通耶。對曰。不敢。師曰。道老僧卽今在什麼處。曰。和尙是一國之師。何得却去西川看競渡。師再問汝道老僧卽今在什麼處。曰。和尙是一國之師。何得却在天津橋上看弄猢猻。師第三問語亦同前。三藏良久。而罔知去處。師叱曰。這野狐精。他心通在什麼處。三藏無以對。見傳燈錄五忠國師章。

【大印身定】（術語）言結大印而置身於定中也。宋高僧傳不空傳曰。「以大印身定中而寂。」

【大休歇底】（術語）如言大死底。言拂盡一切妄想心智。俱盡之位也。碧巖四十則垂示曰。「休去歇去。鐵樹開花。」種電鈔曰。「宗師家到大休歇處。領鐵樹花開劫外春。不是盡細識人。爭得如此乎。」

【大死底人】（術語）言一切妄想都斷盡之人也。碧巖四十一則曰。「趙州問投子。大死底人却活時如何。」種電鈔曰。「大死底人者。心智俱滅盡。不見世出世順逆之法。」

【大因陀羅座】（術語）又曰金剛輪座。方座也大疏十七曰、「四方謂大因陀羅座也金剛輪座也。」

【大因陀羅壇】（術語）言金剛輪之方壇也。大疏八曰、「方壇名大因陀羅壇是心王之義。」同二十曰、「此中方壇梵名摩訶因陀羅是帝釋別名也又則金剛輪別名也」心王爲諸法之所依故以之名壇。

【大因陀羅觀】（術語）黃色方形之金剛輪卽地輪謂之大因陀羅輪於此中觀阿字謂之大因陀羅觀大日經疏十一曰、「言大因陀羅觀者謂於金輪中觀故也。」

【大我】（術語）我者自在之義。凡夫雖認自己之身心爲我。然身心無一自在者、思爲我者惟迷倒之見耳。無我之實也。悟此理卽爲小乘之知見。然彼但知無凡夫之倒我小我、更不知佛之有眞我有大我。佛所證之涅槃、眞我也、大我也。佛得八自在離一切之繫累、於萬法自在以之爲涅槃之大我。涅槃經一部之所明是也。涅槃經二十三曰、「有大我故名大涅槃。」大日經一曰、「汝獲無等利。位同大我。」同疏五曰、「大我謂諸如來成就八自在我於法得自在者。」同十六曰、「大我者佛之別名也。」同十七曰、「大我者卽是如來。」同一曰、「今復約眞我明心實相。此宗辨義卽以心爲如來應正等覺。所謂內心大我也。」吽字義曰、「唯有大日如來。於無我中得大我也。」

【大戒】（術語）大小乘之具足戒、對於五戒十戒等。謂之大。又大乘戒之通名、以與小乘戒區別。

【大車】（譬喩）以大白牛車譬佛乘。法華經譬喩品曰、「長者各賜諸子等一大車。」

【大利】（術語）廣大之利益。無量壽經下曰、「當知此人爲得大利。」

【大身】（術語）對於丈六之小身而謂之徧虛空之大化身。

【大劫】（術語）謂成住壞空之四期爲一周。爲八十增減之時量。舊譯稱之爲四中劫。新譯稱之爲八十中劫見劫條。

【大劫賓寧】（人名）Mahakapphina 阿彌陀經曰、「摩訶劫賓那。」比丘名。賢愚經七曰、「大劫賓寧緣品」見劫賓那條。

【大佛頂】（佛名）佛名。佛頂尊有多種。大佛頂其一也。見佛頂尊條。又陀羅尼名、大佛頂尊之陀羅尼也。見佛頂咒條。

【大佛頂法】（修法）金輪佛頂法也。此有金剛部大日金輪與胎藏部釋迦金輪二者。大妙經所說爲大日金輪。大日經所說爲釋迦金輪。首楞嚴經所說爲兩部不二。

【大佛頂曼荼羅】（術語）楞嚴經七、

言立道場時以靈山白牛微細之糞和旃檀、泥於地。(中略)方圓丈六爲八角壇壇心置一金銀銅木之蓮華華中盛八月露水置於鉢。更以十六蓮華與香燈參差莊嚴外圍。取白牛乳爲煎餅砂糖(中略)蜜於蓮華外、各各圍繞十六華外以奉諸佛及大菩薩。(中略)敷設十方如來及諸菩薩所有形像。當陽張盧遮那釋迦彌勒阿閦彌陀諸大變化、觀音形像金剛藏乘安其左右帝釋梵王(中略)頻那夜迦張於門側。安置左右云云。大妙經準之中央之蓮鉢卽大佛頂也。八圓鏡八大佛頂也十六華爐八菩薩八金剛也。

【大佛頂念誦法】(術語) 大妙經說心中觀𤙖字白色成大月輪徧於量法界、無上中下之際成大八輪之金輪又於一一輪中右旋布八色金剛輪依前觀身爲大我於輪臍中作頂輪王形卽結成就一切事業佛頂諸佛心本三昧耶印。以二手散開十指幷二掌根卽以此印於指上散安十字眞言。一一字上散無量百千雜色光明。散射十方諸佛之刹土。光明熾盛三世無等。卽以此印手右旋如羂索環之勢。(中略)此印名攝一切佛頂輪王本三昧耶發生無邊諸佛翱磨之印。不假結護及供養門、速成諸佛大三摩地、使成佛之身。十地菩薩目覩不及、耳聽不聞、(中略)使同類之佛、亦不見自身。何況其餘菩薩等。

【大佛頂咒】(經名) 見佛頂咒條。

【大佛頂經】(經名) 具名大佛頂如來密因修證了義諸菩薩萬行首楞嚴經、略曰大佛頂經、首楞嚴經、楞嚴經等。見首楞嚴經條。

【大佛頂三昧】(術語) 依大佛頂經之壇法誦佛頂咒之行法也。三代實錄一曰、「安置沙彌二十人於陵邊。晝夜結番修大佛頂三昧。」

【大佛頂如來心咒】(經名) 佛頂咒總有四百二十七句、其中初爲諸衆賢聖之名。最後之八句方爲正咒。故唯取此八句爲心咒。

【大佛頂白傘蓋心咒】(經名) 與大佛頂如來心咒同。白傘蓋爲佛頂咒之異名。

【大佛頂如來放光悉怛多鉢怛羅陀羅尼】(經名) 一卷、唐不空譯、悉怛多鉢怛羅、譯言白傘蓋。白傘蓋佛頂尊之陀羅尼也。

【大伽藍】(雜名) 伽藍者寺院之梵語、大者對於小伽藍而言。

【大妙經】(經名) 大妙金剛大甘露軍拏利焰鬘熾盛佛頂經之略名。

【大沙門】(術語) 佛之尊號。涅槃經十八曰、「佛世尊常不變易具足十力四無所畏。大師子吼。名大沙門大婆羅門。」図通名比丘。對於沙彌或外道而名爲大沙門者出家之都名也。

【大沙門統】（職位）僧官名。佛祖統紀五十一曰、「隋文帝詔曇遷爲昭玄大沙門統。」昭玄者行僧務之昭玄寺也。

【大沙門百一羯磨法】（經名）一卷、失譯。十誦律即薩婆多部之百一羯磨也。

【大坐參】（儀式）坐參之大者。其規與尋常之坐參同、但首座入堂不燒香。見象器箋九。

【大座湯】（儀式）禪林請衆供湯。謂之座湯。有大小二種。見座湯條。

【大赤華】（植物）法華所說四花之一。光宅法華義疏二曰、「摩訶曼珠沙華者、譯爲大赤團華。」

【大忍法界】（界名）言娑婆世界也。瓔珞本業經上曰、「四非色衆生皆以化生。下至五輪際。是爲一佛剎。名爲大忍法界。

【大命】（術語）死生爲大於運命者。故曰大命。無量壽經下曰、「大命將終。悔懼交至。」

【大志焚身】（故事）三國佛教略史曰、「大業五年、詔天下僧徒無德業者、並罷道還俗。寺院冗餘者亦皆毀折。廬山沙門大志素服哭於佛前三日、誓捨身濟法。乃詣東都上表曰、願陛下興隆三寶。貧道當燃身以報國恩。帝許之。遂以布蜡纏身、於大棚上端坐焚死。於是帝停前詔不行。」

【大門】（雜名）寺院之外門也、又與三門通。

【大夜】（儀式）又曰逮夜、宿夜。荼毘日之前夜也。如女之婚嫁無再反之理。謂爲大歸。惟此一夜明日出不再歸。故曰大夜。世稱忌辰之前夜曰大夜。謂爲逮夜者誤也。見象器箋三。

【大姊】（術語）優婆夷之通稱。涅槃經一曰、「汝等諸姊諦觀諦觀。」行事鈔下三之四曰、「善見云、喚婢爲大姊。不得云婢。」同資持記曰、「既已出家則非所屬。故加美飾。不復本名也。」

【大咒】（術語）諸尊之咒有大咒、小咒、心咒三種。咒語最多者爲大咒。大中之略爲小咒。小咒之略爲心咒。

【大板】（物名）鳴板之大者。禪林庫司前之板曰大板。以其製比餘堂之板爲大也。見象器箋十八。

【大事】（術語）見大事因緣條。

【大事因緣】（術語）一大事之因緣也。言佛出現於世而說法者、爲因一大事之因緣也。云何爲一大事。總言之則轉迷開悟也。別論之則法華爲佛知見。涅槃爲佛性。乃至無量壽經爲往生極樂。法華經方便品曰、「諸佛世尊唯以一大事因緣故出現於世。」仁王經上曰、「大事因緣故即散百億種色華。」稱讚淨土經曰、「我觀如是利益安樂大事因緣說誠諦語。」天台仁王經疏上曰、「大事因緣爲玆出世顯令衆生開示悟入佛之知見。法華以佛知見爲大事。涅槃以佛性爲大事。維摩思益以不思議爲大事。華嚴以法界爲大事。今此般若以成佛因果爲大事。名字雖別其義一。」

【大定】（術語）諸佛三德之一。見次項。

【大定智悲】（術語）大定大智大悲、是佛之三德也。佛心澄明、謂爲大定。以澄明故照一切法界、是曰大智。以照一切法界故於苦衆生生救濟心、是爲大悲。又謂之智斷恩之三德。以大定斷一切之妄惑、是斷德。大智卽智德。大悲卽恩德也。此中前二者爲自利之德、後一者爲利他之德。此三者以之圓具自他之萬德。不動經曰、「唯圓滿大定智悲無不具足。卽以大定德故坐金剛盤石。以大智德故現迦樓羅焰。以大悲德故現種種相貌。」

【大念】（修法）大聲念佛也。大集日藏經念佛三昧品曰、「於寂靜處莊嚴道場。正念結跏或行或坐念佛身相。無使亂心更莫他緣念其餘事。或一日夜或七日夜不作餘業至心念佛。乃至見佛。小念見小大念見大。」羣疑論七曰、「大念者大聲稱佛也。小念者小聲稱佛也。」

【大念佛】（修法）見大念條。

【大青】（物名）青色之寶玉也。玄應音義二十三曰、「大青梵言摩訶泥羅。此云大青。亦是帝釋所用寶也。」Mahānīla

【大青面金剛】（異類）夜叉王之一。見青面金剛條。

【大空】（術語）對於小乘之偏空、而謂大乘究竟之空寂爲大空。空亦爲空、是爲究竟之大空。卽大乘之涅槃也。密教以阿字爲此大空。證之謂爲大空智。寶積經二十二曰、「廣大空寂名曰虛空。涅槃空寂亦復如是。爲大空寂無有主宰亦無我所。一切衆生沒入其中。無能攝取一毛端量。廣大空寂廣大無量名大涅槃。」入楞伽經三曰、「何者第一義聖智大空。謂自身內證聖智法空。離諸邪見熏習之過。是爲第一義聖智大空。」無盡燈論上曰、「後來重說般若法門。二乘三藏上下混雜淘汰空法。所謂引小空而歸大空。呵偏空而入圓空。破假空而達眞空。」又十八空中、無東西南北等方位之實體謂爲大空。

【大空之戰具】（雜語）謂金剛杵、羯磨等武器也。爲絕待無相之戰具、故云大空。又爲大空智之所現。故云大空。大日經疏一曰、「譬如帝釋手持金剛破修羅軍。今此諸執金剛亦復如是。各從一門持大空戰具。能破衆生無相之煩惱。故以相況也。」演密鈔二曰、「大空卽智也。今此諸執金剛各從一門內自證智遍一切處破諸衆生無明障染義名戰具大空智卽戰具名大空戰具作持業釋」

【大空字】（術語）見次項。

【大空點】（術語）依大日經所說則託於[梵字]五字以顯大空之義若此等字連於上字則成上字大空之義而字形以圓點表之例如[梵字]等因而約之於前字謂爲闇字輪大日經二曰「[梵字]仰[梵字]若[梵字]拏[梵字]那[梵字]麼於一切三昧自在速能成辦諸事」同疏七曰「今毘盧遮那宗寄此五字以明大空大空是證處無法可說故但以圓點表之」又吽字義顯宗記下曰「凡空點有七種仰、讓、拏、那、麼、佉也」餘詳空點條。

【大空聲】（術語）見大空點條。

【大空三昧】（術語）三重三昧之異名空空三昧、無相無相三昧、無願無願三昧也見三三昧條大日經疏六曰「空與不空畢竟無相而具一切相故名大空三昧」又稱百光偏照眞言之[梵字]暗字演密鈔四曰「行者止此十六位時以十緣生方便證得暗字大空三昧卽是解了金剛頂十六菩薩生成等正覺也」又云正覺三昧以[梵字]弩字爲種子大日如來之三摩地也大疏四曰「弩者大空三昧如來住此大空三昧無行無到亦無去來而能如其心量隨緣應現故云等隨也」

【大空行三昧】（術語）不動尊之三昧也以其眞言[梵字]字爲體[梵字]之字體[梵字]訶字是一切行不可得之義故云大空行三昧大疏十曰「吽者是大空行三昧也」

【大空曼荼羅】（術語）虛空無相寂滅能現一切之相曼荼羅之體亦無相寂滅能成一切之事故託於虛空之喩而稱爲大空曼荼羅義釋十三曰「喩如虛空非衆生數而衆生所依（中略）一切衆生依正作業皆由此成滋益衆生成種種事不可以虛空能成一切事故便謂虛空有爲有相今此大空曼荼羅亦如是畢竟淸淨而無所不有寂住寂然而不空成就」

【大明王】（術語）謂不動尊等諸明王也又曰大眞言如言大明王大隨求陀羅尼經見諸儀軌訣影四。

【大明白身菩薩】（菩薩）胎藏界曼荼羅觀音院第一行第六位梵名豪利摩訶微地也譯言大明白身密號稱爲放光金剛常住金剛大明白身者淸淨無垢之義爲黃白色左手持開敷蓮花右手於胸邊爲與願印坐赤蓮華上。

【大明咒】（經名）放大光明破衆生昏闇之陀羅尼也般若心經曰「般若波羅蜜多是大神咒是大明咒」法藏疏曰「鑑照不昧名爲明咒」又明爲咒之別名佛於光中說陀羅尼故名咒爲明大明卽大咒也。

【大明經】（經名）大明度經之略名。

【大明咒經】（經名）摩訶般若波羅蜜大明咒經之略名。

【大明度經】（經名）六卷吳支謙譯、梵語波羅蜜舊譯度或度無極大明度者大明波羅蜜行之意與道行般若經同本異譯。

【大明度無極經】（經名）大明度經之異名。

【大明三藏法數】（書名）五十卷明朝一如等集註。

【大明三藏聖教目錄】（書名）明永樂年間勅行藏經之勘校寫錄、翻刻於南北兩京此北藏之目錄也。

【大法】（術語）大乘深妙之法度人廣者法華經序品曰「今佛世尊欲說大法」。

【大法雨】（譬喻）大法能慈潤枯渴之衆故以譬於雨。法華經序品曰、「雨大法雨吹大法螺」同化城喻品曰、「普雨大法雨度無量衆生」。

【大法會】（儀式）爲法事大集人者。

【大法慢】（術語）法慢之大者。於所得之法起慢心曰法慢。

【大法螺】（術語）大法之聲能警醒人故譬於螺貝法華經序品曰、「吹大法螺。擊大法鼓」。

【大法師】（術語）說見法師條。大者、尊之之詞。

【大法鼓】（譬喻）大法能警醒生死之長夜故以譬於鼓。法華經序品曰、「吹大法螺擊大法鼓」。

【大法鼓經】（經名）二卷、劉宋求那跋陀羅譯佛在祇洹說有非有之法門、波斯匿王擊鼓吹貝而來佛言我當說大法鼓經、使迦葉令不堪聞大法者盡去座說如來之常樂我淨不般涅槃及一切衆生皆有佛性、一切空經皆爲方便。

【大法緊那羅】（天名）法華經序品四人緊那羅之一。奏妙法之樂者。

【大法炬陀羅尼經】（經名）二十卷、隋闍那崛多譯善威光天子請問陀羅尼門。佛入大力莊嚴三昧說過去之放光如來說此經事。一經五十二品皆述昔時放光如來所說之法。

【大和尙】（術語）受戒之師、謂爲和尙和尙之年長德高者稱爲大。又（職位）西晉懷帝永嘉四年天竺之佛圖澄至石季龍傾心事之號爲大和尙見佛祖統紀三十六。

【大和竭羅】（佛名）Dipaṁkara 又曰提和竭提洹竭佛名譯言燃燈、錠光玄應音義三曰、「提和竭或云提和竭羅此云錠光亦曰燃燈佛是也」可洪音義二曰、「提洹竭中戶官反亦云提和竭此云錠光即燃燈佛也。

【大林精舍】（寺名）大竹林精舍之

略稱。見竹林精舍條。
【大波羅蜜】（術語）菩薩於第八地以上所修之十波羅蜜也。任運無功用之德稱爲大。
【大陀羅尼】（術語）佛陀之咒語、云爲陀羅尼。其中咒語多者、云爲大。又美其功德云爲大。
【大阿羅漢】（術語）阿羅漢中年長德高者。稱爲大阿羅漢。阿彌陀經曰、「與大比丘衆千二百五十人俱。皆是大阿羅漢」。慈恩疏曰、「大者名稱位高。善見律云僧中功德極大者爲大阿羅漢」
【大阿彌陀經】（經名）吳支謙譯之佛說阿彌陀經二卷、內題曰佛說諸佛阿彌陀三耶三佛薩樓佛檀過度人道經。坊本之表題曰大阿彌陀經。大經之異譯也、又趙宋王日休定本大阿彌陀經二卷、以康僧鎧譯之無量壽經爲本。取當時現存之異譯經校訂刪補者。
【大拘絺那】（人名）Mahākausthila 比丘名。阿彌陀經作「摩訶俱絺羅」。見俱絺羅條。
【大拘絺那經】（經名）舍利子問正見正法之事、拘絺那答之。攝於中阿含七。
【大金剛位】（術語）稱眞言行者初地之位。瑜祇經曰、「一時共成就。速得大金剛位。乃至普賢菩薩位」
【大金色孔雀王】（明王）金色之孔雀明王也。見孔雀明王條。
【大金色孔雀明王咒經】（經名）一卷、失譯。或義淨譯。孔雀經六本之一。
【大使咒法經】（經名）一卷、唐菩提流支譯。說大使者毘那夜迦之咒法。
【大宗地玄文本論】（書名）二十卷、馬鳴菩薩造、陳眞諦譯。以十種愛樂心、十種識知心、十種修道心、十種不退心、十種眞金剛心、及一大極自然陀羅尼地之五十一種爲法門之大宗地。以顯示一多相卽無礙自在之大緣起門者。但五十一種之名字、存梵語、且以古來未疏釋、而解之至難。其論體似釋摩訶衍論。
【大周刊定衆經目錄】（書名）十四卷。則天武后天冊萬歲元年、勅明佺等作。外附大周刊定僞經目錄一卷。
【大忿怒金剛童子念誦瑜伽法】（經名）佛說無量壽佛化身大忿怒俱摩羅金剛念誦瑜伽儀軌法之異名。說金剛童子之修法。
【大界】（術語）攝僧之大者。謂定僧衆同一住同一爲布薩之結界。如限一山一寺境內之結界是也。對於小界或戒場而名爲大界。
【大界外相】（術語）言結界之外面。於界結之標石書此四字。自此表內爲攝僧界也。

【大品】（經名）大品般若經也。又（雜名）經卷之略者。

【大品經】（經名）大品般若經也。又（雜名）佛經之卷帙較多者。白帖曰、「陳後主在東宮令徐陵講大品經義。名僧自遠雲集。」

【大品般若經】（經名）羅什譯之摩訶般若波羅蜜經有二十七卷本與十卷本二經。一曰大品般若經。一曰小品般若經。嘉祥法師吉藏有大品經義疏十卷、缺卷二、又有大品經遊意一卷。

【大信】（術語）信佛而不疑。謂爲信。信心之功德廣大故曰大。又此信心卽爲佛心。故曰大。教行信證二曰、「讚案往相迴向有大行有大信。」同三本曰、「大信心者則是長生不死之神方。忻淨厭穢之妙術。（中略）極速圓融之白道。眞如一實之信海也。斯心卽是出於念佛往生之願。」

【大信心】（術語）與大信同。

【大信心海】（術語）信心之功德廣大。故譬之於海。教行信證六本曰、「大信心海甚以叵入。從佛力發起故。眞實樂邦甚以易往。藉願力卽生故。」

【大勇猛菩薩】（菩薩）坐於胎藏界曼荼羅遍知院三角智印之左。梵名摩訶尼羅。譯言大勇猛。密號稱爲嚴迅金剛。據大日經則此座可不安如意寶珠。故於如意寶珠附佛格列於現圖曼荼羅。其內證爲兩萬法肉色左手當臍持如意法右手持利劍。

【大香】（儀式）瓣香之謂也。敕修清規曰、「再插大香一片。」

【大拏】（人名）須大拏之略。太子名。見須大拏條。

【大洲】（界名）大海中須彌山之四方有四大陸。謂之四大洲。俱舍論八曰、「四大洲者。一南贍部洲。二東勝身洲。三西牛貨洲。四北俱盧洲。」

【大迦葉】（人名）摩訶迦葉也。增一阿含經三曰、「十二頭陀難得之行。所謂大迦葉比丘是。」見迦葉條。

【大迦葉本經】（經名）一卷、西晉竺法護譯。佛爲大迦葉說制心之法。

【大迦葉問大寶積正法經】（經名）五卷、趙宋施護譯。大寶積經普明菩薩會第四十三之別譯。

【大迦旃延】（人名）摩訶迦旃延也、新稱迦多衍那。爲十大弟子之一。增一阿含經三曰、「善分別義。敷演道教。所謂大迦旃延比丘是。」見迦旃延條。

【大迦多衍那】（人名）Mahākātyāyana 舊稱大迦旃延。新稱大迦多衍那。

【大施主】（術語）於一切之人行大施者。無量壽經上曰、「我於無量劫不爲大施主。普濟諸貧窮。誓不成正覺。」

【大施行】（術語）施行之大者。於孤獨貧窮之人。施與以物。謂之施行。

【大施會】（行事）又曰無遮大會。不擇貴賤上下。會一切之人而以物施與之也。約五年行一度。維摩經菩薩品曰「我昔自於父舍設大施會。供養一切沙門婆羅門及諸外道貧窮下賤孤獨乞人。期滿七日。」注曰「什曰大施會有二種。一不用禮法但廣布施。二用外道經書種種禮法祭祀。兼行大施。生曰。婆羅門法。七日祀梵天行大施。期生彼也。」

【大施太子】（本生）賢愚經大施抒海緣品曰。「摩訶闍迦樊。譯言大施。又云能施太子。昔釋迦佛爲大施太子時。欲賑國人。入海求如意珠。知在龍王之頂。欲抒盡海水而取之。雖筋骨斷壞。終不懈怠。諸天感其至誠而來助之。龍王恐送珠與之。」智度論十二謂爲「能施太子」。是爲毘梨耶波羅蜜（精進度）之圓滿行相。智度論四曰。「毘梨耶波羅蜜云何滿。答曰。若有大心勤力。如大施菩薩。爲一切故。以此一身誓抒大海。令其乾盡。宣心不懈。」

【大施菩薩】（菩薩）大施太子也。見大施太子條。

【大威德】（術語）有伏惡之勢。謂之大威。有護善之功。謂之大德。明王中之大威德。菩薩中之大威德。迦樓羅王中之大威德。各以其性德而名之。

【大威德法】（修法）大威德明王之修法也。

【大威德者】（術語）謂百光徧照眞言也。見百光遍照王條。

【大威德咒】（經名）消災陀羅尼之別名也。彼陀羅尼之本尊爲大威德金輪佛頂熾盛光如來。

【大威德尊】（明王）大威德明王也。

【大威曜義】（術語）大日如來出生南方金剛光等菩薩之義趣也。出生義曰。「由一切如來大威曜義而生金剛光。」

【大威德生印】（術語）如來大威生印之異稱。

【大威德明王】（明王）五大明王之一。配於西方本地爲阿彌陀。三面六臂。乘大白牛。梵名閻曼德迦。別稱降閻魔尊。六足尊等。見降焰魔尊條。

【大威德陀羅尼經】（經名）二十卷。隋闍那崛多譯。佛爲阿難說陀羅尼之法本。一一法中示多種之名。多種之義。亦廣說末世惡比丘之事。及說菩薩住於母胎中之樓閣莊嚴。

【大威德迦樓羅王】（異類）法華經序品所列四迦樓羅王之一。

【大威燈光仙人問經】（經名）一卷。

隋闍那崛多譯。大威燈光仙人問疑。佛爲決疑。遂發大願求一切智。一切仙人亦然。佛悉授菩提之記。

【大威光大菩薩三昧耶】（術語）大日如來出生南方金剛光菩薩之三摩地也。見金剛頂經。

【大威德金輪佛頂熾盛光如來】（佛名）消災陀羅尼之本尊也。略曰金輪佛頂。亦曰熾盛光佛頂。

【大威德金輪佛頂熾盛光如來消除一切災難陀羅尼經】（經名）一卷。唐代失譯。消災經二譯之一。說金輪佛頂尊之消災陀羅尼。

【大苦海】（譬喻）謂六道生死之苦也。智度論五曰「沒大苦海不自覺知」。

【大哀經】（經名）八卷。西晉竺法護譯。大集經之序品與陀羅尼自在王菩薩品之二品也。開爲二十八品。

【大染法】（術語）理智冥合之至極。形於男女兩性之染愛。謂爲大染法。愛染明王之悉地也。瑜祇經曰「左金剛弓右執金剛箭。如射衆星光能成大染法」。

【大度師】（術語）如言大導師。言佛菩薩爲導衆生度生死海者。智度論三十三曰「爲世作大度師。興顯佛法」。

【大律師】（術語）說見律師條。大者。尊之之詞。

【大相國寺】（雜名）在河南開封縣治東。北齊天保六年建。初名建國。唐睿宗改爲相國。宋至道二年重建。題寺額曰大相國寺。每月五次開放萬姓交易。又遼使入覲訖。翌日詣寺燒香。金章宗元世祖明太祖相繼重修。明末爲河水淤沒。清順治時重建。乾隆時重修。賜額古汴名藍。

【大相看】（儀式）禪家接見闔山之大衆。謂之大相看。敕修淸規月分須知曰「十月初一日。方丈大相看」。

【大風災】（術語）大三災之一。劫末起大風破滅至色界第三禪天之災厄也。見三災條。

【大紅蓮】（界名）地獄名。以極寒而身裂如大紅蓮之地獄也。見地獄條。

【大毘婆沙論】（書名）阿毘達磨大毘婆沙論之略名。

【大毘盧遮那】（佛名）密教之本尊大日如來也。大之梵語爲摩訶。而毘盧遮那爲日之別名。故若具存梵語。則宜曰摩訶毘盧那遮。曰並取漢語。則宜曰大日。今梵漢雙取。故曰大毘盧遮那。但以毘盧遮那譯爲日。局於密教。若顯密共通之譯。則曰光明遍照。見毘盧舍那條。

【大毘盧遮那經】（經名）大毘盧遮那成佛神變加持經之略名。七卷。唐輸波迦羅譯。按輸波迦羅即善無畏。

【大毘盧遮那成佛神變加持經】（經名）大日經之具題。經文六卷供養次第一卷、共七卷。唐善無畏譯。眞言三部經之一。胎藏界密部之本經也。見大日經條。謂大日如來自成佛以不思議之加持力說內證法之經典也。離神力之加持。不能說。不能聽。就此眞言一宗有自證說法加持說法之大論、遂分古義新義之兩派。見法身條。茲將本經各家之著述列之如下。大毘盧遮那成佛經疏二十卷（唐一行記）大毘盧遮那成佛神變加持經義釋十四卷、（唐一行述記）大毘盧遮那成佛神變加持經義釋演密鈔十卷、（遼覺苑撰）大毘盧遮那經供養次第法疏二卷、（唐不可思議撰）

【大毘盧遮那成佛神變加持經略示七支念誦隨行法】（經名）一卷。唐不空譯。以七段之印眞言。說念誦大日經之法。

【大哉解脫服】（術語）讚嘆袈裟德之偈文。出於善見論。度人而授袈裟時誦之。法苑珠林二十二曰、「然後和尚爲著袈裟。當正著時。依善見論復說偈讚云大哉解脫服。無相福田衣。披奉如戒行。廣度諸衆生。」

【大乘】（術語）Mahāyāna 梵語摩訶衍。譯言大乘。大者對小之稱。乘以運載爲義。以名教法。卽大教也。使求灰身滅智空寂之涅槃之教。謂之小乘。此中有聲聞緣覺之別。使開一切智之教。爲大乘。此中有一乘三乘之別。法華經譬喩品曰、「若有衆生從佛世尊聞法信受。勤修精進。求一切智、佛智、自然智、無師智、如來知見、力無所畏。愍念安樂無量衆生。利益天人。度脫一切。是名大乘。菩薩求此乘故。名爲摩訶薩。」十二門論曰、「摩訶衍者。於二乘爲上。故名大乘。諸佛最大。是乘能至。故名爲大。諸佛大人乘是乘。故名爲大。又能滅除衆生大苦。與大利益事。故名爲大。又觀世音、得大勢、文殊師利、彌勒菩薩等是諸大士之所乘。故名爲大。又以此乘能盡一切諸法邊底。故名爲大。又如般若經中佛自說摩訶衍義無量無邊。以是因緣。故名爲大。」寶積經二十八曰、「諸佛如來正眞正覺所行之道。彼乘名爲大乘。名爲上乘。名爲妙乘。名爲勝乘。無上乘。無上上乘。無等乘、不惡乘。無等等乘。」

【大乘天】（雜名）印度之人美玄奘三藏曰大乘天。以三藏能鼓吹大乘也。印度之俗。總稱物之美者爲天。慈恩傳五曰、「諸衆歡喜。爲法師競立美名。大乘衆號曰摩訶耶那提婆。此云大乘天。小乘衆號曰木叉提婆。此曰解脫天。」梵 Mahāyāna-deva, Moksa-deva

【大乘心】（術語）依大乘之道而求佛之心也。維摩經佛國品曰、「大乘心是菩薩淨土。」註曰、「肇曰。乘八萬行兼載天下不遺一人。大乘心也。」慧遠疏曰、「求佛之心爲大乘。心行能運通目之爲乘。乘中莫加謂之爲大」

【大乘因】（術語）或指菩提心。或示諸法實相。大疏九曰、「所謂大乘因者。卽是菩提心」南岳止觀曰、「大乘因者。諸法實相。

【大乘宗】（術語）佛滅後諸宗紛起、其中求羅漢之證悟者爲小乘宗、求作佛者爲大乘宗。先在印度、依寄歸傳之記惟中觀瑜伽之二宗、爲大乘。餘皆爲小乘。中觀卽中國之三論宗。瑜伽則法相宗也。在中國日本之諸宗。惟俱舍、成實、爲小乘。餘皆爲大乘宗。但其二宗亦爲學習法門而存。無有行之者、故謂之依學之宗。

【大乘基】（人名）慈恩大師窺基、爲大乘家之泰斗、故尊之曰大乘基。宋高僧傳窺基傳曰、「慈恩寺傳中云。奘師龍朔三年。於玉華宮譯大般若經終筆。其年十二月二十二日令大乘基奉表奏聞。（中略）彼曰大乘基蓋慧立彥琮不全斥故云大乘基」。

【大乘經】（術語）明作佛道法之一切經典也。佛計大小之根機、而說大小之二敎。對於小機、說聲聞緣覺之法、謂爲小乘。對於大機、說六度之法、謂爲大乘。滅後、弟子結集之、別大小二經、各爲一藏。智度論謂爲聲聞藏、菩薩藏、或謂爲三藏、摩訶衍藏者是也。就現流之經典言之。則四部之阿含經等爲小乘經。華嚴般若等爲大乘經。問、阿含中有說菩薩之行法者、而般若等諸經亦非無小乘之道法。答曰、於阿含說大法、欲使弟子之小機、仰信師之勝因勝果也。於諸大乘經列小法、欲使知法之勝劣也。非爲欲各得其法、故互有無妨。

【大乘道】（術語）道之名、通於因果。大乘道卽佛果也。勝鬘經曰、「此究竟者入大乘道因。」同寶窟下末曰、「此名佛果爲大乘道。與佛爲因名大乘因。」

【大乘敎】（術語）大乘之敎法。華嚴法華等諸大乘經所說。滿六度之行而成佛之法門也。法相之三時敎、第二時空敎已上也。三論之二藏敎、菩薩藏也。天台之四敎。通敎已上也。華嚴之五敎、始敎已上也。眞言之十住心、他緣大乘心已上也。參照大乘條。

【大乘敎九部】（名數）對於小乘敎之九部而立大乘敎之九部。見九部條。

【大乘戒】（術語）謂菩薩僧所受之戒也。又曰菩薩戒。梵網經所說之十重禁、四十八輕戒、善戒經所說之三聚淨戒等是也。其別名依宗而異。天台曰圓頓戒、眞言曰三昧耶戒、禪宗曰無相心地戒。

【大乘戒經】（經名）一卷、趙宋施護譯。佛在祇園說大畧之畧戒。不別說戒相。

【大乘戒壇】（雜名）授受大乘戒之壇場也。

【大乘四果】（名數）通敎之菩薩、歷

十地修行有證果有不同。以小乘之四果而區別之。一在初地以斷惑證理生於如來之家者為須陀洹果。二在八地蒙佛之授記而得作佛者為斯陀含果。三在十地受如來之職如別圓二教等覺之位者為阿那含果。四在佛地即通教之果佛、斷見思之惑、習氣俱盡而成佛者為阿羅漢果。見大乘莊嚴經論。

【大乘五位】（名數）見五位條。

【大乘止觀】（書名）具名大乘止觀法門、四卷南岳慧思說、說止觀二門之深義。唐末經典流散海外、咸平三年日本國寂照持此本至四明。慈雲得之為作序。見佛祖統紀二十五。明智旭釋之曰止觀釋要。

【大乘玄論】（書名）五卷、隋嘉祥寺之吉祥撰。第一二諦義、第二八不義、第三佛性義、第五一乘義、第六涅槃義、第七二智義、第八教迹義、第九論迹義、委曲盡三論宗之奧義。

【大乘妙經】（經名）法華經也。

【大乘純界】（術語）印度大小乘並行。其行人亦異住處。中國日本有俱舍成實之二宗。是為小乘宗。然惟學習之。而非有行之者。所行者悉為大乘宗。故中國日本為大乘純一之國土。

【大乘義章】（書名）二十卷、隋淨影寺之慧遠撰。分義為五聚。一教聚、有三門。二義聚、有六門。三染聚有六十門。四淨聚有一百三十一門。五雜聚欠缺。解釋大小乘法相之古今第一書也。

【大乘聲聞】（術語）台家所立五種聲聞中之第五。見聲聞條。

【大乘法師】（雜名）唐代慈恩基師之尊稱也。

【大乘法相教】（術語）圭峯所立五教之一。見五教條。

【大乘破相教】（術語）圭峯所立五教之一。見五教條。

【大乘起信論】（書名）馬鳴菩薩造。有二譯。舊譯者為梁之真諦、一卷。新譯者為唐之實叉難陀、二卷。說如來藏緣起之理。本論可分為三分觀之。起首三頌為序分。從論下為正宗分。末後一頌、即是隨行所起大願、為流通分。茲將本論各家之著述列下。起信論一心二門大意一卷（陳智愷作）起信論義疏上卷（缺下卷隋曇延撰）起信論義疏四卷（隋慧遠撰）起信論同異畧集二卷（唐見登集）起信論義記七卷、（唐法藏撰）起信論別記一卷（唐法藏撰）起信論疏註四卷、（唐法藏撰宗密註）起信論疏筆削記二十卷（宋子璿錄）起信論纂註二卷、（明真界纂註）起信論捷要二卷（明正遠註）起信論續疏二卷、（明通潤述疏）起信論疏略二卷、（唐法藏造疏明德清纂略未刊）起信論直解二卷、（明德清述）起信論裂網疏釋實义難陀譯六卷、(明智旭述)起信論疏記會閱卷首一卷(續法輯)起信論疏記會閱十卷、(續法會編)起信論疏記六卷(新羅元曉疏并別記)起信論別記一卷、(新羅元曉撰)起信論內義略探記一卷(新羅太賢作)

【大乘善根界】(術語) 西方淨土之德稱也。謂大乘爲成就善根功德之國界。依阿彌陀佛之本願力生於其土者自然成就作佛之善根功德也。淨土論曰、「大乘善根界等。無譏嫌名。女人及根缺二乘種不生。」

【大乘無上法】(術語) 大乘法中最上之法門也。語出楞伽經。對於權大乘之法而指實大乘之法、又對於自力聖道之大乘而指他力本願一乘之法。正信偈所謂「宣說大乘無上法。」爲後者。

【大乘二種成佛】(術語) 於大乘之法、立一切衆生悉皆成佛上有二種之別。生得成佛者。言衆生之心性清淨。自可成佛也。修得成佛者。言遇敎化始修佛道而得成佛也。

【大乘無作大戒】(術語) 謂天台宗之圓頓戒也。是爲大乘戒、故曰大乘無作者、戒體也、新譯謂之無表。凡受戒時、受者身內發生戒之實體。舊譯家對於三業之有作。謂之無作。新譯家對於三業之有表、謂之無表、戒之通名也。

【大乘方等經典】(術語) 謂諸大乘經也。方等爲大乘經方正之通名。言其所說之理方正平等也。觀無量壽經曰、「讀誦大乘方等經典」

【大乘金剛理趣經】(經名) 大乘金剛不空眞實三摩耶般若波羅蜜多理趣經之異名。

【大乘現證三昧耶】(術語) 修秘密乘、現證法界體性智、謂之大乘現證三昧耶者、本誓平等之義也。金剛頂經上曰、「一切如來大乘現證三昧耶名一切如來心。」同疏曰、「修行秘密乘現證本界體故名大乘現證也。」

【大乘金剛薩埵儀軌】(經名) 大乘金剛薩埵修行成就儀軌之異名。

【大海】(雜名) 梵語摩訶三母捺羅娑識羅 Mahāsamudra-sāgara 見梵語雜名。

【大海八不思議】(譬喩) 涅槃經三十二曰、「大海有八種不思議以譬涅槃。一漸漸轉深。二深難得底。三同一鹹味。四潮不過時。五有種種寶藏。六大身衆生居住。七不宿死屍。八萬流大雨入海亦無增減。」又以此八喩譬僧伽。

【大海十相】(名數) 華嚴經疏四十四曰、「華嚴經中以大海十相。譬十地菩薩修行。一次第漸深。二不受死屍。三餘水入失本名。四普同一味。五無量珍寶。六無能至底。七廣大無量。八大身所居。九潮不過限。十普受大雨。」

【大海印】(譬喩)大海之水面印現森羅萬像。以譬菩薩之三昧含藏一切諸法、是名海印三昧。大集經十五曰、「喩如閻浮提一切衆生身及餘外色。如是等色道中皆有印像。以是故名大海印。菩薩亦復如是。得大海印三昧已能分別一切衆生心行。於一切法門皆得慧明。是爲菩薩得海印三昧。」

【大海衆】(譬喩)衆水入海、則爲同一鹹味、四姓出家、則皆爲一味如大海故云海衆。又譬衆之多者曰海。增一阿含經四十四曰、「此閻浮提有四大河。一切諸流皆投歸於海。衆僧如彼大海。所以然者。流河決水以入於海便滅本名、但有大海之名耳。」往生要集中本曰、「清淨大海衆。」

【大師】(術語)佛之尊號。瑜伽論曰、「能善敎誡聲聞弟子、一切應作不應作事故名大師。又能化導無量衆生令苦寂滅故名大師。又爲摧滅邪穢外道世間出世間故名大師。」資持記上一之一曰、「大師者所謂天人之師。卽十號之一。以道訓人故彰斯目。然以師通凡聖加大簡之。是則三界獨尊九道依學。唯佛師聖得此嘉號。自餘凡鄙安可僭稱。」四敎儀集註上曰、「大師者羣生模範。」又(職位)僧史略下曰、「唐懿宗咸通十一年十一月左街雲顥賜爲三慧大師、右街僧徹賜爲淨光大師、可孚賜爲法智大師、重謙賜爲青蓮大師。是其始也。」

【大悟】(術語)破無始之迷妄、開眞實之知見者。觀無量壽經曰、「廓然大悟得無生忍。」

【大根】(術語)大乘之機根。法華玄義一曰、「令大根從不融向於融。」

【大祖】(術語)師之師也。

【大珠和尙】(人名)唐沙門慧海、俗姓朱。建州人。依越大雲寺道智和尙受業。至江西參馬祖得悟。馬祖謂衆、越有大珠。圓明光透自在無遮障處。衆中有知師姓朱者、迭相推識。結契時號大珠和尙也。

【大般若】(經名)大般若波羅蜜多經之略名。

【大般若供養】(修法)謂新書大般若已設齋會而講讚之之法事也。唐玄宗初行之。三寶感應錄中曰、「玉華寺都維那沙門寂照慶賀翻譯功畢。以聞皇帝。經既譯畢。設齋會供養。皇帝歡喜莊嚴嘉壽殿設齋會。寶幢幡蓋種種供具極妙盡美。卽龍朔三年冬十月三十日也。此日請經從肅成殿往嘉壽殿齋會所講讀。當迎經時般若放光照能遠近。天雨妙華兼有非常香氣。」

【大般若經】(經名)大般若波羅蜜多經之略名。

【大般涅槃】（術語）梵語摩訶般涅槃那。Mahāparinirvāṇa 譯言大入滅息、或大滅度、大圓寂入等。大者美滅德之稱、滅者、滅煩惱滅身心之義、息者安息之義、度者超度生死之義、圓寂者圓滿功德寂滅相累之義、入者歸於滅也。大乘義章十八曰、「摩訶般涅槃那、摩訶爲大、大義有六（中略）槃此翻爲入、入義有之。（中略）涅槃此翻爲滅、滅煩惱故滅生死故名之爲滅、離衆相故大寂靜故亦名爲滅、那者名息。究竟解脫永蘇息故。息何等事。息煩惱故、息生死故、又息一切諸行事故。」涅槃玄義上曰、「摩訶此翻爲大、般涅此翻爲滅、槃那此翻爲度、是爲大滅度也。」四教儀集註上曰、「大卽法身、滅卽解脫、度卽般若、卽三德秘藏也。」華嚴經疏鈔五十二曰、「疏涅槃正名爲滅、取其義類乃有多方。總以義翻稱爲圓寂、以義滿法界德備塵沙曰圓、體窮眞性妙絕相累爲寂。鈔梵云摩訶般涅槃那。具翻爲大圓寂入。謂那卽入義。應迴在入（中略）總以義翻者卽唐三藏等。在義周圓。」

【大般涅槃經】（經名）常略稱爲涅槃經。有大乘小乘之二經。小乘之大般涅槃經三卷、晉法顯譯。是與白法祖譯之佛般泥洹經二卷及失譯方等泥洹經二卷、皆與長阿含遊行經同本。大乘之大般涅槃經有二本、一四十卷、北涼曇無讖譯、稱爲北本涅槃。分十三品。二三十六卷、劉宋慧觀與謝靈運共再治北本。稱爲南本涅槃。天台章安依此經作疏。

【大般涅槃經後分】（經名）又曰後分涅槃。二卷、唐若那跋陀羅譯。說涅槃之後佛現神變及茶毘分舍利等。卽大乘之大般涅槃經後分也。

【大般涅槃經論】（書名）一卷、天親菩薩造。元魏達磨菩薩譯。釋大涅槃經中迦葉菩薩所問之偈。

【大般涅槃經疏】（書名）三十三卷、隋灌頂撰、唐湛然再治。及玄義二卷、隋灌頂撰。

【大般泥洹經】（經名）六卷、晉法顯譯。大般涅槃經之前分、唯有十八品。泥洹與涅槃同、般爲梵語、有入之義、爲佛入涅槃夕所說之經故名。

【大般若轉讀】（修法）讀大般若經六百卷之題目與品名、擯其間經卷而擬於讀誦也。

【大般舟三昧經】（經名）支婁迦讖譯之三卷般舟三昧經也。

【大般若波羅蜜多經】（經名）常略稱爲大般若。四處十六會之說、唐玄奘譯、六百卷。開元目錄一曰、「唐太宗三藏聖敎序。唐高宗三藏聖敎記。」（縮印揭於目錄之首。及十六會有各沙門玄別序。）大般若波羅

蜜多經六百卷十六會說。一萬三百三十一紙。大唐三藏玄奘於玉華寺譯」Mahāprajñāpāramitā

【四處十六會】（術語）四處者一爲王舍城之鷲峯山、二爲舍衛國之給孤獨園、三爲他化自在天宮、四爲王舍城竹林精舍之白鷺池。十六會者。第一會有四百卷。說於鷲峯山。第二會自四百一卷至四百七十八卷之七十八卷。說於鷲峯山。與第一會大同、羅什譯之摩訶般若、無羅叉之放光般若、竺法護譯之光讚般若。同爲此會。但品有開合。文稍略。又無常啼法誦之二品。第三會自四百七十九卷至五百三十七卷之五十九卷、又說於鷲峯山。與第二會開合不同、亦無常啼法誦之二品。第四會自五百三十八卷至五百五十五卷之十八卷、亦說於鷲峯山。唯最後隨順品中之文、與前三會不同。苻秦曇摩蜱譯之摩訶般若鈔經、吳支謙譯之大明度無極經、支婁迦讖譯之道行、羅什譯之小品。宋施護譯之佛母出生三法藏般若。法賢譯之佛母寶德藏般若。共爲此會。第五會自五百五十六卷至五百六十五卷之十卷、亦說於鷲峯山。較第四分則更略。第六會自五百六十六卷至五百七十三卷之八卷、亦說於鷲峯山。有十七品。與前分全別。月婆首那譯之勝天王般若。爲此會。第七會五百七十四、五百七十五之兩卷、說於給孤獨園。謂之曼殊室利分。曼陀仙僧伽婆羅譯之二部文殊般若。爲此會。又此會收於大寶積經第四十六會。第八會五百七十六之一卷。亦說於給孤獨園。謂之那伽室利分。劉宋翔公譯之濡首菩薩無上淸淨分經。爲此會。第九會五百七十七之一卷、亦說於給孤獨園。謂之能斷金剛分。羅什、菩提留支、眞諦譯之金剛般若經。玄奘義淨譯之能斷金剛般若。爲此會。第十會五百七十八之一卷、說於他化自在天宮、謂之般若理趣分。與密部之理趣經同本而咒不同。第十一會自五百七十九至五百八十三之五卷、說於給孤獨園。謂之布施波羅蜜分。第十二會自五百八十四至五百八十八之五卷、亦說於給孤獨園。謂之淨戒波羅蜜多分。第十三會五百八十九之一卷、亦說於給孤獨園。謂之安忍波羅蜜多分。第十四會五百九十之一卷、亦說於給孤獨園。謂之精進波羅蜜多分。第十五會五百九十一及五百九十二之兩卷、說於鷲峯山。謂之靜慮波羅蜜多分、第十六會自五百九十三至第六百卷之八卷、說於竹林精舍白鷺池之側。謂之般若波羅蜜多分。其他有小經數部、要之大般若以外現存之諸經、皆在此中。但仁王般若經不攝於十六會。茲將本經之撰述列之如下。大般若經通關法六卷、（宋永隆排定）大般若經理趣分述讚三卷、（唐沙門基撰）般若綱要十卷（葛𨀆葛鼎提綱」

【大神力】（術語）力用之不可思議者。神者不測之義。法華經曰、「有大神力。及智慧力。」

【大神咒】（經名）具大神力之陀羅尼也。般若心經曰、「般若波羅蜜多是大神咒」

【大准提】（菩薩）准提觀音也。見准提條。梵 Mahā-caṇḍī

【大准提經】（經名）七佛俱胝佛母心大准提陀羅尼經之略名。

【大准提菩薩焚修悉地懺悔玄文】（經名）准提懺之具名。

【大鬼道】（界名）有大威力之鬼神所住之道。道者五道六道之道也。

【大娑羅】（雜名）Mahāśāla 大娑羅樹也。西竺呼大官大富之第宅爲大娑羅。玄應音義二十五曰、「大娑羅樹名也。是大富貴家義也。案西國大官貴大富兒第皆呼爲沙羅也。」

【大展三拜】（儀式）大展坐具就之三拜也。見象器箋十。

【大恩教主】（術語）稱釋迦如來。於一切衆生利他之恩德廣大、故曰大恩。爲教法之主、故曰教主。

【大笑明王】（明王）梵名跋折羅吒訶婆 vajrahāsa 明王部之一尊。陀羅尼集經九跋折羅吒訶婆法說其修法。

【大唐內典錄】（書名）十卷、唐麟德元年道宣之作。佛典目錄也。

【大唐衆經音義】（書名）一切經音義之異名。

【大秘密王曼拏羅】（經名）一切如來大秘密王未曾有最上微妙大曼拏羅經之略名。

【大梵】（天名）天神名、又觀音名、大梵深遠觀音也。

【大梵天】（天名）Mahābrahman 梵者清淨之義、爲離婬欲之色界諸天通名、今謂其中初禪天之王爲大梵天。初禪天爲色界四禪之最初者、故特附以梵天之名、其中分大梵天、梵輔天、梵衆天三者。大梵爲君、梵輔爲臣、梵衆爲民。大梵天所得之禪定、稱爲中間禪。位於初禪與二禪中間之禪定也。慧苑音義上曰、「梵謂梵摩。具謂跋濫摩。此謂清淨。」智度論十曰、「梵名離欲清淨。」智度論三十五曰、「梵者色界都名也。」正理論三十一曰、「廣善所生故名爲梵。此梵即大故名大梵。由彼獲得中間定故。最初生故。最初沒故。威德等勝故名爲大。」彼名爲尸棄。譯言火、或頂髻。彼頂上結髻如火、以表入於火光定。故名。彼在初禪天、最先生、故自念我無父母、自然而生、我爲娑婆世界之主。法華經序品曰、「娑婆世界主梵天王尸棄大王。」大般若經五百七十曰、「堪忍世界主、持髻梵王。」智度論一曰、「三千大千世界主持梵天王名式棄。」法華文句二曰、「尸棄者此翻為頂髻。又外國呼火為樹提尸棄。此王本修火光定破欲界惑從德立名。」彼深信正法。每佛出世、必先來請轉法輪。又常在佛之右邊。手持白拂以對於帝釋。

【外道之梵天】（天名）外道所見之梵天有三種。一、自那羅延天生梵天、自梵天生四姓之人類及一切。是鞞陀論師之說也。外道小乘涅槃論曰、「問曰。何等外道說梵天是涅槃因。答曰。第四外道圍陀論師說。從那羅延天臍中生大蓮華。從蓮華生梵天祖公。彼梵天作一切命無命物。從梵天口中生婆羅門。兩臂中生刹利。兩髀中生毘舍。從兩脚跟生首陀。一切大地是修福德戒場。（中略）於界場中殺害供養梵天得生彼處名涅槃。」大日經疏二曰、「圍陀是梵王所演四種明論。大圍陀論師是受持彼經能敎授者。（中略）於彼部顯之中梵天猶如佛。四韋陀典猶如十二部經。傳此法者如和會僧。」二、自鞞紐天生梵天。自梵天生八子而為一切萬物之元、是鞞紐論師之梵天說也。智度論八曰、「劫盡燒時一切皆空。衆生福德因緣力故十方風至、相對相觸能持大水。水上有一千頭人二千手足名為韋紐。是人臍中出千葉金色妙寶蓮華。其光大明如萬日俱照。華中有人結跏趺坐。此人復有無量光明名曰梵天王。此梵天王心生八子。八子生天地人民。是梵天王於諸婬瞋已盡無餘。」三、以摩醯首羅為法身、以那羅延為報身、以梵天為應身。是摩醯首羅論師之說也。提婆論曰、梵王那羅延摩醯首羅一體三分。」玄應音義二十五曰、「那羅延。那羅此翻為人。延那此云生本。謂人生本。卽是梵王。外道謂一切人皆從梵王生。故名人生本也。」

【形像】（圖像）大日經一曰、「大梵在其右。四面持髮冠唵字相為印。執蓮在鵝上。」大日經疏五曰、「大梵王。戴髮髻冠。坐七鵝車中。四面四手。一手持蓮華。一手持數珠。已上是右手。一手持軍持。一手作唵字印。以上是左手也。印當稍屈頭指直伸餘指側手按之而作語狀。是名淨行者吉祥印。」祕藏記下曰、「大王大梵天四面面上三眼。有四手各持華瓶鉢肉色」

【大梵寺】（寺名）刺史韋宙請六祖說法處也。廣東通志二百二十九曰、「韶州府曲江縣、報恩光孝寺、在河西。唐開元二年、僧宗錫建名開元寺。又更名大梵寺。刺史韋宙請六祖說壇經處。宋崇寧三年、詔諸州建崇寧寺。政和中改天寧寺。紹興三年、專奉徽宗香火。賜額曰報恩光孝寺。」

【大梵王】（天名）大梵天王也。

【大梵王宮】（雜名）大梵天王之宮

殿。在色界初禪之梵輔天中。俱舍論八曰、「於梵輔天處有高大閣名大梵天一主所居非有別地。如世尊處座四衆圍繞」往生要集上本曰、「忉利天上億千歲樂大梵王宮深禪定樂。」

【大梵天王】（天名）大梵天為初禪天之王、故曰大梵天王。略曰大梵王。亦曰梵王。色界十八天之通名然以就初禪梵天之王而言為常。

【大梵深遠】（菩薩）天台所立六觀音之一。見六觀音條。

【大梵如意天】（天名）大梵天也、彼天有威力得如意自在、故曰如意。

【大梵天王問佛決疑經】（經名）禪家所談之拈花微笑事出此經典。見拈花微笑條。

【大敎】（術語）如來之敎法也。

【大敎網】（譬喻）如來之敎法能救生死海之人、故譬以魚網。晉華嚴經五十九曰、「張大敎網亘死生海。」五敎章上曰、「是故經云張大敎網亘生死海。度天人龍置涅槃岸。」（五敎章之文上二句依晉經五十九下二句依同經四十四菩薩金翅王、生死大海中摶撮天人龍安置涅槃岸之文。）

【大敎王經】（經名）金剛頂經之別名。見敎王經條。

【大曼】（術語）大曼荼羅之略。

【大曼荼羅】（術語）四種曼荼羅之一。圖畫彫刻諸尊之形體及形體者。此中具足五大。故曰大。秘藏記本曰、「大曼荼羅五大也。謂繪像形體等也。高廣之義。」

【大曼荼羅王】（術語）稱阿字也。眞言之梵名曰曼荼羅。阿字為眞言中之王。故稱為大曼荼羅王。大疏十曰、「於大悲胎藏大曼荼羅王。如所通達淨淨法門各各樂欲自陳說之。」同六曰、「此阿字門為一切眞言之王。猶如世尊為諸法之王。」

【大船】（譬喻）以譬渡生死海安樂集下曰、「善知識者是汝大船。」敎行信證序曰、「難思弘誓度難度海大船。」

【大船師】（譬喻）佛之德號。以能導衆生渡生死海故也。涅槃經二十一曰、「汝今欲度生死大河。我能為汝作大船師。」

【大魚】（傳說）梵語摩竭 Makara 魚、譯言大魚。商人入海、高聲念佛、免摩竭魚之難。見摩竭條。

【大魚事經】（經名）一卷、東晉竺曇無蘭譯。借誡大魚小魚以喻大比丘小比丘也。

【大通】（佛名）大通智勝之略。佛名。

【大通智勝】（佛名）三千塵點劫昔出世之如來名。此佛在世。有十六王子、出家為沙彌、從佛聞法華經、佛入定後、十六沙彌各昇法座、為大衆覆講法華經。其第九沙彌。

今已成佛、爲阿彌陀。第十六沙彌成佛爲今之釋迦如來。而其聞第十六沙彌之說法者。爲今之一座大衆云。蓋今之大衆在大通智勝佛時、於第十六沙彌結緣、故在今日釋迦如來之下、聞法華而入證得果也。法華經化城喩品曰、「乃往過去無量無邊不可思議阿僧祇劫爾時有佛名大通智勝如來。（中略）爾時所化無量恒河沙等衆生者汝等諸比丘是。」此種熟脫之教理所以出也。參照種熟脫條。

【大通和尙】（人名）五祖宏忍大師弟子神秀上座之謚號也。

【大梅】（人名）馬祖大寂禪師法嗣明州大梅山之法常、初參大寂、問如何是佛。大寂云。卽心是佛。師卽大悟。唐貞元中居天台山。餘姚南七十里、梅子眞舊隱居。大寂聞師住山、乃使一僧來問。和尙見馬師得什麽住於此山。師云馬師向我敎卽心是佛、我卽向這裏住。僧云馬師近日佛法又別。師云、作麽生別。僧云近日又道非心非佛。師云、這老漢惑亂人未有了日。任汝非心非佛、我只管卽心卽佛。其僧廻擧、似馬祖。祖云、大衆、梅子熟也。自此學者漸臻。師之道彌顯。某年寂壽八十八。傳燈錄七呼爲梅子。

【大寂定】（術語）或曰大寂室三昧。或曰大寂靜妙三摩地。如來所入之禪定也。離一切散動、究竟寂靜、謂之大寂。梵語曰三昧或三摩地、譯爲定。如來會曰、「世尊今日入大寂定。行如來行。」舊譯仁王經上曰、「初年月八日方坐十地入大寂室三昧。」新譯仁王經上曰、「爾時世尊初年月八日入大寂靜妙三摩地。」涅槃經三十曰、「我於此間娑羅雙樹入大寂定。大寂定者名大涅槃。」

【大寂滅】（術語）大涅槃也。涅槃、一譯寂滅。圓覺經曰、「以輪迴心生輪迴見入於如來大寂滅海、終不能至。」

【大寂法王】（術語）稱大日如來。梵譯曰牟尼 Muni 譯爲寂。如來之身口意、離一切之煩惱、故云寂。大日經一曰、「牟尼諸法王告持金剛慧。」同疏六曰、「大寂法王。告金剛手。」

【大寂室三昧】（術語）見大寂定條。

【大寂靜妙三摩地】（術語）見大寂定條。

【大族王】（人名）西域記四曰、「北印度磔迦國數百年前有一王、號摩醯羅矩羅、Mihirakula 唐言大族王。有武勇、統治印度。有事惡佛法、令於五印度使盡毀滅。大擅殘逆、摩竭陀國幻日王厚崇敬佛法、與之戰而勝、擒大族王。依母言、放之還國。大族王投迦濕彌羅國、後奪其國自立。乘餘威伐健馱邏國、逆殺沙門國人、欲還國中途死。」

【大秦寺】（寺名）波斯國之火敎來

唐之長安。太宗敕建大秦寺。其法曰末尼祆教。僧史略下曰「大秦末尼、胡神也。官品令、有祆正火祆（火烟切）教法起大波斯國。號蘇魯支。有弟子名玄真。習師之法。居波斯國。大總長如火山。後行化於中國。貞觀五年有傳法穆護何祿。將祆教詣闕聞奏。敕令長安崇化坊立祆寺。號大秦寺。又號波斯寺。」

【大祥忌】（儀式）三回忌也。大祥爲儒典三年祭之名。

【大域龍】（人名）因明正理門論之著者。陳那菩薩之譯名。見陳那條。

【大莊嚴經】（書名）方廣大莊嚴經之略名。

【大莊嚴論】（書名）大莊嚴論經之略名。

【大莊嚴論經】（書名）十五卷。馬鳴菩薩造。秦羅什譯。集種種之因緣譬喻以勸誡人。

【大莊嚴經論】（書名）大莊嚴論經之異名。

【大莊嚴世界】（界名）虛空藏菩薩經謂虛空藏菩薩之本土爲西方之一切香集世界。大集經十二虛空藏菩薩所問品謂爲東方之大莊嚴世界。

【大莊嚴三昧經】（經名）三寶感應錄下引此經。舉馬鳴龍樹二菩薩之本地。此經藏中無之。

【大莊嚴法門經】（經名）二卷。隋那連提黎耶舍譯。佛在耆闍崛山。文殊化現殊勝之身色衣服。度婬女勝金色光明德。使得順忍之悟。此女化現死壞惡相。使長威德長者恐怖。詣佛聞法。亦得順忍。佛爲二人次第授記。

【大國師】（職位）說見國師條。

【大陰界入】（術語）大爲四大。陰爲五陰。界爲十八界。入爲十二入。

【大婆羅門】（術語）婆羅門爲四姓之上首。譯爲淨行種。捨世染而專修淨行之種族也。佛非婆羅門種。而爲大淨行者。亦稱爲大婆羅門。涅槃經十八曰。「如來名大沙門大婆羅門。」

【大淨法門經】（經名）一卷。西晉竺法護譯。與大莊嚴法門經同本。

【大無量壽經】（經名）無量壽經二卷。在淨土三部經中爲最大本。故名。又略曰大經。

【大堅固婆羅門】（本生）釋迦如來昔爲大國黎努王之輔相。名大堅固婆羅門。能治國。後修禪觀。感梵天王之來現。由彼之勸而出家修佛道。

【大堅固婆羅門緣起經】（經名）二卷。趙宋施護譯。說大堅固婆羅門之事歷。

【大悲】（術語）救他人苦之心謂之悲。佛菩薩之悲心廣大。故曰大悲。涅槃經十一曰、「三世諸世尊大悲爲根本。(中略)若無大悲者是則不名佛。」大日經一曰、「菩提心爲因大悲爲根本方便爲根本。」

【大悲四八之應】(雜語) 觀音菩薩三十三身之應現也。

【大悲弓】(雜名) 悲智爲一雙之法門故以之配於左右手大悲以靜德爲左手、大智以動德爲右手隨而以大悲配於弓以大智配於箭。

【大悲心】(術語) 起信論所說三心之一欲拔一切衆生之苦者也。論曰、「三者大悲心欲拔一切衆生苦故。」

【大悲咒】(經名) 千手陀羅尼之別名。千手經曰、「若能稱誦大悲咒婬欲火滅邪心除。」

【大悲者】(菩薩) 指大悲菩薩而云。卽觀音菩薩也。請觀音經曰、「一切佛與世安樂衆生故異口各各身端坐金剛座口出五色光蓮華葉形舌。讚嘆大悲者調御師子法。」

【大悲經】(經名) 五卷、高齊那連提耶舍譯有十三品。佛臨涅槃以法付囑於梵天帝釋及迦葉阿難、記滅後弘法之人、示供養舍利之功德及滅後結集之法。

【大悲壇】(術語) 總言胎藏界之曼荼羅。以是自大悲胎藏流出三重之曼荼羅故也。別言北方羯摩部釋迦之曼荼羅。以是出現於濁世而攝化六道四生故也。聖財集下曰、「北方不空成就佛云者、大悲壇三界六道能化之釋迦也。」

【大悲懺】(書名) 出像大悲懺法之略名、千手千眼大悲心咒行法之異名也。四明大師智禮著。依伽梵達磨譯之千手經而說千手觀音之懺法。

【大悲三昧】(術語) 含藏大悲功德之禪定也。佛菩薩住於此三昧而起大悲。

【大悲胎藏】(術語) 胎藏又曰華藏。爲衆生本具之菩提心言肉團心所具菩提之理性、依大悲之萬行而生長發育、猶如母胎內之子。故曰大悲胎藏又胎藏謂肉團心開敷之八葉中臺之大日、此中臺之大日、以大悲出生無盡之諸尊垂普門之化用。故曰大悲之胎藏。

【大悲普現】(術語) 謂大悲之觀音菩薩現三十三身而普應衆機也。

【大悲菩薩】(菩薩) 觀音菩薩也。大悲之名雖通於諸佛諸菩薩、而此菩薩爲慈悲門之主故特以名之。請觀音經曰、「亦聞大悲觀世音誦持此咒離諸惡。」觀經定善義曰「因大悲菩薩入開華三昧疑障乃除。」

【大悲闡提】(術語) 闡提爲梵語一闡提之略。成佛不可能之義。大悲闡提者言爲有大悲而自己之成佛畢竟不可能也。如觀音地藏之大悲菩薩是也。見一闡提條。

【大悲觀音】（菩薩）台家所立六觀音之一。千手觀音之異名見千手觀音條。又觀音之總名。

【大悲千手獄】（雜名）六觀音六道對配之偈中第一句。二中歷曰、「大悲千手獄。」

【大悲千地獄】（雜語）見大悲千手獄條。

【大悲代受苦】（術語）言菩薩之大悲心代衆生受地獄之苦也。請觀音經曰、「衆生若聞名離苦得解脫。亦遊戲地獄大悲代受苦」智度論四十九曰、「佛自說本願大心爲衆生故所謂爲一一人故於無量劫代受地獄苦。乃至令是人集行功德作佛入無餘涅槃。」

【大悲觀世音】（菩薩）與大悲觀音同。

【大悲觀世音菩薩讖】（書名）大明太宗皇帝御製。

【大悲曼荼羅】（術語）胎藏界曼荼羅之異名。自大悲胎藏出生之曼荼羅也。

【大悲鎧冑門】（術語）大日如來生出北方金剛護菩薩之三摩地也。出生義曰、「自一切如來大悲鎧冑門而生金剛護。」

【大悲分陀利經】（經名）具名大乘大悲分陀利經。八卷、失譯人名。悲華經之異譯。分陀利爲蓮華之名。

【大悲心陀羅尼】（經名）千手陀羅尼之別名。

【大悲心陀羅尼修行念誦略儀】（經名）一卷、唐不空譯。說千手陀羅尼之念誦法。

【大悲胎藏三昧】（術語）胎藏大日生出大悲胎藏曼荼羅之三昧也。大疏九曰、「如是三昧義所謂大悲胎藏三昧也。此三昧是一切佛子之母。」

【大悲胎藏八字法】（修法）是佛眼佛母尊之所說也。見佛眼佛母尊條。

【大悲胎藏曼荼羅】（術語）大日經所說謂胎藏界之曼荼羅。爲自大悲胎藏出生之曼荼羅。故曰大悲胎藏曼荼羅。大日經一曰、「惟願世尊次說修眞言行大悲胎藏生大漫茶羅王。爲滿足彼諸未來世無量衆生。爲救護安樂故。」大疏五曰、「如上所說。菩提心爲因。大悲爲根。方便爲究竟者。卽是心實相華臺大悲胎藏開敷。以大悲方便現作三重普門眷屬。以是義故名爲大悲胎藏曼荼羅也。」此三句之分配有二樣。義釋抄記曰、「今就大悲曼荼羅說之。以爲中胎爲菩提心。次八葉爲大悲。外三院爲方便也。」見現圖曼陀羅條。

【大悲生心三昧耶】（術語）彌勒菩薩慈悲所發生之三昧也。

【大悲空智金剛大敎王儀軌經】（經

名）五卷。趙宋法護譯。說荼吉尼之修法。

【大黑天】（天名）梵語摩訶迦羅。Mahākāla 譯為大黑天、大黑神。或譯為大時。顯密二教之所說各異。密教謂為大日如來因降伏惡魔示現忿怒藥叉主之形者、或有一面八臂。或有三面六臂。繫人之髑髏以為瓔珞。可畏之相也。故古來以為軍神而祀之。現今印度稱其女體為迦梨。Kālī（迦羅之女聲也。）以為大自在天之后妃、而盛祀之。新譯仁王經護國品曰、「昔天羅國王有一太子名曰班足。登王位時有外道師名為善施。與王灌頂。乃令班足取千頭王以祀塚間摩訶迦羅大黑天神。」同良賁疏曰、「言塚間者所住處也。言摩訶者此翻為大。言迦羅者此云黑天也。上句梵語。下句唐言。大黑天神、鬪戰神也。若祀彼神增其威德舉事皆勝。故嚮祀也。」金剛恐怖集會方廣儀軌觀自在菩薩三世最勝心明王經曰、「摩訶迦羅天像前、蘇末那攞三甜、護摩三洛叉已。現為使者為成辦一切。」注曰、「大黑天也。披象皮橫把一槍。一頭穿人頭。一頭穿羊。」義淨譯孔雀經中曰、「大黑藥叉王。婆羅痆斯國住。」攝大儀軌二曰、「摩賀迦羅神。曩莫三滿多沒馱喃摩賀迦羅野。娑嚩賀。」大日經疏十曰、「摩訶迦羅所謂大黑神也。毘盧遮那以降伏三世法門欲除彼。（指荼吉尼）故化作大黑神。過於彼無量示現。以灰塗身在曠野中。以術悉召一切法成就乘空履水皆無礙諸荼吉尼而訶責之。猶汝常噉人、故我今復當食汝。即吞噉之。然不令死。彼伏已放之、悉令斷肉。」理趣釋下曰、「七母女天者是摩訶迦羅天眷屬也。（中略）此天等亦有曼荼羅。中央畫摩訶迦羅以七母天圍繞。具如廣經所說。摩訶迦羅者大時義。時謂三世無障礙義。大者是毘盧遮那法身無處不徧。七母女天並梵天母。」慧琳音義十曰、「摩訶迦羅。唐云大黑天神也。有大神力。壽無量千歲。八臂身青黑雲色。二手懷中橫把一三戟叉。右第二手把一青羖羊。左第二手把一餓鬼頭髻。右第三手把劍。左第三手執羯吒罔迦。（Khaṭvāṅga）是一髑髏幢也。後二手各於肩上共張一白象皮如披勢。以毒蛇貫穿髑髏以為瓔珞。虎牙上出作大忿怒形。雷電烟火以為威光身形極大。足下有一地神女天。以兩手承足者也。」其他為此天之降魔神而現威靈。見仁王經良賁注下、佛祖通載三十五。顯教之所傳者以之為施福神。謂祀之、則能得福德。西竺諸寺皆於食廚安置供養之。寄歸傳曰、「西方諸大寺處或於食廚柱側。或在大庫門前。彫木表形。或二尺三尺為神王狀。坐把金囊。却踞小床一脚垂地。每將油拭。黑色為形。號曰莫訶歌羅。即大黑神也。古代相承云。是大天之部屬。性愛三寶。護持五衆使無損耗。求者稱情。但至食時厨家每薦香火。所有飲食隨列於前。」是祀爲施福神之本據也。

【尊形】（圖像）有二樣。降魔之大黑、現忿怒相。施福神之大黑、現愛樂相。忿怒相之形像。三世最勝心明王經謂有一頭二手。慧琳音義謂有一頭八臂。神愷大黑天神法謂有三面六臂。而日本所圖者。皆三面二臂。福神大黑之形像、宜以寄歸傳所記者爲本。而日本所行之形像。冠圓帽。負囊。持小槌。踏米袋。又、日本山門有所謂三面大黑者。是彼國古德所創。無經軌可憑。

【大黑眞言】（術語）「唵摩訶迦羅娑嚩賀」。見攝大軌。又、唵尼旨尾旨。（降伏）蒸嚩禮。（自在）多囉伽帝。（救度）莎訶。見眞言鈔。

【大黑天供相應物】（術語）一以白米爲相應物。如聖天供之浴油。念誦時以白米浴之。一咒爲一度。相傳是大黑天爲熾盛光佛頂舍利法之本源。故以白米爲舍利之當體。最相應也。二以鹽爲最上之供物。常供鹽一杯。

【大黑飛礫法】（修法）其法以櫁木指乾方之枝。作喬麥與麥之形。（卽寶珠形）其三面書[illegible]字、置之於本尊之前。誦本尊之根本咒一千徧而加持之。然後投於福人之家、謂彼之福德來集我家也。是曰大黑之飛礫法。

【種子】（術語）或爲[illegible]字、以爲萬法能生之本源故。或爲[illegible]字、以爲出生萬德之寶珠故。又以爲羯磨部天鼓雷音佛之敎令輪身故。或爲[illegible]字。以與不動一體。又爲堅牢地神故。或爲[illegible]字。以爲不二妙成就之尊故。或爲[illegible]字。以大黑爲風之黑業之體故。或爲[illegible]字、以與釋尊（卽天鼓雷音佛）一體故。或爲[illegible]字、以爲文殊之化現故。

【根本印】（印相）或爲堅實合掌、或爲智拳印。此中以智拳印習爲灌頂之秘密印。

【六大黑】（名數）佛像圖彙三、謂一比丘大黑、其本地大摩尼珠。爲如來之幖幟、僧形之大黑也。（爲經之大黑天神圓滿陀羅尼經有本地之記）二摩訶迦羅大黑女、爲大黑之后。三王子迦羅大黑、爲大黑之王子。四眞陀大黑、爲施福之幖幟。而持眞陀摩尼。五夜叉大黑、爲降魔夜叉之幖幟。而持金剛輪。六摩迦羅大黑、卽本體之摩訶迦羅、負囊持槌。

【大黑與黑色】（雜語）摩訶迦羅之譯、有大時與大黑二者。而大時之解、能盡神力之程。是爲本義。大黑宜爲傍義。大日經疏有閻魔之后黑闇女爲摩訶迦羅、稱爲闇夜神之一義。此黑義雖可爲本義。然無關於今之大黑神。然則其黑色如寄歸傳所言、以油拭之、其像自然而黑。無關於迦羅之本義可知用香油塗體。以拂身之邪熱。印度一般之習也。但以之爲降魔神。照密敎之本義。則黑色不惟爲降魔之色。胎藏界曼陀羅安置此天於北方。故黑色又與其神體相應者也。

【僞經僞軌】（術語）大黑天之本說。前所揭之仁王經、大日經、三世最勝心明王經、理趣經、孔雀經、仁王經疏、大日經疏、及寄歸傳等是也。世有佛說摩訶迦羅大黑天神大福德圓滿陀羅尼經、摩訶迦羅大黑天神所問經等。皆僞經也。諸錄不載。又嘉祥寺神愷之大黑天神法。世稱爲大黑天儀軌。爲人所據。然非眞本。亦僞作也。但書中引用之經疏語悉正。

【大象藏】（物名）龍鬬而生之香也。華嚴經入法界品曰「人中有香名大象藏。因龍鬬生。若燒一丸。興大光網雲。覆甘露味。周七日七夜。降香雨水。」

【大衆】（術語）梵語摩訶僧伽。Mahāsaṅgha譯爲大衆。多衆也。衆有三人四人之異義。見衆條。智度論曰「大衆者除佛餘一切賢聖。」法華經序品曰「世尊在大衆。敷演深法義。」

【大衆印】（物名）一寺公用之印鑑也。毘奈耶雜事一曰「佛言凡印有二。一是大衆。二是私物。若大衆印。可刻轉法輪印像。兩邊安鹿伏跪而住。其下應書元本造寺施主名字。」

【大衆部】（流派）有二。一爲根本結集時之大衆部。以窟內之結集謂之上座部。故窟外之結集謂之大衆部。是爲小乘二十部之根本二部。佛滅後百年。大天比丘出。始確立大衆部之本義。（以前未見宗義之相異）爾後自其部更出異部。本末合有五部。文殊師利問經下曰「佛告文殊師利。初二者。一摩訶僧祇。Mahāsāṅghika（此言大衆老少同會共集律部也）二體毘履Sthavira（此言老宿淳老宿人同會共出律也）我入涅槃後一百歲。此二部當起。」宗輪論述記上曰「界內既以迦葉爲上座部。界外無別標首。但總言大衆。皆由未生怨生王爲大檀越。種種供養。恐界內人多。難可和合。所以兩處弘宣。時雖兩處結集。人無異諍。法無異說。界內耆年至多。界外年少極多。乃至大天乖諍。昔時界外少年之僧。門人苗裔。共爲一朋。名大衆部。取昔爲名。往昔界內耆舊之僧。共爲一徒。名上座部。」二四律五論中之摩訶僧祇律。（譯言大衆）是也。此乃指窟內之上座部。名爲大衆者。其故以窟內上座部之律藏。誦出八十度。名爲八十誦。百年之間。五師相傳。至優婆毱多。毱多之門人有五師。各立一見。於根本之八十誦律。建立一宗之律部。上座部之律藏。於此分五部。以是根本之八十誦律。稱爲大衆部。是現存四律中之摩訶僧祇律也。大集經二十二曰「我涅槃後。我諸弟子。受持如來十二部經。讀誦書寫。廣博遍覽五部經律。是故名爲摩訶僧祇。」翻譯名義集四曰「智首疏云。總別六部。僧祇是總。前五是別。此僧祇部衆行解虛通。不生偏執。偏順五見。以通行故。知是總。」行事鈔上一之二曰「統明律藏本實一文。但爲機悟不同。致令諸計岳立。所以隨其樂欲成立己宗。競采大衆之文。用集一宗之典。」同資持記曰「如來滅後。迦葉結集。爲八十誦律。五師相繼一百年來。並無支派。後因淨計。遂分五宗。(中略)言大衆者。此灑窟外部。高僧傳論云。上座大衆創分結集之場。彼言大衆。乃是窟外。此云大衆。定是窟內。卽今摩訶僧祇。此翻大衆。以五百人。亦大衆故。(智論則云千人)是則大衆名通二部。上座唯局窟外。學者須細辨之。」又行事鈔同卷曰「僧祇律是根本部。餘是五部。」同資持記曰「具云摩訶僧祇。此翻大衆。從衆爲名。卽窟內部。」

【大衆生彌盧】(明王)謂不動尊也。見底哩三昧耶不動念誦法。梵 Meru

【大衆威德畏】(術語)見五怖畏條。

【大智】(術語)廣大之智慧。通達一切之事理者。法華經序品曰「普入佛慧。通達大智。」維摩經佛國品曰「大智本行。皆成就。」同慧遠疏曰「言大智者。是佛智也。佛慧深廣。故名大智。」

【大智藏】(術語)謂佛之大圓鏡智也。佛地論五曰「諸佛鏡智名大智藏。世出世間智根本故。」

【大智度論】(書名)百卷。龍樹菩薩造。秦羅什譯。釋大品般若經。

【大智慧門】(術語)對於大慈悲門之稱。大智大悲。佛所具之二德也。門有差別之義。

【大智灌頂地】(術語)稱佛地也。義釋十三曰「大智灌頂地者。卽是如來第十一地也。由住第十一地入大智灌頂。乃能作如來事。」

【大智慧光三昧經】(經名)漸備一切智德經之異名。

【大雄】(術語)佛之德號。佛有大力。能伏四魔。故名大雄。法華經涌出品曰「善哉善哉大雄世尊。」同授記品曰「大雄猛世尊諸釋之法王。」

【大雄峯】(地名)百丈山之別名。碧巖二十六則曰「僧問百丈。如何是奇特事。丈云。獨坐大雄峯。」

【大統】(職位)僧官名。統轄一國之比丘也。佛祖統紀五十一曰「隋文帝勅僧猛爲隋國大統。」

【大疏】(書名)華嚴宗謂淸涼之八十華嚴經疏。眞言宗謂一行之大日經疏。

【大集經】(經名)具名大方等大集

經。大方等爲大乘經之通名。佛在欲色二界中間廣集十方之佛菩薩說大乘之法。謂之大集經。前後諸師各譯一部分。無全本。高麗藏本收諸師譯本爲一部、有六十卷。其中前二十六卷及三十一卷至三十三卷之日密分三卷。北涼曇無讖譯。爲諸譯中之大本。他藏本稱之爲大方等大集經而別行之。其第二十七卷至三十卷之無盡意菩薩品四卷、爲智嚴寶雲譯。別行本題曰無盡意菩薩經。其三十四卷至四十五之日藏分十二卷、隋那連耶舍譯。別行本十卷稱爲大乘大方等日藏經。其四十六卷至五十六卷之月藏分十一卷、高齊那連提耶舍譯。別行本十卷稱爲大方等大集月藏經。其五十七五十八兩卷之須彌分二卷、同譯。別行本題曰大乘大集經。其五十九六十兩卷之十方菩薩品、後漢安世高譯。別行本題曰佛說明度五十校計經。止觀輔行五曰、「彼經廣集十方諸佛諸大菩薩於欲色二界大空亭中。故云大集。」但大集之經名有二種。一以名於欲色二界中間集大衆而說之經。上所舉之諸經是也。一以名於隨處集大衆而說之經。大集經賢護分大集經念佛三昧分等是也。梵Mahāsaṁghāta

【大集日藏經】（經名）大乘大方等日藏經之異名。

【大集月藏經】（經名）具名大方等大集月藏經。十卷、高齊那連提耶舍譯。收於六十卷大集經第四十六至第五十六。稱爲月藏分。

【大集法門經】（經名）二卷、趙宋施護譯。與長阿含經衆集經同本。

【大集賢護經】（經名）大方等大集經賢護分之異名。

【大集須彌藏經】（經名）大乘大集經之別名。六十卷、大集經之須彌藏分是也。

【大集經賢護分】（經名）具名大方等大集經賢護分。五卷、隋闍那崛多譯。佛在王舍城竹園放光集衆。以賢護菩薩爲對揚而說法。與般舟三昧經同本後譯。

【大集會正法經】（經名）五卷、趙宋施護譯。大集會正法、以本經所說之法得名。佛在靈山爲普勇菩薩說之。次折伏尼犍外道。

【大集譬喻王經】（經名）二卷、隋闍那崛多譯。爲舍利弗以諸譬喻說菩薩與二乘智慧功德之差別。

【大集經菩薩念佛三昧分】（經名）具名大方等大集經菩薩念佛三昧分十卷、隋達磨笈多譯。與菩薩念佛三昧經同本。說念佛三昧之法。

【大集大虛空藏菩薩所問經】（經名）十卷、唐不空譯。與大集經虛空藏菩薩品同本異譯。

【大雲經】(經名) 大方等無想經之異名。

【大雲光明寺】(寺名) 回回教寺院之名。佛祖統紀四十一曰「唐代宗三年。敕回紇奉末尼者。建大雲光明寺。」又「同六年。回紇請於荊楊洪越等州置大雲光明寺。其徒白衣白冠。」

【大雲密藏經】(經名) 大方等無想經之異名。

【大雲無相經】(經名) 大方等無想經之異名。

【大雲請雨經】(經名) 本名大雲經請雨品第四十六。一卷。宇文周闍那耶舍譯。請雨經四譯之一。

【大雲輪請雨經】(經名) 有二本。一、隋那連提黎耶舍譯。一卷。一、唐不空譯。一卷。是請雨經四譯中之二。

【大菩薩】(術語) 菩薩有大小。初心之菩薩爲小。深行之菩薩爲大。無量壽經下曰「彼有七百九十億大菩薩衆諸小菩薩。」

【大菩提】(術語) 佛之菩提。對於聲聞緣覺之菩提。謂之大菩提。何則。二乘之無漏爲菩提而非大。佛之無漏慧。乃爲菩提而大也。唯識論一曰「由斷礙解所知障得大菩提。」法華論曰「菩提有三種。一聲聞菩提。二緣覺菩提。三無上菩提。」無上菩提即佛果菩提也。今指之爲佛菩提。

【大菩提心】(術語) 求大菩提之心也。

【大菩提幢】(術語) 謂密印也。是爲無上菩提之幖幟。故曰大菩提幢。大日經密印品曰「菩薩由此嚴身故。處生死中巡歷諸趣。於一切如來大會。以此大菩提幢而標幟之。」

【大善利】(術語) 大善大利也。善必其利。法華經信解品曰。「深自慶幸獲大善利。」

【大善地法】(術語) 謂俱舍之心所法四十六中信等善心所十個也。以是與一切之善心相應俱起故也。一切之善心名爲大善地。此十個心所爲彼大善地所有之法。故曰大善地法。一信。二勤。三行捨。四慚。五愧。六無貪。七無瞋。八不害。九輕安。十不放逸。見俱舍論四。

【大善知識】(術語) 偉大之善知識。善知識者如言善友。知識者我能知彼之義也。

【大普賢】(菩薩) 普賢菩薩也。

【大寒林】(雜名) 西國謂墓所爲屍陀。譯爲寒林。使人怖而寒之義也。見尸多婆那條。

【大寒林難拏陀羅尼經】(經名) 一卷。趙宋法賢譯。羅睺羅於寒林中多爲鬼惱。佛爲說難拏陀羅尼。難拏者歡喜之義。言此陀羅尼有安樂歡喜之功德也。

【大惡象】（譬喻）譬惡心之狂亂。涅槃經三十一曰、「心輕躁動轉難捉難調馳騁奔逸如大惡象。

【大童子】（職位）見大中童子條。

【大黃湯】（飲食）黃龍湯之異名。

【大閑靜】（術語）閑靜有大小二種。見閑靜條。

【大虛空藏】（菩薩）見虛空藏條。

【大虛空藏印明】（印相）十八道之一。大虛空藏爲金剛界南方寶性如來四親近、寶光幢笑四菩薩之總體、故召請本尊作運心之供養時結大虛空藏菩薩之印誦明。其印爲寶𥫱形。參照十八道條。

【大虛空大菩薩念誦法】（經名）一卷、唐不空譯。

【大勝金剛】（菩薩）又名大轉輪王。又名金剛手大日所變之十二臂金剛薩埵也。是爲大妙經所說之攝一切佛頂輪王、即金輪佛頂也。瑜祇經一切如來大勝金剛最勝眞實三昧耶品曰、「爾時徧照薄伽梵復現種種光明、於頂上放金剛威怒光明、照諸菩薩金剛手等皆各默然。（表果界之言語道斷）復現身手具十二臂、持智拳印。復持五股金剛、蓮華、摩尼、羯磨、鉤索、鎖、鈴、智劍、法輪十二大印。身住千葉大白蓮華。身色如日。五髻有光明。其光無主徧照十方面門微笑。即說大勝金剛頂最勝眞實大三昧耶眞言。唵摩訶、（大）縛日羅、（金剛）瑟抳灑、（是云頂是大金剛頂）吽怛羅紇哩惡吽、（是五佛種子）說此明已。復說頌曰。十方淨妙國。三世及三界。最尊獨無比。此大轉輪王。能攝諸佛頂。能攝諸等覺。親近爲眷屬。速成大悉地。若末法世人。長誦此眞言。刀兵不能害。水火不能漂。蓮華金剛手。翼從爲侍衞。若誦一百八。則能滅百劫罪。若誦一千遍。則能成滿意願。若誦一洛叉、則得大金剛身。若誦一俱胝則得成遍照尊。千佛來守護決定無疑。」

【大勝金剛心眞言】（眞名）愛染明王又金剛薩埵之一字眞言也。瑜祇經一切如來大勝金剛瑜伽成就品曰、「爾時金剛手復說成就金剛薩埵一字大勝心相眞言曰吽悉地。」此中吽爲金剛薩埵之一字心。或爲愛染明王之一字心。悉地爲成就。以此一字心之明成就一切瑜伽之悉地。故曰、悉地。各之爲大勝金剛者。以上經文稱爲愛染王、而曰此名金剛王頂中最勝名也。

【大華嚴長者】（人名）佛對此長者、說施食之福報。

【大華嚴長者問佛那羅延力經】（經名）一卷、唐般若三藏譯。佛說那羅延力之量、比較佛力。因說爲施食者得此佛力也。

【大鉤召印】（印相）作內縛拳。豎右手之頭指。少屈之作鉤形。是除蓋障佛頂及九方便中奉請法身方便之印也。

【大焦熱地獄】（界名）八大地獄之第七見焦熱地獄條。

【大聖】（術語）佛之尊號法華方便品曰「慧日大聖尊」妙宗鈔上曰「佛是極聖故稱爲大」法華弘傳序曰「非大聖無由開化」因以名高位之菩薩無量壽經上曰「一切大聖神通已達」淨影疏曰「大有兩義一位高名大二德勝名大會正爲聖」

【大聖天】（天名）大聖歡喜天聖天歡喜天名之具略也見歡喜天條。

【大聖主】（術語）佛之尊號法華經方便品曰「諸大聖主知一切世間天人羣生類深心之所欲」

【大聖世尊】（術語）佛之尊號佛爲聖之極世之尊法華經藥草喩品曰「大聖世尊於諸天人一切中而宣此言」

【大聖妙吉祥】（菩薩）梵語曼殊室利譯爲妙吉祥舊稱文殊菩薩。

【大聖妙吉祥菩薩說除災敎令法輪】（經名）一卷失譯。

【大聖妙吉祥菩薩秘密八字陀羅尼修行曼荼羅次第儀軌法】（經名）一卷唐菩提嚫使譯說八字文殊之修法。

【大聖歡喜天】（天名）單曰聖天亦曰歡喜天見歡喜天條。

【大聖歡喜天雙身毘那耶迦法】（經名）一卷唐不空譯。

【大聖歡喜雙身毘那夜迦天形像品儀軌】（經名）一卷唐善無畏譯。

【大聖歡喜雙身大自在天毘那夜迦天形像品儀軌】（經名）一卷唐不空譯。

【大聖金剛夜叉】（異類）五大明王之一見金剛夜叉條。

【大聖曼殊室利童子】（菩薩）舊稱文殊師利新稱曼殊室利童形之文殊菩薩也。

【大聖曼殊室利童子五字瑜伽法】（經名）一卷唐不空譯記五字文殊之修法。

【大聖文殊師利菩薩】（菩薩）新稱曼殊室利譯曰妙吉祥。

【大意】（術語）講經論初大意次題號次入文解釋分三段爲例大意者論一部始終之綱要也止觀一曰「大意囊括始終冠戴初後」說法明眼論曰「若供養經律論等必應有大意釋名科文三段」同鈔上曰「大意者未入文前懸談敎起因由一部綱要釋名者次解名題也科文者正入正文分三分科等」又（人名）見次項。

【大意經】（經名）一卷宋求那跋陀羅譯大意爲童子名欲濟國之貧窮入海求寶聞海底有明珠欲抒海水而探之天帝感其精誠來助之海神恐出珠大意得珠還施

與國人大意卽今之釋迦佛是也。

【大會】（術語）大法會也。爲佛事而會多衆也。般舟讚曰「一一大會隨人入」。

【大會衆】（術語）賢聖之衆會。往生論註下曰「以讚嘆阿彌陀佛隨順名義稱如來名依如來智相光明修行。故得入大會衆數」

【大愚】（人名）洪州高安大愚禪師嗣於歸宗。歸宗嗣於馬祖。大愚山號。見傳燈錄十。

【大經】（經名）淨土三部中。二卷之佛說無量壽經。淨影、道綽、善導諸家。謂之大經。天台謂之大本。玄義分傳通記三曰「大經者無量壽經。三經之中此經廣。故對餘二經名大經也。天台此經名大本。阿彌陀經名小本。嘉祥名雙卷。淨影道綽與今家同。龍興名兩卷經」。又天台宗稱涅槃經爲大經。

【大經卷】（譬喻）指心也。諸方門人參問語錄曰「心爲大經卷」。

【大經卷在一微塵內】（雜語）唐沙門慧海曰。經云有大經卷量等三千大千界內在微塵中。一塵者是一念心塵也。故云一念塵中演出河沙偈。時人自不識。

【大愛道】（人名）佛之姨母。梵名摩訶波闍波提 Mahāprajāpatī 乳養佛者。由阿難之請始許出家。是比丘尼之初也。別號憍曇彌 Gotamī 如佛言爲瞿曇。法華文句二曰「波闍波提。此翻大愛道。亦云憍曇彌。此翻衆主」。此翻誤也。衆主乃波闍波提也。

【大愛道施佛金縷袈裟】（故事）見金縷袈裟條。

【大愛道比丘尼經】（經名）二卷。失譯。敘大愛道三請出家。不許。遂依阿難之強請始許之。說八敬法。十戒。具足戒。及其他比丘尼種種之要法。

【大愛道般尼洹經】（經名）一卷。西晉白法祖譯。以大愛道爲始。五百比丘尼不忍見佛之涅槃。先佛而涅槃。佛命阿難厚葬之建塔焉。

【大愛道涅槃經】（經名）上經之異名。

【大愛陀羅尼經】（經名）一卷。趙宋法賢譯。大愛爲海神之名。大愛蒙佛之神力說陀羅尼。免所有大海之危難。

【大圓覺】（術語）廣大圓滿之覺。言佛智也。圓覺經曰「一切衆生欲汎如來大圓覺海。先當發願勤修二障」。又「障盡願滿便登解脫淸淨法殿。證大圓覺妙莊嚴域」。

【大圓鏡智】（術語）顯敎四智之一。諸大乘敎說如來之四智。凡夫之第八識至於如來。爲大圓鏡智。大圓鏡者喩也。其智體淸淨離有漏雜染之法。自衆生善惡之業報顯現萬德之境界。如大圓鏡。故名大圓鏡智。心地觀經二曰「轉異熟識得此智慧。如大圓鏡。現諸色像。如是如來鏡智之中。能現衆生諸善惡業。以是因緣名爲大圓鏡智。（中略）常能執持無漏根身。一切功德爲所依止。」唯識論十曰、「一切境相性相清淨。離諸雜染。純淨圓德。現種依持。能現能生身土智影。無間無斷。窮未來際。如大圓鏡現衆色像。」因密教五智之一。密教於顯教之四智、加法界體性智而爲五智。配於五大五佛五方等。大圓鏡智東方也。地大也。阿閦如來也。菩提心也。菩提心論曰「東方阿閦佛由成大圓鏡智。亦名金剛智也。」

【大圓鏡智觀】（術語）如許多圓鏡相對。影子彼此相入。爲佛身與我入我我入之觀法。卽大圓鏡智之相也。三摩地軌曰、「知身與尊無有二。色相威儀皆與等。衆會眷屬自圍繞。住圓寂大鏡智。」

【大勢至】（菩薩）觀無量壽經曰、「以智慧光普照一切。令離三塗。得無上力。是故號此菩薩名大勢至。」亦略稱大勢。隋煬帝文曰、「踵武觀音。連衡大勢。」又作勢至。

【大勢佛】（佛名）如來之德號。佛有大勢力。能斷衆生之煩惱。所謂大醫王也。法華經方便品曰、「以貪欲自蔽。盲瞑無所見。不求大勢佛。及與斷苦法。」

【大義渡】（地名）黃檗運禪師之江西鄉里有江渡。名福淸渡。黃檗於此爲母爲一子出家九族生天之秉炬。自此改名大義渡。

【大義王】（譬喩）唐沙門慧海曰、心爲大經卷。心爲大義王。若不了了識心者。不名善義。只是學語人也。

【大義城】（譬喩）唐沙門慧海曰、身爲大義城。經云、多聞者善於義。不善於言說。言說生滅。義不生滅。義無形相。在言說之外。

【大滅諦金剛智】（術語）大滅諦爲佛之斷德。金剛智爲佛之智德。是三德中之前二者也。仁王經上曰、「十號三明大滅諦、金剛智釋迦牟尼佛。」

【大飲光】（人名）摩訶迦葉之譯名。迦葉或譯爲龜。或譯爲飲光。見迦葉條。

【大道心】（術語）梵語菩薩摩訶薩、譯言大道心。求大道之心也。法華文句二曰、「若具存應言菩提薩埵摩訶薩埵。什師嫌煩。略提埵二字。菩提此言道。薩埵此言心。摩訶此言大。此諸人等皆求廣博大道。又成熟衆生。故道心大。道心之氣類也。」

【大勤勇】（術語）稱大日如來師子奮迅之大精進力也。大日經二曰、「我昔坐道場。降伏四魔。以大勤勇聲。除衆生怖畏。是時梵天等心喜共稱說。由此諸世間號名大勤勇。」

【大瑜伽】（術語）金剛頂蓮華部心念誦儀軌之異名。當稱金剛界儀軌者是也。

【大煩惱地法】（術語）與一切煩惱

心相伴之心所也。有六、一痴、二放逸、三懈怠、四不信、五昏沈、六掉舉。見俱舍論四。

【大號叫地獄】（界名）八大地獄之第五。俱舍頌疏世間品一曰、「大號叫地獄劇苦所逼發大哭聲悲叫稱怨。故名爲大號叫。」

【大慈】（術語）見大慈大悲條。

【大慈生菩薩】（菩薩）胎藏界曼荼羅除蓋障院上第五位。主衆生自發生慈悲。又名大慈起、慈發生、慈愍慧。梵名昧怛利也毘廋拏蘖多。譯言慈發生。密號稱爲慈念金剛。肉色。左手持無憂樹。右手於膝上仰掌、立開敷蓮。坐赤蓮上。

【大慈尊】（菩薩）謂彌勒菩薩。彌勒譯言慈也。

【大慈悲】（術語）大慈大悲也。觀無量壽經曰、「佛心者大慈悲是。以無緣慈攝諸衆生。」

【大慈悲門】（術語）對於佛之大智慧門之稱。門者差別之義。

【大慈大悲】（術語）佛菩薩廣大之慈悲也。與樂爲慈。拔苦爲悲。智度論二十七曰、「大慈與一切衆生樂。大悲拔一切衆生苦。（中略）菩薩大慈於佛爲小。於二乘爲大。此是假名爲大。佛大慈大悲眞實最大。」法華經曰、「大慈大悲常無懈倦。」

【大慈恩寺】（寺名）唐太宗貞觀二十二年、皇太子治爲文德皇后於長安創大慈恩寺。高宗永徽三年、玄奘三藏奏請建大塔奉安西來之經論梵本佛舍利。塔高二百尺。見稽古史略三。

【大慈恩寺三藏】（人名）玄奘三藏嘗住大慈恩寺、故有此號。

【大慈恩寺三藏法師傳】（書名）十卷、唐慧立本等撰。

【大僧】（術語）對於沙彌而稱比丘曰大僧。

【大僧正】（職位）僧綱之極官。佛祖統紀五十一曰、「梁武帝詔雲光法師爲大僧正。」

【大僧統】（職位）僧官名。佛祖統紀三十一曰、「陳文帝敕寶瓊爲京邑大僧統。」

【大僧大經】（經名）佛大僧大經之略名。

【大僧威儀經】（經名）大比丘三千威儀經之異名。

【大種】（術語）地水火風也。此四者周遍於一切色法。故名大。能造色法、故名種。色香等一切物質不能離此四大而生、故稱爲大種。俱舍論一曰、「大種謂四界、即地水火風。」同頌疏曰、「三義釋大、一體寬廣、故謂四大種遍所造色、其體寬廣。（中略）一義釋種、與所造色爲所依、故名爲種。大即是種、故名大種。」正理論二曰、「虛空雖大不名種。餘有爲法雖是種而非大。此四種具兩義、故名爲大種」

【大精進菩薩】（菩薩）位於金剛界曼荼羅外廓之南方賢劫十六尊之一。亦名勇猛。或大勇猛。梵名輸囉野。譯言勇猛。密號稱爲不退金剛。肉色。右持一股戟。左拳安於腰。

【大夢】（譬喩）譬生死之境界也。往生論註上曰、「長寢大夢莫知悕出。」

【大慢】（術語）我慢之大者。

【大綱】（雜語）法門之大義、譬如網之綱、委細之敎義譬如目。法華玄義十曰、「唯論如來說敎大綱不委細網目。」同釋籤曰、「說法華唯在大綱不專網目。」

【大滿願義】（術語）大日如來、出生南方金剛幢菩薩之義趣也。出生義曰、「由一切如來大滿願義而生金剛幢。」

【大慶喜心】（術語）眞宗之安心。謂爲彌陀佛所攝取而大歡喜之心也。敎行信證三末曰、「大慶喜心。卽是眞實信心。」

【大樂不空】（菩薩）金剛薩埵之異名。理趣釋開題曰、「大樂金剛者金剛薩埵異名。妙樂之中、此尊三摩地特爲殊勝、故曰大樂。不空者、梵曰阿目佉。此云無間。自證之大樂、化他之大喜、無有間斷、故曰無間。無間與不空、其義一也。」見金剛薩埵條。

【大樂金剛】（菩薩）金剛菩薩之異名。見大樂不空條。

【大樂金剛薩埵】（菩薩）具云大樂不空金剛薩埵。大樂不空、爲金剛薩埵之總名。見大樂不空條。

【大樂金剛薩埵修行成就儀軌】（經名）一卷、不空譯、金剛薩埵修法之儀軌也。

【大樂金剛不空眞實三摩耶】（術語）金剛薩埵所證之三摩耶也。

【大樂金剛不空眞實三摩耶經】（經名）一卷、不空譯。大般若五百七十八卷、第十會般若理趣分之密部也。此經說金剛薩埵所證三摩地之法門。略名般若理趣經、又云理趣釋。

【大樂金剛不空眞實三昧耶經般若波羅蜜多理趣釋】（書名）一卷、不空譯。說本經字句一一理趣表法之義門。常略稱曰理趣釋。

【大慧】（菩薩）Mahāmati 梵名摩訶摩底。菩薩名。於楞伽經會座爲一會之上首、是對揚主也。佛地論一曰、「問答決擇無窮盡。故名爲大慧。」図（人名）禪師名宋杭州徑山之佛日禪師、名宗杲、法嗣佛於果圜悟禪師、高宗紹興十七年詔使住徑山、以二十一年事竄梅州、二十八年詔使再住徑山、孝宗隆興元年八月十日、寂於徑山明月堂、壽七十五。賜謚普覺、塔曰寶光。孝宗居藩邸師事之、及卽位賜號大慧禪師。有語錄三十卷、敕入大藏。見五燈會元十九圜悟嘗著碧巖集、大慧燒之。碧巖種電鈔一曰、「此書已成。學者走知解者多矣。大慧爲救此弊一炬炳之。所謂雲門一棒打殺之高懷也。」因唐之一行禪師諡大慧。

【大慧書】(書名)　二卷、集大慧禪師宗杲之書牘也。

【大慧刀印】(印相)　其形同於塔印。十八道事鈔上、「塔印。寶瓶印。大慧刀印。此三印同印別名也。隨其所用改阿闍梨觀心也。」見塔印條。

【大慧武庫】(書名)　具名大慧普覺禪師宗門武庫。附於大慧語錄之後。

【大慧語錄】(書名)　具名大慧普覺禪師語錄。三十卷、宋蘊聞集。

【大德】(術語)　梵云婆檀陀、Bhadanta 原爲稱佛之名。在律中則爲比丘之稱。唐時有臨壇大德之稱。是敕任者。釋氏要覽上曰、「智度論云。梵語波檀陀。秦言大德。」毘奈耶雜事十九曰、「年少苾芻應喚老者爲大德。老喚少年爲具壽。若不爾者得越法罪。」僧史略下曰、「德號之具其來遠矣。魏秦之世翻譯律本羯磨文中族曰大德。僧(中略)諸傳紀私呼僧中賢彥多曰大德。非國朝所輔也。(中略)大曆六年辛亥年四月五日。敕京城僧尼臨壇大德各置十人。以爲常式。有闕卽塡。此帶臨壇而有大德二字、及官補德號之始也。憲宗朝端甫爲引駕大德、此帶引駕爲目。宣宗大中四年六月降誕日。內殿禪大德辯肇二人。此帶禪學得名」四分戒本序曰、「諸世尊大摘。爲我說是事」戒疏一上曰、「七佛非一曰諸。宇宙無上曰世尊。行滿位高曰大德也。」

【大賢】(人名)　青丘之大賢、唐代高麗國人。法相宗也。多作經疏、稱爲古迹記。

【大羯磨印】(印相)　五股印之稱。瑜祇經曰、「決誦一字明。結大羯磨印。」

【大羯磨輪】(術語)　連續十字金剛而作大圓輪也。瑜祇經曰、「當觀吽一字成大羯磨輪。」

【大輪明王】(菩薩)　卽大輪金剛。見次條。

【大輪金剛】(菩薩)　菩薩名。胎藏界金剛手院三十三尊之一。表斷惑之智德、故曰大輪、手持三股之跋折羅。

【佛說大輪金剛總持陀羅尼經】(經名)　一卷、失譯。

【大輪金剛修行悉地成就及供養法】(經名)　一卷、失譯。

【大樓炭經】(經名)　六卷、西晉法立等譯。樓炭者梵語、譯曰成敗。此經說世界之成壞。異譯曰起世經是也。

【大蓮華法藏界】(界名)　西方極樂

之稱。出生義曰、「西方大蓮華法藏世界無量壽如來四親近菩薩也。」

【大蓮華智慧三摩地智】（術語）稱西方阿彌陀之妙觀察智。

【大樹】（譬喻）三草二木中之大樹。天台以別教之菩薩爲大樹。法相以地上之菩薩爲大樹。三論以八地以後之菩薩爲大樹。

【大樹仙人】（人名）西域記五曰、「昔殑伽河邊有仙人、久入禪定、肩上生大樹、稱曰大樹仙人、見一百美女動心、詣王求之、美女無應者、仙人大瞋、王女悉使曲腰。」見曲女城條。

【大樹緊那羅】（天名）住於香山緊那羅王名。緊那羅爲八部衆之一、帝釋天之樂神也。見緊那羅條。

【大樹緊那羅王所問經】（經名）四卷、秦羅什譯。佛住耆闍崛山、大樹緊那羅王與其眷屬共詣佛、彈琴使大衆及山川皆悉起舞。天冠菩薩問大樹何不成佛。大樹語以菩薩十二無滿足之法。大樹請問寶住三昧、佛答以修習生起八十種之寶於世出世之寶、得自在。天冠問佛大樹云何以伎樂教化衆生。佛具答之。因應大樹之請、佛將大衆至香山、受彼供養、演說妙法、更還靈山。爲阿闍世王等說三十二種菩薩之法器。

【大論】（書名）大智度論之略名。

【大壇】（術語）對於灌頂壇護摩壇等而名本尊壇曰大壇。寂然護摩以𑖫奢字爲字體、以此字本性爲寂義之故。大疏八曰、「若行者住奢字門而觀諸供常寂然、疑悔永盡蓋障淨除、即是寂然護摩之本意也。」

【大機】（術語）受持大乘法可到菩薩乘之機類也。

【大隨求】（經名）大隨求陀羅尼也。

【大隨求菩薩】（菩薩）見隨求菩薩條。

【大隨求菩薩法】（修法）以隨求菩薩爲本尊而念誦隨求陀羅尼之法也。是大隨求經所說。

【大隨求陀羅尼】（經名）大隨求陀羅尼經所說之大神咒也。

【大隨求陀羅尼經】（經名）普遍光明燄鬘清淨熾盛如意寶印心無能勝大明王大隨求陀羅尼經之略名。

【大導師】（術語）佛菩薩之德號。以其能導衆生使超生死之險難也。無量義經曰、「處處爲衆作大導師、能爲生盲而作眼目。」維摩經佛國品曰、「稽首一切大導師。」

【大龍權現】（神名）深位之菩薩以願力權現大龍之相而護衆生也。西域記一曰、「大地菩薩以願力故化爲龍王。」

【大熾盛光】（菩薩）金輪佛頂尊之別名。見熾盛光條。

【大熾盛光法】（修法）熾盛光佛頂尊之修法。日本叡山四個大法之一。見熾盛光條。

【大辨財天】（天名）經軌作辯才、辨財俗字也。

【大興善寺】（寺名）在長安。隋開皇年中建之、後不空三藏居之。唐十大寺之一。稽古史略二曰、「開皇二年六月隋帝詔以長安龍首山宜建都邑。城曰大興城、殿曰大興殿、寺曰大興善寺。」

【大齋】（術語）大設齋食供養僧者。

【大齋會】（行事）設齋食供養僧之大法會也。

【大應供】（術語）佛十號之一。見應供條。謂為大者、應供通於三乘、對於小乘之阿羅漢、故云大也。又指彌陀而云。

【大禪佛】（雜名）猶大禪師之德稱也。祖庭事苑曰、「禪宗有二大禪佛、一名景通、嗣仰山。一名智通、嗣歸宗常」。

【大禪師】（職位）陳宣帝初賜南岳慧思以大禪師之號。見佛祖統紀南岳傳。

【大總相法門】（術語）謂眞如之實體也。眞如廣大、該收一切、故云大。一味平等、離差別之相、故云總相。為行者之軌範、故云法、觀智通遊、故云門。起信論曰、「心眞如者、即是一法界大總相法門體。」

【大藏】（術語）大藏經之略稱。杜荀鶴詩所謂大藏經門一夜尋、即言釋典之大藏也。

【大藏目錄】（書名）三卷、高麗本一切經之目錄也。

【大藏一覽】（書名）十卷、明居士陳實編。

【大藏經】（術語）一切經從所入之藏殿而謂為大藏經。見一切經條。及藏經條。

【大醫王】（譬喩）譬佛菩薩也。維摩經佛國品曰、「為大醫王、善療衆病。」無量義經曰、「醫王大醫王、分別病相、曉了藥性、隨病授藥、令衆樂服」

【大轉輪王】（菩薩）金剛界之金輪佛頂也。見大勝金剛條。

【大轉輪佛頂】（佛名）佛頂尊之名。見佛頂尊條。

【大薩遮尼犍子】（人名）尼犍為苦行外道之通名。譯曰離繫。薩遮是其名。譯言有、或諦、大有。離繫外道之子也。此人歸佛、悟大道、為鬱闍延城嚴熾王說世出世之法、遂與王共詣佛所受記。別慧苑音義下曰、「薩遮此云有也。」翻梵語九曰、「薩遮者實亦云諦。」梵 Mahāsatya-uirgrantha

【大薩遮尼犍子受記經】（經名）十卷、元魏菩提留支譯。大薩遮尼犍子、為嚴熾王說法、遂受記於佛。其所說世出世之法、曲盡其妙、文義亦通暢、世最流通。菩薩行方便境界神通變化經三卷爲此本之異譯、缺王論品。

【大薩遮尼揵子所說經】（經名）上經之異名。

【大願】（術語）願衆生成佛之心也。又佛願救衆生之心也。

【大願船】（譬喻）佛之本願譬如船也。淨土傳曰、「菩薩乘大願船。住生死海。就此世界呼引衆生上大願船。如是送至西方。如有往者無不得生。」往生要集中本曰「無量清淨覺經云。阿彌陀佛與觀世音大勢至乘大願船泛生死海就此娑婆世界呼喚衆生令乘大願船送著西方。若衆生有上大願船者並皆得去此是易往也。」案清淨覺經無此文惟迦才淨土論下有之、龍舒淨土文二、引淨土傳而引此文文少異。

【大願業力】（術語）大願力與大業力也。阿彌陀佛思惟五劫而建立之四十八願爲大願、積累兆載永劫之六度萬行爲大業。觀經玄義分曰「一切善惡凡夫得生者。莫不皆乘阿彌陀佛大願業力爲增上緣也。」

【大願平等方便】（術語）四種方便之一。

【大願清淨報土】（界名）彌陀之極樂淨土也。意謂彌陀報大願所成就之無垢淸淨淨土也。

【大顚】（人名）傳燈錄十四謂石頭遷法嗣潮州大顚初參石頭石頭問師曰、那個是汝心。師曰言語者是。便爲石頭喝出。經旬日、師却問曰、前者既不是。除此外何者是心。石頭曰、除却揚眉動目將心來。師曰無心可將來。石頭曰元來有心。何言無心。無心盡同謗。師言下大悟。後辭師隱居潮州靈山。學者四集。潮州府志曰、「寶通號大顚。俗姓陳氏或曰楊姓。先世爲潁川人。生於開元末。大歷中、與藥山惟儼並師事惠照於西山。卽復與之同遊南嶽參石頭。正元六年、開闢牛巖、立精舍、蛇虎皆遠遁。七年又於邑西幽嶺下創建禪院、名曰靈山。出入猛虎隨之。時已大悟宗旨。得曹溪之緒。門人傳法者千餘人。自號爲大顚和尚。元和十四年、刺史韓愈貶潮州。遠地無可與語。聞大顚名、召至留十餘日。謂其能外形骸、以理自勝爲難得。因與往來。及祭海神至潮陽、遂造其廬。未幾移袁州、復留衣服爲別。長慶四年、一日告辭大衆而逝。年九十三。所著有般若波羅蜜多心經及金剛經釋義。又嘗自寫金剛經千五百卷法華維摩經各三十部、藏之山中。墓塔在靈寺左。唐末有賊發其塔、骨骼盡化。惟舌根猶存如生。復瘞之、號瘞舌塚。宋至道中、鄉人又發視之、惟見舌鏡而已。乃壘石藏之如故。又號爲舌鏡塔。」

【大嚫】（術語）Daksinā 又作噠嚫、

檀嚫等見達嚫條。

【大羅漢】（術語）大阿羅漢之略。

【大寶】（術語）以法爲大寶也。法華經信解品曰、「法王大寶自然而至。」又以菩薩爲大寶也。法華經譬喻品曰、「何故名曰大寶莊嚴。其國中以菩薩爲大寶故。」又護摩壇之異名。

【大寶坊】（界名）大集經之說處也。在欲色二界之中間。大集經一曰、「以佛功德威神力故。於欲色二界中間出大坊庭。猶如三千大千世界。（中略）爾時世尊至寶坊中昇師子座。」同五曰、「爾時世尊故在欲色二界中間大寶坊中師子座上。與諸大衆圍繞說法。」

【大寶海】（術語）生無量珍寶之海。淨土論曰「觀佛本願力。遇無空過者。能令速滿足功德大寶海。」敎行信證二曰、「歸入功德大寶海。必獲入大會衆數。」

【大寶藏】（術語）包含無量珍寶之庫藏。勝鬘經曰、「大寶藏者攝受正法。」

【大寶華】（雜名）由珠寶而成之大蓮華也。

【大寶華王】（雜名）殊妙之大寶華也。於華中爲第一、故云王。

【大寶摩尼】（物名）大寶之摩尼也。摩尼爲寶珠名、譯作離垢、又曰好意。

【大寶積經】（經名）有四十九會七十七品、前後諸師譯一會或譯數會而別行之。唐菩提流志新譯三十六會三十九卷。取舊來諸師所譯二十三會八十一卷、合之以四十九會一百二十卷爲全本。寶積者法寶之集積也、爲大乘深妙之法、故目之爲寶、無量法門攝在此中、故謂之積。寶積經論一曰、「大乘法寶中、一切諸法差別義攝取故。所有大乘法中諸法差別者、彼盡攝取、義故名曰寶積。」

【大寶華王座】（雜名）由大寶華王而成之座牀也。報身如來坐之。四敎儀曰、「坐蓮華藏世界七寶菩提樹下大寶華王座。現圓滿報身。」四敎儀集解下曰、「舊攝論云大蓮華王清淨世界。新攝論云大寶華王清淨佛土。」

【大寶積經論】（書名）四卷、失著者名、後魏菩提流支譯。寶積經第一百十一卷、釋普明菩薩會第四十三之一卷。

【大寶廣博樓閣善住秘密陀羅尼經】（經名）三卷、唐不空譯。寶樓閣經三譯之一。見寶樓閣經條。

【大覺】（術語）佛之覺悟也。凡夫無覺悟、聲聞菩薩有覺悟而不大、佛獨覺悟實相、徹底盡源、故稱大覺。又聲聞雖自覺而不使他覺。菩薩雖自覺亦使他覺而覺事未滿、佛自覺覺他皆圓滿、故獨稱之爲大覺。仁王經上曰、「四無所畏、十八不共法、五眼法身大覺世尊。」心地觀經一曰、「敬禮天人大覺尊。」止觀一曰、「大覺世尊。積功行滿涉六年以伏見舉一指而降魔。」

【大覺母】（術語）覺母是文殊之異名大者尊稱也見覺母條。

【大覺世尊】（術語）見大覺條。

【大覺金仙】（術語）宋徽宗詔改之佛號也宋史徽宗紀曰、「宣和元年春正月乙卯詔佛改號大覺金仙餘爲仙人大士。僧爲德士。女冠爲女道尼爲女德。」

【大鐘】（物名）禪剎之鐘有三、如大殿鐘堂鐘是也大鐘號令闔山之諸堂。即懸於鐘樓者每日昏曉及法會之節打之。

【大鐵圍山】（界名）圍繞一世界之鐵山云鐵圍山有大小之分。圍繞大千世界者云大鐵圍山法華經曰「鐵圍山大鐵圍」

【大魔】（術語）惡魔之大者。

【大灌頂】（修法）頂上灌五瓶誓水之聖式也、或爲結緣或爲傳密法、而行之。是洗除罪惡注入功德之意也。見灌頂條。

【大灌頂經】（經名）灌頂經之異名。

【大灌頂神呪經】（經名）灌頂經之異名。

【大灌頂光眞言】（經名）不空羂索毘盧遮那佛大灌頂光眞言經之略名。

【大辯天】（天名）見大辯才天條。

【大辯才天】（天名）又曰大辯天、大辯功德天、辯才天、大辯才功德天、辯天。作辨財者非也。又名美音天、妙音天、妙天、音樂等。或爲男天、或爲女天、但以爲女天者多。大日經疏五曰、「次北置薩囉薩伐底。Sarasvati 譯云妙音樂天或曰辯才天。次北幷置其妃。」是各有妃故爲男天。同十七曰、「妙音是天名也。金光明云大辯天女大辯謂后也。」是妙音乃男天之名、大辯乃其后之名。最勝王經大辯才天女品曰、「現爲閻羅之長姊。常着青色野蠶衣。好醜容儀具有。眼目能令見者怖」大隨求經上曰、「大辯才天女」不空羂索經十五曰「辯才天女」此等皆爲女天也。聰明而有辯才、故曰辯才天。能發美音而歌詠、故名美音天妙音天。爲主智慧福德之天神、若供養此天則可得福與智慧。云大日經疏十曰、「美音天是諸天顯詠美者與乾闥婆稍異彼是奏樂者也。」大日經義釋七曰、「美音天亦名辯才天是諸天中歌詠美妙者。猶如毘首羯磨工於伎巧之類非乾闥婆也。」最勝王經大辯才天女品曰、「若有法師說是金光明最勝王經者。我當益其智慧具足莊嚴辯說之辯。」又「若人欲得最上智。應當一心持此法。增長福智諸功德必定成就勿生疑。若求財者得多財。求名稱者得名稱求出離者得解脫。必定成就勿生疑。」

【形像】。（圖像）有二種。一爲八臂具

種種之器仗者。最勝王經大辯才天女品曰、「依高山頂勝住處。葺茅爲室在中住。恒結軟草以爲衣。在處常翹於一足。」又「面貌容儀人樂觀。種種妙德以嚴身。(中略)常以八臂自莊嚴。各持弓箭刀矟斧長杵鐵輪幷羂索。端正樂見如滿月。」一爲二臂立左膝而彈琵琶者。大日經疏十四曰、「先仰左手當臍如承把琵琶狀。右手風空捻餘散申之。向身運動如彈絃之狀。是妙音天印也。」秘藏記下曰、「辯才天。白肉色。彈琵琶。」

【辯才天三部】(經名)一佛說最勝護國宇賀耶頓得如意寶珠陀羅尼經一卷、二佛說卽身貧轉福德圓滿宇賀神將菩薩白蛇示現三日成就經一卷、三佛說宇賀神王福德圓滿陀羅尼經一卷、已上稱曰辯才天三部經、然皆爲僞經。經錄不載。

【辯才天五部】(經名)以上三部再加佛說大宇賀神功德辯才天經一卷、佛說大辯才天女秘密陀羅尼經一卷、謂之五本經。亦皆杜撰者。

【大辯功德天】(天名)大辯才天之異名。

【大辯才功德天】(天名)大辯才天之異名。

【大護印】(印相)順於如來藏申二水指(第四指)使指頭相柱如山峯。其二火指(中指)頭亦相柱稍屈如連環狀。又開二空指(大指)相去二寸。已下卽是眞言曰、南磨薩婆怛他揭帝弊、(歸命一切如來等。)薩婆佩也微揭帝弊、(能除一切怖障等也。亦是嘆佛歸命也、)微濕嚩目契弊。(種種門也。亦是巧妙義也。諸佛巧現種種功德力也、)薩婆他、(遍也。謂一切時一切處一切方處也、)唅欠、(訶是因義。欠空義也。點又是空空淨一切因。又復空者此空亦空也、)囉吃灑、(擁護也。非但護二乘。亦護一切諸佛。由此故不捨有情。常於佛事無有休息。不住寂滅也。)摩訶沫麗、(大力也、卽是如來十種智力也。)薩婆怛他揭多(一切如來也。)本眤也寧社帝、(生也、言此力從如來功德生也。)吽吽、(第一恐怖他除其障也、第二爲令滿佛三德故也。重言讀極怖之也。)怛囉吒怛囉吒、(摧伏也、摧伏內外障。又爲成佛法身故重言之。)阿鉢囉底訶帝(是無害也、無障義也。)莎訶(成就。)(Namaḥ sarva-tathāgatebhyaḥ, Sarva-Apāya²- vigatebhyo, viśvamukhebhyaḥ. Sarvathā Haṁ Khaṁ Rākṣasī mahābali Sarva-tathāgata-puṇyo nirjāti, Hūṁ Hūṁ Traṭa Traṭa apratihati svāhā 又此名無堪忍大護。彼之威光猛盛。譬如初生小兒不堪見烈日之光、此亦一切不能堪忍而映奪之。故名無能堪忍大護。見義釋十。

【大攝受】(術語)佛之德號。謂佛以

大慈悲攝受一切衆生也。讚阿彌陀偈曰、「稽首清淨大攝受。」

【大權】（術語）言佛菩薩之大聖權。化現異形也。法華玄義六曰、「摩耶是千佛之母。淨飯是千佛之父。羅睺羅千佛之子。諸聲聞等悉內秘外現。示衆有三毒實自淨佛土。諸親族等皆是大權法身上地。豈有凡夫能懷那羅延菩薩耶。」

【大權善經】（經名）慧上菩薩問大權善經之略名。

【大權修利菩薩】（菩薩）護伽藍神之一。右手加額爲遠望勢之像是也。原爲大唐阿育王山之鎭守、修利或作修理者非是。育王山臨東海、渡海者每望山祈船中安全、以其手加額者。遙望其船而保護之之意、其釋爲月江印禪師之育王錄曰、「僧問。大權菩薩因甚以手加額。師云。行船全在櫓稍人。」

【大權神王經偈頌】（經名）密迹力大權神王經偈頌之略名。

【大鑑】（人名）六祖曹溪慧能、憲宗元和十年賜諡云大鑑禪師。

【大讚】（雜名）密行法會所用之讚文也。其漢語讚出略出經、其梵語讚出金剛頂儀軌。

【上人】（術語）上德之人也。佛家謂內有德智外有勝行。在人之上。故名上人。晉時稱釋子多曰道人至鮑明遠始有秋日示休上人詩。能改齋漫錄曰、「唐人多以僧爲上人。如杜子美巳上人茅屋是也」摩訶般若經曰、「一心行阿耨菩提心不散亂。是名上人。」十誦律曰、「人有四種。一麤人、二濁人三中間人四上人。」釋氏要覽上曰、「增一經云。夫人處世有過能自改者名上人。律缾沙王呼佛弟子爲上人。」維摩經問疾品曰、「文殊師利白佛。世尊彼上人者難爲酬對。」思益經二曰、「我等今來見佛並網明上人。」

【上上人】（術語）念佛者之稱。

【上上禪】（術語）三種禪之一。見禪條。

【上士】（術語）圓滿自利利他之行者。釋氏要覽上曰、「瑜伽論云。無自利利他行者名下士。有自利無利他者名中士。有二利名上士。」

【上下八諦】（名數）色界無色界之四諦與欲界之四諦也。

【上方】（術語）上方者、原爲稱山寺之佛寺。今呼住持之人爲上方。因其所居在寺之最高深處也。

【上手】（雜語）謂上方也。見象器箋二。

【上元燒燈】（行事）太陰曆正月十五日之放燈也。見放燈條。

【上生經瑞應科文】（書名）一卷、宋守千集。

【上生經瑞應鈔】（書名）二卷、唐懷興撰。

【上衣】（衣服）又云大衣。二十五條之鬱多羅僧衣也。法華文句十四曰、「言上衣者卽大衣也」

【上行先生】（雜名）梁書庾詵傳曰、「詵晚年誦法華經每日一徧。後夜中忽見一道人自稱願公容止甚異。呼詵爲上行先生。授香而去。中大通四年因晝寢、忽驚覺曰、願公復來不可久住。顏色不變、言終而卒。時年七十八。舉室咸聞空中唱上行先生已生彌陀淨域矣。」

【上行菩薩】（菩薩）法華地涌菩薩四上首之第一。

【上求本來】（雜語）與上求菩提下化衆生。同本來爲衆生之眞性、卽佛性菩提也。

【上求菩提】（術語）對於下化衆生而云。上求菩提。向上而求菩提、向下而化衆生也。上求菩提是自利、下化衆生是利他。是爲菩提心。菩薩之萬行不出此二者。止觀一上曰、「上求菩提。下化衆生。發菩提心。」

【上足】（術語）高弟也。佛本行集經九曰、「彼衆中有一上足弟子名雲。」傳燈錄六祖章曰、「師上足令韜。」

【上肩】（雜語）禪林之用語。謂居己位之上者云上肩。見象器箋五。

【上肩順轉】（儀式）順左肩而轉也。所謂右遶是右遶之右約於佛、左肩之左約於行者。秦漢以前以左爲上。故左肩云上肩。見象器箋十。

【上供】（雜語）供物於佛前祖前而奠之曰上供。見象器箋十四。

【上味】（術語）味之最佳者也。楞嚴經曰、酥酪醍醐名爲上味。

【上品上生】（術語）九品淨土之第一。

【上品下生】（術語）九品淨土之第三。

【上品中生】（術語）九品淨土之第二。

【上品蓮臺】（術語）往生極樂之三輩中上輩生者之化生爲七寶池中七寶之大蓮華。

【上衍】（術語）衍者梵語摩訶衍之衍。乘之義也。今成梵漢雙舉之語、謂爲上衍、卽上乘之義也。淨土論註上曰、「此無量壽經優婆提舍蓋上衍之極致。不退之風航者也」

【上界天】（界名）五類諸天之一。色界無色界之諸天也。見秘藏記末。

【上茅城】（地名）摩竭陀國之古都。

西域記九曰、「矩奢揭羅補羅城Kuśāgārapura唐言上茅城。上茅宮城摩竭陀國之正中古先國王之所都。多出勝上吉祥香茅。以故謂之上茅城也。崇山四周以爲外郭。西通峽徑。北闢山門。東西長南北狹。周一百五十餘里。內城餘趾周三十四里。羯尼迦編諸徑。蹊花含珠馥。色爛黃金。暮春之月林皆金色」

【上流】（術語）上流般涅槃之略。

【上流般】（術語）上流般涅槃之略。

【上流般涅槃】（術語）五種不還之一。見不還果條。

【上乘】（術語）又云上衍。大乘之異名。世親攝論一曰、「如是三藏下乘上乘有差別故。則成二藏」

【上乘密宗】（流派）上乘之名、通於諸大乘、爲顯秘密宗之上乘。而云上乘密宗。

【上乘瑜伽】（術語）瑜伽譯言相應、與所觀實相相應之義也。雖總通於顯密之觀法、而別以名眞言兩部之大法、兩部之中特以名胎藏界者爲多。嚴郢之不空三藏碑曰、「瑜伽上乘眞語密契」又曰「瑜伽最上乘」

【上乘禪】（術語）傳燈錄曰、「禪有深淺階級。悟我空偏眞之理而修者。是小乘禪。悟吾法空所顯眞理而修者。是大乘禪。若頓悟自心本來淸淨。元無煩惱。無漏智。本自具足。此心卽佛。依次而修者。是上乘禪。按佛敎本分大小二乘。以大乘爲上乘。小乘爲下乘。自禪宗興起。自謂超乎二乘之上。別立上乘禪之名焉」

【上座】（術語）行事鈔下三之二曰、「毘尼母云。從無夏至九夏。是下座。十夏至十九夏名中座。二十夏至四十九夏名上座。五十夏已去。一切沙門國王所尊敬。是耆舊長老。」同資持記曰「母論四名局據夏限。若如五分取上無人。隨時受稱。則通大小。今時禪衆無論老少例稱上座。不知孰爲下座乎」

【三上座】（名數）阿毘達磨集異門足論四曰、「一生年上座、生年尊長耆舊者。二世俗上座、如知法富貴長者大財大位大族大力大眷屬大徒衆皆和合推爲上座者。三法性上座。受諸具戒耆舊長宿者。有說此亦生年上座。蓋佛說出家受具足戒者名眞生故也、若有苾芻得阿羅漢則名法性上座。」

【四上座】（名數）釋氏要覽上曰、「律中一僧房上座、卽律之三綱上座也。二僧上座卽壇上之上座、（授戒時）或堂中之首座也。三別房上座、卽今禪居諸寮之首座也。四住家上座、卽計齋席之上座也。

【上座十法】（名數）十誦律云具十法者名上座。一有住處言住處者。婆娑論云。

道及果空三摩地、能引彼力殊勝、能使身心安住不動、故名上座之住處。二無畏、三無煩惱、四多聞、五辯言具足、六義趣明了、七聞者信受、八善能安庠入他家、九能爲白衣說法令他捨惡從善、十自具四諦法樂無有所乏。」

【上座部】（流派）小乘十八部之一。

【上草】（譬喻）三草二木之一。

【上根】（術語）言眼等諸根之上利者。涅槃經十四曰、「爲上根人人中象王迦葉菩薩等、於此拘尸那城轉大法輪。」止觀一之一曰、「爲上根性說圓滿修多羅、二乘如聾如啞。」

【上堂】（儀式）上堂有二種、一上法堂、爲演法而上法堂也、此有旦望上堂、五參上堂、九參上堂、謝秉拂上堂、謝都寺上堂、出隊上堂、出鄉上堂等。二上僧堂、爲喫粥飯而上僧堂也。見象器箋二。

【上堂牌】（物名）報上堂時日之揭示也。敕修清規上堂曰、「凡朔望侍者分附客頭行者必掛上堂牌以報衆。」

【上祭】（儀式）供物上壇曰上祭。言下祭者其意同也。見象器箋十四。

【上間】（雜語）禪林之用語、凡人向堂、已身之右爲上間、法堂方丈（南向）則東、僧堂（東向）則北、庫司（西向）則南、是曰上間。見象器箋二。

【上着衣】（衣服）三衣中之中衣、鬱多羅僧也。

【上煩惱】（術語）稱十大惑之根本煩惱強盛者云上煩惱、或名現起之煩惱云上煩惱。勝鬘寶窟中末曰、「四住所起煩惱麤陰名上。」又「霑於諸佛上法故名爲上也。」大日經疏十一曰、「一切難伏者亦可伏之、謂上煩惱及隨也。」起信論曰、「過恒沙等上煩惱依無明起。」

【上慢】（術語）七慢中之一、增上慢也。見慢條。

【上綱】（職位）謂僧職三綱中之上座也。說見三綱條。

【上首】（術語）一座大衆中之主位、稱爲上首、或舉其中一人爲上首、或舉多人爲上首、依經不同也。如無量壽經一萬二千比丘衆中舉三十一比丘爲上首、如觀無量壽經三萬二千菩薩衆中舉文殊師利一人爲上首、如大日經十佛剎微塵數執金剛衆中舉十九執金剛爲上首、而更於執金剛衆中舉金剛手秘密主（即金剛薩埵）一人爲上首、大菩薩衆中普賢菩薩一人爲上首。白居易文曰、「莫不以爲上首。」梁武帝詩曰、「出家爲上首。」今謂首座爲上首

【上輩】（術語）三輩之一。與上品同。

【上輩觀】（術語）觀經所說十六觀之第十四觀。無量壽經曰、「上品上生者、若

有衆生願生彼國者。發三種心。卽便往生。何等爲三。一者至誠心。二者深心。三者迴向發願心」

【上趣】（術語）指色界或無色界而言。歸敬儀上曰「無識不徒生於上趣」

【上慧下能】（術語）分六祖慧能二字也。六祖壇經曰「有二僧造謁。謂師之父曰。夜來生兒專爲安名。可上慧下能」

【上臘】（術語）臈字正書爲臘字。原出於僧臘。戒臘。出家受戒竟一夏（夏期三月之安居）爲一臘。竟二夏爲二臘。因而數僧之年。謂生年曰世壽。謂出家受具後之年曰法臘。又僧中之席次依此臘數而定高下。謂之臘次。僧史略曰「所言臘。首經律中以七月十六日是比丘五分法身生來之歲首。（從四月十六日始。至七月十五日終。謂之夏安居。又云雨安居。舊律也。新律從五月始。）則七月十五日是臘除也。比丘出俗不以俗年爲計。乃數其臘耳。」

【上轉】（術語）本覺爲化他而下向。曰下轉。始覺爲自利而上進。曰上轉。又背本覺之本而轉轉於五道。云下轉。向始覺之本而轉轉。云上轉。見下轉條。

【上䞿】（雜語）奉上䞿財也。言下䞿者其意同。見象器箋二十。

【干栗馱】（術語）Hṛd Hṛdaya 又作汗栗太。乾栗馱。譯曰肉團心。或譯曰堅實心。見訖利多條。

【干闍那】（植物）梵名 Kañcana 又作建折那。作于闍羅、那闍羅、或千闍那者、非也。木名。葉形如蝶羽、花有紅白二種、皆五瓣而有皂。但無香實。如莢豆。種子扁平而小。其樹或爲矮小之灌木。或爲二三丈之喬木。然花葉等總同。產於印度。

【于遁】（地名）卽于闐。

【于遮那摩羅】（人名）妃名。譯曰金鬘。阿育經四曰「于遮那翻金。摩羅翻鬘」于爲干之誤。梵 Kāñcana-mālā

【于闍羅】（植物）木名。譯曰好。翻梵語九曰「于闍羅應云那闍羅。譯曰好也」梵 Kuñjara 或謂應作干闍那。

【于闐】（地名）又名于殿。于塡。于遁。谿丹。屈丹等。梵語瞿怛薩那 Kustana 譯曰地乳。今 Khotan 和闐地也。離車族由尼波羅縱斷西藏高原。於此處建國。爲大乘所行之地。東來之經典多經此地而來。西域記十二記關於此地之歷史。

【土地神】（神名）守護境界之神。公羊傳註曰「社者土地之主也」俗稱里社之神曰土地。本此。孝經緯曰「社者土地之神。土地闊。不可盡祭。故封土爲社。以報功也。」通俗編曰「今凡社神俱呼土地。惟塋旁所祀稱后土」邱濬家禮儀節曰「溫公書儀本開元禮。家禮本書儀。其喪禮開塋域及室與墓祭、俱祀后土。后土之稱、對皇天也。士庶家有似乎僭。文公集有祀土地文。今擬改后土氏亦為土地之神。」図太平御覽引裴元新言曰、「俗間有土公之神。云土不可動。今元有五歲女孫卒病、詣市卜、云犯土。乃即依方治之。病卒愈。然後知天下果有土神矣。」齊民要術曰、「載祝麴文曰東方青帝土公南方赤帝土公西方白帝土公。北方黑帝土公中央黃帝土公。主人某甲謹相祈請云云。今祀土者所舉土神名號、尤繁夥焉。」

【土地堂】（雜名）土地神及護法神之堂也。設於佛殿之東邊。見象器箋一。

【土地諷經】（儀式）每月二日與十六日讀經於土地堂也。

【土砂加持】（修法）以光明眞言加持土砂。撒布之於亡者之屍骸或其墓處也、不空羂索毘盧遮那佛大灌頂光眞言經曰、「設衆生具造十惡五逆四重諸罪。猶如微塵滿斯世界。身壞命終、墮諸惡道。以是眞言加持土砂一百八徧。尸陀林中、散亡者屍骸上、或散墓上。遇皆散之。彼所亡者若地獄中。若餓鬼中。若修羅中。若傍生中。以一切不空如來不空毘盧遮那如來眞實本願大灌頂光眞言神通威力加持土砂之力。應時即得光明及身。除諸罪報。捨所苦身。往彼西方極樂國土。蓮華化生。乃至菩提更不墮落。」佛頂尊勝陀羅尼經亦說此法。

【土砂供養】（修法）加持土砂之法會也。以此土砂散於病人或亡者也。見前項。

【土葬】（儀式）四葬之一。埋藏死者於土中也。行事鈔下四曰「土葬埋之岸傍。」

【土麨】（故事）阿輸迦王前世為童子、戲以土為麨、奉佛。因受佛滅後二百年為大王之記別。萬善同歸集六曰「貧女獻瀋澱而位登支佛。童子進土麨而福受輪王。」

【土羅遮】（術語）Sthūlatyaya梵語與偷蘭遮同。譯作重罪。優婆離問經曰、「土羅遮重罪也。」

【土曜】（星名）九曜之一。在密教、位於胎藏界曼荼羅外金剛部院之西方。

【土饅頭】（雜名）墳墓之異名。

【士夫見】（雜語）八不正見之一。有士夫能力之我慢執着見也。

【士用果】（術語）五果之一。

【工夫】（術語）或作功夫。禪語謂參禪也。孏殘曰、「我豈有工夫為俗人拭涕。」臨濟曰、「始知從前虛用工夫」

【工巧明】（術語）Śilpasthāna-vidyā　五明之一。又作巧業明。工巧者工藝也。明者明顯之義。即言關於伎術機關陰陽曆數等之學藝也。西域記之印度總說曰、「工巧明伎術機關陰陽曆數。」瑜伽論三曰、「一切世間工巧業處名工巧明論。」瑜伽師地論十五舉營農工業、商估工業、事王工業、書算計度數印工業、占相工業、咒術工業、營造工業、生成工業、防那工業、和合工業、成熟工業。音樂工業之十二。演密抄四曰、「文筆讚詠歌妓樂悉善其事。國城村邑宮宅園苑泉流陂池草樹花藥。凡所布列咸得其宜。金銀摩尼眞珠瑠璃珊瑚等藏。悉知其處出以示人日月星宿。鳥鳴地震。夜夢吉凶。身相休咎。咸善觀察。一無錯謬。工巧明也。」

【工伎兒】（譬喩）譬心於工巧之優伎者。楞迦經四曰、「心爲工伎兒、意如和伎者。五識爲伴侶。妄想觀伎衆。」

【下八地】（名數）謂三界九地中第八無所有處地已下也。見九地條。

【下口食】（飮食）四種邪命食之一。謂比丘種植田園和合湯藥等、以求衣食也。對於仰口食而語。見智度論。三藏法數十九。

【下化】（術語）下化衆生之略。

【下化衆生】（術語）菩薩起四弘誓願、上求菩提下濟衆生也。完具此上求下化之二者、名爲大菩提心。往生要集上末曰、「總言之願作佛心、亦名上求菩提下化衆生心。別謂之四弘誓願。」九品義曰、「菩提心者覺悟義也。（中略）若略說者上求佛果下化衆生之心也。」止觀一上曰、「上求佛道。下化衆生。」

【下生經】（經名）彌勒下生經之異名。

【下衣】（衣服）五條袈裟之別名。

【下地】（術語）三界分九地、境界之劣者爲下地、優者爲上地。又菩薩有十地之位指其高下謂之上地下地

【下地麤苦障】（術語）外道於三界九地離下地而生上地時、觀下地麤苦障、上地靜妙離、以斷下地之煩惱、是名六行觀。觀下地爲麤、爲苦、爲障而厭之、觀上地爲靜、爲妙、爲離、而願之。見六行觀條。

【下劣乘】（術語）毀斥小乘之言。止觀五上曰、「設厭世者。翫下劣乘。攀附枝葉。狗狎作務。敬獮猴爲帝釋。宗瓦礫是明珠。此黑闇人豈可論道。」

【下忍】（術語）四善根中之忍法位有上中下三品、最初之位曰下忍。具修十六行相之位也。見忍法條。

【下炬】（雜語）又曰下火、秉炬火葬式、最後導師以炬表示火葬亡者之意。

【下品】（術語）往生彌陀淨土之人有九種類、其中之下三種曰下品。見次條。

【下品上生】（術語）觀無量壽經所說九品往生之一。經曰、「下品上生者、或有衆生作諸惡業、雖不誹謗方等經典。如此愚人多造衆惡無有慚愧。命欲終時遇善知識、爲讚大乘十二部經首題名字。（中略）智者復敎合掌叉手稱南無阿彌陀佛。（中略）隨

化佛後生寶池中。」

【下品中生】（術語）同上經曰、「下品中生者或有衆生毀犯五戒八戒及具足戒。如此愚人偷僧祇物盜現前僧物不淨說法、無有慚愧。（中略）過善知識以大慈悲爲說阿彌陀佛十力威德。（中略）有化佛菩薩迎接此人如一念頃卽得往生。」

【下品下生】（術語）同上經曰、「下品下生者或有衆生作五逆十惡具諸不善。如是愚人以惡業故應墮惡道經歷多劫受苦無窮。（中略）稱佛名故於念念中除八十億劫生死之罪。命終之時見金蓮華猶如日輪住其人前。如一念頃卽得往生極樂世界。」

【下界】（界名）人界也。對於天上界而言。

【下根】（術語）根性之劣者、與根機之弱者。華嚴經十七曰、「利根乃與中下根」涅槃經十四曰、「極下根者。如來終不爲轉法輪」

【下乘】（術語）謂小乘也。譬之馬之駑者、故云。世親攝論一曰、「如是三藏、下乘上乘有差別故則成二藏。」因謂下所乘之物也。西域記九曰、「頻毘娑羅王爲聞法故、興發人徒從山麓至峯岑跨谷凌巖編石爲階廣十餘步長五六里。中路有二小窣堵波。一曰下乘卽王至此徒行以進。一曰退凡、卽簡凡人不使同往。」

【下堂】（雜語）朝粥飯畢、下僧堂也。見象器箋九。

【下棒】（雜語）禪宗之師、執柱杖打學人、謂之下棒。五燈會元七曰、「德山禪師小參示衆云今夜不答話問話者三十棒。」又示衆云「道得三十棒道不得亦三十棒。」德山由來以下棒有名。

【下間】（雜語）凡入堂己身之左爲下間。法堂方丈西、僧堂南、庫司北、是下間也。見象器箋二。

【下衆】（雜名）沙彌、沙彌尼、學法女、出家男、出家女、優婆塞、優婆夷、謂之梵網宗下七衆。再加大僧大尼二衆則成九衆。見天台戒疏上。

【下鉢】（雜語）禪僧之食法中、僧堂在單之僧衆將喫粥飯時、聞厨前雲版鳴、懸於掛搭單上方鉢盂一齊而下。

【下種】（術語）台宗所立種熟脫三時之第一時。於久遠之昔聞談而下一乘之種子也。文句一上曰、「衆生久遠蒙佛善巧令種佛道因緣。」六十華嚴經十（明法品）曰、「下佛種子於衆生田生此覺芽是故能令佛寶不斷。」

【下語】（術語）師家下教訓學人之語也。又謂呈露自己之見解着于公案本則或頌下之語也。

【下塵】（術語）下界之塵境、惡道也。釋門歸敬儀曰「生身不徒委於下塵」同通眞記上曰「下界惡道也。」

【下輩觀】（術語）三輩觀之一。觀無量壽經說十六觀中、下之三觀觀九品之往生人、觀其下三品名爲下輩觀、第十六觀也。其文曰「是名下輩生想名第十六觀。」

【下轉】（術語）謂元初一念之無明、背眞性而緣起生死也。卽流轉是。釋摩訶衍論二曰、「諸染法有力諸淨法無力背本下下轉名爲下轉門。諸淨法有力諸染法無力。向原上上轉名爲上轉門。」

【下臘】（術語）又曰淺臘。臘數多者、曰上臘、少者云下臘。（臘當作蠟）

【丈六】（術語）身長一丈六尺、是通常化身佛之身量也。佛說十二遊經曰、「調達身丈五四寸。佛身長丈六尺。難陀身丈長五四寸。阿難身長丈五三寸。其貴姓舍夷一丈四尺。其餘國皆長丈三尺。」行事鈔下曰、「明了論云人長八尺。佛則倍之丈六。」業疏四上曰、「佛在人倍人長八尺。佛則丈六。並依周尺以定律呂也。」觀無量壽經曰「阿彌陀佛神通如意。於十方國變現自在。或現大身滿虛空中。或現小身丈六八尺。所現之形皆眞金色。」

【丈六金身】（術語）傳燈錄曰、「西方有佛。其形丈六而黃金色。」北史曰「時蜀沙門法成、率僧數千人鑄丈六金身。」

【丈夫】（術語）勇健之人。勇進正道修行不退者。

【丈夫拜】（雜語）謂女人拜也。異說頗多。但普通爲座拜。

【丈夫國】（地名）在北印度、天親菩薩生國之名。婆藪槃豆傳曰、「婆藪槃豆法師者北天竺富婁沙富羅國 Puruṣapura 人也。富婁沙譯爲丈夫。富羅譯爲土。（中略）毘搜紐天。既居此地顯丈夫能。因此立名稱丈夫國。」

【丈夫志幹】（術語）尫弱怯劣之反、對指意志強固之勇者。堪忍永劫修行積德、猛進之菩薩。

【己心】（術語）自己之一心也。

【己心法門】（術語）自己心中發明之法門也。止觀一上曰、「此之止觀。天台智者說己心中所行法門。」

【己心中所行法門】（雜語）謂自己心中修得之法門、卽自己心中實感實證之法門也。

【己身彌陀唯心淨土】（術語）謂萬法唯一心、故生外無佛、亦無淨土。彌陀卽己身中之彌陀、淨土卽我心內之淨土也。觀無量壽經曰、「諸佛如來是法界身。入一切衆生心想中。是故汝等心想佛時是心卽是三十二相八十隨形好。是心作佛。是心是佛。」

天台觀經疏曰、「諸佛法身與己同體。現觀佛時。心中現者名心是佛。」維摩經佛國品曰、「隨其心淨則佛土淨。」起信論義記下本曰、「衆生眞心卽諸佛體更無差別。故華嚴經云。若人欲求知三世一切佛應當如是觀。心造諸如來。」樂邦文類四載圓辯法師之淨土唯心說、並載姑蘇禪師之唯心淨土文。雲棲彌陀經疏鈔一曰、「心佛衆生一體。中流兩岸不居。故謂自性彌陀唯心淨土。」是爲由諸法唯心萬法一如之理性而談之法門、古來聖道門之念佛皆是也。然善導所立之淨土門不取之。西方指淨土、心外仰佛。是曰指方立相。觀經疏定善義曰、「今此觀門等唯指方立相住心而取境。總不明無相離念也。如來懸知末代罪濁凡夫立相住心尙不能得。何況離相而求事者。如似無術通人居空立舍也。」龍舒淨土文一曰、「世有專參禪者。云唯心淨土。豈復有淨土。自性阿彌不必更見阿彌。此言似是而非也。」萬善同歸集二曰、「問唯心淨土周遍十方。何得托質蓮臺寄形安養而興取捨之念。豈達無生之門。欣厭情生何成平等。答唯心佛土者。了心方生。(中略)平等之門無生之旨。雖卽仰敎生信其奈力量未充。觀淺心浮境强習重。須生佛國以仗勝緣。」

【己利】(術語)自己之利益。法華經序品曰「逮得己利。盡諸有結。」文句一上曰、「智斷功德皆名己利。」

【己界】(術語)佛界對衆生界謂我身爲己界。

【己證】(術語)又名自證。卽己獨證悟也。輔行六之一曰、「自說己證。」文句記五之一曰、「大師自說己證也。稟承南岳證不由他。」

【已生】(術語)梵語部多 Bhūta 之譯。(一)法自未來生相位流至現在位之一刹那也。與現在同義。(二)對於求生而言。卽本有也。中有之衆生常次求可受生之處。故名求生。本有則已有所生。故云已生。

【已今當】(術語)已者已往、今者現今、當者當來。卽過去現在未來之三世也。法華玄義釋籤二下有曰、「已今當之妙於茲固迷。」是華嚴等前四時之經爲已說、無量義經爲今說、涅槃經爲當說也。又阿彌陀經曰、「已發願今發願當發願」

【已今當說】(術語)佛三世說法也。法華經法師品曰、「已說今說當說。而於其中此法華經最爲難信難解。」

【已今當往生】(雜語)涉於三世往生淨土之人。讚阿彌陀偈曰、「已生今生當生亦然。」阿彌陀經曰、「若已生若今生若當生。」

【已知根】(術語)三無漏根之一。廿二根之一。謂已知了四諦道理之修道位所發之意、根、樂根、喜根、捨根、信根、勤根、念根、定根、慧根九根也。

【已達大德】（術語）已達於道之高僧。即證阿羅漢果之聖者也。

【已還】（術語）還者還歸之意。與所謂已來同例。如三千年已還則謂自三千年之過去至於今日之間。等覺已還云者則自等覺至凡夫間之一切地是也。對於已經而言。

【已離欲者】（術語）又曰已離欲人。即離欲界修惑者之稱。此有異生與聖者二種。俱舍論二十三謂「若凡位已斷欲界第九品染至此見位名第三果向。」此言在凡夫位修有漏六行觀斷盡欲界修惑之異生已離欲者。俱舍論二十四曰、「若斷第九成不還果。必不還來生欲界故。」此言入見道後、重修有漏無漏二道總斷盡欲界修惑之聖者已離欲者。

【尸】（雜語）尸羅之略。

【尸尸婆】（地名）見尸陀林條。

【尸半尸】（修法）尸咒半尸咒也。以毘陀羅法陰殺人。用全尸謂之尸咒。用無頭之尸謂之半尸咒。瑜伽論記十七曰、「泰云。有人欲殺他。咒令死身長令殺怨家。故名尸咒。無頭尸不作言語。令殺他人。故名半尸。測云、有人欲殺他、以咒咒鬼令鬼殺他。令尸殺衆生。故名爲尸。或以尸手足等殺有情。故名半尸。」又玄應音義曰、「尸半尸此是咒法、西國有此、謂咒於死尸、令起殺人。半尸者咒令起坐。令起尸鬼殺人。故半尸。」見毘陀羅條。

【尸佉】（天名）玄應音義曰、「尸佉、又作詑譫。二形同勑勑嫁反。乾闥婆名也。」

【尸多婆那】（地名）Śita-vana 見尸陀林條。

【尸利】（雜語）又作師利、室利、室離、室哩。譯有首勝、吉祥、德之四義。「華嚴疏鈔十二曰、「梵云室利。一名四實。一首二勝三吉祥四德。」探玄記四曰、「梵語呼頭爲室利。」大日經疏七曰「室利具德吉祥義也。」行願讚疏鈔二曰、「室哩（二合）梵 Śri 又文殊尸利之略。四明教行錄曰「補處逸多、尚受折於維摩詰。上首尸利甘負屈於菴提遮」

【尸利夜】（天等）Śriyaśas' 神名。譯曰普現吉祥。見慧苑音義上。

【尸利沙】（植物）Śirīṣa' 或作尸利灑。樹名。尸利沙者吉祥之義。此方之合昏樹也。又曰尸利沙者頭之義。其果曰似頭果。又云舍利沙。此譯合歡樹。南本涅槃經三十二曰「如尸利沙果光無形質。見昴星時果則出生身長五寸。」增一阿含經四十一曰、「拘屢孫如來坐尸利沙樹下而成佛道。」心地觀經六曰「尸棄如來於尸利沙樹下成道。」玄應音義三曰、「尸利沙。卽是此間合昏樹也。其樹種類有二。若名尸利沙者葉果則大。若名尸利駛者葉果則小。此樹時生人間關東下里家誤名沙羅樹是也。」又曰「舍利沙此云合歡。」慧琳音義八曰、「尸利沙此云吉祥。卽合昏樹也。俗名爲夜合樹也。」最勝王經七作合昏樹。(尸利灑)又慧琳音義二十六曰、「尸利沙果者此云似頭果。」陀羅尼經十曰、「舍離沙樹此云合歡樹。」

【尸利沙迦】(人名)譯曰頭者。比丘名。見大威德陀羅尼經十八。梵 Śirīṣaka,

【尸利佛逝】(地名)國名。寄歸傳一曰、「末羅遊 Malayu 洲。卽今尸利佛逝國 Śribuja 是也。」

【尸利毱多】(人名) Śrigupta 又作室利毱多、尸利崛多。王舍城長者名。譯曰吉護、德護、勝密。慧琳音義二十六曰、「尸利毱多此云吉護。亦云德護也。」西域記九曰、「室利毱多唐言勝密。」德護長者經上註曰、「尸利崛多者隋言德護。」此外道欲以火坑毒飯害佛、不成、遂歸佛。見勝密外道條。

【尸利漫陀】(地名) Śrīmaṇḍapa 山名。翻梵語九曰、「尸利漫陀。傳曰裹頭山也。外國傳三」

【尸利崛多長者經】(經名)德護長者經之異名。

【尸林】(地名)尸陀林之略稱。

【尸陀】(地名)見次條。

【尸陀林】(地名)又作屍陀林、尸多婆那。Śīta-vana 尸多譯曰寒、婆那者林也。棄死屍之處是曰寒林。玄應音義七曰、「屍陀林正言尸多婆那。此名寒林。其林幽邃而寒。因以名也。在王舍城側。死人多送其中。今總指棄屍之處名屍陀林者。取彼名之也。」同十八曰「尸陀林」同十八曰「尸陀林。」有部毘奈耶雜事十四曰、「深摩舍那。是棄死屍處。云尸陀者訛也。」亦名恐畏林、安陀林、晝暗林。西域記謂如來在日、葬比丘於尸陀林。

【尸毘】(本生)王名。見次項。

【尸毘迦】(本生)王名、釋尊因位爲尸毘迦王時、以身施鴿。是檀波羅蜜之滿相也。智度論三十五曰、「爾時毘首羯磨天白釋提桓因言、尸毘王其行奇特、世所希有、諸智人言、是人不久當得作佛、釋提桓因言、是事難辯、何以知之、如魚子、菴羅樹華、發心菩薩、是三事因時雖多、成果甚少、今當試之、帝釋自化爲鷹、毘首羯磨化作鴿、鴿投王、王自割身肉、乃至舉身上稱、以代鴿命、地爲震動。是時釋提桓因心大歡喜、散衆天華、如是決定大心、成佛不久。」四教儀曰、「尸毘王、代鴿檀滿。」西域記三曰、「是如來昔修菩薩行、號尸毘迦王。(唐言與、舊曰尸毘王、訛)爲求佛果、於此割身、從鷹代鴿。」慧琳音義二十六曰、「尸毘王。古音亦云濕鞞。此云安穩也。」

【尸毘王墓】（雜名）宋沈括夢溪筆談曰、延州天山之顚有奉國佛寺。二庭中有一墓。世傳尸毘王之墓也。尸毘王出於佛書大智論。言嘗割身肉以飼餓鷹。至割肉盡。今天山之下有濯筋河。其縣爲膚施。亦與尸毘王說相符。按漢書膚施乃秦縣名。此時未有佛書。疑後人附會縣名爲說。慶歷中施昌言鎭鄜延。乃壞奉國寺爲倉。發尸毘墓。得千餘秤炭。其棺槨皆朽。有枯骸尚完。脛骨長二尺餘。顱骨大如斗。幷得玉環玦七十餘件。玉衝牙長僅盈尺。皆爲在位者所取。金銀之物入於役夫。

【尸迦羅越】（人名）王舍城長者之子、譯作善生、與須闍陀Sujata同。

【尸迦羅越六方禮經】（經名）巴 Sigālo-sutta 一卷。後漢安世高譯。長阿含善生經之別譯。

【尸城】（地名）拘尸那城之略。佛入滅處也。

【尸梨伽那】（佛名）Śriguna 譯作厚德。佛之別號。智度論二曰、「尸梨伽那。秦言厚德。」

【尸棄】（佛名）Śikhin 又作式、式棄、式詰。大論作罽那尸棄。舊俱舍十三作剌那尸棄。Ratnaśikhin 新俱舍十八作寶髻。增一阿含經四十四作式詰。優婆塞戒經作寶頂。本行經作螺髻。有二佛。一值遇釋迦佛初阿僧祇劫滿之佛也。大論四曰、「釋迦文佛從過去釋迦文佛到罽那尸棄爲初僧祇。」二過去七佛中之第二佛也。同九曰、「賢劫之前第三十一劫有二佛。一名尸棄。（秦言火）（中略）賢劫中有四佛。（中略）四名釋迦牟尼。」華嚴疏鈔十六上曰、「尸棄亦云尸棄那。此云持髻。」梵網述記上曰、「尸棄亦名式。此云勝。亦名最上。」增一阿含經四十四曰、「式詰。」〔二〕大梵天王之名。譯曰頂髻或火。以入火光定而斷欲惑也。又以此天爲劫末大火災之頂上也。智度論一曰、「三千大千世界主梵天王名式棄。」法華文句二曰、「尸棄者此翻爲頂髻。又外國喚天爲樹提尸棄。此王本修火光定破欲界惑。從德立名。然經標梵王。復舉尸棄。似兩人。依釋論正以尸棄爲王。今經舉位顯名。恐目一人耳。」法華玄贊二曰、「尸棄者火災頂。卽初禪主。火災之災頂故。」

【尸棄佛】（佛名）見尸棄條。

【尸棄那】（佛名）見尸棄條。

【尸棄毘】（佛名）樂神名。慧琳音義十二曰、「尸棄毘音樂天名也。部屬東方持國天王也。」

【尸摩賒那】（地名）譯作棄尸人墓。梵 Śmaśāna（Aśmaśāyana）又云尸陀 Śītavat 林。見法顯傳。

【尸賴拏伐底】（地名）Hiranyavati 世尊涅槃處之河名。卽金河也。

【尸羅】（術語）Śila 又云尸怛羅。正譯曰清涼。傍譯曰戒。身口意三業之罪惡。能使行人焚燒熱惱。戒能消息其熱惱。故名清涼。又舊譯曰性善。大乘義章一曰、「言尸羅者。此名清涼。亦名爲戒。三業之非。焚燒行人事等如熱。戒能防息。故名清涼。清涼之名。正翻彼也。以能防禁。故爲戒。」義林章三本曰、「尸羅梵語。此言清涼。」華嚴玄談三曰、「或名尸羅。具云翅怛羅。此云清涼。離熱惱因得清涼果故。」行事鈔中一曰、「尸羅此翻爲戒。」智度論十三曰、「尸羅秦言性善。好行善道不自放逸。是名尸羅。」

【尸羅四義】（名數）清涼、安隱、安靜、寂滅四義也。心離熱惱爲他世之樂因。以能建立止觀、得涅槃之樂因也。

【尸羅幢】（物名）以清涼寶玉而造之幢也。慧苑音義上曰、「按梵語云。尸羅此曰清涼。若云識羅幢。此翻爲玉。以玉爲幢、名尸羅幢。」

【尸羅清淨】（術語）止觀四曰、「尸羅清淨三昧現前。」見尸羅不清淨條。

【尸羅鉢頗】（人名）ŚilaPrabha 譯曰戒光。道琳法師在梵之名也。見求法高僧傳下。

【尸羅達磨】（人名）Śiladharma 譯作戒法。于闐國沙門名。見宋僧傳三。

【尸羅跋提】（地名）城名。見舍衞條。

【尸羅拔陀提】（人名）Śiladhadra 晉譯曰戒賢。太子名。見賢愚經六。

【尸羅跋陀羅】（人名）Śilabhadra 譯曰戒賢。論師名。見戒賢條。

【尸羅不清淨】（術語）義林章表無表章曰、「定道得緣者。經中說尸羅不清淨、定不現前。」又萬善同歸集曰、「經曰、尸羅不清淨定不現前。」謂戒行不清淨、心身不安穩。則禪定不成就也。天台之止觀四反之、而謂「尸羅清淨三昧現前。」又唐高僧傳廿二曰、「釋眞慧隋開皇十二年出家。受具大通寺諸禪師。禪師曰、尸羅不淨、三昧無由。」可知此二句爲陳隋之間所盛唱者。

【尸羅阿迭多】（人名）Śilāditya 譯曰戒日。見戒日王條。

【尸羅波羅蜜】（術語）Śila-Paramita 六波羅蜜又十波羅蜜之一。持戒之行也。見波羅蜜條。

【尸羅莊嚴具相應戒】（術語）六種戒之一。

【子果】（雜語）子者種子也。種子所生之果。謂之子果。果所生之種子、謂之果子。因而五蘊之果報。爲過去煩惱所生之果、謂之子果。小乘之阿羅漢。尙未斷之。入無餘涅槃。乃永無之。又依今生煩惱有未來之報果、謂之果子。阿羅漢無來世之果報故無果子。如來之現報如小乘之有子果無生報、(後生之報)後報(後後之報)者猶如小乘之無果子也。止觀六曰、「大經得無上報者有現報故名無上報無生後故言佛無報大經亦云子果果子以現報故即如子果無後報故不名果子。」

【子院】(堂塔)　叢林諸院依附本寺、謂之子院。

【子滿果】(植物)　或云石榴。然金剛智譯之准提陀羅尼經曰、「第五手把微惹羅迦果。(漢言子滿果此間無西國有)」金剛智註曰此間無豈石榴耶。不空譯之同經曰「第五手掌俱緣果。」

【子縛】(術語)　見思之煩惱、對於苦果謂爲子、以煩惱繫縛身而使不得自在謂爲子縛。對果縛之言也。四教儀曰、「子縛已斷、果縛猶存。」

【子斷】(雜語)　煩惱如種子、煩惱所生之苦報如果實、因而斷煩惱曰子斷。止觀輔行六曰、「言子斷者諸阿羅漢已斷煩惱。諸結爛壞。」

【子璿】(人名)　宋秀州長水子璿、號長水。初從本州洪敏法師學楞嚴經、後參見瑯琊山覺禪師有所悟。後住長水、衆幾一千、以賢首之宗旨釋楞嚴經起信論義記等。自唐之圭峯至宋代唱導華嚴者惟師一人。見稽古史略四。

【叉十】(雜語)　合掌而交叉十指也。

【叉手】(雜語)　叉手乃吾國之古法、即拱手也。洪武正韻曰、「叉手相錯也。今俗呼拱手曰叉手。」然竺土之法、叉手之禮合掌交叉中指者、單曰叉手、亦曰合掌叉手。方等般泥洹經上記阿難禮空無菩薩曰、「叉十指說是偈言其雄根爲寂定空無出大光明。我爲勇猛叉手爲師子大吼禮。(中略)佛告阿難。汝用是叉手功德。我般泥洹後六月中當獨作佛天上天下人皆當稽首向汝作禮」觀無量壽經曰、「合掌叉手稱南無阿彌陀佛。」此合掌有深意見蓮華合掌條。

【叉拏】(雜語)　Kṣaṇa　剎那之新稱。慧琳音義二十曰「叉拏古云剎那。」

【叉磨】(術語)　Kṣama　見懺悔條。

【刃葉林】(術語)　又云劍葉林。十六遊增地獄中鉾刃增三種林之一。見地獄條。

【亡五衆物】(術語)　死亡五衆之遺物也。比丘比丘尼沙彌沙彌尼式叉摩那爲五衆、就此五衆之遺物而分輕重、三衣等之輕物以之分與現在之僧衆。金銀田園等之重物以之歸入於常住物。見輕重儀行事鈔下一。

【亡者】(術語)　死亡之人也。楞嚴經八曰、「亡者神識飛來乘烟入無間地獄。」隨願往生經曰、「願亡者神使生十方無量刹土。」

【亡智】（術語）事理亡頓法之智也。十不二門曰、「祇由亡智親疏致使迷成厚薄。」同指要鈔曰、「言亡智者事理頓亡之智。」

【亡魂】（雜語）亡者之靈魂也。

【口】（術語）言說之處。大乘義章七曰、「起說之門說之爲口。」

【口力外道】（流派）外道十一宗之一。以口譬太虛。謂萬物本爲由一虛而生者。中論疏三本曰、「口力外道計太虛能生四大。四大能生藥草。藥草能生衆生。此從無生也。」參照次項。

【口力論師】（流派）印度之外道、以虛空爲萬物之眞因者。或作因力論師。恐是寫誤。外道小乘涅槃論曰、「外道口力論師說虛空是萬物之因。最初生虛空、虛空生風、風生火、火生煖、煖生水、水卽凍淩、堅作地、地生種種藥草、種種藥草生五穀生命、是故我論中說命是食。後時還沒虛空、名涅槃。」是也。至於口力之義、古來不見其說。或謂虛空生風、此諸口內發呼氣、故立此稱。此說似迂遠。恐以此外道計生命卽爲食藉所謂口之力而活、故得其名耳。又見華嚴玄談八等。

【口四】（名數）謂十惡中屬於口業之四業。卽妄語、兩舌、惡口、綺語是也。

【口印】（印相）不動尊十四印之一。見不動尊條。

【口安樂行】（術語）見四安樂行條。

【口忍】（術語）身口意三忍之一。雖爲人打罵、亦忍不發惡聲也。見三藏法數十二。

【口和】（雜語）謂異口同音也。行事鈔下之一曰、「口和賞勞。」

【口密】（術語）三密之一。又名語密。卽謂誦眞言之口業。妙用速疾隱秘也。卽身成佛義曰、「法佛三密甚深微細、等覺十地、亦不能見聞。故曰密。」又據異本卽身義、謂「六大中風空二大配於語密。眞言行者以三業爲明。卽身具三密萬行。卽身具三密菩提。行者自知、餘人不知。故名密。」是也。但其中前者約於佛邊而說密。後者約於衆生邊而述其義。又凡論三密、有有相無相之別。有相之口密、謂念誦一定之諸尊眞言、卽凡夫之口密也。無相之口密、爲三世常住淨妙法身之語密、非凡夫之所窺知。大日經開題曰、「開口發聞眞言滅罪。」五輪九字秘釋曰、「音韻聲響皆語密。麤細言語悉眞言。」卽其意也。

【口訣】（雜語）口授決定之要義也。止觀大意曰、「咸須口訣方成一家行相。」

【口疏】（書名）大日經疏二十卷中、入眞言門住心品之疏、謂之口疏。入漫荼羅具緣品已下之疏、謂之奧疏。此住心品爲眞言之教相門、故一般授受之。已下爲事相門、故未灌頂之人不許授受之。故有差別。

【口惡說】（術語）二吉羅罪之一。謂口出妄言綺語等惡說也。見三藏法數七。

【口稱】（術語）口稱佛名也。卽念佛。善導觀經疏四曰、「若口稱者。卽一心稱彼佛。」

【口稱三昧】（術語）一心不亂、唱佛名也。又依稱名之功而發得三昧。故謂之口稱三昧。三昧者、謂心性清澄如明鏡、以至能照萬像之位。且爲得此位、心修行亦曰三昧。蓋三昧之名、通於因果也。觀念法門曰、「若得定心三昧及口稱三昧者、心眼卽開、見彼淨土一切莊嚴說無窮盡」

【口傳】（雜語）又曰口訣。口授。卽不可筆錄之秘法。以口傳授也。法顯傳曰、「法顯本求戒律。而北天竺諸國。皆師師口傳。無本可寫。」

【口業】（術語）又曰語業。三業之一。謂口之所作。卽一切之言語也。大乘義章七曰、「起說之門、名之爲口。」因業與孽通。口業謂兩舌惡口妄言綺語也。淨住子曰、「次懺口業。此是患苦之門、禍累之始。唐宋人常取以言文學之事。白居易詩。些些口業尙誇詩。蘇軾詩。口業不停詩有債。皆以詩爲綺語也。

【口業供養】（術語）三業供養之一。口發音稱美諸佛菩薩之功德也。見文句二下。

【口輪】（術語）三輪之一。佛所說之法、能摧破衆生之煩惱、故謂之輪。又名正教輪。輪者摧破之義。又遍轉不斷之義。見金光明文句二。三藏法數八。

【口頭禪】（雜語）謂不能領會禪理。但襲取僧家敷淺之常語。資爲談助也。

【山斤】（譬喩）量須彌山之斤兩也。以喩佛之壽命難量。金光明經壽量品曰、「諸須彌山可知斤兩。無有能量釋尊壽命」金光明玄義曰、「山斤海滴、寧得盡其邊崖」釋門正統四曰、「說釋尊壽命。雖山斤海滴地塵空界亦不可比」

【山王】（雜語）謂山之最高者。在諸山中爲王也。無量壽經下曰、「智慧如大海。三昧如山王」法華經法師功德品曰、「彌樓山、摩訶彌樓山等諸山王」。

【山水衲】（衣服）宋代禪僧之服。誤以爲糞掃衣而作之。行事鈔資持記下三之一曰、「然此糞衣。並是世人所棄破碎布帛。收拾闘綴。以爲法衣。欲令節儉少欲省事。一衲之外更無餘物。今時禪衆多作衲衫、而非法服。裁剪繒綵、刺綴花紋、號山水衲。價直數千。更乃各鬭新奇。全乖節儉。（中略）有識之流、幸宜極誡。」

【山世】（雜名）比丘之住處、山中與

聚落也。行事鈔上一之二曰、「山謂蘭若。卽上根也世謂聚落。」

【山外宗】（流派）支那天台山、紹四明之流稱爲山家宗晤恩之流義、稱爲山外宗。詳見晤恩條。

【山形柱杖】（物名）不加修飾之木杖也。

【山門】（術語）寺院之外門也。宋史曰、「法駕臨山門黃雲覆輦道。」凡寺院必有山林。故指寺院之門曰山門又寺院全體亦曰山門高僧傳曰、「支遁於石城山立棲光寺宴坐山門遊心禪苑。」

【山門疏】（書名）一山衆徒、勸請住持之文疏也。

【山家】（流派）以名四明天台之流義。對於山外之稱、天台之正系也。

【山海如來】（佛名）山海慧自在通王如來之略。

【山海空市】（雜語）止觀七曰、「若覺無常過於暴水猛風掣電。山海空市無逃避處。」輔行曰、「法句經二云、昔有梵志兄弟四人、各得神通。知後七日一時皆死、共議之。我等四人有五通力、翻覆天地、捫摸日月、寧不可避死乎。一人云吾入大海、下至地上出水。一人云吾入須彌之腹、還合其山。一人云吾轉擧於空中。一人云吾入大市之中。皆云避於如是處、無常之殺鬼、豈知我處耶。議畢、謁王、述其意而去。過七日市監奏王曰、有一梵志卒死市中。王云一人巳死、餘三豈免。」法句譬喩經二、擧此因緣。見殺鬼條。

【山海慧自在通王如來】（佛名）阿難當來成佛時之名。法華經人記品曰、「佛告阿難、汝於來世當得作佛、號山海慧自在通王如來。」

【山毫】（譬喩）以山譬筆之多也。華嚴經曰、「假令有人以大海量墨、須彌聚筆、書寫於此普眼法門一品中一門乃至一義中一句不得少分何況能盡。」吽字義曰、「地墨四身山毫三密。」

【山僧】（雜語）僧侶自稱之代名詞乃謙遜之語。因山野之僧也。

【小千】（雜名）小千世界也。

【小千世界】（界名）以須彌山爲中心、四周之鐵圍山爲限曰一世界、此世界之數一千曰小千世界。詳見三千大千世界條下。

【小三災】（術語）減劫末所起之三種災厄也。見三災條。

【小王】（雜名）除轉輪王外、餘悉爲小王所謂粟散王是也。法華經普門品曰、「應以小王身得度者、卽現小王身而爲說法。」

【小五條】（衣服）五條袈裟之小者。禪家之掛絡是也。

【小止觀】（書名）修習止觀坐禪法要之異名。二卷、天台大師著。

【小水穿石】（雜語）謂水雖小、長流則能穿石。證果雖難、勤行精進、則亦得達也。此說出遺教經。

【小本】（經名）淨土三部經中、天台謂無量壽經爲大本、阿彌陀經爲小本。

【小四相】（術語）又名隨相。附隨大四相之四相也。見四相條。

【小白華】（植物）四華之一。曼陀羅華之譯名。光宅法華疏一曰、「曼陀羅華者。譯爲小白團華。」見曼陀羅華條。

【小目連】（人名）目連有六人。小目連者、六人中之一也。見南山感通傳。見目連條。

【小召】（雜名）西藏新志中曰、「小召在大召之北、相距半里許。名曰喇木契。樓高三層。上有金殿一座。寺爲唐文成公主所建。殿內佛像名珠多吉覺。釋迦摩尼之弟也。八歲成佛。又塑像之內、俗傳有公主肉身云。座額書默琫能仁四字。」

【小行】（術語）對於大乘行法而謂小乘行法之言。又小便之異名。釋氏要覽下曰、「小行。往小便。律言小行。」

【小妄語】（術語）妄語有小大之別。見妄語條。

【小妄語戒】（術語）妄語戒有二、大妄語戒是四波羅夷罪之第四、小妄語戒是九十墮罪之第一。見妄語戒條。

【小劫】（術語）依俱舍論則人壽自八萬歲、每百年減一年而至十歲。又人壽自十歲、每百年增一年而至八萬歲。此增劫及減劫一一名爲小劫、依智度論則合此一增一減而爲小劫。法華經曰。六十小劫身心不動。按釋氏以劫紀時。從十歲增至八萬。減至十歲。經二十返爲一小劫。又見法苑珠林。道家以三千六百周爲小劫。見雲笈七籤。

【小赤華】（植物）四華之一。梵語曼殊沙華。譯作小赤華。光宅法華疏一曰、「曼殊沙華者。爲小赤團華。」見曼殊沙華條。

【小阿師】（雜語）阿字無意、猶言小師。阿者如阿誰阿爺爲呼親人之語辭。臨濟錄曰、「後生小阿師。」

【小阿彌陀經】（經名）佛說阿彌陀經之異名。說阿彌陀事之經典、此其最小品也。又以無量壽經之異譯有稱大阿彌陀經者、故用以爲別。

【小宗】（雜名）小乘之宗家也。義林章二本曰、「二小宗所有二諦」

【小空】（術語）小乘所說之空理也。是滅有之空、索然但爲偏空、故名小空。

【小豆粥】（飲食）見粥條。

【小念】（儀式）以小聲念佛也。大集日藏經念佛三昧品曰、「小念見小。大念見大。」華疑論七曰、「大念者大聲稱佛也。小念者小聲稱佛也。」

【小法】（術語）小乘之法也。法華經方便品曰、「鈍根樂小法。」

【小食】（飮食）禪家早晨之食。亦云點心。海龍王經請佛品曰、「爾時海龍王白佛言。唯佛加哀詣我宮中屈神小食。」

【小便】（雜語）又作小行。放尿也。摩得勒伽六曰、「比丘處處不得小便。應在一處作坑。」

【小律儀】（術語）比丘比丘尼。受持之小乘戒也。顯揚大戒論序曰、「保執者自謂。除非小律儀更無大乘戒。」

【小品】（術語）釋氏辨空經。詳者爲大品。略者爲小品。今謂短篇文字曰小品。

【小品經】（經名）羅什譯。十卷、摩訶般若波羅蜜經之異名。

【小品般若波羅蜜經】（經名）羅什譯。十卷、摩訶般若波羅蜜經之異名。

【小界】（術語）三種結界之一。爲受戒、說戒、自恣等臨時結成之小結界也。見行事鈔上二。

【小乘】（術語）梵名希那衍、Hinay-ana 對於大乘之稱。求佛果爲大乘、求阿羅漢果辟支佛果爲小乘。佛果者謂開一切種智、爲盡未來際衆生化益之悟。阿羅漢果與辟支佛果、雖有淺深之別、然皆爲灰身滅智歸於空寂涅槃之悟。乘者、運載之義、指使人乘之至其悟岸之敎、以四諦爲至阿羅漢果之敎體、以十二因緣爲至辟支佛果之敎體。如此小乘有二道、故亦謂之二乘。又此二乘爲佛成道後十二年間經律論三藏之所詮、故天台稱之爲三藏敎。佛滅後印度之小乘分總別二十之流派、來我國後、遂立宗名俱舍、成實、及律三者、即小乘也。是皆爲佛隨他意之說法、姑以調熟下劣根性者也。法華經方便品曰、「佛自住大乘。如其所得法定慧力莊嚴。以此度衆生。自證無上道大乘平等法。若以小乘乃至化一人我則墮慳貪。」法華經遊意下曰、「今以二義往收則事無不盡。一者赴小機說名曰小乘。二者赴大機說稱曰大乘。」

【小乘二部】（名數）小乘之分派、諸說不定、今記其梗概、有二部四部五部十八部二十部之五種。但四部五部爲以戒律爲本之異說、二部、十八部等則正爲宗義之分派也。二部即上座部大衆部。此有二種、一爲結集之異同、非宗義之別稱、佛滅度之年、夏安居中於窟內與窟外兩處結集三藏、窟內以上座之耆宿多、故名曰上座部。窟外以年少之僧多、故名曰大衆部。佛法一味、略有異諍、上座大衆之稱濫觴於是。二佛滅百年後阿輸迦王時依大天比丘五事之說、小乘佛法、初分二派、昔時界外結集之苗裔、多附同大天之義、故取昔名稱爲大衆部。反對大天之義者、多昔時界內結集之緣、爲故亦襲昔名、名爲上座部。是小乘分宗之初也。以此二部爲根本、漸次分部執、遂成十八二十。但是乃文殊問經宗輪論之一說、更有此時生五部分派之說。見五部條。

【小乘四部】（名數）義淨三藏渡天時、天竺之小乘宗唯有四部。寄歸傳一曰、「諸部流派生起不同。西國相承大綱唯四。註云。一阿離耶莫訶僧祇尼迦耶。周云聖大衆部。分出七部。三藏各有十萬頌。合三十萬頌。周譯可成千卷。二阿離耶悉他陛攞尼迦耶。周云聖上座部。分出三部。三藏多少同前。三阿離耶慕攞薩婆悉底婆拖尼迦耶。周云聖根本說一切有部。分出四部。三藏多少同前。四阿離耶三蜜栗底尼迦耶。周云聖正量部。分出四部。三藏三十萬頌。然而部執所傳多有同異。且依現事言共十八。分爲五部。不聞西國耳」。

【小乘五部】（名數）佛滅後百年阿輸迦王時、上座大衆之根本、以大天而生部別。此時優婆毱多阿羅漢之下於律藏分出五部。故此五部之分派爲古來律宗之所用。然其五部與有部宗所傳之五部及南山一家之五部、稍有相違。但義淨三藏於二者皆不取之。見五部律條。

【小乘十八部】（名數）據宗輪論之說、佛滅後百年依大天分上座大衆二部。其第二百年由大衆部出一說部、說出世部、雞胤部、多聞部、說假部之五部。又於第二百年末出制多山部、西山住部、北山住部之三部、合有八部之末家。加入本家之大衆部、則爲九部。又上座部於三百年之初分爲薩婆多部與雪山部、（薩婆多部（譯云說一切有部）後世稱爲毘曇宗）後同於三百年由薩婆多部出犢子部、又由犢子部出法上、賢冑、正量、密林山之四部、次由薩婆多部更出化地部、次由化地部出法藏部。於三百年之末、由薩婆多部更出飲光部。於第四百年由薩婆多部復出經量部。薩婆多部共出九部加入雪山部爲十部。復加前大衆部之八部爲十八部。其他有義淨所見之十八部。以上十八部爲末部之分派、加之以根本上座大衆之二部爲二十部。今表示之如左。

大衆部 Mahā-saṃghikāḥ
- 一說部 Ekavyavahārikāḥ
- 說出世部 Lokettaravādinaḥ
- 雞胤部 Kaukkuṭikāḥ
- 多聞部 Bāhuśrutiyāḥ
- 說假部 Prajñaptivādinaḥ
- 制多山部 Jetavaniyāḥ
- 西山住部 Aparaśailāḥ
- 北山住座 Uttaraśailāḥ

上座部—— Āryasthavirāḥ
—雪山部 Haimavatāḥ
—說一切有部— Āryasarvāstivādāḥ
—犢子部 Vātsīputrīyāḥ
—法上部 Dharmottarāḥ
—賢胄部 Bhadrayāṇīyāḥ
—正量部 Saṃmatīyāḥ
—密林山部 Ṣaṇṇagarikāḥ
—化地部— Mahīśāsakāḥ
—法藏部 Dharmaguptāḥ
—飲光部 Kāśyapīyāḥ
—經量部 Sautrāntikāḥ

【小乘戒】（術語）小乘律藏所說之戒律、有五戒八戒十戒具足戒等。具足戒中、比丘戒有二百五十戒條、比丘尼戒有三百四十八戒條、是爲小乘行人之所受持者。然在印度我國及日本之古代、大乘行人亦皆受此具足戒以成戒學、何則此具足戒雖爲小乘律所說、然由大乘言之則爲所謂三聚淨戒中之攝律儀戒、於釋迦法中出家之菩薩必現比丘相爲常規也。

【小乘經】（術語）說四諦十二因緣之理、詮空寂之涅槃者、十二部經中唯存九品。四部之阿含經等是也。

【小乘九部】（術語）十二部經完具曰大乘經、此中除方廣授記無問自說之三部、僅說九部曰小乘經。法華經方便品曰「我此九部法隨順衆生說入大乘爲本」。見九部條。

【小乘三印】（術語）小乘之三法印、對於大乘之一實相印而言。見三法印條。

【小乘四門】（名數）天台所判。一小乘有門、發智六足論等之所說。二小乘空門、成實論之所說。三小乘亦有亦空門、毘勒論之所說。四非有非空門、迦旃延經之所說。

【小乘外道】（雜語）小乘與外道。又小乘卽外道也。外道小乘二十種外道中小乘外道論師是也。

【小乘偏漸戒】（術語）對於大乘戒之圓頓稱小乘戒曰偏漸。功德不圓滿故爲偏、非頓成佛之法故曰漸。

【小草】（譬喻）三草之一。以喻修五戒十善得人天果報之機類。見三草二木條。

【小院】（雜名）小法師也。

【小師】（術語）受具足戒未滿十夏者之稱。又弟子之稱。又沙門謙下之稱。寄歸傳三曰「西方行法受近圓已去名鐸曷攞。譯爲小師。滿十夏名悉他薛攞。譯爲住位。得離依止而住」。釋氏要覽上曰「亦通沙門之謙稱也」。

【小根】（術語）可受小乘教之根性也。唯識述記一本曰「令小根等漸登聖位」。

法華玄義一曰、「初敎建立融不融、小根併不聞。次敎建立不融、大根都不用」。

【小座湯】（儀式）禪林座湯之禮有大小。見座湯條。

【小參】（術語）禪林中之稱。謂非時之說法也。上堂稱爲大參、其規則校大參爲小。故曰小參。又稱家敎。祖庭事苑八曰、「禪門詰旦升堂謂之早參、日晡念誦謂之晚參。非時說法、謂之小參」。

【小參頭】（職位）參頭之下有小參頭。

【小祥忌】（儀式）一周忌也。小祥爲儒典一年祭之名。

【小閑靜】（術語）詳見閑靜條。

【小聖】（術語）聖者中證悟之淺者。小乘之四果對於大乘則爲小聖、又大乘之諸菩薩、對於佛亦爲小聖。

【小經】（經名）淨土門三部經中佛說阿彌陀經之稱。又異名四紙經。

【小煩惱地法】（術語）小乘七十五法中五種心所法之一種。忿、覆、慳、嫉、惱、害、恨、諂、誑、憍之十心所也。此十者唯修惑而起於意識、且各各與無明相應而起。非如大煩惱地法之心所一切染心俱起者。故名小煩惱地法。俱舍論四曰、「唯修所斷意識地起。無明相應。各別現行。故名爲小煩惱地法。」

【小僧】（雜名）少年之法師曰小僧。

【小遠】（人名）對於晉之慧遠稱隋淨影寺之慧遠曰小遠。

【小像】（雜語）謂肖像之縮小者。或雕刻、或繪畫、皆得稱之。李賀詩曰、「沉香薰小像」。

【小樹】（譬喩）二木之一。以譬小行之菩薩。見三草二木條。

【小機】（術語）可受小乘敎化之下劣根機。非成佛之機言也。

【小彌陀經】（經名）淨土三部中佛說阿彌陀經之字數最少。故曰小彌陀經。

【凡小】（術語）凡夫與小乘人也。又凡夫卽小人。故曰凡小。觀經玄義分曰、「凡小之論、乃加信受」。敎行信證行卷曰、「欲令凡小增欲往生之意故」。

【凡小八倒】（術語）謂凡夫、小乘之人所起顚倒之見解也。卽非常計常、非樂計樂、非我計我、不淨計淨、常計無常、樂計非樂、我計非我、淨計不淨之妄見也。

【凡夫】（術語）梵語波羅、舊曰凡夫、新曰異生。對聖者之稱。謂無些少之斷惑證理者。凡者常也。又非一也。凡常而遮類多、故云凡夫。梵網經上曰、「我已百阿僧祇劫修行心地、以之爲因。初捨凡夫成等正覺號爲盧舍那」。法華經曰「凡夫淺識深著五欲」。大威德陀羅尼經曰、「於生死迷惑流轉住不正道。故名凡夫」。佛性論曰、「凡夫以身見爲性。」止觀一曰、「凡者常也。亦非一也。庸品多故。」大日經疏一曰。「凡夫者正譯應云異生。」

【凡夫性】（術語）新云異生性。有爲法中有一非色非心之法、未斷以來使諸衆生悉爲凡夫。是名凡夫性。見大乘義章一。

【凡夫十重妄】（術語）凡夫阿賴耶識之不覺義、分爲十重言也。禪源諸詮四曰、「此識（阿賴耶識）在凡常有覺與不覺二義。覺是三乘聖賢之本。今且示凡夫本末總有十重。（今每重以夢喩一一合之）謂一切衆生雖皆有本覺眞心（此第一重。如一富貴人端正多智、自在宅中住。）未遇善友、開示、法爾本來不覺。（第二重如宅中人睡、自不知也。）不覺故、法爾念起。（第三重。如睡法爾有夢。）念起故有能見相。（第四重。如夢中之想。）以有見故、根身世界妄現。（第五重。夢中別見有身在他鄉貧苦、及見種種好惡事境。）不知此等從自念起、執爲定有、名爲法執。（第六重。正夢時、法爾必執所見物爲實有也。）執法定故、便見自他之殊、名爲我執。（第七重。夢時必認他鄉貧苦身爲己本身。）執此四大爲我故、法爾貪愛順情諸境、欲以潤我。瞋嫌違情諸境、恐損惱我。愚癡之情、種種計校。（第八重。此是毒。如夢在他鄉、所見違順等事、亦貪瞋也。）由此故造善惡等業。（第九重。夢中或打奪、或罵、或行恩布德。）業成難逃、如影響應於形聲。故受六道業繫苦樂相。（第十重。如夢因偸奪打罵、被捉枷禁決罰、或行恩得報、擧薦拜官署職。）悟後修證、還有十重。翻妄卽眞」

【凡身】（術語）凡夫之身也。

【凡性】（術語）凡夫之性分也。俱舍謂之異生性。謂身具見惑、未證諦理者。四教儀六曰、「聖以正爲義。捨凡性入正性。」

【凡師】（雜語）凡夫之法師、未見諦者。法華玄義七曰、「凡師弘經。」

【凡習】（術語）凡夫習善習惡之是非行動也。釋門歸敬儀中曰、「凡習寄緣。」

【凡情】（術語）凡人之心情也。華嚴玄談四曰、「極位所承凡情難挹。」諸經要集序曰、「凡情闇短、器識昏迷。」

【凡愚】（雜語）凡夫愚痴之人也。大日經疏二十曰、「以不知心實相故而生妄執。名爲凡愚。若了知者卽名諸佛也。」

【凡聖】（術語）凡夫與聖者也。小乘初果以上、大乘初地以上、爲聖者。其已下未斷惑之人爲凡夫。止觀輔行一曰、「凡者常也。亦非一也。庶品多故。聖者、風俗通云、聖者聲也。以其聞聲知情、通天地、暢萬物、故也。易曰、聖者與天地合德。與日月合明。與四時合節。與鬼神合吉凶。今出世聖、不問其聲、知九界情、通諦理、暢衆機、與法界合德、與二智合明、與四機合節、與衆聖合其冥顯。」

【凡聖一如】（術語）又云凡聖不二。從事相言之、則有六凡四聖之十界差別、由其理性言之、則無差別平等也。寶藏論曰、「凡聖不二、一切圓滿」大日經義釋五曰、「六趣衆生與毘盧遮那本無二體」

【凡聖不二】（術語）與凡聖一如同。

【凡聖同居土】（界名）台家所立四土之一。如娑婆世界爲凡夫聖者同居之國土也。見四土條。

【凡僧】（雜名）對證果之聖僧、而謂未證之僧爲凡僧。梁僧傳（知嚴傳）曰、「嚴雖戒操高明、而實行未辨、始移屍向凡僧墓。而屍重不起。改向聖墓、則飄然自輕。」

【凡種】（術語）凡夫之種性也。

【凡福】（術語）對三乘聖果之福德、而謂人天之福德爲凡福。盂蘭盆經疏上曰、「小行人天凡福」。

【凡慮】（術語）凡夫之愚慮也。

【凡識】（術語）凡夫之心識也。

【丸香】（物名）和種種之香以爲丸者。建立曼茶羅儀軌謂、「以丁香、白檀、沈香、熏陸、龍腦香、荳丸、白芥子及蘇合香、半爲末、半爲丸。丸以蘇蜜和之者」是也。爲修護摩特燒而供養者。或謂表示總集煩惱。或爲表示以智火燒盡煩惱云。

【川施餓鬼】（行事）爲水死之人追福、於河中浮船、或在河岸築壇行施餓鬼也。多行於夏期。

【乞士】（術語）比丘三義之一。比丘絕一切生業、乞食於人以資色身、故曰乞士。智度論三曰「比丘名乞士。清淨活命故名爲乞士。」

【乞丐】（雜名）貧困乞物於人者。丐亦乞也。無量壽經下曰、「乞丐孤獨」。

【乞食】（術語）十二頭陀行之一。比丘爲資自己之色身、乞食於人也。是爲清淨之正命。若自作種種生業而自活、稱爲邪命。梵云分衞。大乘義章十五曰、「專行乞食所爲有二。一者爲自省事修道。二者爲他福利世人。」行事鈔下三曰、「善見云三乘聖人悉皆乞食」又「善見云分衞者乞食也」法集經曰、「行乞食者、破一切憍慢」十二頭陀經曰、「食有三種、一受請食、二衆僧食、三常乞食。若前二食、起諸漏因緣、所以者何。受請食者、若得請、便言我有福德好人。若不請、則嫌恨彼、或自鄙薄、是貪憂法、則能遮道。若僧食者、當隨衆法、斷事擯人、料理僧事、心則散亂、妨廢行道、有於是惱亂因緣、應受乞食法。」

【乞食十利】（名數）一、所用之活命、屬自不屬他。二、使施食於我者住於三寶。三、使施食於我者生悲心。四、順佛之敎行。五、易滿易養。六、行破憍慢之法。七、感三十二相中第一無見頂相之善根。（由於因中卑下之法行）八、見我乞食而其餘修善根者效我。九、無男女大小諸緣事。十、次第乞食故於衆生中生平等心。見十住論十六行事鈔下三。

【乞食十爲】（名數）一、爲攝受諸有情。二、爲次第乞食。三、爲不疲倦。四、爲知足。五、爲分布。六、爲不耽嗜。七、爲知量。八、爲圓滿善品。九、爲使善根現前。十、爲離我執。見寶雨經八。

【乞食四分】（名數）一奉同梵行者、二與窮乞、一與鬼神、一自食。見寶雲經六。

【乞者人不愛】（傳說）五分律曰：「佛言過去世恒水邊有仙人住石窟、爾時龍王日由水出圍繞恭敬仙人。弟子等怖畏羸瘦。故仙人敎弟子乞頷下如意珠。龍去不復來。於是世尊引古說之偈言乞者人不愛。數則增怨憎。龍王聞乞事。一去不復還。」

【乞眼婆羅門】（人名）舍利弗遇此乞眼婆羅門退失大乘者。智度論十二曰、「如舍利弗於六十劫中、行菩薩道欲渡布施河時、有乞人來乞其眼。舍利弗言、眼無所任、何以索之。若須我身及財物者、當以相與。答言不須汝身及財物。唯欲得眼。若汝實行檀者、以眼見與。舍利弗出一眼與之。乞者得眼於舍利弗前嗅之、嫌臭唾而棄地。又以脚蹋。舍利弗思惟言、如此弊人等、難可度也。眼實無用而强索之、既得而棄、又以脚蹋、何弊之甚。如此人輩、不可度也。不如自調早脫生死。思惟是已、於菩薩道退迴向小乘。」又賢愚經六、彌勒所問本願經、六度集經四等、均有婆羅門乞眼事。

【乞嘌雙提贊Khri-Sron-Lde-bTsan】（人名）西藏王名。金城公主之子、生於唐開元十六年、十三歲卽西藏國王位。當時國勢大揚、西伏揭職、浩罕、東戡定雲南四川之大部、威震四隣。王始不好佛敎、受其母金城公主之感化、遣使僧於印度、學修佛敎。先後招致善海大師、蓮華上生師。蓮華上生師携來中觀宗之典籍並陀羅尼及密乘修法等。又請蓮華上生師之高弟大翻譯師及迦摩什羅羅班彌達衆成就人等與毘盧遮那羅佉怛康龍曾護餘班彌達等廣譯敎法、論議此等新來密乘並中觀派之佛敎與雙贊思甘普王時代渡來之中國佛敎、評其優劣。遂由迦摩什羅之力、定前者爲西藏之正敎。大與佛敎。任位四十七年、以唐貞元二年薨。國人呼爲文殊之化身。見彰所知論上等。

【乞灑】（術語）क Kṣa 悉曇五十字門之一、四十二字門之一。又作乞察、乞叉、吃灑、葛叉、趍灑、差叉、剎等。稱乞灑字、則一切法盡不可得。一切文字究竟無言說之聲也。文殊問經釋字母品曰、「稱乞灑字時、是一切文字究竟無言說聲。」金剛頂經釋字母品曰、「稱乞灑字門、一切法盡不可得。原自叉耶 kṣaya 有盡之義而出、隨而附之以種種之義、下此等甚深之釋、乃所謂五十字門最終之字、母諸法無復可說、故或爲究竟無言說之聲、離文字言說乃涅槃本寂之境、止息生死業繫之般若海藏、故謂爲一切法窮盡性不可得等。

【夕座】（儀式）講經一日有朝夕二座。夕之講座云夕座。

【寸絲不挂】（雜語）傳燈錄曰、「南泉和尚問陸亘、日大夫十二時中作麼生、陸云寸絲不掛。」

【久成正覺】（術語）謂久遠之昔既開正覺之果之佛體也。依法華經壽量品之意、則始於釋迦如來而文殊觀音等大菩薩皆由久成古佛之垂迹也。輔行六曰、「遍尋法華以前諸教、實無二乘作佛之文、明如來久成之說。故知並由帶方便故。」

【久住者】（雜名）久住山寺修行者之稱。

【久遠劫】（術語）劫者、梵語劫波 Kalpa 之異名。久遠劫者、指長時而言。法華經方便品曰、「從久遠劫來讚示涅槃法。」參照劫條。

【久遠實成】（術語）謂於久遠之昔、成就眞實正覺之佛體也。法華經壽量品曰、「我實成佛已來無量無邊百千萬億那由他劫。」

【弓】（術語）梵語曰馱怒沙。印度尺度名。大毘婆沙論百三十六、雜阿毘曇心論二、俱舍論十二、謂七穬麥成一指節、二十四指節成一肘、四肘爲一弓。方廣大莊嚴經四、謂一麥成一指節、十二指節成一搩手、兩搩手成一肘、四肘成一弓。四肘一弓之說、諸經論大致相同。然配之於我國丈尺、則有異說。據四分律羯磨疏、一弓長四肘、則爲七尺二寸。是一肘爲一尺八寸、一指爲七分五釐之說也。然佛本行集經十二、謂合七大麥成一指節、重七指節成半尺、合兩半尺成一尺、二尺爲一肘、四肘爲一弓。又起世經七、謂鬱單越人身長七肘、衣長十四肘、上下七肘而同本異譯之大樓炭經四、記鬱單曰天十人身長一丈四尺、衣廣二丈八尺、長一丈四尺。是一肘爲二尺、一指爲七分一釐餘之說也。又慧苑音義下、謂依毘曇中一尺五寸爲一肘、四肘爲一弓、三百弓爲一里云云。案印度之尺度本以指而度者、自隨人而殊其丈量、生種種之異說。而我國之丈尺、亦由時而不同。夏一尺爲十寸、般一尺爲九寸、周一尺爲八寸、則般尺之一尺八寸、得謂等於夏尺之二尺爲又摩訶僧祇律八所謂五肘爲弓量者、或是依周尺。亦未可知。周尺之二尺爲夏之一尺六寸、故其五肘、卽爲八尺、以與夏尺之四肘、其量相同故也。

【女人】（雜語）欲使初心之行人厭女色、故經論中常毀斥女人。密敎以女人爲三昧之幖幟。涅槃經九曰、「一切女人皆是衆惡之所住處。」智度論十四曰、「大火燒人是猶可近。清風無形是亦可捉。蚖蛇含毒、猶亦可觸。女人之心不可得實。」文句八曰、「阿難問佛。如來滅後見女人云何。佛言勿與相見。設見勿共語。設共語當專心念佛。」大日經疏五曰、「女人是三昧像。男子是智慧像。」同十五曰、「男是智慧故爲首。女是三昧爲次之也。」

【女人定】（術語）離意女之入定也。見女子出定條。

【女人拜】（術語）女人僅立拜屈膝而已。傳燈錄南泉願章曰、「師與歸宗麻谷同去參禮南陽國師。師先於路上畫一圓相云、道得卽去。師宗卽於圓相中坐。麻谷作女人拜。」傳燈一山解曰、「女人拜、女人立拜屈膝而已。又曰。以兩手當胸前些子鞠躬。」

【女人結界】（術語）女人禁制之結界也。見結界條。

【女人禁制】（術語）道場禁女人之入。蓋於修道有障害故也。

【女人成佛願】（術語）女人往生願之別名。

【女人往生願】（術語）阿彌陀佛四十八願中之第三十五願。無量壽經上曰、「設我得佛。十方無量不可思議諸佛世界其有女人、聞我名字、歡喜信樂、發菩提心、厭惡女身。壽終之後復爲女像者。不取正覺。」

【女人眷屬論師】（流派）二十外道之一。計摩醯首羅天作女人生一切之有情非情者。見外道小乘涅槃論。

【女子出定】（公案）五燈會元一曰、「昔文殊至諸佛集處、值諸佛各還本所。唯有一女人、近彼佛座入於三昧。文殊乃白佛言、何此女人得近佛座、而我不得。佛告文殊、汝但覺此女令從三昧起、汝自問之。文殊遶女人三市、鳴指一下、乃盡其神力而不能出。世尊云假使百千之文殊、出此女人定不得。下方經過四十二億恒河沙國有罔明菩薩、能出此女人定。須臾罔明大士從地涌出、禮拜於佛。佛敕罔明出女人定。罔明却至女人前鳴指一下、女人於是從定而立。」是依諸佛要集經之所說也。經下曰、「文殊師利、欲聞法、由此娑婆世界詣普光世界之天王如來所。如來右面有一女人、名離意、入普月離垢光明三昧。文殊問如來此女發心修行久遠。如來使文殊自問此女。文殊到離意所、彈指發聲、乃至盡神力、不能使起定。文殊問如來誰能使此女起定。佛言唯如來能使與起、復有菩薩名棄諸陰蓋、亦能使起。時此菩薩經過下方恒河沙等剎土在錦幢世界師子鷹象頂吼如來所。天王放如來光召之。棄諸陰蓋菩薩至如來所。如來命出女子定。棄諸陰蓋言我於佛前己功不堪與顯、願如來作之。於是如來入與定意三昧、使一切世界諸定人及彼女起定」。智度論十亦引此經文。

【女天】（術語）女性之天人也。欲界天中有女天、色界已上無之。

【女六欲】（名數）女人願求、好愛之六種欲也。一色欲、二形貌欲、三威儀欲、四姿態欲、五言語欲、六音聲欲、七細滑欲、八人相欲。此中第八之人相欲、攝於第三第四之威儀欲姿態欲爲七欲。又第六之音聲欲、攝於第五之言語欲、則爲六欲。見智度論二十二。止觀六之一。

【女犯】（術語）謂僧對女子犯不邪婬戒也。

【女色】（術語）女子之色相也。訶欲經曰、「女色者世間之枷鎖。凡夫戀著不能自拔。女色者世間之重患。凡夫因之至死不免。女色者世間之哀禍。凡夫遭之無厄不至。」智度論十四曰、「寧以赤鐵宛轉眼中、不以散心視女色」。

【女居士】（術語）女子亦稱居士、猶言女丈夫也。古尊宿語錄序曰、「覺心居士。出善女倫。秉烈丈夫志操」。

【女病】（譬喻）女色害人、故以病譬之。智度論十四曰、「衆病之中女病最重」。

【女根】（術語）男根之對。女之陰部也。爲身根之一部分、女性之形類、音聲、作業、志樂等、異於男性、皆由此根。梵Yoni。

【女情】（術語）女子之愛情也。智度論十四曰、「蚖蛇含毒。猶可手捉。女情惑人。是不可觸」。

【女賊】（譬喻）女人爲愛着之根本、能劫法財、故譬以賊也。智度論十四曰、「執劍害人。是猶可勝。女賊害人。是不可禁」。

【女僧】（術語）即比丘尼。王叔承詩曰、「女僧閒作盂蘭會。乞假中元施寶轡」。女僧起於漢代。漢劉峻女出家。又洛陽婦阿潘出家。乃尼之始。何充捨宅安尼。乃尼寺之始。餘詳尼條。

【女德】（術語）宋徽宗改尼曰女德。

【女聲】（術語）謂三昧聲也。見悉曇章條附錄。

【女檀越】（雜語）女施主也。

【女鏁】（譬喻）女色能縛人、故譬之鏁。智度論十四曰、「女鏁繫人。染固根深。無智沒之。難可得脫」。

四畫

【井中撈月】（譬喻）僧祇律曰、「佛告諸比丘、過去世時有城名波羅奈、國名伽尸。於空閒處有五百獼猴、遊行林中。到一尼俱律樹下。樹下有井。井中有月影現。時獼猴主見是月影、語諸伴言、月今日死、落在井中。當共出之。莫令世間長夜闇冥。共作議言、云何能出。時獼猴主言、我知出法。我捉樹枝、汝捉我尾、展轉相連、乃可出之、時諸獼猴、即如主語、展轉相捉、樹弱枝折、一切獼猴、墮井水中。」

【井河】（譬喻）為譬身無常之二喻。井者謂人於曠野為醉象所逐、攀樹而入井也。見鼠條。河者如涅槃經所謂「譬如河岸臨峻大樹、若遇暴風、必當顛墜、善男子人亦如是、臨老峻岸、死風忽至、勢不可住」也。釋門歸敬儀中曰「井河引喻、逼形器於剎那」。

【井華】（雜語）後夜之井水、謂之華水。見華水條。

【井驢】（公案）井戶與驢馬也。曹山錄曰、「師問德上座曰、佛眞法身猶如虛空、應物現形如水中月、作麼生說應底道理。德曰、如驢覷井。山曰、只道得八成。德曰、和尚作麼生。山曰、如井覷驢。」

【天】（界名）梵名提婆。Deva 又名素羅。Sura 光明之義、自然之義、清淨之義、自在之義、最勝之義。受人間以上勝妙果報之所、其一分在須彌山中、其一分遠在蒼空、總名之為天趣。六趣之一也。又不拘其住處、指一切之鬼神、名為天、如鬼子母神、謂之鬼母天。又一切好妙之物、名為天、如人中之好華、謂之天華。大乘義章六末曰、「天者如維心釋、有光明故、名之為天。此隨相釋。又云天者淨故名天、天報清淨、故名為淨。若依持地、所受自然、故名為天。」義林章六本曰、「神用光潔、自在名天。」法華文句四曰、「天者天然、自然勝、樂勝、身勝、故天為勝、衆事悉勝餘趣、常以光自照、故名為天。」止觀四曰、「自然果報、名為天。」婆娑論百七十二曰、「於諸趣中、彼趣最勝、最樂、最善、最善、最妙、高故名為天。」嘉祥金光明經疏曰、「外國呼神亦名為天。」智度論曰、「天竺國法、名諸好物皆為天物。」

【三種天】（名數）一名天、如人中之王、稱為天王天子、假名為天也。二生天、如四王天乃至非想天、為衆生可生之天處、即六趣中之天趣也。三淨天、三乘之聖者、斷煩惱而清淨無垢者、如聲聞之預流果已上乃至佛也。見智度論七。

【四種天】（名數）一世間天、與上之名天同。二生天、與上之生天同。三淨天、預流果至辟支佛之諸聖者也。四義天、十住已上之菩薩能悟解大乘深義者。此四種天中、獨不攝佛。見涅槃經二十三。一名天、即上之世間天也。二生天、即上之生天也。三淨天、諸聖者之在人中者、與三種天中之淨天同。四生淨天、生於天中之諸聖者也。見智度論二十二。

【五種天】（名數）涅槃經二十三明四種之天。同十八明生天與第一義天之二種、其中生天以在四種中、合二處所明為五天、即於彼四種加第一義天、為第五也。第一義天是吼及佛所證之涅槃。經曰「第一義天謂諸佛菩薩常不變易。以常住故。不生不老不病不死。」

【天人】（術語）天與人。即六趣中之天趣與人趣也。無量壽經上曰「天人歸仰」、又曰「諸天世人」。法華經寶塔品曰「移諸天人置於他土」㊁（天名）天上之人。天界生類之總稱。如天人之五衰等。

【天人散花屍上】（傳說）天尊說阿育王譬喻經曰「昔有人在道上行。見道有一死人。鬼神以杖鞭之。行人問言。此人已死。何故鞭之。鬼神言是我故身。在生之日不孝父母。事君不忠。不敬三尊。不隨師父之教令。我墮罪苦痛難言。悉我故身故來鞭耳。稍稍前行、復見一死人。天神來下、散華於死人屍上。以手摩挱之。行人問言。觀君似是天。何故摩挱是死屍。答曰是我故身。生時之日孝順父母。忠信事君。奉敬三尊。承受師父之教令。我神得生天。皆是故身之恩。是以來報之耳。」

【天人師】（傳說）如來十號之一。梵語曰舍多提婆摩菟舍喃。Deva-manusya-śāstr 爲天與人之教師。故名天人師。智度論二曰「復名舍多提婆摩菟舍喃、舍多秦言教師。提婆言天。摩菟舍喃言人。是名天人教師。云何名天人教師。佛示導是應作是不應作。是善是不善。是人依教行、不捨道法。得煩惱解脫報。是名天人師。問曰。佛能度龍神等墮餘道中生者。何獨言天人師。答曰。度餘道中生者少。度天人中生者多。」

【天人五衰】（術語）見五衰條。

【天人致敬願】（術語）阿彌陀佛四十八願中之第三十七願、或曰人天人致敬願、或云天人致敬願。

【天子】（雜名）前世修中品下品之十善。生於人中爲國王者、爲諸天所護持、故名天子。仁王經上曰、「十善菩薩發大心。長別三界苦輪海。中下品善粟散王。上品十善鐵輪王」。金光明經三曰、「雖在人中生爲人王。以天護故。復稱天子」㊁欲界第六天之主曰天子。如天子魔是也。

【天子魔】（天名）四魔之一、欲界第六天（即他化自在天）之天主及天民障礙佛道者。智度論五曰、「四者他化自在天子魔（中略）常一心故。一切處心不着故。入不動三昧故。破他化自在天子魔」

【天子業魔】（天名）四魔之一、天子魔也。以前世之業感此魔報、故謂之業。

【天上】（雜名）欲界之六欲天及色界無色界之諸天也。

【天上天下唯我獨尊】（雜語）佛初生時之語、是三世諸佛之常法也。長阿含經一曰。「佛告比丘。諸佛常法。毘婆尸菩薩當其生時。從右脅出。專念不亂。從右脅出墮地行七步無人扶持。遍觀四方、舉手而言、天上天下唯我爲尊。要度衆生生老病死。此是常法。」瑞應經上曰、「到四月八日夜明星出時。化從右脅生墮地。卽行七步。舉右手住而言。天上天下唯我獨尊。三界皆苦。何可樂者。」因果經一曰、「菩薩卽便墮蓮花上。無扶持者自行七步。舉其右手而師子吼。我於一切天人之中最尊最勝。無量生死於今盡矣。此生利益一切人天。」無量壽經上曰、「捨彼天宮降神母胎。從右脅生。現行七步。光明顯曜普照十方無量佛土。六種震動。舉聲自稱吾當於世爲無上尊。」智度論三十八曰、「佛自說菩薩本起。菩薩初生時行七步。口自說言。我所以生者。爲度衆生故。言已默然。乳哺三年。不行不語。漸次長大。行語如法。一切嬰兒小時未能行語。漸次長大。能具人法。今云何菩薩初生能行能語。後便不能語。當知是方便力故。」

【天女】（天名）梵語曰泥縛迦儞也 Devakanyā 欲界六天之女性也。色界以上之諸天無婬欲、故無男女之相。

【天女散華】（故事）維摩經天女散華、華著舍利弗等之體。去之而不能去。見天華條。

【天口】（術語）婆羅門之法以火爲天之口。火燒供物則諸天得食之云。是護摩供之所由來。百論疏上之中曰、「再供養火爲欲生福。外道謂火是天口。故就朝瞑二時再供養火。問外道何故謂火法天口耶。答俱舍論云、有天從火中出語言。諸天口中有光明。謂言是火。故云天口。（中略）正燒蘇等千八種物。令香氣上達諸天。天得食之、令人獲福。將欲燒時。前遣人咒。然後燒。」章安之涅槃經會疏三十二曰、「火天者火是天口。若供養之、但燒魚肉烟氣至天。天得此氣、故是天口。」

【天弓】（雜名）虹之異名。玄應音義二十二曰、「天弓亦言帝弓。卽天虹」。

【天下半】（雜語）陳釋眞觀通禮詩儒道羣經。又涉琴棊。沙門洪偃稱其具八能。時人語曰、錢塘有眞觀。當天下一半。

【天王】（天名）欲界六天之最下天、在須彌山半腹之四方。有天主四人、謂之四天王。東曰持國天王。南曰增長天王、西曰廣目天王。北曰多聞天王。

【天王堂】（寺名）陔餘叢考三十四曰、「按談藪記曰、唐天寶間番寇西安。詔不空三藏誦咒禳之。忽見金甲神人。不空云、此毘沙門天王第二子獨健、往救矣。後西安奏捷。亦云西北有天王現形勝之。朝廷因敕諸道立像。郎瑛謂今佛寺有天王堂始此也。又括異志宋建炎中敵將屠秀州。天王現於城上。大若數間屋。遂懼而引去。因建天王樓於城西北隅。」

【天王如來】（佛名）提婆達多未來成道時之佛名也。彼既生墮無間地獄。當時弟子皆以彼爲極惡人。佛言彼爲權者。往昔爲阿私仙時受持法華經。我於其時依彼聞法華經。故今日得成佛。彼實非惡人。爲權誡世人作逆罪耳。故今在地獄。未來必當成道。號天王如來。是法華經提婆達多品所說。經曰「告諸四衆。提婆達多却後過無量劫。當得成佛。號曰天王如來。」因過去有天王如來。以俗形成佛。是異例也。自在菩薩經下曰。「過去燃燈佛前威德佛、提沙佛、光明佛前。有佛號天王如來。（中略）是天王佛及諸菩薩不著袈裟。皆著自生淨沙天衣。」智度論曰「如天王佛衣服儀容與白衣無異。不須鉢食。」

【天王太子辟羅經】（經名）一卷、失譯人名。天王之太子名辟羅、由天飛來詣佛所。佛爲說善惡應報之義。

【天中天】（術語）佛之尊號。天爲人之所尊。佛更爲天之所尊。故曰天中天。又天有五種。第五之第一義天即佛也。佛爲天之至極。故曰天中天。又爲佛之小字。釋氏要覽中曰「一日抱太子謁釋迦增長大天神廟。廟神石爲像。即起禮太子足。王曰。我子於天神中更爲尊勝。宜名天中天。」法華經化城喩品曰「聖主天中天。」

【天台山】（地名）在浙江省台州天台縣之西。仙霞嶺脈之東支也。形勢高大。西南接括蒼雁蕩。西北接四明金華。蜿蜒東海濱。如衣之有緣。隋智者大師依此山而開闢一宗。因之有天台宗之名。觀音玄義記一曰。「天台山者即大師棲身入寂之所。」輔行一曰「台者星名。其地分野應天三台。故以名焉。」大明一統志四十七曰。「天台山在天台縣西一百一十里。道書是山上應台星。超然秀出。有八重視之如一帆。高一萬八千丈。周迴八百里。」

【天台宗】（流派）隋智者大師入寂於天台山。故曰天台大師。天台大師所立名天台宗。此宗以法華經爲本經。以智度論爲指南。以涅槃經爲扶疏。以大品經爲觀法。因而明一心三觀之妙理也。先是本宗第一祖北齊慧文。依中觀論始發明此妙理。以授第二祖南岳之慧思。慧思傳之第三祖天台之智者。智者曰傳道在行亦在說。於是講說三部。一玄義。是說一家之教相者。二文句。是解法華之經文者。三止觀。是示一心之觀行者。一宗之教觀備於此。因以此師顯宗名。次有第四祖章安之灌頂。筆受天台之講說三部之書成於此、一宗之典型永存。自章安歷第五祖法華之天宮、第六祖左溪之三師、至第七祖荊溪之湛然。荊溪崛起中唐、作釋籤、疏記、輔行、次第釋彼三部、又著金錍義例諸書、排他邪解。由荊溪八傳至宋之四明、是時台宗萎微不振。四明解行兼至、再興一宗。而天台始分爲山家山外二流。山家爲四明之正傳、以忘心爲觀境、及說事造之三千。山外以慈光之悟恩爲祖、以眞心爲觀境、且不許事造之三千。四明既顯揚山家之正宗、而受之者爲廣智、神照、南屏等、源源不絕、且傳至日本、流布甚廣。而山外之流、不久湮滅。

【天台律】（流派）大乘圓頓戒也。

【天台八敎】（術語）天台宗之敎相判釋、立化儀四敎與化法四敎。合爲八敎。詳見八敎條。

【天台九祖】（名數）佛祖統紀於台宗立東土之九祖、第一祖龍樹菩薩、第二祖北齊禪師、第三祖南岳禪師、第四祖智者禪師、第五祖章安禪師、第六祖法華禪師、第七祖天宮禪師、第八祖左溪禪師、第九祖荊溪禪師。龍樹菩薩雖生於印度、然北齊禪師依其中觀論承其旨、故取之爲高祖。

【十祖】（名數）於上之九祖加道邃爲十祖。是爲荊溪尊者之弟子、日本傳敎大師之師、日本天台宗列之爲祖。

【天台大師】（人名）天台宗之開祖、名智顗、於天台山之石城入寂、稱爲天台大師。詳見智顗條。

【天台四敎】（術語）天台宗之敎相判釋、立化儀四敎與化法四敎、四敎之名通於兩種、其實八敎也。見五時八敎條。

【天台四相承】（術語）謂圓頓戒相承、止觀業相承、遮那業相承、達磨相承也。

【天台四敎儀】（書名）一卷。高麗沙門諦觀撰。以灌頂之八敎大意爲宗、更詳名相。且略前三敎之十乘而明圓敎之十乘。本書之註述如下。天台四敎儀集註十卷、（元南天竺沙門蒙潤集）。科天台四敎儀一卷、（元南天竺沙門蒙潤科）天台四敎儀註略二卷（明雲間沙門文石註）。

【天台八敎大意】（書名）一卷、灌頂撰。述一宗所立化儀化法八敎之大意者。

【天台四大釋例】（術語）解釋經之文句、天台大師所用四種之方法。一因緣釋、或云感應釋。究佛與衆生之關係因緣而解釋者。二約敎釋、以一文句參照藏通別圓四敎而解釋者。三本迹釋、以一文句參照本迹二門而解釋者。四觀心釋、以一文句適用於自己之心、觀其心而解釋者。

【天台傳佛心印記】（書名）一卷。元虎谿沙門懷則述。說深明性具之圓宗、直指人心、使見性成佛者。註二卷、明傳燈註。

【天台韶國師】（人名）吳越王之爲師也。三十二祖傳曰、「德韶、處州龍泉人。族陳氏、法眼之法嗣也。入天台山、建寺院、大興玄妙之宗。吳越王錢元瓘尊爲國師。時天台智者敎典散落、惟新羅國有全本。往彼國繕寫備足、入藏。傳法弟子百餘人。永明壽爲上首。嘗以涅槃四種開示學者。曰聞聞、聞不聞、不聞聞、不聞不聞。諸方目爲四料揀。清雍正十二年封妙慈圓徹禪師。」

【天仙】（術語）天人與神仙也。理趣分述讚中曰、「五趣之極曰天。人有神德曰仙。」大日經疏二曰「天仙謂諸五通神仙。」法華懺法曰、「菩薩聲聞緣覺衆及一切天仙」。

【天主】（天名）諸天之帝主也。最勝王經八曰「有王法心論名天主敎法」

【天耳】（術語）爲色界諸天人所有之耳、根能聞六道衆生之語言及遠近麤細一切之音聲者。是由色界所屬清淨之四大而成也。

【天耳通】（術語）天耳智證通之略。

【天耳智】（術語）天耳與識相應之智慧也。

【天耳智通】（術語）天耳智證通之略。

【天耳智證通】（術語）六通之一。以與天耳相應之智慧。證知一切之聲境而通達無礙者。略云天耳通。俱舍光記廿七曰、「天眼天耳是所依根。智是二識相應慧。智緣二境無壅。名通。從根及能證爲名天眼智證通天耳智證通。」此天耳通有修得報得二種。修得者在於人界修四禪定。依定力發得彼天界之四大於肉眼上。因使爲天耳之用者。報得者座於色界之四禪爲彼天之果報而自得之、猶如人界之肉眼者。法界次第中上曰、「修天耳者。若於深禪定中發得色界四大清淨造色。住耳根中。卽能聞六道衆生語言及世間種種音聲。是如天耳通。」

【天耳智通願】（術語）阿彌陀佛四十八願中之第七願。使極樂之往生人皆得天耳通之願也。無量壽經上曰、「設我得佛。國中人天不得天耳、下至聞百千萬億那由他諸佛所說不悉受持者、不取正覺。」

【天衣】（衣服）天人之衣。其量至輕者。瓔珞本業經下曰、「淨居天衣重三銖。」長阿含經二十曰、「忉利天衣重六銖。」智度論三十四曰、「四天王衣重二兩。忉利天衣重一兩。（中略）色界天衣無重相。」

【天衣拂千歲】（譬喩）假盤石劫之喩以示時之長也。瓔珞本業經下曰、「譬一里二里乃至十里石。方廣亦然。以天衣重三銖人中日月歲數。三年一拂、此石乃盡、名一小劫。若一里二里乃至四十里。亦名小劫。」智度論五曰、「劫義佛譬喩說。四十里石山有長壽人百歲過。持細軟衣一來拂拭。令是大石山盡。劫故未盡。」是名盤石劫。

【天衣懷】（人名）三十二祖傳曰、「義懷。北宋眞仁間人。永嘉樂淸陳氏子也。長遊京師。依景德寺爲行童。天聖中試經得度。至姑蘇。禮明覺於翠峯。因汲水折擔。忽然有悟。其後七坐道場、化行海內。崇寧中勅諡振宗禪師。清雍正十二年封圓湛振宗禪師。」

【天有】（術語）七有之一。依過去之戒定等因而感得現在之天界樂果也。因果不失故名有。大藏法數曰、「天者天然自然、樂勝身勝也。謂衆生由過去戒定之因、感現在快樂之果不亡、故名天有。」

【天如】（人名）元沙門名惟則、號天如。得法於中峯、住姑蘇之師子林。註楞嚴集唐宋之九解、附以補註、稱為會解、盛行於世。交光之楞嚴正脈疏曰、「自元末及今二百餘年、海內講聽楞嚴者、惟知有會解、而他非所尚。」馮夢禎之本住白文序曰、「是經譯梵以來、疏解者十餘家、唯天如會解、學者翕然宗之、以為是足盡楞嚴矣。不知是天如之楞嚴、非如來所說之楞嚴也。」

【天行】（術語）涅槃經所說五行之一。天者第一義天、天然實相之理也。菩薩依天然實相之理、而成妙行、故曰天行。

【天住】（術語）三住及四住之一。

【天地鏡】（書名）照天地實相之明鏡也。仁王經下曰、「是般若波羅蜜是諸佛菩薩一切衆生心識之神本也。（中畧）亦名護國珠。亦名天地鏡。」嘉祥疏六曰、「天地鏡者、般若照世界無所有故。」

【天地記經錄】（書名）立世阿毘曇論之異名。

【天竺】（地名）印度之古稱。西域記曰、「天竺之稱、異議糺紛。舊云身毒、或云賢豆。今從正音、宜云印度。」玄應音義曰、「竺今作篤。或言身毒、或言賢豆、皆訛也。正言印度。印度名月。一說、云賢豆本名因陀羅婆他那、此云主處、謂天帝也。」希麟音義曰、「竺音篤。或云身毒、或云賢豆、或云印度、皆訛。正云印特伽羅、此云月。」又（山名）在浙江杭州靈隱山飛來峯之南、分上中下三竺、有三天竺寺。三面阻山、中路直闢、若函谷然。長松夾道、唐刺史袁仁敬所植、凡九里、名九里松。山即此。又（寺名）在浙江杭州。寺有三。一在飛來峯南、曰下天竺寺。一在稽留峯北、曰中天竺寺。均隋建。一在北高峯麓、曰上天竺寺。吳越建。

【天竺衣】（衣服）舊律南山家之三衣、謂之南山衣。新律義淨家之三衣、謂之天竺衣。

【天竺三時】（雜語）印度以一歲分為三期而立名者、亦云三際。熱時（Grīsma）為正月十六日至五月十五日之間。雨時（Varsakāla）為五月十六日至九月十五日之間。寒時（Hemanta）為九月十六日至正月十五日之間。此三期冥加世尊三時殿名之所由起也。更二分此三時、為六時。漸熱時（Vasanta）正月十六日至三月十五日。盛熱時（Grsima）三月十六日至五月十五日。雨時。五月十六日至七月十五日。茂時（Sarada）七月十六日至九月十五日。漸寒時（Hemanta）九月十六日至十一月十五日。盛寒時（Siśira）十一月十六日至正月十五日。以之配於制怛羅月（Caitra）吠舍佉月（Vaiśakha）逝瑟吒月（Jyaistha）頞沙荼月（Āsāḍha）室羅伐拏月（Srāvana）婆達羅鉢陀月（Bhādrapada）頞濕縛庾闍月（Aśvayuja）迦剌底迦月（Karttika）末伽始羅月（Mārgaśīrṣa）報沙月（Pauṣa）磨伽月（Māgha）頗勒窶拏月（Phālguna）。十二月、由此分春夏秋冬之四時。翻譯名義集曰「如來聖敎、歲爲三時。」

【天竺五山】（名數）見五山十剎條。

【天竺九儀】（名數）印度九種之禮法。西域記曰「天竺致敬之式、其儀有九。一發言慰問。二俯首示敬。三擧手高揖。四合掌平拱。五屈膝。六長跪。七手膝踞地。八五輪俱屈。九五體投地。凡斯九等、極惟一拜。跪而讚德、謂之盡敬。」

【天狗】（異類）本爲彗星之名、其名出漢書。梵語曰憂流迦、正法念經翻爲天狗。亦彗星之名也。正法念經十九曰、「一切身分光焰騰赫。見此相者皆言憂流迦下。魏言天狗下。」

【天使】（天名）閻魔王之使。天者自然之義。發自自然之業道而警告世者、譬之曰天使。經中說三天使、五天使。

【三天使】（名數）老病死也。起世經四曰「有三天使在於世間。所謂老病死也。（中略）爾時世尊說此偈言。衆生造作惡業已。死後墮於惡趣中。時閻魔王見彼來。以悲愍心而訶責。汝昔在於人間時。可不見於老病死。此時天使來告示。云何放逸不覺知。縱身口意染諸塵。不行施戒自調伏」

【五天使】（名數）佛說閻羅王五天使者經說五天使、於三天使加生與王法之牢獄者。又云五大使者。

【天帝】（天名）忉利天之帝主、姓釋迦氏、謂之天帝釋。又云帝釋天。淨影維摩經疏曰「帝猶主也。忉利天主名爲天帝」

【天帝生驢胎】（傳說）輔行四曰、「法句經云、昔有天帝自知命終生於驢中、愁憂不已。云救苦厄者唯佛世尊。便至佛所稽首伏地、歸依於佛。未起之間、其命便終、生於驢胎。轄斷破他陶宗坏器。器主打之、遂破其胎、還入天帝身中。佛言殞命之際歸依三寶、罪對已畢。天帝聞之得初果」

【天帝弓】（雜名）虹之異名。往生要集中本曰「雙眉皎淨似天帝弓」玄應音義二十一曰、「天弓亦言帝弓、卽天虹也」

【天帝釋】（天名）忉利天之主、姓釋迦、名天帝釋、又云帝釋天。

【天帝釋城】（雜名）帝釋天之宮城

也名善見城。又名喜見城。

【天食】（飲食）欲界天之食物須陀味也。起世經七曰「四天王天并諸天衆。皆用彼天須陀之味（中略）欲食時卽於其前有衆寶器自然成滿天須陀味。種種異色。諸天子中有勝堂者。其須陀味食色最白淨。若彼天子果報中者。其須陀味色則稍赤。若彼天子福德下者。其須陀味色則稍黑。時彼天子以手取天須陀味內其口中。此須陀味既入口中已。卽自漸漸消融變化。譬如酥及生酥擲置火中」維摩經一曰「如諸天共寶器食。隨其福德飲食有異」

【天食時】（術語）見四食時條。

【天眞】（術語）天然之眞理。非人之造作者。止觀一曰「法門清妙爲天眞獨朗。爲從藍而青」同輔行曰「理非造作故曰天眞。證智圓明故云獨朗」寶鏡三昧歌曰、「天眞而妙不屬迷悟」安樂集上曰、「理出天眞、不假修成、名爲法身」

【天眞佛】（術語）法身佛之異名。謂衆生本具之理性、天眞獨朗者。證道歌曰、「法身覺了無一物本源自性天眞佛」宗鏡錄十六曰、「祖佛同指此心而成於佛。亦名天眞佛法身佛性佛如如佛」同三十一曰、「寒山詩云。寒山居一窟。窟中無一物。淨潔空堂堂。皎皎明如日。糲食資微軀。布裘遮幻質。任汝千聖現。我有天眞佛」

【天眞獨朗】（術語）日本傳教大師在唐時、道邃和尚傳授觀心之口訣、有此語。謂爲一言之一心三觀。天眞者謂本體不生也。吾人之一心一念、尋其本來不生而無相也。獨朗者吾人悟入此天眞、則本來無生死涅槃之別、宇宙朗然而光明、凡身卽大覺之佛也。

【天香】（物名）天上之香。又人中之妙香亦云天香、如人中之好華曰天華。法華經法師功德品曰、「亦聞天上諸天之香」

【天界】（界名）見天道條。

【天皇】（寺名）唐荊州天皇寺之道悟禪師。石頭希遷之法嗣也。見傳燈錄十四。

【天冠】（物名）殊妙之寶冠、非人中所有。故云天觀。無量壽經曰、「頂上毘楞伽摩尼寶以爲天冠」

【天神】（天名）梵語曰泥縛多。Devatā 爲梵天、帝釋等一切天衆之總稱。無量壽經下曰「如是衆惡、天神記識」

【天神地祇】（術語）欲界所屬之夜叉等、又色界已下諸天衆之屬隸也。又時爲梵天帝釋等之通稱。地祇者乃人間之鬼神、堅牢地神、八大龍王等也。法華經曰、「諸天神龍王阿修羅等」無量壽經私記曰、「言禮者云事邦國之鬼神及天神地祇」

【天宮】（界名）梵語曰泥縛補羅。Devapura 天人之宮殿也。圓覺經曰「地獄天宮皆爲淨土。有性無性齊成佛道。」

【天宮寶藏】（雜名）經藏之異名。兜率天內院彌勒菩薩之處、收藏一切經、謂之天宮。佛滅後法藏漸隱沒於二處、一天宮、一龍宮。釋門正統三曰、「今稱龍宮海藏者、乃約龍樹入海而言。又稱天宮寶藏者、乃附慈氏居處而說。」

【天鬼】（異類）六趣中之天趣與鬼趣也。二教論上曰、「天鬼見別、人鳥明暗。」

【天乘】（術語）五乘之一。能修十善、乘之而生於欲界之六天、能修禪定、乘之而生於色界無色界之諸天、是名天乘。

【天師】（雜名）天子之師也。佛祖統紀五十一曰、「玄宗沙門一行號稱天師。」

【天根】（術語）大自在天之幖幟、其形爲男根者。現今印度教西拔派之神體也。續高僧傳玄奘傳曰、「至劫比他國、俗事此自在天。其精舍者高百餘尺、中有天根、形極偉大。謂諸有趣由之而生、王民同敬不爲鄙恥。諸國天祠率置此形。」

【天祠】（術語）祠大自在天等天部之處。

【天眼】（術語）五眼之一。爲天趣之眼、故名天眼。以色界四大所造清淨之眼根、前知麤細遠近一切之諸色、及衆生未來生死之相者。此有修得生得之二種、在人中依禪定於肉眼上彼修得淨眼者、謂爲修得之天眼、生於色界諸天自得此淨眼者、謂爲生得或報得之天眼。智度論五曰、「於眼得色界四大造清淨色、是名天眼。天眼所見、自地及下地六道中衆生諸物、若近若遠若麤若細諸色、莫不能照。是天眼有二種、一者從報得、二者從修得。」大乘義章二十本曰、「天趣之眼、故名天眼。」觀無量壽經曰、「未得天眼、不能遠觀。」無量壽經下曰、「天眼通達、無量無限。」

【天眼力】（術語）佛所得十力之一。佛所得之天眼也。爲了了分明、無能壞、無能勝者、故云力。

【天眼明】（術語）阿羅漢所得三明之一。天眼通之更爲明了者。天眼通凡聖皆能得之、天眼明非聖者不能得。

【天眼通】（術語）六通之一。以色界天趣清淨之四大所造之眼根、而知遠近粗細之形色、及六道衆生之死此生彼、通達無礙者。有修得報得二種。見天眼條。今催眠術家亦有此名目、日本謂之千里眼。

【天眼智】（術語）以天眼知物之智也。

【天眼智通】（術語）天眼智證通之略。

【天眼智證通】（術語）俱舍論二十七敍六通、謂神境智證通乃至漏盡智證通也。六通悉以智爲體、智慧爲證知事物分別通達無礙之力用者。故謂之智證通。依天眼與眼識相應所起之智慧證知所對之境通達無礙、是爲天眼通。

【天眼智通願】（術語）彌陀如來四十八願中之第六使極樂往生人得天眼通之願也。無量壽經上曰、「設我得佛國中人天不得天眼下至不見百千億那由他諸佛國者不取正覺」

【天華】（雜名）天上之妙華。又人中之好華如天物者亦曰天華。心地觀經一曰、「六欲諸天來供養天華亂墜徧虛空」。法華經譬喩品曰、「諸天妓樂百千萬種於虛空中一時俱起雨諸天華」。智度論九曰、「云何爲天華天華芬熏香氣逆風。復次天竺國法名諸好物皆名天物。雖非天上華以其妙好故爲天華」。

【天華著舍利弗衣】（傳說）維摩經觀衆生品曰、「時維摩詰室有一天女見諸大人聞所說法、便現其身卽以天華散諸菩薩大弟子上。華至諸菩薩、卽皆墮落。至大弟子便著不墮。一切弟子神力去華不能令去。爾時天女問舍利弗、何故去華。答曰、此華不如法是以去之。天曰勿謂此華爲不如法、所以者何、是華無所分別仁者自生分別想耳。若於佛法出家有所分別爲不如法、若無所分別是則如法。觀諸菩薩華不著者已斷一切分別想故。譬如人畏時、非人得其便。如是弟子畏生死故色聲香味觸得其便也已離畏者一切五欲無能爲也」

【四種天華】（名數）法華經所說六瑞中雨華瑞由天雨四種之華。法華經序品曰、「佛說此經已、結跏趺坐。入於無量義處三昧。身心不動。是時天雨曼陀羅華、摩訶曼陀羅華曼殊沙華、摩訶曼殊沙華、而散佛上及諸大衆」。譯者如其次第、譯爲白華大白華赤華大赤華。

【天衆】（術語）總稱梵天帝釋等凡屬天部之種類。

【天衆五相】（術語）見五衰條。

【天部】（術語）諸天之部類也。爲住於天界者之總稱。

【天部善神】（術語）謂梵天、帝釋、四天大王、守護佛法之天界善神也。

【天授】（人名）提婆達多之譯名。西域記六曰、「提婆達多唐言天授斛飯王之子也」。

【天堂】（雜名）天上宮殿也。遺敎經曰、「不知足者雖處天堂亦不稱意」。法華玄義一曰、「釋論云三界無別法唯是一心作。心能地獄。心能天堂。心能凡夫心能賢聖」三論玄義曰、「若必無因而有果者。則善招地獄惡感天堂」。

【天堂地獄】（雜名）宗敎家謂善人死後、當升天堂受諸福樂。惡人則入地獄、受諸苦痛也。宋史曰、「要天堂以就善。曷若服義而蹈道。懼地獄以敕身。孰與從理以端心。」

【天梯山】（地名）天台山之異名。輔行一曰、「有云本名天梯。謂其山高可登而昇天。後人訛傳。故云天台。」

【天童】（天名）護法諸天現童形而給侍於人者。釋門正統八曰「天童給侍。」法華經安樂行品曰「天諸童子以爲給使。」

【天童山】（地名）一作天潼山。在浙江鄞縣六十五里。甚高秀。有玲瓏岩龍隱潭諸勝。本名太白山。以太白星化爲天童降下。故名天童山。我國五山之一。天童寺在焉。佛祖統紀三十七曰、「晉永康中。沙門義興廬於山上。有童子來給薪水。曰吾太白星也。上帝遣侍左右。言訖不見。」大明一統志四十六曰「天童山在寧波府城東六十里。」天童寺又名弘法寺。

【天尊】（術語）佛之異名。涅槃經謂天有五種、佛爲第一義天、是天中之最尊者。故云天尊。無量壽經上曰、「今日天尊行如來德。」同淨影疏曰、「天尊是佛異名。天有五種。如涅槃說。佛於五天中上。故曰天尊。」

【天須菩提】（人名）三須菩提之一。佛弟子中有三須菩提。此其中之一人也。增一阿含經三曰「喜著好衣。行本清淨。天須菩提」

【天督】（國名）卽印度之訛。

【天鼓】（物名）忉利天之善法堂。有鼓不擊而自發妙音者。唐華嚴經十五曰、「忉利天中有天鼓。從天業報而生。得知諸天衆放逸時。空中自然出此音。一切五欲悉無常。如水聚沫性虛僞。諸有如夢如陽焰。亦如浮雲水中月。（中略）三十三天聞此音。悉共昇善法堂。帝釋爲說微妙法。咸令順寂除貪愛。」法華經序品曰、「天雨曼陀華天鼓自然鳴。」又佛之異名。嘉祥法華義疏一曰、「外國名佛以爲天鼓。賊欲來時天鼓則鳴。賊欲去時天鼓亦鳴。天鼓鳴時諸天心勇。天鼓鳴時修羅懼怖。衆生煩惱應來。佛則爲說法。衆生煩惱應去。佛則爲說法。佛說法時弟子心勇。佛說法時諸魔懼怖。天鼓無心能爲四事。如來雖說亦復無心。是故名佛以爲天鼓也。」

【天鼓雷音佛】（佛名）Divyadundubhimeghanirghoṣa 胎藏界五佛之一。住於中臺八葉院北方之葉上。結金剛部之定印。主大涅槃之德。金剛界謂之不空成就。卽與釋迦同體。是四法身中之等流身也。大日經眞言品稱爲不動佛。同入秘密曼茶羅位品稱爲鼓音如來。善無畏三藏以爲不動（梵語阿閦）之名。或爲義立。或爲經文之誤。天鼓雷音之名。出於秘藏記。若約於義立則稱涅槃不生不滅之德。謂之不動。鼓音之義。如天鼓之無形相而能一切法音。佛之大涅槃作無作之妙用、非如小乘之寂滅、故以天鼓爲譬也。大日經疏四曰、「次於北方觀不動佛作離熱淸凉住於寂定之相。此是如來涅槃智。是故義云不動。非其本名也。本名應云鼓音如來。如天鼓都無形相亦無住相而能演說法音、警悟衆生。大般涅槃亦復如是、非如二乘永寂都無妙用。故以爲喩也。」同入秘密曼荼羅位品疏(疏卷十六)曰、「北方鼓音佛。(前爲阿閦今改置此名也。)」同疏二十曰、「又前云北方阿閦者、經誤也。此是瑜伽義。與此不相應。以鼓音佛爲定也。(此二處之文、指前段謂爲北方不動佛之經文以阿閦此翻不動也。)秘藏記末曰、「北方天鼓雷音如來。赤金色入定之相。」

【種子】(術語)　爲第四點之阿𑖀𑖾。以此爲五轉中第四、第四轉入涅槃之種子故也。

【印相】(術語)　胎曼大鈔一曰、「左手作擧仰置臍。右手覆掌安臍上。」謂爲金剛部之定印。

【天道】(界名)　六道之一。與天趣同。欲界有六重之天、並色界無色界之諸天是也。其依處在諸趣之頂、故謂之天。身有光明、故謂之天。果報最勝、故謂之天。爲有情輪迴之道途、故謂之道。趣者所趣向也。又(術語)自然之道、法爾之理、謂之天道。與儒言天道同。無量壽經下曰、「天道自然不得蹉跌。」又曰、「天道施張自然化擧。」同淨影疏曰、「凡在世間天下諸理自然施立。是故名爲天道施張。」

【天畫】(雜名)　謂天上之妙畫、非人中所有者。觀無量壽經曰、「有八萬四千脈。猶如天畫。」

【天愛】(術語)　愚者之異名。世間最勝者、無過於天。指至愚爲天、猶指貧人而呼爲富者、指痴鈍而呼爲聰明、調弄之辭也。此痴天當憐之、故云天愛。又一說、其人愚痴無所取、但爲天所愛、僅得自存、故云天愛。唯識樞要上末曰、「天愛者梵云沒劫 Moha 此名爲愚。愚有三名。一提婆 Deva 此云天。二曬縛 Jvala 此云光明。三鉢剌闍鉢底 Prajāpati 此云天生主。(中略)世間之勝莫過於天。世間之劣莫過愚者。喚愚爲天、調之故也。喚奴爲郞若等。光明者照了義。愚人痴闇、調喚爲光明。如名貧人爲富財物。亦如喚鈍人爲聰明物。梵王世間皆計爲父、猶彼所生、但知端坐、雖生一切、都無動作。痴人喩彼、雖被駈使百種皆作、都無所知、無小別識。劣從勝號、名曰生主。」唯識述記二末曰、「言天愛者、以其愚癡無可錄念、唯天所愛、方得自存。如言此人天矜故爾。故名天愛。」

【天意樹】(雜名)　天上之如意樹也。慧琳音義二十五曰、「天意樹、諸天有樹隨天意轉、所求皆遂、故得名也。」

【天蓋】（物名）蓋佛之頭上以避雨露塵埃者。原係天人之供養。故云天蓋。又垂於頭之上方者。亦曰天蓋。禮讚曰、「天來香蓋捧人去寶衣齋。」見蓋條。

【天獄】（界名）天宮與地獄。秘藏寶鑰下曰、「不知自心爲天獄。豈悟唯心除禍災。」

【天語】（術語）婆羅門自以梵語稱爲天語。謂梵天之語也。釋迦方誌上曰、「五天竺諸婆羅門書爲天書。語爲天語。」戒本疏一上曰、「天地初闢、未有人物。色有梵王。降生此土。仍傳本習書語於人。是則天語天書。」

【天壽】（寺名）寺號也。宋贊寧於端拱元年在左街天壽寺上宋高僧傳三十卷。故彼書一稱天壽史。

【天趣】（界名）六趣之一。與天道同。

【天德瓶】（物名）天上之德瓶也。探玄記二十曰、「天德瓶者。於中所索悉皆得故。如如意珠也。」見瓶條。

【天龍】（術語）諸天與龍神。爲八部衆之二衆。天者梵天帝釋等也。龍者難陀跋難陀等也。法華經序品曰、「天龍夜叉（中略）人非人。」見天龍八部條。

【天龍夜叉】（術語）諸天與龍神及夜叉。爲八部衆中之三者。

【天龍八部】（術語）天龍爲八部衆中之二衆。八部之中以此爲上首。故標舉曰天龍八部。八部者、一天、二龍、三夜叉、四乾闥婆、五阿修羅、六迦樓羅、七緊那羅、八摩睺羅迦也。法華經提婆品曰、「天龍八部人與非人。皆遙見彼龍女成佛。」

【天龍八部讚】（經名）出於大吉祥天女十二契一百八名無垢大乘經、大雲輪請雨經、普徧光明大隨求陀羅尼經（不空譯）之卷末及毘奈耶雜事四無垢大乘經卷末曰、「天阿蘇羅、藥叉等。來聽法者應至心擁護佛法。使長存。各各勤行世尊敎。諸有聽徒來至此。或在地上或居空。常於人世起慈心。晝夜自身依法住。願諸世界常安隱。無邊福智益羣生。所有罪障並消除。遠離衆苦歸圓寂。恒用戒香塗瑩體。常持定服以資身。菩提妙華徧莊嚴。隨所住處常安樂。」

【天親】（人名）Vasubandhu 梵名婆藪槃豆。又曰婆修槃陀。譯曰天親。新作伐蘇畔度。譯曰世親。波藪譯曰世。天毘紐天之異名也。以父母求世天、親愛而名。或言爲天帝之弟。故名天親。婆藪槃豆傳曰、「婆藪槃豆者。北天竺富婁沙富羅國（譯曰丈夫國）人。佛滅後九百年而出。兄弟三人。皆名婆藪槃豆。長兄別稱阿僧伽（譯曰無着）小弟別稱比鄰持跋婆。（比鄰持母名。跋婆譯曰兒。）中子獨以通名稱。初於阿踰闍國薩婆多部出家。研學小乘。既通大毘婆沙論之義。爲衆講之、一日作一偈、共作六百偈、稱爲俱舍論。後用無着之示誨、懺悔小執之非、欲斷舌謝其罪。無着云汝既以舌誹謗大乘、更以此舌讚大乘可也。於是造唯識論等諸大乘論、弘宣大敎、壽八十、寂於阿踰闍國。」付法藏傳六曰、「尊者闍夜多臨滅度時告比丘婆修槃陀、無上妙法今付囑汝、汝當至心護持。婆修槃陀受敎、解一切之修多羅、廣化衆生。」百論序疏曰、「婆藪云天親、天親者天帝之弟也。生於閻浮提而伏修羅、是劑那舍闍人、云丈夫國、原爲小乘學、通五百部之小乘。兄阿僧伽是大乘人、見弟盛弘小乘而覆大道、特現病曰、汝罪過深重、我爲之病。弟曰若爾則是舌之過、當斷舌。曰不如更造大乘論而宣流大道。於是作五百部之大乘論、時人呼爲千部論主。」西域記五曰、「伐蘇畔度菩薩、唐言世親、舊曰婆藪盤豆、譯曰天親、訛也。」

【天親傳】（書名）婆藪槃豆傳之略名。

【天親攝論】（書名）五攝論之一。

【天樂】（雜名）天人之伎樂也。法華經化城喩品曰、「四王諸天爲供養佛、常擊天鼓、其餘諸天作天伎樂。」又（術語）三樂之一。生欲界諸天所受之歡樂也。修十善業者生天感之。見大寶積經一百一。

【天機】（術語）天然之機感也。止觀一曰、「天機秀發。」

【天樹王】（雜名）忉利天上之波利質多樹也。此樹爲樹中之王、故名曰樹王。猶言牛王鷲王等。法華經序品曰、「國界自然殊特妙好、如天樹王其華開敷。」

【天羅國】（地名）斑足王之國也。仁王經良賁疏下一曰、「梵云提婆羅、此云天羅。」梵 Devala

【天識】（術語）本性也、眞如也。劉禹錫六祖碑曰、「能使學者還其天識。」顏延之庭誥曰、「遂使業習移其天識。」

【天識論】（書名）一卷、陳眞諦譯。明衆生之識轉變爲衆生、爲諸法。

【天魔】（天名）天子魔之略稱、四魔之一。第六天之魔王也。其名云波旬、有無量之眷屬、常障礙佛道者。玄應音義二十三曰、「梵云魔羅、此譯云障、能爲修道作障礙也。亦名殺者、常行放逸而自害身故。卽第六天主也。名曰波旬、此云惡愛。卽釋迦佛出世魔王名也。諸佛出世、魔各不同。如迦葉佛時魔名頭師、此云惡瞋等也。」

【天魔外道】（術語）天魔與外道。共害佛道者。梵網經上曰、「天魔外道相視如父母。」行持鈔下一曰、「天魔外道尙不食酒肉。」

【天魔波旬】（天名）波旬者、魔王名。見天魔條四十二章經曰、「佛初成道、天魔波旬以三句嬈亂耳。」

【元因】（術語）佛本行論曰、「佛閔世人。愼勿造因。因緣生相。是爲元因。遠因結遠果。近因結近果。善因結善果。惡因結惡果。無量因結無量果。歷劫消受。」按元因今作原因。

【元品無明】（術語）又名根本無明、無始無明。迷於中道實相之理者、名爲無明、其無明有淺深麤細之別、故天台之別教分之爲十二品、圓教分爲四十二品、其中最微細深遠之元本品類、謂之元品。是一切衆生所迷之元初根本、故名根本無明、此無明與眞如之無始皆爲無始、故名無始無明。然則此元品無明、爲無始生死之根元也。若斷了而一念卽成佛之位也。見無始無明條。

【元品能治】（雜語）還治元品無明者、等覺智歟、妙覺智歟。昔有開善莊嚴之諍。開善法師言妙覺智斷、引勝鬘經無明住地、其力最大。佛菩提智之所能斷之文。莊嚴師言等覺智斷。引大經有所斷、名有上士。無所斷、名無上士之文。

【元心】（術語）絕待圓滿之一心也。爲森羅萬象之元、故謂之元心。與起信論之一心同。楞嚴經三曰、「一切世間諸所有物、皆卽菩提妙明元心。心精徧圓、含裹十方。」

【元吉樹】（植物）菩提樹之異名。輔行一之二曰、「佛樹者、亦曰元吉樹、亦曰道樹、菩提樹等。」

【元妙】（術語）涅槃之覺體、本來不可思議、故謂之元妙。楞嚴經六曰、「覺海性澄圓。圓澄覺元妙。」吳興云、「眞覺之性、譬如大海。澄滿圓融。此喻寂而常照也。復牒圓澄所喻之覺。示其本來照而常寂。故曰元妙。」

【元祖】（雜語）謂開一宗之元初祖師也。理惑論曰、「佛乃道德之元祖。」輔行一之一曰、「以此因果。共爲諸師所承元祖。」

【元辰星】（術語）或曰元神星。可稱爲本命星之裏星者。於本命星祈壽命、則於元辰星、祈官位榮祿除病惱除憂患等。又修本命星供時、宜向此元辰星之方、供養佛菩薩。本命星爲陽星、則元辰星爲當於其第八之星、本命星爲陰星、則元辰星爲當於其第六之星。如子年爲陽、丑年爲陰、寅年爲陽、卯年爲陰、可以類推。子年生者、則子年貪狼星之第八卽未方之武曲星、爲元辰星。丑年生者、則丑年巨門星之第六卽午方之破軍星、爲元辰星。亦可類推。密宗盛傳此說。見日本眞言密教聖典。

【元明】（術語）眞如之覺體本來明照、故曰元明。楞嚴經六曰、「元明照生所。所立照性亡。」又一名本明。以本覺之自性清淨心而名。楞嚴經一曰、「元明能生諸緣。」

【元照】（人名）杭州靈芝寺元照、字湛然、初依東藏慧鑑律師專學毘尼。後從神悟禪師講天台之教觀。復從廣慈之才法佛受菩薩戒、博究南山之律宗。而意篤淨業。每曰生弘律範死歸安養平生所得唯二法門而已。住靈芝三十年。宋徽宗政和六年九月一日寂。壽六十九。諡大智。唐太宗貞觀中、終南山澄照大律師道宣作戒疏羯磨疏事鈔。弘四分律。流通逾四百載、釋義近六十家。中大寺之昭慶律師允堪作會正記。獨爲盡理。最後靈芝元照以法華開顯圓意作資持記、與會正記殊途。四分一宗由是分爲兩派。見往生傳。佛祖統紀二十九。稽古略四。

【元曉】（人名）新羅國黃龍寺元曉。從湘法師入唐遊往處處。華嚴唯識、最其所達。後還化振海東。所著起信論疏、彌陀經疏等盛行於世。世稱其人爲海東師。疏曰海東疏。見宋僧傳四。

【元賢】（人名）福建建陽縣人。姓蔡、字永覺。幼修儒學、二十歲補弟子員。二十五歲、聞僧誦法華經、嘆曰、周孔之外、果別有一大事。自是留意教乘博通經典。壽昌慧經開法於邑之董岩。師隨而參禪。四十歲落髮。慧經遷化後。依止於同門之博山元來。受具戒。尋辭歸閩。舟過劍津、偶聞僧誦法華經、廓然大悟。偈曰、金鷄啄破碧琉璃、萬歇千休祇自知。穩臥片帆天正朗、前山無復雨鳩啼。時明天啟三年、九月年四十六也。崇禎六年謁聞谷廣印。受雲棲袾宏之戒本。後歸鼓山大闡洞上宗風。立身如山岳、操行如冰霜、衞道拯世。福慧圓明。咸尊稱爲古佛之再來云。清順治十四年十月七日寂。年八十。門下甚多、得法者惟爲霖道霈而已。所著有楞嚴經略疏、金剛經略疏、般若心經指掌、四分戒本約義等十餘種。見永覺賢公塔銘等。

【元藏】（雜名）元代所刻之大藏經也。又曰元本。刻於杭州路餘杭縣白雲宗南山大普寧寺。以思溪福州二本校勘之。始於元世祖至元十四年、至至元二十七年而雕造竣功。總計一千四百二十二部、六千一十七卷、五百五十八函。其中有大乘經五百二十八部二千一百七十四卷。小乘經二百四十二部、六百二十一卷。大乘律二十五部、五十二卷。小乘律五十四部、四百三十九卷。大乘論九十七部、五百二十三卷。小乘論三十六部七百二十卷。賢聖傳記錄一百八部、五百四十四卷。續入藏三百三十二部、九百四十四卷。其函號部數等、大與宋藏同。

【元藏目錄】（書名）大普寧寺大藏經目錄之異名。

【云云】（雜語）言未盡之貌。止觀輔行一之二曰、「云云者未盡之貌。云者言也。說文云象雲氣在天迴轉之形。言之在口。如雲潤物。廣雅云云者有也。下文尚有如雲之言」文句記一上曰、「云云者象氣之分散。如雲在天非可卒盡也。意言下未說者。尚多如雲」。

【云何唄】(行事)涅槃經三曰、「云何於此經究竟到涅槃願佛開微密廣爲衆生說」此四句一偈之首以有云何二字謂之云何唄唄者梵語唄匿之略附以音調而諷詠之也。

【王三昧】(術語)又名三昧王三昧。又曰三昧王三昧中之最勝者首楞嚴定之異名也放光般若經一曰、「其三昧名三昧王一切三昧悉入其中」智度論七釋之曰、「云何名三昧王三昧此三昧於諸三昧中最第一自在能緣無量諸法如諸人中王爲第一(中畧)一切諸三昧皆入其中故名三昧王三昧譬如閻浮提衆川萬流皆入大海亦如一切民人皆屬國王」又選擇集下、以念佛爲王三昧坐禪用心記以坐禪爲王三昧。

【王日】(雜語)八王日也。

【王日休】(人名)南宋龍舒人字虛中又稱龍舒居士爲國學進士著六經訓傳數十萬言一旦棄之專修西方之業布衣蔬食日課千拜紹興三十年請觀音加佑校輯大阿彌陀經三年終其功有五十六分又著龍舒淨土文十卷乾道九年正月厲聲念佛、感佛來迎立化見樂邦文類三佛祖統紀二十八等。

【王仙】(雜名)轉輪王出家具五通者俱舍光記五曰、「王仙謂轉輪王捨家修道具足五通名曰王仙」。

【王古】(人名)宋東都人字敏仲官尙書禮部侍郎世稱王侍郎仁慈寬容大好佛教初廣京師時與禪門耆宿結道交及游江西與黃龍翠岩晦堂楊岐等諸師緇清遊、深契禪旨又悟淨土法門之勝義博考諸經大有所發明元豐七年著新修往生淨土傳三卷補戒珠之遺凡列傳一百九人又撰直指淨土決疑集三卷鼓吹禪淨一致之旨義。自亦修觀念之心持念佛手嘗不釋數珠與楊傑次公齊名遙繼廬山高士之遺風臨終不覺苦痛光明滿室端坐而卒見佛祖統記二十八廬山蓮宗寶鑑四等。

【王老師】(人名)池州南泉之普願禪師姓王氏承馬祖之法弘道於南泉常自稱王老師。

【王舍】(地名)見次項。

【王舍城】(地名)梵名曷羅閣姞利呬城Rājagṛha 在中印度摩伽陀國頻婆娑羅王(新曰頻毘娑羅)自上茅城之舊都遷居於此國王舍城有五山五山之第一卽靈鷲山也智度論三曰、「問曰如舍婆提(Śrāvastī)迦毘羅(Kapilavastu)婆羅奈(Vārāṇasī)大城皆有諸王舍何以故獨名此城爲王舍答曰有人言是摩伽陀國王有子一頭兩面四臂時人呼爲不祥王卽裂其身首棄之曠野。羅刹女鬼名闍羅。還合其身而乳養之。後大爲人。力能並兼諸國。有天下。取諸國王萬八千人置此五山中。以大力勢治閻浮提。閻浮提人因名此山爲王舍城。復次有人言。摩伽陀王先所住城。城中失火。一燒一作。如是至七。國人疲役。王大憂怖。集諸智人問其意。故有言應易處。王即更求住處。見此五山周匝如城。即作宮殿。於中止住。以是故名王舍城。」(更有一復次。釋述婆藪仙人故事。)西域記九曰「曷羅闍姞利呬城。唐云王舍。初頻毘娑羅王都在上茅宮城也。編戶之家頻遭火害。一家縱逸。四鄰罹災。防火不暇。資產廢業。衆庶嗟怨。不安其居。王曰。我以不德。下民罹患。修何德可以禳之。羣臣曰。大王德化邕穆。政敎明察。今此細民不謹。致此火災。宜制嚴科。以清絕犯。若有火起。窮究先發。罰其首惡。遷之寒林。寒林者。棄屍之處。俗謂不祥之地。人絕遊止之跡。今遷於彼。同夫棄屍。既耻陋居。當自謹護。王曰。善。宜徧宣告居人。頃之。王宮中先失火。謂諸臣曰。我其遷矣。乃命太子監攝留事。欲清國憲。故遷居焉。時吠舍釐王聞頻毘娑羅王野處寒林。整修戎旅。欲襲不虞。邊侯以聞。乃建城邑。以王先舍於此。故稱王舍城也。」

【王法】(雜語)帝王當執持之正法也。佛爲優塡國王說王法正論經。爲舍衛國王說王法經。

【王法經】(經名)佛爲勝光天子說王法經之異名。一卷。義淨譯。與施護譯之佛說勝軍王所問經。沮渠京聲譯之諫王經及玄奘譯之如來示敎勝軍王經。四經同本。爲舍衛國波斯匿王說治國之正法者。

【王法正論】(雜語)王法正理論之略名。

【王法爲本】(術語)淨土眞宗就世出世立眞假二諦。出世間之法爲眞諦門。眞諦門以信心爲本。又世間道爲俗諦門。俗諦門以王法爲本。

【王法正理論】(書名)一卷。唐玄奘譯。與不空譯之王法正論經同本。皆瑜伽論決擇分中尋伺地之別行也。說帝王十種之過失。十種之功德。五種之衰損法。五種之方便法。五種之可愛法。五種之能引可愛法。

【王法正論經】(經名)佛爲優塡國王說王法正論經之略名。唐不空譯。與玄奘譯之王法正理論同本。

【王宮會】(術語)觀無量壽經一部爲二會之說。佛初降臨王宮。爲韋提希夫人說本經一部。是爲王宮會。後還靈鷲山。爲阿難大衆復演之。是爲耆闍會。

【王膳】(譬喻)飢遇王膳之譬喻也。法華經授記品曰。「如從飢國來。忽遇大王膳。心猶懷疑懼。未敢即便食。若復得王敎。然後乃敢食。我等亦如是。每惟小乘過。不知當云何得佛無上慧雖聞佛音聲言我等作佛。心尙懷憂懼如未敢便食若蒙佛授記而乃快安樂。」

【支公】（人名）與沙門支謙也。

【支分生曼荼羅】（術語）於行者身上布五佛之種子因自支分流出諸尊也。

【支用】（雜語）支者分也。支用者爲分錢物等而用之也。見象器箋十二。

【支伐羅】（物名）Civara 又曰至縛羅。譯言衣。寄歸傳一曰「袈裟乃事梵言。卽是乾陀之色。元來不干東語。何勞下底置衣。若依律文典語。三衣並名支伐羅」飾宗記五末曰「支伐羅譯之爲衣」

【支那】（地名）Cīna 又作脂那、至那、斯那、眞丹、振旦、震旦、眞那、振丹、脂難、旃丹。宋史曰「天竺表來譯云伏願支那皇帝福壽圓滿。舊說秦始皇統一中國聲敎遠被外國。人因稱我國爲秦。支那卽秦音之轉」玄應音義四曰「振旦或言眞丹。並非正音。應言支那。此云漢國也。又無正翻。但神州之總名也」善見律二曰「摩訶勒棄多至史那世界國」注曰「是漢地也」史者誤。乃與那（Yona）之與。指希臘人種（Ionian）而言。漢地也之注。爲支那注釋者之誤。西域記五曰「當此東北數百萬里。印度所謂摩訶至那國是也」同十八曰「或作震旦脂那。今作支那」慧苑音義下曰「此翻爲思惟。以其國人多所思慮。多所制作。故以爲名。卽今漢國是也」

【支那提婆瞿怛羅】（雜名）Cīna-deva-gotra 譯曰漢天種。見西域記十二。

【支佛】（佛名）辟支佛也。止觀十曰「藉少因緣尙證支佛」

【支佛地】（術語）通敎十地之一。辟支佛之地位也。

【支具】（雜語）言修法所要之支度道具也。

【支陀】（術語）或云支提。或云制地。支提制地本是塔廟之名。卽浮圖別號。義翻爲積集。亦云聚相。

【支郎】（雜名）僧之雅名也。釋氏要覽上曰「古今儒雅多呼僧爲支郎者。高僧傳云一魏有三高僧。曰支謙、支讖、支亮。於中謙者爲人細長黑瘦。眼多白而睛黃。復多智。時彥諺曰支郎眼中黃。形軀雖小是智囊」

【支帝】（術語）見支提條。

【支度】（雜語）謂度修法供養物等支具之意。陀羅尼集經十二有莊嚴道場及供養具支料度法一品。

【支婁迦讖】（人名）又云支讖。見支讖條。

【支遁】（人名）晉林慮人。字道林。本姓閔氏。家世奉法。嘗於餘杭山沈思道行。年二十五始釋形入道。後終於洛陽。世稱支公亦曰林公。別稱支硎。詳見支硎山條。

【支提】（術語）Caitya 又作支帝、脂帝、支徵。新作制多、制底、制底耶。積聚之義。以積聚土石而成之也。又謂世尊無量之福德積集於此也。義翻云靈廟。或言有舍利云塔婆。無舍利云制底。或謂總云塔。別云制底。或謂制底與塔婆其義同。無有無總別之差。寄歸傳三曰「大師世尊既涅槃後。人天共集以火焚之。衆聚香柴遂成大積。即名此處以為制底。是積聚義（中略）又釋一想世尊衆德俱聚於此。二乃積甎土而成之。詳傳字義如是。或名窣覩波。義亦同此。舊總云塔。別道支提。斯皆訛矣」玄應音義三曰「支提或言脂帝。或言脂帝浮都。此云聚相。謂集寶及石等高以為相也」宗輪論述記曰「制多者。即先云支提。訛也。此云靈廟」法華義疏十一曰「依僧祇律。有舍利名塔婆。無舍利名支提。地持云。莫問有無。皆名支提」大日經疏五曰「制底翻為福聚。謂諸佛一切功德聚在其中。是故世人為求福故。悉皆供養恭敬」同六曰「復次梵音制底與質多體同。此中秘密謂心為佛塔也」阿育王經七曰「四支徵（音知荷反）處。成道處、轉法輪處、涅槃處」

【支提山部】（流派）Caityaśaila 小乘二十部之一。舊云支提山部。新云制多山部。

【支提加部】（流派）與制多山部同。

【支徵】（雜語）見支提條。

【支硎山】（地名）在江蘇吳縣西南。晉支遁隱此。平石為硎。山有平石。故支遁得名。有梁武帝報恩寺。又稱報恩山。東址有觀音寺。亦稱觀音山。

【支謙】（人名）漢時高僧。字恭明。月氏國優婆塞也。漢末遊洛。該覽經籍。細長黑瘦。白眼黃睛。時人語曰。支郎眼中黃。形軀雖細是智囊。

【支讖】（人名）月支之僧支樓迦讖也。梁僧傳一曰「支樓迦讖。亦直云支讖」

【牙字】（術語）金剛牙菩薩之種子亥字也。亥字有他恐怖之義。牙亦具食噉他而恐怖之義。故名亥字為牙字。瑜祇經曰、「金剛怖食噉牙字發光明」

【牙菩薩】（菩薩）又名金剛藥叉。不空成就（釋迦）四親近之第三。東方之菩薩也。為忿怒形。而以半三胡如牙者為三昧耶形。密號之猛利金剛也。見胎曼大鈔一、秘藏記鈔十。

【木叉】（經名）波羅提木叉 Prati-mokṣa 之異稱。譯言別解脫。為戒律之一名。見波羅提木叉條。

【木叉提婆】（人名）Mokṣadeva 西土小乘之徒尊玄奘三藏曰木叉提婆。譯言解脫天。為解脫、解律之異名。天者美最勝之稱也。西域記十二曰、「小乘學徒號木叉提婆。」又比丘名。求法高僧傳上曰、「木叉提婆者交州人也。唐言解脫天。」

【木上座】（雜名）山堂肆考曰、「夾山問佛印和尙闍黎與什麽人同來。曰木上座。」指杖也。

【木瓜林】（地名）優樓頻螺迦葉 Urvilvākasyapa之譯名。法華文句一曰、「優樓頻螺亦優樓毘。亦優爲此翻木瓜林。」

【木佛】（雜語）木製之佛像。

【木佉褒折娜】（物名）Mukhapoñchana(Proñciana) 比丘十三資具之一。譯言拭面巾。見有部百一羯磨十。

【木底】（雜語）Mukti 又曰目帝羅。Mucira 譯言解脫。梵語雜名曰、「解脫木底。」名義集五曰、「目帝羅此云解脫。」

【木食】（術語）山中之苦行者。絕五穀。但食果實也。宋高僧傳（智封傳）曰、「倏辭出蒲津安峯山。禁足十年。木食澗飲。」

【木律僧】（雜語）如木偶之律僧也。斥無活用者之稱。雜談集一曰、「木律僧不信心地荒。禪僧不守戒律。」

【木馬】（雜語）木製之馬。以名解脫之當相也。從容錄三則曰、「木馬游春駿不羈。」

【木魚】（物名）有二種。一爲團圓之魚鱗。讀誦叩之。一爲挺直之魚形。吊於庫堂。粥飯擊之。禪家呼曰梆。敕修淸規法器章木魚曰、「相傳云。魚晝夜常醒。刻木象形擊之。所以警昏惰也。」釋氏要覽曰、「今寺院木魚者。蓋古人不可以木朴擊之。故刻魚象也。又必取張華相魚之名。或取鯨魚一擊蒲勞爲之大鳴也。」摭言曰、「有一白衣問天竺長老云。僧舍皆懸木魚。何也。答曰。用以警衆。白衣曰。必刻魚何因。長老不能答。以問悟卞師。師曰。魚晝夜未嘗合目。亦欲修行者晝夜忘寐。以至於道。」按此言召集僧侶等所用者。

【木蛇】（經名）木叉也。見木叉條。朝野羣載十二律師敕宣曰、「勤修香火。堅護木蛇。」

【木頭】（譬喩）以木頭比犯戒之人。梵網經下曰、「犯戒之人。畜生無異。木頭無異。」

【木槵子】（植物）又云無患子。木樹能辟邪鬼。故名無患。其實可以爲念珠。謂之木槵子。梵名阿梨瑟迦紫 Arista 千手合藥經曰、「若有行人欲降諸大力鬼神者。取阿梨瑟迦紫。咒三七遍。火中燒。」註曰、「阿梨瑟迦紫者。木槵子是也。」崔豹古今註曰、「一名無患。昔有神巫名寶眊。能符劾百鬼。得鬼以此棒殺之。世人以此木爲衆鬼所畏。故名無患也。」

【木槵經】（經名）晉代失譯之木槵

子經一卷在藏經小乘部中。更有不空譯之木槵經在藏經秘密部中。是同本重譯也。

【木槵子經】（經名）一卷失譯、附東晉錄。波瑠璃國王遣使求佛法之要。佛使以木槵子百八稱佛陀達磨僧伽之名、并分別功德之淺深。

【木蘭色】（雜種）三種如法色之一。以木蘭樹皮染成其色。赤而帶黑。行事鈔下一之一曰、「余於蜀都親見木蘭樹皮赤黑色鮮明。可以爲染。微有香氣。有用作香者。（中略）善見云善來比丘瓦鉢貫左肩青色袈裟赤色鮮明。（准此木蘭色也。）」

【木曜】（天名）九曜之一。位於胎藏界曼荼羅外金剛部院之南方。肉色。右手屈中指無名二指、餘指立。左手爲拳當腰。坐於筵。

【木欒子】（植物）木欒樹之子、可以造數珠者。蘇敬本草注云。「欒（晉官反）其子堪爲數珠者也。」

【五八十具】（名數）五戒、八戒、十戒、具足戒之略稱。即小乘諸律所說戒之總標也。四分律行事鈔資持記卷中三之三曰、「一切者。總收五八十具。」此其例也。其中五八兩種爲在家之戒。十具兩種爲出家之戒。

【五十法】（名數）大品般若說四念處等之三十七品、次說三三昧。四禪。四無量心。四無色定。八背捨。八勝處。九次第定。十一切處之八種法。合爲五十。此中四禪四無量心爲屬於色界之禪定。他皆爲屬於無色界之禪定。智度論二十一云、問曰。何以故次三十七品後說八種法。答曰。三十七品是趣涅槃之道。行此道已。則得到涅槃城。涅槃城有三門、所謂空無相無作（三三昧）是也。已說道。次當說到處之門。四禪等是開其門之妙法。復次三十七品是上妙之法。欲界之心、散亂難修。故依上界禪定先調柔之也。問四禪之外別說餘法乎。答衆生機根意業種種、從其機根意業、故別說之。若爲厭欲界散亂者。說四禪。若爲欲得大福德者。說四無量心。爲厭患色如在牢獄者、說四無色定。爲觀所緣不得自在者。說八勝處。若爲有遮道不得道達者。說八背捨。爲心不調柔於禪定不得次第入出自在者、說九次第定。爲一切所緣不能遍照者。說十一地處。

【五十字門】（名數）又稱五十字母。一名摩多體文。即梵語字母之總數也。摩多者謂母音。此有十二。摩多與四別摩多之十六字。體文者、謂子音。此有三十四字。合成五十字。但母音中或省略哩 ṛ 哩（引）ṝ 㖨 ḷ 㖨（引）ḹ 四字、子音中其結合字乞叉 Kṣa 及濫 Llaṁ。恰如日本之伊呂波假名字、嚴密言之、則難稱爲字母、故有時省略之。如大日經第二、母音中唯舉一阿字、總略其餘、子音出三十三字、缺結合字、合列三十四字母。方廣大莊嚴經第四、唯舉十二摩多、缺四別摩多子音三十四字中加乞叉合列四十六字。母悉曇字記亦缺四別摩多、子音中加乞叉濫之二字、爲三十五字、合列四十七字母。又南海寄歸傳第四謂悉談本有四十九字、是也。又如列舉五十字母之經典中、瑜伽金剛頂經釋字母品、文殊問經字母品、加結合字乞灑、文殊師利問經卷上、南本涅槃經第八、大般泥洹經第五等、加攞 Ḷa 北本涅槃經第八、加嗏 ḍa 無有一準、然於印度所行之字母排列系統互相一致、先舉母音、次第及於隨音點 anusvāra 涅槃點 visarga 次依子音中喉音、上顎音、舌音、齒音、脣音之順序、排各各强弱、含氣、不含氣之諸字母、次列半母音、齒頭音、吹氣音。蓋此等字母、印度小學兒童、必先學習、寄歸傳第四所謂斯乃小學標章之稱、六歲童子學之、六月方了者是也。彼國爲使童幼婦女學習諳誦之、設種種之法、有一法、乃選語之頭字有字母、或其語中含字母之語、以此語說明其字母之意義也。例如選字母阿在頭字之阿儞怛也 anitya (無常之義)之語、說阿爲無常之義、又選阿提 ādi (初或本之義)及阿耨波陀 Anut-pāda(不生之義)之語、示阿字有本不生之義。後密教用此童蒙學習之法、解釋淺略之文字字母、於深秘直顯絕待究竟之極理、五十字門、悉是法爾之法曼荼羅、通於三世十方常恒不變、故學之書之、則得常住之佛智、誦之觀之、則證不壞之法身。乃至說爲諸教之根本、諸佛之父母、大日經疏第七謂「於一字之中、具無量義、且略言之、阿字自有三義。謂不生義、空義、有義。如梵本阿字有本初聲、若有本初、則是因緣之法、故名爲有。又阿者是無生義、若法攬因緣成、則自無有性、是故爲空。又不生者、卽是一實境界。一實境界、卽是中道。故龍樹云因緣生法、亦空亦假亦中。又大論明薩婆若有三種名。一切智與二乘共、道種智與菩薩共、一切種智是佛不共法、此三智其實一心中得。爲分別令人易解故、作三種名、卽此阿字義也。又如囉字亦有三義、一者塵義、二者以入阿字門故、卽是無塵義。又有波羅蜜義、以究竟到彼岸故、卽是本初不生。當知亦具三點。三點卽攝一切法。如阿字囉字者、餘諸字義皆然。又一切言語中帶阿聲者、皆阿字門所攝、若帶囉聲者、皆囉字門所攝、餘字亦爾(中略)如上所說、皆是隨他意語、明淺略義耳、若就隨自意語明深密義、隨入一門、皆具一切法界門、乃至諸世天等、悉是毘盧遮那、何有深淺之別、若行者能於無差別中解差別義、差別中解無差別義、當知是人通達二諦義、亦識眞言相也。」此可以見其義趣。今爲便覽、表示北本涅槃經已下諸經之字母數、卽如左。(表中北涅卽北本涅槃經、南涅卽南本涅槃經、泥洹即大般泥洹經、文殊即文殊師利問經、瑜母即瑜伽金剛頂經釋字母品、殊母即文殊問經字母品、大日即大日經、莊嚴即方廣大莊嚴經、字記即悉曇字記、皆略符也）

		北涅	南涅	泥涅	文殊	瑜母	殊母	大日	莊嚴	字記
一	a	阿	阿(短)	阿	阿	阿(上)	阿(上)	阿	阿	阿(短)
二	ā	億	阿(長)	阿(長)	阿(長)	阿(引去)	阿(引上)		阿(長)	阿(長)
三	i	伊	伊(短)	伊(短)	伊	伊(上)	伊(上)		伊	伊(短)
四	ī	郁	伊(長)	伊(長)	伊(長)	伊(引去)	伊(引上)		伊(長)	伊(長)
五	u	優	憂(短)	憂(短)	憂	塢	塢(上)		烏	甌(短)
六	ū		憂(長)	憂(長)	憂(長)	汙(引)	汙(引去)		烏(長)	甌(長)
1	ṛ	魯	魯	釐(唎)	釐	哩	唱			(紇里)
2	ṝ	流	流	釐(嚧)	釐(長)	哩(引去)	唱(引上)			(紇梨)
3	ḷ	盧	盧	樓(栗)	梨	唱	力			里
4	ḹ	樓	樓	樓(梨)	梨(長)	嚧	嚧(引)			梨
七	e	啞	啞	啞	翳	噎	噎		翳(壁)	藹(短)
八	ai	嘢(黔)	野(鰹)	啞	翳	愛(引)	愛(引)		愛	藹(長)
九	o	烏	烏	烏	烏	汙	汙		烏	噢(短)
一〇	au	炮	炮	炮	燠	奧(引去)	奧(引)		懊(燠)	奧(長)
一一	am	菴	菴	安	菴	暗	暗		晻(唵)	暗

一二 aḥ 阿 痾 阿 阿(痾) 惡 惡(引) 阿 痾

已上摩多(母韻)十六字

一 ka 迦 迦 迦 迦 迦(上) 迦(上) 迦 迦(上聲) 迦

二 kha 佉 呿 呿(佉) 佉 佉(上) 佉(上) 佉 佉 佉

三 ga 伽 伽 伽 伽 誐(上) 誐(上) 哦 伽(上聲) 伽

四 gha 㖶 伽(重音) 伽(重音) 恒(㖶) 伽(去引) 伽(去) 伽(重聲) 伽 伽(重音)

五 ṅa 俄 俄 俄 誐 仰(鼻聲呼) 仰 哦 哦

右五字牙聲

一 ca 遮 遮 遮 遮 左 左 遮 者 者

二 cha 車 車 車 車 磋 磋(上) 車 車(上聲) 車

三 ja 闍 闍 闍 闍 惹 惹 若 社 社

四 jha 饍 闍(重音) 闍(重音) 禪 酇(上) 酇 社 闍 社(重音)

五 ña 喏(若) 若 若 若 孃(上) 孃(上) 壤 若

右五字齒聲

一 ṭa 吒 吒 吒 多 吒(上) 吒(上) 吒 吒(上聲) 吒

二 ṭha 侘 侘 侘(吒) 他 咤(上) 姹(上) 咤 吒 侘

三 ḍa 茶 茶 茶 陀 拏(上) 拏(上) 拏 茶(上聲) 茶

四 ḍha 祖 茶(重音) 茶(重音) 檀 茶(去) 茶(去) 茶(重聲) 茶 茶(重音)

五	ṇa	拏	拏	拏	那	拏(鼻聲)	拏(鼻聲)		拏	拏
右五字舌聲										
一	ta	多	多	多	多(輕音)	多(上)	多(上)	多	多(上聲)	多
二	tha	他	他	他	他(輕)	他(上)	佗(上)	他	他(上聲)	他
三	da	陀	陀	陀	陀(輕)	娜	娜	娜	陀(上聲)	陀
四	dha	彈	陀(重音)	陀(重音)	檀(輕)	馱	馱	馱	陀	陀(重音)
五	na	那	那	那	那(輕)	曩	曩		那(上聲)	那
右五字喉聲										
一	pa	波	波	波	波	跛	跛	波	波(上聲)	波
二	pha	頗	頗	頗	頗	頗	頗	頗	頗	頗
三	ba	婆	婆	婆	婆	麼	麼	摩	婆(上聲)	婆
四	bha	滼	婆(重音)	婆(重音)	梵	婆(重)	婆(去)	婆	婆	婆(重音)
五	ma	摩	摩	摩	磨	莽	莽(鼻聲)		摩(上聲)	麼
右五字脣聲										
一	ya	(虵)耶	邪(耶)	耶	耶	耶	野	野	也	也
二	ra	囉	囉	羅	囉(邏)	囉	囉	囉	羅	囉
三	la	羅	羅	羅(輕音)	邏	邏(上)	砢	邏	羅(上聲)	羅
四	va	和	和	和	婆	嚩	嚩	縛	婆(上聲)	嚩

五	ṣ̊a	奢	賒	賒	捨	捨	捨	奢	捨	奢
六	ṣa	沙	沙	沙	屣	灑	灑	沙	沙(上聲)	沙
七	sa	娑	娑	娑	娑	娑(上)	娑(上)	娑	娑	娑
八	ha	呵	呵	呵	訶	賀	賀	訶	呵	訶
九	kṣa					乞灑	乞灑		差	叉
九之二	ḍa		嗏(提)							
九之三	llaṃ		羅	囉	攞					濫

右九字徧口聲

巳上體文(子韻)三十四字

【五十天供】(修法)謂降伏魔緣、退治曜宿障礙、求國家安寧、五穀成熟、供養天地八方守護神五十天之作法也。五十天者、十二天二十八宿九曜及四臂不動尊也。一說謂是稱五大尊十二天二十八宿七曜之五十二天。或謂有五大尊十二天北斗七星十二宮神五星二十八宿之六十九天。或謂有四臂不動四大明王十二天太山府君五道大神大吉祥天北斗七星十二宮神五星及二十八宿之七十二天。其供法大抵與十二天供同。

【五十惡】(名數)金剛三昧經曰、「一念心相故皆名心王淨中心動五陰具生。五陰生中具五十惡」五十惡者、識陰有八、即是八識、受想二陰隨識各有八、行陰有九。八與想相應、一與想不相應、所謂不相應法也。色陰有十七、十七者、受想行識能通之四與五根五塵、及法處所攝色之律儀色、不律儀色、自在所生色也。

【五十功德】(名數)謂五十人展轉隨喜之功德也。見五十展轉條。

【五十轉】(術語)五十展轉之略。

【五十一位】(術語)仁王般若經所說。五十二位中等覺之位、攝於第十地成五十一位。見次項。

【五十二位】(術語)明菩薩乘之階位、諸經論所說種種不同。如大日經依十住而明十位、又同經明十地之十位、勝天王般若經明十地之十位、智度論明三乘合說之十位、金光明經明十地妙覺之十一位、唯識論明十住十行十迴向十地妙覺之四十一位、智度論加入等覺明四十二位、（四十二字門是也）仁王般若經明十信十住十行十迴向十地妙覺之五十一位、華嚴經菩薩瓔珞經等加入等覺明五十二位。日本弘法之秘藏記於十信十住十行十迴向十地加入十迴向終之煖頂忍世第一四善根而明五十四位。首楞嚴經加入等覺妙覺而明五十六位、已上諸位分別凡聖則大日經之十位、初三位爲凡位、後七位爲賢聖。智度論之十位、初二位爲凡位、後八位爲賢聖位。勝天王金光明經之十位十一位、皆爲聖位、唯識論之四十一位、十住十行十迴向之三十爲賢位、十地妙覺爲聖位。是天台之別教、華嚴終教之乘位也。若從二宗圓教之乘位、則皆是聖位也。智度論之四十二位、亦準此可知。華嚴等之五十二位、初十信爲凡位、不入賢聖位、住行向之三位、在別教終教爲賢位、在圓教爲聖位。十地等妙之十二、在別教終教是聖位、又於圓教爲聖位、後五十四位、五十六位、亦準此可知。要之賢聖之位次、共有四十二位、故了義燈曰、「仁王、華嚴、瓔珞、優婆塞戒經等皆說四十二位賢聖。不言五十二位」此中法相宗用四十一位、華嚴之始教用五十二位、其終圓二教用四十二位、天台之別圓二教用五十二位。今依台宗而示之則五十二位、分爲七科、又分爲凡聖之二、凡與聖又各分爲二。

第一	十信	外凡	凡
第二	十住	內凡又三賢	凡
第三	十行	內凡又三賢	凡
第四	十回向	內凡又三賢	凡
第五	十地	因	聖
第六	等覺	因	聖
第七	妙覺	果	聖

天台四教儀曰、「華嚴明十住十行十迴向爲賢。十地爲聖。妙覺爲佛。（卽四十一位）瓔珞明五十二位。金光明但明十地佛果。勝天王明十地。涅槃明五行。如是諸經增減不同者。界外菩薩隨機利益、豈得定說。然位次周足莫過瓔珞。故今依彼略明菩薩歷位斷證之相」

【五十二身像】（圖像）又稱阿彌陀佛五十菩薩像、阿彌陀五十二尊曼荼羅。或名五通曼荼羅。卽以阿彌陀佛爲中心圖繪五十二尊佛菩薩像之曼荼羅也。原爲印度雞頭摩寺五通菩薩感得之瑞像、故有此稱。據集神州三寶感通錄卷中、昔天竺雞頭摩寺五通菩薩、往安樂世界白阿彌陀佛言、娑婆衆生願生淨土、無佛形像、願求無由、請垂降許。佛言汝且前去、尋當現彼。及菩薩還、其像已至。一佛五十菩薩、各坐蓮華、在樹葉之上。菩薩取葉而圖寫所在、流布遠近。漢明帝感夢使往祈法、便獲迦葉摩騰等至洛陽。後騰姊之子作沙門、持此瑞像、又達此國所在圖之。未幾、齎像西返。而此圖傳流不甚廣。魏晉已來年代久遠、又經滅法、經像湮除、此瑞迹殆將不見。隋文帝開敎、有沙門明憲從高齊道長法師所得此一本、說其本起與傳符。以是圖寫流布徧於宇內。時北齊畫工有曹仲達者、善丹青、妙盡梵迹、傳模西瑞、爲京邑所推。今寺壁之正陽皆其眞範也。又隋江都安樂寺慧海、從齊州僧道詮得此圖像、圖寫禮懺、具如續高僧傳第十四等所記。爾來傳寫此像者亦多。案阿彌陀淨土之變相流布後代者不少、當以此像爲最古也。

【五十二衆】（名數）　涅槃會上五十二類之衆生也。佛將於雙林樹下入滅、見放光而自四方來集者中、有數多異類之衆生。經文雖無五十二之數字、而章安之涅槃經疏科經文數五十二衆。無量諸大比丘、一六十億比丘尼、二十地菩薩比丘尼、三一恒沙菩薩、四二恒沙優婆塞、五三恒沙優婆夷、六四恒沙諸離車、七五恒沙大臣長者、八六恒沙毘沙離王及夫人後宮眷屬閻浮提內諸王、九七恒沙諸王夫人、十八恒沙諸天女、十一九恒沙諸龍王、十二十恒沙諸鬼神王、十三二十恒沙金翅鳥王、十四三十恒沙乾闥婆王、十五四十恒沙緊那羅王、十六五十恒沙摩睺羅伽王、十七六十恒沙阿修羅王、十八七十恒沙陀那婆王、十九八十恒沙羅剎王、二十九十恒沙樹林神王、二十一千恒沙持咒王、二十二一億恒沙貪色鬼魅、二十三百億恒沙天諸采女、二十四千億恒沙地諸鬼王、二十五十萬億恒沙諸天子、二十六十萬億恒沙四方風神、二十七十萬億恒沙主雲雨神、二十八二十恒沙大香象王、二十九二十恒沙獅子獸王、三十二十恒沙諸飛鳥王、三十一二十恒沙水牛牛羊、三十二二十恒沙四天下中諸神仙人、三十三閻浮提中一切蜂王、三十四閻浮提中一切比丘比丘尼、三十五無量世界中間人天衆、三十六閻浮提所有山神、三十七四大海神及諸河神、三十八四天王、三十九釋提桓因及三十三天、四十夜摩天、四十一兜率天、四十二樂變化天、四十三第六天、四十四大梵天五及梵衆、四十五阿修羅、四十六欲界天魔波旬、四十七大自在天、四十八東方佛世界無邊身菩薩、四十九南方佛世界無邊身菩薩、五十西方佛世界無邊身菩薩、五十一北方佛世界無邊身菩薩、五十二見涅槃經會疏一。

【五十二類】（名數）　卽五十二衆。

【五十三佛】（名數）　觀藥王藥上二菩薩經曰「藥上菩薩淨妙色身卽爲行者稱說過去五十三佛。（中略）若復有人能稱是五十三佛名者、生生之處常得値遇十方諸佛。若復有人能至心敬禮五十三佛者、除滅四重五逆及謗方等。皆悉淸淨。以是諸佛本誓願故。於念念中卽得除滅如上諸罪」普光、一普明、二普靜、三多摩羅跋栴檀香、四栴檀光、五摩尼幢、六觀喜藏摩尼寶積、七一切世間精進、八摩尼幢燈光、九慧炬照、十海德光明見上大樂十一、金剛牢强普散金光十二、大强精進勇猛十三、大悲光十四、慈力王十五、慈藏十六、栴檀窟莊嚴勝十七、賢善首十八、善意十九、廣莊嚴王二十、金華光二十一、寶蓋照空自在王二十二、虛空寶華光二十三、瑠璃莊嚴王二十四、普現色身光二十五、不動智光二十六、降伏諸魔王二十七、大光明二十八、智慧勝二十九、彌勒仙光三十、世靜光三十一、善寂月音妙尊智王三十二、龍種上智尊王三十三、日月光三十四、日月珠光三十五、慧幡勝王三十六、師子吼自在力王三十七、妙音勝三十八、常光幢三十九、觀世燈四十、慧威燈王四十一、法勝王四十二、須彌光四十三、須曼那花光四十四、優曇鉢羅華殊勝王四十五、大慧力王四十六、阿閦毘歡喜光四十七、無量音聲王四十八、一方四十九、金海光山五十、海慧自在通王五十一、大通光五十二、光切法常滿王五十三。因法藏比丘之師世自在王佛以前出世之佛、有五十三數。一錠光、二光遠、三月光、四栴檀光五善山王、六須彌天冠七須彌等曜、八月色、九正念十離垢、十一無著十二龍天、十三夜光十四安明頂、十五不動地十六瑠璃妙華、十七瑠璃金色、十八金藏、十九燄光、二十燄根、二十一地動、二十二月像、二十三日音、二十四解脫華、二十五莊嚴光明、二十六海覺神通、二十七水光、二十八大香、二十九離塵垢、三十捨厭意、三十一寶燄、三十二妙頂、三十三勇立、三十四功德持慧、三十五蔽日月光、三十六日月瑠璃光、三十七無上瑠璃光、三十八最上首、三十九菩提華、四十月明、四十一日光、四十二華色王、四十三水月光、四十四除癡瞑、四十五度蓋行、四十六淨信、四十七善宿、四十八威神、四十九法慧、五十鸞音、五十一師子音、五十二龍音、五十三處世。此出於無量壽經卷上。但同本異譯之諸經。說其數及出現之次第不定。

【五十三參】（雜語）華嚴經入法界品善財童子次第南遊參見五十三之知識也。見五十三知識條。

【五十三尊】（名數）金剛界之五十三尊也。於金剛界之三十七尊加賢劫之十六菩薩者。見秘藏記本。

【五十小劫】（雜語）五十小劫之長時。以佛之神力使如半日也。法華經涌出品曰「是諸菩薩摩訶薩從地涌出。以諸菩薩種種讚法而讚於佛。如是之間。經五十小劫。是時釋迦牟尼佛默然而坐。及諸四衆亦皆默然五十小劫。佛神力故。令諸大衆謂如半日」。

【五十八戒】（名數）合稱梵網經所說之十重與四十八輕戒。

【五十六位】（名數）見五十二位條。

【五十四位】（名數）見五十二位條。

【五十展轉】（術語）法華經隨喜功德品曰「如來滅後若比丘等聞此經隨喜已從法會出至於餘處若爲父母若爲善友隨力演說是諸人等聞已隨喜復行轉敎餘人聞已復隨喜轉敎如是展轉至第五十。其第五十善男善女隨喜功德我今說之有大施主滿八十年布施一世界人以種種娛樂之具知八十年後將死集八十年間施與之衆生我當以佛法敎訓之令一時皆得羅漢果其所得功德不如是第五十人聞法華經一偈隨喜功德百分千分百千萬億分不及其一如是第五十人展轉聞法華經隨喜功德尙無量無邊阿僧祇何況最初於會中聞而隨喜者其福復勝無量無邊阿僧祇不可得比」。

【五十頌經】（經名）五十頌聖般若波羅蜜經之略名。

【五十三智識】（名數）華嚴經入法界品之末會善財童子先於福城之東莊嚴幢娑羅林中聞文殊說法依其指導次第南行値諸知識而聞說法其知識之數舊華嚴列四十四人合文殊爲四十五人新華嚴加後之知識九人而列五十四人加文殊則總爲五十五人今舉南詢之知識故除文殊又第五十番知識德生童子與五十一番有德童女以在同一會上問答故祇攝德生童子一人省去有德童女爲五十三人所謂五十三知識也德雲比丘 Meghaśrī 一、舊作功德雲、海雲比丘 Sāgaramegha 又作伊舍那 Iśāna 二、善住比丘 Supratiṣṭhita 三、彌伽長者 Megha 四、解脫長者 Mukta 五、海幢比丘 Sāgaradhvaja 六、休舍優婆夷 Āśā 七、毘目瞿沙仙人 Bhīṣmottaranirghoṣa 八、舊作毘目多羅、勝熱婆羅門 Jayoṣmāyat 九、舊作方便命、慈行童女 Maitrāyaṇī 十、舊作彌多羅尼、善見比丘 Sudarśana 十一、舊作善現、自在主童子 Indriyeśvara 十二、舊作釋天主、具足優婆夷 Prabhūtā 十三、舊作自在、明智居士 Vidvān 十四、舊作甘露頂、法寶髻長者 Ratnacūḍa-dharmaśrī-eṣṭhin 十五、舊作法寶周羅、普眼長者 Samantanetra 十六、舊作普眼妙香、無厭足王 Anala 十七、舊作滿足、大光王 Mahāprabha 十八、不動優婆夷 Acala, 十九、徧行外道 Sarvagāmin 二十、舊作隨順一切衆生、鬻香長者 Utpalabhūtigāndhika 二十一、舊作青蓮華香、婆施羅船師 Vairocana 二十二、舊作自在、無上勝長者 Jayottama 二十三、師子頻申比丘尼 Siṃhavikrīḍitā 二

十四、舊作獅子奮迅婆須蜜女 Vasumitrā 二十五、鞞瑟氏羅居士 Vesṭhila 二十六、舊作安住觀自在菩薩 Avalakiteśvara 二十七、舊作觀世音正趣菩薩 Ananyagāmin 二十八、大天神 Mahādeva 二十九、安住地神 Sthāvarā 三十、婆珊婆演底 Vasanti (Vasantavayanti) 三十一、舊作婆娑婆陀普德淨光夜神 Samantagambhiraśrivimalaprabhā 三十二、舊作甚深妙德離垢無明喜目觀察衆生夜神 Pramuditanayanajagadvirocanā 三十三、普救妙德夜神 Samantasattvatrāṇojaḥśri 三十四、舊作妙德救護衆生寂靜音海夜神 Praśāntarūtasāgaravati 三十五、守護一切衆生夜神 Sarvanagararakṣāsaṃbhavatejaḥśri 三十六、舊作妙德守護諸城開敷樹花夜神 Sarvavṛkṣapraphullanasukhaṃsaṃvāsā 三十七、大願精進夜神 Sarvajagadrakṣāpraṇidhānavīryaprabhā 三十八、舊作願勇光明守護衆生妙德圓滿夜神 Sutejomaṇḍalaratiśri 三十九、瞿婆釋種女 Gopā 四十、舊作瞿夷摩耶佛母 Māyā 四十一、天主光天女 Surendrābha 四十二、遍友童子師 Viśvāmitra 四十三、衆藝童子 Silpābhijña 四十四、賢勝優婆夷 Bhadrottama 四十五、堅固解脫長者 Muktāsāra 四十六、妙月長者 Sucandra 四十七、無勝軍長者 Ajitasena 四十八、寂靜婆羅門 Sivarāgra 四十九、舊作尸毘最勝德生童子 Srīsaṃbhava 五十、彌勒菩薩 Maitreya 五十一、文殊菩薩 Mañjuśrī 五十二、普賢菩薩 Samantabhadra 五十三、已上五十三人加文殊與德生童子對論者有德童女則爲五十五人在此五十五知識之下積修行之功各有自分(其位當分之修行)與勝進分(爲進上位之修行)之二、則合爲一百一十。故經文云「一百一十知識。」探玄記二十日、「此是總括前後知識有五十四位分德生童子及有德童女卽爲五十五人各有自分勝進分故有百一十也。」

【五十五善知識】(名數)又名五十五聖。詳見五十三知識條。

【五十校計經】(經名)明度五十校計經之略名。

【五十緣身經】(經名)菩薩行五十緣身經之畧名。

【五十二種供物】(雜語)涅槃會因五十二衆捧五十二種之供物。

【五十六億七千萬歲】(名數)釋迦佛入滅至彌勒佛出世之年數也。菩薩處胎經二曰、「彌勒當知汝復受記。五十六億七千萬歲於此樹王下成無上等正覺。我以右脇生。汝彌勒從頂生。如我壽百歲。彌勒壽八萬四千歲。我國土土。汝國土金。我國土苦。汝國土樂。」

【五十頌聖般若羅波蜜經】(經名) 一卷。趙宋施護譯。有五十偈。說般若波羅蜜經於三乘法皆當攝受。

【五十種無著無縛解脫回向】(名數) 金剛幢菩薩十回向中第九無著無縛回向之菩薩、以其所修之善根爲五十種之回向。出八十華嚴三十二。

【五千大鬼】(雜語) 五千之大鬼、叱吒破戒者也。梵網經下曰、「故起心毀犯聖戒者不得受一切檀越供養。亦不得國王地上行。不得飲國王水。五千大鬼常遮其前。鬼言大賊。」

【五八尊】(術語) 千手觀音卽千體之觀音也。以之配於二十五有、每一有有四十手卽四十體之觀音、稱之爲五八尊。見千光眼觀自在菩薩秘密法經。

【五八識】(術語) 眼等五識與第八阿賴耶識也。此二種識俱爲現量無我法之二執者。至佛果時、同時五識爲成所作智、八識爲大圓鏡智。

【五人說經】(名數) 說佛敎之經典者有五種人、一佛說、如常。二弟子說、聲聞菩薩說法、爲佛所認可者。三仙人說、五通仙人從佛入道說法化人者。四諸天說、如帝釋在善法堂常說般若者。五化人說、上四種人隱本現化說法者、如觀佛三昧海經、六羅睺羅化爲轉輪聖王至須達家度毘低離者是也。見智度論二。

【五力】(雜語) 五種之魔力也、卽五塵是。止觀輔行八曰、「增一云、魔有五力、所謂五塵。佛聖弟子一力能拒、謂不放逸。」又(名數)三十七道品之一。信、精進、勤念、定、慧之五根增長、有治五障之勢力者。一信力、信根增長、破諸邪信者。二精進力、精進根增長、能破身之懈怠者。三念力、念根增長、能破諸邪念者。四定力、定根增長、能破諸亂想者。五慧力、慧根增長、能破三界諸惑者。見法界次第中之下。智度論十九曰、「五根增長不爲煩惱所壞、是名爲力。」又曰「天魔外道不能阻壞、是名爲力。」梵語出名義大集四一。又一定力、一切禪定之力。二通力、一切神通之力、是定力之結果也。三借識力、色界二禪天以上、總無眼等五識、若有必用、則得以通力自由起初禪天之五識、謂之借識力。四大願力、佛菩薩之大誓願力。五法威德力、佛法之威德力。此五種之力不可思議、非現比二量之境界、故唯識論中以之決一切諸法性相、獨不判此五力。宗鏡錄四十八曰、「有五力唯識不判。一定力、二通力、三借識力、四大願力、五法威德力。」又一切通力中、中有之業通力最强。此五力亦不能遮止之。故謂之五力不可到。見三藏法數二十五。

【十三力】(名數) 一因力、宿世之善

根力也。二緣力、善智識之敎誨力也。此因緣和合、能起行。三意力、如理作意之力也。四願力、求菩提之力也。五方便力、依法巧修之力也。六常力、常依法而修之力也。七善力、正修之善根力也。八定力、修止成就之力也。九慧力、修觀成就之力也。十多聞力、多聞信正法之力也。十一持戒忍辱精進禪定力、成就五度之力也。十二正念正觀諸通明力、成就正念正觀六通三明之力也。十三如法調伏諸衆生力、如法調伏剛强衆生之力也。西方淨土之菩薩、具足此十三力、能自利利他。見無量壽經下、同淨影疏。

【五力明王】（明王）不動等之五大明王也。此五大明王爲五大力菩薩之變身、故云五力明王。見五大力菩薩條。

【五刀】（譬喩）有人爲王所逼走曠野、有旃陀羅五人各持刀逐其人。五刀譬人之五陰也。見涅槃經二十三、雜阿含經四十三。

【五三八二】（術語）法相宗所立。謂相名等五法、遍計所執性等三性、眼等八識、我空法空二無我也。楞伽經一曰「於五法、自性、識、二種無我究竟通達」。

【五千上慢】（雜語）有五千比丘懷增上慢之心、釋迦將說法華經、彼等謂我旣得妙果、何要聞法華、立座而去。法華經方便品曰「說此語時、會中有比丘比丘尼優婆塞優婆夷五千人等、卽從座起禮佛而退。此輩罪根深重及增上慢、未得謂得、未證謂證。有如是失、是以不住。世尊默然而不制止」。

【五千五百佛名神呪經】（經名）佛說五千五百佛名呪除障滅罪經之略名。

【五千五百佛名神呪除障滅罪經】（經名）八卷、隋闍那崛多譯。列四千七百二十五佛之名、幷載神呪。

【五上堂】（儀式）與五參上堂同。

【五上分結】（術語）色界無色界之五種煩惱見結條附錄。

【五下分結】（術語）謂繫縛有情於欲界之五種煩惱見結條附錄。

【五下分結經】（經名）攝於中阿含經五十六。

【五小部】（名數）一觀經疏、觀無量壽經之疏。二光明玄、金光明經之玄義。三光明疏、金光明經之文句。四觀音玄、又曰別行玄、請觀世音經之玄義。五觀音疏、又曰別行疏、請觀世音經之文句。已上共爲天台智者之作。以有三大部、玆故曰五小部。共有四明尊者之記。

【五山】（名數）見五山十刹條。

【五山十刹】（雜名）五山之名起於天竺、吾國南宋時創之。十刹亦創於吾國。五山十刹共屬臨濟。

【天竺五山】（名數）智度論三曰、「

問曰。佛何以多住王舍城。答曰。以坐禪精舍多故。餘處無有如竹園。鞞婆羅跋恕 Vaibhāra vana 薩多般那求呵。Saptaparṇaguhā (南山石室)因陀羅勢羅求呵。Indraśailaguhā 薩簸恕魂直迦鉢婆羅。Sarpiskuṇḍika-pāvara, 耆闍崛。Gṛdhrakūṭa 五山中有五精舍。竹園 Veṇuvana 在平地。」

【支那五山】(名數) 一徑山興聖萬壽寺。在杭州。二阿育王山鄮峯廣利寺。在寧波。三太白山天童景德寺。在寧波。四北山景德靈隱寺。在杭州。五南山淨慈報恩光孝寺。在杭州。此爲宋南渡後所定。後元文宗時。建金陵之天界大龍翔集慶寺。獨爲五山之冠。明朝依之。

【支那十剎】(名數) 一中天竺山天寧萬壽永祚寺。在杭州。二道場山護聖萬壽寺。在烏程縣。三蔣山太平興國寺。在南京。四萬壽山報恩光孝寺。在蘇州。五雪竇山資聖寺。在寧波。六江心山龍翔寺。在永嘉縣。七雪峯山崇聖寺。在福建侯官縣。八雲黃山寶林寺。在金華。九虎丘山雲巖寺。在蘇州。十天台山國清敎忠寺。在天台縣。

【五大】(術語) 地水火風之四大與空大也。空以無礙爲性。以不障爲用。勝論於九實中攝之。數論於二十五諦中之第五位有五大。佛敎六大七大中之前五大是也。大者以其周遍於一切之事物也。非情成於五大。有情則於此加識大。唯識述記一末謂數論言「五大有說。我慢生五大。五唯。十法。五大者。謂地水火風空。別有一物名之爲空。非空無爲。色界空等。五唯者。謂聲觸色味香。有說慢但生五唯。五唯生五大。」佛敎中俱舍宗以空立爲一種之顯色。收之於色境中。密敎之空。有靑色團形。爲胎藏界大日法身之體。成實宗及諸大乘。皆以之爲空無之法。

【密敎五大】(術語) 密敎有胎金兩界。其胎藏界以色等五大爲大日如來之理法身。密敎以攝持爲理之義。以事物總稱爲理。此五者圓滿一切之功德。故名爲五輪。其種子爲阿尾羅吽欠。或阿縛羅訶佉。即五方五佛之種子也。以此五大配於五方之五佛。善無畏於尊勝軌以地水火風空。順其次第。配於東西南北中。不空於宿曜經以爲空風火水地。逆其次第。配於東西南北中。是善無畏由於始覺上轉之修生金剛界中因之義。不空取世間五行木火土金水。配於東南中西北。青赤黃白黑(即事而眞之意)且依本覺下轉之本有胎藏界十因之義也。見五轉條。

不空之義

東　𑖏　空青　二、阿閦　二、修行　二、大圓鏡智

西　𑖮　風白　四、彌陀　四、涅槃　四、妙觀察智

南 [illegible] 火赤 三、寶生 三、菩提 三、平等性智
北 [illegible] 水黑 五、不空 五、方便 五、成所作智
中 [illegible] 地黃 一、大日 一、發心 一、法界體性智

善無畏之義

東 [illegible] 地黃 一、阿閦 一、發心 一、大圓鏡智
西 [illegible] 水白 三、彌陀 三、菩提 三、妙觀察智
南 [illegible] 火赤 二、寶生 二、修行 二、平等性智
北 [illegible] 風黑 四、不空 四、涅槃 四、成所作智
中 [illegible] 空青 五、大日 五、方便 五、法界體性智

不空取中因之義、故以地大爲中央大日、是爲發心之位。此以本有之菩提心堅固不動、爲諸法本源之體性、猶如大地之堅固不動、且爲萬物之中心、幷爲其體性本源故也。法界體性智之爲諸法本源亦然。大日如來之法界體性亦然。黃色爲不變色、故是亦與菩提心之不變相應。其次以空大爲東方阿閦、是爲發心之位。此以本有之菩提心發歸本之菩提心修萬行、行行圓具而無缺減、猶如彼虛空之含容一切萬物故也。其大圓鏡智之含容萬象亦然。其爲東方者、以東方爲萬物之始、故與萬行之起首相應。其爲靑色者、以靑色含容五色(故謂之一切色)故與含容萬行相應。次以風火爲西方阿彌陀、是爲涅槃之位。此以阿彌陀一譯無量壽、無量壽爲涅槃之德也。而其無量壽爲風大之德、猶如世人之壽賴於風息也。其妙觀察智說法斷疑生信之功用、與風大之能殺能成二德相應。其在西方者、涅槃爲萬物之終歸、故對於東方之萬物起首而以之爲西位也。其白色與無量光及慈水之白淨相應。次以火大爲南方寶生、此爲成菩提之位。以其萬行成熟、開菩提之花、猶如火熱之於草木也。故寶生佛在胎藏界稱爲開敷華王如來、又其平等性智亡說法之差別、猶如火之能燒盡物。其配於南方爲赤色。不言可知。次以水大爲北方不空成就(釋迦)是爲方便究竟之位。此以利他之方便成就利他之妙業、其能應衆生之機能除迷妄、猶如水之方圓隨於器、且能洗塵垢也。又其成所作智成妙業之義亦然。其在北方者。印度之俗以北方爲勝方、故究竟位與勝位相應。黑色是染色之至極、故與究竟位之至極相應。善無畏依東因之義、以地大爲東方阿閦、爲發心之位。此以修生之菩提心爲因、生大悲之萬行、猶如地爲生萬物之根本也。且其菩提心之堅固不動亦如地。故阿閦之記不動也。又其大圓鏡智之任持一切諸法與地之能任持萬物相應。其爲東方者。以此爲修生之起首也。其黃與菩提心之不變相應。次以水大爲西方彌陀、爲成菩提之位。此以菩提心之自性淸淨及無量光之究竟圓明、猶如水之圓明也。又其妙觀察智說法斷疑之德、如水之能洗塵垢。

其西方與行證之終極相應。白色與無量光相應。次以火大爲南方寶生、爲修行之位。以其修成萬行。猶如火熱之能成熟物也。又其平等性智滅一切之妄差別而使爲平等一如亦然。此義與上不空之義同。惟約果轉因相違。次以風大爲北方不空成就、爲入涅槃之位。此以涅槃之寂滅萬物、如風火之能破壞萬物也。（三災中風災尤强。破第三禪）又成所作智之所作已辨、入於涅槃亦然。其北方與涅槃之高位相應。黑色與涅槃之幽然深妙相應。又佛日隱於涅槃之山、與十方闇黑相應。次以空大爲中央大日、爲方便究竟之位。以其圓成四德含容自利利他一切之功德、猶如虛空之含容一切萬象也。又其法界體性智之周遍法界廣大無邊亦然。其中位與周遍法界相應。青色與含容一切相應。

【五大字義】（術語）大日經二入眞言品偈曰、「我覺本不生。出過語言道。諸過得解脫。遠離於因緣。知空等虛空」此五句如其次第說五大之深義者也。其先本不生爲𑖀字地大之義、本不生不可得之意。吾心非青黃赤白方圓長短過去現在未來等。推求之此心旣不可得。是諸法本不生之義也、二出過語言道爲𑖪字水大之義、一切諸法言說不可得之意也。其故以諸法旣爲本有、則不可言生、亦不可言滅、不可言一、亦不可言異、乃至不可言斷、亦不可言常、離八遠戲論、絕四句百非之言論。是爲諸法言說不可得之實義、其出離戲論之言說者、水能洗濯物之德也。三遠離於因緣爲𑖨字火大之義、一切諸法塵垢不可得之意也。其故以諸法之體性爲六大、其體本爲妙淨、何有塵垢、但其不淨者迷情耳。是爲諸法塵垢不可得之實義。其能焚燒塵垢者、火大之德也。四諸道得解脫爲𑖮字風大之義、一切諸法因業不可得之意也、其故以諸法旣爲不生、則諸法爲本來實有無今始生者、故無因業。是爲諸法因業不可得之實義、風大能破壞物之德也。五知空等虛空爲𑖏字空大之義、而一切諸法等虛空不可得之意也。其故亦以諸法本來不生不滅、故其爲空與虛空等。是不存一物、空大之德也。然明五字之觀有遮情表德之二義。如上所解觀其所不可得者、爲其遮情是方便也。若由表德之實義、則於此不可得之心圓明而無一點之塵翳、又觀諸法萬德圓融具足也。餘准之而可知。秘藏記末曰、「於五字觀觀不可得、其意如何。是遣迷之義、非至極義。觀圓明是至極義」十緣生觀亦然。

【五大色】（術語）地大爲黃色。是增味之義也。衆色加黃色、則其色必增光。遍於諸色而不違背、不失其性、是卽色法之中義也。遍於衆色而黃色不違、故不失本之自體。

示堅固不壞之性。如彼[illegible]字遍於諸意而不失自體、是故黃色爲金剛不壞之地大色本不生及安住不動與黃色相應法爾之道理也。次水大爲白色白色遠離諸垢隨染不違之義也。是亦水大離垢穢絕戲論之色相圓形之不住一處、與白色之隨染不違顯色形色雖異、而理致同一。次火大爲赤色。赤色者熾然猛利之義也。今此猛利有諸色垢穢之意。於五色中爲熾盛之色、遮眼之情也。蓋色法之熾盛者、無較赤色爲甚者。次風大爲黑色黑色者隱覆之義也。如水不動時能現其像、動轉時、影像卽隱沒。以因緣生之故諸法本性之形色隱覆、而隨緣不定也。互爲能成、一相增明、故餘相隱沒、皆是風大黑色之義。依之而黑色與因緣生之法理及半圓形相應、更非別法。次空大爲青色。青色者衆色具足之義也。五色中相違者、爲黑白之二色。今黑白和合齊等、卽爲青色、是故青色在黑白之中間、而反兼黑白。然帶此青色光輝者是黃色、青色分明者是赤色。仍於五色之中具足衆色者青色也。故爲含容衆物之空大色。圖青等五種之正色也。見五色條。圖五大之色也。見五大條附錄。

【五大形】(術語) 地大爲方。一切形中四方均等之貌、有安住不動之勢力。故維持諸法而使止住、是爲方形。次水大爲圓。圓形者、輪圓具足不住一性之形也。蓋水於一切法中形體不定、隨器而爲種種之形者也。故其形相爲圓。次火大爲三角。三角者、熾盛猛利之形也。其故如劍戟等、猛利能破壞一切事物、且能切斷之者皆三角形也。故爲有猛利勢之火大形。次風大爲半月形。半月形者、大力之形也。其故以半月形一方爲平坦安住之形、一方爲圓形不住之形、此二相和合而成此形。是自體成立而能成作諸法之義也。若但平坦、則欠動轉之用、若但圓形、則無安住之體、然平圓具足而成此形。故能守自性而成作業、是有風大之大力能壞諸法亦能成諸法也。故其形爲半月。次空大爲團形。團形者萬德具足之形也。其故以團形爲方圓不二之形。今三角形互向其頭、而四個合則爲方、半月二個合則爲圓、故此團形合具五形、故爲含具一切事物之空大形。見十住心廣名目六。

【五大院】(術語) 胎藏界曼陀羅十三大院之第五、持明院之別名。以此處安置五大忿怒故也。中尊爲般若菩薩、中尊之左邊爲降三世、次爲不動、中尊之右邊爲大威德、次爲勝三世。是與尋常之五大明王異。其中除軍荼利與金剛藥叉而加般若菩薩與勝三世、彼五大明王金剛界五部之忿怒尊也。此五尊在胎藏界。胎藏界無寶部、故除軍荼利、無羯磨部、故除金剛夜叉、以其餘三尊成胎藏界之三部、於此以中尊之般若菩薩爲三部之總體而加之以勝三世爲降三世之別尊而加之成爲五忿怒見秘藏記私鈔一。

【五大部】（名數）南山律依憑之註疏有五種之大部也。俱係道宣律師之撰述。一四分律刪繁補闕行事鈔三卷（分十二卷）二四分律含註戒本疏四卷（分八卷）三四分律刪補隨機羯磨疏四卷（分八卷）四四分律拾毘尼義鈔三卷（分六卷、後二卷今缺）五四分比丘尼鈔三卷（分六卷）也。其中前三部略曰事鈔戒疏業疏有特稱爲三大部者。隨機羯磨疏正源記第一所謂「南山所撰大部凡三曰刪補鈔戒本鈔及茲疏」者是。蓋以此三部盡律之要義故也。凡律之要唯有二事。即所謂止惡與修善。戒疏詳止惡之行相。業疏詳修善之行相。事疏兩明止惡修善之二者。但此三大部比丘止作之義雖詳而未明比丘尼之止作。故於尼鈔更明比丘尼之止作。又行事鈔明行雖審、而於解未盡。故於義鈔審其解。元照校勘義鈔序曰「事義兩鈔表裏相資。非事鈔則行無所憑、失本非義鈔、則解無以發昧來」又妙辨四分比丘尼鈔䟦論五部相成之義曰「我大師示僧撰事鈔等三大部、示尼撰此書三卷。於是律之燈稍熾」皆其義也。

【五大施】（術語）以能持五戒爲五大施。見佛說五大施經。

【五大尊】（名數）又曰五大明王。不動降三世軍荼利大威德金剛夜叉之五尊。見五大明王條。図胎藏界持明院之五尊也。見五大院條。

【五大觀】（術語）五輪觀也。守護國經二曰「想其身成迦樓羅。作五大觀。一者觀地作白色觀。二者觀水作綠色觀。三者觀火作黃赤色觀。四者觀風作黑色觀。五者觀空作青色觀」

【五大論】（名數）無着所造之五部大乘論。見五部大論條。

【五大疏】（名數）台密之目。一大日經義釋十四卷。唐善無畏三藏說。一行記。二金剛頂經疏七卷。日本慈覺著。三蘇悉地經疏七卷。日本慈覺著。四菩提場一字經疏五卷。日本智證著。五瑜祇經行法記、一名瑜祇經疏、一卷。日本安然著。

【五大願】（名數）密宗所立、出於尊勝軌。是於佛地之五位發五願也。一衆生無邊誓願度。以度一切衆生爲願。是願求東方阿閦如來內證之菩提心也。二福智無邊誓願集。以集成無邊功德爲願。是願求南方寶生如來內證之福德者。福智圓滿之位也。三法門無邊誓願學。以學顯密大小教法爲願。是願求西方阿彌陀如來清淨之轉法輪智也。四如來無邊誓願事。以成供養諸佛利樂衆生二事爲願。是願求北方不空成就佛之內證大精進智也。五無上菩提誓願成。以成就究竟之果德爲願。是願求中央大日如來之法界體性智也。佛頂尊勝陀羅尼念誦儀軌曰、「若於本敎尊勝陀羅尼經。每於白月十五日。除滅業增福延命要期誦一千徧。證出世三摩地得不妄陀羅尼。(中略)若欲持誦、至道場先雙膝著地禮毘盧遮那佛及八大菩薩。發露懺悔發五大願。一衆生無邊誓願度二福智無邊誓願集三法門無邊誓願學。四如來無邊誓願事。五無上菩提誓願成。」

【五大使者】(名數) 又曰五天使者。一生、二老、三病、四死、五王法牢獄。閻王責罪人曰。我於世間現此五使者誡汝。汝何未見之。見佛說閻羅王五天使者經。

【五大明王】(明王) 新譯仁王經奉持品說。佛於未來世受持三寶之處。使五方菩薩護其國。而同經儀軌上引不空三藏所持之梵本金剛頂瑜伽經、以彼經之五菩薩、配於本經之五菩薩。說此菩薩一一有正法輪與敎令輪之二身。正法輪現菩薩之眞實身。敎令輪現明王之忿怒身。於此加五佛之自性輪身而爲三輪身。此三輪身、儀軌之意也。又蓮華三昧經之意、以此三身爲五佛身口意之三業。然秘藏記以五菩薩與五佛皆爲自性輪身。此以度衆生爲菩薩之自性故也。其中敎令輪身、卽五大明王。

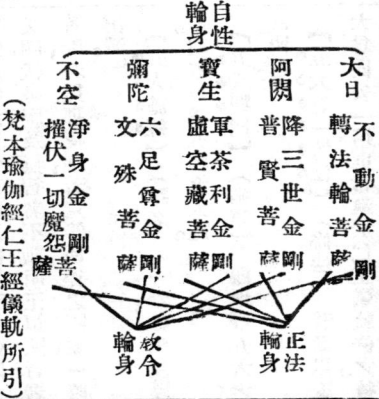

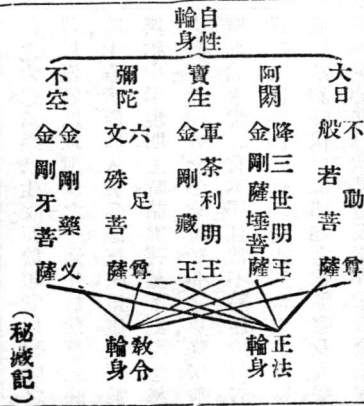

自性輪身	正法輪身	敎令輪身
大日	金剛波羅蜜菩薩	不動金剛
阿閦	金剛手菩薩	降三世金剛
寶生	金剛寶菩薩	軍荼梨金剛
彌陀	金剛利菩薩	六足尊金剛
不空	金剛藥义菩薩	淨身金剛、

(仁王經儀軌上)

自性輪身	正法輪身	敎令輪身
大日	轉法輪菩薩	不動金剛
阿閦	普賢菩薩	降三世金剛
寶生	虛空藏菩薩	軍荼利金剛
彌陀	文殊菩薩	六足尊金剛
不空	摧伏一切魔怨菩薩	淨身金剛

(梵本瑜伽經仁王經儀軌所引)

自性輪身	正法輪身	敎令輪身
大日	般若菩薩	不動尊
阿閦	金剛薩埵菩薩	降三世明王
寶生	金剛藏王	軍荼利明王
彌陀	文殊菩薩	六足尊
不空	金剛牙菩薩	金剛藥义

(秘藏記)

自性輪身	正法輪身	敎令輪身
大日	轉法輪菩薩	不動金剛
阿閦	普賢菩薩	降三世金剛
寶生	虛空藏菩薩	軍荼利金剛
彌陀	文殊師利菩薩	焰曼德迦金剛
不空	虛空庫菩薩	金剛藥叉

（菩提心五本義）

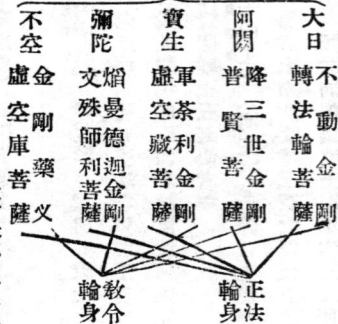

自性輪身、爲佛住於自性之法身、故云自性輪身、正法輪身爲住於菩薩以正法度人之眞實身、故云正法輪身、敎令輪身爲受佛之敎令、化現忿怒形、摧伏淫剛衆生之身、故云敎令輪身。而敎令輪身之本地、有二說。一依仁王經儀軌等之說、則各以其正法輪身之菩薩爲本地。卽菩薩受本佛之敎令而現忿怒也。依大日經疏等之說、則直以自性輪身之佛爲本地、秘藏記依後說。但此配屬爲一往、尅實則五佛各現五種之正法輪身、五種之敎令輪身也。故在九會曼荼羅、爲大日之自性輪身、於理趣會現金剛薩埵之正法輪身。又於降三世會現降三世明王之敎令輪身。不動金剛者、受中央大日如來之敎令、示現二臂之忿怒形、降伏一切鬼魅惑亂之明王也。降三世金剛者。受東方阿閦如來之敎令。示現四頭八臂之忿怒形、降伏侵害正法之大自在天魔衆之明王也。軍荼利金剛者、受南方寶生如來之敎令、示現八臂之忿怒形、降伏行疾疫惱害人之一切阿修羅衆諸鬼神之明王也。六足金剛者、受西方無量壽佛之敎令、降伏與惡風雨害有情之一切毒龍之明王也。淨身金剛者、受北方不空成就如來之敎令、示現四臂之忿怒形、降伏奪人精氣之一切藥叉之明王也。八大童子秘要法曰、「金剛手曰、一切意相不同、或爲順、或爲逆、是故如來現慈悲之身、隨而作利益、解曰、諸佛之大悲、爲愍衆生故。卽於順者以順應之。若於逆者則以逆制之。一佛住於忿怒三昧、時、十方諸佛同入於忿怒三昧、毘盧遮那於無相中示現明王時、諸佛菩薩不更現忿怒之身乎。故四方之如來現敎令之身、降伏衆魔也。然本誓各有不同。且常不隨逐於行者●或降三世菩薩降伏天魔或三世之貪瞋癡、或軍荼利降伏毘那耶迦之常隨魔及人魔、或焰摩德迦降伏龍魔及諸怨敵、或金剛夜叉調伏衆魔及無智者。不動明王、恒隨行者、若天、若毘那夜迦、若鬼等所作之障礙、一時消滅。」

【五大施經】（經名）一卷、趙宋施護譯。說五戒爲五種之大施。

【五大觀門】（術語）觀地等五大之法門也。

【五大尊一壇法】（修法）若欲以五大尊同安一壇、則當準於仁王儀軌修之。後文云、壇之中心畫十二輻輪、東邊畫五股金剛杵、南邊畫金剛寶、西邊畫金剛劍、北邊畫金剛牙。此上五事、卽是五方菩薩手中所執之秘密契也。東南隅畫三股金剛杵、西南隅畫寶冠、西北隅畫箜篌、東北隅畫羯磨金剛杵、當四角之上置四賢瓶、金銀銅瓷等新瓦亦得。於可受一升已下之瓶、滿盛水、插枝條之華、取四色繒各長四尺、色爲青黃赤綠、以次繫於四瓶之頂。次於第三重之東門畫金剛鉤、南門畫金剛索、西門畫金剛鎖、北門畫金剛鈴、東南角畫香爐、西南角畫荷葉中畫雜華、西北角畫燈、東北角畫塗香器、所畫之杵等皆有光焰、三重壇外有一重之界道云云。

【五大尊總印明】（印相）　印爲外縛五股印、中爲不動、大指爲降三世、左頭指爲軍荼梨、小指爲大威德、右頭指爲金剛藥叉。此印爲五劍、中指作劍形、二頭指眞立、由中尊之劍出四方之劍、成四大明王、是深秘之釋也。明爲吽吽吽吽吽。見心舟七刀印田五。

【五大尊根本印】（印明）　交腕而作外縛五股印。或於左腕上置右腕、合手之脊而交中指、大指小指無名指各寄附而立之、是卽蓮華部之五股印也。或傳曰、五大尊共通用劍印。又云用外五股印、誦慈救呪時中壇之阿闍梨、中指作劍印而誦之也。見印田五。

【五大尊配置】（修法）　或不動（中）軍荼梨（東）金剛藥叉（北）降三世（軍荼梨之東）大威德。（金剛藥叉之西）或不動（中）降三世（東）軍荼梨（西）金剛藥叉（降三世之東）大威德。（軍荼梨之西）立狀不同。

【五大使者經】（經名）　佛說閻羅王五天使者經之異名。

【五大虛空藏】（術語）　以虛空藏菩薩之德配於五方而建立者。詳見虛空藏條附錄。

【五大力菩薩】（菩薩）　金剛吼、龍王吼、無畏十力吼、雷電吼、無量力吼也。舊譯仁王經受持品曰「若未來世有諸國王護持三寶者、我使五大力菩薩往護其國。一金剛吼菩薩手持千寶相輪、往護彼國。二龍王吼菩薩手持金輪燈、往護彼國。三無畏十力吼菩薩手持金剛杵、往護彼國。四雷電吼菩薩、手持千寶羅網、往護彼國。五無量力吼菩薩、手持五千劍輪、往護彼國。」新譯仁王經奉持品曰、「若未來世、有諸國王、建立正法護三寶者、我令五方菩薩摩訶薩衆往護其國。東方金剛手菩薩摩訶薩手持金剛杵、放青色光、與四俱胝菩薩往護其國。南方金剛寶菩薩摩訶薩手持金剛摩尼、放白色光、與四俱胝菩薩往護其國。西方金剛利菩薩摩訶薩手持金剛劍、放金色光、與四俱胝菩薩往護其國。北方金剛藥叉菩薩摩訶薩。手持金剛鈴。放瑠璃色光。與四俱胝藥叉往護其國。中方金剛波羅蜜多菩薩摩訶薩。手持金剛輪。放五色光。與四俱胝菩薩往護其國」已上五菩薩。爲五佛之正法輪身。其敎令輪身爲五大明王。祭之有除盜難之利益。

【五大虛空藏法】（修法）五大虛空藏菩薩之修法。用於天變地妖之祈禱。

【五大虛空藏菩薩速疾大神驗秘密式經】（經名）一卷。唐金剛智譯。說五大虛空藏修法之儀軌。

【五大龍王】（名數）又曰五類龍王。善住龍王、難陀婆難陀龍王、阿耨達龍王、婆樓那龍王、摩那蘇婆帝龍王也。見龍王條附錄。

【五叉地獄】（界名）以五頭鐵叉分磔罪人之地獄。慧琳音義五十三曰「經言、五叉者地獄名也。以此鐵叉分磔罪人身形。名爲五叉地獄」

【五天】（地名）五天竺之略。又五淨居天之略。

【五天子】（名數）五淨居天子之意也。又曰五淨居天、五淨居衆、五那含天子。淨居天或單曰五天。居胎藏界曼荼羅外金剛部東方最北邊之五尊也。一自在天子。二普華天子。三光鬘天子。四意生天子。五名稱遠聞天子。大日經疏第五曰、「次於東方最近北邊布列五淨居衆。第一自在天子、第二普華天子、第三光鬘天子、第四意生天子、第五名稱遠聞天子。當次第列之。其印相具如圖說。阿闍梨言、此是五那含天子耳。過此已上有菩薩受佛職處。亦名淨居天。多是一生補處菩薩。是第二院所攝。非此中所明也」其間意生天子又稱滿意天子。名稱遠聞天子又名遍音聲天子。如其次第。配於色究竟天、善見天、善現天、無熱天、無煩天。其印相則如大日經第四密印品曰、「以智慧手承頰、是自在天印。卽以此印令風火輪差戾伸之。是普華天子印。同前印以虛空輪在於掌中。是光鬘天子印。同前印以虛空風輪作持華相、是滿意天子印。以智慧手虛空水輪相加。其風火輪地輪皆散舒之。以掩其耳、是遍音聲天印。」同經第五秘密漫荼羅品曰、「淨境界之行。所謂淨居天。置彼諸印相。佛子應諦聽。所謂思惟手、善手及笑手、華手、虛空手、晝之如法則」。大日經疏第十六解之曰、「思惟手謂稍屈地水指向掌。餘三指散舒如三奇杖。稍側頭屈手向裏以頭指指頰。善手謂手施無畏。皆用左手。右亦得也。妙好義也。笑手謂迴思惟手當心前。令三指向上也。花手以風空捻花而申三指。其三指或仰掌舒之、或竪舒皆得。虛空掌謂側右手散指而在空中」

【五天竺】（地名）略稱五天。東西南

北中五方之天竺。卽東天西天南天北天中天。西域記二曰、「五印度之境周九萬四里。三垂大海北背雪山北廣南狹形如半月。」五方之分配與今異。

【五天使者】（雜名）生、老、病、死、王法牢獄之五者見天使條。

【五天使經】（經名）閻王五使者經之異名。図（雜語）梵語室羅縛拏。Śrāvaṇa 見梵語雜名。

【五分】（雜語）無着菩薩之著論有五部對於十支論故曰五分。見五部大論條。図五分法身也。見五分法身條。

【五分作法】（術語）詳見五支作法條。

【五分香】（名數）以香譬五分法身也。一戒香、二定香、三慧香、四解脫香、五解脫知見香。

【五分律】（書名）彌沙塞部和醯五分律之畧名。五部律中彌沙塞部之律本也。

【五分十支】（術語）法相宗所依之論。無着所造之五大論與世親所造之十支論也。

【五分法身】（術語）以五種功德法成佛身故曰五分法身。小乘以之爲三身中之法身。一戒、謂如來身口意三業離一切過非之戒法身也。二定、如來之眞心寂靜離一切妄念謂之定法身。三慧、如來之眞智圓明、觀達法性謂之慧法身。卽根本智也。四解脫、如來之心身解脫一切繫縛謂之解脫法身。卽涅槃之德也。五解脫知見、知已實解脫、謂之解脫知見法身。卽後得智也。此五者有次第、由戒而生定、由定而生慧。由慧而得解脫。由解脫而有解脫知見。前三者就因而受名、後二者就果而付名。而總是佛之功德也。以此五法成佛身、則謂之五分法身。大乘義章二十本曰、「此五種分別爲分。法是其軌則之義。此之五種成身之軌、故名爲法身者是體。此五佛體故名爲身。」行宗記一上曰、「五分法身者戒定慧從因受名解脫解脫知見從果受號。由慧斷惑。斷惑惑無之處名解脫。出纏破障反照觀心名解脫知見。」濟緣記三下曰、「五法成身故名爲分。」王介甫金陵話錄曰、「五分法身所謂戒、定、慧、解脫、解脫知見。此五者皆以超出五陰故。戒超色陰、定超受陰、慧超想陰、解脫超行陰、解脫知見超識陰。」

【密敎之五分法身】（術語）戒者、生佛不二六無礙之三昧耶戒也。定者、安住於生佛不二心之大決定心也。慧者、自覺明了六大無礙之理之智慧也。解脫者、自悟明此理而隔執之縛忽然解脫之位也。解脫知見者、自明無隔執之縛之知見也。見辨惑指南三標注。

【五分戒本】（書名）彌沙塞五分戒

本之略名。彌沙塞部五分律之戒經也。

【五方便】（名數）五五之方便、即二十五方便略曰五方便。天台所說修四教觀法前方便之加行也。因天台大師就念佛門明五重之方便。一稱名念佛三昧門、二觀相滅罪三昧門。三攝境唯心三昧門。四心境俱離三昧門。五性起圓通三昧門。見五方便念佛門等。

【五方五智】（術語）密教於五方五佛分配五智五大也。見五大條下「密教五大」。

【五不退】（名數）五種之不退。見不退條。

【五不還天】（名數）與五淨居天同。

【五不正食】（名數）比丘之不可食者五種。枝、葉、花、果、細末磨食。

【五不可思議】（名數）謂不可以心慮量、不可以言語說之五種也。詳見不可思議條附錄。

【五不還果】（名數）又曰五種那含。至超等之五種也。見不還條。

【五五百年】（術語）佛滅後五期之五百年也。一期各說一堅固、以示法之興廢。一解脫堅固、謂佛滅後第一之五百年間、以正法盛、得解脫者多故也。二禪定堅固、謂第二之五百年間。以雖無得解脫者、而禪定者多故也。三多聞堅固、謂第三之五百年、以實行漸衰、唯尚多聞故也。四塔寺堅固、謂第四之五百年間、以此時唯塔寺之建立為盛故也。五鬪諍堅固、謂第五之五百年間、廢三學、唯以鬪諍為事、增長邪見之時也。行之各堅固故云堅固。大集月藏經十曰「於我滅後五百年中、諸比丘等猶於我法解脫堅固。次五百年、我之正法禪定三昧得住堅固。次五百年讀誦多聞得住堅固。次五百年於我法中多造塔寺得住堅固。次五百年於我法中鬪諍言頌白法隱沒損減堅固」。

【五五菩薩】（名數）見二十五菩薩條。

【五日八講】（行事）五日講法華經八卷。即自初日之夕座為始、終於五日之朝座。又合開結二經而為十講。惟以講法華經八卷為主、故云八講。

【五日十座】（行事）稱為法華講。無量義經一卷、法華經八卷、普賢觀經一卷合為十卷。朝夕二座講五日者。

【五支戒】（名數）五種支條之戒也。謂大涅槃心一理根本開出之支末事戒、有五種之別。一根本業清淨戒。二前後眷屬餘清淨戒。三非諸惡覺覺清淨戒。四護持正念念清淨戒。五回向阿耨多羅三菩提戒。大涅槃經第十一聖行品之所說也。淨影之涅槃義記第五上釋之曰「根本業清淨者、離其根本不善業道。前後眷屬餘清淨者、離其業道前後方便、非諸惡覺覺清淨者、離八惡覺、護持正念念清淨者、修六念心、助成戒行、回向阿耨三菩提者、用戒求佛也。此等分別、如雜心論。」寶亮配之於大小乘諸戒、小乘四重戒爲根本業清淨戒、第二篇以下、即四重之餘、爲前後眷屬餘清淨戒、不起五毒等、不犯菩薩戒、爲非諸惡覺覺清淨戒、不犯四十輕戒、爲護持正念念清淨戒、上四戒回向菩提、爲回向阿耨多羅三藐三菩提戒。天台以四重或十善性戒爲根本業清淨戒、偷蘭遮等餘四篇爲前後眷屬餘清淨戒、定共戒爲非諸惡覺覺清淨戒、定共戒爲護持正念念清淨戒、大乘戒爲回向阿耨多羅三藐三菩提戒。章安配於三聚淨戒、前二者爲攝律儀戒、次二者爲攝善法戒、後一者爲攝衆生戒。出於涅槃經集解、法華玄義釋籤私記等。

【五支作法】（術語）又稱五分作法。謂因明以五支作法之論式也。彌勒、無着、世親等古因明師所立各家之論式、亦無一定。瑜伽師地論第十五明五明處、其中於因明處之下曰、「能成立法有八種者、一立宗、二辯因、三引喻、四同類、五異類、六現量、七比量、八正教量。」顯揚聖教論亦全與之同。此八能立中前五者、即所謂五支作法也。瑜伽師地論解辯因曰、「辯因者、謂爲成就所立宗義、依所引喻同類異類現量比量及與正教、建立順益道理言論。」又釋引喻曰、「引喻者、亦爲成就所立宗義、引因所依諸餘世間串習共許易了之法比況言論。」又隨所有法望所餘法、相狀自體業用法門因果五種展轉少分相似、名爲同類。其五種少不相似、名爲異類。聲無常（立宗）以所作性故、（辯因）如瓶空等。（引喻）所作如瓶等、（同類）非所作如虛空（異類）即其例也。大乘阿毘達磨雜集論第十六亦舉八能立、前五支中、第四名爲合、第五名爲結、不立同類異類之別。是一種之新說也。彼論曰、「合者、爲引所餘此種類義、令就此法正說理趣。謂由三分（即前三支）成立如前所成義已、復爲成立餘此種類所成義故、遂引彼義令就此法正說道理。是名合。結者、謂到究竟趣所有正說。由此道理、極善成就。是故此事決定無異、結會究竟、是名結。」依是可知第四合支、於直接所立之宗無關係、乃由前三支所成之義、已成立、更爲成立餘此類似所成之義、引彼義使之合者、第五結支、爲總結由前三支所成立之義及第四合支所引合之義者。彼論舉一例、謂諸法無我、（立宗）若於蘊施設四過可得故、（玄因）如於現在施設過去。（立喻）如是遮破我顛倒已、即由此道理、常等亦無。（合）由此道理、是故五蘊皆是無常乃至無我（結）即其義也。又世親如實論所出之五分作法、亦少與前二者有殊。彼論曰、「五分義中、一分不具、是名不具足分。五分者、一立義言、二因言、三譬如言、四合譬言、五決定言。譬如有人言聲無常、是第一分。何以故依因生故、是第二分。若有物依因生是物無常、譬如瓦器依因生故無常、是第三分。聲亦如是、是第四分。是故聲無常、是第五分。是五分若不具一分、是名不具足墮負處」外道尼耶夜學派所立、亦如用五支作法、與如實論所說略同。

【五支念誦法】（名數）一三昧耶印明、二不動尊印明、三如來鈎印明、四善通印明、五金剛甲冑印明。見大日經、略攝念誦隨行法。

【五支略念誦要行法】（書名）大日經略攝念誦隨行法之異名。

【五心】（術語）覺知外境時、順次起五個之心、卽卒爾心、尋求心、決定心、染淨心、等流心也。詳見瑜伽師地論一、法苑義林章一。

【五手】（名數）一思惟手、稍屈小指無名指之頭、向於掌、餘三指散如三奇狀、頭稍側屈手向裏、以頭指（人指）指頰也。二善手施無畏也。皆用左手、用右手亦得。善者妙好義。三笑手、迴思惟手而當於心前、使三指向於上也。四華手、以頭拇二指捻花而申三指。其三指或仰掌而舒之、皆得。五虛空手、側右手散指而置於空中也。見大日經疏十六。

【五比丘】（雜名）佛最初所度之五個比丘、皆為佛之姻戚。一憍陳如、二頞鞞、三跋提、四十力迦葉、五摩男俱利。是為文句四之三之說、而諸經論諸家之義皆同。然列為一陳如（又拘隣）二頞鞞（又濕鞞、阿說示、馬勝）三拔提（又摩訶男）四十力迦葉、五俱利太子。又玄義釋籤六之二列為一頞鞞、二跋提、三俱利、四釋摩男、五十力迦葉。是摩男於俱利為別人、一摩男為跋提之異名。（文句）一摩男為陳如之異名。除陳如之名而以釋摩男之名加於第四、皆誤也。摩男為摩訶那摩之略、大名之義、拘利太子之尊稱也。是為釋氏、故亦云釋摩男、非別人。

憍陳如 Ajñāta Kauṇḍinya (巴)Koṇḍañña（譯火器）
- 本行集經　憍陳如
- 賢劫經　居倫
- 普曜經　俱隣
- 大哀經　俱輪
- 中本起經　拘隣
- 毘耶婆問經　增一　阿若居隣（玄義釋籤釋摩男）
- 最勝王經　阿若憍陳如

頞鞞 Aśvajit (巴 Assaji)（譯調馬、馬勝、馬師、馬星）
- 中本起經　頞陛
- 四分律三十三　阿濕鞞
- 文句一之二　阿說示
- 本行集經　阿奢踰時
- 最勝王經　阿說恃多阿鞞

拔提 Bhadrika（譯小賢）
- 中本起經跋提　四分婆提　本行集經跋提梨迦
- 最勝王經婆帝利迦　法華文句摩訶男

十力迦葉 Dasabala Kāsyapa（譯起氣）
- 中本起經十力迦葉　四分律婆敷　五分律婆頗
- 本行集經婆沙波　最勝王經波濕波（Bāspa）

摩男拘利 Mahānāma Kulika（譯大名）
- 法華義疏摩男拘利　玄贊摩訶男俱利　中本起經摩南拘利
- 五分律摩訶男　四分律摩訶摩男　十二遊經摩訶納
- 本行集經、最勝王經摩訶那摩　善見律釋摩男

本行集經三十四有偈曰「小賢、起氣、憍陳如、摩訶那摩、及調馬。彼等初證知見。此如來甘露鼓法門。」

母親｛陳如、頞鞞｝本行集經　五分律　中本起經

父親
- 跋提｛白飯王之長子　智度論／甘露王之長子　本行集經　五分律作次子｝
- 十力｛白飯王之次子　智度論／甘露王之長子　五分律　本行集經作次子｝
- 摩男｛甘露王之長子　智度論／斛飯王之長子　本行集經　五分律｝

【五王經】（經名）佛說五王經一卷、失譯。佛對五王說世間之八苦。五王同出家。

【五正行】（術語）淨土門所立。往生極樂之正行有五種。對於雜行、故曰正行。一讀誦正行、專讀誦淨土之三部經。二觀察正行、專觀想淨土之相。三禮拜正行、專禮拜彌陀。四稱名正行、專稱彌陀之名。五讚嘆供養正行、專讚嘆供養彌陀。觀經散善義曰、「行有二種。一者正行。二者雜行。言正行者。專依往生經行行者。是名正行。何者是也。一心專讀誦此觀無量壽經無量壽經等。（中略）一心專讚嘆供養。是名爲正」

【五正色】（雜名）謂青等五方之正色也。見五色條。

【五正食】（名數）見半者蒲膳尼條。

【五生】（名數）菩薩之受生有五種。一息苦生、亦名除災生。如爲大魚等於飢世救苦、於海中救苦等。二隨類生、隨一切衆生

之類而生、以度彼等。三勝生。亦名大勢生。形色族姓富貴等也。四增上生。由初地至十地作諸王也。五最後生。最後身之菩薩身也。見瑜伽論四。

【五日望】（雜語）謂五參日與朔日十五日也。皆有上堂見象器箋三。

【五母子經】（經名）佛說五母子經、一卷。吳支謙譯。說八歲沙彌、從阿羅漢學道、遂得五通、以宿命而生自己前五生之母悲吾子之早世、空自憂愁。

【五失本三不易】（名數）又稱五失三不易。言翻譯梵經、有五種失原本之義、并三種之不容易者。晉道安摩訶鉢羅若波羅蜜經抄序曰「譯胡為秦、有五失本也。一者、胡語盡倒而使從秦、一失本也。二者、胡經尚質、秦人好文、傳可衆心、非文不合、斯二失本也。三者、胡經委悉、至於詠歎、丁寧反覆、或三或四、不嫌其煩、而今裁斥、三失本也。四者、胡有義記、正似亂辭、尋說向語、文無以異、或千五百、刈而不存、四失本也。五者、事已全成、將更傍及、反騰前辭、已乃後說、而悉除此、五失本也。然般若經、三達之心、覆面所演、聖必因時、時俗有易、而刪雅古、以適今時、一不易也。愚智天隔、聖人叵階、乃欲以千歲之上微言、傳使合百王之下末俗、二不易也。阿難出經、去佛未遠、尊大迦葉、令五百六通、迭察迭書、今離千年、而以近意量截、彼阿羅漢乃兢兢若此、此生死人而平平若此、豈將不知法者勇乎、斯三不易也。涉茲五失、經三不易、譯胡為秦、詎可不慎乎。」蓋翻譯之業、其事甚難。今道安作五失三不易之說、以警策譯家、良有由也。僧叡大品經序曰「執筆之際、三惟亡師五失三不易之誨、則憂懼交懷、惕焉若厲。」是能懷守師訓者。

【五功德門】（術語）淨土論所云。得往生於彌陀淨土、而成就之五種功德也。為配於五念門而立者。真宗謂五種中初二門為現生正定聚之益。淨土論曰「一者近門。二者大會衆門。三者宅門。四者屋門。五者園林遊戲地門。此五種門、初四種門成就入功德。第五門成就出功德。入第一門者、以禮拜阿彌陀佛、為生彼國、故得生安樂世界。是名入第一門。入第二門者、以讚歎阿彌彌陀佛隨順名義、稱如來名、依如來光明智相修行故、得入大會衆數。是名入第二門。入第三門者、以一心專念作願生彼、修奢摩他寂靜三昧行、故得入蓮華藏世界。是名入第三門。入第四門者、以專念觀察彼妙莊嚴、修毘婆舍那、故得到彼所受用種種法味樂。是名入第四門。出第五門者、以大慈悲觀察一切苦惱衆生、示應化身、迴入生死園煩惱林中、遊戲神通、至教化地、以本願力迴向故。是名第五門。菩薩入四種門、自利行成就。應知菩薩出第五門迴向利益他行成就。」

【五百世】（雜語）與五百生同。

【五百世無手】（雜語）梵網經下曰、「若佛子故飲酒而生酒過失無量若自身手過酒器與人飲酒者、五百世無手何況自飲。」

【五百世怨家】（雜語）經律異相四十六曰、「出鈔毘曇婆娑經云。嘗聞有一女人爲餓鬼所持。即以呪術而問鬼言何以惱他女人鬼答言此女人是我怨家。五百世中常殺我。我亦五百世中斷其命。若彼能捨舊怨心我亦捨。」

【五百生】（雜語）又曰五百世。爲長時之套語。自五百本生經（齊永明年中摩訶乘譯今無）起。

【五百生怨】（雜語）法苑珠林三十五曰、「畜生中云何知有宿命答如婆娑論中云。昔有一女。置兒在地。緣行他所。時有一狠將其兒去。其母見巳、趁之語曰。汝狠何以將吾兒去。狼即答曰。汝是我怨。曾於五百生中嘗食我兒。我今殺汝兒。此乃怨讐相報。何以生瞋。」

【五百生野狐】（傳說）誤一轉語而墮於五百生野狐身。見百丈條。

【五百年】（術語）見五五百年條。

【五百戒】（名數）比丘尼具足戒之大數也。大愛道比丘尼經上曰、「佛告比丘尼裴曇彌、汝行十戒如法、則有大戒、名具足眞諦行之、疾得作佛。凡有五百要事。」毘尼母經八曰、「比丘二百五十法比丘尼五百法。」藥師如來本願經曰、「比丘尼受持五百戒。」此外經論說五百者頗多。然檢諸律、未明示五百戒數也。參照戒條附錄。

【五百部】（雜名）佛滅後五百年小乘之異部雜出而爲五百部。智度論六十三曰、「是聲聞人著聲聞法。佛法過五百歲後。各各分別有五百部。從是以來、以求諸法決定相故。自執其法、不知佛爲解脫故說法。而堅著語言。故聞說般若諸法畢竟空。如刀傷心。」行宗記一上之一曰、「五百部者有言無相。敎雖不叙。起必從緣。」又曰「五百部。智論但有通數。不出人法名義。」

【五百問】（經名）佛說目連問戒律中五百輕重事之異名。

【五百雁】（故事）五百之雁、聞法而生天上。又有五百之雁、爲五百之羅漢。見雁條。

【五百小乘】（流派）小乘分五百部。見五百部條。

【五百大願】（本生）釋迦如來往昔爲寶海梵志時、於寶藏佛所起五百誓願。悲華經七曰、「爾時寶海梵志在寶藏佛所諸天大衆人非人前。尋得成就大悲之心廣大無量作五百誓願已。」經文漫說五百分別爲難。

【五百之塵】（雜語）五百塵點劫也。

【五百仙人】（傳說）優塡王以色染故截五百仙人之手足見智度論十七、輔行四之三。五百仙人在山中甄陀羅女浴於雪山池中仙聞女歌聲而失禪定見智度論十七輔行四之三。五百仙人飛行空中時聞緊陀羅女歌聲心狂醉失神足一時墮於地見智度論十七。

【五百身因】（術語）謂五百比丘各說自身所由生之原因也。依涅槃經三十五、五百比丘對舍利弗各說身因有比丘言我未獲得正解脫時思惟無明卽是身因作是觀時得阿羅漢果某比丘言愛與無明爲身因得阿羅漢果有比丘言行、識、名色、六入、觸、受、愛、取、有等爲身因。次詣佛前問其說正不正。佛答一一無非正說且言欲界衆生以父母爲身因。又佛五百弟子自說本起經（西晉竺法護譯）前二十九品諸弟子各明其本爾之因緣、第三十品佛自說示過去之本因。

【五百由旬】（雜語）法華經說越五百由旬之險難而有寶所化城喩品曰「譬如五百由旬險難惡道曠絕無人怖畏之處。若有多衆欲過此道至珍寶處。」天台謂凡聖同居土爲三界之果報故以之爲三百由旬、方便有餘土爲四百由旬、實報無障礙土爲五百由旬超之卽有寶所卽究竟之常寂光土也。嘉祥以三界爲三百以二乘爲二百、超三界與二乘之處卽大乘之寶所眞涅槃也。慈恩以分段生死有惑業苦之三爲三百、以變易生死有惑苦之二、爲二百超此二生死則至涅槃云。

【五百估客】（故事）有五百估客入海求寶、逢摩竭魚中有一優婆塞念佛而免危難見智度論七經律異相四十三。

【五百問事】（經名）見五百問條。

【五百異部】（流派）小乘之異計有五百部見五百部條。

【五百毳徒】（雜語）毳徒、着毳衣之徒衆。毳衣以鳥毛織成之衣也。五百、五百人也。傳燈錄曰「道濟禪師河中府人姓武氏。初詣臨川謁淨慧慧曰子向後有五百毳徒而爲王侯所重後忠懿王命入府受菩薩戒署慈化定慧禪師。建大伽藍號曰永明請居之、師坐永明大道場常五百衆。」

【五百蝙蝠】（本生）結集大毘婆娑論之五百羅漢前身爲五百之蝙蝠。西域記三曰「南海之濱有一枯樹五百蝙蝠於中穴居有諸商侶止此樹下時屬風寒人皆飢凍聚積樵蘇蘊火其下。烟焰漸盛枯樹遂燃。時商侶中有一賈客夜分已後誦阿毘達磨藏。彼諸蝙蝠、雖爲火困愛樂法音忍而不去。於此命終隨業受生俱得人身捨家修學乘聞法聲聰明利智普證聖果爲世福田近迎尾色迦王與脇尊者招集五百賢聖。於迦溼彌羅國作毘婆沙論斯並枯樹之中五百蝙蝠也。」

【五百獼猴】（傳說）五百獼猴、欲捉水中之月、盡沒死。參照獼猴條。

【五百羅漢】（雜名）法苑珠林、記過去九十一劫有一婆羅門、好學廣博。常教五百豪族童子、今五百羅漢是。又爾時買客五百衆者則五百羅漢是。今佛寺中每有五百羅漢考之佛經、其說不一。蓋佛既累次轉生、此五百人者亦累次轉生、故所見非一也。餘見羅漢條。

【五百弟子品】（經名）見五百弟子授記品條。

【五百人授記】（故事）法華經五百弟子授記品陳如等五百人、授成佛之記。

【五百塵點劫】（術語）法華經壽量品明釋迦久遠成佛之劫量也。「善男子。我實成佛已來。無量無邊百千萬億那由佗劫。譬如五百千萬億那由佗阿僧祇三千大千世界。假使有人抹爲微塵。過於東方五百千萬億那由佗阿僧祇國乃下一點。如是東行盡此微塵。(中略)是諸世界若著微塵及不著者、盡以爲塵、一塵一劫。我成佛已來復過於此百千萬億那由佗阿僧祇劫。」

【五百弟子授記品】（經名）法華經卷四第八品之名。此品說下根之弟子、授成佛之記別者。受記別之弟子、總有千二百人、分之爲二段、初先授記於富樓那一人、後總授記於餘人。然則自人數上言之、應言爲千二百弟子授記品也。惟其千二百人中五百人皆爲有同一名號之如來。又此五百人一同有立述領解等之特殊事。故特揭五百爲品名。

【五百弟子自說本起經】（經名）一卷、西晉竺法護譯。五百弟子各說本因

【五字呪】（術語）五字文殊之陀羅尼。阿囉跛者娜之五字。見金剛頂經曼殊室利菩薩五字心陀羅尼品、五字陀羅尼頌。

【五字門】（名數）一我覺本不生、即𑖀阿字門也。二出過言說道。即𑖪嚩字門也。三諸過得解脫。即𑖨囉字門也。四遠離於因緣。即𑖮訶字門也。五知空等虛空。即𑖏結字門也。見五大條。

【五字觀】（術語）見五輪觀條。

【五字文殊】（術語）以阿囉跛者娜五字爲陀羅尼之文殊尊也。

【五字明王】（雜名）五大虛空藏菩薩之五字眞言也。具曰成就富貴金剛虛空藏鉤召五字明王。𑖪𑖽𑖮𑖳𑖽𑖝𑖿𑖨𑖯𑖾𑖮𑖿𑖨𑖱𑖾𑖀𑖾之五字也。見瑜祇經金剛吉祥大成就品。

【五字呪品】（經名）金剛頂經瑜伽文殊師利菩薩法一品之異名。

【五字眞言】（術語）謂五大之種子、

阿毘羅吽欠之五字也。又曰五字文殊之陀羅尼。

【五字文殊咒】（眞言）又曰五字咒、五字陀羅尼等、阿羅婆遮那之五字也。

【五字嚴身】（術語）五字者阿鑁覽唅佉也。眞言行者修密法時、布阿字於下體、布鑁字於臍上、布覽字於心、布唅字於眉間、布佉字於頂上、以加持已身、而爲大牟都婆、卽堅固金剛之身也。大日經七持誦法則品曰「如前轉阿字而成大日尊、法力所持故、與自身無異。住本尊瑜伽、加以五支字、下體及齊上、心頂與眉間、於三摩呬多、運相而安立。以依是法住、卽同牟尼尊、阿字遍金色、用作金剛輪、加持於下體、說名瑜伽座。鑁字素月光、在於霧聚中、加持自臍上、是名大悲水。覽字初日暉、形赤在三角、加持本心位、是名智火光。唅字劫災焰、黑色在風輪、加持白毫際、說名自在力。佉字及空點、相成一切色、加持在頂上、故名爲大空。」又曰、「五字以嚴身、威德具成就、熾然大慧炬、滅除衆罪業。天魔軍衆等、及餘爲降者、當見如是人、赫奕同金剛。」參照五輪觀條。

【五字嚴身觀】（術語）謂以阿等五字加持身也。見前項幷參照五輪觀條。金剛界明五相身、胎藏界明五字嚴身、卽身成佛之深極、唯在此觀。見秘藏記鈔三。

【五字陀羅尼頌】（經名）一卷、唐不空譯、略頌五字眞言之秘法。

【五色】（雜語）青黃赤白黑爲五色。亦曰五正色、亦曰五大色、又緋、紅、紫、綠、硫黃爲五間色。行事鈔資持記下一之一曰、「言上色者、總五方正間、青黃赤白黑五方正色也。緋紅紫綠硫黃五方間色也。」各色配方位則如左。

五正色		五間色
青色	東方	綠色
白色	西方	緋色
赤色	南方	紅色
黑色	北方	紫色
黃色	中央	硫黃

【五方色】（術語）密教有二說。一東方青、西方白、南方赤、北方黑、中央黃。此準於世法者也。（不空三藏傳）二東方黃、南方赤、西方白、北方黑、中央青。（善無畏傳）

【五字色】（術語）𑖀黃、𑖪白、𑖨赤、𑖮黑、𑖏青、卽五大之色也。（五輪九字秘釋）

【五佛色】（雜語）見五智如來條。

【護摩法五種色】（術語）見護摩條。

【五根色】（術語）信根白、白者越百六十心垢之義也。是爲信之色。故爲最初。精進根赤、赤者大勤勇之義也。是爲精進之色。故爲第二。念黃、一念理相應時、定慧均等（

黃色爲黑白均等之色、）而七覺開發是爲念之色。故爲第三定根青。青者大空三昧之義也、是爲定之色。故爲第四慧根黑。即如來究竟之色也、是爲慧之色。故爲第五又信根白最初也精進根黃黃者、如金剛（金剛爲地其色黃）之不可沮壞是進之義也、故爲第二。念根赤。心障淨除而光明顯照是念之義也、故爲第三。餘二者如上所辨見大日經疏六。

【五轉色】（術語）菩提黃、是金剛性也。修行赤、赤是火之義也。與文殊之義同。萬行以妙慧爲道離慧不得有作。成菩提白是圓明究極之義又是水之義。如我昔願今既滿足化一切衆生使皆入於佛道、爲是事故、起大悲也。（大悲水色其白如上。）涅槃黑、垂迹極而返於本濟生有緣之緣盡。則如來方便之火息、故涅槃也。佛已隱於涅槃之山故色黑也。方便究竟青方便究竟位之中心爲空、具一切之色、即是加持世界曼荼羅普門之會畢竟清淨而無所不有故青也。見大日經疏二十。

【五色列次】（名數）一白赤黃青黑。（大日經一、三、略出經三、瞿醯經中大疏六。不空羂索經九所說五色界道大疏四所明五佛色、同五所出五色線）二白青黃赤黑。（攝眞實經下大集軌所示五佛色。但至黑色彼經作雜。又軌云綠）三白黃赤青黑。（大疏六所說受染色。又十六所明五寶色陀羅尼集經七所明五色界道）四青黃赤白黑。（蘇悉地經三所說五色線大疏十九所明文字色。）五白赤青黃黑。（集經一所出五色界道）六白黃青赤黑。（瑜祇經所出五大虛空色。）七白黃赤黑青。（大日經一所說併線色。）八黃赤白黑青。（大疏二十所說五轉也。）見瑜伽學習揵圖。

【五色光】（雜名）觀無量壽經曰、「爾時世尊即微笑有五色光從佛口出。」

【五色縷】（雜名）藥師經曰、「此十二藥叉大將。一一各有七千藥叉以爲眷屬。同時擧聲白佛言。（中略）或有疾藥求度脫者亦應讀誦此經以五色縷結我名字得如願已然後解結。」

【五色水】（雜名）高僧傳曰、「四月八日浴佛以都梁香爲青色水。以鬱金香爲赤色水。丘際香爲白色水。附子香爲黃色水。安息香爲黑色水以灌佛頂。」

【五色鹿】（雜名）見鹿條。

【五色粉】（名數）五種之染粉也。眞言行者作壇時、塗壇所用之染料也。陀羅尼集經九曰、五色粉者、一白色、秔米粉是也。二黃色、若鬱金末若黃土末。三赤色、若朱沙末、赤土末等。四青色、若青黛末乾藍靛等。五黑色若用墨末若炭末等。其粉皆和沈香末用。

【五色根】（術語）謂眼等之五根。以此色蘊中之五根、別於信等之五根也。

【五色線】（物名）又作五色綖、五色縷、五色繩。合青黃赤白黑五色之系爲一條之線縷也。蘇悉地羯羅經下曰、「五色線謂青黃赤白黑、使童子合線。」大日經疏五曰、「凡作綖、當擇上好細具縷。香水洗之、極令淸淨、令潔淨童女右合之。合五色縷、當用五如來眞言。各持一色、然後以成辦諸事眞言總加持之。造漫茶羅綖亦爾。（中略）復次、五色綖者、卽是如來五智。亦是信進念定慧五法。以此五法貫攝一切教門。是故名爲修多羅。古譯謂之綖經也。蓋五色卽爲五智之色、故此五色線、有用於灌頂道場、作金剛線壇線結線等者。其中張於大壇之金剛橛者、及灌頂時授於受者、使挂於手者、謂之金剛線。二十一結同授於受者者、謂之結線、或曰二十一結修多羅。七結而繫於腰者、謂之腰線，又有埋五寶五穀等於曼荼羅之五方時、用以縛其裹物之口者。又婆羅門之臂繫五色線、佛除比丘之病線外禁繫之。毘奈耶雜事一曰、「六衆乞食。見諸婆羅門以妙香華莊嚴形體。將五色線繫之於臂。（中略）便於他日以五色線纏於臂上。入城乞食。諸婆羅門等見生輕賤。（中略）佛作是念。若諸苾芻以五色線繫臂、有斯過失。由是苾芻不應以五色線繫臂。若有繫者得越法罪。佛既不許繫臂線。時有苾芻身嬰患苦。詣醫人所問言。賢首我身有疾。幸爲處方。答言。聖者取五色線呪之繫臂必得除愈。報曰。世尊不聽。彼言仁之大師、慈悲爲本。病緣開許、理所不疑。時諸苾芻白佛。佛言我今聽諸苾芻爲病因緣醫人敎者。線繫無犯。」

【五色雲】（物名）又名五彩疊雲。千手觀音四十手中右一手所持之物也。其手名五色雲手。千手千眼觀世音菩薩大悲心陀羅尼曰、「若爲速成就佛道者、當於五色雲手。眞言唵（引）嚩日羅（二合）迦哩囉吒給吒。」又千光眼觀自在菩薩秘密法經曰、「若人爲成就仙法者、當修五色雲法。其仙雲觀自在菩薩像、相好莊嚴如前說。但右手持五色雲、左手擧上握所著天衣端。畫像已、其印相、左右手爲羽、勢作飛相。眞言曰、唵嚩日羅（二合）達磨（一）半者路婆銘伽（五色雲）悉馱（引）尾地也（二合）馱羅南（成就明仙者）娑嚩（二合）賀。於山巖寂處作念誦法、滿一萬八千遍已得仙果。」

【五色界道】（術語）言造顯曼荼羅時、爲區別各重位、用五色作境界之道也。瞿醯壇路羅經中曰、「中臺及內院、應用五色而作界道。其第二院應用三色。第三外院唯用白色而作界道。其著食院及行道院、但用白色而作界道。」大日經疏六曰、「又諸界道、中央及第一重、當具五色。先以白色爲周界竟、次於其外布赤色界、次外又布黃色、次外又布青色、最外次布黑色。其第二重亦依如上次第布白赤黃三色。第三重周界但布純白一色、皆極令均調正直、漸次右旋布之。其行道及供養處外緣等、隨作一純色界。瞿醯云、但用白色也。所以先白色、從中向外者、明此菩提心五種根力、漸次增廣、乃至住於大般涅槃、則遍一切處無所不在、故黑色最居外也。若從淺至深、自迹歸本、則世尊俯同六趣、為初門眷屬、開發淨菩提心。若衆生入此明門、超百六十心時、則已出過世間上菩薩位。故第三漫荼羅、唯以白色為界也。第二漫荼羅於白之上、更加赤色、黃色者、赤是勤勇菩提心中進修萬行、黃是如來念處萬德開敷。爾時即入重玄門、居寂光土、乃至迹居補處、猶故不識一人。故於第二重、但以三色為界也。第一重漫荼羅、於三色之上更加青色黑色者、青是大空三昧、所謂如來身口意密無盡加持、故作大虛空色、黑為如來壽量常住之身、如是妙身、畢竟無像、故作深玄色。此二句是如來秘藏、非普為一切衆生、故名眷屬也。又入此深玄色時者、即是如來自證中胎華藏、爾時見五智色、皆同一法界色。何有淺深之殊、而諸衆生有漸入者、有超昇者、有頓入者。然其所趣畢竟同歸、故云一切內深玄也」

【五印】（雜語）五印度之略。

【五印度】（雜名）又曰五天竺。以印度區畫東西南北中之五處。西域記二曰、「五印度之境。周九萬餘里。」

【五住】（名數）五住地之略。

【五住地】（名數）根本之煩惱、能生枝末之煩惱、故名住地。住地之煩惱有五種。一見一處住地、身見等三界之見惑、入見道時斷於一處、故曰見一處。二欲愛住地、欲界之煩惱中除見與無明者、其中愛着之咎重、故表愛之名。三色愛住地、色界之煩惱中除見與無明者、其中愛着之咎最重、故獨表愛之名。四有愛住地、無色界之煩惱中、除見與無明者、其中愛着之咎最重、故表愛之名。有愛之有、為生死之義、無色界之愛於生死之果報、為愛着之最終者、故名有愛。五無明住地、三界一切之無明也。無明為痴闇之心體、無慧明者、是為一切煩惱之根本、故別立一住。

枝末
- 見惑——三界——見一處住地
- 思惑
  - 欲界——欲愛住地
  - 色界——色愛住地
  - 無色界——有愛住地

根本——三界——無明住地

大乘義章五本曰、「本為末依、名之為住。本能生末、稱之為地。」勝鬘經寶窟中末曰、「能生為地。令所生成立名住。」

【五住地惑】（名數）又名五住地煩惱。見五住地條。

【五因】（名數）以四大種爲能造之因、以諸色法爲所造之果是有五因。一生因、生四大種所生之色、名爲生因。二依因、造色生已而隨逐於大種如弟子之依於師。故名依因。三立因、任持四大種所造之色。如持壁畫。名爲立因。四持因、使所造之色、相續而不斷絕。名爲持因。五養因、增長四大種所造之色、名爲養因。此五因於六因中、爲能作因之攝。於四緣中爲因緣之攝。見俱舍論七。図一生因。卽惑業也。衆生依惑業而生此身。名爲生因。二和合因、與善法善心和合、與不善法不善心和合、與無記法無記心和合。故名和合因。三住因、一切衆生依我痴我見我慢我愛之四大煩惱而得住、如家屋之依柱而得住。故名住因。四增長因、衆生依衣服飲食等而長養其身、故名長養因。五遠因、依父母之精血而生其身、如依憑國王而免盜賊之難、依咒力而脫傷害。是名遠因。見涅槃經二十一。

【五衣】（名數）使比丘持三衣。使比丘尼持五衣。五衣者於三衣外加祇支與覆肩。行事鈔資持記中二之二曰、「五衣者。附明尼制。祇支覆肩皆入制故。」

【五行】（名數）一布施行、二持戒行、三忍辱行、四精進行、五止觀行。是於六度之中合定慧之二度而爲止觀之一者。見起信論。図一聖行、菩薩修戒定慧之三業也。二梵行、梵者淸淨之義、以淨心而運慈悲。爲衆生拔苦與樂也。三天行、天爲四天中之第一義天、卽天然之理也。菩薩由天然之理而成妙行、是爲天行。四嬰兒行、嬰行譬人天小乘。菩薩以慈悲之心示現人天小乘小善之行也。五病行、菩薩以大慈悲和於一切衆生、同有煩惱、同有病苦也。見涅槃經十一。図木火土金水之五行。以之配於五方等。見五大條。

【五向】（術語）密宗之五悔也。約回向之名而曰五向。見諸儀軌訣影三。

【五旬】（術語）五爲漢語。梵語爲般遮。旬爲梵語之神通。卽五神通也。玄應音義三曰、「五旬。或言般遮。旬卽五神通也。案阿闍世王女阿術達經云。悉得五旬是也。大品經等云五神通。同一也。」

【五妄想】（名數）謂五蘊也。一堅固妄想、卽色陰也。衆生之體、因想而生。心因想而起、命因想而傳、諸想交固而成色身。故名現色身曰堅固妄想。二虛明妄想、卽受陰也。衆生欲想而登高則足先酸澁、好惡之二相、損益現馳。是卽無受陰體。故曰虛明。三融通妄想、卽想陰也。衆生之念慮爲虛、情色身爲實。虛實雖不綸。然能相使者、由想而融也。心生虛想、形取實物。心形雖異。然用能相應者、由想而通之也。故名融通。四幽隱妄想卽行陰也。衆生一期色身生化之理自幼至衰無暫停息、運密移於運體、雖遷然無覺者、故名幽隱。五顛倒妄想（又曰微細精想）卽識陰也。衆生識精之湛、非眞湛然、急流之水、望似恬靜、其實急流細不可見。湛了內之罔象虛無、故云顛倒。見楞嚴經。

【五存七欠】（術語）我國淨土門所依之佛說無量壽經、有十二代之譯、第一譯無量壽經二卷、後漢安淸譯。已亡。第二譯佛說無量淸淨平等覺經四卷、或二卷、後漢支婁迦讖譯、第三譯佛說阿彌陀經二卷、內題曰佛說諸佛阿彌陀三耶三佛薩樓佛檀過度人道經。坊本之表題曰大阿彌陀經。第四譯佛說無量壽經二卷、曹魏康僧鎧譯。第五譯無量淸淨平等覺經二卷、曹魏帛延譯。已亡。第六譯無量壽經二卷、西晉竺曇摩羅譯。已亡。第七譯無量壽至眞等正覺經一卷、東晉竺法力譯。已亡。第八譯新無量壽經二卷、劉宋佛陀跋多羅譯。已亡。第九譯新無量壽經二卷、劉宋寶雲譯。已亡。第十譯新無量壽經二卷、劉宋曇摩蜜多譯。已亡。第十一譯無量壽如來會二卷、或三卷、唐菩提流支譯。大寶積經第五會、卽彼經十七十八之兩卷。第十二譯佛說大乘無量壽莊嚴經三卷、趙宋法賢譯。此中第二、第三、第四、第十一、第十二之五譯存、餘皆亡。五譯中爲正本而讀誦講敷者。僧鎧譯之無量壽經也。見眞宗敎典志一。

【五如來】（名數）卽寶勝、妙色身、甘露王、廣博身、離怖畏之五佛也。施諸餓鬼飮食及水法曰、「曩謨寶勝如來、除慳貪業福德圓滿。曩謨妙色身如來、破醜陋形相好圓滿。曩謨甘露王如來、灌法身心令受快樂。曩謨廣博身如來、咽喉寬大受妙味。曩謨離怖畏如來、恐怖悉除離餓鬼趣。行者若能如此爲稱五如來之名、則以佛之威光加被於彼、故能令一切餓鬼等、無量罪滅、無量福生、得妙色、廣博、得無怖畏、所得飮食、變成甘露美妙食、速離苦身、生天淨土。」

【五同緣意識】（術語）四種意識之一、第六意識與眼等五識共緣色等之五境者、故曰五同緣之意識。是必現量也。」

【五佛】（名數）有胎藏界之五佛。（中臺八葉院）又有金剛界之五佛。見五智如來條。

【五佛子】（名數）佛最初所度之五比丘也。一憍陳如、二頞鞞、三跋提、四十力迦葉、五摩男拘利。出於法華玄義六下。詳見五比丘條。因預流果之人、一來果之人、不還果之人、阿羅漢果之人、辟支佛之人。見大藏法數三十一。

【五佛頂】（名數）與五佛頂尊同。

【五佛頂法】（修法）依菩提場所說一字頂輪王經、以金輪、白傘、光聚、高勝、五佛頂尊爲本尊而修之密法也。形像、一字頂輪王身爲金色相瞻仰如來左手執開蓮華、於華臺上側豎畫一金輪。右手揚掌。身背有圓光。白傘蓋佛頂身爲金色相視一字頂輪王、左手當胸執開蓮華。於華臺上畫白傘蓋右手執半開蓮華。身背有圓光。高佛頂身爲金色相瞻一字頂輪王、左手執弭葸布羅迦菓、右手執靑憂鉢羅華。身背有圓光。光聚佛頂身爲金色相瞻一字頂輪王、左手執開蓮如意珠。身有圓光作種種色。勝佛頂身亦金色相瞻一字頂輪王左手執開蓮華、於華臺上直豎畫劍。右手執如意珠。身背有圓光。此五頂王面目熙怡身狀一如菩薩。頭冠瓔珞鐶釧衣服以莊嚴之。皆跏趺坐於白蓮。其種子如其次第爲[illegible]三昧耶形則輪傘佛心印弭葸布羅迦果劍也。

【五佛頂尊】(名數)　又曰五頂輪王。自釋迦如來頂上現出之五體如來也。見佛頂尊條。

【五佛五身】(名數)　一常住三世淨妙法身、是大日也。二金剛堅固自性身、是阿閦也。三福德莊嚴聖身、是寶生也。四受用智慧身、是阿彌陀也。五作變化身、是釋迦牟尼也。見金剛界禮懺。

【五佛頂經】(經名)　一字佛頂輪王經之異名。

【五佛灌頂】(行事)　以五瓶之香水、象佛之智。灌行者之頭上。其義通於金胎之兩部。是有受職結緣之二者。

【五佛寶冠】(物名)　又名五佛冠、五智冠、五智寶冠、五寶天冠。略稱寶冠。冠中有五化佛、表五智圓滿之德。故有此名。諸佛境界攝眞實經中所謂「頂有五寶天冠天冠中有五化佛、結跏趺坐。」者是也。是蓋爲大日如來及諸佛頂尊所戴之寶冠、冠中之化佛、卽五智五佛也。

【五佛羯磨印】(名數)　一大日智拳印也。二阿閦佛觸地印也。右手垂而觸地。三寶生佛施願印也。仰右手掌。四阿彌陀佛、三摩地印也。舒右之五指安於左掌上。五不空成就佛羯磨印也。見瑜祇經。

【五佛灌頂印明】(眞言)　五佛行者授灌頂之印言也。蓮華部心軌曰、「既次加持身。次應授灌頂。五如來印契各如三昧耶(言三昧耶之印)徧照灌於頂。不動佛於額、寶生尊頂右。無量壽頂後。不空成就佛應在頂之左。」

【五佛頂三昧陀羅尼經】(經名)　四卷。唐菩提流志譯。說五佛頂尊之陀羅尼。

【五位】(名數)　有種種之五位。

【諸法五位】(名數)　佛家建立諸法、先有三門。一小乘俱舍宗立七十五法。小乘成實宗立八十四法。大乘法相宗立百法。總以之收束於五位。一色法。有物質之形者。又以物質爲因而生者。二心法、了識事物者。三心所法、隨附於心法而起者。是爲心法所有之法、故名心所法。四不相應法、不附隨於心法者。五無爲法、常住而不自因緣生者。成實宗之八十四法、無一一記之之明文、故措之、俱舍爲物心兩實之宗、故其次第爲色、心、心所、不相應、無爲、於此中攝七十五法。法相爲唯心無物之宗、故其次第爲心、心所、色、不相應、無爲、於此中收百法。如左圖。

大乘五位
- 心法　八
- 心所法　五十一
- 色法　十一
- 不相應法　二十四
- 無爲法　六

（合）百法

小乘五位
- 色法　十一
- 心法　一
- 心所法　四十六
- 不相應法　十四
- 無爲法　三

（合）七十五法

【唯識修道五位】（名數）觀修萬法唯識之理、立五位。一資糧位、於地前住行向之三十心、貯佛道資糧之位。二加行位、於三十心之終、將入見道而爲煖、頂、忍、世第一法、四善根方便加行之位。三通達位、於初地之入心（地地各有入住出之三心）通達於二空無我之理之位、即見道也。四修習位、自初地之住心至第十地出之心（即等覺）間、重修習妙觀以斷餘障之位、即修道也。五究竟位、究竟斷惑證理之位、即無學道也。開之則爲三僧祇四十一位。是法相宗之所立也。見唯識論九。

初僧祇
- 十住
- 十行
- 十迴向
  - 十迴向
  - 四善根—加行位

十住、十行、十迴向——資糧位

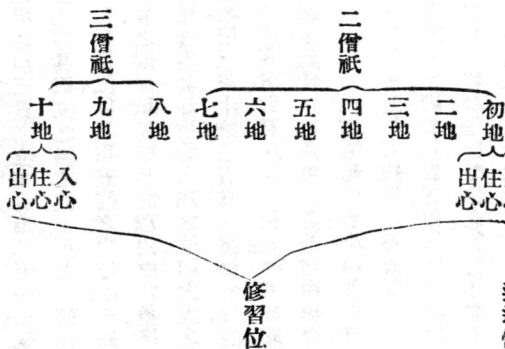

二僧祇
- 初地（入心——通達位、住心、出心）
- 二地
- 三地
- 四地
- 五地
- 六地
- 七地

三僧祇
- 八地
- 九地
- 十地（入心、住心、出心）

初地住心至十地出心——修習位

佛位——究竟位

因果合有四十一位。此於十住之前開十信位、則爲五十一位。於第十地之終、開等覺、則爲五十二位。法相宗用四十一位、天台宗用五十二位。惟開合不同耳。

【胎內五位】（名數）人在胎內生育之次第分五位。一羯羅藍位、Kalalam 譯言和合或雜穢或凝滑膜、父母之赤白二渧初和合而成一團凝滑之位。二頞部曇位 Arbudam 譯言皰、經二七日漸漸增長而爲瘡皰形之位。三閉尸位 Pesi 譯言血肉、經三七日漸爲血肉之位。四健南位 Ghana 譯言堅肉凝厚、肉團、經四七日漸至肉堅之位。五鉢羅奢佉位、Praśākha 譯曰支節形位、五支經五七日漸具六根之位。於是乎出生也。見俱舍論九同光記九。

【曹洞五位】（名數）洞山良价禪師爲廣接上中下之三根而開五位。其法借易之卦爻而來、先以陰陽之爻如左相對。

━ 正也、體也、君也、空也、眞也、理也、黑也。

╍ 偏也、用也、臣也、色也、俗也、事也、白也。

取離卦回互疊變之而爲五位。先言變疊之次第、則離卦如☲第一重之、則爲䷝重離卦、第二取重離卦中之二爻、加於上下、則爲䷼中孚卦、第三取中孚卦中之二爻加於上下、則爲䷛大過卦、更取其中之二爻加於上下、則還於前之重離卦、故三變而止。寶鏡三昧謂之「疊而爲三」。次取單離以其中爻回於下則爲☴巽卦、以中爻回於上則爲☱兌卦、依之而成前後之五卦。寶鏡三昧謂之「變盡成五」。以此五卦判證修之淺深、名爲功勳之五位。示理事之交涉、名爲君臣之五位。功勳之五位、爲洞山之本意、君臣之五位、爲曹山之發明。又由卦爻之形而圖黑白之五位、是亦洞山之發明。

☴ 巽卦	◓	君位	正中偏
☱ 兌卦	◒	臣位	偏中正
䷛ 大過卦	⊙	君視臣	正中來
䷼ 中孚卦	◉	臣向君	偏中至
䷝ 重離卦	●	君臣合	兼中到

第一正中偏、正者、體也、空也、理也、偏者、用也、色也、事也、正中之偏者、正位之體處、具偏用事相之位也。是能具爲體、所具爲用、故以能具之體定爲君位。是君臣五位之君位也。學者始認體具之用、理中之事、作有爲修行之位、爲功勳五位之第一位、配於大乘之階位、則與地前三賢之位相當。第二偏中正、是偏位之用具正位之體之位也。因之以能具之用定爲臣位、卽君臣五位之臣位也。在修行上論之、則爲正認事具之理、用中之體、達於諸法皆空、眞如平等之理之位、卽大乘之見道也。第三正中來、是有爲之諸法如理隨緣、如性緣起者、卽君視臣之位也。學者於此、如理修事、如性作行、是與法身菩薩由初地至七地之有功用修道相當者。第四偏中至、（一本作兼中至、林間錄以之爲大謬）是事用全契於體、歸於無爲者、卽臣向君之位也。學者於此終日修而離修念、終夜用而不見功用、卽由八地至十地之無功用修道位也。

第五兼中到、是體用兼到、事理並行者。卽君臣合體之位、而最上至極之佛果也。巳上就法而論事理之回互、爲君臣之五位、就修行上而判淺深、爲功勳之五位。五燈會元曹山章曰、「僧問五位君臣旨訣。師曰。正位卽空界本來無物。偏位卽色界有萬象形。正中偏者、背理就事。偏中正者舍事入理。兼帶者、冥應衆緣、不墮諸有。非染非淨、非正非偏。故曰虛玄大道、無着眞宗。從上先德推此一位最妙最玄。當詳審辨明。君爲正位、臣爲偏位、臣向君是偏中正。君視臣是正中偏。君臣道合是兼帶語。」兼帶者言兼中到之一位。白隱之五家要語曰、「却怪大圓鏡智光黑如漆。此道正中偏一位。於此入偏中正一位修寶鏡三昧多時。果證得平等性智初入理事無礙法界境致。行者以此不爲足。親入正中來一位依兼中至眞修。獲得妙觀察智成所作智等四智。最後到兼中到一位折合還歸炭裏坐。」黑白之五相、五燈會元以第四偏中至作○純白、第五兼中到造●純黑者非也。(是由偏中至誤爲兼中至而來)洞山之作有五位顯訣、五位逐位頌、功勳五位頌。曹山之作、有解釋洞山五位顯訣、五位旨訣、黑白五相偈。

【五位三昧】(名數) 又曰五種三昧。一世間三昧、有漏之四禪八定也。二聲聞三昧、四諦之法也。三緣覺三昧、十二因緣之法也。四菩薩三昧、六度萬行之法也。五佛三昧、一佛乘之法也。五種三昧卽爲五乘、是胎藏界三重曼荼羅之總體、如來秘密加持之法門也。故各修其法而與理相應、則皆得到於佛地。大日經疏七曰、「若更作深秘密釋者。如三重曼荼羅中五位三昧。皆是毘盧遮那秘密加持。其與相應者皆同一生成佛。何有淺深之殊。」

【五位君臣】(雜語) 曹洞宗開祖洞山禪師之所設。以眞理立爲正位、以事物立爲偏位、其偏正二位作交互、以質學者之修證。曹山嗣洞山、譬之於君(正位)臣(偏位)之二位、而闡明其理者。是洞宗之秘要也。見五位附錄。

【五位無心】(名數) 一無想天無心、外道生於色界四禪天之無想天、五百大劫間受無心果報之位也。二無想定無心、外道爲生於無想天而修無相定之位也。三滅界定無心、是俱解脫之阿羅漢、欣樂涅槃妙寂所入之無心定之位也。以七日爲最極。四極睡眠無心、在極睡眠而一時六識不修行之位也。五極悶絕無心、是逼於打傷病苦等而一時氣絕失心之位也、此無心爲於一期相續之身上論者、故不言死生位之二無心、且末那、阿賴耶之二識、恒時相續而無斷絕無心之時、故不言之。但於六識論之。見百法問答鈔三。

【五位顯訣】（書名）洞山所作。顯五位之要訣有曹山之解釋。見曹洞二師錄。

【五妙】（術語）色聲香味觸五境之淨妙者。就極樂之境界言之。觀無量壽經曰、「彼國土極妙樂事」。往生要集上末明極樂之十樂中曰「第四五妙境界樂」。因五妙欲之略。

【五妙音樂】（雜語）言宮商角徵羽之五音極其妙也。往生要集上本曰「五妙音樂頓絕聽聞」。

【五妙欲】（術語）有漏之色聲香味觸五境其自性雖苦不淨、然凡夫之欲心則咸爲妙樂也。

【五妙境界樂】（術語）往生要集所說十樂之第四。言極樂之色聲等五種境界極其妙樂也。

【五戒】（術語）殺生、偷盜、邪淫、妄語、飲酒之制戒。見戒條。

【五戒法】（術語）佛初爲提謂等在家弟子受三皈已、卽授五戒爲優婆塞優婆夷。若在家弟子破此五戒、則非清淨士女。犯五戒者、則破五分法身、一切佛法。何以故。五戒是一切大小乘尸羅根本。若犯五戒、則不得更受大小乘戒者。若能堅持、卽是五大施。此五通名戒者、以防止爲義。能防惡律儀無作之非。能止三業所起之惡。故通名防止。

【五戒相經】（經名）優婆塞五戒相經之略名。

【五別境】（術語）爲五位百法中欲、勝解、念、定、慧之五心所。緣各別之對境緣而起。故名別境。

【五辛】（雜名）又曰五葷。五種有辛味之蔬菜也。梵網經下曰、「若佛子不得食五辛。大蒜茖葱慈葱蘭葱興渠是五種。一切食中不得食。若故食犯輕垢罪」。楞嚴經八曰、「諸衆生求三摩提、當斷世間五種辛菜。此五種辛。熟食發婬、生啖增恚。如是世界食辛之人。縱能宣說十二部經。十方天仙嫌其臭穢、咸皆遠離」。天台戒疏下曰、「舊云五辛謂蒜、葱、葱、興渠、韮、薤。此文止蘭葱足以爲五。兼名苑分別五辛大蒜、是葫、茖葱是薤、慈葱是葱。蘭葱是小蒜。興渠是葱荄也」。興渠爲梵語辛膠之名。唐高僧傳謂僧徒多迷興渠。或云蕓薹胡荽、或云阿魏。唯淨土集中別行書出云五辛。此土唯有四。闕於興渠。興渠生于闐、根麤如細蔓菁而白。其臭如蒜。臺荽非五辛所食無罪。今他書猶多以芸臺胡荽爲葷。不知其誤。

【五身】（名數）佛之五種法身也。見法身條。

【五見】（名數）一身見、卽我見我所見也。不知吾身爲五蘊和合之假者。而計度實有我身（我見）、又不知我身邊之諸物無一定之所有主。而計度實爲我所有物（我所見）合此我見與我所見二者則爲身見。常略我所見而單曰我見。二邊見一旦有我身起我見之後、其我或計度爲死後斷絕者、或計度爲死後亦常住不滅者。是有二義、起於身見後邊之妄見、故名邊見（唯識）偏於斷或常之一邊、故名邊見（俱舍）三邪見撥無因果之道理者。以爲世無可招結果之原因、亦無由原因而生之結果、故惡不足恐、善亦不足好、如此謬見、乃邪之最邪者。故付以邪之名。四見取見以劣知見爲始、取其他種種之劣事、思爲此最勝殊妙者。上之見字、雖指身見邊見等之見、然尙含其他種種之事物。五戒禁取見由上之見取見、遂以非理非過之戒禁爲始、取其他種種之行法、以之爲生天之因或涅槃之道者。此中有二種。持牛戒或雞戒等、以爲生天之因、是曰非因計因之戒禁取見。修塗灰斷食等種種之苦行、以爲涅槃之道、是曰非道計道之戒禁取見。已上五見、爲惡慧之一分、於見道一時不斷之者。舊譯家稱之爲五利使。見唯識論六、俱舍論十九。

【十見】（名數）前五見與上同。六貪見、七恚見、八慢見、九無明見、十疑見。是十大惑總爲立見惑一種之法門也。見瑜伽論八。

【五更】（雜語）依顏氏家訓、漏刻之法、漢魏以來自昏至曉之一夜分爲五刻。或謂之爲甲夜乙夜丙夜丁夜戊夜、或曰一鼓二鼓三鼓四鼓五鼓、或曰一更二更三更四更五更。更者歷也、經也、經歷五時則曰五更。

【五沒】（術語）五種退沒之相、天人退沒於下界時現五衰之相。參照五衰條。

【五忍】（術語）仁王經所說菩薩之位。見忍條。

【五利使】（術語）十使中之前五者、身見等之五見也。此五見由迷於四諦之理性而起。爲惑性之銳者、故名利使。即見修二惑中之見惑、於見道一時斷之者。見五見條。

【五邪】（名數）見次項。

【五邪命】（名數）比丘營不如法事而爲生活、謂之邪命。有五種。一詐現異相、於世俗之人詐現奇特之相、以求利養者。二自說功能、說自己功德、以求利養者。三占相吉凶、學占卜而說人之吉凶、以求利養者。四高聲現威、大言壯語而現威勢、以求利養者。五說所得利以動人心、於彼得利、則於此稱說之、於此得利、則於彼稱說之、以求利養者。見智度論十九。

【五具足】（物名）花瓶一雙、蠟燭臺一雙、與香爐之五個佛具。

【五那含天】（界名）與五淨居天同。在色界之第四禪天、以阿那含即不還果聖者之生處也。見五淨居天條。

【五作業根】（名數）數論「外道二十五諦之第七位、生五種作業之根也。一語具。爲語之具、卽口舌等、二手、三足、四小便處、卽生殖器。五大便處。唯識述記一末曰、「五作業根者。一語具。二手。三足。四小便處。五大便處。此中語具謂語所須口舌等是。此中手足、卽分皮根少分爲之。前取總皮（五知根中之皮根）、今取支故。又此男女大遺根等有別作用。故別立也。」

【五劫思惟】（術語）彌陀如來建立四十八願之前、五劫之間思惟之也。無量壽經上曰、「時彼比丘。聞佛所說嚴淨國土。皆悉覩見超發無上殊勝之願。其心寂靜。志無所著。一切世間無能及者。具足五劫思惟、攝取莊嚴佛國淸淨之行。」

【五股】（物名）又作五鈷、五古、五胋、具名五股杵、五股金剛杵。股爲枝之義、獨頭之杵、謂之獨股。分爲五頭、謂之五股。股通作胋。杵以金作、鈷借字也。餘爲略字或當字。凡金剛杵、西土之戰具也、以表退治煩惱之金剛智。其中五股表金剛界之五部、合兩頭而爲十枝、以表十波羅蜜也。諸部要目曰、「金剛杵者、菩提心義。能懷斷二邊契中道。中有十六大菩薩位、亦表十六空爲中道。兩邊各有五股。五佛智義。亦表十波羅蜜。能摧十種煩惱。成十種眞如。便證十地。證金剛三業。護金剛智。坐金剛座。亦是一切智智。」五重結護曰、「五鈷杵顯五智也。中直者此正義無方便。邊曲者、是權義而帶方便故也。權必歸實、故曲也。上下同者、佛界衆生界同具五智。故上下同也。」谷響集二曰、「本作股。股者枝義。有五枝者名五股杵。有三枝者名三股杵。杵西國兵器。如有三枝戟云三戟。股通作胋。胋作鈷者與胋音同。蓋以金剛杵故從金作鈷。只取音同耳。」

【五股印】（印相）爲表五智與五佛之印、有五大印、五智印、五峯印、金剛慧印、大羯磨印、大率都婆印等之稱。五股印中有內外二種、卽內縛五股印、外縛五股印也。此極爲秘密。眞言宗於事相上生種種之異說、與玄談、口傳。經軌中之本據、如瑜祇經序品曰、「常持此讚王。結大羯磨印。以一字心明。三十七圓滿。若作漫荼羅。及畫瑜伽像。結窣覩波印。誦明如四處。普賢三昧耶。屈進力（二頭指）如鉤。檀慧（二小指）禪智（二大指）合。是名彼大印。次誦一字明。結羯磨印。時時不間斷。三十七圓滿。」此所以生。上述之異名也。

【五股杵】（物名）見五股條。

【五股金剛】（物名）見五股條。

【五性】（名數）法相宗所立。一切衆生之機類、分爲五性、而定成佛不成佛。一定性聲聞、有可開阿羅漢果之無漏種子者。二定性緣覺、有可開辟支佛果之無漏種子者。三定性菩薩、有可開佛果之無漏種子者。四不定性、有二種三種之無漏種子者。此中有四種、一菩薩聲聞不定有佛果與羅漢果之二種子者。二菩薩緣覺不定有佛果與辟支佛之二種子者。三聲聞緣覺不定有羅漢果與辟支佛之二種子者。四聲聞緣覺菩薩不定有羅漢果與辟支佛與佛果之三種子者。五無性、無三乘之無漏種子但有可開人天果之有漏種子者。如此五性各別、故謂之爲三無二有、以配於法華經之三草二木。詳見三草二木條。三無者謂定性聲聞與定性緣覺與無性之三種。無佛種子而畢竟無成佛也。二有者言定性菩薩與不定性之一分。以有佛種子而必可成佛也。此五性各別之法門、爲一宗之眼目、與華嚴天台之一乘家對抗者。玄奘慈恩於此最爲盡力。宋僧傳四(窺基傳)曰「奘曰五性宗法唯汝流通他人則否」見唯識樞要上本、義林章一末、諸乘章、法華玄贊一、同學鈔一之二。

【圓覺經五性差別】(名數) 經中依一切衆生斷理事二障之淺深遲速而差別五性。一凡夫性、凡夫散善之人、未斷一毫之惑之人。二二乘性、聲聞緣覺之二乘、但除事障(見思二惑)而未斷理障(塵砂無明)之人。三菩薩性、漸斷二障而證大圓覺之人。四不定性、(是圭峯之說文說頓漸二性)又曰頓超如來性、(是鳳潭之說)就頓覺之人而言) 五外道性、信外道邪說而未知佛之正道之人也。此五性亦得成佛。與法相所立之五性、不啻天淵。圓覺經曰「一切衆生由本貪欲發揮無明、顯出五性差別不等。」

【五性宗】(流派) 卽法相宗。以立五性各別、故見法相宗條。

【五性各別】(術語) 法相宗所立。見五性條。

【五味】(譬喩) 佛於涅槃經說乳等五味時、以醍醐味比涅槃經。天台大師因之定如來所說一代聖敎之次第、一以比五時敎之次第而生、一以比機之次第淳熟。是曰約敎相生、約機濃淡。一乳味、初自牛出者。譬佛於牛、佛初說華嚴經、如牛之乳。此時二乘之機未熟、至爲淡泊、復如生乳。二酪味、取自生乳者。以譬佛於華嚴之後說阿含經、聞阿含經爲小乘之機。三生酥味、更自酪製者。以譬於阿含之後說方等經、小機熟而爲大乘通敎之機。四熟酥味、更精製生酥者。以譬於方等經之後說般若經、通敎之機熟而爲大乘別敎之機。五醍醐味、更煎熟熟酥者。以譬於般若經之後、說法華涅槃二經、別敎之機熟而爲大乘圓敎之機。涅槃經十四曰、「善男子。譬如從牛出乳、從乳出酪、從酪出生酥。從生酥出熟酥、從熟酥出醍醐。醍醐最上。若有服者、衆病皆除。所有諸藥悉入其中。善男子。佛亦如是。從佛出生十二部經。從十二部經出修多羅。從修多羅出方等經。從方等經出般若波羅蜜。從般若波羅蜜出大涅槃。猶如醍醐。」此五味之喩有人法之二種。人者涅槃經十謂佛言善男子聲聞如乳、緣覺如酪、菩薩之人如生熟酥、諸佛世尊猶如醍醐。法者涅槃經十四配於華嚴阿含方等般若涅槃如上所引。又六波羅蜜經以之配於經律論般若總持之五藏。梵語如其次第 Kṣīram Dadhi Navanītaṁ Gholaṁ Sarpimaṇḍa-図酸、苦、甘、辛、鹹也。

【五味粥】（飮食）禪家以十二月八日爲佛成道之日、於其日集雜穀衆味造粥、謂之五味粥。卽臘八粥也。

【五味禪】（名數）五種交雜之禪也。對一味禪而言。卽外道禪、凡夫禪、小乘禪、大乘禪、最上乘禪之五種。禪源諸詮集都序卷上之一曰「禪則有淺有深、階級殊等。謂帶異計欣上厭下而修者、是外道禪。正信因果、亦以欣厭而修者是凡夫禪。悟我空偏眞之理而修者、是小乘禪。悟我法二空所顯眞理而修者、是大乘禪。若頓悟自心本來清淨、元無煩惱、無漏智性本自具足、此心卽佛、畢竟無異、依此而修者、是最上乘禪。亦名如來清淨禪。亦名一行三昧。亦名眞如三昧。此是一切三昧根本、若能念念修習、自然漸得百千三昧。」蓋宗密之意、在諸禪分類、以明最上乘禪之階級殊等。彼禪乃所謂如來禪。非達摩門下之一味清淨禪、卽所謂祖師禪。香嚴智閑一日舉曰「去年貧未是貧、今年貧始是貧、去年貧有卓錐地、今年貧錐也無」時仰山慧寂與閑同爲潙山靈祐之法嗣、向閑曰「如來禪許吾弟會、祖師禪未夢見在」此如來禪卽宗密之所謂最上乘禪也。昔歸宗寺智常欲於諸方學五味禪、馬祖道一、爲彼使喫棒頭一味之禪、有頌曰「五味與一味喫了須噫氣、金輪峯下令行時、凜凜清風餓可畏。」

【五明】（名數）西域內外學者、必宜學習之處有五明、故云五明處。一聲明、Śabdavidyā 明言語文字者（見聲明項）二工巧明、Śilpakarmasthānavidyā 明一切工藝技術算曆等者。三醫方明、Cikitsāvidyā 明醫術者。四因明、Hetuvidyā 明考定正邪、詮考眞僞之理法者。所謂論理學也。五內明、Adhyātmavidyā 明自家之宗旨者。前四明與自他同、內明之一、與自他各學異。婆羅門以四吠陀論爲內明、佛敎以三藏十二部敎爲內明。明者闡明之義、各開闡其理而證明之、故曰明。又明爲智之異名、各依其學而得其智、故曰明。西域記二曰、「七歲之後、漸授五明大論、一曰聲明、釋詁訓字、詮目疏別。二曰工巧明、伎術機關、陰陽曆數。三曰醫方明、禁咒閑邪、藥石針艾。四曰因明、考定正邪、研覈眞僞。五曰內明、究暢五乘因果妙理。其婆羅門學四吠陀論。」菩薩地持經三曰、「明處者有五種、一者內明處、二者因明處、三者聲明處。四者醫方明處。五者工業明處。此五種明處菩薩悉求。」

【五明輪】（術語）謂五明論也。慈氏軌曰「五明輪悉無不通。」

【五官】（術語）生老病死之四者、與現在之王官。灌頂經一曰「破是歸戒名爲再犯。若三犯者爲五官所得便。」玄應音義四曰「五官謂生老病死及現在縣官。亦名五天使者。」

【五官王】（異類）十王經所說十王之第四。司秤罪人罪之輕重者。十王經曰「五官業秤向空懸。左右雙童業簿全。輕重豈由情所願。低昂自任昔因緣。」

【五果】（雜語）有種種之說。

【異熟等五果】（名數）性相門分別因果之相。因分六種。果分五種。一異熟果。以惡業招來世三惡之苦果。以善業招來世人天之樂果。苦樂之果性皆爲無記。與業因之善與惡之性異。故曰異熟果。自六因中之異熟因而來。二、等流果。依前之善心而轉生後之善心。依前之惡心而益生後之惡業。依前之無記而生後之無記等。於果性因性而流來者。自六因中之同類因與遍行因而來。三、士用果。如農夫之於米麥。如行力之於道果。總依造作之力用而得者。自六因中之俱有因與相應因而來。四、增上果。以一有爲法望其餘一切之有爲法爲增上果。其餘一切法、或與之以力。或不與力。亦不障害之。以其與力及不障之增上力生此果也。是雖似前之士用果。然彼局於對有力之因體。此則通於有力無力之一切法而爲所得之果。自六因中之能作因而來。五、離繫果。依涅槃之道力而證之者。涅槃離一切之繫縛。故云離繫。此法常住。非自六因而生者。唯以道力而證顯。故雖與以果之名。而非對於六因之因體。見顯揚論十八。俱舍論六。

【現在五果】（術語）以十二因緣配於三世言之。一識。胎內受生之一念。二名色。心爲名。身爲色。在胎內心身漸成長之位。三六處。六根具足將出胎內之位。四觸。既出胎內而觸於外境之位。五受。分別苦樂之位。即十二因緣中自第三至第七者。以無明與行之二者爲過去之因。以此五者爲現在之果。以次之愛取有三者爲現在之因。以次之生老死二者爲未來之果。

【食物五果】（名數）律舉五果。一核果、如棗杏桃李等。二膚果、如瓜梨等。三殼果、如胡桃石榴等。四檜果、如松柏子等。麤糠皮曰檜。五角果、如大豆小豆菱等。見名義集三、盂蘭盆經疏新記下。

【五果迴心】（術語）小乘五果之聖者、迴心轉於大乘之年限各有差異。涅槃經謂須陀洹果之聖者、得涅槃經八萬劫、斯陀含果經六萬劫、阿那含果經四萬劫、阿羅漢果經二萬劫。辟支佛經十千劫。姑證大乘之佛果。

【五宗】（名數）大乘之五宗。一天台宗、二華嚴宗、三法相宗、四三論宗、五律宗也。又禪宗之五宗。見五家條。

【五居】（界名）五淨居天也。性靈集七曰「五居足疲秣十虛心滅休遊」

【五受】（名數）受心識領納所對之境之作用也。差別有五種。一憂受。爲意識之領納對於違情之境分別爲憂惱者。二喜受。爲意識之領納對於順境之境分別爲喜悅者。三苦受。爲眼等五識之領納對於違情之境無分別而感苦痛者。四樂受。爲眼等五識之領納對於順情之境無分別而感快樂者。五捨受。爲通於六識之領納。對於不違不順之境無苦無樂者。見唯識論五。

【五供】（雜名）五供養之略。

【五供養】（名數）五種之供養物也。修一座行法時。用以供養本尊。一塗香、二華鬘、三燒香、四飯食、五燈明。說見蘇悉地經供養品理趣釋卷下等。

【五姓】（雜語）釋迦族之五姓也。見瞿曇條。

【五阿含】（名數）見五阿笈摩條。

【五阿笈摩】（名數）又曰五阿含。南方佛教於北方所傳之四阿含經外。加小乘雜部經典小阿含。卽屈陀迦阿含經。而謂爲五阿含。善見律毘婆沙一曰：「法師曰。有五阿含。何謂爲五。一者長阿含。二者中阿含。三者僧育多阿含。四鴦掘多羅阿含。五者屈陀伽阿含。」大阿羅漢難提蜜多羅後說法住記曰：「素怛纜藏有五阿笈摩。謂長阿笈摩。中阿笈摩。增一阿笈摩。相應阿笈摩。雜類阿笈摩。」梵 Agama

【五法】（雜語）五法有種種。

【相名五法】（名數）常曰三性五法、皆分別諸法之自性者。楞伽經所說。瑜伽唯識諸大論詳釋之。一相。森羅萬像之有爲法。各自因緣而生。呈各種之相狀者。二名。是亦依因緣而呼彼之相生一一之名者。蓋相爲所詮而名爲能詮也。此二者由凡夫有漏之心變現之所變境也。三分別。舊譯曰妄想。是分別所變二相之能變心也。已上三者有漏心之能變所變也。四正智。雜無漏心之一切妄想者。已上四者共爲有爲法。有漏無漏之別也。五如如。由前之正智而證得之眞如也。爲由如理智證得之眞如。故曰如如。是無爲法也。以此五法該收有爲無爲等之一切諸法。一事無餘矣。見楞伽經一、唯識論八。

【事理五法】（名數）一切事理之諸法。不過五種。小乘俱舍立之爲心外之實法。大乘唯識盡成於唯一之識體上者。一心法。是識之自相也。唯識有眼等八種之心王。俱舍有唯一之心王。二心所法。是與上之八識相應而起者。唯識有五十一。俱舍有四十六。三、色法。是上之心法與心所法所變也。唯識俱舍皆有十一種。四、不相應法。是假上之三法某部分之位而設者。唯識有二十四。俱舍有十四。五、無爲法。上四法之實性也。唯識有六種。俱舍有三種。此中上四法爲事。第五之無爲爲理。以知此五法盡一切之事理。不外乎唯識。唯識論七曰、「識自相故。識相應故。二所變故。三分位故。四實性故。如是諸法皆不離識。總立識名。」

【理智五法】（名數）一眞如、二大圓境智、三平等性智、四妙觀察智、五成所作智也。唯識論十曰、「此法身五法爲性。」

【提婆五法】（名數）提婆達多妄說五法、破釋迦之和合僧。正理論四十三曰、「言邪道者。提婆達多妄說五事爲出離道。一者不應受用乳等。二者斷肉。三者斷鹽。四者應被不截衣服。五者應居聚落邊寺。」婆沙論一百十六曰、「云何五法。一者盡壽著糞掃衣。二者盡壽常乞食。三者盡壽唯一坐食。四者盡壽常居迥露。五者盡壽不食一切魚肉血味鹽蘇乳等。」婆沙之五法與正理不同。律多引婆沙之五法。

【五法人】（名數）受提婆達多破僧五法者。

【五法身】（名數）有小乘所立之五分法身與大乘所立三種之五種法身。見五分法身條。

【五法成身】（術語）見五相成身條。

【五法藏】（名數）小乘之犢子部所立。一過去法藏、二未來法藏、三現在法藏、四無爲法藏、五不可說法藏。彼立非卽非離蘊之我。以之攝於不可說法藏。見五數章上之三。

【五法事理唯識】（術語）謂心心所等事理之五法盡爲唯識也。其所以然者、以心爲識之自相故也。乃至無爲爲識之實性故也。見五法條。

【五念門】（名數）淨土論所說、念阿彌陀佛五種之門。一、禮拜門、以身業而向阿彌陀佛之形像禮拜也。二、讚嘆門、以口業而稱阿彌陀佛之名也。三、作願門、一心願生於彼之國土也。四、觀察門、以智慧而觀察土之十七功德。佛之八種功德、菩薩之四種功德也。五、迴向門、願以己之功德迴施於一切衆生。彼此皆成佛也。門爲入出之義。前四門爲入於安樂淨土之門。後一門爲出於利他敎化之門、故通名爲門。淨土論曰、「若善男子善女人修五念門行成就。畢竟得生安樂國土、見彼阿彌陀佛。何等五念門。一者禮拜門。二者讚嘆門。三者作願門。四者觀察門。五者迴向門。」

【五念處】（術語）阿修羅王對於佛之說四念處而說五念處也。見阿修羅之項。

【五門禪】（術語）謂小乘七方便中之五停心觀也。有五門禪經要用法一卷。因維摩經弟子品中迦旃延章說之無常苦空、無我寂滅之五義是也。維摩以之爲諸法畢竟不生不滅是無常義一一雙非取其雙比之義、爲圓敎之五門禪。釋籤四之一曰、「言五門禪者、如淨名迦旃延章五門是也。取結成雙非以顯中道爲圓五門。」

【五門禪經要用法】（書名）一卷、佛陀蜜多羅撰宋曇摩蜜多譯說數息等五種之觀門。

【五侍者】（名數）一侍香、二侍狀、三侍客四侍藥五侍衣見象器箋六。

【五怖畏】（名數）初學之菩薩、有五怖畏一不活畏、行布施者、恐己不能過活而不能盡所有。二惡名畏、恐已惡名不能爲和光同塵之行。三死畏、雖發廣大之心、然恐死而不能捨身命。四惡道畏、恐己墮於惡道、而對治不善法。五大衆威德畏、恐衆多之人或威德之人不能於其前爲獅子吼。

【五知根】（名數）數論所立二十五諦之第六位。眼耳鼻舌皮也。與佛敎之五根相當見唯識述記一末。

【五忿怒】（明王）謂五大明王也。秘藏記末曰「以五忿怒充五智。」

不動尊毘盧遮那佛之忿怒、自性輪金剛般若菩薩。

降三世阿閦佛之忿怒自性輪金剛薩埵。

軍荼利寶生佛之忿怒自性輪金剛藏王菩薩。

六足尊（卽大威德）無量壽佛之忿怒、自性輪文殊菩薩。

金剛藥叉不空成就佛之忿怒、自性輪牙菩薩。

【五取蘊】（術語）謂有漏之五蘊也。取者取着之義。小乘有部總爲煩惱之異名、大乘唯識、爲貪愛之別名。取着於貪愛之煩惱事物、故名爲取、五蘊以煩惱爲因而生、故云取蘊、（第一義）五蘊常從屬煩惱、故云取蘊、（第二義）五蘊能生煩惱、故云取蘊。（第三義）俱舍論一曰、「有漏名取蘊。（中略）煩惱名取、蘊從取生、故名取蘊。如草糠火。或蘊屬取故名取蘊。如帝王臣。或蘊生取故名取蘊。如花果樹。」同光記一本曰、「煩惱名取能執取故。」唯識述記一末曰、「薩婆多中一切煩惱皆名爲取。蘊依取生、或能生取、故名取蘊。今者大乘如對法說。欲貪名取、唯貪爲體。」

【五周因果】（名數）謂綜括華嚴經所詮之義理有五周之因果也。一所信因果、二差別因果、三平等因果、四成行因果、五證入因果。說見華嚴經疏鈔玄談八。

【五使者】（名數）又名文殊五使者、五種金剛使卽胎藏界曼荼羅文殊院中列位於主尊文殊菩薩左方之五童子也。一、髻設尼Kesini又作計設尼、繼室尼。二、鄔波髻設尼、Upakesini又作烏波髻施儞、烏波髻施尼、優婆計設尼。三、質多羅Citra又作質怛羅。四、地慧梵名嚩蘇摩底、Vasumati又譯財慧。五、請召。梵名阿羯沙尼、Akarsani又譯鉤召招召。大日經第一曰「左邊畫五種與願金剛使。」大日經疏第五曰「次作文殊五使者。」參照文殊條附錄。

【五拔刀賊】（譬喻）見五刀條。

【五所依土】（名數）一、法性土。如來清淨法身所依之土也。以眞如爲體。然此身與土無差別。不變不遷。離相寂滅也。二、實報土。如來圓滿報身所依之土也。以無漏之五蘊爲體。往昔修功德成就無礙之莊嚴、境智融泯。稱實感報之土也。三、色相土。如來微塵相海身所依之土也。以自行之後得智爲體、萬德成就、衆寶莊嚴。故名。四、他受用土。如來他受用身所依之土也。以利他之後得智爲體、由所宜之變現。以大悲力現大小勝劣種種之淨土也。五、變化土。變化身所依之土也。以利他成事智爲體。修利他之行、故隨衆生之心、變現淨穢種種之國土也。

【五事妄語】（雜語）見大天條。

【五事毘婆沙論】（書名）二卷。唐玄奘譯。尊者法救作。釋世友尊者之五事論。五事者色、心、心所、不相應、無爲之五法也。

【五波羅蜜】（術語）於六波羅蜜中除般若波羅蜜者。般若爲主、他五者爲從。得他種之波羅蜜者、般若之功德也。法華經分別功德品曰、「善男子善女人。爲阿耨多羅三藐三菩提故。於八十萬億那由陀劫行五波羅蜜。檀波羅蜜、尸羅波羅蜜、羼提波羅蜜、毘梨耶波羅蜜、禪波羅蜜。除般若波羅蜜。」智度論二十八曰、「復次餘諸波羅蜜。不得般若波羅蜜、不得波羅蜜名字。亦如聾盲無導、不能有所至。般若波羅蜜亦復如是。導五波羅蜜令至薩婆若。」

【五品】（名數）法華經分別功德品就如來滅後之弟子、說五品之功德。得此五品功德之位、圓敎之八位爲第一之五品弟子位。同圓敎之六卽位、爲觀行卽之位。天台大師、現登此位云。一、隨喜品。聞實相之法而信解隨喜者。經曰、「若聞是經而不毀呰。起隨喜心。當知已爲深心解相。」二、讀誦品。更讀誦法華而助觀解者。經曰、「何況讀誦受持之者。」三、說法品。自說內解而導利他人者。經曰、「如來滅後若有受持讀誦爲他人說。」四、兼行六度品。兼修六度而助觀心者。經曰、「況復有人能持是經。兼行布施持戒忍辱精進一心智慧。」五、正行六度品。正行六度而自行化他、事理具足、觀行轉勝者。經曰、「復能淸淨持戒（中略）利根智慧能答問難。」見四敎儀註下、三藏法數二十。

【五品弟子位】（術語）天台所立、圓教八位之第一。修觀行即五品之行之位也。是爲外凡故曰弟子。見五品條。

【五相】（雜語）天人將死時、身上現五衰之相。見五衰條。因成就通達心等五相、而現得金剛界之大日如來。見五相成身條。

【五相成身】（術語）五相具備成就本尊身之觀行也。又作五相成身觀、五轉成身、五法成身。一通達菩提心、二修菩提心、三成金剛心、四證金剛身、五佛身圓滿。成此五相之觀而顯得金剛界之佛身也。金剛頂大教王經一說一切義成就菩薩（悉多太子）蒙諸佛警覺開示而修證五相之軌則。十八會指歸曰、「毘盧遮那佛受用身、以五相現成等正覺。五相者、所謂通達本心、修菩提心、成金剛心、證金剛身、佛身圓滿。此則五智通達。」菩提心論曰、「一是通達心、二是菩提心、三金剛心、四金剛身、五是證得無上菩提獲金剛堅固身也。然此五相具備方成本尊身也。」一通達菩提心者、初心行者蒙阿闍梨之開示、始觀吾質多心（第六識之緣慮心）爲圓明之月輪、其徑僅一肘量。月輪之圓明者、表本有之菩提心自性淸淨也。是始通入性德之菩提心、故名通達菩提心。行者依此觀、漸拂無明妄想之念。金剛界儀軌說通達菩提心之文曰、「諸佛同音言、汝當觀自心。久住諦觀察、不見自心相。禮佛足白言、最勝尊、我不見自心。此心爲何相。諸佛咸告言、心相難測量。授與心眞言。卽誦徹心明。觀心如月輪、若在輕霧中。如是諦觀察。」二修菩提心者、更觀菩提心之月輪之位也。是於性德之菩提心發修法之菩提心、故名修菩提心。此有廣斂二觀。廣者、漸廣月輪、使之周遍無邊。斂者、漸斂之而爲一肘量。如是數數廣斂也。三成金剛心者、欲加持此菩提心使能堅固、猶如金剛、而於心月輪觀五股金剛之位也。四證金剛身者、其觀全成就而爲自身三昧耶身之位也。五佛心圓滿者、自己五股金剛之三昧耶身變而爲大日如來、其眷屬圍繞而坐於其中央之位也。此五相成身云者、謂五相之觀、成卽成就佛身之義也。爲此五相成身觀、用阿彌陀之妙觀察智定。三摩地儀軌云、行者欲入金剛定、先住妙觀察智定。定慧二羽仰相叉、進禪力智各相柱、以此妙觀印修三摩地、卽得如來之不動智。問、何故以是定爲妙觀察智之定。答曰、觀諸法之性相及自相共相而不斷說法之疑者、妙觀察智之妙用也。今觀諸法之如幻等、觀自心界之理、故爲妙觀察智。且無識心三昧五相成身、皆用彌陀之定印、故以之爲妙觀察智也。又守護國經說菩提心所說第五之一相成身、心地觀經說第一、第二、第三之三相成身、攝眞實經說十相成身。又日本智證立八相成身。

【五相成身觀】（術語）見上。

【五苦】（名數）一、生老病死苦。八苦之中開之而爲四苦。二、愛別離苦。與所愛者離別之苦也。三、怨憎會苦。常與憎惡者會合之苦也。四、求不得苦。不得所求之苦也。五、五陰盛苦。五陰爲一身之總體。爲五陰之身受熾盛之諸苦也。已上五苦爲八苦之開合不同者。見折玄記。三藏法數二十四。又一、生苦。二、老苦。三、病苦。四、死苦。五、犯罪枷鎖苦。見五苦章句。三藏法數二十二。又地獄等五道之苦。觀經妙宗鈔一曰、「五苦者、此方五道俱不免苦。天道縱樂還墮惡趣故。」

【五苦章句經】（經名）佛說五苦章句經一卷。東晉曇無蘭譯。說五道之苦乃至五天使者等。

【五香】（名數）密教作壇時與五寶五穀共埋地中者。一、檀香。二、沈香。三、丁香。四、欝金香。五、龍腦香。見建立曼荼羅擇地法觀智儀軌。又爲成就諸眞言時所備辦者。即沈水香。白檀香。紫檀香。娑羅香。天木香也。見蘇悉地經備物品。又三部通用者。即所謂沙糖勢麗翼迦薩折囉娑。訶梨勒。石密也。見蘇悉地經分別燒香品。又修孔雀經法時所燒者。即沈香。白膠香。紫香。安息香。薰陸香也。又五分法身香之略。即戒香。定香。慧香。解脫香。解脫智見香也。見瓔珞經。

【五持】（術語）五種陀羅尼也。見陀羅尼條。又（名數）五種之總持。密宗所立。一、聞持。耳聞一字之聲。具悟五乘之敎法。顯密之差別而無漏無失者。二、法持。於法總持而不漏者。三、義持。於諸法之義總持而不失者。四、根持。於六根之緣境總持而無餘念者。五、藏持。總持如來藏之理而無漏失者。見辨惑指南三。

【五指】（譬喩）一拳五指之喩。知度論九十九曰、「如五指和合名爲拳。」

【五律】（名數）五部之律藏也。見五部律條。

【五畏】（名數）見五怖畏條。寄歸傳二曰、「捨五畏之危道。遵八正之平衡。」

【五食】（名數）長養出世善根之法食有五種。一、念食。修聖道之人常持正念。長養一切之善根者。二、法喜食。修聖道之人愛樂妙法。心生喜悅。以長養慧命者。三、禪悅食。修聖道之人因得禪定而生心身喜悅。以長養慧命者。四、願食。修聖道之人以誓願持身。以長養一切之善根者。五、解脫食。修聖道之人解脫惑業之繫縛。於法得自在。以長養一切之菩薩善根者。見華嚴經疏十九。

【五重世界】（名數）謂一佛世界之成立有五重之次第也。智度論第五十曰、「三千大千世界名一世界。一時起。一時滅。如是等十方如恒河沙等世界是一佛世界。如是一佛世界數如恒河沙等世界是一佛世界海。如是佛世界海數如十方恒河沙世界、是佛世界種。如是世界種十方無量是名一佛世界」冠註五教章卷下之四引此文而爲一世界、一世界性、一世界海、一世界種、一佛世界。其中第二所以名爲世界性者以準於舊華嚴經五十六所說十重世界之次第也。五教章通路記五十二曰、「華嚴經中積聚諸刹而名世界、積諸世界性而名世界海。釋此次第而作此解釋。論之第三重既立海之名。是故章主名第二重之世界爲世界性。海之後所以安界種者。種是種類、亦是因義。積諸界海共安一處、攝諸流類、故名爲種。爲第五重作其因種。故界海之次建界種之名。」

【五重雲】（譬喩）譬女人之五障於雲也。見五障條。

【五重塔】（堂塔）梵語曰窣塔婆。略曰塔。又曰塔婆。高顯佛德者。安置佛舍利者。有三重五重乃至十三重等之不同。詳見塔條。

【五重玄義】（術語）又曰五重玄談。天台智者凡釋諸經立五重之玄義。見玄義條。

【五重相傳】（術語）又曰五重血脈。日本淨土宗極秘相傳者。第一重隨自意門相傳、第二重授手印相傳、第三重領解鈔相傳、第四重決答相傳、第五重十念相傳。一重之終、揭列祖相承之名、次固守其義而記可決持之旨、書年號月日、授法師之署名、在判、弟子之名而與之。惟對於在家之人不許相傳。

【五重塔婆】（堂塔）與五重塔同。又與五輪塔同。

【五重唯識】（術語）法相宗所立觀萬法唯識之理、有由淺至深之五重。見唯識條。

【五後意識】（術語）四種意識之一。見意識條。

【五後得智】（名數）菩薩之行滿足後所起之化他智慧也。一、通達智、欲見之境界自在得知之智也。二、隨念智、憶念在觀心中了知諸法之相、出觀後亦得不忘之智也。三、安立智、在了知之諸境界、能立正教使他人修行之智也。四、和合智、由得了之智慧觀察一切諸法和合之境界、轉一切煩惱而爲菩提之智也。五、如意智、自己所欲之一切事得自在之智也。

【五則法門】（行事）曹洞宗由四月十六日或十月十六日五日間所修之法問論議也。

【五音】（名數）又曰五聲、或五調子。即宮商角徵羽也。無量壽經上曰、「清風時發、出五音聲、微妙宮商自然相和。」宮者土聲、最濁、爲君、爲壹越調、配於中央。商者金聲、次濁、爲臣、爲平調、配於西方。角者木聲、半清半濁、爲民、爲雙調、配於東方。徵者火聲、微清、爲人事、爲黃鐘調、配於南方。羽者水聲、最清、爲萬物、爲盤涉調、配於北方。卽阿於宇伊衣之五音也。密宗亦配之於五智。

【五星】(名數)又名五執。歲星、熒惑星、鎭星、太白星、辰星也。大方等大集經四十曰「見虛空中諸列宿日月五星。晝夜運行、各守常度、爲於天下作照明。」宿曜經上曰「五星以速至遲、卽辰星、太白、熒惑、歲、鎭、排爲次第、行度緩急、於斯彰。」歲星者木曜、卽五行中木之精、東方蒼帝之子也。熒惑星者火曜、卽火之精、南方赤帝之子也。鎭星者土曜、卽土之精、中方黃帝之子也。太白者金曜、卽金之精、西方白帝之子也。辰星者水曜、卽水之精、北方黑帝之子也。此五星、一周天、遲速不同、鎭星二十九年、半歲星十二年、熒惑星二年、太白及辰星各一年、人每至命星、吉凶不等。七曜攘災決一一明其攘災法。彼眞言行者、有欲建立曼荼羅修行法、先定良辰與此等曜宿諸尊之本誓相契、以期能爲吉祥而離諸障、圓滿成就其法者。

【五逆】(術語)又曰五無間業。罪惡極逆於理、故謂之逆。是爲感無間地獄苦果之惡業、故謂之無間業。此有三乘通相之五逆、大乘別途之五逆、同類之五逆、提婆之五逆等。

【三乘通相五逆】(名數)通於三乘所立之五逆、又曰小乘之五逆。常言之五逆是也。一、殺父、二、殺母、三、殺阿羅漢。四、由佛身出血。五、破和合僧。(由罪之輕重次第)破和合僧者、多數僧衆和合而行法事、修佛道、以手段離間之、使之鬪亂、使之廢法事。五逆之中此罪最重。阿闍世王問五逆經曰「有五逆罪、若族姓子族姓女、爲此五不救罪者、必入地獄不疑。云何爲五。謂殺父、殺母、害阿羅漢、鬪亂衆僧、起惡意於如來所。」俱舍論十七曰、「言無間業者、謂五無間業。其五者何。一者害母、二者害父、三者害阿羅漢、四者破和合僧、五者惡心出佛身血。」華嚴孔目章三曰、「五逆謂害父害母害阿羅漢、破僧、出佛身血。初二背恩養、次三壞福田、故名爲逆。」最勝王經溜州疏曰、「五逆一者故思殺父、二者故思殺母、三者故思殺羅漢、四者倒見破和合僧、五者惡心出佛身血、以背恩田違福田故、名之爲逆。執此逆者身壞命終、必定墮無間地獄、一大劫中受無間苦、名無間業。」

【大乘別途五逆】(名數)大薩遮尼犍子所說經四曰「有五種罪名爲根本。何等爲五。一者破壞塔寺、焚燒經像、或取佛物法僧物、若教人作見作助喜、是名第一根本重罪。若謗聲聞辟支佛法及大乘法、毀呰留難隱蔽覆藏、是名第二根本重罪。若有沙門信心出家。剃除鬚髮身著染衣。或有持戒或不持戒。繫閉牢獄枷鎖打縛策役驅使責諸發調。或脫袈裟逼令還俗。或斷其命。是為第三根本重罪。於五逆中若作一業。是為第四根本重罪。謗無一切善惡業報。長夜常行十不善業。不畏後世。自作教人堅住不捨。是為第五根本重罪。」小乘之五逆與此中第四一逆相當。

【同類五逆】（名數）一犯母與無學之比丘尼。是殺母罪之同類。二殺入定中之菩薩。是殺父罪之同類。三殺有學之聖者。是殺羅漢罪之同類。羅漢者無學之聖者也。四奪僧衆成和合之緣、不使和合之事成就。是破僧罪之同類。五破佛之窣堵波。是出佛身血之同類。俱舍論十八曰、「同類者何。頌曰。汙母無學尼。殺住定菩薩。及有學聖者。奪僧和合緣。破壞窣堵波。是無間同類。」

【提婆五逆】（故事）法華文句八下曰、「誘拐五百比丘、而破和合僧。（是一）擲大石而自佛身出血。（是二）教阿闍世王放醉象使之踐佛。（是三）以拳殺華色比丘尼。（是四）置毒於手之十爪、欲由禮佛足而傷佛。（是五）」是非五種各別之五逆、乃重同類而成五數、蓋自佛身出血與教阿闍世王及置毒於爪中、為同一之逆罪。配之於別種之五逆、則但為三逆罪也。同次文曰、「若作三逆。教王毒爪並害佛攝。」

【五逆輕重】（雜語）大乘義章七曰、「殺父最輕、殺母次重、殺阿羅漢次重、出佛身血次重、破和合僧最重。故成實云破僧最重、何故如是。離三寶故。（中略）可入聖者、不得入聖。坐禪學問、讀誦禮拜、如是等事、一切不得、所以最重。」

【五逆罪】（術語）五逆之罪惡。見五逆條。

【五逆經】（經名）阿闍世王問五逆經之略名。

【五家】（流派）我國禪宗分派之概稱。自初祖達磨五傳而至五祖弘忍、忍之下、分北宗神秀與南宗慧能二派。北宗行於北地、後世無分派。南宗行於南地、有五家七家之別。五家者、一溈仰宗、二臨濟宗、三曹洞宗、四雲門宗、五法眼宗也。七家者、於此加黃龍與揚岐。五宗分派之次第、如左表。

南宗慧能
- 南岳懷讓—馬祖道一—百丈懷海
  - 溈山靈祐—仰山慧寂　第一　溈仰宗
  - 黃檗希運—臨濟義玄　第二　臨濟宗
- 青原行思—石頭希遷
  - 藥山惟儼—雲巖曇晟—洞山良價　第三　曹洞宗
  - 天皇道悟—龍潭崇信—德山宣鑑—雪峯義存—

雲門文偃═第四雲門宗

玄沙師備─羅漢桂琛─清涼文益═第五法眼宗

臨濟義玄─興化存獎─南院慧顒─風穴延沼─首山省念─汾陽善昭─石霜楚圓─┬黃龍慧南═黃龍派
　　　　　　　　　　　　　　　　　　　　　　　　　　　　　　　　　　└楊岐方會═楊岐派

（佛祖宗派綱要）

【五家七宗】（名數）禪宗分派之概稱。見五家條。

【五家所共】（術語）世之財物、為王與賊、火、水、惡子等五家之共有物。不能獨用之也。智度論十一曰、「富貴雖樂、一切無常。五家所共。令人心散輕躁不定。」同十三曰、「勤苦求財。五家所共。若王若賊若火若水若不愛子用。乃至藏埋亦失。」大疏八曰、「我今捨世間所愛之財。五家所共多諸過患。用貿無上法寶正法之財。」

【五時】（術語）五時教也。

【五時教】（術語）釋迦一代說法之次第、區別為五時者。天台涅槃等所立。有種種之不同。

【天台宗五時教】（術語）天台宗分別佛一代之說法為五時。第一華嚴時。佛成道後三七日中說華嚴經之間。是依經題而與名。第二鹿苑時。說華嚴經後十二年中於鹿野苑等說小乘阿含經之間。是就地而與名。第三方等時。說阿含後八年說維摩勝鬘等諸大乘經。廣（方之義）談藏通別圓四教、均（等之義）被衆機之間。是就所說之法而與名。第四般若時。說方等經後二十二年、說諸部般若經之間。是依經題而付名。第五法華涅槃時。般若二十二年後八年說法華經、一日一夜說涅槃經之間。是亦依經題而付名。荊溪之四教儀備釋曰、「阿含十二方等八。二十二年般若談。法華涅槃共八年。華嚴最初三七日。」此五時就經典之部帙而分之者。更立化儀之四教與化法之四教。分別此五時中之說法儀式與所說之教義。是台家所立之五時八教也。見八教條。

【涅槃宗五時教】（術語）三論玄義曰、「昔涅槃初度江左。宋道場寺沙門慧觀。仍製經序。略判佛教凡有二科。一者頓教。即華嚴之流。但為菩薩具足顯理。二者始從鹿苑、終竟鵠林。自淺至深。謂之漸教。於漸教內開為五時。一三乘別教。於阿含經等、別說四諦十二因緣六度。投聲聞緣覺菩薩之三機者。二三乘通教。專說般若經通化三乘者。三抑揚教。說維摩思益之諸經、而讚揚菩薩、挫折聲聞者。四同歸教。說法華經、使彼三乘歸於一極者。五常住教。說涅槃經以明佛果之常住者。又此五教如其次第名為有相、無相、抑揚、會三歸一、圓常。

【劉虬所立五時教】（術語）晉武都山隱士劉虬、初分頓漸二教、以華嚴經爲頓教、餘爲漸教、漸教之中分五時。是唐土判教之嚆矢也。一最初說提謂經、開五戒十善之人天教、二成道後十二年中說阿含經等、開三乘差別之教門。三佛成道後三十年中說般若經維摩經等、說三乘同觀之空理。四佛成道四十年後八年中說法華經、辨明一乘。五佛臨滅度時一日一夜中說涅槃經、明悉有佛性、佛性常住之理。是最後究竟之說也。淨影痛破之。見大乘義章一。

【法寶所立五時教】（術語）唐法寶約於機解之淺深、謂一代諸教有五等之說。時亦名爲五時教。一小乘教、二般若教、三深密教、四法華教、五涅槃教。又第二般若教以下、如其次第亦名大乘教、三乘教、一乘教、佛性教。其所著一乘佛性究竟論說之。唯此書今僅存第三一卷、闕教判之章、不能知其詳細。惟略見於五教章通路記第五十而已。

【五時八教】（術語）天台宗所立。以五時定釋迦一代說法之次第。以八教分別其說法之儀式（化儀之四教）與教法之淺深（化法之四教）。天台四教儀曰、「天台智者大師以五時八教判釋東流一代聖教。罄無不盡」見五時教及八教條。

【五祖】（名數）（一）華嚴之五祖。初祖終南杜順、二祖雲華智儼、三祖賢首法藏、四祖清涼澄觀、五祖圭峯宗密也。華嚴宗唯立此五祖。蓋華嚴經至東晉覺賢三藏始翻傳之。爾後講解者雖多、然未立一宗。陳隋之世有杜順、著法界觀門、五教止觀等、始開華嚴宗之基。門人智儼、思惟十玄六相之幽旨、發揚無盡之宗義。然此二師尙屬草創、賢首大師法藏、承智儼、興著述、大唱華嚴之宗教。後世稱此宗號爲賢首宗。法藏歿後有澄觀、亦盛撰述疏鈔、復興鴻業、其功頗爲偉大。宗密紹澄觀、依圓覺經弘闡華嚴大義。此二師所解、與法藏所說雖不無異同、然是卽教界之思潮有轉化、又因所釋之大經不同、適殊其所明之方法、故或謂澄觀宗密有違法藏所立、不可立爲華嚴祖師。其見未免少偏。宋淨源於此五師加馬鳴龍樹二師、謂爲七祖。凝然加普賢、文殊、馬鳴、龍樹、世親、都爲十祖。今就吾國而言、故惟立五祖也。八宗綱要卷下曰、「杜順已下、唯立五祖」佛祖統記等、亦唯舉此五師。（二）淨土之五祖。一曇鸞、二道綽、三善導、四懷感、五少康也。曇鸞初注解天親之往生論、又依龍樹之十住毘婆沙論立難易二道之教判。曇鸞歿後有道綽、別立聖淨二門之教判、弘通念佛。善導承道綽、判本願名號爲正定業、主唱凡入報土之義、大振淨土法門。懷感師事善導、依法相解說淨土之宗義。懷感後有少康、亦盛宣揚淨土、稱爲後善導。此五師其所說不盡相同。又吾國弘通念佛之師不少。而唯列此五師者、據選擇集也。但彼集於此五師之上加菩提流支、而爲六祖。以曇鸞曾就流支受觀經。又注解其所譯之往生論故也。(三)蓮社之五祖。一善導、二法照、三少康、四省常、五宗賾也。樂邦文類第三曰「蓮社之立、既以遠公爲始祖。自師歸寂、抵今大宋慶元五年己未、凡八百九年。中間繼此道者、乃有五師。一曰善導師、二曰法照師、三曰少康師、四曰省常師、五曰宗賾師。」省常結淨行社、宗賾建蓮華勝會、各與行蓮社念佛者。(四)(雜名)禪宗東土之第五祖弘忍禪師。(五)宋蘄州五祖山之法演禪師、亦曰五祖。見續傳燈錄二十。

【五祖演】(人名)唐蘄州五祖山法演禪師生於錦州之鄧氏。嗣白雲之端和尚。端嗣楊岐之會、會嗣慈明之圓、臨濟下之九世也。嗣演之法者、爲佛果之勤、佛鑑之懃、佛眼之遠、世呼曰三佛。宋徽宗崇寧三年寂。見續傳燈錄二十、稽古史畧四。

【五乘】(名數)乘人使各到其果地之敎法名爲乘。有一乘乃至五乘之別。其中五乘有六種。一者一人乘。乘五戒之行法而生於人間者。二天乘。乘十善之行法而生於天上者。三聲聞乘。乘四諦之行法而到阿羅漢果者。四緣覺乘。乘十二因緣之行法而到辟支佛果者。五菩薩乘。乘六度之行法而上於佛果者。行事鈔資持記上一之一曰「五乘者。人、天、聲聞、辟支及佛、能乘人也。五戒十善諦緣六度、所乘法也。」文句七之一曰「五乘者。五戒乘出三途苦。十善乘出人道八苦。聲聞乘出三界無常苦。緣覺乘出從他聞法苦。菩薩乘出內無利智外無相好苦。」此通途之五乘也。二者一菩薩乘、二緣覺乘、三聲聞乘、四種種性乘。合說諸乘者。五人天乘也。見大乘莊嚴功德經中、楞伽經八。三者一人乘、二天乘、欲界之六天也。三聲聞乘、四緣覺乘、五菩薩乘也。四者一小乘之佛乘、二小乘之緣覺乘、卽愚法緣覺也。三小乘之聲聞乘、卽愚法之聲聞也。四梵乘、色界之諸天也。五天乘、欲界之諸天也。見五敎章上二。五者嚴宗別途之五乘。一小乘愚法之聲緣二乘也。(二乘有愚法不愚法之二類見二乘條)二聲聞乘三緣覺乘。此二者不愚法之二乘也。四菩薩乘。五一乘。與台宗之佛乘同。見五敎章上二。六者台宗別途之五乘。一人乘、二天乘、三二乘、聲緣之二者。四菩薩乘、五佛乘也。問此中菩薩乘與佛乘如何差別。答曰、一乘家與三乘家之見解各異。法相三論之三乘家、謂菩薩與佛、但爲因果之別。故菩薩乘卽佛乘。華嚴天台之一乘家、謂佛與菩薩、各有因果。權之因果爲菩薩乘、實之因果爲佛乘。卽華嚴終敎天台別敎之因果是菩薩乘、華天兩家圓敎之因果是佛乘。密敎以五大配於通途之五乘、五乘皆爲毘盧遮那法身中之自體立五乘成佛也。一人乘是爲地大、以人皆住於地故也。二天乘是爲水大、水以鍐爲種子、鍐字者離言說之義、定地之天離言說之故也。又天者自在之義、水從方圓之器自在而轉、故其義相應。三聲聞乘是爲火大、以聲聞自心發火而灰身滅智故也。又火大之種子爲囉、囉爲語、菩薩之種子、聲聞依言教而得度、故配之。四緣覺乘是爲風大、風大之種子爲訶、是因緣之義也、緣覺觀十二因緣、故其義相應、又開悟以風緣而飛花落葉之觀、故配之。五菩薩乘是爲空大、因菩薩以二空爲觀故也。見秘藏記末同鈔十。

【五乘齊入】（術語）謂託乘於彌陀之願力、而人間天上聲聞緣覺菩薩佛之五乘得齊入於眞實報土也。

【五師】（雜名）五種之法師、毘奈耶雜事十二曰、「經師律師論師法師禪師。不以同類令聚一處」因付法之五師有二類、一異世之五師、二同世之五師。

【異世五師】（雜名）阿育王傳於佛滅後傳化之師、揭五人。一摩訶迦葉、二阿難、三摩田提、四商那和斯、五優婆毱多也。此中摩田提與商那和斯、同稟於阿難、同世之師也、故於付法藏傳二十三人之次第相承中不加之。然梁之僧祐撰薩婆多部記五卷、（出三藏記十二）揭有部之資師相傳中次第此五師、嘉祥、南山依之而立異世之五師。嘉祥之三論玄義曰「薩婆多部傳有異世五師。有同世五師。異世五師者、一迦葉、二阿難、三末田地、四舍那婆斯、五優婆掘多。此五人持佛法藏各得二十餘年。更相付屬名異世也」南山之戒疏一上亦揭阿育王傳之五師中曰「三師末田提。四師商那和修。並是阿難親承資奉。阿難將滅、以法付二人。田提道洽罽賓。和修化在中國。是則同時分地而王也」舍利弗問經曰「我尋涅槃。大伽葉等當共分別爲比丘比丘尼作大依止。如我不異。伽葉傳付阿難。阿難復付末田地。末田地復付舍那婆私。舍那婆私傳付優波笈多。」止觀一上曰「付法藏人始迦葉終師子二十三人。末田地與商那同時。取之則二十四人」因善見律二出傳戒之五師。即第三結集時正系派之傳統也。曰「第一優波離。Upali 第二馱寫拘。Dāsaka 第三須那拘。Sonaka 第四悉伽婆 Sggava 第五目犍連子帝須。Moggalipntta Tissa 此五師於閻浮利地以律藏次第相付不令斷絕。即至第三結集」

【同世五師】（雜名）有部宗之相傳、佛滅後百年異世第五師優婆毱多之下、有弟子五人。是曰同世五師。三論玄義曰、「同世五師者、一曇無德、二摩訶僧祇、三彌沙塞、四迦葉維、五犢子部」然大集經二十三則爲一曇摩毱多。二薩波若帝婆。三迦葉毘部。

四彌沙塞部。五波蹉富羅。是等唯爲一種之相傳非有確實之證佐。此同世之五師爲律部之分派、上出者非師名分派之名也。善見律二述傳統謂「目犍連子帝須臨涅槃付弟子摩哂陀摩哂陀是阿育王兒也。持律至師子國。摩哂陀臨涅槃。付弟子阿栗咜。從爾已來。更相傳授至今日。我今說往昔師名。從閻浮利地持律藏至師子國。第一名摩哂陀。第二名一地臾。第三名鬱帝臾。第四名參婆樓。第五名拔陀沙云云」此巴利律文之 Mahinda Itthiya Sambala Bhaddanāma 也。此五師與上出之五派、似非可一致者、其傳統中律文之次下惟見曇無德之名。

【五師子】（雜語）　自如來之五指出五師子也。涅槃經十六曰、「如提婆達多教阿闍世願害如來。是時我入王舍大城次第乞食。阿闍世王卽放護財狂醉之象欲令害我及諸弟子。（中畧）我於爾時爲欲降伏護財象故。卽入慈定舒手示之。卽於五指出五師子。是象見已其心怖畏。尋卽失糞。舉身投地敬禮我足。」又見報恩經四。

【五秘】（名數）　五秘密之略。

【五秘密】（名數）　金剛界所立之秘法。金剛薩埵（中）欲（東）觸（南）愛（西）慢（北）之五金剛菩薩也。一金剛薩埵、謂一切衆生本有自性之六大。六大之體性堅固不變故云金剛。薩埵譯言有情。安之於中央者。以六大爲諸法之根本體性故也。二慾金剛、凡夫始遇阿闍梨開示六大平等生佛不二之理、而發菩提心之位也。慾者。金剛頂蓮華部心儀軌說爲菩提大欲、理趣經說爲大欲最愛成就、菩提心爲自取大菩提度盡法界大衆生之大貪欲心。故名慾。三觸金剛、已發菩提心、入於三界、觸於一切衆生、而修大悲萬行之位也。能化爲緣、所化爲因。因緣和合而成濟度。是觸之義也。四愛金剛、自成就佛果而專憐愛衆生之位也。五慢金剛、住於涅槃而大我自在之位也。此慾觸愛慢之四字、雖悉爲煩惱之名、然以表佛德故、悉付秘密之名字。故此五尊名爲五秘密。理趣經開題曰、「欲觸愛慢之體。還表果德。」

【五秘密曼荼羅】（圖像）　又名十七尊曼荼羅。於金剛薩埵欲觸愛慢之五秘密、加八供四攝而成。故有此稱。金剛界九會中之理趣會、卽與此曼荼羅相當。普通流布之像、中央畫金剛薩埵、右邊安欲觸二尊、左邊安愛慢二尊。而宗叡所傳之曼荼羅。欲金剛畫於薩埵之左後、觸金剛安於右後、愛金剛安於左側、慢金剛安於右側。又有以欲觸愛慢四菩薩順次安於前右後左者。若依深秘之義、則欲菩薩爲金剛界大圓智鏡、故爲大慧、觸菩薩爲寶部平等性智、故爲大定、愛菩薩爲蓮華部妙觀察智、故爲大悲、慢菩薩爲羯磨部成所作智、故爲大精進、乃攝定於慧、攝進於悲、合此四菩薩爲悲智二德、合悲智二德爲一金剛薩埵、是卽爲愛染明王也。

【五秘密儀軌】(經名)金剛頂瑜伽金剛薩埵五秘密修行念誦儀軌之略名。

【五衰】(術語)天人將死時現五種之衰相經論所說不一。涅槃經十九曰、「釋提桓因命將欲終有五相現。一者衣裳垢膩。二者頭上花萎。三者身體臭穢。四者腋下汗出。五者不樂本座。」佛本行集經五曰、「爾時護明菩薩大士天壽滿已自然而有五衰相現。何等爲五。一者頭上花萎。二者腋下汗出。三者衣裳垢膩。四者身失威光。五者不樂本座。」俱舍論十說大小之五相曰、「然諸天子將命終時先有五種小衰相現。一者衣服嚴具出非愛聲。二者自身光明忽然昧劣。三者於沐浴位水滯著身。四者本性囂馳今滯一境。五者眼本凝寂今數瞬動。此五相現、非定當死。復有五種大衰相現。一者衣染埃塵。二者花鬘萎悴。三者兩腋汗出。四者臭氣入身。五者不樂本座。此五相現、必定當死。

【五根】(術語)見根條。

【五根本】(名數)六大煩惱中除見之一、餘貪瞋痴慢疑爲五大煩惱。大日經疏二曰、「由有無明故生五根本煩惱心。謂貪瞋痴慢疑。」

【五瓶】(物名)密敎之儀軌以五寶五穀五藥及香水滿盛五瓶。於此插寶花而奉佛。大日經疏八曰、「次說吉祥瓶法。當用金銀等寶。乃至無者應以瓷或淨瓦爲之。極令圓滿端正。又不洩漏。如毘尼中方便灌漉淨水盛滿其中。內五寶五穀五藥。(中略)又取如前所說諸塗香末和水。兼置龍腦牛黃。於瓶口插以寶華或隨方土所有名花。取其花果條葉茂好圓具者使間錯垂布令極端嚴。以彩繒纏頸并繫華鬘塗以衆香。(中略)中胎藏當安五瓶。最中大日瓶安在華臺。餘置外華葉中。」一字奇特佛頂經曼茶羅儀軌品曰、「應取新瓶底不黑者令應量取阿摩羅(此曰梨樹)梢葉插其中。又取俱緣果(此土無)安瓶口上。瓶中置諸寶及諸種子。并香水令滿。以細繒帛繫其頂。安於壇四角及中央。」

【五瓶智水】(雜語)五瓶爲金剛界之五部。其香水表五智如來之智慧者。

【五瓶灌頂】(修法)以五瓶之水灌頂。謂五智如來之智慧注於行者之頭上也。

【五神通】(名數)又曰五通、五神變。不思議爲神。自在爲通。不思議自在之用有五種。一天眼通。謂色界四大所造之淸淨眼根。色界及欲界六道中之諸物、或近或遠、或麤或細、無一不照者。二天耳通。爲色界四大所造之淸淨耳根。能聞一切之聲者。三他心通。得知一切他人之心者。四宿命通。得知自心之宿世事者。五如意通。又曰神境通、神足通。飛行自在、石壁無礙、又得行化石爲金、變火爲水等之奇變者。見智度論五。

【五神變】（名數）與五神通同。

【五悔】（術語）天台、眞言所立略異。

【天台五悔】（術語）天台大師爲修法華三昧者、依彌勒問經占察經普賢觀經等之意、說五種之懺悔法、使於晝夜六時修之、名爲六時五悔。一懺悔、發露已往之罪而誡將來也。二勸請、勸請十方如來以轉法輪也。三隨喜、於自他一切之善根隨喜讚嘆也。四廻向、以一切所修之善根、向於衆生、又向於佛道也。五發願、發四弘誓而導前之四行也。此中有懺悔之名者、雖僅一則、然其他四法、通爲悔罪滅惡者、故亦名悔法。止觀七下曰、「唯法華懺別約六時五悔重作方便」輔行七之四曰、「雖有勸請等四不同、莫非悔罪。故名五悔。」修懺要旨曰、「所以悉稱悔者、蓋皆能滅罪故也。勸請則滅波旬請佛入滅之罪。隨喜則滅嫉他修善之罪。迴向則滅倒求三界之罪。發願則滅修行退志之過」三昧行法曰、「採法華普賢觀及諸大乘經意撰此法門。」

【眞言五悔】（術語）眞言宗略普賢之十大願而爲五悔。

十大願	五悔
一　禮敬諸佛 二　稱讚如來 三　廣修供養	一　歸命
四　懺悔業障	二　懺悔
五　隨喜功德	三　隨喜
六　請轉法輪 七　請佛住世 八　常隨佛學	四　勸請
九　恒順衆生 十　普皆回向	五　回向

又除勸請加發願而爲五悔。

【五俱倫】（雜名）佛最初所度之五比丘也。此五人自過去世以來俱爲同倫、故曰俱倫。案五俱倫或作五拘隣、拘隣者、五比丘第一阿若憍陳如之別譯也、然則俱倫、與俱隣、皆爲梵語、五比丘中以拘隣爲首、故略稱之謂五俱倫也。無量義經曰、「我起樹王詣波羅捺鹿野園中。爲阿若拘隣等五人轉四諦法輪。」應法記曰、「鹿園在波羅奈國。佛始成道、於中度五俱隣、開化之初。」法苑珠林十一曰、「菩薩於此鹿林在五拘隣比丘所。」

【五俱意識】（術語）與五識共起之意識也。爲四種意識之一。見意識條。又隨前五識而所起之識、卽爲第六之意識也。

【五納衣】（衣服）納衣爲綴納種種之衣片而作之者、其中自具五色、故曰五納衣。釋氏要覽法衣篇解爲五種之納衣者、不可行事鈔二衣總別篇曰、「若作五納衣者、得上色碎段者裁作五納亦得。」同資持記曰、「五納即五色碎段重納爲衣。雖是正間非純色故。」

【五恐怖經】（經名）佛說五恐怖世經之略稱。

【五恐怖世經】（經名）佛說五恐怖世經一卷、劉宋沮渠京聲譯。說末世不遵戒律有五種可恐之事。

【五海】（名數）五種具德之海也。即佛自證之無盡圓明性海藏中五種之義分。舊華嚴經第三所謂「爾時普賢菩薩承佛神力觀察一切衆世界海、一切衆生海、法界業海、一切衆生欲樂諸根海、一切三世諸佛海」是也。據華嚴經探玄記第三謂第一是所依之義、第二是萠發或積聚之義、第三是軌用之義、第四是行別或性別之義、第五是覺圓之義。此五者、皆一即具餘四、並深廣無盡、具德難思、故稱爲海。又約於染淨、則佛界唯淨、衆生海唯染、世界及根欲亦淨亦染、法界非淨非染也。約於人法、則衆生及佛界是人、法界是法、根欲亦人亦法、世界非人非法、乃至廣作十門分別之。蓋佛自證之境性海圓明、雖十十無盡、而不立十名。所以唯託半數說之者、乃欲使人易信也。案解深密經第五曰、「如來境界謂一切種五界差別。何等爲五。一有情界、二世界、三法界、四調伏界、五調伏方便界。」又菩薩地持經第八曰、「菩薩有五種無量、生一切巧方便行、一者衆生界無量、二者世界無量、三者法界無量、四者調伏界無量、五者調伏方便無量。」瑜伽師地論第四十六亦舉此五無量並廣爲解說。是蓋以五海原爲三乘之敎門、今託之、使易解華嚴一乘深玄幽旨之意也。

【五部】（名數）謂見道苦集滅道之四諦及修道也。大毘婆沙論第五十一曰、「部有五無六。聖者見道現在前時、斷見所斷、後若修道現在前時、斷修所斷。異生修道現在前時、總斷五部。」但五部通三界各立之。又一切煩惱皆屬此五部。又即小乘五部也。佛滅後百年、付法藏第五世優婆毱多之下有弟子五人、於戒律上各抱異見、一大律藏始分五派、一曇無德部、二薩婆多部、三彌沙塞部、四迦葉遺部、五婆麤富羅部。見五部律條。又金剛界五部見金剛界條。

【五部惑】（術語）見五部及五部合斷條。

【五部法】（術語）與五部秘藏同。詳見金剛界條。

【五部座】（名數）詳見金剛界條附錄五佛座項。

【五部律】（名數）佛滅後百年時、付法藏第五祖優婆毱多之下有五弟子、同時於律藏生五部之派別。一曇無德部、Dharmaguputa 又曰曇摩毱多。是部主之名、譯爲法正、法護、法鏡、法密等。律本於此土曰四分律。二薩婆多部、Sarvāstivāda或曰薩婆諦婆。譯言一切有。從宗計而取名。律本曰十誦律。三彌沙塞部、Mahīśāsaka 譯言不着有無觀。從行而名。律本曰五分律。四迦葉遺部、Kāśyapīya 此曰重空觀。以空亦空爲觀、就行而名。但戒本傳譯曰解脫戒經。其戒相與五分律同。五婆麤富羅部、Vātsīputrīya 又曰婆蹉富羅。譯言犢子。從部主之名。又從宗計曰着有。行以執有實我故也。律本未傳。見大集經二十、行事鈔資持記上一之二、戒疏一上、義林章三末。

【五部九卷】（名數） 淨土門之祖唐善導、著有五部九卷。一觀經疏四卷、二淨土法事讚二卷、三觀念法門一卷、四往生禮讚一卷、五般舟讚一卷。

【五部大論】（名數） 無著菩薩承彌勒菩薩之旨、著五部之大論。一瑜伽師地論、百卷、唐玄奘譯。二分別瑜伽論、未翻。三大乘莊嚴經論十三卷、唐波羅頗蜜多羅譯。四辨中邊論頌一卷、唐玄奘譯。五金剛般若論二卷、秦羅什譯。瑜伽論記一上曰、「慈氏菩薩隨無着機。恒於夜分從知足天降於禪堂爲說五論之頌。一瑜伽論。二分別觀所名分別瑜伽論。三大莊嚴論。四辨中邊論。五金剛般若。」

【五部大疏】（名數） 見五大疏條。

【五部秘經】（名數） 密宗所依之五部經典也。或於大日經、金剛頂經、蘇悉地經、瑜祇經、加要畧念誦經爲五部。或於以上四部加菩提場經爲五部。

【五部秘藏】（術語） 金剛界五部之秘密法門也。見金剛界條。

【五部合斷】（術語） 五部者、迷於四諦之理之四部見惑、與迷於世上事相之一部修惑也。三界九地各有此五部。依薩婆多部之義、則佛與獨覺先於凡夫地以有漏智之六行觀、合斷下八地之見修五部也。（不能以有漏智斷第九地之惑見六行觀條）合斷此之法、八地之五部、分上上品乃至下下品之九品、先自上上品始、終於下下品。每一品正斷之位、謂之無見道。既斷之位、謂之解脫道。每一斷惑必要此二道也。故總爲九無間九解脫之十八心。許以六行觀之有漏智斷五部卽見修二惑者、唯小乘之有部宗耳。大乘不許以有漏智斷迷理之見惑也。

【五部海會】（術語） 謂金剛界五部之諸尊、悉來會而爲法事也。

【五部敎主】（名數） 謂金剛界五部之五智如來也。見金剛界條。

【五部尊法】（名數） 又曰五種壇法。言五種之修法也。一息災法、二增益法、三降伏法、四愛敬法、五鉤召法。出補陀落會軌。見壇法條。

【五部總持】(名數)金剛界五部之陀羅尼也。陀羅尼譯言總持。

【五部禪經】(名數)一禪法要解經、二卷羅什譯。二達磨多羅禪經二卷佛陀跋陀羅譯。三坐禪三昧法門經二卷僧伽羅刹造羅什譯。四五門禪經要用法一卷佛陀蜜多造曇摩蜜多譯。五禪要經一卷失譯人名。

【五部灌頂】(名數)謂金剛界之灌頂也。

【五部淨居炎摩羅】(神名)二十八部衆之一。略曰五部淨。爲千手觀音之眷屬。常隨逐行者而擁護之善神也。千手千眼觀世音菩薩廣大圓滿無礙大悲心陀羅尼經曰「我遣梵摩三鉢羅五部淨居炎摩羅常當擁護受持者」。卽是。

【五部大乘經】(名數)大乘經中選定五部者、天台大師也。一華嚴經、二大集經、三大品般若經、四法華經、五涅槃經。法華玄義曰「究竟大乘無過華嚴大集大品法華涅槃。」

【五敎】(術語)華嚴宗之敎判也。有二種。(一)始於杜順成於賢首是唯就出世間之一敎判定之。一小乘敎、二大乘始敎、三大乘終敎、四頓敎、五圓敎也。五敎章冠註上一曰、「至相智儼大師親承于杜順和尙、顯揚宗旨弘傳一乘。搜玄十玄孔目問答章疏非一。約就五敎廣立淸範。(中略)賢首親于智儼造此五敎。」同上三曰、「聖敎萬差要唯有五。一小乘敎、二大乘始敎、三終敎、四頓敎、五圓敎。」小乘敎於四部之阿含經、發智、婆娑論等說灰身滅智之涅槃法者。大乘始敎爲大乘之初門、有相始敎空始敎二種。深密經、唯識論等分別五性、建立依他之萬法者爲相始敎、般若經、三論等說諸法皆空、顯無所得平等者爲空始敎。此二敎皆不開示一切衆生悉有佛性之義、故貶爲始敎。大乘終敎於楞伽經、起信論等說眞如緣起之理。唱一切皆成佛者。頓敎對於一類之頓機、不依言句、不設位次、以頓徹理性爲敎者。是既絕言句、故爲別部之經。以楞伽經四有鏡像頓現之譬、寶積經論一有頓敎修多羅之名而立之。如以維摩之默而顯不二、以達磨之心而印於心、爲得此旨者。圓敎於華嚴經法華經等明圓融具德之一乘者。此分別敎一乘同敎一乘二種。華嚴經直開示圓融不思議之法門、遠異於彼之三乘敎、故名別敎一乘、法華經爲開會二乘、其說相同于三乘敎、故名同敎一乘。圓敎之名八十華嚴經謂爲圓滿修多羅。華嚴玄談五曰、「敎類有五。卽賢首所立廣有別章、大同天台但加頓敎。」又曰「不同前漸次位修行。不同於彼圓融具德。故立名頓。頓詮此理。故名頓敎。天台所以不立者以四敎中皆有一絕言故。今乃開者頓顯絕言爲一類、離念機故。卽順禪宗。」開此五敎而爲十宗。詳見宗條(二)。爲同宗圭峯所立。此統收世間出世間之二敎、一人天敎、以持提謂經等五戒而生於人間、行十善而生於天上爲敎者。二小乘敎、如前。三大乘法相敎、前始敎中之相始敎也。四大乘破相敎、前始敎中之空始敎也。五一乘顯性敎、前終頓圓之三敎也。見原人論。前法相破相之二敎、別立聲緣菩之三乘、故爲大乘、今爲一佛乘、故曰一乘。

【波頗蜜多羅三藏五敎】(名數)一四諦敎、阿含經也。二無相敎、般若經也。三觀行敎、華嚴經也。四安樂敎、涅槃經也、謂說常樂。五守護敎、大集經也、謂說守護正法。見華嚴玄談四。

【五敎章】(書名)三卷、唐法藏著述。自宗所立五敎之敎義。本書題名不一。和本之上中兩卷、題曰華嚴一乘敎記、七字題也。和本之下卷、題曰華嚴經中一乘五敎分齊義、十一字也。唐本三卷、俱曰華嚴一乘敎義分齊章。宋淨源序曰、華嚴一乘敎分記。新羅崔致遠所著賢首傳中曰華嚴五敎章。宋朝四大家、皆用唐本。然賢首送新羅義湘寄海東師之書。謂爲一乘敎分記。又自著之華嚴傳中謂爲華嚴敎分記三卷。

【五敎章之中日兩本】此書傳至日本者。以新羅之審祥、慈訓法師皆入唐、親謁賢首、稟華嚴奧旨、其後持至日本。是爲和本五敎章。此草案本也。其後日本求華嚴經未渡之章疏時、更自彼地得一本、爲宋朝傳來之本、故曰宋本、或曰唐本。是賢首再治之本也。然宋本亦多訛謬。宋之淨源舉其三失。

【五敎章之註疏】再治之唐本、有道亭之義苑疏十卷、觀復之析薪記五卷、師會之復古記三卷、希迪之集成記五卷。以上爲宋朝四大家。未治之和本、有指事記三卷、今開爲六卷、通路記五十卷、問答鈔十五卷、纂釋三十卷。皆和人作也。

【五敎十宗】(術語)華嚴宗於佛一代之敎法、由其敎義之分際、分爲五敎。就其五敎更分別所立之宗旨、而爲十宗。五敎之判、自初祖杜順而來。十宗之分別、成于第三祖賢首。見五敎及十宗條。

【五敎止觀】(書名)一卷、華嚴宗之初祖杜順著。約五敎而明止觀。五敎章冠經上一曰、「杜順禪師乃文殊師利菩薩之化身。(中略)弘以華嚴、訓以一乘。遂造法界觀一卷、五敎止觀一卷。是華嚴根本之章。圓宗最初之觀。彼五敎止觀者、卽約五敎各別止觀。故五敎之名正始彼觀。」

【五敎佛身】(術語)華嚴宗言佛說法時、以五敎之異顯現各別之佛身也。有丈六金身、千百億化身、丈六卽眞佛、丈六卽法身、具足十身之稱。

【五陰】（術語）新譯曰蘊。舊譯曰陰。淨影之說、如大乘義章八本所謂「積集名陰。陰積多法故。」是與新譯蘊之義同。天台之說、如止觀五上所謂「陰者陰蓋善法。此就因得名。又陰是積集生死重沓。此就果得名。」是陰有蔭覆與陰積之二義。見蘊條。色、受、想、行、識、五法之名義、新舊皆同。見五蘊條。

【五陰魔】（譬喩）四魔之一。與五蘊魔同。

【五陰喩經】（經名）五陰譬喩經之略名。

【五陰盛苦】（術語）八苦之一。又曰五盛陰苦。解盛有二義。一就苦而說。人各具五陰而衆苦熾盛、故曰盛。又五陰之器盛衆苦、故曰盛。中論疏七曰、「有斯五陰。衆苦熾盛。名五盛陰苦。又此五陰。盛貯衆苦。名五盛陰苦。」次一義、爲五陰之作用熾盛、故名爲五陰盛。或五盛陰。舊譯之經常呼五陰、而言爲五盛陰者。即此意也。增一阿含經十七曰、「世尊告諸比丘曰。彼云何爲擔。謂五盛陰是。」然則五陰盛苦、猶單言五陰苦也。

【五陰世間】（術語）與五蘊世間同。

【五通】（術語）天眼等之五種神通力也。見五神通條。

【五通仙】（雜語）謂得五神通之仙人也。天竺外道修有漏禪定而得五通者多。獨極三乘之證果者。於五通之上、得漏盡通（盡斷煩惱）而具六通。維摩經不思議品曰、「或現離婬欲。爲五通仙人。」

【五通神】（神名）邪神也。龍城錄曰、「柳州舊有鬼、名五通。余始到、不之信。一日偶發篋易衣、盡爲灰燼。乃爲文醮訴于帝、帝懇我心、遂爾龍城絕妖邪之怪。」武林聞見錄曰、「嘉泰中大理寺決一囚、數日見形獄吏云、泰和樓五通神虛位、某欲充之、求一差檄言、差充某神位、得此爲據可矣。如其言、經數月、人聞樓上五通神日夜喧鬨。吏乃泄前事、爲增塑一像。遂寂然。」按今委巷荒墟多建矮屋、繪版作五神像祀之、謂之五聖。聞青日札云、即五通神也。或謂明太祖定天下、封功臣、夢陣亡兵卒千萬請恤。太祖許以五人爲伍、處處血食。命江南家立尺五小廟。俗稱爲五聖堂。然則五聖與五通不同矣。陔餘叢考三十五曰、「鈕玉樵謂五通起於明祖、則未必然。按夷堅志、劉舉將赴解、禱於錢塘門外九里西五聖行祠、遂登科。爲德興尉、到任奠五顯廟。知爲五聖之祖祠也。則五聖之祠、宋已有之。七修類稿又謂五通神即五聖也。然則五聖五顯五通、名雖異而實則同。夷堅志所載、韓子師病祟、請客以符水治之。見五通神銷金黃袍、騎馬而去。（中略）如此之類、不一而足。而陳友諒僭號、亦在采石五通廟。則五聖者、宋元已有之。而非起於明祖矣。」

【五通菩薩】（菩薩）天竺之鷄頭摩

寺有五通菩薩往安樂世界勸請彌陀之形像來流布於天竺是爲彼土阿彌陀佛畫像之始。釋門正統四引感應傳。

【五淨】（名數）黃牛之尿、糞、乳、酪、酥也。蘇悉地經儀軌下曰、「牛五淨者謂黃牛尿及糞未墮地者乳酪酥」又（術語）謂色界第四禪之五淨居天也安樂集上曰、「寄華五淨風日不萎。

【五淨食】（名數）見五種淨食條。

【五淨居天】（名數）色界第四禪、證不還果之聖者所生之處有五地。一無煩天、無一切煩雜之處二無熱天無一切熱惱之處。三善現天、能現勝法之處。四善見天、能見勝法之處。五色究竟天色天最勝之處。俱舍頌疏世品一曰、「此五名淨居天唯聖人居。無異生雜故名淨居」

【淨居天眞言】（眞言）（歸命語上略）摩拏囉摩達摩三婆嚩費婆嚩迦他那。三三。莎訶第一句摩拏囉摩爲意悅之義、受種種樂故意悅也。第二句達摩三婆嚩爲法生之義、此爲佛所化生、不關於世天之垢、自法而生也。第三句費婆嚩爲隨有之義第四句迦他那爲說之義。通上句曰隨有所說、隨彼法而生、以之解法爲衆生說法也。第五第六之三三、皆爲其種子、阿爲諦宣之義、契與不契皆離實體與空同、極令空故爲重字。見大日經疏十。

【五頂】（雜名）頂上之髮結爲五髻者。西域之童子形。唯識述記一末曰、「般遮尸棄。Pañcaśikhin 此言五頂頂髮五旋頭有五角」又五體之佛頂尊也。見佛頂尊條之五佛頂。

【五頂山】（地名）五臺山也。

【五頂輪王】（術語）又曰五佛頂。五體之佛頂輪王也。見佛頂尊條之五佛頂。

【五條】（衣服）五條袈裟也。

【五條袈裟】（衣服）三衣之一。袈裟者。縫綴數條之布帛作長方之幅者也安陀會橫有五條。故名五條袈裟其全體之大、若依四分宗則長四肘卽七尺二寸廣二肘卽三尺六寸。見行事鈔資持記下一之一。

【下衣】（衣服）五條袈裟之別名。最下著之故名。

【院內道行雜作衣】（衣服）同上。謂居寺中房室行道路時或作諸雜務時所服者故以爲名。

【中著衣】（衣服）安陀會之譯、與內衣同。

【五執】（名數）見五星條。

【五欲】（名數）色聲香味觸之五境也。是爲起人之欲心者、故名欲是爲汚眞理者、故名塵。止觀四曰、「五塵非欲而其中有味能生行人貪欲之心故言五欲」智度論十七曰、「哀哉衆生常爲五欲所惱、而求之不已。此五欲者得之轉劇、如火炙疥。五欲無益如狗齩炬。五欲增爭如鳥競肉。五欲燒人、如逆風執炬。五欲害人如踐惡蛇。五欲無實、如夢所得。五欲不久如假借須臾。世人愚惑、貪着五欲至死不捨。爲之後世受無量苦。」又一財欲、二色欲、三飲食欲、四名欲、五睡眠欲。見華嚴大疏鈔二十七、三藏法數二十四。

【五唯】（名數）Pañca Tanmātra-又曰五唯量。數論師所立二十五諦中之第四位。自我慢而生者。聲觸色味香。卽佛教之五境也。此五者爲物質之根本。唯以此而生五大五根等。故云唯量。唯識述記一末曰、「五唯者謂聲觸色味香。（中略）量者定義。唯定用此成大根等。」

【五眼】（名數）一肉眼、肉身所有之眼。二天眼、色界天人所有之眼。人中修禪定可得之。不問遠近內外晝夜皆能得見。三慧眼、謂二乘之人照見眞空無相之理之智慧。四法眼、謂菩薩爲度衆生照見一切法門之智慧。五佛眼、佛陀身中具備前四眼者。見智度論三十三、大乘義章二十末。此五眼中慧眼爲空諦一切智。法眼爲假諦道種智。佛眼爲中諦一切種智。

【十眼】（名數）一肉眼、見一切之色故。二天眼、見一切衆生之心故。三慧眼、見一切衆生之諸根境界故。四法眼、見一切法之實相故。五佛眼、見如來之十力故。六智眼、見諸法故。七光明眼、見佛之光明故。八出生死眼、見涅槃故。九無碍眼、所見無碍故。十一切智眼、又曰普眼。見普門之法界故。出於華嚴經離世間品。是由前五眼中法眼開出智眼、自佛眼開出光明眼無碍眼一切智眼而成爲十眼也。

【五專】（名數）眞宗謂以自力專修五種正行中之一種。其功德足以往生淨土。卽專禮、專讀、專觀、專名、專讚嘆也。

【五衆】（名數）五蘊之舊譯、舊譯曰五陰、五衆。衆爲和集之義。法華經譬喩品曰、「分別說諸法生滅之五衆。」法華嘉祥疏五曰、「以五法和集、義稱五衆。又一一陰法各衆多、故云衆也。雜心云、積聚是陰義。」又出家之五衆。一比丘、受具戒之男子。二比丘尼、受具足戒之女子。三式叉摩那、譯言學法女。將受具足戒而學六法之女子。四沙彌、出家受十戒之男子。五沙彌尼、出家受十戒之女子。見三藏法數二十二。

【五情】（術語）眼耳等之五根也。根能有情識、故曰情。有財釋也。智度論十七曰、「入道慚愧人、持鉢福衆生。云何縱塵欲、沈沒於五情。」同四十曰、「眼等五情名爲內身。色等五塵名爲外身。」法華經妙音菩薩品曰、「攝五情不。」參照六情條。

【五參日】（雜名）謂每月五日、十日、二十日、二十五日之四日也。見五參上堂條。

【五參上堂】（儀式）謂每月五日十日、二十日、二十五日之四日上堂也。此外朔望之兩日別有祝聖上堂、通計之恰是每五日一參、故曰五參。非曰一月參五度也。見象器箋十一。

【五堅固】（術語）見五五百年條。

【五停四念】（術語）五停心觀與四念處也。法華玄義三曰、「五停四念者有定。故言停、有慧故言觀。觀能翻邪、定能制亂。」

【五停心觀】（術語）小乘三賢之第一、修五種之觀法而五種之過失停心也。是爲聲聞乘入道之初有二種。一種、一不淨觀、觀境界不淨之相、停止貪欲之法。貪着心多之人修之。二慈悲觀、向一切有情觀可憐之相而停止瞋恚之法。瞋恚多之人修之。三因緣觀、觀十二因緣三世相續之理、而停止愚痴之法。愚痴多之人修之。四界分別觀、向諸法而分別六界或十八界、停止我見之法。我見多之人修之。五數息觀、計呼吸數以停止散亂心之法。散心多之人修之。又一種以第四之界分別觀與第三之因緣觀相似、省之而加觀佛。因觀佛之相好、能治一切之煩惱故也。業障多之人修之。淨影於大乘義章十二正明第一種、傍示第二種。曰「問曰有人諸患等分、何以爲治。成實法中十六特勝能爲對治。依如觀佛三昧經中觀佛三昧能爲對治。毘曇法中義亦同此。以佛相好非三毒境界故爾」天台於四教儀四念處名第四觀爲界方便而舉第一種。於玄義止觀卽爲念佛觀而舉第二種。圖示其次第並名字之不同則如左。

第一種

大乘義章	俱舍光記	四教儀、四念處	析玄記	遁麟記
不淨觀	不淨	數息	不淨	不淨
慈悲觀	慈悲	不淨	慈悲	慈悲
因緣觀	緣起	慈悲	因緣	因緣
界分別觀	六界	因緣	析界	差別
數息觀	持息	界方便	數息	持息

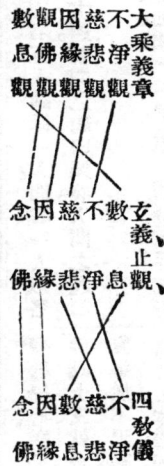

第二種

大乘義章	玄義、止觀	四教儀
不淨觀	數息	不淨
慈悲觀	不淨	慈悲
因緣觀	慈悲	數息
觀佛觀	因緣	因緣
數息觀	念佛	念佛

【五停心位】（術語）七賢位之第一。修五停心觀法之位。

【五處供養】（名數）言父母、親教師、軌範師、病人之五者常宜供養也。

【五處眞言】（眞言）謂加持五處之入佛三昧耶眞言見靑龍軌上。

【五處加持】（術語）以指印或杵鈴當身體之五處也。五處加持有二義。

一義			二義
大日	法界智	額	彌陀
寶生	平等智	右肩	寶生
不空	成事智	左肩	不空
阿閦	大圓智	心	阿閦
無量壽	妙觀察智	喉	大日

大日三世常住。故以喉表之。人喉壽也。大日彌陀一佛義可思之。彌陀能成無量壽。大日所成無量壽也。

【五問十題】（雜語）論義有五問十題之稱。問者五人、講師一人。問者一人以各業副爲十題。初問之題曰業義。次問之題曰副義。

【五族如來】（佛名）謂金剛界之五智如來也。見安像三昧儀軌經。

【五盛陰苦】（術語）八苦之一。人之一身、自色受等之五陰而成、其五陰之勢用熾盛。故曰盛陰。受於盛陰一切之苦。謂之五陰盛苦。卽心身之總苦也。又曰五陰盛。見五陰盛苦條。

【五莊嚴法】（名數）嚴飾清淨法界之五種莊嚴法也。蘇悉地羯羅經上曰、「應當一心聽是勝上微妙法則。蘇悉地羯羅五莊嚴法。何謂爲五。一謂精進、二謂明王、三謂除障、四謂成就諸勇猛事、五謂成就一切眞言」。是蓋提示此經一部之大綱者也。其中精進者、遠離二邊之垢而住於極理爲精勤、策於清淨法界中爲進。入眞言門之菩薩先發菩提心、被慈悲甲冑、於無盡生死中、爲淨佛國土成就衆生、都無有怯弱、破諸天魔等。直進於不退轉。名爲精進。明王爲表示三部諸尊之本誓願力者。卽明可以諸佛之三昧道爲所依者。若菩薩不依憑諸佛之本誓、則不得警發塵數之聖衆、入生死海利益單品也。除障以下三者、如其次第爲扇底迦（息災）阿毘遮嚕迦（調伏）補瑟徵迦（增益）之三種法。扇底迦法能寂六道及三乘等之三惑三障。故云除障。阿毘遮嚕迦法降伏凡聖無始之怨敵。今隨能伏之法、故名爲成就諸勇猛事。補瑟徵迦法、能滿凡聖一切之所樂。故云成就一切能成就之法爲眞言也。見蘇悉地經疏第一等。

【五莖蓮華】（本生）見然燈佛條。

【五智】（名數）顯教轉八識而成就四智、以立爲究竟之報身如來。密教於此加第九識所轉之法界體性智而爲五智。以爲金剛界智法身之大日如來。一法界體性智、是轉奄摩羅識所得。法界有差別之義。諸法差別。其數過於塵沙。是爲法界。法界體性卽六大也。大日住於此六大法界之三昧。名爲法界體性智。主方便究竟之德。二大圓鏡智。是轉阿賴耶識所得。顯現法界之萬象。如大圓鏡之智也。三平等性智。是轉末那識所得。成諸法平等作用之智也。四妙觀察智。是轉意識所得。分別好妙諸法而觀察衆機。說法斷疑之智也。五成所作智。是轉眼等之五識所得。成就自利利他妙業之智也。此五智雖爲一身所具之智德。而爲引攝衆生。自本體出生四方之四智四佛。此時法界體性智住於本位。而爲中央之大日如來。由大圓鏡智而成東方之阿閦如來。主發菩提心之德。由平等性智而成南方之寶生如來。主修行之德。由妙觀察智而成西方之阿彌陀如來。主成菩提之德。由成所作智而成北方之不空成就如來。主入涅槃之德。由此五智成爲體相二大。蓋法界體性智之大日爲六大。是體大也。四方之四佛爲其所出之別德。則是四曼之相大也。卽大圓鏡智之阿閦。爲大曼荼羅身。平等性智之寶生。爲三昧耶(譯平等)曼荼羅身。妙觀察智之彌陀。爲法曼荼羅身。成所作智之不空成就。爲羯磨(譯作業)曼荼羅身。理智不二。故此五智五佛。卽胎藏界地水火風空之五大也。其分配有二樣。見五大條。此有通別二門。今依別門也。若依通門。則五智直爲五智。五如來直爲五如來。敎觀大綱曰「慈覺云。眞言天台立五智者。法界體性智緣中道遮照境。」

【五智所生三身】(術語) 蓮華三昧經謂依五智而生三身。一、法界體性智之身業爲毘盧遮那佛。口業爲普賢菩薩。意業爲不動金剛。二、大圓鏡智之身業爲阿閦佛。口業爲文殊師利菩薩。意業爲降三世金剛。三、平等性智之身業爲寶生佛。口業爲虛空藏菩薩。意業爲軍荼利金剛。四、妙觀察智之身業爲阿彌陀佛。口業爲觀自在菩薩。意業爲六足金剛。五、成所作智之身業爲釋迦文佛。或不空成就佛。口業爲金剛業菩薩。意業爲摩訶藥叉金剛。此三者卽如其次第爲自性正法敎令之三輪身也。瑜祇經曰「金剛界遍照如來以五智所成四種法身。於本有金剛界(中略)光明心殿中云云。」十住心廣名目六曰「以上五智。一切佛具之。然而約別相云之者。如次大日阿閦寶生彌陀不空五佛也。自家不二實義可思之。」

【智譬水】(譬喩) 胎藏界之理譬如蓮華。金剛界之智譬如月或水。譬於水者。以金剛界智法身之種子爲水大。卽鑁字故也。水有五德。恰與五智相當。秘藏記本曰「以水譬五智者。水性淸淨、一切色相顯現。譬大圓鏡智。一切萬象影現。無高無下。而爲平等。

譬平等性智。水中一切色相差別、顯現明了、譬妙觀察智。一切情非情之類、依水而滋長。譬成所作智。其水無所不適、譬法界體性智。

【五智印】（名數）一夽吽、金剛智印。二夻怛落、寶智印。三夼紇利、法輪智印。四犾惡、羯磨智印。五ㄡ鑁、一切如來法界智印。見金剛頂義訣。

【五智如來】（名數）金剛界五智所成之五如來也。一大日如來、法界體性智所成。二阿閦如來、大圓鏡智所成。三寶生如來、平等性智所成。四無量壽如來、妙觀察智所成。五不空成就如來、成所作智所成。見五智條。菩提心論曰、「東方阿閦佛因成大圓鏡智。亦名金剛智也。南方寶生佛由成平等性智。亦名灌頂智也。西方阿彌陀佛由成妙觀察智。亦名蓮華智。亦名轉法輪智也。北方不空成就佛、由成成所作智。亦名羯磨智也。中方毘盧遮那佛、由成法界智。」

【五佛生五菩薩五金剛五忿怒】（雜語）五佛各出現菩薩、金剛、忿怒。此三者如其次第為法身、般若、解脫之三德、又為境智行之三軌。

大日——轉法輪菩薩、遍照金剛、不動明王

阿閦——虛空藏菩薩、如意金剛、軍荼利明王

寶生如來——普賢菩薩、薩埵金剛、孫婆明王

阿彌陀如來——觀世音菩薩、法金剛、馬頭明王

不空如來——彌勒菩薩、業金剛、金剛夜叉

【五如來色】（名數）總有四種。一大疏四所謂白壇曼荼羅之五佛。中央大日如來閻浮檀紫摩金色、寶幢如來白色如朝日。其餘華開敷佛、無量壽佛、鼓音佛之三如來共為眞金色。二大疏六所謂、毘盧遮那白、是淨法界之色。為一切諸法之本源、故為最初。寶幢如來赤、既發菩提心、於明道之中、降伏魔怨、滅除蓋障、故為第二。沙羅樹王如來（開敷華王如來）黃、成正覺時、萬華開敷。皆至金剛（金剛為地其色赤）實際、故為第三。無量壽如來青、既到金剛實際、即以加持方便普現大悲曼荼羅、猶如虛空（虛空之色青）之具含萬象、故為第四。鼓音如來（釋迦）黑、所以垂普門之迹者、以皆欲顯本本

即是如來自證之地住於大涅槃也。若捨加持神力時。則一切衆生之心量非其境界。是故其色幽玄居於最後。三大疏二十所謂由於五轉色。五佛如其次第。爲黃赤白黑青。見五色條。菩提心義六會第二與第三曰。此中初義。爲染色次第。是初心觀者之次第也。後義爲果地佛德之次第。取青具諸色之義。以青爲大日之色。四。慈氏軌等謂由五色界道之義。故爲白黃赤黑青之次第。是亦依觀行者之次第也。亦與五大色相應。慈氏軌下曰。「第三院最外白黃赤黑青之五道圖之。表五智之義。」尊勝軌下曰。「第三院外院畫五道白黃赤黑青。此表五佛頂五智之義。」

【五智眞言】（眞言）即五佛之種子。鑁（大日）吽（阿閦）怛落（寶生）紇利（彌陀）惡（不空）也。

【五智寶冠】（物名）又曰五佛寶冠。冠於金剛界大日如來之頭上者。有五峯。幖五智五佛。

【五智金剛杵】（物名）即五鈷金剛杵。

【五惡】（術語）殺生、偸盜、邪淫、妄語、飲酒。即反於五戒者。

【五惡見】（名數）一身見。見爲常有一我體。二邊見。見爲死後我體斷滅。又見爲常在。三邪見。見爲無因果之道理。四見取見。取已上之諸見而見爲究竟至極之眞理。五戒禁取見。取非理之戒禁。而見爲生天受樂之因。是即十使中之五利使也。

【五惡段】（術語）無量壽經下明五惡之一章也。

【五惡趣】（術語）又曰五趣。五道等。地獄、餓鬼、畜生、人、天、五種之境界。此中自天趣別開阿修羅。故爲六趣。對於彌陀之淨土。悉以之爲惡趣。地獄鬼畜三者。爲純惡之所趣。故名爲惡趣。人天爲善惡雜業之所趣。故亦名爲惡趣。無量壽經下曰、「必得超絕去往生安養國。橫截五惡趣。」同淨影疏下曰。「三途人天是其五趣。於此分別下三惡道名爲惡趣。人天二道名爲善趣。今此約對彌陀淨刹。娑婆五道。齊名惡趣。地獄餓鬼畜生是其純惡所向。名爲惡趣。娑婆人天雜惡所向。亦名惡趣。」

【五善】（名數）五戒也。見善惡條。

【五結】（名數）繫縛衆生使流轉於三界之妄惑。謂之結。有五種。一貪結。二恚結。三慢結。四嫉結。五慳結。出於阿毘達磨集論四。詳見結條。

【五結樂子】（天名）侍帝釋天之樂神名。來佛前彈瑠璃之琴。頌佛德。見中阿含經三十三。

【五雲】（雜語）譬五障以雲也。

【五渾】（雜語）五濁之異名。見七佛神呪經一。

【五痛】（雜語）由五惡而感五種之苦果也。見五燒條。

【五惑】（名數）與五鈍使同。

【五無間】（名數）八大地獄之第八阿鼻地獄。謂之五無間。有五種之無間故也。一趣果無間、感此獄之罪業、爲順現業或順生業、在造業與受果之間、決無隔他生者。二受苦無間、受苦無間隔者。三時無間、時無間斷也。四命無間、壽命常相續無間斷也。五形無間、地獄之廣有八萬由旬、身形亦有八萬由旬、無些少空處也。（大部補註八及十二以或引成論爲標列此五無間之義。然檢成實論唯有初一義。無後四義。後四義大乘義章七於無間業舉四義中（引於無間業下）取自後三義也。但彼合時無間與命無間之二爲一。壽命此開而爲二也。後人不察、和附之皆爲成論之說。翻譯名義集、四教儀集註、增輝記等皆然。）地藏菩薩本願經上曰「五事業感、故稱無間」一受苦無間、二身形無間、此二者與上同。三罪器無間、種種之罪器充滿而無間隔也。四衆類無間、種種之衆生同一受之而無間隔也。五時無間、與上同。

【五無量】（名數）一身、二心、三智、四虛空、五衆生也。見大日經六。相傳此五無量配於五佛。身爲寶生佛、心爲阿閦佛、智爲無量壽佛、虛空爲大日如來、衆生爲不空成就佛。

【五無間業】（名數）感無間地獄苦果之五種惡業、卽五逆罪也。見五逆條。

【五無間罪】（名數）五無間之罪業。與五無間業同。

【五無反復經】（經名）佛說五無反復經、一卷。劉宋沮渠京聲譯。王舍城之梵志來舍衞國、途見耕者之子死、而其父母及奴僕等五人不愁哭、以爲大逆而無反復之人。（無反復者無反已而放逸也）佛說理開梵志之心。

【五衍】（名數）梵云衍、此譯云乘。五衍卽一人、二天、三聲聞、四辟支、五菩薩之五乘也。肇論曰「乘五衍之安車」頭陀寺碑文曰「憑五衍之軾」

【五間色】（雜語）對於青等五正色有緣等五間色。見五色條。

【五鈍使】（術語）謂本惑十使中貪瞋痴慢疑之五使。貪瞋痴慢之四使、都爲迷執於世間事物而起之惑。其性分鈍者、故謂爲鈍使。疑使爲就四諦眞理而起之惑、以猶豫不決爲自性、其性分亦非銳者、故類從貪等四使而爲鈍使。

【五菩提】（名數）一發心菩提、爲阿耨多羅三藐三菩提而發心者。二伏心菩提、制伏煩惱而行諸波羅蜜者。三明心菩提、觀察諸法而行般若波羅蜜者。四出到菩提、於般若波羅蜜中得方便力、故得無生法忍而出三界、到一切智者。五無上菩提、坐於道場、斷煩惱之緣習、得阿耨多羅三藐三菩提者。見智度論五十三。

【五尊合行法】（修法）五大明王之修法、勤於一人之法也。

【五道】（名數）爲有情往來之所、故曰道。有五處。一地獄道、二餓鬼道、三畜生道、四人道、五天道。與五趣同。

【五道六道】（名數）五道六道、開合不同、五道加阿修羅道、則爲六道。智度論三十曰、「問曰經說有五道。云何言六道。答曰。佛去久遠。經法流傳五百年後、多有別異。部部不同。或言五道、或言六道。若說五者、於佛經迴文說五。若說六者、於佛經迴文說六。又摩訶衍中法華經說有六趣衆生。觀諸義意、應有六道。」一攝阿修羅道於五道內有二義。一唯攝於天趣。一攝於天趣鬼趣之二者。見唯識樞要下本。新譯家多用五趣。

【五道冥官】（雜名）十王經曰、六道冥官」五道六道、開合不同、冥官爲十王之眷屬。

【五道將軍】（雜名）十王之眷屬也。焰魔供次第曰、「可別供焰羅王五道將軍。卽得削死籍付生籍」

【五道受生經】（經名）法苑珠林八十六所引。今藏經中無之。

【五道轉輪王】（鬼類）十王之一。冥途亡人第三年、應府之官王也。其本地爲阿彌陀如來、卽領二官衆獄司、治衆生愚痴煩惱之冥官。地藏菩薩發心因緣十王經所謂「五道轉輪王廳阿彌陀佛爾時天尊說是偈言、後三所歷是關津、好惡唯憑福業因、不善尙憂千日內、胎生產死夭亡身、邪見放逸過、愚痴無智罪、猶如車輪迴、常在三途獄。」是也。

【五道轉輪經】（經名）罪福報應經之異名。

【五葉】（名數）傳燈錄達磨章、舉達磨傳法之偈曰、「吾本來玆土、傳法救迷情。一華開五葉、結果自然成。」是禪家分五家之讖語也。

【五意】（名數）一業識、二轉識、三現識、四智識、五相續識。此五識自細至麤、依止次第而生、故稱爲意。意有能生與依止之義。見起信論。

【五過】（名數）五種之過失有種種。

【破戒五過】（名數）一害自身、二爲智者所呵。三惡名流布。四臨終後悔。五死而墮於惡道。見四分律五十九、三藏法數二十三。

【依語五過】（名數）對於正致不得正解、則生五過。一不正信、二退勇猛。三誑人。四謗法。五輕聖法。見成實論歸敬儀通眞記中。

【五禁】（術語）謂五戒也。寄歸傳一曰、「若泛爲俗侶、但略言其五禁。局提法衆、遂廣彰於七篇」

【五滓】（雜語）與五濁同。行事鈔資持記上一之三曰、「滓、沮史反。濁也」

【五葬】（名數）謂土葬、火葬、水葬、野葬、林葬也。見葬法條。

【五葷】（名數）又曰五辛。名義集三曰「蒼頡篇葷辛菜也。凡物辛臭者皆曰葷。」見五辛條。

【五業】（名數）五種之業也。有四種。（一）順現法受業、順次生受業、順後次受業、時分不定異熟定業、時分不定異熟不定業也。大毘婆沙論第一百十四曰、「復有餘師。說五種業。謂順現法受業、順次生受業、順後次受業。各唯一種。順不定受業中。復有二種。一異熟決定。二異熟不決定。」即是。又出俱舍論第十五。順正理論第四十等。（二）取受業、作用業、加行業、轉變業、證得業也。大乘阿毘達磨雜集論第七曰「取受業者。謂眼等能見色等。作用業者。謂地等能任持等。或復諸法自相所作。謂所有色。質礙變壞。如是等。加行業者。謂意解爲先。起身業等。轉變業者。謂金師等造莊嚴具等。證得業者。謂證得聖道等涅槃等。」即是。又出大乘阿毘達磨集論第四等。（三）救濟災橫之業、救濟惡道之業、救濟行非方便之業、救濟行身見之業、救濟乘之業也。梁譯釋大乘論卷十曰、「復次、諸佛法界恒時應見有五業。一救濟災橫爲業。由唯現盲聾狂等疾惱災橫能滅除故。二救濟惡道爲業。從惡處引拔安立於善處故。三救濟行非方便爲業。諸外道等加行非方便。降伏安立於佛正敎故。四救濟行身見爲業。爲過度三界能顯導聖道方便故。五救濟乘爲業。諸菩薩欲偏行別乘未定根性聲聞。能安立彼爲修行大乘故。」即是。與往生論三種隨便善提門之法。似開合不同。又出梁譯攝大乘論釋第十五等。（四）身業、口業、意業、智業、方便智業也。天親之往生論曰、「如向所說身業、口業、意業、智業、方便智業、隨順之法門故。」往生論註卷下釋之、謂身業爲禮拜。口業爲讚嘆。意業爲作願。智業爲觀察。方便智業爲迴向。此五種之業和合。則是隨順往生淨土之法門、自在之業成就。又出往生論註記第五等。

【五鈷鈴】（物名）鈴之把柄爲五鈷之形者。密敎之修法爲驚覺諸尊而振之。

【五鈷金剛杵】（物名）又作五智金剛杵、五峯金剛杵、五峯光明。略之五鈷金剛、又云五鈷。鈷者支之義。又作股或胋。即有五個支之金剛杵也。原爲堅手天手所執之武器、眞言家以之與三鈷、獨鈷、共爲行者修法之道具、而常用之。爲顯永斷所謂難斷之惑之金剛智德者、表五佛五智。中鈷表佛之實智、彎曲於內部之四鈷表權智。大日經疏第五曰「所持密印卽是五鈷金剛。五如來智皆兼權實二用」又金頂經疏第三曰「謂普賢菩薩具足智力能轉法輪。是故如來以五智印而授與之此五智印具足五相謂五鈷也」參照五股條。

【五略十廣】（名數）摩訶止觀一部之正說廣立十科謂爲十廣其第一大意中、更有五種分科謂爲五略。摩訶止觀第一上所謂「今當開章爲十。一大意二釋名三體相四攝法五偏圓六方便七正觀八果報九起敎十旨歸。」又所謂「初釋大意囊括始終冠戴初後意緩難見今撮爲五謂發大心、修大行感大果裂大網歸大處」是也。發大心者修止觀先須發大菩提心乃明四弘誓願。修大行者示十廣第七正觀之大意明四種三昧。感大果者卽修觀之結果示十廣之第八果報明從觀行經相似而至於分眞卽之位、則應同百佛世界而八相作佛。裂大網者既感大果終則趣於化他說五時八敎、明裂破邪見大網之大用。歸大處者既說敎破網化他之能事終則卽歸於三德秘藏之大涅槃云。其中發大心之一示十廣中前六章之大意、餘四者示後四章之大意。要之五略卽十廣之大意其要與法華玄義之十妙相同。十廣中釋名者釋止觀之名體相者明止與觀非別體爲同一法性之寂照二用攝法者明止觀二法中攝入恒沙無量之萬法偏圓者明爾前四時三敎之止觀皆偏今敎之止觀獨圓妙方便者爲觀前之加行方便卽廣明二十五方便正觀者明正修止觀之相、示十境一一可各修十乘觀法之旨。但此章至半以智者大師歸寂摩訶止觀中因缺果報以下之三章。又見止觀輔行傳弘決等。

【五番相對】（名數）淨土宗判正行與雜行之得失者。選擇本願念佛集卷上所謂「正雜二行、有五番相對、一親疏對、二近遠對、三有間無間對、四不回向回向對、五純雜對」是也。親疏對者修正行者其行體緊在彌陀、與彼佛甚親昵彼此三業互不捨離、故名爲親修雜行者其行體不緊於彌陀彼此三業互相捨離其關係疎漫故名爲疎。近遠對者、修正行者願見彌陀佛卽應念現在目前、與彼佛甚隣近故名爲近修雜行者、不願見佛佛不現目前其關係隔遠故名爲遠。無間有間對者、修正行者常憶念彌陀而無間斷、故名無間修雜行者、憶念不相續故名有間。不回向回向者、修正行者、從不別用回向、而以名號之行體有願行具足之義、自然爲往生之業故名不回向修雜行者、必用回向之時爲往生之因若不用回向則不爲往生之因、故名回向。純雜對者、正行純爲極樂之行故名爲純雜行行體種種雜多果報亦汎通於人天三乘及十方淨土等故名爲雜。

【五會念佛】（儀式）唐法照法師所創。以無量壽經上有「清風時發出五音聲。微妙宮商自然相和」之文故分念佛之調音為五番。第一會平聲緩念。第二會平上聲緩念。第三會非緩非急念。第四會漸急念。第五會四字轉急念。（四字為阿彌陀佛他皆六字名號。）每一會重數百徧以五會為一周見五會法事讚。

【五會法師】（人名）唐法照為善導之後身、創五會念佛、故稱為五會法師唐代宗大歷七年寂出於佛祖統紀二十六。

【五會法事讚】（書名）具名淨土五會念佛略法事儀讚、一卷唐法照著說五會念佛之作法、揭讚文。

【五義平等】（術語）心王與心所相對、有彼此平等之義五種故名相應法見相應法條。

【五義分通】（名數）南山之四分律宗所言。四分律之本位、雖為小乘、然與其餘之薩婆多律等異有一分通於大乘者。求其義於本律凡有五處。以此五處之義知分通大乘、謂之五義分通。一沓婆厭無學、四分律三明十三僧殘之無根謗戒其中有阿羅漢名沓婆摩羅子。在靜處思惟、此身無常生滅而不堅固我今當以如何之方便、求牢固之法今欲以我力供養於僧為僧作力役。是厭無常生滅之三乘身、求菩薩之法、迴心於大乘修利他之行也。二施生成佛道四分僧戒本有回向文、其語曰「我今說戒經所說諸功德。施一切衆生。皆共成佛道。」皆共成佛豈是小乘。三相召為佛子、四分律一有序序中有「如是諸佛子」「佛子亦如是」等語。蓋梵網經所說大乘戒中雖呼僧衆為佛子、而小乘戒中常稱為比丘然則今以佛子之稱呼、召其意在於大乘之佛道可知也。四捨財用非重、此於懺悔捨墮罪時先向僧衆捨出其所犯之財體、（卽如贓物者。）而後行懺悔之法、僧衆一旦沒收其財物懺悔告竣後、更以之還於本人也。然於本宗雖不還之於本人而於僧中用之、亦惟結突吉羅之輕罪、不成偷盜之重罪、是因為懺悔之人既誠心捨出、則彼之財物、非彼之所有也。是為以意業為主之大乘義。五塵境非根境、謂色聲等之塵境、為眼識等之所識知、而非眼根等之所曉了也。四分律十一釋小妄語戒中有曰、「眼識能見耳識能聞鼻舌身識能觸意識能知。」此於小乘有部之宗義、有根見識見之爭、以根見為正義今云眼識能見等者。為識見之義、卽大乘之意也。以上來五義為分通大乘之證。出於業疏三下、濟緣記三下、資持記上三之一。

【五遍行】（名數）周遍於一切心王心所而相應之五種心所也。一作意、二觸、三受、四想。五思。成唯識論第三曰、「此識與幾心所相應。常與觸、作意、受、想、思相應。阿賴耶識無始時來、乃至未轉、於一切位、恒與此五心所相應。以是遍行心所攝故。」又第五曰、「復以四一切辨五差別。謂一切性及地時俱。五中遍行具四一切。」卽是此中具四一切者、此作意等五心所、遍於善等三性而起、故云一切性。遍於三界九地或有尋等三地而起、故云一切地。一切有心皆有、或自無始不斷、或緣一切之境、故云一切時。定俱生、故云一切俱。此五心所外無一具如是四一切者。故唯立此五者而名爲遍行。但薩婆多部合此五者及五別境(欲、慧、念、勝解、三摩地)、立十心所而名爲大地法。又出於瑜伽師地論第三等。

【五解脫輪】(術語)金剛界五智如來所住之五大月輪也。五大月輪是淸淨之菩提心、能解脫煩惱、故名。又能解脫五趣輪迴之纏縛、而成爲圓明無礙之月輪。故名。図五輪塔婆之異名。見五輪塔婆條。

【五種行】(名數)法華經所說五種法師之行。見五種法師條。図觀經散善義所說五種之正行。見五正行條。

【五種印】(印相)肉眼等五眼各別之印也。見天台史略下。

【五種性】(名數)於六種性中除妙覺性者。以種爲因之義、而明因位、中除果位。見六種性條。

【五種鈴】(名數)鈴有五鈷鈴、寶鈴、一鈷鈴、三鈷鈴、塔鈴五種之別。又總名之曰金剛鈴。仁王經法等大法修行壇場所用之密具也。行者於東方前列之金剛盤上、以五鈷鈴置東方、寶鈴置南方、一鈷鈴置西方、三鈷鈴置北方、塔鈴置中央爲法。日本僧宗叡入唐、請歸此法。遂盛行於日本密家。五鈷等名、皆取於其柄形也。

【五種果】(名數)異熟等之五果。見五果條。

【五種通】(名數)五種之通力。身口意三業通用無礙、變化自在、謂之通力。一道通、以證悟中道實相之理而得之、如菩薩之通力無礙者。二神通、神爲心神、凝心修定所得、如羅漢之通力自在者。三依通、依憑藥餌符呪等所得、如神仙之靈變自在者。四報通、亦名業通、以果報而自得之、如諸天之變化、神龍之隱變者。五妖通、惟妖怪使然、如老狸古木之精爲奇變者。見宗鏡錄十五。

【五種般】(名數)又曰五種不還、五種那含。見不還條。

【五種禪】(名數)四念處爲所觀。觀練薰修四者爲能觀。能所合而爲五種。見禪

【五種魔】(名數)新譯曰五蘊魔。舊譯曰五陰魔、或五衆魔。

【五種樂】(名數)見樂條。

【五種藏】(名數)佛性論二謂眞性有五藏之義。一如來藏、自性是藏之義、以一切諸法不出如來之自性故。二正法藏、因是藏之義、以一切聖人四念處等之正法皆取此性爲境故。三法身藏、至得是藏之義、以一切聖人信樂此佛性、故使聖人得法身之果德故。四出世藏、眞實是藏之義、以此佛性離世間法一切之過失而眞實不壞故。五自性清淨藏、秘密是藏之義、若一切法隨順此佛性、則名爲內、是正而非邪、卽爲清淨、若諸法違逆此理、則名爲外、是邪而非正、名爲染濁故。因勝鬘經列五藏。一如來藏、二法界藏、三法身藏、四出世間上上藏、五自性清淨藏。此中所謂法界藏者、論之正法藏也。法界爲生正法之因、故名法界藏、亦名正法藏。故佛性論中引今之勝鬘經曰「故勝鬘經言世尊、佛性者是如來藏、是正法藏、是法身藏、是出世藏、是自性清淨藏。由說此五藏義故、如意功德而得顯現。」已上五藏之義、梁之攝論釋說之、華嚴演義鈔十三引之、與法界之五義相同。見法界條。

【五種一乘】(名數)別教一乘、同教一乘、絕想一乘、佛性平等一乘、密意一乘之稱。出於五教章。

【五種三昧】(名數)大日所說之五位三昧也。見五位三昧條。

【五種三諦】(術語)言空假中之三諦有五種也。別接通、圓接通、別教、圓接別、圓教、各有三諦。

【五種三乘】(名數)始別終同三乘(小乘)始終俱別三乘(始教)始終俱同三乘(終教)始終俱離三乘(頓教)始終俱同三乘(圓教)之稱。

【五種三歸】(名數)三歸戒有五種、見三歸條。

【五種不女】(名數)五種不男之外、有五種不女。一螺、二筋、三鼓、四角、五脈。見大藏法數三十二。

【五種不男】(名數)不成完全之男性者有五人。有新舊兩解。舊譯家之解、一生不男、生來男根不發育者。二犍不男、以刀去男根者。如閹豎。玄應音義十四曰「犍又作揵劇二形、同居言切、字書犍犗也、通俗文以刀去陰曰犍」三妬不男、因見他之婬、方有妬心而根勃發者。四變不男、根能變現、遇男則女根起、遇女則男根起者。五半不男、半月爲男根之用、而半月不爲者。

梵名義　名義大集一二七

扇搋　Saṇḍha

留拏　Ruṇa(rugṇa)paṇḍaka

伊梨沙掌拏　Īrṣyāpaṇḍaka

半擇迦　Paṇḍaka

博乂　Pakṣapaṇḍaka

譯名	文句八下	解釋	行事鈔上三

生——生黃門

犍——犍作者

妬——因見他婬起

變——忽然變作

半——半月能男

表中半擇迦依上解則如Ubhayavyañjaka（二根者）。四分律三十五曰、「佛言黃門於我法中無所增益。不得與出家受具足戒。若已出家受具足戒、應滅擯。是中黃門者生黃門。犍黃門。妬黃門。變黃門。半黃門。」新譯家又有二解。其一以無根爲扇搋。有根而不具爲半擇迦。前之扇搋分本性與損壞之二種、後之半擇迦分嫉妬、半月、灌灑之三種。以爲五種。

扇搋 Saṇḍha
- 本性扇搋 Jātipaṇḍaka—（卽生不男）
- 損壞扇搋 Āpatpaṇḍaka—（卽犍不男）

半擇迦 Paṇḍaka
- 嫉妬 Īrṣyāpaṇḍaka—（卽妬不男）
- 半月 Pakṣapaṇḍaka—（卽半不男）
- 灌灑 Āsaktaprādurbhāvīpaṇḍaka（舊解無之）

灌灑者、澡浴等灌灑之時、男勢方起也。其二五種之不男、通名爲半擇迦、扇搋唯限于無根。故對法論八曰、「半擇迦有五種。謂生便半擇迦。嫉妬半擇迦。半月半擇迦。灌灑半擇迦。除去半擇迦。」慈恩據此。法華玄贊九曰、「五種不男者、謂生便、除去、嫉妬、半月、灌灑」

半擇迦
- 生便——本性扇搋 ⎫ 扇搋
- 除去——損壞扇搋 ⎭
- 嫉妬
- 半月
- 灌灑

生便者、生便無根者也。出于倶舍光記三。

【五種不退】（名數）一信等之五不退。二淨土之五不退。見不退條。

【五種不淨】（名數）見不淨觀條。

【五種不還】（名數）又曰五種那含、五種般。見不還條。

【五種不隨】（名數）三類境中之性類有五種不隨之義。一性不隨、二種不隨、三界繫不隨、四三科不隨、五異熟不隨。

【五種不翻】（名數）唐玄奘立五種不翻之規。一秘密之、故不翻、如陀羅尼者。二含多義、故不翻、如薄伽梵之語具六義者。三此方所無、故不翻、如閻浮樹者。四順於古例、故不翻、如阿耨菩提者。是非不可翻、以摩騰以來常存梵音故也。五爲生善、故不翻、如般若者。謂般若二字、聞之者生信念、以如譯爲智慧、則生輕淺之意故也。見名義集序。

【五種正食】（名數）見半者蒲膳尼條。

【五種正行】（名數）見五正行條。

【五種法身】（名數）小乘所立之五分法身、更有大乘所立三類之五種。見五分法身、及法身條。

【五種法師】（名數）法華經法師品所說。一受持法師、憶持而不忘者。二讀經法師、正心端坐目視經口宣句讀者。三誦經法師、習讀既熟、不對文自然能誦者。四解說法師、解說文句而授人者。五書寫法師、書寫經文而廣流布於世者。經曰「若復有人受持讀誦解說書寫妙法華經乃至一偈於此經卷敬視如佛種種供養華香（中略）合掌恭敬。藥王當知是諸人等已曾供養十萬億佛。於諸佛所成就大願愍衆生故生於此人間。」文句八上曰、「此品五種法師。一受持。二讀。三誦。四解說。五書寫。法者規則也。師訓匠也。法雖可規體不自弘通之在人。五種通經皆得稱師。」

【五種比量】（名數）五種之推理法也。一相比量、就所見而推理其他也。顯揚聖教論十一曰「隨其所有相貌相屬或由現在及先所見推度境界。如以見幢故比知有車。以見烟故比知有火。」二體比量、如由甲之體性而推乙、由一部之體而推理全部也。同上曰、「由現見彼自體性故比類彼物不現見體。或現見一分自體比類餘分。如以現在比類去來。」三業比量、由業作而推理業作者也。同上曰、「以作用比業所依。如（中略）見跡步寬長比知是象。身曳地行比知是蛇。」四法比量、由一部之事而推理他之眞理也。同上曰、「於一切相屬著法以一比餘。如屬無常比知有苦。以屬苦故比空無我。以屬生故比有老法云云。」五因果比量、見因而推理其果、見果而推度其因也。同上曰、「因果相比。如見物行比有所至。見有所至比先有行云云。」

【五種色法】（名數）對法論說法處之中有五種之色法者。見法處所攝色條。

【五種般若】（名數）見般若條。

【五種淨肉】（名數）見食條。

【五種淨食】（名數）諸食物依五事而清淨、適於比丘之食、謂之淨食。淨者離過之義。如淨命淨肉。一火淨、謂食物之宜燒煮者、如法燒煮之熟方食之也。二刀淨、謂果物之宜以刀去其皮核者、如法去之方食也。三爪淨、謂果物之宜以爪去其皮殼者、如法去之方食也。四蔫乾淨、謂果物之蔫乾失生氣、不堪更爲種者方取食之也。五鳥啄淨、謂取鳥之啄殘者而食之也。已上五種、依火乃至鳥啄而爲淨食、故謂之火淨食乃至鳥啄淨食。見毘奈耶雜事三十六。四分律有十種之淨法、前五種與上同。一火淨二刀淨三瘡淨（卽爪淨）四鳥啄破淨五不中種淨（卽蔫乾淨）。見行事鈔下二。

【五種供養】（名數）見供養條。

【五種與願金剛使】（名數）　見五使者條。

【五種無明】（名數）　見無明條。

【五種菩提】（名數）　見菩提條。

【五種結界】（名數）　結界之地形有五相。見結界條中結界五相。

【五種唯識】（名數）　法相宗之慈恩、於義林章一末唯識章中以五種六門該攝一切諸經論之唯識。一境唯識、如阿毘達磨經說一處四見之喻、就境而明唯識之義者。二教唯識、華嚴深密等諸經中說唯識之義者。三理唯識、經論之中成就唯識之道理者。四行唯識、經論之中明唯識之觀法者。五果唯識、經論之中明佛果之妙境界者。此中教唯識爲總體之能詮、而他四唯識則所詮之別義也。唯識章曰、「然總循詳諸教所說一切唯識不過五種。（中略）此中所說五種唯識總攝一切唯識皆盡。」

【五種悉地】（名數）　見悉地條。

【五種衲衣】（名數）　無用之布縫綴之五種僧衣。有施主衣、無施主衣、往還衣、死人衣、糞掃衣也。」

【五種邪命】（名數）　見五邪命條。

【五種那含】（名數）　又曰五種不還、五種般那含者阿那含之略、譯言不還。般者般涅槃之略、入涅槃之義也。見不還條。

【五種惡病】（名數）　佛在世時毘耶離城有五種之惡病流行。一自眼出血、二自耳出膿、三自鼻流血、四舌噤無聲、五所食之物變爲麤澁。見請觀音經輔行二之二。

【五種散亂】（名數）　衆生之心有五種散亂。一自然散亂、五識不守自性、隨逐外境念念變遷也。二外散亂、意根馳動、隨逐外塵起種種之分別也。三內散亂、心生高下、念念遷流而不定也。四麤重散亂、計我我所等麤重之法、而不得解脫也。五思惟散亂、棄捨大乘、憶念小乘、而不得寂靜也。

【五種佛性】（名數）　見佛性條。

【五種念誦】（名數）　見念誦條。

【五種通經】（術語）　以受持、讀誦、解說、書寫之五法而弘通經典。法華經所說五種法師之行是也。文句八上曰、「五種通經皆得稱師」。見五種法師條。

【五種修法】（名數）　修法有五種之別也。一扇底迦、譯言息災、或寂災。二布瑟徵迦、譯言增益、增榮、或增長。三阿毘遮嚕迦、譯言調伏、或降伏。四阿羯沙尼、譯言鉤召、攝召、或招召。五伐施迦囉拏、譯言敬愛、愛敬、或慶愛。說詳金剛頂瑜伽護摩儀軌、參照護摩及悉地條。

【五種護摩】（名數）　詳見護摩條。

【五種說人】（名數）　佛法有五種能說之人也。(一)佛、佛弟子、仙人、諸天、化人也。大智度論第二所謂「佛法有五種人說。一佛自口說、二佛弟子說、三仙人說、四諸天說、五化人說」是也。淨影無量壽經義疏卷上所謂「起說不同凡有五種、如龍樹說、一佛自說、二聖賢說、三諸天說、四神仙等說、五變化人說」者、其序次雖殊、而意則同也。又出於觀經疏等。(二)佛菩薩聲聞衆生器界也。華嚴經疏第一所謂「今此能說通三世間、開卽爲五、謂佛、菩薩、聲聞、衆生、及器」是也。華嚴經中如阿僧祇品隨好品者、佛說也。餘會多菩薩說。入法界品之初有聲聞說。諸善友等多菩薩說、亦名衆生說、菩提樹等卽器界說。又舊華嚴經普賢菩薩行品說佛說、菩薩說、刹說、衆生說、三世一切說之五種。蓋此等能說人之用法必非一、或用音聲、或用光明、或用妙色等、以開悟衆生也。

【五種嘉譽】(名數)嘉譽念佛者之稱呼有五種之別也。觀經散善義第四所謂「若念佛者、卽是人中好人、人中妙好人、人中上上人、人中希有人、人中最勝人」是也。

【五種聲聞】(名數)見聲聞條。

【五種問難】(名數)問有五種之原因、不解故問、疑惑故問、試驗故問、輕觸故問、利樂有情故問也。見瑜伽釋論。

【五種壇法】(名數)謂五種悉地。見悉地條。

【五種雜行】(名數)唐善導、就淨土之行而分正行雜行、各立五種。五種雜行卽非五正行(參照五正行)者。見二行條。

【五種三昧道】(名數)眞言門之五種三昧也。詳敎時問答二。

【五種三昧耶】(名數)見三昧耶條。

【五種不應施】(名數)不應施與於人者有五種、一以非理之財物、二酒及毒藥、三罝羅機網、四刀杖弓箭、五音樂女色。見法苑珠林八十一。

【五種阿那含】(名數)與五種不還同。見不還條。

【五種阿闍梨】(名數)見阿闍梨條。

【五種陀羅尼】(名數)見陀羅尼條。

【五種輕重事】(書名)律書名。目連問戒律中五種輕重事之異名。

【五種不可思議】(名數)見不可思議條。

【五種善根發相】(名數)一息道善根發相、數息觀成、入定時、自心安悅、而發善根也。二不淨觀善根發相、定中起不淨觀、捨愛著之所而發善根也。三慈心善根發相、於定中起慈悲心、入深定、起淸淨之善根也。四因緣觀善根發相、於定中起正見、離斷常之邪見、得法喜而起善根也。五念佛善根發相、於定中念諸佛之功德相好等、發淸淨善根也。見坐禪法要。

【五種言說】(名數)一相言說、執着色等諸相而生之言說也。二夢言說、依夢中所現境界而生之言說也。三妄執言說、以念舊所聞、舊所作、而生之言說也。四無始言說、無始以來、執着戲論、依種子薰習而生之言說也。五如義言說、如義而生詮旨無殊之言說也。此中前四言說以虛妄說之故、不能談眞、後一言說爲實說故、得談眞理。馬鳴菩薩據前四種故指眞如謂爲離言說相也、見釋摩訶衍論二。

【五種增上緣】（名數）又名五增上緣、亦曰五緣。卽念佛者現當二世所應蒙之增上緣有五種之別。觀念法門所謂「現生及捨報決定有大功德利益、準依佛教、明五種增上利益因緣、一者滅罪增上緣、二者護念得長命增上緣、三者見佛增上緣、四者攝生增上緣、五者證生增上緣」是也。滅罪增上緣、又名現生滅罪增上緣、由佛爲增上緣消除一切業障也。護念得長命增上緣、又名護念增上緣、現生護念增上緣、彌陀觀音勢至等隨逐影護也。見佛增上緣、又名見佛三昧增上緣、得彌陀之三念願力加於外而見佛也。攝生增上緣者、彌陀之願力、能攝衆生使得往生也。證生增上緣者、保證滅後之凡夫、乘佛願力、定得往生也。前三者爲現益、後二者爲當益。

【五障】（術語）女人之身具五種之障礙也。又云五礙。法華經提婆品曰、「又女人身。猶有五障。一者不得作梵天王。二者帝釋。三者魔王。四者轉輪聖王。五者佛身。」又見中阿含經二十八、智度論九。冈欺爲信障、怠爲進障、嗔爲念障、恨爲定障、怨爲慧障。見法華經。冈（名數）修道有五障。一煩惱障、根本之煩惱、障蓋淨心、妨害道機、而不使入於佛法。二業障、過去之重罪、乃至誹謗正法也。以先業之障未除、而有種種之難、不得入於佛法。三生障、若得無難之生處、則必悟道、然先業乘之、而受無暇之身爲趣生障、不得入於佛法。四法障、已生無障之處、又有悟道之機、以先世障法等緣故、不逢善友、不得聞正法。五所知障、已逢知識、得聞正法、而有種種之因緣、兩不和合、妨修般若。見大日經疏。

【五障三從】（術語）五障與三從也。五障如上出。勝鬘經寶窟曰、「五礙三監。」智度論曰、「一切女身無所繫屬、則受惡名。女人之體、幼則從父母、少則從夫、老則從子。」

【五塵】（術語）色聲香味觸之五境也。此五者、能染汚眞性、故名塵。止觀四上曰、「死事弗奢。那得不怖。怖心起時、如履湯火。五塵六欲、不暇貪染。」

【五慳】（名數）五種之慳吝也。一住處慳、我獨住此處、不容餘人。二家慳、我獨入此家、不容餘人。三施慳、我獨受此布施、不使餘人受之。四餘讚慳、我獨受此稱讚、不使餘人受之。五法慳、我獨知此經之深義、不使餘人知之。見成實論十二。

【五蓋】（名數）蓋卽蓋覆之義。有五法、能蓋覆心性而不生善法也。一貪欲蓋、執着五欲之境以蓋心性者。二瞋恚蓋、於違情之境懷忿怒以蓋心性者。三睡眠蓋、心昏身重而不爲其用以蓋心性者。四掉悔蓋、心之躁動謂之掉、於所作之事而心憂惱謂之悔、以蓋心性者。五疑法、於法猶豫而無決斷以蓋心性者。法界次第上之上曰、「通名蓋者。蓋以覆蓋爲義能覆蓋行者清淨心善不得開發故名爲蓋」又詳智度論十七大乘義章五本三藏法數二十四。

【五境】（名數）色聲香味觸之五法、是爲眼等五根所緣之境界、故云五境。

【五夢】（傳說）如來涅槃之夜、阿闍世王感五種之惡夢。一月落而日自地出、二星隕如雨、三烟氣自地出、四七彗星現天上、五天上有大火聚遍覆虛空而墜於地。見後分涅槃經下。俱舍頌疏界品二曰、「五夢不祥。雙林現滅。」

【五夢經】（經名）法苑珠林十所引、大藏經中不載。

【五誓】（術語）宗密所立五大願之異名。

【五說】（雜語）佛等五人之說法也。見五人說經條。

【五臺山】（地名）四大名山之一。清一統志一百十四曰、「五臺山在五臺縣東北一百八十里、西北距繁峙縣一百三十里。水經注、山五巒巍然、故謂之五臺。其中南臺去中臺八十里。臺高三十里。頂周二里。金蓮日菊、佛鉢華燦發如錦。亦名錦繡峯、世傳文殊菩薩示現之處。」華嚴經疏曰、「清涼山者、卽代州雁門五臺山也。」賢首華嚴傳一曰、「案此經（華嚴經）菩薩住處品云、東北有菩薩住處、名清涼山、現有菩薩名文殊師利、與二萬菩薩常住說法。故今此山下有清涼府、山南面小峯有清涼寺、一名五臺山。五山最高、其上並不生森林、以與積土同、故謂之臺。山周迴四百餘里、東連恒岳、中臺上有大華池、湛然清徹、間有徵感。又有精屋石塔。北臺上有鐵浮圖二、並舍利及文殊形像。（中略）昔北齊日大敞玄門、於此山中置伽藍二百餘所、又劃恒定等八州稅、以供山衆衣藥之資。（中略）山去京一千六百里、代州界也。地居邊境、寒烈特甚、故四月已前、七月已後、堅氷積雪、暠皓彌布、非盛夏之日登踐無由。」蔣維喬中國名勝第十三種五臺山弁言曰、「五臺山在山西五臺縣東北一百二十里、亦名清涼山。相傳爲文殊菩薩道場。五峯環抱、頂無林木、有如壘土之臺、故名。夏時飛雪、曾無炎暑、故曰清涼。山左鄰恒嶽、右瞰滹沱、週五百餘里、狀如蓮華。東南西北四臺皆自中臺發脈、羣峯聯屬、勢若游龍。叢林大剎、皆在中臺之下。僧侶分爲青衣僧黃衣僧、青衣僧即尋常之僧人。皆著青衣、黃衣僧則喇嘛也。各有著名十大寺、如顯通、塔院、圓照、廣宗、殊像、碧山、南山、鳳林、金閣、靈境等寺、青衣所住持也。菩薩頂、玉花池、金剛窟、鎮海、羅睺、普安、三泉、七佛、壽寧、臺麓等寺、喇嘛所住寺也。喇嘛中有扎薩克、居菩薩頂眞容院、由西藏達賴喇嘛派來、六年一任、約束衆喇嘛、職位頗尊。青衣僧則由各寺公舉會長、處理公共之事。蒙古王公每歲朝山、布施甚多。開紀元後、以關外道途不靜、來者較少。然香火猶盛。內地僧俗二衆、夏時朝山者、亦繹絡於途」

【五精舍】（名數）見精舍條。

【五綴鉢】（物名）補綴五處缺損之鐵鉢也。戒律之制、過五綴則不許用之。又不至五綴則不許更新。四分律九曰、「若比丘鉢破減五綴不漏、更求新鉢、尼薩耆波逸提。若滿五綴不漏、更求新鉢者、突吉羅」

【五綵幡】（物名）以五色綵畫之旗也。行事鈔下四曰、「其堂中置一立像金薄塗之。面向西方。其像右手舉。左手中繫一綵幡。脚垂曳地。當安病者在像之後。左手執幡脚。作從佛往淨刹之意」

【五福德經】（經名）賢者五福德經之略名。

【五調子】（名數）見五音條。

【五輪】（術語）五體之異名。兩臂兩膝及頭之五處皆圓。故云五輪。此五輪著地作禮、爲禮之至極。見五體條。又世界之成立爲五輪。依俱舍等之說。則最下爲虛空輪、其上爲風輪、其上爲水輪、其上爲金剛輪。（即金剛際地輪也）此上載九山八海。即於五大中除火大之一、而爲四輪所成。輪者以此四層各爲周圓之形故也。又密敎之通稱、地水火風空之五大爲五輪。此五大法性之德具足圓滿、故云輪。世界爲此五輪所成。大日經疏十四曰、「一切世界皆是五輪之所依持。世界成時。先從空中而起風。風上起火。火上起水。水上起地。即是曼荼羅安立次第」見五大條。又金剛界之五解脫輪也。又佛之五指也。楞嚴經一曰「我實觀五輪指端」

【五輪字】（術語）𑖀等之五字也。大疏八曰「次五輪字持身」。見五輪觀條。

【五輪際】（術語）謂最下之虛空輪也。瓔珞本業經上曰、「下至五輪際」。

【五輪觀】（術語）地水火風空名五輪、其種子即𑖀𑖪𑖨𑖮𑖏之五字也。其形方、圓三角半月團形。其色黃白赤黑青也。各圓滿而具衆德。故名爲輪。五輪即五智。觀之而其觀成就。則自身即爲五智如來也。又修法之時。欲吾身成爲金剛輪。以此五字配於身中五處、而加持吾身。謂之五字嚴身觀。其法如其次第觀於自身之腰下、臍輪、心上、額頂上五處也。大日經疏十四曰、「凡阿闍梨欲建立大悲胎藏建立弟子時。當先住於瑜伽而觀自身從臍已下當作金剛輪其色黃而堅。從臍以上至心當作水輪其色白。次從心以上至咽當作火輪其色赤。次從咽以上至頂當作風輪。其色黑。復次地輪正方水輪圓。火輪三角風輪半月形最上虛空作一點。具種種色。在頂十字縫上置也。是此輪形正與身分相稱也。此五位者卽是前所說五字。方中置阿字圓中置嚩字三角中置囉字。半月中置唅字。點中置欠字。」大日經義釋八曰、「凡行者欲修觀時先當住瑜伽座以阿嚩囉賀佉五字加持自體」。大日經義釋十一出五輪成身之圖。因於地水火風空之五大。而得自在之禪定名日本黑谷語燈錄曰、「大安寺有勝行上人者修五輪觀成就之人。居常每日入環堵中數刻而出。一日出遲。徒弟竊覗偷眼。不見上人唯見牀上水之澄清。試以投石有聲。弟子怪之。上人出定之後。自覺胸間有物楚痛難忍。召其徒曰。汝等見定相有何事乎。徒報以實。上人曰。汝待我更入定。爲取之去。上人翌日入定。徒復竊見牀上有火。光焰熾然。乃探石取去。上人起定無後痛苦。」參照五字嚴身條。

【五輪六大】（名數）五輪者五大之異名。五大加識大爲六大。

【五輪成身】（術語）以五輪觀而成吾身爲大日如來也。見五輪觀條。

【五輪塔婆】（堂塔）見五輪率都婆條。

【五輪三摩地】（術語）觀地等五輪之三摩地也。尊勝軌明二種、一正報觀、一器界觀。正報觀如𑖏𑖮𑖨𑖪𑖀之次第、𑖏者頂上、𑖮者眉上、𑖨者心上、𑖪者臍上、𑖀者腰下也。依報觀反之、最下者𑖏、次上者𑖮、次上者𑖨、次上者𑖪、次上者𑖀也。

【五輪率都婆】（堂塔）單云五輪、密教所立之率都婆也。顯教之率都婆、爲高顯佛德或安置佛舍利而立者。密教不然、以是爲大日如來之三昧耶形、而建立於墳墓之上也。其形與五輪成身同。見五輪觀條。

【五論】（名數）無着菩薩承彌勒菩薩之旨所著之五部大乘論也。見五部大論條。

【五論十支】（名數）無着菩薩之五部本論及世親菩薩之十部末論。皆顯法相瑜伽之理者、見五分十支條。

【五趣】（名數）又曰五惡趣、五道等。一地獄、二餓鬼、三畜生、四人、五天。文句十二曰、「從一至一。故名爲趣。」無量壽經曰、「開示五趣。度未度者。」

【五趣生死輪】（圖像）寺院門頰所畫輪廻五趣之生死狀也。有部毘奈耶三十四曰、「佛在王舍城羯蘭鐸迦池竹園中。（中略）當爾之時四衆雲集。來聽法要。人衆喧囂。世尊知而故問具壽阿難陀曰。何故大目乾連處四衆雲集。時阿難陀白佛言。世尊。具壽大目乾連遊行五趣見諸苦惱。於四衆中具說其事。由此諸人爲聽法故皆來集會。爾時世尊告阿難陀。非一切時處常有大目乾連。如是之輩頗亦難得。是故我今勅諸苾芻。於寺門屋下畫生死輪。時諸苾芻不知畫法。世尊告曰。應隨大小圓作輪形。處中安轂。次安五輻表五趣之相。當轂之下畫捺洛迦。於其二邊畫傍生餓鬼。次於其上可畫人天。於人趣中當作四洲。東毘提訶。南贍部洲。西瞿陀尼。北拘盧洲。於其轂處作圓白色。中畫佛像。於佛像前應畫三種形。初作鴿形表多貪染。次作蛇形表多瞋恚。後作猪形表多愚癡。於其輞處應作溉灌輪像。多安水罐。畫作有情生死之像。生者於罐中出頭。死者於罐中出足。於五趣處各像其形。周圍復畫十二緣生生死之相。所謂無明緣行乃至老死。無明支應作羅刹形。行支應作瓦輪像。識支應作獼猴像。名色支應作乘船人像。六處支應作六根像。觸支應作男女相摩觸像。受支應作男女受苦樂像。愛支應作女人抱男女像。取支應作丈夫持瓶取水像。有支應作大梵天像。生支應作女人誕孕像。老支應作男女衰老像。病支應作男女帶病像。死支應作輿死人像。憂應作男女憂慼像。悲應作男女啼哭像。苦應作男女受苦之像。惱應作男女挽難調駱駝像。於其輪上應作無常大鬼。蓬髮張口長舒兩臂抱生死輪。於鬼頭兩畔書二伽他曰。汝當求出離。於佛教勤修。降伏生死軍。如象摧草舍。於此法律中。常修不放逸。能竭煩惱海。當盡苦邊際。次於無常鬼上應作白圓壇。以表涅槃圓淨之像」有部毘奈耶雜事十七曰、「給孤長者施園之後作如是念。若不彩畫便不端嚴。佛若許者我欲莊飾。即往白佛。(中略)佛言長者於門兩頰應作執杖藥叉。次傍一面作大神通變。又於一面畫作五趣生死之輪。」

【五趣雜居地】(界名)三界九地之一。即欲界五趣地也。見九地條。

【五熱】(雜語)外道之苦行。熱五體於火也。

【五箭】(譬喻)譬五欲之害身俱舍論一曰、「趣求諸欲人。常起於希望。諸欲若不遂。惱壞如箭中」

【五樂】(雜語)五欲之快樂也。羣疑論探要記七曰、「五情快樂名爲五樂。謂凡愚人貪染五境深生樂着」

【五篇】(術語)律學慣讀爲五篇七聚。見篇聚條。

【五德】(名數)有種種之五德。

【自恣五德】(名數)安居竟日行自恣舉罪之式。選僧衆而爲自恣舉罪之任者、必具二種之五德。一不愛、二不恚、三不怖、四不痴、五知自恣與不自恣。此名自恣之五德、又一知時、二眞實、三利益、四柔軟、五慈心。此名舉罪之五德。行事鈔上四曰「四分律取具二五法者。謂不愛恚怖痴知自恣不自恣、此名自恣五德。律文又差知時不以非時。如實不以虛妄。利益不以損減。柔軟不以麤獷。慈心不以瞋恚。此謂舉罪五德。」

【瞻病五德】（名數）看護有病之人、當行五種之德。一知病人之可食不可食。二不嫌惡賊病人之大小便利唾吐。三有慈悲心不爲衣食。四能經理湯藥等。五能爲病人說法。見四分律四十一。

【戒師五德】（名數）一持戒、二十臘、三解律藏、四通禪思、五慧藏窮玄。見天台戒疏上。

【五攝論】（名數）無着菩薩攝集一切大乘之要義而作論、名攝大乘論。天親無性二菩薩作釋論而通其義。梁眞諦、唐玄奘、各翻譯之。故有五名。一無着攝論、後魏佛陀扇多譯二卷、名曰攝大乘論。陳眞諦譯三卷、亦名攝大乘論。唐玄奘譯三卷、名攝大乘論本。天親攝論、又名世親攝論。天親菩薩、通釋無着之本論者。陳眞諦譯十五卷、名攝大乘論釋。隋笈多譯十卷、名攝大乘輪釋論。唐玄奘譯十卷、名攝大乘論數。三無性攝論。無性菩薩、通釋無着之本論者。唐玄奘譯十卷、名攝大乘論釋。四梁攝論、稱前眞諦所譯之無着攝論三卷、與天親攝論十五卷。五唐攝論、稱前玄奘所譯之無着攝論三卷、與天親攝論無性攝論各十卷也。見三藏法數二十。

【五燈錄】（名數）一景德傳燈錄、二廣燈錄、三續燈錄、四聯燈錄、五普燈錄也。禪宗正脉序曰「已而六傳至曹溪。而支分派別、洋溢汎濫、徧滿天下。不有文字紀錄事緣、又何以知其投鍼玄趣、激電迅機、開示妙明之眞性哉。此與僧道原傳燈錄之所有作。（中略）後斯轍者曰廣燈、續燈、聯燈、普燈。雖各詳略不同、亦無非所以明此一大事也。宋時有僧普濟者、患五燈之浩瀚、作五燈會元以惠來學、甚盛心也」

【五燈會元】（書名）二十卷。宋釋普濟撰。其書取釋道原景德傳燈錄、駙馬都尉李遵勗天聖廣燈錄、釋維白建中靖國續燈錄、釋道明聯燈會要、釋正受嘉泰普燈錄、撮其要旨、彙爲一書。故曰五燈會元。刪蘩冗雜、頗爲簡要。其考論宗系、亦最詳明。見四庫提要。

【五燈嚴統】（書名）二十五卷、明費隱通容百痴願公共撰。錄過去七佛至雲門澄法嗣之禪宗五家傳燈法系者也。匡五燈續略之訛謬、嚴加勘校、使從前相傳之道統、不涉紊亂。故立此書名。

【五濁】（名數）又名五滓、五渾等。住劫中人壽二萬劫已後、而有渾濁不淨之法五種。一劫濁。謂至二萬歲已後見等之四濁起時也。二見濁。身見邊見等之見惑也。劫濁時之衆生盛起之。三煩惱濁。貪瞋痴等一切修惑之煩惱。劫濁時之衆生盛起之。四衆生濁。劫濁時之衆生爲見濁煩惱濁之結果。人間之果報漸衰。心鈍體弱。苦多福少也。五命濁。此亦爲前二濁之結果。壽命漸縮。少乃至十歲也。此中以劫濁爲總。以他四濁爲別。劫濁中有四濁。以四濁之故爲劫濁也。又四濁中以見濁煩惱濁二者爲濁之自體。此二者成衆生濁與命濁之二者也。文句四下曰「劫濁無別體。劫是長時。剎那是短時。但約四濁立此假名。衆生濁亦無別體。攬見慢果報上立此假名。煩惱濁指五鈍使爲體。見濁指五利使爲體。命濁指連持色心爲體。」同文句記曰「准悲華經。八萬至二萬亦不有濁。至二萬歲爲五濁始。」行事鈔資持記上一之三曰「言五濁者。一劫濁。劫濁無別體。但四濁聚於此時。悲華云。從滅劫人壽二萬歲時爲劫濁。二見濁。五利使。三煩惱濁。五鈍使。四衆生濁。亦無別體。攬前利鈍果報立此假名。五命濁。連持色心。摧年促壽。」法華經方便品曰「諸佛出於五濁惡世。所謂劫濁。煩惱濁。衆生濁。見濁。命濁。」阿彌陀經曰「能於娑婆國土。五濁惡世。劫濁見濁煩惱濁衆生濁命濁中。得阿耨多羅三藐三菩提。」

【五濁增時】（術語）五濁者。住劫中自人壽二萬歲之時爲始。初則其濁輕微。漸從時代之變化而增高其度。在末法澆季之今時。愈益增長。故謂之五濁增時。

【五穀】（名數）一稻穀。二大麥。三小麥。四菉豆。五白芥子。見法華軌。一大麥。二小麥。三稻穀。四小豆。五胡麻。見建立軌。一髻尊陀羅尼經。

【五縛】（名數）見縛條。

【五諦】（名數）五種之諦。謂因果等五種之理。眞實不虛也。瑜伽師地論第四十六所謂「或立五諦。一因諦。二果諦。三智諦。四境諦。五勝諦。」顯揚聖教論第八所謂「或立五諦。一因諦。二果諦。三能知諦。四所知諦。五至諦。」是也。其中前四者爲安立。後一者爲非安立諦。依慈恩之說。安立中因諦卽集諦。果諦卽苦諦。智諦卽道諦。境諦卽滅諦。非安立卽眞如也。瑜伽論記第十一下。總出三師之說。文曰「增五門中。前四爲安立。後一爲非安立。前四諦者。景云。一因諦。則是集與道。二果諦。則是苦與滅。三智諦則爲四諦之智。四境諦則爲所知之四諦。基云。前四爲四諦。測云。因攝世出世之因。果攝世出世之果。此則因果相對。攝一切盡。智與境則心境相對。亦攝一切盡。」

【五緣】（名數）二十五方便中之五。持戒清淨。衣食具足。閑居靜處。止諸緣務。近善知識也。因五種增上緣之略。

【五燒】(譬喻)造殺、盜、婬、妄、酒之五惡者、生時遭王法之逼害、死入於惡道、名爲五痛、苦痛切身、如火之燒、故喻之爲五燒。無量壽經下曰「我今於此世間作佛、處於五惡五痛五燒之中、爲最劇苦、教化羣生、令捨五惡、令去五痛、令離五燒。」又曰「是爲五大惡五痛五燒、勤苦如是、譬如大火焚燒人身。」

【五壇法】(修法)五壇之法。祈禱五大明王之修法也。中壇爲大聖不動明王、東壇爲降三世明王、南壇爲軍荼利明王、北壇爲金剛藥叉明王、西壇爲大威德明王。須阿闍梨五人。

【五學處】(術語)五戒之別名。見一切有部百一羯磨一。

【五髻】(術語)表金剛界之五智。兒文殊、矜羯羅童子等之頭上爲五髻。五髻者、前後左右中。

【五髻冠】(物名)作五髻形之寶冠。聖無動尊陀羅尼經曰「是大菩薩戴五髻冠、顯五種智。」

【五髻文殊】(菩薩)見文殊條。

【五翳】(名數)一煙、二雲、三塵、四霧、五阿修羅之手、此五者能障日月之光、故謂之五翳。止觀五曰「重沓五翳埃霾曜靈。」

【五轉】(術語)密教之說、凡自因至果所得之功德有五位、五位次第轉生、故名五轉。第一者發心、初發菩提心而求佛果之心也。第二者修行、修三密之行而趣向佛道也。第三者菩提、由行因而證果德也。第四者涅槃、果德既滿而入於涅槃也。第五者方便究竟、圓滿上四德而利他之方便究竟也。此五轉、即五智五佛。五輪之五字、即𑖀𑖁𑖀𑖽𑖀𑖾𑖁𑖾、今畧解之、則此中之長阿點表行、闇點表大空、惡點表涅槃、烏點表三昧。依之而𑖀阿字者、單一本有之菩提心𑖁𑖾。也阿(長)字者於𑖀合行也、是本有之菩提心併始成之行而爲始成之菩提行也。𑖀𑖽闇字者於𑖀合大空點也、是菩提心離一切之相而成菩提也。𑖀𑖾惡字者於𑖀加涅槃點也、是菩提心併一切之障除而爲涅槃也。𑖁𑖾惡(長)字者於𑖀加涅槃點與三昧點也、是菩提心併究竟之涅槃與大悲化他之三昧、而爲方便究竟也。見悉曇藏五。以此分配於五方之五智五佛、大日經疏有中因東因之二種、依中因之次第、則次第爲中東南西北、中央大日之位爲發心、此配𑖀字。北方鼓音(不空釋迦)之位爲方便究竟、配𑖁𑖾字。又依東因之次第、則次第爲東南西北中、東方寶積之位爲發心、此配𑖀字。中央大日之位爲方便究竟、此配𑖁𑖾字。

中因			
中	𑖀	發心	大日
東	𑖁	修行	寶積(阿閦)
南	𑖀𑖽	菩提	開敷華(寶生)
西	𑖀𑖾	涅槃	無量壽
北	𑖁𑖾	方便究竟	鼓音(不空釋迦)

東因

東	發心	寶幢
南	修行	開敷華
西	菩提	無量壽
北	涅槃	鼓音
中	方便究竟	大日

大日經疏十四曰、「又此阿有五種。阿、阿（長）、暗、惡、惡（長）。（中畧）前者壞法中心是大日如來、卽同此中阿字。（中略）今從阿字而更生四字。卽是大悲胎藏之葉也。（中略）其噁（長）字一字是方便輪。輪至是生義。如從阿字一字卽轉生四字。謂阿是菩提心。阿（長）是行。暗是成菩提。噁是大寂涅槃。噁（長）是方便。」此中因之義也。同二十曰、「初阿字在東方。如梵音阿字卽有動首之義。如順世間法、諸法中東方爲上。故喻菩提心最是萬行之初也。其名曰寶幢佛。（中略）次入中惡（長）字。是方便也。此是毘盧遮那佛本地之身。華臺之體。」是東因之文也。如是五轉有中因與東因之別者、以中因依本覺上轉之次第、東因依始覺上轉之次第故也。中因之菩提心者、一切衆生本安住於法爾之菩提、而未曾流轉生死、有極大頓機、聞此說不動一步、直逮得本地之體性、此時修行證入方便究竟四轉之加德、一時具足成就。而爲衆生開自證俱時之功德、更開後之四轉也。是胎藏界之意也。東因之菩提心者、一切衆生雖安住法爾之佛位、而爲無明煩惱所覆障、久乃生死流轉之凡夫。然今遇聖敎之淨則、知識之妙緣、更發歸本之心而修行昇進也。是金剛界之意也。（秘藏記鈔五）又初以行者之肉團心爲曼荼羅、上觀八葉之蓮臺、中安阿字、而爲大日之種子。若約此門、則第一之阿字爲大日之種子。若依佛地則五智圓滿、是方便究竟也。大圓鏡智成阿閦佛、是菩提心也。故第五之阿字爲大日之種子、以第一之阿字爲阿閦之種子。如是諸尊之種子有五轉、而成五德也。如金剛界之大日是發心、是修行、是菩提、是涅槃、是方便也。又如文殊之種子、是發心、是修行、是成菩提、是涅槃、是方便。也又如觀音之種子、是發心、是修行、是菩提、是涅槃、是方便也。他皆準此。印形亦然。大日之印、若約於形、則阿閦之印形是大日之菩提心也、寶生之印形是大日之菩薩行也、彌陀之印形是大日之證菩提也、不空成就之印形是大日之入涅槃也、大日之印形是大日之起方便也。若蓮華部之尊爲中台、乃至文殊、釋迦、閻王爲中台、亦如是。見菩提心義六。

【五轉與四重圓壇】（術語）五轉配於胎藏界之四重圓壇、則如左。此有從果向因與從因至果之二種。見菩提心義六。

從果向因		從因至果
中台	發心	世天等
八葉	修行	三重
二重	菩提	二重
三重	涅槃	八葉
世天等	方便	中台

問曰、從果向因之時、以阿字爲中央大日之種子、則胎藏界曼荼羅從果向因也、故以阿字爲種子、何以諸家又以第五之惡(長)字爲中央大日之種子耶。答曰、胎藏界爲從果向因者、以對於金剛界之從因至果故也、然金胎兩部本爲不二、則金剛界亦宜有從果向因之化他、又胎藏界亦可有從因至果之自利。故於疏說此兩義也。然則大日如來今出從果向因之化他門、以究竟方便智現四重曼荼羅、使一切衆生引入中台大日如來之位、故其種子爲方便究竟之惡(長)字也。持誦第二云。「私云孔爲大日是從因向果種子。孔爲大日是從本垂迹種子。今灌頂像是垂迹形故孔爲定。」

【五轉色】(雜語) 見五色條下。

【五轉成身】(術語) 見五相成身條。

【五聲】(名數) 即五音。見五音條。

【五藏】(術語) 佛滅之年、安居時、大衆部之衆、在窟外結集法藏、而爲五藏。見藏條。

【五藏三摩地觀】(術語) 是三種秘密儀軌所說、觀吾五藏爲五大即五如來、而即身成佛之三摩地也。儀軌曰、「阿字(地大)者金剛部、主肝、鑁字(水大)者蓮華部、主肺、覽字(火大)者寶部、主心、唅字(風大)者羯磨部、主胃、欠字(空大)者虛空部、(虛空者佛之異名) 主脾。(中略)阿字者東方阿閦如來。鑁字者西方阿彌陀如來、覽字者東方寶生如來、唅字者北方不空成就如來、欠字者上方毘盧遮那大日如來」如是五臟即爲五大、而五大即爲五智如來、則依此五藏三摩地、而得即身成佛也。因而又名五輪(五輪者五大之德名)三摩地、亦曰五物觀。

【五寶】(名數) 爲一切寶代表之五種寶物也。寶爲表最尊無上之意者、故灌頂之時、以二十種入於五瓶中、此特用其主者而處辨之。其種類、經中不一定。蘇悉地經三曰、「五寶謂金、銀、眞珠、螺貝、赤珠。」瞿醯經中曰、「其五寶者。謂珊瑚、頗、金、銀、商佉。」陀羅尼集經四曰、「其五寶者。一金。二銀。三眞珠。四珊瑚。五琥珀。」建立曼荼羅擇地法曰、「五寶者。所謂金。銀。眞珠。瑟瑟。頗梨。」

【五識】(名數) 依眼耳鼻舌身之五根而生、緣色聲香味觸五境之心識。一眼識、二耳識、三鼻識、四舌識、五身識。此爲六識中之前五識、故常稱爲前五識。三界中欲界之有情有六識、色界之初禪天無鼻舌二識、二禪天以上無五識、唯有意識之一也。見識條。

【五縶】(術語) 以死人死蛇等五屍縶於天魔波旬而不使離也。又縶縛天魔兩手兩足及頸之五處也。涅槃經六曰、「應作是言。波旬汝今不應作如是像。若故作者、當以五縶縶縛於汝。魔聞是言已、便當還去。」

大部補註五曰、「韋安釋云、緊有二種。一者五屍緊。二者緊五處。五屍緊者如不淨觀治於愛魔。五處如理治於見魔故也。五屍者死人死蛇死狗等是也。五處者首楞嚴三昧經云兩手兩足及頸名五處繫縛也。」

【五邊】（名數）一是有、二是無、三亦有亦無、四非有非無、五非非有非非無也。此中前四句就所緣之境、後一句就能緣之觀。依之而建立五邊。二教論上曰、「亦出四句。亦離五邊。」釋摩訶衍論曰、「清淨本覺性德圓滿本智具足、亦出四句、亦離五邊。」通玄鈔曰、「第一執有是增益謗。第二執無是損減謗。第三執亦有亦無是相違謗。第四執非有非無是愚痴謗。第五執非非有非非無是戲論謗。皆是著邊之法。不與中道實智相應故。」

【五藥】（飲食）代表一切藥之五種藥也。藥之効用爲除病而表消災之義。灌頂時二十種物之一、入於五瓶中。慧琳音義三十六曰、「五藥依金剛頂經瑜伽說五藥梵名娑賀撈囉一。娑賀禰縛二。建吒迦哩三。礙哩羯囉拏四、勿哩答賀定五。並西國藥。此國無。即以此土所出靈藥替之。伏苓一。朱砂二。雄黃三。人參四。赤箭五。各取少許共入一瓶子中埋之也。」依四種之壇法而五藥各異。

【五礙】（術語）五障之異名。智度論二曰、「女人有五礙。不得作轉輪王。釋天王。魔天王。梵天王。佛。」同五十六曰、「女人有五礙。不得作釋提桓因、梵王、魔王、轉輪聖王、佛。」

【五類天】（名數）一上界天。色界及無色界之諸天也。二虛空天。欲界六天中夜摩天以上之四天也。是居於虛空者。三地居天。欲界六天中四王天、忉利天。是住於須彌山者。四遊虛空天。謂日月星宿。五地下天。龍阿修羅及閻魔王等、凡放光明有自在之力者、皆名爲天。見十八會指歸、秘藏記下。其他諸部要目與三十卷教王經十各有一說。

【五類聲】（名數）悉曇體文三十三字中、除滿口聲八字、餘二十五字爲五類聲。一क迦等五字、牙聲、二च遮等五字、齒聲、三ट吒等五字、舌聲、四त多等五字、喉聲、五प波等五字脣聲也。此中各以最后之一字爲涅槃點。大疏七曰、「於迦遮吒多波五類聲中。復各有五字。其一至第四四字皆慧門。第五字是證門。梵書以此五字皆同圓點。」

【五類說法】（名數）華嚴一經中有五類之說法。一佛說。本經中如阿僧祇品隨好品。佛之親宣也。二菩薩說。本經中如十住十行十迴向等品。諸大菩薩之說也。三聲聞說。本經中如法界品之初。聲聞之人以佛之加被而說法。四衆生說。梵天之讚偈等也。五器界說。菩提樹等能演法音。見華嚴經疏一。

【五離怖畏】（雜語）離五種之可畏也。貪火不燒、不瞋毒、不感刀傷、不漂流、諸覺觀之烟不能薰害。

【五蘊】（術語）梵語之塞犍陀 Skandha 舊譯為陰，又譯為衆，新譯為蘊。陰者積集之義。衆者衆多和聚之義。亦蘊之義也。是顯數多積集之有為法自性。作有為法之用。無純一之法。或同類、或異類，必多數之小分積集而作其用。故則概謂之陰、或蘊。（陰者陰覆之義，舊譯之一義也。見陰條。）大別之為五法。一色蘊，總該五根五境等有形之物質。二受蘊，對境而承受事物之心之作用也。三想蘊，對境而想像事物之心之作用也。四行蘊，其他對境關於瞋貪等善惡一切之心之作用也。五識蘊，對境而了別識知事物之心之本體也。以一有情徵之，則色蘊之一即身，他四蘊即心也。心之中受想行之三者心性上各為一種特別之作用，故名之為心所有法，即心王所有之法，（略云心所）識之一者為心之自性，故名之為心王。蓋五蘊為身心之二法，如色界欲界有身之有情，從五蘊而成。如無色界無身之有情，自四蘊（除色蘊）而成也。毘婆尸佛經上曰：「五蘊幻身四相遷變。」增一阿含經二十七曰：「色如聚沫，受如浮泡，想如野馬，行如芭蕉，識為幻法。」

【五蘊宅】（譬喻）五蘊假和合而成人之心身，譬之家宅。最勝王經四曰：「了五蘊宅悉皆空，求證菩提眞實處。」

【五蘊論】（書名）具名大乘五蘊論。世親菩薩造，唐玄奘譯，一卷。明大乘所說之五蘊攝有為法九十四法，又明十二處十八界而攝百法。

【五蘊魔】（譬喻）四魔之一。舊譯曰五衆魔，五陰魔。有情各有色受想行識之五蘊，而受種種之障害者。

【五蘊世間】（術語）三世間之一。舊譯曰五陰世間，五衆世間。十界五蘊各各差別之謂也。

【五蘊皆空經】（經名）一卷，唐義淨譯。初為五比丘說苦空無常之義。亦出雜阿含經第二卷。

【五蘊譬喻經】（經名）一卷，後漢安世高譯。對於五陰而說沫泡燄蕉幻之五喻。亦出雜阿含經第十卷。

【五覺】（名數）一本覺，本有常住之覺體也。二始覺，依修行之功而顯本覺之體也。三相似覺，於菩薩十信之位而得類似之始覺也。四隨分覺，菩薩於十住十行十迴向之位而分分得眞正之始覺也。五究竟覺，於妙覺之位成究竟至極之始覺，遂與本覺一致也。見起信論，三藏法數二十。又五覺者，衆生覺，聲聞覺，二乘覺，菩薩覺，佛覺。

【五鬧提羅】（雜語）又作五扇提羅。

有沙門五人死墮地獄。後生人間而爲闡提羅。參照扇提羅條。

【五魔】（名數）見魔條。

【五體】（名數）又作五輪。一右膝、二左膝、三右手、四左手、五頭首。資持記下三之二曰「五處皆圓故名五輪。四支及首名爲五體。輪則別指五處。體則通目一身。」

【五體投地】（雜語）又曰五輪投地。投五處於地爲敬禮之最上者。行事鈔下之三曰「地持當五輪至地作禮。阿含云二肘二膝頂名輪也。亦云五體投地。先正立已合掌。右手褰衣屈二膝已。次屈兩手以手承足。然後頂禮。起頂頭次肘次膝以爲次第。」楞嚴經曰「阿難聞已。重復悲淚。五體投地長跪合掌而白佛言。」今亦用爲傾倒備至之意。

【五觀】（名數）一眞觀。觀眞諦之理而斷見思之惑之空觀也。二清淨觀。於既除見思糞穢之淸淨身、斷塵沙之惑之假觀也。三廣大智慧觀。斷無明之惑而得廣大之智慧之中觀也。四悲觀。以上三觀觀衆生、拔衆生苦之謂也。五慈觀。以上三觀觀衆生而與衆生以樂之謂也。法華經普門品曰、「眞觀清淨觀、廣大智慧觀、悲觀及慈觀、常願常瞻仰。」又食時之五觀。五眼之觀照。華嚴宗五敎之觀法。

【食時五觀】（名數）行事鈔下二曰、「今故約食時立觀以開心道。略作五門明了。綸如此分之。初計功多少量他來處。二自忖己身德行。三防心離過。四正事良藥。五爲成業道。」資持記下二之三曰、「境雖有五。總束爲三。初卽觀食。二是觀身。三並觀心。從疏至親。觀法次第。」

【反叉合掌】（印相）十二合掌之一。

【反出生死】（術語）七種生死之一。衆生發心修行而反出生死至於涅槃也。

【反抄】（雜語）反被袈裟也。寄歸傳二曰、「屛私執務隨意反抄。」

【反照】（譬喩）日懸西山、反照東方、謂之反照。以譬鑑往古之事。又窮明自心之本源。仁王經菩薩敎化品曰、「圓照三世恒劫事。反照。」止觀二曰、「以無住著智反照觀察也。」臨濟錄曰、「儞祇有一個父母。更求何物。儞自反照看。」

【犬】（譬喩）多用於譬喩。

【犬逐塊】（譬喩）無知之人見果而不求因。如犬追塊而不逐投之之人。涅槃經二十五曰、「一切凡夫惟觀於果。不觀因緣。如犬逐塊不逐於人。」

【狗著師子皮】（譬喩）愚人眞似智者。如犬被獅子之皮。智度論七十三曰、「如狗著師子皮。諸獸見之雖怖。聞聲則知是狗。」

【狗臨井吠】（譬喩）亡身於幻之愛欲、譬如犬吠井中之影。智度論八十九曰、「

如惡狗臨井、自吠其影、水中無狗、但有其相。而生惡心、投井而死。衆生亦如是、四大和合、故名爲身、因緣生識、和合故動作言語。凡夫人於中起人相、生愛恚、起罪業、墮三惡道。」

【太子本起經】（經名）中本起經之異名。

【太子刷護經】（經名）一卷、西晉竺法護譯、與太子和休經、皆大寶積經阿闍世王子會第三十七之異譯。刷護和休、皆太子之名、寶積經譯爲師子。太子見佛而問答、佛與記別。

【太子慕魄經】（經名）一卷、後漢安世高譯、與太子沐魄經同本。慕魂沐魄、皆梵語太子之名。說佛昔爲慕魄太子、十三歲之間、爲無言之行。

【太子辟羅經】（經名）天王太子辟羅經之略名。

【太子沐魄經】（經名）一卷、西晉竺法護譯、與太子慕魄經同本。

【太子和休經】（經名）一卷、失譯、與太子刷護經同本。

【太子須大拏經】（經名）一卷、西晉聖賢譯、說佛往昔爲須大拏 Sudāna 太子、入檀特山、行檀波羅蜜之事。須大拏或作須達、蘇達拏。

【太子瑞應本起經】（經名）二卷、吳支謙譯、與過去現在因果經同本。

【太子本起瑞應經】（經名）太子瑞應本起經之異名。

【太子明星二十八宿經】（經名）舍頭諫太子二十八宿經之異名。

【太山王】（天名）又作泰山王、泰山府君也。

【太孤危生】（雜名）太者甚也。孤危者、如孤峯之危然不可攀緣也、生猶言者、言甚孤危者。碧巖三則垂示曰、「恁麽也不得。不恁麽也不得。太孤危生。不涉二途」

【太虛空】（術語）浩浩宇宙之虛空也。畢竟無爲無物、故云頑空、偏空、太虛空。以譬小乘之涅槃、而別於大乘涅槃之妙空第一義空。菩提心論曰、「當觀二乘人雖破人執、猶有法執、但淨意識、不知其他、久久成果位、以灰身滅智、趣其涅槃、如太虛空、湛然常寂」

【太鼓】（物名）寺院法器之一。經中雖有擊法鼓之語、然不聞印度之寺院具太鼓。支那之寺院、於梵鐘外必具之。禪家之寺院、雖有法鼓、茶鼓、齋鼓等種種之設、敎禪諸寺通設者、乃鼓樓之太鼓也。此爲報漏刻者、晝稱爲曉鼓、昏鼓、而朝夕打之、夜稱爲更鼓、而於一更等打之。

【太麤生】（雜語）太者甚也、麤者暴也、生者指人、言甚粗暴之人也。臨濟錄曰、「

師一日同普化赴施主家。齋次、師問毛呑巨海芥納須彌、爲是神通妙用本體如然。普化踏倒飯牀。師云太麤生」

【太麤纖生】（雜語）太者甚也、麤者粗也、纖者細也、謂涉於粗細之事而接人之宗匠手段也。生猶言者、指太麤纖者言也。碧巖三則垂示曰、「恁麼也不得不恁麼也不得。太麤纖生」是禪之建立門也。

【不二】（術語）一實之理、如如平等、而無彼此之別、謂之不二。菩薩悟入一實平等之理、謂之入不二法門。維摩經入不二法門品說三十三人所得之不二法是也。維摩經入不二法門品、「什曰有之緣起極於二法、二法已廢則入玄境。肇曰離眞皆名二、故以不二爲言」。大乘義章一曰、「言不二者無異之謂也。卽是經中一實義也。一實之理、妙寂離相、如如平等、亡於彼此、故云不二。」十二門論疏上曰、「一道淸淨故稱不二。」

【迷悟不二】（術語）迷悟之相雖異、其實性則一也、如淸濁雖異、水性則一。往生拾因曰「心性一味迷悟不二」

【止觀不二】（術語）法性寂然爲止、寂而常照爲觀、止如明鏡止水、觀如明鏡止水影現萬象、故止與觀者不二一體也。輔行一曰、「中道卽法界、法界卽止觀、止觀不二、境智冥一」

【有空不二】（術語）言有相是空性、而空性是有相也。般若心經曰、「色卽是空、空卽是色」

【善惡不二】（術語）善無善之實性、惡無惡之實性、空性皆平等、故云不二。

【不二之法】（術語）獨一無二之法門。六祖壇經曰、「惠能曰、指授卽無、惟論見性、不論禪定解脫。宗曰何不論禪定解脫。惠能曰、爲是二法、不是佛法、佛法是不二之法。宗又問如何是佛法不二之法。惠能曰、法師講涅槃經、明佛性是佛法不二之法。如高貴德王菩薩白佛言、犯四重禁、作五逆罪、及一闡提等、當斷善根否。佛言善根有二、一者常、二者無常。佛性非常非無常、是故不斷、名爲不二。一者善、二者不善、佛性非善非不善、是名不二。蘊之與界、凡夫見二、智者了達其性無二、無二之性、卽是佛性」案不二卽無二。

【不二不異】（雜語）不二只是不異、亦可言不二從性、不異從相。見輔行五之四。

【不二法門】（術語）不二之法門也、不二之理、佛道之軌範、故云法、衆聖由之趣入、故云門。佛敎有八萬四千法門、不二法門、在諸法門之上、能直見聖道者也。維摩經載文殊師利問維摩詰、何等是不二法門。維摩默然不應。殊曰善哉善哉、無有文字言語、是眞不二法門也。肇曰、言爲世則謂之法、衆聖所由謂之門。十二門論疏上曰、「淨名以理爲門、一道淸淨、故稱不二。眞極可軌、所以云法。至妙盧通、故云門。」見不二條。

【不了佛智】（術語）無量壽經所說。疑佛智之不可思議、不悟如來之所以爲大也。

【不了義經】（經名）謂隱覆實義、而爲方便之說、不明了開顯法性實義之經典。小乘及權大乘之諸經是也。涅槃經六曰、「依了義經不依不了義經。（中略）不了義經是聲聞乘。」

【不才淨】（術語）不才不淨也、指斥言句葛藤。臨濟錄曰「山僧今時事不獲已。話度說出許多不才淨。儞且莫錯。」

【不久詣道場】（雜語）謂不久成佛也、法華經分別功德品曰「又應作是念、不久詣道場、得無漏無爲、廣利諸人天。」

【不可有】（術語）七有之一。地獄有之異名。不可猶言不是、地獄之果報不是、故名。有者果報之總名也。見有條。

【不可說】（術語）眞理可證知、不可言說。涅槃經說四種之不可說、天台以明四教之理。見四不可說條。

【不可棄】（人名）小乘化地部之祖、傳說生時母棄之井中、父救之、故名。初爲婆羅門、通外道之諸義、後入於佛教。

【不可得】（術語）空之異名也。諸法空無、而無所得之實體也。智度論五十二曰、「空中前際不可得。後際不可得。中際不可得。」涅槃經德王品曰、「一切諸法本性自空。何以故。一切法性不可得故。」釋籤二曰、「不可得卽是理也。」

【三世心不可得】（名數）金剛經曰、「須菩提、過去心不可得、現在心不可得、未來心不可得。」同略疏曰、「過現未三俱不可得。蓋過去已滅。未來未生。現在不住。」密教於此立遮情表德之二義。其遮情之義、如以上顯教所說。其表德之義、諸法以迷悟不二萬德輪圓之故、一無別相、故云不可得。所謂台家之妙空圓空也。故是中道實相之異名。大日經疏七曰、「一一字門皆言不可得者。爲明中道實相義故。」

【不可思議】（術語）或爲理之深妙、或爲事之希奇、不可以心思之、不可以言議之也。法華玄義序曰、「所言妙者、妙名不可思議也。」維摩經慧遠疏曰、「不可思議者經中亦名不思議也。通釋是一。於中分別非無差異。據實望情名不思議。據情望實名不可思議、」嘉祥法華義疏三曰、「智度論云。小乘法中無不可思議事。唯大乘法中有之。如六十小劫說法華經謂如食頃。」維摩經序曰、「罔知所釋然而能然者不思議也。」同注經一曰、「生曰、不可思議者、凡有二種。一曰理空、非惑情所測。二曰神奇、非淺識所量。」又（人名）唐靈妙寺沙門、名不可思議、善無畏三藏之弟子也、釋大日經第七卷供養次第法。世謂之不思議疏。不思議疏上曰、「小僧不可思議。多幸面諮和上所聞法要、隨分抄記。」

【四種不可思議】（名數）增一阿含經十八曰、「有四不可思議事非小乘所能知云何爲四。世界不可思議。衆生不可思議。龍不可思議。佛土境界不可思議。」

【五種不可思議】（名數）智度論三十曰、「經說五事不可思議。謂衆生多少。業果報。坐禪人力。諸龍力。諸佛力。於五不可思議中佛力最不可思議。」淨土論註下曰、「諸經統言有五種不可思議。一者衆生多少不可思議。二者業力不可思議。三者龍力不可思議。四者禪定力不可思議。五者佛法力不可思議。」

【不可得空】（術語）十八空之一。言亡慮絕之空也。萬有之眞相、亦非有、又非如吾人思惟之空。超於言語思慮之外、假名爲空也。謂之不可得空。

【不可稱智】（術語）謂佛之智慧也。衆多無量而稱說不能盡、故名。

【不可思議經】（經名）與不可思議解脫經同。華嚴經之異名也。智度論三十三曰、「佛爲諸大菩薩說不可思議經。舍利弗目連在左右而不得聞。以不種聞大乘行法因緣故。」

【不可思議尊】（佛名）阿彌陀如來之德號也。贊阿彌陀佛偈曰、「稽首不可思議尊」見不可思議光如來條。

【不可見有對色】（術語）三種色之一。色法十一中、眼等五根（指內之勝義根）與聲香味觸四塵之九法者、非眼所見、故云不可見。爲極微所成、故云有對。色對者、對待障礙之義也。

【不可見無對色】（術語）三種色之一。色法十一中有無表色之一法。是非眼見、故云不可見、爲極微所生之法、而非極微所成之法、故云無對。

【不可思議解脫經】（經名）維摩經之異名。以此經明不可思議解脫之法門、故也。經首曰、「維摩詰所說經、一名不可思議解脫。」又華嚴經之異名也。智度論三十三曰、「不可思議解脫經中廣說。」同一百曰、「又有不可思議解脫經十萬偈。」探玄記一曰、「良爲此經所說之法皆一攝一切。無不悉是不思議解脫、故以爲名。」華嚴經大疏鈔三曰、「四從法彰名。如智論釋囑累品名此經爲不思議解脫經。」

【不可思議光如來】（佛名）阿彌陀如來之德號也。取無量壽經十二光佛中難思無稱之二種、而立不可思議光佛之名。曇鸞師之讚彌陀偈曰、「南無不可思議光。一心歸命稽首禮。」是立名之初也。寶積經如來會上所列十四光中雖有不可思議之名、但此爲唐代之譯則讚彌陀偈以後之事也。敎行信證五曰、「謹按眞佛土者佛者則不可思議光如來土者亦是無量光明土也。」

【不可思議解脫法門】（術語）解脫者三昧之異名也。三昧之神用巨細相容、隨變化於法自在無礙、離一切之繫縛故云解脫、維摩經不思議品所明之一端也。又華嚴一部所明一多無礙之法相總是也。維摩經不思議品曰、「維摩詰言唯舍利弗諸佛菩薩有解脫名不可思議。若菩薩住此解脫者。以須彌之高廣內芥子中無所增減。須彌山本相如故。而四天王忉利諸天不覺不知已之所入。唯應度者乃見須彌入芥子中。是名不可思議解脫法門。又以四大海水入一毛孔。不嬈魚鼈黿鼉水性之屬。而彼大海本性如故。」註一云、「什曰解脫亦名三昧亦名神足。或令脩短改度。或巨細相容。變化隨意。於法自在。解脫無礙。故名解脫。能者能然。物不知所以。故曰不思議。」

【不可越守護】（天名）在胎藏界曼荼羅文殊院文殊菩薩之右。有難持難勝對護門、無能見者等異名。於諸門之側、與對面守護相向而坐。守護佛法。仁王尊由是出。大疏曰、「不可越正者爲難持、謂力持之義、觀瞻不可得也、亦有難降伏義。法佛奉敎者常在內門右邊爲不可越使者。諸佛三昧耶威力不可過越。奉金剛戒以行之、一切不敢違越。又名無能見者。此奉敎者威猛熾盛。如百千日無敢視者、猶如向生小兒不堪仰視日輪、常在佛之內門有所敎命如說而行。故名奉敎者。」

【不正見】（術語）八邪之一。反於正見也。

【不正知】（術語）誤解所觀之境也。唯識論六曰、「不正知於所觀境謬解爲性。」

【不正食】（術語）佛制十食中之後半、如果實之類可囓嚼而食之五種食物也。

【不生】（術語）阿羅漢譯言不生。以畢竟不生於三界五趣中故也。又涅槃之涅、亦言不生、衆法常住而無始生也。又梵云阿耨波陀、譯言不生。眞言之阿字、不生、以諸法之本初不生故也。又不生爲如來之異名、以如來常住不生不滅故也。凡諸法觀爲不生者、佛道之樞鍵也。智度論三曰、「阿名不。羅漢名生。後世中更不生。是名阿羅漢。」涅槃經曰、「涅言不生。槃言不滅。不生不滅名大涅槃。」智度論四十八曰、「菩薩若一切語法中聞阿字。卽時隨義。所謂一切法從初來不生相。阿提(Ādi)秦言初。阿耨波陀秦言不生。」楞伽經四曰、「不生卽如來異名。」

【四不生】（名數）一不自生、法者不由自因生也。二不他生、法者不由他因生也。三不共生、法者不由自他之共因生也。四不無因生、法者不由無因生也。中觀論偈曰、「

諸法不自生。不從他生。不共不無因。是故知無生。」

【不生斷】（術語）三斷之一。煩惱盡時、三途惡道之苦果永不生、不生卽斷滅也。此謂之不生斷。

【不生不滅】（術語）對生滅之語、常住之異名也。小乘獨就涅槃之理而觀不生不滅、大乘於有爲之事相上論不生不滅之義。維摩經不二門品曰、「法本不生、今則無滅。」涅槃經曰、「涅言不生、槃言不滅。不生不滅名大涅槃。」般若波羅蜜經曰、「不生不滅。不垢不淨。」中論曰、「不生亦不滅。不常亦不斷。不一亦不異。不來亦不出。能說是因緣。善滅諸戲論。我稽首禮佛。諸說中第一。」「按不生亦不滅四句偈文。所以發明眞空無相第一妙諦。凡佛經均不外此意。」

【不生不生不可說】（術語）涅槃經所說四不可說之一。理者本不生也、事者以卽理之故、事亦不生也、是名不生不生。此理玄妙、故曰不可說。天台以之爲圓敎所詮之理。

【不他生】（術語）四不生之一。

【不立文字】（術語）禪家之悟道者不涉文字言句、單以心傳心之玄旨、謂之不立文字敎外別傳。五燈會元世尊章曰、「世尊在靈山會上拈華示衆。此時人天百萬悉皆罔措。獨有金色頭陀破顏微笑。世尊言吾有正法眼藏涅槃妙心實相無相微妙法門不立文字敎外別傳付囑大迦葉。」碧巖第一則評唱曰、「達磨遙觀此土有大乘根器。遂泛海得得而來。單傳心印。開示迷途。不立文字。直指人心。見性成佛。」祖庭事苑五曰、「傳法諸祖。初以三藏敎乘兼行。後達磨祖師單傳心印。破執顯宗。所謂敎外別傳。不立文字。直指人心。見性成佛。然不立文字。失意者多。往往謂屏去文字。以默坐爲禪。斯實吾門之啞羊爾。且萬法紛然。何止文字不立者哉。殊不知道猶通也。豈拘執於一隅。故卽文字文字不可得。文字既爾。餘法亦然。所以爲見性成佛也。豈待遺而後已。」釋門正統三曰、「禪宗者。始菩提達磨遠越葱嶺。來於此土。初無不立文字之說。南泉普願始唱別傳不立文字見性成佛。」

【不必定入定入印經】（經名）一卷、元魏般若流支譯。入定不定印經之舊譯也。

【不共法】（術語）如來之功德與他不同。故名不共。法通論之、則一切之功德悉名不共。故地持論中說百四十之不共法。今依一門說十八之不共法。而大小乘之法各異。梵 Avenika-buddhadharma

【小乘十八不共法】（名數）佛之十力、四無畏、三念住、大悲、合而爲十八也。俱舍論廿七曰、「成佛盡智位修不共佛法有十八種（中略）佛十力、四無畏、三念住、及大悲、如是合名爲十八不共法。唯於諸佛盡智時修。餘聖所無故名不共。」無量壽經下曰「十力無畏不共法聲。」

【大乘十八不共法】（名數）智度論二十六曰「一身無失、二口無失、三念無失、四無異想。於一切衆生平等而無異想也。五無不定心。行住坐臥不離禪定也。六無不知已捨。佛照了一切法捨離之而不執着也。七欲無減。欲度諸衆生而心無厭足也。八精進無減、九念無減、十慧無減、十一解脫無減、十二解脫智見無減、十三一切身業隨智慧行、佛以清淨之勝相隨智慧而行、利益一切衆生也。十四一切口業隨智慧行、十五一切意業隨智慧行、十六智慧知過去世無礙、十七智慧知未來世無礙、十八智慧知現在世無礙也。」次下之結文云「問曰若爾者迦旃延尼子（小乘師）何以言十力四無所畏大悲三不共意止名爲十八不共法。若前說十八不共法是眞義者、迦旃延尼子何以故如是說。答曰以是故名迦旃延尼子。若釋子則不作是說。釋尊說者是眞不共法。」又出大乘義章二十、末法界次第下之下、止觀七。

【不共相】（術語）不與他共通、但屬自己之相狀、所謂特性也。

【不共業】（術語）二業之一。人人各別之業因而感各自之果者。如各自之五根是也。

【不共變】（術語）以各人不共之業而變現各人不共之境者。如五根是也。見四變條。

【不共不定】（術語）因明六不定因之一。立因而其因通同喩、亦通異喩。因而使宗不定、謂之共不定。不通同喩、亦不通異喩、因而使宗不定、謂之不共不定。例如聲爲常、（宗）以所聞性故、（因）如虛空（同喩）如瓶（異喩）是所聞性之因、不通同喩、亦不通異喩、宗如何可決。

【不共中共】（術語）不共法中之共法。如人間之身體、人人各有一體、是不共也。然尚與衆人共通而受用、是共也。

【不共般若】（術語）佛說般若經有共與不共之二者。說共通於聲聞緣覺菩薩三人之法、謂之共般若。唯談菩薩所行之法、不共通於聲聞緣覺、謂之不共般若。天台以共般若爲通教、以不共般若爲別圓二教。智度論百曰「如先說般若有二種。一者共聲聞說。二者但爲十方住十地大菩薩說。」（中略）般若波羅蜜總相是一。而深淺有異。」

【不共無明】（術語）又謂之獨頭無明。二種無明之一。見無明條。

【不死門】（術語）不死者、涅槃也。入於涅槃之道、謂之不死門。無常經曰「共捨無常處、當行不死門。」

【不死覺】（術語）八覺之一。因多財

榮華而常念不死之惡覺也。

【不死藥】（物名）雪山有上香藥、人見之則年壽無量、名不死藥。涅槃經二十五曰、「雪山之中有上香藥名曰娑訶。有人見之、得壽無量無有病苦。」往生十因曰、「雪山不死藥。」

【不死甘露】（雜名）稱眞言兩部不二之灌頂水也。不死者、甘露之譯也。大疏五曰「明日當貽內不死甘露、皆令充足也。」演奧鈔十一曰、「不死甘露者、或口傳云、不死者𑖀字。甘露者𑖪字。示兩部密言不二義也。」

【不自在】（雜語）梵語曰、阿伊濕伐囉。Eśvara 中阿含經三十六梵志品曰、「佛言在家者以自在爲樂。出家學道者以不自在爲樂。」

【不自惜身命】（雜語）爲法而捨自己之身命也。法華經壽量品曰、「一心欲見佛。不自惜身命。時我及衆僧。俱出靈鷲山。」

【不守自意經】（經名）一卷、吳支謙譯。說自守不自守之法。

【不自讚毀他戒】（術語）梵網經所說菩薩十戒之一。禁止讚自己德而誹毀他人也。

【不妄戒】（術語）不妄語戒也。

【不忘禪】（術語）練習記憶之禪定也。維摩經天台疏一曰、「舍利弗問經云。阿難修不忘禪得佛覺三昧。」

【不妄語戒】（術語）在家出家小乘大乘一切戒中皆制之。禁止一切虛妄不實之言也。

【不如法】（術語）如法之正理謂之如法、不如者謂之不如法。維摩經觀衆生品曰、「此華不如法。是以去之」

【不如無子】（術語）有惡子不如無子也。無量壽經下曰、「父母敎誨。瞋目怒應。言令不和。違戾反逆。譬如怨家。不如無子。」

【不回向】（術語）淨土門立二種之回向、一往相回向、願所修之功德回向菩提而往生淨土也、二還相回向、願成佛後迴入生死敎化一切衆生也。此二種回向爲菩提心所具之通相、行者依自力勤修、爲佛敎通途之義、故淨土一門、皆欲依自力成就此回向、獨淨土眞宗一派謂此二種回向、於信之一念、自彌陀之方回向行者、不須自行者之方更爲回向、故名之爲不回向、不回向之言顯他力之極致也。敎行信證二曰、「明知是非凡聖自力之行。故名不回向之行也。」

【不住拜】（儀式）禮拜不止、至於百千拜也。

【不老不死】（雜語）悟入諸法實相、則生老病死本來空寂、何老死之有、故聞妙經者、得不老不死。法華經藥王品曰、「衆人有病。得聞是經。病卽消滅。不老不死。」嘉祥義疏十一曰、「不老不死者。聞此經知老病死死本來寂滅。故云不老死也。」

【不行而行】（術語）無故行之心而自契於行、謂之不行而行。大日經疏一曰、「住此乘者以不行而行以不到而到。」往生論註下曰、「眞如是諸法正體。體如而行。則是不行。不行而行。名如實修行。」

【不安穩業】（術語）安穩業之對。不善業也。以其爲受苦報之因、故有此名。

【不見】（術語）眼不能見者有四種。見四不見條。

【不見擧】（術語）三擧之一。比丘犯罪而云不犯、謂之不見。不見擧者。擧治不見也。見三擧條。

【不但中】（術語）觀空假之外有不二之中、謂之但中。別教之中觀也。觀卽空卽假卽中。收空假而爲中、謂之不但中。圓教之中觀也。

【不但空】（術語）二乘之人、觀一切法悉皆空。見但空而不見不空、故名但空。卽偏空也。菩薩不但見但空、兼見不空、故名不但空。卽中道空也。天台四教中通教之空觀也。

【不男】（術語）男根不具之人也。見五種不男條。

【不邪婬戒】（術語）五戒之一。對在家之二衆禁止姦他妻等不正之婬事也。若爲出家戒則正邪皆制之、故云不婬戒。如梵網經之十戒是也。梵網經疏下曰、「五衆邪正俱制。二衆但制邪婬。」

【不更惡趣願】（術語）阿彌陀佛四十八願中之第二。使生彼國者不更墮於惡道之願也。無量壽經上曰、「設我得佛。國中人天壽終之後、復更三惡道者、不取正覺。」

【不思議】（雜語）甚深之理及希奇之思慮在言議之外、謂之不思議。見不可思議條。

【不思議身】（術語）不思議變易生死之身也。

【不思議空】（術語）又名第一義空、佛菩薩所得之空、爲絕有無之空、而非二乘凡夫之所測知、故名不思議空。勝鬘經寶窟曰、「龍樹云空有三。一外道邪道空。二者但空。謂二乘空智。三者無所得空。謂菩薩空智也。今此無所得空智非二乘所知。故言不思議。」因大日如來之大空三昧也。此大空微妙而不可思量。故云不思議空。大日經二曰、「知空等虛空。」同疏六曰、「知空等虛空者。本來不生。卽是畢竟空義。以自性淨無際無分別、故同於大空。是故以世間易解空譬不思議空也。」

【不思議變】（術語）眞如之妙理轉變而成萬法之事相也。參照不思議薰條。

【不思議界】（術語）眞如之異名也。

以眞如爲絕思慮言議之法界故也。

【不思議經】（經名）或指華嚴經、或指維摩經以二經皆明不可思議解脫之法門故也見不可思議解脫經條。

【不思議乘】（術語）與佛乘同。

【不思議劫】（雜語）劫數多量而不可思議也。

【不思議慧童子】（菩薩）胎藏界曼荼羅文殊院南端有五奉敎者、在其中央八大童子之一也。或以爲是此五奉敎之總名。爲天女童子形、一髻肉色兩手持杖杖頭有半月上有星形跪于蓮上。

【不思議薰】（術語）無明薰炙眞如而生妄法謂之不思議薰是眞如爲無爲堅實之法不可薰而能受薰故云不思議楞伽經一曰、「不思議薰不思議變是現識因」。同註解曰、「薰謂薰炙變謂轉變言不思議薰者全眞成妄也言不思議變者全理成事也」。起信論義記下本曰、「不思議薰者謂無明能薰眞如不可薰處而能薰故名不思議薰又薰卽不薰不薰之薰名不思議薰」。

【不思議疏】（書名）解釋大日經第七卷之疏也。爲唐靈妙寺沙門不可思議法師所著有二卷附於大日經疏之後。

【不思議智】（術語）佛之智慧深廣而不可思議故云。

【不思議空智】（術語）證不思議空之理之實智也、以佛此智斷煩惱勝鬘經曰、「不思議空智斷一切煩惱藏」。

【不思議解脫】（術語）華嚴經、維摩經所明之法門也。見不可思議解脫法門條。

【不思議業相】（術語）智淨相之對。還於淸淨本覺上之業用也。依智淨相而本覺之德用現能爲一切勝妙之境界也。卽無量功德之相常無斷絕應衆生之機類而使得種種之利益業用之不可思議也。

【不思議緣起】（術語）曼荼羅之法、以三密之方便爲緣、行者之觀心爲因、而現普門海會諸佛之境界曾非思議之境故云不思議緣起。

【不思議境界分】（經名）大方廣佛華嚴經不思議境界分之略名。

【不思議境界經】（經名）大方廣如來不思議境界經之略名。

【不思議解脫經】（經名）華嚴經之異名、又維摩經之異名見不可思議解脫經條。

【不思議變易死】（術語）見不思議變易生死條。

【不思議變易生死】（術語）二種生死之一。離三界生死之身後以至成佛之界外生死也。由煩惱之力起有漏之善惡業、由此業所感之三界五趣果報曰分斷生死以所謂可求之菩提在實可度之衆生在實之法執卽所知障爲助緣、起無漏之大願大悲業所感得之細妙殊勝果報曰不思議變易生死。由無漏之悲願力改轉分段生死之麤身、而受細妙無限之身、故云變易。爲無漏之定願力所助、妙用難測、故名不思議。爲大悲意願所成之身、故亦云意識身。或云無漏身。亦云出過三界身。若依相宗之判二乘之無學迴心而入大乘、則涅槃之後、直受變易身、有學之聖者、轉向大乘、於初地已後亦得受變易身。若菩薩八地已上受變易身、一類智增之菩薩初地已上受變易身。若依性宗之測、則二乘之無學及菩薩之種性已上得隨應而受。唯識論八曰「不思議變易生死。謂諸無漏有分別業由所知障緣助勢力所感殊勝細異熟果、由悲願力改轉身命無定齊限。故名變易。無漏定願正所資感、妙用難測、名不思議。」

【不思議眞言相道法】（術語）無相之法身加持而作種種之聲字、種種之聲字成無相法身故、謂之不思議眞言相之道法。大日經二曰「佛說不思議眞言相道法」同疏七曰、「佛說不思議眞言相道法者。如聲聞法解脫之中無有文字。而維摩詰不離文字說解脫相。故名不思議解脫。今此字輪亦爾。卽以無相法身作種種聲字。種種聲字作無相法身。故名不可思議眞言相也。」

【不思議神通境界經】（經名）具名、佛說大乘不思議境界經。三卷、趙宋施護譯。佛住法界光明菩薩宮入普遍光明三摩地、而放大光明、殑伽沙之菩薩雲集、妙吉祥菩薩入無垢普光三摩地現大神變而來、普華幢天子問修何法而得如是神通、佛以四種之四法答之。又說妙吉祥最初發心轉女成男之因緣。

【不思議光菩薩所說經】（經名）一卷、秦羅什譯。佛在祇陀林中、婬女棄一小兒於路邊、衆皆往觀佛、詣其所作種種問答、次使現通、諸天蒙光皆來集、因名不思議光。佛爲波斯匿王說其往因、並授記。

【不思議光菩薩所問經】（經名）不思議光菩薩所說經之異名。

【不思議慧菩薩】（菩薩）此菩薩在胎藏界曼荼羅除蓋障院最下端。梵名阿惹底也麽底娜多密號曰難測金剛。爲權實不二智不可思議之主。菩薩形肉色、左手持蓮、上安珠、右手擧臂掌向內、坐赤蓮上。

【不思議功德諸佛所護念經】（經名）二卷、失譯。有千一百二十佛之名。

【不思善不思惡】（術語）絕善惡之思量也。無門關廿三則曰「六祖因明上座趁至大庾嶺、祖見明至、卽擲衣鉢於石上云、此衣表信、可力爭耶。任君將去。明遂擧之如山不動。踟蹰悚慄。明曰。我來求法、非爲衣也。願行者開示。祖云、不思善、不思惡、正與麽時那個是明上座本來面目。明當下大悟。遍體汗流。」

【不空】（人名）三藏法師之名。梵名阿目佉跋折羅 Amoghavajra 此言不空金剛。略云不空。北天竺之婆羅門族。幼失父。隨叔父來住東海。年十五師事金剛智三藏。遂受五部之灌頂。及開元二十年金剛智示寂。奉遺旨往五天幷師子國。廣求密藏。天寶五年還京。入內立壇。爲帝灌頂。後祈雨止風。有驗。賜號曰智藏。天寶八年許還國。至南海郡。有敕再留。十五年有詔還京。使住大興善寺。自天寶至大曆六年。譯出密部之經軌。凡七十七部。一百二十餘卷。密教之盛。此時爲最。代宗永泰元年特進試授鴻臚卿。加號大廣智三藏。大曆九年示疾。敕使勞問。加開府儀同三司。封肅國公。食邑三千戶。六月十五日寂。壽七十。贈司空。諡大辯正廣智三藏。詳見宋僧傳一。不空傳。

【不空三藏】（人名）見不空條。

【不空王三昧】（術語）大樂金剛不空三昧也。大日如來所入之三昧也。金剛頂經出生義曰「住自受用身據色究竟天。入不空王三昧。普集諸賢聖。削地位之漸階。開等妙之頓旨。」

【不空如來藏】（術語）二如來藏之一。亦云不空眞如。如來藏卽眞如之性。具足一切之萬德。德無不備。法無不現也。

【不空羂索王】（菩薩）不空羂索觀音也。

【不空羂索法】（修法）以不空羂索觀音爲本尊而修之密法。

【不空羂索經】（經名）不空羂索神變眞言經之略名。

【不空羂索觀音】（菩薩）梵名阿牟伽皤賖 Amoghapāśa 譯爲不空羂索。胎藏界觀音院之一尊也。或列爲六觀音之一。此尊持不空之羂索。鉤取人天之魚於菩提之岸。以此幖幟而得名。羂索譬菩薩之四攝法。其羂索必有所獲。故云不空。陀羅尼集經四曰「阿牟伽皤賖。唐言不空羂索。」大日經疏五曰「羂索是菩提心中四攝方便。」玄奘譯之不空羂索咒心經後序曰「過不空等者。別衆經之殊號也。至如擲羂取獸。時或索空。玆敎動稃罔不玄會。故立斯目也。」演密鈔五曰「四攝是法。羂索是喩。諸佛菩薩以四攝法攝取衆生。無空過者。世間羂索索取諸獸。少有所失。故以爲喩。又此羂索名不空。世間羂索索取獸時。或中或不中。四攝羂索攝取衆生無不中者故。」

【形像】（圖像）不空羂索觀音之像法。依不空羂索神變眞言經有三說。一者三面十臂。一者三面六臂。一者一面四臂。今世間所見之像多三面六臂也。三面六臂者三面各有三眼。經二十二曰。「不空王觀世王音菩薩。身量橫量十六指數。三面六臂。正中大面慈悲熙怡。如首戴大梵天。面眉間一眼。首戴天冠。冠有化阿彌陀佛。左面怒目可畏。眉間一眼。鬢髮聳豎。月冠冠有化佛。右面嚬眉怒目。狗牙上出。極大可畏。眉間一眼。鬢髮聳豎。首戴月冠。冠有化佛。一手持羂索。一手持蓮華。一持三叉戟。一手執鉞斧。一手施無畏。一手把如意寶杖。結跏趺坐。佩身光焰。」又秘藏記末記三面四臂之像云「不空羂索菩薩。白肉色。有三目。并三面。左右二面大青色。著鹿皮裙。有四手。左一手取開蓮。次手羂索。右一手說法相。次手取軍持瓶。」

【經軌】（經名）不空羂索神變眞言經三十卷、唐菩提流志譯。佛說不空羂索呪經一卷、隋闍那崛多譯。不空羂索神咒神經一卷、唐玄奘譯。不空羂索咒心經一卷、唐菩提流志譯。佛說聖觀自在菩薩不空王秘密心陀羅尼經一卷、趙宋施護譯。已上四經皆前經之第一品也。又佛說不空羂索陀羅尼儀軌經二卷、師子國三藏阿目佉譯。是三十卷經一二兩卷之異譯也。又不空羂索陀羅尼自在王咒經三卷、唐寶思惟譯。不空羂索陀羅尼經二卷、北天竺婆羅門李無諂譯。二經同本也。

【不空成就如來】（佛名）Amogha-siddhi 金剛界五智如來之第五。五大月輪中北方月輪之中尊。隨業護牙拳之四金剛、金色。左手作拳印。右手舒五指當胸。為成所作智所成、自利利他之事業。故名不空成就。五部中之羯磨部也。羯磨譯曰成就。與不空成就之義同。以羯磨為三昧耶形。以犽字為種子。密號為不動金剛。胎藏界謂之天鼓雷音。其密號同。菩提心論曰「北方不空成就佛由成成所作智。亦名羯磨智也。」秘藏記末曰「北輪不空成就如來。金色。左手拳。右手五指舒開當胸。」

【不空羂索菩薩】（菩薩）不空羂索觀音也。

【不空見菩薩】（菩薩）此菩薩在胎藏界曼荼羅地藏院上第二位。梵名阿目伽捺羅舍、譯言不空見。密號曰普觀金剛。普觀衆生。開五眼而不空見。故名。菩薩形為肉色、右手持蓮。上安佛頂。左手為施無畏。坐於赤蓮。

【不空供養菩薩】（菩薩）在胎藏界曼荼羅悉地院南端第五位。又名供養寶菩薩。梵名阿利也阿目伽補惹摩尼、譯言不空養密號曰如意金剛。肉色。四手。左第一手蓮。第二手索。右第一手劍。第二手三股戟。坐赤蓮上。或謂為赤色忿怒形。

【不空鉤觀音】（菩薩）梵名曰央俱捨 Amoghāṅkuśa 與不空羂索觀音同體。在胎藏界之觀音院、謂之不空羂索。在虛空藏院。謂之不空鉤觀音。鉤者。幖幟之意。同於於羂索不空羂索神變眞言經所謂清淨蓮華明王央俱舍是也。

【形像】（圖像）不空羂索神變眞言經二十八曰、「臺中出現不空羂索心王清淨蓮華明王。三面四臂首戴寶冠。冠有化佛。當中正面圓滿熙怡眉間一目左右二面如不空羂索觀世音左右面目一手持開蓮華。一手持羂索。一手持寶幢。一手把三叉戟。」秘藏記末曰、「不空鉤觀自在菩薩四面四手。肉色左右二面青色。左一手蓮華上有鉤。一手羂索右上手捧鉤。次一手三股跋折羅。」

【不空金剛菩薩】（菩薩）胎藏界蘇悉地院之一尊也。

【不空鉤依菩薩法】（修法）不空鉤觀音之修法也。宋僧傳一金剛智傳曰、「用不空鉤依菩薩法在所住處起壇。」

【不空三昧大教王經】（經名）最上根本大樂金剛不空三昧大教王經之略名。

【不空羂索神變眞言經】（經名）三十卷唐菩提流志譯羂索觀音之本經軌也。

【不空羂索毘盧遮那佛大灌頂光眞言】（眞言）一卷唐不空譯自不空羂索神變眞言經之第二十八卷抄譯者。世所謂光明眞言即此中之陀羅尼也。

【不定性】（術語）法相宗所立五性之一。聲聞、獨覺、菩薩三乘之種子皆具或可爲阿羅漢、或可爲辟支佛、或可爲佛無有一定之向故名不定性此有四類、一具菩薩聲聞之二性、而開果不定也。二具菩薩獨覺之二性、而開果不定也。三具聲聞獨覺之二性、而開果不定也。四三乘皆具而開果不定也。此中第三者永無成佛之期餘者時至而成佛者也。菩提心論曰、「若不定性者無論劫限。遇緣便迴心向大從化城起以爲超三界謂宿信佛故乃蒙諸佛菩薩加持力而以方便遂發大心。」

【不定觀】（術語）台家所立三種觀門之一。非初觀實相、又非次第由淺至深、無論修何法過去宿習之所發豁然開悟而證實相、謂之不定觀。天台大師爲陳尚書令毛喜所著、修禪六妙門是不定觀之法也。法華玄義十曰、「不定觀者從過去佛深種善根今修證十二門豁然開悟得無生忍。即是毒在乳中即能殺人也。（中畧）學無作四聖行誦法華般舟等四種三昧豁然心悟得無生忍。即是醍醐行中殺人也。」

【不定教】（術語）台家所立化儀四教之一。如來以不思議之力能令衆生、於說小乘中得大乘之益、於說大乘中得小乘之益。如是得益不同者謂之不定教。即同聽異聞得益不同之教法也。

【不定聚】（術語）與不定性聚同。無量壽經下曰、「彼佛國土中、無諸邪聚及不定聚。」

【不定止觀】（術語）天台三種止觀之一。見不定觀條。

【不定性聚】（術語）三聚之一。此性或可爲邪、或可爲正、無一定之向、故名不定性聚。諸聖人名正性定聚、造五無間業者名定性邪聚、凡夫是不定性聚也。俱舍論九曰、「正邪定餘名不定、彼待二緣可成二故。」同頌疏曰「不定性者、除正邪外所餘有情。遇聖入聖、遇邪入邪、名不定性聚。」

【不定地法】（術語）心所六品之一。其性質非善非惡、廣通善惡無記三性、亦如彼大地法一切之心、未必隨伴而起。尋、伺、睡眠、惡作、貪、瞋、慢、疑之八者屬之。

【不定受業】（術語）四業之一。受果報而無決定之業也。

【不定種性】（術語）與不定性同。

【不受三昧】（術語）法華經普門品、無盡意菩薩奉佛勅以珍寶之瓔珞供養觀世音菩薩、觀世音菩薩不肯受之。天台解之云若約事而解、則無盡意奉佛命爲供養、我未奉命、何可輙受。若就理而解、則是不受三昧廣大之用也。觀音義疏下曰「不肯受者。事解、無盡意奉命供養、我未奉命、那忽輙受。亦是事須遜讓。觀解者、不受三昧廣大之用、故無所受。」秘略要鈔九曰、「不受三昧者、畢竟空也、以一心三觀而空無不遍、卽空之故不受有、卽假之故不受空、卽中之故不受二邊、雙照空假之故、亦不受中道。此非但空（藏通二教）非次第空（別教）正是圓空（圓教）也。此謂之不受三昧。」

【不受一切法】（雜語）心意解脫、而不取受一切法也。法華經化城喩品曰、「以不受一切法故、而於諸漏心得解脫。」嘉祥法華義疏曰、「心無愛着、故名不受。」

【不來迎】（術語）淨土門中多以臨終之正念期佛之來迎、而往生極樂、獨淨土眞宗之極意、談平生業成、於平生信受彌陀本願之一念、往生之業事成辨已、則更不以臨終之正念期佛之來迎也。但平生業成之念佛行者、決無不來迎者、有因緣固有預來迎之人、而獲得他力金剛之信心者、決不期待其來迎、謂之不來迎。參照來迎條。

【不來不去】（雜語）諸法之本性無去來往復也。智度論曰、「卽知一切法、不得不失、不來不去。」

【不知足者】（雜語）慾念强而不知足者也。遺敎經曰、「不知足者、雖富而貧。」

【不法】（術語）背佛法爲非道之行也。

【不兩舌】（術語）十善之一。兩舌者、向兩邊說是非而使相鬭諍也。

【不放逸】（術語）一心專注而修諸善法也。俱舍論四曰、「不放逸者、修諸善法、離諸不善法。」

【不和合性】（術語）廿四不相應行之一。色心之諸法衆緣不和合也。

【不取正覺願】（術語）無量壽經說阿彌陀佛爲法藏比丘時立四十八願、而一一之願以此願若不成就我不取正覺（卽不成佛）之誓言而結之。其第一願曰「設我得佛國有地獄餓鬼畜生者不取正覺」。乃至第四十八願之結句皆然也。依此而謂之不取正覺之誓願。

【不果遂者願】（術語）彌陀四十八願中之第二十願也。係念淨土、植諸德本、至心迴向之則誓遂其願望、必往生淨土也。故名此願爲植諸德本願、係念定生願、至心迴向願。

【不相應心】（術語）根本無明動靜心之體、而生業轉現之三細相、此位之惑心微細、而心王心所不相應、謂之不相應心。見起信論。

【不相應行】（術語）見心不相應法條。

【不染世間法】（雜語）不染着世間塵欲之法也。法華經涌出品曰、「住於神通力善學菩薩道。不染世間法如蓮華在水。」

【不染汚無知】（術語）二無知之一。根性闇昧不知事物之道理、法門之義理也。卽智慧之劣者。是無始以來不學之結果也。但此無知非執着於物之不淨性分、故云不染汚。是以此無知非爲悟諦理離生死之自行障。但爲了知一切法成一切智人普敎化人之化他障、因而亦謂之化導障之惑。阿羅漢獨斷染汚無知、不斷不染汚無知。故阿羅漢有赤鹽亦不知之愚者。佛兼斷不染汚無知、故卽稱爲一切智人。天台之三惑、以之爲塵沙惑。

【不染著諸法三昧】（術語）文殊院之文殊、其左手持青蓮華、是不染著諸法三昧之幖幟也。文殊無相之妙慧、不著諸法。故云不著諸法。大疏五曰、「青蓮是不染著諸法三昧。以心無所住故、卽見實相。」

【不拜】（雜語）受三歸爲優婆塞優婆夷者、不得拜餘道之天神地祇。受具足戒之比丘比丘尼、并不得拜國王父母也。般舟三昧經四輩品曰、「自歸命佛歸命法歸命比丘僧。不得事餘道。不得拜於天。不得祠鬼神。」梵網經下曰、「出家人法不向國王禮拜、不向父母禮拜、六親不敬、鬼神不禮。」唐彥悰所撰有集沙門不應拜俗等事六卷。

【不信】（術語）心念不澄淨於三寶之實德不樂欲也。俱舍論四曰、「不信謂心不澄淨。是前所說信所對治。」唯識論六曰、「不信於實德能不忍樂欲、心穢爲性、能障淨心惰依爲業。」

【不活畏】（術語）五怖畏之一。初學

之菩薩、爲布施不能施自己之全所有物畏爾後自己不能生活也。

【不律儀】（術語）三種律儀之一。惡戒也、戒律有善惡二種、要誓而作善止惡、是善戒、稱爲律儀、要誓而作惡止善、是惡戒、稱爲不律儀、外道諸種之邪戒是也。惡戒雖爲戒律之部類、然此爲顚倒之戒律、故云不律儀、律儀發善之無表色、不律儀發惡之無表色。見無表色條。

【不苦不樂受】（術語）三受之一。又云捨受、於不違不順之境領納不苦不樂之心意也。

【不卽不離】（雜語）如水與波、水與波相別、故云不卽、水波之性無別、故云不離。如言不一不異也。圓覺經曰、「不卽不離無縛無脫」。

【不退】（術語）梵語曰阿毘跋致 Avinivartanīya 又、Avaivartika 譯曰不退。功德善根愈增進而無退失退轉也。如不退之土、不退之位等、又不退轉、言勤行修習也。如不退之念佛、不退之勤行等。

【三不退】（名數）一位不退、既修得之位次不退失也。二行不退、於所修之行法不退失也。三念不退、於正念不退轉也。此三不退配於菩薩之行位、依諸宗而異。據法相大乘、則依萬劫修因入十住之位、唯識觀成就、無復退墮惡業流轉生死之位、謂之位不退。旣入初地、成就眞唯識觀、於利他之行不退失、謂之行不退。八地已去、得無功用智、念念入眞如海、謂之念不退。（西方要決之十住毘婆沙論）又天台一家、自別教之初住至第七住爲位不退、此間斷見思之惑、而永超三界之生死也。自第八住至十迴向之終爲行不退、此間破塵沙之惑、而不退失利他也。初地以上爲念不退、斷無明之惑、而不失中道之正念也。如配之於圓敎、則自初信至第七信爲位不退、自第八信至第十信之終爲行不退、初住已上爲念不退。觀經妙宗鈔下曰、「若破見思名位不退、則永不失超凡假伏斷塵沙名行不退、則永不失菩薩之行。若破無明名念不退、則不失中道正念」。

【四不退】（名數）淨土門立四不退。於以上三不退加處不退也、卽生西方淨土者、不更退墮穢土也。見西方要決、迦才淨土論上。因法相宗立四不退、一信不退、爲十信位之第六信以自後退不生邪見故也。二位不退、爲十住位之第七住、以自後退不入二乘故也。三證不退、爲初地以上、以證得之法不退失故也。四行不退、爲八地以上、以有爲與無爲之行皆能修故也。見法華玄贊二。

【五種不退】（名數）就淨土門所立四不退中第四之處不退，而立五種之不退、一大悲攝持不退、衆生生淨土者、阿彌陀佛以大悲願力攝持之、故一生之後、不轉退菩提心也。二佛光照觸不退、生淨土者、常照觸佛光、故一生之後、不轉退菩提心也。三常聞法音不退、生淨土者、常聞水鳥樹林之說法音、故一生之後、不退失菩提也。四善友同居不退、生淨土者、與彼國諸菩薩爲勝友、故內無煩惱惑業之累、外無邪魔惡緣之境、一生之後、不退失菩提也。五壽命無量不退、生淨土者、壽命無量、故一生之後、不退失菩提也。見淨土十疑論。

【不退土】（雜名）不退之淨土也。謂西方之極樂。以彼土爲淨土門所立四不退中之處不退故也。往生拾因曰、「出輪迴之鄉、至不退之土。」見不退條。

【不退相】（術語）九無學之一。又二十七賢聖之一。生來利根、所得之功德、悉無遺失，謂無學之聖者也。

【不退地】（術語）阿毘跋致、卽不退之位地也。不退有三種四種之別、又雖依諸宗而位次不同、然常謂菩薩初地之位。卽三不退中之行不退。四不退中之證不退也。法華經分別功德品曰、「或住不退地。或得陀羅尼。」

【不退住】（術語）十住之第七位。見十住條。

【不退輪】（術語）不退轉之法輪也。維摩經佛國品曰、「已能隨順轉不退輪。」法華經藥草喻品曰、「安住神通轉不退輪。」同分別功德品曰、「復有三千大千世界微塵數菩薩摩訶薩、能轉不退法輪。」見不退轉法輪條。

【不退轉】（術語）所修之功德善根愈增愈進、不更退失轉變也。略云不退。卽梵語之阿毘跋致也。無量壽經上曰、「聞我名字不卽得至不退轉者、不取正覺。」十住毘婆娑論曰、「若人疾欲至不退轉地者、應以恭敬心執持稱名號。」法華經序品曰、「此於阿耨多羅三藐三菩提不退轉。」

【不退菩薩】（術語）阿毘跋致之菩薩也。阿毘跋致、譯曰不退、於無上菩提不退轉也。分別之有三種四種之異。法華經序品曰、「不退諸菩薩其數如恒沙。」同譬喻品曰、「有得緣覺不退菩薩。」見不退條。

【不退轉經】（經名）不退轉法輪經之略名。

【不退轉法輪】（術語）畧云不退輪。佛菩薩之說法、謂之法輪、菩薩得此法輪、愈增愈進、而不退失、故云不退轉。又所說之理有進無退、故云不退轉、又爲證不退之法而轉之法輪、故云不退轉、又使衆生得不退轉、故云不退轉法輪。法華經序品曰、「樂說辯才轉不退轉法輪。」法華經嘉祥義疏二曰、「無生正觀、體可楷模、故名爲法。流演圓通、不繫於一人、故稱爲輪。又無生正觀無累不摧、亦是輪義。一得不喪、名爲不退。」註維摩經一、「肇曰、無生之道、無有得而失者、不退也。流演圓通、無繫於一人、輪也。」

【不退轉法輪經】（經名）四卷、失譯。廣博嚴淨不退轉法輪經之異譯。図廣博嚴淨不退轉法輪經之略名。

【不時解脫】（術語）二種羅漢之一。阿羅漢之根性愚鈍、而待好時好緣解脫煩惱者、謂之時解脫。根性銳利、不必待好時好緣、隨意入定解脫煩惱者、謂之不時解脫。六種羅漢中前五者爲時解脫、後一者爲不時解脫。俱舍頌疏二十五曰、「後不動種性名不時解脫。謂是利根以不待時便能入定、入心心解脫故。」

【不悅】（術語）有情之異名。俱舍光記三十曰「或謂有情、有情識故。或名不悅、劫初時人見地味等沒、心不悅故。從此爲名。」

【不殺生戒】（術語）在在家出家小乘大乘一切戒中、禁止殺害有情之生命也。

【不眞宗】（術語）大衍法師所立四宗之第三。見宗條。

【不修外道】（流派）十種外道之一。六師中刪闍夜毘羅胝子之所計也。謂不必求道、經生死劫數、則苦盡而自得涅槃、如縷丸轉高山、縷盡則自止。此外道由得五通、而見過去八萬劫之事、八萬劫之外則無所見。因指八萬劫以前爲冥諦涅槃。注維摩經三云、「肇曰、其人謂道不須求、經生死劫數、苦盡自得、如縷丸轉於高山、縷盡自止、何假求耶。」行事鈔下四之二曰、「不修外道、以劫順觀見八萬劫。外更不見境。號爲冥諦涅槃。如轉縷丸高山、縷盡丸止、何須修道。」

【不起法忍】（術語）又云無生法忍。不起者、即無生也。斷見惑而生空理、所謂得無生法忍也。空理者無生無起、故云無生法又云無起法忍。忍者忍可決定此無生無起之空理也。維摩經佛國品曰、「逮無所得不起法忍。」同注云、「肇曰、忍即無生慧也。以能堪受實相、故以忍爲名。得此忍則無取無得、心相永滅、故曰無所得不起法忍也。」幻士仁賢經曰、「離八十垢、得不起法忍。」

【不酒酤戒】（術語）梵網經所說十戒之一。酒者昏亂人之心性、故一切不賣之也。

【不動】（菩薩）見不動明王條。

【不動法】（修法）以不動明王爲本尊、爲息災增益而修之祈禱法也。

【不動咒】（眞言）慈救咒也。

【不動供】（修法）不動尊之供養法也。

【不動地】（術語）十地之第八。

【不動定】（術語）不動尊所住之禪定也。大菩提心爲體、大菩提心本性淸淨無爲寂定、故謂之不動定。底哩三昧耶經曰、「不動者是菩提大寂定義也。」

【不動佛】（佛名）東方世尊阿閦如來也。楞嚴經五曰、「見東方不動佛國。」維摩經見阿閦佛品曰、「有國名妙喜佛號無動。」

【不動義】（術語）性虛空十義之一。眞如之體性、常住而不變不動也。

【不動講】（行事）講讚不動明王功德之法會也。

【不動點】（術語）涅槃點之異名也。

【不動尊】（菩薩）見不動明王條。

【不動生死】（術語）生死即涅槃之義也。大日經疏一曰、「初發心時便成正覺、不動生死而至涅槃。」

【不動如來】（佛名）東方阿閦如來也。阿閦譯不動、又譯無動。大敎王經曰、「結破魔印、右手舒五指以按地、左手五指執持衣角、入東方不動如來三昧。」略出經曰、「由結阿閦佛觸地契故、得心不動。」拔濟苦難陀羅尼經有不動如來淨除業障咒。

【不動明王】（菩薩）Aryaacalanātha 梵名阿遮羅曩他。譯言不動尊、又翻無動尊。又阿奢囉逝吒 Acalaceta 亦謂之不動使者。密敎諸尊依三輪身之分類而總判之、則大日如來爲一切諸尊之總體、爲自性輪身、而此尊爲一切諸佛之敎令輪身、故又稱爲諸明王之王、五大明王之主尊、在密敎諸尊中與大日如來相並、享多數之祭祀。約金胎兩部而分別其德、則五方之五佛各有三輪身、中央者毘盧遮那如來、爲自性輪身、金剛波羅蜜多菩薩爲正法輪身、不動明王、爲敎令輪身。是奉大日如來敎令示現忿怒形、降伏一切惡魔、有大威勢之眞言王也。又稱明王、明王者與稱眞言王同。（是約於金剛界、見敎令輪身條。）又此尊於大日華臺雖久已成佛、而以其本誓之故、現初發心之形、爲如來之童僕、而給使諸務、且給使於眞言行者、故稱使者。使者即使役於人之義也。不動使者、不動即使者、而非不動者不動之使者、如二童子、八大童子等。（是約於胎藏界。）大疏五曰、「此尊於大日華臺久已成佛、以三昧耶本誓願故、示現初發大心諸相不備之形、爲如來僮僕給使、執作諸務。」立印軌曰、「無動尊現身奉事修行者、猶如婆誐鑁。」諸部要目曰、「此經中不動尊等四十二地如來僮僕使者。」此尊之密號、謂之常住金剛。其本地於大體爲大日尊勿論、而在稱爲釋迦不動者、則以釋尊爲直接之本地佛云。不動愛染二明王、爲密敎的本尊、受最多之祭祀、其中不動尤爲密宗所重。至於行法之祈禱的目的則降伏、愛敬、鉤召等一切通用之。

【名字殊異】（雜語）無量力神通無動使者、（底哩三昧耶不動念誦法）不動尊、（同上、又立印軌、大日經一同經七、同疏九）大威怒王聖者無動（立印軌）無動尊（同軌大日經七）[梵字][梵字][梵字][梵字]（同軌）不空聖者無動威怒、（同軌）聖無動（同軌）無動使、（同軌）無動大威怒金剛（同軌）不動使者、（五佛頂經使者法）不動如來使。（大日經二）不動摩訶薩（同經二）大猛不動大力者、（同上）大摧障不動王、（同上）聖者不動尊（同經七）聖不動、同經）大力不動明王（同經疏九）不動大有情（同上）眞言尊、（瞿醯經）不動忿怒王、（護天八世法）威怒不動金剛（仁王念誦軌）此中通稱不動又稱無動者、菩提心之堅固不動、又安住於金剛智之中、實而不動於有空二邊之義也。依下種子三形可知其深義。

【種子】（術語）有多種。（一）[梵字]哈字。合[梵字][梵字][梵字][梵字]四字而成此一字、是即表中央之佛具四智也。謂[梵字]字最初之橫點、即[梵字]字東方發心大圓鏡智阿閦佛也、右之傍點則[梵字]字南方修行平等性智寶生佛也、上點是[梵字]字即西方證菩提妙觀察智無量壽佛也、本體之[梵字]字者風大北方入涅槃成所作智不空成就佛也。（善無畏以風大爲北方之佛）此四字合而[梵字]之一字成、則中央之大日方便善巧智具足圓滿也。（不動之降魔大方便善巧也。）上者約於東因之義、若約於中因之義、則[梵字]是本不生之義、是中央本有之因也、[梵字]是行因東方也、[梵字]是寂靜南方證菩提也、[梵字]以眞如圓寂法身涅槃之故、（略出經四）爲西方、[梵字]字是北方方便究竟之果德也、自此種子之義、而明王之德、所以爲諸尊之通體、大日之敎令輪身可知。（二）[梵字]漫字。大疏十曰、「[梵字]漫字[梵字]摩是我義、入阿字門即無我也。又以此大空三昧而怖畏衆魔以此字亦有阿聲及點也」以上二種子最通用（三）[梵字]路字。（底哩三昧耶經上卷）以[梵字][梵字][梵字][梵字]之四字爲種子故。此字於離塵之[梵字]字加[梵字]之三昧點、塵垢即爲煩惱魔故、離塵三昧之[梵字]字即降魔三昧也。（四）[梵字]吽字。演密鈔七曰、「疏此是中胎缽字義者、此不動明王是毘盧遮那成辨諸事之智。爲欲善護一切菩提心故、以畢竟無相之身。作如來使者之形、行如來事。故此明王即是淨菩提心大日心王。」釋其義則凡此[梵字]字者菩提心之體也、衆生之心動轉、即有息風出入自口出入則自成[梵字]之響、自鼻出入則自成[梵字]之響。故此[梵字][梵字]二字俱爲菩提心之體、謂胎之東方寶幢佛以[梵字]字爲種子、則金之東方阿閦佛以[梵字]字爲種子、又金之大日以[梵字]字爲體、（五佛灌頂大日眞言之終句是也。）則薩埵以[梵字]字爲種子、（[梵字]字之本體爲[梵字]字故）胎之大日以[梵字]字爲種子、則薩埵以[梵字]字爲種子也。此以大日爲自心之體性、薩埵亦爲菩提心之體故也。而不動亦爲衆生本有之體性、故以[梵字]字爲其種子。又[梵字]字者[梵字][梵字][梵字][梵字]四字合成、[梵字]者東方阿閦發心、[梵字]者南方寶生之行因、（寶珠爲萬法能生之因故）[梵字]者西方彌陀之菩提[梵字]（絕滅之義、絕滅無明而圓滿功德故）、[梵字]者上之空點卽北方不空成就之涅槃也。故此一字具四智四佛四轉四部。所以不動卽爲大日也。（五）[梵字]阿字（[梵字]）字下所引依底哩三昧經）卽是大日之種子、故又爲自心本有之薩埵種子、故又阿字爲一切諸法本不生故。諸法各各當位不動、常恒湛寂、是爲不動尊。不動尊之種子、雖尙有秘訣、今示其主要之五個、其餘從略。

【幖幟】（雜語）（一）利劍、此有二義、一、中智之義、密宗之中道、爲諸法本不生、有（表）空（遮）不二、而有之邊爲本不生、空之邊亦爲本不生、故以本不生中道之劍爲幖幟。蓋中道之智、不動於有之邊、亦不動於空之邊、故名不動尊。兩部之辨事眞言通用不動之深義在斯。二、降魔之義、魔者以無始之間隔爲其體、故揮不二中道之智劍、則無量魔軍不攻自降、表此義以智劍爲幖幟。（二）羂索、此有四義。一、繫縛之義、縛四魔之意也。二、引攝之義、以大悲方便能引一切迷徒、使入於法界曼荼羅故。三、大寂靜不動之義、何則喻三學則戒如撲賊定如縛賊、慧如殺賊。右手之劍、是風大之動而爲能殺之慧也、左手之索、是空大之不動、而爲能縛之定也、是故兩手所持合表動卽不動之義也。大寂靜與大定同。四、不動卽動之義、以索縛住散動之魔是不動之義、引攝沈淪是動之義也。（三）獨股杵、此有四義。一、菩提心之義、二、中

一股杵之印（立左右之二中指）是最初發心三昧耶戒之印故、又爲阿閦佛之三昧耶印故。二、能破之義、一股者上下銳利、而有能破之相、外道凡夫著於生死、聲聞緣覺著於涅槃、今住焉捨焉取不二之實德、則生死涅槃之二執皆息、不倚二邊、故不動也、卽能破二執、故以上（破涅槃之執）下（破生死之執）銳利之獨股表之。三、二利具足義、劍者上求菩提之智、索者下化衆生之悲、獨股杵者、通徹上下、表具足二利、卽勝義（上求）行願（下化）三摩地（二利本體）三種之菩提心也。不動以菩提心爲其體、故以獨股爲幖幟。四、三十七尊住心城義、獨股者是一心法界也、四處各鐫八葉之蓮華者、四波羅蜜十六菩薩八供四攝也、最中所把處、彰四寶珠、中心埋一寶珠、是五佛也、故以是表三十七尊住心城之中道、一實本不生之妙慧。（若依立印軌及底哩三昧耶經下卷則應以

三股杵縛曰羅寶棒爲幖幟。何則、爲尊之所持故但古來多用上三種故略而不註。)

【形像】(圖像)經軌所說有種種。(第一像)是世間流布之像而立印軌、與底哩三昧耶經與使者法之各初章所說、與大日經具緣品之說相同。但身色則諸說有異大疏六爲黑色立印軌爲青色使者法爲赤黃色、底哩經末說身色然其所說之相、與使者法大同則身色亦可同於彼也。大日經二曰、「不動如來使持慧刀羂索頂髻垂左肩。一目而諦觀威怒身猛焰安住在盤石。面門水波相充滿童子形。」同疏五曰、「畫不動明王如來使者作童子形。右持大慧刀印。左持羂索頂有莎髻屈髮垂在左肩。細閉左目以下齒嚙右邊上脣其左邊下脣稍翻外出。額有皺文猶如水波狀。坐於石上。其身卑而充滿肥盛作奮怒之勢極忿之形。是其密印幖幟相也。(中略)所以持利刀以羂索承如來忿怒之命盡欲殺害一切衆生也。羂索是菩提心中四攝方便。以此執繫不降伏者。以利慧刃斷其業壽無究之命。令得大空生也。若業壽種除則戲論語風亦皆息滅。是故緘閉其口以一目視之意、明以等目所觀、一切衆生無可宥者。故此尊凡有所爲事業唯爲此一事因緣也。鎮其重障盤石使復不動。成菩提心妙高山王故云安住在盤石也。」同九曰、「不動明王、此是如來法身。以大願故、於無相中而現是相。護一切眞言行者。若行者常能憶念能離一切障也。所謂不動者、卽是眞淨菩提之心。爲表此義、故因事立名也。此明王閉一目者有深意也。以佛眼明鑑、唯一而已無二無三也。」立印軌曰、「左垂一索髮。左目而視眇。右手操銳劍左手執羂索。安置寶盤上現叱吒暗嗚。現怖三界相。」安鎮軌曰、「坐金盤上光焰熾盛。其焰多有伽樓羅狀。」聖無動尊念誦儀軌曰、「頭上七髻左肩。」今釋以上諸書所述之意義如下。一、右手之利劍、其說詳於上幖幟條。二、左手之羂索亦如上。三、左頭垂一辮髮、表一子之慈悲也。頭爲一身中之最上者、故表佛界左表衆生界。如母之愛念一子、垂大悲於衆生界也。又左爲慈悲之幖幟。四、一目諦觀、如疏自釋、而所以閉左一目開右一目者、表掩閉左道而使入乳字之一乘也。而世間之不動多開兩目、或言開兩目者、依安鎮軌所云目口皆張。又傳釋迦所現之不動。開一目閉一目者以釋迦出世於五濁惡世、使三乘六道悉入一佛乘故也。大日所變之不動、兩眼俱開。是卽以本不生之智眼、諦觀生死涅槃、皆是心德、而無可棄者故也。五、住迦樓羅焰迦樓羅焰徧於身上者、是表智火之金翅鳥身噉食惡毒之龍也。金翅鳥噉食諸龍故、不二中道之大智火降伏九十六種外道邊見之義也。六、坐盤石、如疏自釋。或問、依疏文盤石者、初醫重障、後醫淨菩提心、其相違如何。答曰、是煩惱卽菩提之意、迷則爲重障、悟則爲淨菩提心、本非二體也。七閉其口、亦詳於疏釋。八下齒嚙右上脣、是表使天魔怖畏之智力、右者智之方、天者爲上、故以右齒咬上脣也。九左邊下脣稍翻外出、是表起慈悲之用、左者悲之方、悲者爲下化、故左脣翻於外也。十額上小波相、額者四處加持時南方寶生如來灌頂作佛之位、而在因者第七識也、卽一切衆生七識之波浪並起、與第七識相應之我痴我見我慢我愛四煩惱水波之位也。又依實義、則額上者卽以才字之智水灌頂作佛之位也。此表染淨之水波、而額上作皺印也。十一、頂上七莎髻、髻形分七、如莎草所分之形、底哩軌頌云「頭上七種髮、表七菩提分。」頂上者大空之果也、以依七覺支而能證果故也、又髮者是心之條、覺悟者亦心之用、故以髮表之也。十二、身青黑赤黃青黑皆風大之色、表大能破之色卽調伏之相、使者法曰「赤黃色者、黃是地大阿字諸法本不生理所證之色、赤是火大本不生智能證之色。理智不二、能證一體、故現赤黃色也。」十三、充滿肥盛、其身卑而充滿肥盛者、是僮僕承事之相也。(第二像)立印軌、底哩皆於第三章說之。底哩經云、欲禁他軍陣之衆、而使不動、則自於旌上畫不動尊、四面四臂、身作黃色、上下出牙、作大忿怒瞋畏之狀、徧身有火光、作吞兵之勢。(兵是武器之總名。立印云、作吞他刀之相。)四臂所持未詳。依安鎭法及護世八天法、則上二手作金剛拳、頭指與小指曲如鉤、以安於口之兩邊、下二手如常持劍索、其身黃色者、攝領之義、勝他之義也。蓋黃者是眞金及中央之土色、土者金木水火之主、中者四方之宗、(是攝領之義)眞金者是銀銅鉛鐵等中之最、(是勝他之義)四面者吞四方敵兵之義也、上二手利牙之相、是噉食怨敵之相也、劍索如上。(第三像)立印軌云、又有法、畫釋迦牟尼佛像、右邊畫文殊童子、左畫金剛手菩薩、作微笑形、於下畫無動大威怒金剛、著種種瓔珞嚴飾於身。此中不動之像同第一像、但加三尊爲異、此中中央之釋迦爲不動之本身故、(底哩經意)金剛手者亦是本身故、(立印軌意)文殊者智之尊、明王主智、故加此三尊也。(第四像)立印軌云、復次有畫像法、於袈裟上畫、應作青黑色、髮向左邊垂、作童眞形狀、操鑠訖底、(三叉戟)或執縛日羅、眼睛色微赤、有威焰、其光赫赫、坐磐山上、其山色赤黃著青色衣。此中鑠訖底表三部之智、以不動爲佛部之持明使者、佛部爲蓮金二部之總體故也。(第五像)出立印軌、亦同第一像、但取死人衣服刺自身之血圖之、欲成持明仙中之王、則對此像持誦。(第六像)安鎭國家法云、四臂作大忿怒身、紺青色、洪滿、端嚴、目口皆張、狗牙出於上右、劍左索、其上二臂在口之兩邊、作忿怒印、身處八輪之金剛輪內、其輪內外現八個三股金剛杵頭、後有迦樓羅炎、坐極大之四寶須彌山上、有八天王並眷屬。（第七像）瑜伽大敎王二云、阿闍梨觀想ゑ坎字變爲大智印，大智化爲不動尊忿怒明王。作眇眼童子相、身口翡翠色、頂上戴冠、內有阿閦佛、六臂四面、各面有三目、正面微笑、右面黃色、現忿怒相、開口出舌、舌如紅蓮、左面白色、以齒咬唇、現大忿怒相。右第一手持劍、第二手持金剛杵、第三手持箭、左第一手持羂索、及作期尅之印（竪頭指也。）第二手持般若經、第三手持弓、放赤色之光、徧滿照耀、坐蓮華上、垂一足、座下有大寶山、心念吽字、故能除諸魔、具無邊之神通、如化雲徧滿虛空。依如此之法而觀想彼人、已踐聖道、不久可以成佛、此名一切如來證覺不動智變化金剛三摩地。（第八像）大聖無動明王守護國界法云、復次說畫像之法、取白氈或淨衣而畫聖尊。四面忿怒身色如日輪、火燄上聳、六臂各持器杖。右手持利劍、左持索、次右手持金剛箭、左手持寶弓、次右手執金輪、左手執金剛杵、以金色之師子王爲座而坐之、八大童子侍立於左右。

【五部不動形像】（名數）日本小野仁海僧正之口傳、有約於佛金蓮寶羯五部、沙汰五種之不動尊者。其所傳之文曰、「一、佛部不動、白色、著天寶冠、住立、佛持劍索、坐瑟瑟石座、白色二童子侍。二、金剛部不動、赤色、頂上七莎髻、持劍縛曰羅、坐磐石、赤色二童子侍立。三、寶部不動、黃色、持金剛索、頂有七莎髻、坐大磐石、黃色童子侍。四、蓮華部不動、綠色、頂有五佛冠、持劍索、坐須彌山。五、羯磨部不動、黑色、頂有八葉白蓮華、持劍索、坐磐石、是最深秘、愼勿傳於他門。」

【不動尊十四印明】（印相）此十四印者、立印軌、底哩經所說也。一根本印、獨股印也、立印軌云、次結無動尊根本秘密印、二羽內相叉、輪輪各如環、（名之曰內縛、以狀佛心、）二空（二大指）水（無名指）住側、火峯（中指）住空面、（是以二空指押二火二水也。）二風（左右頭指）和合竪。印母之內縛者、佛心也、此尊爲佛部之敎令輪身、故以佛心爲印母。次以空指押二火二水之四指、卽降伏四魔之義也。次二風竪而合者、卽獨股杵之形也。凡以三種杵爲三部之智、三股者、表胎之三部、五股者表金之五部、一股者是蘇悉地不二之本誓三昧耶也。不動尊爲不二一實之法界體、故以一股之印爲根本契也。此印一字之明用ゑ字。立印軌云、用此一字心眞言能成辦一切事業。通用一切印。是以ゑ之一字爲主、故與一股之印相應也。二寶山印、軌云、次寶山印相。定慧門相叉。二空入滿月（掌中）是爲內縛印。三頭秘密印、軌云、以二金剛拳定置慧脊屬上。名頭秘密印。四眼密印、軌云、二羽內相叉。二空入滿月。風輪和合竪。印眼及眉間。是名眼密印。五口密印、軌云、次結口密印。地輪(小指)內相叉。水(無名)押地叉間。二火(中指)並申直。二空各加水甲。二風加火甲。此印置於口。六心密印、軌云、復次密印想。二羽三補吒。(虛心合掌) 風空如彈指。是名心密印。七甲印、叉云五處加持印。軌云、復次三補吒。二火建如幢。風住火初節。二水如寶形。二地及二空、各各而建立。印心及兩肩。喉位頂上散。八師子奮迅印、軌云、次作惡叉波(譯奮迅)名師子奮迅。不改前密印。開竪慧風輪、九火焰印、軌云、次結火焰印。以慧手空輪、加於水火甲。風竪拄定掌、右旋成界方。左轉名解散。十火焰輪止印、使者法謂之遮火印、軌云、定慧各為拳。空出風火間。二拳背相合。能制止諸火。十一商佉密印、軌云、次商佉密印定空(左大指)加地水。慧羽亦如是。二火甲如針。觀風(右頭指)附火節。止風(左頭指)開竪之。十二渴誐印、軌云、不動渴誐印。止空加地水、風火並申直。是名三昧鞘。慧手亦如是。觀風輪入定空水地環。輪面與月合。卽劍住定鞘。抽出辨諸事、斷結辟護等。十三羂索印、軌云、次結羂索印。慧空加火水、及地等三輪。風建入定月。止地水火拳、空風如環。是名索幖幟。十四三股金剛印、軌云、三鈷金剛印。觀空加風甲。三輪如金剛。所有請供具、散灑作淨除。此名不動十四根本印。占最主要之地位者、為根本印與劍印、通用於行法上。

【陀羅尼】(眞言) 此尊之眞言最重要者有三種。火界咒、慈救咒、心咒也。如其次序、不動之大咒與中咒與心咒也。大咒卽火界咒、咒曰、南謨(歸命)薩縛(一切)怛他櫱帝弊(如來等)薩縛目契弊(一切門苦)薩縛他(一切處)怛羅吒(叱呵)戰拏(暴惡)摩訶路灑拏(大忿怒)欠(空) 佉呬佉呬(噉食噉食)薩縛尾覲南(一切障)吽 (恐怖) 怛羅吒(叱呵)憾鋡(種子)。次中咒、卽慈救咒、咒曰、南謨(歸命)三曼多(普遍)縛曰羅赧(諸金剛)戰拏(暴惡)摩訶路灑拏(大忿怒)薩破吒也(破壞)吽(恐怖)怛羅他(堅固)憾鋡(種子) Namas sarva-tathāgatebhyas sarvamukhebhyas sarvatā trāṭa caṇḍa mahāroṣaṇa khaṁ khāddhi' khāddhi' sarvavighnaṁ hūṁ traṭa haṁ maṁ 慈救咒者、曩莫三曼多縛曰羅、赧戰拏(極惡謂暴惡之中又甚暴惡也)摩訶路、灑拏(二大忿怒也)娑破吒也 (三破壞也) 吽(恐怖也)怛羅吒(四堅固也)悍(引)鋡(引) (二字種子。已上句義出靑龍軌中卷。) Namas samanta-vajrāṇāṁcaṇḍa mahāroṣaṇa sa Paṭaya hūṁ trāṭa haṁ maṁ 小咒卽心咒、咒曰、南謨三曼多 (歸

命普遍）縛曰羅赧（諸金剛）憾（種子）Namas samantavajrānāṃ haṃ

【二童子】（名數）一矜羯羅 Kiṃkara 童子、二制吒迦 Ceṭaka 童子。參照次項。

【八大童子】（名數）又云八大金剛童子、不動尊之使者也。八大童子儀軌曰、「一慧光菩薩。二慧喜菩薩。三阿耨達菩薩。四指德菩薩。五烏俱婆誐。六清淨比丘。七矜羯羅。八制吒迦。是等使者四智四波羅蜜爲親隨順大日敎令故顯現此形、圍繞聖無動尊也。」一慧光童子、而貌少忿怒、著天冠、身色黃白色、右手持五智之金剛杵、左手執蓮華、其上安月輪、身着袈裟、有耳璫環釧臂脚釧、種種瓔珞莊嚴於身。二慧喜菩薩、左手持摩尼寶珠、右手把三股鉤、天衣珠瓔莊嚴其身。三阿耨達菩薩、譯曰無上尊、形如梵天王、身作眞金色、頂戴金翅鳥王、左手執紅蓮華、右手持獨股杵、乘於青龍背。四指德菩薩、（或作忠德）尊形如藥叉、色如虛空、面有三眼、着甲冑、左手把獨鈷金剛、右手把三叉鋒。五烏俱婆誐童子、（亦作憂丘婆丘）譯曰越三世、身色如金剛、現暴惡之相、戴五股冠、左手把三股之縛曰羅、左手作金剛拳而押腰。六清淨比丘、剃頭髮如比丘像、着袈裟、於左肩垂結、左手把梵篋、右手當心而持五股杵。右肩偏袒、示恭敬之相、腰纏赤裳、面貌非少非老、眼目如青蓮、其口上牙顯出於下唇。七矜羯羅童子、尊形如滿月童子、著蓮華冠、面目少視虛空、有愛念之貌、身相白肉色、兩手合掌、其二大二頭之間橫揷獨股之金剛杵、以袈裟纏身、天衣珠瓔嚴飾其身。八制吒迦童子、身作紅蓮華色、頭上五處各結一髻、以天衣纏肩上、不着袈裟、不柔軟忿怒之相也。左手三股杵、右手金剛杵、或云面目忿怒而具四臂、七結之髻髮垂於左肩、頂上有八葉白蓮、二手合掌當於心前、恭敬聖者之相也、左第二手持弓、右第二手把箭、無袈裟、其腰纏襤、身相青黑、立於磐石上、又面貌如十五歲之童子、身著緋衣、以珠瓔爲莊嚴、乘白馬、其馬作驟勢、馬頸懸鈴。

【八大童子印言】（眞言）第一慧光童子。種子爲[梵字]、三昧耶形爲五股金剛杵、印爲金剛合掌而忍願（左右中指）竪合如針、眞言曰、「唵（歸命）嚩曰囉摩帝入嚩囉（一金剛慧光）菩地質多（菩提心）疉（種子）」第二慧喜童子。種子爲[梵字]、三形爲三股鉤、印爲金剛合掌而忍願（中指）竪合如寶形、眞言曰「唵（歸命）囉怛曩（寶）摩底娑度（慧喜）摩訶摩尼（大寶）莫（種子）」第三阿耨達菩薩。種子爲[梵字]、三形爲開敷蓮華、印爲金剛合掌而忍願（中指）竪合如蓮華形、眞言曰、「唵（歸命）鉢納摩（蓮華）薩嚩娜賀（一切熱）鉢羅捨引曩（除）摩訶達磨（大法）三（種子）」第四志德菩薩（或作指德）種子爲[illegible]三形爲羯磨輪印爲金剛合掌而忍願（中指）入掌合面加持四處眞言曰「唵（歸命）羯磨（業）摩訶吠哩耶（大精進）鉢哩布囉迦（滿足）𤙖（種子）」第五烏俱婆誐童子（亦名憂丘婆丘）種子爲[illegible]三形爲三股金剛杵印爲金剛合掌眞言曰「唵（歸命）嚩曰囉薩怛嚩（金剛薩埵）烏俱婆誐（住三世）摩訶燥企耶（大樂）多（種子）」第六淸淨比丘種子爲[illegible]三形爲梵筴印爲梵筴印仰左手而置心下以右手覆左手上是也眞言曰「唵（歸命）摩尼（寶）尾輸馱達磨（淸淨法）俱嚕囉乞叉達磨（作擁護法）嚩（種子）」第七矜羯羅童子種子爲[illegible]三形爲獨股杵印爲蓮華合掌眞言曰「唵（歸命）達磨（法）矜羯囉（能作者）底瑟吒（安住）曰囉（種子）」第八制吒迦童子種子爲[illegible]三形爲三股金剛杵印爲外縛五股印又爲蓮華合掌眞言曰「唵（歸命）羯磨（業）制吒迦（使者）吽（恐怖）發吒（破壞）喃（種子）」

【不動使者】（雜名）不動尊之童子形謂之不動使者給使於行人之意也見不動明王條。

【不動無爲】（術語）六無爲之一。生於色界之第四靜慮而離苦樂二受際之眞如也離苦樂麤動而得之眞如故云不動無爲。

【不動解脫】（術語）時愛心解脫之對。六種阿羅漢中不動阿羅漢之稱不退動於煩惱解脫煩惱之繫縛故名。

【不動使者法】（修法）祈念不動使者之法。卽說於不動使者秘密經者也。又儀軌之名不動使者陀羅尼秘密法之略名。

【不動尊儀軌】（經名）立印儀軌之異名。

【不動安鎭法】（修法）祈念不動尊而安鎭家宅之法也。

【不動陀羅尼】（眞言）慈救咒也。

【不動阿羅漢】（術語）六種阿羅漢之一。阿羅漢中根性最利而不爲煩惱所動亂者。

【不動軌立印】（經名）立印軌也。

【不動護摩供】（修法）對於不動尊修護摩而供養之也。

【不動慈救咒】（眞言）不動尊之慈救咒也見不動明王條。

【不動金剛明王】（菩薩）不動明王也。安鎭軌曰「毘盧遮那如來爲拔濟一切有情於三界中現威德光明自在之身號曰不動金剛明王。」

【不動使者秘密法】（修法）不動使者陀羅尼秘密法之略名。

【不動使者陀羅尼秘密法】（經名）

一卷、唐金剛菩提譯本經。逓使者卽毘盧遮那之化身、而能滿種種之願。

【不動慈護咒】（眞言）慈救咒也。

【不淨】（術語）汚穢也、鄙陋也、醜惡也、過罪也。

【不淨行】（術語）又云非梵行。梵者清淨之義。非梵行謂淫事也。愛染汚心、故名不淨行。梵網經疏下曰「淫戒名非梵行。鄙陋之事、故言非淨行。」

【不淨肉】（術語）小乘律中見聞疑之肉爲不淸淨、禁食之、大乘敎則無論淨不淨總制之。參照五種淨肉條。

【不淨紙】（雜名）拭不淨之紙也。臨濟錄曰「三乘十二分敎皆是拭不淨故紙。」

【不淨施】（術語）二種布施之一。以妄心求福報而行布施者。見智度論十一。

【不淨國】（雜名）智度論二十三說不淨國之老母賣白髓餅之故事也。

【不淨輪】（術語）三輪之一。無常、不淨、苦此三法輪相依而轉、故云三輪。見三輪條。

【不淨觀】（術語）五停心觀之一。爲治貪心、觀身之不淨也。此中有二。一者觀自身之不淨、二者觀他身之不淨。觀自身不淨有九相、一死想、二脹想、三青瘀想、四膿爛想、五壞想、六血塗想、七蟲噉想、八骨鎖想、九分散想。智度論中加燒想、而缺死想。（見九想條）觀他身不淨有五不淨、一種子不淨、是身以過去之結業爲種、現以父母之精血爲種。二住處不淨、在母胎不淨之處。三自相不淨、是身具有九孔、常流出唾涕大小便等不淨。四自體不淨、由三十六種之不淨物所合成。五終竟不淨、此身死竟、埋則成土、蟲噉成糞、火燒則爲灰、究竟推求無一淨相。出於智度論十九、俱舍論二十二、大乘義章十二。

【不淨忿怒】（術語）烏樞沙摩明王也。

【不淨金剛】（明王）Ucchusma 烏偈沙摩、譯曰不淨金剛、又云觸金剛。此明王、爲不動明王所化現、調伏一切之不淨鬼者、故於東司安置之、上東司時、誦此明王之眞言也。大威力烏樞瑟摩明王經下曰「烏樞瑟摩明王敎法不拘淨穢。恒示忿怒相。誦滿三十萬徧得驗。」大日經疏九曰、「時不動明王受佛敎命召彼。見其作如是事。卽化受觸金剛。（卽是不淨金剛也。）令彼取之。爾時不淨金剛須臾悉噉所有諸穢。令盡無餘。」陀羅尼集經九曰「烏樞沙摩。唐言不淨潔金剛。」

【不淨說法】（術語）又云邪命說法。或說邪法、或說正法、其心邪、故總名之爲不淨說法。佛藏經三曰、「不淨說法者有五過失。一者自言盡知佛法。二者說佛經時出諸經中相違過失。三者於諸法中心疑不信。四者自以所知非他經法。五者以利養故爲人說法。」此佛藏經所說第五之過失。有邪命說法之名。以實法而利養己、是不正之活命也。(不正之活命謂之邪命)優婆塞戒經二曰「能說法者復有二種。一者淸淨。二者不淸淨。不淸淨者復有五事。一者爲利故說。二者爲報故說。三者爲勝他說。四者爲世報說。五者疑說。(中略)不淨說者名曰垢穢、名爲賣法。」說法明眼論曰「不淨說法有五科。一以有所得心說虛妄言令他發信墮惡道故。二不說佛法徒說世事故。三食酒食五辛犯非婬正婬卽身著法衣及入堂中穢三寶故。四誹他有德讚自無德故。五不悟一乘一實法而耽著權門有相之敎故。」觀經妙宗鈔下曰「不淨說法者但求名利。非益物也。」觀經散善義傳通記三曰、「邪命說法者。以邪因緣不淨說法。利養活命。故不淨說法名曰邪命說法。」

【不淨觀經】(經名)達磨多羅禪經之異名。

【不害】(術語)大善地法之一。十一善心所之一。善心所之名。不爲他之不利。不損惱他之精神作用也。唯識宗於無瞋之作用上假立名者。

【不婬戒】(術語)在家之八戒及諸出家之中皆有之。離一切之婬事也。在在家五戒中爲不邪婬戒、僅禁邪婬而已。

【不惜身命】(術語)菩薩之大心、爲菩提不惜身命也。法華經譬喩品曰、「若人精進常修慈念。不惜身命乃可爲說。」

【不捨誓約】(術語)謂阿彌陀佛誓願之約束。彌陀第十八願、以念佛往生爲誓、言「若不生者、不取正覺」是卽謂以他力攝取信心念佛者不捨之誓、故稱曰不捨之誓約。

【不莊校女經】(經名)腹中女聽經之異名。

【不善】(雜語)違理而損害現世及未來世者名爲不善。五逆十惡是也。是在現在損害自他、在未來感苦果而損害己心身、故爲不善。如三途之苦果彼雖在現在損害身心、然更無爲之招未來世之損害者。故非不善。唯識論五曰「能爲此世他世違損、故名不善。惡趣苦果雖於此世能爲違損、非於他世、故非不善。」大乘義章七曰、「惡法違損、稱曰不善。」勝鬘寶窟上末曰、「十惡破戒違理名爲不善。」

【四種不善】(名數)一勝義不善、由眞諦之實義定不善之義也。依此義則一切之有漏法卽生死法、總爲不善。以此中雖有善有不善、然皆以苦爲自性、極不安穩、猶如痼疾故也。二自性不善、無慚無愧及貪瞋痴之三不善根也。以有漏法中、此五法自體不善、猶如毒藥故也。三相應不善、與彼相應同時俱生之一切心心所也。以他之心王及心所、必與無慚無愧三不善根相應、方成不善之性、若不相應則不然、如雜毒藥之水故也。四等起不善身業與語業也、以此爲自性不善與相應不善所引起之不善、(依善起善、依惡起惡、能起所起同等、謂之等起)如飲毒藥汁而生之乳故也。見俱舍論十三。

【不善律儀】(術語)與非律儀同。

【不虛妄性】(術語)眞實性也。

【不惡口】(術語)十善之一。不發麤獷之惡言罵辱他人也。

【不盜戒】(術語)與不偷盜戒同。

【不唧嚁】(術語)唧嚁者秀與就之反切語也。猶言秀者唧嚁切就者唧嚁切、不唧嚁者不秀不就之義也、指不秀不成就之鈍漢而云不唧嚁也。類書纂要曰、「杭州人以秀爲唧嚁」俗呼小錄曰、「說人之不慧曰不唧嚁」宗子京記筆曰、「孫炎作反切語。本出於俚語常言。故謂就曰唧嚁。凡人不慧者曰不唧嚁。」中峯錄一下曰、「除夜示衆曰不如念一道眞言消遣殘年不唧嚁。」碧巖第一則著語曰「說這不唧嚁漢」

【不愚法】(術語)二種小乘之一。見愚法條。

【不落因果】(雜語)從容錄第八則曰、「有學人問大修行底人還落因果也無。對他道不落因果」砂石集一曰、「未聞耶彼不落因果之一句既得五百生狐身。」百丈野狐之因緣也。見百丈條。

【不飲酒戒】(術語)在家出家比丘菩薩等一切之戒中、必列此戒。

【不輕】(本生)不輕比丘又云不輕菩薩作出家沙門之形相、故云比丘、爲大乘菩薩之根性、故云菩薩。具名常不輕。此比丘常修不輕之行、因受常不輕之稱、卽釋迦佛往古之前身也。見常不輕菩薩條。

【不輕之行】(術語)做常不輕比丘之行而禮拜途中之人唱云、「我不敢輕慢汝等皆當作佛」是謂之不輕之行。

【不輕品】(經名)常不輕菩薩品之略稱。

【不輕菩薩品】(經名)常不輕菩薩品之略稱法華經二十八品中第二十品之名。說不輕菩薩之行事者也。

【不慳貪戒】(術語)梵網經十戒之一。心無鄙恪、悉捨所有也。

【不說菩薩】(雜名)維摩居士也。取默不二之故事而名之也。梁武之金剛般若經懺文云、「無言童子妙得不言之妙。不說菩薩深見無說之深。」

【不說四衆過罪戒】(術語)梵網經所說菩薩十戒之一。禁止說優婆塞優婆夷比丘比丘尼四衆之過罪也。

【不與取】(術語)他人不與而自取

即偸盜。五戒中第二戒也。智度論十三曰、「不與取者、知他物生盜心、取物去離本處。物屬我、是名盜。」

【不疑殺】（術語）三淨肉之一。謂此肉爲不疑其爲我而殺之淨肉也。

【不綺語】（術語）十善之一。不作汚雜之語、巧佞之辯也。

【不聞惡名願】（術語）阿彌陀佛四十八願中之第十六願。懷感謂之無諸不善願、靜照謂之不聞惡名願。謂至極樂者、不使有不善名之願也。無量壽經上曰、「設我得佛、國中人天、乃至聞有不善名者、不取正覺。」

【不請】（雜語）不請求也。

【不請之友】（雜語）謂衆生不請求、而菩薩以大悲爲我之友與我利益也。無量壽經上曰、「爲諸庶類作不請之友、荷負群生。」勝鬘經曰、「普爲衆生作不請之友、大悲安慰、哀愍衆生。」同寶窟上末曰、「四乘衆生雖有根性樂欲、未生不能請求。菩薩照機知其堪受、即便爲說。故言不請。聞必得益、目之爲友。」

【不請法】（雜語）謂非由彼請、而鑑其機爲說利益之法也。無量壽經上曰、「以不請之法施諸黎庶。」

【不請淨施】（術語）謂爲布施而未能於施者受者施物之三輪相離、實有之見、有麤細之執心也。

【不增不減】（術語）凡佛教說不增不減有二門、一就實相之空理而言。一就法之無盡而言。如般若經、即就空理者、如不增不減經、即就無盡者。般若心經曰、「諸法空相、不生不滅、不垢不淨、不增不減。」是諸法即眞空也。眞空無增減也。然如說生佛二界之不增不減、就生界之無盡、佛界之無盡而言二界無增減也。起信論義記上曰、「況衆生界如虛空界、設如一鳥飛於虛空、從西向東、經百千年、終不得說東近而西遠。何以故。以虛空無分齊故。」

【不增不減經】（經名）一卷、元魏菩提留支譯。明衆生念念成佛、而生佛二界皆無增減也。

【不增減眞如】（術語）十眞如之一。十地中第八爲不動地。此地雖減染法而增淨法、而其增減不起執著、故所證此地之眞如、謂之不增減眞如。

【不審】（雜語）比丘相見之禮話也。如不審尊候如何等語是。僧史略曰、「如比丘相見、曲躬合掌口曰不審者、何。此三業歸仰也。（曲躬合掌身也、發言不審口也、心若不生崇重、豈能動身口乎）謂之問訊。其或卑問尊、則不審少病少惱、起居輕利。不。上慰下、則不審無病惱、乞食易得、住處無惡伴、水陸無細蟲。不。後人省其辭、止曰不審也。大如歇後語乎。」

【不瞋恚戒】（術語）梵網經所說菩薩十戒之一。禁生一切忿怒之心也。

【不融三諦】（名數）見隔歷三諦條。

【不還】（術語）卽不還向又云不還果。

【不還向】（術語）聲聞乘四向之一。修向不還果之行法之位也。卽斷欲界修惑九品中第七品第八品之位。不還者不還來欲界之義。斷第九品巳、則不再生於欲界、必生於色界無色界之上界。故謂之不還果。今七八品斷而向其不還果之行位、故謂之不還向。俱舍論二十四曰「卽斷修惑七八品者。應知亦名不還果向。」

【一間聖者】（術語）不還向中有一間聖者、乃十八有學之一。見一間條。

【不還果】（術語）聲聞乘四果之一。梵名阿那含、Anāgāmin 斷盡欲界九品之修惑、不再還生於欲界之聖者之位也。此不還果之聖者有五種七種九種之差別。

【五種不還】（名數）又名五種那含、五種般。般者般涅槃之略、爲入涅槃之義。一中般、不還之聖者死於欲界而往色界、於其中有之位、斷餘煩惱而般涅槃也。二生般、謂生於色界巳、不久斷餘惑而般涅槃也。三有行般、生巳、而於其天處長時加行勤修、以斷餘惑方般涅槃也。四無行般、生巳而於其天處無加行、懈怠而經長時、餘惡自解脫、而般涅槃也。（此由生般中別開者。）五上流般、流者進行之義、於色界必從下天進行於上天、其間斷餘惑而般涅槃也。此中有樂慧樂定之二種。樂慧者爲生於色究竟斷餘惑而般涅槃、樂定者爲生於無色界之有頂天、斷餘惡而般涅槃。是雖生於無色而以經色界之生、所以攝於色界之生也。

【六種不還】（名數）前五種加現般則爲六種不還。現般者、不還之聖者不生於上界而於欲界之現身斷餘惑、卽般涅槃也。

【七種不還】（名數）前六種加無色般也。無色般者沒於欲界不生於色界而生於無色界、於此斷餘惑而般涅槃也。

【八種不還】（名數）前七種加不定般爲八種不還。不定般者、雖於三界中任何一界斷餘惡而般涅槃、然無決定之種性也。但此爲台宗一家所立、性相家不釋之。

【九種不還】（名數）於前五種不還中、中般生般上流般之三種般、各分三種、爲九種不還。是於色界入滅聖者之區別也。中般三種、一速般、謂於中有斷餘惑而般涅槃也。二非速般、謂於中有經暫時而般涅槃也。三經久般、謂於中有經久時而般涅槃也。生般三種、一生般、謂生於色界速斷餘惑而般涅槃也。二有行般、謂生於色界加行勤修經幾許之時而般涅槃也。三無行般、謂生於色界、懈怠不成加行、經久時而漸般涅槃也。上流般三種、一全超般、謂先生於色界之最下梵衆天、由梵衆天超中間之十四天、至色究竟天而般涅槃也。二半超般、謂先生於梵衆天、後超一天二天乃至十三天至色究竟天而般涅槃也。其超不全、故云半、非等分之半也。三遍沒般、謂遍經歷色界之十六天、而於色究竟天般涅槃也。見俱舍論二十四等。

【十一種不還】（名數）是成實論之所明。一現般、是俱舍七種不還中之現般也。二轉世、謂既得預流果、經多生欲界之生得那含、卽得羅漢者。俱舍無之。三中般、五種不還中之中般也。四生般、五種不還中之生般也。五有行般、五種不還中之有行般也。六無行般、五種不還中之無行般也。七樂定、八樂慧、此二者爲五種不還中上流般之樂定、樂慧二者。九信解、十見到、新云見至、是修道中鈍利之二根、俱舍七聖中之第三第四也。十一身證、爲於前人中得滅盡定者。俱舍不攝之於有學。見大乘義章十一本。

【不謗三寶戒】（術語）梵網經所說十戒之一。謂於佛法僧常當恭敬尊重、不可謗毀也。

【不斷】（雜語）謂日日不間斷、相續勤修也。如不斷讀經、不斷念佛等。

【不斷光】（術語）阿彌陀佛之光明十二光之一。彌陀之光明、常存三世、恒照益世間而不斷絕、故名不斷光。

【不斷常】（術語）對相續常而言。無暫時間斷、謂之常、無間絕謂之續。

【不斷經】（行事）日日常讀經也。如藥師經之不斷經、法華經之不斷經等。

【不斷輪】（行事）禪林之語。爲祈禱而定僧員、日日相續、諷誦經呪、輪環以期感應、謂之不斷輪。敕修淸規祈禱曰、「如祈晴祈雨、則輪僧十員二十員或三五十員、分爲幾引、接續諷誦。每引諷大悲呪、消災呪、大雲呪、各三七遍、謂之不斷輪。終日諷誦、必期感應、方可滿散懺謝。」

【不斷光佛】（佛名）十二光佛之一。

【不斷相應染】（術語）六染心之一。

【不斷煩惱得涅槃】（術語）此爲天台、眞言及淨土門所立、而各異其義。見卽條。

【不釐務侍者】（職位）爲不執實務而在侍者之職者、卽名譽侍者是也。

【不壞句】（術語）稱阿之一字。以此爲金剛不壞之體性故也。大日經二曰、「行者諦思惟、當得不壞句。」

【不壞法】（術語）成就白骨觀之阿羅漢有二種、鈍根之人、更恐執着於白骨、爲燒骨人爲灰之想、是曰壞法。利根之人不爲燒骨人爲灰之想、由彼眉間放出八色光明之狀、修鍊而得神通等、謂之不壞法。此二爲當於慧解脫、俱解脫之二者。

【不壞四禪】（術語）四禪天內則覺觀之定心不壞、外則器界不爲三災所壞也。

【不壞金剛】（雜名）金剛寶堅固不能破壞故曰不壞金剛。

【不壞金剛光明心殿】（術語）金剛界之大日如來說法處也、不壞金剛者、歎諸尊之身常住堅固、光明心者、嘆其心之覺德、以五智配之則當於成所作智、三密之業用、皆由此生。瑜祇經曰、「一時薄伽梵金剛界遍照如來。以五智所成四種法身、於本有金剛界（中略）不壞金剛光明心殿中與自性所成眷屬」。二教論曰、「謂不壞金剛者總歎諸尊常住身、光明心者歎心之覺德。殿者明身心互爲能住所住（中略）亦是成所作智三密業用皆從此生」。

【不覺】（術語）一切衆生、自己心性之平等覺悟、名曰不覺。一切之凡夫地是也。爲不覺故、造業受生死之果也。起信論曰、「所言不覺義者。謂不如實知眞如法一故。不覺心起而有其念」。

【不覺現行位】（術語）十地中之前二地也。此位雖爲聖者之位然仍自然任運而起煩惱、故有此名。

【不懺舉】（術語）三舉之一。惡比丘破戒不肯懺悔、衆僧諭之、指爲安陳濫說、我不懺悔。此不懺之人、爲極惡者、因舉治之而擯於僧外。是云不懺舉。見行事鈔上二。

【不臘次】（雜語）禪林之語、爲胡亂坐之異名。

【不蘭迦葉】（人名）外道之名。見富蘭那迦葉條。

【不顧論宗】（術語）因明四宗之一。爲不顧他而隨自意樂所成立之宗法也。

【不變易性】（術語）眞如之異名。以眞如於一切時不變易故也。

【不變眞如】（術語）對隨緣眞如之稱、眞如之體畢竟平等、無有變異、故曰不變眞如。卽本性之眞心、常住之佛性也。此不變之體、隨緣生三界六道之相、謂之隨緣眞如。權大乘不許眞如之緣起、故不立隨緣眞如之義、實大乘於眞如立不變隨緣之二義、所以明不變之眞如造作有爲之萬法者。金錍論曰、「萬法是眞如、由不變故。眞如是萬法、由隨緣故」

【不變隨緣】（術語）對於隨緣不變。現象之事也。卽雖觸所緣而現萬有、然其本體不變也。翻譯名義集曰、「未了不變隨緣不變之義、而生二執」

【互跪】（雜語）左右兩膝、互着地而跪於地也。是乃梵土通俗之敬相、故因之又稱胡跪。此中佛法爲左跪、卽以右膝着地爲通相、行事久時則交互而跪。歸敬儀曰、「言互跪者。左右兩膝交互跪地。此謂有所啓請悔過授受之儀也。佛法順右」。又曰、「經中以

行事經久苦弊集身。左右兩膝交互而跪」一

【互用罪】（術語）互相濫用三寶物之過罪也。此有三寶互用、當分互用、像寶互用、一一互用之四種。即從寬至狹之次第也。三寶互用者。謂佛物用於法或僧、法物用於佛或僧、僧物用於佛或法也。當分互用者、例如濫用造釋迦像所施捨之金以造彌陀等像、濫用作無量壽經所施捨之金以作法華經等、回用施於甲寺僧之物以贈乙寺僧是也。像寶互用者例如用供養五分法身之物供養形像、用供養滅諦涅槃理法之物供養黃卷赤軸之經典、用供養第一義諦僧之物供養剃髮染衣之僧是也。一一互用者。謂於三寶物堂宇等受用物、田園等係屬物、香燈等供養物、飲食等獻納物、一一互濫用之也。但法藏唯舉三寶互用、當分互用之二種耳。出於梵網經菩薩戒本疏第一、四分律行事鈔資持記中一之四等。

【互爲主伴】（術語）蓮華藏世界之大小釋迦互爲主伴、金胎兩界之諸尊互爲主伴。是乃華嚴所說十六緣起門之主伴具足相應門意也。

【互相釋義】（術語）三論宗四種釋義之一。見四釋條。

【巴利語】（術語）Pali 南方佛教之聖典語、爲古南天竺之一地方語。與北方佛教聖典語之梵語相比較、音調變化少、文法亦簡易。不如彼之繁雜。極富通俗之語。後入錫崙而行。現今存在之小乘經原本大抵以此語記之。南方佛教徒、以巴利語爲古摩迦陀語。

【巴吒】（人名）長者名。玄應音義二曰、「巴吒。案阿含經此長者因國爲名也。」梵 Pāṭa'

【巴迦弗】（地名）城邑名。見波吒釐條。

【巴陵】（人名）岳州巴陵之顥鑑、雲門之法嗣也。見傳燈錄二十二。

【巴陵三轉語】（公案）巴陵、謂岳州顥鑑禪師也。碧巖第十三則評唱曰「師常縫坐具行脚。深得他雲門脚跟下之大事。所以奇特。後出世爲雲門法嗣。先住岳州巴陵。不更作法嗣之書。只得三轉語上雲門。如何是道。明眼人落井。如何是吹毛劍。珊瑚枝枝撐著月。如何是提婆宗。銀椀裏盛雪。雲門云。他日老僧忌辰。只舉此三轉語報恩足矣。自後果不作忌辰之齋。依雲門之囑、只舉此三轉語。」

【巴鼻】（雜語）又作巴臂、巴者把也。碧巖集普照序曰、「頌出衲僧向上巴鼻。」同種電鈔曰、「宗門方語云。巴鼻之巴。如鼻準之可弁撮也。猶可把之者。獨立后人常談也。類書纂要十二云。沒巴臂、作事無根據也。」韻府作把鼻。

【方丈】（堂塔）禪林之正寢、住持之住所也。故稱寺主曰方丈。因其住於此也。古來之說、維摩居士之石室、四方有一丈。丈室之名、始基於此。法苑珠林感通篇曰：「吠舍釐國宮城周五里。宮正北六里有寺塔。是說維摩經處。寺東北四里許有塔。是維摩故宅基。尚多靈神。其舍疊甎。傳云積石。卽是說法現疾處也。於大唐顯慶年中、勅使長吏王玄策因向印度過淨名宅、以笏量基、止有十笏。故號方丈之室也。」傳燈錄禪門規式曰：「長老既爲化主、卽處於方丈、同淨名之室、非私寢之室也。」案方丈之名、先唐王玄策已有其說。王簡棲頭陀寺碑文曰：「宋大明五年始立方丈茅茨。」註、高誘曰：「堵長一丈、高一丈、面環一堵、爲方丈。」銑曰：宋孝武皇帝時也。言立方丈之室、覆以茅茨之草、以置經家也。」則方丈唯言僧坊之狹小而已、必非由於維摩也。曇鸞之往生論註上曰：「如維摩方丈、苞容有餘。何必國號無貲、乃稱廣大。」

【方口食】（術語）四邪命之一。謂曲媚豪勢、遣使四方、巧言令色以自活也。智度論三曰：「有出家人曲媚豪勢、通使四方、巧言多求、不淨治命者、是名方口食。」

【方外】（雜語）猶言世外。莊子大宗師曰：「彼游方之外者也。」今謂僧道曰方外。

【方典】（術語）方等之經典也。方者方正、等者平等。說方正平等之理之經典也。爲大乘經之總稱。觀無量壽經曰：「讀誦大乘方等經典。」

【方服】（衣服）比丘之法衣（卽三品袈裟）盡爲方形、故謂之方服。又云方袍。葛城慈雲比丘著有方服圖記。

【方所】（雜語）方角與所處也。法華經曰：「善應諸方所。」

【方便】（術語）梵語傴和、Upāya有二釋。一對般若而釋。二對眞實而釋。對般若而釋、則謂達於眞如之智爲般若、謂通於權道之智爲方便。權道乃利益他之手段方法、依此釋則大小乘一切之佛敎、概稱爲方便。方者方法、便者便用。便用契於一切衆生之機之方法也。又方爲方正之理、便爲巧妙之言辭。對種種之機、用方正之理與巧妙之言也。又方者衆生之方域、便者敎化之便法、應諸機之方域、而用適化之便法、謂之方便。是皆通一大佛敎而名之也。往生論下曰：「正直曰方、外己曰便。（中略）般若者達如之慧名、方便者通權之智稱。達如則心行寂滅。通權則備省衆機。」法華文句三曰：「方者法也。便者用也。法有方圓、用有差會。三權是矩是方。一實是規是圓。若智詣於矩、則善用偏法逗會衆生。若智詣於規、則善用圓法逗會衆生。」嘉祥法華義疏四曰：「一者就理敎釋之。理正曰方、言巧稱便。卽是其義深遠、其語巧妙。文義合擧、故云方便。此釋通於大小。二者衆生所緣之域爲方。如來適化之法稱便。蓋欲因病授藥、藉方施便。機敎兩擧、故名方便。此亦通於大小。」法華玄贊三曰、「施爲可則曰方。善逗機宜曰便。（中略）方是方術、便謂穩便。便之法名方便。」大集經十一曰、「能調衆生悉令趣向阿耨多羅三藐三菩提。是名方便。」對眞實而釋、則謂究竟之旨歸爲眞實、假設暫廢爲方便。故又名善巧。或曰善權。卽入於眞實能通之法也。利物有則云方、隨時而施曰便。依此釋、則爲小乘入大乘之門、故謂之方便敎。三乘爲通於一乘而設者、故亦名方便敎。因斯判一切法爲方便眞實之二也。法華文句三曰、「又方便者門也。門名能通。通於所通。方便權略皆是弄引。爲眞實作門。眞實得顯。功由方便。從能顯得名。故以門釋方便。如開方便門、示眞實相。」法華義疏四曰、「方便是善巧之名。善巧者智之用也。理實無三。以方便力、是故說三。故名善巧。」法華玄贊三曰、「權巧方便。實無此事。應物權現。故言方便。謂以三業方便化也。此對實智名爲方便。利物有則曰方。隨時而濟名便。」天台更有一釋、以解法華經方便品二字。謂方者秘也。便者妙也。謂秘密之妙義也。蓋法華已前之方便、爲對眞實之方便。方便之外有眞實。因而謂之爲體外之方便。今三乘之方便、卽顯一乘之實法者、是乃方便品中所說。故謂之爲體內之方便。又曰同體之方便。是爲秘密之妙義。爾前一向不明之、至今始開說。故曰秘妙。法華文句三曰、「又方者秘也。便者妙也。（中略）王頂上唯有一珠。無二無別。指客作人是長者子。亦無二無別。如斯之言、是秘是妙。」

【二種方便】（名數）一體外方便、餘經所說之方便也。是眞實體外之方便。故云體外。二體內方便、又云同體方便。方便卽眞實、眞實卽方便。故曰體內。如法華所說之方便是也。法華文句三曰、「體外方便。化物之權。隨他意語。（中略）同體方便。卽是自行權。隨自意權。」輔行三曰、「此權者。本是諸佛妙體。體內方便。故名權謀。」垂裕記二曰、「法華名權卽體內方便也。」

【方便力】（術語）方便之力用也。

【方便土】（術語）方便有餘土、及方便化身土之略稱。

【方便品】（經名）法華經二十八品中第二品之名。說三乘方便一乘眞實者。故名。又維摩經第二品之名。敘維摩居士以種種方便化益衆生、且以方便而現疾於毘耶離城。故名。

【方便智】（術語）又云權智。對實智之稱。達於方便法之智也。又行方便之智也。見權智條。大乘義章十九曰、「知一乘眞實之法名爲實智。了知三乘權化之法、名方便智。」

【方便願】（術語）彌陀四十八願中之第十九願與第二十願也。此二願以弘願（第十八願）爲使歸入眞如門之方便、誓假設要門眞門因果之願。故名第十九願爲要門、第二十願爲眞門也。

【方便聲】（術語）謂於五轉中顯方便究竟殞惡字之聲也。其點畫謂之方便點、又依五字轉生之義謂之方便輪。見悉曇藏二。

【方便經】（經名）慧上菩薩問大善權經之異名。

【方便藏】（術語）佛之方便、包藏一切功德、故稱曰方便藏。敎行信證二曰：「乘一切知船、浮諸群生海、圓滿福智藏、開顯方便藏。」

【方便化土】（術語）方便化身土之略。

【方便化身】（術語）彌陀報身中之化身也。報第十九第二十之方便願而化現邊地懈慢之佛身也。

【方便法身】（術語）二種法身之一。是應身化身之總名也。見法身條。

【方便引入】（術語）以方便引入無緣之衆生於佛道也。

【方便行信】（術語）謂彌陀四十八願中、第十九第二十方便之願所誓要門、眞門行者之行與信也。第十九願要門之行曰、「修諸功德」、信曰、「至心發願欲生」。眞門之行曰、「植諸德本」、信曰「至心迴向欲生」。

【方便菩提】（術語）三菩提之一。見三菩提條。

【方便殺生】（術語）謂大菩薩方便之殺生、生無量之福德也。探玄記十九曰：「梁論戒學中釋甚深云：菩薩由如是方便勝智行殺生等十事、無染濁過失、生無量福德、速得無上菩薩。要大菩薩堪行此事。此有二種、一實行。二變化。實行者、了知前人必應定作無間等業、無別方便令離此惡、唯可斷命使不作惡。又知此人若捨命已必生善道。又菩薩自念我行殺業必墮地獄、爲彼受苦。彼雖現受少輕苦惱、來世必受樂果報也。」

【方便般若】（術語）方便智與般若慧也。證實理曰般若慧、通權謀之智曰方便智。往生論下曰：「般若者達如之慧名、方便者通權之智稱。達如則心行寂滅、通權則備省衆機。」

【方便假門】（術語）爲誘導於眞實之道、而假設之敎也。

【方便有餘土】（術語）台家所立四土之一。聲聞緣覺二乘究竟證果者及地前菩薩、當生界外之淨土也。此等人皆修空觀之方便道而斷見思（謂四住也）之惑、故謂之方便、未修中觀、隨之無明之惑未盡、故曰有餘。天台觀經疏曰、「修方便道斷四住惑、故曰方便。無明未盡、故曰有餘。」

【方便現涅槃】（術語）謂如來雖常住不滅、而爲使起佛世難值之想、惹追慕修道之念、故以方便示現涅槃也。法華經壽量品曰、「爲度衆生故方便現涅槃。而實不滅度。常住此說法。」

【方便波羅蜜】（術語）十波羅蜜之第七、第七地菩薩以善巧之方便隨機利物也。

【方便波羅蜜菩薩】（菩薩）此菩薩位在胎藏界曼荼羅虛空藏院上行右第二。梵名烏波野波羅蜜多。密號曰究竟金剛。十波羅蜜之一。位於如來悲無量心。以大悲索引縛衆生、使至菩提、其職司也。肉色、着羯磨衣、左持索、右手受索端、坐於赤蓮。

【方便乘涅槃】（術語）三涅槃之一。善巧之化益終、而應身亦當滅也。

【方便隨緣止】（術語）謂三摩也。三止之一。無明顚倒者了得實相之眞性、隨緣而內外之變化無動於心、安心不動也。翻譯名義集曰、「止觀二字各開三義。一體心止。二方便隨緣止。」

【方便化身土】（術語）日本見眞大師所立二土之一。方便者、對眞實而言、化身土者、對眞佛土而言。爲攝以自力修諸行、及行念佛而願求淨土者、彌陀如來權現一種之淨土、使之往生也。其土非眞實之報土、故曰方便、以化身佛爲敎主、非報身所居之土、故曰化身土。如觀經所說十三觀所觀之淨土及九品土。又菩薩處胎經所說之懈慢界、無量壽經所說之疑城胎宮皆是也。敎行信證六本曰、「謹顯化身土者、佛者如無量壽佛經說眞身觀佛是也。土者觀經淨土是也。復如菩薩處胎經等說。卽懈慢界是也。亦如大無量壽經說。卽疑城胎宮是也。」

【方相】（術語）五種結界之一。謂結界方正也。以流川樹木道路等爲界、者無是等、則於四邊立石、或植樹以結界。

【方袍】（衣服）比丘所着之三種袈裟、皆爲方形、謂之方袍。

【方規】（術語）方法規則也。文句八曰、「示適經方規。」慈恩傳八曰、「大明立破方規。」

【方等】（術語）台家有三釋。（一）約理釋之。謂方者方正、等者平等、中道之理方正而生佛平等也。因此義故、方等爲一切大乘經之通名。釋籤六曰、「此以理等名方等典。」四敎儀集解上曰、「三諦共談、理方等也。若理方等、五時之中唯除鹿苑、餘皆有之。」以諸大乘經悉談三諦。故云大乘方等經典。閱藏知津二曰、「方等亦名方廣。（中略）是則始從華嚴、終大涅槃、一切菩薩法藏、皆稱方等經典。」元照彌陀經疏曰、「一切大乘皆以方等實相爲體。方謂方廣。等卽平等。實相妙理橫徧諸法。故名方廣。竪該凡聖。故言平等。」(二)約事釋之、謂方者廣之義。等者均之義。佛於第三時諸經廣說藏通別圓四敎、均益利鈍之機。故名方等。是限於台家之釋義。種五時之方等部者是也。四敎儀集解上曰「今之方等者四敎俱說。事方等也。(中略)若事方等、正唯在於第三時也。」僧史略下曰「方等者卽周徧義也」(三)約事理釋之、謂方者方法之義。有門空門雙亦門雙非門四門之方法也。等者平等之理。體依四門之方法各契平等之理。謂之方等。卽方者能契之行、卽事也。等者所契之理也。止觀二曰「方等者或言廣平。今言方者法也。般若有四種方法。謂四門入淸涼池。卽方也。所契之理平等大慧卽等也。」

【方等時】(術語) 台家所判五時之第三。自成道已後十二年、於八年之間、說維摩經金光明經等之諸方等時期也。此諸經名爲方等者、由於方等三義中事方等之義。見方等及五時各條。

【方等部】(術語) 說方等時之諸經之部類也。

【方等經】(術語) 大乘經之總稱也。觀無量壽經曰、「讀誦大乘方等經典」見方等條。

【方等壇】(術語) 方等戒壇之略稱。

【方等懺】(術語) 方等三昧之懺法也。單稱曰方等三昧。又云方等懺悔。

【方等三昧】(術語) 此爲天台大師依大方等陀羅尼經制立之一種三昧行。與法華三昧皆爲四種三昧中之半行半坐三昧。專行其法而調直其心。謂之三昧。止觀二及方等三昧行法詳記其儀軌作法。

【方等戒壇】(術語) 依大乘方等之文所立之戒壇也。與南山所制之小乘戒壇相對立、攝人最爲寬大者。唐代宗永泰元年始於京城建之。其後至宣宗朝、承武宗破佛之後、使於方等戒壇盛度僧尼。僧史略下曰、「代宗永泰元年三月二十八日、勅大興善寺方等戒壇所須、一切官給。至四月、勅京城僧尼、臨壇大德各置十人、永爲常式。所言方等戒壇者。蓋以壇法本出於諸律。律卽小乘敎也。小乘敎中須一一如法。片有乖違、則令受者不得戒。臨壇人犯罪。故謂之律敎也。若大乘方等敎卽不拘根缺緣差、並皆得受。但令發大心而領納之耳。方等者卽周徧義也。(中略)稟順方等之文而立戒壇、故名方等壇也。既不細拘禁忌。廣大而平等。又可謂之廣平也。宣宗承會昌沙汰之後、僧尼再得出家。恐在俗中寧無諸過。乃令先懺深罪後得戒品。若非方等、豈容重入。取其周徧包容。故曰方等戒壇也。」

【方等懺悔】（術語）行方等三昧、而懺悔六根之罪障也。

【方等大雲經】（經名）大方等無想經之異名。

【方等本起經】（經名）普曜經之異名。對小乘部之修行本起經、中本起經等而立之異名。

【方等泥洹經】（經名）般泥洹經之異名。二卷、失譯。大乘家所傳佛之涅槃記也。與法顯譯之大般涅槃經（小乘部中）大同小異。

【方等般泥洹經】（經名）二卷、西晉竺法護譯。譯大乘大般涅槃經之前六品而止。

【方等陀羅尼經】（經名）大方等陀羅尼經之略稱。

【方等三昧行法】（書名）一卷、隋智者說、門人灌頂記。說行方等三昧之儀軌作法者。

【方詣】（術語）方者方所、詣者所至、謂事物之方針也。行事鈔上之一曰、「薄知方詣」同資持記曰、「方詣明有所歸。方謂方所、詣謂至詣。」

【方廣】（術語）總為大乘經之通名、別稱則十二部經之第十曰方廣經。方者以理之方正而名、廣者以言詞之廣博而名。梵語曰毘佛略（Vaipulya巴Vipula）勝鬘寶窟中末曰、「方廣者是大乘經之通名也（中略）理正為方、文富為廣。又一乘無德不包曰廣、離於偏稱方。古注云眞解無偏為方、理包無限稱廣也」大乘義章曰、「理正曰方、義備曰廣。若依小乘語正曰方、言多曰廣。」俱舍光記十八曰、「言方廣者、謂以正理廣辨諸法。以一切法性衆多、非廣言詞不能辨、故亦名廣。破由此廣言能破極堅無知闇、故亦言無比。由此廣言理趣幽博、餘無比故。」

【方廣說】（術語）大乘方廣之說也。見方廣條。

【方廣道人】（術語）小乘中附佛法之外道曰犢子道人、大乘中附佛法之外道曰方廣道人。惡執大乘方廣之空理而墮於空見者也。智度論一曰、「更有佛法中方廣道人言一切法不生不滅、空無所有。譬如兎角龜毛常無」止觀十曰、「又方廣道人自以聰明讀佛十喻、自作解云。不生不滅、如幻如化、空幻為宗。龍樹斥云、非佛法方廣所作。亦是邪人法也」三論玄義曰、「二學大乘者、為方廣道人。執於邪空、不知假有、故失世諦。既執邪空、迷於正空、亦喪眞矣」

【方廣大莊嚴經】（經名）十二卷、唐地婆訶羅譯。佛在祇洹、中夜入佛莊嚴三昧、放頂髻之光、照淨居天。淨居天子來問法、佛受其請、晨朝為衆宣說。有二十七品、說佛往兜率天宮乃至降生成道轉法輪之八相。與普曜經同本但品有開合。

【方壇】（術語）四角之曼荼羅壇也。

【六十心】（名數）大日經住心品大日如來分別瑜伽行者之心相答金剛手菩薩之問。謂一貪心、隨順染法也。二無貪心、隨順無染法也。三瞋心、隨順怒法也。四慈心、隨順慈法修行也。五痴心、不觀法之是非善惡、遇便信受也。六智心、順修殊勝增上法也。七決定心、尊教命如說修行也。八疑心、隨所聞常生不決定心也。九闇心、於無疑慮之法生疑慮也。十明心、於不疑慮之法無疑慮修行也。十一積聚心、以無量為一為性也。十二鬪心、互相是非為性也。十三諍心、於自己而生是非也。十四無諍心、是非俱捨也。十五天心、心思隨念成就也。十六阿修羅心、樂處生死也。十七龍心、思念廣大之資財也。十八人心、思念利他也。十九女心、隨順欲情也。二十自在心、思惟欲我一切如意也。二十一商人心、順修初收聚後分析法也。二十二農夫心、須隨順初廣聞而後求法也。二十三河心、順修依因二邊法也。二十四陂池心、隨順渴無厭足法也。二十五井心、如是思惟深復甚深也。二十六守護心、唯此心實餘心不實也。二十七慳心、隨順為己不與他法也。二十八狸心、順修徐進法也。二十九狗心、得少分以為喜足也。三十迦樓羅心、隨順朋黨羽翼法也。三十一鼠心、思惟斷諸繫縛也。三十二歌詠心、三十三舞心、修行如是法我當上昇種種神變也。三十四擊鼓心、順修是法我常擊法鼓也。三十五室宅心、順修自護身法也。三十六師子心、修行一切無怯弱法也。三十七鵂鶹心、常暗夜思念也。三十八烏心、一切處驚怖思念也。三十九羅刹心、於善中發起不善也。四十刺心、一切處發起惡作為性也。四十一窟心、順修為入窟法也。四十二風心、遍一切處發起為性也。四十三水心、順修洗濯一切不善法也。四十四火心、熾盛炎熱為性也。四十五泥心。四十六顯色心、類彼為性也。四十七板心、順修隨量法捨棄餘善故也。四十八迷心、所執異所思異也。四十九毒藥心、順修無生分法也。五十羂索心、一切處住於我縛為性也。五十一械心、二足止住為性也。五十二雲心、常作降雨思念也。五十三田心、常如是修事自身也。五十四鹽心、所思念彼復增加思念也。五十五剃刀心、唯如是依止剃除法也。五十六彌盧等心、常思惟心高舉為性也。五十七海等心、常如是受用自身而住也。五十八穴等心、先決定彼後復變改為性也。五十九受生心、諸有修習行業彼生也。六十心梵本缺文。阿闍梨言缺一猨猴心、行者之心散亂不住一處也。大日經疏二曰、「然此六十心或時行者本性偏多。或由行道用心。發動先習。或一時雜起。或次第而生。當於一切時留心覺察自然得順淨菩提心。」

【六十卷】（雜語） 法華玄義十卷、釋法華之大意文句十卷、正釋經文摩訶止觀十卷、明修行之方規已上三十卷乃天台大師說章安大師筆受又釋籤十卷釋法華玄義疏記十卷釋文句輔行傳弘決十卷、釋摩訶止觀已上三十卷乃荊溪大師湛然述本末合成六十卷、稱之謂天台之三大部。

【六十二見】（名數） 經論之諸釋不同多用下三種。（一）大品般若經佛母品開十四難而爲六十二。先計色蘊有常等四句。一色爲常二色爲無常三色爲常無常四色爲非常非無常其他受等四蘊亦然合而有二十句。（計色之常無常即言世間之常無常也計他四蘊之常無常即計神之常無常也）此於過去之五蘊之所計也又計色有有邊無邊等四句一計色爲有邊謂空間之十方上下邊際有窮極也二計色爲無邊與上反。三計色爲有邊無邊。四計色爲非有邊非無邊其他四蘊亦然合而有二十句此於現在五蘊之所執也。又計色有如去不如去等四句一計色爲如去謂人來而生於此間。去而至於後世亦如是也。二計色爲不如去。謂過去無所從來未來亦無所去也。三計色爲如去不如去謂身神和合而爲人死後神去而身不去也。四計色爲非如去非不如去。見有第三句過而計此句也。計他四蘊亦然。合而有二十句。此於未來五蘊之所見也。三世合而有六十句。於此加身與神之一異二見而爲六十二見。（概括此六十二見則神及世間之常無常等四句、與神及世間之邊無邊等四句、神及世間之如去不如去等四句合而有十二句及加身與神爲一、身與神爲異之二、故爲十四、是曰十四難）此六十二、但爲斷常有無之邊見也。仁王經天台疏中曰、「六十二見、釋者不同、且依大論。於五蘊上皆作四句。於色蘊、云過去色神及世間常。是事實餘妄語。無常等三句亦然。餘陰亦如是成二十。現在有邊無邊等歷五陰上有二十。死後如去不如去等亦有二十成六十。是神與身一。神與身異成六十二。」（二）天台嘉祥等諸師於二十種之我見成六十二見之一釋就外道色蘊而計我有四句一色是我、二離色而有我、三色爲大我爲小我住於色中、四我爲大色爲小色住於我中。計他四蘊亦然、合而有二十。歷三世合而爲六十、以斷常二見爲根本、爲六十二。是五見中身邊二見之所屬也。見文句四之二、義疏四。（三）本劫本見末劫末見有六十二見。阿含十四梵動經曰「諸有沙門婆羅門於本劫本見末劫末見種種無數隨意所說盡入六十二見中（中略）諸沙門婆羅門於本劫本見種種無數各隨意說盡入十八見中（中略）諸有沙門婆羅門於末劫末見無數種種隨意所說。彼攝入四十四見中。」本劫者過去之時也。本見者於彼之過去起常見也。末劫者未來之時也。末見者於未來世起斷見也。本劫本見之十八、彼經說常論四、亦常亦無常論四、邊無邊論四、種種論四、無因而有論二也。末劫末見之四十四、有想論十六、無想論八、非有想非無想論八、斷滅論七、現在泥洹論五也。瑜伽論八十七曰、「見薩迦耶見（譯爲我見）爲根本有六十二諸惡見趣、謂四遍常見論（卽常論之四）四一分常見論（卽常無論之四）二無因論（卽無因而有論之二）四有邊無邊想論（卽邊無邊論之四）四不死矯亂論（卽種種論之四）也。如是十八諸惡見趣、是計前際而說我之論者也。（卽本劫本見）又十六有見想論（卽有想論之十六）八無想論（卽無想論之八）八非有想非無想論（卽非有想非無想論之八）七斷見論（卽斷滅論之七）五現法涅槃論。（卽現在泥洹之五）此四十四諸惡見趣、是計後際而說我之論者也。（卽末劫末見）本劫本見中常論之四者、一外道入禪定得憶識過去二十劫以來之事、而計其中之衆生爲常住不滅也。二某外道憶識過去四十劫以來之事、計之爲常住也。三某外道憶識過去八十劫以來之事、計之爲常也。四某外道以捷疾智或天眼、計現在之衆生及世間爲常住也。亦常亦無常之四者、一自梵天沒而來生於人間、得宿住智、觀前之來處、言彼大梵天王自然而有、一向是常、我等爲彼所化、故爲無常。二彼天衆爲戲笑放逸。失定而沒落於此土者、後得宿住智知前之來處、計曰彼衆之不戲笑放逸者在彼爲常住、我等戲笑故致此無常。三彼天衆生欲染之心者、爲之失定而沒在於無間、後得宿住智、計言彼天衆之無相無染者爲常住、我等生欲染之心、乃致此生死無常。四某人以捷疾智分別思量、計我及世間爲常無常也。邊無邊之四者、一有人入定、觀世間有邊際而起邊見、二有人入定觀世間無邊際而起無邊見、三有人入定、觀世間之上下有邊四方無邊、或四方有邊上下無邊、起亦有邊亦無邊之見、四有人以捷疾智觀察世間起非有邊非無邊之見。（是十四難中之四見）種種論之四者、一有人自不知世間有報無報、而他人來問此事、恥以不知答之、强隨自己之所解而答之也。二有人自不知有他世無他世、而有人來問此事、若記別有無、則恐爲妄語、反問於彼、而隨彼之所見答以如是也。三有人不知善與非善之法、而有人來問此事、以非善非惡答之也。四有人自愚鈍、不知他之問、他若有問、則隨他之言而答之也。世有四種之人、於他問而住於如此見解、是爲種種論之四見。瑜伽論名爲不死矯亂論。外道所事之天名不死、事不死天者、遇他人問不死天之事、一種人以怖己之無知故、一種人以心有諂曲故、一種人以心懷恐怖故、一種人以愚鈍故、爲種種矯亂之答也。無因見論之二者、一有人先自無想天中生於人間、後修禪定、見前生之無想無心、世間無因而計爲有也。一有人以捷疾智分別之、世間無因而執爲有也。末劫末見中、有想論之十六者。一計我終於此而後有色身、有想念。二計無色身、唯有想念。三計亦有色有想、亦無色有想。四計非有色有想非無色有想。是爲以想對色之四句。又一計我死於此、而後有邊際、有想念。二計無邊際、有想念。三計亦有邊有想、亦無邊有想。四計非有邊有想、非無邊有想。是爲以想對邊無邊之四句。又一計我終於此而後有苦有想。二計有樂有想。三計亦有苦有想、亦有樂有想。四計非有苦有想、非有樂有想。是爲以想對苦樂之四句。又一計我死於此而後有一想、二計有若干想、三計有小想、四計有無量想。是爲以想對多少之四句。總爲十六想之見論也。無想論之八者、無想對於色身有四句。一我終於此後有色而無想。二亦無色亦無想。三亦有色無想、亦無色無想。四非有色無想、非無色無想。又無想對於邊無邊有四句。一我終於此後有邊際而無想、二無邊無想。三亦有邊無想亦無邊無想。四非有邊無想、非無邊無想。合有八句、爲無想之八見。彼既爲無想論、故無對苦樂之四句、亦無對多少之四句、以是皆爲有想上之見解故也。非有想非無想之八者、對於色有四句、對於邊無邊有四句、可准於無想論而知之。無苦樂之四句、多少之四句、亦非想非無想故也、斷滅之七者、一我今此身、爲四大所成、父母所生、衣食之所養、是爲無常、終歸於斷滅。二我今此身、不得滅盡、生於欲界天乃終斷滅。三欲界天之身、未得滅盡、至於色界天。諸根具足、彼之報盡、竟歸於斷滅。四在色界地中、未得滅盡、生於無色界之空無邊處、而可斷滅。五在空無邊處中、未得滅盡、生於識無邊處而可斷滅。六在識無邊處中、未得斷滅。生於無所有處而後可滅盡。七無所有處中、尚不可滅盡。生於非想非非想處、彼之非想報盡、斷滅無餘。現在泥洹之五者、瑜伽論謂爲現在涅槃。一有人言我今此身泥洹、何則、我於現在之五欲、自恣受快樂。此身卽是泥洹、過之更無泥洹、是指欲界爲泥洹也。二有人指色界之初禪天爲泥洹。三有人指色界之第二禪天爲泥洹。四有人指色界之第三禪天爲泥洹。五指色界之第四禪天爲泥洹。無色界之四空處、今略之。不論。見大乘義章六、大乘義林章四末、法華文句四之二。

【六十四書】（名數）印度所行之一切外典也。佛本行集經十一曰、「一梵天所說書、Brāhmi（今婆羅門書正十四音是）

二佉盧虱吒書、Kharoṣṭī(隋言驢脣)三富沙迦羅仙人說書Puṣkarasārī(隋言蓮華)四阿迦羅書、Aṅgalipi(隋言節分)五懵伽羅書、Vaṅgalipi(隋言吉祥)六耶懵尼書、Yavanī(隋言大秦國書)七鴦瞿梨書、Aṅguliyalipi(隋言指書)八耶那尼迦書、Yānanikā(隋言駄乘)九娑伽婆書、Śakārilipi(隋言特牛)十波羅婆尼書、Brahmavalililipi(隋言樹葉)十一波流沙書、Paruṣalipi'(隋言惡言)十二毘多茶書、Vitaḍalipi'(隋言起屍)十三陀毘茶國書、Drāviḍalipi(隋言南天竺)十四脂羅低書、Kinā-(又ra)rilipi(隋言裸人形)十五度其差那婆多書、Dakṣiṇalipi(隋言右旋)十六優伽書、Ugralipi(隋言嚴熾)十七僧佉書、Saṅkhyālipi(隋言等計)十八阿婆勿陀書、Apāvṛttalipi'(隋言覆)十九阿㝹盧摩書、Anulomalipi(隋言順)二十毘耶寐奢羅書、Vyāmiśralipi'(隋言雜)二十一陀羅多書、Daradalipi(烏場邊山)二十二西瞿耶尼書、Aparagodānilipi(無隋言)二十三珂沙書、Khāsyalipi(疏勒)二十四脂那國書、Cinalipi(大隋)二十五摩那書、Hūṇalipi(斗升)二十六末茶叉羅書、Madhyākṣaravistaralipi(中字)二十七毘多悉底書(梵不明)(尺)二十八富數波書、Puṣyalipi(花)二十九提婆書、Devalipi(天)三十那伽書、Nāgalipi(龍)三十一夜叉書、Yakṣalipi(新隋語)三十二乾闥婆書、Gandharvalipi(天音聲)三十三阿修羅書、Asuralipi(不飲酒)三十四迦婁羅書、Garuḍalipi(金翅鳥)三十五緊那羅書、Kinnaralipi(非人)三十六摩睺羅伽書、Mahoragalipi(大蛇)三十七彌伽遮伽書、Mṛgacakralipi(諸獸音)三十八迦迦婁多書、Kākarutalipi(烏音)三十九浮摩提婆書、Bhaumadevalipi(地居天)四十安多梨叉提婆書、Antarikṣadevalipi(虛空天)四十一鬱多羅拘盧書、Uttarakurudvīpalipi(須彌化)四十二逋婁婆毘提訶書Pūrvavidehalipi(須彌東)四十三烏差波書、Utkṣepalipi(舉)四十四膩差波書、Nikṣepalipi(擲)四十五娑伽羅書Sāgaralipi(海)四十六跋闍羅書、Vajralipi(金剛)四十七梨迦波羅低梨伽書Lekhapratilekhalipi(往復)四十八毘棄書、Vikṣepalipi(音牒)四十九多書、Prakṣepalipi'(食殘)五十阿㝹浮多書、Adbhutalipi(未曾有)五十一奢娑多羅跋多書、Śāstrāvartalipi(如伏轉)五十二伽那那跋多書Gaṇanāvartalipi(算轉)五十三優差波跋多書Utkṣepāvartalipi(舉轉)五十四尼差波跋多書、Nikṣepāvartalipi(擲轉)五十五波陀梨佉書、Pādalikhitalipi(足)五十六毘拘多羅婆陀那地書、Dviruttarapadasandhilipi（從二增上句）五十七耶婆陀輸多羅書、Yāvaddaśottarapadasandhilipi（增十句已上）五十八末荼婆哂尼書、Madhyāhāriṇīlipi（中五流）五十九梨沙耶娑多波悇比多書、Ṛṣitapastaptā（諸仙苦行）六十陀羅尼卑叉梨書、Dharaṇiprekṣaṇilipi（觀地）六十一伽伽那卑麗叉尼書、Gaganaprekṣaṇilipi（觀虛空）六十二薩藉沙地尼山陀書、Sarvauṣadhiniṣyandā（一切藥果因）六十三沙羅僧伽何尼書、Sarvasārasaṃgrahaṇī（總覽）六十四薩沙婁多書、Sarvabhūtarutagrahaṇī（一切種音）」（以上梵名雖多據Lalitavistara. pp. 143-144然其順序不惟不一致亦有出沒不明者）大般若經三百三十二曰、「六十四能十八明處。一切伎術無不善巧。衆人欽仰。」智度論二曰、「四韋陀經中治病法鬪戰法星宿法。祠天法歌舞論議難問法。是等六十四種世間技藝淨飯王子廣學多聞。若知此事不足為難。」又曰、「四韋陀經中治病法戰鬪法（中略）難問法。是等六十四種世間技藝。淨飯王子廣學多聞。」

【六十四眼】（雜語）阿鼻之獄卒有六十四之眼也。往生要集上本曰、「有十八獄卒。頭如羅刹。口如夜叉。有六十四眼。迸散鐵丸。鉤牙上出高四由旬。牙頭火流滿阿鼻城。」

【六十四梵音】（名數）如來之音聲。有六十四種殊妙之相。梵者清淨之義。不思議秘密大乘經七曰、「一流澤聲Snigdhā 二柔軟聲Mṛdukā 三悅意聲Manojñā 四可樂聲Manoramā 五清淨聲Śuddhā 六離垢聲、Vimalā 七明亮聲、Prabhāsvarā 八甘美聲、Valgu 九樂聞聲、Śravaṇīyā 十無劣聲、Anelā 十一圓具聲、Kalā(Kalā?) 十二調順聲、Vinītā 十三無澁聲、Akarkaśā 十四無惡聲 Aparṣā 十五善柔聲、Savinītā(Suvinītā?)十六悅耳聲、Karṇasukhā 十七適身聲、Kāyaprahlādanakarī 十八心生勇銳聲、Cittodvilyakarī 十九心喜聲 Hṛdayasaṃtuṣṭikarī 二十悅樂聲 Prītisukhajananī(jananī) 二十一無熱惱聲、Nisparidāhā 二十二如教令聲、Ājñeyā 二十三善了知聲、Vijñeyā 二十四分明聲、Vispaṣṭā 二十五善愛聲、Premaṇīyā 二十六令生歡喜聲、Abhinandanīyā 二十七使他如教令聲、Ājñāpanīyā 二十八令他善了知聲、Vijñāpanīyā 二十九如理聲、Yuktā 三十利益聲、Sahitā 三十一離重複過失聲、Punaruktadoṣajahā 三十二如師子音聲 Siṃhasvaravegā 三十三如龍音聲、Nāgasvaraśabdā 三十四如雲雷吼聲、Meghasvaraghoṣā 三十五如龍王聲 Nāgendrar uta 三十六如緊那羅妙歌聲、Gandharvasaṁgītighoṣā 三十七如迦陵頻伽聲、Kalaviṅkasvararutā 三十八如梵王聲、Brahmasvararutāravitā 三十九如共命鳥聲、Jīvaṁjīvakasvararutāravitā 四十如帝釋美妙聲、Devendramadhuranirghoṣā 四十一如振鼓聲、Dundubhisvarā 四十二不高聲、Anunnatā 四十三不下聲、Anavanatā 四十四隨入一切音聲、Sarvaśabdānupraviṣṭā 四十五無缺減聲、Avaśabdavigatā(Apa') 四十六無破壞聲、Avikalā 四十七無染汚聲、Alīnā 四十八無希取聲、Adīnā 四十九具足聲、Prasṛtā 五十莊嚴聲、Saritā 五十一顯示聲、Lalitā 五十二圓滿一切音聲、Sarvasvarapūraṇī 五十三諸根適悅聲、Sarvendriyasaṁtoṣaṇī 五十四無譏毀聲、Aninditā 五十五無輕轉聲、Acañcalā 五十六無動搖聲、Acapalā 五十七隨入一切衆會聲、Sarvaparṣadanuravitā 五十八諸相具足聲、Sarvākāravaropetā 五十九令衆生心意惟喜聲、Pramuditā 六十說衆生心行聲、Sakhilā 六十一入衆生心喜聲、六十二隨衆生信解聲、六十三聞者無分量聲、六十四衆生不能思惟稱量聲」上出梵語據名義大集二十、爲六十種梵音而出。悉曇藏二曰、「佛之梵音中以八轉聲之相具八梵音、相乘而成六十四種梵音。」

【六十二種有情】（名數）唯識樞要上本曰、「六十二種有情頌曰。五四三三四。三二及三七。十九四四一。故有情名諸。」釋之曰、「一、五趣爲五。二、四姓爲四。三、男與女及非男非女爲三。四、劣與中及妙爲三。五、在家與出家苦行與非苦行爲四。（是第一句）六、律儀與不律儀及非不律儀爲三。七、離欲（阿羅漢）與未離欲（不還果已下）爲二。八、邪性定（墮於三惡）與正性定（決於得道者）及不定聚定（二者之中間）爲三。出家五衆與近事男及近事女（在家法二衆）爲七。（第二句）習斷者與習誦者淨施人宿長、中年、小年、軌範師、親敎師、共住、近住、弟子、賓客、營僧事者、貪利養恭敬者、厭捨者、多聞者、大福智者、法隨法行者、持經者、持律者、持論者、爲十九。異生（凡夫）見諦（聖者）、有學（前三果）無學（羅漢）爲四。聲聞、獨覺、菩薩、如來爲四。輪王爲一（第三句）合名六十二種有情。（第四句）」

【六七能遍計】（術語）唯識宗謂識中第七識緣第八識之見分而起我執、第六識對一切之法境於我法起執、其他前五識及第八識無我法二執、無能遍計之義云。護法之說也。

【六八弘誓】（名數）彌陀如來之四十八願也。

【六八超世本願】（名數）與六八弘

誓同。

【六力】（名數）力用有六種。詳見力條。

【六入】（名數）眼耳鼻舌身意之六根、又色聲香味觸法之六境。舊曰六入新曰六處。即十二入十二處也。六境爲外之六入、六根爲內之六入。十二因緣中之六入爲內之六入。即六根也。入爲涉入之義。六根六境互涉入而生六識。故名處。處爲所依之義。六根六境爲生六識之所依、故名處。大乘義章四曰「言六入者生識之處。名之爲入。」法界次第中之下曰「眼等六情是名六入。」

【六凡】（名數）十界分凡夫聖者之二類。地獄、餓鬼、畜生、修羅、人間、天上爲六凡。聲聞、緣覺、菩薩、佛爲四聖。止觀五之一曰「凡聖皆具五陰。」同輔行曰「凡謂六凡。聖謂四聖。」

【六大】（名數）又曰六界。地水火風空識也。此六法周遍一切法界、而造作有情非情。故名爲大。蓋非情爲五大所成。而有情爲六大所成也。此六大之義、雖涉於顯密而說之。然顯教之義。以欲知六大假和合而成一身。能成之六大、所成之一身、皆是生滅無常之假法而說之也。仁王經觀空品曰、「色受想行識空。十二入十八界空。六大法空。」同受持品曰、「比丘比丘尼。修行十善。自觀己身地水火風空識分分不淨。」大般若經二百七十三曰、「一切智智清淨、故地界清淨。一切智智清淨、故水火風空識界清淨。」瓔珞本業經上曰、「六大識空四大一切法無自相無他相。如虛空故。」天台仁王經疏中曰、「阿含云。六王諍大。地謂我能載。水云能漂潤。火云能燒照。風云能生動。空云能容受。識云若無我者色則敗壞。五雖大而識爲王。故云四大圍空。識居其中也。」

【密教六大】（名數）密教說六大之體性本有常住、即胎金兩部理智之二法身也。蓋密教不如顯教別立無相之眞如。故法界之諸法、不過五蘊、即色心之二法。今開色之一而爲五大。合受等四蘊而爲一識大。此中五大爲本有常住。凡聖一如、故爲本有胎藏界之理法身。識有情智迷悟之別、故爲始成金剛界之智法身。但色心本自不二。色即心。故五大即五智。心即色。故五智即五大。理法身固非頑迷無智。智法身固爲常性不變。其種子色形等如左。

	（種子）	（色）	（形）	（性）	（用）
地大	𑖀	黃	□方	堅	持
水大	𑖪	白	○圓	濕	攝
火大	𑖨	赤	△三角	煗	熟
風大	𑖮	黑	◡半月	動	長
空大	𑖏	青	◎團形	無礙	不障
識大	𑖮𑖳𑖽	白	○圓	了別	

六大中識大之形色、密教謂心法有實之形

色、其色白。其形圓。其證則引金剛頂經一「我見自心形如月輪」之說。謂凡夫所見。雖無隔歷質礙。然佛眼所見則有周遍法界無礙自在之色。若不然則不惟與顯敎法身無相之說同。月輪之說亦無用矣。然日本台密以此月輪爲僞相之譬喩。而心法不許有實之色形。與顯敎同也。智證之金剛界瑜伽記曰、「本國僧中或執心有其形。卽月輪是也。若不言有月輪同顯敎法身言斷心滅之說。所以可云心法定有形。若不然密敎月輪之說無用。（中略）今言此執與當文禪要違。故可以月輪爲僞相喩」案本國之僧者日本之空海也。智證大師在唐時請決於法全和尙和尙舉兩處之違文而非此說。當文者金剛界儀軌所謂「無體亦無事。卽亦非月。由具福智故自心如滿月」是也。禪要者彼釋所謂「僞想一圓明猶如淨月」是也。然天台二百題十一有心法形色之疑。而成立有形色。

【六大能生】（術語）大日經五秘密曼荼羅品、如來說發生偈、是由六大生四種法身、四種曼荼羅、三種世間、且示諸法常住也。偈曰、「能生隨類形諸法之法相諸佛與聲聞救世因緣覺勤勇菩薩衆及人尊亦然。衆生器世界次第而生生住等諸法常恆如是生」此中前之能生二字是六大隨類形已下諸句所造之法也。於其所造句中配四種法身與四種曼荼羅及三種世間之三種法也。見秘藏記末同鈔十。

【六大神】（名數）地等六大之神靈也。

【六大賊】（譬喩）見六賊條。

【六大觀】（名數）在顯敎觀六大之空不淨也。在密敎觀六大之圓融無礙也。嘉祥仁王經五曰「作六大觀四大空識也」

【六大法性】（術語）地等六大有相性之二面。凡眼所見者、惟其事相、事事差別而不相融。聖智所見者爲其法性一味平等也。

【六大無礙】（術語）六大者、地水火風空識也。此六大之義、雖爲顯密共通之法相。然論六大無礙者、則惟密敎。無礙者互相融通而無障礙、如光與光。六大互相融通也、自他之六大互相融通。是爲六大之自性法爾之德。故云法性。卽佛陀之身爲六大所成。凡夫之身亦六大所成也。六大之自性、無礙平等。故佛之六大與衆生之六大融通而無間隔入我我入也。（是自他六大無礙之義）又地等之五大與識、爲入我我入。故有情非情一體也。爲此草木國土成佛之義亦成。（是自之六大互無礙之義）然凡夫自無始以間隔之情、向於無所礙平等之六大、妄爲間隔差別、而起彼此我他之見。故作業感生死之苦也。

【六大體大】（術語）六大無礙之義、六大爲一切法之體性之義見六大無礙條。

【六方】（雜語）東西南北上下也。

【六方禮】（儀式）東南西北下方上方爲六方婆羅門之法、有晨朝洗浴敬禮六方增長命財之說王舍城長者之子善生承父命每朝洗浴敬禮。佛見之說佛法之六方禮名爲善生經見善生經條。

【六方證明】（術語）與六方護念同。

【六方禮經】（經名）尸迦羅越六方禮經之略名。

【六方護念】（術語）又曰六方證誠、六方證明阿彌陀經擧六方諸如來讚歎阿彌陀佛不可思議功德之言有曰「各於其國出廣長舌相徧覆三千大千世界。說誠實言汝等衆生當信是稱讚不可思議功德一切諸佛所護念經。」

【六天】（名數）欲界有六天。一四王天、二忉利天、三夜摩天、四兜率天、五樂變化天、六他化自在天也他化自在天王多具眷屬、爲佛道之障礙故稱爲第六天之魔王。

【六牙白象】（雜語）見白象條。

【六分阿比曇】（書名）六足論之異名也智度論二曰。「八乾度六分阿毘曇等從何處出」

【六句義】（名數）勝論本師所立、至末師而爲十句義見勝論宗條。

【六生喩】（雜語）以六衆生喩六根也俱舍論三十謂之六生喩經見六衆生條。

【六行】（名數）有佛之六行與外道之六行。佛之六行、六度之行也。金剛三昧經曰「大力菩薩言云何六行願爲說之、佛言一者十信行。二者十住行。三者十行行。四者十迴向行。五者十地行。六者等覺行。」性靈集八、曰「牟尼善逝開六行於娑婆」外道之六行、一自餓外道、二投淵外道、三赴火外道、四自坐外道、五寂默外道、六牛狗外道也。見涅槃經十六智度論五三藏法數二十七。又外道之六行觀也。

【六行觀】（名數）以有漏智次第斷下地之惑之法也。蓋三界分爲九地比較下地與上地、下地者麤也、苦也、障也、觀而厭之。上地者靜也妙也離也觀而欣之。依此厭欣之力、次第斷下地之惑也。故亦謂之厭欣觀。但依如此上下對望之厭欣力、不能斷第九有頂地之惑、以彼爲更宜對比之上地故也。斷有頂地之惑、必依觀四諦之無漏智。外道以此六行觀斷下地之修惑乃至生有頂地。（見惑非彼之所斷、又非受生之因）佛在菩提樹下、以無漏道斷有頂地之見修二惑、前亦先以此六行觀斷下八地之見修二惑也。是之謂五部合斷。（五部者分見惑於四諦而爲四部修惑爲一部）俱舍論二十四曰、「世俗無間及解脫道如次能緣下地上地。爲麤苦障及靜妙離。」輔行六曰、「言世智者依於世禪六行厭欣。」

【六因】（名數）十信十住、十行、十迴向、十地等覺之因地六位也。大乘別敎所立。因凡有爲法之生、必依因與緣之和合、論因體有六種。一能作因、謂凡爲生法與以力者、又不作障害者。故此因有與力不障二種。與力者法之生時、與勝力者也。眼根之生眼識、如大地之生草木是。爲有力能作因。此有力能作因之因體、只限於有爲法、不通於無爲法、以無爲法爲無作用、不向彼之生法而與力也。不障者、謂不妨他之生法、使他自在而生者也。如虛空之於萬物、是爲無力能作因。故此無力能作因通於一切之無爲法也。此因所得之果名爲增上果。二俱有因、爲俱有果之因、故名俱有因。謂是必二個已上之法相依而生。如束蘆之相依、地等之四大種生住等之四相是也。蓋四大種之生、必互相依而生、缺一不可也。是爲同時俱有之法、互爲因互爲果者。此謂之互爲果俱有因。此因所得之果名士用果。三同類因、謂同類之法以同類之法爲因也。如善法爲善法之因、乃至無記法爲無記法之因。此同類之名、就善惡之性而立、非就色心等之事相、善之色蘊與善之識蘊相望、猶同類因等流果故也。蓋此因所得之果、乃等流果也。四相應因、心與心所之法、必同時相應而生、故名相應法。就此一聚之心心所以一望他、名爲相應因。如彼之俱有因。蓋於俱有因中特別開心心所之法而立此因也。故所得之果、以俱有因爲例。稱爲士用果。五遍行因、是爲由同類因特開煩惱法而立者。蓋在見惑苦諦下之五見及疑與無明集諦下之邪見見取二見及疑與無明、偏生一切之惑、故名偏行因。是不過爲同類因之一種、故所得之果、卽等類果也。六異熟因、是以惡與有漏善之二法爲體、如以五逆之惡法、感地獄之報、以十善之有漏善、招天上之果、彼天上與地獄之果、皆非善非惡、但爲無記性（惟一苦一樂）如此以善因惡因皆感無記之果、因果異類而熟（一因惡果無記、一因善果無記。）故因爲異熟因、果爲異熟果。俱舍論六曰、「因有六種、一能作因、二俱有因、三同類因、四相應因、五遍行因、六異熟因。」舊譯者智度論三十二稱爲相應因（相應因）共生因（俱有因）自種因（同類因）遍因（徧行因）報因（異熟因）無障因（能作因）梵 1 Kāraṇahetu, 2 Sahabhūhetu, 3 Vipākahetu, 4 Saṃprayuktakahetu, 5 Sarvatragahetu, 6 Sabhāgahetu,

【六地藏】（名數）地藏菩薩爲六道能化之尊。其六像恰當於六道也。胎藏界曼茶羅地藏院九尊中地藏、寶處、寶手、寶印手、持地、堅固慧、稱爲六地藏。

【六字】（術語）南無阿彌陀佛之六字爲六字之名號。闍婆髻馱那麼之六字爲文殊之六字陀羅尼。又觀音之眞言有六字章句稱爲六字法。

【六字法】（修法）又曰六字供、六字護摩。有二種、一爲觀音之六字法、依請觀音經所說以六觀音或六觀音所變之六字明王爲本尊而誦念六字章句陀羅尼之修法也。百二十尊法菩薩部載其儀軌。二爲文殊之六字法、誦闍婆計陀那摩之六字眞言而祈念文殊菩薩也。百十尊法菩薩部載其方規。

【六字供】（修法）與六字法同。

【六字文殊】（修法）文殊菩薩之六字法也。見文殊條。

【六字名號】（術語）南無阿彌陀佛六字之名號也。佛號正爲阿彌陀佛之四字、南無譯爲歸命、是雖爲能歸之相、然就行者之所稱、故開舉能歸之言而爲名號。彌陀之名號。特由之而成就機法一體願行具足之深義也。觀無量壽經曰、「令聲不絕具足十念稱南無阿彌陀佛。稱佛名故於念念中除八十億劫生死之罪。」觀佛三昧經三曰、「名南無光照如來。」

【六字咒功能法經】（經名）文殊師利菩薩六字咒功能法經之略名。卽說六字文殊之眞言。

【六字咒王經】（經名）一卷、失譯、東晉錄。因旃陀羅厭蠱阿難而說此破之。

【六字章句咒】（眞言）與六字章句陀羅尼同。

【六字河臨法】（修法）於河中修觀音之六字法也。瞿醯經補闕品曰、「或於水上密布淨板如法塗治於上而作。如水中行尊及鼓音尊曼荼羅者、應於水上作也。」

【六字陀羅尼】（眞言）有三種。一六字章句陀羅尼之略稱、卽觀音之眞言也。請觀世音經所說此六爲六道六觀音之六、非數也。見六字章句陀羅尼條。二文殊菩薩之六字眞言也。種種雜咒經曰、「六字陀羅尼咒。唵縛雞淡納莫右咒文殊師利菩薩以六千頌釋三藏云誦此咒滅一切罪生一切善。」三對阿難所說之六字大明也。是有三種、一爲救阿難之女難而說者、六字咒王經及摩登伽經之所說是也。二爲救阿難之病難而說者。聖六字增壽大明王陀羅尼經之所說是也。三但對揚阿難而說者、聖六字大明王陀羅尼經之所說是也。此三種亦非依字數而得稱。

【六字護摩法】（修法）與六字法同。

【六字章句陀羅尼】（眞言）請觀世音菩薩消伏毒害陀羅尼咒經所說。三陀羅尼之一。六字者、念觀音而誦此陀羅尼、則一脫六道之苦果、二得六妙門、三證六根之相應、故曰六非取於字句之數、依此中第一之義、立大悲觀世音等之六觀音與六道配對。是天台之義立也。經曰、「應當淨心係念一處。稱觀世音菩薩歸依三寶三稱我名誦大吉祥六字章句救苦神咒。」此三義觀音經疏記荊溪師之說也。然依鳳潭師之考證、則此說大非。曰、經中所說三章句之第一章句、有[illegible]安[illegible]荼[illegible]嚐[illegible]般[illegible]荼[illegible]嚐之六字、又第二章句、有此六字。時第三章句、爲釋尊自說咒之首句。置[illegible]多[illegible]姪[illegible]多(說咒曰)之語、直下曰安荼嚐般荼嚐。可知以此六字爲眞言之體、餘句皆爲轉釋此六字者。安荼嚐般荼嚐卽安那般那、觀入出之數息觀也。依此數息而定止一心、故得除滅一切之災厄。且所謂六字章句非獨限於此經之咒、六字咒經有多本。卽六字神咒王經、(失譯)外道旃陀羅女厭惑阿難及諸善人時、如來以憐愍之故、說六字神咒王經。咒曰安陀隸、鉢陀隸。及阿那、阿那夜。(是遺去遺來數息之句義也、)皆爲滅惡咒。又有六字咒王經、(失譯)爲前之異譯、咒句亦同。又有一本之六字大陀羅尼咒經、(失譯)全與上二本同。云佛住耆闍崛山中(楞嚴住祇洹時)長老阿難爲旃陀利女呪術所收、(具如摩登伽經頭諫經等所說)白佛言、我今强爲他收去。佛告汝當受持六字大咒。咒曰、斯地梯曇、(如他姪他之句)安荼隸般荼隸等、此咒能消諸病、消諸邪術起屍鬼厭蠱之諸難。其他經軌中、有六字章句之陀羅尼甚多。何必强爲六道六根等之釋。然則以此六字章句、配於六道之六觀音等。亦無稽之至也。見觀音纂玄記。

【六字名號一遍法】(術語)日本時宗之開祖一遍上人智眞自熊野權現託宣、而爲偈頌曰、「六字名號一遍法。十界依正一遍體。萬行離念一遍證。人中上上妙好華。」文意謂「南無阿彌陀佛六字名號、一遍之法也。(周遍法界之一如之法。一遍之稱名具萬德之法也。)上自佛界、下至地獄界、十界依報之功德。一遍無二之體性也。依斯一遍之法、萬行悉離念、而證悟於一遍、是人中上上妙好華也。」取此偈頌四句首字勸化諸人之念佛札、記、爲南無阿彌陀佛決定往生六十萬人見智眞條。

【六字大陀羅尼咒經】(經名)一卷、失譯、梁錄與六字咒王經同爲救阿難而說。咒文較彼爲簡略。

【六字神咒經】(經名)一卷、唐菩提流支譯、說文殊菩薩之六字咒。與陀羅尼經第六文殊師利菩薩法印咒同本異譯。別爲六字神咒王經。彼爲觀音之六字章句陀羅尼也。今之六字爲唵(文殊六字功德經作闇)婆髻馱那莫。

【六字神咒王經】(經名)一卷、失譯、

東晉錄與六字咒王經同本、咒稍多。

【六如】（名數）金剛經之六喩。見如夢幻泡影條。

【六舟】（譬喩）以舟譬六波羅蜜。因波羅蜜譯言到彼岸也。三敎指歸運敞序曰、「六舟接艫。三駕分轡。」

【六妄】（名數）眼等之六塵也。是爲凡夫迷妄之境、故名妄。楞嚴經四曰、「色香味觸六妄成就。由是分開見聞覺知。」

【六夷】（名數）六波羅夷也。大乘之十波羅夷中、除小乘之四波羅夷者。四波羅夷、大小共說也。

【六住】（名數）十住位中之第六位也。又地持經所說之六種住也。見六種住條。

【六好日】（雜語）帝王誕生相當之日、一年有六個之本命好日。謂之六好日。禪院於是日有祝聖之諷經。

【六決定】（名數）與六種決定同。見七深信條。

【六成就】（名數）諸經之初、有通別二序、通序或分五段、或分六段、或分七段、六段者、以如是爲信成就、信者、阿難之信也、阿難指本經一部而爲如是我聞、示自己之信順也。智度論一曰、「如是者卽是信也。」二以我聞二字爲聞成就、阿難自聞也、三以一時二字爲時成就、說法之時也。四以佛之一字爲主成就、說法之主也。五以在耆闍崛山等爲處成就、所說之道場也。六以與大比丘衆等爲衆成就、一座同聞之衆也。凡安列此六事、爲之證明非虛謬、欲使後之聞者信故、謂之爲證信序。五成就合佛與處。七成就離我與聞。舊師多取五成就、天台法華之文句亦由五成就而釋之、惟仁王、維摩、觀經等則取六成就、嘉祥定爲六成就。其曰成就者、於一一句中明各義、具足而不可破壞、故曰成就。又通序中、具足此六事、故曰成就。又具足此六字方成正宗之敎起、故曰成就。法華文句一之二曰、「通序五或六或七。」同記曰、「五者如文。合佛及處。六則離佛及處。七則離我與聞。」天台維摩經疏一曰、「舊多五義。今依六義。」嘉祥法華義疏一、嘉祥仁王經疏一曰、「若依大智度直依文貼釋。不辨子段。後諸師說亦無定。或五或六。今依金剛仙論作六句分別。」元照彌陀疏上曰、「六緣不具。敎則不興。名六成就。」勝鬘經寶窟上本曰、「天親燈論以明六事。第四敎主。若依三藏（眞諦）凡有七事。開我聞。今以六事爲定也。」嘉祥法華論疏曰、「一一章中明義具足無餘。不可破壞。故云成就。」盂蘭盆經疏記下曰、「六種通名成就者。由假彼六緣成此一經。」此六事成就之證眞序、當佛之涅槃時。依阿㝹樓馱之敎、阿難請問四事於佛、依其中之第四句、佛告阿難使於一切經之初置此六事也。後分於涅槃經、文殊問經、智度論二等詳舉緣由金剛仙論一曰、「所以一切經初置斯五句者有三種義。一爲證成經理不虛、末代生信。二爲表異外道以阿憂爲吉。三爲息於諍論表己推宗有在也」（外道經首之字乂作阿漚）勝鬘經寶窟上本曰、「一爲證信故如龍樹云說時方人令生信故。二簡內外、外經以阿漚一字爲首內敎以六事在初三分經論不同、弟子之論歸敬三寶如來之經明於六事。」

【六合釋】（術語）見六離合釋條。

【六地藏】（名數）見地藏條。

【六同十異】（名數）聲聞緣覺二乘之同異也。見二乘條。

【六自在王】（名數）謂眼等六根也。

【六年苦行】（故事）釋迦佛出家巳後至成道、爲六年苦行也。因果經曰、「便前進伽闍山苦行林中。（中略）宜應六年苦行」。無量壽經上曰、「鬀除鬚髮、端坐樹下。勤苦六年行如所應。」別有樂行六年之言。一義也。

【六妙行】（名數）與六行觀同。

【六妙門】（名數）入眞理之涅槃有六門見妙門條。

【六妙法門】（書名）一卷、天台智者說明六妙門之法。

【六足尊】（菩薩）五大明王中大威德明王之別號也。此尊有六頭六面六臂六足所乘之牛亦爲六牛。獨以六足名之者以多足限於此尊也。爲西方無量壽佛之忿怒尊文殊菩薩之所現也。補陀落海會軌曰、「六足尊、無量壽佛忿怒自性輪、文殊菩薩。」秘藏記鈔十曰、「文殊菩薩者西方四菩薩中第二利菩薩也。此菩薩現所名六足尊。六足尊者大威德也。瑜祇經大威德名六足尊。是其證也。」見大威德明王條。

【六足論】（名數）一舍利弗之集異門足論、二大目乾連之法蘊足論、三大迦多衍那之施設足論、四提婆設摩之識身足論、五筏蘇蜜多羅之品類足論、六同人之界身足論也。前三論爲佛在世之作、後三論爲佛滅後之作、皆論一切有部宗之法義。智度論二謂爲六分阿毘曇者是也。後迦多衍尼子作發智論、文義最爲廣博、故後代之論師以六論爲足以發智論爲身。足爲助成之義、此六論助成發智論也。此七論爲一切有部宗之根本論藏。俱舍論光記一本曰、「前之六論義門稍少、發智一論法門最廣、故後代論師說六爲足、發智爲身。此上七論是說一切有部根本論也。」

【六作】（名數）見六受條。

【六身】（名數）心地觀經說法報應之三者各有二身、總爲六身。見佛身條。

【六位】（名數）一十信位、二十住位、三十迴向位、四十地位、五等覺位、六佛地位也。舊譯之華嚴經說此六位。新經立等覺位而爲七位。見十住心廣名目五。

【六忍】（名數）菩薩本業瓔珞經就菩薩之所位說六位之法忍。詳見忍條。

【六波】（名數）六波羅蜜之略。

【六波羅蜜】（名數）菩薩之大行、謂之波羅蜜有六種。見波羅蜜及六度條。法華經序品曰「爲諸菩薩說應六波羅蜜」。

【六波羅蜜經】（經名）大乘理趣六波羅蜜多經之略名。

【六念】（名數）一念佛、念佛具足十號有大慈大悲大光明、神通無量、能拔濟衆生之苦。我欲與佛同也。二念法、念如來所說之三藏十二部經有大功德、爲諸衆生大妙藥。我欲證之而施與衆生也。三念僧、念僧是如來弟子、得無漏法、具足戒定慧、能爲世間良福田。我欲修僧行也。四念戒、念戒行有大勢力、能除衆生之惡不善之法。我欲精進護持也。五念施、念施行有大功德、能除衆生慳貪之重病、我欲以善施攝取衆生也。六念天、念天爲欲界之六天乃至色界無色界之諸天、彼處受自然之快樂、皆由往昔修戒施之善根。我亦欲具如是功德、生於彼天處也。問佛弟子應念三寶、何故念彼之生天。曰、是以爲自己善業之果故也。問生天是凡夫之法、何故念之。曰、有人不堪入於涅槃、故念彼之生天而起行趣求也。此六念法爲大小乘之通說、但念天之解釋大小乘不同。大乘依涅槃經則天有三種。一生天、三界之諸天也。二淨天、一切三乘之賢聖也。三第一義天、涅槃也。二乘之人念前二天。菩薩但念第一義天。見別譯雜阿含經九、涅槃經十八、智度論二十二、大乘義章十二。因律中更有一種六念法、授沙彌戒比丘戒已始授之。一念知日月、念知受戒之月日也。二念智食處、如全不受請食者、言我常乞食受請食者、言我今有請處、念自去也。三念受戒時夏臘、記憶受戒以後之臘數也。四知衣鉢有無等、念我三衣鉢具足、若有長物則念我有長物、已說淨也。五念同別處、若與衆同食時、念我今與衆僧同食、若別食時、念我今有某緣、與衆別而獨食也。六念康羸、若無病則念我今無病、堪行道、若有病則念我今有病、當療治之也。見行事鈔上三之二。又有一種之六念、謂數息隨息等之六妙門。見六妙門條。

【六念法】（名數）念佛等之六念也。見六念條。

【六念處】（名數）念佛等之六念也、其所念之境界、謂之處。如四念處。止觀六之二曰「或六法爲藥謂六念處」。

【六法】（名數）念佛等之六念爲六法。止觀六之二曰、「或六法爲藥謂六念處」。又六法戒也。

【六法戒】（名數）七衆中、學法女宜

受持之戒法也、一染心相觸、以染汚心觸於男子之身也。二盜人四錢、盜他人之金錢四錢也。三斷畜生命、殺畜生之命也。四小妄語、自稱我爲聖者而貪供養、爲大妄語、其餘不實之言爲小妄語。五非時食、過午而食也。六飲酒也。行事鈔下四之三曰、「式叉摩那此云學法女、四分十八童女應二歲學戒、又云。小年曾嫁年十歲者與六法。(中略)學六法即羯磨所爲、謂染心相觸、盜人四錢、斷畜生命、小妄語、非時食、飲酒也。」俱舍光記十四曰、「梵云式叉摩那、唐言正學、謂正學六法。言六法者、謂不婬不盜不殺不虛誑語不飲酒、不非時食。」二年間堪忍此戒法者、初爲比丘尼得受具足戒。

【六法不異】(雜語)頓悟入道要門論上曰、「今更名六法不異、一捨、二無起、三無念、四離相、五無住、六無戲論、如是六法隨事方便、假立名字、至於妙理無二無別。」

【六法五願】(名數)眞宗於教行信證眞佛眞土之六法、配彌陀四十八願中之五願而呼之。敎爲能詮之法、故不別配一願、行爲第十七願之名號、信爲第十八願之三信、證爲第十一願必至滅度之證果、眞佛眞土由第十二光明無量與第十三壽命無量之願而成就、故爲六法五願。

【六和】(名數)六和敬之略。

【六和合】(名數)眼等六根與色等六塵相合也。傳心法要上曰、「所言同是一精明、分爲六和合。一精明者、一心也。六和合者、六根也。此六根與塵合、眼與色合、耳與聲合、鼻與香合、舌與味合、身與觸合、意與法合。中間生六識、爲十八界。若了十八界無所有、束六和合爲一精明。一精明者、即心也。」

【六和敬】(名數)僧以和合爲義。和合有二義、一理和、同證滅理也、是在見道以上之聖者。二事和、此有六種、即六種敬具也。屬於見道以前之凡僧。一身和敬、同禮拜等之身業也。二口和敬、同讚詠等之口業也。三意和敬、同信心等之意業也。四戒和敬、同戒法也。五見和敬、同空等之見解也。六利和敬、同衣食等之利也。或名行和敬、同修行也。或名學和敬、與行和敬言別意同。或名施和敬、同布施之行法也。舊譯仁王經下曰、「住在佛家修六和敬。所謂三業同、戒同、見同、學。」本業瓔珞經上曰、「所謂六和敬、三業同、戒。同見同行。」嘉祥仁王經疏下曰、「餘經以同利爲六也。」法界次第下之下曰、「此六通名和敬者、外同他善、謂之爲和、內自謙卑、名之爲敬。(中略)一同戒和敬、二同見和敬、三同行和敬、四身慈和敬、五口慈和敬、六意慈和敬。」大乘義章十二曰、「六名是何。一身業同。二口業同。三意業同。四同戒。五同施。六同見。」行事鈔上一之四曰、「和者有六。戒見利三名體和。身口意三名相和。又初果已去名理和所證同故內凡已還名事和卽六和也」祖庭事苑五曰「六和一身和共住二口和無諍三意和同事四戒和同修五見和同解六利和同均」

【六和塔】（雜名） 在浙江杭州南高峯下其地舊有六和寺宋開寶中建塔以鎭江潮因名六和塔太平興國中改寺名開化寺而六和塔之名至今不改。

【六卽】（名數） 凡大乘菩薩之行位有十信十住十行十廻向十地等覺妙覺之五十二位華嚴經等所說也天台以之爲別敎菩薩之行位而別立圓敎菩薩之行位六卽位一理卽一切衆生皆有佛性有佛無佛性相常住也又一色一香無非中道也理性雖如是然以未聞之而不知之是等凡夫唯於理性與佛均故云理卽二名字卽或從知識或從經卷聞上所說一實菩提之道而於名字中通達解了知一切皆爲佛法一切皆可成佛者三觀行卽不惟解知名字更進而依敎修行心觀明了理慧相應所行如所言所言如所行者此位修隨喜讀誦等五品（法華之所說）觀行稱爲五品弟子位四相似卽始入別敎所立之十信位發類似眞無漏之觀行者入此位則得法華經所說六根清淨之德故稱爲六根淸淨位五分眞卽依相似之觀力而發眞智始斷一分之無明而見佛性開寶藏顯眞如名爲發心住於自此以後九住乃至等覺之四十一位分破四十一品之無明而分見法性者六究竟卽破第四十二之元品無明發究竟圓滿之覺智者卽妙覺也六者次第前後之淺深卽者是之義理位卽是名字位乃至卽是究竟位顯前後爲不二雖由智（悟）情（迷）之淺深有六種之別然其體性不二卽是以六治上慢以卽免自屈也。

理　卽—唯具佛性者 }外凡
名字卽—唯解佛性之名者 }外凡
觀行卽—五品弟子位—外品 }內凡
相似卽—十信位六根淸淨位—內品 }內凡
分證卽 { 十住位　十行位　十廻向位　十地位　等覺位 } 聖因 }八位
究竟卽—妙覺位　聖果 }八位

止觀一之三曰「此六卽者始凡終聖始凡故除疑怯終聖故除慢大」輔行一之三曰「體不二義故名爲卽」又曰「此六卽義起自一家深符旨永無衆過暗禪者多增上慢文字者推功上人並由不曉六而復卽」觀經妙宗鈔上曰「卽者是義」天台大師有六

即義一卷。

【六即佛】（名數）天台觀行疏就佛而判六即、一理佛即理即位之佛、於三惡之衆生身無一毫之修善唯具佛性者。二名字佛即名字即位之佛、宿福之人天僅聞佛之名字者。三觀行佛即觀行即位之佛。四相似佛即相似即位之佛、於十信之位彷彿證佛理而與眞解同者。五分證佛即分眞即位之佛、由初住至已上等覺漸次破一品之無明、證一分之中道者。六究竟佛即究竟即位之佛、於妙覺之位覺道究竟者。理佛即是名字佛乃至即是究竟佛也。彼此六佛互相即、故云即。今但就佛而論六即。就實則十界悉具六即。觀經疏妙宗鈔上曰、「應知六即之義不專在佛一切假實三乘人天下至蛣蜣地獄色心皆須六即辨其初後所謂理蛣蜣乃至究竟蛣蜣。今釋敎主故就佛辨。」

【六物】（名數）佛制比丘使必蓄之者有六種。一僧伽梨、九條乃至二十五條之大衣也。二鬱多羅僧七條之中衣也。三安陀會五條之下衣也。已上謂之三衣。四鐵多羅鐵鉢也。五尼師壇坐具也。六漉水囊、護水中蟲命之具也。是爲三衣六物。三衣雖在六物之中、然爲六物中之根本故特標擧之、如言詩書六經也。行事鈔二衣篇曰、「何名爲制。謂三衣六物佛制令蓄。通諸一化並制服用。有違結罪。」

【十八物】（名數）菩薩戒經說菩薩修頭陀行時及遊方而往來百里千里宜常以十八物隨身。一楊枝、二澡豆、和水洗手之豆粉也。三三衣、如上。四瓶、梵云軍持、淨水瓶也。五鉢、如上。六坐具、即上之尼師壇也。七錫杖、八香爐、九漉水囊、如上。十手巾、十一刀子、十二火燧、十三鑷子、十四繩床、十五經、十六律、即梵網經也。十七佛像、十八菩薩像、文殊彌勒也。是爲梵網之三尊。見梵網經下、十八物圖。

【六物圖】（書名）佛制比丘六物圖之畧名。一卷、宋元照著。

【六受】（術語）受領於六根之六塵曰六受。行住坐臥語默曰六作。又六根之作業也。止觀二之二曰、「若有諸塵須捨六受。若無財物須運六作。」

【六卷鈔】（書名）南山大師所著四分律行事鈔三卷各分上下而爲六卷、故曰六卷鈔。見諸宗章疏錄上。

【六卷畧出經】（經名）是四卷畧出經之元經也。初自金剛智三藏金剛頂經大瑜伽敎王經百千頌中略出題曰金剛頂瑜伽中畧出念誦經而爲四卷。世謂之四卷畧出經。收於近世藏經中者是也。

【六事經】（經名）摩登女解行中六事經之畧名。

【六成就】（名數）菩薩欲成就六

度之行所修之六事也。一供養、欲成就檀波羅蜜者。二學戒、欲成就戒波羅蜜者。三修悲、欲成就忍波羅蜜者。四勤善、欲成就精進波羅蜜者。五離諠、欲成就禪定波羅蜜者。六樂法、欲成就智慧波羅蜜者。莊嚴經十二曰、「諸菩薩爲成就六度故。於諸地中決定應作六事」一者必應供養。此爲成就檀度。若不長時供養。則檀度不得圓滿。供養義如供養品說。二者必應學戒。此爲成就戒度。若不長時學戒。則戒度不得圓滿。三者必應修悲。此爲成就忍度。若不長時忍諸不饒益事。則忍度不得圓滿。四者必應勤善。此爲成就進度。若心放逸不修諸善。則進度不得圓滿。五者必應離諠。此爲成就禪度。若在聚落多諍擾心。則禪度不得圓滿。六者必應樂法。此爲成就智度。若不遍歷諸佛。聽法無厭。如海納流。無時盈溢。則智度不得圓滿。」

【六門經】（經名）六門陀羅尼經之略名。

【六門陀羅尼經】（經名）一卷、唐玄奘譯。日夜六時、誦此陀羅尼、則能救六道之苦。故名爲六門。

【六門教授習定論】（書名）一卷。無着菩薩造、世親菩薩釋、唐義淨譯。明以六門習修禪定。而得世出世之果。六門者。一求脫之願心。二積集勝行之資糧。三使心善住於一處。四資師圓滿。五所緣圓滿。六作意圓滿。

【六宗】（名數）三論、法相、華嚴、律、成實、俱舍爲六宗。又於此六宗中除成實俱舍二宗之小乘。加天台眞言二宗。稱爲大乘之六宗。

【六味】（名數）苦味、酸味、甘味、辛味、鹹味、淡味之稱。南本涅槃經一曰、「其食甘味有六種味。一苦。二醋。三甘。四辛。五鹹。六淡。復有三德。一者輕軟。二者淨潔。三者如法。」

【六侍者】（名數）見侍者條。

【六供具】（物名）禪林之佛供也。一華、二香爐、三燭、四湯、五菓、六茶。見僧堂清規三。

【六到彼岸】（名數）六波羅蜜多也。唯識論九曰、「六到彼岸菩提分等自利行攝」

【六度】（名數）六波羅蜜也。舊稱波羅蜜。譯言度。新稱波羅蜜多。譯言到彼岸。度爲度生死海之義。到彼岸爲到涅槃岸之義。其意一也。其波羅蜜之行法有六種。一布施。二持戒。三忍辱。四精進。五禪定。六智慧也。仁王經上曰、「六度四攝一切行。」見波羅蜜條。

【六度說意】（術語）有二義。一對治之故。二次第生之故。對治之故。對於善法有六事。一慳法。二惡業。三恚心。四懈怠。五亂心。六愚痴也。以此六法因緣之故。不得無上菩提。爲欲壞六法之故。說六波羅蜜。次第生者、菩薩捨一切世俗之物、出家學道、名爲檀波羅蜜。既出家受菩薩戒、名爲尸羅波羅蜜。以護戒之故、雖有罵打亦默受而不報、名爲羼提波羅蜜。戒既清淨、勤修善道、名爲毘梨耶波羅蜜。以精進之故、五根調伏、名爲禪波羅蜜。五根既調、知眞法界、名爲般若波羅蜜。

【六度果報】（雜語）一施感富、二戒感具色、三忍感力、四進感壽、五禪感安、六智感辯。見善戒經。

【六度譬喩】（雜語）智慧爲母、布施爲乳母、戒爲養母、忍辱爲莊嚴具、精進爲養育者、禪定爲浣濯。見華嚴經。

【六度滿相】（雜語）修六度各有滿時。尸毘王代鴿者、布施之滿也。普明王捨國者、戒之滿也。羼提仙人割肉無恨者、忍之滿也。大施太子抒海幷讚佛者、精進之滿也。尙闍梨鵲巢頂上者、禪定之滿也。劬嬪大臣分地息諍者、智之滿也。見俱舍論十八、輔行三之二、觀音玄記下、四教儀。

【六度經】（經名）大乘理趣六波羅蜜經之略名。又六度集經之略名。

【六度集經】（經名）見上條。

【六度無極】（名數）六波羅蜜也。波羅蜜、舊譯爲度、或譯爲度無極。菩薩六度之行法無窮極、故曰度無極。

【六度無極經】（經名）六度集經之異名。

【六相】（名數）一總相、二別相、三同相、四異相、五成相、六壞相也。就凡夫所見之事相上言之、事相各各隔礙、不具六相。若就聖眼所見之諸法體性言之、則於一一事相中、見此六相圓融。以六相圓融之故、諸法卽一眞法界無盡緣起也。所謂法華之一眞法界無盡者、依此六相之圓融而證之。是出於華嚴經初地十大願中第四願之文。華嚴宗第二祖至相大師所發明、一家之大法門也。晉經二十三曰、「諸地所淨生諸助道法。總相別相有相無相有成有壞」。唐經三十四曰、「願一切菩薩行廣大無量、攝諸波羅蜜、淨治諸地、總相別相同相異相成相壞相所有菩薩行。皆如實說」。十地論一曰、「一切諸說十句中皆有六種差別相門。此言說解釋應知除事。事者謂陰界入等。六種相者謂總相別相同相異相成相壞相」。探玄記九曰、「除事者謂陰界入等者。此辨定其義。謂之」。大乘義章三曰、「陰界入等使此相望約道理說融通。非是陰等事相中辨。故除簡事別隔礙不具斯六。所以除之。若攝事相以從體義、陰界入等一一之中皆具無量六相門也。（中略）此六乃是大乘之淵綱、圓通之妙門」。華嚴傳三（至相傳）曰、「後遇異僧來謂曰、汝欲得解一乘之義、其十地中六相之義愼而勿輕。可一兩月間攝靜思之。當自知耳。言訖忽然不現。儼驚惕良久、因則陶研不盈累劫於焉大啓。」一總相者、一含多德、如人身具眼耳等之諸根而成一體。二別相者、多德各各而非一、如身體雖爲一、而眼耳等之諸根各各不同。此二相爲一身與諸根相對之平等差別二門也。三同相者、多德不乖、角具各各成一總之義、如眼等諸根具各各成一身之義、而非他物。四異相者、多義相望、各異形類也。如眼等之相貌各異。此二相、諸根互相望、而辨平等差別之二義也。五成相者、多義正緣起而成一總也、如諸根緣起而成一身。六壞相者、多義各住自法而不移動也、如諸根住自位而各自爲用、此二相依同異之二相而辨總別二相之果、平等差別二門也。大乘義章三曰、「考實論之說前四門。辨義應足。爲約同異。成前二門。故有六也。」又此六相、依體相用之三大、分平等差別之二門也。

一切諸法
- 體：總相、別相
- 相：同相、異相
- 用：成相、壞相

平等門　差別門

頌曰、「一卽具多名總相。多卽非一是別相。多同成於總。各體別異顯於同。一多緣起理妙成。壞住自法常不作。唯智境界非事識。以此方便會方便。」

【六相圓融】（術語）見六相條。

【六苦行】（名數）與六行同、外道六種之苦行也。見外道條下。

【六苦行外道】（名數）六種苦行外道也。見外道條下。

【六垢】（名數）垢穢眞心者有六法。見六垢法條。

【六垢法】（名數）污穢眞心之六法也。卽誑、諂、憍、惱、恨、害之六惑、顯宗論二十一曰、「煩惱垢六。惱害恨諂誑憍。誑憍從貪生。害恨從瞋起。惱從見取起。諂從諸見生。」

【六界】（術語）又曰六大。地水火風空識之六法也。此六法各有分齊、故名爲界。

【六界聚】（術語）中阿含二十一說處經、爲年少比丘說衆生之身分六大假合、使捨諸欲。如骨肉之地大、血之水大、煖熱之火大、呼吸之風大、耳鼻空之空大、樂苦識之識大也。曰、「若爲諸年少比丘。說敎此六界者。彼便得安隱得力得樂。身心不煩熱。終身行梵行。」

【六染心】（名數）心體原爲清淨、離諸妄染、然因依於不覺、忽起無明、遂有六種染心之相。一執相應染、我執之煩惱與心王相應而起、執着外境以染淨心者、是六麤中之第三執取相與第四計名字相也。二乘之極果及菩薩之十住位斷之。二不斷相應染、不斷爲相續之義、於苦樂等境、法執之煩惱與心王相應而起相續不斷以染淨心者是六麤中之第二相續相也。是分別起之法執、菩薩於初地之位斷之。三分別智相應染分別智爲能分別世間出世間諸法之智、此分別智與心王相應而汚淨心者、六麤中之第一智相也。是俱生起之微細法執、至第七地之位而斷之。四現色不相應染依根本無明而薰動淨心、現境界之相者最極微細、不與心王及心所相應、故曰不相應。三細中之第三現相也。於八地之位斷之。五能見心不相應染、由根本無明而使淨心始有能見之相者。不相應之義同上。三細中之第二轉相也。於第九地斷之。六根本業不相應染業爲動作之義、由根本無明而心體始動作者、是爲根本之動作、故曰根本業。不相應之義同上。是爲衆生迷妄之元始。三細中之第一業相也。於第十地金剛喩定斷之。三細六麤、明由因緣而生起之次第、故自細至麤而說、此欲辨治斷之次第、故自麤至細而說。見起信論。

【六城部】（流派）密林山部之別稱。

【六時】（名數）晝三時夜三時合爲六時也。晝三時爲晨朝日中日沒、夜三時爲初夜中夜後夜。阿彌陀經曰「晝夜六時雨天曼陀羅華」西域記二曰「六時合成一日一夜晝三夜三」。因西天之法分一歲爲六時、西域記二曰「又分一歲爲六時、正月十六日至三月十五日、漸熱也。三月十六日至五月十五日、盛熱也。五月十六日至七月十五日、雨時也。七月十六日至九月十五日、茂時也。九月十六日至十一月十五日、漸寒也。十一月十六日至正月十五日、盛寒也」。

【六時懺】（儀式）晝夜六時修懺法也。

【六時三昧】（儀式）六時勤行之三昧修法也。念佛懺法等、一心勤佛事、謂之三昧。

【六時不斷】（術語）每日晝夜六時勤行佛事而不斷絕也。

【六時禮讚】（儀式）唐善導往生禮讚中有六時禮讚之文。晝夜六時禮讚彌陀之偈頌也。書中亦有續爲六字禮讚之文。又六時勤此禮讚、故曰六時禮讚。

【六根】（名數）眼耳鼻舌身意之六官也、根爲能生之義、眼根對於色境而生眼識、乃至意根對於法境而生意識、故名爲根。大乘義章四曰「六根者對色名眼乃至第六對法名意。此之六能生六識。故名爲根」。六根中前五根爲四大所成之色法、意根之一爲心法。但小乘以前念之意識爲意根、大乘以八識中之第七末那識爲意根。

【六根淨】（術語）六根清淨之略。

【六根互用】（術語）斷六根之垢惑而使之淸淨、則六根一一具他根之用也。涅槃經曰、「如來一根則能見色聞聲嗅香別味知法。一根現爾餘根亦然。」是眞六根互用也。法華經法師功德品說菩薩在六根淸淨之位、六根互用之德。法華論曰「又六根淸淨者。於六根中悉能具足見色聞聲辨香別味覺觸知法等。諸根互用應知。」是相似之六根互用也。又楞嚴經四說聲聞之六根互用。曰、「不由前塵所起知見明不循根寄根明發。由是六根互相爲用。阿難汝豈不知。今此會中阿那律陀無目而見。跋難陀龍無耳而聽。殑河神女非鼻而聞香。驕梵鉢提異舌知味。舜若多神無身覺觸。摩訶迦葉久滅意根、圓明了知、不因心念。」亦是相似之互用也。

【六根功德】（術語）得於六根淸淨之位之功德也。依根而數量有增減。見六根淸淨條。

【六根淸淨】（術語）消除眼等六根、無始以來之罪垢、以無量之功德莊嚴之。便之淸淨潔白也。由此淸淨之功德而六根各發無礙之妙用、且得六根互用之自在也。法華經法師功德品曰、「若善男子善女人。受持是法華經。若讀若誦若解說若書寫。是人當得八百眼功德。千二百耳功德。八百鼻功德。千二百舌功德。八百身功德。千二百意功德。以是功德莊嚴六根皆令淸淨。（中略）父母所生淸淨肉眼、見於三千大千世界內外所有山林河海。下至阿鼻地獄、上至有頂。亦見其中一切衆生及業因緣果報生處。悉見悉知。（中略）以是淸淨意根乃至聞一偈一句。通達無量無邊之義。」（經中具說六根今舉初後之二根）、普賢觀經曰、「樂得六根淸淨者。當學是觀。」圓覺經曰、「心淸淨眼根淸淨耳根淸淨鼻舌身意復如是。」智度論十一曰、「布施時。六根淸淨善欲心生。」

【六根懺悔】（修法）懺悔六根之罪障也。法華懺法記其作法。

【六根淸淨位】（術語）於天台所立別敎五十二位之階位、十信之位也。於圓敎六卽之階位、相似卽之位也。斷見修二惑得六根之淸淨、與藏通二敎之佛相齊。四敎儀曰、「六根淸淨位卽是十信也。」輔行四曰、「能修四安樂行。一生得入六根淨。極大遲者不出三生。若爲名聞利養。累劫不得。」

【六師】（名數）天竺外道之六師也。翻譯名義有六師篇。一富蘭那迦葉。二末伽黎拘賒黎。三删闍夜毘羅胝。四阿耆多翅舍欽婆羅。五迦羅鳩䭾迦旃延。六尼犍陀若提子等。詳見外道條。

【六師迦王】（人名）佛滅後再造祇園精舍之王名。法苑珠林三十九曰、「於後五百年有旃脅迦王依地而起。十不及一。經於百年、被賊燒盡。經十三年有王六師迦者。依前重造屋宇莊麗、皆寶莊嚴。」

【六神通】（名數）神者不測之義、通

者無礙之義、三乘之聖者得神妙不測無礙自在之六種智慧。是曰六神通。界云六通。法華經譬喻品曰「具足三明及六神通」見通條。

【六衰】（名數）色等六塵、能衰耗人之眞性。故曰六衰。猶言六賊也。法華文句四曰「普曜經曰無五趣五陰六衰則是泥洹」同記曰、「衰祗是賊能損耗故」。中論疏四末曰、「六塵亦名六衰。令善衰滅」見六賊條。

【六畜】（名數）以狗等六畜譬衆生之六根、譬六情之放縱者。見六衆生條。

【六祖】（雜名）禪宗衣鉢相傳凡六世。即初祖達摩。二祖慧可。三祖僧璨。四祖道信。五祖弘忍。六祖慧能。是爲震旦六祖。正宗記六祖慧能大師姓盧氏。新興人。辭母直造黃梅東山。既得法。回南海法性寺。開東山法門。後歸寶林寺。一日謂衆曰、吾於忍大師處受法要、并及衣鉢。今汝等信根純熟。但說要法。衣鉢不須傳也。次年坐化。塔於曹溪。今南華寺是也。又天台宗荊溪湛然、自智者大師起、適當六代。故亦稱曰六祖大師。

【六面尊】（明王）降閻魔尊與大威德明王、謂之六足尊。又曰六面尊。

【六般神足】（名數）說法華經序品之六瑞也。是佛之神境通所現。故稱曰神足。

【六氣】（名數）佛家以六種氣治病。一吹、二呼、三嘻、四呵、五噓、六呬。頌曰心配屬呵腎屬吹。脾呼肺呬聖皆知。肝臟熱來噓字至。三焦壅處但言嘻。見翻譯名義集。

【六欲】（名數）一色欲、見青黃赤白及男女等色而生貪着也。二形貌欲、見端容美貌而生貪着者。三威儀姿態欲、見行步進止含笑嬌態等而生愛染者。四語言音聲欲、於巧言美語適意之音聲清雅之歌詠等、而生愛着者。五細滑欲、於男女皮膚之細軟滑澤等而耽染者。六人相欲、見男女可愛之人相而貪着者。見智度論二十一。而破此六欲須以九想。見九想條。又六欲天也。

【六欲天】（界名）欲界有六重之天、謂之六欲天。一四王天、有持國、廣目、增長、多聞之四王。故名四王天。二忉利天、譯言三十三天。帝釋天爲中央、四方各有八天。故從天數而名三十三天。三夜摩天、譯言時分。彼天中時時唱快哉。故名。四兜率天、譯言喜足。於五欲之樂生喜足之心。故名。五樂變化天、於五欲之境自樂變化。故名。六他化自在天、於五欲之境使他自在變化。故名。此中四王天在須彌山之半腹、忉利天在須彌山之頂上、故謂之地居天。兜率天已上住在空中、故謂之空居天。見智度論九、俱舍論八。

【六欲天婬相】（名數）六欲天皆不離婬欲。而婬相各異。見四忉利交形條。

【六欲四禪】（名數）欲界之六欲天與色界之四禪天也。四禪爲離婬欲之清淨天也。

【六情】（名數）舊譯經論多謂六根曰六情、以根有情識故也。是意之一為當體之名。以意根為心法故也。他五者生情識故從所生之果而名為情。金光明經曰「心處六情、如鳥投網、常處諸根、隨逐諸塵。」普賢觀經曰「懺悔六情根」。智度論四十曰「眼等五情名為內身、色等五塵名為外身。」止觀四之二曰「十住毗婆沙云、禁六情如繫狗鹿魚蛇猿鳥。」嘉祥之中論六情品疏曰「問、意可是情。餘五云何是情。答、意當體名情。餘五生情識之果、從果得稱也。六情亦名六根。五根能生五識、意根能生意識。六情亦名六依。為六識所依。」此等皆名根為情。

【六部轉讀】（儀式）每日轉讀法華經六遍也、為迴向六道之意。

【六部大乘經】（名數）法相宗所依六部之經典也。如大方廣佛華嚴經（有三翻）解深密經（有四翻）如來出現功德莊嚴經（未翻）阿毗達磨經（未翻）楞伽經（有三翻）厚嚴經（亦名大乘密嚴經）。是此為慈恩所立。

【六處】（雜語）十二因緣之一。在母胎內具足眼等六根而出母胎之位也。處乃十二處之處、為六根六境之通稱。根境為生識之依處、故名處。

【六通】（名數）三乘聖者所得之神通有六種。卽天眼通。天耳通。他心通。宿命通。神足通。漏盡通也。亦稱六神通。法華經曰、如世所恭敬、如六通羅漢。詳見通條。

【六術】（雜語）天竺之六種外道也。廣弘明集序曰、「六術揚於佛代、三張冒於法流。」

【六麭】（名數）九相之隨一、其麭相有六麭。

【六堅法】（名數）見堅法條。

【六誦經】（儀式）見誦經條。

【六現觀】（名數）見現觀條。

【六窗一猿】（譬喻）眼耳等六根譬以六窗、心識譬以一獼猴、是一識外道之邪計也。行事鈔下四曰「一識外道、如一室六扇、獼猴遍歷、根亦如是、一識通遊。」然通大小乘有六識體一體別之論。小乘之有部宗取體別、成實宗取體一、大乘之法相宗以體別為正義。六窗一猿、為體一家之譬也。成實論一心品曰「又雜藏中比丘言、五門窟中獼猴動發、獼猴且住、勿謂如本故知一心。」大乘義章三末曰「有人宣說六識之心隨根雖別、體性是一。往來彼此、如一猿猴六窗俱現。心識如是、六根中現、非有六心。」

【六喻】（名數）金剛經說夢幻泡影露電之六喻、以明諸法之空無常。金剛般若經曰、「一切有為法、如夢幻泡影、如露亦如電、應作如是觀。」

【六喩般若】（名數）金剛般若經說夢幻等六喩。謂之六喩般若。

【六蔽】（名數）蔽者蔽覆之義。覆淨心者有六種。一慳貪覆布施而使不生。二破戒覆戒行而使不生。三瞋恚覆忍辱而使不生。四懈念覆精進而使不生。五散亂覆禪定而使不生。六愚痴覆智慧而使不生。見智度論三十三。止觀八之二。

【六蔽心】（名數）六蔽也。

【六衆】（名數）六羣比丘。義淨新譯謂之六衆。

【六衆生】（名數）眼等六根以譬狗等六畜也。雜阿含經四十三曰、「譬如士夫遊空宅中得六種衆生。一者得狗。即執其狗繫着一處。次得其鳥。次得毒蛇。次得野干。次得失收摩羅。次得獼猴。得斯衆生悉縛一處。其狗者樂欲入村。其鳥者常欲飛空。其蛇者常欲入穴。其野干者樂向塚間。失收摩羅者常欲入海。獼猴者欲入山林。此六衆生悉繫一處。所樂不同。各各嗜欲到所安處。各各不相樂。於他處而繫縛故。各用其力向所樂方。而不能脫。（中略）六衆生者譬猶六根。堅柱者譬身念處。若善修習身念處。有念不念色。見可愛色則不生著。不可愛色則不生厭。耳聲鼻香舌味身觸意法。於可意法則不求欲。不可意法則不生厭。是故比丘當勤修習多住身念處」（身念處。身之不淨觀也。）俱舍論三十引此經。謂之六生喩經。

【六菩薩】（名數）一師子戲菩薩。二師子奮迅菩薩。三師子幡菩薩。四師子作菩薩。五堅勇精進菩薩。六摯金剛慧菩薩也。見六菩薩亦當誦持經。

【六菩薩名經】（經名）六菩薩亦當誦持經之略名。一卷。失譯。說六菩薩之名與嘆佛偈。

【六栽】（名數）新譯云六觸。與六識相應而生。觸之心所也。玄應音義三曰、「六栽經中亦名觸。案觸能長養心心數法。栽能長養枝葉華條。其義相似。因以名焉」

【六結】（譬喩）以一巾譬眞性。以六結譬眼耳等六根。使知根本雖一。而由妄相分別生六根也。楞伽經五曰「佛告阿難。此寶花巾。汝知此巾元止一條。我六綰時名有六結。汝審觀察巾體是一。因結有異」

【六智】（名數）見道中之四諦智。及法智比智六者。若法智比智歷四諦則爲十六智。即見道之十六心也。仁王經上曰、「有學六智」。

【六無畏】（名數）眞言行者於地前三劫所得之利益也。見無畏條。

【六罪人】（名數）謂犯四重。破和合僧。出佛身血者。

【六惡賊】（名數）見六賊條。

【六道】（名數）與六趣同。地獄。餓鬼。

畜生、阿修羅、人間、天上是也。此六者乃衆生輪廻之道途。故曰六道。衆生各乘因業而趣之、故謂之六趣。法華經序品曰、「六道衆生生死所趣」法華玄義二曰、「約十法界謂六道四聖也。」見六趣條。

【六道佛菩薩】（名數）六地藏、六觀音也。爲六道所配之佛菩薩。

【六道能化菩薩】（雜名）謂地藏菩薩也。

【六道錢】（物名）我國習俗、於昏晚埋錢壙中、爲死者之用、謂之昏寓錢。日本效之謂之六道錢。然非佛經之說也。事物紀原九曰、「漢葬者有昏寓錢。謂昏晚埋錢於壙中、爲死者之用也。」

【六道四生】（名數）六道中有胎卵濕化之四生、謂之六道四生。

【六道四聖】（名數）十界中由第一地獄界至第六天界爲六道。第七聲聞界、第八緣覺界、第九菩薩界、第十佛界爲四聖。法華玄義二曰「十界謂六道四聖也。」

【六道集經】（經名）八卷吳康僧會譯。如來往昔行菩薩道時之六波羅蜜行也。

【六道伽陀經】（經名）一卷趙宋法天譯。說六道相之偈頌也。與六趣輪迴經類似。

【六著】（名數）瓔珞經所說十三煩惱中之後六也。見煩惱條。

【六著心】（名數）六種之執著心也。如貪著心、愛著心、瞋著心、疑著心、欲著心、慢著心是。

【六萬藏】（雜語）法藏六萬偈也。大方便佛報恩經四曰、「提婆達多雖復隨佛出家。嫉妬情深。竊望利養。雖復能多讀誦六萬香象經。而不能免阿鼻地獄罪。」智度論十四曰、「調達誦得六萬法聚。與闍王共造五逆。生入地獄。」天台觀經疏曰、「調達有三十相。出家誦六萬法聚。」

【六群比丘】（名數）佛在世時、有惡比丘六人結黨、多作非威儀之事。稱曰六群比丘。佛制戒多緣此六群而起。諸律出名不同。僧祇律九稱六群比丘曰「一闡陀、二迦留陀夷、三三文達多、四摩醯沙達多、五馬師、六滿宿。」毘奈耶律十一稱六衆苾芻曰「一難陀 Nanda 二鄔波難陀 Upananda 三阿說迦 Aśvaka 四補捺婆素迦 Punarvasu 五闡陀 Chanda 六鄔陀夷 Udāyin」薩婆多論四曰「一難途、二跋難陀、三迦留因夷、Kalodayin 四闡那、五馬宿、六滿宿。」戒因緣經三曰、「一跋難陀、二難陀、此二人生天上。三迦留陀夷、四闡怒、此二人得道涅槃。五馬師、六弗那跋、此二人生龍中。」以上因梵音之具略而譯語不同耳。一闡陀、或曰闡那、闡怒、同一名也。又云車匿、或惡性比丘、暴惡也。佛滅後於阿難所得道。（五分律三十）二迦留陀夷、又云鄔陀夷、多婬、後於佛所得道、宿債所追、爲賊所殺、埋於糞中。（十誦律十四）三三文達多、或云難陀、難途、一人也。四摩醯沙、難陀、或云跋難陀、一人也。此二人生於天。（薩婆多論四戒因緣經三）五馬師、或云馬宿、阿說迦、惟梵漢不同、六滿宿、或云補那婆素迦、弗那跋、惟梵漢相違。此二人憤我師目連、爲執杖外道所害殺之、生於龍中。（戒因緣經二）

【六群比丘尼】（名數）　六群比丘外、有六群比丘尼、此惡比丘尼準於比丘之六羣而立名、故不列別名。大方便報恩經曰、「諸釋女欲出家持禁戒、求衣鉢、往詣王國比丘尼精舍、索出家。時有六羣比丘尼、見諸釋女年幼稚美色、今云何能捨離捨而共出家。我等當爲說世間五欲快樂、待年限過、然後出家。不亦快乎。彼若還俗、必以衣鉢奉施我等。」

【六業】（名數）　日本叡山所學之課業。一止觀業、習法華之經疏也。二大日業、習大日經之經疏也。三金頂業、習金剛頂經之經釋也。四蘇悉業、習蘇悉地經之經記也。五一字業、習一字頂輪王經之經釋也。六瑜祇業、習瑜祇經之經記也。初傳敎立止觀遮那二業於遮那業中攝大日業等諸業、後來漸分業於遮那業中開五課焉。

【六賊】（譬喩）　色聲等六塵。以眼等六根爲媒、劫掠功能法財、故以六賊爲譬。涅槃經二十三曰、「六大賊者、即外六塵。菩薩摩訶薩觀此六塵如六大賊、何以故。能劫一切諸善法故。（中略）六大賊者、夜則歡樂。六塵惡賊、亦復如是。處無明闇、則得歡樂。」最勝王經五曰、「當知此身如空聚、六賊依止不相知。六塵諸賊則依根、各不相知亦如是。」楞嚴經四曰、「汝現前眼耳鼻舌及與身心、六爲賊媒、自劫家寶。」因以六賊譬六根之愛喜。雜阿含經四十三曰、「士夫內有六賊。隨逐伺汝、得便當殺。（中略）六內賊者、譬六愛喜。」

【六瑞】（名數）　法華經爲出世本懷之經、故說先現六種之祥瑞、以爲開經之由序、緣起、謂之法華六瑞。序一說法瑞、先說無量義經也。二入定瑞、次入無量義處三昧也。三雨華瑞、次從天雨四種之華也。四地動瑞、次大地六種震動也。五心喜瑞、大衆見之、內心生歡喜也。六放光瑞、次佛眉間白毫放光照東方萬八千佛土也。此六瑞爲三世十方諸佛說法華經前必示現之敎化法式。見法華經序品。

【六煩惱】（名數）　又云六大煩惱。見煩惱條。

【六解一亡】（譬喩）　以一巾喩涅槃、六結喩眼等之六根、聚集而現生死。然生死與涅槃本由對待而感者、若解生死之結、（

六解）則涅槃之一巾亦泯亡。故曰六解一亡。楞嚴經五曰：「六解一亦亡。（中略）佛言：六解一亡，亦復如是。由汝無始心性狂亂，知見妄發，發妄不息，勞見發塵。如勞目睛，則有狂華於湛精明，無因亂起。一切世間山河大地生死涅槃，皆即狂勞顛倒華相。」

【六種力】（名數）見力條。

【六種印】（印相）六種之波羅蜜，為證明菩薩之印契，故云六種印。善戒經一曰：「菩薩性者有六種印，以此印故，一切衆生則得識知此是菩薩。何等為六？所謂檀波羅蜜乃至般若波羅蜜。」

【六種因】（名數）見六因條。

【六種住】（名數）持地經立六住，以攝菩薩之行位。此六入所證之位，皆不退失，故名為住。一種性住，種即能生之義，性即自分不改之義，謂菩薩於十住之位，成就佛道之種性也。二解行住，於十行十迴向之位，積解行之功，不退失也。三淨心住，於初地見道之位，破一切見惑，使心得一分清淨也。四行道迹住，迹者足迹也，自二地至七地，修習眞觀，漸次斷思惑，即有行道證入之迹也。五決定住，於八九兩地，不借道力功用，增進任運，決定不退失也。六究竟住，於第十地學行滿足，究竟等覺之位也。非妙覺之究竟者。見菩薩持地經二。

【六種即】（名數）圓教之六即位也。天台觀經疏曰：「佛是覺義，有六種即。」見六即條。

【六種性】（名數）瓔珞經分別菩薩從因至果之行位種性為六位。見種性條。

【六種釋】（名數）法相宗所傳之六離合釋也。

【六種觀】（名數）六現觀也。

【六種正行】（名數）開會五種正行之第五為六種，如讀誦、觀察、禮拜、稱名、讚歎、供養是也。

【六種決定】（名數）菩薩修六度之增上力，得六種之決定也。一財成決定，謂由布施之力，必定常得大財之成就。二生勝決定，謂由持戒之力，必定常生貴勝之家。三不退決定，謂由忍辱之力，所修之善法，必定常不退失。四修習決定，謂由精進之力，常時修習善法，必定無有間息。五定業決定，謂由禪定之力，成就正定業，永不退失。六無功用決定，謂由智慧力，不加功行，必定自然住於理。見大乘莊嚴論十二。

【六種供具】（物名）密家常用六種之供物也。見供養條。

【六種供養】（物名）又名六種供具。見供養條。

【六種迴向】（儀式）法會之式目也。闕伽等六種供具奉獻三寶之文，謂之六種。以後所修功德迴向自他一切之文，謂之迴向、即合六種供養之文與迴向之文、而謂爲六種迴向也。兩文載於諸法會儀則中卷。

【六種散亂】(名數)一、自性散亂、謂前五識之自性馳逐外緣不能靜定也。二、外散亂、謂修善之時心馳散於五欲之境而不靜寂也。三、內散亂、謂修定之時、心動散於諸塵不生味著退失靜定也。四、相散亂、謂使他人信自己有德詐作修善之相、而心退失也。五、麤重散亂、謂修善法之時生我我所之執及我慢等、爲此邪執麤重之力故而所修之善法不清淨也。六、作意散亂、謂餘乘及餘定等依外教作意修習無有證悟、却生散亂也。雜集論一卷末說之。

【六種調伏】(名數)菩薩調伏惡法障礙之六法也。一、性調伏、謂菩薩有善根種性故修習善法、調伏身心諸煩惱障也。二、衆生調伏、謂調伏一切衆生知聲聞性緣覺性乃至人天性之別、使夫夫得道也。三、行調伏、謂修萬行調伏諸煩惱、爲衆生修苦行而不悔恨也。四、方便調伏、謂以種種方便調伏衆生使初發心者勸持戒離生死、已發心者親近善友受持經法等也。五、熟調伏、謂對衆生無善根者說人天之樂、使發菩提心、對有善根者、說出世間之法、使之增長成熟善果也。六、熟調伏印、謂菩薩自身之善法得成熟而印於自己之心也。印者法印也。菩薩善戒經三詳說之。

【六種動相】(名數)又名六種震動。感應神通力而起之奇瑞也。見六種震動條。

【六種震動】(術語)大地震動有三種之六動。(一)爲動六時也。長阿含經二曰「一佛入胎時、二出胎時、三成道時、四轉法輪時、五由天魔勸請將捨性命時、六入涅槃時。」涅槃經二曰、「菩薩初從兜率天下閻浮提時、名大地動。從初生出家成阿耨多羅三藐三菩提轉於法輪及般涅槃名大地動。」天台嘉祥慈恩諸師依此二經之文、除長阿含經之第五時(將捨性命之時)加涅槃經之出家時、而爲六時動、即八相中後六相之時也。文句記三之一曰「若准長阿含、多緣地動、亦可爲表。經云有六緣地動、謂入胎出胎出家成道法輪入滅。小教雖即不云所表、既在八相中之後六。」(二)爲動六方也。大品般若經一曰、「爾時世尊故在師子座入師子遊戲三昧以神通力感動三千大千國土六種震動。東涌西沒、西涌東沒、南涌北沒、北涌南沒、邊涌中沒、中涌邊沒。地皆柔軟令衆生和悅。」智度論八曰、「入此三昧能種種迴轉此地令六反震動。」(三)爲動六相也。是亦般若經之說、舊曰(晉華嚴經)動起涌震吼覺、新曰(大般若經)動涌震擊吼爆。前三取形、後三取聲。此六種各有小中大之三相、故有十八相。由言之、即有六種十八相震動也。文句記三之一曰、「此六事釋新舊不同。新云動涌震擊吼爆。今且用舊。搖颺不安名動。自下昇高名起。㙮隴凹凸爲涌。六方涌沒亦名涌。隱隱有聲名震。砰礚發響名吼。令物覺悟名覺。新云擊如打搏。爆若火聲。經論略標多云震動」晉華嚴經二曰、「六種十八相震動、所謂動、徧動、等徧動。起、徧起、等徧起。覺、徧覺、等徧覺。震、徧震、等徧震。吼、徧吼、等徧吼。涌、徧涌、等徧涌。」唐華嚴經五曰、「華藏莊嚴世界海以佛神力其地一切六種十八相震動、所謂動、徧動、普徧動。起、徧起、普徧起。涌、徧涌、普徧涌。震、徧震、普徧震。吼、徧吼、普徧吼。擊、徧擊、普徧擊。」大般若經一曰、「六種變動、謂動、極動、等極動。涌、極涌、等極涌。震、極震、等極震。擊、極擊、等極擊。吼、極吼、等極吼。爆、極爆、等極爆」已上三種中第一爲示作動之時、後二種正爲六種震動之義也。

【地動因緣】（雜語）智度論八曰、「佛何以故震動三千大千世界。答曰、欲令衆生知一切皆空無常。故復次如人欲染衣先去塵土。佛亦如是。先令三千世界衆生見佛神力、敬心柔軟。然後說法。是故六種動地。」法華玄贊二曰、「勝思惟梵天經說有七因。一驚怖諸魔。二令時衆不起散心。三令放逸者而自覺悟。四令念法相。五令觀說處。六令成就者得解脫。七令隨順回正義。」（勝思惟梵天所問經論一取意之文）

【六種護摩】（名數）護摩法有六種。見護摩條。

【六種羅漢】（名數）見羅漢條。

【六種巧方便】（名數）菩薩六種之善巧方便也。一隨順巧方便、謂順次教誡令生信樂、說甚深之法而使之易解也。二立要巧方便、謂誓與衆生所求之田宅錢財。次第使行善法也。三異相巧方便、謂教供養父母受持禁戒等、不順時乖異瞋責、使他畏懼也。四逼迫巧方便、謂原有犯戒等事、斷絕供給、或加謫罰、使離惡法也。五報恩巧方便、謂施與衆生財物、令生報恩之心也。以出世門之財供養使行受持禁戒等也。六清淨巧方便、謂自天降生出家學道成無上菩提、使衆生皆信樂、所有惑染悉令清淨也。菩薩地持經八詳說之。

【六種阿羅漢】（名數）見羅漢條。

【六種俱生惑】（名數）百法明論所記貪、瞋、慢、無明、疑、不正見之六煩惱也。此六者皆爲俱生之惑。同解上曰、「此六卽俱生。若開惡見法十。卽分別惑也。又十惑中瞋唯不善、餘九皆通有覆不善。」

【六聚界】（名數）類聚比丘之具足戒有七聚及六聚。見篇聚條。

【六聚罪】（名數）與六聚戒同。

【六塵】（名數）色聲香味觸法之六境也。此六境有眼等六根入身以垐汚淨心者。故謂之塵。圓覺經曰、「妄認四大爲自身相。六塵緣影爲自心相」淨心誡觀下曰、「出衆妙香衆生聞之而得道者。有佛以食與衆生令得道者、有佛衆生但念而得道者。」法華玄義八曰、「他方六根識利、六塵得爲經。此土三根識鈍、鼻不及驢狗鹿等云何於香味觸等能得通達」文句記曰、「此土耳根利。故偏用聲塵」云何名塵。坌汚淨心觸身成垢故名塵」法界次第上之上曰、「塵以染汚爲義以能染汚情識故通名爲塵也。」

【六塵說法】（術語）佛以色聲等六塵而說法衆生以眼等六根而悟解也。然六塵通他之佛土而言之若就此土而論則僅色聲法之三塵而已、如眼見經卷而悟解者、色塵說法也、耳聞金口之聲教而悟解者、聲塵說法也。意思惟法而悟解者法塵說法也。其中此土之衆生尤以耳根銳利、偏用聲塵而說法。無量壽經上說道場樹曰、「目視其色耳聞其音鼻知其香舌嘗其味身觸其光。心以法緣一切皆得甚深法忍住不退轉至成佛道。」智度論三十四曰、「有佛爲衆生說法令得道者。有佛放無量光明衆生遇之而得道者。有佛神通變化指示其心而得道者。有佛但現色身而得道者。有佛遍身毛孔出衆妙香衆生聞之而得道者。有佛以食與衆生令得道者、有佛衆生但念而得道者。」法華玄義八曰、「他方六根識利、六塵得爲經。此土三根識鈍、鼻不及驢狗鹿等云何於香味觸等能得通達」文句記曰、「此土耳根利。故偏用聲塵」

【六趣】（名數）衆生由業因之差別而趣向之處有六所謂之六趣亦曰六道。一地獄趣、Naraka-gati 八寒八熱等之苦處也此在地下故曰地獄。二餓鬼趣 Preta-gati 常求飯食之鬼類生處也與人趣雜處而不可見。三畜生趣、Tiryagyoni-gati 新譯曰旁生趣即禽獸之生所也。多以人界爲依所而眼可見。四阿修羅趣 Asura-gati 常懷瞋心而好戰鬪大力神之生所也。以深山幽谷爲依所而與人隔離。五人趣 Manuṣya-gati 人類之生所也。分閻浮提等四大洲、但四大洲隔離不得通力者不能到六天趣 Deva-gati 身有光明自然受快樂之衆生、名爲天有欲界六所謂之六欲天色界無色界皆爲彼之生所。大乘義章八末曰、「此六種經名爲趣。亦名爲道。所言趣者。蓋乃對因以名果也因能向果果爲因趣故名爲趣所言道者。從因名也。善惡兩業通人至果名之爲道。地獄等報爲道所詣故名爲道。」法華經序品曰、「盡見彼土六趣衆生。」涅槃經二十五曰、「以心因緣故輪迴六趣具受生死。」

【六趣輪迴經】（經名）一卷、馬鳴菩薩集、趙宋日稱等譯。」

【六境】（名數）謂色聲香味觸法之六法爲眼耳鼻舌身意六根所對之境界故名六境。

【六德】（名數）梵語薄伽梵之六義也。一自在、二熾盛、三端嚴、四名稱、五吉祥、六尊貴。見佛地經論一。

【六震】（名數）見六種震動條。

【六輪】（名數）本業瓔珞經示三賢十聖之果報、用鐵輪王等之名。天台取其經意而立六輪以配於因位之六位。一鐵輪王、十信位也。二銅輪王、十住位也。三銀輪王、十行位也。四金輪王、十迴向位也。五瑠璃輪王、十地位也。六摩尼輪王、等覺位也。此中經無瑠璃輪之名。止觀輔行一之三曰、「入銅輪者本業瓔珞上卷經意以六因位而譬六輪。（中略）言六輪者謂鐵輪十信、銅輪十住、銀輪十行、金輪十向、瑠璃輪十地、摩尼輪等覺。輪是碾惑摧伏等義。」

【六論】（名數）外道六種之論也。婆藪槃豆法師傳曰、「四皮陀六論」。百論疏上之下曰、「六論者一式叉（Śikṣā）論釋六十四能法。二毘伽羅（Vyākaraṇa）論釋諸音聲法。三柯剌波（Kalpa）論釋諸天仙上古以來因緣名字。四竪底沙（Jyotiṣa）論釋天文地理算數等法。五闡陀（Chandas）論、釋作首盧迦法。佛弟子五通仙等說偈名首盧迦。六尼鹿多（Nirukta）論釋立一切物名因緣。」

【六慧】（名數）瓔珞本業經上說六種之智慧、即別教菩薩六位之分也。一聞慧、於十住位中聞中道之理知一切法離二邊之相也。二思慧、於十行位中思惟中道之理發生之智慧也。三修慧、於十迴向位中修習中道之理發生之智慧也。四無相慧、於十地位中證知中道之理、離二邊之相之智慧也。五照寂慧、照爲中道之用、寂爲中道之體、等覺位之菩薩以中道之觀慧照中道理體之智慧也。六寂照慧、於佛果位即中道之體而起中道之用之智慧也。又瓔珞經所說六種性之異名。見六種性條。

【六箭】（譬喩）色聲等六塵之法、能害衆生之慧命、故以箭爲譬。六度集經五曰、「吾以國爲怨窟。以色聲香味華服邪念爲六劍截吾身六箭射吾體。」

【六罵】（名數）惡法罵有三種。一面罵、如汝是生於除糞家之言是。二喩罵、如汝似除糞種等之言是。三自比罵、如我非除糞種乃至我非販賣牛羊殺人等之言是。復有善法罵三種。一面罵、如汝是阿練若乃至坐禪人等之言是。二喩罵、如汝是阿羅漢乃至佛等之言是。三自比罵、如我非阿練若乞食納衣乃至阿羅漢佛等之言是。是爲假善事而意在罵辱也。見行事鈔中三之一。

【六隨眠】（名數）見隨眠條。

【六諦】（名數）勝論師所立之六句義也。勝論之本師立六句義、其末師立十句義。佛道論衡序曰、「天竺盛於六諦神州重於二篇」。見勝論宗條。

【六親】（名數）父母妻子兄弟也。無量壽經下曰、「六親眷屬」。行事鈔二之二曰、

「厭三界之無常辭六親之至愛。」同資持記曰「六親謂父母兄弟妻子。」

【六劍】（譬喩）色、聲、香、味、華服、邪念之六法譬如劍刃卽六塵是也。六度集經五曰「吾以國爲怨窟以色聲香味華服邪念爲六劍截吾身六箭射吾體。」

【六齋日】（行事）每月之八日十四日十五日二十三日二十九日三十日也。齋者梵語曰逋沙他（Posadha）此六日爲四天王伺人善惡之日又爲惡鬼伺人之日故諸事須愼特過正午則絕一切食物是曰齋。日齋者不過中食之謂也是從劫初傳來之聖法但佛出世以後使兼於此日受持八戒。遂成爲六個之八戒齋日。摩訶般若經十四曰「六齋日月八日二十三日十四日二十九日十五日三十日諸天衆會。」（此一月分前後半月前後相對故斯次第）四天王經曰「佛告諸弟子齋日責心愼身守心諸天齋日伺人善惡。須彌天王卽第二天天帝名因福德巍巍典主四天四天神王卽因四鎭王也。各理一方常以月八日遣使者下案行天下伺察帝王臣民龍鬼蜎飛蚑行蠕動之類心念口言身行善惡十四日遣太子下十五日四王自下。二十三日使者復下二十九日太子復下三十日四王復自下。」智度論十三曰「問曰何以故六齋日受八戒修福總答曰是日惡鬼逐人欲害人命疾病凶衰。令人不吉是故劫初聖人敎人持齋修善作福是時齋法不受八戒直以一日不食爲齋。後佛出世敎語之言汝當一日一夜如諸佛持八戒過中不食是功德將人至涅槃。（中略）問曰何以故諸惡鬼輩以此六日惱害於人答曰天地本起經說劫初成時有異梵天王子諸鬼神父修梵志苦行滿天上十二歲於此六日割肉出血以著火中。（卽護摩之供養）以是故諸惡鬼神禮此六日輙有勢力（中略）復次諸鬼神父於此六日割肉出血以著火中過十二歲已。天王來下語梵子言汝求何願答言我求有子。天王言仙人供養法以燒香甘果諸淸淨事汝云何以肉血著火中如罪惡法汝破善法樂爲惡事令汝生惡子噉肉飮血。當說是時火中有八大鬼出身黑如墨髮黃眼赤有大光明一切鬼神皆從此八鬼生以是故於是六日割身肉血著火中而有勢力如佛日法中無好惡。隨世惡日因緣故敎持齋受戒。」同六十五曰、「是六齋日是惡日令人衰凶。若有是日受八戒持齋布施聽法是時諸天歡喜小鬼不得其便利益行者。」觀普賢經曰、「刹利居士於六齋日敕諸境內力所及處令行不殺。」大毘婆沙論四十一曰、「三十三天於白黑月每常八日若十四日若十五日集善法坐稱量世間善惡多少見造善者便擁護之。見造惡者卽共嫌毀。」

【六轉依】（名數）見轉依條。

【六難】（名數）一遇佛世難、二聞正法難、三生善心難、四生中國難、五得人身難、六具諸根難。見涅槃經二十三。

【六離合釋】（名數）又曰六種釋、六合釋。梵語殺三磨娑、此云六合。殺者六、三摩娑者合也。諸法以二義已上爲名者、以此六種法式分別其名義也。唯一義之名即不當於此釋、二義之名、爲判歸趣何義、必須此法式。其作法初離釋二義、次合釋二義、故謂之離合釋、略稱曰合釋。一持業釋、Karmadhāraya 又名同依釋。體能持用、謂之持業。此義雖二而體則一之名也。一體持一用、故名持業釋。例如大乘、大者具七義、對小教而言、乘者運載之義、以濟行者。其大體能持運載之用、故名大乘。又同依者、依二義一體之義、若大若乘、同依一體、故名同依。又如藏識、藏即爲識、識持藏之用、故名持釋、藏之義、識之義、同依一法體、故名同依。二依主釋、Tatpuruṣa 又名依士釋、從所依之體而立能依之法之名也。例如眼識、爲依眼而生之識、故名眼識。是眼爲所依之體、識爲能依之法也。本爲別種之法、別法從所依之法而立能依之名、故云依主。三有財釋、Bahuvrīhi 又云多財釋、此全取他之名而爲自之名、如世之有財者之有財物也。如覺者爲有覺者、故名覺者。如唯識論、爲有唯識之理之論、故立唯識論之名。是有財釋也。四相違釋、Dvandva 此二體相違而集各別者爲一名者也。例如教觀、教與觀本別、合相違之物爲一名者、是相違釋也。五隣近釋、Avyayībhāva 從隣近法之强物而立名也。例如四念處、念處之體雖爲慧、而與之相應而起之念力强、故名念處、是隣近釋之名也。六帶數釋、Dvigu 例如五蘊、十二處、帶數量之名也。然而一名必非局於一釋、有一名而涉於數釋者。例如論語之名、論者聖賢之議論、語者爲其議論之言語、視爲論即語、則爲持業釋。語之體持論之用也。若解爲論者聖賢之議論、爲依其論之語、而非依經等之語、則爲依主釋。若視爲包有聖賢議論之語、則爲有財釋。若視爲論者聖賢之議論、語者聖賢之教語、則爲相違釋。若視爲非僅爲書中議論之言語、而以議論之語爲主、故名論語、則爲隣近釋。已上論語之一名、不帶涉五釋之數、則不當於帶數釋。梵 Ṣaṭsamāsa

【六識】（術語）見識條。

【六識十名】（名數）第六意識有十名、六識、意識、攀緣識、巡舊識、波浪識、分別事識、人我識、四住識、煩惱障識、分段死識是也。見宗鏡錄。

【六漢羅】（名數）合佛與佛最初度之五比丘、爲六羅漢也。以此時人間始有阿羅漢六人故也。阿羅漢之名、通於三乘之極果。釋氏要覽上曰、「五分云。於鹿苑度五俱鄰。人間已有六羅漢。」

【六譬】（名數）眼等六根譬如狗等六畜也。見六衆生條。

【六度六譬】（名數）見六度條。

【空無常六譬】（名數）見六喻條。

【念佛三昧六譬】（名數）一如閻浮檀那紫金、二如王之寶印、三如如意珠、四如秘呪、五如力士之髻珠、六如金剛山。見觀佛三昧經十、往生要集下末。

【六體】（名數）一身分爲六分也。一臍已下、二臍已上、三心已下、四心已上、五咽已上、六頂也。見演密鈔四。

【六觀】（名數）瓔珞經所說六種性之異名、一住觀、二行觀、三向觀、四地觀、五無相觀、六一切種智觀。見六種性條。

【六觀法】（名數）見觀法條。

【六觀音】（名數）有二種、一種、一大悲觀音、二大慈觀音、三師子無畏觀音、四大光普照觀音、五天人丈夫觀音、六大梵深遠觀音也。一種、一千手觀音、二聖觀音、三馬頭觀音、四十一面觀音、五准胝觀音、六如意輪觀音也。大悲等六觀音爲天台之義、立摩訶止觀二曰、「大悲觀世音破地獄道三障、此道苦最重。宜用大悲。大慈觀世音破餓鬼道三障。此道飢渴。宜用大慈。師子無畏觀世音破畜生道三障。獸王威猛。宜用無畏。大光普照觀世音破阿修道三障。其道猜忌嫉疑。宜用普照。天人丈夫觀世音破人道三障。人道有事理。事伏憍慢稱天人。理則見佛性。稱丈夫。大梵深遠觀世音破天道三障。梵是天王。標王得臣。」（三障者惑業苦）或謂天台引用陀羅尼雜呪案陀羅尼雜集七曰、「吉祥神呪。南無觀世音能施無畏力、一切和雅音。勇猛師子音。大梵清淨音。大慈妙法音。天人大丈夫能施衆生樂。滅除無明便濟度生死海。」較諸今之六名、無大悲及大光普照、多和雅、且無對破六道苦之明文。或謂係引七佛八菩薩神咒經一所謂「南無觀世音。師子無畏音。大慈柔軟音。大梵清淨音。大光普照音。天人丈夫音。能施衆生樂。濟度生死岸。」然是僅爲五觀音、無大悲、且無對於六道之文。可決爲天台之義立也。迨千手等六觀音、盛傳於密部、遂見種種之觀音。密敎之徒、舉此六觀音附於止觀之文。或言唐道遂六字經驗記中列此六觀音。然未得此本、不能詳之。一說、千手等六觀音、與大悲等六觀音相配。出於日本眞言宗。二種之六觀音及六道之分配如左。

千手	Sahasrahasta	大悲	地獄道
聖	Ārya	大慈	餓鬼道
馬頭	Hayagrīva	師子無畏	畜生道
十一面	Ekadaśamukha	大光普照	修羅道

准　提Caṇḍi　天人丈夫——人道
如意輪Cintāmaṇicakra　大梵深遠——天道

古德之頌曰、「大悲千地獄。大慈正餓鬼。師子馬頭畜。大光面修羅。天人准泥人。大梵如意天」其中第二之聖觀音爲觀音菩薩之正體、無千手馬頭等異相、故但謂之聖觀音、又云正觀音。新曰聖觀自在菩薩。(又作正)是乃法華經普門品所說之觀音、胎藏界右方蓮華部之部主是也。胎藏界中總有四觀音、一爲中臺八葉院之觀音、二爲觀音院之觀音、三爲釋迦院之觀音四爲文殊院之觀音。皆聖觀音也。

【六麤】(名數) 明衆生迷妄之生起次第由根本無明而生起業轉現之三細、更緣現相之境界而生起六種之迷相、對於前之三細而稱爲六麤。一智相、謂於現識所現之境界不知是爲自識所現之幻影、妄生智慧而分別諸法也。是俱生起之法執也。二相續相、謂依前智相之分別而於愛境生樂境、於不愛之境生苦受等、種種迷妄續起不斷也。是分別起之法執也、三執取相、謂於前之苦樂等境、不了爲虛妄不實、深生取着之念也。是俱生起之煩惱也。四計名字相、謂依前之轉倒計量分別假名言說之相、而生種種煩惱也。是分別起之煩惱也。五起業相、謂妄分別假名依妄惑而起善惡諸業也。六業繫苦相、謂繫於善惡之業而感生死之苦果也。六麤中前四相爲惑因、第五相爲業緣、第六相爲苦果。見起信論。

【文句】(術語) 解釋經文、謂之文句、或云章、疏、述義、記、釋解等。文句之題、如天台智者之妙法蓮華經文句、金光明經文句是也、文句者、以釋者之句、分別本經之文之義也、又解釋經之文文句句、故名文句、有財釋是也、但常言文句者、指妙法蓮華經文句而言。總卽別名也。文句記一曰、「言文句者。文謂文字。一部始終。句謂句讀。義通長短。今但以句而分其文。故云文句。」

【文字】(雜名) 詮表義理之具也。實相本離文字、但不假文字、不能詮實相、故文字者乃法身之氣命也、法華玄義五曰、「文字是法身氣命。讀誦明利是圓家數息。」維摩經觀衆生品曰、「言語文字皆解脫相。」

【文字人】(雜語) 暗禪者之對。謂拘泥文字上所現之學問、而閑却實踐的方面之修業者。

【文字法師】(術語) 專習教相而不修禪行者之稱。止觀五曰、「非闇證禪師文字法師所能知也」同七曰、「不與世間文字法師共。亦不與事相禪師共。」

【文字般若】(術語) 五種般若之一。文字能詮般若之法、又文字之性空寂而本來解脫、故爲般若。

【文尼】（術語）Muni又名茂泥、牟尼。見牟尼條。

【文池】（地名）文眞鄰陀龍池也、又名目眞鄰陀池在金剛座之側。

【文夾】（物名）禪林之語入書札之手箱也。

【文若草】（植物）十誦律云文闍草、五分律云文柔草、皆一也。

【文陀竭】（人名）Mūrdhagata金輪王名初由母之頂上而生、故稱曰頂生王、是釋迦如來之前身也。既爲金輪王、有千子七寶、領四天下、亦不知飽一日飛到忉利天見天上玉女、生彼天王若死我欲代治天上之意生此意時失通墮地困頓著床、是勸人少欲知足也。見文陀竭王經。

【文陀竭王經】（經名）一卷、北涼曇無讖譯、與頂生王經同本二經皆是中阿含四洲經。文陀竭爲頂生王之名。

【文殊】（菩薩）Mañjuśrī 文殊師利之略、舊稱文殊師利、滿殊尸利、新稱曼殊室利。新舊有六譯、無量壽經、涅槃經曰妙德、無行經曰妙首、觀察三昧經、大淨法門經曰普首、阿目佉經、普超經曰濡首、無量門微密經、金剛瓔珞經曰敬首。（已上舊譯）大日經曰妙吉祥。文殊或曼殊、是妙之義、師利或室利、是頭之義、德之義、吉祥之義也。此菩薩與普賢爲一對、常侍釋迦如來之左、而司智慧。（普賢在右司理、但當以右智左理今違之、一依勝劣之次第、二示理智融通之義也。）心地觀經八曰「三世覺母妙吉祥」、放鉢經曰「今我得佛、皆是文殊師利之恩也。過去無央數諸佛、皆是文殊師利弟子、當來者亦是其威神力所致、譬如世間小兒有父母、文殊者佛道中父母也。」此菩薩頂結五髻、以表大日之五智、手持劍、以表智慧之利劍、駕師子以表智慧之威猛。此文殊有種種之差別、如一字文殊、五字文殊、六字文殊、八字文殊、一髻文殊、五髻文殊、八髻文殊、兒文殊等。此中以五字五髻文殊爲本體、法華文句二曰「文殊師利、此云妙德。大經云、了了見佛性、猶如妙德。」法華嘉祥疏二曰、「文殊、此云妙德。以了了見佛性故、德無不圓、累無不盡、稱妙德也。」西域記四曰、「曼殊室利、唐言妙吉祥、舊曰濡首、又曰文殊師利、或言曼殊尸利、譯曰妙德、訛也。」探玄記四曰、「梵語嗔頭爲室利、吉祥、德等、亦爲室利、故致翻譯不同也。」慧苑音義上曰、「文殊師利、正云曼殊室利、言曼殊者此云妙也。室利者德也。」

【文殊出現】（雜語）華嚴經菩薩住處品曰、「東方有處名淸涼山、從昔以來諸菩薩衆於中止住、現有菩薩文殊師利、與其眷屬諸菩薩衆一萬人俱、常在其中而演說法。」寂調音所問經曰、「東方去此過萬佛土。有世界名曰寶住。佛號寶相如來應供正遍知。今現在。文殊師利爲彼諸菩薩摩訶薩如應說法。」文殊師利法寶藏陀羅尼經曰、「爾時世尊告金剛密迹主菩薩言。我滅度後於此贍部洲東北方有國名大振那。其國中有山號曰五頂。文殊師利童子遊行居止。爲諸衆生於中說法。」文殊師利般涅槃經曰、「佛告跋陀波羅菩薩、文殊師利有大慈心、生舍衞國多羅聚落梵德婆羅門家、來我所出家學道、住首楞嚴三昧、以此三昧力出現於十方、佛滅後經四百五千歲於其本生處入滅。」

【文殊三世果位】（雜語）文殊雖爲助釋迦之化、一時現菩薩之因位、然三世皆爲果上之如來。過去稱爲龍種上佛、又名大身佛、神仙佛、現在號爲歡喜藏摩尼寶精佛、未來稱爲普見佛。首楞嚴三昧經下曰、「過去久遠無量無邊阿僧祇劫。爾時有佛。號龍種上如來。（中略）佛世尊於此世界南方過於千佛國土。國號平等。（中略）龍種上佛於彼世界得阿耨多羅三藐三菩提。（中略）龍種上佛壽命四百四十萬歲。度天人已入於涅槃。（中略）爾時平等世界龍種上佛豈異人乎。卽文殊師利法王子是。」智度論二十九曰、「如首楞嚴經中。文殊師利自說。七十二億反作一緣覺而般涅槃。又現作佛。號龍種尊。」心地觀經三曰、「請我釋迦牟尼佛當爲菩薩戒和上。龍種淨智尊王佛當爲淨戒阿闍梨。未來導師彌勒佛當爲淸淨敎授師。」菩薩瓔珞經四曰、「過去無數阿僧祇劫有佛。名大身如來。（中略）佛世尊剎號空寂。正於此處成無上等正覺。（中略）爾時大身如來。今文殊師利是。」菩薩處胎經文殊身變化品曰、「本爲能仁師。今乃爲弟子。佛道極廣大。淸淨無增減。我欲現佛身。二尊不並立。此界現受敎。（中略）佛剎名無礙。佛名升仙尊。（中略）彼升仙佛者。我身濡首是。」（已上過去之佛名）央崛摩羅經四曰、「爾時世尊告波斯匿王言。北方去此過四十二恒河沙剎。有國名常喜。佛名歡喜藏摩尼寶積如來。在世敎化。（中略）彼如來者豈異人乎。文殊師利卽是彼佛。」寶積經六十曰、「此文殊師利成佛之時名爲普見。」

【文殊爲九代之祖】（雜語）法華經序品言、「往昔日月燈明佛未出家時有八子、聞父出家成道、皆隨之出家。時有一菩薩、名妙光、佛因之說法華經。佛入滅後八子皆以妙光爲師、妙光敎化之使次第成佛、其最後之佛名燃燈、其妙光卽文殊也。」若是則文殊居八代之首、燃燈爲釋迦之師、故文殊乃釋迦如來九代之祖也。

【文殊爲釋迦脇侍】（雜語）文殊與普賢爲兩脇侍、文殊爲左之侍者。淨名玄四曰、「文殊既是釋迦左面侍者。此土行最高」

釋門正統曰「若以菩薩人輔則文殊居左。普賢居右」是由勝劣之次第。故文殊爲左（卽上）普賢爲右（卽下）也。若依知行理智定慧等法門時則普賢當在左文殊當在右。以文殊司諸佛之智德普賢司諸佛之定慧也。故一處以文殊彌勒爲兩脇侍、以文殊置右彌勒置左。文殊師利法寶藏陀羅尼經曰「於佛右邊畫文殊師利。如童子相貌頂戴寶冠。於釋迦牟尼佛左邊畫彌勒菩薩」。

【文殊號法王子】（雜語）一切菩薩皆爲如來法王之子、而獨稱文殊者因文殊爲佛左面之弟子而菩薩衆之上首故也。法華文句記曰、「問曰。經稱文殊爲法王子。其諸菩薩何人不是法王之子。答有二義。一於王子中德推文殊。二諸經中文殊爲菩薩衆首」。

【文殊智慧】（雜語）小乘比丘、以舍利弗爲智慧第一、大乘菩薩、以文殊爲智慧第一。故有覺母之稱。見覺母條。

【文殊所持靑蓮華與劍】（雜語）文殊司一切如來之智慧。無相之智德不染着法、故胎藏界之文殊、左持靑蓮以表之。能斷煩惱、故金剛界之文殊、右持利劍以表之。大日經疏五曰、「靑蓮華是不染着諸法三昧。以心無所住故卽見實相」。眞實經曰「我今右手執大利劍能斷一切衆生煩惱」。理趣經曰、「文殊以自劍揮斫一切如來」。同釋曰、「智增上菩薩用四種文殊般若劍斷四種成佛智能取所取障礙。是故文殊現揮斫四佛臂也」。

【文殊捉劍迫佛】（傳說）大寶積經一百五曰、「五百菩薩得宿命智、知多劫所作重罪。以憂悔故不證無生法忍。時文殊知其念已、於大衆中偏袒右肩、手執利劍、直向世尊欲行逆害。佛言。文殊汝勿害我。若必欲害、應善害。何以故、一切諸法如幻化、無我無人、爲誰殺而受殃。是時諸菩薩知宿罪皆如幻化、得無生忍。異口同音說偈曰。文殊大智人。深達法源底。自手握利劍。馳逼如來身。如劍佛亦爾。一相無有二。無相無所生。是中云何殺」。

【文殊化龍女】（傳說）文殊入大海娑竭羅龍宮、化八歲龍女、詣靈山使龍女於大衆前成佛。見法華經提婆達多品。

【文殊所乘師子與孔雀】（雜語）文殊乘師子以表智慧之獰猛、且文殊以所居淸涼山有五百毒龍爲降伏之故也。胎曼中之兩文殊皆坐白蓮臺兒文殊亦不乘獅子。乘獅子爲八字儀軌之說也。蓋乘獅子者、乃金剛界之文殊。坐白蓮者乃胎藏界之文殊也。申言之。卽胎藏界之文殊以靑蓮華爲三昧耶形、且坐於白蓮臺、金剛界之文殊以金剛劍爲三昧耶形、騎於獅子又孔雀也。胎曼大鈔四曰、「文殊獅子座非八字軌。曰金色放光明坐獅子王座」（具云文殊八字儀軌、密宗授受秘密世無刋本）然依八字文殊法之本經則以孔雀為其所乘文殊師利法寶藏陀羅尼經曰、「其畫像作童子相貌。乘騎金色孔雀」

【僧形文殊】（圖像）菩薩雖以在俗之形為本儀、而於釋迦法中助佛化之諸菩薩、外現比丘之形、與聲聞衆無異、故我國諸寺中或於僧堂或戒壇或食堂安置文殊之像皆為僧形。智度論三十四曰「釋迦法中無別菩薩僧是故文殊彌勒等入聲聞衆次第而坐」

【兒文殊】（菩薩）佛在世生於梵德婆羅門家之形也。（出文殊師利般涅槃經）日本傳教大師由唐携回本國納於根本之經藏日本修五字文殊法時用此像。

【一髻文殊】（菩薩）尊形如五髻文殊。頭上唯有一髻、戴寶冠。三昧耶形為寶珠、以𑖦𑖽師里為種子。是求富德而修之者。

【五髻文殊】（菩薩）頂上結五髻、為童子形。當云文殊之本體。為此五髻文殊、其他之文殊以之為本、五髻表五智五佛、童形取天真也。是為五字文殊法之本尊。五字即五髻。五髻即五智五佛。以𑖀阿字為種子、密號云吉祥金剛。大日經一曰、「次至第三院先圖妙吉祥。其身鬱金色。五髻冠其頂。猶如童子形。左持青蓮華。上表金剛印。慈顏遍微笑坐於白蓮臺。」同疏五曰、「文殊師利身鬱金色。頂有五髻作童子形。左持泥盧鉢羅。是細葉青蓮華。華上有金剛印。極熙怡微笑坐白蓮臺。（中畧）首有五髻者為表如來五智久已成就。以本願因緣故示作童真法王子形」金剛頂經曼殊室利菩薩五字心陀羅尼品曰、「即於壇心畫曼殊室利菩薩。作童子形右手持金剛寶劍左手持摩訶般若梵筴。壇輪四周梵寫阿囉跛者娜字。」

【八髻文殊】（菩薩）八字文殊法之本尊也。頂上分八髻、以表八大童子或八佛。見胎曼大鈔四。

【一字文殊法】（修法）合叱洛呬焰之四字成一字之真言而念誦之也。此為求子而修之曼殊室利菩薩咒藏中一字咒王經曰、「此之一字悉能成就一切事業、悉能圓滿所有善法」本經除上經一卷（唐義淨譯）外有大方廣菩薩藏經中文殊師利根本一字陀羅尼法一卷唐寶思惟譯與上經同本異譯。大陀羅尼末法中一字心咒經一卷、唐寶思惟譯具畫像法及護摩法。

【五字文殊法】（修法）即五髻文殊法也、五髻就尊形而名、五字就真言字數而名。五字為𑖀（阿）𑖨（羅）𑖢（跛）𑖓（捨）𑖡（那）其本經為大聖曼殊室利童子五字瑜伽法一卷、五字陀羅尼頌一卷、金剛頂經曼殊室利菩薩五字心陀羅尼品一卷、金剛頂經超勝三界經說文殊五字眞言勝相一卷。

【六字文殊法】（修法）是亦依眞言字數而名之。爲闇婆計陀那摩之六字文殊師利菩薩六字咒功能法經曰、「文殊師利童子菩薩摩訶薩咒曰。闇婆計陀那(上)摩。於此文殊師利菩薩六字咒功能法我今說。若有人每日誦此咒七遍。決定罪業得除滅。若有人能每日誦此咒一百八遍。其人臨命終時。現前見文殊師利菩薩。」

【八字文殊法】（修法）是亦取眞言字數而名之。卽唵惡尾囉吽佉佐啥之八字也。此法爲日本慈覺大師門徒最極之秘法。避天變怪異日月蝕之災及兵陣之難之法也。其本經爲文殊師利法寶藏陀羅尼經一卷。（一名文殊師利菩薩八字三昧法。）經曰、「若有諸國王統師欲鬬戰。書此陀羅尼於頂上安置。一心常憶念。不爲怨敵害。一切諸刀杖。亦不著其身。若入軍陣中。畫此文殊像。乘騎孔雀上。安置於旗上。或使人執行。諸賊遙望見。自然當退散。」又、有儀軌一卷。名大聖妙吉祥菩薩秘密八字陀羅尼修行曼荼羅次第儀軌法。

【文殊五使者】（名數）經云與願金剛使。大日經一曰、「左邊畫五種與願金剛使。」疏五曰、「文殊五使者。一名髻設尼。二名優波髻設尼。三名質多羅。四名地慧。五名請召。於妙吉祥左右次第列之。蓋各持文殊一智也。髻設尼是髮端嚴義。鄔波其亞者。文殊以五髻徵表五智。故此使者亦以美髮爲名。質多羅是雜色義。」是五髻文殊之使者也。

【文殊八大童子】（名數）八髻文殊之使者、一光網童子、二地慧童子、三無垢光童子、四不思慧童子、五召請童子、六髻設尼童子。七救護慧童子、八鄔波髻設尼童子。見胎曼大鈔四。

【文殊院】（術語）胎藏界曼陀羅十三大院之第七、以文殊爲中尊、安二十五尊。

【文殊三昧】（術語）發無相妙慧之三昧也、此智慧爲文殊所具、故名文殊三昧。大疏五曰、「悉是文殊三昧故。經云侍衞無勝智也。」

【文殊師利】（菩薩）舊稱文殊尸利。新稱曼殊室利。菩薩名、略云文殊。見文殊條。

【文殊問經】（經名）文殊師利問經之略名。

【文殊悔過】（修法）文殊菩薩所說之懺悔法也。佛在耆闍崛山、新學菩薩蔽於狐疑、有如來齊光照燿菩薩、爲之請問文殊。文殊爲說懺悔、隨喜、請法、與供、迴向、發願之諸法、彼等皆得無生法忍、佛遙聞而讚嘆之。見文殊悔過經

【文殊行經】（經名）文殊尸利行經

之略名。

【文殊儀軌】（經名）大方廣菩薩藏文殊師利根本儀軌之略名。

【文殊菩薩】（菩薩）見文殊條。

【文殊八字法】（修法）八字文殊之修法也見文殊條。

【文殊巡行經】（經名）文殊師利巡行經之略名。

【文殊供養法】（經名）金剛頂瑜伽經文殊師利菩薩儀軌供養法之畧名。

【文殊印眞言】（眞言）文殊菩薩之印與陀羅尼也。

【文殊前三三】（雜語）唐無着禪師、與清涼山文殊菩薩對話中之語碧巖第三十五則載之見無着條。

【文殊般若經】（經名）有二譯。一梁曼陀羅仙譯題曰文殊師利所說摩訶般若波羅蜜經、一梁僧伽波羅譯題曰文殊師利所說般若波羅蜜經。

【文殊寶藏經】（經名）文殊師利法寶藏陀羅尼經之畧名。

【文殊悔過經】（經名）一卷、西晉竺法護譯、文殊說悔過之法。

【文殊涅槃經】（經名）文殊師利般涅槃經之略名。

【文殊發願經】（經名）文殊師利發願經之略名。

【文殊淨律經】（經名）文殊師利淨律經之略名。

【文殊護身咒】（眞言）謂一字文殊法之眞言也。以齒臨二字或叱洛呬𤚥四字合成一字者見文殊條下「一字文殊法」項。

【文殊師利菩薩】（菩薩）文殊師利、名菩薩其位也見文殊條。

【文殊說名義經】（經名）文殊所說最勝名義經之略名。

【文殊師利問經】（經名）二卷、梁僧伽婆羅譯。有十七品、分別大乘之諸戒、悉曇之字毋佛滅後小乘二十部之分出等。屬大乘律藏。

【文殊問菩提經】（經名）文殊師利問菩提經之略名。

【文殊般涅槃經】（經名）文殊師利般涅槃經之略名。

【文殊現寶藏經】（經名）文殊師利現寶藏經之略名。

【文殊尸利行經】（經名）一卷、隋闍那崛多譯。文殊巡行諸比丘房、見舍利弗坐禪、後至佛前問難、顯示阿羅漢之義五百比丘不忍、立座而去。文殊更說法要。

【文殊五體悔過經】（經名）文殊悔過經之異名。

【文殊八字護摩法】（修法）八髻八

字文殊之供養法也見文殊條。

【文殊師利發願經】（經名）一卷、東晉佛陀跋陀羅譯與普賢行願品中之偈文大略相同是五言頌也。

【文殊師利巡行經】（經名）一卷、元魏菩提留支譯與文殊尸利行經同本。

【文殊師利淨律經】（經名）一卷西晉竺法護譯與清淨毘尼方廣經同本寂順律音天子問、文殊師利答。

【文殊佛土嚴淨經】（經名）文殊師利佛土嚴淨經之略名。

【文殊師利問菩提經】（經名）一卷、秦羅什譯佛初得道在伽耶山入諸佛甚深三昧諦觀諸法之性相、文殊知之問云何發心、佛答無發是發次月淨光德天子、與文殊問答菩提之義。

【文殊師利般涅槃經】（經名）一卷、西晉聶道眞譯佛在祇園於後夜入定放光、照文殊房作諸化現、阿難集衆、跋陀婆羅問其始末佛爲說文殊之生緣及觀文殊之法。

【文殊師利現寶藏經】（經名）二卷、西晉竺法護譯大方廣寶篋經之異譯。

【文殊五字眞言勝相】（經名）金剛頂超勝三界經說文殊五字眞言勝相之略名。

【文殊說摩訶般若經】（經名）文殊師利所說摩訶般若波羅蜜經之略名。

【文殊一字陀羅尼法】（經名）大方廣菩薩藏經中文殊師利根本一字陀羅尼經之略名。

【文殊師利佛土莊嚴經】（經名）二卷、西晉竺法護譯大寶積經第十五文殊師利授記會之別譯。

【文殊說不思議境界經】（經名）文殊師利所說不思議境界經之略名。

【文殊師利發菩提心願文】（經名）聖者文殊師利發菩提心願文之略名。

【文殊師利一百八名梵讚】（經名）一卷、趙宋法天譯文殊師利讚一百八名之梵頌也。

【文殊問經字母品第十四】（經名）一卷不空譯文殊師利問經字母品之別譯。

【文殊滅婬慾我慢陀羅尼】（經名）一卷、失譯爲一髻一字文殊法之眞言也。

【文殊師利根本儀軌經】（經名）具名大方廣菩薩藏文殊師利根本儀軌經二十卷趙宋天息災譯略云文殊儀軌。

【文殊師利菩薩儀軌供養法】（經名）金剛頂瑜伽經文殊師利儀軌供養法之略名。

【文殊師利菩薩八字三昧法】（經名）文殊師利法寶藏陀羅尼經之異名。

【文殊師利菩薩讚佛法身禮】（經名）大聖文殊師利讚佛法身禮之略名。

【文殊師利菩薩秘密心眞言】（經名）金剛頂超勝三昧經說文殊師利菩薩秘密心眞言之略名。

【文殊師利法寶藏陀羅尼經】（經名）一卷、唐菩提流志譯。一名文殊師利菩薩八字三昧法。爲八字文殊法之本經也。

【文殊師利所說般若波羅蜜經】（經名）一卷、蕭梁僧伽婆羅譯。大般若第七會之別譯。略云文殊般若。

【文殊師利根本一字陀羅尼經】（經名）具名大方廣菩薩藏文殊師利根本一字陀羅尼經。一卷、唐寶思惟譯。與義淨譯之一字咒王經同本。是一字文殊法之本經也。

【文殊師利菩薩六字咒功能法經】（經名）一卷、六字文殊法之本經也。

【文殊師利菩薩佛刹功德莊嚴經】（經名）大聖文殊師利菩薩佛刹功德莊嚴經之略名。

【文殊師利所說不思議佛境界經】（經名）二卷、唐菩提流支譯。大寶積經第三十五善德天子會之別譯。

【文殊師利所說摩訶般若波羅蜜經】（經名）二卷、梁曼陀羅仙譯。與僧伽婆羅譯之文殊師利所說般若波羅蜜經同本。先出。所謂文殊般若是也。

【文殊師利菩薩根本大敎王經金翅鳥王品】（經名）一卷、唐不空譯。佛在淨居天。金翅鳥王對文殊說眞言密行。

【文殊師利菩薩及諸仙所說吉凶時日善惡宿曜經】（經名）宿曜經之具名。

【文理】（雜語）能詮之文句與所詮之義理也。梁僧傳（道安傳）曰、「文理會通。經義克明。」

【文證】（雜語）經文之證據也。大乘義章三曰、「先定其名。次引文證。」

【止】（術語）定名七種之一。卽禪定之異名也。梵語曰奢摩他 Samatha 又名三摩地、Samādhi 靜息動心也。又心定止於一處也。常對觀而言。依止拂妄。依觀證眞理也。佛地論一曰、「止謂三摩地。」起信論曰、「止者謂止一切境界相。隨順奢摩他觀義。」同義記下末曰、「奢摩他此翻云止。但今就方便存此方語。約正止存梵言故也。」往生論註上曰、「譯奢摩他曰止。止者止心一處不作惡也。」

【修止三】（名數）修止有三、一繫緣守境止。繫心於鼻端臍間等處。使心不散也。如猿之著鎖。二制心止。隨心之所起便制之使不馳散也。三體眞止。若隨人心之所念知一切法悉由因緣而生。無有自性。則心不取諸法。心既不取諸法。則妄念自止。是體眞而止息妄念。故曰體眞止。見小止觀。

【止行二善】（術語）猶言止持與作

持也。卽積極的行善根功德勇猛精進之善、消極的避作惡而遠離犯罪也。

【止止不須說】（雜語）佛於迹門法華止舍利弗請之語。法華經方便品曰、「止止不須說我法妙難思諸增上慢者聞必不敬信」。

【止犯】（術語）於善法作之曰持止、之而不作曰犯、依止而成犯是曰止犯。

【止門】（術語）六妙門之一。

【止風雨經】（經名）金剛光焰止風雨陀羅尼經之略名。

【止宿草庵】（雜語）法華經信解品偈曰、「長者有智漸令入出經二十年執作家事示其金銀眞珠玻璃諸物出入皆使令知猶處門外止宿草庵自念貧事我無此物。」是長者有智故運其方便也。此止宿草庵、譬般若時之轉敎付財。二十年者標依二乘法而斷惑證理也。

【止惡門】（術語）與止持門同。

【止持】（術語）二持之一、止者制止也、持者持戒也、制止身口之惡而行不殺不盜等、是依止而成持戒也。如五篇七聚之戒法是。行事鈔中四曰、「戒體光潔順本所受稱之曰持。持由止成號止持戒」。

【止持門】（術語）見止持條。

【止持戒】（術語）五戒八戒等總爲制止惡之戒法、故云止持戒見止持條。

【止持作犯】（術語）對殺盜之惡法而言、止者持戒也、作者犯戒也。反之、對慈悲等之善法而言、則止者犯戒也、作者持戒也。

【止觀】（術語）梵名奢摩他 Śamatha 毘鉢舍那 Vipaśyana 譯言止觀定慧寂照明靜。止者停止之義、停止於諦理不動也。此就能止而得名。又止息之義、止息妄念也。此就所觀而得名。觀者觀達之義、觀智通達、契會眞如也。此就能觀而得名。又貫穿之義、智慧之利用、穿鑿煩惱而殄滅之也。若就所修之方便而言、則止屬於空門、眞如門、緣無爲之眞如而遠離諸相也。觀者屬於有門、生滅門、緣有爲之事相而發達智解也。若就所修之次第而言、則止在前、先伏煩惱、觀在後、斷煩惱、正證眞如。蓋止伏妄念、譬如磨鏡。磨已則鏡體離諸垢（是斷惑）能現萬像（是證理）是卽觀也。若眞止眞觀必爲不二、以法性寂然是止、法性常照是觀也。然則眞觀必寂然、故觀卽止、眞止必明淨、故止卽觀也。注維摩經曰、「什曰、始觀等係心一處名爲止、靜極則明明卽慧爲觀也」。同五曰、「肇曰、係心於緣謂之止。分別深達謂之觀」。止觀三曰、「息義者、諸惡覺觀妄念思想寂然休息（中略）是就所破得名、是止息義。停義者、緣心諦理、繫念現前、停止不動（中略）此就能止得名、卽是停止義。觀穿義者、智慧利用穿滅煩惱（中略）此就所破得名、立觀穿觀也。觀達義者觀智通達契會眞如（中略）是就能觀得名立觀達觀」同一曰、「法性寂然名止。寂而常照名觀」又曰「無明卽明、不復流動故名爲止朗然大淨呼之爲觀」同二曰、「觀如燈止如密室」起信論曰、「止謂止一切境界相隨順奢摩他觀義故。觀謂分別因緣生滅相隨順毘鉢舍那觀義故。」同義記下末曰、「奢摩他此翻云止。但就方便存此方語約正止存梵言也。毘鉢舍那亦如是也。以雙現前時正名止觀故。」止觀輔行一曰、「中道卽法界法界卽止觀止觀不二境智冥一。」小止觀曰、「若夫泥洹之法。入乃多途。論其急要。不出止觀二法。所以然者。止乃伏結之初門。觀是斷結之正要。止則愛養心識之善資。觀則策發神解之妙術。止是禪定勝因。觀是智慧之由藉。若人成就定慧二法。斯乃自利利人法皆具足。」止觀一曰、「止觀明靜。前代未聞。」同輔行曰、「止觀靜、觀體明也。」又曰「此之止觀。天台智者說己心中所行法門。」大乘義章十曰、「止者外國名奢摩他。此翻名止。守心住緣。離於散動故爲止。止心不亂。故復名定。觀者外國名毘婆舍那。此翻名觀。於法推求簡擇名觀。觀達稱慧。」

【三種止觀】（名數）天台大師由南岳傳受三種之止觀。一漸次止觀、初淺、後深、如彼梯磴。初持戒、次修禪定、後漸修實相也。大師依之說禪波羅蜜十卷。二不定止觀、前後互更、如金剛寶置日中、現像不定、無別之階位、隨衆生之根或前淺後深、或前深後淺、或淺深事理漸頓不定、大師依之說六妙門一卷。三圓頓止觀、初後不二也。如通者之騰虛空、自初緣實相而行解共頓也、大師依之說摩訶止觀十卷。其關於止觀之著述、有二十餘種。見摩訶止觀條下。

【止觀四本】（名數）一圓頓止觀、大師在荊州玉泉寺說者、章安記爲十卷。二漸次止觀、在瓦官寺說者、弟子法愼記、本三十卷、章安治定爲十卷、今之禪波羅蜜是也。三不定止觀、卽陳尙書令毛喜、請大師出而說者、一卷今之六妙是也。四小止觀、大師爲俗兄陳緘請出而說者、今之修習止觀坐禪法要是也。見小止觀元照序。（卽小止觀之原名、分上下二卷。）

【止觀十觀】（名數）一陰界入、二煩惱、三病患、四業相、五魔事、六禪定、七諸見、八增上慢、九二乘、十菩薩。此十者止觀所對之境也。見止觀五。

【止觀十法】（名數）有十法而成止觀也。又名十乘觀法。

【止觀宗】（流派）天台宗之異名。因彼宗以止觀行爲本也。

【止觀捨】（術語）是修行中之差別也。止觀之義見前、捨者梵語優畢叉 Upek-

涅槃經三十一曰、「憂畢叉者名曰平等。亦名不諍又名不觀亦名不行是名爲捨」止觀皆捨而住於平等也。卽止觀不二之位。大乘義章十曰、「捨者外國名優畢叉此翻名捨行止平等捨離偏習故名爲捨」止觀曰、「止卽是斷斷通解脫觀卽是智智通般若止觀等者名爲捨相捨相卽是通於法身。」

【止觀論】（書名）摩訶止觀之異名。

【止觀大意】（書名）一卷唐湛然撰、記解釋諸經之十義及五方便十乘觀之軌行者。

【止觀和尙】（人名）爲唐道邃之號。

【止觀玄文】（書名）卽摩訶止觀也。

【止觀行者】（雜名）修天台止觀法之行者也。止觀之行法有四種稱爲四種三昧。

【止觀法門】（書名）具名大乘止觀法門、四卷陳南岳慧思說其心要立五門、一止觀依止、二止觀境界三止觀體狀四止觀斷得五止觀作用後更示禮佛止觀食時止觀、大小便利止觀。

【止觀義例】（書名）二卷唐湛然述。分七科而釋圓頓止觀從義爲之纂要處元爲之隨釋。

【止觀輔行】（書名）止觀輔行傳弘決之略稱。

【止觀門論頌】（書名）一卷世親菩薩造唐義淨譯有七十七頌、明修不淨觀之法門也。

【止觀輔行傳弘決】（書名）本爲十卷開爲四十卷唐湛然撰釋天台之摩訶止觀。

【中士】（術語）聲聞緣覺也。有自利而無利他者。

【中千世界】（雜名）以須彌山爲中心九山八海圍繞之是爲一世界、合千個一世界爲小千世界合千個小千世界爲中千世界詳見三千大千世界條。

【中天】（地名）中天竺也。

【中天竺】（地名）天竺分五分、其中央部云中天竺。

【中天竺寺】（寺名）杭州飛來峯有三處伽藍上天竺寺中天竺寺、下天竺寺是也。

【中天竺葬儀】（儀式）立世論曰、「閻浮提人若眷屬死送喪山中燒屍棄去或置水中或埋土裏或著空地」西域記曰、「終沒臨喪哀號相泣裂裳拔髮拍額椎胸服制無聞喪期無數送終殯葬其儀有三一曰火葬積薪焚燎二曰水葬沉流漂散三曰野葬棄林飼獸」唐書西域傳曰、「死者燔骸取灰建窣堵或委野中及河餌鳥獸魚鼈無喪紀」

【中元】（行事）七月十五日也。修行記曰、「七月中元爲大慶之月。」道書云七月中元日地官降下、定人間善惡。諸大聖普詣宮中、道士於是日夜誦經、十萬大聖錄靈篇、餓鬼囚徒亦得解脫。」五雜俎曰、「道經以正月望爲上元、七月望爲中元、十月望爲下元。遂有三元三官大帝之稱。是俗妄之甚者。」見盂蘭盆條。

【中心經】（經名）忠心經之異名。

【中本起經】（經名）二卷、後漢曇果等譯。敍如來初成道以後在世中間說法教化之行跡者。

【中有】（術語）四有之一。生死之果報有而非無、謂之有。現生與當生中間之果報謂之中有。又稱中陰。中有者爲滅當來之生之業所引生者。故中有之形如其所趣本有之形。欲界中有之量、如小兒年五六歲、然諸根明利。又色界中有之量、圓滿如本有衣服與體俱生、以慚愧之心增盛故也。其他欲界之中有、則以增長之無慚愧、故而無衣。且欲界之中有、以香爲食、因而稱之爲乾闥婆。又天之中有仰頭、人鬼畜生之三者橫而如人、地獄之中有頭下足上。俱舍論九詳說之。此中有有無之論、見中陰條。

【中有五名】（名數）一意成、以爲由意而生之身、非精血等外緣所成故。二求生、以常喜尋求當生之處故。三食香、爲以資香食而往生處故。四中有、以爲二趣中間所有之蘊故。五起、以對向當生而起於暫時故。見俱舍論十。

【中有生緣】（雜語）欲界之胎卵二生、成中有之當有者、一依於倒心、雖住遠方、然由業力所起之眼根、能見生處父母之交會、而起倒心。若爲男、則緣母而起男欲、若爲女、則緣父而起女欲。翻此緣二俱起瞋心（男於父起瞋、女於母起瞋）時健達婆（謂中有）由起此二種倒見、便謂己身與所愛合、所憎之人不淨泄至胎時、謂是己有、便生喜慰。從茲中有沒而生有、便生也。見俱舍論九。

【中有之旅】（雜語）中有之身彷徨而求生緣、譬如旅客也。往生十因曰、「形無常住、只有守屍之鬼神、無常家獨辭中有之旅。悲哉冥冥獨逝、一人不從。」

【中印】（地名）五印度中之中印度也。

【中印度諸國】（地名）玄奘西域記曰、「中印度諸國曰波理夜呾羅、曰秣菟羅、（原注亦謂三波訶）曰薩他尼濕伐羅、曰窣祿勤那、曰秣底補羅、曰瞿毘霜那、曰堊醯掣呾羅、曰毘羅刪拏、曰劫比他（原注舊謂僧伽舍）、曰羯若鞠闍、曰阿踰陀、曰阿耶穆佉、曰鉢羅耶迦、曰憍賞彌（原注舊謂拘睒彌）、曰鞞索迦、曰室羅伐悉底（原注舊謂舍衛、）曰劫比羅伐窣堵、（原注舊曰迦毘羅衛）曰藍摩、曰拘尸那揭羅、曰婆羅痆斯、曰戰主、曰吠舍釐（原注舊曰毘舍離）曰尼波羅、曰摩揭陀、（原注舊曰摩伽陀、又曰摩竭提）曰伊爛拏鉢伐多、曰瞻波、曰羯朱嗢祇羅、（原注彼俗言羯蠅羯羅）曰奔那伐潬那、曰憍薩羅、曰摩醯濕伐羅補羅、凡三十國」

【中因】（術語）對東因之稱。見五轉條。

【中安居】（行事）三安居之一。見安居條。

【中含】（經名）中阿含經之略稱。

【中劫】（術語）新譯家謂一增一減爲中劫、舊譯家謂一成劫及一住劫爲中劫。卽當於新譯之二十中劫也。見劫條。

【中宗】（流派）中道之宗旨也。法相宗立三時敎、以第三時敎、爲自家之非有非空之中道敎。卽法相宗也。唯識樞要上本曰、「中宗五分盛行於四主。」

【中阿含經】（經名）四阿含經之一。六十卷東晉瞿曇僧伽提婆譯。見阿含條。

【中品】（雜語）中等之品類。如淨土敎有中品往生、密敎有中品悉地等。

【中品上生】（術語）淨土往生九品中之第四。見九品條。

【中品中生】（術語）淨土往生九品中之第五。見九品條。

【中品下生】（術語）淨土往生九品中之第六。見九品條。

【中胎】（術語）中胎藏之畧。

【中胎藏】（術語）胎藏界曼陀羅之中臺八葉院也。此爲大日如來之本體、由此出生四重之曼陀羅、故曰胎藏。胎藏界之名基於此。

【中食】（術語）齋食之異名。以當日中而食故也。過午則不許食一毫之食。釋氏要覽上曰、「僧祇律云、時食謂時得食、非時不得食。今言中食、以天中日午時得食、當日午故言中食。」

【中洲】（雜名）須彌山之四方、有南贍部等四大洲、此四大洲各有二中洲附屬之。俱舍論十一曰、「四大洲側各有二中洲。贍部洲邊二中洲者、一遮末羅洲、二筏羅遮末羅洲。」

【中後下食】（術語）謂午中以後不食也。所謂不過中食戒是。釋氏要覽上曰、「處處經云、佛言中後不食有五福、一少婬、二少睡、三得一心、四無下風、五身得安樂。」

【中流】（術語）譬煩惱也。以衆生爲煩惱、在生死之中流故也。維摩經阿閦佛品曰、「不此岸不彼岸不中流。」注曰、「生曰、此岸者生死也。彼岸者涅槃也。中流者結使也。」

【中悔】（術語）信仰不堅固、先信後疑、遂中途破悔其所信也。

【中草】（譬喻）三草二木之一。見三草二木條。

【中根】（術語）六根之利鈍有上中下三者、有非利非鈍之六根者、謂之中根。

【中乘】（術語）緣覺乘之異名。是在三乘之中位、故名。多論一曰「小乘所得三乘同知、中乘所得二乘共知、唯佛所得二乘不知、獨佛自知」。法華文句四曰「身子迦葉等、悉是中乘根性」。

【中唄】（儀式）法會舉梵唄之偈、有初中後三節。其中節曰中唄。

【中峯】（人名）元天目山之普應國師、名明本、號中峯、錢塘人。自幼切求佛法、晝夜勵精。後參天目山高峯妙和尚、大悟徹底。說法無礙、著書若干。仁宗聞而聘之、不至。製金文之伽梨衣贈之、并賜號佛日廣慧普應國師。至元三年寂、壽六十一。有廣錄三十卷行於世。見中峯和尚行錄。

【中般】（術語）五種不還之一。不還之聖者自欲界而生於色界之中有之身、證羅漢果而般涅槃也。

【中陰】（術語）又云中有。死此生彼、中間所受之陰形也。陰者五陰之陰（新譯云五蘊）。俱舍宗以為有一定之中陰、成實宗以為無之。大乘宗以為有無不定。謂極善極惡之人無中陰、直至所至。餘皆有之。大乘義章八曰「命報終謝、名為無有。生後死前、名為本有。兩身之間所受陰形、名為中有」。文句四曰「中陰倒懸、諸根皆毀壞」。見中有條。

【中陰法事】（儀式）人間之中陰身、如童子之形、且必以七日為一期而生於本生處。若於七日之終未得生緣、則更續中陰七日、至第二七日之終而生於本生處。如此七日為一期、最長者至第七期。第七期之終、必生於一處矣。因之此七七日間稱曰中陰。在此時為追薦之法事、是曰中陰法事。略稱曰中陰。於生緣未定之間、希以追福之力生於善處也。隨願往生經曰「命終之人在中陰中、身如小兒、罪福未定、應為修福。願亡者神使生十方淨土」。梵網經下曰「父母兄弟和上阿闍梨亡滅之日及三七日、四七日、乃至七七日、亦應讀誦講說大乘經律」。

【中陰經】（經名）二卷、姚秦竺佛念譯。佛入中陰、放大光明、集一切中陰之衆生、說大乘之法。其中初品佛與彌勒菩薩論中陰之法。図（儀式）讀誦於中陰間之諸經也。

【中梵】（雜語）中天竺也、梵為梵土。天竺之異名。

【中宿衣】（衣服）又名中著衣、內衣、安陀會、即五條袈裟之異名也。宿者住之義、以其爲近身住著者也。名義集七曰、「安陀會、或安怛羅婆沙、此云中宿衣。謂近身住也。」

【中尊】（術語）諸尊中位於中央之尊體也。如五大明王之中尊爲不動明王。三尊佛之中尊爲阿彌陀如來。八葉之中尊爲胎藏界之大日如來。五智如來之中尊爲金剛界之大日如來也。

【中間定】（術語）又名中間三昧、中間靜慮、中間禪。大梵天王所得之禪定也。色界無色界通有八地、每一地各有近分定與根本定。其中初禪地之近分定與根本定尋與伺之心所相應、第二禪以上、七地之近分定與根本定、則尋與伺皆不相應、而至極寂靜。然其中間、唯有伺之心所相應而尋之心所不相應之禪定、是名中間定、修之者在初禪天頂上、爲大梵天王、彼常住此禪定。俱舍論二十八曰、「初本近分尋伺相應。上七定中皆無尋伺。唯中靜慮有伺無尋。故彼勝初未及第二。依此義故立中間名。（中略）此定能招大梵處果。多修習者爲大梵故。」

【中間禪】（術語）與前項同。

【中間三昧】（術語）與中間定同。

【中間靜慮】（術語）與中間定同。

【中間護摩】（修法）此爲大壇勸請曼荼羅諸尊而供養之祈受者滅罪生善悉地之法也。

【中童子】（雜名）法會賦花筥者、謂之童子。有大童子中童子小童子之別。見童子條。

【中陽院】（界名）此天位於欲色二界之中間、在兜率天之側。中有靈所臺。臺有樹、二月開花、七日七夜落、八月七日果成。此天冥衆、相集彼岸會時商量各帳簿、八度校之、三度覆之、押捺治定再治之印、以判定衆生善惡之業云。

【中道】（術語）法相以唯識爲中道、三論以八不爲中道、天台以實相爲中道、華嚴以法界爲中道。中者、不二之義。絕待之稱、雙非雙照之目也。中論偈曰、「因緣所生法。我說卽是空。亦名爲假名。亦是中道義。」

【四種中道】（名數）一對偏中、對於大小學人斷常之偏病而說中道。謂之對偏中。二盡偏中、大小學人有斷常之偏病、則不成中、偏病若盡、卽中顯、謂之盡偏中。三絕待中、對於素來偏病故有中、偏病既除、則中亦不立、非中非偏、爲度衆生、而强名爲中、是曰絕待中。四成假中、以有無爲假、非有非無爲中。曰非有非無故說有無。如是之中爲成有無之假、故謂之成假中。見三論玄義。

【中道宗】（術語）與中道敎同。

【中道敎】（術語）三時敎之一。說有空不偏中道之敎也。是法相宗所立。

【中道觀】（術語）天台三觀之一觀。

中諦之理而斷無明之惑也。四教儀曰：「從此用中道觀破一分無明、顯一分三德。」

【中道妙觀】（術語）謂超絕假觀與空觀之眞實中道觀法也。

【中道實相】（術語）萬有之實相、非有非空、非有非空之中道也。

【中道應本】（術語）依別圓二教之義、以圓實中道爲應化身之根本也。依藏通二教之意、則實諦爲偏直空理、三界諸法本在理外、依惑業因緣而生、故斷惑已、則三界諸法歸於空已。故菩薩欲永受三界之生、而度衆生者、或故留惑、或由惑之習氣勢力也。然別圓二教之意、謂十界諸法以中道之理爲本、中道之理爲應緣而現者、故斷煩惱而中道之體愈圓明、十界諸法顯現、隨機感而起不思議之應用、是曰中道之應本。

【中道卽法界】（術語）止觀輔行一曰：「一色一香無非中道者、中道卽法界、法界卽止觀。」法界諸法、迄至一色一香、無非爲中道、故換言之、中道卽法界也。而此中道法界爲所緣之妙境、若就能緣之妙智言之、則爲止觀。蓋繫緣於法界、而廣緣事理之諸法、是止卽妙觀、念與法界爲一、而泯亡事理之法相、是觀卽妙止也。此妙境妙智、一體不二、故謂之法界卽止觀。

【中道第一義】（術語）諸法無過於中道、故曰第一義。

【中道第一義觀】（術語）三觀中、中觀之德名。空假二諦、雙照而離有無二邊之觀法也。破障中道之根本無明者、止觀三曰：「二觀爲方便、得入中道、雙照二諦、心心寂滅、自然流入薩婆若海、名中道第一義觀。此名出瓔珞經。」

【中臺】（雜名）蓮華中心爲佛之臺座處也。

【中臺八葉院】（術語）胎藏界曼陀羅十三大院之第一院也。在曼荼羅之中央、有八瓣蓮華開敷之形、是乃凡夫肉團心之開敷也。其中臺有大日如來、其八瓣有四佛四菩薩、總爲五佛四菩薩之九尊。中臺大日如來爲黃金色、入定印。東方寶幢如來、爲赤白色、如日初出之色。南方開敷華王如來、爲黃金色。西方無量壽如來、爲赤金色、入定之相也。目稍閉視下。北方天鼓雷音如來、爲赤金色、入定之相也。東南方普賢菩薩、爲白肉色、左手執蓮華、上有利劍、火焰圍之。西南方文殊師利菩薩、爲黃色、有五髻冠、左手持青蓮華、上有三股之金剛、右手持梵篋。西北方觀自在菩薩、爲白肉色、右手執開敷之紅蓮華。西北方慈氏菩薩、爲白肉色、左手執蓮華、上有軍持瓶。以上四方四佛爲果德、其四菩薩各爲其因行也。大日經疏五曰：「正方四方是如來四智、隅角四葉是如來四行。」參照現圖曼陀羅條。

【赤肉中臺】（術語）此中臺八葉院為凡夫肉團心之開敷者、故謂之赤肉。

【中臺五尊】（雜名）中臺八葉院中之五佛也。中臺非五尊也。

【中臺外部】（術語）十三大院中第二院以下對於中臺八葉院、故總曰外部。又外金剛部院之一謂之外部。

【中輩】（術語）見三輩條。

【中輩生】（術語）無量壽經所說三輩生之一。往生人之中輩也。觀經之中輩觀用之、為中品上生等之三品。惟開合不同耳。見三輩條。

【中輩觀】（術語）觀經所說十六觀中第十五觀之名。觀中品上生、中品中生、中品下生三種往生人之善行也。

【中論】（書名）Madyāmaka-śāstra 具名中觀論。四卷、龍樹菩薩造、青目菩薩釋、姚秦鳩摩羅什譯。為古來三論之一。極為尊重。其說相主張最徹底之中道。破空破假、進而并破執中之見、說所謂八不中道、即無所得之中道、而為般若思想者也。書中、別為破因緣品、破去來品、破六情品、破五陰品等二十七品。現藏中阿僧佉釋、瞿曇般若譯之順中論二卷。分別照明菩薩釋、波羅頗迦羅譯之般若燈論釋十五卷、安慧釋、惟淨等譯之大乘中觀釋論九卷、皆為龍樹中論之異出。西藏亦有中觀學派之二系統、則此論為學者所珍重、不待言矣。

【中論疏】（書名）十卷。嘉祥吉藏著。

【中實】（術語）中道實相之略。離二邊曰中、無虛妄曰實。

【中價衣】（衣服）欝多羅僧衣之別名。以此衣之財直在三衣中為中位也。又因此衣着於中間及貴重、故曰中價衣。非錢財價值之意也。見六物圖。

【中諦】（術語）天台所立三諦之一。中觀所對之理也。中者中正絕待之稱。謂不離二邊不即二邊、中正絕待之理也。見三諦條。

【中壇】（雜語）五壇之修法也。以不動尊為中壇。

【中邊論】（書名）具名辨中邊論。天親菩薩造、為解釋彌勒菩薩所造之辨中邊論頌者。三卷、唐玄奘譯、又陳眞諦譯二卷、謂之中邊分別論。

【中體】（雜名）中央之尊體也。就三尊或五佛等而言。

【中觀】（術語）三觀之一。觀中諦之理也。諸宗各以中觀為觀道之至極、法相宗以觀遍計所執非有、依他圓成非空、為中觀。三論宗以觀諸法不生不滅、乃至不來不去、為中觀、天台宗以觀三千諸法一一絕待、為中觀。然天台所立之中觀、有隔歷圓融之二法、別教所說、為隔歷之中、圓教所說、為圓融之中。隔歷之中、於空假之外、有絕待之中、乃但中也。圓融之中、爲空假絕待之中、其中卽不但中也。蓋別教之義、原隔歷空假之二者、故隨於空假之外不得不隔歷中道。然空假本來非爲別物、空卽假、假卽空也、然則離此空假相待之絕待之中、亦非在相待之外、相待卽絕待也、絕待卽相待也、故空假中之三者、爲一法之異名、卽假卽空卽中也。空之外無假、假之外無空、空假相待之外、無中之絕待中之絕待外、無空假之相待。是爲圓教至極之中觀。

【中觀論】（術語）世稱曰中論、見中論條。

【中觀釋論】（書名）具名大乘中觀釋論、九卷、安慧菩薩造、趙宋惟淨等譯、釋中觀論二十七品中之前十三品者。

【日子王所問經】（經名）大乘日子王所問經之略名。

【日天】（天名）日天子之略。

【日天子】（梵名）Sūrya 梵語蘇利耶、修利、修野等、異名寶光天子、寶意天子。爲觀世音菩薩之變化身、住於太陽中、太陽爲彼之宮殿也。立世阿毘曇論月行品曰、「日宮者、（中略）是宮殿說名修野、是日天子於其中住、亦名修野」法華文句二曰、「寶光是寶意日天子、觀世音應作。」法華義疏一曰、「寶光天子者謂日天子也、有經云觀世音名寶意作日天子。」秘藏記末曰、「日天赤肉色、左右手持蓮華、並乘四馬車輪。」

【日天衆】（天名）釋迦院之一衆也。大日經一曰、「左置日天衆、在於輿輅、守勝無勝妃等、翼從而侍衞。」

【日月輪】（術語）眞言行者約於果地之智德、以日輪觀月心之形、約於因果之進修、以月輪觀自心之形也。因果之進修者、如月有十六分之漸明、漸修十六菩薩之十六三昧而從因至果也。菩提心論曰、「諸佛大悲以善巧智說此甚深秘密瑜伽、令修行者於內心中觀日月輪。」一菩提心義一末曰、「一字佛頂瑜伽及愛染王瑜伽等、並約果地智德以日輪形觀本尊形。今約因果三昧進修以月輪形觀自心形。」

【日月燈明佛】（佛名）此佛光明在天如日月、在地如燈、故名。過去世有二萬日月燈明佛同名相繼出世而說法華經。見法華經序品。

【日本佛教】（故事）日本慧若所著釋迦傳曰、「佛教之入日本也、始於欽明天皇十三年、百濟供佛像及經論之役、其後佛數般興、計分十數宗派、若俱舍、成實、律、法相、三論、華嚴、南都之六宗、則上古之宗派也。天台、眞言之二種、則中古之宗派也。日本之天台、與中國之天台異、相承圓密禪戒四者之法門、以智者大師之遺教、加入密禪、爲一和合宗者也。眞言宗與中國之宗旨雖同。而有出藍之妙。禪宗流派頗多。大別爲臨濟曹洞之二種。淨土宗及眞宗。各異其宗義。至於所傳道綽善導之宗義則一也。日蓮宗據天台之圓密戒三者。別於敎海出一頭地。其他一遍上人之時宗。良忍上人之融通念佛宗。則近古之宗派也」三國佛敎略史總論曰「先是西洋紀元後第四世期、佛敎始入朝鮮。後百餘年、乃再東漸傳入日本。又後五十年、厩戸皇子出。漸趨隆盛之運。南都七帝崇奉最篤。所謂古京之六宗。（六宗者曰三論、曰成實、曰法相、曰俱舍、曰律、曰華嚴）皆此際傳來也。桓武之朝、天台眞言二宗起。加前六宗、爲日本佛敎八宗。（中略）自高倉帝已後、淨土禪宗等之諸宗。始勃然興。是稱日本之新宗。就中北條足利等諸氏奉禪宗。織田尙日蓮宗。德川大與淨土宗而最浹洽民心者、爲眞宗日蓮二宗。若就地方舉其最盛者、禪淨二宗播布東國。眞宗蔓延北國。而鎭西三都諸宗皆盛。四國多弘法之古跡。而安藝概屬眞宗。備前多歸日蓮宗。俗之安藝門徒。則謂備前爲法華宗」

【日本佛寺之始】（故事）三國佛敎略史曰「世尊滅後一千五百零一年、（西洋紀元後五百五十二年）日本欽明帝十三年冬十月。百濟國聖明王始以佛像經卷贈於日本。（中略）帝下羣臣議。蘇我稻目尊禮佛法之請。物部尾輿中臣鎌子執爲不可。帝乃賜佛像於稻目。稻目捨向原之宅爲寺。奉像名曰向原寺。是日本佛寺之始」

【日本佛像之始】（故事）三國佛敎略史曰「十四年（欽明帝十四年）河州茅渟海漂到奇木。土人取而獻之。帝命以造佛像二軀。是日本造佛之始」（案即今方野寺放光之像是也。）

【日出論者】（人名）經部宗本師之別號也。唯識述記二本曰、「日出論者即經部本師。佛去世後一百年中。北天竺怛叉翅羅國有鳩摩邏多。此言童首。造九百論。時五天竺有五大論師。喩如日出明導世間。名日出者。以似於日。亦名譬喩師。或爲此師造喩鬘論。集諸奇事名譬喩師。經部之種族。經部以此所說爲宗。當時猶未有經部。經部四百年中方出世故」

【日光】（菩薩）菩薩名。與月光共爲藥師如來之二脇士。玄奘譯藥師經曰「於其國中有二菩薩摩訶薩。一名日光遍照、二名月光遍照。是彼無量無數菩薩衆之上首。

【日光菩薩月光菩薩陀羅尼】（經名）一卷。

【日光菩薩】（菩薩）此菩薩在胎藏界曼荼羅地藏院上第九位。梵名蘇利也波羅皮遮那、密號曰威德金剛。主地藏光明遍明之德。爲藥師如來之脇士者、與月光菩薩相對。爲菩薩形、肉色、左手爲寶幢、右手爲與願、坐於赤蓮。爲藥師脇士者。掌中或蓮上持日輪。

【日光三摩提】（術語）禪定名。求聞持法也。婆藪槃豆法師傳曰「無著法師修日光三摩提。如說修學。卽得此定。後昔所未解悉能通達。有所見聞。承憶不妄。」

【日禺中】（術語）禺中者午前十時、巳時也。天台宗以之配於五時中之般若時。法華經科註曰「如日禺中時。」

【日宮】（術語）日天子之宮殿也。立世阿毘曇論日月行品曰、「從閻浮提地高四萬由旬。此處日月行。半須彌山等遊乾陀山。是日月宮殿團圓如鼓。（中略）是日宮者。厚五十一由旬。廣五十一由旬。周廻一百五十三由旬。是日宮殿頗梨所成。赤金所覆。火大分多。下際火分。復爲最多。其下際光。亦爲最勝。是其上際金城圍繞。（中略）人非人等。龍樹草木。及諸雜花。莫不必備。（中略）是宮殿說名修野。是日天子於其中住。亦名修野。」

【日域】（地名）日本人自稱本國也。敎行信證曰、「西蕃月支聖典。東夏日域師釋。」佛法傳通記曰「無畏三藏應來日域。」

【日旋三昧】（術語）法華經妙音品所說十六三昧之一。嘉祥法華疏十二曰、「日旋三昧者。如天子乘日宮殿照諸衆生周而復始。舊經名日輪三昧也。」

【日想觀】（術語）觀經所說十六觀之第一。日沒向西方觀想日輪之法也。觀無量壽經曰、「佛告韋提希汝及衆生。應當專心繫念一處。想於西方。（中略）當起正念。正坐西向。諦觀於日。令心堅住。專想不移。見日欲沒狀如懸鼓。」

【日種】（雜名）釋尊五姓之一。見瞿曇條。昔有二莖甘蔗。炙於日、生男女二人、是爲釋氏之先、故號日種。（佛本行集經五）智度論三曰、「昔有日種王名師子頰。其王有四子。第一名淨飯。二名白飯。三名斛飯。四名甘露飯。」梵 Sūrya-va-ṃśa

【日精摩尼】（物名）珠名。盲者之眼觸此珠。則其眼得開而見光云。

【日蓮】（人名）日僧名。日蓮宗之開祖也。十六歲薙髮出家。閱覽三藏、深達台宗玄旨。遊歷諸處。諸家法門。嘗登山嶺、對旭日高唱經題十遍、大會緇素、建格言曰、念佛無間、禪天魔、眞言亡國、律國賊。後著立正安國論、誹謗諸宗、禍幾不測。年六十一寂。弟子結集遺文、一百四十八章、謂之錄內。後集者二百五十九章、謂之錄外。

【日蓮宗】（流派）又曰法華宗。日僧日蓮所立之宗也。其宗因謂事理不二。一心唱妙法蓮華經之題目。則一經所詮諸法實相之功德自然圓融、卽身成常寂光之妙果云。又謂天台傳敎弘迹門迹化之理之法華、我則弘本門本化之事之法華也。

【日輪】(術語) 世所謂太陽也、是日天子所居宮殿之外貌。(見日宮條) 俱舍論十一曰「日輪下面頗胝伽寶火珠所成。能熱能照。」觀無量壽經曰「金蓮華猶如日輪。」

【日曜】(天名) 九曜之一。具名日天曜。爲日天眷屬、位於胎藏界曼荼羅東方南端。赤色、右手持日輪、左手伏膝上、坐三馬。

【日幢華眼鼓】(雜名) 金剛界之五佛、大日、寶幢、華開敷、蓮華眼、天鼓雷音也。秘藏寶鑰上頌曰「日幢華眼鼓勃馱。」此中無量壽稱爲蓮華眼者、以是爲蓮華部之主而成普眼蓮華者也。

【日藏經】(經名) 大乘大方等日藏經之略名。

【內凡】(術語) 未得眞證以來、總名凡夫。此中分內外二種。得似解之位爲內凡。未得似解之位爲外凡。小乘以五停心、別相念處、總相念處之三賢位爲外凡。煖、頂、忍、世第一法之四善根位爲內凡。大乘之行位、以十信之位爲外凡。十住已上之三賢位爲內凡。天台之六卽、觀行卽以前爲外凡、相似卽爲內凡。四敎儀集註中曰「相似見理名內。未得似解名外。」又曰、「漸見法性、心遊理內。身居有漏、聖道未生、故名內凡。」大乘義章十七末曰「種性以上漸息緣故、內求眞性。故名爲內。」

【內凡位】(術語) 七方便位中四善根位之稱。所謂煖位、頂位、忍位、世第一法位是也。

【內心】(術語) 對於外形而心謂之內。正法念處經一曰「內心思惟、隨順正法。」行事鈔下四曰「內心無道、外儀無法。」

【內心大蓮華】(術語) 稱行者之肉團心也。大日經二曰、「內心大蓮華、八葉及鬚蘂。」

【內心曼荼羅】(術語) 卽自灌頂曼荼羅也。又曰秘密曼荼羅。爲大日經入秘密曼荼羅位品所說。其曼荼羅不觀須彌等、只觀大海、觀大海中大蓮華中有金剛蓮華臺之曼荼羅。

【內心秘密蓮華藏】(術語) 中胎八葉也。大疏六曰、「凡圖畫法當先建立內心秘密蓮華藏覺。」

【內五明】(術語) 見五明條。

【內五股印】(印名) 見五股印條。

【內方】(雜名) 日本眞宗僧侶之妻。與坊守同。

【內外空】(術語) 觀內六根外六塵、無我我所也。天台仁王經疏中曰「內外空者根塵合觀、無我我所。」

【內外道】（術語）內道與外道。如言內教外教。內之外道也、對於外之外道而言。如小乘之犢子部、大乘之方廣道人、佛法中之外道、稱為內之外道。大日經疏二曰、「此宗中說有兩種外道。外外道猶如覩見清潭、逆生怖畏不敢習近。內外道雖能游泳其中、適熱除垢得清涼樂。然不覺是中有無量寶玉。」

【內外兼明】（術語）五明中前四明為外明、第五為內明。五明兼備者曰兼明。

【內外不二門】（術語）十不二門之一。衆生諸佛及依報為外境、自己之心法為內境、觀二境而使互融入不二之妙、名為內外不二門。

【內外八供養】（術語）見八供條。

【內外曼荼羅】（術語）觀作畫作二種之曼荼羅也。見觀作條。

【內史】（職位）禪林書狀侍者之異名。

【內四供養】（術語）見四供養及八供條。

【內衣】（衣服）三衣之一。梵名安咀婆娑 Antarvāsaka 一譯內衣。以襯身而着於內故也。寄歸傳二曰、「安怛婆娑譯為內衣。」安咀婆娑舊曰安陀會是也。

【內寺】（雜名）謂大內之道場也。內道場起於後魏、而得名在乎隋朝。煬帝以我為古變革事多、改僧寺為道場、改道觀為方壇。若內中僧事、則謂之內道場也。

【內我】（術語）執身外之自在天等以為常一之主宰者、是為外我。執自之身心以為常一之主宰者、是為內我。大日經疏七曰、「若行人不解正因緣義而修證諸禪、必當計著自心以為內義、彼見萬法因心而有、則謂由神我生。設令不依內我、必依外我、即是自在梵天等也。」

【內佛】（術語）與持佛同。

【內作業灌頂】（術語）瑜祇經金剛薩埵菩提心內作業灌頂悉地品之所明、即五種三昧耶中第五三昧耶、五種灌頂中之以心灌頂也。見灌頂條。

【內身觀章句經】（經名）一卷、失譯。以偈頌說內身之不淨觀者。

【內供】（職位）內供奉之略。

【內供奉】（職位）略曰內供、亦曰供奉。大內道場所供奉之僧職名也。始於唐肅宗至德元年、以僧元皎為內供奉。

【內典】（術語）佛之教典為內典、世之教典為外典、佛者之自稱也。二教論曰、「救形之教稱為外、濟神之典號為內。智度有內外兩經、仁王辯內外二論、方等明內外兩律、百論言內外二道。」南山道宣作大唐內典錄、冊府元龜引唐會要曰、「開成二年二月、王彥進準宣索內典目錄十二卷。」南史何胤傳曰、「入鍾山定林寺聽內典其業皆通。」北史蕭譽傳曰、「譽篤好文義所著文集十五卷內典華嚴般若法華金光明義疏三十六卷並行於世。」隋書禮儀志曰、「皇太子妃璽不行用若封書則用內典之印。」梁武帝更開贖刑詔曰、「既乖內典慈悲之義又傷外敎好生之德。」王筠與雲僧正書曰、「外書所謂冥契神交內典則爲善友知識」姚合過不疑上人院詩曰、「九經通大義內典自應精。」此皆內典二字之出處也。

【內典錄】（書名）大唐內典錄之略名。

【內法】（術語）佛法自對於他敎而曰內法。

【內空】（術語）謂內之六根無神我也。天台仁王經疏中曰、「內空者。六入無神義。」

【內明】（術語）五明之一。內者佛法之內敎也。明佛所說五乘之妙理、謂之內明。瑜伽論三十八曰、「諸佛語言名內明論。」智度論曰、「內明究暢五乘因果妙理。」

【內門轉】（術語）謂心識緣自己心內之法理性等。卽向內面而轉之義也。對於外門轉而言。就八識言之、則前五識惟爲外門轉、第六識通於內外兩門轉、七八二識惟爲內門轉。

【內界】（術語）衆生之身心、分內外二界、身體爲外界、心意爲內界。又六界中地水火風空之五界爲外界、第六之識界爲內界。

【內胎】（術語）稱胎藏界曼荼羅之中臺八葉位。義釋十一曰、「頭爲內胎。」

【內記】（職位）禪家方丈之書狀侍者曰內記。

【內庫】（術語）灌頂式之內道場曰小壇所、亦曰內庫、亦曰內堂。正行灌頂等之秘事者也。見金剛界式幸聞記。

【內秘】（術語）內秘菩薩之大行而外現小乘聲聞之相也。舍利弗等是也。法華經五百弟子授記品曰、「內秘菩薩行、外現是聲聞。」法華玄義六曰、「諸聲聞等、悉內秘外現。」

【內院】（雜名）兜率天有內外二院。內院名善法堂。彌勒菩薩常居此說法。見兜率條。

【內陣】（術語）佛殿內僧之坐處、區畫內外、內部爲內陣、外面爲外陣。

【內敎】（術語）佛家自指其敎爲內敎、以他敎爲外敎。佛祖統紀三十九曰、「沙門道安作二敎論、以儒道九流爲外敎、釋氏爲內敎。」

【內宿食】（術語）食物與比丘同處。經一宿者、謂之內宿食。是爲不淨食之一。比丘不得食之。

【內習六波羅蜜經】（經名）菩薩內習六波羅蜜經之略名。

【內衆】（術語）對外俗而言、故以僧爲內衆。僧史略上曰、「佛制毘尼糾繩內衆」。

【內無爲】（術語）外無爲之對。六妙門也。

【內著煩惱】（術語）見煩惱項。

【內煮】（術語）比丘房內所煮之食物也、是爲不淨食之一、比丘不得食之。

【內道場】（雜名）大內之道場也。梁武帝天監十六年勅沙門慧超爲壽光殿學士。召衆僧而使講解、並使居於禁中。是爲內道場之始。唐則天於洛陽大內置內道場、中宗叡宗不改、至代宗而益厚、常使僧百餘人在宮中陳佛像經敎而念誦、謂之內道場。每西蕃入寇。必使羣僧講誦仁王經以禳寇虜。

【內種】（術語）外種之對。爲第八識內所包藏之種子。色心萬象本源之眞種子也。見種子條。

【內塵】（術語）色聲香味觸法之六塵、分爲內外。五識所緣之名聲等五者爲外塵。意識所緣之法爲內塵。意識緣於內故謂之內。

【內障】（術語）心內煩惱等障礙也。

【內緣】（術語）眼等之五識緣色等外境爲外緣、意識於心內分別諸法爲內緣。又疏遠之緣由爲外緣、親近之緣由爲內緣。

【內學】（術語）謂佛學也。宋書新經勝鬘經。尤見重內學。嚴維詩曰、「內學似支郎。」

【內齋】（儀式）皇帝誕日。詔還高德僧入內殿賜食加厚嚫。尋文起於後魏之間。多延上達徽福壽。唐自代宗置內道場。每年降聖節召名僧入飯嚫。謂之內齋。

【內薰】（術語）衆生之心內、有本覺之眞如、薰習於無明、因使妄心厭生死之苦、求涅槃之樂、謂之內薰。佛菩薩之敎法及自身之修行、謂之外薰。起信論曰、「以有眞如法故、能薰習無明。以薰習因緣力故、則令妄心厭生死苦、樂求涅槃」。同義記曰、「明眞如內薰無明、令成淨業」。輔行四曰、「自非內薰何能生悟。故知生悟力在眞如。故以冥薰爲外護也」。法華文句一曰、「內薰自悟」。

【內藏百寶經】（經名）一卷、後漢支婁迦讖譯。文殊師利問佛漚和俱舍羅（譯言善巧方便）所入之事。佛答以隨世間之習俗而入、示現種種之事。其實佛無種種之事也。

【內證】（術語）謂自己心內所證之眞理也。唯識論十曰、「唯眞證者自內所證。其性本寂故名涅槃」。文句三曰、「內證甚深」。同記曰、「內證謂自行契境」。大日經疏一曰、「毘盧遮那內證之德以加持故。從一一智印各現執金剛身」。

【內證智】（術語）佛之內心證悟真理之智慧也。十卷楞伽經九曰、「我乘內證智、妄覺非境界。」二教論上曰、「此三密門者所謂如來內證智境界也。」

【內識】（術語）外境之對。與心識同。

【內護摩】（修法）密教所修之護摩、有內外二法。如六種護摩法用火壇乳木等焚火者、為外護摩。以是為心外之法故也。不向火壇、唯住於心月輪、焚燒內心之煩惱者、為內護摩。又曰理護摩。

【內鑑冷然】（術語）言諸佛菩薩之內證、如兩鏡之相對、肝膽相照、無寸毫之乖角也。止觀五曰、「天龍龍樹、內鑑冷然、外適時宜、各權所據、而人師偏解、學者苟執、遂與矢石、各保一邊、大乖聖道也。」

【水大】（術語）四大之一。周徧於一切之物質、而以濕潤為性、以攝引為用者。周徧於一切之色法、而為能造之因者、為實之水大。人所現見之水、是於造色之中唯為水大之偏增者。故為假之水大。見四大條。

【水上泡】（譬喻）譬諸法之無常變轉也。維摩經觀衆生品曰、「如智者見水中月、（中略）如水聚沫、如水上泡。」新譯仁王經中曰、「諸法緣成、蘊處界法、如水上泡。」

【水天】（天名）梵語曰縛嚕拏 Varuṇa 譯為水。是龍神名。在水具自在之力用、故名水天。於金剛界曼荼羅之四大神及外金剛部二十天、又胎藏界曼荼羅之外金剛部院各占一位。是為水神、故屬於西方、為西方守護之天。大日經曰、「縛嚕拏龍王、羂索以為印。」同疏曰、「縛嚕拏是西方護方龍王、持羂為印也。」秘藏記末曰、「水天青色、九頭龍形。」又曰、「水天青色、左手拳、右手索。」百二十尊法曰、「次道場觀、地結之上金剛墻內有大海水。水中有七寶閣。寶閣中有荷葉座。座上有𑖪字。𑖪字變成龍索。龍索變成水天。淺綠色。右手執刀、左手持龍索。頭冠上有五龍。乘龜而住水中。諸龍眷屬圍繞。」陀羅尼集經十二曰、「水天法印咒。」

【水天妃】（天名）在胎藏界曼荼羅外金剛部院西門傍水天之左。主水天之定德。白黃色。頭頂七龍。右手持龍索。左拳當腰。坐筵上。

【水天眷屬】（天名）在水天之右。是殆八大龍王總體之尊。肉色。右手持獨股戟。左手持龍索。坐筵上。

【水天法】（修法）水天之供養法。

【水天供】（修法）供養水天之法也。常為祈雨而行之。見密門雜抄。

【水月】（譬喻）水中之月也。以譬諸法之無實體。大乘十喻之一。智度論六曰、「解了諸法、如幻、如焰、如水中月。（中略）如鏡中像、如化。」法華玄義二曰、「水不上升、月不下降。一月一時普現衆水。」

【水火定】（術語）法苑珠林曰、「後梁南襄陽景空寺釋法總、至襄陽繖蓋山白馬泉、築室方丈、以爲棲心之宅、晉安王承風來問、將至禪室、馬騎相從、無故却退、王慚而返。夜感惡夢、後更再往、馬退如故、王乃潔齋、躬盡虔敬、方得進見、初至寺側、但覩一谷猛火洞然、良久佇望、忽變爲水、經停傾仰、水滅堂現、以事相詢、乃知爾時入水火定也。」

【水月觀音】（菩薩）世間所繪觀水中月之觀音、謂之水月觀音。眞言曰尾瑟多（淸淨）鉢怛麽（蓮華）薩怛縛（薩埵）係多（饑）莎訶（成就）見大疏五十卷鈔。

【水田衣】（物名）又云稻田衣。卽袈裟也、因衣紋正方似水稻田之界畫、故名。王維詩曰、「乞飯從香積、裁衣學水田。」十駕齋養新錄曰、「釋子以袈裟爲水田衣。今杭州神尼塔下、有唐杭州刺史盧元輔磨厓刻七言詩、首句云水田十里學袈裟。」板橋道情曰、「水田衣、老道人。」案時俗婦女以各色帛寸翦間雜紩以爲衣、亦謂之水田衣。

【水生印】（印相）結此印、則得隨意生水也。

【水白鶴】（動物）見水老鶴條。

【水災】（術語）大三災之一。四劫中之壞劫、火風水三災、轉轉而起、以蕩盡世界。前七度之壞劫、火災相次而起、蕩盡色界之初禪天已下、第八度之壞劫起水災、蕩盡第二禪天已下、第九度之壞劫、更起七度之火災。七度之火災後、復有一度之水災、每經七度之火災、輒有一度之水災。此水災重至七度後、則有一度之風災。見三災條。

【水沫泡焰】（譬喩）水沫與水泡爲一物、焰爲陽焰、譬世間法之虛假不實。法華經隨喜功德品曰、「涅槃眞實法、世皆不牢固、如水沫泡焰。」

【水沫所漂經】（經名）一卷、東晉竺曇無蘭譯。說泡沫焰蕉幻之五喩。與五陰譬喩經同本。

【水定】（術語）於水得自在之禪定也。若具此定、則得使身之內外爲水。猶如具火定得使依正盡爲火。見水觀條。

【水波】（譬喩）波之濕性、謂之水。水之波動、謂之波。此二者、二而不二、不二而二也、以譬物之不一不異。

【水乳】（譬喩）以譬物之和合。最勝王經六曰、「上下和穆、猶如乳水。」觀經疏鈔序曰、「相冥者如水乳相冥。」祖庭事苑曰、「正法念處經云。譬如水乳同置一器。鵝王飮之、但飮其乳汁。其水猶在。」臨濟錄曰、「如今有一個佛魔同體不分、如乳水合。鵝王喫乳。」南山戒疏曰、「如水乳合者。師乖見異、義則有殊。師同見合、理則無別。如乳合乳、如水合水、不得云乳合水。以相合非體、鵝能別故。」

【水冠】（衣服）禪家所用帽子之異名。以正面有水字之形也。見啟蒙隨錄。

【水界】（術語）水大之異名。通一切之物質濕性之部分、謂之水界。具能攝引物質之用。俱舍論一曰「水界濕性。」又曰「水界能攝」

【水相觀】（術語）觀經所說十六觀之一。觀想極樂八功德水之相之觀法也。「一次作水想。見水澄清、亦令明了。無分散意。（中略）是爲水相名第二觀。」

【水垢離】（雜語）見垢離條。

【水風火災】（術語）大三災、一火災、二水災、三風災也。見三災條。

【水梭花】（雜語）魚之隱語。以魚往來水中如梭也。軍波志林曰、「僧謂酒爲般若湯。魚爲水梭花。鷄爲鑽籬菜。」

【水陸會】（行事）與水陸齋同。

【水陸齋】（行事）於水陸有情、供養齋食之法會也。梁武帝始行於金山寺。釋門正統四曰、「又有所謂水陸者。取諸仙致食於流水。鬼致食於淨地之義。亦因武帝夢一神僧告曰。六道四生受苦無量。何不作水陸普濟羣靈。諸功德中最爲第一。帝問沙門。咸無知者。唯誌公勸帝廣尋經論。必有因緣。於是搜尋貝葉。置法雲殿。早夜披覽。及詳阿難遇面然鬼王建立平等斛食之意。用製儀文。三年乃成。遂於潤之金山寺修設。帝臨地席。詔祐律師宣文。世涉周隋。茲文不傳。至唐咸亨中。西京法海寺英禪師。因異人之告。得其科儀。遂再興焉。我朝蘇文忠公軾重述水陸法像贊。今謂之眉山水陸。供養上下八位者是也。熙寧中東川楊鍔祖述舊規。又製儀文三卷。行於蜀中。其最爲近古。」

【水陸齋儀】（儀式）又名水陸道場。事物紀原八曰、「今釋氏教中有水陸齋儀。按其事始出於梁武帝蕭衍。初帝居法雲殿。一夕夢僧教設水陸齋。覺而求其儀而世無其說。因自撰集詮次。既成設之於金山寺。天監七年也。」詳見上條。

【水淨】（術語）食物淨法之一。如於水流來者。比丘取而食之無罪。謂之水淨。見五淨條。

【水涸】（傳說）祖庭事苑六曰、「涸音鶴」水老鶴也。見水老鶴條。

【水圓】（物名）本名火珠。謂塔上之寶珠也。俗曰珠圓。谷響集一曰、「上火珠者最上金寶珠。我俗忌憚稱火。故呼爲水圓」

【水飯】（飲食）以水澆之飯也。

【水想】（術語）見水想觀條。

【水葬】（儀式）四葬之一。投屍於水中、使之漂散也。見葬法條。

【水塵】（術語）得在水中自在通行之微塵也。小於兎毛塵七分者。

【水精】（物名）梵語頗梨、塞頗胝迦。

Sphaṭika 譯言水精。名義集三曰、「頗梨或云塞頗胝迦。此云水玉。卽蒼玉也。或云水精。」

【水說偈】（雜名）憍梵波提入水定而涅槃時所說者。見憍梵波提條。

【水輪】（術語）成立世界四輪之一。空輪上有風輪、此風輪上、光音天之雨、生深十一億二萬之水層、是名水輪。此水輪之上層凝結、卽金輪際也。九山八海、安立於此金輪上。見俱舍論十一。

【水輪三昧】（術語）五輪三昧之一。水有潤漬生育與體性柔軟之二德。了此三昧則定水潤心、增長善根、身心柔軟、高慢之心隨順善法。釋禪波羅蜜次第法門曰、「行者修習禪定三昧於地輪中。若澄水輪三昧卽發。諸禪相種功德。定水潤心。善根增長。卽潤漬之義。由得定故身心濡軟折伏高慢。隨順善法。卽柔軟之義。是名水輪三昧。」

【水曜】（天名）九曜之一。位於胎藏界曼荼羅金剛部院西門之南。古來雖以此尊爲水天、然以水天爲水曜者、誤也。左手持蓮、上有星、爲宿曜之標示、右手持水天之標示、力坐筵上。其左侍者持三戟。

【水燈】（物名）北京歲華記曰、「七月晦日。地藏佛誕。供香燭於地。積水湖泡子湖各有水燈。」乾淳歲時記曰、「中秋夕。浙江放水燈數十萬盞。浮於水面。爛如繁星。」

【水器】（物名）灑水器也。於護摩之修法或灌頂法時、盛灑水者也。

【水頭】（職位）禪林司汲水沸湯者。義懷在翠峯爲水頭。見五燈會元。

【水壇】（修法）護摩壇之造法。有地水火風四種。圓形者曰水壇。又小者爲木壇。無論在何處、皆得自由持行、如水之流、故曰水壇。又急病兵亂等起時、在屋宅中作壇、唯以灑水淨之。故名水壇。

【水羅】（物名）漉水囊也。見漉水囊條。

【水懺】（修法）唐悟達禪師、名知玄、懿宗咸通四年制使統教門事。一日忽有一珠隆起於左股、病甚、是爲人面瘡。遇異僧引水洗瘡。瘡愈。水懺三卷自此始。見稽古略三。

【水鶴】（動物）見水老鶴條。

【水老鶴】（動物）又作水白鷺、水白鶴。難見之貴重鳥也。毘奈耶雜事四十曰、「阿難陀與諸苾芻在竹林園。有一苾芻而說頌曰。若人壽百歲、不見水白鶴。不如一日生、得見水白鶴。時阿難陀聞已、告彼苾芻曰、汝所誦者。大師不作是語。然佛世尊作如是語。若人壽百歲、不了於生滅。不如一日生、得了於生滅。（中略）彼聞敎已、便告其師。師曰、阿難陀老闇。無力能憶持。出言多忘失。未必可依信。汝但依舊如是誦持。」阿育王傳四曰、「水老鶴。」阿育王經七曰、「水白鷺。」

【水囊】（物名）漉水囊之略。

【水觀】（術語）一心觀想水、水觀法成就、則在水得自然。於身之內外現出水、亦得隨意、是爲水定。楞嚴經曰、「月光童子白佛言。我憶往昔恒河沙劫有佛出世名爲水天。教諸菩薩修習水觀。（中略）我於是時初成此觀。但見其水未見無身。當爲比丘室中安禪。我有弟子。闚牕觀室。唯見淸水。徧在室中。了無所見。童稚無知。取一瓦礫投於水內。激水作聲。顧眄而去。我出定後頓覺心痛。我自思惟今我已得阿羅漢道。久離病緣。云何今日忽生心痛。將無退出。爾時童子捷來我所、說如上事。我則答言。汝更見水、可即開門入此水中除去瓦礫。童子奉敎。後入定時還復見水。瓦礫宛然。開門除去。我後出定、身質如初。」唐高僧傳（法進傳）曰「法進常於寺後竹林坐水觀。家人取柴、見繩床上有好淸水。拾兩白石安着水中。進暮還寺。覺背痛。問其家人。云安石子。語令明往可除此石。及旦進禪。家人還見如初淸水。即除石子。所苦即愈。」

【少光天】（界名）色界二禪天中第一天之名。

【少林寺】（寺名）在嵩山之少室。後魏孝文帝爲天竺佛陀禪師建之。初祖達磨在此面壁九年。文苑彙志地理志曰「龍魚河圖云。五嶽中嶽嵩山。三十六峯、東謂大室、西少室、相去十七里。嵩者其總名也。謂之室者。以其下有石室焉。少室高八百六十丈。」洛陽伽藍記曰、「少林寺在少室北麓。後魏孝文帝建之」續高僧傳十六（佛陀傳）曰、「性愛幽栖、林谷是託。屢往嵩岳。高謝人世。有敕就少室山爲之造寺。今之少林是也。」大明一統志二十九曰。「河南府少林寺在登封縣西少室北麓。後魏時建。梁時達磨居此面壁九年。」

【少林武藝】（雜語）白醉璅言曰、「少林寺當黃巾之亂、衆僧惶懼欲散。忽一火頭老僧自庖中出曰。公等勿憂、老僧一棒驅之。衆笑其妄。僧運三尺棍、徑入黃巾隊中、遭者辟易。遂散去。僧歸以其法授衆僧而隱。乃緊那羅佛顯化也。由此少林以武勇聞。唐初王世充之敗、僧與有功而不願官爵。太宗遂授以將軍之號。」樵書九曰。「今之武藝天下莫不讓少林。其次爲伏牛。伏牛亦學於少林者。其次爲五臺。五臺之傳本於楊氏女所傳楊家鎗者是也。」清一統志曰。「或云天竺迦佛陀禪師隋時至中國。隋帝於嵩山爲起少林寺。（或云少林寺、後魏太和年建。隋文帝改爲陟岵。唐復名少林。在河南登封縣西北少室山北麓）後其徒曇宗等佐唐太宗平王世充。有功者十三人。僧徒常習武事故技擊有少林派。」田雯遊少林寺記曰、「六祖手植柏。柯葉貞蔞。蔽虧曦景。左右碑以百數。漢以前者率漫漶不可讀。自晉迄唐完毀半焉。一碑刊唐太宗爲秦王時討王世充、賜寺僧御箚。蓋當時僧之立武功者十三人。惟曇宗授大將軍。其餘不欲官。賜紫羅袈裟各一襲。此可補唐書之闕矣」案學佛者當專修佛道、不應兼習武藝。

【少室】（地名）爲嵩岳之別峯。魏孝文爲佛陀禪師於此立少林寺。即初祖達磨九年面壁之處。見少林寺條。

【少室六門集】（書名）第一門心經頌、第二門破相論、第三門二種入、第四門安心法門、第五門悟性論、第六門血脉論、各有一卷。禪門諸師以之爲達磨之新撰而傳於世者。頗可疑也。

【少財鬼】（異類）餓鬼少得食物者。見餓鬼條。

【少淨天】（界名）色界第三禪第一天之名。意識受淨妙之樂、故名淨。第三禪天之中此天最少、故名少淨。見頌疏世間品一。

【少欲知足】（雜語）不多求曰少欲。得少而不懊惱曰知足。無量壽經上曰、「忍力成就。不計衆苦。少欲知足。無染恚痴」法華經勸發品曰、「是人少欲知足。能修普賢之行」。涅槃經曰、「獅子吼菩薩問云。少欲知足有何差別。佛言少欲者不求不取。知足者得少不悔恨」。

【少康】（人名）唐睦州烏龍山淨土道場之少康、俗姓周氏。七歲出家。十五歲往越州嘉祥寺受戒。五夏後、往上元龍興寺學經論。貞元初至洛陽白馬寺殿、得善導西方化導之文、大喜。遂詣長安光明寺善導影堂。發願得善導之靈告。決心專修念佛。至睦州開念佛道場、散錢於市井。使唱念佛。貞元二十一年寂。時人號爲後善導。見宋僧傳二十五、佛祖統紀二十六、樂邦文類三。

【少善根】（術語）少分之善根。阿彌陀經曰、「不可以少善根福德因緣得生彼國」

【月】（雜名）梵語曰戰捺囉、Candra 遺敎經曰、「月可令熱。日可令冷。佛說四諦不可令異」止觀一曰、「月隱重山。舉扇類之。風息太虛。動樹訓之」。月爲勢至菩薩之化現。見月天子條。

【月鼠】（傳說）以鼠譬月也。見白黑二鼠條。

【月兎】（傳說）見兎條。

【月上女】（人名）維摩詰之女。生未幾、大如八歲、容姿端正。城內之人爭來求婚不止。月上女即告曰、我當自選其人。期日會城內士人。其時月上女於衆中上於虛空、說偈使衆人聽之。大衆聞已各止淫心。頭面頂禮於女之下。自爾月上女詣佛所與舍利弗對揚深義。見月上女經。

【月上女經】（經名）佛說月上女經。

二卷隋闍那崛多譯。

【月天】（天名）梵名戰捺羅、旃陀羅、戰達羅Candra又有蘇摩Soma 蘇摩提婆Somadeva 印度Indu 創夜神Niśākara星宿王Kakṣatranātha 喜懷之頭飾Śivae-śkhara 蓮華王Kumuda-pati 白馬主Śv-etavājin 大白光神Śitān 冷光神Śitam-arici 鹿形神Mṛgāṅka 野兎形神Śaśa等異名。又曰月天子。

【月天子】（天名）月宮之天子也。其名曰寶吉祥。勢至菩薩之化現也。胎藏界曼陀羅以爲外金剛部院之一衆而列之。起世經十及立世阿毘曇論日月行品說月宮之事。大日經疏五曰、「西門之南與日天相對。應置月天。乘白鵝車。」秘藏記末曰、「月天子白肉色。杖上有半月形。乘三鵝。」文句二下曰、「寶吉祥月天子。大勢至應作。」嘉祥法華疏二曰、「有經云。大勢至名寶吉祥作月天子。」

【月天妃】（天名）秘藏記末曰、「月天妃白肉色。持青蓮華。」

【月支】（地名）又作月氏。國名。在印度之西。史記大宛列傳曰、「月氏在大宛西可二三千里。其南則大夏。西則安息。北則康居也。（大宛去長安萬二千五百五十里。）月氏在天竺北可七千里。」漢書西域傳上曰、「大月氏國治監氏城。去長安萬一千六百里。」玄應音義四曰、「月支國。薄佉羅國。應是也。在雪山之西北也。或云月氏。」雜寶藏經七曰、「月氏國有王。名栴檀罽尼吒。聞罽賓國尊者阿羅漢字祇夜多有大稱名。思欲相見。即自躬駕與諸臣從。往造彼國。」原語Ku-gana

【月氏國】（地名）見月支條。

【月光】（菩薩）梵名戰達羅鉢剌婆。金剛界曼荼羅三昧耶會七十三尊之一。密號曰清涼金剛。種子爲[illegible]字。遷變爲義。此尊主如來化他之德、表示遷變衆生苦厄、使爲利益安樂者也。其形像身爲白色。左手爲拳。安於腰、右手持蓮華、其蓮華上有半月形。乃以半月形爲三形。又胎藏界曼荼羅文殊院中、亦安此尊。見月光菩薩條。

【月光王】（本生）釋尊在過去世施頭於婆羅門時之名、又曰月光菩薩。見月光菩薩條。

【月光太子】（本生）釋尊過去世爲國王之子、稱爲月光太子。一日遊行。遇癩人因治病。請其血髓。即破骨出髓、塗於病人以血飲之。見智度論十二、經律異相三十一。

【月光童子】（人名）又曰月光兒。其父德護爲摩揭陀國王舍城之長者、不信佛、聽六師之言、作火坑欲害佛。其子月光童子諫止之。亦不聽。後見佛到火坑變而爲涼池。心大悔。責歸佛、得須陀洹果。佛與月光童子以成佛之記。且說佛滅後當作支那國王、興隆三寶德護長者經下曰、「又此童子。我涅槃後。於未來世護持我法(中略)於當來世佛法末時。於閻浮提支那國內作大國王名曰大行。能令支那國內一切衆生信於佛法種諸善根。時大行王以大信心大威德力供養我鉢。於爾數年我鉢當至沙勒國。從爾次第至支那國。」(歷代三寶紀十二又引此經。)佛說申日經曰、「佛告阿難。我般涅槃千歲已後。經法且欲斷絕。月光童子。當出於秦國作聖君。受我經法興隆道化。秦土及諸邊國鄯善、烏萇、歸茲、疏勒、大宛、于塡及諸羌虜夷狄。皆當奉佛尊法。普作比丘。」此童子爲月燈三昧經之對告衆。其異譯月明菩薩經稱爲月明童男。寶雨經一曰、「爾時東方有一天子。名曰月光。乘五色雲來詣佛所右遶三匝。頂禮佛足。退坐一面。佛告天曰。汝光明甚爲希有。(中略)由汝曾種無量善根因緣。今得如是光明照曜。天子。以是緣故我涅槃後。最後時分第四五百年中法欲滅時。汝於此贍部洲東北方摩訶支那國。位居阿鞞跋致。實是菩薩故現女身爲自在主。經於多歲正法治化。養育衆生猶如赤子。令修十善。能於我法廣大住持。建立塔寺。又以衣服飲食臥具湯藥供養沙門。於一切時常修梵行。名曰月淨光。」

【月光童子經】(經名)佛說月光童子經、一卷。西晉竺法護譯。與佛說德護長者經同本異譯。稍略。其他申日兒本經、佛說申日經同本異譯。

【月光菩薩】(菩薩)藥師如來二脇士之一。藥師經曰、「於其國中有二菩薩摩訶薩。一名日光遍照。二名月光遍照。是無量無數菩薩之上首。」又胎藏界第七文殊院之一衆。秘藏記末曰、「月光菩薩。黃色。左手持青蓮華。上有半月形。」又釋尊在因位時、作大國王、施頭於婆羅門時之名。又曰月光王。見佛說月光菩薩經、賢愚經六月光王頭施緣品、經律異相二十五。

【月光菩薩經】(經名)佛說月光菩薩經、一卷。趙宋法賢譯。說月光施頭之緣事。

【月光摩尼】(物名)寶珠名。摩尼之光如月者。無量壽經上曰、「以月光摩尼持海輪寶衆寶之王而莊嚴之。」千手經曰、「月精摩尼。」

【月忌】(行事)每月一度之忌日。與年忌相對。卽每月行於故人死亡日之法要也。

【月明菩薩】(菩薩)又與月明童子、月明童男、月光童子異稱同人。

【月明菩薩經】(經名)佛說月明童子經、一卷。吳支謙譯。此經爲月燈三昧經之一分。佛對月明童男(卽月光童子)說法財二施、及過去之智止太子以身肉療比丘之病。月燈經以之作智意女。

【月眉】（雜名）佛之眉相如初月也。

【月面佛】（佛名）此佛之壽命僅一日一夜。華嚴疏鈔十二曰、「如月面佛壽一日夜。故佛名經第六云。（中略）月面佛壽一日夜。日面佛壽一千八百歲。梵面佛壽二十三千歲」彌陀經畧記曰、「或有佛短衆生長。如東方月面如來。彼佛壽命一日一夜」碧巖第三則曰、「馬大師不安。院主問近日尊候如何。大師云日面佛月面佛」

【月宮】（界名）月天子之宮殿。卽月之世界。起世經十曰、「月天子宮縱廣正等。四十九由旬。四面周圍七重垣牆。（中略）七寶所成。（中略）月天宮殿純以天銀天青瑠璃而相間錯。（中略）彼月天子最勝宮殿。爲五種風攝持而行。何等爲五。一持二住三顚四攝五行。以此五風所攝持故。月天宮殿依空而行。（中略）於此月天大宮殿中有一大輦。青瑠璃成。其輦舉高十六由旬。廣八由旬。月天子與諸天女在此輦中。以天種種五欲功德。和合受樂。觀娛悅豫。隨意而行。諸比丘。彼月天子如天年。月壽五百歲。子孫相承。皆於彼治」立世阿毘曇論五日月行品曰、「從剡浮提地。高四萬由旬。是處日月行半須彌山。等由乾陀山。是日月宮殿。團圓如鼓。是月宮者厚五十由旬。廣五十由旬。周迴一百五十由旬。是月宮殿瑠璃所成。白銀所覆。水大分多下際。水分復爲最多。其下際光。亦爲最勝。（中略）是宮殿說名栴檀。是月天子於其中住」

【月婆首那】（人名）比丘名。續高僧傳一曰、「中天竺優禪尼國王子月婆首那。陳云高空」譯僧伽吒經等。梵 Upaśūna

【月單】（雜語）禪院主計官一月結一度收支。謂之月單。見象器箋十六。

【月喩經】（經名）佛說月喩經一卷。趙宋施護譯。以皎月圓滿誡比丘之戒行。

【月愛三昧】（術語）如月光可愛。以除人之熱惱。佛入此三昧。則放淨光。除衆生貪瞋之熱惱。故名月愛。涅槃經二十曰、「譬如盛夏之時。一切衆生常思月光。月光既照。鬱熱卽除。月愛三昧亦復如是。能令衆生除貪惱熱」

【月蓋】（人名）毘舍離國長者之名。嘗入維摩方丈。聽不二法門。請西方三尊。救國內惡疫。禪宗之山門閣上。觀音右邊安置長者之像者。卽爲其請三尊也。維摩經香積佛品曰、「於是長者主月蓋。從八萬四千人來入維摩詰舍」同注八「什曰。彼國無王。唯五百居士共治國政。今言主者。衆所推也」請觀世音菩薩消伏毒害陀羅尼咒經曰、「時毘舍離大城之中。有一長者。名曰月蓋。與其同類五百長者俱。詣佛所。到佛所已。頭面作禮。却住一面。白佛言。世尊。此國人民遇大惡病。良醫耆婆。盡其道術。所不能救。唯願世尊慈愍一切。救濟病苦。令得無患。爾時世尊告長者言。去此不遠。正主西方。有佛世尊名無量壽。彼有菩薩名觀世音及大勢至。恒以大悲憐愍一切。救濟苦厄。汝今應當五體投地。向彼作禮。燒香散華。繫念數息。令心不散。經十念頃。爲衆生故。當請彼佛及二菩薩。說此語時。於佛光中得見西方無量壽佛並二菩薩。如來神力。佛及菩薩。俱到此國。住毘舍離住城門閫。(中略)爾時毘舍離人即具楊枝淨水。授與觀世音菩薩。大悲觀世音。憐愍救護一切衆生故。而說呪曰。(中略)毘舍離人平復如本。」

【月精】（物名）　又曰月精摩尼。爲千手觀音四十手中右一手所持者。其手亦曰月精手。千手千眼觀世音菩薩大悲心陀羅尼曰、「若爲患熱毒病求清涼者。當於月精摩尼手眞言唵(引)蘇悉地揭哩(二合)薩嚩(二合)賀。」

【月輦】（雜名）　月天子之輦也。起世經曰、「彼月天子身分光明照彼靑輦。其輦光明照月宮殿。殿光照四大洲。」

【月輪】（術語）　謂太陰也。俱舍論十一曰、「日月徑量幾踰繕那。日五十一。月唯五十。(中略)月輪下面頗胝迦寶水珠所成。能冷能照。」見月宮條。

【月輪觀】（術語）　胎藏界爲開自心八葉之佛身。以干栗馱耶即肉團心之八分觀爲八葉之蓮華。金剛界一以滿月圓明之體與菩提心相類故。一爲開自心之十六菩薩。亦以肉團心觀爲十六分之月輪。月之十六分者。晦夕日月相並之際。月光爲日光所奪。全行隱去。若於日月一分相過之後。月光必少現。以此小分合於其後月十五分之明。成爲十六分。此十六分即表金剛界十六大菩薩般若經所說之十六空也。故菩提心論曰、「何故以月輪爲喩。滿月圓明體則與菩提心相類。凡月輪有一十六分。喩瑜伽中金剛薩埵至金剛拳有十六大菩薩。(中略)摩訶般若經中內空至無性自性空亦有十六義。一切有情於心質中有一分淨性。衆行皆備。其體極微妙皎然明白。乃至輪迴六趣亦不變易。如月十六分之一。凡月其一分明相。若當合宿際。但爲日光奪其明性。所以不現。後起月初。日日漸加。至十五日圓滿無礙。」守護國界經九曰、「善男子諦聽。當爲汝說。汝今宜應當於鼻端想月輪。於月輪中作唵字觀。(中略)唵字即是毘盧遮那之眞身也。」法華軌曰、「如秋月光明澄靜仰在心中。」無量壽軌曰、「猶如淨月仰在心中。」五字陀羅尼頌曰、「右旋布心月。(布五字)如以水精珠存於明鏡上。」秘藏記本曰、「念誦分限了。即結定印觀五字。是月輪觀。又實相觀。謂阿卑羅吽欠。先月輪安心上。輪上布五字。」

中略）唯一向觀月輪周遍。良久以後月輪周遍法界。俄須忘身與月輪專住無分別智。然後爲利衆生住大悲門出觀卷縮月輪收歛自心。」辨惑指南一曰、「言觀字則先於我身心中觀徑一肘量圓明之月輪。於其中觀八葉白色之開敷蓮花。於其蓮臺中觀念有金色之𑖀字。（若於蓮華上觀月輪、則於其中觀阿字。）如斯念念相續而不交餘念、則妄想日退、無明漸盡本覺心佛自然而顯。」心地觀經八曰、「凡夫所觀菩提心相猶如清淨圓滿月輪。於胸臆上明朗而住。（中略）端身正念結前如來金剛縛印。冥目觀察胸中明月作是思惟。滿月輪五十由旬無垢淨明內外澄徹最極清涼。月卽是心。心卽是月。塵翳無染妄想不生。」證道歌曰、「心鏡明鑑無礙。廓然瑩徹周沙界。萬象森羅影現中。一顆圓光非內外。」

【月輪三昧】（術語）月輪觀也。佛祖統紀三十五曰、「十三祖龍樹於南天竺以法藏付迦那提婆。入月輪三昧蟬蛻而去。」

【月燈三昧】（術語）佛對月光童子說一切諸法體性平等無戲論三昧之法門。因童子之名稱爲月燈三昧。卽月燈三昧經之所說。

【月燈三昧經】（經名）有二譯。一高齊那連提耶舍譯、十卷。一佛說月燈三昧經。一卷。劉宋先公譯。前經之一分。

【月壇】（雜語）凡殿堂壁外之露壇皆曰月壇。蓋受月光之義也。見象器箋一。

【月曜】（天名）七曜之一。胎藏界外金剛院之一衆。秘藏記末曰、「月曜肉色持半月形。上有兎形。」

【月種】（雜名）梵名 Candra-vaṁśa、刹帝利族之一姓。與日種共爲印度二大王種之一。相傳爲月天之子孫。出於印度神話辭書等。

【月藏經】（經名）大方等大集月藏經之略名。十卷、高齊那連提耶舍譯。大集經六十卷中自第四十六至五十六之月藏分十一卷是也。月藏爲菩薩名。月藏菩薩自西方來說方等之妙理者。

【月黶尊】（明王）降三世明王之別名。大日經疏五曰、「次復於執金剛下置忿怒持明。降伏三世一切大作障者。號月黶尊。面有三目四牙出現。如夏水雨時雲色。作大笑之形。以金剛寶爲瓔珞。此是持金剛者以無量門大勢威猛攝護衆生三昧也。」此尊半月輪中現黑色忿怒也。故似月黶故云爾也。秘藏記末曰、「月黶忿怒菩薩。黑肉色極大忿怒之形。有四手。左右二手結印。左一手取一股跋折羅。右一手鉾鑹。」

【丹田】（雜名）臍下二寸半之所也。止觀八曰、「右十二病皆止丹田。丹田去臍下二寸半。」

【丹霞】（人名）鄧州丹霞山之天然禪師嗣石頭。初至江西見馬祖時以兩手拓幞頭脚。馬祖視之曰南岳之石頭是汝師也。遽抵石頭亦以手拓幞頭脚石頭曰着槽廠去霞禮謝而入行者房隨執爨役凡三年。忽一日石頭告衆曰來日欲剗佛殿前草。及期大衆童行各構鍬钁剗草霞獨以盆水洗頭、而跪於石頭前石頭笑而為之剃落說戒霞遂掩耳趨去再謁馬祖、入僧堂坐於聖僧之頸馬祖曰我子天然也。即拜馬祖謝師之賜法號。因名天然。長慶四年寂壽八十六。勅謚智神禪師見傳燈錄十四。又鄧州丹霞山子淳禪師青原下十二世之祖芙蓉道楷禪師之法嗣。

【丹霞燒佛】（故事）五燈會元丹霞章曰、「丹霞禪師嘗到洛東慧林寺值天寒。遂於殿中取木佛燒而向火院主偶見而呵責云何得燒我木佛師以杖撥灰曰吾燒取舍利。主云、木佛安有舍利。師云、既無舍利、更請兩尊再取燒之。院主自眉鬚墮落」

【片供】（術語）灌頂式、小壇所所供之供物有前供三個與後供三個。指其一方稱為片供。三昧耶戒用前之片供金胎兩戒用前後供其前供供養新佛（新阿闍梨）後供供養古佛也。其布列之次第。

後供

華	塗	閼
	金剛盤 火	
華	塗	閼

前供

金剛盤（置金剛杵之聖堂）之前置卍字之火舍、其前後為閼塗華以次第置之。

【片禪】（術語）少許之禪定也。止觀七曰「那得薄證片禪即以為喜」。

【心】（術語）Citta 四卷楞伽經註舉汗栗太 Hrd Hrdaya（自性清淨心）質多心（慮知心）之二心。止觀舉質多心、汗栗馱心（草木心）矣栗馱心（精集精要心）之三心。大日經疏舉質多心與干栗馱心之二心。干栗馱心附肉團心與眞實心之二義。法相宗於唯識述記與唯識樞要舉質多（心）末那（意）毘若底（識）之三心。宗鏡錄舉紇利陀心（肉團心）、緣慮心、質多心、乾栗馱心、（堅實心）之四心。三藏法數十九舉肉團心、緣慮心、積聚精要心、堅實心之四心。今總證之為六種心。一肉團心梵語舊曰干栗馱。新曰紇哩馱耶。肉團心即吾人之心臟。密家所謂八葉之心合蓮華也。又草木之心也。此為物之中心故又曰處中心。是止觀之第二心、大日經疏干栗馱心之第一義。宗鏡錄、三藏法數之第一心也。大日經疏三曰、「阿闍梨云。凡人汗栗馱心是古譯梵語訛也。正梵音云紇哩馱耶。此云心。狀如蓮華合而未敷之像有筋脈約之以成八分。男子上向。女子下向。」大日經義釋三曰、「汗栗馱心者此是古譯梵語訛也。正梵音云紇哩乃耶。此云心。

狀如蓮華合而未敷之像。」大日疏十一曰、「行者於此處（指肉團心）思蓮華形（中略）汗栗陀、訖栗陀、一名轉耳。」同十二曰、「干栗馱者是處中心也。」又曰「此心之處卽是凡夫肉心最在於中是汗栗馱心也。將學觀者亦於是處思蓮華形。」止觀一曰、「汗（本文作汙誤）栗馱此方稱是草木之心也。」宗鏡錄四曰「一紇利陀耶。此云肉團心。身中五藏心也。如黃庭經所明。」二集起心。爲第八阿賴耶識。以集諸種子又能生諸現行法故也。梵曰質多法相宗之萬法唯識。依此而定。是唯識述記之第一心、宗鏡錄之第三心也。唯識論三曰「雜染淸淨諸法種子之所集起故名爲心。（中略）彼心卽是此第八識」唯識述記三末曰、「梵云質多。此云心也。（中略）集起義是心義。以能集生多種子故。或能熏種此識中既積果已後起諸法故說此心名爲心。」宗鏡錄四曰、「三質多耶。此云集起心。唯第八識積聚種子生起現行。」法相宗心意識三者有通別二門、其通門雖許三名互通而其別門則其體各別。故以此質多心唯爲第八識之特名也。三思量心、梵名末那。譯言意。爲思慮之義、第七識之特名也。是亦限於法相宗。唯識論四曰、「是識（第七識）聖敎別名末那。恒審思量勝餘識故」同述記四末曰「末那是意」四緣慮心、又曰慮知心、了別心。梵語與上集起心同。此爲通於八識之能緣作用也。但常就意識而言。台家所謂介爾陰妄之心者、一心三觀之一心是也。止觀一曰、「質多者天竺音。此方言心。卽慮知之心也。」同二曰、「對境量知異乎木石名爲心」大日經疏十二曰、「梵云只多。是慮知心也。」大乘義章二曰、「慮知曰心」宗鏡錄四曰、「二緣慮心。此是八識。俱能緣慮自分境界。」是楞伽經註之第二心、止觀大日經疏之第一心、宗鏡錄之第三心、三藏法數之第一心也。但法相宗以此梵語毘若底、譯爲識。爲了別之義、唯爲意等六識之特稱。唯識述要上本曰、「梵云毘若底。（丁僞反識也）」五堅實心。堅固眞實之不生不滅心。卽自性淸淨心、如來藏心。眞如之異名也。華嚴所謂總該萬有之一、起信論一心二門之一心。楞伽經註之第二心。宗鏡錄、三藏法數之第四心也。但宗鏡錄以其梵語乾栗馱爲紇栗馱、干栗馱之同一轉聲。楞伽經一曰、「此是過去未來現在諸如來應供等正覺性自性第一義心。」註「此心梵音汗栗馱、汗栗太宋言心。謂如樹木心。非念慮心。念慮心梵音云質多也。」宗鏡錄四曰、「四乾栗陀耶。此云堅實心、亦云貞實心。此是眞心也。」六積聚精要心。積聚諸經中一切之要義者。言如般若心經積聚大般若六百卷之精要。是止觀之第三心。大日經疏干栗馱之第二義也。但止觀以其梵語爲矣栗馱。

與彼千栗馱之肉團心殊別。大日經疏十七曰、「此中眞言心者此心梵音汗栗馱之心。卽是眞實心也。」止觀二曰「又稱矣栗馱。此方是積集精要者爲心也。」心經幽贊上曰「心者堅實妙寂之稱。」顯敎於肉團心與質多心之外建立自性清淨心之堅實心而密敎於其胎藏界直觀凡夫之千栗馱卽肉團心之八分爲八葉之蓮華上開九佛是名自性清淨心又於金剛界約於千栗馱處中心之義名質多心爲千栗馱故於此二心外、不安立別之堅實心也秘藏記鈔十曰「汗栗馱肉團心也是凡夫所見可破壞法也於此處開佛心是名自性清淨心也。(中略)以自性清淨心直名汗栗馱從所說處立名也。(中略)約處中邊質多心名汗栗馱也。不空心要云夫修行者初發信心卽大圓鏡智紇哩娜耶心。(中略)而大圓鏡智發菩提心眞言名冒地質多以知大圓鏡智紇俚娜耶心者。質多名紇哩娜野也。」

【萬法一心】(術語)一切之法盡爲此心所生之唯心論的見地也。唐華嚴經三十一曰「三界所有唯是一心。」晉華嚴經十曰、「心如工畫師畫種種五陰。一切世間中、無法而無造。」心地觀經八曰「心如畫師能畫種種色故。心如僮僕爲諸煩惱所策役故。心如國王起種種事得自在故心如怨賊、能令自身受大苦故。」般若經五百六十八曰、「於一切法心爲善導若能知心悉知衆法種種世法皆由心。」

【心一境性】(術語)定有七名此其中之一也爲使心止住一境之性。詳見定條。

【心王】(術語)心之主作用對於心所之伴作用而謂爲心王。心王者總了別所對之境心所者對之而起貪瞋等之情也。密敎以之爲金剛界之大日如來心所卽心數爲其眷屬。此心王心數之差別吽字義以大日爲心王、餘尊爲心數、十住心論等以五佛爲心王、餘尊爲心數守護國經等以九尊爲心王餘尊爲心數。但依主伴無盡因果不二之義則無論何尊總以中央配於法界體性智、故九會四重之聖者得各爲心王也。涅槃經一曰「頭爲殿堂心王居中。」大日經三曰、「安住心王等同虛空。」成實論十六曰、「處處經中說心爲王。」俱舍論六曰、「此中心王極少猶與五十八法爲俱有因。」四念處一曰「心者心王異乎木石。」

【心王銘】(書名)傅大士作。見傳燈錄三十。

【心王心所】(術語)見心心數條。

【心王如來】(雜名)大日如來爲心王。餘尊爲心數。吽字義曰「心王如來既至如是地塵數難思心所眷屬誰不得此大我身。」

【心心】(術語)言前後之心。或言心

與心所。仁王經下曰、「心心寂滅無身心相。猶如虛空。」

【心心數】（術語）心與心所也。心爲身識等之心王。心數者新曰心所。爲心王所有貪瞋等多數之別作用也。維摩經五曰、「偏知衆生心心數法」倶舍論四曰、「心心所皆名有所依託所依根故。或名有所緣取所緣境故。（中略）或名相應等和合故。」

【心不相應】（術語）心不相應行法之略。

【心不相應行】（術語）心不相應行法之畧。

【心不相應行法】（術語）五法之一。見五法條。

【心月】（譬喩）心性之明淨譬如月也。菩提心論曰、「照見本心。湛然清淨猶如滿月。光遍虛空無所分別。」

【心月輪】（術語）眞言之金胎兩部、胎藏界觀衆生之肉團心爲蓮華、以其開合分因果。金剛界觀之爲月輪、以其圓缺分凡聖。其月輪標幟菩提心圓明之體也。金剛頂經一曰、「時菩薩白一切如來言、世尊如來我遍知已。我見自心形如圓月。一切如來告言汝已發一切如來普賢心。獲得齊等金剛堅固。」菩提心論曰、「一切衆生悉含普賢之心。我觀自心形如月輪。何故以月輪爲喩。謂滿月圓明體則與菩提心相類。」建立軌曰、「諦想心臆間圓明可一肘。（卽菩提心）猶如秋月光澄明仰在心。」

【心水】（譬喩）心之影現或動搖萬象。又有染淨。譬於水。謂之心水。大日經三曰、「心水湛盈滿潔白如雪乳。」華嚴經八十曰、「菩薩心水現其影。」

【心目】（術語）心與目、卽意識與眼識也。得見色境者五後之意識與眼識相依而成之。故曰心目。又愛憎所見之境等、獨由於五後之意識也。楞嚴經一曰、「如是愛樂用我心目。由目觀見如來色相。故心生愛樂。」

【心氷】（譬喩）心中有疑而不解、譬於氷。謂之心氷。因明大疏上本曰、「嗟去聖之彌遠。慨心氷之未釋。」

【心田】（譬喩）心能生善惡之苗、故曰心田。古尊宿錄曰、「潙山曰、直得沒交涉名運糞入汚穢心田。」

【心出家】（術語）二種出家之一。見出家條。

【心用四分】（術語）心識之作用分四種、稱爲四分。見四分條。

【心生滅門】（術語）起信論所說一心二門之一。見二門條。

【心平等根】（術語）數論二十五諦之一。與心根同。見數論條。

【心光】（術語）對於色光有智慧光

非心光之稱。心光者自佛之慈悲心所照之光明也。離平常之光明卽色香而非別有心光。觀念法門曰、「但或專念阿彌陀佛衆生。彼佛心光常照是人攝取不捨。總不論照攝餘雜業行者」六要鈔五曰、「言心光者。此非光分身相心想其體各別。只就義門宜得其意。以佛慈悲攝受之心所照觸色名之心光。」

【心光常護益】（術語）現生十種益之一。信彌陀則此心光常照護此人也。

【心多歡喜益】（術語）現世十種益之一。信彌陀者之歡喜也。

【心行】（術語）心爲念念遷流者、故曰心行。又善惡之所念謂之心行。法華經方便品曰、「佛知彼心行。故爲說大乘」。止觀五曰、「廣施法網之目、捕心行之鳥」。維摩經佛國品曰、「善知衆生往來所趣及心所行」。註「六趣往行。善惡悉善知也」。又心中念念不忘爲心行。禪宗明心見性、不使心有昏昧也。六祖壇經曰、「此須心行不在口念」。

【心行不離】（術語）在於眞宗、南無阿彌陀佛者本願之行、深信名號之緣由者、行者之信也。於信之上自具如來之願行、故離南無阿彌陀佛之行而無信。離信而無行。

【心行處滅言語道斷】（雜語）又曰言語道斷心行處滅。見言語道斷條。

【心自在者】（術語）言阿羅漢解脫一切定障而禪定得自在也。卽俱解脫阿羅漢也。法華經五百弟子品曰、「阿羅漢心自在者」。

【心地】（術語）心爲萬法之本、能生一切諸法、故曰心地。又修行者依心而近行、故曰心地。又三業中心業最勝、故曰心地。心地觀經八曰、「三界之中以心爲主。能觀心者究竟解脫。不能觀者究竟沈淪。衆生之心猶如大地。五穀五果從大地生。如是心法生世出世善惡五趣有學無學獨覺菩薩及於如來。以此因緣三界唯心。心名爲地」。楞嚴經二曰、「本元心地」。止觀五上曰、「心定如地不可動」。大日經疏三曰、「如世人擧趾動足皆依於地。菩薩亦如是依心進行。故名此心爲地」。天台戒疏上曰、「三業之中意業爲主。身口居次。據勝爲論。故爲心地也」。

【心地觀經】（經名）大乘本生心地觀經之略名。

【心印】（術語）禪之本意、不立文字、不依言語、直以心爲印、故曰心印。心者佛心、印者印可印定之義。此印能印可或印定佛法之實義也。猶如經宗之所謂三法印、一實相印。以此佛之心印直印於衆生之心、謂之以心傳心。黃檗傳心法要上曰、「迦葉已來、以心印心。心心不異。印著空卽印不成文印著物卽印不成法。故以心印心。心心不異」。六祖壇經曰、「師曰吾傳佛心印、安敢違於佛經。」碧巖第一則評唱曰、「單傳心印、開示迷途。」祖庭事苑八曰、「心印者達磨西來不立文字單傳心印直指人心見性成佛。」劉禹錫文曰、「佛滅度後大弟子演聖言而成經傳心印曰法承法而能傳曰宗。」今彼此會意曰心心相印本此図密教以大日經所說名爲心印以心者精要之義印爲決定之義此經所說爲三乘之精要而決定三乘故也。大日經疏三曰、「於種種聖言無不統其精要若能持是心印廣開一切法門是名通達三乘也。」演奧鈔二曰、「心印者心精要義印決定義此經所說爲心爲印廣開一切法門是故持此心印名通達三乘也。」図印相聖觀音之心印也。

【心住三昧】（術語）百八三昧之一。

【心作】（術語）心之作業即三業中之意業也。

【心作喜】（術語）十六特勝之第九。

【心作攝】（術語）十六特勝之第十。

【心作解脫】（術語）十六特勝之第十一。

【心即法】（雜語）傳心法要上曰、「但契本心不用求法心即法也。」

【心佛】（術語）華嚴十種佛之一。依心成佛故曰心佛。又心中所現之佛謂之心佛。又是心是佛故曰心佛。華嚴經五十二曰、「應知念念常有佛成正覺何以故諸佛如來不離此心成正覺故。」楞嚴經七曰、「如來無問頂相無爲心佛從頂發輝坐寶蓮華所說心咒。」觀無量壽經曰、「是心作佛是心是佛。」三昧耶戒序曰、「喻法界於帝網觀心佛於金水。」図（雜語）謂自心之本性即佛體也。自眞心外無佛體。起信論義記下本曰、「衆生眞心與諸佛體平等無二。」又曰、「衆生眞心即諸佛體更無差別故華嚴經云若人欲求知三世一切佛應當如是觀。心造諸如來。」又曰、「衆生心佛。還自敎化衆生。」

【心佛及衆生是三無差別】（術語）是華嚴經夜摩天宮品之文也。天台謂之三法妙。密教之三昧耶戒以此三平等爲體。夫佛與衆生因果相違而心則通於因果對於佛與衆生爲能變之體也。是以因果不二能變所變一如故曰是三無差別。見三界唯一心條。

【心戒】（術語）制止心念邪非之戒也。是爲大乘戒之通義。然小乘戒中南山四分律宗之意。於制戒立深防與分限之二者。而分限即心戒也。

【心念】（術語）心識之思念也。無量壽經上曰、「衆生心念。」法華經普門品曰、「心念不空過。」

【心念法】（術語）三種羯磨法之一。見羯磨條。

【心念口言】（術語）心念其事口言其事也。行事鈔下一之三曰、「受僧施者應心念口言是我分得也」。

【心念不空過】（雜語）心念佛而空不放念之意。法華經普門品曰、「我爲汝略說。聞名及見身。心念不空過。能滅諸有苦」。

【心所】（術語）心所有法之略。爲心王之所有、而有貪瞋等別作用之心法也。小乘俱舍有四十四法。大乘唯識有五十一法。見五位條。

【心所法】（術語）常略曰心所。

【心性】（術語）謂不變之心體、卽如來藏心自性清淨心也。台宗所立四敎中別敎以下、以心性立爲眞空、圓敎立爲心性具十界三千之法。圓覺經曰、「以淨覺心知覺心性。」起信論義記中本曰「所謂心性不生不滅。」法華玄義四之三曰、「心性卽是卽空卽假卽中。」唯識論二曰、「衆生心性二分合成。」止觀大意曰、「不變隨緣故爲心、隨緣不變故爲性。」因心性二字空宗與性宗等解說不同。惟禪宗則毫無區別。黃檗傳心法要曰、「心性不異。卽性卽心。心不異性、名之爲祖。」又云、「諸佛菩薩與一切蠢動含靈同此大涅槃性。性卽是心。心卽是佛。」南陽慧忠國師語錄曰、「未審心之與性爲別不別。師曰迷則別。悟則不別。曰經云佛性是常。心是無常。今云不別、何也。師曰汝但依語而不依義。譬如寒月水結爲冰、及至煖時、冰釋爲水。衆生迷時結性成心。衆生悟時釋心成性。」

【心性三千】（術語）一念之心性具十界三千之法也。

【心法】（術語）一切諸法、分色心二法。有質礙爲色法。無質碍而有緣慮之用或爲緣起諸法之根本者爲心法。此心法、顯密二敎相違。顯敎以心法爲無色無形。密敎以爲有色有形、顯密共立種種之心法。見心條。

【心法身】（術語）吾人之心性卽法身。爲在纏如來。故曰心法身。蓮華三昧經曰、「歸命本覺心法身。常住妙法心蓮台。」是歸命於在纏如來也。

【心波】（術語）謂意念相續不絕、如波浪之疊生也。釋惠洪詩曰、「心波不與類古井。」

【心空】（術語）心性廣大、含容萬象、譬之於大虛空。故曰心空。吽字義曰、「無始以來。本住心空。」因心離自障、而空寂無相、故云心空。仁王經中曰、「空慧寂然無緣觀。還照心空無量境。」

【心咒】（術語）諸尊之神咒有大咒小咒一字咒三種。一字咒謂之心咒。心爲眞實精要之義、如心經之心。又總曰陀羅尼、是爲如來心中之勝法。故名心咒。隨求陀羅尼經曰、「心中眞言佛之心中無勝此法故。」

楞嚴經七曰、「無爲心佛從頂發輝坐寶蓮華所說心咒」。

【心受】（術語）二受之一。詳見受條。

【心宗】（流派）佛心宗之略禪宗也。禪源諸詮下曰、「所傳心宗實貫三尊」。

【心命】（術語）又曰慧命法身以慧爲壽命故謂之心命。智度論七十八曰、「衆生有二種命一者命根二者智慧命」。

【心明經】（經名）一卷西晉竺法護譯。佛在靈山分衛梵志之婦畏其夫僅以一杓飯汁施佛佛爲授記作佛。其夫亦出家證果。

【心香】（術語）謂中心虔誠如爇香供佛也。梁簡文帝文曰、「窗舒意蕊室度心香」。

【心相】（術語）心之行相。卽見分也。又爲肉團心。卽心臟之相貌。圓覺經曰、「妄認四大爲自身相。六塵緣影爲自心相。譬如彼病目者見空中華及第二月」。往生要集上本曰、「如來心相如紅蓮華」。

【心相應行】（術語）謂一切之心所法也是與心王相應俱起故曰心相應。是有爲法故曰行。

【心要】（術語）心爲心髓、要爲精要。謂法門之至極也。又心性上精要之法義也。六祖壇經曰、「指示心要」。天台荊溪著有始終心要一卷。又（經名）金剛頂略述三十七尊心要之略。

【心亭】（譬喩）猶言心城。心以身爲亭故曰心亭。秘藏寶鑰下曰、「從此初門移心亭」。

【心城】（譬喩）禪定以防心抑制妄動。故譬之於城。與遺敎經堤塘之喩同。行事鈔上一之三曰、「禪定心城以戒爲廓」。又以身爲城郭。故曰心城。華嚴經入法界品曰、「寶眼淨天告善財言應守護心城離生死故。」

【心垢】（術語）煩惱爲心之垢穢、故曰心垢。無量壽經下曰、「開神悅體蕩除心垢」。憬興疏曰、「心垢者煩惱之名」。

【心是法身】（雜語）頓悟入道要門下曰、「心是法身謂能生萬法故號法界之身」。

【心苦】（術語）二苦之一。見身苦條。

【心珠】（譬喩）衆生之心性、爲本來清淨之佛性。故譬之爲明珠。心珠歌曰、「此心珠如水月」。梁簡文帝文曰、「心珠可瑩」。

【心珠歌】（書名）韶山和尙作。見傳燈錄三十。

【心鬼】（雜語）心邪而於現生作惡業、死後自感責身之惡鬼也。又心之可怖與惡鬼均。

【心根】（術語）二十五諦之一。見數論外道條附錄。

【心師】（術語）爲我心之師、故曰心師。涅槃經二十八曰、「願作心師不師於心」通眞軌上曰、「薩婆多云我敎謂心師也。他敎謂師心也。」

【心乘】（術語）佛敎以心觀爲主、故曰心乘。明神宗續入藏經序曰、「坐換昇平密契心乘。」

【心馬】（譬喻）心之動亂如狂馬、故曰心馬。又曰心猿意馬。觀心論曰、「心馬終不調。」安樂集上曰、「凡夫心如野馬。」性靈集四曰、「此思此願常策心馬。」三敎指歸中曰、「鞭心馬而馳八極。油意車以戲九空。」

【心神】（術語）衆生之心性靈妙、故曰心神。止觀五之三曰、「色法尚能如此、況心神靈妙寧不具一切法耶。」

【心病】（術語）二種病之一。

【心海】（譬喻）衆生之心體如海、外之境界如風、所生之八識如波浪。楞伽經一曰、「外境界風、飄蕩心海、識浪不斷。」

【心眞】（術語）吾人本具自性淸淨心之眞性也。秘藏寶鑰上曰、「頓越三妄入眞心。」

【心眞如門】（術語）起信論所說一心二門之一。見二門條。

【心迷法華轉】（雜語）六祖壇經偈曰心迷法華轉。心悟轉法華。是言開悟心性者、能運轉利用法華。迷惑心性者、爲法華所運轉利用、卽成主從之別。蓋釋迦之說法華、是運轉利用法華而濟度衆生也。衆生之聽法華、是爲法華所運轉利用而被濟度也。楞嚴經曰、「若能轉物卽同如來。凡夫被轉物。菩薩能轉物如是轉者故曰應無所住而生其心。」

【心悟轉法華】（術語）見心迷法華轉條。

【心欲】（術語）心之樂欲也。法華藥王菩薩品曰、「觀衆生心欲。」

【心華】（譬喻）以本心之淸淨譬於華。故曰心華。唐華嚴經六十六曰、「又如滿月出現虛空令可化者心華開敷。」圓覺經曰、「成就正覺心華發明照十方刹。」

【心智】（術語）心爲體、智爲用、體用並舉而曰心智。仁王經中曰、「心智寂滅無緣照。」

【心眼】（術語）觀念之心、能照了諸法、故曰心眼。觀無量壽經曰、「爾時大王雖在幽閉。心眼無障、遙見世尊。」往生要集中本曰、「行者以心眼見於己身亦在於彼光明照中。」

【心寂靜】（術語）二種寂靜之一。

【心無失】（術語）十八不共法之一。

【心無所住】（術語）頓悟入道要門論上曰、「汝若欲了了識無所住心時、正坐之時但知心莫思量一切物。一切善惡都莫思量過去事已過去而莫思量過去心自絕。即名無過去事未來事未至莫願莫求未來心自絕即名無未來事現在事已現在於一切事但知無着無着者不起憎愛心即是無着現在心自絕即名無現在事三世不攝亦名無三世也心若起去時即莫隨去去心自絕若住時亦莫隨住住心自絕即無住心即是住無住處也若了了自知住在住時只物住亦無住處亦無無住處也若自了了知心不住一切處即名了了見本心也亦名了了見性也只個不住一切處心者即是佛心亦名解脫心亦名菩提心亦名無生心亦名色性空經云證無生法忍是也。

【心無畏故】（雜語）大日經曰「心無畏故能究竟淨菩提心」行者觀心月泰然無所畏懼謂之心無畏以心無畏之故得淨究竟圓明之菩提心也。

【心無差別】（術語）三無差別之一。見三無差別條。

【心無嫉妬行】（術語）清涼所立四安樂行之一。見四安樂行條。

【心極】（雜語）心者心髓也極者至極也言義理之心髓至極也唯識述記一本曰「囊括所遺並包心極」

【心量】（術語）心起妄想種種度量外境謂之心量是凡夫之心量也如來眞證之心量離一切之所緣能緣而住於無心是也楞伽經三曰「觀諸有爲法離攀緣所緣無心之心量我說爲心量」

【心路】（雜語）心爲到佛地之道路故曰心路南山戒疏一上曰「心路躁擾靜定何因」釋門歸敬儀中曰「心路蒼茫莫知投寄」

【心跡】（術語）謂心在內而跡現於外也楞嚴經八曰「六天形雖不動心迹尙交」

【心喜瑞】（術語）法華六瑞之一。

【心越禪師】（人名）諱興儔字心越號東臯明杭州金華府婺郡浦陽人淸康熙七年三十歲謁翠微閣堂三年參容狗子話得師之印可日本延寶五年至長崎後改造水戶之天德寺號祇園寺爲開山壽五十七寂見日本洞上聯燈錄。

【心經】（經名）般若波羅蜜多心經之略又中略曰般若心經宋史藝文志曰「般若波羅蜜多心經一卷俗亦簡稱心經」說大般若精要諸法皆空之理餘詳般若心經條。

【神分心經】（儀式）修法會爲拂魔障乞諸天善神之護衛先誦心經而爲法施謂之神分心經。

【心經眞言】（眞言）揭諦揭諦（Gate Gate）者揭爲行不可得之ग字諦爲如不可得之त字乘如之行是爲眞行故曰行如此

二者初爲聲聞之行、次爲緣覺之行也。波羅揭諦Pragāti者、波羅爲圓滿最勝之義。揭諦如上。是諸大乘之行也。勝於前之二乘行。故曰波羅。波羅僧揭諦Prasaṅgāti者、僧爲和合之義。對譯之心經注爲究竟。譬如百川究竟終和合於大海之一水。佛果究竟終歸於一味果海之義也。是爲眞言行菩提Bodhi者、以上來所舉四揭諦之行、證入菩提果之義也。娑婆訶Svāha有五義、表五智。（見蘇波訶條）見心經秘鈔、秘藏記本。

【心經略疏】（書名）一卷、唐賢首著。

【心經略贊】（書名）一卷、唐慈恩著。

【心經秘鍵】（書名）具名般若心經秘鍵、一卷。日本弘法著。在十卷章之中。

【心猿】（譬喻）以心之散動譬於猿猴。故曰心猿。慈恩傳九曰、「守察心猿、觀法實相。」

【心機】（術語）謂心之發動也。大日經疏七曰、「隨種種樂欲心機、以種種文句方言、自在加持說眞言道。」文句七曰、「事似先迷。心機本順。」

【心滅】（術語）言眞如離心念之相、故心行之處滅而無可思念也。二教論曰、「言斷心滅。」

【心塔】（術語）密教之深旨、以衆生之心直爲塔婆、故曰心塔。三種悉地陀羅尼法曰、「梵音制底與質多體同。此中秘密謂心爲塔也。如第三曼荼羅以自心爲基、次第增加、乃至中胎涅槃色最居其上。故此制底甚高。」

【心源】（術語）心爲萬法之根源、故曰心源。菩提心論曰、「妄心若起、知而勿隨。妄若息時、心源空寂。萬德斯具、妙用無窮。」止觀五曰、「結跏束手、緘脣結舌、思想實相。心源一止、法界同寂。」又曰、「若欲照知、須知心源。心源不二、則一切諸法皆同虛空。」

【心想】（術語）意識心王之思想也。觀無量壽經曰、「諸佛如來是法界身、入一切衆生心想中。是故汝等心想佛時、是心卽是三十二相八十隨形好。是心作佛、是心是佛。諸佛正遍智海從心想生。」

【心意識】（術語）心爲集起之義、意爲思量之義、識爲了別之義。唯識論於其名雖許互通、然其實體各別、如其次第配之於第八識與第七識及餘六識。俱舍論以之爲一體之異名。六波羅蜜經十曰、「集起說爲心、思量性名意、了別義爲識。是故說唯心。」唯識論五曰、「薄伽梵處處經中說心意識三種別義。集起名心。思量名意。了別名識。是三別義。如是三義雖通八識、而隨勝顯第八名心、集諸法種起諸法故。第七名意、緣藏識等恒審思量爲我等故。餘六名識、於六別境麤動間斷了別轉故。」俱舍論四曰、「集起故名心。思量故名意。了別故名識。（中略）心意識三名所詮義雖有異而體是一如。」

【心解脫】（術語）又曰慧解脫。無學之一。見無學條。

【心塵】（雜語）謂煩惱也。煩惱汚心性。故名塵。又（術語）心上之塵垢。卽煩惱也。釋門歸敬儀中曰「若彼心塵使性知離不無。」

【心遠離】（術語）二種遠離之一。向自己之內界而思惟遠離不善迷惑也。」

【心精進】（術語）二種精進之一。見精進條。

【心蓮】（術語）顯教譬自性心之清淨。曰心蓮。密教謂肉團心之實形爲心蓮。蓮華三昧經曰「常住妙法心蓮臺」大日經疏四曰「凡人汗栗馱心狀。猶如蓮華合而未敷之像。有筋脈約之以成八分。」性靈集七曰「具言大我本住心蓮。塵沙心數自居覺月。」

【心慧】（術語）對於身戒曰心慧。身守戒。心研慧也。涅槃經二十八曰「身戒心慧。不動如山。」

【心數】（術語）新曰心所。舊曰心數。是爲心法。其法數多。故曰心數。密教以大日如來爲心王。一切眷屬之諸尊爲心數。秘藏寶鑰下曰「心王自在。得本性之水。心數客塵。息動濁之波。」卽身義曰「心王者法界體性智等。心數者多一識。」性靈集七曰「眞言大我本住心蓮。塵沙心數自居覺月。」

【心趣】（術語）心念之所趣。如言心行。中阿含經三十一曰「心趣好惡色。爲欲所縛害。」

【心燈】（術語）猶言心靈。靜中不昧之義。梁簡文帝文曰「豈止心燈夜炳。亦乃意蕊晨飛。」

【心器】（術語）心是受萬法之器。故曰心器。南山戒疏一上曰「善識世人心器。」

【心緣】（術語）言起心而攀緣外境也。爲慮知心外事物之義。起信論中本曰「離名字相。離心緣相。」

【心縛】（術語）妄想縛心。故曰心縛。楞伽經二曰「彼相則是過。皆從心縛生。」

【心諦】（術語）仁王經疏說三諦之一。見三諦條。

【心樹】（術語）謂意念之生發如樹木也。法苑珠林曰「心樹既榮。便茂不凋之葉。」

【心隨轉法】（術語）一切之心所法與定俱戒。道具戒之二無表色及此法之生住等四相。與心王同時同果。又同善等之性其他一切之相。故謂之心隨轉法。卽心生則隨而生。心滅則隨而滅也。倶舍論六曰「心所二律儀及彼心諸相。是心隨轉法。由時果善等。」

【心穢經】（經名）說比丘拔心中之

五礙、解心中之五縛、宜修五法。見增一阿含五十六。

【心藥】（譬喩）出世之敎法、醫衆生之心病、故稱曰心藥。秘藏寶鑰上曰：「九種心藥、拂外塵而遮迷、金剛一宮排內庫而授寶。」

【心鏡】（術語）心如明鏡、能照萬像、故曰心鏡。圓覺經曰：「慧目肅清照曜心鏡。圓悟如來無上知見。」神秀禪師偈曰：「身是菩提樹、心如明鏡臺、時時勤拂拭、勿使惹塵埃。」起信論曰：「衆生心者猶如於鏡、鏡若有垢、色像不現、如是衆生、心若有垢、法身不現故。」

【心證】（術語）心與佛相印證也。釋皎然詩曰：「花空覺性了、月盡知心證。」

【心識】（術語）小乘俱舍以心與識爲同體異名、大乘唯識以之爲別體、有一識乃至無量之差別、詳見識條。

【心願】（術語）心之願也。月上女經下曰：「誰今如是滿心願。」順正理論二十二曰：「亦如心願與衆同居。」

【心懷戀慕】（雜語）心憶念佛也。法華經壽量品曰：「諸薄福人過無量百千萬億劫、或有見佛、或不見者、以此事故、我作此言、諸比丘、如來難可得見、斯衆生等聞如是語、必當生於難遭之想、心懷戀慕、渴仰於佛、便種善根、是故如來雖不實滅而言滅度。」

【心寶】（雜語）心中具無量之寶財、故曰心寶。宗鏡錄九曰：「一切寶中心寶爲上、故知一切法寶皆歸宗鏡中、無有無量法財珍寶而不積集。」

【心顚倒】（術語）三顚倒之一。見顚倒條。

【心魔】（術語）見心魔賊條。

【心魔賊】（術語）心魔者、煩惱魔也。煩惱之惡魔、能賊害世出世之善法、故曰心魔賊。淨心誡觀上曰：「披戒定鎧、擢心魔賊。」

【心靈】（雜語）心識靈妙、故曰心靈。楞嚴經一曰：「汝之心靈、一切明了。」

【心觀】（術語）天台一心三觀之法也。天台之觀法、以吾人平常之心念爲所觀之境、故別於華嚴之法界觀、法相之唯識觀等、而稱爲心觀。佛祖統紀（慧文傳）曰：「佛以心觀口授南岳。」

【火一切處】（術語）十一切處之一。觀火周遍一切處之禪定也。

【火大】（術語）四大種之一。以溫熱爲性、調熟爲用者、周遍於一切之物質、故曰大。見火界條。

【火天】（天名）胎藏界曼陀羅第十二外金剛院之一衆、大日如來爲引攝事火梵志、示現火神之形者、其形與梵天王同。大日經一曰：「行者於東南隅、而作火仙像、住於熾焰中、三點灰爲標、身色皆深赤、心置三角印而在圓焰中持珠及澡瓶。」大日經疏五曰、「東南隅布列諸火天衆住火焰中額及兩臂各有三灰畫卽婆羅門用三指取灰自塗身象也。一切深赤色當心有三角印在焰火圓中左手持數珠右手持澡瓶此是普門之一身爲引攝火祠韋陀梵志方便開示佛圍陀法故示此大慧火壇淨修梵行之標幟也。」此爲二臂青龍軌下曰、「行者於東隅而作火仙像住於熾焰中三點灰爲標身色皆深赤心置三角慧珠定澡瓶掌仰定持杖青羊以爲座」瑜伽護摩儀軌曰「火天四臂右手無畏第二手持珠左手仙杖第二手執軍持」此二軌之文爲四臂數珠與澡瓶比大日經疏異其左右然同軌次文曰、「東南方火天乘青羊赤肉色遍身火燄右二手一持青竹一持軍持左二手一揚掌一持念珠」依此則與大日經疏同。

【火天妃】（天名）秘藏記下曰、「火天妃白肉色在盛火炎中持三角火輪」

【火天眞言】（眞言）阿誐那曳火之義也。以最初之𑖀（阿）字爲種子以一切諸法本不生之故卽歸於金剛之智體誐是行之義以諸法本不生之故雖具足萬行然無所行故名無師自覺同於大空而遍於一切處故與那字之大空同體又諸法無行故於三界不動不出而到薩婆若地故無乘及乘者是末句之（曳）字義也又曳字所以加三昧之聲者意明此乘定慧均等也行諸佛菩薩之道時皆以如是之慧火焚燒一切之心垢而燃正法之光明是故如實說之則卽爲眞言若請召時增伊係伊係之字若發遣時則增迴車迴車之字見大日經義釋四。

【火天撥遣印】（印相）其說甚多曰、撥忍度忍度者火指（右中指）也是爲撥遣火天之意或撥水指（無名指）以水撥火之意也。此印最合本軌之說文云、以禪度（大指）撥戒度（右手無名）卽成撥遣此以水指作撥遣故以大指撥水指也。如平常之彈指大疏十六釋請召火天印云、「當側伸右手其風指（頭指）第三節稍屈又屈空指上節向掌直而屈是請召若先屈而還展是撥遣也」請召旣鈎屈風撥遣時尤宜撥風也。

【火王】（譬喩）譬火之猛曰王。無量壽經下曰「猶如火王燒滅一切煩惱薪故。」

【火光】（雜名）火放燄光也。

【火光定】（術語）出火之禪定西域記三記阿難之入滅曰、「卽昇虛空入火光定身出烟燄而入寂滅」

【火光三昧】（術語）卽第四禪定。與火光定同本行集經四十曰、「如來爾時亦入如是火光三昧身出大火」

【火光尊】（術語）修護摩時勸請之火天也大日經二曰「思惟火光尊。」

【火生三昧】（修法）爲不動尊之三昧。由身出火燄者。底哩三昧耶經上曰「不動亦自身遍出火燄光。卽是本尊自住火生三昧」又「此眞言行人。亦於諸尊若欲作降伏。卽須自身作無動尊住於火輪中。亦名火生三昧也」。義釋七曰「囉[illegible]字門是毘盧遮那大忿怒之火。能燒一切世界使灰燼無餘。今不動尊自此火中生。猶如軍荼利尊自執金剛之火中而生」天神之權化。有自護摩之灰中化生者。見於印度古代之傳說。

【火生長者】（人名）樹提伽長者之別稱。見樹提迦條。

【火宅】（譬喻）三界之生死。譬如火宅也。法華經譬喩品曰「三界無安。猶如火宅。衆苦充滿。甚可怖畏。常有生老病死憂患。如是等火。熾然不息」。

【火宅喩】（譬喻）法華七喻之一。法華經譬喩品曰「有大長者。其年衰邁。財富無量。多有田宅及諸僮僕。其家廣大。唯有一門（中略）忽然火起。焚燒舍宅。長者諸子若十二十或至三十。在此宅中（中略）於火宅內樂着嬉戲。不覺不知不驚不怖。火來逼身。苦痛切己。心不厭患。無求出意（中略）爾時長者卽作是念。此舍已爲大火所燒。我及諸子若不時出。必爲所燒。今當設方便令諸子等得免斯害。父知諸子先心各有所好種種珍玩奇異之物。情必樂着。而告之言。汝等所可玩好希有難得。汝若不取。後必憂悔。如此種種羊車鹿車牛車。今在門外。可以遊戲。汝等於此火宅宜速出來。隨汝所欲。皆當與汝。爾時諸子聞父所說珍玩之物。適其願故。心各勇銳。互相推排。競共馳走。爭出火宅。（中畧）爾時長者各賜諸子等一大車。其車高廣。衆寶莊校（中畧）駕以白牛。膚色充潔。形體殊好（中畧）是時諸子各乘大車。得未曾有。本非所望（中畧）舍利弗。如來亦復如是。則爲一切世間之父（中畧）但以智慧方便於三界火宅拔濟衆生。爲說三乘聲聞辟支佛佛乘（中畧）若有衆生內有智性。從佛世尊聞法信受。慇懃精進。欲速出三界。自求涅槃。是名聲聞乘。如彼諸子爲求羊車出於火宅。若有衆生從佛世尊聞法信受。慇懃精進。求自然慧。樂獨善寂。深知諸法因緣。是名辟支佛乘。如彼諸子爲求鹿車出於火宅。若有衆生。從佛世尊聞法信受（中畧）利益天人。度脫一切。是名大乘。菩薩求此乘故。名爲摩訶薩。如彼諸子爲求牛車出於火宅」。

【火宅僧】（雜名）斥僧之有妻者。輟耕錄六曰「唐鄭熊番禺雜記二。廣中僧有室家者。謂之火宅僧」。

【火印】（印相）呼火之印契。密軌以火形爲三角。故結左右兩指爲三角之形。是火印也。見胎藏界念誦次第。

【火血刀】（雜名）地獄曰火途。畜生

曰血途、餓鬼曰刀途卽三惡道之異名。止觀輔行一之三曰、「四解脫經以三途名火血刀也途道也。」見三塗條。

【火坑】(譬喻)　喻五欲之可畏也。雜阿含經四十三曰、「多聞聖弟子見五欲如火坑。」中阿含經五十四曰、「欲如火坑。我說欲如火坑如毒蛇。我說欲如毒蛇。」因譬惡趣之可怖也。觀經定善義曰、「三惡火坑。臨臨欲入。」

【火吽】(行事)　火者護摩法、吽者種子。一種之護摩法也。

【火餅供養儀軌】(書名)　一卷。失譯人名。

【火吽軌別錄】(書名)　一卷。失譯人名。

【火災】(雜名)　劫末所起大三災之第一。俱舍論十二曰、「唯器世間空曠而住。(中畧)於中漸有七日輪現。諸海乾渴。衆山洞然。洲渚三輪並從焚燎。風吹猛燄燒上天宮。乃至梵宮無遺灰燼。」是爲壞劫之終。

【火車】(雜名)　載罪人運於地獄之車。自車發火者。智度論十四記提婆達多欲傷佛而生入地獄事曰、「復以惡毒著指爪中。欲因禮佛以中傷佛。欲去未到於王舍城中地自然破裂。火車來迎生入地獄。」觀佛三昧經五曰、「佛告阿難。若有衆生殺父害母罵辱六親。作是罪者命終之時銅狗張口。化十八車狀如金車寶蓋在上。一切火燄化爲玉女。罪人遙見心生歡喜。我欲往中。我欲往中。風刀解時寒急失聲。寧得好火在車上坐。然火自爆作是念已卽便命終。揮攉之間。已坐金車。顧瞻玉女皆捉鐵斧斬截其身。身下火起如火旋輪。」

【火車地獄】(界名)　地獄名。此地獄有銅鑊。縱廣四十由旬。中滿盛火。下有十二輪、上有九十四火輪。誑惑邪命諂曲作惡者。於命終時、身冷如冰。欲熱時、獄卒羅刹、化作火車。乘其上現童男形。鼓舞至前。罪人見之、心生愛着。氣絕命終。在火車上。支節燃火。身體燋散。獄卒唱活。應聲還活。火車轢身十八返。身碎如塵。時天雨沸銅。遍洒身體。其人卽還活。如是往返上至湯際。下墮鑊中。爲火車所轢、一日一夜有九十億生死。說見觀佛三昧經五。

【火伴】(職位)　司竈火者。世作火番者。謬見象器箋七。

【火法】(修法)　謂護摩法也。火餅供養儀軌曰「火法有四種。」

【火版】(物名)　掛於庫司之竈上、及飯熟。飯頭打之三下、則火頭滅火。故名火版。大衆聞此音。止坐禪而歸寮。見象器箋十八。

【火狗】(動物)　地獄中吐火迫害罪人之狗。楞嚴經八曰、「火蛇火狗。」

【火定】(術語)　自身出火之禪定。見

火生三昧條。

【火舍】（物名）香爐之一種。金屬所製。有二重之輪層而附蓋。

【火陀羅尼經】（經名）聖無能勝金剛火陀羅尼經之略名。

【火界】（術語）謂火之自體也。界爲持之義。火持火之自性、而不混於他物。故名爲界。倶舍論一曰「地水火風能持自相。」又曰「火界煖性。」

【火界咒】（眞言）不動尊之陀羅尼名。立印軌靑龍軌等所出。

【火界眞言】（眞言）火界咒也。

【火食】（修法）謂護摩也。以供物投於火、供養諸尊、是護摩法也。

【火食灰】（雜名）護摩之灰也。

【火客】（職位）亦稱火伴、火佃。禪家掌火之僧也。

【火神】（神名）又曰火天。火尊。司火之神。大日經世出世護摩品舉毘陀經之火神四十四種、內法之火神十二種。其毘陀之四十四種、以大梵王爲始。示其名與用法、而不說其形像。內法之十二神則說之。故大日經疏二十對於毘陀之火神、惟云「若論其世間火天作梵王形」

【十二火神】（名數）內法之十二火神、大日經所說。疏二十詳解之。一大因陀羅、二行滿三摩嚕多。四盧醯多。五沒嘌拏。六忿怒、七闍吒羅。八吃灑耶。九意生。十羯攞微。十一（梵本缺名）十二謨賀那也。內法之護摩、就此中隨所用而勸請之、觀本尊之形、在於爐中。

【火院】（術語）又曰火界。亦曰金剛炎。十八道之一。結火印。身右旋三帀、以身爲中心觀想圍繞一大火院。

【火餅】（術語）瑜祇經護摩品諸尊之眞言各曰阿擬你、Agni 譯爲火餅爲光菩薩之種子。

【火珠】（物名）塔上之寶珠也。

【火祠法】（修法）外典淨行闡陀 Atharvaveda 論中有火祠之法。大乘眞言門亦有火法。其所以然者、爲欲攝伏一類、故以佛之圍陀攝伏之也。見大日經疏十九同義釋十四。經疏說火法四十四種、其所列者惟二十七耳。見火神條。

【火焚地獄】（界名）焦熱地獄之異名。墮此地獄之罪人、爲火所焚燒、故有此名。

【火浣布袈裟】（衣服）紡織火鼠之毛而製之。火不能燒、有垢則投於火而浣之。法苑珠林三十五言魏明帝時西國獻之。三才圖會二十七亦載之。又石絨所織之布、亦曰火浣布。

【火淨】（術語）五種淨食之一。一切瓜果等物、先以火燒煮使熟、後方食、謂之火淨。食見有部毘奈耶雜事三十六、三藏法數二十四。

【火途】（界名）三途之一。地獄道之別名。

【火蛇】（雜名）地獄中吐火迫害罪人之蛇。楞嚴經八曰「火蛇火狗。」

【火帳】（物名）飯頭計人口記日日炊飯米之帳也。見象器箋十九。

【火頂山】（地名）台州天台山之別峯。大部補注一曰「大師住寺之北。別峯號曰華頂。登眺不見群山。暄涼永異餘處。大師於此降伏天魔也。」

【火曼茶羅】（雜名）護摩之火壇。

【火㮇】（物名）以小木所爲之火箸也。

【火㮇譬】（譬喻）一切之菩薩、盡發度盡無邊衆生之誓願、衆生未盡、菩薩既成佛、譬如欲盡其薪之木火㮇、於薪未盡時、既自盡也。淨土論註曰「巧方便者。謂菩薩願以己智慧火燒一切衆生煩惱草木。若有一衆生不成佛。我不作佛。而衆生未盡成佛。菩薩已自成佛。譬如火㮇欲摘一切草木燒令使盡。草木未盡。火㮇已盡。以後其身而身先。故名巧方便。」

【火湯】（界名）地獄之一處。千手經曰「我若向火湯。火湯自消滅。」

【火焰印】（印明）不動尊十四印之一。見不動尊條。

【火燄三昧】（修法）又曰火光三昧、火生三昧等。佛曾爲伏毒龍入此三昧。自身出猛火。釋氏要覽中曰、「長阿含云。佛在摩竭國毘陀山中入火燄三昧。」又諸羅漢入滅時多入此三昧、灰燼其身。

【火焰輪止印】（印明）不動尊十四印之一。見不動尊條。

【火塗道】（界名）地獄名、與刀塗道、血塗道並爲三塗。見翻譯名義集。

【火鈴】（物名）警火之鈴。瑩山清規曰、「二更二點後振火鈴呼照顧火燭遶寺。」

【火葬】（儀式）天竺四葬之一。梵語曰茶毘。又曰闍維 Jhāpita 譯爲焚燒。謂以火燒之也。經中所謂全身舍利者埋葬也、身分舍利者火葬之結果也。佛取火葬。後分涅槃經下曰「爾時如來以大悲力從心胸中火踊棺外。漸漸茶毘。經於七日焚妙香樓。爾乃方盡。」（妙香樓安置金棺之處）

【火聚】（術語）猛火之聚積。依罪業而在地獄所感者。正法念經十一曰、「彼不善業作而復集。勢力堅鞕。所得果報有大火聚。」中畧）彼人所作惡業勢力急擲其身、墮彼火聚。」又（喻譬）人身之可厭可怖、譬之火聚。涅槃經四曰、「自觀己身猶如火聚。是名自正。」又譬瞋恚、涅槃經十五曰、「此心難得調伏。如大火聚。其明久住。電光之明。不得暫停。瞋如火聚。慈如電明。」

【火聚佛頂】（佛名）釋迦如來之變身五佛頂尊之一。坐於胎藏界曼荼羅釋迦院釋尊左第四。梵名帝聚羅（火聚）斫羯羅、縛哩底密號曰神通金剛。主以佛光聚一切衆生之德。雖有稱爲高頂佛者。然非廣生佛頂。黃色左手持蓮上安寶珠右手屈無名指、豎餘指當胸、坐赤蓮上。

【火聚仙】（天名）位於胎藏界曼荼羅外金剛部院北方毘沙門天之上。青軌稱之爲成就明仙。古來謂爲火聚仙。坐於外金剛部院蓮華上者惟梵天與此仙而已。肉色、右劍左拳置腰、有火炎坐蓮上、仙女一人侍。

【火種居士】（流派）事火婆羅門之通稱。佛弟子呼薩遮尼犍子爲火種居士。見雜阿含經五。

【火輪】（術語）旋火輪之異名。回轉火作輪形者。此雖見輪形。然無輪之實體。以譬有爲法之念念相續、雖見有種種之形、然無其實體也。楞伽經二曰、「譬如火輪非輪。愚夫輪想非有智者。」

【火輪印】（印相）側合兩拳各豎其頭指著其頭作三角形也。

【火頭】（職位）禪院之造飯者。

【火頭金剛】（明王）烏芻瑟摩譯曰火頭。見烏芻沙摩條。

【火壇】（物名）又曰爐壇、護摩壇等。謂修護摩之火爐也。大疏八曰「此灌頂壇又在火壇之北。」見護摩條。

【火辨】（人名）印度法相宗十大論師之一。爲在家之菩薩、造世親之唯識頌釋。世親同時人。唯識述記一本曰、「梵云質呾羅婆拏 Citrabhāna 唐言火辨。亦世親同時也。尤善文辭。深閑注述、形雖隱俗而道高眞侶。」

【火德星君】（神名）禪林佛殿、挂南方火德星君之牌、每月四日十八日諷經。火德星君爲炎帝神農氏之靈、祀之爲火神。以禳火災也。見象器箋四。

【火羅】（地名）日本寶物集謂火羅爲一行阿闍梨放流之國、至於此國之途中、著梵天所敎之星宿法、卽所謂爲梵天火羅九曜。（書名）然唐代紀傳不見記之。案火羅爲梵天之名。火羅（梵 Horā）爲時之義。又爲依生時星宿卜運命之術。卽陶官術（Horoscope）也。

【火曜】（天名）九曜之一。位於胎藏界曼荼羅外金剛部院南方。梵名阿伽羅伽。肉色左手持獨股戟、右握服、坐於筵。

【火藥欄】（公案）牡丹芍藥等百花爛熳之花壇。以喩淸淨法身者。

【火爐】（物名）又作火鑪。護摩壇也。大疏八曰、「凡火鑪應當中胎。」見護摩壇條。

【牛】（譬喩）譬佛於牛曰牛王。見牛

王條。

【牛車】（譬喻）法華經譬喻品說羊鹿牛三車成佛之道。譬如牛車。見火宅條附錄。

【騎牛求牛】（譬喻）傳燈錄九曰、「大安禪師造於百丈。禮而問曰。學人欲求識佛。何者卽是。百丈曰。大似騎牛覓牛。師曰。識後如何。百丈曰。如人騎牛至家。」碧巖七則評曰、「有者道大似騎牛覓牛。有者道問處卽是。」

【牛山】（雜名）牛頭山之畧。

【牛王】（雜語）牛中勝者。勝鬘經曰、「如牛王形色無比勝一切牛。」以譬佛菩薩。涅槃經十八嘆佛曰、「人中象王。人中牛王。人中龍王。」無量壽經下嘆菩薩之德曰、「猶如牛王。無能勝故。」大毘婆沙一百七十七釋迦菩薩讚底沙佛之偈曰、「丈夫牛王大沙門。尋地山林遍無等。」

【牛王尊者】（人名）佛弟子憍梵波提之譯名。無量壽經上曰、「尊者牛王。」餘經譯爲牛呞、牛跡、牛相等。見憍梵波提條。

【牛毛塵】（雜語）七倍於羊毛塵者。住於牛毛尖之微塵也。見俱舍論十二。梵 Gorajas

【牛皮】（譬喻）被牛皮而向日則彌堅緊。龍鬚而入水則益痛。牛皮龍鬚雖貴。還害身。以譬人天有漏之福、傷法身之慧命也。止觀五曰、「設使欲捨三途欣五戒十善。相心修福。如市易轉換。翻更益罪。似魚入笱口。蛾趣燈中。狂計邪黠。逾速逾遠。渴更飮鹹。龍鬚縛身。入水轉痛。牛皮繫體。向日彌堅。盲入棘林。溺墮洄澓。」同輔行曰、「有相之福如龍鬚牛皮。戒定慧三如身如體。有相心修如縛如緊。受人天果如入如向。却墮三途如彌堅轉痛。故大論云。夫利養者如龍鬚繩縛身入水。初損戒皮。次損定肉。後損慧骨。」

【牛羊眼】（譬喻）牛羊之眼。以譬見之劣。智度論八十二曰、「肉眼所見與牛羊無異。」止觀一下曰、「如牛羊眼不解方隅。」玄義二上曰、「不可以牛羊眼觀視衆生。不可以凡夫心評量衆生。」

【牛羊心眼】（譬喻）與牛羊眼同。金光明玄義上曰、「不解此意如牛羊心眼。不足論道也。」

【牛角】（譬喻）牛之角。以譬物之並立者。止觀輔行一之一曰、「牛角表雙。」

【牛角一觸】（傳說）牛角一觸袈裟而生於天也。文句記三中曰、「瓔珞經云。若天龍八部鬪諍。念此袈裟生慈悲心。（中畧）龍得一縷。牛角一觸。」或作牛觸一角。言牛觸袈裟之一角。卽死而生於天上也。

【牛角娑羅林】（地名）沙羅雙樹林之別稱。雙樹並立四方。猶如牛角。又拘尸那城譯爲角城。沙羅林在此地。故曰牛角。輔行一之一曰、「以牛角表雙。以沙羅名樹。沙羅西音、此云堅固。堅固之名稱樹德也。故知牛角表雙義兼三角。此即最後說涅槃處。」

【牛角山】（地名）見牛頭山條。

【牛角娑羅林經】（經名）攝於中阿含經四十八。舍利弗與阿難共說發起此林之法。佛讚之。

【牛戒】（術語）戒禁取見之一種。天竺之外道有執牛行以為生天之因者。百論疏上中曰、「持牛戒者。如俱舍論說。合眼低頭食草以為牛法。彼見牛死得生天上。即尋此牛八萬劫來猶受牛身。不達爾前有於天因。謂牛死得生天。是故相與持於牛戒。成論云。持牛戒若成則墮牛中。如其不成則入地獄。然外道苦行世人信之。」智度論二十二曰、「外道戒者、牛戒、鹿戒、狗戒、羅刹鬼戒、啞戒、聾戒。」

【牛狗外道】（流派）六種苦行外道之一。持牛戒或狗戒之外道類也。見涅槃經十六。

【牛黃加持】（修法）又作牛王加持。安產加持作法之一。此法起於七俱胝佛母所說准提陀羅尼經。其文曰、「若女人無男女。以牛黃於樺皮上書此真言。而帶之。不久當有男女。」

【牛跡】（雜語）牛行之跡也。謂佛為牛王。佛之教法為牛跡。維摩經弟子品曰、「無以大海內於牛跡。」

【牛跡比丘】（人名）佛弟子憍梵波提之譯名。法華文句二上曰、「憍梵波提。此翻牛呞。無量壽稱牛王。增一云牛跡。昔五百世曾為牛王。牛若食後恆事虛哨。餘報未夷。咳咳常嚼。時人稱為牛呞。」增一阿含三曰、「樂居天上不處人中。所謂牛跡比丘是也。」寶物集三曰、「羅漢盡諸漏。留牛跡名稱」梵 Gavāmpati?

【牛過窓櫺】（公案）五祖演示佛眼遠曰、譬如水牯牛過窓櫺。頭角四蹄都過了。為甚麼尾巴不得過。見續傳燈錄五祖章。

【牛頭】（異類）地獄之鬼卒。或為牛頭之形。或為馬頭之形。楞嚴經八曰、「亡者神識見大鐵城。火蛇火狗虎狼獅子。牛頭獄卒。馬頭羅刹。手執踰矟。驅入城門。」五何辛經曰、「獄卒名阿傍。牛頭人手。兩脚牛蹄。力壯排山。」智度論十六曰、「見合會大地獄中。惡羅刹獄卒作種種形。牛馬猪羊鵰鷲鶉鳥。作此種種諸鳥獸頭而來。吞噉齩齧齰掣、罪人。」冥祥記曰、「宋何澹之得病。見一鬼形甚長壯、牛頭人身、手執鐵叉。沙門慧義曰、此牛頭阿旁也。」

【牛頭山】（地名）梵名瞿室餕伽。Gośriṅga 又譯牛角山。在新疆和闐市南十三里。西域記第十二所謂「王城西南二十餘里、有瞿室餕伽山。唐言牛角。山峯兩起。岩隒四絕。於崖谷間建一伽藍、其中佛像、時放光明。昔如來曾至此處、爲諸天人畧說法要、懸記此地當建國土、敬崇遺法、遵習大乘」是也。大集經第四十五所謂「復以閻浮提于闐國中水河岸上牛頭山邊近河岸側瞿摩娑羅香大聖人支提住處付屬吃利呵婆達多龍王令守護供養(中略)如來今以于闐國牛角峯山瞿摩娑羅乾陀牟尼大支提處付囑我」與之相合。舊華嚴經菩薩住處品有曰「邊夷國土有菩薩住處、名牛頭山」新華嚴經第三十二有曰、「疏勒國有一住處名牛頭山」疏勒于闐地雖不同、然境域相近、恐卽一山也。図在江蘇江寧南三十里。雙峯對峙、宛如牛角、故名。又稱雙峯、天闕、破頭山。後世呼爲牛首山。相傳梁武帝曾於此建精舍、古來高僧駐錫者不少。華嚴探玄記第十五所謂「潤州江南有牛頭山、彼中現有佛窟寺、又有四辟支佛影、時時出現」者。卽是也。唐貞觀中、法融禪師於(幽棲寺)北巖石室、闢四祖道信之敎、後在此地振宗風。爲所謂牛頭禪之一派。日本傳敎大師傳入日本之禪卽其法流也。又見景德傳燈錄四、祖庭事苑一、五燈會元四等。

【牛頭山法】(流派)　牛頭山法融禪師之一派。參照牛頭禪條。

【牛頭禪】(流派)　以牛頭山法融爲祖之禪派。又稱牛頭宗。四祖道信下旁出之禪宗也。初法融入金陵牛頭山幽棲寺北巖石室枯坐、有百鳥銜花之祥。唐貞觀中四祖道信聞之往尋訪、因附法、自是法席大盛。法融下智巖、慧方、法持、智威、慧忠、六世相付。慧忠下有維則、則下有雲居智。又智威之門有玄素、素下有道欽。欽開徑山、受代宗之信仰、賜號國一。欽門有鳥窠道林、與白居易問答有名。牛頭門風、雖一時振於唐代、而其末遂不盛。宗密之中華傳心地禪門師資承襲圖曰、「牛頭宗之意、體諸法如夢。本來無事、心境本寂、非今始空。迷之爲有、卽見榮枯貴賤等事。事跡既有相違相順、故生愛惡等情。情生則爲諸苦所繫、夢作夢受、何損何益。雖有此能了之智、亦如夢心。乃至設有一法過於涅槃者、亦如夢如幻。既達本來無事、理宜喪己忘情。情忘卽絕苦因、方度一切苦厄。此以忘情爲修也」卽此可以見其宗風。南宗諸師頗詆擊牛頭一派。彼黃檗希運謂「如四祖下牛頭融大師、橫說竪說、猶未知向上關捩子。有此眼腦、方辨得邪正宗黨。」卽其一例。又見傳燈錄四及九、祖庭事苑一等。

【牛頭香】(植物)　牛頭栴檀也。詳見牛頭栴檀條。

【牛頭天王】(天名)　祇園精舍之守護神。謂爲藥師如來之化身。

【牛頭栴檀】(植物)　又稱赤栴檀。栴檀爲香樹名、出自牛頭山、故曰牛頭栴檀。名義集三曰、「正法會經云。此洲有山名曰高山。高山之峯多有牛頭栴檀。以此山峯狀如牛頭。於此峯中生栴檀樹。故名牛頭。華嚴云。摩羅耶山出栴檀香。名曰牛頭。若以塗身。設入火坑。火不能燒。大論云。除摩梨山無出栴檀香。」智度論十八曰、「除摩黎山一切無出栴檀木。」西域記十曰、「國南海濱有秣剌耶山。崇崖峻嶺。洞谷深澗。其中則有白檀樹栴檀儞婆樹。樹類白檀。不可以別。唯於盛夏登高遠瞻。其有大蛇縈者。於是知之。猶其木性涼冷。故蛇盤也。既見已射箭爲記。冬蟄之後。方乃採伐。」觀佛三昧海經一謂、「牛頭栴檀。生伊蘭叢中。牙莖枝葉如閻浮提竹筍。仲秋月滿。卒從地生。成栴檀樹。衆人皆聞牛頭栴檀上妙之香。」梵 Gośīrsaka-candana

【牛醐】（雜名）取自牛之醍醐味。秘藏寶鑰上曰、「驢乳牛醐、不可不察。」

【牛貨洲】（地名）古云瞿伽尼、或作瞿耶尼瞿陀尼、皆訛轉也。正云遇嚩柅。義譯爲牛貨。毘曇云、以彼多牛、用牛貨易。故因以爲名。見希麟音義。

【牛糞】（雜名）梵語瞿磨夷、巨磨、Gomaya 印度風俗以牛糞爲最清淨者、淨物必用之。密教之儀軌亦倣之。以牛糞塗壇去汚穢爲法。大日經疏四示牧牛場之跡造曼陀羅事曰、「牛欄者西方聚落。牧牛共在一處。去村或十里五里。既積多時。牛屎尿遍地重積。梵俗以爲淨。」又說造壇之法曰、「如是次第除諸過已。細治所掘之土。稍稍填之。潤以牛液。築令堅固平正。猶如手掌。次用瞿摩夷瞿模怛囉 Gomūtra 和合塗之。若淺略釋者。此是牛糞及液。爲順彼方俗以爲清淨故。」準胝陀羅尼經曰、「瞿摩夷、唐云牛糞。」惟楞嚴經七曰、「佛告阿難。若末世人願立道場。先取雪山大力白牛食其山中肥膩香草。此牛唯飲雪山清水。其糞微細。」又、Gomayi

【牛糞種】（雜名）瞿曇姓之別名、釋迦姓爲瞿曇姓、瞿曇之元祖、自甘蔗園牛糞中生、故名牛糞種。見俱舍光記二十七。

【牛檀】（植物）牛頭栴檀之略。

【牛驢二乳】（譬喻）譬似而非者。智度論十八曰、「譬如牛乳驢乳。其色雖同。牛乳桴則成蘇。驢乳桴則成糞。佛法語及外道語不殺不盜。慈愍衆生。攝心離欲。觀空雖同。然外道語初雖似妙。窮盡所歸則爲虛誑。一切外道皆著我見。」

【毛孔】（雜名）身上之毛穴也。華嚴經一曰、「得於一毛孔現不思議佛刹無障礙解脫門。」法華經如來神力品曰、「一切毛孔放無量無數色光。」

【毛道】（術語）又曰毛頭。凡夫之異名。謂凡夫行心不定、猶如輕毛之隨風而東西也。然依梵本則有婆羅、Bala 縛羅、Vala之二音。婆羅爲愚之義、縛羅爲毛之義。古譯人誤婆羅爲縛羅。譯爲毛。不知婆羅宜譯爲愚夫也。唯識樞要上本曰、「金剛經云毛道生。今云愚夫生。梵云婆羅。(去聲)此云愚夫。本錯云縛羅乃言毛道」玄應音義四曰、「毛道、此名誤也。舊譯云婆羅必利他伽闍那。(Balaprthagjana) 此云小兒別生。以痴如小兒不同聖生也。論中作小兒凡夫是也。正言婆羅必栗託仡娜。婆羅此云愚。必栗託此云異。仡那此云生。應言愚異生。以愚痴闇冥無有智慧。但起我見不生無漏故。經言生與不生是也。亦名嬰愚凡夫。凡夫者義譯也。案梵語。毛言囀羅。愚名婆羅。但毛與愚梵言相濫。此譯人之失。致有斯謬也。法集等經言毛道頭凡夫。或言毛頭凡夫者誤也。」慧琳音義十曰、「毛道此言譯者誤也。案梵云嚩囉。此云毛。婆羅此云愚。以毛與愚梵音相濫故誤譯此爲毛。義翻爲毛道或云毛頭。皆非也。此譯者之失矣。正梵音云婆羅必哩他仡那。婆羅此云愚。必哩他此云異。仡那此云生。唐云愚生是也。言毛道凡夫者義不明也。」

【毛道生】(術語)毛道之衆生也。見毛道條。

【毛道凡夫】(術語)如毛髮爲風吹動、謂根性愚鈍而無定心也。見毛道條。

【毛僧】(人名)吳有異比丘、號爲毛僧、日遊聚落、飲食無所擇。輕薄子多弄之。忽謂人曰、吾將死矣。危坐說偈曰、「毛僧毛僧。事事不能。死了燒了。却似不曾。」見冷齋夜話七。

【毛頭】(術語)又曰毛道。凡夫之異名。見毛道條。又、禪家之職、剃淨人之毛髮者。亦曰毛頭。

【毛繩】(譬喩)利養縛人不使解脫。譬以毛繩。智度論五曰、「如佛說譬喩。如毛繩縛人。斷膚截骨。貪利養人。斷功德本。亦復如是。」別譯阿含經七曰、「本爲愛欲瞋恚愚痴之所纏縛。復更作造放逸之事。豈不增其貪瞋痴耶。譬如有人爲繩所縛。以水澆之。逾增其苦。」智者大師別傳上曰、「毛繩截骨。則憶曳尾泥間。」止觀七曰、「名譽羅絹利養毛繩。」

【手印】(術語)手指所結之印也。陀羅尼集經二曰、「誦咒有身印等種種印法。若作手印誦諸咒法。易得成驗。」冈古人多作印於指環上、亦如今人繫圖章於扇柄上。取其便用故也。根本雜事曰、「佛聽比丘畜印、以爲記驗。但不聽着指環、及寶莊飾。許用鍮石赤銅白銅牙角五種物作。又印有二種。一是大衆、二是私物。若大衆印、可刻轉法輪像、兩邊安鹿、伏跪而住。其下應書元本造寺、施主名字。若私印、刻作骨鎖像、或作髑髏形。欲令見時生厭離故。凡律中言手印指印、皆准此。」諸阜記曰、「南天竺國娑陀婆恨王有宿願每年所賦細緤並重疊積之手染鬱金栢於緤上千萬重手印皆透。」又契券中用摹指紋爲證曰手印元雜劇有離書手印。

【手杖論】（書名）一卷尊者釋迦稱造唐義淨譯破言世有異執所生之有情者。

【手輪】（術語）佛手中之千輻輪也。行事鈔下三曰「有香泥作手輪像」同資持記曰「手輪者舊云佛手中千輻輪。」

【手輪論】（書名）異部宗輪論之略名。

【手磬】（物名）捧於手以桴鳴之者。日本禪林名之曰鈴。

【手爐】（物名）有柄香爐也。唐語曰手爐。釋氏要覽中曰、「法苑云天人黃瓊說迦葉佛香爐略云前有十六師子白象於二獸頭上別起蓮華臺以爲爐後有師子蹲居。頂上有九龍繞承金華華內有金臺寶子盛香。佛說法時常執此爐。比覩今世手爐之制。小有做法焉」

【勾當】（職位）司寺中法務之役名。

【公界】（雜語）公共之界限也。百丈清規第六日用軌範條曰、「不得以兩邊公界之手巾拭頭面。」

【公案】（術語）禪家應於佛祖所化之機緣而提起越格之言語動作之垂示也。後人稱之名爲公案。又曰因緣。公案者、公府之案牘、卽律令也至嚴而不可犯者可以爲法。可以斷是非。從上佛祖之垂示、是宗門之正令、以判迷悟者類之。故彼擬名公案。所謂千七百則是也。碧巖九十八則評唱曰、「古人事不獲已、對機垂示。後人喚作公案因緣。」一同種電鈔曰、「至理絕言。唯對迷機。故不獲已而假言說以顯道。後人將彼垂示語作公案也。」山房夜話上曰、「公案乃喻公府之案牘也。法之所在而王道之治亂實係焉。公者乃聖賢一其轍。天下同其途之至理也。案者乃記聖賢爲理之正文也。凡有天下者未嘗無公府有公府者未嘗無案牘。（中略）夫佛祖機緣目之曰公案亦爾」碧巖集三敎老人序曰、「祖敎之書謂之公案者。唱於唐而盛於宋其來尙矣。二字乃世間法中吏牘語。」雲棲正訛集曰、「公案者公府之案牘也。所以剖斷是非而諸祖問答機緣亦只爲剖斷生死故以名之。」

【一千七百則公案】（名數）五燈錄中公案之數凡一千七百則。山房夜話上曰、「且如禪宗門下自二祖安心三祖懺罪。南嶽磨磚青原垂足。至若擘叉毬輥用棒使喝。及一千七百則機緣。莫不皆八字打開兩手分付。」宗論三曰、「若緣木求魚守株待兎。三藏十二部是拭瘡疣紙。千七百公案亦陳腐葛藤。」

【今上牌】（圖像）今上皇帝之壽牌、

禪宗等寺院安置佛殿之正面文曰「皇帝萬歲萬歲萬萬歲」案唐開元十八年勅天下寺觀建天長節祝壽道塲今上牌之由來殆以此時爲始乎。

【今家】（雜語）自己之宗派也。止觀大意曰「今家敎門以龍樹爲始祖。」

【今案】（雜語）自己之考法華文句三上曰「今案彼經釋無量義者從一法生。」

【今師祖承】（術語）天台三相承之一。又名今師相承。即以天台智顗爲宗師而立其次第相承也。摩訶止觀一上所謂「此止觀者天台智者說己心中所行之法門。」云云止觀輔行一之一釋之曰「此止觀以下今師祖承也。」又曰「若以智者爲所指。應以南岳爲父師慧文爲祖師龍樹爲曾祖師」即是。

【今圓】（術語）第五時法華經所說之圓敎。謂之今圓。以前大乘經所說之圓敎謂之昔圓。是台宗之語。

【分別】（雜語）思量識別諸事理曰分別。是爲心心所之自性作用。故以爲心心所之異名也。法華經曰「思量分別之所能解。」發智論一曰「法歸分別聖歸涅槃。」成實論三曰「法歸分別眞人歸滅。」唯識述記七末曰「言分別者有漏三界心心所法。以妄分別爲自體故。」倶舍光記二十曰「毘婆闍（Vibhājya）名分別。」三界之心心所以虛妄之分別爲自性。即妄於無我無法之上而分別我法也。故稱之爲分別之惑。斷此分別之惑。謂之無分別慧。慈恩寺傳七曰「菩薩以分別爲煩惱。而分別之惑堅類金剛。唯此經所詮無分別慧。乃能除斷。故曰能斷金剛般若。」

【三分別】（名數）一自性分別。心心所之自性。對於現前之境。而尋求動躍。如眼識之識別色。耳識之識別聲。謂之自性分別。是現量也。二計度分別。種種差別之事。猛利思量推度也。三隨念分別。追念思惟經歷之事也。後二者限於意識。是比量非量也。倶舍論二曰「分別略有三種。一自性分別。二計度分別。三隨念分別。」

【分別記】（術語）四種記之一。

【分別答】（術語）四答之一。

【分別經】（經名）一卷。西晉竺法護譯。說受戒得福或反之而墮者。事佛有三輩不同。及支那國非法者多事等。因阿難分別經之畧名。

【分別識】（術語）第六意識也。大藏法數曰「於六塵等種種諸境而起分別也。」此言由第七末那識傳送第六意識能起分別。故名分別識也。」又曰「分別識即第六意識。謂於顯識中分別五塵好惡等相。故名分別識。」

【分別變】（術語）心識所變之境、有因緣變分別變二種。見二變條。

【分別智】（術語）分別有爲事相之智也、在佛爲後得之權智、在凡夫爲虛妄之計度。離此虛妄之計度與眞理冥符、是曰無分別智、卽佛之根本實智也。

【分別起】（術語）一切之惑、有分別起與俱生起二種。一切之凡夫依無始以來之熏習力與身俱生自然而起之諸惑、謂之俱生起。由邪師邪敎邪思惟三緣而起之諸惑、謂之分別起。分別起易斷、故於最初頓斷之、卽見惑是也。俱生起難斷、故至後漸斷之、卽思惑是也。

【分別事識】（術語）楞伽經所說三識之一。八識中除阿賴耶識、爲其他末那等七識之總稱、以對種種之境而起虛妄分別故也。對眞識則云事識。楞伽經一曰、「畧說有三種識。廣說有八相。何等爲三。謂眞識現識分別事識。」起信論曰、「依諸凡夫取著轉深。計我我所。種種妄執。隨事攀緣。分別六塵。名爲意識。亦名離識。又復說名分別事識。」同義記中末曰、「又能分別去來內外種種事相。故彼說爲分別事識也。」又第八識十八名之第十五名也。以第八阿賴耶識爲生一切分別事識之根本故也。唯識了義燈四本曰「十五名識。無相論云分別事識也。」

【分別說三】（雜語）爲鈍根之人、降一乘敎、而分別爲三乘、使各自適於根機而說也。

【分別說部】（流派）Vibhajyavādinaḥ 部計名。此部所說有是有非、須能分別簡擇、故名分別說部。是非小乘二十部等之部計、乃論者假定之名也。俱舍光記二十曰、「說非盡理。半是半非。更須分別。故名分別說部。梵云毘婆闍縛地。毘婆闍名分別。縛地名部。舊云毘婆闍婆提者。訛也。」

【分別功德品】（經名）法華經二十八品中第十七品之名。佛於前品說本門之法華、十會之大衆、聞之得種種之功德利益。分別功德品者、卽分別其功德之淺深不同也。

【分別功德經】（經名）分別功德論之異名。

【分別功德論】（書名）三卷、失譯人名。釋增一阿含經序品中之偈及念佛等十種之一法、次釋各弟子品稱爲第一之因緣。

【分別緣生經】（經名）一卷、趙宋法天譯。說十二緣生之法。

【分別布施經】（經名）一卷、趙宋施護譯。爲中阿含瞿曇彌經之別譯。

【分別聖位經】（經名）略述金剛頂瑜伽分別聖位修證法門經之略名。

【分別相似過類】（術語）十四過之一。謂立者之論法爲同品者、敵者強以爲異品而攻擊之之過誤也。

【分別業報略經】（經名）一卷、大勇菩薩撰宋僧伽跋摩譯一經皆爲偈頌分別五趣之業報。

【分別智陀羅尼】（雜名）智度論所說三陀羅尼之一。得此陀羅尼、則於一切衆生一切法能分別無錯。

【分別智相應染】（術語）起信論所說六染心之一。六麤中之智相也。依境界而智起、能分別世出世之法、故名分別智。此智與心相應而染汚心性、故名相應染。

【分別善惡所起經】（經名）一卷、後漢安世高譯明十善十惡之果報、兼說飮酒有三十六失。

【分別善惡報應經】（經名）一卷、趙宋法天譯中阿含鸚鵡經之別譯也。

【分別緣起初勝法門經】（經名）二卷、唐玄奘譯明以十一種殊勝之事、故於十二緣起之初說無明支。一所緣殊勝、二行相殊勝、三因緣殊勝、四等起殊勝、五轉異殊勝、六邪行殊勝、七相狀殊勝、八作業殊勝、九障礙殊勝、十隨縛殊勝、十一對治殊勝也。

【分身】（術語）諸佛爲以方便力、化處處有緣之衆生分身於十方、而現成佛之相也。法華經見寶塔品爲集釋迦如來之分身說三變土田見法華玄義七。

【分那柯】（異類）Pūrṇaka 夜叉名。譯曰滿見孔雀王咒經上。

【分那婆素】（人名）Punarvasu 長老名譯曰井宿見本行集經七十。

【分位】（術語）時分與地位也。謂於事物或生變化之時分與地位是爲顯假立法之詞。例如波爲水之鼓動分位故波爲假立於水之分位者離水則波無實法。百法論曰「三分位故。」是百法中二十四不相應法爲假立於色與心或心所三法或生變化之分位者故是無別體性也。

【分陀利】（植物）Puṇḍarīka 又作芬陀利、分陀利迦、分茶利迦、分茶利華、奔茶利迦。正開敷之白色蓮華也。西土之蓮有青黃赤白四種、又隨未敷開落之三時而異名。（蓮華部詳說之）分陀利爲白蓮華之正開敷者、又此華最大、花瓣數百、一名百葉華、妙法蓮華經之蓮華、卽此白蓮華、八葉之分陀利華也。又此華多出於阿耨達池、人間無有、故稱爲人中好華、希有華等。玄應音義三曰、「分陀利又作芬此云白蓮華」慧苑音義上曰、「芬陀利、此云白蓮華。亦曰百葉花也。」慧琳音義三曰、「奔茶利迦古云芬陀利正音本拏哩迦花唐云白蓮花其色如雪如銀光奪人目其香亦大、多出彼池。（無熱）人間無有。」華嚴疏鈔八曰、「芬陀利者卽白蓮華亦是正敷榮時也。」大日經疏十五曰、「分陀利迦花可有百葉葉葉相承圓整可愛。

」觀經散善義曰、「言分陀利者名人中好華。亦名希有華亦名人中上上華亦名人中妙好華。此華相傳名蔡華是。」

【分茶利迦】（植物）又作分陀利迦、芬茶利迦奔茶利迦本拏哩迦。見分陀利條。

【分陀利華】（植物）釋迦如來稱譽念佛者曰人中之分陀利華觀無量壽經曰、「若念佛者當知此人是人中分陀利華。」

【分段】（術語）分段生死之身也。爲凡夫輪迴六道受分分段段果報之身。見分段生死條。

【分段身】（術語）分段生死之身也。

【分段死】（術語）分段生死之略。

【分段三道】（名數）迷界三道也、卽惑業苦之三道是。

【分段生死】（術語）二種生死之一、爲輪迴六道凡身之生死也。輪迴六道之身、各隨其業因而壽命有分限形體有段別故曰分段。大乘義章八本曰、「言分段者。六道果報三世分異名爲分段分段之法始起爲生。終謝爲死。」勝鬘寶窟中末曰、「分段生死者謂色形區別壽期長短也。」唯識了義燈六末曰、「言分段者分謂齊限。卽謂命根。段謂差別卽五蘊體捨此受餘有差別故。（中略）皆隨因緣有定齊限。故名分段。」

【分段同居】（術語）分段者、分段生死之身、卽吾人之體也。同居者、爲台家所立四土中凡聖同居土之略稱。如吾身所住之娑婆世界是也。此娑婆世界爲凡夫與聖者同一居住故稱曰同居。蓋分段是凡夫之身、同居是其所住處也。

【分段輪迴】（術語）輪迴於分段生死也。生生世世在三界之巷。

【分段變易】（術語）分段生死與變易生死也。見二種生死條。

【分相門】（術語）華嚴之賢首爲明別教一乘、以分相門該攝門之二者、明三乘與一乘之差別曰分相門明三乘是一乘曰該攝門。見五教章上。

【分座】（雜語）禪林之首座代住持而接化曰分座。勅修清規曰、「前堂首座表率叢林。人天眼目分座說法開鑿後昆。」

【分眞卽】（術語）同於分證卽。

【分修三昧】（術語）三三昧之一。不論定慧二者、修其一之三昧也。

【分喩】（術語）凡譬喩不可顯喩其法之全分但比況其一分之義是曰分喩。例如言面如月、則以月之端正一邊而比顯面貌端正之一分也。涅槃經五曰、「面貌端正猶月盛滿白象鮮潔猶如雪山。滿月不得卽同於面雪山不得卽是白象。」

【分散】（雜語）禪林之語。大衆一同退去也。

【分歲】（雜語）又云歲夜。卽除夜也。

【分衞】（術語）Pindapāta 或翻乞食、或翻團墮。乞食者爲比丘行而乞食也。團墮者就乞得之食而釋之。以西竺之法多摶食作團墮疊鉢中故也。善見論曰、「分衞者、乞食也。」玄應音義五曰、「分衞此言訛也。正言儐荼波多。儐荼此云團波多此云墮言食墮在鉢中也。團者食團。謂乞食。」行事鈔資持記下三之一曰、「梵云分衞此翻摶墮。以西竺多摶食墮疊盆中故。」或爲漢語謂以乞得之食物分與僧尼而衞護之令修道也。是爲乞食之義。又爲佛分身保護衆生之義。是非乞食之事。僧祇律曰、「乞食分施僧尼衞護令修道業。故云分衞。」嘉祥大經疏曰、「能分身護物機。故言分衞。」

【分衞經】（經名）過去佛分衞經之畧名。

【分諸乘】（術語）融本末之體於同敎一乘之體。示有一乘、二乘三乘等諸乘敎之法門也。

【分證】（術語）菩薩初地以上少分斷惑證理也。起信論謂之隨分覺。台家謂之分證卽。

【分證卽】（術語）台家所立六卽位之一。止觀一曰分眞卽。觀經疏曰分證卽。分斷無明分證中道之位也。見六卽條。

【爪上】（譬喩）受人身者極希。譬以爪上之土。見次項。

【爪土】（譬喩）爪甲上之土。以喩受人身者之希也。雜阿含經十六曰、「如甲上土。如是衆生入道者亦復如是。如大地土如是非人亦復如是。」涅槃經三十三曰、「爾時世尊取地少土置之爪上。告迦葉言是土多耶。十方世界土多耶。迦葉菩薩白佛言世尊爪上土者不比十方所有土也。善男子有人捨身還得人身、捨三惡身得受人身、諸根完具生於中國、具足正信能修習道、修習道已能得解脫、得解脫已、能入涅槃、如爪上土。捨人身已得三惡身、（中略）不得解脫常樂涅槃如十方界所有地土。」

【爪上土】（譬喩）見爪土條。

【爪章】（書名）長爪梵志之所說。性靈集六曰、「爪章髮論。」

【爪淨】（術語）五種淨食之一。一切瓜果等物、先以爪甲去其皮殼、然後食也。否則曰不淨食。

【爪塔】（堂塔）給孤獨長者爲供養佛之爪髮而立塔。是爲起塔之始。十誦五十六有異說。

【爪鏡】（雜名）梵網經心地品曰、「不得樗蒲。（中畧）爪鏡、蓍艸、楊枝、鉢盂、髑髏而作卜筮。」明蕅益梵網經合註六曰、「爪鏡卽圓光法。」或曰、「爪鏡者以藥塗指上、咒之光明如鏡見人吉凶。」

【爪犢】（雜語）長爪梵志與犢子部

也。秘藏寶鑰中曰：「爪犢遙望。」

【比丘】（術語）Bhikṣu 又名苾芻、煏芻。為出家受具足戒者之通稱。男曰比丘、女曰比丘尼。其義甚多。以乞士之翻為本義。嘉祥法華義疏一曰：「比丘名為乞士。上從如來乞法以練神。下就俗人乞食以資身。故名乞士。世之乞人、但乞衣食、不乞於法。不名比丘。（中畧）除怖魔破惡淨命如智度論中廣說也。」見苾芻條。

【比丘尼】（術語）Bhikṣuṇī 女子出家受具足戒者之通稱。新云苾芻尼。梵語尼者、顯女性之聲也。因之比丘為男僧、比丘尼為女僧。俱舍光記十四曰：「苾芻唐言乞士。舊云比丘、訛也。苾芻尼苾芻如前解。尼是女聲。」慧琳音義二曰：「苾芻尼義說同上。出家女之總名。尼例聲明即女聲也。」以阿難懇請。初度佛之姨母大愛道為僧、是為比丘尼之始。參照苾芻條。

【比丘尼傳】（書名）四卷、梁寶唱撰。

【比丘尼戒】（術語）比丘尼具足戒即五百戒並八敬戒是也。

【比丘五德】（名數）怖魔、乞士、淨戒、淨明、破惡也。參照苾芻條。

【比丘尼大戒】（書名）十誦比丘尼大戒之畧名。

【比丘尼戒本】（書名）揭比丘尼五百戒之本經也。每月比丘尼之布薩日誦之。

【比丘尼阿姨】（人名）Bhikṣuṇī Āryā 阿姨者、阿梨夷之畧。梵語阿梨耶、譯言聖者。今依女聲曰阿梨夷、即比丘尼聖者之意。為佛姨母大愛道之尊稱也。或言阿如漢語阿爺阿娘之阿、姨即姨母也。

【比丘聽施經】（經名）一卷、東晉曇無蘭譯。說聽施比丘不樂法、將廢道、佛以方便說旅人不知道者問知道者之喻以化之。

【比丘尼八歸敬戒】（術語）見戒條。

【比丘尼僧祇律戒經】（經名）摩訶僧祇比丘尼戒本之異名。

【比丘避女惡名欲自殺經】（經名）一卷、西晉法炬譯。有比丘因惡名住林中、欲自殺。正住天神說偈曉之、即得道果。

【比目多羅】（術語）見毘木瞿沙條。

【比吒迦俱舍】（雜語）Piṭakakośa 譯曰藏。刀鞘函櫝之類、如三藏之藏是也。演密鈔七曰：「梵語比吒迦俱舍、此譯為藏。即是鞘韜櫝之藏。為要揀異中心之藏故。」

【比那】（地名）Vinata 比那多之畧。山名。譯曰不高。

【比呼】（術語）Bhikṣu.（巴）Bhikkhu）比丘之別音也。探玄記十八曰：「梵有三名。或云比呼。或云苾芻。或云比丘。此無正譯。

【比耆陀羨那】（人名）兒名。譯曰勝軍。見賢愚經六。

【比量】（術語）因明三量之一。又心識上三量之一。比者比類也、以分別之心比類已知之事、量知未知之事也。如見烟比知於彼有火是也。因而因明法者、以因與喩比知主義之軌式也。總稱爲比量者是八識中唯意識之用也。因明入正理論曰、「言比量者謂藉衆相而觀義。」

【比量相違】（術語）因明三十三過中宗法九過之一。如言「瓶可爲常（宗）所作性故（因）」是也。所立之宗相違比量之因、故曰比量相違。

【比智】（術語）新云類智、舊云比智。見類智條。

【比摩寺】（寺名）在于闐國。魏書于闐傳曰、「于闐西五里有比摩寺、云是老子化胡成佛之所。」

【比盧持】（人名）外道名。

【比羅達】（人名）Vira-datta 長者名。譯曰威施。見菩薩修行經。

【比羅娑洛】（地名）Pilusāra 山名。譯曰象堅。西域記一曰、「比羅娑洛山、唐言象堅。山神作象形、故曰象堅也。昔如來在世、象堅神奉請世尊及千二百大阿羅漢、山嶺有大盤石、如來卽之受神供養。其後無憂王卽盤石上起窣堵波、高百餘尺、今人謂之象堅窣堵波也。」婆字當是娑之訛。

【仁】（雜語）指人之稱、見仁者條。

【仁王】（雜語）佛之尊稱。佛號能仁、又爲法王、故稱曰仁王。因仁王經之仁王、指十六國國王而言。

【仁王咒】（經名）仁王經所說之陀羅尼也。新本在奉持品。

【仁王供】（修法）供養仁王經之法會也。

【仁王會】（行事）仁王經護國品說若國有災難、設百座講座、講讚仁王經、可以禳之。唐代宗朝將不空三藏新翻之仁王經行百座仁王會、祈雨有驗、是爲仁王會之始。

【仁王尊】（菩薩）或作密跡菩薩、密修力士、執金剛神、那羅延金剛、寺門左右所置之阿吽二像也。

【仁王經】（經名）有二本。舊本爲羅什譯、題曰佛說仁王般若波羅蜜經、二卷。新本爲不空譯、題曰仁王護國般若波羅蜜多經、亦二卷。仁王指當時十六大國之國王也。佛對諸王各護其國、使之安穩、故爲說般若波羅蜜多深法之經文也。謂受持講說此經則七難不起、災害不生、萬民豐樂。故古來以之爲護國三部經之一、公私皆爲禳災祈福讀誦之。茲將本經各家之註述及關於本經之著作列之如下。仁王經疏六卷、隋吉藏撰。仁王護國般若經疏五卷、隋智顗說、門人灌頂記。仁王經合疏三卷、隋智顗說、灌頂記、明道霈合。仁王經疏三卷、隋智顗說、灌頂記、成蓮合、仁王經疏七卷、唐良賁述、仁王經疏六卷、唐圓測撰、仁王經疏法衡鈔六卷、唐遇榮集、仁王護國般若波羅蜜經疏神寶記四卷、宋善月述、注仁王經疏科一卷、宋淨源錄、仁王經疏四卷、宋淨源撰集、仁王經科疏科文一卷、明眞貴述、仁王經科疏懸談一卷、明眞貴述、仁王經科疏五卷、明眞貴述。

【儀軌】（術語）舊本之仁王經、不說陀羅尼、因而其念誦作法不備、及不空新經出經中有陀羅尼、且別出念誦之儀軌。如仁王護國般若波羅蜜多經道場念誦儀軌二卷、仁王般若念誦法一卷、仁王般若陀羅尼釋一卷、皆不空譯者。

【感驗】（傳說）不空三藏仁王咒感驗、見宋高僧傳不空傳、三寶感應錄中。舊譯仁王經感驗、見三寶感應錄中代宗皇帝講仁王般若降雨感驗、見三寶感應錄中。

【仁王講】（行事）講讚仁王經之法會也。

【仁王經法】（修法）讀仁王護國般若經而修之祈禱法也。日月星辰火水大風、災旱兵賊七難競起時、則行此法、亦有平生修行之者。

【仁王菩薩】（菩薩）仁王經所說之五大力菩薩也。

【仁王念誦法】（經名）仁王般若念誦法之畧稱。

【仁王陀羅尼】（經名）與仁王咒同。

【仁王經儀軌】（書名）仁王護國般若波羅蜜多經道場念誦儀軌之畧名。

【仁王般若經】（經名）仁王護國般若波羅蜜多經之略名。

【仁王陀羅尼釋】（書名）仁王般若陀羅尼釋之略稱

【仁王般若五壇法】（修法）設五個壇供養五大力菩薩卽五大明王之法也。是仁王經之佛說。

【仁王般若念誦法】（經名）一卷、不空譯。與仁王護國般若波羅蜜多經道場念誦儀軌詳略不同、

【仁王般若陀羅尼釋】（經名）一卷、唐不空譯。解釋仁王經所說之陀羅尼。

【仁王般若波羅蜜經】（經名）仁王護國般若波羅蜜經之略稱。

【仁王護國般若波羅蜜經】（經名）二卷、羅什譯。略稱仁王經。見仁王經條。

【仁王護國般若波羅蜜多經】（經名）二卷、不空譯。略稱仁王經。見仁王經條。

【仁王護國般若波羅蜜多經道場念誦儀軌】（經名）二卷、不空譯。略名仁王儀軌。仁王般若儀軌等。說念誦仁王經之秘密作法。

【仁者】（術語）又單稱仁、呼人之敬稱。大日經疏四曰「梵音爾偏名爲仁者。」法

華經序品曰「四衆龍神瞻察仁者」中庸曰、「仁者人也」。

【仁祠】（術語）佛寺也。佛祖統紀三十五曰、「詔報曰楚王誦黃老之微言尙浮圖之仁祠」。釋門正統三曰、「精舍所踞號曰仁祠」

【仁塔】（堂塔）佛塔也。如言佛寺曰仁祠。佛曰仁仙也。是因釋迦譯作仁故。

【仁體】（術語）與人體同。經論中呼同輩常曰仁或仁者。

【仁尊】（術語）佛之德號。釋迦譯言能仁故名。

【什物】（雜語）什爲雜之義、聚之義。寺院所藏種種之器財曰什物。涅槃經六曰、「經書什物」玄應音義二曰、「什物什者十也。聚也。雜也。亦會數之名也。又資生之物也。今人謂家產器物猶云什物」

【什肇】（人名）姚秦之鳩摩羅什與其弟子僧肇也。

【什麼】（雜語）疑問之辭、如言何也。祖庭事苑一曰、「什麼當作甚麼。甚麼問辭也。什雜也。非義」摭言曰、「韓愈皇甫湜一代龍門。牛僧孺携所業謁之。其首篇說樂。韓始見題、即掩卷問曰、且以拍板爲什麼。僧孺曰樂句。二公大稱賞」傳燈錄曰「在此作什麼」

【化】（術語）當曰教化、教人轉化惡爲善也。法華經方便品曰、「從佛受化」。又曰「化一切衆生皆令入佛道」華嚴經疏五曰、「化謂教化」。又（術語）謂以通力變現種種之相也。此能變化之心有十四種。所變化之相有八種。大品經一曰「解了諸法如幻（中略）如化」大乘義章十五曰、「無而忽起名之爲化」

【化人】（雜語）神佛權自變形爲人者。又以神佛之通力化作人形者。列子曰、「周穆王時、西極之國有化人來」。翻譯名義集曰、「周穆王時文殊目連來化、穆王從之。即列子所謂化人者也」

【化人說】（術語）五人說經之一。佛菩薩羅漢等示現種種之形而說法者。如觀音示現三十三身說法是也。見三藏法數二十。

【化七子經】（經名）阿那邠化七子經之略名。

【化女】（雜語）佛菩薩化自形爲女者。又佛菩薩以通力化作女人相者。

【化土】（術語）三土之一。爲度凡夫二乘化作之國土。申言之。即變化身之住土也。此中有淨土與穢土之別。如娑婆者爲穢土之化土、如兜率者爲淨土之化土。化土由所住之佛身而名之。例如此娑婆世界自衆生言之、則爲衆生自業所招之衆生穢土。然佛爲度二乘凡夫。以化身出於此土時、自以神通力而變現似穢土之土而住之。故從衆生言、爲屬於衆生果報之穢土。從佛言則爲佛變現之穢土之化土也。(衆生之穢土與佛之化土互相融和而現一相、如數多之燈光相和、)天台所立四土中凡聖同居土、方便有餘土之二者、或應土是也。唯識論十曰、「變化身依變化土、謂成事智大慈悲力、由昔所修利他無漏淨穢佛土因緣成熟、隨未登地有情所宜化爲佛土。或淨或穢、或小或大、前後改轉。佛變化身依之而住。能依身量亦無定限。」述記十末曰、「化土雖復說法神通增、故立變化名、法樂義劣、」(化土非如佛之自受用土受用法樂之地、以神通變化度衆生之地也。)

【彌陀之化土】(術語) 定彌陀之報土化土、諸宗有異義。天台宗以西方之淨土決爲化土、法相宗立報土與化土二義、淨土一家解釋報、化二土、其義頗多、日本親鸞謂彌陀有報土化土之二土。淨土之本體、定爲彌陀眞身所住之報土、於其報土上立九品之別、如或於其邊域設懈慢界、是大悲攝化之化土也。教行證文類化土卷曰、「謹顯化身土者、佛者如無量壽佛觀經說眞身觀佛是也。土者觀經淨土是也。復如菩薩處胎經等說、卽懈慢界是也。亦如大無量壽經說。卽疑城胎宮是也。」

【化心】(術語) 化身之心。實無識慮者。佛地論六曰、「化心等依實心現、但實心上相分似有緣慮等用、如鏡中火。」

【化主】(術語) 教化之主。謂佛也。天台梵網會疏上曰、「一標化主大聖世尊。」觀經玄義分曰、「娑婆化主因其請故、卽廣開淨土之要門。」図(雜名) 勸化信徒布施以供三寶也。

【化功】(術語) 教化人之功德也。

【化功歸己】(術語) 天台所立觀行五品位中、第三說法品之位、行者說法教化人則其功德歸己、內心之觀解益明云。文句記六上曰、「實病既瘉、權疾亦痊、豈一代化功全任實行。」止觀七下曰、「更加說法、轉其內解導利前人。以曠濟故、化功歸己、心更一轉、倍勝於前。名第三品。」玄義五上曰、「行者內觀轉强、外資又著、圓解在懷、誓願熏動、更加說法如實演布。說法開導前人得道。全因緣化功歸己、十心則三倍轉明。是名第三品位。」

【化他】(術語) 教化他也。見自行化他條。

【化他壽】(術語) 可以濟度之衆生無限、故諸佛之大悲永遠不盡、卽化益衆生之壽命也。

【化尼】(雜語) 佛菩薩自變化爲尼也。又以佛菩薩通力化作比丘尼形也。

【化生】(術語) 四生之一。謂依托無

所、忽然而生者。如諸天、諸地獄、及劫初之人是也。俱舍論八曰、「有情類生無所托。是名化生。如那落迦天中有等。具根無缺。支分頓生。無而欻有故名爲化。」大乘義章八本曰、「言化生者。如諸天等。無所依托。無而忽起。名曰化生。若無依托。云何得生。如地論釋。依業故生。」

【佛菩薩化生】（術語）佛菩薩爲濟衆生以神力變作種種者。卽化身、權者、權化、權現等是也。

【法身化生】（術語）受佛之敎化新生於佛家之身也。法華經譬喩品曰、「今日乃知眞是佛子。從佛口生。從法化生。得佛法分。」

【極樂化生】（術語）極樂之往生人有胎生與化生二種。疑佛智而修種種善業之人、生於邊地之宮殿、五百歲間不能開見三寶。是名胎生。信佛智之人隨九品之行業各化生於蓮華中、身相光明頓具足、名曰化生。無量壽經下曰、「若有衆生。明信佛智乃至勝智。作諸功德。信心迴向。此諸衆生。於七寶華中。自然化生。跏趺而坐。須臾之頃。身相光明。智慧功德。如諸菩薩。具足成就。」

【化地部】（流派）Mahīśāsaka 小乘二十部之一。佛滅後三百年由說一切有部而別立者。此部之主。本是國王、爲領有土地之人、故名化地部也。宗輪論述記曰、「此部之主。本是國王。王所統領國界地也。化地上人庶。故言化地。捨國出家。弘宣佛法。從本爲名。名化地部。眞諦法師云。正地部本是王師。匡正本境。捨而弘法。故言正地。亦稍相近。文殊問經言大不可棄（是部主之名）非也。」玄應音義二十三曰、「化地部。第三百年中從一切有部出也。梵言磨醯奢娑迦。亦名彌喜捨。娑迦此云地。亦敎地。或言正地。人名也。舊名彌沙塞、訛也。」當部雖爲上座部系統、然其所說頗近大衆部。卽稱現在有體、過未無體者、於見道主張以空無我之行相而現觀一時、亦否定無有中有、許五識有雜染之力、立九無爲說、立預流果有退羅漢果無退之說。所謂法無去來宗也。

【化行】（術語）又云化制。通道俗之人、使汎知因果道理、邪正差別之敎法、謂之化敎、特明佛弟子當守之戒行、謂之行敎。又曰制敎。律宗之人、以此二敎判一代敎也。行事鈔上一曰、「顯理之敎。乃有多途。而可以情求、大分爲二。一謂化敎。此則通道俗。但汎明因果、識達邪正。（中略）二謂行敎。唯局內衆。定其取捨。立其綱維。顯於持犯。決於疑滯。」同資持記上一之二曰、「一代時敎。總歸化行。開其信解。用捨任緣。故名化敎。制其修奉。違反有過。名爲行敎。」戒疏一上曰、「今以化行二敎。用分諸藏。何名化敎。如阿含等中開演化導。令識邪正因果業性界繫諸法。

言無所違。義通道俗。意在靜倒。離著爲先。教本化人令開慧解。本非對過而立斯教。言行教者。起必由過。隨過制約。言唯持犯。事通止作。故教所設非爲靜倒。但隨行科。戒律一宗。局斯教矣」大乘義章一曰、「化教所說名修多羅。行教所說名曰毘尼。汎說事理因果是非。是化教也。辨彰行儀。是行教也」

【化行二教】（術語）化教與行教也。見化行條。

【化色】（術語）佛菩薩以神力變作種種之形體也。

【化色身】（術語）二種色身之一。是佛之化身也。見三藏法數四。

【化米】（雜語）勸化人而募施米也。

【化身】（術語）佛三身之一。又名應化身、變化身。爲衆生變化種種形之佛身也。有廣狹二門。廣門之化身者。謂對二乘凡夫示現之種種佛身、及六道異類之身、總爲化身也。佛地論七曰、「變化身者。爲欲利益安樂衆生。示現種種變化事故。」成唯識論十曰。「變化身。謂諸如來由成事智變現無量隨類化身。居淨穢土。爲未登地諸菩薩衆二乘異生。稱彼機宜。現通說法。令各獲得諸利樂事」法華論下曰、「一者示現應化佛菩提。隨所應見而爲示現。如經皆謂如來出釋氏宮。去伽耶城不遠。坐於道場。成阿耨多羅三藐三菩提故」狹門之化身者。分上述之化身、（亦云應化身）爲應身與化身二者、現佛形爲應身。現他異形爲化身。合部金光明經一曰、「一者化身。二者應身。三者法身。（中略）自在力故隨衆生心隨衆生行。（中略）現種種身。是名化身。（中略）是身得現具足三十二相八十種好。項背圓光。是名應身。」大乘義章十八曰、「爲化衆生示現佛形。名爲應身。示現種種六道之形。說爲化身。」見三身條。

【化身八相】（術語）化身佛由降生以至涅槃。共有八種之相。是曰八相成道。見八相條。

【化作】（術語）佛菩薩以神力變化造作種種之身、又種種之事物也。法華經妙音品曰、「於是妙音菩薩不起於座。身不動搖而入三昧。以三昧力於耆闍崛山去法座不遠。化作八萬四千衆寶蓮華。」

【化佛】（術語）佛菩薩等以神通力化作之佛形也。觀無量壽經曰、「無量壽佛身。如百千萬億夜摩天閻浮檀金色。（中略）彼佛圓光。如百億三千大千世界。於圓光中有百萬億那由陀恒河沙化佛。」是佛變現之化佛也。法華經普門品曰、「若有國土衆生。應以佛身得度者。觀世音菩薩即現佛身而爲說法。」觀無量壽經曰、「當觀觀世音菩薩。此菩薩身長八十萬億那由他由旬。（中略）其圓光中有五百化佛。如釋迦牟尼佛。一一化佛有五百化菩薩。」是菩薩變現之化佛也。

【化法】（術語）化導之法門也。天台一家、判釋迦之一代教為化儀化法各立四教。見四教條。

【化法四教】（術語）謂天台之教判藏通別圓也。自教化之內容而分、故有化法之名。見四教條。

【化制二教】（術語）律宗一家、判一代教為化教制教二者。經論二藏、汎說因果之理、以化道俗、是曰化教。戒律一藏、說比丘之戒法、獨制內衆、謂之制教。又曰化行。見化行條。

【化前】（術語）台家指法華經以前曰爾前。淨家指觀無量壽經以前曰化前。依善導觀經疏化前序之語而立。

【化前方便】（術語）謂觀經以前所說、聖道門之教也。

【化前序】（術語）唐善導之觀經疏、取經之通序六成就中後之四成就、科為化前序。見觀經化前序條。

【化度】（術語）教化濟度衆生也。

【化度寺碑】（雜名）即化度寺故僧邕禪師舍利塔銘。唐李百藥製文。歐陽詢所書。為率更得意之筆。所謂直木曲鐵法也。其石宋時已亡。今所傳搨本多翻刻者。

【化相】（術語）佛陀教化衆生之相狀也。

【化相三寶】（術語）謂小乘之三寶也。如佛為丈六之化身、法為四諦十二因緣、僧為羅漢及緣覺。先以此三寶教化衆生、故謂之化相三寶。見三寶條。

【化城】（譬喻）法華七喻之一。譬小乘之涅槃也。見化城喻品條。戒疏一上曰、「鈍者引以世報權示化城。利者以慧資成便至寶所。」

【化城喻品】（經名）法華經第三之終說化城之喻之品名也。化城者、一時化作之城郭也。其喻意以一切衆生成佛之所為寶所、到此寶所道途悠遠險惡、故恐行人疲倦退却、於途中變作一城郭、使之止息。於此處養精力、遂到寶所。佛欲使一切衆生到大乘之至極佛果、然以衆生怯弱之力不能堪之、故先說小乘涅槃、使一旦得此涅槃、姑為止息、由此更使發心進趣眞實之寶所也。然則小乘之涅槃、為一時止息而說、是佛之方便也。文曰「譬如五百由旬險難惡道、曠絕無人怖畏之處。若有多衆欲過此道至珍寶處。有一導師、聰慧明達、善知險道通塞之相。將導衆人、欲過此難。所將人衆中路懈退、白導師言、我等疲極而復怖畏、不能復進。前路猶遠、今欲退還。導師多諸方便、（中略）於險道中過三百由旬、化作一城。（中略）是時疲極之衆、心大歡喜、歎未曾有。（中略）爾時導師。知此人衆既得止息無疲倦。卽滅化城。語衆人言汝等去來寶處在近。向者大城。我所化作。爲止息耳」。

【化炭】（雜語）勸化炭也。

【化俗結緣】（術語）化俗者。敎化世間之人。以此爲緣而使之入於佛法也。

【化茶】（飮食）化緣乞食而得之茶也。

【化迹】（術語）與敎迹同。佛敎化衆生之遺跡也。行事鈔中一曰「餘經汎明化迹。通顯因果」。資持記中一之二曰、「化迹謂往昔因緣。」

【化宮殿】（圖像）千手觀音四十手中左一手所把持之物也。此手卽曰化宮殿手、宮殿手、寶殿手、千手千眼觀世音菩薩大悲心陀羅尼曰、「若爲生生世世常在佛宮殿中。不處胎藏中受身者。當於化宮殿手眞言。唵。微薩囉微薩囉吽泮吒。」

【化敎】（術語）化行二敎、又化制二敎之一。見化行及化制二條。

【化現】（術語）謂佛菩薩爲濟度衆生變作示現種種之形也。無量壽經上曰、「化現其身。猶如電光。」唯識論十曰、「神力難思。故能化現。」

【化理】（術語）事物變化之理。楞嚴經十曰「化理不住。運運密移。」

【化疏】（雜名）勸化帳之書也。又化爲火化之意、燒火告神之物。如我國之紙錢紙馬等卽其例也。神人異道。故化此享彼。

【化菩薩】（術語）佛菩薩以神通力變化之菩薩身也。觀無量壽經曰、「華上皆有化佛菩薩迎接此人。」

【化道】（術語）敎化人之道也。與敎道同。淨土論註曰、「言十地階次者。是釋迦如來於閻浮提一應化道耳。」止觀五下曰、「聖師有慧眼力。明法藥。有法眼力。識於病障。有化道力。癒病授藥。令得服行。」

【化源】（術語）敎化之本源也。飛疏序曰「導達化源。通明理性」。行宗記一上曰、「化源者。卽如來設化之本。」

【化境】（術語）可敎化之境土也。十方國土皆是如來之化境。二種佛境之一。見華嚴經疏五、三藏法數四。

【化儀】（術語）化導之儀式。謂釋尊一代間敎化衆生之儀式方法。天台判一代敎分化儀與化法二門。各立四敎。見八敎條。

【化儀四敎】（術語）天台宗於形式上分釋尊一代之敎說爲四種。卽頓敎、漸敎、秘密敎、不定敎是也。

【化儀頓】（術語）頓敎二種之一。禪源諸詮三曰、「佛初成道。爲宿世緣熟上根之流。一時頓說性相理事、衆生萬惑、菩薩萬行、賢聖地位、諸佛萬德。因該果海。初心卽得菩提。果徹因源。位滿猶稱菩薩。」

【化誘】（術語）敎化引導衆生也。八十華嚴經二曰「種種敎門常化誘。」

【化樂天】（界名）Nirmanarataya 六欲天之第五。在兜率天之上，他化自在天之下。以人間八百歲爲一日一夜。身長八由旬。身有常光。相向而笑，卽成交媾。兒自男女膝上化生。其初生者，如人間十二歲之童。梵名尼摩羅，須涅蜜陀。智度論九曰「化自樂天」。仁王經上曰「化樂天」。俱舍論十一曰，「樂變化天」。智度論九曰，「化自樂者，自化五塵而自娛樂，故言化自樂。」仁王經上曰，「若菩薩住十億佛國中，作化樂天王，修千億法門。」

【化導】（術語）敎化示導人也。大日經疏四曰「隨種種應度衆生，三輪化導」。演密鈔五曰「化謂敎化，導謂示導。」

【三輪化導】（名數）一神變輪，二記心輪，三敎誡輪。神變者，佛以身業現種種之神變奇瑞也。記心者，佛以意業知衆生之心也。敎誡者，佛以口業敎訓衆生也。瑜伽論二十五謂之三神變。俱舍論二十七謂之三示導。見三輪條。

【化導力】（術語）三力之一。見力字條。

【化緣】（術語）敎化之因緣也。佛菩薩來此世，因有敎化之因緣，若此因緣盡，則卽去。寄歸傳一曰「化緣斯盡，能事畢功。」（雜語）以募化結佛緣也。釋氏以能布施者爲與佛有緣法，故亦稱募化爲化緣。夷堅志曰，「普光寺行童元暉，近村王大子也。既僧爲街坊化緣」

【化壇】（堂塔）涅槃堂之異名。此處焚化亡骸，故以爲名。見象器箋一。

【化轉】（術語）敎人轉惡爲善也。四敎儀一曰，「說能詮理，化轉物心，故言敎也。」化轉有三義。一轉惡爲善，二轉迷成解，三轉凡成聖。」

【化屬】（術語）佛菩薩有自初卽定宜敎化之眷屬，謂之化屬。

【引入】（術語）大日經疏十九曰，「有常悲者，乃合引入曼陀羅也。」

【引入印】（印相）引弟子入壇場內之印也。胎藏界用入佛三昧耶之印，金剛界用薩埵之三昧耶印，蘇悉印用合掌，此卽以三部之三昧耶生在佛家之意也。或總用大鉤召印。

【引化】（術語）引接化度也。六祖壇經曰「世尊在舍衛城中說西方引化」

【引正太子】（人名）中印度憍薩羅國引正王（娑多婆漢那 Sātyavāhana'）之子也。王深歸依龍樹菩薩，依龍樹之妙術，年貌不衰。太子患不能嗣王位，因思父王之長命，依於龍樹之福力，乃請龍樹使自殺。父王聞龍樹死，卽命終。太子遂卽王位。見西域記十。

【引出佛性】（術語）三佛性之一。見三佛性條。

【引果】（術語）對滿果之語。一有情之果報分爲總別二者。果報之主成分爲引果、果報之局部爲滿果。例如第八識是引果、五根五境等好醜美惡是滿果。第八識爲總報之果體、於反現吾等人界五根五境等之總體上、更就彼總體變成美惡上下貧富等之差別、是第八識中具有滿業之種子使然。故因此可知同一人間、果報上有種種之上下差別者、是滿果也。引果總爲同一。見唯識論二同述記二末。

【引座】（術語）禪林導引他陞座說法、而紹介於衆曰引座。見象器箋十一。

【引飯大師】（譬喻）喻禪家引飯之槌也。淸異錄上曰、「禪家未粥飯、先鳴槌。維那掌之。叢林目淨槌爲引飯大師、維那爲槃槌都督」。

【引發因】（術語）十因之一。見十因條。

【引業】（術語）對滿業之語。牽引衆生五趣四生之業也。又名引因。牽引業或總報業。但大小乘解其名義、其說少異。毘婆娑論十九及俱舍論十七等、謂業能引衆同分等、爲引業。圓滿莊嚴其同分、謂之滿業。是蓋引業約因而解、滿業約果而解之。故業果相對也。唯識論述記二等、則別有業業相對、果果相對之二解。總報業、感總報之果、同時扶其餘劣弱之業、使彼亦能感別報、謂之引業。別報業圓滿莊嚴第八總報之果體、謂之滿業。是業業相對也。又總報之果起時、其果能爲增上緣、引生其餘別報之果、故謂之引業。又此別報之果、能使總報之果圓滿、故謂之滿業。是卽果果相對也。然此引業限於一業耶、抑於多業亦通耶、引一生耶、抑於多生亦通耶、此問題大小乘說之亦不同。小乘之說、引業限於一業、又唯引一生。俱舍論十七曰、「一業引一生、多業能圓滿」。光記十七曰、「非多業引一生、又非一業引多生、唯一業引一生、多業引多生」。卽其意也。是蓋以一業若引多生、則當於熟時生先後之別、多業若引一生、則有於衆同分生差別之難故也。然大乘之說、則一多互爲不定。雜集論所謂「或一業力牽一身、乃至一業力牽多生、多業力得一身」是也。小乘中經部亦如大乘、許一業引多生之義。

【引接】（術語）或作引攝。佛以大願業力攝取之手、引導攝取衆生也。

【引磬】（物名）用於佛事之樂器。鳴之引大衆之注意者、故名。椀狀之小鐘、於隆起之頂點貫紐、附之以木柄、便於攜取者、故亦名手磬。

【引攝闍梨】（術語）見阿闍梨條。

【引駕大師】（人名）唐朝四大師之一。引迎天子車駕之役。太宗貞觀中封智威爲引駕大師。佛祖統紀七曰、「師在太宗朝。名德昇聞。召補朝散大夫。封四大師」。註「耆老相傳云。唐有四大師。謂引駕大師。護國大師。餘二闕聞。今詳考隋唐傳。但有引駕之名。其員有四」。僧史略下曰、「爲引駕大德者。唯端甫稱之。（唐憲宗時僧）此必勅補。儻自號私署。安可稱之。此命近亦不聞矣。然則車駕巡幸還京。僧道必具旛幢螺鈸。遠迎僧錄道錄。騎馬引駕。而無敢自稱引駕者」。

【引導】（術語）導人使入於佛道也。法華經方便品曰、「但以假名字。引導衆生」。同法師品曰、「引導諸衆生。集之令聽法」。因（儀式）下炬時之法語也。黃檗希運禪師當母溺死時。投炬說法語曰、「廣河源頭乾。徹底。是此五逆無所藏。一子出家九族生天。若是妄語。諸佛妄語」。是爲死後引導之始。由是禪家有引導、他宗亦以他宗之意引導。

【引聲】（術語）由聲明法。而附節引聲也。根本說一切有部毘奈耶雜事六曰、「苾芻不應歌詠引聲」。

【引攝句】（術語）見攝召句條。

【孔目章】（書名）具名華嚴孔目章。內題華嚴經內章門雜孔目。四卷。智儼著。解經內之名數法相者。有一百四十一章。

【孔雀】（動物）梵名摩由羅 Mayūra。鳥名。涅槃經三十四曰、「自有衆生。非因父母而得生長。譬如孔雀聞雷震聲而便得身」。

【孔雀明王】（菩薩）一頭四臂。爲菩薩形。駕孔雀。故曰孔雀明王。（明王非忿怒尊）具名佛母大金曜孔雀明王。種子爲才字。三昧耶形爲孔雀尾。孔雀明王畫像壇場儀軌曰、「於內院中心畫八葉蓮華。於蓮華胎上。畫佛母大孔雀明王菩薩。頭向東方。白色。著白繒輕衣。頭冠瓔珞。耳璫臂釧。種種莊嚴。乘金色孔雀王。結跏趺坐白蓮華上。或青蓮華上。住慈悲相。有四臂。右邊第一手執開敷蓮華。第二手持俱緣果。（其果狀似木瓜）左邊第一手當心掌持吉祥果。第二手執三五莖孔雀尾」。又有二臂之孔雀王。秘藏記末曰、「孔雀王母菩薩。左手持開蓮。右手持孔雀羽」。

【孔雀神咒】（修法）孔雀經中所說、經初說神咒之緣起。言有比丘。名莎底。出家未久。爲衆破薪營浴事。有大黑蛇自朽木孔出。螫彼比丘右足拇指。毒氣遍身。悶絕於地。口中吐沫。阿難以白佛。佛告阿難言。我有摩訶摩瑜利佛母明王大陀羅尼。（摩瑜利譯曰孔雀）有大威力。能滅一切諸毒怖畏災惱。攝受覆育一切有情云云。

【孔雀經】（經名）佛母大孔雀明王經三卷。唐不空譯。於諸譯中。此經最爲流通。

【佛說孔雀王咒經】（經名）二卷。梁僧伽婆羅譯。與前經同稍略。

【佛說大孔雀王咒經】（經名）三卷。唐義淨譯。亦與前經同。惟華梵之音聲稍別。

【孔雀王呪經】（經名）一卷。秦羅什譯。大金色孔雀王咒經一卷。唐義淨譯。佛說大金色孔雀王咒經一卷。失譯人名。已上三經皆爲前經中之少分。

【孔雀明王經】（經名）不空譯。佛母大孔雀明王經之略稱。

【儀軌】（書名）佛說大孔雀明王畫像壇場儀軌。一卷。唐不空譯。

【孔雀明王經法】（修法）依大孔雀明王經等。以孔雀明王爲本尊而修之秘法也。又略曰孔雀經法。密教四大法之一。設大壇。護摩壇。十二天壇。聖天壇。爲息災而修之。

【孔雀種】（雜名）梵語摩由羅。Maurya 譯云孔雀。阿育王系譜有二說。由旃陀羅笈多王出者。謂之孔雀種。

【幻】（術語）空法十喩之一。如幻術師於無實體者能變化而見是也。智度論五十五曰。「衆生如幻。聽法者亦如幻。」演密鈔四曰。「幻者化也。無而忽有之謂也。先無形質。假因緣有名。爲幻化。又幻者詐也。或以不實事惑人眼目。故曰幻也。」圓覺經略疏上二曰。「幻者。謂世有幻法。依草木等幻作人畜。宛似往來動作之相。須臾法謝。還成草木。然諸經敎幻喩偏多。良以五天此術頗衆。見聞既審。法理易明。及傳此方。翻爲難曉。」

【幻人】（術語）能爲幻術之人也。後漢書曰。「撣國王獻樂及幻人。能吐火自支解。易牛馬頭。」

【幻力】（術語）作幻化事之力也。

【幻士仁賢經】（經名）一卷。西晉竺法護譯。佛度大幻士仁賢。說如幻法門及菩薩道法。

【幻心】（術語）心識由緣而生。畢竟無實。如幻也。圓覺經曰。「幻心滅故。幻塵亦滅。」

【幻化】（譬喩）幻與化。卽空法十喩之二。幻者幻人之所作。化者佛菩薩通力之變化。智度論六曰。「經云。解了諸法。如幻（中略）如化。」又（術語）幻卽化。謂幻人之化作也。演密鈔四曰。「幻者化也。無而忽有之謂也。」

【幻化網大瑜伽敎十忿怒明王大明觀想儀軌經】（經名）一卷。趙宋法賢譯。十忿怒明王之儀軌也。

【幻日王】（人名）梵語曰婆羅阿迭多。譯曰幻日。爲摩揭陀國之王。信佛法。與破佛者北印度磔迦國之大族王戰而擒之。

【幻有】（術語）假幻之無事實以顯法之假有也。法華玄義二下曰。「幻有爲俗。卽幻有空爲眞。」

【幻身】(術語)人身無實如幻、是名幻身。圓覺經曰、「幻身滅故幻心亦滅。」

【幻門】(術語)幻化之法門。圓覺經曰、「諸菩薩以寂靜慧復現幻力種種變化。度諸衆生。後斷煩惱而入寂滅。」釋籤四之一(科本)曰、「能所俱空而治而度俱如幻化故無所得。是故菩薩以幻法門破彼幻惑。以幻大悲利幻含識自他功畢於幻涅槃得無所得。」

【幻法】(術語)幻師之法術。幻化之法門。

【幻者】(術語)一切諸法無實體、如幻。故曰幻者。圓覺經曰、「諸菩薩先取至靜、以靜慧心照諸幻者便於是中起菩薩行。」

【幻垢】(術語)有情之身心無實體、故曰幻。有漏不淨故曰垢。圓覺經曰、「善男子當知身心皆爲幻垢。垢相永滅十方清淨。」

【幻相】(術語)如幻無實體也。

【幻師】(術語)作幻術之人曰幻師。楞伽經一曰、「如工幻師依草木瓦石作種種幻。起一切衆生若干形色。」無量壽經上曰、「譬如幻師現衆異像爲男爲女。」見幻條。

【幻師颰陀神呪經】(經名)一卷、東晉竺曇無蘭譯。幻師颰陀爲救比丘被咬於毒蛇、嬈於鬼神、劫於賊而說陀羅尼。一名佛說玄師所說神咒經。

【幻野】(術語)謂生死夢幻之境也。吽字義曰、「長迷一如之理。常醉三毒之事。荒獵幻野。」

【幻術眞言】(術語)能作幻化事之秘咒也。大日經三曰、「如幻術眞言能現種種園林人物。」

【幻惑】(術語)惑體虛妄無實、故謂之幻。釋籤四之一(科本)曰、「菩薩以幻法門破彼幻術。」又以幻術惑人之心也。觀無量壽經曰「幻惑咒術。」

【幻象】(雜名)幻化之象也。性靈集八曰「覺朝無多虎悟日莫幻象。」

【幻燄】(雜語)幻化與陽燄也。玄義一上曰、「心如幻燄但有名字名之爲心。」

【欠】(術語)𑖏爲等空之佉、𑖏字與空點合成者。大日經第三悉地出現品曰、「佉字及空點、尊勝而虛空。」此二字合成、爲大空之義。虛空者乃無形無色無音、而包容形色與音無所餘。大空不可得之義也。

【夫人】(雜語)西土國王之后妃曰弟脾 Devi 直譯曰天后、義譯爲夫人也。

【斤斗】(雜語)又作觔斗巾斗。唐之俗語。爲倒翻身也。斤是其本字。餘皆爲假用。祖庭事苑七曰、「斤斫木具也。頭重而柄輕。用之則斗轉爲此技者似之。」斗者柄也。

【勿力伽難提】(人名)應云蜜利伽

羅、此云鹿難提、亦云喜、總言之名鹿喜。善見律曰：鹿杖沙門鹿杖其名也。沙門者如沙門形、剃頭留少許周羅髮、著壞色衣、一以覆身、一以置肩上。入寺依止比丘拾取殘食以自活命。

【勿提提犀魚】（人名）提音低、犀音西、龜茲國番語、三藏名也。錄自註云此云蓮華精進也。見希麟音義。

【斗帳】（物名）帳形如覆斗。故以為名。漢劉熙逸雅六曰：「帳張也。張施於床上也。小帳曰斗形如覆斗也。」佛本行集經十五曰：「作瓶天子化作一屍臥在床上。衆人舉行、復以種種妙色衣張施其上、作於斗帳。」起世經四曰：「婦女丈夫命終、作種種斗帳幰蓋而普周匝。」

【屯崙摩】（天名）甄陀羅王名。至佛所彈琴使迦葉不堪其坐者。見智度論十。梵 Druma

【允堪】（人名）宋昭慶律師允堪、錢塘人、依天台崇教大師慧思出家。學無不通、尤精通律部、著會正記等之文十二部、以繼紹南山宣律師之律藏。後作靈芝律師元照資持記、會正資持相對而分派。見釋氏稽古略四。

【允若】（人名）元紹興人、幼依雲門元剃度、後謁大恢山、習天台之教觀。洪堂性澄主南竺演福、往依之、精究無不盡。澄甚器重之。英宗至治元年、澄奉詔入燕都、校正大藏、奏若行業、賜慈光圓照之號。泰定年間、主杭州興化寺、與天岸弘濟、我菴本無、玉庭罕、三公道望並峙湖上。世稱為錢塘之四依。未幾退居越州雲門寺、與斷江覺恩、休耕逸、臨風吟詠。世又呼為雲門之三高。至正十九年羅賊難、遂寂。年八十。平生風度簡遠、不妄言笑。趙孟頫稱為僧中御史。見大明高僧傳一等。

【介爾】（術語）形容極微弱之心也。止觀五上曰：「此三千在一念心、若無心而已、介爾有心即具三千。」輔行五之三曰：「言介爾者、謂剎那心無間相續、未曾斷絕、纔一剎那、三千具足。又介爾者介者弱也。謂細念也。」

【介爾陰妄一念】（術語）天台宗觀法所觀之境也。見陰妄條。

【父】（雜名）梵語比多 Pitṛ。見梵語雜名。

【父母】（雜語）梵語雜名曰：「父比多、母莽多。」Pitṛ(N.sg.pitā) Mātṛ(N.sg.mātā) 梵網經下曰：「孝順父母師僧三寶。」觀無量壽經曰：「孝養父母、奉事師長。」心地觀經三曰：「慈父悲母長養恩、一切男女皆安樂。慈父恩高如山王、悲母恩深如大海。」

【一切男女我父母】（雜語）心地觀經二曰：「一切衆生輪轉五道經百千劫於

多生中互爲父母。以互爲父母故。一切男子即是慈父。一切女人即是悲母」

【無明父貪愛母】（雜語）貪愛長養諸業、譬如母。無明發生諸惑、譬如父。入楞伽經四曰「貪愛名爲母。無明名爲父」

【三昧父般若母】（雜語）智度論三十四曰「般若波羅蜜多是諸佛母。父母之中母功最重。是故佛以般若爲母。般舟三昧爲父。三昧能攝持亂心。令智慧得成。而不能觀諸法實相。般若波羅蜜能遍觀諸法。分別實相。無事不達。無事不成。功德大故名之爲母」

【父母恩】（術語）四恩之一。

【父母恩重經】（經名）此經世有同名三本、文各不同。皆僞經也。開元錄十八疑惑再詳錄曰「經引丁蘭董黯郭巨等。故知人造」然圭峯靈芝於盂蘭盆經之疏記引之、雲棲於竹窻三筆論其僞妄之失。

【父母恩難報經】（經名）一卷、後漢安世高譯。與孝子經大同小異。

【父城】（雜名）迦毘羅城也。是佛之父王之城、故名。寄歸傳一曰「酬恩惠於父城」

【午供】（雜語）謂午齋也。宋无寄僧詩曰「午供春香入野蕪」

五畫

【四一】（術語）依台家之釋、開顯法華經方便品中五佛之一乘、就敎行人理四者、各明唯一無二之旨。故稱之爲四一之開顯。一敎、能詮之經典也。能詮之經典唯說一佛乘、謂之敎一。經曰「如來但以一佛乘故。爲衆生說法。無有餘乘若二若三」是其證也。二行、依其敎而修之行法也。其行法唯爲菩薩之大行、謂之行一。經曰「諸有所作常爲一事。唯以佛知見示悟衆生」是其證也。三人、爲開其佛知見而修行法之人也。其人唯爲菩薩、謂之人一。經曰「諸佛如來但敎化菩薩」是其證也。四理、依行而開佛知見之所證也。其所證唯爲諸法實相之一理、謂之理一。經曰「諸佛世尊欲令衆生開佛知見使得清淨故出現於世」是其證也。見法華文句四。

【四十位】（術語）梵網經上說菩薩之階乘四十位、分爲四位。第一十發趣、謂大乘之行人至十住、初開妙理而發趣於佛地、故名發趣。一捨心、二戒心、三忍心、四進心、五定心、六慧心、七願心、八護心、九喜心、十頂心也。此十者、前八心爲瓔珞所說十信中之八心。後二心爲同經所說十住心之初後二心。（見五十二位）第二十長養、次入十行、增修善根、故名長養。一慈心、二悲心、三喜心、四捨心、五施心、六好語心、七益心、八同心、九定心、十慧心也。此十者、如其次第即四無量四攝法及止觀之二者也。第三十金剛。次入十迴向之位。堅修善根。故名金剛。一信心。二念心。三迴向心。四達心。(謂通達法性也)五直心。六不退心。七大乘心。八無相心。九慧心。十不壞心也。第四十地。地者所依之義。入菩薩位。所依轉勝。故名十地。見十地條。

【四十一地】(名數)見次項。

【四十一位】(名數)爲菩薩之階位。十住。十行。十迴向。十地。及等覺是也。以此四十位修行之功德而莊嚴佛果。故言四十一地之瓔珞等。見五十二位條。

【四十二位】(名數)菩薩乘之行位也。見五十二位條。

【四十二字門】(術語)此爲華嚴般若二經所說。是觀字義之一種法門也。與悉曇之摩多體文無何等關係。惟據智度論之說。謂以此四十二字爲一切字之根本。除之則無他文字。是殆爲別一流之悉曇也。華嚴經七十六入法界品。善知衆藝童子告善財童子以此四十二字。始於阿字。終於佗字。又唐不空新譯此入法界品之四十二字門題曰四十二門觀。始於阿字。終於茶字。大要與前無異。般若經四念處品說此四十二字門。亦以阿字爲始。茶字爲終。其所說之法門雖異。然四十二字字音之布列。全與華嚴同。然則當時果行如是一流之悉曇也。智度論四十七曰。「四十二字是一切字根本。因字有語。因語有名。因名有義。菩薩若聞字。因字乃至能了其義。初阿後茶。字有四十。(中略)茶外更無字。若有者是四十二字枝派。」天台以此四十二字配於圓敎之四十二位。

【四十二使者】(名數)諸佛要目曰。「怛利三昧耶經同毘盧遮那集會。(中略)此經中不動尊等四十二如來幢像使者。若修眞言行菩薩。堅持菩提心。我等承事供養擁護。」

【四十二章經】(經名)後漢摩騰竺法蘭共譯。就小大乘攝集四十二章者。佛敎流入中國之第一部經也。朱熹謂四十二章經其說却是平實。茲將本經各家之註述列之如下。四十二章經御註一卷。宋眞宗皇帝註。四十二章經註一卷。明守遂註。了童補註。四十二章經解一卷。明智旭著。四十二章經指南一卷。明道霈述。四十二章經疏鈔五卷。續法述。四十二章經箋註。丁福保注。

【四十二字觀門】(經名)具名大方廣佛華嚴經入法界品四十二字觀門。一卷。唐不空譯。具出經文及梵字四十二。

【四十二品無明】(名數)爲天台圓敎所斷之無明也。於十住。十行。十迴向。十地。等覺妙覺之四十二位各斷一品之無明也。見四敎儀集註下。

【四十八年】(雜語)涅槃經一有云。舊醫告新醫言。汝給使於我四十八年。則將傳我法。諸師解釋之有種種。智者有二義、一云法華已前猶是外道弟子故曰四十八年。一云四禪四空四無量心之世間十二禪各有自行化他讚法讚者之四者、故成四十八。開善云四禪四空之八禪各有六行觀之六法、故爲四十八。章安云有空等四見各有因成假等三假一假各有四句故三假合爲四十八。若依阿含經之說則外道必先四十八年供給走使、而後與法今文正當於舊醫之法新醫權同於舊醫之法隨而名爲走使見輔行九之一。

【四十八願】（名數）　阿彌陀如來於因地爲法藏比丘時在世自在王佛所建立之誓願也。無量壽經上說之是爲由二百一十億諸佛國土選擇攝取之大願、故謂之選擇本願。其一一願名諸師所說不同。據日本望西樓了慧之無量壽經鈔言第一無三惡趣願、第二不更惡趣願、第三悉皆金色願、第四無有好醜願、第五宿命智通願、第六天眼智通願、第七天耳智通願、第八他心智通願、第九神境智通願、第十速得漏盡願、第十一住正定聚願、第十二光明無量願、第十三壽命無量願、第十四聲聞無數願、第十五眷屬長壽願、第十六無諸不善願、第十七諸佛稱揚願、第十八念佛往生願、第十九來迎引接願、第二十係念定生願、第二十一三十二相願、第二十二必至補處願、第二十三供養諸佛願、第二十四供具如意願、第二十五說一切智願、第二十六那羅延身願、第二十七所須嚴淨願、第二十八見道場樹願、第二十九得辯才智願、第三十智辯無窮願、第三十一國土清淨願、第三十二國土嚴飾願、第三十三觸光柔軟願、第三十四聞名得忍願、第三十五女人往生願、第三十六常修梵行願、第三十七人天致敬願、第三十八衣服隨念願、第三十九受樂無染願、第四十見諸佛土願、第四十一諸根具足願、第四十二住定供佛願、第四十三生尊貴家願、第四十四具足德本願、第四十五住定見佛願、第四十六隨意聞法願、第四十七得不退轉願、第四十八得三法忍願也。

【四十八使者】（名數）　勝軍不動明王爲守護持法行者、於其左右、各現二十四諸鬼王之身。見勝軍不動明王四十八使者秘密成願儀軌。

【四十八輕戒】（名數）　見戒條。

【四十九日】（雜語）　七七日。即中陰之日數也。

【四十九僧】（儀式）　修藥師之法、因四十九燈而請四十九僧也。

【四十九燈】（儀式）　藥師之法也。造藥師七像、各供七燈、故有四十九燈。藥師經曰「讀誦此經四十九遍。燃四十九燈。造彼如來形像七軀。一一像前各置七燈。一一燈量、大如車輪。」

【四十九重如意殿】（堂塔）　兜率天上如意寶珠所造之四十九重寶殿也。如意珠梵名摩尼（Mani）卽四十九重摩尼殿是也。

【四十九重摩尼殿】（堂塔）　四十九重之寶宮也。彌勒上生經記、兜率天上五百億天子各由額上出百億摩尼寶珠、爲彌勒菩薩造四十九層寶殿、曰「此摩尼珠迴旋空中、化爲四十九重微妙寶宮。一一欄楯萬億梵摩尼寶所共合成」同慈恩疏曰「四十九重者、持戒堅牢宮遂重密。」

【四十里水】（譬喩）　須陀洹人觀四諦、一時斷四諦下之見惑、譬以四十里之水也。易言之卽一諦下之惑、是一十里之水、其餘修惑、譬之一滴水、此以修惑漸漸斷之故也。涅槃經三十六曰「須陀洹人所斷煩惱、猶如縱橫四十里水。其餘在者如一毛諦。」

【四十齒相】（術語）　如來三十二相之一。

【四十品無明根本】（名數）　天台宗所說卽覆障吾人使不得證見中道實相道理之無明本惑、有四十一品也。於所謂十住、十行十回向十地等覺之四十一位而斷破之者。其中於等覺位所斷之無明、稱爲元品之無明、乃一切無明之根本也。

【四十餘年未顯眞實】（術語）　無量義經曰、「善男子、我先菩提道場樹下端坐六年、得成阿耨多羅三藐三菩提、以佛眼觀一切諸法不可宣說。所以者何、知諸衆生性欲不同。性欲不同、種種說法。種種說法、以方便力、四十餘年未顯眞實。是故衆生得道差別、不得疾成無上菩提。」無量義經爲法華之開經、謂法華以前未顯眞實也。眞實者、非說二乘作佛（是迹門法華）如來久成、（是本門法華）非言爾前所說爲方便假說、爾前所說之圓教與法華之圓教圓體無殊也。法華玄義五曰、「成道已來四十餘年未顯眞實。法華始顯眞實相。傳云、佛年七十二歲說法華經。」止觀輔行六曰、「遍尋法華已前諸教、實無二乘作佛之文。及明如來久成之說。故知並由帶方便故。」

【四十八體十二光佛】（雜名）　阿彌陀佛有十二光佛之別號、又以其誓願有四十八願、因是可稱爲四十八體之十二光佛。十二光佛者、無量、無邊、無礙、炎王、清淨、歡喜、智慧、不斷、難思、無稱、超日月光是也。

【四十八壇阿彌陀護摩】（修法）　因阿彌陀佛四十八願、設四十八處護摩壇而修彌陀法也。

【四人觀世】（雜語）　依人人之機根、而觀世間有等差。凡夫觀三界之樂、歡喜遊戲而不覺知。二乘觀三界之苦、如火宅不安。菩薩觀三界之空、緣想見相猶如空花。諸佛觀三界爲唯心世間諸物皆爲妙明之心。

【四人出現世間經】（經名）一卷、劉宋求那跋陀羅譯爲波斯匿王說先後醜妙之四人不同出於增一阿含四意斷品。

【四力】（名數）一自力世間之人、宿世有善根不依他人之教誡自能以精進勇猛之力發菩提心、名爲自力。二他力世間之人或由他人之教誡或依他人之感動、遂發菩提心名爲他力。三因力世間之人前世修習大乘之法、依其因力今生見佛及菩薩、而發菩提心名爲因力。四方便力世間之人於現世親近善友智識開其善巧方便之說法而發心、名爲方便力。見地持經一。其中因力卽自力方便力卽他力、但就人與法而分之。

【四七品】（雜名）謂法華經也。法華經爲八軸、二十八品而成故名。

【四八相】（雜語）佛之三十二相也。

【四大】（名數）地水火風也。依俱舍論言、此四大有假實二種其實者、稱爲四界或四大界、假者單云四大。實之四大、一地大、性堅支持萬物。二水大、性濕收攝萬物。三火大、性煖調熟萬物。四風大、性動生長萬物。此四者以造作一切之色法、故謂之能造四大。其體觸處所攝唯爲身根所得身根觸諸色而覺知堅濕煖動也。假之四大、則世間所稱之地水火風也。此四大雖其實爲地水火風及色聲香味觸九法之假和合、然其中堅性最增盛者名爲地、乃至動性最增盛者名爲風。要之實之四大爲能造、假之四大屬於所造也。若據成實論意、則無實之四大唯有假之四大、以色香味觸之四塵爲一切色法之能造。四塵和合、方成四大故四大唯爲假法。要之一切有形有質之物、無非爲四大之所造（俱舍）無非爲四大之和合（成實）故稱之爲大也。或以之分爲二種、稱正報之人身爲內之四大、或稱爲有識之四大、依報之諸色曰外之四大、或云無識之四大。圓覺經曰、「妄認四大爲自身相。」又曰、「恒作此念我今此身四大和合。所謂髮毛爪齒皮肉筋骨髓腦垢色皆歸於地。唾涕膿血津液涎沫痰淚精氣大小便利皆歸於水。煖氣歸於火。動轉歸於風。四大各離、今者妄身當在何處。」瓔珞經二曰、「四大有二種。一有識二無識。」最勝王經五曰、「譬如機關由業轉、地水火風共成身、隨彼因緣招異果、同在一處相違害、如四毒蛇居一篋。」梵 Mahābhūta

【四大寺】（名數）五代會要曰、「周顯德四年九月、賜京城內新修四大寺額、以天淸顯靜顯寧聖壽爲名。聖壽後又改曰顯聖。是則四寺之始也。」

【四大洲】（名數）見四洲條。

【四大海】（名數）在須彌山四方之大海也。須彌山在四大海之中央、四大海中各有一大洲、四大海外則鐵圍山圍繞之。參照九山八海條。

【四大師】（職位）唐朝有四大師之稱號、依勅補之。佛祖統紀三十九曰、「詔法華智威法師補四大師朝散大夫。」

【四大塔】（名數）見四塔條。

【四大種】（名數）地水火風之實四大也。此四者周遍於一切色法、故曰大。生一切色法、故名種。詳見四大條。

【四大護】（名數）四方之護神也。大疏八曰、「重結周界以四大護各護一方。」義釋七曰、「當知二明王二奉敎四大護等、皆是此中折衝禦侮之用。」參照四大護院條。

【四大名山】（名數）普陀山、五臺山、峨眉山、九華山也。普陀山志一曰、「佛經稱地藏普賢文殊觀音諸道場曰地水火風。爲四大結聚。九華地也（地藏）峨眉火也。（普賢）五臺風也。（文殊）普陀水也。（觀音）」後世遂稱九華峨眉五臺普陀爲四大名山。普陀山爲觀世音菩薩住處。五臺山爲文殊菩薩住處。峨眉山爲普賢菩薩住處。九華山爲地藏菩薩住處。其詳分見各山條下。

【四大部洲】（名數）見四洲條。

【四大部經】（名數）禪林以華嚴、涅槃、寶積、般若四經爲四大部經。敕修清規祈禱曰、「或看藏經。或四大部經。或三日五日七日。隨時而行。」佛祖統紀四十八曰、「憑楫問道於杲佛日頓悟心旨。南渡之後。所在經藏殘闕。楫以奉貲造大藏經四十八所。小藏四大部者亦如其數。」註「世以華嚴涅槃寶積珠林爲四大部。」案珠林是般若之誤。

【四大天王】（名數）又名四天王、四王天。法華經序品曰、「四大天王。」詳見四天王條。

【四大明王】（名數）降三世、軍荼利、大威德、金剛夜叉之四明王也。

【四大不調】（雜語）人身自地水火風四大而成、此四大之調和若缺、則生四百四病。最勝王經五以四蛇喻四大。見四蛇條。

【四大弟子】（名數）佛弟子中以舍利弗、目連、須菩提、摩訶迦葉爲四大弟子。智度論謂舍利弗目連爲佛左右弟子、須菩提修無諍定、爲行空第一、摩訶迦葉行十二頭陀、爲頭陀第一。佛在世時、有人欲求今世之果者、供養此四人、輒得如願。図迦葉、賓頭盧、羅云、君屠盋歎之四人也。法護譯之彌勒下生經曰、「爾時世尊告迦葉曰、吾今年已衰耗。向八十歲、然今如來有四大聲聞。堪任遊化。智慧無盡衆德具足。云何爲四。所謂大迦葉比丘。屠鉢歎比丘。賓頭盧比丘。羅云比丘。汝等四大聲聞。要不般涅槃。須吾法沒盡。然後乃當般涅槃。」法華文句記一曰、「四大弟子者。迦葉、賓頭盧、羅云、君屠盋歎。」

【四大乘宗】（流派）見四個大乘條。

【四大教法】（名數）見四種曇印條。

【四大菩薩】（名數）彌勒文殊觀音、普賢謂之法華四大菩薩。又涌出品所說之上行等四菩薩也。見四導師條。

【四大聲聞】（名數）須菩提、摩訶迦旃延、摩訶迦葉、摩訶目犍連也。於法華會座此四人爲中根之機此四人於信解品得領解。於授記品受當來作佛之記。因彌勒下生經以迦葉、屠鉢歎、賓頭盧、羅云爲四大聲聞。見四大弟子條。

【四大護院】（術語）胎藏曼荼羅十三大院之第十三院也。爲守護曼荼羅四門之金剛神。南門名金剛無勝結護、東門名無畏結護、北門名壞諸怖結護西門名難降伏結護。青龍軌具記之。現圖曼荼羅不載。

【四大元無主】（雜語）禪林類集曰、「肇法師遭秦王難。臨就刑說偈云。四大元無主。五陰本來空。將頭臨白刃。猶似斬春風。」見四大條。

【四大佛護院】（名數）即四大護院。

【四上】（雜語）晨午昏及夜半之四時上堂持念也。一切時儀處軌曰「三謂晨午昏加夜半成四。」性靈集二曰、「四上持念。四魔請降。」

【四土】（名數）台家所立之四種佛土也。一凡聖同居土。人天凡夫及聲聞緣覺等聖者同居之國土也。此有淨穢二種。如娑婆世界是同居之穢土、如西方極樂是同居之淨土。二方便有餘土。斷見思煩惱出離三界生死之人之生處也。是爲修小乘方便道斷見思惑之人之生處、故名方便塵沙無明之惑未盡故曰有餘。又爲七方便人之所居、故名方便土。七方便人者即藏教聲聞緣覺二人、藏教中菩薩、三十四心斷結成道於菩薩之位似未斷惑隨而不生彼土故除之、）通教聲緣菩三人、別教菩薩一人、圓教菩薩一人之人種類也。又此土稱爲變易土。變化同居土之依身、而易以方便土之依身、故名變易土。又其後變此方便土之依身而易以實報土之依身、故名變易土。然而生於此方便土者有五人。一須陀洹、二斯陀含、三阿那含、四阿羅漢（前三果思惑未盡不能生方便土、故悉爲阿羅漢、但從本位立名於一阿羅漢之上舉四果之別也）五辟支佛。文句六所謂「五人斷通惑者同生其土皆爲菩薩。五人即之四果支佛。」是也。此五人生於方便土。如其次第經八六四二萬十千劫而發菩提心。涅槃經之說也。又謂有九人生於方便土。藏教聲緣二人通教聲緣菩三人別教三人圓教一人也。別教三人者至別教之菩薩第六住斷見思之煩惱故六住已上者生於方便土。此一人也。與十行十回向共爲三人。圓教一人者圓教十信位之六根淨、以斷見思煩惱、故報命盡、故生於方便土。觀經妙宗鈔上所謂「九種行人合生彼土」是也。三實報無障礙土。方便土爲證空理人之果報土。此上更有證一分中道之理之人之果報土。行眞實之法、感得勝報、色心不相妨、故名實報無障礙土。純爲菩薩之居、無有凡夫二乘、別敎十地已上圓敎十住已上之菩薩是也。四常寂光土。常有法身本在常住之體也。寂者解脫、一切諸相永寂也。光者般若、照諸相之智慧也。此三德不縱不橫、名曰秘密藏、是乃諸佛如來之所依所居、故謂之常寂光土。常寂光土有有相無相二義、一寂光土唯理。淨名經疏一曰、「寂光土者、妙覺極智所照如如法界之理、名之爲國、但大乘法性卽是眞實智性、不同二乘偏眞之理」。法華玄義七曰、「寂光理通、如鏡如器、諸土別異、如像如假、業力所隔、感見不同」是如理智、爲如智之所依、故名曰土、非別有能依所依身土之別相、此一義也。二依圓敎之極意、三千諸法宛然本有、是乃法佛眞土、常寂光之名、依之而立、此圓敎之實義也。見淨名經疏一等。

【四山】（譬喩）以譬生老病死之四相、謂生老病死逃避無所、如四山合來也。涅槃經二十七曰、「有四大山從四方來欲害人民、四大山者卽生老病死也」。止觀一曰、「四山合來無逃避處」。因別譯阿含經四以四山喩老病死衰之四相、一老山、謂人老邁、則形色枯悴、精神昏昧、老山能壞一切壯年之盛色也。二病山、謂人之四大不調、病山能壞一切之强健也。三死山、謂人之身盡命終、死山能壞一切之壽命也。四衰耗山、謂人之富貴榮華衰耗、衰耗山能壞一切之榮華富貴也。因增一阿含經四意斷品以四山譬老病死及無常。

【四不生】（名數）一自不生、二他不生、三俱不生、四無不生。此爲四句推撿。見四句條。

【四不成】（名數）因明三十三過中、因有十四過、四不成、六不定、四相違是也。見三十三過條。

【四不見】（名數）一魚不見水、魚以水爲居宅、游泳水中、無所障礙、故曰魚不見水。二人不見風、風者但有聲響可聞、而形相不可見、故曰人不見風。三迷不見性、靈明覺知之性、人人本具、但爲煩惱無明所障覆、而不了知、故曰迷不見性。四悟不見空、學人既覺了靈知之性、本來空寂、而此空性亦不可得、故曰悟不見空。見圓覺經鈔。

【四不可得】（名數）一常少不可得、二無病不可得、三長壽不可得、四不死不可得。見四不可得經。

【四不可輕】（雜語）雜阿含經四十六記佛對波斯匿王說四不可輕、一太子雖小、當爲國王、是不可輕。二蛇子雖小、毒能殺人、又不可輕。三小火雖微、能燒山野、又不可輕。四沙彌雖小、能得聖而有神通、最不可輕。智度論二十二亦說之。

【四不可說】（術語）涅槃經二十一就諸法之生與不生說六句之不可說。曰、「不生生不可說。生生亦不可說。生不生亦不可說。不生不生亦不可說。生亦不可說。不生亦不可說。以有因緣故可得說。」此中天台取四種之不可說、配於自家所判之四教。一生生不可說、藏教說能生之因緣所生之諸法、俱爲實有、故云生生。二生不生不可說、通教說能生所生之當體卽空、故云生不生。三不生生不可說、別教說眞如不生之理、生十界差別之事、故云不生生。四不生不生不可說、圓教說眞如之理與十界之事無二、故云不生不生。此四者皆云不可說者、則以此四教之理、但可以智證、不可言說、其理本來無說也。

【四不壞信】（術語）卽四不壞淨。

【四不壞淨】（術語）謂信三寶及戒而不壞也。天台仁王疏上曰、「信三寶及戒不壞、名四不壞淨也。」

【四不得經】（經名）四不可得經之略名。

【四不寄附】（雜語）謂不可寄附財物之四種人。老人者死期近、得財物反起執着。遠處者恐有急用。惡人者見財物、恐生貪奪之心。大力者恃勢力、恐生貪奪之心。見優婆塞戒經。

【四不可思議】（術語）如來有四不可思議之事、非小乘所能知。一世界不可思議、二衆生不可思議、三龍不可思議、四佛土境界不可思議。見增一阿含經十八。

【四不可得經】（經名）一卷、西晉竺法護譯。四梵志避無常不能免、佛因說四不可得。

【四分】（術語）華嚴大判一經爲四分、一信分、二解分、三行分、四證分。見三藏法數十四。又法相宗立八識、八識之心王、心所、體雖各一、而分別所起之用、則有四分。一相分、是爲心內所現之境、心者慮知之法、慮知之法、必有所知之法、故心生時、心之自體自轉變而現所慮所托之境、此名所慮所托之境分。相者相狀、心起時、浮於心前之相貌也。二見分、見者見照能緣爲義、緣其所變相分之見照作用也。識之自體變相分、共起能緣之用、此名見分。三自證分、見分雖知相分、而見分不能自知見分、如刀不能自斬刀也、故別有知見分之用、此名自證分、是爲識之自體分、彼見分非他物、卽此自體緣外（相分）之用也、今自體自證知此自用之見分、故名自證分。四證自證分、自證分自證之用、誰證知之、於是從自證分更起能緣之用、使證知自證、此名證自證分。而知此證自證分者爲誰、知之者卽前之自證分也。自證分爲證之自體、則緣外之見分與緣內之證自證分皆得知之。以見分與證自證分是自證分緣內外之二用、體必能知用也。兼緣二分故不要第五分。譬之店中之貨物如相分、掌櫃如見分、主人如自證分、證自證分如其婦。見分緣相分而不可緣自證分、猶如掌櫃能差排貨物、而不能關知主人之事。自證分得緣外之見分與內之證自證分、如主人得管理掌櫃與其婦。證自證分之緣自證分、如婦知夫之事。此四分古師多立三分。證自證分合於自證分、護法菩薩之正義、乃立四分。起信論所說業轉現之三識、如其次第、恰當於自證分、見分、相分之三分。然而一切諸法無一不影現於相分中、但諸識之相分、影現之相不同、耳。開示之則如左。

前五識——相分——五境

第六識——相分——一切法

第七識——相分——第八識之見分

第八識——相分——種子五根器界、體性五境

【四分宗】（流派）南山之四分律宗也。見律宗條。

【四分律】（經名）四律之一、六十卷。五部中曇無德部之律藏也。姚秦佛陀耶舍竺佛念共譯。佛滅後百年、法正尊者（又曰法護尊者、梵名曇無德）於上座部之律藏中契同己見者、采集成文、隨說所止而爲一分、四度完結、故稱爲四分律。蓋四分之名非依義而判段章之名、乃四度結集之分之爲四夾、故名四分也。初分二十卷、二分十五卷、三分十四卷、四分十一卷。戒本疏一上曰、「佛滅百年、與斯名教、相傳云、於上座部搜括博要、契同己見者、集爲一部、四度傳文、盡所詮相、故云四分。此據說所至、非義判也。故二十犍度離分三分、可義開耶。」資持記上一之一曰、「以法正尊者於根本部中隨己所樂、采集成文、隨說所止卽爲一分。凡經四番、一部方成。故號四分。非同章疏約義判文。」寄歸傳一曰、「云十誦四分者、多是取其經夾以爲題目」。本書之註釋及關於本書之著述列如下。四分律疏六卷、道覆撰。四分律疏四卷、慧光撰。四分律疏二十卷、唐法礪撰。四分律疏飾宗義記二十六卷、唐定賓作。釋法礪疏。四分律疏二十卷、現存卷九、唐智首撰。四分律刪繁補闕行事鈔十二卷、唐道宣撰。四分律行事鈔資持記十六卷、唐道宣撰。宋元照述。四分律行事鈔搜玄錄二十卷、大鴻撰。四分律行事鈔批十四卷、唐大覺撰。四分律行事鈔簡正記十七卷、宋景霄纂。釋四分律行事鈔科十二卷、宋元照錄。諸家記標目一卷、慧顯撰。以上六種釋行事鈔者。四分律刪補隨機羯磨疏八卷、唐道宣撰。四分律隨機羯磨疏正源記八卷、宋允堪述。四分律

羯磨疏科四卷、宋元照錄。四分律羯磨疏濟緣記排科二十二卷、唐道宣撰，宋元照述，四分律羯磨序解一卷、宋則安述。毘尼作持續釋十五卷、唐道宣撰、讀體釋。四分律羯磨疏顯緣鈔二十卷、照遠撰。以上六種釋道宣羯磨疏者。四分律拾毘尼義鈔六卷、佚下二卷、唐道宣撰。四分律拾毗尼義鈔輔要記六卷、允堪撰。四分律拾毘尼義鈔科一卷、宋元照錄。以上二種釋道宣義鈔者。四分比丘尼鈔六卷、唐道宣述，釋四分比丘尼鈔科文一卷、宋允堪述、釋道宣比丘尼鈔者。四分律疏九卷、道雲撰。四分律疏七卷、道隨撰。四分律疏四卷、道樂撰四分律疏二卷、洪理撰。四分律疏十卷、法願撰。四分律疏二十卷、慧滿撰。四分律開宗記二十卷、唐懷素撰。四分律名義標釋四十卷、明弘贊輯。四分僧戒本一卷、後秦佛陀耶舍譯。新刪定四分僧戒本一卷、唐道宣刪定。四分刪定比丘尼戒本一卷、宋元照重定。四分比丘尼戒本一卷、讀體依藏重刻、但存目錄。四分律藏大小持戒犍度略一卷、明智旭釋。四分律藏大小持戒犍度略釋一卷、明智旭釋、未刋。

【四分家】（流派）立識心四分之宗。唯識之正義也，

【四分位點】（術語）密教為標大日如來之德、大日為中心、此為滿位、四方寫發心點、修行點、菩提點、（又曰空點、仰月點）涅槃點、表示分滿不二、生佛一如之理。幾及窣塔婆之四方表為五大書發心之[illegible][illegible]、[illegible]修行之[illegible][illegible]、[illegible]空點之[illegible][illegible]、[illegible]涅槃點之[illegible][illegible]、即此義也。

【四分律宗】（流派）此宗以四分律為所依、以曇無德為開祖、道宣大成之。單云律宗者、即此宗也。見律宗條。

【四分開宗記】（書名）十卷、東塔懷素作。釋四分律藏。對於相部法礪之舊疏、而稱為新疏、盛行於世。

【四分僧戒本】（書名）一卷。從法護尊者四分律列舉戒相、前後附以偈文、使於說戒之日誦之，或稱為戒經、或稱為戒本。後秦佛陀耶舍譯。唐南山道宣加註、稱為四分含註戒本。後又有道宣新刪定四分僧戒本一卷、懷素四分比丘戒本一卷、元照四分刪定比丘尼戒本一卷、皆由四分律抄出者也。本書之注釋如下。四分律比丘含注戒本三卷、唐道宣述，四分律含注戒本疏八卷、唐道宣撰，四分律含注戒本疏發揮記卷三、宋允堪述。釋四分律含注戒本疏科八卷、宋元照錄。四分律含注戒本疏行宗記排科二十一卷、唐道宣撰、宋元照述，以上三種、釋道宣戒本疏者。四分比丘戒本疏二卷、唐定賓撰。釋四分戒本序一卷、宋道言述。四分戒本緣起事義一卷、明廣莫輯錄。四分戒本如釋十二卷、明弘贊釋、四分戒本約義四卷、明元賢述、

四分戒本疏贊宗記二十卷、凝然撰。

【四天王】（天名）爲帝釋之外將。須彌山之半腹有一山、名由犍陀羅。山有四頭、四王各居之、各護一天下、因之稱爲護世四天王。其所居云四王天。是六欲天之第一、天處之最初也。稱爲四天王天。Caturmahārājakāyikās 東持國天、Dhṛitarāṣṭra 南增長天、Virūḍhaka 西廣目天、Virūpākṣa 北多聞天、Dhanada 又云 Vaiśramaṇa。長阿含經曰「東方天王、名多羅吒、領乾闥婆及毘舍闍神將、護弗婆提人。南方天王、名毘琉璃。領鳩槃茶及薜荔神。護閻浮提人。西方天王名毗留博叉。領一切諸龍及富單那。護瞿耶尼人。北方天王名毗沙門、領夜叉羅剎將、護鬱單越人。」婆沙論謂四天王身長一拘盧舍四分之一。止持會集音義四王天曰「東方持國天王。謂能護持國土。故居須彌山黃金埵。南方增長天王。謂能令他善根增長、故居須彌山瑠璃埵。西方廣目天王。謂以淨天眼常觀擁護此閻浮提。故居須彌山白銀埵。北方多聞天王。謂福德之名聞四方、故居須彌山水晶埵。」

【四天下】（雜語）四大洲也。金輪聖王領四大洲。法華經序品曰、「威德自在各領四天下」

【四天上下】（雜語）上即四王天、下即四洲人。

【四天大王】（天名）四天王也。

【四天王天】（界名）即四天王所居之天也。

【四天王經】（經名）一卷、宋智嚴等譯。說每月六齋日四天王從七曜二十八宿下四洲、伺察衆生之善惡而報告於帝釋。

【四天王合行法】（修法）以四天王爲本尊乃攘災厄請招福德之修法也。

【四方】（術語）密教次第東南西北、東方爲因陀羅方、南方爲焰魔羅方、西方爲嚩嚕拏方、北方爲毘沙門方。又東北爲伊舍尼方、東南爲護摩方、西南爲涅哩底方、西北爲嚩瘦方。是皆因護方神而名之。見大日經疏五。又以四大四顯色四佛、阿字之四轉等各配於此四方。見五大條。

【四方結】（物名）金剛墻之別名也。爲眞言法之結界、交立三鈷金剛、而觀想爲周遍四方結界修法之壇場也。

【四方大將】（名數）北方散脂大將。東方樂欲大將、南方檀帝大將、西方善現大將是也。四將各有五百眷屬、率二十八部之鬼神、守護佛法。

【四方四佛】（名數）東方香積世界阿閦佛、南方歡喜世界寶相佛、西方安樂世界無量壽佛、北方蓮華莊嚴世界微妙聲佛之稱。

【四方僧物】（雜名）屬於十方僧之

物件、如寺中之飯米是也。見僧物條。

【四王】（界名）四王天也。六欲天之第一。爲四大天王之所住、故云四王天。在須彌之半腹。最初之天也。

【四王天】（天名）詳見四天王條。

【四王忉利】（界名）四王天與忉利天也。

【四月】（雜語）梵名頞沙荼。Asada 見西域記二。

【四月八日】（雜名）佛生日也。

【四月八日灌經】（經名）灌洗佛形像經之異名。

【四心】（名數）慈悲喜捨之四無量心也。見四無量心條。

【四化法】（術語）四無礙辯也。是爲化度衆生之法、故名化法。見瓔珞本業經上。

【四句】（術語）四句者如四句偈文、四句分別、四句推撿是也。四句偈文如諸行無常等偈。

【四句分別】（術語）以有空分別諸法、謂爲有而非空、是第一句有門也。反之而謂爲空而非有、是第二句空門也。反之而謂爲亦有亦空、是第三句亦有亦空門也。反之而謂爲非有非空、是第四句非有非空門也。有無之法門盡於此、更無第五句。就一異有無等義而分別之、亦如是。謂之四句門。又云四句分別。此中初二句云兩單、後二句爲俱是俱非、亦曰雙照雙非。三論玄義曰「若論涅槃體絕百非。理超四句。」

【四句推撿】（術語）以自因他因共因無因之四句、推撿有爲法、以證諸法之不生不可得也。例如夢爲蝴蝶、此夢中之蝶、若由自生、則無夢、蝶可自生。若由他夢而生、則夢常生蝶、若蝶之自因與夢之他因自他俱生、則自他各無生因、何由相合得生、若無自他而生、則如虛空並無自他可常生蝴蝶。如是而推諸法便爲不生不可得也。中論一曰、「諸法不自生。亦不從他生。不共不無因。是故知無生。」

【四句執】（名數）一常句。外道計過去之我、即爲今我相續不斷、執之爲常、即墮於常見、是名常句。二無常句。外道計我今世始生、不由過去之因、執爲無常、即墮於斷見、是名無常。三亦常亦無常句。外道於上二句皆見有過失便計我是常、身是無常、若爾則離身即無有我、此亦成過、此名亦常亦無常。四非常非無常句。外道計身有異故非常。我無異、故非無常、若爾則離身亦無有我、此亦成過、是名非常非無常句。見華嚴大疏十六。

【四句成道】（雜語）阿羅漢成道時、依無生智誦下四句偈。諸漏已盡。梵行已立。所作已辨。不受後有謂之四句成道。

【四生】（名數）梵語 Caturyoni 一胎生、Jarāyuja（十二因緣經作腹生）如人類在母胎成體而後出生者。二卵生、Aṇḍaja如鳥在卵殼成體而後出生者。三濕生、Saṁsvedaja（十二因緣經作寒熱和合生）如蟲依濕而受形者。四化生、Upapāduka 無所依託唯依業力而忽起者如諸天與地獄及劫初衆生皆是也。此有五道分別人趣與畜生趣各具四種人之胎生如今世人人之卵生由世羅與鄔波世羅及鶴卵而生如鹿母所生之三十二子與般遮羅王之五百子等是也。人之濕生如曼馱多與遮盧及鄔波遮盧、鴿鬘、菴羅衛等是也。人之化生唯爲劫初之人。畜生之胎卵濕皆得現見其化生如龍與揭路茶 Garuḍa 鳥。次鬼趣有胎化二種。胎生者言餓鬼母日夜食所生之五子。其次一切之地獄與天人及中有皆唯化生。見俱舍論八。又四度之生死也。如四生百劫緣覺乘極速者四生得道是也。見四生百劫條。

【四生苦輪】（雜語）一切衆生由此四種之生而出生受迷界生死之苦、彼此輪迴轉生也。

【四生百劫】（術語）緣覺乘之人、極速以四生之加行得道果、極遲者以百劫之加行得道果。光記二十三曰、「若據獨覺極疾四生修加行。極遲百劫修加行。」五教章下之二冠註曰、「問四生百劫云何修行。答、景猷百行鈔九云。言四生者略有兩斷。一云。第一生修聲聞資糧。第二生修聲聞加行。第三生修緣覺資糧。第四生入見道得無學果。二云第一生種解脫分善。第二生修使純熟。第三生修順決擇分。第四生入見道乃至證無學果。言百劫者謂發心已修彼行因。極遲不過百劫便得彼果(上巳)述曰四生二義。初約轉根後就不轉。」

【四弘】（術語）四弘誓願也。見四弘誓願條。

【四弘誓】（術語）四弘誓願之略。

【四弘誓願】（術語）梵語僧那、譯曰誓願。諸佛有總願別願、四弘誓願爲總願。一切菩薩初發心時、必發此願。以所願廣普故曰弘、自制其心故曰誓、志求滿足故曰願。緣四眞諦而發此四願也。止觀大意謂一衆生無邊誓願度、是緣苦諦而度無邊衆生之願也。二煩惱無數誓願斷、是緣集諦而斷無盡煩惱之願也。三法門無盡誓願學、是緣道諦而學無盡法門之願也。四佛道無上誓願成、是緣滅諦而成無盡佛道之願也。往生要集上末曰、「一衆生無邊誓願度。二煩惱無數誓願斷。三法門無盡誓願知。四無上菩提誓願證。」心地觀經七曰、「一切菩薩復有四願成就有情住持三寶。大海劫終不退轉。云何爲四。一者誓度一切衆生。二者誓斷一切煩惱。三者誓學一切法門。四者誓證一切佛果。」

【四世】（雜語）正像末之三時、以釋

尊在世時爲聖世而加之、名爲四世。

【四世俗諦】（名數）法相宗所立四種之俗諦也。眞諦亦立四種、合成八諦。見諦條。

【四正勤】（名數）又名四意斷、四正斷、四正勝。爲三十七科道品中次四念處所修之行品也。法界次第中之下謂「一對已生之惡爲除斷而勤精進。二對未生之惡更爲使不生而勤精進。三對未生之善爲生而勤精進。四對已生之善爲使增長而勤精進。」一心精進行此四法、故名四正勤。能斷懈怠、故名四正斷。於正策勵身語意中此爲最勝、故名四正勝。意中決定而斷行之、故名四意斷。智度論十九曰「破邪法、正道中行、故名正勤。」又曰「四念處觀時若有懈怠心五蓋等諸煩惱覆心、離五種信等善根時、不善法若已生爲斷故、未生爲生故、勤精進。信等善根未生爲生故、已生爲增長故、勤精進。」俱舍論二十五曰、「何故說勤名爲正斷。於正修習漸習位中此勤力能斷懈怠故。或名正勝、於正持策身語意中此最勝故。」

【四正斷】（名數）見四正勤條。因一斷斷、於所起之惡法斷之又斷、故名斷斷。二律儀斷、堅持戒律、愼守威儀、不令惡起、故名律儀斷。三隨護斷、於無漏之正道隨順守護使不退沒、令惡法不起、故名隨護斷。四修斷、能修作正道、令其生長而斷除諸惡、故名修斷。見雜阿含經三十一。梵 Samyakprahāna (M V. 39)

【四本相】（名數）生住異滅之四相也。

【四本止觀】（名數）天台大師著說止觀之四書、卽摩訶止觀、禪波羅蜜、六妙門、坐禪法要也。

【四仙】（名數）見二天三仙條。

【四仙避死】（傳說）見殺鬼條。

【四主】（名數）無輪王時、贍部之一洲、分爲四主。一東人主、自雪山以東至於東海、其氣和暢、宜人、爲人主之國。二南象主、自雪山以南至於東海、暑濕宜象、爲象主之國。三西寶主、自雪山以西至於南海、其地臨海多出寶貝、爲主寶之國。四北馬主、其地寒勁宜馬、爲馬主之國。見西域記一、釋迦方誌上。

【四田】（名數）四種之福田也。見福田條。

【四比丘】（名數）見四惡比丘條。

【四加行】（術語）於大乘法相宗以煖等四善根爲五位中加行位、故以四加行爲四善根之異名。

【四出偈】（術語）「本有今無、本無今有、三世有法、無有是處。」此偈涅槃經九及十五、廿五、廿六（南本經）四處說之、是名四出偈。又名柱偈、四柱文。法華文句記六上曰、「此一偈四處出之、古人名爲涅槃四柱。」

亦云四出偈。故知釋不當理。涅槃室傾。」輔行五曰、「又以四出偈消。言四出者。此偈四處出之古人名爲涅槃四柱。」

【四忉利交形】（雜語）俱舍論十二頌六欲天婬欲之相曰、「六受欲交抱執手笑視婬」此第一四王天與第二忉利天以男女交形爲婬。第三夜摩天以相抱爲婬。第四兜率天以執手爲婬。第五樂變化天以相笑爲婬。第六他化自在天以相視爲婬。

【四未曾有法經】（經名）一卷、西晉竺法護譯。說阿難具四種之未曾有法。又出於增一阿含經八難品。

【四夷】（名數）四波羅夷之略。

【四夷戒】（名數）四波羅夷之戒法也。

【四夷罪】（術語）四波羅夷之罪過也。

【四有】（名數）生有、本有、死有、中有也。見有條。

【四有爲相】（名數）生住異滅也。詳見有爲條。

【四行】（名數）菩提、福德、智慧、羯磨之四行也。大日經疏五曰、「正方四葉是如來四智隅角四葉是如來四行。」

【四行相】（名數）觀苦諦之苦、空、無常、無我之四種行相也。

【四百戒】（名數）藥師經說菩薩有四百戒而不說其戒相。

【四百四病】（雜語）總括病全部之稱。智度論六十五曰、「四百四病者。四大爲身。常相侵害。一一大中百一爲起。冷病有二百二。水風起故。熱病有二百二。地火起故。」

【四安樂】（名數）見四安樂行條。

【四安樂行】（名數）法華經安樂行品所說之四種安樂行。安行法華之法也。（一）身安樂行。謂身當遠離十種之事。一豪勢、二神人邪法、三凶險嬉戲、四旃陀羅、五二乘衆、六欲想、七五種不男之人、八危害之處、九譏嫌之事、十畜養年少之弟子沙彌小兒。身既遠離此十事。則得常好坐禪。修攝其心。故名身安樂行。（二）口安樂行。謂當遠離四種之語。一不樂說人及經典之過、二不輕慢他、三不讚他亦不毀他、四不生怨恨之心。口能如是。則得安樂修攝其心。故名口安樂行。（三）意安樂行。意遠離四種之過。一嫉諂、二輕罵、三以大行訶罵小行之人、四爭競。意遠離此四種。則得常好安樂、修養其心。故名意安樂行。（四）誓願安樂行。宜於此法華經向不聞不知不覺之衆生。起慈悲心。謂我欲得阿耨菩提。以神通力智慧力引之使入是法中。發此誓願常好修攝自行。故名誓願安樂行。

【四如意足】（術語）又名四神足。爲三十七科道品中次四正勤所修之行品。四種之禪定也。前四念處中修實智慧、四正勤中修正精進、精進智慧增多、定力小弱、今得四種之定以攝心、則定慧均等、所願皆得、故名如意足。又名神足。如意者如意而得也。爲六通中之身如意通。又總曰六通、是定所生之果也。足者所依之義、如身依足而立。又六通等之如意、依此四種之定而起、故名定爲足。又神者靈妙之德、此定爲能生靈妙果德之所依、故名足。智度論十九曰「問曰、四念處四正勤中已有定、何以故不名如意足。答曰、彼雖有定、智慧精進力多、定力弱、故行者不得如意願。四種定者、欲爲主得定、精進爲主得定、心爲主得定、思惟爲主得定。」然四如意足之稱目、異說頗多。智度論及法界次第、列欲、精進、心、思惟。輔行七列欲、精進、一心、思惟、是同一也。俱舍論則列欲、勤、心、觀、四教儀則列欲、念、心、慧。俱舍光記二十五曰「此四者依加行而立名。一欲神足、欲於加行位起此定、依欲之力、故定引發而起。二勤神足、於加行位、勤修此定、依勤之力、故定引發而起。三心神足、於加行位、一心專住、依心之力故定引發而起。四觀神足、於加行位、觀察理、依觀之力、故定引發而起。加行位中雖有多法而此四法資益最勝、故從此四者而名。」俱舍論二十五曰「何緣於定立神足名。諸靈妙德所依止故。（中略）神謂受用種種神境。分一爲多、乃至廣說。足謂欲等四三摩地。此中佛說定果名神、欲等所生等持名足。」

【四如實觀】（術語）唯識宗四加行位之觀法也。

【四向】（名數）一須陀洹向、舊譯曰入流、又曰逆流。新譯爲預流向。爲斷見道十五心間三界見惑之位。是爲向須陀洹果之因位、故曰向。二斯陀含向、譯曰一來。因之新就譯名謂之一來向。爲斷欲界九品修惑中前六品之位。向義同前。三阿那含向、舊譯曰不來、新云不還向。爲斷欲界九品修惑中後三品之位。向義同前。四阿羅漢向、譯曰不生、新舊皆就梵名謂之阿羅漢向。爲斷色界無色界一切修惑之位。參照四果條。

【四自在】（名數）一戒、二神通、三智、四慧、謂之四自在。見自在王經。

【四自侵經】（經名）一卷、西晉竺法護譯。一夙夜不學、二老不止婬、三得財不施、四不受佛言、此四法害身、是名四自侵。

【四佛】（名數）四方之四佛也。金光明經壽量品曰「於蓮華上有四如來、東方名阿閦、南方名寶相、西方名無量壽、北方名微妙聲。」觀佛三昧海經本行品曰「東方阿閦、南方寶相、西方無量壽、北方微妙聲。」大日經具緣品曰「東方號寶幢、南方大勤勇遍覺華開敷、北方不動佛。（同疏曰、不動非其本名、本名當曰鼓音如來）西方仁勝者、是名無量壽。」金剛頂經曰「不動如來、寶生如來。觀自在如來。不空成就如來。」

【四佛土】（名數）見四土條。

【四佛知見】（名數）一開佛知見、二示佛知見、三悟佛知見、四入佛知見。法華經方便品所說、佛出世爲一大事因緣者。以使一切衆生開示悟入此佛知見也。是曰開示悟入之四佛知見。見開示悟入條。

【四車】（名數）法華經譬喻品所說羊鹿牛三車與一大白牛車也。見四車家條。

【四車家】（術語）又曰四乘家。大乘有三乘家與一乘家之異義、如三論法相爲三乘家、其說謂佛之教法終始不超三乘。但法華已前主說三乘、於法華廢權之二乘而歸實之一菩薩乘。然則權實雙存而有三乘、因而謂之爲三乘家。又如華嚴天台三乘中之菩薩乘與二乘皆爲方便假說、至法華更說一佛乘。開會前之三乘而圓融之。因而謂之爲一乘家。若權實雙存則應謂爲四乘家。以此而觀法華經譬喻品之文、長者於宅內與諸子者、爲羊鹿牛之三車、諸子既出露地、長者與之者爲大白牛車之一。解釋此文、三乘家謂一乘與三乘中之菩薩乘同體、唯於三之中廢二立一耳。三之外非有別乘。則是宅內之三車與宅外之大白牛車非別物。三車中之牛車、卽大白牛車、因而稱之爲三車家也。一乘家謂三乘中之菩薩乘非有實因實果、但是假說、開會三乘而說眞實之一佛乘教理行果、遙與彼異、則是羊鹿牛三車外、別有大白牛車之一車、權實合有四車、因而呼一乘家爲四車家、浸假依之而立四乘教也。

【四戒】（名數）一解脫戒、自戒師以如法之作法而受戒、於身中發得戒體、解脫身口之惡業者。就此而生沙彌比丘等之差。二定共戒、入色界四禪定、則身自生戒體、而有防非止惡之功能者。三道共戒、於見道以上證得無漏道、則與無漏道共生防非止惡之戒體者。四斷戒斷貪瞋痴等而成道果、故名斷戒。見華嚴孔目章。

【四住】（名數）見思之煩惱也。見四住地條。又四種之住處也。一天住、爲六欲之住處、卽布施持戒善心之三事也。二梵住、爲色界無色界諸天之住處、卽慈悲喜捨之四無量心也。三聖住、爲三乘聖者之住處、卽空無相無作之三三昧也。四佛住、爲一切諸佛之住處、卽首楞嚴等之無量三昧也。見智度論三。

【四住地】（名數）常略名四住。三界見思之煩惱也。一見一切住地、三界之一切見惑也。二欲愛住地、欲界之一切思惑也。思惑之中以貪愛爲重過、故舉重而攝他。三色愛住地、色界之一切思惑也。四有愛住地、無色界之一切思惑也。於此加入無明住地、稱爲五住地。皆言住地者、以此五法爲生一切之過恒沙之煩惱之根本依處故也。是勝鬘經之法門。止觀輔行六曰、「同四住塵處處結緣。」四教儀曰、「見思惑又云見修又云四住。」

【四身】（名數）有三種。（一）楞伽經所說、一化佛、二功德佛、三智慧佛、四如如佛。其中第一之化佛卽化身、第二之功德佛與第三之智慧佛是報身、報身佛之功德雖多、而要在智與德、故分之爲二。第四之如如佛卽法身也。（二）唯識論所說、一自性身、二他受用身、三自受用身、四變化身。自性身卽法身、他受用自受用卽報身、變化身卽化身也。見唯識論十。（三）台家所立、一法身、二報身、三應身、四化身。應身與化身之別、謂八相成道之佛爲應身、一時化現之佛爲化身。更有密敎之四種法身。見法身條。

【四忍】（名數）見忍條。

【四劫】（名數）有二種。第一、一成劫、有二十增減、初一增減之間、由初禪天下至地獄界次第成立、後十九增減、自光音天（新曰極光淨天）有情次第降生、最後無間地獄生有情一人、卽爲器世間有情世間之成立、謂之成劫。二住劫、二種世間安穩存住之時也。其間亦經二十劫。三壞劫、亦有二十增減。其中前十九增減、自初禪天至地獄之有情各隨其業因或出於二禪以上、或移於他界、至不留一人、謂之有情世間壞。其後一增減、發大火災、蕩盡初禪以下、謂之壞劫。四空劫、卽壞了後虛空無一物也。故曰空劫。亦有二十增減。依之四劫合成八十增減。增減者、於住劫所立之數量也。人壽八萬四千歲每百年減一歲、至人壽十歲爲一減。又自十歲每百年增一歲、至八萬四千歲爲一增。此一增或一減、爲一小劫。二十增減卽二十小劫也。此爲一成劫之量。餘三劫之時量與此等。第二、一壞劫、二成劫、三中劫、四大劫。見俱舍論十二。梵 Kalpa

【四兵】（名數）一象兵、二馬兵、三車兵、四步兵。是曰輪王之四兵。見長阿含經六。

【四見】（名數）有種種之四見。見見條。

【四忘】（名數）忘一異等四句也。三論玄義曰、「三假爲俗。四忘爲眞。會彼四忘故有三乘賢聖。」

【四含】（名數）又作四鋡。四阿含經也。

【四沙門】（名數）見沙門條。

【四夾侍】（名數）釋迦如來之四夾侍也。

【四邪命】（名數）見邪命條。

【四良藥】（譬喩）譬四聖也。

【四吠陀論】（書名）見韋陀條。

【四法】（名數）法寶中有四種。一敎法、三世諸佛所說破無明煩惱之聲名句文也。二理法、教法所詮之義理也。三行法、依理而行之戒定慧也。四果法、行滿所得有爲無爲之證果也。心地觀經二曰「於法寶中有其四種、一者教法二者理法。三者行法四者果法。」因菩薩修行之四法也。一不捨菩提心、二不捨善知識三不捨堪忍愛樂四不捨阿練若見大乘記法經。因信解行證之四法也。占察經於此法各說成佛見四種成佛條。

【日本淨土眞宗四法】（名數）一教法淨土之大無量壽經也。二行法、第十七願成就之名號也。三信法、第十八願成就之信心也。四證法、第十一願成就之至滅度也。以此四法總括一宗、一宗之本典題曰教行信證爲此也。

【法華四法】（名數）法華經普賢勸發品謂「如來滅後云何能得此法華經。佛告普賢菩薩、若善男子善女人成就四法、於如來滅後、當得是法華經、一者爲諸佛護念。二者植諸德本三者入正定聚。四者發救一切衆生之心。」

【四法界】（術語）華嚴宗所立四種之法界也。見法界條。

【四法印】（名數）三法印而加苦法印、（說一切有爲法皆苦者）曰四法印。

【四法施】（雜語）如來爲不使衆生起邪見給與四種之法施也。四法者、萬物皆歸無常所有悉爲苦毒諸法皆無我有形悉至空是也。

【四法經】（經名）有三經、一佛說大乘四法經、一卷唐地婆訶羅譯。說菩薩所修之四法。二佛說菩薩修行四法經、一卷同人譯與上經義同而文稍異。三大乘四法經、一卷唐實叉難陀譯、說種種之四法。

【四法三願】（術語）日本眞宗配教行信證四法中行信證於十七、十八、十一之三願、教者爲詮行信證者也。

【四法不壞】（術語）正受心、金剛、佛舍利與光音天宮殿之四法不壞滅、謂之四法不壞。

【四法本末】（名數）增一阿含經十八曰、「今有四法本末如來所說、云何爲四、一切諸行無常是謂初法本末如來所說。一切諸行苦是謂第二法本末如來所說。一切諸行無我、是謂第三法本末如來所說。涅槃永寂是謂第四法本末如來所說。」

【四法界觀】（術語）觀見四種之法界也。此中事法界之一、雖不單獨以之爲觀法而其他三觀則不離事法界故相縱而謂之四法界觀。

【四法成就】（術語）眞言四種之悉地也。見四種壇法條。

【四明】（名數）鉤索鏁鈴之四攝菩薩種子也。秘藏記本曰、「眞言行者能作此觀。以四明引入諸佛於已體四明謂鉤索鏁鈴。鉤。鉤召。索引入。鏁堅住。鈴歡喜。」因四種之吠陀論也。演密鈔二曰、「韋陀此云明。卽是外道四明也。」毘奈耶雜事十六曰、「婆羅門子讀四明論。」最勝王經七曰「大婆羅門四明、法幻化咒等悉皆通。」

【四明山】（地名）在浙江寧波。指要鈔詳解一曰、「四明乃慶元府南面山名。有峯最高。四六在上。每澄霽望之如戶牖。相傳謂之石窻。謂四畔通日月星辰之光。故云四明。」大明一統志曰。「浙江寧波四明山在府城西南一百五十里。周廻八百里。跨紹興台州之境。二百八十峯。其巔五峯絕高。形如芙蓉。」

【四明家】（流派）嗣四明尊者之流派者稱曰山家。乃天台之正統。

【四明尊者】（人名）宋知禮法師居四明山。弘天台之正義。號四明尊者。

【四明十義書】（書名）二卷。宋智禮述。

【四明兩重能所】（術語）四明尊者所立兩重之能所也。見觀不思議經條。

【四明十義書科】（書名）一卷。宋繼忠排。

【四明仁岳異說叢書】（書名）七卷。宋繼忠集。

【四阿含】（術語）增一、中、長、雜之四部阿含經也。爲一切小乘經之部別。見阿含條。

【四阿笈摩】（名數）四阿含之新稱。

【四阿闍梨】（名數）密法傳授之阿闍梨有四種。見阿闍梨條。

【四阿含暮抄解】（經名）二卷。婆素跋陀阿羅漢撰。苻秦鳩摩羅佛提譯。爲四阿含經之抄解。文甚難讀。

【四波】（雜語）四波羅蜜菩薩也。

【四波羅夷】（名數）見波羅夷條。

【四波羅蜜】（名數）見次項。

【四波羅蜜菩薩】（名數）金剛界大日如來之四親近女菩薩也。是皆由大日如來流出。爲四方四佛能生之母。一金剛波羅蜜菩薩、爲黑青色。左手蓮華上有函、右手結阿閦如來之印。金剛者、金剛堅固菩提心也。此菩薩爲東方阿閦如來能生養育之母。二寶波羅蜜菩薩、爲白黃色。左手蓮華上有寶珠、右手持四角金輪。寶者、萬善所成之功德也。此菩薩爲南方寶生如來能生養育之母。三法波羅蜜菩薩、爲赤肉色。結無量壽之印。蓮華上有函。法者智慧門說法之德也。此菩薩爲西方無量壽佛能生養育之母。四業波羅蜜菩薩、爲青色。左手蓮華上有函、右手取羯磨杵。業者、衆生利益之事業也。此菩薩爲北方釋迦如來能生養育之母。見兩部曼荼羅鈔上。

【四金剛】（名數）四金剛之名、見於

釋典。通俗編載王業燕在閣知新錄云、凡寺門金剛各執一物、俗謂風調雨順字。執劍者風也。執琵琶者調也。執傘者雨也。執蛇者順也。按唐書禮儀志武王伐紂五方神受事各以其職名焉。既而克殷風調雨順。見楊復吉夢蘭瑣筆。

【四事】（名數）衣服、飲食、臥具、湯藥也。或房舍衣服飲食湯藥也。法華經安樂行品曰、「衣服臥具飲食醫藥」無量壽經下曰、「常以四事供養恭敬一切諸佛。」盂蘭盆經疏上曰、「年年僧自恣日四事供養三尊。」

【四事經】（經名）阿難四事經之略名。

【四事法門】（名數）菩薩有四事之入法門、一入禪思門、菩薩將說法先入禪定觀察衆生之根器也。二入智慧門、菩薩將說法、以智慧照了義理、令聞者生法喜之心也。三入總持門、菩薩將說法、於諸善法持而不使忘、於諸惡法持而不使生、以此心生衆生之善、遮衆生之惡也。四入辯才門、菩薩將說法、於諸佛法義辯說無礙、開發一切衆生之心、令皆入正道也。見大寶積經十三。

【四事供養】（名數）見四事條。

【四事不可思議】（名數）見不可思議條。

【四所戒壇】（名數）見戒壇條。

【四空】（名數）又云四無色、無色界之四空處也。菩薩本業瓔珞經上曰、「上至四空」見四空處與四空定條。

【四空天】（名數）見四空處條。

【四空定】（名數）又云四無色定。（梵名四空處之各名加 Dhyāna）十二門禪中之四禪也。一空無邊處定、行人厭患色籠如牢如獄、心欲出離之、捨色想而緣無邊之虛空心、與空無邊相應、故名空無邊定。二識無邊處定、行人更厭前外之空、捨其虛空緣內識爲心、識無邊之解、心與識無邊相應、故名識無邊處定。三無所有處定、行人更厭其識、而觀心識無所有、心與無所有相應、故名無所有處定。四非想非非想處定、前之識處是有想、無所有處是無想、至此捨前之有想故名非想、捨前之無想、故名非非想。又無麤想、故曰非想、非無細想、故曰非非想、行者於此如痴如醉如眠如暗、無所愛樂、泯然寂絕淸淨無爲、謂之非想非非想定。見法界次第上俱舍頌疏世品一。是乃內法之修法也。若於外道則以六行觀而修得之。於此四定復加四定爲八定、於此加中間定與未至定（有部義）或加欲界定（成實義）爲十定。凡禪定有味定淨定無漏定三種（見禪條此十種禪定中爲非想非非想定之心想微細、故無無漏定、有味定淨定也。未至中間之二定及四禪之六定有見道之無漏定（有部欲界中間之二定及四禪之六定與前相同、有見道之無漏(成實)下三無色有修道無學道之無漏定味淨之二定通於十定二宗相同。見俱舍論十八輔行九之一。

【四空處】(名數) 又云四無色無空界之四處也。是乃修四空處定所得之正報。梵名 Catuarūpa 一空無邊處、Ākāśānantāyatana 略名虛空處、又云空處。修虛空無邊定所生之天處也。二識無邊處、Vijñānānantāyatana 略云識處。修心識無邊定所生之天處也。三無所有處、Akiñcanyāyatana 修心識無所有定所生之天處也。四非想非非想處、Naivasaññānāsaññāyatana 又名非有想非無想處。生此天處之人定心深妙。想念最爲味劣。無麤想故云非想。非細想、故曰非非想。此四處於五蘊無色蘊、正報唯爲受想行識四蘊之假和合而無色身。又無依報之國土宮殿。故曰無色界。又名曰空處。因之非可以國土分四處、故由因行之禪定而說果以立四處之別也。其中前三者從所修之因行而立名、第四處從當體而立名。見俱舍論八、法界次第上。然依部宗而有不同。有部經部唯識總無色法。有之者皆爲變現。大衆部有細色而無麤色。又涅槃經有細色之說。

【四念住】(術語) 與四念處同。

【四念珠】(名數) 念珠有四種。分上品最勝中品下品之四數、如一千八十、百八、五十四、二十七是也。見數珠條。

【四念處觀】(術語) 舊曰四念處、新云四念住。小乘行人於五停心觀之後、修四念處觀也。依五停心以止行人之亂心、是爲奢摩他。依四念處以發行人之觀慧、是爲毘婆舍那。一身念處、觀身爲不淨也。身爲父母所生之肉身。身之內外、汚穢充滿、無些淨處、故觀身爲不淨。二受念處、觀受爲苦也。受爲苦樂之感、樂從苦之因緣而生、又生苦樂、世間無實樂。故觀受爲苦。三心念處、觀心爲無常也、心爲眼等之心識、念念生滅、更無常住之時、故觀心無爲常。四法念處、觀法爲無我也。法爲除上三者所餘之一切法、無自主自在之性。故觀爲無我。是就苦之一諦而修四念處也。吾人苦諦之依身有此身受心法四義、故就身受心法而觀不淨苦無常無我、次第破常樂我淨之四種顛倒。故僅有四者、而不增不減也。此四念處以慧爲體。慧之力能使念身受心法所觀之處、故名念處。又慧之力能使念住於所觀之處、故名念住。俱舍論二十三曰：「依巳修成滿勝奢摩他、爲毘鉢舍那修四念住。」法華玄義三曰：「念處是觀、苦諦上四智治於四倒、四倒不起、由此四觀。」

【別總二種念處】(名數) 此四念處觀有二種。一云別相念處、二云總相念處。別相念處者、如上分所觀之境爲身受心法之四者、追順而別別觀之也。但於第四法念處、有雜緣不雜緣之二者、不雜緣法念處唯觀法之一境、雜緣法念處、於身等四境或合觀身受之二者、乃至四境皆總觀之。蓋法之名、汎通於前三者也。總相念處者、於雜緣法念處之後、念不分身受等之四者、總合之而觀諸有爲法爲無常、觀諸有漏法爲苦、觀一切法爲空、爲無我、故名總相念處。別相與總相之相違、在於前境之分與不分。又能觀之行相別、相爲不淨苦無常無我之四者、總相爲無常苦空無我之四者。小乘七加行位中、此別相觀之位名第二之加行、別相念處、此總相觀之位名第三之加行、總相念處位、於此加第一之加行五停心觀、稱爲三賢位。

【四果】（名數）聲聞乘聖果之差別也。舊譯家以梵名、謂爲須陀洹果、Srotāpanna-phala 巴Sotāpanna phala 斯陀含果、Sakrdāgāmi 阿那含果、Angāmi-阿羅漢果、Arahat-新譯家以前三果翻名爲預流果、一來果。不還果、阿羅漢果仍其舊。一須陀洹果、舊作入流、逆流。入流預流、同一之義。謂去凡夫初入聖道之法流也、逆流者、謂入聖位逆生死之暴流也。申言之、即三界見惑斷盡之位也。二斯陀含果、譯云一來。斷欲界九地思惑（新曰修惑）中前六品、尚餘後三品者也。爲其後三品之思惑、尚當於欲界之人間與天界（六欲天）受生一度、故曰一來、一來者一度往來之義也。三阿那含果、舊譯不來、新云不還、斷盡欲惑後三品之殘餘、不再還來欲界之位也。爾後受生則必爲色界無色界。四阿羅漢果、譯作殺賊、應供、不生。上至非想處一切思惑斷盡之聲聞乘極果也。以其斷盡一切見思二惑、故謂之殺賊、既得極果、應受人天之供養、故曰應供、一世之果報盡、故永入涅槃、不再來生三界、故謂之不生。図一黃藍花沙門、須陀洹之聖者也。二芬陀利花沙門、斯陀含果之聖者也。三柔軟沙門、阿那含之聖者也。四柔軟中柔軟沙門、阿羅漢果也。見增一阿含二十。

【四果向】（名數）見四果及四向條。

【四宗】（名數）淨影所立之四宗。見宗條。又因明之宗法有四種、謂之四宗。一遍所許宗、如言眼見色、彼此兩宗皆共許者。二先承禀宗、如佛弟子向佛弟子立諸法皆空、鵂鶹弟子相對立有實我。三傍憑義宗、如立聲爲無常、欲傍憑顯無我之義者。四不顧論宗、除前三宗、隨立者所樂、所欲建立、更無所顧。其中不可立前三者、何則、第一宗立已成、先已共許、何須建立。第二宗同宗之人相對立先承之義、亦是立已成。第三宗非言陳之所諍、言陳外之別義、不得立爲正論、假令許之、於因必犯差別相違之過、唯第四之顯宗可以爲宗、此以立者之意所樂故也。見因明大疏上。因齊大衍寺曇隱於其敎判立四宗。一薩婆多部、雪山部等爲因緣宗。（又立性宗）二經量部成實論等爲假名宗。（又破性宗）三般若經爲不眞宗。（又破相宗）四涅槃經、華嚴經爲眞宗（又顯實宗）

【四宗大乘】（名數）與四家大乘同。見大乘條。

【四門】（名數）一有門、二空門、三亦有亦空門、四非有非空門也。門者能通之義。依此四者得入眞性實相之記故曰門也。

【四敎四門】（術語）台家之四敎配於四門也。四敎儀四曰「四敎各明四門雖俱得入道、然隨敎立義、必應逐便。若三藏敎之四門雖俱得入道、而諸經論多用有門。通敎之四門雖俱得入道、而諸經論多用空門。別敎之四門雖俱得入道、而諸經論多用亦有亦空門。圓敎之四門雖俱得入道、而諸經論多用非有非空門。」

【藏敎四門】（術語）藏敎俱修析空觀而證偏眞之理、此有四門。一有門有部宗（舊曰毘曇宗）是也、以立三世實有法體恒有故也。二空門成實宗是也、以立三假而空我法之二者故也。三亦有亦空門、毘勒論是也、以雙照實有與空理故也。四非有非空門、那陀迦旃延經是也、以雙非有空故也。毘勒論迦旃延經不來此土、依智度論而知之。見止觀六等。

【通敎四門】（術語）此敎雖同學如幻卽空之旨、然四人之觀法四門不同。一有門又云實門、如幻卽空故有卽空空卽有、今卽以此中卽空之有而入道也。二空門又云不實門、謂以卽有之空而入道也。三亦有亦空門又云亦實亦不實門、雙照空有而入道也。四非有非空門、又云非實非不實門、幻有不可得、幻空不可得、雙遮空有而入道也。四敎儀三曰「通敎四門者、卽是智度論明一切實、一切不實、一切亦實亦不實、一切非實非不實、佛於此四句廣說第一義悉檀」。

【別敎四門】（術語）別敎緣但中之理而修位位之行業、此有四門不同。一有門、觀虛妄之色盡、別有妙色名爲佛性也。二空門、觀如來藏亦空、大涅槃亦空也。三亦有亦空門、雙觀眞空妙有也。四非有非空門、觀但中法性之理、離四句絕百非、言語道斷也。見止觀六等。

【圓敎四門】（術語）圓敎以萬法圓融之故、門門各立之義不可有。然於一法之上非無四門入理之異。一有門、觀見思之假卽是法界、具足一切佛法、是三諦相卽之假也。二空門、觀一切之法不在因不屬緣、我及涅槃亦皆空、是三諦相卽之空也。三亦有亦空門、空假相卽、故爲亦有亦空、是空假相雙之中也。四非有非空門、見思卽法性、故見思非有法性、卽見思故法性非空、是雙非空假之中道也。見止觀六。

【四門】(術語) 眞言於曼陀羅之方位以東南西北次第、配於發心修行菩提涅槃之四法、故東門云發心門、乃至北門云涅槃門。今葬場四門之額銘此四法、卽由此出也。

四門
- 發心—東—[illegible]　開—春—溫
- 修行—南—[illegible]　示—夏—熱
- 菩提—西—[illegible]　悟—秋—冷
- 涅槃—北—[illegible]　入—冬—寒

又四門者、爲常樂我淨之四德、大圓鏡智等之四智也。世親攝論十五曰、「蓮華有四德。一香二淨三柔軟四可愛。譬法界眞如總有四德、謂常樂我淨。於衆華中最大最勝、故名爲王。」常爲東方大圓鏡智、又名金剛智、金剛常住不壞、故比之以蓮華之香、香主遍至之德、橫遍十方、竪遍三世、是爲常住之義、外四供中以香爲東方、卽此意也。樂爲南方平等性智、南方自寶部寶珠雨種種之財、人得而樂之、故比之以蓮華可愛之德。我爲西方妙觀察智、阿彌陀名觀自在王如來、我卽自在之義、故比之以蓮華柔軟之德。淨爲北方成所作智、釋迦乘無住涅槃之理、出於五濁惡世之中、曾不染生死之妄法、故比之以蓮華淸淨之德。見秘藏記鈔六。此四門有胎藏金剛之別、胎藏界之壇門稱曰金剛門、頂間畫金剛、金剛界之壇門稱曰蓮華門、畫蓮華、是金剛爲智、以理爲能入、胎藏爲理、以智爲能入之標幟也。

【四門遊觀】(故事) 釋尊爲悉多太子時、遊觀四門、見生老病死四苦、深生厭世之心。見本行集經。

【四依】(名數) 有四種、一行四依、二法四依、三人四依、四說四依也。

【行四依】(名數) 行人所依之四法也。一糞掃衣、二常乞食、三樹下坐、四腐爛藥。此四種之法、是入道之緣、爲上根利器所依止、故名行四依。又名四聖種。此法能生聖道、爲聖之種、故曰聖種。見四分律四十八、大乘義章十一、行事鈔資持記上一之一。

【法四依】(名數) 一依法不依人。人爲情有之假者、法爲法性自爾之軌模。依法而可入道、人何關於實行、假令其人爲凡夫外道、而所說契於法、亦可以信受奉行。假令現佛身之相好、而所說不契於法、則亦捨而不可依、況餘人乎。二依了義經不依不了義經。三藏中有了義經、有不了義經、明示中道實相之義、爲了義經、非然者爲不了義經。(一詳見二義二教及了義諸條)入道之人、當先使曉之、則逕無不通、有疑皆決矣。三依義不依語。語乃言說、但是張筌蹄、若依言語、徒增疑惑諍訟而已。義乃中道第一義、非言語所及。學人宜去筌蹄、思惟實義。四依智不依識。識爲妄想之心。對於六塵而起。耽迷不覺。與牛羊何異。忞識則增長妄惑而已。智乃本心照明之德。可與法性契合。學人宜定止妄識。策發眞智。見智度論九釋門歸敬儀中。

【人四依】（名數）涅槃經六舉如來使者於末世弘經。人天依止者四人。謂之人四依。一具煩惱性之人。（即三賢四善根。）二須陀洹（即預流果）斯陀含（即一來果）之人。三阿那含（即不還果）之人。四阿羅漢之人。是內證雖爲大乘之菩薩。而外現聲聞之相。傳法化人者也。其內證之涅槃配於大乘之位次。諸說不同。天親之涅槃論以初地爲初依。六七地爲二依。八九地爲三依。第十地爲四依。天台法華玄義五通地前爲初依。初地至五地爲二依。六七地爲三依。八九十地爲四依。（是依別敎）又五品六根爲初依。十住爲二依。十行十廻向爲三依。十地等覺爲四依。（是依圓敎）又慈恩彌勒上生經疏上以地前爲初依。初地至六地爲二依。七八九地爲三依。第十地爲四依。異說甚多。

【說四依】（名數）佛說法之四依也。依四種之密意而說法。眞諦之攝論謂之四依。玄奘之攝論謂之四秘密。見四秘密條。

【四依八正】（術語）行之四依與八正道也。以爲糞掃衣等行之四依。正見等之八正道爲因而得證果也。南山戒疏三下曰「行法依。即四依八正是也。」見四依條。

【四定】（術語）色界天之四禪定也。寄歸傳曰「敬修四定。善護七篇。」

【四定記】（術語）四句之定答也。見四記條。

【四河】（名數）贍部洲之中地。由阿那婆答多 Anavatapta 池（舊曰阿耨達池）而出之四大河也。一殑伽河 Gaṅgā 舊名恒河。又云恒伽河。自池之東面出。一帀而入東南海。二信度河 Sindhu 舊云辛頭河。自池之南面出。一帀而入西南海。三縛芻河。Vakṣu 舊云縛叉河。自池之西面出。一帀而入西北海。四徙多河 Sītā 舊譯云私陀河。自池之北面出。一帀而入東北海。徙多河之流。即支那之河源也。見西域記一。

【四供】（名數）內供養之四菩薩與八外供養之四菩薩。合爲八供養。見八供養條。

【四知】（名數）謂人起善惡之心時。四者直知之。天知。地知。傍人知。自知是也。出罵意經。

【四味】（名數）台宗所立五時敎中。前四敎謂之四味。五時中除醍醐味之法華也。

【四取】（名數）一欲取。於色聲香味等五塵之境。貪欲取着也。二見取。於五蘊之法。妄計取着我見邊見等也。三戒取。如外道之狗戒牛戒。取着修行非理之戒禁也。四我語取。我語者發自我見我慢等我見之所說法、取着於此我見我慢謂之我語取。見佛性論俱舍論攝百八之煩惱爲四取。一欲取、欲界之鈍使也、四諦修道五部各有貪瞋癡慢無明之五者、合爲二十。四諦各有一疑、合前爲二十四。再加十纏、爲三十四物、是名欲取。二見取、三界各有十二見、苦諦下有身等五見、集滅二諦下各有邪見見取二者、合前爲九、道諦下有邪見見取戒禁取三者、卽爲十二見。三界合爲三十六見、此中除三界二戒禁取見、（卽苦諦下與道諦下之二者）之六見、其餘三十見名爲見取。三戒禁取、卽前之六見也。又名惑取。四我語取、上二界之鈍使也。色界五部下各有貪慢無明三者、三五爲十五。四諦下各有一疑、與前成爲十九。無色界亦同之、合爲三十六、是名我語取。我語者、身我之語也。上界之煩惱、不取於外境緣、身我就身我之語而起煩惱也。此四者總名爲取者、以此煩惱能取執內外之法故也。俱舍論二十曰、「能取所有故立取名。」又曰「能爲依執故名取。」又勝鬘經以四住地之惑爲四取。百論疏四末曰、「勝鬘經以四住地爲四取。故云有漏業爲因、四取爲緣、生三界內。」又婆沙論以馳求四方名爲四取。百論疏四末曰「四取者、婆沙云四方馳求名爲四取。」梵 Catur-pramarśa

【四姓】（名數）一婆羅門、Brahmaṇa 爲淨行者、或出家或在家、修淨行而求涅槃者。二剎帝利 Kṣatriya 爲王種、奕世君臨、統轄其餘之三姓者。三吠舍 Vaiśya 舊曰毘舍。爲商賈貿易有無者。四戍陀羅 Śūdra 舊云首陀。爲農民及奴身勤稼穡者。四姓中以婆羅門爲最尊貴、與餘三姓不同行。蓋此四姓之別、自韋陀論師而起、因韋陀論爲最古代盛行也。譬喻經曰、「諸外人計梵王生四姓。王口生婆羅門、臂生剎利、脇生毘舍、足生首陀。」提婆論曰、「外道韋陀論說、從那羅延天臍中生大蓮華。從蓮華生梵天祖公。彼梵天作一切命無命物。從梵天口中生婆羅門、兩臂中生剎利、兩髀中生毘舍、從兩脚跟生首陀。」寄歸傳四曰、「五天之地、皆以婆羅門爲貴勝、凡有坐席、並不與餘三姓同行。」

【四花】（名數）法華六瑞中、雨華瑞之四花也。一曼陀羅華、二摩訶曼陀羅華、（小大之白蓮華）三曼殊沙華、四摩訶曼殊沙華。（小大之赤蓮華。）又一分陀利、白蓮華也。二優鉢羅、靑蓮華也。三鉢特摩、紅蓮華也。四拘物投、黃蓮華也。見名義集三。又形容大般涅槃時之娑羅雙樹、於棺之四方、立一雙之白蓮華及白造華、亦曰四花

【四股】（物名）四股之金剛杵。出慈氏軌。

【四孟月】（名數）孟春（正月）孟夏（四月）孟秋（七月）孟冬（十月）也。卽四季

最初之月。

【四性行】（名數）一自性行、菩薩自性本來賢良孝順父母信敬沙門婆羅門而具十善者。二願性行、菩薩發心願成道作佛者。三順性行、菩薩順六波羅蜜而修行者。四轉性行、因修行之功轉凡成聖者。見佛本行集經一。

【四毒蛇】（譬喩）以四毒蛇喩地水火風之四大也。涅槃經二曰、「自觀己身如四毒蛇」同二十三曰「有王以四毒蛇盛之一篋、令人贍養」。最勝王經五曰、「如四毒蛇居一篋。此四大蛇性各異。（中略）地水二蛇多沈下。風火二蛇性輕舉。由此乖異衆病生。」

【四帖疏】（雜名）唐善導大師觀無量壽經之疏有四卷、故謂爲光明四帖之疏。又曰證定疏。謂證得定之人之疏也。以善導發得三昧、蒙聖者冥加而造經之科文故也。選擇集下曰、「條錄觀經之文之刻頗感靈瑞。屢預聖化。既蒙聖冥加然作經科文擧世而稱證定疏。人貴之如佛經法。」

【四卷經】（經名）曇無讖譯之金光明經有四卷、故稱爲四卷經。金光明最勝王經是其新譯有十卷。

【四夜八晝】（雜語）一晝夜爲十二時。四夜爲戌亥子丑、八晝爲由寅至酉。故寅刻爲夜陰晝陽和合之時。見秘藏記鈔二。

【四非常偈】（術語）見四無常偈條。

【四泥梨經】（經名）一卷。東晉竺曇無蘭譯。說提舍、瞿波離、訶婆達兜、末法梨四人墮於四大泥梨之相者。

【四陀羅尼】（名數）又云四總持。詳見陀羅尼條。

【四重】（名數）四重禁也、又云四重罪。

【四重罪】（名數）與四重禁同。

【四重禁】（名數）又云四重罪。四波羅夷罪也。見波羅夷條。因密敎別有三昧耶戒之四重禁。一捨正法、二捨菩提心、三慳悋勝法、四惱害衆生。是爲四波羅夷罪。

【四重八重】（名數）比丘戒之四波羅夷罪與比丘尼戒之八波羅夷罪也。見波羅夷條。

【四重二諦】（名數）法相宗於世俗勝義二諦各立四重。合爲八諦。詳見諦條。

【四重五逆】（名數）四重罪與五逆罪也。

【四重出體】（術語）法相宗所說。詳見出體條。

【四重秘釋】（術語）眞言一宗之四重釋義也。見四釋條。

【四重聖衆】（雜名）胎藏界曼荼羅四重圓壇之諸尊也。

【四重圓壇】（術語）與四重曼荼羅

同。

【四重曼荼羅】（術語）第一中胎、八葉九尊也第二遍智院等謂之第一重又云第一院第三文殊院等謂之第二重又云第二院第四釋迦院并二乘八部等謂之第三重又云第三院已上以中胎與三院爲四重曼荼羅亦云四重圓壇是經疏所說阿闍梨所傳之義非現圖曼荼羅之義也見現圖曼陀羅條。

【四律】（名數）見左項。

【四律五論】（名數）四律者、一十誦律、Sarvāstivāda-vinaya 六十一卷後秦弗若多羅譯是五部中之薩婆多部也二四分律、Dharmagupta-vinaya 六十卷姚秦佛陀耶舍譯是五部中之曇無德部也三僧祇律、Sāṅghika-vinaya 四十卷東晉佛陀跋陀羅等譯本名摩訶僧祇律。Mahāsāṅgha 是根本窟內之上座部也四五部律、Mahīśāsaka-vinaya 三十卷、宋佛陀什等譯具名彌沙塞部和醯五分律、Mahīśāsakanikāya-pañca-vargavinaya 是五部中之彌沙塞部也其他五部中之迦葉遺部、唯傳戒本（解脫戒經）廣律未傳、又五部中之婆蘇富多羅部、戒律廣本皆未傳。五論者、一毘尼母論 Vinaya-mātrikā-śāstra 八卷失譯本名毘尼母經。二摩得勒伽論、十卷宋僧伽跋摩譯具名薩婆多部毘尼摩得勒伽 Sarvāstivāda-nikāya-vinaya-mātrikā 此二論是依薩婆多者。三善見論、Samanta-pāsādikā 十八卷、蕭齊僧伽跋陀羅譯本名善見律毘婆沙。Sudarśana-vibhāṣā-vinaya 此解四分律者、四薩婆多論。九卷、失譯本名薩婆多毘尼毘婆沙。Sarvāstivāda-vinaya-vibhāṣā 此釋十誦律者。五明了論。一卷、陳眞諦譯本名律二十二明了論、Vinaya-dvāviṃśati-prasannārtha-śāstra 此依十八部中之正量部者。

【四信】（名數）起信論之四種信心也。見四種信心條。又法華所說之四信也見四信五品條。

【四信五行】（名數）起信論之法相也。四信者、爲信眞如與三寶之四種信心。五行者、一施門二戒門三忍門四進門五止觀門是六波羅蜜也合禪定智慧之二波羅蜜而爲一止觀門者以止觀合修、雙運不二也。見起信論義記下末。

【四信五品】（名數）台家之名目。佛爲明法華之功德、於分別功德品約在世之弟子、明四信之功德約滅後之弟子明五品之功德。四信者、一一念信解、二略解言趣三廣爲人說四信深觀成也。五品者、一隨喜品、二讀誦品三說法品四兼行六度品、五正行六度品也。（此五行品類差別、故名品非篇章之名也）此四信與五品爲同體異名但在世者無色塵之經卷、故缺讀誦品之一云。

【四品學法】（書名）一卷、劉宋求那跋陀羅譯說曰一戒行備具二多知經法三能化度人是號眞學上品也純行五戒號承法中品也但持四戒（五戒中之前四者）號依福學下品也一持身所護法二持供養法三持同學法號散持外品也。

【四品法門經】（經名）一卷、趙宋法賢譯經說法有四品類一界法六界十八界等也二處法十二處也三緣起法十二緣起也四處非處法道理非道理也了此四品類、則爲智人不了則爲愚人。

【四度加行】（名數）四度加行者密法之傳授分爲四番復續之爲一皆傳之法也此事非上古之正規乃末法之略式四度者一十八道二胎藏三金剛四護摩也論其次第其初皆爲十八道其餘三度次第不同。或依胎金護摩之次第或依胎護摩金之次第或依金胎護摩之次第而授與之授與四度加行後有傳法灌頂之授與其日數先就十八道而言其爲十八道稟受於前行一百日間使寫十八道次第已後受者蒙次第之傳授而諳誦之又教以印結之方而諳練之、其間又一百日最後之三七日乃爲十八道之正行其餘三度之傳授亦如此各二百日統合爲八百日由是傳法灌頂之前行等又二百日前後共一千日事乃畢。是乃四度加行創設當時諸流一般之通規也。其後阿闍梨簡略日數諸流均於百九十九日內滿足四度十八道前行五十日其次一七日爲十八道之正行其次五十日爲金之前行次七日爲金之正行次五十日爲胎之前行次七日爲胎之正行次三七日爲護摩之前行次七日爲護摩之正行共經百九十九日也。更有減一度之行爲三七日卽滿者。

【四度行用】（書名）記四度加行之次第者也又名次第。

【四度傳授】（雜語）四度加行之傳授也。

【四柱文】（術語）與四柱偈同見四出偈條。

【四柱偈】（術語）見四出偈條。

【四洲】（名數）住須彌山四方鹹海之四大洲也。一南贍部洲、Jambudvipa 舊云南閻浮提或從林立號或以菓立名二東勝神洲梵云東毘提訶 Pūrva-videha 舊云東弗婆提爲身形勝故名爲勝身三西牛貨洲梵云西瞿陀尼舊云西瞿耶尼 Apara-godāṇ ya 爲貿易牛故名爲牛貨四北瞿盧洲 Uttara-kuru 舊云北鬱單越譯曰勝處於四洲中國土最勝故名勝處見西域記一俱舍光記八。

【四洲地獄】（雜名）以地獄配於四洲也東勝神洲與西牛貨洲有邊地獄而無正地獄南贍部洲有正邊兩地獄北俱盧洲

則兩地獄皆無也。

【四界】（名數）地水火風之四大也。見增一阿含經二十。界爲性之義。此四者各持自性不改。故名界。俱舍論界品頌曰「大種謂四界。即地水火風。」

【四界攝持】（術語）地水火風四大、攝持一切諸法。故曰四界攝持。大日經疏十一曰「四界攝持謂地水火風界。雖現此身內外依正。然此是心王安住同於虛空。虛空常不動而含容一切也。」

【四食】（名數）長養支持身命者名食。食有四種。俱舍論十謂一段食。舊云摶食。以鼻舌分分段段而食者。以香味觸之三塵爲體。二觸食。舊云樂食。觸喜樂之事而長養身者。如觀戲劇。終日不食亦不感飢。是以觸之心所爲體。三思食。舊云念食。於第六意識思所欲之境。生希望之念。以資助諸根者。如人雖飢渴。思至飲食之處。當得飲食而身死。是以第六意識之思爲體。四識食。小乘爲六識。大乘爲八識。八識中以第八阿賴耶識爲體。此等心識能支持有情之身命。故名食。增一阿含經四十一曰「一摶食。二樂食。三念食。四識食。」唯識論四曰「食有四種。一者段食。二者觸食。三者意思食。四者識食。（中略）此四能持有情身命令不壞斷。故名食。」

【四食時】（名數）一天食時。清旦之時。即諸天之食時也。二法食時。午時也。三世諸佛以午時爲如法之食時。過午則爲非時。三畜生食時。日暮也。是畜生所食之時。四鬼神食時。昏夜也。是鬼神所食之時。見法苑珠林四十二。

【四相】（名數）生住異滅也。名四有爲。見有爲條。

【果報四相】（名數）生老病死也。

【藏識四相】（名數）起信論之法門也。阿梨耶之心體無生無滅。有無明迷於自之心體。而違寂靜之性。鼓動起念。有生滅四相。即使心體生住異滅。由細至麤也。今就此義而明四相。既鼓靜使動。便有前後麤細之異。依之以彼先際之最微。名爲生相。及最後之最麤。名爲滅相。取中間爲住相異相。而以之配於三細六麤。生相者三細中業相之一也。住相者三細中轉相現相及六麤中智相、相續相之四相也。異相者六麤中執取相、計名字相之二相也。滅相者六麤中起業相之一也。而於斷位逆次之。先斷滅相。爲十信。是內凡之位。斷異相。爲十住十行十迴向。是相似覺之位。斷住相。爲十地。是隨分覺之位。斷生相之一念。爲佛。是究竟覺也。見起信論中本。

【我人四相】（名數）一我相。於五蘊法中計有實我。有我之所有也。二人相。於五蘊法中計我爲人。異於餘道也。三衆生相。於五蘊法中計我依五蘊而生也。四壽相。於五蘊法中計我一期之壽命成就而住有分限、也見金剛經。

【智境四相】（名數）一我相衆生於涅槃之理心有所證於取其所證心執着而不忘認之爲我是名爲我相二人相比前我相已進一步不復認證爲我尙持我悟之心、是名爲人相三衆生相較前人相又進一步雖已超過我人之相尙存了證了悟之相是名爲衆生相四壽命相比前衆生相復進一步雖已超過證悟之心尙存能覺之智如彼之命根潛續於內是名壽命相見圓覺略疏下。

【四相違】（術語）因明三十三過因之十四過中使立者之宗法相違反成之四種邪因也是於因明最爲難解者見三十三過條。

【四枯】（譬喻）雙林樹之四枯也見四枯四榮條。

【四枯四榮】（譬喻）佛於拘尸那城 Kuśinagara 娑羅 Śāla 雙樹間入滅時東西南北各有雙樹每面雙樹一榮一枯故曰四枯四榮此有二重之意一表凡夫二乘之八倒二爲表二乘菩薩之八正也凡夫二乘之八倒者謂凡夫於世間苦空無常無我之法起常樂我淨之見是爲凡夫之四倒故譬之以四榮又二乘向涅槃常樂我淨之法起苦空無常無我之見是爲二乘之四倒譬之以四枯故止觀曰「八顚倒轉成四枯四榮」二乘於世間之法起苦空無常無我之見是四正見譬之以四枯是破凡夫之四倒菩薩向涅槃之法起常樂我淨之見是四正見、譬之以四榮是破二乘之四倒此八正爲佛之入處故止觀九又曰「亦是非枯（非二乘之四枯）非榮（非凡夫之四榮）中間入涅槃見佛性也」同七曰「如是念處力用廣博義兼大小俱破八倒雙顯榮枯雙非榮枯卽於中間入般涅槃亦是坐道場」同輔行曰「言枯榮者大經云東方雙者喩常無常南方雙者喩樂無樂西方雙者喩我無我北方雙者喩淨不淨四方各雙故名雙樹方而皆悉一枯一榮榮喩於常等枯喩無常等如來於中入般涅槃表非枯非榮卽表假枯卽表空卽是於其空假中間而入秘密藏」

【四威儀】（名數）行住坐臥四種之作法也見威儀條。

【四衍】（名數）衍者梵語 Yāna 之轉訛乘也有聲聞緣覺菩薩佛之四乘。

【四恒】（雜語）四恒河沙之略。

【四苦】（名數）一生苦果報始起爲生生時有苦故名生苦二老苦身體衰變爲老老時有苦故名老苦三病苦四大增損爲病病時有苦故名病苦四死苦五蘊壞離爲死死時有苦故名死苦見大乘義章三本。

【四苑】（雜語）又作四園、忉利天之王帝釋所居善見城外四面之庭苑也。一衆車苑、在東方、此苑中隨天之福力而現種種之車。二麤惡苑、在南方、舊作麤澁園、天欲戰時隨其所應而現甲仗等。三雜林苑、在西方、諸天入中而所願皆同、共生勝喜。四喜林苑。舊云歡喜園、極妙之欲塵殊類皆集、歷觀無厭。如是四苑、形皆正方、一一周千由旬、中央各有一如意池、功德水充滿其中、隨欲而現妙華、寶舟、妙鳥、一一奇麗、種種莊嚴。見婆沙論一百三十三、俱舍論十一。

【四施】（名數）筆施、墨施、經施、說法施也。出於菩薩戒經。

【四持】（名數）四總持也。

【四要品】（名數）法華經二十八品中第一方便品、第二安樂行品、第三壽量品、第四普門品、是法華一部之主要。故稱曰四要品。此四品即敎行體用之四也。方便品開顯十方佛土中唯有一乘之敎法、是敎也、安樂行品示法華行者所修之一心三觀行法、是行也。壽量品顯久遠本覺之佛身、是體也、普門品示佛陀自在之應化、是用也。即依一乘之敎法而修一心三觀之行法、依此行法而證得本覺之佛身、由此佛身之本體而示現種種之應化也。法華文句記一曰「方便安樂、壽量普門。並是本迹之根元。此經樞鍵。」又此四品如其次第爲發心修行菩提涅槃之四點。見雜談集七。

【四面毘盧遮那】（術語）金剛界之智法身也。金剛頂義訣曰「四面毘盧遮那者。ｲ(鑁)字輪中法身如來。四面圓滿向四方作三昧相也。」

【四家】（名數）地持論七說四家、一般若家、二諦家、三捨煩惱家、四苦淸家。章安以之配於台家四敎、般若家爲別敎、諦家爲圓敎、捨煩惱家爲通敎、苦淸家爲三藏敎。見法華玄義十。

【四家大乘四種言說】（名數）釋摩訶衍論所說五種中、以前四配於四家大乘、以第五如實言說爲眞言一相言說、爲法相宗。彼依深密經之法相品而立名、即立三科百法等相、約於三性以明宗也、今就色等諸相而起言說、尤爲符合。二夢言說、爲三論宗。彼之言意、三界如夢、一切所有之所作皆爲夢中所作、若一念之夢覺、即爲無生法體、依此義以建立眞俗二諦而成一宗之義。故與夢言說之義相當。三執着言說、爲天台宗。彼宗談久遠壽量之旨爲本門之實義、謂敎主釋尊之始於伽耶成佛、是爾前諸敎之意、實說成佛已來甚大久遠、是乃一經之沖微、今解執著言說爲本所聞所作業、尤爲相當。四無始言說、爲華嚴宗。彼宗專談本有稱性之旨、故彼宗云修行亦覺成佛亦覺、一切衆生久來如此。是與今無始言說之義相叶也。見二教論果寶十上。
【四家大乘】（名數）見大乘條。
【四乘】（術語）梁光宅依法華經譬喻品羊鹿牛及大白牛車之四車而立四乘教。見四車條。
【四乘家】（術語）與四車家同。
【四海】（雜名）佛教謂圍繞須彌山四方之外海為四海。
【四海論主】（人名）隋高僧敬脫之嘉稱也。見釋氏要覽下。
【四韋】（術語）四韋陀也。與禪護國論序曰、「四韋之法猶以用焉」。
【四韋陀】（術語）婆羅門四種之韋陀經也。詳見韋陀條。
【四韋陀院】（堂塔）天竺祇洹精舍之中有四韋陀院、以許佛徒之研究。僧史略上曰「祇洹寺中有四韋陀院」。
【四根本性罪】（名數）比丘之四波羅夷罪Parajika也。十輪經三曰、「出家受具足戒、於四根本性罪中精勤守護」。
【四根本重罪】（名數）謂四波羅夷也。顯密各異其戒相。見波羅夷條。
【四書】（名數）宋雲外之自度教苑清規曰、「新學讀文於四書中當自四教儀而始」。四書者天台之法界次第、四教儀、戒疏、小止觀是也。見天台學則上。
【四記】（名數）智度論謂之四答。佛地論俱舍論謂之四記。有人發問而答有四種也。俱舍論十九曰、「一一向記。若作是問、一切有情皆當死否。應一向記一切有情皆定當死。二分別記。若作是問、一切死者皆當生否。應分別記有煩惱者當生非餘。三反詰記。若作是問人為勝劣。應反詰記為何所方。若言方天、應記人劣。若言方下、應記人勝。四捨置記。若作是問五蘊與有情為一為異、應捨置記。有情無實故。一異性不成。如石女兒白黑等性。如何捨置而立記名。以記彼問言、此不應記故」。智度論二十六曰、「佛有四種答。一者定答。二者分別義答。三者反問答。四者置答」。佛地論六曰、「言四記者。一一向記。二分別記。三反問記。四默置記」。因四定記之略。外道之世界及我之常無常等十四難問。佛不為常乃至非常非無常之四句定記。若為之則背於道理也。俱舍論三十曰、「四定記皆不應理」。
【四馬】（譬喻）以四馬譬四等之比丘。雜阿含經三十三曰、「世有四種良馬。一第一良馬。顧其鞭影馳驅遲速左右隨御者意。二第二良馬。以鞭杖觸其毛尾。察御者意而隨其意。三第三良馬。鞭杖小侵隨御者意。四第四良馬。鐵錐刺身傷骨然後著路隨御者之。比丘有如是四種」。
【四病】（名數）一作病、作者生心造作之謂。有人言、我欲於本心作種種行、求圓覺、是名作病。蓋彼圓覺之性、非作得也。二任病、任者隨緣任性之謂、有人言我等今欲不斷死不求涅槃、任彼一切、以求圓覺、是名任病。蓋彼圓覺、非任有也。三止病、止者止妄卽眞之謂、有人言我今欲以永息諸念、寂念平等、求圓覺、是名止病。蓋彼圓覺非止得也。四滅病、滅者寂滅之謂、有人言我今欲永滅一切煩惱、心身根塵、永寂以求圓覺、是名滅病。蓋彼圓覺之性非滅得也。見圓覺經。

【四修】（名數）一無餘修、謂福德與智慧二種之資糧、具修而無遺也。二長時修、謂經三大阿僧祇劫而不倦也。三無間修、謂精勤勇猛、無刹那廢修也。四尊重修、謂恭敬所學、無所顧惜、修而不慢也。是就如來之因圓德而言、見倶舍論二十七。図一恭敬修、謂恭敬禮拜阿彌陀佛及一切之聖衆也。二無餘修、謂專稱彼佛之名、及專念專想一切聖衆、不雜餘業也。三無間修、謂心相續、不以餘業來間、不以貪瞋煩惱間隔也。四長時修、謂前三修、以畢命爲期、誓不中止也。此就念佛行者而言。見往生禮讚。図一長時修、二慇重修、三無間修、四無餘修、是與往生禮讚之意同。見往生要集中本。

【四倒】（名數）四種顚倒之妄見也。此有二種、一於生死之無常無樂無我無淨而執常樂我淨、爲凡夫四倒。一於涅槃之常樂我淨、而執無常無樂無我無淨、爲二乘四倒。初云有爲之四倒、後云無爲之四倒、斷有爲之四倒爲二乘、斷有無爲之八倒爲菩薩。見大乘義章五末。

【四流】（名數）一見流、三界之見惑也。二欲流、欲界之一切諸惑也、但除見及無明。三有流、上二界之一切諸惑也、但除見及無明。有者生死果報不亡之義、三界雖通、而今別以名上三界。四無明流、三界之無明也。有情爲此四法漂流而不息、故名爲流。見科本輔行一之三。

【四師】（雜語）華嚴宗謂五祖宗密以後之子睿、淨源、義和、李通玄、爲四師。

【四悔】（名數）五悔中除第一之懺悔、其餘勸請等之四悔也。法華懺法之式於前既於六根段修第一懺悔、故於後唯修四悔也。

【四恩】（名數）心地觀經謂四恩者、一父母恩、二衆生恩、三國王恩、四三寶恩。釋氏要覽中謂四恩者、一父母恩、二師長恩、三國王恩、四施主恩。

【四怨】（名數）煩惱魔、死魔、陰魔、天子魔之四魔也。行事鈔上之三曰「眞誠出家者怖四怨之多苦」。同資持記曰「四怨卽四魔」。

【四秘密】（名數）與四意趣同。

【四蚖蛇】（譬喩）以喩地水火風之四大。雜阿含經四十三曰、「四蚖蛇凶惡毒虐盛一篋中。(中略)毒蛇者、譬四大地界水界火界風界地界若諍能令身死及以近死水火風諍亦復如是」

【四料簡】(術語) 臨濟宗之敎相也。人天眼目曰「或時奪人不奪境(是一)有時奪境不奪人。(是二) 有時人境兩俱奪(是三)有時人境俱不奪(是四)」人爲情量分別知見解會等境爲萬法又言句也。

【四神足】(名數) 集定斷行具神足。心定斷行具神足精進斷行具神足。我定斷行具神足見婆娑論。

【四敎】(名數) 四敎種種不同。

【天台四敎】(名數) 台家有化儀四敎與化法四敎謂之八敎見八敎條。

【龍樹四敎】(名數) 龍樹菩薩以四門判釋經論是曰龍樹四敎。一有門謂四阿含經等、說一切因果皆實有者。二空門、謂般若經等、說眞空實相之理蕩除衆生之情執者。三亦有亦空門、謂深密經等諸大乘經、說性空相有者。四非有非空門、謂中論等雙破有空者。見華嚴經疏鈔六。

【苑公四敎】(名數) 唐賢首弟子慧苑以寶性論謂四種衆生不識如來藏因之而立四敎。一迷眞異執敎、謂諸凡夫外道迷於眞性廣起異計者。二眞一分半敎謂聲聞緣覺二人於眞如隨緣不變二義中、但得隨緣一分名爲眞一。於其隨緣分中唯說性空所顯之理、不說法空、名爲半、合謂之眞一分半敎。三眞一作滿敎、謂初心菩薩、但得不變一分而不得隨緣、故名一分。於不變中雙顯二空之理、故名爲滿。四眞具分滿敎謂菩薩了隨緣不變二義以顯眞實之理、識如來藏者。見華嚴玄談四。

【曉公四敎】(名數) 海東元曉立四敎。一三乘別敎、如四諦緣起經等、爲聲聞緣覺菩薩三乘所共學。其中二乘又明法空、異於菩薩、故曰三乘別敎。二三乘通敎、如般若深密經等、爲聲緣菩三乘所共學、其中皆說二空、故曰三乘通敎。三一乘分敎、如梵網經等、菩薩不與二乘共學、名爲一乘。其中未顯法之周徧圓融、故名分敎。四一乘滿敎、如華嚴經等、具明法界之理、故名一乘滿敎。見華嚴玄談四。

【光宅四敎】(名數) 梁光宅寺法雲假法華經火宅喩之臨門三車與四衢街之大白牛車立四敎。一聲聞乘敎、說四諦之法者。二緣覺乘敎、說十二因緣之法者。三菩薩乘敎、說六度萬行之法者。四一佛乘敎、說一切皆成佛之法者。此中前三者是權敎、後一者是實敎。見五敎章上二、華嚴玄談四。

【四敎地】(術語) 藏通別圓四敎之住地也。大日經具緣品明約於眞言門菩薩、一生超四敎之地而度三劫十地。初說解唯蘊無我(是法相宗卽通敎)及拔十二因緣。(是藏教)次說離違順八心之業煩惱網超越一劫之瑜祇行、是度藏通之菩薩地也。故義釋引阿含成實及三獸渡河之喻、是三乘同以無言說之道得諸法實相者、皆攝於此中也。次說發無緣乘之心、法無我性、觀察蘊之阿賴耶、而知自性如十喻、悟自心本不生者、爲超越二劫之瑜祇行、是度別圓之菩薩地也。見菩提心義三。

【四教儀】(書名)六卷、隋智顗著。明化儀化法四教之義。其註解各書如下。四教儀集解三卷、宋從義撰。四教儀備釋二卷、元元粹述。四教儀集註科一卷、元蒙潤排定。四教儀集註節義一卷、靈耀節。四教儀註彙補輔宏記二十卷、性權記。

【四教三密】(術語)身口意之三業也。是眞言密教之教之妙行。故四教三密、爲顯(天台)密(眞言)二教之兼稱。

【四教三觀】(術語)天台一家教觀二門也。四教爲教門、三觀爲觀門、一家以此二門爲綱要。見四教及三觀條。

【四教五時】(術語)天台所立之教相判釋也。四教者、化儀化法各有四教。五時者、說兩種四教之時也。見五時及四教條。

【四教儀集註】(書名)天台四教儀集註之異名。

【四梵行】(名數)見梵行條。

【四梵住】(名數)慈悲喜捨之四無量心也。以此爲梵天之所住也。見四梵堂條。

【四梵志】(傳說)有梵志四人、相謀各避死於山海空市之四處、而不得免。見山海空市條。

【四梵堂】(名數)慈悲喜護(他經作捨)之四無量心曰四梵堂。以此四法能感大梵之果報也。增一阿含經二十一曰、「有四等心。云何爲四。慈悲喜護。(中略)當求方便成此四梵堂。」

【四梵福】(名數)見梵福條。

【四部律】(名數)見四律五論條。

【四部衆】(名數)又曰四衆。又曰四部弟子。比丘、比丘尼、優婆塞、優婆夷是。法華經序品曰、「時四部衆咸皆歡喜。」仁王經下曰、「一切國王四部弟子。」梁書曰、「帝幸同泰寺、升法座、爲四部衆說摩訶般若波羅蜜經義。」

【四部經】(名數)慈恩大師以四部經爲淨土之本經。除無量壽經、觀無量壽經、阿彌陀經之外、復加鼓音聲陀羅尼經。故曰四部經。見淨土源流章。

【四部僧】(名數)與四部衆同。僧是衆義。不問出家在家、凡多人集合皆曰僧。

【四部僧始起經】(經名)中本起經之別名。

【四部弟子】(名數)與四部衆同。

【四處六會】(術語)四處十六會之

略。是大般若經之說會也。見大般若波羅蜜多經條附錄。

【四處問訊】（術語）僧堂之四板頭燒香問訊、謂之四處問訊。見象器箋十。

【四處十六會】（術語）大般若經之說會也。見大般若波羅蜜多經條附錄。

【四曼】（名數）是眞言所立三大中之相大也。爲大三法羯之四種曼荼羅。此四相圓融相卽事相、謂之四曼相卽。又曰四曼不離。見曼荼羅條。

【四曼四身配屬】（術語）卽身義有三義。一法大羯三、如其次第配於自性、受用、變化、等流之四身。二大三法羯如其次第配於四身。三三法大羯如其次第配於四身。今非謂此義未盡。四身之中各有四曼。十住斷結經曰法性有二、一事法性、二實法性、金剛頂經謂三十七尊各有十二神變、一一神變各有種子之字、三昧耶形、如來之身、行願之事業。是二受用身之四曼也。守護國敎觀釋迦月輪唵字爲佛身之事業、是變化身之四曼也。大日經謂三乘六道普門之身各有種子三昧耶身相事業。是等流身之四曼也。

【四曼攝三種世間】（術語）卽身義云、世間出世間內外之敎法攝於法曼荼羅、世間出世間一切之人攝於大曼荼羅、世間出世間所依之器界攝於三昧耶曼荼羅、世間出世間一切之事業攝於羯磨曼荼羅。今謂此義未融、非也。三種世間所有之六大五大五色等是大曼、三種世間之顯色形色是三昧耶曼、三種世間之文字言音是法曼、三種世間之事業是羯磨曼。一切凡夫三種世間之四曼是性得、一切聖人三種世間之四曼是修得。見菩提心義三。

【四淨定】（名數）四禪四無色八地之定、有味定、淨定、無漏定之三種。其中淨定有四種之別。一順退分定。隨順味定將退本定時之位也。二順住分定、爲住於定之當分而不退不進之位也。三順勝進分定、定力增進、順於上地之定之位也。四順決擇分定、決擇者以無漏智而名、淨定之力愈增進、而順於無漏智起無漏定所依之位也。如已上次第順於煩惱自地上地無漏也。八地之淨定有此四分、但有頂地之淨定除順決擇分定、因彼定昧劣不生無漏定故也。見俱舍論二十八。

【四眞】（術語）四眞諦也。四十二章經有「四眞道行」之語。見聖諦條。

【四眞諦】（術語）又云四聖諦。苦集滅道之四諦也。其理眞正、故云眞諦、爲聖者之所見、故云聖諦。涅槃經十五曰、「我昔與汝等不見四眞諦。是故久流轉生死大苦海。若能見四諦、則得斷生死」智度論二曰、「佛爲五比丘初開甘露門說四眞諦法苦集滅道諦」。見四聖諦條。

【四問】（故事）佛將入滅時、阿難悲嘆嗚咽舉體煩悶時阿泥樓豆安慰阿難曰、如來滅度時至汝依我語咨啟四問。阿難從敎問佛、佛答之。一問佛滅度後惡性車匿比丘云何共住。佛答車匿比丘其性鄙惡、我滅度後如梵天法可治若心調伏應敎那陀迦旃延經即當得道。二問佛滅度後我等以何爲師、佛答解脫戒經是汝等大師、戒經說身業口業應如量行。三問佛滅度後我等依何法住、佛答若現在若滅後應依止四念處餘不依止。四問一切經首當安何等語佛答一切經初當安如是我聞一時佛在某方某國土某處與某等大衆俱。見後分涅槃經上智度論二、集法藏經。

【四欲】（名數）一情欲、欲界衆生、多於男女情愛之境起貪欲、謂之情欲。二色欲、欲界衆生多於男女嬌美等之色起貪欲謂之色欲。三食欲、欲界衆生多於美味飲食起貪欲、謂之食欲。四婬欲、欲界衆生多於男女之相互染着起貪欲謂之婬欲。見法苑珠林二。

【四眼】（雜語）五眼中就菩薩所得而除佛眼、謂之四眼。因菩薩未得佛眼也。仁王經上曰、「四眼五通。」同天台疏曰、「四眼者歟眼。菩薩行未圓。義當無佛眼也。」又密敎中立四眼。見四種眼條。

【四唱】（名數）法華地涌菩薩之上首上行菩薩等四唱導師也。法華經涌出品曰「是菩薩衆中有四導師、一名上行、二名無邊行、三名淨行、四名安立行。是四菩薩於其衆中最爲上首唱導之師。」秘藏寶鑰下曰「娑界震裂四唱一處」。

【四捨】（名數）一財捨、以財物捨與人也。二法捨、以法捨與人也。三無畏捨、以無畏捨與人也。四煩惱捨、自己捨棄煩惱也。此四捨皆爲檀波羅蜜。智度論十一曰、「四種捨名爲檀。Dāna 所謂財捨法捨無畏捨煩惱捨」。

【四假】（名數）三論玄義謂一切諸法皆是假、然其要用、凡有四門。一因緣假、如空有二諦、有非自有、由空故有、空非自空、由有故空、是因緣假之義也。二隨緣假、如隨三乘之根性說三乘之敎門是也。三對緣假、如對治常而說無常、對治無常而說常是也。四就緣假、外人說諸法實有、諸佛菩薩就彼諸法推求、竟不可得、是名就緣假。此四假總收十二部經八萬之法藏、四諦具用四假。但智度論多用因緣假（爲釋經也）中論十二門論多用就緣（爲破外計也）百論多用對緣假。（爲破常無常之二邊也）因成實論亦說四假。見假條。

【四蛇】（譬喻）以喻地水火風之四大也。仁王經下曰、「識神無形、假乘四蛇、無明保養、以爲樂車」。智度論十二曰、「篋中有四蛇。王勅罪人令看禮養育。(中略)四毒蛇者四大」。最勝王經曰「地水火風共成身。隨彼因緣招異果同在一處相違害。如四毒蛇居一篋。於此四種毒蛇中地水二蛇多沈。下風火二蛇性輕擧。由此背違衆病生」。

【四執】(名數) 又名四邪、四迷、四術。有種種之四執。

【外道四執】(名數) 是天竺外道九十六種之總括。一邪因邪果。外道云大自在天能生萬物。萬物若滅還歸本天。若天瞋則四生皆苦。若天喜則六道悉樂。然天非物之因。物非天之果。蓋是邪心之所畫。故曰邪因邪果。二無因有果。執萬物無因而有自然。例如言萬物依造化而有。造化無因。簡言之卽造化無因而有果也。又名自然外道。就無因言。謂爲無因。就有果言。謂爲自然。此其所執也。三有因無果。斷見者流。謂唯有現在。實無後世。例如草木盡於一期是也。四無因無果。總爲撥無因果之邪見。無可受苦樂果之善惡業因。亦無對於善惡業因之苦樂果也。三論玄義曰「總論西域九十六術。別序宗要。則四執盛行。一計邪因邪果。二執無因有果。三立有因無果。四辨無因無果」。

【內外道四執】(名數) 又云四宗。三論所排斥之內外四執也。一一切外道。不達二空而存人法者。二毘曇宗。卽薩婆多。雖已得人無我。而執法之有性者。三成實宗。雖具辨二空。而明空猶不了者。四大執。大乘中一切有所得之見也。三論玄義曰「但邪謬紛論。難可備序。三論所斥略辨四宗。一摧外道。二折毘曇。三排成實。四呵大執。(中略)問此之四執優降云何。答外道不達二空。橫存人法。毘曇已得無我。而執法有性。跋摩(成實)具辨二空。而照猶未盡。大乘乃言究竟。但封執成迷」。又謂固執一異、亦一亦異、非一非異等之四句也。

【四執金剛】(名數) 有兩種。(一)金剛界現圖曼荼羅地水火風之四大神。一曰四執金剛。(二)灌頂小壇。(卽受新阿闍梨供養之壇)守護四門之金剛也。卽東南住無戲論金剛。西南虛空無垢金剛。西北無垢眼金剛。東北被雜色衆生金剛也。

【四棄】(名數) 比丘之四波羅夷罪謂之四棄。以犯此罪者。永棄於佛法之邊外故也。見波羅夷條。楞嚴經七曰「比丘比丘尼四棄八棄」。

【四軛】(名數) 與四暴流同。一欲軛。二有軛。三見軛。四無明軛也。和合有情而使受種種之苦。故云軛。俱舍論二十曰「應知四軛與四暴流同」。又曰「和合有情故名爲軛」。

【四通行】(名數) 見通行條。

【四悉檀】(名數) 佛之說法不出四悉檀也。悉檀 Siddhānta 者古師一譯爲成。

謂以此四法成就衆生之佛道、故名南岳解。悉爲漢語普遍之義、檀爲梵言檀那之略、是施之義。佛以此四法普施衆生、故云悉檀。天台隨於南岳。愚案悉檀與新譯之悉曇同、成就之義也。一世界悉檀、佛先順凡情用人我等假名、隨順衆生所樂而說世界之法、令聞者歡喜適悅。二各各爲人悉檀、佛說法鑑衆生之機、隨機宜之大小宿種之淺深、說各人所應之法、令彼發起正信增長善根。三對治悉檀、貪欲多者敎以慈心、愚痴多者敎以因緣觀、如是施種種之法藥、除遣衆生之惡病。四第一義悉檀、佛見衆生之機緣既熟、說諸法實相令彼入於眞證。要之佛始說淺近之事理、令聞者適悅者世界也、令衆生生善根者、爲人也、除遣衆生之惡病者、對治也、遂使悟入聖道者第一義也。智度論一曰「有四種悉檀。一者世界悉檀二者各各爲人悉檀。三者對治悉檀四者第一義悉檀。四悉檀中總攝一切十二部經八萬四千法藏、皆是實相無相違背。」法華玄義一曰「南岳師例大涅槃胡漢兼稱。悉是此言、檀是胡語。悉之言遍、檀爲施。佛以四法遍施衆生、故言悉檀也。」大乘義章二曰「言悉檀者是中國語。此方義翻其名不一。如楞伽中子注釋、或名爲宗、或名爲成、或云理也。」玄應音義二曰、「悉曇此云成就。論中悉檀者亦悉曇也。以隨別儀轉音名爲悉檀。」見四釋條下天台四釋。

【四第一偈】（雜名）謂無病第一利。知足第一富。善友第一親。涅槃第一樂之偈也。出莊嚴論。

【四隅四行薩埵】（菩薩）謂金剛界大日如來之四親近、金寶法業之四波羅蜜菩薩也。

【四智】（名數）有佛果之四智、羅漢之四智、通於三乘之四智、菩薩觀唯識無境之四智。詳見智條。

【四智印】（名數）一切印契一切法要以四智印攝盡之。一大智印、梵名摩河岐若勿他羅 Mahā-jñāna-mudrā 五相成身之佛也。二三昧耶印、梵名三昧耶岐若勿他羅 Samaya-jñānamudrā 諸尊所持三昧耶形、五鈷刀蓮華之類也。又結於諸尊手之印契也。又結於行者手之印契也。三法智印、梵名陀羅摩岐若勿他羅 Dharma-jñāna-mudrā 本尊之種子也。又法身之三摩地也。又顯密一切之契經陀羅尼也。四羯摩智印、梵名羯羅摩岐若勿他羅 Karma-jñānamudrā 諸尊之威儀作業也。見諸部要目祕藏記本。又謂四種曼荼羅印者決定不改之義。智者決斷簡擇之義。四曼表佛之內德、決定不改。又各守其德、決斷簡擇、故稱智印。見辨惑指南。四祕藏記鈔三曰、「問四種曼荼羅、四智印有何差別。答尊者之解釋不一。然依一義只是建立不同、約於輪圓具足之邊、名爲四曼、約於決斷不改之邊、謂之四智印。於其法體有四曼四智差別也」

【四智讚】（雜語）讚詠阿閦佛大圓鏡智、寶生佛平等性智、彌陀佛妙觀察智、不空成就成所作智之四智者。其梵語出時處軌、其漢語出略出經。

【四智心品】（術語）唯識宗謂菩提有四智相應之心品。見四智條。

【四智成三身】（術語）頓悟入道要門論上「問東四智成三身者、幾個智共成一身、幾個智獨成一身。答大圓鏡智獨成法身、平等性者獨成報身、妙觀察智與成所作智共成化身。此三身亦假立名字分別、只令未解者看。若了此理、亦無三身應用。何以故。爲體性無相、從無本而立、亦無無住。」

【四惡】（名數）四惡趣之略。

【四惡道】（名數）與四惡趣同。

【四惡趣】（名數）地獄、餓鬼、畜生、修羅也。又云四惡道。

【四惡比丘】（名數）佛藏經往古品曰「過去大莊嚴如來滅度後、百歲諸弟子分爲五部。一名普事、二名苦岸、三名薩和多、四名將去、五名跋難陀。普事比丘以知佛所說之眞實空義無所得法度多人共入涅槃、其餘四比丘則以捨第一義無所得畢竟空之法、貪樂外道尼乾子之論、命終墮於阿鼻地獄、經無數劫始生人中、値一切明王佛出家、十萬億歲勤修精進、如救頭燃、然不得道果、何以故。佛說深法、是人不信、破壞違逆、爲破法因緣、法當爾也」又觀佛三昧海經九謂「昔有四比丘犯律不恥、怙惡不遷。忽聞空中聲曰、謂汝所犯無救者、不然。空王如來雖復涅槃、形像尚在、汝宜入塔、一觀寶像眉間之白毫。比丘隨之泣淚言曰、佛像尚爾、況佛眞言。擧身投地、如大山崩、今於四方皆成正覺、東方阿閦佛、南方寶相佛、西方無量壽佛、北方微妙聲佛。是四破戒比丘也。

【四善根】（名數）小乘俱舍成實於總相念住之後位、大乘法相宗於十迴向之滿位、生四種之善根。此乃小乘七方便中之後四方便、大乘法相宗五位中之第二加行位也。是正爲見道之修行、故名加行。俱舍成實法相三宗、其行相各異。梵 Kuśala-mūla

【俱舍四善根】（名數）一煖法、總相念住後念所生之善根、名煖法。有下中上三品、皆具觀苦集等四聖諦修苦空等十六行相之位也。煖者、聖火之前相、聖火譬見道之無漏智。其聖火將生之前相、略兆暖意之位也。入此位、雖退墮所得之煖法、或斷善、造無間之業、墮於惡道、然流轉不久、必到涅槃。二頂法、煖法上品後念所生之善根名頂法。亦有下中上三品、皆具觀四諦修十六行相也。頂者譬之山頂、山頂在進退之兩際、此頂位在進退之中間、或有進而上於忍位者、上於忍則無畢竟退墮者、愈進而入於見道、或退而下於煖位、或有造無間之業而墮於地獄者、在如是進退之中間、故譬以山頂、名爲頂法。又頂者人之頂也、如人身中最高勝者、以此頂位爲退位中最高處故也。（忍法已上更無退法）功德假令退墮而墮於煖位或無間、然畢竟無如煖法之人斷善根者。三忍法、生於頂之後念之善根、名爲忍法。亦有三品。忍可決定四聖諦爲最殊勝之位、故名忍。其下忍具觀四諦修十六行相、如前、至此位、則無畢竟墮於三惡趣者。其中忍由是漸減所緣之諦、減能緣之行相、至其極留屬於欲界苦諦下苦之一行相、謂之減緣減行。其上忍之位觀前所餘苦諦下苦之一行相也。故上忍之位僅爲一刹那之間。至此忍位則必無退墮忍法者、又無墮於惡趣者。四世第一法、生於上忍後念之善根也、是爲一刹那故無下中上之三品、與上忍同、觀苦諦苦之一行相也。世者以有漏法而名、有漏法中無超於此觀智者、以之爲最勝之法、故名世第一法。此位亦爲一刹那、此位無間、必生無漏智、入於見道、眞正證悟勝諦、爲聖者而離凡夫之生也。俱舍二十三曰、「煖必至涅槃、頂終不斷善、忍不墮惡趣、第一入離生。」

【成實四善根】（名數）成實宗不如俱舍宗別觀四諦、直以無常觀觀察五蘊、生相似之涅槃智、其中分四品、下名煖法、中名頂法、上名忍法、上上名世第一法。見大乘義章十一。

【法相四善根】（名數）法相大乘於眞唯識觀之前加行、依明得定、明增定、印順定、無間定之四定、而發四尋思、四如實之觀智、如其次第、爲煖、頂、忍、世第一法之四善根。見四尋思觀條。

【三品四善根】（名數）聲聞、獨覺、佛、三乘之善根也。此中聲聞與部行獨覺之二者轉於煖、頂、二善根已生之位、而得無上正覺也。彼若得忍、則無成佛之理、何則、彼已超脫惡趣、故不能爲利物化生往於惡趣也。煖頂忍之三者轉得爲獨覺、以彼不須利生之化用故也。其次麟角獨覺與佛、於煖等四善無移轉之理、蓋以彼由煖等善根乃至成菩提而成一座故也。俱舍二十三曰、「轉聲聞種性二成佛三餘、麟角佛無轉一坐成覺故。」

【四勝身】（名數）華嚴宗所說龍女、普莊嚴童子、善財童子、兜率天子四人、名爲四勝身、成佛。勝身者彼宗於圓教行位三種中約第二之果報、以明其位、立三生成佛之義。三生之第二生名解行生、正證悟法界之理、窮滿圓行之位也。於此位離界內分別之穢身、得界外無染清淨之金剛身、名解行身、是卽勝身也。以此解行之勝身、或於現生、或於當生、成佛果、謂之勝身成佛。舉其實例、舉此四人。一善財童子、華嚴經入法界品所說、彼於次前生成見聞、於今生遍參五十三知識、具足善賢行位、於當生隨入極樂、是於隔生之三生、次第經法門之三生也。（三生有隔生與法門二種）二兜率天子、華嚴經隨相品所說、本在地獄、蒙釋迦菩薩足下光照而出地獄、生於兜率天、故稱爲兜率天子。此天於身之一生具足諸地功德、現身成佛、自聞經至地獄之身而終爲見聞生、兜率之身爲解行生、是於隔生之二生、經法門之三生也。三龍女、法華經提婆品所說、八歲之龍女也、在龍宮聞文殊之法、龍身既成解行、詣靈鷲山、以龍女之身成佛於南方無垢世界。是於隔生之一生經法門之三生也。四普莊嚴童子、華嚴經盧舍那佛品所說、名大威光太子者是也。過去有王、名愛見善慧、此普莊嚴爲彼第二王子、是釋迦因位時之名也。彼於信滿（十信之滿位）一念而成極樂、是於一念而經三生也。（五教章下）要之善財童子三生經三生之行、兜率天子二生經三生之行、龍女一生經三生之行、普莊嚴童子一念經三生之行也。見十住心廣名目五。

【四勝義諦】（術語）勝義諦爲眞諦之異名、法相宗就眞俗二諦各立四重、合成八諦。見諦條。

【四印】（名數）四智印也。於金剛界五智如來中除大日如來之法界體性智、謂其餘阿閦如來之大圓鏡智、寶生如來之平等性智、無量壽如來之妙觀察智、不空成就如來之成所作智也。

【四印會】（術語）金剛界九會之一。以阿閦寶生、無量壽不空成就四佛之四智攝收一切諸尊之曼陀羅也。見九會曼陀羅條。

【四階成佛】（名數）與四階成道同。

【四階成道】（名數）又名四階成佛。小乘佛之成道有四階。一三阿僧祇劫之萬行、二百大劫之相好業、三最後身斷下八地之惑、四坐於道場、於三十四心斷非想之惑而成佛。大乘義章曰「大智度中迦旃延子曰、略有四階。一者三祇、二者百劫、三者後身斷下八地、四者三十四心斷非想惑。毘曇同之、成實少異」金光明玄義記上三曰「婆沙翻數、此論廣說四階成佛」四教儀集註中曰「三祇百劫名四階成道」

【四喻】（名數）有波羅夷之四喻及佛壽之四喻。見譬喻條附錄。

【四惑】（名數）與四煩惱同。廣弘明集序曰「滯四惑而溺欲塵」

【四絕】（雜語）絕有無等四句、謂之四絕。中論疏一曰「眞諦四絕、故名爲中」

【四結】（名數）以日月之四翳譬四結也。一雲、欲結也。二風塵、瞋結也。三煙、痴結也。四阿須倫、利養也。雲等四翳使日月不得放大光明、欲等四結覆蔽人心使不得開解也。見增一阿含經二十。梵 Samyojana

【四等】（術語）慈(Maitri)悲(Karuṇā)喜(Muditā)捨(Upekṣā)之四無量心也。從所緣之境而謂爲無量、從能起之心而謂爲等。以於平等起此心故也。增一阿含經序品曰「迦葉端思行四等。」大乘義章十一末曰「經中名此以爲無量、亦云四等。緣於無量諸衆生起、故名無量。等緣一切故復名等。」大部補註六曰「四等慈悲喜捨名四無量、華嚴經中亦名四等。四等從心無量從境。」增一阿含經二十一曰「有四等心。云何爲四、慈悲喜護。」又一字等、三世諸佛、等稱爲佛也。二語等、三世諸佛等以六十四種之梵音演說也。三法等、三世佛等得三十七之菩提分法也。四身等、三世諸佛等有法報化之三身也。以此四等而顯佛佛道同也。楞伽經三曰、「佛告大慧。以四等故如來應供等正覺於大衆中唱如是言、我爾時作拘留孫、拘那含牟尼、迦葉佛。云何四等。謂字等、語等、法等、身等。是名四等。」又一諸法等、諸法本來眞如平等也。二發心等、所依之理性平等、故能發之心亦平等也。三道等、發心平等、故所行之道亦平等也。四慈悲等、所行之道平等、故所等之道所垂之慈悲亦平等也。往生論註上曰、「平等是諸法體性。以諸法平等故發心等、發心等故道等、道等故大慈悲等。」

【四衆】（名數）一發起衆、如法華經會座因舍利弗三請而發起本經之說法。譬揚發動令如來有所說、是曰發起衆。二當機衆、正當座之機衆也。如諸聲聞正聞本經得證悟之益者。三影向衆、如文殊觀音來自他方、助佛化莊嚴法座者。四結緣衆、薄福衆生今無證悟之益、而結見佛聞法之因緣、作未來得道之因緣者。見法華文句二。又有僧伽之四衆、一比丘 Bhikṣu 二比丘尼 Bhikṣuṇī 三優婆塞 Upāsaka 四優婆夷 Upāsikā。藥師經曰「若有四衆苾芻、苾芻尼、鄔波索迦、鄔波斯迦。」見法華玄贊一。又一比丘、二比丘尼、三沙彌 Śrāmaṇera 四沙彌尼 Śrāmaṇerikā 即出家之四衆也。光宅法華疏一曰、「雖有天龍八部莫過四類出家四衆也。」又一龍象衆、大天之流也。二邊鄙衆、大天門徒也。三多聞衆、凡夫隨順學人聖者而多聞法者。四大德衆、即四果之聖衆也。見宗輪論述記。

【四葬】（雜語）見葬法條。

【四須臾】（名數）單時別爲四種。如瞬時、彈指時、羅預、須臾是也。

【四堅信】（雜語）信佛法僧及戒也。歸依已後具有根力、其信堅固、故謂之堅信。又名四不壞信。

【四評家】（名數）大毘婆沙論說五百阿羅漢集而評釋發智論者也。其中以世友、妙音、法救、覺天之四論師爲評家之正義。華嚴玄談七曰、「言評家者。婆沙是諸阿羅漢同集。而有四大阿羅漢爲評家正義。一世友、二妙音、三法救、四覺天。」

【四菩薩】（名數）胎藏界曼荼羅除中台大日如來外之四方四菩薩也。因觀音、彌勒、普賢、文殊。此四菩薩與娑婆之衆生因緣最深。

【四尋思觀】（術語）小乘俱舍之四善根位、修十六行相觀、成實宗修無常觀。而大乘之法相宗於此位修四尋思觀與四如實觀。是彼宗五位之第二加行位也。四尋思觀者、於諸法有名、義、自性、差別之四種。名者色受等之名也。義者依名而詮之色受等體也。自性者色受等各自之體性也。差別者體中之種類差別也。如人之色受與天之色受等。諸法不過此四種。行者觀此四法、是自己內心所變、如幻虛假之法、尋求思察此爲假有實無。謂之四尋思觀。以此推求之觀爲因而生印可決定之智、不惟如實了知所取所緣之名等是自心所變爲假有實無。猶了知印可能取能緣之名等四法亦爲假有實無。謂之四如實觀。然此四尋思四如實乃所發之觀法也。就其能發之禪定而言。則一爲明得定、二爲明增定、三爲印順定、四爲無間定。而煖頂忍世第一法之四者。乃其所得之功德也。見唯識論九、百法問答鈔六。

【四朝僧傳】（雜語）唐國四朝之高僧傳也。

【四童子三昧經】（經名）三卷、隋闍那崛多譯。爲方等般泥洹經前六品之別譯。

【四無色】（術語）又云四空處。有定與處之二。見四空定及四空處條。

【四無畏】（名數）又云四無所畏。化他之心不怯。名無畏。四無畏有佛與菩薩之二種。

【佛四無畏】（名數）智度論四十八明佛之四無畏。法界次第下依智度論釋之。一一切智無所畏。謂世尊於大衆中師子吼、我爲一切正智之人、無些怖心也。二漏盡無所畏、謂世尊於大衆中師子吼、我斷盡一切煩惱、無些怖心也。三說障道無所畏、謂世尊於大衆中師子吼、障害佛道之法無些怖心也。四說盡苦道無所畏、謂世尊於大衆中師子吼、盡苦道無些怖心也。俱舍論二十七曰、「佛四無畏如經廣說。一正等覺無畏。二漏永盡無畏。三說障法無畏。四說出道無畏。」

【菩薩四無畏】（名數）智度論五說菩薩之四無畏。大乘義章十一依之而釋四無畏。一總持不忘說法無畏。菩薩能聞持教法。憶持衆義而不忘、故於大衆中說法不畏也。二盡知法藥及知衆生根欲性心說法無畏。藥有二種、爲世間法出世間法、衆生之根欲性有種種、菩薩能了知之、故於大衆中說法不畏也。三善能問答、說法無畏。一切異見皆能摧破、一切正法悉能成立、無量衆生一時雖來問難、而菩薩悉能於一時酬對、故於大衆中說法不畏也。四能斷物疑、說法無畏。衆生問難、隨意解說法、如法能巧斷衆生之疑、是曰能斷疑。以有此能之故、於大衆中說法不畏也。

【四無量】（術語）與四無量心同。

【四無爲】（名數）見無爲條。

【四無所畏】（名數）與四無畏同。

【四無量心】（術語）又名四等、四梵行。十二門禪中之四禪也。一慈無量心、能與樂之心也。二悲無量心、能拔苦之心也。三喜無量心、見人離苦得樂生慶悅之心也。四捨無量心、如上三心捨之而心不存着也。又怨親平等、捨怨捨親也。此四心普緣無量衆生、引無量之福、故名無量心。又平等利一切衆生、故名等心。此四心依四禪定而修之、修之則得生色界之梵天、故云四梵行。俱舍論二十九曰、「無量有心。一慈Maitrī 二悲Karuṇā 三喜。Muditā 四捨。Upekṣā 言無量者。無量有情爲所緣故。引無量福故。感無量果故。」智度論二十曰、「四無量心者慈悲喜捨。」仁王經下曰、「修四無量慈無量心。悲無量心。喜無量心。捨無量心。」梵 Catvāri-apramāṇāni

【密教四無量觀】（術語）千手軌所說。一慈無量觀、是東方普賢菩薩之三摩地、普賢菩薩即金剛薩埵、東方四菩薩之首也。而在五智爲法界體性智大圓鏡智二智所攝、九識攝於八識時、第九識攝於第八識、五智攝於四智時、法界智攝於大圓鏡智也。行者先住於慈無量定、以慇淨之心遍觀六道四生之一切有情、皆具六大四曼之如來、具身口意之三金剛、此時行者起大慈曰、今以我修三密之功德、願使一切有情等同普賢菩薩、作此觀已、誦大慈三摩地之眞言。唵摩訶昧咀羅夜娑頗羅。（唵義如常、摩訶昧咀羅夜者大慈之義、娑頗羅者普賢之義、）二悲無量觀、是南方虛空藏菩薩之三摩地、虛空藏者、南方四菩薩之最初寶菩薩也、在五智、爲平等性智所攝。行者住於悲無量定、以悲愍之心、遍觀六道四生之有情、沈沒於生死之苦海、不悟自心、妄起分別、起種種之煩惱、是以不達眞如平等虛空過恒沙之功德、故願使一切有情等同虛空藏菩薩。如是觀已、誦大悲三摩地之眞言。唵摩訶迦嚕拏夜。娑頗羅。（摩訶迦嚕拏夜者大悲之義、餘同上、）三喜無量觀、是西方觀自在菩薩之三摩地、觀自在者、西方四菩薩之最初法菩薩也、在五智、爲妙觀察智所攝、行者住於大喜無量定、以清淨之心遍觀六道四生之衆生、本來清淨、猶如蓮華之不染客塵、自性淸淨、願以我修三密之功德力使一切衆生等同觀自在菩薩。（此中所以以喜無量爲清淨心者、以若於衆生生嫉妬者其心濁穢、若離嫉妬則其心淸淨故也、故大乘義章曰但爲利生心淸不濁名爲喜）作此觀已、誦大喜三摩地之眞言。唵。秫馱。鉢羅。謨。娜。裟頗羅。（秫馱者淸淨之義、鉢羅謨者觀之義、娜者喜之義、餘同上）。四捨無量觀、是北方虛空庫菩薩之三摩地、虛空庫菩薩者北方四菩薩之最初業菩薩也、又在五智爲成所作智所攝、行者住於捨無量定以平等心（是捨也）遍觀六道四生之衆生、皆離我我所於法平等、心本不生、願以我所修三密之功德、使一切衆生等同虛空庫菩薩、作此觀已、誦捨無量三摩地之眞言。唵。摩護。閉乞灑。娑頗囉。（摩護者無量之義、閉乞灑者捨之義、）見秘藏記本同鈔四。

【四無常偈】（術語）又名四非常偈。仁王經說無常苦空無我義之偈文也、有八偈分爲四節、一節各二偈、如其次第說無常苦空無我、法華文句記一曰、「四非常偈者。只是四無常偈也。」私志記四曰「無常苦空無我各有二偈。如文次第可知別論雖四。通論皆爲無常之義、故云四無常偈也」又六度集經第四賢愚因緣經十一說四非常偈。」與仁王經之文全同。

【四無礙智】（術語）與四無礙解同。

【四無礙解】（術語）又云四無礙智、四無礙辯、是爲諸菩薩說法之智辯、故約於意業而謂爲解謂爲智、約於口業而謂爲辯。一法無礙、名句文能詮之敎法名爲法、於敎法無滯名爲法無礙。二義無礙、知敎法所詮之義理而無滯名爲義無礙。三辭無礙、又云詞無礙。於諸方言辭通達自在名爲辭無礙。四樂說無礙、又云辯說無礙。以前三種之智爲衆生樂說自在、名爲樂說無礙。又契於正理起無滯之言說、名爲辯無礙。無滯之言說卽辯也。智度論二十五曰、「四無礙智者、義無礙智、法無礙智、辭無礙智、樂說無礙智。」一涅槃經十七曰、「菩薩摩訶薩能如是知得四無礙。法無礙。義無礙。辭無礙。樂說無礙。」仁王經下曰、「得無礙解法義詞辯演說正法。」俱舍論二十七曰、「無礙解總說有四。一法無礙解。二義無礙解。三詞無礙解。四辯無礙解。」法華玄贊二曰、「四辯者卽四無礙解。」

【四無礙辯】（術語）與四無礙解同。

【四無所畏經】（經名）一卷、趙宋施護譯、說四無畏及八大衆中無畏。

【四聖】（名數）十界分凡聖時、聲聞緣覺菩薩佛之四界稱四聖、餘稱六凡。因羅什門人道生僧肇道融僧叡四人曰關中四聖、或曰什門四聖。佛祖統紀三十六曰、「羅什弟子有生肇融叡。時號關中四聖。」釋氏稽古略二曰、「師之弟子曰生肇融叡、謂之什門四聖。」図禪林以阿彌陀佛、觀世音菩薩、大勢至菩薩、大海衆菩薩爲四聖。敕修清規尊宿遷化起龕曰、「山門維那向內合掌中立舉往生咒或四聖號大衆齊念。」

【四聖行】（名數）一糞掃衣、二乞食、三樹下坐、四身心寂靜。又名四良藥、與行四依及四聖種大意同。南山業疏三下曰、「涅槃具顯治本。故彼文云、出家之人有四種病。由此不得四沙門果。爲有衣欲、乃至爲有惡欲。有四良藥能治此病。謂糞掃衣、乞食、樹下坐、身心寂靜、治有惡欲、故名四聖行。」

【四聖言】（名數）見聖言條。

【四聖種】（術語）見聖種條。

【四聖諦】（術語）苦集滅道之四諦也。爲聖者所見之諦理、故名聖諦。又聖者正也、爲正眞之諦理、故名聖諦。涅槃經十二曰、「苦集滅道、是名四聖諦。」見四諦條。

【四意】（名數）四意趣之略。見四意趣條。

【四意趣】（名數）佛之說法、有四意四秘、可以解決一切之所說。說別有言外之意趣者、名四意趣。依此四意趣、可決一切之佛意云。玄奘譯攝論釋五謂復有四意趣四種秘密、一切佛言應隨決了。四意趣者、一平等意趣、如說我昔曾於彼時名毘婆尸佛、非昔時毘婆尸佛即今釋迦佛、但諸佛所證法平等、故說我即彼、彼即我、是名平等意趣。二別時意趣、如說稱多寶如來名、便可決定等正覺、稱阿彌陀名便可往生極樂、是爲勸懈意者、就別時利益說之、非言今直得之、猶如依一錢而說得百錢、是就別時說、故名別時意趣。三別義意趣、言說與意義不同、如說奉事幾許恒河沙之佛、而解了大乘法、解了大乘法之義理、原非難事、凡夫能思惟、即能之、不須遭恒沙之佛、惟證得大乘之實理、非容易事、地上之菩薩、始能之、今言事恒沙諸佛解了大乘法者、其言相雖似只解大乘之敎義、然其意思在證得大乘之實理。如是言說與意義各別、名爲別義意趣。四補特伽羅Pudgala意樂意趣、補特伽羅譯言衆生或有情。隨衆生之樂意、而種種說法也。先對一衆生讚嘆布施、見其人已樂欲布施、更毀呰布施。持戒等亦如是。是於一法毀讚相違者、初爲除其人慳悋之心、故讚布施、後爲更勸無漏之勝法、故毀之也。是皆隨衆生之意樂而說、故名衆生意樂意趣。佛陀扇多譯攝大乘論上曰、「四種意趣、一者法同意趣、二者時節意趣、三者義中間意趣、四者順衆生心意趣。」眞諦譯攝大乘論釋六曰、「復以有四意。一平等意、二別時意、三別義意、四衆生樂欲意。」

【四意斷】（名數）見四正勤條。

【四愛生】（名數）一衣服愛、二飲食愛、三臥具愛、四有無有愛。於有生愛於無有亦生愛也。見俱舍論二十二。

【四愛起】（名數）與四愛生同。增一阿含經二十一曰、「世尊告諸比丘有四愛起之法」。

【四運】（名數）具云四運心。凡人之起念有四位。一未念、例如人之念松雖未起松念、然後必起之之位也。二欲念、將起松念之位也。三正念、正起松念之位也。四念已、念松既已之位也。此四位名四運者以未念、欲念、正念、念已、念念相續而運行故也。就此四運心之一而推撿四句、有泯亡一切起念之觀法、是曰四性推撿。一曰四性觀。見止觀二之三。

【四運心】（名數）略云四運。見四運條。

【四微】（名數）色香味觸四種之極微也。此四微爲色法之元素、依四微而成地水火風四大、依四大而成五智。是爲成實論之宗義。中論疏四末曰、「成實論云。四微成四大、四大成五根」。止觀五曰、「鏡中能成四微尚不可得況所成幻柱」。同輔行曰、「言四微者色香味觸」。觀心二百門曰、「能生樹根既具四微所成枝條豈不具四微耶。」止觀五曰、「法有者即是色香味觸。四微和合故名法有」。同輔行曰、「四微者色香味觸」。

【四道】（名數）道者涅槃之道路也。乘此可到涅槃之城、故名道。道雖異可以四種攝盡。一加行道、謂先於三賢四善根位加力而行三學之位也。二無間道、謂加行功德成就而發正智、正斷煩惱之位也。不爲惑而間隔、故曰無間道。三解脫道、無間道後而生一念之正智、正證悟眞理之位也。爲既解脫惑之正智、故名解脫道。四勝進道、解脫道後更進而定慧增長之位也。此中菩薩乘之無學果德究竟圓滿、謂之勝進道。二乘之見修無學三道、皆具此四道。見俱舍論二十五。

【四塔】（名數）經律異相六謂天上人中各有四塔。天上之四塔、如忉利天城東照明園中有佛之髮塔、城南麤澁園中有佛之爪塔、城西歡喜園中有佛之鉢塔、城北尊御園中有佛之牙塔。人中之四塔、如迦毘羅衞國有生處塔、摩竭提國有成道塔、波羅奈國有轉法輪塔、拘尸那國有般涅槃塔。法顯傳曰、「佛泥洹已來、四大塔處相承不絕。四大塔者佛生處。得道處。轉法輪處。般泥洹處。」

【四鉢】（故事）佛成道初、四天王來、各奉一石鉢、佛受之重疊爲一而用之。見石鉢條。

【四禁】（術語）又云四重禁、四波羅夷罪也。涅槃經十一曰、「性重戒者謂四禁也。」

【四業】（名數）見業條。

【四達】（名數）又云一名四實、謂於先陀婆 Saindhava 之一語含鹽水器馬之四實也涅槃經九曰、「如來密語甚深難解。譬如大王告諸群臣先陀婆來。先陀婆者、一名四實。一者鹽二者器三者水四者馬如是四法皆同此名」止觀二曰、「大經云鹽水器馬。一名四實智臣善知。謂洗時奉水食時奉鹽飲時奉器遊時奉馬王皆但云先陀婆來。

【四煩惱】（名數）又云四惑。於第七末那識常恒相應之四種根本煩惱也。一我痴、即無明愚於我之相而迷無我之理也。二我見、即我執於非我之法妄計爲我也。三我慢、即倨傲持所執之我令心高舉也。四我愛、即我貪、於所執之我深生耽着也。見成唯識論四。

【四義平等】（名數）謂心王與心所相應之義有時間平等、所依平等、所緣平等、體事平等之四義也。

【四萬六千日】（雜語）爲佛、菩薩、等緣日之一種。於此日參詣者、與參詣四萬六千日同一功德云。但多倘觀音菩薩之緣日、即舊歷七月初十日也。

【四種善】（名數）詳見善惡條之附錄中。

【四種天】（名數）見天條。

【四種人】（名數）謂四種死生之人也。見四種死生條。〔又〕順流者、逆流者、中住者、得度者。順流者順生死之流也。逆流者、除滅五蓋而修覺意截生死之流而名。〔又〕一、常沒人、不習修涅槃之法、常沒流轉於生死大海者。二、暫出還沒人、生於世間五種之善根持不堅固、還復流轉生死者。三、出觀人、乍沈於生死欲求出離涅槃、於此方向定思惟者。四、得度人、具足修習涅槃之法、截生死之流得到彼岸者。成實論二（識論品）曰、「若不能生隨順泥洹信等功德是名常沒。或生世間。信等功德不能堅固還復退失是名暫出還沒。起隨順泥洹信等功德。分別善惡。是名出觀。具足修習隨順泥洹信等功德。是名得度。」〔又〕蠢人、濁人、中間人、上人之稱。

【四種死】（名數）人死由宿業及其他理由而別爲四種。一壽盡財不盡死。壽命盡而死也。二財盡壽不盡死。爲貧苦飢死凍死者。三壽盡財盡死、爲貧乏與壽命盡而死者。四壽不盡財不盡死。諸種之橫死也。大藏法數曰、「一謂如有人由宿業故報壽既短。於現生中復不積善作福。但經營生理多求財物其壽已盡積蓄尚多是名壽盡財不盡死。二謂如有人不能經營生理。少有財物壽雖未盡。積蓄業無或因飢餓、或由凍苦。遂致於死。是名財盡壽不盡死。三謂、如有人作短壽業。又不能經營財物。一旦壽盡、其財亦盡。是名壽盡財盡死。四謂如有人廣作壽業。廣作財業。其財未盡。其壽未盡。以餘因緣忽遭橫死。是名壽不盡財不盡死。」

【四種心】（名數）見心條。

【四種地】（名數）一勝解行地、地前三十心也。二普賢地。十地也。三大普賢地、等覺也。四普眼照地。佛果也。良賁仁王經疏引三藏度持金剛頂瑜伽經。

【四種我】（名數）一凡夫妄計之我、二外道之神我、三二乘之假我、四法身之大我也。

【四種劫】（名數）見劫條。

【四種貪】（名數）由貪愛之對境而別爲四法。一顯色貪。於他人之身分及青黃赤色等顯現之色起貪著也。二形色貪、於長短嬌媚等形相之色起貪著也。三妙觸貪、於自他身分細輭光滑等之觸起貪著也。四承事貪、於他人之趨承服事折旋俯仰等起貪著也。此四者皆爲相應婬貪心退治之法。則觀四外不淨。瑜伽師地論二十六曰、「若於青瘀或於膿爛或於變壞或於膖脹或於食噉作意思惟。於顯色貪令心清淨。若於變赤作意思惟。於形色貪令心清淨。若於其骨、若於其鎖。若於骨鎖作意思惟。於妙觸貪令心清淨。若於散壞作意思惟。於承事貪令心清淨。如是四種名於婬貪令心清淨。」

【四種制】（名數）律宗所談。謂碁博、人飲酒人、欺誑人、戒取見人。不可近也。

【四種花】（名數）見四花條。

【四種食】（名數）見四食條。

【四種眼】（名數）眞言法中有四種眼。一法眼、敬愛法也。二熾盛眼、鉤召法也。三忿怒眼、降伏法也。四慈眼、息災法也。見諸部要目。

【四種答】（名數）見四記條。

【四種僧】（名數）見僧條。

【四種諍】（名數）與四諍同。見四滅諍條。

【四種禪】（術語）三種禪中之第二出世間禪也。見四禪定條。

【四種成佛】（名數）一信滿成佛、依種性地之決定信。於諸法不生不滅、清淨平等。無可願求。是爲信滿成佛。二解滿成佛、依解行地、深解法性無造無作、不起生死之想、不起涅槃之想。心無所怖亦無所欣。是爲解滿成佛。三行滿成佛、依究竟之菩薩地。能除一切無明法障、菩提之願行、悉皆具足。是爲行滿成佛。四證滿成佛、依淨心地得無分別之寂靜法智、及不可思議勝妙之功德。是爲證滿成佛。見占察經上。

【四種念佛】（名數）見念佛條。

【四種念誦】（名數）見念誦條。

【四種法身】（名數）見法身條。

【四種法界】（名數）華嚴之四法界也。見法界條。

【四種悉地】（名數）見四種檀法條。

【四種悉檀】（名數）見四悉檀條。

【四種曼茶】（名數）四種曼茶羅之略。

【四種道品】（名數）台家就三十七品之道品立四種。

【四種道理】（名數）解深密經五所說。一觀待道理、又云相待道理。觀者觀對待者待籍如對長而籍長成短、對短而籍短得長、又如苦爲所對而感樂、樂爲所籍而感苦、總名觀待道理。十因中有觀待因是也。二作用道理、又云因果道理、若因若緣能成辨果、或又生而巳作種種之業用、是名作用道理。三證成道理、又云成就道理。依現量比量聖敎量而證成眞正之理、名爲證成道理。四法爾道理、又云法然道理。如來出世說法、或無出世說法者、然法性常爾、不可思議、是名法爾道理。莊嚴經論十二曰「道理假建立有四種。一相待道理。二因果道理。三成就道理。四法然道理。」

【四種僧物】（名數）又曰四種常住。一、常住常住、衆僧之厨庫寺舍衆具華果樹林田園僕畜等也。是永定住於一處、非可分判者、故爲常住物中之常住物也。二、十方常住、如日日供僧之常食、是取前常住常住而入當日之常食者、是爲屬十方僧之僧物、故云十方常住。簡言之、卽十方僧之常住物也。三、現前現前、各比丘所屬之私物也。是爲現前僧之現前物。四十方現前、如亡僧所遺之經物、是爲可分與十方僧爲各比丘之現所屬者、故謂之十方現前。見行事鈔中之一。

【四種上座】（名數）與四上座同。見上座條。

【四種方便】（名數）衆生所具眞如之法、雖體性空淨、然有無量煩惱垢染、若無人以方便對治之、則無得淨者、其方便有四種。一行根本方便、觀諸法無生而起大智、離一切妄見、不住於生死、觀諸法之因緣生滅、而起大悲攝化衆生、不住於涅槃、以隨順法性之無住、是名行根本方便。二能止方便、慚愧悔過、能止一切惡法、不使增長、以隨順離法性之諸過、是名能止方便。三發起善根增長方便、勤供養禮拜三寶、讚嘆隨喜諸佛、使淨心增長、因三寶之加護、能消業障、是名發起善根方便。四大願平等方便、發廣大誓願化度盡未來際一切衆生、皆令究竟入涅槃、是名大願平等方便。見起信論。

【四種世人】（名數）由四種之死生而世人亦別爲四種。見四種死生條。

【四種比丘】（名數）與四種沙門同。見沙門條。

【四種生死】（名數）見生死條。

【四種平等】（名數）相非相平等、因果平等、我無我平等、人與所修法平等也。見楞伽經。

【四種四諦】（名數）見四諦條。

【四種甘露】（名數）四種之蘇陀Sudhā味也。法華玄贊六曰、「若天得勝。便入非天（阿修羅）宮中。爲奪其女。起此違諍。若非天得勝。卽入天宮。爲求四種蘇陀味。故相戰諍。」此蘇陀味卽甘露也。註維摩經云、「生曰。天食爲甘露味也。食之長壽。遂號爲不死食。」甘露通常名Amṛta譯曰不死。是天酒Soma也。名義集曰、「修陀或云須陀。此天食也。」

【四種死生】（名數）佛嘗就人之死次受生。對波斯匿王之問說四種之死生。一從冥入冥。世人生於卑賤之家、旃陀羅之家、及種種下賤之家、貧窮活命、形體顯頷、作卑賤之業、名爲冥。處此冥中、復於身口意行惡業、死而墮於惡趣也。二從冥入明、處前述之冥中、於身口意行善業、身壞命終而生於人天也。三從明入冥、生富貴之家、或刹帝利、婆羅門長者之家、受身端正、多財多智、是爲明。於此明中身口意行惡業、命終之後、生於惡趣受無量之苦也。四從明入明、於明中身口意行善業、勤修福德、而生於天上也。此說出雜阿含經。

【四種自在】（名數）見自在條。

【四種因緣】（名數）見十二因緣條。

【四種沙門】（名數）見沙門條。

【四種邪食】（名數）與四種邪命同。見邪命條。

【四種狂惑】（名數）人之發狂有四種之別。貪狂者、貪欲所驅而狂也。藥狂者、中藥物之毒而狂也。咒狂者、爲咒詛調伏等而狂也。本業緣狂者、由過去之業因而狂也。

【四種作意】（名數）一調練心作意、調練者、調停練習也。謂於可厭惡之法調停練習、令心厭離也。二滋潤心作意、滋潤者、滋長沃潤也。謂於可觀尙之法、滋長沃潤、令心忻樂也。三生輕安作意、輕安者、身輕心安也。謂於可厭之法、令心厭離、於可欣之法、令心欣樂、安住寂靜、身心輕安也。四淨智見作意、淨智者、卽清淨之智慧也。謂此智慧照了諸法皆空、卽得內心寂靜、由寂靜故而見眞實之理也。出瑜伽論三十一。

【四種往生】（名數）一正念往生、如阿彌陀經所說心不顚倒卽得往生是也。二狂亂往生、此人以一生惡業、地獄之猛火一時俱來逼苦、狂亂之時、遇善知識、作一聲或十聲之念佛而往生極樂也。觀經下下品之所說是也。三無記往生、此人既於平生發得歸命信心、故臨終時依過去之業因、雖心神衰弱而爲無記（非善非惡）不能念佛、而乘前之念佛、必得往生也。四意念往生、若人臨終時雖不出聲而稱佛、惟意念阿彌陀佛、即得往生也。

【四種性行】（名數）一自性行。諸菩薩本性以來賢良質直、順父母之教、信敬沙門及婆羅門、善知家內之親疏尊卑、恭敬承事不失、具足十善、復行其餘善業也。二願性行。諸菩薩如是發願、我於何時當得作佛而號具足、是謂之菩薩願性行。三順性行。諸菩薩隨順修行六波羅蜜也。四轉性行。如釋尊供養燃燈佛、由此因緣讀誦經典、轉凡成聖也。見佛本行集經一。

【四種信心】（名數）一信根本、真如之法、為諸佛之師、衆行之源、故云根本、信樂真如之法也。二信佛信樂佛之大功德也。三信法信樂法之大利益也。四信僧信樂僧之大行也。見起信論。

【四種重恩】（名數）與四恩同。又父恩、母恩、如來恩、說法師恩也。

【四種秘密】（名數）如來說法之秘密有四種。一令入秘密、聲聞之人執著空法、謂一切之法皆空。如來為說大乘之法、破其執空之見、使生勝解、入於聖教也。二相秘密、如來說一切之法、皆無自性、無生無滅、以破外道凡夫執著有相也。三對治秘密、如來宣說隱密之教、皆是對彼衆生之過失而調治之。如人有病、則應病與藥、治療之使得安適也。四轉變秘密、轉變者、轉不善為善之義、如來說一切隱密之名言、皆為使衆生之起散亂心者生寂靜、使起顛倒之見者生正見、使起煩惱者生清淨也。阿毘達磨雜集論十二曰「有四種秘密、由此秘密故、於方廣分中、一切如來所有秘密。應隨決了。何等為四。謂令入秘密、相秘密、對治秘密、轉變秘密、如是四種、於大乘中略攝如來一切所說秘密道理云云。」

【四種涅槃】（名數）見涅槃條。

【四種常住】（名數）見四種僧物條。

【四種授記】（名數）見授記條。

【四種教授】（名數）師匠教授弟子、有四種之法。一無倒教授、宣說不顛倒之法義、使弟子受持讀誦修學也。二漸次教授、稱機根而宣說法義、令先習小後入大也。三教授、或從如來、或從佛弟子所聞之正教、如其教不增不減、教授他人也。四證教授、自己所證之法、欲他人得證、故方便教授也。見瑜伽師地論。

【四種問答】（名數）又名四記、四答。見四記條。

【四種惡人】（名數）律家所談、樂語他誤人、樂說邪見人、口軟心惡人、少作多說人之四種人。常當遠離也。

【四種鉤印】（術語）以慈悲喜捨之四攝法、鉤召一切衆生也。見四攝菩薩條。

【四種對治】（名數）見對治條。

【四種輪王】（名數）金銀銅鐵四種之轉輪王也。見轉輪王條。

【四種墨印】（名數）又曰四種廣說、四大敎法。四分律四有「四種廣說」第一廣說。若比丘作是語長老我於某村某城、親從佛而受持不忘此爲法、此爲毘尼、此爲佛之所敎、若聞彼說、不應嫌疑、亦不應呵、應審定文句而尋法律、若相違則應語彼言汝所說者非佛所說、或是長老不審佛語、不可復誦、亦莫敎餘人、今當棄捨、若與法相應、則應語彼言是佛所說應能誦習敎諸比丘等。第二廣說、彼謂於僧中上座之前聞之。第三廣說、彼謂於知法衆多之比丘所聞之。第四廣說、彼謂於知法一比丘之所聞之。餘皆與第一廣說同。十誦律名之爲四種墨印。廣說者、就能說之人而名之、墨印者、就能證之敎而名之。以能證之敎印定之、有印之義也。十誦律曰「若言我從佛聞乃至一比丘聞未應毀呰。應向三藏聖敎印定。」見行事鈔上一之二。又契經、律、阿毘曇、戒之四法名爲四廣說、增一阿含經二十曰「今四大廣說之義云何。爲四所謂契經、律、阿毘曇、戒是謂爲四。」長阿含經三曰「佛告諸比丘、當與汝等說四大敎法。」

【四種廣說】（名數）見四種墨印條。

【四種壇法】（名數）一息災法、爲自身及他人之病難等、消除種種之惡事之修法也。二增益法、爲增益自身及他人之壽命福德智慧等之修法也。三敬愛法、爲自身及他人欲得佛菩薩愛護、或君王衆人慶愛之祈禱法也。四調伏法、爲自身及他人調伏怨敵惡人等之祈禱法也。見秘藏記上。

【四種總持】（名數）總持爲陀羅尼之譯語、卽陀羅尼也。見陀羅尼條。

【四種聲聞】（名數）見聲聞條。

【四種饒益】（名數）謂菩薩化度饒益衆生有四種之方便也。一示現相好、令觀者發菩提心也。二示現說法、令聞者開悟入道也。三示現化事、令聞者護諸法門也。四名流十方、令聞者繫念得脫也。

【四種釋義】（名數）見四釋條附錄。

【四種變易】（名數）於變易生死中、因果相移易、修一分之因、感一分之果、而生後之三種也。一變易生死、菩薩以無漏智力斷其麤惑、所感殊勝之細異熟果、以因移果易而爲生死、故名。二不思議身、菩薩以無漏定力及願力、而身所示現之妙用難測、故名。三意成身、聲聞緣覺菩薩、以無漏定力於十方世界隨其意願而成身、故名。四變化身、聲聞緣覺菩薩、以無漏定力於十方世界變現其身、故名。見成唯識論八。

【四種觀行】（名數）此乃懺悔者、爲滅罪方便而修之四種觀行也。一觀因緣、其罪爲無明所覆、無正觀之力、不知罪過、遠離善友、隨逐魔行、如蛾赴火、不知自燒等、觀爲罪之因緣也。二觀果報、所有諸惡不善業之業、三世輪轉之苦果、了無窮極、淪溺於生死大海、冥然無涯、如抱石沈淵、遂難出脫、觀爲罪之果也。三觀自身、觀自身之正因、雖有靈覺之性、而爲煩惱黑闇所覆蔽、無了解諸法之力、故不得顯也。四觀如來身、觀如來之身、衆德具足、湛然常住、復以方便入於滅度、然慈悲拔救衆生之心、無時或捨也。見慈悲水籤。

【四種行人】（名數）十住十行十廻向十地也。吽字義曰、「金剛已還四種行人」。

【四種三昧】（名數）見三昧條。

【四種佛土】（名數）見佛土條。

【四種佛心】（名數）法性身、自受用報身、他受用報身、變化身四佛之心也。

【四種阿含】（名數）見阿含條。

【四種阿難】（名數）天台約於四教而立四種阿難。

【四種一切義】（名數）唯識宗就心所之分類、通善惡無記之三性、謂之一切性。通有尋有伺地、無尋唯伺地、無尋無伺地、謂之一切地。無始以來之相續、謂之一切時。一切之心所生於俱時、謂之一切。俱是四種之一切義也。

【四種根本罪】（術語）四波羅夷罪也。大日經學處品曰、「四種根本罪」。

【四種三昧耶】（名數）殺盜婬妄之四波羅夷也。是爲諸佛不可越之戒法、故謂之三昧耶。大日經具緣品說此四波羅夷之偈、名爲三昧耶偈。

【四種阿闍梨】（名數）見阿闍梨條。

【四種曼荼羅】（名數）大、三、法、羯之四種也。見曼荼羅條。

【四種成就法】（名數）見四種檀法條。

【四種瓔珞莊嚴】（名數）菩薩、以戒等四法莊嚴法身、如世之瓔珞莊嚴身也。一戒瓔珞莊嚴、以戒律莊嚴法身也。二三昧瓔珞莊嚴、以禪定莊嚴法身也。三智慧瓔珞莊嚴、以智慧莊嚴法身也。四陀羅尼瓔珞莊嚴、陀羅尼者總持之義、能總持善法而莊嚴法身也。見大集經一。

【四箇大法】（名數）一安鎭法、二熾盛光法、三七佛藥師法、四普賢延命法。日本叡山稱之爲四箇大法。

【四箇大乘】（名數）華嚴、天台、眞言、禪之四箇也。此四者皆是實大乘而最行者。因法相、三論、天台、華嚴也。

【四箇法要】（儀式）一梵唄、先於法會之初、諷詠如來妙色身之偈、讚嘆佛德、且靜止外緣也。二散華、梵唄之次唱願我在道場等之偈而散花供養佛也。三梵音散華之次、唱十方所有勝妙華等之偈、以淨音供養佛也。四錫杖梵音之次唱手執錫杖之偈而振錫杖也。此四事爲法會中之最要者、故曰法要。又云法用。

【四維】（雜名）東西南北四方之中間曰四維。無量壽經曰、「照東方恒沙佛剎。南西北方四維上下、亦復如是。」

【四維口食】（術語）四邪命之一。見邪命條。

【四障】（名數）有四種之生死障害如來法身之功德、故名四障。佛性論二曰、「聲聞緣覺大力菩薩住無漏界有四種怨障。不得如來法身四德。」見生死條。一惑障、貪欲瞋恚愚痴等之思惑也。能障蔽正道。二業障、身口意所造之惡業也。能障蔽正道。三報障、三惡趣之苦報也。能障蔽正道。四見障、諸邪見也。能障蔽正道。見海意菩薩所問淨印法門經。

【四夢】（名數）見夢條。

【四慢】（名數）七慢中之四也。

【四漏】（名數）一欲漏、欲界之修惑也。但除無明。二有漏、上二界之修惑也。但除無明。三無明漏、三界之無明也。四見漏、三界之見惑也。漏是煩惱之異名。此四漏與四流之體同、惟次第稍異耳。出大藏法數二十三。參照四流條。

【四說】（名數）又名四種廣說、四種墨印。見四種墨印條。

【四塵】（名數）色香味觸也。凡色法以地水火風之四大種爲能造、依之而造五根五境之色。即能造之四大與所造之十色皆爲實色也。於此實色中以色香味觸之四法、造山河草木等外器之法。是謂之四塵。所造、無單一色塵乃至觸之物體也。（聲有無不定故不言之）小乘有部宗立之爲微聚之實法。大乘之唯識則立之爲和合之假色。又衆生內身之根處、其扶塵根亦四塵所成者也。其勝義根雖爲觸境所攝之四大所成、然無色香味之和合、故惟爲能造之四大與眼根、乃至能造之四大與身根而已。但小乘有部宗之五根據九事俱生或十事俱生之義、謂勝義之五根亦爲四塵所成也。見百法問答鈔一。

【四賓主】（名數）臨濟曹洞二家各立四賓主。其義不同。臨濟之賓主爲師弟之別名。一主中主、有師家鼻孔者。二賓中主、有學人鼻孔者。三主中賓、無師家鼻孔者。四賓中賓、無學人鼻孔者。曹洞之賓主爲體用之異名。一主中賓、體中之用也。二賓中主、用中之體也。三賓中賓、用中之用。於頭上安頭也。四主中主、體中之體、物我雙亡、人法俱泯也。

【四熏習】（名數）明眞妄互爲熏習、

染淨之二法、相續不斷也。一無明熏習、衆生有無始之無明、熏習眞如、以熏習故生妄心也。妄心者業識也。二妄心熏習、以此妄心還熏於無明、使增不了之念、更轉而使現妄境界、妄境界者轉識及現識是也。三妄境界熏習、此妄境界還熏動妄心、以起諸浪、造種種之業、受身心之苦、分別事識是也。依已上三熏習之義而染法相續也。四淨法熏習、此有二、一眞如熏習、二妄心熏習。眞如熏習者以衆生具眞如之法、能冥熏無明、以冥熏之因緣使妄心厭生死之苦、樂求涅槃、是名眞如熏習。妄心熏習者、以此厭求之妄心還熏習於眞如、增其勢力、起種種方便隨順之行、而滅無明、無明滅故、心相皆盡、得涅槃而成自然之淨業、以此熏習而淨法不斷也。但染法者以自性差別、分爲三種、淨去則以體用一明一種而已。見起信論。

【四滿成佛】(名數) 一信滿成佛、於十信之滿位、決定信諸法之不生不滅、清淨平等、無可願求、名爲信滿成佛。二解滿成佛、於十住(舊云十解)之滿位、深解法性、不起生死之想、不起涅槃之想、心無所怖、亦無所欣、是名解滿成佛。三行滿成佛、於十地之滿心、能除一切無明諸惑、菩提之願行皆具足、是名行滿成佛。四證滿成佛、於妙覺之佛地得無分別寂靜法智及不可思議之勝妙功德、是名證滿成佛。見占察經下。

【四德】(名數) 大乘大般涅槃所具之德也。一常德、涅槃之體、恒不變而無生滅、名之爲常、又隨緣化用常不絕、名之爲常。二樂德、涅槃之體、寂滅永安、名之爲樂、又運用自在、所爲適心、名之爲樂。三我德、解我有二種、一就體自實名爲我、如涅槃經哀嘆品中所謂「若法是實是眞是主是依性不變易是名爲我。」二就用自在名爲我、如涅槃經高貴德王品所謂「有大我故名大涅槃、大自在故名爲大我。云何名爲大自在耶。有八自在則名爲我。」(見八自在條)四淨德、涅槃之體解脫一切之垢染、名之爲淨、又隨化處緣而不汚、名之爲淨。(大乘義章十八)法華玄義四曰「破二十五有煩惱名淨、破二十五有業名我、不受二十五有報爲樂、無二十五有生死名常。常樂我淨名爲佛性顯」說此常樂我淨爲涅槃經一部之所詮、故涅槃經謂之談常教。

【四德處】(名數) 若近善人則聞正法、聞正法則具四德處。一慧德處、由聞正法而生大智慧、故名慧德處。二實德處、以是智慧見眞諦之空理、故名實德處。三捨德處、見眞空而離煩惱、故名捨德處。四寂滅德處、見空理而煩惱盡、故心得寂滅、故名寂滅德處。見成實論二。

【四德樂邦】(雜語) 具四法之安樂世界也。卽涅槃之都、是涅槃具有常樂我淨之四大德、故有此名。

【四德波羅蜜】（術語）波羅蜜爲到彼岸之義。顯事之究竟者。四德者常樂我淨也。如來之法身爲四德之究竟處、故曰四德波羅蜜。普賢觀經曰「釋迦牟尼名毘盧遮那。遍一切處。其佛住處名常寂光。常波羅蜜所成攝處。我波羅蜜所安立處。淨波羅蜜滅有相處。樂波羅蜜不住身心相處。」

【四輪】（名數）四種曼荼羅也。曼荼羅者輪圓具足之義、故名四輪。見曼荼羅條第一則附錄。又有種種之四輪如下。

【大地四輪】（名數）一風輪。以有情之業力先於最下依止虛空而生風輪、其廣無數、厚有十六億踰繕那。如是風輪其體堅密。假令有一大諾健那以金剛輪奮威擊之、金剛碎而風輪無損。二水輪。又以有情之業力起大雲雨、澍於風物上成積水輪。如是水輪於未凝結之位、深有十一億二萬踰繕那。三金輪。有情之業力、起別風搏擊此水上結爲金。如熟乳之凝結爲膜。故減水輪而厚八億、其餘轉成金輪、厚有三億二萬、與水金二輪之廣相等。其經十二億三千四百半已上爲俱舍論世間品所說。於此加所依之虛空輪、稱爲四輪。

【曼荼羅四輪】（名數）一本尊黃色、故住於地輪曼荼羅、其形方、名爲金輪。二本尊白色、故住於水輪曼荼羅、其形圓、名爲水輪。三本尊赤色、故住於火輪曼荼羅、其形爲三角、名爲火輪。四本尊黑色、故住於風輪曼荼羅、其形爲半月、名爲風輪。見諸部要目。

【轉法輪四輪】（名數）一金剛輪、東方阿閦佛之法輪也。二寶輪南方寶生佛之法輪也。三法輪。西方阿彌陀佛之法輪也。四羯磨輪。北方不空成就佛之法輪也。見理趣釋下。

【輪王四輪】（雜名）金銀銅鐵四種之輪寶也。見轉輪王條。

【四輪王】（雜名）四位之轉輪聖王也。見轉輪王條。

【四輪寶】（雜名）與輪王四輪同。見轉輪王條。

【四摩】（術語）Sima又云四摩室。爲戒場。卽布薩界之梵語也。譯曰別住。法礪四分疏七末曰、「明了論西音名爲四摩室。此方翻名稱爲別住。彼疏解云、此云布薩界。或稱戒境者。非正翻名。謂此住處與餘住處各不相通。於此作法、不須取餘住處、故云別住。別住不同。有十七種。」羯磨疏二上曰「明了論疏解云。本音四摩。此正翻云別住是也。諸本云布薩界及戒場者、非正本音。所以名別住者。謂此住作法與餘住不相通。」譯爲別住。不當四摩乃界之義、卽結界也。上出之兩解。非正者爲正翻。指布薩時比丘參集之境界。卽住於同一結界（四摩）內之比丘等、有必須參集於界內所定地之義務。是爲防彼由遠地參集勞苦與在同一住處有不和合者。而制之。後世寺院門前之結界石。即四摩之標柱也。參照結界條。

【四摩室】（術語）見四摩條。

【四輩】（雜語）比丘、比丘尼、優婆塞、優婆夷之四衆也。又人天龍鬼之四衆也。藥師經曰「四衆苾芻、苾芻尼、鄔波索迦、鄔波斯迦。」盂蘭盆經曰「時目連比丘四輩弟子歡喜奉行。」同圭峯疏曰「四輩者、僧尼士女。或云人天龍鬼。」參照四衆條。

【四輩經】（經名）一卷。西晉竺法護譯。說四輩弟子之法非法。

【四論】（名數）一中觀論Prāṇyamūla-śāstraṭīkā四卷。龍樹造。二百論Śata-śāstra二卷。提婆造。三十二門論 Dvādaśanikāya (又-mukha) śāstra 一卷。龍樹造。四大智度論 Mahāprajñāpāramitā-śāstra 一百卷。龍樹造。梁僧傳（羅什傳）曰「四論者、國之大寶。」唐僧傳（曇鸞傳）曰「內外典籍、具陶文理。而於四論佛性彌所窮研。」

【四論宗】（流派）隋嘉祥擴張三論以前諸師多研學四論。故後世稱之爲四論宗。非別有四論一宗也。嘉祥於四論中特取中百十二之三論、於三論玄義述八義。

【四節】（名數）禪林於結夏、解夏、冬至、年朝謂之四節。義堂日工集曰「凡稱四節。乃百丈叢林也。結解則天竺佛制。冬年則中華俗節。百丈以隨方毘尼、禮貴同俗。遂有四大節之儀。」

【四寮】（雜語）淸規之四寮有二種。一亡僧章之四寮。即其所列之首座、維那、知客、侍者是也。嗣法師遺書章之兩序四寮及遷化章之蒙堂四寮。並有蒙堂之異名。以佛國白、大覺璉、參寥潛、九峯韶之四名德。曾居蒙堂、後人慕之。存四寮之名耳。

【四慧】（名數）小乘十智中第一世俗智之差別也。一生得慧。生即得之之智慧也。二聞慧。聞聖教而發之智慧也。三思慧。自思惟理而發之智慧也。四修慧。修習禪定而發之智慧也。其中對第一之生得、謂後三者曰加行得。又前三爲散慧。後一爲定慧。

【四緣】（名數）舊譯曰因緣、次第緣、緣緣、增上緣。新譯曰因緣、等無間緣、所緣緣、增上緣。一因緣。謂六根爲因。六塵爲緣也。如眼根對於色塵時。識即隨生。餘根亦然。是名因緣。二次第緣。謂心心所法次第無間相續而起。名次第緣。三緣緣。謂心心所法由託緣而生。還是自心之所緣慮。名爲緣緣。四增上緣。謂六根能照境發識。有增上力用。諸法生時、不生障礙。名增上緣。見大明法數一五。又見於智度論、唯識論、大乘義章等。

【四諍】（名數）以七滅諍法而滅之四種諍論也。南山戒疏一上曰「以七毘尼用滅四諍。」見七滅諍條。

【四儀】（術語）四威儀之略。

【四趣】（名數）地獄、餓鬼、畜生、阿修羅之四惡趣也。梵Durgati

【四墮】（名數）婬盜殺妄之四波羅夷罪也。是爲退墮佛法海而不得再入僧衆之重罪、故云墮。多論一曰、「白四羯磨竟已得具戒。所以說四依四墮十三僧殘者。但爲知故說。」有部百一羯磨一曰、「次說四墮落法（中略）苾芻於此四法中。隨一一事。若有犯者。隨當犯時便非苾芻非沙門非釋迦子。失苾芻性。此便墮落斷沒輪廻。」

【四增盛】（名數）謂至增劫則四種增盛也。一、壽量增盛。由千歲至八萬歲。二、有情增盛。由萬人至無數量。三、資具增盛。穀物果實等富饒。四、善品增盛。至修十善及諸道品。

【四墮落法】（名數）見四墮條。

【四諦】（名數）又云四聖諦、四眞諦。聖者所見之眞理也。梵語Catvāri āryasatyāni巴利語Cattāri ariyasaccāni 一苦諦、Duḥkha-āryasatya 三界六趣之苦報也。是爲迷之果。二集諦、Samudya— 貪瞋等煩惱、及善惡之諸業也。此二者能集起三界六趣之苦報。故名集諦。三滅諦、Nirodha 涅槃也。涅槃滅惑業而離生死之苦、眞空寂滅。故名滅。是爲悟之果。四道諦、Mārga— 八正道也。此能通於涅槃。故名道。是爲悟之因。其中前二者流轉之因果也。故又曰世間因果。後二者還滅之因果也。故又曰出世間因果。此四者皆云諦者。言其眞理實爲至極也。而二者皆先果後因者。果易見因難知。故先示苦果。令其厭。然後使斷其因。又舉涅槃之妙果使樂之。然後使修其道。是乃誘引最劣小機之善巧也。佛起菩提樹下。至鹿野苑。爲五比丘始說此法。是爲佛轉法輪之初。依之而修道證滅者。稱爲聲聞人。法華經譬喻品曰、「昔於波羅奈轉四諦法輪。」四十二章經曰、「於鹿野苑中轉四諦法輪。度憍陳如等五人而證道果。」涅槃經十二曰、「苦集滅道。是名四聖諦。」涅槃經十五曰、「我昔與汝等不見四眞諦。是故久流轉生死大苦海。若能見四諦。則得斷生死。」止持會集音義曰、「苦諦者、苦以痛惱爲義。一切有爲心行、常爲無常患累之所逼惱。故名爲苦。大論云無量衆生有三種身苦、老病死。三種心苦、貪瞋癡。三種後世苦、地獄餓鬼畜生。總而言之有三苦、八苦等、皆三界生死之患。諦審生死實是苦者、故名苦諦也。三苦、謂苦苦壞苦行苦。八苦可知。集諦者、集以招聚爲義。若心與結業相應、未來定能招聚生死之苦、故名爲集。審一切煩惱惑業、於未來實能招集三界生死苦果、故名集諦也。盡諦者、亦名滅諦。滅卽寂滅。滅以滅無爲義。結業既盡、則無生死之患累故名爲滅。以諸煩惱結使滅故、三界業亦滅。若三界業煩惱滅者、卽是滅諦有餘涅槃。因滅故果滅。捨此報身時、後世苦果永不相續。名入無餘涅槃。諦審涅槃實爲寂滅、故名滅諦也。道諦者、道以能通爲義。正道及助道、是二相扶能至涅槃、故名爲道諦。審此二道相扶實能通至涅槃不虛、故名道諦也。正道者、實觀三十七品三解脫門緣理慧行名爲正道。助道者、得解觀中種種諸對治法及諸禪定、是名助道。」

【四諦十六行相】（名數）觀四諦一一諦各有四種之行相、合爲十六行相。見十六行相條。

【四種四諦】（名數）四諦之法、雖爲初對小乘淺近之機之法門、然其理則通於大小一切佛法、故天台從涅槃經聖行品所說而安立四種之四諦。以配藏通別圓之四教。一生滅四諦、苦集道之三諦、依因緣而有實之生滅、滅諦者可視爲實之滅法、如此立於實生實滅上之四諦、謂之生滅四諦。是小乘教卽三藏教所說也。二無生四諦、苦集道之三諦、如幻卽空、無實之生無滅、滅諦本來自空、不生不滅、了此苦集道之因果當體卽空、而不見生滅、故謂之無生四諦。卽通教之所說是也。三無量四諦、於苦諦涉於界之內外而有無量之相、乃至就道諦而有無盡之差別、此是乃大菩薩之所修學、故謂之無量四諦、是別教之四諦也。四無作四諦、煩惱卽菩提、故無斷集修道之造作、生死卽涅槃、故不須滅苦證滅之造作、如此離斷證造作之四諦、故謂之無作四諦。是圓教之四諦也。法華玄義三曰「四種四諦者、一生滅、二無生滅、三無量、四無作。其義出涅槃聖行品。」同釋籤曰「其義出涅槃聖行品者、第十一、第十二經廣明聖諦。今多依彼。然聖行中明四諦義、兼合大小。若解生滅及以無量、其文則顯。無生無作、文稍隱略。」

【四諦梵語】（雜語）賢慧經十二曰、「豆佉三牟提耶尼樓陀末迦（晉言苦習滅道）」（宋元明三本俱習字作集。梵音出本項）毘婆沙論出毘陀語 Veda 及彌離車語 Mleccha 之四諦。參照聖語條。

【四諦經】（經名）一卷、後漢安世高譯。說四諦之法。爲中阿含分別聖諦經之別譯。

【四諦論】（書名）四卷、婆藪跋摩造、陳眞諦譯。分別四諦之義。

【四機】（名數）機者機器也。又機緣也。善根當發、名爲機。一人天機、謂諸惡莫作衆善奉行、是人天機也。二二乘機、謂厭惡生死、欣求涅槃、是二乘機也。三菩薩機、謂先人後己、慈悲仁愛、是菩薩機也。四佛機、謂於一切諸法而觀中道實相、以頓斷諸惑而出生死、是佛機也。見法華文句十下。

【四樹】（譬喻）聲聞、緣覺、菩薩、佛之四乘也。取法華之三草二木之譬喻、故曰樹。與禪護國論序曰「三輪八藏之文、四樹五乘之旨。」

【四橛】（物名）護摩壇四方之小柱也。仁王道場念誦儀軌曰「於壇四角釘佉陀羅木橛。若無此木、鐵橛紫檀木橛亦得。長十二指入地四指。」大日經疏六曰「橛首如一股拔折羅形、其下銛銳。」

【四縛】（名數）又云四結。一欲愛身縛、欲界貪欲之縛身者。二瞋恚身縛、瞋恚之縛身者。三戒盜身縛、邪戒之縛身者。戒盜又名取戒、是本非戒、強以名戒、故曰戒盜。又以取進行、故名戒取。是外道之邪戒也。四我見身縛、我見之縛身者。見鞞婆沙論二。又一欲縛、欲界諸惑中除無明與見惑者。二有縛、上二界一切惑中除無明與見惑者。三無明縛、三界之無明也。四見縛、三界之惡見也。見大經淨影疏。

【四隨】（術語）佛之說法、隨於衆生之樂欲、隨於衆生之機宜、隨於對治衆生之所迷、隨於第一義也。即四悉檀也。摩訶止觀一之二曰「禪經曰佛以四隨說法、隨樂、隨宜、隨治、隨義。」四明敎行錄四曰「智論立悉檀被機、禪經用四隨益物。」

【四親近】（術語）金剛界五佛中之四方隨從佛之四方四菩薩、謂之四親近。見十六菩薩條。

【四導師】（名數）法華經涌出品所說由地涌出之諸大菩薩中四上首也。經曰「是菩薩中有四導師、一名上行、二名無邊行、三名淨行、四名安立行。是四菩薩、於其衆中最為上首唱導之師。」

【四靜慮】（名數）有二種。一定靜慮、一生靜慮。定靜慮者、生於四靜慮天之禪定也。舊云四禪定。（見四禪定條）生靜慮者、其天處也。舊云四禪天。禪者梵語禪那Dhyāna之略、舊譯曰思惟、新譯曰靜慮。靜息心慮之義、易言之、即禪定者得靜息心慮之人之天處、故謂之靜慮。其靜慮有四種之淺深、故生處亦有四處之高下。是色界之四禪四靜慮也。此四靜慮又有諸天之別。見四禪天條。

【四禪】（術語）分貫練薰修之四種為四禪也。見觀練薰修條。又四禪天四禪定也。又四禪中之第四禪天也。三代實錄曰「四禪不壞於三災。」見四禪天條。

【四禪天】（界名）新云四靜慮天、修四種禪定所生之色界四天處也。分別之以受與觀覺（新曰尋伺）、一初禪天、初禪已上、不須分段食、故無鼻舌二識、唯就眼耳身意四識有喜受、而與意識相應、有樂受而與三識相應、且有覺觀之二者。此地薩婆多部立梵衆梵輔之二天、經部與上座部加大梵天為三天。（薩婆多以之於梵輔天中攝。）故初禪天有三天。二二禪天二禪已上、亦無眼耳身之三識僅有意識之一因而惟有喜捨二受與意識相應無眼等五識故無樂受、又意識之怡悅麤大故是喜受而非樂受。但無覺觀二者此地有少光、無量光、極光淨（光音）之三天。三三禪天是亦僅有意識有樂捨二受與上相應此地意識怡悅之相至極淨妙故立爲樂受。此地亦有少淨、無量淨、徧淨之三天。四四禪天此亦僅有意識唯有捨受與之相應。此地薩經二部立無雲、福生、廣果、無煩、無熱、善見、善現、色究竟之八天、上座部於此加無想天爲九天、（薩經二部攝之於廣果中）故薩婆多部有十六天、經部有十七天、上座部有十八天、大乘唯識與上座部之義同爲十八天。

【四禪定】（名數）略云四禪、新云四靜慮。修此四禪定生於色界之四禪天也。此四禪內道外道共修之在因者超欲界之惑網、在果者生於色界、且爲生諸功德之依地根本、故曰本禪。（一）初禪、初禪之前行、有粗住、細住、欲界定、未到定其正禪具八觸十功德其先行者安坐端身攝心故氣息調和覺此心路泯泯澄淨、怙怙安穩、其心在緣、居然不馳散是名曰麤住。由此心後怙怙勝前名爲細住。其後一兩日或兩月、豁爾心地作一分開明我身如雲如影爽爽空淨、雖空淨猶見身心之相、未有定內之功德是名欲界定。（成實立欲界定俱舍不立之攝於未到定中）從是心後泯然一轉不見欲界定中之身首衣服床鋪、猶如虛空是名未到定。（成實不立之、俱舍立之名未至定）此時性障猶在未入初禪也。在此未到定、身心豁虛空寂、內不見身、外不見物、如此或經一日乃至一月一歲、定心不壞則於此定中即覺自心之微微動搖、或感微痒、即發動痒輕重冷煖澁滑、是名八觸。此爲色界之四大極微與欲界之四大極微轉換、而發此觸相也、此乃正入初禪之相。此時有十功德、又謂之十眷屬。如空、明、定、智、善心、柔軟、喜、樂、解脫、境界相應是也。（是就八觸中之動觸而論、餘七觸功德準之）此八觸十功德、唯在初禪、二禪已上則無、是爲初禪之特相。就四禪總體言之、則以十八支分別、十八支者初禪五支、二禪四支、三禪五支、四禪四支也。以此等之功德法支持禪、故名爲支。初禪五支者、覺支（新曰尋支）觀支（新曰伺支）喜支（新同名）樂支（新同名）（經部爲眼耳身三識之樂受、有部不許定中三識、僅有意識故爲輕安樂、非樂受也）一心支（新定支也）（二）二禪呵棄初禪之覺觀而得此禪、於初禪已了色界四大轉換、故二禪已上無八觸十功德也。二禪之四支者、內淨支、（俱舍以爲五根中之信根、深信受勝實之功德也、淨爲信相、故曰淨。屬心故云內）喜支、樂支 輕安樂也、非樂受）一心支（新定支）也。（三）三禪、呵棄第二禪之喜受而得三禪也此禪具五支、捨支（是行捨非捨受）念支（三禪之樂極勝爲不染着故要正念）慧支（同上）樂支（意識之樂）一心支（新曰定支寂然在定是也）（四）四禪呵棄三禪之樂受四支者不苦不樂支（新曰中受支五受中之捨受也）捨支（捨第三禪之樂受也非憂悔）念支（念下地之過自己之功德長養之）一心支（猶如鐘、猶如清水）也。初禪之五支乃至四禪之四支爲何、卽行體是也、依倶舍之意、初禪之付五支者、以此時二十二心數發於一時、（大地十與大善地法十及覺與觀也）於中取强者爲五支五支皆定體也、成論明五支前後相次而起取四支爲方便、一心支爲實體天台止觀法界次第之所明、大要據成實論見止觀九之一、法界次第上倶舍論二十八。智度論十七曰、「若能呵五欲。五蓋行五法。欲、精進、念、功、慧、一心。行此五得五支。成就初禪」參照禪條。梵Catur-dhyāna

【四禪八定】（術語）四禪者、色界之四禪也、八定者色界之四禪與無色界之四無色定也。對欲界之散而總謂之定、重言之則如言詩書六經也。止觀九曰、「四禪八定。毘曇成實明之委細」同輔行曰「言四禪八定者。四在八數重兼列者。若色無色相對則色禪爲禪。無色爲定。若總以上界望於下欲則上上二界俗名定地。下欲爲散。」

【四禪比丘】（傳說）智度論十七謂佛弟子中有一比丘、得四禪、生增上慢謂得四道、得初禪謂是須陀洹、第二禪時謂是斯陀含、第三禪時謂是阿那含、第四禪時謂是得阿羅漢。恃是不復求進、命欲盡時見四禪中陰相來、便生邪見謂無涅槃、佛爲欺我。生此惡見、故失四禪中陰、便見阿鼻泥犂中陰相、命終便生阿鼻地獄。諸比丘問佛、某甲比丘命終阿蘭若生於何處。佛言是人生阿鼻泥犂中。諸比丘皆大驚怪、此人坐禪持戒、何爾耶。佛言此人增上慢、得四禪時、謂得四道。故臨命終時、見四禪中陰相、便生邪見、謂無涅槃、我是阿羅漢今還復生、佛虛詐我。是故卽時見阿鼻泥犂中陰相、生阿鼻地獄中。

【四翳】（名數）一雲、二風塵、三烟、四阿修倫、卽日月蝕。以譬貪瞋痴慢之煩惱。

【四齋日】（雜名）禪林每以月旦、月望、初八、二十三日爲四齋日。此日須諷經。見象器箋三。

【四優檀那】（名數）Mudrā 地持論所說。一切行無常。一切行苦。諸法無我。涅槃寂滅之四句是也。優檀那此譯印、此法相決定不變不易、故名印。大乘義章二曰、「優檀那者中國印此名爲印。」

【四瀑】（雜語）四瀑流之略。寄歸傳

二曰「絕三株之害種。偃四瀑之洪流。」見瀑流條。

【四瀑流】（雜語）見瀑流條。

【四轉】（術語）眞言之法阿字轉爲𑖀阿、𑖁阿（長）、𑖀𑖽暗、𑖀𑖾惡、如其次第。卽於東南西北四方顯發心、修行、菩提、涅槃之四德。故謂之四轉。大日經疏十四曰「若見阿字當知菩提心義。若見長阿字當知修如來行。若見暗字當知成三菩提。若見噁字當知證大涅槃。」又曰「如阿字單是菩提心。若傍角加畫卽是行。此是菩提心並行也。若上加點者。卽是菩提心並大空離一切相成菩提也。若阿字傍加二點。卽是菩提心並除一切障得涅槃也。」

【四禮】（儀式）五體投地而禮四方之如來也。千手軌曰「次金剛起次四禮。」

【四藏】（名數）見藏條。

【四鎭】（雜名）四天王鎭護四天下、謂之四鎭。金光明經三曰、「護世四鎭。」

【四斷】（名數）四種斷惑之法。見斷條。

【四歸法】（術語）歸於三寶及戒而生四不壞信。稱爲四歸法。瓔珞本業經下曰「佛子次第爲受四歸法。歸佛歸法歸僧歸戒。得四不壞信心故。」

【四雙八輩】（名數）小乘四向四果之聖者也。向果爲一雙。四種之一雙。卽八輩也。

【四願】（術語）四弘誓願也。見四弘誓願條。

【四願經】（經名）一卷。吳支謙譯。佛對純陀說凡夫有四願。一欲吾身長壽康。二欲財產俸祿長富饒。三欲妻子眷屬長恩愛榮樂。四欲放心恣意婬五樂等。而命終時。四願隨人。魂神不去。空爲之固告。

【四鏡】（名數）本覺之體相有四種之義。鏡亦有四義。故取之爲喩。一如實空鏡。眞如之體本來空寂。離一切妄相。猶如空鏡離一切外物之體。謂之如實空鏡。卽空眞如是也。二因薰習鏡。眞如之覺體具無量之性德。爲淨法之因。猶如鏡體能現萬象。此淨法之因能由內薰衆生之妄心。故名因薰習鏡。卽不空眞如是也。三法出離鏡。眞如之覺體埋藏於衆生之煩惱中。名爲如來藏。今出離煩惱之塵。純一淨明。猶如淨鏡磨治而離垢。此名法出離鏡。是眞如之體也。四緣薰習鏡。眞如之覺體出纏時。應物機而有無邊妙用。或現身。或主言。然由外薰衆生之妄心。卽爲外緣之薰習。故名緣薰習鏡。如明鏡在高臺而受用之。是眞如之用也。見起信論。

【四藥】（名數）行事鈔二謂報命之支持無過於藥。分之爲四。一時藥。日日爲新由旦至日中聽服之五種之蒲闍尼。Bhojaniya（譯曰正食）麨、飯、乾飯、魚、肉是也。又五種之佉闍尼、Khādanīya（譯曰不正食）枝、葉、華、果、細末磨食是也。此等是比丘之常食。此外有時食與時漿時食者蔓菁根、蔥根、藕根、蘿蔔根、治毒草根是也。時漿者一切之果汁、粉汁、乳、酪漿是也。二非時食諸果汁、米汁之雜漿等對病而設是聽於時外服之。三七日藥為療病、酥、油、生酥、蜜、石蜜等、限七日服之。四盡壽藥胡椒呵梨勒等聽任命久服之。又有部百一羯磨五曰「一時藥謂五種珂但尼、譯曰五嚼食。即根、莖、花、葉、菓也。以咬嚼為義。五種蒲膳尼、譯曰五噉食。即麨、飯、麥、豆餅、肉餅也。以含噉為義。舊云奢耶尼者。檢梵本全無此名。二更藥。招者漿等八種漿也。更藥者晝日當飲若至夜則但至初更。（律數分夜為三節。名初一分曰初更。過斯不可需用。若准五更則當一更強。三舊云非時非正譯也。）三七日藥。酥、油、糖、蜜等也。四盡壽藥。根、莖、花、果等為藥物者及五種之鹽也。」

【四難】（名數）一值佛難、二說法難、三聞法難、四信受難。見法華文句五。

【四識住】（術語）見識住條。

【四顛倒】（名數）見四倒條。

【四證淨】（名數）見證淨條。

【四覺】（名數）一本覺一切衆生之自性清淨心本來離妄念有照明之德是名本覺。二相似覺。既覺知見思之惑而斷之得類似之覺悟是乃始覺之初尚餘無明之細惑未得眞覺故名相似覺謂與眞覺類似也。是別教之三賢位圓教之十信位。三隨分覺分分斷無明分分得眞覺。是別教之十地圓教之十住已上也。四究竟覺。既斷盡根本無明得究竟之眞覺。即如來地也。見起信論。

【四釋】（名數）諸家釋經論及眞言文句有種種不同。

【三論四釋】（名數）二諦義中曰、「一隨名釋。二就因緣釋。三顯道釋。四無方釋。」三論玄義曰、「總論釋義凡有四種。一依名釋義。二就理教釋義。三就互相釋義。四無方釋義」。（案三論玄義第二第三倒置。一以淺深次第相違、一以違背二諦義之文故也。）三論大義章一曰、「一依名釋義、二因緣釋義。三顯道釋義。四無方釋義。」就眞俗而說明之。一依名釋義、謂如解眞為眞實之義、俗為浮虛之義。二因緣釋義。如解眞是俗之義、俗是眞之義。即眞不獨眞以俗之因緣而眞、俗不自俗以眞之因緣而俗。此就其因緣而釋其義也。三論玄義之互相釋義也。三顯道釋義。如解眞是不眞之義、俗是不俗之義是也。何則、於因緣釋義眞既以俗為義故釋眞是不眞。俗亦不俗。眞俗皆為無相。拂執而顯無相之眞理也。三論玄義之理教釋義也。四無方釋義。無方者不定之義。如解眞以一切法為義、俗亦以一切法為義是也。於顯道釋義拂一切之相、知法之無相、釋無相之法能現一切、猶如水離方圓之相、而得現方圓之相也。論此四義次第、則一自性、二說因緣、而動自性之病、三破執病而證實相之無相、四自無相之實相起無方之作用也。初就世俗、二漸深、三自用入體、四自體起用。此釋義之典據、如涅槃經所謂「苦者逼迫相、集者生長相、滅者寂滅相、道者能除相。」者、是依名釋、所謂「說世諦令識第一義、說第一義令識世諦。」者、是因緣釋、華嚴經所謂「一切有無法、了達非有無。」者、是顯道釋、又言「一中解無量、無量中解一。」者、是無方釋也。

【天台四釋】（名數）天台智者釋法華經用四釋、一因緣釋、以四悉檀爲因緣、而下四種之釋義也。四悉檀者、一世界悉檀、二各各爲人悉檀、三對治悉檀、四第一義悉檀。四悉檀之義、原出智度論、龍樹菩薩判釋尊教化一代衆生之方法者也。今轉用爲釋義之方規。惹衆生之樂欲、爲第一悉檀、使生信、爲第二悉檀、破惡執爲第三悉檀、使入實相、爲第四悉檀。假如第一解經中如是我聞之如是曰、「如是者指事之詞、指一經所說之事實而云如是。」此爲世間通途之釋義、使聞者易解、以惹世人之樂欲、故是爲世界悉檀之因緣釋。二解曰、「如是者信順之辭。」是爲舉阿難之信、而勸人之信者、故爲爲人悉檀之因緣釋。三解曰、「外道經文冠首置阿（無義）漚（有義）二字、如是者、當惹起他之諍論、故佛教對之而置如是二字。」是以無諍破諍之意、故爲對治悉檀之因緣釋。四解曰、「如者眞如也、是者眞如離百非也。」是使入中道實相之釋義、故爲第一義之因緣釋。以如是四種之悉檀爲因緣而爲四種之釋義、謂之因緣釋。二約教釋、天台分釋尊一代教義爲藏通別圓四教、就此四教之義各各釋其法、謂之約教釋。如釋一心爲意識、是約三藏教之釋也。如言爲阿賴耶識、是約通教之釋也。如謂爲如來藏識、是約別教之釋也。如言爲三千諸法、是約圓教之釋也。三本迹釋、佛身有本地垂迹之二、伽耶山頭始成之釋迦、是垂迹之化佛、更有實之報身、成道於久遠之昔、而今實在。是依法華經壽量品而知之、因依此本地垂迹之二門、而解法義、謂之本迹釋。如解舍利弗等諸佛弟子、而謂爲比丘之聲聞、是約迹之釋也。如謂爲原是菩薩、是約本之釋也。四觀心釋、前三釋雖微者微、密者密、而我省之無所得、則徒勞精而算砂。於是設觀心之一釋、如解王舍城、而云爲我一心是也。何則、衆生之心、原藏如來、佛在王舍城者、示衆生之一心本來佛之所住也。是以所說之法義、寄於我一心、而觀實相之理、故謂之觀心釋。法華文句一曰、「一因緣、二約教、三本迹、四觀心。始從如是、終於而退、皆以四意消文、而今畧書或三二一。」貫在得意不煩筆墨。」

【眞言四釋】（名數）一行之大日經疏處處以淺略釋與深秘釋解教義、又不可思議（僧名）之供養次第法疏末就阿字本不生之說者立三重之秘釋、因而總合二者開四重之釋義是眞言一家之釋例也。一淺略釋、解阿字爲梵王之說（顯敎中處處說之）是也。二秘密釋、如解毘盧遮那佛說阿字本不生是也。三秘密中秘釋、如解阿字自說本不生是也。四秘秘中秘釋、如解本不生之理自有理智自覺本不生而說之是也。今以鐵鉢釋之、謂其鐵爲堅牢、其圓取格好、是淺略釋也。謂其圓爲菩提心之標相、其鐵表示心之堅固、是秘密釋也。更謂鐵爲南天之鐵塔、圓爲周遍法界、是秘密中之秘釋也。更謂鐵表金剛界、圓表胎藏界之圓檀、是金胎兩界之標幟、則是秘秘中秘釋也。大日經供養法疏下曰「問阿誰向本怯呼造本不生耶。答有三種。一秘密釋、二秘密中秘釋、三秘秘中秘釋。一秘密釋者毘盧遮那佛說本不生故。二秘密中秘釋者阿字自說本不生故。三秘秘中秘釋者本不生理自有理智自覺本不生故。」日本安然之菩提心義一曰、「大日經義釋有三種釋、如云於此經文有淺略釋有深秘釋、於深秘中亦有淺深、若供養法疏亦有三種。一深秘釋（中畧）兩文相合卽成四種。」

【四爐】（雜名）地（方形）水（圓形）火（三角形）風（半月形）四輪之火壇也。

【四攝】（名數）四攝法又四攝菩薩也。

【四攝法】（名數）一布施攝。謂若有衆生樂財則布施財、若樂法則布施法、使因是生親愛之心、依我受道也。二愛語攝。謂隨衆生根性而善言慰喩、使因是生親愛之心依附我受道也。三利行攝。謂起身口意善行利益衆生、使由此生親愛之心而受道也。四同事攝。謂以法眼見衆生根性、隨其所樂而分形示現、使同其所作霑利益、由是受道也。仁王經中曰「行四攝法、布施、愛語、利行、同事。」梵 Catuh-saṃgraha-vestu

【四攝事】（名數）四攝法也。

【四攝衆】（名數）四攝菩薩也。

【四攝金剛】（名數）與四攝菩薩同。

【四攝菩薩】（術語）金剛界三十七尊中、四金剛菩薩也。一金剛鉤菩薩、二金剛索菩薩、三金剛鎖菩薩、四金剛鈴菩薩。此四攝菩薩是化他之德也。此三十七尊皆有自行化他二德、三十七尊位於五輪塔婆中之五解脫輪中者、無爲安樂之內證也。此四攝菩薩與三十七尊中之隨一同居塔中、是爲內證、然住於月輪外塔之四門者、是表化他之德、四攝出四門而利益衆生也。出四攝之門、非出於塔外也。其化他之德譬世法爲鉤索鎖鈴。譬如於世間取魚初必有鉤、是鉤菩薩也。次當以繩引之是索菩薩也。次當以繩貫之是鎖菩薩也。鎖魚已則爲我有故當有歡喜之心是鈴菩薩也、鈴爲表示歡喜者。如是四攝攝引衆生之四德也。鉤衆生於法界宮而縛住之自歡喜復使他歡喜也。見曼荼羅秘鈔上。秘藏記鈔三曰、「凡四攝有二種功能、一衆生請諸師。二諸師引衆生」。出生義曰、「人天得之而集解脫之衆。聖賢用之而攝迷倒之流則塔之四門之外採其業用住位者是也。由四菩薩智之所發起焉。是諸聖人不得晏然本所宮觀而疾甚覆掌以應群方之請也。」

【四魔】（名數） 詳見魔條。

【四辯】（術語） 見四無礙解條。

【四歡喜】（名數） 四歡喜法、一儉素歡喜。能引少欲樂。二精集梵行歡喜能引遠離樂。三無悔歡喜能引三摩地樂。四樂斷樂修歡喜能引三菩提樂。見要覽。

【四變】（名數） 阿賴耶識以自種子爲因緣、變現根塵器界等相。此依共業不共業之所感有共相不共相二種。共相者、謂多人同感也。如山河等。雖是人人所變各別然同在一處不相障礙、如衆多之燈明共在一室而不相障礙、一一各別而處所無異也。不共相爲唯自變而自用者、如內之五根等。瑜伽六十六分別之爲四種、一共中共如山河等自界一切之有情皆可受用者。二共中不共如己田宅器物及人等一水四見。三不共中不共爲眼等之勝義根、以唯自識變而自身用之無他之受用也。四不共中共、如五根之扶塵根他人亦緣之而受用之也。見唯識述記三本。

【四衢道】（譬喻） 譬苦集滅道四諦之理。以小乘之人依止於四諦之理也。法華經譬喻品曰、「諸子等安穩得出皆於四衢道中露地而坐無復障礙」。法華文句五曰、「衢道正譬四諦四諦觀異名爲四衢」。

【占察】（雜語） 占筮之法也。密敎之秘法觀我心爲月輪或蓮華、於其上觀𑖀字、變阿字爲如意寶珠使其寶珠遍滿法界、故其中一切善惡之相悉現、可以知其吉凶禍福。大日經疏四曰、「當自觀心蓮華上如意寶珠內外明徹彼諦觀察時所有之善惡悉於中現」。又曰、「此如意珠只是阿字引耳」。秘藏記末曰、「定未萌事我心觀月輪輪上觀阿字。變阿字成如意珠。寶珠遍滿法界」又有占察經所說之法。

【占察經】（經名） 占察善惡業報經之略名。二卷隋菩提燈譯。地藏菩薩說投木牌占吉凶善惡之法、兼示懺悔之法、次示一實境界二道之觀道事理具備。明智旭著有占察經疏三卷、占察行法一卷。

【示悟】（雜語） 開示敎法使之覺悟

。也、法華經序品曰「唯以佛智見開悟衆生。」

【示教】（雜語）示以善惡教其去惡就善也。華嚴經一曰「示教衆生遍一切。」

【示教利喜】（術語）智度論五十四所謂、示者爲示人之好醜善不善應行不應行也。如生死爲醜涅槃爲好分別三乘分別六波羅蜜、如是等名示。教者言汝捨惡行善、是教也。利者謂未得善法之味故心則退沒、爲說法引導而言汝於因時勿求果汝今雖勤苦然報出時得大利益導之以利故名爲利、喜者謂隨其所行讚嘆之使其心喜若樂布施者讚嘆布施則喜故名爲喜。諸佛菩薩以此四事說法也。法華經化城喩品曰、「示教利喜令發阿耨多羅三藐三菩提心。」

【示教勝軍王經】（經名）如來示教勝軍王經之略名。

【示現】（術語）佛菩薩應機緣而現種種之身也。如觀音之三十三身是。

【示寂】（術語）寂者圓寂又寂滅也、是涅槃之譯語。示寂者爲示現涅槃之義言佛菩薩及高德之死也。

【示衆】（雜語）訓示衆人也。六祖壇經曰「佛示衆云善知識我此法門以定慧爲本」。諸錄之示衆、此爲最古。

【示輪】（術語）三轉法輪之一。

【示導】（雜語）見三種示導條。

【示轉法輪】（術語）見三轉法輪條。

【未了因】（術語）前生未了之因緣也。蘇軾詩曰「與君世世爲兄弟。更結來生未了因」。

【未生怨】（人名）阿闍世王之翻名。見阿闍世條。

【未生怨經】（經名）一卷、吳支謙譯。說瓶沙王爲阿闍世太子所害之事。

【未至定】（術語）又云未到定。上界八地各有根本定與近分定。斷欲界修惑所發之禪定、爲初禪之根本定、乃至斷無所有處修惑所得之禪定、爲非想處之根本定。又伏欲界煩惱、發近似初禪根本定之禪定、爲初禪之近分定。乃至伏無所有處煩惱發近似非想處根本定之禪定、爲非想處之近分定。如此八根本定八近分定中、初禪之近分定有與他之近分定相異之點、故立別名、謂之未至定。言未至根本定之義也。近分之義亦同此。

【未作不得】（術語）酬因感果、其理必然。故未爲善惡之業、必無招致善惡之果報也。

【未來】（術語）又云當來。謂事物之作用、衆生之果報等之當來而未來者。

【未來世】（術語）三世之一。就刹那之三世而言。以現在一刹那爲中心、後刹那以往爲未來世、就一期之三世而言、今生已後之生爲未來世。

【未來際】（術語）未來世之邊際也。未來無邊際而假視爲有、謂之盡未來際。

【未來往生】（術語）死後往生極樂淨土也。

【未知根】（術語）又云未知當知根。是三無漏根之一。

【未知當知根】（術語）三無漏根之一。見三無漏根條。

【未到地】（術語）謂未到定也。

【未到定】（術語）新云未至定舊云未到定見未至定條。

【未受具人】（術語）出家未受具足戒之人也。於未受具人之前不能說戒、乃戒律之制也。行事鈔上一曰、「六簡衆云未受具出」

【未得謂得】（雜語）已未得聖法、而謂已得因起慢心、謂之增上慢。法華經方便品曰、「增上慢未得謂得未證爲證。」大乘義章五末曰、「增上慢者實不得聖而謂已得名增上慢以其聖法是增上故。」

【未曾有】（雜語）梵名阿浮陀。Adbhuta 譯言希有、未曾有。總以名意外之事。法華經序品曰、「是諸大衆得未曾有歡喜合掌」

【未曾有經】（術語）十二部經之一。梵名阿浮陀達磨 Adbhutadharma 記佛菩薩現種種神力不思議事之經文也。華嚴疏鈔二十一曰、「阿浮陀達磨此云未曾有亦云希法」四分飾宗記三本曰、「阿浮陀達磨此云希法。舊名未曾有。」法華玄義曰、「佛現種種神力衆怪未曾有。」図（經名）一卷、失譯。說造佛之功德、未曾有。

【未曾有正法經】（經名）三卷、宋法天譯。是阿闍世王經之新譯。

【未開顯】（術語）與未顯眞實同。

【未發菩提心授記】（術語）見授記條。

【未敷蓮華】（雜名）半開而將滿開之蓮華也。秘密念佛抄曰、「觀音手執未敷蓮作開敷勢。卽此表示也。」

【未離欲】（術語）謂已斷三界之見惑、尙未斷欲界之修惑也。預流一來之二果未離欲之聖者也。

【未顯眞實】（術語）無量義經曰、「以諸衆生等性欲不同種種說法、以方便力四十餘年未顯眞實。」佛成道後四十餘年說種種之法、投種種之機、此中有大法有小法有方便有眞實。天台以之判藏通別圓四教。約言之卽有成佛之法與不成佛之法是也。然佛一代之化期將盡而說法華經、其先說成佛之法已不待言、彼不成佛之法實成佛之法也。爲成佛之方便說淺近之法、開會前不成佛之法而爲成佛之法也。是之謂法華開會。此開會乃佛之本意。四十餘年未顯眞實者、謂不爲此開會也。然則爾前爲未顯眞實、今經爲示眞實相者、唯就開會之化儀而言、非就所說之化法而言也、就所說之法而言、則爾前諸經、眞實大法卽圓敎之存者、反較法華爲多、而於圓敎之體與法華所說之圓敎無異、法華之圓法可以成佛、故爾前所說之圓敎亦當成佛、如天台判觀經之所說、爲圓頓是也。法華玄義十曰、「凡此諸經皆是逗會他意。令他得益。不譚佛意意趣何之。今經不爾。純是法門網目大小觀法十力無畏。種種規矩者。所不論。爲前經已說故。但論如來布敎之元始。中間取與漸頓適時、大事因緣究竟終訖。說敎之綱格大化之筌罥。」

【末上】（雜語）末者、最後之一次。末上、猶云在最後也。傳燈錄十曰、「僧問趙州從諗禪師云、和尚還入地獄否。師曰老僧末上入。曰、大善知識爲什麼入地獄。師云、若不入、阿誰敎化汝。」德異壇經序曰、「末上三拜得髓、受衣紹祖、開闢正宗。」

【末化】（術語）梵網經所說之佛身、對於臺上盧舍那佛之本身、而葉上之釋迦如來爲末化。言是枝末之化主也。一心戒文曰、「千華百千億盧舍那爲本身。十重四十八輕釋迦文爲末化。」

【末世】（術語）澆末之世代也。釋迦入滅後五百年爲正法時、次一千年爲像法時、後萬年爲末法時。末世者、卽末法時也。

【末田】（人名）末田地、又末田地迦之略。比丘名。

【末田地】（人名）見次項。

【末田底迦】（人名）Madhyāntika 又名末闡提、末田地、末田地那、末田鐸迦、末彈地、末田提等。比丘名。譯曰中、日中、水中、金地、河中。據付法藏傳二言、阿難弟子有二人、一云末田提、二云商那和修。阿難於此二人付法藏、令末田提布化罽賓國、商那和修布化中國。商那和修有弟子曰優婆毱多。以法付之。由是展轉而至師子比丘、故從摩訶迦葉至師子比丘、付法藏之人有二十三祖。然依阿育王經七則謂阿難弟子爲末田地、末田地弟子爲商那和修、由摩訶迦葉至優婆毱多師資相傳有五人、故稱曰異世五師、付法藏總爲二十四祖。是薩婆部所據、嘉祥南山等取之。毘奈耶雜事四十曰、「是時尊者（阿難）將欲涅槃。此之大地六種震動。時有仙人將門徒五百乘空而來。到尊者所。大德我今願於善說法律出家近圓成苾芻性。是時尊者作如是念。云何令我弟子今來至此。便以通力卽於水中絕人行路。纔起念已有五百弟子一時俱至尊者。卽於水中變爲洲地。四絕人蹤。與五百人出家受具。正作白時五百人得不還果。第三羯磨時斷諸煩惱證阿羅漢果。由其大仙出家近圓在日中時復在水中。爲此時人呼爲日中或名水中。」同註一本云末田地那。末田是中地那是日因以爲名喚爲日中。或云末田鐸迦。末田是中。鐸迦是水。由在水中出家。卽以爲名喚爲水中。舊爲末田地者。但出其名。皆未詳所以故爲注出。」阿育王經七曰「末田地翻中。」四論玄十曰、「末田地亦云末彈地。此云河中比丘。」西域記三曰、「末田底迦舊曰末田地訛略也。」行宗記一上曰、「摩田底迦此翻金地。」

【末田底迦度龍罽賓國】（故事）佛嘗記曰。我涅槃之後。有末田底迦阿羅漢。於罽賓國安人弘揚佛法。如來寂滅後五十年。阿難弟子有末田底迦。聞佛記。大喜。便來此國。宴坐大山嶺。現大神變。龍見而深信。問所須。阿羅漢曰。願於地內得容膝地。龍王縮水奉施。羅漢以神通廣身。龍王縱縮水。池空水盡。龍翻請地。於阿羅漢於此西北留一池。龍王曰、五百羅漢常受我供。欲至法盡。若法盡後。還以此國爲居地。末田底迦許之。見阿育王經七。毘奈耶雜事四十。善見律六。西域記三。

【末尼教】（流派）具云末尼火祆教。爲波斯國之火教也。末尼爲寶珠。火祆言其光明。卽彼教之神體太陽也。佛祖統紀三十九曰、「唐太宗貞觀五年。初波斯國蘇魯支。立末尼火祆教。敕於京師立大秦寺。」註「祆火烟反。胡神。卽外道梵志也。波斯國在西海。此云大秦。」同四十一曰、「代宗永泰三年。勅回紇奉末尼者。建大雲光明寺。」同四十二曰「五代梁末帝貞明六年。陳州末尼聚衆反。立毋乙爲天子。朝廷發兵擒毋乙斬之。其徒以不茹葷飲酒。夜聚婬穢。畫魔王踞坐。佛爲洗足。云佛是大乘。我法乃上上乘。其上慢不法有若此。」

【末尼火祆教】（流派）見前項。

【末奴是若颯縛羅】（雜語）Manojñasvara 譯曰可意音。如意音。見法華玄贊二。

【末代】（術語）與末世同。法華玄義四曰、「末代凡夫見思病重。」行事鈔中三之四曰「釋迦一化並無末代往生見在。」往生要集上本曰、「往生極樂之教行。濁世末代之目足也。」

【末寺】（雜語）對於本寺而謂所屬之寺院曰末寺。

【末多利】（流派）小乘十八部之一。開宗記一本曰、「末多利部。此云北山部。」

【末利】（植物）Mallikā 花名。末利又名摩利。末羅。譯言鬘。因其花可以造鬘故名。勝鬘寶窟上本曰、「末利亦云摩利。此是華名。有江南寺安法師。多所博識。云此華色白而形小。此間無物以翻之。猶存末利之稱。」慧苑音義上曰、「末利者。花名也。其花黃金色。然非末利之言卽翻爲黃色。」

【末利夫人】（人名）Mālikā 舍衛國波斯匿王之夫人也。爲自末利華園將來者、故號曰末利夫人。四分律十八曰、「舍衛城波羅門耶若多有一婢名黃頭常守末利園。（高麗本作末利園明本作末羅園）一日值如來入城乞食黃頭見佛相好生信心以食奉施佛自爲要誓願脫婢使而爲王之夫人。後值王出遊獵。時天暑遙見其園馳就之黃頭見王。迎接引至涼處敷衣使坐供奉巧稱王心。王知其聰明請彼耶若多聘爲夫人以自末利園中將來號爲末利夫人。」又曰摩利迦。譯爲鬘者。以彼在花園爲主常作花鬘、故名鬘者。又名勝鬘。毘奈耶雜事七曰、「佛在劫比羅城多根樹園時釋子大名有一婢、名明月彼常在花園摘花結作勝鬘上於大名因號此女爲勝鬘。（與勝鬘經所說之夫人同名、但彼爲夫人之女。）後以奉獻食於佛之功德、爲憍薩羅國勝光王（卽波斯匿王。）夫人、生惡生太子。」唯識述記八末曰、「摩利迦名鬘者卽末利夫人也。此夫人之女名摩利室羅卽勝鬘也。」智度論則言以供養須菩提比丘之故。論三十三曰、「如末利夫人供養須菩提故得今世果報。爲波斯尼示王后。」卽末利夫人爲波斯匿王之后、生惡生太子及勝鬘夫人。

【末利室羅】（人名）Mālyaśrī 夫人名。譯爲勝鬘。末利夫人之女。爲阿踰闍國之王妃。說勝鬘經者。唯識述記八末曰、「摩利迦。此名鬘者卽末利夫人也此夫人之女名末利室羅卽勝鬘也。」勝鬘寶窟一本曰「言勝鬘者外國名爲尸利摩羅。（Śrimālā）尸利此翻名之爲勝摩羅名鬘」

【末伽】（術語）Mārga 譯爲道。因中之道四諦中之道諦是也。若果中之道則名爲菩提。大乘義章十八曰、「道者。外國名曰末伽。此翻名道。菩提胡語。此亦名道。（中略）因中之道名爲末伽果中之道說爲菩提」

【末伽梨】（人名）末伽梨拘賒梨之略。外道名。楞嚴經二曰、「彼末伽梨等都言此身死後全滅」見末伽梨拘賒梨條。

【末伽始羅】（術語）Mārgaśirṣa 第九月之名。西域記二曰、「秋三月謂頞濕縛庾闍月。迦邏底迦月。末伽始羅月。此當從七月十六日至十月十五日。」飾宗記六末曰、「末伽始羅九月也。」梵語雜名曰、「九月摩囉識始羅。」

【末伽梨拘賒梨】（人名）又曰末伽梨俱舍梨、Maskārī Gośāliputra（巴）Makkhali Gosāla 又 Makkhali Gosālapurtta）具曰末伽梨拘賒梨子。子之一字漢語也。六師外道之一。末伽梨爲其人名拘賒梨爲其人母名子謂拘賒梨之子也。如言舍利子。註維摩經三「什曰。末伽梨字也。拘賒梨是其母也。」慧琳音義二十六曰、「末伽梨是姓也。拘舍梨是母名也。此計苦樂不由因是自然外道也。」希麟音義九曰、「末揭梨子。舊云末伽梨具足云末揭梨拘舍梨子。末揭梨是姓。拘舍梨是母名也。」毘奈耶雜事三十八曰、「末塞羯利瞿黎子。」

【末那】（雜語）Manas 譯曰意。玄應音義二十三曰、「末那此云意也。」梵語雜名曰「意麼那。」

【末那識】（術語）唯識論所說八識中第七識以由第八識爲所依以第八識之見分爲所緣而生之識也。末那識譯爲意意有思量之義、此識常緣第八識之見分思量我爲法、故名末那。我法二執之根本也。然則第六識名爲意識、有何分別。彼爲依此末那卽意而生之識、故曰意識。卽依主釋也。此末那卽第七識、故云末那識(卽意識)是持業釋也。唯識論四曰、「是識聖教別名末那。恒審思量勝餘識故。此名異第六意識。此持業釋。如藏識名識卽意故。彼依主釋。如眼識等。識異意故。」同述記四末曰、「末那是意。」梵 Manas

【末弟】（雜語）本師之對。汲一宗一派之法流而汲其末流之子弟也。

【末佉梨劬奢離】（人名）見末伽梨拘賒梨條。

【末陀】（雜語）梵音Madhya 六十數名之一。十俱胝之數也。與現今之一億相當。

【末陀】（飲食）Madya 酒之總名。俱舍論十四曰、「醞食成酒名爲窣羅。醞餘物所成名迷麗耶酒。卽前二酒未熟已壞不能令醉不名末陀。若令醉時名末陀酒。」瑜伽略纂十一曰、「末陀蒲桃酒也。」翻梵語九曰、「摩陀池譯曰醉也。增一阿含經三十三。」

【末陀摩】（雜語）末爲莫之義。陀摩爲中之義。無着於中道也。法華玄義二曰、「問中道是何義。答末陀摩經中自註曰。末者莫義。陀摩者中義。莫著中道名末陀摩。」一經註者文殊問經也。

【末法】（術語）正像末三時之一。謂去佛世長遠而敎法轉微末之時期也。法華嘉祥疏五曰、「轉復微末謂末法時。」三時有四說。一說正法五百年、像法一千年、末法一萬年、多取此說。見三時條。

【末底】（雜語）Mati 又曰摩提。譯曰慧。唯識論六曰、「末底般若爲異」同述記六末曰、「末底是慧異名。與般若無別體。」

【末後句】（雜語）樂普元安禪師之語曰、「末後一句始到牢關。鎖斷要津不通凡聖。」(傳燈十六安禪師章)浮山圓鑑禪師之語曰、「末後一句始到牢關。指南之旨不在言詮。」(會元十二有師傳不載此語。碧巖第九則評唱舉此說。)到大悟徹底之極處、吐至極之語、謂之末後之句。此處鎖斷凡聖不容通過、故曰牢關。碧巖種電鈔一坤曰、「到徹悟極處吐至極語更無語句過之者。謂末後一句。於至極一句不通凡聖。故云牢關也。便堅牢關鎖也。」無盡燈論上曰、「茲有向上出身一路。是謂之祖師不傳一著。是故盤山曰向上一路千聖不傳。學者弄形如猿捉影。或又是謂之末後句。浮山曰、末後一句、始到牢關。指南之旨不在言詮。」

【末度迦】（植物）Madhuka 果名。見摩頭條。

【末迦吒賀邏馱】（地名）Markaṭa-hrada 譯云猴獼池。玄應音義十四曰、「梵言末迦吒。此云猴。賀邏馱、此云池。在毗舍離菴羅園側。昔獼猴爲佛共集穿池。今言江者譯人義立耳。」

【末徒】（雜語）與末弟同。

【末流】（雜語）枝末之流派。法流之末。

【末栗者】（植物）摩哩者 Marica 譯言胡椒。見百一羯磨八。

【末梨】（異類）Balin 阿修羅王之名。譯曰有力。

【末教】（術語）二教之一。枝末之教。三乘教也。本教之對。

【末捺南】（雜語）Vandana 譯云禮。梵語雜名曰、「禮末捺南又末儞弟古言和南」

【末笯曷刺他】（人名）Manoratha 論師名。譯曰如意。世親菩薩之師也。西域記二曰、「末笯曷羅他（唐言如意）論師於此製毘婆沙論。論師以佛涅槃之後一千年中利見也。」見如意條。

【末睇提舍】（雜語）Madhyadeśa 譯曰中國。寄歸傳三曰、「或云末睇是中。提舍是國。百億之中心斯其事也。」

【末達那】（植物）Madana 或作摩陀那、摩達那。又作摩陀羅。果名。譯曰醉果。玄應音義三曰、「末達那。果此譯云醉果。」同二十三曰、「末達那或云摩陀那。又言摩陀羅。此云醉果。甚堪服食。能令人醉。故以名焉。」慧琳音義十八曰、「摩達那果。西國果名也。此國無其果。大如檳榔。食之令人醉悶。亦名醉人果。堪入藥用也。」

【末揵挐】（人名）仙人名。無譯。大日經疏十六曰、「末建拏。坐禪、蟻作封遍身。恐損蟻復入定者是也。」

【末算】（術語）論義之問題、有本算末算之稱。

【末摩】（雜名）Marman 譯曰死穴、死節、支節。身中有百餘處之末摩。水火風三大之一（除地大）增盛而觸其末摩時、則生極苦。終斷命根而使無知覺。故云斷末摩。瑜伽論記一上曰、「末摩者此名死穴。亦云死節有言有六十四處或百二十處」見斷末摩條。

【末羅】（雜名）Malla 拘尸那城之人種名譯曰力士長阿含四遊行經曰「爾時世尊在拘尸那城本所生處婆羅國中雙樹間臨將滅度告阿難曰汝入拘尸那竭城告諸末羅」異譯之大般涅槃經下曰、「爾時世尊告阿難言汝今可入鳩尸那城語諸力士道」大乘之大般涅槃經一曰、「佛在拘尸那國力士生地阿利羅跋提河邊娑羅雙樹間」慧琳音義十二曰、「魔羅唐云力也」梵語雜名曰「力末麗曩又麼攞」

【末羅遊】（地名）Malayu 國名寄歸傳一曰「末羅遊州卽今尸利佛逝國是」卽馬來半島也。

【末羅王經】（經名）一卷宋沮渠京聲譯末羅爲國王名有大石橫於國王之道中國中人民欲徙之而不能佛現神通移之。因說四力以度人民。

【末羅羯多】（物名）見摩羅迦陀條。

【末麗曩】（雜語）譯曰力梵語雜名曰「力末麗曩又麼攞」梵 Balana,

【末闡提】（人名）Madhyantika 比丘名見末由底迦條。

【正了緣】（術語）見三因佛性條。

【正士】（術語）梵語曰菩薩一譯正士求正道之大士也無量壽經上曰、「十六正士」同下曰「十方來正士」

【正心】（術語）正直之心離諂曲也。無量壽經下曰、「正心正意齋戒淸淨」

【正心住】（術語）十住之第六。

【正心行處】（術語）三昧之一譯也。三昧者正心行邪曲之處也。

【正中】（雜語）正午也。

【正日】（雜語）葬送之當日也見象器箋三。

【正化】（術語）以正道化衆生也無量壽經上曰、「宣流正化」

【正五九月】（雜語）見三長齋月條。

【正令】（術語）爲禪門教外別傳本分之命令棒喝之外不立一法謂之正令碧巖序曰「提掇正令」同種電鈔曰、「正令乃本分之令棒喝並行不立一法此謂正令也。

【正行】（術語）眞正之行業也或對邪行而言或對雜行而言見五正行條。

【正行經】（經名）阿含正經之略名。

【正行眞如】（術語）七眞如之一

【正行六度品】（術語）觀行位五品之一見五品條。

【正因】（術語）對緣因而言正生法之因種曰正因資助之之力曰緣因。

【正因緣】（術語）對外道說邪因緣而言。

【正因佛性】（術語）三因佛性之一。

【正地部】（流派）與化地部同。

【正色可染】（雜語）見生像條。

【正位】（術語）小乘之涅槃也。維摩經問疾品曰「雖觀諸法不生而不入正位」。注「肇曰正位取證之位也」同慧遠疏曰、「聲聞見證無爲涅槃爲入正位」

【正見】（術語）八正道之一。離諸邪倒之正觀也。華嚴經三十曰、「正見牢固、離諸妄見」勝鬘經曰「非顛倒見是名正見」。

【正忌】（術語）正當之忌日也、謂人死亡之日。

【正助雜三行】（術語）正行助行雜行之三行也。正行者、稱名也。助行者、讀誦、觀察、禮拜、讚歎、供養之四稱也。雜行者謂不入此五者之一切諸善萬行。

【正法】（術語）眞正之道法也。理無差曰正。以三寶中之法寶教理行果之四者爲體。無量壽經上曰、「弘宣正法」。

【正法依】（術語）佛之尊號也、佛能以正法說與衆生、故佛爲正法之所依也。勝鬘經曰「佛爲正法依」。同寶窟中本曰、「佛能以正法授與衆生爲正法依也」

【正法炬】（譬喻）正法能照生死之闇、故譬之於炬。三論玄義曰、「善巧說法燃正法炬滅邪見幢」。

【正法律】（流派）與眞言律宗同。

【正法時】（術語）三時之一。見正像末條。

【正法經】（經名）大迦葉問大寶積正法經、又大乘菩薩正法經之略名。

【正法壽】（術語）正法之壽命也。佛滅後一千年正法時之間、謂爲正法壽。以教、行、證之三爲正法之體、作於此三世爲正法之壽命。俱舍論二十八曰、「既知如來正法壽漸次淪亡如至喉」。見正像末條。

【正法橋】（譬喻）正法能渡生死海之人、故譬之於橋。大集經五十六曰、「正法橋破壞法足不復行」

【正法輪】（術語）如來所說之教法也。見法輪條。

【正法妙心】（術語）正法眼藏涅槃妙心之略語也。見正法眼藏條。

【正法華經】（經名）十卷、西晉竺法護譯。是法華譯本之初出者。與後出之羅什譯大同。但藥草喩品中有迦葉之問答及生盲喩。五百弟子授記品之初有入海取寶喩。法師品名藥王如來品、有寶蓋王及千子善蓋太子法供養之事、又諸呪皆翻梵爲漢。囑累品在最後。

【正法眼藏】（術語）又曰淸淨法眼。禪家以之爲敎外別傳之心印。釋氏稽古略一曰、「佛在靈鷲山中。大梵天王以金色波羅華持以獻佛。世尊拈華示衆。人天百萬悉皆罔攝。獨有迦葉。破顏微笑。世尊曰。吾有正法眼藏涅槃妙心。分付迦葉。」今以禪門之意解之、則是正爲佛心之德名、此心徹見正法、故曰正法眼。深廣而萬德含藏、故曰藏。法華經所謂佛知見也。涅槃妙心、爲佛心之本體。體寂滅、故曰涅槃。不可思量分別、故曰妙。法華所謂妙法也。但法華就客觀而謂爲妙法。今就主觀而謂爲妙心。對一類頓悟之機、使離言句之假名、直爾會得此佛心、謂之以心傳心。然世尊付囑迦葉以正法眼藏、雖爲涅槃經之誠說、而拈華微笑之事、實爲禪門後輩之蛇足。其說基於慧炬之寶林傳、人天眼目、五燈會元已下與之雷同、惟爲誇張其宗之具耳、隋唐之諸祖無言此事者。傳燈錄二曰、「說法住世四十九年。後告弟子摩訶迦葉。吾以清淨法眼涅槃妙心實相無相微妙正法將付於汝。並敕阿難副貳傳化無令斷絕。」又曰「佛告諸大弟子。迦葉來時可令宣揚正法眼藏。」明教傳法正宗記所載亦同之。是正涅槃經二所謂「爾時佛告諸比丘。我今所有無上正法悉以付囑摩訶迦葉。是迦葉者當爲汝等作大依止。」是也。然則謂爲正法眼藏、謂爲清淨法眼、皆總以名佛一代所說無上之正法也。況大悲經教品曰、「如來法付囑諸聖、以正法眼之名、且指滅後三藏結集曰結集法眼。豈限於所謂教外別傳之心印耶。」見拈花微笑條。図(書名)書名。有明徑山宗杲之正法眼藏。有日本道元禪師之永平正法眼藏。

【正法輪身】(術語) 三種輪身之一。見教令輪身條。

【正法念經】(經名) 正法念處經之略名。

【正法明如來】(佛名) 觀世音菩薩過去已成之佛名。千手陀羅尼經等之說也。

【正法念經處】(經名) 七十卷、元魏瞿曇般若流支譯。詳說十善業道及生死之過患、地獄等六道之業果、最後說身念處之法。

【正念】(術語) 八聖道之一。離邪分別而念法之實性也。起信論曰、「心若馳散。即當攝來住於正念。」慧遠觀經疏曰、「捨相入實名爲正念。」

【正念誦】(術語) 五種念誦中之三摩地念誦也。言行者住於定心、觀念眞言之字相也。

【正念往生】(術語) 四種往生之一。

【正定】(術語) 八正道之一。図正定聚之略。

【正定業】(術語) 稱彌陀之名號也。以第十八願爲往生之正目而正爲其所誓故也。對於五念門中前三後一之助業而言、觀經散善義曰「一心專念彌陀名號。行住坐臥不問時節久近。念念不捨者。是名正定之業順彼佛願故。」

【正定聚】（術語）三聚之一。

【正性】（術語）與聖性同。

【正性定聚】（術語）三聖之一。

【正性離性】（術語）與聖性離生同。

【正命】（術語）八正道之一。

【正命食】（術語）二食之一。

【正直】（雜語）方正質直離邪曲之心也。往生論註下曰、「正直曰方（中略）依正直故生憐愍一切衆生心。」因一乘成佛之法曰正直。見正直捨方便條。

【正直捨方便】（術語）法華經方便品偈曰、「於諸菩薩中正直捨方便但說無上道。」台家釋之曰、正者對傍而言、直者對曲而言。非通別二敎之偏、非人天五乘之曲、故謂爲正直之一道。卽圓敎之一乘是也。法華文句五曰、「五乘是曲而非正。通別偏傍而非正。今皆捨彼偏曲但說正直一道也。」

【正使】（術語）對於習氣之稱。正現起之煩惱正體曰正使。其煩惱之餘習曰習氣。阿羅漢雖斷正使、而習氣不能亡也。觀經玄義分偈曰、「正使盡未盡習氣亡未亡。」四敎儀曰「但斷正使不能侵習。」

【正宗】（術語）謂初祖所傳之宗派也。雲峯悅禪師語錄序曰、「不受燃燈記別。自提三印正宗。」

【正宗分】（術語）經論三分之一。見三分科經條。

【正所被】（術語）指爲蒙被敎化之標的而言。凡愚惡人之機類皆可謂爲彌陀之正所被也。

【正依經】（經名）各宗派各有依正之根本經典如淨土宗之三經是也。

【正事經】（經名）佛爲年少比丘說正事經之略名。

【正信】（術語）正者對邪而言。正信者信正法之心也。維摩經方便品曰、「受諸異道不毀正信。」起信論曰「起大乘正信。」

【正信偈】（書名）宋慈雲之天竺別集中有往生正信偈。彌陀經正信偈。日本見眞大師敎行信證之行卷有正信念佛偈。又略文類有念佛正信偈。意同而文少異。其徒稱爲正信偈。

【正受】（術語）梵語三昧、Samaya 一譯正受。三爲正、昧爲受也。是禪定之異名。定心離邪亂、謂之正。無念無想、納法在心、謂之受。如明鏡之無心現物也。大乘義章十三曰、「離於邪亂故說爲正。納法稱受。」探玄記三曰、「納法在心名爲正受。」觀經玄義分曰、「言正受者想心都息緣慮並亡三昧相應名爲正受。」同序分義曰、「因前思想漸微。微細覺想俱亡。唯有定心與前境合。名爲正受。」

【正受三昧】（術語）三昧一譯正受。

正受三昧者、梵漢雙舉也。

【正果】（術語）學佛之人、精修有得、謂之證果。別於外道、故曰正果。果者喻如果之成熟也。

【正食】（雜語）舊作蒲闍尼。譯云正食。新作蒲善尼。譯云噉食。有五種。見半者蒲膳尼條。

【正思惟】（術語）八聖道之一。

【正恭敬經】（經名）一卷、元魏佛陀扇多譯。說比丘敬法敬師之儀則。

【正教】（術語）所說契於正理。謂之正教。

【正堂】（堂塔）禪林謂方丈室爲正堂。見象器箋一。

【正習】（術語）正使與習氣也。見正使條。四教儀曰「正習俱除。」

【正理門論】（書名）因明正理門論之畧名。

【正偏智】（術語）梵語與正偏覺同。一譯正偏知。眞正遍知一切法也。智度論二曰「云何名三藐三佛陀。三藐名正。三名遍。佛名知。是言正遍知一切法。」涅槃經十八曰「云何正遍知。正名不顚倒。遍知者於四顚倒無不通達。」大乘義章二十曰「正遍知者明其解圓明。」又梵語三藐三菩提、一譯正遍知。註維摩經一曰「肇曰。三藐三菩提秦言正遍知。其道眞正。無法不知。正遍知也。」

【正偏知海】（譬喩）佛之正遍知、深廣而不可測量。故譬之於海。觀無量壽經曰「諸佛正遍知海從心想生。」往生論註上曰「正遍知者。眞正如法界而知也。法界無相。故諸佛無知也。以無知故無不知也。無知而知者是正遍知也。是知深廣不可測量。故譬海也。」觀經妙宗鈔上曰「三智融妙名正偏知。無量甚深故喩如海。」

【正偏覺】（術語）梵語三藐三佛陀 Samyak-saṁbuddha 譯言正偏覺。佛十號之一也。名義集一曰「三藐三佛陀。什師言正偏覺也。言法無差故言正。智無不周故言偏。出生死夢故云覺。」

【正報】（術語）二報之一。又曰正果。有情之自心也。是爲依過去業因而感得之果報正體。故曰正報。

【正智】（術語）與聖智同。正了法之如何之智也。往生論註下曰「正者聖智也。如法相而知。故稱爲正智。」大乘義章三曰「言正智者。了法緣起。無有自性。離妄分別。契如照眞。名爲正智。」

【正量部】（流派）Sammatiya 又 Sammitiya 小乘十八部之一。佛滅後三百年自犢子部流出四部。此其中之第三也。刊定是非名爲量。量無邪謬名爲正。此部之所立、刊定無誤、目之爲正量。從所立之法而爲部名也。見宗輪論述記。

【正等覺】（術語）稱諸佛無上之正智而曰正等覺。覺者覺知諸法之智也。其智無邪曰正。無偏曰等。七佛經曰、「毘婆尸佛應正等覺」

【正等正覺】（術語）三藐三菩提、新譯爲正等正覺。法華玄贊二曰、「三云正。藐云等。又三云正。菩提云覺」。

【正等覺無所畏】（術語）四無所畏之一。

【正當】（雜語）正當忌日之日也。

【正當恁麼時】（雜語）老婆燒庵則中之字也。恁麼爲俗語指辭。「正如此時」也。

【正意】（術語）意無邪念也。無量壽經曰、「正心正意齋戒清淨」。

【正意經】（經名）阿含正行經之異名。

【正解】（術語）正覺之略名也。正悟解法性也。唯識論一曰、「爲於二空有迷謬者生正解故」同述記一本曰、「言正解者。正覺異號」

【正業】（術語）八正道之一。身口意之三業清淨、離一切之邪妄也。淨土眞宗以他力之念佛爲往生之正業。敎行信證行卷曰、「稱名則是最勝眞妙正業。正業則是念佛」

【正勤】（術語）見四正勤條。

【正道】（術語）正眞之師道也。稱三乘所行之道。無量壽經下曰、「唯樂正道無餘欣戚」因八正道分也。見八正道分條。

【正遍知部】（流派）佛部之異名也。大日經疏六曰、「正遍知部三昧門」

【正像】（術語）正法、像法也。見正像末條。

【正像末】（術語）凡一佛出世則以其佛爲本、立正法、像法、末法之三時。然諸經皆說正像之二時。大悲經獨說正像末三時。又如雜阿含俱舍論唯說正法之一時。一正法、正者證也。佛雖去世而法儀未改、有敎有行、有正得證果者。是爲正法時。二像法、像者似也。訛替也。道化漸訛替、而眞正之法儀行儀不行。隨而無證果者。但有敎有行而像似之佛法行、此時謂之像法時。三末法、末者微也。轉爲微末、但有敎而無行、無證果時是爲末法時。嘉祥法華義疏五曰、「佛雖去世法儀未改。謂正法時。佛去世久、道化訛替、謂像法時。轉復微末謂末法時」。法華玄贊五曰、「若佛正法、敎行證三皆具足。有若佛像法。唯有敎行、無證果者。若佛末法、唯有敎在、行證並無」。青龍仁王經疏三下曰、「有敎有行、有得果證、名爲正法。有敎有行、而無果證、名爲像法。唯有其敎、無行無證、名爲末法」三大部輔注七曰、「正者證也。像者似也。末者徵也。」又俱舍論二十九以敎證爲正法之體、明住於正法之世、爲一千歲。敎法者經律論之三藏也。證法者三乘之菩提分法也、(與前言證果異)若有人於其敎法誦持及正說者、爲住於敎法世。若有人行其菩提分法者、爲住於證法世。故隨此三人住世之時量、可知住於正法世之時量。聖敎中總言爲唯千歲住。(證法唯千年住。敎法之住時復過於此、卽像法也。)頌曰「佛正法有二。謂敎證爲體。有持說行者。此便住世間。」

【三時年限】(名數)大悲經說末法爲萬年。說末法者惟此經。更無異說。正像之二時、諸經論所說不同。總有四種。一正法千年、像法千年、末法萬年之說。大悲經也。又雜阿含經言正法千歲。善見律言正像各千年。二正像各五百年之說。大乘三聚懺悔經也。三正法千年像法五百年之說。悲華經也。四正法五百年像法千年之說、大集月藏經賢劫經、摩耶經等也。此中古來諸德依用正法五百、像法一千、末法萬年之說。

【正語】(術語)八正道之一。遠離一切虛妄不實之語也。

【正說】(雜語)對於邪說而言。又對於傍說而言。

【正聚】(術語)三聚中之正定聚也。見三聚條。

【正精進】(術語)八正道之一。

【正盡覺】(術語)新譯之正等覺、舊曰正盡覺。等者就所證之理而言。盡者就所斷之惑而言。中阿含經五十九曰、「如來無所著正盡覺。」

【正慧】(術語)眞正之慧心也。智度論四曰、「正慧入母胎。」

【正轍】(雜語)對於異轍之稱。眞正之軌轍也。法華文句記十曰、「並是法華之正轍也。」

【正論】(術語)正者對邪而言。正法之論議也。無量壽經下曰、「不欣世語、樂在正論。」

【正學女】(術語)見式叉摩那尼條。

【正學六法戒】(術語)正學女受學時六種之戒法也。見式叉摩那尼條。

【正機】(術語)正可受其敎法之機根曰正機。如淨土門言惡人正機、女人正機等。法華玄義六曰「未來善惡爲正機也。」

【正雜二行】(術語)淨土門所立。見二行及五正行條。

【正覺】(術語)梵語三菩提、Sanbodhi 此譯正覺。如來之實智、名爲正覺。證語一切諸法之眞正覺智也。故成佛曰成正覺。法華玄贊二曰「三云正菩提云覺。」

【正覺華】(術語)極樂淨土之蓮華、爲依彌陀如來正覺所成之華、故曰正覺華。淨土論曰「如來淨華衆。正覺華化生。」

【正懺悔】（修法）懺法之式有七日之加行法其終正作行事曰正懺悔。

【正體】（雜語）神佛等之本體。

【正觀】（術語）對於邪觀之稱觀與經合則稱正見卽正觀也。觀無量壽經曰、「作是觀者名爲正觀」又離痴而見法曰正觀。無量壽經上曰、「正念正觀」同淨影疏曰、「離痴見法名爲正觀」又三論宗多用正觀中觀之名以八不名爲中觀、無得名爲正觀。三論玄義曰、「以無得正觀爲宗」。

【正觀音講】（行事）講讚聖觀音之法會也。

【玉花】（堂塔）宮名。唐玄奘三藏、於玉華宮譯大般若經。釋門正統八曰、「顯慶四年。以玉華宮爲寺追崇先帝詔居之。於此譯大般若經。涉四年、成六百卷」。

【玉泉玉花兩宗】（流派）玉泉謂天台宗、玉花謂法相宗。出新譯之經論於支那傳法相宗者、玄奘師也。故就其所居謂之玉花。

【玉佛】（雜名）續通考曰、「元丞相伯顏嘗至于闐國。鑿井得一玉佛。高三四尺。色如截肪。照之可見筋骨脈絡。」

【玉呬耶經】（經名）蕤呬耶經之異名。

【玉耶】（人名）給孤獨長者兒婦之名。

【玉耶女經】（經名）一卷。失譯人名。佛對玉耶女說女人十惡五善三惡之法。分別七種之婦。玉耶女聞教悔過、爲授十戒。

【玉耶經】（經名）一卷東晉曇無蘭譯。與上經同本異譯。

【玉泉】（寺名）寺名。天台智者所居。智者別傳曰、「於當陽縣玉泉山而立精舍。蒙敕賜額。號爲一音。重改爲玉泉。其地本來荒險神獸蛇暴」止觀一上曰、「於荊州玉泉寺一夏敷揚。」

【玉柔】（雜名）牛肉也、言牛肉則顯、故曰玉柔。出於氷揭羅童子經。

【玉華寺】（寺名）卽玉花寺。見玉花條。

【玉琳國師】（人名）三十二祖傳曰、「通琇號玉林。毘陵楊氏子。順治十五年世祖章皇帝詔入禁中萬善殿焚修。封大覺禪師。庚子春遣使賜紫衣。加封大覺普濟禪師。其冬復詔來京。加封大覺普濟能仁國師。辛丑春南還住天目山師子正宗寺。丙辰（康熙十五年）八月順寂。春秋六十有三。僧臘四十有四」

【玉牒】（術語）佛典也。因明大疏一曰、「金容映夢。玉牒暉晨」。

【玉豪】（譬喩）又作玉毫。佛之白毫相也。豪爲毫之借字。慧琳音義十一曰、「玉豪假借字也。正體從毛作毫。言玉毫者。如來眉間白毫毛也。皓白光潤。猶如白玉。佛從毫相放大光明照十方界。故云玉毫。瑞色也。」西域記張說敘曰、「玉毫流照、甘露灑於大千。金鏡揚輝、薰風被於有截。」

【玉環】（物名）玉製之環。千手觀音之一右手所持者。其手曰玉環手。

【去此不遠】（術語）謂極樂淨土雖稱西方十萬億土、然由法味觀念上觀之、則去此座不遠也。觀無量壽經曰、「爾時世尊。告韋提希。汝今知不。阿彌陀佛去此不遠。汝當繫念諦觀彼國淨業成者。」天台觀經疏曰、「極樂國土去此十萬億佛剎。一一剎恒沙世界。何言不遠。解云。以佛力故欲見卽見。又光中現土顯於佛頂。一念能緣。言不遠也。」善導觀經疏二曰、「言不遠者有其三義。一明分齊不遠。從此超過十萬億剎。卽是彌陀之國。二明道理雖遙。去時一念卽到。三明韋提等及未來有緣衆生。注心觀念境相應。行人自然常見。」

【去行】（術語）去穢土之行也。申言之、卽爲往生淨土而修之諸種行也。

【去來今】（術語）謂過去未來現在也。圓覺經曰、「無起無滅去來今。」蘇軾詩曰、「一彈指頃去來今。」

【去來實有宗】（流派）外道十六宗之一。計過去未來亦如現在實有之外道一派也。法苑義林章第一所謂「去來實有宗者、有去來世、猶如現在、實有非假」是也。爲勝論及時計外道之所計者。又小乘佛敎中、如說一切有部宗亦爲此說。

【巨力長者所問大乘經】（經名）佛說巨力長者所問大乘經。三卷、宋智吉祥等譯。佛爲巨力長者說大乘之深法、長者得無生忍、求出家、佛爲授記。

【巨益】（雜語）大利益也。法華玄義五上曰、「聞有巨益。意在於此。」

【巨賞彌】（地名）Kauśāmbī巴 Kosambi 國名。見倶睒彌條。

【巨磨】（雜語）Gomaya 譯言牛糞。行事鈔下一曰、「巨磨。此翻牛屎。」見瞿摩夷條。

【叵囉虞那麼洗】（雜名）Phalgunamāsa 又曰頗攞遇扼、叵勒拏、頗勒窶拏。十二月也。叵羅虞那爲星宿名、麼洗譯月。西域記二曰、「頗勒窶拏月。十二月也。」梵語雜名曰、「十二月。頗攞遇扼。」飾宗記六末曰、「叵勒那月。十二月也。」

【可大師】（人名）東土之二祖慧可大師也。六祖壇經序曰、「西傳四七。至菩提達磨。東來此土。直指人心。見性成佛。有可大師者。首於言下悟入。末上三拜得髓。受衣。」

【可中】（雜語）可中猶縱使也。潙山警策曰、「可中頓悟正因。便是出塵階漸。」守遂註曰、「若頓悟正因兩字、則百川會海。」

図猶俗云恰好也。王仲初詞曰、「可中三日得相見」。

【可得相似過類】（術語）因之十五過類第五。對於無過之正因而強欲付以過失之過誤也。詳見因明正理門論等。

【可見有對色】（術語）又曰有見有對色。色法有眼等五根、色等五境及無表色之十一種。此中色境之一爲可見有對色、眼等五根與聲等四境爲不可見有對色。無表色爲不可見無對色。眼可見者曰可見、由極微組織而有障礙者曰有對。智度論二十曰、「佛說三種色、有色可見有對、有色不可見有對、有色不可見無對」。

【可惜許】（雜語）禪錄中之語。許爲語助。如許多許久之許。

【可意】（雜語）適意也。俱舍論一曰、「可意及不可意」涅槃經疏五曰、「可意果」。

【可漏子】（物名）又單云可漏。封筒也。可漏爲殼漏、卽卵殼。謂書狀封入筒中、如虫等容身殼內也。百丈清規第二並第三記於諸式狀用之。後世遂用於祭文疏文等。

【可觀】（人名）四明法智之四世法孫、宋秀州當湖竹庵之解空尊者名可觀。少依車溪擇卿之講席、得旨。擇卿印可之。又見慧覺於湖州、在雪窓之下讀指要鈔、至若不謂實鐵床非苦變易非遷云云、豁然喜曰、世間之文字言語皆糟糠耳。高宗紹興戊午司當湖德藏院。乾道七年秋、住北禪之天台寺。淳熙九年二月寂、壽九十一。

【甘丹】（寺名）Dgah-ldan 西藏喇嘛敎新派黃敎之本山。在拉薩 Lhasa 東北約三十英里。爲黃敎開祖宗喀巴 Tson-k-ha-pa 所創立、西藏四大本山之一也。此語爲西藏語、意言樂土、與梵語兜率 Tusita 天之義相當。境內有宗喀巴之墓、殿廡亦極莊麗。

【甘珠爾】（雜名）Kanjur 西藏語。爲「佛訓誡之翻譯」之義、西藏佛敎本典二藏之一也。具備經律論之三藏、通有一百八十卷。每卷有一千頁之多、於一時搬運之、須用犂牛十頭。有版數種、而北京版及蒙古板最爲著名。

【甘菩遮】（地名）Kamboja 國名。又作劍蒲、紺蒲。畧曰甘菩。印度十六大國之一。探玄記十五曰、「甘菩國者、正云劍甫。是北印度。此國多出美女、故以爲名也」。華嚴疏鈔四十五曰、「甘菩遮國、正云紺蒲、卽是果名。赤白圓滿、乍似此方林檎而復三約橫文。此國多端正女人、面似甘蒲三約文成。以女名國」。

【甘蔗】（譬喻）譬物之多者。維摩經法供養品曰、「三千大千世界如來滿中、如甘蔗竹葦稻麻叢林」。図（人名）釋尊五姓之一。佛本行集經五載甘蔗王之次前有王、名大茅草王。捨王位出家得五通稱王仙王、仙衰老不能行、諸弟子盛之以草籠懸於木、出而乞食。時有獵者誤王仙爲白鳥射殺之。其血滴處後生甘蔗二本炙於日而開剖一生童子、一生童女。大臣聞而迎取之養育於宮中。以日光炙甘蔗而生故名善生Sujāta以自甘蔗而生、故名甘蔗生、Iksvāku 又以由日炙故名日種。Sūryavaṃśa 名女曰善賢。遂立善生爲王以善賢爲其妃、善賢生四子。王後納第二妃、生一子。第二妃勸王放逐四子於國外。四子在雪山之南建國、姓曰釋迦、Śākya 又號舍夷。即是迦毘羅城也。三子沒後、一子爲王、名尼拘羅、次名拘盧、次名瞿拘盧、次名師子頰、Siṃhahanu 次名閱頭檀。Śuddhodana 即悉達太子之父王也。佛所行讚一曰、「甘蔗之苗裔釋迦無勝王淨財德純備。故名曰淨飯。」如上所記本行集經以種爲出自甘蔗王之第四王子者。五分律、起世經有部律亦與是同。然四分律長阿含經、大樓炭經、則以爲第一王子所出但無論爲何釋種出自甘蔗王則一也。

【甘露】（飲食）梵語 Amṛta 阿密哩多譯言甘露異名天酒。美露味甘如蜜天人所食。光明文句五曰、「甘露是諸天不死之藥食者命長身安力大體光。」註維摩經七「什曰諸天以種種名藥着海中以寶山摩之令成甘露食之得仙名不死藥。生曰天食爲甘露味也。食之長壽遂號爲不死藥也。」玄應音義二十二曰、「蘇陀味舊經中作須陀飲。此云天甘露食也。」正法念經九曰、「甘露爲毒。」

【四種甘露】（名數）青黃赤白之四種。瑜伽論四曰、「復有食樹從其樹裏出四食味名曰蘇陀。所謂青黃赤白。」同略纂二曰、「有四種蘇陀味者。謂青黃赤白四色妙味。」法華玄贊六曰、「若天得勝。便入非天（即阿修羅）宮中爲奪其女起此違諍若非天得勝即入天宮。爲求四種蘇陀味故相戰鬭。」蘇陀 Suta 又爲 Sudhā 指蘇摩 Soma 修羅軍與神軍爭神酒甘露即蘇摩。古來之說也。參照阿修羅條。

【甘露法】（術語）如來之教法、譬之甘露。法華經藥草喻品曰、「我爲世尊無能及者安穩衆生故現於世爲大衆說甘露淨法。其法一味解說涅槃。」佛地論三曰、「如來聖教於諸外道一切世間邪劣教中最爲眞實殊勝淸淨猶如醍醐亦如甘露令得涅槃永不死故。」註維摩經七「什曰佛法中以涅槃甘露令生死永斷是眞不死藥也。」無量壽經下曰、「猶如大雨雨甘露法潤衆生故。」

【甘露法雨】（譬喻）如來之教法譬之甘露之雨。涅槃經二曰、「世尊我今身有調牛良田除去株杌唯悕如來甘露法雨。」法華經普門品曰、「悲體戒雷震慈意妙大雲澍甘露法雨滅除煩惱焰。」

【甘露滅】（術語）甘露爲涅槃之喩、得涅槃而滅生死謂之甘露滅。維摩經佛國品曰「始在佛樹力降魔得甘露滅覺道成。」同註「肇曰大覺之道寂滅無相至味和神。喩若甘露。」天台之維摩經會疏二曰、「見四諦理名得甘露正習俱盡故名滅也。」止觀輔行一之二曰、「見無諦理離生死法名甘露滅。」寶積經六十八曰、「佛說甘露滅三毒如阿伽陀消衆毒。」大集經三十四曰、「大悲牟尼王悲心爲說法。開巳除痴愛獲甘露涅槃。」

【甘露門】（譬喩）到甘露涅槃之門戶也。即如來之敎法。法華經化城喩品曰、「普智天人尊哀愍羣萌類能開甘露門廣度於一切。」図佛大勝多與菩提達磨並化時號二甘露門。

【甘露城】（譬喩）譬涅槃以城也。智度論三曰、「能到甘露城。」

【甘露法門】（譬喩）譬最上之法。長阿含經一曰、「吾愍汝等今當開演甘露法門。」

【甘露界】（術語）譬涅槃界也。中阿含經一曰、「於甘露界自作證成就遊。」

【甘露鼓】（譬喩）妙法之聲譬如甘露之鼓也。中阿含經五十六曰、「我至波羅棕擊妙甘露鼓轉無上法輪世所未曾轉。」

【甘露日】（雜名）以七曜與二十八宿相應之日名甘露日爲大善日。宿曜經下曰、「太陽直日月與軫合太陰直日月與畢合(中略)土曜直日月與星合。巳上名甘露日是大吉祥。宜冊立受灌頂法造作寺宇及受戒習學經法出家修道一切並吉。」

【甘露軍荼利明王】（明王）軍荼利明王爲五大尊之一。軍荼利明王有三種。一金剛軍荼利、二蓮華軍荼利、三甘露軍荼利。胎藏曼陀羅大鈔三曰、「師曰胎藏界圖三處有之。金剛手院軍陀利名金剛軍荼利。觀自在院軍荼利名蓮華軍荼利。蘇悉地院軍荼利名甘露軍陀利也。既其本誓各別也。故隨所用舉之。」谷響集七曰、「一家相承有三部軍荼利明王。甘露軍荼利爲佛部。蓮華軍荼利爲蓮華部。金剛軍荼利爲金剛部。」梵語曰阿密利多軍荼利。Amṛtakuṇḍalin 阿密利多、譯言甘露。軍荼利、譯曰瓶。此明王以甘露之寶瓶爲三昧耶形。故名軍荼利。儀軌曰、「甘露軍荼利能摧諸魔障以慈悲方便現大忿怒形。成大威日輪照曜無邊界修行者暗暝速得悉地。故流沃甘露水洗滌藏識中。」

【甘露軍荼利明王畫像】（圖像）甘露軍荼利菩薩供養念誦儀軌曰、「軍荼利身色瑩如碧頗梨。威光逾劫焰。赫弈佩日輪。鑿肩笑怒容。虎牙上下現。千目現不瞬。晃耀皆如日。千手各操持金剛諸器杖。首冠金剛寶。龍瓔虎皮裙。無量忿怒衆。金剛及諸天。圍繞作侍衞。」又曰、「次說本尊身相應觀四面四臂。右手執金剛杵。左手滿願印。二手作羯磨印。身佩威光焰。鬘住月輪中。青蓮華色。坐瑟瑟盤石。正面慈悲。右第二面忿怒。左第三面作大笑容。後第四面微怒開口。(中略)隨意所樂。觀念四臂八臂乃至兩臂千臂。」

【甘露王尊】(明王) 甘露軍荼利之略名。眞言修行尊鈔五曰、「軍荼利云甘露王尊。」

【甘露尊】(明王) 甘露軍荼利王之略名。軍荼利儀軌曰、「加持自身同甘露尊。」

【甘露軍荼利菩薩供養念誦成就儀軌】(經名) 一卷。唐不空譯。說軍荼利之印咒觀門者。

【甘露王】(佛名) 阿彌陀之別號。阿彌陀之咒、謂之甘露咒、故阿彌陀謂之甘露王如來。彌陀化身說法、澍甘露之雨、以是稱其德也。但此時之梵語曰阿彌利帝。胎藏曼陀羅大鈔一曰、「阿娑縛抄云。阿彌陀。阿彌利帝。梵語也。此翻無量壽、無量光。又正云甘露。故大咒云十甘露明。依之甘露王如來云。服甘露不老不死。故名無量壽矣。」菩提心集經上曰、「甘露王者、應身也、甘露者、說法之德也。以法名。甘露之時梵語阿密㗚多也。」Amṛta

【甘露陀羅尼咒】(經名) 一卷。唐實叉難陀 Sikṣānanda 譯。與無量壽如來供養儀軌中之無量壽如來根本陀羅尼同本。即阿彌陀之大咒咒中有甘露之言十語。故名十甘露明。

【十甘露明】(眞言) 又曰十甘露咒、甘露陀羅尼咒、無量壽根本陀羅尼。即阿彌陀之大咒。

【甘露經陀羅尼】(經名) 佛說甘露經陀羅尼、一卷。唐實叉難陀譯。以此經中有「取水一掬。咒之七遍。散於空中。其水一滴。變成十斛甘露。一切餓鬼並得飲之。無有乏少。皆悉飽滿。」故謂之施甘露眞言、亦曰十甘露咒。

【甘露經】(經名) 甘露經陀羅尼之略名。

【甘露鼓經】(經名) 樓閣正法甘露鼓經之略名。

【甘露味經】(書名) 阿毘曇甘露味論之異名。

【甘露味論】(書名) 阿毘曇甘露味論之略名。

【甘露味阿毘曇】(書名) 阿毘曇甘露味論之異名。

【甘露味國】(地名) 華嚴之善財童

子所訪五十三善知識中、青蓮花香長者之住國也。探玄記十九曰、「甘露味者。救生善巧之勝味也。」

【甘露飯】（人名）梵名阿彌都檀那。Amṛtodana 釋種師子頰王之子、釋尊之叔父也。父為師子頰王、諸經論多一致、但五分律十五以之為尼休羅、衆許摩訶帝經二以為星賀賀努。又其兄弟有異說、起世經十、起世因本經十、佛本行集經五、及智度論三、以為有淨飯等三兄一妹。衆許摩訶帝經二、五分律十五、彰所知論上、以為唯有三兄。十二遊經以為有一兄二弟。有部律破僧事二以為有三兄四姊妹。報恩經二以為有二兄。至於其子、起世經等為提婆阿難二人。衆許摩訶帝經更加一女。佛本行集經及智度論為摩訶男、阿㝹樓馱二人。五分律為婆婆及拔提。報恩經以為唯有一女。傳不明。

【世】（術語）梵語曰路迦、Loka 世俗也。可破毀者、墮於生滅者、覆真理者。義林章二末曰、「世謂隱覆可毀壞義。」又曰、「性墮起盡、名之為世。」唯識述記一本曰、「可毀壞故。有對治故。隱真理故。名之為世。」又、時之異名。遷流之義。楞嚴經曰、「世為遷流。（中略）過去未來現在為世。」十地義記一本曰、「世名為時。」

【世人】（雜語）世間之人。對於出世間之人而言。無量壽經下曰、「如是世人不信作善得善。為道得道。」心地觀經報恩品曰、「世人為子造諸罪。墮三途長受苦。」

【世友】（人名）菩薩名。佛滅後四百年出世、婆沙四評家之一、迦膩色迦王在迦濕彌羅國、結集薩婆多部之三藏時、五百賢聖之上座也。又著有部宗輪論、敘小乘之二十部。俱舍光記二十曰、「世是天名。與天逐友故名世友。父母愍子。恐惡鬼神之所加害。言天逐友。彼不敢損。故以為名焉。梵名筏蘇密呾羅。Vasumitra 筏蘇名世。密呾羅名友。舊云和須密訛也。」西域記三曰、「其王是時與諸羅漢自彼而至居此也。世友曰。諸賢於法無疑。代佛施化。方集大義。欲製正論。我雖不敏。粗達微言。三藏玄文。五明至理。頗亦沈研。得其趣矣。諸羅漢曰。言不可以若是。汝宜屏居。疾證無學。已而會此。時未晚也。世友曰。我顧無學。其猶洟唾。志求佛果。不趍小徑。擲此縷丸。未墜于地。必當證得無學聖果。（中略）於是世友即擲縷丸。空中諸天接縷丸而請曰。方證佛果。次補慈氏。三界特尊。四生攸賴。如何於此欲證小果。時諸羅漢見是事已。謝咎推德。請為上座。凡有疑議。咸取決焉。」宗輪論述記曰、「異部宗輪論者。佛圓寂後四百許年。說一切有部世友菩薩之所作也。」

【世主】（天名）世主天也。維摩經方便品曰、「釋梵世主所敬。」見世主天條。

【世主天】（天名）或作四王天、或作梵天、或作大自在天、通爲世主。淨影維摩經疏曰「世主護世四王」玄應音義二十二曰、「世主天是梵天之異名也」唯識述記六末曰「世主、卽是大自在天爲世間主」

【世仙】（雜名）世間之仙人也。演密鈔六曰、「世仙卽是成就世間長年隱形自在之者。」

【世世生生】（術語）言六道輪迴經多世多生也。心地觀經三曰、「有情輪迴生六道。猶如車輪無始終。或爲父母爲男女世世生生互有恩。」

【世自在王】（佛名）又曰世饒王佛。名饒卽自在之義。無量壽經存此二名。阿彌陀佛在因位時于此佛所出家、建四十八願。無量壽經鈔二曰、「義寂云、舊本名樓夷亘羅。Lokeśvararaja 此存梵音。翻之名爲自在王。憬興云、於一切法得自在故。玄一曰、世間利益自在。故言世自在。亦言世饒。卽自在義爲王也。」

【世典】（雜語）世間之典籍也。維摩經方便品曰、「雖明世典。常樂佛法。」

【世依】（術語）佛之尊稱。佛爲一切世間之所依怙也。大日經四曰、「世依之所說。」

【世法】（術語）世諦之法、世間之法、因緣生之法、可毀之法。勝鬘經曰、「大悲安慰哀愍衆生爲世法母。」唐華嚴經二曰「佛觀世法如光影。」

【世界】（術語）梵語曰路迦。Loka 世爲遷流之義。謂過現未時之遷行也。界謂具東西南北之界畔。卽有情依止之國土也。又曰世間。間爲間隔之義。故與界之義同。此二者雖通用於有情與國土、而常言者爲國土也。楞嚴經四曰、「世爲遷流。界爲方位。汝今當知東西南北東南西北上下爲界。過去未來現在爲世。」名義集三曰、「間之與界名異義同。間是隔別間差。界是界畔分齊。」

【世界主】（雜名）初禪天之梵王、一小世界卽四天下之主也。二禪之梵王、小千世界之主也。三禪之梵王、中千世界之主也。四禪之大梵王、大千世界之主也。四禪之廣量如其次第、與一世界、小千世界、中千世界、大千世界相均。

【世界悉檀】（術語）四悉檀之一。謂世間的說法使起信也。見四悉檀條。

【世俗】（術語）世有隱覆眞理之義、可毀壞之義。俗有顯現流世之義、顯現順於人情之義。世事卽俗法。三界之事法悉具此二義、故曰世俗。唯識述記一本曰、「世謂覆障可毀壞義。俗謂顯現隨世流義。」俱舍光記一本曰、「言世俗者有偏之法隱障眞理名世。事相顯現隨順俗情名俗。又解有偏之法可毀壞。故有對治。故名爲世。俗卽世名俗。」

【世俗智】（術語）世俗凡夫之智、謂之世俗智。緣世間俗事之智、亦曰世俗智。此義通於凡聖。

【世俗諦】（術語）慈恩謂爲世俗諦。義淨謂爲覆俗諦。皆爲於勝義諦之稱。單曰世諦或俗諦、亦同世俗之道理也。寄歸傳四曰「覆俗諦舊云世俗諦、義不盡也。意道俗事覆他眞理。色本非瓶妄爲瓶解。聲無歌曲漫作歌心。（中略）由此蓋眞名爲覆俗矣。此據覆卽是俗名爲覆俗。或可但云眞諦覆諦。」

【世相】（術語）世間之事相也。法華經方便品曰「世間相常住。」

【世英】（術語）佛之尊稱。佛在一切世間爲最上之英勝也。無量壽經上曰「今日世英住最勝道。」

【世耶那薩喃】（物名）Śayanāsana 譯言臥具、僧資具之一。

【世時經】（經名）古來世時經之略名。

【世眼】（術語）佛之異名。佛爲世人之眼、示導正道。又開世人之眼、使見正道。無量壽經上曰「今日世眼住導師行。」俱舍論二十九曰「大師世眼久已閉。」淨願大經疏曰「能開世人眼令見正道故名世眼。」

【世第一法】（術語）四加行位之第四。是爲有漏智之最極、世俗法中之第一、故名世第一法。俱舍論二十三曰「此有漏故名爲世間。此最勝故名爲第一。此有偏法世間中勝。是故名爲世第一法。」大乘義章十一本曰「世第一者顯勝之目。於世間中此善最上。故云第一。」

【世間】（術語）世爲遷流之義、破壞之義、覆眞之義。間爲中之義。墮於世中之事物、謂之世間。又間隔之義。世之事物、個個間隔而爲界畔、謂之世間。卽與所謂世界相同。大要有二種。一有情世間、謂有生者。二器世間、國土也。楞嚴經四曰「世爲遷流。」唯識述記一本曰「言世間者可毀壞故、有對治故。隱眞理故。名之爲世。墮世中故名爲世間。」註維摩經不二品「什曰世間三界也。」

【世間天】（術語）四種天之一。世間之國王、雖居人世而受享天福、故名之爲世間天。涅槃經二十二曰「世間天者。如諸國王。」

【世間法】（術語）三界所有之有情非情、自惑業之因緣而生者、悉爲有漏無常。卽四諦中苦集之二諦也。

【世間乘】（術語）出世間乘之對。人乘與天乘、爲使得世間善果之敎。故名。

【世間眼】（術語）佛菩薩之尊稱。佛能爲世人之眼、指示正道。又能開世間之眼、使見正道。法華經序品曰「讚妙光菩薩。汝爲世間眼。」又化城喻品曰、「佛爲世間眼。」智度論二曰、「佛取涅槃一何疾哉世間眼滅」見世眼條。

【世間智】（術語）楞伽經所說三智之一。凡夫外道之智。

【世間經】（經名）說苦集滅道之法。示世間出世間之因果。攝於中阿含三十四。

【世間解】（術語）佛十號之一。梵語曰路迦憊。Lokavid 或譯知世間。又譯世間解。知世間有情非情之事也。智度論二曰、「路迦憊路迦秦言世憊名知。是名知世間。知二種世間。一衆生。二非衆生。」淨影大經疏曰、「世間解者是化他智。善解世間名世間解。」

【世間禪】（術語）三種禪定之一。謂色界無色界之禪定也。見法華玄義四。

【世間檀】（術語）於所施之人與施物及自身起執念以爲布施也。檀爲布施之梵語。智度論十一曰、「若三礙繫心、是爲世間檀。何以故因緣諸法實無吾我而言實我與彼取是故名世間檀。」

【世間三昧】（術語）眞言之有相三昧也。見大空三昧條。

【世間天院】（術語）稱胎藏界曼茶羅之第三院。二種悉地陀羅尼法曰、「諸尊隨現成第三重曼茶羅。卽是世間天院也。」三種悉地儀軌四隅之四菩薩、其次第爲普文彌觀是爲四攝法。文曰、「四方卽是如來四智其四隅葉卽是四攝法也。且東南方普賢是菩提心此妙因也。次西南方文殊、是大智慧也。次東北方彌勒大慈也。次西北方觀音卽是證。謂行願成就入此華臺三昧也。」是依轉證之次第而然也。

【世間相違】（術語）因明三十三過中屬於宗法之過。謂不拘事實如何、背於世間一般人所知而立宗法也。例如言「人骨當爲清淨。」夫骨爲世間一般之不淨物、而相違之則是世間相違也。但於此宗法、欲免世間相違之過。則冠以「眞理者」「第一義諦者」等之副辭可也。見因明入正理論。

【世間如車輪】（雜語）世界常轉變、譬之車輪也。龍樹菩薩之釋曰、世間如車輪時變似輪轉。」世間爲世界之誤。智度論一曰、「世界如車輪。時變如輪轉。人亦如車輪。或上而或下。」

【世間具相行】（術語）稱有相悉地。大日經七曰、「依隨經敎已滿足。志求有相之義利眞言悉地隨意成。是名世間具相行。

【世間相常住】（術語）是示俗諦常住之金言、大乘之極說、台家之眼目也。法華經方便品曰、「是法住法位。世間相常住。於道場知已、導師方便說。」法位者、眞如也。住於法位者、謂十界三千之諸法住於眞如也。

卽性具之謂也。故眞如常住、世間之相亦常住也。智度論十九曰「中論說涅槃不異世間、世間不異涅槃。涅槃際世間際一際無有異故」妙宗鈔上曰「世間常住者、卽十界三千世間一一皆住眞如法位。法位常故世間亦常」金錍論曰「無常常住時相續。隨緣不變一念寂照」隨緣者照而無常、不變者隨而常住也。然則見世間相之常住而不知無常者、凡夫之牛羊眼也。見世間相之無常而不知常住者、小乘偏空之僻眼也。卽無常見常住、卽常住見無常者、菩薩之實相眼也。密敎以大日經五秘密曼荼羅品「生住等諸法、常恒如是生」之文、爲世相常住之證文。生住異滅之轉變、春夏秋冬之推運、皆是法性自爾之妙用、離佛天人之造作也。可生者生、可滅者滅、是天然之道理、法爾之德業也。故曰常恒如是生。見秘藏記鈔十。又秘藏記本謂「顯敎中亦於法華經、謂世間常住。譬如水性澄靜、是爲常住、以風之緣故起波。波卽相也、水卽性也、風息則波卽止、而爲水、故是依攝相歸性而得常住也。依性相差別、則不得謂爲常住、故是生滅無常家之喩也。（天台之別敎卽華嚴宗是也）密敎之說、十界之諸法、皆爲如來自受用之境界、是處離生滅無常、故不用此喩。別有密敎不共之喩。其喩如日月與光明、日月爲性、光明爲相、此性此相不相離而爲本有、是故謂爲性相常住。（天台所謂性具之三千）非待歸於性而爲常住、又譬之四大和合之身、是卽體也、手足之屈伸取捨是卽用也、其眼耳等之好醜長短卽是相也。此體相用三者不相離而各各宛然、故性相共爲本有云」

【世間難信捷徑】（術語）他力之信心、爲惡人凡夫速遂成佛不思議之法、易往之捷道、故曰捷徑。然於世間得信、難中至難、故曰世間難信。

【世尊】（術語）梵語曰路迦那他。Lokanātha 譯爲世尊、或婆迦婆 Bhagavat 譯爲世尊。佛之尊號。以佛具萬德世所尊重故也。又於世獨尊也。阿含經及成實論以之爲佛號中之第十、以具上之九號、故曰世尊。涅槃經及智度論置之於十號之外。智度論二曰「路迦那他。秦言世尊」淨影大經疏曰「佛具衆德爲世欽仰。故號世尊。若論胡音、樓伽陀伽此云世尊也」探玄記九曰「以佛具三德六義、於世獨尊、故名世尊。卽梵名婆伽婆」佛說十號經曰「天人凡聖世出世間咸皆尊重、故曰世尊」成實論一曰「如是九種功德具足。於三世十方世界中尊。故名世尊」

【世尊拈花】（公案）見拈花微笑條。

【世尊陞坐】（公案）「世尊一日陞法座、文殊白槌曰、諦觀法王法。法王法如是。世尊便下座」見碧巖九十二則、從容錄第一則。白槌者、凡僧中欲成佛事時、座中一人先擊槌、表白於大衆、使一會和之。戒律上之作法也。禪門之上堂則之、行白槌之法、長老之說法前、白槌「法筵龍象衆當觀第一義。」說法已、則白槌「諦觀法王法、法王法如是。」此二句據唐華嚴經四、「汝應觀法王。法王法如是」之文。而世尊陞座文殊白槌事、會不見於藏經、是亦與拈花微笑之公案、共是禪門之宗匠爲機緣而設耳。

【世尊指地】（公案）從容錄第四則曰、「世尊與衆行次、以手指地曰、此處宜建梵刹。帝釋以一莖草揷地上云、建梵刹已、世尊微笑。」五燈會元世尊章曰、「世尊於因地布髮掩泥、以花獻燃燈佛。佛指布髮處云、此一方地宜建一刹。時有賢首長者、以標揷其處云、建刹已、諸天散花讚嘆。」是亦無經論典據。

【世尊未說】（公案）五燈會元世尊章、「世尊臨入涅槃。文殊請於佛、欲再轉法輪、世尊咄曰、吾四十九年住世。未嘗說一字。汝請吾再轉法輪。是曾轉法輪耶。」是本於楞伽經三、「我從某夜得最正覺。乃至某夜入般涅槃。於其中間乃至不說一字。」等之意。

【世尊初生】（公案）會元十五雲門章曰、「世尊初生下、一手指天、一手指地、周行七步、顧視四方曰、天上天下唯我獨尊。雲門拈云、我當時若見、一棒打殺、與狗子喫却、所貴者須天下太平。」

【世尊大恩】（雜語）佛常導衆生轉迷開悟之大恩也。法華經信解品曰、「世尊大恩、以希有事、憐愍敎化利益我等。」

【世智】（術語）世俗普通之智慧。通於世諦之事相者。對出世間智而言。

【世智辯聰】（術語）八難之一。世間之人、邪智聰利者、唯耽習外道經書、不能信出世之正法。是爲佛道之障難。人天眼目曰、「世智辯聰不要拈出。」

【世善】（術語）又曰世福。見世福條。

【世雄】（術語）佛之異名。佛於世間最爲雄猛、斷盡一切之煩惱。無量壽經上曰、「今日世雄住佛所住。」淨影大經疏曰、「世雄、佛之異名。佛於世間最爲雄猛、故曰世雄。」法華經方便品曰、「世雄不可量。」同授記品曰、「大雄猛世尊。諸釋之法王。」

【世雄兩足尊】（術語）佛之尊號。佛爲世間第一之雄者、故曰世雄。在具兩足之有情中最爲尊貴、故曰兩足尊。二種之尊號也。法華經方便品曰、「瞻仰兩足尊。」又曰「諸佛兩足尊。」

【世路】（術語）三界中有爲法之別名。世者過現未之三世也、有爲法爲三世通行之路、故名世路。又可破壞者爲世、無常之所依爲路、是有爲法之狀體也。俱舍論一曰、

「諸有為法謂色等五蘊亦世路」同頌疏曰、「有為法是三世路世之路故名為世路依主釋也又解此有為法可破壞故名之為世無常所依故名為路世即是路名為世路是持業釋也」

【世語】（雜名）世間之言語論說此對於世間之正法而言。無量壽經下曰、「不欣世語樂在正論」

【世福】（術語）觀經所說三福之一。行忠孝仁義之世善感人天之福果者觀無量壽經曰、「一者孝養父母奉事師長慈心不殺修十善業。」觀經散善義曰「第一福即是世俗善根從來未聞佛法但自行孝養仁義禮智信故名世俗善也」

【世論】（流派）又曰惡論。順世外道之言論也見路迦耶底迦條。

【世親】（人名）梵名婆藪槃豆、譯為天親新譯伐蘇畔度譯為世親佛滅後九百年於印度阿踰陀國出世造俱舍論唯識等大小論千部西域記五曰、「伐蘇畔度菩薩。唐言世親舊曰婆藪盤豆譯曰天親訛謬也。」見天親條梵 Vasubandhu

【世親傳】（書名）婆藪槃豆法師傳之異名。

【世親攝論】（書名）又曰天親攝論。五攝論之一。謂世親所著之無著攝論釋論也有三譯陳真諦譯十五卷曰攝大乘論釋。隋笈多譯十卷曰攝大乘論釋論唐玄奘譯十卷曰攝大乘論釋。

【世諦】（術語）對真諦之稱。世者世間世俗諦者事實又道理世間之事實又世俗人所知之道理謂之世諦又曰俗諦世俗諦覆俗諦等涅槃經曰、「如出世人所知者第一義諦世間人所知名為世諦」仁王經上曰「世諦幻化起譬如虛空花」

【世諦不生滅】（術語）凡夫以世諦之事相為常住而着之以二乘為無常而厭之皆非正見諸法實相萬法真如故世諦生滅之當體具不生不滅之理是為法華涅槃所說為天台一家之旨者經所謂「世間相常住」「常在靈鷲山」是也見世間相常住條。

【世羅】（雜語）Saila 又作勢羅、施羅、譯言石山玄應音義二十五曰、「世羅鄔波此云小石也」俱舍光記八曰、「世羅、唐言山鄔波世羅唐言小山大小不同故以小標別」增一阿含經曰「施羅比丘。」

【世饒王佛】（佛名）世自在王佛之異名見世自在王條。

【古三論】（流派）古傳之三論宗也。自龜茲國之沙車王子傳於鳩摩羅什姚秦時什來支那道生曇濟道朗等傳承之參照三論宗條。

【古今譯經圖紀】（書名）四卷唐翻

經沙門靖邁撰自漢明帝時摩騰尊者始至、唐太宗時玄奘三藏終各敘其所譯之經論。

【古帆未掛】（公案）有僧問巖頭古帆未掛時如何頭云小魚吞大魚、云掛後如何頭云後園驢喫草。虛堂問南浦曰古帆未掛時如何浦云蝦蟆眼裏五須彌。堂云掛後如何浦云黃河向北流見會元七巖頭章、大應國師塔銘。

【古佛】（術語）古時之佛。過去世之佛。又辟支佛之別稱高僧之尊稱大日經二曰、「當廣說灌頂古佛所開示」。僧史畧上曰、「漢末魏初傳譯漸盛或翻佛爲衆祐。或翻辟支爲古佛」。續佛祖統紀一蒙潤傳曰、「天目中峯國師嘗致書曰法師能以芬陀利香。充塞宇宙人謂古佛復出信矣」

【古來世時經】（經名）佛說古來世時經、一卷失譯。中阿含經中說本經之別譯。

【古來實有宗】（流派）外道十六宗之一。謂過去及未來爲實有而非假。勝論時計之二外道也義林章一曰、「去來實有宗謂勝論外道及時計外道等。亦作此計。有去來世猶如現在實有非假雖通小乘今取外道」

【古則】（術語）謂古人所示之語句也是爲參禪者之法則、故名則。

【古尊宿語錄】（書名）四十八卷。宋賾藏主集。爲蒐羅南嶽懷讓以下數十人之語錄者、可觀南嶽下禪風之至要典籍也。出於大明三藏目錄、閱藏知津四十二等。

【古轍】（雜語）古之軌轍寶鏡三昧歌曰「要合古轍請觀前古」

【古德】（雜語）高德僧之爲古人者。義林章一本曰「古德說有頓漸」華嚴玄談三曰「斥於古德經非敵對」

【本二】（雜語）又曰故二。比丘在家時之妻也、對於出家時、謂之本爲配過故曰二。五分律一曰、「我與本二作不淨行」。見故二條。

【本山】（雜名）由末寺稱所屬之本寺曰本山。因素來所住之山曰本山、廣弘明集十六（慧遠萬佛影銘）曰「共立此臺擬像本山」。

【本三昧耶印】（印相）謂行法初之蓮華合掌也。無量壽儀軌曰、「二手蓮華合掌誦淨三業眞言」。秘藏記私鈔六謂行法最初所以作此印者古相傳云此印習爲本三昧耶印、我等處胎內時所結之印也、爲理智不二本地自證之體性、故名本三昧耶之印、出胎時乃分兩手作拳、秘鍵所謂分手於金蓮場者、卽此位、由此以後、出於化他門、作種種之事業也。仍於行法最初先結此印安住於理智不二之體性已、由此印開種種印契次第行之、爲一座之行法。今相傳云、淨三業之印習爲寶部之印、瑜祇經下有寶光淨三業。以此印習爲如意寶珠形、由此寶珠出生種種法財、爲一座之行法。凡南方寶部、爲修行之方、故於行法最初作此印云。

【本不生】（術語）與阿字本不生同。詳見阿條。

【本不生智】（術語）覺本不生際之智也。

【本不生際】（術語）不生不滅之本際也。以名人人本有之自性清淨心。大日經疏一曰、「本不生際者、卽是自性清淨心。自性清淨心卽是阿字門。」同七曰、「爲不生際是萬法之本。（中略）若見本不生際者、卽是如實知自心。如實知自心卽是一切智智。」

【本化】（術語）久遠實成之本地佛敎化也。對於伽耶始成之垂迹佛敎化故云爾也。

【本心】（術語）卽本原自心也。六祖壇經曰、「祖知悟本性。謂惠能曰、不識本心、學法無益。」頓悟入道要門論上曰、「問其心似何物。答其心不靑不黃不赤不白不長不短不去不來、非垢非淨、不生不滅、湛然常寂。此是本心形相也。亦是本身。本身者卽佛身也。」

【本生贊】（經名）見社得迦摩羅條。

【本生經】（術語）十二部經之一。梵曰闍陀伽 Jataka、翻爲本生。如來說昔爲菩薩時所行行業之經文也。俱舍光記十八曰、「言本生者、謂說菩薩本所行行。」

【本生說】（術語）本生經之所說也。

【本生鬘論】（書名）菩薩本生鬘論之略名。

【本生安荼論師】（流派）二十外道之一。說有大安荼、如雞子、分爲二段、遂生一切萬物之論師也。

【本生心地觀經】（經名）具名大乘本生心地觀經、八卷、唐般若等譯。本論之註述如下。大乘本生心地觀經淺註懸示一卷、來舟述。大乘本生心地觀經淺註科文一卷、大乘本生心地觀經淺註八卷、來舟淺注。

【本母】（術語）梵語曰優波提舍、Upadeśa 此譯論議。又名摩怛理迦、Mātṛka 此譯本母。本母者取出生之義。以集諸經之義而論議之、出生別趣之義理故也。華嚴玄讚三曰、「優波提舍、此云論議。亦名摩怛理迦、此云本母。」瑜伽倫記五上曰、「摩怛履迦、云本母。集諸經義論義明之、出生諸經別所詮義、故名本母也。」

【本弘誓願】（術語）佛未在因位時誓願弘濟一切衆生也。見本願條。

【本末究竟等】（術語）見十如條。

【本有】（術語）對於修成或修生之稱。謂本來固有之性德也。依性宗之談、則不論有情非情、其本性萬德圓滿、在聖不增在凡亦不滅、譬如礦中之金、暗中之寶、是爲本有。法華玄義七曰、「本有四德隱名如來藏。修成四德顯名爲法身。」涅槃經十曰、「本有今無本無今有三世有法無有是處。」因四有之一。生後死前現在之生活謂之本有。

【本有家】（術語）法相宗之一派、護月之說也。見本有說條。

【本有說】（術語）說第八識所藏之種子、皆爲先天所固有、非新被薰習者、種子本來爲第八識之功能作用、故爲自無始即具有者、薰習惟增長其功能耳、若種子非先天的本有、則五性各別之義無意味矣。此爲護月之說、法相宗之異義也。

【本有修生】（術語）謂本有與修生也。本有者謂凡夫聖者本來法爾皆具足無缺、眞如法性之德也。修生者謂由觀行之力開發其本有之德、漸漸修習而次第開顯佛德也。

【本有種子】（術語）二種種子之一。謂阿賴耶識中本來含藏有漏無漏一切有爲法之種子也。更有新熏種子。參照種子條。

【本有今無偈論】（書名）涅槃經本有今無偈論之畧名。

【本地】（術語）對於所現之化身、而稱能現之本身爲本地。能現所現相望重重、故本地亦重重而不一定。唯佛之實相法身、即窮極之本地、越之更無能現之實身。故曰地法身。本地即法身也。道安之舍利禮文曰、「本地法身法界塔婆」演密鈔二曰、「本地法身者、即實相法身也。一眞實相爲萬化之本、猶如於地爲萬物之依、故曰本地。言法身者、謂此實相能軌持萬化、即此軌持假名爲身。法即身故本地即法身。」法華文句九曰、「詮量本地三佛功德。」

【本地身】（術語）見本地條。

【本地供】（術語）懸法華本門之十界曼茶羅而供養之也。

【本地門】（術語）謂大日如來之自性法身也。爲三世常住之法身、理智之法性自具足一切之因果圓滿萬德之方面也。加持門之對。

【本地垂迹】（術語）見本迹條。

【本地風光】（術語）又曰本來面目。形容自己心性本分之禪語也。

【本行】（術語）本來所修之行法也、又爲成佛之因之根本行法也。大寶積經三十曰「各隨本行爲其稱。」維摩經佛國品曰、「大智本行皆悉成就」同慧遠疏曰、「菩薩所修能爲佛因、故名本行。」

【本行經】（經名）佛本行經之畧名。

【本行集經】（經名）佛本行集經之畧名。

【本因妙】（術語）本門十妙之一。謂佛最初成道時之智慧、修行、階位等妙不思議也。

【本成】（術語）本地佛之成道也。法華文句曰、「迹化舉三千墨點本成喩五百微塵」。

【本寺】（雜名）本來所住之寺也。廣弘明集三十一曰、「各還本寺宣告諸小僧尼」。因解爲根本之寺則自末寺呼祖師之寺之稱也。

【本形】（術語）自身固有之形也。華嚴經十五曰、「或復捨本形自化其形」。

【本坊】（雜名）自子院稱本院。或稱自坊爲本坊。

【本初】（術語）根本元始也。或以名如來之覺體、或以名眞如法界、或以名事物之元始。大日經三曰、「我一切本初。號名世所依」。即身成佛義曰、「我者大日尊自稱。本初者本來法然證得如是大自在一切法之本祖」。瑜祇經曰、「自覺本初」。顯密二敎論下曰、「自覺本初平等性智」。理趣釋曰、「本初者本來淸淨法界也」。

【本佛】（術語）指自己心內之佛性、而曰本佛。

【本身】（術語）禪家言本身即本心。詳見本心條。

【本利益妙】（術語）本門十妙之一。本時之利益妙也。言本佛之利益衆生不可思議也。

【本門】（術語）本迹二門之一。法華經二十八品中後十四品明佛身之本地。及本地法身之衆德、故謂之爲法華之本門。見本迹二門條。

【本門本尊】（修法）日本日蓮宗三大秘法之一。謂十界曼荼羅爲本尊也。十界曼荼羅爲日僧日蓮所始、中央書妙法蓮華經五字、左右圖各種天部諸尊、以表十界互具。示無作三身之佛形者。

【本門事觀】（術語）日本日蓮宗之意、法華本迹二門之法體、不出十界十如三世間。然迹門明九界之修因門。故以心爲法本、使十界十如三千之事法悉歸於一心。一心三觀一念三千之妙觀、使行人開覺法界唯心。故約於空門理觀歸於唯一心性。使泯絕他之事相也。本門明佛界之感果門。故以身爲法本、使十界十如三千之事法悉歸於一身、使行人開覺法界唯一身。故約於有門事觀、直指事之十界依正、而作自己之全身、以爲本覺之圓體。此中天台宗以迹門之理觀爲主。日蓮宗以本門之事觀爲旨。故定經體台祖直以法性之冥理爲體、日蓮以一經所詮之義爲體。（所詮之義者神力品「以要言之、如來一切皆於此經宣示顯說」是曰四句之結要。第一句結妙之名、第二句結妙之用、第三句結妙之體、第四句結妙之宗、以示一經之所詮在名用體宗之四。加之以能詮之經文卽名體宗用教之五重玄義也。故日宗以此所詮之四法定爲經體。不別立理性之法界以爲經體）故台家欲開悟此法性之冥理、依迹門之理性立一心三觀一念三千之理觀。日蓮欲證卽身成佛之實事、依本門之事成制唱題之妙行。夫經題之五字已含攝一經所詮宗體字用之全體、經題卽本迹二門之妙法。然則信解經題卽信解十界之依正本有常住之相也。十界之依正者卽信解吾一身也。是豈非卽身成佛耶。故末代凡夫欲卽身成佛則宜一心唱念題目、一心信受之力會於任運之妙法、是以唱題之事相爲門、入於本門之妙法故謂爲本門之事觀。

【本門題目】（術語）日本日蓮宗三大秘法之一。口唱南無妙法蓮華經之七字也。妙法蓮華經五字爲法華經二十八品之題號、故名爲題目、又概括法華八軸之秘奧。本尊之輿義、全在此五字而無所洩、故表歸依本尊之意而加南無二字、以唱此七字、爲歸名於本尊之方法。愚者不解本尊之意唱之亦自然生本尊之影、遂得成佛云。

【本來】（雜語）無物之始謂之本來。如云無始以來。

【本來空】（術語）謂萬象皆假有非本來實有也。未顯法性眞如也。

【本來成佛】（術語）立於萬物一如之見地時衆生如來同一無異、故悟卽煩惱爲菩提、衆生卽如來、故衆生之心性謂爲本來成佛。

【本來法爾】（術語）謂自始自然也。

【本來面目】（公案）又曰本地風光、自己本分等。示禪門法道極度之語也。顯教之本覺密教之本初亦不外乎是。然則何物爲本來之面目、請參之。六祖壇經曰、「能云不思善不思惡正與麼時那個是明上座本來面目」。

【本來無一物】（術語）禪之悟道也。空之又空第一義空也。與小乘之偏眞但空相去天壤也。六祖壇經曰、「本來無一物何處惹塵埃」又「師呵曰禮不投地何如不禮。汝心中了無一物可了。是名眞知」傳燈錄三（達磨章）曰、「光曰我心未寧、乞師與安。師曰將心將來與汝安。曰覓心不可得。師曰。我與汝安心竟。」

【本來自性淸淨涅槃】（術語）唯識論所說見四種涅槃條、

【本性】、（術語）本來固有之性德也。

【本性佛】、（術語）華嚴十種佛之一。圓覺經曰「若此覺心本性淸淨因何染汚」佛具大智慧照了一切法、自性本來是佛、故名本性佛。

【本性住種性】（術語）大乘二種性之一。謂無始已來本識所具有之大乘無漏法爾種子也。

【本命星】（術語）北斗七星中、當於其人生年之星曰本命星。二十七宿（唐用二十八宿西國除牛宿）中當於其人生年之星曰本命宿。算求本命宿之法、如宿曜經下、假令有人生於二月十七日、則先以十七日爲位、於此加十三日共得三十。即自二月之角宿歷亢氐房至於軫二十七宿、爲一周、除此數尙餘三、即復歷角亢氐至氐而盡、彼人生於氐宿也。又有於生年之十二支推知本命星者、此分配由何算數未詳。

【本命宿】（術語）見本命星條。

【本命元辰】（術語）本命爲當人之本命星、元辰爲其人之生年。

【本命道場】（修法）祈念皇帝本命星、以鎭護國家之道場也。唐靑龍寺之鎭國道場、即皇帝本命之道場也。見鎭護國家道場條。

【本事經】（術語）十二部經之一。梵曰伊帝目多伽 Itivṛtaka 又曰 Ityuktaka（譯爲如是語、如是說）謂佛說弟子菩薩聲聞等過去世行業事歷之經文也。顯揚論曰、「本事有謂如來說聖弟子前世等事。」又（經名）七卷、唐玄奘譯、有三品、一法品第一、說一法之法數、乃至三法品第三說三法數。

【本事說】（術語）本事經之所說也。

【本明】（術語）又曰元明。本覺之體淸淨、有大智慧光明、故曰元明。楞嚴經一曰、「由諸衆生遺此本明、雖終日行而不自覺。枉入諸趣。」

【本空】（術語）諸法本來性空、非始於今、名爲本空。無量壽經下曰、「淨慧知本空。」

【本典】（書名）根本之法典。

【本法身】（術語）本地法身之畧。

【本果妙】（術語）本門十妙之一。謂本門佛果之眞性、觀照、資成三德之妙。

【本於二諦】（術語）見二諦條。

【本相】（術語）又曰大相。生住異滅之四相、有本相與隨相之二種。見有爲條。

【本相綺致經】（經名）一卷、後漢安世高譯。中阿含本際經之別譯、明善法之展轉爲習。

【本拏哩迦】（植物）又作奔茶利迦。與奔茶利同。

【本迹】（術語）本地與垂迹也。初地已上法身之菩薩及佛、由自己之實身、變作許多之應化、以化衆生、其實身爲本地、分身爲垂迹。地者能生之義、爲利物而自本身垂萬化、故能現之本、謂爲本地、所現之末、謂爲垂跡。自本垂跡、由跡知本、是即一佛菩薩上之妙德也。然此本迹有高下、台家立本高迹下、本下迹高、本迹俱高、本迹俱下之四句而分別之。(見本高迹下條)如初地之菩薩、現二地之身、或示八相成道之相者、本下迹高也。如佛由佛之法身垂化身、觀音菩薩現三十三身者、本高迹下也。但以本高迹下爲通途。維摩經序曰「非本無以垂迹、非迹無以顯本、本迹雖殊、而不思議一也。」觀音玄義上曰「上地爲眞爲本、下地爲應爲迹。」

【本迹二門】(名數) 諸家釋法華經、無不大判之以本地門垂迹門之二門、一經二十八品中、前十四品爲迹門之序正流通、後十四品爲本門之序正流通。迹門之法華、謂釋迦如來成道後至法華會座之間四十餘年諸經之說法、三乘法爲方便、一乘法爲眞實、(方便品之正說)所說之敎理上開權顯實也。本門之法華、謂釋迦之身、生於王宮、成道於伽耶、以至於今、此佛身非我之實身、爲我久遠實成之法身、爲濟度衆生、一時垂迹現伽耶成道之應身而已。(壽量品之正說) 佛自己之身上開迹顯本也。然由斯開迹顯本上觀之、則法華以前至法華上開權顯實之說法、悉爲垂迹身之垂迹說。故後半謂爲本門法華。此本迹之義、爲佛身上眞應二身或法應二身之關係、故此義雖瀰滿於法華已前之諸大乘經、然是惟對於大乘菩薩之說、未對於二乘凡夫而明之、對於二乘凡夫、且就釋迦之身而開說證明之者、惟本門法華之所說耳。再如菩薩之授記作佛、爾前之諸經雖不少、然聲聞之授記、則以迹門法華爲根本。

【本師】(術語) 佛敎以釋迦如來爲根本之敎師、故稱本師。其餘曰受業之師。史記樂毅傳曰「樂臣公學黃帝老子、其本師號曰河上丈人。」後漢書曰「何湯以尙書授太子、世祖從容問湯本師爲誰。」大灌頂神咒經十二曰「本師釋迦牟尼佛。」業疏三之六曰「本師和尙明相攝法。」

【本時】(術語) 久遠之昔、謂佛最初成道之時也。

【本書】(雜名) 各宗開宗根本之書曰本書。如天台之三大部、本末合六十卷、謂之本書。

【本致】(術語) 本意歸趣之所也。法華經弘傳序曰「統諸佛降靈之本致。」

【本起經】(經名) 佛五百弟子自說本起經之略名。

【本高迹下】(術語) 台家論本迹高下、立四句。一本高迹下、二本下迹高、三本迹俱高、四本迹俱下。本高迹下者、如佛現菩薩之身也。本下迹高者、如菩薩現佛身也。本迹俱高、如佛現佛身也。本迹俱下者、如初地之菩薩現初地之相也。故如自佛現神者、卽謂爲本高迹下。以佛對於神爲上位也。見法華玄義釋籤十五。

【本神通妙】(術語) 本門十妙之一。

本時之神通妙也。謂如來說法際所示現之神通不可思議也。

【本涅槃妙】（術語）本門十妙之一。謂於本時常住本寂之涅槃不可思議也。

【本淨】（術語）言本來清淨也。

【本淨無漏】（術語）謂心性本來清淨，離煩惱諸漏之汚染也。指衆生之心性而言。法華經科註曰「與本淨無漏相應」。

【本教】（術語）二教之一。末教之對。根本之教，一乘教也。

【本國土妙】（術語）本門十妙之一。謂佛本時之同居土寂光土之妙也。

【本眷屬妙】（術語）本門十妙之一。本時之眷屬妙也。謂佛處所集之十方諸大菩薩不可思議也。

【本惑】（術語）二惑之一。又曰根本惑。又曰根本煩惱。爲感得迷果之根本煩惱，合之則爲貪、瞋、痴、慢、疑、惡見之六種。開之則爲貪、瞋、痴、慢、疑、身見、邊見、邪見、見取見、戒取見之十種。更分之爲見修二惑，分配於三界，則爲見惑八十八使，修惑十種，合爲九十八種。

【本尊】（術語）梵語曰娑也地提嚩多。此譯本尊。本有而於出世間爲最勝最尊，故名本尊。又於諸尊中以其尊爲本而尊崇之，故名本尊。大日經本尊三昧品於本尊說字印形之三種。字者，𑖀𑖪𑖽等之種子也。印者，金剛杵羂索等之三昧耶形也。形者，相好具足之尊形也。大日經疏二十曰「本尊者梵音娑也地提嚩多。若但云提嚩多者直所尊之義也。尊亦云自尊，自所持之尊也。」演密鈔十曰「諸聖隨行者本所宗主，故名爲本尊」。

【二種本尊】（名數）本尊三昧品所說，字印形之本尊各立二種。字之二種者，一觀字義，阿字是菩提心，故即向阿字觀自性清淨之菩提心也。二唱阿之聲，唱之如鈴鐸等之不絕也。又以此聲調出入之息也。印形之二種者，一有形，形是青黃赤白等色，方圓三角等形，屈伸坐立及所住處之類也。印謂所執之印，即刀輪羂索金剛杵之類也。初心者先於心外觀畫尊等，故名有形。二無形，後漸淳熟，又以加持力故，自然而現，與心相應，以爾時此本尊但現於心，於心外無緣，故名無形。竊謂或初得世三昧見其本尊，如是形，如是色，如是住處，如是坐立，如是曼荼羅中持如是印等，尚是有相，故名有形。後轉眞言尊形之二種者，一非清淨，彼行者初因有相而引入無相，先觀圓明之佛菩薩印身，其初不見，故畫像等而觀之。漸則法力所加，漸得明了，而尚有所障，閉目則見之，開目則不見之。又漸次而開目閉目皆得明見，漸漸不加作意而亦見之，乃至觸於身亦無有妨，猶如日對世人等然、依此有相漸引人於清淨處。以有相之故、名爲非淨。此由三摩呬多（定之別名）等所引。故住於清淨處、寂然無相、名爲清淨。淨是果、非淨是因、非淨謂形色印相之類也、依此非淨而引生淨、由無常之因而至於常果也。見大日經疏二十。秘藏記本曰、「我本來自性清淨心。於世間出世間最勝最尊。故曰本尊。又已成佛本來自性清淨理。於世間出世間最勝尊。故曰本尊。」

【本源】（術語）自性清淨心也。梵網經上曰、「虛空光體性本源成佛常住法身三昧。」裴休圓覺略疏序曰、「是衆生之本源、故曰心地。」

【本源清淨大圓鏡】（術語）圓覺經之語。本源者、衆生本具之佛性。其清淨如大圓鏡。

【本經】（雜語）於論疏中、指所依所釋之經曰本經。

【本極】（術語）法性之理體、爲法之根本窮極、故曰本極。法華玄義七曰、「本極法身。微妙甚深。」

【本業經】（經名）菩薩本業經之略名。

【本感應妙】（術語）本門十妙之一。衆生之感與佛之應、共爲不可思議也。

【本際】（術語）謂窮極之始修也。圓覺經曰、「平等本際圓滿十方。」勝鬘經曰、「生死者依如來藏。以如來藏故說本際不可知。」

【本際智】（術語）照了佛智諸法之本際、名爲本際智。

【本算】（術語）問答之論題。一問卽最初所問、謂之本算。二問已下、謂之末算。

【本幖】（術語）本誓之幖幟、卽三昧耶形也。性靈集七曰、「點塵身雲執本幖。」

【本誓】（術語）梵語三昧耶。Sama-ya 一譯本誓、原爲因本之義。諸佛菩薩在因地所立之根本誓約、謂之本誓。二教論下曰、「各各以本誓加持。」往生禮讚曰、「本誓重願不虛。」理趣釋曰、「三昧耶者名爲本誓。」

【本說法妙】（術語）本門十妙之一。本時之說法妙也、謂佛說法之不可思議也。

【本壽命妙】（術語）本門十妙之一。謂本時非長非短之慧命不思議也。

【本質】（術語）如眼識之緣色境、眼識所現之影像（卽相分）外、別有阿賴耶識種子所生之實質色法。爲其影像之所托者、是曰本質。如意識浮空華兎角之相、惟有影像而無所托之本質、故謂之獨影境。唯識述記六末曰、「除影外別有所托名本質。」

【本緣】（術語）有事之由來也。維摩經菩薩品曰、「諸菩薩各各向佛說其本緣。」

【本據】（術語）經論釋號所引用經論釋內之文也。

【本斷超】（術語）台家所立超越證四種之一。見超越證條。

【本願】（術語）本爲因之義、元於因地立此願、今日得其果、故對於果而曰本願。又本爲根之義、根本之誓願也。菩薩之心廣大誓願亦無量也。唯以此願爲根本、故曰本願。如阿彌陀如來之四十八願、藥師如來之十二願是也。無量壽經上曰、「皆是無量壽佛威神力故。本願力故」。同下曰、「其佛本願力、聞名欲往生。皆悉到彼國、自致不退轉。」往生論曰「觀佛本願力、遇無空過者。能令速滿足、功德大寶海」。十住毘婆沙論三曰、「一切去來今佛、威力功德智慧無量深法。等無差別。但隨諸佛本願因緣、或有壽命無量、或有見者卽得必定、聞名者亦得必定者。」法華經譬喩品曰「以本願故、說三乘法」。

【本願正機】（術語）指本願標的之衆生而言。蓋彌陀之本願、由於欲救濟罪業深重煩惱熾盛者之大悲心而建立者、故指末代濁世之吾人衆生、爲本願之正機也。

【本願三心願】（術語）見三心條。

【本願力迴向】（術語）見回向條。

【本願功德聚】（術語）由因位之本願而於永劫積聚功德之佛也。謂阿彌陀佛。

【本願藥師經】（經名）藥師經有五譯。大藏中第二宋慧簡譯、缺此本願藥師經與所存四譯、文多不同、或卽慧簡之所譯者歟。

【本願一實大道】（術語）謂他力念佛之法門也。釋尊一代之諸敎、八萬四千之法門、要皆爲歸入於彌陀本願之支徑小路、惟本願他力之一乘、爲眞實之大道、卽得眞實到著大涅槃之道也。

【本識】（術語）阿賴耶識十八名之一。是爲有爲無爲一切法之根本、故名本識。見了義燈四本。

【本懷】（術語）心中根本之思念也。或曰素志、或曰素懷、並同。玄義釋籤一曰、「華嚴頓大、尙非本懷」。行事鈔下二曰、「訓諸佛本懷」。

【本覺】（術語）衆生之心體、自性淸淨、離一切之妄相、照照靈靈、有覺知之德。是卽如來之法身也。然此本心體、無始以來覆於無明煩惱、隱藏至於今日、一旦依修治之功、始顯其性德、是曰始覺。然覺而觀之、則始覺非別、原爲本覺之體、故始覺本覺、咸同一致。本覺之外無始覺、始覺卽與本覺同一也。仁王經中曰、「自性淸淨、名本覺性、卽是諸佛一切智智」。起信論曰、「心體離念。離念相者、等虛空界、無所不徧。法界一相、卽是如來平等法身、依此法身、說名本覺」。

【二種本覺】（名數）一隨染本覺、依眞如內熏之力與如來敎法外緣之力、而如實修行。方便滿足、故破妄心而顯現法身、使始覺之智淳淨、與本覺一致、又依始覺究竟與本覺一致、而無量功德之相常無斷絕、隨衆相之根、自然相應、現種種爲利益、此二者、前曰本覺之智淨相、後曰本覺之不思議業相、此二相若離染緣、則不得成、前者依自己之染緣所成、後者依他之染緣所成。故曰隨染本覺。二性淨本覺、本覺之眞如、遠離一切染法、具足一切性德、體相二大、爲內熏之因、用大爲外緣之資、是性淨本覺也。

【本覺下轉】（術語）釋摩訶衍論有本覺下轉始覺上轉之義、本覺有性淨本覺與隨染本覺之二、本覺下轉者隨染本覺之相也、隨染之本覺、隨衆生之染緣、順衆生之相、現爲種種利益也。始覺上轉者、依本覺之內熏習、如實修行、發究竟智也。論三曰、「始覺背凡向聖。上上去去爲次第轉。隨染本覺背聖向凡。下下來來爲次第轉。（中略）證說經言、諦聽諸佛子。我從具縛凡、具一切地、圓滿行因海莊嚴大覺果。我從淸淨地、具經一切地、將一切萬行、得第一信位、入無明藏海。如是二大事、一時非前後。」

【本覺內熏】（術語）眞如本覺有內熏外緣之二用、內熏者、眞如之體相熏習也、無始以來具無漏之法在內冥冥熏習衆生之妄心、能使衆生不知不識、厭生死之苦樂、求涅槃、自信己身有眞如之法、發心修行。自然之作用也。外緣者、眞如之用熏習也、自法身垂報化二身、使衆生成見佛聞法之外緣、無作之作用也。起信論曰、「眞如熏習義有二種。云何爲二。一自體相熏習。二用熏習。自體相熏習者、從無始世來具無漏法、備有不思議業、（中略）恒常熏習。以有熏習力故能令衆生厭生死苦樂、求涅槃、自信己身有眞如法、發心修行。（中畧）用熏習者、卽是衆生外緣力。」

【本覺流轉】（術語）見法身條附錄「法身流轉」。

【本覺眞如】（術語）就相言、曰本覺、就體言、曰眞如。又本覺爲能證之智、眞如爲所證之理。此理智二者、法身如來之全體也。

【本囊伽吒】（術語）又作本那伽吒、Pūrṇaghaṭa 譯言滿瓶、佛之德相也。慧苑音義上曰、「本囊伽吒、此云滿瓶也。」

【本體】（術語）諸法之根本自體也、對於應身而謂眞身爲本體。大日經七曰、「一身與二身、乃至無量身、同入本體。」梵網古迹上本曰、「化歸本體、言還至也。」

【瓦官寺】（寺名）在金陵鳳凰臺、又作瓦棺寺。晉哀帝所創立。見佛祖統紀五十三。天台智者住此前後八載。

【瓦師】（本生）釋迦先世爲瓦師、名大光明。智度論三曰、「釋迦文佛。先世作瓦師。名大光明。爾時有佛。名釋迦文。弟子名舍利弗、目犍連、阿難。佛與弟子俱到瓦師舍一宿。爾時瓦師布施草坐、燈明、石蜜漿三事供養佛及比丘僧。便發願言我於當來老病死惱五惡之世作佛、如今佛名釋迦文。我弟子名字亦如今佛弟子。」

【瓦鉢】（物名）土製之食器。佛許弟子用之。行事鈔下之二曰「律云。大要有二。泥及鐵也」釋氏要覽中曰、「佛住孫婆白土村。爾時孫婆天神白佛過去佛皆受用此處瓦鉢。佛乃聽比丘受瓦鉢。」

【瓦器金器】（譬喻）聲聞之戒、譬之瓦器、菩薩之戒、譬之金器。清淨毘尼方廣經曰、「如破瓦器不可修補、是聲聞毘尼。如金銀器破還可修治是菩薩毘尼。」

【左】（術語）ཙ ca 又、擾、者。悉曇五十字門之一。一切法離遷變之義也。四聖諦 catur-āryasatya 之聲也。金剛頂經曰、「左字門、一切法離一切遷變故。」文殊問經曰「稱左字時是聖諦聲。」

【左行】（雜語）法苑珠林、謂造書者三人。長曰梵、其書右行。次曰佉盧、其書左行。少者蒼頡、其書下行。按右行自右而左、梵文是也。左行自左而右、羅馬文是也。下行自上而下、有先右後左者、漢文是也。有先左後右者、滿洲文是也。

【左間】（雜語）凡向堂外而左邊、爲左間。卽上間也。坐位尊左者、支那中古以來之制也。

【左溪】（人名）名玄朗、號左溪。台宗之第八祖、荊溪之師。見佛祖統紀七。

【平生業成】（術語）淨土眞宗之名目。在平常之時獲得他力之安心、往生淨土之業事成辨也。

【平交】（雜語）禪林之語。無上下平等交際者、道德位年與我齊等者。

【平江條】（物名）謂禪林兩頭有總之帶也。爲支那之平江所產、故名。平江在臨安府。說見象器箋十七。

【平袈裟】（衣服）又曰一色七條。以錦或金襴、或金紗、或織物等作之。不如衲袈裟之雜他色、惟爲一色、故曰平袈裟。論尊卑、則平袈裟爲尊、衲袈裟爲卑。

【平常心是道】（公案）趙州問南泉、如何是道。泉云、平常心是道。見會元四趙州章、光明藏中、無門關。

【平等】（術語）對於差別之稱。無高下淺深等之別、曰平等。南史梁武帝紀曰、「幸同泰寺、設平等會。」五燈會元曰「天平等、故常覆。地平等、故常載。日月平等、故四時常明。涅槃平等、故聖凡不二。人心平等、故高低無諍。」

【平等力】（術語）如來之尊稱。以其具平等度一切衆生之力用也。贊阿彌陀佛偈曰、「虛無之身無極體、是故頂禮平等力。」

【平等心】（術語）證諸法平等之理、於一切衆生之上、不起怨親等差別之見、等垂憐愍也。

【平等王】（異類）閻魔王之別稱。以其公平司罪福之業也。慧琳音義五曰、「梵音燗魔、義翻爲平等王、此司典生死罪福之業。」演密鈔曰、「炎魔王、此云平等王。」五會法事讚本曰「若得念佛深三昧、不怕三途平等王。」佛祖統紀三十三曰、「華嚴感應傳、郭神亮爲使者追至平等王所、因誦若人欲了知四句偈得放回。」依此等說則閻魔平等爲一。如依十王之說、則閻魔王之外又有平等王。又(人名)劫初始立民主、稱平等王。是剎帝利種之大祖也。佛祖統紀三十曰、「議立一平等王、賞善罰惡。」

【平等法】（術語）一切衆生平等成佛之法也。法華經方便品曰、「自證無上道、大乘平等法。」

【平等性】（術語）眞如者、周徧於一切諸法而爲平等、故名平等性。往生論註上曰「平等是諸法體相。」

【平等敎】（術語）唐初印法師所立二敎之一。盧舍那所說之華嚴經也。非逐衆生之機委曲說權實之法、乃稱於法性之理、頓說平等一實之理、故名平等敎。

【平等義】（術語）性虛空十義之一。謂眞如體性平等、於一切法等無有異也。

【平等覺】（術語）如來之正覺也。正覺無高下淺深之別、故曰平等覺。又言理智冥合而爲平等也。新譯仁王經上曰、「實智平等、永斷惑障。」

【平等觀】（術語）台宗三觀中假觀之異名也。若破一(卽假)而用一(卽空)則不名爲平等、前於觀知假非假、破假入空、今知空非空、破空入假、空假共破互用、故名爲平等。（前之空觀破假、今之假觀破空、前之空觀用空、今之假觀用假也。）止觀三曰、「從空入假名平等觀。」又空觀之異名。以空爲平等而一一別相也。

【平等法身】（術語）八地以上之菩薩、證平等寂滅之眞如、則雖任其自然、不加功用、亦能一時遍於十方世界、示現種種之敎化、作種種之佛事、而無往來之想、無作無作之想、是曰平等法身。七地以下之菩薩、則雖證眞如、倘要功用始然。往生論曰、「未證淨心菩薩得證平等法身。」同論註下曰、「平等法身者、八地已上法性法身菩薩也。寂滅平等者、卽此法身菩薩所證寂滅平等之法也。以得此寂滅平等法、故名爲平等法身。以平等法身菩薩所得、故名爲寂滅平等法也。」

【平等性智】（術語）如來四智之一。凡夫第七識之我見轉而得此智慧、以證自他平等之理、對於初地以上之菩薩、現他受用之身土、常行大慈大悲之化益也。心地觀經二曰、「平等性智、轉我見識得此智慧。是以能證自他平等二無我性。如是各爲平等性智。」佛智論三曰、「平等性智者。謂觀自他一切平等。大慈大悲恒共相應。常無間斷。建立佛地無住涅槃。隨諸有情所樂、示現受用身土種種影像。妙觀察智不共所依。如是名爲平等性智。」密敎建立五智、以平等性智亦名灌頂智、南方寶生佛之智也。菩提心論曰、「南方寶生佛由成平等性智、亦名灌頂智也。」秘藏記本曰、「平等性智淸淨智水、不倒情非情故、彼此同如故、常住不變故、名曰平等性智。」

【平等覺經】（經名）無量淸淨平等覺經之略名。

【平等大悲】（術語）佛菩薩對於一切衆生憐愍普遍平等之慈悲也。

【平等大慧】（術語）以名佛說法華經之實智、是卽諸佛之實智也。能證平等之理性、故曰平等。衆生齊得此智慧、故曰平等。法華經見寶塔品曰、「爾時寶塔中出大音聲歎言、善哉善哉、釋迦牟尼世尊、能以平等大慧敎菩薩法佛所護念妙法華經爲大衆說。」法華科註四曰、「平等有二。一者法等。卽中道理。二者衆生等。卽一切衆生同得佛慧也。」

【平等意趣】（術語）四意趣之一。謂如來據秘密之意趣、平等之理、而說法也。譬如指過去之諸佛而曰我身是也。以其據佛佛平等之理故也。

【平舉】（儀式）禪林之語。葬禮維那不舉啓請、直舉南無薩怛他、曰平舉。以不舉啓請故亦不舉摩訶梵蓋、恐妨諸方人之結緣諷經也。東漸淸規送亡式曰、「維那平舉楞嚴咒、不啓請、曰平舉。」

【石】（雜名）

【畫石】（譬喩）具堅實之性而無異變者、譬之畫石。涅槃經三曰、「如來常身。猶如畫石。」同十五曰、「譬如畫石。其文常在。畫水速滅、勢不久住。瞋如畫石。諸善根本、如彼畫水。」

【堅石聽講】（故事）羅什弟子道生、講涅槃經、立闡提有佛性之義、不答於衆、入平江虎丘山、堅石爲聽衆、講涅槃經、至闡提有佛性之處、曰、如我所說、契於佛心否。羣石首肯、見稽古略二。

【難石石裂】（雜語）石遇難而碎裂也、金光明文句五曰、「如長瓜鍱腹、難石石裂。難樹樹折。」智度論三十六曰、「薩遮祇尼犍子。銅鍱鍱腹。自誓言。無有人得我難而不流汗破壞者。大象乃至樹木瓦石。聞我難聲、亦皆流汗。」

【陳那裂石】（故事）陳那爲新因明之祖。與迦毘羅仙之化石者問答、石爲之裂。

輔行十之一曰、「迦毘羅仙、恐身死、往自在天問。天令往頻陀山取餘甘子食、可延壽。食已於林中化爲石、如牀大。有不逮者、書偈問石。後爲陳那菩薩斥之。書偈、石裂。」

【石女】（雜語）女之無子者、又不能爲婬者、皆爲石女。因明入正理論曰、「自語相違者、如言我母是其石女。」涅槃經二十五曰、「譬石女本無子相、雖加功力、無量因緣、子不可得。心亦如是、本無貪相、雖造衆緣、貪無由生。」資持記中二之一曰、「石女者。根不通婬者。」普燈錄五曰、「石女舞成長壽曲。木人唱起太平歌。」

【石女兒】（譬喻）石女之兒、非有之譬也。如言龜毛兎角。維摩經觀衆生品曰、「如空中鳥跡。如石女兒。」

【石火】（譬喻）燧石所出之火光。譬起滅之迅速也。萬善同歸集五曰、「無常迅速、念念遷移。石火風燈、逝波殘照、露華電影、不足爲喻。」會元七保福章曰、「此事如擊石火、似閃電光。」

【石地藏】（圖像）石造之地藏像也。

【石佛】（圖像）石造之佛像也。

【石劫】（雜名）磐石劫也。見劫條。

【石門】（人名）宋洪覺範居於石門、故曰石門。

【石門文字禪】（書名）洪覺範居石門、其文集曰石門文字禪。行於世。

【石魚】（物名）以石所作之魚鼓。

【石塔】（物名）石造之率塔婆、墓標之總名。原爲死者之紀念、爲標德而建之。佛於凡僧已上雖許建之、然有等級之差。密敎別有五輪形之塔、以之爲大日如來之三昧耶形。爲欲得其加被之功德、聽僧俗一般立之。其趣旨大爲殊異。見塔條。

【石割地獄】（界名）八種地獄中之第三。卽衆合地獄也。

【石象】（雜名）明一統志曰、「象莊在河南府。東漢時西僧以象馱經來洛陽。後化爲石。今有石象。」

【石經山】（山名）舊名白帶山。因隋時靜琬尊者刻經於石洞、故云石經山。紫栢老人集十五曰、「燈下讀唐蘇州刺史白居易重玄寺石壁經碑、逆思隋靜琬尊者刋石爲經、積盈大藏。竊校優劣、不勝悲惋。」憨山老人夢遊集二十二曰、「及觀光上國、游目小西天、見石經、何其偉哉。蓋有隋大業中、幽州智泉寺沙門靜琬尊者、恐三災壞劫、慮大法湮沒、欲令佛種不斷、乃創刻石藏經板、封於涿州之西白帶山。山有七洞、洞洞皆滿。由大業至唐貞觀十二年、願未終而化。門人導儀暹法四公相繼五世、而經亦未完。歷唐及宋代、不乏人。至有元至正間、高麗沙門慧月大師、尙未卒業。其事顚末、具載雲居各樹碑幢間。惟我明無聞焉。」又曰、「太僕徐琰等至石經山雷音堀。堀乃隋大業中靜琬尊者刻石藏經所。」又曰「聖母慈聖皇太后聞之、遣侍臣陳儒齎齋具往供。隨師再過雲居禮石經於於雷音寺。」

【石鉢】（故事）佛將成道時、四天王來各獻青石之鉢。佛受之以四鉢重疊、按爲一鉢。故鉢有四際。惟佛用之。弟子不許石鉢。見佛說普曜經七、智度論二十六、同三十五、義楚二十二。佛入滅時此鉢付阿難。見處胎經義楚二十二。晉法顯三藏渡天竺時、在弗樓沙國拜石鉢。言無信心、則雖以象挽之亦不動。有信心則可舉而置於頂上。見法顯傳。

【石蜜】（飲食）冰糖也。善見律十七曰「廣州土境有黑石蜜者。是甘蔗糖。堅強如石。是名石蜜。伽陀者此是蜜也。」法華玄義七曰「言石蜜者、正法念經第三云、如甘蔗汁器中火煎、彼初離垢名頗尼。多次第二煎則漸微重、名曰巨呂。更第三煎、其色則白、名曰石蜜。」本草曰、「一名乳糖、又名白雪糖、即白糖。出益州及西戎。用水牛乳汁米粉和沙糖煎煉作餅塊。黃白色而堅重。川浙者佳。主心腹熱脹、潤肺氣、助五藏津、治目中熱膜口乾渴、可止目昏闇能明。」按根本律有糖無石蜜。律攝云、糖攝石蜜也。

【石蜜漿】（飲食）和石蜜於水者。智度論三曰「死師布施草座燈明石蜜漿三事、供養佛及比丘僧。」

【石榴】（植物）是鬼子母神所持之果物。一切供物菓子之中、石榴爲上。瞿醯經奉請供養品曰「其菓子中、石榴爲上。於諸根中毘多羅根爲上。」

【石壁經】（雜名）唐文宗太和三年、蘇州重玄寺刻石壁經。成白居易作碑。法華經六萬九千五百五言。維摩經二萬七千九十二言。金剛經五千二百八十七言。尊勝陀羅尼經三千二十言。阿彌陀經一千八百言。普賢行法經六千九百九十言。實相法密經三千一百五言。般若心經二百五十八言也。見稽古史略三。

【石壁無礙】（術語）謂佛菩薩之神力。石壁無障、通行自在也。楞伽經二曰「意生身者譬如意去、迅速無礙。故名意生。譬如意去石壁無礙。」

【石頭】（人名）唐希遷禪師、端州陳氏子。居衡山南寺。寺東有石狀如臺、結庵其上。時人號爲石頭和尚。著參同契二百餘言行世。傳燈錄曰「鄧隱峯參石頭和尚、馬祖止之曰、石頭路滑。既往、果爲石頭所困。無一語而還。」

【石霜】（人名）六祖慧能門下臨濟義玄（是臨濟宗之祖）六世孫爲石霜。石霜下開楊岐黃龍二派。師名楚圓、字慈明、住潭州石霜山。初爲儒生。二十歲出家、嗣法於洛陽昭。宋仁宗康定元年寂、壽五十四。塔全身於石霜山見續傳燈錄十三。

【布毛侍者】（人名）杭州招賢寺會通、唐德宗時爲六宮使乞爲僧禮鳥窠道林禪師而落髮。通一日欲辭去師曰汝今何往。曰會通爲法出家和上不垂慈誨今將往諸方學佛法去。師曰、若是佛法吾此間亦有少許。曰如何是和上佛法。師於身上拈起布毛吹之。會通遂領悟玄旨時號爲布毛侍者。見傳燈錄四。

【布史】（雜名）Fauṣa 十月之梵名。見梵語雜名。

【布字品】（經名）大日經三十一品中第十七品之名。說迦佉等之種子布置於自己之身分、而成妙觀。演密鈔九曰「布字品者布謂安布字即字門。謂此從迦佉乃至暗噁等、一一皆是入法界門。字卽門故曰字門。行者將一一字從喉下腭上乃至頂、十字處分明安布心常現前。如是行者、卽得名爲成等正覺、乃至名爲一切智者、故曰布字品也」

【布字觀】（術語）眞言之法、以阿字等布置於自己之身分、而觀想其理義、謂之布字觀。又曰布字嚴身觀。大日經疏十七曰、「以阿字布於行者之心。（中略）心是一切支分之主。阿字亦爾、是一切眞言之主。既布此覺。其餘諸字則布於一切支分。如下品說也。（指布字品）然此布阿字法、卽是前文所說。先觀其心八葉開敷。置阿字其上。此阿字卽有圓明之照也。將行者染欲之心與眞實慧心而相和合。卽同於眞而共一味也」

【布沙他】（行事）又曰逋沙他布灑他。見布薩條。

【布沙陀】（行事）見布薩條。

【布利迦】（飲食）Pūrikā 餅名。大日經疏七曰、「布利迦譯云著鑑餅。以種種上味和合爲鑑作之」

【布呾洛迦】（地名）又作補怛洛迦、補但落迦。山名。見補陀落迦條。

【布怛那】（異類）Pūtana 又作富多那、富單那、布單那、富陀那。譯爲臭餓鬼。餓鬼中之最勝者。玄應音義二十一曰、「布怛那舊云富單那。或作富多那。此義云臭。是餓鬼中勝者也」慧琳音義十二曰、「布單那或富陀那。皆不正音也。此云臭穢。雖身形臭穢、是餓鬼中福之最勝者」

【布剌拏】（人名）Pūraṇa-kāśyapa 又作晡剌拏、梏剌拏。外道名。舊曰富蘭那。見富蘭那迦葉條。又 Purṇa 論師名。譯爲圓滿。作釋毘婆沙論。見西域記三。

【布剌那迦葉波】（人名）外道名。見富蘭那迦葉條。

【布施】（術語）梵語曰檀那、Dāna 譯爲布施。以福利施與人也。所施雖有種種、而以施與財物爲本義。得大富樂之果。周語曰、「享祀時至。布施優裕。」文子自然篇曰、「爲惠者布施也。」莊子外物篇曰「生不布施、死何含珠爲。」荀子哀公篇曰、「富有天下而無怨財。布施天下而不病貧。」韓非顯學篇曰、「上徵斂於富人而布施於貧家。是奪力儉而與侈墮也。」淮南子道應訓曰、「不義得之。又不能布施。患必至矣。」又齊俗訓曰、「爲義者布施而德。」論衡定賢篇曰、「使穀食如水火。雖貪悋之人越境而布施矣。」法界次第曰、「檀那秦言布施。」無量壽經曰、「布恩施惠。」大乘義章十一曰、「言布施者、以已財事分布與他。名之爲布。惙已惠人目之爲施。」維摩經佛國品曰、「布施是菩薩淨土。」

【二種布施】（名數）一財施、捨財濟貧也。二法施、說法度他也。見智度論三十三。又一淨施、謂布施時不求世間之名譽福利等報、但爲資助出世之善根及涅槃之因。以淸淨心而布施也。二不淨施、謂以妄心求福報而行布施也。見智度論三十三。

【三種布施】（名數）一財施。如上。二法施。如上。三無畏施。以無畏施於人謂救人之厄難也。見智度論十四。

【四種布施】（名數）一筆施、見人之發心書寫經典。以筆施之助成善緣也。二墨施、見人書寫經典、以墨施之助成善緣也。三經施、刋造經板施與於人使之讀誦也。四說法施、說法使人聞之而修因證果也。見菩薩善戒經一。

【五種布施】（名數）一施遠來者。二施遠去者。三施病瘦者。四施飢餓者。五施智法人。見賢愚經諸經要集十一。

【七種布施】（名數）一施客人。羈旅他鄉者。二施行人。旅行者。三施病人。染疾者。四施侍病。看病者。五施園林。以園林施諸寺也。六施常食。布施錢財或莊田等爲現住僧或十方僧供常食也。七隨時施。於寒時風時熱時隨其所應而施衣食等也。是曰七有依福業事。見俱舍論十八。

【八種布施】（名數）一隨至施、隨近已至方能施與也。二怖畏施、畏怖災厄欲其靜息而行惠施也。又見此財壞相現前寧施而不失也。三報恩施、昔得他施今還施於彼也。四求報施、今施物於彼而希他之返報也。五習先施、習於先人父祖之家法而行惠施也。六希天施、希生於彼天而行惠施也。七要名施、希美名而布施也。八爲莊嚴心、爲資助心、爲資瑜伽、爲得上義。瑜伽者禪定也。上義者涅槃也。見俱舍論十八。

【布施物】（雜語）布施之物料也。

【布施偈】（雜名）又名三輪淸淨偈。三輪者、能施、所施、施物也。淸淨者於此三輪無念無所得也。心地觀經所謂「能施所施及施物、於三世中無所得。我今安住最勝心、供養一切十方佛」是也。

【布施經】（經名）有二本。一、趙宋法賢譯一卷。二、分別布施經、趙宋施護譯一卷。

【布施攝】（術語）四攝之一。以布施攝受他也、

【布施波羅蜜】（術語）六波羅蜜中之檀波羅蜜也。見波羅蜜條。

【布敎】（雜語）弘布敎法也。法華玄義十曰「如來布敎之元旨。」又曰「聖人布敎、各有歸從。然諸家判敎非一。」

【布袋和尚】（人名）五代梁時明州奉化布袋和尚、自稱契此。又號長汀子。形裁腲脮。蹙額皤腹。出語無定。時號長汀子。常荷一布袋入鄽。見物則乞。一日有僧在前行。師拊其背。僧回首。師曰「乞我一文錢。」曰道得卽與。師放下布袋叉手而立。保福和尚問如何是佛法大意。師放下布袋。福曰爲秖如此。爲更有向上事。師負之而去。梁貞元三年、端坐岳林寺盤石、說偈曰、「彌勒眞彌勒、分身千百億、時時示時人、時人自不識。」遂入滅。後現於他州、亦負布袋而行。明如惺龍華懺法後附有布袋和尚傳。

【布達拉】（地名）又名普陀羅。達賴喇嘛所居之處也。西藏新志中曰、「布達拉者。平地聳起之山也。高約二里。壘砌成樓。樓高十三層。上有金殿三座。亦唐文成公主所建。金殿下有金塔五座。西殿有黃帽喇嘛祖宗喀巴手足印。日久不化。達賴喇嘛卽居於此。」

【布路沙】（雜語）一作布嚕沙、Puruṣa 又作補盧沙。譯曰人、丈夫。寄歸傳二曰、「言布路沙者、譯爲人也。」梵語雜名曰、「丈夫、布嚕沙。」

【布儞阿偈】（雜名）譯言腐爛食藥。卽陳棄藥也。四分開宗記七本曰、「布儞阿偈。此云腐爛食藥。卽是所棄之藥。故五分律第十六云殘棄藥。」

【布薩】（行事）原爲梵語 Upavasatha 變於巴利 Uposatha 失梵語之原形。而爲 Posadha。具曰布沙他、布灑他、逋沙他、褒沙陀、布薩陀婆。譯曰淨住、善宿。又曰長養。出家之法、每半月（十五日與廿九日或三十日）集衆僧說戒經、使比丘住於淨戒中。能長養善法。又在家之法、於六齋日持八戒而增長善法。謂之布薩。因而就所作之法謂之說戒、或八戒。就其功能則曰布薩。又曰優補陀婆。譯曰斷增長。斷惡長善之義也。又名鉢羅帝提舍耶寐 Pratideśayāmi 譯曰我對說。此日向人懺悔所犯之罪也。智度論十三曰、「今日誠心懺悔、身清淨、口清淨、意清淨。受行八戒。是則布薩。秦言善宿。」又曰、「我某甲受行八戒、隨學諸佛法。名爲布薩。願持此布薩福報、生生不墮三惡八難。」玄應音義十八曰、「布沙他。或作逋沙他。此云增長。謂

半月义磨增長戒根义磨此云忍謂容恕戒罪。舊名懺者訛略也。」同二十四曰、「布灑他此云增長謂半月义磨增長戒根也。或言逋沙他、亦言布薩。皆訛略也。」寄歸傳二曰、「半月半月爲褒灑陀朝朝暮暮憶所犯罪。」注「褒灑是長養義陀是淨義意明長養淨除破戒之過。昔云布薩者、訛略也。」行事鈔上四曰、「布薩此云淨住出要律儀云。是憍薩羅國語。六卷泥洹云。布薩者長養有二義。一清淨戒住。二長增功德。雜含云布薩陀婆。若正本音優補陀婆。優云斷。補陀婆云增長。國語不同。亦呼爲集、爲知、爲宜、爲同、爲共住、爲轉、爲常也。三千威儀云。布薩者、秦言淨住。義言長養。义言和合也。」玄應音義十四曰、「逋沙他此云增長。或名鉢羅帝提舍耶寐。此云我對說。謂相向說罪也。舊名布薩者、訛略。也譯云淨住、者義翻也。」布薩與安居皆原爲婆羅門敎徒之行事、（安居者防於雨期不健康時期外出殺草木小蟲、且資各自修養、）王舍城諸外道梵志於月三時爲集會衆人群來周旋、共爲知友、供養飲食。佛觀瓶沙王制之、有比丘對白衣說經、白衣施食比丘等者原爲月二回。次第增爲六齋八齋等。此有如結八戒之觀。

【布薩日】（雜語）每月十五日與廿九日或三十日之兩日、行布薩法之日也。

【布薩食】（雜名）齋日之淨食也。羯磨疏四上曰、「布薩食者亦是淨齋之食耳。」

【布薩護】（術語）八戒齋之異名。就在家之人而言。以在家之優婆塞優婆夷受持八戒而爲布薩故也。在心曰護在身口曰戒。護卽戒之別名也。智度論十三曰、「受持八戒、是則布薩。」行事鈔上四曰、「俱舍論名八戒爲布薩護也。明了言、在心名護、在身口名戒也。」

【布薩陀婆】（雜語）見布薩條。

【布薩犍度】（術語）Poṣadhakhaṇḍa 犍度爲篇聚之名、律中集布薩之法於一處、謂之布薩犍度。四分律二十犍度中謂之說戒犍度。說戒者就其作法而名、布薩者就其功能而名耳。

【布嚕那跋陀羅】（異類）Pūrṇabhadra，夜义八大將之一。譯曰滿賢。見大日經疏五。

【弗于逮】（雜名）洲名。見毘提訶條。

【弗于毘婆提訶】（雜名）Pūrva-videha 洲名見毘提訶條。

【弗如檀】（人名）放光般若譯主無羅义之弟子、晉言法鏡。見貞元錄四。梵 Pu-nyādarśa，

【弗沙】（佛名）又作勃沙、富沙、逋沙、補沙。華嚴經昇須彌頂品曰、「弗沙明達第一義。諸吉祥中最無上。（中略）提沙如來辯無礙。諸吉祥中最無上。」俱舍光記十八曰、

「底沙(Tisya)此云圓滿是星名從星爲名。(中略)過去有佛號曰底沙或曰補沙」四敎儀集解中曰「底沙弗沙梵音不同云富沙又云底迦」名義集一曰「什師解弗沙菩薩云二十八宿中鬼星名也生時相應鬼宿因以爲名或名沸星或名孛星」見底沙佛條。梵 Pusya

【弗沙蜜多】(人名)Buşyamitra 阿育王之子也大破佛法見雜阿含經二十五。

【弗沙蜜多羅】(人名)Puşyamitra 阿育王後四世之王也問諸臣曰我當作何等事令我名可永留於世諸臣答曰先王阿育造八萬四千如來塔名德傳於世今王壞塔則二人俱不朽矣於是壞八萬四千塔悉殺害比丘僧見雜阿含經二十五。

【弗沙佛】(佛名)見底沙佛條。

【弗沙迦王經】(經名)蓱沙王五願經之異名。梵 Puska

【弗波提】(雜名)Puspadeva 華名。譯曰天華見名義集三。

【弗若多羅】(人名)Punyatara 比丘名譯曰功德華罽賓國人譯十誦律見梁僧傳二。

【弗毘提訶】(地名)東大洲名弗者、弗利婆之略譯曰東或前毘提訶者正洲名也見弗婆提條。

【弗婆提】(地名)Purvavideha 新曰毘地訶 Videha 東大洲名也西域記一曰「東毘提訶洲舊曰弗婆提又曰弗于逮訛也。」玄應音義十八曰「弗婆提或云弗于逮或言弗毘提訶或云逋利婆鼻提賀逋利婆此云前鼻提賀此云離體也」中阿含四洲經曰「東方有洲名弗婆鞞陀提」

【弗婆呵羅】(異類)Puspahara 夜叉名譯曰食花見孔雀王咒經上。

【弗婆勢羅】(雜名)Pūrvasaila 伽藍名譯曰東山見西域記十。

【弗婆鞞陀提】(地名)東大洲名見弗婆提條。

【尼】(雜名)出家之女子也梵語曰比丘尼比丘之語通於男女尼之音示女性僧史畧曰「漢明帝既聽劉峻等出家又聽洛陽婦女阿潘等出家」案此爲中國有尼之始也善見論曰「尼者女也」文句二之上曰「尼者天竺女人通名也」

【尼比丘】(雜名)俗曰尼僧。

【尼講】(雜名)女子信徒之結社也。僧史畧曰東晉廢帝太和三年洛陽東寺尼道馨通法華維摩研窮理味一方宗師此則尼講說之始也見事物紀原七。

【尼寺】(雜名)比丘尼所住之寺也。世親傳曰「於阿輸闍國起三寺一比丘尼寺二薩婆多部寺三大乘寺」我國西晉建興中尼淨檢等於洛陽城西創建竹林寺是爲尼寺之始。

【尼法師】（雜名）女性之法師也。

【尼衣】（衣服）尼所着之衣。

【尼大師】（雜名）尊尼而稱爲大師者、支那多其例。見象器箋五。

【尼僧正】（雜名）「南宋文帝元嘉十二年勅尼寶賢爲尼僧正。」見釋書二十七。

【尼民陀】（地名）尼民陀羅之畧。

【尼民陀羅】（地名）又Nemindhara 尼民達羅山之名。七金山最外之山也。玄應音義二十四曰、「尼民達羅。舊言尼民陀羅。此云地持山。又魚名。言海中有魚名尼民達羅。此山峯形似彼魚頭。復名也。」慧苑音義下曰、「尼民陀山。此翻爲持邊。以彼山是七重金山中最外邊故。」

【尼戒】（術語）比丘尼應持之戒律。有三百四十一戒。南山律師更加七滅諍。而爲三百四十八戒。普通尼戒曰五百戒者、舉大數也。實則爲三百四十八戒。

【尼沙陀】（雜語）優波尼沙陀之略。

【尼延底】（雜語）Nyanti' 譯曰深入、執取貪之異名也。玄應音義二十五曰、「尼延底。此言深入貪之異名也。言窮極無厭、故以名之。」俱舍光記十六曰、「尼延底此云執取。或云趣入。或云執滯。」

【尼拘律】（植物）樹名。見尼拘陀條。

【尼拘陀】（植物）Nyagrodha 又作尼瞿陀、尼俱陀、尼拘律、尼拘尼陀、尼拘盧陀、尼俱類、尼拘類陀、尼拘婁陀、尼拘屢陀、諸瞿陀等。樹名。原語有生長於下之樹之意味。即榕樹（Ficus Indica）也。以下諸釋中以縱廣樹爲最當。玄應音義三曰、「尼拘尼陀。應云尼拘盧陀。此譯云無節。亦云縱廣樹也。」同二十四曰、「尼拘尼陀、作尼拘陀、或尼拘類陀、或尼拘屢陀。」同二十二曰、「諸瞿陀舊經中作尼拘陀。或言尼俱盧陀。亦作尼俱律。又作尼俱類。皆訛也。舊譯云無節。或言縱廣也。」慧琳音義十五曰、「尼拘陀。此樹端直無節。圓滿可愛。去地三丈餘方有枝葉。其子微細如柳花子。唐國無此樹。言是柳樹者訛也。」

【尼拘律陀】（植物）樹名。見尼拘陀條。

【尼拘尼陀】（植物）樹名。見尼拘陀條。

【尼拘陀梵志經】（經名）一卷、宋施護譯。與長阿含散陀那經同本。佛至尼拘陀梵志所詰問彼。彼默然不能答。

【尼陀那】（術語）Nidāna 譯曰因緣、緣起。十二分經之一。說佛之說法緣起由序者。諸經多有通別二序。所謂別序者尼陀那也。智度論三十二曰、「尼陀那者、說諸佛法本起因緣。佛何因緣說此事。有人問、故說是事。毘尼中有人犯是事、故結是戒。一切佛語緣起事、皆名尼陀那」慧苑音義上曰、「尼陀那。此云因緣。然有三類。一說請而語。二因犯制戒。三因事說法也」開宗記一本曰、「尼陀那此云緣起。或云因緣」

【尼陀那目得迦】（術語）Nidānam-atrka 根本說一切有部尼陀那目得迦之略名。尼陀那譯因緣。目得迦譯本事。十二分經中之因緣經與本事經也。

【尼姑】（雜名）女僧也。釋典名比丘尼。簡稱尼。俗謂之尼姑。

【尼抵】（雜語）Nidhi(Pranidhāna) 譯曰願。可洪音義二曰、「尼抵或云尼低。或云尼提。此云願也」

【尼近底】（雜語）Nyanti' 譯曰深入。玄應音義二十五曰、「尼近底。此言深入義。貪異名也。言窮極無厭故以名之」近為延之誤。見尼延底條。

【尼夜摩】（雜語）Niyāma 譯曰決定。慧琳音義十九曰、「尼夜摩位是菩薩不退轉位也」瑜伽略纂十三曰、「尼夜摩可言決定」

【尼波羅】（地名）國名。卽Nepal(N-edala)也。在雪山中。見西域記七。

【尼彌留陀】（術語）Vinirudha 譯曰滅。四諦中之滅諦是也。大乘義章一曰、「言毘尼者是外國語。此翻為滅。外國說滅凡有三種。一者涅槃。二尼彌留陀。謂四諦中滅諦名也。三曰毘尼」

【尼剌部陀】（界名）Nirarbuda' 又作尼賴浮陀。八寒地獄第二之名。玄應音義二十四曰、「尼剌。此云裂。言身皰裂也」俱舍光記十一曰、「尼剌部陀。此云皰裂。嚴寒逼身。身皰裂也」四阿含暮抄下曰、「尼賴浮陀。寒地獄名。此言不卒起」

【尼迦羅】（植物）Niskāla' 樹名。譯曰不黑、不時。見慧琳音義。

【尼建他迦】（異類）又作尼延他柯。夜叉名。譯曰無咽。見大孔雀經上。梵Nirka-ṇṭhaka

【尼師壇】（物名）Nisidana 又作尼師但那、顊史娜曩。譯言坐具。一曰隨坐衣。亦為臥具。長四廣三。坐臥時敷地護身、又布於臥具上護臥具之具也。以為禮拜之具者、謬也。寄歸傳二曰、「尼師但那。坐臥具也」行事鈔下一曰、「四分為身為衣為臥具故制」慧琳音義一曰、「尼師壇。梵語略也。正梵音具足應云顊史娜曩。唐譯為敷具。今之坐具也」名義集謂佛初度五人、及迦葉兄弟。並製袈裟、坐具在袈裟下。後度諸衆、徒侶漸多。年少比丘、儀容端美、入城乞食、多為女愛。由是製衣角在左肩。後為風飄。聽以尼師壇鎮上。後外道達摩多問比丘、肩上片布、持將何用。答曰、擬將坐之。達摩多曰、此衣既為可貴。

有大威靈、豈得以所坐之布而居其上。比丘白佛。由此佛製還以衣角居於左肩、坐具還在衣下。張希復詩云、共覆三衣中夜寒。披時不鎮尼師壇。卽謂此也。

【尼師但那】（物名）與尼師壇同。

【尼乾陀】（流派）又作尼犍陀。略曰尼乾。見尼犍條。

【尼乾陀子】（流派）與尼乾子同。

【尼乾子問無我義經】（經名）一卷、馬鳴菩薩集。宋日稱等譯。尼犍外道詣大乘學者、所問無我之義、大乘學者爲說無我之義、有偈頌。

【尼連禪】（地名）又作尼連禪那。Nairañjana 河名。佛將成道、先浴此河、後坐菩提樹下。玄應音義三曰、「尼連禪河應云尼連禪那。或云熙連禪。此譯云尼者不也。連禪那者樂着也。名不樂着河也。」

【尼連河】（地名）卽尼連禪河。水經注、曰「佛嘗浴尼連河。」法苑珠林、曰「尼連河裏、非有垢而見除。」參照尼連禪條。

【尼提】（人名）又作尼陀。除糞人之名。佛度之爲大阿羅漢。見賢愚經尼提度緣品。

【尼犍】（流派）Nirgrantha 又作尼虔、尼乾、尼健。六大外道之一。尼犍具曰尼犍陀。譯曰離繫、不繫、無結。離三界繫縛之義也。是爲外道出家之總名。但此外道、特修裸形塗灰等離繫之苦行、故取總名爲別名。自佛法毀之、名曰無慙。以彼母之名名爲若提、Jñāti 譯曰親友。彼爲其子、故曰尼乾陀若提子。Nirgranthajñātiputra 又師之門徒、曰尼乾陀弗呾羅 Nirgranthaputra 尼乾子、尼乾陀子。弗呾羅譯爲子、指稱門徒。注維摩經三、「肇曰。尼犍陀其出家總名也。如佛法出家名沙門。若提母名也。其人謂罪福苦樂本有定因。要當必受。非行道所能斷也。」法華文句記九、曰「在家事梵名梵。志出家外道通名尼乾。」唯識述記一本曰、「尼虔子。今言尼犍陀弗呾羅。翻爲離繫子。苦行修勝因名爲離繫。露形少羞耻。亦名無慙。本師稱離繫是彼門徒。名之爲子。」同一末曰、「以其露形、佛法毀之曰無慚。卽無慚羞也。」慧琳音義二十六、曰「尼乾陀此云無繼。是外道總名也。若提云親友。是母名。」玄應音義六曰、「尼乾或作尼乾陀。應言泥健連他。譯云不繫也。」同十曰、「其外道拔髮露形。無所貯蓄。以手乞食。隨得卽噉也。」俱舍光記十五曰、「離繫、梵云尼乾陀。彼謂內離煩惱繫縛。外離衣服繫縛。卽露形外道也。」

【尼犍子】（流派）見尼犍條。

【尼犍度】（術語）Bhikṣuṇī-khaṇḍa 四分律二十犍度之一。明比丘尼戒律之篇章名。犍度有聚之義。蘊之義。篇章之異名也。

【尼犍陀弗呾羅】（流派）譯曰離繫

子。見尼犍條。

【尼犍陀若提子】（流派）見尼犍條。

【尼摩羅】（界名）Nirmāṇarati 天名。玄應音義三曰、「尼摩羅天或云須密陀天。此云化樂天亦云樂變化天也。」六欲天之第五天也。

【尼壇】（雜名）比丘尼之受戒壇也。僧史略曰、「受戒初本僧尼同壇本朝（北宋）太祖不許尼住僧中。自是始別爲壇。」宋朝會要曰、「開寶五年二月詔自今尼有合度者只許於本寺起壇受戒」按自此始別立尼受戒壇也。

【尼薩耆】（術語）尼薩耆波逸提之畧。

【尼薩曇】（雜語）Upaniṣada 數法之極少者希麟音義一曰、「尼薩曇分、梵語數法之極也。或云優波尼沙陀慧苑法師音義引瑜伽大論譯爲微細分。如析一毛以爲百分。又析彼一分爲百千萬分。又於析分中如前析之乃至隣虛。至不可析處名爲優波尼薩曇分也」

【尼薩耆波逸提】（術語）巴 Naiḥsargikapra-cittiya (Naiḥsargik-prāyaścittika) 五篇罪之一。尼薩耆爲盡捨、波逸提爲墮。此罪聚總屬於衣鉢等之財物、故以其所犯之財物、捨於衆中而懺悔之、謂之盡捨。若不懺悔則結墮獄之罪、故曰墮。總有三十種、稱爲三十捨墮。行事鈔中之一曰、「波逸提聚、義翻爲墮。十誦云墮在燒煮覆障地獄故也。(中略)聲論云、尼翻爲盡、薩耆爲捨」四分戒本定賓疏下曰、「尼薩耆者、此翻爲盡捨。波逸提者、此翻爲墮。謂犯此罪牽墮三惡。若犯此墮、要先捨財、後懺墮罪、故云捨墮。」比丘尼鈔一曰、「捨財捨罪捨心。具此三捨。故云盡捨。」

【尼羅蔽茶】（職位）Nīlapita 譯曰青藏。史誥之名。西域記二曰、「至於記言書事。各有司存。史誥總稱尼羅蔽茶。唐言青藏。善惡具舉。災祥備著。」

【尼羅烏鉢羅】（植物）Nīlotpala 譯曰青蓮華。見烏鉢羅條。

【尼羅婆陀羅】（菩薩）Nīlavajra 譯曰青金剛。陀羅尼集經四曰、「尼羅婆陀羅。唐云青金剛也」

【尼藍婆】（菩薩）Nīlavajra, 譯曰青金剛。圓覺經曰、「尼藍婆金剛。」

【召請】（術語）勸請佛菩薩、又召致人衆也。大日經七曰、「召請如本教」涅槃經一曰「召請涅槃衆。」

【召請方便眞言】（眞言）南麼三曼多勃陀喃(歸命一切諸佛)阿(行也)薩嚩怛囉(二合)鉢囉(二合)底諵帝（一切所害）怛他(引)誐多(如來)矩奢鉤菩提折嚩耶(菩提行)鉢㗚布囉迦（滿足）莎訶

（成就）同零妙疏下云「此中之行謂由此行能招諸佛之大功德如世間之鉤則有處所之分劑不能徧一切處作鉤召今如來之鉤則不如是普及一切無所不加乃至能招菩提之果也以要言之則悉滿一切如來之功德普召一切衆生使亦得此道故次句曰徧一切害卽是鉤取而殺之也徧害一切之不調伏者皆於菩提之行而趣於妙果使得滿足也」

【召請童子】（菩薩）八大童子之一。在胎藏界曼荼羅文殊院文殊菩薩左五位。梵名阿羯囉灑也譯言召請密號稱爲普集金剛主召請衆生於菩提道之德爲童子形、三髻黃色右手持獨股戟左手持細葉靑蓮、赤蓮上。

【召請童子印明】（眞言）見文殊條。

【永不現行位】（術語）謂十地中第八地以後至於佛果之間也無漏心任運相續而煩惱不起故有此名又功德剎那增進、故亦曰剎那增進位。

【永平】（人名）日本曹洞宗開祖道元住永平寺故謂之永平。

【永平元和尙頌古】（書名）一卷日本道元著侍者詮慧等編。

【永平淸規】（書名）二卷日本道元撰又曰永平元禪師淸規永平大淸規誨洞家之日用儀式法者。

【永生】（術語）謂涅槃也涅槃爲不生之法故不滅取不滅之義而曰永生又謂彌陀之淨土生於淨土則悉爲無量壽故曰永生問既有生何無滅答曰淨土之生生卽無生也生已卽證無生之理故永生不滅也。無量壽經下曰「度世長壽泥洹之道」又曰、「可獲極長生壽樂無有極」觀經玄義分曰、「開示長劫之苦因悟入永生之樂果」

【永安】（人名）宋沙門契嵩於永安山之精舍作正宗記見五燈會元十五。

【永劫】（術語）永久之長時也劫者梵語算世界成壞相之名也無量壽經上曰、「兆載永劫」

【永明】（人名）宋智覺禪師延壽住杭州慧日山永明寺故稱爲永明見延壽條。

【永明心賦註】（書名）永明著四卷。

【永明智覺禪師唯心訣】（書名）一卷。

【永夜】（雜語）如言長夜謂生死之長也觀經玄義分曰「瀝甘露潤於群萌輝智炬則朗重昏於永夜」

【永嘉】（人名）溫州永嘉玄覺禪師。永嘉人姓戴氏出家徧探三藏精通天台之止觀後詣曹溪六祖言下契悟一宿而去時稱一宿覺翌日下山回溫江學者輻輳號爲眞覺大師唐睿宗先天元年入寂賜諡無相大師著證道歌一首又有永嘉集盛行於世。

見傳燈錄五、佛祖統紀十。

【永嘉集】（書名）慶州刺史魏靖、輯玄覺禪師之文、序之爲十篇、目爲永嘉集。

【永寧】（人名）虛堂禪師諱永寧。參太湖山無用而悟玄旨。受元順帝之歸敬。賜三番號。明洪武二年、年七十八寂。見續稽古畧二。

【永寧寺】（寺名）北魏獻文帝建之。在長安之北。臺塔七級、高三十丈。見稽古史畧二。

【永斷習氣智】（雜語）大日如來出生西方金剛利菩薩之智也。出生義曰、「就一切如來永斷習氣智而生金剛利。」

【永覺】（人名）永覺元賢禪師、建陽蔡氏子。出家後、於崇禎甲戌住鼓山。次住開元寶善及浙之眞寂。丁酉坐脫。塔本山。師通內外典。所著補燈機燈禪餘諸書百餘卷行世。

【主方神】（天名）如八方天神。

【主伴具足】（術語）華嚴宗所談法界緣起之法、以此爲主、則以彼爲伴、以彼爲主、則以此爲伴、如此主伴具足而攝德無盡也。十玄門中之第十主伴圓明具德門是也。

【主伴無盡】（術語）謂萬有各爲主、爲伴、相卽相入、重重無盡也。與前項同。

【主事】（職位）禪林之監寺、維那、典坐、直歲四職、爲主事之四員。見釋氏要覽下。

【主夜神】（天名）見婆珊婆演底條。

【主命鬼】（異類）主人壽命之鬼神也。地藏本願經曰、「主命鬼遊行世界。」

【主首】（職位）禪林監寺之異稱。見象器箋七。

【主宰】（術語）體常一而有主宰事物之作用、爲我之義。唯識論一曰、「我謂主宰。」

【主浣衣】（人名）舍利弗二弟子之一。以洗濯衣服爲職者。

【主喪】（職位）代亡人指揮後事、總主領喪事者。

【主獨行無明】（術語）五種無明之一。見無明條。

【立世阿毘曇論】（書名）十卷、陳眞諦譯。立世爲安立世界之義。阿毘曇爲論議之都名。論中記須彌四洲諸天地獄等世界國土之事。

【立印軌】（經名）金剛手光明灌頂經最勝立印聖無動尊大威怒王念誦儀軌法品之略名。

【立印儀軌】（經名）與立印軌同。

【立地】（儀式）言簡略之佛事也。語不多、立地而成之謂也。虎關之十禪支錄序曰、「予考訂古今禪冊、備十門。一曰開堂、二曰上堂、三曰小參附陞座、四曰拈提、五曰普說、六曰法語、七曰對機、八曰立地、九曰偈贊。

十曰秉拂」。

【立法】（術語）與顯正同。破對於萬法之迷妄見、後發露其眞性也。

【立軌】（經名）立印儀軌之畧稱。

【立相住心】（術語）淨土門之極致也。指西方而立報土報身之相、安住於有心有念而取彼之境也。觀經散善義曰「今此觀門等。唯指方立相住心而取境。總不明無相無念也。如來懸知末代罪惡凡夫立相住心尙不能得。何況離相而求事者。如似無術通人居空立舍也。」

【立要巧方便】（術語）六種巧方便之一。菩薩對於衆生、守善法、則以應與何等之利益、爲誓約而次第引入於佛道也。

【立破】（術語）能立與能破也。以宗因喩之三支、成立自義、謂之能立。就敵者所立之三支、指斥其過非、謂之能破。能立能破皆有眞似之二。見入正理論。

【立敎】（術語）古今諸師向佛一代敎而立之敎門也。如天台之五時八敎、華嚴之五敎是也。是曰敎相判釋。法華玄義十列南三北七之十家立敎、五敎章上擧古今之十家。華嚴大疏四敍二十餘家。

【立敎開宗】（術語）開敎相之宗旨也。見前項。

【立參】（雜語）爲立地之說法、故名立參。卽晚參也。見象器箋十一。

【立雪】（故事）二祖慧可之故事。慧可參達磨時天大雪、積雪過膝、亦不動。磨憫而問曰汝久立雪中當求何事。可悲泣曰惟願和尙開慈悲甘露門廣度羣品。見傳燈錄達磨章。

【立量】（術語）立宗因喩三支之比量立也。單曰量。

【立像】（圖像）植立之像也。慈恩傳二曰「王城東北山阿有立石像」。樂邦文類三曰、「三聖立像記、於觀經」。戒度觀經疏記下曰「世謂立像不尊疏主專據今經嘗作三聖立像記。」

【立僧首座】（職位）立僧者、說法而成立衆僧之義也。無一定之人。首座頭首之外、別於西堂或前堂及諸耆宿中選有道博達之人而敦請之、使爲衆開法。或請大方之尊宿充之。其任極重。代前堂首座之住持說法者。更難其人。如名德首座則於前堂中擇稍有德者爲之。得其人不難也。見象器箋。

【立播】（衣服）Repha, Repa，譯曰裹腹衣。寄歸傳二曰「梵云立播、譯裹腹衣」。

【玄一】（人名）唐代人。鄕貫未詳。通法相學、以著述爲事。著無量壽經記二卷、觀無量壽經記一卷、法華經疏八卷、阿彌陀經疏一卷、涅槃經料簡二卷、瑜伽論疏十七卷、中邊論料簡一卷、梵網經疏三卷、唯識樞要私記一卷等。多散佚。不傳。惟無量壽經記上卷一卷收入日本續藏經。觀其處處引用規基元曉法位等，可知其出於諸師之後。

【玄心】（術語）玄妙之心識。注維摩經序曰「玄心獨悟。」

【玄月】（譬喻）玄妙之眞理，譬之月也。三論大義鈔一曰「舉此秘指以示彼玄月。」

【玄旨】（術語）玄妙之旨趣也。維摩經弟子品曰「迦旃延不諭玄旨。」義林章一本曰「語設將融，玄旨猶隔。」信心銘曰「不識玄旨，徒勞念靜。」張蠙詩曰「靜室談玄旨。」

【玄沙】（人名）唐福州玄沙山宗一禪師，名師備。少年爲漁者，年三十，忽慕出家，投芙蓉之訓禪師，剃髮受具，尋就雪峯之存禪師，契悟玄旨，初住普應院，後還玄沙。閩主以師禮待之，學徒八百餘。梁太祖開平二年寂，壽七十五。見會元七，傳燈錄十八。

【玄沙開燕子】（故事）會元七（玄沙章）曰「師因參次，聞燕子聲，乃曰：深談實相，善說法要。便下座。」

【玄沙三種病人】（公案）又曰玄沙接物利生。玄沙師備假盲聾瘂三種病人之濟度，示無爲五官機能，轉於塵裡者，宜別開發眞佛智見，有心眼存者。景德傳燈錄第十八玄沙傳所謂「諸方老宿，盡道接物利生。且問汝只如盲聾瘂三種病人汝作麼生接。拈槌豎拂，他眼且不見，耳又不聞，口復瘂。若接不得，則佛法盡無靈驗。」是也。

【玄門】（術語）玄妙之法門也。總以名佛法。三論玄義曰「不二玄門。」行事鈔上之一曰「凡厠預玄門者，克須淸禁，無容於非。」迦才淨土論上曰「淨土玄門，十方咸讚。」資持記上一之三曰「佛法深妙，有信得入，故曰玄門。」

【十玄門】（術語）又曰十玄緣起。華嚴宗所立，示四種法界中事事無礙法界之相者。通此義，則可以入華嚴大經之玄海，故曰玄門。又此十門互爲緣而起他，故曰緣起。至相大師承杜順之意，創說於十玄章，賢首於五教章中卷敷演之。但次第不同。

至相師次第十玄章	賢首師次第五教章中
同時具足相應門	同時具足相應門
因陀羅網境界門	一多相容不同門
秘密隱顯俱成門	諸法相卽自在門
微細相容安立門	因陀羅微細境界門
十世隔法具法門	微細相容安立門
諸藏純雜具德門	秘密隱顯俱成門
一多相容不同門	諸藏純雜具德門
諸法相卽自在門	十世隔法異成門
唯心迴轉善成門	唯心迴轉善成門
託事顯法生解門	託事顯法生解門

然賢首更於探玄記一說十玄，稍異於此。淸涼全依之。一同時具足相應門。十方三世之

一切諸法、緣起之所使然、同一時具足圓滿彼此照應而顯現也。緣起爲諸法之自性、無一法漏於緣起者。故一切諸法於同一時同一處爲一大緣起而存在、是曰具足相應門經妙嚴品曰「一切法門無盡海、同會一法道場中。」是爲事事無礙法界之總相、其餘九門乃此門之別義也。二廣狹自在無礙門。以一法緣起一切法、一法之力用無際限、名爲廣、守一法之分限不壞本位名爲狹。以是觀之則分卽無分、無分卽分也。凡緣起之法、於如此一法具分與無分二義而不相妨、謂之廣狹自在無礙門。三一多相容不同門。依上廣狹無礙之義、一勢分入於他一切法、他一切法之勢分入於自一。如此一多互相容、曾不失一多之本位、謂之一多相容不同門。是就法之勢用說彼此之相入也、而一多之二相存、故曰不同。唐經盧舍那佛品曰「以一國土滿十方。十方入一亦無餘、世界本相亦不壞、無比功德故能爾。」四諸法相卽自在門。依上一多相容門而一法之勢力入於一切法時、一法卽爲一切法中之一法。彼既爲一切法中之物、故廢己而同他、一法之體全爲彼之一切法、卽一切法之外更無一法爲虛體、所同之一切法爲有體。與之同時一切法入於一法、則彼亦廢己而同我全收彼之一切法而爲一法之體、卽一法體之外無一切法、能同之一切法爲虛體、惟所同之一法爲有體也。以如此一虛一實之故、一法卽於一切法、一切法卽於一法、故曰相卽。是就體而論者。上之相容門、不廢一多、但明力用之交徹、故譬之二鏡相照、此明彼此之二體虛實和融而爲一、如故譬之水波相收。晉經十住品曰「一卽是多、多卽是一。」五隱密顯了俱成門。（五敎章及淸涼玄談作秘密隱顯俱成門）既依上之義門、一法卽於一切法、則一切法顯而一法隱、一切法卽於一法、則一法顯而一切法隱。此顯隱之二相俱時成就、謂之隱密顯了俱成門。晉經賢首品曰「或東方見入正受、或西方見三昧起。於眼根中入正受、於色法中三昧起。」六微細相容安立門。以上來第二門以下之義、無論如何微細之中、亦含容一切諸法、一齊揃頭顯現、猶如鏡中映現萬像、微細者示於一毛一塵之中、有其事也。晉經毘盧舍那品曰、「一毛孔中無量佛刹、莊嚴淸淨曠然安立」。七因陀羅網法界門。（五敎章及淸涼玄談作因陀羅網境界門）因陀羅網者、帝釋天宮殿所懸之珠網也。珠珠各各現一切珠影、是一重之各各影現也。而一珠中所現之一切珠影、亦現諸珠之影像形體、是二重之各各影現也。如此重重映現而無盡無窮。諸法一一之卽入亦如斯、上之細微相容、惟一重之卽入、未明卽入重重無盡。故今假喩以明此義。此有名之因陀羅網譬喩也。八託事顯法生解門。上來所明、既於第七門、知一切法緣起重重無盡、塵塵法法、盡爲事事無礙法界。然則得就一事一塵、顯無礙法界之法門矣。是曰託事顯法生解門。如經說十種之寶玉雲等、皆是深妙之法門。如示金獅子之無礙、明帝網之重重亦然。凡一切之寄顯表示之法門、皆攝於此。九十世隔法異成門。上八門爲就橫示圓融無礙之相者。而此無礙不獨於橫爲然、於竪亦然。故有此門。十世者、過現未三世、各又有過現未三世、而爲九世、九世互相入、故爲一總世。總別合爲十世也。此十世隔歷之法、同時具足顯現。謂之隔法異成。異成者、別異之法、俱時成就之義也。晉經初發心功德品曰、「知無量劫是一念。知一念卽是無量劫」。十、主伴圓明具德門。橫竪之萬法既成一大緣起、由於法法皆交徹、而舉一法、他法伴之而速帶緣生。中言之、卽舉一法爲主、則餘悉爲伴、而赴於此一法。更以他法爲主、則餘法爲伴而盡集於其法也。譬如一佛爲主而說法、則他之一切佛爲之伴、更以他佛說法亦然。如斯緣起之法、互爲主伴。互爲約束、故無論何法爲主、他一切隨伴於是。一法圓滿一切之功德、故曰圓明具德。見探玄記一、華嚴玄談六。

【玄門無礙十因】（術語）諸法何故事事無礙。一唯心所現故、諸法之本原、非有別種、爲自唯一如來藏心緣起之差別法、故彼此必有可和融之理。二法無定性故、諸法爲如來藏心之緣起法、原無一定之自性。故有彼此和融之理。三緣起相由故、緣起之法、不得單獨保體、必爲相由而僅成體者、故隨而有可和融之理。四法性融通故、法性融通、故如性之事、亦有可融通之理。五如幻夢故、諸法之虛假無實、如幻夢、故有可和融之理。六如影像故、諸法緣起於一心界而不存在、如鏡中之影像、故有可和融之理。已上六因、就諸法自爾之德相、已下就業用之無礙而說因由。七因無限故、菩薩於因中修無限之因、故有至果必得無礙業用之理。八佛證窮故、佛者證窮眞性、故如性業用亦無礙也。九深定用故、以深妙之禪定力、故得業用之無礙。十神通解脫故、不思議之神通力、離物之羈束而爲自在、故可得業用之無礙。見華嚴玄談六。

【玄宗】（術語）玄妙之宗旨。佛敎之通名。注維摩經序曰、「常恐玄宗墜於譯人」。唯識樞要上本曰、「文蘊玄宗情悋奧旨」。

【玄忠】（人名）眞宗第三祖、魏之曇鸞。晚年住汾州石壁玄忠寺、故稱爲玄忠大師。

【玄高】（人名）馮翊萬年（陝西臨潼東北七十里）人。姓魏、俗名靈育。十二歲出家、專學禪律。聞佛馱跋陀羅、弘法長安石羊寺、往師之、旬日精通禪法。於是遊西秦。入麥積山。時長安沙門曇弘、亦隱此山、師與之道交最深。時河南有二僧譏於河南王世子、曇言師聚其徒將爲國害、師乃被擯遷於河北林陽堂山。時曇弘在成都高名甚著、河南王遣使迎接、弘謂王曰、既深鑒遠識、何以信讒棄賢、貧道所以不遠數千里者、欲獻此一言耳。王及太子赧然愧悔、卽遣使召請、尊爲國師。後入北涼、爲沮渠蒙遜所敬重、時北魏拓跋燾據平城、討北涼、迎師布化平城、太子晃師事之、武帝亦崇敬焉、司徒崔皓、道士寇謙之有寵於武帝、恐晃承位後奪其威柄、因譖師與晃結有異圖、武帝大怒、師遂遇害。諸弟子迎屍窆於城南曠野。年四十三。詳見梁高僧傳十一、佛祖統紀三十八等。

【玄朗】（人名）唐婺州烏傷縣（浙江義烏縣治）人。一作東陽。（浙江東陽縣治）傅大士六代孫也。字慧明、號左溪。九歲出家、如意元年蒙勅度、配住東陽淸泰寺。因就光州岸律師受具足戒、尋學律儀、又博究經論、精通涅槃、常恨古人章疏之判斷有不允當者、往會稽妙喜寺與印宗禪師共商榷禪要、然未明大旨、因詣東陽天宮寺從慧威研學。精勵不患貧苦、達法華、淨名、大論、止觀等、通一宗之敎迹。後就恭禪師重修觀法、又涉獵儒書、兼好道宗、而自以止觀爲入道安心之要、厭人世、好山林、隨十八種物、行十二頭陀、隱於浦陽左溪山、（一作佐溪）坐一室者三十餘年。開元十六年、應婺州刺史王正容請、暫居城下、尋以疾辭還山、誨人不倦、頗勤講學、細行修心、常徇律法之制。一日顧門人曰、吾六卽道圓、萬行無得、戒爲心本、汝等師之。天寶十三年寂、年八十三。吳越王謚曰明覺尊者。以門人湛然爲的嗣、新羅之法融、理應、純英、亦悉棄舊學來投。嘗撰法華經科文二卷、修治法華文句若干卷、事迹詳見永嘉集、宋高僧傳釋門正統等。

【玄悟】（術語）玄妙之悟也。楞嚴經曰「於精明中玄悟精理、得大隨順」孫綽文曰「見機而作、超然玄悟」三論大義鈔一曰「玄悟之儔、忘指足月」

【玄根】（術語）玄妙之根性也。涅槃無名論曰「仰攀玄根、俯提弱喪」

【玄琬】（人名）雍州新豐（陝西臨潼東北）人。十五歲出家、師事曇延。受具後、就洪遵學四分律、涉獵律部者三年。又於曇遷稟攝論、研討法華、大集、楞伽、勝鬘、地論、中論、百論等。又造經四藏、備盡莊嚴。常慨懺悔授戒之法有虧、尋討諸懺法、嚴飾道場、每春於受戒之首、依二十五佛及千轉神咒、潔齋行道、使彼毀禁之輩、登壇受法。貞觀初年、受勅爲皇太子及諸王等授菩薩戒、於長安建普光寺居之。又受勅入爲皇后六宮及妃主等授菩薩戒、尋於苑內德業寺爲皇后寫現在藏經、更使於延興寺造藏經、師並受勅趣之。北周滅法以後、及隋朝再興、傳度法本、但存卷帙、至尋檢文理則多乖背。師因集義學沙門使讎勘校正。法藏之得絕僞濫、明綱領者、一師之力也。師雖廣以三藏教世、而偏以律儀馳譽。諸國僧尼之受具足戒者三千人。自王公僚佐至庶人從受歸戒者二十餘萬。又上書皇太子乞行行慈滅殺順氣奉齋四條。貞觀九年爲下詔自三月至五月斷殺。師又上書乞延期、特聽盡於歲暮。十年十二月、罹疾遺表皇太子、獻自撰之佛敎後代國王賞罰三寶法、安養蒼生論、三德論各一卷。寂於延興寺。年七十五。太宗下詔惻悼、爲給葬具、使殯於終南山寺。唐朝沙門之有勅葬實以師爲嚆矢。詳見續高僧傳、佛祖統紀等。

【玄暢】（人名）河西金城（陝西南鄭縣治）人。姓趙。少年時、家門爲胡虜所滅、往涼州出家。初名慧智。後至平城、就玄高爲其弟子。北魏武帝用崔皓寇謙之言、禁私養沙門及巫覡、捕玄高慧崇等。師因脫走、將至孟津、遇追騎、投河中、僅以身免。遂渡黃河、涉揚子江、達揚州。時劉宋元嘉二十二年也。文帝深加禮重、請爲太子師。師固辭、還荊州、止於長沙寺。時有西域沙門功德直、爲師譯菩薩念佛三昧經六卷、無量門破魔陀羅尼經一卷。師刊正文義、辭旨婉密。劉宋末至成都、居大石寺。寺有阿育王塔。中藏大石鉢。鉢量可容數十斛。上建五層木浮圖以覆之。師乃自畫金剛密迹等十六神像。後游西界、望岷嶺、見岷山郡北廣陽縣界有齊后山、遂有終焉之志。仍入山結草菴。蕭齊建元元年、建立伽藍、名齊雲寺。時傅琰鎭成都、敬師高風、師乃致書附齊后山讚一頌。琰卽具表聞於高帝。勅給百戶。及蕭齊武帝卽位、司徒文宣王啓迎師至京師。惠文太子亦發使請之。於是泛舟東下、中途罹疾、止京師靈根寺。少時、永明二年寂、年六十九。葬於鍾山。師明經律、深達禪要、占記無不驗、諸子多所該涉。嘗慨華嚴文旨浩博、未有義釋、勵精研思、遂作其疏。蓋爲華嚴疏釋之嚆矢。又善三論、學者宗之。所著訶梨跋摩傳一篇存。詳見出三藏記集、梁高僧傳等。

【玄範】（人名）唐代人。鄉貫不詳。少年出家、受學於當時之名匠、覆跂淸曠、强學天心、專通唯識之學、精探因明。住長安普光寺、以著述爲事。與玄奘同時出、或謂卽其門人。年壽並缺。所著有別集二十卷、成唯識論疏二十卷、雜集論疏十六卷、解深密經疏十卷等十餘種。詳見大唐內典錄等。

【玄奘】（人名）唐大慈恩寺玄奘三藏、姓陳、偃師人、俗名褘。兄長捷先出家、在洛陽淨土寺。師十三歲、亦入淨土寺出家、就慧景聽涅槃經、於嚴法師受攝大乘論、令名夙著。武德元年、與兄共入長安、尋赴成都、就道基寶遷二師學攝論毘曇、就震法師聽講發智論、五年受具足戒、又習律部。既而往荊州講攝論毘曇、往相州謁慧休、往趙州受成實於道深。尋入長安、就道岳學俱舍論。時有法常僧辯二大德、名冠上京、偏講攝大乘論。師又就聽之。然以諸師各異宗途、聖典亦有隱晦、不知適從。乃欲西遊以明之。表請不許、師不爲屈。貞觀三年八月、（一說貞觀元年或貞觀三年四月）上萬里孤遊之途。具嘗艱苦、經西蕃諸國、貞觀七年至印度。中途、於屈支國、會木叉毱多、於縛喝國納縛伽藍、禮佛齒、佛澡盆等。從磔迦國僧般若羯羅、讀毘婆沙論。於梵衍那國拜巨石像。至迦畢試國、安居沙落迦寺、與大乘僧秣奴若瞿沙、薩婆多部僧阿黎耶伐摩等、共會法集。入印度境、至那揭羅曷國、拜燃燈授記之聖蹟。又於佛頂骨城、禮佛頂骨及佛僧伽胝並瞿波羅龍王窟之佛影。入健馱邏國布路沙布邏城、見卑鉢羅樹下過去四佛坐處、並迦膩色迦王伽藍等。赴烏仗那國、巡禮行菩薩千生施眼處、割截身體處、刺身飼五藥叉處等靈地、又於呾叉始羅等國、參拜菩薩捨千頭處投身餧處等遺跡。至迦濕彌羅國、就僧稱法師、學俱舍論、順正理論、因明聲明論等、兼與大乘學僧毗成陀僧訶等攻竅諸經論。至磔迦國、于長年婆羅門受百論、廣百論等。於至那僕底國、就毘膩多鉢臘婆學對法論、顯宗論、理門論等。至闍爛達羅國、從旃達羅伐摩受衆事分毘婆沙。至窣祿勤那國、就闍耶毱多聽經部毘婆沙。入秣底補羅國、就德光弟子蜜多斯那學辯眞論、隨發智論。至劫比他國、禮佛從天降下三道寶階塔。至羯若鞠闍國、與毘離耶犀那讀佛使毘婆沙。又經歷鉢邏耶伽等國、巡拜佛生處、佛涅槃處、佛轉法輪處等諸聖蹟。於吠多補羅城、得菩薩藏經。遂至摩揭陀國。於是詣菩提樹下金剛座處、又禮耆闍崛出、竹林精舍等靈地、入那爛陀寺、以戒賢爲師、學瑜伽論等。又聽講順正理顯揚對法等諸論、研鑽梵書。後赴伊爛拏鉢伐多國、與怛他揭多毱多等共讀毘婆沙等諸論。至憍薩羅國、就婆羅門受集量論。赴馱那羯磔迦國、從大衆部僧蘇部底等學大衆部根本阿毘達磨及大乘諸經論。至鉢伐多國、從大德、學正量部根本阿毘達磨、攝正法論等。還摩揭陀國、至杖林山勝軍論師所、學唯識決擇論、意義理論、莊嚴經論等。師子光講中百二論、破瑜伽之義。師乃和會中觀瑜伽兩宗、述會宗論三千頌。光慙赧退去。又遇順世外道、師與之論難、亦伏之。且得烏茶國小乘論師所製之破大乘論七百頌、指摘其謬、說作破惡見論一千六百頌。戒日王敬師甚厚、爲設大會、敕使諸國義解之徒、集於曲女城。師受請登牀、專稱揚大乘之論意、無一人能致言難者。尋與戒日王同赴鉢羅耶伽國、列於五年大會。遂歸國。貞觀十九年至京師。以所獲梵本六百五十七部。獻於朝。太宗使於弘福寺傳譯之。高宗永徽三年。請於朝。於慈恩寺以西域之法。建大塔。顯慶四年、高宗以玉華宮爲寺。薦先帝。使師居之。次年在此譯大般若經。麟德元年二月、命弟子普光抄錄所譯之經論、凡七十五部一千三百三十五卷。其月五日寂。壽六十五。事蹟詳見大唐西域記、廣弘明集、續高僧傳卷四、大慈恩寺三藏法師傳、佛祖通載十二等。

【玄軌】（術語）玄妙之方規也。往生講式曰、「長夜之明珠。淨土之玄軌。」

【玄祕塔】（雜名）唐碑名。塔爲大達法師所建。裴休撰文。柳公權書。碑本在長樂南原。後移西安府學。見金石史。

【玄流】（術語）玄者緇也。被緇衣之流派也。謂僧徒。輔行序曰、「津導玄流。」

【玄景】（人名）隋玄景。二十七出家、以禪道融內外。巧於講導。大業二年六月寂。續高僧傳十七（玄景傳）曰、「每震法鼓。動卽千人屯赴。供施爲儔罕匹。所以景之房內黃紫緇衣上下之服。各百餘副。一時一換。爲生物善。」名義集曰、「衛居終身一衲。玄景每曙更衣。共高僧也。」

【玄疏】（書名）玄爲天台之法華經玄義、疏爲法華經文句、又曰妙玄妙疏。

【玄義】（術語）幽玄之義理。深妙之義理。天台釋諸經、先於文前緒論五重之深義、題爲玄義。法華經玄義、金光明經玄義等是也。法華玄義十下曰、「我以五章略譚玄義。非能申文外之妙。特是麤述所懷。」金光明玄義拾遺記上曰、「玄謂幽微難見也。義謂理趣深有所以也。其幽微義而有五重。（中略）大師搜抉如是五義解釋一題。欲令學者豫知經旨。然後尋文。使於文文成智行故。斯是道場、特因靜發。稱會佛旨、演茲奧旨。故不可以暗證者及尋文者同日而語也。幽微所以、豈虛名哉。」

【五重玄義】（名數）第一釋名、無名、則不能顯法。故應先釋經題。第二辨體、名者呼體故、名之次宜辨體、體者一部之旨歸、衆義之中樞也。第三明宗、宗者修行之宗旨也。會體必由修行。故體之次宜明宗。第四論用、會體而自行已圓、則應自體起用、利益衆生」故就宗而論一經之作用。第五判教、利益已多、則所說之教義無盡、故用之次宜判教義之大小權實。已上五重。就法華經釋之。則與咸之法華撮要曰、「此經乃以法譬爲名。實相爲體。一乘因果爲宗。斷疑生信爲用。無上醍醐爲教相。」

【玄義分】（書名）唐善導作觀無量壽經疏四卷、於經題之下譚一經之深義、稱爲玄義分。

【玄道】（術語）玄妙之道。佛道之通稱。

【玄路】（術語）玄妙之道路。謂眞理也。阿毘達磨心論慧遠序曰、「於三觀則觀玄路之可遊。」不應拜俗等事五謝祐書曰、「凝心玄路投迹法門。」玄中銘序曰、「寄鳥道向寥空以玄路而該括。」

【玄綱】（術語）謂幽玄之法義大綱。行持鈔上之一曰、「紐既絕玄綱樹已顚大表。」

【玄策】（人名）六祖慧能大師得法弟子也。傳燈錄五曰、「婺州玄策禪師者。婺州金華人也。出家遊方。師曹溪六祖。後却金華大開法席。」

【玄談】（術語）講經論。先於文前分別一經之深義。謂之玄談。與玄義同。如華嚴玄談是。又以名總論佛教之玄理者。如十玄談是。又玄者懸也。懸談後事也。觀經序分義曰、「玄談未標得處。」

【玄德】（術語）玄妙之功德。行宗記一上曰、「神用難思。故云玄德也。」

【玄學】（術語）玄妙之學問。佛學之通名。

【玄導】（術語）玄妙之化導。唯識樞要上本曰、「終期既漸奄絕玄導。」

【玄應】（人名）唐京師沙門。頗精字義。造一切經音義。但無詳細之紀傳。續高僧傳三十（智果傳附）僅記曰、「京師沙門玄應者。亦以字學之富。皂素所推。通造經音甚有科據矣。」又（術語）幽玄之感應與冥應冥加等同。

【玄應音義】（書名）二十五卷。唐釋玄應撰。卽一切經音義也。四庫未收書目提要曰、「釋智昇開元釋教錄稱玄應以貞觀之末。捃拾藏經。爲之音義。注釋訓解。援引群籍。證據卓明。云云。案齊沙門釋道惠。爲一切經音義。宋高僧傳云、唐釋惠琳。爲大藏音義一百卷。二書今皆不傳。是編唐書藝文志著錄。名衆經音義。此從釋藏本刊印。其中所引羣籍。如鄭康成尙書注、論語注、三家詩、賈逵服虔春秋傳注、李巡孫炎爾雅注。以及倉頡三倉、葛洪字苑、字林、聲類、服虔通俗文、說文音隱。多不傳之秘冊。玄應通曉儒術。著書該博。惟昧漢人之通轉假借。泥後代之等韻。是其所短也。」餘見一切經音義條。

【玄關】（術語）出入玄旨之關門。頭陀寺碑曰、「玄關幽鍵。感而遂通。」白居易詩曰、「無勞別修道。卽此是玄關。」碧巖八十八則垂示曰、「當機敲點。擊碎金鎖玄關。」普燈錄十七曰、「玄關大啓。正眼流通。」

【玄鏡】（書名）華嚴法界玄鏡之略稱。

【玄贊】（書名）具名法華經玄贊。慈恩著。解法華經。

【玄覺】（人名）唐玄覺。字明道。溫州永嘉人。初精天台之止觀。常修禪觀。後至曹溪。一宿而契旨。有一宿覺之名。還永嘉。學者輻輳。號爲眞覺大師。著證道歌並永嘉集。先天二年寂。勅謚無相大師。見宋僧傳八傳燈錄五。

【玄籍】（術語）玄妙之典籍。通名佛經。注維摩經序曰、「至韻無言而玄籍彌布。」行事鈔下四曰、「創染玄籍。標心處遠。」資持記下四之一曰、「玄籍通目佛敎。」

【玄籤】（書名）法華玄義釋籤之略稱。荊溪著。

【玄覽】（術語）深見其理也。止觀一上曰、「今人意鈍玄覽則難。」同輔行曰、「以慧內照故云玄覽。」

【玄鑑居士】（人名）印度人。爲護法菩薩之檀越。常給侍之。菩薩沒後、護持其所著唯識之釋論。授之玄奘三藏。見唯識樞要上本。

【目支隣陀】（異類）Mucilinda又作目脂鄰陀、目眞鄰陀、目鄰、母眞隣那、母止隣那、文眞隣陀。龍王名。譯爲解脫。聞法而脫龍苦、故名。住於金剛座側之池中。及目眞鄰陀山之目眞隣陀窟。西域記八曰、「帝釋化池東隣中有目支鄰陀龍王池。其水淸黑。其味甘味。西岸有小精舍。中作佛像。昔如來初成正覺。於此宴坐。七日入定。時此龍王警衞如來。即以其身繞佛七匝。化出多頭。俯垂爲蓋。」慧琳音義十二曰、「正音母止鄰那。此云脫。」

【目支隣陀龍池】（地名）在摩竭陀國金剛座之側。見前條。

【目多伽】（術語）伊提目多伽Itivrtaka之畧。但目爲曰之誤。參照十二部經條。

【目足】（譬喩）譬智於目。比行於足也。智度論八十三曰、「譬如熱時淸涼池。有目有足皆可入。」法華玄義二一曰、「智爲行本。因智目起於行足。」同四曰、「智目行足到淸涼池。」止觀五曰、「齊明相賴。目足相資。」

【目足仙】（人名）Akṣapāda 因明派之開祖。

【目佉】（雜名）Mukha 譯曰口、面、面門。探玄記三曰、「依梵語稱面及口幷門悉名目佉。」梵語雜名曰、「面母穬。」

【目眞隣陀】（異類）見目支隣陀條。

【目眞隣陀山】（地名）Mucilinda又作目隣山。龍王名。取所住之龍王以名山也。玄應音義二十一曰、「目脂隣陀山。舊言目眞隣陀。或作牟眞隣陀。此云脫也。」慧苑音義下曰、「目眞或作牟眞。此云解脫。是龍名也。隣陀此云處。謂有龍於此窟中因聞法解脫龍苦。故名解脫處窟。」

【目犍連】（人名）Mahāmaudgalyāyana又名目乾連。見摩訶目犍連條。

【目竭嵐】（雜名）鈎棓枰劍矛索之類。見慧琳音義三十六。梵Mudgara

【目連】（人名）摩訶目犍連之略。

【目連問經】（經名）犯戒罪輕重經之異名。

【目連所問經】（經名）一卷，宋法天譯，爲目連問經之新譯，問答犯戒之罪報者。犯戒罪輕重經之異譯，然安樂集上樂邦文類一、往生要集上末等，舉此經名引無眼人無耳人之語，檢經無此文，按大周刊定疑經目錄有摩訶目連經一卷，卽此本歟，但當世之藏者削疑經，故無由檢之，引用疑經，諸師之例甚多，見僞經條。

【目機銖兩】（雜語）一見而分銖兩之微，言人之機敏也。碧巖錄第一則垂示曰：「舉一明三，目機銖兩。」方語曰：「一見卽知輕重」。

【甲刹】（雜名）十刹之外，甲於禪刹者。象器箋一曰：「支那甲刹，有龍朔山集慶寺，華嚴山顯報寺等，不得盡錄。日本甲刹有平安山佛心寺，靈龜山景德寺等，不得盡錄。」

【甲胄印】（印相）先以二手合掌，當心，卽以二頭指附於二中指之背，並竪二大指捻二中指之中節。

【甲胄嚴印明】（眞言）略出經一曰：「若欲便轉，卽作甲胄契，莊嚴己身，卽誦此密語唵砧（如如等同大空），以此密語擁護己身，其契法以止觀二羽各結金剛拳，申進力度（左中頭指），於力度（右頭指）頭想[梵字]字，於進度頭想[梵字]砧字，於其心上結，以進力度三相遶之，如繫甲狀，又移置背，復至臍腰處，繞膝，咽喉，顯額，頸前，頂後，皆三繞，如繫甲狀，卽便垂下，從檀慧度（左小指）次第解散，猶如天衣，至心卽止。」

【甲馬】（雜名）天香樓偶得曰：「俗於紙上畫神佛像，而祭賽之，謂之甲馬，以此紙爲神佛憑依，似乎馬也。」武林舊事曰：「有印馬作坊。」案今之甲馬，紙上竟繪一馬。

【申日】（人名）譯曰首寂，長者名，見玄應音義八。

【申日經】（經名）一卷，西晉竺法護所譯，月光童子經之異名，又宋求那跋陀羅所譯申日兒本經之略名。

【申日兒本經】（經名）一卷，劉宋求那跋陀羅譯，此經與月光童子經共記德護長者經所說月光童子之事。

【申河】（地名）唐書西域傳注曰：「玄奘紀之尼連禪河，今爲申河矣。」

【申毒】（地名）Sindhu又作身毒，賢豆，印度之古稱也。

【申兒本經】（經名）申日兒本經之略名。

【申怒林】（地名）見申瑟知林條。

【申瑟知林】（地名）Yaṣṭi-vana又作申恕林，申怒波林，杖林名，竹杖外道於此量佛之身量。釋迦方誌下曰、「申瑟知林。言杖林也。滿山谷昔有人以丈六竹杖量佛。而恆出杖表因投杖去遂生根被山。」玄應音義十八曰、「申怒亦言申恕波此譯云實森。謂貞實也。」

【申頭羅】（雜名） 作飛行空中之幻者。央掘魔羅經二注曰、「申頭羅者外國幻人戲空中來去往反。」Sindūra

【央仇魔羅】（人名） 見央掘摩羅條。

【央掘】（人名） 央掘摩羅之略。

【央掘經】（經名） 央掘摩羅經之畧。見央掘摩羅條。

【央崛產難】（公案） 禪之公案。殃崛摩羅入城托鉢到一長者家、值其婦產難。長者告曰沙門是佛弟子、有何方便救我家產難。殃崛返白佛以佛教使子分娩。見會元一。

【央掘摩羅】（人名） Aṅgulimālya 舊稱央掘摩羅、央仇魔羅、央崛鬘。新稱鴦崛利摩羅、鴦窶利摩羅。譯曰指鬘。佛陀在世時、住於舍衛城者。信奉殺人為得涅槃。因此邪說、出市殺害九百九十九人、切取各人之指、戴於首為鬘、第千人欲害其親生之母、佛憐愍之、為說正法、郎改過懺悔而入佛門、後得羅漢果。西域記六曰、「鴦崛利摩羅。唐言指鬘。舊曰央崛摩羅、訛也。室羅伐悉底之凶人也。殺人取指。冠首為鬘。」經律異相十七曰、「殺害人民。各取一指。用作華鬘。以是故、名曰鴦崛鬘。」賢愚因緣經八曰、「鴦仇魔羅。晉言指鬘。周行斬害。列七日。頭方九百九十。惟少一指。時欲害母。後佛度之。」止觀二之四曰、「央掘摩羅彌殺彌慈。」又名為一切世間眼。見鴦掘經。

【央崛摩羅經】（經名） 說佛濟度央崛摩羅之事。大乘部攝、劉宋求那跋陀羅譯。四卷。

【兄弟】（雜語） 禪林之語。自少壯居於叢林諳熟清規者、曰山中之兄弟。反於晚達之人。又法中同門之總稱也。見象器箋五。

【田衣】（術語） 袈裟之異名。以袈裟割截作田畔之相也。佛祖統紀三十七曰、「梁武帝服田衣。北面敬禮。受具足戒。」見田相衣條。

【田相衣】（術語） 袈裟之竪橫割截而不縫綴、似田畔者、名田相衣。釋氏要覽上曰、「僧祇律云。佛住王舍城帝釋石窟前經行。見稻田畦畔分明。語阿難言。過去諸佛衣相如是。從今依此作衣相。」

【㘞】（雜語） 物機出力之聲。碧巖十則着語曰、「㘞」字彙曰、「㘞胡臥切進船聲」種電鈔曰、「玉篇牽船聲。今就騎虎出力伎勢也。」

【旦望】（雜語） 月初朔日曰旦、十五日曰望。

【旦過僧】（雜名） 宿泊於旦過寮之

僧謂行脚之禪僧也。

【旦過寮】（堂塔）謂禪林行脚僧之宿泊處也。夕來宿過旦去之義也。遊方之人到某寺則先解打包入旦過寮憩息、然後與師家相見。見象器箋二。

【回忌】（雜語）爲死者回來之一定忌日。如三回忌七回忌等。

【由旬】（雜語）Yojana又作俞旬、揄旬、由延、或踰闍那。新稱踰繕那。爲計里程之數目。帝王一日行軍之里程也。或云四十里、或云三十里。西域記二曰「夫數量之稱、謂踰繕那。舊曰由旬、又曰踰闍那、又曰由延、皆訛略也。踰繕那者自古聖王一日軍行也。舊傳一踰繕那四十里矣。印度國俗乃三十里。聖教所載惟十六里。窮微之數、分一踰繕那爲八拘盧舍。拘盧舍者謂大牛鳴聲所極聞。稱拘盧舍。分一拘盧舍爲五百弓。分一弓爲四肘。分一肘爲二十四指。分一指節爲七宿麥。」玄應音義二曰、「俞旬。又作由旬。或作由延。又作踰闍那。皆訛也。此言踰繕那。此譯云合也。應也。計合應爾許度量、同此方驛邏也。」有部百一羯磨三曰、「言踰繕那者、既無正翻。義當東夏一驛可三十餘里。舊云由旬者訛略。若准西國俗法。四俱盧舍爲一踰繕那。計一俱盧舍可有八里、卽是當其三十二里。若准內教、八俱盧舍爲一踰繕那。一俱盧舍有五百弓。弓有一步數。准其步數纔一里半餘。將八倍之當十二里。此乃不充一驛。親驗當今西方踰繕那可有一驛。故今皆作一驛翻之。遮無遠滯」。註維摩經六「肇曰。由旬天竺里數名也。上由旬六十里、中由旬五十里、下由旬四十里也」。一指節者、橫大母指而取其厚量也。又一肘者、自肘之本端至中指之末也。惠運之俱舍記曰、「一肘者、自肘本端至中指末也。一尺八寸」。智證之雜記曰「橫大母指而取其厚、以爲一指也」。俱舍論十二曰、「贍部洲人身多長十三肘半。於中少分有長四肘」。積算此指節之量可知由旬之度）

【由延】（雜語）Yojana見由旬條。

【由乾】（雜名）由乾陀羅之略。山名。

【出入板】（物名）禪林、僧堂中聖僧龕之左右爲出入板。以分前後堂。前堂首座領前堂之大衆。後堂首座領後堂之大衆。見象器箋一。

【出三藏記集】（書名）十五卷。梁僧祐撰。列記經律論三藏之經目及翻譯之同異序跋等。

【出世】（術語）謂如來之出現於世也。金剛三昧經一曰、「佛言善男子。汝能問出世之因。欲化衆生。令彼衆生獲得出世之果。是一大事不可思議」。賢愚經八曰、「如來出世實復奇特。令一切衆生皆獲利益」。心地觀經七曰、「諸佛子等。應當至心求見一佛及一菩薩。如是名爲出世法要。」金剛三昧經一曰、「令彼衆生獲得出世果。」智度論一曰、「一人出世多人蒙慶。」因智德兼備、所作已辦後隱退長養之人、一旦人天推轂、住於大小寺院、謂爲出世。蓋比之佛世尊之出現於世也、此宜訓爲出於世之義。因超出世間、入於涅槃、謂之出世。再如出家出塵等、超出世間以修淨行、謂之出世。

【出世間】（術語）對於世間之稱。一切生死之法、爲世間、涅槃之法、爲出世間。即苦集二諦、世間也。滅道二諦、出世間也。法華經譬喩品曰、「開示演說出世間道。」起信論曰、「用大能生一切世間出世間善因果故。」勝鬘經曰、「世間出世間善法。」

【出世心】（術語）謂無漏心也。唯識論二曰、「亦薰本有無漏種子令漸增盛。展轉乃至生出世心故。」

【出世舍】（術語）寺院十名之一。出離世俗人之住處也。見僧史略上。

【出世果】（術語）涅槃也。金剛三昧經一曰、「令彼衆生獲得出世果。」

【出世服】（衣服）袈裟十二名之一。

【出世部】（流派）與出世說部同。

【出世智】（術語）無漏之聖智也。清涼玄談五曰、「世出世智依如來藏。」

【出世業】（術語）出離世間之淨業也。

【出世禪】（術語）三種禪之一。

【出世大事】（術語）佛出生於世之大因緣也。惡業之凡夫、常沒常流轉、無有出離之緣者、由佛加被力、遂得成佛之大因緣也、不外乎佛爲成就之而生於世也。

【出世五食】（術語）見食條。

【出世本懷】（術語）釋迦如來出興於娑婆世界之本意也。聖道門諸家以法華之開權顯實開迹顯本爲出世之本懷。因法華經方便品言「諸佛世尊。唯以一大事因緣故出現於世。」故也。又淨土門諸師以無量壽經念佛往生爲出世之本懷。因無量壽經言「如來以無蓋大悲矜哀三界。所以出興於世、光闡道教。欲拯群萌、惠以眞實之利。無量億劫難値難見。猶靈瑞華時時乃出。」故也。愚案佛之教門有二種。一智慧門、二慈悲門、一攝上智。一度下愚。法華之本懷、在於智門。念佛之本懷、存於悲門。

【出世說部】（流派）小乘十八部之一、說出世部之舊譯名也。宗輪論述記曰、「眞諦法師云出世說者、隨順梵言。於此便倒。」

【出世間法】（術語）與出世間道同。

【出世間智】（術語）三智之一。

【出世間道】（術語）出離有爲迷界之道。與菩提道同。毘婆沙論曰、「轉世間道。入出世間道。但樂敬佛。得功德處。得六波羅蜜果報」

【出世間檀】（術語）二檀之一。以有漏煩惱之心布施也。

【出世間說部】（流派）與出世說部同。

【出世間語言部】（流派）與出世說部同。

【出世間上上智】（術語）三智之一。

【出生】（飲食）生飯之異名。出衆生食之略。自我飯中出他衆生食之義也。見生飯條。

【出生義】（經名）金剛頂瑜伽三十七尊出生義之略名。

【出生菩提心經】（經名）一卷。隋闍那崛多譯。說發菩提心之功德、四攝法及天行梵行聖行。後說破魔衆會陀羅尼。

【出生無量門持經】（經名）一卷。東晉佛陀跋陀羅譯。與一向出生菩薩經同本。持經之持、爲陀羅尼之翻名。

【出生無邊門陀羅尼經】（經名）同名二部。一唐智嚴譯、一卷。一唐不空譯、一卷。冠佛說之二字。皆與一向出生菩薩經同本。與次項同。

【出生無邊門陀羅尼儀軌】（經名）一卷。唐不空譯。

【出生一切如來法眼遍照大力明王經】（經名）一卷。趙宋法護譯。此明王能出生一切如來法眼遍照法界之大力。故名明王者、陀羅尼之德名也。經中說陀羅尼、及壇法也。

【出出世間】（術語）超出出世間之法也。三分菩薩之十地爲三世間。五教章上曰「如本業經仁王經及地論梁攝論等中以初二三地寄在世間。四地至七地寄出世間。八地已上寄出出世間。於出世間中。四地五地寄聲聞法。第六地寄緣覺法。七地寄菩薩法。八地已上寄一乘法。」

【出出世一乘法】（術語）稱讚唯佛一乘超出於二乘三乘之出世間而言。五教章上曰、「四衢別授大白牛車者。此在出世上。故是出出世一乘法。」

【出見】（術語）此道必得出離之妄見也。歸敬儀中曰、「還執出見。猶承愛種。」

【出佛身血】（術語）五逆罪之一。

【出定】（術語）出禪定也。觀無量壽經曰、「出定入定、恒聞妙法。行者所聞、出定之時、憶持不捨。」

【出乳光經】（經名）乳光經之別名。

【出到菩提】（術語）五種菩提之一。見菩提條。

【出要】（術語）出離生死之要道也。地藏十輪經六曰、「三乘要道四聖諦等相應正法。」十地義記四本曰、「出要者。謂果爲出因爲要道」行事鈔上一曰、「慕存要道。無染於世。」止觀七曰、「如救頭燃。以求出要。」

【出胎】（雜語）與降生同。

【出家】（術語）梵名波吠儞野、Ar-anyaka出離在家之生活修沙門之淨行也。維摩經弟子品曰、「我聽佛言父母不聽不得出家。」同方便品曰、「維摩詰言然汝等便發阿耨多羅三藐三菩提心是即出家。」釋氏要覽上曰、「毘婆沙論云家者是煩惱因緣夫出家者爲滅垢累故宜遠離也。」梵語維名曰「出家波吠儞耶」

【二種出家】（名數）一身出家、小乘之比丘大乘之菩薩僧是也。二心出家、大乘之菩薩居士是也。如維摩賢護等。

【四類出家】（名數）一身出家心不出家、身參法侶、心猶顧戀。二身在家心出家、雖受用妻子而不生耽染。三身心俱出家、於諸欲境心無顧戀。四身心俱不出家、受用妻子深生耽染。見法蘊足論。

【出家四願】（故事）釋迦如來初欲出家而發四願、一願濟衆生困厄、二願除衆生惑障、三願斷衆生邪見、四願度衆生苦輪。見普曜經四。

【出家樂】（術語）五種樂之一。見樂條。

【出家二戒】（名數）一十戒、二具足戒。此二種戒共爲不婬戒故名出家戒。見戒條。

【出家入道】（術語）出恩愛之家入菩提之道也。心地觀經四曰、「發菩提心捨離父母出家入道。」遺教經曰、「出家入道之人爲解脫故自降其身而行乞。」出家入道本爲同一人之事。後世分爲二者入寺爲僧曰出家。在家剃頭着衣者曰入道。

【出家緣經】（經名）一卷。後漢安世高譯。爲難提優婆塞說犯五戒之罪及飮酒之三十五過。

【出家功德經】（經名）一卷。失譯。佛聞鞞羅羨那王子之音樂、記彼七日命終。使阿難勸其一日一夜出家命終之後、七返生於六欲天。當得辟支佛道。阿難因問放人出家之福與障人出家之罪佛具答之。

【出家因緣經】（經名）出家緣經之異名。

【出家阿闍梨】（術語）五阿闍梨之一。見阿闍梨條。

【出家授近圓羯磨儀軌】（經名）一卷。元拔合思巴集記受具足戒之作法。

【出息】（術語）呼出之息也。止觀七曰、「風氣依身名出入息。此息還謝出不保入。」同輔行七曰、「有一比丘言出息不保入息。佛言是名精進善修無常。」往生要集上末曰、「經言出息不待入息入息不待出息。」

【出息不待入】（雜語）言無常迅速也。輔行七之三引智度論曰「有一比丘言、出息不保入息。佛言是名精進善修無常。」

【出陣】（雜語）禪家出於衆而問話曰出陣、終曰入陣。蓋取法戰之義也。楊岐會和尚錄曰、「一日七人新到、師問陣勢既圓、作家戰將何不出陣與楊岐相見」

【出現】（術語）佛菩薩自實身現化身出於世也。法華經方便品曰、「諸佛世尊。唯以一大事因緣故出現於世」

【出假行】（術語）菩薩固意起假觀、而認差別相化益衆生也。與從空出假觀同。

【出深功德經】（經名）觀普賢菩薩行法經之異名。

【出隊】（雜語）禪門、住持率大衆之隊出外勸化財糧曰出隊。見象器箋十二。

【出隊上堂】（儀式）住持出隊歸而上堂也。

【出隊迦提】（行事）迦提者安居竟之月名。支那僧衆夏安居畢、持花鳴鐃而行道曰出隊迦提。出隊者出衆隊之義。僧史畧上曰、「又此土夏安居畢。僧衆持花執扇吹貝鳴鐃引而雙行。謂之出隊迦提。（取迦提月名也。）」暹羅於此月國王整鹵簿詣諸寺、衆庶群參謂之迦提。

【出期】（術語）出離生死苦之期限也。無量壽經下曰、「數千億劫無有出期。痛不可言」行事鈔上三曰、「行者破戒之人功德無量遠有出期。不受戒者隨流苦海永無解脫。」

【出無量門持經】（經名）阿難陀目佉尼呵離陀經之異名。

【出聖】（術語）出世之聖道也。歸敬儀中曰、「但出聖道無始末經。」

【出道】（術語）出離世間入於涅槃之道也。遺教經曰、「汝等比丘常當一心勤求出道。」

【出愛王】（人名）優塡王也。西域記五曰、「鄔陀衍那王唐言出愛。舊云優塡王、訛也。」

【出障圓明位】（術語）佛果也。無煩惱障亦無所知障。離脫二障而知慧圓滿、心鏡明朗故名。

【出像大悲懺法】（經名）千手千眼大悲咒行法之異名。

【出塵】（術語）出離煩惱之塵垢也。四十二章經曰、「透得此門出塵羅漢」

【出慧】（術語）出離生死之妙慧也。佛地論二曰、「得能出離生死妙慧、故名出慧。」

【出離】（術語）出離生死證入於涅槃也。華嚴經五曰、「調伏衆生令究竟出離。」心地觀經四曰、「深著世樂不樂出離」仁王經中曰、「天人俱修出離行。能習一切菩薩道。」佛地論五曰、「言出離者、卽是涅槃。」

【出曜經】（雜名）二十卷。尊者法救造。姚秦竺佛念譯。出曜者、十二部經中第六部之名也、舊名譬喩。以本經自說第六之出曜經。故題曰出曜經。出曜經四曰、「六者出曜。謂從無常（本經之第一品）至梵志（本經之最後品）採衆經要義。演說布現。以訓將來。故名出曜。」

【出曜論】（書名）出要經之異名。

【出纏眞如】（術語）在纏眞如之對。二眞如之一。見眞如條。

【出體】（術語）出諸法之體也。

【法相宗四重出體】（術語）護法、勝子、親光之法相家、凡出諸法之體、有四重、此原為出佛說之敎體而分別者、然其他如何之法、亦得通用之。一攝相歸性體、二攝境從識體、三攝假從實體、四體用別論體。是雖為勝劣之次第。然說明之、則宜逆次而依淺深之次第。一體用別論體。一切之事物、依一往所見。則事體作用各為差別、故卽其差別論之而出體、謂為體用別論體。例如舉一管之筆、問筆以何為體、答以筆為毛為竹、卽體用別論也。二攝假從實體。就第一重之出體、更疑其毛與竹為何、卽答之為第二重、攝假從實者、攝假法使歸於實法、就其實法而出體也。例如言筆之體為四塵之法、是雖曰毛曰竹、而皆為四塵上所安立之假法、故使其假法歸於四塵之實體、舉四塵而為其體也。三攝境從識體。又曰攝境從心。於第二重之答更問四塵之體為何、卽答之為第三重。攝境從識者、攝一切所緣之境、使歸於能緣之心識、舉其心識而為事物之本所也。何則、以萬法唯識故也。例如言四塵之體是為識。四攝相歸性體。於第三重更疑心是何體、卽答之、為第四重。攝相歸性者、攝一切有為之事相、使歸於唯一無為之眞性。舉其眞性而為實體也。例如言識之實性、是為眞如。此以眞如為一切有為法之所依性故也。此時不宜更問眞如以何為體、何則、以眞如為眞實之法故也。眞實之法、無所依之法、若更有所依之體、則是假法而非實法也。故無第五重。見義林章一本、唯識述記一本。

【華嚴宗四門出體】（術語）一隨相門、如前之體用別論體。二唯識門、如前之攝境從識體。三歸性門、與前之攝相歸性體相當。但彼不許眞如隨緣而成為諸法、故假令謂為攝事相而歸於眞性、亦唯以能依歸於所依而已、其實不得謂有為之事相卽為眞如也。今立眞如緣起、成為諸法、則諸法卽為眞如之體、如波卽水。四無礙門、一切差別之事相、悉由無差別之眞性緣起、故所起之萬法如其性、圓融相卽、而事事無礙也。以一法一切法為體、以一切法一法為體、是曰無礙門。見起信論義記上。

【氷揭羅】（天名）又作氷伽羅。訶哩底母（鬼子母神）愛子之名。又曰氷揭羅天童子。新曰畢哩孕迦。愛子成就法曰、「其母左手於懷中抱一孩子名畢哩孕迦。極令端正。（中略）時歡喜母復白佛言、世尊、我今復說愛子畢哩孕迦陀羅尼法。爲利益護持諸有求者。（中略）我今復說畢哩孕迦刻像法。取白旃檀香木無瑕隙者。長六指或一磔手。令巧匠影作童子形。頂上有五朱紫髻子。相好圓滿。以種種瓔珞莊嚴其身。於荷葉上交脚而坐。右手掌吉祥果作與人勢。左手揚掌向外垂展五指。此名滿願手。」氷揭羅天童子經曰、「造像法。其像用白檀香木長六指作童子形狀。左手把果。右手垂作滿願掌向外。置道場中。作種子飲食乳粥香花供養。」孔雀王咒經上曰、「氷伽羅梁言蒼色。」大孔雀經中曰、「此云青色。」梵Piṅgala.

【氷揭羅天童子經】（經名）一卷、唐不空譯。說氷揭羅天童子念誦之法。

【氷想】（術語）堅氷之觀想也。觀無量壽經曰、「見水澄淸、亦令明了、無分散意。既見氷已、當起氷想。見氷映徹、作瑠璃想。」

【皮可漏子】（譬喩）見皮殼漏子條。

【皮衣】（衣服）僧衣之異名。蓋取悉多太子入山時、着鹿皮衣之故事。瑞應經上曰、「行數十里。逢兩獵客。太子自念我已棄家。在此山澤。不宜如凡人被服寶衣有欲態也。乃脫身寶裘與獵者貿鹿皮衣。（中略）車匿悲泣。隨路而啼。顧視太子。已被鹿皮衣。」異出菩薩本起經曰、「太子行十數里。道逢獵者。太子曰。我欲從汝有所償。寧可得耶。獵者言。所索者可得。太子曰。欲得君鹿皮。獵者卽以皮與太子。太子亦以珍物與之。」

【皮革犍度】（術語）Carmavastus-khanda 四分律所說二十犍度之一。明皮屐、皮臥具等之制戒者。

【皮紙】（物名）以身之皮爲紙而書經文也。宗鏡錄二十六曰、「皮紙骨筆、纖寫受持。」

【皮袋】（譬喩）言人畜之身體也。趙州錄下曰、「僧問狗子還有佛性無。州曰有。僧曰。既有爲什麽撞入這個皮袋。」

【皮殼漏子】（譬喩）又作皮可漏子。殼可音通。殼者卵㲉也。比人之身、骸漏者漏屎尿也。意味任運自在。又書束袋曰可漏子、或殼漏子。圓悟錄十三普說曰、「參時須參皮可漏子禪。」碧巖錄十曰、「但參皮漏子禪。」

【用大】（術語）三大之一。言眞如之體、有生一切諸法善惡因果之大作用也。起信論曰、「三者用大。能生一切世間出世間善因果故。」

【用心】（術語）使用其心也。唐華嚴經十四曰、「云何用心能獲一切勝妙功德。」

盂蘭盆經疏上曰「菩薩用心不務專己」

【用滅】（術語）對於體滅而言。諸法之滅其體非滅。體為常住恒有其作用滅也。是為諸法滅之主張。

【母主】（術語）金剛界五部、胎藏界三部、各立部主與部母。部主如國王。部母如國母。部母一曰母主。對於部主為能生之母也。秘藏記末曰「五部定母主如何。毘盧遮那佛部主源。故無母。阿閦金剛部主。金剛波羅蜜為母也。寶生寶部主。寶波羅蜜為母也。無量壽蓮華部主。法波羅蜜為母也。不空成就羯磨部主。羯磨波羅蜜為母也。據四波羅蜜出生四佛之義所立之文也。三部定母主如何。佛部金輪佛頂為主。虛空眼為母。又云佛眼也。蓮華部馬頭觀音為主。伴陀羅縛字尼是白衣觀音也。此為母。金剛部金剛手為主。又云三世勝金剛。忙麼雞為母。」

【母那摩奴沙】（術語）見母陀摩奴沙條。

【母陀羅】（術語）Mudrā 又作母捺羅、目陀羅、慕捺羅。譯曰印。或封。契約之印也。以手表示之曰結印。手印。楞嚴經二曰「汝今見我母陀羅手」梵語雜名曰「母捺羅。梵封。又印也。」

【母陀羅手】（術語）母陀羅手。亦云吉祥手。即結決定印也。

【母陀摩奴沙】（術語）母娜摩拏史也。Mṛta-manuṣya 又作母那摩奴沙。母陀譯為死。摩奴沙譯為人。即死屍也。底哩三昧經曰、「黑月八日夜。於寒林中取母那摩奴沙。坐其上念誦滿一萬徧。彼摩奴沙即動身。必不得怕。彼即開口出大開敷蓮華。即便把取。能令己身如十六童子。髮如連環。昇空遊於梵天。得大明王主。」

【母經】（術語）摩怛理迦（Mātṛkā）譯言本母。一曰母經。毘柰耶雜事三十七曰、「衆多苾芻皆持經持律持母經。」見摩怛理迦條。

【失守麼羅】（動物）見室獸摩羅條。

【失守摩羅】（動物）見室獸摩羅條。梵 Siśumāra

【失念】（術語）大乘百法中隨煩惱二十之一。使心散亂於所緣之境不能明記之心所也。唯識六曰「失念於所緣境不能明記為性。能障正念散亂所依為業。」

【失羅婆】（雜名）Śravaṇa 牛宿名。寶星陀羅尼經四曰「失羅婆（唐言牛宿）牛宿星生者。於右脛上必有兩靨。常豐爵祿。受身無病。人所愛樂。命終生天。」

【生】（術語）梵語曰惹多Jāti 有為法之現起名為生。俱舍光記五曰「於法能起彼用令入現在境名為生。」

【生一切支分印】（印相）灌頂時加持弟子身分之印也。義釋十曰「次當作生一切支分印而於弟子頂上灌之。凡灌頂時作此印。持已取瓶爲灌也。若不以此印者則法式不具也」

【生天】（雜名）四種天之一。見天條。

【生天因】（雜語）可受生於天界之因業也。釋氏要覽引業報差別經曰「具修增上十善。得生欲界散地天。若修有漏十善。以定相應生色界天。若離色修遠離身口以定相應生無色界」又引正法念經曰、「因持戒不殺不盜不婬。由此三善得生天」

【生不男】（雜名）五種不男之一。

【生不生不可說】（術語）四不可說之一。

【生支】（雜名）梵名、Linga 鴦伽社哆。Aṅga-jāta 男根也。有部百一羯磨六曰、「生支梵云鴦伽社哆。譯作生支。即是根也」

【生公】（人名）梁時高僧竺道生也。嘗講經於虎丘寺。聚石爲徒。石皆點頭。世有生公說法頑石點頭之語。

【生日大會】（行事）佛之誕生會也。有部目得迦五曰、「長者白佛。菩薩生時是何月日。佛告長者。薜舍佉月日月圓時是我生日。我今欲作生日大會。佛言應作」

【生生】（雜語）謂流轉輪廻無極也。楞嚴經三曰、「生死死生。生生死死。如旋火輪。未有休息」

【生生不可說】（術語）四不可說之一。

【生田】（譬喩）人生如禾穀。乍生乍穫。轉轉不已。謂爲生死之田地。三界流轉之地也。寄歸傳二曰「控制生田」

【生死】（術語）一切衆生惑業所招、生者死。死者生也。楞嚴經三曰「生死死生。生生死死。如旋火輪」秘藏寶鑰上曰、「生生生生暗生始。死死死死冥死終」僧伽吒經四曰、「佛言善男子。識滅名死。福德因緣識起名生」成實論七曰、「現在世中初得諸陰名生。亦說五陰退沒名生」

【二種生死】（名數）一分斷生死、諸有漏善不善之業。由煩惱障助緣所感之三界六道果報也。其身果報有分分段段之差異。故曰分段。具見思惑之一切凡夫是也。二不思議變易生死、諸無漏之善業。依所知障助緣所感之界外淨土果報也。爲斷見思惑之阿羅漢以上聖者之生死。不思議者以業用之神妙不測而名。變易者無色形之勝劣壽期之短長。但迷想漸滅。證悟漸增。此迷悟之遷移。謂之變易。(已上台家之義。)又聖者改易分段之身而得不可思議殊妙之好身、故曰變易(已上法相之義)又心神念念相傳而前後變易。故名變易。又諸聖所得之法身神化自在、能變能易。故名變易。(已上三論之義。)唯識論就變易生死舉三名。一不思議變易生死。二意成身。三變化身。此變易生死、據法相之義、智增之菩薩於初地以上受之、悲增之菩薩於八地以上受之。云台家以四土中之方便土、爲變易身之所居、藏通二敎之無學果及別敎之第七住巳上初地巳下菩薩、並圓敎之第七信初住巳下菩薩受此生死。云勝鬘經於此二者、又名有爲生死、無爲生死。凡夫起有漏之諸業、感有爲之果、故名有爲。聖人起有漏之諸業不受有爲分段之報、故名無爲。勝鬘經曰「有二種死。（中略）謂分段死、不思議變易生死。」行宗記一上曰「一曰分段、三乘共亡。二曰變易、唯佛永盡。」唯識論八曰、「三界麤異熟果。身命短長。隨因緣力有定齊限。故名分段。（中略）殊勝細異熟果。由悲願力改轉身命。無定齊限。故名變易。（中略）妙用難測名不思議。或名意生身。隨意願成就故。（中略）亦名變化身。無漏定力轉令異本如變化故。」

【三種變易生死】（名數）一微細之生滅、念念遷異、前變後易。名爲變易。變易是死名爲變易。此通於凡聖。二無漏業所得之法身、神化無礙。能變能易、故名變易。變易化死、名爲變易。此通於大小。三眞證之法身、隱顯自在、能變能易、故曰變易。變易非死、但此法身未出生死、猶爲無常死法、所隨變易身上有其生死。名爲變易。變易、此唯在於大乘。雖有三義、而勝鬘經所明者、以第一爲宗。見大乘義章八。

【四種生死】（名數）梁攝論十明四種生死。一方便生死、二因緣生死、三有有生死。四無有生死。同十四說有七種生死、而不列其名。但言四種生死爲七種中之前四者、諸師無異論。後三者、諸師多異釋。見「次條」。

【七種生死】（名數）諸說不同、梁攝論十四曰、「如來報障清淨、由除七種生死。」而同十卷明四種生死。謂一方便生死、菩薩爲利生之生死也、於地前及初三地感之、滅之而入於四地。二因緣生死、八相示現之生死也、於四五六地感之、滅之而入於七地。三有有生死、有後有也、於七八九地感之、滅之而入於十地。四無有生死。十地之所感也、滅之而入於如來地。七種之中、解此四種。他三種名釋皆無。然顯識論以三界之分段生死爲三種生死。加於前之四種生死爲七種生死。台家別由攝論宗末師之釋、解七種生死。輔行七曰、「一分段生死、三界之果報也。二流來生死、迷眞之初也。三反出生死、背妄之初也。四方便生死、入於涅槃之二乘也。五因緣生死、初地之變易也。六有後生死、十地之變易也。七無後生死、金剛心也。」

【十二品生死】（名數）一無餘死、阿羅漢也。二度於死、阿那含度欲界之死也。三有餘死、斯陀含往還於欲界之人天也。四學度死、須陀含之見道諦也。五無數死、八忍八智之人也。六歡喜死、學禪一心之人也。（念佛一心之人亦是也。七數數死、惡戒之人也。八悔死、凡夫也。九橫死、孤獨窮苦之人也。十縛苦死、畜生也。十一燒爛死、地獄死也。十二飢渴死、餓鬼也。見十二品生死經。

【生死岸】（譬喻）生死海之此岸也。涅槃爲生死海之彼岸。增一阿含經三十九曰、「梵志不明曉、猶涉生死岸。」

【生死泥】（譬喻）生死者衆生沈溺之處、故以泥譬之。俱舍論一曰、「生死泥者、由彼生死、是諸衆生沈溺處故、難可出故。所以譬泥。」

【生死流】（譬喻）生死能使人漂沒、故名爲流。無量壽經下曰、「設滿世界火、必過要聞法、要當成佛道、廣濟生死流。」

【生死海】（譬喻）生死無邊際、有如大海也。止觀一曰、「動法性山、入生死海。」

【生死淵】（譬喻）以生死使人沈沒、故比之於深淵也。增一阿含經六曰、「渡流成無漏、以渡生死淵。」

【生死野】（譬喻）生死廣漠、故比之於野。止觀五曰、「此牢堅足越生死野。」

【生死雲】（譬喻）生死之盲昧比之於雲霧。無量壽經下曰、「慧日照世間、消除生死雲。」

【生死園】（譬喻）生死界爲凡夫好遊之所、又爲菩薩遊化之所、猶如園觀、故名爲園。往生論註下曰、「示應化身、迴入生死園煩惱林中、遊戲神通。」法華經譬喻品曰、「常處地獄、如遊園觀。」

【生死際】（術語）對於涅槃際之稱。生死涅槃之二際、無二無別也。見二際條。

【生死縛】（譬喻）羂網緊縛人、故曰縛。最勝王經二曰、「一切衆生於有悔生死羂網堅牢縛。」敎行信證行卷曰、「解一切生死縛。」

【生死輪】（譬喻）三界六道之生死、爲載人運轉之車輪、故曰生死輪。智度論五曰、「生死輪載人、諸煩惱浩業大力自在轉、無人能禁止。」止觀輔行曰、「業相是能運、生死是所運、載生死之輪、名生死輪。」毘奈耶雜事三十四曰、「於寺門屋下畫生死輪。」

【生死長夜】（譬喻）生死如夢、故譬之於長夜。唯識論七曰、「未得眞覺、常處夢中、故佛說爲生死長夜。」

【生死事大】（雜語）六祖壇經曰、「永嘉玄覺禪師曰、生死事大、無常迅速。」

【生死解脫】（術語）出離生死而入於涅槃也。

【生死卽涅槃】（術語）煩惱卽菩提、生死卽涅槃、是大乘之通談也。然諸敎各異其卽之義。見卽條及煩惱卽菩提條。大集經九十曰、「常行生死卽涅槃、於諸欲中實無染。」

【生死智證明】（術語）三明之一。

【生死變識經】（經名）見正經之異名。

【生老病死】（術語）四苦也。見苦條。

【生老病死苦】（術語）五苦之一。見苦條。

【生有】（術語）四有之一。見有條。

【生色】（雜名）金之異名也。見生像條。

【生因】（術語）生果之因種也。如草木之種爲草木之因。

【生地經】（經名）菩薩生地經之略名。

【生行三昧】（術語）百八三昧之一。

【生佛】（雜名）生活之佛也。釋門正統三曰、「時優塡王。不堪戀慕。鑄金爲像。聞佛當下。以象載之。仰候世尊。猶如生佛。」又（雜語）衆生與佛陀也。

【生佛一如】（術語）又曰生佛一體、生佛不二等。生者、迷之衆生。佛者、悟之佛陀。一如者、無差別之義也。或曰凡聖一如。謂爲迷悟不二。亦同。卽煩惱卽菩提、生死卽涅槃之意也。寶積經曰、「衆生如卽如來如。如來如卽衆生如。衆生如來無二無別。」不增不減經曰、「衆生界卽法身。法身卽衆生界。此二法者義一名異。」華嚴經曰「心佛及衆生是三無差別。」涅槃經曰「一切衆生悉有佛性。」寶篋經曰、「佛界衆生界。一界無別界。」卽是實大乘之通談也。但說義有左右。或謂法有性相。攝相歸於性。故爲生佛不二。是相宗之意也。唯識述記一本曰、「攝相歸性。皆如爲體。故經說言一切亦如。至於彌勒亦如。」或謂法者俗有眞空。生佛之異、俗諦上假名之差別而已。眞諦之法性。衆生性空、佛陀亦性空。性空平等。故爲生佛不二。是空宗之意也。觀經散善義曰、「生死無爲亦空。凡聖明闇亦空。世間六道出世間三賢十聖等。若望其體性。畢竟不二。」或謂眞心一體、有不變隨緣之二義。以隨緣故有生佛之相。以不變故生佛之性爲一味。或謂法界之體、修性不二。衆生修惡之性。卽佛界性惡之德。此性惡圓明名之爲佛。故爲生佛不二。是等皆性宗之意也。起信論義記曰、「不變性而緣起染淨恒殊。不捨緣而卽眞凡聖致一。」妙宗鈔上曰、「良由衆生性具染惡。不可變異。其性圓明、名之爲佛。」已上總就理性上論不二也。若就華嚴之事事無礙法界、天台之十界互具、眞言之六大無礙之義。則直爾於事相上有不二之義。

【生佛假名】（術語）曰衆生、曰佛陀、俗諦迷情上之假名耳。眞諦覺悟上無衆生、無佛陀。眞如平等也。始終心要曰、「眞如界內絕生佛之假名。平等慧中無自他之形相。」

【生佛不增不減】（術語）生佛一如、

故法界衆生雖成佛而生界不減、佛界亦不增也。參照生佛一如條。或言生佛二界共爲無量無邊、生界無邊故衆生成佛而生界不減、佛界無邊故衆生入佛界而佛界不增。起信論義記曰、「況衆生界如虛空界設如一鳥飛於虛空從西向東經百千歲終不得說東近而西遠。何以故以虛空無邊故」

【生身】（術語）諸佛菩薩有法身生身之二身。所證之理體曰法身。爲濟度衆生而託於父母胎生之肉身曰生身。又以通力一時化現之肉身亦曰生身。所謂生身之彌陀、生身之觀音、生身之普賢、生身之彌勒等是也。因二餘之一。菩薩變易生死之身也。無量壽經下曰、「生身煩惱、二餘俱盡。」見二餘條。因分段生死之身曰生身。如言生身得忍、父母所生身、卽證大覺位等。

【生身供】（儀式）供養釋尊舍利之法會也。舍利有生身法身之二種。

【生身舍利】（術語）二種舍利之一。見舍利條。

【生住異滅】（雜語）有爲法之四相也。見四相條。

【生忍】（術語）二忍之一。衆生忍也。見忍條。

【生空】（術語）二空之一。又曰我空。亦曰人空。衆生爲五蘊假和合、無實體之衆生、謂之生空。

【生空三昧】（術語）觀生空之理之禪定也。秘藏寶鑰中曰、「生空三昧知神我之幻陽。」

【生空法有】（術語）與我空法有同。

【生法】（術語）又曰人法、我法。有情曰生。非情曰法。如云生法二空、生法二忍等。

【生法二忍】（術語）衆生忍與無生法忍也。見忍條。

【生法二空觀】（術語）生空觀與法空觀也。大乘菩薩之觀道也。觀人爲空法亦爲空、以斷我執法執而證我空眞如法空眞如也。小乘之行人、唯修生空觀。不修法空觀故不能斷法執。見百法問答鈔七。

【生盲】（雜名）生而卽盲之人也。涅槃經曰、「生盲人不識乳色。」觀無量壽經曰、「自非生盲、有目之徒、皆見日沒。」

【生相】（術語）四相之一。使未起之有爲法生於現在之法也。

【生津】（雜語）生死之河津也。寄歸傳一曰、「依行則俱升彼岸、棄背則並溺生津。」

【生苦】（術語）四苦之一。出產之時有苦、名爲生苦。

【生者必滅】（術語）意謂有生之始者、必終有死滅、相會者、必離散、必然之理也。是爲大涅槃經中有名之句。

【生卽無生】（術語）生卽無生、無生

卽生。是諸部般若之所說。三論宗之極意也。俗諦謂爲生、眞諦謂爲無生。然俗諦之生無實生、是爲爲因緣之假生。其實無生也。卽依於無生之生也。以其爲依於無生之生、故生卽無生。又眞諦之無生、依於俗之假生而立、故與彼俗諦之生爲假生同、眞諦之無生、亦假無生也。卽依於生之無生也。以其爲依於生之無生、故無生卽生。然則約於俗諦則爲生卽無生、約於眞諦則爲無生卽生。是三論宗二諦八不中道之意也。淨土門之淨土往生、亦依此意通釋之。淨土論註之意也。問者難之曰、生爲三有之本、衆累之元、今棄穢土之生、而願淨土之生、生何可盡。答曰、阿彌陀佛之本願無生之生也。是眞諦之無生、非三有虛妄之生、非俗諦之生也。謂爲生者、凡夫之情耳。淨土爲無生界、故生卽得無生、但是爲眞諦中道之無生、非謂爲無生、有無生之生、卽無生卽生也。然則依俗諦生卽無生之義、而棄穢土之生、依眞諦之義、而證無生之生也。此爲淨土往生之極說。見往生論註下。

【生念處菩薩】（菩薩）在胎藏界曼荼羅虛空藏院虛空藏菩薩之右第二。梵名三沒里底婆慈地也。密號曰幢持金剛。主虛空藏之四行德。生者、生萬法之意。念處者、謂智慧也。肉色、右手持蓮、蓮上月形中有商佉、左手伸頭指餘稍屈仰而當胸。坐於赤蓮。

【生起】（術語）能生爲生、以名因所生爲起。以名果。法華玄義一曰「生起者能生名生、所生名起。」

【生起因】（術語）二因之一。依現世惡善之業因而起未來之苦樂果也。

【生般涅槃】（術語）五種涅槃、又十八有學之一。見不還果條。

【生師】（人名）竺道生也。講涅槃經而卽座取滅者。見梁高僧傳七。

【生得】（術語）對於修得或加行得之言。謂隨生所得之法也。仁王經下曰、「衆生識初一念識異木石。生得善、生得惡。」大乘義章三曰、「生得善心、謂從過去修習所成信進念等相應善心。」

【生得定】（術語）依前世善業之力、自然所得之定地也。爲色界四禪天無色界四定之八定地。

【生途】（雜語）生死之道途也。歸敬儀中曰、「迷想見則生途日增。」

【生處塔】（堂塔）在世尊生處龍彌你之塔也。八塔之一。見塔條。

【生酥】（雜名）五味之一。

【生酥毒發】（術語）與生酥殺人同。

【生酥殺人】（雜語）謂有於方等時開佛知見者。法華玄義十曰、「生酥中殺人者、有諸菩薩於方等大乘敎得見佛性住大涅槃。卽其義也。」

【生報】（術語）三報及四報之一。此

生作善惡之業、來生受苦樂之果報也。

【生疎】（雜語）禪林之語。生爲未熟之義。疎爲疎荒之義。言居動之麤野也。見象器箋十五。

【生貴住】（術語）十住之一。見十住條。

【生無性】（術語）三無性之一。

【生尊貴家願】（術語）阿彌陀佛四十八願中之第四十三願。

【生滅】（術語）有爲之諸法、依因緣和合而爲未有法之有、謂之生。依因緣離散而爲已有法之無、謂之滅。有生者必有滅、有爲法是也。有滅者必不有生、無爲法是也。但自中道之正見言之、則有爲法之生滅爲假生假滅、而非實生實滅。

【生滅觀】（術語）觀有爲法剎那生滅之理而破常見也。

【生滅四諦】（術語）四種四諦之一。見四諦條。

【生滅滅已】（術語）涅槃經曰、「諸行無常、是生滅法、生滅滅已、寂滅爲樂。」初二句說生死法、後二句說涅槃法也。

【生滅去來】（術語）視法有生滅去來者、小之妄見也。依中道之正見、則生滅去來原爲如來藏、不生不滅、不去不來也。三論宗所明八不中之前四也。楞嚴經二曰、「生滅去來本如來藏。」

【生滅去來一異斷常】（術語）三論宗所明之八迷也。破此八迷而得中道也。見八不中道條。

【生飯】（飲食）又曰出飯。律有出衆生食之語。於食前爲衆生出少許食而施與之、持戒者之　法式也。略曰出飯、亦曰生飯。其起因、一爲曠野鬼也。涅槃經十六謂、佛嘗遊曠野、有一鬼名曠野、食血肉、日殺一人、不受佛之教化。佛爲大力之鬼神、鬼怖伏、佛還本身、使受不殺生戒、命以後從佛弟子受飯食。因一爲鬼子母神也。毘奈耶雜事三十一記佛化鬼子母曰、「於贍部洲所有我聲聞弟子、每於食次出衆生食、並於行末設食一盤、呼汝字、並諸兒子、皆令飽食、永無飢苦。」行事鈔赴請篇曰、「明出衆生食、或在食前唱等得已出之、或在食後、經論無文、隨情安置。」

【生經】（經名）五卷、西晉竺法護譯。說佛及弟子之種種本事本生。

【生過相似過類】（術語）十四過之一。對於立者而難其無喩證明之過失也。

【生肇】（人名）竺道生與僧肇也。

【生肇融叡】（人名）竺道生、僧肇、道融、僧叡也。是稱關中之四聖、皆羅什門下也。

【生像】（雜語）又曰生色可染、梵語金銀之異名也。生者生色、金也。以金色天生而不變也。像者似色、銀也。以其爲類似於金之金屬也。僧祇律善見律謂之生色似色。又曰可染以其可塗染故也。卽金銀之異名也。行事鈔下四曰、「生像者僧祇善見云生色似色似卽像也。生金像銀」同資持記曰「生色卽金天生黃故。似色卽銀可塗染故。」

【生臺】（物名）禪林之語。載生飯而施於禽獸之臺也。置於人稀之處。見象器箋二十。

【生論】（術語）總稱外道一切妄計之論。彼雖有不生不滅之言、然皆是妄情分別生死之因。故名生論。楞伽經四曰、「滅除彼生論建立不生義」

【生盤】（物名）撒生飯之器。見象器箋二十。

【生趣】（術語）四生六趣也。歸敬儀上曰、「由昔背正從邪、流蕩生趣。」

【生熟酥】（雜語）五味中之生酥熟酥也。見五味條。

【生蘇經】（術語）台家所立五時敎中方等時之諸典也。是五時相生之次第。與生酥相當。法華玄義二曰、「生酥經則三麤一妙」

【生變】（術語）二變之一。亦曰轉如種子生現行。現行生種子。生熟自果也。

【生靈】（雜語）對於死靈之語。卽生者之神識也。又蒙古源流一曰、「內藏包羅者（內藏對於外象而言。外象定自三壇起手、三壇者風水土三壇也。）自禪天一神變幻降世起、漸漸蕃衍。色界十七天、無色界四天、欲界二十天、幷過去未來現在世界之六種生靈、以次而成。因彼生靈神變而來。故壽無算。雖生於世、上行不踐地、飛空而行。不食下界穢穀、惟食禪穀。無論男女、不自胎生、皆由化生。是時無有日月。本身之光可以自照。彼時不以人稱。皆呼爲生靈。」

【右手】（術語）以右手配於智慧。大日經疏三曰、「左手是三昧義。右手是般若義。十指是十波羅蜜滿足義。」祕藏記本曰、「右手辨一切事。故名智。金剛界也。右手五指、金剛界五智。」

【右旋】（術語）言佛之白毫向右方旋繞也。觀無量壽經曰、「眉目白毫右旋婉轉如五須彌山。」

【右膝着地】（雜語）印度之敬禮法。以右膝與右指尖着於地、使右股在空。又竪左膝於上。使左足蹠着於地也。是亦曰互跪。歸敬儀下曰、「言互跪者。左右兩膝。交互跪地。此謂有所啓請悔過授受之儀也。佛法順右。卽以右膝拄地。右胯在空。右指拄地。又左膝上戴左指拄地。使三處翹翹曲身前就。故得心有專志請悔方極。」（三處爲右膝右指左指）同下曰、「僧是丈夫。剛幹事立。故制互跪。尼是女弱。翹苦易勞。故令長跪。兩膝據地。兩脛翹空。兩足指拄地。挺身而立者是也。」

」象器箋十曰、「忠曰。今人所爲互跪者。右膝着地。右蹠承尻。植左膝屈之。左蹠蹈地。都無在空者。如此互跪。易於長跪。寧長跪可踏。互跪不可倒。翻令人疑互跪難爲長跪易爲之說。」法華經信解品曰、「偏袒右肩。右膝着地。一心合掌。」

【右繞】（術語）敬禮之一。在尊者之傍、旋繞於右也。無量壽經上曰、「稽首佛足。右繞三帀。」象器箋十曰、「四分律云。客比丘於塔邊。左行過。護塔神瞋。佛言。不應左行過。應右繞塔而過。薩婆多毘尼毘婆沙云。右繞者順佛法故。所以右繞。」寄歸傳三曰、「言旋右者。梵云鉢喇特崎拏 Pradakṣiṇa 鉢喇字緣。乃有多義。此中意趣。事表旋行。特崎拏即是其右。總明尊便之目。故時人名右手爲特崎拏。意是從其右邊。爲尊爲便。合旋繞之儀。」然解右繞之古義甚多、依南山、義淨之意、則向尊者右手邊而旋、出於其左手邊、是爲右繞。反之即爲左繞。南山之歸敬儀曰、「右繞者面西北轉。右肩袒侍。向佛而恭。比見有僧。非於此法。便東廻北轉。此爲右繞。西竺梵僧。闐聚京邑。經行旋遶。目閱其蹤。並乃西廻而爲右繞。以順天道。如日月焉。」是以尊者之左手爲東、其右手爲西者。義淨之寄歸傳三曰、「但可依其梵本。並須杜塞人情。向右邊爲右繞。向左邊爲左繞。斯爲聖制，勿致疑惑。」是亦以尊者之左手爲左邊、尊者、之右手爲右邊者。然南山之感通傳曰、「戒壇之舉。住持之式相也。衆僧說戒受戒。盡往登之。事訖東廻左轉。南出而返也。」此左旋也。此相違者元照解之、曰歸敬儀示繞佛之儀、感通傳示繞壇之義者也。資持記下三之二曰、「然諸經論。皆令右繞。古今諍論紛紛不息。都緣不曉繞佛遶壇兩儀自別。（中略）遶佛者本乎致敬。遶壇者便於行事。致敬則必須右遶。表執持之恭勤。行事則必須左遶。使上下而倫序。」象器箋十曰、「忠按。禪林巡堂者。左遶而準繞壇儀。尋常行道者。右繞而準繞佛儀。」又慧琳音義二十一示萬字形與白毫右旋之圖。右繞左繞由我以尊者之左右爲標準也。

【右遶佛塔功德經】（經名）佛說右遶佛塔功德經。一卷。唐實叉難陀譯。因舍利弗之請問說遶塔之功德。

【禾山】（人名）吉州禾山無殷禪師、七歲從雪峰出家、受具後、謁九峯虔禪師、嗣法。後住禾山、學法濟濟。宋太祖建隆元年寂。謚曰法性。見會元六。

【禾山解打鼓】（故事）禾山一日、引僧肇寶藏論之語垂示曰、「習學謂之聞。絕學謂之鄰。過此二者。是爲眞過。」僧出問如何是眞過。「山云解打鼓」。又問如何是眞諦。山云「解打鼓」。又問即心即佛即不問、如何是非心非佛。山云「解打鼓」。又問向上之人來時如何接。山云「解打鼓」此爲禾山之四打鼓見碧巖四十四則、會元六。

【句】（術語）詮事物之理義爲句。唯識論二曰、「名詮自性。句詮差別。」俱舍論五曰、「句者謂章。詮義究竟如說諸行無常等章。」瑜伽論倫記五上曰、「詮法自性名名、詮法差別名句。」

【句文羅】（植物）見拘物頭條。

【句句】（雜語）一句一句也。文句記一上曰、「妙法之唱、非唯正宗二十八品俱名妙。故故品品之內、咸具體等、句句之下通結妙名」言法華經之一字一句悉詮圓妙之理也。

【句多吒】（雜名）咒名。譯曰慈悲忍辱。見七佛所說神咒經二。

【句身】（術語）Pada 又 Padakāya 梵曰鉢陀、又曰鉢陀迦耶、譯爲句。得詮其自性之差別卽義理者曰句。重此句至二個以上曰句身。身者合集之義。俱舍論五曰、「句身者謂諸行無常一切無我涅槃寂靜等。」同光記五曰、「梵云迦耶。唐言身。是聚集義。謂衆多名等聚集。是身義也」又、一句亦曰句身。楞伽經二曰、「句身者謂句有義身自性決定究竟。是名句身。」

【句偈】（術語）文句、偈頌也。止觀七下曰、「一一句偈如聞而修入心成觀」

【句義】（術語）謂一句一句釋其義理也。釋眞言以初釋字義次釋句義爲例。大日經疏四曰「眞言中有字義句義。」見四釋條。

【句詮差別】（術語）名爲直詮諸法之自體者、故曰名詮自性。句爲詮其自性上義理之差別者、故曰句詮差別。唯識論二曰、「名詮自性。句詮差別。」

【句語三昧】（術語）於語句發妙悟、通達無礙也。三昧爲梵語、一心專注之結果、得妙悟之稱。

【句輪】（術語）對於一字之眞言而稱多字之眞言曰句輪。義釋十一曰、「凡行者持誦時。當觀字輪或爲句輪。所謂句輪者。觀本尊心。心上有圓明而布眞言之字。輪轉相接。令明了現前。持誦時觀此字。猶如白乳。次第流注入行者口。或注其頂。相續不絕。遍滿其身。乃至遍於支分。其圓明中字常明了。

如常流水而無有盡如是持誦疲極已即但住於寂心。謂觀種子字也。」

【句潭】（雜語）又作俱譚。釋氏五姓之一。見瞿曇條。

【半天婆羅門】（雜名）餓鬼之種類也。焰羅王供養法次第曰、「五百餓鬼半天婆羅門諸餓鬼衆。」

【半天婆羅門多聞天雙身法】（修法）溪嵐拾葉集九曰、「一義云、雙身法者、半天婆羅門與多聞天不二一體之意也。其緣起云、此多聞天往昔與此半天婆羅門同時發心多聞天以精進苦行故速成福智半天婆羅門以懈怠樂行故今在凡地於是起猛利强盛之瞋恚發誓行於修多聞天法之處而爲障礙神。所詮多聞天表法性半天表無明也。無明法性爲相違之法故此雙身相背無明法性爲同體之惑故不相離也。法性無體全依無明無明無體全依法性宜深思之」

【半不男】（術語）五種不男之一。

【半月形相】（雜語）五種結界之一。結界之地形由水石等作半月之形。

【半斤八兩】（雜語）言輕重相等也。五燈會元曰「秤頭半斤秤尾八兩」又曰「一個重半斤一個重八兩」。

【半只迦】（異類）Pañika 又曰半支迦般止柯散支散支迦般闍迦德叉迦八大夜叉之第三、鬼子母之夫也。大日經疏五曰、「半只迦舊曰散支。」毘奈耶雜事三十一曰、「昔王舍城內一山邊有藥叉神名曰娑多。北方犍陀多羅國復有藥叉名半遮羅娑多娶妻生女容貌多嚴見者愛樂其生之時諸藥叉衆咸皆歡慶諸親立字名曰歡喜（卽鬼子母神）半遮羅婦有娠月滿生兒名曰半支迦昔曾二人指腹爲親半支迦卽娶歡喜爲妻。」呵哩底母經曰、「有大藥叉女名曰歡喜容貌端嚴有五千眷屬常住支那國護持世界是娑多大藥叉將之女婿半支迦大藥叉將（昔云散脂者訛）生五百子。」大藥叉女歡喜母幷愛子成就法曰、「佛至王舍城竹林精舍爲諸人天演說法要。時有大藥叉女名曰歡喜容貌端嚴有五千眷屬常住支那國護持世界是沙多大藥叉將之女。聘半支迦大藥叉將（名散指者訛）生五百子。」雜寶藏經七曰、「鬼子母者是鬼神王般闍迦妻。」陀羅尼集經七曰「鬼子母夫字德叉迦。」孔雀王呪經下曰、「般止柯大藥叉軍主、訶梨底藥叉女及五百子等所隨喜。」孔雀明王經曰、「散指迦大將、訶利帝母及五百子」見散支條。

【半字】（術語）梵語悉曇章之生字根本爲半字、摩多十二字、體文三十五字是也。餘章之文字義理皆具足爲滿字。毘伽羅論是也。以半字譬小乘滿字譬大乘涅槃經五曰、「譬如長者唯有一子心常憶念憐愛無已將詣師所欲令受學懼不速成尋便將還以愛念故晝夜慇懃敎其半字而不敎誨毘伽論何以故以其幼稚力未堪故（中略）半字者謂九部經毘伽論者所謂方等大乘敎典」同八曰、「云何如來說字根本佛言善男子初說半字以爲根本持諸記論呪術文章諸陰實法凡夫之人學此字本然後能知是法非法（此下說十四音五十字之義）。半字者皆是煩惱言說之本故名半字滿字者是一切善法言說之根本也。譬如世間。爲惡之者名爲半人。修善之者名爲滿人。」行宗記一上曰、「涅槃論云。半字者漸敎。滿字者涅槃滿足敎。」止觀輔行六曰、「半字者引證唯小。」

【半字敎】（術語）曇無讖所立二敎之一。判一切之小乘敎爲半字敎。見半字條。

【半行半坐三昧】（術語）天台所立四種三昧之一。或行道而誦經文。或安坐而思惟實相之三昧法也。法華經卽依此三昧法而修行。三昧者。譯言定。使心定於其境。止息妄念也。見三昧條。

【半果】（故事）阿育王死時。以半分菴摩勒果施於衆僧。爲最後之供養。見阿育條。

【半者蒲闍尼】（飲食）見次項。

【半者蒲膳尼】（飲食）Pañcabhojaniya 舊曰半者蒲闍尼。譯言五噉食、五正食。寄歸傳一曰、「半者蒲膳尼。應譯爲五噉食。舊云五正。准義翻也。一飯。二麥豆飯。三麨。四肉。五餅。」

【半者佉闍尼】（飲食）見次項。

【半者珂但尼】（飲食）Pañcakhādaniya 又曰半者佉闍尼、半者佉但尼。譯言五嚼食、五不正食。可齧嚼而食之五物也。寄歸傳一曰、「呵但尼。卽齧嚼受名。半者謂五也。（中略）半者呵但尼。應譯爲五嚼食。一根。二莖。三葉。四華。五果。」飾宗記五末曰、「五種佉闍尼。（此謂不正食）謂枝、葉、花、果、細末磨食。」

【半拏囉嚩悉寧】（菩薩）Pāṇḍaravāsini 又作伴陀羅縛子尼。白處觀音。又白衣觀音之梵名也。大日經疏五曰、「半拏羅縛悉寧。譯云白處。以尊常在白蓮華中。故以爲名。」海軌曰、「伴陀羅縛子尼。是白衣觀音也。」秘藏記鈔八曰、「約住處名白處。約衣服名白衣。疏第五云。襞純素衣。是白衣義也。」秘藏記末曰、「蓮華部馬頭觀音爲主。伴陀羅縛字尼是白衣觀音也。此爲母。」

【半娜】（植物）果名。見半娜婆條。

【半娜婆】（植物）果名。可洪音義一曰、「半娜。奴可反。亦名半娜婆。亦云般捺婆。亦云波那婆。西域記云。其菓大如冬瓜。熟則黃赤。剖之中有數十小果。大於雞卵。又更剖之。其汁黃赤。其味甘美。」玄應音義二十四曰、「半娜婆。舊云波那婆。果形如冬瓜。其味甚甘也。」婆爲娑之訛。梵 Panasa

【半座】（雜語）世尊嘗分半座使迦葉坐。是二乘與佛同解脫床之義也。華手經一曰、「世尊遙命之曰。善來迦葉。久乃相見。汝當就此如來半座。佛移時。大千世界六反震動。」雜阿含四十一曰、「告摩訶迦葉。善來迦葉。於此半座。我今覺知誰先出家。汝耶我耶。」佛本起經下曰、「善來迦葉。豫分半林。」又多寶如來分多寶塔中半座、使釋迦如來坐之。見法華經見寶塔品。

【半夏】（雜語）結夏與解夏之中間也。臨濟錄曰、「師因半夏上黃蘗」

【半託迦】（人名）Panthaka 又曰半他迦、槃陀迦、般陀、槃特。羅漢名。譯曰路邊生、又曰路。有兄弟二人、兄爲大路邊生、或曰大路。弟爲小路邊生、或曰愚路。以其皆於路上所生也。兄聰明、弟愚鈍、然皆出家證羅漢果。善見律十六曰、「般陀、漢曰路邊生。般陀之母、爲大富長者女、與其家奴通、逃於他國、久而有孕、垂產思歸、於中路產子、如是復生弟。長名莫訶般陀(Mahā-)弟名周羅般陀(Cūḍa-)」有部毘奈耶三十一、大毘婆沙一百八十亦記出生及出家之因緣(大同小異)。分別功德論五以般咃爲道生、祝利般咃爲極闇道生。文曰、「祝利者極也。此比丘精神疎鈍。佛敎使誦掃箒、得箒忘掃、得掃忘箒。六年之中專心誦此、意遂解悟。而自惟曰、箒者箏、掃者除、箒者卽喻八正道、糞者三毒垢也。以八正道箏掃三毒垢、所謂掃箒義者、正謂此耶。深思此理、心卽開解、得阿羅漢道」增一阿含經十一曰、「是時周利槃特誦得掃復忘箏、若誦得箏復忘掃」

【槃特神變】（故事）增一阿含經三曰、「以神足力能自隱翳、所謂槃特比丘是。能化形體作若千變、所謂周梨槃特是」法句譬喻經二曰、「賢者槃特、解一偈義、精理入神、身口意寂如天。」

【半偈】（本生）諸行無常、是生滅法、生滅滅已、寂滅爲樂之後半偈也。涅槃經十四謂釋迦如來往昔入雪山修菩薩行時、從羅刹聞前半偈、歡喜而更欲求後半、羅刹不聽。乃約捨身與彼、欲得聞之、故謂爲雪山之半偈、亦曰雪山之八字。心地觀經一曰、「時佛往昔在凡夫、入於雪山求佛道、攝心勇猛勤精進。爲求半偈捨全身。」涅槃經十四曰、「爲求八字故棄所愛身」

【半超】（術語）謂樂慧不還果之聖者、於色界十六天中、或超越一天、或超越二天、乃至十三天者。

【半跏坐】（術語）半跏趺坐也。

【半跏趺】（術語）半跏趺坐也。

【半跏趺坐】（術語）兩足加於兩髀。謂之結跏趺坐、又曰全跏坐、一足加於一髀、謂之半跏趺坐。半跏趺全跏坐有吉祥降魔之二坐。半跏坐亦有吉祥降魔之二種。以右之單足加於左之髀上。爲吉祥之半跏、以左之單足加於右之髀上、爲降魔之半跏。全跏坐爲如來坐、半跏坐爲菩薩坐。禪苑之半跏、降魔之方也。釋氏要覽曰、「念誦經云。全加趺是如來坐。半加趺是菩薩坐。」見結跏趺坐條。

【半晚】（雜語）謂禪家齋了與晡時

之中半時也。備用淸規知浴曰、「半晚浴頭覆首座方丈維那鳴鼓三下」

【半酪】（譬喻）小乘九部之修多羅、於半滿二者中爲半字敎、於五味中爲酪味、故曰半酪。法華玄義十曰、「若修多羅半酪之敎別論在第二時。通論亦至於後。」

【半裝束數珠】（物名）全分水精之數珠曰本裝束。半分水精曰半裝束。

【半滿敎】（術語）涅槃經以梵書之悉曇章阿阿（引）等半體字譬小乘經、毘伽羅論之成字譬大乘之經典。曇無讖三藏依之判一代敎立半滿之二敎、謂小乘爲半字敎、大乘爲滿字敎也。大乘義章一曰、「此二亦名大乘小乘半滿敎也。聲聞藏法狹劣名小。未窮名半。菩薩藏法寬廣名大。圓極名滿。」華嚴玄談四曰、「曇無讖三藏立半滿敎。隋遠法師亦同此立。」止觀三曰、「明半滿。半者明九部法也。滿者明十二部法也。（中略）半滿之語直是扶成大小。」同輔行曰、「半唯在小。永隔於大。方等則具存半滿。般若帶半。法華涅槃華嚴唯滿不半。鹿苑唯半不滿。」

【半遮羅】（天名）Pañjala 譯曰籠。見慧琳音義二十六。又（人名）長者名。譯曰籠或獄。卵生之人也。見慧琳音義二十六。

【半錢】（譬喻）貧人數隣人之寶、於己無半錢之分。以比聞如來之聖敎不行之、則於己無少益也。華嚴經十三曰、「如人數他寶。自無半錢分。於法不修行。多聞亦如是。」

【半齋】（術語）半日之齋也。齋法一日一夜以今日之明相至翌日之明相爲限。故過今日之正午、至明日之夜明、不可食一物。若至夜分爲食事而破齋、曰半齋。自正午至暮持半日之齋、至夜分而破齋也。故就晝食曰半齋。就夜分曰破齋。半齋破齋同意也。經律異相四十四曰、「破齋猶得生天第九。昔有迦羅越、與設大檀、請佛及僧。時一人賣酪。主人留食。勸令持齋聽經。至暝乃歸。婦語之言、我朝來不食相待至今。敗壞夫齋。半齋之福猶生天上七世、生人間常得自然。一日持齋六十萬歲自然之糧。」舊雜譬喩經上曰、「昔有四姓請佛飯。時有一人賣牛湩。大姓留止飯。敎持齋戒。止聽經。賓乃歸。婦言我朝相待未飯。便强令夫飯。壞其齋意。雖爾七生天上。七生世間。」又禪門之諸規有半齋之語。諸解多端。或言早朝粥時與正午齋時之中間曰半齋。半齋爲時之名。申言之即於粥齋之中間點心、曰半齋之點心。於粥齋之中間爲法事、曰半齋之諷經。誦半齋亦去半齋以時而名也。象器箋三曰、「舊說云在粥與齋之半。故曰半齋。（中略）半齋者時名也。」或言半齋爲正午之齋、以日中午刻爲一日之正半也。宋高僧傳一貞誨傳曰、「半齋僧訖。望空合掌而卒。」或言半齋者於午前略用食物也。是與點心混同、此說非也。或言半齋一作判齋。半判音同、故以判齋為半齋也。判卽判釋之意、判斷疏通獻齋之意也。然則半齋者、謂禪家所謂獻齋之回向文。又指獻齋回向之法事而言。蓋半齋點心云者、獻齋回向之法事、有點心之饗應也。集古錄有判齋字。曰綯父子為唐顯人。仍世宰相而楚尤以文章見稱。世傳綯為文喜以語簡為工。常飯僧。僧判齋。綯於佛前跪爐諦聽。而僧唱言曰。令狐綯設齋。佛知。蓋以此譏其好簡。夷堅志有一僧人、為人判水陸齋。意半判音同義亦通。故以判齋為半齋。判則與疏相近。

【半齋諷經】（儀式）謂早粥已過、午齋未及。在其中間諷經也。見前項。

【半擇迦】（術語）此云變。今生變作不男者。

【令法久住法】（修法）為依文殊一字法而修之秘法。日本東寺之無名法是也。此法極秘。

【丘井】（譬喻）身之老朽不堪用、譬如丘墟之枯井也。維摩經方便品曰、「是身如丘井、為老所逼。」同注「什曰丘井丘墟枯井也。」天台會疏三曰、「什師云丘井者、朽井也。不任受用。」淨影疏曰、「高丘必頹、深井必滿。有身必老。故取為喻。」

【丘慈】（地名）又曰龜茲、屈支。國名。見龜茲條。

【白一羯磨】（術語）又曰白二羯磨。戒律之法。將於寺中行法務、隨事而集寺中之僧衆、先示其事表陳其次第、是曰白、更使量事之可不、方能成立、曰羯磨。羯磨譯言作業。言使有作業之功之言辭也。以如是一白辭與一羯磨辭而成事。故曰白一羯磨。又合白與羯。故又曰白二羯磨。白一白二其意一也。業疏上曰、「初牒事表陳勸僧和忍。名之為白。卽是成遂有作業之功。名為羯磨。（中略）須一白牒事陳情。一羯磨量其可不方能成遂。故曰白一羯磨。計又應名白二羯磨。以白與羯磨雙建其功。故曰白二也。」梵Jñaptidvitīyā-karmavācanā

【白二羯磨】（修法）衆僧法三種之一。僧中辨事、為一表白與一羯磨也。合白及羯磨而曰白二。又一白與一羯磨。故曰白一羯磨。資持記上一之五曰、「一白牒事告知。一羯磨量處可不。便辨前務。通白及羯磨。故曰白二。」參照前項。

【白牛】（譬喻）法華經所說三獸之一。以譬一乘法。見大白牛車條。

【白牛無角】（雜語）馬也。

【白心】（術語）清淨之苦心也。

【白月】（雜語）又曰白分 Śuklapakṣa 印度之曆法、以月之盈缺立白黑之名。自月盈至於滿之間、為白月。稱為白月一日乃至白月十五日。自十六日以下、為黑分。卽

Kṛṣṇapakṣa 又爲黑月一日乃至十五日。合前之黑月與後之白月而爲一月。西域記二曰、「月盈至滿謂之白分、月虧至晦謂之黑分。黑分或十四日十五日。月有大小故也。黑前白後合爲一月。」

【白分】（雜名）白月也。見前項。

【白四】（術語）白四羯磨也。

【白四羯磨】（術語）Jñapticaturtham 僧中行事務、如授戒之重法、向僧衆先告白其事、曰白。次三問其可否而決其事曰三羯磨。Tṛtīya karmavācanā 合一度之白與三度之羯磨、曰白四羯磨。是最重之作法也。羯磨疏一上曰、「若情事殷重和舉轉難。如受懺大儀治擯重罰、故須一白牒陳三羯磨量可方能成遂。故曰白四。亦以一白三羯磨通爲四也。」行事鈔資持記上一之五曰、「白四受戒懺重治舉訶諫等。事通大小、情容乖舛。自非一白告知三法量可、焉能辦得。以三羯磨通前單白。故云白四。」

【白白業】（術語）色界之善業、其業之性亦善、果亦清淨、故重白字而謂爲白白業。

【白衣】（雜名）俗人之別稱。以天竺之波羅門及俗人多服鮮白之衣故也。以是稱沙門謂之緇衣或染衣。西域記二曰、「衣裳服玩無所裁製、貴鮮白輕雜彩。」道宣律師感通錄曰、「白衣俗服、佛嚴制斷。」涅槃經疏十四曰、「西域俗尙穿白、故曰白衣。」遺敎經曰、「白衣受欲非行道人。」維摩經方便品曰、「雖爲白衣奉持沙門淸淨律行。」智度論十三曰、「白衣雖有五戒不如沙門。」

【白衣觀音】（菩薩）Pāṇḍaravāsinī 又曰大白衣、又曰白處觀音。以此尊常着白衣在白蓮中、故就其被服名爲白衣。以其住處名爲白處。白者表淳淨之菩提心也。梵名半拏囉嚩悉寧。胎藏界觀音院之一尊。蓮華部之部母也。大日經疏五曰、「半拏囉嚩悉寧譯云白處。以此尊常在白蓮華中、故以爲名。亦戴天髮髻冠、襲純素衣、左手持開敷蓮華。從此最白淨處出生普眼、故此三昧名爲蓮華部母也。同十曰、鉢頭摩白花也。摩利偪以波頭摩爲鬘、因以爲名也。卽是此摩利偪是處義住義也。（中略）白者卽是菩提之心。住此菩提之心、卽是白住處也。此菩提心從佛境界生。常住於此、能生諸佛也。此是觀音母、卽蓮華部主也。」蘇婆呼經下曰、「半拏羅嚩徙寧此云服白衣。」不空羂索經二十二曰、「半拏羅婆徙儞白衣觀世音菩薩、手執蓮華。」秘藏記末曰、「伴陀羅縛字尼是白衣觀音也。此爲母。」

【白衣大悲咒】（雜語）白衣觀音之陀羅尼也。大日經普通眞言品爲白處尊眞言而出之。

【白衣金幢二婆羅門緣起經】（經名）

三卷。趙宋施護譯。佛對二婆羅門語四姓之緣起。卽出家證果。與長阿含四姓經同本。

【白佛】（儀式）白爲表白之義。疏及回向之首。嘆佛之語。謂之白佛。見象器箋十三。

【白足】（雜語）沙門曇始。關中人。以鳩摩羅什爲師。多異迹。足白於面。雖跣涉泥水。未嘗沾濕。時稱爲白足和尚。見高僧傳。及雞跖集。後因謂僧爲白足。劉禹錫詩曰。「都人禮白足。」李商隱詩曰。「白足禪僧思敗道。」

【白足和尚】（雜語）見前項。

【白足阿練】（雜語）卽白足和尚。法苑珠林謂之白足阿練。見白足條。

【白身觀音】（菩薩）Śvetabhagavati。胎藏曼茶羅觀音院中之一尊也。秘藏記末曰。「白身觀自在菩薩淺黃色。左手持蓮華。」

【白拈】（雜名）白拈賊之略。

【白拈賊】（雜名）白者空之義。拈者。以指取物也。手不持一物。指尖盜拈人物。更不留盜之形跡。謂之白拈賊。賊手之最巧者也。如不持刃物而戰曰白戰。以柔道殺人曰白折。聯燈九曰。「雪峯云。臨濟大似白拈賊。」雪竇云。夫善竊者。鬼神不知。旣被雪峰覰破。臨濟不是好手。」無準錄臨濟贊曰。「竊不見蹤。敗不見贓。是眞白拈。其誰與當。」

【白拂】（物名）白毛之拂子也。法華經信解品曰。「手執白拂。」見拂子條。

【白林】（地名）白鶴林也。卽娑羅林。廣弘明集二十曰。「白林將謝。靑樹已列。」見白鶴條。

【白和】（術語）將成僧事。集僧告白其事。使衆和之也。

【白法】（術語）表白之作法也。行事鈔上之三曰。「不如白法作白。不如羯磨法作業。」因白淨之法也。總稱一切之善法。大集經五十一曰。「後五百年鬬諍堅固。白法隱沒。」

【二種白法】（名數）慚與愧也。此二者能使一切之諸行光潔。故名白法。

【白芥子】（故事）龍猛菩薩以白芥子七粒。打開南天之鐵塔而傳授密敎。（金剛頂經義訣）淸辨論師以白芥子七粒。打開南印度執金剛神之巖窟而入其中。待彌勒出世（西域記十）蓋芥子。梵名囉爾迦。非罌子粟。非蔓靑子。加良志也。加良志者。其性應物也。大日經義釋曰。「囉爾迦。此云芥子。辛且堅。備降伏之德用。故爲打開鐵石之相。其味辛辣。是降伏相應性類。」

【白俗】（雜語）白衣之俗人也。印度之俗人。多著白服。故亦曰白衣。參照白衣條。

【白衲】（衣服）白色之僧衣也。是爲非法。僧史略上曰。「近有衣白色者。失之太甚。佛記袈裟變白、不受染色。此得非是乎。（中略）南方禪客多搭白衲。」

【白眞】（儀式）又曰嘆眞。祖師忌回向文之首、唱儷語或偈文、謂之白眞。表白於眞影之義也。備用清規達磨祖師忌曰、「維那白眞宣疏」

【白夏】（術語）夏安居中日日警告大衆而勸精進也。行事鈔上四之二曰、「安居上座於一切僧集時、食時、粥時、漿時、應白言、爾許時已過、餘有爾許時在。若行此等行法者、是名僧父母、亦名僧師。」同資持記曰、「於小食上維那打槌告云、白大衆、安居已過一日、餘有八十九日在。當勤精進、謹愼莫放逸。（餘日準此加減）」禪林類集十四曰、「世尊在摩羯陀國、爲衆說法。是時將欲白夏。」

【白馬】（雜名）天竺國有伽藍名招提。其處大富。有惡國王利於財、將毀之。有一白馬繞塔悲鳴。卽停毀。自後改招提爲白馬。諸處多取此名焉。見唐高僧傳。

【白馬寺】（寺名）在河南洛陽縣東故洛陽城西。漢明帝時、摩騰竺法蘭初自西域以白馬馱經而來、舍於鴻臚寺。遂取寺爲名、創置白馬寺。此僧寺之始也。唐垂拱、宋淳化、元至順、明洪武間、俱重修。洛陽伽藍記曰、「白馬寺漢明帝所立也。佛入中國之始。寺在西陽門外三里、御道南。帝夢金人長丈六、項背日月光明。胡神號曰佛。遣使向西域求之。乃得經像焉。時白馬負經而來、因以爲名。明帝崩、起祇洹於陵上。自此以後、百姓冢上或作浮圖焉。寺上經函至今猶存。常燒香供養之。經函時放光明、耀於堂宇。是以道俗禮敬之、如仰眞容。」

【白骨觀】（術語）卽九想中之骨想也。爲知無常而拂執着之念、故觀白骨也。見九想條。

【白毫】（術語）如來三十二相之一。世尊眉間有白色之毫相、右旋、宛轉如日正中、放之則有光明。初生時長五尺、成道時有一丈五尺。名白毫相。大般若三十一曰、「世尊眉間有白毫相、右旋柔軟、如覩羅綿、鮮白光淨、踰珂雪等、是三十一。」嘉祥法華義疏三曰、「智度論出小乘人解白毫相云。舒之卽長五尺、卷之卽如旋螺。觀佛三昧經云、爲太子時長五尺、樹下時長一丈四尺五寸、成道時一丈五尺。舒之表裏有清徹、白淨光明、置之便失淨光、而卷縮在兩眉之間。經或言右旋宛轉、如日正中。或言如天白寶。」佛說寶經、放白毫之光者、表理之顯明與白淨、且表其法爲諸敎之源也。法華經序品曰、「爾時佛放眉間白毫相光。」嘉祥法華義疏二曰、「白毫者表理顯明稱白、敎無纖隱爲毫。」探玄記三曰、「眉間表中道一乘法也。白毫表無流證道白淨法也。又白爲衆色本、故表此一乘爲諸敎源也。」

【白毫之賜】（術語）僧受用之物曰白毫之賜。佛藏經下曰、「或有比丘。因以愛我法出家受戒。於此法中勤行精進。雖諸天神諸人不念。但能一心勤行道者。終不念衣食所須。所以者何。如來福藏無量無盡。舍利弗。如來滅後。白毫相中百千億分。其中一分供養舍利及諸弟子。舍利弗。設使一切世間人皆共出家。隨順法行。於白毫相百千億分不盡其一。舍利弗。如來如是無量福德。若諸比丘所得飲食及所須物輙得皆足。」釋門正統三曰、「如來留白毫一分功德供養末世弟子。」

【白脚師】（人名）魏書釋老志曰、「統萬平惠始到京師。多所訓導。時人莫測其迹。世祖甚重之。每加禮敬。始自習禪。至於沒世。稱五十餘年。未嘗寢臥。或時跣行。雖履泥塵。初不汚足。色愈鮮白。世號之白白脚師。」

【白處尊】（菩薩）白處觀音也。

【白處觀音】（菩薩）又曰白住處菩薩。白衣觀音之異名也。

【白蛇印】（印相）諸龍印也。見印田。

【白雲】（人名）宋舒州白雲山守端禪師。爲楊岐會之法嗣、五祖演之師也。見續傳燈錄十三。

【白雲菜】（術語）謂白雲宗之徒衆。菜者、喫菜之道民也。見次項。

【白雲宗】（流派）宋白雲庵淸覺、於禪門立一宗、取所居名。爲白雲宗。其徒衆謂爲白雲菜。釋門正統四曰、「白雲者大觀間西京寶應寺僧孔淸覺稱啟聖之裔。來居杭之白雲庵。涉獵釋典。立四果十地。以分大小兩宗。造論數篇。傳於流俗。從者尊之曰白雲和尚。名其徒曰白雲菜。亦曰十地菜。」釋氏稽古略四曰、「靈隱圓明囊禪師以寺後白雲山庵居覺。玄化開闢。乃自立宗。以所居庵名爲號曰白雲宗。」（依稽古史略所記則堂堂之大宗師也。）

【白黑二業】（名數）善業曰白。惡業曰黑。

【白黑布薩】（行事）白月十五日（卽陰曆十五日）黑月十四日或十五日（卽晦日）兩度之布薩也。白黑月之終。說戒經而淸僧衆。謂之布薩。律院之嚴制也。

【白傘佛頂】（菩薩）又曰白繖佛頂、大日經疏五作白傘。同十六作繖。字典曰、「繖蓋也。」卽白傘蓋佛頂也。

【白傘蓋佛頂】（菩薩）Sitātapatroṣṇīṣa 五佛頂尊之第一也。大日經及疏略曰白傘。釋迦如來頂上化現作輪王形。頂有重髻之尊體。謂之佛頂尊。白傘蓋者。佛之淨德覆一切之義也。黃色。持蓮華。上有白傘蓋。號爲異相金剛。大日經疏五曰、「如來五頂。第一白傘」軌曰、「白傘堅慧風鎭定常覆如蓋。」大日經義釋七曰、「此則如來衆相之頂以白淨大慈悲遍覆法界。」有白傘蓋大佛頂王最勝無比大威德金剛無礙大道場陀羅尼念誦法要一卷。

【白傘蓋神咒】（眞言）又曰佛頂咒。白傘蓋者佛頂尊之名也。白傘蓋佛頂尊所說之陀羅尼、名爲白傘蓋神咒首楞嚴經所說總有四百二十七句。其中最後之八句、稱爲心咒特念誦之梵名薩怛多般怛羅。譯爲白傘蓋與妄染不相應爲白徧覆一切爲蓋、即如來藏心也楞嚴經七曰、「一心誦我佛頂光明摩訶薩怛多般怛羅無上神咒。斯是如來無間頂相無爲心佛從頂發輝坐寶蓮華所說心咒。」同長水疏曰、「薩怛多般怛羅云白傘蓋即指藏心不與妄染相應。故曰白徧覆一切法故云蓋。從此流演秘密神咒。故云咒心。」

【白象】（故事）象有大威力、而其性柔順、故菩薩自兜率天降下、或乘六牙之白象、或自化白象而入摩耶夫人之胎。瑞應本起經上曰、「菩薩初下化乘白象貫日之精。因母晝寢而示夢焉。從右脇入。」因果經一曰、「爾時菩薩觀降胎時至。即乘六牙白象。發兜率宮無量諸天作諸伎樂燒衆妙香散天妙華隨從菩薩。」普曜經曰、「菩薩便從兜率天上垂降威靈化作白象口有六牙。」宗輪論曰、「一切菩薩入母胎時作白象形。」同述記曰、「以象調順性無傷暴有大威力如善住龍。故現此儀意表菩薩性善柔和有大勢師子王等雖有威力然多殺傷。故聖不現師子形。」又象爲普賢菩薩所乘。是表菩薩之大慈力也法華經普賢勸發品曰、「是人若行若立讀誦此經我爾時乘六牙白象王。與大菩薩衆俱詣其所而自現身。」普賢觀經曰「六牙表六度四足表四如意。」止觀二曰、「言六牙白象者是菩薩無漏六神通。牙有利用如通之捷疾。象有大力。表法身荷負無漏無染稱之爲白頭上有三人一持金剛杵一持金剛輪一持如意珠表三智居無漏頂。」

【白報】（術語）善業曰白業、善業所感之清淨果報曰白報。

【白塔】（雜名）白色之塔也。北京有白塔寺。

【白道】（譬喩）淸白之道路也。見二河白道條。

【白業】（術語）對於黑業之稱、總謂善業。以善爲清白之法、又感清白無垢之果故也大乘義章七曰「善法鮮淨名之爲白。」毘奈耶雜事八曰、「大王當知白業白報。黑業黑報。雜業雜報。是故應捨黑雜二業。當修白業。」

【白飯王】（人名）梵音Śukulodana-rāja 師子頰王之第二子、淨飯王之弟、釋尊之叔父也。

【白蓋】（物名）金剛界之白蓋、胎藏界之赤蓋、皆以白紅之絹爲所張之天蓋也。

【白槌】（儀式）又曰白椎。凡鳴槌而白事者、皆是白槌也。然禪林獨於開堂稱爲白槌、乃鳴槌一下息靜羣喧、方白於衆謂法筵龍象衆當觀第一義、稱之曰白槌。其次長老之對說終。白椎之人、更槌一下白諦觀法王法。法王法如是、是曰結槌。祖庭事苑八曰、「白槌世尊律儀、欲辨佛事、必先秉白爲穩衆之法也。今宗門白槌、必命知法尊宿以當其任。長老才據座已、而秉白云、法筵龍象衆、當觀第一義。長老觀機、法會酬唱既終、復秉白曰、諦觀法王法、法王法如是。此蓋先德之眞規、皆不失佛意。且見叢林多舉世尊升座文殊白槌。」

【白蓮】（植物）梵名分陀利。Punḍarika 此曰白蓮華。

【白蓮之交】（雜語）謂白蓮華社也。

【白蓮社】（雜名）見白蓮華社條。

【白蓮菜】（雜名）宋高宗紹興初、吳郡延祥院沙門茅子元、曾學於北禪梵法王會下、依倣天台出圓融四土圖、晨朝禮懺文、偈歌四句、佛念五聲、勸諸男女同修淨業、稱爲白蓮導師、號其徒曰白蓮菜、（但喫菜不茹肉、故曰菜）亦曰茹茅闍梨菜。護生之一戒最謹之。見釋門正統四、佛祖統紀五十四。

【白蓮教】（雜名）僞託佛教之邪教也。其教始於元末韓山童劉福通等、詭言彌勒佛下世、白蓮華開、以焚香誦經惑愚民、言可救劫、轉輾相煽、遂成大亂、而元以之亡。明代有唐賽兒王森徐鴻儒等、至清代其萌蘖日熾、又變爲清水八卦榮華紅陽白陽靑蓮紅蓮等名目、不可究詰。乾隆三十九年壽張王倫以清水教倡亂。舒赫德平之。四十年又有劉松劉之協等、以持齋治病惑衆、事發被捕、而黨徒四起、以色分號。其最著者爲齊王氏姚之富徐天德王三槐等、蔓延川湖陝數省。至嘉慶七年、始得額勒登保德楞太楊遇春等肅清之。十六年西巡、又有林清李文成之變、是爲天地八卦教。清黨潛伏禁城起事。文成在滑縣應之。幸即事敗、就擒伏法、而根株未絕、釀成義和團、遂有庚子之變。按沈氏濤瑟榭叢談、載元英宗至治二年、禁白蓮佛。（即白蓮教見元史）則其來久矣。錄此以著邪匪僞託於佛之謬妄。

【白蓮華社】（雜名）略曰白蓮社。亦曰蓮社。晉慧遠法師在廬山虎溪東林寺、集慧永慧持道生等名德、劉遺民宗炳雷次宗等名儒緇素一百二十三人、於無量壽佛像前建誓、而修西方之淨業。以寺多植白蓮、故名蓮社。又爲願求蓮邦之社團、故名。釋氏要覽上曰、「彼院多植白蓮、又彌陀國以蓮華分九品、次第接之、故稱蓮社。有云嘉此社人。

不爲名利淤泥所汚。喩如蓮華。故名之」正字通曰、「團結共事者亦曰社」僧史略下曰、「晉宋間有廬山慧遠法師。化行潯陽。高士逸人輻輳東林。皆願結香花。時雷次宗、宗炳、張詮、劉遺民、周續之等共結白蓮華社。立彌陀像求願往生安養國。謂之蓮社。社之名始於此也。」

【白蓮社七祖】（名數）宋四明石芝曉法師取異代同修淨業之高德。立蓮社之七祖。始祖廬山辨覺正覺圓悟法師（慧遠）、二祖長安光明法師（善導）三祖南岳般舟法師（承遠）四祖長安五會法師（法照）五祖新定臺岩法師（少康）六祖永明智覺法師（延壽）七祖照慶圓淨法師（省常）見佛祖統紀二十六。

【白蓮社十八賢】（名數）白蓮社中緇白之翹楚。有十八人。稱十八賢。一東林慧遠法師、二西林慧永法師、三慧持法師、四道生法師、五曇順法師、六僧叡法師、七曇恒法師、八道昺法師、九曇詵法師、十道敬法師、十一覺明法師、十二佛䭾跋陀三藏、十三劉程之、十四張野、十五周續之、十六張詮、十七宗炳、十八雷次宗。見佛祖統紀二十六、蓮宗寶鑑四」

【白蓮華座】（物名）稱胎藏界曼荼羅第一院中胎法界蓮華之藏。

【白學黑學】（雜語）宋書天竺迦毘黎國傳曰、「慧琳者。秦郡人。姓劉氏。少出家。住冶城寺。嘗著均善論。其詞曰。有白學先生。以爲中國聖人經綸百世。其德弘矣。智周萬變。天人之理盡矣。道無隱旨。教罔遺筌。聰叡迪哲。何負於殊倫哉。有黑學道士陋之。謂不照幽冥之途。弗及來生之化。雖尙虛心。未能虛事。不逮西域之深也。於是白學訪其所以不逮云爾」

【白膠香】（物名）娑羅樹之膠乳也。大日經疏七曰、「白膠香是娑羅樹汁。」

【白縷三昧】（術語）五種三昧之一。見三昧條。

【白檀】（植物）香木名。白色之旃檀也。旃檀有赤白黑紫等之別、大日經疏七曰、「白檀香西方名爲摩羅度。是山名。即智論所云除摩梨山更無出旃檀處是也。」見旃檀條。

【白翟】（雜語）翟、梵語、轉爲九義中有獸之一義。（見翟條）白翟即白獸也。

【白贊】（術語）白爲表白。贊爲贊嘆。贊佛德之語。名爲白贊。又白佛嘆佛贊也。見象器箋十三。

【白鶴】（雜語）鶴娑羅樹之白也、涅槃經一曰、「爾時拘尸那城娑羅樹林變白。猶如白鶴」

【白鷺池】（地名）大般若經四處十六會之一處也。在王舍城竹林園中。五百九十三卷至六百卷、說於此處、即十六會中之第十六會也。大般若五百九十三曰「如是我聞。一時薄伽梵住王舍城竹林樹中白鷺池側。與大苾芻衆千二百五十人俱。」

【白鷺池經】（經名）般若經之異名。以大般若經之第十六會、在白鷺池之側說之故也。

【白氎釋迦像】（故事）經像初來之畫像也。守倫法華經註曰、「摩騰法蘭二梵僧齎白氎畫釋迦像幷四十二章經以白馬負至洛陽。」

【冬安居】（行事）如夏安居。僧侶自十月十五日迄明年正月十五日、禁外出而講學修養也。

【冬瓜印子】（術語）朦昧印可也。

【冬夜】（術語）冬至之前夜也。幻住清規十一月冬至曰、「其冬夜土地堂念誦。」

【冬朝】（雜語）冬至之朝也。禪林有賀儀。

【冬齋】（行事）禪林冬至之秉拂、辦都寺齋、名爲冬齋。見象器箋十七。

【台岳】（地名）天台山也。

【台家】（流派）天台宗也。

【台徒】（雜名）天台宗之僧徒。

【台密】（流派）日本天台宗所傳之密教也。

【台教】（術語）天台宗之教門。

【台道】（雜語）天台宗之道法。

【台衡】（雜語）台爲天台山之智者、衡爲衡岳之慧思。慧思爲師、智者爲弟子。今姑隨語便而謂爲台衡。猶言曹洞也。釋籤二曰「洎於隋文御宇台衡誕應」輔行一曰、「南山歎云。唯衡岳台崖雙弘禪慧」四教儀集解下曰、「清涼觀佛云。撮台衡三觀之玄趣、使教合亡言之旨、心同諸佛之心、不假更看他面。」

【加力】（術語）佛菩薩加被之力。

【加尸】（飲食）Kāśa, Kāśi 又作加私迦尸。藥名。譯曰光。玄應音義三曰「加尸亦作迦尸。此譯云光。言有光澤也。」同十曰「迦私。此云光。能發光藥名也。」

【加句】（術語）眞言上下所增加之語句也。隨其法而各別。

【加行】（術語）入於正位之準備、加一段之力而修行也。如加行道、加行位、四加行、四度加行等。舊譯曰方便（七方便）以於佛果之善巧方便、有混濫之恐、故新譯曰加行。唯識述記九末曰、「舊言方便、今言加行。顯與佛果善巧差別。」

【加行得】（術語）由加行而證得者。與所謂修得同。對生得而言。

【四加行】（名數）唯識五位中第二之加行位、有煖、頂、忍、世第一法之四種差別、故曰四加行。見加行位條。

【加行大士】（術語）大乘加行位之菩薩也。日本謂世親爲加行大士。

【四度加行】（術語）密家傳授十八道、金剛界、胎藏界、護摩等四法之四度修行也。見四度加行本條。

【加行結願】（術語）密法傳授之加行終了也。

【加行位】（術語）唯識宗五位之第二。於十廻向之終修四尋思四如實之願、得煗、頂、忍、世第一法之四善根之位也。爲入於見道、正通達於眞理之方便加行分際、故名爲加行位。卽四道中之加行道也。唯識論九曰「加行位謂修大乘順決擇分。」又曰「煗頂忍世第一法四總名順決擇分、順趣眞實決擇分故、近見道故立加行名、非前資糧無加行義。」見四尋思觀條。

【加行果】（術語）由加行私起之果也。爲西方師所立四果之一。大毘婆沙論百二十一曰、「加行果者謂不淨觀、或持息念、爲加行故、漸次引起盡無生智。餘加行果類此可知。」又見俱舍論六等。

【加行善】（術語）對於生得善而言。與所謂方便善及修得善同義。卽加行方便所得之善心也。俱舍論七曰、「三界善心各分二種、謂加行得生得別故。」又法苑義林章六末曰、「若於三藏、要用功力、所生明勝覺慧之善心名加行善、由功力起性極明了。讀解文義、加行而起、名爲聞慧。」又次下曰、「此三類慧、皆非生得、非闇昧故、並爲加行得加行善故。」皆是也。

【加行道】（術語）四道之第一。見四道條。

【加沙】（雜語）Kaṣāya 又作迦沙。袈裟色名。譯曰不正色、染色、濁色。又曰乾陀加沙野、赤色之義。見袈裟條。

【加沙野】（雜語）Kaṣāya 譯曰赤色。百一羯磨九曰、「乾陀色梵云加沙野、譯爲赤色。」

【加供】（雜語）加入於法事之供養而出供物也。

【加持】（術語）梵語地瑟娓曩 Adhiṣṭhāna 譯言加持。加附佛力於軟弱之衆生、而任持其衆生也。又佛所加之三密力、於衆生之三業任持也。又祈禱者爲加附佛力於信者、使信者受授其佛力、故祈禱直曰加持。演密鈔一曰、「地瑟娓曩此云加持、通三義也。或云憶念、唯意密故。」同二曰、「言加持者、加謂加被、持謂任持。佛以上神力加被任持、現前大衆得見如是不思議莊嚴境界。」卽身成佛義曰、「加持者表如來大悲與衆生信心。佛日之影現衆生心水曰加、行者心水能感佛日曰持。」八十華嚴經六曰、「佛所加持無有邊。」大日經題曰、「成佛神變加持。」

【二種加持】（名數）五相成身之後、有一切如來加持（總）與四佛加持（別）二種。此第二加持不舉大日者、四佛之總德卽爲大日、故舉四佛以攝大日之意也。

【三種加持】（名數）大日經入祕密曼荼羅性品所說、有師弟及曼荼羅之三種。義釋十一曰「前品說入祕密曼荼羅方便。所謂三種加持也。謂以眞言加師之身及所入之壇、等持弟子令至堅固。」

【加持身】（術語）依加持而現起之佛身曰加持身。卽應身也。演密鈔二曰「今言如來是佛加持身、卽是應身。謂從加持而現起、故加持之身名加持身。」

【加持成佛】（術語）謂依修行之功、爲佛力所加持、現成佛之相也。眞言三種成佛之一。

【加持自身法】（修法）加持自身而爲本尊之法。大疏演奧鈔十二曰「觀心中有縛字、變成五股金剛杵。杵變成金剛薩埵。如是觀已、手結薩埵印、口誦其眞言。爲加持法也。」衆尊準之。

【加持門說】（術語）大日如來之自證身說法也。大日如來入加持三昧、以加持身說大日經、故曰加持門說。是爲日本興敎大師覺鑁所創說。師之愛染講式曰「大日如來報在昔之悲願、入加持之門。」又舍利供養式曰「大日如來出法樂之都、趣加持之門。」

【加持杖】（修法）切桃木之枝約尺餘、以眞言加持之、或扣魅女之肩、或打病者之痛所者。止觀八曰「又隨身上有痛處、以杖痛打病處、至四五十。此復何意。夫諸病無非心作。心有憂愁思慮、邪氣得入。今以痛偪之、則不暇橫想、邪氣去、病除也。」用桃木者、由於道家之記。事物紀元八曰「五燭寶典曰、元日施桃枝著戶上、謂之仙木。以鬱壘山、桃百鬼畏之故也。」本草綱目二十九曰「一名仙人桃。」

【散杖加持】（儀式）以散杖灑加持水於信者之頭也。見眞俗佛事編一。

【加持香水】（物名）修法而加神力之香水。蘇悉地經二曰「器盛淨水、隨所作事置本獻花、復置塗香。依本法而作閼伽。燒香薰之、應誦眞言。」

【加持札】（物名）唱眞言而加持之神聖紙札。札上押種種之眞言或符。

【加持供物】（雜語）眞言行者修一尊法時、加持供物也。以若不加持、則諸飛行之藥叉羅刹幽陰鬼等來悉盜食之、或觸穢之故也。

【加持念誦】（雜語）眞言行者修一尊法時、以語密念誦也。蓋行者已於本尊加持之位、自證圓極、成就本尊之身、故卽出化他大悲門、說法利生也。此之爲正念誦。

【加持世界】（術語）本地法身現他受用加持身說三平等句法門之住處也。又名海會現前或隨他法界宮中言之、即敎主自性身現他受用已下瑞相三身之加持處、恰如國王行政時必由本宮出御前殿也。

【加被】（術語）神佛之力加於衆生而與之也。楞嚴經六曰、「願加被未來於此門無惑方便易成就」觀念法門曰、「諸佛同體大悲念力加被令見。」

【加祐】（術語）神佛之力加於衆生而助之也。與加被同。稱讚淨土經曰、「慈悲加祐令心不亂。」

【加備】（術語）加佛力以備衆生之用也。與加被同。玄義分曰、「請願遙加備。念念見諸佛」法事讚曰、「遙加普備。」俱舍光記一曰、「恐有魔事造論不終。讚德歸敬請加備故。」

【加護】（術語）加力而助護之也。八十華嚴經廿七曰、「常爲一切諸佛加護」。最勝王經八曰、「由諸天加護得作於國王。」

【加蘭伽】（動物）鳥名。見迦陵頻伽條。

【以心傳心】（術語）禪家之常語。離言說文字而以心傳於心也。達磨之血脈論曰、「三界興起同歸一心。前佛後佛以心傳心不立文字。」六祖壇經曰、「昔達磨大師初來此土人未信之。故傳此衣以爲信體。代代相承。法則以心傳心。皆令自悟自解。」宗密之禪源都序上之一曰、「達磨受法天竺。躬至中華。見此方學人多未得法。唯以名數爲解事相爲行。欲令知月不在指。法是我心故。但以心傳心不立文字。顯宗破執。故有斯言。」

【以心灌頂】（術語）謂以心傳心之灌頂也。又名祕密灌頂。大日經五偈曰、「第三以心授。悉離時方。」大日疏十五釋之曰師弟子俱得瑜伽、以心灌頂、猶如摩頂授記。」

【以字】（術語）經題或守札之頭書「乂」之形。是爲古來以字異義甚多。宋高僧傳三曰、「音字俱不譯。如經題上乀乙二字是」依此說則本爲「乀乙」之形訛爲「乂」也。然祖庭事苑一舉古來之三說、「一是嘔啊二字（又曰阿偏）二是音字俱不譯。三是梵書之心字」而三說皆不取。自決爲「蓋當時傭書者運筆以覆經題。固無疑矣。」谷響集二修驗故事便覽二詳譯之。

【以佛道聲】（雜語）法華經信解品曰、「我等今者眞是聲聞。以佛道聲令一切聞」小乘之弟子等亦領悟大乘之佛道。令以佛道之敎傳於一切之人也。我指小乘之弟子。

【以針投鉢】（雜語）公案名。付法藏第十四祖迦那提婆、初爲外道。一日自執師子國來憍薩羅國詣龍樹求論議。龍樹乃使弟子持滿鉢之水致之提婆前、提婆見之、默投一針於鉢中。龍樹曰、智哉如是人。遂引見、授以至眞之妙理。見西域記傳燈錄等。

【代香】（儀式）謂代他燒香或燒香之人也。

【代語】（術語）有二。一代現前之衆者。謂師家垂語、使衆下語、不契則自下語代衆也。雲門錄多代語。蓋家門之代語、別語、以雲門爲始。二代古人者、舉古則而他古人無語之處、我代他下語也。見象器箋十一。

【代禮】（雜語）欲使代人禮他、則先使代人受自己之禮拜、卽傳拜也。釋氏要覽中曰「代禮若此方俗之傳拜也。十誦律云、弟子遊方、和尚知彼有靈蹤聖像名德人、和尚令傳禮於彼、其弟子得側身受和尚禮。」

【付法】（雜語）付屬法門也。

【付法傳】（書名）付法藏因緣傳之略名。

【付法藏】（術語）如來滅後迦葉尊者結集法藏、二十年受持、付囑之於阿難、阿難付囑之商那和修、乃至展轉至於師子尊者。是爲付法藏。付法藏因緣傳之所記者是也。

【付法藏傳】（書名）付法藏因緣傳之略名。

【付法藏經】（書名）付法藏因緣傳之異名。

【付法八祖】（名數）日本眞言宗傳持八祖之對以敎法次第相承之八祖師。卽大日如來、金剛薩埵、龍猛、龍智、金剛智、不空、慧果、空海也。

【付法相承】（雜語）承受付屬之法義也。

【付法藏因緣傳】（書名）六卷、元魏吉迦夜等譯。記迦葉等二十四人之付法因緣。明敎大師契嵩准於小乘之禪經慧炬之寶林傳等、作定祖圖正宗記。定西天之二十八祖。謂付法藏傳可焚云。見釋門正統四。

【付財】（術語）佛於般若時、加被於須菩提等小乘之比丘、使對大乘之菩薩說般若之大乘、謂爲轉敎。轉敎之意、於小乘之比丘附與大乘之法財、故法華譬之使窮子管領長者財物、謂爲付財。四敎儀集註上曰、「所以令其轉敎菩薩。意在二乘領知法門。故曰付財。二乘本所不知、但謂加被令說、故曰轉敎。」

【付屬】（雜語）又曰付囑。付者付與物也。屬者付托事也。囑者以言語托所思也。法華經見寶塔品曰、「佛欲以此妙法蓮華經付屬有在。」同囑累品曰、「我於無量百千萬億阿僧祇劫修習是難得阿耨多羅三藐三菩提法、今以付囑汝等。」

【忉利之付屬】（故事）地藏菩薩於

忉利天受釋迦如來之付屬、救濟六趣之衆生。見地藏條。

【付屬一念】（術語）無量壽經之流通分、釋尊對彌勒菩薩、慇懃付屬彌陀之名號、告以一念之稱名、有無上大利之功德。命永宜傳持此法門也。此「一念」爲行之一念、謂一聲之稱名念佛也。

【他力】（術語）佛道有二力、自己所修之善根、爲自力。佛之本願力加被力、爲他力。此中一切諸佛、爲衆生雖有他力、而特以他力之一法、使衆生成佛道者、爲彌陀如來一佛。以是爲彼佛之本願故也。彌陀之本願曰、唯願信我者往生我土、使成佛道。故捨自力而信彌陀者、與此本願相應、自成往生成佛之願果也。而此信心亦爲依佛之本願而發者、即他力也。以他力之信心、爲他力所攝取也。淨土論中下曰「他力爲增上緣。」又曰「如劣夫跨驢不上、從轉輪王行、便乘虛空遊四天下、無所障礙。如是等名爲他力。」教行信證二曰、「言他力者、如來本願力也。」

【他力宗】（流派）自力宗之對。勸他力往生之宗旨也。見他力條。

【他力念佛】（術語）對自力之諸行而言、念佛之行、爲於佛方成往生淨土之大功德、而與衆生者。故有此名。又對於自力念佛而言、謂念佛之功德、非欲迴向淨土而往生。乃於信心獲得上、自感謝佛恩之情念、而口稱佛名也。如眞宗之念佛是。

【他土】（術語）他之世界。法華經寶塔品曰「移諸天人置於他土。」

【他己】（術語）他人與自己。出生菩提心經曰「當知是人解脫他己、立安人天。」海會菩薩所問經曰、「菩薩雖在獨住、不利他已、阿蘭若鉤。」

【他心智】（術語）十智之一。知他人心念之智也。離欲惑而得色界之根本禪已上、得發無智、於六通中、謂之他心通。大乘義章十五曰、「他心智者、非己之慮、稱曰他心。照斯之解、名他心智。」智度論二十三曰、「他心智緣他心有漏無漏心心數法。」

【他心通】（術語）六通之一。具名知他心通、又曰他心智通、知他心之智自在無礙者。又十智中之他心智也。般若經曰、「三他心通、能如實知十方沙界他有情類心心所法、謂徧知他貪瞋癡等心、離貪瞋癡等心、乃知聚心、散心、小心、大心、寂靜不寂靜心、解脫不解脫心、皆如實知。」酉陽雜俎曰、「一公初謁華嚴、嚴命坐、頃曰、爾看吾心在何所。一公曰、師馳白馬過寺門矣。又問之、一公曰、危乎、師何爲處乎刹末也。華嚴曰、聰明果不虛。試復觀我。一公良久、泚顙面赤、作禮曰、師得無入普賢地乎。集賢校理鄭符云、柳中庸善易、嘗詣普寂公。公曰、筮吾心所在也。柳曰、和尚心在前簷第七題。復問之、在某處。寂曰、萬物無逃於數也。吾將逃矣。嘗試測之。柳久之、瞿然曰：至矣。寂然不動、吾無得而知矣。」詵禪師本傳曰：「日照三藏詣詵、詵不迎接。直責之曰：僧何爲入俗囂湫處。詵微矉、亦不答。又云：夫立不可過人頭、豈容標身鳥外。詵曰：吾前心於市、後心剎末。三藏果聰明者、且覆我。日照乃彈指數十、曰：是境空寂、諸佛從是出也。」指月錄六曰：「西京光宅寺慧忠國師。肅宗待以師禮。有西天大耳三藏到京、云得他心慧眼。敕令與師試驗。師問曰：汝得他心通耶。對曰：不敢。師曰：汝老僧即今在什麼處。曰：和尚是一國之師、何得却去西川看競渡。師再問：汝道老僧即今在什麼處。曰：和尚是一國之師、何得在天津橋看弄猢猻。師第三問語亦同前。三藏良久罔知去處。師叱曰：這野狐精、他心通在什麼處。」

【他心智通】（術語）六通之一。略稱他心通。見他心通條。

【他心智通願】（術語）阿彌陀如來四十八願之第八。使極樂國中人天皆得他心通之願也。無量壽經上曰：「設我得佛、國中人天不得見他心智、下至不知百千億那由陀諸佛國中衆生心念者、不取正覺。」

【他方道俗菩薩院】（堂塔）在祇園精舍中。他方世界在家出家之菩薩修行佛道之院也。菩薩有在家出家二種、故曰道俗菩薩。見祇園圖經。

【他化自在天】（天名）略名他化天、欲界六天之第六、故稱爲第六天。此天爲快樂不要自己樂具、變現下天化作、假他之樂事自在遊戲、故曰他化自在。梵名婆舍䟦提。Paranirmitavaśavartina 此天爲欲界之主、與色界之主摩醯首羅天、皆爲害正法之魔王。即四魔中之天魔也。佛成道時、來試障害者、亦此天魔也。或言第六天上別有魔之宮殿、魔王住之、非他化天王也。智度論九曰：「此天奪他所化而自娛樂、故言他化自在。」俱舍頌疏世間品一曰：「他化自在天、於他化中得自在故。」智度論五曰：「魔有四種。（中略）四者他化自在天子魔。」佛祖統紀二曰：「諸經云：魔波旬在六欲頂、別有宮殿。今因果經乃爲自在天王。如此則當第六天有此兩異、蓋是譯者用義之不同也。」

【他生】（雜語）於今生謂過去未來之生也。

【他世】（雜語）對於今世而言過去未來世也。

【他利利他深義】（術語）淨土論有「菩薩如是修五門行、自利利他、速得成就阿耨多羅三藐三菩提故。」等語。曇鸞於論註釋之曰：「然覈求其本、阿彌陀如來爲增上緣。他利之與利他、談有左右。若自佛而言、宜言利他。自衆生而言、宜言他利。」蓋不言自利他利、而言自利利他者、他利以衆生得利益爲主題施利者之力雖顯言利他則表利衆生之意而顯與力者佛建大願自成佛而利益衆生者不可不謂爲自利利他之意也。

【他受用土】（術語）佛之報土有自受用他受用之二土見報土條。

【他受用身】（術語）佛之報身有自受用他受用之二身見報身條。

【他門】（雜語）他之宗門。

【他宗】（雜語）他之宗派。

【他界】（術語）謂人之死也去娑婆世界而往他世界之俗語也古通貴賤而用之後惟限於高堂之人用之。

【他毘利】（術語）譯言上座部見體毘履條。

【他勝罪】（術語）波羅夷之譯名。波羅夷爲比丘之重罪善法爲他惡法所勝之義也。俱舍論十五曰、「害沙門性壞滅墮落。立他勝名。」同光記曰、「由犯四重立他勝名。梵云波羅夷此云他勝。善法爲自惡法爲他若善勝惡法名爲自勝若惡法勝善名爲他勝。故犯重人名爲他勝。」

【他緣】（術語）所起之法爲自能起之諸緣爲他。一切之事物、一無自性悉爲他緣也。釋門歸敬儀上曰、「我身屬於他緣。冥冥不知來處。」

【他緣覺心】（術語）他緣大乘心與覺心不生心十住心中之二心。

【他緣大乘心】（術語）眞言宗所立十住心之第六法相宗之住心也。起無緣之慈而爲濟度他之大乘行之住心也。他緣者、謂緣他之衆生。大日經一曰、「大乘行發無緣乘心法無我性。」此無字之梵語莽鉢羅、有無與他之二義故疏爲他緣乘與無緣乘之二釋。疏二曰、「梵音莽鉢羅是無義亦是他義。所謂他緣乘者謂發平等大誓爲法界衆生行菩薩道。乃至諸一闡提及二乘入正位者。亦當以種種方便折伏攝受皆令同入此乘約此無緣大悲故名他緣乘。又無緣乘者至此僧祇始能觀察阿陀那深細之識。解了三界唯心心外更無一法而可得者。乘此無緣心而行大菩提道。故名無緣乘也。」

【他寶】（譬喩）他人之寶以譬於己無益。華嚴經偈曰、「譬如貧窮人晝夜數他寶自無半錢分。多聞亦如是。」止觀七曰、「印心作觀非數他寶。」

【他鞞羅】（術語）又作體毘履、他毘利。上座部之梵名。慧琳音義七十三曰、「他鞞羅唐云上座部或云尊宿也。」見體毘履條。梵 Sthavira

【仙】（梵語）梵語曰哩始、Rsi 長壽不死之稱、總名行者。佛爲長壽不死、故亦名仙。十二禮曰「阿彌陀仙兩足尊」梵語雜名曰、「仙哩始」名義集上曰、「般若燈論云。

聲聞菩薩等亦名仙。佛於中最尊上、故名大仙」。

【十種仙】（名數）一地行仙、食麻仁草木之實而不休息、則食道圓成、名爲地行仙。二飛行仙、食松柏等草木而不休息、則以草木輕故、體亦輕、飛行空中而不墜地、名爲飛行仙。三遊行仙、服丹砂而不休息、則能化骨使壽永、使體固且能化物、使賤爲貴、自在遊行人間、化人名爲遊行仙。四空行仙、消息養和、運用榮衞、神氣久著、則能履虛空、身固壽永、名爲空行仙。五天行仙、鼓天池而飲神液、固精華、歲久功著、則離人欲、名爲天行仙。六通行仙、呑飲日月之精氣、作意存變而延身命、由是功久、則遂有異見、通此物情、名爲通行仙。七道行仙、堅固咒禁而不休息、則術法圓成、名爲道行仙。八照行仙、堅固思念而不休息、則發用而照明境界、如能悉化源、發定慧、名爲照行仙。九精行仙、世有採陰抆陽之術、名爲交媾、久而功成、則此感彼應、吸彼之精氣以固吾身、是名精行仙。十絕行仙、心變化木石而不休息、則一身如槁木、絕有爲之功用、名爲絕行仙。見楞嚴經八同義疏。

【十仙】（名數）一闍那首那梵志、二婆私吒梵志、三先尼梵志、四迦葉梵志、五富那梵志、六清淨浮梵志、七犢子梵志、八納衣梵志、九弘廣梵志、十須婆陀梵志、此十仙各先與佛論議、終歸伏而證阿羅漢果。

【六十八大仙】（名數）一頞瑟吒迦大仙、二婆莫迦大仙、三婆摩提婆大仙、四摩唎支大仙、五鉢利拏摩大仙、六末建提也大仙、七安隱知識大仙、八婆斯瑟侘大仙、九跋彌迦大仙、十迦攝波大仙、十一老迦攝波大仙、十二毘栗咎大仙、十三鴦祇羅大仙、十四鴦祇洛迦大仙、十五鴦祇刺四大仙、十六有相分大仙、十七有慈大仙、十八布刺須大仙、十九鹿頂大仙、二十毯摩火大仙、二十一洲渚大仙、二十二黑洲渚大仙、二十三訶利底大仙、二十四訶利多也那大仙、二十五甚深大仙、二十六三忙祇羅大仙、二十七嘔揭多大仙、二十八三沒揭多大仙、二十九說忍大仙、三十名稱大仙、三十一善名稱大仙、三十二尊重大仙、三十三阿說羅也那大仙、三十四劫布得迦大仙、三十五香山大仙、三十六住雪山大仙、三十七護相大仙、三十八雜住大仙、三十九末達那大仙、四十設臘婆大仙、四十一調伏大仙、四十二尊者大仙、四十三鸚鵡大仙、四十四毘訶鉢底大仙、四十五網輪大仙、四十六珊尼折羅大仙、四十七覺悟大仙、四十八上具里大仙、四十九犍陀羅大仙、五十獨角大仙、五十一仙角大仙、五十二揭伽大仙、五十三單荼也那大仙、五十四千陀也那大仙、五十五摩登伽大仙、五十六可畏摩登伽大仙、五十七喬答摩大仙、五十八黃色大仙、五十九白色大仙、六十赤馬大仙、六十一白馬大仙、六十二持馬大仙、六十三妙眼大仙、六十四朱目大仙、六十五婆羅器攞大仙、六十六那剌拖大仙、六十七山居大仙、六十八訖栗彌羅大仙。見大孔雀咒王經下。

【仙人】（術語）梵語曰哩始、Ṛṣi 稱外道之高德者爲仙人。以其多入山行道故也。仙果已極、得五種通力。故謂爲五通仙。又稱佛亦曰大仙。大日經疏六曰「持明仙者。是餘藥力等所成。悉地持明仙者。皆是專依咒術得悉地人。直云諸仙者。皆是圍陀事火之類。勸修苦行。成五通神仙。」楞伽經四曰、「大慧。我於此娑呵世界有三阿僧祇百千名號。（中略）或有衆生知我如來者。（中略）有知仙人者。」楞嚴經八曰「阿難。復有從人不依正覺修三摩地。別修妄念。存想固形。遊山林人不及處。有十種仙。（中略）此等皆於人中練心。不修正覺。別得生理。壽千萬歲、休止深山或大海島、絕於人境。斯亦輪迴妄想流轉。不修三昧。報盡還來散入諸趣。」參照仙條。

【仙人鳥】（名數）青雀之一種。佛將成道、世人皆感此仙人鳥之瑞。大疏九曰、「此時菩薩已到苦行源底。知無義利、受牧牛女人乳糜、已於河中澡浴、相好圓滿。爾時去佛道漸近、有無量青雀之瑞。如本行經中廣明。此鳥正名操沙。形似青雀而青者。方俗間所謂仙人鳥也。」

【仙人園】（地名）鹿野園之異名。

【仙人鹿園】（地名）鹿野園之異名。

【仙人鹿野苑】（地名）即鹿野園。在迦尸國。法顯佛國記曰、「復順恒水西行十二由延、到迦尸國波羅捺城之東北十里許、得仙人鹿野苑精舍。此苑本有辟支佛住。常有野鹿棲宿。世尊將成道。諸天於空中唱言。白淨王子出家學道。却後七日當成辟支佛聞已、即取泥洹。故名此處爲仙人鹿野苑。世尊成道已後人於此處起精舍。」

【仙洞】（雜名）仙人所居之山洞也。

【仙音】（術語）佛之音聲。非尋常。故曰仙音。楞嚴經一曰「伽陵仙音徧十方界。」

【仙苑】（地名）鹿野苑之異名也。輔行一曰、「鹿羣所居。故名鹿苑。佛初於此而轉法輪。（中略）二仙所住。故亦曰仙苑。」見鹿野園條。

【仙城】（地名）佛之出生地迦毘羅城也。見迦毘羅條。

【仙鹿王】（術語）鹿棲於山、故曰仙。超絕於同類中、故曰王。佛三十二相中以佛之足比於鹿王之膊。往生要集上末曰、「仙鹿王之膊。千輻輪之趺。」

【仙經】（術語）總名道敎之經典、說長生不死之術者。

【仙道王】（傳說）有部毘奈耶四十

六曰、「勝音城有王曰仙道。夫人名月光。太子名頂髻。又花子城有王曰影勝。夫人名勝身。太子名未生怨。影勝王以佛之畫像贈仙道王。仙道王拜像生信心。以國讓太子。至王舍城。與影勝王共詣佛所。爲比丘。得聖道。後頂髻信佞臣讒。弑仙道比丘。」

【仙豫】（本生）又曰仙譽。國王名。昔釋迦如來爲仙豫王時。殺誹謗大乘法之五百婆羅門。婆羅門命終後、生於地獄。悔過發大乘之信。卽生於甘露鼓如來世界。涅槃經十二曰、「我念往昔於此閻浮提作大國王。名曰仙豫。愛念敬重大乘經典。（中略）聞婆羅門誹謗方等。聞已卽時斷其命根。善男子、以是因緣。從是已來。不墮地獄。」同十六曰、「諸婆羅門命終之後生阿鼻地獄。卽有三念。（中略）於大乘方等經典生信敬心。尋時命終生甘露鼓如來世界」。諸經要集十一曰、「如仙譽國王、殺五百婆羅門生地獄中。發生信心、生甘露國。」

【刋正記】（書名）二卷。孤山智圓著。釋天台之觀經疏。

【刋定記】（書名）華嚴刋定記十六卷。靜法寺慧苑釋新譯之經。見地與賢首異。

【北七】（名數）見南三北七條。

【北山住部】（流派）小乘二十部之一。佛滅後第二百年末。對於制多山部而起、住於制多山之北部。故稱爲北山住部。見宗輪論述記。

【北斗】（雜名）北斗七星也。爲妙見菩薩之化現。

【北斗堂】（堂塔）祀北斗七星之堂也。

【北斗七星】（名數）一貪狼星、二巨門星、三祿存星、四文曲星、五廉直星、六武曲星、七破軍星。此七星在北方。成斗形。故曰北斗七星。尊星王之法、祈念此七星也。見北斗七星延命經。

【北斗護摩】（修法）對於北斗尊星王而修護摩供也。有一行之北斗七星護摩法一卷、大興善寺阿闍梨之北斗七星護摩秘要儀軌一卷。

【北斗尊星王法】（修法）祈念北斗七星之法也。北斗者、妙見大士之垂迹。爲除災延命之秘法。多爲息災或除天變地妖而修之。見百二十尊法。

【經軌】（經名）北斗七星護摩法一卷。北斗七星護摩念誦儀軌一卷。北斗七星延命經一卷、北斗七星念誦儀軌一卷。

【北斗七星延命經】（經名）一卷。婆羅門僧到唐朝受持此經。

【北斗七星護摩法】（書名）一卷。唐一行撰。

【北斗七星念誦儀軌】（經名）一卷。唐金剛智譯。

【北斗七星護摩秘要儀軌】（經名）一卷、唐大興善寺阿闍梨述。

【北方佛敎】（術語）南方佛敎之對。紀元前三世紀阿育王傳道師派遣後、發達於印度北部、傳播於西藏支那日本等之佛敎。總稱此等處所現存之經典、與錫崙緬甸等所謂南方佛敎國之經典爲小乘敎者相反、含大乘經典爲多、兩者顯有相異之點、故從地理上之區分稱爲北方佛敎。

【北方七曜衆】（天名）以二十八宿分配四方、每一方配七宿。北方爲胃婁奎壁室危虛七宿、卽胎藏界曼荼羅中之百藥、愛財、適時、賢鉤、和合、滿者、阿濕毘你之七天也。

【北方毘沙門天隨軍護法眞言】（經名）一卷、唐不空別行翻譯、不入於正經。

【北方毘沙門天隨軍護法儀軌】（經名）一卷、唐不空譯。爲降伏敵國祈念毘沙門天之法式儀軌。曰、「昔五國大亂、有八個月。經月行多法、遂無法驗。行此法降伏五國五萬軍、自平安、故名隨軍護法。」

【北本涅槃經】（經名）四十卷、大般涅槃經之異名、北梁曇無讖譯。

【北辰菩薩】（菩薩）北辰者北極星、密敎以之爲北斗七星、故謂爲妙見菩薩之化現也。

【北拘盧洲】（雜名）卽北俱盧洲。佛經所說四大洲之一、在須彌山北、彼洲人民平等安樂、壽足千年、洲形正方。

【北宗】（流派）禪自初祖達磨至五祖弘忍爲一味、弘忍之下分南北二宗。六祖慧能之宗風、行於江南、故爲南宗之祖。神秀禪師之行化、盛於北京、故謂爲北宗之禪。此中至後代極其隆盛者爲南宗。五家七宗之分派、亦屬此下。

【北枕】（雜語）如來以滅後之佛敎有止住於北方之緣、故臨滅至北方拘尸那城、於沙羅雙樹間北首而入涅槃。是北枕之起因也。長阿含經三曰、「爾時世尊入拘尸那城、向本生處沙羅雙樹間、告阿難曰、汝爲如來於雙樹間敷置牀座、使頭北首而向西方。所以然者、吾法流布當久住北方。對曰唯然。卽敷座令北首。爾時世尊、自四牒僧伽梨、偃右脅如師子王、累足而臥。」涅槃經後分上曰、「爾時世尊三反入諸禪定、三反示海衆已。於七寶牀右脅而臥、頭枕北方、足指南方、面向西方、後脊東方（中略）於其中夜入第四禪、寂然無聲。」

【北度】（雜語）師居北位、度弟子、弟子面北作禮、卽師弟之禮、謂爲北度。智者別傳上曰、「導以律儀、攝以北度。」

【北洲】（雜名）北俱盧洲也。此洲之定命千歲、故曰北洲之千年。俱舍論十一曰、「北洲定千歲、西東半半減、此洲壽不定。」

【北俱盧洲】（雜名）又曰北拘盧洲。

舊曰鬱單越。見欝多羅究留條。

【北單越】(雜名) 北欝單越之畧。

【北臺】(地名) 五臺山在北地故云北臺。

【北齊尊者】(人名) 北齊慧文禪師讀中觀論始證明一心三觀之妙旨是東土台家之鼻祖也彼徒稱師爲北齊尊者。

【北欝單越】(雜名) Uttarakuru 又曰北欝怛越四大洲之一。欝單越洲在須彌山之北方故曰北見鬱多羅究留條。

【巧安止觀】(術語) 善巧安心止觀之畧十乘觀之第三。

【巧妙智】(術語) 稱一切智智。大日經六曰、「一切戲論息能生巧智慧」。義釋十二曰、「巧妙智者、即是一切智智之別名也」。

【巧度】(術語) 小乘之觀法、謂之拙度故菩薩之觀法謂之巧度。度者梵語波羅蜜、渡生死之一切行法也。

【巧智慧】(術語) 見巧妙智條。

【功力】(術語) 勵力而勤善事也。觀佛三昧經六曰、「念佛功力自然開悟」。六妙法門曰、「心慧開發不加功力」。然則功力在我我依念觀音之功力、得觀音之利益也。然今人措我而直言觀音之功力、不動之功力等。此時之功力如言利益也。

【功用】(術語) 謂身口意之動作也。八十華嚴經三十七曰、「自然而行、不假功用」。起信論淨影疏上曰、「爲功用所得故名功德」。

【功用地】(術語) 初地已上、既證眞如猶須加行之功故稱爲功用地。八地已上、不假加行、自然功德增進、故曰無功用地。唯識論九曰、「八地以上純無漏道任運起故、三界煩惱永不現行」。

【功嘉葛剌思】(人名) Kun-dgar-ags 西藏名。譯言普喜名聞。又名膽巴。Da-mpa 譯言微妙。西藏甘突斯旦麻人。幼孤、爲季父所養。十一歲侍法王上師、習得經科咒式壇法明方等。二十四歲、講演大喜樂本續等文。尋奉上師命至西天竺、就古達麻室利學梵典、盡得其傳。元中統年中以國師發思八之薦入居五臺山壽寧寺。至元七年、受詔住仁王寺。九年、留中都、爲王公授戒。十二年奏摩訶葛剌神(即大黑天)之靈感、建廟涿州南、結構極壯麗。十八年、得老子化胡經及八十一化圖、奏其妄誕。於是勅使敎禪之徒及翰林承旨等辯證於長春宮、詔諸路除道德經外、餘悉焚燬。及相哥繼帝師之位、豪橫自肆、師責之不悛、反遭其譖。辭而西歸。及臨洮、復爲權臣所譖、歸故里居六年。相哥遣使召還住中都聖安寺。同年、受勅率侍僧昔監藏至潮州、館開元寺。師以爲潮州是大顚與韓子論道處、宜建梵刹、樞使月的迷失深歸依師、因復興城南淨樂寺故基創建殿宇。師自塑梵像設萬僧齋慶讚之未幾又召還入京。時相哥已伏誅。以師請賜潮州寺田二十頃及寶積之額。世祖有疾召師入內殿建觀音獅子吼道場明年世祖崩成宗踐祚師奏除僧道賦稅。元貞元年、受詔住大護國仁王寺又於高梁河西北甕山寺建曼拏羅於摩訶葛剌神祈戰捷有驗。成宗幸柳林偶得疾、召師至修觀法七晝夜疾乃瘉。施供甚豐贍。大德七年寂年七十四。皇慶二年賜諡大覺普惠廣照無上膽巴帝師。又有金剛上師之號。見佛祖歷代通載元史神僧傳等。

【功能】（雜語）功用能力也。以能生結果而名。唯識演秘二本曰、「能生果法名爲功能。（中略）功能卽是種子異名。」

【功德】（術語）功者福利之功能。此功能爲善行之德、故曰功德。又德者得也。修功有所得故曰功德。大乘義章九曰、「言功德、功謂功能。善有資潤福利之功故名爲功、此功是其善行家德名爲功德。」天台仁王經疏上曰、「施物名功歸己曰德。」勝鬘經寶窟上本曰、「惡盡言功善滿曰德。又德者得也。修功所得故名功德也。」

【功德藏】（術語）功德之寶藏也。無量壽經下曰、「具足功德藏妙智無等倫。」新譯仁王經下曰「滿功德藏住如來位。」

【功德聚】（術語）功德之聚塊。佛之德稱涅槃經三十二曰、「右膝着地以偈讚佛。如來無量功德聚我今不能廣宣說。」洛佛功德經曰、「我今灌沐諸如來淨智莊嚴功德聚。」讚阿彌陀佛偈曰、「斯等寶林功德聚。一心合掌頭面禮。」大日經疏五曰、「制底翻爲福聚。謂諸佛一切功德聚在其中。是故世人爲求福故悉皆供養恭敬。」因塔之德名。性靈集九曰、「塔名功德聚幢號與願印。功德聚則毘盧遮那萬德之所集成與願印則寶生地藏之三昧身。」大日經遍明鈔十曰、「自宗翻率都婆爲功德聚。」

【功德田】（雜語）三福田之一。三寶也。三寶具無上之功德、自此生衆生之功德。或衆生供養之則生無量之福報、故曰田。無量義經曰「布善種子徧功德田普令一切發菩提芽。」俱舍論十五曰、「功德田者謂佛法僧或勝補特伽羅謂得勝果勝定」俱舍頌疏十八曰、「佛及羅漢名爲德田謂具諸勝德。及亦能生一切有情勝功德故。」三藏法數十一曰、「功德福田謂若能恭敬供養佛法僧三寶非但成就無量功德亦能獲其福報是名功德福田。」

【功德天】（天名）新譯曰吉祥天。舊譯曰功德天見吉祥天女條。

【功德天品】（經名）金光明經二所出功德天女說供養念誦自己者與以福。

【功德天女與黑闇女俱行】（雜語）

見吉祥天女條。

【功德衣】（衣服）梵語曰迦絺那。譯言功德衣。修了安居之人所受之袈裟。受之之人有五德。故曰功德衣。見迦絺那條。四分律四十三曰「安居竟有四事應作。何等爲四。應自恣應解界應結界應受功德衣」。

【功德品】（經名）法華經有分別功德品、隨喜功德品、法師功德品之三者。

【功德海】（譬喻）功德之深廣。譬如海也。八十華嚴經七曰、「智慧甚深功德海。普現十方無量國」

【功德池】（地名）八功德水之池。在極樂。無量壽經上曰、「內外左右有諸浴池。或十由旬或二十三十乃至百千由旬。縱橫深淺各皆一等。八功德水湛然盈滿」。

【功德水】（雜名）八功德之水。見上。

【功德主】（雜名）謂檀越之人。見象器箋。

【功德使】（職位）唐朝置管領天下僧尼之官。謂爲功德使。僧史略中曰、「會要云。大曆十四年勅內外功德使並宜停。置若然者代宗朝早置功德使」

【功德施論】（書名）金剛般若波羅蜜經破取着不壞假名論之異名。

【功德莊嚴王經】（經名）一切法功德莊嚴王經之略稱。

【功德叢林】（雜名）名禪法。又名禪院。宋高僧傳十二慶諸傳曰、「南方謂之叢林者。翻禪那爲功德叢林也」。

【功德遊】（行事）即法樂也。法事之後。以詩歌之朗詠等而遊也。

【功德法身】（術語）五種法身之一。見法身條。

【打包】（雜語）行脚僧身負之包裹也。陸游詩曰、「打包僧趁寺樓鐘」。

【打成一片】（術語）去一切之情量計較而一千差萬別之事物也。打字無別意、不俟何事而爲其事曰打。字彙曰、「俗用打字義甚多。如打疊打聽打扮打睡之類。不但打擊而已」。其他喫飯爲打飯、汲水爲打水、取魚爲打魚等。碧巖第六則頌評曰、「長短好惡打成一片。一一拈來、更無異見」。同十七則評唱曰、「香林嘗云。我四十年方打成一片」。無門關第一則評曰、「久久純熟。自然內外打成一片。如啞子得夢、只許自知」。碧巖種電鈔一曰、「不立一塵一法、合平等之域、謂之打成一片」。

【打供】（雜語）爲供養也。

【打板】（雜語）打板而鳴之也。

【打坐】（雜語）釋家跏趺而坐。使心入定。謂之打坐。

【打眠衣】（衣服）禪林之稱。禪僧之寢衣也。

【打野榸】（雜語）原爲打野堆、作土

堆人足共懸之聲也。作榸者誤。碧巖四十八則曰「明招云朗上座喫却招慶飯了去江外打野榸。」同評唱曰、「野榸即是荒野中火燒底木橛謂之野榸。」集韻曰「榸槎皆切。音鹺。枯木根出。」然聯燈錄二十一悟明章曰「如福州諺曰打野堆者成堆打鬨也。」今明招錄中作打野榸後來圜悟碧巖集中解云。野榸、山上火不遇底火柴頭。」

【打給】（雜語）爲給與也。禪門供給大衆粥飯等曰打給。打爲支那俗語、一切事所觸皆曰打。

【打飯】（雜語）喫飯也。

【打靜】（雜語）打椎曰打靜。靜有南北之異義。南部之義、靜是所打、即指砧、謂打砧靜衆也。北京之義、靜是能打、即指椎、謂打椎靜衆也。行事鈔資持記下四之一曰「打椎止爲自告靜衆。不同鐘磬打爲事用也。」

【打擲】（雜語）以木石擊人也。法華經不輕品曰、「杖木瓦石而打擲之。」

【打齋飯】（雜語）俗謂僧道沿門索食爲打齋飯。夷堅志云、將打回齋飯歸家。是宋時已有此語。今或訛爲打盞飯。則以其每至人家取飯一盞也。見曲園雜纂。

【打鐘】（雜語）敲鐘作響、以召集僧、或報時也。

【弘決】（書名）具名止觀輔行傳弘決。四十卷。荊溪湛然著。天台摩訶止觀之註

【弘忍】（人名）唐蘄州黃梅縣人、遇四祖道信禪師得心印。咸亨二年、傳法於六祖慧能、後四年寂。時上元二年、壽七十四。建塔於黃梅之東山。代宗賜諡大滿禪師。見宋僧傳八、傳燈錄三。

【弘法】（術語）弘通正法也。無量壽經上曰「弘宣正法。」佛祖統紀八曰、「弘法傳通。」又（人名）日本眞言宗之開祖、名空海、諡弘法。

【弘明集】（書名）十四卷、梁釋僧祐撰。凡十篇、皆東漢以下至於梁代闡明佛法之文。其辯難攻詰者、亦具載其往復之語。六代遺編流傳最古。梁以前名流著作、今無專集行世者、頗賴以存。佛教中雅馴之言也。唐釋道宣有廣宏明集三十卷。雖爲此書之續編、而體例小殊。

【弘宣】（術語）弘通宣流教法也。無量壽經上曰、「處兜率天、弘宣正法。」

【弘教】（術語）弘通佛之教法也。正法華經三曰、「逮聞弘教、心懷踊躍。」續僧傳（智脫）曰「歡傳燈之弘教。」

【弘通】（雜語）弘教法也。梁僧傳（寶雲傳）曰、「晉宋之際、弘通法藏。」

【弘景】（人名）南山律師親授之弟子。隨天台章安大師學天台宗、鑑眞和尚授具足戒。唐則天武后證聖元年、與實叉難陀等共譯華嚴經。自天后至中宗、凡三入宮、爲

戒師。見佛祖統紀十、傳通緣起下。

【弘經】（術語）弘通經典也。

【弘經三軌】（術語）法華經法師品說弘經之法曰、「藥王若有善男子善女人、如來滅後、欲爲四衆說是法華經者、云何應說。是善男子善女人、入如來室、著如來衣、坐如來座、爾乃應爲四衆廣說此經。如來室者、一切衆生中大慈悲心是。如來衣者、柔和忍辱心是。如來座者、一切法空是。」文句科之爲弘經之三軌。三種之法規也。

【弘經大士】（雜名）謂於佛經造論釋而弘通之之龍樹天親等諸菩薩也。正信偈曰、「弘經大士宗師等。」

【弘道】（人名）詳法珍條。

【弘誓】（術語）具曰弘誓願。謂佛菩薩弘大之誓也。無量壽經上曰、「發斯弘誓。建此願已。一向專志莊嚴妙土。」同下曰、「以弘誓功德而自莊嚴。」法華經普門品曰、「弘誓深如海。」文句十下釋之曰、「弘、廣也。誓、約也。廣制要心。故言弘誓。」輔行一之三曰、「僧那西音、此云弘誓。」法界次第下之上、「廣普之緣、謂之爲弘。自制其心名之曰誓。志求滿足、故云願也。」

【四弘誓】（名數）一切之菩薩、通發四種之弘誓。一衆生無邊誓願度、二煩惱無盡誓願斷、三法門無量誓願學、四佛道無上誓願成。見止觀大意。

【弘誓願】（術語）弘大之誓約與志願也。如上所解。正信偈曰、「聞信如來弘誓願。佛言廣大勝解者。」

【弘誓鎧】（譬喻）弘誓之心堅如鐵。可以此心奮進生死之陣頭。故比之於鎧。無量壽經上曰、「爲衆生故被弘誓鎧。積累德本、度脫一切。」

【弘誓船】（譬喻）弘大之誓願、爲渡一切衆生於彼岸、故譬之於船。往生要集中本曰、「無量清淨覺經云、阿彌陀佛、與觀世音大勢至乘大願船泛生死海。就此娑婆世界、呼喚衆生、令乘大願船送着西方。」（此文、清淨覺經無之。迦才淨土論下有此文。又龍舒淨土文二引淨土傳、擧此文。）

【弘誓海】（譬喻）弘誓之深廣、譬之於海。法華經普門品曰、「弘誓深如海。」

【弘誓强緣】（術語）謂阿彌陀佛廣大之誓願力、爲衆生得信往生淨土者之强增上緣也。

【弘範】（術語）大爲世間之軌範也。楞嚴經一曰、「嚴淨毗尼。弘範三界。」

【弘願】（術語）弘大之誓願。願救一切衆生也。如阿彌陀佛之四十八願是。觀經玄義分曰、「安樂能人顯別意弘願。（中略）言弘願者、如大經說。」

【弘願一乘】（術語）一切衆生成佛之眞實法、惟阿彌陀佛成就之弘願念佛一道也。

【弘願眞宗】（術語）念佛成佛之法。對於定散二善而曰弘願。對於八萬四千之假門而曰眞宗。彌陀十八願所誓大乘眞實之法也。

【叫喚】（界名）地獄名。梵語樓獵 Raurava之譯。或曰啼哭號叫。八熱地獄之第四。受苦之人痛苦不堪。號泣叫喚。故名。見八熱地獄條。

【叫喚大叫喚】（界名）八熱地獄之第四曰叫喚地獄。第五曰大叫喚地獄。

【叫喚地獄】（界名）與叫喚同。見八熱地獄條。

【忉利】（界名）見忉利天條。

【忉利天】（界名）Trāyastriṃśa 作怛唎耶怛唎奢天。多羅夜登陵舍天。譯言三十三天。欲界六天中之第二。在須彌山之頂。閻浮提之上八萬由旬之處。此天之有情身長一由旬。衣重六銖。壽一千歲。（以世間百年爲一日一夜）城廓八萬由旬。名喜見城。帝釋居之。城之四方有峯。各廣五百由旬。每峯有八天。善法堂天。山峯天。山頂天。喜見城天。鉢私他天。俱吒天。雜殿天。歡喜園天。光明天。波利耶多天。離險岸天。谷崖岸天。摩尼藏天。施行天。金殿天。鬘形天。柔軟天。雜莊嚴天。如意天。微細行天。歌音喜樂天。威德輪天。日行天。閻摩那娑羅天。連行天。影照天。智慧行天。衆分天。曼陀羅天。上行天。威德顏天。威德燄輪光天。清淨天。是爲三十三天。玄應音義二曰「忉利此應訛也。正言多羅夜登陵舍天。此譯云三十三天。」慧苑音義上曰「忉利訛言。正云怛利耶怛利奢言怛利耶者此云三也。怛利舍者十三也。謂須彌山頂四方各有八天城。當中有一天城。帝釋所居。總數有三十三處。故從處立名也。」法華經勸發品曰「若但書寫。是人命終當生忉利天上。」

【外凡】（術語）二凡之一。聲聞乘以五停心。別相念處。總相念處之修行位爲外凡。四善根之位爲內凡。又菩薩乘以十信之位爲外凡。十住等三賢之位爲內凡。大乘義章十七末曰「言外凡者。善趣之人向外求理。未能息相內緣眞性。故名爲外。六道分段凡身未捨。故名爲凡。」四敎儀集註中曰「相似見理名內。未得似解名外。」

【外五鈷印】（印相）見五鈷印條。合兩手之小指而形一鈷。合左右之中指而又形一鈷。開左右之頭指各形一鈷。合左右之拇指而形一鈷。通成五鈷。而交叉左右之無名指容於掌內。爲內五鈷印。出於手背爲外五鈷印。見圖印集二。

【外四供】（術語）爲金剛界三十七尊中香華燈塗之四菩薩。是由中央之大日如來供養阿閦等之四佛者。

【外用】（術語）對於內證而言。有一

本體由此而現於外之作用也。申言之、卽應機而示現說法神通等之用也。大乘義章二十末曰「以定住緣、息其外用」。法華玄義一上曰「內用名自在、外用名神力」。

【外外道】（術語）數論師勝論師等佛法外之外道曰外外道。止觀十上曰、「邪人不同、又爲三。一佛法外外道、二附佛法外道、三學佛法成外道」。大日經疏二曰、「此宗中說有兩種外道。外外道、內外道」。

【外我】（術語）身外之我也。如以大自在天視爲宇宙唯一之大我者。大日經疏七曰、「設令不依內我、必依外我。卽於自在梵天等」。

【外法】（術語）佛法外之法。如荼吉尼之法、阿尾捨之法等。

【外典】（術語）佛敎外之典籍。外道之典籍。世間之典籍。法華經譬喩品曰、「未曾念外道典籍」。止觀輔行四之三曰、「大論云、習外典者、如以刀割泥、泥無所成、而刀日損。又云讀外典者、如視日光、令人眼暗」。

【外空】（術語）十八空之一。身外之諸物、悉爲實體不可得。

【外供養】（術語）又曰外四供、或單曰外供。見外四供條。

【外金剛部】（術語）金剛界曼陀羅之外衆也。有二十天、繞四方。對於三十七尊之內衆、謂之外。

【外金剛部院】（術語）胎藏界曼陀羅十三院之第十三。在最外面列金剛部之諸尊、故名爲外金剛部院。

【外金剛二十天】（名數）金剛界曼荼羅九會中、第一根本成身會、第二三昧會、第三微細會、第四大供養會、第八降三世會、第九降三世三昧會等六會外部所布列之金剛衆也。

	種子	三形	羯磨身
Nārāyaṇa 那羅延天		八轉輪寶	赤色左手掌右手持輪
Kumāra 俱摩羅天		鐵三古鈴	三面童相肉色左拳右劍
Vajra-goda 金剛摧天		白傘蓋	白色持白傘蓋
Brahmā 梵天		未敷紅蓮	肉色持開蓮
Śakra 帝釋天		鐵一古	肉色持獨股
已上五天從東北角至南			
Aditya 日天		日輪	肉色持日輪形
Candra 月天		半月	肉色左拳右持半月輪
Vajra-māla 金剛食天		五色華鬘	持華鬘又云華鬘毘那夜迦 Vināyaka
Musala 彗星		寶棒	白肉色左拳安腰右持寶棒
Piṅgala 熒惑星天		火焰	赤肉色持杖幡
已上五天從東南角至西			

Rākṣmalevatā 羅刹天			寶杖	肉色本刀印形
Vāyu 風天			幢幡上珠散光	赤肉色持杖幡
Vajra-vāsin 金剛衣服天			黑色箭	白肉色弓箭又云毘那夜迦
Agni 火天			三角形	赤肉色左仙杖右火智印
Vaiśravaṇa 毘沙門天			棒末有寶	黃色左持塔右持棒
已上五天從西南角至北				
Vajrāṅkuśa 金剛面天			鉤	赤黑色猪頭人身持劍
Yama 焰摩羅天			人頭幢	肉色持人頭杖
Vajra-jaya 調伏天			劍	白肉色持刀
Vināyaka 毘那夜迦天			團	象頭人身左蘿蔔右持團
Nāgavajra 水天			龍索	青色左拳右手持索
已上五天從西北至東				

【外金剛部會曼荼羅】（術語）理趣釋下曰「中畫摩醯首羅如本形。以八種天圍繞之四門畫四供養各本形」

【外相】（術語）善惡美醜之現於身上者。又身口所作之現於外者。毘尼義鈔上之一曰「內德既異。外相亦異」

【外相十二】（名數）三十六物中、髮、毛、爪、齒、眵、淚、涎、唾、屎、溺、垢、汗也。

【外海】（地名）謂第七金山與鐵圍山間之海也。所謂四大洲在於此處。俱舍論十一曰「第八名外鹹水盈滿（中略）於外海中大洲有四」

【外陣】（術語）佛殿內之坐處、區劃二所。近佛之所爲內陣、遠爲外陣。又書爲下陣。

【外執】（術語）外道之邪執見也。俱舍論三十曰、「應捨盲闇諸執惡見所爲求慧眼。」

【外教】（術語）佛法以外之教。印度有九十五種之外道、支那有九流百家等。佛祖統紀三十九曰、「沙門道安作二教論。以儒道九流爲外教。釋氏爲內教」二教論曰、「聚雖一體而形神兩異。散雖質別而心數不亡。故救形之教教稱爲外。濟神之典典號爲內」又治心之術名爲內教。修身之教名爲外教。

【外貪欲】（術語）見他男女等而起之貪欲也。止觀八上曰、「外貪欲起以不淨助內貪欲起以背捨助。」

【外無爲】（術語）於外境不動心者。即眼不見色。耳不聞聲、鼻不嗅香。口不取味。身不觸細滑。意不妄念也。

【外道】（術語）於佛教外立道者。爲邪法而在眞理之外者。資持記上之一曰、「言外道者。不受佛化。別行邪法」天台淨名疏一之本曰、「法外妄解。斯稱外道。」三論玄義上曰、「至妙虛通目之爲道。心遊道外故名外道。」圓覺經集註中曰、「心行理外故名外道。」梵網經上曰、「天魔外道相視如父母。」法華經譬喻品曰、「未曾念外道典籍。」圓覺經曰、「汝善男子當護末世是修行者無令惡魔及諸外道惱身心。」外道之種類不一。百論有「二天三仙」四宗論及入大乘論有「四外道」維摩經涅槃經等有「六師」唯識論有「十三外道」瑜伽論有「十六外論師」外道小乘涅槃論有「二十種」大日經有「三十種」涅槃經僧祇律等有「九十五種」華嚴經智度論等有「九十六種」以下逐項詳說之。

【二天三仙】（名數）一韋紐天外道、以韋紐天爲萬物之生因者。二摩醯首羅天外道以摩醯首羅天爲萬物之生因者。三迦毘羅仙外道卽數論師。四優樓迦仙外道卽勝論師。五勒沙婆仙外道卽尼犍子。九十六種中舉此五師、餘均略。見百論上、百論疏上之中。

【三外道】（名數）卽百論所說之三仙也。止觀十上舉此三外道而判宗計。「一迦毘羅外道計因中有果。二漚樓僧佉外道、計因中無果。三勒沙婆外道計因中亦有果亦無果。」

【三種外道】（名數）天台智者於外道立三種。一佛法外外道、如九十六種之外道、佛法外之外道也。二附佛法外道、如小乘之犢子部及大乘之方廣道人、附託佛法而立邪計者。三學佛法成外道、謬解佛之教門、而陷於邪計者。見止觀十上。

【外道四宗】（名數）又曰四見、亦曰四執。一迦毘羅、計一。二優樓僧佉、計異。三尼犍子、計亦一亦異。四若提子、計非一非異。見入大乘論上、破四宗論上。又一執一者、如數論等。二執異者、如勝論等。三執亦一亦異者、如尼犍子等。四執非一非異者、如阿時縛外道。見唯識論一、同述記一末。

【外道六師】（名數）一富蘭那迦葉、Pūraṇa Kāśyapa 富蘭那其字、迦葉其姓。立一切之法斷滅性空、無君臣父子忠孝之道者。二末伽梨拘賒梨子、Maskāri Gośāliputra 末伽梨其字、拘賒梨其母名。計衆生之苦樂、非由因緣、惟爲自然者。三删闍夜毘羅胝子、Sañjaya Vairaṭīputra 删闍夜其字、毘羅胝其母名。計不求道、但經生死劫數、間自盡苦際、如縷丸轉於高山、縷盡自止者。四阿耆多翅舍欽婆羅 Ajitakeśakambala 阿耆多翅舍其字、欽婆羅者麤衣也。身著弊衣、五熱炙身、以苦行爲道者。五迦羅鳩馱迦旃延 Kakuda Kātyāyana 迦羅鳩馱其字、迦旃延其姓。計諸法亦有相亦無相、應物而起見者。若人問爲有耶、則答爲無、爲無耶、則答爲有。六尼犍陀若提子、Nirgranta Jñātiputra 尼犍陀為出家總名、若提為母名。計苦樂罪福、盡由前世、必當償之、非今行道所能斷者。已上六師與佛同世自稱為一切智者。見維摩經弟子品、涅槃經十九、止觀十上。有部毘奈耶雜事三十八曰「喬答摩我曾遍觀諸外道類各別立宗、所謂哺刺拏迦攝波子、末塞羯利瞿黎子、珊逝移毘剌知子、阿市多雞舍甘跋羅子、腳俱陀迦多演那子、昵揭爛陀慎若底子。此等諸師各述異宗未知誰是」因立三種之六師外道。一、一切智六師外道、見邪異理發邪智而辯才無礙者。二神通六師外道、得世間之禪定而發五神通者。三韋陀六師外道、又曰文字外道、博學多聞、通四韋陀十八大經、世間之吉凶天文地理醫方卜相等無所不知者。見四教儀二。

【六種苦行外道】（名數）一自餓外道、節飲食而忍饑餓者。二投淵外道、投身於淵而死者。三赴火外道、常以五熱炙身者。四自坐外道、常為裸形、不拘寒暑、坐於露地者。五寂默外道、以屍林冢間為住處、常寂默不語者。六牛狗外道、持牛戒狗戒者。見涅槃經十六。

【十三外道】（名數）一劫比羅、即數論師也。二嗢露迦、即勝論師也。三大自在天、以自在天為生因者。四大梵外道、以梵天為生因者。五時外道、計時為生因者。六方外道、計方為生因者。七本際外道、計過去之初有本際、從此生萬物者。八自然外道、計萬物由自然而生者。九虛空外道、以虛空為生因者。十我外道、計常有一大我、從此生萬物者。十一聲顯論師、計聲雖由緣隱顯、然為本來常有者。十二聲生論師、計聲本為無、依因緣而生、生了即為常住者。十三順世外道、計唯有地水火風四大、生一切有情、死後還歸於四大者。見唯識論一、述記一末。

【十六外論】（名數）一因中有果論、是如雨衆外道、計因為常恆、具有果性者。雨衆外道者、數論師之大弟子、十八部之主也。二從緣顯了論、是如數論外道、又如聲顯論師、計法自先即有、但依緣而顯者。三去來實有論、是如數論外道、又如時論外道、又如小乘薩婆多部、計過去未來為實有之事如現在者。四計我論、是如數論、勝論、尼犍子、獸主、赤衣、遍出、犢子之七。外道計實我者。五計常論、是如數論師等、計我及世間為常住者。六宿作因論、是如尼犍子外道、計現所受之苦、由於宿作之因、由於現之苦行、而吐宿惡者。七計自在論、即自在天外道。八害為正法論、是如濁世之諸婆羅門、欲自食肉而以害生物供天為正法者。九有邊生邊論、諸外道入禪定所見、計世界有邊際無邊際者。十不死矯亂論、有外道言我事不死之淨天、問其不死之理、則為矯亂之答者。十一無因見論、執諸法無因之邪見者。十二斷見論、計身死而後斷滅者。十三空見論、一切撥無之邪見外道也。十四妄計最勝論、如諸婆羅門計我是最勝之種類、剎帝利等是下劣之種類、我自梵王之口而生、餘不爾者。十五妄計淸淨論、如某種外道、計入恒河沐浴則除諸惡而淸淨者、又持狗戒牛戒食糞或草以爲淸淨者。十六妄計吉祥論者、供養日月星辰誦咒燒火以求吉祥者。見瑜伽論六七、瑜伽論記二。

【二十種外道】（名數）一小乘外道、計人死如燈火之滅者。二方論師、以方角爲諸法之生因者。三風仙論師、以風爲萬物之生因者。四韋陀論師、以韋陀經所說之梵天爲萬物之生因者。五伊賒那論師、以伊賒那天爲萬物之生因者。六裸形外道、以裸形爲正行者。七毘世師、卽勝論師。八苦行論師、以苦行爲涅槃之正因者。九女人眷屬論師、計摩醯首羅天先作女人生一切萬物者。十行苦行論師、計罪福功德總盡爲涅槃者。十一淨眼論師、以智爲涅槃者。十二摩陀羅論師、以那羅延天爲萬物之父者。十三尼犍子外道、計初生一男一女、此二和合而生一切萬物者、卽六師外道之一。十四僧佉論、卽數論師。十五摩醯首羅論師、以摩醯首羅天爲萬物之生因者。十六無因論師、計萬物無因而然者。十七時論師、計萬物由時而生者。十八服水論師、計萬物以水爲本者。十九口力論師、計虛空之力爲生萬物者。二十本生安茶論師、計由安茶生萬物者。見外道小乘涅槃論、三藏法數四十六。

【三十種外道】（名數）一時外道、以時爲生因者。二五大外道、以地水火風空五大爲生因者。三相應外道、計學定者內心相應之理爲眞我者。四建立淨外道、建立一切法、依此修行、以之爲淸淨者。五不建立無淨外道、與上相反、不建立一法、無所修之淨法者。六自在天外道、以自在天爲生因者。七流出外道、與建立外道相似、建立謂自心生一切法、此則謂自手出一切法也。八尊貴外道、以那羅延天爲生因者。九自然外道、計萬物爲自然之法者。十內我外道、計身中別有我而運轉此身者。十一人量外道、計神我之量或大或小、等於人身者。十二遍嚴外道、計神我雖能造諸法、而世間有尊勝遍嚴之事、是我之所爲者。十三壽者外道、計一切之法至於草木四大皆有壽命者。十五識外道、計有識遍於一切處、地水火風識皆遍滿者。十六阿賴耶外道、計有阿賴耶識持此身、含藏萬像者。十七知者外道、計身中有知者、能知苦樂等事者。十八見者外道、計身中有見者、是爲眞我者。十九能執外道、計身中別有能執者、是爲眞我者。二十所執外道、計能執者是識心、其所執之境界是眞我者。二十一內知外道、計身中別有內知者、是爲眞我者。二十二外知外道、計有外知者、知外塵之境界、是為眞我者。二十三社怛梵外道、社怛梵古來不勘翻名、是與知者外道之宗計大同者。二十四摩奴闍外道、摩奴闍翻為人、計人由人而生者。二十五摩納婆外道、摩納婆譯為勝我、計我於身心中最為勝妙者。是毘紐天外道之部類也。二十六常定生外道、計我是常住、不可破壞、自然常生而無更生者。二十七聲顯者外道、計聲以緣而顯、聲之體為本有常住者。二十八聲生者外道、計聲本無、以緣而生、生已卽常住者。二十九非聲外道、撥無聲體者。已上二十九種之外道加一總我、稱為三十種之外道。見大日經疏十二、二十住心廣名目一。

【九十五種外道與九十六種外道】(名數) 經論中舉西域外道之總數有九十五種與九十六種之二說。九十六種者、六十華嚴經十七曰、「令一切衆生得如來幢。摧滅一切九十六種諸邪見幢」央掘摩羅經四舉往昔自佛慧比丘生種種之苦行外道、其結文曰、「如是九十六種。皆因是比丘種種形類。起諸妄想。各自生見」增一阿含經二十曰、「我能盡知九十六種外道所趣向者。如來之法所趣向者不能分別」智度論三曰、「云何勝一切。九十六種外道論義能破故名勝」同三十二曰、「世間諸法實相寶山、九十六種異道皆不能得」同三十六曰、「九十六道不說依意生識。但以依神為本」同四十八曰、「與九十六種邪行求道相違。故名正勤」成實論十曰、「以戒取故。九十六種有差別法」婆沙論六十六曰、「如是正見中。九十六種外道所無」釋摩訶衍論九曰、「言外道者。九十六種諸大外道。九萬三千眷屬外道」而薩婆多論五解其數曰、「六師者。一師十五種教。以授弟子。為教各異。弟子受行各成異見。如是一師出十五種異見。師則有法與弟子不同。師與弟子通為十六種。如是六師有九十六種」九十五種者、南本涅槃經十曰、「世尊常說一切外學九十五種皆趣惡道。聲聞弟子皆向正路」大集經五十五曰、「剃除鬚髮身著袈裟。名字比丘為無上寶。比餘九十五種異道最尊第一」文殊師利般涅槃經曰、「九十五種諸論議師無能酬對」解九十六種有二說。一依薩婆多論之釋、九十六種悉為邪道。依此說、則九十六種與九十五種之相違、不可和會。但可視為異說。是南山宗之義也資持記上一之一先舉薩婆多論之說、次言「僧祇總有九十六種出家人則佛道為一。邪道九十五。未詳合數兩出不同」(已上一說)二依九十六道經、九十六道此為邪合說、邪道定為九十五、九十六之邪道者、加犢子部附佛法之外道、或加定性二乘而會通之也。是天台之釋也。文句記五之一曰、「九十六道經云。唯有一道是正。餘者悉邪。有人引多論云。六師各有十五弟子。幷本師六師九十六也。准九十六道經無此說也。彼論自是一途。豈可六師必定各只十五弟子。九十六中有邪有正。」輔行三之三曰。「九十五種者通擧諸道。意且出邪。（中略）故大論二十五云。九十六道中實者是佛。」（二十五爲廿三之誤。實字論文作寶）然九十六道經眞僞未決。今不傳。又見智度論二十三（輔行曰大論二十五）之文曰。「人中寶者是佛。九十六種道法中寶者是佛法。一切衆中寶是僧」。是佛如爲人中之外。佛法亦視爲九十六種之外。乃爲穩當。（智度論前後之文有九十六種外道。既於前擧之。）

【外道十一宗】（名數）九十五種之外道以十一宗統收之。一數論師。計冥諦生。從數起論。故名爲數論。又論能生之數。故名爲數論。其造數論及學數論者。皆名數論師。計冥諦生者。百論云。由冥生覺。乃至神我。共成二十五諦。前二十四諦從神我生。以神我爲主。神我者常覺明了。常住不壞。而攝受諸法。是故神我是常。一爲萬物之因。涅槃之因也。二衛世師。計六句生。梵語衛世。華言無勝。其人在佛前八百年出世。其師晝避聲色。匿跡山藪。夜絕視聽。游方乞食。似鵂鶹鳥。故時人名爲鵂鶹仙人。及獲五通。遂說論十萬偈。以證菩提。六句生者。一實。謂諸法體實。爲德業所依。二德。卽道德也。三業。卽作用也。四大有。與實德業同爲一有。五同異。如地望於地是同。望於水卽異。水火風等亦然。六和合。諸法之和合也。如鳥之飛空。忽至樹枝住而不去。法亦如是。三塗灰。計自在天生萬物。塗灰者。卽外道之名。此外道計欲界第六之自在天能生萬物。四圍陀論師。計那羅延天生四姓。梵語圍陀。華言智論。梵語那羅延。華言鉤鎖力士。以其骨節鉤鎖而有力故也。那羅延天能生四姓者。自口生婆羅門。自兩臂生刹利。自兩脛生毘舍。自兩脚生首陀。五安茶論師。計本際生。梵語安茶。無翻。本際者。卽過去世之初際也。此外道計世間最初有大水。時有大安茶出生。形如鷄卵。後爲兩段。上爲天。下爲地。中生一梵天。復能出生一切有命無命之物。故梵天是生萬物之主。六時散外道。計物從時生。此外道自見草木等物。時有生華。時有生果。時有作用。或舒或卷。使枝條隨時榮枯。時雖微細而不可見。然以此華實等。則知有時也。七方論師。計方生人。人生天地。方卽四方。此外道計四方能生人。人能生天地。滅後還入於方。八路伽耶。計色心法皆極微作。梵語路伽耶。華言順世。此外道計色心等法。皆由四大之極微能生麤色。是極微其體實有。世間之麤物雖爲無常。而極微之因則不壞也。九口力論師。計下虛空爲萬物因。此外道計由空生風。由風生火。由火生煖。煖生水。水生凍。作爲堅地。地生五穀。五穀生命。命終則還歸於虛空。十宿作論師、計苦樂隨業。此外道計一切衆生受苦樂之報、皆隨宿世本業之所作。若持戒精進、身心受苦、則能壞本業、本業既盡、則衆苦亦滅、衆苦滅故、即得涅槃、是故計宿世之所作為一切之因。十一無因論師、計自然生、此外道計一切萬物因無緣亦無、皆自然而生、皆自然而滅。見華嚴演義九。

【外道十六宗】（名數）又名十六異論。見外道條附錄十六外論項。

【外道相善】（術語）外道所修之觀行也。名之為相善。有二種、一為相似之義、外道所修之六行觀、似菩薩之觀法、故為相善。二相為有相之義、外道之善、為不知人法二空之理而修者、故曰相善。

【外道小乘涅槃論】（書名）具名提婆菩薩釋楞伽經中外道小乘涅槃論、一卷、後魏菩提流支譯。叙外道小乘所執二十種之涅槃。

【外道小乘四宗論】（書名）具名提婆菩薩破楞伽經中外道小乘四宗論、一卷、後魏菩提流支譯。破外道小乘所執一異等之四見。

【外道問聖大乘法無我義經】（經名）一卷、宋法天譯。因外道之問而說一切法如夢如幻之義。

【外緣】（術語）自外與力而助物之生起之緣也。對於內因而言。四緣中之增上緣也。起信論曰、「用熏習者、即是衆生外緣力。如是外緣有無量義、略說二種、云何為二。一者差別緣、二者平等緣。」

【外儀】（術語）謂行住坐臥之四威儀也。往生要集中本曰、「外儀雖異、心念常念。」

【外塵】（術語）塵者六塵、六根所對之事物。凡夫以為此六塵在於心外、故曰外塵。六祖壇經曰、「分別一切法、為外塵相。」釋門歸敬儀曰、「大聖宗教、境是自心、下愚迷執、塵為識外。」

【外學】（術語）學外教之典籍及世間法也。毘奈耶雜事六記舍利弗降伏撥無後世之外道、佛因聽比丘學外論。其文曰、「佛告諸苾芻、非一切處有舍利子、其相似者亦不可求、是故我聽諸苾芻學盧迦耶等諸外俗論。時諸苾芻聞佛世尊許學書論、遂無簡別、愚昧之類、亦學外書。佛言、不應愚痴少慧不分明者、令學外書。自知明慧多聞強識能摧外道者、方可學習。諸明慧者、鎮學外典、善品不修。佛言、不應如是常習外典。佛言、當作三時、每於兩時讀佛經、一時習外典。苾芻遂於年月分作三時。佛言、人命迅速、剎那無定。不應年月分作三時、可於一日分為三分。苾芻朝習外典、暮讀佛經。佛言、於日初分及以中後、可讀佛經、待至晚時、應披外典。苾芻卽便暫時尋讀。不誦其文。尋還廢忘。佛言應誦」僧史略上曰、「祇洹寺中有四韋陀院。外道以爲宗極。又有書院。大千界內所有不同文書。並集其中。佛俱許讀之。爲伏外道。而不許依其見也。」

【外縛印】（印相）四種拳之一。交叉二手而作拳、使十指出現於外者。又名指在外拳。見大日經疏十三。又曰堅固縛、金剛縛、又曰外縛拳。爲解結使之縛之意。顯十地圓滿之形者也。

【外縛拳】（印相）見前。

【外題】（術語）經卷表紙所記之經題。

【外題六十四字】（名數）妙法蓮華經卷第一乃至妙法蓮華經卷第八。法華經八卷之外題文字。通計六十四字也。

【外題以字】（雜語）經之外題之頭、書乂形、是似以字。故曰以字。有諸說。見以字條。

【外護】（術語）二護之一。佛所制之戒法。護吾身口意之非。爲內護。族親檀越。供衣服飲食。爲外護。見三藏法數七。

【外護善知識】（術語）三善知識之一。謂給我衣食所須。使我安穩修道行之善友也。止觀四下曰、「夫外護者不揀黑白。但營理所須。如母養兒。如虎啣子。調和得所。舊行道人乃能爲耳。是名外護。」

【外護摩】（術語）見護摩條。

【外魔】（異類）魔之自外來者。屬於四魔中之天魔。天台分之爲三種。一慍惕鬼、二時媚鬼。三魔羅鬼。見止觀八下。

【犯戒】（術語）毀犯佛所制之戒法。

【犯戒五過】（名數）一害自身。二爲智者所呵。三惡名流布。四臨終生悔。五死墮惡道。見四分律五十九。

【犯戒五衰】（名數）一求財不遂。二設得卽耗。三衆不愛敬。四惡名流布。五死入地獄。見中阿含經。

【犯戒罪報輕重經】（經名）一卷、後漢安世高譯。與目連所問經同本。

【犯重】（術語）犯小乘戒之四重罪、大乘戒之十重罪也。

【犯重比丘不墮地獄】（雜語）寶積經百十六曰、「一切業緣皆住實際。不來不去。非因果非不因果。何以故。法界無邊。無前無後故。是故舍利弗。若見犯重比丘不墮地獄。淸淨行者不入涅槃。如是比丘非應供非不應供。非盡漏非不盡漏。何以故。於諸法中住平等故。」是說實相觀也。謂諸法之實相。以寂滅無相之故。無生死涅槃之假相也。

【奴婢】（雜名）奴隸之男女也。印度土著之蕃人、爲征伏者所使役者。亦爲一個之財產。經中諸所有「奴婢錢財」之語。

【奴僕三昧】（術語）諸尊諸明王等使者辨事之三昧也。

【必至滅度願】（術語）彌陀四十八願中之第十一願。又名證大涅槃之願。往生淨土、卽誓必到達涅槃之大果也。

【必至補處願】（術語）四十八願中第二十二願。使欲往生淨土者、必至一生補處位之願也。無量壽經上曰、「設我得佛。他方佛土諸菩薩衆來生我國。究竟必至一生補處。（中略）若不爾者不取正覺。」

【必定】（術語）梵語阿鞞跋致、Avaivartikā 譯言不退轉、又翻必定。不退轉大道、必定入於涅槃之位也。大智度論九十三曰、「阿鞞跋致卽是必定。」十住毘婆沙論易行品曰、「人能念是佛無量力功德卽時入必定。」

【必栗託仡那】（術語）梵音。Pṛthag-jana 譯言獨生、異生。卽凡夫也。

【必得家】（術語）Piṭaka 又作比摘迦。譯曰藏。三藏之藏、卽庫藏之義也。求法高僧傳下曰、「必得家是藏。」開宗記一本曰、「梵曰比摘迦。此譯爲藏。」

【必滅】（術語）謂有生者必滅也。

【必墮無間】（雜語）罪惡深重者、必墮無間地獄也。

【丙丁童子】（職位）司燈火之童子也。碧巖第七則評唱曰、「如則監院在法眼會中、未曾參請入室、一日法眼問云、則監院何不來入室。則云、和尚豈不知耶。某甲於青林處有個入頭。法眼云、汝試爲我舉看。則云、某甲問如何是佛。林云、丙丁童子來求火。法眼云、好語、恐儞錯會、更說看。則云、丙丁屬火、以火求火、如某甲是佛、更去求佛。法眼云、監院果然錯會了。則不憤便去。法眼云、此人回則可救、若不回則不得救。則到中路自忖云、他是五百人之善知識、豈賺我耶、遂回再參。法眼云、儞但問我、我爲儞答。則便問如何是佛。法眼云、丙丁童子來求火、則於言下大悟。」按傳燈錄十與此異。

【矢石】（譬喻）以矢射石、不能貫之、譬二者之不相容也。止觀五之二曰、「天親龍樹內鑑冷然。外適時宜。各權所據。而人師偏解。學者苟執。遂興矢石。各保一邊。大乖聖道也。」同輔行曰、「矢石者。如箭矢射石。義非相入。以各計故。不同圓理。如彼矢石。」

【戍達羅】（雜名）舊云首陁、梵語也。又作戍達羅。詳見首陀條。

【且喜】（雜語）禪錄多有「且喜沒交涉」之語。沒交涉者、言與所義不相干、否定前人之語之謂也。且喜者、種電鈔一乾以爲「一往隨順許之辭」。一往隨喜前人之語而後否定之也。

【乏道】（術語）梵語之沙門、一翻乏道。乏於道也。自謙之稱、如云貧道。三德指歸一曰「沙門此翻乏道」參照貧道條。

六畫

【式叉】（術語）此翻云學。

【式叉尼】（術語）式叉摩那尼之略。

【式叉論】（書名）皮陀經六論之一。見六論條。

【式叉摩尼】（術語）式叉摩那尼之略。

【式叉摩那】（術語）又作式叉摩拏。式叉摩那尼之略。

【式叉迦羅尼】（術語）譯曰學。又曰應學宜學也。爲突吉羅之異名。大日經疏五曰「此中應學。舊譯名爲式叉迦羅尼」大部補註二曰「式叉迦羅尼此名爲學」四分律四十一見「尸叉罽羅尼」「突吉羅」梵 Śikṣākaraṇī

【式叉摩那尼】（術語）出家五衆之一。舊譯學法女。新譯正學女。沙彌尼之欲受具足戒者。使自十八歲至二十歲滿二年間別學六法。驗胎之有無。且試行之眞固也。是爲式叉摩那尼。俱舍光記十四曰「式叉摩那。唐云正學。正謂正學六法。言六法者。謂不婬。不盜。不殺。不虛誑語。不飮諸酒。不非時食。」行事鈔資持記上一之二曰「式叉摩那。此云學法女。由尼報弱。就小學中別提六行爲具方便。二年則驗胎有無。六法則顯行貞固。十誦所謂鍊身練心卽是義也。」梵 Śiksamāṇā

【耳入】（術語）十二入之一。耳根也。耳根與聲境涉入。故曰入。新譯曰耳處。

【耳根】（術語）六根之一。對於聲境而生耳識者。卽耳官也。

【耳輪】（物名）穿耳朶垂金銀之輪者。玄應音義二十二曰「彼國王等。或以金銀作此耳輪。舊經言耳璫者。應是也。」

【耳識】（術語）六識之一。由耳根生起分別聲境者。

【耳語戒】（術語）又曰三昧耶。三昧耶爲灌頂時竊耳語弟子之秘密戒。卽三昧耶戒之四重禁也。大疏八曰「用此綵淨帛周布弟子面門。當深起慈悲護念之心。耳語告彼三昧耶戒。勿令諸餘未入壇者聞聲。」

【耳處】（術語）卽耳入。見耳入條。

【耳圓通】（術語）言觀音菩薩在楞嚴會上以耳根證圓通也。鎧庵贊曰「固是塵塵俱法界。此方獨撰耳圓通。」（釋門正統三引之）

【寺】（術語）梵語尾賀羅 Vihāra 毗訶羅。鼻訶羅寺。原爲官司之名。釋名曰「寺嗣也。治事者相嗣續於其內也。」羅璧志餘曰「漢設鴻臚寺。待四方賓客。永平中佛法入中國。館摩騰法蘭於鴻臚寺。次年勅洛陽城西雍門外立白馬寺。以鴻臚非久居之館。

故別建處之。其仍以寺名者、以僧爲西方之客、若待以賓禮也。此中國有僧寺之始。」西土稱爲僧伽藍、僧伽藍譯言衆園。謂衆人所居所、在園圃生殖之處、佛弟子則生殖道芽聖果也、經曰伽蘭陀竹園祇樹給孤獨園。是西域之寺舍也。後魏太武帝始光元年創立伽藍而名以招提之號、隋煬帝大業中改天下之寺爲道場、至唐復爲寺。

【寺十種異名】（名數）僧史略上曰、「案靈祐法師寺誥凡有十名寺。一曰寺。（義准釋書）二曰淨住。（穢濁不可同住）三曰法同舍。（法食二同界也）四曰出世舍。（修出離世俗之所也）五曰精舍。（非麤暴之所居）六曰清淨園。（三業無染處也）七曰金剛剎。（剎土堅固道人所居）八曰寂滅道場。（祇園有蓮華藏世界以七寶莊嚴謂之寂滅道場盧遮那佛說華嚴於此）九曰遠離處。（入其中者去煩惑遠與寂滅近故）十曰親近處。（如行安樂行以此中近法故也）此土十名依祇園圖經今義如六種。一名窟。如後魏鑿山爲窟安置聖像及僧居是也。二名院。（今禪宗多此名也）三名林。（律曰住一樹經中有逝多林也）四名名廟。（如善見論中蹋曇廟）五名蘭若。（無院相者）六名普通。（今五臺山有多所也）」

【寺中】（雜名）寺內之支坊或曰塔頭。或曰寺中。

【寺內葬】（儀式）寺爲三寶之住所、死骸葬此亦無咎。行事鈔下曰、「高僧傳多有寺中葬者。經律中亦有之。僧祇持律法師、營事比丘、德望比丘、應起塔、相輪懸於幡蓋。在屛處安置。不得在經行處作之。」律以屍爲不淨、禁置於佛殿、故特以此辯解也。

【寺主】（職位）寺院三綱之一。

【寺印】（物名）如天童有玲瓏巖王印。日本禪剎皆有其寺之印。住持之人不得私用之。所謂人寺式之視篆者、卽視此印也。見象器箋十九。

【寺官】（職位）稱寺院之役員。西土稱之爲淨人。比丘尼傳曰、「告寺官、寺官共視。」

【寺院】（術語）寺者、僧園之總名、院者、寺內之別舍。總稱曰寺院。在印度以祇園精舍爲嚆矢、在支那以白馬寺爲濫觴。參照寺條。

【寺院三門】（名數）見三門條。

【寺領】（雜名）寺院所屬之田地山林也。

【寺塔處】（術語）寺塔處者、練若也、此有三種。一達磨、是菩提場。二檀陀伽、是無穢聲處。三摩登伽、是無喧動處。見不思議疏上。

【寺牒】（物名）寺僧之手簡也。

【寺額之始】（故事）漢取鴻臚寺名

置白馬寺以處僧是以白馬為額耳。則僧寺名額自漢顯宗始也。見事物紀原七。

【吉日良辰】（術語）由星宿之法定吉日良辰、為印度之古法、宿曜經、摩登伽經、舍頭諫太子二十八宿經等詳說之。大日經疏四曰、「良日辰者謂作法當用白分月。就中一日三日五日七日十三日皆為吉祥。堪作漫荼羅。又月八日十四日十五日最勝。至此日常念誦亦應加功也。」宿曜經上以偈說「一三五九十一與十三。於二白黑分所作皆成就。黑三夜七晝。十夜十四晝。白四夜八晝。一夜十五晝。於此黑白分晝夜不成就。日中及中夜巳後皆通吉。」然經中就世出世之法、選吉日良辰有禁與許之二說。

【吉由羅】（雜名）又作枳由邏、鞨由羅。譯言瓔珞。見翅由邏條及瓔珞條。梵 Keyūra

【吉利】（動物）鳥名。與姞栗陀同。雜寶藏經三有吉利鳥之話。梵 Grdhra

【吉利羅】（佛名）具名髻離吉羅。金剛界一尊之名。見髻離吉羅條。

【吉河】（地名）外道指恒河而云。百論疏上中曰、「外道謂恒河是吉河。入中洗者便得罪滅。彼見上古聖人入中洗浴便成聖道。故就朝暝及日中三時洗也。」

【吉迦夜】（人名）Kekaya 沙門名。譯言何事。歷代三寶紀八曰、「宋明帝世西域沙門吉迦夜。魏言何事。」譯大方廣菩薩十地經等五部。

【吉祥】（雜語）吉事之兆瑞。大日經疏八曰、「梵云落吃濕弭 Lakṣmi 翻為吉祥相。或名具相。亦是嘉慶義、吉慶義。」

【吉祥童子】（人名）佛將成道時、奉吉祥草之童子。佛所行讚曰、「釋帝桓因化為凡人。執淨軟草。菩薩問言。汝名何等。答名吉祥。菩薩聞之心大歡喜。我破不吉以成吉祥。菩薩又言。汝手中草此可得不。於是吉祥即便授草以與菩薩。因發願言。菩薩道成願先度我。菩薩受巳。敷以為座。而於草上結跏趺坐。」

【吉祥草】（植物）梵名姑奢、又作俱舒、矩尸、譯言上茆、茆草、或犧牲草。吉祥童子所奉之草、故曰吉祥草。佛敷之為座以成佛。七帖見聞五末曰、「一義云。茅草頭似劍。魔王見之劍上坐。思成怖畏去。此草名智劍草（云云）一義云。此草敷精舍。去不淨七尺也。佛為去煩惱不淨用之也（云云）一義云。此草吸物熱。仍以空觀草吸煩惱熱事表」與「吉祥茅」同。Kuśa

【吉祥茅】（植物）大日經疏十九曰、「西方持誦者多用吉祥茅為藉也。此有多利益。一者以如來成道時所坐故。一切世間以為吉祥。故持誦者藉之障不生也。又諸毒蟲等若敷之者皆不得至其所也。又性甚香潔也云云。」

【吉祥茅國】（地名）王舍城之別名也。慧琳音義六曰、「吉祥茅國古名王舍城、卽摩竭陀國之正中心古先君王之所都處。多出勝上吉祥香茅因以爲名亦名上茅城。崇山四周以爲外郭。」

【吉祥果】（物名）鬼子母所持之果名。訶利帝母眞言經有曰、「以左手於懷中抱一孩子、於右手中持吉祥果。」今以石榴充之。鷹峯群談五曰、「問曰鬼子母所掌吉祥果或謂之石榴。是乎不也。答曰有云吉祥果西方有之。此間無矣。畫像方式云吉祥果如芘蘡黃赤色此方所無之(已上)憶是以石榴擬吉祥果耳。則石榴一華多菓。一房千實者。因謂鬼子母千子母也。故愛此菓、遂擬吉祥果也。」

【吉祥坐】（術語）坐相之一。見結跏趺坐條。

【吉祥日】（術語）見吉日良辰條。

【吉祥海雲】（術語）卍字之別稱。慧琳音義二十一曰、「室利靺瑳。Śrī-vatsa 此云吉祥海雲。」見萬字條。

【吉祥伽陀】（術語）謂吉慶阿利沙偈也。見吉慶條附錄。

【吉祥瓶】（物名）不空羂索陀羅尼自在王咒經上曰、「以赤銅作吉祥瓶。盛滿一切諸妙香藥末尼眞珠金銀等寶和雜盛之以雜華繩繫其瓶頂。」大疏八曰、「吉祥瓶法。當用金銀等寶乃至無者。應以瓷或淨瓦爲之。極令圓滿端正。」

【吉祥柱】（物名）不空羂索陀羅尼自在王呪經上曰、「於壇方面各開一門。門外各有二吉祥柱。」

【吉祥持世經】（經名）持世陀羅尼經之異名。

【吉祥陀羅尼經】（經名）佛說大吉祥陀羅尼經之略稱。

【吉祥伽陀】（經名）文殊室利菩薩吉祥伽陀之畧稱。

【吉祥悔過】（修法）誦最勝王經懺悔罪過之法。最勝王經二（參見金口懺悔品）說懺悔之法及功德。

「吉祥天」（天名）吉祥梵名室哩、又作室利。或尸里。女天名。詳見次項。

【吉祥天女】（天名）舊稱功德天。新稱吉祥天。本爲婆羅門神。而取入於佛敎者。父德叉迦、母鬼子母、毗沙門天之妹。功德成就。與大功德於衆生。或云爲毘沙門天之后妃。然無確實經軌之說。金光明經二曰、「功德天品」最勝王經八曰、「大吉祥天女品」義釋四曰、「吉祥天女舊譯云功德天女。」大疏演奥鈔十五曰、「千手觀音二十八部衆釋(定深記)云次言功德者吉祥天女也。梵曰摩訶室利。Mahāśrī 言摩訶者大也。室利有二義。一者功德。二者吉祥。由此二義。曇無讖及伽梵達摩阿地瞿多等三藏諸師同云功德天。餘諸三藏翻爲吉祥。如文殊師利或云妙吉祥。或云妙德。」其住處近毗沙門之城。最勝王經八曰「爾時大吉祥天女復白佛言。世尊北方薛室羅末拏(舊稱毗沙門)天王城。名有財。去城不遠有園。名曰妙花福光。中有勝殿七寶所成。世尊我常住彼。」其天女之形。陀羅尼集經十(功德天品)曰「其功德天像身端正。赤白色。二臂畫作種種瓔珞環釧耳璫天衣寶冠。天女左手持如意珠。右手施咒無畏宣臺上坐。左邊畫梵摩天。右邊畫帝釋天。如散華供養天女。背後各畫一七寶山。於天像上作五色雲。雲上安六牙白象。象鼻絞馬腦瓶。瓶中傾出種種寶物灌功德天頂。上天神背後畫百寶華林。頭上畫作千葉寶蓋。蓋上作諸天伎樂散華供養。」其經軌。爲佛說吉祥天女十二名號經一卷。大吉祥天女十二契一百八名無垢大乘經一卷。功德天法一卷(陀羅尼經十)以吉祥天爲毘沙門之后妃者。日本台密有毘沙門吉祥之雙身法。一方犍達羅之刻像中。有男女之二天相並者。爲毘沙門天與鬼子母神也。刻像之考證經過不明。故吉祥天與辨才天時相混同。鬼子母神與吉祥非相混。初之屬性。爲毗紐即那羅延天后也。Laksmi

【吉祥天女十二契一百八名經】(經　大吉祥天女十二契一百八名無垢大乘經之略稱。

【吉祥天女十二名號經】(經名)　佛說大吉祥天女十二名號經之略稱。

【吉槃茶】(異類)　又作鳩槃茶。有大力之鬼也。圓覺經曰「爾時有大力鬼王名吉槃茶。」同略疏四曰「吉槃茶。亦云鳩槃茶。食人精氣。其疾如風。」見鳩槃茶條。

【吉慶】(雜語)　幸福之可慶者。寶饒印陀羅尼經曰「若是塔所在之處。有大功勳。具大威德。能滿一切吉慶。」

【吉慶阿利沙偈】(雜語)　行灌頂時。賀受者吉事所唱之伽陀名。又曰吉祥伽陀。阿利沙偈者。古聖主所作伽陀之通稱。見阿利沙條。大日經疏八曰「經云吉祥伽陀等廣多美妙言者。此頌凡有三種。一名曰吉慶。二名曰吉祥。三名曰極吉祥。皆是阿利沙偈用之慶慰其心。仍有加持用。阿闍梨當自說之。次於次文且出吉慶一種。」疏中出十一段吉慶偈。梵漢二種。疏示其梵讚之出所曰。「吉慶阿利沙偈出縛驅囉阿避庾經中。譯云金剛起經也。」

【吉慶讚】(雜語)　即吉慶阿利沙偈

【吉遮】(異類)　梵Kṛtya巴Kicca又作吉蔗。鬼名。譯曰所作。起尸鬼也。玄應音義六曰「吉遮。正言訖栗著。此譯云所作也。」因明大疏上曰、「訖栗底者造也。」文句十下曰「吉遮起尸鬼。」嘉祥之義疏十二曰「吉遮此云起尸鬼」見起尸鬼條。

【夜叉吉蔗】（異類）吉遮爲夜叉之所作者法華經陀羅尼品曰、「若夜叉吉蔗。若人吉蔗。」文句十下曰、「吉遮起尸鬼若人若夜叉俱有此鬼。」

【人吉蔗】（雜語）吉蔗爲人之所作者。

【吉藏】（人名）唐延興寺吉藏、原爲安息國人其祖避仇移於南海、家於交廣之間。後移金陵而生藏、年七歲從道朗法師出家有穎悟、譽具戒之後、聲聞轉高陳桂陽王深欽奉之、及隋定南地東遊而止於嘉祥寺、開皇末歲煬帝置四道場於晉藩引藏入慧日道場、優賞殊渥藩王又置日嚴寺於京師、別延藏居彼使振道於中原、及大唐興高祖聞藏之聲望、優禮之置於十大德之一、使之綱維法務。齊王元吉欽其風猷以之爲師範。使屈居延興寺、俱交獻。武德六年五月壽七十五。寂師顯揚龍樹提婆之旨、爲三論宗之祖、以其先自安息國出、故曰胡吉藏。以居於嘉祥寺、故稱爲嘉祥大師所著經論疏凡數十種見唐僧傳十一等。

【吉羅】（術語）突吉羅之略。犯罪之名戒疏一上曰「惡作惡說同號吉羅。」

【老女經】（經名）老女人經之略名。

【老女人經】（經名）一卷、吳支謙譯。有貧窮老女、請問生老病死五陰六根六大等自何所來、佛答來無所從去無所至。兼說緣生之衆喻。老女開解佛說其往因幷往生極樂、後成佛道老母經、老母女六英經皆爲其異譯。

【老子化胡】（傳說）此乃道家僞造謗佛之語不足信。後漢書襄楷傳曰、「或言老子入夷狄爲浮屠。浮屠不三宿桑下、不欲久生恩愛精之至也。天神遺以好女。浮屠曰、此但革囊盛血、遂不眄之其守一如此、乃能成道。」齊書顧歡傳云「歡著論曰道經云、老子入關之天竺維衛國、國王夫人名曰淨妙。老子因其晝寢、乘日精入淨妙口中。後年四月八日夜半時、剖左腋而生。墜地卽行七步於是佛道興焉。」

【老少不定】（術語）言老人少年壽命不定也。慧心之觀心略要集曰、「世人之愚也於老少不定之境成千秋萬歲之執。」

【老母經】（經名）一卷失譯。老女人經之異譯。

【老母女六英經】（經名）一卷、宋求那跋陀羅譯。老女人經之異譯。

【老古錐】（譬喩）老古錐能爲鑽物之用、老古者尊稱言師家說得機鋒峭峻也。虛堂柏嚴錄曰、「版齒生毛老古錐、夜深聽水爐邊坐。」

【老死支】（術語）十二緣起支之一。言生支之後衰變而命盡也。

【老苦】（術語）四苦之一。大乘義章三本曰「衰變名老。老時有苦。就時爲目。名爲老苦」

【老衲】（雜語）僧服曰衲衣。故老僧曰老衲。戴叔倫詩曰「老衲供茶碗」

【老婆】（雜語）老婆者。稱慈悲之語。取親切叮嚀之義。楊無爲頌曰「正法眼藏。瞎驢邊滅。黃檗老婆大愚饒舌」

【老婆禪】（術語）親切叮嚀之禪也。臨濟錄曰「普化以手指曰河陽新婦子。木塔老婆禪。臨濟小廝兒。却具一隻眼」

【老宿】（術語）老成宿德之人。臨濟錄曰「有一老宿參師」名義集一曰「體毘履。此云老宿。他毗利。此云宿德」

【老猿】（雜語）佛比難陀之婦以老猿。以度難陀。三敎指歸曰「老猿毒蛇之觀」見難陀條。

【老僧】（雜語）老年之僧。

【老臊胡】（雜語）老臊之夷人也。斥達磨。聯燈二十德山章曰「這裡佛也無。祖也無。達磨老臊胡。十地菩薩是擔屎漢」虛堂告香普說曰「達磨元是老臊胡。釋迦老子乾屎橛」

【老檑槌】（雜語）檑又作礌。杵類也。以比老禿輩談採。餘四曰「于謙幼時。僧人蘭古春過學堂。見于梳三角髻。戲曰三角如鼓架。于對曰一禿似檑槌」桃隱頌偈趙州臥雪頌曰「苦哉古佛老雷椎」

【西】（雜名）跋室制㡯 Paścima 見梵語雜名。

【西山住部】（流派）Aparaśaila 小乘二十部之一。大衆部中初度之分派也。見宗輪論述記。

【西方合論】（書名）十卷。明袁宏道撰。集古德之要語。述西方淨土之敎義者。

【西方師】（雜語）西方之師也。多謂迦濕彌羅以西犍陀羅國地方之人師。俱舍論二十六曰「西方諸師作如是說」同光記二十六曰「西方諸師。卽是健馱邏國諸師。婆沙云外國師」

【西方要決】（書名）具名西方要決釋疑通規。一卷（或作二卷）唐慈恩著。明往生西方極樂之要決。

【西方淨土】（界名）念佛之言。雖通於諸佛。然諸大乘中念佛之言。獨限於西方之阿彌陀佛。其故以建念佛而使一切衆生往生佛國之誓願者。法界諸佛中獨阿彌陀一佛也。大日如來雖於九品往生阿彌陀三摩地集陀羅尼經說九字之眞言。勸九品往生。釋迦佛雖於諸大乘經中說十方無量之佛。然讚佛而勸念佛往生者。獨彌陀一也。故釋籤釋諸經所讚多在彌陀。藥師雖立十二大願、然於念我者但使入大菩薩引導其人於西方極樂不願使往生我國也。華嚴經入法界品十方諸佛長子普賢菩薩爲善財童子說一切菩薩總願之十大願王、更說大經總結之頌文中言「願我臨欲命終時面見彼佛阿彌陀等」願於其土成就此十大願度一切衆生也。普賢者顯密皆以爲主發菩提心之德以其願行爲三世十方諸佛菩薩之標準大本故已來之佛如此願已往生西方淨土而證菩提未來之菩薩、自此往生西方極樂而證菩提。西方彌陀主五智中妙觀察智或轉法輪智觀察一切衆生之機而轉妙法故天台於止觀謂彌陀爲法門之主。大日疏釋大日如來入西方蓮華部之阿彌陀三摩地說大日經具緣品爲所謂大悲生之嘉會壇曼荼羅。(見嘉會壇條)又密教立三品悉地以天宮爲下界悉地、十方淨土爲中品悉地密嚴國土爲上品悉地。日本弘法之秘藏記釋西方極樂即密嚴國土。日本覺鑁著五字九輪秘釋、特勸西方往生也。然則權實顯密其道雖異而其所歸在於往生西方、證大菩提。四十八願中曾無西方淨土之言、彌陀者其身周遍法界其土亦周遍法界也、故觀經說如來身是法界身淨土論釋爲究竟如虛空大無邊際。故本願有曰十方衆生、而不言爲東方衆豈淨土所在、得以東西南北指定之乎。西方云者釋迦如來之方便也。東方日出處爲萬物之發生、西方日沒處爲萬物之終歸故佛準世情特指定西方而教衆生涅槃之大歸處也。

【西方齋社】(雜名)遠法師、與晉朝諸賢修淨土業結社白蓮。又與道安雷次宗劉遺民共結西方齋社。

【西方十字尊】(術語)謂阿彌陀佛也。阿彌陀佛之名號有六字九字十字之三種、歸命盡十方無礙光如來爲十字之名號。此中歸命二字、雖爲衆生之信心、然以之爲所歸之佛名者、淨土門之妙義也。

【西方十萬億】(術語)彌陀之極樂國土在自此西方過十萬億之佛土也。阿彌陀經曰、「從是西方過十萬億佛土。有世界名曰極樂。」

【西方同居土】(界名)謂彌陀之極樂淨土也。台宗之稱天台之四土、第一曰凡聖同居土。凡夫與佛菩薩之聖者同住之義也。此有二種。一同層土之穢土、如娑婆世界。一同居土之淨土如兜率天之彌勒淨土、西方之彌陀淨土。

【西方蓮華部】(術語)以金剛界之五部、配於五方則西方爲蓮華部、妙觀察智之無量壽如來也。

【西天】(地名)天竺在支那之西方、故曰西天。佛祖統記五十三曰、「西天求法。東土譯經。」

【西天二十八祖】（術語）天台於天竺定二十四祖之付法、禪家立二十八祖之傳燈。見二十八祖條。

【西天四七】（術語）謂印度禪宗付法之祖師、卽自摩訶迦葉至菩提達磨之二十八代也。與東土二三連結而呼之。

【西化】（術語）西方之化益也。觀經玄義分曰「大悲隱於西化、驚入火宅之門。」

【西主】（雜語）西方極樂淨土之主。卽阿彌陀佛也。

【西牛貨洲】（雜名）西瞿陀尼之譯名。在須彌山西方之大洲也。其俗以牛市易、故名。俱舍論十一曰、「西牛貨洲圓如滿月。經二千五百周圓七千半。」俱舍頌疏世間品一曰、「西牛貨洲以牛爲貨易。故名牛貨洲。」

【西尼】（人名）西尼迦之畧。外道名。

【西行】（術語）往生西方淨土之行業也。續高僧傳二十道綽傳曰、「西行廣流。斯其人矣。」

【西光】（雜語）西方極樂淨土之光明也。

【西序】（役名）禪門之職位、擬於朝廷之兩階、分東序西序之兩班。見兩序條。

【西明】（人名）唐南山大師住西明寺、故號爲西明。又法相宗之異轍圓測法師住西明寺、亦曰西明。

【西明寺】（寺名）唐高宗時於長安立之。佛祖統紀五十三曰、「唐高宗勅建西明寺大殿十三所。」稽古略三曰、「戊午顯慶三年六月十二日帝創西明寺成。十三日帝出繡像長幡、送寺安奉（中略）七月詔迎玄奘法師入居西明寺。」

【西刹】（界名）刹者梵語、Kṣetra 土之義。西方之國土、卽阿彌陀佛之極樂淨土也。

【西河】（人名）唐道綽禪師之別號。師爲幷州汶水人。檢諸傳無西河之號。待考。

【西班】（職位）與西序同。見兩序條。

【西域】（地名）總指支那以西之諸國、別指印度。

【西域記】（書名）具名大唐西域記。又曰西域傳。十二卷。總持寺沙門辯機撰。唐玄奘遊西域諸國之紀行者。

【西域傳】（書名）西域記之異名。釋迦方誌下曰、「貞觀十九年。安達京師。奉詔譯經。乃著西域傳一十二卷。」別有隋朝彥琮撰述之西域傳。行宗記一上曰、「西域傳隋朝彥琮撰。」

【西域求法高僧傳】（書名）具名大唐西域求法高僧傳。二卷。唐義淨撰。總有五十六人。外有四人。

【西淨】（雜名）禪林中稱西序之人所上之厠也。厠爲至不淨之處、必要淨潔、故名爲淨。此外又有東淨。然後世以西淨爲厠之總名。又西淨雪隱、唐音相近。遂失本名而用雪隱之字。雪隱者、唐靈隱淨頭寮（掃除拭之寮）扁額之文字也。雪竇之顯禪師、曾在靈隱隱於淨頭職。故靈隱之淨頭寮曰雪隱。以爲厠處之名、不當。見象器箋二。

【西堂】（職位）禪林稱當寺前住之人名爲東堂。他山退隱之長老來住本寺、名爲西堂。以西是賓位故也。見象器箋五。淨家襲用此名、長老稱上人、次稱西堂。

【西乾】（地名）印度之異名。西爲西方、乾爲身毒賢豆之借字。或云乾非梵語、乾者天也。西乾如言西天。祖庭事苑二曰「西乾卽天竺國。五印土或云西天。西乾皆譯師義立。」

【西庵】（雜名）與西堂同。

【西曼陀羅】（術語）又作果曼陀羅。金剛界之曼陀羅也。對比金胎、則胎藏界爲明菩提心之理性者、故屬於因而配於東方。金剛界爲明成佛之事相者、故屬於果而配於西方。

【西儞迦】（人名）Sainika 譯言有軍。外道名。舊稱先尼。見先尼條。

【西瞿陀尼】（雜名）Apara-godānīya 又作西瞿耶尼、西瞿伽尼。西大洲名。瞿陀尼譯曰牛貨。其俗以牛爲貨幣、故名。在須彌山之西方。玄應音義二十三曰「西瞿陀尼、或云倶耶尼、或作瞿伽尼。瞿此云牛、陀尼此云取與。以彼多牛、用市易、如此間用錢帛等也。」

【西瞿耶尼】（界名）與西瞿陀尼同。

【西藏主】（職位）大禪林二分大藏經而置於東西、司之者有東藏主西藏主之二人。藏主又曰知藏。

【西藏佛敎】（故事）西藏新志中曰、「周赧王二年、歲在戊申、額納特克（中印度）有烏迪雅納汗者、爲隣國所敗。自印度逃至雪山、住雅贊塘。遂呼謂雅爾隆氏。其季子生有異表、衆人推爲汗（王之意）。尋爲土伯圖國之王。其後七世、有奸臣隆納木者、篡其位。不半載、前汗之子某汗恢復故位。又傳七世、至多里隆贊汗、得百拜懺悔經多寶經及金塔寶。敬愼供養。是爲佛敎入藏之始。時西曆四百七年、東晉安帝義熙丁未三年也。八世特勒德蘇隆贊年十六嗣汗位。曾派大臣至中印度習音學。回國後使譯百拜懺悔經與三寶雲經、以爲治國之助。又尙唐文成公主。當文成公主之至西藏也、携帶經卷佛像。於是汗又聘中印度之桑吉剌必滿師、及巴勒布國之錫拉滿祖師、及鄂斯達師、唐僧之瑪哈德幹等、使譯經卷、宣布國中。西藏佛敎之盛自此始。」

【西藏喇嘛敎育】（流派）喇嘛敎育之年限甚長、管理極嚴。八歲入寺院之學校、檢查體格、使晤記古人格言。如是十二年、稱試驗生。由保證人介紹、登姓名於僧錄。給以銀徽章、使附袈裟。削髮行宣示式。始得法名。更進而爲住職。又經十二年、課程漸次增高、學祈禱習經、頻以問答論難試驗其修行之功效。若能解決問答論難各題、得列衆僧之前。但實行研究者甚少。不過循例舉行、視爲具文耳。諺云喫喇嘛之食、須具鐵顎。其艱苦可知也。

【再往】（雜語）又曰二往。再論究事物也。止觀七曰「一往然、二往不然」。法華論記二曰、「一往三藏名爲小乘、再往三教名爲小乘」。

【再請】（雜語）禪林之語。再受食於鉢盂也。俗作再進非。見象器箋十六。

【再請禪】（術語）定式坐禪及定鐘鳴而止。此後再坐禪、謂之再請禪。見百丈清規六。

【共十地】（名數）聲聞緣覺菩薩三乘所共之十地、謂之共十地。大品般若經所說。天台以之爲通教之位次。一乾慧地、三乘之人初居外凡之位時、未得眞空之理水、觀慧乾涸之位。二性地、三乘之人進內凡之位、於眞空法性之理頗有解悟之心時。三八人地、人者忍也。三乘之人欲斷三界之見惑、於預流向起八忍智之位。四見地、三乘之人見四諦眞空之理、已斷三界見惑之位。聲聞乘謂之預流果。五薄地、三乘之人斷欲界上六品之修惑、欲惑稍薄之位、即聲聞乘之一來果。六離欲地、三乘之人斷欲界下三品之修惑、畢竟離欲惑之位、即聲聞乘之不還果。七已辦地、三乘之人、斷盡上二界之修惑、更無所斷所作已辦成之位、即聲聞乘之阿羅漢果、而彼乘止於此。八辟支佛地、是緣覺乘極果、觀智銳利、不啻斷煩惱之體、更進而侵害其習氣一分之位。九菩薩地、三祇之間、修福研慧、將得一切種智、斷煩惱之習氣、如僅餘少灰之位。十佛地、大功德之力資利智慧、得一念相應之慧、觀眞諦究竟、煩惱習氣亦復究竟、如劫火燒木無復餘灰之位。見大乘義章十四、四教儀集注下。

【共中共】（術語）見共法條。

【共中不共】（術語）見共法條。

【共不共】（術語）共法與不共法、共通與特別之二門也。如共般若、不共般若、共業、不共業等。

【共不定】（術語）因明三十三過之一。因之十四過之第五、六不定之一。即因用於宗同品並宗異品有全分關係之法之過失也。因明入正理論所謂「共者如言聲常、所量性故。常無常品皆共此因、是故不定。爲如瓶等所量性故聲是無常、爲如空等所量性故聲是其常」。是也。即共爲所量性之因、於同宗品及異宗品共有全分關係、故不能以此因決宗之常無常也。

【共比量】（術語）用立敵共許之法之比量也。又略名共比。三比量之一。卽宗因喻、或唯宗用立敵共許之法之論法也。此亦有共自他三者之別。共者、爲宗因喻共用立敵共許之法之比量、卽共不定也。自者、宗之前陳後陳雖爲共許而因喻唯用自許之法。他者亦宗之前陳後陳雖爲共許、而因喻用他許之法。因明入正理論疏瑞源記五引天台淸幹之說謂「共三量者三宗皆是共法。且共之自者大乘對聲顯立聲無常自許所作性故、同喻如化身、異喻如法身。第二共之他者聲論對大乘立聲常、無質礙故、同喻如汝法身異喻如汝化身。第三共之共者、如論所說。（卽共不定）」以此可見其別。

【共生】（術語）論物之出生、非由自性而生。由他性而生、由自他二性而生者。

【共依】（術語）爲二識以上共通之所依者。五識之四依中、除同境外、其餘之分別依、染淨依、根本依。第六識之二依中、除染淨依之根本依是也。此中阿賴耶識爲根本依、爲六識共依也。見百法問答抄一。

【共法】（術語）又曰共功德。對於不共法而言。謂佛所具之功德中、與其餘聖者及異生共之者。俱舍論二十七曰、「世尊復有無量功德、與餘聖者及異生共、謂無諍願智無礙解通靜慮無色等持無量解脫勝處徧處等。隨其所應、謂前三門唯共餘聖。通靜慮等亦共異生。」

【共宗】（術語）諸宗共通之宗旨。如念佛宗者。

【共命鳥】（動物）Jivajiva 又作命命鳥、生生鳥。梵曰耆婆耆婆。兩首一身、果報同、心識別也。見耆婆條。

【共相】（術語）諸法有自共二相、局於自體之相曰自相、通於他之相曰共相。例如五蘊中五蘊各事、是自相也。空無我等之理、生住異滅等之相、是共相也。乃至於青色有多事體、其一一事體、是自相也。如華之靑、果之青、乃至金之青、衣之青、自他共通之青、是共相也。故自相共相重重相望而無盡。遂無自相之實體。唯識述記二末曰、「如五蘊中以五蘊事爲自相、空無我等理爲共相。（中略）如是展轉至不可說爲自相、可說極微等爲共相。故以理推無自相體、且說不可說法體名自相、可說爲共相、以理而論共旣非共、自亦非自。」

【共相惑】（術語）又略曰共惑。對於自相惑而言。卽諸法緣共通之苦空無常無我等相而迷之、執苦爲樂、空爲有、無常爲常、無我爲我之煩惱也。俱舍論二十言、「二者共相、謂見疑癡」。次言「所餘一切見疑無明去來未斷遍縛三世。由此三種是共相惑。一切有情俱遍縛故。若現在世正緣境時、隨共所應能緊此事」。

【共般若】（術語）般若經中有淺深二說。於聲聞與初心之菩薩共通說其淺義。是曰共般若。單對上位之菩薩說其深義。是曰不共般若。由天台之四教言之。則共般若爲通教。不共般若爲別圓二教也。智度論百曰「如先說般若有二種。一者共聲聞說。二者但爲十方住十地大菩薩說」。

【共許】（術語）自他共許而同意也。論場之用語。因明大疏上本曰「宗依必須共許。共許名爲至極成就」。

【共敎】（術語）共通而說之敎也。亦名共敎。大乘三乘共敎。共般若。見共般若條。

【共報】（術語）國土等自他可共受用之果報也。是共業之所感。論經下曰「衆生爲別報之體。國土爲共報之用」。

【共業】（術語）二業之一。各人共同之善惡之業。隨而各人感共同之苦樂果者。山河等之依報是也。

【共種子】（術語）又曰共相種子。對於不共種子而言。生自他共變之境之識變種子也。自此種子而生之境有自他共得受用者與不然者之別。

【共變】（術語）以有情之同業變現同一之境者。如山河等。唯識論二曰「諸業同者此共變故」。見四變條。

【在心在緣在決定】（雜語）在於心在於緣在於決定之意也。申言之。卽謂自心緣決定三點校量辨五逆十惡之罪人僅由臨終十念之功而得往生。決不違背業道之理也。按觀經等謂若有衆生造五逆十惡等諸不善業者。應墮惡道。多劫間受無量苦。而臨命終時遇善智識敎。具足十念稱南無阿彌陀佛。能除八十億劫生死之罪。卽得往生極樂世界。是反於業道如秤重者先牽之理。故往生論註上由在心在緣在決定之三義比較之。示罪業輕念佛功德重之理。在心者。就能造心之虛實較量其輕重强弱。卽彼造惡之人依止虛妄顚倒之心而造作。此十念者。聞佛之眞實功德。發起淨信而稱名。一實一虛。譬如千歲之闇室。一燈照來。忽然明朗。念佛巳爲彌陀之大光明故。一念十念能照破無明之重昏也。在緣者就所對境之眞妄較量之。卽彼造罪之人以煩惱虛妄之衆生爲所緣之對境。此十念者。以佛之眞實淸淨無量功德爲所對之境界也。在決定者。就造業時期之緩急論之。卽彼造罪之人。造業在於平常。故造惡後。善無記等之心續起間隔。而此十念者。命迫須臾修念之善心最後猛利。他之後心續起不間隔也。有此三義。故臨終十念之力能滅諸罪而得往生云。

【在世】（雜語）謂佛之存生中也。行事鈔上之一曰「自大師在世。偏弘斯典」。同資持記上一之一曰「賢劫中第九減劫人壽百歲出世之時也。三十成道。說三乘法。度人無量。八十唱滅。今指五十年中行化之時。故云在世。」

【在在處處】（雜語）各處各方也。涅槃經九曰「在在處處、示現有生。猶如彼月。」

【在俗】（雜語）沒在世俗之中者。謂不能修正道之人也。

【在理敎】（雜名）異敎名。白蓮敎之支流。起於淸初。其祖曰楊萊如。山東卽墨縣人。明萬歷進士。明亡後、從勞山程楊旺學道。後傳道於燕齊間。遂立在理敎。在理者。言在儒釋道三敎之理中。奉佛敎之法。修道敎之行。習儒敎之禮也。不設像。不焚香。戒烟酒。不禁茹葷。多用咒歌偈語。北人頗信奉之。

【在家】（雜語）對於出家之稱。在家而有妻子父母者。

【在家二戒】（名數）一五戒、二八戒。佛爲在家而信佛道者。制此二戒。五戒爲盡形壽之戒、故但禁邪婬。八戒爲一日一夜之戒、故總禁婬。

【在家沙彌】（術語）沙彌以持十戒爲法、故斷婬、絕生計。全爲出家之分。然有但剃髮而家有妻子者、是曰入道。或在家沙彌。雖然、入道之稱不正。見入道條。

【在家菩薩】（術語）如維摩居士。不存梵儀而修佛道者。但受五戒八戒或十善戒。優婆塞戒經三曰、「菩薩有二種。一者在家。二者出家。」

【在家戒】（術語）小乘之五戒八戒、大乘之十善戒。是在家之戒法也。

【在家出家】（雜語）謂雖不爲僧而能擺脫一切也。廬山蓮社雜錄曰、「謝靈運欲投名入社、遠公不許。靈運謂生法師曰。白蓮道人將無謂我俗緣未盡。而不知我在家出家久矣。」長慶集有在家出家詩。

【在纏】（術語）具名在纏眞如。卽眞如法性之理隱在煩惱纏縛之中也。梵網經菩薩戒本疏三所謂「在纏名正性」。起信論義記中末所謂「在纏者性淨不空如來藏」是也。

【存生】（術語）存生命也。地藏本願經上曰「菩薩之母存生、習何行業」。

【存見】（術語）有惡見者。

【存命】（術語）存生命也。心地觀經四曰、「若存其命是無價寶。」有部毘奈耶四十八曰、「共立要盟、方存汝命。」

【存略】（術語）存者存置之義、略爲存置也。略有二義。一全略而不說。一略說義。行事鈔上一曰、「今通括一化所說正文。且引數條。餘便存略。」此第一義。往生要集上本曰「若存略者。如馬鳴菩薩賴吒和羅伎聲唱云。」此第二義。

【百一物】（名數）與百一供身同。

【百一供身】（名數）又曰百一物、百

一衆具。三衣六物之外、一切資道之什具也。百者概稱多數之名非限於百。爲比丘者於三衣六物之外、種種之什器唯得蓄一箇是曰百一供身其一箇之外名爲長物長物者。不行名爲說淨之一種法、則不得蓄之。然比丘之根性有三品上品但蓄三衣、中品更蓄百一、下品更蓄長物行事鈔下曰「百一供身、令受持之長物及餘、令說淨蓄。薩婆多云。百一物各得蓄一。百一之外皆是長物。」同資持記曰、「百一供身謂時須要用者長物局衣更收錢穀等物故云及餘也。」釋氏要覽中曰、「百一物大概之辭也。薩婆多論云。百物各可蓄一也。」

【百一病惱】（名數）一大增損則百一病生、四大增損則四百四病生也。維摩經方便品曰「是身爲災百一病惱。」

【百一衆具】（名數）與百一供身同。

【百八丸】（雜名）清異錄曰、「和尚市語以念珠爲百八丸。」念珠之數百有八、故云。亦曰百八牟尼。

【百一羯磨】（書名）百一之義、如百一供身之百一。其法數多故曰百。其數多之法各有一種之羯磨、故曰百一羯磨。羯磨者。僧中作事、求衆同意贊成而成就其事之作法也。有根本說一切有部百一羯磨大沙門百一羯磨法之二部。

【百八句】（雜名）楞伽經之首、大慧菩薩以百八句問一切大乘之法門、佛以百八句答之。楞伽經註解一曰、「此一百八義。文有三段。始則大慧請問。中則如來頌釋。然所問所頌皆無倫次。故不可以定數開合而論之。至後乃結指顯示一百八句句句遣著。然而不多不少數至此者蓋表對百八煩惱成百八法門也。」

【百八尊】（名數）金剛界曼荼羅中之一百八尊也。五佛四波羅蜜、十六大菩薩十二供養、謂之三十七尊。加以賢劫之十六菩薩、爲五十三尊。又加以外金剛部之二十天爲七十三尊。再加以五頂輪王、十六執金剛十波羅蜜地水火風之三十五尊、爲百八尊、出於出生義。

【百八鐘】（儀式）昏曉兩時鳴大鐘一百八聲。自百丈之清規爲始。後世略之、有唯於曉時鳴百八聲者、有鳴於昏曉者。但元朝之曉一般鳴一百八。是稱讚百八尊之功德、又覺醒百八煩惱之迷夢之表示也。敕修清規曰、「大鐘曉擊則破長夜警睡眠、暮擊則覺昏衢疏冥昧。引杵宜緩揚聲欲長。凡三通、各三十六下、總一百八下。起止三下稍緊。」然百八之數謂爲醒百八煩惱之睡者。通說也。

【百八三昧】（名數）佛大品般若經、摩訶衍品說百八種之三昧。「一首楞嚴三（昧中略）百八離着虛空不染三昧。」智度論五曰、「般若波羅蜜摩訶衍品中略說則有一百八三昧。初名首楞嚴三昧乃至虛空不染不著三昧。廣說則無量三昧。」同四十七曰、「百八三昧佛自說其義。是時人利根故皆能信解。今則不然。論者重釋其義、令得易解。」

【百八名贊】（雜名）金剛界儀軌所出之十六大菩薩贊也。亦出於阿閦如來念誦供養法。又有別尊之百八名贊。即金輪之百八名贊、毘俱底之百八名贊、聖觀音之百八名贊等。

【百八牟尼】（物名）謂念珠也。

【百八消災】（修法）誦消災咒一百八遍也。

【百八煩惱】（名數）與百八結業同。又、五十校計經對於眼根之好色中有陰果、有集因。對於惡色中有陰有集、對於平平色中有陰有集。一根有六。六根合爲三十六。配之於心意識之三世而有百八。是爲百八煩惱。經中就五十法一一舉此百八煩惱。智度論七曰、「煩惱名一切結使。結有九使有七。合爲九十八結。如迦旃延子阿毘曇義中說、十纏九十八結爲百八煩惱。」七十五法曰、「本惑九十八隨眠加十纏云百八也。」

【百八數珠】（物名）木槵子經言貫木槵子一百八顆爲數珠。以之念三寶、則退治百八之結業、而得無上之勝果。是數珠之起因也。然則百八之數、對於百八之結業。即百八之煩惱也。又表示百八尊之功德也。又表示百八三昧之功德也。又表示本有修生之五十四位也。見數珠條。木槵子經曰、「佛告之言。若欲滅煩惱障報障者、當貫木槵子一百八以常自隨。若行若坐若臥。但當至心無分散意。稱佛陀達磨僧伽名。乃過一木槵子。（中略）若復能滿一百萬遍者。當得斷除百八結業。」

【百八結業】（名數）又曰百八煩惱。百八種之煩惱也。結爲煩惱之異名。（煩惱者、結集生死、故名結。）由煩惱生種種之惡業。故曰結業。百八者、三界之見惑有八十八使、修惑有十使。是稱九十八隨眠。加之以無慚、無愧、昏沈、惡作、惱、嫉、掉舉、睡眠、忿、覆之十纏而爲一百八。釋氏要覽中曰、「百八結者。小乘見修合論煩惱共有一百八數。且明見惑。三界四諦下煩惱共有八十八。（中略）修道所斷惑。欲界有四。謂貪瞋痴慢。上二界各除瞋。一共有六。巳上成十。計九十八也。更加十纏。合前都有一百八也。」木槵子經曰、「當待斷除百八結業。」

【百八法明門】（名數）明者、智慧之異名也。除衆生昏闇、使通達一切法之法門有百八種。第一正信法明門乃至第百八不退轉地法明門也。見佛本行集經六。三藏法數五十。

【百二十妙】（名數）本迹二門各有十妙。經心與佛及衆生而爲六十、加之以相待絕待乃爲百二十妙。

【百二十八使】（名數）與百二十根本煩惱同。

【百二十八尊】（名數）見三十七尊條。

【百二十歲壽命】（傳說）據經論所說釋尊出世人壽百歲之時也。智度論四曰、「人壽百歲佛出時到。」彌勒上生經疏上曰、「釋迦滅劫百歲出世。彌勒增劫出世。」然佛壽有二說。一人壽百歲之時、則佛壽亦百歲。爲以其福分與未來之弟子、減壽之第五分（五分百歲也）八十入滅。二人壽百歲、而佛過於衆人、其壽命亦超過之、爲百二十歲。只爲末世之弟子減第三分、（三分百二十歲）八十入滅。大集月藏經第十法滅盡品曰、「我今爲衆生棄捨身壽命。爲增三精氣、悲愍衆生故、捨壽第三分、令我法海滿、洗浴諸天人。」大毘婆沙論百二十六曰、「有作是說。諸佛世尊捨第五分壽。有作是說。諸佛世尊捨第三分壽。若說諸佛捨第三壽者、釋迦牟尼佛壽量應住百二十歲。捨後四十、但受八十。（中略）若說諸佛捨第五壽者、釋迦牟尼世尊所感壽量應住百歲。捨後二十、但受八十。」

【百二十八根本煩惱】（名數）大乘所說見思之惑數也。見見思條。

【百丈】（人名）唐洪州百丈山之大智禪師懷海、馬祖道一禪師之法嗣也。師始創禪門之規式、所謂百丈淸規是也。見傳燈錄六、會元三。

【百丈野狐】（公案）百丈上堂、常有一老人聽法、隨衆散去。一日不去。丈乃問立於前者何人。老人云、某甲於過去迦葉佛時、曾住此山、有學人問大修行底人還落因果無。某甲答他道、不落因果。後五百生墮野狐身。今請和尚代某甲下一轉語、使脫野狐身。丈曰、不昧因果。老人於言下大悟、禮拜曰、某甲既脫野狐身、遂住在山後、依亡僧之事例。師使維那白槌告衆曰、食後送亡僧。大衆言議、一衆皆安、涅槃堂亦無病人、何故如是。食後只見師領衆至山後巖下、以拄杖指出一死狐、依法火葬之。師至晚上堂、舉前因緣。黃檗便問古人錯對一轉語、五百生墮野狐身。欲轉轉不錯、作個什麼。師曰、近前來、與你道。檗遂近前、師與一掌。師打手笑曰、將謂胡鬚赤、更有赤鬚胡。見會元三、大智章、從容錄八則、無門關二則。

【百丈三日耳聾】（公案）百丈再參馬祖之頃、祖見丈來、拈禪床角頭拂子豎起。丈云、卽此用離此用。祖掛拂子於舊處。侍立片時。祖曰、你已後將什麼爲人。丈掛拂子於舊處。祖卽振威一喝。丈大悟。後來謂黃檗云、我當時被馬祖一喝、直得三日耳聾。黃檗不覺悚然吐舌。見傳燈錄六、百丈傳會元三大智章。

【百丈忌】（行事）正[illegible]日也。百丈懷海禪師始創禪林之清規、爲在住持之職。故特修百丈忌。

【百丈清規】（書名）晝唐百丈山懷海禪師之禪門規式者、稱爲古清規、今不傳。後元百丈山德輝禪師奉勅改修之。稱爲敕修百丈清規、有八卷。世所傳者是也。

【百尺竿頭】（雜語）喻極高也。傳燈錄招賢大師偈曰、「百尺竿頭不動人。雖然得入未爲眞。百尺竿頭須進步。十方世界是全身。」謂已造其極、更須增添功夫、向上進一步也。

【百千萬劫】（術語）劫者分別世界成壞之時量名、經其劫百千萬、則曰百千萬劫。白樂天句曰、「百千萬劫菩提種。八十三年功德林。」

【百千印陀羅尼經】（經名）一卷、唐實叉難陀譯。有三呪。謂可書而供於塔中。

【百大劫】（術語）三大阿僧祇劫之後、更爲種感三十二相之福業之時量也。見百劫條。

【百不知】（術語）又曰百不會。一切不知不會也。所謂非思量底。莫妄想也。大慧普說上曰、「你要眞個參。但一切放下。如木死人相似。百不知百不會。驀地向不知不會處得箇一念子破。佛也不奈你何。」

【百不會】（術語）見百不知條。

【百日】（雜語）北史胡國珍傳曰、「詔自始薨至七七、皆爲設千人齋。百日、設萬人齋。」王元威傳曰、「獻文百日、元威自竭家財、設四百人齋。」萬斯同羣經雜說曰、「漢明帝營壽陵之詔、有云過百日惟四時設奠。百日之說、始見於史。意者爾時佛法初入、明帝卽用其敎耶。開元禮卒哭篇注、有古之祔在卒哭、今之百日也、二語。此可爲唐用百日之據。」

【百日經】（行事）限百日之期而書寫經文也。

【百本疏主】（人名）又曰百本論師。慈恩大師窺基造百部之疏、時人稱爲百本疏主。宋僧傳四（窺基傳）曰、「造疏計可百本。（中略）凡今天下佛寺圖形號曰百本疏主眞。」佛祖統紀二十九曰、「撰述疏鈔及於百部。時號百部論師。」

【百本論師】（人名）與百本疏主同。

【百目】（物名）土製之燈籠也、多穿小孔、故曰百目。毘奈耶雜事十三曰、「苾芻夏月然燈損蟲。佛言應作燈籠。（中略）應作百目瓶。苾芻不知云何應作。佛言令瓦師作如燈籠形。傍邊多穿小孔。」

【百四十不共法】（名數）三十二相、

八十種好、四淨、十力、四無畏、三念處、三不護、大悲、常不忘失、斷煩惱習、一切智也。四淨者、具曰四一切行淨、一身淨、永斷習氣、得清淨之氣、成無上菩提身、得自在而生滅自由、名爲身淨。二緣淨、神通自在、名爲緣淨。三心淨、修集善法、心離煩惱、名爲心淨。四智淨、知一切法、無有罣礙、得自在智、知一切法行、名爲智淨。三念處者、一衆生於如來之說法、至心聽受、心得歡喜、受諸安樂、如法住而不違、佛敎佛不以爲喜、修集捨心、不失正念、亦不放逸。二衆生不信受如來之說法、雖有違反、所說、佛不以爲瞋、無有愁惱、修集捨心、不失正念、亦不放逸。三衆生中有聽如來之說法者、有不聽者、不喜聽者、亦不愁不聽者、修集捨心、不失正念、亦不放逸。見菩薩戒經九。（三十二相、八十種好、三不護以下見各項。）

【百光遍照王】（佛名）大日如來也。大疏四曰、「首中置百光遍照王、而以無垢眼觀之。以此自加持故、卽成毘盧遮那身也。」

【百光王遍照眞言】（眞言）南麼三曼多勃馱喃。

【百字論】（書名）一卷、提婆菩薩造。後魏菩提流支譯。一論有百字、故名百字論。破我見等、譯師之歸敬頌曰、「我今歸依聰叡師、厥名提婆、有大智、能以百字演實法、除諸邪見向實相。」

【百劫】（術語）小乘之菩薩、終三大阿僧祇劫之行而至等覺之位、於此位而猶應種百大劫間至佛果感三十二相之福業也。故菩薩修行之年時、曰三祇百大劫。而大乘之菩薩、自初兼修福智之二業、故於三大阿僧祇劫之外、不別要百劫之修福。小乘之說、於百劫之初、翹足七日間以一偈讚嘆弗沙佛、由此功德超越九劫、（見底沙條）九十一劫而成佛云。又大乘集四處之超劫、爲四十劫之超劫、是俱舍論之說也。涅槃經說爲雪山童子時、爲半偈捨全身、依此功德超十二劫、此初僧祇中之事也。見雪山童子條。又瑞王經說爲摩納仙人時、布髮掩泥、供養燃燈佛、依此功德超八劫、是二僧祇中之事也。見然燈佛條。又金光明經說爲薩埵王子時、捨身投餓虎、依其功德超十一劫、此第三僧祇中之事也。見薩埵童子條。而大乘於三祇之外、不立百劫、以此九劫攝於第三劫中也。心地觀經一曰、「時佛往昔在凡夫、入於雪山求佛道、攝心勇猛勤精進、爲求半偈捨全身。以求正法因緣故、十二劫超生死苦。昔爲摩納仙人時、布髮供養燃燈佛、以是精進因緣故、八劫超於生死海。昔爲薩埵王子時、捨所愛身投餓虎、自利利他因緣故、十一劫超生死。因七日翹足讚如來、以精進故超九劫。」

【百卽百生】（術語）專修念佛之行

者、百人得百人往生也。往生禮讚曰、「應知若能如上念念相續畢命爲期者、十即十生百卽百生。何以故。無外雜緣得正念故。與佛本願得相應故。不違教故。隨順佛語故。」

【百佛名經】（經名）一卷、隋那連提耶舍譯。

【百法】（名數）唯識宗於說明世間出世間之萬象用之。如俱舍之七十五法。一心法八、即八識也。（俱舍爲一、參照各項）二心所有法、其中遍行與別境、俱舍之大地法也。次下兩者稍有廣畧。參照七十五法條。

五位百法

- 一、心法（八）
  - 眼識、耳識、鼻識、舌識、身識、（以上前五識）
  - 意識（第六識）
  - 末那識、（第七識）阿賴耶識、（第八識）
- 二、心所有法（五十一）
  - 遍行（五）觸、受、思、想、作意。
  - 別境（五）欲、勝解、念、定、慧。
  - 善（十一）信、慚、愧、無貪、無瞋、無癡、精進、輕安、不放逸、行捨、不害。
  - 煩惱（六）貪、瞋、癡、慢、疑、惡見。
  - 隨煩惱（二十）忿、恨、覆、惱、嫉、慳、誑、諂、害、憍、無慚、無愧、掉舉、惛沈、不信、懈怠、放逸、失念、散亂、不正知。
  - 不定（四）悔、睡、尋、伺。
- 三、色法（十一）
  - 眼、耳、鼻、舌、身、色、聲、香、味、觸、法處所攝色。
- 四、不相應行（二十四）
  - 得、命根、衆同分、異生性、無想定、滅盡定、無想事、名身、句身、文身、生、老、住、無常、流轉、定異、相應、勢速、次第、方、時、數、和合性、不和合性。
- 五、無爲（六）
  - 虛空無爲、擇滅無爲、非擇滅無爲、不動無爲、想受滅無爲、眞如無爲。

【百法界】（術語）地獄乃至佛之十法界、互爲相具、卽百法界也。一法界各具十如是、故百法界有千如是、卽百界千如也。法華玄義二曰、「又一法界具九法界、則有百法界千如是。」

【百法論】（書名）百法明門論之略稱。

【百法五位】（名數）大乘唯識宗立一切法爲百法、分別之爲五位。

【百法明門】（名數）菩薩於初地所得之智慧門也。明者慧也、門者入也。又差別也。慧能通入百法之眞性、故曰明門。又百法之慧各有差別、故曰明門。其百法有二解、一菩薩瓔珞經所說十信之百法、二百法明門論所說五位之百法。十信之百法、菩薩於初住之位、修互具之十信、是名百法明門。五位之百法、心心所等之百法也。瓔珞經上曰「未上住前、有十順名字、菩薩常行十心。所謂信心念心精進心定慧心戒心回向心護法捨心願心。佛子修行是心若經一劫二劫三劫乃得入初住位中。住是位中增修百法明門。所謂十信心心心各有十。故修行百法明門。」觀經妙宗鈔下曰「三劫遊歷十方供佛聞法進入道種登於初地。此地即得百法明門。言百法者如百法論所出名數。」洞空之觀經會疏曰、「入初地心明了五位百法明門。(中略)若依瓔珞初住所得百法明門、別有名數。」瓔珞經所說之初住、爲圓位、即別敎之初地也。

【百法明門論】(書名)具名大乘百法明門論。一卷。唐玄奘譯自瑜伽論本事分中略錄百法之名數者。本論各家之註述如下。

百法明門論解二卷、附科文一卷、唐窺基註解、明普泰增修。百法明門論疏二卷、唐普光撰。百法論顯幽鈔二十卷、唐從芳述。百法論義一卷、明德清述。百法明門論纂一卷、明廣益纂。釋百法明門論贅言一卷、唐窺基註解、明明昱贅言。百法明門論直解一卷、明智旭解。

【百非】(術語)百者、舉大數也。非者、非有非無等、爲非認也。涅槃經二十一曰、「如來涅槃非有非無非有爲非無爲。(中略)非十二因緣非不十二因緣。」(此中列三十一非)三論玄義曰、「牟尼之道道爲眞諦。體絕百非。」同上曰、「若論涅槃。體絕百非理超四句。」演密鈔二曰、「離諸過罪者離四句百非也。」涅槃經金剛身品就如來之金剛身出實數之百非。孤山著有百非鈔一卷。

【百味】(飲食)百種之好味也。百者、就大數而言。無量壽經上曰、「如是諸佛、隨意而至。百味飲食自然盈滿。」梵網經下曰、「日日三時供養三兩金百味飲食。」

【百門學處】(術語)以百光徧照眞言王𠁽暗字所生之百字徧布於一身也。大日經六曰、「此一切無上覺者句於百門學處諸佛所說心。」

【百卷鈔】(書名)日本眞言宗覺禪著百十一卷。亦云覺禪鈔。廣記諸佛菩薩明王天部之圖像及經軌之說。

【百界】(名數)天台所說。地獄、餓鬼、畜生、修羅、人間、天上、聲聞、緣覺、菩薩、佛十界中之各界皆具有十界。故以十界乘十界而爲百界也。

【百界千如】(術語)差別一切迷悟之境而爲十界。此十界互相具則爲百界。其一一之界所具之事理有十種。謂爲十如。蓋一界爲十如則十界爲百如。百界爲千如也。乘之以三世間、則爲三千。台家所謂三千之諸法是也。觀此三千之法爲一念具足、即一念三千之觀法也。故舉所觀之境、或曰百界千如、或曰三千之性相、惟具畧異耳。法華玄義二曰、「廣明佛法者。佛豈有別法。祇百界千如、如是佛境界。唯佛與佛究竟斯理。」又曰、「此一法界具十如是。十法界具百如是。又一法界具十法界則有百法界千如是。」參照一念三千條。

【百衲衣】（雜名）僧衣也。衲謂補綴。百衲衣極言其補綴之多也。智度論曰、「比丘曰佛當著何等衣。佛言應著衲衣。」

【百城】（傳說）善財童子之故事也。華嚴經入法界品明善財童子依彌勒菩薩之敎、漸次於南方經由百十餘城、參五十三善知識而問法是也。性靈集七曰、「故能訪朋百城、勇銳之心彌勵。」

【百座不動法】（修法）設百座而念誦不動之修法也。

【百座文殊法】（修法）設百座而念誦文殊之修法也。

【百座仁王講】（行事）一日設百座而講仁王經也。百座之法、經中所說也。

【百座藥師講】（修法）設百座而講藥師經也。

【百喩經】（經名）二卷、蕭齊求那毘地譯。設一百喩、喩道法邪正等之事。末結曰、「尊者僧伽斯那造作痴華鬘竟。」

【百喩伽陀經】（經名）勝軍化世百喩伽陀經之略名。

【百部疏主】（人名）與百本疏主同。

【百衆學】（名數）突吉羅 Duskrta 罪之戒法也。突吉羅譯言惡作、就所防之過而立名。梵曰式叉迦羅尼、此譯應當學。就能治之行而立目。此戒輕微、難持易犯、爲常須念學者。故特以學名之。其戒相無量、故曰衆。其中今惟舉百戒、故曰百衆學。行事鈔中一曰、「四分律戒本云式叉迦羅尼、義翻爲應當學。胡僧云守戒也。此罪微細、持之極難。故隨學隨守以立名。」同資持記曰、「善見云式叉云學。迦羅尼云應當。今迴其語順此方言。（中略）疏云、若就所防應名衆突吉羅。今就能治行以立目也。」同中三之四曰、「罪無限量。故云衆。易犯難持、故令學。」梵 Siks-akaraṇīya

【百會】（雜名）謂人之頂上也。一身之精要歸於此處、故名百會。又釋迦之異名。時處軌以五佛布於身之五處時、以釋迦布於頂上。百會爲頂上之異名。故謂釋尊曰百會。見秘藏記鈔三。

【百萬遍】（行事）唱彌陀之名號百萬遍也。滿百萬遍者、必得往生。唐道綽禪師依木槵子經、檢得百萬遍之文。會之於阿彌陀經之七日念佛、七日不斷、即滿百萬遍。自修之也。伽才淨土論上曰、「如經說。若人念阿彌陀佛得百萬遍已去。決定得生極樂世界。綽禪師檢得此經。若能七日念佛。卽得百萬遍也。由此義故。經中多道七日念佛也」同下曰「問曰。經雖說七日念佛即得往生。未知念幾許佛名得往生也。答曰。如綽禪師檢得經文。但能念佛一心不亂。得百萬遍已去者。定得往生。又綽禪師依小阿彌陀經七日念佛檢得百萬遍也。是故大集經、藥師經、小阿彌陀經、皆勸七日念佛者。此意明矣。」

【百福莊嚴】（術語）　菩薩三大阿僧祇劫之後、更於百大劫之間種可至佛果感三十二相之福業也。一一各種一百福、是曰百福莊嚴。卽以一百莊嚴一相也。智度論四謂若過三阿僧祇劫、是時菩薩種三十二相業因緣。問曰。三十二相之業可種何處。答曰。在人道中閻浮提男子身、遇佛出世而種。佛不出世、不得種緣。問曰。幾許爲一福德。答曰。有人言於轉輪聖王四天下受福樂之業名爲一福業。如是百福成一一相。問曰。菩薩幾時能成滿三十二相。答曰。極遲百劫、極疾九十一劫。釋迦牟尼菩薩九十一大劫行而辦三十二相。

【百福相經】（經名）　具名佛說大乘百福相經、一卷。唐地婆訶羅譯。文殊師利以福德三量請問如來。佛爲明十善福、輪王福、帝釋福、自在天福、乃至如來三十二相福、大法言音福、展轉增勝也。

【百福莊嚴相】（術語）　如來之三十二相。爲一一以百福之業因感得者。故曰百福莊嚴之相。法華經方便品曰「彩畫作佛像。百福莊嚴相」心地觀經一曰「金光百福莊嚴相。發起衆生愛樂心」

【百福莊嚴相經】（經名）　具名佛說大乘百福莊嚴相經、一卷。唐地婆訶羅譯。與同人譯之百福相經同本。字稍有增減。

【百僧】（儀式）　法華講等大法會七僧要講師讀師等七役外、加伴僧爲一百四、是爲百僧。

【百僧供】（儀式）　請百僧而供齋也。

【百論】（書名）　二卷。提婆菩薩造。天親菩薩釋、鳩摩羅什譯。三論之一。依提婆之梵本原有二十三品。每一品有五偈（三十二字爲一偈）合有百偈。故稱百論。然譯者略後十品、現本只存前十品。且依天親之註解、羅什之翻譯句數稍爲增減。現品之偈數無定矣。百論僧肇序曰「論凡二十品。品各五偈。後十品其人以爲無益此土。故闕不傳。」百論嘉祥疏一曰「依提婆梵本品皆五偈。無多少也。而有多少者三義。一注人釋有廣略。二翻論人復重增減。三方言不同。故多少者不定也」

【百錄】（書名）　國淸百錄之略稱。

【百緣經】（經名）　撰集百緣經之畧名。

【百講】（行事）謂百座之仁王講也。見百座仁王講條。

【百雜碎】（雜語）細碎其物也。傳燈錄七大梅章曰、「龐居士因問、大梅常和尚。久聞大梅、未審梅子熟未也。師云何處著嘴。居士云百雜碎。師展手云還我核子來。居士無語。」

【百寶輪掌】（術語）百寶爲貴重之稱、輪掌者佛之手足中心各有一千輻輪相故云。

【百譬經】（經名）百喻經之異名。

【灰人】（雜名）女人之難婚者、作一灰人加持一百八徧、使彼女人每日拜此灰人七徧、其婚即可萬不失一。見歡喜母成就法。

【灰山住部】（流派）小乘二十部之一。部執異論曰、「灰山住部。」異部宗輪論曰、「雞胤部。」宗輪論述記曰、「眞諦法師云灰山住部。此言非也。本音及義皆無此說。此從律主姓以立部名。」三論玄義曰、「灰山住部。此依住處爲目。此山有石堪爲灰。此部住彼山中修道。故以爲名。」

【灰沙】（譬喻）斥聲聞緣覺之悟也。此二乘之人、得悟則稱爲灰身滅智、火化色身、都滅心識、終歸於空寂之涅槃。灰沙者言火化五蘊也。

【灰河】（譬喻）河中有火、物爲灰燼。以比煩惱。雜阿含經四十三曰、「佛告諸比丘。譬如灰河南岸極熱。多諸利刺。在於闇處。衆多罪人在於河中。隨流漂沒。（中略）灰者謂三惡不善覺。云何爲三。欲覺恚覺害覺。河者謂三愛。欲愛色愛無色愛。」

【灰河地獄】（界名）十六遊增地獄之一。

【灰身滅智】（術語）謂二乘之人、斷三界之煩惱後、入火光三昧、燒身滅心、歸入空寂無爲之涅槃界也。是爲二乘最終之目的。輔行三之一曰、「灰身故無身。滅智故無智。獨一解說。故云孤調。」四教儀曰、「若灰身滅智。名無餘涅槃。又名孤調解脫。」

【灰頭土面】（雜語）修行悟道之後、爲濟度衆生、能投塵中、不顧自己之汚穢也。如言和光同塵、拖泥帶水。碧巖錄四十三則之頌評曰、「曹洞下有出世不出世、有垂手不垂手。若不出世、則目視雲霄。若出世、便灰頭土面。目視雲霄、即是萬仞峯頭。灰頭土面、即是垂手邊事。有時萬仞峯頭即是灰頭土面。」

【灰斷】（術語）謂小乘之羅漢、或入火定、或由荼毘、而色身灰滅也。所謂灰身滅智是也。別行玄記二曰、「小乘灰斷、身智俱亡。」文句記五上曰、「不受化、則機息應謝、灰斷入滅、義當俱焚。」

【死】（術語）梵語曰母陀。Mrta 又

曰末剌諵。Marana 壽煖識之三法捨離名爲死梵語雜名曰「死母陀」俱舍論五曰、「壽煖及與識三法捨身時所捨身僵仆如木無思覺。」名義集曰、「末剌諵此云死」。釋氏要覽曰、「雜阿含經云壽煖識三法捨離名死。」

【死刀】（譬喻）死殺人故譬以刀。無常經曰「死刀隨業下」

【死人衣】（衣服）死人所被之衣也。比丘衣料之一。五種衲衣之一。

【死亡】（雜語）人之命終也梵網經下曰「父母兄弟死亡之日應請法師講菩薩戒經福資亡者得見諸佛。」

【死亡更生經】（經名）弟子死復生經之異名。

【死王】（天名）焰魔法王也。司人之死命故曰死王。無常經曰、「死王催伺命親屬徒相守。」智度論十七曰、「汝若生疑心。死王獄吏縛如師子搏虎。」寄歸傳二曰、「既不被生人之所笑豈復怖死王見瞋。」見琰魔條。

【死王眞言】（眞言）閻魔王之眞言也。見琰魔條。

【死火】（譬喻）譬死於劫末之大火災故曰死火。涅槃經十二曰、「如火災起能燒一切唯除二禪力不至故死火亦如是能燒一切唯除菩薩住於大乘大般涅槃」

【死句】（雜語）見活句條。

【死山】（譬喻）別譯阿含經四曰、「老山能壞壯年盛色病山能壞一切强健死山能壞一切壽命衰耗之山能壞一切榮華富貴」死山者以死之險難譬之於山非言死山之爲實物也。然自十王經之僞撰出世、乃以爲實有之山十王經曰、「閻魔王國境死天山南門。亡人重過兩莖相逼破膝割骨折膚漏髓死天重死故言死天。」

【死生智證明】（術語）宿命通也。三明之一。

【死后】（雜名）閻摩后也。

【死有】（術語）四有之一。言本有之後中有之前壽命方盡時之色心也。見有條。

【死門】（譬喻）又曰死關以死爲自此世至他世之門關故也。善導之往生正念文曰「死門事大」一心戒文中曰、「入死門後共相誓願爲向彌勒。」華嚴經曰、「譬如旃陀羅牽牛入屠所步步入死門無常亦如是。」

【死狗】（譬喻）以譬穢身。涅槃經一曰、「是身可惡猶如死狗。」

【死苦】（雜語）四苦之一。

【死苦比丘】（雜名）生死苦比丘之略脇尊者也。南山戒疏四下曰、「生死苦比丘六十年」（六十年在母胎也）行宗記四下曰、「生死苦比丘者卽脇尊者。生時髮已白。」

【死風】(譬喻) 以風災譬死也。涅槃經十二曰、「如風災起、能吹一切悉令散滅。唯除四禪力不至故。善男子、死風亦爾。悉能吹滅一切諸有、唯除菩薩住於大乘大般涅槃。」

【死屍】(譬喻) 以譬犯罪之比丘。比丘犯四重罪、則既斷比丘之生命、與死屍均也。智度論二十二曰、「衆僧大海中、結戒爲畔際、若有破戒者、修不在僧衆。譬如大海水、不共死屍宿。」金光明文句三曰、「此則佛海死屍、華園爛肉、此四重人應須懺悔滅除業障。」

【死海】(譬喻) 生死無邊如海、故云。寶積經九十六曰、「如駛河流、終歸死海。」止觀一曰、「橫截死海、超度有流。」無常經曰、「如其壽命盡、須臾不暫停、還漂死海中、隨緣受衆苦。」

【死相】(雜語) 驗人之死相、知善惡之生處、大小乘論之通說也。智度論曰、「惡業人風大先去、故身動。火大先去、故身熱。善行人地大先去、故身靜。水大先去、故身冷。」唯識論三曰、「又將死時、由善惡業、下上身分冷觸漸起。」同述記四本曰、「世親無性攝論皆云、善業從下冷、惡業從上冷。由生勝處惡趣別故。瑜伽第一云、隨下上冷、後至於心。斯處初生最後捨故。」俱舍論十曰、「於命終位、於何身分中識最後滅。頓命修者、意識身根欻然總滅。若漸死者、往下人天、於足臍心、如次識滅。謂隨惡趣、說名往下。彼識最後於足處滅。若往人趣、識滅於臍。若往生天、識滅心處。諸阿羅漢、說名不生。彼最後心、亦心處滅。」諸經要集十九依瑜伽論立死相之六驗。「一驗生人中、若作善之人將死時、先自足冷至臍、臍上猶溫、而後氣盡者、卽生人中。二驗生天上、若作善之人、頭頂皆溫、而後氣盡者、卽生天上。三驗生餓鬼、若自頂冷至臍、腰下猶溫、而後氣盡者、卽生餓鬼中。四驗生畜趣、若自頂冷至膝、膝下猶溫、而後氣盡者、卽生畜趣中。五驗生地獄、若自頂冷至足、足底猶溫、而後氣盡者、卽生地獄中。六驗入涅槃、若羅漢聖人入涅槃、或心或頂數日皆溫者是也。」

【死畏】(術語) 五怖畏之第三。

【死期】(雜語) 命終之時期也。慈恩傳十曰、「死期已至、勢非賒遠。」

【死賊】(雜語) 死以賊害人、故名爲賊。坐禪三昧經上曰、「今日營此事、明日造彼事、樂着不觀苦、不覺死賊至。」

【死漢】(雜語) 禪家罵鬼窟裏之人曰死漢。見碧巖六十一則頌古著語。

【死對頭】(雜語) 死路危急之時也。永覺續寱言曰、「憒然如遇着死對頭、道須滅此而後相食。」

【死緣】（雜語）使人至死之現在助緣也。死因爲過去之業因。死緣無量也。歸元直指上詳記之。

【死禪和子】（雜語）禪和子三字、支那指稱禪僧之俗語。長老曰和尙小僧曰和子。死之一字。罵無正見之想命之詞也。

【死籍】（物名）記死人名之簿籍也。焰羅王供行法次第曰、「正報盡付死籍能乞王削死籍付生籍到疫病之家」。

【死魔】（異類）四魔之一。人死而害佛道之修行曰魔。

【死靈】（雜名）死者之靈魂。爲害於人曰死靈。惡靈皆是由迷者之妄信妄想而生者。佛經無其說。

【至人】（雜名）釋迦如來之尊號也。資持記上一之一曰、「釋迦如來道成積劫。德超三聖。化於人道。示相同之。是以且就人中美爲尊極。故曰至人。」

【至心】（術語）至誠之心也、又至極之心也、心源徹到也。晉書王嘉傳曰、「候之者至心則見之。不至心則隱形不見。」按道經云至心朝禮、本此。無量壽經上曰、「至心信樂欲生我國」金光明經上曰、「至心念佛」。同文句二曰、「至心者徹到心源盡心實際。故言至心」。同文句記曰「至猶極也」。

【至那僊】（雜名）譯曰漢持來桃也。見西域記四。梵 Cīnāni

【至那羅闍弗呾羅】（雜名）Cīna-rājaputra 譯曰漢王子、梨也。見西域記四。

【至言】（雜語）至理至極之言也。俱舍論三十曰、「佛至言眞法性」。

【至相尊者】（人名）即華嚴第二祖智儼也。見智儼條。

【至敎】（雜語）至實之敎、至極之敎也。唯識述記一末曰、「言至敎者至實敎也」。

【至敎量】（術語）因明用語。三量之一、又曰聖敎量、正敎量、聲量。以聖敎之至言量邪正也。俱舍光記五曰、「至極之敎故名至敎。亦名聖敎量」。見量條。

【至理】（雜語）至極之道理也。宗鏡錄曰、「還丹一粒點鐵爲金。至理一言轉凡爲聖」。

【至眞】（雜語）如來離一切之虛僞、故曰至眞。行事鈔下之二曰、「南無如來無所著至眞等正覺」。

【至得果佛性】（術語）三佛性之一。

【至誠心】（術語）觀經所說之一。眞實願往生之心也。

【至德具足益】（術語）言信彌陀而念佛者、於現世具足無上之功德也。現世十種益之一。

【至靜】（雜語）又曰極靜。禪定之力極而靜心也。圓覺經曰、「以靜慧故證至靜性」。

【至願】（雜語）至誠之誓願也。無量壽經上曰、「菩薩興至願」。

【米】（雜語）Bali 秘藏記上曰、「天竺呼米粒爲舍利。佛舍利亦似米粒。是故曰舍利也。」梵語雜名曰「稻。梵語舍理」。舍利禮文鈔曰、「慧恩上生經疏云舍利者稻穀也。馱都者體也。佛體大小如稻穀量。故以爲名。」上解梵語混米Bali與身Sarira也。

【米頭】（職位）禪林之目司米穀之役。

【米齋】（人名）食米齋仙人也、爲勝論外道之鼻祖。俱舍頌疏一曰、「雨衆三德之談。米齋六句之說」。見吠世史迦條及優樓迦條。

【米麗耶】（飲食）Maireya 酒名。

【羊僧】（術語）啞羊僧也。四種僧之一。見四種僧條。

【羊毛塵】（雜語）梵語Aviraja 止於羊毛尖之小塵也。俱舍論十二曰、「積七兎毛塵爲一羊毛塵量」。

【羊石】（雜語）羯磨之略字。

【羊車】（譬喻）三車之一。譬聲聞乘。見三車條。

【羊角】（譬喻）即羚羊角。以譬煩惱也。金剛至堅、喻佛性。羚羊角能壞之、即煩惱能壞佛性也。傳心法要下曰、「你若道是有是無。非有非無、總成羊角。羊角者、即你求覓者也」。又云、「設你有者、皆名羊角」。六祖金剛經序曰、「金剛喻佛性。羚羊角喻煩惱。金雖堅剛。羚羊角能碎。佛性雖堅。煩惱能亂」

【羊乘】（譬喻）與羊車同。

【羊鹿牛車】（譬喻）法華經所說之三車也、以譬聲聞緣覺菩薩之三乘。見三車條。

【亦有亦空門】（術語）雙照有空而顯中道之法門也。

【亦有亦無句】（術語）有無四句之一。見有無條。

【妄心】（術語）妄分別之心也。菩提心論曰、「妄心若起。知而勿隨。妄若息時。心源空寂」。起信論曰、「一切衆生。以有妄心。念念分別」。楞嚴經十曰、「皆是衆生妄心計度」。

【妄心薰習】（術語）四薰習之一。見四薰習條。

【妄分別】（術語）不知眞如平等。無差別。爲一如。徒爲無明所驅而起善惡美醜等之差別妄見也。

【妄言】（術語）與妄語同。無量壽經下曰、「妄言綺語」。普賢行願品曰、「妄言麤惡多離間」。

【妄見】（術語）虛妄不實之分別也。我見邊見等是也。南本涅槃經八曰、「爲除世間諸妄見故。」俱舍論九曰、「一切妄見皆轉倒攝。」大乘義章三曰、「唯心妄見故說爲妄。」

【妄念】（術語）虛妄之心念也。凡夫貪着六塵境界之心也。

【妄風】（譬喩）妄念鼓動、譬之於風。性靈集八曰、「一念妄風鼓波濤。」

【妄軍】（譬喩）妄惑攻我故比之以軍兵。往生十因曰、「覺王一發妄軍悉退。」

【妄染】（術語）妄爲虛妄不實之義、染爲染汚不淨之義。以名一切生死之法。起信論曰、「過恒沙等妄染之義。」

【妄信】（術語）謬誤之信念也。

【妄執】（術語）虛妄之執念也。又執着虛妄之法也。把而不離曰執。法華經方便品曰、「深着虛妄法、堅受不可捨。」釋門歸敬儀中曰、「無始妄習執見。」

【妄習】（術語）妄念妄想之習慣。

【妄情】（術語）虛妄不實之情識也。唯識論一曰、「隨自妄情種種計度。」順正理論二十三曰、「又彼所說唯率妄情。」

【妄雲】（譬喩）煩惱之蔽覆心性有如雲也。

【妄想】（術語）不當於實曰妄。妄爲分別而取種種之相曰妄想。註維摩三、「生曰妄想妄分別之想也。」大乘義章三本曰、「凡夫迷實之心起諸法相。執相施名依名取相所取不實故曰妄想。」同五末曰、「謬執不眞名之爲妄。妄心取相目之爲想。」楞嚴經一曰、「一切衆生從無始來生死相續。皆由不知常住眞心性淨明體用諸妄想。此想不眞故有輪轉。」楞伽經四曰、「妄想自纏如蠶作繭。」觀無量壽經曰、「行者所聞。出定之時憶持不捨。令與修多羅合。若不合者名爲妄想。」菩提心論曰、「夫迷途之法從妄想生。乃至展轉成無量無邊煩惱。」止觀七曰、「諸法皆妄想和合故有。」

【十二妄想】（名數）一言說妄想。二所說事妄想。三相妄想。四利妄想。五自性妄想。六因果妄想。七見妄想。八成妄想。九生妄想。十不生妄想。十一相續妄想。十二縛不縛妄想。詳見楞伽經二。

【妄業】（術語）虛妄不實之業因也。圓覺經曰、「有妄業故有流轉。」

【妄語】（術語）十惡之一。以欺他之意作不實之言者。智度論十四曰、「妄語者。不淨心欲誑他覆隱實出異語生口業。是名妄語。」大乘義章七曰、「言不當實、故稱爲妄。妄有所談、故名妄語。」涅槃經三十八曰、「一切惡事虛妄爲本。」

【妄語戒】（術語）五戒十戒中有妄語戒。禁制一切之妄語。又具足戒中分大小之二。在四波羅夷中爲大妄語戒。在九十單提中爲小妄語戒。大妄語者。不得聖道言我得聖道、或受天龍鬼神之供養等、總說過人之法也。小妄語者、謂其他一切不實之言語。

【妄語十罪】（名數）謂作虛誑語所生之十種禍也。智度論曰「如佛說妄語有十罪。何等爲十。一口氣臭。二善神遠之、非人得便。三雖有實語人不信受。四智人謀議常不參預。五常被誹謗、醜惡之聲周聞天下。六人所不敬、雖有敎勅人不承用。七常多憂愁。八種誹謗業因緣。九身壞命終當墮地獄。十若出爲人常被誹謗。」

【妄境界】（術語）謂妄心所現虛妄不實之境界。一切世間之事物是也。占察經下曰「但以衆生無明痴闇熏習因緣、現妄境界、令生念着。」

【妄塵】（術語）妄爲虛妄、塵爲塵坌、一切世間之事物、體性虛妄、且汚聖道、如塵坌。故名妄塵。楞嚴經七曰「生滅二種妄塵」

【妄說】（術語）虛妄不實之言說也。法華經安樂行品曰、「晝夜守護不妄宣說。」入阿毘達磨論上曰「劣慧妄說闇覆蔽牟尼言。」

【妄盡還源觀】（書名）一卷、具名曰修華嚴奧旨妄盡還源觀。華嚴宗第三祖賢首著。敘修華嚴之觀法而還歸於一心之本源。一卷分爲六頌、前三章說圓頓之妙解、後三章正明觀法。

【妄緣】（術語）緣者關於吾身之內外事物也。此緣體虛妄不實、故曰妄緣。又此事物爲我起妄情之緣、由故曰妄緣。

【交承】（雜語）新舊之人交代也。承爲相承之義。見象器箋九。

【交堂】（雜語）僧堂當直之人交附於他直人也。見象器箋九。

【交割】（雜語）新舊之人相共交涉分割處理公私什物也。百丈清規入院條所謂「詢問契書什物、逐一點對交割」是也。

【交點】（雜語）彼此相共交接而點檢也。見象器箋十二。

【交露】（物名）以珠交錯造幔、其形如垂露者。無量壽經上曰、「以眞珠明月摩尼衆寶以爲交露覆蓋其上。」

【交蘆】（譬喻）又曰束蘆。交叉三幹之蘆而立者。以譬互爲因果之法。楞嚴經五曰、「由塵發根因根有相相見無性同於交蘆。」

【衣】（衣服）梵語曰支縛羅Civara。又曰縛薩怛羅Vastra。五條乃至二十五條之袈裟、並覆肩裙類之總名。袈裟由其衣之色而附以名。

【二衣】（名數）一制衣、五條七條九條之三衣。佛制使比丘必畜之、不服則受罪。二聽衣。百一資具糞掃衣等、計土地寒溫人體消長而爲佛之開許者、不用亦無罪。行事鈔下一曰、「二衣總別編」

【三衣】（名數）一安陀會衣、Antarvāsa 五條袈裟。二鬱多羅僧衣、Uttrāsanga 七條袈裟。三僧伽梨衣、Saṅghāti 九條乃至二十五條袈裟。見行事鈔下之一。

【五衣】（名數）四分律以三衣與僧羯支 Saṅkakṣikā 及覆肩衣爲五衣。五分律以三衣與覆肩衣水浴衣爲五衣。義淨之新律、以三衣與僧脚崎及俱蘇洛迦爲五衣。見十八物圖。

【夢爭衣】（傳說）訖栗枳王十夢之第九。俱舍光記九曰、「王夢見有廣堅衣。有十八人各執少分、四面爭挽。衣不破者。表釋迦遺法弟子分佛正法成十八部。雖有異執而眞法尚存。依之修道皆得解脫。」俱舍頌疏一曰、「大聖喩折金杖。況以爭衣。爭衣則衣終不破。斫金則金體無殊。」

【衣那】（雜名）俗云爲臍帶者、資道什記上曰、「九界袈裟者。尋其根元。宿胎內時。自臍生物。猶如海草。本小末大也。譬如袋中納物。自面前覆背邊。而禦寒熱。令赤子生長。正垂出胎。乃向產門、逆頭而生。爾時身先生。衣那後出。故謂後物。於是量赤子臂長。切其臍尾。而以吉酒洗見之時。於其衣那。有松文者。長命富貴之相也。若有竹文者。雖長命而貧窮也。或有龜文者。最短命不吉之相也。如是能見之已。以其臍尾埋淸淨處。供五節供等。成大黑氏神。是於我等大恩德者也。若致不法。令大鳥等食之。則成障礙神。頻爲禍祟矣。是名衣那荒神。故爲報此恩。正稱袈裟。而掛體上。修驗行者結袈裟者、全是彼衣那形也。」（結袈裟即九界袈裟）

【衣服隨念願】（術語）無量壽經上四十八願中、第三十八願曰、「設我得佛。國中人天。欲得衣服。隨念卽至。如佛所讚應法妙服。自然在身。若有裁縫擣染浣濯者。不取正覺。」日本望西樓之大經鈔四科之、謂爲衣服隨念願。

【衣服天】（天名）又曰金剛衣天。金剛界曼陀羅第二羯磨會衆中、外金剛二十天之一天。此尊司胎內之胞衣、覆所生之子、防母所飲寒溫氣之德。黑色、持弓箭。見金剛界曼荼羅大鈔二。

【衣法】（術語）衣與法也。謂傳正法之徵、更授師之袈裟也。傳燈錄三曰、五祖弘忍、對六祖慧能曰、「諸佛出世。爲一大事故。隨機小大。而引導之。遂有十地三乘頓漸等旨。以爲敎門。然以無上微妙祕密圓明眞實正法眼藏。付於上首迦葉尊者。展轉傳授二十八世。至達磨屆於此土。承襲以至於吾。今以法寶及所傳袈裟。用付於汝。善自保護。無令斷絕。」（中畧）能居士跪受衣法。」

【衣界】（術語）攝衣界之畧。攝衣而屬於其人。使無離衣罪之結界也。資持記上二之一曰「注羯磨云。衣界者。攝人屬人。令無隱宿罪。」

【衣珠】（譬喻）法華七喩之一。佛性譬之衣中之寶珠也。法華經五百授記品曰、「譬如有人至親友家。醉酒而臥。是時親友。官事當行。以無價寶珠。繫其衣裏。與之而去。其人醉臥。都不覺知。起已遊行。到於他國。爲衣食故。勤力求索。甚大艱難。若少有所得。便以爲足。於後親友。會遇見之。而作是言。咄哉丈夫。何爲衣食。乃至如是。我昔欲令汝得安樂五欲自恣。於某年日月。以無價寶珠。繫汝衣裏。今故現在。而汝不知。勤苦憂惱。以求自活。甚爲痴也。汝今可以此寶貿易所須。常可如意無所乏短。」楞嚴經四曰、「譬如有人於自衣中。繫如意珠。不自覺知。窮露他方。乞食馳走。」文句記三下曰、「衆生身中。有昔種緣。名爲衣珠。」

【衣座室】（譬喻）就法師弘通法華經、假喩示以三種之軌、則是曰弘經之三軌。法華經法師品曰、「藥王。若有善男子善女人。如來滅後。欲爲四衆說是法華經者。云何應說。是善男子善女人。入如來室。著如來衣。坐如來座。爾乃應爲四衆廣說此經。如來室者。一切衆生中大慈悲心是。如來衣者。柔和忍辱心是。如來座者。一切法空是。」

【衣裓】（衣服）長方形之布帛、男女多掛於肩、用以拭手、或盛物。法華經譬喩品曰、「當以衣裓若以几案從舍出之。」阿彌陀經曰、「各以衣裓盛衆名華。供養他方十萬億佛。」義疏五曰。「衣裓者衣衿也。」玄贊五曰、「裓者。孤得反。衣襟也。（中畧）天仙之衣。應是彼類。」案懸於肩則宜謂之裓、今見天人之像自兩肩長垂者是也。又、一說衣裓、本來花器之稱。法華文句五下曰、「三藏法師云。衣裓是外國盛花之器。天台之阿彌陀經義記曰、「衣裓是盛花器。形如函。而有一足。手擎供養。」象器箋十九曰、「僧家散花器。名衣裓。其器小竹籠。以貯花而散之。」

【衣鉢】（術語）三衣與鉢也。二者爲僧之資物最重大者。觀出家受戒之時、最初即以衣鉢具足爲條件可知也。後爲袈裟與鐵鉢之意。禪家以道授受、謂爲授受衣鉢。傳燈錄一曰、「爾時世尊。說此偈已。復告迦葉。吾將金縷僧伽梨衣。傳付於汝。轉授補處。至慈氏佛出世。勿令朽壞。」六祖壇經曰、「五祖忍大師。傳衣鉢六祖能大師。」輔行一之一曰、「預厠禪門。衣鉢傳授者。盈耳。」郭青螺集曰、「萬曆乙酉、予入韶州。至曹溪寺。僧因出傳衣寶鉢革履。衣似今羊絨褐衣。而間以金縷。傳燈錄謂西域屈眴布緝木綿花心織成。理或然也。鉢本瓷器。爲廣東提學魏莊渠所碎。或云有心碎之。或云偶墜諸地。僧以漆膠。仍似鉢形。而寶色無光。革履云是六祖遺履。比今履差長耳。考衣實出達磨。六祖所遺者。今宇內千年之物。獨此衣存。」蒿庵閒話曰、六祖衣鉢、傳自達摩。藏廣東傳法寺。衣本西方諸佛傳法器。鉢則魏王所賜。嘉靖中督學使者某焚碎之。」因僧之錢帛、總曰衣鉢。象器箋二十多引典據。

【衣鉢閣】（雜名）藏住持衣財之處、此方所謂眠藏。見象器箋一。

【衣鉢侍者】（職位）掌住持之錢帛者。象器箋六曰、「住持資具錢帛之有處。謂之衣鉢閣。蓋蓄資財。非僧人本志。諱露言之。稱衣鉢矣。而此侍者掌此。」

【衣鉢簿】（雜名）錢財之帳簿。

【衣犍度】（術語）犍度爲梵語。Khaṇdha 譯曰、蘊聚等。以名經論之篇章。四分律有二十犍度、說法衣之篇章、稱爲衣犍度。

【衣領樹】（雜名）樹名。冥土懸所褫罪人之衣者。十王經二曰、「官前有大樹。名衣領樹。」抄曰、「梵云大波羅樹。又云毘羅樹。漢云衣領樹。罪人懸衣。故云衣領樹也。」

【衣蒲童子】（圖像）宋太尉呂惠卿、遊五臺山、見一童子。體黑被髮、以蒲自足纏至肩、袒右膊、手執梵筴。對太尉說華嚴經之深義、且現文殊之本形而去。太尉還家、晨夕思之、久之忽然感見童子於香几上、命畫工圖之。見稽古略四。

【衣樹】（植物）生妙衣之樹。在忉利天之喜見城。瑜伽論四曰、「復有衣樹。從此出生種種妙衣。其衣細軟。妙色鮮潔。雜綵間飾。」

【衣寶】（譬喻）法華七喻之一、指衣珠之喻。見衣珠條。法苑珠林序曰、「衣寶與髻珠。」

【衣囊】（物名）納三衣之囊。又謂之衣袋。五分律廿一曰、「時諸比丘在路行。不收攝衣。曳地汙裂。以是白佛。佛言。不應爾。犯者突吉羅。應作囊盛。諸比丘作囊太長。以是白佛。佛言不應爾。極長使前至臍後至腰。乃至應用麤物作。」薩婆多部律攝五曰、「三衣袋法三肘廣一肘半。長牒兩重縫之爲袋。兩頭縫合當中開口。長內其衣搭在肩上。口安帶勿令蟲入。」Cīvarabṛsikā

【衣體】（術語）法衣材體之義。即作三衣等之品質也。四分律六許糞掃衣及十種之衣、即「憍賒耶衣、劫貝衣、欽婆羅衣、芻摩衣、讖摩衣、扇那衣、麻衣、翅夷羅衣、鳩夷羅衣、讖羅半尼衣」也。憍賒耶 Kauśeya 巴 Kauśa 者、野蠶之絹布。劫貝者迦波羅 Karpāsa 巴 Kappāsika 即綿布。欽婆羅 Kambala 者毛絲雜織、亦曰細羊毛衣。芻摩 Ksaumaka 者、麻布之一種也。扇那者、白羊毛布。鳩夷羅者、絳色羊毛布。讖羅半尼者、尨色羊毛布。翅夷羅者、鳥毛所織之物也。西域記二亦舉憍奢耶以下五種衣。後世南山律排斥絹布、然未有典據。義淨於南海寄歸傳二說破之。

【守門天】（天名）此爲守門之尊。胎

藏界曼荼羅之東門、畫二男二女之天尊、二尊持劍、二尊持獨股杵。

【守寺比丘】（雜名）釋氏要覽下曰、「善見律云、佛使一比丘食時守寺。即今一寺有直日看堂者是也。」

【守請】（雜語）猶言內報。勅修淸規曰、「粥羅行者守請新人至寢堂。」

【守護經】（經名）守護國界主陀羅尼經之略名。

【守護國界經】（經名）守護國界主陀羅尼經之畧名。

【守護大千國土經】（經名）三卷、趙宋施護譯。佛在鷲峯山南面大樹林中、時毘耶離國有天變地妖、國土人民號哭、佛集大梵天王及諸天諸鬼神說守護大千世界之秘法。

【守護國界主陀羅尼經】（經名）十卷、唐般若、牟尼室利同譯、有十一品、陀羅尼功德儀軌品、金剛手問諸佛等視衆生、云何但言守護國主。佛言譬如醫治嬰孩病使母服藥。智旭師云、按此經所談之法相義理、與大集經第二陀羅尼自在王菩薩品全同。但次第稍異耳、文理兼暢、最宜流通。

【守囊】（物名）書佛天之像或陀羅尼、盛以囊著之於身者。阿吒婆拘鬼神大將陀羅尼經曰、「世尊此神咒應付賢德有智善人。若不能誦者。應以好紙書寫。盛以綵囊。著種種香常持隨身。」

【守籠那】（人名）根本律云、說籠拏、此翻二百億。瞻波城有長者、豪貴晚得繼嗣、時有報者、輒賜金錢二百億、因名其子聞二百億。有云父聞歡喜、施子金錢二百億。二百億形貌端嚴、人所希見。足下毛長四指、同黃金色。增一阿含經云、勇猛精勤、堪任苦行、所謂二十億比丘是。

【字】（雜語）梵曰阿乞史囉 Akṣara、又云阿刹羅。見梵語雜名。

【二種字】（名數）一曰阿刹羅、阿迦等之根本字也。二曰哩比鞞伊等之增加字也。大日經疏十七曰、「字者梵有二音。一名阿刹羅也。是根本字也。二者哩比鞞。是增加字也。根本者即是本字。如阿字最初二音。次從伊伊（長）乃至烏奧。凡十二字。是從生增加之字。悉皆是女聲。其根本字是男聲也。男聲是慧義。女聲是定也。其根本字遍一切處。次諸增加字亦遍一切處。根本增加不相異也。皆以根本字體有本而加點畫。是故根本增加不一不異。猶如器中盛水。因器持水。水不離器。此亦如是。更相依持能遍內外也。」

【字相字義】（雜語）凡解眞言分字相字義二段。以初釋字相。後解字義。爲法字相之釋。通於顯教。字義之釋。爲密教特有之深義。例如釋阿字爲無、非、不。是字相也。又如釋訶字是因緣之義。是字相也。如釋阿爲本不生之義、訶爲因不可得之義、是字義也。而不可得卽阿字本不生之義。故無論如何之字、入之於阿字門、釋爲「何何不可得」、則爲字義釋。此字義釋、契當於三論之無方釋、天台之觀心釋也。字母釋曰、「世人但知彼字相、雖日用而未曾解其義。如來說彼實義、若隨字相而用之、則世間之文字也。若解實義、則出世陀羅尼文字也。」因密教言之、不知阿字伊字等文字之義理、字與義各別、謂之字相。字與義相應、謂之字義。卽就𑖎字言之、如𑖎字乃作業之意、爲字義。諦觀𑖎字爲作業不可得、到達宇宙之眞義、謂之字義。吽字義曰、「一切世間知如是字相、未曾解字義。是故爲生死之人。如來知如實實義、所以號大覺」。此有四重之義。一重字相者、字之形狀。字義者、字之意味。此爲有文無義、有文有義。卽知𑖎字之形、知𑖎字爲作業也。二重固執𑖎字爲作業、乃字相。詮爲作業可得、乃字義。三重、𑖎字雖詮爲作業不可得、然有能詮之體與所詮之理、是爲字相。觀能詮所詮一致不二、乃爲字義。四重能所雖一致、然有相分齊者、爲字相。字義者、萬法歷然、聲字卽顯實相之實義、指法爾無作之境界。

【字入門陀羅尼】（術語）一切文字、悉入阿之一字、阿之一字能總持一切字、使入諸法實相中、故名字入門陀羅尼。智度論二十八曰、「行陀羅尼菩薩聞此阿字、卽時入一切法初不生。如是等字字、隨所聞皆入一切諸法實相中。是名字入門陀羅尼。」

【字母】（術語）悉曇之摩多與體文也。有四十二字、四十七字、五十字之別。顯密諸經釋之。是爲生諸字之母、故云字母。智度論四十八曰、「四十二字母、並一切字根本。因字有語。因語有名。因名有義。若聞字則了其義。」見悉曇條。

【字母表】（書名）一卷、一行阿闍梨撰。

【字母品】（經名）文殊問經字母品之略名。

【字印】（術語）種子與印契也。是爲三種本尊中之二種。

【字門觀】（術語）觀諸尊之種子、謂之字門觀。不思議疏下曰、「字門觀者種子也。」

【字界】（術語）見字緣條。

【字曼茶羅】（術語）卽種子曼茶羅、四曼中之法曼茶羅也。若修行者無資力、不能作圖畫之大曼茶羅者、得以此字曼茶羅修法。大日經疏十三曰、「然實力不辦者聽作字曼茶羅。卽於此置佛之處、但書作阿字。是一切佛及菩薩之母也。（云云）」

【字等】（術語）四等之一。

【字等相三昧】（術語）百八三昧之一。

【字義】(術語)大日經疏四曰、「眞言中有字義有句義。」

【字輪】(術語)輪者轉生之義、眞言一一文字從一字轉生多字、故云字輪。大日經疏十四曰、「所謂字輪者從此輪轉而生諸字也。輪是生義。如從阿字一字卽轉生四字。謂阿𑖀是菩薩心。阿(長)𑖁是行。暗𑖀𑖽是成菩提。噁𑖀𑖾是大寂涅槃。噁(長)𑖁𑖾是方便。如阿字者。當知迦字亦五字。乃至佉等凡二十字。當知亦爾。」又曰、「從一嚩𑖪字轉生多字。故名爲輪也。」又字輪者、阿字菩提心之不動也。大日經疏十四曰、「又字輪者。梵音云阿𑖀刹𑖎𑖿𑖬囉𑖨輪。阿刹囉是不動義。不動者所謂是阿字菩提心也。如毘盧遮那住菩提心體性。種種示現普門利益。種種變現無量無邊。雖如是垂迹無窮盡。能實常住不動。亦無起滅相。猶如車輪雖復運動無窮。而當中未曾動搖。由不動故。能制群動而無窮極也。此阿字亦復如是。以無上故卽無動無退。而生一切字輪轉無窮。是故名不動輪也。」

【字輪觀】(術語)觀𑖀𑖪𑖨𑖮𑖏之五字輪也。此觀亦名法界體性三昧。以五字五大爲法界之體性故也。又名淨菩提心觀。以大日經說此五字之實義。云我是本不生等、疏家釋之判定菩提之實義故也。其法先觀吾心爲圓明之月輪、於其心月輪上布此字輪而觀之、是卽觀顯自心本有法界法門身之功德也。若別尊時應於部而以此中一字爲中心。以彼尊小眞言右繞而布之。都法時總布五字。

胎藏界五佛

金剛界五佛

此月輪安於心上。尊者出多法、或如仰鏡、於平面觀之、或如竪鏡於正面觀之。或又如圓珠觀之。然諸軌所明多仰觀之。如法華軌言秋月光明澄靜。仰在心中。無量壽軌言猶如淨月仰在心中。五字陀羅尼頌云右旋布心月。如以水精珠布明鏡之上。建立軌云諦想心胸間圓明一肘。猶如秋月圭澄明仰在心、是其證也。其五字之色亦有多說、或通觀爲黃金色、或通觀如於瑠璃盤上並水精珠、(此五字陀羅尼頌之意也)或以五字卽五方五大等之故、隨其部而觀其色、卽𑖀者地而黃、𑖪者水而白、𑖨者火而赤、𑖮者風而黑、𑖏者空而靑又雜色也。其詳見於秘藏記四等。

【字緣】(術語)悉曇之阿等十二摩多或十六摩多、是助成字義者、故謂之字緣。迦等三十五字或三十六字是字、根本則謂之字界。探玄記十曰、「悉曇章中初呬阿等十二音。或加唎離等爲十四音。卽字緣也。及迦佉等三十六字界也。以音加字轉成一切諸名句文等」（字緣加於字界而成語。探玄記解釋以母音爲字緣、子音爲字界非誤也。）

【字壇】（術語）種子曼荼羅也。是四曼中之法曼。大日經疏十三曰、「若弟子財力豐贍堪能廣辦者師卽當作畫色像之壇。爲示本尊身印之相故也。若力不能辦而造字壇卽犯秘法隱覆之罪。」

【宅門】（術語）五功德門之一。見五功德門條。

【安土地眞言】（眞言）卽「南無三滿哆母馱喃唵。度嚕度嚕地尾薩婆訶。」十八字也。銷釋金剛科儀會要註解二曰、「此言土地者卽堅牢地神也。凡有三寶建立道場誦經坐禪講解之處。此堅牢地神稟報上天。常來擁護。故乃誦此眞言也。」

【安下處】（雜語）禪語。安息而置行李之處。卽宿泊處。又請陞座齋僧時設於山門外之小休憩所也。見百丈淸規及象器箋。

【安心】（術語）謂心期待於某一點、而安住於此。確乎不動也。安心之法諸宗各有其說。天台一家、謂離三諦無安心之處、離止觀無安心之法。禪宗以不可得爲安心之處。如彼達磨印慧可、謂爲安心了。卽其例也。淨土門說安心甚盛。淨土宗謂厭欣之心爲總安心。至誠心深心迴向心之三心爲別安心。俱爲行者所起之心。眞宗謂信樂開發之一念具三信。大信大行、悉由如來本願力迴向而獲得。安心卽信心也。

【安心起行】（術語）安心者、謂三心、起行者、謂五種正行等。此二者如鳥之兩翼、車之兩輪。不可偏廢。稱之爲心行具足。又曰願行具足。淨土宗謂此二者不具、則不得往生。卽發三心安心決定之後、修念佛等行也。

【安玄】（人名）安息國人。優婆塞也。漢靈帝末來洛陽、以功爲騎都尉。世稱爲都尉玄。光和四年與嚴佛調共譯法鏡經二卷、又譯阿含口解十二因緣經一卷。理辭皆正到。巧盡微旨。世稱安侯都尉佛調三人傳譯難繼。年壽並缺。見出三藏記集十三。

【安立】（術語）安置建立之義。無量壽經上曰「敎化安立無數衆生。」俱舍論十一曰、「安立器世間。」唯識論八曰、「安立眞如。」勝鬘寶窟上末曰、「安立者始建曰安。終成爲立。」

【安立眞如】（術語）見眞如條。

【安立行菩薩】（菩薩）涌出菩薩四上首之一。見法華經涌出品。

【安立諦非安立諦】（術語）述記十九曰、「有差別名言者名安立。無差別離名言者非安立也。安立者施設義。」

【安立三昧】（術語）定之名也。智度

論四十七曰、「得此三昧者。一切諸功德善法中安立牢固如須彌山。」

【安立果】（術語）西方師所立四果之一。即於某基礎上安立之結果也。大毘婆沙論百二十一曰、「安立果者、謂依風輪安立水輪、復依水輪安立金輪、復依金輪安立大地、復依大地安立一切情非情數。此中後後者、是前前之果。」

【安宅神咒經】（經名）一卷。後漢失譯。略云安宅法。又曰安宅咒。

【安名】（術語）新受戒者、初付法名也。見禪林象器箋五。

【安那般那】（術語）Ānāpāna 見阿那波那條。

【安呾羅縛】（地名）國名。在迦畢試國北方。玄奘歸途、通過此國。

【安居】（行事）Varṣa 印度僧徒、兩期三月間禁外出而致力坐禪修學。是名兩安居。異名爲坐夏、坐臘等。始此謂之結夏、解此謂之解夏。業疏四曰、「形心攝靜曰安、要期在住曰居。」其安居之因由、見布薩條。

【三安居】（行事）結夏之時期、舊譯家分前中後三期、始於四月十六日者爲前安居、始於五月十六日者爲後安居、始於其中間者、爲中安居。其日數則九十日。見行事鈔資持記四之二。又新譯家爲二期、前安居始於五月十六日、後安居始於六月十六日、而無中安居。但支那日本之僧徒、皆取四月十六日爲入安居之日。西域記二曰、「印度僧徒、依佛聖教、坐兩安居、或前三月、或後三月。前三月當此從五月十六日至八月十五日。後三月當此從六月十六日至九月十六日。前代譯經律者、或云坐夏、或云坐臘、傳譯有謬。」寄歸傳二曰、「若前安居、謂五月黑月一日。後安居則六月黑月一日。唯斯兩日合作安居。於此中間、文無許處。」圓覺經曰、「若經夏首三月安居、當爲清淨菩薩止住。」

【安居竟】（術語）安居之終日、即七月十五日（舊譯家）或八月十五日（新譯家）。

【安陀會】（物名）又作安怛婆沙、安多婆娑、安多跋薩、安陀跋薩、安陀羅跋薩、安怛婆參、或作安多會。內住之義。譯言中宿衣、內衣、裏衣、或中着衣。三衣之一。即五條而近身襯體着者。又曰下衣。唐則天嘗縮小之、以與禪僧、遂至被着於法衣之上。今禪宗等所用之絡子是也。其構造法、以一長一短爲法、短部分謂之短條、長部分謂之長條。其條緣謂之葉、前方裏面有結紐之輪、謂之鉤、後方表面有着紐之處、謂之帖。鉤紐附於袈裟全體三分之一處、鉤附於上邊隔四指之處。紐附於隔八指之處。緣以縫三道爲法。今縫二道者、略也。葉之縫法、有摽葉、馬齒、鳥足之別。

【安陀羅舍婆羅】（地名）國名。裸國。

也見智度論二十五註。

【安忍】（術語）安心忍耐也。止觀七之四曰「安忍者能忍成道事」三藏法數三十七曰「安卽不動忍卽忍耐」

【安受苦忍】（術語）見二忍條。

【安明山】（地名）又曰安明由山、須彌山之譯語。天台之維摩經疏會本二曰「須彌山者此云安明。亦云妙高」垂裕記三曰「須彌者此云安明。入水最深故名爲安。出諸山上故名爲明」

【安明由山】（地名）卽須彌山。玄應音義六曰「安明由山卽須彌山也」見安明山條。

【安法欽】（人名）沙門安法欽者、安息國人。西晉武帝太康二年來洛陽、譯出阿育王傳等數部。見開元錄二。

【安底羅】（神名）Aṇḍīra 又作安陀羅、安捺羅。藥師十二神將之一。

【安息】（地名）波斯地方之古王國名。案史記大宛列傳、後漢書西域傳、此國古時强盛。而安世高、安玄、曇無諦、安法欽、先後來自彼國。尤可見彼國傳播佛敎甚盛也。

【安息香】（物名）香料之一種。安息香樹所生之脂汁塊也。安息香樹產於暹羅波斯等、高丈餘、落葉樹也。葉爲卵形、有光澤、花外部爲白色、內部爲帶紅褐色。排列爲總狀花序。樹皮爲褐灰色、帶軟毛。由其樹皮採收之脂汁稱爲安息香。爲藥用及香料。但普通之安息香、多爲其樹之木粉、更以臼碎之、混膠等使之凝固者。

【安般】（術語）見阿那波那條。

【安般經】（經名）大安般守意經之略。

【安座】（儀式）凡奉佛像安於殿內時、請宗師法語、謂之安坐佛事。

【安骨】（儀式）火葬後拾收白骨安置於本堂、謂之安骨。其時之佛事、謂之安骨佛事。見禪林象器箋十四。

【安淸】（人名）字世高。安息王之太子。父薨讓國於叔。出家博通經論。遊化四方。遂來中國。漢桓帝時至洛陽。才機英悟、直通漢語。譯齎來諸經凡一百餘部。見高僧傳一。

【安國師】（人名）杭州鹽官山海昌院之齊安國師、嗣法於馬祖。見五燈三。

【安詳】（術語）安穩微妙之貌。法華經方便品曰「爾時世尊從三昧安詳而起」嘉祥之義疏曰「安詳者示大人之相。又安詳者動寂無礙也」慈恩之玄贊曰「安者徐也。詳者審也」無量壽經上曰、「安詳徐逝」

【安遠】（人名）道安與慧遠二師、皆晉代之高僧、並稱之。

【安像三昧儀軌經】（經名）一切如

來安像三昧儀軌經之略名。

【安廪】（人名）姓秦。因勅出家。往魏就司州光融寺容公習經論。就嵩山少林寺光公聽十地。又受禪法。具明其玄理。住魏十二年。講四分律並大乘經論各數十遍。受業者日益多。梁泰清元年。與門人等還至楊都。武帝勅住天安。於是講華嚴經。大張宗綱。及陳興。永定元年。奉勅於內殿說戒。開法於耆闍寺。講演不絕。文帝時奉命於昭德殿講大集經。宣帝時亦於華林園說法。年七十七寂。見續高僧傳九。

【安膳那】（物名）又作安繕那。安禪那。黑色之藥品。慧琳音義十二曰「安膳那眼藥名。此藥石類。深青色。兼有紫紺色。亦似金精」此言其爲石粉之類也。然慧苑音義下曰「安繕那藥。以其葉色青黛。可合和眼藥」此又似爲一種之植物矣。要之則其爲一種之眼藥明甚。現今印度往往有以之塗於小兒眼瞼者。蓋信其有强眼之效。又以眼緣黑色爲可愛也。

【安膳林】（地名）在中印度沙枳多國。佛說法之舊地也。

【安樂】（術語）身安心樂也。文句八下曰「身無危險故安。心無憂惱故樂」

【安樂國】（界名）西方極樂之別名。無量壽經上曰「無有三途苦難之名。但有自然快樂之音。是故其國名曰安樂」

【安樂淨土】（界名）極樂淨土。安養淨土之合稱。謂極樂也。

【安樂行品】（書名）法華經品名。文殊菩薩問於五濁惡世安樂修行妙法之道。佛說身安樂行。口安樂行。意安樂行。誓願安樂行之四種安樂行。法華經四要品之一也。

【安樂行義】（書名）書名法華經安樂行義之略。一卷。南嶽大師著。

【安樂集】（書名）唐道綽著。上下二卷。集往生安樂國之要文者。

【安樂十勝】（術語）極樂世界之勝事有十種。化生所居。所化命長。國非界繫。淨方無欲。女人不居。修行不退。淨方非穢。國土莊嚴。念佛攝情。十念往生也。此慈恩大師所說。

【安養】（界名）西方極樂國之異名。無量壽經下曰「諸佛告菩薩。令觀安養佛」義寂疏曰「安心養身。故曰安養」

【安養淨土】（界名）對於娑婆之穢土。而謂極樂爲淨土。淨土者。淸淨之國土也。

【安養教主】（雜名）安養國之教主。彌陀如來也。

【九品安養】（界名）往生極樂者。有九品之差別。故言九品之淨土。九品之安養等。見九品條。

【安養淨刹】（界名）同安養淨土。

【安養即寂光】（術語）西方之極樂。

於四種之國土中位雖最下、然以圓融無礙之道理言之則此最下之土、卽最上之寂光土云。與所謂娑婆卽寂光同。蓋天台宗立四土、一凡聖同居土謂娑婆及安養二方便土。三實報土四常寂光土是究竟之佛土也。然由圓融之理言之則四土總爲不二。法華文句記九下曰、「豈離伽耶別求常寂非寂光外別有娑婆。」止觀義例上曰、「故知心體卽常寂光寂光諸土無二無別。」同隨釋三曰、「體卽用故有實報方便同居三土之殊。用卽體故一一無非常寂光土。」

【安慧】(術語)　安置意於智慧而不動。十住論十曰、「諸佛安慧常不動」往生要集指麾鈔十五曰「安謂安置慧是智慧」因天竺論師名 Sthiramati 解釋唯識論之十大論師之一。唯識述記一本曰、「梵云悉耻羅末底唐言安慧。卽糅雜集救俱舍論破正理師護法論師同時先德南印度境羅羅國人也。妙解因明善究內論。」

【安禪】(雜語)　猶言入定。張續賦曰、「今築室以安禪。」王維詩曰「安禪制毒龍」

【安闍那】(植物)　Añjana 又作安膳那花名見翻梵語九。因(雜名)慧琳音義二十六曰、「安闍那藥古音亦云安陀此云眼藥。經云能治眼痛應是黃連也。」

【安隱】(術語)　與安穩同。宗鏡錄曰、「安隱快樂者、則寂靜妙常世事永息者。則攀援心斷。」

【安穩】(術語)　身安心穩也。法華經譬喻品曰「身意泰然快得安穩」文句十四、曰、「不爲五濁八苦所危故名安日倒暴風所不能動故名穩。」穩通作隱。

【安鎮法】(修法)　又曰鎮宅法、安鎮國家法。造新宅時祈其家宅安穩或爲鎮護國家而修之秘法也。勸請四臂之不動明王、十二天諸眷屬道場觀觀種子吽字三昧耶形鎮輪(三股輪)誦鎮宅咒等當日再晝十二天曼荼羅(中央四臂不動)懸之壇場結願後卷其畫像封之竹筒中、鎮寢殿中心梁之橫側置於其中而堅閉之或書不動鎮宅之咒並十二天之種子等安置之於梁上又有以五寸之金銅不動授與施主家者見聖無動尊安鎮家國法等。

【早帝梨】(異類)　譯曰鬼見舊婆沙論七。

【早參】(雜語)　又曰朝參早晨之參禪也。祖庭事苑曰、「禪門詰旦升堂謂之早參」

【早離速離】(傳說)　兄弟二人名以其早離父母故名。淨土本緣經謂「無數劫昔有國名摩濕波吒有梵志名長那妻名摩耶斯羅生二子兄云早離弟云速離兄七歲弟五歲時母摩耶斯羅病死父娶後妻時遇飢年父入海求食繼母在家欲害二子欺二子、引之海岸、棄於絕島而還。二子在孤島晝夜悲痛、遂發願言願我常在此島修菩薩行、利益十方之人、發如此一百願而命終。父自海來、求子不得、問之隣人、知棄於孤島、遂往覓之、唯見白骨。乃啼哭發願、我願度諸惡衆速成佛道、又願我常任娑婆世界說法敎化。此時之長那、卽今之釋迦如來、摩耶斯羅者、西方阿彌陀如來也、早離者觀音菩薩也、速離者大勢至菩薩也、海岸之絕島、卽今補陀洛山也。此經一卷經目不載。蓋僞撰者。

【早懺法】（儀式）怱怱誦懺法之法式也。

【同分】（術語）俱舍七十五法中心不相應行法十四之第三。使諸法相同之因名爲同分。是爲一實法、由有此實法而使物同也。此有二種。一名衆生同分、又名有情同分。二名法同分。人畜等之有情相同。謂之衆生同分、有情同分。蘊處界等之法相同、名爲法同分。又衆生同分分二類。一爲無差別同分、一切有情、一類同等、異於非情上之同分也。二爲有差別同分、諸有情中三界九地五趣四生婆羅門刹利等之稱、有男女等乃至四向四果各別之同分。又法同分有無差別有差別。俱舍論五曰、「有別實物名爲同分。謂諸有情展轉類等。本論說此爲衆同分。此復二種。一無差別。二有差別。（中略）復有法同分。謂隨蘊處界。」因分別十八界有同分彼同分之一門、同分之義稍異。見彼同分條。

【同分妄見】（術語）衆生迷失眞性、於一切虛妄之境界同受苦樂也。

【同分異全不定過】（術語）似因十四過中、六不定過之一。具云同品一分轉異品遍轉不定過。謂三支中之因、關係喻中同品之一部分、關係異品之全部也。例如謂「或人爲女子。」（宗）、「不產子故」（因）、此宗之同品總爲女子、因之同品、限於其中一部不生子之石女、故可謂因關係同品之一部、但異品之男子、總無生子者、故其關係全部、勿論矣。

【同文故來】（術語）引證文爲一連之文、則雖非證該處之文、亦引列之、謂之同文故來。俱舍光記十五曰、「正取六境、不受色貪、同文故來。」

【同生天】（天名）與同生神同。

【同生神】（天名）又云同生天。舊華嚴四十五言一切之人、自有生以來、卽有同生同名二天、常隨從侍衛。同生天者、此天與其人同時生也、同名天者、此天與其人同名字也。此二神、藥師經謂之俱生神。見俱生神條。

【同心結】（雜語）用於袈裟鉤紐之結法也。以紐作縮結、使其兩端入於中心一處、故名同心結。

【同行】（術語）三善知識之一。同心

行道之人也。止觀四曰、「切磋琢磨、同心齊志、如乘一船、互相敬重、如視世尊、是名同行。」同輔行曰、「言同行者、己他互同遞相策發、人異行同、故名同行。」五會法事讚下曰、「各留半座乘華葉、待我閻浮同行人。」新華嚴經七十三說同行之義、舉八十四同法華經五百授記品曰、「饒益同梵行者。」

【同名天】（神名）二天之一。見同生神條。

【同如來莊嚴具】（術語）稱密印也。密印者是一切諸佛以此莊嚴之故成法界之身、又以此加持衆生之故得同於法身、故云同如來莊嚴具、大日經密印品曰、「有同如來莊嚴具同法界趣幖幟。」義疏十曰、「一切佛以此為莊嚴、故得成如來法界之身、若有衆生修此法者、以印加持、故亦同如來法界身也。」

【同性經】（經名）具名大乘同性經、二卷、宇文周闍那耶舍譯。佛在大摩羅耶精妙山頂楞迦大城之毘毘沙那羅刹王供佛問法、而受菩薩之記、海龍王問其往因、佛為說之、次有海妙深自在智通菩薩從東方來、以大寶殿供佛問法、佛為說如來十地之名、及聲聞十地之名、辟支佛十地之名、菩薩十地之名。

【同別二教】（術語）華嚴一家之教判、分第五同教為別教一乘、同教一乘、別教一乘者、永別異於二乘三乘等諸乘、一多無盡之一乘法也。五教章上明其十別、同教一乘者、為使二乘三乘等機入於一多無盡之法界、以一乘無盡之法寄顯於始教之三乘法、或終頓之一乘法而說也。然則同教一乘約於所寄之法則為終頓二教之一乘教與始教之三乘教、此中就華嚴本經之說相論之、則彼經所說之同教一乘為終頓二教、經中說一多無盡之法者、是別教一乘也、此名直顯門。又寄於終頓二教之一乘法顯一多無盡之一乘法者、彼經之同教一乘也、此名寄顯門。法華經中亦有同別二教、然彼之同教一乘為開會二乘之機於一乘、故寄於始教之三乘法、而說無盡一乘法、此為本經同教一乘與末經同教一乘之相違。且華嚴法華二經雖共說同別二教、而華嚴多說別教、少說同教、法華多說同教一乘、少說別教一乘、故又大判二經、華嚴為別教一乘、法華為同教一乘也。見五教章上。其別異之義門有十種、一時異、所說之時異也。二處異、所說之處異也。三主異、所說之佛異也。四衆異、所聞之衆異也。五所依異、所依之三昧異也。六說異、一方說一切方說也。七位異、一位一切位也。八行位、一行一切行也。九法門異、法門之建立廣狹異也。十事異、舍林地山等一一事相盡為甚深之法門也。見五教章上施設異相門。

【同居】（界名）凡聖同居土之略稱。見四土條。

【同居淨土】（界名）同前項。

【同居穢土】（界名）同前項。

【同法】（雜語）同行法者。行持鈔下四曰「同法義重」因（術語）因明之例語、同喻上有宗與因二種之同義、對於宗之同邊、謂之同品、對於因之同邊、謂之同法。例如立無常之宗、同喻之瓶上無常之義名同品、所作之義名同法。

【同法相似過類】（術語）十四過之一。立者之論法雖爲異品者、而對手强爲同品而攻擊之過誤也。

【同味】（術語）謂義理分齊同也。釋籤一曰「一家義意謂二部同味。」

【同品】（術語）於因明宗之所立均等之品類名同品、即同喻也。入正理論曰「所立法均等義品、說名同品。如立無常。瓶等無常、是名同品。」

【同品定有性】（術語）因之三相之一。凡爲宗因喻三支中之因者、必具宗同品喻體上定有之性。例如立無常之宗、以所作性爲因、以瓶爲同品之喻、決定於此同品之瓶上應有因之所作性之義、若無之、則斷因喻之關係、不能得因體同喻之助力。

【同相】（術語）六相之一。有爲之萬法雖有種種差別、而同一法界之緣起不相違背也。

【同展三拜】（儀式）大衆一同展坐具而三拜也。

【同時具足相應門】（術語）十玄門之一。

【同敎】（術語）見同別二敎條。

【同敎一乘】（術語）見同別二敎條。

【同參】（術語）僧侶之相謂也。有二義。一謂參謁。言同事一師也。傳燈錄曰、「仁慧大師上堂、曰我與釋迦同參、汝道參什麽人。」二謂相與研究。石林詩話曰、「禪宗論雲間有三種語其一爲隨波逐浪、其二爲截斷衆流、其三爲函蓋乾坤、若有解此、當與渠同參。」劉克莊詩曰、「晚覺齊民書最要、惜無幽士肯同參。」

【同境依】（術語）諸識記種依之一。

【同聞衆】（術語）謂列於諸經首之比丘菩薩等諸衆、即同聞法之衆也。法華文句一曰、「釋同聞衆爲三。初聲聞。次菩薩。後雜衆。諸經多爾。」

【同學】（雜語）同所習者。維摩經菩薩品曰、「樂近同學。」註「什曰。我學大乘彼亦如是、是名同學。」

【同類因】（術語）六因之一。舊謂之習因。如前念之善心爲因、而後念之善心又起善業、前念之惡心爲因、而後念之惡心又起惡業、各自同類之法、對於同類之法爲因者也。其果稱爲等流果。俱舍論二曰、「同類因者。謂相似法與相似法爲同類因。謂善五蘊與善五蘊展轉相望爲同類因。染汚與染汚。無記與無記五蘊相望應知亦爾」

【同類助業】（術語）又云同類善根。謂五正行中讀誦、觀察、禮拜、（前三）讚歎供養（後一）之四種助業也。此等與稱名念佛、雖同爲往生淨土之正行、然非正定之業、而爲助成稱名之業。故稱爲同類之助業。

【同類無礙】（術語）異類無礙之對、如火與火不相礙、地與地不相礙是也。

【同聽異聞】（術語）台宗所立化儀四教中第三之秘密教與第四之不定教。於佛說法時同一座而聽、各自異聞、小乘之機聞小法、大乘之機聞大法、謂之同聽異聞。卽一音異解也。但此秘密教與不定教之別、同聽異聞之人、自他互相知、謂之不定教。互不相知、謂之秘密教。玄義釋籤一曰、「不定與秘。並皆不出同聽異聞。但互相知互不相知以辨兩異」

【同體】（譬喩）如波之於水、四肢之於一身、謂之同體。

【同體慈悲】（術語）觀一切衆生之身與己身同體一身、而起拔苦與樂之心、謂之同體之慈悲。起信論曰、「一切諸佛菩薩、皆願度脫一切衆生。自然薰習常恒不捨。以同體智力故、隨應見聞而現作業」。又曰、「以取一切衆生如己身故、而亦不取衆生相。此以何義故、謂如實知一切衆生及與己身眞如平等無別異故。」

【同體方便】（術語）又云體內方便。台宗釋方便用體外體內之二者。見方便條。

【同體之惑】（術語）謂根本無明。是爲眞如自體之迷惑、故名同體之惑。如波與水同體。法華玄義五曰、「無明是同體之惑。如水內乳。唯登地已去菩薩鵝王能唼無明乳。淸法性水。」

【同體三寶】（術語）又云一體三寶。四種三寶之一。見三寶條。

【因】（術語）因明三支作法之一。謂推斷未決之宗義之理由也。例如某爲中國人（宗）爲南京人故（因）之論式中、某爲中國人者未決之宗義也。然依爲南京人之理由、推斷此未決之宗義、於是生斷定某爲中國人之結果矣。因造果者卽原因也。婆娑論百二十七曰、「造是因義」。大乘義章二曰、「親生義目之爲因」。二因、三因、五因、六因、各見本條。

【十因】（名數）一隨說因。於欲界色界無色界一切惑業繫縛之法及不繫縛之法、隨其見聞覺知而起言說、是名隨說因。二觀待因。諸有情欲求三界有繫縛之樂、及出世間不繫縛之樂、於彼之所緣、或爲求得、或爲受用、觀彼而對此、是名觀待因。三牽引因。

由淨不淨之熏習、三界善惡諸行、於可愛不可愛之趣中牽引可愛不可愛之自體、是名牽引因。四生起因。三界可愛不可愛之一切惑業繫縛之法、各由自種生、愛能潤種種、爲潤愛由此而先所牽引之可愛不可愛自體生起、是名生起因。五攝受因。三界之惑業繫縛之法、及不繫縛之法、悉爲眞實之見所攝受、是名攝受因。六引發因。欲界繫縛之善法能引欲界繫縛之諸勝善法、又能引色界無色界繫縛及不繫縛之善法、乃至無色界繫縛之善法、能引無色界之諸勝善法及不繫縛之善法、是名引發因。七定異因。三界繫縛諸法及不繫縛法、自性功能有差別、是名定異因。八同事因。由自性功能之和合、生三界繫縛之法及不繫縛之法、亦成辦和合、是名同事因。九相違因。三界繫縛之法及不繫縛之法將生時、若有障礙現前、則不得生、是名相違因。十不相違因。三界繫縛之法及不繫縛法將生時、若無他障礙現前、則便得生、是名不相違因。見瑜伽論五。

【十因十果】（名數）一婬習因。婬習交接、研磨不休、故有火光於中發動。二習交然、故有鐵床銅柱八熱地獄之報。二貪習因。貪習之心、往來計算、而發相吸、吸攬不止、則感水積、風爲寒結水爲氷、故有寒氷地獄之報。三慢習因。慢習交凌、而發相恃、憍縱馳驟流逸不止、則積致惡毒、故有血河毒海灌呑之報。四瞋習因。瞋習交衝、而發相忤、故心熱發火、鑄氣爲金、此業所感、故有宮割斬斫等報。五詐習因。詐習交誘、而發相調、巧僞之心引起不止、此業所感、故有杻械鞭杖等報。六誑習因。誑習交欺、而發相罔、誣罔不止、其心飛揚、如風揚塵、使人不見、故有騰擲飛墜漂淪等報。七寃習因。寃習交嫌、而發銜恨、如陰毒之人、心懷毒惡、此業所感、故有投擲擊射等報。八見習因。見習交明、邪悟諸業、各執己見、是非其事、而發違拒、故有勘問權詐拷訊推鞫等報。九枉習因。枉習交加、而發誣謗、如讒賊之人、枉屈良善、此業發現、故感拘押按捺迫蹙其體、瀝漉其血等報。十訟習因。諍訟交喧、而發隱覆、如鑑照燭、不能隱藏、故有業鏡之火珠、披露宿業、對驗等報。見楞嚴經。

【因十四過】（名數）因明三支作法中、因支上所顯十四種之過誤也。一兩俱不成。二隨一不成。三猶豫不成。四所依不成。五、共不定。六不共不定。七同品一分轉異品遍轉不定。八異品一分轉同品遍轉不定。九俱品一分轉不定。十相違決定。十一法自相相違。十二法差別相違。十三有法自相相違。十四有法差別相違。參照三十三過條。

【因人】（術語）因位之人也。爲未到佛果以前修行者之總稱。

【因力】（術語）於物之生、正爲原因之力、對於緣力而言。無量壽經下曰、「因力緣力」。

【因三相】（名數）因明三支作法中、因所必備之三個法則也。一遍是宗法性。二同品定有性。三異品遍無性。蓋因以確立未決宗義之理由而名、故與宗及同喻之關係應必有同時與異喻之關係須絕無。此因所以有三相之別也。

【因中說果】（術語）於因上說果之論法。涅槃經三十七曰、「如來或時因中說果。果中說因。如世間人說泥即是瓶、縷即是衣。是名因中說果。果中說因者、牛即水草、人即是食」。智度論四十三曰「知人日食數匹布。不可食。從布因緣得食。是名因中說果。如見好畫而言好手。是爲果中說因」。

【因中有果宗】（流派）外道十六宗之一。又曰因中有果論。計因中常有果性之外道也。譬如禾因穀生而論其穀中既有禾性是也。參照外道條附錄十六外論。

【因內】（術語）因明與內明也。見因明條。

【因分】（術語）因之分齊也。對於果分而言。即普賢因人所知所了之境界也。具曰緣起因分。又曰因分可說。見次項。

【因分可說】（術語）佛陀證悟之性海。爲佛佛自知之法。不可言說。是曰果分不可說。然此不可說之果分、得於因人之機緣略說一分。是曰因分可說。因分者、其所現所說皆爲因位因人、故只謂是因位因人所知所了之分際也。五敎章上曰、「地論云因分可說果分不可說者是也」。即十地論二所謂「前言十地義如是不可得說聞。今言我但說一分。此言有何義。是地所攝有二種。一因分二果分。說者解釋。一分者是因分。於果分爲一分。故言我但說一分」。

【因尼延】（雜語）見伊尼延條。

【因地】（術語）修行佛道之位也。對於成佛之位爲果地、或果上、而名。圓覺經曰、「說於如來本起清淨因地法行」。楞嚴經五曰、「我本因地以念佛心入無生忍」。又因於地也。

【因地倒者因地起】（雜語）迷悟不離心。倒與立不離地也。玄義六下曰、「若信若謗因倒因起。如喜根雖謗、後要得度。」禪林類集正覺逸頌曰「堪悲堪笑修山王。因地起兮因地倒」。宗鏡錄七曰、「如人因地而倒。因地而起。一切衆生因自心根本智而倒。亦因而起」。文句記十之中曰、「因謗墮惡。必由得益。如人倒地還從地起」。

【因字生金剛】（術語）稱金剛薩埵之種子𤙖字也。其字體𤙖字者、爲一切諸法之本因、故稱因字。此𤙖字變成五股之金剛杵、故云生金剛。瑜祇經曰、「因字生金剛。滿彼大空界」。

【因字金剛句】（術語）因字者、東方

阿閦佛之種子。稱𤙖字。𤙖之字體。訶爲因之義故也。金剛句者。此𤙖之種子變爲五股金剛之形也。瑜祇經曰「因字金剛句。發生猛利火。燒除衆不祥。」

【因行果】（術語）大日經所說之三句義也。第一句菩提心爲因。是因。第二句大悲爲根。是行。第三句方便爲究竟。是果。此三者。攝一切大小顯密之諸宗也。

【因行果德】（術語）因位之修行與果上之功德也。六度四攝等。爲因位之修行。四智三身十力四無畏等爲果上之功德。

【因同品】（術語）謂因明同喻所備之條件與因同品類也。例如內閣總理亦應守中華民國法律（宗）爲中華民國故（因）人民如其餘人民（同喻）之論式中。「其餘公民」之同喻。與「中華民國人民」之因同一品類是也。

【因因】（術語）對於果果而言。見果果條。

【因成假】（術語）諸法者。由因緣成立。故爲假而非實。三假之一。成實宗所立。

【因明】（術語）五明之一。梵名醯都費陀 Hetuvidyā 屬於論理之學科。立宗因喻三支作法而爲言論之法例。如「聲無常（宗）爲所作性故（因）如瓶等（喻）」此三支中。以因支爲最要。故云因明。因明大疏上本曰「明此因義。故曰因明。」釋尊以前。足目 Akṣapāda 仙人創之。至佛滅後。大乘論師陳那完成之。其書名因明正理門論。見因明大疏上本。

【因內二明】（術語）因明與內明也。內明亦五明之一。委悉內典之學科。詳五明條。

【因明門】（術語）因明之法門。是對於他法門而言。

【因明論】（術語）對於餘論部而明因明之論。謂之因明論。卽正理門論。入正理論等。

【因明正理門論本】（書名）陳那菩薩造。唐玄奘譯。一卷。

【因明正理門論】（書名）陳那著。唐義淨譯。一卷。與上同本。

【因明入正理論】（書名）陳那之弟子商羯羅主著。唐玄奘譯。一卷。明眞能立。眞能破。眞現量。眞比量。似能立。似能破。似現量。似比量之八門。而辯自悟悟他之兩益者。本論各家之註解如下。因明入正理門論述記一卷。唐神泰述。不全。因明入正理論疏三卷。唐玄軌述。佚中下二卷。因明入正理論疏六卷。唐窺基撰。因明入正理論義斷一卷。唐慧沼述。因明入正理論義纂要一卷。唐慧沼集。因明入正理論續疏二卷。唐慧沼述。佚上卷。因明入正理論疏前記三卷。唐智周撰。因明入正理論疏後記三卷。唐智周撰。下卷不全。

因明入正理論疏鈔略記一卷、唐智周撰。因明入正理論解一卷、明眞界集解。因明入正理論集解一卷、明王肯堂集釋。因明入正理論直解一卷、明智旭述。相宗八要解第一。因明入正理論直疏一卷、明明昱疏。相宗八要解第六。因明論疏瑞源記八卷、鳳潭著。

【因位】（術語）修行佛因之位。自發心至成佛之間也。玄義六上曰、「果地圓極。非復因位」

【因坻】（天名）可洪音義一曰、「因坻音遲。亦言因提。此云主。謂天主帝釋也」見因陀羅條。

【因陀羅】（天名）Indra 本爲雷雨之神。佛敎當時之最高神、與梵天並稱。譯爲天主者、由釋提桓因 Sakradevendra 也。又作因坻、因提、因提梨、因達羅等。譯曰天主。帝卽帝釋天。玄應音義三曰、「因坻直尸切。或言因提梨。或言因陀羅。正翻名天主。以帝代之。故經中亦稱天主、或稱天帝釋。並位之與名也」又（神名）藥師十二神將之一。又作因達羅、印陀嚕。藥師七佛本願經念誦儀軌供養法曰、「藥叉大將因陀羅其身紅色執寶棍主領七億藥叉衆誓願守護如來敎」

【因陀羅王】（天名）大日經疏一曰、「因陀羅王者、帝釋也」

【因陀羅網】（譬喩）是梵漢雙舉之名。單用漢語則云帝網。卽帝釋天之寶網。其網之線、珠玉交絡、以譬物之交絡涉入重重無盡者。通路記曰、「忉利天王帝釋宮殿張網覆上。懸網飾殿。彼網皆以寶珠作之。每目懸珠。光明赫赫。照燭明朗。珠玉無量。出算數表。網珠玲玲。各現珠影。一珠之中。現諸珠影。珠珠皆爾。互相影現。無所隱覆。了了分明。相貌朗然。此是一重。各各影現珠中所現一切珠影。亦現諸珠影像形體。此是二重。各各影現二重所現珠影之中。亦現一切所懸珠影。乃至如是。天帝所感宮殿網珠。如是交映。重重影現。隱映互彰。重重無盡」

【因陀羅微細境界門】（術語）十玄門之一。見玄門條。

【因陀尼羅】（雜名）見因陀羅尼羅目多條。

【因陀羅宗】（流派）帝釋天造聲明論。能以一言含衆義。謂之因陀羅宗。大日經二曰、「如因陀羅宗諸義理成就」同疏七曰、「因陀羅者、是天帝釋之異名。帝釋自作聲論。能於一言具含衆義。故引以爲證」

【因陀羅尼羅】（雜名）見因陀羅尼羅目多條。

【因陀羅呵悉多】（植物）又作因達羅喝悉哆、因陀羅訶塞多。香藥名。金光明最勝王經七。爲香藥三十二味其中第七。所謂白皮者是也。或云是人參之一種。

【因陀羅跋帝】（雜名）帝釋天所居

之城名。菩薩念佛三昧分十曰、「彼天主王所居大城名曰因陀羅跋帝。」經註曰、「隨名天主城亦名帝幢。」

【因陀囉誓多】（天名）Indraceṭa 譯曰帝釋侍者見陀羅尼集經十二。

【因陀羅勢羅窶訶】（地名）又作因陀羅世羅求訶、因沙舊因陀羅窟帝釋石窟也。在中印度舊王舍城東方六哩之山上。見次項。

【因陀羅世羅求訶】（地名）Indraśailaguhā 又作因陀羅勢羅窶訶、山名。法華文句一上曰、「因陀羅世羅求訶、此云蛇神山。靈鷲山五精舍之一也。」西域記九曰、「因陀羅勢羅窶訶山唐言帝釋窟。」

【因陀羅尼羅目多】（雜名）Indranīlamuktā 又作因陀尼羅、因陀羅尼羅。帝釋之青珠也。玄應音義二十三曰、「梵言因陀羅尼羅目多。是帝釋寶。亦作青色。以其最勝故稱帝釋青。或解云。帝釋所居處。波利質多羅樹下地、是其寶故名帝釋青。目多此云珠。以此寶為珠也。」慧苑音義下曰、「因陀羅尼羅。因陀羅、此云帝也、主也。尼羅、青也。寶中最尊第一。故曰青主也。」智度論十曰、「因陀尼羅。天青珠也。」

【因陀囉達婆門佛】（佛名）譯曰相應佛。見陀羅尼雜集二。

【因相】（術語）阿賴耶識三相之一。意言為萬法原因之相。蓋第八阿賴耶識、攝持一切種子、能為萬法生起之原因也。成唯識論二曰、「此能執持諸法種子令不失故、名一切種。離此餘法能遍執持諸法種子不可得故、此即顯示初能變識所有因相、」即是。八識之因相、實有六因十因等種類、獨執持種子令不失之義、於他為不共之相、故取之為第八識之因相也。蓋因相之義、具通於依持因與生起因之二意。今唯以持種之特用為因相者、解之於狹義也。若於廣義言之、則第八識中攝藏之諸法種子、亦可名為因相。何則、以種子正為現起諸法之親因緣法故也。故唯識論述記四謂「三相、皆唯為現行之識、雖所生義別、而實無廣狹。實通現種、」然論文專以現行之第八識明為因相者、以種子之相、微細而隱故耳。就中若就現行識而言、則因者依持之義、即執持種子、為諸法原因之意。又就種子識而言、則因者生起之義、即能為生起諸法原因之意。

【因果】（術語）因者能生。果者所生。有因則必有果、有果則必有因。是謂因果之理。佛教通之三世說善惡應報之義。觀無量壽經曰、「深信因果。不謗大乘。」止觀五下曰、「招果為因、剋獲為果。」十住毘婆娑論十二曰、「因以得知。得者成就、果者從因有。事成名為果。」

【因果歷然】（術語）因果之事實、顯

而明白也。止觀義例上曰、「存諸教則因果歷然」。宗鏡錄十二曰「一切卽一、皆同無性。卽一切因果歷然」。濟緣記一上曰、「妙有則一毫不立、眞空乃因果歷然」

【三世因果】（術語）亘過去現在未來三世而尋因果也。因果經曰、「欲知過去因者見其現在果。欲知未來果者見其現在因」。（古以此文爲因果經之語而處處引之、但現在流通之經無此文）涅槃經憍陳品曰「善惡之報如影隨形。三世因果循環不失。此生空過後悔無追」。

【因果應報】（術語）善因者善果、惡因者惡果、有原因則必有結果之應報也。慈恩傳七曰、「唯談玄論道問因果報應」。

【因果不二門】（術語）十不二門之一。見十不二門條。

【因果撥無】（術語）否定無因果報應之道理也。十輪經七曰、「撥無因果斷滅善根」。廣百論釋論五曰、「若無善惡苦樂亦無是卽撥無一切因果」。俱舍論十七曰、「緣何邪見能斷善根。謂定撥無因果邪見」。

【因果經】（經名）過去現在因果經之略稱。別有佛說因果經一卷、羅什所譯、不入經藏。

【因果皆空宗】（流派）外道十六宗之一。又云空見論。立無原因結果理、又世間一切法悉空之外道諸派總稱也。據義林章二謂諸邪見外道見行善者返生惡趣、行惡者返生善趣、便謂因果皆空、或總排撥一切空云。

【因便釋】（術語）解本事之因釋他事也。

【因修】（術語）因地之修行、（修行佛因之位爲因地）又修行成佛之因也。（本爲修因對於果證而顚倒其句耳）慈恩傳序曰「示之以因修、明之以果證」

【因異品】（術語）因明異喩所備之條件與因異品類也。例如內閣總理亦應守中華民國法律（宗）爲中華民國人民故（因）如外國人（異喩）之論式中、外國人之異喩、與中華民國人民之因、全異品類是也。

【因能變】（術語）對於果能變之語而言。八識種子在第八阿賴耶識、種子生種子、念念相續之前因後果轉變、又八識種子各生八識現行之轉變、此二種轉變謂之因能變。自其種子生之八識、各從自體分變現見相二分、謂之果能變。唯識述記二末曰、「因能變卽是種子、轉變生果、果通種子及與種子。自類種子亦相生故」。同三本曰、「變有二種。一者生變、卽轉變。變謂因果生熟差別、等流異熟二因習氣名因能變。所生八識現種種相、是果能變。故能生因說名能變。二緣名變、卽變現義。是果能變。且第八識唯變種子及有根身等。眼等轉識變色等是也」

【因曼陀羅】（術語）胎藏界之曼陀羅也。是對於金剛界之曼陀羅而言。金剛界者、爲顯修得之智之法門、故配於果。胎藏界者爲示本有之理之法門、故屬於因。因而復配之於東西、胎藏界之方、謂之東曼陀羅、金剛界之方、謂之西曼陀羅。見金剛曼陀羅大鈔一。

【因提】（天名）又作因坻。見因坻條。

【因提梨】（天名）見因坻條。

【因集生緣】（術語）十六行相中之四行相觀集諦之境而爲四種之觀解。卽觀集諦者迷因之惑業也。惑業者生苦果之因也。集積苦果而使現者集也。使苦果相續不絕者生也。助緣者使苦果成辨之緣也。

【因等起】（術語）對於剎那等起而言。因等引起業之意中言之。卽表業及無表業、必於其前念有善惡之心、心所因之而發。謂動機也。此有遠因等起、與近因等起之二種。遠因等起者、思惟之思、卽思業、當於唯識所謂審慮思、決定思、謂豫思惟所作之事。間接爲業之因也。近因等起者、作事之思、卽思已業、當於唯識之動發勝思、謂隨思而爲所作之事。動身發語也。所作業之三性、別由近因等起而判之。出於俱舍論及記第十三。

【因揭陀尊者】（人名）十六羅漢之一。見羅漢條。

【因圓】（術語）可得佛果之因圓滿也。

【因圓果滿】（術語）修行之因具足而佛果之德圓滿也。心地觀經一曰「三僧祇劫度衆生、勤修八萬波羅蜜。因圓果滿成正覺、住壽凝然無去來。」

【因道】（術語）因者對果之語、爲得果而修之道、謂之因道。

【因源】（術語）對果而謂爲因、對末而謂爲源也。華嚴經疏四曰、「因該果海、果徹因源。」

【因業】（術語）因者有親生結果之力、業者爲生果助緣之所作、卽因與緣。此二相和而諸法生。大日經二曰、「諸法無形像。清澄無垢濁、無執離言說、但從因業起。」大日經疏十九曰、「因如鏡、業如身、對鏡而影現也。」

【因達羅大將】（天名）Indra藥師十二神將之一。因達羅、譯曰帝釋。見大孔雀咒王經。見因陀羅條。

【因論】（術語）因明論也。大日經疏三曰、「聲論因論。」演密抄四曰、「因論因明也。」探玄記十二曰、「因論治邪見、以格量正理。」又因於論也。

【因論生論】（術語）因論而生論、自本論涉於支論之謂也。探玄記四曰、「後三品因論別問別答。」

【因緣】（術語）一物之生、親與强力

者、爲因疎添弱力者爲緣。例如種子爲因、雨露農夫等爲緣。此因緣和合而生米。大乘入楞伽經二曰「一切法因緣生。」楞嚴經二曰「彼外道等常說自然、我說因緣。」長水之楞嚴經疏一之上曰「佛教因緣爲宗。」以佛聖教自淺至深、說一切法不出因緣二字。」維摩經佛國品註「什曰力強爲因力弱爲緣。肇曰前後相生因也。現相助成緣也。諸法要因緣相假然後成立。」止觀五下曰「招果爲因緣名緣由。」輔行一之三曰「親生爲因疎助爲緣。」因梵語尼陀那之譯意。十二部經之一。又云緣起。參照尼陀那條。因四緣之一。因卽緣之意。此非因與緣各別而論。親因卽名爲緣。俱舍論七謂「因緣者五因之性。」六因中除能作因餘五因雖總爲因緣、而唯識論七唯名同類因爲因緣。六因四緣及十二因緣、各詳見本條。

【因緣生】（術語）見無始無明條。

【因緣依】（術語）謂一切諸法發生所親依者。唯識論規定諸心心所爲有所依之法、舉三種所依。此卽其中之一也。對於增上緣依及等無間緣依而言。謂一切諸法各自之種子也。一切有爲法皆依各自之種子而生起。若離種子之因緣、則決無生者。斯一切種子爲諸法之原因、又爲諸法依生之所依法、故名之曰因緣依。成唯識論四所謂「諸心心所皆有所依。然彼所依總有三種。一因緣依、謂自種子。諸有爲法皆託此依、離自因緣、必不生故。」卽其事也。雖然詳究論文之意、因緣依之體、不止於種子、又熏生種子之現行法、亦因種子爲因緣依。若單以種子爲因緣依、則與瑜伽論等所云之種子依何異。故同論述記四釋此論文謂「約識而論、唯種子識。今汎說諸有爲法、皆託此依、據通依（因緣依）故也。一切有爲法、無無因緣者。瑜伽論之種子依、其名義限於種子生現行之一面、不能更示種子生種子及現行熏種子時互爲因緣之義。故唯識論悉攝此等所依法、名爲因緣依、以代瑜伽論所謂種子依。要之因緣依之語、有自體辨生本據之意、以狹義解之、與種子依同、爲單指諸法之種子者。若以廣義解之、則生種子之現行法、幷生後念種子之前念種子、亦爲因緣依也。小乘不言種現等法、唯言心心所法、總依四緣、六因中除能作之一因、餘因皆爲因緣之性云。

【因緣性】（術語）爲諸法生起原因又爲依託之性也。四緣性之一。大乘小乘、其解不同（一）小乘於諸法之原因六因中除能作因外、餘五因爲因緣性。如此因緣性義既通於六因中五因、故其意頗廣、且舉一例、如眼識之起、以有發識取境作用之眼根爲因、所對之色境爲緣而生。故眼根與色境爲眼識生起有爲因緣之性云。（二）大乘於六因中唯以同類因爲因緣之性、餘五因總爲增上緣之性。詳言之、則同類因通於因緣性與增上緣性。餘五因唯為增上緣之性。因類因為引生等流果之原因。又名自種因。即過去之善法、於現在之善法為因、現在之善法於未來之善法為因。惡法無記法亦然。如此諸法之親因緣種子、為因緣性。又熏生此種子之現行法、為種子之因緣性。更生後自類種子之前念種子、為後起種子之因緣性。畢竟離為諸法原因之種子、不可立因緣性也。

【因緣周】（術語）三周之一。見三周條。

【因緣觀】（術語）觀十二因緣之道理而悟生死流轉之理也。由此觀而開悟者名緣覺。宋高僧傳曰「接飛花墜葉作因緣觀」。大乘義章十二曰「因緣觀者、於彼生死十二因緣分別觀察。」

【因緣合成】（術語）森羅萬象、必自因（親因）與緣（助緣）而成、此二者相合而生結果、謂之因緣合成。

【因緣釋】（術語）天台四大釋例之一。見四釋條附錄天台四釋項。

【因緣釋義】（術語）三論宗四種釋義之一。見四釋條附錄三論四釋項。

【因緣說】（術語）說經中事物由來之處。十二部經之一。見十二部經條。

【因緣生死】（術語）七種生死之一。

【因緣舞】（行事）以神佛之因緣為文句而舞也。

【因緣輪】（譬喻）因緣運物如車輪、故云輪。因緣相繼生起而無限極、故以輪為譬。又（術語）約阿等十二摩多於緣覺之十二因緣觀、稱為因緣輪。詳見義釋十一。

【因緣僧護經】（經名）佛說因緣僧護經、失譯、一卷。五百商人入海時、請僧護為說法者。迨至海中、龍王乞僧護去、授四龍子以四阿含經。商人還時、僧護自海出、同還途中相失。見地獄中五十六事。次至五百仙人處、一一宿濟度之。來見佛、問因緣。佛一一答之。

【因緣宗】（流派）大衍所立四宗之第一。見宗條附錄四宗項下。

【因緣變】（術語）見二變條。

【因熏習鏡】（術語）四鏡之一。於眞如體內具足一切之功德、而熏習衆生、以為成佛之正因、如淨鏡現一切之影也。起信論曰、「二者因熏習鏡。謂如實不空。一切世間境界悉於中現。不出不入。不失不壞。常住一心。」

【因譬】（術語）因緣與譬喻。法華經方便品曰、「種種因緣、種種譬喻。」

【因蘭】（術語）蘭者偷蘭遮也。是為四重禁之方便、故云因蘭。見偷蘭遮條。

【因體】（術語）於因明為因之體者。即有法上所具之義、立者敵者共許之事件也。立聲無常之宗、聲論師及佛者共許同有、所作之義、是卽因體也。

【回心】（術語）回轉心而由邪入正也。楞嚴經五曰、「回心今入菩薩位中」。唯識論十曰「決定回心求無上覺」。

【回心戒】（術語）圓頓戒之異名。圓頓戒者回轉小乘心而趣向大乘道之人所受者也。

【回心向大】（術語）又云回小向大。謂不定性之人回轉聲聞緣覺之小乘根性而趣向大乘之佛道、如舍利弗目蓮本二乘人、皆於法華經會坐回心向大而入於菩薩位也。菩提心論曰、「若不定性者無論劫限。遇緣便回心向大、從化城立以爲超三界。謂信佛故、乃蒙諸佛菩薩加持力而以方便遂發大心、乃從初十信下徧歷諸位經三無數劫難行苦行、然得成佛。」

【回心懺悔】（術語）回惡心而向善心披陳往日之非而悔過也。

【回互】（術語）甲乙互相交雜涉入之意。如六根對於前境、能辨別其聲色等、謂之根境回互是也。參同契有曰、「門門一切之境回互不回互、回更相涉」。彼華嚴所謂理事無礙及事事無礙、可配於此回互、理事各立事事住位、可配於不回互。

【回向】（術語）或作迴向。回者回轉也、向者趣向也。回轉自己所修之功德而趣向於所期、謂之回向。期施自己之善根功德與於他者、回向於衆生也。以己之功德而期自他皆成佛果者、回向於佛道也。大乘義章九曰、「言回向者、回己善法有所趣向、故名回向」。往生論註下曰、「回向者回己功德普施衆生。共見阿彌陀如來生安樂國」。止觀七曰、「衆生無善我以善施施衆生已。正向菩提。如回聲入角、響聞則遠。回向爲大利。」

【二種回向】（名數）淨土門所立。一往相回向、以己之功德迴施一切衆生願同往生阿彌陀如來之安樂世界也。二還相回向、生彼土已成就一切功德、願迴來生死稠林而敎化一切衆生使向淨土也。見往生論註下。又衆生與佛果也。天台仁王經疏上曰、「回向二種。一者所作回施衆生。二者所作回向佛果」。又一正回向、二邪回向也。上所述者是正回向、若以此功德期望爲未來惡鬼神、則爲邪回向、古今來其例甚多。

【三種回向】（名數）一菩提回向、回己之功德而趣求菩提也。二衆生回向、願回己之功德而施於一切衆生也。三實際回向、以己之功德趣求無爲之涅槃也。大乘義章九曰、「回向不同。一門說三。一菩提回向。二衆生回向。三實際回向」。修懺要旨曰、「修回向者、所謂回事向理、回自向他、回因向果」。華嚴大疏鈔二十三曰、「回者轉也。向者趣也。轉自萬行趣向三處、故名回向」。（中畧）

三處謂衆生菩提及以實際。」

【十種回向】（名數）上三種開爲十種。一回自而向他、二回少而向多、三回自之因行向他之因行、四回因而向果、五回劣而向勝、（六原缺）七回事而向理、八回差別之行而向圓融之行、九回世而向出世、十回順理之事行而向理所成之事。此十義中、前三者回向於衆生、次三者回向於菩提、次二者回向於實際、次二者通於菩提及實際。見華嚴大疏鈔二十三。

【回向文】（雜名）一切菩薩之所行、無不悉回向衆生與菩提。故法華經化城喩品十方梵天讚嘆大通智勝佛偈文之終、特誦願以此功德等回向之伽陀、易行品彌陀章之終、讚彌陀偈之終、起信論之末等、皆有回向之偈頌。此等皆以讚嘆著作之功、回向於衆生與佛道也。因之行法會其終末亦必使一人先誦回向文之首句、大衆一同和之、而回向於所期之願事、爲法。其回向文種種不同、或用直述回向意之偈頌、又有誦陀羅尼之文者。但淨土門多用願以此功德平等施一切、同發菩提心、往生安樂國四句之偈文（善導觀經疏之文）。聖道諸宗多用願以此功德普及於一切、我等與衆生皆共成佛道四句之伽陀（出於法華經）。又禪家以楞嚴咒爲法會終所誦之回向文。

【回向門】（術語）往生論所說五念門之一。爲往生淨土行往相與還相之二種回向而成就大悲心也。

【回向方便】（術語）九方便之一。法會所唱回向伽陀之名也。「所修一切衆善業。利益一切衆生。故我今盡皆正回向。除生死苦至菩提。歸命頂禮大悲毗盧遮那佛。」見魚山集略。

【回光返照】（術語）禪錄之語。顧自己之本分也。又通用於淨土門還相回向之義。傳燈錄三十、石頭草庵歌曰、「回光返照便歸來。廓達靈根非向背。」臨濟錄曰、「你言下便自回光返照。更不別求。知身心與祖佛不別。當下無事方名得法。」宗鏡錄二十三曰、「若捨己徇塵是名違背、能回光返照、隨順眞如境智冥合是眞供養。」此回光返照之語、取魯陽之故事。淮南子覽冥訓曰、「魯陽與漢構戰。戰酣日暮。援戈而撝之。日返三舍。」

【回向輪經】（經名）一卷、唐尸羅達磨譯。經中說回向發願之法及說大回向輪陀羅尼。

【回向發願心】（術語）觀經所說三心之一。願以所修之善根功德回向極樂淨土而生於彼土之心也。

【回向輪陀羅尼】（雜名）爲回向而誦之眞言也。如回向之勝利金剛輪、故名回向輪。回向輪經及守護國界主陀羅尼經說之。

【回財】（雜語）禪林之語、施主就寺修薦、或未納支費之現錢、且借常住物之財而營辦、後日施主如數償之、謂之回財。見象器箋二十。

【回悟】（術語）回迷而悟眞也。三論大義鈔一曰。「回悟之資」。

【回祭】（儀式）禪林之語。先報庫司而使造祭食、後還其費用、名爲回祭。見象器箋三十凶（雜語）收亡僧供養料於亂司也。

【回趣】（術語）迴心而趣佛道也。唯識樞要上本曰、「廻趣於大乘。」

【回禮】（雜語）禪院之語。答他之禮也。見象器箋十。

【曲女城】（地名）西域記五謂「羯若鞠若國人長壽時、其舊王城號拘蘇磨補羅、王號梵授。福智兼備、威震贍部。具足千子、具有百女、皆儀貌妍雅。時有仙人居殑伽河邊、棲神入定。經數萬歲、形如枯木。遊禽棲集、遺尼拘律果於仙人肩、生芽成大木。經多年所、從定起、欲去其樹、恐覆鳥巢、而不敢。時人美其德、號爲大樹仙人。仙人偶寓目河濱、見王女嬉戲、欲界愛起、染着心生。自詣王所請女。王不得已諸之、仙還。歷問諸女、無一應聘者。王懼仙人威、憂愁無措。時諸王女中最幼者、自請當之、解王之患。王喜、命送至仙廬。仙人見而不悅、乃謂王曰、輕吾老叟、配此不妍。王曰、歷問諸女、無肯從命者、惟此幼女、願充給使。仙人懷怒、便惡咒曰、九十九女一時腰曲、形毀弊、畢世無婚。使王往驗、果背傴。自是後名曲女城」。梵Kanyakudja

【曲木】（物名）曲彔木之略。雲門錄曰、「諸方老禿奴曲木禪床上坐地、求名求利。」祖英集曰、「曲木據位知幾何。」

【曲法門】（雜語）邪曲之法義、使世人迷惑之法也。

【曲彔】（術語）又作曲錄、曲祿、曲頟。僧家所用之椅子也。刻木而造、其形屈曲、故云曲彔。正字通曰、「刻木曲彔也。」然則彔爲本字、他皆假用也。象器箋十九曰、「曲彔蓋刻木屈曲貌。今交椅曲彔然。故略名曲彔木。遂省木單稱曲彔也。」五祖演錄曰、「曲彔木頭上不免將錯就錯。」圓悟錄五曰、「三萬三千師子座。爭及此個曲彔木。」明高僧傳六（曇華傳）曰、「隨分著衣喫飯。二十年來坐曲彔床。」

【曲齒】（異類）梵名矩吒檀底之譯意。又云施積。十羅剎女之一。形像如天女仙、衣色青、面低伏、前捧香花、長跪而居。爲半跏坐。密家以之爲西方阿彌陀佛之化身。

【肉山】（術語）比丘虛受信施、則死後爲大肉山以償其債。輔行一曰、「虛受信施、後爲肉山。」楞嚴經八曰、「誑妄說法。虛食信施。（中畧）爲大肉山。有百千眼無量咂食。」

」僧護經曰、「佛告僧護、汝見肉山者、是地獄人也。迦葉佛時是出家人、爲典座。五德不具少有威勢。偷衆僧物、斷僧衣裳。故入地獄作大肉山、火燒受苦至今不息」五百問論曰、「昔有比丘、多乞積聚。既不爲福、又不行道。命終作肉駱駝山。」

【肉心】（術語）肉團心也。卽心臟。瑜伽論記一上曰、「阿賴耶識初受生時、最初託處卽名肉心。若識捨肉心卽名爲死。」

【肉色】（雜語）似肉之赤色也。涅槃經十五曰、「如提婆教闍王欲害如來。是時我入王舍城乞食、王放醉象。其象見我被服赤色。謂是肉。」大莊嚴論曰、「鬻珠比丘、著赤色衣乞食。到一穿珠鵝、衣色映珠。鵝謂是肉。遂呑之。」

【肉身】（術語）父母所生之人身也。

【肉身菩薩】（菩薩）猶言生身菩薩。以父母所生之身而至菩薩深位之人也。宋求那跋多羅三藏、懸記六祖稱爲肉身菩薩。楞嚴經八曰、「是清淨人修三摩地、父母肉身不須天眼、自然觀見十方世界。」壇經大師事略曰、「其戒壇宋朝求那跋多羅三藏創建。立碑曰。後當有肉身菩薩於是授戒。」

【肉食】（術語）食鳥獸魚介之肉也。佛初於小乘教許食三種之淨肉、後於大乘教、禁食一切肉。恐害菩薩之大悲心也。見涅槃經四、智度論四十九及八十八。

【肉眼】（術語）五眼之一。人間肉身之眼也。無量壽經下曰、「肉眼淸徹靡不分了。」涅槃經曰、「天眼通非礙、肉眼礙非通。」王建詩曰、「爭將肉眼看雲天。」

【肉團心】（術語）梵云紇利陀耶 Hṛdaya 譯曰肉團心。卽意根之所託、其形自八瓣之肉葉而成。圓覺略鈔一曰、「紇利陀。謂肉團心。」名義集六曰、「紇利陀耶。此云肉團心。卽意根所託也。故云意如幽室見。」

【肉髻】（術語）梵名烏瑟膩沙、Uṣṇīṣa 佛頂上有一肉團如髻狀。名肉髻。卽三十二相中之無見頂相也。大般若三百八十一曰、「世尊頂上烏瑟膩沙、高顯周圓、猶如天蓋。是三十二。」玄應音義三曰、「肉髻梵言嗢瑟尼沙。此云髻。卽無上依經云、鬱瑟尼沙頂骨涌起自然成髻是也。」

【肉燈】（術語）剜肉燃燈以供養佛者。宗鏡錄二十六曰、「身座肉燈歸命供養。」

【肉燈肉香】（故事）南史梁武帝紀曰、「有沙門智泉鐵鉤挂體、以燃千燈。一日一夜端坐不動。」蘇舜欽聞見錄曰、「歲大旱。仁宗祈雨甚切。至然臂香以禱。宮人內璫皆然。」淸異錄曰、「齊趙人好以身爲供養。謂兩臂爲肉燈臺、頂心爲肉香爐。」

【光三摩耶論】（書名）衆賢著。顯宗論之異名。光者光顯之義。三摩耶者梵語、義類之義。卽光顯自宗義類之意也。婆藪槃豆

法師傳曰、「光三摩耶論有一萬偈。止述毘婆沙義。三摩耶譯爲義類」梵 Samayapradipika (宗顯之義)

【光世音】(菩薩) 觀世音之別稱。見觀音條。

【光目女】(菩薩) 地藏菩薩、久遠之昔曾爲女子名光目。時於其母亡日供養一羅漢、知母墮在惡趣、發大誓願言、我自今救拔一切衆生、一切盡成佛後、我方成正覺、依此大誓願、得救拔母之罪報。故菩薩今不成佛也。見地藏本願經上。

【光宅】(人名) 梁楊都光宅寺法雲、善法華、世稱光宅、其法華疏曰光宅疏。見唐僧傳五。

【光宅四乘】(名數) 光宅法師依法華經譬喻品之意立四乘敎。一羊車謂聲聞乘。二鹿車謂緣覺乘。三牛車謂小乘之菩薩。四大白牛車謂大乘之菩薩。是於三乘敎外、別發明純大之一乘敎、開天台華嚴諸大乘之基礎者。見華嚴大疏一、三藏法數十五。

【光宅寺】(寺名) 梁武帝天監三年四月八日帝率道俗登重雲殿披露懺悔、親製願文、於本第立光宅寺、鑄金佛大像而奉祝之。見稽古略二。又長安光宅坊有光宅寺。唐儀鳳二年立、武后二年置七寶台。見長安志。

【光光】(雜語) 盛貌。顯曜貌。無量壽經上曰「威神光光」同憬興疏曰、「光光者卽顯曜之狀也。」

【光伴】(雜語) 伴貴人也。此爲己之光榮、故曰光伴。勅修清規告香曰、「請茶各僉名請首座光伴。」

【光明】(術語) 自瑩謂之光、照物謂之明。有二用、一者破闇、二者現法。佛之光明者智慧之相也。探玄記三曰、「光明亦二義、一是照闇義、二是現法義。」往生論註下曰、「佛光明、是智慧相也。」

【光明藏】(雜語) 光明之府庫也。思益經一曰、「如來身者卽是無量光明之藏。」千手陀羅尼經曰、「當知其人卽是光明藏。一切如來光明所照故。」

【二種光明】(名數) 一色光、二智光。智度論四十七曰、「光明有二種、一者色光。二者智慧光」案智慧光又云心光。因一魔光、使人心躁動恍惚。二佛光、使人心澄渟清淨。見寶王論。因一常光、始終一樣、凡聖共視者。二現起光、隨機隱顯不定者。彌陀經元照疏曰、「佛光有二、一者常光、二者現起光」

【三種光明】(名數) 一外光明、日月火珠等之光明、能除暗者。二法光明、妙法能除愚痴之暗者。三身光明、諸佛菩薩及諸天等之身有光明能除暗者。見瑜伽論十一、三藏法數十三。

【光明無量願】（術語）阿彌陀佛四十八願中第十二願名。無量壽經上曰、「設我得佛、光明有能限量、下至不照百千億那由他諸佛國者、不取正覺。」

【光明作佛事】（雜語）於此土以聲說法、於他方土有以光明詮法者。維摩經香積佛品曰「或有佛土以佛光明而作佛事。」天台疏曰、「光明作佛事者。放光明觸身。具詮諸法。隨觸得解。」

【光明王】（菩薩）二十五菩薩之一。念佛行者臨命終時、與阿彌陀佛共來迎之之菩薩名。光明者表智慧、王者尊長之義。其光明勝於日月諸佛之光明、故有此稱。形像熙怡和雅、相好端嚴、著天冠、纏天衣、鐶釧瓔珞莊嚴其身。抱琵琶而彈之。見十往生阿彌陀佛國經等。

【光明王佛】（佛名）在最上方世界之佛名。觀無量壽經曰「七寶國土一時動搖。從下方金光佛刹。乃至上方光明王佛刹。」八十華嚴經六曰、「此華藏世界海上方。次有世界海名摩尼寶照耀莊嚴。彼世界種中有國土名無相妙光明。佛號無礙功德光明王。」

【光明土】（界名）無量光明土之畧。西方極樂國之德名。平等覺經曰、「速疾超便可到安樂國之世界。至無量光明土。供養無數佛。」

【光明心殿】（術語）金剛界大日如來之住處。胎藏界爲理門、其住處謂之廣大金剛法界宮（大日經）金剛界爲智門、謂之不壞金剛光明心殿、（金剛頂經）其依處皆在色究竟天。二教論下曰、「光明心者歟心覺德殿者明身心互爲能住所住。」

【光明山】（地名）觀音之住處、補多羅山 Potalaka 之別名。六十華嚴經五十一記善財童子之南詢曰、「漸漸遊行至光明山。登彼山上。周徧推求。見觀世音住山西阿。」探玄記十九曰、「光明山者。彼山樹華常有光明。表大悲光明普門示現。此山在南印度南邊。天竺本名逋多羅山。此無正翻。以義譯之。名小樹蔓莊嚴山。」

【光明峯杵】（物名）金剛杵者爲大日智慧之幖幟。故云光明。其頭尖出故云峯。金剛頂瑜祇經曰、「五智光明峯杵。」

【光明眞言】（眞言）陀羅尼之名。誦此陀羅尼、則得佛之光明、除諸罪報、故云光明眞言。出不空羂索毘盧遮那佛大灌頂光眞言經。唵阿謨伽尾盧左曩摩訶母捺羅摩抳鉢納麽入嚩攞鉢囉韈哆野吽。經曰、「身壞命終。墮諸惡道。以此眞言。加持土沙。一百八遍。尸陀林中。散亡者死骸上。（中畧）神通威力。加持沙土之力。應時即得光明及身除諸罪報。捨所苦身。往於西方安樂國土」。又於息災法用之。明者眞言之異名。煩惱爲闇。眞言爲明。明闇相違。故以慰我及病者。魔鬼等則除闇而癒病。光明眞言儀軌曰「若摩訶迦羅神作病惱者。亦能治遣」。摩訶迦羅者大黑也。此眞言者光明也。爲相違之法。故能除遣之。

【光明眞言秘印】（印明）金剛合掌。二中指立合。二頭指置於二中指背。二大指附於二中指中節。而二大指間開一麥許也。見印田七。

【光明眞言本尊】（修法）或大日。或阿彌陀也。又有一流之極秘傳者。以日天子爲本尊。因日輪者光藏界大日之示現。除暗遍明之自體故也。

【光明眞言一明七印口決】（書名）日僧栂尾所傳之秘法也。（一）智拳印（二）外縛五股印（三）與願施無畏印。爲法報應三身之印明。以（四）寶生如來印（五）無量壽如來印（六）智拳印（七）八葉蓮華印。解之載於心舟七刀印田一。其第四以下之印。最宜秘之。以除滅三毒者。是滅罪生善之根本故也。

【光明眞言曼荼羅】（圖像）又曰光明眞言破地獄曼荼羅。以光明眞言二十三字自右方旋書爲圓形者。或於圖之中央書[illegible][illegible][illegible][illegible]之五字及[illegible]（大日）[illegible]（隨求）[illegible]（滅惡趣）[illegible]（金輪）之種子。又有記亡者之戒名者。是蓋取光明眞言一一字所放之光明遍照衆生界。破無明煩惱黑暗之意。爲此眞言之字輪觀時。畫此曼荼羅於心內。順逆旋轉。觀其字義等。又於此曼荼羅中書阿等五字者。以光明眞言爲大日如來之大咒。五字爲其心咒。又阿字爲心中咒。故示一切字攝於五字。五字攝於一阿字也。見光明眞言觀誦要門等。

【光明壇】（物名）護摩之火爐也。大日經二曰、「如其自肘量陷作光明壇」。

【光明供】（修法）念誦光明眞言法會之名。行傳供之式。故云供。如彌陀供。地藏法等。皆於追薦回向之時修之。見密門雜抄。

【光明三昧】（修法）法會名。光明眞言法有顯密之二。作法密行之法。謂之光明三昧。顯行之法。謂之光明眞言講。

【光明眞言講】（修法）法會名。屬於顯行之光明供也。

【光明懺】（修法）依金光明經而行之懺悔法也。宋智禮有金光明最勝懺儀一卷。遵式有金光明懺法補助儀一卷。具明其儀。

【光明念誦】（術語）五種念誦之一。行者念想口出光明。而唱佛名或眞言也。秘藏記末曰、「光明念誦者。念想口出光明。持誦而已。其出聲不出。常作是念耳」。

【光明寺】（寺名）唐善導念佛口放光明高宗皇帝於善導死後賜光明之寺額。見新修往生傳中。

【光明大師】（人名）善導死後賜光明之寺額自此尊師爲光明大師光明和尚等。

【光明童子經】（經名）光明童子因緣經之略名。

【光明童子因緣經】（經名）佛說光明童子因緣經四卷宋施護譯說王舍城善賢長者之息光明童子依佛之證言在火中不死遂成長出家證果。

【光明經】（經名）金光明經之略稱。

【光明玄】（書名）金光明玄義之畧名智者大師說。

【光明文句】（書名）金光明經文句之略名智者大師說。

【光明疏】（書名）謂光明大師善導之觀經疏也四卷。

【光明名號因緣】（術語）阿彌陀佛以光明與名號之因與緣普救衆生衆生得往生彌陀之報土者由於與以名號之因其所以得名號之因者由於名之計量名號爲能生之因如父光明爲所生之緣如母名號與光明乃衆生往生淨土之他力因緣也信心爲內因故光明與名號爲外緣又信心爲衆生心內所發之涅槃眞因而光明名號乃自如來使外計量而起信心之因緣也。

【光音天】（界名）新稱極光淨天舊稱光音天色界第二禪之終天也此天絕音聲欲語時自口發淨光而爲言語之要故名光音大火災破壞至色界之初禪天時下界之衆生盡集此天處待世界再成後至成劫之初自此天起金色之雲而注大洪雨以造初禪天以下至地獄之世界待世界已成此天衆之福薄者漸漸下生乃至至地獄界盡見衆生。（此就大火災言耳若大水災大風災時此天處亦破壞故猶於其上之天處爲此事）爲胎藏界曼陀羅外金剛院之一衆。出此天之衆生。玄應音義三曰「阿波會二天」Ābhāsvara此云光音天亦言極光淨天。第二禪第三天也」經律異相一曰「光音天依品云光曜天語言口出淨光無邊」名義集二曰「光音口絕言音光當語故」佛祖統紀三十一曰「光音天無覺觀語言以光當語又此天語時口出淨光」

【光音天下生人間】（傳說）增一阿含經三十三曰「劫初光音天相謂我等欲至閻浮提地即來下地食地肥故失神足皆共號呪自相謂言我等窮厄不能復還天上」經律異相一曰「天地更始瀸瀸空虛了無所有亦無日月地涌甘泉味如蘇蜜時光音諸天或有福盡來生或樂觀新地性多輕躁以指嘗之如是再三轉得其味食之不已。

漸生麤肌失天妙色神足光明」文句下四曰「劫初光音天墮地地使有欲」同記五上曰「光音等者且寄火後火災但壞初禪故也故初成時此天初下卽第二禪初天」同私記四末曰「光音第二禪初天者應云終天或從上數之耳」

【光音三天】（名數）第二禪有三天、一少光二無量光三光音或通三天而云光音經律異相一曰「二禪通名光音」

【光帝】（人名）後唐莊宗以年號爲同光而云光帝祖庭事苑一曰「同光帝卽五代莊宗同光卽莊宗時年號也」

【光帝幞頭】（公案）同光帝謂興化存奬禪師曰「寡人收得中原一寶只是無人酬價」化曰「借陛下寶看」帝以兩手引幞頭脚化曰「君王之寶誰敢酬價」見從容錄六。

【光降】（雜語）尊者來臨也勅修淸規曰「伏望慈悲特垂光降」

【光記】（書名）唐普光法師著有俱舍論記三十卷性相學者單稱光記。

【光座】（雜名）又作光趺佛之後光與臺座也陀羅尼集經十一曰「功德天像身長一肘一尺三寸五分除其光座」

【光毫】（術語）佛眉間白毫有光明故云光毫三十二相之一法華經序品曰「爾時佛放眉間白毫相光照東方萬八千世界靡不周徧」觀佛三昧經曰「時佛眉間卽放白毫大人相光其光分爲八萬四千支。

【光趺】（雜名）光者後光趺者臺座。又云光座。

【光統】（人名）北齊鄴城大覺寺慧光律師地論之宗匠也入鄴而任國統之官故呼爲光統見唐僧傳二十一魏朝勤那三藏及菩提流支於洛陽各出十地論一本光統律師自解梵本使兩三藏對於魏主宣武帝和會而合成一本十二卷見探玄記一。

【光雲】（譬喩）佛光被於一切譬之垂天之雲讚阿彌陀佛偈曰「光雲無礙」

【光靴】（雜語）謂參禪淸苦道業修治完美也傳燈錄十一徑山洪諲條曰「一毫穿衆穴時如何師曰光靴者任汝光靴」卽其例也。

【光菩薩眞言】（眞言）稱光明眞言也。

【光瑞】（雜名）佛將說妙法、現種種之祥瑞其中多放光而照衆機之瑞是云光瑞法華經序品曰「我見燈明佛本光瑞如此」無量壽如來會曰「世尊我見如來光瑞希有」

【光網童子】（菩薩）惹哩寧鉢囉婆俱摩羅、Jālinīprabhakumāra 文殊院二十五尊之一。爲文殊八大童子之一大日經一曰、「光網童子身。執持衆寶網。種種妙瓔珞。住寶蓮華座。而觀佛長子。」同疏五曰、「文殊北邊當畫光網童子菩薩身眞金色。執持寶網。以種種瓔珞莊嚴。坐寶蓮華中。文殊持無相之妙慧而光網持萬德莊嚴。如智度論所說。以鹽調和諸食。倍增其味而不可空噉。故行人失般若方便。單修空慧則墮斷滅中。純修福德則墮有所得中。所以觀佛長子者意在此也。」

【光網童子印明】（印相）以左手作拳。中頭指稍屈第三節。如鉤形、立大指而押之。是鉤印也。眞言曰歸命係係俱摩囉摩耶揭多。

【光網菩薩種子】（種子）𑖕（髯）或𑖕（惹）不可得之義。此光網以生不可得之故、名常寂光。此光非色非心、而具種種不思議之色、一一皆徧法界、而同於大空。見義釋七。

【光聚】（雜名）稱南方之摩尼部。瑜祇經曰、「此人如金剛。諸惡不能壞。此身如光聚、能破三界冥。」

【光聚佛頂】（術語）五佛頂之一。見佛頂尊條附錄五佛頂項。

【光臺】（雜名）由光明而成之金臺。觀無量壽經曰、「爾時世尊放眉間光。其光金色。徧照十方無量世界。還住佛頂。化爲金臺。如須彌山。十方法佛淨妙國土。皆於中現。」

【光輪】（雜名）輪者圓滿之義。又佛之光明有碾摧衆生煩惱之用。故譬之曰輪。讚阿彌陀佛偈曰、「解脫光輪無限齊。」

【光像】（雜名）光明赫爍之佛像也。寄歸傳四曰、「大竿可爲贍部光像處懸幡之竿。」（贍部者閻浮檀金也。）

【光燄】（譬喻）火燃爲燄、佛之威神、譬之光明之耀。讚阿彌陀佛偈曰、「一蒙光燄罪垢除。」無量壽經上曰、「無量光燄照耀無極。」

【光燄王佛】（佛名）阿彌陀佛之德名。讚阿彌陀佛偈曰、「佛光照耀最第一。故佛又號光燄王。三塗黑闇蒙光啓。」無量壽經上曰、「燄王光佛」

【光融】（雜語）耀法而弘之也。無量壽經上曰、「光融佛法。宣流正化。」

【光曉】（術語）曉者明也。光曉者如言光明。佛放智慧之光明。破一切衆生之昏闇、猶如曉天之日輪也。讚阿彌陀佛偈曰、「一有量諸相蒙光曉」

【光顏】（雜語）佛之顏有光。故云光顏。無量壽經上曰「光顏巍巍。如明淨鏡」。

【光寶】（人名）唐大慈恩寺普光及大慈恩寺法寶。皆玄奘之高足、各釋俱舍論、世兩美之。宋僧傳四（法寶傳）曰、「時光寶二師。若什門融叡焉。」

【光寶二記】（書名）普光師光作俱

舍論記三十卷、法寶師後著俱舍論疏三十卷、各異所見、探索俱舍學者稱爲光寶二記。必玩味之。

【光顯】（雜語）光耀也。止觀五下曰、「法不自顯弘之在人人能行行法門光顯。使無生敎縱橫無礙觸處皆通。」

【光觸】（術語）爲光明所照觸之意。卽謂佛之光明照被親觸行者之身也。讚阿彌陀佛偈所謂、「蒙光觸者離有無。」往生禮讚所謂「蒙光觸者心不退」是也。

【光讚經】（經名）光讚般若波羅蜜經之畧稱。

【光讚般若】（經名）光讚般若波羅蜜經之略稱。

【光讚般若波羅蜜經】（經名）十卷、晉竺法護譯。佛自舌根放光照三千世界、光中生蓮華、華上諸佛出現稱讚此般若、故云光讚般若。大般若經第二會之別譯也。

【劣智】（術語）下劣之智慧也。佛地論一曰「恐餘劣智未能通。」

【劣應身】（術語）台家分三身中之報身爲自受用他受用、他受用之報身名爲勝應身。卽對於初地以上之菩薩而應現之尊特舍那身也。又是眞應二身中之應身也。又對於地前之凡夫二乘而應現之丈六佛身曰劣應身、爲八相成道之佛身、法報應三身中之應身也。四敎儀曰、「示從兜率降下、託摩耶胎住胎出胎納妃生子出家苦行六年已後於菩提樹下以草爲座成劣應身。」同集註上曰「劣應對大乘勝應判爲劣也。」參照三身條。

【劣應生身】（術語）小乘敎之意、雖佛亦爲實業所生之身、故云生身。劣應者對於大乘之勝應身而言。四敎儀集註上曰「丈六劣應生身見前項。」

【戍陀】（雜名）又作戍達。戍陀羅之略。

【戍陀羅】（雜名）Śūdra 又作戍捺羅、戍怛羅。四姓之一。農人也。西域記二曰、「戍陀羅舊曰首陀訛也。農人也。」

【戍陀戰達羅】（人名）Śuddhacandra 譯曰淨月。唯識十大論師之一。

【戍縷多】（雜名）見述嚕怛羅條。

【戍迦羅博乞史】（雜名）śuklapakṣa 戍迦羅者白、博乞史者分。卽白分、陰曆一日至十五日之前半月也。

【戍輪聿提】（雜語）Śudhyanti 譯曰清淨。見華嚴疏鈔十四。

【戍縛迦尊者】（羅漢）十六羅漢之一。見羅漢條附錄。

【戍婆揭羅僧訶】（人名）Śubhakarasiṁha 譯曰淨師子。義翻曰善無畏。見善無畏條。

【旭師】（人名）明藕益大師、名智旭、

故云旭師見智旭條。

【兆載永劫】（術語）兆載者數量名、永劫者曆兆載之劫數故云永極長之一時期謂之劫梵語也。無量壽經上曰「於不可思議兆載永劫積植菩薩無量德行。」

【年忌】（術語）人亡後三年等修佛事追薦其人謂之年忌又云年迴。蓋佛敎弔祭亡者止於中陰七七日也。（大灌頂經梵網經等）故支那稱爲累七齋又稱七七齋。每七日修齋會也。（釋氏要覽下）然百日已後之佛事於佛敎無本據其中百日與一周忌三年忌依支那之儒禮也。百日即儒之卒哭、一周忌者小祥三年忌者大祥也。釋門正統曰、「若百日與大小祥之類皆託儒禮因修出世法耳。」

【年戒】（術語）年者生年、戒者戒臘也。受戒已後之年數謂之戒臘。

【年星】（術語）人人之當年星也。若其星爲他所侵、則其人蒙災害云、密敎有禳之之法俗謂之星祭見星祭條。

【年滿受具】（術語）年滿二十受比丘之具足戒也。二十歲下不許。隨機羯磨曰、「律本年滿二十者。能耐寒熱風雨飢渴持戒一念七十歲已下有所堪能是丈夫位。」

【年臘】（術語）僧年曰臘。故稱年歲曰年臘。白居易送文暢上人詩曰、「貌依年臘老。」

【朱利】（植物）草名。譯曰賊草。智度論十二曰、「如有一草名朱利（秦言賊）華亦不盜不劫實非賊而名爲賊」梵 Caurī

【朱羅波梨迦羅】（衣服）衣名。譯曰雜碎衣見善見律十四。

【先世】（術語）同前世過去世也。

【先世資糧】（術語）見資糧條附錄四種資糧項。

【先生】（術語）同前生。前世也。

【先尼】（人名）Senika 又作西儞迦、黳尼外道名。譯曰有軍、勝軍。玄應音義二十三曰「西儞迦此云有軍。外道名也。舊云先尼訛也。」可洪音義十一上曰「西尼亦云先尼。梵志名。唐云勝軍。」楞嚴經十曰、「黳尼。」涅槃經二十九曰、「爾時衆中有梵志名先尼復作是念瞿曇有我耶如來默然」

【先陀】（雜語）先陀婆 Saindhava 之略。涅槃經九曰「先陀婆者一名四實。一者鹽二者器三者水四者馬如是四法皆同其名有智之臣善知此名若王洗時索先陀婆即便奉水若王食時索先陀婆即便奉鹽若王食已將欲飲漿索先陀婆即便奉器若王欲遊索先陀婆即便奉馬。如是智臣善解大臣四種密語。」

【先陀婆】（雜語）譯曰鹽。見上條。

【先陀客】（雜語）名利智聰明之人。所謂解先陀婆密語之人也。法華經科註八曰、「世有天機高妙領宮在前號先陀客。」

【先哲】（雜語）在我先之賢哲也。梁僧傳（僧祐傳）曰、「大精律部有邁先哲」慈恩傳九曰、「蕘先哲之多能。」

【先陳】（術語）因明之語。宗法中有法之言也。以必先陳有法而後說法故也。

【先達】（雜名）尊高德之稱。謂比我先達於道者。法華文句九上曰「彼諸大士。是先進先達」梁僧傳序曰、「博諮故老廣訪先達。」

【先業】（術語）前世之業因。

【先鉢經】（經名）大乘瑜伽金剛性海曼殊室利千臂千鉢大敎王經之略名。

【先照高山】（譬喩）佛出世先說華嚴經。蒙大乘之機。譬如日出先照高山也。止觀一曰「華嚴曰譬如日出先照高山。次照幽谷。次照平地。平地不定也。幽谷漸也。高山頓也。」（是以天台宗之意略抄經意之文也。）

【先德】（雜語）先達之有德者。慈恩傳一曰、「後復北遊。詢求先德。」釋籤起序曰、「先德既詳。」

【先輩】（術語）謂先進先達之人。臨濟錄曰、「自古先輩。到處人不信。被遞出始知是貴。」

【舌舌】（術語）諷誦經偈。欲其句調之速。而省略文字音聲也。如南無阿彌陀佛誦為南無佛是。

【舌相】（術語）佛舌有廣長之相也。三十二相之一。是表不妄語也。見廣長輪相條。

【舌根】（術語）六根之一。舌為知味發言之根本。故云舌根。義林章三本曰「舌者能嘗。能呪。能除飢渴義。梵云時乞縛。此云能嘗。除飢渴故。（中畧）翻為舌者義相當故。」梵語雜名曰「舌爾賀縛。」

【舌識】（術語）六識之一。依舌根而發、了別味境者。

【舌不爛】（故事）鳩摩羅什卒於長安。姚興於逍遙園依外國法以火焚尸。薪滅形碎。惟舌不爛。見晉書。

【竹杖外道】（流派）同執杖梵志。

【竹林精舍】（堂塔）梵名Venuvana天竺五精舍之一。迦蘭陀竹林之精舍也。在王舍城之傍。迦蘭陀長者歸佛。以竹園奉佛而立精舍。是為印度僧園之嚆矢。見迦蘭陀條。

【竹庵】（人名）四明尊者四世秀州當湖之解空尊者名可觀。號竹庵。見可觀條。

【竹園】（堂塔）竹林精舍也。智度論十一曰、「佛度迦葉兄弟千人。次遊諸國。到王舍城。頓止竹園。」

【竹園伽藍】（堂塔）竹林精舍也。

【竹葦】（譬喩）譬數之多也。維摩經

法供養品曰、「三千大千世界如來滿中譬如竹葦稻麻叢林。」

【竹篦】（物名）又作竹箆子。涅槃經謂之金錍。為點眼藥之具見金錍條。

【有】（術語）（一）對於無或空而言。此有實有假有妙有等之別。如三世實有者、實有也。因緣依他之法者假有也。圓成實性者妙有也。（二）十二因緣之一。為造可牽當來果之業之位。即業能有當果之意。是因之名也。又曰有支。若約於分位之十二因緣、則當於壯年以後。（三）果之名。因果不亡之義。如三有、二十五有、及四有等。（四）色界無色界之定及依身也。外道執之、以為解脫、故遮遣之而特謂之有。有者生死相續之義、顯非眞滅之意也。上二界之貪、謂之有貪。上二界之漏、謂之有漏。（三漏之一）者、即由此意。

【三有】（名數）三界之異名也。生死之境界、有因有果、謂之有。三有者、三界之生死也。一欲有。欲界之生死也。二色有。色界之生死也。三無色有。無色界之生死也。新譯仁王經中曰、「三有業果一切皆空。」智度論一曰、「三有愛着心。」頌疏界品一曰、「名三有者。欲有色有無色有。」遁麟記一曰、「言三有者、即三界之異名。」図一本有。現生之身心。二當有。未來之身心。三中有。本有與當有中間所受之身心。欲界色界之生死、必有中有。

【四有】（名數）一生有。於諸趣結生之一刹那也。二本有。除生有之一刹那、死有一刹那前之餘位也。三死有。為最後之一刹那、而中有之前也。四中有。死有與生有中間生起之身心也。欲界色界之有情皆具四有。見俱舍論九。

【七有】（名數）又云七生。人界之七生與欲天之七生、合而云七有。故開之則為十四生、而各有中有生有、故為二十八有。預流果之聖者、欲界九品之修惑、祇潤生七有即二十八生、更不受第八有。（即二十九有）見潤生條。図一地獄有。二傍生有。即畜生也。三餓鬼有。四天有。五人有。六業有。七中有。是數五趣之果（初分）與其因（第六）及五趣之方便也。見長阿含十報法經。

【八有】（名數）欲界之第八有也。如云後之二十九有。是於預流果以上之人無法也。正理論六十一曰、「有謂第八有。」見七有條。

【九有】（名數）又云九居。三界中有情樂住之地處有九所、名曰九有情居、又云九衆生居。略云九有。又云九居。一欲界之人與六天、二初禪天、三二禪天、四三禪天、五四禪天中之無想天、六空處、七識處、八無所有處、九非想非非想處。（此中除無想非想名七識住）俱舍論八曰、「前七識住及第一有無想有情。是名為九諸有情類唯於此九欣樂住故。立有情居。餘處皆非不樂住故。」大乘義章八末曰、「此之九處。衆生樂住。名衆生居。」增一阿含經有九衆生居品。寄歸傳一曰、「創成正覺。龍河九有。興出塵之望。」

【十八有】（名數）十八空所破十八種之妄執。謂之十八有。止觀三之一曰、「破十八有。云十八空。」

【二十五有】（名數）開三界爲二十五有。欲界有十四有。四惡趣四洲六欲天也。色界有七有。四禪天及初禪中之大梵天、並第四禪中之淨居天與無想天也。無色界有四有。四空處是也。通三界而有二十五之果報。名二十五有。輔行二曰、「二十五有。總爲頌曰。四域（即四洲）四惡趣。六欲並梵王。四禪四無色。無想五那含（即淨居天）」涅槃經四曰、「二十五有。如首楞嚴經中廣說。」

【二十八有】（名數）又云二十八生。欲界九品潤二十八性之謂也。

【二十九有】（名數）如言六陰十三入十九界。謂事物之絕無也。初果聖者以二十八有爲極度。無第二十九有。十住毘婆沙論一曰、「人得須陀洹道（即初果）善閉三惡道門。見法入法。得法住堅牢法。不可傾動。究竟至涅槃。斷見諦所斷法。故心大歡喜。設使睡眠懶惰。不至二十九有。」

【有一人】（公案）謂寂然不動自證獨悟之佛也。與趙州所謂屋裏之眞佛同。圓智禪師問石霜和尚曰、有一人無出入息、速道將來。霜曰。不道。圓曰。因何不道。霜曰。不將來。又問曾祖。出息不涉衆緣、入息不居陰界、住此意時如何。祖曰。有一人無出入氣息。

【有上士】（術語）等覺之菩薩也。四教義十曰、「問曰。爲定用金剛智斷無明。爲用妙覺智斷無明耶。答曰。涅槃經云。有所斷者名有上士。無所斷者名無上士。」

【有支】（術語）十二支之一。唯識述記八本曰、「有謂三有。支者因義。今義。即三有因。生善惡趣差別因也。」見十二因緣條。

【有支習氣】（術語）三種習氣之一。謂爲三有因之熏習氣分。能招三界異熟果法之業種也。有二種。一招人天之善果者。二招三惡趣非愛之果者。成唯識論八曰、「有支習氣。謂招三界異熟業種。有支有二。一有漏善。即是能招可愛業。二諸不善。即是能招非愛果業。隨二有支所熏成種。令異熟果善惡趣別。」

【有手】（雜名）Hastin 象之別名。百論疏上之下曰、「象有七肢。以手勝故。從勝受名爲有手。故外國人呼象以爲有手。婆沙云。佛經說信是象手。如象手能取衆生數非衆生數物。信能取善法。故知外國道俗通名象爲有手。」

【有心位】（術語）謂心王起時。對於無心位而言。小乘薩婆多部不許二心並起。

故不論六識中何者動作時名爲有心位。大乘許八識俱起、七八二識恒相續而不止。故不論有無。又前五識必伴第六識而起。故唯就第六識之起不起而論有心無心。見成唯識論七。

【有主物】（術語）謂有主之財物也。略有四種、一三寶之物、二人之物、三鬼神之物、四畜類之物。取此等有主物則成盜罪。見行事鈔中資持記中一之四。

【有分別】（術語）有分別作用之意。對於無分別而言。六識中眼等五識、唯有尋伺相應之自性分別。故俱舍論二、名之爲無分別。第六意識、並具散慧相應之計度分別及定散諸念之隨念分別。能分別所緣之境、故名之爲有分別。成唯識論七亦曰「於彼所緣能明了取。異於眼等識。故非無用。由此聖教說彼意識名有分別。」又對於無分別正體智而名其餘後得等智爲有分別。卽緣境分別種種之差別智也。

【有分識】（術語）阿賴耶識之異名。了義燈四本曰、「上座部分別說部立爲有分識。」

【有句】（術語）就有無之義立四句而分別之時、第一句曰「有而非無」是有句也。第二句曰「無而非有」是無句也。第三句曰「亦有亦無」是雙亦句也。第四句曰、「非有非無」是雙非句也。

【有名無實】（術語）唯有假名而無實體之意。卽世俗之法、皆爲因緣假成。如瓶車等、唯有名而無其實體也。涅槃經十三有曰「有名無實者、如我衆生乃至旋火輪及名句等五種世法。是名世諦。」

【有因論】（術語）立有實因而生實果是一種之邪見。謂之有因論。佛教由無生之本義破此有因論。四卷楞伽經四曰、「野馬犍闥婆世間種種事。無因而相現。折伏有因論。中暢無生義。中暢無生者。法流永不斷。」

【有因無果】（術語）外道四執之一。見四執條。

【有色】（術語）欲界與色界之有情有色身者。金剛經曰、「若有色若無色。」天台之疏曰「有色卽欲色二界。無色卽空處、」長水之刋定記四曰、「有色卽以色爲身。無色卽以四蘊爲身。」

【有色天】（界名）色界之諸天也。

【有見】（術語）執着於有之邪見。又云常見。智度論七曰、「有二種見。有見無見。」法華經方便品曰、「入邪見稠林若有若空等。依止此諸見。具足六十二。」法華經義疏四曰、「智度論云愛多者着有故起有見。見多者着無故起無見。又云四見多者着有。邪見多者着無也。」法華玄贊四曰、「若有者執我後身爲有常見也。若無者執我後身爲無斷見也」因就十八界而分別有見無見。唯色界之一爲有見、他皆無見也。顯色形色二者由在彼在此之差別不同、而能示現彼此之言說、言說名見、有彼之言說、故名有見。又見者眼觀照根色、故名爲見、色眼有見、故名有見。見俱舍論二。梵 Sanidarśanam

【有身】（術語）有六根之身相者。臨濟錄曰「有身非覺體、無相乃眞形」。

【有作】（術語）對無作之語、與有相同。傳通記雜鈔五曰、「舊譯經論云有作無作、新譯經論云安立非安立、安立者有作義也、非安立者無作義也」因有作者猶言有爲、謂因緣所生之法也。

【有法】（術語）對無法之語。如龜毛兎角體性都無者、謂之無法、如他之事物體用非無者、謂之有法。涅槃經十曰、「本有今無、本無今有、三世有法、無有是處」因於因明宗之前句名爲有法、後句名爲法。即前句有後句之法之義。例如聲（是有法）無常（是法）合二者而名爲宗。因明大疏上本曰、「初所陳唯具一義能持自體、義不殊勝。不得法名。後之所陳具足兩義、能持復軌、義殊勝故、獨得法名、前之所陳能有後法、復名有法」

【有法自相相違因】（術語）四相違之第三。有法者宗之前名辭、自相者於其前名辭發表之事件、相違者反對之意。即謂立者所設之因、望其宗之前名辭時、缺因之後二相、故不爲成立其前名辭發表之事件之因、而反爲可打消之之理由、遂至敵者即用其因成立反對之宗者。見因明入正理論等。

【有法差別相違因】（術語）四相違之第四。有法者宗之前名辭、差別者其前名辭裏面所含之別件、相違者反對之意。凡狡黠之論法、於宗之前名辭懷抱二種之意許、立者成立其一、希敵者不成立。今立者所陳之因、於宜關係之同品不關係、反關係於不應關係之異品、缺因之後二相。敵者因之却爲無過之因、是即有法差別相違因也。亦見因明入正理論等。

【有法空】（術語）見空條。

【有法意許】（術語）宗之前名辭所用之語爲立敵共許、然以狡黠之手段秘有別種之意見者。四相違中、有法自相相違因與有法差別相違、敵者看破有法意許、即以立者自身之因喩破立者。立者之過誤也。

【有空】（術語）森羅萬象歷然謂之有、其實體空虛謂之空。

【有空不二】（術語）謂有相爲空性、而空性亦爲有相也。般若心經曰、「色即是空、空即是色」維摩經入不二法門品曰、「色色空爲二。色即是空、非色滅空、色性自空。如是受想行識識空爲二。識即是空、非識滅空、識性自空。於其中而通達者、是爲入不二法門。

【有空中三時】（術語）法相宗分佛一代之敎法爲有空中之三敎。謂佛最初爲破凡夫外道之我執、說阿含經等、示法有我無之理、次爲破彼法執、說般若經等、示諸法皆空之理、終爲破有空之二執、說解深密經等、示非空非有中道之理。此爲大乘之至誠。依之而言初時之說爲有敎、第二時爲空敎、第三時爲中道敎。見唯識述記一本、了義燈一本。

【有所得】（術語）執着之心。分別之心也。智度論六十曰、「有所得者。所謂以我心於諸法中取相故。」同八十三曰、「諸有二者是有所得。無有二者是無所得。」佛藏經一曰、「有所得者。說有我人壽者命者。」探要記十曰、「愛執卽生。名有所得。若執有相是增益執。亦名常見。若執無相是損減執。亦名斷見。」涅槃經十七曰、「無所得者則名爲慧。（中畧）名大涅槃。」三論玄義曰、「有所得者爲魔眷屬。非佛弟子。」

【有所得心】（術語）唐譯仁王經上曰、「法相如是。有所得心無所得心皆不可得。」良賁疏中二曰、「有所得者。取相之心也。無所得心者。無分別智也。」

【有所緣】（術語）心識謂之有所緣。心識以外之物謂之無所緣。所緣者如眼識之於色。耳識之於聲。心識攀緣寄託之境界也。總之、心識必有此所緣、故名有所緣。俱舍論二曰、「六識意界及法界攝諸心所法名有所緣。能取境故。」

【有表色】（術語）卽有表業也。

【有表業】（術語）身口意之三業、有有表業無表業二種。又云有表色無表色。見業條。

【有性】（術語）有出離解脫之性、謂之有性。無佛性謂之無性、卽闡提也。圓覺經曰、「地獄天宮皆爲淨土。有性無性齊成佛道。」圭峰之略疏下一曰、「有性者三乘性也。無性者闡提性也。非爲他日廻心。現已齊成佛道。」

【有門】（術語）四門之一。見四門條。

【有事】（術語）有爲法之異名。俱舍論一曰、「諸有爲法。謂色等五蘊。亦世路言依有離有事等。」頌疏曰、「有事者。事是因義。有爲有因。故名爲有事。」

【有相】（術語）對於無相之語。有造作之相者。有虛假之相者。大日經疏一曰、「可見可現之法。卽爲有相。凡有相者皆是虛妄。」

【有相業】（術語）如信有淨土而念佛求往生、是有相之作業也。往生要集下末曰、「有相業。謂或觀相好。或念名號。偏厭穢土專求淨土。」

【有相敎】（術語）佛成道後十二年

間說阿含經謂之有相敎。此因阿含經以諸法實有之理爲本故也。見華嚴經疏一、三藏法數十。

【有相宗】（術語）選擇集本呼法相宗爲有相宗。對於所謂無相宗之三論宗而言。曰「且如有相宗立三時敎而判一代理敎」。在彼大乘以心外之境爲無、心內之法爲有故也。

【有相安樂行】（術語）法華經安樂行品分別末世之道俗安樂修行法華之法爲身、口、意、誓願之四種而明之。南岳大師就此安樂行而立有相無相之二門。入定觀念爲無相安樂行、散心念誦爲有相安樂行。萬善同歸集二曰、「南岳法華懺云。六根性清淨菩薩。學法華具足二種行。一有相行。二無相行。無相安樂行。甚深妙禪定觀察六情根。有相安樂行。此依勸發品散心誦法華。不入禪三昧。坐立行一心念法華文字。行若成就者。卽見普賢身。」（勸發品具名普賢菩薩勸發品、在法華經最末。勸散心念誦者南岳之法華懺今不傳、故引萬善同歸集。）

【有相無相】（術語）密敎就有相無相有淺略深秘之二釋。言其淺略之義、則凡夫所知色心之諸法事相顯了、心前現行、易了易知、謂之有相。諸法之體性、如幻虛僞自性卽空、無色無形、不存一相、謂之無相。言其深秘之釋則有相者、一切之法各各之相分明而住。無相者、一相之中具一切之相、而一相不留、具一切之相而無一相、故云無相。非爲非色非形也。台宗圓敎之圓空、妙空畢竟空、第一空、與此第二釋同。大日經供養法曰、「甚深無相法、劣慧所不解。爲應彼等故、在有相說」。要略念誦經曰、「相無相甚深。少智所不能入。依無相說相。攝彼二種人」。凡密敎之三本尊、三密等皆有此有相無相之淺深二重也。彼宗以無相一概爲顯敎之淺義者、顯密相對一往之義也。若於自宗言之、則尙以無相爲深義。依此所引之經文可知。

【有待】（術語）謂人身爲待食物衣服等之資而立者。止觀四上曰、「有待之身。必假資籍」。南山之戒疏四上曰、「有待之形。假資方就」。行宗記二上曰、「身名有待。必假資緣」。梁僧傳道安傳曰、「捐米千斛。彌覺有待爲煩」。案有待之字本於莊子逍遙遊之「猶有所待者也」句。

【有待轉變】（術語）有待之身可以轉變也。

【有待不定】（術語）有待之身、無常也。

【有耶無耶】（雜語）心馳於有無二邊而猶豫不決定也。多以名屬於欲界修所斷之無覆無記邪行相之智、亦有以爲狐疑之相而用之者。

【有界】（術語）有世界之略。總欲界、

色界無色界之三界而名爲有之世界。

【有後生死】（術語）七種生死之一。見生死條附錄。

【有情】（術語）Sattva 梵語曰薩埵。舊譯曰衆生新譯曰有情有情識者有愛情者總名動物唯識述記一本曰「梵言薩埵。此言有情有情識故。（中畧）又情者愛也能有愛生故。（中畧）言衆生者不善理也草木衆生」大日經疏十七曰「有情者梵音索哆是着義又名薩埵是有情義。」

【有情數】（術語）非有情數之對謂攝於有情之類者毘婆沙論十三於有執受之有情數。（有感覺之有情數）無執受之有情數。（無感覺之有情如化人）外器有情數大種因非有情數大種因婆沙論百三十八。由品類足識身足之二者解有執受以有情數與有根及異熟生之三語爲同義。

【有情居】（術語）有情所好居住之處謂之有情居有九所稱爲九有情居俱舍論八曰「前七識住及第一有無想有情是名爲九諸有情類唯於此九欣樂住故立有情居」

【有情世間】（界名）二世間之一。見世間條。

【有情緣慈】（術語）見苦有情而起慈悲也三種緣慈之一。

【有財】（雜語）Sāmiṣa 有財物也。

【有財餓鬼】（異類）餓鬼有三種一無財餓鬼畢竟不能食者二小財餓鬼食膿血等者三多財餓鬼能得人遺落之食及祭饗之食者三界義說之指後二者爲有財餓鬼。

【有財釋】（術語）又曰多財釋六離合釋之一 Bahuvrīhisamāsa 見六離合釋條。

【有流】（術語）有者三界之果報流者四種之惑。三界之果報實有故云有四種之惑使人漂沒三界之生死海故云流四流者一見流二欲流三有流（與今之有流異）四無明流也止觀一下曰「橫截死海超度有流」輔行一之四曰「有謂三有流謂四流於此三處因果不亡故名爲有爲此四法漂溺不息故名爲流見流三界欲也欲流欲界一切諸惑除見及痴有流上二界一切諸惑除見及痴無明流三界痴也」因四流中之見流見四流條。

【有海】（術語）指三界之生死而言。有者果報之事（果報實有故云有）海者譬生死之無邊寶積經曰「生死有海苦哉痛哉」俱舍論一曰「由惑世間漂有海」頌疏界品一曰「由煩惱惑令有情世間漂在三有死海中」

【有記法】（術語）善惡二法其相顯了得記別當來之果相故云有記法即有可

引異熟果表象之法也。見毘婆沙論五十一。

【有根身】（術語）謂眼耳鼻舌身之五根。以身根總有他根故也。唯識述記三本曰「身者總名。身中有根。名有根身。」

【有部】（流派）宗名。說一切有部之略。小乘宗之一。梵名薩婆多。有爲無爲之一切法。盡立爲實有。故云說一切有部。佛滅後三百年之初。於上座部中分立。見宗輪論述記。巴 Sabbatthivāda 梵 Sarvāstivāda

【有部律】（經名）有部宗之戒律。又作律書。十誦律、根本說一切有部毘奈耶等。

【有部尼陀那】（經名）根本說一切有部尼陀那之略稱。

【有部目得迦】（經名）根本說一切有部目得迦之略稱。

【有部律攝】（經名）根本薩婆多部律攝之略稱。

【有頂】（界名）天名。色界之第四處、本名色究竟天。此在有形世界之最頂。故稱有頂。（此外無色界有無形之世界）有頂之有。如有唐有宋之有。法華經序品曰「從阿鼻獄。上至有頂。」法華經義疏二曰「長行云阿迦尼吒。（譯言色究竟天）今稱有頂者。樓炭經云。阿迦尼吒。在有色之頂也。」因無色界之第四處、非想非非想天也。是位於世界之最頂。故稱有頂。妙句解六曰「非非想天名爲有頂。是於三界有漏世間極頂之故。」往生要集上本曰、「乃至有頂輪迴無期。」梵 Akaniṣṭha 巴 Akaniṭṭha

【有頂天】（界名）見有頂條。

【有頂惑】（術語）謂有頂地之惑也。又云非想之惑。有頂地爲三界九地中之最上地。此地所起之惑、有見惑修惑之別。其中見惑雖於見道一時斷之。而修惑則於修道先斷下八地之七十二品。次斷有頂之九品中下八品、此名阿羅漢向、最後斷第九品、即名阿羅漢果。蓋下八地之惑以有漏欣上厭下之六行觀得斷之、而此有頂之惑則非無漏智不能斷。蓋以無漏智勢力牢强、能治自地之惑及上地之惑故也。見俱舍論二十四。

【有教】（術語）對空教之語。指小乘之俱舍宗大乘之法相宗而言。一者在小乘而立諸法實有之義、一者在大乘而立唯識本有之義。依此而一者對於小乘之成實宗、一者對於大乘之三論宗、而稱爲有教或有宗。

【有教無人】（術語）謂唯有教道、而實際無行證之人也。天台一家判藏教斷惑位通教八地已上、及別教初地已上爲有教無人。蓋藏通別之前三教。若約於行人稟教之邊言之、固爲有教有人。望當教之極果而進、然自因成果滿上論之、則先示之極果、恰如以空拳誑惑小兒、蒙因中被接之益、悉接入於後教、無實證當教之極果者、摩訶止觀三下曰、「別教因中有教行證人。若就果者、但有其教無行證人。何以故。若破無明登初地時、卽是圓家初住位。非復別家初地位也。初地尙爾。何況後地後果。故知因人不到於果。故云果頭無人。」是卽說別教之有教無人也。維摩玄疏四、亦出藏通二教之說。

【有習】(術語) 習者習氣、謂煩惱之氣分。對於無明之語而云有習。

【有貪】(術語) 上二界之貪煩惱也。有者上二界之定及其依身。於上二界常起定貪。多於內門而轉。故立此名。外道於上二界起解脫之想。故爲遮之而立此名。見俱舍論十九等。梵 Bhavarāga

【有貪心】(術語) 與貪相應及貪所繫屬之心也。不與貪相應之餘善心及無覆心名爲離貪心。見俱舍論二十六。

【有執受】(術語) 如屬於吾身分之四大、爲己心識所執持者、謂之有執受。如身體外之事物、不然者、謂之無執受。俱舍論一曰、「聲唯八種。謂有執受或無執受大種爲因。」同二曰、「有執受者此言何義。心心所法、共所執持攝爲依處名有執受。」

【有間】(術語) 對於無間而言。間者間雜又間隔之義。卽餘心互相間雜或有時間及空間之間隔也。往生論註上所謂有間心、選擇集上所謂修雜行者於阿彌陀佛憶念常間斷。故名有間。皆有時間間隔之意者也。

【有爲】(術語) 爲者造作之義。有造作、謂之有爲。卽因緣所生之事物盡有爲也。能生之因緣、是造作所生之事物者、所生之事物、必有此因緣之造作。故云有爲法。本來自爾而非因緣所生者、謂之無爲法。故有爲者如言有因緣。大乘義章二曰、「爲是集起造作之義。法有爲作。故名有爲。」俱舍論光記五曰、「因緣造作名爲。色心等法從因緣生。有彼爲故名曰有爲。」俱舍論頌疏界品一曰、「爲者作也。此有爲法衆緣造作故名爲。有彼爲故名爲有爲。」梵 Asaṃskṛta

【三有爲法】(名數) 一色法。質礙之法。小乘俱舍五根、五境、無表色之十一法也。大乘法相五根五境法處所攝色之十一法也。二心法。慮知之法。俱舍心王一與心所法四十六之四十七法也。大乘心王八與心所法五十一之五十九法也。三非色非心法。俱舍不相應法之十四法也。大乘不相應法之二十四法也。此三聚皆有因緣之爲作。故名有爲法。見大乘義章二。

【四有爲相】(名數) 生住異滅之四者、此有二種。一一期四相。法之初有名生、生已而相似相異名住。此相續之轉變名異。後無名滅。二刹那生滅。謂一刹那中具四相也。此有大小乘之別。大乘法相宗謂色心之法體自有生住異滅四相之變化。卽言四相者、以其變化分位而名之假法也。本無今有之位名生。生位暫停之位名住。住別前後之位名異。無位名滅。此中前三者爲有、故同在現在。一爲無故在過去。(唯識述記二末)小乘有部立色心之法體爲恒有、故其生滅之變化隨用而說、不據於體。且離法體別有四相之實性、以使彼心身之作用、生住異滅。故色心之法名爲所相、四相名爲能相。使先無之色心作用爲今有、名爲生相。使其作用暫時安住、引其自果、名爲住相。使引其自果之作用衰變、名爲異相。使其作用遂滅壞、名爲滅相。而此生等四相既是有爲法、則必別有生等四相。若果有之、則以彼亦應有其餘之四相、而有無窮之失。因之四相有本相隨相之二者、隨相以生本相、本相有八能、隨相有一能、互爲能生所生、故隨相之外更無隨相、卽無無窮之失。如色法之生、有九法俱起、一是本法色之自體作用也、使此色之自體作用生之法爲本生相、使色之自體作用住之法爲本住相、使色之自體作用異之法爲本異相、使色之自體作用滅之法爲本滅相(此爲四本相亦曰四大相)合爲五法。本生相不能自生、更有隨生相生本生相、乃至本滅相不能自滅、更有隨滅相滅本滅相、(此爲四有相亦曰四大有相)合爲九法。此九法中本生相除自而生餘八法、乃至本滅相除自而滅餘八法。又隨生相唯生本生相、而不能生自餘之八法、(自與他之七法)乃至有滅相但滅本滅相、而不能滅自餘之八。(自與他之七法)此之謂於八一有能。卽四本相各對八法有能、四隨相各於一法有能、互爲能生所生、故更無無窮之失。俱舍論五曰、「此有生等於八一有能。」

【三有爲相】(名數)經中說四有爲法、又說三有爲相、三有爲相者一生相二住異相三滅相也。此中第二之住異相、俱舍論有二說、一者謂住者異之別名也、住必有異、故異相謂之住異相、非住與異之二相。佛說生異滅之三相者、欲於三世遷流之相、使有情生厭畏也。生者引未來之法、使流入現在、異與滅者、使其衰異及壞滅而流入過去也。猶如見有三怨敵居於人之稠林。一自稠林牽出之、一使衰其力、一壞其命根。住相者於法安立人不厭畏之、故於有爲相中不說之。又無爲法有自相之住、住相濫於彼、故不說之。二者謂住異相者、住相與異相合之而說也。所以然者、住是有情之所愛處、欲使厭捨之故與異合說、如說黑耳與吉祥俱也。見唯識述記二末、俱舍光記五。

【有爲轉變】(術語)謂有爲法生住異滅常轉變也。華嚴演義鈔二十一曰、「雜集論云、若法有生住異滅、可名有爲。」生住異滅卽轉變之相也。

【有爲無常】(術語)謂有爲法轉變

無常也。華嚴演義鈔十六下曰、「以有所作爲故名有爲。有爲是無常。」

【有爲空】（術語）謂有爲之諸法爲因緣之假和合而無自性也。十八空之一。涅槃經十六曰、「有爲空者。有爲之法。悉皆是空。」天台之仁王經合疏中曰、「有爲空者。色心和合生。陰界入等。皆無所有。」

【有爲功德】（術語）涅槃之第一義諦爲無爲功德、其他一切因緣生之功德、謂之有爲功德。仁王經上曰、「有爲功德無爲功德。」

【有爲生死】（術語）凡夫之分段生死謂之有爲生死、菩薩之變易生死名爲無爲生死。勝鬘經曰、「有有爲生死無爲生死。涅槃亦如是有餘及無餘。」寶窟下本曰、「分段名曰有爲。變易名曰無爲。分段之因名爲有漏。變易因名爲無漏。分段果名有爲。變易果爲無爲。對界內有漏。語界外爲無漏。然實是有漏。對界內有爲。名界外無爲。然實是有爲。」

【有爲果】（術語）對於無爲果而言。謂結果之自體、爲爲作造作之有爲法者。五果中士用、增上、等流、異熟之四果是也。

【有爲無漏】（術語）又作無漏有爲。有爲而通於無漏之法。即勝義對法、四諦中之道諦也。有二十九法。第六識心王、道共戒之無表、大善地法之十法、大地法之十法、尋、伺、得及四相是也。

【有爲解脫】（術語）對於無爲解脫而言。又名無學支。即無學之勝解也。勝解爲大地法之心所、故爲有爲、有爲法之勝解起於無學之果體、故云有爲解脫。見毘婆沙論二十八、俱舍論二十五。

【有爲經】（經名）諸行有爲經之略稱。

【有無】（術語）有法與無法也。如小乘之七十五法、大乘之百法是有法。如龜毛兎角、是無法。因有者常見、執有我有法之邪見也。即無者斷見、執無我無法之邪見也。即反對之偏見也。十卷楞伽經五曰、「邪見論生法。妄想計有無。若知無所生。亦知無所滅。觀世悉空寂。彼不墮有無。」同九曰、「於南大國中。有大德比丘。名龍樹菩薩。能破有無見。爲人說我法。大乘無上法。」

【有無二見】（術語）一切之邪見納於此二見之中、自此二見生一切之邪見。法華經方便品曰、「入邪見稠林。若有若無等。依止此諸見。具足六十二。」文句四下曰、「若有是常見。若無是斷見。因此二見生六十二。」

【有無二邊】（術語）執有之邊際、執無之邊際、皆爲邪見。故云邊見。肇論曰、「有無之境、邊見所存。豈是處中莫二之道乎。」

【有無四句】（術語）第一有句。執必

有我、卽常見也。第二無句。執必無我身、是斷見也。第三亦句。執我身亦有亦無、是有無相違見也。第四非句。執我身非有非無、是戲論見也。見華嚴疏十六、三藏法數十八。

【有無邪見】（術語）有見無見皆非中道之正見、故云邪見。

【有量】（術語）對無量之語。謂事物之有限極也。

【有量諸相】（術語）凡實體爲絕待、故爲無彼此之限量者。然有爲之事相、則必不得無彼此之限量、此謂之有量諸相。卽世間一切之事物、盡有限量、故是一事相、而非實體、實體者、一味平等無限絕待也。讚阿彌陀偈曰「智慧光明不可量。故佛又號無量覺。有量諸相蒙光曉、是故稽首眞實明。」智度論八十二曰「有相有量爲麤、無相無量爲細。」

【有勝天經】（經名）尊者阿那律、爲仙餘財主說光天、淨光天、徧淨光天之因果差別者。攝於中阿含經十九。

【有結】（術語）有者生死之果報。其可招果報之煩惱、謂之結。貪瞋痴之煩惱束縛人而使住在生死之中、故名結。法華經序品曰「盡諸有結、心得自在。」法華文句一上曰「諸有二十五有、生處也。結卽二十五有生因也。」

【有尋有伺】（術語）三三摩地之一。見三摩地條。

【有想】（術語）對於無想之語。對於無想天之有情、指有他思想之有情而言。無想天在色界、生於此之衆生、五百大劫之間住於無心。

【有想無想】（術語）有想與無想之有情。法華經隨喜功德品曰、「有形無形有想無想、非有想非無想、無足二足四足多足、如是等在衆生數者。」金剛經曰「若有想、若無想。」

【有想天】（界名）天處中、除無想天與非想非非想天、其餘盡爲有想也。

【有想執着】（術語）人之感官所感知之事物、認爲實有、於此寄心奪心之謂也。

【有解】（術語）對於空解之語。諸法有而非無之見解也。止觀十下曰「作此有解。」

【有愧】（術語）梵云地底迦、譯曰有愧。於己所作有愧心也。遺敎經曰「有愧之人則有善法。」

【有漏】（術語）漏者煩惱之異名。含有煩惱之事物、謂之有漏。一切世間之事體、盡爲有漏法。離煩惱之出世間事體、盡爲無漏法也。毘婆沙論曰「有者若業能令後生續生、是名有義。漏者是留住義。謂令有情留住欲界色界無色界故。」涅槃經曰「有漏法有二種、一因二果。有漏果者是則名苦。有漏因者、是名爲集」。

【有漏行】（術語）（一）有漏心所修之行法也。如見道以前之修行、及修道位中雜修靜慮之有漏心是也。見俱舍論二十三二十四。（二）謂有漏卽行也。有漏法卽有爲法之意。以行爲造作之義、有爲之異名也。

【有漏道】（術語）招人天三界果報之行法、謂之有漏道。可成就涅槃果之道、謂之無漏道。以三界盡爲有漏、而涅槃爲無漏也。

【有漏路】（術語）同於有漏道。又云迷世界。

【有漏三界】（術語）三界者煩惱之結果、故盡爲有漏。

【有漏世界】（雜名）卽三界。爲一切迷惑衆生之住處。

【有漏因】（術語）招三界果報之業因也。卽五逆十惡五戒十善等。

【有漏果】（術語）有漏業因所招之果報也。卽人間天上乃至地獄等。

【有漏善法】（術語）有漏之業因有善惡、五戒十善是善法、五逆十惡是惡法。有漏之善法、招有漏之樂果、卽人天之果報。有漏之惡法、招有漏之苦果、卽鬼畜之果報。

【有漏禪】（術語）對於無漏禪而言。卽不依四眞諦等、但依厭下欣上、有漏之六行觀而修之禪定也。四禪四無色定四無量心定是也。

【有漏斷】（術語）對於無漏斷而言。以有漏道斷煩惱也。凡夫修有漏之六行觀而斷八地七十二之修惑也。

【有漏智】（術語）對於無漏智而言。帶有漏煩惱之過、無斷迷理煩惱之力之智慧也。雖觀緣一切有爲無爲之法、然重以世俗之法爲對象、故亦云世俗智。

【有漏淨土】（術語）依有漏心變作之淨土也。據群疑論一、謂阿彌陀佛之淨土、雖由佛之無漏心變現而爲無漏、然凡夫之心爲有漏、故不得直生彼無漏之淨土、但於佛所變之無漏淨土上、由自己之有漏心變作似無漏之淨土、而往生其中云。申言之、卽極樂淨土者、就佛之本土而論、爲無漏之淨土、就凡夫之所變及受用而論、不免卽爲有漏之淨土也。此準於唯識家之法相而判之。

【有對】（術語）就十八界分別三種之有對。一障礙有對。二境界有對。三所緣有對。對者礙之義、礙有二種、一障礙之義、二拘礙之義。障礙之義者、第一之障礙有對也。以五根五境之小色爲體。此十色互相障礙、如手之礙手、石之礙石、故名障礙、障礙卽有對也。拘礙之義者、第二之境界有對、與第三之所緣有對也。境界有對者、六根六識之十二界與法界一分之心所法也、此十三界之法爲境所拘、故名有對。境界有對也。（依主釋）

所緣有對者、六識及境界之七心界與法界之一分心所法也。此八界爲所緣之境所拘礙、故名有對。所緣有對之依主釋也。此中境界與所緣之差別有多義、茲言其一義、則以取根及心識之境一邊、名爲境界有對、以緣心與所之境一邊名爲所緣有對云。見俱舍論二。梵 Sapratigha

【有對觸】（術語）對於增語觸而言。與前五識相應之觸心所也。隨所依之五根有對而名。俱舍論十所謂「眼等五觸說名有對、以有對根爲所依故、有對觸名從所依」是也。

【有德女】（人名）波羅奈城有德婆羅門之女、見佛相好而起淨信、問深法。

【有德女所問大乘經】（經名）一卷、唐菩提流志譯。佛因有德女問、說第一義諦之理、授彼以菩提之記別。

【有輪】（術語）有者生死之果報。即三有二十五有等之有。輪者生死之果報旋轉而無停止。故譬以車輪。安樂集上曰「若能一發此心、傾無始生死輪」。嘉祥仁王經疏三曰「發一念菩提心、破無始有輪」。

【有學】（術語）小乘四果之聖者中、前三果謂之有學、第四果謂之無學。以前三果尚有可修學之道故也。法華玄贊一曰「戒定慧三正爲學體。進趣修習、名爲有學。進趣圓滿、止息修習、名爲無學」梵 Śaikṣa

【十八有學】（名數）有三說。（一）成實論之說。於見道前立二人、一隨信行、二隨法行。是鈍利之二根也。大果經中見道前分爲二、與此同。是俱舍七聖中之前二也。三無相行、前二人入於見道、空觀相續而無相之間在者（本宗如俱舍宗不別觀四諦之行相）此三爲須陀洹行（新作向）四須陀洹果。五斯陀含行。六斯陀含果。七阿那含行。又加十一不還爲十八有學。見大乘義章十一。（二）中阿含福田經。於見諦上阿那含果立十八有學。一信行、二法行、三信解、四見到、五自證、六家家、七一種（新作一間）此二者俱舍七聖中之第三第四也。八須陀洹向、九須陀洹果、十斯陀含向、十一斯陀含果、十二阿那含向、十三阿那含果。此六者即三向三果也。於此再加五種不還而爲十八。（三）俱舍家之說。正理論六十五舉佛說而列次十八有學九無學。前之九者同於福田經。以隨信隨法之二行爲須陀洹向、中即見諦上之差別相異者。福田經加身證不迷、除阿羅漢向、俱舍反之。俱舍除身證者。以彼所得之滅盡定爲有漏法故也。論曰「謂世尊告給孤獨言長者當知福田有二。一者有學二者無學。有學十八、何等名爲有學十八。謂預流向、預流果、一來向、一來果、不還向、不還果、阿羅漢向、隨信行、隨法行、信解、見至、家家、一間、中生、有行、無行、上流、是名十八」

【有學無學】（術語）見有學條。法華經序品曰、「復有學無學二千人。」

【有緣】（術語）有緣於佛道者。觀無量壽經曰、「有緣衆生皆悉得見。」報恩經七曰、「佛世尊應現世間引接有緣。有緣既盡遷神涅槃。」

【有餘】（術語）就一切之事理而詮未究竟至極之詞。對於無餘而言。

【有餘說】（術語）尚存餘義而非究竟至極之說也。勝鬘經曰、「亦是如來方便有餘不了義說。」寶窟中末曰「有餘者明義不盡。對盡理之說。」法鼓經曰、「一切空經。是有餘說。唯有此經是無上說。非有餘說。」

【有餘師】（雜名）正統以外之論師。又不列大家之學匠。皆稱有餘師。畧云有餘、或餘師。又曰有諸師。或有人。又有稱有餘之說爲有說。他之部宗爲有餘部者。見毘婆沙論、俱舍論等。

【有餘師說】（術語）正義之外、更爲餘義之人之說也。如五百阿羅漢結集大毘婆沙。就一法而列種種之說。其中除正說外皆云有餘師說。

【有餘涅槃】（術語）有餘涅槃者、對無餘涅槃而言。有餘無餘其解有三種。一唯就小乘說。斷一切之煩惱而絕未來生死之因者。尚餘今生之果報身體。謂之有餘涅槃。其人今生之果報盡而歸於寂滅、謂之無餘涅槃。卽證得阿羅漢。其身存生之間、爲有餘涅槃。其身死時、乃無餘涅槃也。故有餘涅槃者無生死之因、唯有生死之果。（此前生所招之果報）無餘涅槃者、無生死之因。亦無果也。又云有餘依涅槃、Sopadhiśeṣanirvāṇa 無餘依涅槃、Nirupadhiśeṣanirvāṇa 依者依身。身爲人之所依。故名依身。法華經信解品曰、「我等長夜修習空法。得脫三界苦惱之患。住最後身有餘涅槃。」寶窟下本曰、「因亡。名有餘果盡。名無餘。」唯識述記十末曰、「其因盡苦依未盡。異熟猶在。名有餘依。依者身也。（中畧）此中有餘。約二乘說。以言唯有微苦依故。依謂依身。」二、唯就大乘說。變易生死之因盡、謂之有餘涅槃。變易生死之果盡而得佛之常身。謂之無餘涅槃。（凡夫之生死。謂之分段。菩薩之生死謂之變易、）寶窟下本曰「金剛心斷變易因盡而變易果猶存。有餘累故曰有餘。佛果爲解脫道起。則無復因累。變易生死果亦亡。則無復果累。故名無餘也。」三就大小相對說。小乘之無餘涅槃。尚有惑業苦三道之殘餘。故云有餘。大乘之無餘涅槃。究竟而無殘餘。故云無餘。勝鬘經曰、「有有爲生死有無爲生死。涅槃亦如是。有餘及無餘。」又曰、「以成就有餘解脫有餘淸淨有餘功德。故知有餘苦斷有餘集證有餘滅修有餘道。是名得少分涅槃。」法華經譬喩品曰「我本著邪見。爲諸梵心師世尊知我心。拔邪說涅槃。我悉除邪見。」於空法得證。爾時心自謂得至於滅度。而今乃自覺。非是實滅度。若得作佛時。具三十二相。天人夜叉衆龍神等恭敬。是時乃可謂永盡滅無餘」寶窟下本曰「小乘中因果盡名有餘。大乘因果盡名無餘。佛性論云。二乘有三種餘。一煩惱餘。謂無明住地。二業餘。謂無漏業。三果報餘。謂意生身陰」

【有餘土】　具云方便有餘土。四土之一。如阿羅漢斷三界煩惱之聖者死後所生之處。故有餘土者在三界之外。然小乘之宗義、謂阿羅漢得無餘涅槃。則畢竟不生、無復生所、大乘之宗義則謂阿羅漢非畢竟不生。三界之生盡。則直生界外之有餘土。彼之所謂無餘涅槃、尚爲有餘涅槃。是大小乘之差別也。爲無明未盡之人所生之土、故名有餘土。天台之觀經疏曰、「方便有餘者。修方便道。斷四住惑。故曰方便。無明未盡。故言有餘。

【有餘依】（術語）二種涅槃之一。見有餘條附錄有餘涅槃項。

【有餘依涅槃】（術語）卽有餘涅槃。

【有邊】（術語）有之邊際。論有無之理時之語也。世間一切之事物、必假衆緣之和合而生。和合之力能呈一個之作用、是名有邊。既假衆緣之和合而生、原無自性。既無自性。則不得謂法體爲有、是名無邊。見三藏法數八。

【有覆無記】（術語）見無記條附錄。

【有識】（術語）有識者、如云有情。歸敬儀中曰「有識凡夫」觀經散善義曰「含靈聞之生信。有識覩者西歸」

【有識根身】（術語）見有根身條。

【有嚴】（人名）臺州赤城崇善寺法師名有嚴。退庵於樝木下、號曰樝庵。宋徽宗建中靖國元年歸寂。著有大部備檢、箋難、助覺、或對、見稽古略四。

【有覺有觀三昧】（術語）三三昧之一。初心在禪曰覺。細心分別禪味曰觀。以空無相無作相應心入於初禪、則一切覺觀皆悉正直。故名有覺有觀三昧。

【有驗】（術語）成就密法而現種種之靈驗也。

【有體】（術語）對於無體之語。有實體者也。有部宗立七十五法、成實宗立八十四法、法相宗立百法、爲有體之法。其中有有形之物質、有無形之心識、有因緣生之有爲法、有非因緣之無爲法。

【有體施設假】（術語）於無名之法體上施設假名之謂也。自諸法實相上論之、則世間萬般之事物皆是也。是二假之一。見二假條。

【有靈】（術語）有靈魂者。猶言有情。唯識樞要上本曰「有靈之類誰不懷欽」

【旬單】（物名）禪林副寺十日一算費用記之紙端者謂之旬單見象器箋十六。

【全分戒】（術語）於五戒乃至具足戒等全分受持之戒也。

【全分受】（術語）受全分戒也。

【全加】（術語）又云全跏見全跏趺坐條。

【全身入塔】（術語）不火化而全骸入於塔中者四葬中之埋葬也。佛者雖以火化爲本而因法華多寶塔中有全身舍利及迦葉雞足山入定往往埋葬。

【全身舍利】（術語）佛舍利有全身碎身之二種見舍利條。

【全威】（雜語）於大小皆注全力也。涅槃經曰、「如大師子殺香象時皆盡其力。殺兎亦爾不生輕想諸佛如來亦復如是爲諸菩薩及一闡提演說法時功用無二」。

【全提】（術語）完全提起宗門之綱要也。碧巖第二則垂示曰、「歷代諸師全提不起」。無門關頌曰「狗子佛性全提正令」。

【全跏趺】（術語）全跏趺坐之略。

【全跏趺坐】（雜語）結跏趺坐有全跏半跏之別。交叉兩足而置兩膝上爲全跏趺坐、置一足於一方之膝謂之半跏趺坐見結跏趺坐條。

【合十】（術語）佛家之敬禮即合掌也。見合掌條。

【合下】（雜語）即時即刻之意。與直下同義。佛果圜悟眞覺禪師心要上所謂、「初祖達磨到梁見武帝合下用只個頭上一著子」。碧巖集所謂、「這僧知投子實頭合下做個圈繢子」。即其例也。

【合行曼陀羅供】（修法）合胎藏界與金剛界之曼陀羅而供養之之法會也。

【合行秘密灌頂】（修法）合行胎藏界與金剛界兩部之秘密灌頂法也。見自在金剛集。

【合爪】（術語）合左右十指之爪也。同於合掌印度之敬法。法苑珠林二十曰、「律云當令一心合十指爪掌供養釋師子」。見合掌條。

【合中知】（術語）如鼻根之於香境、待香微接於鼻根而知覺是云合中知如眼根之於色境則反之故云離中知。俱舍論二曰、「眼耳意根境不至三相違」。同光記二曰、「此宗眼耳意三取非至境鼻舌身三唯取至境若依勝論外道六根皆取至境」。

【合用】（雜語）可用者。禪門之語。敕修淸規副寺曰「病僧合用供給之物」。

【合作法】（術語）對於離作法而言。示同喩之體結合宗與因、以確立宗義之作法也。例如聲無常（宗）因緣生故（因）視諸因緣生（因同品）皆無常（宗同品）喩如瓦器等（喩依）之論式中、舉其同喩之體、結合因之因緣生與宗之無常、凡有因義之所、必有宗義附隨、宗義亦附隨因義、是也。此合作法以先因後宗爲定則。即先舉因義、後舉宗義、結合兩者是也。蓋由既知之因、立論未知之宗、以爲推斷之順序也。因明大疏三所謂「毋牛去處、犢子必隨、因有處、宗必隨逐、此爲合。」即其意也。

【合昏樹】（植物）梵語曰尸利灑。譯言合昏樹。香藥三十二味之一。見最勝王經七。優曇鉢羅。譯言合昏樹。見演密鈔五。

【合殺】（雜語）原爲關於舞樂之曲調名。舞樂之結尾、特以一曲調終了之、是云合殺。殺者散之義、漸縮合其聲而終可爲放散之義。佛家以此名名一聲明法念佛之合殺法、出唄策。於讀經行道之終奏之。図二個拜合殺絕也。傳燈錄十八翠巖令參條曰、「問僧縤爲什麼寫誌公眞不得。師曰、作麼生合殺。」又碧巖集曰、「看他於雪竇後面合殺得好。」

【合部金光明經】（經名）八卷二十四品。隋寶貴天竺三藏闍那堀多 Jñānagupta（譯德志）以自譯之一品、與前朝之曇無讖 Dharmarakṣa 譯、眞諦 Paramārtha 譯之諸品、合爲一經二十四品者。故謂之合部金光明經。

【合掌】（術語）合左右掌之十指、以表吾心專一之敬禮法。支那以拱手爲敬、印度以合掌爲敬。觀音義疏上曰、「合掌者此方以拱手爲恭。外國合掌爲敬。手本二邊。今合爲一。表不敢散誕。專至一心。一心相當故。以此表敬也。」法苑珠林二十曰、「律云。當令一心合十指爪掌。供養釋師子。或云。叉手白佛言者。皆是斂容呈恭。制心不令馳散。然心使難防。故制掌合一心也。」

【合掌叉手】（術語）合掌而交叉手指也。密敎所謂金剛合掌。觀無量壽經曰、「合掌叉手。讚嘆諸佛。」

【十二合掌】（名數）密敎中合掌之式也。一堅實合掌。二虛心合掌。三如未開蓮。四初割蓮。五顯露。六持水。七歸命合掌。八反叉合掌。九反背互相著合掌。十橫柱合掌。十一覆手向下合掌。十二覆手合掌。詳見大日經疏十三。

【合掌觀音】（菩薩）三十三觀音之一。以虛心合掌、故有此名。

【合蓮華】（術語）密敎以譬凡夫之心臟。菩提心論曰、「凡人心如合蓮華。佛心如滿月。」

【合壇】（術語）合於他壇之意。又名即壇。對於離壇而言。即請大壇之諸尊、移於護摩壇、修本尊念誦法後、直合護摩法而修之也。是爲本於金剛頂瑜伽護摩儀軌之意者、通行之護摩法、大抵依此儀。又於一爐具四種之爐形、爐內四方、各書種子之字、稱之爲合壇爐。向此爐同時修息災增益降伏敬愛之四種。名爲合壇護摩。

【合歡】（植物）木名。大疏演奧鈔十一曰「尸利沙。此云合昏。又云合歡」Śiriṣa (Acacia Sirissa)

【印】（術語）又作印契、印相、契印等。用指頭作種種之形。以爲法德之標幟者。由小指次第數至大指。此爲地水火風空之五大。又左手爲定。右手爲慧。以此左右十指爲種種之印相。例如標火德而結火印。標水德而結水印等。菩提心論曰「身密者如結契印。召請聖衆是也」大日經疏十三曰、「此印者卽是法界之標幟。以此印故。標示法界之體。卽名法界幢也」補陀落海會軌曰「左手寂靜。故名理胎藏海。右手辦諸事。名智金剛海。左手五指者。胎藏海五智。右手五指者。金剛海五智。左手定右慧。十指卽十度。或名十法界。或曰十眞如。縮則攝取一。開則有數名。左小指爲檀。無名指名戒。左中指爲忍。左頭指爲進。左大指爲禪。右小指爲慧。無名指爲方。右中指爲願。右頭指爲力。右大指爲智。（中略）小指爲地。無名爲水。中指爲火。頭指爲風。大指爲空」又佛菩薩手所執種種之具謂之印。卽三昧耶形也。大日經疏二十曰、「印謂所執印。卽刀輪羂索金剛杵之類也」又教理之決定者謂之印。如實相印、三法印等。大乘義章二曰、「優檀那者。是外國語。此名爲印。（中畧）法相楷定不易之義。名印也」祕藏記上曰、「印決定義也」又印章象器箋十九曰、「毘奈耶雜事云。時有賊來盜僧庫藏。並及私物。爲無記驗。苾芻不知何時失物。佛曰。苾芻可畜其印。應用五種物爲印。所謂鍮石赤銅白銅牙角。佛言凡印有二種。一是大衆。二是私物。若大衆印。可刻轉法輪。兩邊安鹿伏跪而住。其下應書元本造寺施主名字。若私印者。刻作骨鎖像。或作髑髏形。欲令見時生遠離故」

【印契】（術語）印相者。標示法界之性德而非僞者。故云契。契者契約不改之義也。卽身成佛義曰、「手作印契。口誦眞言。心住三摩地。三密相應加持。故早得大悉地」

【印相】（術語）印之形相。如不動之印爲刀劍之相。觀音之印爲蓮華形等。

【印明】（術語）印者印相。明者陀羅尼也。見一印二明條。

【印觀】（術語）手結印相。而觀本尊於意也。印者身密。觀者意密。

【印土】（地名）指印度。印度國土之義。出生義曰、「收跡都史天宮。下生中印土」梵網經本疏曰「是故印土持菩薩戒者。無不背誦」肇論新疏中曰、「天竺或曰印土身毒」

【印手菩薩】（人名）晉道安之名號。佛祖通載七曰、「安左臂有肉。方寸許。隆起如印時號印手菩薩。」廣弘明集二十曰、「或稱印手高坐擅名。」案維摩經之列衆有寶印手菩薩。

【印可】（術語）證明弟子之所得而稱美許可之也。論語皇侃義疏曰、「皆被孔子印可也。」維摩經弟子品曰、「若能如是宴坐者佛所印可。」輔行七之三曰、「印謂印可。可謂稱可。事理相稱故可聖心。」

【印母】（術語）稱十二合掌也。是爲一切契印之根本。故云印母。大疏十三曰、「今此中先說十二合掌名相。凡諸印法此十二極要。宜明記也。」

【印光】（術語）自佛陀心印而發之光明。大日經疏六曰、「菩提印光。」

【印佛】（術語）以香作佛形而燒之、謂之印佛。瑜伽行拾遺之徒有印佛讀經之事。見眞言修行頌二。

【印佛作法】（修法）或印之於紙上、或印之於淨沙上、或印於虛空等。先於一前机備香花、置形木。次三禮。誦如來咒。次淨三業印言。次三昧耶戒印言。針印。三摩耶薩埵鑁。次發菩提心印言。外縛定印。唵菩提質多摩陀波陀耶彌。次勸請合掌誦、「我今香烟印如來。（水虛空等隨改）相好具足放光明。徧滿虛空世界海。猶如燈烟無障礙。依此印印佛德力。恒爲衆生解脫緣。」次以右手取棒印佛。左手持念珠記數。誦眞言已、印之。（此眞言有異說。大日佛眼者、大日所印之佛、）想所印之所尊五眼具足。三身圓滿。與眞佛無異。乘此香烟（虛空水等隨改）周遍於十方界利益衆生。共成佛道。次印佛數滿已、總以香華供養。次普供養印明。次回向願我所修印佛善回施三有及四恩自他共入菩提城同證一如眞如法界。印佛軌云、「印沙土地中生類離苦得樂。印水上水中生類離苦得樂。」

【印宗】（人名）廣州法性寺印宗。初講涅槃經。遇六祖能大師。始悟玄理。以能爲傳法師。能亦就此人出家受戒。先天二年、八十七歲而示寂。見傳燈錄五。

【印治】（術語）印可治定之義。

【印咒】（術語）與印相應之咒也。又印與咒也。

【印定】（術語）印可決定之義。唯識述記六曰、「印境決定。」

【印持】（術語）自信認受持也。

【印信】（術語）傳授秘法也。

【印度】（地名）梵Sindhu＝波斯Hi-indu＝希臘India（國名）Indus（河名）舊稱身篤、身毒、賢豆、天竺等。新稱印度。印特伽。譯曰月。西域記二曰、「天竺之稱、異議糾紛。舊云身毒、或云賢豆。今從正音宜云印度。印度者、唐云月。月有多名。斯其一稱。（中略）良以其土聖賢繼軌導凡御物。如月照臨。由是義故。謂之印度。」慈恩傳二曰、「印特伽國。謂印度也。」是月之名與Indu混也。

【印度佛教】（雜語）印度爲佛陀之降誕地、占佛教史上最重要之地位。佛陀釋迦牟尼開佛教、距今幾何年、東西學者、聚訟紛紜、莫衷一是。其入滅時、則據衆聖點記之說、可知爲西曆紀元前四百八十六年。佛陀成道後四十五年間之行化、以摩揭陀、室羅伐悉底、爲中心、而潤澤憍賞彌、拘尸那揭羅、吠舍釐等中印度一圓之地、其被教化之最厚者、爲室羅伐悉底、與摩揭陀之二地域。據小乘之傳說、釋尊住室羅伐悉底時最多、據大乘之記錄、則常住摩揭陀。此兩國在釋尊時代、爲東西之兩大國、在印度中、爲最樞要之地域、及佛化之密被兩國、其爲事實、可斷言也。釋尊爲迦毘羅城主淨飯大王之太子、降誕於藍毘尼園、成正覺於尼連禪河畔、以波羅奈國鹿野苑爲初轉法輪之地、其後游行各處、爲人天灑甘露之法雨、遂以八十歲爲一期、於拘尸那揭羅城邊娑羅雙樹林間、寂然入於泥洹、是爲佛教開立之初元。佛陀入滅後未幾、摩訶迦葉與阿難等、共於摩揭陀國七葉樹窟、行第一回之結集。阿闍世王厚遇之、使大法得合、此在原始之佛教史上、亦爲重要之事實。自是以後、至阿育王出世之間、記傳之說各異、南方傳謂其中間年次爲二百十餘年、北方傳謂爲百餘年。北方傳明迦葉以下五師之傳燈、南方傳亦舉優波離以下五師之相承。或有謂阿育王有達磨阿育與迦羅阿育之二人、欲調和南北所傳之乖離者。或有謂阿育王之第三結集、與吠舍釐城之第二結集、實爲一事複傳者。此一段史乘、在佛教史上、最爲黑闇不明。然阿育王出世、爲西曆紀元前第三世紀之中葉、可據泰西學者之考證而明之。佛教於此時代、始大發展。王派遺傳道僧、亘東西兩大陸、活動頗極盛觀。彼末田地入迦濕彌羅、開薩婆多部之源、當在此時、摩哂陀游錫於錫蘭、或亦在此時。據北方所傳謂阿育王時上座大衆二部分裂、南方所傳、無此記載。但無論如何、阿育王盡力於佛教之功績、實爲不可掩者。印度之佛教、以此時傳播四方、且至開南北佛教之基。阿育王沒後、約經三百年、至迦膩色迦王出世之間、爲史家所謂小乘二十部分裂時代、阿育王時代分裂之上座大衆兩部、其興廢之跡、於此可考。大衆部之佛教、似與阿育王統同其消長、大體自中印度涉南印度而流行、其盛時在阿育王時代並王歿後百餘年間。上座部之佛教、以末田地之罽賓開教爲始、其教線不在中印度、似常以北方迦濕彌羅爲中堅。就時代言之、上座部於中印度大衆部佛教亡滅時代、漸接興隆之機運、閱百餘年、至迦膩色迦王出現、於是見婆沙結集之盛事。迦膩色迦王之出現、在西曆紀元第一世紀之末王亦力圖佛敎興隆。有名之大毘婆沙、編纂於此時代。脇、世友、法救、妙音、覺天、那迦斯那、馬鳴等之傑僧、亦與此王前後輩出、敎學上呈空前之偉觀。迦膩色迦王以後之佛敎、主傳播於犍馱羅以北之中央亞細亞、西曆紀元二三世紀頃、從此地大輸入佛典於支那。當時中印度地方、全爲他敎徒所占、西曆紀元第三世紀之初、龍樹出現、復興前已湮沒之大乘部佛敎、於引正王之保護下、以憍薩羅國爲中心宣布中觀佛敎。至其弟子提婆、更擴張敎線於中印度、對抗外道、擊破邪之實。同時又有鳩摩邏多、訶梨跋摩等諸論師、於呾叉始羅、揭盤陀、秣勒等地方、施敎化。降及西紀第五世紀之初、笈多王統之毘訖羅摩阿迭多王時、有無着世親兄弟出、專以阿踰陀國爲中心、鼓吹瑜伽佛敎。同時迦濕彌羅國、有塞建地羅、僧伽跋陀羅等英才、相次而興、宣揚毘婆沙之敎義。世親以後、繼承其敎法者、有德慧、安慧、護法、難陀、親勝、火辨、德光、無垢友等。其中護法於西紀第六世紀之中葉出世、以摩揭陀爲中心、弘宣世親之敎系。得尸羅阿迭多王之歸依、住那爛陀寺、亦大於中印度、師子吼。後世稱之爲那爛陀寺隆盛時代。同時又有陳那、天主、淸辯、智光之徒、鼓揚龍樹之敎系。又大發揮因明之精髓。於印度佛敎史上、稱爲掉尾之隆運。爾後未幾、佛敎爲印度敎所蹂躪、至西曆一千年回敎又侵入印度、佛敎遂殆絕跡。要之印度爲佛敎之發生地、故大小半滿權實顯密等各種敎理、悉有其萌芽、固勿論、而佛滅五六百年間、小乘敎隆盛時代、既生本末二十部之分立、相次出發智、六足、婆沙等之絢爛作物、對於宇宙及人生之原始的考察、殆達於其極。及龍樹提婆出世、始啓大乘敎勃興之機運。中觀佛敎、爲其豐富之著述所發揮、已無遺憾。尋而無着世親、鼓吹瑜伽佛敎、印度之大乘、於是生空有二宗之別。他日於支那日本等、作一乘三乘兩宗之基。其中龍樹提婆所唱者、爲大衆部的可認爲說假部一說部等之發展。無著世親主張者、爲上座部的、可認爲說一切有部經量部等之發展。親光之佛地經論四、謂聲聞藏於佛去世百年已後、即分多部、而菩薩藏千歲已前、淸淨一味、無有乖諍。千歲已後、乃與空有二種之異論。又最勝子之瑜伽師地論釋、謂佛涅槃後、魔事紛起、部執競與、多著有見。有龍猛菩薩、提婆菩薩、採集大乘無相空敎、造中論百論等。以除彼之有見。然由是衆生復著於空見、故無著菩薩、事大慈尊、請說瑜伽師地論、顯遍計所執爲情有理無、依他圓成爲理有情無。觀此可知印度之佛敎、一方帶理論的傾向、鶩深遠之思索。又一方守戒律、立意實踐修道。爲上座部之一派、現今錫蘭緬甸暹羅等流播之南方佛敎、即是、與支那日本等流布之北方毅思索的、大異其趣。

【印紙】（物名）禪林以小紙片朱印其寺號謂之印紙。見象器箋十六。因印與紙也。

【印紙同時】（譬喻）一枚之文有次第、前後而印之於紙時則現於同時、譬有次第前後之物、現於同時而用之。五教章上曰、「依此普法一切佛法並於第二七日一時前後說。前後一時說。如世間印法讀文則句義前後印文則同時顯現同時前後理不相違。」

【印時伽】（地名）見印度條。

【印域】（地名）指印度而言、印者印度、域者境域。三論大義鈔一曰、「印域探三藏之賾致。」

【印象】（雜語）印影於鏡等之形也。大集經十五曰、「如閻浮提一切衆生身及餘外色。如是等色、海中皆有印象。」

【印塔】（堂塔）寶篋印塔之略稱。

【印達羅】（雜語）Indra 數量名。六十數之一。俱舍論三曰、「十大羯臘婆爲印達羅。」

【印經院】（雜名）事物紀原引宋會要曰、「太平興國八年置印經院。神宗熙寧末廢其院、以所印板賜顯聖寺。」

【印壞文成】（雜語）謂鎔蠟作印、置之泥土上、蠟印自然壞而其跡則顯成印文也。安樂集上曰、「如蠟印印泥、印壞文成。此命斷時、即是生安樂國時。」是以印壞喩死、文成譬生。顯死生同時也。又摩訶止觀九曰、「過去無明業是蠟、現在父母精血是泥。過去業不住、故名印壞。現在託識、名色具足、故名文成。」是譬十二因緣相續循環之理也。

【延年】（術語）與延壽延命同。延長其命也。觀念法門一曰、「蒙佛與聖衆常來護念。既蒙護念、即得延年轉壽長命安樂。」舊譯之藥師經曰、「心不自正、卜問覓禍、殺種種衆生、解奏神明、呼諸魍魎、請乞福祐、欲冀延年、終不能得。（中略）橫死入地獄、無有出期。」

【延年轉壽】（雜語）賴自己之定力、或佛力等、延長宿業所感之壽命也。據發智論十二並俱舍論三等、謂成就神通心得自在之阿羅漢、對僧衆或別人、以諸命緣之衣鉢等物、隨分布施。施已發願、即入定。由定起已、心念口言、我能感富之異熟果之業、願皆轉招壽之異熟果云云。是說依自己之定力、轉富之異熟果、而感命之異熟果、以得延年轉壽者也。又造塔延命功德經說由造塔之修福而得延命之法。並參照前條。

【延命】（術語）延人之命也。金剛壽命陀羅尼念誦法曰、「次說護摩除災延命壇。」

【延命法】（修法）延命之修法有二、一者普賢延命二者延命菩薩。

【延命菩薩】（菩薩）延命菩薩法之本尊卽金剛薩埵也是金剛壽命經所說、二種延命法中之一也。金剛壽命經略讚曰、「此經本尊延命菩薩延命菩薩卽金剛薩埵。今經護摩法軌云於花胎中想阿字光明徧照。成金剛壽命菩薩今經儀軌云復想金剛薩埵。卽結金剛壽命菩薩陀羅尼印」百二十尊法有修法。

【延命地藏菩薩】（菩薩）延命地藏經所說地藏菩薩有延命之德、故名經曰「佛告帝釋有一菩薩。名曰延命地藏菩薩。每日晨朝入於諸定遊化六道拔苦與樂」

【延命地藏經】（經名）此經不載於經錄、人或疑其僞。

【延命印明】（眞言）延命招魂法之印明也。

【延命觀音】（菩薩）三十三觀音之一。補陀落海會軌第三院東門之延命觀音曰、「頂上大寶冠。其中住佛身。身相深黃色。慈悲柔輭相。救世二十臂。引接群生類。（云云。）」

【延沼】（人名）汝州風穴禪師、諱延沼。參南院顒禪師而悟旨。宋太祖開寶六年七十八歲而寂。師嗣南院顒、顒嗣興化奘、奘嗣臨濟。玄見僧史略三。

【延促劫智】（術語）謂佛之智力偉大、得自在超越伸縮劫（時間）也。

【延壽】（人名）杭州慧日山永明寺智覺禪師、名延壽。參天台韶國師而悟玄旨。吳越忠懿王錢俶、深歸於師。遷於永明大道場。衆盈三千。宋太祖開寶八年。年七十二而寂。著宗鏡錄百卷、萬善同歸集六卷。師嗣天台韶國師。韶嗣法眼益禪師。見五燈會元十、佛祖統紀二十六、佛祖通載二十六、稽古略三。

【延壽妙門陀羅尼經】（經名）佛說延壽妙門陀羅尼經一卷。宋法賢譯。佛在菩提道場時、因金剛手菩薩之請而說延壽之妙咒。護命法門神咒經、善方便陀羅尼經、金剛秘密善門陀羅尼經、皆同本。

【延壽經】（經名）上經之畧稱。

【延壽堂】（堂塔）又作省行堂、涅槃堂等。置必死之病人處。釋氏要覽下曰、「西域傳云祇桓西北角日光沒處爲無常院。若有病者。當安其中。意爲凡人內心貪著房舍衣鉢道具。生戀著心無厭背故。制此堂。令聞名見題。悟一切法無有常。故今稱延壽堂涅槃堂者。皆後人隨情愛名之也」象器箋二曰、「禪林寶訓音義云延壽堂撫安老病之所也。古者叢林老僧送安樂堂。病者送延壽堂也。又今涅槃堂是也。」

【延壽堂主】（職位）略稱堂主。延壽

堂之主事也。象器箋八曰、「禪苑清規延壽堂主云。堂主須請寬心耐事道念周旋。安養病僧。善知因果之人。堂中所用柴炭米麵。油鹽醬。菜茶湯藥餌。薑棗烏梅。什物家事皆係堂主緣化。」

【延慶寺】（寺名）在浙江四明山。初稱保恩院、宋至道三年、法智大師知禮獄其頹弊、與覺圓共積十年之經營、遂重興之、賜額曰延慶。天台之教院、講席常盛。後元豐中比丘介然、紹興中比丘清潤、皆修飾之。見延慶寺淨土院記等。

【自】（術語）梵語曰阿波孳。Svay-am 對於作爲而云、自然之義。阿怛摩 At-man 對於他而云、自己之義。見梵語雜名。

【自力】（術語）他力之對。見他力條。

【自力信】（術語）十三信相之一。

【自心三寶】（術語）即自性三寶也。

【自內證】（術語）自己內心證悟之相也。

【自化作苦經】（物名）佛爲阿支羅迦葉自化作苦經之略名。

【自比量】（術語）因明三量之一。見三量條。

【自比罵】（術語）六種罵之一。

【自他不二門】（術語）十不二門之一。

【自在】（術語）進退無礙、謂之自在。又心離煩惱之繫縛、通達無礙、謂之自在。法華經序品曰、「盡諸有結。心得自在。」唯識演秘四末曰、「施爲無擁。名爲自在。」

【二種自在】（名數）一觀境自在、謂菩薩以正智慧照了眞如之境及能通達一切之諸法圓融自在也。二作用自在、謂菩薩既以正智照了眞如之境、即能由體起用、現身說法、化諸衆生、圓融自在也。見華嚴大疏六。

【四種自在】（名數）一得分別自在、住於菩薩第八不動地、即捨一切功用之行、得無功用法、於一切法遠離一切分別之想而得自在也。二得剎土自在、菩薩住於不動地、深心清淨、於諸剎土亦得清淨、得出生自在也。三得智自在、菩薩住於第九善慧地、得無礙之智慧、演說諸法、稱於理而得自在也。四得業自在、菩薩住於第十法雲地、於諸煩惱業縛悉能通達、更無障礙也。見大乘莊嚴經論五。

【五種自在】（名數）一壽命自在、菩薩成就法身之慧命、了無生死壽夭、延萬劫而不長、促一念而不短、但爲度脫有情、以諸方便隨機示現長短壽命之相、其心無所罣礙也，二生自在、菩薩爲度脫有情、以大悲心隨類受生、饒益一切、處天宮非樂、地獄非苦、去住無礙也。三業自在、菩薩萬行具足、悲智雙運、或現神通、或說妙法、或入禪定、或修苦行、所作之行業但爲利他而縱任無礙也。四覺觀自在、麤心曰覺細心曰觀菩薩或修禪觀之行或起利生之行雖有思惟然離諸散亂隨願度生平等無礙也。五衆具果報自在、菩薩因行深廣果報殊勝於一切所須之具不假經營自然周具心無染礙也見大寶積經六十八。

【八種自在】（名數）如來之大我有八種之自在見八大自在我條。

【十種自在】（名數）一命自在、菩薩得長壽慧命經無量阿僧祇劫住持世間無有障礙也。二心自在、菩薩智慧方便調伏自心能入無量之大三昧遊戲神通而無障礙也。三資具自在、菩薩能以無量珍寶種種資具嚴飾一切世界清淨無礙也。四業自在、菩薩能隨諸業應時示現受諸果報無障無礙也。五受生自在、菩薩隨其心念能於諸世界中示現受生無障無礙也。六解自在菩薩勝解成就能示現種種色身演說妙法無障無礙也。七願自在、菩薩隨願欲於諸剎中應時出現成等正覺無障無礙也。八神力自在、菩薩神通廣大威力難量於世界中示現變化、無障無礙也。九法自在、菩薩得大辯才於諸法中廣演說無邊法門無障無礙也。十智自在、菩薩智慧具足於一念中能現如來之十力無畏成等正覺無障無礙也。見華嚴經三十八。又此十自在名爲十明。以十自在之作用明了故也。故別譯之本業瓔珞經中爲十明。

【自在天】（天名）見大自在天條。

【自在王】（雜名）大日如來之尊稱也。金剛頂大教王經上曰、「薄伽梵大毘盧遮那能爲自在王演說金剛界無邊功德法。」

【自在心】（術語）六十心之一。

【自在戒】（術語）智度論所說十種戒之一。

【自在人】（雜語）如來所持之我德具八大自在、故稱佛曰自在人。易行品曰、「自度亦度彼、我禮自在人。」

【自在王經】（經名）自在王菩薩經之略名。

【自在女天】（天名）胎藏界外金剛院二百五尊之一、白肉色持青蓮華。見胎曼鈔六。

【自在天宮】（界名）在色界之第四禪、自在天王之宮殿也。

【自在天外道】（流派）見自在等因宗條。

【自在天使者】（天名）胎藏界外金剛院二百五尊之一。二人作飲血之形見胎藏界鈔六。

【自在天后印】（印相）以左手握右手之地水。（小指無名指）而入於掌中以大指頭捻頭指之第二節。是嚕捺羅后印。卽自在天后印也。見大日經疏十四。

【自在等因宗】（流派） 外道十六宗之一。卽摩醯首羅外道也。計世間之不平等、皆自在天所作。一切者皆從自在天生、皆由自在天滅。凡神論的要素、謂自在天之身有八分。虛空爲頭。日月爲眼。大地爲身。河海爲尿。山丘爲糞。風爲命。火爲熱氣。而一切衆生爲身中之虫也。又主張大梵時法空我等之變化。義林章一曰、「自在等因宗。謂不平等因者。計隨其所事。卽以爲名。如莫醯伊濕伐羅等。或執諸法大自在天變化。或丈夫變化、或大梵變化。或時法空我等爲因。」

【自在悅滿意明】（眞言） 自在天變現欲樂之眞言也。大日經疏十一曰、「如欲界有自在悅樂意明。（中略）自在天主以此悅樂意明力故現種種雜色欲樂之具。能滿於一切。（中略）爲一切天子天女等示現內外有情無情之境。如現食味音樂一一可得現前受用。若見女色等身亦可五欲自娛。各隨彼心之所欲。何況如來眞言而不能普現色身作佛事耶。」

【自在王菩薩經】（經名） 二卷、秦羅什譯。自在王菩薩請問自在法於佛。佛答以戒自在、五神通自在、乃至無礙慧自在等。及說菩薩之十力、四無所畏、十八不共法。

【自在神力加持三昧】（術語） 大日如來加持法界衆生有自在不思議妙力之三昧也。大日如來住於此三昧而現種種之身。說種種之法。此謂加持身說法。大日經疏一曰、「世尊往昔大悲願故而作是念。若我住如是境界。則諸有有情不能以是蒙益。是故住於自在神力加持三昧。普爲一切衆生示現種種諸趣所喜見身。說種種性欲所立聞法。隨種種心行開觀照門。」

【自行化他】（術語） 又云自利利他。菩薩之萬行不出此二者。法華文句八之一曰、「別論口業是化他。自意是自行。通論三業自軌。卽是自行之法。三業之敎詔卽化他之法。」宗鏡錄三十四曰、「了一心自行化他。」

【自利利他】（術語） 聲聞緣覺之行爲自利。諸佛菩薩之行爲自利利他。遺敎經曰、「自利利人法皆具足。若我久住更無所益。」

【自作自受】（術語） 五燈會元曰、「僧問金山穎、一百二十斤鐵枷敎阿誰担。穎曰自作自受。」

【自我偈】（書名） 法華經壽量品曰、「自我得佛來所經諸劫數無量百千萬億載阿僧祇。」總有二十五行偈。取最初二字而稱爲自我偈。常別誦習之。

【自身自佛】（雜語） 此身卽佛之意。觀無量壽經有「是心作佛。是心是佛」之語、其他經論無自身自佛之語。

【自坐外道】（流派）六苦行外道之一。見外道條附錄。

【自受用身】（術語）四身之一。

【自受法樂】（術語）法樂者翫妙法眞味而自樂之謂也、其法樂受於自身、故云自受法樂。唯識論十曰「自受用身常自受用廣大法樂。」二教論下曰、「諸佛菩薩自受法樂、故各說自證三密門。」

【自知】（術語）四知之一。

【自知錄】（書名）一卷、元中峰著。附於三時繫念之後。

【自性】（術語）諸法各自有不變不改之性、是名自性。教行信證信卷曰、「近世宗師、沈自性唯心、貶淨土眞證。」因數論師二十五諦中第一諦爲冥性、又稱自性。爲萬有之生因、唯識述記一末曰「自性者冥性也。今名自性、古名冥性。今亦名勝性。未生大等、但住自分、名爲自性。」見數論外道條附錄。

【三自性】（名數）一偏計自性。二依他自性。三圓成自性。見三性條附錄。

【七種自性】（名數）如來有七種之性自性、性者卽不變遷之義、此不變遷之性卽爲如來之自性、故名性自性。一集性自性、集卽聚也、其性自性卽是萬善聚集之因、是約於聖而論、故經曰、卽三世如來性自性第一義心也。二性自性、由前第一義心所集萬善之因、而各有自性存於內、故名性自性。三相性自性、可見而分之謂之相、由前第一義心所集萬善之因、而各有自相現於外、故名相性自性。四大種性自性、大種者卽地水火風四大之種子也。無處不在、故曰大。大種性自性者、謂四大種各有自性也。大種原通於凡聖、今約於聖報而言、卽此大種之性自性、是法性五陰之果也。是名大種性自性。五因性自性、因卽以能生爲義、前所證大種之果、必有所起之因、卽是第一義因心也、是名因性自性。六緣性自性、緣卽緣助也、證第一義自性之果德、雖由因心、然須假衆之緣助而顯成、是名緣性自性。七成性自性、成卽成就也、因緣和合而成果也、卽成就如來第一義之果德、故名成性自性。見楞伽經一。

【自性三寶】（術語）三寶、佛法僧也。佛者自性之覺、法者自性之正、僧者自性之淨、故云自性三寶。六祖壇經曰、「勸善知識、歸依自性三寶。佛者覺也、法者正也、僧者淨也。自心歸依覺、邪迷不生、少欲知足、能離財色、名兩足尊。自心歸依正、念念無邪見、以無邪見故、卽無人我貢高貪愛執著、名離欲尊。自心歸依淨、一切塵勞愛欲境界、自性皆不染著、名衆中尊。若修此行、是自歸依。」

【自性行】（術語）四種性行之一。

【自性戒】（術語）十善戒者、不待佛

之制止自性可受持之戒也故云自性戒、又云本性戒。大日經疏十七曰、「菩薩戒。略有二種。一在家。二出家此二衆中復有二種戒。一自性修行。二是制戒今此十戒是菩薩修行戒也。以此善性故。一切菩薩應行之卽涅槃所謂性自能持戒。或云自性戒也。」

【自性戒定慧】（術語） 言戒定慧不離自性也。六祖壇經偈曰、「心地無非自性戒。心地無癡自性慧。心地無亂自性定。不增不減自金剛。身去身來本三昧。」

【自性見】（雜語） 頓悟入道要門論上曰、「問身上以何爲見。是眼見耳見鼻見及身心等見。答見無如許種見。云既無如許種見、復何見。答是自性見。何以故。爲自性本來清淨湛然空寂。卽於空寂體中能生此見。」

【自性身】（術語） 四身之一。

【自性會】（術語） 大日如來之自性身會從心流出之諸內眷屬爲三世常自受法樂、說兩部之大經。名爲自性會。此會場因人之實機不得參加之。但未來世有一類頓大之機、聞此敎、能信解、能修行、能證入者。乃爲自性會之因人。但謂自性會之自性身有說法者。眞言古義派之說也。若依其新義派則謂自性會之加持身說法也。

【自性善】（術語） 四種善之一。自性不善之對也。見善惡條附錄。

【自性禪】（術語） 九種大禪之一。見禪條附錄。

【自性斷】（術語） 三斷之一。

【自性不善】（術語） 見善惡條附錄。

【自性分別】（術語） 三分別之一

【自性輪身】（術語） 諸佛三輪身之一。見敎令輪身條。

【自性淨心】（術語） 自性清淨心之略稱。

【自性差別】（術語） 因明宗法五名之一。見宗法條。

【自性唯心】（術語） 諸法卽眞如。萬法唯一心之見解也。

【自性冥諦】（術語） 數論二十五諦之一。冥諦者自性之異名。見自性條。

【自性清淨心】（術語） 吾人本有之心、自性清淨、離一切之妄染。故云自性清淨心。又曰如來藏心、眞心。卽吾人之菩提心也。起信論義記中本曰、「自性清淨心名如來藏」大日經疏一曰、「本不生際者卽是自性清淨心。自性清淨心卽是阿字門。」

【自性清淨藏】（術語） 五種藏之一。

【自性住佛性】（術語） 三佛性之一。見佛性條。

【自性普賢如來】（菩薩） 普賢如來、卽金剛界之大日如來。稱其如來之自性身也。

【自相】（術語） 一切事物。有自共二

相見共相條。

【自相空】（術語）十八空之一。見空條附錄。

【自相作意】（術語）三種作意之一。

【自度】（術語）唯度自身也。見自調條。

【自家寶藏】（術語）頓悟入道要門論下曰、「師初至江西參馬祖。祖問從何處來。曰越州大雲寺來。祖曰來此擬須何事。曰來求佛法。祖曰自家寶藏不顧。拋家散走作什麼。我這裏一物也無。求什麼佛法。師遂禮拜問曰。阿那個是慧海自家寶藏。祖曰即今問我者是汝寶藏。一切具足。更無欠少。使用自在。何假向外求覓。師於言下大悟」。

【自恣】（儀式）梵云Pravāraṇa 鉢刺婆刺拏。舊翻自恣。新譯隨意。夏安居之竟日。即在舊律爲七月十六日、在新律爲八月十六日、使他清衆恣舉己所犯之罪。對他比丘而懺悔之、故曰自恣。又云隨意、又隨他人之意而恣舉其所犯。故云隨意。寄歸傳二曰、「梵云鉢刺婆刺拏。譯爲隨意。亦是飽足義。亦是隨他人意舉其所犯」。

【自恣日】（術語）夏安居之竟日也。見前項。

【自恣犍度】（術語）二十犍度之一。見犍度條附錄。

【自殺】（雜語）善見律十一謂有一比丘婬欲亂心。日夜欲制其心而不能制、自念言我持戒具足、何以捨戒還俗、我寧可取死。是故上耆闍崛山頂投巖取死。佛告諸比丘。莫自殺身、殺身者乃至不食。亦得突吉羅罪。若比丘病極。若見衆僧及看病比丘料理辛苦。自念言此等正爲我故辛苦乃爾、自觀壽命不得久活、而不食不服藥、又有比丘自念我病極苦、我壽命亦盡、我道跡如在手掌。若見如此不食死無罪。

【自乘果】（術語）三乘各自之聖果也。

【自教相違】（術語）因明宗法九過之一。如佛者對於外道立「我爲有」既於其宗法相違自己之聖教、故謂之爲自教相違。

【自教迹不空悉地樂欲一切菩薩母明妃】（術語）自教迹者、即是法佛自證之教、即祕密平等教也。爲於此中諸爲修行者皆悉不空。不空是不唐捐義、隨彼力能皆向法身之理、即同彼佛。故云不空也。如上諸菩薩說眞言、各欲引攝同類行者、若有修行、即同於我。今法佛自說明妃眞言、若有修行者、即從虛空眼（佛名之異名）而生法身、如我無異也。見大日經疏十。

【自淨】（術語）三自之一。見三自條。

【自然】（術語）又曰自爾、亦曰法爾、任運天然。言離人爲之造作、法之自性自然也。又言無因而自然也。後者爲自然外道之邪執。無量壽經下曰、「天道自然。」又曰、「無爲自然。」法華玄義二之一曰、「果是任運酬善心而生。報是自然受樂。」同釋籤曰、「言自然者此言通用。何必外計。卽任運之異名耳。」楞嚴經二曰、「彼外道等常說自然。我說因緣。」

【自然界】（術語）二種界之一。見結界條附錄。

【自然智】（術語）不借功用自然而生之佛之一切種智也。法華經譬喻品曰、「自然智、無師智。」同義疏六曰、「自然智者。無功用智也。」大日經疏五曰、「自然智者。是如來自覺自證之智。昔所未聞未知之法。現前無所罣礙。故以爲名。」同六曰、「若法依師智得。從於衆因緣而生。卽是戲論生滅之相。非法性佛自然之慧。若是自然之慧。則非修學可得。亦不可授人。」

【自然慈】（術語）無師自發之菩薩眞慈。謂之自然慈。維摩經觀衆生品曰、「行自然慈。無因待故。」同註「肇曰大乘之道無師而成。謂之自然菩薩眞慈。」

【自然得】（術語）十種得戒緣之一。

【自然外道】（流派）十種外道之一。見外道條附錄。

【自然悟道】（術語）有依本覺內熏、不依他敎、自然開悟者。是名自然悟道。依此理而成最初一佛。無師之義也。

【自然釋迦】（術語）言自然開發成佛之釋迦也。四敎儀曰、「何處天然彌勒。自然釋迦。」

【自然虛無身】（術語）如來之自性身爲法性自爾之性德、故云自然。離諸差別相、故云虛無。又極樂之往生人非胎生。故云自然。非飲食所長養、故云虛無。無量壽經上曰、「自然虛無之身無極之體。」義寂疏曰、「非胎胞所生育。故自然。非飲食所長養故虛無。」

【自然成就眞言】（眞言）加持壇地之眞言也。怛文（汝）睇微（女天）婆吃𠼝（護）捕哆賜（親也於也）譯云。汝天親護者。（於字入下句）薩麼（一切也）勃馱曩（佛也有多聲）哆以雖（度世也卽有導師義）譯云。於諸佛導師。漸唎耶（行也）娜也（修行也）尾世鐵數（殊勝也）譯云。修行殊勝行。部弭（淨地也）播囉蜜多（到彼岸也）素者（等也）譯云。淨地波羅蜜。摩囉（天魔也）素年（軍衆也）野他（如也）毫蜜雖（奴痕返破也）譯云。如破魔軍衆。赦吃也（釋迦也）僧係娜（師子也）哆以那（救世也）譯云。釋師救世。怛他痕（如義也）摩囉（魔也）若延（降也）嘌埵（伏也）譯云。我亦降伏魔。漫茶藍隸（曼荼羅也）履佉（畫也）瘨（密也反）痕（我也）譯云。我畫漫荼羅。偈之意先告地神曰、汝天女親守護此大地者。已曾供養一切諸佛導師親近修殊勝之行、淨治諸地、淨滿諸度。及餘種種功德摩訶般若中廣歷法如明。故曰等。次偈陳所以警發之意、說誠實之言、世尊若在菩提道場降伏天魔軍衆時汝在大會現作證明由是號世尊爲釋迦師子、能獨步無畏救護世間。我今亦欲隨世尊所行而紹如來之事。是故畫此曼荼羅也。

【自愛】（術語）愛自身、是凡夫之欲情也。故自此生種種之苦。金光明經一曰、「若自愛者便起追求。由追求故受衆苦惱。諸佛如來除自愛故。永絕追求。無追求故名爲涅槃」。

【自愛經】（經名）一卷、東晉曇無蘭譯。佛受舍衞國王之請、於四衢街道說三種自愛之法。三種之自愛者歸依三寶、愛護自之三業不使放縱也。

【自煮】（術語）食法八患之一。

【自業自得】（術語）自作善惡之業而自受苦樂之果也。正法念經七獄卒呵責罪人說偈曰「非異人作惡。非人受苦報。自業自得果。衆生皆如是。」

【自損損他】（術語）自利利他之反也。般舟讚曰、「縱此貪瞋火自損損他。」群疑論二曰「毀其正見自損損他。」

【自解佛乘】（術語）天台大師七德之一。見智顗條。

【自誓得】（術語）十種得戒緣之一。

【自誓受戒】（術語）大乘之菩薩戒、若無戒師時、許於佛前自誓而受大戒。而其得戒之驗、須於夢中見妙相也。是謂之自誓受戒。梵網經曰、「若千里內無能授戒師。得佛菩薩形像前自誓受戒。而要見妙相。」

【自誓三昧經】（經名）一卷、後漢安世高譯。如來獨證自誓三昧經之舊譯也。

【自說經】（術語）十二部經之一。

【自爾】（雜語）自然也。止觀五之三曰、「自爾自然之異名。」

【自語相違】（術語）因明宗法九過之一。如立宗言我母是石女是也。凡女之不產生如石者謂之石女。然於有法言我母、則既有子矣。然於能別言爲石女、則是無子也。依之而自語之言、吾母有法之體與能別之義相違、故云自語相違。見因明三十三過法。

【自調】（術語）聲緣二乘之行法、爲自調自淨自度。持戒是自調、修禪是自淨、智慧是自度也。智度論六十一曰、「乘福德皆爲自調自淨自度。持戒是自調。修禪是自淨。智慧是自度。復次自調者正語正業正命。自淨者正念正定。自度者正見正思惟正方便。」參照三自條。

【自調度】（術語）同前項。

【自調自度】（術語）同前項。

【自調自淨自度】（術語）見前項。

【自餓法】（術語）自餓外道之行法也。

【自餓外道】（流派）六苦行外道之一。

【自歸】（術語）自歸三寶謂之自歸、其授三歸戒於弟子之人稱爲自歸師。象器箋八曰、「觀音懺法式有導師香華自歸三職。」

【自類因果】（術語）同類因等流果也。

【自證】（術語）第一義之眞理非從他得而自證悟者謂之自證。演密鈔二曰、「言自證者但是佛自證不從他得也。」

【自證身】（術語）謂理智不二之大日法身五種法身中之法界身、四種法中之自性身是也。此爲法界體性智所成在胎藏界爲八葉中胎之大日、在金剛界爲一印會之大日是也。就密家之古義言之、此自證身爲自受法樂、從自心流出內證之諸眷屬、常說兩部之大經。就其新義言之、大日之自證身具自利利他之二德、依其利他之德、於自證會而自住於加持三昧、現加持身、爲末世衆生說兩部之大經。見法身條附錄。大日經疏五曰、「內心妙白蓮者、此是衆生本心。妙法芬陀利華秘密幖幟。華臺八葉圓滿均等如正開敷之形。此蓮華臺是實相自然智慧。蓮華葉是大悲方便也。正以此藏爲大悲胎藏曼荼羅之體。其餘三重是從此自證功德流出諸善知識入法門耳。」

【自證會】（術語）與自證壇同。

【自證壇】（術語）金剛界之成身會曼荼羅是也。先於色究竟天五相成身證得圓滿之佛身、直降於須彌頂、先從大日如來之自心流出四方四佛之四親近、總爲十六大菩薩、次從四方之四佛流出大日親近之四波羅蜜菩薩、次從大日如來對於四方之四佛流出喜戲歌舞之四內供、次自四方之四佛爲奉答之流出香花燈塗之四菩薩、終爲攝引一切衆生從大日如來流出鉤索鎖鈴之四菩薩。是自證壇之相也。

【自證壽】（術語）謂一切諸佛無量壽之德也。

【自證灌頂】（術語）三種灌頂之一。見灌頂條。

【自覺】（術語）三覺之一。見三覺條。

【自覺悟心】（術語）自覺之心也。心地觀經發菩提心品曰、「自覺悟心能發菩提。此覺悟心無有二相。自覺悟心有四相。云何爲四。謂諸凡夫有二種心。一者眼識乃至意識同緣自境名自悟心。二者離五根心心所法和合緣境名自悟心。如是二心能發菩提。諸佛菩薩有二種心。一者觀眞實理智。二者觀一切境智。」是凡夫之自悟心約於識、賢聖之自悟心約於智。而識中如次第爲五同緣意識與獨頭意識之二智中如次第爲如理智如量智之二也。

【自覺聖智】（術語）大日如來之法界體性智、爲無師自悟、故稱之曰自覺聖智。菩提心義十曰「如來第五種智亦名法界性智。菩提心論名法界智。牟利經名法界體性智、又名金剛智。瑜祇經云唯一金剛斷諸煩惱。金剛自性淸淨所成是金剛如來智。故名金剛智。分別聖位經名自覺聖智。如法華經自然成佛道。華嚴亦云不由他悟。今眞言宗大日如來自然覺了諸法本初、非流轉者始修證之。」

【自觀心經】（經名）上下二卷、上卷簡括止觀之得不得者有四句、下卷說觀伺、瞋恚、乃至惡慧等多少有無、有惡須斷有善須求涅槃攝於中阿含經二十七。

【自歡喜經】（經名）舍利弗向佛之師子吼、稱說如來之難及。見長阿含經。

【自體分】（術語）自證分也。

【自體愛】（術語）三種愛之一。見愛條附錄。

【自攝】（術語）以戒法自攝身三業、使不放逸、謂之自攝。南山戒疏一下曰、「由斯戒法能持七支、有過皆塞。名自攝也。」

【向上】（術語）自末進於本、謂之向上、自本下於末、謂之向下。釋摩訶衍論二曰、「於生滅門有二種位。云何爲二。一者向上門。二者向下門。如是二門生滅決擇。」碧巖普照序曰、「衲僧向上巴鼻。」種電鈔曰、「向上者千聖不傳底事。」

【向上一路】（術語）宗門之極處謂之向上一路。碧巖種電鈔第二本中垂示引盤山之語曰、「向上一路千聖不傳。學者勞形如猿捉影。」

【向上一句】（術語）極悟之至極一句也。

【向上宗乘】（術語）極悟之至極宗旨也。碧巖種電鈔十垂示曰、「提起向上宗乘、扶豎正法眼藏。」

【向火】（雜語）禪家取暖於爐邊、謂之向火。百丈淸規六曰、「寒月向火、先坐爐圈上、然後轉身正坐、揖上下肩。不得弄香匙火筯。不得撥火飛灰。不得聚頭說話。不得煨點心等物。不得炙鞋焙履烘衣裳。不得攬起直裰露袴口。不得吐唾並彈垢膩於火內。」

【向去】（術語）洞宗之綴唱謂向於正位爲向去、自正位來於偏位爲却來。見象器箋六。

【向內等】（術語）對於向外等而言。等字有二義、言眼等而於外等取耳鼻舌身謂之向外等、言眼耳鼻舌身等、向內而示等類、他無所取、謂之向內等。又曰等內、等外。

【向外等】（術語）見向內等條。

【血】（雜名）梵語曰嚕地羅 Budhira 見梵語雜名。

【以血洗血】（譬喩）謂迷妄誘心自迷執入迷執無些利益也雜阿含經十曰、「譬如士夫從闇而入闇從冥入冥從糞厠出墮糞厠以血洗血捨離諸惡還復取惡凡愚比丘亦復如是。」

【血汚池】（傳說）相傳在酆都殿後之左無論男婦好宰殺血濺厨竈神佛廟堂經典書章字紙、一切祭祀器皿之上者及虐待婢僕打扑出血者皆入此池或云無論男女凡不顧神前佛後不忌日辰如五月十四十五日夜八月初三十月初十此四日犯禁交媾者除降惡疾暴亡外死後浸入此池。

【血途】（術語）三途之一畜生道之異名輔行一之三曰「從相食邊故云血途。」

【血途道】（界名）畜生之道也止觀一上曰「若其心念念欲多眷屬如海呑流。如火焚薪起中品十惡如調達誘衆者此發畜生心行血途道。」見三途條。

【血脉】（術語）諸宗各有列祖傳來之奥旨世世傳受如人體之血脉相連故云。密家最重之起信註疏一曰「血脉相承一向躡前起後。」

【血脉相承】（術語）見前。

【血書】（雜語）以血書經文也梵網經下曰「若佛子常應一心受持讀誦大乘經律剝皮爲紙刺血爲墨以髓爲水析骨爲筆書寫佛戒（中略）常以七寶無價香花一切雜寶爲箱囊盛經律卷」智度論十六曰、「如愛法梵志十二歲過閻浮提求知聖法。（中略）婆羅門言若實愛法當以汝皮爲紙。以身骨爲筆以血書之當以與汝即如其言破骨剝皮以血書偈。」

【血海】（譬喩）譬地獄等之惡趣也。毘奈耶雜事三十七曰、「令我今者枯竭血海超越骨山閉惡趣門開涅槃路。」

【血盆經】（經名）又曰女人血盆經、具名目連正敎血盆經唐建陽書林范氏板本之大乘法寶諸品經咒卷末及諸經日誦均載此經惟大藏經錄不載蓋是僞造然今流通頗廣也。

【旨歸】（術語）敎意所趣謂之旨歸。法華玄義八上曰、「體者一部之旨歸衆義之都會也」同止觀二曰「旨歸者文旨所歸趣也如水流趣海火炎向空」輔行曰、「旨者意也歸者趣也敎意所趣名爲指歸」

【瓜皮】（故事）唯識論曰、「毘尼中。有一比丘夜踏瓜皮謂殺蝦蟇死入惡道。」法藏之梵網經疏二引之。

【危城】（譬喩）譬身爲危城也歸敬儀中曰、「大聖垂訓法喩所歸止在誠約身心無溺逸欲或比行厠畫瓶或擬危城杯器。」涅槃經一曰、「是身如城血肉筋骨皮裹其上手足以爲却敵樓櫓目爲窺孔頭爲殿堂。心王處中。如是身城。諸佛世尊所棄捨。凡夫愚人常所味着。貪婬瞋恚愚痴羅刹止住其中。」

【色】（術語）變壞之義。變礙之義。質礙之義。變壞者轉變破壞也。變礙者變壞質礙也。質礙者有形質而互爲障礙也。是從五根五境等之極微而成。又色者示現之義。諸色法中獨取五境中之色塵而名爲色者。以彼有質礙與示現兩義。色之義勝故也。俱舍論一曰「由變壞故。（中略）變礙故名爲色。」同八曰「或示現義」。大乘義章二曰。「質礙名色」。

【二種色】（名數）一內色。眼耳鼻舌身之五根也。是屬於內身。故名內色。二外色。色聲香味觸之五境也。是屬於外境。故名外色。見宗鏡錄七十五。又一顯色。青黃赤白之四種也。二形色。長短方圓高下正不正之八種也。（大乘於此外加表色）見俱舍論下。

【三種色】（名數）一可見有對色。對者對礙之義。色法之自性。具對礙之自性而眼可見者。青黃等之色塵是也。二不可見有對色。具對礙之自性而不可眼見者。聲等之四塵。眼等之五根是也。三不可見無對色。其自性無對礙。亦不可眼見者。無表色是也。無對礙之自性攝之於色者。以其爲有對礙之四大所生之法故也。見阿毘曇論一。又一顯色。青黃赤白等色相顯然分明者。二形色。長短方圓等之形相可見者。三表色。取捨屈伸等之表相可見者。此三色爲就可見有對色之一而分別者。（俱舍以此表色爲主）見五蘊論。

【十一色】（名數）五根五境無表色也。（俱舍論）十一色悉爲實法。又五根五境法所攝色也。（唯識論）法處所攝色中之第五自在所攝色。有假有實。其他四者悉爲假也。

【十四色】（名數）是成實所立。五根五境及地水火風之四大也。與俱舍之異點。俱舍以四大爲能造之實色。攝之於觸境。與他所造之根境皆爲實色。成實之色香味觸之四爲能造之實色。依此四塵而成地水火風之四大。聲塵之一。（四大相觸爲聲）與眼等之五根。從此四大而成。故四大五根及聲塵之十法皆爲假色。假實合爲十四也。

【色入】（術語）十二入之一。新譯作色處。

【色心】（術語）有形質礙之法。無知覺之用者。謂之色。反之而無形質可見。有知覺之用者。謂之心。在於諸法。謂之色心。在於有情。謂之心身。身即色也。仁王經上曰。「色心是衆生根本」。

【色心二光】（術語）佛之光明有色光心光二種。色光者照一切衆生。心光者照仰信者。然此二者非有差別。實爲一體也。

【色心不二門】（術語）十不二門之一。證色與心不二之法門也。

【色不異空】（術語）見色卽是空條。

【色有】（術語）三有之一。總稱色界四禪天之果報也。果報之實在。名爲有。

【色光】（雜語）諸佛之光明有色光智慧光之二種。見光明條附錄。

【色自在地】（術語）十地中第八位地之名。色性自在而無有礙。故名。

【色身】（術語）三種身之一。自四大五塵等色法而成之身。謂之色身。楞嚴經十曰「由汝念慮使汝色身」。

【二種色身】（名數）一實色身。諸佛如來因中修無量之德。至於果感無量之相好莊嚴。是爲實色身。二化色身。諸佛如來由大悲願力。爲衆生變化種種之身形。是名化色身。見佛地經論七。

【色究竟天】（界名）梵名阿迦尼吒天。Akaniṣṭha 色界十八天之一。爲色界天之最頂。故名色究竟。見三界條。

【色法】（術語）對於心法之稱。見心條。

【色泡】（譬喩）色之不實。猶如泡沫。止觀一曰「色泡。受沫。想焰。行城。識幻」。

【色味】（雜語）色者女色。味者愛味也。無量壽經上曰。「處宮中色味之間」。

【色具】（術語）色心本爲不二。故如心具三千之諸法。色亦具三千之諸法。所謂一色一香無非中道也。此謂之色具。台家至極之法門也。

【色空外道】（流派）十種外道之一。計無色界之色空爲涅槃也。行事鈔下四之二曰「色空外道。用色破欲有。以空破色有。謂空至極」。

【色界】（界名）三界之一。謂身體與宮殿國土物質的物。總爲殊妙精好。故云色界。色界四禪有十八天。參照四禪天及三界條。又十八界之一。青黃赤白等眼根所對之色境。自持體與他法差別。故名色界。

【色界繫】（術語）謂法之繫屬於色界者。如梵天之法。爲色界之所屬。智度論十一曰「憶有三種。或欲界繫。或色界繫。或不繫」。

【色界十八天】（名數）見三界條。

【色相】（雜語）謂色身之相貌現於外而可見者。華嚴經一曰。「無邊色相圓滿光明」。

【色相土】（界名）如來微塵相海身所依之土也。

【色香中道】（術語）止觀曰。「一色一香無非中道」。一切諸法悉爲中道實相之謂也。

【色卽是空】（術語）色者總謂有形之萬物。此等萬物。爲因緣所生者。非本來實有故是空也。是謂之色卽是空。即是指事物當體而言。是就五蘊說有空即之理也。般若心經曰「色不異空。空不異色。色即是空。空卽是色。受想行識亦復如是。」梵 Rūpaśūnyatā

【色害】（雜語）色欲之害也。止觀四曰、「如禪門中所說。色害最深。令人狂醉。生死根本良由此也。」

【色欲】（雜語）五欲之一。愛着於青黃赤白等顯色或男女形色等之欲情也。又男女之婬欲謂之色欲。

【色處】（術語）十二處之一。青黃赤白等法。生眼識之所依者。

【色貪】（術語）五上分結之一。見結條附錄。

【色頂】（雜語）色界之頂上。卽色究竟天也。摩醯首羅天宮在此。

【色無邊處定】（術語）四空處定之一。略云識處定。無色界第二天。識無邊處之禪定也。見四空處條。

【色無色天計涅槃外道】（流派）十種外道之一。計屬於色界第四禪之無想定爲涅槃。又計爲無色界之最頂非想非非想處爲涅槃之外道也。行事鈔下四之二曰、「以二界有無想定非想非非想定。心沈沒處。謂之窮理。」

【色衆】（術語）五衆之一。新譯之五蘊。舊譯之五陰。皆云五衆。色衆者卽色蘊也。智度論三十六曰、「色衆者是可見法。」

【色愛住地惑】（術語）五住地惑之一。色界一切之思惑也。攀愛之一種以兼攝他種。

【色微】（雜語）青黃等色塵之極微也。又總謂色法之極微。

【色焰】（譬喩）色之無實。如陽焰。故名爲焰。性靈集八曰、「色焰馳六趣野。」

【色經】（雜名）紙葉之經典也。是屬於色塵。故云色經。法華文句記一上曰、「滅後色經。」

【色境】（術語）五境之一。青黃赤白等之法。爲眼根所對之境界者。

【色蓋】（雜名）五蓋之一。色聲等之色塵。覆蓋眞性。故名色蓋。

【色塵】（雜語）六塵之一。青黃赤白等顯色及男女形色等之染汚情識者。謂之色塵。圓覺經曰、「耳根清淨故色塵淸淨。」

【色諦】（術語）假諦之異名。台家空假中之三諦。仁王經疏三以爲空色心之三法。

【色縛】（雜語）貪等之三毒縛色法。使色業不得自在。故名色縛。仁王經中曰、「滅色縛諸煩惱。」

【色聲】（術語）五塵中之色塵聲塵也。

【色蘊】（術語）五蘊之一。在俱舍爲五根五境無表色之十一、在成實爲五根五境四大之十四在唯識爲五根五境法處所攝色之十一、此等色法有種種差別集於一而稱爲色蘊。

【名】（術語）梵語娜麼。Nāman（N.sg.n.Nāma）能隨音聲赴物體、因而詮體使人起想者。以聞其名則其物體之相必浮於心故也。唯識論二曰、「名詮自性、句詮差別」。法華玄義一曰、「名名於法。法卽是體。尋名識體」。瑜祇經曰、「那麼是名字也」。俱舍論五曰、「名謂作想」。同光記五曰、「梵云那麼。唐言名。是隨義歸義赴義召義。謂隨音聲歸赴於境呼召色等。名能詮義。（中畧）緣於名能起於想。能作想故名作想。」大乘義章二曰「表詮諸法說之爲名」。

【名句】（術語）顯體爲名。詮義爲句。如諸行二字名也、而諸行無常四字則句也。以是詮諸行爲無常之義理故也。唯識論曰、「名詮自性。句詮差別」。

【名句文】（術語）詮體爲名、顯義爲句、此二者所依之音聲屈曲及字形爲文。

【名目】（術語）法門之名稱數目也。、又集其名目之書名爲名目。

【名字】（術語）梵語那摩。Nāma 譯曰名。阿乞史囉 Akṣara 譯曰字。名者實名、字者假名、總爲事物之名稱也。法界次第上曰、「心如幻炎。但有名字」。

【名字比丘】（術語）但有比丘之名而無比丘之實者、謂無戒之僧也。大集經九曰、「若無淨持戒。漏戒比丘以爲無上。若無漏戒剃除鬚髮身著袈裟名字比丘爲無上寶」。釋氏要覽上曰、「善見律云。如有檀越來請比丘。沙彌雖未具戒。亦入比丘數。是爲名字比丘」。

【名字沙彌】（術語）二十歲已上爲沙彌者、以其爲可作大僧之年歲故也。行事鈔下四曰、「從二十至七十。名字沙彌」。同資持記下四之二曰、「名字者本是僧位。緣未及故」。

【名字羅漢】（術語）無羅漢之實而冒羅漢之名者。法華經安樂行品曰、「破戒比丘名字羅漢」。

【名字菩薩】（術語）謂大乘行位中小信之菩薩。瓔珞本業經下曰、「從不識始凡夫地値佛菩薩敎法中起一念信。便發菩提心。是人爾時住前名信相菩薩。亦名假名菩薩。亦名名字菩薩」。

【名字卽】（術語）六卽之一。聞佛法名字之位也。見六卽條。

【名色】（術語）五蘊之總名也。受想行識之四蘊爲名、色蘊之一爲色、受等之四蘊、皆心識之法、而無形體之可見、但以名而知之、故云名色。蘊之一爲極微所成有質礙之物體、故謂爲色。色者質礙之義、十二因緣中人在母胎、漸漸生長、五蘊完具、謂之名色支。大乘義章四曰「言名色者心從詮目故號爲名。身形質礙稱之爲色。良以心法冥漠難彰、非詮不辨。故從詮目說以爲名。」法界次第上曰、「心但有字故曰名也。有形質礙之法謂之爲色」法華玄義一曰、「心如幻炎。但有名字」俱舍論十、有四釋、其第三釋曰、「隨名顯故」同光記八曰、「隨名顯故者第三解無色四蘊相隱難知。隨名顯故標名稱。故婆沙云有說色法麤顯。卽說爲色。非色微隱中名顯故說之爲名」

【名言】（術語）名目與言句也。唐華嚴經三十二曰、「於一一法名言悉得無邊無盡法藏」

【名言種子】（術語）二種子之一。謂第八識色心生諸法之親因緣種子。是以名言爲緣所熏之種子也。見二種子條。

【名利】（術語）名譽與利益也。法華經序品曰、「貪著於名利。求名利無厭」新譯仁王經下曰、「惡比丘爲求名利不依我國」起信論曰、「非求世間名利恭敬」敎行信證末曰、「沈沒於愛欲廣海。迷惑於名利大山」

【名身】（術語）身者積聚之義、二名積集、謂之名身、三名已去、謂之多名身。

【名別義通】（術語）天台之目。借別敎之法門而明通敎之義也。如於菩薩位之十地、分配見思二惑之斷惑、或分配二乘之果、總之名爲別敎、而義爲通敎也。止觀六曰、「別名名通家共位者。舊云三地斷見。或言四地斷見。或言六地斷思盡。或言七地斷思盡。（中略）今言經借別義顯通耳」從華天一乘家之宗義言之、則法相三論之宗義、爲天台通敎之分際也。然其所明之行位、取別敎所屬之五十二、故自台家見之、則總爲名別義通也。

【名相】（術語）五法之一。一切之事物、有名有相、耳可聞、謂之名、眼可見、謂之相。皆是虛假而非契於法之實性者、凡夫常分別此虛假之名相、而起種種之妄惑也。楞伽經四曰、「愚痴凡夫隨名相流」因著於法門之名相、而忘無相之眞理。學者之通弊也。止觀十曰、「夫聽學人誦得名相。齊文作解。心眼不開。全無理觀」又曰、「著者亦爾。分別名相。廣知煩惱。多誦多品。耍名聚衆。媒衒求達。打自大鼓。竪我慢幢。誇耀於他。過生鬪諍」天台學則上曰、「古德歎曰。天台學至四明變爲名相學」

【名便】（雜語）名稱上之便宜也。法華玄義一曰、「定妙法前後者。若從義便。應先明法。却論其妙。下文云。我法妙難思。若從名便。應先妙難法。如欲美彼稱爲好人」

【名衲】（雜語）衲衣者。僧之所服。故

名僧謂爲名衲。續稽古史畧序曰、「有元名衲華亭念常。」

【名假】（術語）三假之一。於諸塵和合上假設種種之名。名者畢竟虛假而無實體也。

【名假虛實觀】（術語）三假觀門之一。觀名之虛實之法門也。

【名望】（雜名）名譽德望也。唐僧傳（玄奘傳）曰、「久持名望、亦雅足才力。」

【名欲】（術語）五欲之一。著於名聞之貪欲也。

【名疏】（書名）淨名經疏之略名。

【名義】（術語）名者體上之名稱、義者體上之義理。如言諸行無常、諸行爲名、無常爲義。又呼召之名目、謂之名、爲名所顯之法體、謂之義。依此義則名義者、與所謂名體或名法同。然就其名與義言之、有名卽於義者、有不卽者。名卽於義、如呼火而出熱、諸佛之名號及陀羅尼是也。此云異言名不卽於義、如火之名無熱之用、世間一切之名字是也。此云假名。智度論二十五曰、「問曰義之與名、爲合耶爲離耶。若合、名說火時應燒口。若離、說火時水應來。答曰、亦不合亦不離。古人假爲立名、以名諸法。後人因此名字識是事。如是各各有名字。」肇論曰、「名無得物之功、物無當名之實。」

【名義不離】（術語）世間一切之事法、雖皆名義乖離、而諸佛菩薩之名號及陀羅尼等、則皆名義不離。又謂之名體不二。如阿彌陀佛、以阿彌陀爲名、以光明爲義、爲體爲法。此名與義、相卽不二、故稱阿彌陀之名卽已攝取光明矣。往生論註下曰、「問曰、名爲法指、如指指月。若稱佛名號、便得滿願者、指月之指應能破闇。若指月之指不能破闇。稱佛名號亦何能滿願耶。答曰、諸法萬差、不可一概。有名卽法、有名異法。名卽法者、諸佛菩薩名號、般若波羅蜜、及陀羅尼章句、禁咒音辭等是也。如禁腫辭云、日出東方、乍赤乍黃等句。假令酉亥行禁、不關日出、而腫得差。（中略）有名異法者、如指指月等名也。」定善義傳通記三曰、「光之與名、卽是名義。名義具足、有不捨益。」

【名義集】（書名）翻譯名義集之略稱。

【名號】（術語）顯體爲名、名彰於外而號令於天下爲號。名與號、其體一也。此名號之目、雖通於諸佛諸菩薩、然以指彌陀之名號、卽南無阿彌陀佛爲常。大乘義章二十末曰、「顯體爲名、樹德爲稱、名稱外彰、號令天下、說之爲號。」法華嘉祥疏三曰、「通卽稱號、號令天下。顯化他之義、別卽稱名、名以定體、卽是自行。」

【名號不思議】（術語）彌陀之名號、爲惡人成佛之法、其功德之廣大無邊不可思議、故謂之名號不思議。

【名詮自性】（術語）名詮自性者、名字顯自性也、如言諸行無常、諸爲名字、是名法之衆多之名字、但只詮衆多之自性、故云名詮自性。又諸爲衆多之名字、故不分有爲無爲、通於一切。加行無常三字而成句時、詮差別之義。考其故行者遷流之義、有爲法之通名也。諸有爲法、皆爲無常、故云諸行無常。以差別於無爲法之常住、故云句詮差別。唯識論二曰、「名詮自性、句詮差別。」

【名聞】（術語）梵語曰耶舍、名譽聞於世間也。法華經勸持品曰、「爲求名聞故、分別說是經。」菩提心論曰、「凡夫執着名聞利養資生之具、務以安身。」行事鈔上三曰、「善戒經云、爲名聞利養、故畜徒衆、是邪見人、名魔弟子。」梵語雜名曰「名聞耶舍。」

【名僧】（雜語）名德之沙門也。

【名德】（雜名）有名聲德行者之比丘之尊稱。唐僧傳（玄奘傳）曰、「鉢伐多國有數名德。」

【名德比丘】（術語）釋氏要覽上曰、「阿含經呼舍利弗以下爲名德比丘。」

【名德首座】（職位）選首座中有名譽德行者爲名德首座、其事最重。見象器箋六。

【名德西堂】（雜名）名德非住職之稱、於西堂中擇有名譽德行者爲名德西堂、俗所謂名譽職也。見象器箋六。

【名臘】（術語）僧之有聲名有戒臘者。受戒以後之年歲謂之戒臘。

【名數】（術語）名目之數、同法數。如云三界九地等。

【名聲】（術語）彌陀如來誓我名聲超過十方也。無量壽經上曰、「我至成佛道、名聲超十方、究竟靡所聞、誓不成正覺。」法華經序品曰、「名聲普聞無量世界。」

【名稱塔】（堂塔）如來八塔之一。在給孤獨園。

【名籍】（雜語）書名之簿籍。地獄冥官書惡人之名以免忘而漏罰者也。

【名譽】（雜語）同於名聞。止觀七曰、「名譽羅罥利養毛繩。」

【名體】（術語）呼召體者爲名、爲名所詮之實物爲體。世間一切之事物、名不卽於體、體不卽於名、名體各別、是曰名體互爲客。若佛菩薩之名號及眞言陀羅尼等、名卽於體、體卽於名、是謂之名體不離。見名義條。

【多】（術語）Ta 悉曇五十字門之一。大日經曰、「一切法如如不可得故。」從 Tathatā 眞如釋之。文殊問經曰、「稱多字時是眞如無間斷聲。」

【多一識】（術語）又云一切一心識。十識之第九見識條附錄。

【多子塔】（堂塔）爲辟支佛之古蹟、

世尊嘗於此處顧視迦葉尊者、分半座使坐。六祖壇經序曰「世尊分座於多子塔前。拈華於靈山會上。」祖庭事苑八曰「多子塔、靑蓮目顧視迦葉處也。辟支論曰王舍城大長者財富無量生育男女各三十人適化遊觀。到一林間見人斫於大樹枝柯條葉繁美茂盛。使多象挽不能令出。次斫一小樹、無諸枝柯。一人獨挽、都無滯礙。見此事已卽說偈言。我見伐大樹枝葉極繁多。稠林相鉤挂無由可得出。世間亦如是。男女諸眷屬愛憎繫縛心。於生死稠林不可得解脫。小樹無枝柯。稠林不能礙。觀我覺悟我斷絕於親愛。於生死稠林自然得解脫。卽於彼處得辟支佛。以至現通入滅。時諸眷屬爲造塔廟。時人因名多子塔。」

【多心經】（經名）卽心經。般若波羅蜜多心經之簡稱。唐玄奘譯一卷。按心經稱爲多心經者世俗之謬稱也。

【多生】（術語）多數之生。死輪迴六道而經多數之生也。敎行信證序曰、「强誓弘緣多生叵値」

【多他】（雜語）Tathā 又作多哋、譯曰如滅。智度論四十八曰、「多他秦言如」可洪音義十五下曰、「多哋此云滅。諸或作多篋或作踏部」

【多他阿伽陀】（術語）Tathāgata 譯言如去。見智度論四十八。見多陀阿伽度條。

【多舌魚】（雜名）助毘留離王之惡使滅釋種之梵志、名苦母、又名好苦。此梵志前世爲多舌魚。常害同類云。見毘琉璃條。

【多伽留】（物名）香名。見多揭羅條。

【多足】（雜名）有情之有多足者、如蜈蚣等是也。心地觀經二曰、「無足二足及以多足衆生中尊」瑜伽論八十三曰、「無足有情者、如蛇等。二足有情者。人等。四足有情者、如牛等。多足有情、如百足等」

【多劫】（術語）多數之劫時也。劫者梵語。最長時之名。

【多陀竭】（術語）譯曰如來。見多陀阿伽度條。

【多陀阿伽陀耶】（術語）梵語多陀阿伽陀 Tathāgata 唐音之訛、略譯言如來。耶爲八轉聲之第四示所敬也

【多陀阿伽陀】（術語）又作多陀阿伽馱。譯曰如來。見次項。

【多陀阿伽度】（術語）Tathāgata 又作怛闥阿竭。多陀阿伽陀、多陀阿伽馱、怛他蘖多。怛他蘗多夜。多陀竭。怛薩阿竭。譯曰如來、又曰如去。其來去相通者。由「達於如實之人」（Tathāgata）「如實來格之人」（Tat-ha-āgata）兩讀法而來。智度論二曰、「多陀阿伽陀。如法相解。如法相說。如諸佛安穩道來。佛亦如是來。更不去至後有中。是故名

多陀阿伽陀。」玄應音義三曰、「怛薩阿竭。大品經作多他阿伽度。此云如來。」慧琳音義十六曰、「多陀竭。正音云怛他蘖多。唐云如來也。」仁王經儀軌曰、「阿佗蘖多。夜此云如來。」註維摩經九、「什曰。多陀怛伽度。秦言如來。亦云如去。如法知如法說故名如。諸佛以安穩道來。此佛亦如是來。彼佛安穩去。此佛亦如是去也。」大疏一曰、「梵本云怛他揭多。怛他是如義。揭多是來義。知解義說義。去義。如諸佛乘如實道來成正覺。今佛亦如是來。故名如來。一切諸佛如法實相知解。知已亦如諸法實相爲衆生說。今佛復如是。故名如實知者。亦名如實說者。一切諸佛得如是安樂性直至涅槃中。今佛亦如是去。故名如去。釋論具含四義。然古譯多云如來。有部戒本云如去。阿闍梨意存如去如說。今且順古題也。」

【多陀阿伽度阿羅訶三藐三佛陀】（術語）多陀阿伽度者如來。阿羅訶者應供。三藐三佛陀者正徧知。如來十號中之三。號。見十號條。

【多阿摩羅跋陀羅】（雜名）Tamrapattra 譯曰藿葉香。赤銅葉。名義集三曰、「多此云性。阿摩羅此云無垢。跋陀羅此云賢。或云藿葉香。或云赤銅葉。」

【多界經】（術語）說十八界六十二界之法。載於中阿含四十七。

【多財鬼】（異類）三種餓鬼之一。餓鬼之多得食物者。見餓鬼條附錄。

【多貪】（術語）貪欲心之多者。天台四教儀集註中曰、「多貪衆生不淨觀。」

【多茶籤】（雜語）譯曰遠離。四諦中之滅諦也。見可洪音義十五下。

【多散】（術語）多散亂之妄念也。天台四教儀集註中曰、「多散衆生數息觀。」

【多揭羅】（物名）Tagaraka 又作多伽羅。多伽婁香名。最勝王經七曰、「零凌香多揭羅。」玄應音義一曰、「多伽羅香。云根香。」同二十曰、「多伽婁香。又作多伽樓。譯曰木香。相也。一作不沒香。」慧琳音義三曰、「多揭羅香名也。正云蘖羅。即零凌香也。」

【多聞】（術語）多聞法文而受持也。維摩經菩薩品曰、「多聞是道場。如聞是行故。」圓覺經曰、「末世衆生希望成道。無令求悟。唯益多聞增長我見。」

【多聞天】（天名）四王天中北方天之名。見毘沙門天條。

【多聞慶】（術語）多聞妙法而心生歡喜也。大疏八曰、「由多聞此法行與法契。是大慶。故曰多聞慶。」

【多聞藏】（術語）多聞之庫藏。涅槃經四十曰、「是故我稱阿難爲多聞藏。」

【多聞室】（雜語）多聞天之宮殿。

【多聞部】（流派）小乘二十部之一。

佛滅後二百年頃自大衆部中分出之派。從部主之德而名宗輪論述記曰、「廣學三藏。深悟佛言從德爲名名多聞部當時律主具多聞德也。」

【多聞第一】（術語）阿難於十大弟子中多聞第一也。增一阿含經三曰「知時明物所至無礙所憶不忘多聞曠遠堪任奉上所謂阿難比丘是。」楞嚴經一曰「阿難見佛頂禮悲泣恨無始來一向多聞未得道力。」

【多聞堅固】（術語）五堅固之一。佛滅後第三之五百年爲多聞堅固之時期。

【多聞分別部】（流派）說假部也。

【多障】（術語）多惡業之障者。天台四敎儀集註中曰「多障衆生念佛觀。」

【多摩羅跋】（植物）Tamala-pattra 香草名玄應音義一曰、「多摩羅跋香此云藿葉香。」慧琳音義三曰、「多摩羅跋香名也唐云藿香古云根香訛也。」嘉祥法華義疏八曰、「多摩羅跋者藿葉香名此云芬香也。」

【多摩羅跋栴檀香佛】（佛名）多摩羅跋譯曰性無垢賢性無垢賢、栴檀香佛也。性無垢賢者栴檀之形容詞也。法華玄贊七曰、「多是性義阿摩羅是無垢義聲勢合故。遂略去阿字跋陀羅是賢義略但云跋」梵 Tamala-bhadra

【多論】（書名）又云薩婆多論薩婆多毘尼毘婆沙之異名。

【多增道章經】（經名）長阿含十報法經之異名。

【多瞋】（術語）多瞋恚之心者。天台四敎儀、中曰「多瞋衆生慈悲觀。」

【多隸三喝】（術語）多隸者多隸路迦吠闍耶。Trailokyavijaya 即降三世明王之略此尊三喝吽字而降伏衆生三毒之煩惱故重之。

【多羅】（雜語）Tara 又作怛囉。譯曰眼眼瞳蘇婆呼經下曰、「多羅此云妙目精。」大日經疏五曰「多羅是眼義」不空羂索心咒王經中曰「多羅周云瞳子。」梵語雜名曰「眼睫砂吃芻鉢怛囉」演密鈔七曰、「怛囉此譯云眼」又植物 Tala 樹名譯曰岸樹高竦樹玄應音義二曰、「多羅按西域記云其樹形如櫻櫚極高者七八十尺。果熟則赤如大石榴人多食之東印度界其樹最多。」慧苑音義上曰、「其形似櫻櫚樹也。體堅如鐵葉長稠密縱多時大雨其葉蔭處乾若屋下又或翻爲高竦樹也。」此樹幹中斷則不再生芽依之而經中譬比丘犯波羅夷之重罪楞嚴經六曰「是一顚迦銷滅佛種如人以刀斷多羅木佛記是人永殞善根。無復知見。」倶舍論曰、「大師此中立如是喩如多羅樹若被斷頭必不復能生長廣大。

惑等犯重亦然。」

【多羅果】（植物）其果如石榴、可食。玄應音義二十四曰、「華白而大若捧兩手。果熟即赤狀如石榴。生經百年方有華果。舊言貝多訛也。」

【多羅葉】（植物）其葉形恰如椶櫚、乾燥之可以刻文字、內外經典皆用之。其法以錐彫之後入墨汁者南方之書法。北方則以竹筆蘸墨汁而書。西域記十一曰、「其葉長廣其色光澤。諸國書寫莫不採用。」（此貝多羅葉。Pattra 之略也。梵 Tāla-pattra）

【多羅掌】（物名）切葉末以其本爲扇者。瑜伽倫記七上曰、「多羅掌者。西方有一樹葉狀似棕櫚。截去葉頭但留其掌亦得扇涼。」

【多羅佛缽】（器物）四天王供養釋迦牟尼佛之缽也。長水金剛纂要刊定記曰、「梵語缽多羅。此云應量器。是過去維衛佛缽。龍王將在宮中供養。釋迦成道、龍王送至海水上。四天王欲取化爲四缽、各得一缽、以奉如來。如來受已重疊四缽在左手以右手按之合成一缽。」

【多羅菩薩】（菩薩）Tārā 是觀音院之一尊、即多羅觀音。蓮華部之部母也。觀音有定慧之二德。毘俱胝主其慧德。多羅主定德。女性從觀音如來眼生。故云眼觀音。又以人之愛者在於眼。故表愛而謂之眼。大日經一曰、「彼右大稱名聖者多羅尊。青白色相雜。中年女人狀合掌持青蓮。圓光無不徧。暉發猶淨金。微笑鮮白衣。」大日經疏十曰、「如大本中有五百多羅尊。皆從觀音眼生。皆是阿彌陀姊妹三昧也。」大日經疏五曰、「此是觀自在三昧。故作女人像。多羅是眼義。青蓮華是淨無垢義。以如是慈眼攝受群生。既不先時亦不後時。故作中年女人像。不大老不大少也。（中略）其像合掌。掌中持此青蓮。如微笑形。通身圓光如淨金色。被服白衣。首有髮髻作天髻形。不同大日髻冠也。」大方廣曼殊室利經曰、「多羅大悲者。一切之慈母。天人及藥叉無一非子者。故號世間母。」

【多羅菩薩曼荼羅】（術語）大方廣曼殊室利經謂多羅菩薩曼荼羅、四方三院。先於中胎畫釋迦牟尼佛、坐寶師子座作說法相。右邊應畫觀自在菩薩、坐蓮華上合掌瞻仰持白蓮華。身白紅色。嚴飾瓔珞、首戴寶冠、左絡白神索。左邊畫金剛藏菩薩。左手持金剛杵。身淺綠色。（中畧）於釋迦如來師子座下畫蓮華池。於其池中有妙寶蓮華、作赤光色。如紅玻璃。放大光明。其蓮華中坐多羅菩薩、左手持青蓮華、右手仰安臍上。如坐禪勢。眼亦如是。嚴飾瓔珞、披紗縠朝霞衣、怡然而住（云云）」

【經軌】（術語）佛說大方廣曼殊室

利經、一卷金剛頂經多羅菩薩念誦法、一卷。聖多羅菩薩經、一卷聖多羅菩薩一百八名陀羅尼經、一卷。聖多羅菩薩梵讚、一卷。

【多羅夜登陵舍】（界名）譯曰三十三天名。

【多羅樹】（植物）見多羅條。

【多寶塔】（堂塔）釋迦佛於靈鷲山說法華經既終迹門三周之正宗分、至其流通分、忽然地下有安置多寶如來全身舍利（佛體之化石）之一寶塔出現於空中、塔中發聲讚嘆釋迦證明法華法華經見寶塔品曰「爾時佛前有七寶塔。高五百由旬。縱廣二百五十由旬。從地涌出（中略）爾時寶塔中出大音聲歎言善哉善哉釋迦牟尼世尊。能以平等大慧教菩薩法佛所護念妙法蓮華經爲大衆說如是如是釋迦牟尼世尊如所說者皆是眞實（中略）爾時佛告大樂說菩薩。此寶塔中有如來全身乃往過去東方無量千萬億阿僧祇世界國名寶淨彼中有佛號曰多寶其佛行菩薩道時作大誓願若我成佛滅度之後於十方國土有說法華經處。我之塔廟爲聽是經故涌現其前爲作證明讚言善哉。」

【多寶如來】（菩薩）東方寶淨世界之佛、入滅後以本願爲全身舍利。諸佛說法華經、必於其前出現見多寶塔條。智度論七曰、「有諸佛無人請者便入涅槃而不說法。如法華經中多寶世尊無人請故便入涅槃。後化佛身及七寶塔證說法華經故一時出現。」

【多寶塔碑】（雜名）唐西京千福寺僧楚金之舍利塔。天寶間敕建碑文爲顏眞卿書爲其中年筆法之最整齊而圓健者。世稱董香光書實得力於此碑。蓋顏書師褚登善。董由顏以學褚此碑最有蹊徑可窺也。淸嘉道間館閣書體、習此者甚多、當時有處處顏多寶之誚、則但取其結構之嚴整而已。賞鑒家以鑿井之鑿字未泐損者爲最初拓本。

【多齡】（明王）Trailokyavijaya 多齡路迦吠闍也之略降三世明王之梵名。秘藏寶鑰上曰、「多齡三竭無明之波涸。」

【多齡路迦】（明王）降三世明王之梵語略稱。

【多齡路迦也】（明王）降三世明王之梵語略稱。

【多齡路迦也吠闍也】（明王）又作帝隸路迦也吠闍也帝隸者三、路迦也者世、吠闍也者降、降三世明王也。大日經疏十曰、「帝（入聲）隸（二合）路迦（二合此是三世也）吠闍也（此是降勝之義也）」

【多體】（術語）多數之實體也。楞嚴經一曰、「汝覺了能知之心若必有體、爲復一體、爲有多體。」

【各據一義】（術語）各據一門而立

義也。俱舍光記一之餘曰、「各據一義。並不相違。」

【牟子】（人名）漢桓帝時蒼梧太守牟融著書號牟子、推美釋氏。見釋門正統四。

【牟王】（佛名）釋迦牟尼也。

【牟尼】（術語）Muni譯曰寂。又作寂默、寂靜。有二解、一就事、一就理。就事而解、則悉多太子始入劫毘羅城時、使諸釋子寂靜無言、故父王附以牟尼之稱。又出家後常修禪行而寂默無言、故從時人受牟尼仙之號。牟尼本為靜止身口意三業之學道者之尊號、通於內外之稱號也。毘奈耶雜事二十曰、「是時菩薩乘四寶輿、無量百千人天翊從入劫比羅城。諸釋迦子。體懷憍慢。立性多言。菩薩入城、皆悉默然。牟尼無語。王見之已、報諸臣曰、諸釋迦子體懷傲慢、立說多言。太子入城、皆悉默然。牟尼無語。應與太子名名曰、釋迦牟尼。此是菩薩第二立名。」佛本行集經二十曰、「菩薩行路。諦視徐行。有人借問。默然不答。彼等人民各相語言。此仙人者必釋種子。因此得名釋迦牟尼。」玄應音義十八曰、「牟尼經中或作文尼。舊譯言仁。應云茂泥。此云仙。仙通內外。謂久在山林修心學道者也。」仁王經合疏上曰、「牟尼者名也。此云寂默。三業俱寂默也。」理趣釋下曰、「牟尼者寂靜義。身口意寂靜。故稱牟尼。」就理而解、則佛與三乘之聖人所證之法名寂默。依之而稱佛為牟尼。蓋佛及阿羅漢之通稱也。唯識論十曰、「大覺世尊成就無上寂默法。故名大牟尼。」俱舍論十六曰、「無學身語業名身語牟尼。意牟尼即無學意。（中略）何故牟尼唯在無學。以阿羅漢是實牟尼。諸煩惱言永寂靜故。」大日經疏一曰、「牟尼者是寂默義。言佛身語心皆究竟寂滅過言語地。以對二乘小寂不可為喻。故云大牟尼也。」同十二曰、「牟尼者寂默義也。常寂之士。微妙寂絕。幽深玄遠。不可以言說之。如是法界寂然大滅度法。唯佛一人究竟清淨。故名牟尼也。」同十三曰、「牟尼是佛都號也。」宗輪論述記曰、「牟尼者此翻為寂。寂煩惱故。寂生死故。處大涅槃得寂滅故。寂諸戲論證眞理故。」唯識述記十末曰、「梵言牟尼。此言寂默。寂默法者離言法也。或離過故名為寂默。通三乘解成一切法性相離言不二法門名為寂默」

【牟尼王】（術語）佛之尊號。大集經三十四曰、「六根皆寂滅。大慈牟尼王。悲心為說法。開巳除痴愛。」見牟尼條。

【牟尼仙】（術語）修寂靜行之仙人通稱也。玄應音義二十一曰、「牟尼仙舊言文尼。又作茂泥。皆訛也。此言寂靜。亦翻名仁。又言智者。此亦仙義。久在山林修心之屬。皆名仙人義。通內外。不唯外道。」

【牟尼業】（術語）一切聖者寂靜之

勝業也。瑜伽畧纂四曰、「一切聖者所有有漏無漏勝業名牟尼業。牟尼者寂默義。此名寂靜。證寂靜理故。」

【牟尼室利】（人名）Muniśrī 沙門名。譯曰寂默。北印度人。見宋高僧傳三。

【牟陀羅】（雜名）鼓名。慧苑音義上曰、「牟陀羅者三面鼓也。」華嚴疏鈔二十二曰「牟陀羅此云鋒鼓」梵 Mardala, Mṛdaṅga

【牟呼洛】（異類）舊稱摩睺羅伽。八部衆之一。大蟒神也。見摩呼洛伽條。

【牟呼栗多】（雜語）Muhūrta 時名。又心之異名。俱舍論十二曰、「三十臘縛爲一牟呼栗多。三十牟呼栗多爲一晝夜。」同光記十二曰、「牟呼栗多此云須臾。」名義集六曰、「乾栗陀耶或名牟呼栗多。此云堅實心。」

【牟娑】（雜名）Musāragalva 譯曰馬腦。見次項。

【牟娑羅】（物名）Musāragalva 又作牟娑洛。具名牟娑洛揭婆。譯曰馬腦。又曰車渠。玄應音義二十一曰、「牟娑洛揭婆。或言目娑囉伽羅婆。此云碼碯。經論中或云車渠也。」同二十二曰、「牟娑羅。或作謨薩羅。或作摩沙羅。亦作目娑羅。梵言訛轉也。此云馬腦。案此寶或色如馬腦。因此以爲名也。」同二十三曰、「牟娑羅寶亦名摩娑羅。是紺色寶也。」法華玄贊二曰、「車渠。梵云牟娑羅揭婆。青白間色。」慧苑音義下曰、「牟薩羅。或云牟娑羅。此云紫色寶。」

【牟薩羅】（物名）Musāragalva 寶玉名。見前項。

【此岸】（術語）對於涅槃爲彼岸而謂生死爲此岸也。維摩經菩薩行品曰、「不此岸。不彼岸。不中流而化衆生。」註「生曰此岸者生死也。彼岸者涅槃也。中流者結使也。」

【此土耳根利】（術語）法華玄義六曰、「他土餘根皆利。隨所用塵起之。令他得益。此土耳根利。故偏用聲塵。」他佛土之衆生或有眼根之利者。佛對之而起色塵使得益。或有鼻根之利者。佛對之而起香塵使入於益。即六塵說法是也。今此娑婆界耳根最利。故佛偏起聲塵而說法也。此謂之作音聲佛事。

【次第緣】（術語）四緣之一。新云等無間緣。舊云次第緣。見四緣條。

【次第三觀】（術語）台宗空假中三觀有次第與圓融之二種。見三觀條。

【次第乞食】（術語）十二頭陀之一。

【次第禪門】（書名）釋禪波羅蜜次第法門之異名。

【收生】（雜語）收生飯也。

【收骨】（雜語）荼毘之後。收拾化骨

也。敕修清規亡僧入塔曰、「荼毘後執事人。鄉曲法眷同收骨以綿裹袱包函貯封定迎歸延壽堂。」

【收鈔】（雜語）收納錢財也。見象器箋二十。

【收管】（職位）禪林之職名。收納之管領也。見象器箋十二。

【決了】（術語）使義理決定明了也。法華經法師品曰、「決了聲聞法」。資持記序曰、「決了權乘同歸實道。」

【決了如幻三昧經】（經名）濡首菩薩無上清淨分衛經之異名。

【決定】（術語）謂事定而無動也。無量壽經上曰、「決定必成無上正覺」。勝鬘經寶窟上末曰、「決定謂信也。」

【決定信】（術語）決定之信心。不雜疑念之信心。金剛經曰、「生決定信」。往生論註下曰、「念不相續故。不得決定信。」

【決定思】（術語）三思之一。作事而決定思想也。

【決定住】（術語）六種住之一。菩薩自八地已上得眞實之行不還不退之位。見三藏法數二十六。

【決定聲聞】（術語）五種聲聞之一。久習小乘必證羅漢果之聲聞也。見三藏法數二十二。

【決定性】（術語）見三性條。

【決定業】（術語）對於不定業而言。略稱爲定業。見定業條。

【決定藏論】（書名）三卷。陳眞諦譯。瑜伽論決擇分中五識身相應地與意地之異譯也。

【決定義經】（經名）佛說決定義經、一卷。宋法賢譯。說五蘊、五取蘊、十八界、十二處、乃至三十七品等之諸法。

【決定往生集】（書名）二卷。日本三論宗珍海撰。引稱讚淨土經觀無量壽經及起信論等說必定卽生等之文。謂已云決定、故不可猶豫。已云卽生、故非別時意。蓋衆生有出離之分。諸佛有引召之功。故凡愚願者卽得往生云。文中引淨影之無量壽經疏而祖述其說。

【決定總持經】（經名）佛說決定總持經、一卷。西晉竺法護譯。與佛說謗佛經同本。說滅謗佛罪之陀羅尼。

【決疑無所畏】（術語）菩薩四無所畏之一。菩薩說法、雖受聽者之難問、然得自由自在解決。故心中無所畏怖也。

【決疑業障經】（經名）妙法決疑業障經之異名。

【決擇】（術語）決斷其疑。分別其理。智之作用也。俱舍論二十三曰、「決謂決斷、擇謂簡擇。決斷簡擇謂諸聖道。以諸聖道能斷疑故。及分別四諦相故。」

【決擇分】（術語）發於見道之無漏眞智也、無漏之眞智、通於見修無學三道、見道爲其一分。故云決擇分。俱舍論二十三曰、「分謂分段唯見道一分。決擇之分。故得決擇名」。頌疏二十三曰、「見道名決擇分。是決擇中一分故也」

【伎藝天女】（天等）摩醯首羅天頂上化生之天女也。其念誦之作法出伎藝天女念誦法。

【天女畫像】（圖像）伎藝天女念誦法曰。「先畫摩醯首羅天王三面六臂顏貌奇特端正可畏。從其髮際化生一天女殊妙可喜。天上人間無能勝者。著天衣服瓔珞嚴身。兩手腕上各有環釧。左手向上捧一天花。右手向下作捻裙勢。身形可長三尺。或隨大小任取稱量。」

【伎藝天女念誦法】（書名）摩醯首羅大自在天王神通化生伎藝天女念誦法之略名。

【休捨羅】（地名）優婆夷之名。譯曰怖望。見慧苑音義下。

【休屠】（術語）即浮屠也。漢書霍去病傳曰、「收休屠祭天金人」顏注、「金佛像是也」漢武故事曰、「昆邪王殺休屠王、以其衆來降。得其金人之神。置之甘泉宮。金人皆長丈餘。其祭不用牛羊、惟燒香禮拜。上使依其國俗祀之」。魚豢魏略西夷傳曰、「哀帝元壽元年。博士弟子景盧受大月氏王使伊存口傳休屠經」。即今之佛經也。阮元曰、「世言佛教始於後漢。而不知西漢即有其事。其初有休屠之稱。後始稱曰浮屠、或稱佛圖、佛陀。皆一音之轉」

【伏】（雜語）惑之對治、有伏與斷之別。見伏斷條。

【伏忍】（術語）仁王經所說五忍之第一。地前三賢之人、未得無漏智、不能斷煩惱、但以有漏之勝智、制伏煩惱、而不使起之位也。忍者慧心安住於法也。大乘義章十二曰、「言伏忍者。就能爲名。始習觀解能伏煩惱。故名伏忍。」

【伏婬經】（經名）一卷、西晉法炬譯。即中阿含行欲經也。爲給孤獨長者分別求財及受用之勝劣不同。非法求財、而蕩然無禮、謂之婬。非色欲之謂也。

【伏惑行因】（術語）謂藏教之菩薩、雖伏見思之惑、然修行三祇之因、惑未斷盡也。以斷此三界之惑、即不能再生於三界化益衆生也。

【伏鉦】（物名）叩鉦也。

【伏斷】（雜語）伏者制伏、斷者斷絕、也。制伏所起之惑而使一時不起、謂之伏惑。斷絕惑種而使畢竟不生、謂之斷惑。有漏道之對治、止於伏惑。依無漏道乃得斷惑也。

【伏藏】（譬喻）埋伏於土中之寶藏

也。貧女家中有伏藏、貧女不知之、智者致之發掘、以譬一切衆生具有佛性而流浪於三界、佛爲說法開示之也。涅槃經七曰、「善男子。如貧女人舍內多有眞金之藏、家人大小無有知者。」無量壽如來會曰、「最勝丈夫修行已、於彼貧窮爲伏藏。」

【伊】（術語）𑖂 i 又作壹、彝、意。悉曇五十字門之一、十二母韻之一。金剛頂經釋字母品曰、「伊字門一切法根不可得故。」文殊問經字母品曰、「伊字時是諸根廣博聲。」大日經疏十四曰、「見伊字時卽顯三昧。」一切根不可得者、自 Indriya（根）釋之也。𑖃 ī 又作翳、咿、伊伊。悉曇五十字門之一、十二母韻之一。金剛頂經釋字母品曰、「伊（引）字門一切法災禍不可得故。」文殊問經字母品曰、「稱伊（引）字時是世間災害聲。」大莊嚴經四曰、「唱伊字時出一切世間衆多病聲。」從 Īti（災）釋之也。

【伊尼延】（雜語）Aiṇeya 又作伊泥延、翳尼延、翳泥耶、毉泥耶、𡁲尼延、因尼延、伊梨延陀。鹿之梵名也。玄應音義一曰、「伊尼延。或云𡁲尼延。皆訛也。正言黳尼延耶。此鹿王名也。𡁲。音烏賢切。黳。烏奚切。」同二十二曰、「黳泥耶蹲。烏奚切。下市耎切。鹿王名也。舊經中伊尼延。又作因尼延。亦作𡁲尼延。皆一也。」名義集三曰、「伊尼延。或伊泥延。此云金色。」

【伊泥延】（雜語）見伊尼延條。

【伊泥延腨相】（術語）佛之三十二相中、第八相。言佛膝似彼鹿王之膝也。智度論四曰、「八者伊泥延腨相。如伊泥延鹿王腨。隨次傭纖。」慧苑音義下曰、「伊尼延者鹿名也。其毛多色黑。腨形傭纖。長短得所。其鹿王最勝。故取爲喩。腨字又作蹲。」梵 Aiṇeyajaṅgha

【伊字三點】（術語）梵書（伊字）𑖂之形、從三點成、謂之伊字之三點。是不縱不橫、而有三角之關係、故以譬物之不一不異或非前非後。涅槃經譬之於法身般若解脫之三德。烈火「ツ」之形爲橫、譬物在一時、爲體之別。如牛之兩角、又點水「ジ」之形爲縱譬物在異時爲體之別、如花與實。涅槃經二曰、「何等名爲秘密之藏。猶如伊字三點。若並則不成伊。縱亦不成。如摩醯首羅面上三目。乃得成伊三點。若別亦不得成。我亦如是。解脫之法亦非涅槃。如來之身亦非涅槃。摩訶般若亦非涅槃。三法各異亦非涅槃。」

【新舊兩伊】（術語）梵書之伊字、有新舊兩樣。舊伊者三點不連續。新伊者以細畫而連續之、如此方艸書之下字「∴」是章安之說。師之涅槃經疏六曰、「言伊字者外國有新舊兩伊。舊伊橫竪斷絕相離。借此況彼。橫如烈火。竪如點水。各不相續。不橫不同烈火。不竪不同點水。應如此土艸下字相細

畫相連是新伊相舊伊可譬昔數三德。（中略）新伊字者可譬今數三德增暉記七曰、「∴」（舊伊）「ソ」（新伊）

【伊沙】（地名）Īśa 山名譯曰自在。見增一阿含二十三（天名）伊沙那之略。見伊舍那條。

【伊沙那】（地名）聚落之名華嚴經六十四曰「聚落名伊沙那」探玄記十八曰、「依天竺本名伊舍那此云曠野亦名怖求」慧苑音義下曰「伊沙那者此云長直也」

【伊沙馱羅】（地名）Īśadhara 又作伊沙陀羅山名俱舍光記十一曰、「伊沙馱羅山此云持軸山峯上聳猶如車軸此山能持故名持軸」玄應音義二十四曰、「伊沙馱羅舊言伊沙陀羅此言自在持亦言持軸」

【伊那婆那】（地名）林名。探玄記四曰、「伊那婆那此言王林謂佛爲太子時在此林中生故立名也」梵 Airāvaṇa

【伊那槃那龍】（異類）Eḍavarṇa 龍名羊色之義。（名義大集一六七）伊那、譯言樹。槃那譯言葉因於過去曾壞樹葉墮在龍中故以爲名如 Erapattra 之解是別一龍也出於探玄記十八見伊羅鉢龍王條。

【伊私耆梨】（地名）Ṛṣigiri 巴 Isigili 山名譯曰仙山見善見律八。

【伊吾】（地名）在新疆之東北端現今爲哈密之地也約隔二百哩與甘肅之瓜州相對其中間即沙漠古所謂莫賀延沙磧是也玄奘備嘗艱苦以八日通過之見慈恩傳一。

【伊剎尼】（修法）Ikṣaṇi 得知他人心中所思之咒術名俱舍論二十七曰、「有咒術名伊剎尼持此便能知他心念」俱舍光記二十七曰、「有咒術名伊剎尼持此便能知他心念如他心通伊剎尼此云觀察又眞諦云伊剎尼是論名是露形外道師所造。翻爲觀察此咒從彼所造論爲名故稱伊剎尼」玄應音義二十六曰、「伊剎尼此云占相觀察」

【伊舍那】（天名）Īśāna 又作伊邪那、伊賒那居於欲界第六天之天神名胎藏界曼陀羅位於外金剛院之上首十二天供儀軌曰、「伊舍那天舊云摩醯首羅天亦言大自在天也乘黃豐牛左手持劫波杯盛血右手持三戟鎗淺青肉色三目忿怒二牙上出髑髏爲瓔珞頭冠中有二仰月二天女持花印相者右手作拳安腰右左手五指直竪相著地水二指屈中節火風空三指各少相去」智度論五十六曰、「伊賒那是大自在天王」秘藏記下曰、「伊舍那天黑青色面上三目繫髑髏瓔珞左手持器盤右手鉾鑯」胎藏界曼陀羅鈔六詳釋之瑜伽倫記九曰、「伊舍那者此云自在即大自在天」玄應音義三曰「伊沙天此云衆生主。」案摩醯首羅天居色界之頂、卽第四禪、伊舍那天爲其化身、居欲界之頂、卽第六天。

【伊舍那天】（天名）見伊舍那條。

【伊舍那后】（天名）Iśānā 伊舍那天之后妃。秘藏記下曰「伊舍那天后白肉色持鉢」胎藏界曼陀羅鈔六詳釋之。

【伊賒那論師】（流派）二十外道之一。見外道條附錄。

【伊帝曰多伽】（經名）見十二部經條。

【伊帝目多伽】（經名）見十二部經條。

【伊帝越多伽】（經名）見十二部經條。

【伊迦波提羅那】（佛名）如來之名。譯曰最上天王如來。見陀羅尼雜集九。

【伊師迦】（植物）Iṣīka 用以作矢之堅蘆也。又爲王舍城之高山名。以譬我見我慢之高者。瑜伽略纂三曰「伊師迦者西方二釋。一近王舍城有高大山。堅硬常住。我等亦爾。或復有草名伊師迦。體性堅實。故喩我等」玄應音義二十三曰、「伊師迦山名也。言此山高聳。喩我慢也。」

【伊梨延陀】（雜語）鹿之梵名。見伊尼延條。

【伊梨沙掌拏】（雜名）生殖器病之名。譯曰妬黃門。因見他婬方有妬心而起婬根之病也。出名義集二。Īrṣyāpaṇḍaka 又見五種不男條。

【伊葉波羅】（人名）Īśvara 譯曰自在。西域人。善通三藏。達四阿含。宋文帝元嘉年中於彭城翻譯諸經。見名義集一。

【伊提目多伽】（經名）見十二部經條。

【伊蒲塞】（術語）優婆塞之轉音。西域記九曰、「鄔婆索迦。唐言近事男。舊曰伊蒲塞。又曰優婆塞。皆訛也。」見優婆塞條。Upāsaka

【伊蒲饌】（雜名）佛寺素席也。名山記謝東山遊鷄足山記曰、「山之絕頂一僧。洛陽人。留供食。所具皆佳品。予謂野亭曰、此伊蒲饌也。」

【伊濕伐邏】（天名）Īśvara 譯曰自在。見西域記一。參照自在天及伊葉波羅條。

【伊羅葉】（植物）見堙羅那條。

【伊羅多羅】（異類）伊羅鉢多羅之略。見堙羅那條。

【伊羅鉢龍王】（異類）Erāpattra 伊羅鉢龍王毀佛之禁戒、損傷樹葉、以此因緣、命終而受龍身。佛本行集經三十一曰、「爾時海內伊羅鉢（此言香葉）王既受龍身。心生厭離。欲求解脫。而作是念。往昔迦葉如來親授我記。汝大龍王。從今已去。過若千萬億年。當有一佛出現於世。號釋迦牟尼佛陀。今既過如是無量億年。頗有彼佛出世以不。而依那羅陀童子仙。始知釋迦世尊出世。伊羅鉢龍王與那羅陀相隨共向於世尊所。（中略）伊羅鉢龍王。即白佛言世尊我念往昔。有佛出世名曰迦葉如來。我於彼中出家修行。我時見一草名曰伊羅。我時以手斫取彼草。執捉將詣佛所。白彼佛言。若有比丘。斫於此草。得何果報。時彼世尊即報我言。汝知若人故心斫斷此草。當墮牢固地獄。我於爾時聞此佛語。心中不信。以不取彼佛語故。不受其教誨。又自思惟。但斫此草。有何果報。以既不信故。造波夜提罪。不捨此邪見。命終已後。遂即生長壽龍中。是故彼時。爲我立名。名伊羅鉢也。」四分律一曰、「所造惡雖微。慎莫謂爲輕。如破伊羅葉。常在於龍中。」莊嚴經論三曰、「伊羅鉢龍王。以其毀禁戒。損傷樹葉故。命終墮龍中。」

【伊闕佛龕】（堂塔）在河南洛陽龍門山之西崖大佛龕也。爲北魏宣武帝時所造。唐貞觀十五年魏王泰爲長孫皇后修之。因更磨崖刻其由致於傍。褚遂良書之。

【伊羅婆那龍象王】（鬼類）伊羅婆那者梵名。又作伊羅婆拏、堙羅那、煙羅婆那、藹羅筏拏、愛囉博拏、哀羅筏拏、煙羅槃那、藹那婆那、伊那鉢那、伊羅鉢那、瞖羅鉢多羅、伊羅鉢多羅、瞖羅鉢呾羅等。伊羅爲樹名。或梵漢并稱。謂爲伊羅葉、黳羅葉、瞖羅葉等。因陀羅乘御之象王也。普通翻爲香葉。見玄應音義。或譯爲能出聲等。見慧苑音義。此象王見正法念處經、新譯華嚴經、大寶積經、大般若經等。惟佛本行集經、西域記、新譯華嚴經慧苑音義等。又以爲龍王之名。龍象本皆爲那伽 Nāga 所譯。如伊羅婆那象王、瞖羅葉龍王、其原語恐同。爲一帝釋乘御之龍象。至後乃分歧耳。或先爲龍王之名。更以神話化之爲帝釋象王之名、亦未可知也。

【伊羅鉢多羅】（異類）同瞖羅鉢呾羅龍王。Erāpattra 見伊羅鉢龍王條。

【伊羅跋提河】（地名）河名。異稱跋提。譯曰賢河。見慧琳音義二十六。Erāvati

【伊蘭】（植物）Erāvaṇa 又作伊羅、瞖羅、堙羅那等。樹名。花可愛。氣味甚惡。其惡臭及四十里。經論中多以伊蘭喻煩惱。以旃檀之妙香比菩提。

【伊蘭拏山】（地名）火山名。在中印度伊爛拏鉢伐多國。現今附近惟有溫泉涌出。不見噴火。西域記十形容此山謂含吐煙霞。蔽虧日月云。

【伊蘭拏鉢伐多國】（地名）Iriṇa-parvata 中印度之境。多小乘之學徒。見西域記十。

【任病】（雜語）圓覺經所說四病之一。見四病條。

【任運】（術語）猶言自然、任法之自運動而不加人之造作之義也。行事鈔上二之一曰、「人所至處任運界起。故曰自然也。」同資持記曰、「不假造作故曰任運。」止觀五曰、「一念具十法界。爲作念具。爲任運具。」

【仰】（術語）ṅa 又作我、俄、哦。悉曇體文三十五字中牙聲之等五。五十字門之一。字記曰、「哦。」寄歸傳曰、「我。」南本涅槃曰、「俄。」金剛頂經曰、「仰。」金剛頂經曰、「仰字門。一切法支分不可得故。」文殊問經曰、「稱仰字時。是五趣清淨聲。」大莊嚴經曰、「唱哦字時。出銷滅衆生十二支聲。」此從Aṅga（支分）之語釋之也。大日經、華嚴經、大品等不說。

【仰山】（人名）禪師慧寂、居江西大仰山、號仰山。師十四出家、初謁忠國師之侍者耽源、傳國師之圓相、後參溈山而悟玄旨。見傳燈錄十一。

【仰山枕子】（雜語）公案。僧問仰山、法身說法否。山云、我說不得、別有一人說得。僧云、說得底人在什麼處。山推出枕子。見會元九仰山章。

【仰山指雪】（雜語）公案。師因見雪獅子、乃指云、還有過得此色者麼。衆無對。見宗門統要續集八仰山條。其條下錄諸師之評語、雲門偃云、當時好便與推倒。雪竇顯云、雲門只解推倒、不解扶起。瑯琊覺云、即今問汝諸人、推倒扶起、相去多少。拄杖撈過眉毛鼻孔、呵呵大笑、擲下拄杖。淨慧昌云、推倒也錯、扶起也錯、還有過得此色者麼。

【仰山四藤條】（雜語）公案。傳燈錄十二、晉州霍山景通條曰、「師初參仰山。仰山閉目坐。師曰、如是如是。西天二十八祖亦如是、中華六祖亦如是、和尙亦如是、景通亦如是。如是語訖、向右邊翹一足而立。仰山起來、打四藤杖。師因此自稱集雲峰下四藤條天下大禪佛。」又十一、霍山條曰、「仰山一僧到、自稱集雲峯下四藤條天下大禪佛。參師乃喚維那搬柴著。（一作打鍾著）大禪佛驟步去。」宗門統要續集八、錄諸師之評、其中雪竇顯云、藤條未到折、因甚只與四下、須是個斬釘截鐵漢始得。昭覺勤評雪竇語曰、胡餅裏討甚麼汁、大似隨邪逐惡。

【仰食】（雜語）仰口食之略。見仰口食條。

【仰覺】（術語）仰望正覺也。二教論上曰、「仰覺薩埵。」

【仰口食】（術語）謂比丘以星宿日月風雨等術數之學求衣食也。四邪命食之一。見智度論三、三藏法數十九。

【仰月點】（術語）成菩提之大空點有二樣、一圓點・一仰月點、此有種種異義、日木東寺及安然之義、謂字字及等五字皆通、圓點半月均成。大日經疏及日本東寺安然以外諸流之意、謂[梵字]字局於圓點、[梵字]等五字局於仰月。(見大空點條)並用此兩點則爲[梵字]之形。悉曇三密鈔問曰、若二點共是空點、一種已足、何爲兩種。答、仰月是莊嚴點、圓點是實體、故有其異。此依悉曇字記以仰月爲嚴字也。愚案莊嚴之解似不妥。梵文一點一畫、豈無深意。瑜祇經愛染王品所說愛染王之種重[梵字]字爲[梵字]之形、以此爲胎金兩部之不二法故也。然則一圓點者、約於胎藏界之日輪而示大空、仰月點者、約於金剛等之月輪而示大空也。據此則假令爲[梵字]之一字、而因示胎金不二故、並用兩點明矣。故悉曇藏三曰、「大日經義釋云。摩是重空。此於阿空點加仰月形、爲重空也。」見空點條。

【仰覆世界】(界名) 華嚴經說種種之世界、中有仰世界、有覆世界。仰世界如常。覆世界如蜂窩。八十華嚴經十七曰、「仰世界、即是覆世界。覆世界即是仰世界。」

【地】(雜名) 梵語曰鉢里體尾(Pṛthivī)又作託史麼。(Talima史吏)又作步弭。(Bhūmi) 譯曰地、土地也。以能生爲義。又所依之義。大乘義章十二曰、「能生曰地。」佛地論一曰、「地謂所依所行所攝。」梵語雜名曰、「地鉢里體尾。又託史麼。」

【因地倒者還因地起】(譬喩) 譬逆緣即順緣也。大方等如來祕密藏經下曰、「迦葉假有人天墜墮於地。墮大地已。還依大地而得起住。如是迦葉是衆生等。於如來所生不善故。墮在惡道。墮惡道已。還緣如來速得出離。云何名爲緣如來。於如來所生慇重心。」大莊嚴經論二曰、「如人因地跌。還扶地而得起。因佛得過愆。亦因佛滅。」付法藏傳五曰、「佛陀蜜多告曰。尼乾。如因地倒。還扶而起。汝若歸佛。此罪可滅。」法華文句曰、「其無善因。不謗亦墮。因謗墮惡。心由得益。如人倒地。還從地起。」

【地人】(雜名) 地論宗之人也。

【地了】(雜語) 天曉可辨方角之頃也。行中鈔中二曰、「十一日地了時。」資持記中二之二曰、「言地了者。即明相現方維可辨故。」

【地上】(術語) 菩薩終一大阿僧祇劫之修行、則初斷一分之惑、證一分之理。是名歡喜地。爲初地。已上有十地而滿二大阿僧祇劫之行以至佛果。依之而初地以上爲地上、初地已前爲地前。地前者凡夫之菩薩、地上者法身之菩薩也。

【地大】(術語) 四大之一。以堅固爲性、以能持爲用、周遍一切之物質、故云大。

【地下天】(術語) 五類天之一。龍神、阿修羅、閻摩王等居於地上或地下、而有神用者。具人類已上之神用者、總稱爲天。見秘藏記末。

【地水火風】（術語）是爲四大。見大條附錄。

【地水火風空】（術語）是爲五大。又云五輪。見五大條。

【地水火風空五指】（術語）密敎之說。從小指至拇指。如其次第。以配於地水火風空之五大。

【地水火風空識】（術語）是爲六大。見大條附錄及六大條。

【地水火風空識見】（術語）是爲七大。見大條附錄。

【地天】（天名）金剛界四執金剛神之一。能造之四大中。司地大者。女形。白色。種子爲孔。三昧耶形爲蓮。一說爲堅牢地神。十二天之一。見金剛界曼荼羅大鈔二。大日疏作地神。

【地天后】（天名）胎藏界曼荼羅外金剛部院之東方有樓閣。其北與地天並坐者是也。

【地天供】（修法）地天之供養法也。於堂塔房舍等之新造開地。修此法。見密門雜抄。

【地內】（雜名）見地中條。

【地中】（雜名）稱一寺院境內之附屬寺也。亦云地內。

【地皮餠】（飲食）劫初時自生於地而養人者。俱舍論十三曰「由漸耽味地味便隱。從斯復有地皮餠生。競耽食之」

【地仙】（術語）與地行仙同。天隱子曰「在天曰天仙。在地曰地仙」參照地行仙條。又喩安樂也。五代史張筠居洛陽。擁其貲。以酒色聲伎自娛。足者十餘年。人謂之地仙。此類人得此稱者甚多。

【地行仙】（術語）十仙之一。以藥餌得長壽。行動地上。未得飛行者。楞嚴經八曰「彼諸衆生。堅固服餌而不休息。食道圓成。名地行仙」

【地行羅刹】（術語）於地上行動之羅刹也。未得飛行之通者。楞嚴經八曰「情少想多。輕擧非遠。卽爲飛仙。乃至地行羅刹。遊於四天。所去無礙」

【地位十信】（術語）唯識宗對於慈恩大師之立四十一位。西明法師立五十一位。初之十信。更分地位十信與行解十信之二義。而地位之十信者。排列於十住前之位也。

【地居天】（界名）五類天之一。六欲天中四王天。忉利天之二者。以居住於須彌山。謂之地居天。餘四天者空居天也。見秘藏記末。

【地居空居】（界名）地居天與空居天也。

【地念佛】（儀式）眞宗之葬禮。至葬所之途中。立棺前行行念佛。謂之地念佛。

【地底迦】（術語）比丘名、譯曰有愧。見毘奈耶雜事四十。梵 Dhītika,

【地波羅蜜】（術語）十地所行之十種波羅蜜也。見波羅蜜條。

【地界】（術語）四大之一、地大也。與他之三大差別故云界。俱舍論一曰、「地界能持」又曰「地界堅性」。

【地界眞言印】（術語）十八道之一。修法加持地界使清淨堅固離一切障礙之咒與印也。見十八契印。

【地前】（術語）菩薩之行位十地以前也。見地上條。

【地前三賢】（術語）菩薩從初發心一大阿僧祇劫之間爲地前、此中修行有十住十行十廻向之三十位、謂之三賢位。

【地客】（雜名）禪林耕寺領之田地者。

【地持經】（經名）菩薩地持經之略名。

【地持論】（經名）菩薩地持經之異名。

【地神】（神名）地下之神也、名曰堅牢女神也。最勝王經八曰、「此大地神女名曰堅牢」。諸天傳曰「地祇乃總號安住不動皆地神故堅牢乃別名」。見堅牢條。

【地神種子】（種子）地神之梵音云跛哩體毘、故以最後之व字爲種子、即是金剛三昧之義、能持此道場之地使如金剛也。見義釋七。

【地神衆】（神名）釋迦院之一衆也。大日經一曰「西方諸地神」

【地涌菩薩】（雜名）釋迦如來既說迹門之法華已、將說本門之法華時、原受釋迦如來敎化之無量大菩薩衆從地下涌出、住在虛空中。是稱爲本化之菩薩。法華經涌出品曰、「佛說是語時。娑婆世界三千大千世界國土地皆振裂。而於其中有無量千萬億菩薩摩訶薩同時涌出」。

【地動】（術語）大地震動也。

【地動三因】（名數）般泥洹經謂「一者地依水、水依風、風依空、大風起時水擾地動。二者得道之沙門及神妙之天現感應、故動。三佛成道時動」。

【地動七因】（名數）佛將說法、而現地動、有七因。華嚴經疏六謂「一爲使諸魔怖、二爲使衆生心不散亂、三爲使放逸者生覺知、四爲使衆生警悟覺了微妙法相、五爲使衆生觀佛之說法遍一切智、六爲使根熟之衆生得解脫、七爲使隨順而問正義」。

【地動八緣】（名數）增一阿含經三十七謂「一風水輪動時。二菩薩處母胎時。三菩薩出母胎時。四菩薩成道時。五佛涅槃時。六比丘現神通時。七諸天來佛所現梵王或帝釋形時。八飢饉刀兵之災將起時」。

【地動瑞】（術語）法華經六瑞之一。佛將說法華經、地神感之震動大地。二序品曰「普佛世界六種震動」

【地婆達多】（人名）同提婆達多。

【地婆達兜】（人名）同提婆達多。

【地婆訶羅】（人名）Divākara 中印度人。譯曰日照。唐則天武后時來於弘福寺、譯華嚴經入法界品。華嚴綱目曰「中天竺藏法師地婆訶羅唐言日照。」

【地結】（術語）十八道行法中以地界真言師加持結成修法之淨地。

【地想觀】（術語）觀經所說十六觀之一。觀想極樂淨土土地之相也。

【地獄】（界名）梵語曰那落迦Naraka 泥犁 Niraya 等。譯為不樂、可厭、苦具、苦器、無有等。其依處在地下。因謂之地獄。是譯義也。大乘義章八末曰「言地獄者。如雜心釋不可樂。故名為地獄。地持中釋增上可厭。故為泥犁。泥犁胡語。此云地獄。不樂可厭。其義一也。此兩釋皆對厭心以彰其過。非是當相解其名義。若正解之。言地獄者就處名也。地下牢獄。是其生處。故云地獄。」俱舍頌疏世間品一曰「梵云那落迦。此云苦具。義翻為地獄。以地下有獄。故非正翻也。」法華文句四曰「地獄此方語。胡稱泥犁者。秦云無有。無有喜樂。無氣味。無歡。無利。故云無有。」總之地獄有三類。一根本地獄。八大地獄及八寒地獄也。二近邊地獄。十六遊增地獄也。（此依俱舍論。若依智度論則以八寒冰八炎火為近邊地獄）三孤獨地獄。在山間曠野樹下空中等。

【八大地獄】（名數）對於八寒地獄而亦云八熱地獄。贍部州地下五百踰繕那有地獄。名等活。從其次第。第八為無間地獄。此八大地獄重重竪立也。據俱舍論八之說、一等活地獄。彼有情遇種種斫刺磨擣。被涼風所吹則蘇如故。等於前活。故名等活。二黑繩地獄。先以黑繩秤量支體。而後斬鋸。故名黑繩。三衆合地獄。衆多苦具俱來逼身。合黨相害。故名衆合。四號叫地獄。逼於衆苦發悲號怨叫之聲。故名號叫。五大叫地獄。逼於劇苦更發大哭聲。故名大號叫。六炎熱地獄。火隨身起。炎熾周圍。苦熱難堪。故名炎熱。七大熱地獄。為熱中之極。故名大熱。八無間地獄。受苦無間。故名無間。俱舍論十一曰「此贍部州下過二萬。有阿鼻旨大捺落迦。深廣同前。謂各二萬。故彼底去此四萬踰繕那以於其中受苦無間。非如餘七大捺落迦受苦非恆。故名無間。（中略）七捺落迦在無間上重累而住。其七者何。一者極熱。二者炎熱。三者大叫。四者號叫。五者衆合。六者黑繩。七者等活。」智度論十六曰「活大地獄。黑繩大地獄。合會大地獄。叫喚大地獄。大叫喚大地獄。大熱地獄。大熱大地獄。阿鼻大地獄。」顯宗論十二之說、謂一想地獄等活地獄也。罪人互懷毒想害以毒爪相攫又罪人被斫刺磨擣作已死想然冷風吹之皮肉還生尋復起活故名想地獄二黑繩地獄同前。三堆壓地獄、卽前衆合地獄也有大石山罪人入其中、則堆壓其身故名堆壓。四叫喚地獄、卽前號叫地獄也。五大叫喚地獄、卽前大叫地獄也。六燒炙地獄、卽前炎熱地獄也。七大燒炙地獄卽前大熱地獄也。八無間地獄、同前。

【八寒地獄】（名數） 以上八大地獄外、更有八處之寒地獄。依次橫列者也。一頞部陀 Arbuda 此云皰、極寒逼身身上生皰也。二尼刺部陀 Nirarbuda 此云皰皰、嚴寒逼身身分皰裂也。三頞哳吒 Aṭaṭa 四臛臛婆、Apapa 五虎虎婆 Hahadhara 此三者逼於寒而自口中發如是之異聲也。六嗢鉢羅、Utpala 此云青蓮華、嚴寒逼迫身分折裂如青蓮也。七鉢特摩、Padma 此云紅蓮華、身分折裂如紅蓮華也。八摩訶鉢特摩、Mahāpadma 此云大紅蓮華、身分折裂如大紅蓮華也。涅槃經十一曰、「八種寒氷地獄。所謂阿波波地獄。阿吒吒地獄。阿羅羅地獄。阿婆婆地獄。優鉢羅地獄。波頭摩地獄，拘物頭地獄。分陀利地獄。」智度論十六曰、「八寒氷地獄者。一名頞浮陀。（少多有孔）二名尼羅浮陀。（無孔）三名呵羅羅。（寒顫聲也）四名阿婆婆。（亦患寒聲）五名睺睺。（亦是患寒聲）六名漚波羅。（此地獄外壁似青蓮華也）七名波特摩。（紅蓮華色罪人生中受苦也）八名摩訶波頭摩。是爲八」。八熱八寒之原語、出名義大集二一四、五。

【十六遊增地獄】（名數） 此八大地獄、各有十六副地獄、一大地獄之四門、各有塘煨增與屍糞增與鋒刃增與烈河增之四處、合爲十六處。八大地獄合之有一百二十八、是爲罪人遊履時增加之地獄、故名遊增地獄。見俱舍論十一。

【十六小地獄】（名數） 智度論說十六遊增地獄、以十六小地獄爲八大地獄之眷屬。論十六曰、「如是等種種八大地獄。復有十六小地獄爲眷屬。八寒氷八炎火、其中罪毒不可見聞。八炎火地獄者。一名炭坑。二名沸屎。三名燒林。四名劍林。五名刀道。六名鐵刺林。七名鹹河。八名銅橛。是爲八。」

【十八地獄】（名數） 一光就居、人居此中相見卽欲鬪、泥犁中無兵、而自有兵相殺傷、無歲數、又不死、其人長大、且以人間三千七百五十歲爲一日、三十日爲一月、十二月爲一年、經一萬歲、卽人間百三十五億歲也。二居虛倅略、此中一苦當前二十、其人入火中赤身出而相鬪、以人間七千五百歲爲一日、其壽二萬歲。（巳下之獄中苦與日年壽之倍增皆此例也、）三桑居都、其人常被火燒、四樓、其人常居大火鐵城中。五房卒、於大深谷之火中爛燒而不死。六草烏卑次、於高二千里廣四千里之火城爛燒而不死。七都盧難且大火鐵貫其人、八不盧半呼常在火中炮炙、九烏竟都寒冷凍身。十泥盧都、十一烏略、十二烏滿、十三烏藉、十四烏呼、十五須健居、十六末都乾直呼、十七區遮塗、十八陳莫見。十八泥犁經。

【二百三十六地獄】（界名）　根本地獄之八熱各有十六遊增、共為一百二十八。於此加根本之八熱、而為一百三十六。見三界義。

【地獄因】（術語）　墮於地獄之業因也。法華文句四曰「普曜曰十惡墮地獄」

【地獄有】（術語）　七有之一。地獄之果報厯然存在、故云地獄有。

【地獄界】（界名）　十界之一。差別於其他九界而謂之界。

【地獄道】（界名）　六道之一。以地獄為罪惡衆生死後所生之道途故也。

【地獄趣】（異類）　五趣之一。地獄為罪惡衆生死後趣向之處、故云。

【地獄天子】（傳說）　華嚴經隨好品、說地獄中一有情由前生見聞華嚴經之功力、在地獄為佛光所照、直生兜率天而滿足十地之行、得成佛之果。見三生成佛條。

【地獄天宮】（雜名）　地獄與天上也。圓覺經曰「衆生國土同一法性、地獄天宮皆為淨土」

【地獄變相】（圖像）　變者變現也。應機變現之地獄、或極樂、謂之變相。

【地獄報應經】（經名）　罪業報應教化地獄經之異名。

【地塵】（術語）　大地作微塵也。以譬數量之多。釋門正統四曰「說釋尊長壽、雖山斤海滴地塵空界亦不可比」

【地種】（術語）　四大種之一。地之大種也。事物上之堅性謂之地、此堅性周徧一切之物質、而為能造之因、故云大種。法華經化城喩品曰「三千大千世界所有地種」

【地慧童子】（菩薩）　又曰持慧童子。胎藏界曼荼羅文殊院文殊菩薩之左第四位。八大童子之一。地慧又作財慧。主富財之願。童子形、三髻、黃色、右手持獨股戟頭之幡、左手持細葉靑蓮、坐赤蓮上。

【地輪】（雜名）　五輪之一。地層從地水風空之四輪而成、最下為空輪、空輪之上有風輪、風輪之上有水輪、水輪之上有地輪、地輪卽金輪際也。塔婆之五輪、於此中加火輪、地水火風空從下次第、而最下之方石為地輪。

【地輪壇】（物名）　言四角之護摩壇又言土製之護摩壇。見密門雜抄。

【地論宗】（流派）　為依學十地論之宗、故名。此論談六相圓融、明一乘佛性、雖同華嚴、而立三祇成佛、不許一念成佛是故非圓教也。十地論者、與華嚴經第六會十地之一品別行之十地經釋論也、有堅慧、金剛軍、世親之諸論、今所取者世親之十地論也。梁代光統慧順道憤諸師盛講衍之、及中唐華嚴宗勃興、此宗遂廢退。

【地論師】（流派）立地論宗之人也。

【地壘】（譬喩）大地爲壘、以書文字之謂也。顯其量之多也。吽字義曰、「地壘四身山毫三密。」

【地膩胛】（術語）Dravya勝論所立六句義中第一句義之別名。舊譯曰物、新譯曰實。百論疏上中曰、「俱舍論云地膩胛。此云物也。」

【地藏】（菩薩）梵名乞叉底蘗沙。Ksitigarbha在忉利天、受釋迦如來付屬、每日晨朝入恒沙禪定觀察衆機、於二佛中間無佛世界教化六道衆生之大悲菩薩也。安忍不動如大地、靜慮深密如秘藏、故名地藏。又在密教、其密號爲悲願金剛、或稱與願金剛、在金剛界、示現南方寶生如來之幢菩薩、在胎藏界則爲地藏院中九尊之中尊地藏薩埵也。地藏菩薩本願功德經囑累人天品曰、「地藏記。吾今日在忉利天中。於百千萬億不可說不可說一切諸佛天龍八部大會之中。再以人天諸衆生等未出三界在火宅中者付囑於汝。無令是諸衆生墮惡趣中一日一夜。」地藏十輪經一曰、「此善男子。於一一日每晨朝時。爲欲成熟諸有情故。入殑伽河沙等諸定。從定起已。徧於十方諸佛國土成熟一切所化有情。隨其所應。利益安樂。」地藏本願經下曰、「現在未來天人衆。吾今殷懃付屬汝。以大神通方便度。勿令墮在諸惡趣。」地藏十輪經一曰、「安忍不動猶如大地。靜慮深密猶如秘藏。」地藏講式曰、「梵號叉底俱舍。密亦號悲願金剛。今號地藏薩埵也。彼胎藏界現九尊之主伴。度九界妄情。此金剛界列寶生界會。舉大悲之幢導三有迷途。」案、地藏菩薩名。在釋迦既滅以後、彌勒未生以前、衆生賴以救苦、自誓必盡度六道衆生、始願成佛。現身於人天地獄之中、以救苦難。其狀圓頂。手持寶珠及錫杖。或云卽閻羅王之化身也。因佛滅度一千五百年。地藏降迹新羅國主家。姓金。號喬覺。永徽四年、年二十四歲。祝髮。攜白犬善聽、航海而來。至江南池州府東青陽縣九華山。端坐九華山頭、七十五載。至開元十六年七月三十夜成道。計年九十九歲。時有閣老閔公、素懷善念。每齋百僧、必虛一位、請洞僧（卽地藏也）足數。僧乃乞一袈裟地。公許。衣徧覆九峰。遂盡喜捨。其子求出家。卽道明和尚。公後亦離俗網。反禮其子爲師。故今侍像。左道明、右閔公、職此故也。菩薩入定二十年、至至德二年七月三十日顯靈起塔。至今成大道場。因九華山之肉身殿、相傳爲地藏成道之處。有礎八十一級、緣棘以登、峻險不堪言狀。其化成寺、卽地藏王宮中存地藏之遺跡甚多。印光法師文鈔續編曰、「無知愚人、妄謂地藏菩薩是暹羅國太子、其肉身塔、遇閏大七月、彼國之王親來開塔。豈知此係新羅國王族出家、姓金名喬覺、於唐玄宗時來九華。居數十年。後坐脫、肉身不壞、遂以全身入塔、絕無開塔之說。當唐之時、高麗有三國、一高勾麗、二新羅、三百濟。後高勾麗呑滅二國、而但名高麗耳。近時愚人、不知新羅、遂訛作暹羅。唐時亦無暹羅之名。彼係兩國、一暹國、一羅斛國、後併爲一、遂名暹羅。此僧事跡、具載九華志、宋高僧傳。」

【六地藏】（名數）地藏菩薩秘記引蓮華三昧經曰、「一檀陀地藏、爲地獄道之能化、手持人頭幢者。（檀陀者譯人頭幢）二寶珠地藏、爲餓鬼道之能化、手持寶珠者。三寶印地藏、爲畜生道之能化、伸如意寶印手者。四持地地藏、爲修羅道之能化、能持大地擁護修羅者。五除蓋障地藏、爲人道之能化、爲人除八苦之蓋障者。六日光地藏、爲天道之能化、照天人之五衰而除其苦惱者。」此蓮華三昧經爲日本台密一流極秘之經、不載於所傳經錄。谷響集十曰、「秘鈔問答中引十卷鈔云。六地藏第一、（地獄道）白色（或肉色）赤蓮華印。（左手蓮華其上畫子頭併幡右手月輪）梵號尾薩縛鉢哩布羅迦。第二、（餓鬼道）白色（或肉色）赤蓮華印。（左蓮華其上三股其上寶珠右施無畏）梵號羅怛曩迦羅。第三、（畜生道）白色（或肉色）赤蓮華印。（左蓮華其上輪寶右手在胸）梵號羅怛曩播尼。第四、（修羅道）黃色（或肉色）赤蓮華印。（左蓮華其上劍右施無畏）梵號馱羅抳馱羅髻。第五、（人道）白色（或肉色）青蓮華印。（左蓮華其上印右同上）梵號（諸本缺如）。第六、（天道）白色（或肉色）赤蓮華印。（左蓮華其上羯磨右白處三昧日輪之內有日也）梵號怛羅荼地也捨也。今詳六地藏。寶以地藏菩薩、寶處菩薩、寶手菩薩、持地菩薩、寶印手菩薩、堅固意菩薩名六地藏也。」

【地藏六使者】（名數）地藏菩薩念誦儀軌說地藏尊之六使者、一焰魔使者、化地獄。二持寶童子、化餓鬼。三大力使者、化畜生。四大慈天女、化修羅。五寶藏天女、化人。六攝天使者、化天。此念誦儀軌雖云爲不空譯、然與延命地藏經、蓮華三昧經等、皆爲疑似之本也。

【延命地藏】（菩薩）對於延命普賢而說延命地藏。延命地藏經謂、「時佛住佉羅陀山、告帝釋曰、有一菩薩名延命地藏、見此菩薩體、聞此菩薩名、衆病悉除、壽命長遠、爾時帝釋白佛曰、世尊何故名延命地藏。佛告天帝釋、心無生滅、故名延命、時二童子侍立左右、一名掌善、在左、調御法性、一名掌惡在右、降伏無明。

【勝軍地藏】（菩薩）對於勝軍不動而說勝軍地藏。蓮華三昧經謂勝軍地藏者、頭戴畢竟空寂胄、身著隨求陀羅尼鎧、佩金剛智大刀、標發心修行幡、執斷惡業煩惱軍劍、左右有掌善掌惡二童子。

【本形】（術語）六地藏六使者及延命地藏勝軍地藏等、並非有本經本軌之典據、但據日本中古台密一流之相傳耳、其本經軌之說、如大日經疏五曰「地藏菩薩。於種種間飾雜寶莊嚴地上。以金銀頗胝水精四寶爲蓮華座。介窮極巧麗、其菩薩在華座上、光燄周遍、其身如在胎藏。（中略）此聖者主持寶王心地中性起功德無邊寶藏。故其幖幟以一切珍奇雜寶綺錯莊嚴也。」輸婆迦羅譯之地藏菩薩儀軌曰「次說畫像法作聲聞形像。著袈裟。端覆左肩。左手持盈華形。右手施無畏。介坐蓮華。」秘藏記下曰「地藏菩薩。白肉色。左手執蓮花上幢幡。右手持寶珠。」

【種子】（術語）漫荼羅大鈔四曰、「種子者𑖮字也。」

【三昧耶形】（術語）同鈔曰、「三形幢也。」

【經軌】（術語）實叉難陀譯之地藏菩薩本願經二卷、玄奘譯之大乘大集地藏十輪經十卷。失譯之大方廣十輪經八卷。輸婆迦羅譯之地藏菩薩儀軌一卷。其他涉於疑者有延命地藏經一卷、地藏菩薩念誦儀軌一卷、蓮華三昧經一卷。

【地藏十益】（名數）塑畫乃至金銀銅鐵作地藏之形像、燒香供養、瞻禮讚嘆、則其居處、卽得十種之利益。一、土地豐壤。二、家宅永安。三、先亡生天。四、現存益壽。五、所求遂意。六、無水火災。七、虛耗辟除。八、杜絕惡夢。九、出入神護。十、多遭聖因。見地藏菩薩本願經下。

【地藏二十八益】（名數）一、天龍護念。二、善果日增。三、集聖上因。四、菩提不退。五、衣食豐足。六、疾疫不臨。七、離水火災。八、無盜賊厄。九、人見欽敬。十、神鬼助持。十一、女轉男身。十二、爲王臣女。十三、端正相好。十四、多生天上。十五、或爲帝王。十六、宿智命通。十七、有求皆從。十八、眷屬歡樂。十九、諸橫銷滅。二十、業道永除。二十一、去處盡通。二十二、夜夢安樂。二十三、先亡離苦。二十四、宿福受生。二十五、諸聖讚歎。二十六、聰明利根。二十七、饒慈愍心。二十八、畢竟成佛。見地藏菩薩本願經下。

【地藏與法藏】（雜語）法藏者阿彌陀如來因位時之名也、是與地藏菩薩爲一體云。

【地藏院】（術語）胎藏界曼荼羅十三大院之第九、以地藏爲中尊而安置九尊。

【地藏院四菩薩】（名數）一寶處菩薩、二持地菩薩、三寶印手菩薩、四堅固菩薩。見大疏五。是地藏菩薩之眷屬也。

【地藏講】（行事）講讚地藏菩薩功德之法會也。

【地藏會】（行事）供養地藏菩薩之法會也。

【帝釋地藏會】（雜名）佛於忉利天說地藏本願經、帝釋念地藏、修其法會也。

【地藏本願經】（經名）具名地藏菩薩本願經、二卷、唐實叉難陀譯。經中載佛昇忉利天爲母說法。復召地藏大士永爲幽明救主、使世人有親者皆得報本薦親、咸登極樂。此經多說地獄諸相、及追薦之功德。佛門中之孝經也。本經之著述如下。地藏本願經科文一卷、靈椉定岳玄排。地藏本願經綸貫一卷、靈椉撰。地藏本願經科註六卷、靈椉撰。地藏菩薩像靈驗記一卷、宋常謹集。地藏經開蒙三卷、清釋品椉集。

【地藏十輪經】（經名）大乘大集地藏十輪經之略名。十卷、唐玄奘譯。佛依地藏菩薩之問而說十種之佛輪。十輪者卽佛之十力也、一一力譬轉輪聖王。

【地藏菩薩儀軌】（經名）一卷、唐善無畏譯。

【地藏經科註】（書名）六卷、靈椉撰。師自撰緣起云、予自幼失奉嚴慈。既長遊學。尤疏定省。後將迎侍。業已化去。臨風徒感、欲養奚從。（中略）顧此圓經、寧容冷視。遂綜品題而釋題、仍輯科註以銷句。大要顯我佛之悲心、昭地藏之本願。補法門之闕典、啟初學之孝思而已。

【地壇】（術語）四輪壇之一。壇爲四角。又有以土作者。見密門雜抄。

【地觀】（術語）於地輪方形中觀刄字之稱。又云金剛座觀。

【托子】（物名）茶托也。

【托生】（術語）胎生之有情宿身於母胎內也。在極樂則托生於蓮華。

【托胎】（術語）托於母胎也。又如來八相之一。乘六牙白象自兜率天下、從母之右脇入而托胎也。

【托事觀】（術語）台家所說三種觀法之一。如觀王舍城爲心王、觀萬二千人爲十二處之千如。一一事相入心而悟解爲眞理的、謂之托事觀。華嚴宗所謂十玄中之托事顯法生解門也。見觀法條。

【托塔天王】（菩薩）佛經四天王之一。卽北方多聞天王。梵名毘沙門。管領羅剎夜叉。佛令掌擎古佛舍利塔。故俗稱托塔天王。唐宋時勅諸府州軍建天王堂奉祀之。元時繪其像於旗。列於鹵簿之內。

【托事顯法生解門】（術語）華嚴宗所立十玄門之一。同於天台宗之托事觀。托於淺近事相而顯深妙法理之法門也。密教事相門之標幟。全屬於此門。見玄門條。

【托鉢】（術語）比丘之乞食也。正字通曰「托同拓。手承物也。」手承鉢而乞食之義也。續傳燈錄惟正禪師章曰「聞托鉢乞食。未聞安生以享。」又粥飯之時擎鉢而赴僧堂曰托鉢。聯燈會要雪峯章曰「師在德山作飯頭。一日飯遲。師曬飯巾。次見德山托鉢至法堂前。師云這老漢鐘未鳴鼓未響。托鉢向甚麼處去。山便歸方丈。」

【汙】（術語）梵字〔梵〕(o)悉曇五十字門之一。十二韻之一。又作甌、褸、烏、鄔。皆同。金剛頂經釋字母品曰「稱汙字門一切法瀑流不可得。」文殊問經字母品十四曰「稱汙字時是取聲。」是蓋文殊問經說淺略之字相。金剛頂經即其字相明絕對之字義。(即眞實之本體)也。日本淨嚴之悉曇字記講述曰、「字母表云執瀑流。執者取義。謂執取生滅無常之法。是有二類。凡夫執生滅無常之法。是取著常。二乘不知無常生滅之法、即常住不滅之法。偏執取無常無我。厭離生死欣求涅槃。今悟解瀑流不可得之性。則一切諸法常住不滅。又隨緣生滅。以此之故凡夫二乘之偏執。俱不可得。次若執取生死永斷。猶滯二乘地。又著無識身三昧。故猶未免漏流。若了達本不生際。即漏而無漏。故漏無不漏。無復次漏與無漏。俱時具足。名眞無漏。何則、一塵亦不漏失故、是爲瀑流不可得之實義。」冈梵字〔梵〕(ū)悉曇五十字門之一。十二韻之一。金剛頂經釋字母品曰、「稱汙字門時。一切法損減不可得。」文殊問經字母品十四曰「稱汙字時。是損減世間多有情聲。」是文殊問經唯就淺略之字相。金剛頂經說甚深之字義也。日本空海之吽字義曰、以佛眼觀之、佛與衆生、同住解脫之床。此無彼無。無二平等、不增不減。周圓周圓也。既無勝劣增益之法。何有上下損減之人。是名汙字之實義。」又曰「諸法因不可得故。汙字門因不可得。因不可得。則本初不生。本初不生則不增不減。不增不減則大般涅槃之果海。大般涅槃之果海則如來之法身。是名汙字之實義。」

【汙栗馱】（術語）Hrdaya 譯曰心。謂草木之中心也。止觀一上曰「質多者天竺音。此方言心。即慮知之心也。天竺又稱汙栗馱。此方稱是草木之心也。」通常謂之肉團心。密教之用語汙字通常作汗。

【汗栗馱】（術語）Hrd Hrdaya 又作乾栗馱干栗多。見紇哩陀耶條。

【汚戒】（術語）受戒之人屢迷於煩惱、無慚無愧而汚淨戒也。

【汚染】（術語）汚染於世間之五塵

也。無量壽經下曰、「猶如蓮華。無汚染故。」

【汚家】（術語）比丘以物贈與在家之人爲使得者思報恩、不得者聞之不喜彼此皆傷平等施心。故謂之汚家。是比丘最當愼之所作。十三僧殘中有汚擯謗違僧諫戒。行事鈔中之二曰、「比丘凡有所求。若以種種信施物。爲三寶自身乃至一切而與大臣及道俗等。皆名汚家。（中略）由以信施物與白衣故。破前人平等好心。於得物者歡喜愛樂。不得物者縱使賢善無愛樂心。失他前人深厚福田。」同資持記曰、「名汚者莫非壞彼淨信令生厚薄故。」

【汚道沙門】（術語）四沙門之一。破戒無慚之沙門而汚正道者。

【江天寺】（寺名）在今江蘇丹徒縣金山上。舊名澤心寺。又名龍游寺。通名金山寺。淸聖祖南巡始改江天寺。宋僧了元居此。蘇軾來訪了元。曾留玉帶於寺內。至今尚存。

【江西】（人名）馬祖號也。六祖慧能有二大弟子、一爲青原之行思、二爲南嶽之懷讓。青原之法嗣有湖南、南嶽之弟子有江西。禪法之盛、始於此二師云。江西名道一、以姓馬氏而稱爲馬祖、以振道於江西而號爲江西。唐開元中習禪於衡岳讓和尚而得其心印。始自建陽之佛迹嶺遷至臨川、次至南康龔公山。大曆中隸名於鍾陵開元寺、四方學者雲集。貞元四年寂。元和中謚大寂禪師。見傳燈錄六。

【江迦葉】（人名）三迦葉之一。梵語曰那提迦葉。Nadī-kāśyapa 那提譯曰江。增一阿含經三曰、「心意寂然。降伏諸結。所謂江迦葉比丘是。」

【江湖】（雜語）江西湖南之義、爲昔時禪風極盛之處。由此而汎指禪徒曰江湖。傳燈錄石頭章曰、「江西主大寂。湖南主石頭。往來憧憧。並湊二大士之門。」然象器箋五曰、「忠曰江湖二水名也。（文選註）今言江湖者。江外湖邊本是隱淪士所處。如蓮社高賢傳周續之曰、心馳魏闕者以江湖爲桎梏。駱賓王序曰、廊廟與江湖齊致。范希文嚴先生祠堂記曰、既而動星象、歸江湖、是也。故禪士之散處名山大刹之外、江上湖邊、此爲江湖人。或不出世爲名山大刹住持者。聚會在一處亦爲江湖衆也。然相傳以江西馬祖湖南石頭往來憧憧爲解。此說浸染學家肺腸。欲浣灌之難矣。」案江湖二字、莊子大宗師曰、「泉涸魚相與處於陸。相呴以濕。相濡以沫。不如相忘於江湖。」佛家本此。

【江湖集】（書名）具名江湖風月集。二卷。集趙宋景定咸淳至元至治延祐間之諸方尊宿偈頌者、集者曰松坡。

【江湖會】（行事）禪宗夏安居之別名。多集江湖人爲安居法會之義。

【江湖寮】（堂塔）禪院廣入江湖禪

僧之處。

【叩刺拏伐底】（地名）河名。譯曰有金河。佛涅槃於此河邊。見阿恃多伐底條及熙連條。

【吐淚】（雜語）孃母之赤精為吐、比父之白精為淚。止觀七曰、「吐淚赤白二渧和合託識其中。」同輔行曰、「吐淚等者。大論云。身內欲蟲人和合時。男蟲白精如淚而出。女蟲赤精如吐而出。骨髓膏流令此二蟲吐淚而出。」

【吒】（術語）ट Ta 悉曇五十字門之一。言一切法慢不可得。（大日經）之義等。文殊問經曰、「稱吒字時是斷結聲。」涅槃經曰、「吒者於閻浮提示現半身而演說法。喩如半月是名吒。」慢者似從 Tanha 釋之。

【吒王】（人名）罽膩吒王之略稱。

【吒婆】（雜語）譯曰障礙。見智度論四十八。

【吃栗多】（雜名）梵語吃栗多。華言賤人也。底栗多。華言畜生也。

【忙忙六道】（術語）往生禮讚曰、「人間忩忩營衆務。不覺年命日夜去。如燈風中滅無期。忙忙六道無定趣。」

【忙忙鷄】（菩薩）見次項。

【忙莽鷄金剛】（菩薩）金剛部之部母。梵號忙莽鷄。位於胎藏界曼荼羅金剛手院金剛薩埵之上。又作麽麽鷄、忙莽計、忙忙鷄、摩莫枳、莽莫枳。詳見麽麽雞條。

【忙莽計】（菩薩）見前項。

【行】（術語）身口意之造作也。又、內心之趣於外境。如心行。大乘義章三本曰、「內心涉境。說名為行。」俱舍論一曰、「行名造作。」大乘義章八曰、「起作名行。」法界次第上之上曰、「造作之心能趣於果。名為行。」玄義三下曰、「夫行名進趣。非智不進。」因從有為法之因緣集起、遷流於三世也。大乘義章二曰、「有為集起。目之為行。」俱舍頌疏一曰、「造作遷流二義名行。據此義邊。色等五蘊。俱合名行。」俱舍光記一之餘曰、「若於造作。或約遷流。餘四蘊亦名為行。」增一阿含經二十七曰、「色如聚沫。受如浮泡。想如野馬。行如芭蕉。識為幻法。」

【行一】（術語）法華經四一之一。一切之諸行盡歸成佛之一行也。法華經方便品曰、「正直捨方便。但說無上道。」同品曰、「諸有所作。常為一事。」各家以之為明行一之文。見四一條。

【行一念】（術語）對於信一念而言。一聲稱南無阿彌陀佛也。

【行人】（雜語）修行佛道之人。

【行入】（術語）二入之一。見二入條。

【行乞】（術語）比丘行乞食也。又云托鉢、行鉢。十二頭陀行之一。遺教經曰、「何況入道之人。為解脫故。自降其身而行乞耶。」

「維摩經弟子品曰、「住平等法。應次行乞食」

【行不退】（術語）三不退或四不退之一。永不退失菩薩大行之位也。配之於菩薩之階位有多說。見不退條。

【行化】（術語）行教化也。

【行用】（術語）謂記密教修法之秘傳口訣者。是爲實地修行所要用。故云行用。

【行布門】（術語）菩薩之階位、初後相卽、謂之圓融。初後次第、謂之行布。華嚴經所說有此二意、是華嚴宗之所判也。自第二會名號品至第六會小相光明品之二十八品、說信住行向地及佛果之次第差別。爲行布門。如他言初發心時便成正覺者。則圓融門也。探玄記一曰「顯位故者。爲顯菩薩修行佛因一道至果具五位。故此亦二種。一次第行布門。謂十信十解十行十迴向十地滿後方至佛地。從微至著。階位漸次。二圓融相攝門。謂一位中卽攝一切前後諸位。是故一一位滿者至佛地。此二無礙」

【行住坐臥】（雜語）舉止動作。謂之四威儀。心地觀經曰、「行住坐臥受諸苦惱」。觀念法門曰、「不問行住坐臥。一切時處。若晝若夜」。往生要集下本曰、「今勸念佛。不簡行住坐臥。不論時處諸緣。修之不難」。

【行妙】（術語）法華十妙之一。

【行足】（譬喻）譬智慧爲目。譬修行爲足。玄義二上曰、「因於智目。起於行足」。同三下曰「智目行足。到淸涼池」

【行佛性】（術語）有佛性、依之而發大行。感佛果。謂之行佛性。雖有佛性。但具其理。無起行之用。謂之理佛性。是法相宗所立。彼宗言、涅槃經所謂一切衆生悉有佛性者。就理佛性而言。若據行佛性言之。則有一類之無性衆生。唯識樞要一本曰、「涅槃據理性及行性中少分一切。唯說有一」

【行事鈔】（書名）四分律刪繁補闕行事鈔之略稱。十二卷、南山道宣著。此鈔之外。又加戒疏業疏。稱爲律之三大部

【行事鈔資持記】（書名）十六卷、宋元照著。解行事鈔者。本鈔之著述如下。行事鈔資持記序解幷五例講義一卷。宋則安述。行事鈔諸家記標目一卷、宋懷顯集、日本戒月改錄。行事鈔資持立題拾義一卷、宋道標出。

【行事會正記】（書名）十二卷、宋台堪著。解行事鈔、與資持記所見異。遂別成一家者。

【行法】（術語）修行之法。四法之一。阿彌陀經元照疏曰、「大覺世尊一代名教。大小雖殊。不出教理行果。因教顯理。依理起行。由行克果。四法收之。鮮無不盡」

【四度行法】（修法）又云四度之加行。一十八道之行法、二胎藏界之行法、三金

剛界之行法、四護摩之行法、是密教一般之行法也。

【行法中間立座作法】（修法）密教行者於修法中間有要事立座時之作法也。作法集曰、「行法之間。依要事立座時、結五股印、誦吽字、然後却去。傳云、念誦之時有要事立座出時、蟠念珠安壇上而出云云。」

【行性】（術語）菩薩之大行與佛性也。見行佛性條。

【行果】（術語）行業與果報。果報者。必依行業之因。無量壽經上曰、「行業果報不可思議。」行宗記下一之一曰、「良以如來行果極圓。究盡衆生重輕業性。」

【行雨】（人名）頻婆沙羅王大臣名。涅槃經謂之雨行。有部毘奈耶謂之行雨。有部毘奈耶四十五曰、「摩竭陀國王舍城王。名曰影勝。以法理人國無災患。如餘廣說。夫人名勝身。儀貌超絕。國內無比。王之太子。名未生怨。有一大臣名曰行雨。是大婆羅門種。高勝貴族。」

【行供養】（術語）行善法而供養佛也。般若經理趣分曰、「修行一切波羅蜜多。於諸如來廣設供養。修行一切慈悲喜捨。於諸如來廣設供養。」

【行宗紀】（書名）八卷、宋釋元照著。釋南山之戒疏者。

【行者】（職位）禪語。方丈之侍者。釋氏要覽上曰、「善見律云。有善男子。欲求出家。未得衣鉢。欲依寺中住者。名畔頭波羅沙。（未見譯語）今詳若此方行者也。」禪林象器箋八曰、「有髮而依止僧寺稱爲行者。」又（術語）Ācarin 修行佛道者。釋氏要覽上曰、「經中多呼修行人爲行者。」觀無量壽經曰、「讀誦大乘。勸進行者。」

【行狀】（雜語）狀者形象之義、卽謂其行業之形容也。又云行業、行道、行實。但行業言其德行偉業、行道言其德行修道、行實言其行業事實。

【行香】（儀式）行者、施與之義、香者爲對佛信心之使、（見香條）故施與僧而燒之以使勸請佛也。漢書高帝紀曰、「行田宅。」註「蘇林曰。行音行酒之行。猶付與也。」此事爲法會之嚴儀、非大會不作、作之者多係上位之人。普達王經曰、「佛言。乃昔摩訶文佛時。王爲大姓家子。其父供養三尊。父命子傳香。」僧史畧中曰、「安法師三例中。第一是行香定座上講。斯乃中夏行香之始也。」同曰、「唐中宗設無遮會。詔五品已上行香。或以然香熏手。或將香末徧行。謂之行香。」又燒香謂爲行香。敕修淸規聖節曰、「燒香侍者覆住持。來早上堂。至五更住持行香。」尙直編曰、「行中仁禪師。每旦行香。至世尊前。於小合中。別取好香一炷進之。」備用淸規達磨忌曰、「行者鳴行香鈸。維那轉身爐前揖住持上香。」雲麓漫鈔曰、「遺敎經云、比邱欲食先燒香唄案法師行香定坐而講、所以解穢流芬也。乃中夏行香之始。」西溪叢語曰「行香起於後魏及江左齊梁間每燃香薰手、或以香末散行、謂之行香唐文宗朝省臣奏設齋行香事無經紀乃罷。宣宗復釋敎仍行其儀。」演繁露曰、「南史王僧達好鷹犬何尙之設八關齋集朝士自行香次至僧達。曰願郎且放鷹犬。其謂行香次及僧達者卽釋敎之行道燒香也。行道燒香者主齋之人親自周行道場之中、以香爇之於爐也。東魏靜帝常設法會、乘輦行香。高歡執爐步從。凡行香者步進前而周匝道場仍自炷香爲禮。靜帝人君也、故以輦代步不自執爐、而使高歡代執也以此見行香只是行道燒香無撒香末事也。」按今作佛事僧借主齋者持爐巡壇中、或儀導以出街巷曰行香與演繁露說正合。

【行香本緣】（本生）賢愚經七說「佛告阿難過去無量阿僧祇劫閻浮提有一大國名波羅捺時有一人好修家業、意偏愛金而勤積之因得一瓶於其舍內掘地藏之。如是勤身乃得七瓶悉取埋之後遇疾終作一毒蛇守此金瓶如是展轉受形經一萬歲最後受身厭心忽生見有一人通道呼之曰、吾今此處有一瓶金用託君欲供僧作福設食時持一阿先提（譯爲草籠）來取我彼至日擔蛇至寺著於衆僧前食時已到僧衆行立蛇使彼人次第賦香衆僧食終爲蛇說法。歡喜轉增得僧之維那到埋金所盡用餘六瓶金施僧命終生忉利天佛告阿難爾時持蛇之人則我身是也。是毒蛇今舍利弗是也。」行事鈔下三曰「賢愚經蛇施金已令人行香置僧手中。」

【行香儀則】（術語）行事鈔下三曰、「若行香者不令婦人指捏掌掌語令懸放。必不肯者便可縮手常使過去。若有男子。幸遺行之。尼法反前。爲深防罪故五百問及三千云。不得立受香因比丘受香。女觸其手欲發罷道佛言若立受者吉羅。」

【行苦】（術語）行者遷流之義、一切有爲法遷流三世無剎那常住安穩之苦謂之行苦。三苦之一法界次第中之下曰「常爲無常遷動卽是行苦也。」止觀七上曰、「念念流炎是爲行苦。」

【行苦行論師】（流派）見外道條附錄二十種外道項。

【行相】（術語）心識各自固有之性能謂之行相。心識以各自之性能、遊行於境相之上又行於所對境之相狀故名行相。唯識論二曰「識以了別爲行相故。」心識對於事物之境時、必現其影像於心內、如鏡之於物指其心內之影像而謂之行相。唯識述記三本曰「相者體也卽謂境相行於境相名爲行相。或相謂相狀。行境之相狀名爲行相。或行境之行解相貌。然本但是行於相義。非是行解義。」又爲行解事物之相貌、故云行相。俱舍光記一之餘曰、「言行相者。卽是行解相故。名爲行相。」同四曰、「有所行境界相故名行相。又解。行謂行解。如了別等。相謂相貌。如影像等。行家相故。名爲行相。」俱舍寶疏四曰、「能緣心法。於所緣境品類不同。行解心上。起品類相。如鏡照物類於鏡面上有種種像差別之相。」頌疏三曰、「如緣青境心及心所。皆帶青上影像。此識上相。名爲行相。行謂行解。卽能緣心也。相謂影像。卽行上相也。行解之相。名爲行相。依主釋也。」

【二種行相】（名數）此行相有俱舍唯識之異義。俱舍以許直緣心外之境、故心外之境爲所緣、心內之行相卽所緣也。唯識不許直緣心外之境、必於心內現影像、以之爲所緣、更起能緣之相、申言之、卽心內有能緣所緣之二相、所緣名相分、能緣名見分、而此見分卽行相也。然則由唯識觀之則我爲見分行相。俱舍爲相分行相也。唯識論二曰、「執有離識所緣境者。彼說外境是所緣。相分名行相。（中略）達無離識所緣境者則說相分是所緣。見分名行相。」述記三本曰、「行相有二。一者見分。如此文說。二者影像相分。名爲行相。」俱舍光記一之餘曰、「若依大乘。此行相當相分。此相分是境攝。隨變色等。卽色等攝。」

【十六行相】（名數）於苦集滅道之四諦各浮四種影像於心而解了之也。見俱舍論二十六。法界次第中之下。

【行信】（術語）淨土眞宗之名目。念佛曰行、信心曰信。如其次第。卽四十八願中之第十七第十八也。敎行信證文類二曰、「其眞實行願者。諸佛稱名願。其眞實信願者。至心信樂願。斯乃選擇本願之行信也。」

【行思】（人名）唐吉州青原山行思禪師。出家後、詣曹溪謁六祖。祖深器之。爲會下之首。師既得道。住青原山靜居寺。僧問、如何是佛法大意。師曰、廬陵米什麼價。師既得石頭希遷付法。唐開元二十八年寂。傳宗謚曰弘濟禪師。見傳燈錄五。

【行要】（術語）修行之主要者。玄義九上曰、「修行之要。不出定慧。」

【行宣政院】（職位）元順帝元統二年、革龍廣敎總管府、置行宣政院於杭州、官有院使同知副使各二人、同僉院判各一人、首領官經歷二人、都事知事照磨各一人。按至元二年、西番寇起、亦置行宣政院。又至正二年、江浙行宣政院設崇敎所、擬行中書省理問官、以理僧民之事。

【行益】（雜語）禪語。行者行食、益者益食。見禪林象器箋十二。

【行捨】（術語）與善心相應之心所、

有稱爲捨、使心住於平等、離掉薄之過者。是於五蘊門、屬於行蘊、故稱爲行捨、以別於受蘊所攝之受捨。

【行脚】（術語）禪僧爲修行旅行也。祖庭事苑八曰「行脚者、謂遠離鄉曲、脚行天下、脫情捐累、尋訪師友、求法證悟也、所以學無常師、徧歷爲尚。」

【行脚僧】（雜語）旅行之僧也。

【行陰】（術語）新譯曰行蘊、舊譯曰行陰。見陰條。

【行婬】（雜語）楞嚴經八曰「是故十方一切如來、色目行婬、同名欲火。」

【行堂】（堂塔）行者之寮室也。又云選僧堂、於行者中選其可爲僧者故也。

【行教】（術語）普化道俗之教、謂之化教、偏制比丘行法之教、謂之行教。化教爲經論二藏之所詮、行教爲律藏之所詮也。南山戒疏一曰「言行教者、起必因過、隨過制約。（中畧）戒律一宗、局斯教矣。」

【行唯識】（術語）見五種唯識條。

【行華】（儀式）以華配賦也。慈恩傳二曰「法師至、諸德起來相慰、訖、各各還就坐、令一僧擎鮮華一盤來、授法師、法師受已、將至佛前散華禮拜、訖、就木叉毱多下坐、已復行華。」卽此可見西域行之也。行華之行、同於行香之行。

【行厠】（譬喩）身之不淨、譬如受屎之厠。金光明經四曰「是身不堅、無所利益、可惡如賊、猶若行厠。」釋門歸敬儀曰「或比行厠畫瓶、或擬危城坏器。」

【行業】（術語）身口意之所作。法華經提婆品曰「善知衆生諸根行業。」因善惡之所作、可感苦樂之果報者。無量壽經上曰「行業果報、不可思議。」

【行善】（術語）對於止善而言、爲進趣之善、所謂諸善奉行也。與作持同義。

【行無色】（術語）七種不還之一。見不還條。

【行森】（人名）三十二祖傳曰「行森、號茆溪、又號慈翁。博羅人、俗姓黎氏。參大覺普濟能仁國師玉琳秀、洞明心要。秀命分座說法、接引海衆。一時目爲大鵬劈海、又稱爲森鐵棒。淸康熙十六年、遊華巖、曰、此中修篁奇石、可以臥數江帆、吾老此畫圖中矣。乃自刻化期、手書封龕偈而寂。世壽六十四、僧臘三十有六。雍正十一年、追封明道正覺禪師。」

【行童】（雜名）僧僕也。睽車志曰「朱三有子、年十三四、傭於應天寺僧爲行童。」

【行道】（儀式）爲敬禮佛而向佛右方周圍旋繞也。寄歸傳三曰「諸經應云旋右三匝、若云佛邊行道者、非也。經云右繞三匝者、正順其儀。」萬善同歸集二曰「行道一法。西天偏重繞百千而方施一拜。經云。一日一夜行道。志心報四恩。如是等人得入道疾。」尊勝陀羅尼經曰。「於四衢道。造窣堵波安置陀羅尼合掌恭敬。旋遶行道。歸依禮拜。」大法會必行行道之式。因行其所知之道也。無量壽經下曰「行道進德。」因與經行同用之。

【行道誦經】（儀式）行道而誦經、天台之常行三昧是也。

【行解】（術語）心識遊行所對之境而解了之也。俱舍光記一之餘曰。「言行解者。唯是心等作用差別。（中略）作用名行。解影像名行相。」因修行與知解。釋氏要覽下曰「宗鏡錄云。禪僧行解有十。」

【行犍度】（書名）發智論說善惡行業之篇章名。八犍度之一。犍度者、譯言類聚。猶言品。

【行滿】（人名）佛隴寺行滿。荊溪之高弟也。日本傳敎師從之受天台之諸籍。佛祖統紀十、以爲荊溪之旁出、揭其名而無傳。宋高僧傳二十二、有天台山智者禪院行滿傳。然其年代不同。唯日本明匠畧傳記其爲蘇州人、二十出家。二十五具戒。大曆三年就荊溪和尚學止觀玄義各一遍文句三遍。住佛隴寺。

【行滿成佛】（術語）見四滿成佛條。

【行境十佛】（術語）修行滿足證得境界之十佛。對於解境十佛而言。舊華嚴經三十七所列願佛、業報佛、住持佛、（新華嚴經作正覺佛）法界佛、心佛、三昧佛、性佛、（新本性佛）如意佛（新隨樂佛）之名是也。

【行像】（行事）西域之俗、每年佛生日、莊嚴佛像。載之以車巡行城內。謂之行像。法顯傳記巴連弗邑之行像云、「年年常以建卯月八日行像。作四輪車。縛竹作五層。有承櫨偃戟。高二丈許。其狀如塔。以白氎纏上。然後彩畫作諸天行像。以金銀瑠璃莊嚴其上。懸繒幡蓋。四邊作龕。皆有坐佛。菩薩立侍。可有二十車。車車莊嚴各異。當此日境內道俗皆集。作倡伎樂。華香供養。波羅門子來請佛。佛次第入城。入城內再宿。通夜燃燈伎樂供養。國國皆爾。」僧史略上詳釋之。又見佛國記。

【行德】（術語）修行之功德。

【行履】（術語）行者進退、履者實踐。指日常一切行爲。卽行住坐臥語默動靜。喫茶喫飯屙屎送尿。衲僧行履。佛祖不能規。外魔不能亂。頭頭物物。舉足下足。都是道之現成。此古德之言也。

【行儀】（術語）行事之儀則也。言出家僧侶行爲之作法。四分律行事鈔上曰、「揚顯行儀。匡攝像敎。」資持記上一之一釋之所謂、「行儀者、謂行事之軌式。以像末之敎、不顯行儀、安能久住」是也。

【行學】（術語）行法修學。指戒定慧之三學也。

【行樹】（雜名）成列之樹林也。阿彌陀經曰、「七重行樹」同經通贊疏卷中曰、「七重行樹七重寶樹國中行列。常開異華更無凋變靈禽上棲衆遊從故云七重行樹」

【行禪經】（經名）簡括四種之禪行者攝於中阿含經四十四。

【行願】（術語）身之行與心之願。此二相資而成大事。靑龍疏下曰、「由行與願互相依持此二俱修不偏起故」菩提心論曰、「凡人欲爲善之與惡皆先標其心而後成其志。所以求菩提者。發菩提心修菩提心。」次第禪門一上曰、「有願而無行如人欲度彼岸不肯備於船筏當知常在此岸終不得度」。

【行願勝義菩提心】（術語）龍樹之菩提心論分別菩提心之相爲行願勝義三摩地三種。第一起利益一切衆生而使成佛之願謂之行願菩提心。論曰「行願者謂修習之人常懷如是心我當利益安樂無餘有情界觀十方含識猶如己身。」

【行願品】（書名）大方廣華嚴經入不思議解脫境界普賢行願品之略稱。出於四十華嚴經卷第四十。說普賢菩薩之十大願者。

【行願讚】（書名）普賢行願讚之略稱。唐不空譯。惟行願品中普賢自讚之偈、爲別出者。與本經之偈同本異譯。

【行願品疏】（書名）十卷、淸涼大師澄觀著。世云貞元疏。

【行願品疏鈔】（書名）又云行願品隨疏義記。六卷。宗密著。解行願品疏者。

【行證】（術語）修行與證悟。依於行道而證理也。行者因。證者果。三藏法數十三曰「如來滅後。敎法垂世。人雖有稟敎而不能修行證果是名末法。」

【行籌】（物名）生事故或異見時、欲計算兩方人員使各人捉籌而行投票、以票數而知人數。其籌以竹與紙片等作之。釋氏要覽下曰、「梵音舍羅。此云籌。律有婆羅門問比丘。逝多林住幾人。比丘不知。佛言應行籌。」梵 Salākā

【行蘊】（術語）造作於有爲法之因緣遷流於三世。謂之行。此中除色受想識四者其他之有爲法。名行蘊。五蘊之一。蘊者積集之義。是亦有爲法之通名也。倶舍論一曰、「四餘爲行蘊。」頌疏一曰、「四者謂色受想識。除四蘊外。諸餘心所有四十四及十四不相應。此五十八法是四蘊餘。總名行蘊。造作遷流二義名行。據此義邊。色等五蘊倶合名行。謂由行蘊攝法多故。偏得行名。」倶舍光記一之餘曰、「問若於造作或約遷流。餘四蘊亦名爲行。何故行蘊獨得行名。解云。其餘四蘊雖亦名行。攝行少故各受別名。行蘊攝行多故。故得行名。」

【妃】（術語）梵語曰羅逝。Rajñī 以妃有能生之德。故密教假之爲三昧之異名。又爲陀羅尼之別目。生長三昧及陀羅尼之一切功德。如女性之能生男女。使種胤不斷絕也。大日經九曰、「妃是三昧義。所謂大悲胎藏三昧也。」同十二曰、「妃者如世女人能生男女。令種胤不絕。此明（指陀羅尼）能生一切如來所有功德。故義云妃也。」見明妃條。

【好不唧嚁】（雜語）好者、弄之而加美言。不唧嚁者、不秀不慧之義。見不唧嚁條。

【好生】（雜語）喚起注意時所發之語。生者、語助詞。介石智明禪師語錄小參條曰、「諸人好生聽取。」石溪心月禪師語錄上曰、「好生觀。」即其例也。

【好相】（術語）妙好之異相也。謂行者感得佛身並光華等種種妙好之異相。梵網經下曰、「若到禮三世千佛得見好相。若一七日二三七日乃至一年。要見好相。好相者、佛來摩頂見光見華種種異相。便得滅罪。若無好相。雖懺無益。」即是。

【好照】（物名）明鏡也。坐禪時之道具。行事鈔鉢器篇曰、「大論供給坐禪法。禪杖禪鞠禪鎮骨人禪經好佛好照衣服等。」資持記下二之三曰、「好照有說座禪處多懸明鏡以助心行。或取明瑩現像。或取光影交射。」

【好堅樹】（植物）木名。智度論十曰、「譬如有樹名爲好堅。是樹在地中百歲。枝葉具足。一日出生。高百丈。是樹出已欲求大樹以蔭其身。是時林中有神語好堅樹言。世中無大汝者。諸樹皆當在汝蔭中。」

【好聲鳥】（動物）Karaṇḍa 又 Karaṇḍaka 梵語曰迦蘭陀。譯曰好聲鳥。又拘耆羅。Kokila 譯曰好聲鳥。見名義集二。

【如】（術語）如者如法之各各之相也。如法之實相也。如地之堅相。如水之濕相。謂之各各之相。是事相之如也。然此各各之事相。非實有、其實皆空。以彼此之諸法以空爲實。空者是諸佛之實相也。此實相之如稱爲如。故實相即如也。又此如爲諸法之性。故名法性。此法性爲眞實之際極。故曰實際。故如與法性與實際。皆諸法實相之異名也。又諸法之理性相同。謂之如。以諸法雖各各差別。而理體則一味平等。故也。故如者理之異名也。此理眞實。故云眞如。其理爲一。故云一如。但就其理體言之。般若經之如。立爲空法華經之如。立爲中。是教門之不同也。智度論三十二曰、「諸法如有二種。一者各各相。二者實相。」又曰、「佛弟子如法本相觀。」又曰、「如法性實際。此三皆是諸法實相異名。」」維摩經菩薩品曰、「如者不二不異。」大乘義章一曰、「如。法性。實際。義出大品經。此三乃是理之別目(中略)如者是其同義。法相雖殊理實同等故名爲如」大日經疏一曰、「怛他是如義。」止觀二曰、「如空之異名耳。」維摩經淨影疏曰、「眞法體同名之爲如」

【如一味雨】(雜語) 法華經藥草喩品曰、「佛平等說如一味雨。隨衆生性所受不同如彼草木所稟各異」

【如幻】(譬喩) 大品經十喩之一。西俗多工伎、以種種法現出無實之象馬人物等、使人如實見聞謂之幻。幻事雖如實見聞而非實也、故以譬一切諸法之無實。智度論六曰、「一切諸行如幻欺誑小兒屬因緣不自在不久住。是故說諸菩薩知諸法如幻」維摩經方便品曰、「諸法如幻相無自性無他性」見幻條。

【如幻三昧】(術語) 達於一切諸法如幻之理之三昧也。又現作種種如幻之事之三昧也。圓覺經曰、「修習菩薩如幻三昧方便漸次令諸衆生得離諸幻」智度論五十曰、「如幻三昧者如幻人一處住所作幻事遍滿世界所謂四種兵衆宮殿城郭飲食歌舞殺活憂苦等。菩薩亦如是住是三昧中能於十方世界變化遍滿其中」

【如幻卽空】(術語) 萬有如幻而無實體也。

【如幻假有】(術語) 萬有如變幻而無有實體、徒見存在也。

【如幻三摩地】(術語) 同於如幻三昧。

【如化】(譬喩) 大品經十喩之一。神仙之通力天龍之業力或以禁咒禪定等變化現出種種之物名爲化、此化事化物空而無實也、以譬一切諸法之實無性。智度論六曰、「是變化復有四種欲界藥草寶物幻術能變化諸物。(是一)諸神通人力故能變化諸物。(是二)天龍鬼神等得生報力故能變化諸物。(是三)色界生報修定力故能變化諸物。(是四)如化人無生老病死無苦無樂亦異於人生。以是故空無實一切諸法亦如是皆無生住滅。以是故說諸法如化」見化條。

【如去】(術語) 如來之別名。過去之諸佛如從生死去於涅槃中之義也。又乘眞如之道而往於佛果之義也。大日經疏一曰、「梵本云但他揭多者但他是如義、揭多是來義、知解義、說義、去義。如諸佛乘如實道來成正覺今佛亦如是來、故名如來。(中略)一切諸佛得如是安樂性直至涅槃中今佛亦如是去、故名如去。釋論俱舍四義。然古譯多云如來。有部戒本云如去。阿闍梨意存如去如說。今且順古題也」秘藏記本曰、「如去謂自凡位修行成正覺也。乘如而往故曰如去。如來謂成佛以後悲願力故垂化也。乘如

而來故曰如來。」梵如來 Tathā-āgata 如去 Tathā-gata

【如未開蓮合掌】（術語）十二合掌之一。大日經疏十三曰、「以十指頭相合。指亦齊等。然掌內空令稍穹隆名窟滿臘合掌。此云如未開蓮也。」

【如如】（術語）楞伽經所說五法之一。法性之理體、不二平等。故云如。彼此之諸法皆如。故云如如。是正智所契之理體也。智度論一曰、「人等世界故有。第一義故無。如如法性實際世界故無。第一義故有。」大乘義章三曰、「言如如者是前正智所契之理。諸法體同。故名爲如。就一如中體備法界恒沙佛法。隨法辨如。如義非一。彼此皆如。故曰如如。如非虛妄。故復經中亦名眞如。」玄應音義二十三曰、「如如歷法非一。故曰如如。」無量壽經下曰、「從如來生解法如如。」同淨願疏曰、「空同故曰如。解知一切萬法皆如。如名解如如。」佛性論二曰、「如者有二義。一如如智。二如如境。並不倒故名如如。」

【如如智】（術語）契於如如理體之智。謂之如如智。佛性論二曰、「言如者有二義。一如如智。二如如境。（中略）以如如智稱如如境故。」

【如如境】（術語）如如之理體爲如如智所契之境者。

【如如佛】（術語）覺悟如如理體之佛也。又佛體卽如如之理也。宗鏡錄九曰、「古偈云。識心達本如如佛。畢竟無依自在人。」古靈神讚禪師錄曰、「心性無染。本自圓成。但離妄緣。卽如如佛。」

【如如如說】（術語）二教論上曰、「不中之法離於三相。不見處所。如如如說。」是約於離空實非空實三相之義。顯三種平等而重三如也。維摩經不二門品曰、「如言說如如耳聽如。」

【如來】（術語）梵語曰多陀阿伽陀、Tathāgata 譯言如來、佛十號之一。如者眞如也。乘眞如之道從因來果而成正覺之故。名爲如來。是眞身如來也。又乘眞如之道來三界垂化之故。謂之如來。是應身如來也。又如諸佛而來。故名如來。此釋通於二身。成實論一曰、「如來者乘如實道來成正覺故曰如來。」轉法輪論曰、「如實而來。故名如來。（中略）涅槃名如。知解名來。正覺涅槃故名如來。」智度論二十四曰、「如實道來。故名爲如來。」勝鬘寶窟上末曰、「如來者。體如而來。故名如來。又如諸佛來。故名如來。問。體如而來。故名如來。此是應身。何有來義。眞如法身云何有來。答。如本隱今顯。亦得稱來。」大日經疏一曰、「如諸佛乘如實道來成正覺。今佛亦如是來。故名如來。」行宗記上一之二曰、「眞如平等。體離虛妄。故曰如實。乘履此法出現利生。故得此號。」秘藏記本曰、

「如來謂成佛以後悲願力故垂化也。乘如而來故曰如來。」敎行信證四曰「眞如卽是一如。然者彌陀如來從如來生示現報應化種種身也。」又梵云修伽陀(Sugata)譯言如去。又譯好去。是如實去生死之義也。故如來如去相對則如去者向上自利、而如來者向下利他也。以此二名顯佛之無住涅槃。餘見多陀阿伽陀條。

【二種如來】(名數)一出纏如來、一切諸佛在出障圓明位之稱也。二在纏如來、在一切有情纏垢中之稱也。凡行者之供養、卽供養此二種如來也。見秘藏記鈔一。

【二如來】(名數)天台一家依成實論乘如實道來成正覺之語、解眞應之二如來。如實者是如如之境、乘者是如如之智道是因、覺是果。境智契合而未窮滿之位。(是因)謂之乘如實道、已窮滿之位、(是果)謂之來成正覺、卽眞身如來也。又境智契合謂之乘如實道、來至三界示現八相成道、謂之來成正覺。是應身如來也。前眞身之釋、屬於乘如實道之四字、因今者全屬於果。欲果上之境智冥合而來生於三界也。法華文句九曰「道覺義成。卽是乘如實道來成正覺。此眞身如來也。以如實智乘如實道來至三界。示成正覺者。卽應身如來也。」

【三如來】(名數)又天台依智度論二、「如法相解。如法相說。」之文而釋三身如來。法相二字卽法身如來也。法相者如如之境也。解者如如之智也。如如之理、爲如如之智境。是名法身。此法身遍一切處而無有異。爲如不動而來應一切處爲來。解之一字、報身如來也。乘如實之道而如法相解也。是契於如如之理如如之智也。此智如法相爲如。如法相解爲來。說之一字、應身如來也。既至果上、理智冥合之處垂無謀之權用、來至三界轉法輪、謂之如法相說。理智冥合爲如、來至三界而說爲來。文句九曰、「徧一切處而無有異爲如。不動而至爲來。指此爲法身如來。(中略)從理名如。從智爲來。卽報身如來。故論云。如法相解。故名如來也。以如如境智合。故能處處示成正覺。水銀和眞金能塗諸色像功德和法身處處應現往。八相成道。轉妙法輪。卽應身如來。故論云。如法相說故名如來也。」

【如來藏】(術語)眞如在煩惱中、謂之如來藏、眞如出煩惱、謂之法身。依佛性論如來藏品、藏有三義(一)所攝之義、眞如立於衆生之位、則含和合不和合之二門、爲和合門者生一切之染法、爲不和合門者生一切之淨法。一切染淨之法、皆攝於如來之性、卽眞如、故云如來藏。易言之則眞如攝一切法。如來藏一切法也。楞伽經四曰「如來之藏。是善不善因。能徧興造一切衆生。」勝鬘寶窟下本曰「一切衆生無有出如如境者。

並爲如如所攝故名藏也。則衆生爲如來所攝也。是如來藏衆生。」起信論義記上曰、「如來藏心。含和合不和合二門。以其在於衆生位故。若在佛地則無和合義。」(二)隱覆之義、眞如在煩惱中時、爲煩惱隱覆如來之性德、而不使顯現、故名如來藏、是衆生之煩惱藏如來也。勝鬘經曰、「無量煩惱藏所纏如來藏。」又曰、「如是如來。法身不離煩惱藏。名如來藏。」理趣般若經曰、「一切有情皆如來藏。」同述讚下曰、「此眞性正實如來藏在纏中名如來藏。一切衆生皆有眞理故。」勝鬘寶窟下本曰、「如來性住在道前爲煩惱隱覆。衆生不見。故名爲藏。是衆生藏如來也。」(三)能攝之義、眞如在煩惱中。含攝如來一切果地之功德、故名如來藏。占察經下曰、「復次彼心名如來藏。所謂具足無量無邊不可思議無漏淸淨之業。」起信論曰、「如來藏。具足無量性功德故。」述讚下曰。「藏謂庫藏。諸佛所有一切功德皆在其中名如來藏。現行功德未能起。故不名法身。」起信論義記下本曰、「隱時能出生如來。名如來藏。(能攝故出生也)顯時爲萬德依止。名爲法身。」梵 Tathāgatagarbha 図如來所說之一切經藏也。增一阿含經序品曰、「其有專心受持增一。便爲總持如來藏。正使今身不盡結。後生便得高才智。」

【二如來藏】(名數) 一空如來藏、二不空如來藏。同於空不空之二眞如。見二如條。

【如來日】(術語) 又云實相日。越過現未三時無相平等之日時也。大日經一曰、「越三時如來之日。」同疏一曰、「以淨眼觀之。三際之相了不可得。無終無始。亦無去無來。此實相之日。覺明常住。湛若虛空。無有時分修短之異。然以佛神力故。令瑜伽行者於無量劫謂如食頃。或演食頃以爲無量劫。延促自在。無定相可得。故云如來日也。」

【如來地】(術語) 佛之位也。楞伽經二曰、「如來禪者。入如來地。得自覺聖智相三種樂住。」起信論曰、「一切菩薩。皆乘此法到如來地故。」

【如來衣】(衣服) 三軌弘經之一。同於忍辱衣。見三軌條附錄。

【如來身】(術語) 解境十佛之一。

【如來使】(術語) 佛滅後弘通經法者。謂之如來使。法華經法師品曰、「善男子善女人。我滅度後能竊爲一人說法華經乃至一句。當知是人則如來使。如來所遣行如來事。」梵 Tathāgata-dūta, preṣṭa, kṛtya-kara.

【如來座】(術語) 三軌弘經之一。同於法空座。見三軌條附錄。

【如來唄】(儀式) 如來妙色身等二偈八句、諷梵唄之調子、故云如來唄。簡稱之曰梵唄勝鬘經曰、「如來妙色身世間無與等。無比不思議。是故今敬禮如來色無盡智慧亦復然。一切法常住。是故我歸依。」第一偈、嘆佛之應身、次二句嘆佛之報身、一切法常住一句、嘆佛之法身法會之常式多唱此文。

【如來室】（術語）三軌弘經之一。同於慈悲室。見三軌條附錄。

【如來家】（術語）眞如法界爲如來之所住、故稱如來家。唯識論九曰、「菩薩得此二見道時生如來家。」同述記九末曰、「無性云、謂佛法界名如來家。於是證會故名爲生。」

【如來部】（術語）胎藏界三部之一。又云佛部。大日釋迦等諸佛之部類也。

【如來會】（術語）無量壽如來會之略名。大寶積經第五會之名也。

【如來舞】（術語）稱如來以種種善巧之神變悅可衆心而攝化之之作業也。大日經悉地出現品曰、「佛又告金剛手。諸如來有意生名業作戲行舞。廣演品類攝持四界安住心王等同虛空。成就廣大見非見果。出生一切聲聞及辟支佛諸菩薩位。令眞言門修行諸菩薩一切希願皆悉滿足具種種業。利益無量衆生。」

【如來識】（術語）又云佛識。第八之阿賴耶識爲一切衆生之根本識、第九之菴摩羅識爲如來之清淨識。菴摩羅譯言清淨。以離一切之無明煩惱故也。但法相宗以菴摩羅耶識爲阿賴耶識之淨分、不立爲第九識、法性宗則立爲第九識。光明玄曰、「菴摩羅識。是第九不動。若分別之卽是佛識。」宗鏡錄曰、「摩羅淨識湛若太虛。佛性明珠皎同朗月。」

【如來禪】（術語）又名如來清淨禪。楞伽經所說四種禪之一。如來所得之禪定、卽首楞嚴定也。依此禪定窮究法身般若解脫三德秘藏之大涅槃、而起無作之妙用、別於外道二乘菩薩所得之涅槃、謂之如來禪。楞伽經二曰、「云何如來禪。謂入如來地得自覺聖智相三種樂住。成辦衆生不思議事。是名如來禪。」同經註解二曰、「如來禪者卽首楞嚴也。」證道歌曰、「頓覺了如來禪。六度萬行體中圓。」禪源都序上一曰、「若頓悟自心本來清淨元無煩惱。無漏智性本來具足。此心卽佛畢竟無異。依此而修者。是最上乘禪。亦名如來清淨禪。亦名一行三昧。亦名眞如三昧。此是一切三昧根本。若能念念修習。自然漸得百千三昧。達磨門下展轉相傳者、是此禪也。」此以如來禪爲至極之心法、達磨所傳之宗旨。名唐仰山初立祖師禪之目、以祖師禪爲達磨所傳之心印、以如來禪爲未了之名。見祖師禪條。

【如來慧】（術語）如來之智慧、卽一

種切智也。

【如來心經】(經名) 佛頂放無垢光明入普門觀察一切如來心陀羅尼經之異名。

【如來愍菩薩】(菩薩) 胎藏界曼荼羅釋迦院釋尊之右第七位。梵號怛他蘖多母隸底多。譯言如來愍。密號曰敎命金剛。主如來哀愍之德。肉色。左手持如意寶。右手持荷葉盛花者。安膝上。着羯磨衣。冥坐荷葉上。

【如來寶菩薩】(菩薩) 在胎藏界曼荼羅釋迦院釋尊之右。梵號怛他誐多摩尼。譯言如來寶。密號曰寶相金剛。是爲入釋尊寶珠三昧之尊。與大日經之毫相尊相當。黃色。左手持蓮上有寶珠。右手爲胎拳。立頭指當胸。坐赤蓮。

【如來礫乞底菩薩】(菩薩) 胎藏界曼荼羅釋迦院上行北端之第九位。梵號礫乞底。譯言槊。密號曰衆行金剛。主如來外護方便之德。肉色。右手持一股戟。左手爲金拳。安臍下。坐蓮上。

【如來牙菩薩】(菩薩) 胎藏界曼荼羅釋迦院上行南端之第九位。梵號怛他蘖多能瑟吒羅。譯言金剛牙。嚙碎一切煩惱之三昧也。密號曰護法金剛。又曰調伏金剛。肉色。左手持開敷蓮花。右手伸頭小大三指。餘屈。當胸。坐赤蓮上。

【如來捨菩薩】(菩薩) 在胎藏界曼荼羅釋迦院上行北端。梵號怛他誐多烏波乞叉。譯言如來捨。密號曰平等金剛。司如來四無量心中之捨德。菩薩形。肉色。左手持白珠。右手押股。坐於荷葉。

【如來慈菩薩】(菩薩) 胎藏界曼荼羅釋迦院釋尊之右第八位。梵號怛他蘖多昧底哩。譯言如來慈。密號曰護念金剛。司四無量心中之慈德。肉色。捧荷葉中盛蓮華。着羯磨衣。冥坐於荷葉。

【如來悲菩薩】(菩薩) 胎藏界曼荼羅釋迦院釋尊之右第六位。梵號怛他怛多迦樓多。譯言如來悲。密號曰慈化金剛。司四無量心中之悲德。肉色。童形。兩手虛心合掌。戴鬘。着天衣。坐荷葉。

【如來喜菩薩】(菩薩) 胎藏界曼荼羅釋迦院上行北端之第二位。梵號怛他誐多母你多。譯言如來喜。密號曰禰法金剛。司四無量心中之喜德。肉色。持荷葉盛蓮華。右手大中相捻。當胸。坐於赤蓮。

【如來毫相菩薩】(菩薩) 胎藏界曼荼羅釋迦院釋尊之左第二位。梵號怛他誐都欏。譯言如來毫相。密號曰妙用金剛。如來白毫爲無邊福德之相。而此爲佛格化者也。黃色。左手持髻上有圓光。右手仰掌當臍下。坐於赤蓮。

【如來語菩薩】(菩薩) 胎藏界曼荼羅釋迦院釋尊之左第七位。梵號怛他誐多縛乞怛落、譯言金剛語。密號曰性空金剛。是爲如來愛言語之口、相格化者、肉色、左手持髻上安寶形、右手爲平掌仰而當胸、坐於赤蓮。

【如來笑菩薩】（菩薩）胎藏界曼茶羅釋迦院釋尊之左第八位。梵號怛他怛多訶婆、譯言如來笑。密號曰歡喜金剛、破顏金剛。是爲如來辯說之相、格化者肉色、左手執開敷蓮、右手伏頰邊、開口、坐赤蓮。

【如來舌菩薩】（菩薩）胎藏界曼茶羅釋迦院釋尊之左第六位。梵號怛他怛多爾訶縛、譯言如來舌。密號曰辯說金剛。是爲如來之舌相、格化者肉色、持蓮上有舌、右手爲平掌仰而當胸、坐於赤蓮。

【如來常住】（術語）涅槃經二十七曰、「師子吼者名決定說。一切衆生悉有佛性。如來常住無有變易」。

【如來拳印】（印相）又名智拳印。金剛界大日如來之印契也。見智拳印條。

【如來藏心】（術語）眞如心之異名也。見眞如心條。

【如來藏性】（術語）一切衆生之性隱藏如來之功德、謂之如來藏性。

【如來藏論】（書名）大乘法界無差別論之異名。

【如來藏經】（經名）具名大方等如來藏經、一卷、東晉佛陀跋陀羅譯。舉九喻而說一切衆生皆有如來藏性。

【如來藏緣起】（術語）同於眞如緣起。

【如來所得法】（術語）金剛經曰、「如來所得法此法無實無虛」。如來所得之法者菩提也、其法體空寂無相可得、故云無實、其中具恒沙之性德、故云無虛。

【如來神力品】（經名）法華經二十八品中第二十品之名。記如來爲付囑深法於菩薩、現十種之神力。

【如來淨華衆】（術語）往生論曰、「如來淨華衆正覺華化生愛樂佛法味禪三昧爲食」。彌陀如來之聖衆、悉於清淨之蓮華中化生、故云如來淨華衆。其蓮華爲如來本願成就而成正覺之結果、故云正覺華。

【如來壽量品】（經名）法華經二十八品中第十六品之名。四要品之一。說釋迦如來既於久遠之昔成佛、其壽量無數無量不可思議、此稱爲開迹顯本。一經中於此始開八相成道垂迹之化身、而顯久遠實成之本身也。

【如來應正遍知】（術語）又謂之如來應供等正覺。佛之三號也。往生論註下曰、「所言三號卽是如來應正遍知也」。見十號條。

【如來智印經】（經名）一卷、失譯。大乘智印經之異譯。

【如來三昧耶】（術語）阿闍梨所傳曼荼羅徧知院之一尊也。畫如來頂相爲其幖幟。大疏六曰、「三昧耶當作御頂相。如來頂相具攝一切功德。」

【如來五種說法】（名數）如來說法之五種方法。一言說、以言音而說法。二隨宜、隨順衆生之機根而說法。三方便、以善巧方便而導之。四法門、說妙法開解脫之門而使入於清淨之地。五大悲、起大悲心一念一剎那不捨衆生而說法。

【如來果上法門】（術語）謂眞言宗金胎兩部之密敎、諸宗之法門、乃如來之應化身、對於因位之凡夫二乘菩薩說彼等行證之分際、是因人之法門。金胎兩部之密敎乃大日如來集內證之眷屬爲自受法樂談自證者、則是果上之法門也。二敎論上曰、「如來應化身爲地前菩薩及二乘凡夫等說三乘敎法。他受用身爲地上菩薩說顯一乘等。並是顯敎也。自性受用佛自受法樂、故與自眷屬各說三密門、謂之密敎。此三密門所謂如來內證智境界也。等覺十地不能入室。何況二乘凡夫誰得昇堂。」

【如來師子吼經】（經名）一卷、元魏佛陀扇多譯。與大方廣師子吼經同本先出。

【如來秘密藏經】（經名）大方廣如來秘密藏經之略名。

【如來秘密慧經】（經名）大疏一、引除疑天女之因緣、出此經名。或云貞光開元錄不載之。或云勘開元錄、此經一部二卷、未得其本、義釋但舉經云而不出經名。

【如來不思議境界經】（經名）大方廣如來不思議境界經之略名。

【如來不思議法身】（術語）稱阿字「本不生之理。大日經五曰、「說如是音聲已。還入如來不思議法身。」義釋十二曰、「此不思議、梵云阿眞底、有阿聲、意明從阿而出又從阿而入也。」

【如來應供等正覺】（術語）又云如來應正徧智。佛之三號也。如來卽如來、應者應供、正遍智者等正覺也。舉佛號者、或以一號、或以三號、或以十號。但三號者十號中之前三號也。往生論註下曰、「諸佛如來德有無量、德無量故德號亦無量。若欲具談、筆紙不能載也。是以諸經或舉十名、或騰三號、蓋存至宗而已。豈此盡耶。」

【如來無邊誓願事】（術語）密宗所立五大願之第四奉事無邊如來之誓願也。

【如來體性無生觀】（術語）五輪所成法界塔婆之觀法也。五輪者是法身如來之體性、故云如來體性。以本不生之阿爲體、故云無生。見三種悉地儀軌。

【如來自誓三昧經】（經名）如來獨證自誓三昧經之略名。

【如來示敎勝軍王經】（經名）一卷、

唐玄奘譯佛爲勝軍王說正法治國之道并觀欲樂之無常。

【如來方便善巧咒經】（經名）一卷、隋闍那崛多譯虛空藏菩薩問七佛陀羅尼經之異譯。

【如來光明出已還入】（雜語）佛涅槃時示於阿修羅等之奇瑞也涅槃經一曰、「爾時如來面門所出五色光明其光明曜覆諸大會令彼身光悉不復現。所應作已還從口入。時諸天人及諸會衆阿修羅等見佛光明還從口入皆大恐怖身毛爲竪。復作是言。如來光明出已還入非無因緣。必於十方所作已辦將是最後涅槃之相何其苦哉。」

【如來獨證自誓三昧經】（經名）一卷、西晉竺法護譯。如來獨證自誓三昧者此時佛所住道場之名也、說出家之法迦葉自誓而得戒。

【如來所說示現衆生經】（經名）須摩提長者經之異名。

【如來所說清淨調伏經】（經名）寂調音所問經之異名。

【如來不思議秘密大乘經】（經名）二十卷宋法護等譯大寶積經第三金剛力士會之異譯。

【如來莊嚴智慧光明入一切佛境界經】（經名）二卷元魏曇摩流支譯與佛說大乘入諸佛境界智光明莊嚴經同本而支出者。

【如來應供等正覺明行足善逝世間解無上士調御丈夫天人師佛世尊】（術語）佛之十號也見十號條。

【如法】（術語）如法契於理也。無量壽經下曰、「應當信順如法修行。」維摩經方便品曰、「夫說法者當如法說。」同觀衆生品曰、「此華不如法是以去之。」

【如法治】（術語）突吉羅 Duskrta 之異別如法治罰之罪科也。資持記上一之五曰、「如法治者突吉羅異名。」

【如法佛眼】（修法）向佛眼尊修祈禱之法也。如法二字、總名嚴儀之修法。

【如法念佛】（術語）謂別時念佛也。見別時念佛條。

【如法尊勝】（修法）咒尊勝陀羅尼而祈禱尊勝佛頂尊之修法也是行大法之儀式。故特云如法。

【如法仁王會】（行事）一代一度之大仁王會也見仁王會條。

【如法北斗法】（修法）祈禱北斗星之修法也、有二法。屬於通途法者、謂之北斗尊星王法。屬於准大法者、謂之如法北斗法。（一切之修法分大法、准大法、秘法、通途法四種、）

【如法愛染法】（修法）又曰大愛染法。日本東密安置如意寶珠而行之秘法也。

【如法大仁王會】（行事）一代一度之仁王會也。參照仁王會條。

【如法孔雀經法】（修法）孔雀經所說孔雀明王之修法也。是行大法之儀式，故特謂之如法。見孔雀明王條。

【如空】（術語）如者平等之義，平等眞空謂之如空。吽字義曰：「如空四智似金理地」。

【如金剛三昧】（術語）如金剛能貫通一切之事物，以智慧通達一切諸法之三昧也。智度論四十七曰：「如金剛三昧者，得是三昧，以智慧能通達一切諸法」。

【如是】（雜語）梵語曰翳鑁 Evam，指物之詞也。又印可之辭也。資持記上一之一曰：「如是者，指示之詞」。勝鬘寶窟上本曰：「印述之辭，如是如是，誠如聖教，如是如是，如汝所說」。（中畧）法稱合道理，故言如是」。

【如是力】（術語）法華經所說十如是之一。力者力用也，如十界之衆生各法有力用功能也。

【如是因】（術語）法華經所說十如是之一。因卽習因也，下自地獄界，上至佛界，各習成善惡之性分，而如法生善惡之果，謂之如是因。

【如是作】（術語）法華經所說十如是之一。作者造作也，下自地獄界，上至佛界，如法運動造作也。

【如是性】（術語）法華經所說十如是之一。性者性分也，在於內而不改者，下自地獄界，上至佛界，如法各具十界之性，終始無變也。

【如是相】（術語）法華經所說十如是之一。相者相貌也，下自地獄界，上至佛界，如法外顯種種差別之相貌也。

【如是果】（術語）法華經所說十如是之一。果者習果也，下自地獄界，上至佛界，習成善因而生善果，習成惡因而生惡果，乃至草木各各習成自因而生自果，如法也。

【如是報】（術語）法華經所說十如是之一。報者應報也，下自地獄界，上至佛界，各如法依於過去善惡之業因而得今生苦樂之報，依於今生善惡之業因而得來生苦樂之報也。

【如是緣】（術語）法華經所說十如是之一。緣者緣助也，下自地獄界，上至佛界，依善惡業之緣助，如法得苦樂之報也。苦樂之性分爲習因，使之感果者，善惡之業緣也。

【如是體】（術語）法華經所說十如是之一。體者體質也，下自地獄界，上至佛界，如法十界各自色身之體也。

【如是我聞】（雜語）如是者，指經中所說之佛語，我聞者，阿難自言也。佛經爲佛入滅後多聞第一之阿難所編集、故諸經之開卷、皆置此四字。又如是者、信順之辭也。以信則言如是、不信則言不如是故也。佛法以信爲第一、故諸經之首舉阿難之能信而云如是。又外道之經典、開卷有阿（無之義）偏（有之義）二字爲吉祥之表、是諍論之本也、故佛教爲避諍論列如是等之六成就。如是二字爲信成就、我聞二字爲聞成就。凡諸經之首有通別二序、通序稱爲證信序、中列六事。是佛入滅時告阿難使置於諸經之冠首者。出於集法藏經。佛地論一曰、「如是我聞者。謂總顯已聞。傳佛教者言如是事我昔曾聞如是。」探玄記三曰、「如是總舉一部文義。謂指己所聞之法故云如是。」理趣釋曰、「如是者所謂結集之時所指是經也。我聞者蓋表親從佛聞也。」智度論一曰、「問曰。諸佛經何以故初稱如是語。答曰。佛法大海信爲能入智爲能度。如是者卽是信也。（中畧）不信者言是事不如是。信者言是事如是。」註維摩經一、「肇曰。如是信順辭。經無豐約非信不傳。故建言如是。」法華文句一曰、「對破外道阿偏二字不如不是。對治悉檀也。」法華義疏一曰、「立此六事爲簡外道。外道經初皆標阿偏二字。如來教首六事貫。」

【如是我聞元起】（雜語）智度論二曰、「佛入滅時、阿泥樓馱比丘、使阿難請問四事。一佛滅度後、諸比丘等以何爲師、二諸比丘依何住、三惡性比丘云何共居、四一切經首置何字、佛答、乃至一切經首置如是我聞等言。」法華文句記一曰、「通序元起由阿泥樓豆令阿難問佛。」私志記一曰、「摩耶。大悲。涅槃後分。及阿含經。皆明此事。而大悲經明優婆離教阿難問。其餘經論皆云阿泥樓豆教問。」（阿泥樓馱、阿泥樓豆、阿㝹樓馱、同一梵語也。）

【如是語經】（術語）十二部經之一。本事經之別名。

【如是本末究竟等】（術語）法華經所說十如是之一。初之如是相爲本、終之如是報爲末、從本之相、至末之報、究竟平等一如、謂之究竟等。

【如理】（術語）猶言如實。

【如理師】（術語）佛之德號也。俱舍論一曰、「敬禮如是如理師。（中畧）如實無倒。教授誡勗。名如理師。」

【如理智】（術語）契於諸法眞理之眞智也。

【如量智】（術語）通於諸法事相之俗智也。見二智條。

【如意】（物名）僧具之一。世所謂爪杖也。手所不能到之處、用此可以搔抓如意、故名。釋氏要覽中曰、「如意之制蓋心之表也。故菩薩皆執之。狀如雲葉。又如此方篆書心字」是亦一說也。然此丘之百一資具及曼陀羅諸尊之器仗無見類於如意者蓋是始於支那也。佛祖統紀智者傳曰、「南岳手持如意臨席讚之曰可謂法付法臣法王無事」釋氏資鑑五曰、「周顯德三年五月。武帝。惑於道士張賓等妖言惡黑衣之讖乃欲偏廢釋教命沙門道士辨其優劣且云長留短廢。(中略)襄城公何妥自行如意座首少林寺行禪師發憤而起諸僧止曰師爲佛法大海衆咸仰知可令末座對揚共推如意付智炫。安詳而起徐升論座坐定執如意折張賓理屈」是論議執如意之證也。因人名西天論師名梵名末笯曷刺他 Manoratha 世親菩薩之師也因室羅伐悉底國超日王、朋附外道說火烟之義不許引證恥見衆辱、斷舌而死終時誡世親曰黨援之衆無競大義羣迷之中無辨正論」見西域記二。

【如意杖】(物名)法苑珠林曰、「晉燉煌沙門竺曇猷遊會稽剡縣赤城山、有羣虎來前猷爲說法一虎獨眠乃以如意杖打頭。」

【如意輪】(菩薩)如意輪觀音也。

【如意寶】(物名)如意珠也。

【如意珠】(物名)Cintāmaṇi 從寶珠出種種所求如意故名如意出自龍王或摩竭魚之腦中或爲佛舍利所變成。智度論十曰「如意珠生自佛舍利若法沒盡時諸舍利皆變爲如意珠譬如過千歲氷化爲頗梨珠」同三十五曰、「如菩薩先爲國王太子見閻浮提人貧窮欲求如意珠至龍王宮(中略)龍即與珠是如意珠能雨一由旬」同五十九曰、「有人言此寶珠從龍王腦中出人得此珠毒不能害入火不能燒有如是等功德有人言是帝釋所執金剛用與阿修羅戰時碎落閻浮提有人言諸過去久遠佛舍利法既滅盡舍利變成此珠以益衆生有人言衆生福德因緣故自然有此珠譬如罪因緣故地獄中自然有治罪之器此寶名如意無有定色清徹輕妙四天下物皆悉照現。是寶常能出一切寶物衣服飲食隨意所欲盡能與之」雜寶藏經六曰、「佛言此珠摩竭大魚腦中出魚身長二十八萬里此珠名曰金剛堅也」觀佛三昧經一曰、「金翅鳥肉心爲如意珠」往生論註下曰、「諸佛入涅槃時以方便力留碎身舍利以福衆生衆生福盡此舍利變爲摩尼如意寶珠此珠多在大海中大龍王以爲首飾若轉輪聖王出世以慈悲方便能得此珠於閻浮提作大饒益」

【如意足】(術語)見四如意足條。

【如意佛】(術語)行境十佛之一如來有自在神力故云如意佛。

【如意通】(術語)五通之一又云神足通神境通變現自在如意故名如意飛行

自在、故名神足。六塵之境、轉變自在、故名神境。見五通條。

【如意瓶】（物名）吉祥瓶之異名。

【如意殿】（雜名）兜率天中彌勒菩薩之宮殿以如意珠莊嚴者。

【如意寶珠】（物名）見如意珠條。

【如意珠王】（物名）於如意珠中爲最勝者、故云王。觀無量壽經曰「其寶柔軟。從如意珠王生」

【如意珠身】（術語）成就南方寶生佛之三摩地身、爲如意寶珠、而滿一切衆生之希願也。大疏八曰、「今於此中廣種無限善根。故卽從今生以後盡未來際常作如意寶珠身虛空藏身能滿自他一切希願」。

【如意摩尼】（物名）摩尼者梵語 Maṇi 珠寶之總名、卽如意珠也。探玄記二曰、「摩尼是珠寶通名、簡通取別故云如意摩尼」。

【如意輪供】（修法）參照次項。

【如意輪法】（修法）供養念誦如意輪觀音之秘法也。

【如意輪經】（經名）如意輪陀羅尼經之略名。

【如意輪講】（行事）如意輪供之法會。講讚如意輪觀音功德之法會也。

【如意輪菩薩】（菩薩）如意輪觀音也。

【如意輪觀音】（菩薩）Cintāmaṇicakra 六觀音之一。此觀音手持如意寶珠、以表滿衆生祈願、持輪寶表轉法輪、故名如意輪。密號名持寶金剛。觀世音菩薩如意摩尼陀羅尼經曰、「觀世音蓮華如意摩尼轉輪心陀羅尼」。此菩薩有六臂。右第一手捧頰爲思惟之相。觀自在如意輪菩薩瑜伽曰、「手持如意寶、六臂身金色、頂髻寶莊嚴、冠坐自在王、住於說法相、第一手思惟、愍念有情故。第二手持意寶、能滿衆生願。第三手持念珠、爲度傍生苦。左按光明山、成就無傾動。第二持蓮手、能淨諸非法。第三手持輪、能轉無上法。六臂廣博體。能遊於六道」。

【經軌】（術語）有如意輪菩薩念誦法一卷、觀自在如意輪瑜伽一卷、如意輪菩薩觀門義註秘訣一卷、如意輪陀羅尼經一卷、觀世音菩薩秘密藏如意輪陀羅尼神咒經一卷、觀世音菩薩如意摩尼陀羅尼經一卷、佛說觀自在菩薩如意心陀羅尼經一卷、觀自在如意輪菩薩瑜伽法要一卷、佛說如意輪蓮華心如來修行觀門儀一卷。

【如意寶珠法】（術語）如意寶珠轉輪秘密現身成佛金輪咒王經所說如意寶珠曼陀羅之祈念法也。如意寶珠者如意輪觀音之三昧耶形也。此安於曼陀羅之中臺、

【如意寶總持王經】（經名）一卷、宋施護譯。說如意寶總持者神咒之名。受持此

神咒、而信心不淸淨決定專注、則不能見聞諸佛云。

【如意輪陀羅尼經】（經名）一卷唐菩提流志譯說如意輪觀音之壇法。

【如意摩尼陀羅尼經】（經名）一卷、宋施護譯說雷除之咒。

【如意輪菩薩念誦法】（經名）一卷、唐不空譯說如意輪觀音之念誦法。

【如意輪觀自在菩薩念誦法】（修法）爲罪障消滅、以如意輪觀音爲本尊而行之修法也眞言行者最初所修之行法。

【如意心陀羅尼咒經】（經名）觀自在菩薩如意心陀羅尼咒經之略名。

【如意輪蓮華心如來】（菩薩）如意輪觀音之德號也觀音爲蓮華部之中堅、故云蓮華心原爲久成之古佛故稱如來。

【如意輪蓮華心如來修行觀門儀】（經名）一卷宋慈賢譯說如意輪觀音之修法。

【如意輪瑜伽】（經名）觀自在菩薩如意輪瑜伽之略名儀軌之名。

【如焰】（譬喩）大品經所說十喩之一。見焰條。

【如電】（譬喩）世之有爲轉變無常、如電光速疾也金剛般若經曰「如露亦如電」

【如綿入棘】（雜語）亦髣見羅什被姚興妻之嫗媵曰什如綿入棘。

【如說】（術語）如佛說如經說也。如如說修行、如說往生等。

【如夢】（譬喩）大品經所說十喩之一。世法無實體如夢也。維摩經方便品曰「是身如夢爲虛妄見」智度論六曰、「如夢者如夢中無實事謂之爲實覺已知無而還自笑人亦如是。諸結使眠中實無而著得道覺時乃知無實亦復自笑以是故言如夢」

【如夢幻泡影】（譬喩）金剛般若經曰、「一切有爲法。如夢幻泡影。如露亦如電。應作如是觀。」此中有六喩、稱爲六喩般若。

【如語】（術語）如實之語、如法之語也。謂眞實不虛之言說。金剛經曰、「如來是眞語者實語者如語者。」

【如實】（術語）如實相、如實性也、又如者平等之義、實者不虛之義、又眞如實相之義皆以名理體法華經安樂行品曰、「觀諸法如實相」行宗記上一之二曰、「眞如平等。體離虛妄故云如實」法華文句九釋如實道曰「如如眞實之道。」三藏法數十四釋如實空曰、「眞如實相體本空寂。」

【如實知】（術語）如實相而知之也。往生論註下曰、「如實知者如實相而知也。

【如實空】（術語）起信論所說二眞如之一、如實者眞如之異名平等不二、故謂之如眞實不虛故謂之實此眞如之體空淨而離一切之妄染。故名如實空。如明鏡之空淨。即空眞如也。起信論義記上本曰、「言如實空者。此以如實之中空無妄染。故云如實空。非謂如實身空。」

【如實智】（術語）如諸法實相之智。知諸法實相之智。是唯佛所得之智也。智度論二十三曰、「如實智者。一切法總相別相如實正知。無有罣礙。」同八十四曰、「如實智有何等相。答曰。有人言能知諸法實相。（中畧）此中說如實智唯是諸佛所得。何以故。煩惱未盡者猶有無明。故不能知如實。二乘及大菩薩習未盡。故不能遍知一切法一切種。不名如實智。但諸佛於一切無明盡無遺餘。故能如實智。」

【如實論】（書名）一卷。天親菩薩造。陳眞諦譯。明道理難無道理難。且明二十二種之墮負處。

【如實論疏】（書名）一卷。眞諦述。

【如實知見】（術語）如實相之知見也。法華經壽量品曰、「如來如實知見三界之相。」

【如實知者】（術語）佛之德號也。大日經疏一曰、「一切諸佛如法實相知解。知已。亦如諸法實相爲衆生說。今佛亦如是。故名如實知者。亦名如實說者。」

【如實修行】（術語）如實相而行也、初地以上之菩薩。證眞如而起行。謂之如實修行。往生論註下曰、「眞如是諸法正體。體如而行。則是不行。不行而行。名如實修行。」起信論義記上本曰、「證理起行。名如實修行。」

【如實空鏡】（術語）起信論所說四鏡之一。見四鏡條。

【如實不空】（術語）起信論所說二眞如之一。如實者眞如之異名也。眞如體內具無量之性功德。謂之如實不空。即不空眞如也。起信論曰、「如實不空。以有自體具足無量性功德故。」

【如實知自心】（術語）如來之智見。如實知自己之見也。大日經一曰、「秘密主。云何菩提。謂如實知自心。」同疏一曰、「如實知自心。即是開示如來功德寶所也。如人雖聞寶藏。發意懃求。若不知其所在。無由進趣。（中略）此法從何處得耶。即是行者自心耳。若能如實觀察。了了證知。是名成菩提。其實不由他悟。不從他得。問曰。若即心是道者。何故衆生輪廻生死。不得成佛。答曰。以不如實知故。」

【如實修行相應】（術語）其所修所信相應於法之實義也。

【如蓮華在水】（譬喩）法華經涌出品曰、「此諸佛子等。其數不可量。久已行佛道。住於神通力。善學菩薩道。不染世間法。如蓮華在水。」是彌勒菩薩嘆地涌菩薩之偈文也。

【如響】（譬喩）大品經所說十喩之一。智度論六曰、「若深山狹谷中若深絕澗中。空大舍中若語聲若打聲。從聲有聲名爲響。無智人謂爲有人語聲智者心念是聲無人作。但以聲觸故名爲響。響事空能誑耳根。（中略）諸菩薩知諸法如響。」

【如聾如啞】（譬喩）華嚴頓敎之座、舍利弗等聲聞有耳不得聞圓頓之敎故謂之如聾、有眼不得見舍那之身、而不能讚一語故謂之如啞。六十華嚴經四十四曰、「爾時諸大聲聞舍利弗目犍連（中略）富樓那彌多羅尼子。如是等諸大聲聞在祇洹林。而悉不見如來自在如來莊嚴（中畧）所以者何。無明障曀覆淨眼故。」文句四引此文曰、「此卽如聾如啞之文。」妙玄十曰、「若華嚴正隔小明大。於彼初分永無聲聞。後分則有。雖復在座如聾如啞非其境界。」文句六曰、「諸大乘經華嚴等明麤妙相隔。二乘不聞不解如啞如聾。」

【伐折羅】（物名）見縛曰羅條。

【伐折羅陀羅】（雜名）Vajradhāra 譯曰執金剛、持金剛。手持金剛杵之神部總名。大日經疏一曰、「伐折羅卽金剛。陀羅是執持義。舊譯云執金剛。今謂持金剛。」

【伐折羅入嚩羅】（菩薩）Vajrajvala 譯曰金剛光。見大日經疏九。

【伐伽】（雜名）Bhaga 見跋渠條。

【伐里沙】（流派）Varṣa 數論外道部主之名。譯曰雨。唯識述記一本曰、「十八部中部主者名伐里沙。此翻爲雨。雨時生故。卽以爲名。其雨徒黨名雨衆外道。」

【伐浪伽】（天名）Varāṅga 神名。譯曰妙支。見俱舍光記二十七。

【伐那婆斯】（羅漢）Vanavāsin 十六羅漢第十四。稱伐那婆斯尊者。翻名不詳。

【伐闍羅弗多羅】（羅漢）Vajraputra 十六羅漢之一。譯金剛

【伐檄呵利】（書名）Bhartṛhari 論名。寄歸傳四曰、「伐檄呵利論。是前朱儞議釋。卽大學士伐檄呵利所造。」

【伐勒迦梨】（人名）Balakṛti 比丘名。譯曰鬪力。見玄應音義二十三。

【伐折羅大將】（天名）藥師經所說十三神將之一。譯曰金剛大將。

【伍官王】（雜名）十王之第四。司掌大海底正東沃燋石下合大地獄。此重地獄、縱廣五百由旬。另設十六小地獄。查核罪人事犯大小。推入合大地獄受苦。另再判發何小地獄受苦。滿日送解第五殿察核。

【伲疎梨沙】（眞言）陀羅尼名。譯曰無染著。見金光明經慧沼疏五。梵 vileśa

【列剎】（雜語）列者列次之義。剎者佛土成寺院之總稱也。

【匡山】（地名）廬山之本名。

【圭峯】（人名）終南山之別峯、唐華嚴宗第五祖宗密禪師住於此、故喚師爲圭峯。詳見宗密條。

【圭峯碑】（雜名）即定慧禪師碑。唐大中九年立、在今陝西鄠縣。裴休撰并書、文爲楷體。有柳公權篆額。師爲唐時高僧、號宗密。本姓何、果州西充縣人。嘗登進士、於遂州遇道圓禪師問法、契心。遂受圓教。會昌元年、坐滅於興福塔院、葬於圭峯。宣宗追諡定慧。門人立碑、稱圭峯定慧禪師傳法碑。

七畫

【言亡慮絕】（雜語）言語亡、思慮絕之意。與所謂絕言絕思、心言路絕、同義。謂無言語可以談、非思慮所能及也。三論玄義上曰、「諸法實相、言亡慮絕。」中論疏第一末曰、「大乘實相、言亡慮絕。」皆其例也。

【言句】（雜語）言語與文句。

【言行】（術語）口業爲言、身業爲行。無量壽經下曰、「言行忠信、表裏相應。」

【言色】（雜語）言語與顏色。無量壽經下曰、「言色常和、莫相違戾。」

【言味】（雜語）言語與意味。止觀一上曰、「言味相符。」

【言阿】（術語）言悉曇之最初阿字也。又總云梵語、以一切之梵字皆有阿點故也。

【言依】（術語）有爲法皆攝於能詮之名與所詮之義。而一切有爲法之名與義、爲依於言語音聲者、故指有爲法而云言依。對於不可稱不可說之無爲法也。

【言便】（雜語）言論上之便宜。俱舍論二十六曰、「然說見言、乘言便故。」

【言教】（術語）如來以言語垂示之教法也。法華經方便品曰、「種種譬喻、廣演言教。」

【言陳】（術語）因明學之語。宗因喻之所陳於言者、謂之言陳。意中有所許者、謂之意許。因明四相違中、法差別相違因、與有法差別相違因者、立者於言陳之外、別有意許、故就其意許而付相違因之過失也。宋高僧傳（藥山傳）李翱評復性書曰、「其文則隱而不援釋教、其理則彰而乃顯自心。弗事言陳、唯萌意許。」

【言筌】（術語）言語爲顯義理之具、如筌爲捕魚之具、故以筌爲譬。

【言詮】（術語）言語爲詮義理者也。

【言詮中道】（術語）中道之理、原離言說、然欲說之、必用言語。言語所顯之中道、謂之言詮中道、與離言中道相區別。

【言說】（術語）五種說法之一。以言音說法也。

【言說法身】（術語）二種法身之一。

見法身條。

【言詮】（術語）如以空之一言示不空非不空也。總爲圓教之言詮。見三諦條。

【言語道斷心行處滅】（術語）又云心行處滅言語道斷。究竟之眞理，言語之道斷而不可言說，心念之處滅而不可思念也。心行者心念之異名。心者遷流於剎那，皆云心行。瓔珞經下曰：「一切言語道斷，心行處滅。」維摩經阿閦佛品曰：「一切言語道斷。」止觀五上曰：「言語道斷，心行處滅，故名不可思議境。」仁王經中曰：「心行處滅，言語道斷，同眞際等法性。」俗作「同斷」者誤。

【言蹄】（譬喩）蹄者罥也。罥者網兎之具。以譬言語之詮義理。作踊者誤也。唯識述記序曰：「息詮辨於言蹄之外。」起信論義記上曰：「絕言象於筌蹄。」

【言斷】（雜語）言語道斷之略。二教論上曰：「言斷心滅。」

【戒】（術語）梵名曰尸羅。Śīla 戒者防禁身心之過者。大乘義章一曰：「言尸羅者，此名清涼，亦名爲戒。三業炎火，焚燒行人，事等如燒，戒能防息，故名清涼。清涼之名，正翻彼也。以能防禁，故名爲戒。」瓔珞本業經下曰：「一切衆生初入三寶海，以信爲本，住在佛家，以戒爲本。」玄應音義十四曰：「戒亦律之別義也。梵言三波羅。此譯云禁戒，亦禁義也。」涅槃經三十一曰：「戒是一切善法梯橙。」五戒、八戒、十戒、具足戒之四級爲戒之四位。是小乘戒之分相也。戒法、戒體、戒行、戒相爲戒之四科。戒法者如來所制之法。戒體者由於受授之作法而領納戒法於心體，生防非止惡之功德者。戒行者隨順其戒體而如法動作三業也。戒相者其行之差別，即十戒乃至二百五十戒也。一切之戒盡具此四科。資持記上一之三曰：「欲達四科，先須畧示。聖人制教名法，納法成業名體，依體起護名行，爲行有儀名相。」補助儀上曰：「戒科總有四重，謂戒法、戒體、戒行、戒相。（中畧）戒法者舍那佛三聚淨戒功德是也。戒體者師資相傳作法受得心中領納法體也。此受持法體一一行彰，以云戒行。其行有開遮持犯，名云戒相也。」

【五戒】（術語）一不殺生戒，不殺生物也。二不偸盜戒，不取不與也。三不邪婬戒，不犯有看守者也。四不妄語戒，不爲無實之言也。五不飲酒戒，不飲酒也。此五者在家之人所持，男子謂之優婆塞，女子謂之優婆夷。大毘婆娑論名爲五學處。大莊嚴經名曰五大施。俱舍論名曰近事律儀。俱舍論十四曰：「受離五所應遠離，安立第一近事律儀。何等名爲五所應離？一者殺生，二不與取，三欲邪行，四虛誑說，五飲諸酒。」因指持五戒之優婆塞而云五戒，如趙五戒、智舉五戒等。仁王經上曰：「有千萬億五戒賢者。」

【五戒分滿】（術語）薩婆多部宗之義、不許五戒之分受、成實宗之義則許隨意分受。俱舍論十四曰、「近事必具律義」成實論五戒品曰、「問曰有人言具受則得戒律儀。是事云何。答曰隨受多少皆得。但取要有五。」智度論十三曰、「五戒有五種優婆塞。一者一分行優婆塞。二者少分行優婆塞。三者多分行優婆塞。四者滿行優婆塞。五者斷婬優婆塞。」

【五戒果報】（雜語）持五戒則得人趣之果報。文句四下曰、「普曜曰五道源來。五戒爲人。十善生天。」

【五戒與五常】（雜語）天台仁王經疏上引提謂經、以五戒配於五常、謂不殺仁也。不偷盜智也。不邪婬義也。不飲酒禮也。不妄語信也。止觀六上所配不同、謂仁者不殺戒也。義者不盜戒也。禮者不飲酒戒也。智者不妄語戒也。信者不邪婬戒也。

【五戒二十五神】（名數）五戒一一各有五神護持五戒者。見灌頂經一。

【三聚淨戒】（術語）三聚之戒法、無垢清淨、故云淨。同次項。

【三聚戒】（術語）一攝律儀戒。受持五八十具等一切之戒律者。二攝善法戒。以修一切善法爲戒者。三攝衆生戒。又云饒益有情戒。以饒益一切衆生爲戒者。是華嚴梵網占察瓔珞等經、瑜伽唯識等論所說。此三者積聚故云三聚。戒有大小、十戒二百五十戒等爲小乘戒、十重四十八輕戒三聚戒等爲大乘戒。又有在家出家之別。五戒八戒爲在家戒、十戒二百五十戒爲出家、三聚戒爲道俗通行戒。卽大乘之菩薩無論出家在家、皆受之也。但在家之菩薩、汎受此三聚以爲心者、謂之通受。出家之菩薩、其初別受攝律儀戒、卽二百五十戒及十重等、（攝律儀之中有一切大小之戒。）是名別受。次乃總受三聚也。此通受之有二種、一者從他得。唯對於師而得。二者自誓得。唯於佛像前以善心自誓而得。皆不要白四羯磨之作法也。唯識論九曰、「戒學有三。一律儀戒。謂正遠離所應離法。二攝善法戒。謂正證應修證法。三饒益有情戒。謂正利樂一切有情。」

【八戒】（術語）同八戒齋。

【八戒齋】（術語）又作八齋戒、八關齋、八支齋。亦單云八戒。有二說、依俱舍論之說。則一殺生。殺有情之生命也。二不與取。取他不與之物也。三非梵行。男女之媾合也。（與五戒中不邪婬不同）四虛誑語。與心相違之言說也。五飲諸酒。飲酒也。六塗飾鬘舞歌觀聽。身塗香飾花鬘。觀舞蹈。聽歌曲也。七眠坐高廣嚴麗床上。坐臥於高廣嚴麗之床上也。八食非時食。食非時之食。（午後之食）也。離此八種之非法、爲八戒。然此八戒中之第八離非時食是齋法。故總名八戒齋。猶如八正道中惟正見是正道、遂通謂之八正道也。依薩婆多論及成實論智度論等之說則分塗飾香鬘與舞歌觀聽爲二、總有九戒、此中前八者爲戒、後一者爲齋、故戒齋合而名八戒齋也。申言之、卽依俱舍論則八戒卽八戒齋。依他論則八戒與齋法合爲八戒齋也。但八戒必具齋法(不過中食)此八戒齋爲在家男女一日一夜受持之戒法、稱爲六齋或十齋日等者、謂受持此八戒齋之日也。俱舍論十四曰「何等名爲八所應離。一者殺生。二不與取。三非梵行。四虛誑語。五飲諸酒。六塗飾香鬘、歌舞觀聽。七眠坐高廣嚴麗牀座。八食非時食。」智度論十三曰、「一不殺生。二不盜。三不婬。四不妄語。五不飲酒。六不坐高大牀上。七不著華瓔珞不香塗身、不著香薰衣。八不自歌舞作樂不往觀聽。九一日一夜不過中食。」十善戒經曰、「八戒齋者。是過去現在諸佛如來。爲在家人制出家法。一者不殺。二者不盜。三者不婬。四者不妄語。五者不飲酒。六者不坐高廣大牀。七者不作倡伎樂故往觀聽。不着香薰衣。八者不過中食。」

【八戒齋八種勝法】(名數) 十善戒經曰「持此受齋功德(一)不墮地獄。(二)不墮餓鬼(三)不墮畜生(四)不墮阿修羅。(五)常生人中正見出家得涅槃道。(六)若生天上。(七)恆生梵天(八)值佛出世請轉法輪得阿耨多羅三藐三菩提。」

【比丘尼八歸敬戒】(術語) 比丘尼當守之八法也。百夏之比丘尼當禮初受戒之比丘。不得罵比丘。不得說比丘之罪及其過失。當從大德之僧受具足戒尼。犯僧殘當從僧懺悔。每半月宜受僧教誡。宜從比丘三月安居。夏滿宜詣僧中求自恣之人。以上八法謂之比丘尼之八敬法。

【十戒】(術語) 一不殺生。二不偷盜。三不婬、四不妄語、五不飲酒、六不著華鬘好香塗身、七不歌舞倡伎亦不往觀聽、八不得坐高廣大牀上、九不得非時食。十不得捉錢金銀寶物。

【二十四戒】(術語) 出方等陀羅尼一。

【二十八輕戒】(術語) 出優婆塞戒經四。

【二百五十戒】(術語) 比丘之具足戒也。分八段、一四波羅夷。二十三僧殘。三二不定。四三十捨墮。五九十單提。六四提舍尼。七百衆學。八七滅諍。參照戒條。

【五百戒】(術語) 比丘尼之具足戒也。本律之說相。唯三百四十八戒。以大數而稱爲五百。束爲七聚、一八波羅夷。二十七僧殘。三三十捨墮。四百七十八單提。五八提舍尼。六百衆學。七七滅諍。行事鈔中一曰、「律中尼有三百四十八戒。」比丘尼鈔中上曰、

「世人妄傳五百戒者非也。亦有經律尼戒五百、此但有總數而無實名也。」參照具足戒條。

【具足戒】（術語）見二百五十、戒條。

【二種戒】（名數）此非據戒之項目數、乃就戒之特質而區分之也。一作持戒、二止持戒。戒之所以成立、在於防止惡行、稱爲止持戒者、卽以戒本所列者爲根本止惡之理想、在於作善、欲以積極的行爲者、亦名爲戒、此爲作持戒。如半月說戒三月安居之規定是也。又一出世間戒、沙彌之十戒、比丘之具足戒也。二世間戒、優婆塞優婆夷之五戒八戒也。見毘尼母論一。又一性戒、殺盜邪婬、妄語之四戒也。此四者自性是戒、不待佛制。人若持之、卽得福、犯之卽受罪。二遮戒、飲酒等戒是也。若飲酒則能犯諸戒、是故佛特遮止而使不飲之。飲酒之性固非罪也。俱舍論十八曰、「離性及遮故、俱說爲戒。」又一道共戒、三乘之聖者、至見道修道之位、而發無漏道、故與無漏智共自發防非止惡之戒體、戒體亦無漏也。二定共戒、行人修持色界之四禪定、故與彼定心共身中自生防非止惡之戒體、此定有漏、故戒亦有漏也。見毘婆沙論十三。又一性重戒、殺盜婬妄之四重也、此四者自性是極重之罪、故云性重。二息世譏嫌戒、飲酒以下之諸戒、佛以大慈爲息世人之機嫌、特向內衆而制者、卽一切之遮戒是也。見涅槃經十一。又一隨相戒、隨卽隨順、相卽形相、隨順如來之教而行、染衣出家乞食自活之相、故名隨相戒。二離相戒、離卽遠離、持戒之人、心無所著、則一切之戒相猶如虛空、了無持戒之相、故名離相戒。見華嚴大疏五。

【十種戒】（名數）一不捨菩提心之戒。二遠離二乘地之戒。三觀察利益一切衆生之戒。四使一切衆生住於佛法之戒。五修一切菩薩所學之戒。六於一切法無所得之戒。七以一切善根回向菩提之戒。八不著於一切如來身之戒。九離思惟取著一切法之戒。十諸根律儀之戒。見唐華嚴經五十三、智度論二十二、唐華嚴經二十一。

【受大乘戒十忍】（雜語）大乘授戒之精神列爲十條。天台戒疏上曰、「欲受戒者、應香火請一師至佛前、受師應問能忍十事不、割肉飼鷹、投身餓虎等」順正記二曰、「一割肉食鷹、二投身餓虎、三斫頭謝天、四折骨出髓、五挑身千燈、六挑眼布施、七剝皮書經、八刺心決志、九燒身供佛、十刺血灑地。」

【大乘十種淸淨禁戒】（術語）見文殊千鉢經五。

【大乘戒持犯相】（術語）出義釋十三。

【戒因緣經】（經名）鼻奈耶之異名、

十卷、姚秦竺佛念譯。小乘律。

【戒德香經】（經名）佛說戒德香經、一卷、東晉竺曇無蘭譯。說戒香普聞勝於世間諸香。出雜阿含三十八。小乘經也。

【戒德經】（經名）戒德香經之略名。

【戒香經】佛說戒香經、一卷、宋法賢譯。與上經同本。

【戒消災經】（經名）佛說戒消災經、一卷、吳支謙譯。說受三歸戒之人鬼神畏避及五戒之功德。小乘律。

【戒力】（術語）戒律之功力。持戒之功力。持五戒則生人間、持十善則生於天上等。

【戒刀】（物名）比丘所持之小刀。供割切三衣之用。僧史略上曰、「禪師則蔑笠。及持澡罐瀝囊錫杖戒刀斧子針筒。此皆爲道具」。釋氏要覽中曰、「僧史略云。戒刀皆是道具。按律許畜月頭刀子爲割衣故。今比丘畜刀名戒者。蓋佛不許斫截一切草木壞鬼神村故。草木尚戒。況其他也。」

【戒心】（術語）同於戒本。戒律之心要也。図（書名）高僧傳一（曇柯迦羅傳）曰、「譯出僧祇戒心。止備朝夕。」

【戒尺】（物名）兩小木、一仰一俯、仰者在下而稍大、把上者向下擊之使鳴、專於受戒用之、故云戒尺。敕修清規沙彌得度曰、「設戒師座。机與住持分手。机上安香燭手鑪戒尺。」

【戒日王】（人名）Śilāditya 中印度、羯若鞠闍國、Kanyākubja 曲女城之王、本爲吠奢種。名曷利沙伐彈那、Harsavardhana 譯言喜增。及兄王爲隣國之王所殺、嗣兄爲王、號尸羅阿迭多。唐譯戒日。立六年復兄之讎、臣五印度、有象軍六萬馬軍六萬、垂三十年、兵戈不起、政敎和平。於五印度城邑建立精舍、設飲食醫藥、施諸窮貧而周給之、於聖迹之處並立伽藍。又五歲一設無遮大會、竭府庫而施一切、歲一集諸國沙門、三七日中以四事供養、莊嚴法座、而校其優劣褒貶淑慝。唐玄奘於此時渡天、王之大會設於曲女城。遇其盛事。見西域記五。王、有八大靈塔梵讚之著、一卷、宋法賢譯。

【戒四別】（名數）即戒四科。見戒條。

【戒本】（書名）從廣律中選拔戒律之各條者。是爲廣律之根本、故云戒本、又爲說戒之根本、故云戒本。如四分戒本、菩薩戒本等。四分戒疏一上曰、「戒爲敎本。一部廣律。止解戒行之文。（中略）戒爲說本。在座勸誡。有所依承。」是波羅提木叉 Prātimoksa 也。

【二部戒本】（書名）比丘之戒本與比丘尼之戒本也。行事鈔說戒篇曰、「僧祇云。若誦戒時。應誦二部律。」

【戒本經】（經名）是梵網經之下卷、

述菩薩之戒本者故稱戒本經。

【戒本疏】（書名）梵網經菩薩戒本疏五卷華嚴法藏撰。又四分含註戒本疏四卷南山道宣撰。又四分戒本疏四卷唐懷素撰。

【戒行】（術語）依授戒作法一旦發得戒體者能隨順其戒體而如法動作三業謂之戒行。行事鈔中曰「戒行謂方便修成順本受體。」洛陽伽藍記曰「戒行眞苦莫可揄揚」

【戒名】（術語）依受戒而授之名。初受沙彌戒時從師賜法名而捨俗名其法名謂之戒名。

【戒印】（術語）戒者爲人所信故譬於印。成實論十四曰「入善人聚以戒爲印。」行事鈔上一曰「入善人聚要佩戒印」

【戒足】（譬喩）戒者進趣佛道之要具故以譬足。行事鈔上曰「經云若欲生天等必須護戒足。」資持記上一之三曰「戒以足譬顯符發趣之義」

【戒身】（術語）小乘以戒定慧解脫解脫知見之五法立爲佛陀三身中之法身。因戒爲法身之一分故云戒身。見戒定慧條附錄。

【戒定】（術語）持戒與禪定也。制身云戒愼心云定。淨心誡觀上曰「一切苦因果財色爲本。一切樂因果戒定爲本」

【戒定慧】（術語）此三者稱爲三學。戒者防身之惡。定者靜心之散亂。慧者去惑證理也。五燈會元曰「法要有三曰戒定慧。唐宣宗問弘辨禪師曰云何名戒。對曰防非止惡謂之戒。帝曰云何爲定。對曰六根涉境心不隨緣名定。帝曰云何爲慧。對曰心境俱空照覽無惑名慧」名義集四曰「防非止惡曰戒。息慮靜緣曰定。破惡證眞曰慧」學此三法而到涅槃。故云三學。若人防止三業之邪非則心水自澄明。是由戒而生定者。心水澄明則自照萬象。是由定而生慧者。此三者次第相生入道之關鍵也。玄義三下曰「增三數明行者。謂戒定慧此三是出世梯橙。佛法軌儀」三藏法數九曰「如來立敎其法有三。一曰戒律。二曰禪定。三曰智慧。然非戒無以生定。非定無以生慧。三法相資不可缺」

【戒定慧解脫解脫知見】（術語）一戒二定三慧四解脫五解脫知見是謂之五分法身。戒定慧三者如上。解脫者自慧斷惑解惑之繫縛卽涅槃之事。解脫知見者認已解脫之智慧也。是前三者爲修因後二者結果也。於結果中舉涅槃之智慧者。以此五種之法爲佛之身體故云法身。三身中之法身。卽小乘所立。見大乘義章二十本

【戒定慧解脫知見】（術語）解脫與解脫知見二者合而云解脫知見。

【戒取】（術語）同戒禁取見。見戒禁條附錄。四取之一。

【戒取見】（術語）同戒禁取見。五見之一。

【戒取使】（術語）使者煩惱之異名。戒取之煩惱也。五利使之一。三藏法數二十四曰「戒取者。謂諸外道。於非戒中。謬以爲戒。如雞狗等邪戒以爲眞戒。取以進行也。由此戒取驅役心身。流轉不息。故名爲使」(雞戒者學雞之一足立。狗戒者食糞穢也。)

【戒和尚】（術語）正授戒之本主。爲戒師。又云戒和尚。餘師者悉助手也。見「三師七證」條。和尚又書和上。弟子呼師之稱。參照和尚條。

【戒波羅蜜】（術語）戒者六波羅蜜之一。波羅蜜譯曰度。渡生死海之義。戒爲渡生死海之妙法。故云波羅蜜。

【戒波羅蜜教主】（雜語）說梵網菩薩戒之盧舍那佛也。是爲坐千葉蓮花臺之報身佛。梵網經下曰「我今盧舍那。方坐蓮花臺。周匝千花上。」

【戒法】（術語）佛所制戒律之法。辨於戒之四科。見戒條。又(雜語)佛弟子所受之戒法。有五戒、八戒、十戒、具足戒等。此中在家之人有五戒、八戒、出家之人有十戒、具足戒。

【戒果因緣經】（經名）鼻奈耶之異名。

【戒門】（術語）戒律之法門。

【戒香】（術語）戒德熏於四方。譬之以香。觀無量壽經曰「戒香熏修」觀佛經三曰「常以戒香爲身瓔珞」戒香經曰「世間所有諸華香。乃至沈檀龍麝香。如是等香非徧聞。唯聞戒香徧一切」

【戒度記】（書名）大智律師元照造觀經疏、名爲義疏。二卷。有戒度、用欽二弟子、用欽造白蓮記四卷、戒度造正觀記三卷、稱爲戒度記。

【戒急】（術語）專急於成佛之道而研知慧。謂之乘急之人。特嚴戒法而後研智慧。謂之戒急之人。因此生乘急戒緩、戒急乘緩、乘戒俱急、乘戒俱緩之四種。是謂戒乘之四句。乘急戒緩之人。如維摩居士。戒急乘緩之人。如小乘之比丘。乘戒俱急之人、如出家之菩薩。乘戒俱緩之人、不足言。南本涅槃經六曰「於乘緩者。乃名爲緩。於戒緩者。不名爲緩」止觀四上曰「約此乘戒四句分別。一乘戒俱急。二乘急戒緩。三戒急乘緩。四乘戒俱緩」

【戒急乘緩】（術語）見上項。

【戒科】（術語）戒之四科也。見戒條。

【戒律】（術語）五戒十善戒。乃至二百五十戒等、防止佛徒邪非之法律也。梵語尸羅、Sila 譯曰戒、防非止惡之義。梵語優婆羅叉。Upalakṣa 譯曰律、(淨影)梵語毘尼 Vinaya 譯曰律、(南山)法律之義。漢靈帝、建寧三年、安世高首出義決律二卷。次有比丘諸禁律。魏世天竺三藏曇摩迦羅到許洛。慨魏境僧無律範。遂於嘉平中與曇諦譯四分羯磨及僧祇戒心圖。此爲中國戒律之始。見僧史略。大乘義章一曰、「言毘尼者名別有四。一曰毘尼。二曰木叉。三曰尸羅。四曰律。(中略)言尸羅者。此名淸凉。亦名爲戒。三業炎非。焚燒行ノ事等如熱。戒能防息。故名淸凉。淸凉之名。正翻彼也。以能防禁。故名爲戒。(中略)所言律者。是外國名優婆羅叉。此翻爲律。解釋有二。一就敎論。二就行辨。若當就敎詮量名律。若當就行調伏名律。」四分戒疏一上曰、「或云尸羅。或云波羅提木叉。Prātimokṣa 或云毘尼。(中略)初云尸羅。此翻爲戒。戒有何義。義訓警也。由驚策三業遠離緣非。明其目也。(中略)三云毘尼。唐稱爲律古譯毘尼。皆稱爲滅。今以何義。翻之爲律。律者法也。從敎爲名。斷割重輕開遮持犯。非法不定。故正翻之。」(略抄)是初淨影於毘尼有四名、別舉律之梵名、後南山但爲三名、以律之梵名爲毘尼也。開宗記一本曰、「言律藏者。梵云優婆羅懺。此譯爲律。律則法也。非法無以肅威儀也。」資持記上一之一曰、「律者梵云毘尼。華言稱律。(中略)不出三義。初言律者法也。從敎爲敎。斷割重輕開遮持犯。非法不定。(中略)二言律者分也。謂須商度。據量有在。若律呂分氣也。(中略)三云律字安聿。聿者筆也。必審敎驗情在筆投斷。」

【戒律藏】(術語) 明戒律之經典也。因其包含蘊積戒律之文義、故名藏。大乘義章一曰、「有包含蘊積名藏」。三藏之一。

【戒品】(術語) 戒之品類。五戒、十善戒等。梵網經下曰、「常作如是信。戒品已具足。」因明戒之篇章名。梵網經盧舍那佛說菩薩心地戒品。是梵網經中之一篇章。

【戒垢】(術語) 女人者爲戒垢法之原因、故於因中說果、稱女人爲戒垢。智度論三曰、「佛言。女人爲戒垢。女人非戒垢。是戒垢因故。女人爲戒垢。」

【戒相】(術語) 戒之相狀差別也。卽五戒乃至二百五十戒。論戒有戒法戒體戒行戒相之四者、是爲戒之四科。見戒條。

【戒脈】(雜名) 謂受戒之血脈也。如自釋尊經摩訶迦葉阿難等、至現在之戒師及受者、其統系一脈相承是也。

【戒師】(術語) 又云戒和尙。授戒之師。見戒和尙條。

【戒海】(術語) 戒律之淸淨譬以海也。止觀二下曰、「戒海死屍宜依律擯治」。同輔行曰、「律云。譬如彼死屍大海不容受。爲疾風所吹置之岸上。犯重如屍。衆海不受。作法擯治如疾風吹飄出衆外如置岸上。」

【戒珠】（譬喻）戒律潔白莊嚴人身、譬如珠玉法華經曰、「精進修靜戒猶如護明珠」唐代宗文曰「戒珠在握明鏡入懷」梵網經下曰「戒如明日月亦如瓔珞珠。」唐高僧傳（智者傳）曰「禪師戒珠圓淨定水淵澄」。

【戒珠寺】（寺名）在今浙江紹興縣東北六里本爲王右軍故宅右軍捨宅爲寺、寺有題扇橋嘗在此題老嫗所持之六角竹扇人競買之見名勝志。

【戒乘四句】（名數）就持戒與聞法之緩急爲四句分別以別機類也見戒急條。

【戒疏】（書名）天台菩薩戒經義疏之略名又南山四分含註戒本疏之略名。

【戒疏發隱】（書名）五卷明袾宏撰。

【戒婆離】（人名）佛十弟子中優婆離尊者以持律第一故名爲戒婆離見優婆離條。

【戒場】（術語）授受戒之道場同於戒壇但戒壇者自地而立戒場僅限平地耳、釋氏要覽上曰、「今言壇場非一也壇則出地立基場則除地令平今有混稱蓋誤」其所以設戒場戒壇者凡爲法事一山內（卽結界之內）之僧不盡會同和合卽不成就、然僧中之法事（授戒等）非一每事使大衆來會恐妨事而勞人特使結定一道場聚一定之人數於此場上此場上人人和合贊同之時法事卽爲成功行事鈔羯磨篇曰、「戒場本爲數集惱僧故開結之」同結界篇曰、「戒場者律云以僧中數有四人衆起乃至二十人衆起令僧疲極佛聽結之」

【戒善】（術語）持戒之善根前生持五戒則今生生於人間、前生持十善戒則今生生於天上國王爲人間已上者故由前生十善持戒之功也見十善條。

【戒禁】（術語）依宗規而定之戒律禁制也

【戒禁取見】（術語）如確取牛戒狗戒等非理之戒法而思爲生天之因、解脫之道迷取非理戒禁之邪見也此中亦含布施取苦行取等以有迷取非理之布施或非理之苦行而思爲清淨之因或道者故也但由印度之外道守邪戒者多故謂之戒禁取五見之一俱舍論十九曰、「於非因道謂因道見一切總說名戒禁取（中略）理實應立戒禁等取名畧去等言但名戒禁取」大乘義章六曰、「言戒取者於有漏法取爲能淨故云戒取」智度論二十二曰、「外道戒者牛戒鹿戒狗戒羅剎鬼戒啞戒聾戒如是等戒智所不讚唐苦無善報」

【戒經】（經名）梵網經、優婆塞戒經等說戒律者玄義三下曰「戒經云諸惡莫作諸善奉行自淨其意是諸佛教」因謂善薩戒本四分戒本等戒本。

【戒緩】（術語）不固守戒律。如在家之菩薩是也。見戒急條。

【戒賢】（人名）天竺摩竭陀國那爛陀寺之住僧。護法菩薩之弟子。玄奘三藏之師。梵名尸羅跋陀羅、Śilabhadra（西域記八作尸羅跋陀羅。慈恩寺傳十作尸羅跋陀）師爲三摩呾吒國王族。婆羅門種也。少好學、有風操、遊諸印度。求詢明哲。至摩竭陀國、那爛陀僧伽藍。遇護法菩薩開法。信悟而請出家。既極至理。名聲遠聞。見西域記八。那爛陀寺衆僧得玄奘法師。使參正法藏。即戒賢法師也。衆共尊重。不言其名。號爲正法藏。正法藏悲泣。說三年前之靈夢。示豫知法師之來。行師弟之禮。見慈恩傳三。

【戒牒】（物名）亦曰度牒。受戒之證書也。初以誰爲和尚。以誰爲敎授師等一一列其名。次表白受戒之自己意志。終則記自己之名。有傳戒師等十師之署名押印而證明之。唐會要曰「天寶六年五月制僧尼令祠部給牒。」稽古畧三曰「唐宣宗大中十年。勅法師辯章爲三敎首座。初令僧尼受戒給牒。」

【戒羯磨】（術語）羯磨者梵語。授戒時所用表白文之名。見羯磨條。

【戒德】（術語）戒律之功德也。普超三昧經一曰「被戒德鎧化度衆生。」行事鈔標宗顯德篇廣引諸經論而顯戒德。

【戒膝】（儀式）比丘受戒時之膝也。即右膝著地之坐法。見右膝著地條。行事鈔上之三曰「若堂內者至門限內。擧手呼言某中來。彼來已。爲捉衣鉢。令至僧中。敎禮僧足已。至戒師前右膝著地合掌」

【戒學】（術語）戒律之修學。三學之一。見三學條。

【戒壇】（術語）授戒之壇場也。梵云曼陀羅。譯曰壇。高築之故云壇。資持記上二之一曰「法既尊特。常地莫行。如持秘呪。必結壇場。羯磨呪術。其類頗同。」其濫觴在天竺者樓至菩薩請築戒壇。爲比丘受戒。佛許之。使於祇園精舍外院之東南建壇。見釋氏要覽上。在支那者。曹魏嘉平正元中。曇柯迦羅曇帝皆於洛陽立大僧羯磨之法。支那之有戒壇自此始。南朝永明中。三吳初作戒壇。是爲吳中立壇之初。唐初靈感寺南山律師按法立壇。撰戒壇經一卷。見僧史畧上。

【三戒壇】（雜名）三戒壇之作法。宜標準四分律。此雖爲小乘法。然戒無大小。一般大乘僧亦就之。是南山律宗及法相宗等之意。天台宗亦然。

【方等戒壇】（術語）大乘戒壇也。方等者大乘之別名。蓋壇法出自諸律。律即小乘之敎。小乘敎中宜一一如法。稍有乖違。則令受者不得戒。而臨壇之人爲犯罪。如大乘方等卽不拘根缺緣差、並得受戒、但令發大心領納之耳。此準於大乘方等之敎文而立戒壇、故名方等戒壇。唐代宗永泰元年勅大興善寺立之。見僧史畧下。

【圓頓戒壇】（術語）依法華圓頓之旨而立者、卽是純一之大乘戒壇也。爲大乘僧者、必當就之受戒。

【四戒壇】（雜語）小乘之三戒壇加大乘之圓頓戒壇也。

【戒壇圖經】（經名）一卷、唐道宣撰。僧史略上曰、「唐初靈感寺南山宣律師按法立壇、感長眉僧（卽賓頭盧身也）隨喜讚嘆、立壇應法、勿過此焉。宣撰戒壇經一卷、今行於世」

【戒壇石】（物名）禪律諸寺門有大書「禁葷酒入山門」之碑石也。爲立於戒壇前之石、故云戒壇石。

【戒檢】（術語）戒律之檢束也。感通錄曰、「俗中常論、以淪陷戒檢爲言。」

【戒器】（術語）堪受戒之道具、卽許受戒者也。南傳之障法、非結節瘡等諸病者、不男、未開放奴、負債者等、及滿二十歲以上、衣鉢具足者、皆爲戒器。四分律三十五、羯十三難十遮。卽不犯邊罪、不犯比丘尼、非賊心入道、非壞二道、非黃門、非殺父、非殺母、非殺阿羅漢、非破僧、不惡心出佛身血、非是非人、非畜生、非有二形、及不自稱名字、不稱和尚名、年不滿二十、不具三衣鉢、不聽父母、負債、奴隷、官人、大夫、惡病是也。有部所傳（百一羯磨及出家近圓羯磨儀範）者、有一層複雜之形式。（瑜伽論五參照十三）然梵網經下不附一切之此等制限、曰、「若一切衆生、初入三寶海、以信爲本、住在佛家、以戒爲本。佛子始行菩薩、若信男、若女、中諸根不具、黃門、婬男、婬女、奴婢、變化人受得戒」

【戒環】（人名）宋溫陵開元蓮寺之沙門也。徽宗宣和年中、著妙法蓮華經解二十卷。

【戒藏】（術語）明戒律之經書。梵網經下曰、「誦聽我正誦佛法中戒藏波羅提木叉。」

【戒躅】（術語）戒律之軌躅也。寄歸傳一曰、「初轉法輪、則五人受化、次談戒躅、則千生伏首」

【戒灌】（術語）授戒爲一灌頂法、故授戒謂之戒灌。密敎之語也。

【戒臘】（術語）受戒之年數也。比丘之坐次、依戒臘之多少而定。禪苑掛搭章曰、「維那依戒臘次第掛搭。」

【戒臘牌】（物名）記僧席次序之木牌。禪苑結夏章曰、「堂司預設戒臘牌香華供養」

【戒臘茶】（儀式）因於衆之戒臘、從上位次第請衆寮點茶。見禪林象器箋十七。

【戒臘】（術語）與戒臘同。

【戒蠟】（術語）即戒臘也。疑耀五云、僧家言僧臘者猶言年歲也。又言戒臘者。臘當作蠟。余偶閱一內典西方結夏時以蠟為人其輕重相同解夏之後以蠟人為驗。輕重不差則為念定而無妄想。否則血氣耗散。必輕於蠟人故謂之曰戒蠟。非年歲之臘也。

【戒羸】（術語）戒體之勢用羸劣也。比丘等受得戒法無力嚴守之。屢發毀犯之意志。故運運倍增使無表之戒體時時刻刻勢用羸劣也。法苑義林章三曰「若作捨心、雖起語言而對於比丘、依法不言捨。但名戒羸。其戒不捨」亦曰學羸。以戒法亦名學處故也。

【戒體】（術語）防非止惡之功能也。戒法授受之作法成就時。指防非止惡之功能、發現於受者身中者。謂之戒體。此戒體舊譯云無作、新譯云無表。隨順此戒體而於身口意三業表現如法之所作、謂之戒行。論於戒之四科參照戒項。楞嚴經一曰「婬躬撫摩。將毀戒體。」

【戒體三種】（名數）定戒體之性通大小乘而有三種。一色法、受戒之時身口二業有發顯之表色。其表色依四大而生一種之色法、有防非止惡之功能。是名無表色。又名無作色、是為四大所生。故為色法而攝於色蘊之中。是有部宗之義也。二心法、受戒之時有發動思之心所。此心所之種子相續而有防非止惡之功能、為戒體。是為依於受戒時之表色作用而起者。故附以色之名、然實為心法。大乘唯識論是也。三非色非心法。彼無形質。故非色、彼無緣慮。故非心。即為非色非心之別法、是小乘成實論所立也。已上三種之戒體、南山於四分律之當分、準於成實宗之所立而立非色非心之戒體。自、之本意、依於大乘唯識之義而取心法之戒體。又天台於止觀取心法、戒疏取色法。但於小乘之有部大乘之唯識所異者、為性具之色性具之心、而其意未見異於彼之二宗也。梵網戒疏上曰「戒體者不起而已。起即性無作假色」

【戒體箱】（物名）三昧耶戒金剛界胎藏界之式文稱為戒體、容其戒體之箱稱為戒體箱。

【戒驗】（術語）證明受戒之公驗也。即戒牒。受者乞戒驗辭曰、「比丘某今蒙慈濟、秉受淨戒。納法在心。福河流注。伏乞現前傳戒和上、幸垂示名。永為戒驗。」見朝野群載十六。

【車也】（雜語）Chāya 譯曰陰。陰陽之陰也。見梵語雜名。

【車帝】（雜名）石窟名。法顯傳曰「山北陰中有一石室名車帝。佛泥洹後五百阿羅漢結集經處。」梵 Saptaparṇaguhā

【車匿】（人名）Chandaka 新作闡鐸迦。譯曰樂欲。佛出城時之馭者也。後出家為比丘六羣比丘之一。惡口之性不改。謂之惡口車匿。或云惡性車匿。佛臨涅槃。勅阿難以默擯之法治之。後遂證果。玄應音義二十三曰「闡鐸迦。人名也。此云樂欲。」慧琳音義六十二曰「闡鐸迦。如來僕使之名。古曰車匿也」西域記六曰「闡鐸迦舊言車匿。訛也。」智度論二曰「佛涅槃後惡口車匿云何共住。佛告阿難。車匿比丘我涅槃後如梵天法治。若心濡伏者。應教那陀迦旃延經。即可得道。」

【車軸】（譬喻）雨滴之大。譬如車軸。池陽問曰「香如須彌。淚如車軸。」俱舍論十二曰「起大雲雨澍風輪上。滴如車軸。」

【車鉢羅婆】（天名）鬼神名。譯曰忍得脫。見金光明文句七。

【更鼓】（雜名）報夜間時辰之鼓。見象器箋十八。

【更藥】（飲食）舊稱曰非時藥。四藥之一。自朝至初更得服之八種漿水也。百一羯磨五曰「更藥者晝日應飲。如其至夜但齊初更。律教一夜分為三節。初之一分名曰初更。過斯不應飲用。若准五更當一更强半。舊云非時者非正譯也。」

【八種更藥】（名數）百一羯磨五曰、「言更藥者。謂八種漿。一招者漿。Coca（酢似梅狀如皂莢）二毛者漿。Moca（即熟芭蕉實是）三孤落迦漿Kurakā（其果狀似酸棗）四阿說他子漿。Aśvattha（菩提樹子是）五烏曇跋羅漿 Udumbara（其果大如李子）六鉢嚕灑漿。Parūṣā（其果狀如嬰薁子）七蔑栗墜漿。Mṛdvīkā（是蒲桃果）八渴樹羅漿。Kharjura（形如小棗）」

【足目】（人名）Akṣapada 初說因明之仙人名。因明前記曰、「足目者相傳兩釋。一云目者多目者慧。以多起慧名為足目。二云足脚也。足下有目名為足目。」入正理門論曰、「如是過類足目所說。」

【足指現土】（術語）佛之足指按地。按而現出淨土也。見次項。

【足指按地】（術語）形容佛之神通。言其足觸處盡為黃金珍寶也。維摩經佛國品曰、「於是佛以足指按地。即時三千大千世界若干百千珍寶嚴飾。譬如寶莊嚴佛無量功德寶莊嚴土。」

【赤白二渧】（雜語）母之精為赤渧、父之精為白渧、二渧和合之處、心識託於其中也。止觀七曰「赤白二渧和合託識其中。以為體質。」承陽大師發菩提心曰、「身體髮膚稟於父母。赤白二渧始終是空。」

【赤色】（雜名）梵語乾陀色。舊云袈裟色是也。有部百一羯磨九曰「或乾陀色。

梵云袈裟野。譯爲赤色」梵音 Kaṣāya

【赤衣】（衣服）赤色之淨衣也。於密教修法隨本尊而異其色。五大明王中軍陀利明王爲南方故。眞言師之淨衣爲赤色。因赤色之袈裟也。見赤袈裟條。

【赤肉中臺】（術語）胎藏界曼荼羅之中臺八葉院也。赤肉者衆生之肉團心。卽心臟也。此中臺八葉者。爲三密瑜伽成就衆生肉團心開敷之相。故云赤肉中臺。與言心蓮華同。

【赤肉團上】（雜語）肉體之身上也。又謂人之肉團心。臨濟義玄語云、「赤肉團上有一無爲眞人」見傳燈錄十二義玄章。

【赤身明王】（明王）馬頭明王也。

【赤鬼】（異類）地獄之獄卒。如牛頭馬頭等爲赤色者。

【赤眞珠】（物名）智度論所說七寶之一。見七寶條。

【赤旃檀】（物名）旃檀中有赤白二種。此其赤色者也。法華經分別功德品曰「以赤旃檀作諸宮殿。」

【赤袈裟】（衣服）又作赤衣、絳袈裟、赤絳衣等。根本毘奈耶三十九以靑泥赤三色爲佛制之壞色。曰「赤者謂樹赤皮。」是爲十誦律十五所謂之茜色。四分律十六等所謂之木蘭色。非爲純赤色。故十誦律十五、薩婆多毘尼毘婆沙八禁用靑黃赤白黑五種之純色。謂若得赤衣應三種淨。毘奈耶雜事二十九曰「時大世主聞佛去已。與五百釋女自剃頭髮。皆著赤色僧伽胝衣。」善見律毗婆沙二記末闡提身著赤衣。西域記一梵衍那國條謂「商諾迦縛娑九條僧伽胝衣絳赤色。設諸迦草皮之所績成也。」此皆指茜色者。蓋印度律之五部。似各異其服色。舍利弗問經謂曇無屈多迦部著赤色。三千威儀卷下謂薩和多部著絳袈裟。僧史略上謂漢魏之世、出家者多著赤布僧伽梨。爲曇無德之僧先到漢土也。以此徵之。可見吾國早已用之。密教亦重此色。陀羅尼集經一金輪佛頂像法下曰、「於其疊上。畫世尊像。身眞金色。着赤袈裟。」要略念誦經曰、「諦觀佛身猶如紫金。有三十二相、八十種好。被赤袈裟。跏趺坐。」

【赤眼】（動物）龜之異名也。盧堂淨慈後餘曰、「赤眼撞着大柴頭。」

【赤鉢】（物名）此是舍衛國上貴赤色瓦鉢。諸比丘不敢受佛聽受用。

【赤銅葉】（物名）以赤銅作貝葉之形者。用刻文字。

【赤躶躶】（雜語）放下萬事天眞獨朗之貌。參照赤灑灑條。

【赤髭毘婆沙】（人名）天竺佛陀耶舍 Buddhayaśas 此云覺明。後秦弘始九年至長安。善毘婆沙論。而髭赤。時人號爲赤髭毘婆沙見稽古史略二。

【赤灑灑】（雜語）同於赤躶躶。灑灑者物爽而不留一點汚物之貌。五燈會元十一灑谿章曰、「十方無壁落四畔亦無門。淨躶躶赤灑灑無可把」。

【赤鹽】（雜語）阿羅漢雖斷染汚無智而證涅槃之眞理、然不斷不染汚無智、故不得通世間之事相至爲愚蒙、其例如不知赤鹽也。俱舍光記一曰、「諸境中或有阿羅漢不識赤鹽。出有異生是通三藏。是名於境、智（阿羅漢人）不及愚（異生）。」止觀四曰、「不識五鹽名之睡蓋」

【孝子經】（經名）一卷失譯。明供養父母不若勸父母爲善去惡之旨。

【孝子睒經】（經名）菩薩睒子經之異名。

【孝子隱經】（經名）菩薩睒子經之異名。

【孝服】（儀式）尊宿遷化、弟子法眷所著之凶服也。敕修淸規有尊宿遷化孝服之一章、有麻布綴腰帛等差。然非釋門之正儀。六祖壇經曰、「吾滅度後莫作世情悲泣雨淚。受人弔問身著孝服。非吾弟子。亦非正法。但識自本心見自本性」元照之六物圖亦痛非之。

【孝順】（術語）子對於親盡誠順命之道。梵網經下曰、「孝順至道之法孝名爲戒」心地觀經二曰、「不如一念住孝順心。以微少物色養悲母」。

【孝養】（雜語）盡孝道供養父母也。又死後追薦供養謂之孝養。以此亦爲子之道也。

【孛星】（雜名）孛、音弗、弗沙之略。鬼宿名。見弗沙條。

【孛經】（經名）具名孛經抄。吳支謙譯。佛住祇園有孫陀利女謗懷胎佛子。至第八日、波斯匿王察知其情。佛乃爲說往昔行菩薩道、時其名曰孛、爲國師、受四臣及夫人之謗、久後方明。今復如是。

【求子姙胎法】（修法）此爲欲使衆生歸依三寶之方便、應求而行之。於求子女者與以子女之祈禱也。

佛眼　藥師　觀音　行者、

東方　金輪　釋迦　文殊　訶梨帝母

如右設壇、若依大法之儀法、則以佛眼金輪爲本尊、或以藥師釋迦爲本尊。然常以文殊觀音爲本尊而修之、或以訶梨帝母法爲最要。或指有功之本尊悉地成就。

【求不得苦】（術語）八苦之一。求物而不能得之苦也。涅槃經十二曰、「何等名爲求不得苦。求不得苦復有二種。一者所悕望處求不能得。二者多役功力。不得果報。如是則名求不得苦。」

【求生】（術語）在中有者欲求可生

之處、故名。對於已生而言。

【求名菩薩】（菩薩）彌勒菩薩過世時之名。見法華經序品。

【求那】（術語）Guṇa 由原質之意言之、原質者必有活動、為作者之意、遂為德之意。勝論師六句義中之第二譯曰依。依止。地水火風等實體之色聲香味等之德也。因而十句義論謂為德句義。而求那之數有不同。百論疏上中曰、「求那此云依諦有二十一法。謂異合離數量好醜八也。次有苦樂憎愛愚智勤惰亦八也。次有五塵即色聲香味觸也」十句義論曰、「二十四德名德句義。何者名為二十四德。一色二味（中略）二十三非法二十四聲。如是為二十四德」楞伽經二、「外道亦說有常作者離於求那周遍不滅」又數論有喜憂闇三德之說謂之三求那。

【求那毗地】（人名）Guṇaviddhi 比丘名。譯曰德進、安進。中印度人、齊武帝永明年中來支那。誦大小乘二十萬言。見歷代三寶記十一、梁僧傳三、開元錄六。

【求那跋摩】（人名）Guṇavarman 比丘名。譯曰功德鎧。罽賓國之王種也。年二十、出家受戒。深達三藏。年三十、國王薨。無繼紹者。衆請還俗嗣位。跋摩不聽。乃辭師違衆。林棲谷飲。孤行山野。遁跡人世。後至師子國、弘揚眞乘。宋文帝元嘉八年達建業、譯經律十數部。文帝深加敬賞。見梁僧傳三、神僧傳三。

【求車】（譬喩）法華經火宅喩中宅內諸子出宅外向長者求車也。以譬厭生死而願求佛道。

【求求羅】（植物）Guggula 又作窶具攞。香名。譯曰安息香。玄應音義十曰、「求求羅香。此云安息香也」最勝王經七曰、「安息香（窶具攞）」

【求那跋陀羅】（人名）Guṇabhadra 比丘名。譯曰功德賢。中天竺人。齊建元初至京師。譯百喩經等。見梁僧傳三。

【求佛本業經】（經名）諸菩薩求佛本業經之略名。

【求法】（雜語）志求正法也。

【求法高僧傳】（書名）具名大唐西域求法高僧傳。二卷。唐義淨在室利佛逝國撰。求法於西域之高僧五十六人傳記也。

【求珠】（譬喩）法華經五百授記品所說求衣裏之珠也。以衣珠譬自己之佛性。見衣珠條。廣弘明集二十曰、「導求珠之心開觀象之目」

【求欲經】（經名）佛說求欲經一卷、西晉法炬譯。中阿含中穢經之別譯也。

【求寂】（術語）舊稱曰沙彌。新稱曰室羅末尼羅。Śrāmaṇera 譯言求寂。志求涅槃圓寂之義。受十戒者也。寄歸傳三曰、「

於本師前。阿遮利耶授十學處。或時闍誦。或可讀文。既受戒已名室羅末尼羅。譯為求寂。言欲求趣涅槃圓寂之處。舊云沙彌者。言略而音訛。翻為息慈。意准而無據也。」

【求聞持】（修法）念虛空藏菩薩而求記憶力成就之法也。聞持者見聞憶持不忘。其修法畫虛空藏菩薩於圓滿之月輪中。安置之於室內。具種種之供物。誦虛空藏菩薩之心咒及一百萬徧。即得悉地。又於日月蝕時置菩薩及壇於露地之淨處。於種種供物外。取蘇（牛乳煮者）一兩盛於銅器。置之於壇上。以乳木攪乳。目觀月日乘。又看蘇。不限徧數誦陀羅尼。則於日月蝕退而未圓之中。其蘇現上中下三品之相。一氣。二煙。三火。得此中之一相。法即成就。蘇為神藥。服之則一經耳目。記之於心。永無忘失。無諸餘之福利。計（已上記求聞持法）又三光中明星為虛空藏菩薩之變化。故有於屋上穿一穴拜之且誦神咒之法。

【求聞持法】（書名）虛空藏菩薩能滿所願最勝心陀羅尼求聞持法之略名。一卷。唐善無畏譯。

【求羅】（動物）迦羅求羅之略虫名。止觀五上曰、「如豬楷金山。衆流入海。薪熾於火。風益求羅耳。」見迦羅求羅條。

【究羅檀頭】（人名）巴 Kūṭadanta 婆羅門之名。

【究羅檀頭經】（經名）佛為此婆羅門說大祀法。示出家之功德。婆羅門即放牛羊等出家受戒。攝於長阿含十五。

【辰那飯茶】（人名）Jinabandhu 譯曰最勝親。大乘尊之僧名也。見慈恩傳二。

【辰那弗多羅】（人名）Jinaputra 譯曰最勝子。唯識十大論師之一。見論識述記上本。

【辰那呾邏多】（人名）Jinatrāta 譯曰最勝救。僧祇部之僧名也。見慈恩傳二。

【夾山】（人名）唐澧州夾山善會禪師。嗣船子德誠禪師。咸通十一年卜夾山而成院宇。接海衆。中和元年十一月寂於此。壽七十七。諡傳明大師。見傳燈錄十五。

【君陀】（植物）Kunda 花名。大日經疏十二曰、「君陀花是西方花也。鮮白無比也。」

【君持】（物名）譯曰澡瓶。見君遲條。

【君茶】（物名）Kuṇḍa 又作軍茶。譯曰火爐。即護摩壇也。慧琳音義三十六曰、「君茶唐云地火爐。即護摩壇也。」同四十二曰、「軍茶唐云火爐也。其爐形狀而有多種。方圓三角金剛杵蓮花等形。所用各別。」囚明王名。千手陀羅尼經曰、「君茶鬗俱尸」報乳記三曰、「君茶者軍茶利也。」即甘露軍茶利明王也。

【君遲】（物名）Kuṇḍikā 又作君持、軍持、捃稚迦、捃稚迦譯曰瓶。水瓶也。比丘十八物之一。西域記十曰、「捃稚迦卽澡瓶也。舊曰軍持訛也」玄應音義九曰「軍持正言捃稚迦。此譯云瓶也。謂雙口澡罐也。論文作鍕鉾字無所出」同十四曰「經中或作軍遲。」慧琳音義八十二曰、「君稚迦。僧所受用君持銅瓶是也」陀羅尼集三曰「君遲。唐云胡瓶」寄歸傳一曰、「凡水分淨觸。淨者咸用瓦瓷。觸者任兼銅鐵。淨擬非時飲用。觸乃便利所用。淨則淨手方持。必須安着淨處。觸乃觸手隨執。可於觸處置之。唯斯淨瓶及新淨器所盛之水。非時合飲。餘器盛者。名爲時水。中前受飲卽是無愆。若於午後飲便有過。」（下文說作瓶法。）

【忌】（術語）　於喪中或命日愼其心身曰忌。參照忌中條。

【忌中】（雜語）　謂人死後四十九日間。以修七七之齋會也。見四十九日條。

【忌日】（術語）　又作諱日。人之死日、追懷其人而忌逸樂之事。故云忌日。禮祭義曰「君子有終身之愛。忌日之謂也」註「忌日者親亡之日」楞嚴經一曰、「波斯匿王爲其父王諱日營齋。請佛宮掖」同長水疏曰、「先王崩日忌諱之辰。故云諱日。諱忌也。以忌舉吉事。諱避其名也」釋氏要覽下曰、「二月十五日佛涅槃日。天下僧俗有營會供養。卽忌日之事也。俗禮君子有終身之孝。忌日之謂也。又謂不樂之日。不飲樂故。或云諱日。或云遠日。（遠日猶溫曲禮喪事先遠日、）釋子死亡。可稱歸寂之日。蓋釋氏無忌諱故。」

【忌日設齋】（行事）　於死人之忌日招待僧人請讀經、於是供齋而祈冥福也。梵網經下曰、「父母兄弟和上阿闍梨亡滅之日及三七日。乃至七七日。亦應讀誦講說大乘經律。齋會求福」

【忌月】（術語）　正五九之三月也。見三長齋月條。

【忌事】（雜語）　謂戒律也。見戒條。

【尾扶】（雜語）　佛之別名。大日經疏十七曰、「尾扶是佛之別名。亦是法王義。謂聲便故用此音說也」梵 Vibhū

【尾儞也】（術語）　Vibyā　譯曰明。眞言之別稱。眞言能破衆生煩惱之闇障、故名明。演密鈔一曰、「明者明呪。眞言之別稱。梵語尾儞也（二合）此譯云明。破闇爲義。梵語漫怛羅此云眞言。或名神呪。謂此眞言能破衆生煩惱闇障。義翻爲明」

【尾嚕茶迦】（天名）　同毘瑠璃。增長天之梵名。見四天王條。

【尾嚕博乞叉】（天名）　Virūpakṣa　廣目天之梵名。

【屎牀鬼子】（雜語）　痛罵人之稱。猶言小便之餓鬼也。臨濟錄曰、「這屎牀鬼子」

【尿闥】（雜名）小便處也。

【忍】（術語）Ksānti 忍耐也。忍耐違逆之境而不起瞋心也。又安忍也。安住於道理而不動心也。瑜伽論曰「云何名忍。自無憤勃。不報他怨。故名忍。」唯識論九曰「忍以無瞋精進審慧及彼所起三業爲性。」大乘義章九曰「慧心安法名之爲忍。」同十一曰「於法實相安住爲忍。」三藏法數五曰「忍即忍耐。亦安忍也。」

【二忍】（名數）一衆生忍。於一切衆生不瞋不惱。縱使彼加種種之害。我能忍耐於心而不瞋不報也。二無生法忍。安住於無生之法理而不動心也。見智度論六。又一安受苦忍。逼於疾病水火刀杖等衆苦。能安心忍受。恬然不動。即前之生忍也。二觀察法忍。觀察法而心安於實相之理。即前之法忍也。見地持經五。又一生忍。此有二。一於人之恭敬供養能忍而不執著。二於人之瞋罵打害。能忍而不生瞋恨。二法忍。此亦有二。一於非心法之寒熱風雨飢渴老病死等能忍而不惱怨。二於心法之瞋恚憂愁等諸煩惱。能忍而不厭棄。見法界次第下之上。

【三忍】（名數）三忍有三種。無量壽經第四十八願舉聞者得三法忍之願。而言第一法忍第二法忍第三法忍。未舉其法忍之名。因是而諸師之解不同。法位云是仁王經所說五忍之前三者。即伏忍信忍順忍也。憬興云是伏忍中之下中上三忍也。玄一曰是下說之音響忍柔順忍無生忍也。又無量壽經云往生極樂之人聞七寶樹林之音聲。而得三種之忍。一音響忍。由音響而悟解眞理者。二柔順忍。慧心柔軟。能隨順眞理者。三無生法忍。證無生之實性而離諸相者。是悟道之至極也。見無量壽經鈔五。又善導所說之三忍。一喜忍。念彌陀佛而生歡喜心者。二悟忍。念彌陀佛而悟解眞理者。三信忍。念彌陀佛而住於正信者。善導解觀經中。韋提希夫人所得之無生法忍。爲此三忍。觀經序分義二曰「因此喜故。即得無生之忍。亦名喜忍。亦名悟忍。亦名信忍。」淨土文類行卷曰「慶喜一念相應後。與韋提等獲三忍。」又三種之忍波羅蜜也。一耐怨害忍。能耐忍有情怨敵之惱害者。二安受苦忍。能安受非情寒熱等之苦楚者。三諦察法忍。又云無生法忍。不起忍等。諦觀眞理而安住於無生之理者。前二者爲耐忍之忍。後一者爲信忍之忍。似稍異。然決定而不動心之義則同。唯識論九曰「忍有三種。謂耐怨害忍。安受苦忍。諦察法忍。」

【四忍】（名數）思益經四忍法品謂「菩薩有四法出毀禁之罪。一得無生忍。一切諸法自性空寂。本來不生也。菩薩證忍此法。則能出毀犯禁戒之罪。二得無滅法忍。一切諸法本爲無生。故今亦無滅。菩薩證忍此法、則能出毀犯禁戒之罪。三得因緣忍、一切諸法皆依因緣之和合而生、無有自性、菩薩證忍此法、則能出毀犯禁戒之罪。四得無住忍、不住著於諸法、謂之無住、菩薩證忍此無住之法、則能超出毀犯禁戒之罪。案是普賢觀經所說實相懺悔之意也。

【五忍】（名數）仁王經所說。一伏忍、別敎菩薩於十住十行十廻向三賢、間未斷煩惱種子、而制伏之不使起之位也。二信忍、於初地至三地間、既見法性而得正信之位也。三順忍、於四地至六地間、順菩提道而趣向無生果之位也。四無生忍、於七地至九地間悟入諸法無生理之位也。五寂滅忍、於第十地及妙覺間諸惑斷盡而涅槃寂滅之位也。忍者忍可或安忍之義、決定其理無移動之念也。舊譯仁王經敎化品曰「佛言、大王。五忍是菩薩法。伏忍上中下。信忍上中下。順忍上中下。無生忍上中下。寂滅忍上下。名爲諸佛菩薩修般若波羅蜜。」同嘉祥疏曰、「伏忍上中下者、習忍下。性忍中。道種忍上。在三賢位。信忍上中下者、初地下。二地中。三地上。順忍上中下者、四地下。五地中。六地上。無生忍上中下者、七地下。八地中。九地上。寂滅忍上下者、十地下。佛地上。」大乘義章十二曰「慧心安之名之爲法忍。行不同。一門說五。」

【六忍】（名數）一信忍、別敎之菩薩於十住位中、信一切心皆悉空寂、能於空法忍可信證、故名爲信忍。二法忍、於十行位中修習假觀、知一切法空無所有、而能假立一切法、以化諸衆生、於假法中忍可信證、故名爲法忍。三修忍、於十廻向位中修習中觀、知一切法事理和融、於中道忍可信證、故名爲修忍。四正忍、於十地位中次第正破十品無明之惑、於中道之理忍可信證、故名爲正忍。五無垢忍、於等覺位中更斷除一品之無明、於無垢之自性清淨心忍可信證、故名爲無垢忍。六一切智忍、於妙覺更斷一品之無明、得一切智、徧知一切中道之法、於此法忍可信證、故名爲一切智忍。見菩薩本業經上。

【十忍】（名數）一音聲忍、同於上之音響忍。二順忍、同於上之柔順忍。三無生忍、同於上之無生法忍。四如幻忍、了達諸法皆依因緣而生、猶如幻化之性本來空寂而信忍也。五如焰忍、了達一切境界悉如陽焰之本性空寂而信忍也。六如夢忍、了達一切妄心猶如夢境之無眞實而信忍也。七如響忍、了達一切世間之言語音聲皆依因緣和合而生、猶如谷響之無眞實而信忍也。八如影忍、了達色身依五陰之積集而成、無有本體猶如影而信忍也。九如化忍、了達世間諸法無而忽有、有而還無、體無眞實如化事而信忍也。十如空忍、了達世間出世間種種之諸法悉如虛空之無色相而信忍也。見華嚴經指掌三藏法數三十八。図一、戒忍、觀色陰而不犯禁制、由之而得戒忍。以作與無作之戒體皆是色之攝也。二、智見忍、觀識陰而了知一切諸法邪正之見皆自識心生、由之而得知見忍。以了別識與此知見相類也。三、定忍、觀想陰而不起亂思由之而得定忍。以由顚倒之妄想能入於定也。四、慧忍、觀受陰苦樂之相爲無而得智慧忍。以分別諸法皆悉空寂而智慧生也。五、解脫忍、觀行陰造作之相爲無而得解脫忍。以行皆無常無有結縛者也。六、空忍、觀三界之苦果無實體而得空忍。以生死之苦諦性本空寂也。七、無願忍、觀三界之苦因皆空而得無願忍。以煩惱之集諦性本清淨也。八、無相忍、觀三界因果之法皆空而得無相忍。以因果之相本爲空無故也。九、無常忍、又俗諦之境一切有爲之法悉皆虛幻而得無常忍。以一切諸法遷滅無停故也。十、無生忍、觀眞諦之境是無爲法而諸念不生、得無生忍。以眞空之理本無生滅故也。見仁王經天台疏三。

【十四忍】（名數）三賢十聖爲十三忍、更加正覺忍而爲十四忍。見仁王經十。

【忍力】（術語）忍辱之力也。法華經序品曰「又見佛子住忍辱力增上慢人惡罵捶打皆悉能忍以求佛道」

【忍土】（界名）娑婆世界也。娑婆譯曰忍、又云堪忍世界。見娑婆條。

【忍水】（術語）譬忍德之深廣似水。大集經四十七曰「忍辱如大地。忍水常盈滿」

【忍不墮惡趣】（雜語）至於忍位。則不再墮於惡趣也。

【忍仙】（術語）忍辱仙人也。佛往昔爲仙人行忍辱時、爲歌利王支分身體。

【忍加行】（術語）四加行之一。見加行位條。

【忍行】（術語）忍辱之行也。維摩經方便品曰「以忍調行攝諸恚怒」

【忍行五德】（名數）行堪忍、則有無根、無呵、衆人愛、有好名、生善道之五德也。

【忍地】（術語）無生法忍之悟地位也。大集經九曰「是人不久得忍地」

【忍位】（術語）七善根中忍法之位也。見忍法條。図總謂證眞理之位。忍者心住於眞理而不動也。図仁王經所說五忍之位也。宋高僧傳（不空傳）曰「測其忍位莫定高下」

【忍法】（術語）七賢位之第六、四善根之第三位名也。於四諦之理忍可決定而不動之智、謂之忍、其智謂之法。俱舍論二十三曰「此頂善根下中上品漸次增長至成滿時、有善根生、名爲忍法。於四諦理能忍可中此最勝故」

【忍法位】（術語）忍法爲聲聞人進

趣之位名、故云位。見前項。

【忍陀羅尼】（術語）四陀羅尼之一。見陀羅尼條。

【忍波羅蜜】（術語）見波羅蜜條。

【忍界】（界名）娑婆世界也。娑婆譯曰堪忍、又譯忍。以此界之衆生而堪忍於惡故也。又以菩薩於此土忍惡而爲教化故也。見堪忍世界條。

【忍辱】（術語）梵語羼提Kṣānti譯曰忍辱。忍受諸侮辱惱害而無恚恨也。六波羅蜜之一。法界次第下之上曰「羼提。秦言忍辱。內心能安忍外所辱境。故名忍辱」維摩經佛國品曰「忍辱是菩薩淨土。菩薩成佛時。三十二相莊嚴衆生來生其國」註「肇曰。忍辱和顏。故繫以容相而豈直形報而已。」

【忍辱衣】（衣服）忍辱之心、以能防一切之外障、故譬以衣。遂爲袈裟之總名。法華經法師品曰、「如來衣者。柔和忍辱心是也」釋氏要覽上曰、「如幻三昧經袈裟名忍辱鎧」。

【忍辱仙】（術語）釋迦如來、於因位爲忍辱仙修忍辱之行、爲歌利王支分其身。證道歌曰、「我師得見然燈佛多劫曾爲忍辱仙」

【忍辱地】（術語）有生法之二忍。生忍者。忍有情瞋罵捶打等之凌辱也。法忍者、忍寒熱風雨飢渴老病等之非情禍害也。於此二法能安然不動。故名忍辱地。法華經安樂行品曰「菩薩摩訶薩住忍辱地。柔和善順而不卒暴。」

【忍辱草】（植物）生於雪山之草名。涅槃經二十七曰、「雪山有草名爲忍辱。牛若食者則出醍醐。」

【忍辱經】（經名）羅云忍辱經之畧稱。

【忍辱鎧】（譬喩）忍辱能防一切之外難、故譬以甲鎧。法華經勸持品曰「惡鬼入其身。罵詈毀辱我。我等敬信佛。當著忍辱鎧」。

【忍辱太子】（本生）昔毘婆尸佛時、波羅捺國王有太子名忍辱。太子之父母病重、醫云應以不瞋人肉爲藥。太子自念我生來不瞋、因名忍辱、可充此藥、國中設有不瞋者豈可以彼救我親耶。遂自割肉充藥。父母病即癒。見大方便佛報恩經二。經律異相三十一。

【忍辱波羅蜜】（術語）六波羅蜜之一。見波羅蜜條。

【忍辱波羅蜜菩薩】（菩薩）胎藏界曼荼羅虛空藏院中央左第三位。十波羅蜜菩薩之一。主三忍。梵號乞叉底波羅蜜。密號帝利金剛。肉色。著羯磨衣。左持濡水囊。右立無名小二指。餘屈爲刀印。坐赤蓮上。

【忍善】(術語) 忍耐而爲善事也。法華經化城喩品曰、「諸惡道減少忍善者增益。」

【忍智】(術語) 慧心安於法、名爲忍、於境決斷名爲智。小乘有部之說、忍爲無間道(舊譯曰無碍道)之觀、知屬於因、智爲解脫道之觀、智屬於果。成實及大乘忍智皆通。但就義而分之、則始觀名忍、終成名智。俱舍論二十三曰、「忍智者忍是無間道約斷惑得無能隔礙故。智是解脫道已解脫惑得與離繫得俱時起故。具二次第理定應然。猶如世間驅賊閉戶。」大乘義章九曰、「慧心安法名之爲忍。於境決斷說之爲智。依如毘曇斷見諦惑忍爲無礙、智爲解脫。成實法中一切治道通名爲忍、通名爲智。以心安法故通名忍。決斷無著故通名智。大乘法中忍智亦通。加說五忍從始至終。二諦智等通初及後。隨義具分非無義異。始觀名忍。終成名智。」

【忍調】(術語) 以忍心調伏瞋恚也。維摩經方便品曰、「以忍調行攝諸恚怒。」

【忍鎧】(術語) 忍辱者能防一切之外難、故譬以鎧。智度論十曰、「忍鎧心堅固精進弓力强。」

【弟子】(術語) 梵云室灑、Śiṣya 譯曰所教、卽弟子也。就師而受教者也。就佛言之、則聲聞菩薩、通是弟子。但以聲聞人之形儀最親順於佛、故特稱爲弟子。行事鈔上三曰、「學在我後、名之爲弟、解從我生名之爲子。」同資持記曰、「以師望資、猶弟猶子。以資望師、如兄如父。」維摩經淨影疏曰、「聲聞學在佛後故名爲弟、從佛化生故復稱子。」維摩經嘉祥疏曰、「問聲聞菩薩皆弟子。何意聲聞云弟子、菩薩不稱弟子耶。解云、通例而不爾者、聲聞親侍佛、形儀如法、故云弟子。菩薩形無定方、反常合道。如文殊按劍欲刺佛、非弟子之法、故不得云弟子也。」求法高僧傳上曰、「室灑。譯爲所教。舊云弟子者非也。」

【弟子位】(術語) 於眞言行稱五種三昧耶中第三之三昧耶。受明灌頂已下爲弟子位、稱第四已上爲阿闍梨位。義釋十二曰、「若弟子之位未得許可。固不在言限。何可妄說。」

【弟子品】(經名) 維摩經之品名、第三品也。如來問維摩居士病於毘耶離城、遣五百弟子順次問疾。諸人各陳昔日爲居士受屈不堪問疾而辭。因此名爲弟子品。因法華經第四卷所說五百弟子授記品之畧名。

【弟子死復生經】(經名) 一卷、劉宋沮渠京聲譯。有優婆塞先事外道、後奉佛戒。死去十日復生、說冥中所見之事、以化一家、使皆見佛得果。

【序】(術語) 諸經皆有序正流通之三分。其初記緣起者曰序。

【序三義】(名數) 經釋家科分序爲三種法華文句一上曰、「序者訓庠序。謂階位賓主回答悉庠序也。經家從義、謂次由述也。如是等五事冠於經首、次序也。放光六瑞起發之由由序也。回答釋疑正說弄引敍述也。具此三義故稱爲序」。貧持記上一之一曰、「序有三訓。隨義以釋爾雅云東西墻謂之序。如世墻序在堂奧之外。卽喻序文冠一鈔之表。此端序義也。二序卽訓敘。謂撰述始終。十門例括三行條流使一部文義歷然不混。此卽次序義也。三訓緒者。如繅繭得緒則餘絲可理。學者觀序則諸編可求。此謂由序義也」。

【序四義】(名數) 法華義疏一曰、「序者漸也。假時託處動地雨花爲正說由漸。故名爲序也。又序者次也。初明緣起後辯正經。蓋是義之次第也。又序者謂祥序也。經首列事。祥序可觀之也。又序者舒也。欲顯事我舒廣故云序也。」

【二種序】(名數) 別序之種類也。序總有二種、一通序。如是等之五事六事是也。是通諸經有之故云通序。二別序。由通序至序末是也。是各隨其序而別、故云別序。又一證信序。卽上之別序也。二發起序。卽上之通序也。

【三種序】(名數) 唐善導釋觀經分三序、一證信序、如是二字也。二化前序、我聞已下五事是也。(見化前序條)三發起序、如常之別序是也。是爲一宗不共之法門。

【五序】(名數) 天台分科法華經之別序而爲五序、一衆集序、爾時世尊四衆圍繞等是也。二現瑞序、六瑞是也。三疑念序、爾時彌勒菩薩作是念等是也。四發問序、爾時彌勒菩薩欲自決疑等是也。五答問序、爾時文殊師利是也。

【序王】(雜名) 天台智者製法華經之序而題爲序王。王者起也、初也、序者衆文之起、初故名序王。釋籤一之一曰、「王字去聲謂起也初也序起衆文之始故云序王。」

【序分】(術語) 諸經三分之一。見次項。

【序正流通三分】(名數) 凡釋經論、以分序正流通之三分爲法。一序分、最初敍其經發起理由因緣卽緣起之部分也。二正宗分、次正應其緣起而說法門之部分也。三流通分、終說以所說之法門付囑弟子或國王等使流通於遐代之部分也。是爲秦道安所創始以作萬世之洪範者也。

【序品】(術語) 經中一部之序之部分也。又法華經二十八品中之第一品、先現六瑞而起衆疑因衆之疑而使彌勒向文殊問其緣由、文殊說過去所見證言其當說法華、以爲一經發起之由序、故名序品。

【序題】(術語) 唐善導釋觀經先以

七門簡括之第一門謂之序題。敘如來出世之大綱亦題一經元意之意也。玄義分傳通記二曰「序題者略序出世大綱亦題一經元意也。」

【良日】（術語）見吉日良辰條。

【良忍】（人名）日本融通念佛宗之開祖也。

【良賁】（人名）唐京師安國寺良賁助不空新譯仁王經且奉代宗勅作疏三卷。以所住之寺名疏謂之青龍疏。宋高僧傳五有傳希麟音義七曰「良賁下彼義反案良賁者卽助譯仁王經沙門名也。」

【良福田】（術語）善良之福田、謂三寶也以供養三寶則生無量福利故也。無量義經曰「是諸衆生大良福田」行事鈔下三之四曰「經云。衆僧良福田亦是蒺藜園。」

【宏智】（人名）明州天童山正覺、諡宏智就鄧州丹霞子淳受法與眞歇淸了共稱二弟子。宋高宗紹興二十七年十月、手書請育王山大慧果禪師使司後事而寂。見會元十四續傳燈錄十七稽古略四。

【宏智禪師語錄】（書名）四卷、門人編。

【牢關】（雜語）迷悟之境界、堅牢之關門也。傳燈十六樂普章曰「末後一句始到牢關鎖斷要津不通凡聖」

【牢籠】（雜語）如獸入牢、鳥入籠也。法苑珠林二十曰「牢籠眞俗囊括古今」

【究竟】（術語）梵字 Uttara 之譯。事理之至極也。三藏法數六曰、「究竟猶至極之義。」

【究竟覺】（術語）起信論四覺之一。謂菩薩大行圓滿究竟至極之覺卽成佛之位也。起信論曰、「如菩薩地盡。滿足方便一念相應覺心初起心無初相以遠離微細念故得見心性。心卽常住名究竟覺。」三藏法數九曰、「究竟卽決定終極之義也。謂能覺了染心之源。究竟終窮同於本覺故名究竟覺。」

【究竟位】（術語）大乘五位之一。以佛果爲究竟至極之位、故謂之究竟位。唯識論九曰、「究竟位謂住無上正等菩提。」述記十末曰、「言究竟者略有二義。一簡前四位名究竟。二簡二乘名究竟。二乘雖得菩提涅槃非究竟義。非高勝故。」三藏法數二十一曰「究竟位謂妙覺佛證此果位。最極淸淨更無有上故名究竟位。」

【究竟卽】（術語）台宗六卽位之第六佛果爲究竟之覺悟、故云究竟、此覺智與初位之凡心理體不二、故云卽。止觀一下曰、「究竟卽菩提者等覺一轉入於妙覺智光圓滿不復可增。」四敎儀曰、「智斷圓滿爲究竟卽。」觀經妙宗鈔上曰、「六種卽名皆是事理體不二義」涅槃經曰、「發心究竟二不別」。

【究竟佛】（術語）六種佛之第六。至究竟卽之位、事理皆圓滿之佛也。（前五佛理圓事不圓）觀經天台疏曰、「究竟佛者。道窮妙覺位極於荼。故唯佛與佛乃能究盡諸法實相邊際智滿種覺頓圓。（中畧）如十五日月圓滿具足衆星中王最上最勝威德特尊是爲究竟佛義。」

【究竟道】（術語）理之至極也。智度論七十二曰、「究竟者所謂諸法實相。」

【究竟樂】（術語）涅槃之妙樂也。起信論曰「離一切苦得究竟樂。」

【究竟一乘法性論】（書名）四卷、元魏勒那摩提譯。

【究竟願】（術語）願心不退而遂成就也。

【究竟法身】（術語）無上之佛果。證悟法性究竟之佛身。

【究竟涅槃】（術語）與大般涅槃同。

【究竟一切智地】（術語）眞言宗自初地之淨菩提心已上、至於等覺、皆攝於信解地中、唯妙覺之位、名究竟一切智地。大疏二曰、「此經宗。從淨菩提心以上十住地。皆是信解中行。唯名究竟一切智地。」同二曰、「唯如來名究竟一切智地。如華嚴中。初地菩薩能信如來本行所入。（中略）信成就果。於如是諸事。其心畢竟不可破壞。不復隨他緣。縛故名信解行地。亦名到於修行地也。」

【究施】（地名）城名。見拘尸那條。

【步他】（雜語）見浮圖條。

【步步聲聲念念】（雜語）常行三昧之狀也。步行專念彌陀而唱名號也。止觀二曰、「步步聲聲念念唯在阿彌陀佛。」同輔行曰、「步步身業。聲聲口業。念念意業。」

【步擲明王】（菩薩）與步擲金剛同。

【步擲金剛】（菩薩）播般攞結使波、唐云步擲。普賢菩薩所現之明王也。大妙金剛大甘露軍荼利焰鬘熾盛佛頂經曰、「善賢菩薩。現作步擲金剛明王。以右手把一旋蓋。左手把金剛杵。遍身作虛空色。放火焰。」有步擲金剛修行儀軌一卷。

【步擲金剛修行儀軌】（書名）播般囊結使波金剛念誦儀之異名。

【男女】（雜語）密教之深旨、以男女爲智慧禪定之標幟。大日經疏三曰、「如本尊形。女是禪定。男是智慧。」同五曰、「女人是三昧像。男子是智慧像。」同十五曰、「諸尊色類種種不同。大而言之略有二種。謂男及女。男是智慧故爲首。女是三昧爲次之也。」

【男根】（術語）對於女根而言。男之陰部。爲身根之一部分、男性之形類、音聲作業、志樂等異於女性者。其根之作用也。

【貝】（物名）卽法螺也。吹之以報法

事之時期招集大衆者。法華經曰、「擊鼓吹角貝。」

【貝文】（雜語）記於貝多羅葉之經文也。大唐三藏聖敎記曰、「恩加朽骨石室歸貝葉之文。」性靈集八曰、「貝文連珠。龍章金響。」

【貝支迦】（雜語）辟支迦之變音。

【貝母】（譬喩）諸惑隨逐一邪見、譬如衆魚衆貝隨從魚王貝母也。止觀五曰、「一切凡夫未階聖道。介爾起計。悉皆是見。以有見故三假苦集煩惱隨從。魚王貝母衆使具足。」

【貝多】（雜語）貝多羅之略。

【貝多羅】（物名）Tattra 葉、但傳說貝者葉之義、多羅（Tāla）樹之葉、謂之貝多羅。三藏之經典皆記之。多羅樹之形如棕櫚、葉亦相似、或翻岸者、直然脫出之義歟。古師以之爲菩提樹者訛也。翻梵語曰、「貝多羅。譯曰脫也」名義集三曰、「多羅。舊云貝多。此翻岸。如此方棕櫚。」法顯傳曰、「菩薩前到貝多羅樹下。敷吉祥草東向而坐。」天台戒經義疏上曰、「坐菩提樹下得道因名道樹。亦曰思惟。梵音貝多也。」（誤也。）參照多羅條。

【貝葉】（物名）貝多羅葉也。印度之人以寫經文。慈恩寺傳三曰、「經三月安居中集三藏訖書之貝葉方徧流通。」唯識樞要上本曰、「雖文具傳於貝葉。而義不備於一本。」見貝多羅條。

【貝葉經】（雜語）以貝多樹葉書經文、故云貝葉經。西陽雜俎曰、「貝多出摩伽陀國。長六七丈。經冬不凋。此樹有三種。一者多羅婆力叉貝多。二者多梨婆力叉貝多。三者部婆力叉多羅多梨。並書其葉。部閣一色。取其皮書之。貝多是梵語、漢翻爲葉。貝多婆力叉者、漢言樹葉也。西域經書用此三種皮葉。若能保護、亦得五六百年。」

【貝牒】（物名）貝多羅之牒冊。言經典也。大周三藏聖敎序曰、「窮貝牒之道文。」

【貝鐘】（物名）法螺之貝與釣鐘。皆寺中之道具。不空羂索經十八曰、「若加持螺、詣高望處。大聲吹者。四生衆生聞螺聲者。滅諸重罪。」名義集七曰、「僧一云若打鐘時。一切惡道諸苦並得停止。」

【見】（術語）梵名捺喇捨曩、Darśana 思慮推求審詳而決擇事理也。通於正邪。止觀五下曰、「一切凡夫未階聖道。介爾起計。悉皆是見。」俱舍論二曰、「審慮爲先決擇名見。」大乘義章五本曰、「推求說之爲見。」止觀十上曰「作決定解名之爲見。」

【二見】（名數）一、有見、偏於有之邪見。二、無見、偏於無之邪見。又一、斷見、執身心斷滅之見、屬於無見。二、常見、執身心常住之見、屬於有見。法華經方便品曰、「入邪見稠林若有若無等」智度論七曰、「見有二種。一者常、二者斷。常見者見五衆（五蘊也）常、心忍樂。斷見者見五衆滅、心忍樂。一切衆生多墮此二見中。復有二種見、有見無見」。

【四見】（名數）一異常非常等之義總有四句、一切之妄計必墮於其一。名爲四見。智度論七曰、「復有四種見、世間常、世間無常、世間亦常亦無常、世間亦非常亦非無常。我及世間有邊無邊亦如是」。又華嚴經疏三謂外道之所見不出四見。一計一、數論師計因中有果、以因果不異之故名爲計一。二計異、勝論師計因中無果、以因果不同之故名爲計異。三計亦一亦異、勒裟婆論師計因中有果、亦計因中無果、以有無雙計故名爲亦一亦異。四計非一非異、尼犍子計因果亦非是一亦非是異、故名非一非異。因凡夫常樂我淨之四顛倒稱爲四見。

【五見】（名數）一身見、二邊見、三邪見、四見取見、五戒禁取見。詳見五字部本條。

【七見】（名數）一邪見、二我見、三常見、四斷見、五戒盜見、六果盜見、七疑見。詳見三藏法數三十。

【十見】（名數）一身見、二邊執見、三邪見、四見取見、五戒禁取見、六貪見、七恚見、八慢見、九無明見、十疑見。見瑜伽論八、三藏法數四十三。

【六十二見】（名數）見六字部本條。

【見大】（術語）七大之一。如色性周徧於法界、見性亦徧滿於法界、名爲見大。見聞覺知中就初而獨立見大。見楞嚴經三、三藏法數三十。

【見分】（術語）八識四分之一。見四分條。

【見分薰】（術語）二種薰習之一。見二種薰習條。

【見牛】（譬喻）十牛之一。

【見王齋】（儀式）死後三日所設之僧齋名。由亡人於此日見閻羅王而起。釋氏要覽下曰、「北人亡至三日必齋僧、謂之見王齋」。

【見正】（人名）見正比丘疑無後世、佛爲說見正經。

【見正經】（經名）佛說見正經一卷、東晉竺曇無蘭譯。佛對見正比丘說種種之喻、除其斷常二見。

【見在佛】（雜語）僧人尊稱帝王之詞。宋太祖初幸相國寺、至佛像前問當拜否。僧錄贊寧奏曰、見在佛不拜過去佛。見歸田錄。

【見地】（術語）三乘共十地之第四位。當於聲聞乘之預流果、見四諦之理、斷三界之見惑、初得聖果者、即第十六心之道類智也。見大乘義章十四、四敎儀集註下。

【見行】（術語）見愛二行之一。見二

行條。

【見至】（術語）又曰見到。或名見得。見見得條。

【見成公案】（術語）見卽現也。見現成公案條。

【見佛】（術語）見報應之佛身也。以凡夫二乘分別之識所見者爲應身以菩薩無分別之心所見者爲報身。無宿緣者亦不能見應身也。起信論曰、「凡夫二乘心所見者名爲應身。（中略）諸菩薩從初發意乃至菩薩究竟地心所見者名爲報身。」智度論九曰、「舍衞城中九億家。三億家眼見佛。三億家耳聞有佛而眼不見。三億家不聞不見。」觀佛三昧海經三曰、「若生垢惡不善心者。若有毀犯佛禁戒者。見像純黑猶如炭人。釋子衆中五百釋子見佛色身猶如炭人。比丘衆中有一千人見佛色身如赤土人。優婆塞衆中有十六人見佛色身如黑象脚。優婆夷衆中二十四人見佛色身猶如聚墨。如是四衆各各異見。」

【見佛眞身】（術語）頓悟入道要門論上曰、「問云何是見佛眞身。答不見有無卽是見佛眞身。」

【見佛聞法】（術語）往生要集所說十樂之一。往生極樂則常見阿彌陀佛。聞深妙之法也。往生要集上末曰、「法華云。是諸衆生以惡業因緣過阿僧祇劫不聞三寶名。而彼國衆生常見彌陀佛恒聞深妙法。」

【見取】（術語）四取之一。取著於身見邊見等非理之見也。三藏法數十八曰、「邪見分別名之爲見。所謂身見邊見等。因見取著。故曰見取。」又見取見之略。五見之一。

【見取見】（術語）五見之一。僻執諸邪見及自身以爲最勝。爲一切鬬諍之本者。以一切劣爲勝者。唯識論六曰、「見取。謂於諸見及所依蘊執爲最勝能得淸淨。一切鬬諍所依爲業。」俱舍論十九曰、「於劣爲勝。名爲見取。有漏爲劣。聖所斷故。執劣爲勝。總名見取。理實應立見等取名。略去等言但名見取。」法界次第上之上曰、「於非眞勝法中謬見涅槃。生心而取。故曰見取。」梵Dṛṣṭi-parāmarśa

【見取使】（術語）十使或五利使之一。四取中之見取。又取五見中之見取見爲十使中之見取使。使者煩惱之異名。驅役心身之義。

【見性】（術語）禪家之常語。徹見自心之佛性也。達磨之悟性論曰、「直指人心。見性成佛。敎外別傳。不立文字。」黃檗傳心法要曰、「卽心是佛。上至諸佛。下至蠢動含靈。皆有佛性。同一心體。所以達摩從西天來。唯傳一法。直指一切衆生本來是佛。不假修行。但如今識取自心。見自本性。更莫別求。」血脈論曰、「若欲見佛。須是見性。性卽是佛。

若不見性、念佛誦經、持齋持戒、亦無益處。」日本永平道元法語謂「見性者、佛性也。萬法之實想也。衆生之心性是也。此性渡於有情非情、普於凡夫賢聖、都無所住。故無住之性、雖在於有情而不住於有情、雖在於惡而不住於惡、雖在於色而不住於色、雖在於形而不住於形、不住於一切、故云無住之性。又此性非色非有、非無非住、非明非無明、非煩惱非菩提、全無實性。覺之名爲見性也。衆生迷此性、故輪廻於六道、諸佛覺此性、故不受六道之苦。」

【見性成佛】（術語）見前項。

【見法】（術語）謂眞言行者、對於所願成就之相、住於無染無著淸淨眞實之心、諦觀實相、善通其實義也。大日經悉地出現品曰「爾時金剛手白佛言、世尊、唯願復說此正等覺句、悉地成就句、諸見此法善男子善女人等、心得歡喜、受安樂住、不害法界。」同疏十一釋之謂此卽是隨此中修學者。若得成就、卽名見法。

【見所斷】（術語）三所斷之一。謂於見道所斷之八十八使見惑也。

【見者】（術語）十六人我之一。確執人我是見者。大乘義章六曰「計有我人、用眼見色、故名見者。」

【見非見】（術語）見與非見之併稱。見爲顯相、謂易見易知也、非見爲深玄、謂難見難知也。大日經第三悉地出現品所謂「等同虛空、成就廣大見非見果。」是也。大日經疏第十一釋之曰「見者謂種種戲相。非見者謂涅槃理。又見者謂世間果、非見者謂菩提果。此類無量、故云廣大。」

【見思】（術語）見惑思惑也。又云見愛、見修、四住、染汚無智、枝末無明、通惑、界內惑。皆概括三界煩惱之通稱。見惑者、諸種之妄見、邪分別計度道理而起之我見邊見等妄惑也。思惑者、貪瞋痴等之迷情、思慮世間事物而起之妄惑也。依之而從所迷上稱見惑爲理惑、稱思惑爲事惑。何則以見惑爲迷於無常無我等眞諦道理而起之常見我見等邪想、思惑爲迷於色聲等世間事物而起之貪欲瞋恚等妄情故也。但以迷理迷事而分見思二惑者、依於小乘俱舍之法相、若依於大乘唯識之法相、則以分別俱生之二起而分之。分別起之煩惱、所知二障、爲見惑、俱生起之煩惱、所智二障、爲修惑。然稱爲見者、有二義。一、爲照見眞理時所斷之惑、故云見惑。二、見爲推度之義、此惑以推度爲性、故云見惑。又思有二義。一、於一旦見眞理斷見惑上、更思惟修習眞理、以斷此惑、故云思惑。二、爲思惟世間誣妄事物而起之惑、故云思惑。然此二惑爲正受三界生死之因。斷此二惑、始免三界之生死也。斷之有次第、先斷見惑、次斷思惑。見惑者其性猛利、故有見斷如破石之說、見諦理之時、一時盡斷之、思惑者、其性鈍昧、故有思斷如藕絲之說、數數思惟諦理而漸漸斷之也。斷見惑之位、謂之見道、斷思惑之位、謂之修道、斷了二惑之位、謂之無學道。天台結歸一切之妄惑為三種。一見思、二塵沙、三無明。見思為涅槃之障、塵沙為菩提之障、無明為中道實相之障。四教儀曰、「集諦者即見思惑。又云見修。又云四住。又云染污無知。又云取相惑。又云枝末無明。又云通惑。又云界內惑。雖名不同、但見思耳。」同集註上曰、「見思煩惱。分別曰見、貪愛曰思。」

【見惑品數】（雜語）小乘俱舍立八十八、大乘唯識立百十二。八十八者、於一切煩惱中貪、瞋、痴、慢、疑、身見、邊見、邪見、見取見、禁戒取見之十惑、名為本惑、餘悉名隨惑。此中小乘貪瞋痴慢之四、通於見修二斷、疑與五見者、唯見斷也。此見斷之十惑、就所迷之諦理而差別、為八十八使也。又大乘貪、瞋、痴、慢、與身見、邊見之六、通於見修二斷、餘四者唯見所斷也。卽苦集滅道之四諦為所迷之眞理、迷其眞理而起、於欲界為三十二、於色界為二十八、於無色界為二十八、通三界而為八十八也。欲界之三十二者、先迷於苦諦之理而起十惑。一身見、以五蘊假和合之苦果迷執為常一之我也。二邊見、以為此我體死後常住、或以為死後斷絕、各執一邊也。三邪見、此現在之身對於過去業因之果報撥無道理也。四見取見、迷執前三見為正見也。五戒禁取見、迷執現在苦身作種種邪戒苦行、為此身生於人天樂處之因也。六貪、愛以前五見為可者。七瞋、瞋以前五見為非者。八痴、不知五見之理非也。九慢、以五見為是而生慢心也。十疑、疑苦諦之理也。以上十惑中五見與疑、直以諦理為所迷、故謂為親迷之惑、他之貪瞋痴慢四者、以其五見為所迷、故謂為疏迷之惑。此親疏之十惑為迷於欲界苦諦眞理而起之煩惱、故入於見道、觀欲界苦諦時、一時斷之。次迷於集諦之理而起七惑。前十惑中除身邊戒之三見。集諦者業因也、無以業因而迷執我體者、故無身見、無身見故無邊見。戒禁取見、為非人天之業因而謬為人天之業因者、雖有迷於集諦之理而起之道理、然實際外道修種種戒禁時、迷執其現於吾身上、自以其苦行之身為人天之生因、故攝之於苦諦、而不入於集諦。其七惑中第一邪見、撥無惑為生死之因之道理也。第二見取見、迷執其邪見為正見也。第三疑、疑集諦之理也。其他貪瞋痴慢四者以前三惑為所迷而起、如前之苦諦下。次迷於滅諦之理而起有七惑、如集諦下。滅諦者、涅槃也。撥無涅槃者、邪見也。以此邪見為正見者、見取見也。疑涅槃而無決定之信者、疑也。以此三見為緣而起者、貪瞋痴慢之四也。次迷於道諦之理而起、有八惑。於前之七惑加戒禁取之一。有一類外道、修無想定誤爲入涅槃之正道、是由迷於道諦之理而起之非道計道之戒禁取見也。餘七惑如集諦例。已上總爲欲界之三十二惑。

欲界
- 苦諦下—十惑—身邊邪取戒貪瞋痴慢疑
- 集諦下—七惑—邪取貪瞋痴慢疑
- 滅諦下—七惑—邪取貪瞋痴慢疑
- 道諦下—八惑—邪取戒貪瞋痴慢疑

然色界與無色界各有二十八者、於四諦下之惑各除瞋之一故也。上二界爲定地、非如欲界之爲散地、故不起如瞋恚之麤動煩惱。

色界 / 無色界
- 苦諦下—九惑
- 集諦下—六惑
- 滅諦下—六惑
- 道諦下—七惑

於已上三界通計四諦下之惑而爲八十八也。於見道十五心之間斷之、故云八十八使之見惑。見俱舍論十九、止觀五下、大乘義章六、同十六、四教儀集註中、七十五法。大乘之百十二者、欲界之四諦下各有貪、瞋、痴、慢、疑、身、邊、邪、取、戒之十惑、合爲四十。於色界無色界之各四諦下各除瞋(上界總無瞋毒)爲九惑、故合爲八九七十二。卽合欲界之四十而爲百十二。唯識述記九末曰：「見所斷欲界四十。上界各三十六。」

【思惑品數】(雜語)　小乘有十、大乘有十六。小乘之十者、於欲界有貪瞋痴慢之四、於上二界各有貪痴慢之三、合而爲十。大乘之十六者、於欲界有貪、瞋、痴、慢、身見、邊見之六惑、於上二界各除瞋而餘五惑、故合爲十惑。又合欲界之六惑而爲十六惑。唯識論九曰：「煩惱障者、謂執遍計所執實我薩迦耶見而爲上首百二十八根本煩惱。及彼等流諸隨煩惱。此皆擾惱有情身心、能障涅槃。名煩惱障。」故合見思、則小乘爲九十八。是謂之九十八隨眠。大乘爲百二十八。是謂之百二十八根本煩惱。

【八十一品思惑】(名數)　如上所言、見惑者頓斷之、思惑者漸斷之。漸斷之者、聲聞乘爲鈍根、故分十惑爲九地之九品而分斷之也。九地者、欲界五趣地爲一、於此加色界之四禪地與無色界之四空處而爲九地也。九品者、此各地之思惑、爲上上品、上中品、上下品、乃至下上品、下中品、下下品之九品。故爲八十一品。旣斷見惑之聖者、爲預流果、更進而斷初地之一品乃至五品、爲一來向。斷六品已、爲一來果。以有下三品之欲惑、倘一往來於人天故也。次後方斷下三品之惑、爲不還向。既斷已、謂之不還果。以不再還生於欲界故也。次後漸斷上二界八地之七十二品、爲阿羅漢向。正斷終、爲阿羅漢果。阿羅漢者譯曰不生、以既斷盡八十一品之思惑不再受生於三界故也。見俱舍論十二。

【見相】（術語）起信論三細相之一。亦名轉相。第一之業相一轉而成能見之相者。當於阿賴耶識之見分。起信論曰「二者能見相。以依動故能見。不動則無見。」同義記曰、「第二能見相。卽是轉相。依前業相轉成能見。」又四分中見分相分之二。

【見毒】（術語）邪見害身、猶如毒箭也。菩薩藏經曰、「我觀一切世間衆生。於無量劫具造諸過失。爲十種毒箭所中。何爲十。一愛毒箭（中略）八見毒箭。」智度論、佛詰長爪梵志曰、「汝已飲邪見毒。今出此毒氣。言一切法不受。是見毒汝受不。」

【見流】（術語）成實論所說四流之一。由見惑流轉於三界而不能出。謂之見流。

【見眞】（術語）以空慧徹見眞諦之理也。無量壽經下曰、「慧眼見眞。能度彼岸。」又（人名）日本眞宗之開祖親鸞諡曰見眞大師。

【見修】（術語）見惑與修惑也。見道所斷之理惑謂之見惑、修道所斷之事惑謂之修惑。以見惑之故。不達於四諦之眞理。起種種之邪見、以修惑之故。作善惡之業而流轉於三界。此斷盡見修二惑、而證眞理、出離三界。舊譯家謂之見思。見愛。新譯家謂之見修。四教儀曰、「見思惑。又云見修。」同集註中曰「見修。見惑見道所斷。思惑修道所斷。約能斷位名所斷惑也。」見見思條。

【見輭】（術語）四輭之一。見四輭條。

【見處】（術語）有漏法之異名。有漏之諸法爲生起身見邊見、邪見見取見戒禁取見五見之住處、故名見處。參照五見條。

【見得】（術語）七聖之一。舊譯爲見得。新譯爲見至。聲聞乘之人。入於修道之位而爲利根者。利根自見法得理。故云見得。得由因之見至果之見、謂之見至。見四教儀集註中。

【見惑】（術語）見見思條。

【見結】（術語）九結之一。謂邪見之煩惱也。見結條附錄。

【見跡】（術語）跡者道也。與言見道同。又（譬喩）十牛之一。

【見智身】（印相）見智法身之意。金剛界修法所結印契之一。金剛頂蓮華部心念誦儀軌曰、「次結見智身印。契如前相。見彼智薩埵應觀於自身。鉤召引入縛令喜作成就眞言曰。嚩曰囉（二合）薩怛嚩（二合）涅哩（二合）捨也（二合）」印契如前相者、指現智身也。

【見道】（術語）三道之一。初生無漏智照見眞諦理之位也。道者道路之義、學人進取之道路也。積三賢四善根之加行而生於世第一法無間之無漏眞智也。又大乘之菩薩於初僧祇之終修四善根之加行。而無斷分別起之煩惱所智二障、謂之見道。於其時之無漏智、小乘俱舍宗有八忍、八智之十六心。一苦法智忍、斷欲界苦諦下見惑之智也。二苦法智、斷苦惑已、而正證理之智也。三集法智忍、斷欲界集諦下見惑之智也。四集法智、斷集惑已、而正證理之智也。五滅法智忍、斷欲界滅諦下見惑之智也。六滅法智、斷滅惑已、而正證理之智也。七道法智忍、斷欲界道諦下見惑之智也。八道法智、斷道惑已、而正證理之智也。九苦類智忍、斷上二界苦諦下見惑之智也。十苦類智、斷苦惑已、而正證理之智也。十一集類智忍、斷上二界集諦下見惑之智也。十二集類智、斷集惑已、而正證理之智也。十三滅類智忍、斷上二界滅諦下見惑之智也、十四滅類智、斷滅惑已、而正證理之智也。十五道類智忍、斷上二界道諦下見惑之智也。十六道類智、斷道惑已、而正證理之智也。(忍者忍許之義、爲信忍眞理不起惑之位、故以之爲斷道、智者決定之義、爲離惑已、正決定理之位、故以之爲證道。欲界謂爲法者、以此爲現前所見之法故也、上二界謂爲欲者、以其爲欲界比類之法故也。)此十六心中、前十五心爲見道、最後道類智之一心攝於修道也、又小乘之成實宗、不別觀四諦之行相、唯以空觀無量刹那相續斷三界之見惑、是名無相行、爲見道也。若依大乘法相宗、則斷證之眞見道、立爲一心、此十六心爲眞見道已後之相見道。俱舍論二十三曰、「見道者。苦法智忍爲初道類智忍爲後。其中總有十五刹那。皆見道所攝。末見見諦故。至第十六道類智時。無一諦理未見。今見如習曾見故修道攝。」大乘義章十七本曰、「入聖之初。於四眞諦推求明白名爲見道。(中畧)若依成實入無相位名爲見道。故彼論言。信法人入見諦道。名無相行。世第一後須陀果前。空觀無間名無相行。若依毘曇。苦忍已去十五心頃。名爲見道。(中略)十六中前十五心。是須陀向。判爲見道末後一心是須陀果。見道不收。」又曰、「依成實宗見道之中有無量心。故彼文言。以無量心斷諸煩惱中非八非九。言非八者。說見道中有無量心相續斷惑。破阿毘曇定說八忍。言非九者。說修道中有無量心。破阿毘曇於一一地定九無碍(卽九解脫)彼宗觀有有局別見易明。故何故成實說無量心。彼宗敎空。空無分限。見難分故。」(已上小乘)唯識論九曰、「加行無間此智生時體會眞如名通達位。初見理故亦名見道。」唯識述記十本曰、「見道者。唯在初地初入地心。」

【一心眞見道】(術語)唯識論所明菩薩乘之見道、有眞見道相見道之二。於世第一法之後、念生無漏之根本智、斷分別起二障之位爲無見道、於次一念證所顯眞理之位爲解脫道、此二道稱爲眞見道。次生後得智分別思想所證之眞理、謂之相見道。此有三心相見道、十六相見道之二。而眞見道有無間解脫之二道、雖涉於多剎那、然非別別之所作、以其相等、故名爲一心。唯識論九曰、「眞見道謂所說無分別智實證二空所顯眞理、實斷二障分別隨眠。雖多剎那事方究竟、而相等故總說一心」

【三心相見道】（術語） 相見道之中有二種、一三心相見道、二十六心相見道。三心相見道者、一觀生空而起斷粗大煩惱障之智也、二觀法空而起斷所知障之智也、三合觀二空而起合觀微細二障之智也。見唯識論九等。

【十六心相見道】（術語） 三心相見道之後又有十六心相見道、此亦有二種。一、法智與類智配於上下二界而成十六心、如前之小乘。二、不分上下二界、法智與類智配於所觀之理與能觀之智、而成十六心。即一、苦法智忍、緣三界之苦諦而正斷善惡之無間道智也。二、苦法智、斷善惡已證眞如之解脫道智也。三、苦類智忍、前二智各別內證之無間道智也。四、苦類智、審定印可苦法智忍之解脫道智也。集滅道之三、其例亦然。故此雖爲所取（是理）能取（是智）之十六心、亦謂之總作之十六心。是限於菩薩之觀相也。已上三心十六心、皆生於眞見道根本智之後、後得智上分別之思想也。見百法問答抄。

【見道釋義】（術語） 三論宗四種釋義之一。見四釋條附錄。

【見道所斷】（術語） 三斷之一。由見道而斷之法也。見見道條。

【見道場樹願】（術語） 阿彌陀佛四十八願中之第二十八。無量壽經上曰、「設我得佛、國中菩薩乃至少功德者、不能知見其道場樹無量光色高四百萬里者、不取正覺」

【見愛】（術語） 我見邪見等一切迷理之惑、謂之見。貪欲瞋恚等一切迷事之惑、謂之愛。見者一切之見惑、愛者一切之修惑見（又云思惑）也。迷事之惑中以愛着爲苦之本、故標愛而該餘也。法界次第上之上曰、「若論煩惱根本不出見愛。邪心觀理名之爲見、若於假實之理、情迷而倒想邪求、隨見偏理、妄執爲實、通名爲見。見煩惱者、謂五利使。貪染之心名之爲愛、若於假實之事、情迷隨心所對一切事境、染着纏綿、通名爲愛。愛煩惱者、謂五鈍使」歸敬儀通眞記上本曰、「見謂見惑八十八使、見所斷故。愛謂修惑八十一品、修所斷故」

【見煩惱】（術語） 見惑也。見見思條。

【見犍度】（術語） 八犍度之一。八犍度論中說諸種邪見之篇章目。犍度者梵語、譯言聚蘊。

【見聞】（雜語） 目見佛、耳聞法也。法

華經序品曰「見聞若斯」。

【見聞生】(術語) 華嚴三生成佛之第一。見三生條附錄。

【見聞疑】(術語) 稱爲三根戒學之名目也。現見現聞雖非見聞而心疑有之也。行事鈔上之二曰、「四分云若有人舉罪者。不得輒信舉罪人語便喚所告之人對僧訓答先問見聞疑三根」

【見聞成佛】(術語) 華嚴宗所立、三生成佛各生成佛之一。見三生條附錄。

【見聞覺知】(術語) 眼識之用爲見、耳識之用爲聞、鼻舌身三識之用爲覺、意識之用爲知。又云識。智度論四十曰「問曰何以故三識所和合爲一、三識所知別爲三。答曰是三識助道法多、是故別說。餘三識不爾、是故合說。是三識但知世間事、是故合爲一。餘三亦知世間、亦知出世間是故別說」

【見障】(術語) 四障之一。起諸邪見而障害菩提心者。見海意菩薩所問淨印法門經、三藏法數十八。

【見網】(術語) 種種之邪見纏縛身不使脫免。故譬以羅網。文句四下曰、「十六知見六十二等、猶如羅網又似稠林纏縛屈曲不能得出」華嚴經三十七曰、「我慢溉灌見網增長」宗鏡錄十八曰、「客塵自遮。見網自隔」

【見諍】(術語) 確執異見而諍論也。玄義二下曰、「各執一文自起見諍」

【見論】(術語) 二種戲論之一。謂我見邊見等諸種執見上之戲論。戲論者無義無利之言論也。見愛論條。

【見慧】(術語) 發諸見之智慧也。止觀十上曰、「如是見慧從何處出由禪中有觀支」

【見暴流】(術語) 四暴流之一。見暴流條。

【見諦】(術語) 證悟眞理也。聲聞預流果已上、菩薩初地以上之聖者也。

【見諦得】(術語) 十種得戒緣之一。如憍陳如等五比丘、聞四諦之理而入見道、體迷悟因果之道理而得自然具足戒也。

【見諦阿闍梨】(術語) 發得三昧而得秘密灌頂之阿闍梨也。卽入地已上者是、也已下者爲未見諦之法則阿闍梨。

【見諸佛土願】(術語) 四十八願之第四十。使諸人見淨土莊嚴之願。無量壽經上曰、「設我得佛。國中菩薩隨意欲見十方無量嚴淨佛土。應時如願於寶樹中皆悉照見猶如明鏡覩其面像。若不爾者不取正覺。」

【見緣】(術語) 見分之緣影、卽相分也。楞嚴經二曰、「見與見緣幷所想相如虛空華本無所有。」見四分條。

【見閻王】(雜語) 朝野僉載曰、「崔

秦之哭李嶠詩曰、魂隨司命鬼魄逐見閻王。」五燈會元曰「淨曇偈曰五十六年成話欛。今朝死去見閻王」。

【見縛】（術語）三界之見惑非理之執見縛人而使不得自在故云縛。二縛又四縛之一。行事鈔下四曰、「大寶積經云出家有二種縛一見縛二利養縛」無量壽經淨影疏曰「縛謂四縛（中略）三界諸見名爲見縛」。

【見濁】（術語）五濁之一。至末世、衆生之邪見盛起、而濁亂世間。如有見無見乃至六十二見等也。法華經方便品曰、「入邪見稠林若有若無等。依止此諸見具足六十二」文句四下曰、「見濁者無人謂有人、有道謂無道。十六知見六十二等猶如羅網。又似稠林纏縛屈曲不能得出。是見濁相」。法華玄贊四曰、「若於今世法壞法沒、像法漸起。邪法轉生。是名見濁。此以五見而爲體性。多近外道惡見數生」

【見顚倒】（術語）三顚倒之一。眼識見外境、顚倒虛幻而爲實有以生種種之迷惑也。見宗鏡錄四十二。

【成自然覺】（雜語）衆生觀內心之實相知本不生之理、則自然得覺悟也。大日經疏一曰、「於初發心時直觀自心實相、了知本不生故。卽時人法戲論淨如虛空成自然覺不由他悟。當知此觀復名頓悟法門也」

【成正覺佛】（術語）華嚴所說十佛身之一。見佛身條附錄。

【成佛】（術語）菩薩因位之萬行究竟而成辦阿耨多羅三藐三菩提、謂爲成佛。眞言立三種之卽身成佛。天台立四種之成佛。占察經說四滿成佛。見四種成佛條。

【成佛塔】（堂塔）八塔之一。

【成佛得道】（術語）成佛、卽得道也。

【成佛得脫】（術語）脫者涅槃三德之一解脫之德也。得解脫之德、卽成佛也。

【成劫】（術語）四劫之一。見四劫條。

【成身會】（術語）又曰根本會、羯磨會。金剛界九會曼荼羅之第一會也。見九會曼荼羅條。

【成住壞空】（術語）四劫也。見四劫條。

【成唯識論】（書名）十卷、護法等十菩薩各造論十卷、釋世親之三十頌。唐玄奘師合糅爲十卷。卽瑜伽一宗之精要也。

【成唯識寶生論】（書名）五卷、一名二十唯識順釋論。唐義淨譯。護法菩薩造。釋天親所造之二十唯識頌。

【成唯識論述記】（書名）六十卷、唐慈恩窺基撰。石埭楊文會曾爲之序云、有窺基法師者、奘公之高弟也。親承師命、翻譯成唯識論。會萃十家而成一部。幷以聞於師者著爲述記。學相宗者奉爲準繩。迨元季而失傳。五百年來。無人得見。好學之士。每以爲憾。近年四海交通。得與日本博士南條上人遊。上人以此書贈予金陵講經沙門松巖。見而心喜。亟募貲鋟板揚州觀如大師願任其半。未及竣工。而觀松二公相繼西遊。江表緇素踵而成之。

【成唯識論隨註】（書名）一作成唯識論隨疏。十卷。明西蜀高原大師原著。御生氏明善。親受業於高原。於法席之次。啓請隨文以疏其義。高原許可。述至第七卷。明善逝世。嗣法門人慧善續成之。吳淳齋父子刻行後。仁和嬰定菴曾脩補印行。

【成唯識論隨疏】（書名）即成唯識論隨註。文約義豐。理明詞達。唯識入門之要書也。武林錢伊菴因此疏而著唯識隨疏翼二卷。

【成假中】（術語）三論宗所云四中之一。見中道條。

【成具光明經】（經名）成具光明定意經之略名。

【成具光明三昧經】（經名）成具光明定意經之異名。

【成具光明定意經】（經名）一卷。後漢支曜譯。貴姓子善明問佛。佛之妙德由何致之。佛言有定意法名成具光明。當淨行百三十五事。

【成事智】（術語）四智又五智之隨一。成所作智之略稱也。

【成所作智】（術語）四智之一。又五智之一。見四智及五智條。

【成相】（術語）六相之一。見相條附錄。

【成就】（術語）二十四不相應之一。又諸經之證信序。或分五段。或分六段。或分七段。謂之五成就六成就七成就。

【成就四法】（術語）見四法條。

【成就明王】（天名）胎藏界外金剛院之一尊。

【成就仙女】（天名）胎藏界外金剛院之一尊。

【成就仙衆】（天名）胎藏界外金剛院之一尊。

【成就衆生力】（術語）菩薩十力之一。見十力條。

【成就仙衆眷屬】（天名）成就仙衆之眷屬也。

【成就持明仙衆】（天名）胎藏界外金剛院之一尊。

【成就法華儀軌】（經名）成就妙法蓮華經王瑜伽觀智儀軌經之略名。

【成就妙法蓮華經王瑜伽觀智儀軌經】（經名）一卷。不空譯。先有歸命本經二十八尊之頌。次說成就此法之四緣。一親異善知識、二聽聞正法經王、三作如理瑜伽觀。四隨法而行修奢摩他毘鉢舍那。

【成等正覺】（術語）滿菩薩之因行而成等正覺也。見等正覺條。

【成善羯磨】（術語）二種羯磨之一。見羯磨條。

【成道會】（行事）每年十二月八日（釋尊成道之日）所行之法事。又云臘八。

【成道】（術語）化佛八相中之第六。於菩提樹下金剛座上成無上菩提之相也、但四教成佛之相各異。

【成業論】（書名）大乘成業論之畧名。

【成道降魔得一切智經】（經名）無量門微密持經之異名。

【成滿一切諸願眞言】（眞言）五種護摩法中總稱增益法成就延命法自他福壽諸願之眞言也。大日經疏七曰「或有扇多。Śānta（是寂義）徵戍陀 Viśuddha（是清淨義）等字、當知是成滿一切諸願眞言」。

【成實】（雜語）成實論、又成實宗、又成實師也。

【成實宗】（流派）印度小乘中最後所立之宗也、即小乘中之空宗、酷似大乘、以訶梨跋摩所造之成實論爲所依、故名成實宗。於四諦立章、於五聚明義、來支那而居於十三宗之一立南北兩宗。梁朝之三大法師、皆此宗之人也。天台嘉祥以前之諸師、有謂之爲大乘宗者、二師勉破之。日本無以之爲宗者、但附屬於三論宗而學習之。

【成實論】（書名）十六卷、訶梨跋摩造、姚秦羅什譯。成實者成立修多羅中實義之意也。有惠影之成實論義章二十卷、道藏之疏十六卷、今已亡。

【成實二種觀】（術語）觀我法俱空也。是所以超越於薩婆多宗之我空法有觀者。

【成實偏空觀】（術語）我法二執雖空、然偏於空之一邊、不知空即不空、故稱之爲偏空觀、而大乘諸宗擯斥之。即四見又四執之一。

【成壞空】（術語）成住壞空之略。見四劫條。

【成辦諸事眞言】（眞言）不動眞言也。大日經疏四曰、「用成辦諸事眞言加持五寶五穀五藥安置其中。」因以降三世眞言爲成辦諸事眞言。大日經疏五曰、「於下方西北隅際作降三世忿怒持明王尊。（中畧）此亦是成辦諸事眞言也。」

【禿】（雜語）說文曰、「無髮也。」經中斥破戒無行之比丘、謂之禿人、又云禿居士。以彼雖剃髮而無出家沙門之行、但是禿頭之俗人禿頭之居士耳。涅槃經三曰、「破戒不護法者名禿居士。」又曰、「爲饑餓故發心出家。如是之人名爲禿人。」北齊書文宣帝紀曰、「晉陽有沙門乍愚乍智時人呼阿禿師。」北夢瑣言曰「高駢謂開元寺十年後當有禿丁數千作亂。」五燈會元曰、「張無盡敍龍安末後句雲菴罵曰、此吐血禿丁、脫空妄語不得信。」太平廣記引河東記曰、「夜叉罵經行寺僧行蘊曰賊禿奴何起妄想之心。」

【禿人】（雜名）又作禿居士禿奴等。罵非行之僧人也。見前項。

【禿奴】（雜語）又云禿人禿居士等、罵僧之語也、謂外相似僧而心行非僧也。臨濟錄曰、「有一般不識好惡禿奴」

【禿空】（術語）斥方廣道人之惡取空爲禿空。法界之萬德一無所具故名爲禿。止觀七曰、「正法大城金剛寶藏具足無缺何所而無豈容禿空而已。」

【禿居士】（術語）居士破戒不護法者。見禿條。

【毎怛里】（菩薩）Maitreya 見彌勒條。

【毎怛利末那】（雜語）Maitrimanas 譯曰慈意。見玄應音義六。

【告香】（儀式）同於燒香。

【我】（術語）己身有一主宰而常住者。外道認定我者爲外道、否定之者爲敎。唯識論一曰、「我謂主宰」述記一本曰、「我如主宰者如國之主有自在故。及如輔宰能割斷故。有自在力及割斷力義同我故。或主是我體宰我所。或主如我體宰如我用」佛敎指五蘊之和合者爲假我。非有實之我體。佛地論一曰、「我謂諸蘊世俗假者」智度論一曰、「佛弟子輩等雖知無我。隨俗法說我。非實我也。」

【我人】（術語）我與人也。我之四名之二。圓覺經曰、「一切衆生從無始來妄想執有我人衆生及與壽命。認四顚倒爲實我體」同宗密略疏下一曰、「統唯我相。但由展轉約義故有四名。初者謂取自體爲我。計我展轉趣於餘趣爲人」

【我天爾狗】（術語）百論之著作者、提婆爲論伏外道論師所用一種之循環論法也。西域記五曰、「初提婆菩薩自南印度。至此伽藍城中有外道婆羅門高論有聞。辯才無礙循名責實反質窮辭。雅知提婆博究玄奧欲挫其鋒乃循名問曰汝爲何名。提婆曰名天（提婆譯天）外道曰天是誰。提婆曰我。外道曰我是誰。提婆曰狗。外道曰狗是誰。提婆曰汝。外道曰汝是誰。提婆曰天。外道曰天是誰。提婆曰我。外道曰我是誰。提婆曰狗。外道曰狗是誰。提婆曰汝。外道曰汝是誰。提婆曰天。如是循環外道方悟。自時厥後深敬風猷。」

【我有】（術語）有一實我體之妄執

也。唯識述記一本曰、「說阿笈摩除我有執。」

【我見】（術語）指五蘊假和合之心身、視為常一之義謂之我見。又云身見。梵語曰沒曳達利瑟致。譯曰我見。唯識論四曰、「我見者、謂我執。於非我法妄計為我。故名我見。」同述記九末曰、「梵云沒曳達利瑟致。此云我見。」大乘義章六曰、「言身見者。亦名我見。五陰名身。身中見我。取執分別。從其所迷。故名身見。以見我故。從其所立。亦名我見。」起信論曰、「一切邪執皆依我見。若離於我。則無邪執。」

【我我所】（術語）我者、謂自身、我所者、為身外之事物。是為我所有、故名我所。智度論三十一曰、「我是一切諸煩惱根本。先着五衆（五蘊之身）為我。然後着外物為我所。」註維摩經二、「肇曰。我身之妙主。我所自我之外。身及國財妻子萬物盡我所也。什曰。離我衆生空。離我所法空也。」慧遠維摩經疏一末曰、「約報名我。外境是其我家所有。名為我所。」圓覺經鈔九曰、「我謂正報。我所謂依報。」

【我所】（術語）我所有之略。自身為我、自身外之萬物謂為我所。有有我之情者、以為自身外之事物皆我之所有也。註維摩經五、「肇曰。我為萬物主。萬物為我所。生曰。有我之情。自外諸法。皆以為我之所有。是對我之法。」

【我所心】（術語）想實有我所有之事物之心也。無量壽經下曰、「於其國土所有萬物。無我所心。」

【我所事】（術語）與我所、我所有同。俱舍論二十二曰、「我所事者。謂衣服等。」

【我所見】（術語）執我所有之偏見、即不知一切之事物本為假有、無自他所屬、而誤固執為我所有之偏見也。

【我空】（術語）又曰生空。人空。衆生空。雖諸有心身、而是為五蘊之假和合者、無常一之我體、故謂之我空。又云衆生空。十地論一曰、「無我智者有二種。我空。法空。如實知故。」三藏法數十曰、「我空。謂於五蘊法強立主宰。名為我執。若推求色受想行識之五法。皆無自性。不見我體。是名我空。」同六曰、「人空即我空也。亦曰生空。謂凡夫妄計五蘊是我。強立主宰。引生煩惱。造種種業。佛為破此計故。說五蘊無我。二乘悟之。入無我理。是名人空。」

【我空真如】（術語）謂無我之真理。真如者以名常住之真理。今此真理為離我執之無我真體、故云我空真如。二乘證悟之真理、止此一也。原人論曰、「便悟此身但是衆緣和合相。元無我人。為誰貪瞋。為我殺盜施戒。遂不滯心於三界有漏善惡。但修無我觀智。以斷貪等。止息諸業。證得我空真如。」孔目章三曰、「人我執無處所顯真如名人空」

【我事】（術語）謂自身也。俱舍論二十二曰「我事謂自身。」

【我知者】（術語）謂數論二十五諦中第二十五之神我。諦述記一末曰「我知者神我也。」

【我波羅蜜】（術語）謂至佛果而成就我德之波羅蜜行也。波羅蜜譯曰到彼岸。總爲至佛果之行法名。普賢觀經曰、「釋迦牟尼名毘盧遮那遍一切處。其佛住處名常寂光。常波羅蜜所成攝處。我波羅蜜所安立處。淨波羅蜜滅有相處。樂波羅蜜不住身心相處」

【我法】（雜語）對於同道者言之也。楞嚴經曰、「佛告阿難。當初發心於我法中見何勝相」

【我法俱有宗】（術語）華嚴宗所談、十宗之第一。謂人天乘及小乘之犢子部等。以我與法皆爲實有也。因而犢子部等爲附佛法之外道。俱舍論破我品嚴破之。見五教章上三、探玄記一、華嚴大疏鈔八。

【我者】（術語）自身也。圓覺經曰、「其心乃至圓悟涅槃是我者。」

【我相】（術語）實我之相。四相之一。金剛經曰、「若菩薩有我相人相衆生相壽者相則非菩薩」同刊定記四曰、「我者謂自五蘊總相爲我」

【我室】（譬喩）我執能包藏一切之煩惱故譬之以室。釋門歸敬儀上曰、「我室四蒙包藏見愛」同通記上本曰、「我有二種。人我法我。主宰爲義。能藏見愛喩之室」

【我執】（術語）認有我身之執念。爲我執。亦云人執。唯識述記一本曰、「煩惱障品類衆多。我執爲根生諸煩惱。若不執我無煩惱故」俱舍論二十九曰、「由我執力諸煩惱生。三有輪迴無容解脫」俱舍光記二曰、「我執謂我見。」梵 Ātma-grāha

【我執習氣】（術語）三種習氣之一。謂隨我執所熏成之種子也。此雖亦爲名言熏習。而由我執之熏種使自他差別。故別立之。成唯識論八曰、「我執習氣。謂虛妄執我我所種。我執有二。一俱生我執。卽修所斷我我所執。二分別我執。卽見所斷我我所執。隨二我執所熏成種。令有情等自他差別。」

【我倒】（術語）思有實我之顚倒妄見。四倒之一。行事鈔下之四曰、「大德順佛正教。依敎而修。內破我倒。外遣執着。」

【我痴】（術語）迷於無我之道理。爲我痴。唯識論四曰、「我痴者。謂無明愚於我相。迷無我理。故名我痴。」

【我想】（術語）思惟有實我之妄想。維摩經問疾品曰、「除我想及衆生想。當起法想。」

【我愛】（術語）於己妄執之我。深爲

愛著也。俗所謂自愛心。第七識常向第八識起此煩惱。四根本煩惱之一。唯識論四曰、「我愛者、謂我貪。於所執我、深生耽着。故名我愛。」圓覺經曰、「有我愛者、亦愛涅槃。伏我愛根為涅槃相。」

【我癡】（術語）妄執有我體之愚惑情。不達無我之眞理也。唯識述記一本曰、「彼聞四諦、雖斷我愚、而於諸法迷執實有。」

【我慢】（術語）梵語 Asmimāna 恃我而自貢高、慢他也。唯識論四曰、「我慢者、謂倨傲。恃所執我、令心高舉。故名我慢。」法華經方便品曰、「我慢自矜高、諂曲心不實。」

【我慢定】（術語）又云慳執定。於定中所現種種之異境、以為殊妙而取著也。大疏六曰、「若見異境界以為殊妙而取著之、名為我慢定、亦名慳執定。」

【我聞】（雜語）一切經之初、置我聞二字者、息世之執競、且證親聞之無謬。我者阿難自謂也。注維摩經一、「什曰、若不言聞、則我自有法。我自有法、則情有所執。情有所執、諍亂必興。若言我聞、則我無法。則無所執。得失是非、歸於所聞。我既無執、彼亦無競。無執無競、諍何由生。肇曰、出經者明己親承聖旨、無傳聞之謬也。」華嚴經疏四曰、「我即阿難。聞謂親自聽聞。」

【我語取】（術語）執着種種我見之言語、謂之我語取。取者執着之義。四取之一。

【我德】（術語）我者自在之義。佛具八種之自在、為我德。涅槃四德之一。見八大自在我條。

【我論】（術語）法我見、人我見二種之邪論。楞伽經四曰、「離於我論、自性無垢。」

【希代】（雜語）希世也。慈恩傳九曰、「英詞曲被、卽超希代之珍。」

【希有】（雜語）事之甚少者、無相類者。無量壽經上曰、「顏貌端正、超世希有。」法華經序品曰、「是不思議、現希有事。」嘉祥法華疏三曰、「曠世所無、故言希有。」

【希有人】（術語）讚嘆念佛行者之語。能希信難信之法、故有此名。涅槃經德王品亦說六種之希有人。謂善男子世有二人、甚為希有、如優曇華。一、不行惡法。二、有罪能悔。如是人甚為希有。復有二人、一、作恩。二、念恩。復有二人、一、諮受新法。二、溫故不忘。復有二人、一、作新。二、修故。復有二人、一、樂聞法。二、樂說法。復有二人、一、善問難。二、善答。善問難者汝身（德王菩薩）是。善答者謂如來。」

【希求施】（術語）希求生天而行布施也。八種施之一。

【希奇】（術語）希有奇特也。寶積經三十五曰、「世尊成就一切世間甚希有法。」義林章一本曰、「雖是希奇、然是有上。是未了義。」文句記十上曰、「安能信斯希奇。」

【希法】（術語）十二部經之一。說希

奇不思議事之經典也。正理論四十四曰、「言希法者、謂於此中唯說希奇出世間法。由此能正顯三乘希有故。」梵名阿浮達磨。見阿浮達磨條。

【希祀鬼】（異類）九鬼之一。死後希望子孫追薦祭祀之鬼類。

【希運】（人名）唐洪州黃檗山希運。閩人、身量矮小、額間隆起、號爲肉珠。倜儻不羈、眞大乘之器。依一姥勸、見百丈山海禪師而開心眼。還住黃檗山。裴休深欽重之。大中年中終。勅諡斷際禪師。見宋高僧傳二十、傳燈錄九。

【希遷】（人名）唐南嶽石頭山希遷、粵人、姓陳氏。聞曹溪六祖道風、師事之。六祖寂後、於羅浮山受戒。偶聞青原行思補溪席、又歸從之。天寶初、往南嶽南寺。於寺東大石上結庵居焉。時人尊之曰石頭和尙。門人歸崇者頗多。時江西以馬祖爲主、湖南以石頭爲主。年九十一寂。勅諡無際大師。見宋高僧傳九、傳燈錄十四等。

【希麟音義】（書名）十卷、唐希麟撰。卽續一切經音義也。慧琳音義、依開元釋教錄、從大般若經起、至護命法止。惟自開元錄後、相繼翻譯之經論及拾遺律傳等、皆無音義。故麟師續之。從大乘理趣六波羅蜜多經起、至續開元釋敎錄止、總二百六十六卷。黎養正序曰、「麟師續撰、一稟琳公家法、擷華成纍、積壤崇山、探賾闡微、克紹前美。」餘見續一切經音義條。

【坐】（術語）梵語曰你沙你也。譯曰坐。四威儀之一。謂整服斂容而坐之儀相也。

【坐久成勞】（術語）公案名。具云香林坐久成勞。托日常之言語動作而商量天地之本分者。碧巖集第二所謂、「僧問香林、如何是祖師西來意。林云、坐久成勞。」是也。蓋僧推祖師達磨西來、必有本分之一物。拈起其問、而香林揆面壁九年、定坐久疲勞、巧於言語應對之間拈弄本分者也。

【坐具】（物名）舊稱曰尼師檀。新稱曰尼師但那。Nisidana 譯曰隨坐衣、坐臥具、坐具。四分律十九曰、「爲三緣制之、一爲護身、二爲護衣、三爲護衆人牀席臥具。」然無論何時以坐具爲禮拜之具、禮拜時先敷坐具、就其上作之、是甚爲不法。南山義淨皆痛斥之。釋門歸敬儀下曰、「坐具之目、本是坐時之具、所以禮拜之中、無文敷者也。（中略）今見梵僧來至佛前禮者、必先褰裙以膝拄地、合掌長跪、口讚於佛、然後頂禮。此乃遺風猶在、可準用之。無坐具明矣。」寄歸傳三曰、「禮拜敷其坐具、五天所不見行。（中略）其所須者、但擬眠臥之時、護他氈席。若用他物、新故並須安替。如其己物、故則不須。勿令汚染、毀損信施。非爲禮拜。南海諸僧、人用一布巾、長三五尺、疊若食巾、禮拜用替膝頭。行時搭在肩上。西國苾芻來見。咸皆莞爾而笑也」

【坐夏由】（雜名）行脚僧、在某寺過夏者、從本寺給以由文。見象器箋十六。

【坐夏】（術語）安居之異名。坐夏安居也。西域記二曰、「印度僧徒依佛聖敎坐兩安居。前代譯經者或云坐夏。或云坐臘。」見安居條。

【坐針鋒】（故事）坐於針之鋒端而聽法也。法苑珠林三界篇。「色界諸天下來聽法。六十諸天共坐一鋒之端而不迫窄。都不相礙」智度論、「三偏淨天六十人坐一針頭而聽法不相妨礙。」

【坐海丈夫】（傳說）經律異相九、有「坐海以救估客」一章。昔菩薩與五百商人入海採寶。遇大飄風。菩薩曰、我爲衆生捨身、海神所惡者死屍也。卽引刀自害。海神惡之、漂舟上岸。天帝釋覩菩薩弘慈以天之神藥灌口。菩薩忽蘇、起坐與衆相勞。出殺身濟估人經及度無極集。

【坐堂】（雜名）禪林之稱謂僧堂也。

【坐參】（雜語）每晚必參住持求開示、謂之晚參。其晚參已前、大衆集於僧堂坐禪、澄心以待晚參。謂之坐參。坐者禪坐、參者晚參、坐禪於參前之意。見象器箋九。

【坐牌】（物名）於僧堂各記自己之名、張於其席次者。

【坐餓關】（雜語）青溪暇筆曰、「近日一番僧自西域來、不御飲食、日陷棗果數枚而已。所坐一龕、僅容其身、如欲入定、則令人鎖其龕門、加紙密糊封之。或經月餘、謦欬之聲亦絶。人以爲化去、潛聽之、但聞掐念珠歷歷有叩其術者、則勸人少思少睡少食耳。」按釋典雖有入定之說、而不必封鎖於龕中也。今惟坐餓關者有似此僧、所爲疑此風卽從此僧而起。

【坐禪】（術語）坐而修禪也。禪者梵語禪那 Dhyāna 之略。譯曰思惟、靜慮。以息慮凝心究明心性之術也。達磨來此道始盛於支那。天台出此法方見與敎相應、而以此爲唯一之法。規矩最備者、無過於禪宗。增一阿含經十二曰、「坐禪思惟莫有懈怠」大阿彌陀經上曰、「念經者思道者坐禪者經行者。」天台之四種三昧中、其常坐三昧卽坐禪也。止觀二曰、「居一靜室或空閑地、離諸喧鬧安一繩床、傍無餘座、九十日爲一期。結跏正坐、項脊端直、不動不搖、不委不倚、以坐自誓、脇不拄床。況復屍臥、遊戲住立。」

【坐禪方法】（雜語）大比丘三千威儀、天台之次第禪門、日本永平之普勸坐禪儀、瑩山之坐禪用心記等、皆記坐禪之方法者也。

【坐禪十種行】一、令觀處明淨、二、偏起觀諸根、三、曉了於相、四、制令心調、五、折伏懈怠。六、心無味著。七、心歡喜。八、心定成捨。九、近學定人。十、樂著安定見解。脫道論四。

【坐堂】（堂塔）僧堂之異名。

【坐禪板】（物名）報座禪時之板也。

【坐禪牌】（物名）報坐禪所懸之牌也。

【坐禪法要】（書名）修習止觀坐禪法要之略名。

【坐禪三昧經】（經名）坐禪三昧法門經之略名。

【坐禪三昧法門經】（經名）二卷、僧伽羅刹造秦羅什譯明治婬欲瞋恚等之法者。

【坐禪用心記】（書名）一卷、日本曹洞宗瑩山著詳細記述坐禪之規範要旨爲曹洞宗勘要之書也。

【坐斷】（術語）斷字主眼也、坐者平坐之義碧巖六則評唱曰「坐斷千差」同三十二則垂示曰、「十方坐斷千眼頓斷。」碧巖四則着語曰「不妨坐斷天下人舌頭。」

【坐證】（雜語）坐禪也佛祖統紀七曰、「滅默無言坐證。」

【谷呱呱】（雜語）指月錄曰、「昔有官人作無鬼論中夜見一鬼云汝道無我呢、五祖戒曰老僧當時若見但以手作鶉鴿形、向伊道谷呱呱」

【含生】（術語）含有生命者。與含靈同西域記十二曰、「捨金輪而臨制法界。摛玉毫而光撫含生」

【含中教】（術語）謂密含中道之理之教。即天台四教中之通教也藏通二教雖皆唯詮界內眞空諦之理無當面明中道之義然通教於其所說如幻即空之理內自含有非有非空中道之理、故別圓接通之利根、得看取之而接入於後教。此其理所以亦名含中眞諦也見法華玄義釋籤二三等。

【含光儀軌】（書名）毘那夜迦識那鉢底瑜伽悉地品秘要一卷、不空弟子含光記謂之含光儀軌。

【含情】（術語）含情識者、與含生同。法事讚上曰、「悲智雙行不捨含情。」

【含華】（術語）往生極樂者有九品之差別。其上品上生之人生即坐於七寶之開蓮華得聞妙法。上品中生已下者經一宿乃至下品下生之人、經十二大劫而花方開。含於其花中不能見聞三寶、謂之含華。觀經定善義曰、「雖得往生。含華未出或墮邊界。」

【含類】（術語）含識之衆類。謂諸有情也大唐三藏聖教序曰、「微言廣被極含類於三途。遺訓遐宣導群生於十地。」

【含識】（術語）含有心識者。即有情也。行事鈔資持記上四之一曰、「心依色中。名爲含識總攝六道有情之衆」

【含靈】（術語）含靈魂者同於含識、含生有情等。大寶積經三十八曰、「假令三界諸含靈一切變爲聲聞衆。」

【兎】（動物）印度人亦如吾國舊俗、信月中有兎。謂懷兎者即是月。假如有論者立「懷兎者非月」之宗。則彼於因明三十三過中犯世間相違之過。焉見懷兎條。西域記七記月中有兎之說。謂狐兎猿三獸異類相悅。天帝欲試其心。故現飢乏形。使各求食。狐銜一鮮鯉。猿採異華果。以饋天帝。兎獨無所得。乃自燒身以供天帝。天帝感其心。寄兎於月輪。傳乎後世。月中之兎自斯而有。又雜寶藏經二、經律異相四十七、記兎自燒身供大仙之因緣。

【兎毛塵】（雜語）小於羊毛塵七分者。可止住兎毛尖之微塵也。俱舍論十二曰、「積七兎毛塵爲一羊毛塵量。」

【兎角】（譬喻）愚人誤以兎耳爲角、實則無角也。以譬物之必無。楞嚴經曰、「無則同於龜毛兎角。」智度論一曰、「有佛法中方廣道人言一切法不生不滅。空無所有。譬如兎角龜毛常無。」同十二曰、「又如兎角龜毛亦但有名而無實。」

【身入】（術語）六入又十二入之一。見六入條。

【身子】（人名）舍利弗之譯名也。又云鶖子。梵語舍利、譯曰身。弗多羅、譯曰子。舍利者鳥名、即鶖鷺鳥也、其母之眼似之、因名舍利、此是其子、故曰舍利子、或鶖鷺子。是佛弟子中第一之智者也。（舍利弗譯爲身子者似由譯言鶖鷺之梵語舍利Sari與譯言骨身之梵語舍利羅Sarira爲同一語而出者。）見舍利弗條。

【身土】（界名）凡聖之依正二報也。身爲正報。土爲依報。

【身口無過行】（術語）四安樂行之二。

【身三口四意三】（名數）十業道中殺盜婬三者（就惡業而云）是身業。妄綺兩惡四者是口業。貪瞋邪三者是意業。

【身心】（術語）有情之正報也。五蘊之中色蘊者身。受想行識之四蘊者心也。無量壽經下曰、「身心揺破。」法華經提婆品曰、「身心無倦。」

【身心受業】（術語）身受業與心受業也。身受業者欲界之惡業、由眼耳鼻等五根而生感覺相應之異熟苦果。心受業者色界中間定至有頂天之諸地善業、生意根相應之異熟果。

【身心脫落】（術語）眞空無我之妙境。亡泯我之身心也。

【身毛上靡相】（術語）三十二相之一。

【身毛喜豎經】（經名）二卷、趙宋惟

淨等譯善星比丘捨離佛法種種毀謗三寶。舍利子聞之白佛佛爲廣說九次第定十力四無畏等及樹證果之相。

【身火】（雜語）喩人慾也梁簡文帝文「慧雨微垂即滅身火。」

【身出家】（術語）二種出家之一。見出家條。

【身田】（譬喩）身能生善惡之業故云身田法事讚上曰「大悲恩重等潤身田」。

【身安樂】（術語）身安樂行之略。

【身安樂行】（術語）四安樂行之第一。身離十過而安樂行法華之法也見四安樂行條。

【身如意通】（術語）六通之一。見通條附錄。

【身如師子相】（術語）三十二相之一。

【身行】（術語）身所行善惡之業也。

【身光】（雜名）佛菩薩身所發之光明也。

【身見】（術語）五見之一。於身執實我之邪見也梵云薩迦耶達利瑟致 Satka-yadrsti 薩婆多宗譯曰有身見經部宗譯曰壞身見又譯僞身見大乘作移轉身見又作不實移轉身見常略之而云身見皆是就所緣之法謂爲身見也若就能緣之迷情則云我見。

【身見使】（術語）五利使之一。

【身車】（譬喩）人身依因緣而輪轉於六趣故譬以車智度論十九曰「三世因緣以成身車識牛所牽周旋往反。」

【身戒】（術語）身持戒行也涅槃經二十八曰、「身戒心慧不動如山」行事鈔下曰、「出家之人以身戒心慧爲本。」

【身忍行】（術語）三種忍行之一。

【身命】（雜語）吾身與吾壽命也身者以四大爲體命者以壽煖識爲體。法華經勸持品曰、「我不愛身命但惜無上道。」

【身命施】（術語）三施之一。

【身受】（術語）二受之一。見受條附錄。

【身泥佛】（圖像）以香泥所塑之佛像也。

【身表業】（術語）三表業之一。見業條。

【身相】（術語）身之相貌也。圓覺經曰、「妄認四大爲自身相。」

【身相神通樂】（術語）十樂之一。

【身城】（譬喩）身者心之城廓故云身城涅槃經一曰「頭爲殿堂心王居中如是身城諸佛世尊所棄捨凡夫愚人常所味著。」

【身界】（術語）佛舍利也。界者分之義、此爲佛之身分故謂之身界會本文句記六曰、「塔藏身界故。供者福大。不同殿堂形貌安處。」

【身苦】（術語）苦有二種、一身苦、二心苦。諸聖人以智慧力故、無憂愁嫉妬瞋恚等心苦。已受先世業因緣之四大造身故、有老病飢渴寒熱等身苦。於身苦中亦薄少也。如人若了知負他之債、卽償之、因不爲苦。若不憶負人債、而債主强奪之、則瞋惱而生苦。見智度論二十三。

【身病】（術語）二種病之一。

【身笑】（術語）身體作笑也。智度論七曰、「經曰、爾時世尊從三昧安詳而起。以天眼觀視世界、擧身微笑。」論問曰、笑從口出、或時眼笑。今云何言一切身笑。答曰、佛世界中尊、得自在、能使一切身如口如眼、故皆能笑。復次一切毛孔皆開、故名爲笑。由口笑歡喜故、一切毛孔皆開。問曰、佛至尊重、何以故笑。答曰、如大地不以無事及小因緣而動、佛亦如是。若無事及小因緣、則不笑。今大因緣故、一切身笑。云何爲大。佛欲說摩訶般若波羅蜜。無央數衆生當續佛種、是爲大因緣。」

【身座】（雜名）以我身爲座牀、使佛坐之也。宗鏡錄二十六曰、「身座肉燈歸命供養。」

【身毒】（國名）卽天竺也。山海經曰、「身毒之國、軒轅氏居之。」郭注、「天竺國也。」史記大宛傳曰、「大夏東南有身毒國。」索隱曰、身音乾、毒音篤。孟康曰、卽天竺也。漢書西域傳作天篤。後漢書杜篤傳作天督。玄應一切經音義曰、「天竺或言身毒、或言賢豆、皆訛也。正言印度。印度名月、月有千名、斯一稱也。」

【身根】（術語）五根之一。

【身密】（術語）三密之一。

【身寂靜】（術語）二種寂靜之一。

【身通】（術語）謂飛行自在之通力也。往生要集上本曰、「其國諸衆生、神變及身通。」

【身淸淨】（術語）三種淸淨之一。見淸淨條附錄。

【身雲】（術語）無量無數之佛身、無邊際、謂之身雲。又言現種種之身、而蔭覆衆生、如雲也。吽字義曰、「毘盧遮那如來自受用故、化作種種神變、變現無量身雲。」因言諸尊之多如雲霞也。

【身等】（術語）四等之一。

【身惡作】（術語）身行之惡業。就戒律七聚言之、一突吉羅罪、分爲惡作惡說之二、而身業之過、非爲身惡作、四業之過、非爲身惡說。見三藏法數七。

【身業】（術語）三業之一。

【身業供養】（術語）三業供養之一。見供養條。

【身愚】（術語）謂於身造惡者。無量

壽經下曰、「身憑神闇。」嘉祥疏曰、「身造惡、故曰身憑。」

【身塔】（術語）大日之法生身、以塔婆爲三昧耶形、故云身塔。大日經疏曰「慈氏印如窣都波形者。以一切如來法身塔故。」性靈集七曰、「法性身塔。」

【身精進】（術語）二種精進之一。見精進條附錄。

【身遠離】（術語）二種遠離之一。對於外界而斷絕惡友之交遊也。

【身端直相】（術語）三十二相之一。

【身語心輪】（譬喩）世尊之三業、猶如車輪之轂輻輞三法和合而成一輪。輪有運載摧破之功、故以爲喩也。大疏九曰、「世尊以偏滿一切佛刹身語心輪說此三昧耶。」演密鈔七曰、「身語心輪者（云云）」

【身蓮】（術語）胎藏界觀衆生之肉團心爲八葉之蓮華、故謂之身蓮。性靈集八曰、「身蓮等空。三覺寂照。沒馱之號也。」

【身輪】（術語）三輪之一。

【身論】（書名）薩婆多部之根本論七部中、謂發智論爲身論、集異門論等之六論爲足論。俱舍光記一曰、「前之六論義門稍少。發智一論法門最廣。故後代論師說六爲足。發智爲身。此上七論是說一切有部根本論也。」

【身器】（術語）身是受諸法之器、故云身器。行事鈔上三之一曰、「身器淸淨。」

【身器十二】（名數）謂人身三十六物中皮、膚、血、肉、筋、脈、骨、髓、肪、膏、腦、膜、爲身器之十二也。見三十六物條。

【身燈】（修法）如法華之藥王菩薩、燒身爲燈以供養佛也。愚案是眞護摩供也。佛祖統紀三十三曰、「佛言我昔於閻浮提作國王。剜身出肉深如大錢。以酥油灌中作千燈炷。語婆羅門請說經法求無上道。」菩薩本業經曰、「菩薩爲法因緣剜身爲燈。」

【身縱廣相】（術語）三十二相之一。

【身識】（術語）五識之一。見識條附錄。

【身證】（術語）二十七賢聖之一。入滅盡定而身得寂靜樂之不還果聖者也。

【身觀經】（經名）一卷、西晉竺法護說身之不淨而不可愛樂。

【角】（物名）梵語 Saikha 之譯。樂器名。刳牛角爲之。如喇叭形。法華經方便品曰、「擊鼓吹角貝。」慧琳音義二十七曰、「角者曲形似角。即大角。」

【角馱】（譬喩）驢馬負物也。以譬衲僧所負之邪見妄想。碧巖二十一則垂示曰、「脫籠頭卸角馱。」祖庭事苑二曰、「馱徒個切。負重也。謂驢馬負物也。」

【兌僧】（雜語）禪林之稱。有他職兌坐禪之僧也。

【巡火板】（物名）振火鈴打板巡諸寮舍報僧衆警火災也見象器箋十八。

【巡更】（職位）叢林之夜巡也叢林每夜輪二人巡更打板念佛直欲喚起光天徹地之主人公不使爲偷心白拈之所欺瞞。其中兼有五種之大利一者警覺昏昧使出夢宅。二者敲破參頭使於懸崖撒手。三者使小人不敢私自交接。四者燈火愼明門戸常嚴。五者能使虛空作舞露柱揚眉。見象器箋七。

【巡更鈴】（物名）火鈴又稱巡更鈴。見火鈴條。

【巡案】（雜語）禪林住持巡迴衆寮按察其行儀謂之巡案。於僧堂謂之巡堂見象器箋九

【巡堂】（行事）巡僧堂也此有數種。一住持之巡堂（入院旦望之茶坐禪）二大衆之巡堂（三八念誦）三首座之巡堂（坐禪大座參結制）四維那之巡堂（聖節）五參頭之巡堂（掛搭）六都寺之巡堂（庫司湯）七知事之巡堂（結制旦望茶）八請客燒香之巡堂（方丈茶）九沙彌之巡堂（參堂）此巡堂有數義一點檢之義（坐禪時住持首座）二告報之義（聖節時維那）三請謝之義（茶湯時）四禮賀之義（入院時掛搭時結制時也三八念誦後巡堂蓋亦是住持大衆互相禮也）見象器箋九

【巡堂請茶】（儀式）住持請衆故請客侍者巡堂也敕修清規方丈四節特爲首座大衆茶曰「掛點茶牌長板鳴請客侍者入堂聖僧前燒香一炷大展三拜巡堂一帀。至中問訊而退謂之巡堂請茶。」

【巡廊板】（雜名）禪家爲報浴時巡行廊下而鳴板一寮三下而周徧謂之巡廊板又云報廊板見象器箋十八。

【巡寮】（儀式）校定清規云侍者上堂時先使行者掛巡寮牌住持巡寮自東廊第一寮巡起寮衆各出外迎接仍送出衆寮人多處唯寮元一人迎送出入大衆只立門外見象器箋九。僧祇云世尊以五事故五日一按行僧房一恐弟子著有爲事二恐著俗論三恐著睡眠四爲看病僧五令年少比丘觀佛威儀庠序生歡喜故見祖庭事苑八。

【巡錫】（術語）與巡教同持錫杖而遊化故有錫字。

【冷淘會】（儀式）聚會而設冷淘因之有上堂小參等之佛事冷淘者冷麪也見南屏燕語下。

【冷暖自知】（譬喻）水之冷暖飲者自知之以譬自己之證悟傳燈錄四蒙山道明章曰「今蒙指示如人飲水冷暖自知」大日經疏十二曰「如飲水者冷熱自知」

【估衣】（雜語）同唱衣。

【估唱】（雜語）亡比丘之遺物分與

現前之比丘、先定其價、謂之估衣、次於大衆之前競賣、謂之唱衣。見唱衣條。

【何夷摩柯】（人名）劫初之王名。譯曰金者。見起世因本經十。梵 Haimaka，

【何似生】（雜語）疑問之詞。如言作麽生。

【何伽羅久履荷】（雜語）譯曰最勝姓。見阿育王經一。

【何耶】（菩薩）Haya 馬頭觀音之梵語。演密鈔九曰、「何耶是略梵語、正云賀演訖哩嚩。此云馬頭」。見次項。

【何耶揭唎婆】（明王）Hayagrīva 又作賀野紇哩嚩。譯曰馬頭明王。名大日經疏五曰、「何耶揭唎婆、譯云馬頭。其身非黃非赤。如日初出之色。以白蓮華爲瓔珞等莊嚴其身。光焰猛盛赫奕如鬘。指甲長利、雙牙上出、首髮如師子項毛、作極吼怒之狀。此是蓮華部忿怒持明王也。猶如轉輪王寶馬巡歷四洲、於一切時一切處、去心不息。諸菩薩大精進力亦復如是。所以得如是威猛之勢。於生死重障中不顧身命、多所摧伏者、正爲白淨大悲心故。用白蓮瓔珞而自嚴身也」。慧琳音義三十六曰、「何耶揭哩嚩、唐言馬頭明王」。(二)（菩薩）觀音名馬頭觀音、六觀音之一。

【何耶揭唎婆像法】（經名）一卷、失譯人名。說馬頭觀音之像法及其壇法。

【何耶揭唎婆觀世音菩薩受法壇】（經名）一卷、失譯人名。說馬頭觀音之壇法。

【何苦經】（經名）答出家在家苦樂之問者。攝於中阿含三十六。

【何欲經】（經名）生聞梵志、刹利居士等問欲何行何等、佛一一答之。攝於中阿含經三十七。

【何履那】（動物）又作曷利拏。鹿也。譯爲山羊者非正。

【何羅怙羅】（異類）Bāhula 譯曰障月。覆障阿修羅之名。

【佛】（術語）Buddha 佛陀之略。又作休屠、佛陀、浮陀、浮圖、浮頭、勃陀、勃馱、部陀、母陀、沒馱。譯言覺者、或智者。覺有覺察、覺悟之二義。覺察煩惱、使不爲害。如世人之覺知爲賊者、故云覺察、是名一切智。覺知諸法之事理、而了了分明、如睡夢之寤、謂之覺悟、是名一切種智。自覺復能覺他、自他之覺行窮滿、名爲佛。自覺者、簡於凡夫。覺他者、簡於二乘。覺行窮滿、簡異於菩薩。何則、以凡夫不能自覺、二乘雖自覺而無覺他之行、菩薩自覺覺他而覺行未爲圓滿故也。又以知者既具足二智而覺知一切諸法、了了分明故也。南山戒本疏一曰、「佛、梵云佛陀、或云浮陀、佛馱、步他、浮圖、浮頭、蓋傳者之訛耳。此無其人、以義翻之爲覺」。宗輪論述記曰、「佛陀、梵音。此云覺者。隨舊略語、但稱曰佛」。佛地論一

曰、「於一切法、一切種相、能自開覺。亦開覺一切有情、如睡夢覺醒、如蓮華開。故名佛。」智度論二曰、「佛陀秦言知者、有常無常等一切諸法、菩提樹下了了覺知、故名佛陀。」同七十曰、「佛名爲覺。於一切無明睡眠中最初覺故、名爲覺。」法華文句一曰、「西竺言佛陀、此言覺者、知者、對迷名知、對愚名覺。」大乘義章二十末曰、「佛者就德以立其名。佛是覺知。就斯立稱、覺有兩義、一覺察名覺。如人覺賊、二覺悟名覺、如人睡寤。覺察之覺、對煩惱障。煩惱侵害、事等如賊、唯聖覺知不爲其害、故名爲覺。涅槃云、如人覺賊、賊無能爲。佛亦如是。覺悟之覺、對其知障、無明昏寢、事等如睡、聖慧一起、朗然大悟、如睡得寤。故名爲覺。既能自覺、復能覺他、覺行窮滿、故名爲佛。言其自覺、簡異凡夫、云覺他者、明異二乘。覺行窮滿、彰異菩薩。」善見律四曰、「佛者名自覺、亦能覺他、又言知、何謂爲知、知諦故名爲佛。」仁王經上曰、「一切衆生、斷三界煩惱果報盡者、名爲佛。」

【四種佛】（名數）一三藏佛、坐於摩羯陀國菩提樹下以生草爲座、於三十四心斷見思之惑、而成正覺、身長丈六、對三乘之根機說生滅之四諦、爲八十之老比丘、灰身滅盡於雙樹下、唯有此佛爲十方之佛、三世之佛、悉是他佛也。二通佛、既於因位斷三惑之正使、於摩羯陀國七寶菩提樹下以天衣爲座、以一念相應之慧、斷餘殘之習氣而成正覺、其本身如藏佛爲丈六之劣應身、而時或以神力現尊特之勝應身、故謂之帶劣勝應身、通教有利鈍二機、其鈍根者觀但空之理、故如前之藏教見丈六之劣應身、其利根者觀不但空之理、故如後之別教見尊特之勝應身。（總之天台之趣意、約於衆生感見之機、判佛身也。故丈六之一身、對於四教之機、或爲劣應、或爲勝應、或爲法身。）是亦對於三乘之根機而說無生之四諦、現八十之老比丘、而入滅於雙樹下、如藏佛、是亦爲自身一佛、而他佛非吾分身也。三別佛、斷十二品之無明、入於妙覺之位、坐於蓮華藏世界七寶菩提樹下之大寶華正座、或於色究竟天受受職灌頂、而現圓滿之報身、（他受用身）唯爲菩薩衆轉無量及無作四諦之法輪。此即是華嚴經、梵網經所說之盧舍那佛也。四圓佛、斷四十二品之無明、而成清淨法身、居常寂光土、以虛空爲座、即是華嚴經、普賢觀經所說之毘盧舍那佛也。（台家盧舍那爲報身、毘盧舍那爲法身。）晉華嚴經曰、「佛在摩竭提國寂滅道場。（中略）師子之座。於一切法成最正覺、智慧行處猶如虛空。其身遍坐一切道場。」唐經曰、「世尊處座、譬如虛空、徧一切處。又佛師子座是同法界。」又曰、「法性如虛空、諸佛於中住。」普賢觀經曰、「釋迦牟尼名毘盧舍那遍一切處、其佛住處名常寂光。」唯識論七曰、「諸異生求佛果者定色界後必生在淨居天上大自在天宮得菩提」釋籤一之一曰、「若云坐蓮華藏或云三世諸佛皆色究竟成無上道並別佛相」此佛爲法報應三佛相卽具足一身、法華經所謂微妙淨法身具相三十二是也。見法華玄義七、四教儀下增暉記七。

【一佛多佛】（術語）大乘許於一時有多佛出世、且勿論小乘則於俱舍十二有二說、薩婆多師之義無邊之世界唯一佛出世無二佛於同時出世者、餘師之義則一三千大千世界雖無二佛於同時出世而其他三千大千世界佛之出世非無與之同時者、故無量之世界同時有無量之佛出世、智度論九同舉此二義、以前義爲不了義、後義爲了義。

【佛一百八名讚】（書名）一卷、趙宋法天譯、集釋迦佛之一百八名。

【佛十力經】（經名）一卷、趙宋施護譯、說佛之十力。

【佛十地經】（經名）大乘同性經之略名。

【佛入涅槃密迹金剛力士哀戀經】（經名）一卷、失譯人名、金剛力士哀戀不息、帝釋慰止之。

【佛入中國之始】（故事）茶香室叢鈔十三曰、「晉王嘉拾遺記云、燕昭王七年、沐胥之國來朝、則申毒國之一名也。有道術人名尸羅、百三十歲、荷錫持瓶、云發其國五年、乃至燕都、善衒惑之術、於其指端出浮屠十層、高三尺、乃諸天神仙、巧麗特絕、人皆長五六分、分列幢蓋鼓舞、繞塔而行、歌唱之音、如眞人矣。按此乃佛法入中國之始、申毒卽身毒也、視列子所載周穆王時化人事、尤爲明顯矣。」野客叢書四、「佛法之入中國、其來久矣。觀魏略西戎傳曰、昔漢哀元壽元年、博士景盧受大月氏王使伊存口傳浮屠經、又觀劉向列仙傳序曰、得仙者百四十六人、其七十四人已在佛經、則知漢成哀間、已有佛經矣。觀漢武故事、昆邪王殺休屠王、以其衆降、得金人之神、上置之甘泉宮、金人皆長丈餘、其祭不用牛羊、惟燒香禮拜、上使依其國俗。又元狩三年、穿昆明池、底得黑灰、帝問東方朔、朔曰、可問西域道人、知是劫灰、又知佛法自武帝時已入中國矣。今人惟知佛法入中國、自明帝始、不知自武帝始也。」薛正己記、仲尼師老聃、師竺乾、審是則佛入中國又不止於武帝。」

【佛土】（術語）佛所住之國土、佛所化之領土也。有淨土穢土報土法性土等之別。法華經方便品曰、「十方佛土中、唯有一乘法」大乘義章十九曰、「安身之處號之爲土、約佛辨土名爲佛土。」

【二種佛土】（名數）一眞土、眞佛之

住處也。二應土、應佛之住處也。大乘義章十九曰、「佛土或分爲二。唯眞與應。自所託名之爲眞。隨他異現說以爲應。」二一眞佛土、同於上之眞土。二方便化身土。同於上之應土。日本見眞大師以此二土分別西方彌陀之淨土。見教行信證五六。

【三種佛土】（名數）佛地論七、立法性土、受用土、變化土、如其次第。以爲法性身、受用身、變化身之住處。此中法性土爲理土、而受用變化之二土爲事土。又法性受用之二土唯爲淨。而變化土通於淨穢。大乘義章十九曰、「一法性土。二實報土。三圓應土。」與前異名同體。

【四種佛土】（名數）唯識論十以自性身、自受用身、他受用身、變化身爲四佛身。而佛土亦有四。一法性土。二自受用土。三他受用土。四變化土也。此中法性土、爲無色無相之理土。自受用土、爲實佛自託之報土。他受用土、爲對於初地已上菩薩示現之淨土。變化土、爲示現於地前菩薩及二乘凡夫之佛土。因之而此中有淨土有穢土。（義林章佛土章）台家亦建立四種之佛土。見四土條。

【佛土嚴淨經】（經名）文殊師利佛土嚴淨經之畧名。

【佛三身讚】（經名）西土賢聖撰、心行之偈文也。趙宋法賢譯。法報化之三身各二行、回向二行

【佛子】（術語）衆生受佛戒故稱佛子。以必當作佛故也。又爲菩薩之通名。以其依佛之聖教而生聖道故也。又以紹繼佛種使不斷絕故也。又總稱一切衆生、以悉具佛性故也。梵網經下曰、「衆生受佛戒、卽入諸佛位。位同大覺已。眞是諸佛子。」法華經譬喻品曰、「今日乃知眞是佛子。從佛口生。從法化生。得佛法分。」佛地論一曰、「由佛教力被聖道生故名佛子。（中略）能紹佛種、不令斷絕。故名佛子。」嘉祥法華疏四曰、「大機旣發有紹繼之能。爲佛子義。」法華文句九曰、「一切衆生、皆有三種性。得佛性、卽是佛子。故云其中衆生悉是吾子。」二（職名）元時封僧之號。

【三佛子】（名數）一外子、諸凡夫未能紹繼佛家之事者。二庶子、諸二乘不從如來之大法生者。三眞子、諸菩薩正自佛之大法生者。見華嚴大疏五。

【佛凡一體】（術語）佛心與凡心爲一體也。於獲得他力信心之行者上而言之。體得他力信心之行者心、謂之佛凡一體。蓋他力之信心、非行者之所計得。乃如來所賜者。其體爲佛智。故是淸淨眞實之佛心也。其佛心宿於行者貪瞋煩惱之凡夫心中。故佛心與凡心結合而爲一體也。

【佛大僧大經】（經名）一卷、劉宋京

聲譯。王舍城之富者有二子、兄名佛大、弟名僧大、僧大出家、佛大貪染其婦、婦不從、佛大遣賊殺僧大、僧大臨死得四果、婦哭死得生天、佛大遂墮於地獄。

【佛心】（術語）如來之心也。覺悟之心也。觀無量壽經曰、「佛心者大慈悲是」。因頓悟入道要門論上曰「無住心者是佛心」

【佛心宗】（流派）禪宗之別名。以覺悟佛心爲禪之體也、佛心何物、心之自性是也。故謂之直指人心見性成佛、人心之性即佛性也。發見佛性謂之成佛。宗鏡錄三曰、「達磨大師云明佛心宗了無差悞名之曰祖。」中峰錄五下曰「禪何物乃吾心之名也。心何物即我禪之體也。（中略）惟禪與心異名同體。」

【佛心印】（術語）衆生本具之一心、大覺之妙體也、是云佛心。此心決定不改、故云印。猶如世間之印契、以此心印爲禪之體而窮明之、爲達磨之禪宗、所謂直指人心見性成佛是也。故有佛心宗之名。六祖壇經曰、「師曰吾傳佛心印安敢違於佛經」。碧巖初則曰「誌公曰此是觀音大士傳佛心印」。因元天台沙門懷則云三諦圓具之一心是佛心印也、直指人心見性成佛之旨在此。

【佛心印記】（書名）天台所傳佛心印記之畧名。

【佛心天子】（人名）梁武帝之德號也。碧巖第一則評唱曰、「武帝嘗披袈裟自講放光般若。（中畧）人謂之佛心天子」

【佛天】（術語）佛者之尊崇佛、如世人之於天、故云佛天、佛即天也。因佛與天神也。

【佛日】（譬喻）佛能破衆生之痴闇、故以日爲譬。涅槃經十九曰、「佛日將沒大涅槃山」觀無量壽經曰、「唯願佛日教我觀清淨業處」。同天台疏曰、「佛能破壞衆生痴闇如日除昏故言佛日」。

【佛月】（譬喻）佛之光明譬以月。與佛日同意。大集經五十八曰、「佛月滅度後。煩惱痴諍闇世間」。因衆生之心水清、佛應現於此、如水中之月、故云佛月。金光明經二曰、「佛真法身猶如虛空應物現形如水中月。無有障碍如餤如幻是故我今稽首佛月。」

【佛化】（雜語）佛之教化也。

【佛牙】（雜語）荼毘佛身時、全身悉爲細粒之舍利、其一分之牙不損、現形在灰燼中、是云佛牙舍利。時有捷疾鬼盜佛牙去。其後毘沙門天之那吒太子以其佛牙授南山道宣律師。云後分涅槃經曰、「帝釋於佛口中右畔上頷取牙舍利、即還天上起塔供養。爾時有二捷疾羅刹隱身隨帝釋後衆皆不見盜取一雙佛牙舍利」。宋高僧傳記道宣律師於西明寺夜行道、足跌前階、有物扶持、履空無害、顧禮之、乃少年、宣問何人、少年曰、某毘沙門天王之子那吒、爲護法故、擁護和尙已久。又曰、某有佛牙、寶掌久矣、頭目猶可捨、敢不奉獻、俄乃授宣。釋門正統曰、「唐宣律師天神密授釋迦文佛靈牙、隨身供養。」宋朝類苑曰「熙寧中、余察訪過咸平、是時、劉定子先知縣事、同過一佛寺。子先謂余曰、此有一佛牙、甚異。予乃齋潔取視之、其牙忽生舍利、如人身之汗、颯然湧出、莫知其數。或飛空中、或墮地、人以手承之、卽透過、着牀榻、摘然有聲、復透下、光明瑩徹、爛然滿目。予到京師、盛傳於公卿間、後有人迎至京師、執政官取入東府、以次流布士大夫之家、神異之迹、不可悉數。有詔留大相國寺、創造木浮圖以藏之。今相國寺西塔是也。」

【佛五姓】（名數） 出家前釋尊之俗姓有五種、瞿曇、甘蔗、日種、舍夷、釋迦是也。見瞿曇條。

【佛五百弟子自說本起經】（經名） 一卷、西晉竺法護譯。前二十九品諸弟子各說本因。第三十品佛說九惱之本因。經文未完。

【佛母】（雜語） 佛從法生、故以法名佛母。大方便佛報恩經六曰、「佛以法爲師。佛從法生。法是佛母。」因般若波羅蜜爲生諸佛之母、故稱佛母、故禪家稱摩訶般若波羅蜜爲摩訶佛母也。大品般若經十六曰、「般若波羅蜜是諸佛母。（中略）何以故。是般若波羅蜜出生諸佛。」智度論三十四曰、「般若波羅蜜是諸佛母。父母之中母之功最重。是故佛以般若爲母、般舟三昧爲父。」勅修淸規曰、「繞旋行道稱念摩訶佛母聖號」。因釋尊之母、卽摩耶夫人。或稱佛之姨母大愛道爲佛母。因主諸佛如來出生、隨類形能、生母德之尊體、謂之佛母尊、卽佛眼佛母、准提佛母、孔雀佛母等。但常稱爲佛母者多指大日之佛母、卽佛眼佛母尊也。

【佛母院】（術語） 胎藏界遍知院之異名、以此院安置佛母諸尊也。

【佛母經】（經名） 佛母大孔雀明王經之畧名。

【佛母明王】（菩薩） 孔雀明王也。見孔雀明王條。

【佛母准提】（菩薩） 見準提條。

【佛母眞三昧】（術語） 三世如來自此三味出生、故云佛母眞三味。楞嚴經六曰、「金剛王如幻不思議佛母眞三昧」。

【佛母般若經】（經名） 佛母出生三法藏般若波羅蜜多經之略名。

【佛母般泥洹經】（經名） 一卷、劉宋慧簡譯。卽大愛道般涅槃經之異譯。佛母者佛之姨母也。

【佛母大孔雀明王】（菩薩） 或云佛

母大金曜孔雀明王、大金色孔雀王、大孔雀明王、大孔雀王、孔雀明王、佛母明王、皆同尊也。以能生諸佛神變之德爲主、故云佛母。乘金色孔雀、故云大金曜孔雀明王。見孔雀明王條。

【佛母大孔雀明王經】（經名）三卷、唐不空譯。佛在祇園、莎底苾芻爲衆破樵、爲黑蛇所螫、不堪苦痛、阿難白佛求救、佛爲說大孔雀明王神咒救之。前後有數譯、世間流通此本。見孔雀條附錄。

【佛母般若波羅蜜多】（術語）諸佛如來自般若波羅蜜多生、般若波羅蜜多爲諸佛之母、故稱佛母。見佛母條。

【佛母寶德藏般若波羅蜜經】（經名）三卷、趙宋法賢譯。卽佛母般若經之攝頌。

【佛母出生三法藏般若波羅蜜多經】（經名）二十五卷、趙宋施護譯。有三十二品、與道行般若經同本。

【佛世】（雜語）佛在生之時也。

【佛世界】（異名）佛所住之國土、有穢土、有淨土。

【佛世尊】（術語）依成實論則佛爲十號中之第九號、世尊爲第十號、合云佛世尊。依智度論則佛爲第十號、世尊爲具十號尊德之總號。世尊之梵名爲薄伽梵。見十號條。

【佛生日】（雜語）釋迦如來誕生之日也。經論記佛生之月日、有二月八日與四月八日之二說。其中多以周曆建卯四月八日爲正。當長阿含經四曰「二月八日佛出生。」灌佛經曰、「十方諸佛皆用四月八日夜半時生。」薩婆多論曰「二月八日生。」瑞應經曰「四月八日生。」俱舍寶疏二會通之、謂以立正有異之故、婆羅門國以建子爲正、此方先時以建寅立正、建子之四月、卽建寅之二月也。是印度與周正同、以子月爲正、故彼四月、卽當於此方古代以寅月爲正之夏正二月、故月日同時也。然今雖用夏曆而以四月八日爲佛生日。

【佛生國】（地名）印度也。

【佛生會】（行事）四月八日釋迦之誕生會也。

【佛出世】（術語）一世界有一佛出世與多佛出世之異議、見佛條附錄。

【佛本行讚經】（經名）一名佛本行讚傳。西土賢聖撰集、劉宋寶雲譯、七卷、偈讚佛一代行狀之偈文也。

【佛本行集經】（經名）六十卷、隋闍那崛多譯。詳悉佛一代化迹之本紀也。經末曰「或問曰當何名此經、答曰摩訶僧祇師名爲大事、薩婆多師名此經爲大莊嚴、迦葉維師名爲佛生因緣、曇無德師名爲釋迦牟尼佛本行、彌沙塞師名爲尼藏根本。」

【佛田】（譬喻）向佛而植善根則生

無量之福果、故名佛田、佛卽爲衆生生福之田地也、智度論三十曰「佛田者、一切三世諸佛。（中略）雖有種種福田、佛爲第一福田。」

【佛奴】（雜名）建康實錄曰、「陳後主乃自賣身於佛寺爲奴。」

【佛布施】（雜語）奉衣服等於所事之本尊也、瞿醯經中曰「諸尊一一奉施上妙新淨衣服」

【佛曲】（雜名）西河詩話曰、「佛曲在隋唐有之、不始金元、如唐樂府有普光佛曲、日光明佛曲等八曲、入婆陀調、釋迦文佛曲、妙華佛曲等九曲、入乞食調、大妙至極曲、解曲、入越調、摩尼佛曲、入雙調、蘇蜜七俱佛曲、日騰光佛曲、入商調、邪勒佛曲、入徵調、婆羅樹佛曲等四曲、入羽調、遷星佛曲、入般涉調、提梵、入移風調、今吳門佛寺猶能作梵樂、每唱佛曲、以笙笛逐之、名淸樂、卽其遺意。」按晉書、鳩摩羅什傳、天竺俗甚重文制、其宮商體韻、以入管弦爲善、凡覲國王、必有贊德、經中偈頌、皆其式也、是佛曲可逐笙管、自其未入中國原有然矣、樂府雜錄、長慶中講僧文叙善吟經、其聲宛暢、感動里人、樂工狀其念四聲觀世音菩薩、乃撰文叙子曲、至是而佛經無不可吟、不獨偈頌然矣、南唐書浮屠傳、僧應之喜音律、嘗以讚禮之文寓諸樂譜、其聲少下、而終歸於梵音、讚念協律、自應之始。

【佛名經】（經名）藏中有數部、一、元魏菩提流支譯之佛名經十二卷、舉一萬一千九十三尊、二、失譯人名之佛名經三十卷、三、隋闍那崛多譯之五千五百佛名神咒除障滅罪經八卷、四、失譯人名之三劫三千諸佛名經三卷、五、隋那連提耶舍譯之百佛名經、一卷、此中第四之三劫三千諸佛名經、略稱爲三千佛名經。

【佛光】（術語）佛之光明也、讚阿彌陀佛偈曰、「佛光照耀最第一」

【佛光王子】（人名）唐高宗之中宮惱產、請法師玄芳加護之。正月一日中宮施納袈裟等、尋王子生、光明盈殿、因號佛光王子、許使出家、見慈恩寺傳九。

【佛立三昧】（術語）般舟三昧、此翻佛立三昧、此三昧成就、則見十方諸佛立於其前也、般舟三昧經曰、「有三昧名十方諸佛悉在前立。」止觀二曰、「此法出般舟三昧經、翻爲佛立。」

【佛地】（術語）通教十地之第十位、謂第九地之菩薩最後頓斷煩惱所知二障之習氣而成道之位也。

【佛地經】（經名）一卷、唐玄奘譯、佛爲妙生菩薩說佛地之五相、謂淸淨法界及四智也、一一細釋。

【佛地經論】（書名）七卷、親光菩薩造唐玄奘譯。

【佛印】（術語）印者決定不變之義、諸法實相爲諸佛之大道決定不變故名佛印止觀二曰「有解此者成大道是名佛印。」同輔行曰「旣是實相故名佛印。」又佛心印之略。因佛之印相也凡佛界相好無異、面貌齊同故但以兩手之印相差別之爲法、然密教中之印相極其精細不可以一概論之。因（人名）佛印禪師名了元字覺老嗣於開先善暹住雲居四十餘年、德洽緇素、翰林蘇軾謫黃州師住廬山相與酬作章句哲宗元符元年寂壽六十七見續傳燈錄。

【佛印三昧經】（經名）一卷後漢安世高譯佛在耆闍崛山入於三昧光照十方、大衆雲集彌勒舍利弗問文殊以佛身所在、文殊使入三昧觀之皆不能見須臾佛現乃問其義佛言住於深般若佛印三昧故也。

【佛因】（術語）得佛果之因一切之善根功德是也。

【佛成道日】（行事）佛之成道日、經論之説不同長阿含經四及因果經作二月八日灌佛經及方等泥洹經作四月八日、西域記則三月八日又云三月十五日。俱舍寶疏正宗記佛祖統紀等皆取二月八日之説。支那用十二月八日者以僧史略上會合之謂「臘月乃周之二月也」。周曆建子之二月卽夏曆建寅之十二月也

【佛吼】（雜語）佛之師子吼也。佛之説法謂之師子吼喩於大衆無所怖也。無量壽經上曰「佛吼而吼。」同嘉祥疏曰「擧師子王哮吼爲譬耳」

【佛位】（術語）佛果之位也。

【佛戒】（術語）梵網經所説之大乘戒也又云佛性戒佛乘戒此戒以衆生本具之佛性爲體、且受持此戒可至佛果也。因諸佛所住一實相之淨戒也。梵網經下曰「一切衆生皆有佛性。一切意識色心是情是心、皆入佛性戒中」。又曰「一切有心者皆應攝佛戒衆生受佛戒卽入諸佛位」。大日經疏十七曰「佛離一切相而住淨戒。所謂離諸相一相一味若能如是離一切相而住於戒此戒卽是佛戒」因又密教之三摩耶戒也時處軌曰「敎發菩提心授與佛性戒。」因通名佛所説之戒法。

【佛身】（術語）Buddhakāya 證得無上正覺之佛陀身體也。就中有法身化身等之別總名爲佛身。

【十個量等身】（名數）佛之法身、其量等於一切有爲無爲之諸法今統收之爲十三個而示之此云十個者探玄記三云但此經所明皆應十種以顯無盡故有七八十二等數皆增減云十。又慧影智論疏云少過少減皆存大數今十三量等身言十者、依於此意也。（一）一切衆生量等身（二）一切法

量等身。(三)一切刹界等身。(四)一切三世量等身。(五)一切佛量等身。(六)一切語言量等身。(七)眞如量等身。(八)法界量等身(九)虛空界量等身。(十)無等界量等身。(十一)一切願量等身。(十二)一切行者量等身。(十三)寂滅涅槃界量等身也。

【一身】(名數)法相宗總門之法身也。又眞言之法界身也。見法身條。

【二身】(名數)有六種。眞身、應身之二身、常身、無常身之二身、生身、法身之二身、實色身、化色身之二身、眞身、化身之二身、實相身、爲物身之二身是也。見二字部二身條附錄。因二法身有五種。見法身條附錄。

【三身】(名數)有四種。法報應之三身、自性受用變化之三身、法應化之三身、法報化之三身是也。見三字部三身條附錄。因三法身有二種。見法身條附錄。

【四身】(名數)有三種。化佛、功德佛、智慧佛、如如佛之四身。自性、自受用、他受用、變化之四身。法身、報身、應身、化身之四身之三種是也。見四身條。又有四種法身。見法身條附錄。

【五身】(名數)五種法身有四種。見法身條附錄。

【六身】(名數)新譯之心地觀經所說。一理法身、本有之理也。二智法身、性德之智也。三自受用身、修德之四智圓明常住於報土而自受法樂者。四他受用身、對於十地菩薩現十種之身、以自己之報德使他受用者。五勝應身、對於地前菩薩示現之應身也。六劣應身、對於二乘凡夫示現者、卽丈六之化佛是也。已上初二身爲法身、中二身爲報身、後二身爲應身。

【融三世間十身】(名數)華嚴經說二種之十身。一謂融三世間之十身。二謂佛具之十身。融三世間之十身者、一衆生身、六道之衆生也。二國土身、六道衆生之依處也。三業報身、生上二身之業因也。(已上三身屬於染分)四聲聞身、觀四諦而求涅槃者。五獨覺身、觀十二因緣而求涅槃者。六菩薩身、修六度而求菩提者。七如來身、因圓果滿之妙體、卽佛當分之身也。八智身、佛身所具能證之實智也。九法身、佛身所具所證之眞理也。(已上六身屬於淨分)十虛空身、離染淨二分之相而爲染淨二分所依、周遍法界無形靈之實體也。表離染淨有無諸相而謂之虛空。此十身中第二之國土身、卽國土世間、第一之衆生身及第三業報身乃至第六菩薩身者、爲衆生世間、後四身者、智正覺世間也。卽此十身融攝三世間之諸法而爲毘盧正覺之體、故謂之融三世間之十身。又謂之解境之十身。以此十身爲解知毘盧舍那佛覺體之所知之境也。見舊華嚴經二十七、探玄記十四、華嚴玄談三十、大疏鈔三十八。

【佛具十身】（名數）於前十身中第七如來身上而立十身也、此十身經中三處說之、而名字稍異、舊經二十六曰「菩提身。願身。化身。住持身。相好莊嚴身。勢力身。如意身。福德身。智身。法身」同三十七曰「正覺佛。願佛。業報佛。住持佛。化佛。法界佛。心佛。三昧佛。性佛。如意佛」同四十二曰「無著佛。願佛。業報佛。持佛。涅槃佛。法界佛。心佛。三昧佛。性佛。如意佛」一菩提身、後云正覺佛、但梵漢相異、示現八相成道正覺之佛身也。又云無著佛。安住於世間。故不著於涅槃。成正覺。故不著於生死。示乘無著之道而成正覺。故云無著。與正覺佛同意。二願身、後云願佛、願生於兜率天之佛身也。三化身、即化佛、涅槃佛、生於王宮之化身也。化者必示滅。故云涅槃佛。四住持身、即住持佛、持佛、滅後止自身舍利而住持佛法之身也。五相好莊嚴身、即業報佛、以無邊之相好莊嚴之佛身也。是爲酬報萬行業因之功德、故云業報佛。六勢力身、即心佛、以佛之慈心攝伏一切、故云勢力身、亦云心佛。七如意身、（新經謂之意生身）即如意佛、對於地前地上菩薩而現生如意之佛身也。八福德身、即三昧佛、常住於三昧之身也、三昧爲福之最、故云福德。九智身、即性佛、大圓鏡智等之四智也。是爲本有之性德、故云性佛。十法身、即法界佛、智身所了之本性也、配之於通途之三身、則從菩提心至住持身之四身爲應身、從相好身至智身之五身爲報身、最後之法身、即法身也。此十身者、對於解境之十身而謂之行境之十身、以其爲行可感得之佛身也。見探玄記十四、同十七、大疏鈔三十八上、同五十三、同五十八。

【佛見】（術語）佛之正知見也。梵網經上曰「轉一切見入佛見。佛見入一切見」

【佛門】（雜語）猶言佛家。如奉釋教者、謂之佛門弟子。亦簡稱佛子。

【佛足石】（物名）石上印佛足也。佛將入滅。於摩揭陀國留足迹。西域記八曰「窣堵波側不遠。精舍中有大石。如來所履雙迹猶存。其長尺有八寸。廣餘六寸矣。兩迹俱有輪相。十指皆帶花文。魚形映起。光明時照。昔者如來將取寂滅。北趣拘尸那城。南顧摩揭陀國。蹈此石上。告阿難曰。吾今最後留此足迹。將入寂滅。顧摩揭陀也」義楚六帖一曰「西域記云。佛在摩揭陀國波吒離城石上印留跡記。奘法師親禮聖迹。自印將來。今在坊州玉華山。鐫碑記之。其佛足下五足指端有卍字文。相次各有如眼。又指間各有網輓。中心上下有通身文。大指下有寶劍。又第二指下有雙魚王文。次指下有寶花瓶文。次傍有螺王文。脚心下有千輻輪文。下有象牙文。上有月王文。跟有梵王頂相文」西域記三烏伏那國曰、「阿波邏邏龍泉西南三十餘里水北岸大磐石上有如來足所履迹。隨人福力量有短長是如來伏此龍已留迹而去後人於上積石爲室遐邇相趨花香供養。」同一屈支國曰、「東昭怙釐佛堂中有玉石面廣二尺餘色帶黃白狀如海蛤其上有佛足履之迹長尺有八寸廣餘六寸矣每有齋日照燭光明。」觀佛三昧海經一曰、「如來足下平滿不容一毛足下千輻輪相轂輞具足魚鱗相次金剛杵相者足跟亦有梵王頂相衆蠡不異」同六曰、「佛滅度後造好形像令身相足亦造無量化佛色像通身光、及畫佛跡。（中略）此人除却百億那由他恒河沙劫生死之罪」

【佛言量】（術語）又云聖敎量以佛之聖語爲定量而決是非也。

【佛足頂禮】（術語）禮拜佛之足佛敎最重之敬禮法也。

【佛陀】（術語）又作佛馱。如來十號之一。常略稱曰佛見佛條

【佛陀里】（地名）吳孫權依康僧會而信佛、始建寺、號建初寺、其地名佛陀里、自是江左大法興見梁僧傳二。（康僧會傳）

【佛陀波利】（人名）Buddhapāli 罽賓國沙門名。譯曰覺護。譯尊勝陀羅尼經。見開元錄九宋僧傳二。

【佛陀大會】（儀式）給孤獨長者以、閻浮檀金造佛像、設大齋謂之佛陀大會。一切有部目得迦五曰、「給孤獨長者言世尊我欲爲作贍部影像作佛陀大會佛言應作。」

【佛陀扇多】（人名）Buddhaśānta 三藏法師名譯曰覺定見續高僧傳一。

【佛陀毱多】（人名）Buddhagupta 王名譯曰覺護見西域記九。

【佛陀耶舍】（人名）Buddhayaśas 罽賓國沙門名。梁僧傳二、出三藏記十四、三寶記八翻爲覺明。開元錄四、飾宗記三本等翻爲覺名。耶舍者名稱之義則以覺名爲是。四分律之譯主也。

【佛陀僧訶】（人名）Buddhasiṁha 論師名譯曰師子覺。無著菩薩之弟也。見西域記五。

【佛陀多羅】（人名）Buddhatrāta 佛馱多羅三藏法師名。譯曰覺救見梁高僧傳三。

【佛陀馱沙】（人名）Buddhadāsa 西天論師名譯曰覺使見西域記五。

【佛陀提婆】（人名）Buddhavaca 婆沙四評家之一。譯曰覺天見俱舍光記二十。

【佛陀槃遮】（雜語）Buddhavāca 譯曰佛說。觀經嘉祥疏曰、「佛陀此云覺槃遮此云說。卽佛說也。」

【佛陀蜜多羅】（人名）Buddhamitra

論師名。譯曰覺親。婆藪盤豆法師之師也。見婆藪盤豆法師傳。

【佛陀跋陀羅】（人名）Buddhabhadra 一作佛馱跋陀羅、又作佛度跋陀羅。三藏法師名。譯曰覺賢。譯華嚴經。見梁僧傳二、貞元錄五。

【佛法】（術語）佛所說之法。八萬四千之法藏是也。勝鬘經曰、「一切佛法攝八萬四千法門」法華經序品曰、「照明佛法。開悟衆生」無量壽經上曰、「光融佛法宣流正化」因佛所得之法。法界之眞理是也。止觀二曰、「法界法是佛眞法」因佛所知之法名佛法、一切諸法卽佛法也。大寶積經四曰、「如來常說一切諸法皆是佛法。以於諸法能善了知名爲佛法。」俱舍頌疏界品一曰、「佛法者佛所知法。卽極遠時等是也。」金剛經曰、「如來說一切法皆是佛法。」大集經九曰、「佛法者名一切法。」大寶積經四曰、「諸法本性與佛法等。是故諸法皆是佛法。」

【佛法僧】（術語）三寶也。見三寶條。

【佛法藏】（術語）如來藏也、如來藏中藏恆沙之佛法、故名佛法藏、卽眞如之理體也。維摩經法供養品曰、「能令衆生入佛法藏。」無量壽經上曰、「入佛法藏。究竟彼岸。」同淨影疏曰、「如來藏中過恆沙法。名佛法藏。」

【佛法壽命】（雜語）佛稱戒律爲佛法之壽命、謂戒律行於世則佛法不滅也。普見律一曰、「毘尼藏是佛法壽。毘尼藏住。佛法亦住。」

【佛法死人】（雜語）謂小乘比丘、犯婬盜殺妄四重禁之隨一者。以無懺悔救濟之法故也。故稱之爲斷頭罪。止觀曰、「若犯重者佛法死人。小乘無懺法。若依大乘許其懺悔。」

【佛法滅盡經】（經名）佛說法滅盡經之略名。

【佛法普入道門三昧經】（經名）維摩經之異名。

【佛性】（術語）佛者覺悟也、一切衆生皆有覺悟之性。名爲佛性、性者不改之義也、通因果而不改自體是云性、如麥之因、麥之果、麥之性不改。華嚴經三十九曰、「佛性甚深眞法性。寂滅無相同虛空。」涅槃經二十七曰、「一切衆生悉有佛性。如來常住無有變易。」

【三佛性】（名數）一理佛性、不生不滅法性之妙理、名理佛性。二行佛性、大圓鏡智等四智之種子、名行佛性。此中理佛性、一切有情皆具、行佛性有具有不具、不具者永不成佛、是法相宗會涅槃經一切衆生悉有佛性之言、而成立無性有情之法門也。唯識樞要上本曰、「總而言之。涅槃據理性及行性中少分一切。」

【三佛性】（名數）一自性住佛性、眞如之理、自性常住無有變改、一切衆生本有此性、名爲自性住佛性。二引出佛性、衆生必假修習智慧禪定之力、方能引發本有之佛性、是名引出佛性。三至得果佛性、修因滿足、至於果位時、本有之佛性了了顯現、是名至德果佛性。見華嚴孔目章。

【三因佛性】（名數）見三字部三因佛性條。

【五佛性】（名數）一正因佛性、二了因佛性、三緣因佛性、（此三者即三因佛性）四果佛性、菩提之果也、正覺之智謂之菩提。五果果佛性、大涅槃也、以菩提之智、顯涅槃之理、故云果之果。法華文句十曰、「佛性有五。正因佛性通亙本當。了、緣佛性種子本有。非適今也。果性、果果性、定當得之。」

【佛性戒】（術語）一切衆生具佛性、佛性無染離一切諸過、隨順此佛性而制戒、名爲佛性戒。又此戒能顯現佛性、故名佛性戒、大乘戒之都名也。梵網經下曰、「一切衆生皆有佛性。一切意識色心是情是心皆入佛性戒中。」

【佛性論】（書名）四卷、天親菩薩造、眞諦譯。詳論佛性之義。

【佛性常住】（術語）涅槃經所說、有乘戒二門、乘門之所說者卽佛性常住也。以見如來入涅槃而迷執爲佛性無常、今化身寄於涅槃而說佛性之常住、法身之圓常、謂「如來常住無有變易。」就性而云佛性、就相而云如來、同體也。止觀八曰、「涅槃寄滅談常」、同輔行曰、「寄應迹滅度談法身圓常。」

【佛性眞如】（術語）佛性與眞如也、爲覺悟之性、故云佛性、爲不生不滅之實體、故云眞如、異名同法也。

【佛性三摩耶】（術語）密敎之戒法也。亦云佛性戒、三摩耶戒。

【佛性不受罪】（雜語）頓悟入道要門論上曰、「問受罪衆生有佛性否。答、亦同佛性。問、既有佛性、正入地獄時、佛性同入否。答、不同入。問、正入之時、佛性復在何處。答、亦同入。問、既同入、正入時衆生受罪、佛性亦同受罪否。答、佛性雖隨衆生同入、是衆生自受罪苦。佛性元來不受。問、既同入因何不受。答、衆生者、是有相。有相者卽有成壞。佛性者是無相。無相者、卽是空性也。是故眞空之性、無有壞者。喻如有人於空積薪。薪自受壞、空不受壞也。空喻佛性、薪喻衆生、故云同入而不同受也。」

【佛性平等一乘】（雜語）五種一乘之一。說一切衆生皆有佛性、如涅槃經之敎也。

【佛使】（術語）如來之使者也。法華經法師品曰、「我滅度後能竊爲一人說法華經乃至一句當知是人卽如來使如來所遣行如來事」。

【佛使比丘迦旃延說法沒盡偈】（經名）一卷失譯有百二十章、記當來法滅之事。

【佛所行讚】（書名）五卷、馬鳴菩薩造、北涼曇無讖譯。以偈頌讚佛一代之所行。

【佛所護念】（雜語）以名大乘甚深之經典、護持憶念不濫開演者。法華經序品曰「爲諸菩薩說大乘經、名無量義。敎菩薩法佛所護念」。阿彌陀經曰「汝等衆生當信是稱讚不可思議功德一切諸佛所護念經」。

【佛舍】（雜語）佛堂也。

【佛舍利】（雜名）佛之遺骨也、見舍利條。

【佛事】（雜語）指凡諸佛之敎化、謂之佛事。觀無量壽經曰、「於肉髻上有一寶瓶、盛諸光明、普現佛事」。維摩經入不二法門品曰「於娑婆世界施作佛事」。同註「什曰佛事謂化衆生」。同菩薩品曰「諸佛威儀進止、諸所施爲、無非佛事」。同註「肇曰佛事者以有益爲事耳」。又害佛道謂之魔事、反之者助謂之佛事。放光般若經不和合品說魔事畢、曰「若有是善男子善女人、書持諷誦般若波羅蜜者、便具足五波羅蜜及薩云若、已當知是爲佛事」。（儀式）佛忌、祈禱、追福等之法會、謂之佛事。以是爲託事而開示佛法之所作故也。

【佛事門】（術語）禪林之語、敎道之方便、爲佛事門。又云莊嚴門。

【佛宗】（雜語）佛法之宗旨也。三論玄義曰「唯有佛宗乃盡其致」。

【佛具】（物名）花瓶、香爐等莊嚴佛壇之道具也。

【佛供】（雜語）香花燈明等奉佛之供物也。

【佛剎】（術語）Fudhakṣetra 剎者土之義、佛剎者佛土、佛國也。大乘義章十九曰、「剎是其天竺人語、此方無翻、蓋乃處處之別名也」。慧苑音義上曰、「剎具正云紇差怛羅、此曰土田也」。

【佛果】（術語）佛爲萬行之所成、故云佛果、能成之萬行爲因、而所成之萬德爲果也。隋煬帝文曰、「上求佛果」。

【佛物】（術語）三寶之供物、各異所屬、屬於佛之供物、謂之佛物。

【佛知見】（術語）了知照見諸法實相理之佛智慧也。是爲二智中一切種智之用、故就智體而云知、又爲五眼中佛眼之用、故就眼而云見。得此佛知見有開示悟入之次第、初於十住位斷一分之無明、得少分之知見、謂之開佛知見、乃至於十地終斷盡無明、知見圓明、謂之入佛知見。釋迦佛出世之一大事因緣、爲開示悟入此佛知見也。法華經方便品曰「諸佛世尊欲令衆生開佛知見使得清淨故出現於世欲示衆生佛之知見故出現於世欲令衆生悟佛知見故出現於世欲令衆生入佛知見道故出現於世」法華文句四曰、「佛以一切種智知佛以佛眼見開此智眼乃名佛知見」法華玄義九曰、「靈智寂照名佛知見。」

【佛昇忉利天爲母說法經】（經名）三卷西晉竺法護譯一夏三月佛昇忉利天爲母摩耶夫人說大乘法。

【佛垂般涅槃略說敎誡經】（經名）佛遺敎經之本名。

【佛界】（界名）十界之一。諸佛之境界也。梵網經上曰、「能轉魔界入佛界。佛界入魔界」又佛之國土也。

【佛星】（雜名）佛者弗沙、又爲富沙之訛略鬼宿名見補沙條。

【佛後普賢】（術語）已成佛後、更修利他敎化之菩薩行也。又證得佛果後遵普賢菩薩之德而修化益衆生之行也。

【佛祖】（術語）佛與祖師也、祖者依各宗而異。又佛卽祖也。

【佛祖通載】（書名）具名佛祖歷代通載二十二卷（或作三十六卷）元念常撰。所載釋氏故實上起七佛、下至順帝元統元年、編年紀載於佛敎之廢興、禪宗之授受、一一分明見四庫提要。

【佛祖統紀】（書名）五十四卷、宋志磐撰。天台一家之正史也。等不等觀雜錄四曰、「宋僧志磐所作佛祖統紀、收入大藏流傳已久予閱之覺其尊崇本宗實有違乎佛祖之本意也。夫瞿曇捨金輪王位而作沙門是棄世間之榮、而就山林之寂也。傳其道者。莫不皆然。而志磐立一派以爲正宗作本紀尊之爲帝王近支謂之旁出作世家尊之爲諸侯遠支作列傳等之於士大夫。佛祖世繫表內之祖十四祖以下、反同旁出。全是世俗知見。自迦葉受佛囑付而爲初祖、歷代傳衣至曹溪而止。此三十三代、皆從靈山會上一時印定法身大士應運而出主持正法也。今志磐以慧文大師遙宗龍樹一語、遂將後之十九祖判爲旁出。稍知佛法者斷不出此。近聞台家後裔欲續統紀自四明以下、立一正宗接至近代以本紀尊之。無知妄作至於如此。尙得謂之如來眞子乎」又曰、「其貶賢宗則曰有敎無觀其貶慈恩則曰立義疏闊自□□以降四明以還其中平平無奇者。亦尊爲正統」云云。

【佛乘】（術語）華嚴所立說一切衆生悉可成佛之道之敎法、謂之佛乘。此法不分二乘三乘等、說唯一成佛之法故又云一乘。華嚴法華所說之圓敎是也。法華經方便品曰、「如來但以一佛乘故、爲衆生說法。一又曰、「佛以方便力於一佛乘分別說三。」三藏法數三十二曰、「如來以一乘實相之法運諸衆生到涅槃彼岸故名佛乘。」法華玄義一曰、「大法東漸僧史所載誰有幾人不曾聽講自解佛乘者乎。」同釋籤一曰、「佛乘者卽是今典永異餘教不同三五七九等乘仍開會之使歸於一極故言佛乘。」又三乘之一三乘中之菩薩乘對於聲聞獨覺之二乘而云佛乘。以菩薩乘爲成佛之法故也。法華經譬喩品曰、「當說三乘聲聞辟支佛佛乘。(中畧)此三乘法皆是聖所稱嘆。」

【佛乘戒】(術語)志求佛果之人之戒律、梵網經所說之戒法是也大日經學處品曰、「所謂一道戒亦是佛乘戒以離無量見網、住一實相之道故。」

【佛記】(術語)佛之懸記。又佛之記別也。預言當來之事謂之懸記就弟子身上分別未來之果報謂之記別。

【佛骨】(雜語)佛之舍利也。佛祖統紀五十三曰、「唐高宗詔迎岐州法門寺護國眞身塔釋迦佛指骨至洛陽大內供養、皇后以金函九重命宣律師送還岐山。肅宗詔迎法門寺佛骨至禁中禮敬、傳至諸寺瞻禮、德宗詔迎法門寺佛骨入禁中禮敬、歷送京城十寺世傳三十年一開則歲豐人安韓愈上表諫、貶潮州、懿宗詔迎佛骨、三百里間車馬不絕、公私音樂儀衛之盛過於南郊。上降樓而拜。」

【佛家】(術語)佛之淨土也。觀無量壽經曰、「當坐道場生諸佛家。」觀經散善義曰、「卽入諸佛之家卽淨土是也。」又初地以上爲佛家。觀經慧遠疏曰、「不思議佛法是佛住處名爲佛家。初地已上入佛家中。依之趣行名生佛家。」

【佛迹】(雜名)佛之足跡也。

【佛海】(譬喩)佛界之廣大無邊如海也。探玄記三曰、「佛海者能化之佛非一如海謂遍一切處而轉法輪故。」梁武帝文曰、「同歸佛海。」

【佛桑花】(植物)花種不明。祖庭事苑曰、「幹葉如桑。花房如桐長寸餘似重臺逹其色淺紅故得佛桑之名。見酉陽雜俎。」

【佛涅槃忌】(行事)見涅槃會條。

【佛般泥洹經】(經名)二卷、西晉白法祖譯記佛入涅槃事與長阿含遊行經同本。

【佛頂印】(印相)畫佛頂髻之狀也。義釋十一曰、「佛頂印如佛頂髻形令頂高隆。」更有手印。

【佛頂咒】(眞言)又云楞嚴咒。首楞嚴經所說之白傘蓋佛頂咒也。

【佛頂面】(雜語)俗所謂無愛嬌之顏貌也。蓋以喩佛頂尊之面相、威嚴可畏也。

【佛頂業】(術語)又云一字業。台家五業之一。修習一字佛頂輪王法經軌之學業也。

【佛頂尊】（菩薩）胎藏界第三院之釋迦如來入轉輪王三摩地現統領四天下之輪王形以標幟佛智最勝之尊形故名佛頂尊頂者最勝之義智者是一切功德中最勝故云佛頂其部類有五佛頂三佛頂之別。

【五佛頂】（名數）五佛頂者在釋尊之左方表五智也大日經一曰、「救世釋師子聖尊之左方如來之五頂最初名白傘勝頂最勝頂衆德火光聚及與捨除頂是名五大頂大我之釋種應當依是處精進造衆相」一白傘佛頂又作白繖佛頂名曰白傘蓋佛頂輪王以白色傘蓋爲三昧耶形之佛頂尊也是爲以白淨大慈悲遍覆法界之標幟大日經疏五曰、「次於釋迦師子之南置如來五頂第一白傘佛頂」同義釋七曰、「此則如來衆相之頂以白淨大慈悲遍覆法界」秘藏記末曰、「白傘蓋佛頂黃色持蓮華。上有白傘蓋」調定圖曰、「黃色左手持蓮華上有傘蓋右手仰屈地水火風舒空坐赤蓮華」二勝佛頂又作殊勝佛頂以寶劍爲三昧耶形爲主殊勝大慧之尊故名爲勝佛頂大日經疏五曰、「第二誓耶譯爲勝頂」秘藏記末曰「勝佛頂黃色左手持蓮華上有寶劍圍火焰右手執未開蓮華」三最勝佛頂又云一字最勝佛頂輪王最勝金輪佛頂、轉輪王佛頂金輪佛頂。（此有釋迦金輪與大日金輪今乃釋迦金輪也）此尊主如來八相中轉法輪之德轉法輪之德無比無上故名爲最勝佛頂又擬法輪於世間之金輪、而以金輪爲三昧耶形故云金輪佛頂大日經疏五曰、「第三微誓耶此用多聲呼也譯爲最勝頂」秘藏記末曰「最勝佛頂亦名金輪佛頂黃色左手執蓮華上有金輪」四火聚佛頂又作光聚佛頂、放光佛頂、火光佛頂。此尊主以光明攝聚衆生之德故名。秘藏記作高佛頂大日經疏五曰「第四諦殊羅施譯云火聚頂」秘藏記末曰、「高佛頂黃色左手執蓮華上有如意寶」五捨除佛頂、又作除障佛頂摧碎佛頂除業佛頂除蓋障佛頂尊勝佛頂等主摧破一切煩惱之德大日經疏五曰、「第五微吉羅拏譯云捨除頂。是棄捨一切煩惱義亦是摧碎義也」此五佛爲表釋迦如來五智之最勝者無論何尊形皆作轉輪王之形也大日經疏五曰、「此是釋迦如來五智之頂於一切功德中猶如輪王具大勢力其狀皆作轉輪聖王形謂頂有肉髻形其上復有髮髻即是重髻也餘相貌皆如菩薩令極端嚴歡喜」同十六曰、「五佛頂其白繖佛頂以繖爲印勝佛頂以刀圍普最勝佛頂以輪爲印除障佛頂以鉤爲印。（摧碎）火聚佛頂畫佛頂髻形」梵 1Sitatapattra. 2Jaya. 3Vijaya. 4Tejorāśi. 5Vikirna

【三佛頂】（名數）在釋尊之右方表胎藏界三部之衆德而立三佛頂。大日經一曰、「於毫相之右復畫三佛頂。初名廣大頂。次名極廣大。及無邊音聲。皆應善安立。」一廣大佛頂、又作廣生佛頂、極廣生佛頂、黃色佛頂、高佛頂、大轉輪佛頂。秘藏記末曰、「大轉輪佛頂黃色。右手持蓮華。上有一股跋折羅。」二極廣大佛頂、又作發生佛頂、廣大發生佛頂、阿毘發生佛頂、發生一切佛頂、光聚佛頂。秘藏記末曰、「光聚佛頂黃色。左手持蓮華。上有寶。」三無邊音聲佛頂、又作無量音聲佛頂、無邊聲佛頂。秘藏記末曰、「無量音聲佛頂黃色。左手持蓮華。上有螺貝。」此三佛頂之形相如前之五佛頂、大日經疏五曰、「第一名廣大佛頂。第二名極廣大佛頂。第三名無邊音聲佛頂。其形相皆同五頂。是如來三部衆德之頂也。」

【八大佛頂】（名數）五佛頂與三佛頂也、胎藏界釋迦院釋迦之左圖五佛頂、以表五智、其右圖三佛頂以表三部、即八佛頂也。大日經疏五曰、「此八佛頂、皆剛身有光。光極廣厚以諸瓔珞嚴身。由如來本誓願力故。悉能滿足一切願也。」

【佛頂壇】（雜名）佛頂尊之壇場也。又佛頂者最勝之義、最勝至極之壇場謂之佛頂壇。又三部五部中佛部之壇場也。

【佛頂尊勝心】（眞言）尊勝佛頂尊之心咒也。尊勝陀羅尼經以「唵沒隆娑訶。」之三語為心咒、佛頂尊勝心儀軌以「阿鑁覽唅欠。」之五字為心咒、說有破地獄之功能。

【佛頂尊勝心儀軌】（經名）具名佛頂尊勝心破地獄轉業障出三界秘密三身佛果三種悉地眞言儀軌、一卷、唐善無畏譯。說尊勝佛頂之心咒。

【佛頂最勝陀羅尼經】（經名）一卷、唐地婆訶羅譯。尊勝陀羅尼經之第二譯也。

【佛頂尊勝陀羅尼經】（經名）前後通有五譯。見尊勝陀羅尼經條。

【佛頂光聚悉怛多般怛羅】（眞言）首楞嚴經所說大佛頂咒之名也。悉怛多般怛羅、譯曰白傘蓋。以譬大悲之光明遍覆法界。經七曰、「若有宿習不能滅除。汝教是人一心誦我佛頂光明摩訶薩怛多般怛羅無上神咒。斯是如來無見頂相無為心佛從頂發揮。坐寶蓮華所說心咒。」又曰、「佛頂光聚悉怛多般怛羅秘密伽陀微句出生十方一切諸佛。十方如來因此咒心得成無上正遍知覺。」

【佛頂尊勝陀羅尼念誦儀軌】（經名）二卷、唐善無畏譯。說尊勝陀羅尼之曼荼羅及念誦之規則。

【佛頂大白傘蓋陀羅尼經】（經名）

一卷、元沙囉巴譯。白傘佛頂尊之本經也。

【佛頂放無垢光明入普門觀察一切如來心陀羅尼經】（經名）二卷、趙宋施護譯。佛在覩史多天說法時、有忉利天之摩尼藏無垢天子、得炬口天藥叉警告七日後必死。惶怖求救於帝釋。帝釋伴彼見佛、佛爲說此呪與尊勝陀羅尼之緣起略同。

【佛眼】（術語）五眼之一。佛名覺者、覺者之眼、云佛眼。照了諸法實相之眼也。又別於前之四眼、四眼至佛則總名爲佛眼。無量壽經下曰「佛眼具足覺了法性。」同慧遠疏曰「前四是別。佛眼是總。」法華文句四曰、「一佛眼圓通。本勝兼劣。四眼入佛眼、皆名佛眼。」毘尼止持音義曰「謂具肉天慧法四眼之用。無不見知。如人見極遠處、佛見則爲至近。人見幽暗處、佛見則爲明顯。乃至無事不見無事不知無事不聞。見互用。無所思惟、一切皆見也。」

【佛眼供】（修法）佛眼尊之供養法。

【佛眼法】（修法）祈念佛眼尊之修法也。

【佛眼呪】（眞言）佛眼眞言也。

【佛眼尊】（菩薩）具云一切佛眼大金剛吉祥一切佛母、略云佛眼部母、又云佛眼佛母、更略云佛眼尊、又云佛母身、佛母尊。密教所立尊體之名。又名虛空佛。以虛空爲佛之異名也。密教之三部五部、各部有主部母。佛眼尊爲生佛部功德之母。故云佛母。又云部母、以具五眼、故云佛眼。秘藏記末曰、「佛部金輪佛頂爲主。虛空眼爲母。又云佛眼也。」同私鈔八曰「虛空眼即佛眼。故又云佛眼也。仁王經舊譯觀空品、新譯云觀如來品。是即證大空三昧名佛。故虛空即佛也。」

【三種佛眼】（名數）佛眼有三種。一、金剛薩埵所變之佛眼尊、瑜祇經說之。瑜祇經金剛吉祥大成就品曰、「時金剛薩埵對一切如來前。忽然現作一切佛母身。住大白蓮。身作白月暉。兩目微笑、二手住臍。如入奢摩他。從一切支分出生十凝誐沙俱胝佛。一一佛皆作禮敬本出生。於剎那間、一時化作一字頂輪王。皆執輪印。頂放光明。倨傲目視。現大神通、還來禮敬本所出生一切佛母。」二大日所變之佛眼尊、安置胎藏界遍智院者是也。大日經曰、「次於其北維。導師諸佛母。晃曜眞金色。縞素以爲衣。遍照如日光。正受住三昧。」大日經疏五曰、「次於大勤勇北至北維。置虛空眼。即毘盧遮那佛母也。」三釋迦所變之佛眼尊。胎藏界釋迦院所圖之能寂母是也。大日經疏五曰、「次於世尊北邊安置佛眼。亦是釋迦牟尼佛母。此方譯爲能寂母也。」此中常爲佛眼法而修之者、依瑜祇經所說金剛薩埵變身之佛眼尊也。

【儀軌】（雜名）瑜祇經金剛吉祥大成就品第九、大毘盧遮那佛眼修行儀軌。

【佛眼尊】（菩薩）佛眼部母、又佛眼佛母之略名。見佛眼條。

【佛眼眞言】（眞言）佛眼尊之陀羅尼也。出瑜祇經金剛吉祥大成就品。

【佛眼佛母】（菩薩）佛眼尊爲釋迦之佛母。故云佛母。見佛眼條。

【佛眼部母】（菩薩）佛眼尊爲佛部之母。故云部母。見佛眼條。

【佛眼明妃法】（修法）佛眼尊之修法也。佛眼尊爲佛母、故云明妃。大毘盧遮那佛眼修行儀軌有佛眼明妃之目。瑜祇經佛眼尊之所說有五大虛空藏之法。虛空藏爲明星之本地、而猪爲其使者、唐一行禪師有以七匹之豕閉於瓮中滅沒北斗七星之說。見一行傳。

【佛眼曼陀羅】（圖像）瑜祇經金剛吉祥大成就品曰、「大金剛吉祥佛母復說畫像曼拏羅法。取白淨素絹等於自身量圖畫之、凡一切瑜伽中像皆自坐等量畫之。於中應畫三層八葉蓮華、中畫我身、當我前一蓮華上畫一切佛頂輪王、手持八輪金剛寶輪、於此次右旋布七曜使者。次於第二華院當頂輪王前畫金剛薩埵。次於右旋畫八大菩薩、各執本幖幟。次於第三華院右旋畫各八大金剛明王。又於華院外四方面畫八大供養及四攝等使者、皆戴師子冠。是名畫像法曼拏羅亦如是」

【佛眼金輪五壇法】（修法）設五處壇場而祈念佛眼尊所變之金輪佛頂尊法也。金輪佛頂、有大日所變釋迦所變佛眼所變之三種、佛眼所變者、瑜祇經金剛吉祥大成就品所說。見佛眼尊條。

【佛部】（術語）胎藏界三部之一。又金剛界五部之一。總該曼荼羅諸尊中爲佛之形像之部屬而稱爲佛部。

【佛部眞言】（術語）諸佛所說之神咒也。

【佛部定印】（印相）三部定印之一。佛部之入定印也。見定印條。

【佛國】（術語）佛所住之國土、又佛所化之國土也。淨土固爲佛國、穢土就佛之所化、亦可云佛國。如娑婆世界爲釋迦如來之佛國。維摩經嘉祥疏一曰、「淨穢等土無非佛國。若言淨土但得淨不兼穢」大乘義章十九曰、「言佛國者、攝人之所目之爲國。約佛辨國。故名佛國」

【佛國記】（書名）宋釋法顯撰。法顯於晉義熙中自長安遊天竺、經三十餘國、還與天竺禪師參互辨定、以成是書。凡一卷。

【佛堂】（經名）安置佛之殿堂也。梵名設怛縛矩里。然直指稱佛者非宜、呼爲香堂。毘奈耶雜事二十六曰、「西方名佛所住堂爲健陀俱知。健陀是香。俱知是室。此是香室香臺香殿之義。不可親觸尊顏。故但喚其所住之處。卽如此方玉階陛下之類。然名爲佛堂佛殿者、斯乃不順西方之意也。」

【佛敎】（術語）佛之敎法也。

【佛華嚴三昧】（術語）見華嚴三昧條。

【佛爲海龍王說法印經】（經名）一卷、唐義淨譯。說無常、苦、無我、寂滅之四法印。

【佛爲年少比丘說正事經】（經名）一卷、西晉法炬譯。因上座比丘如法攝受年少比丘、佛讚嘆之。

【佛爲勝光天子說王法經】（經名）一卷、唐義淨譯。與勝軍王所問經同本。

【佛爲優塡王說王法正論經】（經名）一卷、唐不空譯。說帝王十種之過失、十種之功德、及五種之哀拔法、五種之愛樂法。

【佛爲黃竹園老婆羅門說學經】（經名）一卷、失譯。卽中阿含黃蘆園經之別譯。

【佛爲首迦長者說業報差別經】（經名）一卷、隋瞿曇法智譯。說善惡業報之差別。

【佛爲阿支羅迦葉自他作苦經】（經名）一卷、後漢安世高譯。佛爲阿支羅迦葉說苦非自作、非他作、非共作、非無因作、迦葉因而見諦得道。觸於牛而死入滅。

【佛爲娑伽羅龍王所說大乘法經】（經名）一卷、趙宋施護譯。與十善業道經同。

【佛智】（術語）佛陀之智慧也。梵云阿耨多羅三藐三菩提。Anuttarasamyaksambodhi 舊翻無上正等覺。又云薩般若 Sarvajña 舊譯一切種智。是佛智之別號也。其眞智正而無有過之者、故云無上正智。於法無有不知、故云一切種智。智度論四十六曰、「佛智慧有二種。一者無上正智、名阿耨多羅三藐三菩提。二者一切種智、名薩般若。」同八十五曰、「唯佛一人智慧名阿耨多羅三藐三菩提。」宗鏡錄三十三曰、「佛智者卽無障礙解脫智。此是果智。約圓明決斷爲智。」十住毘婆沙論十五曰、「佛智是一切功德住處。」法華經方便品曰、「諸佛智慧甚深無量。其智慧門難解難入。」

【二智】（名數）開佛智爲二種。曰如理智、如量智。曰根本智、後得智。曰眞智、俗智。曰實智、權智。曰一切智、一切種智。要之爲事理一雙相對。諸義相通。然華嚴宗多通用如理如量、法相宗通用根本後得、天台宗通用權智實智之目。見二字部二智條。

【四智】（名數）或開佛智爲四種。一大圓鏡智、二平等性智、三妙觀察智、四成所作智。是轉凡夫之第八識、第七識、第六識、及餘之五識、如其次第與成就之佛心相應之智慧也。

【五智】（名數）或開佛智爲五智。前四智加法界體性智之一。是密敎特有之說也。見五字部五智條。

【佛無差別】（術語）三無差別之一。

【佛無碍慧】（術語）稱如來之大空慧。大疏六曰「畢竟無相而具一切相故名大空。住此三昧者即是住佛無碍慧」見大空三昧條。

【佛跡】（雜名）佛之古跡也。又佛之足跡也。見佛足石條。

【佛圍陀】（雜語）Buddhaveda 佛之三藏。猶如婆羅門之圍陀經。故云佛圍陀。菩見律一曰「此沙門知佛圍陀」

【佛道無上誓願證】（術語）四弘誓願之一。誓證無上之佛道也。

【佛滅】（術語）佛之涅槃也。在凡夫曰死。於佛曰涅槃。譯曰滅。又譯滅度。滅煩惱度苦海之義也。法華經序品曰「佛此夜滅度。如薪盡火滅。」

【佛滅度】（術語）佛之滅度也。與佛滅同。

【佛滅度後棺歛葬送經】（經名）一卷。失譯。阿難請問荼毘之法。佛言應如轉輪聖王。又懸記千年後佛體顯神變之事。

【佛道】（術語）梵語菩提。新譯曰覺。舊翻曰道。道者通之義。佛智圓通無壅。故名之為道。道有三種。一聲聞之所得。二緣覺之所得。三佛之所得。今為佛所得之無上菩提。故云佛道。法華經序品曰「恒沙菩薩種種因緣而求佛道。」同方便品曰「是諸世尊。皆說一乘法。化無量衆生。令入於佛道。」同信解品曰「我等今者真是聲聞。以佛道聲令一切聞。」大乘義章十八曰「菩提胡語。此翻為道。果德圓通。名之為道。」又曰「菩提偏在果。故證成佛道。名得佛道。」嘉祥法華疏二曰「菩提云道。是無上正遍知果道也。」〔又〕因行名道。佛道者到於佛之萬行也。大乘義章十八曰「地論言道者是因。修行此道。能到聖處。名為聖道。」

【佛道聲聞】（術語）台家所立。五種聲聞中之大乘聲聞也。見聲聞條附錄。

【佛鉢】（物名）佛受用之食鉢也。雖有銅鐵等種種。而以石鉢為至重。見石鉢條。

【佛鉢印】（印相）釋迦印相之一。大日經密印品曰「住瑜伽座。持鉢相應。以定慧手俱在臍間。是名釋迦牟尼大鉢印。」同疏曰。「左手執袈裟兩角。仰臍前。右手重其上。」

【佛葬】（儀式）佛教之葬禮也。見葬法條。

【佛會】（雜名）佛菩薩聖衆之會處。即淨土也。般舟讚曰「一念之間入佛會。」

【佛經】（雜名）佛教之經典也。又佛像與經典也。

【佛經入中國】（故事）疑耀二曰。「世但知佛書自漢明帝時始入中國。不知秦之先。中國已有其書。隋經籍志曰。其書久矣流布。遭秦火之世。所以湮滅。又劉向列仙傳曰得仙者百四十六人。其七十二人巳在佛經。又漢哀帝元壽元年、博士弟子景盧、受大月氏王口傳浮屠經。此皆白馬未入中國之前也。況明帝時傳毅對帝所言。皆是佛書。使先此未有佛書。毅何從而得之。是明帝前。雖有其書。尚未盛行。自白馬既來之後。其說乃盛耳。」宋朝類苑曰「佛經之入中國、自竺法蘭摩騰二師、以後漢明帝時暨至白馬寺、首譯四十二章經。歷晉及十六國南北朝暨唐、皆有梵僧自五天竺來、及華人之善竺音者、迭相翻譯。訖開元錄、凡大小乘經律論聖賢集共五千四十八卷。至正元又別錄新經二百餘卷。元和之後。譯經遂廢。太宗太平興國初、有梵僧法賢法天施護三人自西域來、雅善華音、太宗宿受佛記、遂建譯經院於太平興國寺、訪得鳳翔釋清照深識西竺文字、因盡取國庫新貯西來梵夾、首令三梵僧詮擇未經翻者、各譯一卷、集兩街義學僧評議、論難鋒起。三梵僧以梵經華言對席讀、衆僧無以屈。譯事遂興。後募童子五十人、令習梵學、獨得惟淨者、乃江南李王之子、慧悟絕異、盡能通天竺文字。今上卽位、初陳恕建議、以爲費國家供億、願能之、上以先朝所留意、不許。訖今所譯新經論學、凡五百餘卷。自至道以後、多惟淨所翻也。大中祥符四年、譯衆上言、請如元正造錄、詔令潤文官參知政事趙安仁與翰林學士楊億同編修、凡爲二十卷。乃降賜太宗所作釋門文字、令編其名題入錄。安仁等及釋衆再上表請御製釋門文章、許之。六年三月、賜御製法音前集七卷、共論次其文理、以附於先皇之次、而冠於東土聖賢集之首。譯經院置潤文官、嘗以南北省官學士充、中使一人監院事、譯經常以梵僧、後令惟淨同譯經。梵學筆受二人、譯綴文二人、評議二人、皆選名德有義學僧爲之。」

【佛殿】（堂塔）奉安佛像之殿堂也、西竺謂之香殿。

【佛塔】（雜名）如來之塔婆也。

【佛話經】（經名）此經經錄不載。金剛仙論曰「佛在鐵圍外二界中間。說佛話經。」

【佛說】（術語）凡佛教之經典有五人之說者、佛說其一也。佛說者佛之金口自宣說法也。法華經藥草喩品曰、「如來是諸法之王。若有所說皆不虛也。」

【佛語】（雜語）佛之言語也。佛語法門經分別佛語非佛語之法門。金剛經曰、「如來是眞語者。實語者。不誑語者。不異語者。」

【三佛語】（名數）一隨自意語、佛隨順自意而說自己所證一實等法之語也。二隨他意語、佛一向隨順他機而說方便之法、引導衆生之語也。三隨自他意語、佛爲衆生說法半隨自證之意半隨他機之意之語也。涅槃經三十五曰「如我所說十二部經或隨自意說或隨他意說或隨自他意說」。

【佛語心】（術語）佛所說之如來藏心也。楞伽經一部之所明者以如來藏心爲宗。故經之品名名爲佛語心品。楞伽經註解一曰「佛語心者卽諸佛所說心法也。」宗鏡錄五十七曰「楞伽經云佛語心爲宗無門爲法門。」檢三部之楞伽經不見此文。

【佛語經】（經名）佛語法門經之略名。

【佛語法門經】（經名）一卷、元魏菩提留支譯。對於龍威德上王菩薩分別是佛語是非佛語之法門。

【佛馱什】（人名）Buddhajiva 又作佛陀什。三藏法師名。譯曰覺壽。見梁僧傳三。

【佛馱耶】（雜語）Buddhaya 譯曰覺者。演密鈔二曰「耶者假者。卽目覺者。」

【佛馱笈多】（人名）Buddhagupta 三藏法師名。譯曰覺密。見續高僧傳二。

【佛馱斯那】（人名）Euddh sena 三藏法師名。譯曰覺將。見開元錄三。

【佛種】（術語）生佛果之種子也。菩薩之所行名佛種。舊華嚴經三十二曰「下佛種子於衆生田生正覺芽」。法華經方便品曰「佛種從緣生。是故說一乘。」探玄記十一曰「菩薩所行名爲佛種」。維摩經佛道品曰「以要言之六十二見及一切煩惱皆是佛種」。同註「肇曰塵勞衆生卽成佛道。更無異人之成佛。故是佛種也。」

【佛種姓】（術語）佛之種族也。名繼紹佛道者。維摩經佛道品曰「示入下賤而生佛種姓中。具諸功德」。同註「什曰佛種姓卽是無生忍。肇曰得無生忍必繼佛種。名生佛種姓中也。」無量壽經上曰「護佛種性常使不絕。」同淨影疏曰「法界諸度是佛種姓。」

【佛壽】（雜語）佛之壽命也。釋迦佛化身之壽命限於八十。報身之壽命則爲無量。如法華經壽量品所說。

【佛圖澄】（人名）Buddhacinga 天竺人。故云竺佛圖澄。佛圖澄者梵語也。無翻名。晉懷帝永嘉四年來洛陽。現種種神異以弘大法。梁高僧傳九（佛圖澄章）曰「澄或言佛圖磴。或言佛圖橙。或言佛圖蹬。皆取梵音

【佛境】（術語）佛之境界也。華嚴經二曰「諸佛境界不思議。一切法界皆周遍。」中阿含經十三曰「我今獲此義得入佛境界。」

【佛境界莊嚴三昧】（術語）普賢菩薩之三昧也。大疏十謂佛境界是諸佛自證眞實境界。非聲聞等所能及。如法華方便品中所說。莊嚴者卽是如來自證體有無量德

自莊嚴云。義釋七謂此佛境界、卽是諸佛自證不思議平等心地之莊嚴、謂從大悲胎藏曼陀羅、普現色身、徧滿虛空法界、一時行菩薩行、莊嚴種種佛刹、成就一切衆生、隨起一種善根、皆具萬德、故名爲普賢菩薩、普賢卽是大日之圓因、而佛是圓因之果也。

【佛嗚】（人名）梵音 Buddhaghoṣa 中印度摩伽陀人、紀元五世紀頃、渡航錫崙、閱讀大寺之藏經、往昔阿育王派遣布教師於各地時、摩哂陀傳至此島之三藏尚存、新再翻爲巴利語、於是施註釋。彼又爲其翻譯、至緬甸、傳將來佛典。錫崙之佛徒、服其學德、以爲彌勒再來、尊崇之極深。

【佛閣】（堂塔）佛寺、佛堂、伽藍也。

【佛像】（圖像）佛之眞影也、通雕像鑄像畫像而言、佛使優塡王始造之、爲住持之佛寶、使在世滅後之四衆、以眞身之想而信敬之。大乘造像功德經、佛說作佛形像經、佛說造立形像福報經、造塔功德經、佛說造塔延命功德經等、皆詳說造像之功德。圓覺經曰「若復滅後施設形像、心存目想、生正憶念、還同如來常住之日。」釋氏要覽中曰「宣律師云、造像梵相、宋齊間皆脣厚鼻隆、目長頤豐、挺然丈夫之相。自唐以來、筆工皆端嚴柔弱、似妓女之貌、故今人誇宮娃如菩薩也。」

【雕像之始】（故事）增一阿含經二十八曰「佛一夏昇忉利天爲母說法、拘翼國優塡王思念佛、以旃檀造如來像高五尺。」西域記五曰「鄔陀延王（卽優塡王）請尊者沒特伽羅子（卽目連）以神通力接工人上天宮、親觀妙相、雕刻旃檀、如來自天宮還也、刻檀之像、起迎世尊、世尊慰曰、教化勞耶、開導末世、實此爲冀。」

【鑄像之始】（故事）增一阿含經二十八曰「波斯匿王聞優塡王彫像、乃以紫磨黃金造佛像、亦高五尺、時閻浮提內始有二像。」根本說一切有部尼陀那目得迦五曰「若佛世尊自居衆首爲上座、便有威肅、衆皆嚴整、世尊不在、卽無上事、是時給孤獨長者來至佛所、禮雙足已、退坐一面、白佛言、我今欲造贍部影像、唯願聽許、佛言應作、欲安旛蓋、佛言隨意。」

【畫像之始】（故事）大唐內典錄一曰「漢秦景使還、於月支國得優塡王旃檀像師第四畫像樣、來至洛陽、帝勅圖之於西陽城門及顯節陵上供養、自爾素丹流演於今。」（第四畫像之事詳瑞像部）

【佛誕生會】（行事）又云灌佛會、亦云降誕會、以佛生日卽四月八日、行灌佛之式也。

【佛慧】（術語）諸佛平等之大慧、卽一切種智、無上正覺也。法華經方便品曰「如來所以出、爲說佛慧故。」無量壽經下曰、

「佛慧無邊際」維摩經菩薩品曰、「趣向佛慧起於宴坐」

【佛慧初心】（術語）又云初法明道。亦曰入淨菩提心門眞言行者初入於初地之位也。大疏二曰、「更越百六十心等一重極細妄執得至佛慧初心故云三阿僧祇劫成佛也」

【佛髮】（雜語）釋迦牟尼之頭髮也。梁書扶南國傳曰、「三年八月高祖改造阿育王寺塔出舊塔下舍利及佛爪髮髮青紺色衆僧以手伸之隨手長短放之則旋屈爲蠡形」僧伽經曰、「佛髮青而細猶如藕莖絲」佛三昧經曰、「我昔在宮沐頭以尺量髮長一丈二尺放巳右旋還成蠡文」案觀僧伽佛三昧二經則梁高祖所出舊塔下之髮非誣說也。

【佛德】（術語）如來所具之功德也。俱舍論二十七曰、「佛德者諸有智者思惟如來三種圓德深生愛敬其三者何一因圓德二果圓德三恩圓德」

【佛磔手】（術語）磔音窄。磔者張也。律攝曰、「佛張手者中人三張手謂佛一張手當一肘半也」五分律曰「修伽陀磔手者方二尺」修伽陀此云善逝是佛十號之一號也尺者度也周制寸尺唐即於周一寸上增二分。一尺上增二寸。蓋周尺一尺唐是八寸五分言二尺即唐尺一尺六寸方與中人三張手相當也

【佛樹】（雜語）菩提樹也。佛成佛於此樹下故云佛樹亦云道樹菩提樹維摩經佛國品曰、「始在佛樹力降魔」無量壽經上曰「受施草敷佛樹下」輔行一曰、「佛樹者亦曰元吉樹亦曰道樹菩提樹等從此得道等故。

【佛樹王】（譬喩）譬菩提心萌芽發生遂成佛果而託云佛樹王也大日經疏五曰、「下菩提心種子於一切智心地中潤以大悲水照以大慧日鼓以大方便風不礙以大空空能令不思議法性芽次第滋長乃至彌滿法界成佛樹王」

【佛器】（物命）盛供佛米飯之器具也。

【佛頭著糞】（雜語）傳燈錄崔相公入寺見鳥雀於佛頭上放糞乃問師曰、鳥雀還有佛性也無師曰、有崔云、爲什麼向佛頭上放糞師曰是伊爲什麼不向鷂子頭上放。

【佛遺敎經】（經名）佛垂般涅槃略說敎誡經之略名眞西山氏謂遺敎經爲瞿曇氏最後敎弟子之語以端心正念爲首而深言持戒爲禪定智慧之本本經各家之論註如下。佛遺敎經論疏節要一卷天親菩薩論宋智圓疏宋淨源節要明袾宏補註遺敎經論住法記一卷宋元照述遺敎經論記三卷宋觀復述佛遺敎經補註一卷明守遂註、

丁童補註。佛遺教經解一卷、明智旭述。遺教經指南一卷、明道霈述。佛遺教經箋註、丁福保注。

【佛壇】（雜名）祭佛之壇場也。俗家之居室、或寺院之方丈所設之佛龕、謂之佛壇。

【佛檀】（雜語）檀者布施也。布施有二種、法施清淨、近於佛道、謂之佛檀。反之謂之魔檀。智度論十二曰、「檀有二種。一者魔檀二者佛檀。」

【佛臨般涅槃經】（經名）佛垂般涅槃略說教誡經之略名。

【佛臨涅槃記法住經】（經名）一卷、唐玄奘譯。佛臨涅槃懸記滅後初百年乃至第十百年之事。

【佛藏】（術語）八藏之一、佛所說之大乘經、明一切諸佛所說之法、及佛神通變現利導衆生之事等者。因總稱一切之佛說。仁王經中曰、「恒沙佛藏一念了。」

【佛藏經】（經名）四卷、秦羅什譯。說三念之法及淨戒淨法等、屬於戒律部。

【佛醫經】（經名）一卷、吳竺律炎譯。說人身中四大得病之因緣、及九橫四飯多食等之五罪。

【佛醫王經】（經名）佛醫經之異名。

【佛隴】（人名）唐天台山西南隅有一峰名佛隴。故稱天台之智者大師、亦曰佛隴。釋門正統三曰、「及佛隴一出。則南北風靡。」大部補註一曰、「天台山西南隅一峰名爲佛隴。遊其山者多見佛像。是故云也。」

【佛願】（術語）佛之誓願也。

【佛願生起本末】（術語）彌陀本願之謂也。生起者生即起、謂佛願之因之起源。彌陀於因位之昔、見苦惱之衆生、以大悲心起願行。故佛願之生起、爲衆生流轉之苦相也。本者、因位之本願修行、末者、果上之名號也。或云本者、第十八願、末者、餘四十七願也、又云本者、眞實之第十八願、末者、方便之十九、二十願也。

【佛寶】（術語）三寶之一。佛者覺之義。能自覺、又使他覺、自他之覺行窮滿者名曰佛。佛是爲世之眞寶、故稱佛寶。佛寶有同體、別相、住持、大乘、小乘等之別。見三寶條。

【佛覺三昧】（術語）依佛之加被而覺力如佛之三昧也、阿難得此三昧。法華文句一曰、「舊解云。阿難得佛覺三昧力。自能聞。」同記曰、「言佛覺者。只是佛加覺力如佛。故名佛覺。」往生要集中本曰、「應念願介我得佛覺三昧。」大部補註四曰、「準淨名疏云。舍利弗問經說。阿難修不忘禪。得佛覺三昧。以三昧力自能聞也。」

【佛魔】（雜語）佛陀與惡魔也。梵網經上曰、「轉魔界入佛界。佛界入魔界。」

【佛臘日】（雜語）七月十五日之夏

滿日名佛臘日。臘者歲末之稱、佛家以一夏九旬安居之竟爲歲末、故此日謂爲佛之臘日。僧史略下曰「所言臘者、經律中以七月十六日是比丘五分法身生來之歲首、則七月十五日是臘除也。比丘出俗、不以俗生爲計、乃數夏臘耳。經律又謂十五日爲佛臘日也」。臘或作蠟。見戒蠟條。

【佛攝相應經觀自在儀軌】（書名）一切佛攝相應大敎王經聖觀自在菩薩念誦儀軌之略名。

【佛龕】（雜名）佛寺也。鷄林志、龜山有佛龕林木益邃。傳云羅漢三藏行化至此。俗亦謂供佛之小室曰佛龕。見厨子條。

【佛歡喜日】（雜語）七月十五日之異名也。以此日比丘安居結了、爲諸佛歡喜之日故也。盂蘭盆經曰「於七月十五日佛歡喜日僧自恣日、以百味飮食安盂蘭盆中、施十方自恣僧」。

【佛體色性率都婆】（雜語）密敎之法、以率都婆爲大日如來之三昧耶形、故云佛體。是爲四大所成之法、故云色性。

【佛讚】（儀式）法會諷誦之讚文也。漢語之讚文、出於蘇悉地經。

【伽】（術語）घ gha 悉曇體文三十五字中牙聲第四、五十字門之一。大日經曰、「伽（去引）字門一切法一合不可得故」。文殊問經曰、「稱伽字時、是摧稠密無明闇冥聲」。莊嚴經曰、「唱伽字時、出除滅一切無明黑闇厚重翳膜聲」。此由 Ghaṭana（合）及 Ghana（稠密）之語釋之也。図ग ga 悉曇五十字門之一、四十二字門之一。又作誐、哦、我、嚧、仰、蘖、竭等。詳見誐條。

【伽尼】（飮食）譯曰石蜜。善見律十八曰、「廣州土境有黑石蜜者、是甘蔗糖、堅强如石、是名石蜜。伽尼者此是蜜也」。

【伽他】（雜名）譯曰頌。見伽陀條。

【伽那】（雜語）Gaṇa 譯曰密合。大日經疏七曰、「梵云伽那是密合義、如衆微相合成一細塵、諸蘊相合成一身等」。図譯曰厚。智度論四十八曰、「若聞伽字、即知諸法不厚不薄。伽那秦言厚」。Ghana

【伽那提婆】（人名）Kaṇadeva 見提婆條。

【伽那馥力刃】（人名）龍樹菩薩之梵名。見那伽閼剌樹那條。

【伽那那伽尼多】（雜名）Gaṇanaganita 數名。本行集經十二曰、「百三薹多羅婆名伽那那伽尼多。隋數十秭」。

【伽那那跋多書】（雜名）六十四書之一。譯曰算轉。見本行集經十一。

【伽伽那必利綺那】（書名）見次項。

【伽伽那卑麗叉尼】（書名）Gaganapreksaṇa 又作伽伽那必利綺那。譯曰觀虛空。本行集經十一曰、「伽伽那卑麗叉尼書」。

隋言觀虛空。」可洪音義五上曰、「伽伽那必利綺那。唐云觀虛空。」

【伽車提】（雜語）Gacchati 譯曰去。智度論四十七曰、「若聞車字。卽知一切法無所去。伽車提秦言去。」

【伽陀】（飮食）Agada 阿伽陀之略。藥名。六十華嚴經十曰、「譬如伽陀藥。消滅一切毒。」探玄記六曰「伽陀此云良藥。」參照何伽陀條。

【伽陀】（術語）Gāthā 又作伽他。譯曰句頌、孤起頌、不重頌。凡伽陀有二種、一通、不論頌文與散文（長行）凡經文之文字數至三十二字者、謂之爲首盧伽陀。Śloka 二別、必以四句而文義具備者、不問三言乃至八言等、必要四句、是謂之結句伽陀。伽陀有此通別二種、因而通之伽陀、單譯爲句、別之伽陀、譯爲頌。次結句伽陀之中又有二種、一單獨結句以演法義、又讚嘆佛德者、於十二部經中稱之爲伽陀、譯爲孤起頌、或不重頌。二前說之散文經義重結於伽陀者、於十二部經中稱之爲祇夜、Geya 謂爲應頌、或重頌。故伽陀之言、有二重之通別。嘉祥法華義疏三曰、「偈有二種。一首盧偈。凡三十二字。蓋是外國數經之法。數經之法者。莫問長行與偈。但具三十二字。便名一首盧偈也。」淨土論註曰、「偈是句數義。」（此首盧伽陀之釋。）法華玄贊二曰、「梵云伽陀。此翻爲頌。頌者美也。歌也。頌中文句極美麗故。歌頌之故。訛略云偈。」西域記三曰、「舊曰偈。梵文略也。或曰偈陀。梵音訛也。今從正音。宜云伽陀。伽陀唐言頌。頌三十二言也。」玄應音義二十三曰、「伽陀此方當頌。或言攝。言諸聖人所作。不問重頌字之多少。四句爲頌者。皆名伽陀。案西國數經之法。皆以三十二字。爲一伽陀。或言伽他。訛也。舊言偈者。亦伽陀之訛也。」（已上結句伽陀之總釋。）大乘義章一曰、「伽陀此翻名爲不重頌偈。直以偈言顯示諸法。故名伽陀。」玄義一下曰、「孤起偈說世界陰入等事。是名伽陀。」同六上曰、「伽陀者一切四言五言七九等偈。不重頌者。皆名伽陀也。」法華玄論六之一曰、「伽陀此云不重頌。亦畧云偈耳。四句爲頌。如此間詩頌也。」（已上結句伽陀之別釋。）

【四種伽陀】（名數）一、八字一句之四句偈。名阿莵吒闡提。Anustubh-chandas 二、六字一句之四句偈、名初偈。謂之處中偈。三、二十六字一句之四句偈、名摩羅、Māla 謂之後偈。四、以六字以下爲句之四句偈、謂之周利偈。Śri 參照阿莵吒闡提條。

【伽邪】（術語）卽伽耶。見次項。

【伽耶】（術語）Kāya 譯曰身。名義集六曰、「梵有四名。一伽耶。二設利羅。三弟訶。四應伽。此云積集。」図 Gaya 譯曰象。本行集經十二曰、「伽耶隋言象王仙名也。」名義集二曰、「伽耶。或那伽。（Nāga）或那先。」

此云象。」

【伽耶山】（地名）新稱羯闍尸利沙。山舊稱伽耶山、伽闍山、伽種山等。譯曰象頭山。有二處、一在靈鷲山附近、一在菩提道場附近。見羯闍尸利沙條。西域記八、記近於菩提道場之伽耶山曰、「城西南五六里至伽耶山。谿谷杳冥。峯巖危險。印度國俗。稱曰靈山。自昔君王。馭宇承統。化洽遠人。德隆前代。莫不登封而告成功。」Gajaśirśa

【伽耶城】（地名）西域記八曰、「渡尼連禪河至伽耶城。甚險固。少居人。唯婆羅門有千餘家。大仙人祚胤也。」出城東南行、三里、大道坦坦、直至菩提道場。法華經涌出品曰、「如來爲太子時。出於釋宮。去伽耶城不遠。坐於道場。得成阿耨多羅三藐三菩提。」成菩提之地、通常稱爲佛陀伽那 Buddha-gayā 之地也。城名與正覺道場皆呼伽耶。

【伽耶山頂經】（經名）有二經。一秦羅什譯之文殊師利問菩提經、一卷又名伽耶山頂經。一元魏之菩提留支譯之伽耶山頂經、一卷。此二本、與隋毘尼多流支譯之佛說象頭精舍經一卷、唐菩提流志譯之大乘伽耶山頂經一卷、合爲四譯。同本。佛初成道在伽耶山時、最初文殊菩薩問佛發菩提心之深義、次應諸天子等交相請問、而文殊自答種種之菩薩道者。

【伽耶山頂經論】（書名）文殊師利菩薩問菩提經論之異名。天親作。

【伽耶迦葉】（人名）Gayākāśyapa 又作竭夷迦葉、伽耶迦葉、伽耶迦葉簸。羅漢名。伽耶、譯曰象城。三迦葉之一。光宅之法華疏一曰、「伽耶迦葉者。昔日亦是外道。其人事火。領五百徒衆。住在伽耶城中。如來往化。即捨邪從正。得羅漢道。仍以本所住城爲名也。」文句一下曰、「伽耶亦竭夷。亦象此翻城。家在王舍城南七由旬。」名義集一曰、「孤山云。伽耶山名。即象頭山也。文句翻城。近此山故。」不思議境界經上曰、「伽耶迦葉簸。」見伽葉條附錄。

【伽胝】（衣服）Saṁghāṭi 僧伽胝之略。袈裟名。自九條至二十五條之袈裟也。可洪音義一曰、「胝丁尼反。袈裟名也。舊譯云僧伽梨。此云複衣。從九條已上至二十五條。皆名僧伽胝。」

【伽若耶】（人名）譯曰瞎眼女人名。見開宗記四本。Kāṇeyā

【伽毘羅】（神名）神名。見迦毘羅條。

【伽破訶羅】（異類）夜叉名。譯曰食孕。見孔雀王咒經上。Garbha-āhāra

【伽梵】（雜語）婆伽梵 Bhagavat 之略。佛之尊稱。

【伽梵達摩】（人名）Bhagavaddharma 譯曰尊法。比丘。開元錄八曰、「沙門伽梵達摩。唐云尊法。印度人也。譯千手千眼大悲心經一卷。」

【伽梵波提】（人名）比丘名。見伽傍簸帝條。

【伽梨】（衣服）僧伽梨之略。

【伽傍簸帝】（人名）Gavāmpati 又作伽梵波提、憍梵波提。譯曰牛主。羅漢名。不思議境界經上曰、「伽傍簸帝隋云牛主。舊名憍梵波提者。」阿育王經六曰、「伽梵波提。翻牛主。」見憍梵波提條。

【伽隣】（地名）竹園名。見迦蘭陀條附錄。

【伽樓羅】（動物）鳥名。見迦樓羅條。

【伽彌尼】（人名）巴 Gamini 天子名。

【伽彌尼經】（經名）佛為伽彌尼天子說黑白之果報、如石與油、一沈一浮。攝於中阿含三。

【伽闍】（地名）山名。見伽耶條。

【伽憊】（術語）詳云路伽憊、Loka-vit 譯曰世間解。如來十號之一。見玄應音義三。

【伽藍】（術語）僧伽藍摩 Saṁgh-ārāma 之畧。譯曰衆園。為僧衆所住之園庭、寺院之通稱也。見僧伽藍摩條。

【伽藍神】（神名）護衛伽藍之神。佛說有十八神。釋氏要覽上曰、「七佛經云。有十八神。護伽藍。（一）美音。（二）梵音。（三）天鼓。（四）歎妙。（五）歎美。（六）摩妙。（七）雷音。（八）師子。（九）妙歎。（十）梵響。（十一）人音。（十二）佛奴。（十三）頌德。（十四）廣目。（十五）妙眼。（十六）徹聽。（十七）徹視。（十八）遍視。」伽藍神。又單云伽藍。敕修清規念誦曰、「伽藍土地護法護人。」同沙彌得度曰、「伽藍土地。增益威光。護法護人。無諸難事。」或有寺院以漢將關羽為伽藍神者。

【伽藍堂】（雜語）寺內空虛之室、俗謂之伽藍堂。

【伽藍鳥】（動物）水鳥、鵜之大者。咽有袋、能貯水一升。

【伽藍經】（經名）佛為伽藍國衆人戒十惡、說慈悲喜捨之四安穩處。攝於中阿含三。

【伽羅】（植物）Tagara 多伽羅之畧。香木名。因黑沈香。谷響集七曰、「伽羅翻黑。經所謂黑沈香是矣。蓋昔蠻商傳天竺語耶。今名奇南香也。華嚴經云。菩提心者。如黑沈香。能熏法界。悉周遍故。又虛空藏經云。燒衆名器堅黑沈水。」玄應音義一曰、「多伽羅香。此云根香。」慧琳音義三曰、「多揭羅。香名也。正云藥囉。即零陵香也。」

【伽羅樹】（植物）陀羅尼集經十一曰、「欲除家內一切災禍。取伽羅樹枝。若無此木。取石榴枝。寸截塗酥酪蜜。咒之一徧。著火中。」案此為多伽羅之略稱也。

【伽羅陀】（術語）菩薩之位名。譯曰度邊地。羅什譯之仁王經下曰、「以六阿僧祇劫集無量明波羅蜜故入伽羅陀位。無相行。受持一切法」吉藏疏五曰「入伽羅陀者。此云度邊地也」又（地名）Kharādiya 伽羅陀又作佉羅陀、佉羅帝耶、佉羅提耶山。譯曰驟林山。十寶山之一。又七金山之一。佛在此山說地藏十輪經。因而爲地藏菩薩之住處。玄應音義二十一曰、「佉羅帝耶山。或云佉羅提耶山。或云佉羅帝山。皆一也。此云驟林山」慧琳音義十八曰、「佉羅帝耶山。上羌伽反。梵語山名也。或譯爲驟林山。十寶山之一山也。亦是七金山之一數。接近須彌。高四萬踰繕那。光味仙人居住此山。習驢脣仙所傳玄象列宿法」。地藏十輪經一曰、「一時薄迦梵在佉羅帝耶山諸牟尼仙所依住處」延命地藏經曰「一時佛在佉羅陀山」。

【伽羅夜叉】（異類）智度論六十四曰、「伽羅夜叉以拳打舍利弗頭。舍利弗時入滅盡定。不覺打痛」是行般若者、非人不能害之證也。梵 Kalaka

【伽蘭他】（雜語）譯曰結節。教文之一結一節也。婆藪槃豆法師傳曰、「伽蘭他。譯爲結。亦曰節。謂義類各相結屬故曰結。又攝義令不散故云結。義類各有分限故云節。」Grantha

【位不退】（術語）三不退、又四不退之一。菩薩十住以上無再退墮於下凡而流轉於惡道也。

【位妙】（術語）十妙之一。

【位頭】（職位）禪林之稱。在於秉位之最上者。

【位牌】（物名）死者之影像爲之神主。記官位姓名。謂之位牌。本始於儒禮。位牌又稱神牌、神板、靈牌、主牌等。宋代禪家用之。位牌之位、非靈牌中陰之義。爲尊敬之、故屬僧俗而書其位也。朱子語錄曰、「主牌荀勗禮。據隋煬帝所編禮書。有一篇荀勗禮乃是。云闊四寸。厚五分。八分大書某人神坐。不然只小楷書亦得」。經濟錄六曰、祭先祖父母有神主。有神牌。神主者亡者之正體、與影像同義。神牌者記亡者神靈所居禮也。雖爲木作之物、而其義有別。其制不同。神主書某之神主、神牌書某之神位、故神牌亦云神板。今世之所謂位牌者是也。

【住心】（術語）行者安住於道之心相也。日本眞言宗空海、依大日住心品而立眞言之十住心。見十住心條。

【住心品】（書名）入眞言門住心品之略。大日經品名。明眞言行者之心相。

【住正定聚願】（術語）阿彌陀佛四十八願中之第十一。使極樂往生人皆住於正定聚位之願也。無量壽經上曰「設我得佛國中人天不住定聚必至滅度者。不取正覺。」

【住地】（術語）以名生法之根本體、住者所住地者所生之義也。一切之煩惱分類爲五住地勝鬘寶窟中末曰「言地者本爲末依名之爲住本能生末目之爲地。」

【住位】（術語）菩薩階位中信位之次名住位中分十位稱十住四敎儀四曰、「此十通名住者會理之心名之爲住。」

【住劫】（術語）四中劫之一。謂自成劫至壞劫間此界有情住之一期也。其間有二十增減人壽自八萬四千歲百歲減一歲、而至十歲爲一減自十歲更每百年增一歲、而至八萬四千歲爲一增。

【住定見佛願】（術語）阿彌陀佛四十八願中第四十五願、使他方之菩薩得於定中見佛之願也。無量壽經上曰、「設我得佛他方國土諸菩薩衆聞我名字。皆悉逮得普等三昧住是三昧至於成佛。常見無量不可思議一切諸佛。若不爾者不取正覺。」

【住定菩薩】（術語）菩薩既終三大阿僧祇劫之行、尙修百大劫間可感三十二相妙果之福業其百大劫之間謂之住定。住定者居住於六種之決定也。一定生於善趣、二定生於貴家、三定六根具足、四定生爲男子、五定得宿命通、六定所作之善事堅固而不退屈殺害此菩薩一者則犯類似之五逆罪也。見俱舍論十八。

【住定供佛願】（術語）阿彌陀佛四十八願中之第四十二願使他方國土菩薩衆皆住於三昧得供養十方諸佛之願也。無量壽經上曰、「設我得佛他方國土諸菩薩衆聞我名字。皆悉逮得清淨解脫三昧住是三昧一發意頃供養無量不可思議諸佛世尊而不失定意。若不爾者不取正覺。」定中得供佛是定散並行也。

【住果】（術語）聲聞緣覺之聖者、各安住於所得之證果、不更進求勝道也。俱舍論二十三曰、「住果者乃至未起勝果道時但名住果。」法華玄義五曰、「住果聲聞猶在草庵。」

【住果羅漢】（術語）聲聞乘之人、得涅槃果、安住於其果、無更進求佛道之心、謂之住果羅漢。羅漢者、聲聞乘極果之名也

【住果緣覺】（術語）緣覺乘之人得涅槃果、而安住之無更希佛陀妙果之心、謂之住果緣覺。此住果之二乘、更能發心而至佛果否、是佛敎上大問題也。小乘及大乘中法相三論之權家、不許彼等發心成佛、華嚴天台等之實家則許之、台宗二百題四有住果聲聞住果緣覺之論目、而問答此義。

【住法羅漢】（術語）六種羅漢之一。中根之羅漢止住於所證之法不退不進者。

【住持】（術語）安住於世而保持法

也。圓覺經曰、「一切如來光嚴住持」毘婆沙論曰「佛力住持卽入大乘正定之聚」淨土論曰「正覺阿彌陀法王善住持」図（雜名）一寺之主僧名住持此由禪門起敕修清規住持章曰、「佛敎入中國四百餘年而達磨至又八傳而至百丈唯以道相授受或巖居穴居或依律等未有住持之名百丈以禪宗寖盛上而君相王公下而儒老百氏皆嚮風問道有徒字蕃非崇其位則師法不嚴始奉其師爲住持而尊之曰長老如天竺之稱舍利須菩提以齒德俱尊也」禪苑清規尊宿住持曰、「代佛揚化表異知事故云傳法各處一方續佛慧命斯曰住持初轉法輪名爲出世師承有據乃號傳燈」

【住持三寶】（術語）六種三寶之一。久住於世保持佛法之三寶也。木佛畫像住持之佛寶也、住持三藏經典之法寶也、剃髮染衣之比丘僧住持之僧寶也。見義林章六本。

【住持佛】（術語）行境十佛之一。如來涉於十方三世而住持佛法故有此名

【住持成就門】（術語）大日如來出生北方金剛拳菩薩之三摩地也。出生義曰、「自一切如來住持成就門而生金剛拳」

【住相】（術語）四相之一。使法體於現在暫時安住、各行自果者。俱舍光記五曰、「至現在巳住令彼用暫時安住各引自果故爲住若無住相諸法暫住應更不能引自果」

【住前信相菩薩】（術語）四十一位說十住位之前、卽十信位之入也。此人雖呼爲菩薩而尚未達眞菩薩位、故亦稱假名菩薩或名字菩薩。

【住無住處】（術語）頓悟入道要門論上曰、「問心住何處卽住。答住無住處卽住。問云何是無住處。答不住一切處卽是住無住處。云何是不住一切處。答、不住一切處者、不住善惡有無內外中間、不住空亦不住不空不住定亦不住不定即是不住一切處。只個不住一切處、卽是住處也。」

【住無戲論菩薩】（菩薩）胎藏界曼茶羅金剛手院中行第七位。主阿閦之斷德。斷滅妄想戲論與十九執金剛中住無戲論金剛本誓同。梵號鉢羅波制尾賀哩密號無量語金剛肉色左手獨股右手如胎拳豎小指立右膝、坐赤蓮花

【住無戲論金剛】（菩薩）十九金剛之一

【住僧】（雜名）住居於寺院中之僧徒也。

【似心】（術語）依他之心法、似有非有謂之似心。秘藏寶鑰下曰、「思惟陀那深細專住幻焰似心」

【似立宗】（術語）因明三支中之宗

支、有現量相違等之九過、犯其九過隨一之宗支、名似立宗。因明入正理論曰「雖樂成立由與現量等相違故名似立宗。」見三十三過條。

【似因】（術語）因明三似之一。

【似能破】（術語）因明之法、欲破他之立義、而立三支之量、其量犯三十三過之隨一者、謂之似能破。

【似現量】（術語）於因明立現比非之三量、似現量似比量爲非量、似現量者、起分別心、如見瓶衣等、作瓶衣之解、是不叶法之自相、故似現量而非現量、因之稱爲似現量。何則、以瓶衣爲和合體之假法、非法之自相也。又比量者、如見煙而比量有火是也。因明入正理論曰「有分別智於義異轉名似現量。謂諸有智了瓶衣等分別而生、由彼於義、不以自相爲境界故名似現量。」同疏一本曰「似現似比總入非量」

【但三衣】（術語）十二頭陀行之一。比丘但持僧伽梨、鬱多羅、安陀會之三衣、不更畜餘衣也。資持記下三之一曰「但三衣。但猶獨也、三法服外無別衣故。」

【但中】（術語）觀空假之外有不二之中、謂之但中。別教之中觀也。

【但坐不臥】（術語）十二頭陀行之一。夜但坐、脇不就席也。

【但空】（術語）大小乘所見之空理有二種、小乘分析諸法、但見空而不見不空、故云但空。大乘之菩薩、分析諸法、不使歸空、諸法如幻如夢、其當體見空、空之中自有不空之理、故謂之不但空。天台分配之於二教、以但空爲藏教、以不但空爲通教。法華玄義一曰「三藏二乘明但空爲極、譬頗梨珠、往似眞再研便僞」

【但空三昧】（術語）執於但空、不知不但空也。

【但茶】（雜名）Daṇḍa 又作單拏。譯曰棒。演密鈔八曰「䭾摩但茶印者、但字是但字書誤、但茶棒也。」慧琳音義三十六曰、「單拏梵語、唐云棓、亦云杖。」

【但理隨緣】（術語）見別理隨緣條。

【作犯】（術語）對於止作兩持而有止作兩犯。作殺生、偸盜等之惡事、而犯所受之戒、謂之作犯。不作布薩、安居等之善事、謂之止犯。行事鈔中四曰「犯由作成、故曰作犯。此對作惡法爲宗」

【作用】（術語）有爲法之生滅也。

【作佛】（術語）成佛也。菩薩之行終者、斷妄惑、開眞覺之謂。法華經譬喩品曰「具足菩薩所行之道、當得作佛。」

【作佛事】（雜語）五代史石昂傳曰、「禁其家不可以佛事汚吾先人。」宋史穆修傳曰、「母死不飯浮屠、不爲佛事。」儒林公議曰「馬元居喪不爲佛事、但誦孝經而已。」

元史曰、「文宗紀至順元年中書省言近歲帑廩空虛、其費有五、一曰作佛事。順帝紀至元二十二年李士瞻疏時政二十條、一曰省佛事、以節浮費」。按元典章、皇慶元年旨云、今後但做好事處只與素茶飯所謂好事卽佛事也。

【作佛形像經】（經名）一卷、失譯人名。敘優塡王造佛之形像、說造像之功德。造立形像福報經之異譯。

【作戒】（術語）表色之異名。受戒時、發表於身口之作業、謂之作戒。其時領納於身內之業體、謂之無作戒。俱舍論名表色無表色。涅槃經名作戒無作戒。薩婆多論名無敎身口敎。見行事鈔中一。

【作法】（術語）梵語曰羯磨。巴 Kamma 梵 Karma 譯曰作法。於身口作爲奉業也。

【作法得】（術語）請三師七證行羯磨之作法而得戒也。以區別於善來得、自誓得、定共得、道共得等之新作法得。

【作法界】（術語）攝僧攝衣等之地界有作法界自然界之二。依天然之地形而爲界境、謂之自然界。依羯磨之作法而結成地界、謂之作法界、卽結界也。見行事鈔上二。

【作法懺】（術語）三種懺悔之一。身禮拜、口稱唱、意思惟、三業所作、一一依於法度而懺悔也。見四敎儀集經下。

【作法懺悔】（術語）三種悔法之一。見懺悔條附錄。

【作者】（術語）十六神我之一。外道立神我者、以我爲作者、以有我而能用手足等作衆事故也。見大乘義章六。

【作持戒】（術語）區分戒爲二種。一作持戒。二止持戒。前者積極的命行某行爲、後者命禁止也。卽不殺不偷等之戒、謂之止持戒。作說安居之善事、爲作持戒。又稱止持門作持門。諸惡莫作爲止持門、衆善奉行爲作持門。但此區別戒本中非一一分類者。區別戒本與犍度也。

【作持門】（術語）順於作持戒而積極的行衆善也。

【作家】（術語）禪宗大有機用者之稱。碧巖二則評唱曰、「趙州是作家。」碧巖二十則着語曰「作家宗師」

【作梵】（儀式）法事之初、作梵唄止息場內之喧亂也。

【作梵闍梨】（術語）沙彌得度時、作梵唄之阿闍梨也。禪家之得度式設之。

【作善】（術語）供佛施僧立像寫經等。無量壽經下曰、「作善得善、爲道得道。」

【作無作】（術語）戒律之語。新譯謂之表無表、舊譯謂之作無作。作者身口造作之義。表者身口表彰之義。成實論謂之敎無敎。敎示人身口作業之義。

【作瓶天子】（天名）見澡瓶天子條。

【作意】（術語）心所名。相應於一切之心而起者。具使心驚覺而趣所緣之境之作用。俱舍論四曰「作意謂能令心驚覺」成唯識論三曰、「作意謂能驚心為性。於所緣境引心為業。」

【作業】（術語）作為身口意之三業。

【作麼】（雜語）作麼生之略。

【作麼生】（雜語）禪錄之語。疑問之詞。猶言如何。

【作像因緣經】（經名）佛說作佛形像經之異名。

【作舉】（術語）戒律之語。自恣之日、於僧眾中請有德之人、使舉比丘之犯罪。其人乃舉罪告僧、謂之作舉。行事鈔資持記上一之五曰「作舉謂僧中德人舉罪告僧」

【作禮】（術語）作敬禮也。佛說阿彌陀經曰、「一切世間。天人阿修羅等。聞佛所說。歡喜信受。作禮而去。」

【作願門】（術語）五念門之第三。發自利利他之大誓願、而如實修行、以求生於極樂也。

【伴陀羅縛子尼】（菩薩）白衣觀音之梵名。見半拏囉嚩悉寧條。

【伴陀羅縛字尼】（菩薩）見前項。

【伴夜】（雜語）荼毘之前夜、為大夜、終夜不寐以伴靈、故亦曰伴夜。大鑑清規曰、「入滅第三日荼毘。先第二日晚夜。此時名大夜。大夜之義。謂只此一夜之留。明日出而不歸也。故慇懃供養。小師圍繞終夜不寐。名曰伴夜。唯誦金剛經鳴磬。」

【伴眞湯】（儀式）禪林之語。法忌之前晚、對於眞像而相伴喫湯也。

【伴僧】（雜名）伴導師之從僧也。

【伴談】（雜語）Vaudana 和南之異稱。見和南條。

【伴題】（雜語）和南之異稱。見和南條。

【伴禪】（雜語）禪林之語。住持五更行香之次、入僧堂伴大眾坐禪、謂之伴禪。見象器箋九。

【佉】（術語）𑖏 kh。又作呿、喀、吃、哥、珂、恪、轆。悉曇體文三十五字中、喉聲之第二。五十字門之一。字記曰、「佉字去下反。」金剛頂經曰、「佉字門一切法等虛空不可得故。」文殊問經曰、「稱佉字時。是出一切法等空虛聲」大般若經曰、「呿字入諸法虛空不可得故。」華嚴經曰、「唱佉字時入般若波羅蜜門」智度論曰「呿伽秦云虛空」大日經疏七曰、「梵音佉字是虛空義。」以為五大中虛空之種子。大日經一曰、「阿字門為地。嚩字門為水。羅字門為火。訶字門為風。佉字門為空」由 Kha（虛空）之語釋之也。

【佉吒迦】（印相）印相名。旋舞之形。慧琳音義三十六曰、「佉吒迦。梵語也。以義譯之云。以左右手腕相近。柔耎輪散十指。共於心前三翻旋舞。心住悅喜觀也。」梵 Khaṭaka

【佉沙】（地名）國名。舊稱曰疏勒。西域記十二曰、「佉沙國。舊謂疏勒者。乃稱其城號也。正音宜云室利訖栗多底。疏勒之言。猶爲訛也。」Kāṣa

【佉陀尼】（飲食）Khādanīya 食物名。見珂但尼條。

【佉陀食】（飲食）佉陀尼食之略。

【佉梨】（雜名）斗量名。譯曰斛。玄應音義二十四曰、「佉梨此云一斛。謂十斗也。」梵 Khāri

【佉啁羅】（雜名）Kaṭvā 譯曰小長床。玄應音義十五曰、「佉啁羅床。此譯云小長床。啁竹交反。」

【佉路瑟吒】又作佉盧虱吒。仙人名。見佉樓條。

【佉提羅迦】（植物）又作佉陀羅。木名。見軻地羅條。

【佉訶囉嚩阿】（術語）Kha Ha Ra Va A. 此五字爲五大之種子。佉爲空大、訶爲風大、囉爲火大、嚩爲水大、阿爲地大也。五輪之塔婆爲形於五大者、自下積上爲方（地大）圓（水大）三角（火大）半月（風大）團形（空大）故其種子自上讀下、爲佉訶囉嚩阿也。見五大條。

【佉樓】（人名）Kharoṣṭhī 又作佉盧。具云佉盧虱吒、佉路瑟吒。仙人名。譯曰驢脣。月藏經七曰、「佉盧虱吒。驢神仙人。隋言驢脣。身體端正。唯脣似驢。是故爲驢脣仙人。」

【佉樓書】（書名）又作佉盧書。驢仙所造之書。百論疏上之下曰、「外云。昔有梵王在世說七十二字。以教世間。名佉樓書。世間敬情漸薄。梵王貪悋心起收取吞之。唯阿漚兩字從口兩邊墮地。世人貴之以爲字王。故取漚字置四韋陀首。以阿字置廣主經初。（中略）毘婆沙云。瞿毘婆羅門造梵書。佉盧仙人造佉盧書。大婆羅門造皮陀論。」玄應音義十七曰、「佉樓書。應言佉路瑟吒。謂北方邊處人書也。」本行集經十一曰、「梵天所說之書。（中略）佉盧虱吒書。隋言驢脣。」

【佉盧】（人名）Khara 又作佉樓。仙人名。見佉樓條。因升量名。Khāra 當於一斗。見名義集三。

【佉盧虱吒】（人名）又作佉路瑟吒。仙人名。見佉樓條。

【佉闍尼】（飲食）又作佉陀尼。食物種類名。見珂但尼條。

【佉羅】（植物）Khara 木名。譯曰櫨。見大陀羅尼法中一字心咒經。

【佉羅帝】（地名）山名。見伽羅陀條。

【佉羅帝耶】（地名）又作佉羅提耶。山名見伽羅陀條。

【佉羅騫馱】（異類）Kharakantha 鬼王名譯曰吼如雷見金光明文句七又阿修羅王名譯曰廣肩胛文句二下曰、「佉羅騫馱此云廣肩胛亦云惡陰涌海水者」玄贊二曰「佉羅騫馱者古云廣肩髆」

【均提】（人名）人名。

【均提沙彌】（人名）婆羅門子字均提。Kunti 七歲時父母與舍利弗使出家舍利弗得之至祇洹漸爲說法使得阿羅漢均提旣得道思師恩終身作沙彌供給所須見賢愚經十三（沙彌均提品）經律異相二十二。

【均提童子】（人名）文殊之侍者。杭州無着文喜禪師往五臺山遇均提童子見五燈會元九。

【坊】（雜名）釋氏要覽上曰、「僧坊。韻林云、坊區也。苑師云、坊區院也。僧寺曰寶坊。」

【扶律談常】（術語）涅槃經二教之一。見二教條。

【扶律談常教】（雜語）扶助戒律說佛性常住之教法。天台宗謂之涅槃經教說世尊末代有惡比丘、破戒律、如來爲誡有生所謂無常等之誤解者、因說本經故名扶律談常教也。

【扶根】（術語）扶塵根之畧。

【扶疏】（雜名）涅槃經之異名。天台之意、謂涅槃爲扶助法華之義疏也。止觀義例曰、「所用義旨以法華爲宗旨、以智論爲指南、以大經爲扶疏、以大品爲觀法」又凡助成本書之註釋書、通謂之扶疏。

【扶習潤生】（術語）天台宗所說、通教之菩薩以誓願力扶餘殘之習氣、受生於三界而利益衆生也。參照誓扶習生條。藏教之菩薩爲伏惑行因故無此事、別教圓教之菩薩以有中道之應本故不爲之。

【扶惑潤生】（術語）由煩惱之扶而受生也。菩薩爲濟度衆生故不斷煩惱、由此而於三界享生。卽大悲闡提之行也。

【扶塵根】（雜語）扶又作浮。五根之外形眼可見者。是爲扶助正根之五塵、故謂之扶塵根。又此塵根爲浮虛之法、故謂之浮。此扶塵根爲所依、別有淨色之眼耳根等、此謂之正根或勝義根、有發識取境之實用也。

【扶薩】（術語）見菩薩條。

【抑止】（術語）抑止惡事也。

【抑止門】（術語）爲欲使衆生不放逸、方便隱攝取之慈悲、言惡者之不可救、而垂誡也。對於攝取門而言。見次項。

【抑止攝取】（術語）制遮與容受也。同於折伏慈悲。佛以慈悲智慧圓滿、於智慧門制遮逆惡衆罪、於慈悲門容受善惡一切而無漏也。無量壽經之十八願說、「唯除五逆、誹謗正法」觀無量壽經說「五逆十惡具諸不善者皆得往生」古來會解之者、如善導觀經疏四、謂壽經約於未造業、由抑止門故除逆謗。觀經約於既造業、由攝取門故取之。當於羣疑論(三十五家中之第九家)。然六要鈔別解爲罪業與多劫障重之二義。若約於彌陀大悲之本誓、則如法事讚所云、「以佛願力五逆十惡罪滅得生、法謗闡提、廻念皆往」有同一無別報土得往之益也。

【抑攝二門】(術語) 見前項。

【折石】(譬喻) 又云破石。波羅夷罪四喻之一。如破折之石不可再合也。寄歸傳四曰、「若道何不投火便招折石之過」。

【折伏攝受】(術語) 折伏惡人、攝受善人也。此二門爲佛道之大綱。勝鬘經曰、「我得力時。於彼處見此衆生。應折伏者而折伏之。應攝受者而攝受之。何以故。以折伏攝受故令法久住。」止觀十曰、「夫佛兩說。一攝二折。如安樂行不稱長短。是攝義。大經執持刀杖乃至斬首。是折義。雖與奪殊途。倶令利益。」勝鬘寶窟上末曰、「剛强應伏。伏令離惡。柔軟應攝。攝令住善。故名折伏攝受也。」折伏配智慧門、攝受配慈門。

【折利怛羅】(地名) Caritra 城名。譯曰發行。見西域記十。

【折脚鐺】(雜語) 缺去一脚之鐺也。傳燈錄曰、「無豪國師曰、看他古德道人得意之後、茅茨石室、向折脚鐺子邊煮飯喫三二十年」。

【折蘆】(故事) 達磨祖師折蘆葦而渡江也。釋氏通鑑曰、「達磨至金陵、知機不契、遂去梁折蘆北趨魏境。尋至雒邑。止嵩山少林寺。終日面壁而坐。」

【投子】(地名) 唐舒州投子山義靑禪師、大陽玄禪師之法嗣也。五燈會元十四但舉法語而無行蹟之記事。

【投身飼餓虎經】(經名) 菩薩投身飼餓虎起塔因緣經之略名。

【投針】(故事) 盋水投針、迦那提婆之故事也。見提婆項下提婆投針條。

【投華】(儀式) 華爲供養佛而投於壇上也。結緣灌頂、有投華之法。見次項。

【投華三昧耶】(儀式) 五種三昧耶之第二、卽結緣灌頂也。胎藏界之諸尊有二百餘體、未知其中與我有往昔之宿緣者爲誰、凡開悟得脫、依於宿世之結緣、故投華於曼茶羅界、當其所投之尊、知爲吾本尊、乃念其尊、行其法也。是曰投華三昧耶、亦謂之結緣灌頂

【投淵外道】(流派) 六苦行外道之一。寒中投身於深淵而作苦行、以之爲生天之因者。見涅槃經十六。

【投機】(術語) 大悟徹底、合於佛祖

之心機也。

【快目王】（人名）賢愚經六曰、「過去久遠無量無邊不可思議阿僧祇劫此閻浮提有一大城名富迦羅跋。時有國王名須提羅。此言快目。所以名之爲快目者其目明淨清妙無比。徹視牆壁四十里。以是故立字號曰快目」。梵 Sudhira

【快目王施眼】（傳說）快目王以仁慈治世行布施修佛道。敵國之王聞之、使盲目婆羅門來乞王眼。王喜、剜兩眼著掌中立誓曰、我以此眼用於布施、誓求佛道。若審當成佛道、則此婆羅門得我此眼、卽當用視。作此誓已、以眼安婆羅門眼眶中、尋得用視。時天帝來問王曰、汝今剜眼苦痛如是、有悔恨瞋恚不。王言不悔。因誓曰、我剜眼而施無悔恨意、用求佛道、會當得成。審不虛者、使我兩眼平復如故。王誓訖、兩眼平完、明淨徹視、倍勝於前。見賢愚經六、快目王眼施緣品。

【快樂】（雜語）心快身樂也。無量壽經上曰、「彼佛國土。清淨安穩。微妙快樂」

【快樂不退樂】（術語）往生要集所說十樂之第五。說往生極樂則得始終淨妙快樂而無退失之樂。

【快樂無退樂】（術語）往生要集上本明淨土之十樂、其標數云、「第五快樂無退樂」其解釋云「第五快樂不退樂。」

【改宗】（雜語）脫所屬之宗而轉於他門也。亦云轉宗或轉派。多由信仰之變改

【改悔】（術語）悔改惡事也。涅槃經十六曰、「是一闡提若受苦時或生一念改悔之心。我卽當爲說種種法」。止觀七之上曰、「既知是已深生改悔」。

【防那】（雜語）譯曰裁縫女。可洪音義十一上曰、「防那此云女刺繡裁縫等業也」梵 Vāna

【防非止惡】（術語）防非法止惡事。戒律止持門之方面也。

【防邏】（異類）地獄內之巡邏也。雜阿毘曇心論、俱舍論等作防邏。十王經作訪羅。玄應音義十八曰、「防邏。戍屬也。謂遊兵以禦寇者也。亦循行非違也」又有獄卒名阿傍。見阿傍條。

【防難】（雜語）解釋難問也。

【防護律儀】（術語）受戒後順於戒體能受持戒相也。又保護離飲酒戒諸餘之律儀也。大乘義章十曰、「始心納法名之爲受。順法防護說以爲持」義林章三本曰、「於罪不作名防護律儀」。婆沙論百二十三曰、「離飲酒戒能總防護諸餘律儀。如塹垣城能總防護」稱。

【沐魄經】（經名）太子沐魄經之略

【沐魄太子】（本生）沐魄又曰慕魄、

梵語也。佛昔爲沐魄太子時。至十三歲。勤無言之行。見太子沐魄經。

【沒巴鼻】（雜語）巴者把。鼻者鼻準。無可把持之鼻準也。猶言不得要領。又鼻如鼻祖之鼻。初之義也。巴者助辭。巴鼻者事由之義也。宗門方語曰「巴鼻之巴。如鼻準之可拿撮也。或曰巴鼻初也。巴字語助。」類書纂要十二曰「沒巴鼻作事無根據。」巴一作把。五燈會元曰「大潙喆偈云不瞥地蹉過平生沒把鼻。」

【沒交涉】（雜語）無交涉。如間越言。梵兩事相背而不相應也。禪錄多言「但喜沒交涉。」

【沒曳達利瑟致】（術語）Maya dṛṣṭi 譯曰我見。唯識述記九末曰「此中不言我見。言薩迦耶見（Satkāya-dṛṣṭi）者。若言我見。不措我所。梵云沒曳達利瑟致。此云我見。梵云薩迦耶。此云不實移轉身見。即攝我所。」

【沒劫】（雜語）Moha 譯曰愚。唯識樞要上末曰「梵云沒劫。此名爲愚。」名義集六曰「慕何此云痴。」梵語雜名曰「痴謨賀」。

【沒度】（術語）Buddha梵語佛陀之轉。性靈集七曰「越有奇仁號之沒度。」

【沒特伽羅子】（人名）Maudgalyāyana putra 又作沒刀伽羅子。沒特伽羅者。譯言取綠豆。取胡豆。採菽等姓也。上古有仙取綠豆而食。此仙種云沒特伽羅。依沒特伽羅姓之母而生。故曰沒特伽羅子。佛弟子中神通第一之比丘是也。舊稱目犍連。見摩訶目犍連條。又爲第三結集之目犍連子帝須。見結集條附錄。

【沒栗多】（術語）Vrata 譯曰禁戒。但非長時所持之戒。發願修法。一時所制之禁戒也。大日經疏十七曰「沒栗多是有時願之戒。謂行者持誦時。或心一月乃至年歲等。此事了時此禁亦能。」

【沒哩底野吠】（菩薩）焰羅明王之名。即眞言也。死之義。梵 Mṛtyave

【沒滋味】（雜語）無滋味也。禪家之公案如鐵橛。謂之沒滋味。無盡燈論上曰「又有一般往往以古人公案生容易見。一齊見之曰鐵橛子沒滋味。阿呵呵。如生盲者問乳色。言似貝作聲會。言似雪作冷會。（中略）若鐵橛子而未咬破則無有一切滋味。故或道沒滋味。若沒滋味而休去。何時得免生死。」

【沙】（物名）梵語曰縛嚕迦 Balukā見梵語雜名。

【沙心】（雜語）恒河沙之心。心數也。性靈集七曰「塵體以爲體。沙心以爲用。」

【沙劫】（術語）恒河沙之劫也。見劫條。

【沙那利迦】（流派）Sannagarika小乘十八部之一。譯曰密林山部。見開宗記一本。

【沙門】（術語）Śramaṇa又作娑門、桑門、喪門、沙門那。譯曰息、息心、靜志、淨志、乏道、貧道等。新作室摩那拏、舍囉磨拏、室囉磨拏、沙迦懣囊。譯曰功勞、勤息、勞劬修佛道之義也。又勤修息煩惱之義也。原不論外道佛徒、總為出家者之都名。注維摩經曰、「肇曰。沙門出家之都名也。秦言義訓勤行。勤行趣涅槃也。什曰。佛法及外道汎出家者皆名沙門。」大經慧遠疏曰、「沙門此翻為息。息諸惡故。」法華玄贊二曰、「沙門息義。以得法故暫爾寧息。亦息惡也。正言室羅磨拏。或室摩那拏。此云功勞。謂修道有多功勞也。」玄應音義六曰、「沙門舊云桑門。或云喪門。皆訛略也。正言室摩那拏。或言舍囉磨拏。此言功勞。言修道有多勞也。又云勤勞。言至誠也。義亦言息。以得法故暫寧息也。舊譯言息心。或言靜志是也。」慧苑音義上曰、「沙門正言沙迦懣囊。此云止息。謂止息一切諸不善法。又曰劬勞。謂修一切劬勞苦行。又曰聽聞。謂多聞熏習是常業也。」慧琳音義十八曰、「沙門訛也。正音云室囉末拏。唐言勤懇也。」同二十六曰、「此云勤勞。內道外道之總名也。皆據出家為言耳。古經為喪門。或為娑門。羅什法師以言非便。改為沙門也。」俱舍論二十四曰、「諸無漏道是沙門性。懷此道者名曰沙門。以能勤勞息煩惱故。」同光記曰、「沙門此云勤息。」羯磨疏三上曰、「沙門舊翻桑門。音之互也。涅槃云沙門那者是本音也。或言乏道貧道。以譯之。皆謙虛自收不伐德也。今譯為息惡者。取其意也。元拔俗來入非家者。決誓斷惡息本習也。」釋門歸敬儀上曰、「沙門或云桑門。沙門那者。並是天竺道士之佳號。俗中之常目也。亦是彼國修淨行者。此云淨志。以義目之。」百論疏一曰、「沙門者。云乏道。亦云息心。乏道者。以道斷於貧乏也。息心者。經云。息心達本源。故云沙門也。」四十二章經曰、「佛言辭親出家。識心達本。解無為法。名曰沙門。」增一阿含經四十七曰、「沙門名息心。諸惡永已盡。梵志名清淨。除去諸亂想。」

【沙門婆羅門相違】（雜語）智度論卷十曰、「智慧人有二分。沙門婆羅門。出家名沙門。在家名婆羅門。餘人心存世樂。是故不說。婆羅門多學智慧求福。出家人一切求道。」

【四種沙門】（名數）一勝道沙門、佛與獨覺自能覺者。二示道沙門、如舍利弗說法示道者。三命道沙門、如阿難以戒定慧為命者。四污道沙門、犯重之比丘、律云摩訶羅、謂老比丘喜盜他物也。（犯戒而濫受他之信施。）見俱舍論十五。（一勝道沙門、稟佛出家、能滅煩惱而證勝道者。二說道沙門、已斷惑證理、能宣說正法使衆生入佛道者。三壞道沙門、壞梵戒行惡法者。四活道沙門、能調伏煩惱、勤修諸有之善法、能使智慧之命根生長者。卽前之命道沙門也。見瑜伽論二十九。

【沙門果】（術語）修沙門行者之得果也。倶舍論二十三曰、「言初果者謂預流果。此於一切沙門果中必初得故。」

【沙門那】（術語）見沙門條。

【沙門都】（職位）沙門統之下役也。僧史略中曰、「齊則以法上爲昭玄統。法順爲沙門都。然都者雖總轄之名而降統一等也。」

【沙門統】（職位）統轄天下僧徒之僧官名。僧史略中曰、「後魏皇始中趙郡沙門法果。戒行精至。開演法籍。太祖徵爲沙門統。言多鬼愜。供施甚厚。」又曰「詳究魏文帝。勅曇曜爲沙門都統。乃自曜公始也。曜卽帝禮爲師。號昭玄沙門都統。譯淨土三昧經幷付法藏傳等。是此師也。」師傳出續高僧傳一。

【沙門日用】（書名）二卷、弘贊編。

【沙門日用錄】（書名）一卷、古雲重編。

【沙門頭陀經】（經名）十二頭陀經之略名。

【沙波訶】（術語）見蘇波訶條。

【沙界】（界名）恆河沙之世界也、恒河沙者多數之喻。

【沙迦遮囊】（雜名）見沙門條。

【沙曷比丘功德經】（經名）一卷、西晋法炬譯。卽莎伽陀比丘也。彼降伏須耶國毒龍、後分衛飲酒、醉臥於道。佛讚其降龍之功德、且說實其非醉。

【沙婆訶】（術語）又作娑嚩訶、娑嚩賀。Svāha見蘇波訶條。

【沙婆婆瑟】（行事）Ṣaḍ-vaṣa 法會名。譯曰六歲會。十誦律五曰、「沙婆婆瑟會。」注、「六歲會也。」

【沙訶】（界名）Saha又作娑訶、索訶。世界名。見娑婆條。又（術語）Svaha 又作莎訶、娑訶、是驚覺義、又警發義也。見蘇波訶條。

【沙喝】（職位）掌喝食之沙彌也。

【沙摩帝】（流派）Sammatiya 小乘十八部之一。譯曰正量部。見四分開宗記一本。

【沙彌】（術語）梵音 Srāmaṇera 舊譯息慈、息惡、行慈等。息惡行慈之義也。新云室羅摩拏洛迦、室末那伊洛迦等。譯勤策男等。以其爲大僧勤加策勵故也。又云室羅摩尼羅、譯曰求寂。以其欲求涅槃之圓寂故也。是男子出家受十戒者之通稱。行事鈔上一曰、「沙彌是梵語。此云息慈。息其世染。慈濟羣生。」嘉祥法華義疏八曰、「沙彌。此云息惡行慈。謂息惡行慈。」俱舍光記十四曰、「室羅摩拏洛伽。唐言勤策。謂爲苾芻勤加策勵。洛是男性。舊云沙彌。訛也。」俱舍頌疏業品二曰、「勤策律儀。勤爲大僧之所策勵。舊云沙彌。」飾宗記四曰、「唐三藏云。室羅摩拏洛迦。翻爲勤策男。勤謂苾芻。勤人所策。故也。」寄歸傳三曰、「室羅末尼羅。譯爲求寂。言欲求趣涅槃圓寂之處。舊云沙彌者。言略而音訛。翻爲息慈。意准而無據也。」玄應音義二十三曰、「梵言室末拏伊洛迦。此云勞之小者也。亦言息慈。謂息惡行慈義譯也。舊言沙彌者訛略也。」日本但剃髮有妻子之修行者。謂之沙彌。

【三品沙彌】（名數）一、七歲至十三、名驅烏沙彌。律小兒出家、阿難不敢度、佛言若能驅食上烏者聽度。二十四至十九、名應法沙彌。正合沙彌之位、以其五歲依師調練純熟、堪於進具故也。三、二十至七十、名字沙彌。本是僧之位、以緣未及、故稱沙彌之名字。見行事鈔下四。

【沙彌著香爲龍】（傳說）有阿羅漢常入龍宮食已、以鉢授沙彌使洗、鉢中有殘食數粒、沙彌嗅之、大香、食之甚美。便作方便入師繩床下、以兩手捉繩床脚、其師去時與繩床同入龍宮。龍言此未得道、何以將來。師言不覺。沙彌得飯食、又見龍女身體端正、香妙無比、心大染著、即作惡願。我當作福奪此龍宮殿。龍言後此沙彌莫將來。沙彌還已、一心布施持戒、專求所願、願早作龍。是時繞寺從足下出水、自知必得作龍、徑至師原入處之大池邊、以袈裟覆頭入即死。變作大龍。福德大故、即殺彼龍、舉池悉赤。見智度論十七、西域記一。

【沙彌愛酪爲蟲】（傳說）有一沙彌心常愛酪、諸檀越餉酪於僧、時沙彌得殘分、每愛着心中喜樂不離、命終後生此殘酪瓶中。沙彌之師得阿羅漢道、僧分酪時、言徐徐莫傷此愛酪沙彌。諸人言是蟲、何以言愛酪沙彌。答言此蟲本是我沙彌、但貪愛殘酪、坐此之故、生於瓶中。

【沙彌戒】（術語）俱舍謂之勤策律儀。十戒也。見戒條。

【沙彌尼】（術語）Śrāmaṇerikā 新云室羅摩拏理迦。女性之沙彌也。俱舍光記十四曰、「室羅摩拏理迦。唐言勤策女。譯名如前。理是女聲。舊云沙彌尼。訛也。」參照沙彌條。飾宗記四曰、「室羅摩拏理迦。翻爲勤策女」。

【沙彌戒經】（經名）沙彌十戒儀則經之畧名。

【沙彌威儀】（經名）一卷、劉宋求那跋摩譯。同於七十威儀。

【沙彌羅經】（經名）一卷、失譯。同五母子經。

【沙彌喝食】（術語）見喝食條。

【沙彌尼戒經】（經名）一卷、失譯。

【沙彌十戒儀則經】（經名）一卷、趙宋施護譯。攝頌沙彌戒品之威儀。

【沙彌律儀要略】（書名）一卷、明袾宏輯。其本書之註述列之如下。沙彌律儀要略增註二卷、弘贊註。沙彌律儀要略述義二卷、書玉科釋。

【沙彌律儀毘尼日用合參】（書名）三卷、戒顯訂閱、濟岳彙箋。

【沙彌十戒威儀錄要】（書名）一卷、明智旭重輯。

【沙彌尼律儀要略】（書名）一卷、讀體輯集。

【沙禰里】（雜語）譯曰合十指。即叉十也。見梵語雜名。

【沙羅拏】（人名）又作沙羅那。優塡王之子、後出家得道、故謂之娑剌拏王。亦曰沙羅那比丘。譯曰流轉。迦旃延以通力現夢度此人。宗鏡錄六十四曰、「娑剌拏此云流轉。」見迦旃延條。梵 Sarana

【沙羅雙樹】（地名）佛入滅處之林也。爲沙羅樹之並木、故謂之雙樹。涅槃經一曰、「佛在拘尸那國力士生池阿利羅跋提河邊娑羅雙樹間。」見娑羅林條。

【沙羅隣提】（動物）娑羅爲娑羅娑之略。隣提爲迦隣提之略。二鳥名。二鳥皆如鴛鴦、雙遊不離。故以譬菩薩之一行、一切行共行也。涅槃經長壽品四迦葉菩薩之問偈曰、「云何共聖行。如娑羅娑鳥迦隣提。」佛於鳥喩品舉迦隣提鳥與鴛鴦答之。是娑羅娑、即類似鴛鴦之鳥。故譯者特舉翻名。古師或解娑羅爲娑羅雙樹、誤甚。見娑羅迦隣提條。

【沈水香】（物名）略云沈香。本草註曰、「時珍曰、木之心節置水則沈、故名沈水。亦曰水沈。半沈者爲棧香。不沈者爲黃熟香。南越志言交州人稱爲蜜香。謂其氣如蜜脾也。梵書名阿迦嚧香。」名義集三曰、「阿伽嚧、或云惡揭嚕。此云沈香。」梵 Agaru

【沈空】（術語）大乘菩薩二阿僧祇劫之終、於第七地專修無相觀。上無菩薩之可求、下無衆生之可度。於是鈍根怯弱之菩薩、著此空相、而廢自他之大行。謂之七地沈空之難。

【沈香】（物名）沈水香之略。

【沈冥】（術語）沈於生死冥於無明也。楞嚴經四曰、「引諸沈冥出於苦海。」

【沈檀】（物名）沈香與旃檀香。

【沃焦】（雜名）在大海底吸水石之名。由其下無間地獄之火氣、故此石常焦熱云。觀佛經五曰、「從阿鼻地獄上衝大海沃焦山。下大海水滯如車軸計。」賢愚因緣經四曰、「海何以故注入不增不減。下阿鼻火上衝大海海水消涸。以故不增常注入故。以故不減。」文句記九下曰、「沃焦者舊華嚴經名號品中及十住婆沙中所列大海有石。其名曰焦。萬流沃之至石皆竭。所以大海水不增長。」文句私記九本曰、「乘名苑曰。東海有焦石一名沃焦。方圓三萬里。水沃之則消盡。」金剛三昧本性清淨不壞不滅經曰、「如阿耨達池出四大河。此四大河爲八河。及閻浮提一切衆流皆歸大海。以沃燋山故大海不增。以金剛輪故大海不滅。」又以譬凡夫之欲情無窮極。佛獨超度之、故釋迦牟尼、一翻度沃焦。

【沃焦山】（雜名）此石廣大、故云山。

【沃焦海】（雜名）沃焦石所在之海。是衆生受苦之處。六波羅蜜經曰、「馬頭山。沃焦海。」超悟疏曰、「謂大海中有沃焦石。海水無景悉被消鑠。此是增上受苦之處。」

【吠世師】（流派）又作鞞世師、衛世師。新曰吠世史迦。見次項。

【吠世史迦】（流派）Vaisṣka 又作吠世師迦具云吠世史迦奢薩怛羅。譯曰勝論。論中立六句義、稱爲勝於他、故名勝論。論師名嗢露迦、Ulūka 此譯鵂鶹。又羯拏僕。此譯食米齋。先於佛出世甚久遠。見優樓迦條。

【吠努璃耶】（物名）Vaidūrya 見瑠璃條。

【吠舍】（雜語）Veśa 又作吠奢。舊作鞞舍、毘舍。天竺四姓第三商賈之族也。西域記二曰、「吠奢。舊曰毘舍。訛也。商賈也。貿遷有無。逐利遠近。」玄應音義十八曰、「鞞舍。陛爰反。正言吠舍。此言坐。謂坐估也。案天竺土俗。多重寶貨。此等營求積財巨億。坐而出納。故以名焉。」俱舍光記八曰、「吠舍此是興事種。」

【吠舍佉】（雜語）Vaiśākha 又作薜舍佉。二月名、佛之生月也。從唐曆二月十五日至三月十六日也。西域記二曰、「春三月。謂制呾羅 Caitra 月吠舍佉月逝瑟吒 Jyeṣṭha 月。」有部目得迦六曰、「佛告長者薜舍佉月日月圓時。是我生日。」

【吠舍釐】（地名）Vaiśālī 又作吠舍離。見毘舍離條。

【吠陀】（書名）Veda 又曰薜陀。舊作皮陀、韋陀、鞞陀。婆羅門之經書也。見韋陀條。

【吠室囉末拏】（天名）Vaiśravaṇa 又作鞞室羅懣囊、鞞舍羅婆拏。舊曰毘沙門。見毘沙門條。

【吠率怒】（天名）天神名。見別他那條。

【吠嵐】（雜名）風名。見毘嵐條。

【吠嵐婆】（雜名）又作吠藍婆。舊曰毘藍。劫災時之猛風也。見毘嵐條。

【吠嵐僧伽】（雜名）見毘嵐條。

【吠瑠璃】（物名）舊作毘瑠璃、瑠璃、鞞頭梨鞞稠梨夜等。寶珠之名見瑠璃條。

【吠摩質怛利】（雜語）見毘摩質多羅條。

【吠題呬弗怛羅】（人名）Vaidehiputra 韋提希子阿闍世王之別稱。

【吠嚧遮那】（佛名）Vairocana 又作吠路者那舊作毗盧舍那法身佛之梵名大日如來之稱見大日如來條。

【吹毛】（物名）利劍名碧巖百則評唱曰「劍刃上吹毛試之其毛自斷乃利劍。謂之吹毛也。」

【吹光】（雜語）吹滅光明也首楞嚴經曰「能令衆生臨當被害刀斷斷壞。使其兵戈猶如割水亦如吹光性無動搖。」

【吹法螺】（譬喻）佛之說法譬若吹螺而號令三軍也見法螺條。

【吟詠】（雜事）毘奈耶雜事曰、「佛言不可作吟詠聲誦諸經法及讀經請敬白事皆不可作。然有二事作吟詠聲一謂讚大師之德、二謂誦三啟經、餘皆不合。」

【吟諷】（雜語）毘奈耶雜事曰、「善和苾芻作吟諷聲。讚誦經法其音清亮上徹梵天。」

【呌喚】（界名）地獄名梵語曰樓獦。或云啼哭號呌。八熱地獄之第四受苦之人、不堪痛苦號泣呌喚故名。

【呌喚大呌喚】（八界名）熱地獄之第四、謂之呌喚地獄第五謂之大呌喚地獄。

【呌喚地獄】（界名）見前項參照地獄條附錄。

【吽】（術語）[悉曇] Hūṃ 又作[缶*牛]。爲諸天之總種子、[悉曇]之四字合成者也。般若理趣釋上曰、「吽字者因之義。因之義者、謂菩提心爲因、卽一切如來菩提心。亦是一切如來不共眞如妙體、恆沙功德皆由此生。此一字具四字義。（云云）」日本空海之[缶*牛]字義詳釋之。

【吽字義】（書名）一卷。日本空海著。說吽字由賀阿汙麼之四字而成、明其實義述此字具一切萬法者。與大日疏之阿字解釋、皆以最能詮顯無盡之深義而有名。

【吽吽】（雜語）牛之吼聲。臨濟錄曰、「師問杏山如何是露地白牛。山云吽吽。」

【吽迦囉身】（圖像）普賢金剛爲降服惡魔而現之形。金剛頂瑜伽降三世成就極深密門曰、「普賢金剛手爲降伏一切現吽迦羅身攞三世有毒」梵 Hūṃkāra

【吸盡西江水】（雜語）傳燈錄襄州龐居士蘊參馬祖、云不與萬法爲侶是什麼人。祖云待汝一口吸盡西江水則與汝道。居士言下頓悟。又見指月錄九。按大慧語錄、龐居士謁馬祖、問如水無筋骨云云、與此少異。

【忻出觀】（術語）六行觀之第六觀。初禪之心離欲染而爲自由、與初禪之身得五通而爲自由、因出果出共忻也。大藏法數三十四曰、「既厭欲界煩惱蓋障。卽忻初禪心得出離。是爲因出。復厭欲界之身質礙不得自在。卽忻初禪獲得五通之身自在無礙。是爲果出。得出勝障皆須忻喜也。」（禪波羅蜜次第法門。）

【忻妙觀】（術語）六行觀之第五觀。初禪之禪定不動爲上妙、初禪之身雖有形、而如鏡中之像自在、忻妙因妙果也。大藏法數三十四曰、「既厭欲界貪欲五塵之樂心亂馳動爲麤。卽忻初禪定之樂心定不動。是爲果妙。復厭欲界臭穢之身爲麤。卽忻受得初禪之身如鏡中像雖有形色無有質礙。是爲果妙。得妙勝麤皆須忻喜也。」

【忻勝觀】（術語）六行觀之第四觀。初禪上勝禪定之樂與初禪禪味之樂、忻因勝果勝也。大藏法數三十四曰、「既厭欲界下劣貪欲之苦。卽忻初禪上勝禪定之樂。是爲因勝。復厭欲界饑渴等苦。卽忻初禪禪味之樂。是爲果勝。得樂勝苦皆須忻喜也。」（禪波羅蜜次第法門。）

【狂狗】（譬喻）譬人之狂愚。止觀五曰、「渴鹿逐炎。狂狗齧雷。何有得理。」

【狂華】（雜語）空華之狂亂者。勞目睛之人見之。楞嚴經二曰、「其人無故不動目睛。瞪以勞目。則於虛空別見狂華。」

【狂象】（譬喻）妄心之狂迷、譬之狂象。涅槃經三十一曰、「心輕躁動轉。難捉難調。馳騁奔逸。如大惡象。」同二十五曰、「譬如醉象狂騃暴惡多欲殺害。有調象師。以大鐵鉤。鉤斲其頂。卽時訓順。惡心都盡。一切衆生。亦復如是。」

【狂亂往生】（術語）四種往生之一。言罪業深之人臨終見地獄之猛火而心狂亂、手握虛空、自身流汗七顛八倒者、聞善友之教、作十聲或一聲之念佛而往生淨土也。

【狂慧】（雜語）斥散亂之智慧爲狂。觀音玄義上曰、「若定而無慧者。此定名癡定。譬如盲兒騎瞎馬。必墮坑落塹。而無疑也。若慧而無定者。此慧名狂慧。譬如風中然燈。搖颺搖颺照物不了。」

【妙】（術語）梵語曰曼乳。Mañju 薩 Sat 蘇 Su 不可思議之義。絕待之義。無比之義也。法華玄義一曰、「妙者褒美不可思議之法也。」法華遊意曰、「妙是精微深遠之稱。」大日經疏一曰、「妙名更無等比。更無過上義。」法華玄贊一曰、「薩者正妙之義。」梵語雜名曰、「妙。曼乳。」秘藏記末曰、「蘇者、妙也。」

【妙土】（術語）佛之報土亦妙者。無量壽經上曰、「一向專志。莊嚴妙土。所修佛國。恢廓廣大。超勝獨妙。」讚阿彌陀佛偈曰、

「妙土廣大超數限。」

【妙心】（術語）心體不可思議、稱之曰妙心。圓覺經曰「如來圓覺妙心。」五燈會元一曰、「世尊曰吾有正法眼藏涅槃妙心。實相無相微妙法門。不立文字敎外別傳。」四敎儀曰、「妙心體具如如意珠。」依台宗之判。則別敎以如來之眞心名爲妙心圓敎直以凡夫之妄心稱爲妙心。

【妙文】（術語）說妙法之經文也。法華經謂之一乘之妙文。

【妙中】（術語）台家對於別敎隔歷之中而謂圓敎圓融之中爲妙中。輔行一之三曰、「卽此法性名爲妙中。」

【妙玄】（書名）妙法蓮華經玄義之略稱。卽天台之法華玄義也。

【妙色】（術語）梵語曰蘇樓波Surūpa 佛之報身報土色相不可思議者。勝天般若經七曰、「爾時有一人名蘇樓波陳云妙色。」名義集三曰、「經云。妙色湛然常安住不爲生老病死遷。」

【妙色經】（經名）妙色陀羅尼經之略名。

【妙色王經】（經名）妙色王因緣經之略名。

【妙色身如來】（佛名）施餓鬼之法、稱東方之阿閦佛爲妙色身如來。秘藏記本曰「施餓鬼義妙色身如來東方阿閦佛。」

【妙色王因緣經】（經名）一卷、唐義淨譯。說佛昔爲妙色王時。求法忘勞。捨妻子並自身奉食於夜叉。依此因緣今成佛。一切大乘至心聽聞法要。

【妙色陀羅尼經】（經名）一卷、趙宋法賢譯。誦之可以生飯施鬼神。

【妙吉祥】（菩薩）文殊師利。新稱曼殊室利。譯言妙吉祥。大日經疏一曰、「妙吉祥菩薩者。妙者謂佛無上慧猶如醍醐純淨第一。室利翻爲吉祥。卽是具衆德義。或云妙德。亦云妙音也。」心地觀經八曰、「三世覺母妙吉祥。」見文殊條。

【妙吉祥大敎經】（經名）妙吉祥最勝根本大敎經之略名。

【妙吉祥觀門經】（經名）妙吉祥平性秘密最上觀門大敎王經之略名。

【妙吉祥菩薩陀羅尼】（經名）一卷、趙宋法賢譯。純咒無文。

【妙吉祥所問法螺經】（經名）妙吉祥菩薩所問大乘法螺經之略名。

【妙吉祥觀門經護摩儀軌】（經名）妙吉祥平性觀門大敎王經畧出護摩儀軌之畧名。

【妙吉祥最勝根本大敎經】（經名）三卷。趙宋法賢譯。說持誦焰髮德迦明王眞言之儀軌。

【妙吉祥菩薩所問大乘法螺經】（經

名）一卷、趙宋法賢譯。大乘百福相經之略譯。

【妙吉祥平等瑜伽秘密觀身成佛儀軌】（經名）一卷、趙宋慈賢譯。依經具說課誦之法。

【妙吉祥平等秘密最上觀門大敎王經】（經名）五卷、趙宋慈賢譯。佛在舍衛國彌勒菩薩等問佛三乘妙法門之外、更有法否。佛言有摩訶三昧耶秘密門法、修者得速成佛。卽放五色之光、化現毘盧遮那等五佛、並諸菩薩諸金剛而說持誦之法。

【妙吉祥平等觀門大敎王經畧出護摩儀軌】（經名）一卷、趙宋慈賢譯。說息災增益敬愛降伏四種之護摩法。

【妙旨】（術語）純妙之旨趣。

【妙行】（術語）殊妙之行法也。大方等陀羅尼經四曰、「不離善友。常說衆生妙行。」法華玄義四曰、「妙行者一行一切行。」

【妙行三昧】（術語）百八三昧之一。智度論四十七曰、「妙行三昧者。卽是畢竟空相應三昧。乃至不見不二相。一切戲論不能破。」

【妙有】（術語）非有之有曰妙有。以對於非空之空而曰眞空也。業疏濟緣記一上曰、「是知妙有則一毫不立。眞空則因果歷然。」

【妙因】（術語）絕妙之行因。菩薩之大行也。法華文句會本十曰、「妙因斯滿。極果頓圓。」

【妙光菩薩】（菩薩）文殊菩薩往昔在日月燈明佛所、稱爲妙光菩薩、有八百之弟子、弘通法華。彌勒菩薩時稱爲求名、卽其中之一人也。見法華經序品。

【妙戒】（術語）菩薩之大戒。對於小乘之麤戒而言妙戒。

【妙見】（菩薩）謂妙見大士妙見菩薩等。北斗七星之名也。有神咒擁護國土。經中不明其本地。諸師異說、或以爲釋迦、或以爲觀音、或以爲藥師。七佛八菩薩所說大陀羅尼神咒經二曰、「我北辰菩薩名曰妙見。今欲說神咒擁護諸國土。所作甚奇特。故名曰妙見。處於閻浮提衆星中最勝。神仙中之仙。菩薩之大將。光目諸菩薩。曠濟諸羣生。有大神咒名胡捺波。晉言擁護國土。佐諸國王。消災却敵。莫不由之。」論語曰、「譬如北辰居其所而衆星拱之、是北辰爲北極星、非北斗。然而古來密敎之法、以此北辰菩薩爲北斗七星之事、而爲尊星王、亦言妙見大士也。」山陰雜錄中曰、「妙見本地卽是釋迦也。智證顯密一如本佛釋曰。星宿王者尊星王也。以尊星王名妙見。妙中極妙界道本妙。迹妙雖妙望本還是麤。故以之思之妙見之名。是本地報身如實知見也。北斗七星亦是輪王佛頂七寶。釋迦如來七聖財也。」

【妙見神像】(圖像)山陰雜錄中曰、「圖畫妙見像則童子形軀慫金甲右手伸臂握神劍左手屈肘著於腰足蹈龜蛇蓋此大士現迹於北方七宿所謂北宮玄武也。」

【妙車】(雜名)殊妙之寶車。法華經譬喻品曰「以是妙車等賜諸子」。

【妙敎】(術語)殊妙之敎法。稱法華經也。法華文句記六曰、「今開妙敎須附妙宗」

【妙法】(術語)梵語曰薩達磨、薩達剌摩。Saddharma 第一最勝之法不可思議、曰妙法。法華玄義序曰、「妙者褒美不可思議之法也」。維摩經佛國品曰「以斯妙法濟羣生」。法華經方便品曰、「我法妙難思」。

【妙法宮】(術語)如來以妙法爲宮殿、常住於此。心地觀經一曰、「法王常住妙法宮。法身光明靡不照」。唐華嚴經一曰、「法王安處妙法宮法身光明無不照」。

【妙法堂】(堂塔)又曰善法堂。在忉利天、諸天人論事之如法不如法處。法華經法師功德品曰、「在妙法堂上爲忉利天說法」。俱舍論十一曰、「西南角有善法堂。三十三天時集於彼詳論如法不如法事。」

【妙法偈】(雜語)說微妙之法之偈頌也。

【妙法華】(術語)妙法蓮華之畧。

【妙法燈】(譬喻)妙法能照世間之闇如燈。唐華嚴經一曰、「能然照世妙法燈」。

【妙法輪】(譬喻)佛所轉之法輪、絕妙不可思議、故曰妙法輪。唐華嚴經一曰、「辯才大海亦無盡能轉清淨妙法輪」。

【妙法藏】(術語)貯妙法之庫藏也。千手經曰、「當知其人妙法藏。普攝一切諸陀羅尼門故」。

【妙法船】(譬喻)妙法猶如船、能載人度生死之海。心地觀經一曰、「善逝恒爲妙法船。能截愛流超彼岸。」

【妙法華經】(經名)妙法蓮華經之略稱。法華經法師品曰、「若有能受持妙法華經者當知佛所使愍念諸衆生」

【妙法蓮華】(術語)法華經中所說之法也。光宅謂妙法者、一乘之因一乘之果也。前十四品說一乘之因、後十四品爲一乘之果。一乘之因果、對於三乘之麤法而謂爲妙法蓮華者譬也。蓮華必華實同時而存、以表一乘之因果爲同時也。天台謂妙法者十界十如權實之法也。九界之十如爲權、佛界之十如爲實。此權實之法、悉爲實相、而卽空卽假卽中、故曰妙。蓮華者、譬此權實之關係也。何則華如權法、實如實法、佛成道後至今時說權法者、是爲欲說今之實法之方便、猶如華之爲實而開。此謂之爲實施權。次說明今日前所說之權法、悉爲方便、顯一乘之實法者、猶如華開而實現。此謂之華開蓮現。次一乘之實法顯了、則實法之外無權法、權法悉爲實、猶如實成而華落、此謂之華落蓮成如此以蓮華表權實之施開發也。慈恩謂妙法者、一乘之因果蓮華有出水開敷二義、以出水之義表所詮之理超出二乘之泥水、以開敷之義表能詮之教能開眞理。是依天親法華論之義也。嘉祥謂妙法者一乘法也。蓮華有十六種義、此中該收諸師之義。法華光宅疏一曰、「因果兩法俱稱爲妙法蓮華者。外譬一物必花實俱有」。法華玄義一曰、「所言妙者。名不可思議也。所言法者十界十如權實之法也。蓮華譬權實法也(中畧)蓮華多奇。爲蓮故華華實具足可喻卽實而權。又華開蓮現可喻卽權而實。又華落蓮成蓮成亦落可喻非權非實如是等種種義故便以蓮華喻於妙法也。」法華玄贊一曰、「蓮華有二義。一出水義所詮之理出離二乘泥濁水故。二開敷義。以勝教言開眞理故。前爲理教後爲教妙」。法華玄論二曰、「問以何義故。取蓮華喻此經耶。答畧明十種義」。

【妙法蓮華經】(經名) Saddharma-puṇḍarīka七卷或八卷、秦羅什譯。法華有三譯、此其第二譯也。梁僧祐之出三藏記、隋費長房之歷代三寶記、麗宋元明之四大藏經目錄、明智旭之閱藏知津等、悉記爲七卷。獨唐智昇之開元釋教錄記妙法蓮華經八卷、註記古本七卷、又玄應師之音義據八卷本蓋此時既爲八卷矣、然觀其後經錄、麗宋元明之四大藏皆記七卷、則一般通行者七卷也。明之法華科註現行本雖爲八卷、而其序有曰、釐爲七帙、壽諸良梓、則原爲七卷明也。諸家之註述及關於本經之著作如下。法華經疏二卷宋竺道生撰。法華經義記八卷、梁法雲撰。法華經玄義二十卷、隋智顗說。法華經文句二十卷、隋智顗說。法華經論疏三卷、隋吉藏撰。法華經玄論十卷、隋吉藏撰。法華經遊意二卷、隋吉藏撰。法華經義疏十二卷、隋吉藏撰。法華統略六卷、隋吉藏撰。法華經安樂行義一卷、陳慧思說。法華玄義釋籤二十卷、唐湛然述。法華文句記三十卷、唐湛然述。法華經大意一卷、唐湛然述。天台法華玄義科文十六卷、唐湛然述。法華經文句輔正記十卷、唐道暹述。法華經疏義纘六卷、唐智度述。妙經文句私志諸品要義二卷、唐智雲述。妙經文句私志記十四卷、唐智雲撰。法華經爲爲章一卷、唐窺基撰。法華經玄贊十卷、唐窺基撰。法華經玄贊義決一卷、唐慧沼撰。法華經玄贊攝釋四卷、唐智周撰。法華經玄贊決擇記八卷、現存初二卷、唐崇俊撰、法清集疏。法華經玄贊要集三十五卷、缺卷二十二卷二十三卷三十二三卷、唐栖復集。法華經玄贊釋、疑是唐可周撰玄贊評經鈔。法華三大部讀敎記二十卷、宋法照撰。法華三大部補注十四卷、宋從義撰。大部妙玄格言二卷、宋善月述。法華經玄籤備檢四卷、宋有嚴注。法華經玄義節要二卷、明智旭節。法華經玄義輯略一卷、明傳鐙錄。法華經釋籤緣起序指明一卷、靈耀述。法華經玄籤證釋十卷、智銓述。法華經文句記箋難四卷、宋有嚴箋。法華經文句格言三卷、宋善月述。法華經文句纂要七卷、道霈纂。法華經入疏十二卷、宋道威入注。法華經要解科文一卷、法華經要解二十卷、宋戒環解。法華經合論七卷、宋慧洪造、張商英撰。法華經句解八卷、宋聞達解。法華經前六意一卷、宋與咸錄。法華經序注一卷、宋祥邁註。法華經解二十卷、附科文一卷、宋戒環解。法華經科註十卷、宋守倫撰、明法濟參訂。法華經科註八卷、元徐行善科註。法華經科註七卷、明一如集註。法華經知音七卷、明如愚著。法華大意三卷、明無相說。法華經擊節一卷、明德清述。法華經通義七卷、明德清述。法華經意語一卷、明圓澄說。明海重訂。法華經大竅八卷、明通潤箋。法華經綸貫一卷、明智旭述。法華經會義十六卷、明智旭述。法華經懸譚一卷、淨挺著。法華大成科文一卷、際慶排。法華經大成十卷、大義集。法華經大成音義一卷、淨昇集。法華經授手科一卷、智祥排。法華經授手十卷、智祥集。法華經演義科一卷、廣和標科。法華經演義二十卷、一松講錄、廣和編定。法華經科拾懸談卷首一卷、普德立科、智一拾遺、弘傳序註附。法華經科拾科一卷、普德立科、智一拾遺、弘傳序註附。法華經科拾七卷、普德立科、智一拾遺、弘傳序註附。法華經指掌疏科文一卷、通理排。法華經指掌疏懸示一卷、通理述。法華經指掌疏七卷、通理述。法華經指掌疏事義一卷、通理述。法華經卓解七卷、徐昌治逗註。法華經精解評林二卷、明焦竑纂。法華三昧懺儀一卷、隋智顗撰。弘贊法華傳十卷、唐慧詳撰。法華經傳記十卷、唐慧詳集。法華三昧行事運想補助儀一卷、唐湛然撰。法華三昧補助儀一卷、唐湛然撰。禮法華經儀式一卷、宋知禮集。法華龍女成佛權實義一卷、宋源清述。法華龍女成佛權實文旨一卷、宋善月述。法華經顯應錄二卷、宋宗曉編。法華靈驗傳二卷、明了因錄。法華經持驗記二卷、周克復纂。

【妙法聖念經】（經名）八卷、趙宋法天譯。正法念處經之抄譯。

【妙法印三昧】（術語）百八三昧之一。智度論四十七曰「妙法名諸佛菩薩功德智慧。得是三昧得諸深妙功德智慧」

【妙法緊那羅】（經名）法華經列衆四緊那羅王之一。

【妙法決定業障經】（經名）具名說妙法決定業障經、一卷、唐智嚴譯。稱讚大乘功德經之異譯。

【妙法蓮華經文句】（書名）二十卷、

隋智者說灌頂記、釋法華之經文。所謂法華三大部之一。略曰法華文句。

【妙法蓮華經玄義】（書名）二十卷、隋智者說灌頂記、釋法華之經題。所謂法華三大部之一。略曰法華玄義。

【妙法蓮華經優波提舍】（書名）一卷、後魏菩提流支譯。優波提舍爲論藏之異名。天親菩薩釋法華之論藏也。有元魏勒那摩提之異譯一卷。題爲妙法蓮華經論優波提舍。

【妙法蓮華經觀世音菩薩普門品經】（經名）一卷、秦羅什譯長行、隋闍那崛多譯偈頌。卽法華經第七卷（七卷本）普門品之別行、世所謂觀音經也。

【妙宗】（術語）殊妙之宗旨也。法華文句記六曰、「今開妙教須附妙宗」。

【妙宗鈔】（書名）宋四明尊者、釋天台之觀經疏題爲妙宗鈔。自序曰、「上順妙宗、略消此疏。」

【妙果】（術語）殊妙之結果、卽菩提涅槃之二也。是爲妙因之結果。金剛經新注曰、「既行勝因必定妙果」。

【妙典】（術語）說微妙之法之經典。梁簡文文曰、「極修始之妙典」。教行信證一曰「如來興世之正說奇特最勝之妙典」。

【妙明】（術語）眞妙之明心。以名無漏之眞智。楞嚴經一曰、「發妙明心開我道眼」。

【妙門】（術語）殊妙之法門也。唐華嚴經一曰、「普應群情闡妙門」。因涅槃爲妙入妙之門曰妙門。台家所立之六妙門是也。

【六妙門】（名數）一數息門、善調身息、數息自一至十、以攝亂心。是爲入定之要。故以數息爲妙門。二隨門、細心依息、知入知出、謂爲隨息。若强存數、則有起念之失、故宜放數息而修隨息。入時知入、出時知出、長短冷暖皆悉知之。由是諸禪自發、以隨爲妙門也。三止門、息心靜慮、名之爲止。行者雖依隨息而心安明淨、然若心依於隨、則有起想之亂。故宜捨隨而修止。凝心寂慮、心無波動、則諸禪定將自開發。是以止爲門也。四觀門、分別權析之心、名爲觀。行者雖因止而證諸禪定、然解慧未發、無明之心味着諸定。故宜觀心分明、知五陰之虛誑、破四顚倒及我等之十六知見顚倒。既無則無漏之方便因此開發。故以觀爲門。五還門、轉心返照、名爲還。行者雖修觀照、然若計我能觀照而破顚倒、則爲計我之惑、反與外道同。故當轉心而反照能觀之心。若知能觀之心虛誑無實、卽附觀執我之倒自亡、而無漏之方便智自然而朗。故以還爲門。六淨門、心無所依、妄波不起、名爲淨。行者修還時、雖能破能觀之倒、心然未發眞明之無漏智、由住於無能所、卽是一箇受念故使心智穢濁。若覺知之巳、不住不着、泯然清淨、則眞明因此開發、卽斷三界之結、證三乘之道。是以淨爲門也。此六通稱爲妙門者、以其次第相通而至於眞妙之涅槃故也。見六妙法門法界次第上之下。

【妙供】（術語）殊妙之供養也。秘藏寶鑰上曰、「八供天女起雲海於妙供」。

【妙金剛大甘露軍荼利焰鬘熾盛大三摩地】（術語）大日如來將說金剛熾盛光明佛頂自在十字眞言、先使盡虛空界成爲一甘露焰鬘之三昧也。大妙經曰、「於是如來入妙金剛大甘露軍荼利焰鬘熾盛大三摩地。盡虛空界無有邊處成一甘露焰鬘」。

【妙音】（人名）婆沙四評家之一。俱舍光記二十曰、「音聲妙故名曰妙音。梵云懼沙。舊云瞿沙訛也」。

【妙音天】（天名）妙音樂天之略稱。

【妙音品】（經名）妙音菩薩品之略稱。

【妙音堂】（堂塔）祭妙音天之堂也。

【妙音鳥】（雜名）迦陵頻伽一譯妙音鳥。

【妙音大士】（菩薩）與妙音菩薩同。

【妙音樂天】（天名）辯才天之異名。其妃曰辯才天女。密敎以爲胎藏界金剛部院之一衆。顯敎謂爲妙音菩薩。法華妙音菩薩品說之。大日經疏五曰、「次地置薩囉伐底。Sarasvatī 譯云妙音樂天。或曰辯才天。次地并置其妃」。同十五曰、「妙音是天名也。金光明云大辯才天女。大辯謂后也。我出聲勝百千梵聲故得名也」。見大辯才天條。

【妙音菩薩】（菩薩）法華經妙音菩薩品、謂釋迦如來放肉髻白毫二光、照東方八萬億世界、過此有國名淨光莊嚴。佛名淨華宿王智如來。妙音菩薩自彼世界與八萬四千菩薩、共來靈鷲山時、雨七寶蓮華、百千音樂自鳴。花德菩薩問佛。此妙音菩薩植何善根有此神力。佛言過去有雲雷王佛。此時妙音菩薩以十萬種伎樂及八萬四千寶鉢供養之因、而今生淨華宿王智佛國、得現一切色身三昧。於一切世界現三十八種身、說法度生。云法華文句十曰、「昔得一切衆生語言陀羅尼。今以普現色身、以妙音聲徧吼十方、弘宣此敎。故名妙音」。法華嘉祥疏十二曰、「言妙音者。此菩薩過去以十萬種伎樂供養於佛。故得美妙音聲。因以立名。舊經稱師子吼菩薩」。法華玄贊十曰、「音者謂音聲。妙者謂殊妙。昔在因中好設樂以供佛。今居果位善說法以利生。雙彰業德以標其名。故稱妙音菩薩」。

【妙音菩薩品】（經名）法華經二十八品中第二十四品之名。說妙音菩薩之因行果德。

【妙香】（雜語）殊妙之香也。增一經曰、「有妙香三種謂多聞香戒香施香。此三香逆風順風無不聞之。」杜甫詩曰「心淸聞妙香。」

【妙香合成願】（術語）國土嚴飾願之異名。

【妙華】（雜語）殊妙之華。無量壽經上曰、「天雨妙華。」

【妙華三昧】（術語）百八三昧之一。智度論四十七曰、「妙華三昧者。如樹華敷開令樹嚴飾。得此三昧。諸三昧中開諸功德華以自莊嚴。」

【妙華布地胎藏莊嚴世界】（術語）胎藏大日所住之世界。卽大悲胎藏曼荼羅也。大日經百字果相應品曰、「爾時世尊於無量世界海門。徧法界慇懃勸發成就菩提。出生普賢菩薩行願。於此妙華布地胎藏莊嚴世界種種性海中受生。以種種性淸淨門淨除佛刹。現於菩提場而作佛事。」

【妙高】（雜名）須彌山之譯名。秘藏記本曰、「蘇者妙也。迷盧者高也。故曰妙高山。」

【妙高山王】（雜語）妙高山爲山中最高者。故曰王。藥師經曰、「妙高山王可使傾動。諸佛所言無有異也。」俱舍論十一曰、「妙高山王四寶爲體。」

【妙眞如性】（術語）眞如爲萬法之實性。諸相不可得。故曰妙。楞嚴經二曰、「常住妙明不動周圓妙眞如性。」

【妙眞珠網】（雜名）以殊妙之眞珠所造之網也。觀無量壽經曰、「妙眞珠網以爲交飾。」

【妙悟】（術語）殊妙之覺悟。唐華嚴經十二曰、「妙悟皆滿。二行永斷。」涅槃無名論曰、「玄道在於妙悟。妙悟在於卽眞。」

【妙相】（術語）謂莊嚴之像也。梁簡文文曰、「降茲妙相、等諸佛力。」

【妙莊嚴王】（本生）法華經妙莊嚴王本事品說。過去無數劫有佛。名雲雷音宿王華如來說法華經。爾時國王名妙莊嚴、夫人名淨德。有二子名淨藏淨眼。時妙莊嚴信外道婆羅門法。夫人與二子共設種種方便、以翻王心。遂詣宿王華如來所聞法華經、共得妙益。

【妙莊嚴王品】（經名）妙莊嚴王本事品之略稱。

【妙莊嚴王本事品】（經名）法華經二十八品中第二十七品之名。說妙莊嚴王之本事來歷、故名。

【妙理】（術語）深妙之道理也。

【妙假】（術語）台家對於別敎隔歷之建立假。而謂圓敎三諦圓融之假爲妙假。輔行一之三曰、「卽此千如名爲妙假。」

【妙眼】（雜語）殊妙之眼根。唐華嚴

經二曰、「妙眼能知此方便」。

【妙祥】（菩薩）妙吉祥之略。文殊師利之新譯語。性靈集二曰、「能寂常以利見。妙祥鎮住以接引」。

【妙雲大士】（佛名）謂妙雲相佛也。

【妙雲如來】（佛名）同上。

【妙雲相佛】（佛名）又曰妙雲自在王如來。龍樹菩薩之本地也。見龍樹條。

【妙雲自在王如來】（佛名）妙雲相佛之異名。

【妙喜】（界名）維摩詰經曰、「佛言有國名妙喜。佛號無動」。

【妙喜世界】（界名）維摩居士之國土也。維摩經見阿閦佛國品曰、「佛告舍利弗。有國名妙喜。佛號無動。是維摩詰於彼國沒而來生此」。

【妙喜足天】（界名）兜率天之譯名。可洪音義一曰、「妙喜足天。覩史天王也。大智度論云。珊兜率陀。秦言妙足。唐言妙喜足。亦言知足」。

【妙善公主】（本生）觀音菩薩嘗爲妙善公主。編年通論十曰、「南山道宣律師。嘗問天神觀音大師緣起。天神對曰。往昔過去劫有主曰莊嚴。夫人曰寶應。生三女。長曰妙顏。仲曰妙音。季曰妙善。（中略）現千手千眼聖像」。從容錄四曰、「嘗見一說。大悲昔爲妙善公主。乃天人爲宣律師說」。

【妙智】（術語）稱佛智之不可思議也。無量壽經上曰、「妙智無等倫」。

【妙極】（術語）絕妙至極也。三論玄義曰、「佛名大覺。老曰天尊。人同上聖。法俱妙極」。大日經疏曰、「一一眞言皆如來妙極之語也」。

【妙意菩薩】（菩薩）錠光佛捧五莖之蓮。儒童菩薩之本名也。見然燈佛條。

【妙說】（術語）微妙之說法。慈恩傳五曰、「耳承妙說。目擊金容」。

【妙境】（術語）不思議之境界也。謂以觀法之智慧觀之。則一一之法皆備實相之理也。

【妙語藏】（術語）眞言陀羅尼也。千手經曰、「當知其人妙語藏。口中陀羅尼音無斷絕故」。大日經疏曰、「一一眞言皆如來妙極之語也」。

【妙慧】（術語）深妙之智慧也。法華經序品曰、「佛子心無所着。以此妙慧求無上道」。

【妙慧童女經】（經名）須摩提經之異名。

【妙德】（術語）文殊師利（Mañju-śri）菩薩之譯名。法華文句二曰、「文殊師利。此云妙德。大經云、了了見佛性。猶如妙德等。無行經云滿殊尸利。普超云濡首。思益云雖說諸法而不起法相。不起非法相。故名妙德。」釋門正統二曰、「妙德現於淸涼。徧吉彰於峨嵋。」

【妙德童眞菩薩】（菩薩）文殊菩薩童形之稱也。文殊大聖爲釋迦九代之祖師。在現在北方之世界雖現爲歡喜藏摩尼寶積佛。而現童子之形。則名爲妙德童眞菩薩。蓋文殊之妙慧在諸法爲無執無分別。與世之童子相類也。見文殊師利條。

【妙幢】（菩薩）菩薩名。最勝王經夢見金鼓懺悔品曰、「爾時妙幢菩薩詣鷲峯山白佛言世尊。我夢中見婆羅門槃妙金鼓。聲中演說微妙伽陀明懺悔法。我皆憶持。願世尊聽我所說。即於佛前說頌。爾時世尊聞此說已。讚妙幢菩薩曰善哉善男子。如汝所夢金鼓出聲讚歎如來眞實功德并懺悔法。若有聞者。獲福甚多。」舊譯之金光明經、名爲信相菩薩。

【妙幢相三昧】（術語）法華經所說十六三昧之一。法華義疏十二曰、「妙幢相三昧者。入是三昧於諸三昧中最爲尊長。譬如軍將得幢表其大相也。」

【妙談】（術語）殊妙之談話。敎行信證三末曰、「律宗用欽師云至如華嚴極唱法華妙談。且未見有普授衆生一生皆得阿耨多羅三藐三菩提記者。」

【妙賢】（人名）須跋陀羅比丘。西域記譯曰善賢。寄歸傳譯曰妙賢。見須跋陀羅條。

【妙趣】（術語）微妙之旨趣也。唯識樞要上本曰、「大乘之妙趣。」

【妙樂】（術語）殊妙之歡樂也。觀無量壽經曰「見彼國土極妙樂事」又（人名）天台六祖荊溪湛然。住常州之妙樂寺。講法華。號妙樂大師。之法華文句記稱爲妙樂。法照之讀敎記及蒙潤之四敎儀集註有言妙樂記者。即文句記也。唐文粹六十一李華左溪大師碑銘曰、「常州妙樂寺僧湛然。見如來性傳左溪法門。」觀心略要集冠註曰、「吾山先哲皆指湛然尊者云妙樂大師。相傳云妙樂寺號也。」

【妙蓮華】（譬喻）眞明之佛知見。在染亦不汚。故謂爲妙蓮華。楞嚴經五曰、「是名妙蓮華金剛王寶覺如幻三摩提。」長水疏五上曰、「此平等性觀。能破無明開佛知見。此知見性處妄常眞。在染不染。今得顯發。如開敷出水。故以爲喻。」

【妙機】（術語）可受微妙感應之微妙機根也。法華玄義六曰、「妙機召究竟妙應。」

【妙臂菩薩】（菩薩）又曰蘇婆呼童子。蘇婆呼。譯妙臂。

【妙臂所問經】（經名）妙臂菩薩所問經之畧稱。

【妙臂印陀羅尼經】（經名）一卷。唐

實叉難陀譯勝臂印陀羅尼經之異譯。

【妙臂菩薩所問經】（經名）四卷、趙宋法天譯。蘇婆呼童子經之異譯。

【妙應】（術語）佛菩薩不思議之應現也。法華玄義六曰、「妙機召究竟妙應」又曰、「如一月不降百水不升而隨河短長任器規矩無前無後一時普現此是不思議妙應也」

【妙聲鳥】（動物）迦陵頻伽之譯名。

【妙覺】（術語）自覺覺他覺行圓滿而不可思議、曰妙覺。卽佛果之無上正覺也。二乘止於自覺、無覺他之功、菩薩雖自覺覺他並行、而未圓滿、獨佛二覺圓滿、覺體不可思議也。四敎儀四曰、「金剛後心朗然大覺、妙智窮源、無明習盡、名眞解脫、脩然無累、寂而常照、名妙覺地」三藏法數二十六曰、「自覺覺他覺行圓滿、不可思議、故名妙覺性」

【妙覺地】（術語）瓔珞本業經所說四十二地之一。佛果之地位也。

【妙覺性】（術語）瓔珞本業經所說六種性之一。佛果之性分也。

【妙觸貪】（術語）四種貪之一。

【妙觀】（術語）台宗對於別敎隔歷之三觀、而謂圓敎圓融之三觀爲妙觀。光明記三曰、「妙觀者空卽三諦、假中亦然、名卽一而三、三諦俱空、假中亦然、名卽三而一」四敎集解下曰、「以妙觀觀於陰心、顯於三千三諦之理、故云觀法也」秘藏記本曰、「妙觀察智、五眼高臨、邪正不謬、因以爲名」

【妙觀察智】（術語）顯敎所說四智之一、轉凡夫之第六識而得至於佛果、觀察諸法而說法之智也。心地觀經二曰、「妙觀察智、轉分別識得此智慧、能觀諸法自相共相、於衆會前說諸妙法、能令釋生得不退轉、以是名爲妙觀察智」又密敎所說五智之一、配於西方無量壽佛之智德。菩提心論曰、「西方阿彌陀佛由妙觀智、亦名蓮華智、亦名轉法輪智也」

【妙觀察智定印】（印相）又曰蓮華部定印。阿彌陀如來之入定印也。見智定印。

【妙體】（術語）殊妙之體性。

【妙顯山】（雜名）須彌山也。金剛頂經曰、「妙顯山、舊云妙高山」

【形山】（譬喩）身體譬之山。寶藏論空有品曰、「天地之內、宇宙之間、中有一寶、秘在形山」

【形色】（術語）形體與色相。法華經譬喩品曰、「卽遣二人形色憔悴」無量壽經上曰、「國中人天形色不同」又謂長短方圓等形之可見於眼者。二色之一。俱舍論一曰、「形色有八、（中略）長短方圓高下正不正」

【形同息慈】（雜名）大乘之學人受

小乘之十戒、形同沙彌者。息慈者、梵語沙彌之譯。

【形身】（術語）大乘入楞伽經三曰、「名句文身」楞伽經二曰、「名句形身」形身卽文身字身也。文字以形爲體故曰形身。楞伽經二曰、「形身者謂顯示名句。是名形身」

【形貌欲】（術語）六欲之一。

【杜口】（雜語）法之玄妙不可說、杜其口而止也。僧肇之無名論曰、「釋迦掩室於摩竭、淨名杜口於毘耶」三論玄義曰、「釋迦掩室淨名杜口」

【杜多】（術語）Dhūta 又作杜茶。與梵語頭陀同、見頭陀條。慧琳音義二曰、「杜多梵語也。古曰頭陀。十二種苦行。具如本經所說也」

【杜底】（雜語）Dūta 譯曰使者。

【杜茶】（術語）Dhūta 與頭陀同。

【杜順】（人名）唐法順、姓杜氏、萬年人。十八出家、依聖僧道珍、受學定法、現神驗。唐太宗詔問朕苦勞熱、師之神力何以蠲除、師曰、聖德御宇、微恙何憂、但頒大赦、聖躬自安。上從之。病遂愈。因賜號曰帝心。正觀十四年坐亡。師著法界觀門一卷、妄盡還源觀一卷。專弘華嚴。以授雲華智儼。儼授賢首法藏。以師爲本宗之鼻祖。見佛祖統紀二十九。

【邪山】（譬喩）邪見之高譬之山。止觀五之四曰、「傾邪山。竭愛海。皆觀之力」

【邪正一如】（術語）見一如條。

【邪行】（術語）總稱九十六種外道之行法。瑜伽倫記六上曰、「邪行九十六種外道等」

【邪行障】（術語）唯識論所明十障之一。見十障條。

【邪行眞如】（術語）七眞如之一。見眞如條。

【邪因外道】（流派）十種外道之一。見外道條附錄。

【邪因邪果】（術語）見四執條。

【邪林】（譬喩）邪見之多如林也。行事鈔下四之二曰、「相似道相似善。雖知難學。多入邪林」

【邪旬】（術語）荼毘之轉訛。玄應音義六曰、「邪旬或云闍維、闍毘同。一正言闍鼻多。是焚燒也」見荼毘條。旬與波旬（Pāpiya）之旬同。旬字爲毘之音。故邪旬者Jhāpeti（現）Jhāpita（過）之譯音也。

【邪見】（術語）五見之一。

【邪見使】（術語）五利使之一。

【邪見乘】（術語）斥小乘之空法爲邪見乘。止觀七之四曰、「乘邪見乘、入險惡道。是壞驢牽耳」

【邪見經】（經名）一卷、失譯。中阿含邪見經之別譯。

【邪見網】（譬喩）邪見之參差交絡。

羅人如網、故曰邪見網。智度論十一曰、「是入邪見網。煩惱破正智。離諸清淨戒。唐苦墮異道」。

【邪見幢】（雜語）邪人標榜邪見、如大將之幢旗、故曰邪見幢。三論玄義曰「善巧說法。燃正法炬。滅邪見幢」

【邪見稠林】（譬喩）邪見有種種、而交互繁茂、如稠林之茂密、故曰邪見之稠林。法華經方便品曰「入邪見稠林。若有若無等。依止此諸見。具足六十二」。

【邪私】（術語）邪念私欲、耽於女色也。行宗記二上曰、「邪私者耽女色也」

【邪命】（術語）比丘不以乞食如法自活、作不如法之事而生活、謂爲邪命。此有四種。一下口食、謂種植田園和合湯藥以求衣食而自活命也。二仰口食、謂以仰觀星宿日月風雨雷電霹靂之術數學求衣食、而自活命也。三方口食、謂曲媚豪勢通使四方巧言多求以自活命也。四維口食、維爲四維、謂學種種之咒術卜算吉凶以求衣食而自活命也。見智度論三。

【邪命食】（術語）見前項。

【邪命說法】（術語）爲求衣食之料而說法、曰邪命說法。

【邪性定】（術語）邪性定聚之略。

【邪性定聚】（術語）三聚之一。見三聚條。

【邪定】（術語）邪性定聚之略。

【邪定聚】（術語）邪性定聚之略。

【邪法】（術語）邪僻之道也。唐華嚴經十二曰「若能了邪法。如實不顚倒」。俱舍論十二曰、「邪法縈纏。瞋毒增上」

【邪空】（術語）斥方廣道人之大虛空、曰邪空。三論玄義曰、「學大乘者名方廣道人。執邪空不知假有」。

【邪思惟】（術語）橫邪之思惟也。

【邪扇】（譬喩）以邪道煽動人、譬之曰邪扇。讚阿彌陀佛偈曰、「關閉邪扇開正轍」。

【邪倒見】（術語）邪僻顚倒之惡見也。藥師經曰「愚痴迷惑。信邪倒見」。

【邪婬】（術語）非自己之妻妾而婬之、曰邪婬。五戒之一。

【邪執】（術語）固執不正之見解、曰邪執。地藏十輪經五曰、「遠離一切邪執惡見」。起信論曰「對治邪執」。同義記下末曰、「一切邪執皆依我見」。大乘義章五末曰「邪執翻境。名之爲倒」。

【邪雲】（譬喩）邪見之隱覆佛性、譬如雲、故曰邪雲。

【邪道】（雜語）非理之行法也。金剛經曰、「若以色見我。以音聲求我。是人行邪道。不能見如來」。

【邪瑜伽行】（術語）總稱苦行外道

非理之觀行。瑜伽倫記五上曰、「或依棘刺。修斷瑜伽。或依灰坌。或行木杵。夜卽臥上。或行著板衣。夜卽臥板。或如狐蹲住。乃後夜不至地。卽是邪瑜伽行也。」

【邪聚】（術語）邪性定聚也。無量壽經下曰「彼佛國中無諸邪聚及不定聚。」見三聚條。

【邪網】（譬喻）邪法如網絞絡而能羅人。故曰邪網。無量壽經上曰「掴裂邪網消滅諸見。」起信論曰「遠離痴慢出邪網故。」同義記上曰「出邪魔羂網故。」

【邪慢】（術語）七慢之一。見慢條。

【邪觀】（術語）觀淨土之依正。或違佛經之正說。或離餘觀。稱之爲邪觀。觀無量壽經曰、「作是觀者名爲正觀。若他觀者名爲邪觀。」彌勒上生經曰、「作是觀者名爲正觀。若他觀者名爲邪觀。」

【邪魔】（異類）惡邪之魔羅也。魔羅爲惡鬼神之總稱。佛書以妄見爲邪魔。言足爲正道之障也。起信論曰、「爲邪魔諸鬼之所惱亂。」盂蘭盆經曰「邪魔外道。」

【邪魔外道】（流派）邪惡之魔鬼與佛法外之行者也。藥師經下曰「信世間邪魔外道妖孽之師妄說禍福。」

【那】（術語）Na 又作娜、拏、曩。悉曇五十字門之一。體文三十五字之一。屬喉聲之第五。金剛頂經曰、「曩字門一切法名不可得故。」此由 Nāman（名）釋之。涅槃經曰、「那者三寶安住無有傾動。喻如門閫。是故名那。」智度論四十八曰、「若聞那字。卽知一切法不得不失不來不去。那秦言不。」大日經疏九曰「曩無也。」等由否定之接頭語 Na 釋之。

【那他】（雜語）Nada 又與 Nadi 那地。那提同。譯言江海。見那提條。

【那由他】（雜語）Nayuta 又作那庾多、那由多、那術、那述。數目名。當於此方之億。億有十萬、百萬、千萬三等。故諸師定那由多之數不同。本行經十二曰、「那由他隋言數千萬。」玄應音義三曰、「那術經文作述。同食事反。或言那由他。正言那庾多。當中國十萬也。光讚經云億那述劫是也。」

【那吒】（天名）Nata 毘沙門天王之太子。三面八臂大力鬼王也。按夷堅志載程法師事云、值黑物如鍾、從林間直出。知爲石精。遂持那吒火毬咒。俄而見火毬自身出。與黑塊相擊、據是道家亦奉那吒也。

【那吒佛牙】（故事）宋高僧傳（道宣）傳曰、「宣律師於西明寺夜行道。足跌前階。有物扶持履空無害。熟顧視之。乃少年也。宣遽問何人中夜在此。少年曰。某非常人。卽毘沙門天王之子那吒也。護法之故。擁護和尚時之尚矣。宣曰。貧道修行。無事煩太子。太子威神自在。西域有作佛事者。願爲致之。

太子曰。某有佛牙。寶掌雖久。頭目猶捨。敢不奉獻。俄授於宣。宣保錄供養焉。」

【那吒折肉】（公案）五燈會元二曰、「那吒太子折肉還母。折骨還父。然後現本身運大神通。為父母說法。」祖庭事苑六曰、「叢林有折骨還父。折肉還母之說。然於乘敎無文。不知何依而作此言。」

【那先】（人名）比丘名。那為那伽之略。象之梵語。先者先時也。（Sena軍也）此人生時。有一大象於同日生。故父母名之曰那先。生於佛滅後。應宿願而出家。得阿羅漢果。那先前世有故舊。是亦應宿願而為邊小之國王。名彌蘭陀。國王善問難。那先一一解答之。那先比丘經上曰、「其一人前世欲剃頭作沙門求羅漢泥洹者。生於天竺字陀獵。與肉袈裟俱生。其家有一大象同日生。天竺為象為那。父母便為那先。」

【那先經】（經名）那先比丘經之略名。

【那先比丘經】（經名）二卷。失譯。記那先比丘之生緣及與國王彌蘭陀之問答。巴 Milinda-pañha

【那伽】（異類）Nāga 譯言龍。象。無罪。不來。稱佛或阿羅漢為摩訶那伽。喻其有大力用也。玄應音義三曰、「那伽。此云龍或云象也。言其大力。故以喻焉。」同二十三曰、「那伽有三義。一云龍。二云象。三云不來。孔雀經名佛為那伽。由佛不更來生死故也。」智度論三曰、「摩訶那伽。名阿羅漢。摩訶言大。那名無。伽名罪。阿羅漢諸煩惱斷。以是故名大無罪。次那伽或名龍。或名象。是五千阿羅漢。諸阿羅漢中最大力。以是故言如龍。如象。水行中龍力大。陸行中象力大。」大日經疏五曰、「摩訶那伽是如來別號。以況不可思議無方大用也。」俱舍論十三曰、「契經說。那伽行在定。那伽住在定。那伽坐在定。那伽臥在定。」

【那伽身】（術語）龍身也。

【那伽定】（術語）身變龍而定止於深淵曰那伽定。為保長壽。逢彌勒出世以願力而入於那伽定。

【那伽波羅】（人名）見那迴羅條。

【那伽室利】（菩薩）Nāgaśrī 菩薩名。譯曰龍吉祥。大般若經五百七十六曰、「那伽室利。翻為龍吉祥。」

【那伽犀那】（人名）Nāgasena 譯曰龍軍。天竺論師之名。飾宗記十本曰、「那伽犀那。此云龍軍。」梵網述記上曰、「定佛敎體。西方有三種。第一那伽犀那。此云龍軍。」參照那先條。図十六羅漢之第十二。法經記曰、「那伽犀那尊者。與千二百阿羅漢。多分住半度波山。」

【那伽質多】（雜語）Nāgacitta 那伽為龍。質多為心。於龍心打針而降伏止雨之法也。

【那伽枳薩】（物名）Nāgakesara 譯曰龍華。陀羅尼集經十曰、「那伽枳薩。此云龍華。出崐崙山」最勝王經七曰、「龍華鬚、那伽雞薩羅」

【那伽閼剌樹那】（人名）Nāgarjuua 菩薩名。龍樹。新曰龍猛。西域記八曰、「南印度那伽閼剌樹那菩薩。唐言龍猛。舊譯曰龍樹。非也」見龍樹條。

【那含】（術語）Anāgāmin 又作那鋡。阿那含之略。小乘第三果之名。譯曰不還、不來。還來欲界之義也。可洪音義二下曰、「那鋡。第三果。此云不來。生色界不來人間也。」

【那利羅】（植物）Nārikela 樹名。探玄記二十曰、「那利羅者。具云捺唎羅吉唎。此云蓏。第有用樹。捺唎此云蓏也。羅是是多聲。謂蓏等枝葉花果也。吉唎此云能作。謂此樹蓏等悉有用益衆生故。此樹出海中。其形甚高。似多羅樹。其果甚美。於中有汁。似耶子樹」西域記二曰、「那利薊羅果。」

【那阿賴耶曼茶羅】（術語）Nālay-a-mandala 那爲無之義、阿賴耶爲依處之義、曼茶羅爲道場之義、即無依處道場也。阿賴耶無染分之依處、而有淨分之圓淨、出生勝德而無盡、故名無依處道場。是善財童子南詢第四十四參賢勝優婆夷所得之解脫門也。見華嚴大疏七十六。

【那耶】（術語）Naya 譯爲正理、乘、道。因明大疏一曰、「那耶稱正理。」大日經疏三曰、「梵音娜耶。即是乘義、道義。謂從一念善根乃至成佛。中間一一諸地所乘之法。所行之道。通名娜耶。」

【那耶修摩】（流派）尼犍子之別名。百論疏上中曰、「尼犍子。Nirgrantha 此云無垢。依經修行離煩惱垢。故以爲名。亦名那耶修摩。」

【那哆】（人名）人名。譯曰無。見阿育王經七。梵 Nata

【那律】（人名）阿那律之畧。比丘名。見阿那律條。

【那迦羅】（人名）或云那伽波羅。此翻龍護。亦云象護。此比丘、現生亦證淨法。增一阿含經曰、「我聲聞中第一比丘。曉了星宿、預知吉凶、所謂那伽波羅比丘是也。」

【那述】（雜語）Nayuta 與那由他同。數量名。當於此方之一億。玄應音義三曰、「那術。經文作述。或言那由他。正言那庾多。當中國十萬也。光讚經云億那述劫是也」見那由他條。

【那連耶舍】（人名）那連提黎耶舍之略。

【那連提耶舍】（人名）那連提黎耶舍之略。比丘名。

【那連提黎耶舍】（人名）Narendrayaśas比丘名。譯言尊稱。續高僧傳二曰、「那連提黎耶舍。此言尊稱也。北天竺烏場國人。（中畧）所譯經論一十五部八十許卷。」

【那提】（雜語）Nadii譯言河、或江。又河名。法華文句曰「那提。此翻河亦江。」慧琳音義二十曰、「那提河名。」西域記八曰、「捺地迦葉波。舊曰那提迦葉。訛也。」法華玄贊一曰、「梵云捺地。言那提。訛。」図（人名）Nadii Iunyopāya，比丘名。續高僧傳五曰、「那提三藏。此云福生。具依梵語則云布焉伐耶。以言煩多。故此但訛略而云那提也。本中印度人。」

【那提迦葉】・（人名）Nadikāśyapa三迦葉之一。又作捺提迦葉簸。新曰捺地迦葉波。迦葉其姓、那提為河名、此人在那提河邊得道。故謂為那提迦葉。光宅法華疏一曰、「迦葉姓也。那提者河名也。昔此外道。其人事外神。領五百徒衆。住在那提河邊。値仙受道。得羅漢道。猶以昔河為名也。」慧琳音義二十曰、「那提河名。」西域記八曰、「捺地迦葉波。舊曰那提迦葉。訛也。」不思議境界經上曰、「那提迦葉簸。」

【那落迦】（界名）地獄名。華言惡者。言造惡之人生彼處也。見翻譯名義集。

【那辣遮】（雜名）譯曰錐。慧琳音義三十六曰、「那辣遮。金剛錐之梵名也。鐵柄錐也。」

【那麼】（雜語）Náman又作娜麽、曇麽。譯曰名。俱舍光記五曰、「梵云那麼。唐言名。是隨義。歸義。赴義。名義。謂隨音聲歸赴於境。呼召色等名能詮義。」演密鈔五曰、「梵語娜磨。此譯為名。娜具多義。各隨義辨。」

【那睺沙】（人名）Nahuṣa王名。譯曰不事火。見慧琳音義二十六。

【那翳舍】（雜語）Na eṣaḥ梵語雜名曰、「翳舍如此。那翳舍不如此。」

【那韓曼陀羅】（雜名）Nābhi-maṇḍala譯曰臍輪。見華嚴疏鈔六十三。

【那謨阿哩也】（術語）Namoārya又作南謨阿梨耶。譯曰歸命聖者。仁王經道場儀軌曰、「那謨此云歸命。阿哩也。此云遠離惡不善法。會意翻云聖者。」

【那謨囉怛那怛囉夜耶】（術語）見南無喝囉怛那哆羅夜耶條。

【那羅】（雜語）Naṭa譯曰力。伎戲。法華文句記九曰、「那羅。此云力。卽是捔力戲。亦是設筋力戲也。」名義集二曰、「那羅翻上伎戲。」

【那羅延】（天名）Nārāyaṇa天上力士之名。或梵天王之異名。嘉祥法華義疏十二曰、「眞諦云。那羅翻為人。延為生本。梵王是衆生之祖父。故云生本。羅什云。天力士。名那羅延。端正猛健也。」玄應音義二十四曰、

「那羅、此云人。延、此云生本。謂人生本。即是梵王也。外道謂一切人皆從梵王生。名人生本也」慧琳音義六曰「那羅延。欲界中天名也。一名毘紐天。欲求多力者。承事供養。若精誠祈禱。多獲神力也」同二十五曰「此云力士」涅槃經疏七曰「那羅延。此翻金剛」慧苑音義上曰「那羅延。此云堅固也」倶舍光記二十七曰「此神名人種神」大日經疏十曰「毘紐天有衆多別名。即是那羅延天別名也。是佛化身三昧同前。毘瑟紐費(即以本名為眞言也)以第一字為種子。毘是空義。瑟紐是進義。生義。乘空而進。所謂此天乘迦婁羅鳥而行空中也。私謂。釋迦於五部佛中乘迦婁坐。即是虛空進行之義也」秘藏記下曰「那羅延天。三面青黃色。右手持輪。乘迦樓羅鳥」又十九執金剛之一。

【那羅陀】(植物)Naradhara' 華名。譯曰人持華。慧苑音義上曰「那羅。正言捺羅。此云人。陀羅。此云持也。其華香妙。人皆佩之。故曰人持華也」

【那羅延天】(天名)與那羅延同。

【那羅延天后】(天名)在胎藏界曼荼羅外金剛部院西方那羅天之傍。肉色。左捧荷葉盛華。右手附於其荷葉邊。坐於筵。

【那羅那里】(雜語)Nara-nari 那羅為男性。那里為女性。言男女兩性之會合。為那羅那里之娛樂。理趣釋上曰「妙適者。即梵語蘇羅多也。蘇羅哆者。如世間那羅那里娛樂。金剛薩埵亦是蘇羅哆。以無緣大悲徧緣無盡衆生界。願得安樂利益。心曾無休也。自他平等無二。故名蘇羅哆耳」參照二根條。

【那羅摩納】(術語)Nara-mānava 略曰摩納。見摩納條。

【那羅摩那】(術語)與摩納同。

【那羅延身】(術語)如那羅延力強之身體也。

【那羅延身願】(術語)阿彌陀如來四十八願中之第二十六。使極樂之往生人。皆得那羅延之金剛堅固身之願也。無量壽經上曰「設我得佛。國中菩薩。不得金剛那羅延身者。不取正覺」

【那羅延力經】(經名)大華嚴長者問佛那羅延力經之略名。

【那爛陀】(寺名)Nālanda 在中天竺摩竭陀國菩提道場之大覺寺東七驛。佛滅後。鑠迦羅阿逸多王所建。歷代相繼而增建之。遂為五天竺第一之精舍。那爛陀譯言施無厭。世俗相傳為住於此寺邊池中之龍王名。若依實義。則釋迦如來往昔在此地為國王時之德號也。西域記九曰「那爛陀(唐言施無厭)僧伽藍。聞之耆舊曰。此伽藍南菴沒羅林中有池。其龍名那爛陀。傍建伽藍。因取爲稱。從其實義。是如來在昔修菩薩行。爲大國王。建都此地。悲愍衆生。好樂周給。時美其德。號施無厭。由是伽藍因以爲稱。其本菴沒羅園。五百商人以十億金錢買以施佛。佛於此處三月說法。諸商人等亦證聖果。佛涅槃後未久。此國先王鑠迦羅阿逸多。（唐言帝日）敬重一乘。尊崇三寶。式占福地。建此伽藍。初興功也。穿傷龍身。時有善占尼犍外道見而記曰。斯勝地也。建立伽藍當必昌盛。爲五印度規則。逾千載而彌隆。後進學人易以成業。然多歐血。傷龍故也。其子佛陀毱多王。（唐言覺護）繼體承統。聿遵勝業。次此之南又建伽藍。呾他揭多毱多王（唐言如來護）篤修前緒。次此之東又建伽藍。婆羅阿逸多。（唐言幻日）王之嗣位也。次此之東北又建伽藍。功成事畢。福會稱慶。」求法高僧傳下曰、「大覺寺東北行七驛許。至那爛陀寺。乃是古王室利鑠羯羅昳底爲北天竺羯羅社槃所造。此寺初基總餘方塔。其後代國王苗裔相承。造製宏壯。則贍部洲中當今無以加也。此是室利那爛陀莫訶毘訶羅樣。唐譯云吉祥神龍大住處也。西域凡喚若王及大官屬並大寺舍。皆先云室利。意取吉祥尊貴之義。那爛陀乃是龍名。近此有龍名那伽爛陀。故以爲號。毘訶羅此住處義。此云寺者不是正翻。」

【邠祁文陀弗】（人名）Pūrṇamaitrāyaṇīputra 比丘名。見富樓那條。

【邠耨文陀弗】（人名）見次項。

【邠耨文陀尼】（人名）Pūrṇamaitrāyaṇī-putra 富樓那尊者之母曰邠耨文陀尼。富樓那曰邠耨文陀弗。或邠耨文陀尼子。弗者子之義也。見富樓那條。

【卵生】（術語）四生之一。依卵殼而生者。大乘義章八本曰、「如諸鳥等。依於卵殼而受形者。名爲卵生。」

【卵塔】（物名）昔南陽忠國師、對代宗謂爲老僧作箇無縫塔。（傳燈錄忠國師章）後之禪者託斯語。爲亡僧削堅石。圜圖而無縫稜。無層級。呼爲無縫塔。無縫塔之形如鳥卵。因名卵塔。雪峯存禪師錄難提塔銘曰、「土圭曰松山卵塔號難提。」正宗贊雪峯贊曰「松山小塔卵石子。亂壘幾層」

【却入生死】（術語）菩薩却來生死海而濟度衆生也。文句記五中曰、「却入生死之說。驚入火宅之喻。」大部補註六曰「寶積經云文殊師利言吾又忿心入諸塵勞生死之內。」

【却來】（術語）與却入同。洞家之舉唱向正位（從假入空）爲向去。自正位來偏位（從空出假）爲却來。

【却來首座】（雜語）爲大方之尊宿人退位而就首座之職也。

【却溫神呪經】（經名）一卷、失譯。佛

在竹林精舍時、國內疫氣猛盛、會中衆亦多仆者。阿難因問溫氣疫毒却離之法。佛爲說其數。此經日本收於續藏經。

【劫】（術語）梵語劫簸Kalpa之略。譯言分別時節。通常年月日時不能算之遠大時節也。故又譯大時。智度論三十八曰、「劫簸秦言分別時節。」又曰、「時中最小者六十念中之一念。大時名劫。」釋迦氏譜曰、「劫波。此土譯之名長時也。」慧苑音義上曰、「劫。梵言具正云羯臘波。此翻爲長時。」劫有二種。一名器世間。就世界成壞而立之數量也。如成劫壞劫增劫減劫等名。祖庭事苑曰、「日月歲數謂之時。成住壞空謂之劫。」二名歲數劫。算晝夜日月之數量者。法華論曰、「示現五種劫。一者夜。二者晝。三者月。四者時。五者年。」智度論三十八曰、「有人言時節歲數名爲小劫。如法華經中舍利弗作佛時。正法住二十小劫。像法住二十小劫。」

【四劫】（名數）有二種。詳見四字部四劫條。

【三大阿僧祇劫】（術語）見三阿僧祇劫條。

【大中小劫】（術語）有二種之大中小。一一增（人壽自十歲、百年增一、而至八萬四千歲者）又一減。（人壽自八萬四千歲、百年減一、而至人壽十歲者）爲小劫。合此一增一減而爲中劫、成住壞空之四期、各經二十中劫也。而經此成等四期之間、即八十中劫爲大劫。是俱舍論之意。二合一增一減而爲小劫、二十增減即二十小劫爲中劫。成等四期各經一中劫也。八十增減即四中劫爲大劫。是智度論之意。已上二說大劫之量同一。

【磐石劫芥子劫】（譬喻）以磐石芥子之喻示劫量者。智度論五曰、「佛以譬喻說劫義。四十里石山、有長壽人每百歲一來、以細軟衣拂拭此大石盡、而劫未盡。又四十里大城滿芥子。有長壽人百歲一來取一芥子、芥子盡而劫尙不盡。」同三十八曰、「有方百由旬之城滿芥子、（中略）有方百由旬之石。（云云）」菩薩瓔珞本業經下曰、「譬如一里二里乃至十里石、以天衣重三銖、人中日月歲數三年一拂此石乃盡、名一小劫。若一里二里乃至四十里石、亦名小劫。又八十里石、以梵天衣重三銖、梵天日月歲數三年一拂、此石乃盡、名爲中劫。又八百里石。以淨居天衣重三銖、淨居天日月歲數三年一拂、此石乃盡、故名一大阿僧祇劫。」

【一里劫萬里劫】（雜名）菩薩瓔珞本業經曰、「劫數者、所謂一里二里乃至十里石盡、名一里劫、二里劫五十里石盡、名五十里劫。百里石盡、名百里劫、千里石盡、名千里劫。萬里石盡、名萬里劫。」

【劫比】（人名）劫比羅之畧。

【劫比羅】（人名）舊稱迦毘羅。新稱劫比羅、劫畢羅。譯曰黃赤。見迦毘羅條。

【劫比羅仙】（人名）Kapila 舊稱迦毘羅仙。譯曰黃赤仙、黃頭仙。見迦毘羅條。

【劫比羅天】（天名）又作金毘羅天、俱鞞羅天。慧琳音義三十一曰、「劫比羅、梵語。云矩吠羅。舊云俱鞞羅天名也。」見迦毘羅條。劫比羅者Kapila 金毘羅者。Kumbhira 俱鞞羅者 Kubera 也。時時混用之。

【劫比羅國】（地名）劫比羅伐窣堵國之略名。

【劫比他】（雜語）不知譯。

【劫比他果】（植物）Kapittha 西域記二曰、「花草果木雜種異名。所謂菴沒羅果。（中略）劫比他果。」

【劫比他國】（地名）Kapitha 在中印度周回二千餘里、城西二十餘里有大伽藍。伽藍之大垣內有三寶階之遺趾。釋尊自忉利天下時、帝釋所化作者。見西域記四。舊名曰僧佉尸。Saṅkāśya

【劫比拏】（人名）又作劫庀那、劫賓那。Kapphiṇa 譯曰房宿。見劫賓那條。

【劫比拏王】（人名）古代印度之王。玄應音義二十三曰、「劫比拏王。南憍薩羅國王名也。因緣廣如經說也。」經說者指佛地經論。

【劫比舍也】（地名）舊稱罽賓。見罽賓條。

【劫比羅伐窣堵】（地名）KaPilavastu 又作劫比羅伐窣都。舊稱迦毘羅衛國、名。慧琳音義六曰、「劫比羅伐窣堵國。舊曰迦毘羅衛國。或曰迦羅。皆梵語訛畧也。即是釋迦如來降生之地。淨飯王所治之境。」見迦毘羅婆蘇都條。

【劫火】（雜名）壞劫之火災。三災中之火災。新譯仁王經下曰、「劫火洞然。大千俱壞。」俱舍論十二曰、「於是漸有七日現。諸海乾竭。衆山洞然。洲渚三輪並從焚燎。風吹猛焰燒上天宮。乃至梵宮無遺灰燼。」見火災條。

【劫水】（術語）大三災之一。壞劫時所起之大水災、由地下水輪水湧沸、大雨如車軸、第二禪天以下、盡爲水所浸潤而破壞也。無量壽經曰、「譬如劫水彌滿世界。其中萬物沈沒不現。滉瀁浩汗唯見大水。」

【劫布羅】（物名）Karpūra 譯曰龍腦香。千手千眼治病合藥經曰、「劫布羅香者。龍腦香是也。」

【劫布呾那】（地名）譯曰曹國。見西域記一。胡 Kebudhana

【劫石】（譬喻）佛示劫量之長、以天衣拂磐石爲喻。因而謂爲磐石劫。詳見劫條附錄。釋門正統八曰、「其爲壽也有劫石焉。有河沙焉」。從容錄四曰、「芥城劫石妙窮初。」

【劫灰】（雜名）劫火時之灰也。釋門正統四曰、「漢武掘昆明池得黑灰以問朔。（東方朔）朔曰可問西域胡道人摩騰且住。或以問之曰劫灰也。」

【劫初】（雜名）成劫之初。成此世界之初也。觀無量壽經曰、「劫初以來有諸惡王。」

【劫初金鈴】（故事）祖庭事苑五曰、「寶積經云善順菩薩拾劫初時閻浮檀金鈴子、以舍衛國波斯匿王爲國中第一貧困者而與之說偈曰若人多貪求積財無厭足。如是狂亂者名爲最貧人。」

【劫災】（術語）成劫之後有壞劫。壞劫之末有火風水三災、蕩盡世界。大日經三曰、「周遍生圓光如劫災猛焰。」

【劫貝】（植物）又作劫波育、劫波羅、劫婆羅、劫波娑、劫波薩、劫貝娑樹名。（譯曰時分樹。）又、白氎名。卽以劫貝樹之絮織之者。玄應音義一曰、「劫波育或言劫貝訛也。正言迦波羅。南昌名氎可以爲布。罽賓以南大者成樹以北形小狀如土葵有殼剖以出華。如柳絮可糸以爲布也。」同十四曰、「劫貝或言劫波育或言劫波羅。正言迦波羅。此譯云樹華名也可以爲布。」慧琳音義二十六曰、「劫貝娑花花同柳絮可以爲綿詢問梵僧白氈是也。梵 Karpasa

【劫波育】（植物）見前項。

【劫波杯】（物名）Kapala 以爲劫波樹所造之杯者誤。乃伊舍那天所持之杯、髑髏杯也。十二天供儀軌曰、「伊舍那天乘黃豐牛左手持劫波杯盛血右手持三戟鎗。」

【劫波娑】（植物）與劫貝同、

【劫波薩】（植物）見劫貝條。

【劫波樹】（植物）在帝釋天喜林園之樹名。劫波爲時之義。應時而出一切所須之物。六波羅蜜經三曰、「喜林園苑遊止無期。波利質多及劫波樹。白玉軟石更無坐時。」金剛頂經四曰、「如諸劫樹能與種種衣服嚴身資具」梵 Kalpataru

【劫波羅】（植物）樹名。又以劫波羅樹之華絮所織之白氈名。見劫貝條。（雜語）Kapala 譯曰髑髏

【劫波羅天】（界名）譯曰時分天。楞嚴經一曰、「取劫波羅天所奉華中於大衆前綰成一結」見時分天條。

【劫畢羅】（人名）又作劫比羅。譯曰黃赤。梵 Kapila 見迦毘羅條。

【劫畢羅夜叉】（異類）譯曰黃色夜叉。東方四夜叉之一。見大孔雀王呪經中。

【劫海】（譬喩）劫數之多。譬如大海之水。量華嚴經二曰、「佛於無邊大劫海爲衆生故求菩提。」

【劫婆吒】（雜名）又作劫縛拏。錢名。

飾宗記四本曰、「北方覩貨羅國十箇銀錢名劫婆吒。卽此方一兩。」梵語雜名曰、「貝錢。梵語劫縛拏。」梵 Kaparda

【劫婆羅樹】（植物）又作劫波樹。見劫貝條。婆羅恐是倒置。

【劫跛劫跛夜帝】（術語）Kalpa-ka-payati 譯曰離分別無分別。大日經疏一曰、「初云離一切分別者。梵云劫跛。次云無分別者。梵云劫跛夜帝。所以重言者。是分別之上更生分別義。」

【劫焰】（雜語）劫末之火焰。於壞劫之末。起大火災。燒盡世界。見火災條。甘露軍荼利儀軌曰、「威光逾劫焰。」

【劫數】（雜語）猶言阨運也。

【劫盡】（雜語）世界之住劫盡也。維摩經佛道品曰、「或現劫盡燒。天地皆洞然。」智度論九曰、「劫盡燒時。一切衆生自然皆得禪定。」

【劫盡火】（雜名）劫末燒盡世界之火。六十華嚴經二十三曰、「若人堪任聞。雖在於大海及劫盡火中。必得聞此經。」

【劫賓那】（人名）Kapphina 又作劫庀那。劫譬那。劫比拏。譯曰房宿。憍薩羅國人。世尊之弟子。能知星宿。衆僧中第一。

【劫賓那比丘】（人名）光宅法華義疏一曰、「劫賓那者。亦是外國語。此間翻言坊宿。正言此人在僧坊中宿。如來知其根熟。仍化爲老比丘。與同共宿。卽於爾夜化令得道。故言坊宿也。又解言此人是劫賓國人。從國受名。前解必然。後未必爾也。」文句一上曰、「父母禱房星感子。故用房宿以名生身也。」玄贊一曰、「劫賓那者。此云房宿。佛與開房宿。化作老比丘爲之說法。因而得道。故云房宿。或云房星。房星現時生。故云房星。」慧琳音義五十六曰、「劫庀拏。庀音匕。亦梵語阿羅漢名也。舊曰劫賓那。常修敎誡教授諸聲聞衆。」華嚴不思議境界經曰、「摩訶劫譬那。」同注曰、「舊名劫賓那者。」

【劫撥】（人名）仙人名。經律異相三十九、仙人撥劫經作「撥劫」。輔行四之三作「劫撥」。見撥劫條。

【劫摩沙】（地名）巴 Kammasa 地名。長阿含經十曰、「佛在拘流沙國劫摩沙住處。」

【劫燒】（術語）壞劫時之大火災。法華經曰、「假令劫燒。擔負乾草。入中不燒。」閑曼德迦忿怒王儀軌曰、「夏雨玄雲色。其狀如劫燒。」維摩經佛道品曰、「或現劫盡燒。天地皆洞然。」

【劫濁】（術語）五濁之一。言時之濁亂也。指五濁中煩惱濁等四濁之興時。法華經方便品曰、「劫濁亂時。衆生垢重。」參照五濁條。

【劫樹】（植物）劫波樹之畧。金剛頂

經四曰、「西方國王長者以種種華香瓔珞裝掛樹上布施一切。此名劫樹。」見劫波樹條。

【劫𦁤】（術語）又作劫波、劫跛。Ka-lpa 譯曰分別時節長時。見劫條。又妄執之義。大日經疏二曰、「梵云劫跛有二義。一者時分。二者妄執。」

【劫巖】（譬喻）與劫石同。

【初心】（術語）初發心而未經深行者。首楞嚴經一曰、「復有無量辟支無學并其初心同來佛所。」止觀一曰、「初心尙爾。況中後心。」往生要集中本曰、「初心觀行不堪深奧。」

【初日分】（雜語）一日分三時、曰初日分中日分後日分。金剛經曰、「初日分以恒河沙等身布施。中日分復以恒河沙等身布施。後日分亦以恒河沙等身布施。」

【初地】（術語）菩薩乘五十二位中十地之第一。見十地條。

【初江王】（異類）十王之第二。見十王條。

【初住】（術語）菩薩乘五十二位中十住之第一。

【初住卽極】（術語）見信滿成佛條。

【初更】（雜語）又曰一更。見五更條。

【初位】（術語）三乘行位之初階也。

【初夜】（雜語）晝夜六時之一。又初夜之勤行單曰初夜。見六時條。

【初夜之鐘】（雜語）報初夜勤行之鐘也。

【初夜偈】（雜名）天台之初夜偈曰、「白衆等聽說。初夜無常偈。煩惱深無底。生死海無邊。度苦船未立。云何樂睡眠。勇猛能精進。攝心常在禪。」

【初果】（術語）聲聞乘四果中之第一預流果也。倶舍論二十三曰、「言初果者。謂預流果。此於一切沙門果中必初得故。」見四果條。

【初果向】（術語）預流向也。見四向條。

【初法明道】（術語）是爲眞言行者之第十秘密莊嚴住心得除蓋障三昧、初地分證之位也。大日經疏一曰、「法明者以覺心本不生際。其心淨住。生大慧光明。普照無量法性。見諸佛所行之道。故云法明道也。菩薩住此道時。從妄想因緣所有煩惱業苦皆悉淸淨除滅。譬如有人暗中爲利寶所傷。謂爲蛇毒。以作毒想故。其心執著。便成毒氣。徧入肢體。垂欲命終。時有良醫診之。曉其本末。卽時引至傷處。以明燈照之。猶見所傷寶有血塗相。其人了知非毒。毒氣亦除。分別玩好之具而生喜樂。行人亦復爲是。因淨菩提心照明諸法。故小用功用便得除蓋障三昧。見八萬四千煩惱實相。成八萬四千寶聚門。（

中略）不久成就佛法。故云得此三昧者。卽與諸佛菩薩同等住。當知行人則是位同大覺也。以其自覺心故便得佛名。然非究竟妙覺大牟尼位。」同七曰、「到修行地卽是淨菩提心初法明門例如聲聞見諦以後入修道位也。」同三曰、「初入淨菩提心門見法明道如識種子歌羅羅時。前七地已去爲大悲萬行之所含養。如在胎藏無功用已去。（八地）漸學如來方便。如嬰童已生習諸伎藝。至如來一切智地。如伎藝已成施手從政。故名大悲胎藏生。」

【初阿後荼】（術語）大般若經所說四十二之悉曇文字、阿爲最首。荼爲最終。是配於大乘十住十行十回向十地等覺妙覺之四十二位也。

【初刹那識】（術語）生有最初之第八識也。最初之一刹那唯此第八而已。故曰初刹那識。仁王經中曰、「諸有情於久遠劫初刹那識異於木石。」

【初度五比丘】（故事）佛成道初度之五比丘也。見五比丘條。

【初祖】（雜名）一宗之開基也。多指禪之初祖達摩。

【初時教】（術語）法相宗所立三教之第一。見三教條。

【初能變】（術語）唯識論立變現諸境之心識爲八識。其第八之阿賴耶識稱爲初能變。於第一明之。以是爲諸識之根本故也。唯識論三曰、「初能變識大小乘教名阿賴耶。」

【初發心】（術語）初發求菩提之心也。

【初發心四十一義】（名數）一是心不雜一切之煩惱。二是心相續不貪異乘。三是心堅牢、一切外道無能勝者。四是心一切衆魔不能破壞。五是心常能集善根。乃至四十是心護念諸佛之神力故、四十一是心相續三寶不斷故。見十住毘婆沙論一。

【初發心時便成正覺】（雜語）晉華嚴經梵行品曰、「初發心時便成正覺。知一切法眞實之性。具足慧身不由他悟。」是爲顯華天兩宗圓頓極意之經文。然華天於此文異其義。天台謂初發心者初住也。便成正覺者。破一分無明而現八相成佛之作用也。是爲圓敎初住成佛之意。華嚴謂若約於寄位而顯。則始自十信乃至佛地。雖有六位不同。然得一位隨得一切位。相卽相入。主伴圓融。故於經中十信之滿位得一切位及佛地。此謂之信滿成佛。是於初心成究竟之正覺也。

【初勝分經】（經名）緣生初勝分法本經之畧名。

【初勝法門經】（經名）分別緣起初勝法門經之略名。

【初會】（雜語）法會之初度也。無量壽經上曰、「彼佛初會聲聞衆數不可稱計。菩薩亦然。」彌陀佛之初會也。

【初頓華嚴】（術語）華嚴敎爲佛成道初所說之頓敎、故曰初頓華嚴。

【初僧祇】（術語）三阿僧祇劫之第一。

【初隨喜】（術語）台家所立五品弟子位第一之隨喜也。是爲五品位中之最初、故曰初。又是圓頓觀行之最初。見五品條。

【初禪】（術語）初禪定又初禪天也。楞嚴經曰、「清淨心中諸漏不動名爲初禪。淸淨心中麤漏已伏名爲二禪。安隱心中歡喜畢具名爲三禪。法苑珠林若據火劫即是初禪若約火劫即是二禪。若約風劫是其三禪。」

【初禪天】（界名）四禪天之第一。

【初禪定】（術語）四禪定之第一。

【初禪梵天】（界名）色界之諸天、悉離婬欲而清淨、故曰梵天。梵即清淨之義也。

【初歡喜地】（術語）十地之第一位。與歡喜地同。

【別他那】（天名）天名。又曰吠率怒天。Vestana 譯言圍。名義集二曰、「別他那。梁言圍。亦云吠率怒天。」

【別申論】（術語）三論宗之判。對於通申論之稱。如中、百、十二之三論、汎申一代諸經之佛意、故謂爲通申論。如智度論別申一經之意、故謂爲別申論。見三論玄義。

【別行玄】（術語）觀音玄義之異名。對於法華玄義而曰別行。於法華本經中特取觀世音普門品、於法華玄義之外、別作玄義使之流行也。

【別行疏】（書名）觀音義疏之異名。本經文句之外、於觀世音普門品別造義疏者。

【別向圓修】（術語）依天台四敎之判、別敎菩薩、至十回向之位、則所修之行德、事理和融、漸稱於圓敎之性德、是曰別向圓修。亦曰十向圓修。四念處三曰「別向圓修。」雜編五曰、「十向圓修。」

【別見】（術語）無明違一法界之理而隔能所、曰別見。眞言宗所言無始之間隔是也。別敎之菩薩入初地始斷其一分。四敎儀集註下曰、「初地斷無明別見發眞中道。故云見道。（中略）兩敎三乘。別敎地前未見中道未斷別見皆名邪見人也。」

【別依】（術語）對於總依之語。凡宗義總以諸經爲所依、故曰總依。別以一經爲所依、故曰別依。如淨土眞宗所言、總依三經。別依大經。

【別受】（術語）受戒之法、有通受別受之二。見通受條。

【別念佛】（術語）但稱一佛之名號

也。通念佛之對。

【別相】（術語）六相之一。事事物物各別之相也。

【別相三觀】（名數）別敎所明之三觀。以空假中隔歷而不融合故也。

【別相念處】（術語）七方便之第二。身爲不淨、受爲苦、心爲無常、法爲無我、各別觀身受心法之四者、而破淨樂我常之四顚倒見也。見四念處觀條。

【別時意】（術語）別時意趣之略。

【別時意趣】（術語）見四意趣條。

【別時念佛】（術語）又曰如法念佛。以淨土行者於日日之行法常不能勇進、故或一日二日三日乃至七日、或十日乃至九十日爲期而勤行念佛、是曰別時念佛。見觀念法門、往生要集中末。

【別敎】（術語）華嚴宗之判、開一乘爲別敎同敎之二門。與三乘之機共同之一乘法爲同敎。法華等是也。永與三乘之機別異、而獨被於圓頓大機之一乘法爲別敎。華嚴經之所說是也。其別異有十門。見同別二敎條。

【別偈】（術語）二種偈之一。見偈條。

【別途】（雜語）主義之別異也。法華文句記三之一曰「文雖廣略事無別途」。

【別接通】（術語）亦曰別入通。通敎利根之菩薩被接、而接入於別敎也。

【別理隨緣】（術語）又曰但理隨緣。理者眞如也。謂別敎之眞如隨緣而爲一切萬法、曰別理隨緣。與圓敎之眞如、性具諸法、而爲一切諸法、異純一之眞如、依無明之和合而取隨緣之義、謂爲但理隨緣。此別敎隨緣之義、四明尊者對於嚴家盛所唱導。抑眞如隨緣之義、原爲起信論所詳說、嚴家之賢首作起信論之疏、以此眞如隨緣爲自家所判五敎中漸頓圓三敎之分際、以眞如不隨緣爲始敎、卽唯識論等之所明。因而以眞如之隨緣與不隨緣、判大乘之權實、自家所立圓敎之極致、亦不過爲此眞如隨緣之義。然四明之意謂眞如隨緣之義、豈爲大乘之極致、凡隨緣有二種、但理隨緣與理具隨緣是也。依自家所判、則但理隨緣爲別敎之分、而理具隨緣爲圓敎之分。不察起信論之所明含此二種、賢首單以但理隨緣釋之、且以唯識論等爲無明隨緣之義者、是大謬也。唯識論之所明、豈無眞如隨緣之義、彼亦有眞如隨緣之義。（但法相宗不許之。）還與賢首同。但彼以別敎止於但理隨緣、而不及於理具隨緣、且以不知性具之深義而釋本論、不能開闡理具隨緣、以但理隨緣爲至極。故只是爲別敎之隨緣、而非圓敎之隨緣、誠可惜也。見指要鈔下、敎行錄二、起信論融會章、同三別理隨緣章。

【別衆】（術語）有比丘與衆比丘在

同一界而自乖離、不同法事曰別衆。別衆者、突吉羅罪也。行事鈔上一曰、「別衆謂同一界住相中有乖不同僧法。故云別衆也。」

【別報】（術語）別業所感各人殊別之果報也。同在人間而貧富壽夭等之差別是也。往生論註下曰、「衆生爲別報之體。國土爲共報之用。」

【別惑】（術語）又曰別見性。爲分隔之妄見也。別教之菩薩入地以後漸斷之。

【別尊法】（修法）別請一尊而修法也。見別壇曼陀羅條。

【別解別行】（術語）與我別見解、與我異行法也。如聖道淨土二門相對。觀經散善義曰、「一切異見異學別解別行人。」

【別解脫戒】（術語）又曰別解脫律儀。三種戒之一。依受戒之作法、受五戒乃至具足戒、身口惡業別別解脫之戒法也。義林章三末曰、「別別防非名之爲別。（中略）戒即解脫。解脫惡故。（中略）別解脫者是戒別名。」

【別解脫經】（術語）戒本也。以戒本中說別解脫律儀故也。

【別解律儀】（術語）別解脫律儀之略。

【別解脫律儀】（術語）與別解脫戒同。俱舍論十四曰、「別解脫律儀由他教等得。」

【別傳】（雜語）禪宗之極意、於教外別對其機、以心傳心。謂之別傳。亦曰單傳。謂教外別傳不立文字等。梁僧傳（慧遠）曰、「禪宗別傳之旨。」

【別圓】（術語）天台四教中之別教圓教也。共以中道爲極理。見四教條。

【別業】（術語）對於總業之語。衆生殊別之業因也。隨而衆生感各異之果。

【別義意趣】（術語）見四意趣條。

【別境】（術語）各各別別之境界也。亦別境心所也。

【別境心所】（術語）徧行心所之對、於一切之心不遍起。對於各各別別之境而起之心所也。例如向所樂之境則欲之心所起、向決定之境、則勝解之心所起是也。

【別語】（術語）禪林之目。舉古則中雖有古人語、而我復別下一轉語。謂之別語。見於諸錄。

【別請】（術語）於衆比丘中特請一人而供養之也。但如法之比丘、不受別請。行事鈔下三曰、「請有二種。即僧次別請也。律開別請。然諸經論制者不少。」首楞嚴經一曰、「唯有阿難先受別請。遠遊未還。」往生要集中末曰、「常乞食不受別請。」

【別選所求】（術語）在觀無量壽經之會座、韋提希夫人由釋尊所顯示之十方諸佛淨土中特選擇自己所願之淨土。而曰

「我今願生極樂世界阿彌陀佛所也。」

【別壇曼陀羅】（術語） 又曰諸尊曼茶羅。一門之尊爲中胎以自部眷屬爲第二重第三重之法也。演奧鈔十曰「諸尊別壇曼陀羅者一門尊爲中胎以自部眷屬爲第二重第三重也。」——

【別願】（術語） 對於總願之語。如四弘誓願爲諸菩薩之通願、故曰總願、如阿彌陀四十八願、藥師十二願爲各自特殊之誓願故曰別願。止觀七曰、「二乘生盡故不須願菩薩生生化物須總願別願。四弘是總願。法華華嚴所說一一善行陀羅尼皆有別願。」

【別譯雜阿含經】（經名） 二十卷、失譯。自五十卷之雜阿含經撮要別行者。

【助音】（儀式） 衆人同音唱和、曰助音。

【助道】（術語） 諸種之道品能資助止觀、故名助道、又資助果德故名助道、又諸行互爲資助故名助道。止觀八之二曰、「若遮障重、當修助道。既解惑相持。便應索援。外貪欲起以不淨助。內貪欲起以背捨助。內外貪欲起以勝處助。」大乘義章十六曰、「言助法者是其緣義。資助果德故名爲助。又復諸行互共相資助、亦名爲助。」

【助道資緣】（術語） 往生要集下末明念佛行者助道之資緣曰、「問、凡夫行人要用衣食、此雖小緣、然能辦大事、裸餧不安、道法在焉。答、行者有二、謂在家出家也、其在家人家業自在餐飯衣服何助念佛如木槵子經瑠璃王行、其出家人亦有三類、若上根者、草座鹿衣、一菜一菓、如雪山大士是、若中根者常乞食糞掃衣、若下根者檀越覗施、但少有即知足、具如止觀第四。況復若佛弟子、專修正道、而無貪求、自然具資緣、如大論所云、譬如比丘貪求者不得供養無所貪求則無所乏短、心亦如是、若分別取相則得實法。又大集經月藏分中欲界六天日月星宿天龍八部、各於佛前發誓願言、若佛之聲聞弟子、住法、順法、三業相應修行者、我等皆共護持養育、供給所須、使無所乏。問、凡夫必不三業相應、若有缺漏應無依怙。答、如此問難、是即懈怠無道心者所致、若誠求菩提、誠欣淨土者、寧捨身命、豈破禁戒、應以一切勤勞、期永劫之妙果。」

【助道人法】（術語） 又明念佛行者助道之人法曰、「此有三、一須善明師、內外之律、恭敬承事、能開除妨障之人。如大論云、雨墮不住山頂、必歸下處、若人憍心自高則法水不入、若恭敬善師則功德歸之。二須如同行之共涉險、乃至臨終互相勸勵。法華云、善智識是大因緣。三於念佛相應之教文、常當受持披讀習學。般舟經之偈云、此三昧經眞佛語、設聞遠方有此經、用法道故往聽受、一心諷誦不忘捨。問、何等教文與念佛相應。答、正明西方觀行幷九品行果者、莫如觀無量壽經。說彌陀本願幷極樂細相者、莫如無量壽經。明諸佛相好幷觀相滅罪者。莫如觀佛三昧經。明色身法身相幷三昧勝利者。莫如般舟三昧經、念佛三昧經。明修行方法者、莫如上之三經幷十往生經十住毘婆沙論。日日讀誦者。莫如阿彌陀經。結偈總說者、莫如無量壽經優婆提舍願生偈。(或曰往生論與淨土論。)修行之方法、多在摩訶止觀、及善導和尚之觀念法門並六時禮讚。問答料簡、多在天台之十疑、道綽和尚之安樂集、慈恩之西方要訣、懷感和尚之羣疑論。記往生人者、多在迦才之淨土論幷瑞應傳。」愚案其他選拔淨土之要文、採集念佛者之偈頌法語者、莫如宋四明宗曉之樂邦文類。

【助咒僧】(職位) 唱和導師誦咒之助音僧也。

【助潤生】(術語) 見潤生條。

【刪地涅嚕折那】(經名) Saṃdhinirmocana 解深密經之梵名。唯識演秘三本曰、「此經梵本名曰刪地涅䕶折那。涅䕶折那。此翻名解。刪地之聲含於三義。一諸物相續。二骨節相連。三深密之義。西方土俗呼此三種並名刪地。(中略)前後各取一義以立經題。皆不相違。然據經旨解深密名、理為優矣。」此經有四譯、魏譯名相續解脫經、梁隋二本名解節經、唐本名解深密經。

【刪逝移毘刺知子】(人名) 舊稱刪闍夜毘羅胝子。六師外道之一。見毘奈耶雜事三十八。見刪闍夜毘羅胝子條。

【刪提嵐】(界名) 在久遠過去之世界名。其時輪王名無諍念、王有千子。大臣寶海梵志之一子出家成佛。謂為寶藏。寶海梵志、勸王及千子發菩提心。使供養禮拜寶藏佛、已先得成佛之記、次王及千子皆得成佛之記。寶海梵志為今之釋迦如來、無諍念王為彌陀如來、千子為觀音菩薩勢至菩薩阿閦如來等。見悲華經二、法華文句記二。梵Sañjaya

【刪闍夜】(人名) 又作刪闍耶、外道名。刪闍夜毘羅胝子之略。

【刪闍夜毘羅胝子】(人名) Saṃjayin Vairaḍiputra (Sañjaya Vairaṭiputra) 刪闍耶毘羅胝子。新稱刪逝移毘刺知子。六師外道之一。刪闍夜、為其字、譯言等勝。毘羅胝、為母之名。因母而名、故曰子。注維摩三曰、「什曰。刪闍夜、字也。毗羅胝、母名也。其人起見。謂要久經生死彌歷劫數然後自盡苦際也。肇曰。其人謂道不須求。經生死劫數苦盡自得。如轉縷丸於高山縷盡自止。何假求耶。」同天台疏曰、「人言八萬劫滿自然得道。」慧琳音義二十六曰、「珊闍耶、此云等勝。毘羅胝、母名。此是不須修外道也。」

【利人】(術語) 與利他同。無量壽經上曰、「自利利人人我兼利。」

【利他】（術語）二利之一。利益他人也。無量壽經上及讚阿彌陀佛偈曰、「自利利他力圓滿。」淨土論曰「應知由自利故則能利他。非是不能自利而能利他也。」

【利他一心】（術語）利他者他力之意也。「世尊我一心歸命盡十方無礙光如來」見淨土論。開會一心則為無量壽經之至心、信樂、欲生三心。此對於觀無量壽經至誠心、深心、迴向發願心等自力之三心。而謂為利他之三心。一心三心、於行者之信上非有相異。三心者非言初至心、中信樂、後欲生。歸命之刹那、不外乎一念。三心有拘泥字義之觀。

【利他三心】（名數）見前項。

【利生】（術語）利益衆生也。心地觀經七曰、「如是四行趣菩提路利生根本」寄歸傳二曰「修行利生之門義在存乎通濟。」

【利行攝】（術語）四攝法之一。見四攝法條。

【利物】（術語）利益衆生也。指一切衆生為物。西方要訣曰、「末法萬年餘經悉滅。彌陀一教、利物偏增」

【利使】（術語）謂我見等之見惑也。是迷於理之惑、性體銳利、故曰利使。使者驅役之義。諸惑之通名也。有五種、曰五利使。見五利使條。

【利益】（術語）猶言功德。若分別之、則自益曰功德、益他曰利益。法華文句記六之二曰、「功德利益者只功德一而無異。若分別者自益名功德、益他名利益。」

【利益妙】（術語）法華十妙之一。佛、說法、開悟一切衆生本性、入於佛知見也。

【利根】（術語）利者銳利、根者信等之五根、又眼等之五根也。又根為根器、即天性也。因利者速疾之義、根者能生之義、速疾生妙解也。法華經方便品曰、「有佛子。心淨柔軟、亦利根。」

【利喜】（術語）見示教利喜條。

【利智】（術語）對於愚鈍而言智慧明能分是非之別者。法華經化城喻品曰、「諸根通利、智慧明了。」往生要集上本曰、「利智精進之人未為難。」

【利衆生願】（術語）攝衆生願也。

【利樂】（術語）利益與安樂也。後世之益曰利、現世之益曰樂。或一體之異名也。唯識述記一本曰、「利謂利益、即是後濟。樂謂安樂、即是現濟。（中略）利與樂一體異名」新譯仁王經中曰「常遍法界利樂衆生」。

【利樂有情】（術語）利益有情而使之樂也。見菩薩利他之行。

【利養】（術語）以利養身也。法華經序品曰、「貪著利養」。菩薩戒經曰、「為利養故為名聞故、惡求多求。」智度論五曰、「是利養法如賊、壞功德本。譬如天雹傷害五穀。

利養名聞亦復如是。壞功德苗令不增長。如佛說譬喻。如毛繩縛人斷膚截骨貪利養人斷功德本亦復如是。」

【利養縛】（術語）二種縛之一。利養縛身使不得自在也。行事鈔下四之二曰、「大寶積經云出家有二種縛。一見縛。二利養縛。」

【利劍】（物名）或以譬彌陀之名號。或以表文殊之智。三千佛名經上曰、「罪繩繫心經九百劫難解難脫。唯在佛名猛利劍耳。必可斷罪業繩。」善導之般舟讚曰、「門門不同八萬四。爲滅無明果業因。利劍卽是彌陀號。一聲稱念罪皆除。」心經秘鍵曰、「文殊利劍絕諸戲。」

【私印】（雜名）二印之一。比丘私用之印也。毘奈耶雜事一曰、「若私印者。刻作骨鏁形。或作髑髏形。欲令見時生厭離故。」

【私呵提佛】（佛名）私呵摩提佛之略稱。

【私呵三昧經】（經名）私呵昧經之異名。

【私陀】（地名）又作悉陀、徙多、私多、枲多。四大河之一。自阿耨達池北面出入於東北海。或言自西面出入於西海。西域記一曰、「池北面頗胝師子口流出徙多河。（舊曰私陀河訛也。）繞池一帀入東北海。或曰流潛地下出積石山。卽徙多河之流。爲中國之河源云。」玄應音義二十四曰、「徙多河。或言私多。或悉陀。亦言私陀。皆梵音差也。此云冷河。從無熱惱池西面瑠璃馬口而出。流入西海。卽是此國大河之源。」梵Sīta

【私訶摩提佛】（佛名）斯䓀王所奉事之佛。見斯䓀王條。

【私婆吒】（人名）梵志名。略曰婆吒。譯曰最勝。爲邪見外道。執涅槃之無常。且計草木有命。涅槃經三十九曰、「復有梵志姓婆私吒。復作是言。瞿曇。所說涅槃常耶。」（已下廣與佛對論涅槃之常無常）慧琳音義二十六曰、「婆私吒。此云最勝。或云無上。亦同闍提。邪見宗也。」楞嚴經十曰、「是人則墮知無知執。婆吒霰尼執一切覺。成其伴侶。迷佛菩提亡失知見。」同長水疏曰、「草木無知而執有知。故云知無知執。婆吒霰尼二外道也。涅槃云婆私吒及先尼。梵音小轉。既執一切覺卽草木有命也。見婆私吒條。」

【私婆婆】（雜語）一輸盧迦論曰、「私婆婆。或譯云自體體。或譯爲自性性」梵Svabhāva

【劬嬪】（人名）劬嬪陀之略。大臣名。

【劬嬪陀】（人名）Kapphina 釋迦菩薩因位時。有爲劬嬪陀大臣。等分閻浮提地爲七分。使之無諍事。是菩薩成滿般若波羅蜜多之相也。智度論四曰、「問曰。般若波羅蜜云何滿。答曰。菩薩大心思惟分別。如劬嬪陀婆羅門大臣。分閻浮提大地作七分。若干大城小城聚落村民誰作七分。般若波羅蜜如是。」觀音玄記下曰、「劬嬪大臣分閻浮提七分。城邑山川均。故息諍。是般若滿相。」

【判】（雜語）用刀半截一物體之象形也。彼此相對而爲明瞭之區別、使之顯示判別也。法華經科註曰、「譬般若已後。判天性。定父子。會三歸一。付財與記。」

【判敎】（術語）判釋釋迦一代之敎相也。如天台之五時八敎、華嚴之五敎是也。大乘之諸宗各有敎相之判釋。法華玄義十曰、「聖人布敎各有歸從。然諸家判敎非一。」

【判釋】（術語）判斷經論之旨趣、解釋其義理也。又裁斷如來一代所說敎義之大小淺深曰敎相判釋。四敎儀曰、「天台智者大師。以五時八敎判釋東流一代聖敎。罄無不盡。」

【伺】（術語）心所法之名。梵語曰毘遮羅、Vicāra 舊譯爲觀、新曰伺。細心伺察事理也。俱舍七十五法中、八不定法之一、唯識百法中、四不定法之一。是與色界初禪大梵天已下之心相應之心所也。二禪已上、總無此心所。以伺察之念與寂靜之禪心相應難故也。唯識論七曰、「觀謂伺察。令心忽遽。於意言境細輕爲性。」

【里】（術語）Li 又作力、䋈、唱。悉曇五十字門之一。金剛頂經曰、「唱字門一切法染不可得故。」文殊問經曰、「稱力字時是生法相聲。」因 Li 又作盧、嚧。悉曇五十字門之一。金剛頂經曰、「嚧字門一切法沈不可得故。」文殊問經曰、「稱嚧（引）字時。是三有染相聲。」原語未考。

【宋帝王】（雜名）十王之第三。司掌大海之底東南沃燋石下黑繩大地獄。此重地獄、縱廣五百由旬。另設十六小地獄。查對惡人所犯罪之輕重、推入大地獄、另發應至何幾小獄受苦。受滿轉解第四殿加刑收獄。

【宋高僧傳】（書名）三十卷、宋釋贊寧撰。唐釋道宣作高僧傳、所載至貞觀而止。宋太平興國七年勅贊寧續之。故所載自唐高宗時爲始、凡五百三十三人、附見一百三十人、分爲十類、仍道宣之例。傳後附以論斷。於傳授源流、最爲賅備。見四庫提要。

【汲井輪】（譬喩）輪迴無極、譬如汲井水之車輪。楞伽經四曰、「墮生死海諸趣曠野。如汲井輪。」原人論曰、「劫劫生生。輪迴不絕。無終無始。如汲井輪。」無常經曰、「隨業受衆苦。循環三界內。猶汲井輪。」

【佗】（術語）Tha 悉曇五十字門之一。金剛頂經曰、「佗字門一切法住處不可得。」由 Sthāna（住處）釋之。文殊問經曰、「稱多字時是勢力進無畏聲。」似由 Sthāman（勢力）釋之。

【豆子爆】（公案）傳燈錄曰、「佛日

和尙參夾山問與什麽同行師曰木上坐遂取拄杖擲於夾山面前夾山曰從天台得來否師曰非五嶽之所生曰從須彌山得來否曰月宮亦不逢曰恁麽卽從他人得也師曰己尙是怨家從人得堪作什麽曰冷灰裏有一粒豆子爆」張無盡流通海眼經偈曰「歸命新經願力深決知一字直千金豁然豆子灰中爆莫笑先生錯用心」

【豆佉】（術語）Duhkha譯曰苦四諦之一苦以逼惱爲義一切有爲心行常爲無常患界之所逼惱是也見法界次第

【抱佛脚】（雜語）俗諺未經預備而臨事爲之者孟郊詩曰「垂老抱佛脚教妻讀黃庭」

【杖林】（地名）外道以竹杖量佛之身量處西域記九曰「佛陀伐那山空谷中東行三十餘里至洩瑟知林唐言杖林竹竹脩勁被山彌谷其先有婆羅門聞釋迦佛身長丈六常懷疑惑未之信也乃以丈六竹杖欲量佛身恒於杖端出過丈六如量增高莫能窮實遂投杖而去因種根焉」Yastivana

【冶受皮陀】（書名）Yajurveda 四皮陀之一百論疏上之下曰「二冶受皮陀明善道法」見韋陀條

【吳音】（雜語）宋僧傳二十四大光傳吳音誦經常甚異其事

【弄花鈸】（雜語）吹劍錄曰「出殯之夕有少年僧出弄花鈸花鼓槌專爲悅婦人掠錢物之計」古杭雜記曰「佛事有所謂花鼓槌者每舉法樂則一僧三四棒在手輪轉拋弄」

【虬宮】（雜名）與龍宮同龍樹菩薩入龍宮誦出華嚴經三論大義鈔一曰「印域探三藏之賾致虬宮研方等之幽趣」

【秀能】（雜名）北宗之祖神秀與南宗之祖慧能也

【矣栗馱】（雜語）譯言心物之中心要點止觀一上曰「質多者天竺音此方言心卽慮知之心也天竺又稱汗栗馱此方是草木之心也又稱矣栗馱此方是積集精要者爲心也」矣卽牟字乎

【災患】（術語）修禪定上有八種之災患見八災患條

【迅執金剛】（天名）十九執金剛之一參照金剛條

【忒煞】（雜語）又作忒⿰口煞煞爲殺之俗字碧巖一曰「忒煞老婆」普燈十四曰「汝忒⿰口煞遠在」

【忘七】（公案）指月錄曰「龐居士見丹霞士以拄杖劃地作七字霞於下劃個一字士曰因七見一見一忘七霞便起去」

【灼臂】（雜語）佛法苦心修行之表示宋史曰「開寶浮圖災下有舊瘞佛舍利詔取以入宮人多灼臂落髮者」

【邑頭尼】（雜名）析津日記曰、「仙露寺遺址地名千邑人故比丘尼皆曰邑頭尼。」

【岑大蟲】（雜名）人稱景岑禪師也。

【辛頭波羅香】（物名）Sindhupāra 出自辛頭河岸之香也。慧苑音義下曰、「辛頭者。河名也。波羅。此云岸也。謂其香生彼河岸故以出處爲名耳。」

【抖擻】（術語）又曰斗藪。梵語頭陀、或杜多之譯。抖擻者手舉物也。又振拂也。雖犬等起而振其身亦曰抖擻。法苑珠林一百曰、「西云頭陀此云抖擻。能行此法。卽能抖擻煩惱。去離貪着。如衣抖擻能去塵垢。是故從譬爲名。」玄應音義十八曰、「斗擻又作藪。郭璞注方言曰。斗擻舉之也。」梵 Dhūta

【妨難】（雜語）妨害他人之說而批難之也。

【東蘆】（譬喩）東蘆葦使立地上者、以喩物之互相依倚而立、不能獨立也。唯識論三曰、「識緣名色。名色緣識。如是二法。展轉相依。譬如東蘆。俱時而轉。」

【妓樂】（術語）又作伎樂、妓爲女樂。伎爲伎巧。以妓爲正。又曰吳樂。雅樂之一種。三德指歸二曰、「妓樂者。女樂曰妓。字應從女。從人者非。」探玄記十二曰、「妓樂等。治憂惱障。」法華經序品曰、「香華妓樂。常以供養。」宗淵之妙法蓮華經考異上曰、「妓行本作技。藥本。宋藏本。明藏本。並作伎。慈音云。技、藝也。伎、立也。弘決云。伎字應從女。謂女藝也。」

【形色】（術語）梵語Saṃsthānarūpa之譯。有形之色也。對於顯色而言。卽色法中、質礙麤著、因觸而憶知長短等者。此有八種。一長、二短、三方、四圓、五高、六下、七正、八不正。一面多生曰長、一面少生短曰、四面齊正曰方、周遍一切處而生曰圓、中凸出曰高、中均四曰下、面齊平曰正、面參差曰不正。有部雖謂是等諸色、極微各別各有別體、而唯識大乘則謂青等四顯色分位假立。非實色也。又梵語Rūpavacara之譯。卽人之顏色形貌也。無量壽經上所謂「國中人天、形色不同有好醜者、」法華經信解品所謂「二人形色憔悴無威德者」是也。

【形像】（術語）梵語鉢羅底麼 Pratimā 之譯。卽木像畫像等肖像也。根本毘奈耶四十五曰、「汝持畫像至本國時、於廣博處懸繒幡蓋、香花布列、盛設莊嚴、方開其像。若此有問是何物者、應答言此是世尊形像。」卽其例也。

【阮咸】（物名）樂器名。又云大鑾琴。晉阮咸始造之、故名。其形似琵琶而圓頸長而不曲。

【克勤】（人名）佛果圜悟碧巖。名克勤、字無著。蜀彭州人。就五祖山法演領奧旨、崇寧年中歸鄉里。成都府帥、請使開法於六祖寺、改爲昭覺寺。政和初、謝事南遊、張無盡於荊南謁之、談華嚴要旨。張公信禮之、使居夾山靈泉禪院。後移長沙府道林寺。樞密鄧公奏賜紫服幷佛果之師號。詔使住金陵蔣山。又使補汴京天寧萬壽寺。徽宗召見、褒寵甚渥。高宗建炎初、又移金山。適高宗幸揚州。詔入對、賜號圜悟、遷江西雲居、久之、歸成都昭覺。紹興五年寂、壽七十三。諡眞覺禪師。初在靈泉禪院碧巖室時、於雪竇之頌古百則加垂示、著語、評唱者、卽號爲禪門第一書之碧巖集也。見五燈會元十九、續傳燈錄二十五、佛祖通載三十等。

八畫

【卓錫】（雜語）張伯淳詩曰、「道林卓錫舊棲此。彷彿於今八百年。」錫者錫杖。僧人所持、卓者拄立、故謂僧人居處爲卓錫。詳錫丈條。

【虎】（譬喩）梵語曰弭也竭羅、Vyāghra。以譬無常之可畏。智度論十九曰、「無漏智慧常觀一切無常。觀無常故不生愛等諸結使。譬如羊近於虎。雖得好草美水而不能肥。如是諸聖人雖受無漏樂無常空觀故不生染着脂。」

【捨身飼虎】（傳說）見薩埵王子條。又、乾陀尸利國王之太子以身投餓虎。見菩薩投身飼餓虎起塔因緣經、經律異相三十一。

【虎丘】（人名）宋虎丘山紹隆。嗣圜悟克勤、得應庵傳道。紹興六年寂。見五燈會元十九。

【虎丘山】（地名）在江蘇省蘇州。又稱海涌山、或名武丘。東晉太和三年桓溫主簿王珣及其弟珉、捨宅爲寺、名虎丘寺。竺道壹、竺道生、曇諦、岌法師等、相次入山以講經爲事、梁僧若、隋智聚、唐慧巖、僧瑗、齊翰等、亦住此。宋以後、多爲禪僧掛錫之所、及紹隆來住、衆僧雲集、道聲大揚、遂成虎丘一派。其後枯椿曇、東山道源等、紹繼遺音、以鼓揚禪風。見梁高僧傳、續高僧傳、宋高僧傳等。

【虎丘派】（流派）禪宗之一派、以虎丘紹隆爲祖、紹隆住虎丘山、故有此稱。初楊岐下三世孫有圜悟克勤、門葉頗多、道化布海內。紹隆與宗杲、皆受法於克勤、宗杲之法系、稱大慧派、紹隆之法脈、號虎丘派。紹隆門風孤峻、得法者僅有應庵曇華一人。法、孫有密庵咸傑、禾山心鑒等八人。密庵下破庵祖先、松源崇岳、曹源道生等、輩出、法道大興。元代以後、其門流更奔溢至日本、可謂盛矣。見佛祖通載、五燈會元等。

【虎耳經】（經名）舍頭諫太子二十八宿經之異名。

【虎跑泉】（地名）在今浙江杭州大

慈山唐時釋性空居此苦無水有二虎跑地。泉湧出故名。

【虎虎婆】（界名）Hāhadhara (Hahava) 八寒地獄之第五。俱舍寶疏十一曰、「虎虎婆者寒增故不得開口作虎虎聲。」舊俱舍曰「區睺睺。」瑜伽論四曰「虎虎凡。」

【虎溪】（人名）宋安國惠法師弟子。名了然虎溪其號居白蓮紹興辛酉寂賜號知漏著宗圓記五卷十不二門樞要二卷虎溪集八卷見佛祖統紀十五。

【虎溪三笑】（故事）廬山慧遠法師之故事也。廬山記二曰、「流泉匝寺下入虎溪昔遠法師送客過此虎輒號鳴故名。時陶元亮居栗里山南陸修靜亦有道之士。遠師嘗送此二人與語道合不覺過之因相與大笑今世傳三笑圖蓋起於此。」此事諸書採錄之者頗多、唐李龍眠始圖之、孤山智圓作圖贊東坡山谷等亦盛唱此事古今信之不疑。然案諸史冊、慧遠示寂在東晉安帝義熙十三年。淵明潯陽人以劉宋元嘉四年卒其時代同潯陽與廬山亦相近二人交遊固不可謂其必無若修靜者依辯正論甄正論續高僧傳等記梁敬帝紹泰元年即北齊文宣帝天保六年與曇顯對論佛道二教是蓋當於慧遠寂後一百三十八年。年代遙隔何由修好。且佛祖統記二十六記其卒時爲劉宋泰始三年。兼附記雲笈七籤本傳元徽五年卒去年七十二之說則年尚甚弱與慧遠交游不可信其爲後人擬託可知也。

【奉入龍華經】（經名）佛藏經之異名。

【奉行】（雜語）奉承行持敎命也。仁王經末曰、「一切大衆聞佛所說皆大歡喜信受奉行。」勝鬘經末曰、「聞佛所說歡喜奉行。」維摩經末曰「皆大歡喜信受奉行」往生論註下曰「經始稱如是彰信爲能入。末言奉行表服膺事已。」

【奉加】（雜語）又曰奉納。加納供物於神佛也。

【奉加帳】（物名）又曰緣簿。記納於神佛之金財之簿冊也。

【奉事】（雜語）奉命服侍也。無量壽經上曰、「釋梵奉事天人歸仰。」觀無量壽經曰、「孝養父母奉事師長」

【盂盆齋】（行事）盂蘭盆齋之略。見次項。

【盂蘭盆】（行事）Ullambana 又作烏藍婆拏譯曰倒懸。言苦之甚者玄音應義十三曰、「盂蘭盆此言訛也。正言烏藍婆拏此譯云倒懸。按西國法至於衆僧自恣之日盛設供具奉施佛僧以救先亡倒懸之苦。舊云盂盆是貯食之器此言訛也。」然宗密之盂蘭盆經疏曰、「盂蘭是西域之語此云倒懸盆乃東夏之音仍爲救器若隨方俗應曰救倒懸盆。斯由尊者之親魂沉闇道。載饑且渴。命似倒懸。縱聖子之威靈。無以拯其塗炭。佛令盆羅百味式貢三尊。仰大衆之恩光。救倒懸之窘急」依此則盆之一字爲漢語。爲救倒懸之苦、盛百味於盆供三寶。故曰盂蘭盆。元照之盂蘭盆疏新記上評之曰、「按應法師經音義云。梵語烏藍婆拏。此翻倒懸。今詳烏藍卽盂蘭也。婆拏卽今之盆也。是則三字並是梵言。但音之訛轉耳。疏主且據經文安著盆中之語。故作華言解釋。音義則梵言得實。疏家則一往符經。疑故兩存。隨人去取。」

【盂蘭盆會】（行事）佛弟子目連尊者、見其母墮餓鬼道、受倒懸之苦。問救法於佛。佛敎於每年七月十五日、（僧安居竟之日）以百種供物供三寶。請其威得救七世之父母。因起此法會。盂蘭盆經曰、「是佛弟子修孝順者。應念念中憶父母乃至七世父母。年年七月十五日。常以孝慈。憶所生父母。爲作盂蘭盆。施佛及僧。以報父母長養慈愛之恩。」佛祖統紀三十三曰、「盂蘭此翻解倒懸。言奉盆供於三寶福田。用以解饑虛倒懸之急。」漢土於梁武帝大同四年、初設盂蘭盆齋。

【盂蘭盆供】（行事）當日調百味之飲食及百種之器具、供養安居告終之衆僧也。供祖先之亡靈及施於餓鬼、非本意也。雲棲之正訛集曰、「世人以七月十五日。施鬼神食。爲盂蘭盆大齋之會。此訛也。蘭盆緣起目連。謂七月十五日。衆僧解夏自恣。九旬參學。多得道者。此日修供。其福百倍。非施鬼神食。施食自緣起阿難。不限七月十五日。」

【盂蘭齋】（行事）盂蘭盆齋之略。齋者、齋食、當日爲盂蘭盆有齋食之供養、故名齋。

【盂蘭盆經】（經名）佛說盂蘭盆經、一卷、西晉竺法護譯。說盂蘭盆之緣起及修法。各家之註疏如下。盂蘭盆經疏二卷唐宗密撰。盂蘭盆經疏新記二卷、唐宗密疏、宋元照記。盂蘭盆經疏會古通今記二卷、宋普觀述。盂蘭盆經疏孝衡鈔科一卷、宋遇榮排。盂蘭盆經疏孝衡鈔二卷、宋遇榮鈔、墥式附。盂蘭盆經疏鈔餘義一卷、宋日新錄、盂蘭盆經新疏一卷、明智旭新疏、道昉參訂。盂蘭盆經疏折中疏一卷、靈耀撰。盂蘭盆經畧疏一卷、盂蘭盆經箋註、丁福保註。

【盂蘭經】（經名）盂蘭盆經之略。

【青心】（雜語）靜慮之略字。採靜之青、採慮之心也。

【青甲】（雜名）袈裟之緣色不定、此言甲地之爲青色者。又作青行。

【青行】（雜名）見青甲條。

【青衣派】（術語）三國佛敎略史曰、「現時支那之佛敎、大別二派。一黃衣派。卽喇嘛也。一青衣派。卽舊來之諸敎也。（中略）

青衣派中、尚存天台、華嚴、禪宗、眞言、法相、淨土諸宗典型。」

【青面金剛】（天名）藥叉神也。大青面金剛呪法說其壇法及畫法、陀羅尼、畫像之法。畫五藥叉。中央者身色青、一身四手、此卽青面金剛藥叉也。右邊二藥叉、一赤一黃。左邊二藥叉、一白一黑。像之兩脚下、各蹈一鬼。各像左右兩邊、有青衣童子、髮髻兩角、手執香爐。有陀羅尼、誦之日別六時、每時各一百二十遍、誦滿三七日、則療病萬不失一。見陀羅尼集經九。世俗以之爲庚申之本地。甚爲誣妄。

【形像】（術語）陀羅尼集經九大青面金剛呪法曰、「一身四手、左邊上手把三股叉、下手把棒、右邊上手掌拈一輪、下手把羂索。其身青色。面大張口。狗牙上出。眼赤如血。面有三眼。頂戴髑髏。頭髮聳竪如火焰色。頂纏大蛇。兩膊各有倒懸一龍。龍頭相向。其像腰纏二大赤蛇。兩脚腕上亦纏大赤蛇。所把棒上亦纏大蛇。虎皮縵胯。髑髏瓔珞。像兩脚下各安一鬼。其像左右兩邊各當作一青衣童子。髮髻兩角。手執香爐。其像右邊作二藥叉。一赤一黃。執刀執索。其像左邊作二藥叉。一白一黑。執矟執叉。形像並皆甚可怖畏。手足並作藥叉手足。其爪長利。」

【青鬼】（異類）青色之鬼在地獄呵責罪人者。

【青衲】（衣服）青色之僧衣也。僧史略上曰、「彌沙塞部青色衣也。（中略）後梁有慧朗法師常服青衲」

【青原】（人名）淸源行思禪師之別號。師住吉州青原山。原爲淸源。禪書多作青原。六祖慧能下出青原南岳二大法統。青原之法流有曹洞。南岳之末流有臨濟。

【青原米價】（雜語）與廬陵米價同。見廬陵米價條。

【青提女】（本生）目蓮過去世之母也。盂蘭盆經疏曰、「有經說定光佛時目蓮名羅卜。母字青提。羅卜欲行。囑其母曰。若有客來。孃當具膳。去後客至。母乃不供。仍更詐爲設食之筵。兒歸問曰。昨日客來。若爲備擬。母曰。汝豈不見設食處耶。後爾以來。五百生中慳懺相續。」此緣之所出未定。故曰有經。

【青頭觀音】（菩薩）三十三觀音之一。其像坐斷崖之上。左手置於巖。右手置於膝。

【青頸觀音】（菩薩）青頸觀自在菩薩也。

【青頸觀自在法】（修法）新請青頸觀音之法也。

【經軌】（經名）青頸觀自在菩薩心陀羅尼經一卷、青頸大悲王觀自在念誦儀軌一卷、青頸大悲心陀羅尼一卷。

【青頸觀自在菩薩】(菩薩) Nilakaṇṭhi 觀音菩薩所變現之明王也。梵曰儞羅建他。念此觀音則離一切之怖畏厄難云。

【形像】(圖像) 青頸觀自在菩薩心陀羅尼經曰、「此青頸觀自在菩薩畫像法。其三面。當前正面作慈悲熙怡貌。右邊作師子面。左邊作猪面。首戴寶冠。冠中有化無量壽佛。又有四臂。右第一臂執杖。第二臂執把蓮華。左第一執輪。左第二執螺。以虎皮爲裙。以黑虎皮於左膊角絡。被黑蛇以爲神線。於八葉蓮華上立。瓔珞臂釧環珮光焰莊嚴其身。其神像從左膊角絡下。」

【青頸大悲心陀羅尼】(經名) 具名大慈大悲救苦觀世音自在王菩薩廣大圓滿無礙自在青頸大悲心陀羅尼。一卷。唐不空譯。

【青頸大悲王觀自在念誦儀軌】(經名) 具名金剛頂瑜伽青頸大悲王觀自在念誦儀軌。一卷。唐金剛智譯。

【青頸觀自在菩薩心陀羅尼經】(經名) 一卷。唐不空譯。

【青蓮】(譬喩) 梵語優鉢羅。Utpala 青色之蓮華也。其葉修廣。青白分明。有大人眼目之相。故取以譬佛之眼。法華妙音品曰、「目如廣大青蓮華葉。」維摩經佛國品曰、「目淨修廣如青蓮。」注、「肇曰天竺有青蓮華。其葉修而廣。青白分明。有大人目相。故以爲喩也。」

【青蓮華】(譬喩) 見青蓮條。

【青蓮華眼】(譬喩) 楞嚴經一曰、「如來青蓮華眼。」見青蓮條。

【青蓮華尼】(雜語) 梵曰鬱鉢羅華比丘尼。常向貴人之婦女而讚出家。見智度論十三。

【青龍疏】(書名) 唐青龍寺翻經沙門良賁奉勅作新譯仁王經疏三卷。稱爲青龍疏。又青龍寺沙門道氤奉玄宗詔。造金剛經疏。亦稱青龍疏。

【青龍寺儀軌】(經名) 大毘盧遮那成佛神變加持經蓮華胎藏菩提幢標幟普通眞言藏廣大成就瑜伽之異名。三卷。唐法全在青龍寺譯出。大日經四部儀軌之一。又有青龍寺儀軌一卷。失譯。

【毒天二鼓】(譬喩) 毒鼓與天鼓也。輭語生善。譬如天鼓。苦言滅惡。比於毒鼓。又教法於我順緣爲天鼓。逆緣爲毒鼓。玄義六曰、「前藥珠二身先以定動。今毒天二鼓後以慧拔。」見毒鼓條。

【毒氣】(術語) 三毒之習氣。三毒者貪瞋痴也。法華經壽量品曰、「毒氣深入。失其本心。故於此好色香藥而謂不美。」

【毒蛇】(譬喩) 身之四大。譬如四種之毒蛇。四大增損害人。身如毒蛇也。維摩經方便品曰、「是身如毒蛇。」涅槃經二十三曰、

「譬如有王以四毒蛇盛之一篋。令人瞻養餧飼臥起摩洗其身。(中略)觀身如篋。地水火風如四毒蛇。」智度論十二曰、「佛說毒蛇喩經中有人得罪於王。王令掌護一篋。篋中有四毒蛇。(中畧)四毒蛇者四大。」又黃金譬如毒蛇。大莊嚴論六曰、「我昔曾聞。舍衛國中。佛與阿難曠野中行。於一田畔見有伏藏。佛告阿難。是大毒蛇。阿難白佛。是惡毒蛇。爾時田中有一耕人。聞佛阿難說有毒蛇。作是念言。我當視之。沙門以何爲惡毒蛇。即往其所。見眞金聚。而作是言。沙門所言是毒蛇者。乃是好金。卽取此金。還置家中。其人先貧。衣食不供。以得金故。轉得富饒。衣食自恣。王家案伺。怪其卒富。而糺舉之。繫在獄中。先所得金。既已用盡。猶不得免。將加刑戮。其人唱言。毒蛇阿難。惡毒蛇世尊。傍人聞之。以狀白王。王喚彼人而問之曰。何故唱言毒蛇阿難。惡毒蛇世尊。其人白王。我於往日在田耕種。聞佛阿難說言毒蛇。是惡毒蛇。我於今者。方乃悟解實是毒蛇。」

【毒鼓】(譬喩)　毒鼓之聲能殺人、以譬涅槃經所說佛性常住之聲、能殺害衆生之五逆十惡、使入於佛道也。然鼓有二種。一天、一毒。對於五乘之機、各說五乘之敎、彼等各信順修行、得證果之益、故譬之於天鼓、又如對於五逆十惡之衆生、說佛性常住之大乘極致、彼等却爲生誹謗、墮於無間、故譬之於毒鼓。但雖墮無間、而依此因緣、遂得滅五逆十惡、入於菩提之道。因而以此二鼓配於順逆之二緣、天鼓譬順緣、毒鼓譬逆緣也。如俗所謂忠言逆耳者、毒鼓之聲也。涅槃經九曰、「譬如有人以雜毒藥用藥大鼓。於大衆中擊之發聲。雖無心欲聞。聞之皆死。唯除一人不橫死者。是大乘典大涅槃經亦復如是。在在處處諸行衆中有聞聲者。所有貪欲瞋恚愚癡悉皆滅盡。其中雖有無心思念。是大涅槃因緣力故。能滅煩惱而結自滅。犯四重禁及五無間。聞是經已。亦作無上菩提因緣。漸斷煩惱。除不橫死一闡提也。」天台依憑集曰、「信者爲天鼓。謗者爲毒鼓。信謗彼此決定成佛。」照橫實鏡序曰、「照橫實鏡一卷。敬奉晉賢客。庶於中人爲天鼓。於下愚爲毒鼓。信謗俱利。」文句記四曰、「毒鼓者。大經云。譬如有人以毒塗鼓。於大衆中擊令出聲。聞者皆死。鼓者平等法身。毒者無緣慈悲。打者發起衆也。聞者當機衆也。死者無明破也。」

【毒箭】(譬喩)　煩惱能害人、故譬以毒箭。涅槃經五曰、「見閻浮提苦衆生。無量劫中被婬怒癡煩惱毒箭。受大苦切。」

【毒器】(譬喩)　觀身爲毒器、止觀七曰、「財同糞土。身比毒器。命若行雲。棄之如唾。」

【毒樹】(譬喩)　以譬惡比丘之害濟

衆。涅槃經三曰、「譬如長者所居之處。田宅屋舍生諸毒樹。長者知已。即便斫伐永令滅盡。又如壯人首生白髮。愧而剪拔不令生長。持法比丘亦復如是。見有破戒壞正法者。即應驅遣呵責舉處。」止觀二曰、「戒海死屍宜依律擯治無令毒樹生長者宅。」

【毒龍】（本生）毒龍持戒而失身。智度論十四曰、「菩薩本身曾作大力毒龍。若衆生在前。身力弱者眼視便死。身力強者氣往而死。是龍受一日戒。出家求靜入林樹間。思惟坐久。疲懈而睡。龍法睡時形狀如蛇。身有文章。七寶雜色。獵者見之。驚喜言曰。以此希有難得之皮。獻上國王。以爲服飾。不亦宜乎。便以杖按其頭。以刀剝其皮。龍自念言。我力如意。傾覆此國。其如反掌。此人小物。豈能困我。我今以持戒故。不計此身。當從佛語。於是自忍。眼目不視。閉氣不息。憐愍此人。爲持戒故。一心受剝。不生悔意。既以失皮。赤肉在地。時日大熱。宛轉土中。欲趣大水。見諸小蟲來食其身。爲持戒故。不復敢動。自思惟言。今我此身以施諸蟲。爲佛道故。今以肉施以充其身。後成佛時。當以法施以益其心。如是誓已。身乾命終。即生第二忉利天上。爾時毒龍。釋迦文佛是也。時獵者提婆達多等六師是也。諸小蟲輩。釋迦文佛初轉法輪八萬諸天得道者是也。」止觀七曰「毒龍輸皮全蟻。」

【毒藥】（物名）佛菩薩之神力及神咒之力。能消滅毒藥。法華經普門品曰、「咒詛諸毒藥所欲害身者。念彼觀音力。還著於本人。」同陀羅尼品曰、「離諸衰患。消衆毒。」

【表示】（雜語）發表示他也。寶積經三十四曰、「諸佛無能說稱歎及表示。」大日經疏七曰、「一切法離一切法。故不可表示。不可授人。」

【表白】（儀式）表顯法事之旨趣、白告於三寶及大衆曰表白。有表白兼願文者、有更設願文者。僧史略中曰「唱導者。始則西域上座。凡趣請咒願曰二足常安。四足亦安。一切時中皆吉祥等。以悅可檀越之心也。舍利弗多辯才。曾作上座。讚導頗佳。白衣大歡喜。此爲表白之推輪也。」說法明眼論表白品曰、「表白三寶境同別住持佛先讚修善體次歎施主意趣靈成菩提。聽衆願成就。廻向法界衆諸天增威光次有願文可讀之矣。」

【表色】（術語）唯識所立三種色境之一。行住坐臥取捨屈伸等顯然可表示於人者。名爲表色。是依可見之義而名爲色。俱舍不立表色。

【表戒】（術語）舊曰作戒無作戒、新曰表戒無表戒。受戒者發戒壇發表身口意之三業而正受得戒法。名爲表戒。此時受者體內發得而不表顯於三業之戒體、名爲無表戒。

【表刹】（雜名）刹、爲刹多羅 Kṣetra 之略、幢竿之類塔上高表出之幢竿曰表刹。法華經分別功德品曰、「表刹甚高廣」維摩經法供養品曰「起七寶塔縱廣一四天下。高至梵天表刹莊嚴。」

【表制集】（書名）六卷唐不空三藏爲三朝之國師、謝表答制凡一百四十四首、西明寺圓照編集名爲不空表制集。

【表無表色】（術語）表色與無表色也見無表色條。

【表無表戒】（術語）表戒與無表戒也見表戒條。

【表詮】（術語）二詮之一。表示具德曰表詮遮止過非曰遮詮。禪源諸詮三曰、「表謂顯其所是又表者直示當體」見三詮條。

【表業】（術語）身口意之三表業。見業條。

【表義名言】（術語）對於顯境名言而言名句文也。名句文諸詮表義理故名爲名言。

【表義名言種子】（術語）顯境名言種子之對。謂名言種子中由自他之名言顯色心諸法之體於心前變現其相分而薰習其種子於第八識之自體者也。即自一切諸法之語言音聲等名言傳而薰習之種子也。

【表德】（術語）二門之一。對於遮情之稱而曰表德。與所謂遮詮表詮同。但表詮遮詮之目出於法相宗、而表德遮情之稱本於華嚴宗眞言宗盛用之。見二門條。

【事】（術語）梵語曰迦他。（迦爲遏之誤 Artha 之音譯）見梵語雜名。事者對於理之稱。顯密異其義。顯敎以離因緣之無爲法爲理、因緣生之有爲法爲事。密敎解理爲攝持之義。一切之事相各各攝持其體、則是即理、舉其體爲地水火風空識之六大、稱之爲六大法界。但依台家性具之義、則十界三千之諸法、悉爲性具而非依於因緣始生、故是亦無爲常住之眞如法界也。

【事火】（術語）性火之對有事火。見性火條。又外道名。三迦葉原爲此種之外道。

【事相】（術語）不生不滅之無爲曰理性、則生滅之有爲法曰事相。

【事相部】（術語）眞實宗分敎相事相之二部。二敎十住心之敎理謂之敎相部、三密之行法謂之事相部。敎相部一般開放、之事相部未灌頂之人不許說之。若說之則師弟共得越三昧耶之重罪。

【事相禪師】（雜名）斥敎相區區闇於觀道之禪師、謂爲事相禪師。止觀七之四曰、「九意不與世間文字法師共、亦不與事相禪師共。」

【事相隔歷】（術語）謂現象界互有

差別相也。現象界原爲由本體界顯現者、故今攝現象界於本體而論時、其事相無有隔歷。然皆惟見現象界則視爲互現差別相而不相容融也。天台以此見爲別教之教理。圓教較此進一步、視爲現象卽容融之本體。

【事師法五十頌】（書名）一卷、馬鳴菩薩造、宋日稱等譯。依秘密教而略頌。

【事法界】（術語）四種法界之一。見法界條。

【事度】（術語）五戒十善等之世善也。是爲有爲之事相、故曰事。度三途之苦、故曰度。止觀二之三曰、「諸蔽爲惡。事度爲善。」

【事迹】（雜語）古人經歷之事實蹤跡也。四教儀集註上曰、「垂化事跡。」

【事事無礙法界】（術語）華嚴宗四種法界之一。見法界條。

【事與願違】（雜語）此界之事無常、願望不能滿足也。仁王經四無常偈曰、「生老病死。事與願違。欲深禍重。瘡疣無外。」

【事理】（術語）因緣生之有爲法謂爲事。不生不滅之無爲法謂爲理、卽事者森羅萬象之相、理者眞如之體也。然如大乘中三論宗謂理爲眞空、非別有理之實體。如法相宗謂理雖有實體。然惟爲事之所依、依事之緣起而無何等之關係、卽不障之能作因也。如華嚴宗謂眞如之理。雖爲不生不滅之無爲法身、然依無明之染緣者、起九界之染法、依菩提之淨緣者、起佛界之淨法。如天台宗眞言宗謂一切之有爲法不論染淨、總爲具於眞如之體之德相也。又日本眞言宗東密謂理爲攝持之義、有爲之事法、一一攝持其體、名爲理、敢謂顯教所謂眞如之體、實超過於華天等之所談者。然如華嚴者雖如其所言、而至於天台之教、謂世間相常住、則假令無以理直爲事之釋、而其意以爲生滅之事相卽不生不滅之理體勿論矣。法華玄義五上曰、「念念開發一切法界。願行事理自然和融。廻入平等法界法。」法華文句八曰、「理是眞如。眞如本淨。有佛無佛常不變易。故名理爲實。事是心意識等。起淨不淨業。改轉不定。故名事爲權。」

【事理二密】（術語）見二密條。

【事理不二】（術語）見不二條。

【事理法界】（術語）事理無礙法界之略。

【事理俱密】（術語）日本台密以法華爲理秘密、兩部之大經爲事理俱密。東密貶法華爲顯教、不許其爲理秘密。

【事理三千】（術語）事造之三千與理具之三千也。見理具條。

【事理無礙法界】（術語）四法界之一。見法界條。

【事現觀】（術語）三現觀之一。

【事善】（術語）見二善條。

【事惑】（術語）二惑之一。

【事鈔】（書名）四分律行事鈔之略名。

【事識】（術語）分別事識之畧。

【事造】（術語）台宗所立性具之三千、有理具事造之二種。見理具條。

【事證】（術語）事理二證之一。見二證條。

【事佛吉凶經】（經名）阿難問事佛吉凶經之略名。

【事懺】（術語）對於理懺而有事懺。見懺悔條。

【事敎】（術語）台宗所立四敎中稱藏敎為界內之事敎。稱別敎為界外之事敎。

【事智】（術語）對於理智而有事智。見理智條。

【事禪】（術語）對於理禪而有事禪。見理禪條。

【事論】（術語）論差別之事相也。法華玄義六上曰、「理論則同如是故不異。事論則有機應。是故不一」

【事障】（術語）二障之一。

【事觀】（術語）對於理觀而言見觀條。

【東山】（地名）五祖弘忍禪師住蘄州黃梅縣之黃梅山、其山在縣之東境因而謂為東山、稱五祖之法門為東山之法門。六祖壇經序曰「居士由是祝髮登壇。應跋陀羅之懸記開東山法門」

【東山法門】（雜語）禪宗四祖道信、五祖弘忍俱住黃梅東山、引接學人故云。宋高僧傳八曰「昔魏末有天竺沙門達摩者、得禪宗妙法。自釋迦佛相傳、授以衣鉢為記。隱於嵩山少林寺。尋卒以法付慧可。可付璨。璨付道信。信付忍忍與信俱住東山故謂其法為東山法門」

【東土九祖】（名數）天台宗在支那之相承。對西天二十四祖而言。即龍樹、慧文、慧思、智顗、灌頂、智威、惠威、玄朗、湛然也。

【東方降三世】（明王）以五大明王配於五方、則降三世明王為東方之位。

【東方萬八千世界】（雜語）法華經序品明如來之放光瑞。經文曰、「爾時佛放眉間白毫相光、照東方萬八千世界靡不周徧」同頌文曰「眉間光明照於東方萬八千土」

【東方淨瑠璃醫王】（菩薩）稱藥師如來。醫王即藥師、其國名淨瑠璃、在東方、故云。藥師經曰「佛告曼殊室利東方去此過十殑伽沙等佛土有世界名淨瑠璃佛號藥師瑠璃光如來」

【東方最勝燈王如來助護持世間神咒經】（經名）一卷。闍那崛多譯。佛在祇園、東方之最勝燈王如來遣菩薩至此、使說神呪。

【東司】（雜名）又曰東淨。謂禪林東序之厠也。其在西序者卽西淨也。或以東司爲厠之通名。在西者亦呼爲東司。實訛言也。雜談集七曰、「烏蒭沙摩之眞言可於東司特誦咒。此爲別段之事。不動明王之垂迹。號爲不淨金剛。東司不淨之時、鬼若有惱人之事。則彼有守護之誓也。」

【東台二密】（術語）此爲日本密敎之派別。吾國密敎式微。故特詳著之。日本弘法於東寺弘通之密敎、謂之東密。日本慈覺於天台山智證於園城寺弘傳之密敎、謂之台密。二密不同者、東密以大日爲本位、台密以釋迦爲本位也。故東密以大日與釋迦爲別體。台密以大日與釋迦爲同體。又台密於密敎分理秘密敎與事理俱密敎。理秘密敎爲總說眞如法性之妙理者、法華華嚴楞伽仁王等之一乘敎。悉爲眞言敎。此以大日經疏解眞言以眞語如語不妄不異之語、且疏中往往援引法華華嚴等諸大乘之說。證其與大日經所說一其理趣故也。是爲成立理秘密之屈強口實。故於兩經中置重大日經、於兩部中置重胎藏界。對於金胎次第而定胎金次第。故在台密、法華圓敎與兩部眞言於理無軒輊。所異者唯在三密之事相說與不說耳。較諸東密貶法華置於第八住心卽華嚴之下位。其差實爲天淵。又如東台所立之神道、東密之兩部神道、以大日金輪爲本尊。台密之一實神道、以釋迦金輪爲主尊。卽其名稱東密取於密經而稱爲兩部。台密取於法華而謂爲一實。又台密於兩部之外立兩部不二之蘇悉地法而爲三部。是亦東密之所不許也。其他兩部之血脈、東密以一通之血脈通用於兩部、台密之血脈則兩部各別而立。又在修法、東密以愛染法爲至極之大法。而台密則以熾盛光法爲至極。如此種種、不遑枚舉。要之東密固執釋迦大日顯密不同、故台密斥之爲味於一實之理。台密主張釋迦大日同一理密。故東密斥之爲未脫顯綱也。

【東弗於逮】（地名）Pūrva-videha 舊曰弗婆提。又曰弗於逮、新曰毘提訶。四大洲中東大洲之名。西域記一曰、「海中可居者大略有四洲焉。東毘提訶洲。舊曰弗婆提。又曰於逮。訛也。」見毘提訶條。

【東序】（職位）禪林之叢規、擬於朝廷文武兩班、分東序西序兩班。諸知事爲東序。諸頭首爲西序、見兩序條。

【東毘提訶】（雜名）videha 四大洲之一。東大洲名毘提訶。在須彌山東方之鹹海。見毘提訶條。

【東班】（職位）禪林兩班之一、亦云東序。知事之班位也。見兩序條。

【東流】（雜語）謂佛法自印度流轉

於支那也。四敎儀曰、「東流一代聖敎」。

【東密】（術語）日本眞言宗所傳之密敎。對於天台宗所弘之密敎而稱爲東密。以東寺爲其根本道場故也。東台二密有種種之差異。見東台二密條。

【東淨】（雜名）禪林屬於東序之厠曰東淨。屬於西序之厠曰西淨。厠爲至穢之處、宜爲潔淸。故曰淨。見象器箋二。

【東庵】（堂塔）禪林之東堂又稱東庵。見東堂條。

【東曼陀羅】（術語）胎藏界之曼陀羅也。胎藏界爲示本有之理性者。金剛界爲示修證之果相者。故二界相望而胎爲因、金爲果。有因曼陀羅果曼陀羅之名。因而配之於方位、則胎爲東位。金爲西位。以萬物發於東而成於西、東具因相。西具果相故也。

【東陽】（人名）梁傅大士、婺州東陽縣人。故稱爲東陽大士。止觀義例曰、「東陽大士位居等覺」。義例隨釋五曰、「言東陽者。古東陽郡也。今爲東陽縣。縣有東陽山。屬婺州。言大士者。大心之士。菩薩之美稱也。姓傅氏。名翕。彌勒化身也」。

【東勝身洲】（界名）四大洲之一。在須彌山東方之鹹海中。其身形勝、故名勝身。俱舍論十一曰、「東勝身洲。東陜西廣。三邊量等。形如半月。東三百五十三。邊各二千」。同光記八曰、「東勝身洲。身形勝故。或身勝贍部故。名勝身。梵云毘提訶」。

【東漸】（術語）謂佛敎傳播於東方諸國也。尙書禹貢曰、「東漸於海」。法華玄義一曰、「大法東漸」。

【東禪寺】（寺名）湖廣通志七十八曰、「黃州府黃梅縣東禪寺在黃梅縣西南一里」。名勝志曰、「東禪寺號蓮華寺。乃五祖傳衣鉢於六祖處。有六祖鐶糠池、墜腰石、及吳道子傳衣圖」。

【東嶽】（雜名）泰山之神也。吳澄山嶽碑曰、「嶽者地祇。其祭壇而弗廟。五嶽四瀆總立廟。自拓拔氏始。唐乃各立廟於五嶽之麓。東嶽之徧於天下。則肇於宋之中葉」。

【東震】（雜名）猶言東夏。震旦在印度之東方、故曰東震。

【東藏】（雜名）禪林衆多之處、以經藏置於東西兩處、謂爲東藏西藏。敕修淸規知藏曰、「後以衆多列來西藏」。

【東藏主】（職位）處理東藏者。

【雨乞】（雜語）旱時、依修法乞降雨也。又曰請雨。或曰祈雨。古自印度行之。海龍王經、大雲經請雨品、大雲輪請雨經等說此法。皆請龍王。又師孔雀王經。支那日本廣行之。

【雨花】（雜語）又作雨華。大同坊雲花寺大曆初、僧儼講經、天雨花至地咫尺而滅。夜有光燭室。勅改爲雲華。見酉陽雜俎。

【雨花臺】（地名）在江蘇江寧縣南。據岡阜最高處。遙瞰大江。俯臨城市。爲金陵扼要之地。相傳梁武帝時有法師講經於此。感天雨花。故名。

【雨曼陀羅華】（雜語）法之奇瑞。自天降曼陀羅華也。法華經分別功德品曰、「佛說是諸菩薩摩訶薩得大法利時。於虛空中雨曼陀羅華摩訶曼陀羅華。以散無量百千萬億寶樹下師子座上諸佛。」佛說阿彌陀經曰、「晝夜六時雨天曼陀羅華。」

【雨衆】（流派）Varṣya 數論派之別稱。唯識述記一末曰、「有外道名劫比羅。古云迦毘羅。訛也。此云黃赤。鬢髮面色並黃色故。今西方貴婆羅門種。皆黃赤色也。時世號爲黃赤色仙人。其後弟子之中上首如十八部中部主者。名伐里沙。此翻爲雨。雨時生故。即以爲名。其雨徒黨名雨衆外道。」見數論條。

【雨衆三德】（術語）數論派立二十五諦。其第一曰自性冥諦。此有薩埵、剌闍、答摩之三德。見三德條。

【雨華】（術語）自天雨華也。法華經序品曰、「是時天雨曼陀羅華。摩訶曼陀羅華。曼殊沙華。摩訶曼殊沙華。而散佛上及諸大衆。」無量壽經上曰、「斯願若剋果。大千應感動。虛空諸天人當雨珍妙華。」

【雨華瑞】（術語）釋尊將說法華經、入於三昧時。自天雨四種之華(如上所記)。稱之爲雨華瑞。法華六瑞之第三瑞也。法華經疏二曰、「據事而言。既說非常法。致感諸天供養。(中略)約理而談者。天者淨也。四衆封執之心既淨。故得聞經成佛。(中略)雨四華者。正表四衆成佛。」

【雨期】（雜語）謂夏三月也。見安居條。

【雨勢經】（經名）佛爲雨勢大臣說七不衰法者。攝於中阿含經三十五。

【雨寶】（譬喻）妙法之德。譬如寶也。

【雨寶經】（經名）佛說持世陀羅尼經之異名。

【雨寶陀羅尼經】（經名）佛說雨寶陀羅尼經、一卷。唐不空譯。與佛說大乘聖吉祥持世陀羅尼經。皆爲佛說持世陀羅尼經之異譯。

【兩舌】（術語）十惡業之一。謂言語反覆。掉弄是非也。易林云、一簧兩舌。妄言謀訣。佛教亦以兩舌、惡口、妄言、綺語、爲口業。見四十二章經。新譯曰離間語。大乘義章七曰、「言乖彼此。謂之爲兩。兩朋之言。依於舌。故曰兩舌。」

【兩非】（術語）四句分別中之第四句也。如就有無而分別四句。言非有亦非無也。見兩是條。

【兩向釋】（術語）在一文中間通於

上下之句而成義也。又曰義兼兩向。法華文句記會本十一曰、「等者兩向釋也。」

【兩序】（職位）又曰兩班。朝廷之制有文武兩班。禪林擬之於住持之下設東西兩班。長於學德者歸西序、謂之頭首。通於世法者歸東序、謂之知事。東序以都寺、監寺、副寺、維那、典座、直歲爲次第。西序以首座、書記、知藏、知客、知浴、知殿爲次第。由於宗派而略有不同。勅修清規有兩班圖。

【兩足尊】（術語）佛之尊號也。以佛在有兩足之有情中、爲第一尊貴故也。又兩足者、言戒定福慧等之功德。以佛於此等功德爲二足而遊行法界故也。法華玄贊三曰、「佛於二足多足無足一切中尊。今云兩足尊於三類中兩足爲貴。能入道故。謂人天類。佛亦兩足。故言兩足尊。」法華嘉祥疏四曰、「兩足尊者、或以戒定爲二足、或以權實爲二足。或以福慧爲二足、或以解行爲二足。此皆內德之二足也。外形以天人爲二足。佛是天人二足尊也。」光明文句記三曰、「大經明十號中兩釋。一約人天善趣兩足爲貴。佛於天人中尊。二約福慧俱備名爲兩足。」

【兩河】（雜語）尼連禪河 Nairañjana 與跋提河也、佛在尼連禪河邊成道、在跋提河 Hiraṇyavati 邊涅槃。卽前爲有餘涅槃之處、後爲無餘涅槃之處也。因明大疏序曰、「歸眞寂於兩河。餘烈光乎沙劫」寄歸傳一曰、「跡滅兩河。人天掩望。影淪雙樹龍鬼摧心」因四大河中以殑河與信度河之二流、流通印度、故印度總稱爲兩河。求法高僧傳上玄照贊曰、「愴矣無成。兩河沈骨。八水揚名。」自註曰、「兩河卽在西國。八水乃屬東郡。」

【兩肩神】（天名）同名神與同生神也。

【兩卷經】（經名）淨土三部經中佛說無量壽經之異名。玄義分傳通記三曰、「大經者無量壽經。三經之中此經廣故。對餘二經名大經也。天台此經名大本。阿彌陀經名小本。嘉祥名雙卷。淨影道綽與今家同。龍興名兩卷經。」

【兩界】（術語　又曰兩部。金剛界與胎藏界之曼陀羅也。

【兩界曼陀羅】（術語）毘盧遮那佛集法界眷屬、成自利利他大佛事之壇場、謂爲曼陀羅。密教中此曼陀羅有二大宗。一爲金剛界、一爲胎藏界。胎藏界由於衆生本具之理德、金剛界依於如來始成之智德。各以大日爲中心、恒沙之諸尊集於此、依自己之本誓而垂化用也。以此壇場之狀圖於兩軸、亦曰曼陀羅。見曼陀羅條。

【兩界兩部大日】（術語）謂金胎兩部之大日也。大日如來雖爲理智不二之法身、而其智之妙用與理之妙用、別附名稱。金界之大日住於智拳印。胎界之大日住於法界定印。參照兩部條。

【兩垢】（術語）有垢眞如無垢眞如之二眞如也。自性清淨之體伏藏於煩惱之垢染曰有垢眞如。卽在纏眞如也。佛果所顯之理體清淨而不覆於垢染曰無垢眞如。卽出纏眞如也。攝論謂爲有垢眞如無垢眞如。佛性論以在纏眞如爲有垢如。出纏眞如爲無垢如。染淨兩分之眞如也。觀經疏玄義分曰「無塵法界凡聖齊圓。兩垢如如。則普該於含識」眞諦譯之攝論五曰「論曰眞實性亦有二種。一自性成就。釋曰謂有垢眞如。二清淨成就。釋曰謂無垢眞如。」

【兩垢如如】（術語）有垢如與無垢如也。眞如之異名。見前項。

【兩是】（術語）又曰二是。四句分別中之第三句也。如就有無而分別四句。則第三句曰「是有是無」或曰「有亦無」亦曰雙照之句。三論玄義曰「是有是無名爲兩是。非有非無名爲兩非。」

【兩迦】（雜語）鎭頭迦。迦羅迦之二果也。此二果似而非。甚難辨。顯戒論中曰「牛驢之乳其色雖別。兩迦之果其形何別。」見鎭頭迦條。

【兩重能所】（術語）見十乘觀條。

【兩財】（雜語）內外之兩財也。身體手足等衆生之正報曰內財。金銀舍宅等衆生之依報曰外財。元照彌陀經疏上曰「內外兩財隨求而應」

【兩班】（職位）見兩序條。

【兩翅】（譬喻）定慧譬如鳥之兩翅。止觀五曰「馳二輪而致遠。翥兩翅以高飛」同輔行曰「二輪遠運。誓定慧橫周。兩翅高升。誓定慧竪極。」

【兩俱不成】（術語）因明三十三過中四不成之一。如勝論師對於聲論師。將立「聲爲無常」之宗。而用「眼所見故」之因。謂聲爲眼之所見。立者之勝論師與敵者之聲論師俱不許之。此因望於立敵兩者不成對於宗之因。故曰兩俱不成。因明入正理論曰「如成立聲爲無常等。若言是眼所見性故。兩俱不成」

【兩部】（術語）又曰兩界。謂密教二大法門。金剛界胎藏界之兩道也。日本東密次第爲金胎。日本台密次第爲胎金。其故以台密分事密理密之二者。其理密之邊謂與法華同意。大日經疏之意亦然。故注重與法華同意之理密。而次第爲胎金。東密不分事理二密。且貶法華於第九住心。故準於因果之勝劣而次第爲金胎。蓋以胎藏界爲因門。金剛界爲果門故也。胎藏界從果向因本覺佛之化他門也。故爲依大定悲智三德。從中胎藏流出三重之曼荼羅統收之於三部。大定門爲佛部。大悲門爲蓮華部。大智門爲金剛部。又金剛界從因至果、始覺佛之自利門也。故爲轉因位九識得果上五智、示自證之境之曼荼羅、分之爲五部、即佛部、金剛部、寶部、蓮華部、羯磨部是也。即自上之佛部開出寶部羯磨部也。然皆是大判、胎藏界亦非無五部。大日經疏十五所謂「釋謂隨五部如上所說五字差別之用」是其證也。金剛界亦非無三部之建立。如意輪無量壽一字頂輪王等之儀軌說三部之三昧部是其證也。衆生本具之萬德理性爲胎藏。轉衆生之九識而成五智爲金剛。故胎藏者理也、金剛者智也。胎藏有二義。一含藏之義也、於母之胎內含藏體性而覆育之、理體亦爾、能具足一切之功德而不亡失、故謂之爲胎藏。二隱覆之義、如人之在母胎、覆藏其體。理體隱於煩惱之中而不顯現、故謂之爲胎藏。金剛又有二義。一堅固之義、自體堅固而不可破壞、故曰堅固。又利用之義、能摧破一切之物、故曰利用。智體亦爾、沈淪生死海之中、而無破壞、還能破摧一切之煩惱、故名金剛。而胎藏爲理、故爲前五大、是千栗駄、即肉團心也。金剛爲智、故爲識大、是質多、即緣慮心也。又理以本具之故爲本覺、智以始成之故爲始覺。又胎爲本有平等之曼荼羅、故不見自他此彼之差別、故爲自證。金見自他彼此迷悟之差別、故爲化他。又胎以自證之故、其曼荼羅爲從果向因、利他也。智以始成之故、其曼荼羅爲從因至果自利也。又胎爲一切衆生之因所住之位、故名爲因曼荼羅。金剛爲一切衆生之果所住、故名爲果曼荼羅。是以配之於方位、則胎藏界以因位之故、配於發心位之東。金剛界以果位之故、配於成菩提位之西。又配於遮表、則胎藏界爲多法界之表德門、金剛界爲一法界之遮情門。此以理爲有相之萬物十界曼荼羅、智爲無相之一空。一月輪故也。又配於日月、則胎藏界爲日輪、金剛界爲月輪。此以胎藏界爲本來圓滿之果德、金剛界爲十六分漸明之始覺故也。東密於此兩部各云不二、不別立不二之法。台密於此外立蘇悉地法、爲不二之法。此兩界本來非可對立者。以後世之釋者、欲強使兩界一致附會而爲秘傳之說。多因而迷後世者亦多。覩夫胎藏之一門及金剛之一門、各具一多因果理智等可知也。解釋之手段、對立固無不可。然非可強使相對立也。

【兩部相對】(術語)胎藏住於蓮華、以蓮華表理之攝持故。金剛住於月輪、以表智之光照故。又蓮華住於地、月輪居於天、以配於陰陽、以陰陽是理智之異名故。又胎藏之大日住於曼荼羅之中位、橫表平等之義。金剛之大日居於一印會之最頂、豎表差別之義。以理爲平等、智爲差別故。又胎藏之大日住於法界定印、定爲理之異名。金剛之大日住於智拳印、智之義可知也。見秘藏記鈔三。

【兩部不二】（術語）金胎兩部、理智一雙之法門也。胎藏界爲理性、金剛界爲智用、而理爲智之體、智爲理之用、理智冥一、有如水波。因此兩部一體不二也。在果智之妙用與法性之寂靜、姑異法門而已。依兩部不二之深秘、則胎藏爲詮金剛之名。金剛爲詮胎藏之名。其故以𑖪𑖽字雖是金剛界大日之種子、然以五字布於身之五處時、以𑖪𑖽字布於胎、是金剛詮胎藏之證也、又以𑖀字雖爲胎藏界大日之種子、然大日經說𑖀字謂爲勝作金剛輪。是胎藏詮金剛之證也。因此於胎藏界安金剛門、於金剛界安蓮華門、又胎藏界之道場觀、先觀月輪、於其上觀蓮華、金剛界之道場觀、先觀蓮華、於其上觀月輪。是卽胎金非二、理智是一之意也。故東密於兩部之外不立蘇悉地之不二法也。見秘藏記鈔一。

【胎金率都婆】（物名）胎藏界爲𑖀等五字所成。金剛界爲𑖪𑖽一字所成。而其塔形有二說。一胎藏界爲五輪塔、是爲本有之因德、故不加莊嚴也。又金剛界爲多寶塔、是爲修生之果德、故加莊嚴也。又一說、二塔同爲五輪塔、於運心宜有差別、五字所成者、爲各別之五輪色法塔、一字所成者、爲無礙之五輪心法塔。問、今兩部之三昧耶曼荼羅所圖者、同似寶塔、而其形無差別、今何言五輪塔耶。答曰、寶塔之總體爲五輪、五輪之上以四曼加莊嚴也、今約於本體兩部共謂爲五輪耳。見秘藏記鈔四。而此爲自性清淨心、亦爲眞如、亦爲法性、亦爲佛、亦爲如來藏、亦爲觀。見秘藏記本。

【兩部金剛優劣】（雜語）「胎藏之普賢、金剛手之異名也、金剛名爲第一內眷屬之上首、故別舉之。內眷屬主如來內證之智印。然則金剛界之金剛亦爲佛之內證智也、故知兩部之金剛無優劣。問、胎藏界之外部、有天鬼畜等類、金剛界之外部、亦有二十天、此等總名金剛、此金剛兩部無優劣耶。答、胎藏之金剛、爲業報實類之身、非佛之示現、金剛界之金剛、爲使實類業報之人覺知、故如來自示現外金剛部之衆、然則胎藏之金剛、爲實類之身所化之迷者、故爲劣。金剛界之金剛、爲權化身、能化之覺者、故爲勝。」見秘藏記本。

【兩部結界】（修法）以兩部之深意組立之結界也。爲道場限寺域、謂爲結界。

【兩部大經】（術語）謂密敎所依之經典中、善無畏三藏譯之大日經七卷、與不空三藏譯之金剛頂經三卷也。

【兩部神道】（流派）天台宗所傳之神道曰一實神道。眞言宗所傳之神道曰兩部神道。兩部者、金胎兩部也、金胎兩部之曼陀羅、天竺所奉之一切諸天神祇、亦包羅而盡本迹權實之深秘。日本之密敎者推此意、亦使本國所奉之大神與大日如來、阿彌陀如來等兩部曼陀羅之諸尊合同、名兩部習合之神道。參照東台二密條。

【兩展三拜】（術語）與次項同。

【兩展三禮】（術語）展者將作禮、初欲展坐具（坐具卽尼師檀）師家止之、乃作摺勢鞠躬叙事情、是爲一展、復欲重展復被止、乃作摺勢叙寒暖、是爲兩展、然不拜則情不足、故不展坐具、以手持之觸地三拜也。敕修清規遊方參請曰「起至爐前、兩展三禮謝茶。初展云、某等重承煎點、特此拜謝、下情不勝感激之至。再展云、卽日時令謹時、恭惟堂頭和尙尊候起居多福。退身觸禮三拜。」

【兩業】（術語）日本傳敎大師定一家之學生式。其中置止觀遮那兩業。年度二人受大戒後、使專修此兩業、十二年不得出山門。止觀業者年年每日以法華經、金光明經、仁王經、守護經、諸大乘經之護國衆經、使之長轉長講。遮那業者歲歲每日以遮那經、孔雀王經、不空羂索經、佛頂經、諸眞言等之護國眞言使之長念。又止觀業使其修四種三昧、遮那業使修習三部念誦。（大日經、金剛頂經、蘇悉地經）

【四業】（名數）一止觀業、如上。二大日業、三金剛頂業、四蘇悉地業、是日本慈覺分開遮那業、更置三業之學生也。

【五業】（名數）四業與前同、第五一字業、是日本智證更置尊修一字頂輪王經之學生也。

【兩鼠】（譬喩）黑白之二鼠也。以喩晝夜。

【兩權】（術語）聲聞緣覺之二乘、對於菩薩乘之一實而曰兩權。法華玄贊序曰、「揚一實而包總太虛、振兩權而選羅萬象。」

【奈利】（界名）與泥梨同。見泥梨條。

【奈河】（雜名）地獄三途之川也。川有三瀨、罪人至此、謂奈處可渡、故名奈河。十王經曰「前大河卽是葬頭、見渡亡人名奈河津。」

【奈河橋】（雜名）在第十殿幽冥沃燋石外正東、直對世界五濁之處、貧賤夭死等人過此橋而投生云。

【奈耻羅訶羅】（異類）夜叉名、譯言飮血。見孔雀王咒經上。梵 Rudhirahāra 奈爲留之誤。

【奈落】（界名）又作捺落、那落。捺落迦之略。見捺落迦條。

【直心】（術語）正直而無諂曲之心也。維摩經佛國品曰「直心是菩薩淨土。」同菩薩品曰「直心是道場。」楞嚴經一曰「十方如來同一道、故出離生死、皆以直心。」註維摩一「肇曰、直心者、謂質直無諂、此心乃是萬行之本。什曰、直心誠實心也、發心之始始於誠實。」

【直月】（術語）見直歲條。

【直堂】（職位）禪寺輪次守僧堂之役、即當直也。

【直傳】（術語）直接傳授、即口傳也。

【直道】（術語）不迂曲而直至涅槃之道也。大乘義章一曰、「二空即是世直道」。直到佛地之道也。教行信證證卷序曰、「最勝直道」。

【直歲】（術語）禪林之目。直者當也、當一歲之幹事、故云直歲。敕修清規下一曰、「直歲職掌一歲作務」。僧史略中曰、「或立直歲、則直一年、或直月直半月直日、皆悅衆也」。釋氏要覽下曰、「三千威儀經具十德堪充直歲」。

【直裰】（衣服）偏衫與裙子之裰合者。敕修清規五曰、「直裰相傳前輩見僧有偏衫而無裙、有裙而無偏衫、遂合二衣為直裰。然普化索木直裰、大陽傳草履直裰、古亦有矣。」

【直掇】（衣服）與直裰同。傳燈錄曰、「普化謂市人乞我一個直裰。」林逋寄李山人詩曰、「身上祇衣粗直掇、馬前長帶古偏提。」蘇轍孔平仲惠蕉布詩曰、「更得雙蕉縫直掇。都人渾作道人看。」按、說文。𧞤、衣躬縫也。集韻云、或作襡褶。又周禮疏、中央為督、所以督率兩旁。莊子養生主、緣督以為經、音義亦云中也。六書故云、人身督脈、當身之中、貫徹上下、故衣縫當背之中達上下者、亦謂之督。據此則直掇字、本當作𧞤。而督亦可借用。若裰則補破之義、不應聯直字為名。作掇則更無義矣。

【直說】（術語）直說法義之長行經文也。十二部經中修多羅之說相也。又不借餘人本人自說曰直說。成實論一曰、「修多羅者直說語言」。大乘義章二曰、「長行直說、斯皆是其修多羅攝。」

【來生】（術語）如言來世、未來之生報也。

【來世】（術語）未來之世也。法華經曰、佛告舍利弗、汝於來世當得作佛、號曰華光王。

【來迎】（術語）佛菩薩自極樂來迎念佛之行者也。觀無量壽經曰、「化作五百化佛來迎此人」。五會法事讚曰、「但有稱名皆得往。觀音勢至自來迎」。是彌陀佛四十八願中第十九之誓願也。然淨土門中淨土眞宗之一流不敢期此來迎、見來迎不來迎條。

【來迎印】（印相）彌陀佛來迎衆生時之印相也。舉右手比之於佛、垂左手比之於衆生是也。尋常之立像印相也。

【來迎三尊】（圖像）彌陀觀音勢至三尊作來迎狀之形像也。

【來迎不來迎】（術語）彌陀佛四十八願中第十九有來迎引接之願故淨土門之念佛者多要臨終之正念以期佛之來迎。然在淨土眞宗以期來迎爲修諸行之雜修雜行期專修念佛之行人於聞信之一念往生之行事成辦故不期終之正念佛之來迎。是念佛門中獨特之宗旨也末燈鈔曰來迎者爲諸行往生自力之行者故臨終者謂諸行往生之人未得眞實之信心故（中略）眞實信心之行人以攝取不捨故住於正定聚之位是故無臨終無來迎信心定則往生定也。

【來迎引接願】（術語）彌陀佛四十八願中之第十九於念佛之行者臨終時來接之願也無量壽經上曰「設我得佛十方衆生發菩提心修諸功德至心發願欲生我國臨壽終時假令不與大衆圍繞現其人前者不取正覺」

【來果】（術語）來世之果報也。

【來應】（術語）應他之請而來也楞嚴經一曰「長者居士同時飯僧佇佛來應」

【奇光如來】（佛名）小乘經所顯釋尊以外之唯一現在佛過東方七恒河沙之佛土所出現者增一阿含經二十九曰「目連禮世尊足即於如來前沒不現往詣東方七恒河沙佛土有佛名奇光如來至眞等正覺出現彼土」

【奇妙】（雜語）無類之珍也法華經囑累品曰「容顏甚奇妙」阿彌陀經曰「種種奇妙雜色之鳥」

【奇臭餓鬼】（異類）梵語曰迦吒富單那譯曰奇臭餓鬼見玄應音義十一參照迦吒富單那條。

【奇特】（術語）梵語 Āścarya 阿闍理武又作遏部多 Adbhuta 譯曰奇特獨不偶也西域記一曰 何奢理貳伽藍唐言奇特」佛所行讚四曰「知得未曾法而起奇特想」賢愚經八曰「如來出世實復奇特」

【三種奇特】（名數）一神通奇特佛世尊妙應羣機而現大神變不思議使一切衆生及諸邪魔外道咸歸正化也二慧心奇特佛之智慧心光湛寂照了一切諸法而成一切種智也三攝受奇特佛能知衆生諸根之利鈍隨機攝受開導教化使彼咸聞法要進修妙行出離生死也見過去現在因果經四。

【奇特經】（經名）一字奇特佛頂經之略名。

【奇異】（雜語）非常也十地論一曰「若來此處則非奇異」唐太宗三藏聖教序曰「鹿苑鷲峯瞻奇仰異」

【奔那伽】（植物）Puspa-nāga 譯言龍樹華彌勒菩薩在此樹下成道大日經疏

七曰「龍華奔那伽者此奔迦是龍樹花彌勒世尊於此樹下成佛其直言龍華者是龍中所尙之花西方頗有其種。」

【奔荼】（植物）Puṇḍarika 奔荼利之略。

【奔荼利】（植物）Puṇḍarika又曰奔荼利迦。譯曰白蓮花。玄應音義二十一曰、「奔荼、舊言芬利。亦作分陀利。此云白蓮花也。」慧琳音義五曰、「奔荼利花、白蓮花名也。古云芬陀利、正云奔拏。」見分陀利條。

【芥子】（譬喻）以芥子投針鋒難中、譬佛出世之難也。涅槃經二曰、「芥子投針鋒、佛出難於此。」図喻極小也。白居易僧問曰、「維摩經不可思議品中云、芥子納須彌。須彌至大至高、芥子至微至小、豈可芥子之內入得須彌山乎。」図（物名）芥子爲性堅辛者、密教以之爲降伏之相應物、於此加持眞言、投於爐、以供降伏之用。眞言修行鈔五曰、「寶賢僧正護摩師傳抄云、取芥子投爐中。十方十度也。護摩略觀抄云、（道範）芥子堅辛性有降伏用。依添眞言加持作降魔結界也。投十方、破十方魔軍也。又龍猛菩薩咒、白芥子打開鐵塔扇。入法界塔中、受金剛薩埵灌頂。今行者芥子加持。又打開十方法界塔婆。請諸佛聖中證明聽許之觀可作之。」図（譬喻）以譬劫量。見芥子劫條。

【芥子劫】（術語）以芥子喻劫量。曰芥子劫、以磐石喻劫量曰磐石劫。見劫條。

【芥子供】（修法）修馱都法時、於本尊供白芥子也。蓋馱都法即如意寶珠之法、其寶珠邊、諸魔必伺、故爲辟除之、乃行此供也。若無白芥子、則用菜種。又降伏者、用芥菜之子、其作法於小土器或銅器等、盛芥子、後供養時、於華傍置閼伽以前、取其芥子器、以□字加持、以□字供之、後置本處、不令他人見、若人多時、以時華器盛之而供爲法。參照白芥子條。

【芥石】（譬喻）芥子劫與磐石劫之喻。秘藏寶鑰下曰、「芥石竭礫。虛空可量。」

【芥城】（譬喻）以譬劫量者。智度論三十八曰、「有方百由旬之城、中滿芥子。有長壽人百歲一來、持一芥子去。芥子盡、劫未盡。」見劫條。大周新翻三藏聖教序曰、「所冀芥城數極。鳥事猶傳。拂石年窮。樹經無泯。」

【芬陀利】（植物）梵語花名。見佛經。即白蓮花也。又作芬陁利。見分陀利條。

【芬陀利花沙門】（術語）見四果條。

【芬陁利】（植物）梵語曰芬陁利、此言白蓮花。與芬陀利同。涅槃經云、「如來之身、非胎所汚、如芬陁利花、本身淸淨故。」見分陀利條。

【居士】（雜名）梵語曰迦羅越。Ku-lapati 居財之士、居家之士、在家志佛道者。輟耕錄曰、「今人多以居士自號。考之六經、惟禮記有居士錦帶。註、謂道藝處士也。」吳曾能改齋漫錄曰、「居士之號、起於商周之時。韓非子書曰、太公封於齊、東海上有居士狂矞華士昆弟二人立議曰、吾不臣天子、不友諸侯、耕而食之、掘而飲之云云。則居士之由來久矣。」魏志管寧傳曰、「胡居士賢者也。」南史曰、「阮孝緒屛居一室、家人莫得見其面、親友因呼爲居士。到洽築室岩阿、幽居積歲、時人號曰居士。虞寄居閩中、知刺史陳寶應有異志、恐禍及、乃着居士服、居東山寺。」魏書曰、「盧景裕不仕、貞素自得、人號居士。」今爲在家修禪者之稱。註維摩經一、「什曰、外國白衣多財富樂者、名爲居士。肇曰、積財一億、入居士里、寶貨彌殖、故貪着彌深。」天台觀音義疏曰、「居士者、多積賄貨、居業豐盈、以此爲名也。」慧遠維摩經疏一曰、「居士有二。一廣積資財、居財之士、名爲居士。二在家修道、居家道士、名爲居士。」嘉祥法華義疏十二曰、「居士有二種。一居舍之士、故名居士。二居財一億、故名居士。」法華玄贊十曰、「守道自恬、寡欲蘊德、名爲居士。」十誦律六曰、「居士者、除王王臣及婆羅門種、餘在家白衣、是名居士。」

【女居士】（術語）婦人亦稱居士。禪錄往往有之。

【居士傳】（書名）清彭際清著。爲傳五十六、列人二百二十七。附列者又七十七人。其發凡曰、「佛門人文記載、其專繫宰官白衣者、故有補法師宏明集、宣律師廣宏明集、心泰佛法金湯、姚孟長金湯徵文錄、夏樹芳法喜志、其以沙門爲主、兼收外護者、則有志磐佛祖統紀、念常佛祖通載、以及傳燈錄、續傳燈錄、五燈會元、東林傳、往生傳諸書、所錄事言、互有詳略、或失之冗、或失之疎。至朱時恩居士分燈錄、郭凝之先覺宗乘、李士材居士禪燈錄、並本五燈、止揚宗乘。於諸三昧法門、有所未備。今節取諸書者十之五、別徵史傳諸家文集、諸經序錄、百家雜說、視諸書倍之。裁別綴屬、成列傳五十餘篇、詳其入道因緣、成道功候、俾有志者、各隨根性、或宗、或敎、或淨土、觀感願樂、具足師資（云云）」等不等觀雜錄三曰、「居士傳內汪大紳評語、直截痛快、實具宗匠手眼、但其中每引程朱爲契合、似覺不類。度其意、無非欲引理學家究明心宗耳。然理學家既宗程朱、決不信有此事。是汪君援引之意、不能令儒者生信、反令儒者易視禪宗、以爲不出程朱心學矣。甚哉、立言之不可不愼也。予願他日重刻此傳、將評語內與儒家牽合者節去、未始非護法之一端也。」

【居倫】（人名）又作居隣、拘輪、俱隣。五比丘之第一。阿若憍陳如也。玄應音義四曰、「居倫大哀經作拘輪。譯云本際。第一解法者也。普曜經云、俱隣者、解本際也。阿若者言已知也。正言解了。拘隣亦姓也。」又曰「拘鄰、或作居倫、或作拘輪、皆梵言訛也。此云本際。則經中尊者了本際尊者知本際皆是也。此即憍陳如。」見阿若憍陳如條。梵 Ājñā-takauṇḍinya

【居盧倅略】（界名）十八地獄之一。見地獄條附錄。

【居簡】（人名）四川人。姓王氏、一作龍氏。謁育王德光、得其法印。後於杭州淨慈寺開法道。於寺之北磵築室居之。著有北磵集十九卷、北磵續集一卷。淳祐六年寂。見續傳燈錄釋氏稽古略五燈嚴統等。

【居支】（地名）Kutche 國名。或作龜茲、丘慈。見名義集三。

【屈吒阿濫摩】（寺名）寺名。譯曰雞園。見屈屈吒阿濫摩條。

【屈屈吒播陀】（地名）Kukkuṭapa-dagiri 山名。譯言雞足。在摩揭陀國。當菩提樹之東百餘里、迦葉尊者於此入定。西域記九曰、「屈屈吒播陀山（唐言雞足）亦謂窶盧播陀山（唐言尊足）高巒陗無極。深溪洞無涯。（中略）其後尊者大迦葉波居中寂滅。不敢指言。故言尊足。」

【屈屈吒阿濫摩】（寺名）Kukkuṭa-ārāma 僧寺名。譯言雞園。阿輸迦王所建。釋迦方誌下曰、「屈屈吒阿濫摩寺（言雞園也）西域記八曰、「故城東南有屈屈吒阿濫摩（唐言雞園）僧伽藍。無憂王所建焉。無憂王初信佛法也、式遵崇建、修殖善種。召集千僧凡聖兩衆四事供養、什物周給。頹毀已久、基址尙在。」

【屈陀迦阿含】（術語）巴 Khudda-kāgama 五阿含之一。爲四阿含外之一切雜經。善見律毘婆沙一曰、「除四阿鋡、餘一切佛法、悉名屈陀迦經。」是也。其中有十餘小部。善見律毘婆沙以爲法句 Dhamma-pada 喩 Apadāna 嗢陀那 Udāna 伊諦佛多伽 Itivuttaka 尼波多 Sutta-nipāta 毘摩那 Vimānavatthu 卑多 Peta-vatthu 涕羅伽陀 Thera-gāthā 涕利伽陀 Therī-gāthā 本生 Jātaka 尼涕婆 Niddesa 波致參毘陀 Paṭisambhidā 佛種姓經 Buddhavaṃsa 若用藏 Cariya-piṭaka 之十四。現存巴利佛典之屈陀迦部加之以 Khuddaka-pāṭha 而爲十五小部。

【屈浪拏】（地名）又作屈浪那。爲都貨邏國之故地。西域記十二謂其國伽藍僧徒雖少。而國王厚敬三寶云。

【屈眴】（雜名）布帛名。第一布謂大細布也。義楚六帖二十二曰、「寶林傳云。唐言第一布。紡木綿華心爲之。即達磨所傳之衣七條也。碧裏自師子尊者傳與。」宋僧傳八（慧能傳）曰、「其塔下葆藏屈眴布、鬱多羅僧。其色青黑。碧縑複袷。非人間所有物也。」

【屈滿囉合掌】（術語）又作屈摩羅。十二合掌之第三。大日經疏十三曰、「以十指頭相合。指叉齊等。然掌內空令稍穹隆。名屈摩囉合掌。此云如未開蓮也。」見屈摩羅條。

【屈請】（雜語）迎請尊上也。雜阿含經四十八曰、「屈請入其舍。」有部毘奈耶律九曰「便於後時同前屈請。」

【屈摩羅】（雜名）又作屈滿囉。蓮華之未開者。僧叡之法華經後序曰、「諸華之中蓮華最勝。華而未敷。名屈摩羅。敷而將落。名迦摩羅。處中盛時。名分陀利。」此說明與Utpala, Kamala, Puṇḍarīka相當。而屈摩羅之原語則不明。或為Kuvala乎。

【屈霜儞迦】（地名）國名。譯曰何國。見西域記一。

【屈露多】（地名）北印度古王國名。闍爛陀羅國之東北地方也。西域記四謂多學大乘者。Kulūta

【孟八郎】（雜語）孟者孟浪之義。八郎者生子之行次。如李四張六之類。亂暴之野郎曰孟八郎。傳燈錄八南泉章曰、「孟八郎漢又恁麼去也。」碧巖第二十八則著語曰、「孟八郎作什麼。」同鈔曰、「不依道理作事者云。」

【孟婆神】（傳說）相傳孟婆神生於漢代。幼讀儒書。壯誦佛經。惟勸世人戒殺喫素。年八十一歲。猶是處女。因姓孟。人故稱曰孟婆阿奶。時有能知前因者。妄認前生眷屬。漏洩陰機。上帝勅令孟氏女為幽冥之神。造醧忘臺。又採取世俗藥物。合成似酒非酒之湯。分為甘苦酸辛鹹五味。孟婆神掌之。使鬼魂飲之以忘前生。

【孟婆湯】（傳說）見孟婆神條。

【芙蓉道楷】（人名）宋左街十方淨因禪院禪師道楷。得洞上之宗於投子山義青禪師。徽宗賜紫衣。固辭不受。帝怒下之獄。後被放逐。庵於芙蓉湖上。因號芙蓉。政和八年寂。鄧州丹霞子淳嗣之。淳有二弟子、一曰清了。眞歇也。一曰正覺。天童之宏智也。見五燈會元十四、稽古史略四。

【芝苑】（人名）靈芝之元照、又稱芝苑。有題為芝苑遺編者三卷。

【花】（雜語）梵語曰補逝波。Puṣpa 花為六種供物之一。表萬行開敷而莊嚴佛果也。大日經疏八曰、「花者是從慈悲生義。卽是淨心種子於大悲胎藏中萬行開敷莊嚴佛菩提樹。故說為花。」以六種供具配於六波羅蜜。則花當於忍辱波羅蜜。以華有柔軟之德。使人心緩和故也。諸經要集四華香緣詳說以花供養之功德。花經中多作華字。

【二花】（名數）一草木花。凡草木之花皆有開敷結實之義。以譬萬行之因。卽有成就佛果之能。二嚴身花、世間金玉等花皆能嚴飾其身。以譬神通相好卽能莊嚴法身。見華嚴經疏三。

【四華】（名數）一分陀利華、白蓮華也。二優鉢羅華、青蓮華也。三鉢特摩華、紅蓮華也。四拘勿投華、黃蓮華也。見蓮華條。因一曼陀羅華、白蓮華也。二摩訶曼陀羅華、大白蓮華也。三曼殊沙華、赤蓮華也。四摩訶曼殊沙華、大赤蓮華也。見法華經序品。

【寄花五淨】（雜語）以花寄於色界第四禪之五淨天、則恒不萎。以世界之大風災亦不至此天故也。安樂集曰、「譬如寄花五淨、風日不萎。附水靈河、世旱不竭。」

【第一華】（雜名）智度論二十七曰、「一切蓮華中青蓮爲第一。一切陸生華須曼色第一。」

【花亭】（雜名）於佛出日、爲安置佛之降生像、造小亭、以紅白之衆花交覆作瓦狀、寶蓋垂幡亦皆累花而成之者。見象器箋十九。

【花座】（物名）以蓮華所成之臺座。佛菩薩坐之。智度論八曰、「問曰、諸床可坐、何必蓮華。答曰、床爲世界白衣坐法。又以蓮華軟淨、欲現神力能坐其上、令不壞故。又以莊嚴妙法座故。又以諸華皆小、無如此華香淨大者。人中蓮華大不過尺。漫陀耆尼池及阿那婆達多池中蓮華、大如車蓋。天上寶蓮華復大於此。是則可容結跏趺坐。佛所坐華復勝於此、百千萬倍。又如此蓮華臺嚴淨香妙可坐。」

【花偈】（雜名）譬經之散文曰散花。其偈頌曰貫花。又曰花偈。見貫花條。又謂達磨之傳法偈。祖庭事苑三曰、「花偈、初祖達磨傳法一花五葉之偈。」見一花條。

【花筥】（物名）又曰花籠。以金屬編竹造之。如淺籠者。其形似皿、故亦曰花皿。於此盛種種彩紙所製之蓮瓣、又或葉、行道而散之、謂之散華。

【花藥欄】（術語）檀芍藥牡丹等花卉、以竹木圍其四周者。碧巖三十九則曰、「僧問雲門、如何是清淨法身。門云、花藥欄。」參照雲門條。

【花籠】（物名）又曰花筥。見花筥條。

【庚申日】（雜名）北斗七星儀軌曰、「世有司命神、每至庚申日、上向天帝、陳說衆人之罪惡。」見庚申會條。

【庚申會】（行事）庚申之夜、以青面金剛之像爲本尊、造猿形爲神、設祭供、徹夜以滿足衆願、謂之守庚申。是本出於道家避三尸之說、更無佛教之典據。但吾國佛者和之者甚多。僧史畧下曰、「近聞周鄭之地邑社多結守庚申會。初集鳴鐃鈸、唱佛歌讚、衆人念佛行道、或動絲竹、一夕不睡、以避三彭奏上帝、免註罪奪算也。然是實道家之法、往往有無知釋子。入會圖謀小利。會不尋其根本。誤行邪法。深可痛哉」以青面金剛爲其本尊者。據青面金剛之儀軌。其言曰、「若患骨蒸伏連傳尸鬼病者。誦咒千徧其病卽愈。」其儀軌出於陀羅尼經十。

【盲】（雜語）盲人也。

【盲聞乳】（譬喻）見乳色條。

【盲摸象】（譬喻）見摸象條。

【盲冥】（術語）盲昧闇冥無見理之明也。智度論四十曰、「舍利弗說。我師不出者。我等永爲盲冥」

【盲跛】（雜語）言師無慧解如盲人。弟子無行業如跛者也。止觀五曰、「自非法器。復闕匠他。盲跛師徒。二俱隨落。瞽履夜遊。甚可憐愍。」

【盲龍】（本生）有一盲龍、名頗羅機梨奢。擧聲大哭、言大聖世尊、願救濟我。我今身中受大苦惱。日夜常爲種種諸患唼食。居熱水中無暫樂。佛言汝過去世於佛法中爲比丘。毀破禁戒。外現善相。廣貪眷屬。名聲遠四方而受供養。以惡業因緣。今受此盲報。見大集經濟龍品。淨心誡觀。

【盲龍經】（經名）大集經濟龍品說救濟盲龍名盲龍經。

【盲龜】（譬喻）盲龜遇浮木難、以譬受人身、難値佛敎難。見浮木條。

【底下】（術語）人中最爲下賤者。無量壽經上曰、「貧窮乞人。底極厮下。」往生十因曰、「薄地凡夫。底下異生。」

【底沙】（佛名）Tiṣya 佛名。釋迦牟尼佛嘗在此佛所與彌勒共修佛道。七日七夜翹一脚以一偈讚佛。依其功德。於百劫中超越九劫而成佛云。玄應音義二十四曰、「底沙。丁禮反。舊曰弗沙。此曰明也」同二十二曰、「此亦星名。因星立名。西國多此也」俱舍光記十八曰、「底沙此云圓滿。是星名。從星爲名。」慧琳音義十八曰、「底沙。唐云鬼宿。卽其人是此宿直日生。西方以二十八宿記日。但以月所臨宿以爲名。舊經云蛭數者是也。」婆沙論一百七十七曰、「如契經說。過去有佛號曰底沙。或曰補沙。彼佛有二菩薩弟子。勤修梵行。一名釋迦牟尼。二名梅怛儷藥。（譯言慈氏）爾時彼佛觀二弟子誰先根熟。卽如實知慈氏先熟。能寂後熟。復觀二士所化有情。誰根先熟。又如實知釋迦所化應先根熟。知已卽念。我今云何令彼機感相會遇耶。然令一人速熟則易。非令多人。作是念已。便告釋迦。吾欲遊山。汝可隨去。爾時彼佛取尼師檀。隨路先往。既至山上。入吠琉璃龕。敷尼師檀。結跏趺坐。入火界定。經七晝夜。受妙喜樂。威光熾然。釋迦須臾亦往山上。處處尋佛。如犢求母。展轉過至彼龕室前。歘然見佛威儀端肅。光明照耀。專誠懇發。喜歎不堪。於行無間忘下一足。瞻仰尊顏。目不暫捨。

經七晝夜以一伽他讚彼佛曰、天地此界多聞室。逝宮天處十方無。丈夫牛王大沙門。尋地山林遍無等。如是讚已、便超九劫。於慈氏前得無上覺。」

【底沙佛】（佛名）Tiṣya 又作弗沙。Puṣya 佛名。原爲星。以星爲佛名。釋尊百劫之修相中、逢此佛。翹足讚偈。因超九劫。詳見前項。

【底彥多】（術語）又作丁岸哆。Tiṅanta 即 Tiṅ＋anta 梵語文法二聲之一。示動詞之變化者。有十八轉。彥多者後之義。底字爲置於後之聲。是以動詞中第三人稱單數之語尾名、爲動詞語尾一般之名目也。唯識樞要上本曰、「底彥多聲有十八囀。辨此聲中底字居後。彥多是後義。則是底字居後聲也。」寄歸傳四曰、「二九韻者、明上中下聲卑彼此之別。言有十八不同。名丁岸哆聲也。」十八轉者。慈恩寺傳三曰、「其底彥多十八轉者有兩。一般羅颯迷。（Parasmai）二阿答末瑩。（Ātmane）各有九轉。故合有十八。」般羅颯迷之九轉者、於一事分當體、自他之三。於其三、各分一言二言多言之三也。今就有無之有而示九轉。則如左。

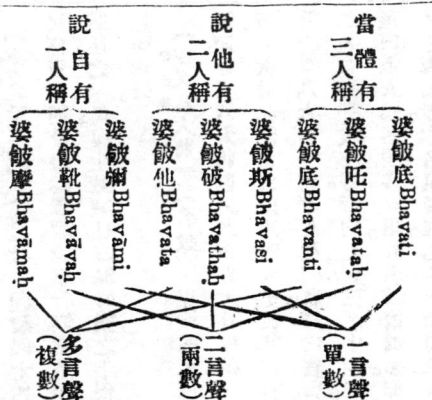

	一言聲（單數）	二言聲（兩數）	多言聲（複數）
當體有三人稱	婆飯底 Bhavati	婆飯吒 Bhavataḥ	婆飯底 Bhavanti
說他有二人稱	婆飯斯 Bhavasi	婆飯破 Bhavathaḥ	婆飯他 Bhavata
說自有一人稱	婆飯彌 Bhavāmi	婆飯靴 Bhavāvaḥ	婆飯摩 Bhavāmaḥ

阿答末瑩聲之九轉者、於前九轉下各置毘耶底之言也。「依阿答末瑩九轉者、於前九轉下各置毘耶底言。餘同上。安此者、令文巧妙無別義。亦表極美義也。」此中以毘耶底之有無、分上中下之尊卑。依自他說而見彼此之別也。

【底哩三昧經】（經名）底哩三昧耶不動尊威怒王使者念誦法之畧名。

【底哩三昧耶】（術語）Trisamaya 底哩者、三之義。佛部金剛部蓮華部三種之三昧耶也。希麟音義五曰、「底哩、此云三。謂此經中說三種三昧。即金剛蓮華佛部是也。」

【底哩三昧耶經】（經名）與次項同。

【底哩三昧耶不動尊聖者念誦秘密法】（經名）三卷。唐不空譯。說念誦佛蓮金三部不動尊之儀軌。

【底哩三昧耶不動尊威怒王使者念誦法】（經名）一卷。唐不空譯。說念誦三部不動使者之儀軌。

【底栗車】（術語）Tiryagyoni 譯曰畜生。見名義集二。

【底理】（術語）窮極之道理也。碧巖錄普照序曰「剔抉淵源。剖析底理」

【夜叉】（異類）Yakṣa 又曰閱叉。新作藥叉。夜乞叉。譯言能噉鬼、捷疾鬼、勇健、輕捷、秘密等。玄應音義三曰「閱叉或云夜叉。皆訛也。正言藥叉。此譯云能噉鬼。謂食噉人也。又云傷者。謂能傷害人也。」法華玄贊二曰「夜叉、此云勇健。飛騰空中。攝地行類。諸羅刹也。羅刹云暴惡。亦云可畏。彼皆訛音。梵語正云藥叉羅刹婆。」註維摩經一「什曰、夜叉秦言貴人。亦言輕捷。有三種。一在地。二在虛空。三天夜叉也。」淨名疏二曰「夜叉者。皆是鬼道。夜叉、此云輕疾。」慧苑音義下曰「夜叉、此云祠祭鬼。謂俗間祠祭以求恩福者也。舊翻捷疾鬼也。」梵語雜名曰「夜叉、藥乞叉。」大日經疏一曰「西方謂夜叉爲秘密。以其身口意速疾隱秘難可了知故。」

【夜叉說半偈】（傳說）涅槃經十四、記釋帝桓因身變爲羅刹。說諸行無常是生滅法之半偈、與生滅滅已寂滅爲樂之半偈。見半偈條。

【夜叉八大將】（名數）毘沙門天王管領夜叉八大將以護衆生界。大日經疏五曰「次於北門當置毘沙門天王。於其左右置夜叉八大將。一名摩尼跋陀羅。譯曰寶賢。二名布嚕那跋陀羅。譯曰滿賢。三名半枳迦。舊曰散支。四名沙多祁里。五名醯摩嚩多。即是住雪山者。六名毘灑迦。七名阿吒嚩迦。八名半遮羅。」

【十六大藥叉將】（名數）一達哩底囉瑟吒大將。二禁毘嚕大將。三嚩日嚕大將。四迦尾嚕大將。五彌覩吒大將。六哆怒毘大將。七阿儞嚕大將。八娑儞嚕大將。九印捺嚕大將。十波夷嚕大將。十一摩尼嚕大將。十二嬌尾嚕大將。十三眞特嚕大將。十四嚩吒徒嚕大將。十五尾迦嚕大將。十六俱吠嚕大將。如是十六大將各有七千眷屬。見陀羅尼集經三。

【夜叉羅刹】（異類）Yakṣa Rākṣasa 夜叉與羅刹皆惡鬼之總名。夜叉譯捷疾鬼。羅刹譯暴惡鬼。

【夜摩】（界名）Yāma 具曰須夜摩、Suyāma 蘇夜摩。欲界六天中第三天名。舊曰燄天。譯言時分。善分。以善知時分受五欲之樂故也。智度論九曰「夜摩名善分天」探玄記六曰「夜摩者若具云蘇夜摩。蘇者此云善也。夜摩者、此云時也。」佛地論五曰「夜摩天者、謂此天中隨時受樂。故名時分」俱舍光記八曰「夜摩天。此云時分。謂彼天處時時多分稱快樂。」因鬼官之總司曰夜摩。即閻摩也。夜摩閻摩、梵語之轉也。見琰摩條。

【夜摩盧迦】（界名）Yamaloka閻摩王之世界也。

【定】（術語）定止心於一境不使散動曰定。心性之作用也。有二類。一生得之散定。二修得之禪定。生得之散定者。欲界之有情亦生之。與心相應而起。專注於所對之境之作用也。俱舍論稱為三摩地。以之為大地法之一。唯識論譯為定。以之為五別境之一。修得之禪定者。為色界無色界心地之作用。必勤行修習而得之者也。如三學中之定學。六度中之禪定波羅蜜。即指修得之禪定。梵名三摩地Samādhi譯言定。或等。等持者。平等保持心性之義也。是為散定。唯有心也。又有等至等引之二。

【定力】（術語）五力之一。禪定之力用。能破諸亂想者。無量壽經下曰「定力禪力」

【定心】（術語）修禪行而遠離亂意也。無量壽經下曰。「深心定心。」智度論二十六曰。「定心者。定名一心不亂。心中不能得見實事。如水波盪不得見面。如風中燈不能得照。」

【定心三昧】（術語）觀佛三昧之異名。一心稱佛之名號曰口稱三昧。觀念淨土之依正二報曰觀佛三昧。或定心三昧。觀佛之目。對於口稱之名號而言。定心之稱。對於口稱之散業而言。此定心口稱之兩三昧。總為念佛三昧。觀念法門曰「若得定心三昧及口稱三昧者。心眼即開。見彼淨土一切莊嚴。說無窮盡。」

【定心別時念佛】（術語）別時修行之念佛。以定心見佛為目的。為欲三昧發得。於此世拜佛身。故定二七日。三七日。或九十日等期限。入道場。專心稱名念佛也。

【定水】（譬喻）定心湛然。譬如止水。往生十因曰。「若定水澄淨。自見滿月尊。如淨水為緣。見空中本月。」

【定中獨頭意識】（術語）四種意識之一。定中之第六識也。入定中。前五識不全示其作用。唯第六意識為其所用。故稱獨頭。

【定光】（佛名）梵名提洹竭佛。Dīpaṃkara譯言錠光佛。或然燈佛。有足曰錠。無足曰燈。作定非。釋迦佛昔稱為儒童。此佛出世之時。買五莖之蓮。奉佛因而得未來成佛之記別。智度論九曰。「如然燈佛生時。一切身邊如燈。故名然燈太子。作佛亦名然燈。舊名錠光佛。」玄應音義一曰。「錠光。大徑切。又音殿。即然燈佛也。諸經中作提洹竭佛。是梵音。」輔行一之一曰。「瑞應云。至于昔者定光佛興時。我為菩薩。名曰儒童。乃至買華奉定光佛。散華供養。華住空中。佛知其意而讚嘆言。汝無數劫所學淸淨。因記之曰。汝自是後九十一劫。劫號為賢。汝當作佛。名釋迦文。」大部補註十一曰。「定光佛。定正作錠。

錠、都定切。亦云然燈佛。有足曰錠。無足曰燈。

」図(物名)玻璃珠之名也。晉華嚴經小相品曰、「亦於念念中見百千萬億那由他佛刹微塵等如來。佛告寶手菩薩言譬如錠光玻璃珠、照十方佛刹微塵等世界。」

【定光佛手】(故事)天台之佛隴有禪師曰定光、智者顗禪師嘗夢師以手招之。佛者禪門悟道人之通稱、又擬於古之錠光佛。祖庭事苑五曰、「智者顗禪師年十五時、禮佛像、恍然如夢見大山臨海際、峯頂有僧招手接入一伽藍。汝當居此。汝當修此。天台佛隴有定光禪師先居此峯、謂弟子曰、不久當有善知識領徒至此。俄爾智者至。光曰、還憶疇昔擧手招引時否。」冷齋夜話十曰、「然渠在海外。吾無定光佛手、何能招手。」

【定光佛】(佛名)即燃燈佛。見前條。

【定妃】(術語)男配於慧、女配於定、曼荼羅中之天女、總爲定門之幖幟、故謂爲定妃。秘藏寶鑰上曰、「八供天女、起雲海於妙供。四波定妃、受適悅於法樂。」

【定印】(印相)標入定相之印契也。定印有三部之別。一佛部之定印、亦名法界定印。胎藏界大日如來之住定印也。二蓮華部之定印、亦名彌陀定印、或妙觀察智定印。阿彌陀如來之住定印也。三金剛部之定印、名爲縛定印、天鼓雷音如來之住定印也。見胎藏界曼荼羅大鈔三。

【定共戒】(術語)三戒之一。又名靜慮生律儀。入初禪、二禪等諸禪定、則與禪定共生自然防非止惡之戒體、身口所作、盡契律儀云。俱舍論十四曰、「靜慮生者、謂此律儀從靜慮生、或依靜慮。若得靜慮者、定成此律儀。」七十五法名目曰、「靜慮律儀、亦名定共戒、與定同時故。」

【定自在所生色】(術語)五種法處攝色之一。在定中自在變現出生之色體也。如入火定而現火光、入水定而現水。

【定身】(術語)五分法身之一。以禪定之功德組織法身之一分者。又住於禪定之身也。

【定判】(術語)決定之判釋也。雜阿含經四十二曰、「我等人人各說第一。意無定判。」俱舍論二十九曰、「定判識起由二緣。」大乘義章四曰、「大乘法中文無定判。」

【定戒】(術語)具曰定共戒。見定共戒條。

【定門】(術語)定慧二門之一。定者禪定、門者差別之義、對於慧門而言。慈恩寺傳序曰、「考細疊以立定門、即貫華而開律部。」

【定性】(術語)在聲聞、緣覺、菩薩之三乘、各具唯一種子之衆生曰定性。具二種或三種之衆生曰不定性。總不具三乘之無漏種子、但有人天之有漏種子者曰無種性。

定性之中有三性、加以不定性無種性、則為五性、卽法相宗所立之五性各別是也。

【定性二乘】（術語）定性聲聞與定性緣覺也、卽五性中之前二性。

【定性緣覺】（術語）法相宗所立五種性之一。具本來唯一之緣覺無漏種子者、唯修緣覺之因、證緣覺之果、不更進求佛道。謂之定性緣覺。

【定性聲聞】（術語）法相宗所立五種性之一。具本來唯一之聲聞無漏種子者。唯修聲聞之因、證聲聞之果、不更進求佛道、是曰定性聲聞。

【定性喜樂地】（界名）三界九地之一。色界之第二禪天也、此地之天之衆生、住於勝妙之禪定、由禪定生心識之喜樂、故名定性喜樂地。

【定命】（術語）人之壽命有定。八萬四千歲為最長、十歲為最短、百歲增減一歲也。其增之時期名為增劫、其減之時期、名為減劫。今為減劫之時期、釋迦佛之出世、定命百歲之時也。彌勒上生經疏上曰、「釋迦減劫百歲時出世。彌勒劫增出世。」然通常人之定命為五十歲者、由釋迦如來故減二十歲、八十歲而入滅、以八十為起點、由此經過三千年、減三十歲、此一往之說也。

【定所引色】（術語）又曰定果色。為法處所生色之一。由定力變出之色也。

【定侶】（術語）修習禪定之徒侶也、如言禪衆。

【定者】（職位）大法會行道之時、執火舍前行之小僧也。謂為定者、沙彌或善財童子。又書定座、以於導師之下定座故也。善財童子者、為華嚴經入法界品、歷詢五十三善知識之童子、其形為沙彌之相、故取今定者形、為其異稱。

【定相】（術語）常住不變之相也。一切世間之法、無有定相者。唯是涅槃之相也。図（術語）入定之相也。

【定根】（術語）五根之一。禪定能生一切之功德、故名根。

【定異】（術語）二十四不相應法之一。立於差別之因果、互為差別、而不混亂之分位。

【定散】（術語）定者禪定、心常住於一境。散者散亂、心恆攀緣六塵之境而又暫住者。定心為賢聖之修成、散身為凡夫之自性。定心有有漏無漏之別、散心有善惡無記之三、以此二者統一切之心。

【定散二善】（術語）唐善導以觀經一部所明十六想觀之行、攝於定散之二善、前十三觀以禪定之心、觀淨土之依正二報、故名之為定善。後三觀以散心修三福九品之行、故名之為散善。散善義曰、「前明十三觀以為定善。卽是韋提致請、如來已答。後明三福九品名爲散善。是佛自說。雖有定散兩門有異。總明正宗分竟」觀經玄義分曰「其要門者。卽此觀經定散二門是也。定卽息慮以凝心。散卽廢惡以修善。廻斯二行。求願往生也」

【定散二心】（術語）定心散心也。又修定善散善之心也。

【定散自力】（術語）弘願他力之反對。對於他力大行之念佛。而定善散善爲自力廻向之行業。故云。

【定散自心】（術語）與前項同。

【定散自利心】（術語）定散自力之信心。欲以自力之定散心得證果也。

【定善】（術語）定散二善之一。見定散條。

【定善義】（書名）唐善導撰。四帖疏之第三。釋觀無量壽經正宗分十六觀中之定善十三觀者。

【定智】（術語）禪定與智慧也。

【定答】（術語）四種問答之一。決定不變之答也。如一比丘問佛。五蘊不常變異否。佛言五蘊定爲變異。是名定答。

【定無表】（術語）對於散無表而言。入定所得定共戒之無表。與起無漏道所得道共戒之無表也。其無表假令入於無想定。滅盡定。無心之時。亦尚相續也。

【定業】（術語）定受生死苦果之定業因也。此有善惡之二。善之定業。定受樂果。惡之定業。定受苦果。又善惡之定業各有三種。於造善惡業之生。直感苦樂之果。爲順現受業。隔一世而感其果。爲順生受業。隔二世以上而感其果。爲順後受業。已上皆爲定業中之差別。此外善惡皆有不定業之一種。業力微弱。不必感果也。因而通爲四業。図（術語）念佛四業之一。對於散業而言。坐禪入定而觀佛也。往生要集下曰「定業謂坐禪入定觀佛」

【定業亦能轉】（雜語）文句記十曰。「若其機感厚。定業亦能轉」惡之定業。雖必受苦果。若衆生之機。感佛菩薩爲厚。則以佛菩薩之力轉其定業。不使受苦果也。理趣釋下曰「心不猶豫。能發淨信修行。則現世惡報及來生能轉定業。疾證無上菩提也」

【定窟】（雜名）修禪定之岩窟。義楚六帖七曰「佛有誠言。四等六通。憩禪林而始就。八除十入。依定窟而方成。

【定意】（術語）與定心同。無量壽經上曰「不失定意」

【定弓】（術語）密教之幖幟。右手爲智慧。左手爲禪定。故以箭配於慧。以弓配於定。

【定聚】（術語）三聚之一。正定聚也。三乘之行人。各修其因。正得其果之位也。又名不退位。無量壽經上曰「國中人天。不住定聚、必至滅度。不取正覺。」

【定慧】（術語）禪定與智慧。三學中之二法也。攝亂意爲定。觀照事理爲慧。又名止觀。法華經序品曰「佛子定慧具足。」無量壽經上曰「如來定慧究暢無極。」六波羅蜜多經八曰「佛果大菩薩定慧爲明本。」六祖壇經曰「師示衆云、善知識我此法門以定慧爲本。」

【定慧二乘】（術語）以定慧二法配於左右手。左手爲定手。右手爲慧手。大日經疏三曰「左手是三昧義。右手是般若義。」

【定慧寺】（寺名）在江蘇丹徒縣焦山。漢名普濟寺。宋改焦山寺。清改今名。寺有古鼎。王士禎屬程邃釋文。定爲周宣王時物。

【定盤星】（術語）與定盤子同。定盤爲秤。星爲衡上之目。定盤星爲秤起點之星、於物之輕重無關係。故於執着之意味與超越之意味用之也。碧巖第二則評唱曰、「識取鉤頭意。莫認定盤星。」（鉤頭掛物之處、）

【定學】（術語）三學之一。禪定之習學也。定心治亂。以發眞智者。三藏法數九曰、「定者禪定也。謂能攝散澄神。見性悟道。故名定學。」

【定鐘】（雜名）初更五點後、經少時、鳴鐘十八下、名之爲定鐘。又名十八鐘。正當亥時。其後少時、打二更。凡坐禪至定鐘而止、衆便出僧堂、若更欲坐禪、則報言定鐘坐禪、乃再入堂。定鐘之後鎖前門、衆皆自後門出入。今俗所謂初夜之鐘者、正是定鐘也。見象器箋十八。

【定瀲】（雜語）禪定湛寂、譬如淸瀲。寄歸傳四曰、「專意律儀澄心定瀲。」

【官難】（術語）橫受王法之害。九橫之一。藥師經曰、「橫被王法之所誅戮。」灌頂經十二曰、「橫遭縣官。」

【空】（術語）因緣所生之法、究竟而無實體曰空。又謂理體之空寂。維摩經弟子品曰、「諸法究竟無所有。是空義。」同註「肇曰。小乘觀法緣起。內無眞主爲空義。雖能觀空。而於空未能都泯。故不究竟。大乘在有不有。在空不空。理無不極。所以究竟空義也。」大乘義章二曰、「空者就理彰名。理寂名空。」同二曰、「空者理之別目。絕衆相故名爲空。」萬善同歸集五曰、「欲所明空。以不可得故。無實性故。是不斷滅之無。」梵 Śūnyatā

【二空】（名數）一生空、言衆生之空無。二法空、言事物之空無。見智度論十八及二十。又此二者、又名我空法空。見唯識論。又此二者、名人空法空。見法藏心經略疏。図一內空、言內身之空無。二外空、言外器之空無。見般若經五、雜阿毘曇論七、吉藏仁王經疏二。図一但空。小乘之空、但見空也。二不但空。大乘之空、不但見空、見空亦爲空、卽歸於中也。見止觀三上。

【三空】（名數）一我空二法空三俱空我法俱空也見金剛經刊定記一三藏法數十又三解脫門曰三空見大乘義章二及四。

【四空】（名數）一法相空言有法之空無二無法空言無法之空無三自法空言自性之空無四他法空言他法之空無見大乘義章二。

【六空】（名數）仁王經上曰「色受想行識空十二入十八界空六大法空四諦十二因緣空」天台之仁王經疏中引智度論以之爲六空一果報空五蘊空是也二受用空十二入空是也三性別空十八界空是也四遍到空六大空是也五境空四諦空是也六義空十二因緣空是也。

【七空】（名數）楞伽經一說七空一相空求生相不可得之空二性自性空性自之空三行空三業之所作不可得四無行空緣起之自性空故行卽無行五一切法離言說空一切法不可言說六第一義聖智大空佛之聖智見思空能空之智亦空此畢竟空謂之大空七彼彼空是假空如空舍之空舍體非空也又智度論三十六有七空廣說十八空略說七空(一)性空(二)自相空(三)諸法空(四)不可得空(五)無法空(六)有法空(七)無法有法空。

【十一空】（名數）(一)內空(二)外空(三)內外空(四)有爲空(五)無爲空(六)無始空(七)性空(八)無所有空(九)第一義空(十)空空(十一)大空見涅槃經十六大乘義章四。

【十三空】（名數）十一空加波羅蜜空因空佛果空而除無所有空見仁王經上。

【十六空】（名數）(一)內空(二)外空(三)內外空(四)空空(五)大空(六)勝義空(七)有爲空(八)無爲空(九)畢竟空(十)無際空(十一)散空(十二)本性空(十三)自性空(十四)一切法空(十五)無性空(十六)無性自性空見般若經四百八十三。

【十八空】（名數）內空外空內外空空空大空第一義空有爲空無爲空畢竟空無始空散空性空自性空諸法空不可得空無法空有法空無法有法空見智度論三十、三十一四十六法界次第下大乘義章四。

【空一切處】（術語）又曰空徧處禪定之名徧一切處使爲空界之一色者十徧一切處定之一見三藏法數三十八。

【空一顯色】（術語）四洲之天色北洲金色東洲銀色南洲碧色西洲赤色是爲須彌山四面空中之各一顯色故曰空一顯色依婆沙論之正義則顯色有青黃乃至明暗之十二形色有長短乃至正不正之八惣限於二十色如空一顯色者唯明闇之差別

耳。然依婆沙之一師及瑜伽論等之說、則以須彌山四方之空一顯色立一別體之顯色、以數第二十一也。俱舍論一曰、「有餘師說。空一顯色第二十一」同光記一之餘曰「妙高山四邊空中各一顯色名空一顯色。故正理三十四云空一顯色謂見空中蘇迷盧山所現純色。」

【空三昧】（術語）三三昧之一。智度論五曰「觀五蘊無我無我所是名爲空。知一切諸法實相所謂畢竟空是名空是名空三昧。復次十八空是名空三昧」就因而言、則爲三三昧就果而言則爲三解脫。

【空大】（術語）五大之一。虛空之體性廣大周徧於一切處、故曰空大。楞嚴經三曰「若此虛空性圓周徧本不動搖當知現前地水火風均名五大性眞圓融。」

【空王】（術語）佛之異名。法曰空法。佛曰空王。以空無一切邪執、爲入涅槃城之要門故也。圓覺經曰、「佛爲萬法之王。」又曰空王。」沈佺期詩曰、「無言謫居遠淸淨得空王。」頌古聯珠集曰、「空王以此垂洪範。錦上敷華知幾重。」

【空王佛】（佛名）過去世之一佛。空王爲佛之總名、而今爲一佛之名也。法華經說、釋尊與阿難共於空王佛所發心。法華經人記品曰「諸善男子我與阿難等於空王佛所同時發阿耨多羅三藐三菩提心。阿難常樂多聞我常勤精進。」又阿彌陀如來於因位爲比丘時、與他三比丘共拜此佛之白毫相而成佛。見觀佛三昧經九。往生要集中本曰、「五體投地遍身流汗歸命彌陀佛。念佛眉間白毫相發露涕泣應作此念過去空王佛眉間白毫相彌陀尊禮敬滅罪今得佛。我今禮彌陀佛亦當復如是。」

【空中淚下】（雜語）翻譯名義集曰、「阿含說舍利弗涅槃時無色界天空中淚下如春細雨。」

【空心】（術語）觀空理之心。否定因果理之心。止觀十下曰、「空心無畏不存規矩恣情縱欲。」卽執空見之心也。見空見條。

【空心靜坐】（術語）昏住也。六祖壇經曰、「第一莫着空若空心靜坐卽着無記空。」永嘉禪師云、「無記者雖不緣善惡等事、然俱非眞心但是昏住。」

【空生】（人名）須菩提之翻名。四敎儀集註上曰「須菩提翻空生解空第一。」見須菩提條。

【空生空死】（雜語）止觀十下曰、「空生空死唐棄一期。」享空生而空死也。與醉生夢死同。

【空有】（術語）遮遣曰空。建立曰有。論理上正反對之二門也。

【空有二執】（術語）凡夫之迷情、執爲有實我實法是曰有執。執爲無因果之事、法涅槃之妙體。是曰空執。又名有無二見。

【空有二觀】（術語）爲破空有二執立此二觀。觀無實我實法、謂爲空觀、以破有執。觀有因果之事法、涅槃之妙體、謂爲有觀、以破空執。法相宗立五重之唯識觀、其中第一重之遣虛存實觀、即是空有二觀也。義林章一末曰、「由無始來執我法爲有。撥事理爲空。故此觀中遣者空觀對破有執。存者有觀對遣空執。」

【空有二論】（雜語）二觀本爲破二執之一具佛法、故無論何宗、不失此意、然於自他宗對抗之上、有以空門空觀爲主而立者、有以有門有觀爲主而立者。即在小乘、一切有部宗爲有門有觀、成實宗爲空門空觀。特在大乘、如法相宗有門與三論宗空門之爭、尤爲著者。佛滅後一千載、印度之護法清辨二菩薩出、護法依彌勒之瑜伽論、釋成唯識論、而張妙有之義。（是法相宗）清辨依龍樹之中觀論、（三論之一）著掌珍論、而立眞空之理。（是三論宗）佛地論四曰、「菩薩藏。佛滅後千載已前一味。千載已後興空有二論。」寄歸傳一述印度之大乘曰、「所云大乘不過二種。一則中觀。二乃瑜伽。中觀則俗有眞空。體虛如幻。瑜伽則外無內有。事皆唯識。斯並咸遵聖教。孰是孰非。同契涅槃。何眞何僞。意在斷除煩惑。拔濟衆生。豈欲廣致紛紜。重增沈結。」

【空有二宗】（名數）八宗之中、俱舍宗爲小乘之有宗、成實宗爲小乘之空宗、法相宗爲大乘之有宗、三論宗爲大乘之空宗。

【空有無礙宗】（術語）清涼所立十宗之第九。爲五教中終教所詮之旨歸、當於賢首之眞德不空宗。諸法原非偏有偏空。空爲即有之空、有爲即空之有也。故爲互融雙絕而不礙兩存之宗。約於四法界中理事無礙法界而立。

【空名度牒】（故事）唐食貨志曰、「肅宗至鳳翔。明年鄭叔清議以天下用度不充。諸道得召人納錢給空名度僧道。」案此則空名度牒自唐肅宗始也。

【空見】（術語）撥無因果之理之邪見。諸見中空見之過最重。又着於空法之見。無上依經上曰、「若有人執我見如須彌山大。我不驚怖。亦不毀呰。增上慢人執着空見。如一毛髮作十六分。我不許可。」楞伽經三曰、「我說寧取人見如須彌山。不起無所有增上慢空見。」止觀十上曰、「天竺諸見。空見最重。」止觀十下曰、「諸見之中空能壞一切。一切不能壞空。」止觀四上曰、「當知邪僻空心。甚可怖畏。若墮此見。永淪長沒。尙不能得人天涅槃。何況大般涅槃耶。」止觀十下曰、「空心無畏。不存規矩。恣情縱欲。破正見威儀淨命。死皆當墮三惡道中。」參照空心條。

【空色】（術語）無形曰空。有形曰色。般若心經曰、「色卽是空。空卽是色」止觀五曰「金錍抉膜。空色朗然」

【空行】（術語）修空法之行。空法有大小淺深、以爲大乘小乘菩薩聲聞之別。涅槃經一曰、「爲欲利益安樂衆生成就大乘第一空行」

【空如來藏】（術語）如來藏者、眞如之德名。眞如之體性畢竟空寂。不止一切染淨之法、如明鏡內無一實質。故謂爲空。非謂眞如之體是無也。大乘止觀一曰、「此心性、雖復緣起建立生死涅槃違順等法。而復心體平等。妙絕染淨之相。非直心體自性平等。所起染淨等法。亦復性自非有」起信論義記中本曰「言如實空者。此以如實之中空無妄染。故云如實空。非謂如實自空」

【空劫】（術語）四劫之一。此世界壞滅已、二十中劫之間、唯爲空空云。俱舍論十二曰、「謂此世間災所壞已。二十中劫唯有虛空」

【空空】（術語）十八空之一。空之亦空曰空空。智度論四十六曰、「何等爲空空。一切法空。是空亦空。是名空空」嘉祥仁王經疏二曰、「空破五陰。空空破空。如服藥能破病。病破已。藥亦應出。若藥不出。卽復是病。以空破諸煩惱病。恐空復爲患。是故以空捨空。故名空空也」

【空空寂寂】（術語）言宇宙有形無形一切之實體。空無而無可思慮分別者。

【空宗】（術語）以空理爲旨之宗。小乘之成實宗、大乘之三論宗是也。原人論於大乘中分三敎。一爲大乘法相敎、二爲大乘破相敎、三爲一乘顯性敎。宗鏡錄三十四謂此三宗如其次第爲有宗空宗性宗、而立十異、分別空性二宗曰、「上之三敎。攝盡一代經論所宗。就三義中。第一第二空有相對。第三第一性相相對。皆迢然易見。唯第二第三破相與顯性相對。講者禪者。俱迷爲同。是一宗一敎。皆以破相卽爲眞性。故今廣辯空宗性宗。有其十異。空相唯破相。性宗唯顯性。權實有異。遮表全殊。不可以遮詮遣蕩破執之言。爲表詮直示建立顯宗之敎。又不可以逗機誘引一期權漸之說、爲最後全提見性眞實之門」

【空宗性宗十異】（名數）一法義眞俗異。二心性二名異。三性字二體異。四眞智眞知異。五有我無我異。六遮詮表詮異。七認名認體異。八二諦三諦異。九三性空有異。十佛德空有異。見宗鏡錄三十四。

【空門】（術語）爲破常有之見、我空法空有爲空無爲空等空相之法門也。智度論十八曰「空門者。生空法空」因四門之一。有空四句分別之論法、第一爲有門、第二爲空門、第三爲亦有亦空門、第四爲非有非空門。天台於自家之四敎盡有此四門云。五敎章上曰、「法鼓經中以空門爲始。以不空門爲終。」図佛敎之總名。以佛敎主以空法爲涅槃之門故也。智度論二十曰、「涅槃城有三門。所謂空無相無作。」

【空門子】（雜名）謂僧徒也。釋氏要覽上曰、「智度論云。涅槃有三門。一空門。二無相門。三無作門。何者空門。謂觀諸法無我我所。諸法從因緣生。無作者受者。是名空。今出家人由此門入涅槃宅。故號空門子。」

【空果】（譬喩）虛空之果實。以譬無法。圓覺經曰、「善男子有作思惟。從有心起。皆是六塵妄想緣氣。非實心體。已如空華。用此思惟辨於佛境。猶如空華。復結空果。展轉妄想。無有是處。」

【空法】（術語）觀我空法空有爲空無爲空等空理之法。般若經說之。寶積經七十八曰、「欲除如是過。當離諸利養。遠離在空閑。修習於空法。」中論二曰、「大聖說空法。爲離諸見故。」法華經弟子授記品曰「於諸佛所說空法。明了通達。」図謂小乘之涅槃。法華經譬喩品曰、「我悉除邪見。於空法得證。」

【空性】（術語）眞如之異名。梵語舜若多。Śūnyatā 譯曰空性。眞如爲離我法二執之實體。故修空觀而離我法二執之處、眞如之實體躍然而顯、卽依空而顯之實性、謂爲空性。非謂眞如之體是空也。唯識述記一本曰、「梵言舜若可說如空。名舜若多。如是空性。卽是二空所顯實性。故言空者。從能顯說。二空之性。依士釋名。言眞如空。未善理故。」同序曰、「空性了義。幾乎息矣。」

【空定】（術語）觀空相之禪定。通於內外。內道之空定、三三昧是也。外道之空定、四無色定是也。亦曰四空定。是雖空諸法、而獨不能空我、故還輪迴於三有。大日經疏七曰、「若深求此中至頤。自然撥除因業。唯我性獨存。乃至無一法入心。而證空定。最是世間究竟之理。是故垂盡三有。還墮三途。」

【空居天】（界名）居於空之天也。對於地居天而言。謂欲界之夜摩、兜率、化樂、他化自在四天及色界之諸天也。

【空始敎】（術語）華嚴宗所立五敎中第二爲大乘始敎、此始敎分空始敎、相始敎之二、詮般若三論等諸法皆空之理者爲空始敎。建立深密瑜伽等諸法者爲相始敎。俱爲大乘之初門、故謂爲始敎。起信論義記上曰、「一、隨相法執宗。卽小乘諸部是也。二、眞空無相宗。卽般若等經。中觀等論所說是也。三、唯識法相宗。卽解深密等經。瑜伽等論所說是也。四、如來藏緣起宗。卽楞伽密嚴等經。起信寶性等論所說是也。」此中第二爲空始敎、第三爲相始敎也。

【空卽是色】（術語）對於色卽是空

而言。般若心經曰、「舍利子。色不異空。空不異色。色卽是空。空卽是色。受想行識。亦復如是。」此就五蘊而說有空不二之理者。色爲色蘊。謂有四大五根等之一切形質者。此色蘊爲因緣所生之法、無有實性。則是色無異於空也。此實性雖空。然因緣所會之處有色相。是空無異於色也。然則自實性言之、爲色卽是空（名之爲眞諦）。自因緣言之、則爲空卽是色（謂之俗諦）。而皆曰卽是者、示不二也。卽歸於中道之一實諦。

【空界】（界名）六界之一。謂無邊之虛空也。

【空界色】（術語）有部之所立。虛空之外別有空界。眼可見。門牕口鼻等內外之竅隙是也。既爲眼可見。故附色之名、而謂之空界色。倶舍論一曰、「諸有門牕及口鼻等內外竅隙。名爲空界。」此空界色名隣阿伽色。見隣阿迦色條。

【空相】（術語）諸法皆空之相狀。因緣生之法無有自性、是空之相狀也。智度論六曰、「因緣生法。是名空相。亦名假名。亦說中道。」同五十三曰、「須菩提常行無諍三昧。與菩薩同事。巧便樂說一種空相法門。」又眞空之體相名爲空相。般若心經曰、「諸法空相。不生不滅。不垢不淨。不增不減。」法藏略疏曰、「辨此空狀。故云空相。或眞空體相也。」

【十種空相回向心】（名數）十回向中第五無盡功德藏回向之菩薩、觀所回向而了知十種之無相。一了一切之衆生界無有衆生。二解一切之法無有壽命。三知一切之法無有作者。四悟一切之法無補特伽羅。五了一切之法無有忿諍。六觀一切之法皆從緣而起無有住處。七知一切之物皆無所依。八了一切之剎悉無所住。九觀一切菩薩之行亦無處所。十見一切之境界悉無所有。見唐華嚴經二十五。

【空海】（術語）虛空與大海。文句三上曰、「當知今品乃是如來方便攝一切法。如空包色。若海納流。」同記曰、「總包諸經色。流咸歸今經空海。」又（人名）日本眞言宗之開祖弘法大師名空海。入唐就青龍寺慧果阿闍梨悉傳受密法。歸國後弘通密典、遂啓日本所謂東密之一派。

【空拳】（雜語）空手作拳以誑小兒也。寶積經九十曰、「如以空拳誘小兒示言有物令歡喜。開手拳空無所見。小兒於此復號啼。如是諸佛難思議。善巧調伏衆生類。了知法性無所有。假名安立示世間。」智度論二十曰、「我坐道場時。智慧不可得。空拳誑小兒以度於一切。」證道歌曰、「空拳指上生實解。」梵 Biktamusti

【空華】（譬喩）空中之華。病眼者、於空見有華也。虛空原無華、只是病眼之所見。

以譬妄心所計之諸相無實體也。圓覺經曰、「妄認四大爲自身六塵緣影爲自心相。譬如彼病目見空中華及第二月。」傳燈錄十(歸宗語)曰、「一翳在眼。空華亂墜。」梵Khapuspa

【空華外道】(術語)Canyapuspa 印度之小乘學者、謗大乘爲空華外道。慈恩傳四曰、「僧皆小乘學。不信大乘。謂爲空華外道。非佛所說。(中略)那爛寺空華外道。與迦波薩不殊故也。」

【空處】(界名)無色界總無形色、故謂爲空處。此有四處之別、曰四空處、又名四無色處。見法界次第上之下。

【空處定】(術語)Akāśānantāyatana-dhyāna 四無色定之一。厭色、緣空而入定、與定心無邊之虛空相應、故曰空處定。見法界次第上之下。

【空寂】(術語)無諸相曰空、無起滅曰寂。維摩經佛國品曰、「不著世間如蓮華。常善入於空寂行。」心地觀經一曰、「今者三界大導師。座上跏趺入三昧。獨處凝然空寂舍。身心不動如須彌。」

【空執】(術語)偏空之執念。謂固執偏空之理、撥無因果之理也。與空見同。見空見條。

【空理】(術語)觀人與法爲空所顯之眞理。

【空教】(術語)法相宗立三時教、以一切之小乘教爲世尊初時之說法有教、諸部之般若經爲第二時之說法空教、華嚴法華等之諸經爲第三時之說法中道教。空教謂明諸法皆空之理之教法也。唯識述記一本曰、「彼聞四諦。雖斷我愚。而於諸法。迷執實有。世尊爲除彼法有執。次於鷲嶺。說諸法空。所謂摩訶般若經等。」八宗綱要法相宗曰、「二者空教。於第二時。爲發趣大乘者。明諸法皆空旨。以破前實法之執。」

【空鳥】(譬喩)發空空之聲之鳥也。以譬不知眞空妙理而濫言空。止觀八上曰、「諸位全無。謬謂即是。猶如鼠唧。若言空空。如空鳥空。」同輔行曰、「不達諦理。謬說即名。何異怪鼠作唧唧聲。即聲無旨。濫擬生死即涅槃。亦如怪鳥作空空聲。豈得濫同重空三昧。」

【空假中】(術語)天台所立之三諦三觀也。就所觀之理、謂爲三諦、就能觀之智、謂爲三觀。觀一念之心無相爲空、觀此心具一切法爲假、觀此二者不二爲中。空以破一切法、假以立一切法、中以妙一切法。此三者爲一法之異名、故謂爲即空即假即中。祖庭事苑曰、「天台智者。以龍樹偈云因緣所生法。我說即是空。亦名爲假名。亦名中道義。乃依一心三諦之理。示三止三觀。嘗云。破一切惑。莫盛乎空。建一切法。莫盛乎假。究竟一切性。莫大乎中。故一空一切空。無假無中無不空。一假一切假。無空無中無不假。一中一切中。無假無空無不中。」

【空無】（術語）一切事物個個無自性也。註維摩經九曰、「觀於空無。而不捨大悲」。註「肇曰諸法之相。唯空唯無。然不以空無捨於大悲也」

【空無我】（術語）苦諦四行相中之二。五蘊之法無確實之一相異相曰空。無我我所曰無我。法界次第中之下曰、「空行者。觀五受陰一相異相無故。無我者。觀五受陰中。我我所法。不可得故。」又無我所曰空。無我見曰無我。俱舍論二十六曰、「違我所見故空。違我見故非我。」因空與無我異名同義。大乘義章一曰、「空與無我眼目異名。」無量壽經下曰、「通達諸法性。一切空無我。」

【空無我聲】（雜語）極樂八功德池之波聲。說空無我之妙法。無量壽經上曰、「波揚無量自然妙聲。（中畧）或寂靜聲空無我聲。」

【空無邊處】（界名）梵Akāśānant-āyatana 無色界之第一天。厭形色之身。思無邊之空。作空無邊之解。所生之處。故曰空無邊處。無色界雖無處所。而由果報之差別。姑付以處之名。俱舍頌疏世間品一曰、「修此定前。於加行位。思無邊空。作無邊解。名空無邊處。」

【空無邊處定】（術語）Akāśānant-āyatana dhyāna 於人界修得此定者。死後生於空無邊處也。此定有加行根本之二。有空無邊之知解者。加行定之分也。發得根本定則惟空無邊之境界而已。無知亦無解。

【空無邊處地】（界名）三界九地之一。故名地。

【空無邊處天】（天等）六道之中屬於天道。故曰天。在於密教胎藏界曼荼羅外金剛部院東方之四個樓閣。其一即此天也。密教色心不二。故於顯教以為無色之所。亦畫色法之樓閣。以顯其意。凡二層。下層有化佛。

【空無相無作】（術語）見三三昧條。

【空無相無願】（術語）見三三昧條。

【空雲】（譬喻）物之不堅實。譬之空中之浮雲。維摩經觀衆生品曰、「如智者見水中月。（中略）如空中雲。（中略）菩薩觀衆生為若此。」新譯仁王經中曰、「三世善惡。如空中雲。」

【空閑處】（雜名）阿蘭若Araṇya之譯。去聚落三百乃至六百步閑靜而適於比丘等修行之場所也。

【空解】（術語）着於空理之知解。即空見也。止觀五下曰、「生一分空解。此是空見法塵與心相應。」同十上曰、「或作幻本無實無實故空空解明利。」

【空解脫門】（術語）三解脫門之一。觀一切法由因緣和合而生、自性本來空無作者、無受者。如此通達者能入涅槃解脫之城、故謂之爲解脫之門。智度論二十曰、「涅槃城有三門、所謂空無相無作。」大乘義章二曰、「涅槃果德絕縛名脫。空無相等與脫爲門。名解脫門。故龍樹言行此三法能入涅槃解脫果。故名解脫門。」

【空想】（術語）着空之思想。止觀五下曰、「着此空想諸佛不化。」

【空聖】（雜名）得聖者之名、無聖者之實德者。

【空經】（術語）般若部之經。以說諸法皆空之旨。故曰空經。法鼓經下曰、「佛告迦葉。一切空經是有餘說。」

【空聚】（術語）無人之聚落。維摩經弟子品曰、「以空聚想入於聚落。」又（譬喩）人身之六根假和合而無實主、譬之無人之聚落。涅槃經二十三曰、「空聚落者是六入。」維摩經方便品曰、「是身如毒蛇、如怨賊、如空聚。」金光明經一曰、「是身虛僞猶如空聚、六入村落結賊所止。」六十華嚴經二十四曰、「依六入空聚。四大毒蛇所侵害。」止觀七下曰、「頭足支節一一諦觀。了不見我。何處有人。及以衆生業力機關假爲空聚。」

【空際】（術語）涅槃之異名。涅槃爲空寂之際極、故名空際。又曰實際。楞伽經三曰、「如如與空際涅槃及法界。」註解「如如即眞如。空際即實際。涅槃即究竟大涅槃。法界即佛法界。此是一體異名。」見實際條。

【空塵】（術語）外道觀空、則必存空相而墮於空見。此空見塵屬於六塵中之法塵。故曰空塵。即示外道之空觀爲法塵而非正觀也。止觀五下曰、「觀心推畫發一分細定。生一分空解。此是空見法塵與心相應。何關無生。」次文曰、「即是向者所發空塵。謂爲涅槃。」

【空輪】（界名）此世界最下底之虛空也。輪爲圓滿之義。佛祖統紀三十一曰、「華嚴經云。三千大千世界以無量因緣乃成。大地依於水輪。風輪空輪。空無所依。衆生業感世界安住。」俱舍論十一曰、「諸有情業增上力先於最下依止虛空風輪有生。」又（術語）空大曰空輪。五輪之一。又（物名）塔上所安之輪相也。又書九輪。經曰相輪。見九輪條。

【空慧】（術語）觀空理之智慧。嘉祥法華經疏二曰、「經論之中多說慧門鑒空。智門照有。」安樂集上曰、「若依維摩經。不可思議解脫爲宗。若依般若經。空慧爲宗。」瓔珞本業經下曰、「爲過去未來現在一切衆生開空慧道入法明門。」

【空諦】（術語）天台所立三諦之一。一切世間之法不論有情非情、總爲因緣生者、因緣生之法、自體不實、故曰空、此理爲眞、故曰諦。依中論偈之「因緣所生法。我說卽是空。」二句而立之。見三諦條。

【空點】（術語）在梵字頂上之圓點、發痕ṁ字之音者。此點爲總示諸法皆空之理者、是名空點。此空點爲白、阿𑖀 a 訶𑖮 ha 及仰𑖒 ṅa 壤𑖘 ña 儜𑖜 ṇa 曩𑖡 na 莽𑖦 ma 之五字而生者。大日經疏七釋經之仰壤儜曩莽五字曰、「涅槃經。此五字亦具明字義。今毘盧遮那宗。寄此五字。以明大空。大空是證處。無法可說。故但以圓點表之。」理趣釋上釋吽字𑖮𑖳𑖽 hūṁ 曰、「其字頭上有圓點半月。卽謂𑖦 ma 麼字。」吽字義曰、「此吽字上有空點。是空點者麼字所生。麼字兼人法二空義。」

【空點二形】（名數）一圓點・之形、二仰月）之形。日本悉曇三密鈔上曰、「凡就此圓點、與仰月。自他門存異義。他門𑖀𑖽 aṁ字局圓點。𑖒 ṅa 𑖘 ña 𑖜 ṇa 𑖡 na 𑖦 ma 五字局仰月也。東寺𑖮 ha字𑖀𑖽 aṁ字𑖒 ṅa 等五字皆通成圓點半月也。」又曰、「安然以仰月爲仰等五字異形。」然則圓點仰月同爲空點、任用其一皆可。他流依大日經之意、如𑖀𑖽止用一圓點。而日本東寺與安然之流、依理趣經之意、如𑖀𑖽圓點仰月兩用也。三密鈔上解之曰、「仰月是莊嚴點。圓點是實體。」

【空魔】（異類）撥無因果之空見惡魔。楞嚴經九曰、「有空魔入其心腑。乃謗持戒名爲小乘。菩薩悟空有何持犯。其人常於信信檀越。飲酒噉肉廣行淫穢。」

【空觀】（術語）觀諸法皆空之理也。一切諸法、盡爲因緣所生。因緣所生之法、無有自性、空寂無相也。中觀論四諦品曰、「因緣所生法。我說卽是空。」此謂空諦之理、觀此空諦之理曰空觀。此空觀有四敎之別、藏敎分折諸法而觀空理、故謂爲折空。通敎不要分折、譬之幻夢之體、而直證空、故謂爲體空。別敎於假中之外觀空、故謂爲偏空。圓敎觀假中卽空、故謂爲圓空。有如此四種之別者、以機有利鈍之別故也。利鈍之機雖有別。而以空觀爲入理之門則一也。演密鈔三曰、「三乘之人同以空爲門入諸法眞實之性。」其解圓空者、則如三藏法數十曰、「空者離相離性之謂也。謂觀一念之心。不在內。不在外。不在中間。名之爲空。由觀一念空故。一空一切空。無假中而不空。」光明玄義拾遺記五曰、「三觀之首皆言卽者。指一念心卽三諦故。初云卽空。非卽偏空。乃觀一念卽圓空也。此空能破三諦相着。故云一空一切空也。」止觀五上曰、「一空一切空。無假中而不空。總空觀也。」

【空觀破怖畏】（雜語）小乘有魔鬼等之怖畏時、以三念八念破之。大乘修空觀破之。但大乘中有相違、顯敎觀豁虛無物爲空本來無物。則誰爲能障。誰爲所障。密敎不然。觀我之身口意與佛之身口意。魔之身口意平等而周遍於法界。泯此中自他能所之相。爲不二一如也。

【長乞食】（術語）十二頭陀法之一。常以乞食資身。不坐阿練若而受食者。

【長日】（術語）言日日相續而歷久也。與常日。不斷。平生等同。

【長爪梵志】（人名）Dīrghanakha brahmacārin 長爪其名。梵志爲志梵行之外道總稱。舍利弗之舅。摩訶俱絺羅。與姉舍利論議不如。俱絺羅思惟。言非姉力也。必懷智人寄言母口。未生乃爾。及生長大當如之何。思惟已。生憍慢心。爲廣論議故出家作梵志。入南天竺國始讀經書。諸人問言汝欲習何經。長爪答言十八種大經盡欲讀之。諸人語曰。盡汝壽命猶不得一。何況能盡。長爪自誓言。我不剪爪。要讀盡十八種經。人見爪長。號爲長爪梵志。旣而學成。摧諸論師。還至本國。問姉之生子。曰彼生至十六歲。論議勝一切人。有釋種道人剃頭爲弟子。長爪聞之直詣佛所語佛曰。瞿曇。我一切法不受。佛問長爪。汝言一切法不受。是見受不。彼知言此見我受則自語相違。便答言一切法不受。此見亦不受。佛言汝不受一切法。是見亦不受。則無所受。與衆人無異。何用自高而生憍慢如是。長爪不能答。自知墮負處。於佛生信心。佛爲說法。斷其邪見。彼卽坐得聖果。見智度論一。大日經疏二曰「長爪梵志」

【長爪梵志請問經】（經名）一卷。唐義淨譯。有一長爪梵志。來問佛三十二相之業因。佛一一答之。彼信樂而受八戒。

【長水】（人名）宋秀州長水子璿。字仲徵。號長水。以華嚴爲宗。初依本州洪敏法師學楞嚴經。後參瑯琊山慧覺禪師。豁然大悟。欲嗣其法。瑯琊謂曰。汝宗不振久矣。宜勵志扶持以報佛之恩德。勿以殊宗爲介。乃再拜奉敎。後住長水。以賢首之宗製楞嚴經等疏。總行於世。見五燈會元十二。

【長生】（術語）極樂之壽命也。無量壽經下曰「何不棄世事勤行求道德。可獲極長生。壽樂無有極」又曰「何不棄衆事。各曼強健時。努力勤修善。精進願度世。可得極長生」敎行信證信卷曰「信心者。則是長生不死之神方」

【長生符】（雜名）比佛之敎法於仙道。稱爲長生符。提謂經曰「欲得不死地。當佩長生之符。服不死之藥。持長樂之印」法華玄義十曰「長生符者。卽三乘法是」

【長生庫】（堂塔）貯長生錢之庫藏。今俗呼典當爲長生庫。老學庵筆記曰「今僧寺輒作庫質錢取利。謂之長生庫。梁甄彬嘗以束苧就長沙寺庫質錢。後贖苧還。於苧束中得金五兩送還之」則此事亦已久矣。

【長生錢】（物名）無盡財之異名。

【長世】（雜語）久長之世。行事鈔上一曰「引悞後世罪流長世」

【長衣】（術語）比丘三衣或百一資具外之衣體也。總稱周尺長一尺二寸廣八寸已上製衣以外所殘餘之衣片為長衣。長者長物之義。上根之比丘三衣以外。下根之比丘三衣及百一資具之外者。總屬長物。含注戒本畜長衣過限戒曰「佛在舍衛國。聽持三衣不得有長。六羣比丘畜多長衣。或旦起衣。或中時衣。或晡時衣。彼常經營莊嚴衣服積而藏舉。比丘舉過。佛便訶已。因開重制。（中略）衣有十種。長衣者長如來八指。廣四指是。」戒疏三上曰「限分之餘名長。」行持鈔中二曰「長衣謂三衣之外財也。」同資持記中二之二曰「三衣外者若受百一則百一外為長。」

【長衣過限戒】（術語）具曰畜長衣過限戒。二百五十戒中三十捨墮罪之第一。比丘若於三衣。或百一資具之外。得周尺一尺六寸廣八寸已上之衣體。則於十日已內。宜行說淨之法。若不作此法而畜之。過十日之限。則自十一日之明相現時結捨墮罪。含注戒本上曰「畜長衣不淨施得畜。若過十日尼薩耆波逸提。」戒本疏三上曰「貯用屬己名畜。限分之餘為長。越於期限故曰畜長衣過限戒。」

【長耳和尚】（人名）吳越時杭州法相寺長耳行修和尚。泉南陳氏子。長耳垂肩。七歲猶不言。或問之。忽應聲曰。不遇作家。徒撞破烟樓耳。出家金陵瓦棺寺。參雪峰。得其心印。自是猛獸馴。若靈異益著。僧問如何是長耳。師以手曳耳示之。問南峯難到麼。曰只為他會不過。曰到後如何。曰孤峰獨宿。吳越王問永明。今有眞僧否。曰長耳和尚乃定光佛應身也。王禮稱定光出世。師曰彌陀饒舌。少選而化。宋賜號宗慧大師。

【長行】（術語）謂經文中。直宣說法相而不限定字句之文。句以文句之行數長故也。是對於偈頌之稱。十二分教之中第一修多羅是也。故諸經自能詮之文體分之則惟長行與偈頌之二者而已。百論疏上曰「總談設教凡有三門。一但有長行。無有偈頌。如大品之類。二但有偈頌無有長行。如法句之流。三具存二說。如法華經等。」法華義疏三曰「龍樹十住毘婆沙云一者隨國法不同。如震旦有序銘之文。天竺有散華貫華之說也。」

【長阿含經】（經名）四阿含經之一。二十二卷。姚秦佛陀耶舍與竺佛念共譯。見阿含經條。

【長板】（雜語）謂禪林長打雲板也。於齋時鳴之。見象器箋十八。

【長物】（術語）比丘資持一身之諸

具分三種、一六物、二百一資具、三長物也。此中六物屬於制門、通三根之人、必須受持、百一以下、屬於聽門、中根之人、但不堪於六物、聽受持百一資具、下根之人、不堪於六物與百一資具、聽更畜長物。長物者、多餘之衣鉢藥及金銀米穀等也。而畜之者、宜行淨施之法。若不行此法而畜之、則犯捨墮罪。行事鈔下一曰、「薩婆多云。百一物各得畜一。百一之外皆是長物。若似實入百一物數、不須說淨。餘者一切器與非器、一外皆應作淨。」

【長夜】（譬喻）凡夫流轉生死無明之昏、未寤之間也。法華經譬喻品曰。「汝亦長夜隨我受學。」唯識論七曰、「未得眞覺、恒處夢中。故佛說爲生死長夜。」勝鬘寶窟中本曰、「長夜者、生死遠曠、名長。無解自照稱夜。又生死難曉、故稱長夜也。」

【長老】（術語）通稱道高臘長之比丘。如長老舍利弗、長老須菩提等。漢書外戚傳曰、「近世之事、語尚在長老之耳。」增一阿含經曰、「阿難白世尊。如何比丘當云何自稱名號。世尊告曰。若小比丘向大比丘稱長老。大比丘稱小比丘稱名字。」十誦律曰、「佛言。從今下座比丘喚上座言長老。爾時但喚長老不便。佛言。從今喚長老某甲。如喚長老舍利弗長老目犍連。」金剛經纂要上曰、「長老者、德長年老。唐譯曰具壽。壽即是命。魏譯曰慧命。以慧爲命。」②（職位）禪家稱住持之僧爲長老。敕修淸規住持章曰、「始奉其師爲住持。而尊之曰長老。」祖庭事苑曰、「今禪宗住持之者、必呼長老。」行事鈔下二之二曰、「毘尼母云。五十夏已去、一切沙門國王之所尊敬。是耆宿長老。」

【長明燈】（物名）又名續明燈、無盡燈。佛前夜晝常明之燈也。」五百問曰、「問。續佛光明晝可滅不。答不得。若滅犯墮。」敕修淸規亡僧曰、「夜點長明燈。」劉餗隋唐嘉話曰、「江寧縣寺有晉長明燈。歲久、火色變青而不熱。隋文帝平陳、已訝其古。至今猶存。」按自晉迄唐、凡五百許年。可謂久矣。又日本之出雲大社、有地神氏時長明燈、至今幾乎三千年。天壤之間、恐無有再久於此燈也。

【長命燈】（物名）長明燈、一作長命燈。祈願長命之意也。

【長者】（雜名）梵語曰疑叻賀鉢底。Drha-pati 積財具德者之通稱。如須達長者等。法華玄贊十曰、「心平性直、語實行敦、齒邁財盈、名爲長者。」又年長者之稱。孟子曰、「徐行後長者。」又顯貴者之稱。史記曰、「門外多長者車轍。」又謹厚者之稱。漢書曰、「寬大長者。」

【三種長者】（名數）一世長者、二出世長者、三觀心長者也。文句五曰、「世備十德。一姓貴、二位高、三大富、四威猛、五智深、六年耆七行淨八禮佛九上嘆十下歸（中略）十德具焉名大長者。出世長者佛從三世眞如實際中生功成道著十號無極法財萬德悉皆具滿（中略）是名出世佛大長者。觀心者。觀心之智從實相出生。在佛家種性眞正。三惑不起雖未發眞是著如來衣稱寂滅忍。（中略）既稱此人爲佛豈不名觀心長者。」

【長者布金】（故事）須達長者以金布地買祇陀之園林以建祇園精舍奉佛。

【長者子】（雜名）長者之子也維摩經佛國品曰「有長者子名曰寶積」。

【長者女】（雜名）長者之女。

【長者子制經】（經名）一卷後漢安世高譯與佛說逝童子經同本異譯制爲童子之名。

【長者音悅經】（經名）一卷、吳支謙譯王舍城之音悅長者得四種之吉祥佛往讚嘆之使植福後得四種之不吉祥尼犍子往讚嘆之乃被痛打。佛因說長者之夙緣。

【長者施報經】（經名）一卷、趙宋法天譯佛爲須達長者說過去之長者行大施會及其功德不如三歸慈心。

【長者法志妻經】（經名）一卷、失譯。佛在祇園入城乞食、教化長者法志之妻及其下婢皆使轉男子得道記。

【長者子六過出家經】（經名）一卷、宋慧簡譯舍衛城僧伽羅摩長者之子、往昔屢出家今第七次於釋迦佛之所出家學道。佛爲授止觀之法彼直證阿羅漢佛言我弟子中降伏魔者以僧伽羅摩比丘爲第一。

【長者子懊惱三處經】（經名）一卷、後漢安世高譯舍衛城長者之子死。父母悲哀不止。佛說此子先沒天而生於長者之家、今死而生於龍中即爲金翅鳥所取食因而三處一時啼哭且說此兒之前因長者聞之而得法忍。

【長者女菴提遮師子吼了義經】（經名）一卷、失譯。佛於長者婆私膩伽之家受供養、其女與夫共見佛與舍利弗及文殊問答深義。

【長眉僧】（人名）賓頭盧尊者也。尊者保長命而住於世以眉毛長得名雜阿含經二十三曰、「時王見尊者賓頭盧頭髮皓白辟支佛體頭面禮足長跪合掌。（中略）白尊者曰。尊者見世尊耶三界所尊仰時尊者賓頭盧以手舉眉毛視王而言我見於如來、於世無譬類」祖道載七曰、「道安每疏經義必求蛩證一日感龐眉尊者降安出所製似之」僧史略上曰、「南山宣律師按法立壇感長眉僧（即賓頭盧身也）隨喜讚嘆」。

【長眉沙門】（人名）即長眉僧。

【長食】（術語）多餘之食物也。行事鈔中一曰、「僧祇云。若將僧家長食還房得偷蘭」。

【長時修】（術語）四修之一。見四修條。

【長翁】（人名）宋明州天童山如淨禪師、號長翁、雪竇鑑禪師之法嗣也、幼岐嶷、長學出世之法、鑑使參雪竇看庭前柏樹子之話、有省、呈頌曰、西來祖意庭前柏。鼻孔寥寥對眼睛。落地枯枝纔跨跳。松蘿亮鬲笑掀騰。鑑頷之。出世歷遷名刹、後奉敕陞天童、某年寂、壽六十六。全身塔於本山。見會元續略一上、僧譜三十五。

【長連床】（物名）禪林僧堂所置之大床也。長大而連坐多人者。禪門規式曰、「僧堂設長連床、施椸架掛搭道具。」

【長跪】（術語）兩膝據地、兩脛上空、兩足指頭拄地、挺身而立、經文或曰胡跪。佛使丈夫互跪、使尼衆長跪、以女子體弱、長跪較互跪為易也。釋門歸敬儀下曰、「僧是丈夫。剛幹事立。故制互跪。尼是女弱。翹苦易勞。故令長跪。兩膝據地。兩脛翹空。兩足指拄地。挺身而立者也。」寄歸傳一曰、「言長跪者。謂是雙膝踞地。豎兩足以支身。舊云胡跪者非也。五天皆爾。何獨道胡。」釋氏要覽中曰、「長跪即兩膝著地。亦先下右膝為禮。」

【長鉢】（術語）比丘於一個鐵鉢之外、畜多餘之鐵鉢。曰長鉢。比丘若得長鉢。則於十日以內、不得不作淨施之法。若不作之、而過十日。則結罪如長衣。

【長鉢過限戒】（術語）二百五十戒中三十捨墮之一。得長鉢、必於十日以內行淨施法之戒法也。若不行之、過十日之限、則結捨墮罪。見行事鈔中二。

【長壽天】（經語）天人之長壽者。色界第四禪無想天之壽命、為五百大劫、是色界天之最長壽也。無色界之第四處非想非非想天為八萬劫是三界之最長壽也。

【長壽王】（本生）佛往昔為長壽王、廣行布施、隣國之貪王來伐之、誓不與戰、與長生太子共逃出。後感貪人來乞王身、隨之見貪王。王即殺之、被殺時遺命長生太子、慎勿報怨。太子奉遺命、乃止報。見佛說長壽王經、中阿含十七、長壽王本起經。

【長壽王經】（經名）一卷、失譯。說長壽王之因緣。

【長壽法】（術語）以阿字之數息觀、成就長壽。

【長髮梵志】（雜名）梵志之頭髮長者。伽耶山頂經曰、「與大比丘衆一千人俱。其先悉是長髮梵志。」

【長養】（術語）功德善根、生長養育也。唐華嚴經十四曰、「信為道元功德母。長養一切諸善法」新譯仁王經中曰、「善男子初伏忍位起習種性修十住行。（中略）而能少分化諸衆生。超過二乘一切善地。是為菩薩初長養心。為聖胎故。」

【長齋】（術語）齋食長續也。齋食者、謂不過中食之行法也。七日長齋云者則七日之間齋食也。般舟三昧經曰「一食長齋」。南史曰「劉虯精信釋氏衣粗布禮佛長齋」。杜甫詩曰、「蘇晉長齋繡佛前」。

【長齋月】（術語）正五九之三月也。此三月爲可續一月齋食之月。見三長齋月條。

【具支灌頂】（術語）大日經三灌頂之一。具足所應之支分受灑水之灌頂也。此名通於受明灌頂與傳法灌頂之二。演密鈔四曰、「入此曼荼羅要具多緣。卽是須得具多支分。謂治地擇時定日築壇畫像結界等。然後引入」。大疏演奧鈔十曰、「具支灌頂者。心覺阿遮梨鈔云具支灌頂者是事業灌頂也。先令弟子七日以來誠心禮悔之類。及令辦諸供物香華之類。緣壇所灌頂之衆事。一一令具作。以之名具支灌頂也。問。言具支。受明灌頂歟。傳法灌頂歟。答。若於受明。若於傳法具足支分所修灌頂名曰具支也。」

【具支灌頂十支】（名數）大日經具緣眞言品初明具緣後明眞言。具緣中有衆多之支分。總略爲十。一阿闍梨支分二擇地支分三擇時支分四造壇支分五護持弟子支分六圖尊支分七三昧支分八眞言支分、九供養支分十灌頂支分也。

【具史羅】（動物）又作瞿史羅。好聲鳥之名。

【具史羅長者】（人名）此人之好聲似此鳥。故以爲字。長僅三尺。上於初果。見中本起經下。

【具足】（雜語）具備滿足也。金剛經曰、「如來具足五眼」。無量壽經上曰、「具足五劫思惟」。法華經曰、「此大良藥色香美味皆悉具足」。

【具足戒】（術語）爲比丘、比丘尼當受之戒、別解脫戒中之至極也。比丘爲二百五十戒、比丘尼爲五百戒。（實爲三百四十八戒）比丘之二百五十戒、爲四波羅夷、十三僧殘、二不定、三十捨墮、九十波逸提、四提舍尼、百衆學、七滅諍。比丘尼之三百四十八戒爲八波羅夷、十七僧殘、三十捨墮、一百七十八波逸提、八提舍尼、百衆學、七滅諍。戒之總數、諸律不同。宜視後世之作爲、然要嚴守佛陀制戒之意、專心保持比丘之面目。今對比四分、五分、南傳則波逸提以下之細目有如左之相違。

	四分	五分	南傳
波逸提	九〇	九一	六〇
提舍尼	四	四	四
衆學	一〇〇	二〇	七五
滅諍	七	七	七

觀此可知戒之數目、指大數也。今所以名爲具足者、非依已上之戒數。戒數惟標榜其緊

要者、使由此於一切之境界離罪之意、故謂爲具足戒。故若自數上言具足、則不得不言爲無量。不依具足之戒數者、於藥師經、智度論等、謂比丘尼戒爲五百而知之也。行事鈔中之一曰、「問。律中僧列二百五十戒。戒本具之。尼則五百。此言虛實。答。兩列定數。約指爲言。故諸部通言。不必依數。論其戒體。唯一無作。約境明相。乃量塵沙。且指二百五十。以爲持犯蹊徑耳。律中尼有三百四十八戒。可得指此而爲所防。今准智論云。尼受戒法。畧則五百。廣說八萬。僧則略有二百五十。廣亦同尼律儀。」八宗綱要曰、「受具戒時。並得如此無量無邊等戒。量等虛空。境遍法界。莫不圓足。故名具足戒。」

【具足德本願】（術語）指阿彌陀佛四十八願中第四十四之願。無量壽經上曰、「設我得佛。他方國土諸菩薩衆。聞我名字。歡喜踊躍。修菩薩行。具足德本。若不爾者。不取正覺。」義寂云、聞名令得具足德本願。靜照云、具足德本願

【具足諸相願】（術語）指阿彌陀佛四十八願中第二十一具三十二相之願也。

【具戒】（術語）謂比丘、比丘尼之具足戒也。比丘二百五十戒、比丘尼五百戒、爲具足圓滿之戒。行事鈔上之三曰、「欲紹降佛種。爲世福田者。謂受具戒。」見具足戒條。

【具戒地】（術語）十地中第二地也。第二地三聚戒具足、故名。

【具戒方便】（術語）由具足戒中抽出五戒八戒等。應於機根而使遵守之、次第誘導、爲持具足戒之前方便。

【具折囉】（雜語）譯曰所行。見華嚴疏鈔十四。

【具知根】（術語）三無漏根之一。無學道之無漏智也。俱舍論二曰、「在無學道。知已已知。故名爲知。有此知者。名爲具知。或習此知已成性者。名爲具知。」

【具壽】（術語）比丘之通稱。師呼弟子之稱。長老呼少年用之。具有世間壽命及法身慧命之義。舊譯曰慧命。單就法身之慧命而云。法華玄贊六曰、「慧命者。應云具壽。世俗之徒。皆愛身恒之壽。聖者之輩。並寶智慧之命。欲願雙成。故云具壽。單言慧命。義便闕也。」（欲願雙成者。在俗愛身壽。欲也。聖人寶慧命。願也。）有部毘奈耶雜事十九曰、「佛言。年少苾芻。亦復不應於耆宿處喚名字氏族。或云具壽。然有二種呼召之事。或云大德。或云具壽。年少苾芻應喚老者爲大德。老喚少年爲具壽。若不爾者。得越法罪。」梵 Ayusmān

【具縛】（術語）煩惱縛人而繫於生死之牢獄。故名之爲縛。具有煩惱者曰具縛。卽一切之凡夫也。瓔珞經下曰、「具縛凡夫。未識三寶。」俱舍論四曰、「又具縛者下中

上品煩惱現起。」止觀五上曰、「凡夫具縛。稱病導師。」注十疑曰「縛謂煩惱能纏縛人凡夫具有故名具縛凡夫」。

【具譚】（人名）與瞿曇同。釋迦名。見瞿曇條。

【果】（術語）梵語曰頗羅、Phala 木實之義。對於因而言。一切之有爲法前後相續、故對於前因而謂後生之法爲果。擇滅雖爲無爲法、然由道力而證悟、故名果。虛空與非擇滅、無爲果者。見因果條。

【果人】（術語）果上之人。有三種。一佛、二辟支佛、三阿羅漢。二敎論上曰、「如是絕離。並約因位談。非謂果人也。」

【果上】（術語）修行之間曰因位。依修行功而得證之位曰果地。此果地爲因位之上。故又曰果上。

【果上法門】（術語）依大悲之加持力、因位之人亦得聞之。然其實唯爲佛與佛之法門、非菩薩已下之當分、甚深之敎法也。法華經方便品曰、「唯佛與佛乃能究盡諸法實相。」大日經疏一曰、「如是智印。唯佛與佛乃能持之。」

【果上名號】（雜名）與因位願行相應而爲證得果上之如來時、以其功德成就之名號也。

【果中說因】（術語）見因中說果條。

【果分】（術語）對於因分而言。果之分齊之意。卽超絕因人言說思慮之不可思議境界也。具云性海果分、亦稱果分不可說。冠註五敎章上之一所謂「性海果分者、是當不可說之義、卽十佛自境界」、是也。依華嚴探玄記十、有說所詮之義爲果分、有說地上之證智爲果分、有說十地之圓滿爲果分、有說亡詮證入十地之正行離諸言敎所安立之相爲果分、無不皆應於理義、自出兩重之釋、一就實之十地、唯佛之所知佛智之所行、名爲果分、二約於妙智、證正智如境故離言離相、名爲果分。然淸涼之華嚴略策謂「果者亡修離言名。」唯約於契證絕言而釋之、蓋此師以行門爲本故也。

【果分不可說】（術語）華嚴宗之語。如來果地之分際、爲法性之妙理、非有言說之限也。見因中說果條。並參照果分條。

【果地】（術語）依因位之修行而得某悟結果之位也。三乘各異。果地、聲聞乘之中、又有四果之別。楞嚴經四曰、「因地發心與果地覺。爲同爲異。」玄義六上曰、「果地圓極。非復因位」、

【果名】（術語）積萬行之結果名號。謂一切諸佛之名號也。西方要訣曰、「諸佛願行。成此果名。但能念號。具包衆德。故成大善。」

【果位】（術語）對於因位而云。佛果之位也。

【果果】（術語）謂涅槃也。菩提爲修行之結果、故謂之爲果。依其菩提而證涅槃、故涅槃曰果果。涅槃經二十七曰「佛性者有因有因因有果有果果。有因者卽十二因緣。因因者卽是智慧。有果者卽是阿耨多羅三藐三菩提。果果者卽是無上大般涅槃」四敎儀十曰、「常住佛果具足一切佛法。名菩提果。四德涅槃。名爲果果」

【果門】（術語）如來果上之法門也。

【果後】（術語）得佛果之後。文句記九下曰、「昔於諸敎雖見不同而生於疑。乃不知是果後方便」

【果後方便】（術語）謂證得之佛、爲衆生濟度、更方便現衆生身等而修行也。

【果界圓現】（術語）佛果之上一切諸法圓滿顯現也。

【果界證入】（術語）證入於佛果也。

【果相】（術語）阿賴耶識三相之一。卽有情總報之果體、第八阿賴耶識之眞異熟也。成唯識論二曰「此是能引諸界趣生善不善業異熟果。故說名異熟。離此命根衆同分等恒時相續勝異熟果不可得故。此卽顯示初能變識所有果相。此識果相雖多位多種異熟寬不共。故偏說之」蓋第八識顯過去善不善業之異熟果體。同時小乘薩婆多部等以命根及衆同分等爲異熟之身體、然此等有間斷。不恒相續。故不可名爲眞異熟。

【果海】（譬喩）佛果之功德廣大譬如海。華嚴疏四曰、「因該果海。果徹因源」

【果能變】（術語）唯識論之語。八識爲自種子現行者、對於種子則是果也。其爲果之八識、於現行時、必自識之自體分變現見相二分。是曰果能變。八識種子、亦有能變之義。但彼曰因能變。唯識論二曰、「果能變謂前二種習氣力。故有八識生現種種相」述記二末曰、「卽前二因所生現果。謂有緣法能變現者名果能變。（中略）此果能變卽自證分能變現生見相分果」

【果脣】（雜名）佛脣如頻婆果之赤好也。法華經妙莊嚴王品曰、「脣色赤好如頻婆果」廣弘明集十三曰「果脣華目」

【果盜見】（術語）十三煩惱之一。見煩惱條。

【果唯識】（術語）五種唯識之一。謂思惟觀察唯識之理由之而得之果智也。見唯識條。

【果報】（術語）新曰異熟。舊曰果報。果報者吾人今日之境界、爲對於過去世業因（不善不惡也）之結果。故曰果。又爲應於其業因而報者。故曰報。然則曰果曰報、其體爲一、總括一切衆生自生至死之間、自己所感受之吉凶事而謂爲果報。但分別果報二字、則法華方便品明十如是中有因緣果報之四、對於因而言果、對於緣而言報也。正可生果之物曰因、助其因而使取果者曰緣。譬如米麥之種因也。農夫之力或雨露之潤等、緣也。然則當年米麥之成熟時、對於昨年之米麥而言則是果、對於昨年之農夫雨露而言則爲報也。如是吾等原具可生夫夫三界之果之種、是曰因。然爲惡業則助地獄界之因、使感地獄之果、爲善業則助人間天上界之因、使招人間天上界之果、蓋善惡之業、對於三界之果、則非爲因而爲緣。因而望此緣於三界之果、更與以報之名也。但此分因緣果報而詳論義理、果報之物體二者非異。果報之狀體雖有苦樂好醜等差別、而其性質則非善性亦非惡性、無記性。（善不可記惡亦不可記者也。）法華經方便品曰「如是因、如是緣、如是果、如是報。」無量壽經上曰、「行業果報。」

【果報土】（界名）天台四土之一。實報無障礙土之別名。證悟中道之圓別二教菩薩、感得勝妙之果報也。見四土條。

【果號】（佛名）成正覺後之佛名。是爲於因位積功德之結果名號、故曰果。彌陀經元照疏曰「萬行圓修、最勝獨推於果號。」

【果遂】（術語）希望果遂也。

【果遂願】（術語）阿彌陀佛四十八願中第二十之願名。無量壽經上曰、「設我得佛、十方衆生聞我名號、係念我國、植諸德本、至心迴向、欲生我國、不果遂者、不取正覺。」

【果極】（術語）極如來果上之功德也。玄義六上曰「果地圓極、非復因位。」行宗記下一之一曰、「良以如來行果、極圓窮盡衆生重輕業性。」

【果極法身】（術語）滿果極成之法身也。對於應化法身而言、與法性身同義。瓔珞經卷下因果品所謂「有二法身、一果極法身、二應化法身。」是也。

【果滿】（術語）果上之功德圓滿也。心地觀經一曰「因圓果滿成正覺。」

【果德】（術語）果上之功德、涅槃有常樂我淨之四德、謂爲果德。

【果德天】（天名）胎藏界第十二金剛院之一衆。

【果縛】（術語）生死之苦果、縛我而不使解脫、曰果縛。招此苦果之業因、縛我曰子縛。即因果之二縛也。觀音義疏上曰、「惡業即招果縛。」法華玄論二曰、「三界內外一切果縛。」四教儀曰「子縛已斷、果縛猶在、名有餘涅槃。」

【果縛斷】（術語）入於涅槃、斷生死之苦果也。玄義三上曰、「若不然火是則無烟、是名子縛、無子則無果、滅智灰身、離二十五有、是名果縛斷。」

【果頭】（術語）修因得果、果在因之

上故謂爲果頭與果上同。四教儀集註下曰、「修因克果果在於上故曰果頭」

【果頭佛】（術語）天台宗之語。四教各果上之佛也。四教儀曰、「鈍則但見偏空不見不空止成當教果頭佛」

【果頭無人】（術語）天台宗之語。彼宗立四教、四教各有教行證人之四。然藏通二教因中雖有教行證人之四、然至於果、則唯教之一、無行證人之三。何則以彼等以果爲灰身滅智、而得證實無人也。（無人則無行亦無證）唯有所謂有行證人之教而已。別教亦然、到初地已上之果位、則惟有教而無後之三。何則以彼別教之初地位、即圓教之初住位、此時既爲圓教之人也。然則彼自初地已上、惟有別教所謂有行證人之一教而已、其所詮之行之證之人皆無之、全爲圓教之行證人也。因而前三教曰果頭無人。唯圓教因果共具教行證人之四。止觀三下曰、「前兩觀因中有教行證人。果上但有其教無行證人。何以故。因中之人灰身入寂沈空盡滅。不後成於果頭之佛。直是方便之說。故有其教無行證人。別教因中有教行證人。若就果者但有其教無行證人。何以故。若破無明登初地時。即是圓家初住位。非復別家初地位也。初地尙爾。何況後地後果。故知因人不到於果。故云果頭無人」

【果餘】（術語）三餘之一。苦餘之別名。見苦餘條。

【果斷】（術語）斷惑業曰子斷、離苦果曰果斷。有餘涅槃之阿羅漢、斷子縛而未斷果縛也。涅槃經二十九曰、「解脫二種。一者子斷。二者果斷」

【果證】（術語）依因位之修行、而得果地之證悟也。慈恩寺傳序曰、「示之以因修。明之以果證」

【易行】（術語）對於難行之語。平易之行法。又易行之道。謂念佛之法也。是龍樹菩薩之說。十住毘婆娑論易行品曰、「以信方便易行疾至阿惟越致地」無量壽經下曰「易往而無人」

【易行品】（書名）龍樹造、十住毘婆沙論第五卷中之品名。至初地不退位之道、有難易。行品示其易行之道、別說阿彌陀佛之救濟也。

【易行道】（術語）至易悟之地之路、故曰道。易行品曰、「有易行道疾得至阿惟越致地。方便者願爲說之」教行信證六本曰、「於安養淨刹入聖證果名淨土門。云易行道」

【易行水路】（譬喻）易行品中、譬難行之法、以陸路之步行。譬易行之教、以水路之乘船。曰、「佛法有無量門。如世間道有難有易。陸道步行則苦。水道乘船則樂。菩薩道亦如是。或有勤行精進。或有以信方便易行至阿惟越致地者。」

【易往】（術語）與易行同。往生淨土易者。

【易往易行】（術語）往生易與修行易之意、他力念佛之宗旨也。

【典客】（職位）知客之異名。見知客條。

【典座】（職位）禪林主大衆牀座及齋粥等雜事之役也。僧史略中曰「典座者謂典主牀座九事。舉座一色以攝之、乃通典雜事也。」僧祇律六曰、「佛住舍衛城、爾時有比丘名陀驃摩羅子、衆僧拜典知九事。九事者典次付牀座。典次差請會。典次分房舍。典次分衣物。典次分花香。典次分果蓏。典次知煖水人。典次分雜餅食。典知隨意舉堪事人。是名僧拜典知九事。（次者次第也。次第付與次第差擇也）」僧堂清規五曰「此職主大衆齋食、故時時改變食物、大衆受用安樂爲妙。齋料巳下、菜蔬鹽醬類、一切保護蓄積、可受用長久、造食時、應自身考熟未熟、飣羹鹽梅、亦應自身試、粥飯時向僧堂九拜發食、祖訓也。」傳燈錄曰、「潙山在百丈會下作典座。又令遵有笊籬木杓分付與典座語。」按釋家云、典座猶居士云司厨。凡寺院各僧例分東西兩序、其職麤事者屬於東序。典座等是也。五燈會元雪峯在洞山爲飯頭、慶諸在潙山爲米頭、道匡在招慶爲桶頭、灌溪在末山爲園頭、紹遠在石門爲田頭、智通在潙山爲直歲、曉聰在雲居爲燈頭、稽山在投子爲柴頭、義懷在翠峯爲水頭、佛心在海印爲淨頭、此類皆東序職、而典座之名尤著於俗。

【典賓】（職位）知客之異名。

【典攬】（術語）典者經典也、攬者、攝要也。攝經典之要義曰典攬。無量壽經上曰、「開入泥洹、教授典攬。」又曰、「典攬智慧衆道之要。」同淨影疏曰、「善解經典、攬知衆義、名典攬。」

【門】（雜語）人家之門口也。具差別與趣入之兩義。於法有種種之差別、能使人趣入涅槃、故指經中法爲門。淨土論註下曰、「門者入出義也。」大乘義章一曰、「門別不同、故名爲門。又能通人趣入名門。」四教儀一曰「門者以能通爲義、佛教所詮正四句法、通行人至眞性實相之理、故名爲門。」

【門火】（儀式）送葬之時、於門前燒火、是中國之風習。周禮曰「喪設門燎」。顏氏家訓曰「喪出之日門前燃火」。

【門門不同】（雜語）應衆生之機、而佛之教法有不同也。般舟讚曰、「一切如來設方便、亦同今日釋迦尊、隨機說法皆蒙益、各得悟解入眞門、門門八萬四、爲滅無明果業因。」

【門門見佛】（雜語）般舟讚曰、「教

門非一。但爲我等倒見凡夫若能依敎修行者。則門門見佛得生淨土。」

【門師】（術語）門卽三寶眞淨濟世之法門若居家善信男女歸依三寶所拜之師、稱曰門師也。

【門侶】（雜語）如言門徒。門弟子也。唐僧傳（智脫傳）曰、「彫琢門侶無輟于時。」

【門狀】（物名）又曰參榜、參狀。所謂名刺也。紙闊六七寸內不書文字自左方卷之用絲束分中少上題姓名於其上也。見象器箋十五。

【門首】（雜語）又作門主、一門之上首也。

【門派】（術語）一門之法流也。多以名禪宗之派別。

【門徒】（雜語）謂受師敎之門弟子也。日知錄曰、「今江南尙有門徒之稱。或云門眷。」按、晉書唐彬傳、東海閻德門徒甚衆。獨目彬爲廊廟材。北史李密傳師事國子助敎包愷。愷門徒皆出其下。南史宋文帝紀上好儒雅。命何承天立史學。謝元立文學。各聚門徒。江左風俗於斯爲盛。梵摩喩經曰、「其諸門徒覩師盡虔。」髻珠菩薩修行分經曰、「有德業者多蓄門徒不時敎誨。」図在家之檀越曰門徒。眞宗常言之門徒是也。成實論三曰、「家慳謂惜門徒家不欲別人識恐失己利故。」

【門神】（雜名）禮祭法曰、「大夫三祀門行族厲。」王制曰、「大夫祭五祀謂司命中霤門行厲也。」喪大記注曰、「君釋菜以禮禮門神。」門神二字見此。今謂其左曰門丞右曰戶尉。蓋本自道家書。楓窗小牘曰、「靖康以前汴中門神多翻樣戴虎頭盔。而王公之門至以渾金飾之。」月令廣義曰、「近晝門神爲將軍朝官諸式。復加爵鹿蝠嬉寶馬瓶鞍等狀。皆取美名以迎祥祉。世俗沿傳莫攷其何昉也。」

【門流】（雜語）與門派門葉同。一門之流義也。

【門葉】（術語）一門之枝葉也。槪稱歸於一宗之信徒。

【門跡】（術語）猶言門流門派。一門之法跡也。

【門經】（儀式）送葬時棺將出戶外。於屋前讀經也。

【門標】（術語）曼荼羅入口所立之幢標也。一字奇特佛頂經上曰、「門皆立剎柱以時花爲鬘莊嚴並懸幢旛。」大日經疏六曰、「曼荼羅夾門皆竪幢旗以爲幢幟。謂之門標幟。」

【門餘大道】（術語）在八萬四千法門外他力念佛之大道也。念佛爲因果超絕之敎道理以外之法不可思議之道也。故名。

【忠心經】（經名）一卷、東晉竺曇無蘭譯。佛對移山梵志說五賊五欺之諸法。與阿含正行經同本別譯。

【岸頭】（雜語）苦海之岸。無門關曰、「於生死岸頭得大自在。」

【岸樹】（譬喻）譬人命之危。涅槃經一曰、「是身易壞、猶如河岸臨峻大樹。」慈恩傳九曰「衆緣和合。念念無常、雖岸樹井藤不足以儔危脆。」

【沓婆】（人名）沓婆摩羅之略。羅漢名。佛華嚴入如來德智不思議境界經上曰、「達囉弊夜摩羅弗多囉 Dravya Mallaputra 隋云物力士子。舊云沓婆摩羅子者。」可洪音義四上曰、「陁臈驃。亦名達羅弊。亦名陀臈驃。亦沓婆摩羅子。此云財力士也。」

【沓婆迴心】（故事）沓婆羅漢、迴小乘心而發大乘之菩提心。是通四分律之大乘五證之一也。見五義分通條。

【沓婆摩羅】（人名）具名沓婆摩羅弗多羅。經論中末後之一語、漢譯曰沓婆摩羅子。如舍利弗多羅曰舍利子。見沓婆條。

【非人】（雜名）對於人而謂天龍八部及夜叉惡鬼之冥衆、總為非人。法華經提婆品曰「天龍八部人與非人」藥師經曰「無有非人奪其精氣。」

【非人施行】（雜語）於窮民乞兒施米錢也。

【非二聚】（術語）諸法分色聚、心聚、非色非心聚之三聚。非色非心聚謂為非二聚。成實論之法相也。

【非三非一】（術語）如法般解之三德、如空假中之三諦、依圓教所談、則三德三諦各異義理德用。然固圓融相即。不離一味也。一即三、故為三而非三、即一、故為一而非一。是曰三非一。是圓教至極之深義也。

【非天】（異類）梵語曰阿修羅 Asura 舊譯無酒。以果報似天趣而非天趣故也。見阿修羅條。

【非六生】（術語）非自第六之意根而生、自眼耳等之五根而生之法也。即眼耳等之五識。俱舍論二曰「六謂意處。異此而生。名非六生。是從眼等五根生義。即五識等。」

【非心非佛】（公案）以是心是佛之語翻案而為一箇之公案者，無門關三十二則曰、「馬祖因僧問。如何是佛。祖曰。非心非佛。」碧巖四十四則曰、「僧問禾山。即心即佛。即不問。如何是非心非佛。山曰。解打鼓。」宗鏡錄二十五曰、「心之與佛皆世間之名。是之與非乃分別之見。空論妄想。曷得眞歸。所以祖師云。若言是心是佛。如牛有角。若言非心非佛。如兎無角。並是對待強名邊事。」

【非主獨行無明】（術語）五種無明之一。見無明條。

【非生非滅】（術語）釋迦如來之出世滅度、非實之生滅、其本身之壽量無量無數、而爲衆生化益、非生現生、非滅現滅也。法華經壽量品曰「諸善男子、若有衆生來至我所、我以佛眼觀其信等諸根利鈍、隨所應度、處處自說名字不同、年紀大小、亦復現言當入涅槃。」同文句九曰「非生現生、非滅現滅。」

【非有非空】（術語）唯識論所說之中道也。一切諸法有偏計所執性（凡夫迷悟所現之虛妄相也。如於繩見蛇）與依他起性（因緣所生之法也。如繩之相）及圓成實性（諸法之實性、卽眞如也。如繩之麻）之三性。此三性、偏計爲空而非有、故爲非有、依他圓成爲有而非空、故爲非空。要之心外之法（偏計）爲非有、而心內之法（依他圓成）爲非空也。非有非空、卽中道也、是唯識論所明中道之意。

【非有非空門】（術語）四門之一。諸敎各有四門、可入於涅槃。見四門條。

【非有非無句】（術語）有無四句之一。就我及五蘊、執非有非無之外道見解也。

【非有想非無想定】（術語）非有想非無想處之禪定也。新譯曰非想非非想定。

【非有想非無想天】（界名）非有想非無想處、在六趣之中、屬於天趣。故曰非有想非無想天。新譯曰非想非非想天。略曰非想天。又名有頂天。以是爲三界之最頂處故。

【非有想非無想處】（界名）Naiva-saṃjñānāsaṃjñāyatana 智度論謂爲非有想非無想。俱舍論謂爲非想非非想無色界之第四處。卽三界之最頂也。生於此處者、無如下地麤想之煩惱、故曰非有想、又曰非想。非無細想之煩惱、故曰非無想、又曰非非想。以非有想之故、外道以此處爲眞之涅槃處、以非無想之故、佛者知尙爲生死之境也。

【非色】（術語）四大所成及四大所生之法爲色。不然者爲非色。五蘊之中除色蘊、受想行識之四蘊是也、因而稱之爲非色之四蘊。

【非色非心】（術語）分別一切之有爲法爲三聚、一色法、二心法、三非色非心法。如俱舍七十五法中不相應行之十四法是。非四大所成、故爲非色。是非與心相應之法、故爲非心、因而名爲非色非心法。又如成實論以無作色（俱舍曰無表色）爲非色非心。

【非安立】（術語）對於安立之稱。諦理有差別與名義之施設曰安立。無差別無名言曰非安立。眞如之諦理。立此二門。唯識述記九末曰、「有差別名言者名安立。無差別離名言者非安立也。安立者施設義也。」

【非安立諦】（術語）一曰非安立眞

如諦者眞如之理誠實也。

【非安立眞如】（術語）唯識論所說、二眞如之一。眞如有眞如如常等種種義理差別之施設謂爲安立眞如或安立諦眞如之體性固離名字之相離心緣之相寂滅無爲、謂爲非安立眞如或非安立諦。蓋安立眞如爲眞如之相狀非安立眞如爲眞如之體性也。起信論稱之爲依言眞如離言眞如。

【非行非坐三昧】（術語）天台所立四種三昧之一。不關於行住坐臥之四威儀通於一切之事隨意起而修禪定也。故復名隨自意三昧。止觀二曰「非行非坐三昧者。上一向用行坐此既異上。爲成四句。故名非行非坐。實通行坐及一切事。南岳師呼爲隨身意。意起卽修三昧。」

【非非想天】（界名）非想非非想天之略。心地觀經五曰、「三界之頂非非想天。八萬劫盡退生下地。」

【非非想處】（術語）非想非非想處之畧名。

【非所斷】（術語）三所斷之一。見惑之有漏法爲見所斷、修惑之有漏法爲修所斷、有爲無爲之無漏法爲非所斷。

【非律儀非不律儀】（術語）三種無表色之一。謂律儀卽非善戒、不律儀卽非惡戒之非戒律的善惡之無表色也。律儀爲極善、不律儀爲極惡、其他之善惡、善惡皆勢用微劣故稱之爲處中之善處中之惡、皆爲非律儀非不律儀。卽非戒律的之善與惡也。見無表色條。

【非食】（術語）非時食之略稱。

【非思量底】（術語）數家謂爲無分別、禪家謂爲非思量底拂邪思妄念也。是爲坐禪之要術。普勸坐禪儀曰「兀兀坐定思量箇不思量底。不思量底如何思量。非思量、此乃坐禪之要術也。」

【非前後俱得】（術語）四種得之一。得擇滅無爲、非擇滅無爲時之得。此二無爲、爲不生不滅之無爲故非爲過去現在未來三世之時間所拘束者。從而能得無法之前、法之後與法俱時之事、故曰非前後俱得。

【非卽非離蘊我】（術語）小乘二十部中犢子部所說有常一主宰之義之我。確爲存在、然於五蘊和合之肉體、非離亦非不離。執著在非卽非離蘊關係之我見也。

【非時】（術語）律以自晨朝至於日中爲時自日中至於後夜之後分爲非時。薩婆多毘婆沙七曰、「非時者從日中至後夜後分名爲非時。從晨至日中名時。何以故以日初出乃至日中、明轉盛中則滿足故名爲時。從中至後夜後分明轉減沒。故名非時。」此解不可。非時者非正時之意也。起自食時之制之稱也。

【非時食】（術語）非時之食也。謂過

日中而食者。律中制之爲戒法、八齋戒及十戒中之不過中食戒。比丘戒之非時食戒是也。蓋爲佛道修行使節食欲也。

【非時漿】（飲食）比丘非時得食之漿類。卽四藥中之非時藥也。行事鈔下二曰、「非時漿者。僧祇、一切豆穀麥煑之頭不卓破者之汁。若蘇油蜜石蜜十四種果漿。」

【非時經】（術語）時非時經之畧名。

【非時藥】（飲食）四藥之一。爲養病軀非時得食之米汁菓汁等也。行事鈔下二曰「言非時藥者。諸雜漿等。對病而設。時外開服。」

【非時食戒】（術語）比丘九十波逸提之第三十七戒也。總爲禁過午而食之戒法。五分律八曰「佛在王舍城。爾時未爲比丘制非時食。迦留陀夷著雜色衣。面黑眼赤。闇中乞食。懷姙婦人電光中見大驚喚言。毘舍遮、毘舍遮。（鬼名）迦留陀夷言。我是沙門。非毘舍遮。便罵言。汝何冥夜乞食。餘沙門波羅門一食便足。汝云何食無晝夜。長老比丘白佛。佛呵責結戒。若比丘非時食波逸提。」行事鈔中三曰、「經中說云。早起諸天食。日中三世諸佛食。日西畜生食。日暮鬼神食。佛制斷六趣因。令同三世佛故。」（法苑珠林五十五引此文。爲毘羅三昧經之說。此經今不傳、）

【非修非學】（術語）亦不修行亦不學問之人、學生間深辱他之詞。

【非常】（雜語）猶言無常。謂世相之無常也。無量壽經上曰、「見老病死悟世非常」四十二章經曰、「佛言。觀天地念非常。觀世界念非常。」

【非常苦空非我】（術語）十六行相中之四行相。觀苦諦之境而起四種之觀解。卽苦諦爲三界迷妄之果報。而一切世間之法也。此世間之法、爲由衆緣和合而存在者、因緣散亦隨而忽滅、故爲非常、又逼迫惱害有情之心身、故爲苦。又諸法自我心身至於妻子眷族、無一可定爲我有者、故爲空。又諸法無常住之義。亦無常一主宰之義。無可執而爲我者。故觀爲非我也。

【非情】（術語）對於有情之稱。草木土石等之無情識者。

【非情成佛】（術語）圓敎之極說、立草木國土悉皆成佛之義。是曰非情成佛。圓敎之意、中道佛性、遍於法界。故不問有情無情也。但由迷情故見二法之差別、然色心依正只爲一大覺。一佛成道、則無非此佛之依正、故言草木之非情、亦有成佛之義。若成佛得道、由於發心修行、草木之非情無此義者。是見色心依正之差別權敎之意也。金錍論一部盛論此義。又天台二百題中以草木成佛之題目、詳細問答此義。密敎謂萬有本來、爲六大所成、不見有情非情之別。非情成佛、為當然也。

【非得】（術語）使法於吾身獲得成就之一種實物名為得。反之而使法自吾身捨離間隔之一種實物名為非得。假令斷煩惱、則所斷之煩惱與我身之間生一種之非得以間隔二者故煩惱永不能會於吾身也。是為俱舍論之法相彼七十五法中不相應法攝得與非得。梵Aprāpti

【非梵行】（術語）又曰不淨行。梵者梵語清淨之義非梵行者、不淨之行。卽指婬事。因而斷婬稱為梵行。色界之諸天無婬事、故稱為梵天。戒疏二上曰「梵者天音。唐言為淨淨者聖也出家所為求聖興行。今汚淨戒退失聖法故云非梵行也」

【非滅】（術語）謂釋尊之入滅、為非滅現滅非實之滅也。以法華經壽量品說釋迦之本身為常住故也。然則出世亦化現也。法華文句九曰「非生現生非滅現滅」

【非喩】（術語）八種喩之一。假說非實事而為喩也。

【非智緣盡】（術語）新曰非擇滅無為。見非數緣盡條。

【非黑非白業】（術語）無漏業也。無漏業性非染汚故曰非黑、不招致有漏之善果故曰非白。

【非想】（界名）非想非非想天之畧。

【非想快樂】（雜語）非想天在三界之頂上、為果報最勝之處。外道以為究竟之涅槃。

【非想八萬劫】（雜語）非想天之定命為八萬劫也。俱舍論世間品曰、「無色四天從下如次二四六八萬劫」

【非想非非想天】（界名）舊曰非有想非無想。無色界有四天、此為其中之第四天。三界之最頂也。因而亦曰有頂天。非想非非想者就此天之禪定而名之。此天之定心至極靜妙、無如下地之麤想、故曰非想、尙非無細想故曰非非想。俱舍頌疏世間品三曰、「非想非非想天謂此定體非前七地麤想、名為非想若想全無便同痴闇。有細想故名非非想」在於密敎胎藏界曼荼羅外金剛部院東方之四個樓閣其一卽此天也。密敎之意色心二法、非一非異、故於顯敎稱為無色之處還畫色法之樓閣以顯密意樓閣為二層下層有化佛。

【非想非非想處】（術語）可享有非想非非想天之禪定也。與非有想非無想同。楞嚴經曰「識性不動以滅窮研。於無盡中發寶盡性。如存不存若盡非盡。如是一類名非想非非想處」按非想非非想處、為無色界第四天諸天之最勝者也。非想言非有想。非非想言亦非有此非想也。卽經所云如存不存若盡非盡者是。

【非道】（術語）邪行之違正道者。維

摩經佛道品曰、「文殊師利問維摩詰言。菩薩云何通達佛道。維摩詰言若菩薩行於非道是爲通達佛道。(中略)示行貪欲離諸染著。示行瞋恚於諸衆生無有恚礙。示行愚痴而以智慧調伏其心。」

【非業】(術語)非由前世之業因、由現在之災橫而死者曰非業死。所謂橫死是也。又閻浮之人壽有普通定命、不得其定命而夭死者曰非業死。是爲非命之業、故名非業也。是亦爲前世惡業之故。因而轉此惡業則可得普通之定命。金剛壽命陀羅尼經曰、「今我以一切如來威神力故、悉令一切衆生轉非命業使增壽命。」

【非境】(術語)邪非之境界也。戒本疏一上曰、「依月再說用清非境。」

【非樂修】(術語)劣三修之一。非樂卽苦也。聲聞之人不知本來諸法中具涅槃寂滅之樂、所以觀一切諸法悉是苦、名之曰非樂修。

【非數滅】(術語)三無爲之一。新云非擇滅。大乘義章曰、「三無爲者。一虛空無爲。二數滅無爲。三非數滅無爲。」見次項。

【非數緣盡】(術語)又曰非智緣盡。無爲法之一。新云非擇滅無爲。數者新譯所謂心所法也。善惡之心所法其數許多、故謂之數法。今爲智慧之數法、緣智慧數法斷煩惱所得之盡滅、謂之數緣滅。卽涅槃也。非依智慧數法之緣、僅依見能生之緣、而諸法歸於盡滅、是曰非數緣盡。智度論九十八曰、「如阿毘曇言一切有爲法及虛空非數緣盡、名爲有上法。數緣盡是無上法。數緣盡卽是涅槃之別名也。」

【非擇滅無爲】(術語)三無爲之一。滅者滅盡有爲法也。滅盡了畢竟不生曰無爲。此滅有二種。以智慧之簡擇力斷滅煩惱不令再生、謂之擇滅無爲、卽涅槃也。又不依擇力、僅由缺有爲法之自生緣、而畢竟不生、謂之非擇滅無爲。蓋擇滅者、聖道所得、非擇滅者緣缺所得也。俱舍論一曰、「永礙當生得非擇滅。謂能永礙未來法生得滅異前名非擇滅。得不因擇但由闕緣。」唯識述記二末曰、「而此本性不由慧能而性淸淨名非擇滅。或有爲法緣闕不生。不生之滅顯眞理故、名非擇滅。離無漏慧而自滅故。」

【非器】(術語)不堪受持佛法之器也。法華經提婆品曰、「女身垢穢非是法器。」

【非學者】(雜語)對學者之稱。作大小乘學者、故云學者。反是則曰非學者。

【非學世間】(術語)大小乘學者之部類曰學者世間、總稱其他曰非學者世間。因明疏後記曰、「學者世間者。三乘教法總名學者世間。世間耕犁等工巧等事、總名非學世間。以對三乘出世之法、總名非學世間所攝。」

【非觀】（術語）五觀之一。

【炎刀】（物名）獄卒所持之刀。刀身發炎者。往生要集上本曰「炎刀剝割一切身皮」。

【炎經】（經名）涅槃經之異名。是佛臨滅時將附荼毘時之經文。故有斯名。図讚涅槃光明之法。故云炎經。図見焰條。

【炎熱地獄】（界名）梵名Tapana八大地獄之第六。火隨身起。熱苦不堪。故曰炎熱。見俱舍論世間品。

【炎黙】（術語）涅槃之猛炎。能燒盡生死。故曰炎。涅槃黙謂之炎黙。見涅槃聲條。

【垂示】（術語）垂語示衆也。與垂語同。

【垂迹】（術語）佛菩薩之本體曰本地。由其本體示現種種之身。濟度衆生曰垂迹。佛三身中法身報身爲本地。化身爲垂迹。此本地垂迹之義。爲法華經壽量品所說。又爲大日經胎藏界四重曼陀羅所說。大乘攝化門之樞紐也。於胎藏界第四重外金剛院。攝印度古來諸天諸神。皆是大日之垂迹也。維摩經序曰「幽關難啓。聖應不同。非本無以垂迹。非迹無以顯本。本迹雖殊而不思議一也」。

【垂裕記】（書名）十卷。宋孤山智圓著。釋天台之淨名畧疏。

【垂語】（術語）垂示之語也。禪門宗匠上堂提撕學人曰垂示。

【秉拂】（術語）禪林之語。一寺之首座代住持秉拂子上法座開示大衆者也。凡前堂首座後堂首座東藏主書記稱秉拂之五頭首。爲各有秉拂之資格者。見象器箋六。

【秉拂侍者】（役名）秉拂者爲捧白拂之侍者也。聖僧侍者任之。此無班位。立於方丈侍者之下位。見象器箋六。

【秉拂寮】（堂塔）勤於秉拂之頭首寮舍也。

【秉法】（術語）羯磨法四種之第一。行羯磨法時受戒懺悔等之法也。見羯磨條。

【秉炬】（儀式）禪林之語。與通常所言下火同。別曰秉炬者。因秉炬語長。下火語短。下火一人行之。秉炬數人行之。行荼毘式時秉炬火爲法語之佛事也。若用眞火。則移刻易爐。故刻木炬塗朱爲火之狀。或用紅綿繒造花。著之於炬首。不點火。

【秉持】（術語）持律堅固也。

【竺】（雜語）姓也。取天竺之竺。其人爲天竺之產。故稱爲竺。如竺曇摩騰、竺曇無蘭是也。又以天竺之人爲師。亦稱爲竺。如竺佛念竺道生是也。而晉道安唱釋姓。由是我國之沙門皆稱爲釋。以釋迦爲沙門一般之師也。開元錄二曰「沙門竺曇摩羅察。晉言法護。（中略）年八歲出家。事外國沙門竺高座爲師。遂稱竺姓」。（秦晉已前沙門多隨師稱姓、後因彌天道安道總稱釋氏。

【竺土】（雜語）天竺之國土也。

【竺佛念】（人名）竺姓、佛念名。涼州人、苻氏建元中僧伽跋澄曇摩難提等、入長安、澄執梵文、念譯爲晉、出增一阿含及中阿含。爲苻姚二代譯人之宗。後譯菩薩瓔珞十住斷結及出曜經等。卒於長安。見高僧傳一。

【竺法護】（人名）姓竺、名法護。梵名曇摩羅察。見竺曇摩羅條。

【竺法蘭】（人名）姓竺、名法蘭。中印度人、漢明帝永平中與迦葉摩騰共來我國、譯四十二章經等。見高僧傳二。

【竺律炎】（人名）竺姓、律炎名。印度人、來吳譯摩登伽經等。見開元錄三。

【竺乾】（地名）印度之別稱。竺乾爲天竺西乾之義。或言乾竺、猶言天竺、後人誤升竺字於上云。祖庭事苑二曰、「竺乾即天竺國。或云西天西乾、皆譯師之義立。」甄正論中曰、「合云乾竺。乾者天也。後人抄寫誤升竺字於字上故云竺乾。」

【竺經】（雜名）即佛經。出天竺國。故曰竺經。李洞詩曰、「若遇多吟友。何妨看竺經。」

【竺道生】（人名）竺姓、猶言釋。道生其名。羅什門下四哲之一。見道生條。

【竺葉摩騰】（人名）一作竺攝摩騰、見迦葉摩騰條。

【竺墳】（雜名）西竺之墳典。謂佛經也。

【竺曇摩羅】（人名）竺曇摩羅刹 Dharmaraksa 竺姓、名曇摩羅察、譯曰法護。月氏國人、譯正法華者。高僧傳一曰、「晉長安竺曇摩羅刹。」開元錄二曰、「沙門竺曇摩羅察。」

【竺曇無蘭】（人名）姓竺、名曇無蘭。見曇無蘭條。

【竺難提】（人名）姓竺、名難提、Nandi 譯曰善。西域人。見開元錄三。

【委順】（雜語）謂僧死也。是任因緣之義。稽古略二曰「翟罪於祖、祖乃委順。」

【房】（雜名）釋氏要覽上曰、「房旁也。在堂兩旁故。十誦云。房者或屬僧或屬一別房、多人同居一房曰屬僧、一人獨居曰屬一人」然則坊爲一坊之總名、房乃僧坊中之一人。遁世行人無所帶之寺院者、多稱此號。

【房舍犍度】（術語）四分律所說二十犍度之一。明諸資具中、關於房舍之種種作法章篇也。

【肩亡婆論】（書名）外道十八大經中八論之一。百論疏上之下曰、「肩亡婆論簡擇諸法是非。」梵 Kaitabha, 巴 Ketubha, 亡字或作土。

【肩次】（雜語）又名肩下、下肩。即接肩而著於下位之稱。百丈清規五曰、「副參遺向前接聯參頭肩次伺住持至。」

【金人】（雜名）黃金色之人、指佛而言。又以金屬造之佛像也。僧史略上曰、「案釋老志曰、釋氏之學、聞於前漢武帝元狩年中、霍去病獲毘邪王金人、帝以為大神、列甘泉宮。燒香跪拜、此佛法流傳之始也。」瑯琊代醉編三十一曰、「漢武故事云、渾邪王殺休屠王、以其衆來降、得其金人之神、置之甘泉宮。金人皆長丈餘、其祭不用牛羊、唯燒香禮拜。上使依其國俗祠之、此神全類於佛。」釋門正統四曰、「後漢明帝永平七年、帝夢金人頂佩日光、飛至殿庭。且以問羣臣。大學士傅毅奏曰、西方有聖人號佛、陛下所夢必此也。」後漢佛老志曰、「明帝寢南殿、夢金人身長丈六、頂佩日光、胸題卍字。」

【金七十論】（書名）Hiranyasaptati 數論師自在黑作、有七十行偈頌。其時國王賞之以金、故彼以之為名譽、而名為金七十論、或云論之長行（解釋偈頌之語曰長行）、為天親所作者、非是、逃彼宗二十五諦之義、三卷、陳眞諦譯。唯識述記一末曰、「有外道、入金耳國、以鐵鍱腹、頂戴火盆、擊王論鼓、求僧論議、因諍世界初有後無、謗僧不如外道。遂造七十行頌、申數論宗、王意朋彼、以金賜之。外道欲彰己令譽、遂以所造、名金七十論。彼論長行、天親菩薩之所造也。」金七十論下記本書之傳承曰、「迦毘羅仙人初出有四德、一法、二智、三離欲、四自在。(中略)由慈悲故、先為阿修利說。是阿修利仙人、次為般尸訶說。般尸訶廣說此論、有六十千偈。(中略)次第乃至婆羅門、姓拘式、名自在黑。抄集七十偈。」又曰、「此智者從迦毘羅來、至阿修利、阿修利傳與般尸訶、般尸訶傳與褐伽、褐伽傳與優樓佉、優樓佉傳與跋婆利。跋婆利傳與自在黑。如是次第、自在黑得此智。見大論難可受持、故略抄七十偈。」與世親菩薩之關係、出婆藪槃豆法師傳。

【金山】（譬喻）金山喻佛身也。法華經序品曰、「身色如金山、端嚴甚深妙。」心地觀經一曰、「破有法王甚奇特、光明照曜如金山。」

【七金山】（名數）須彌山周圍七重之金山也。俱舍論十一曰、「蘇迷盧 Sumeru 居中、次踰健達羅山。Yugaṁdhara 伊沙多羅山。Īśādhara 竭地洛迦山。Khadiraka 蘇達梨舍那。Sudarśana 頞濕縛羯拏。Aśvakarṇa 毘那怛迦山。Vinataka 尼民達羅山。Nemiṁdhara （中略）前七金所成。」頌疏十一曰、「踰健達多、此云持雙。山頂有二雙跡。山能持故。伊沙馱羅山、此云持軸。山峯上聳、猶如車軸。竭地洛迦山、西國樹名。此國南方亦有此樹、名擔木。山上寶樹、其形似彼、故以名焉。蘇達梨舍那、此云善見、見者稱善。頞濕縛羯拏、此云馬耳。山形似彼也。毘那怛迦山。此云象鼻。山形似彼。尼民達羅山。此是魚名。其魚觜尖。山形似彼。」

【金山王】（譬喻）金山中之勝妙者、以譬如來。往生要集上本曰、「遙以瞻望彌陀如來。如金山王。」

【金山寺】（寺名）在江蘇省鎭江金山上。梁武帝天監四年二月十五日、始於此寺設水陸會。至宋改號龍游寺。以佛印禪師了元嘗住此、與蘇軾問答而著。見釋氏稽古錄二、續傳燈錄五等。

【金口】（雜名）如來之口舌。如來之身相為黃金色、故其口舌謂之金口。又如來之口舌如金剛堅固不壞、故謂之金口。止觀一上曰、「諸師皆金口所記。」輔行一之一曰、「金口者。此是如來黃金色身口業所記。」瓔珞本業經上曰、「爾時釋迦牟尼佛以金剛口告敬首菩薩言。」

【金口相承】（術語）天台宗三相承之一。又名金口祖承。謂受佛金口之記、而出世之付法藏二十三祖、次第相承其法門也。止觀一上所謂「付法藏人始迦葉、終師子、二十三人、末田地與商那同時、取之則二十四人。諸師皆金口所記。」佛祖統紀序所謂「大迦葉下至師子尊者、皆能仰承佛記、傳弘大法。謂之金口相承。」是也。

【金大王】（神名）二十八部衆之一。為千手觀音之眷屬、擁護行者之善神也。但千手千眼觀世音陀羅尼經所出之二十八部衆中缺此神之名。出於佛像圖彙第四。

【金水】（譬喻）金剛界譬智以水、故智曰金水。三昧耶戒序曰、「觀心佛於金水。」

【金天童子】（人名）舍衛國長者生一子、身體金色、字曰金天。此兒福德、生日家中出一井水、井中復出種種珍寶。兒長大、容貌無比、才藝博通。時閣波國長者生一女、名金光明女、身體金色、端正無比、生日亦有自然井水、出種種珍寶。二長者相謀以為夫妻。時金天家設供請佛、佛來說法、開解其心。金天夫妻及父母皆生信解、而得道果。佛還祇洹、說其往昔之因緣。見賢愚經金天品、法苑珠林五十六。

【金毛獅子】（動物）文殊所乘。五燈會元九（文喜章）曰、「但見五色雲中文殊乘金毛獅子往來。」李長者華嚴經論四曰、「文殊乘獅子者、為明創證法身佛性根本智斷惑之駿故。普賢乘香象王者、表行庠序為威德故。」又（本生）世尊因位為金毛獅子、為獵師捨身。賢愚經十三（堅誓師子品）記此事曰、「有一獅子、名號跋迦羅毘。（晉言堅誓）軀體金色。」見堅誓師子條。

【金仙】（雜名）謂佛也。稽古略四曰、「宋徽宗宣和元年詔改佛為大覺金仙。」又神仙之別稱。唐睿宗二女出家為女冠、一封金仙公主、一封玉眞公主。佛家稱外道仙人修行堅固者。亦曰金仙。法苑珠林曰、「上古有二金仙。修道石室。」

【金田】（雜名）同於金地爲寺之別稱。

【金字經】（雜語）以金泥所寫之經文也。

【金地】（雜名）又名金田。佛寺之別稱。取須達長者布金買祇園之故事也。釋氏要覽上曰、「金地或云金田。卽舍衞國給孤長者側布黃金買祇太子園。建精舍請之居之。」

【金地國】（地名）原名Svarṇabhūmi。西洋紀元前三世紀、阿育王於華子城行第三結集後。派遣傳道師於各地時。鬱多羅Uttara、須那迦Sonaka二人傳佛教之地。有名之國也。大部補註四曰、「賢愚經說舍衞國南有國名爲金地。」

【金地國夫人殉死】（傳說）智度論十一曰、「舍利弗。才明見貴。目犍連。豪爽取重。此二人者。才智相比。德行互同。（中略）後俱厭世出家。學道作梵志弟子。精求道門。久而無徵。以問師。師名刪闍耶。自我求道。彌歷年歲。不知爲道果無耶。我非其人耶。（中略）他日其師寢疾。舍利弗在頭邊立。大目連在足邊立。喘喘然其命將終。乃愍爾而笑。二人同心俱問笑意。師答之言。世俗無眼。爲恩愛所侵。我見金地國王死。其大夫人自投火積求同一處。而此二人行報各異。生處殊絕。是時二人筆受師意。欲以驗其虛實。後有金地商人遠來摩伽陀國。二人以疏驗之。果如師語。乃憮然歎曰。我等非其人耶。爲是師隱我耶。」

【金光】（雜名）金色之光也。觀無量壽經曰、「瑠璃色中出金色光。」又曰、「如意寶珠。涌出金色微妙光明。」又曰、「觀世音菩薩像坐左華座。亦放金光。」

【金光明女】（人名）金天童子之妻。見金天童子條。

【金光明鼓】（故事）金光明經、單云金鼓。最勝王經云、金光明鼓曰、「金光明鼓出妙聲。徧至三千大千世界。能滅三塗極塗罪。及以人中諸苦厄。」

【金光明經】（經名）有三譯、一北涼曇無讖譯四卷。題曰金光明經。一隋寶貴等取前譯補譯。合入其缺品八卷。題曰合部金光明經。一唐義淨譯十卷。題曰金光明最勝王經。三譯中此經在最後。而文義周足。但金光明經由天台智者說玄義及文句。故擧世流通。本經各家之註述如下。金光明經疏一卷。隋吉藏撰。金光明經玄義二卷。隋智者大師說。門人灌頂錄。金光明經文句六卷。隋智者大師說。門人灌頂錄。金光明義疏一卷。慧遠著。金光明經文句記十二卷。宋知禮述。金光明經玄義拾遺記六卷。宋知禮述。金光明經玄義順正記二卷、宋從義撰金光明經文句新記七卷、宋從義撰金光明經照解二卷、宋宗曉述。金光明經玄義科一卷、明明得排定。金光明經玄義拾遺記會本六卷、明明得會。金光明經文句科一卷、明明得排定。金光明經文句文句記會本八卷、明明得會。旬並記入經。金光明經科註四卷、明受汰集。受汰重輯金光明經感應記、附金光明經感應記一卷、明受汰集。金光明經註釋五卷、日本傳敎著。

【金光明三字】（術語）梵語修跋拏、Suvarna 此譯爲金、乃尊貴之義、以名法身之德。梵語婆頗婆、Prabhāsa 此譯爲光、乃照了之義、以名般若之德。梵語鬱多摩 Uttama 此譯爲明、乃利益之義、以名解脫之德。因之此三字用以名如來法身般若解脫三德之當體、以示一經所詮之本體。此義爲天台智者所發揮。古師皆假世間之金與光明、比況法性之甚深、爲譬喩之題號。見光明玄義、四敎儀集半字談一。

【金光明懺】（修法）依金光明經之敎而修懺悔法也。図（書名）記金光明經懺悔法之書名。宋遵式著有金光明懺法補助儀一卷、名金光明懺。又明智旭著有金光明懺一卷。各說其修法。

【金光明懺法】（修法）或單名金光明懺。指金光明經所說之懺悔法、又指記其法文而言。

【金光明三昧懺】（修法）金光明經所說之懺悔法也。與單名之金光明懺同。一心修其法、故與以三昧之名。稽古略四曰、「天台講宗知禮遵式同修護國金光明三昧懺。」

【金光王童子經】（經名）佛說金光王童子經、一卷、宋法賢譯。說金光童子過去之因緣。

【金光明最勝懺儀】（書名）一卷、宋知禮集。明金光明懺法之修法儀式。図請觀世音菩薩消伏毒害陀羅尼三昧儀之異名。

【金光明最勝王經】（經名）十卷、唐義淨譯。爲金光明三譯中最後出而最完備者。常略名最勝王經。唐慧沼有疏十卷。

【金光明懺法補助儀】（書名）一卷、宋遵式著。記金光明懺法之修法。

【金光明四天王護國】（雜語）金光明最勝王經四天王護國品曰、「爾時四天王卽從座起、偏袒右肩、右膝着地、合掌恭敬、白佛言、世尊、此金光明最勝王經、於未來世、若有國土城邑聚落山林曠野、隨所至處流布之時、若彼國王於此經典至心聽受稱歎供養。（中略）以是因緣、我護彼王及諸人衆、皆令安穩、遠離憂苦、增益壽命、威德具足。」

【金光佛刹】（界名）最下底之佛土名也。觀無量壽經曰、「從下方金光佛刹乃至上方光明王佛刹」。

【金光童子】（人名）迦毘羅城釋種中有一童子、名金光王、色相端嚴、光明晃曜、聞佛出家成道、遂詣佛所、佛說其往昔之因緣。童子生淨信而出家、見金光王童子經。

【金光最勝】（經名）謂金光明最勝王經也。

【金色】（雜語）黃金之色也。

【金色王】（本生）佛昔爲金色王時、遇十二年大旱、僅存一食、而供養辟支佛。天卽雨飮食衆寶、以濟閻浮提。見佛說金色王經。

【金色王經】（經名）佛說金色王經、一卷、元魏瞿曇般若流支譯、說金色王之事、與菩薩本行集經第二品同。

【金色孔雀王】（神名）二十八部衆之一、千手觀音之眷屬、擁護行者之善神也。千手千眼觀世音陀羅尼經所謂「我遣金色孔雀王二十八部大仙衆、常當擁護受持者」是也。據千手觀音造次第儀軌、其形像、身爲黃金色、左手執寶幢、上有孔雀鳥、爲細妙色、說無量之妙言。眞言曰、唵具光吽吒沙羅迦羅放光吽吒沙羅迦羅周遍叫羅迦唵吽吒娑婆訶。

【金色女】（人名）波羅奈國王夫人生一女、身黃金色、頭髮紺青、時年十六、父母欲爲求婿、女言爲我求婿、須得身相與我同者。於國中索之不得。佛時在舍衛國、舍衛國賈人至波羅奈、言國中有其人。王聞之喜、使賈人作書迎其人、賈人卽作書與佛、說此女端正無比、言欲爲佛娶之之意。佛時在祇洹、爲諸比丘數千人說法。持書人直至佛所呈書。佛豫知書所說、取而裂之、作書報金色女、說無常生死之苦。女得書思惟、卽得五神通、直至佛所禮敬。見經律異相三十四。

【金色身】（雜名）金色之身相也。無量壽經上曰、「設我得佛、國中人天不悉眞金色者、不取正覺」。

【金色世界】（界名）文殊菩薩淨土之名。宋僧傳（法照傳）曰、「法照遇老人曰、汝先發願於金色界禮覲大聖」。朝野羣載十六（飛牒）曰、「奉請金色世界文殊師利菩薩、爲羯磨阿闍梨」。

【金色迦葉】（人名）三迦葉中之摩訶迦葉也。是付法藏之第一祖、彼身有金色之光、故名飮光、又名金色迦葉、金色頭陀。

【金色頭陀】（人名）摩訶迦葉之別稱。彼身相有金色、爲頭陀行第一、故名。

【金色尊者】（人名）摩訶迦葉之別稱、又名金色迦葉、金色頭陀等。

【金色童子因緣經】（經名）十二卷、趙宋惟淨譯。說佛滅後有大商主子、身有金色光、名金色童子、阿難敎化之之因緣。

【金色迦那鉢底陀羅尼經】（經名）

佛說金色迦那鉢底(Gaṇapati)陀羅尼經、一卷唐金剛智譯說大聖歡喜天之修法。

【金沙河】（雜名）此河在拘耶尼洲。梵名娑婆耶涅槃經十曰、「於是三千大千世界有洲名拘耶尼其洲有河端直不曲名娑婆耶猶如直繩入於西海。」玄義五上曰、「金沙大河直入西海」玄義私記五末曰、「經云娑婆耶大論云金沙河」。

【金沙輪三昧】（術語）五輪三昧之一。金沙爲眞實無著之義修禪定斷見思二惑起無漏智無染無著因是斷盡一切煩惱、得道果故名。

【金身】（雜名）黃金色之身。謂佛身也。法華經安樂品曰「諸佛身金色百福相莊嚴」。

【金身經】（經名）金身陀羅尼經之略名。

【金身陀羅尼經】（經名）佛說金身陀羅尼經、一卷趙宋施護譯。佛爲衆生說一陀羅尼念誦之能得金剛身之利益。

【金杖】（故事）佛以金杖與裂裳、懸記小乘十八部之分派寄歸傳一曰、「裂裳金杖之喻。乃表證滅」俱舍頌疏一曰、「大聖喻折金杖況以爭衣」同註「頻毘娑羅王夢見一氎裂爲十八片一金杖斬爲十八段。怖而問佛佛言我滅度後一百餘年有阿輸迦王。威加贍部時諸苾芻教分十八趣解脫門其致一也此即先兆王勿見憂耳。」四分戒本疏序曰、「昔夢氎之告徵機分利鈍之本喻金顯道教無離合之宗。」戒疏行宗記一上曰、「夢氎者下（指戒疏之本文）引大集有一長者夢氎一段後分爲五佛告長者。我滅度後有諸弟子分五部等。」（撿大集經不見）四分律四十三曰「五百優婆塞俱詣世尊所頭面禮足却坐一面白佛言拘睒彌比丘鬪諍誹謗共相罵詈互求長短口如刀劍。從拘睒彌來至舍衛國。我等當云何。佛言應聽二部語如上若有檀越布施應分作二分此亦僧彼亦僧居士如破金杖爲二分。二俱是金。」四分戒疏行宗記一上標因緣經云所載金杖之文與寄歸傳同但因緣經所云者不詳。

【金步】（雜語）譯曰頂。天竺之姓氏。續高僧傳二曰、「金步此云頂也謂如孔雀之頂彼國以爲貴姓」梵 Kambu

【金佛】（圖像）以金屬造之佛像也。

【金言】（雜語）世尊之言語云金言。大法炬陀羅尼經九曰、「即是世尊金言教誨」梁僧傳（經師論）曰、「金言有譯梵響無授」十二門論宗致義記上曰、「龍猛位登極喜應非金言」

【金波羅】（神名）金毘羅之異音。雜阿含經四十八曰、「佛住王舍城金婆羅山金婆羅鬼神住處石室中。」

【金波羅華】(植物)金色之波羅華也。波羅華梵語Utpala優鉢羅華之畧、是蓮華之一種。

【金波羅蜜】(菩薩)金剛波羅蜜之略。金剛界曼陀羅中之菩薩名。

【金河】(地名)拘尸那國跋提河之譯名。西域記六曰、「阿恃多伐底河、唐言無勝。此世共稱耳。舊云阿利羅跋提河、訛也。典言謂之尸賴拏伐底河、譯曰有金河。」梵Hiranyavatī

【金剎】(雜名)塔之別名。又以金所造之剎竿卽塔上之九輪。剎者梵語掣多羅、差多、羅紇差怛羅等之訛略。本義爲土田國等。卽佛剎、梵剎等是也。然西國之風、於高處立竿、其頭置佛骨、其義同於土田、故指竿或塔名曰剎、今謂之金剎。但本名曰刺瑟胝。玄應音義一曰、「剎又作㩉、音察。梵言差多羅。此譯云土田。經中或言國、或云土者、同其義也。或作剎土者、存二音也。卽剎帝利、名守田主者、亦是也。浮圖名剎者、訛也。應言刺瑟胝。刺音力割切。此譯云竿。人以柱代之、名爲剎柱。以安佛骨、義同土田、故名剎也。以彼西國塔竿頭安舍利故也。」慧苑音義上曰、「剎、具正云紇差怛多、此曰土田也。」法華經授記品曰、「起七寶塔、高表金剎。」金剎元來之意、指佛之國土。中頃尊寺塔、比於佛國、因得此名。高標其剎、以九輪之名也。

【金泥駒】(動物)又作金蹄駒、犍陟駒。悉達太子出家時所乘之馬名。

【金毘羅】(神名)又作金毘囉、禁毘羅、宮毘羅。藥師十二神將之一。卽主領夜叉誓願守護佛法之夜叉神王上首。藥師本願經所謂「爾時衆中十二夜叉大將、俱在會座、所謂宮毘羅大將。」藥師念誦儀軌供養法所謂「宮毘羅等藥叉王、各領七億眷屬衆、誓願守護如來敎。」是也。又(動物)譯曰蛟龍、鱷魚也。見俱毘羅條。

【金毘羅陀】(神名)鬼神將名。見金毗羅神及金毘羅陀迦毘羅條。梵Kumbhiraba,

【金毘羅陀迦毘羅】(神名)二十八部衆之一。又略曰金毘羅陀、或曰金毘羅王。爲千手觀音之眷屬、擁護行者之善神也。千手千眼觀世音陀羅尼經所謂「我遣摩醯那羅延、金毘羅陀迦毘羅、常當擁護受持者。」是也。其形像爲白紅色、左手把寶弓、右手把寶箭。眞言曰、唵嚩悉儞阿利夜三曼他娑婆訶。

【金毘羅神】(神名)雜阿含經四十八曰「金婆羅鬼神」、金光明經三曰、「金毘羅」、大寶積經三十六曰「金毘羅天」、又曰「金毘羅童子世羅」(世羅名也)。宋譯藥師經明十二神將中有「金毘羅大將」、唐譯藥師經曰、「宮毘羅大將。」千手陀羅尼經曰、

「金毘羅陀。」阿育王經六、以爲北方毘沙門天之別名、而與「鳩槃羅」不同。Kubera 光明文句曰、「金毘羅翻爲威如王。」是義譯耳。雜阿含經四十八曰、「佛在王舍城金婆羅山、金婆羅鬼神室中、以金槍刺足身起苦痛、佛住捨念不動心。時有八金婆羅天子、各以偈讚佛。」寶積經金毘羅天受記品曰、「佛在王舍城途、王舍城有護神金毘羅王、領六萬八千藥叉衆供養佛、佛爲授未來成道記。」金毘羅童子經曰、「釋迦如來在忉利天爲除外道惡魔障難、化爲千頭千臂金毘羅童子。」梵 Kumbhira

【經軌】（經名） 寶積經三十六卷菩薩藏會第十二之二金毘羅天受記品第二、佛說金毘羅童子威德經一卷、唐不空譯。

【金毘羅大將】（神名） 十二神將之一。見金毘羅神條。

【金毘羅比丘】（人名） 中阿含四十八牛角沙羅林經第四曰、「尊者金毘羅。」增一阿含經三曰、「獨處靜坐、專意念道。所謂金毘羅比丘是也。」梵 Kamphilla'（Kapphina）

【金毘羅童子】（雜名） 有二。一爲寶類之神王、是大寶積經所說。一爲釋迦之化現千頭千臂之童子、是金毘羅童子威德經所說。見金毘羅神條。

【金毘羅童子威德經】（經名） 佛說金毘羅童子威德經、一卷、唐不空譯。說釋迦化現千頭千臂金毘羅童子之念誦法。

【金界】（術語） 金剛界之略。

【金胎】（術語） 眞言教成佛之作法、有金剛界胎藏界二途、稱爲金胎兩部。金剛界者爲顯大日如來智德之曼陀羅、摧破煩惱之猛利智慧猶如金剛、故謂之金剛界、金剛頂經之所說是也。胎藏界者爲顯大日如來理德之曼陀羅、理之攝持諸法、如於腹中胎藏其子、故謂之胎藏界、大日經之所說是也。概言之、金胎兩部爲標幟大日如來理智二德之一雙大法門。配之於事理因果、則金剛界爲事爲果、胎藏界爲理爲因。日本東密次第爲金胎、是事理之次第也。日本台密次第爲胎金、是因果之次第也。

【兩部兩宗】（術語） 兩部相望而論事理因果之一雙門、爲由密教總體上判之者。原來此兩部爲一密教之兩宗、各自具備法門、彼此不庸相待、金剛界有五相成身、則胎藏界有五輪成身。因之金剛界稱爲金剛頂宗、胎藏界稱爲大日宗、瑜伽宗等。以分彼此。

【金剛】（術語） Vajra 梵語縛曰羅。（曰或作日通用）一作跋折羅。譯言金剛。金中之精者。世所言之金剛石是也。抱朴子曰、「扶南出金剛、生水底石上、如鍾乳狀。體似紫石英。可以刻玉。雖鐵錐擊之、亦不能傷。」唯羚羊角扣之、則渙然氷泮。」西使記曰、「金剛鑽出印毒。」按印毒卽印度也。梵網經古迹上曰、「金中精牢名曰金剛。」三藏法數五曰、「金剛者金中最剛故云金剛。」大藏法數四十一曰、「梵語跋折羅。華言金剛。此寶出於金中。色如紫英。百鍊不銷。至堅至利。可以切玉。世所希有。故名爲寶。」南本涅槃經二十二曰、「如金剛寶置之日中。色則不定。金剛三昧亦復如是。」據此則知金剛爲透明體。智度論五十九、說摩尼寶珠爲帝釋所執金剛之碎片曰、「有人言是帝釋所執金剛。用與阿修羅鬪時。碎落閻浮提。」可以證其爲寶石矣。梵語雜名曰、「金剛。梵語縛曰羅。」㊁(物名)以金剛所造之杵、名爲金剛。大日經一曰、「一切持金剛者、皆悉集會。」卽金剛杵之略名也。大日疏一曰、「梵云伐折羅陀羅。伐折羅卽是金剛杵。陀羅是執持義。故曰譯云執金剛。今謂持金剛。」㊂(天名)持金剛杵之力士、謂之金剛。執金剛之略名。行宗記二上曰、「金剛者卽侍從力士。手持金剛杵因以爲名。」

【山羊角碎金剛】(雜語)智度論三十一曰、「不知破金剛因緣。故以爲牢。因若知著龜背上。以山羊角打破。則知不牢固。」

【金剛二義】(名數)探玄記三曰、「金剛亦二義。一是堅義。二利義。」

【金剛三義】(名數)金剛頂經疏一曰、「世間金剛有三種義。一不可破壞。二寶中之寶。三戰具中勝。」

【金剛王】(雜語)金剛中之最勝者、云金剛王。猶言牛中之最勝者、爲牛王也。楞嚴經四曰、「淸淨圓滿。體性堅凝。如金剛王。常住不壞。」

【金剛力】(譬喩)喩強力也。是言金剛力士之力。

【金剛子】(物名)金剛樹(一名天目樹)之實。可造數珠。念誦不動尊等金剛部尊用之。慧琳音義三十五曰、「嗚嚕捺囉叉。Rudra-akṣa 西方樹木子。核文似桃核。大如小櫻桃顆。或如小彈子。有顆紫色。此名金剛子。堪作數珠。金剛部念誦人卽用之珠甚堅硬。」㊁(術語)金剛之佛子也。於曼荼羅入灌頂者之通稱。以受所謂某金剛之金剛名故也。

【金剛口】(雜語)言如來之口舌殊勝、如金剛也。瓔珞本業經上曰、「爾時釋迦牟尼佛。以金剛口告敬首菩薩言。」

【金剛山】(雜名)又曰金剛圍山、金剛輪山。周繞世界之鐵圍山也。起世經二曰、「諸餘大山及須彌山王之外。別有一山。名斫迦羅。(前代舊譯云鐵圍山)高六百八十萬由旬。縱廣亦六百八十萬由旬。彌密牢固。金剛所成。難可破壞。」無量壽經上曰、「須彌山及金剛鐵圍一切諸山。」同下曰、「金剛圍山。須彌山王。」因指須彌山言。註維摩經一「肇曰須彌山天帝釋所住金剛山也。」探玄記十九曰、「住金剛山頂者。卽是此光明山也。」(光明山爲須彌山之別名)。因(地名) 長阿含經十八曰、「南州有金剛山。中有修羅宮。所治有六千由旬。」八十華嚴經四十五菩薩住處品曰、「東北方有處、名清涼山。(中略)海中有處、名金剛山。從昔以來、諸菩薩衆、於中止住。現有菩薩、名曰法起。與其眷屬諸菩薩衆千二百人俱。常在其中而演說法。」此清涼山、卽我國之五臺山、金剛山、卽日本河內之金剛山云。

【金剛水】(修法) 灌頂式時、受者所飮之香水名。又云誓水。大日經疏五曰、「又於別器調和香水。以鬱金龍腦旃檀等種種妙香。亦以眞言加持。授與令飮少許。此名金剛水。以秘密加持故。乃至地獄重障皆悉除滅。內外俱淨。堪爲法器也。阿闍梨言。此卽名爲誓水。亦順世諦、猶如盟誓之法。令於一切衆聖前、啞此香水、自誓其心、要令不退大菩提願也。」

【金剛幻】(術語) 又曰不思議幻。如十生緣句中之幻、謂密教所明之如幻法門也。大日經疏一曰、「譬如幻師。以咒術力加持藥草。能示現種種未曾有事。五情所對。悅可衆心。若捨加持。然後隱沒。如來金剛之幻。亦復如是。」

【金剛句】(雜名) 讚歎佛十頌之句也。又曰金剛句偈、金剛讚、金剛諷詠。大日經七曰、「又以持金剛殊勝之諷詠供養佛菩薩。當得速成就。卽說執金剛阿利沙偈曰。無等無所動。平等堅固法。悲愍流轉者。攘奪衆苦患。(中略)不染一切趣。三界無所依。(云云)」此讚有十頌、名金剛句等。

【金剛定】(術語) 又曰金剛喩定、金剛三昧。菩薩於最後位斷最極微細煩惱之禪定名也。其智用堅利、譬如金剛。新譯仁王經中曰、「動相滅時名金剛定。」同青龍疏三曰、「金剛定者。謂諸菩薩至此位中所依勝定、猶如金剛。悉能斷微細障。」

【金剛床】(雜名) 與金剛坐同。增一阿含經十四曰、「今於此樹下。坐於金剛牀。以獲一切智。」

【金剛杖】(物名) 執金剛神所持之金剛杵也。俱舍光記十一曰、「手執金剛杖、名金剛手。」

【金剛杵】(物名) 梵語伐折羅。Vajra原爲印度之兵器。密宗假之、以標堅利之智、斷煩惱、伏惡魔。其兩頭單獨者、謂之獨股、分三枝者、謂之三股、分五枝者、謂之五股、分九枝者、謂之九股。以金石或木材作之、有大中小之三品。大日經疏一曰、「伐折羅卽是金剛杵。」又曰「伐折羅如來金剛智印。」又曰、「譬如帝釋手持金剛破修羅軍。今此諸執金剛亦復如是各從一門持大空之戰具。能破衆生無相之煩惱。故以相況也。」仁王經念誦儀軌上曰、「手持金剛杵者表起正智猶如金剛。」諸部要目曰、「杵金、銀、銅、鐵、石水精、佉陀羅木等無量種各不同。杵五股三股一股長十六指爲上十二指爲中八指以爲下乃至一指節爲下。此經中說不持金剛杵念誦無由得成就。金剛杵者菩提心義、能壞斷常二邊契中道。中有十六菩薩位。亦表十六空爲中道兩邊各有五股五佛五智。義亦表十波羅蜜能摧十種煩惱成十種眞如便證十地。」

【金剛身】（術語）金剛不壞之身。謂佛身也。涅槃經三金剛身品曰、「如來身者是常住身不可壞身金剛之身。」同十曰「諸佛世尊精勤修習獲金剛身。」

【金剛衣】（天名）見金剛衣服天條。

【金剛食】（天名）見金剛飯食天條。

【金剛門】（術語）胎藏界之壇門也。見四門條。

【金剛頂】（術語）金剛界諸經諸會之通名。金剛界之法有十萬偈十八會、總名金剛頂。金剛有堅固利用二義以喻實相不思議之理體堅固常住、如來之智用銳利摧破惑障。頂者最上尊勝之義。此法於諸大乘中最勝無上、猶如人身之頂也。金剛頂經慈覺疏一曰「言金剛頂者是十八會都名也。」又曰「言金剛者是堅固利用二義。卽喻名也。堅固以喻實相不思議秘密理常存不壞也。利用以喻如來智用摧破惑障、顯證極理。」又曰「頂者是最勝義尊上義。謂此金剛教、於諸大乘法中最勝無過上、故以頂名之。」

【金剛手】（菩薩）手執金剛杖或金剛杵者。又曰執金剛及持金剛。有總別二名。總名者、通一切之金剛衆而言。別名者爲金剛薩埵、卽總卽別名也。俱舍光記十一曰、「手執金剛杖、名金剛手。」大日經疏一曰、「執金剛杵常侍衛佛故曰金剛手。」參照金剛薩埵條。

【金剛部】（術語）胎藏界三部之一。又金剛五部之一。持金剛杵幖幟如來智德之諸尊也。胎藏界曼陀羅十三大院中、位於中臺大日左方之金剛手院、除蓋障院之諸尊是也。大日經疏五曰、「右方是如來大悲三昧能滋榮萬善故名蓮華部。左方是如來大慧力用能摧破三障、故名金剛部也。」蘇悉地經一曰、「諸佛形像卽是佛部諸菩薩形卽蓮華部諸世天像爲金剛部。」

【金剛網】（術語）梵語縛曰羅畔惹羅。印契名。十八契印之一。修法道場結界所結之印明特爲結護上方虛空界故。一名虛空網。以二大指捻二頭指下之第一文。卽成誦眞言三徧、隨誦隨以印於頂上右旋便散。網界之眞言曰、唵尾娑普囉捺囉乞灑懈曰囉牟惹囉吽發吒。由結此印及誦眞言之加持力故。卽於上方覆以金剛堅固之網。乃至他化自在諸天亦不能障難。見無量壽供養儀軌。

【金剛軍】（人名）印度人。事蹟不詳。據華嚴探玄記一謂金剛軍菩薩、堅慧菩薩、各造十地之釋。並不傳云。蓋在世親以後之出世者。

【金剛藏】（術語）處胎經所說八藏之一。結集等覺菩薩於金剛心位斷極微細無明以證佛果之法門者。三藏法數三十一曰、「金剛藏者。謂佛所說等覺菩薩修因感果法。以其破惑之智最爲堅利。能斷極後微細無明之惑。故名等覺菩薩。爲金剛心是也。」又（菩薩）見金剛藏菩薩條。

【金剛線】（物名）於三摩耶戒壇授與受者之五色線也。以三結作金剛結。故有此稱。見大日經疏五。

【金剛寶】（物名）卽金剛石。見金剛條。又（菩薩）見金剛寶菩薩條。

【金剛針】（雜名）獨鈷之異名。又（菩薩）見金剛針菩薩條。

【金剛輪】（術語）金剛之法輪。謂密教也。以密教曰金剛乘故也。又（雜名）地層最底之金輪。云金剛輪。俱舍論十一曰、「安立器世間。風輪最居下。其量廣無數。厚十六洛叉。次上水輪深十億二萬。下八洛叉水。餘凝結爲金。（中略）於金輪上有九大山。妙高山王處中而住。」金輪際者。謂此金剛輪之極際也。又（雜名）爲釋迦成道之金剛座。以此爲地際金剛輪之現出於地面者故也。見金剛座條。

【金剛拳】（術語）四種拳之一。大日經疏十三曰、「作拳法有其四種。第一如常作拳法。大指竪之。次以空指在於掌中而拳之。名金剛拳。」空指者。拇指也。演密鈔九曰、「金剛拳。以大指入掌中作拳是也。」又（菩薩）見金剛拳菩薩條。

【金剛心】（術語）言菩薩之大心。堅固不能破壞。如金剛也。智度論四十五曰、「一切結使煩惱所不能動。譬如金剛山。不爲風所傾動。諸惡衆生魔人來。不隨意行。不信受其語。瞋罵謗毁打擊閉繫斫刺割截。心不變異。（中略）人來斲鑿毁壞。諸蟲來齧。無所虧損。是名金剛心。」敎行信證三末曰、「眞實心卽是金剛心。」同二曰、「光明名號顯因緣。開入本願大智海。行者正受金剛心。」又謂菩薩之最後心。等覺之位。以觀心最爲明利故也。四教儀四曰、「卽是邊際智滿入重玄門。若望法雲。名之爲佛。望妙覺。名金剛心菩薩。亦名無垢地菩薩。」四教儀曰、「更斷一品無明入等覺位。亦名金剛心。亦名一生補處。」四教集解曰、「所修觀智純一堅利。喻如金剛。名金剛心。」

【金剛索】（物名）不動明王等所持之鐵索也。又（菩薩）菩薩名。見金剛索菩薩條。

【金剛智】（術語）言智之堅利如金剛也。即佛智是。仁王經上曰、「金剛智釋迦牟尼佛」又（人名）中天竺人。姓刹帝利（一作南印度摩賴耶婆羅門種）伊舍那靺摩之第三子。十歲出家。博通密乘。唐開元七年來中國。譯出七俱胝佛母准泥大明陀羅尼經等四部七卷。又譯出金剛頂經瑜伽修習毘盧遮那三摩地法等四部四卷。實為吾國密教之祖。參照金剛智三藏條。

【金剛刹】（術語）寺之異名。亦云金剛淨刹。金剛譬寺處之功德。刹者梵語、Kṣetra、譯曰土。僧史略上曰、「案靈裕法師寺誥。凡有十名寺（中畧）七曰金剛刹。（刹土堅固道人所居）」

【金剛炎】（術語）印契名。又名火院、火炎、火院界印、或火院密縫印。為使四方結界外圍繞以火、令魔不能入所結之印明也。以左手掌掩右手背、使相著、磔豎二大指、即成。想從印流出無量之火燄。以印右旋三帀、則於金剛墻外便有火燄圍繞。即成堅固清淨大界火院。真言曰唵阿三莽儗寧吽發吒。見無量壽供養儀軌。

【金剛界】（術語）Vajradhātu　開示大日如來智德之部門也。如來內證之智德其體堅固。有摧破一切煩惱之勝用。故譬以金剛。大日經疏十二曰、「金剛喻如來秘密慧也。金剛無有法能破壞之者。而破壞萬物。此智慧亦爾」秘藏記本曰「金剛界金剛者佛內證智也」同末曰「金剛不壞義智也」

【金剛界五部】（名數）金剛界為始覺上轉之法門。轉在迷之九識、成五種之果智。故分類為五部。今為便於解釋、列之如次。一蓮華部。眾生心中有本有淨菩提心清淨之理。在六道生死之泥中不染不垢、猶如蓮華之由泥中出生不染不垢。故名蓮華部。二金剛部。眾生自心之理所、又有本有之智。在生死之泥中經無數劫、不朽不壞、能破煩惱、如金剛之久埋沒泥中不朽不壞。故名金剛部。三佛部。此理智在凡位未顯。入果位則理智顯現、覺道圓滿。故名佛部。四寶部。佛之萬德圓滿中。福德無邊。故名寶部。五羯磨部。羯磨譯曰作業。佛為眾生而垂悲愍。成辦一切之事業、名羯磨部。（秘藏記本）此中前二者、為在纏之因德、第三者為理智具足出纏之果位。是即胎藏界之三部也。（其次第為佛蓮金）後二者於佛部中別開之。佛為二利圓滿之稱。其自證之邊云寶部、其化他之邊云羯磨部。如是於佛部中開二部。原為胎藏界曼荼羅之意。胎藏界曼荼羅、上中下中之通者、總曰佛部。此中下方有虛空藏院、是寶部也。上方有釋迦院、是羯磨部也。由此論之、胎金之三五、僅開合之異耳、(秘藏記私鈔三)今配之於五方五智五佛則如左。

中　法界體性智　大日　佛部
東　大圓鏡智　阿閦　金剛部
南　平等性智　寶生　寶部
西　妙觀察智　阿彌陀　蓮華部
北　成所作智　不空成就(釋迦)　羯磨部

【五部部主　五部法主】(雜語)諸部要目以大日如來等五佛為部主、秘藏記依之。日本安然之瑜祇經疏、名之為部王、以五方之五大明王為部主。(主有二義、一因主之義、二如執權有管領之義、如諸部要目則據初義、如安然則據後義。)

【五部母】(名數)金剛界五部之部母。主各生當部功德之德之尊也、如典藏主。一佛部、佛眼尊也。(見佛眼尊條。)但秘藏記、謂此部之部主為大日如來、是乃究竟之本源、故更無部母。秘藏記鈔八會之不依能生之義立之、由養育之義而立之。二金剛部、金剛波羅蜜菩薩也。三寶部、寶波羅蜜菩薩也。四蓮華部、法波羅蜜菩薩也。五羯磨部、羯磨波羅蜜菩薩也。是則為四波羅蜜據出生四佛之義而立之。見諸部要目秘藏記末。

【五部蘇悉地法王】(名數)是日本台密所立蘇悉地之法王也。

佛部　普賢
金剛部　金剛手
摩尼寶部　虛空藏
蓮華部　觀世音
羯磨部　金剛業

【五部忿怒】(名數)是五部之教令輪身也。

【五部陀羅尼藏】(名數)一佛部、即諸佛之咒。二金剛部、即諸金剛神之咒。三蓮華部、即諸菩薩之咒。四寶部、即諸天之咒。五羯磨部、即諸鬼神之咒。(辯天經疏)可以知諸尊之部屬。

【五部念珠】(名數)佛部為菩提子、金剛部為金剛子、寶部為寶珠、蓮華部為蓮子、羯磨部為雜寶。見略出經四、攝眞實經下。

【五部色】(名數)佛部為白、金剛部為青、寶部為黃、蓮華部為赤、羯磨部為雜。見攝眞實經下。

【五佛座】(名數)金剛界五佛之寶座也。一大日師子座。師子為諸獸之王、於諸獸中遊行無畏。毘盧遮那亦如是。為諸法之王、於諸法中不變無礙、故坐師子座。二阿閦象座。象之力用、於諸獸中無過之者、金剛部王皆據其上者、表堅力無礙也。又兎馬象三獸渡河、象王獨極底、象馬車步四兵中、以象為第一、於諸獸中其力最大、能摧破各物無敢敵者。金剛部摧破之德用與之相應。三寶生馬座。諸世間尊貴吉祥、無先於馬。馬有慧用、世以為寶。寶生佛之灌頂法王以之為座、於灌頂表具吉祥也。又輪王七寶中有馬寶、能行地空、具速疾神通之德。空爲智、陽德也、地爲理、陰德也。南方爲理智具足之事。轉故以馬寶爲座。又南方者修行之方、三密之修行速疾、速所詣之處、故馬寶之速疾飛行爲其相應之幖幟。四阿彌陀孔雀座。諸世間以孔雀爲瑞禽、此禽華麗、具種種之色、復有明慧善應時宜。故阿彌陀之轉法輪王以之爲座。又阿彌陀經說極樂世界有孔雀鸚鵡等諸鳥、晝夜六時出和雅之音、演五根五力七菩提分八聖道分等種種之法門。是最與轉輪王相應之幖幟也。五不空成就迦樓羅座。此鳥之威力、能降諸龍、於諸龍所居之四大海中、向迦樓羅所向之方、龍卽降伏。不空佛之羯磨王以之爲座、智用隨方之羯磨、攝引一切人天之諸龍、無不歸者、以表諸佛菩薩隨攝隨歸無有違者。又迦樓羅鳥一日食一大龍、五百小龍。如觀佛三昧經所說。今此佛入生死大海、取人天之龍、使到菩提之彼岸、故以之爲所坐也。見秘藏記末、同鈔十。

【金剛界九會曼荼羅】（術語）金剛界之現圖曼荼羅、安布九會、稱爲九會曼荼羅。

【金剛座】（雜名）佛成等正覺時之座處。在摩竭陀國佛陀伽耶菩提樹下、上達地面、下據金輪。一大石之頂平圓板者、俱舍論十一曰、「唯此洲中有金剛座、上窮地際、下據金輪。一切菩薩將登正覺、皆坐此座上、起金剛喻定、以無餘依及餘處、有堅固力能持此故。」智度論三十四曰、「地皆是衆生虛誑業因緣報故有、是故不能舉菩薩欲成佛時實相智慧身、是時坐處變爲金剛。有人言、土在金輪上、金輪在金剛上、從金剛際出如蓮華臺、直上持菩薩坐處、令不陷沒。以是故此道場坐處名爲金剛。」西域記八曰、「菩提樹垣正中有金剛座、昔賢劫初與大地俱起、據三千大千世界之中、下極金輪、上侵地際。金剛所成、周百餘步、賢劫千佛坐之而入金剛定、故曰金剛座焉。證聖道所、亦曰道場。（中略）自入末劫、正法寖微、沙土彌覆、無復得見。佛涅槃後、諸國君王傳聞佛說金剛座量、遂以兩軀觀自在像南北標界、東面而坐。聞諸耆舊曰、此菩薩像身沒不見、佛法當盡。今南隅菩薩沒過胸臆矣。」梵 Vajrāsana.

【金剛指】（雜名）密指卽人指也。見略出經三。

【金剛神】（神名）具名執金剛神。又名金剛手、金剛力士等。爲執金剛杵護佛法之神祇。法華經普門品曰、「應以執金剛神得度者、卽現執金剛神而爲說法。」行宗記二上曰、「金剛者卽侍從力士手持金剛杵。因以爲名。」

【金剛起】（術語）以印明驚覺法界之諸佛、曰金剛起。

【金剛鈴】（物名）法器之一。爲驚覺諸尊警悟有情而振之、其體堅固稱爲金剛、其柄爲五鈷形故稱爲五鈷鈴。図（菩薩）見金剛鈴菩薩條。

【金剛衆】（術語）持金剛杵之神祇衆類、卽金剛神之眷屬也。見金剛薩埵條。

【金剛語】（術語）與金剛念誦同。不發聲唯於心默念也。見守護國經三。図（菩薩）金曼之一尊。秘藏記曰「肉色持如來舌」左拳置腰。

【金剛經】（經名）梵名Vajra-Prajñāpāramitā-Sūtra. 一卷。般若部。姚秦鳩摩羅什譯。又稱金剛般若經、或曰金剛般若波羅蜜經。佛在舍衛國、爲須菩提等、初說境空、次示慧空、後明菩薩空者、蓋此經以空慧爲體說一切法無我之理爲詮也。此經不如大般若經之浩瀚、又不如般若心經之太簡、而能說般若之空慧、無有餘蘊、故古來傳持、弘通甚盛。然自如是我聞至果報亦不可思議之前半、與爾時須菩提白佛言至卷末之後半、語句文意、殆似相同、以此僧肇解之謂前半說衆生空、後半說法空。吉藏駁其說、而以此爲重言、謂前半爲前會衆、後半爲後會衆、又前半爲利根、後半爲鈍根、又前半盡緣、後半盡觀也。凡有六譯、今皆存。第一譯爲姚秦鳩摩羅什所出、卽今經是也。第二譯爲元魏菩提流支所出。第三譯爲陳眞諦所出。第四譯名金剛能斷般若波羅蜜經、爲隋達摩笈多所出。第五譯收載于大般若波羅蜜多經第五百七十七卷、名能斷金剛分、爲唐玄奘所出。第六譯名能斷金剛般若波羅蜜經、爲唐義淨所出。西紀一八三七年、修彌篤氏自西藏文譯爲德語、而收於海達斯物辨大學紀要第四卷。同一八六四年、皮露氏自漢譯翻爲英語、揭于亞細亞協會雜誌。一八八一年、馬克斯摩拉氏更由日本牛津紀要亞利安編第一（日本高貴寺所藏之梵本出版）譯爲英語、收於東方聖書第四十九卷。一八九一年、達爾篤氏由馬克斯摩拉氏出版之梵本並對照支那滿洲之譯本譯之爲法語。近時燉煌地方發掘之寫經中、亦有此經、跋語有景龍四年六月二十日寫了之附記云。其釋論、則彌勒菩薩所造八十偈釋本經之外、又有四。一金剛般若論二卷、無著菩薩造。二金剛般若波羅蜜經論三卷、天親菩薩造。此二論皆爲釋彌勒之頌者。三金剛仙論、天親弟子金剛仙造、釋天親之論者。四金剛般若波羅蜜經破取著不壞假名論二卷、功德施菩薩造。直釋經文者。玄義私記五曰、此中金剛仙論不入藏經。又前二論皆爲義淨新譯、據是書言、則八十偈之本頌爲無著菩薩所作。各家之註釋及關於本經之著述如下。金剛經註一卷、後秦僧肇註。金剛經義疏六卷、隋吉藏撰。金剛經疏一卷、隋智顗疏。金剛經疏一卷、隋淨影著。金剛經註三卷、唐慧淨註。金剛經畧疏二卷、唐智儼述。金剛經贊述二卷、唐窺基撰。金剛經解義二卷、唐慧能解義。金剛經口訣一卷、唐慧能說、金剛經疏論纂要二卷、唐宗密述。金剛經疏記科會十卷、唐宗密疏、宋子璿記、大璸科會。金剛經註解一卷、孚佑帝君註解。金剛經疏論纂要刋定記四卷、宋子璿記。金剛經纂要刋定紀七卷、宋子璿錄。金剛經註三卷、宋道川頌、幷著語。金剛經會解二卷、宋善月述。金剛經采微科一卷、宋曇應排。金剛經采微二卷、宋曇應述。金剛經采微餘釋一卷、宋曇應述。銷釋金剛經科儀會要一卷、宋宗鏡述。銷釋金剛經科儀會要註解九卷、宋宗鏡述、明覺連重集。金剛經集解四卷、宋楊圭編。金剛經疏科釋一卷、元徐行善科。金剛經集註四卷、明太宗撰。金剛經註解四卷、明洪蓮編。金剛經略談一卷、明觀衡撰。金剛經畧疏一卷、明元賢述。金剛經釋一卷、明眞可撰。金剛經決疑一卷、明德清撰。金剛經鎞二卷、明廣伸述。金剛經統論一卷、明林兆恩撰。金剛正眼一卷、明千松筆記。金剛經筆記一卷、明如觀註。金剛經破空論一卷、明智旭際明造論。金剛經觀心釋一卷、明智旭際明述。金剛經註解一卷、明宗泐如玘同註。金剛經音釋直解一卷、明圓杲解註。金剛經法眼懸判疏鈔九卷、性起述。金剛經法眼註疏二卷、性起述。金剛經如是經義二卷、行敏述。金剛經註講二卷、行敏述。金剛經三昧一卷、淨挺著。金剛經闡說二卷、存吾闡說。金剛經述記會編十卷、行策會編。金剛經偈會本一卷、通理會。金剛新眼疏經偈合釋二卷、通理述。金剛經部旨二卷、靈耀撰。金剛經註釋一卷、雲峰大師乩釋、谷口子眞乩訂。金剛經演古一卷、寂燄述。金剛經直說一卷、迹删鷟著。金剛經註解鐵鋑錎二卷、明屠根註。金剛經補註二卷、明韓巖集解、程衷懋補註。金剛經宗通七卷。明曾鳳儀宗通。金剛經偈釋二卷、明曾鳳儀釋。金剛經正解二卷、龔概綵註。金剛經大意一卷、王起隆述。金剛經如是解一卷、無是道人註解。金剛經會解了義一卷、徐昌治纂。金剛經闡奧、三空輯註。金剛經解註、王定柱解註。金剛經旁解、湯鼇召旁解。金剛經郢說一卷、徐發詮次。金剛經註正訛一卷、仲之屏彙纂。金剛經淺解一卷、翁春王錫琯解釋。金剛經石註一卷、石成金撰集。金剛經解義二卷、徐槐廷述。金剛經易解二卷、謝承謨註釋。金剛經心得四卷、葉錫鳳註。金剛經彙纂二卷、孫念劬纂。金剛經心印疏二卷、溥畹述。金剛經註二卷、俞樾註。金剛經訂義一卷、俞樾著。金剛般若集驗記三卷、唐孟獻忠撰。金剛經鳩異一卷。唐段成式撰。金剛經受持感應錄二卷、金剛經感應傳一卷。金剛經新異錄一卷、明王起隆輯著。金剛經靈驗傳三卷、日本淨慧集、金剛經持驗記一卷、周克復纂。金剛經感應分類輯要一卷、三澤注編集。金剛經箋註、丁福保箋註。金剛經彙鈔、李宗榮編。

【金剛結】（雜名）線結狀名。蘇悉地供養法下曰、「其茅環者稱無名指量。以茅三纏作金剛結。」大日經疏五曰、「其金剛結法者不可縷說。當從阿闍梨而面受之。」

【金剛乘】（術語）眞言教之異名。教法堅利如金剛也。瑜祇經曰、「以金剛自性、光明遍照清淨不壞種種業用方便加持救度有情。演金剛乘。唯一金剛斷煩惱。」金剛頂經瑜伽修習毘盧遮那三摩地法曰、「演說如來三密門金剛一乘甚深教。」梵名Va-jra-yāna 但於印度特指佛教中陰陽和合派之教義、然於根本決不然也。

【金剛慧】（術語）達實相之理而破諸相之智也。維摩經不二品曰、「達罪性則與福無異。以金剛慧決了此相。」同註「肇曰、金剛慧實相慧也。什曰、金剛置地下至地際然後乃止。實相慧要盡法性、然後乃止也。」同慧遠疏曰、「破相之智名金剛慧。」

【金剛妻】（菩薩）金剛愛菩薩之異名。

【金剛墻】（修法）密教結界法五種之一。又云四方結。第一結地界之後、第二隨其地界量四方周遍金剛墻之作法也。以印契行之。無量壽儀軌曰、「次結金剛墻印。（中略）即成金剛堅固之城。」

【金剛樹】（植物）結金剛子實之樹。見金剛子條。

【金剛幡】（物名）於竿頭置龍頭、由龍頭垂旗者。

【金剛幢】（菩薩）見金剛幢菩薩條。

【金剛錍】（書名）金錍論之本名。

【金剛盤】（物名）置鈴與三種之金剛杵之臺也。以金屬造之。爲三角心形。有三脚。

【金剛鏁】（菩薩）菩薩名。見金剛鏁菩薩條。

【金剛臺】（物名）由金剛而成之臺座也。觀無量壽經曰、「觀世音菩薩執金剛臺與大勢至菩薩至行者前。」

【金剛橛】（物名）又名四方橛、或作四橛。修法時壇上四隅所立之橛也。其形如獨股杵長六寸或八寸四分。又有九寸。其頭作蓮形或作寶形等、隨修法而不同。於壇上等結界設之、意使道場之地分堅固如金剛、諸障不能惱害也。法見蘇悉地羯羅經中、大日經疏六等。図（術語）印契名。修法道場、結界時所結之印明、主結護地下、故一名地結。其法先以右中指入於左頭中指間、右名指入於左名小指間、皆出頭於外、以左中指繳右中指背入於右頭中指間、以左名指繳右名指背入於右名小指間、二小指二頭指、各頭相拄、二大指下相捻、即成。結此印已、想印如金剛杵之形。以二大指向地觸之。誦眞言一徧、一印地。如是至三、即成堅固金剛座。地界眞言曰、唵枳里枳里嚩日囉嚩日哩步囉滿䭾滿䭾吽發吒。見無量壽供養儀軌。

【金剛體】（術語）如金剛堅固之身體也。指佛身功德而言。維摩經方便品曰、「如來身者金剛之體。諸惡已斷衆善普會，」註「什曰。如來身無可損若金剛也。」新譯仁王經中曰、「世尊導師金剛體。心行寂滅轉法輪。」良賁疏中一曰、「金剛體者堅固具足。體者身也。佛身堅固猶如金剛。」

【金剛觀】（術語）觀法成就堅利如金剛也。止觀五上曰、「此金剛觀、割煩惱陣。此牢强足、越生死野。」

【金剛一界】（術語）謂金剛界也。一界者、對於眞言曼陀羅金剛界胎藏界兩界之稱。見金剛界條。

【金剛力士】（天名）與金剛神、執金剛、持金剛、金剛夜叉、密迹金剛等皆同。執金剛杵護持佛法之天神也。楞伽經四曰、「金剛力士。常隨侍衛。」立於寺門兩脅之二王是也。大寶積經密迹金剛力士品記其宿世之事歷發願。

【金剛三昧】（人名）日本僧、爲始入印度之人。段成式酉陽雜俎前集三曰、「國初僧玄奘。住五印取經。西域敬之。成式見倭國僧金剛三昧。言嘗至中天。寺中多畫玄奘屩及匙筯。以綵雲乘之。蓋西域所無者。每至齋日輒膜拜焉」同續二有元和十三年金剛三昧遊蜀之記事。又（術語）如金剛能一切無礙、能通達一切諸法之三昧、名金剛三昧。涅槃經二十四曰、「菩薩摩訶薩修大涅槃得金剛三昧。安住此中悉能破散一切諸法。」智度論四十七曰、「金剛三昧者。譬如金剛無物不陷。此三昧亦復如是。於諸法無不通達。令諸三昧各得其用。如硨磲碼碯瑠璃唯金剛能穿。」楞嚴經六曰、「是諸大衆得未曾有。一切普獲金剛三昧。」又三乘行人最後斷一切煩惱、各得究竟之果之三昧也。又曰、如金剛三昧、金剛喻定、金剛定。智度論四十七曰、「如金剛三昧者。能破一切諸煩惱結使。無有遺餘。譬如釋提桓因手執金剛破阿修羅軍。即是學人末後心。從是心次第三種菩提。聲聞菩提。辟支佛菩提。佛無上菩提。」新譯仁王經上曰、「十力妙智雷震法音。近無等等金剛三昧。」良賁疏上二曰、「金剛三昧者最後勝定。勝用堅固名金剛定。」

【三種金剛三昧】（名數）智度論四十七、說百八三昧中、三種之金剛三昧。初曰金剛三昧、通達諸法之三昧也。中曰金剛輪三昧、輪者攝持之義、爲攝持他諸三昧之三昧也。後曰如金剛三昧、金剛喻定也。說如上。

【金剛三昧經】（經名）二卷、失譯人名。佛於靈山入金剛三昧說一乘眞實之法。攝法華部中。註述有二種金剛三昧經解四卷明圓澄註。金剛三昧經通宗記十二卷。誅震述。仸佛說金剛三昧本性淸淨不壞不滅經之略稱。

【金剛上味】（譬喻）以金剛喩最勝之上味也。

【金剛頂宗】（術語）密敎二宗之一。以金剛頂經所說金剛界之法爲所依見金胎條。

【金剛手院】（術語）胎藏界曼陀羅十三大院中之第四院、在中臺大日之左方（大日西面）卽第一重之南方。列金剛部諸尊三十三。其中主尊二十一。使者十二。又曰薩埵院。以金剛薩埵爲金剛部之上首故也。大日經一曰、「復次華臺表大日之左方。能滿一切願持金剛慧者」疏五曰、「次於大日如來左方安置金剛部明王。所謂執金剛能滿一切願者。」又曰「左方是如來大慧力用能摧破三障故名金剛部也。」

【金剛峯日】（術語）依七曜與二十八宿配合而生之吉日名。例如月與尾宿合之時、恰如當於日曜日。是名金剛峯日。此日宜修一切降伏法。宿曜經下曰、「太陽直日（日曜日也）月與尾合。太陰直日（月曜日也）月與心合。火曜直日、月與壁合。水曜直日月與昴合。木曜直日、月與井合。金曜直日、月與張合。土曜直日月與亢合。已上名金剛峯日。宜作一切降伏誦日天子咒。及作護摩。並諸猛利事。」

【金剛部主】（術語）三部五部各有部主。金剛部以阿閦如來或金剛薩埵爲部主。諸部要目曰、「金剛部阿閦佛以爲部主。」攝大儀軌二曰、「觀音蓮華部上首金剛手菩薩金剛部上首。」

【金剛部母】（術語）三部五部各有生部主之部母。金剛部以忙莽雞 Māmakī 爲部母。大日經疏五曰、「於金剛部主之右、置忙莽雞。所謂金剛部母。」諸部要目曰、「蓮華部白衣觀自在以爲部母。金剛部忙莽雞菩薩以爲部母。」

【金剛藏王】（菩薩）金剛藏者、是執金剛之總名。與金剛薩埵異名同體。金剛藏王卽金剛薩埵之變化身也。又釋迦爲金剛薩埵之變化身（金剛薩埵部釋之）故釋迦與金剛藏王。其能變之體可謂同一。陀羅尼集經七、金剛藏威力三昧法印咒品說金剛王之本體曰、「爾時會中有一菩薩摩訶薩。名金剛藏。在大衆中卽從座起。五體投地頂禮佛足白佛言世尊。我有眷屬十四部衆。一一眷屬各有無量徒衆相隨。現在會中。爲我驅使。從昔巳來。曾持咒法。深與明了。嚴秘淸淨。是故而共執成我法。稱我名爲摩訶跋折羅波尼羅闍。」（譯曰大執金剛王）次示晝像曰、「一切金剛藏菩薩像通身黃色而以左脚偏加。斜垂右脚。似欲下座而起形。在於百寶蓮華座上。如介斜身而面向右視而坐。頭戴七寶莊嚴華冠。身有重光。其像背倚寶繡枕上。其像左手屈臂覆左髀上。右手屈臂在右膝上。以手大指頭指相捻而屈中指及無名指在於掌中。小指直竪。」楞嚴經七曰、「阿難當知。是咒常有八萬四千那由他恒河沙俱胝金剛藏王菩薩種族。一一皆有諸金剛衆而爲眷屬。晝夜隨侍。」胎藏界虛空藏院二十八尊中有一百八臂金剛藏王。以表對治一百八之煩惱。

【金剛藏法】（修法）明金剛藏王菩薩之修法者。陀羅尼集經七所說。指金剛藏大威神力三昧法印咒品。

【金剛寶戒】（術語）梵網經所說之大乘戒也。又云一心金剛寶戒。

【金剛寶藏】（譬喩）金剛寶之藏也。大涅槃及衆生心地之淨菩提心。皆譬以金剛堅固之寶藏。見大般涅槃經後分上。大日經疏一二等。

【金剛針論】（書名）一卷、宋法天譯。法稱菩薩破婆羅門之四韋陀論。

【金剛拳印】（印相）以左右手作拳而置於心上者。見大日經密印品。

【金剛心殿】（術語）具名不壞金剛光明心殿。金剛界大日如來所住之名。瑜祇經曰、「一時薄伽梵遍照金剛如來。以五智所成四種法身。於本有金剛界。自在大三昧耶。自覺本初大菩提心普賢滿月。不壞金剛光明心殿中。與自性所成眷屬金剛手等十六大菩薩、及四攝行天女使金剛內外八供養金剛天女使」。顯密二教論下略抄之曰、「金剛界遍照如來。以五智所成四種法身。於本有金剛界金剛心殿中。與自性所成眷屬、乃至微細法身秘密心地超照十地身語心金剛。」二教論下（自註）曰、「金剛不壞者。總歎諸尊常住身光明心者歎心之德。總殿者。明身心通爲能住所住。」

【金剛喩定】（術語）其體堅固。其用銳利。得斷一切煩惱之禪定。謂之金剛喩定。若以麟之一角喩之。其覺悟猶言麒喩獨覺。是由梵之語法譯者。與金剛定、金剛三昧、金剛心等同。此爲三乘行心最後心之禪定。由此禪定而斷盡最極微細之煩惱。各得其極果。在聲聞乘謂之阿羅漢向之最終。在菩薩乘謂之等覺位。俱舍論二十四曰、「金剛喩定者。阿羅漢向中斷有頂惑第九無間道。亦說名爲金剛喩定。一切隨眠皆能破故。」唯識論十曰、「由三大劫阿僧企耶修集無邊難行勝行。金剛喩定現在前時。永斷本來一切麤重。頓證佛果。圓滿轉依。窮未來際利樂無盡。」又佛智之稱。勝覺經曰、「金剛喩者。

第一義智」。同寶窟下本曰、「佛智是常。不爲生滅所壞。類同金剛堅固不爲物壞。故云金剛喩」。

【金剛不壞】(術語)謂如金剛之堅固不壞滅也。金剛不壞之身、金剛不壞勝地等是。

【金剛薩埵】(菩薩)vajrasattva 又云金剛手秘密主。又云普賢。是眞言宗八祖中之第二祖。大日如來爲第一。此薩埵爲第二。梵名嚩曰囉薩怛嚩。摩訶薩怛嚩。譯名執金剛、持金剛、金剛手、金剛手秘密王、金剛薩埵、金剛手菩薩摩訶薩、金剛手薩埵摩訶薩埵等。薩埵者有情之義、勇猛之義。總言勇猛之大士。此薩埵與普賢菩薩同體異名。普賢從大日如來受灌頂於二手。與以五智之金剛杵。故云金剛手。但金剛薩埵有通別之二名。通名者以名一切之執金剛神。以此皆爲開東方金剛薩埵之一德者也。又無論何人、五相成就、從一切如來受授職灌頂時稱爲金剛薩埵。如金剛頂經一切義成就菩薩(卽悉多太子)之受授職灌頂時、稱爲普賢大菩薩(卽金剛薩埵)是也。又在顯教、普賢菩薩爲一切諸佛長子之總名、如華嚴經所說。卽無論何人成就十大願者、爲諸佛之長子、稱爲普賢也。四十華嚴經四十頌曰、「一切如來有長子。彼名號曰普賢。」其別名卽今所言之金剛薩埵、金剛界東方月輪中之金剛薩埵是也。大日經謂爲金剛千手秘密主。卽大日內眷屬之薩埵、爲本宗第二祖。是總卽別名也。是既得金剛之實智而稱爲金剛薩埵、尙依本名而稱爲普賢菩薩也。求之於金胎兩界、則金剛界十六菩薩之金剛薩埵與胎藏界中臺八葉院中之普賢、第一重金剛手院之中尊金剛薩埵、皆同體異名。皆爲內眷屬。而此外大日之大眷屬中、亦有普賢菩薩、金剛界賢劫十六尊中之第十六尊、胎藏界第二重文殊院中之普賢、是與顯教所說之普賢同體同名。與得金剛之稱之內眷屬金剛薩埵、異體異名。再就同體異名言之、金剛薩埵之名、約於胎藏界、標本有之菩提心。普賢菩薩之名、約於金剛界、標始成之大圓鏡智。又標菩提心所生之萬行也。理趣釋上曰、「金剛手菩薩摩訶薩者。此菩薩者。此菩薩本是普賢。從毘盧遮那佛二手掌親受五智金剛杵。卽與灌頂名之爲金剛手。」仁王經念誦儀軌上曰、「此金剛手卽普賢菩薩也。手持金剛杵者、表起正智猶如金剛。能斷我法微細障故。」聖無動尊大威怒王秘密陀羅尼經曰、「此金剛手是法身大士。是故名普賢。卽從如來得持金剛杵。其金剛杵五智所成。故名金剛手。」金剛智之五秘藏訣曰、「金剛薩埵者、卽是普賢大菩薩異名也。亦名一切如來長子。亦名大阿闍梨。」又此薩埵爲一切衆生菩提心之本體。其性堅固如金剛、故名金剛、一切衆生由此薩埵之加持力而發心也。理趣釋上曰、「金剛手菩薩者。在毘盧遮那前月輪中。表一切如來菩提心。初發菩提心由金剛薩埵加持。」又、金剛藏王爲此薩埵之別號。（見金剛藏王條） 其曼陀羅所在、在金剛界爲根本成身會中十六菩薩之上首、即阿閦如來四親近菩薩之第一。於理趣會爲中臺之本尊、在胎藏界爲金剛手院三十三尊之中尊。於兩部大日如來爲兩會、而金剛薩埵則爲一人、一人傳受兩部、是表兩部不二也。

【釋迦與金剛薩埵】（雜語） 金剛薩埵、持大日如來之果體、一面示現降三世明王之敎令輪身、皆化現釋迦八相之正法輪身。十八會指歸曰、「示現釋迦牟尼佛。降於閻浮提變化身八相成道。皆是普賢菩薩幻化。」

【金剛薩埵形像】（圖像） 理趣釋金剛薩埵初集會品曰、「首戴五佛寶冠、熙怡微笑。左手作金剛慢印。右手抽擲本初大金剛。作勇進勢。本初者、本來清淨法界也。左手作金剛慢印者。爲降伏左道左行有情、令歸順道也。右手抽擲五智金剛杵作勇進勢者。令自他甚深三摩地、順佛道念念昇進、獲得普賢菩薩之地。」作拳安於腰側、是曰金剛慢印。金剛頂蓮華部心念誦儀軌曰、「左拳安腰側。右羽抽擲杵。」秘藏記末舉之以爲胎藏界之金剛薩埵。理趣釋毘盧遮那理趣會品曰「金剛薩埵菩薩。背月輪戴五佛冠。右手持金剛杵。左手持鈴。半跏而坐。」五秘藏訣曰、「以五佛爲冠。背倚月輪。坐白蓮華。右手持五智金剛杵安於心上。左手執般若波羅蜜金剛鈴按胯上。其身白色也。（中略）右持金剛杵安於心上者。此金剛薩埵主一切如來金剛法印。持此杵者、能摧十種煩惱故。（中略）左手持鈴者。表以般若波羅蜜清淨法音驚覺一切有情及二乘人。（中略）其身白色。表金剛潔白無染。」秘藏記末舉之以爲金剛界之薩埵。

【四重金剛薩埵】（名數） 一、一切衆生、即名金剛薩埵。二、初修行之人別名金剛薩埵。三、阿閦佛之內眷屬名普賢金剛手。四、大普賢爲大日內眷屬之金剛薩埵。見吽字義顯玄記下。

【金剛薩埵所住處】（雜名） 蘇悉地經疏一曰、「若明處者應指普賢宮。即須彌山頂。金剛手所住無非普賢宮故也。」

【金剛薩埵說頻那夜迦天成就儀軌】（經名） 四卷、宋法賢譯。說念頻那夜迦天得種種悉地之法。頻那夜迦Vināyaka者、猪頭象頭之二使者、歡喜天也。

【金剛藥叉】（明王） 金剛夜叉之舊稱。

【金剛因字】（術語） 金剛因菩薩種

子𠃵滿字之稱。見瑜祇經。

【金剛密迹】（術語）又曰密迹金剛、密迹力士、金剛力士、金剛手、執金剛等。總爲執金剛杵現大威勢擁護佛法之天神之通稱。大日如來以此金剛衆爲內眷屬、以普賢文殊等諸菩薩爲大眷屬。猶之釋迦以舍利弗等聲聞衆爲內眷屬、其他諸菩薩爲大眷屬也。密迹者常侍佛而憶持佛秘密事之義。又知佛之三密垂迹爲神之義。大日經名曰金剛手秘密主。楞嚴經七曰「一一光明皆遍示現十恒河沙金剛密迹、擎山持杵徧虛空界。」金光明經鬼神品曰「金剛密迹大鬼神王及其眷屬五百徒黨一切皆是大菩薩等。亦悉擁護聽是經者。」見密迹條。

【山門兩脇金剛密迹】（天名）謂二王也。見二王條。

【金剛密經】（術語）言金部之密經。如敎王經、理趣經等是。

【金剛鉤法】（術語）陀羅尼集經八有金剛央俱施法。明金剛鉤之修法者。央俱施譯曰鉤。

【金剛場經】（經名）金剛場陀羅尼經之略名。

【金剛仙論】（書名）後魏菩提流支譯、十卷。天親菩薩之弟子金剛仙菩薩著。釋天親之金剛般若論。於藏外行之。玄義私記五本曰「諸師不用此論。慈恩云非眞聖敎。」

【金剛生起】（術語）眞言行者寢息時、應想入金剛三昧。起時、應想自金剛三昧起。其起時之眞言曰唵拔折羅底悉吒。金剛頂義訣曰「修習瑜伽者常想自身常爲普賢金剛身。若寢息時想入金剛三昧。謂心寂靜如入涅槃。當想自身爲五智印相而有光焰圍繞。然後隨意寢息也。是名身三昧相應。若起時想從金剛三昧起。故此秘密義云金剛生起也。拔折羅者、金剛。三昧相名底悉吒者、生起義。唵者、諸佛法界頂。」

【金剛合掌】（印相）十二合掌之第七。又云歸命合掌。梵語鉢囉拏摩合掌。大日經疏十三曰、「令十指頭相叉。皆以右手指加於左手指上。如金剛合掌也。此云歸命合掌。梵音名鉢囉拏摩合掌。」經云合掌叉手。梵 Pranāma

【金剛衣天】（天名）Vajra-vāsin 金剛界曼荼羅外金剛部西方五天之一。一名抱弓箭毘那夜迦。

【金剛名號】（術語）入密門登壇灌頂、即受金剛乘之名號。秘藏記鈔五謂諸敎皆談假人實法。故於隨他門報化二身現人體、若於法身自證之境界、廢色相、絕言語、非僅談法之本旨、人亦本有。故於支部諸尊各立金剛號。（台宗所謂俱體俱用三身是也。）大日之金剛號在兩部各別之時、金剛界爲無障金剛、胎藏界爲遍照金剛。若據通行者、則兩部皆爲遍照金剛。

【金剛念誦】（術語）四種念誦之一。閉口而默誦也。見畧出經四。

【金剛佛子】（術語）密教受灌頂者之稱。灌頂者必受某金剛之金剛名也。二教論曰「纔見曼荼羅則種金剛界種子。具受灌頂受職金剛名號。」

【金剛使者】（天名）與金剛童子同。奉使於執金剛部諸尊之童子。如不動之八大童子是也。

【金剛夜叉】（明王）Vajrayakṣa 新稱金剛藥叉。五大明王之一。爲住於北方三面六臂或一面四臂之忿怒尊。是金剛界五智如來中北方不空成就如來之忿怒身也。就菩薩而言。則或爲金剛藥叉菩薩（仁王經）或爲牙菩薩（補陀落海會軌）之敎令輪身。不空成就如來與釋迦如來有一體異名之義。故此尊又謂爲釋迦如來所化現。密號護法金剛。以鈴爲三昧耶形。金剛藥叉瞋怒王息災大威神驗念誦儀軌曰、「金剛手虛空庫菩薩摩訶薩、白釋迦牟尼佛言、往昔無量俱胝大劫爲求法故、流轉器世間、多有波旬王等令我多退佛法。唯願薄伽梵、聽示現權身、說大威神驗眞言。佛言欲現何權身。答曰、願現大聖藥叉金剛形。過去佛既現、現在佛今現、未來佛當現。我今非過去、非現在、非未來、現我自心三昧忿怒守護佛法、愍念有情。佛言善哉、大聖欲護持佛法、愍念有情、仁者善可權現、說大靈驗眞言。我與仁者加持護念、俱共說眞言慈護持者。卽時未起座、現三面六臂大威忿怒、爲毒形、以七寶瓔珞莊身、其身長大無量、遍身火焰燃、如劫焰烟威猛、顧視四方如獸王象勇猛。」新譯仁王經下曰、「北方金剛藥叉菩薩摩訶薩、手持金剛鈴。放瑠璃色光。」同儀軌上曰、「梵曰藥叉。此云威德。又翻爲盡。能盡諸怨故。（中略）手持金剛鈴者。鈴音振聲覺悟有情。表以般若警覺迷故。依敎令輪現作威怒淨身金剛。示現四臂。摧伏一切可畏藥叉。」

【尊形】（形像）瑜祇經大金剛焰口降伏一切魔怨品曰、「我今更說秘金剛藥叉形。六臂持衆器弓箭劍輪印。（印鈴也、是此尊之三昧耶形。）及薩埵羯磨。五眼布忿怒。三首馬王髻。」秘藏記末曰、「金剛藥叉不空成就佛忿怒自性輪卽牙菩薩。是寂靜身。」補陀落海會軌曰、「金剛藥叉不空成就佛忿怒自性輪卽可。（可爲牙之誤、下脫菩薩二字。）是寂靜身。（爲忿怒形也。）又穢跡金剛爲不空成就佛忿怒自性輪金剛業也。穢跡卽烏芻澁摩菩薩也。」

【儀軌】（經名）大金剛焰口降伏一切魔怨品（卽瑜祇經第十二品。）金剛藥叉瞋怒王息災大威神驗念誦儀軌一卷。

【金剛食天】（天名）金剛界外金剛

部二十天之一。手持華鬘。稱曰華鬘毘那耶伽。毘那耶伽爲歡喜天之梵名。見胎藏界曼陀羅大鈔二。

【金剛面天】（天名）金剛界外金剛部二十天之一。猪頭人身、持劍。謂人出胎至盛年生長皆此尊之德。見胎藏曼陀羅鈔二。

【金剛童子】（天名）Vajrakumāra 西方無量壽佛化身、現忿怒之童子形。手執金剛杵。故謂之金剛童子。

【形像】（圖像）俱摩羅儀軌曰、「次畫本尊像。長一尺五寸。而作丁字立。足踏青蓮華。身作黃雲色。髮赤上繚亂。種種諸瓔珞。環釧以嚴身。用虎皮縵胯。左執拔折羅。右下施無畏。當作極迅形。」又有二種畫法。聖迦抳忿怒金剛童子儀軌經上曰。「畫菩薩身。種種瓔珞以莊嚴身。如火色。徧身流出火焰。以右手持金剛杵鋒舉向上。左手作施願手。脚爲里茶踏磐石上。」（里茶即前言之丁字形也、）其他又有數種之畫法。

【儀軌】（經名）聖迦抳忿怒金剛童子菩薩成就儀軌三卷。佛說無量壽佛化身大怒迅俱摩羅金剛念誦瑜伽儀軌一卷。（略名俱摩羅儀軌。）

【金剛起印】（印相）又曰覺起印、驚覺一切如來印。驚覺入定諸佛。令護念行者之契印也。見覺起印條。

【金剛淨刹】（術語）伽藍之德稱。功德堅利。譬之金剛。清淨之土。謂之淨刹。行事鈔下三曰、「入寺踐金剛淨刹法地」同資持記下三之四曰、「金剛堅利之寶。伽藍福業之地。故以喻焉。」

【金剛語言】（雜語）不出聲而默誦經文也。攝眞實經下曰、「持眞言時。住心凝寂。口習眞言。唯自耳聞。勿令他解。心中觀想一一梵字。了了分別。無令錯謬。持習之時。不遲不速。是卽名爲金剛語言。」

【金剛結跏】（術語）半跏坐也。守護國經二曰、「常以自作金剛結跏。謂以右脚壓左髀上。端身正坐。」

【金剛滅定】（術語）與金剛喩定、金剛三昧同。言菩薩最後之禪定堅利如金剛。能伏滅微細之煩惱也。仁王經上曰、「四辨四攝金剛滅定。一切功德皆成就。」天台疏上曰、「金剛滅定者。十地上忍定。如金剛碎煩惱山。自不傾動。亦名首楞嚴定。」

【金剛摧天】（天名）Vajravikirṇa 金剛界外金剛部二十天之一。故以傘蓋爲三摩耶形。見金剛界曼陀羅大鈔二。

【金剛頂經】（經名）眞言敎三部經之一。是爲梵本十萬偈十八會之總名。故通於現行流布金剛界之諸經。然特以三本爲主。一爲不空所譯三卷之敎王經。具名金剛頂一切如來眞實攝大乘現證大敎王經。十八會之第一會四品中譯其第一品者。二爲施護所譯三十卷之敎王經。具名佛說一切如來眞實攝大乘現證三昧敎王經。蓋譯第一會之四品者。三爲金剛智所譯四卷之略出經。具名金剛頂瑜伽中略出念誦經。已上三本皆稱金剛頂經。但尋常所指之金剛頂經爲第一本。

【註疏】（書名）金剛頂經開題二卷。金剛頂經略釋一卷。敎王經開題五卷。敎王經秘釋一卷。敎王經義記三卷、（已上弘法）。金剛頂經開題勘註三卷、（道範）。金剛頂經開題一卷、（果寶）。金剛頂註疏七卷、（慈覺）。

【金剛慢印】（印相）幖大慢相之印契。作拳置腰側之形。理趣釋上記金剛薩埵像曰、「左手作金剛慢印。右手抽擲本初大金剛。」

【金剛圍山】（雜名）卽鐵圍山也。鐵性堅固、故云金剛。無量壽經下曰、「金剛圍山。須彌山王。大小諸山。」

【金剛怒目】（雜語）薛道衡遊鍾山開善寺。謂小僧曰。金剛何爲怒目。菩薩何爲低眉。答曰、金剛怒目。所以降伏四魔。菩薩低眉。所以慈悲六道。

【金剛醜女】（人名）佛在世時、波斯匿王夫人摩利生一女、字波闍羅、Vajra 此云金剛。極醜惡、肌體粗澁、猶如駝皮、頭髮粗強、如馬尾。至嫁期、王求豪姓貧士嫁之、舉女婿爲大臣。女夫常使其妻閉居深宮、自開閉其戶、使出入人不見妻面貌。醜女深悔責自罪、向佛至誠懺悔。佛忽現前、光照其身、化醜女爲殊顏、容色微妙如天色。見賢愚經二、（波斯匿王女金剛緣品）經律異相三十四。

【金剛鏁法】（修法）金剛鏁菩薩之修法也。陀羅尼經入有金剛商迦羅法、具明其法。商迦羅、譯曰鏁。

【金剛上味經】（經名）金剛上味陀羅尼經之畧名。

【金剛不壞身】（術語）佛身也。涅槃經三曰、「云何得長壽金剛不壞身。」心地觀經上曰、「不如代父母及衆生修菩薩行。當得金剛不壞之身。還來三界救度父母。」寶積經五十二曰、「如來身者。卽是金剛之身。不壞之身。堅固之身。」理趣釋曰、「常以大慈甲冑而自莊嚴。獲得如金剛不壞法身。」

【金剛王寶覺】（術語）如來正覺之德稱。楞嚴經五曰、「自心取自心。非幻成幻法。不取無非幻。非幻尚不生。幻法云何生。是名妙蓮華金剛寶覺。」同長水疏五上曰、「無明堅牢。最爲難壞。一念能破金剛定力。此定尊上。更無能過。於法自在。是可寶重。如摩尼珠。隨意生育。無上覺里。名王寶覺。」

【金剛王菩薩】（菩薩）金剛界十六菩薩之一。東方阿閦如來四親近之一。具名金剛鉤王。幖如來四攝之德、持鉤之三昧耶形。秘藏記末曰、「白色。二手叉拳。」略出經曰、「由結金剛鉤契故能速鉤引一切如來。」聖位經曰、「毘盧遮那佛於內心證得金剛鉤四攝三摩地智自受用故。(中略)成金剛王菩薩形。住阿閦如來右邊月輪。」出生義曰、「於一切如來、菩提四攝體而生金剛王。」瑜祇經疏曰、「王有統化自在德、故云鉤召。」攝眞實經曰、「諸佛菩薩以鉤引來鉤。是名爲金剛王。」

【金剛王寶劍】(譬喩)臨濟四喝之一。謂臨濟有時一喝、爲切斷一切情解葛藤之利劍也。臨濟錄曰、「師問僧。有時一喝如金剛王寶劍。有時一喝如踞地金毛獅子。有時一喝如探竿影草。有時一喝不作一喝用。汝作麼生會。僧擬議。師便喝。」人天眼目曰、「金剛王寶劍者。一刀揮斷一切情解。」

【金剛因菩薩】(菩薩)Vajrahetu 金剛界曼陀羅第一成身會中、位於西方月輪五尊中無量壽如來左方之菩薩也。司如來轉法輪之因德。秘藏記末曰、「左金剛因菩薩。肉色。左手拳。右手持輪。」聖位經曰、「毘盧遮那佛於內心證彼金剛因轉法輪三摩地智。自受用故。(中略)成金剛因菩薩形。住觀自在王如來左邊月輪。」出生義曰、「就一切如來、轉大法輪智而生金剛因。」

【金剛界血脈】(雜名)謂金剛界法師資相承之血脈也。據日本密家之說、其所傳不一。準華嚴寺海雲阿闍梨之所傳者、其次第爲大日、金剛薩埵、龍猛、龍智、金剛智、不空、惠果、義操、海雲。慈恩寺造玄阿闍梨之所傳者、其次第爲大日、普賢、金剛薩埵、曼殊室利、龍猛、龍智、金剛智、不空、惠果、義操、法全。傳教大師之內證佛法血脈譜、其次第爲毘盧遮那、金剛薩埵、龍猛、龍智、金剛智、不空、順曉、最澄。但論金胎兩部血脈之不同者、主爲台密之說。東密以大日、金剛薩埵、龍猛、龍智、金剛智、不空、惠果、空海、爲兩部一具之血脈、不別立金剛界血脈。

【金剛界儀軌】(經名)指金剛頂蓮華部心念誦儀軌而言。

【金剛頂義訣】(書名)一卷、說金剛智三藏六卷略出經之要註、智藏筆之。見日本續藏經。

【金剛手菩薩】(菩薩)Vajrapāni 金剛薩埵也。又名普賢。大日經疏九曰、「以見如是金剛界故名爲金剛手。以見如是法界宮故名爲普賢。」新譯仁王經下曰、「東方金剛手菩薩摩訶薩。手持金剛杵。放青色光。與四俱胝菩薩往護其國。」同念誦儀軌上曰、「手持金剛杵者。表起正智猶如金剛。能斷我法微細障故。」

【金剛手菩薩降伏一切部多大敎王經】(經名)三卷、宋法天譯。說降伏成就之法。部多、譯曰鬼。

【金剛藏菩薩】(菩薩)Vajragarbha

金剛界賢劫十六尊中之一。華嚴經說金剛藏菩薩十地品此菩薩明王現忿怒身或持金剛杵以伏惡魔謂之金剛藏王見金剛藏條。

【四種金剛藏菩薩】（名數）凡密教有四種之金剛藏、百八名讚以文殊爲金剛藏、理趣經以虛空藏爲金剛藏又以金剛薩埵爲金剛藏陀羅尼集經八有金剛部之金剛藏即同名異體四種也。楞嚴經所說之金剛藏王菩薩爲此中第四云。

【金剛寶菩薩】（菩薩）Vajraratna 金剛界十六菩薩之一。南方寶生如來四親近之上首是與虛空藏菩薩異名同體也。慓攝持功德財寶以如意珠爲三摩耶形。其忿怒身爲軍荼梨夜叉、即寶生如來之敎令輪身也。秘藏記末曰「肉色左手與願右手承寶」略出經曰「由結金剛寶契故諸天人師爲其灌頂」金剛界曼陀羅鈔一曰「此尊是寶生尊第一脇士虛空藏尊也。從一尊生五大虛空藏故納萬寶」新譯仁王經下曰、「南方金剛寶菩薩摩訶薩手持金剛摩尼」仁王經儀軌上曰「言金剛寶者如彼經云虛空藏菩薩也。依前法輪現勝妙身修施等行三輪清淨手持金剛摩尼者梵云摩尼此翻爲寶體淨堅密猶如金剛即是金剛如來意寶也。隨諸有情所求皆得依敎令輪現作威怒甘露軍荼梨金剛示現八臂」

【金剛針菩薩】（菩薩）Vajrasūci 胎藏界第十虛空藏院二十八尊之一。手執獨鈷獨鈷之形似針、故曰金剛針。大日經疏五曰、「素支譯云金剛針。持一股拔折羅以爲慓幟此拔折羅是一相一緣堅利之慧用此貫徹諸法無所不通故名金剛針也」

【金剛將菩薩】（菩薩）Vajra-sena 居胎藏界蘇悉地院中金剛軍荼利菩薩之右密號首領金剛形像肉色兩手相並、無名小指相叉、大頭中三指開向下、當心、坐於赤蓮華見秘藏記等。

【金剛輪三昧】（術語）三種金剛三昧之一。見金剛三昧條。

【金剛輪印明】（印相）結安置諸尊之金剛輪壇、（即曼荼羅）之印明也。有大小二種。

【大金剛輪印明】（印相）加持虛空而結來遍一切大曼茶羅界之印與明也、易言之即成護行者身心之結界輪壇也。

【小金剛輪印明】（印相）正結輪壇之印與明也。以此印明成就壇場。

【金剛拳菩薩】（菩薩）Vajrasaṃdhi 金剛界曼陀羅三十七尊中、北方不空成就如來四親近之一。持結合之德成就一切之印契慓以拳之三摩耶形。秘藏記末曰、「金剛拳菩薩。青色二手作拳揚當心腕稍屈垂。」「略出經曰、「由結金剛拳契故能得一切諸契獲得悉地」聖位經曰、「毘盧遮那佛。於內心證得金剛拳威靈感應三摩地智自受用故。(中略)成金剛拳菩薩形。住不空成就如來後邊月輪」。図胎藏界金剛手院三十三尊之一。秘藏記末曰、「白肉色左手拳右手取十字一股」。

【金剛索菩薩】(菩薩)Vajrapāśa 金剛界三十七尊中四攝菩薩之一。以大悲之索主牽引衆生之德住成身曼陀羅之南門。秘藏記末曰、「白黃色右手取索」。聖位經曰、「毘盧遮那佛。於內心證得引入方便羂索三摩地智自受用故。(中略)得成衛護功德戶金剛索菩薩形。住南門月輪」。

【金剛智三藏】(人名)金剛智、名梵名跋曰羅菩提 Vajrabodhi 三藏者尊稱。南印度摩賴耶國人。婆羅門姓。年甫十歲、於那爛陀寺依寂靜智出家、三十一歲往南天竺、時龍智(龍樹菩薩之弟子)年七百歲猶在、就之七年承事供養、受學一切密教。尋遊師子國登楞伽山。聞支那佛法盛、唐玄宗開元七年達廣州、翌年至東都。勅迎於慈恩寺。尋徙薦福寺。於所住立大曼茶羅壇以度四衆。一行禪師、不空三藏皆其弟子也。同二十年八月十五日於洛陽廣福寺入寂、壽七十一。諡曰灌頂國師。師爲眞言宗八祖之第五。於東夏則謂之始祖。見貞元釋教錄、宋高僧傳一。

【金剛頂瑜伽】(術語)金剛頂與瑜伽也。金剛頂指教王經等金剛界之經。瑜伽指大日經等胎藏界之經。菩提心論初心鈔上曰、「金剛頂金剛頂宗通名。謂教王經等也。此經題金剛頂故。瑜伽大日經宗通名也。謂大日經等也。此經疏中指大日經云瑜伽宗故。」冈金剛頂即瑜伽也。金剛頂經中明瑜伽法、故曰金剛頂瑜伽。非別部也。不空所譯三卷之教王經、末題曰金剛頂瑜伽經。

【金剛童子法】(修法)金剛童子之修法。說二部之儀軌。(儀軌名出金剛童子之下)

【金剛鉤菩薩】(菩薩)Vajrāṅkusa 金剛界三十七尊中四攝菩薩之一。住於東方。標以鉤、鉤召一切衆生。鉤梵語央倶施。秘藏記末曰、「金剛鉤菩薩。黑色。左手拳。右手取鉤。」略出經曰、「由結金剛鉤契故。能爲鉤召」。見鉤菩薩條。

【金剛壽命經】(經名)有二部。一具名佛說一切金剛壽命陀羅尼經。佛在殑伽河側對四天王說延壽之陀羅尼、唐金剛智譯。一本名金剛壽命陀羅尼念誦法。報身佛自色界頂下須彌山、應一切如來之請、說延壽之陀羅尼。唐金剛智譯。而此經更有二本。一云金剛壽命陀羅尼經法。一云金剛壽命陀羅尼經。比前經少有具畧耳。常稱壽命經者。指前之一經。

【金剛般若經】（經名）具名金剛般若波羅蜜經。略名金剛經、金剛般若經。見金剛經條。

【金剛般若論】（書名）金剛般若波羅蜜經論之略名。

【金剛波羅蜜】（菩薩）金剛界四波羅蜜之一。金剛波羅蜜菩薩畧稱。

【金剛香菩薩】（菩薩）Vajradhūpa 金剛界曼陀羅第一根本成身會三十七尊中、居於外四供養菩薩之第一位。司供養香於大日本尊。秘藏記末曰、「外四供養右下角金剛燒香。黑色持香爐。」聖位經曰、「毘盧遮那佛。於內心證得金剛焚香雲供養三摩地。自受用故。從金剛雲海三摩地智流出金剛焚香。光明遍照十方世界。供養一切如來。及破一切衆生臭穢煩惱。獲得遍悅無礙香。還來收一聚。爲令一切菩薩受用三摩地智故。成金剛焚香侍女菩薩形。住東南角寶樓閣。」

【金剛香菩薩大明成就儀軌經】（經名）佛說金剛香菩薩大明成就儀軌經、三卷、宋施護譯。佛在覩史多天依金剛手菩薩之請而說者。

【金剛光菩薩】（菩薩）Vajrateja 住於金剛界三十七尊中南方月輪五尊中寶生如來右方前之菩薩名。司寶生如來威光之德。秘藏記末曰、「金剛光菩薩。肉色。左手拳。右手持光日形。」聖位經曰、「毘盧遮那如來於內心證得金剛威光三摩地智。自受用故。（中略）成金剛威光菩薩形。住寶生如來右邊月輪。」出生義曰、「由一切如來大威耀義而生金剛日。」

【金剛法界宮】（術語）胎藏界大日如來依住之宮殿也。大日經一曰、「薄伽梵。住如來加持廣大金剛法界宮。」依深秘釋則金剛爲如來之實相智、法界爲實相之智體、大日法身住於實相之智體、謂之宮。若依淺略釋、則指色界之頂、摩醯首羅天之自在天宮。大日經疏一曰、「金剛喻實相智。（中略）法界者、廣大金剛智體也。（中略）心王所都、故曰宮也。此宮是古佛成菩提處。所謂摩醯首羅天宮。」

【金剛使者女】（天名）奉侍金剛部菩薩之女形尊。胎藏界金剛手院金剛手持菩薩之傍、此女尊與男使者並在。

【金剛法菩薩】（菩薩）Vajradharma 金剛界十六菩薩之一。西方無量壽如來四親近之上首。手持蓮華。標清淨之妙法。秘藏記末曰、「肉色。持一蓮華。」略出經曰、「由結金剛華契。故能見金剛法。」聖位經曰、「毘盧遮那佛。於內心證得金剛法清淨無染三摩地智。自受用故。（中略）成金剛法菩薩形。住觀自在如來前月輪。」

【金剛利菩薩】（菩薩）Vajratīkṣṇa

金剛界十六菩薩之一。西方無量壽如來四親近之一。主如來之智德、幖斷一切之苦、以劍爲三昧耶形。秘藏記末曰「金色。左手華上有篋、右手持利劍。由結金剛藏劍故、彼能斷一切苦」聖位經曰「毘盧遮那佛、於內心證得金剛劍般若波羅蜜三摩地智。自受用故。(中略)成金剛劍菩薩形、住觀自在王如來右邊月輪」出生義曰「就一切如來永斷習氣智而生金剛利」此菩薩與文殊菩薩異名同體。其敎令輪身爲六頭六手六足之大威德明王、卽無量壽如來之忿怒身也。新譯仁王經下曰「西方金剛利菩薩摩訶薩手持金剛劍。放金色光」同儀軌上曰「言金剛利者、如彼經云文殊師利菩薩也。(中略)手持金剛劍者。示其所作能斷自他俱生障故。依敎令輪現作威怒六足金剛。手臂頭各六。坐水牛上。摧伏一切諸惡毒龍」

【金剛瑜伽敎】(術語)金剛者、指金剛界、卽金剛頂經也。瑜伽者、指胎藏界、卽大日經也。總括金胎兩部秘密敎之稱。與金剛頂瑜伽同。

【金剛正智經】(經名)三寶感應錄下引此經、舉馬鳴龍樹二菩薩之本地。但藏中無此經。

【金剛牙菩薩】(菩薩)梵語曰縛日羅夜叉 Vajrajakṣa 又譯曰金剛食。金剛界三十七尊中、北方不空成就如來四親近菩薩之一。幖咬噉一切怨敵之德、住於金剛藥叉三摩耶形、有大牙。秘藏記末曰「白色。二手作拳當臆」略出經曰「由結金剛牙契故、設是金剛尙能摧破」聖位經曰「毘盧遮那佛、於內心證得金剛藥叉方便恐怖三摩地智。自受用故。(中畧)成金剛藥叉菩薩形、住不空成就如來左邊月輪」出生義曰「自一切如來無畏調伏門而生金剛牙」又胎藏界金剛手院三十三尊之一。秘藏記曰、「赤肉色。左手持蓮華上有牙」胎藏曼陀羅大鈔二曰「此尊金十六大菩薩中牙菩薩也。名金剛食、或云金剛夜叉。此以定慧牙、食生死海羣機」

【金剛淸淨經】(經名)金剛三昧本性淸淨不壞不滅經之畧名。

【金剛軍荼利】(明王)胎藏界之三部各有軍荼利明王。金剛部之軍荼利、名金剛軍荼利。在金剛手院。又佛部之軍荼利名甘露軍荼利、或金剛軍荼利。在蘇悉地院。見甘露條附錄。梵 Vajra-Kuṇḍalī

【金剛笑菩薩】(菩薩)Vajrahāsa 金剛界三十七尊中、南方寶生如來四親近菩薩之一。住喜悅之三昧耶而爲笑顏。略出經曰「由結金剛微笑契故、速得與諸佛同笑」出生義曰「由一切如來大歡樂義而生金剛笑」

【金剛能斷經】(經名)金剛能斷般

若波羅蜜經之略名。

【金剛歌菩薩】（菩薩）Vajragīti 金剛界三十七尊中內四供養菩薩之第三。是爲中央大日如來供養西方彌陀如來心中流出之歌詠三摩地女菩薩也。略出經曰、「由結金剛歌詠契故得清淨妙音。」聖位經曰、「毘盧遮那佛於內心證得金剛歌詠淨妙法音三摩地智自受用故。（中略）成金剛歌詠天形菩薩。住毘盧遮那如來西北隅月輪。」

【金剛喻三昧】（術語）眞言以五相修行稱爲金剛喻三昧。金剛界儀軌曰、「空中諸如來彈指而警覺告言善男子汝之所證處是一道清淨金剛喻三昧及薩婆若智。倘未能證知勿以是爲足。應滿足普賢方成最正覺。」

【金剛喜菩薩】（術語）Vajrasādhu 金剛界曼陀羅第一成身會中東方五月輪之五尊中、位於阿閦如來後方之菩薩名。司歡喜之德。秘藏記末曰、「金剛喜菩薩肉色。二手當胸拳。」聖位經曰、「毘盧遮那佛於內心證得金剛善哉自受用故。（中略）成金剛善哉菩薩菩薩形。住阿閦如來後邊月輪。」

【金剛鈴菩薩】（菩薩）Vajragh-an-ta 金剛界三十七尊中四攝菩薩之一。手執鈴以嚩大日如來警醒迷有情之德。又嚩歡喜。秘藏記末曰、「青色取鈴。」聖位經曰、「毘盧遮那佛於內心證得般若波羅蜜金剛鈴三摩地智自受用故。（中畧）成金剛鈴菩薩形。守精進戶住北門月輪。」略出經曰、「由結金剛鈴契故能生歡喜。」

【金剛銳菩薩】（菩薩）Vajrakhyāti 胎藏界金剛手院三十三尊之一。主如來精進勇猛之德。秘藏記末曰、「白肉色左手持蓮華臺有三股跋折羅。」銳或作悅、非是。由梵名推之、則銳似爲說之誤字。

【金剛護菩薩】（菩薩）Vajrarakṣa 金剛界三十七尊中、北方不空成就如來四親近菩薩之一。如甲冑之護身、司以大慈之鎧持身之德。秘藏記末曰、「青色二手各舒頭指自餘指屈揚當腋側。」略出經曰、「由結金剛護契故得爲金剛堅固性。」聖位經曰、「毘盧遮那佛於內心證得金剛護大慈莊嚴三摩地智自受用故。（中畧）成金剛護菩薩形。住不空成就如來右邊月輪。」出生義曰、「自一切如來大慈鎧冑門而生金剛護。」

【金剛業菩薩】（菩薩）Vajrakarma 金剛界三十七尊中、北方不空成就如來四親近菩薩之一。司如來事業之德。梵語羯磨、譯言業。秘藏記末曰、「肉色二手合掌揚頂上。」略出經曰、「由結金剛羯磨契故得爲金剛堅固性。」聖位經曰、「毘盧遮那佛於內心證得金剛業虛空庫藏三摩地智自受用故。(中畧)成金剛業菩薩形。住不空成就如來前月輪」出生義曰、「自一切如來善巧藝門而生金剛業。」

【金剛幢菩薩】(菩薩)Vajraketu 金剛界十六菩薩之一。南方寶生如來四親近之一。以寶幢之三昧耶幖注寶雨。秘藏記末曰「肉色。二手持幡幢。」略出經曰、「由結金剛幢契故能注雜寶雨。」聖位經曰、「毘盧遮那佛於內心證得金剛寶幢三摩地智。自受用故。(中略)成金剛幢菩薩形。住寶生如來左邊月輪」出生義曰、「由一切如來大滿願義而生金剛幢。」

【金剛華菩薩】(菩薩)Vajrapuṣpa 住金剛界三十七尊中外四供養第二之菩薩名。爲女形奉花於大日本尊者。秘藏記末曰、「金剛華菩薩淺黃色。持鮮華。」聖位經曰、「毘盧遮那佛於內心證得金剛覺華雲海三摩地智自受用故。(中略)成金覺覺侍女菩薩形。住西南角金剛寶樓閣。」

【金剛舞菩薩】(菩薩)Vajranṛti 金剛界內四供養菩薩之第四。是爲由中央大日如來供養北方不空成就如來心中流出之旋舞三摩地女菩薩也。金剛頂儀軌曰、「二拳生舞儀旋轉掌於頂」聖位經曰、「毘盧遮那佛於內心證得金剛法舞神通遊戲三摩地智自受用故。(中畧)成金剛法舞天女形菩薩。住毘盧遮那東北隅月輪。」

【金剛燈菩薩】(菩薩)Vajrāloka 金剛界外四供養菩薩之一。爲女天之菩薩形。以燈明奉中臺之尊者。秘藏記末曰、「白色。持燒爐。」聖位經曰、「毘盧遮那佛於內心證得金明雲海三摩地智自受用故。(中畧)成金剛燈明侍女菩薩形。住西北角金剛寶樓閣。」

【金剛飯食天】(天名)又作金剛食、金剛食天。在金剛界外金剛部南方之中央。隨其所持物而稱爲華鬘毘那耶迦。又云嚴鬘大將。四方毘那耶迦南方守護之尊也。白肉色。象頭人身。左拳腰。右持華鬘。坐荷葉。

【金剛衣服天】(天名)又作金剛衣、金剛衣天。在金剛界外金剛部西方之中央。隨其所持物而稱爲弓箭毘那夜迦。又云順行大將。四方毘那耶迦西方守護之尊也。象頭人身。左持弓。右持箭。作射勢。坐於荷葉。

【金剛愛菩薩】(菩薩)Vajrarāga 位於金剛界曼陀羅第一成身會中東方月輪五尊中阿閦如來左方之菩薩也。司大悲愛染。秘藏記末曰、「左金剛愛菩薩肉色。持箭。」聖位經曰、「毘盧遮那佛於內心證得愛大悲箭三摩地智自受用故。(中略)成金剛愛菩薩形。住阿閦如來左邊月輪。」出生義曰、「於一切如來菩提無染淨體而生金剛愛。」大敎王經曰、「金剛薩埵三摩地極堅牢故。

聚爲一體生摩羅大菩薩身。住世尊毘盧遮那佛心。說此嗢陀喃。奇哉自性淨。隨染欲自然。離欲清淨故。以染而調伏。」

【金剛隨心法】（修法）密敎修法之名。見陀羅集經七。

【金剛鏁菩薩】（菩薩）Vajra-śriṅkhalā 金剛界三十七尊中、四攝菩薩之一。以大悲之鏁、標繫留一切衆生菩提心之德。住成身會之西門。秘藏記末曰、「肉色。左手拳右手鏁。」略出經曰、「由結金剛鉤鏁契故。能繫留止之。」聖位經曰、「毘盧遮那佛。於內心證得堅固金剛鏁械三摩地智。自受用故。（中略）成金剛鏁菩薩形。守智慧戶。住西門月輪。」又胎藏界金剛手院三十三尊之一。秘藏記末曰、「白肉色。右持金剛鏁。二端著三股跋折羅。」

【金剛鬘菩薩】（菩薩）Vajramālin 金剛界內四供養菩薩之第一。是爲由中央大日如來供養南方寶生如來心中流出之華鬘三摩地女菩薩也。略出經曰、「由結金剛鬘契故。得美妙容色。」聖位經曰、「毘盧遮那佛於內心證得金剛華鬘菩提分法三摩地智。自受用故。（中略）成金剛華鬘天女形菩薩。住毘盧遮那佛西南隅月輪。」

【金剛三業經】（經名）一切如來金剛三業最勝秘密大敎王經之略稱。

【金剛手持金剛】（菩薩）Vajrahasta-vajra-dhara 居胎藏界金剛手院中第一行金剛薩埵之右方。密號堅固金剛或秘密金剛。三摩耶形爲三貼杵。（一說五貼金剛杵）形像身黃白色、冠有珠。右手作施願、開肘當膝而不著。左手向內、執三貼杵當乳。面少向右、坐赤蓮華。印相是持地印、即蘇悉地三部三昧耶中之金剛部印也。眞言曰忿怒歸命吽吽吽吽發吒、髯髯娑嚩賀。

【金剛牢持菩薩】（菩薩）金剛界金剛手院中行第二位。密號守護金剛。守衆生眞實之理體、故名。肉色、左手獨股、右手與願。坐赤蓮華。

【金剛那羅延身】（術語）謂其體堅固如金剛、其力強如那羅延神之身也。那羅延 Nārāyaṇa 譯言勝力、或堅牢。天上力士之名。無量壽經上曰、「國中菩薩。不得金剛那羅延身者。不取正覺。」

【金剛明王菩薩】（菩薩）胎藏界蘇悉地院八尊之一。密號持明金剛。

【金剛菩提三藏】（人名）金剛智三藏也。

【金剛塗香菩薩】（菩薩）Vajraga-rdhi 金剛界外四供養菩薩之一。爲女天之菩薩形。以塗香奉中臺之尊者。秘藏記末曰、「青色持塗香器。」聖位經曰、「毘盧遮那佛。於內心證得金剛塗香雲海三摩地智自受用故。（中略）成金剛塗香侍女菩薩形。住東北角金剛寶樓閣」

【金剛嬉戲菩薩】（菩薩）Vajralāsi 金剛界三十七尊中內四供養菩薩第一。是爲由中央大日如來供養東方阿閦如來心中流出之嬉戲三摩地女菩薩也。聖位經曰、「毘盧遮那佛於內心證得金剛嬉戲法樂幖幟三摩地智自受用故（中略）成金剛嬉戲天女菩薩形。住毘盧遮那如來東南隅月輪。」

【金剛頂瑜伽經】（經名）或單名金剛頂經。梵本十萬偈十八會之總名。

【金剛頂經義訣】（書名）一卷、唐智藏撰。智藏爲不空三藏之諱。

【金剛頂經儀軌】（經名）指不空所譯二卷之金剛頂一切如來眞實攝大乘現證大敎王經而言。若言金剛界儀軌則爲金剛頂蓮華部心念誦儀軌。

【金剛部三昧耶】（印相）十八契印之一。見十八道條。

【金剛薩埵菩薩】（菩薩）金剛菩薩也。菩薩乃大士之通稱。

【金剛童子護摩】（修法）祈念金剛童子之護摩修法也。

【金剛鉤女菩薩】（菩薩）胎藏界金剛手院三十三尊之一。爲女形之菩薩。以三股鉤幖鉤召之德。密號召集金剛。秘藏記末曰、「白肉色。左手取四股杵。」

【金剛香儀軌經】（經名）金剛香菩薩大明成就儀軌經之略稱。

【金剛頂理趣經】（經名）金剛頂瑜伽理趣般若經之略名。一卷。金剛智譯。

【金剛無勝結護者】（天名）胎藏界南門之守護神也。大日經謂其黑色玄衣、毘俱胝形、眉間有浪文、上頂髮冠、自身有威光、照衆生界、手持檀茶、坏大爲障者。

【金剛九會曼陀羅】（術語）金剛界所立之曼陀羅有九樣、故曰九會曼陀羅。見九會曼荼羅條。

【金剛一乘甚深敎】（術語）讚嘆眞言之敎法也。敎法堅固、故曰金剛。爲一切成佛之法、故曰一乘。秘密深奧、故曰甚深。金剛頂經瑜伽修習毘盧遮那三摩地法曰、「演說如來三密門金剛一乘甚深敎。」

【金剛摧碎陀羅尼】（經名）一卷、宋慈賢譯。惟爲咒語。

【金剛頂護摩儀軌】（經名）金剛頂瑜伽護摩儀軌之略名。

【金剛壽命陀羅尼】（眞言）指佛說一切如來金剛壽命陀羅尼經所說之神咒。念誦之則得金剛之壽命。

【金剛場陀羅尼經】（經名）一卷、隋闍那崛多譯。說一切善惡之法、盡是陀羅尼。

【金剛界大曼陀羅】（術語）金剛界所立之曼陀羅有九會、是曰金剛界大曼陀羅。見九會曼荼羅條。

【金剛王念誦儀軌】（經名）金剛王菩薩秘密念誦儀軌之略名。

【金剛波羅蜜菩薩】（菩薩）金剛波羅蜜多菩薩之略名。

【金剛壽命念誦法】（經名）金剛壽命陀羅尼念誦法之略稱。

【金剛經則卽二字】（雜語）宋趙彥衛雲麓漫鈔曰、金剛經中有卽則二字。高麗大安六年。以義天之祖名稷。故易卽爲則、壽昌元年。刊於大興王寺。後從沙門德誡則喩之請。仍還本文。而以則音呼之。愚按則卽二字。聲近義通。在儒書亦有互用者。詳見高郵王氏經傳釋詞。

【金剛頂發菩提心論】（書名）金剛頂瑜伽中發阿耨多羅三藐三菩提心論之略名、

【金剛頂瑜伽念珠經】（經名）一卷、唐不空譯。佛敕金剛薩埵令說珠數之功德也。

【金剛頂經釋字母品】（經名）瑜伽金剛頂經釋字母品之略名。

【金剛頂略出念誦經】（經名）金剛頂瑜伽中略出念誦經之略名。

【金剛壽命陀羅尼經】（經名）見金剛壽命經條。

【金剛般若波羅蜜經】（經名）金剛經之具名。見金剛經條。

【金剛波羅蜜多菩薩】（菩薩）Vajra-pāramitā　金剛界三十七尊中大日如來四親近菩薩之上首。是與轉法輪菩薩異名同體。金剛者、金剛之寶輪、波羅蜜譯曰到彼岸。手持金剛輪、轉不退之法輪、以摽令衆生到彼岸也。此菩薩之忿怒身爲不動明王、卽大日如來之教令輪身也。秘藏記末曰、「黑青色。左手蓮華上有篋。右手阿閦如來印、」聖位經曰、「毘盧遮那佛。於內心證得五峯金剛菩提心三摩地智。自受用故。（中略）成金剛波羅蜜形。住毘盧遮那如來前月輪。」略出經四曰、「由結阿閦佛觸地契故。得心不動。」新譯仁王經下曰、「中方金剛波羅蜜多菩薩摩訶薩。手持金剛輪。」同儀軌上曰、「言金剛波羅蜜多者。此云到彼岸也。如彼經云轉法輪菩薩也。（中略）手持金剛輪者。毘盧遮那始成正覺。請轉法輪以表示也。（中略）依教令輪現作威光不動金剛。摧伏一切鬼魅惑亂。」

【金剛上味陀羅尼經】（經名）一卷、元魏佛陀扇多譯。與金剛場陀羅尼經同本。

【金剛瑜伽秘密教主】（術語）說金剛界與胎藏界兩部秘密教之大日如來也。

【金剛界成身會曼荼羅】（術語）謂金剛界九會曼陀羅中第一成身會之曼陀羅也。見九會曼荼羅條。

【金剛頂瑜伽護摩儀軌】（經名）一卷。唐不空譯。說五類護摩之儀軌不同。一息災、二增益、三降伏、四鉤召、五敬愛。有二本。一明藏所載。師子國沙門釋智藏譯。（智藏爲不空原名。）一日本空海等請回本國者。不空譯。載於明藏者。文有爛脫。無八天形像。又彼此之文互有詳畧。今藏經兩收之。

【金剛薩埵菩薩摩訶薩】（菩薩）金剛菩薩也。菩薩摩訶薩是大士之通稱。

【金剛壽命陀羅尼經法】（經名）見金剛壽命經條。

【金剛般若波羅蜜經論】（書名）有二部。一爲二卷。無著菩薩造。隋達磨嵎多譯。一爲三卷。天親菩薩造。元魏菩提流支譯。皆爲解釋本經之彌勒菩薩偈頌者。

【金剛頂瑜伽三十七尊禮】（經名）金剛頂經金剛界大道場毘盧遮那如來自受用身內證眷屬法身異名佛最上乘秘密三摩地禮懺文之異名。

【金剛頂瑜伽理趣般若經】（經名）一卷。唐金剛智譯。不空譯之理趣經外異譯之理趣經也。

【金剛壽命陀羅尼念誦法】（經名）見金剛壽命經條。

【金剛髻珠菩薩修行分經】（經名）具名大乘金剛髻珠菩薩修行分經。一卷。唐菩提流志譯。佛爲普思義菩薩說金剛髻珠王化生悉陀太子修行金剛如來心品三摩地。及說外道苦行之惡報。幷不師受三摩耶法。自作法呪之惡果。

【金剛能斷般若波羅蜜經】（經名）一卷。隋達磨笈多譯。金剛經之異譯。梵Vajra-cohedikā

【金剛秘密善門陀羅尼咒經】（經名）一卷。失譯。佛說延壽妙門陀羅尼經之異譯。先出。

【金剛頂瑜伽中畧出念誦經】（經名）四卷。唐金剛智譯。說金剛界九會曼陀羅中成身會、羯磨會、三昧耶會、供養會之四會。常畧名畧出經。

【金剛頂瑜伽經十八會指歸】（經名）一卷。唐不空譯。說梵本十萬偈十八會之大要。常稱曰十八會指歸。

【金剛頂經多羅菩薩念誦法】（經名）一卷。唐不空譯。說多羅觀音之修法。

【金剛王菩薩秘密念誦儀軌】（經名）一卷。唐不空譯。說金剛菩薩之念誦法。

【金剛頂蓮華部心念誦儀軌】（經名）一卷。唐不空譯。是爲金剛頂經之儀軌。稱爲金剛界之儀軌。此經與不空所譯二卷之金剛頂一切如來眞實攝大乘現證大敎王經異名同本。惟字句稍異。

【金剛光焰止風雨陀羅尼經】（經名）一卷。唐菩提流志譯。佛在摩伽陀國逢暴風雨、說制伏爲風雨害之惡龍之壇法神呪、終則大身蘗嚕茶王自座起復說降伏惡龍之神咒名曰金剛觜光焰睒電眞言。蘗嚕茶爲金翅鳥故名金剛觜。

【金剛峯樓閣一切瑜伽瑜祇經】（經名）瑜祇經之具名。一卷、唐金剛智譯。如胎藏界之蘇悉地經。此經說金剛界之蘇悉地法。

【金剛頂瑜伽三十七尊出生義】（經名）一卷、唐不空譯。說金剛界根本成身會三十七尊由大日如來出生之次第。單名出生義。

【金剛頂經瑜伽文殊師利菩薩法】（經名）一卷、唐不空譯。異名五字咒法。說五字文殊之修法。

【金剛三昧本性清淨不壞不滅經】（經名）佛說金剛三昧本性清淨不壞不滅經、一卷、失譯。說初修百三昧終入金剛三昧而成佛者。

【金剛頂瑜伽略述三十七尊心要】（經名）一卷、唐不空譯。說金剛界三十七尊之心要。

【金剛頂經觀自在王如來修行法】（經名）一卷、唐不空譯。說西方阿彌陀之修法。與金剛智譯之金剛頂經瑜伽觀自在王如來修行經一卷同本。

【金剛頂瑜伽降三世成就極深法門】（經名）一卷、唐不空譯。說摧三世害毒之降三世明王深法。

【金剛頂勝初瑜伽普賢菩薩念誦法經】（經名）一卷、唐不空譯。說念誦普賢菩薩之法。

【金剛頂經瑜伽觀自在王如來修行法】（經名）一卷、唐金剛智譯。與不空譯之金剛頂經觀自在王如來修行法同本。

【金剛場莊嚴般若波羅蜜多教中一分】（經名）佛說金剛場莊嚴般若波羅蜜多教中一分、一卷、宋施護譯。大日如來安住一切如來自性中、說四念處乃至十八不共法等之諸法句。

【金剛頂經瑜伽修習毘盧遮那三摩地法】（經名）一卷、唐金剛智譯。說禮佛、五悔、修供、觀心等之法。

【金剛頂經毘盧沙那一百八尊法身契印】（經名）一卷、唐善無畏譯。說金剛界一百八尊之密印。

【金剛般若波羅蜜經破取著不壞假名論】（書名）二卷、功德施菩薩造、唐地婆訶羅譯。直釋經文。論名者取本經所詮之義理也。

【金剛藥叉瞋怒王息災大威神驗念誦儀軌】（經名）一卷、唐金剛智譯。說金剛藥叉之念誦法。

【金剛頂經曼殊室利菩薩五字心陀羅

尼品】（經名）一卷、唐金剛智譯。說五字文殊之修法。

【金剛頂瑜伽青頸大悲王觀自在念誦儀軌】（經名）一卷、唐金剛智譯。說青頸觀音之修法。

【金剛頂瑜伽經文殊師利菩薩儀軌供養法】（經名）一卷、唐不空譯。說念誦文殊菩薩之法。

【金剛頂瑜伽中發阿耨多羅三藐三菩提心論】（書名）一卷、龍樹菩薩作。唐不空譯。常略曰菩提心論。乃眞言宗十卷書之一。

【金剛頂瑜伽金剛薩埵五秘密修行念誦儀軌】（經名）一卷、唐不空譯。說五秘密之法。

【金剛頂瑜伽千手千眼觀自在菩薩修行儀軌經】（經名）一卷、唐不空譯。說千手觀音之念誦法。

【金剛頂一切如來眞實攝大乘現證大敎王經】（經名）有同名異譯二經。一、三卷。爲金剛界大曼荼羅廣大儀品之一品。（此中分一二三）是正說金剛界曼荼羅之本經也。通常所說之金剛頂經。即指本經。一、二卷。四品。說修習供養之方規。此乃儀軌也。皆爲唐不空譯。然金剛頂之全本有十萬偈十八會。其第一會名一切如來眞實攝敎王。有四大品。一名金剛界、二名降三世、三名遍調伏、四名一切義成就。此中不空所譯三卷之金剛頂經。止初之一品。後趙宋施護、全譯四大品。稱曰佛說一切如來眞實攝大乘現證三昧大敎王經。有三十卷。

【金剛頂超勝三界經說文殊師利菩薩秘密心眞言】（經名）一卷、唐不空譯。說五字文殊之法。

【金剛頂瑜伽他化自在天理趣會普賢修行念誦儀軌】（經名）一卷、唐不空譯。說普賢菩薩之念誦法。

【金剛頂經一字頂輪王瑜伽一切時處念誦成佛儀軌】（經名）一卷、唐不空譯。說一字頂輪王之修法者。

【金剛頂勝初瑜伽經中略出大樂金剛薩埵念誦儀軌】（經名）一卷、唐不空譯。說念誦金剛薩埵之法。大樂金剛爲金剛薩埵之異名。

【金剛頂降三世大儀軌法王敎中觀自在菩薩心眞言一切如來蓮華大曼荼羅品】（經名）一卷、唐不空譯。由梵本之金剛頂經抄譯第二大品降三世觀音之曼荼羅者。

【金翅】（動物）鳥名。見迦樓羅條。

【金翅王】（異類）金翅鳥王之畧。

【金翅鳥】（動物）又曰妙翅鳥。梵語迦樓羅、蘗嚕拏、揭路茶Garuḍa等。八部衆之一。翅翮金色。故名金翅鳥。兩翅廣三百六萬里住於須彌山下層。常取龍爲食。見迦樓羅條。

【金翅鳥王】（譬喩）金翅鳥中之最勝者。用以譬佛。舊華嚴經三十六曰「佛子。譬如金翅鳥王。飛行虛空。以淸淨眼觀察大海龍王宮殿。奮勇猛力以左右力搏開海水。悉令兩闢。知龍男女有命盡者而撮取之。如來應供養應等正覺金翅鳥王亦復如是。安住無礙虛空之中。以淸淨眼觀察法界諸宮殿中一切衆生若有善根已成熟者。奮勇猛大力止觀兩翅搏開生死大愛海水。隨其所應出生死海。除滅一切妄想顚倒。安立如來無礙之行。」智度論二十七曰、「譬如金翅鳥王普觀諸龍命應盡者。以翅搏海令水兩闢。取而食之。佛亦如是。以佛眼觀十方世界五道衆生。（中畧）除三障礙而爲說法。」見迦樓羅條。

【金師】（雜名）業鍛冶者之稱。涅槃經二十六曰、「我昔住於波羅奈國時。舍利弗敎二弟子。一觀白骨。二數息。經歷多年。各不得定。（中畧）喚舍利弗而呵責之。汝不善敎。云何乃爲是二弟子顚倒說法。汝二弟子其性各異。一主浣衣。一是金師。金師之子。應敎數息。浣衣之人、應敎骨觀。以汝錯敎。令是二人生於惡邪。」

【金師子座】（雜名）黃金之師子座也。高僧傳二（羅什傳）曰、「龜茲王爲造金師子座。以大秦錦褥鋪之。令什昇而說法。」

【金師子章】（書名）具名華嚴金師子章、一卷。華嚴宗之法藏、對唐則天武后借庭前金師子爲喩、以十門顯華嚴之敎觀者。

【註疏】（書名）金師子章雲間類解一卷、晉水淨源著。註金師子章一卷、宋承遷著。

【金針】（菩薩）金剛針之畧。曼陀羅中之菩薩名。見金剛針菩薩條。

【金針雙鎖】（雜名）曼陀羅中之金剛針與金剛鏁二菩薩也。鎖與鏁同。大日經中以此二菩薩爲一對。大日經疏五曰、「次於部母右置大力金剛針。（中畧）是一相一緣堅利之慧用之貫徹諸法無所不通。故名金剛針也。（中畧）次於執金剛左置金剛商竭羅。譯云金剛鏁。其印持連鏁、兩頭皆作拔折羅形。（中畧）以此智印攝持一切强剛難化衆生。使不退於無上菩提。故以爲名也。」

【金骨】（雜名）佛舍利也。宋仁宗之佛牙舍利贊曰「惟有吾師金骨在。曾經百鍊色長新。」（釋門正統四引之。）

【金脂】（雜名）Śaśin月之別名。大威德陀羅尼經六曰、「月名金脂。隋言兎。」

【金容】（雜名）金色之容貌。佛身也。心地觀經一曰「希有金容如滿月。」慈恩寺傳五曰「耳承妙說。目擊金容。」

【金唄】（雜語）如言金口。唄爲梵音

之頌聲。止觀五下曰、「密覆金唄莫令盜貝。」

【金流】（地名）連河之別名。無量壽經上曰、「示有塵垢沐浴金流。」同述文贊上曰、「金流即尼連河。」

【金姿】（雜語）金色之姿，即佛身也。

【金財比丘】（人名）見金錢比丘條。

【金華】（雜名）金波羅華之畧。即金色之蓮華也。

【金頂業】（術語）金剛頂業之畧。

【金粟】（雜語）謂粟之色黃如金也。

【金粟如來】（雜名）維摩居士之前身為金粟如來。古來盛傳此說、然不見經文之本據、或謂發迹經思惟三昧經說之、然二經皆不載於經錄。維摩經會疏三曰、「今淨名或云金粟如來。已得上寂滅忍。」谷響集一曰、「李善所著頭陀寺碑註引發迹經云、淨名大士、是往古金粟如來。」予（寂照）嘗檢藏中。不得此經。又按復禮法師十門辨惑論。稽疑曰。窮見維摩神力。掌運如來。但十地之觀如來。尚隔羅縠。若維摩是如來助佛揚化。未知何名何號。何論何經。請煩上智示下愚。辨惑曰。金粟之名。傳而有據者也。自註云。吉藏師云。金粟事出思惟三昧經。自云。（復禮）未見其本。今檢諸經錄目。（寂照）無此經名。窮謂西國有經東方未譯矣。」祖庭事苑三曰、「十門辨惑論云。維摩是金粟如來。吉藏師云。事出思惟三昧經。自云。未見其本。」李白答湖州司馬問詩曰、「湖州司馬何須問。金粟如來是後身。」是李白自比淨名居士也。

【金粟影】（雜名）謂維摩居士之像也。谷響集一曰、「事文類集前集傳神條云。金粟影。老杜詩云。虎頭金粟影。神妙獨難忘。佛經有金粟如來。謂顧愷之所畫維摩。虎頭謂顧愷之也。」

【金粟王塔】（堂塔）金粟王所造之塔。善無畏三藏於此塔下由文殊菩薩受毘盧遮那供養次第法、是大日經第七卷不可思議疏之說也。金剛界曼陀羅大鈔一曰、「一或說云。北天竺慕嚕陀國有王、名金粟王。歸依善無畏三藏。建塔置其寺。」

【金粟沙】（雜名）中阿含經三十三曰、「池水清且涼。底有金粟沙。」

【金場】（雜名）金剛場之略。即金剛座、如來正覺之處。秘藏寶鑰上曰、「幾郵到本床。如來明說此。十種入金場。」

【金智】（人名）金剛智三藏之略稱。二教論上曰、「玄宗代宗之時。金智廣智之日。」

【金棺】（雜名）金飾之棺也。水經注曰、「佛涅槃後。香花供養。盛以金棺。」

【金鼓】（故事）夢有金鼓說懺悔之偈頌。金光明經懺悔品曰、「爾時信相菩薩。即於其夜夢見金鼓。其狀殊大。其明普照。喻如日光。復於光中得見十方無量無邊諸佛世尊。衆寶樹下坐瑠璃座。與無量百千眷屬圍繞而爲說法。見有一人似婆羅門以枹擊鼓出大音聲。其聲演說懺悔偈頌。」

【金牒】（譬喩）經文之尊譬如金玉也。唯識述記一本曰「寶偈南贊。金牒東流。」

【金精】（術語）指如來之髮而言。大集經六曰「不以惡事加衆生。故得髮色金精相。」往生要集指麾鈔十二曰「金精相者。猶言紺靑相。紺靑畫彩之具。從銅金生。」

【金塵】（雜語）黃金之塵片。能自由通行於體中者。爲微之七倍。極微之四十九倍。

【金輪】（雜名）世界之最底爲風輪。此風輪依止虛空。其厚爲十六億由旬。其堅固如金剛。風輪之上有水輪。深八億由旬。水輪之上有金輪。厚三億二萬由旬。徑十二億三千四百五十由旬。由輪形之金剛而成。故曰金輪。此金輪之上有九山八海。是爲地輪。自水面至金輪。其深八萬由旬。可以知地輪之厚矣。見俱舍論十一。又轉輪聖王所感得之七寶之一。此輪寶有金銀銅鐵四種之差等。因之而生金輪王乃至鐵輪王之優劣。俱舍論十二曰「謂鐵輪王王一洲界。銅輪王二。銀輪王三。若金輪王王四洲界。契經就勝但說金輪。故契經言。若王生在剎帝利種紹灑頂位。於十五日受齋戒時。沐浴首身受勝齋戒。升高臺殿。臣僚輔翼。東方忽有金輪寶現。其輪千輻。具足轂輞。衆相圓淨。如巧匠成。舒妙光明。來應王所。此王定是金轉輪王。餘轉輪王應知亦爾。」唐則天稱金輪聖神皇帝。用此事也。又金輪聖王之畧。尊帝王而言

【金輪王】（雜名）四種轉輪王之一。見金輪條。

【金輪際】（術語）自水面至八萬由旬之下。有厚三億二萬由旬之金輪。此金輪之所在。謂之金輪際。見金輪條。

【金輪幢】（物名）金輪聖王之幢旗。

【金輪寶】（物名）轉輪王所感得七寶之一。見金輪條。

【金輪曼荼羅】（圖像）具名一字金輪佛頂曼荼羅。以一字金輪佛頂尊爲本尊。其周圍安置輪王七寶及佛眼尊之曼荼羅也。詳見金剛頂經一字頂輪王瑜伽一切時處念誦成佛儀軌。

【金輪聖王】（雜名）與金輪聖帝同。

【金輪聖帝】（雜名）又名金輪王。金輪聖王等。爲有金輪寶之聖帝也。三論玄義曰「悉達處宮。方紹金輪聖帝。能仁出俗。遂爲三界法王。」見金輪條。

【金輪王佛頂要略念誦法】（書名）一卷。唐不空譯。說金輪佛頂之修法。

【金陵梵剎志】（書名）五十三卷。明錢唐葛寅撰。集錄金陵之大小梵剎及其寺

歷、制度、史、讚、詩頌等細大不漏。

【金婆羅華】（植物）金色之婆羅華也。又作金波羅華。佛祖統紀五曰、「梅溪集、荊公謂佛慧泉禪師曰、世尊拈華出何典。泉云、藏經所不載。公曰、頃在翰苑偶見大梵王問佛決疑經三卷云、梵王在靈山會上以金色波羅華獻佛、請佛說法。世尊登座拈花示衆。人天百萬悉皆罔措。獨迦葉破顏微笑。世尊曰、吾有正法眼藏涅槃妙心分付迦葉。」大梵經卷上作金波羅華。

【金鎞】（物名）又作金錍、金篦。灌頂時阿闍梨加持受者之眼所用之道具。原爲印度醫生抉盲人眼膜所用之金籌。老杜詩曰、「金鎞定刮眼。鏡象未離詮。」涅槃經八云、「如目盲人爲治目故造詣良醫。是時良醫卽以金鎞決其眼膜。」參照金籌條。

【金蓮】（術語）金剛部與蓮華部。胎藏界三部中之二部也。秘藏寶鑰下曰、「海滴金蓮亦我身。」性靈集七曰、「金蓮性我孕本覺日。」又金色之蓮華也。

【金蓮華】（雜名）金色之蓮華也。觀無量壽經曰、「行者命欲終時、阿彌陀佛與諸眷屬持金蓮華化作五百化佛來迎此人。」

【金幢】（物名）金寶之幢。幢者、幢竿也。演密鈔五曰、「釋名曰、幢者童也。（童獨也）其貌童童然。卽軍中獨出之謂也。」觀無量壽經曰、「有金剛七寶金幢擎瑠璃地。」又塔上之九輪、謂之金幢。

【金鼠】（故事）金色之鼠也。宋僧傳一（不空傳）曰、「天寶中西蕃大石康三國、帥兵圍西涼府。詔空入帝御於道場。空秉香爐誦仁王密語二七徧。帝見神兵可五百員在於殿庭。驚問空。空曰、毘沙門天王子、領兵救安西。請急設食發遣。四月二十日果奏云、二月十一日城東北三十許里、雲霧間見神兵長偉。鼓角喧鳴、山地崩震。蕃部驚潰。彼營壘中有鼠金色。咋弓弩絃皆絕。城北門樓有光明天王怒視。蕃帥大奔。帝覽奏謝空。因勅諸道城樓置天王像。是其始也。」

【金錍】（物名）錍爲金中之精鋼。或作椑。鎞者乃假借也。金錍又云金籌。見金籌條。

【金錍論】（書名）本名金剛錍。一卷、荊溪湛然著。明非情草木悉皆成佛之義。本論諸家之撰述如下。金剛錍論私記二卷、唐明曠記。日本辨才會金剛錍科一卷、宋仁岳撰。金剛錍科一卷、宋智圓集。金剛錍顯性錄四卷、宋智圓集。金剛錍論義一卷、宋可觀述。金剛錍論義解中卷、宋善月述。金剛錍論釋文三卷、宋時擧釋、海眼會。評金剛錍一卷、宋善熹述。註金錍論一卷、傳敎著。金錍論逆流批三卷、鳳潭著。金剛錍科解一卷、慧證著。

【金鍐比丘】（人名）過去九十一劫

毘婆尸佛出世時有一貧人、以賣薪得兩錢而供養佛。由是九十一劫間恒手兩錢而生、隨取隨在更無窮盡。釋迦出世時生爲舍衛國城中長者子、及長出家得羅漢道。謂之金財比丘。又曰金錢比丘。見賢愚經金財因緣品。

【金磬】（物名）金屬製之磬也。

【金錫】（物名）錫杖也。

【金蹄】（動物）悉達太子之乘馬犍陟也。見金泥駒條。

【金縛法】（修法）亦云不動明王之金縛法。不動明王威力、如縛以金鎖令人身體不能動之法。底哩三昧耶不動尊威怒王使者念誦法曰、「又法欲禁他軍陣衆令不動者。於自旌上畫不動尊四面四臂、身作黃色。上下出牙作大忿怒瞋怖畏狀、徧身火光作天兵勢。行者以旌示彼軍衆、復想聖者以羂索縛彼兵衆。卽軍衆盡不能動。」

【金龍陀】（佛名）舍利弗本地佛之名。法華文句本會十三曰、「身子久成佛號金龍陀迹卽釋迦爲右面智慧弟子。」

【金龍尊】（人名）過去有王名金龍尊。以微妙章句、讚嘆三世諸佛、且夜夢金鼓鬪深妙之聲、依此因緣、當來値釋迦佛與二子金龍金光皆發願受記、別依此發願於今世爲信相菩薩、是金光明經之發起衆也。見金光明經讚歎品。

【金薩】（雜語）金剛薩埵之略。

【金縷袈裟】（衣服）見金襴衣條。

【金藏】（譬喻）眞金之庫藏也。以喻衆生之佛性。見涅槃經七。

【金藏雲】（雜名）世界之初成時、金色之雲由光音天而起、遍布大空以降雨。因其色謂之金藏雲。原人論自註頌曰、「光音金藏雲、布及三千界、雨如車軸下。」佛祖統紀三十日、「賢劫初成時、光音天空中布金色雲。注大洪雨。猶如車軸。」

【金藏經】（經名）大部補註五曰、「金藏經者。昔宇文邕殘酷釋氏時、有論師采集衆經要義、流布於世。號爲金藏。」義疏六帖中往往引之。今不傳。

【金顏】（雜名）金色之顏。如來之光顏也。金光明經一曰、「其齒鮮白猶如珂雪。顯發金顏分齊分明。」

【金雞】（譬喻）以金鷄譬初祖達磨之讖語。傳燈錄六（江西馬祖章）曰、「西天般若多羅。記達磨云。震旦雖闊無別路。要假姪孫脚下行。金雞解銜一顆粟。供養十方羅漢僧。」六祖慧能門下出南岳讓與青原思二師。自南岳出江西馬祖。自青原出湖南石頭。依此二師禪法汎濫天下。是卽初祖達磨之姪孫。謂西天之金雞銜來一顆之粟供養十方之羅漢僧也。無盡燈論上曰、「金雞一粒粟。震旦無別路。足下出馬駒。蹈殺天下人。」

」下二句指馬祖而言。見馬祖條。

【金龜】（雜名）此世界之最底爲虛空。是曰空輪。空輪之上有風輪。風輪之上有水輪。水輪之上有金輪。金輪之上爲須彌山及海陸。密教以金輪之形爲方角。觀如金龜也。按秘藏記末謂密教之道場觀。於水輪之上觀波羅[illegible]字爲金龜。觀此金龜周遍法界。背生大蓮華。其上有八峯之須彌山。而此金龜爲佛性。何則因是佛性能遊生死涅槃。如龜之能遊水（生死）與陸。（涅槃）故曰佛性。

【金軀】（雜名）金色之軀。佛身也。宗輪論述記曰「化畢緣終。金軀以是匿影。」

【金箸】（物名）與金篦金錍金箄同。金所作之箸。以決開眼膜者。大日經二曰「次應執金篦。在於彼前住。慰喻令歡喜說如是伽陀。佛子佛爲汝。決除無智膜。猶如世醫王善開於金箸。」同疏九曰「西方治眼法。以金爲箸。兩頭圓滑。中細猶如杵形。可長四五寸許。用時以兩頭塗藥。各用一頭內一眼中。塗之。涅槃金箄亦此類也。」涅槃經八曰「良醫卽以金錍決其眼膜。」玄應音義二曰「錍賓彌切。金中精鋼爲錍。決其眼膜也。經文多作椑。假借耳。」考字書。篦。集韻駢迷切。取鍜竹器。又集韻頻脂切。又集韻或作篦。亦作箄。

【金耀童子經】（經名）佛說金耀童子經一卷。趙宋天息災譯。婆羅門之一子。身有光明。少有淨信。後從佛出家。佛說其因緣。

【金鐵二鎖】（譬喻）金鎖鐵鎖。雖有勝劣。而被縛則一。以譬內著外著。其邪一也。止觀十上曰「外道見通韋陀。乃至圓門。三念處三解脫名數是同。所起見罪繫縛無異。如金鐵二鎖。」同輔行十之二曰「大論二十五云。譬在囹圄桎梏所拘。雖復蒙赦。更繫金鎖。人爲愛繫。如在囹圄。雖得出家。更著禁戒。如繫金鎖。今借譬此內外生著。在獄鐵鎖如外計。逢赦金鎖如內計。金鐵雖殊。被縛義等。佛法雖勝。見繫無差。」

【金曜星】（天名）卽太白星。九曜之一。在胎藏界外金剛部院之北方。

【金襴衣】（物名）金縷織成之袈裟。又曰金色衣。金色氎衣。黃金氎衣。金縷袈裟。印度早已行之。佛母大愛道。上之於釋尊。其因緣散見諸經論。依賢愚經第十二。佛母摩訶波闍波提。於佛出家後。手自紡織。作金色之氎。旣見佛。喜發心髓。持奉如來。如來不受。告憍曇彌。使持其氎。往施衆僧。時波闍波提重白佛言。自佛出家。心每思念。故手自紡織。規心俟佛。唯願垂愍受之。佛言知母專心。欲以施我。然以恩愛心則福不弘廣。若施衆僧。則得報將愈多。我知此事。故相勸。因使憍曇彌持其衣。施捨衆僧中。無欲取者。遂到彌勒前。彼受之被著。尋遊化於波羅奈。佛因授彌勒當來成佛之記云。雜寶藏經第五、大毘婆沙論第百七十八等、亦略記之。西域記第六、記佛在迦毘羅城南尼拘盧陀僧伽藍附近之大樹下、受姨母大愛道金縷袈裟。又中阿含經第十三、謂佛於彌勒比丘授當來成佛之記畢、更命阿難持金縷織成衣來授之彌勒、更使施佛法衆。其傳雖略異、而其事則似同也。菩薩瓔珞經第一、謂虛空神天叉手白言過去諸佛、皆著織成金縷袈裟、亦如今日諸天所獻、菩薩（釋尊）即受八萬四千織成金縷袈裟、以道神力合爲一袈裟著體。又長阿含經第三、佛般泥洹經卷下等、謂佛當欲般涅槃、向拘夷那竭城途次、阿羅漢弟福貫以黃金氎衣上佛、佛慇受之、爲說妙法。此與前大愛道所獻者、當爲別事。又西域記第九、記佛當欲涅槃時、以曩日姨母所獻之金縷袈裟與諸法藏、皆附屬大迦葉。迦葉即承旨住持正法、結集已畢。至第二十年、欲自涅槃、乃登雞足山、於頂上三峯之間、捧佛袈裟、入於三昧、誓欲於當來慈氏世尊興世之時、授之彌勒。景德傳燈錄第一、亦承此說。雖云金縷僧伽梨衣傳於迦葉、而阿育王傳第四、付法藏因緣傳第一等、以之爲糞掃衣、不作金縷。殆其所傳之殊乎。又法苑珠林第三十五、引西域志云、娑羅雙樹林邊、別有一床、釋迦佛塑像在上、右脇臥、身長二丈二尺四寸、以金色袈裟覆其上、今猶現在、數數放神光。據此可知王玄策渡天之時、佛涅槃像上、旣有金色袈裟。是當與迦葉或彌勒傳持者有別。或別於佛滅後製之、以覆佛身也。傳說之異同、今雖遽判其是非。支那似於中古以來用之。佛祖統紀第四十四、記宋眞宗景德四年、詔使送金襴袈裟於惠州羅浮山中閣寺。奉釋迦瑞像、爲國建祈福道場。當時金襴衣似甚貴重、未弘行於世。佛祖歷代通載第三等、則云金皇統六年、賜清慧金襴僧伽梨大衣。又廬山蓮宗寶鑑序云、元元貞二年正月、以金襴袈裟賜大德。則僧侶被著金襴衣、當自此時始。

【金襴袈裟】（衣服）即金襴衣也。

【念】（術語）於所對之境記憶不忘也。唯識論三曰「云何爲念、於曾習境令心明記不忘」。法界次第曰「念者內心存意之異名也」。大乘義章十二曰「守境爲念」。又深思其事也。法華經信解品曰「即作是念、我財物庫藏今有所付」。又心之發動、還流於三世、謂之念。如前念後念念念等是也。

【念力】（術語）五力之一。專念之力能抗他之障礙、謂之念力。遺教經曰「若念力堅強、雖入五欲賊中、不爲所害」。普賢經曰「念力強故得見我身」。

【念天】（術語）六天之一。小乘說念欲界天、大乘說念一切三界之天、是欲使念天之富樂、而修施戒等之善業也。智度論二十二曰、「聲聞法中說念欲界天。摩訶衍中說念一切三界天。行者未得道時、或心著人間五欲。以是故佛說念天。若能斷婬欲、則生上二界天中。若不能斷婬欲、生六欲天中。是中有妙細清淨五欲。佛雖不欲令人更生受五欲、有衆生不任入涅槃、爲是衆生說念天。如國王子在高危處立、不可救護、欲自投地、王使人敷厚綿蓐、墮則不死差而墮地。」

【念不退】（術語）三不退之一。謂菩薩旣斷根本無明一分、中道之正念永不退失也。

【念死】（術語）八念之一。人於一切時中常念其身必有死而不忘也。智度論二十二曰、「念死者有二種死。一者自死、二者他因緣死。是二種死、行者常念。是身若他不殺、必當自死。（中略）是身一切時中皆有死。不待老。」

【念如意足】（術語）見四如意足條。

【念戒】（術語）六念之一。謂憶念戒行功德也。

【念言】（術語）心念口言也。又念中之言、心念中所作之言辭也。法華經信解品曰、「覆自念言我若久住或見逼迫」

【念佛】（術語）念佛有總別之分。就總言之、有三種。一稱名念佛、口稱佛名也。二觀想念佛、靜坐而觀念佛之相好功德也。三實相念佛、觀佛之法身非有非空中道實相之理也。此於往生要集配對定散有相無相、而爲四種。一定業念佛、卽上之觀想念佛也。二散業念佛、卽上之稱名念佛也。三有相念佛、卽上之定業念佛與散業念佛也。四無相念佛、卽上之實相念佛也。以上所述、乃定散事（有相）理（無相）之四者。此中有相念佛、卽定散之二者。故言其體、則爲定散與實相之三種。顧就總之念佛而論、念佛之言雖通於定散事理、然淨土門所勸者、乃屬於散業之稱名、事之念佛也。其次就別言之、乃對於觀佛而別立念佛之言也。此時於觀佛之中、攝觀想與實相之二種念佛、因之稱名念佛、單名之曰念佛。如觀佛三昧、念佛三昧之對稱是也。念佛專取稱名者、乃淨土門一家之洪範、於念聲是一之釋而知之。今念佛之言、雖通於諸佛、而諸大乘之說、獨限於阿彌陀佛也。往生要集下末曰、「明尋常念相者、此有多種。大分爲四。一定業、謂坐禪入定觀佛。二散業、謂行住坐臥、散心念佛。三有相業、謂或觀相好、或念名號、偏厭穢土、專求淨土。四無相業、謂雖稱念佛欣求淨土、而觀身土卽畢竟空、如幻如夢、卽體而空、雖空而有、非有非空、通達此無二、眞入第一義空、是名無相業。」觀無量壽經曰、「若念佛者、當知此人是人中分陀利華。」楞嚴經五曰、「我本因地以念佛心入無生忍。」起信論曰、「以專意念佛因緣、隨願得生他方佛土。」往生要集中本曰、「往生之業、念佛爲本。」

【念佛回向】（術語）念佛之後所唱之回向文也。光明遍照十方世界念佛衆生、攝取不捨之十六字、爲觀無量壽經之文。

【念佛門】（術語）專念彌陀如來往生淨土之法門也。往生要集上本曰、「依念佛一門聊集經論要文。」同下本曰、「四十八願中於念佛門別發一願。」

【念佛宗】（流派）稱彌陀名號而願往生之宗門也。爲唐道綽、善導等諸師所弘通。卽淨土宗也。日本謂之淨土眞宗。五會法事讚曰、「持戒坐禪名正法。念佛成佛是眞宗。」

【念佛者】（術語）稱彌陀名號願淨土往生之人也。觀無量壽經曰、「若念佛者。當知此人是人中分陀利華。」

【念佛觀】（術語）五停心觀之一。惡業障多者、一心觀佛之相好而治之也。

【念佛三昧】（術語）有二種。一、一心觀佛之相好、或一心觀法身之實相、（此二者卽觀想念佛）或一心稱佛名（稱名念佛）修行法、謂之念佛三昧。是因行之念佛三昧也。二、爲此三種之因行所成、如心入禪定、或佛身現前、或法身實相、謂之念佛三昧。是果成之念佛三昧也。因行之念佛三昧謂之「修」、果成之念佛三昧謂之「發得」。觀無量壽經曰、「於現身中得念佛三昧。」又曰、「見此事者、卽見十方一切諸佛。以見諸佛故名念佛三昧。」念佛三昧經七曰、「念佛三昧則爲總攝一切諸法。是故非聲聞緣覺二乘境界。」智度論七曰、「念佛三昧能除種種煩惱及先世罪。」因如法華三昧、二十五三昧、彌陀三三昧爲法會勤行式之名。

【念佛往生】（術語）由彌陀大悲願力之回向、信心發得、入於念佛三昧、一生造惡之凡夫身、亦直往生於極樂也。或謂行口稱念佛、心念不亂、往生極樂。或謂以定善散善之回向而往生、皆以念佛爲本、故概稱往生彌陀佛國者曰念佛往生。

【念佛爲本】（術語）往生極樂淨土之業因、以彌陀本願正定業之稱名念佛一行爲根本也。

【念佛爲先】（術語）謂念佛爲勝于一切餘行之淨土往生業因也。樂邦文類二曰、「功高易進、念佛爲先。」選擇集曰、「往生之業、念佛爲先。」

【念佛爲宗】（術語）以念佛三昧爲經之宗也。卽彌陀敎（弘願）之經宗是。

【念佛行者】（術語）修行念佛之人。唱六字名號之人。

【念佛廻向】（術語）念佛者、廻向其功德於淨土、或廻向於死者也。亦謂念佛後所唱之廻向文。其文卽觀無量壽經所載之「光明遍照十方世界念佛衆生攝取不捨。」

之文也。

【念佛正信偈】（書名）日本親鸞著。在淨土文類鈔中由六十行百十二句而成。與正信念佛偈少異、而義意則全然相同。正信偈由第十八之因願文「三信十念」而題爲正信念佛、此偈由其成就之文「聞名歡喜」而命名念佛正信。

【念佛往生願】（術語）阿彌陀佛四十八願中之第十八、使念佛之衆生往生西方淨土之願也。無量壽經上曰、「設我得佛。十方衆生至心信樂欲生我國。乃至十念。若不生者。不取正覺。唯除五逆誹謗正法。」

【念佛陀羅尼】（術語）念佛與陀羅尼也。念佛爲南無阿彌陀佛。

【念佛三昧經】（經名）菩薩念佛三昧經之略名。

【念佛念法念僧】（術語）憶念佛法僧三寶之恩德也。

【念佛三昧寶王論】（書名）三卷、唐終南山飛錫撰、開二十門而勸贊念佛。

【念定】（術語）正念與正定也。維摩經佛國品曰、「念定總持」註「肇曰。念正念。定正定」。

【念法】（術語）六念之一。念佛法之勝利妙德也。

【念念】（術語）梵語刹那、譯曰念。刹那者、時之極少、凡物變化於極少時者、莫如心念、故刹那義翻爲念。念念者、刹那刹那也。勝鬘寶窟中末曰、「外國刹那。此云念也」探玄記十八曰、「刹那者此云念頃」維摩經方便品曰、「是身如電。念念不住」無量義經曰、「諸法本來空寂。代謝不住。念念生滅」寶積經九十六曰、「是身無量過患。微塵積集。生住異滅念念遷流」又前後之心念亦云念念。

【念念相續】（術語）行者所起之心念、繫住一處而不散、後念繼前念、中間不雜餘念、即一向專念也。又世所謂口稱不絕也。楞伽經曰、「譬如心意於無量百千由旬之外。憶先所見種種諸物。念念相續。疾詣於彼。」觀念法門曰、「念念相續。畢命爲期者。十即十生。百即百生」。

【念念無常】（術語）二無常之一。一切有爲之法、刹那刹那生滅而不停住、是曰念念無常。見智度論四十三。

【念持】（術語）憶念受持也。八十華嚴經一曰、「皆勤念持一切諸佛所有名號」智度論四十八曰、「念持智慧在緣中不令散惱。故名念持」。

【念施】（術語）六念之一。憶持而不忘布施之功德也。

【念食】（術語）九食之一。修行之人憶念所得之善法而不忘、即得增長善根、資益慧命、猶如世間之食資益自身、是名念食。

丁福保 编

佛學大辭典

下

上海書店出版社

【念珠】（物名）即數珠也、又以捻數珠而云。唐書李輔國不茹葷血、常爲僧行。視事之暇、手持念珠。

【念珠經】（經名）金剛頂瑜伽念珠經之略名。一卷、不空譯。佛敕金剛手菩薩說念珠之功德利益。

【念根】（術語）五根之一。見根條。

【念常】（人名）元沙門、念常、號梅屋。世世居華亭。十二歲於平江圓明院出家。博究群書。後參佛智晦機和尚、有省。禮五臺、遊燕京、帝師發思八尊寵使預金書藏經之列、衆因撰佛祖通載二十二卷、（今本有三十四卷）時元順帝至正元年也。住持嘉興祥符禪寺、見佛祖通載序、續釋氏稽古略一。

【念處】（術語）念爲能觀之智、處爲所觀之境、以智觀察境曰念處。梵Smṛtyupasthāna

【三念處】（名數）處謂法界平等之理不增不減也。佛當說法時、念法界平等之中、畢竟無減退之相、故衆生雖不一心聽法、亦不以爲憂。是爲第一念處。又念法界平等之中、增進之相畢竟不可得、故於衆生雖一心聽法、亦不以爲喜。是爲第二念處。又念法界平等之中、畢竟生死涅槃之相不可得、故常行捨心、於一切時利益衆生、而無有利益衆生之念、是爲第三念處。見法界次第下之下。

【四念處】（名數）見四字部本條。

【十念處】（名數）菩薩於十種法常自觀察、謂之十念處。一身念處、觀身不淨也。二受念處、對於六根六塵有所領納、謂之受、受念處者、爲觀受悉是苦也。三心念處、觀心爲一切善惡之本、能愛護之、能調伏之也。四法念處、法爲意根所起之法、於貪瞋等之惡法斷除之、於慈悲等之善法愛樂之也。五境界念處、於諸可意不可意之境界、觀察其虛僞之相、不生貪恚也。六阿蘭若念處、阿蘭若譯曰閑靜處、又作無諍處、爲比丘之住處、菩薩住阿蘭若、念欲修如理之寂靜行諍行也。七都邑聚落念處、若入都邑聚落、念欲遠離博奕酒肆歌舞等一切之非行也。八名聞利養念處、於名聞利養之處、觀其假相、一念不起執著之心也。九如來學門念處、念如來所學之法門、常勤修之也。十斷諸煩惱念處、念欲修習正智、斷一切之煩惱也。見除蓋障菩薩所問經十三。

【念無失】（術語）十八不共法之一。見十八不共法條。

【念無減】（術語）十八不共法之一。見十八不共法條。

【念經】（術語）思惟憶念經意也。傳燈錄五（法達章）曰、「六祖曰、汝今後方可名念經僧。」師從此領玄旨、亦不輟誦經。

【念著】（術語）念妄念之心境而執

著也。占察經下曰、「但以衆生無明癡闇熏習因緣現妄境界令生念著」

【念誦】（術語）梵語瞿醯。譯曰念誦。意念口誦佛名及經咒也。普賢觀行記曰、「在心曰念發言曰誦言由於心故曰念誦。」盂蘭盆經疏記上曰、「念誦卽通佛名經咒。」演密鈔曰「梵語瞿醯。此云念誦」又禪林之念誦稱十佛名每月三八日於僧堂有念誦式又每日齋粥二時有念誦皆稱十佛名。

【四種念誦】（名數）一音聲念誦發聲念誦也。二金剛念誦合口動舌默誦也。三三摩地念誦住於定心而觀眞言之文字也。四眞實念誦是亦住於定心而觀文字之實相也。見略出經四。又一音聲念誦二三摩地念誦、三金剛念誦此三者與上述相同。四降魔念誦內住悲心外現威猛顰眉顧視瞋怒厲聲也。見瑜伽供養次第法。

【五種念誦】（名數）一蓮華念誦誦聲自聞於耳也。卽音聲謂之蓮華者因阿彌陀爲蓮華部之主司音聲說法之德故謂之音聲。二金剛念誦三三摩地念誦此二者同上。四聲生念誦於心蓮華上觀想白貝念想由此出妙音聲而持誦也。五光明念誦念想口出光明而持誦也。見秘藏記末。又一聲念誦、二金剛念誦三三摩地念誦、四眞實念誦又云實相念誦此四者與最初之四種同。五忿怒念誦以猛音誦之是與上之降魔念誦同。見安然金剛界對受記六。已上諸種中三摩地念誦與眞實念誦是念非誦其他皆念誦也。今總名之曰念誦。

【念漏】（術語）妄念橫漏泄也。臨濟錄曰「把捉念漏不令放起。」

【念僧】（術語）六念之一。念持僧之功德而不忘也。

【念聲是一】（術語）無量壽經第十八願之文有乃至十念善導之觀念法門及往生禮讚釋爲下至十聲。選擇集上曰、「問曰。經云十念釋云十聲念聲之義如何。答曰。念聲是一。何以得知觀經下品下生云。令聲不絕具足十念稱南無阿彌陀佛稱佛名故於念念中除八十億劫生死之罪。今依此文聲卽是念念則是聲。其意明矣。加之大集月藏經云大念見大佛小念見小佛。感師釋云。大念者大聲念佛。小念者小聲念佛。故知念卽是唱也。」

【念觀兩宗】（術語）謂觀無量壽經之經宗有觀佛爲宗與念佛爲宗之兩宗也。念佛爲宗者。觀無量壽經之顯義、釋迦教之經宗也。觀佛爲宗者觀無量壽經之隱義。彌陀教之經宗也。此爲善導之玄義分所說。

【命】（術語）梵語尾戍單。Jivita 支持煖識爲生物之元者。俱舍論五曰。「命根體卽壽能持煖及識。」參照命根條。

【命如風中燈】（譬喩）無常之人生、

如風吹之燈火也。歸敬儀上曰、「經曰命如風中燈不知滅時節、今日復明日、不覺死時至、冥冥隨業緣、不知生何道。」

【命光】（雜語）人之壽命、隨光陰而遷謝、故曰命光。楞嚴經四曰、「縱汝形消命光遷謝、此性云何爲汝銷滅。」

【命命鳥】（動物）梵語耆婆耆婆迦 Jīvajīvaka 之譯。法華涅槃經等謂之命命鳥、勝天王般若經謂之生生鳥、雜寶藏經謂之共命鳥、阿彌陀經謂之共命之鳥。乃一身兩頭之鳥也。見耆婆耆婆條。玄應音義一曰、「梵云耆婆耆婆鳥、此言命命鳥是也。」

【命者】（術語）十六神我之一。計我爲有實之壽命者。唯識述記一本曰、「色心相續、名之爲命、命者是主義、我有此命、故名命者。」

【命根】（術語）命卽壽也。然據小乘有部之義、則別有非色非心之體、由過去之業而生、因而一期之間維持煖與識、名之爲命。命能持煖與識、故名爲根。據大乘唯識之義、則第八識之種子有住識之功能、因而一期之間使色心相續、是假名爲命根、非別有命之實體也。俱舍頌疏五曰、「論云命體卽壽。既將壽釋命、故命卽壽、此復未了何法爲壽、謂有別法持煖與識、說名爲壽。」唯識述記二本曰、「命謂色心不斷、是命之根也。」

【命梵】（術語）命難與梵難之二也。關於我命存亡之災難、謂之命難、關於我梵行（清淨持戒）持犯之災厄、謂之梵難。

【命終心】（術語）凡夫臨命終時、起自體境界當生之三愛、而引當生。見三愛條。

【命終畏】（術語）又曰死畏。五怖畏之一。見五怖畏條。

【命過幡】（物名）爲追福而立之幢幡也。命過後所立之幡、故曰命過。若於存生中爲祈禱之幡、謂之續命神幡。夾註菩提心集下曰、「追福幡、名命過幡、隨願經謂之懸命過幡。」見旛條附錄。

【命道沙門】（術語）四種沙門之一。見沙門條附錄。

【命濁】（術語）五濁之一。謂至末世而壽命短縮也。是爲煩惱與邪見之結果、濁者穢濁、以煩惱與邪見爲濁之本體、命之短縮爲其結果、故曰命濁。

【命點】（術語）凡文字最初之一點及二畫、爲代表阿字之點畫、爲一切字之頭首、由之而生出其字也。故最初之一點一畫、名爲命點。

【命難】（術語）害命之災難。

【命藤】（譬喻）命根譬之藤也。性靈集四曰、「兩鼠爭伐於命藤」同八曰、「命藤夜斷、入死王之殃。」

【命寶】（譬喻）以人之壽命、譬重寶也。義釋六帖十九曰、「般若論云、一切法中命寶第一。」

【忿】（術語）小煩惱地法之一。二十隨煩惱之一。心所名。向有情非情之心令自心憤怒之精神作用也。

【忿王】（術語）忿怒王也。

【忿結】（術語）忿恨之心結而不解也。長阿含經十三曰「喜惱他人令生忿結」菩薩本行經中曰「人起瞋恚忿結不解」。

【忿怒】（術語）如不動尊現忿怒威猛相之尊體爲忿怒。又謂之明王。凡諸佛菩薩皆有二輪身。一正法輪身。由所修之行願所報得之眞實身也。二敎令輪身。由大悲而現威猛之相。奉行大日敎令之明王身也。希麟音義六曰「案忿怒像。金剛頂瑜伽經云。諸佛菩薩。依二種輪現身有異。一者正法輪。現眞實身。所修行願報得身故。二者敎令輪。現忿怒身。由起大悲現威猛故也。」秘密瑜伽學習捷圖上曰。「其忿怒者猶如奴僕也。諸軌之中多稱明王。雖是奴僕奉行敎勅。卽猶君王。故呼忿怒亦名明王。」

【三種忿怒】（術語）就胎藏界三部分別忿怒王爲三種也。諸部要目曰「不動尊爲佛部忿怒。忿怒鉤。蓮華部忿怒。軍荼利。金剛部忿怒。」大日經義釋七曰「蓮華部眷屬以馬頭爲忿怒明王。金剛眷屬以月黶爲忿怒明王。(已上爲金剛部與蓮華部)釋迦眷屬以無能勝爲忿怒明王。今毘盧遮那自敎迹中以聖不動降三世爲忿怒明王」(已上爲佛部)演密鈔十曰「如太悲漫荼羅。從中胎流出外第三院。如來部以不動尊爲忿怒。金剛部月黶尊爲忿怒。蓮華部毘俱胝爲忿怒。以此等忿怒之火。降伏無始無明等魔。引入中胎皆見遮那。」

【五忿怒】（名數）就金剛界之五智如來而各分忿怒王也。補陀落海會軌曰「以五智忿怒相配五智。不動尊毘盧遮那忿怒。降三世尊阿閦佛忿怒。軍荼利寶生佛忿怒。六足尊無量壽佛忿怒。金剛藥叉不空成就佛忿怒。」

【忿怒王】（術語）忿怒明王也。

【忿怒拳】（雜名）六種拳之一。

【忿怒眼】（術語）瑜伽法中三種眼之一。明王忿怒威猛之眼目。以降伏煩惱者。諸部要目曰「忿怒眼降伏心殺害煩惱也」

【忿怒鉤】（菩薩）觀音之一種。稱曰忿怒鉤觀世音。正觀音入忿怒三摩地。助虛空藏化道之形也。密號持鉤金剛。以持鉤輪故也。秘藏記中曰「忿怒鉤觀世音菩薩。四面明王之像。肉色。左右面青黑色。有四手。左上手取蓮華。次一手取羂索。次右上手持鉞鉤。次一手與願契」

【忿怒明王】（術語）忿怒尊卽明王也。如不動尊現奮怒之形相。敎令法界。故稱之爲明王。

【忿怒月黶菩薩】（菩薩）又曰月黶忿怒爲月黶尊大忿怒之形故稱曰忿怒月黶見月黶尊條。

【忿怒王儀軌品】（經名）大方廣曼殊室利童眞菩薩華嚴本敎讚閻曼德迦忿怒王眞言阿毘遮嚕迦儀軌品第三十一之略名。

【忿怒持金剛菩薩】（菩薩）胎藏界金剛手院之一尊秘藏記下曰、「忿怒持金剛菩薩赤肉色左手取三股跋折羅目視上之勢」

【卑下慢】（術語）見慢條附錄。

【卑先匿】（人名）Prasenajit王名波斯匿之變音也見索經。

【卑帝利】（異類）Pitṛ 又曰畢帝黎。餓鬼之梵名見薜荔多條。

【卑帝梨耶】（異類）Pitṛya 見薜荔多條。

【卑栗蹉】（地名）Mleccha 邊地之名。

【卑慢】（術語）七慢之一見慢條附錄。

【卑摩羅叉】（人名）Vimalakṣa 三藏法師名譯曰無垢眼見梁僧傳三。

【昏住】（術語）見空心靜坐條。

【昏俗】（雜語）盲昧之凡俗也行事鈔下三曰、「昏俗多務慧觀難修」同資持記下三之三曰「塵網所縈故云昏俗」

【昏城】（譬喩）昏昧之城域言凡夫所棲之處也寄歸傳一曰「引四生於火宅拔三有於昏城」

【昏寓錢】（雜名）與六道錢同。

【昏鼓】（物名）夕刻所打之鼓也敕修淸規法器章曰「鼓早晚平擊三通」一通爲一百二十搥、三通合爲三百六十搥用以表一歲之日數。

【昏識】（術語）昏昧之心識指凡夫之無知而言萬善同歸集五曰、「驚昏識之迅雷」

【昏鐘】（儀式）謂初更一點後大鐘百八下也爲三遍分之如曉鐘。

【昏鐘鳴】（雜語）昏鐘之鳴時也禪林之語。

【取】（術語）取著所對之境界謂之取愛之異名也又爲煩惱之總名唯識論八曰「取是著義」大乘義章五本曰、「取執境界說名爲取」勝鬘寶窟中末曰、「取者是其愛之別稱愛心取著故名爲取」

【取支】（術語）十二支之一。

【取因假設論】（書名）一卷陳那菩薩造唐義淨譯論佛化衆生但依假施設之事而宣法要。

【取次語】（雜語）草率之語也又漫浪貌容易語也寒山詩曰、「平側不解厭、凡言取次出。」

【取果】（術語）見與果條。

【取相】（術語）取執事理之相之妄惑也。四教儀集註中一曰、「取相惑。三惑皆名取相。觀音玄義上云：見思取生死相。塵沙取涅槃相。無明取二邊相。」智度論四十六曰、「著心取相菩薩修福德、如草生火易可得滅。」

【取相懺】（術語）三種悔法之一。

【取與】（術語）取果與果也。爲果之種曰取果。正與彼力而生果、謂之與果。俱舍論六曰、「取果與果其義云何。能爲彼種、故名取果。正與彼力、故名與果。」

【取著】（術語）取所對之法貪著而不離也。涅槃經十七曰、「取著名爲凡夫。一切凡夫取於色乃至著識。以著色故、則生貪心。生貪心故、爲色繫縛。乃至爲識亡所繫縛。以繫縛故、則不得免生老病死憂悲大苦一切煩惱。是故取著名爲凡夫。」

【取結】（術語）取與結皆爲煩惱之異名。煩惱能取生死、故曰取。又能取執所對之境、故曰取。又煩惱能結縛衆生、故謂之結。

【取蘊】（術語）取爲煩惱之異名。由煩惱而生蘊、由五蘊而生煩惱、故曰取蘊。見五取蘊條。

【弩達囉灑】（術語）Durdharsa 法身佛之奉教者也。常守護曼荼羅之內門住右邊。譯云難執持、亦云難降伏。以毘盧遮那之大空無礙力、故於一切能執持降伏之者、又譯云不可越。亦云不可觀視。無能見者。以常奉宣如來之三昧耶教、故威勢尊嚴無敢過越者。又彼之光明暉曜猛盛、如集百千之日輪。一切嬰童不能視日輪也。欲具如是衆義、故存其梵名。

【弩藥帝】（雜語）Anvāgati? 大疏九曰、「弩藥帝是隨至義。亦是徧至義。亦是逝義。進不住義。」演密鈔七曰、「是隨至義者。謂一切衆生有發起始覺菩提心、無處不隨至。卽是達字菩提心爲因。亦是遍至義者。謂大悲心於衆生界悉遍至、故卽是馱字大悲爲根。亦是逝義者。十地行滿妙往菩提之彼岸、故卽是曇字方便爲究竟。言進不住義者。謂得果不捨因門而起化用、亦屬方便爲究竟。但攝利他爲異爾。卽是襗字門也。」

【迎接】（術語）迎取也。觀無量壽經曰、「阿彌陀佛放大光明照行者身、與諸菩薩授手迎接。」

【迎接曼陀羅】（圖像）爲淨土變相之一種。卽念佛行者蒙阿彌陀如來來迎引接之圖像也。

【近分定】（術語）伏壓下地修惑所得之上地禪定也。由色界初禪至無色界第四天有八近分定。

【近住】（術語）爲在家男女受八戒

者親近三寶宿住之義。

【近住女】（術語）在家受八戒之女子也。

【近住男】（術語）在家受八戒之男子也。

【近住律儀】（術語）在家男女所受之八戒也。俱舍論十四曰、「若受離八所應遠離。安立第二近住律儀。」

【近事】（術語）近三寶而奉事之也。梵語優婆塞、譯作近事男。優婆夷、譯作近事女。

【近事女】（術語）舊稱優波夷。新稱鄔波斯迦Upāsikā。譯曰近事女。在家受五戒之女子也。近三寶奉事如來之義。西域記九曰、「鄔波斯迦。唐言近事女。舊曰優婆斯、又曰優婆夷。皆訛也。」

【近事男】（術語）舊稱優婆塞。新稱鄔波索迦Upasaka譯曰近事男。在家受五戒之男子也。近三寶奉事如來之義。西域記九曰、「鄔婆索迦。唐言近事男。舊曰伊蒲塞。又曰優婆塞。皆訛也。」

【近事律儀】（術語）優婆塞、優婆夷所授持之五戒也。

【近波羅蜜】（術語）近六波羅蜜之波羅蜜也。菩薩自初地至第七之間、在漏無漏間雜位。因煩惱而故意修行。非任運無功用修行也。此六波羅蜜曰近波羅蜜。

【近童】（術語）近者近事男。梵名優婆塞之譯名。童者行童、學佛典之俗。沙彌性靈集九曰「緇林鬱茂。近童駢羅」。

【近圓】（術語）具足戒之異名。圓爲涅槃之稱。具足戒爲近涅槃之法也。寄歸傳三曰、「既受戒已。名鄔婆三鉢那。」自註曰、「鄔婆是近。三鉢那是圓。謂涅槃也。今受大戒、即是親近涅槃。舊云具足者、言其汎意。」

【近緣】（術語）三緣之一。見三緣條。

【供天】（雜語）又云天供。供養梵天帝釋功德歡喜等之諸天也。

【供米】（物名）供佛或僧之米也。

【供米袋】（物名）供米之袋也。

【供米田】（雜名）爲供米之田地也。

【供米所】（雜名）與供米田同。

【供佛】（雜語）供養佛也。

【供物】（雜名）供養三寶之物品也。

【供物當投河】（儀式）據瞿醯經下卷說、供養世尊之物、皆當投於河。又他儀軌亦說此。

【行者不可食供物】（雜語）陀羅尼經三（般若心經軌）曰、「其壇所用飲食餅菓。日別替換。更作新者供養。殘食咒師及病人皆不得喫。喫者呪力無驗。（中略）其所餘殘食。將與貧窮者最爲第一。」蘇婆呼童子經中曰、「勿喫供養及祭祀鬼神之食。或喫所棄著地食。」案此非一概之說。據軌亦有許者。惟阿闍梨多不許。

【供具】(物名) 又云供物。供佛菩薩等之香華飲食幡蓋等事物也。寶積經三十四曰「齎持微妙供具奉獻如來及諸大衆」法華經曰「於當來世以諸供具供養奉事」往生要集中本曰「隨力辦於華香供具」

【六種供具】(名數) 一華、二塗香、三水、四燒香、五飯食、六燈明。如是次第表布施持戒忍辱精進禪定智慧之六度。供於護摩壇之四方。

【供具如意願】(術語) 又曰供養具如意願。四十八願中第二十四之願名。無量壽經上曰「設我得佛國中菩薩在諸佛前。現其德本諸所欲求供養之具。若不如意者。不取正覺」欲使菩薩供養諸佛之品具如意之願也。

【供奉】(職位) 內供奉之略稱。供奉大內之道場之僧官名。略曰內供。

【供奉雲】(雜名) 諸菩薩興雲供奉如來也。華嚴經妙莊嚴品曰「諸菩薩各興種種供奉雲」

【供帳】(雜名) 造僧籍入官者謂之供帳。佛祖統紀曰「唐玄宗開元十七年。勅天下僧尼令三歲一造籍。供帳始此」勅修清規曰「往時僧道歲一供帳。納免丁錢。官給由爲憑」

【供華】(儀式) 以花供佛菩薩也。供花之意趣見香華條。図(物名) 載供佛所盛之物之臺謂之供華。

【供宿】(儀式) 供養尊宿也。性靈集十曰「禮著鄉飲。經稱供宿」月燈三昧經六曰「當問其夏臘。若是尊宿者。應供養恭敬頭面接足禮」

【供養】(術語) 毛詩蓼莪箋曰「供養日寡矣。而我不得終養」儀禮既夕注曰、「燕養平常所用供養也」禮記曾子問注曰「婦有供養之禮。故必祭而成婦義」戰國策曰、「得甘脆以養親。親供養備」白虎通曰「王者有六樂。所以作供養」今爲資養三寶。奉香華燈明飲食資財等物謂之供養。義本於此。文句三下曰「施其依報名供養」玄贊二曰「進財行以爲供。有所攝資爲養」

【二種供養】(名數) 供養諸佛有二種。一出纏供養。供養一切諸佛在出障圓明之位者。二在纏供養。供養一切有情在纏垢之中者。蓋諸佛爲出纏如來。衆生爲在纏如來也。図一財供養。供養香華飲食等財物也。二法供養。如說修行利益衆生也。是取於三寶第一之供養也。見普賢行願品。三藏法數七。

【三種供養】(名數) 一利供養。捧香華飲食等也。二敬供養。讚嘆恭敬也。三行供養。受持修行妙法也。又如其次第名之曰財供養、法供養、觀行供養。見十地論三。

【四事供養】（名數）飲食、衣服、臥具、湯藥也。

【四供養】（名數）金剛界曼陀羅金剛嬉、金剛鬘、金剛歌、金剛舞之四菩薩爲內四供養。金剛香、金剛華、金剛鎖、金剛塗香之四菩薩爲外四供養。合稱之曰八供。見曼陀羅大鈔。

【四種供養】（名數）一合掌、二閼迦、三眞言印契四運心見蘇悉地經二。

【五種供養】（名數）一塗香、二華、三燒香、四飲食、五燈明也。

【六種供養】（名數）一閼迦、二塗香、三華、四焚香（又曰燒香）五飲食、六燈明也。此六種如其次第表布施、持戒、忍辱、精進、禪定智慧之六度。乃善無畏三藏所傳。

【十種供養】（名數）一華、二香、三瓔珞、四抹香、五塗香、六燒香、七繒蓋幢幡、八衣服、九妓樂、十合掌。法華經法師品說之、故名法華經爲十種供養經。其濫觴由於羅什三藏。

【供養法】（術語）作曼陀羅供水、天供聖天供等、種種供養之法式也。其作法出於蘇悉地經二供養品瞿醯經中奉請供養品不空羂索經十五最上神變解脫壇品等。

【供養文】（雜名）依觀佛三昧海經十（念十方佛品）所記奉獻香華時之發願文而作者。於法會之式爲供養文諷詠之。見魚山集畧。

【供養主】（雜名）勸募供養物者。與化主同。見象器箋七。

【供養諸佛願】（術語）無量壽經四十八願中第二十三之願名。經曰「設我得佛國中菩薩承佛神力供養諸佛。一食之頃不能徧至無數無量那由他諸佛國者。不取正覺」日本望西樓無量壽經鈔四題曰、供養諸佛願。

【供養如意願】（術語）指四十八願中、第二十四願而言。與供具如意願同。

【供養十二大威德天報恩品】（經名）一卷。唐不空譯。說地天水天等十二天之供養法者。

【供養儀式】（書名）一卷、著者不詳。據大日經以記供養之法式者。

【供養會】（術語）金剛界九會曼荼羅之一。示諸尊以寶冠華鬘等供養本師大日如來之相。四曼中羯磨曼荼羅也。有五佛、四波羅蜜、十六大菩薩、八供四攝、賢劫十六尊外金剛部二十天之七十三尊。見九會曼荼羅條。

【供過行者】（職位）供頭行者之別稱。見象器箋八。

【供臺】（物名）置供物之大卓也。見象器箋十九。

【供燈】（儀式）以燈明奉施佛像塔

廟也。

【供頭行者】（職位）粥飯時行飯羹茶果等之行者也。或單稱供頭。見象器箋八。

【供講】（儀式）書寫法華經等後，供養講讚也。性靈集十曰：「聊設法筵供講事畢。」

【陀天】（異類）荼吉尼天也。

【陀多竭多】（術語）Tathāgata 譯曰如來。見多陀阿伽度條。

【陀那】（術語）Dāna 又曰檀、檀那。譯曰布施。六波羅蜜之一。〔又〕（雜語）量目名。譯曰一銖。見大乘法數二。〔又〕（術語）阿陀那（Ādāna）之畧。阿賴耶識之異名。楞嚴經五曰：「陀那微細識。」

【陀那婆】（天名）Dānavat 神名。譯曰有施。慧琳音義二十五曰：「陀那婆神，陀那此云施，婆言有此神得有施名。」

【陀那伽他】（術語）Dānagātha 又作 Dakṣiṇāgāthā。舊稱噠嚫伽陀。報施主之說法也。又云特欹拏伽陀、陀那、特欹拏。皆爲施與之義。伽陀者頌也。見噠嚫條。

【陀那笈多】（人名）Dhanagupta 兒童名。譯曰寶護。見阿育王經八。

【陀那鉢底】（術語）Dānapati 譯曰施主。寄歸傳一曰：「梵云陀那鉢底，譯爲施主。陀那是施，鉢底是主。而云檀越者，本非正譯。」

【陀毘羅】（地名）又作陀毘荼、達羅毘荼、達羅弭荼。南印土國名。其國言咒語，多甚難解。西域記十曰：「達羅毘荼國，南印度境。」瑜伽論九曰：「達羅弭荼種種明咒。」同倫記九下曰：「景云：南天竺東南海渚有一師子國，名達羅弭荼。（中略）測云：舊論云陀彌國，舊釋云是鬼國，所發語言不可解了。」本行集經十一，列六十四書中有「陀毘荼國書」。大部補註十一曰：「婆沙云：一天王作是念：若佛爲我作陀毘羅語說四諦者，我則能解。」梵 Davila, Damila, Dravile

【陀鄰尼】（雜語）同陀羅尼。

【陀鄰尼鉢】（雜語）Dhāraṇipada 陀鄰尼即陀羅尼。鉢者鉢吒之略。譯曰句。陀羅尼之語句也。

【陀鄰尼鉢經】（經名）一卷。東晉曇無蘭譯。與陀羅尼經及舉最上燈明如來陀羅尼經同本。

【陀摩】（術語）智度論四十八曰：「陀摩，秦言善。」

【陀羅】（地名）山名。陀羅者持之義，以華言翻之，當曰雙持山也。

【陀羅尼】（術語）Dhāraṇī 又曰陀羅那、陀鄰尼。譯作持、總持、能持、能遮。以名持善法不使散，持惡法不使起之力用。分之爲四種：一法陀羅尼，於佛之教法聞持而不忘也。又名聞陀羅尼。二義陀羅尼，於諸法之義總持而不忘也。三咒陀羅尼、依禪定發秘密語、有不測之神驗謂之咒咒陀羅尼者於咒總持而不失也。四忍陀羅尼、於法之實相安住、謂之忍持忍名爲忍陀羅尼。即義咒忍之四者爲所持之法也由能持之體言之法義之二者以念與慧爲體咒以定爲體忍以無分別智爲體。大乘義章十一末曰、「陀羅尼者、是外國語。此翻爲持念法不失故名爲持。」佛地論五曰、「陀羅尼者增上念慧能總任持無量佛法令不忘失。」智度論五曰、「陀羅尼者秦言能持或言能遮能持集種種善法、能持令不散不失譬如完器盛水水不漏散。能遮者惡不善心生能遮不令生。若欲作惡罪、持令不作。是名陀羅尼。」法界次第下之下曰、「陀羅尼、是西土之音。此土翻云能持或言能遮(中略)又翻爲總持隨有若名若義若行地功德皆悉能持故名總持。」瑜伽略纂十二曰、「論云。陀羅尼有四種。一法二義三咒四能得忍。(中畧)法陀羅尼以法爲境即能詮名言以念慧爲體。義陀羅尼其體同法唯境界異其異者何。所詮義爲境。謂無量義意趣等。即唯在意地。咒陀羅尼以定爲體。依定持咒令不忘故以咒爲境也。能得忍陀羅尼者以無分別智爲忍體即證眞如。」可洪音義一下曰「陀鄰尼此云總持。」今日常指咒陀羅尼曰陀羅尼。

【呪陀羅尼】(術語)此乃四種陀羅尼之一、眞言教之所謂陀羅尼也。佛菩薩從禪定所發之秘密言句也。陀羅尼者總持之義。總持有二釋。一就人。一就法。就人釋者、佛菩薩之定力能持神咒之功德、故名持。如上四種中所釋者是也。大乘義章十一末曰、「咒菩薩依禪能起咒術爲衆除患第一神驗名咒陀羅尼。菩薩依禪備起多用隨用別論。即有無量陀羅尼門。良以咒術傳益義多故偏論之。」就法釋者、神咒之言句總持無量之文義、無盡之功德、故名持。佛地論五曰、「於一法中持一切法於一文中持一切文。於一義中持一切義。攝藏無量諸功德故名無盡藏。」明巳上二釋中神咒之功德、必依後釋、諸經中顯此咒陀羅尼有五名。一陀羅尼二明三咒四密語五眞言此中後四者爲義翻也。秘藏記本曰、「諸經中說陀羅尼。或陀羅尼或明或咒或密語或眞言。如是五義、其義如何。陀羅尼者、佛放光光之中所說也。是故陀羅尼與明其義不異。咒者。佛法未來漢地前有世間禁咒法、能發神驗除災患。今持此陀羅尼人能發神通除災患與咒禁法相似。是故曰咒。密語者凡夫二乘不能知。故曰密語。眞言者如來言眞實無虛妄。故曰眞言。然皆是舉一邊所名也。」

【陀羅尼三重配釋】(術語)守護經一有迴向陀羅尼、據密教之深義、以此陀羅尼三字配於三世之佛三世之父母及地空天之三神、而迴向供養也。一陀爲過去之佛、羅爲現在之佛、尼爲未來之佛。其義陀羅尼者梵字𑖠𑖨𑖜也。𑖠者法界之義、界者性也、過去者、法謝而性在、故配於過去之諸佛。又𑖨者塵垢之義、現在者諸法現起、是塵垢之義也。故配於現在之佛。又𑖜者諍論之義、未來者萬法未現起、其相不分明、是諍論之義也、故配於未來之佛。二陀配於過去之父母、羅配於現在之父母、尼配於未來之父母。其義如上。三陀配於地、羅配於空、尼配於天。陀配於地者、是迴向國王之意。地爲阿字不生之理、爲法界之體。故以𑖠字配於法界也。空者、是迴向於人之意、以人居天地之中間故也。𑖨者塵垢之義、虛空之中、衆生世間、器世間等之諸法亂起、是卽塵垢之義、故以配之。天者、迴向諸天鬼神之意、天爲諸法混一而不分明、故配於諍論之𑖜字。是據隨求陀羅尼儀軌所謂「陀者過去佛等」也。見秘藏記末、同鈔十。

【陀羅那】（術語）Dharaṇa 夜叉名。譯曰持。見孔雀王咒經上。

【陀羅羅】（人名）仙人名。慧琳音義二十六曰、「陀羅羅仙。有作何羅羅。古音云無翳仙。」

【陀羅驃】（術語）Dravya 勝論所立六諦之一。譯曰主諦、所依諦。新譯曰六句義、又譯實句義。爲地、水、火、風、空、時、方、神、（又曰義）意九種之實法也。百論疏上中曰、「陀羅驃。稱爲主諦。亦云所依諦。謂地、水、火、風、空、時、方、神、意。此九法爲一切物主、故云主諦。」

【陀羅經被】（物名）淸制。王大臣薨。賜陀羅經被。被以白綾爲之。上印藏文佛經。字作金色。

【陀羅尼印】（術語）四種陀羅尼中忍陀羅尼法之印。忍者安住於實相之理也。大乘之深經皆以此陀羅尼印印之。維摩經法供養品曰、「陀羅尼印印之。」註「什曰。總持有無量。實相卽總持之一。若經中說實相、實相卽是印。以實相印封此經、則爲深經。」

【陀羅尼形】（術語）謂如來萬德輪圓具足之總持身也。大疏十八曰、「陀羅尼形者。謂總束眞言輪而以爲身。卽成智門身也。」義釋十三曰、「陀羅尼形者。謂總成向來眞言輪而以爲身。卽成普門身也。由住此總持身故。於一切衆生前。示所喜見身。說所稱機之法。無有差謬。同入佛智也。」

【陀羅尼品】（經名）法華經品名。在第八卷、說藥王菩薩及四天王十羅刹女等各擁護持經者之神咒。

【陀羅尼藏】（術語）六波羅蜜經所說五藏之一。爲眞言陀羅尼之法藏、五藏中此爲最上醍醐之敎法、據之而立眞言宗。見五藏條。

【陀羅尼三昧】（術語）Dhāraṇīsamādhi 發無量陀羅尼之禪定名。智度論四十七曰、「得是三昧力故聞持等諸陀羅尼皆自然得。」

【陀羅尼句經】（經名）持句神呪經之異名。

【陀羅尼集經】（經名）十二卷、唐阿地瞿多譯。說諸佛菩薩諸天之印咒。

【陀羅尼雜集】（書名）十卷撰者未詳、附於梁錄。搜集種種之咒。

【陀羅尼門諸部要目】（書名）一卷、唐不空譯。略名諸部要目。就眞言諸部而列其要義。

【孤山】（人名）奉先源清弟子、釋智圓。字無外。自號中庸子、或名替夫。又曰病夫。就奉先源清學天台三觀之旨。居西湖孤山、以接學者。著書頗多。宋神宗乾興元年寂。壽四十七。崇寧三年賜謚法慧大師。造楞嚴經等十經之疏。號十本疏主。見佛祖統紀十。

【孤地獄】（界名）見孤獨地獄條。

【孤起偈】（術語）十二部教中有伽陀與祇夜二者。皆是偈語之體。然祇夜爲重說前之經文而結以偈文者。故謂之重頌偈。伽陀不然。爲單結之偈文。故曰孤起偈。玄義一下曰、「或孤起偈說世界陰入等事。是名伽陀。」

【孤園】（地名）給孤獨園之略。

【孤落迦】（物名）漿名。八種漿之一。其果狀似酸棗。見百一羯磨五。

【孤調】（術語）小乘之證果。不調度他。獨調度己而解脫生死也。止觀三上曰、「若入無餘。但有孤調解脫。」輔行三之一曰、「灰身故無身。滅智故無智。獨一解脫。故云孤調。」四教儀曰、「若灰身滅智名無餘涅槃。又名孤調解脫。」

【孤調解脫】（術語）見前項。

【孤獨園】（地名）給孤獨園之略。祇園精舍所在之處。給孤獨者須達多之譯名、此園爲須達長者所布施。故曰給孤獨園。見給孤獨園條。又後世養老院、孤兒院之類。南史梁武帝紀、普通二年春詔置孤獨園以恤孤幼。

【孤獨地獄】（界名）又曰孤地獄。非如八寒八熱地獄之有定處、各人別業所感、獨在虛空或山野等之地獄也。俱舍頌疏十一曰、「如上所論十六地獄。一切有情業增上力感。餘孤地獄各別業招。或多或少。或二或一。所止差別多種。處處不定。或近江河山邊曠野。或在地下空及餘處。」

【孤露】（術語）孤者孤獨、無父母也。露者露出無覆我者也。法華經壽量品曰、「自惟孤露無復恃怙。」涅槃經一曰、「貧窮孤露。一旦遠離無上世尊。」

【拍掌】（儀式）又作拍手。眞言法於

其修法之初與終。作拍掌。其初拍掌。爲歡喜本尊來降也。其終拍手。爲歡喜一座之事究竟也。

【抵彌】（雜名）大魚名。玄應音義二曰「抵彌應言帝彌祇羅。謂大身魚也。其類有四種。此第四最小者也」梵 Timi, Timiṅgila

【拭經】（雜語）以綿拭經而去其塵埃也。見象器箋九。

【拖泥帶水】（雜語）又曰和泥合水。禪門斥口頭禪之詞。碧巖二則垂示曰「道箇佛字。拖泥帶水。道箇禪字。滿面慚惶」

【拘尸那】（地名）Kuśinagara 又曰俱尸那、拘夷那竭、究施、拘尸那竭、拘尸那揭羅。城名。譯言角城、茅城等。是世尊入滅之處。玄應音義二十一曰、「拘尸那。舊經中或作拘夷那竭。又作究施城。那者、以梵語那迦囉。此云城也。譯言上茅者。多有好茅故也」涅槃經會疏一曰、「拘尸那。云無翻。有多義故。或云角城。具三角故。或云茅城。草覆城故。又云仙人城」西域記六曰「拘尸那揭羅國」拘尸那揭羅、譯曰上茅。或不與矩奢揭羅補羅 Kuśāgārapura 混同。上茅城爲摩揭陀舊城之名。

【拘尸那揭羅】（地名）城名。拘尸那之正音。

【拘牟那】（植物）見拘物頭條。

【拘牟頭】（植物）又作拘貿頭。花名。見拘物頭條。

【拘夷那竭】（地名）又作俱夷那竭、拘尸那。世尊入滅之國名。在中印度之東北方。玄應音義二十一曰、「拘尸那。舊經中或作拘夷那竭。又作究施城。那者以梵語那迦囉、此云城也。譯言上茅者。多有好茅故也」又爲拘尸城 Kuśinagara 之轉訛。

【拘沙】（雜名）又作貴霜。種族名。卽月氏族之一分派也。大莊嚴論經六曰、「拘沙種中有王名眞檀迦膩吒。討東天竺。既平定已、威勢赫振。福利具足」

【拘吒賒摩利】（植物）大樹名。慧琳音義五十三曰、「拘吒賒摩利、賒音奢。或云居吒奢摩離。大樹名也。是諸金翅鳥所棲薄處。於此採取龍食。隨自己類居住此樹四面也」起世經五曰、「居吒奢摩離。隋言鹿聚。彼之大樹。其本周圍有七由旬」梵 Kūṭaśālmali

【拘勿頭】（植物）見拘物頭條。

【拘利】（雜語）Koṭi 又作俱利。數名、譯言百萬。慧琳音義十九曰、「拘利、梵語也。卽諸經云俱知也。數法名。此當百萬」

【拘利太子】（人名）Kolita 斛飯王之長子。出家爲五比丘之一。中本起經上曰、「摩南拘利」五分律曰、「摩訶男」本行集經十一曰、「摩訶那摩」十二遊經曰、「釋摩納」

文句一上曰、「拘利太子。」同五上曰、「摩訶男拘利。」涅槃經疏七曰、「摩男拘利。」嘉祥法華義疏四曰、「摩男拘利。」玄贊四曰、「摩訶男拘利。」

【俱利窟】（地名）長阿含經十八曰、「佛在舍衛國祇樹給孤獨園俱利窟中。」

【拘那含】（佛名）又作俱那含、拘那含牟尼之略。乃過去七佛中第五佛之名。

【拘那羅】（動物）Kuṇāla 又曰鳩那羅、拘拏羅。鳥名。譯言好眼鳥。玄應音義五曰、「鳩夷羅或言鳩那羅。此譯云好眼鳥也。」因譯言惡人不好人。見玄應音義四。

【鳩那羅太子】（人名）阿育王之子、以眼可愛似鳩那羅鳥、故名。阿育王經四曰、「阿育王命諸大臣而語之言、汝等嘗見此兒眼不。諸臣答言、臣於人中實所未見。於雪山有鳥名鳩那羅。此鳥之眼與甚相似。（中署）即以鳥名而以名兒。」然西域記三曰、「拘浪拏。」阿育王息壞目因緣經、「作法益。」太子爲正后所生、容貌甚美。正后既沒、繼室憍淫、私逼太子。太子泣謝罪。繼母恨之、說阿育王出太子令鎭咀叉始羅國。繼母後矯王命責太子、抉其兩目、放之於野。太子既失明、流離至父之都城、夜鼓箜篌悲吟。王聞其聲疑是太子、引見盲人問之、太子悲泣告以實。王知係繼室所爲、加以嚴刑、導太子詣菩提樹伽藍瞿沙阿羅漢下、請其法力醫盲。見阿育王經四、阿育王息壞目因緣經、西域記三、經律異相三十三。

【拘那牟尼】（佛名）佛名。見拘那含牟尼條。

【拘那羅陀】（人名）Guṇarata 又作拘那羅他。眞諦三藏之別名。譯曰親依。家依。起信論義記上曰、「譯經紀云、沙（波之誤）羅末陀 Paramārtha 此云眞諦。亦云拘那羅陀。此曰親依。西印度優禪尼國人。」續高僧傳一曰、「拘那羅陀。陳言親依。或云波羅末陀。譯云眞諦。並梵文名字也。」二十唯識述記上曰、「梁末陳初有拘那羅陀。此云家依。親依亦得。即眞諦三藏也。」見眞諦條。由譯爲親依、觀之或爲 Kulanātha

【拘那含牟尼】（佛名）Kanakamuni 又作拘那牟尼。新稱迦諾迦牟尼。譯曰金寂。爲過去七佛中之第五佛。於人壽四萬歲時出生。演密鈔八曰、「梵語迦諾迦牟尼。此云金色。即是七佛中第五俱那含牟尼如來。俱那含不正也。」見迦那伽牟尼條。

【拘母陀】（植物）花名。見拘物頭條。

【拘物陀】（植物）又作拘勿陀。花名。見拘物頭條。

【拘物度】（植物）又作拘勿投。花名。見拘物頭條。

【拘物頭】（植物）Kumuda 又作拘勿頭、俱勿頭、句文羅、拘物陀、拘母陀、拘牟頭、拘貿頭、拘某頭、拘牟那、屈摩羅、究牟陀、拘物度、拘勿投等花名。譯曰地喜花。赤蓮花、白蓮花、青蓮花、黃色花等。又蓮花之未敷者。玄應音義三曰「句文羅。又曰拘物陀。又作拘牟頭。(牟或作貿)或作拘物頭。此譯云拘者地。物陀者喜。名地喜花。」慧琳音義三曰「拘某陀花。古作拘勿頭。正音拘牟那。此即赤蓮花。深朱色。」法華玄義七曰「叡師序云未敷名屈摩羅。將落名迦摩羅。處中盛時名分陀利。」慧苑音義上曰「拘物頭花。其花莖有刺。色或赤白。以其花莖稍短。未開敷時狀郎蹴然。故亦或名小白花也。」續高僧傳二曰「究牟陀此云黃色華。」大日經疏十五曰、「俱物頭有赤及青二種。」又曰「俱物頭是蓮花青色者。」俱舍光記十一曰「拘物陀。此云白蓮花。」可洪音義一曰「拘母陀。亦云俱物頭。亦云俱牟陀。此云紅蓮花也。」四阿含暮鈔下曰「拘勿度。此云白華。」名義集三曰「拘勿投。此云黃蓮華。」

【拘舍離】(流派) Gośāri 又作瞿舍梨劬奢離。十外道之第三。譯曰牛舍。飾宗記七末曰「梵云劬奢離。或瞿舍梨。此云牛舍也。此是母名也。其母本生牛舍之中。因為名也。子名應云牛舍子也。」楞嚴經二曰「如是乃至分別都無。非色非空。拘舍離等。昧為冥諦。」

【拘某陀】(植物) 又作究牟陀。花名。見拘物頭條。

【拘耆】(動物) 拘耆羅之略。鳥名。譯曰好聲鳥。見鳩夷羅條。出於玄應音義八。

【拘耆羅】(動物) 鳥名。見鳩夷羅條。

【拘耆那羅】(鳥名) 鳥名同前

【拘留孫佛】(佛名) Krakucchanda 又作俱留孫佛、鳩樓孫佛、拘留秦、迦羅鳩餐陀、迦羅鳩村馱、羯洛迦孫馱、羯羅迦寸地、羯句村那等。譯曰所應斷已斷。滅累。成就美妙等。當於過去七佛之第四佛。現在賢劫一千佛之最首者也。於賢劫中第九減劫人壽六萬歲時出世。慧苑音義上曰、「迦羅鳩村馱。此云所應斷已斷。」同下曰、「拘留孫。具云羯羅迦寸地。此云所應斷已斷。謂惑障已斷也。」慧琳音義二十六曰、「鳩留秦佛。亦名拘樓。亦云迦羅鳩村馱。亦云拘留孫。並梵語訛略不切。正梵音羯句忖那。此云滅累也。」同十八曰、「羯洛迦孫馱。唐言成就美妙。是賢劫中最初佛也。」同卷曰「羯洛迦孫馱舊云俱留孫。訛也。正云羯句忖那。」可洪音義四上曰「鳩羅佛名也。此云所應斷已斷。」

【拘留秦佛】(佛名) Krakucchanda 又作拘樓秦佛。過去七佛中第四之佛名。見前項。

【拘流沙】(地名) 國名。佛在此說長阿含之大緣方便經。長阿含經十曰「一時佛在拘流沙國劫摩沙住處。」Kuru

【拘浪拏】(人名)阿輸迦王之太子名。西域記三曰、「是無憂王太子拘浪拏為繼母所誣抉目之處。」案餘處多作拘那羅、以鳥名題太子也。然則拘浪拏者、殆拘拏浪之誤歟。見拘那羅條附錄。Kuṇāla

【拘睒彌主】(人名)優塡王也。

【拘睒彌國】(地名)西域記曰、「憍賞彌國、舊曰拘睒彌國、訛也。中印度境。周六千餘里。國大都城周三十里。土稱沃壤。地利豐植。氣序暑熱。風俗剛強。好學典藝。崇樹福善。」

【拘崙闍】(動物)Kruñca 又作拘嚧安遮。帝釋鵠之一種。又青莊之一種。見大集經三、梵本阿彌陀經、大威德陀羅尼七作穀祿鳥。

【拘貿】(植物)Kumuda 舊稱拘物頭、拘物陀、花名。譯曰地喜花。見玄應音義二十一。蓮之一種也。見拘物頭條。

【拘瑟耻羅】(人名)Kauṣṭhila 又作俱瑟祉羅。羅漢名。譯曰膝。玄應音義二十三曰、「俱瑟祉羅、舊言俱絺羅。譯云膝也。言膝骨大也。此卽舍利弗舅長爪梵志是也。」慧琳音義五十六曰、「拘瑟祉羅、梵語。羅漢名也。古曰俱絺羅。經作祉非也。」

【拘屢】(雜名)Kroṣa 又作拘盧。拘屢舍之略。里程名。見俱盧舍條。

【拘摩羅】(雜語)Kumāra 又作矩麼羅、鳩摩羅。譯曰童子。見西域記十。

【拘摩羅天】(天名)Kumāraka-deva 又作鳩摩羅伽天。初禪天之梵王。其顏如童子。故名。常擎雞、持鈴、捉赤幡、乘孔雀。智度論二曰、「鳩摩羅天、秦言童子。是天持雞擎鈴、捉幡、騎孔雀。」中論疏一末曰、「鳩摩羅伽天。此言童子天。以其是初禪梵王、顏如童子、故以為名。亦曰那羅延天。那羅延、此云生本。以其是衆生之本故也。」慧琳音義二十五曰、「拘摩羅天、此云童子天。」秘藏記末曰、「鳩摩羅天、六面童子形。黃色。持劍乘孔雀鳥。」

【鳩摩羅尊者】(人名)見鳩摩邏多條。

【拘摩羅邏多】(人名)論師名。見鳩摩邏多條。

【拘鞞陀羅】(植物)Kovidāra 又作俱毘陀羅、拘毘陀羅。黑檀之一種。

【拘摩羅迦葉】(人名)Kumāra-Kāśyapa 比丘名。拘摩羅者、名。譯曰童子。迦葉者、姓。譯曰飯光。常稱童子迦葉。增一阿含經三曰、「能雜種論暢悅心識。所謂拘摩羅迦葉比丘是。」

【拘樓瘦】(人名)巴 Kurusu 比丘名。

【拘樓瘦無諍經】(經名)佛為拘樓瘦比丘分別諍法無諍法。攝於中阿含經四十三。

【拘隣】（人名）又作拘輪、俱輪、俱隣、居倫、居隣。五比丘之一。憍陳如之別稱。見居倫條。

【拘盧】（地名）Uttarakuru 又作俱盧、拘樓、究留、拘留、究溜、句嚧、鬱多羅究留之略。北大洲名。見鬱多羅究留條。

【拘盧舍】（雜名）毘曇論四肘為一弓。五百弓為一拘盧舍。今之二里也。八拘盧舍為一由旬。今十六里也。

【拘邏】（地名）又作鳩睒、俱睒。國名。見俱睒彌條。

【拘槃茶】（異類）鬼名。見鳩槃茶條。

【拘翼】（天名）帝釋名。玄應音義三曰「拘翼此言訛略也。姓憍尸迦。卽釋提桓因。及帝釋同一位名也。」慧琳音義十二曰「拘翼。梵語也。天帝釋名也。」

【拘薩羅】（地名）又作憍薩羅。Kosala 舍衛國之本名也。

【拘羅瞿】（地名）國名。見俱睒彌條。

【拘蘇摩補羅】（地名）Kusumapura 又作瞿蘇摩補羅。城名。譯曰花宮。有二所。一羯若鞠闍國 Kanyakubja 卽曲女城。一在摩揭陀國。卽波吒釐子城。西域記五曰「拘蘇磨補羅。唐言花宮。」同八曰「拘蘇摩補羅城。唐言香花宮城。王宮多花。故以名焉。」

【拘蘭茶】（植物）一作俱蘭吒。譯曰紅色華。見玄應音義一。

【拘蘭難陀】（人名）眞諦三藏之別名。見拘那羅陀條。

【拘曇】（植物）花名。諸經作優曇。見可洪音義二。梵 Kutsa，

【拘徒懃】（術語）Buddha 譯曰事佛者。唯識述記一末曰「言佛陀。是覺者。若言拘徒懃。是事佛者。」

【抱跋迦】（雜語）譯言食邑。德者之尊稱。唯識述記四本曰、「有大名居士。德重智高。芳振一時。英流八表。時人不敢斥其尊號。號曰抱跋迦。此云食邑。以其學業有餘。理當食邑。」

【抱佛脚】（雜語）孟郊詩曰、「垂老抱佛脚。敎妻讀黃庭。」劉攽中山詩話曰、「王丞相論沙門道。因曰、投老欲依僧。客遽對曰、急則抱佛脚。王曰、投老欲依僧是古詩一句。客亦曰、急則抱佛脚是俗諺全語。上去投下去脚。豈不的對。王大笑。」張世南宦遊紀聞曰、「雲南之南一番國。專尙釋敎。有犯罪應誅者。捕之急。趨往寺中抱佛脚悔過。便貰其罪。今諺云閑時不燒香。急來抱佛脚。乃番僧之語流於中國也。」

【披袒】（術語）披者。掛袈裟。通覆兩肩也。所謂通肩是祖者。偏袒右肩也。釋氏要覽上曰、「舍利弗問經云。於何時披袒。佛言。隨供養時應偏袒。以便作事。故作福田時應

著兩肩。現福田相故」(記云、隨供養者、如見佛禮佛同訝三師入衆等時也。作福田者、謂計齋坐禪誦經入聚落樹下坐時。使人見福田端嚴。若對佛者通被者五百生墮鐵甲地獄)。

【披剃】(雜語)初出家爲僧尼。謂之披剃。言共剃髮披僧衣也。

【拙具羅】(物名)香名。治病合藥經曰、「拙具羅香者、安息香是也。」梵 Gulgulu 拙爲掘之誤。

【拙度】(術語)濟度法之拙者。對巧度而言。以名小乘之觀法也。止觀三曰、「此止觀雖出生死而是拙度。滅色入空」同三曰、「尚不得拙度道果。何有後三番三寶四諦四沙門果。」

【抽脫】(雜語)行大小便也。以上厠者、抽脫袈裟也。行事鈔諸雜要行篇曰、「應脫袈裟僧祇支大小便。」

【抽單】(雜語)謂禪僧之去寺也。抽取己之單位、故云。與起單同。見起單條。

【抽解】(雜語)或於坐禪之中間、出僧堂而少休息、或新掛搭之人歸寮安息、皆云抽解。謂抽解袈裟也。又謂行大小便也。或稱抽脫。以行厠脫袈裟僧祇支故也。見象器箋十。

【抽籤】(雜語)卽俗所謂求籤也。幸蜀記曰、「王衍禱張惡子廟、抽籤得逆天者殃四字。」劍南詩自註曰、「予出蜀日、遣僧乞籤於射洪陸使君祠。使君以老杜詩爲籤。予得遣興五首中第二首。」朱子語類謂「易爻辭、如今籤解耳。」按諸籤解、最家諭戶曉者、莫如關帝籤。據陸粲庚巳編、蘇州江東神行祠在敎場之側。以百籤決休咎甚著靈異。記所知者數事。一、長洲趙同魯乞得詩云、前三三與後三三。一、縣橋許氏得詩云、萬里鵬程君有分。一、周應良得詩云、巍巍獨步向雲間。一、陶麟得詩云、到頭萬事總成空。一、毛欽得詩云、憶昔蘭房分半釵。凡此俱今關帝籤句也。陸氏謂其神姓石名固。然則此百籤、初不屬關帝。其移就、未詳何時。陔餘叢攷二十三曰、「顧仲恭竹籤傳、載神前設籤之始曰、入唐爲陳武烈太祝附帝意作韻語。入宋又辟江東神幕關壯繆侯之改諡武安王也、倚勢辟之。明興、爲王立廟京師正陽門外、命籤典謁。然則神前設籤起於唐世也。又夷堅志、建昌大寺塔中置泗州僧伽像甚靈。張彥文尙書與其子元晉初預鄉薦、皆禱之。同得一吉籤、遂登第。去癸辛雜識、臨安太學有岳武穆王祠、幷祀銀瓶娘子。其籤文與天竺同。」

【拄杖】(物名)拄身之杖也。毘奈耶雜事六曰、「佛在王舍城鷲峯山頂。有老苾芻登山上下脚跌倒地。佛言、應畜拄杖。聞佛許已、六衆卽便以金銀等幷雜彩物彫飾其杖。俗旅見已、共生嫌賤。苾芻白佛。佛言。苾芻有二種緣應畜拄杖。一謂老瘦無力。二謂病苦嬰身。時有苾芻佯作老病而拄其杖。時諸苾芻以緣白佛。佛言若實老病。應從僧伽乞畜杖羯磨」拄字作柱者誤。

【拄杖子】（物名）與單言拄杖者同。子者名詞之助辭。作挂者。正作柱者誤。

【招提】（術語）具名拓鬪提舍。梵音Caturdeśa譯曰四方。謂四方之僧爲招提僧。四方僧之施物爲招提僧物。四方僧之住處爲招提僧坊。魏太武造伽藍。以招提名之。招提二字。遂爲寺院之異名。增一阿含經十四曰「毘沙鬼白世尊曰。我今以此山谷施招提僧。唯願世尊爲之受之」悲華經八曰「比丘比丘尼無慙無愧。或斷招提僧物。斷現前衣服飲食臥具醫藥」玄應音義十六曰「招提。譯云四方也。招此言四。提此言方。謂四方僧也。一云招提者訛也。正言拓鬪提奢。此云四方。譯人去鬪去奢。拓經誤作招。以拓招相似。遂有斯誤也」涅槃經十一曰「招提僧坊」慧琳音義二十六曰「招提僧坊。此云四方僧坊也」名義集七曰「後魏太武始光元年造伽藍。創立招提之名」比丘尼鈔中上曰「拓鬪提奢。隋云四方。但是僧處舊拓提者訛略也。昔人去鬪除奢。拓復誤作招。以拓招兩字形濫相似。致久來誤矣」

【招魂法】（雜語）儒家云招魂。佛家云去識還來。招還亡者之靈魂而供養之也。

【拂石】（雜語）拂石劫也。顯一劫之時量。以天衣拂磐石。又名磐石劫。大周新翻三藏聖教序曰「芥城敦極。鳥筆猶傳。拂石年窮。樹經無泯」四教儀集註中曰「諸經更有拂石劫芥子劫。具如輔行一上」詳見劫條。

【拂子】（物名）拂蟲之具也。許用線拂、羊毛拂、樹皮拂等。禁用猫牛尾馬尾等類。毘奈耶雜事六曰「緣在廣嚴城。獮猴池側。高閣堂中。時諸苾芻爲蚊蟲所食。身體患痒。爬搔不息。俗人見時問言。聖者何故如是。以事具答。彼言。聖者何故不持拂蚊子物。答言世尊不許。乃以緣白佛。佛言。我今聽諸苾芻畜拂蚊子物。是時六衆聞佛聽已。便以衆寶作柄。用犛牛尾而爲其拂。俗人旣見。廣說如前。乃至佛言。有其五種祛蚊子物。一者撚羊毛作。二用麻作。三用細裂氎布。四用故破物。五用樹枝梢。若用寶物得惡作罪」

【拂迹入玄】（術語）又作發迹入源。圓覺經曰「是故我說身心幻垢。對離幻垢說名菩薩。垢盡對除。卽無對垢及說名者」圭峯之圓覺略疏上科此文。謂爲拂迹入玄。同鈔四之一釋之曰「拂迹入玄者。爲欲入生佛平等稱性圓滿究竟之法。故宜拂前垢淨迷悟始終分限之迹也」是指於法見執垢離垢等差。於人立衆生菩薩等別之因分可說教門謂之迹、指染淨不二、生佛平等之一眞法界謂之玄。此乃果分不可說之妙境、故名爲玄也。佛今爲使入此玄、拂彼之迹、謂之拂迹。其要在去幻垢、佛之有教迹、爲衆生之有幻垢故也。衆生之幻垢既去、卽得拂迹而入於玄。然觀經玄義分記三轉用此語、曰「果位難思發迹入源。」發有拂之義、源有玄之義、故與拂迹入玄之語同也。但其意指釋迦要門施化利生之一切法爲迹、指彌陀別意弘願他力之法爲本、捨要門之教迹、而歸入於彌陀之弘願、謂之發迹入源。

【拔一切業障根本得生淨土陀羅尼】（經名）一卷、劉宋求那跋陀羅重譯。阿彌陀經不思議神力傳附於此。

【拔目鳥】（異類）十王經所說二鳥之一、謂鴉也。經曰「一名無常鳥。二名拔目鳥。（中略）我汝舊里化成鳥鳥。示怪語鳴阿和薩和。」同抄一曰、「無常鳥者杜鵑也。拔目鳥鴉也。」

【拔舌地獄】（界名）作口業之惡者、所墮之地獄也。法苑珠林曰、「言無慈愛。讒謗毀辱。惡口離亂。死卽當墮拔舌烊銅犂耕地獄。」往生要集上本曰、「瑜伽四云。從其口中拔出其舌。以百鐵釘而張之。令無皺襵。如張牛皮。」

【拔波】（菩薩）見拔婆條。

【拔底耶】（術語）Upādhyāya 正音鄔波馱耶。譯曰親教師。常云和尚是也。秘藏記本曰、「天竺呼有智僧爲人師者。爲拔底耶。拔底耶者、親教義也。」

【拔苦與樂】（術語）拔苦爲悲之德、與樂爲慈之德。智度論二十七曰、「大慈與一切衆生樂。大悲拔一切衆生苦。」

【拔除罪障呪王經】（經名）一卷、唐義淨譯。由曼殊菩薩之請、爲末代不信之人說此一大呪王。

【拔婆】（雜語）Vatsa 譯曰子。婆藪槃豆傳曰、「跋婆譯爲子。亦曰兒。此名通人畜。如牛子亦名跋婆。」婆字宜作娑字。

【拔提】（地名）河名。支那但取流於涅槃林之尸賴拏拔提 Hiranyavati 之拔提二字、以爲河之名、與阿夷羅拔提 Ajiravati 混同。阿夷羅拔提者、舍衛城側之河也。見阿恃多伐底條。

【拔提達多】（人名）Bhadradatta 王名。譯曰賢授。慧琳音義二十五曰、「拔提言賢。達多名授。卽賢授王也。」

【拔傳授】（雜語）謂眞言阿闍梨、傳授事相於弟子時、不傳關於修法之全部、拔教勘要之部分也。

【拔業因種心】（術語）眞言宗所立十住心之第五緣覺之住心也。業者善惡之二業、因者十二因緣、種有無明。無明爲一切煩惱之根本、故云種。卽拔除惑（無明）業

(業)苦(十二因緣)之三法而入涅槃也。

【拔濟】(雜語)拔苦濟難也。法華經譬喻品曰「但以智慧方便於三界火宅拔濟衆生。」

【拔濟苦難陀羅尼經】(經名)一卷、一名勝福往生淨土經、唐玄奘譯。依不可說莊嚴菩薩之請問說不動如來與滅惡趣王如來之二咒。

【拔羅魔囉】(雜語)Bhrāmara譯曰黑蜂。見大威德陀羅尼經七。

【拓杜羅】(神名)藥師經所說十二大將之一。無翻語。

【拓闘提奢】(雜語)見招提條。

【抹香】(物名)擣沈檀爲粉抹用以撒布於塔像者。法華經提婆品曰「悉以雜華抹香供養七寶妙塔。」智度論曰「乾香應燒、濕香應塗地、抹香及華應散。」

【拈花微笑】(傳說)聯燈會要釋迦牟尼佛章曰、「世尊在靈山會上。拈華示衆。衆皆默然。唯迦葉破顏微笑。世尊云、吾有正法眼藏、涅槃妙心、實相無相、微妙法門、不立文字、敎外別傳。付囑摩訶迦葉。」古今禪宗以爲宗門第一之口實。彼宗以心傳心之根據大事也。然此事出何經何人傳之、大藏所收之經論不記此事、隋唐之宗匠亦無言此事者。惟唐德宗末金陵沙門慧炬撰寶林傳、誇大其宗、始記此事。其後至宋人天眼目、無門關、五燈會元、廣燈錄、聯燈會要等諸書亦記之。此外拈之頌之者不暇枚舉。然景德傳燈錄、碧巖錄、傳法正宗記亦不記之。宋王安石言此事出大梵天王問佛決疑經。宗門雜錄曰、「王荆公問佛慧泉禪師云、禪宗所謂世尊拈花。出在何典。泉云、藏經亦不載。公云、余頃在翰苑。偶見大梵天王問佛決疑經三卷。因閱之。所載甚詳。梵王至靈山。以金色波羅花獻佛。捨身爲床座。請佛爲衆生說法。世尊登座。拈花示衆。人天百萬。悉皆罔措。獨有金色頭陀破顏微笑。世尊云、吾有正法眼藏、涅槃妙心、實相無相、分付摩訶大迦葉。此經多談帝王事佛請問。所以秘藏世無聞者。」佛祖統紀五亦引此說。參照金色波羅華條。

【拈古】(術語)拈起古則批評也。碧巖第一則頌評曰、「大凡頌古只是繞路說禪。拈古大綱據疑結案而已。」

【拈衣】(儀式)拈者撮也。佛傳法而付法衣時、弟子撮之下法語、謂之拈衣。此爲弟子初出世開堂時行之者。敕修淸規受請人際坐曰、「若新命是嗣法弟子住持付法衣有法語被衣。」

【拈香】(儀式)拈香燒之也。開堂之日拈香祝天子、謂之祝聖。拈香爲佛拈者、謂之嗣法拈香。敕修淸規開堂祝壽曰、「拈香祝聖。次拈帝師、省院、臺憲、郡縣、文武官僚香。侍者逐一度香。法嗣香住持懷中拈出自插爐中。」嗣法拈香、住持自以香插於爐、其餘拈香、住持拈香付侍者、侍者以之插入爐中。又爲佛祖及檀越等拈香後、陳法語者、是名拈香佛事。備用清規達磨偈曰、「住持舉拈香佛事。」

【拈提】（術語）禪林說法、於其結末、拈起古則而終法座、謂之拈提、結座卽拈提古則之略也。

【拈槌】（術語）拈起槌也。

【拈語】（術語）禪門宗匠、拈起示人之語也。如古則、公案、機緣等是也。

【依】（術語）梵語賦地 Nidhi 之譯。疎所依也。對於親所依、爲所依而言。言爲物之依止或依憑也。

【依士釋】（術語）依主釋之異名。六合釋之一。見六離合釋條。

【依止】（術語）依賴止住有力有德之處而不離也。法華經方便品曰、「若有者無等。依止此諸見。」

【依止甚深】（術語）如來所證之眞如法體、遍於一切處、爲一切萬有之所依也。五甚深之一。見法華論、三藏法數十九。

【大依止處】（術語）謂佛菩薩也。無量義經曰、「是諸衆生安穩樂處、救處、護處、大依止處。」

【依止阿闍梨】（職位）比丘新度後、以依止其他先輩比丘而受其監督、爲法。此師曰依止阿闍梨。五種阿闍梨之一。見四分律三十四。

【依止師】（職位）同依止阿闍梨。謂禪家受學參禪之師也。見象器箋。

【依主釋】（術語）六離合釋之一。見六離合釋條。

【依正】（術語）正由過去之業、而受之我心身、謂之正報、爲其心身依止之一切世間事物、謂之依報。三藏法數二十七曰、「依、謂依報。卽世間國土也。爲身所依。故名依報。正謂正報。卽五陰身也。正由業力感報此身。故名正報。既有能依之身、卽有所依之土、故國土亦名報也。」行願品疏鈔二曰、「依者凡聖所依之國土。若淨若穢。正者凡聖能依之身。謂人天男女在家出家外道諸神菩薩及佛。」

【依正二報】（術語）正報與依報也。皆爲應於前業之果報、故謂之二果、亦曰二報。

【依正不二門】（術語）十不二門之一。見十不二門條。

【依他】（術語）非自然之法、而爲依於他之因緣而起之法。是曰依他法、亦云依他起性。三性之一。成唯識論八曰、「由斯理趣、衆緣所生心心所體及相見分、有漏無漏、皆依他起。依他衆緣而得起故。」

【依他自性】（術語）三自性之一。依

他起之法有假有似有之自性也。

【依他八喩】（譬喩）依他十喩中幻事、陽焰、夢境、鏡像、光影、谷響、水月之八喩也。見攝大乘論五之「依他十喩」。

【依他十喩】（譬喩）依他法之無實體、以十種之喩而顯維摩經方便品曰、「是身如聚沫。不可撮摩。是身如泡。不得久立。是身如炎。從渴愛生。是身如芭蕉。中無有堅。是身如幻。從顛倒生。是身如夢。爲虛妄見。是身如影。從業緣現。是身如響。屬諸因緣。是身如浮雲。須臾滅。是身如電。念念不住。」大般若經一曰、「於諸法門勝解觀察。如幻。如陽焰。如夢。如水月。如響。如空花。如像。如光影。如變化事。如尋香城。」

【依他心】（術語）佛變化身之假心也。

【依他起性】（術語）見三性條附錄遍依圓三性條。

【依地】（術語）對於依身所依之定也。以喩定。

【依名釋義】（術語）三論宗四種釋名之一。見四釋條附錄。

【依身】（術語）身爲有情之依處。又爲眼耳等之依處。故云依身。名義集六曰、「瑜伽云。諸根所隨周遍積集。故名爲身。是積集義及依止義。」

【依言眞如】（術語）對於離言眞如而言。見眞如條附錄二眞如條。

【依宗敎別】（術語）謂依所立宗義之異判佛之一代敎自有別也。如華嚴宗之五敎、法相宗之三時判敎是也。出李通玄華嚴合論第一。

【依怙】（術語）謂依賴也。法華經普門品曰、「觀世音淨聖。於苦惱死厄。能爲作依怙。」大寶積經二十三曰、「世間大依怙。以此乘出離。」

【依果】（術語）又曰依報。凡有情之果報有二種。總謂有情之心身曰正報。正果。謂身外之物。(卽山川居家衣服飲食等)曰依報依果。以是乃正報正果之依處也。讚彌陀偈曰、「無漏依果難思議」

【依法不依人】（術語）法四依之一。見四依條附錄。

【依草附木】（術語）又曰依草附葉。謂精靈之依附草木者。對人之精靈而云。無門關曰、「祖關不透。心路不絕。盡是依草附木靈精。」臨濟錄曰、「十年五歲並無一人皆是依草附葉竹木精靈野狐精魅。」

【依通】（術語）通力之一種。依憑藥力咒術等而現神通之作用。故云依通。所謂神仙之類是也。五通之一。見宗鏡錄十五、三藏法數二十一。

【依敎分宗】（術語）與敎相判釋同。見敎判條。

【依智不依智】（術語）法四依之一。見四依條附錄。

【依著】（術語）謂執著也。大般若經七十一曰、「能如實知一切法相而不執著故復名摩訶薩。」往生要集上末引此文執著作依著。

【依報】（術語）心身者正實之果報也此心身依止之身外諸物謂之依報。如世界國土家屋衣食等是。瓔珞本業經上曰、「凡夫衆生住五陰中爲正報之土山林大地共有名依報之土」見依正條。

【九十四種阿僧祇依報莊嚴】（雜語）金剛幢菩薩十回向中第十等法界無量回向之菩薩說願迴向其法施所修之善根、以九十四種阿僧祇之莊嚴具莊嚴十方佛刹云。

【依圓】（術語）依他起性與圓成實性之二性也。三論大義鈔一曰、「都存依圓徒。還同栗過。」

【依義不依語】（術語）法四依之一。見四依條附錄。

【依學宗】（術語）謂僅爲依學學問之宗而非信心修行之宗也。如俱舍成實宗卽是。

【依憑】（術語）依賴也。南本涅槃經十九曰「依憑國王無有盜賊。」

【依詮談旨】（術語）對於廢詮談旨而言。謂託於言慮之詮門說其旨也。例如眞如爲妙諦、永離言詮、無實可名、然爲使人悟其體義強立眞如之名。談眞實如常等之旨、是也。其他三性三無性等總爲依詮門之談。見百法問答鈔等。

【附佛法外道】（術語）如小乘之犢子部、大乘之方廣道人佛法內之外道也。止觀十曰、「邪人不同又爲三。一佛法外外道。二附佛法外道。三學佛法成外道。」華嚴玄談八曰、「一我法俱有宗。謂犢子部。（中略）爲附佛法外道」

【附法觀】（術語）三種觀法之一。附託四諦等法相於我心向之觀念也。

【法】（術語）法者梵云達磨 Dharma 爲通於一切之語。小者大者有形者無形者、眞實者虛妄者、事物其物者、道理其物者、皆悉爲法也。唯識論以自體任持與軌生物解二義解法。自體任持者、謂竹有竹之自體、梅有梅之自體、有形者有形之自體、無形者有無形之自體、各保任維持其自體也。軌生物解者、謂如是既各有自體、皆爲自體任持之狀、然只限於有體、不能容無體、法者、並攝無體該盡一切也。唯識論一曰、「法謂軌持。」同述記一本曰、「法謂軌持、軌謂軌範、可生物解、持謂任持不捨自相。」俱舍論光記一曰、「釋法名有二、一能持自性、謂一切法各守自性、如色等性常不改變。二軌生勝解。如無常等生人無常等解」大乘義章十曰、「法者外國正音名爲達磨。亦名曇無。本是一音傳之別耳。此翻名法。法義不同。汎釋有二、一自體爲法。二者軌則名法。」唯識述記二末曰、「法者道理義也。有般涅槃之義。名般涅槃法。」

【法入】（術語）十二入之一。新作法處。意識所緣之境也。

【法力】（術語）正法之力能除災伏惡也。維摩經佛國品曰、「法王法力超羣生。」白居易文曰、「法力所攝。鮮不歸心。」

【法山】（譬喩）佛法之高譬如山也。涅槃經十九曰、「法山欲頹。法船欲沈。」大集經五十六曰、「法河永枯涸。法山欲崩頹。」

【法子】（雜語）凡隨順佛道爲法所資養者。謂之法子。觀無量壽經曰、「法子汝乘大乘解第一義。」

【法上部】（流派）小乘十八部之一。佛滅後三百年中由犢子部別立。法上者部主之名。見宗輪論述記。

【法王】（術語）佛於法自在。稱曰法王。法華經譬喩品曰、「我爲法王。於法自在。」同藥王品曰、「如來是諸法之王。」維摩經佛國品曰、「已於諸法得自在。是故稽首此法王。」釋迦方誌上曰、「凡人極位名曰輪王。聖人極位名曰法王。」維摩經慧遠疏曰、「佛於諸法得勝自在。故名法王。」又（職位）元世祖尊蕃僧八思巴爲大寶法王。西天佛子。明代因之。西藏封法王者三人。曰大寶法王。大乘法王。大慈法王。皆紅敎喇嘛也。清代雖無法王之名號。然如青海等處有諸們罕。即法王之義。又（雜名）國王崇奉佛法。亦稱佛王。阿育王經一曰、「八萬四千塔一時俱成。王起塔已。守護佛法。時諸人民謂爲阿育法王。」即其例也。

【法王子】（術語）菩薩爲生育於法王佛陀之家者。故總稱曰法王子。經中多稱文殊爲法王子者。以其爲釋尊二脇士之上座。助佛敎化之第一法子也。佛地論曰、「從世尊口正法所生。紹繼佛身不斷絕。故名法王子。」智度論三十二曰、「佛爲法王。菩薩入法正位。乃至十地。故悉名王子。皆任爲佛。如文殊也。」註維摩經一、「什曰。來補佛處。故言法王子也。」

【法王寶】（術語）法王之寶位也。謂密敎之大阿闍梨位。宋僧傳（一行傳）曰、「登前佛壇受法王寶。」

【法王子住】（術語）菩薩十住位之第九。

【法化】（術語）正法之敎化也。法華經化城喩品曰、「宣揚助法化。」華嚴經二十六曰、「獨居其上宣布法化。」涅槃經七曰、「光揚如來無上大事。開顯方等大乘法化。」又吾弟子謂之法化。以法化之之意。大廣智三藏願讚曰「金剛智之法化也。」

【法水】（譬喻）妙法能洗煩惱之塵垢、故譬以水。無量義經曰「法譬如水、能洗垢穢。（中略）其法水亦復如是、能洗衆生諸惱垢。」金光明經四曰「夏火熾然、惟願世尊賜我慈悲清涼法水、以滅是火。」聖無動經曰「以智慧火燒諸障礙、亦以法水澍諸塵垢。」智度論五曰「諸菩薩如雲、能雨法水。」往生要集下末曰「若人有憍心自高、則法水不入。」

【法文】（術語）說佛法之文句也。

【法主】（術語）佛有諸法、故稱法主。勝鬘寶窟中末曰「法主者、佛有諸法、故名法主。」止觀一曰「若唱彌陀、卽是唱十方佛功德等、但專以彌陀爲法門主。」釋氏要覽上曰「阿含經云、佛爲說法主。」又（職位）僧官之稱。僧史略中曰「宋齊之世、曾立法主一員。故道猷勅爲新安寺鎭寺法主。法瑗爲湘宮寺法主。至唐末多立。受依止闍梨一員、亦稱法主。」

【法公】（佛名）沙彌之別名。釋氏要覽上曰「若年十四至十九、名應法沙彌。今呼沙彌爲法公也。」

【法比量】（術語）五種比量之一。由一法而推知他法也。如見生法、知老法之至、由老法有推知死法、由無常知有苦等是也。

【法本】（術語）法性之異名。法性爲萬法之本、故名法本。往生論上曰「隨順法性、不乖法本。」

【法本內傳】（書名）具記焚釋道經角試事。名義集一曰「道家尹文操斥法本內傳是羅什門僧妄造。通慧辨云、明帝夢金人事出後漢紀。此若虛妄、豈名信史耶。又吳書闞澤對吳主云、褚善信、費叔才自感而死。豈是羅什門徒所造。」佛祖統紀三十五志磐師引此名義集文辨妄亦爾。

【法兄】（雜語）禪林之稱。受業於師、爲己先者、喚曰法兄。大集經十八曰「寶女語無畏言、法兄如來出世不可思議。」

【法尼】（雜語）修法之尼僧也。

【法用】（術語）又作法要。見四箇法要條。

【法布施】（術語）法施也。

【法句經】（經名）又名曇鉢偈。Dharmapada 二卷。法救尊者造。吳維祇難等譯。卽法句譬喻經中三十九品之法句。凡有七百五十二偈。巴利語之原本現存。

【法出離鏡】（術語）起信論所說四鏡之一。見四鏡條。

【法句譬喻經】（經名）四卷。西晉法炬譯。有三十九品、與大意出曜經同、惟次第不同、且少有解釋。

【法住】（術語）法性十二名之一。眞如之妙理、必在一切諸法中住、故名法住。

【法住記】（書名）大阿羅漢難提蜜多羅所說法住記之略名。

【法住經】（經名）佛臨涅槃記法住經之略名。

【法印】（術語）妙法之印璽也。妙法眞實不動不變、故稱爲印。又妙法如王印通達無礙、謂之印。又爲證明佛之正法者、故曰印。又爲諸佛諸祖互相印可心心相傳之法、故曰法印。該攝佛法而立三種之法印、稱曰三法印。智度論二十二曰、「得佛法印、故通達無礙。如得王印、則無所留難。問何等是佛法印。答曰佛法印有三種。一者一切有爲法念念生滅皆無常。二者一切法無我。三者寂滅涅槃。」同二十日、「若分別憶想則是魔羅網。不動不依止是則爲法印。」嘉祥法華疏六曰「通言印者、印定諸法不可移改。」法華經譬喩品曰、「汝舍利弗我此法印爲欲利益世間故說。」證道歌梵天琪註曰「古人云諸佛法門遞相印可。一印印定起畢同時、更無前後。故云印。」因密教之印相也。性靈集二曰「結法印而攝念。」

【法印經】（經名）一卷、趙宋施護譯。說三解脫門爲聖法印。出於雜阿含經第三卷。

【法有】（術語）固執法爲實有之小乘卑見也。唯識述記一本曰、「世尊爲除彼法有執。次於鷲嶺說諸法空。」

【法有我無宗】（術語）華嚴家所判十宗之第二。小乘之薩婆多宗等也。謂諸法之體爲因緣所生、有實體。我爲諸法之假和合而名者、其性虛無也。見五敎章上。

【法同分】（術語）使非情界之各物體相互似也。見同分條。

【法同舍】（雜名）寺院十名之一。同法與食之二法、故名法同舍。

【法自相相違因】（術語）因明四相違因之一。宗法由有法與法之二語而成、「聲」之語爲有法、「無常」之語爲法。其有法與法各有意許與言陳之二者、其言陳云自相、其意許云差別。今爲法之言陳、故云法自相。然立者所說之因於所立之宗法中法之自相相違反對、謂之法自相相違因。例如所謂「聲爲常所作性故、如虛空（同喩）如瓶等（異喩）」所作性之因、不轉於同品之常、而轉於異品之無常、故相違法之自相之「常」而反生成立無常之過也。見因明入正理論。

【法名】（術語）出家入道時、師所賜之名、謂之法名。又受戒時受於師者、謂之戒名。但今時法名之名、惟眞宗用之、戒名之目、他宗多用之。戒名之字、未見典據。廣弘明集二十八曰「菩薩戒弟子法名慧炬」觀經靈芝疏下曰、「棄國出家、法名法藏。發四十八願」唐高僧傳（僧遷傳）曰、「等觀卽梁明帝之法名也。」

【法舟】（譬喻）佛法能度人出生死海、故以舟譬之。佛說生經四曰、「法爲舟船。度諸未度。」寄歸傳四曰、「獄法舟之遽沒。」

【法衣】（雜名）三衣之通名。應法而作、故名法衣。釋氏要覽上曰、「西天出家者衣。律有制度應法而作。故曰法衣。」六物圖曰「或名袈裟或名道服或名出世服。或名法衣。」然禪林特稱表傳法之信之金襴衣爲法衣。但於說法時被此衣、故名法衣。即九條乃至二十五條之大衣也。見象器箋十七。

【法臣】（雜語）佛曰法王、故菩薩云法臣。安樂集下曰「大智度論有三番解釋。第一佛是無上法王。菩薩爲法臣。所尊所重唯佛世尊。」是智度論第七之文。但論文法臣作法將。

【法行】（術語）二行人之一。自思如法而行、謂之法行人。玄義十曰、「教門爲信行人。觀門爲法行人。」

【法宇】（雜名）寺院之通稱。毘奈耶雜事四曰「今此伽藍先爲法宇。今日變作乾闥婆城。」

【法全】（人名）慧果和尙影像之傍、有童子侍立、是法全童子也。童子之紀傳不詳、相傳天稟穎悟、果公入寂後、剃髮學道、號青龍之法全阿闍梨。製作之諸軌、稱爲青龍之儀軌。受胎藏界於慧果之弟子法潤、智滿、息恁、造玄、及日本宗叡、遍明、圓載、圓仁、圓珍等。從之受法。稟金剛界於慧果之弟子義操、息恁、弘均、及日本圓仁、宗叡、遍明、圓載、圓珍等。並得付法。初住玄法寺、後移青龍寺。大震法雷、所製之書、有大毘盧遮那經廣大儀軌、等數部。

【法匠】（雜語）法門之匠人也。如世之工匠能成諸器。以喩名德能成弟子之三學也。演密鈔四曰、「如世工匠成諸器。阿闍梨法匠能匠成三乘三學法器。」西域記十二曰、「爲道場之益友。誠法門之匠人也。」釋氏要覽下曰、「齊高僧僧印善講經論、稱法匠。」

【法式】（術語）作法儀式也。維摩經問疾品曰「一切菩薩法式悉知。」

【法光定】（術語）初地之菩薩證此定、放大法之慧光、是故名法光定。唯識樞要上本曰、「無著菩薩亦登初地、證法光定、得大神通。」

【法身】（術語）佛之眞身也。其釋名性相二宗各異其義。相宗據唯識論、謂法身有總相法身與別相法身二種。總相法身者、兼理智二法、與金光明之如如及如如智、謂爲法身之義同。是以所證之眞如與能照之眞覺、爲法身也。以三身言之、則自性身與自受用報身之二身、合見。依此義釋之、則法身爲理智顯現有爲（智）無爲（理）一切功德法體性之所依、故名法身。又成就莊嚴一切之功德法、故言法身。唯識論十曰「此牟尼尊所得二果永離二障。亦名法身。無量無邊力無畏等大功德法所莊嚴故。(中略)此法身五法爲性。非淨法界獨爲法身。二轉依果皆攝此故。」別相法身者、卽三身中之自性身、唯爲清淨法界之眞如也。此眞如爲佛之自性、故名自性身。又此眞如具眞常之功德、(是無爲也)爲一切有爲無爲功德法之所依。故亦名法身。惟不得言成就莊嚴功德法、故名爲法身、何則以此法唯爲理之法身、不含攝有爲之功德(卽智法身)也。唯識論十曰「卽此自性亦名法身。大功德法所依止故。」佛地論七曰、「力無畏等諸功德法所依止、故亦名法身。」述記十末曰「離所知障。具無邊德名爲法身。(中略)功德法依名法身。」唯識樞要上本曰「出纏位功德法本名曰法身。」義林章七本曰「成唯識說。淸淨法界爲自性身。莊嚴論等說。自性身本性常故。讚佛論說。佛自性身無生滅故。」若依性宗之義、則眞如之理性、有眞實覺知之相。理智不二、與眞如之無爲同。眞智亦無爲也。又性相不二。故眞如卽法性、則眞智亦法性也。此理智不二法性之隱、謂之如來藏。積始覺之功、顯其法性、謂之法身。卽言以法性成身、故名法身。或言以法性顯現之有爲無爲一切功德法成就莊嚴之身。故名法身。勝鬘經曰「世尊過於恒沙不離不脫不思議佛法成就。說如來法身。如是如來法身不離煩惱藏名如來藏。」同寶窟下末曰「法身者、卽是實相眞如法也。此實相正法隱、名如來藏。此實相法顯、故名身。唯是一實相法。約隱顯不同、故有藏之與身。又法者、謂諸功德法。法之所依名身。故攝論云、與功德法相應、名法身。」嘉祥法華疏四曰、「以正法爲身。故曰法身。」起信論曰、「從本已來、自性滿足一切功德。所謂自體有大智慧光明義故。徧照法界義故。眞實識知義故。自性清淨心義故。常樂我淨義故。淸涼不變自在義故。具足如是過於恒沙不離不斷不異不思議佛法。(中畧)滿足無有所少義故。名爲如來藏亦名如來法身。」同義記下本曰、「隱時能出生如來、名如來藏。顯時爲萬德依止。名爲法身。」維摩經慧遠疏曰、「佛以一切功德法成、故名法身。」法華玄義七曰、「本有四德隱名如來藏。修成四德顯名爲法身。」大乘義章十八曰「言法身者、解有兩義。一顯本法性、以成其身。名爲法身。二以一切諸功德法而成身。故名爲法身。」梵 Dharmakāya

【法身體性】(術語)論法身之體性諸家不同。先言小乘。小乘理性不論、只以戒定慧解脫知見之五分功德爲法身。稱爲五分法身。次言大乘諸家。三論宗以實相爲法身實相者空理眞空無相是法身之體性眞空無相故現其無邊之身相也維摩經方便品曰「佛身卽法身」同註「肇曰經云法身者虛空身也無生而無不生無形而無不形」往生論註曰「實相無相故眞智無知也無爲法身者法性身也法性寂滅故法身無相也無相故能無不相是故相好莊嚴卽法身也」勝鬘寶窟下末曰「法身者卽是實相眞如法也」(雖謂爲實相然與台宗之實相異雖謂爲眞如然與法相之眞如異僅爲空理之異名也)法苑義林章七本曰「法身空理報身空智利物所現名變化身淸辨等師皆有此義」法相宗於法身立二種一爲三身總具之法身一爲三身中之法身總相之法身以淸淨法界之眞如與大圓鏡智等之有爲無爲五法爲法身別相之法身唯以無爲之眞如爲法身如前所言華嚴天台等之一乘宗於法身立該攝分相二門又於分相門之三身中以所證之理爲法身能證之智爲報身與法相宗同然其理非如三論家空理之實相非如法相宗凝然眞常之眞如乃總該萬有之一眞法界也華嚴以三千諸法爲圓融之諸法實相天台又非如法相謂法身之理無爲報身之智有爲有爲無爲性相各別乃謂眞如法隨緣而現萬德之智相則理智本來不二又法性之體自具能照之智用則理智本爲一體故理智皆法爾也無作也無爲常住也姑依能照所照能緣所緣之義相而分法報之二身耳止觀五曰「常境無相常智無相(中畧)智境冥一而言境智故名無作也」眞言宗以六大爲法身六大者地水火風空識也此六者皆事法也故法身具本來色相有宛然之人格如顯敎之報佛化佛辨惑指南三曰「密敎法身爲地水火風六大此六皆事法故具本來色相出言語能說法(中畧)此法身有二種六大常恒無礙涉入無可差別之狀表前五大名自性身是理法身也(胎藏界之大日法身)表第六識大名自受用身是智法身也(金剛界之大日法身)」

【二法身】(名數)有五種(一)金光明經所說一理法身本覺之理性諸佛衆生所具同一如如之理也但在衆生爲無明隱沒在諸佛爲始覺之智顯現者名之爲理法身二智法身始覺究竟如如之智也始覺之智究滿與本覺之理契合者名之曰智法身(如如者平等之義)(二)菩薩瓔珞經所說一果極法身卽法性法身也二應化法身卽方便法身也瓔珞經下曰「有二法身一果極法身二應化法身其應化法身如影隨形以果身常故應身亦常」(三)瓔珞經所說一自性法身卽前之眞身也二應化法身卽前之應身也以應化而名法身者全攬法身

為應化也。是依理事不二之大乘實相瓔珞經上曰、「從初地至後一地有果報神變二種法身。一法性身。二應化法身。」(四)曇鸞所立。一法性法身、證得法性理體之佛之眞身也。攝於三身中之法身報身中二方便法身、由法性法身示現衆生化益方便之佛之應化身也。此二法身即眞應之二身、法性生身之二身也。論註下曰、「諸佛菩薩有二種法身。一者法性法身。二者方便法身。由法性法身生方便法身。由方便法身出法性法身。此二法身異而不可分。一而不可同。」(五)元照所立。一理法身、如來所證之眞理也。二事法身、戒定慧等五分之功德法也。是大小二乘相對之二法身也。資持記上一之三曰、「法身亦二。一理法身。即所證理顯。二事法身。即五分德圓。」

【三法身】(名數)　有二種、(一)羅什三藏所立。一法化生身、由法性化現之化身佛也。二五分法身、戒定等之五分功德也。三實相法身、空性之諸法實相也。註維摩經三曰、「什曰法身有三種。一法化生身。金剛身是也。二五分法身。三諸法實相和合為佛。故實相亦名法身也。」(二)天台所立。一但空法身、小乘之法身也。二即假法身、大乘別教之法身也。三即中法身、大乘圓教之法身也。天台仁王經疏上曰、「法身有三。一但空法身。三乘皆有。如善吉七葉巖中禮佛法身。此小乘滅三十二相。即空為法身也。二即假法身。謂滅無常色獲常等也。我樂淨三亦復如是。三即中法身。謂如來法身非常非無常。常樂我淨等亦復如是。」

【四種法身】(名數)　此為密教所立。一自性法身、諸佛之眞身、理智法性、自然具足、常住之法身、三世常恒、為從身流出之菩薩說三密之法、自體法然、故云自性、具無為之作業、故云法身。此有理智差別、法界諸法、體性寂然、法爾不改、名理法身、即胎藏之四重圓壇是也。一切之法、互相周遍、冥理同體、名智法身、即金剛界一印會之大日是也。二受用身、此有二種、一自受用身、理智相應、自受法樂之故、名自受用。即與上之智法身同體。或謂法然本覺之智曰智法身、法然始覺之智名自受用。智身與受用別體之義、乃古來之異義也。以前義為正。二他受用身、為十地菩薩所現之法身也。今此加持受用身應現十地、傳說法身之內證、雖有十重之別、然皆為法性所流、令他受用、故名他受用。此自他之受用、內證外用雖異、而共有受用之義、故名受用、又法然之事業、故名法身。三變化法身、為地前菩薩及二乘凡夫所現之丈六應身也。亦是傳說內證而攝衆生也。今此應身為八相成道、轉變無究、故名變化。緣謝即滅、機興則生、亦是法爾之為作、故名法身。內說秘密外宣顯教、一代百億之教主、即此法身也。四等流法身、爲九界隨類之身、非爲佛身、或有佛形。然爲無而忽有暫現速隱之佛、故攝於等流身也。平等流出九界等同、故名等流。出亦是法爾之作用、故名法身。見十住心廣名目六。（密敎又立法報應三身、見三身條）攝此四身以亥之一字配於曼荼羅、胎藏以中胎爲自性身、第一重之內眷屬與第二重之大眷屬爲受用、第三重爲變化等流之二身。又金剛以中央大日爲自性身、東方阿閦爲自受用身、南方寶生與西方彌陀爲他受用身、北方不空成就（釋迦）爲變化等流之二身。此四身有橫竪。竪者如前、橫者則上之四身各具四身也。見三昧耶戒儀資乘記。瑜祇經曰「五智所成四種法身」。分別聖位經偈曰、「梵本入楞伽偈頌品云自性及受用變化並等流佛德三十六皆同自性身」。二敎論下曰「四種法身者、一自性身、二受用身、三變化身、四等流身」。秘藏記末曰「法身。應身。化身。等流身。此四種身。（云云）」

【五種法身】（名數）有四種。（一）菩薩瓔珞經所說。一如如智法身、證如如之理之實智也。二功德法身、十力四無畏等一切之功德也。三自法身、地上菩薩應現之應身也。天台謂之爲勝應身、法相謂爲報身中之他受用身。四變化法身、台家所謂劣應身、法相家所謂變化身也。五虛空法身、如虛空離諸相之如如理也。此中如如智法身與功德法身爲報身、報德分智慧與功德之二者。又自法身與變化法身爲應身、應德分地上地前之勝劣也。虛空法身卽法身。總名之爲法身者、以皆爲法身之德相故也。（二）密敎所立。於上之四種法身加法界身爲五種。法界身者六大法界也。分別聖位經偈曰「自性及受用變化並等流佛德三十六皆同自性身。並法界身故成三十七也。」又禮懺經於自性身之外立法界身、依此等證文而知四身之外有法界身。見五輪九字明秘釋。（三）華嚴宗所立。一法性生身、其言生者、如來之身由法性出生、故名法性身。二功德法身、推其目則爲如來萬德所成之身、故名功德法身。三變化法身、就其應言之、則有感無不形、有機無不應、故名變化法身。四實相法身、言其妙、則無相無爲、故名實相法身。五虛空法身、稱其大則瀰滿虛空、包括萬有、故名虛空法身。見華嚴大疏鈔四。（四）小乘所立五分法身也。見五分法身條。

【法身無相】（術語）涅槃經三十一曰「是故涅槃名爲無相。善男子、無十相故。何等爲十。所謂色相、聲相、香相、味相、觸相、生住壞相、男相、女相。是名十相。」大乘同性經下曰、「如來眞法身者、無色。無現。無著。不可見。無言說。無住處。無相。無報。無生。無滅。無譬喩。」唯識論十曰「自性身唯有眞實常樂我淨。離諸雜染衆善所依無爲功德。無色心等差別相用。」

【法身有相】（術語）依諸經論通途之說、則謂法身無色無形、色相莊嚴不可見。而台家貶之以爲別教已下之說。依圓教之極意、則謂法身決非無相、其言曰、一家圓實之意、法性之體理具依正色心、相相宛然、非眞空無相之法性。是故三惑究竟清淨、則本性常住之色心顯現、而依正之二法究竟清淨也、以此卽談別具三千、示法法卽性也。故法華經方便品曰、「是法住法位、世間相常住」、同提婆品曰、「微妙淨法身、具相三十二。」涅槃經陳如品曰、「色是無常、因滅是色、獲得解脫常住色。」仁王經觀空品曰「法性五陰。受想行識常樂我淨。」四明尊者妙宗鈔中引此等之文、以顯寂光有相之旨、深符一家之妙旨。若夫祖書中有謂理性爲無相寂滅者、理性無染礙之相也。是爲遮情相之遮情門一端、當知染礙之情相既亡、則性具之妙相彌顯也。（天台二百題中有寂光有相之論目、其論旨與有相之說無異、今抄出之。）

【法身說法】（術語）法身說法者、密教之常談也。在於顯教以法身無說、報化有說爲通途、唯台家之圓教獨云法身有說、言法身如來具一切之德、何使無說法之義。淨名疏曰、「法身無緣冥資、一切無說而說、卽是法身說法。」四明教行錄四曰、「當知剎剎塵塵俱說俱聽、說聽同時、妙哉此境。不可以言想求、不可以凡情測、是大總相法門。寂而常照、法身冥資之境也。」是常寂光土究竟法身之說法也。金剛般若論上曰、「應化非眞佛、亦非說法者。」是卽言法身說法、而應化爲非說法者。但祖釋中往往有云、「法定不說、報通二義、應化定說。」者、乃三身分別一往之釋也。知圓教之三身元爲一體、則分別之、醫之一往、了然矣。（此論旨與寂光有相同。）又、密教以法身說法爲一宗之肩目、因之而顯密分教、佛有三身、法身爲佛之眞身、報應二身爲爲他現身、顯教爲應衆生機緣之隨他意法、故爲他現之報應二身說之。密教爲諸佛內證之法、故法身自說之。顯教以法身爲眞如法性之理體、謂爲寂滅無相、固不應有說法之義、而密宗之極意、具六大四曼三密之諸法、性相常爾、人法不二、（台家圓教之性具也。）則何妨法身自說。但此有自證說法與加持說法之兩說。其自證說之義、謂密教非投於他機之隨他意教門、故自性身自說。蓋自性身之前、不見迷悟之差異、十界悉爲住於自性之位、胎藏四重之曼荼羅、卽顯十界之自性者也。此時誰爲能化、誰爲所化、只以各演自內證之法門爲說法。故以疏主大日經教主成就之句、爲本地法身。又宗家處處之釋、或釋爲法身、或判爲自性身。又經說各說三密、說自受法樂說者示非授他之敎門也。若加持身說法、則是授於加持世界衆生之義、爲隨他意之一分。夫法身說法之特色。但經疏中有加持說法之文者、皆爲加持世界之加持身說法、非言自證會之加持身也。其加持說者、謂疏之一部始終之大旨於自證之位無說法、視爲加持身出而說法。大日如來若住自證位時、衆生不蒙益、故住於加持三昧而說今經神變加持經之題號可以顯此義。且疏一釋本經大日法身之住處、設譬曰「譬如國王。若有政令、必先出居外朝制斷刑賞。」是正顯出於加持門之義也。若爲自證極位之說法、則可以翠張之君譬之、何必謂出於外朝乎。又不可以此文而謂爲加持世界、蓋以是正爲本經所說住處之釋也。又疏二十曰、「次卽入中惡字是方便也。此是毘盧遮那佛本地之身花臺之體。超八葉絕方處。非有心之境界。唯佛與佛乃能知之。爲念本誓開示大悲藏。普列衆生入佛慧。故復以加持神力普現身口意遍滿生死中。當知此卽是方便也。若離方便、如來本地尙不可說。何況示人乎。不可爲諸上首等菩薩說。何況流入生死中乎。」抑自性身之上有自證化他之二分、以化他之邊名爲加持身、住於加持三昧而說今經、自證會無因人實行之機、勿論只爲便住於法性之大悲之用被於未來之機、故住於自證會中加持身、爲利他之說也。但有利他隨宜之說、則密敎之法身說法、對於顯敎之化應說法將無差異。以內證與隨宜爲顯密之差異者、是約於所說之法而言、非約於能說之言。顯之法門、一向爲機情而設、更非佛之內證。故云隨宜。密敎全說自內證之法門、授於機。故云內證。雖指其敎主謂爲本地法身、而其加持身不改自性、故以加持身謂爲本地法身。是亦顯密對辨之意也。顯之神變應用、爲隨染業幻之所作、故改自性、今之加持身、非機情之所變、直爲自性本身上加持之用、不改自性、故謂爲本地法身等也。以上兩說爲眞言一家之大問題、新古二義之別、卽在於此。

【法身流轉】（術語）眞如爲法身之體。眞如有不變隨緣二義、依隨緣之義者、雖於染淨之緣而變生十界之依正、其所變之十界卽不變之眞如卽法身也。謂之爲法身流轉五道。經曰「法身流轉五道名曰衆生。」

【法身古業】（術語）法身菩薩受界內之生、利益有情者、原用六道古業之種子也。大乘止觀曰「若作菩薩自在用時、以悲願力、故用彼古業種子、一時於六道中受無量身敎化衆生。」是台家一箇論目也。

【法身佛】（術語）法性之體名法身、法性有覺知之德、故名佛。

【法身偈】（術語）佛有生身法身二種、故舍利亦有二種。八石四斗之遺骨生身之舍利也。所說之妙法、法身之舍利也。故謂之法身舍利偈。又云法頌舍利。略曰法身偈。說四諦中苦集滅三諦之偈頌也。而常約於其說苦諦之諸法從緣生一句、稱爲緣生偈、又曰緣起偈。智度論十八引毘勒論中所說曰、「佛於四諦中或說一諦或二或三。如馬星比丘爲舍利弗說偈、諸法從緣生。是法緣及盡。我師大聖主。是我如是說。此偈但說三諦。當知道諦已在中。不相離故。」卽蓋諸法從緣生一句、說諸法之爲因緣生、苦空無常無我苦諦之相也。此法緣二字。說其生苦法之因緣之法、卽集諦也。盡之一字說滅苦集、卽滅諦也。道諦可以苦集爲例而知、不必說也。智度論十一曰、「諸法因緣生。是法說因緣。是法因緣盡。大師如是言。」其他諸經論所說之偈頌。總爲生滅、卽苦滅之二諦也。佛本行集經四十八馬勝比丘對舍利弗說頌曰、「諸法從因生。諸法從因滅。如是滅與生。沙門說如是。」浴佛功德經曰、「供養舍利有二種。一者身骨舍利。二者法頌舍利。卽說頌曰、「諸法從緣起。如來說是因。彼法因緣盡。是大沙門說。」因此偈明說法身之不生不滅。故名法身偈。造像功德經曰、「爾時世尊說是偈言。諸法因緣生。我說此因緣。因緣盡故滅。我作如是說。善男子。如是偈義名佛法身。汝當書寫置彼塔內。何以故。一切因緣及所生法性眞寂故。是故我說名爲法身。」大日經疏六曰、「法從緣生。卽無自性。若無自性、卽是本來不生。因緣和合時、亦無所起。因緣離散時、亦無有滅。是故如淨虛空常不變易。」

【法身塔】（堂塔）安置法身舍利之塔也。密教以梵字鑁爲法身塔、以此是法界之種子、形圓似塔故也。金剛頂義決曰、「鑁字法界種。相形如圓塔。是名法身塔。」

【法身經】（經名）一卷。趙宋法賢譯。明化身及法身之二種功德、法中具說增一之法數。又寶積三昧文殊師利菩薩問法身經之略名。

【法身藏】（術語）五種藏之一。

【法身觀】（術語）宗家所立之法身各異其觀法亦不同。今言性宗之法身觀、往生要集中本引諸經、明觀佛之法身。以眞如平等五相觀如來也。蓋丈六之佛身、具三十二相。所謂該種種之德者、爲三身中應身之事。由凡夫之有差別心作如是觀耳。若離凡夫之有差別、心自無差別平等之心觀之、則諸相盡寂滅。無不爲眞如實相。大般若經五百七十四曰、「曼殊室利前白佛言。我觀如來卽眞如相。無動無作。無所分別。（中略）心言路絕。以此等眞如之相觀於如來名眞見佛。」華嚴經昇須彌山頂品曰、「法性本空寂。無取亦無見。性空卽佛。不可得思量。」金剛般若經曰、「世尊說偈言。若以色見我。以音聲求我。是人行邪道。不能見如來。」

【法身大士】（術語）見法身菩薩條。

【法身本有】（術語）言法身本來在一切衆生之心中也。

【法身舍利】（術語）與法身偈同。又佛所說之經卷、謂之法身舍利。如來所說實相中道之理、不改不變。性相常爾。故云法身舍利。法華經法師品曰「經卷所住處。皆應起七寶塔。極令高廣嚴飾。不須復安舍利。所以者何。此中已有如來全身。此塔應以一切華香瓔珞繒幡幢伎樂歌頌供養恭敬尊重讚歎。」西域記九曰、「印度之法。香末爲泥。作小窣堵波。高五六寸。書寫經文以置其中。謂之法舍利也。數漸盈積。建大窣堵波。總聚於內。常修供養。」

【法身如來】（術語）法身雖無去來、而依隱沒之如來藏顯現爲法身、名曰如來。

【法身菩薩】（術語）二種菩薩之一。又云法身大士。斷一分無明而顯現一分法性之菩薩也。初地以上之菩薩是也。若依台家四教之位、次則初住以上方名法身菩薩。智度論三十八曰、「法身菩薩斷結使得六神通。生身菩薩不斷結使或離欲得五神通。」

【法身無相】（術語）見法身條附錄。

【法身說法】（術語）見法身條附錄。

【法身舍利偈】（術語）見法身偈條。

【法忍】（術語）忍者忍許之義、今謂信難信之理而不惑爲忍。即施於所觀之法而忍許也。依此忍許而離惑明理之智決定、謂之法智。故忍爲斷惑之位、屬於因。智爲證理之位、屬於果。小乘之見道信忍欲界苦諦之理、謂之苦法忍。乃至信忍道諦之理、謂之道法忍。又大乘之菩薩於初地之見道信忍無生之理、謂之無生法忍。其他尚有種種之法忍。大經慧遠疏曰、「心安法名之爲忍。」又生法二忍之一。忍耐自風雨寒暑飢渴等非情法來之苦難、亦云法忍。

【三法忍】（名數）見三忍條。

【法成就】（術語）依密教之修法祈禱有効驗、是云法成就。梵語云悉地。

【法我】（術語）二我之一。法執也。執色心等法有實之體性而得自在也。

【法我見】（術語）二種我見之一。見法我條。

【法我俱有宗】（術語）與我法俱有宗同。

【法佛】（術語）法身佛也。二教論上曰「法佛談話謂之密藏」

【法佛無二】（術語）即佛法無二也。有一居士問二祖曰、今見和尚已知是僧。未審何名佛法。祖曰、是心是佛。是心是法。法佛無二。僧寶亦然。士曰、今日始知罪性不在內、不在外、不在中間。如其心然。佛法無二也。

【法利】（術語）佛法上之功德利益也。法華經分別功德品曰、「世尊分別說得法利者。」

【法位】（術語）眞如之異名。眞如爲諸法安住之位、故名法位。法華經方便品曰、「是法住法位、世間相常住。」大日經一曰、「佛法離法相、法住於法位。」宗鏡錄七曰、「言法位者、即眞如正位。故智論說法性法界法住法位、皆眞如異名。」又僧位謂之法位。

【法弟】（雜語）爲佛法修行而就師爲弟子者。

【法見】（術語）執著一法而是一非他、名曰法見。

【法志妻經】（經名）長者法志妻經之略名。

【法性】（術語）又名實相、眞如、法界、涅槃等、異名同體也。性之爲言體也、不改也。眞如爲萬法之體、在染在淨、在有情數、在非情數、其性不改不變、故曰法性。此法性小乘多不言之、大乘諸家則盛論之。其論有四家之不同。第一法相慈恩家、言法性爲三性中之圓成實性。是依地起性、一切有爲萬法之所依也、爲法所依之本體、故名法性。此萬法與法性、有爲無爲、畢竟隔別、以不許法性隨緣之義也。第二三論嘉祥家、不許彼圓成實性之實有、以眞空爲法性、法性即眞空之異名也。諸法之性爲眞空、眞空即妙有、妙有之性即眞空、是即法性也。第三華嚴賢首家、謂眞如有不變隨緣之二義、以隨緣之義變造一切諸法、雖變造而猶保眞如不變、例如水變爲波、猶不變水之性也。如是眞如隨緣變造萬法、故稱眞如曰法性。然此法性之眞如、淳善無垢、更無染分之性、但所變之法有染淨之別者、由緣有染淨也。第四天台智者家、謂法性固具染淨、謂之性善性惡。因性具善惡、而生染淨之諸法也。六波羅蜜經曰、「衆生無定性、猶如水上波。願得智慧風、吹入法性海。」華嚴經昇須彌山品曰、「法性本空寂、無取亦無見。」智度論三十二曰、「法性者如前說各法空同爲一空、是爲法性。」又曰、「法性者法名涅槃、不可壞不可戲論。名本分種、如黃石中有金性、白石中有銀性。如是一切世間法中皆有涅槃性。」唯識述記二本曰、「性者體也。諸法眞理、故名法性。」同九末曰、「性者體義。一切法體、故名法性。」嘉祥法華疏五曰、「法性即是實相。三乘得道莫不由之。」大乘義章一曰、「言法性者、自體名法。法之體性、故云法性。」註維摩經二曰、「肇曰、如法性實際、此三空同一實耳。」起信論義記上曰、「法性者、明是眞體普遍義。（中略）通與一切法爲性、即顯眞如遍於染淨、通情非情、深廣之義。」止觀一曰、「法性自天而然、集不能染、苦不能惱、道不能通、滅不能淨。如雲籠月、不能妨害。却煩惱已、乃見法性。」又曰「法性名爲實相。尙非二乘境界。況復凡夫。」同五曰「問一念具十法界。爲作念具。爲任運具。答法性自爾。非作所成。如一微塵具十方分。」圓覺經曰「衆生國土。同一法性。地獄天宮。皆爲淨土。」菩薩處胎經曰「法性如大海。不說有是非。凡夫賢聖人。平等無高下。唯在心垢滅。取證如反掌。」

【二種法性】（名數）法界有事理二種。法性亦然。一事法性。如地之堅性。水之濕性等是。二理法性。諸法平等之實性是。止觀曰「地持明二法性。一事法性。性差別故。二實法性。性眞實故。」

【法性異名】（雜語）大般若有十二名。眞如、法界、法性、不虛妄性、不變異性、平等性、離生性、法定、法住、實際、虛空界、不思議界也。對法論七有七名。眞如、無我性、空性、無相、實際、勝義、法界也。唯識論九有四名。勝義、眞如、法界、實際也。智度論三十二、有四名。如、法性、實際、實相也。大乘止觀有七名。自性淸淨心、眞如、佛性、法身、如來藏、法界、法性也。

【如法性實際三名】（名數）般若經多用此三名。同一空理之異名也。謂但以觀有淺深。而分三名也。智度論三十二曰「如、法性、實際、是三事爲一爲異。若一。何說三。若三。今應當分別。答曰是三皆是諸法實相異名。」註維摩經二曰「肇曰如、法性、實際此三空同一實耳。但用觀有淺深。故別立三名。始見法實。如遠見樹。知定是樹。名爲如。見法轉深。如近見樹。知定是何木。名爲法性。窮盡法實。如盡知樹根莖枝葉之數。名爲實際。此三未始非樹。因見爲異耳。」

【法性山】（譬喩）法性不變不動。故譬之以山。止觀一曰「動法性山。入生死海。」同輔行曰「法性不動如山。衆生惡深如海。非大誓願無謀善權。安能動難動山。入難入海。」

【法性水】（譬喩）法性淸淨。故以水譬之。法華玄義五曰「登住已去。菩薩鵝王。能唼無明乳。淸法性水。」

【法性土】（術語）三土之一。法性身所住之土也。法性土即眞如之理。身土如何分別乎。其體本爲一眞如。但取所證之法體爲法性土。取能證之覺相爲法性身耳。非法性身之外有別體之法性土也。唯識論九曰、「自性身依法性土。雖此身土體無差別。而屬佛法相性異故。」義林章六末曰「自性身土。即眞如理。雖此身土體無差別。而屬佛法相性異。故以義相爲身。以體性爲土。以覺相爲身。以法性爲土。」羣疑論曰「雖知身土並一眞如。而言法性身居法性土者。此以覺照性義名身。法眞理體名土。是施設安立諦門說。」是金光明經攝論以如如與如如智爲法身。即依合理智爲法身。故以理爲所覺之法性土。以智爲能覺之法性身。已上爲法相宗之義。又如台家謂「成淸淨法身居常寂光土」（四敎儀）以理體爲常寂光土、覺照理體之智爲淸淨法身。與法相所異者、爲覺照之智本來具理性。故與法體皆爲理、而法體之理自照也。

【法性寺】（寺名）六祖慧能大師値印宗法師與僧言非風非幡仁者心動之寺也。六祖壇經曰「遂出至廣州法性寺」淸一統志七十九曰「在府城內西北。舊爲乾明法性二寺。宋合爲一。亦改法性寺也。」

【法性身】（術語）畧名法身。佛三身之一也。佛身如法性周遍十方。有無量無邊之相好莊嚴、以無量之光明、無量之音聲、度十方無量之法身菩薩、謂之法性身。智度論九曰「佛有二種身。一者法性身。二者父母生身。是法性身滿十方虛空。無量無邊色像端正。相好莊嚴。無量光明。無量音聲。聽法衆亦滿虛空。」往生論註下曰、「無爲法身者、法性身也。法性寂滅。故法身無相也。無相故能無不相。是故相好莊嚴卽法身也。」法性身有有相無相之論。見法身條附錄。

【法性宗】（術語）永明所說三宗之第三、立眞如法性隨緣、而緣起諸法之宗旨也。華嚴天台眞言等之實大乘、皆爲此法性宗。三德指歸一曰、「佛滅度後十有三世。至龍樹菩薩始用文字。廣第一義諦。嗣其學者號法性宗。元魏高齊間有慧文禪師默而識之。授南岳思大師。由是有三觀之學」

【法性空】（術語）諸法之自性本空、故云法性空。仁王經天台疏中曰、「法性空者。性本若不空。不可令共得空。以性本自性故。諸法皆空也。」

【法性海】（術語）法性深廣、不可測量、譬之以海。菩薩處胎經曰「法性如大海」。起信論曰、「法性眞如海」

【法性生身】（術語）二種菩薩身之一。又五種法身之一。法性總該萬有萬德。如來之身、由此出世、名爲法性生身。智度論二十八曰「菩薩入法位。住阿鞞跋地。末後肉身盡。得法性生身。雖斷諸菩薩有煩惱習因緣。故受法性生身。非三界生也。」

【法性法身】（術語）二法身之一。對方便法身而言。見法身條。

【法性常樂】（術語）法性者涅槃之異名。故取涅槃之四德常樂我淨、謂之法性常樂。

【法性眞如】（術語）法性與眞如異名同體也。起信論曰、「法性眞如海」。

【法性隨妄】（術語）法性隨妄緣起惑造業感苦果也。妄緣卽無明。

【法性隨緣】（術語）又云眞如隨緣。法性有不變隨緣二義、法性之體隨染緣、而生流轉之因果、隨淨緣而起還滅之因果。是曰法性隨緣。

【法門】（術語）佛所說、為世之則者、謂之法、此法為衆聖入道之通處、故云門。又諸法並通於一實、故名為門。又為如來聖智遊履之處、故名為門。華嚴大疏三曰、「如來通智遊入故號門。」同演義鈔一曰、「並通一實故得稱門。」註維摩經八曰、「肇曰、言為世則謂之法、衆聖所由謂之門。」起信論義記中本曰、「軌生物解曰法、開智通遊曰門。」法界次第中曰、「門謂能通。」又門者差別之義、所說之法義有種種差別、故云法門。增一阿含經十曰、「如來開法門、開者得篤信。」法華經方便品曰、「以種種法門。宣示佛道。」止觀一曰、「此之止觀天台智者己心中所行法門。」

【八萬四千法門】（術語）菩薩瓔珞經法門品曰、「吾今當說菩薩瓔珞八萬法門。」勝鬘經曰、「得一切佛法攝八萬四千法門。」心地觀經七曰、「八萬四千總持門。能除惑障銷魔衆。」衆生有八萬四千之煩惱、故佛為之說八萬四千之法門。心地觀經之說也。參照法藏條。

【法門寺】（寺名）在今陝西扶風縣北二十里崇正鎮、即唐憲宗迎佛骨之處。見清一統志。

【法門身】（術語）天台就佛身立色身法門身實相身之三身。見三身條。因密教謂曼荼羅種種之形像也。大疏六曰、「三重曼荼羅所示種種類形、皆是如來一種法門身。是故悉名為佛。此等一切諸佛各於本所流通法門自說彼三昧道。」

【法門海】（術語）法門無盡不可測、譬之以海。華嚴經二曰、「佛剎微塵法門海、一言演說盡無餘。」

【法門眷屬】（術語）三重圓檀海會之聖衆、皆為法門身、舉一尊而主法門、故他為其眷屬也。大疏五曰、「世尊所以待門方說、亦為法門眷屬相發明故。」秘藏寶鑰上曰、「如來德具萬種、一一佛即法門主也。」

【法明道】（術語）衆生之淨心、生大慧光明、普照無量之法性、見諸佛所行之道、謂之法明道。大日經一曰、「法菩薩淨菩提心門名初法明道。」同疏一曰、「法明者以覺心本不生際、其心淨住、生大慧光明、普照無量法性、見諸佛所行之道。故云法明道也。」

【法明門】（術語）照明諸法事相、分別義理、謂之法明、此法明即為入聖道之門戶、故云門。又差別他法故曰門。菩薩瓔珞本業經下曰、「為過去未來現在一切衆生開空慧道入法明門。」觀無量壽經曰、「具百法明門、得入初地。」

【法空】（術語）二空或三空之一。色心之諸法為因緣生之俗法而無實體、謂之法空。法華經曰「如來座者、一切法空是」。同安樂行品曰「菩薩觀一切法空」。十地論一曰「無我智者有二種、我空、法空」法藏之心經鈔曰「般若妙行有其二種、一淺、卽人空般若。二深、卽法空般若」因有以對於有之空、比盧空者。

【法空觀】(術語)二空觀之一。觀見色心等之諸法、由因緣而生無有自性也。是大乘菩薩之觀見非小乘比丘之分。

【法事】(儀式)又云佛事。爲追福及善根開供佛施僧讀誦講說之會座也。又(雜語)佛法之修行、謂之法事。楞嚴經一曰。「發大勇猛行一切難行法事」。

【法事讚】(書名)具名轉經行道願往生淨土法事讚。二卷、唐善導撰。記彌陀三昧之行業及偈頌者。

【法波羅蜜】(術語)金剛界四波羅蜜菩薩之一。爲無量壽佛之印蓮華之上有函密號曰清淨金剛。是司大日妙觀察智說法度生之德者。見金剛曼陀羅大鈔一。

【法定】(術語)法性十二名之一。眞如之妙理、決定在諸法之中、故名法定。

【法叔】(雜語)禪林之目師之兄弟也。見象器箋五。

【法社】(雜名)爲修道所結之會社也。僧史略下曰「梁僧祐曾撰法社建功德邑會文」。

【法雨】(譬喩)妙法能滋潤衆生、故譬之爲雨。無量壽經上曰「澍法雨演法施」。法華經序品曰「雨大法雨吹大法螺」同普門品曰「澍甘露法雨滅除煩惱焰」涅槃經二曰「無上法雨雨汝身田令生法芽」。嘉祥無量壽經疏曰「澍雨有潤澤之功、譬說法能沾利衆生也」。

【法雨寺】(寺名)禪寺也。本稱爲後寺。普陀山志三曰、「在白華頂之左光熙峯下、明萬歷八年建。三十四年賜額鎭海禪寺。前後兩寺爲名久矣。遭燬遭劫與前寺同時殘毀。國朝康熙二十八年南巡御題天花法雨額賜後寺。遂改今名」。

【法河】(譬喩)佛法甚深、譬如大河也。涅槃經十九曰「甚深法河於今欲涸」。大集經五十六曰「法水止不流法河永枯涸」。

【法芽】(雜語)佛法之苗芽也。華嚴經二十二曰、「智山法芽、悉已清淨」。

【法命】(術語)法身之慧命也。法者理體、慧者智用、因而理體比人之身、智用譬人之命、謂之法身慧命。又僧之壽命謂之法命。

【法果】(人名)後魏沙門法果、戒行精至、太祖徵爲沙門統、太宗崇信彌深、永興中前後加輔國宜城子忠信侯及安城侯、俗官加僧以此爲始。見僧史畧中、佛祖統紀五十一。

【法味】（術語）妙法之滋味也。咀嚼妙法而心生快樂、故謂之法味。華嚴經二十五曰、「法味增益常得滿足。」藥師經曰、「先以淨妙飲食飽足其身。後以法味畢竟安樂。」往生論曰、「得一到彼處受用種種法味樂。」

【法典】（術語）說正法之經典也。順權方便經上曰「有法典名曰順權方便。」

【法乳】（譬喻）以正法之滋味長養弟子之法身、猶如母乳之於幼兒也。涅槃經曰「飲我法乳長養法身。」

【法服】（雜名）又云法衣。三衣之總名也。三衣有法制、如法製者名法服。法華經序品曰、「剃除鬚髮而被法服。」世以袍裳袍服作法服者非。

【法舍利】（術語）又云法身舍利。見法身舍利條。

【法供養】（術語）二種供養之一。佛說百千法門、衆生隨而信解修行長養法身、守護大法、名爲法供養。維摩經法供養品曰、「空中有天曰善男子。法之供養勝諸供養。(中略)若聞如是等經信解受持讀誦以方便力爲諸衆生分別解說顯示分明守護法故。是名法之供養。」同註「肇曰如是等經盡諸佛法身也。若聞斯經能信解護持宣示分別令大法增廣者名法之供養。養成法身也」金光明文句二曰、「供養有二義。一財供養可解二法供養。佛說百千法門隨而修學名法供養。」

【法陀羅尼】（術語）四陀羅尼之一。又名聞陀羅尼。法者教法也。聞佛之教法受持而不忘也。

【法岸】（雜語）入道之境也。沈約文曰、「若非積毫成仞累爝爲明無以方軌慧門維舟法岸。」

【法受塵經】（經名）一卷、後漢安世高譯。誡男勿染女女勿染男以法性受塵染故也。

【法相】（術語）諸法一性殊相、殊別之相、由外可見、謂之法相。維摩經佛國品曰、「善解法相知衆生根。」大乘義章二曰、「一切世諦有爲無爲通名法相。」因法相宗之畧稱。

【法相宗】（流派）八宗之一。爲窮明萬法性相之宗、故名法相宗。此目取解深密經一切法相品之名而立。又依唯識論明萬法唯識之理、故名唯識宗。此目取解深密經分別瑜伽品之意。此二者爲通稱。更名應理圓實宗。以所詮之理離空有二邊能應理而爲圓滿眞實故也。此目取解深密經勝義諦相品之意。又名普爲乘教宗。以本宗是佛第三時之教、普被五乘之機故也。此目取解深密經無自性相品之意。其中前二名、爲約於法相門之稱。次名爲約於觀心門之稱、次爲約於教相門之稱。我國慈恩寺窺基大成此宗、故有慈恩宗之名。經以解深密經、論以瑜伽論唯識論等爲所依。原在印度佛滅後一千年中、無著菩薩由阿踰陀國講堂夜夜昇兜率天、就彌勒菩薩聽受瑜伽論、晝日宣說之於大衆。瑜伽論百卷是也。其後無著之弟世親、造唯識論、助成其義。彼土名爲瑜伽宗。玄奘入西域、受之於那蘭陀寺之戒賢、傳於支那弟子慈恩大成之、始有法相宗、慈恩宗之名。又（術語）永明所立三宗之一。見宗條附錄。

【法相教】（術語）具名大乘法相教。圭峰所立五教之一。見五教條。

【法相大乘】（術語）法相宗爲大乘教、故稱曰法相大乘。

【法相三論】（術語）法相宗與三論宗也。華嚴天台兩家貶此二宗曰權大乘。

【法食】（術語）如法之食物也。佛法中食物、有法制、依其法制之食、謂之法食。行事鈔下二曰「增一云。如來所著衣名曰袈裟。所食者名爲法食。」

【法食時】（術語）四食時之一。三世之諸佛、皆以午時爲食名曰法食時。午過則爲非時也。

【法苑】（雜名）法義之庭苑也。佛教之範圍、法義叢在、故稱法苑。

【法苑珠林】（書名）一百二十卷、（或作百卷）唐釋道世撰。以佛經故實分類編排。凡一百篇、每篇或有述意、或無述意、爲例不一。大旨推明罪福之由、用生敬信之念。蓋引經據典之作也。見四庫提要。

【法苑義林章】（書名）具名大乘法苑義林章。法相宗慈恩撰、說大乘門之法相名數。七卷。因之而有七卷章之別號。（日本續藏經作十四卷）關於本書之著述如下。大乘法苑義林章補闕卷四卷七卷八、唐慧沼撰。大乘法苑義林章決擇記四卷、唐智周撰。

【法音】（術語）說法之音聲也。無量壽經上曰「常以法音覺諸世間。」法華經譬喩品曰「聞此法音。心懷踊躍。」

【法音毛孔】（雜語）俗有「法音入毛孔、遠爲菩提因」之語。是涅槃經九所說「佛所說大涅槃光。入於一切衆生毛孔。衆生雖無菩提之心而能爲作菩提因。」一文之取意也。

【法律經】（經名）法律三昧經之略名。

【法律三昧經】（經名）一卷、吳支謙譯。佛於摩竭陀國說十二自燒、乃至爲勇聲菩薩分別聲聞禪、緣覺禪、如來禪、五通仙人禪之不同。

【法侶】（雜語）尊法之徒侶也。猶言僧侶。梁武帝文曰、「恒沙衆生皆爲法侶。」

【法帝】（雜語）佛法之帝王、即如來也。秘藏寶鑰中曰、「人王法律。法帝禁戒。事異義融。」

【法度】（雜語）法者法規、度者度量也。無量壽經下曰、「都無義理不順法度。」

【法施】（術語）三施之一。說法使人聞之也。又云法供養。法施爲對下之語、法供養爲對上之語。無量壽經上曰、「演法施。常以法音覺諸世間。」維摩經菩薩品曰、「夫大施會不當如汝所設。當爲法施之會。」智度論十一曰、「以諸佛語妙善之法爲人演說。是爲法施。」又向神誦經唱法文等、謂爲奉法施。

【法炬】（譬喩）法能照物、故譬之以火炬。大集經五十六曰、「法炬當散滅。」

【法要】（術語）簡約說法之樞要者、即樞要之法義也。維摩經弟子品曰、「佛爲諸比丘略說法要。」心地觀經七曰、「是名爲出世法要。」大日經疏一曰、「於此眞言法要。方便修行。得至初地。」註維摩經五、「什曰。以要言說法。謂簡要之言析繁理也。肇曰。善以約言而舉多義。美其能得說法之要趣也。」因法會稱曰法要。

【法前得】（術語）三種得之一。亦云牛王引前得。謂如車前牛行、能得立於前引所得之法來也。吾人得善惡之諸法、由此法前得。善惡之法以力强故、於法之現在位未來之前既得此法也。無記法者無得。

【法後得】（術語）三種得之一。亦名犢子隨後得。謂如牛子附隨母牛、能得隨所得之後而來也。善惡諸法、過去滅去之後、其諸法得我之身者、依於此得之力也。

【法界】（術語）梵名達磨馱都、Dharmadhātu 此云法界。又曰法性、亦曰實相。法界之義有多種、以二義釋之。一就事。一約理。就事而言、法者諸法也、界者分界也。諸法各有自體、而分界不同。故名法界。然則法界者、法之一一名爲法界、總該萬有亦謂之一法界。是爲嚴家所判四種法界中之事法界、台家約於俗諦釋十法界之時即此義也。菩薩瓔珞本業經上曰、「無明者名不了一切法。迷法界起三界業果。」止觀五曰、「此十法各各因各各果。不相濫。故言十法界。」同輔行曰、「言法界者。法即諸法。界謂界分。相不同故。」資持記上一之三曰、「法界者十界依正也。塵沙者喩其多。」行事鈔上之一曰、「法界塵沙。」因界者邊際之義、法者極法之邊際之言。言廣大深遠無過於此之語。如言法界萬靈、周遍法界等也。止觀三曰、「出法界外。何處更別有法。」同五曰、「當知法界外。更無復有法而爲次第也。」四教儀集註半字談五曰、「窮事邊際云法界。」往生要集上曰、「周遍法界拔苦衆生。」又曰、「佛光明照法界念佛衆生。攝取不捨。」約理而言法相華嚴之釋意、指眞如之理性而謂之法界。或謂之眞如、法性、實相、實際、其體一也。界者因之義、依之而生諸聖道、故名法界。又界者性之義、是爲諸法所依之性、故又諸法同一性、故名法界。唯識述記九末曰、「三乘妙法所依相故、名爲法界。」勝鬘經寶窟下末曰、「法界者、界卽境界、卽是因義、聖人四念處等、皆取此性作境故。」探玄記十八曰、「界有三義。一是因義、依生聖道故。攝論云、法界者、一切淨法因故。又中邊論云、聖法因爲義故。是故說法界。二是性義、謂是諸法所依性故。此經上文云、法界法性、並亦然故也。三是分齊義、謂諸緣起相不雜故。」是四種法界中理法界之義也。嚴家台家更指一一之法、法爾圓融、具足一切諸法、謂之法界。大乘止觀曰、「法者法爾故、界者性別故、以此心體法爾具足一切法故、言法界。」四敎儀集註半字談五曰、「性惡融通曰法界。」止觀五曰、「又此十法、一一當體、皆是法界、故言十法界。」是四種法界中之事事無礙法界也。又支配於因果之理之法相範圍、名爲法界。佛爲超脫此範圍者、故佛獨屹立於法界之外。菩薩瓔珞本業經上曰、「於一法界有三界報。一切有爲法、若凡若聖、若見著、若因若果、不出法界、唯佛一人在法界外。」又十八界之一、意識所緣之境、云法界、卽六塵中之法塵也。此中總該有爲無爲之一切法、以悉爲意識之所緣也。行宗記二下曰、「法塵一界、兼通色心。」

【三法界】（名數）嚴家除四法界中之第一事法界、就其他三法界、立三重之法界觀、故有三法界之目。

【四種法界】（名數）法界者、一切衆生身心之本體也。法、軌則也。界有性分二義。若約事說、界卽是分義、謂隨事分別故也。若約理說、界卽是性義、謂諸法性不能變易故也。以此性分互相交絡、則成理事無礙法界、以理融事、一一融通、則成事事無礙法界也。一事法界、謂諸衆生色心等法、一一差別、各有分齊、故名事法界。二理法界、謂諸衆生色心等法、雖有差別、而同一體性、故名理法界。三理事無礙法界、謂理由事顯、事攬理成、理事互融、故名理事無礙法界。四事事無礙法界、謂一切分齊事法、稱性融通、一多相卽、大小互容、重重無盡、故名事事無礙法界。見大明法數一三。註法界觀門曰、「淸涼新經疏云、統唯一眞法界、謂總該萬有、卽是一心。然心融萬有、便成四種法界。一事法界、界是分義、一一差別、有分齊故。二理法界、界是性義、無盡事法、同一性故。三理事無礙法界、具性分義、性分無礙故。四事事無礙法界、一切分齊事法、一一如性融通、重重無盡故。」

【五種法界】（名數）又華嚴家就所入之法界、立五門。一有爲法界、是前之事法界也。二無爲法界是前之理法界也。三亦有爲亦無爲法界是前之事理無礙法界也。四非有爲非無爲法界是亦事理無礙法界也。以事卽理則非有爲理卽事則非無爲故也。五無障礙法界是前之事事無礙法界也。已上五法界就有爲無爲之二分別四句更加該收四句之一門爲五門見探玄記十八大疏鈔六十。

【十法界】（名數）華嚴家爲分別圓融無礙之義相而立四法界天台家爲差別塵沙之事相而立十法界對配之卽橫豎之二門也（四橫十豎）十法界者一佛法界自覺覺他覺行共滿之境界也。二菩薩法界爲無上菩提修六度萬行之境界也。三緣覺法界爲入涅槃修十二因緣觀之境界也。四聲聞法界爲入涅槃依佛之聲教修四諦觀法之境界也。五天法界修上品十善兼修禪定生於天界受靜妙之樂之境界也。六人法界。修五戒及中品十善受人中苦樂之境界也。七阿修羅法界行下品十善得通力自在之非人境界也。八鬼法界犯下品五逆十惡受飢渴苦之惡鬼神境界也。九畜生法界犯中品五逆十惡受呑噉殺戮苦之畜類境界也。十地獄法界犯上品五逆十惡受寒熱叫喚苦之最下境界也。要之感報之界分有十種不同故謂之十法界十法界之事經論無明說此天台大師依經論之意而立該收一切有情界之一種法門也。釋十法界之字者如止觀五曰「法界者三義十數是能依法界是所依能所合攝故言十法界又此十法各各因各各果不相混濫故言十法界又此十法一一當體皆是法界故言十法界」

【觀門十法界】（名數）天台正修止觀之法於所觀立十境爲十法界。一陰界入法界。五陰十二入十八界之諸法悉爲中道不可思議之法界也。二煩惱法界如無行經說貪欲卽是道維摩經說行於非道通達佛道煩惱卽不可思議之法界也。三病患法界。如維摩之託疾雙林之現病病患卽不可思議法界也。四業相法界如法華說深達罪福相罪福之諸業卽不可思議之法界也。五魔事法界如首楞嚴經說魔界如佛界如一如無二如魔事卽不可思議之法界也。六禪定法界如首楞嚴說不味不亂入王三昧禪定卽不可思議之法界也。七諸見法界如維摩經說以邪相入正相於諸見不動而修三十七品諸見卽不可思議之法界也。八增上慢法界還是煩惱如前之煩惱法界諸見法界之例可知。九二乘法界智者卽二乘之空而觀爲不空達於中道是二乘不可思議之法界也。十菩薩法界底惡之生死（第八境）下劣之小乘（第九境）尙卽是法界菩薩之法寧非佛道則知菩薩之境卽不可思議之法界也。見止觀五。

【密敎十法界】（名數）密敎之十法界與顯敎相異、以五凡五聖爲十法界。五凡者地獄、餓鬼、畜生、人、阿修天也。五聖者聲聞、緣覺、菩薩、權佛、實佛也。見秘藏記鈔六。

【法界宗】（術語）護身寺自軌法師所立五敎之第五、指華嚴所明法界自在無礙之法界、謂之法界宗。見五敎章上。

【法界身】（術語）佛三身中之法身也。佛之法身爲周遍法界衆生而感應之佛身、故名法界身。一身卽現一切身也。探玄記二曰「現一身卽一切身。名法界身」觀經定善義曰「言法界者是所化境。卽衆生界也。言身者是能化之身。卽諸佛身也」觀無量壽經曰「諸佛如來是法界身。入一切衆生心想中」天台觀經疏曰「法界身者、報佛法性身也。衆生心淨法身自在、故言入衆生心想中」因法界者衆生之心法也。此心能生諸法、故名法界、而今此法界心生萬法之佛身。故稱佛身曰法界身。卽法界所生之身也。往生論註上曰「法界是衆生心法也。以心能生世間出世間一切諸法。故名心爲法界。法界能生諸如來相好身。亦如色等能生眼識。是故佛身名法界身」

【法界佛】（術語）華嚴經所說十種佛之一。佛證一眞法界大智慧。大光明遍照一切、故云法界佛。

【法界定】（術語）兩部之大日、同以六大法界爲自證三昧、故名法界定。金剛界之大日印、金剛頂謂之智拳印者、是兩部差別門也。若依通門、則金剛界之大日亦名法界定印。無畏之尊勝軌名此智拳印曰法界印。因之法界定通於兩部之大日。見秘藏記鈔三。

【法界性】（術語）單名法界、又曰法性。合云法界性。法界卽法性也。圓覺經曰「法界性究竟圓滿徧十方。」華嚴經十九曰、「若人欲了知三世一切佛。應觀法界性一切唯心造」

【法界宮】（雜語）胎藏大日如來之宮殿也。依處在摩醯首羅天。是古佛成菩提之處、具云廣大金剛法界宮。金剛喩實相智、法界爲智性（卽理體）卽理智妙合之處也。大日經一曰「一時薄伽梵住如來加持廣大金剛法界宮。」同疏一曰「金剛譬實相智、（中畧）法界者金剛廣大智體也（中略）妙住之境、心王所都。故曰宮。此宮是古佛成菩提處。所謂摩醯首羅天宮」

【法界智】（術語）卽法界體性智也。見法界體性智條。

【法界敎】（術語）說法界之理之敎法也。佛地論六曰、「空無相理。說法界理。名法界敎。」

【法界藏】（術語）五藏之一。持一切染淨之有爲法、故名法界。內含一切功德之性德、故名藏。見五藏條。

【法界觀】（術語）證入華嚴經所說之法界之觀法也。華嚴家之初祖杜順修之而立三重、一眞空觀、二理事無礙觀、三周遍含容觀。見法界觀門。

【法界一相】（術語）謂四法界中事事無礙法界即一眞法界之一相一味也。文殊般若經曰、「法界一相。繫緣法界。是名一行三昧。」

【法界三昧】（術語）觀見華嚴經所明一眞法界之玄理之三昧也。配之於華嚴之三聖、則為普賢菩薩之所得。又密教觀[illegible]等五字謂之法界體性觀、一名法界三昧。蓮華部心軌曰、「結三摩地印入法界三昧。」

【法界三觀】（名數）華嚴宗所立眞空觀、理事無礙觀、周遍含容觀之三觀也。見三觀條。

【法界玄鏡】（書名）具名華嚴法界玄鏡。澄觀著。釋杜順之法界觀門。

【法界次第】（書名）具名法界次第初門、六卷、隋智者撰。隨義理之次第而解釋法數者。

【法界加持】（術語）諸佛眞言、衆生之實相互相加持、謂之法界加持。演密鈔二曰、「疏釋云。毘富羅是廣大義。謂深廣無際不可測量。如是諸法自體名為毘富羅法界。諸佛實相眞言實相衆生實相皆是毘富羅法界。以此更相加持。故名法界加持也。」

【法界定印】（印相）胎藏界大日之入定印、金剛界大日之智拳印、總名為法界定印。

【法界海慧】（術語）觀法界之平等大慧、深廣如海、故名。圓覺經曰、「法界海慧、照了諸相、猶如虛空。」

【法界唯心】（術語）總該萬有而名法界、此法界悉為自己一心之變造、謂之法界唯心。華嚴一經之所明是也。華嚴經十九曰、「若人欲了知三世一切佛。應觀法界性。一切唯心造。」

【法界等流】（術語）持無盡之法而生無量之性功德、名為法界、由此法界應衆生之機而[illegible]流出、謂之法界等流。名如來之教法也。

【法界圓融】（術語）謂法界之諸法事事涉入交徹。是華嚴之無礙、天台之性具也。

【法界緣起】（術語）四種緣起之一。見緣起條。

【法界實相】（術語）法界與實相也。是一體異名、今重言之耳。四教儀曰、「上達根性、味味得入法界實相。」更有一義、實相者別教之理、法界者圓教之理。涅槃經四十曰、「說是法時。十千菩薩得一生實相。萬五千菩薩得二生法界。」輔行三曰、「實相是法理。法界是圓理。」

【法界觀門】（書名）一卷、華嚴初祖終南杜順著。明三重之法界觀、是華嚴宗觀門之創始。文曰、「修大方廣佛華嚴法界觀門。畧有三重。眞空第一。理事無礙第二。周遍含容第三。」此本之全文、今依圭峰之註法界觀門可見之。

【法界塔印】（印相）佛部之三昧耶印也。見三昧耶印條。

【法界塔婆】（術語）塔婆爲表大日如來法界體性智之三昧耶形、故曰法界塔婆。

【法界無緣】（術語）謂法界無緣之衆生、法界無緣之功能等。法界中於佛道無緣之衆生也。周遍法界而起無緣大悲之佛之功力也。

【法界幖幟】（術語）密敎之意、謂一切種種之俗事、皆悉爲無上菩提之幖幟。大日經疏四曰、「種種世諦門、皆是法界幖幟。所謂良日晨者、意在菩提心嘉會之晨也。（中略）定日者。日喻本尊身。月喻修習瑜伽行。」演密鈔五曰、「謂軍旅既行。幢旗爲前導。則識其主也。法界幖幟亦復如是。諸佛如來於一切大會曼荼羅中、建此無上菩提幖幟。能令八部等類善根性者觀此種種像類。則識法界主。親近修行。故曰皆是法界幖幟也。」

【法界無礙智】（術語）華嚴經所說十種智之一。證法界無礙理之智也。

【法界無邊智】（術語）十種智之一。衆生色心之諸法、卽是法界、此法界廣大無邊際、謂之法界無邊。周遍此法界之智、謂之法界無邊智。

【法界體性智】（術語）密家所立五智之一。無盡之諸法名法界、其諸法所依之體性、名法界體性。智者、對之決斷分明也。此智以之配於五如來中之大日如來、菩提心論曰、「中方毘盧遮那佛由成法界智爲本。」秘藏記本曰、「法界體性智三密差別。數過剎塵名之法界。諸法所依故曰體也。法然不壞、故名爲性。決斷分明、得以爲智。」

【法界體性觀】（術語）密家觀阿毘羅吽欠之五字、謂之字輪觀。以字輪觀所用之阿等五字卽法界之體性故也。三摩地儀軌曰、「結三摩地印。入法界體性三昧。修習五字旋陀羅尼。（中略）旋復諦思惟。字字悟眞實。初後雖差別。果證皆歸一。」

【法界無差別論】（書名）具名大乘法界無差別論、一卷。堅慧菩薩造、唐提雲般若譯。明菩提心本論之疏著如下。法界無差別論疏一卷。唐法藏撰。法界無差別論疏領要鈔科文一卷。宋普觀錄。法界無差別論疏領要鈔二卷。宋普觀述。

【法界宮密嚴國】（雜名）大日法身之所都曰法界宮、又云密嚴國。雖常言在第四禪之摩醯首羅天（見法界宮條）而深秘之意、謂欲界之都率天亦爲依此處云。

【法界胎藏三昧】（術語）周遍法界之大悲胎藏三昧也。大日經二曰、「住法界胎藏三昧。從此定起說入佛三昧耶持明」

【法珍】（人名）元崔氏女子名法珍。後出家爲尼。法名弘道。明刻方冊大藏緣起、陸光祖序云、「昔有女子崔法珍斷臂募刻藏經。三十年始就緒。當時檀越有破產鬻兒應之者。聖朝道化宏廣。越前朝遠甚。豈無勝心豪傑乎。不能倡而成之。而諉以爲難。是丈夫之志不如一女子也」又馮夢禎序云、「宋元間除京板外、如平江之磧砂、吳興之某寺、越之某寺某寺等。俱有藏板、不啻七八副。法道之盛此其一端。迨國朝僅有兩京之板。（中畧）因記磧砂藏板緣起。弘道尼斷臂募化。弘道化後。其徒復斷臂繼之。更三世、其願始滿。吾儕丈夫不能深心荷擔大法、鏤板流通。反一女子之不若。卽生淸世、遇佛乘、空手入寶山。豈不愧死」

【法師】（術語）稱能精通佛法爲人之師者。又謂行法之師也。法華經序品曰、「常修梵行皆爲法師」法華文句曰、「法者軌則也。師者訓匠也。（中略）師於妙法自行成就。（中界）能以妙法訓匠於他。故擧法目師。」嘉祥法華經疏九曰、「以人能上弘大法下爲物師。故云法師。如世藥師以藥治人病。名爲藥師」三德指歸一曰、「精通經論曰法師。」因明大疏上曰、「言法師者行法之師也」又道士之善符籙祈禳諸法術者。亦稱法師。

【五種法師】一受持、二讀經、三誦經、四解說、五書寫、爲此五種弘通法華者、謂之五種法師。法華經法師品曰、「若復有人受持讀誦解說書寫妙法華經。」

【十種法師】（名數）辯中邊論有十種法師。頌曰、「謂書寫供養施他聽披讀受持正開演講說及思修」

【法師品】（經名）法華第十品、爲說五種法師功德及弘經方法之品、故謂之法師品。

【法師功德品】（經名）法華經二十八品中第十九品之名。明五種之法師道力增逸得六根淸淨之功德者也。故名曰法師功德品

【法差別相違因】（術語）因明四相違因之一。宗法中之法有自相與差別之二者。言語之表面云自相、言語裏所含之意許云差別、（見法自相相違因條）今立者所說之因相違於欲其成立之法之言下意許、謂之法差別相違因。例如數論師對佛者謂「服等爲他用。積聚性故。如臥具等。」「他」爲立者之意許者、非如佛者之言謂五蘊和合

之假我卽常一之神我也因之雖於言陳自相之上用立敵相符之言物而彼意許者欲成立自宗之神我也然彼諸說之積聚性之因轉於同品之臥具等而臥具等爲假我之用物非神我之用物相違於欲立者成立之意許於是生法之差別也見因明入正理論

【法海】（譬喻）佛法廣大難測譬之以海維摩經佛國品曰「當禮法海德無邊」無量壽經上曰「深諦善念諸佛法海」大集經五十六曰「法山欲崩頹法海當復竭」

【法海經】（經名）一卷西晉法炬譯。爲海八德經之別譯。

【法恩】（術語）四恩中之三寶恩也。

【法悅】（術語）聞法或由思惟而生之悅喜也。

【法財】（術語）法能利潤如財謂之法財維摩經佛國品曰「常以法財施一切」同慧遠疏曰「法能資潤名爲法財」

【法座】（雜語）禪林演法之座（卽須彌座）謂之法座法華經序品曰「卽於法座上跏趺坐三昧」沈約文曰「塗出玉門法座非遠」

【法城】（術語）正法能遮防非法故名曰城又涅槃之妙果是安身之處故名曰城又名一切之經法以能守護正法故也無量壽經上曰「嚴護法城」同慧遠疏曰「法能遮防說之爲城」同嘉祥疏曰「法城者涅槃妙果是安身處故稱爲城說法令衆生修戒定慧以莊嚴之也」維摩經佛國品曰「爲護法城受持正法」同註「什曰法城者卽實相法也復次一切經法皆名法城」

【法徒】（雜名）學法之徒衆也寄歸傳一曰「法徒之大歸」

【法夏】（術語）法臘也計比丘之年當法夏幾十法臘幾何見法臘條

【法被】（物名）禪林覆裹椅子之被布云法被見象器箋十九。

【法流】（術語）言正法相續不絕如水之流也楞伽經四曰「申暢無生者法流永不斷」楞嚴經八曰「未與如來法流水接」佛地論一曰「處眞法流住眞淨土」行事鈔上一曰「宅身佛海餐味法流」

【法家】（雜語）猶言佛門。

【法俱得】（術語）三種得之一又云如影隨身得謂能得與所得之法一時俱來也無記之諸法力弱故無法前法後之二得僅由此法俱得得我身也。

【法眼】（人名）建康清涼寺文益餘杭人姓魯氏嗣羅漢琛周顯德五年謚曰大法眼禪師大智藏大導師見傳燈錄二十四

又（術語）五眼之一分明觀達緣生差別之法謂之法眼無量壽經下曰「法眼觀察究竟諸道」大集經五十六曰「以一切法付囑天龍諸鬼神等爲令法眼久住熾然故」一大

經慧遠疏曰、「智能照法故名曰法眼。」

【法眼宗】（流派）禪宗五家之一。源出六祖弟子行思、五傳而至雪峯。雪峯傳玄沙。玄沙傳羅漢。羅漢傳文益禪師。住金陵清涼院。嘗舉華嚴初地中六相義。幷說三界唯心萬法唯識。世謂之法眼宗。

【法眼淨】（術語）分明見眞諦謂之法眼淨。通於大小乘言之。小乘爲於初果見四眞諦之理、大乘爲於初地得無生法忍。增一阿含經一、曰「三萬天人得法眼淨。」無量壽經下、曰「得淸淨法眼。」維摩經佛國品曰、「遠塵離垢、得法眼淨。」大經慧遠疏曰、「見四眞諦名淨法眼。」註維摩經一、「肇曰、法眼。道須陀洹道也。始見道跡。故得法眼名。」同嘉祥疏曰、「云法眼淨者、小乘亦法眼、大乘亦法眼。小乘法眼、卽初果見四諦法名法眼。大乘法眼、初地得眞無生法、故云法眼。」

【法曼荼羅】（術語）四種曼荼羅之一。經論之文字言語竝經論之義理及眞言之種子陀羅尼等、凡關於法文義理者悉名法曼荼羅。以此爲大日如來之法門身故也。秘藏記上曰、「法曼荼羅。種子也。是謂法身軌持之義。」因省作法曼。

【法曼荼羅身】（術語）三秘密身中種子秘密身也。胎藏界之大日如來爲[illegible]字。

【法處】（術語）十二處之一。意根所對之境、總名法處。

【法處色】（術語）法處所攝色之略。

【法處所攝色】（術語）一總括諸法爲十二處、攝屬於法處而爲意處之所對者、有五種、一極畧色、分析色聲香味觸、眼耳鼻舌身等有質之實色而令至極微者。二極迥色、分析虛空靑黃等無質之顯色而令至極少者、達見爲難、故名極迥色。三受所引色、卽無表色也、是爲依受戒而引發於身中之色、故名受所引色。四遍計所起色、遍計一切法之意識前所顯現之五根五境等影像是也。如空華水月等皆爲此所攝。五定所生自在色、禪定所變之色聲香味等境也。以勝定力之故、於一切之色變現自在、故名定所生自在色。見義林章五末。

【法務】（雜語）事法之業務也。又佛法上之業務也。華嚴經八十曰、「普解世間諸法務。」唐僧傳（慧暠傳）曰、「既達成都、大弘法務。」

【法眷】（雜名）禪林之目法中之眷屬、或稱同修道者。見象器箋五。

【法敎】（術語）佛法之敎也。觀佛經十曰、「讀誦經、廣演法敎。」中阿含經四十一曰、「以法敎令得安穩。」

【法救】（人名）梵名達磨多羅。Dharmatāta 有四人。

【法瓶】（物名）布薩時所用之瓶名法瓶。盛香湯及香水。見象器箋十九。

【法將】（雜語）佛法之大將、高德之於弟子。如大將之於軍。彌勒下生經曰「大智舍利弗能隨佛轉法輪、佛法之大將。」大方廣十輪經七曰「常住清淨國法將之住處」。智度論二曰「大師法將各自別離、當可奈何」。同七曰「佛爲法王、菩薩爲法將、所尊所重唯佛世尊」西域記十二曰「印度學人咸仰盛德。既曰經笥亦稱法將。」寄歸傳三曰「大師影謝、法將隨亡」五教章上曰「此上十家諸德、並是當時法將。」

【法堂】（堂塔）他宗云講堂、禪家云法堂。演說大法之堂也。華嚴經五曰「世尊凝睟處法堂、炳然照曜宮殿中」同七十五曰「善財童子將升法堂」。同七十六曰「時有守護菩薩法堂羅刹鬼王、名曰善眼」。大方等日藏經一曰「於當來世是中皆應起立塔寺。造作法堂、安置舍利經法形像」。毘奈耶雜事三十七曰「於城東形勝地興建法堂」。已上出於經律。歷代三寶記十二曰「法堂佛殿既等天宮、震旦神州還同淨土」。傳燈錄四慧忠章曰「師欲於殿東別創法堂」宋高僧傳八香育傳曰「樹立法堂嚴奇麗」。已上據百丈已前之說。然至百丈海禪師制禪苑之規繩、特重取法堂、不立佛殿而唯達法堂、以此表佛祖親承、當代爲尊故也。傳燈錄百丈章禪門規式曰、「不立佛殿唯樹法堂者、表佛祖親囑受當代爲尊也。」然諸方猶立佛殿、不準其令、獨德山鑑禪師固守之。正宗贊一德山章曰、「師凡住院。拆却佛殿、獨立法堂而已。」百丈之禪苑規繩、概取意於朝制。故至法堂之制造亦是擬於大極殿。

【法執】（術語）二執之一。固執心外有有爲無爲之實法之妄念也。二乘之人雖斷我執而不能絕此法執、大乘之菩薩則漸斷之。唯識論一曰「由我法執、二障具生」。菩提心論曰、「二乘之人雖破人執。猶有法執」。

【法船】（譬喻）佛使人渡生死海、到涅槃之岸、故譬以船筏。涅槃經一曰、「無上法船於斯沈沒」。心地觀經一曰「善逝恆爲妙法船、能截愛流超彼岸」。舊華嚴經五曰、「興造正法船、普拯所應度」。付法藏傳六曰「欲出三界生死大海、必假法船方得度脫」。

【法域】（術語）猶曰法性土。即涅槃之境界也。釋門歸敬儀中曰「泥洹法域、入有多門」。

【法梁】（雜語）佛法之棟梁也。尊勝陀羅尼經曰、「眞是佛子、持法棟梁」。

【法深信】（術語）二種深信之一。

【法密部】（流派）同法藏部。

【法華】（雜語）法華經也。又法華宗也。

【法華經】（經名）妙法蓮華經之畧名。經中法師品曰、「是法華經藏、深固幽遠。

無人能到。」同安樂行品曰、「此法華經。諸佛如來秘密之藏。於諸經中最在其上。」

【法華論】（書名）妙法蓮華經論優婆提舍之畧名。

【法華會】（行事）講讚法華經之法會也。

【法華宗】（流派）原爲天台宗之本名。因彼宗以法華經爲本經故也。

【法華法】（修法）轉讀法華經之法。爲祈息災而修之。

【法華堂】（堂塔）具各法華三昧堂。以普賢菩薩爲本尊、而修法華三昧之所也。

【法華講】（行事）講讚法華經之法會也。

【法華一實】（術語）法華經所明爲一乘眞實之法也。

【法華二妙】（名數）相對妙與絕對妙也。

【法華三周】（名數）法華經分括迹門之說法爲三周。見三周條。

【法華三昧】（術語）三諦圓融之妙理、分明現前、障中道之無明止息、謂之法華三昧。此法華三昧之名。爲法華經妙音菩薩品所說十六三昧之異名。法華三昧者、天台之意、三諦圓融爲一實、譬之權實不二之花、（花實爲實、花瓣爲權法、）攝一切法使歸一實相也。嘉祥云於三一自在長短無礙、謂之法華三昧。慈恩云達於一乘之理也。文句記二曰、「實道所證一切名法華三昧。」法華文句記十曰、「此十六並法華三昧異名耳。隨義說之。」大部輔註十曰、「法華者。慈恩云。達一乘理。今謂三諦圓融名法。譬喩奇特名華。」嘉祥法華義疏十二曰、「於三一自在長短無礙。道法華三昧也。」佛祖統紀慧思傳曰、「將於身倚壁。豁然大悟法華三昧。自是之後、所聞之經、不疑自解。」同智顗傳曰、「南岳歎曰。非汝弗證。非我莫識。所入定者、法華三昧前方便也。」又欲證得法華三昧。別設道場讀誦法華之行法。謂之行法華三昧。又曰修法華懺法。智者大師之法華三昧懺儀、荊溪之法華三昧行事運想補助儀。各有一卷。

【法華六瑞】（名數）見六瑞條。

【法華七喩】（名數）見譬喩條附錄。

【法華八年】（雜語）據三論法相兩家之說、則法華爲佛七十五歲以後之說法、八十入滅、則爲足五年之說法。（法華義疏七、法華玄贊九。）然台家謂由七十二歲始說至八十歲。爲足八年。云是據法界性論十二年說阿含。三十年說大品等。八年說法華之說。法界性論爲菩提流支著、今已不傳。

【法華八軸】（雜名）法華本爲七軸。後世因八講之便、以爲八軸。

【法華八葉】（術語）據密教之意、妙

法之蓮華、即爲標衆生之肉團者、故如肉團心之八瓣妙法之蓮華亦爲八葉之白蓮華也。且云法華之八軸亦爲表八葉者。見法華秘略要妙一。

【法華經會】(行事)常畧曰法華會。講讚法華經之法會也。

【法華經論】(書名)妙法蓮華經論優婆提舍之異名。

【法華玄論】(書名)十卷、隋吉藏撰。

【法華玄贊】(書名)具名妙法蓮華經玄贊、十卷、唐慈恩撰。

【法華玄義】(書名)妙法蓮華經玄義之畧名。

【法華入疏】(書名)七卷、四明智威撮畧天台之文句合入於本經者。

【法華持者】(雜名)一心持誦法華經者。

【法華常行】(儀式)法華三昧與常行三昧也。常行三昧即念佛三昧。

【法華科註】(書名)妙法蓮華經科註、十卷、倫柯山著。

【法華尊者】(人名)天台東土之第六祖智威禪師、卜禪居於台州普通山、其地名法華、習禪者有三百人、聽講者有七百、因之號曰法華尊者。見佛祖統紀七。

【法華義疏】(書名)具名妙法蓮華經義疏、十二卷、隋嘉祥寺胡吉藏撰。

【法華儀軌】(書名)成就妙法蓮華經主瑜伽觀智儀軌經之略名。

【法華護摩】(修法)靜明法印云、密教之護摩、闍陀梵志之行也、藥王之燒臂燒身、眞實之護摩也。法華藥王菩薩燒臂燒身之行爲最上乘之大行、眞法供養之密行、所謂燒兩臂者空二偏而歸於中道之意也、燒身者燒別教假中顯圓融三諦之意也。又依迹門之意以不變眞如爲本、故云燒臂燒身。依本門之意、以隨緣眞如爲本、故云還復如故。又燒盡色法五大是燒臂燒身之義、成法性五大是還復如故之義。又混萬法而歸一如、是燒臂燒身之意、蘇生三千並成顯俱體俱用、是還復如故之意也。見溪嵐拾葉集。

【法華懺法】(修法)天台智者爲行者制修法華三昧之儀式作法、是爲法華三昧行法。

【法華三昧會】(行事)修法華三昧行法之法會也。

【法華三昧經】(經名)法華三昧經、一卷、劉宋智嚴譯。衆會欲問佛、佛放口光遍照十方、即不見佛、大衆各入三昧、亦觀察不可得。羅閱王辯通及女利行等來、佛由地涌出、坐蓮華之上。利行問佛乃至得道、與衆問答。諸女發心、皆出家、王亦出家得授記。

【法華八講會】(行事)分八座講讚法華經八卷之法會也。

【法華千部會】（行事）集僧一千人、讀誦法華經一千部之法會也。

【法華經種子】（術語）說有字也。又有一義、說此經中之神呪、卽是種子。

【法華經會儀】（書名）十六卷。明智旭撰。

【法華問答講】（行事）就法華經立論題問答之講會也。

【法華文句記】（書名）十卷。唐湛然、釋法華文句。

【法華涅槃時】（術語）台家五時之一。法華涅槃二經同爲醍醐味、故合爲一時也。見五時敎條。

【法華曼陀羅】（術語）形法華會座之畫像也。頌曰「右釋迦佛左多寶八大菩薩四聲聞。次八菩薩八供養五大明王四天王梵釋二天五部衆」八大菩薩者東方文殊、東南藥王、南方妙音、西南精進、西無盡意、西北觀音、北方普賢、東北彌勒也。四大聲聞者東北迦葉、東南善吉、西南身子、西北目連也。（已上內院）次八菩薩者東方勢至、東南寶手、南方寶幢、西南星宿、西方寶月、西北滿月、北方勇施、東北一切義成就等也。八供養菩薩者東鎖、巽燈、南鈴、坤塗、西鉤、乾香、北索、艮華也。（已上次院）次五大明王者艮烏瑟沙、巽軍茶利、坤不動尊、乾降三世也。（僅有四大明王）四大天王者東方持國、南方勒叉、西方廣目、北方多聞也。二天五部者寅梵天王、辰帝釋、未難陀龍、申緊那羅、戌樂乾闥婆、亥羅睺羅、丑如意迦樓羅王也。（已上外一院）見二中曆第三。

【法華三昧行法】（書名）見左項。

【法華三昧懺儀】（書名）一卷。隋智者撰。取法華、普賢觀經、及諸大乘經之意、記修法華三昧之行法儀式。然此爲宋人之刪定本、已失其眞。題曰法華三昧行法者是其眞本、今日所用之法華懺法、卽由此本抄出。

【法華十羅刹法】（經名）一卷。失譯。法華經陀羅尼品所列十羅刹女之修法也。

【法華玄義釋籤】（書名）二十卷。唐湛然著。法華玄義之釋義也。釋籤者、箋註疑義而釋之之意。

【法華經說三昧耶】（術語）經中說三種之三昧耶、自三部三身之三昧耶也。蓮華卽蓮華部、口業之應身三昧耶。寶塔爲佛部、身業之法身三昧耶。寶珠爲金剛部、意業之報身三昧耶。案寶塔爲佛部、一地爲金剛部、寶珠爲寶部、蓮華爲蓮華部、長者爲羯磨部。

【法華三昧行事運想補助儀】（書名）一卷。唐荊溪湛然撰。補助智者大師法華三昧懺儀之式法也。運想者作香華等偈而運想供養也。

【法勝毘曇】（書名）法勝阿毘曇心

論之略名。

【法勝阿毘曇心論】（書名）六卷、優婆扇多造、高齊那連提黎耶舍譯、是釋法勝尊者之阿毘心論十品、歸功於本、故謂之法勝阿毘曇心論。

【法喜】（術語）聞法或味法而生喜、是曰法喜、法華經寶塔品曰「聞塔中所出音聲、皆得法喜。」讚阿彌陀佛偈曰「光所至處得法喜。」案維摩詰菩薩以法喜爲妻、慈悲爲女、法喜者亦謂見法生歡喜也。蘇軾詩曰「雖無孔方兄、幸有法喜妻。」

【法喜食】（術語）二食之一。聞法歡喜、增長善根、以資益慧命、猶如世間之食、故名法喜食。法華經五百弟子授記品曰「其國衆生常以二食、一者法喜食、二者禪悅食。」

一

【法喜菩薩】（菩薩）法起菩薩之誤。

【法喜禪悅】（術語）法喜食與禪悅食也。

【法無我】（術語）見二無我條。

【法無我智】（術語）見二無我智條。

【法無礙智】（術語）法無礙解又名法無礙智。見四無礙解條。

【法無礙解】（術語）見四無礙解條。

【法無別眞如】（術語）十眞如之一。見眞如條附錄。

【法無去來宗】（術語）華嚴宗所判十宗之一。其宗義如小乘中大衆部、謂惟一切諸法中現在法及無爲法有實體、而過去未來之法無也。

【法智】（術語）智度論所說十一智之一、觀見欲界苦集滅道四諦法之無漏智也。是初知法、故名法智、又知現在之法、故名現智。大乘義章十五曰、「言法智者、亦名現智、自體名法、初知法故名爲法智、以知現法故名現智。」又（人名）四明山延慶寺知禮、宋太宗賜法智大師之號。見佛祖統紀五十。

【法智印】（術語）法曼荼羅也、該攝一切之經典。性靈集七曰、「講演大日法智印」大日經也。

【法智遺編觀心二百問】（書名）一卷、宋知禮撰、其法孫繼忠集成之。

【法報】（術語）佛三身中法身報身之二身也。

【法報應】（術語）佛之三身、卽法身、報身、應身是也。見三身條。

【法報應化】（術語）法身、報身、應化身、卽佛之三身、第三身一名應身、一名化身、又云應化身。

【法報不分】（術語）法華文句九曰、「近代翻譯法報不分、二三莫辨、自古經論許有三身、若言毘盧與舍那不別、則法身卽是報身。」是荊溪批難華嚴家之語也。台家之意、謂毘盧舍那爲法身、盧舍那爲報身、釋迦爲化身。(慈恩傳亦同)然華嚴宗之意、則謂毘盧舍那與盧舍那不過爲梵語之具畧、是同一法身之稱因而彼宗之學者有立華嚴經爲法身佛之說法者今破之謂毘盧舍那卽盧舍那則無法報之別不能辨三身之區別因之華嚴經爲他受用報身之說法決非法身也見毘盧舍那條。

【法雲】(雜語)喩佛法之涵蓋一切也華嚴經曰「不壞法雲徧覆一切」。

【法雲地】(術語)菩薩十地之第十。大法之智雲徧注甘露之雨之位也。

【法雲等覺】(菩薩)十地之第十位爲法雲地、越法雲地卽爲等覺越等覺卽爲妙覺。

【法集】(雜名)猶言佛會、謂聚佛敎徒以講法也。南史梁昭明太子統傳曰、「太子素信三寶徧覽衆經。乃於宮內別立慧義殿專爲法集之所、招引名僧自立三諦法義。

」

【法集經】(經名)六卷、元魏菩提留支譯。佛在虛空界法界差別住處最上樓閣妙寶臺上、諸菩薩諸聲聞各說勝妙之法集佛悉讚印。

【法集名數經】(經名)一卷、趙宋施護譯、集佛所說出世間及世間法之名數。

【法集要頌經】(經名)四卷尊者法救集、趙宋天息災譯卽出曜經三十三品之法偈。

【法然】(術語)同法爾、自然也。觀念法門曰「業果法然衆無錯失」。

【法衆】(雜語)順佛法之衆也。卽出家五衆之總稱。圓覺經曰、「願爲諸來一切法衆重宣法王圓滿覺性」。寄歸傳一曰、「若泛爲俗侶但略言其禁局提法衆遂廣彰乎七篇」。

【法場】(雜名)與道場同。行佛法之場處也。

【法會】(儀式)爲說法及供佛施僧之集會也。法華經隨喜功德品曰、「若人於法會得聞是經典」圓覺經曰、「與諸眷屬皆入三昧。同住如來平等法會」

【法會社】(雜名)寺院之異名、寺院爲衆人協力所成、衆人之會所、故名法會社。見僧史畧下。

【法鼓】(譬喩)扣鼓誡兵進衆以譬佛之說法爲誡衆進善者。法華經序品曰、「吹大法螺擊大法鼓。」無量壽經上曰、「扣法鼓吹法羸。」大集經五十六曰、「法幢當摧折。法鼓聲亦絕。」大經慧遠疏曰、「嚴鼓誡兵。說法敎誡人。」同嘉祥疏曰、「扣鼓誡兵。合佛說法以集衆。欲進趣於善。」図禪林之器。法堂設二鼓、其東北角之鼓謂之法鼓、西北角之鼓謂之茶鼓。見象器箋十八。

【法鼓經】(經名)大法鼓經之略名。

【法愛】（術語）愛有二種、一欲愛、凡夫之愛着也。二法愛、菩薩已上之愛樂善法也。此法愛又有二種、一小機之愛涅槃者、及菩薩未斷法執而愛善者、此法愛必當斷之。二如來之大悲亦云法愛、是無上之眞愛也。圓覺經曰「善能歸悟刹、先去貪瞋痴法愛不存心、漸次可成就」同註曰「法愛者愛涅槃也」仁王經中曰「順逆法愛無明習遠行大士獨能斷」同良賁疏曰「順道法愛者愛善法也、婆沙論中名善法欲」涅槃經五曰「愛有二種、一者餓鬼愛、二者法愛。眞解脫者離餓鬼愛、憐愍衆生、故有法愛、如是法愛眞解脫」

【法愛梵志】（本生）名義集偈頌曰、「雪山大士求半偈而施身、法愛梵志敬四句而折骨」智度論所謂愛法梵志也。

【法頌】（術語）說正法之偈頌也。

【法頌舍利】（術語）見法身偈條。

【法滅】（術語）佛法滅盡也。凡佛法滅盡之相、乃諸佛之通軌、分正像末之三法、次第漸滅。一正法、佛雖去世、而法儀未改、證悟之人多也。二像法、去佛世已久、道化漸訛、替正法變爲似法也。三末法、去佛世長遠、僅存敎法之一分、更無修行證果之實効也。此三時之年限、其長短諸佛各不同、又我釋迦佛經論之所說亦不同、今據通途之一說、則正法五百年、像法一千年、末法一萬年、過此三時、則佛法悉滅盡。

【法滅盡經】（經名）一卷、失譯。佛臨涅槃說末世衆魔比丘爲不如法事、乃至袈裟變白、爲法滅之相者。

【法義】（術語）法者敎法、能詮之敎文也、義者所詮之義理也。法華經序品曰「演大法義」佛說譬喩經曰「如來大慈爲說如是微妙法義」嘉祥法華經疏二曰「敎法但稱爲法。敎所表理卽稱爲義。」

【法照】（人名）蓮社七祖之第四祖、唐大歷二年、止於衡州之雲峯寺、慈忍戒定、當時之宗師也。嘗於僧堂之食鉢中現一寺、題曰大聖竹林寺。四年、於郡之湖東寺開五會念佛（五百爲一會）因製五會法事讚、以定其法式。後詣五臺山、建竹林寺。代宗時以爲國師、大歷七年寂。見佛祖統紀二十六。

【法電】（譬喩）說法照了、譬如電光。無量壽經上曰「震法雷、曜法電」同慧遠疏曰「義無礙智益衆生也、電光一發、有物斯覩。義言一宣、諸義悉見。」同嘉祥疏曰「耀電譬說法有照了之用也」

【法號】（術語）又云戒名。受戒時師所授之名也。又僧死後之謚號、亦稱法號。

【法窟】（雜名）修法道場之稱。

【法業】（術語）如法之所作也。中阿含經五十二曰「是不如法業。不如律業。」

【法雷】（譬喩）佛之說法、發動無

明之識、如震雷之駭動物情也。又衆生生法芽、如春雷一動草木生芽也。又法音之雄猛、如震雷也。無量壽經上曰、「震法雷、曜法電。」同嘉祥疏曰「震雷能駭動物情、譬說法皆動無明之識也」同慧遠疏曰「法無礙智化衆生也。天雷一動卉藝生芽。法音一聞闡道快成」。

【法殿】（雜名）正法之殿堂也、正法爲賢聖之住處、故以殿堂爲譬。涅槃經十九曰、「法殿欲崩。法幢欲倒。」

【法鈴】（譬喩）誦經之妙音、以金鈴譬之。智度論五曰、「持誦廣宣振法鈴。」

【法筵】（雜名）法事之坐席也。楞嚴經一曰、「法筵清衆得未曾有。」北齊書杜弼傳曰、「四月八日。魏帝集名僧於顯德殿講說佛理。弼與吏部尙書楊愔中書令邢劭、祕書監魏收等。並侍法筵」

【法想】（術語）思惟法之想念也。維摩經問疾品曰、「卽除我想及衆生想當起法想」。

【法歲】（術語）又云夏臘。自四月十六日至七月十五日、一夏九旬之安居既竟、卽爲比丘一法臘。如言法歲幾何等。釋氏要覽曰、「夏臘卽釋氏法歲也」。

【法犍度】（術語）二十犍度之一。僧之行法行來進止規定者。是四分律四十九卷所說。

【法爾】（術語）與自爾、法然、天然、自然同。不假他之造作其法自然也。如火之熱水之濕也。宗圓記四曰、「法爾者爾此也。謂不構造其法自如此。猶云自然也。」

【法爾往生】（術語）謂以彌陀之願力自然往生於報土也。法爾爲自然及他力之義。

【法爾道理】（術語）四種道理之一。謂有生必有死、有因必有果、乃天然自然之道理也。

【法綱】（術語）大法之綱也。止觀五曰「廣施法綱之目。捕心行之鳥」。

【法網】（術語）見夫外道種種之邪網。或云見網、釋迦佛謂爲梵網。見梵網六十二見經。

【法慳】（術語）二慳之一。謂慳惜佛法不肯敎導他人也。

【法誓】（術語）爲佛道之誓願也。

【法僧】（術語）眞言修法之僧也。

【法塵】（術語）六塵之一。一切之法、爲意識之所緣者謂之法塵。在十二處中、謂之法處。在十八界中謂之法界。於根境相對之語、則曰法境。楞嚴經一曰、「縱滅一切見聞覺知、內守幽閑、猶爲分別影事。」行宗記二下曰「法塵一界、兼通色心」。

【法蓋】（物名）禪林之器。繡羅三簷

之大傘也、新住持入院行者執而覆之、見象器箋十九。

【法語】（術語）說正法之言語也。涅槃經三十四曰「爲利根人廣說法語」成實論曰、「雖是法語、說不應時、名爲綺語。」讚阿彌陀佛偈曰「隨其所應聞法語。」

【法說周】（術語）法華三周說法之一。見三周條。

【法緊那羅王】（天名）法華經會座所列四緊那羅王之一。法者是其名也。

【法輪】（術語）佛之說法、能摧破衆生之惡、猶如輪王之輪寶、能輾摧山岳巖石。故謂之法輪、又佛之說法不停滯於一人一處、展轉傳人、如車輪然、故譬爲法輪。行宗記一上曰、「法輪者摧業惑故。」維摩經佛國品曰、「三轉法輪於大千、其輪本來常清淨。」智度論八曰「佛轉法輪、或名法輪、或名梵輪。」同二十五曰、「佛轉法輪、如轉輪聖王轉寶輪。（中略）轉輪聖王手轉寶輪、空中無礙、佛轉法輪、一切世間天及人中無礙無遮。其見寶輪者、諸災惡害皆滅。遇佛法輪、一切邪見疑悔災害皆悉消滅。王以是輪治四天下、佛以法輪治一切世間天及人。」嘉祥法華疏二曰、「無生正觀、體可楷模、故名爲法、流演圓通、不繫於一人、故稱爲輪、又無生正觀、無累不摧、亦是輪義。」維摩經慧遠疏曰、「名四諦以爲法輪、從喩名之、如轉輪王所有輪寶、能摧剛強、轉下乘生上、昇虛空。四諦如是、能摧衆生惡不善法、轉下衆生上入聖道、故以爲輪。」

【法輪三相】（名數）法輪之語、雖通名一切之佛法、然常別指見道之八聖道而言。蓋輪有輻轂輞之三相、此八聖道亦具此三相也。又車輪速疾、見道之觀行亦速疾也。俱舍論二十四曰、「唯依見道、世尊有處說名法輪。如世間輪有速等相、見道似彼、故名法輪。見道云何與彼相似。由速行等似彼輪故、謂見諦道速疾行故、有捨取故、降未伏故、鎭已伏故、上下轉故、具此五相、似世間輪。世尊者妙音作如是說、如世間輪有輻等相、八支聖道似彼名輪、謂正見正思惟正勤正念、似世輪輻、正語正業正命似轂、正定似輞、故名法輪。」

【法輪塔】（堂塔）心地觀經所說佛八塔之一、在鹿野苑中、稱曰初轉法輪塔。

【法輪僧】（術語）破和合僧中二僧之一。出家之士不簡凡僧、同行如來四依之正法、和而無乖、是曰法輪僧。破此法輪僧之和會、是爲破僧罪之一也。見大乘義章七。

【法論】（術語）法義之議論也。

【法樂】（術語）對於欲樂而有法樂。以法味樂神、名之爲法樂。又行善積德以自娛、亦曰法樂。維摩經菩薩品曰、「有法樂可以自娛、不應復樂五欲樂也。天女卽問、何謂法樂。答曰樂常信佛。樂欲聽法。樂供養衆。（中略）樂修無量道品之法是爲菩薩法樂。」唯識論十曰、「自受用身盡未來際恒自受用廣大法樂」智度論九曰「安之以無患度之以法樂。」俗以向神誦經唱陀羅尼等謂之法樂。爲使神得法樂之意與言奉法施者、其事同、其義稍異。又俗於法事之後有舞樂、謂之法樂。

【法潤】（人名）紀傳不詳。日本明匠畧傳引三國高僧碑曰、「法潤阿闍梨者、青龍寺東塔院義操和尚之付法也。又祖師慧果阿闍梨之入室也。以胎藏金剛兩部之大法並諸尊之瑜伽秘法付屬玄法寺法全阿闍梨淨住寺道昇和尚等」

【法幢】（譬喻）妙法高聳、如幢之上出、故曰法幢。又如猛將之建幢旗、以譬佛菩薩之說法能伏魔軍而得勝也。無量壽經上曰、「建法幢震法雷」涅槃經十九曰、「法殿欲崩、法幢欲倒」大經慧遠疏曰、「宣說證法。證法高勝。如幢上出」同嘉祥疏曰、「建幢是戰勝之相。譬說法降魔得勝也」祖庭事苑七曰、「諸佛菩薩建立法幢、猶如猛勝建諸幢幟、降伏一切諸魔軍。」

【法敵】（術語）對佛法之怨敵也。

【法數】（術語）法門之數也。謂三界、五蘊、五位、七十五法、四諦、六度、十二因緣等。

【法燈】（譬喻）正法能照破世之冥闇、譬以燈火。心地觀經二曰、「法寶猶如一切明燈」華嚴經二曰「能燃照世妙法燈」燃此法燈者爲佛祖、故指佛祖云法燈。傳法者云傳燈。

【法緣】（術語）三緣之一。思惟離人我相、一味平等之法理也。例如慈悲、深見諸法因緣生之理而起平等之慈悲、謂之法緣之慈。涅槃經十四曰、「法緣者不見父母妻子親屬、見一切法皆從因緣生。是名法緣」

【法緣慈悲】（術語）三種慈悲之第二。見前項。

【法橋】（譬喻）大法能使人渡生死之大河、譬如橋也。長阿含經二曰、「佛爲海船師、法橋渡河津、大乘道之轝、一切渡天人。」」華嚴經十三曰、「衆生無知不見本迷惑痴狂險難中、佛哀愍彼建法橋」涅槃經十九曰、「法船欲沈、法橋欲壞」

【法融】（人名）牛頭山法融禪師、潤州韋氏子。年十九投茅山落髮。後入牛頭山北巖之石室、靜坐觀心。適四祖蹕至、問曰、觀是何人、心是何物。師無對、遂延祖入庵。祖見虎狼圍繞作怖畏勢。師曰、猶有這個在。祖於師座上書一佛字。師竦然不敢坐。祖曰、猶有這個在。師乃稽首請益。祖爲說法要、且曰、吾受燦大師頓教法門、今付於汝、向後當有達者、紹汝元化。自爾法席大盛。後得上首智巖、付囑法印。明年正月十三日、不疾而化。

【法器】（術語）堪行佛道者謂之法器。法華經提婆品曰、「女人垢穢、非是法器。」二祖慧可久事達磨。莫聞誨勵。乃斷臂求法。師知是法器。付以衣鉢。見山堂肆考。又僧道齋醮所用之樂器。謂之法器。如鐃鈸之屬。

【法樹】（譬喻）佛法能獲涅槃之果實。以樹譬之。涅槃經十九曰、「法樹欲倒。法樹欲折。」

【法談】（雜語）法義之談話也。又言說法、讚嘆、談義等。淨土門一家多用此目。如高僧傳十科中之唱導是。

【法劍】（譬喻）佛之說法、能斷煩惱、故以劍為譬。無量壽經上曰、「執法劍、建法幢。」同嘉祥疏曰「劍有斷斫之用。內合佛說法以生物解。有斷結之用。」

【法縛】（術語）與法執同。謂染著於法也。圓覺經曰「菩薩不與法縛。不求法縛。」

【法齋日】（術語）謂每半月末日及六齋日可受持八戒齋之日也。雜阿含經四十一曰「於法齋日及神足月受持齋戒。」

【法螺】（譬喻）梵語商佉、譯曰珂貝。卽螺貝也。螺貝之聲遠聞。以喻佛之說法廣被大衆。又螺聲勇猛。以表大法之雄猛。又吹螺而號令三軍。以譬說法降魔。法華經序品曰「吹大法螺。擊大法鼓。」無量壽經上曰、「扣法鼓。吹法蠡。」鼓音經曰、「吹大戰螺、擊大戰鼓。」嘉祥法華經疏三曰、「螺鼓遠聞之義。顯大法有廣被之能。」已上為顯教所說。法螺但譬佛之說法耳。於佛事吹螺貝之說、今無行之者。惟密教徒用之。其說謂螺貝乃無量音佛頂尊之三昧耶形。佛之法音標幟。吹之則諸天善神歡喜而影向。且聞之者滅諸罪障。千手觀音之一手持寶螺。大日經疏十六曰「無量音佛頂以珂貝。謂商佉也。」不空羂索經十八曰、「若加持螺。語高望處大聲吹者。四生衆生聞螺聲者滅諸重罪。」千手經曰、「若為召呼一切諸天善神者。當於寶螺手。」螺貝之實用。散見於律中布薩之條下。如犍椎為供告知之用者。中國古時軍隊亦用以示進退。本係軟體動物。產於海中。殼為螺旋狀。上部延長。形畧似梭。故又稱梭尾螺。色黃白。有淡紫斑紋。肉可食。大者於螺頭穿孔吹之。發聲甚響而遠。俗謂之海哱囉。

【法螺經】（經名）妙吉祥菩薩所問大乘法螺經之異名。

【法聲】（雜語）說妙法之音聲也。賢愚經十三曰、「五百群雁愛敬法聲。卽共飛來。」

【法應】（術語）法身冥應衆生之機也。法華玄義六曰、「法應則冥益。」

【法藏】（術語）又曰佛法藏、一名如來藏。法性之理也。法性含藏無量之性德。故曰法藏。無量壽經上曰、「行權方便入佛法藏。究竟彼岸。」又曰「受持如來甚深法藏。護佛種性」又曰「爲衆開法藏、廣施功德寶。」同嘉祥疏曰「名理爲藏、解契宗源。故云入佛法藏」同慧遠疏曰「如來藏性是如來甚深法藏。闇障既除。明現已心。故曰受持」図(術語)佛所說之教法也。教法含藏多義、故名法藏。多法集積、故又曰法蘊。其數有八萬四千、釋之者有多義。法華經序品曰「此妙光法師奉持佛法藏」。同寶塔品曰「持八萬四千法藏。爲人演說」賢劫經曰「佛初發至分舍利、凡有三百五十度門。一一皆有六度、合二千一百。又對四分、合八千四百。一變十合八萬四千」。俱舍論一曰「有師言如來說八萬部法蘊經、一一法蘊有六千頌、如法蘊足論有六千頌。又有師說就所詮法義、五蘊十二處十八界等其數八萬四千。因之顯一法門之教門爲一法蘊。其數八萬。然如實說、所化有情有貪瞋等八萬煩惱。爲對治之、世尊說八萬法蘊」。多論一曰「八萬法藏者、樹之根鬚枝葉多、名爲一樹、佛爲一衆生始終說法名一藏。如是有八萬。有曰佛名一座說法爲藏、如是有八萬。有云十六字爲半偈、三十二字爲一偈、如是有八萬。有云每半月說戒、爲一藏、如是有八萬。有云佛自說六萬大千偈爲一藏、如是有八萬。有云佛說塵勞有八萬、法藥亦有八萬。名八萬法藏。図(雜名)納經之庫藏曰法藏、亦云寶藏。図(菩薩)無量壽佛在因位時之名也。見次項。図(人名)華嚴之祖賢首法藏法師、諱法藏。康居國人。姓康氏。來居長安。往侍智儼。盡得其教。以巾幘說法。武后度之爲僧。乙未、詔師開示華嚴宗旨。方序經題、口出白光、須臾成蓋。后大悅、賜號賢首。詔佐實叉難陀譯華嚴經。既畢、詔講新經。大地震動。即日指殿隅金獅子爲曉譬之。因其說著金師子章。睿宗受內禪、請師授菩薩大戒。師講華嚴三十餘遍。楞伽密嚴梵網起信心經皆有義疏。先天元年、終於大薦福寺。贈鴻臚卿。是爲華嚴三祖。

【法藏比丘】(菩薩)　阿彌陀佛因位在世自在王佛所出家修行時之名也、無量壽經曰法藏。平等覺經曰曇摩迦留、Dharmākara　譯曰法寶藏、大阿彌陀經曰曇摩迦、無量壽經云作法、如來會云法處、智度五十云法積。嘉祥大經疏曰、「能蘊畜佛法。故曰法藏。」

【法藏碎金錄】(書名)　十卷。宋晁迥撰。皆融會佛理、隨筆記載。亦宗門語錄之類。其曰碎金、取世說新語安石碎金義也。孫覿謂其宗向佛乘、以老莊儒書彙而爲一。明嘉靖乙巳、迥裔孫瓌始從內閣錄出鋟板以行。改其名曰迦談。今仍從迥原名。見四庫提要。

【法類】(雜名)　稱屬於同宗同派之僧侶。

【法鏡】(譬喻)　大法能照物、故以鏡譬之。智度論五曰、「法之大將持法鏡照明佛法智慧藏。」

【法鏡經】（經名）二卷、後漢嚴佛調等譯。大寶積經郁伽長者會第十九之異譯。

【法寶】（術語）三寶之一。諸佛所說之妙法、珍重如世之財寶。故云法寶。維摩經佛國品曰「集衆法寶如海導師。」增一阿含經一曰「三阿僧祇集法寶。」又僧家所用衣鉢、錫杖等也。僧法海有六祖法寶記一卷。見唐書。

【法寶藏】（術語）法寶含攝無量之法財、故曰法寶藏。法華經五百弟子品曰「供養諸如來。護持法寶藏。」

【法寶壇經】（經名）六祖大師法寶壇經之略名。

【法寶藏陀羅尼經】（經名）文殊師利法寶藏陀羅尼經之略名。

【法藥】（譬喻）妙法能醫衆生之衆苦、故名藥。無量壽經上曰「以諸法藥救療三苦。」涅槃經四曰、「度衆生故。爲說無上微妙法藥。爲斷一切煩惱樹故。種植無上法藥之樹。」藥師如來念誦儀軌曰「淨妙瑠璃尊法藥救人天。」

【三種法藥】（名數）一世間法藥、如五常五行三歸五戒等是也。二出世間法藥、如三藥四念處七覺八正道等是也。三出世間上上法藥、如止觀是也。以止觀通前之出世間法則悉爲上上法藥也。

【法蘊】（術語）同法藏。諸種之法門蘊積、是曰法蘊。俱舍論一曰、「所化有情有貪瞋等八萬行。別爲對治彼八萬行。故世尊宣說八萬法蘊。」

【法譬】（術語）所說之法義曰法、爲此顯其法義所設之譬喻曰譬。亦曰喻。因而或曰法譬、或云法喻。二者配對之語。

【法臘】（術語）臘者歲末祭神之名。即以爲歲末之稱。比丘受戒後、每年夏行三月安居。其安居竟、即爲比丘之歲末。謂之法臘。又名夏臘、戒臘。比丘爲出俗者、故不以俗年算之。必數此夏臘。以法臘之多少定比丘之坐次。謂之臘次。

【法魔】（術語）菩薩執著於法、爲法所嬈亂也。是名法魔。

【法蘭】（人名）竺法蘭之略稱、見竺法蘭條。

【法護部】（流派）同法藏部。

【法體】（術語）有爲無爲諸法之體性也。俱舍論分爲七十五種、成實論分爲八十四種、唯識論分爲百種。八宗綱要上曰、「三世實有、法體恒有。」又世俗剃髮曰法體。法師體相之義也。

【法體恒有】（術語）小乘薩婆多部之宗義。立三世實有、法體恒有。

【法驗】（術語）妙法秘法之効驗也。

【法顯】（人名）平陽武陽人。俗姓龔。

三歲度爲沙彌。姚秦弘始二年己亥、與同學慧景、道整等發長安、渡西流沙、六年到中印度、停住六年、學戒律梵語。還經三年達靑州。後就京師道場寺譯出經律、遂寂於荊州之辛寺。壽八十有六。有自著之旅行記曰法顯傳。見梁僧傳三。太炎文錄初編別錄三法顯發見西半球說曰、「近法蘭西蒙陀穆跌輪報言、始發見亞美利加洲者、非哥侖布、而爲支那人。自來考歷史者、皆見近不見遠、徒以高名歸哥氏。案紀元四百五十八年、支那有佛教僧五衆、自東亞之海岸、直行六千五百海里而上陸。其主僧稱法顯。紀元五百二年、公其旅行記於世、今已傳譯至歐洲。據其所述、上陸地點、確即今墨西哥。今考墨西哥文化、尙有支那文物制度之蛻形、現有婆羅門裝飾。又有大佛像等、不知何年製造、今案所謂旅行記者、則法顯佛國記。其發現美洲之迹、當在東歸失路時。其原文曰、弘始二年歲在己亥、與慧景、道整、慧應、慧嵬等同契至天竺尋求戒律。初發長安、六年到中印國、停經六年。到師子國、（今錫蘭）同行分披、或留或亡。即載商人大船、（中略）大風晝夜十三日。（中略）復前、大海瀰漫、不識東西。（中略）如是九十許日、乃到一國、名耶婆提。其國外道婆羅門興盛、佛法不足言。停此國五月、案耶婆提者、以今對音擬之、卽南美耶科陀爾國。Ecuador 値墨西哥南而東濱太平洋。」

【法顯傳】（書名）一卷、東晉沙門釋法顯自記遊天竺之事。

【法觀經】（經名）一卷、西晉竺法護譯。說數息觀等之法。

【阿】（術語）अ a 悉曇十二母韻最初之韻。五十字門之一。又作遏、哀、曷、安、菴、頞、噁。此音爲本生一切之梵語、此字爲元生一切之梵字也。大日經疏七曰、「阿字是一切法敎之本。凡最初開口之音、皆有阿聲。若離阿聲、則無一切言說。故爲衆聲之母。」同十二曰、「阿字爲一切字之種子。」理趣釋曰、「阿字菩提心義。爲一切字之先。」譯曰、無、非、不。日本弘法金剛頂經開題曰、「阿名無、不、非。」因阿彌陀佛之略、如頓阿、他阿等。見阿彌條。

【阿字爲月輪種子】（雜語）三密觀觀阿字爲月輪、是阿字本不生之法、有理智、智之本不生、爲現覺諸法本體不生之智。以此義、故智月之種子用阿字也。見護身法鈔。

【阿字一百義】（名數）一、一切法無來。二、一切法無去。三、一切無行云云。舉無住、無本性、根本以下一百。

【阿字觀】（術語）眞言宗之觀法。觀念阿字之方法也。辨惑指南一謂眞言行者之要道、無過於阿字觀。阿字觀有三別。一聲、二字、三實相。聲觀者、其坐法與印相如常。口每出息唱阿字、於其聲付意息、息不懈、修時妄相自息、其心寂滅、眞智自生、明達一心之本源、字觀者先於我身之心中觀徑一肘量之圓明月輪、於其中觀八葉白色之開蓮花、於其臺上觀金色之𑖀字也。

【阿字具四用】（雜語） 阿字有四種功用。大疏七謂「如來眞言於一一言皆具能成就一切義利、一一名中亦具能成就一切義利、一一成立相中亦具能成就一切義利、且舉三昧耶眞言最初阿字以本不生義故、卽有「息災用」以本不生故、一切功德具足無缺卽有「增益用」以本不生故無量過失殄滅無餘、即有「降伏用」更無一法出此本不生者卽有「攝召用」如是本不生中無所有功卽能成辦一切諸事、如阿字者餘一一字亦如是。」

【阿字數息觀】（術語） 觀阿字於出入之息之觀法也。大日經悉地出現品曰「以阿字門作出入息三時思惟。行者爾時能持壽命。」大疏十一及演奧鈔三十九說觀入息爲不生出息爲不滅之法。

【阿字內外聲】（術語） 阿字之一字、有喉內聲與喉外聲之二音也。大日經疏十七曰、「阿有內外。若雖無外聲。然不能離阿字內聲。內聲者卽謂喉中阿聲也。」云云外聲者謂其喉中阿字之顯現也。

【阿字七義】（名數） 一菩提心、二法門之義、三無二之義、四法界之義、五法性之義、六自在之義、七法身之義。

【阿字布心】（術語） 一切眞言心之阿字布於行者之心、是名心作心、又云心布心。畧稱心心。

【阿字本不生】（術語） 是密敎之根本義。本不生者、本來本有、非今始生之義、是爲阿字之實義。何謂阿字有不生之義、凡物之爲元初根本者、必爲不生之法。生法必爲能生之因、有能生之因、卽非是根本元初也、今阿字卽字之根元、更無能生之因、最便於知法爲不生之義、故託於阿字使知一切諸法不生之義也、觀是謂之阿字觀。大日經二曰「阿眞言敎法、謂阿字門、謂一切諸法本不生。」

【阿字門功德七句】（名數） 大日經轉字輪品曰、「眞言門修菩薩行。菩薩若欲見佛者。一若欲供養。二欲證發菩提心。三欲與諸菩薩同會。四欲利益衆生。五欲求悉地。六欲求一切智智者。七於此一切佛心（阿字）當勤修習。」今此七句合爲五點功德、初一句爲發心、第二句爲修行、第三句爲證菩提、第四第五二句爲於涅槃中、第四句爲內證、第五句爲外用、第六第七兩句爲方便、此中第六句爲身之方便、第七句爲心之方便。慧光云故和上謂第五六七三句並是中方方便。見演奧鈔四十二。

【阿】（術語） 𑖁ā長聲。安、阿、阿、安、菴、頞、悉曇十二母韻之一。五十字門之一。阿之轉生。於阿字附修行之點者。金剛頂經字母品曰、「阿（引去）字門。一切法寂靜故。」文殊問經曰、「稱阿字時。是遠離我聲、」大莊嚴經曰、「唱長阿字時。出自利利他聲。」大日經疏十四曰、「若見長阿字。當知修如來行。」同十曰、「長聲第二字是金剛三昧。」一切法寂靜者由阿練若 Āraṇya 釋之、遠離我者由 Ātman（我）釋之。又由 Akāṣa. Ārya 釋為空聖者。

【阿力多柯】（衣服）Haritaka 衣名。阿毘曇經下曰、「阿力多柯衣者。織吉貝庸麿之多毛也。」

【阿乞史羅】（術語）見惡察那條。

【阿乞叉野句勢】（雜語）Akṣayak-ośa 又曰惡乞叉也句勢、譯言無盡藏。仁王經良賁疏下三曰、「阿乞叉野句勢。阿者無也。乞叉野者盡也。句勢者藏也。無盡藏也。」仁王經道場念誦儀軌曰、「惡乞叉也句勢。惡、梵本云此是。阿字。此翻為無。乞叉也。此翻云盡。句勢此云藏。即無盡藏也。」

【阿乞朝囉】（植物）Akṣota 又作播囉史。胡桃也。

【阿叉摩羅】（印相）Akṣamālā 印相名。別名路賒波囉蜜多印。Daśapāramitā 譯言十度彼岸印、數珠印。見陀羅尼集經三。

【阿尸羅婆那】（雜名）Abhijit 星宿名。譯曰女宿。見大威德陀羅尼經六。

【阿比目佉】（術語）Abhimukha 又作阿毘目佉。菩薩位之名。是十住中之第六住。出三藏記九曰、「阿比目佉。晉曰六住。或作阿比牟佉。」

【阿比目佉印明】（印明）或作阿毘目佉印明、譯言相向、守力金剛之印也。

【阿比羅提】（界名）又作阿維羅提。阿閦如來之淨土名。

【阿支羅迦葉】（人名）Acela 王舍城之居士名。佛入城乞食、於途上問苦事、遂得悟。見阿支羅迦葉經。

【阿支羅迦葉經】（經名）具名佛為阿支羅迦葉自他作苦經、一卷。

【阿氏多】（人名）又曰阿嗜多、阿私陀。見阿私仙條。因阿逸多之新稱。

【阿氏多尊者】（羅漢）十六羅漢之一。出於三藏法數四十五。見羅漢條。

【阿市多雞舍甘跋羅子】（人名）舊稱阿耆多翅舍欽婆羅。詳見阿耆多翅舍欽婆羅條。

【阿奴摩】（地名）國名。譯曰常滿。見修行本起經下。

【阿奴波】（人名）具名阿奴波跋耆。Anupadabhāgī 人名。

【阿奴波經】（經名）佛在阿奴波跋耆之都邑、對阿難豫言提婆達多入地獄、且說大人之根智此經攝於中阿含經二十七。

【阿奴律陀】（人名）羅漢名譯曰隨順義出於玄應音義二十六見阿那律條。

【阿奴謨柁】（雜語）Anumoda 譯曰隨喜辭別施主時之詞見寄皈傳一。

【阿奴邏陀】（雜名）Anurādha 星宿名譯曰房宿見翻梵語。

【阿奴羯爛多】（術語）Anukrānta 譯曰逆次第之義。

【阿目佉】（雜語）又作阿牟伽、阿謨伽譯曰不空見阿牟伽條。

【阿目佉跋折羅】（人名）Anogha-vajra 沙門名宋高僧傳一曰「阿目佉跋折羅華云不空金剛其先北天竺婆羅門也」

【阿目多印】（印相）印相名譯曰無能壓印見陀羅尼集經三。

【阿末多】（人名）外道名見阿耆多翅舍欽婆羅條。

【阿由多】（雜語）Ayuta 又作阿庾多數名本行集經十二曰「阿由多隋言數十億也」慧苑音義下曰「阿庾多者當此方一兆之名也」俱舍論十二列五十二數中之第十數名。

【阿世耶】（術語）Āśaya 譯曰意樂。意之愛欲也又種子也玄應音義二十三曰「阿世耶此云意樂亦云種子」顯揚聖教論三曰「貪阿世耶瞋阿世耶痴阿世耶」

【阿末羅】（植物）見左條。

【阿末羅】（植物）Āmalaka 果名新稱阿末羅、阿摩洛迦、菴摩洛迦等舊稱菴摩羅、阿摩勒、菴摩勒玄應音義二十一曰「阿末羅舊言菴摩羅亦作阿摩勒其葉似小棗花亦白小果如胡桃其味酸而甜可入藥分經中言如觀掌中者也」西域記八曰「阿摩洛迦印度藥果之名也」慧琳音義二十六曰「阿摩勒果此云無垢涅槃經作呵梨勒訛也」善見論十七曰「阿摩勒果此是餘甘子也」維摩經弟子品肇註曰「菴摩勒果形似檳食之除風冷」有部毘奈耶雜事一曰「餘甘子出廣州堪沐髮西方名菴摩洛迦果也」梵語雜名曰「阿摩攞迦」案「阿末羅果」與「菴沒羅果」全別阿末羅形圓徑一寸許藥用菴沒羅（Āmra）橢圓大如梨食用。又心識名阿末羅識及阿摩羅識之梵語全為別語也見菴摩羅條。

【阿他婆吠陀】（書名）Atharvaveda 又作阿達婆鞞陀、阿闥波陀四吠陀之一。阿他婆者術呪、呪術或禳災之義即載錄祭祀所用呪文之婆羅門教典也自二十篇約六千頌而成皆免惡鬼病毒怨賊等災害之禁呪祈禱方法也。

【阿失麗沙】（雜名）Aśleṣā 星宿名。譯曰柳宿見寶星陀羅尼經四。

【阿尼彌沙】（界名）佛世界名。

【阿字】（術語）見阿條。

【阿吒盧】（地名）國名中印度之境、人性澆薄佛法不行見西域記。

【阿吒那劍】（經名）Aṭṭana 外道所傳之經名未詳十誦律二十四曰、「阿吒那劍鬼神成經」。

【阿吒筏底】（雜名）多聞天即毘沙門天之居城。慧琳音義十一曰、「阿吒筏底城即多聞天王所居也」。

【阿吒婆拘】（神名）見下項。

【阿吒嚩迦】（神名）Aṭavika 鬼神名。又作遏吒薄阿吒薄俱慧琳音義十二曰、「阿吒薄迦曠野鬼神大將名也或名遏吒薄皆聲轉也俗名元帥大將非也十六藥叉將之一將也」。

【阿吒薄俱元帥大將上佛陀羅尼經修行儀軌】（經名）三卷唐善無畏譯。

【阿吒婆拘鬼神大將上佛陀羅尼神咒經】（經名）一卷失譯。

【阿吒婆拘鬼神大將上佛陀羅尼經】（經名）一卷失譯。

【阿吒薄拘付囑咒】（經名）一卷失譯。

【阿吒婆拘咒經】（經名）阿吒婆拘鬼神大將上佛陀羅尼經之畧。

【阿吒薄俱】（神名）又作阿吒婆拘。與阿吒嚩迦同見前項。

【阿夷】（雜語）阿梨耶 Ārya 之訛略譯曰尊者聖者飾宗記十曰、「阿夷翻尊者或聖者今阿夷者略也僧祇律中阿梨耶僧聽即是也」。図（人名）相悉達多太子之阿私陀仙人之別名。法顯傳曰、「阿夷相太子處」大部補註五曰「阿夷亦云阿私陀此云無比又云端正也」。

【阿夷恬】（術語）譯曰新學又新發意發心入佛道經時日未多者之稱。見玄應音義九、名義集一。

【阿夷頭】（人名）見阿耆多條。

【阿夷多翅舍欽婆羅】（人名）見阿耆多翅舍欽婆羅條。

【阿夷那】（人名）異學沙門之名。

【阿夷那經】（經名）因異學沙門阿夷那弟子來爲諸比丘說法非法義非義等之差別。攝於中阿含經四十九。

【阿夷羅和帝】（地名）Ajiravati 河名見阿恃多伐底條。

【阿夷羅婆底】（地名）Ajiravati 河名見阿恃多伐底條。

【阿夷羅跋提】（地名）河名見阿特多伐底條。

【阿地瞿多】（人名）Atikūṭa沙門名。譯曰無極高中印度之三藏見開元錄八、陀羅尼集一。

【阿地目得迦】（植物）見阿提目多

伽條。

【阿休何】（地名）Aio-gaṅgā 山名。譯曰濡見善見律毘婆沙二。

【阿牟伽】（術語）Amogha 又作阿謨伽、阿目佉。譯曰不空。功德不空之義。見光明眞言金壺集。

【阿牟伽皤賖】（菩薩）Amoghapāśa 不空羂索觀音之梵名。陀羅尼集經三曰、「阿牟伽皤賖。唐云不空羂索。」

【阿目佉跋折多】（人名）傳不詳。

【阿至摸】（術語）菩薩位名。第四住。出三藏記九曰、「阿至摸晉云四住」梵 Arcismati.

【阿伐羅勢羅】（堂塔）Avaraśaila 譯曰西山。在南印度、馱那羯磔迦國之伽藍名。見西域記十。

【阿死羅摩登祇旃茶】（人名）女名。玄應音義二十三曰、「女名也。摩登祇。女之總名。阿死羅。女之別名。此女由卑賤故。恒以拂帚爲業。用給衣食也。」卽旃茶羅女也。

【阿利沙】（術語）Arṣa 舊作阿黎沙。譯曰古聖主。演密鈔五曰、「梵語阿利沙。秦言古聖主。卽自利利他殊勝功德。古仙聖道也。」（卽佛也。）

【阿利沙偈】（眞言）謂古仙成就之眞言也。大日經疏曰、「所說阿利沙偈。名爲自然成就眞言。」供養法疏下曰、「阿利沙。嘆佛功德也。」

【阿利耶】（術語）識名。見阿賴耶條。

【阿利羅跋提】（地名）Aciravatī 流於舍衛城外之河名。見阿恃多伐底條。

【阿吽】Ahūṃ 阿吽二字、爲一切文字音聲之根本、阿者開聲、吽者合聲、一切之言語音聲、盡歸此二字。阿爲大日如來之種子、吽爲金剛薩埵之種子。悉曇三密鈔下曰、「阿吽二字。出入息風。卽是一切衆生性德、本具自證（阿字）化他（吽字）也。恒沙萬德。莫不包括此二音兩字。阿是吐聲權輿。一心舒遍。瀰綸法界也。吽是吸聲條末。卷縮塵刹。攝藏一念也。阿字是毘盧遮那。吽字是金剛薩埵。」又阿者菩提心之義。吽者涅槃之義。阿吽二字爲菩提涅槃之二者。守護國界經曰、「阿字者是菩提心之義。吽字義曰、「吽字者。一切如來誠實語。所謂一切諸法。無因無果。本來清淨圓寂義。」大日經義釋五謂吽字師子吼聲。爲大日經悉地成就品所說、以二字喩蓮花與水、阿爲悉地之果（蓮花）吽爲使之成就之行因也。

【阿私】（人名）又作阿夷。見阿私仙條。

【阿私陀】（人名）又作阿斯陀。見左項。

【阿私仙】（人名）又作阿夷、阿私陀、阿斯陀 Asita 等。譯曰無比端正。名義集二曰、「阿斯陀或云阿夷此翻無比又翻端正。」有二人、一人於過去世爲釋尊說法華經者。見法華經提婆達多品一人爲釋尊生於淨飯王宮時相之者見因果經一。

【阿私陀仙相太子】(故事) 釋迦初生時阿私陀仙人相之曰、「若在家者年二十九爲轉輪聖王若出家者成一切種智。廣濟天人」。見因果經一。

【阿伽坏】(器具) 入供佛閼伽之土器也見閼伽條。

【阿伽陀】(飲食) 一作阿揭陀 Agada 藥名譯曰普去、無價、無病、或作不死藥丸藥。玄應音義二十四曰、「阿揭陀藥又言竭陀或云阿伽陀。梵言訛轉也。此云丸藥也」慧琳音義二十五曰、「阿竭陀藥阿云普竭陀云去。言投此藥普去衆疾。又阿言無。竭陀云價。謂此藥功高價直無量」慧苑音義上曰、「阿無也揭陀病也服此藥已、更無有病故爲名耳。」止觀一之五曰、「阿伽陀藥功兼諸藥。」

【阿迦尼吒】(界名) 巴利語 Akaniṭṭha 又作阿迦膩吒、阿迦抳搋。梵語曰阿迦尼瑟吒、Akaniṣṭha 又作阿迦尼沙吒、阿迦尼師吒、阿迦抳瑟搋。畧曰尼師吒、尼吒、或二吒、譯言色究竟。色界十八天中之最上天名。慧苑音義上曰「阿迦尼吒、具云阿迦尼瑟吒。阿迦云色、尼瑟吒云究竟謂色界十八天中、此最終極又阿者無也迦尼瑟吒者小也謂色界十八天中、最下一天唯小無大餘十六天、上下互望亦大亦小。此一天唯大無小故以名」又玄應音義七取前說、阿迦譯云質閡。

【阿伽雲】(菩薩) 藥王菩薩之梵名。見藥王藥上菩薩經法華經藥王品名義集一。

【阿伽摩】(術語) Agama 見阿含條。

【阿伽嚧】(雜名) Aguru Agaru 又作阿伽樓。譯曰香樹、沈香、見名義集三。

【阿伽目陀】(雜語) 數名譯曰數千萬柿見本行集經十二

【阿伽羅伽】(天名) 星神名。胎藏界外金剛院之衆。秘藏記末曰、「阿伽羅伽。白色持鉢」胎曼陀羅鈔六曰「或記曰熒惑星或火曜也。是惡星也」梵 Aṅgāraka

【阿伽毋陀羅】(印相) 印相名。譯曰供養法印。見陀羅尼集經五。梵 Argya-mudra

【阿沙陀】(人名) Aṣāḍha 又作頞沙荼、阿沙荼、比丘名。此人爲比丘尼所度而得度見阿育王經九、經律異相十七。図譯曰四月見西域記二、梵語雜名。図星宿名。譯曰箕宿斗宿見翻梵語。

【阿沙干那】(地名) 見頞濕縛羯拏

【阿沙波陀】(植物) 樹名。見阿濕婆

他條。

【阿沙妃麼洗】（雜語）譯曰四月。

【阿沙茶】（雜名）又作頞沙茶。紀月之名。此月之大陰值魚宿而滿，故名。印度紀月之第五月，即此方五月十六日至六月十五日之間。按此說與阿沙陀條所載者異。

【阿含】（術語）Agama 小乘經之總名。新稱阿笈摩，舊稱阿含、阿鋡、阿含暮。譯曰法歸。萬法歸趣於此而無漏之義。又譯曰無比法。謂無類之妙法也。或譯曰趣無。所說之旨畢竟無歸趣之義。長阿含經序曰：「阿含者，秦言法歸。法歸所謂萬法之淵府，總持之林苑也。」名義集四曰：「阿含，正云阿笈多。此云教。妙樂云：此云無比法。」四阿含暮抄序曰：「阿含暮者，秦言趣無也。」新稱阿笈摩、阿伽摩。譯曰教。又作傳。唯識述記七曰：「阿笈摩者，此翻為教。展轉傳說，故名為傳。」玄應音義二十四曰：「阿笈摩，亦言阿伽摩。此云教法。或言傳。謂展轉傳來，以法相教授也。舊言阿含，訛略也。」佛成道初於鹿野苑始說之。吉藏之法華論疏曰：「阿含正是外國教名，通大小。四阿含等為小也。涅槃云方等阿含。此即大也。」華嚴探玄記九曰：「阿含正音阿笈摩。今譯名傳。謂此聖言是三世佛之所同說。但古今諸佛相傳而說，非新翻作，故名傳。」

【四阿含經】（經名）一切之小乘經分類為四部：一增一阿含經五十一卷，搜集法門之數者。二長阿含經二十二卷，集長經文者。三中阿含經六十卷，集不短不長之經文者。四雜阿含經五十卷，混集前三者。四部之名，因經文之體裁而名。

【五阿含】（經名）一長阿含，二中阿含，三僧育多阿含，四鴦堀多羅阿含，五屈陀伽阿含。見善見律毘婆沙一。

【阿含時】（術語）教相判釋五時之一。世尊說阿含經之時，又名鹿苑時。以於鹿野苑說此故也。佛成道後十二年間之名。大藏經中四阿含之外，或冠阿含之名，或立別題之小乘經甚多，皆為阿含之別出，及其部類。故一切小乘部之經典，總名阿含經。

【阿含正行經】（經名）佛說阿含正行經，一卷，後漢安世高譯，說五根為賊，五根相欺，又說十二因緣，持五戒等。

【長阿含十報法經】（經名）一卷，後漢安世高譯，與長阿含中之十上經同本異譯。十種法說於增一。

【別譯雜阿含經】（經名）十六卷，失譯。雜阿含經中之撮要別譯。

【雜阿含經】（經名）一卷，失譯。雜阿含本經中之撮要別譯。

【阿含口解十二因緣經】（經名）一卷，後漢安玄嚴佛調共譯，說斷生死應念十二因緣。

【阿含部】（術語）屬於阿含之部門也。

原爲佛說之總稱、後大乘經興、舉凡有阿含之經名者、總名爲小乘、遂爲小乘經之異名。北方佛教謂長中雜增一爲四阿含、四阿含及屬於此者、總稱爲阿含部。南方所傳者、於四阿含之外、稱小乘雜部爲屈陁迦阿含、是爲五阿含。至元錄六出一百十一部三百三十七卷。註曰、「重單合譯阿含部類支派別行、並編於此。」明藏目錄舉稱爲小乘阿含部者一百三十七部。又南方所傳之巴利聖典於四阿含經外、現存屈陁迦阿含十五部。

【阿尾捨】(修法) Āveśa 又作阿尾奢。爲託人之法。修驗者攝取鬼魅及病鬼使附託於童男女、問病之輕重、命之長短、一切之災祥、以除疾禳祇者名曰阿比舍法。譯曰遍入、謂請降天神攝取鬼魅、令遍入於童男女之支體也。摩醯首羅天說阿尾奢法曰、「時摩醯首羅告那羅延言、汝當諦聽(中略)若欲知未來事者、當揀擇四五童男或童女、可年七八歲、身上無瘢痕醫記、慧聰靈利。先令一七日服素食、要須吉日沐浴遍身塗香。著淨衣、口含龍腦豆蔲。持誦者面向東坐。身前以白檀香塗一小壇、可一肘量。令童女等立壇上。(中畧)取安息香、以大印眞言加持七遍、燒令童女薰手。又取赤華加持七遍、安童女掌。便以手掩面、則持誦者結印誦言。應誦七遍、則彼童女戰動、當知聖者入身。必速應驗未來善惡一切災祥事。」瑜祇經曰、「若加持男女、能令阿尾捨。三世三界事、盡能知休咎。」

【阿尾奢法】(修法) 見前項。

【阿尾奢法經】(經名) 速疾立驗摩醯首羅天說阿尾奢法一卷。

【阿判那】(衣服) 衣名。阿毘曇經下曰、「阿判那者、庫麻雜吉貝衣也。」見芻摩條。梵 Āvapana

【阿折羅】(人名) Ācāra 羅漢名。譯言所行。見西域記十。

【阿淥嘌覩】(術語) 譯曰甘露。見大日經疏十三、見阿密哩多條。

【阿那含】(術語) Anāgāmin 譯曰不還、不來。斷盡欲界煩惱之聖者名。此聖者未來當生於色界無色界、不再生欲界、故曰不還。大乘義章十一曰、「阿那含者、此名不還。小乘法中更不還欲界受身、名阿那含。」

【阿那含果】(術語) 小乘四果中之第三果。得阿那含果報之位名。無量壽經下曰、「二十二億諸天人民得阿那含果。」

【阿那含向】(術語) 向阿那含果修行之位名。爲四向中之第三向。

【阿那律陀】(羅漢) 見左條。

【阿那律】(人名) Aniruddha 舊稱阿那律、阿那律陀、阿泥盧豆、阿㝹樓馱、阿樓馱、阿㝹馱、阿泥㝹豆、阿泥嚕多。譯曰如意、無貪。新稱阿泥律陀。譯曰無滅如意。佛十大弟子之一。爲佛之從弟迦毘羅城之釋氏也。玄應音義二十六曰、「阿那律陀舊言阿那律。亦云阿㝹樓馱亦言阿泥盧豆皆一也。此云無滅亦云如意甘露飯王之子佛堂弟也」其傳見法華文句三、阿彌陀經慈恩疏上、名義集一。

【阿那律天眼】（故事）佛十大弟子中各有第一。此人爲天眼第一。增一阿含經三曰、「天眼第一見十方域所謂阿那律比丘是。」天眼是六神通中之天眼通也。楞嚴經二曰、「阿那律見閻浮提如視掌中菴摩羅果」。

【阿那律失明】（故事）出家之初貪睡眠佛訶之爲畜生之類聞責乃七日不眠、遂失明。見楞嚴經五。

【阿那律經】（經名）佛說阿那律八念經、一卷後漢支曜譯。即中阿含經長壽王品中八念經之同本異譯。阿那律起八種之正念、一一對明之。佛知其所念住讚之。

【阿那律陀經】（經名）阿那律陀尊者爲諸比丘說四禪及漏盡之法、爲賢善之命終。此經攝於中阿含經六十。

【阿那邠邸】（人名）又作阿那邠坻。舍衛國給孤獨長者名。長者有七子、不信佛法。阿那邠邸悲之、各與金千兩、使詣佛處稟佛之教而歸於正法。見阿那邠邸經。

【阿那邠邸經】（經名）具名阿那邠邸化七子經、一卷後漢安世高譯。出增一阿含經四十九卷非常品。

【阿那伽迷】（術語）阿那含之舊稱。坐禪三昧經下曰、「阿那伽迷者秦言不來。」見阿那含條。

【阿那伽彌】（術語）Anāgāmin 阿那含之舊稱。智度論三十二曰、「阿那名不。伽彌名來。是名不來。是人欲界中死生色界無色界中。於彼漏盡。不復來生」見阿那含條。

【阿那波那】（術語）Anāpāna 舊稱安般、安那般那、阿那般那。新稱阿那波那、阿那阿波那。譯曰數息觀。數出息入息鎭心之觀法名。大乘義章十二曰、「安那般那觀、自氣息繫心數之、勿令忘失、名數息觀」安般守意經曰、「安名出息。般名入息」智度論慧影疏六曰、「阿那般那者、阿那名出息。般那名入息」慧琳音義二十六曰、「阿那波那、此云數息觀」舊俱舍十六曰、「若風向身入名阿那。若風背身出名波那」俱舍論二十二曰、「言阿那者謂持息入。是引外風令入身義。阿波那者謂持息出。是引內風令出身義。」同光記二十二曰、「阿那此云持來。阿波那此云遣去」。

【阿那般那】（術語）見阿那波那條。

【阿那摩低】（人名）Ratnamati 沙門、名譯曰寶意。見梁高僧傳三。

【阿那陀答多】（地名）見阿耨達條。

【阿那婆答多】（地名）見阿耨達條。

【阿那波達多】（地名）又作阿那跋達多。見阿耨達條。

【阿那婆達多】（地名）又作阿那波達多、阿那跋達多。Anavatapta 池名。爲阿耨達之新稱。見阿耨達條。

【阿那婆達多龍王】（異類）法華經序品所列八大龍王之一。文句二之下曰、「阿那婆達多。從池得名。此云無熱。無熱池長阿含十八云。雲山頂有池名阿耨達池。中有五柱堂。龍王常處其中。」

【阿那耆智羅】（術語）陀羅尼名。譯曰救諸病苦。見七佛八大菩薩神咒經八。

【阿那耆富盧】（術語）陀羅尼名。譯曰法忍。見七佛八大菩薩神咒經八。

【阿那耆罝盧】（術語）陀羅尼名。譯曰度脫衆生。見七佛八大菩薩所說神咒經五。

【阿那耆盡寧】（術語）陀羅尼名。譯曰拔衆生苦。見七佛八大菩薩所說神咒經一。

【阿那阿波那】（術語）Anāpāna 觀法名。見阿那波那條。

【阿那呼吒盧】（術語）陀羅尼名。譯曰護國土及衆生。見七佛八大菩薩神咒經八。

【阿那藪囉嚩】（術語）見次項。

【阿那邏攞嚩】（術語）Anāsrava 譯曰無漏。無煩惱之義。見華嚴疏鈔三十。

【阿那他擯茶他】（人名）Anāthapiṇḍada 見阿難賓低條。

【阿那婆婁吉低輸】（菩薩）Āryāvalokiteśvara 觀音菩薩之梵名。觀音玄義一曰、「阿那婆婁吉低輸。」見阿縛盧枳低濕伐邏條。

【阿那耆不智究梨知那】（術語）陀羅尼名。譯曰大極濟。見七佛八大菩薩神咒經八。

【阿那他賓茶揭利呵跋底】（人名）Anāthapiṇḍada-gṛhapati 長者名。譯曰給孤獨。見阿難賓低條。

【阿那陀賓茶馱寫耶阿藍磨】（地名）Anāthapiṇḍadasyaārāma 阿那邠阿藍磨。阿那邠阿藍。阿那陀賓茶陀私那（正耶）阿羅禰。阿難邠坻阿藍。皆爲梵音之訛。略譯曰給孤獨園。舍衛城之富豪、須達長者園之梵名。玄應音義三曰、「阿那陀。此云無親。舊人義譯爲孤獨。賓茶馱寫耶。此云團與。舊人義譯爲給。猶是須達多之別名。須達多、此云善與。故得給孤獨名也。阿藍磨者、園也。」

【阿波羅】（界名）天名。見阿波會條。

【阿波會】（天名）Ābhāsvara 又作阿波譮、阿會亘修、阿波亘羞、阿波羅、阿波嘬羅遮。色界第二禪天中、第三天之名。舊譯曰光音。新譯曰極光淨。玄應音義三曰、「阿波會天。此云光音天，亦言極光淨天，即第二禪第三天。」可洪音義一曰「阿波會天，樓炭經云阿波羅，四阿含暮抄云阿波嘬羅遮天，此云光音，即第二禪天王也。是第二禪之第三天也。唐云極光淨天也。」

【阿波羅囉】（異類）Apalāla 龍王名。阿育王經二曰「龍王名阿波羅囉。」

【阿波摩羅】（異類）鬼名。慧琳音義十九曰「阿波摩羅，訛也。正云阿跛娑麼囉，癎鬼總名也。」梵 Apasmāra

【阿波摩那】（界名）天名。見阿波羅摩那阿婆條。

【阿波笈多】（人名）Apagupta 人名。譯曰不正護。見阿育王經八。

【阿波陁那】（術語）Avadāna 譯曰譬喻。十二部經之一。經中以世間之譬喻寓言解說教理之部分也。智度論三十三曰「波陀那者，與世間相似柔軟淺語也。」大乘義章一曰「阿波陀那經，此名喻。」巴 Apadāna

【阿波他那】（術語）見前項。

【阿波羅質多】（印相）Aparājita 印相名。譯曰無能勝印。見陀羅尼集經三。

【阿波末利加】（植物）Apamārga 草名。又曰阿婆末唎、阿婆末迦、阿波麼羅誐。千手陀羅尼經曰「阿波末利伽草，牛膝草也。」不空羂索經曰「阿婆末迦」梵語雜名曰「阿波麼羅誐」

【阿波那伽低】（術語）Aparagati 譯曰惡趣。由惡業而趣之場所也。見玄應音義四。

【阿波麼羅誐】（植物）草名。見阿波末利加條。

【阿波蘭多迦】（地名）Aparāntaka 印度古王國名。阿育王於各地派遣傳道僧時，曇無德所赴之地也。見善見律二。

【阿波羅提目伽】（人名）Apratimukha 王名。譯曰端正。見賢愚因緣經八。

【阿波羅摩那阿婆】（界名）Apramāṇābha 又曰阿婆摩那、盧波摩那。色界第二禪中第二天之名。譯曰無量光。四阿含暮抄下曰「阿波羅摩那阿婆，此言無量光。」玄應音義三曰「盧波摩那，晉言無量光天。諸經中有作阿波摩那天，非也。應言阿鉢羅摩那婆，鉢利多婆也。」

【阿波邏羅龍泉】（地名）阿波邏羅 Apalāla 爲梵名，譯言無苗。北印度烏仗那國之池。阿波邏羅所住，故有此名。即蘇婆伐窣堵（今名 Swat）河之水源也。據西域記之說，昔迦葉佛時，所謂殑祇 Gaṅgi 之人，深通呪術，御惡龍，不許暴雨，國人德之，恒從收穫中贈幾分。後怠之，彼怒，自爲暴龍，損害苗稼。佛教化之，惟許十二年爲一回災害。此國古來以禁呪有名。

【阿育】（人名）Aśoka 舊稱阿恕伽。

新稱阿輸迦。譯曰無憂。西紀前三百二十一年頃、於印度創立孔雀王朝之旃陀掘多大王(Chandragup'a)孫也。紀元前二百七十年頃、統一全印度、大保護佛教、使之宣布各地。王之傳、南北各異其趣、北傳之阿育王經、阿育王傳、謂其母爲瞻婆羅國之婆羅門女、名曰須跋羅祇(Subhadrāṅgī)。王幼時甚狂暴、不爲父王所愛。欲以兄修私摩(Susīma)爲嗣。偶值領內德叉尸羅(Takṣasilā)國叛亂、生命彼往討、據阿育王經言、「器杖資具悉不與之。」又阿育王傳言、「唯與四兵、不與刀杖。」父王之意、蓋期其沒陣也。然彼豪邁善戰、平定叛亂、威權由此大張、遂於父王崩後、殺修私摩而登王位。南傳之善見律、一島史六章、大史五章則與之異、當阿育王未爲王時、出爲烏闍衍那(Ujjayini)副王(Yuvarāja)在任地司收斂事。偶聞父之訃音、倉皇歸都、首斃修私摩、殺之、自卽王位。四年間除同母弟帝須、並殺異母兄弟九十九人、然後舉卽位大禮。是乃佛入涅槃後二百八十年也。兩說雖異、而於卽位前後兄弟間有內訌、則同。登位之初、依然極狂暴、殺大臣戮婦女無數。又容梅陀耆利柯之言、造一大地獄、戮無辜之民無算、及後翻然歸於佛教、大發揮慈悲精神、努力於正法之興隆宣布。王之事蹟、有其勅語誥文可證。又佛典中亦有記載、得彼此綜合而知之。誥文或刻於巖面、或刻於石柱、現今所發見者、有三十四章。經幾多學者之苦心研究而得之。據是等誥文觀之、則王有兄弟姊妹及兩后。國都爲華氏城、王權所及之範圍、北由雪山地方、南及摩奈索、東由頻伽羅灣、西及亞剌比亞海。誥文內容雖有種種異說、而要在宣布正法(Dharma)天下和樂、獎勵國民懷抱慈悲精神之事。可知王不僅統御廣大之版圖、甚得其宜、併愛眞理、富於博愛之精神、誠印度空前絕後之聖王也。卽稱爲有史以來世界之大王、亦無不可。王歸佛之動機、自阿育王傳第一致之、乃因見海比丘之奇蹟、自善見律毘婆沙第一致之、乃出於尼瞿陀(Nigrodha)之感化。然有名之誥文第十三章有謂「天愛善見王灌頂第八年、征服迦餕伽、捕虜十五萬人、戮十萬人、其僵者更不知爲幾倍。迦餕伽併吞以來、天愛熱心護持達摩、歸依達摩、又宣揚達摩敎規。」則直接歸佛之動機、在於征服迦餕伽、然其遠因當爲卽位初年所經驗之悲劇、與一沙門之說法、於殘忍酷薄之王心、喚起宗教的信念之萌芽、後又目擊征服迦餕伽之大慘事、一時勃發、遂直入佛門、歸於正法也。王一入佛門、熱烈之度非常、於領內各地建立八萬四千大寺、與八萬四千寶塔、又將正法宣布之誥文刻於四方、親身拜佛跡而供養之、此其最著名之事蹟也。又依善見律婆沙第二考之、王卽位十七年、於華氏城爲異論防止、企求第三次之結集、以目犍連子帝須爲上座、一千之長老從事於此、以九月終其效、結集終了之後、派遣宣敎師於四方、如派末闡提（Majjhantika）至罽賓（Kaśmir）犍陀羅（Gandhāra）國、派摩訶提婆（Mahādeva）至摩醯沙末陀羅（Mahisa-maṇḍala）國、派勒棄多（Rakkhita）至婆那婆私（Aanavāsi沙漠地方）國、派曇無德（Yonaka-dhamma-rakkhita）至阿波蘭多迦（Aparantaka 五河西部）國、派摩訶曇無德（Mahadhamma-rakkhita）至摩訶勒咤（Mahā-raṭṭha）國、派摩訶勒棄多（Mahārakkhita）至臾那世界（Yonaloka希臘領地）派末示摩（Majjhima）至雪山邊國、（Himavanta-pada尼波羅地方）派須那迦及鬱多羅（Sonaka, Uttara）至金地（Su-uvarna-bhūmi 緬甸）國、派摩哂陀（Mahinda）至師子（Laṅkā錫蘭）國、令各從事敎化。以上乃善見律之所傳也。又誥文第十三章記王與希臘之五王國交通。所謂五王國者、希利阿（Syria）曷奇伯篤（Egypt）買賽頓（Macedon）曷畢落司（Epiros）及克雷納（Cyrene）是也。王之出世年代、古來頗多異說、若於近時希臘、印度比較研究上由前記希臘五王國之出世年代換算之、便得確定其年時。雖從換算之方法生三五年之差異、而其卽位在西曆紀元前二百七十年前後、則甚明也。蓋王之記傳南傳與北傳之間、不無乖錯。其中顯著者、如北傳謂王乃佛滅百年出世、不言迦羅阿育出世。南傳謂王之出世、是佛滅二百八十年、佛滅百年、別有迦羅阿育之治世。佛敎史家或融會此南北兩傳、謂北方傳之阿育爲迦羅阿育、南方傳之阿育爲達磨阿育、南北所傳之阿育實非一人。此恐出於附會、不可信也。從來以南方所傳者爲正確、信之不疑。而誥文所記者、反助北方之所傳、亦一奇也。

【佛陀懸記阿育王】（本生）世尊與阿難共行道、有童子戲以土爲道奉世尊。世尊記此童子曰此兒我入涅槃後百年、姓孔雀、名阿育、出世當爲轉輪王、信樂正法、起八萬四千塔供養舍利。見阿育王經一。

【阿育王弟七日爲王】（傳說）據南傳善見律、王弟帝須初不信佛敎、一日入森林、見羣鹿交尾、疑比丘能制欲、還語王。王乃解此疑問、欲使歸佛敎、讓王位於帝須七日、且告以期終處死。帝須昇王位、雖快樂供養、無不任意、而畏死無寧日、故不起欲、憂惱憔悴。王仍謂帝須曰出家比丘常思惟死、故無暇起染着心。於是帝須卽信佛法、感激曇無德（Dhamma-Rakkhita）之奇蹟、終强請於王、至阿育寺爲比丘。北傳阿育王傳（卷二）王弟宿大哆。阿育王經（卷三）毘多輸柯之傳說、大略與南傳相同。見韋陀輸條。

【阿育王最後施半菴摩勒果】（傳說） 王臥病、施心猶强、日夜送黃金於雞園寺不止。時邪見之大臣勸太子三波地、勒守庫藏、使王命不行。王竟無施物、唯有半菴摩勒果在手中。王大悲惱、說偈曰、「今我阿育王、無復自在力、唯半阿摩勒、於我得自在。」乃遣侍臣施與雞園寺。雞園寺上座碎爲粉末、置羹中遍分與衆僧。見阿育王經五。

【阿育王役使鬼神】（傳說） 王建八萬四千塔時、欲一夜成功之、遂役使夜叉。見阿育王經一。雜阿含經二十三。

【阿育王一子一女出家】（故事） 阿育王有一子、名摩哂陀、有一女名僧伽密多、王弟帝須比丘、請王令二子出家。王問二子、二子大喜、欲出家、即使二子出家入佛法。摩哂陀時年滿二十。推目犍連帝須爲和尚、摩訶提婆爲阿闍梨、受具足戒。僧伽密多年十八歲、推曇摩波羅爲和尚、受六法。此爲王登位後六年之事也。摩哂陀於三藏中總持一切佛法、後依和尚帝須之勸至師子國。

【阿育王爲女造像】（雜名） 阿育王爲第四女所造也。梁書扶南國傳曰、晉咸和中、丹陽尹高悝、行至張侯橋、見浦中五色光長數尺。不知何怪。乃令人於光處掊視之。得金像。未有光趺。悝乃下車載像、還至長干巷首、牛不肯進。悝乃令馭人任牛所之。牛徑牽車至寺。悝因留像付寺僧。每至中夜常放光明。又聞空中有金石之響。經一歲、捕魚人張係世於海口忽見有銅花趺浮於水上。係世取送縣。縣以送臺。乃施像足宛然合會。簡文咸安元年、交州合浦人董宗之採珠、沒於水底。得佛光艷。交州押送臺。以施像又合焉。自咸和中得像至咸安初、歷三十餘年、光趺始具。初高悝得像後、西域胡僧五人來請悝曰、昔於天竺得阿育王造像、來至鄴下。値胡亂、埋像於河邊。今尋覓失所。五人嘗一夜俱夢見像曰、已出江東。爲高悝所得。乃送此五僧至寺。見像噓欷涕泣。像便放光、照燭殿宇。又瓦官寺慧邃、欲模寫像形。寺主僧尚慮虧損金色。謂邃曰、若能令像放光回身西向。乃可相許。慧邃便懇到拜請。其夜像即轉坐放光、回身西向。明旦便許之。像趺先有外國書。莫有識者。後三藏那求跋摩識之。云是阿育王爲第四女所造也。

【阿育王山】（地名） 在今浙江寧波鄞縣。西晉武帝太康二年、有劉薩訶者、於此山得古塔一基。以爲阿育王八萬四千塔之一、尊崇之、此山遂稱爲阿育王山。劉宋元嘉十二年、曇摩密多建立寺塔。梁大同六年、武帝詔越州守臣蕭譽重修寺宇。簡文帝亦時奉錢。或云、寺本號廣利寺、梁武帝時、改賜阿育王寺之名。爾後塔之供養數數行之、及宋代、大覺懷璉住之、建宸奎閣。蘇軾作記。尋而宗杲、介諶、德光、如洪、大觀等、交董之、爲臨濟之道場、一時稱盛見廣弘明集十六法苑珠林三十八佛祖統紀三十六五十三等。

【阿育王塔】（堂塔）阿育王爲佛以後大興佛事到處建立寺塔奉安佛舍利及供養僧衆。據善見律毘婆沙一謂阿育王統領之國其數有八萬四千故王勅諸國建八萬四千大寺八萬四千寶塔云。阿育王傳一及阿育王經一等謂王由海比丘知佛有懸記詣王舍城取阿闍世王所埋之四升舍利、又悉取他六所所埋之舍利造八萬四千寶篋一篋盛一舍利復造八萬四千寶甕八萬四千寶蓋八萬四千疋綵爲莊校以建立八萬四千寶塔云。法顯傳及西域記等亦皆敍王造八萬四千塔。又雜譬喩經上謂阿育王希疾病平愈造一千二百寶塔其塔數雖不知孰確而王由與敎愛法之至情多建寺塔、則非子虛也今諸塔殆巳無存彼中印度之僧志古塔是否爲此中之一亦不可攷又古來有傳說此阿育王塔我國亦有之者如廣弘明集十五鄮縣（今寧波鄞縣）塔巳下凡十七塔法苑珠林三十八列鄮縣塔以下凡二十一塔謂皆爲阿育王所造案阿育王之領土不及於我國塔何從來殆附會之說也。考佛祖統紀四十三謂吳越王錢俶慕阿育王造塔事以金銀精鋼造八萬四千塔中藏寶篋印心呪經布散部內凡十年而功竣。其附會卽由此歟。

【阿育王傳】（經名）七卷西晉安法欽譯記阿育王之事蹟及摩訶迦葉以下優波毱多等之因緣者。

【阿育王經】（經名）十卷梁僧伽婆羅譯與前本大同小異。

【阿育王譬喩經】（經名）具名天尊說阿育王譬喩經一卷失譯天尊爲佛之尊號是彙集敎訓的譬喩者百譬喩經之類冠以阿育王三字者因其初之一喩關於王之事也。

【阿育王石刻文】（雜名）阿育王磨崖等所刻之敎法誥文也。阿育王旣歸佛法、欲普布德敎於四方故於己領土到處刻敎法誥文法顯傳及西域記等處處記石柱之事謂是阿育王所建是也其後湮沒者多世人遂無知者至近代歐洲人旅行印度各地方發見幾多之磨崖等經普林攝 Prinsep 氏等苦心研究遂得讀破其誥文確定爲阿育王使刻者。其發見者有大磨崖七所小磨崖七所石柱九基有銘文之石窟三所。大磨崖雖略有具缺而大都各有十四章之誥文、皆磨礪巖石或大石而鐫刻文字其中亦有彫飾象身等者。其文字或用佉盧瑟底 Kharosthi 文字書之（僅有二大磨崖用此文字）或用古梵字記之。佉盧瑟底文字與梵字反對讀法自右而左。此等大磨崖所刻十四章之誥文據其中之記載可知爲阿育王灌頂(卽位)第十二年至第十四年之間所刻者。小磨崖各刻誥文(與前十四章異)一章或二章、或同或否。石柱九基中六基各有同文之敎法誥文七章、他三基各有簡短之別文一章、雖多毀損、亦有柱頭柱身完全者。柱頭者、鈴形之上、有圓板、其側緣彫飾蓮華、忍冬花或鵝類、板上置獅子像者爲多。其長、小者三十二三呎、大者及四十二呎餘。其直徑、下部約二呎乃至三四呎。自其誥文所載致之、可知爲王卽位二十六年至二十九年之間所刻者。石窟三所、各刻銘文一章、皆不長。今述各誥文及銘文之大意如下。大磨崖誥文十四章、禁畜類之犧牲及祭典。施藥、移植藥草、並植樹穿井、以利人畜。官民皆應每五年參集正法之大會。應不怠正法之弘通。任命大法官、使努力庶民之康安、窮乏之救恤。親聽政事、以利民衆。異敎徒勿互相爭。廢畋獵。應止敗德無益之俗典、行正法之式典，應爲來世離罪業。應行法施。異敎徒應相和合、無論何法、皆應重之。悔悲迦餧伽征服之慘事、歸於正法、於希臘五王國及他國弘通法音。又記誥文刻石之緣由。又別文二章、皆記應愛撫百姓、使得二世之福祉、每五年應催無遮大會。小磨崖之誥文、或謂弘法既及全印、將來尙應益益擴布、增進天祐。或言應作孝順等正行。或對於摩揭陀之僧衆記王歸敬三寶之志厚及佛宣說之經法應長存。石柱之誥文七章、言任輔弼之任者、應無上下之別、誘導民於正道。正法殊勝。勿爲惡業。知事應以慈仁爲旨、寬於賞罰。應不行殺害生類或去勢等。一切階級、一切異宗、皆爲王所崇敬及禪定功德宣揚等。其簡短之別文、或記王妃施捨樹林等因緣。或記王之參拜幷建柱等。石窟之銘文、各記其洞崖施捨之事。以上皆爲現今所發見者。而後來之學者、或再發見未發之遺物、未可知也。

【阿育王息壞目因緣經】（經名）一卷、苻秦曇摩難提譯。阿育王之息曰法益、(Dharma-vardhana)容貌甚美、王夫人欲姦之而不能、遂與姦臣耶奢(Yaśas)謀抉壞太子兩目。此經爲說其因緣者。

【阿制多】（人名）Ajita阿逸多之新稱。慧苑音義上曰、「阿逸多正云阿制多。此云無能勝也。」見阿逸多條。

【阿制單闍耶】（雜語）Ajitañjaya 譯曰無能勝。最勝之義。大日經疏十曰、「阿誓單闍耶。無能勝也。闍耶是勝。阿是無。」

【阿周陀】（人名）目連昔稱阿周陀道人、在檀特山時、見須大拏太子、（釋迦如來因位時名）發願爲神通第一之弟子。見佛本行集經、大部補註三。

【阿周陀那】（植物）Arjuna木名。又龍樹菩薩之字也。龍樹菩薩本傳曰、「菩薩之母。樹下生之。因字阿周陀那。阿周陀那樹名也。以龍成其道。故以龍配字。號曰龍樹也。」

【阿呼】（術語）Ahū 嘆美之詞。譯曰奇哉。見名義集五。◎山名。Arka 譯曰日。見彌沙塞律三十四。

【阿呼地獄】（界名）法苑珠林曰、「何名阿呼地獄。此諸衆生受嚴切苦逼之狀。叫喚而言阿呼阿呼。甚大苦也。是名爲阿呼地獄。」

【阿卑羅吽欠】（術語）a vi ra hūṃ khaṃ 梵語。大日如來之眞言。阿字爲地大、卑字爲水大、羅字爲火大、吽字爲風大、欠字爲空大。此一呪網羅一切萬象。故誦之則一切法悉成就。云具云唵、阿毘羅吽欠、莎婆訶。但以唵與莎婆訶、一切眞言皆有之。故從略。參照阿毘羅吽欠條。

【阿呵呵】（雜語）Ahaha 笑聲。阿者發語辭。見碧巖著語。

【阿叔迦】（人名）見阿輸伽條。

【阿底哩】（天名）Atri 天仙名。胎藏界外金剛院之衆。秘藏記末曰、「阿底哩仙左手水瓶右手覆身。」

【阿夜健多】（雜名）Ayaskanda 鐵名。阿夜塞健那之畧。阿夜譯鐵、塞健那譯勝伏。謂此鐵能伏碎餘鐵之義。見探玄記二十。

【阿拘盧奢】（雜語）譯曰罵。見文句記八之四。梵 Akrośa

【阿剡底訶羅】（異類）鬼神名。譯曰食火。見孔雀王呪經上。

【阿毘曇】（術語）Abhidharma 阿毘達磨之舊稱。

【阿毘曇八犍度論】（書名）與阿毘達磨發智論同本異譯。苻秦僧伽提婆竺佛念共譯。三十卷。犍度譯曰聚。積聚之義。發智論以有篇章八聚。謂之八犍度論。

【阿毘曇毘婆沙論】（書名）與阿毘達磨大毘婆沙論同本異譯。但有初之三犍度、北涼浮陀跋摩、道泰等共譯。六十卷。

【阿毘曇心論】（書名）尊者法勝、婆沙論太博而略撰要義者。晉僧伽提婆、惠遠共譯。四卷。

【阿毘曇心論經】（書名）此經爲解釋阿毘曇心論者。大德優婆扇多造。高齊那連提耶舍譯。六卷。

【雜阿毘曇心論】（書名）略名雜心論。尊者法救以阿毘曇心論過於簡略、更增加而成此書。宋僧伽跋摩等譯。十一卷。

【阿毘曇甘露味論】（書名）尊者瞿沙造、失譯。二卷。有十六品。論種種之法相。

【阿毘曇五法行經】（書名）後漢安世高譯、一卷。釋四諦五行。

【阿毘曇經】（書名）阿毘曇八犍度論之異名。

【阿毘曇苦慧經】（書名）阿毘曇五法行經之異名。

【舍利弗阿毘曇論】（書名）姚秦曇摩耶舍曇摩崛多共譯三十卷有三十品論種種之法相。

【立世阿毘曇論】（書名）佛說立世阿毘曇論說國土日月等事即佛教之宇宙觀也有二十五品陳眞諦譯十卷。

【衆事分阿毘曇論】（書名）尊者世友造宋求那跋陀羅菩提耶舍共譯十二卷。與阿毘達磨品類足論同本異譯但有七品。

【阿毘曇門】（術語）阿毘曇者梵語、譯言無比法等即發智六足等小乘之諸論也以之爲宗通入涅槃謂之門當於小乘二十部中之薩婆多部智度論十八於佛法明蜫勒門阿毘曇門空門之三門其中曰「阿毘曇門或佛自說諸法義或佛自說諸法名、諸弟子種種集述解其義」又智度論二曰「阿毘曇三種一者阿毘曇身及義略說三十二萬言二者六分略說三十二萬言三者蜫勒略說三十二萬言蜫勒廣比諸事以類相從非阿毘曇」可知以發智六足諸論爲宗、分別法相使起正慧爲阿毘曇門之大旨僧伽提婆等來支那依之建立毘曇宗東晉以後流行一時後天台及嘉祥取智度論十五、「諸法非有常非無常是愚癡論」之文意於此等三門外別加非有非空之一門是爲藏教四門阿毘曇門配於有門見法華玄義八、三論玄義等。

【阿毘達磨】（術語）Abhidharma. 又作阿鼻達磨論部之總名舊稱阿毘曇譯曰大法無比法大法無比法乃眞智之尊稱、凡論部爲發生其眞智者故附以大法無比法之名新稱阿毘達磨譯曰對法對法者智慧之別名以智慧對觀諸法眞理之義蓋論部問答決擇諸法事理使人之智慧發達智慧爲對觀眞理者故轉指論部對觀眞理者、即謂之阿毘達磨出三藏記十曰「阿毘曇者秦言大法也」大乘義章一曰「阿毘曇者、此方正翻名無比法阿謂無也毘謂比也曇謂法也」西域記三曰「阿毘達磨藏或曰阿毘曇藏略也」玄應音義十七曰「阿毘曇或言阿毘達磨或云阿鼻達磨皆梵音轉也此譯云勝法或言無比法以詮慧故或云向法以因向果故或名對法以智對境故」起信論疏曰「今譯爲對法謂阿毘是能對智達磨是所對境法謂以正智妙盡法源簡擇法相分明指掌如對面見故云對法」

【阿毘達磨藏】（術語）一切論部之總稱三藏之一含藏文與義故云藏。

【阿毘達磨集異門足論】（書名）六足論之一尊者舍利子說唐玄奘譯二十卷。

【阿毘達磨法蘊足論】（書名）六足論之一尊者大目乾連造唐玄奘譯十二卷。

【阿毘達磨識身足論】（書名）六足論之一佛滅後一百年提婆設摩阿羅漢造、

唐玄奘譯十六卷。

【阿毘達磨品類足論】（書名）六足論之一。佛滅後三百年世友尊者造、唐玄奘譯、十八卷。

【阿毘達磨界身足論】（書名）六足論之一。世友尊者造、唐玄奘譯三卷。已上五論加入施設足論者、對於發智身論謂之六足論。見俱舍論光記一。

【阿毘達磨發智論】（書名）佛滅後三百年末、迦多衍尼子造、唐玄奘譯、二十卷。六足論義門少、發智論最廣、故後代論師以彼六論爲足、發智論爲身、因之名曰發智身論。已上六足一身之七論、爲說一切有部宗之根本論。見俱舍論光記一。

【阿毘達磨大毗婆沙論】（書名）毘婆沙譯曰廣說。佛滅後四百年初、五百羅漢由健陀羅國迦膩色迦王之請、廣解釋發智身論者。唐玄奘譯、二百卷。

【阿毘達磨俱舍論本頌】（書名）頌數六百、世親菩薩造、唐玄奘譯、一卷。俱舍譯曰藏。包藏之義。包藏根本阿毘達磨論要義、故謂之俱舍論。

【阿毘達磨俱舍論】（書名）解釋上之本頌者。世親先造本頌、後造釋論、釋論之中、固牒舉本頌也。唐玄奘譯三十卷。

【阿毘達磨俱舍釋論】（書名）婆藪盤豆造、陳眞諦譯、二十二卷。婆藪盤豆者世親之梵名。此論與阿毘達磨俱舍論同本異譯。是曰舊論、又云舊俱舍。

【阿毘達磨順正理論】（書名）尊者衆賢著、駁世親之俱舍論者。一名俱舍雹論。唐玄奘譯八十卷。

【阿毘達磨藏顯宗論】（書名）尊者衆賢著、顯揚自宗者。唐玄奘譯、四十卷。

【入阿毘達磨論】（書名）塞建陀羅阿羅漢造、唐玄奘譯、單簡述有部宗之法相者一卷。

【阿毘達磨集論】（書名）大乘阿毘達磨集論之畧稱。七卷。無著造、玄奘譯。

【阿毘達磨雜集論】（書名）大乘阿毘達磨雜集論之略稱、別稱對法論。解阿毘達磨集論者。十六卷。安慧造、玄奘譯。

【阿毘遮羅】（異類）餓鬼名。譯曰疾行。見正法念經十六。

【阿毘遮嚕迦】（雜語）Abhicaraka 又作阿毘拓囉迦、阿毘左嚕迦。譯曰調伏、降伏、縛一切萬物使不自在之意。

【阿毘遮嚕迦儀軌品】（書名）具名大方廣曼殊室利童眞菩薩華嚴本敎讚閻曼德迦忿怒王眞言阿毘遮嚕迦儀軌品第三十一。唐不空譯、一卷。說諸調伏之法。

【阿毘左囉】（雜語）與阿毘遮嚕迦同。

【阿毘私度】（人名）三敎指歸下曰、

「阿毘私度常爲膠漆之執友。」梵 Abhijit 女宿。

【阿毘目底】Abhimukti（術語）譯曰信解。大日經疏三曰、「有大信解者。此信解。梵音阿毘目底。謂明見其理。心無疑慮。下云深信者。此信梵音捨羅馱。是依事依人之信。梵語本是兩名。唐音以無甄別。同名信耳。」

【阿毘三佛陀】（術語）Abhisaṁbuddha。譯曰現等覺。佛成正覺也。玄應音義三曰、「阿惟三佛。此言訛也。正言阿毘三佛陀。阿毘、此譯云現。三、此云等。佛陀、此云覺。名現等覺。」智度論三十八曰、「兜率天上[illegible]齋處。於彼末後受天樂。壽終後來下。末後受人樂。便成阿毘三佛。」

【阿毘羅吽欠】（術語）又作阿尾羅吽欠、阿毘羅吽劍、阿味囉𤙖欠。A vi ra·hūṁ·khaṁ 胎藏界大日如來之眞言也。大日經三曰、「爾時毘盧遮那世尊。又復住於降伏四魔金剛戲三昧。說降伏四魔解脫六趣滿足一切智智金剛句字。南麼三曼多勃馱喃阿味囉𤙖欠。」大日經疏十一曰、「此五字。卽是降四魔眞言句也。」毘那夜迦誐那鉢底瑜伽悉地品秘要曰、「毘盧遮那五字眞言曰。阿毘羅吽劍。」秘藏記上曰、「卽結定印。觀五字。是月輪觀。又實相觀。謂阿毘羅吽欠」此五字如其次第爲地水火風空之五大。胎曼陀羅大鈔一說此五字、「當界大日眞言也。一切衆生五大。卽等佛界無異。仍己身卽大日。大日卽己身。」

【阿毘羅吽欠娑婆訶】（眞言）陀羅尼之末句、多有娑婆訶一語。秘藏記上曰、「娑婆訶。究竟義。驚覺義。成就義。散去義也。」此爲呼胎藏界大日如來功力之呪文。見娑婆訶條。

【阿陀】（飮食）阿伽陀之略。藥名。宗鏡錄二曰、「於群藥中。但取阿陀之妙。」見阿伽陀條。

【阿陀那】（術語）Adāna 心識名。阿賴耶識之別名。譯曰執持。此識之力、執取維持善惡之業因及有情之身體使不破壞。解深密經一曰、「阿陀那識甚微細。一切種子如瀑流。我於凡愚不開演。恐彼分別執爲我。」唯識論三曰、「第八識雖諸有情皆悉成就。而隨義別立種種名。或名阿陀那。執持種子及諸色根令不壞故。」同述記曰、「梵云阿陀那。此云執持。」

【阿陀那識】（術語）見阿陀那條。

【阿陀婆耶修姤路】（經名）經名。飾宗記八本曰、「阿陀婆耶修姤路。晉云衆德經。」十誦律二十四曰、「阿陀婆耆耶修姤路。」

【阿陀婆耆耶修姤路】（經名）見前條。

【阿耶羅】（雜語）Āyāna 譯曰觀。觀經嘉祥疏曰、「阿耶維此云觀觀是觀見亦是觀行亦是觀察。」

【阿耶怛那】（術語）Ayatana 又作阿也怛那。舊譯曰入新譯曰處即十二入十二處等俱舍光記一曰、「阿耶怛那唐云處。舊翻爲入此亦不然若言入梵本應云鉢羅吠舍舊經亦有譯爲處者如空無邊處及阿練若處並與今同」玄應音義二十一曰「阿也怛那」

【阿耶底柯】（雜語）仙人名毒藥之師見飾宗記四本。

【阿耶穆佉】（地名）Ayamukha 國名在中印度僧徒多學小乘之正量部法昔佛陀䭾婆論師於此國製說一切有部之大毘婆娑論見西域記五。（佛陀䭾婆之譯爲覺使則婆爲娑之寫誤明矣即 Buddhadā-sa, 是也）

【阿耶吉唎婆】（菩薩）見阿耶揭哩婆條。

【阿耶揭哩婆】（菩薩）Hayagrīva 又作阿耶揭唎婆馬頭觀音之梵名陀羅尼集經一曰、「爾時觀世音菩薩現阿耶揭哩婆身唐云馬頭」大日經疏五曰「阿耶揭唎婆譯云馬頭其身非黃非赤如日初出之色。以白蓮花爲瓔珞（中略）此是蓮花部忿怒持明王也」蘇婆呼童子經曰「阿耶吉唎婆」

【阿迦色】（術語）一義、有形之物質。一義無形之空界俱舍論界品曰、「阿伽謂積集色極能爲礙故名阿伽有說阿伽即空界色此中無礙故名阿伽」玄應音義二十四曰、「阿伽色伽此云礙阿有二義或言無或云極猶含兩釋故立本名也」俱舍寶疏一下曰「阿伽是極礙也又阿伽爲無礙梵語阿伽通此二義」梵 Aghaṃ

【隣阿迦色】（術語）虛空之色也虛空是無礙與「有礙之物質」即阿伽相隣、故名隣阿伽色（視阿伽爲物質之義）又「無礙之空處」即阿伽與其餘有礙之物質相隣故名隣阿伽色（視阿伽爲空界之義）見俱舍論界品梵 Agha-sāmantakaṃ

【阿迦花】（植物）花名具名阿歌羅花譯曰白花見玄應音義十。

【阿迦奢】（雜語）Ākāśa 譯曰虛空見大日經疏十三。

【阿迦羅】（書名）書名譯曰節分見佛本行集經十一。

【阿迦囊】（異類）又名阿伽阿揭多。電神名譯曰無厚見消除一切閃電障難隨求如意陀羅尼經。

【阿迦尼吒】（界名）Akaniṣṭha 天名舊稱阿迦貳吒、阿迦尼吒、阿迦尼沙託新稱阿迦尼瑟吒、阿迦尼瑟搋、阿迦尼瑟揥。譯曰色究竟。此天者色界十八天之最上天、爲有形體之天處之究竟、故又云質礙究竟、色究竟天。又名有頂天。過此則無色界之天。僅有心識而無形體矣。法華經序品曰、「下至阿鼻地獄。上至阿迦尼吒。」卽全色界也。慧苑音義上曰、「阿迦尼吒。具云阿迦尼瑟吒。言阿迦者色也。尼瑟吒者究竟也。言其色界十八天中。以最終極也。」玄應音義六曰、「經中或作阿迦尼沙託。或作尼師吒、或作貳吒。皆訛也。正云阿迦抳瑟搋。譯云阿伽、言質礙。抳瑟搋、言究竟。謂色究竟天也。」玄贊二曰、「阿迦抳瑟搋。」（巴 Akaniṭṭha）

【阿迦尼沙託】（界名）見前。

【阿迦尼瑟吒】（界名）見前。

【阿若】（人名）阿若多之畧。譯曰無知。五比丘之上首。見阿若憍陳如條。

【阿若多】（人名）比丘名。譯曰無知。見阿若憍陳如。楞嚴經一曰、「阿若多五比丘等。」

【阿若居隣】（人名）見左條。

【阿若憍陳如】（人名）Ājñāta-kauṇḍinya 舊稱阿若憍陳如、阿若居隣、阿若拘隣。新稱阿若多憍陳那。阿若名、憍陳如姓。阿若譯作巳知、無知、了本際。憍陳如譯作火器。最初受濟度之五比丘上首。文句二曰、「憍陳如姓也。此翻火器。婆羅門種。阿若者、名也。此翻巳知。或言無知。非無所知也。乃至知無耳。無量壽。文殊問。阿毘曇婆沙。皆稱為了本際。」彌勒上生經疏上曰、「阿若多、解也。憍陳那、婆羅門姓之一姓也。憍陳如訛也。」飾宗記七末曰、「婆沙八十二云。以憍陳那先見法故。因斯號彼為阿若多。」

【阿若多憍陳那】（人名）見阿若憍陳如條。

【阿泥底耶】（天名）Āditya 日天子之梵名。見不空羂索經四。

【阿泥律陀】（羅漢）Aniruddha 阿那律之新稱。見阿那律條。

【阿祇梨】（術語）又作阿祇利。阿闍梨之變音。玄應音義九曰、「阿祇利。或言阿闍黎。皆訛也。正言阿遮利耶。或作夜。此譯云正行。或言軌範師也。」四分律開宗記七本曰、「阿闍梨。或祇梨。阿祇利。此云正行。」梵 Ācārya

【阿祇儞】（神名）Agni 又作阿祇尼、阿擬尼。譯曰火。印度神話、地上神之最高神。吠陀八天之一。為火神。擬人化為火者也。梨具吠陀千二十八偈頌中、因陀羅（卽帝釋）外此神之讚歌最多、可知此神在古代與帝釋並為印度人所崇拜。後為護世八天之一、司東南之方位、咸信為神人間之媒介者、保護人家監守人之行業之天帝也。後婆羅門敎以為三脚七臂之赤人、常乘青牡羊。梵語雜名曰、阿祇尼、譯火。名義集二曰、惡祁尼。譯火神。佛敎中之火天也。

【阿剌剌】（雜語）見阿喇喇條。

【阿拏】（術語）Anu 又曰阿菟、阿耨等。譯曰極微。色界之色法最微者。法苑義林章五本曰「阿拏謂最極小者。說此名極微」。大日經疏一曰「言小分者梵云阿耨。即是七微合成」。關於極微之說見極微條。

【阿施】（術語）Artha 譯曰義。詮於文之義理也。見名義集五。對於言語道斷之義而言。

【阿茂吒】（物名）寶名。見慧琳音義四十四。

【阿者攞】（明王）譯曰不動。出於大日經疏四。見阿遮羅條。

【阿恃多伐底】（地名）Ajiravati 舊稱阿利羅跋提、阿夷羅拔提。新稱阿恃多伐底、阿夷羅婆底、阿爾多嚩底、阿脂羅婆提。譯曰無勝。別名尸羅拏伐底。譯曰有金。世尊於此河邊入滅。西域記六曰「阿恃多伐底河。唐言無勝。此世共稱耳。舊曰阿利羅跋提河。訛也。典言謂之尸剌拏伐底河。譯曰有金河」。翻梵語九曰「阿夷羅跋提河。應云阿夷羅婆底。譯曰阿夷羅者迅流、婆底者有」。慧琳音義二十五曰「阿利羅跋提河。正云阿爾多縛底。西國河名也」。玄應音義二曰「阿利羅跋提河。泥洹經作熙連河。皆訛也。正言尸剌拏伐底河。尸羅拏此譯云金。伐底此言有。名為有金河」。此河名異說甚多。法顯譯之大般泥洹經一曰「拘夷城力士生地熙連河側堅固林雙樹間」。法顯傳曰「希連禪河邊」。涅槃經一曰「阿利羅跋提河邊」。西域記六曰「阿恃多伐底河」。玄應音義二曰「阿利羅跋提河。泥洹經作熙連河。皆訛也。正言尸羅拏伐底河」。同三曰「尼連禪河。應云尼連禪那。或云熙連禪。此譯云尼者不也。連禪那者樂著也。名不樂著河也」。熙連與尼連似彼此相通。故佛成道時沐浴之河。涅槃後洗浴之河與阿夷羅婆底河之三河、有混同之風。金河乃熙連轉得之字音。佛成道前、捨苦行而沐浴之河、為尼連禪河 Nairañjanā 亦即希連熙連也。阿恃多伐底乃流於舍衛城岸之河。至於拘尸城之河、為金河（尸剌拏伐底 Hiraṇyavatī）無論矣。

【阿修羅】（異類）Asura 又作阿須羅。舊稱阿修羅、阿須倫、阿蘇羅、阿素羅。譯曰無端。容貌醜陋之義。又曰無酒。其果報無酒之義。新稱阿素洛。譯曰非天。其果報勝似天而非天之義。為常與帝釋戰鬬之神。六道之一。八部衆之一。名義集二曰「阿修羅。舊翻無端。正男醜女端正。新翻非天」。西域記九曰「阿素洛。舊曰阿修羅。又曰阿須倫。又曰阿蘇羅。皆訛也」。法華文句五曰「阿修羅。此云無酒。四天下採華醞於大海。魚龍業力。其味不變。嗔妬誓斷。故言無酒神」。「大乘義章八末曰「阿修羅者是外國語。此名劣天。又人相傳名不酒神。」玄應音義三曰、「阿修倫。又作阿修羅。皆訛也。正言阿素洛。此譯云阿無也。亦云非。素洛云酒。亦云天。名無酒神。亦名非天。經中亦名無善神也。」

【阿修羅界】（界名）阿修羅之世界。三界義曰、「若依十地經、妙高山(須彌山)北大海下、過二萬一千由旬、有羅睺阿修羅王宮。次下二萬一千由旬、有勇健宮。次下二萬一千由旬、有華鬘王宮。次下二萬一千由旬、有毘摩質多羅王宮。若依起世經、須彌東西面、去此一千由旬外、有毘摩質多羅宮、縱橫八萬由旬。又云修羅中極弱者、在人間山地中住。卽今西方山中、有大深窟、多是非天(阿修羅)宮也。

【阿修羅宮】（雜名）阿修羅之宮殿。義楚十六曰、「長阿含云。阿修羅宮在大海底(中略)如天富樂。」西域記十說清辯菩薩、入南天竺案達羅國修羅窟待彌勒出世。同九曰、「石室西南隅、有巖岫。印度謂之阿素洛宮也。」

【阿修羅居大海邊】（雜語）法華文句五曰、「阿修羅有二種、鬼道攝者、居大海邊。畜生道攝者、居大海底。」智度論十曰、「阿修羅惡心鬬諍、而不破戒。大修施福、生在大海邊住。」

【阿修羅道】（界名）六道之一、修羅道也。多由瞋、慢、疑之三因而生。見法苑珠林五。

【阿修羅王】（異類）法華經序品列四阿修羅王。如婆稚阿修羅王、佉羅騫馱阿修羅王、毘摩質多羅阿修羅王、羅睺阿修羅王。各有百千之眷屬。

【修羅戰】（雜語）阿修羅王與忉利天之帝釋戰鬬也。修羅有美女、無好食。諸天有好食、無美女。互相憎嫉、故恒戰鬬。見別譯阿含經三、法華義疏一、經律異相四十六、法苑珠林五。

【修羅場】（雜語）阿修羅與帝釋之戰場也。

【修羅巷】（術語）同修羅場。

【修羅隱藕絲孔】（傳說）阿修羅王與帝釋戰敗北、欲遁無所、以通力潛身入於藕絲之孔。見觀佛三昧海經、智度論三十、法苑珠林五。

【阿修羅說五念處三十八品】（傳說）世界初成時、住須彌頂、亦有宮殿。後光音天下、如是展轉至第五天。修羅瞋、便避之。無所住、遂下生於地。又嫉佛之說法、佛爲諸天說四念處、修羅則說五念。佛說三十七品、則說三十八品。常爲曲心所覆。見止觀二之二。

【阿修羅琴】（雜名）阿修羅之琴、欲聽之則無彈者、而隨意自出聲。此阿修羅之福德所使然也。智度論十七以之喻法身之菩薩、心無所分別、而自然應衆生之機、得於種種說法敎化。又出於法華玄義六上。

【阿娑磨】（術語）Asama 佛之德號。譯曰無等。出於智度論二。見阿娑磨沙摩條。

【阿娑摩】（術語）卽阿娑磨。

【阿娑弭】（雜語）譯曰無等。出於大日經疏十三。與阿娑磨同。

【阿娑迦】（植物）見無憂樹條。

【阿娑羅】（飲食）Asaru 藥名。止觀一之五曰、「如服阿娑羅藥先用淸水」。同輔行曰「阿娑羅藥未詳形狀」（梵 Bhunea Lacera.）

【阿娑嚩】（術語）Asava 阿字爲如來部、娑字爲蓮華部、嚩字爲金剛部。以此三字統攝胎藏界之一切眞言。（胎藏界分三部）大日經疏五曰、「入阿字門一切諸法不生。是法身義。入娑字門一切諸法無染著。是蓮華義。入嚩字門。一切諸法離言說。是金剛義。如下字輪品中。以此三字統攝百明。意在此也」。同十四曰、「謂阿字、娑字、嚩字。卽此三字顯三部義也。阿字是如來部。娑字是蓮華部。嚩字是金剛部」。

【阿娑磨沙摩】（術語）Asamasama 又作阿娑摩娑摩。佛之德號。譯曰無等等。智度論二「此佛於其他菩薩等全非其等比。故曰無等、與佛等同。故重云等也。

【阿娑摩娑摩】（術語）見前項。

【阿娑摩補多】（雜語）Asamāpta 譯曰無盡。見大日經疏十四。

【阿娑頗那伽三摩地】（術語）又作阿娑婆那伽三摩地。定名。數息觀也。金剛頂經疏二曰、「阿娑頗那伽者舊經云初依瑜伽安那般那。繫念修習不動身體。亦不動支分。名阿娑頗那伽。法安那般那。亦云何那波那。亦云阿般那。謂數息觀」。金剛頂經一曰、「阿娑頗那伽三摩地」。秘藏寶鑰下曰、「阿娑婆那伽三摩地」。見阿那波那條。梵 Āśvāsaapānaka

【阿耆多】（人名）又曰阿夷頭。十外道之一。譯曰無勝。飾宗記七末曰、「阿夷頭。梵云阿耆多。此云天勝也」。梵 Ajita

【阿耆達】（人名）Agnidatta 又曰阿耆陀。王名。大部補註五曰、「薩婆多云以供養火。故名阿耆達」。

【阿耆達王請佛】（故事）佛應阿耆達王之請、三月間食馬麥。見中本起經下、大方便佛報恩經三、經律異相五、智度論九。

【阿耆達王墮蛇道】（故事）此王一生積功德。皆以臨終之一念起瞋恚、遂墮於蛇道。見雜譬喩經。

【阿耆陀】（人名）卽阿耆達。

【阿耆毘伽】（雜語）Ājvika 譯曰邪命。以邪法生活之義。見本行集經四十五、名義集六。

【阿耆尼】（神名）卽阿祇儞。

【阿耆尼達多】（人名）Agnidatta 巴連弗國婆羅門名。彼在母胎內、使母能論議。見雜阿含經二十五、經律異相四十一。

【阿耆多翅舍欽婆羅】（人名）Aji-takeśa-kambara 又作阿耆多頸舍甘婆羅。新稱阿末多。外道六師之一人。執現世受苦則來世爲樂之外道也。維摩經什註曰、「阿耆多翅舍字也。欽婆羅麤衣也。」同肇註曰、「其人著弊衣自拔髮五熱炙身以苦行爲道。」希麟音義九曰、「阿末多。舊云阿耆多頸舍甘婆羅。阿耆多此云無勝、頸舍此云髮。甘婆羅此云衣。此外道以人髮爲衣。五熱炙身也。」慧琳音義二十六曰、「阿耆陀此云無勝。翅舍云髮。欽婆羅云衣。此以人髮爲衣。五熱炙身也。」

【阿耆婆瀰池】（地名）唐書西域傳曰、「提婆大喜、延使者同觀阿耆婆瀰池。池廣十丈、水常溢沸。共傳旱潦未始耗溢。或抵以物則生煙、釜其上、少選可熟。」法苑珠林十六引王元策西國行傳曰、「顯慶二年敕使王元策等往西國送佛袈裟。至泥婆羅國西南、至頗羅度來村東坎下、有水火池。若將家火照之、其水上卽有火焰於水中出。欲滅以水、沃之其焰轉熾。漢使等曾於中架一釜、煮飯、得熟。使問彼國王。答云、曾經以杖刺著一金匱。令人挽出、一挽一深。相傳此是彌勒佛當來成道天冠金。火龍防守之。此池火乃是火龍火也。」

【阿唎多羅】（菩薩）Ārya-tārā 觀音之別名。常略曰多羅觀音。見多羅觀音條。

【阿唎多羅經】（經名）阿唎多羅陀羅尼阿嚕力品第十四、唐不空譯一卷。

【阿唎瑟迦紫】（植物）譯曰木槵子。見千手合藥註。與阿梨吒同。

【阿般提】（地名）Avanti 又作阿般地、阿槃提、頞飯底、阿和檀提。在西印度頻闍耶山之古王國。

【阿般蘭得迦】（地名）Aparāntaka 印度古王國名。阿育王派遣傳道僧於四方時、曇無德所行之地也。見善見律二。

【阿差末】（菩薩）Akṣayamati 無盡意菩薩之梵名。見慧琳音義十九。

【阿差末菩薩經】（經名）七卷、西晉竺法護譯。與大乘部無盡意菩薩經同本。

【阿浮呵那】（術語）Apattiyutth-ānaṃ 又作阿浮訶那。除比丘犯罪之作法名。比丘尼鈔下上曰、「阿浮呵那此翻出罪羯磨。見論名爲喚入衆。亦名拔除罪法。」行事鈔中一曰、「阿浮訶那翻爲呼入衆也。」巴 Abbhāna

【阿浮達磨】（術語）Adbhuta-dharma 又作阿浮陀達磨。譯未曾有法。說佛菩薩神變希有事跡之經名。十二部經之一。

【阿浮陀達磨】（術語）見前項。

【阿素洛】（異類）見阿修羅條。

【阿師】（雜語）阿者發語辭、如阿誰阿娘之類。師者師匠。碧巖著語曰「多口阿師」

【阿留那】（雜名）Aruṇa 又作阿樓那、阿盧那。時名。或曰薩埵。譯言明相、即曉時也。見開宗記三末。名義集二。又譯曰赤色。見名義集三。

【阿盧那花】（植物）花名。慧苑音義上曰「阿盧那、此日欲出時紅赤之相、其花似彼、故用彼名之。謂即紅蓮花也。」

【阿盧那香】（物名）又作阿樓那香。慧苑音義上曰、「阿樓那香、紅赤色香、其色一如日欲出前之紅赤相。即梵語中呼彼赤相為阿樓那香也。」又曰阿盧那跋香是阿盧那跋底香之略。同音義下曰、「阿盧那者。此云赤色也。跋底者有也。或云極也。謂此香極有赤色。因名也。」梵 Aruṇapati

【阿恕伽】（人名）阿舒迦王名。阿育王傳一曰「作字名阿恕伽。阿恕伽者晉言無憂。」見阿育條。因樹名。一作阿舒樹迦。見阿輸伽條。

【阿笈摩】（術語）阿含之新稱。

【阿梨】（植物）木名。法華經陀羅尼品曰「頭破作七分如阿梨樹枝」名義集三曰、「其枝似蘭枝。若落時必為七分」義淨譯之孔雀經上曰「頭破為七分。猶如蘭香梢」同註曰、「梵云頞杜迦曼折利。頞杜迦蘭香也。曼折利、稍頭也。舊云阿梨樹枝者。既不善本音。復不識其事。故致久迷。西方無阿梨樹也。」梵 Andūka-mañjarī

【阿梨耶】（術語）Ārya 又作阿離耶、阿哩夜。譯曰聖、聖者。玄應音義一曰「阿梨耶。此云出苦者。亦言聖者」寄歸傳三曰、「阿離野。譯曰為聖」良賁之仁王經疏曰「阿哩夜。此云聖者」演密鈔六曰「梵語阿哩野。此言遠惡。義翻為聖人。」

【阿梨吒】（植物）Ariṣṭaka, 巴 Ariṭṭhaka 木名。翻梵語九曰、「阿梨吒。應云阿梨瑟吒。譯曰無環」木槵子也。因比丘名。阿梨吒、亦名阿利吒。此云無相。是人生邪見、言須陀洹斯陀含皆有妻室、亦不障道。牽此自比、故生邪見。言婬欲非障道法也。薩婆多論云。此人先是外道弟子。外道邪見師遣入佛法中、倒亂佛法。其人聰明利根。不經少時、通達三藏。即便倒說云行障道法不能障道。盡其智辯、不能令成。

【阿梨吒經】（經名）阿梨吒比丘、起惡見。說婬欲不障道。諸比丘諫之不捨。佛呼責之。說非法之當捨。此經攝入中阿含經五十四。

【阿梨呵】（雜語）Arihan 阿羅漢之訛用。坐禪三昧經上曰、「阿梨呵。阿梨秦言賊。呵言殺」

【阿梨宜】（術語）Āliṅgita 定名。譯爲抱觸。探玄記十九曰、「阿梨宜者此云抱捺摩觸。是攝受之相。」

【阿梨斯那】（人名）Āryasena 大乘部之僧名。譯曰聖軍。見慈恩傳四。

【阿梨瑟吒】（植物）Ariṣṭaka 木名。見阿梨吒條。

【阿梨耶伐摩】（人名）Āryavarman 沙門名。譯曰聖冑。見慈恩傳四。

【阿梨耶馱娑】（人名）Āryadāsa 沙門名。譯曰聖使。見慈恩傳四。

【阿梨耶婆樓吉弖稅】（菩薩）觀世音菩薩之梵名。出於法華經義疏十二。見阿縛盧枳低濕伐邏條。

【阿梨耶斯那】（人名）卽阿梨斯那。

【阿婆末迦】（植物）草名。見阿波末利加條。

【阿婆末唎】（植物）草名。千手千眼治病合藥經曰、「阿婆末唎草牛膝草是也。」見阿波末利加條。

【阿婆施羅】（地名）Avaraśaila 譯曰西山。見外國傳四。翻梵語九。

【阿婆魔羅】（異類）Apasmāra 瘧鬼之總名。慧琳音義二十六曰、「阿婆魔羅。此云無花鬘。或云顛狂也。」

【阿婆孕迦羅】（菩薩）Abhayaṅkara 如來名。譯曰離怖畏。見救拔燄口餓鬼陀羅尼經。

【阿婆娑摩羅】（異類）鬼名。譯曰顛病鬼、形影、轉筋。見尊勝經註下。梵 Apasmāra

【阿婆頗那伽】（術語）觀法名。慧琳音義二十六曰、「阿婆頗娜伽。唐云微細金剛觀。亦曰從眞起用也。」

【阿婆羅謇陀】（人名）王名。譯曰雲片。見起世因本經十。梵 Abhra-khaṇḍa

【阿婆盧吉低舍婆羅】（菩薩）觀世音之梵名。見阿縛盧枳低濕伐邏條。

【阿婆盧耆兜帝梨韰】（術語）陀羅尼名。譯曰護助佛法消諸奸惡。見七佛八大菩薩神咒經八。

【阿跋多羅】（雜語）Avatāra 譯曰無上。入楞伽經註曰、「阿跋多羅華言無上。」亦云入。

【阿跋摩羅】（異類）Apasmāra 鬼名。法華經陀羅尼品曰「阿跋摩羅鬼」。文句十曰、「阿跋摩羅靑色鬼。」義疏十二曰、「阿跋摩羅此云影形鬼。亦云無鎧。注經云轉筋鬼。」

【阿跋耶祇釐】（堂塔）Abhayagiri 譯曰無畏山。在錫蘭古都阿菟羅陁補羅之伽藍名。法顯傳記於獅子國條。今存錫蘭。

【阿跋度路柘那】（雜語）。譯曰不要語。見四阿含暮抄上。

【阿㝹夷】（地名）城名（巴 Anuppiya）

【阿㝹夷經】（經名）佛在阿㝹夷城爲房伽婆梵志說善宿比丘之事，且破關於世界創造之諸見。攝於長阿含經十一。

【阿㝹樓馱】（人名）見阿那律條。

【阿㝹羅陀補羅】（地名）梵名 Anuradhapura 錫蘭之古都。在島之北部。此地自佛教初傳以來，至西曆第八世紀末，以爲錫蘭島之首府。故關於佛教之遺物存者不少。塔園、無畏山塔、逝多林園 Jetavanārāma 及銅宮，其最著者也。其中以塔園爲最古。此地東方有屑沙迦山者，阿育王之子摩哂陀初在此地教化國王及其島人之所也。見善見律二。

【阿惟顏】（術語）譯曰一生補處。彌勒菩薩之位。見玄應音義三。

【阿惟三佛】（術語）又曰阿毘三佛。譯曰現等覺。顯現正等知覺之義。佛智之異名。放光般若經二曰：「具足佛十八法。當成阿惟佛。」玄應音義三曰：「阿惟三佛，此言訛也。正言阿毘三佛陀。」見阿毘三佛陀條。

【阿惟越致】（術語）見阿鞞跋致條。

【阿惟越致遮經】（經名）四卷，西晉竺法護譯。與不退轉法輪經同本異譯。攝於法華部。

【阿密哩多】（術語）Amṛta 又作阿阿密㗚多、阿密哩帝。譯曰甘露。眞言修行抄三曰、「阿密哩帝。此云甘露也。」

【阿密哩多軍茶利明王】（明王）譯曰甘露瓶。常略名軍茶利明王。五大明王之一。見軍茶利條。

【阿羞】（異類）新稱阿素洛。出於可洪音義一。見阿修羅條。

【阿術達】（人名）Aśucita 阿闍世王女之名也。譯曰無愁憂、無畏德。此女十二歲即能論大道。阿術達經曰、「是時王阿闍世有女名阿術達。漢言無愁憂。年十二。端正好潔。」

【阿術達菩薩經】（經名）阿闍貰王女阿術達菩薩經之略。一卷。

【阿曇怛羅泥】（術語）譯曰呼聲。八轉聲中之第八聲。

【阿跋婆㬸囉】（異類）鬼名。見阿波摩羅條。

【阿寅羅波帝夜】（地名）江名。正言阿夷羅婆底。譯爲有駛流。恒河之支流。佛成道前水浴之河也。見善見律毘婆沙七、翻梵語九。見阿恃多伐底條。

【阿菟】（術語）Aṇu 譯曰極微。色法分割至最微之極度者。俱舍光記十二曰、「梵云阿菟。此名微。眼見色中最微細也。應知爲天眼輪王眼後有菩薩眼所見。」見阿拏條。

【阿䕼林】（雜名）譯曰小林見翻梵語九。
【阿䕼羅】（人名）師子國王夫人名。見慧琳音義七十八。
【阿䕼浮多】（書名）Adbhuta 書名。譯曰未曾有見佛本行集經十一。
【阿䕼樓陀】（人名）Aniruddha 見阿那律條。
【阿䕼盧摩】（書名）Anuloma 書名。譯曰順見佛本行集經十一。
【阿䕼吒闡提】（術語）偈名數經論之文字滿三十二字者百論疏一曰、「婆娑列四種偈。一者以八字爲一句三十二字爲一偈此是結偈法名阿䕼吒闡提是經論數法。亦是計書寫數法。二者或六字爲句名初偈。三者二十六字爲句者是後偈此偈名摩羅。四者減六字爲句此偈名周梨荼」（梵Anuṣṭubhchandas;巴] Anuṭṭhubha-chando）

【阿奢也】（雜語）Āśaya 譯曰心性大日經疏十曰、「阿奢也心性也。謂彼先世所習行諸根性欲。」
【阿奢理兒】（寺名）Āścarini 見一四六六頁下格阿奢理貳條。
【阿奢踰持】（人名）Aśvayuj 羅漢名本行集經三十二曰、「長老阿奢踰持隋云調馬。」
【阿揭】（飲食）阿揭陀之畧。譯曰無病出於可洪音義四見阿伽陀條。
【阿揭多】（雜名）又作阿竭多。電名。星名最勝王經七曰、「東方有光明電王名阿揭多」見阿迦嚢條。梵 Agastya
【阿竭多星呪】（修法）涅槃經十二曰、「如摩羅毒凡所觸螫雖有良呪上妙好藥無如之何唯阿竭多星呪能令除愈。」同疏曰「阿竭多星者此星八月出若有人得此星呪者能消其毒。」

【阿竭多仙】（人名）此仙有通力、停十二年恒河之水置於耳孔之中見涅槃經三十九梵 Agastya
【阿須倫】（異類）舊譯無端無酒、新譯非天常與帝釋戰鬪之神也見阿修羅條。
【阿提目多伽】（植物）Atimuktaka 草名譯曰善思夷華、苣勝子、龍舐華、草形如大麻、赤華、青葉子可作油。亦能爲香見名義集三。図樹名。慧琳音義十二曰、「阿地目得迦花樹也。」
【阿提阿耨波奈】（術語）Adi-anutpāda 譯曰本初不生。釋梵字𑖀（阿）之語。智度論二十八曰、「四十二字阿羅波遮那等阿提（秦言初）阿耨波奈（秦言不生）」
【阿提佛陀】（佛名）梵名Adi-buddha 西藏語云、Cho-gidang-poisang-ye 譯言本初覺者或第一覺者。喇嘛教之本初本佛也。

西藏佛教之古派以此佛爲生自毘盧遮那之普賢 Samantabhadra 謂之 Kuntu-bzan-po（至善法身）即梵語之 Dharmakāya-samantabhadra（法身普賢）盛崇拜之、新派謂爲跋折囉陀羅 Vajradhara（金剛持）與跋折囉薩埵 Vajrasattva（金剛有情）一體不二之身。跋折囉陀羅者、亦名最勝佛、最上勝者、一切秘密主、諸如來都統、無始無終者等。跋折囉薩埵者、亦有最上智、上首、五禪那佛統領等異名。雖有時說此兩金剛如別佛、然其一體不二、稱爲阿提佛陀。是具足三德之大覺者、無上者、大自在者、無始無終、無限無際、能遍滿於十方、離因緣而爲因緣之本源、卽無相而作無相之大因、一切萬物皆出於其所造、依其力而顯現。又具有五體五智五見、爲一切佛之能造者。五禪那佛之統領、其淨土爲 Og-min（色究竟天之義）。最上根本大樂不空三昧大敎王經七所謂「卽金剛薩埵、秘密大主宰。所言五秘密、謂毘盧遮那及不動如來、寶生、無量壽、不空成就等。是名五秘密。所言諸部者、謂一切如來眞實之妙理。成金剛薩埵毘盧遮那佛、不動如來部、寶生無量佛、不空成就等、眞理亦如是」者說金剛薩埵卽阿提佛陀入於路迦三惹那 Lokasañjñana 之甚深三昧、開發本具五智時、現成此等五秘密也。

【阿嵐婆也那】（人名）Ālambāyana 仙人名。修蛇行者。見飾宗記四本。

【阿嵐婆蘇都】（雜語）Ārambha-vastu 風名。譯曰發事。見大威德陀羅尼經十五。

【阿歐】（術語）AU 又作阿漚。阿者無之義。歐者有之義。外道之經前必置此二字。佛敎對之而置如是二字。法華文句一上曰「對破外道阿歐二字不如不是」。同記一上曰、「阿漚者阿無漚有一切外經以二字爲首。以其所計此二爲本」。百論疏上之下曰、「外云昔有梵王在世說七十二字以敎世間、名佉樓書。世間敬情漸薄。梵王貪悋心起。收取吞之。唯阿歐兩字從口兩邊墮地。世人貴之以爲字王」。見華嚴疏鈔一上、百論疏上之下、圓覺大鈔四上。

【阿傍】（異類）又作阿防。獄卒名。譯曰不聳。五苦章句經曰、「獄卒名阿傍。牛頭人手、兩脚牛蹄、力壯排山、持鋼鐵釵」。五分律二十八曰、「悉見地獄諸相阿傍在前」。法苑珠林八十四曰「牛頭阿傍」。又單云傍。鐵城泥犁經曰、「泥犁卒名曰傍。傍卽將人前至閻羅所。泥犁傍言此人於世間爲人時、不孝父母」。又曰、訪羅。十王經曰、「訪羅取於罪人置秤盤石」。一皆梵語也。但俱舍頌疏廿一作「防邏人」。防捕行逃罪人之義。漢語也。

【阿防羅刹】（異類）阿防之暴惡可畏如羅刹、故以爲名。名義集二曰、「羅刹此云速疾鬼又云可畏亦云暴惡」

【阿路巴】（雜名）Rūpya 譯曰銀見名義集二。

【阿逸多】（人名）Ajita 舊稱阿逸多、阿嗜多新稱阿氏多、阿制多譯曰無能勝、最勝之義是彌勒菩薩之字維摩經什註曰、「彌勒姓也阿逸多字也南天竺婆羅門子」玄應音義二十六曰、「阿氏多此云無勝舊言阿嗜多或作阿逸多皆訛也是彌勒今生名也」慧苑音義上曰、「阿逸多正云阿制多此曰無能勝也」慈恩之阿彌陀經疏曰、「阿逸多菩薩者依新譯稱讚淨土經翻為無能勝或言彌勒此言慈氏由彼多修慈心多入慈定故言慈氏修慈最勝名無能勝」

【阿犍多】（雜語）Agantuka 譯曰客比丘食見善見律第六。

【阿衆毘】（術語）Ācumbhin 禪定名譯曰接吻探玄記十九曰「阿衆毘者此云接口得言教密藏之定」

【阿順那】（植物）Arjuna 又作頞順那、阿闍那阿周陀那閼剌樹那、夷離淳那印度所產之喬木尊樹中之一也龍樹菩薩之名即取此樹見阿周陀那條。

【阿軫褫】（術語）Acintya 譯曰不思議見大日經疏十三。

【阿喇喇】（雜語）細語不休之意又作阿剌剌如韓文所謂「持被入直三省丁寧顧婢子語剌剌不能休」即其例也又恐怖或驚駭之意如金陵報寧語錄三所謂「東西南北土曠人稀天上天下唯我獨尊阿喇喇」之類是也又散見於禪林類聚第十七刀劍門等。

【阿哪哪】（雜語）又作阿耶耶忍痛之聲也見禪林句集乾。

【阿鉢羅底訶諦】（雜語）Apratihata 譯曰無對、無比力見大日經疏九。

【阿鉢唎瞿陀尼】（地名）Apara-go-dāna 西牛貨洲之梵名見瞿耶尼條。

【阿鉢底鉢喇底提舍那】（術語）Āpatti-pratideśana 懺悔之梵語新譯曰說罪寄歸傳二曰、「阿鉢底者罪過也鉢喇底提舍那即對他說也舊云懺悔非關說罪何者懺摩乃是西音自當忍義悔乃東夏之字追悔為目悔之與忍逈不相干若的依梵本諸除罪時應云至心說罪」飾宗記八本曰、「舊云懺悔」

【阿鉢羅摩那婆鉢利多婆】（界名）見阿波羅摩那阿婆條。

【阿鳩留】（人名）豪商名嘗行布施而生於天上見阿鳩留經。

【阿鳩留經】（經名）佛說阿鳩留經、一卷失譯、小乘部說阿鳩留之事。

【阿鳩羅加羅】（雜名）Ākulakara 風名、譯曰作亂見大威德陀羅尼經十五。

【阿傴】（術語）又作阿優。見阿歐條。

【阿詣羅】（天名）天仙名、胎藏界外金剛院之衆。秘藏記末曰、「阿詣羅仙赤肉色。在天后傍持蓮華。上有瓶。」淨嚴云與鴦伽羅和 Aṅgiras 同。

【阿會亘修】（界名）Ābhāsvara 天名。玄應音義三曰、「阿會亘修天長安品作阿陂亘修天、即光音天也。」

【阿落刹娑】（異類）Rākṣasa 玄應音義二十四曰、「刹娑、或言阿落迦娑、是惡鬼之通名也、又云囉叉娑。此云護者。若女則名羅叉私。」見羅刹條。

【阿軬荼國】（地名）（Avaṇḍa）西印度之境。多小乘僧徒。見西域記十一。

【阿閦】（佛名）Akṣobhya 如來名。具名阿閦鞞、阿閦婆。譯曰無動、不動、無瞋恚。往昔於去此東方千佛刹、出現於阿比羅提國之大目如來所發願修行、後成佛於東方、其國土名善快、今現於其土說法。又依密教謂阿閦為金剛界五智如來中住於東方之如來。左手作拳、右手持梵函。黃金色。阿彌陀經曰、「東方亦有阿閦鞞佛。」慈恩疏曰、「阿閦鞞佛名無瞋恚。在東方阿比羅提國。」維摩經見阿閦佛品曰、「有國名妙喜、佛號無動。」同慧遠義記曰、「阿閦胡語、此云無動。」玄應音義九曰、「阿閦鞞、亦云阿閦婆。此譯云無動。」

【阿閦佛之二種身】（名數）教時問答四曰、「金剛頂瑜伽云。東方阿閦佛現二種身。若依正法輪現普賢菩薩身。若依教令輪現降三世身。」

【阿閦如來之種子】（種子）（hūṃ）吽。見種子集本。

【阿閦如來之印】（印相）右手舒五指指地、左手以五指執衣角、是曰破魔印。見教王經。

【阿閦佛法】（修法）阿閦佛之修法也。其作法為「阿閦如來念誦供養法」一卷。

【阿閦佛國經】（經名）支婁迦讖譯、二卷。與寶積經之不動如來會同本異譯。

【阿閦佛經】（經名）阿閦佛國經之略。

【阿閦如來念誦供養法】（經名）一卷、唐不空譯。秘密部。

【阿閦供養法】（經名）阿閦如來念誦供養法之略。

【阿閦婆佛】（佛名）見阿閦條。

【阿閦鞞佛】（佛名）見阿閦條。

【阿僧】（菩薩）Asaṅga 阿僧伽之略。無著菩薩之梵名。見左項。性靈集十曰、「阿僧釋龍猛之中觀。」

【阿僧伽】（人名）Asaṅga 一作阿僧佉。無著菩薩之梵名。為法相宗之祖。婆藪槃豆傳曰、「既得大乘空觀。因此為名。名阿僧伽。阿僧伽譯爲無著。」玄應音義二十四曰、「阿僧伽。阿此云無。僧伽此云著。短聲呼之。若長聲呼之。卽云衆。舊云僧佉訛也。」三藏法師傳三曰、「城西南五六里有故伽藍。是阿僧伽菩薩說法處。菩薩夜昇覩史多天。於慈氏菩薩所受瑜伽論莊嚴論大乘論中邊分別論。晝則下天。爲衆說法。阿僧伽亦名無著。卽健陀羅國人也。佛滅度後。一千年中。出現於世。從彌沙塞部出家。後信大乘。」

【阿僧祇】（雜語）Asaṅkhya 舊稱阿僧祇。譯曰無數。或作無央數。印度數目名。智度論曰、「僧祇秦言數。阿秦言無。」新稱阿僧企耶。譯曰無央數。玄應音義二十四曰、「阿僧企耶。此云無央數。舊言阿僧祇。訛略也。」按阿僧祇爲數之極。以萬萬爲億。萬億爲兆。計之。一阿僧祇凡一千萬萬萬萬萬萬萬萬兆。梵又 Asaṅkhyeya

【阿僧祇劫】（術語）無數劫也。劫者年時名。

【三阿僧祇】（術語）三阿僧祇劫之略。菩薩修行之年數也。

【阿僧企耶】（雜語）又作阿僧祇耶。阿僧祇之新稱。見阿僧祇條。

【阿鼻】（界名）Avīci 又作阿鼻旨。譯曰無間。無間地獄是也。涅槃經十九曰、「阿者言無。鼻者名間。間無暫樂。故名無間。」受苦無間斷之義。八大地獄之一。是最苦處。極惡之人墮之。法華經序品曰、「下至阿鼻地獄。」俱舍論世間品曰、「此贍部洲下過二萬有阿鼻旨大捺落迦。深廣同前。謂各二萬。故彼底去此四萬踰繕那。以於其中受苦無間。非如餘七大捺落迦受苦非恆。故名無間。」玄應音義二十五曰、「阿鼻旨。或言阿毘至。亦云阿毘地獄。或云阿鼻地獄。一義也。此云無間。無間有二。一身無間。二受苦無間。」身無間者、謂常不死而保苦命也。

【阿鼻地獄】（界名）阿鼻爲地下之牢獄。故曰地獄。在此地下之最底。餘大地獄重疊其上。見俱舍論世間品。止持音義曰、「阿鼻此云無間。觀佛三昧經云、阿言無。鼻言救。成論明五無間。一趣果無間。捨身生報故。二受苦無間。中無樂故。三時無間。定一劫故。四命無間。中不絕故。五形無間。如阿鼻縱廣八萬由旬。一人多人皆徧滿故。此五無間乃造五逆業者報之。」

【阿鼻喚地獄】（界名）受苦之衆生不堪阿鼻之苦而叫喚。故曰阿鼻喚。

【阿鼻焦熱地獄】（界名）阿鼻之猛火燒人。故曰阿鼻焦熱。

【阿鼻大城】（雜語）阿鼻地獄廣漠、非凡力所得脫出。其堅固如大城也。見三界義。

【阿鼻旨】（界名）又作阿鼻至、阿鼻脂。界名阿鼻。見阿鼻條。

【阿竭陀】（雜名）見阿伽陀條。

【阿槃陀羅】（雜名）譯曰結界。爲限寺院之境內者。飾宗記八末曰「阿槃陀羅界者。阿蘭若處界也」梵 Abhyantara

【阿說示】（人名）見馬勝條。

【阿說他】（植物）Aśvattha 木名。探玄記二十曰、「阿說他樹。此云無罪樹。謂遶三匝能滅罪障。此是菩提樹」百一羯磨五曰「阿說他子。菩提樹子是也」

【阿說旨】（人名）見馬勝條。

【阿潘】（人名）漢土始出家之尼名。洛陽人。見僧史略上。

【阿賒迦】（異類）餓鬼名。梵語 Aś-aka 譯曰希望。見正法念經十六。

【阿芻婆】（雜語）Akṣobhya 又作阿閦婆。數名。俱舍論十二列五十二數中之第二十數名。本行集經十二曰、「阿芻婆。隋言數千兆也」慧琳音義四十七曰、「阿閦婆。西方數名。此方萬載之數也」

【阿羯羅】（雜語）譯曰境。心識依動之場處。如耳之於聲。目之於色。聲與色。是耳與目之境。唯識了義燈五本曰、「阿羯羅云境」梵 Ākara

【阿馱囉】（術語）Ādara 作阿陀羅。合掌名。大日經疏十三曰、「俱覆二掌。亦以二手中指相接。名阿馱囉合掌。此云覆手向下合掌。次又雙覆兩手。以二大指並而相接。十指頭向外。亦同名也。亦云覆手合掌」

【阿維羅提】（界名）Abhirati 又作阿比羅提。阿閦佛之淨土名。在東方。吳譯之維摩經下曰、「阿閦佛阿維羅提世界」同註曰「阿閦佛者。漢言無怒。阿維羅提者。漢言妙藥也」慈恩之阿彌陀經疏曰、「阿閦鞞佛經云。名無瞋恚。在東方阿比羅提國」見阿閦條。

【阿爾多縛底】（地名）河名。見阿恃多伐底條。

【阿遮】（明王）阿遮攞 Acala 之略。譯曰不動。不動尊之梵名。金剛般若經開題曰「不動者。梵阿遮攞」秘藏寶鑰上曰、「阿遮一睨。業壽之風定。多緣三喝。無明之波涸。」

【阿遮一睨】（雜語）不動尊左目眇。故曰一睨。見不動條。

【阿遮羅】（明王）Ācala 譯曰不動。不動尊之梵名。見阿遮條。因菩薩位名。是十住中第八住也。出三藏記九曰、「阿遮羅。晉曰八住。（中略）第八住名不動」

【阿遮樓】（地名）Acala 山名。譯曰不動。見咒毒經。翻梵語九。

【阿遮利耶】（術語）Ācārya 阿闍梨之新稱。南海寄歸傳三曰、「阿遮利耶。譯爲軌範師。是能敎弟子法式之義。先云阿闍梨。訛也」

【阿遮曇摩文圖】（書名）Acala-dharma-mudrā 聖法印經之異名。聖法印經題下曰、「天竺名阿遮曇摩文圖」佛對比丘說聖法印者。案阿遮、譯曰無動。曇摩、譯曰法。卽指聖法印也。

【阿摩】（雜語）Ambā 譯曰母。名義集二曰、「阿摩、此云女母。」

【阿摩提】（菩薩）Abhetri Abhetrī 又作阿麽皤。譯曰無畏觀音菩薩之別名。阿摩提觀音儀軌曰、「無畏觀自在菩薩一名阿摩皤觀自在菩薩。又云寬廣。」

【阿摩晝】（人名）童子名。

【阿摩晝經】（經名）沸伽羅娑羅婆羅門令其弟子阿摩晝觀佛之相好。阿摩晝輕慢釋種。佛出其種姓之因、並說妙法。攝於長阿含經十三。

【阿摩勒】（植物）果名。楞伽經四曰、「如來現前世界。猶如掌中視阿摩勒果。」見阿末羅條。

【阿摩洛迦】（植物）見阿末羅條。

【阿摩羅識】（術語）阿摩羅者梵名 Amala。或作阿末羅、菴摩羅。譯言無垢。阿摩羅識者。卽清淨無垢之識也。九識中之第九識。見菴摩羅識條。

【阿摩揭陀】（天名）Amagadha 譯爲無害毒帝釋名。法華玄贊二曰、「能天帝。過去字憍尸迦。此云蠆兒。名阿摩揭陀。此云無害毒。卽摩揭陀國過去帝釋修因之處。用爲國名。」

【阿練若】（術語）見阿蘭若條。

【阿練兒】（術語）慧琳音義十四曰、「阿練兒。舊云阿蘭若。唐云寂靜處也。」見阿蘭若條。

【阿颰】（人名）梵志名。Ambattha

【阿颰經】（經名）佛開解梵志阿颰經之略、一卷。

【阿樓那】（物名）香名。見阿留那條。

【阿黎沙】（術語）Arṣa 譯曰聖主。佛也。智度論二十五曰、「阿黎沙。秦言聖主。」見阿利沙條。

【阿黎沙住處】（術語）智度論二十五曰、「安住阿黎沙住處」註「第一最上極高不退不却不沒具足功德無所減少是名阿黎沙住處」卽佛之住處。

【阿黎耶】（雜名）梵語 Ārya。又作阿哩夜、阿梨阿、或阿略阿夷。譯言聖者、尊者。或作出苦者。通曉四諦理者之名稱也。

【阿遬達】（人名）Asuddha 阿遬達爲玉耶女之舅。玉耶不孝無禮節、遬達詣佛所自責其不德、佛聞之對玉耶說婦道。見阿遬達經。

【阿遬達經】（經名）佛說阿遬達經、一卷、宋求那跋陀羅譯、與玉耶女經及玉耶經同本異譯。說女之十惡、又說五善三惡之法分別七種婦之差別。皆出於增一阿含非常品。

【阿踰闍】（地名）Ayodhyā 一作阿踰闍國。名譯曰不生。不可戰勝。鬘經寶窟上本曰「阿踰闍國者。此翻為無生。此國往昔大乘人住。多解無生。國從人立名。故云無生國也。又翻為不可戰。邊城堅固。不可攻戰。是支祥王所居。為舍衛國附庸。」玄應音義六曰「阿踰闍。此譯云不可戰國。」

【阿質達霰】（人名）梵 Ajitasena 印度沙門名。貞元錄云「阿質達霰。此云無能勝。天竺三藏名也。」

【阿耨】（術語）譯曰極微。見阿拏條。

【阿耨達】（地名）Anavatapta 舊稱阿耨達。阿那陀答多。阿那阿達多。阿那婆達多。新稱阿那婆答多。譯曰無熱。西域記一曰「瞻部洲之中地者。阿那婆答多池。唐言無熱惱。舊曰阿耨達。訛也。」釋迦方誌上曰「阿那陀答多。唐言無惱熱。所謂阿耨達池。」翻梵語九曰「阿那跋達多池。譯云無熱。」華嚴探玄記二曰「阿那婆達多龍王。此云無熱惱。」

【阿耨達池】（地名）在瞻部洲之中心。香山之南。大雪山之北。周八百里。金銀瑠璃頗黎飾其岸。金沙彌漫。清波皎鏡。八地菩薩以願力之故。化為龍王。中有潛宅。出清泠水。供給瞻部洲。見西域記一。按喜馬拉亞山之佛母嶺。高出海岸一萬五千五百尺處。有一湖。名瑪那薩羅華。即阿耨達池也。殑伽。信度。縛芻。徙多。四河出焉。佛典載此湖之水。自山谷間曲折流出。分為四大河。一河中有黃金。一河中有金剛石。一河中有紅寶石。一河中有瑠璃是也。並謂湖中蓮花甚多。實則並非蓮花。乃是一種小草。近時瑞典人海丁。遊歷西藏。言喀拉山之東南。有瑪拉薩羅瓦湖。即阿耨達池。其湖為淡水湖。無出口。潛流地中。為恒河之源。恒河即殑伽河也。

【阿耨達山】（地名）池所在之山。即以池名名之者。

【阿耨颰】（地名）Anupada 城名。佛在此所說法。

【阿耨颰經】（經名）佛說阿耨颰經。一卷。東晉竺曇無蘭譯。與中阿含經之阿奴波經同本。說提婆達多斷善根墮於地獄。及說如來大人之根相。

【阿耨風經】（經名）阿耨颰經之異名。

【阿耨菩提】（術語）阿耨多羅三藐三菩提之略。涅槃經三十五曰「阿耨菩提。信心為因。」智度論三十四曰「衆生聞我名者。必得阿耨菩提。」敎行信證二曰「阿耨菩提者。即是涅槃界。」

【阿耨達龍王】（異類）八大龍王之一。住於阿耨達池。分出四大河以潤閻浮洲云。長阿含十八謂唯此龍王無三患。智度論七謂「阿那婆達多龍王。是七住大菩薩」西域記一之說、見前項阿耨達池條。

【阿耨觀音】（菩薩）三十三觀音之一。其像作坐於巖上觀海之狀。蓋以配法華普門品所謂「或漂流巨海、龍魚諸鬼難、念彼觀音力波浪不能沒」也。阿耨之名以巨海及龍魚於阿耨達池有因緣故稱之。

【阿耨窣都婆頌】（術語）Anuṣṭubh 數經論之文字充三十二也。華嚴疏鈔二曰、一頌總有四種。一名阿耨窣都婆頌。此不問長行與偈頌數字滿三十二。卽爲一偈」

【阿耨多羅三藐三菩提】（術語）Anuttara-samyak-saṃbodhi 佛智名。舊譯曰無上正偏知、無上正遍道。眞正偏知一切眞理之無上智慧也。維摩經佛國品肇註曰、「阿耨多羅、秦言無上。三藐三菩提、秦言正偏知。道莫之大無上也。其道眞正無法不知。正偏知也。」淨土論註曰、「佛所得法、名爲阿耨多羅三藐三菩提。阿爲無、耨多羅爲上、三藐爲正、三爲偏、菩提爲道。統而譯之、名爲無上正偏道。」新譯曰無上正等正覺。眞正平等覺知一切眞理之無上智慧也。法華玄贊二曰「阿云無、耨多羅云上、三云正、藐云等、又三云正、菩提云覺。卽是無上正等正覺」智度論八十五曰、「唯佛一人智慧爲阿耨多羅三藐三菩提」

【阿賴耶】（術語）Ālaya 又作阿剌耶。心識名。八識中之第八。舊稱阿梨耶。譯曰無沒。有情根本之心識。執持其人可受用之一切事物而不沒失之義。新稱阿賴耶。譯曰藏。含藏一切事物種子之義。又曰室。謂此識是一身之巢宅也。蓋此識中所含藏之種子爲外緣所打而現起、以組織其人之依（外界）正（身體）二報。「三界唯一心」之義。卽由此識而立。唯識述記二之末曰、「阿賴耶者此翻爲藏。」慧琳音義十八曰、「阿賴耶者。第八識也。唐云藏識」起信論疏中本曰、「阿梨耶、阿賴耶、但梵語訛也。梁朝眞諦三藏訓名翻爲無沒識。今時奘法師就義翻爲藏識。但藏是攝義、無沒是不失義、一名異也。」大日經疏二曰、「阿賴耶義云含藏。正翻爲室。謂諸蘊於此中生、於此中滅。卽是諸蘊巢窟、故以爲名。」同十四曰、「阿賴耶是房義是盛受義」

【阿賴耶識三種境】（術語）一種子。生一切有漏無漏現行法之種子也。二五根。眼耳鼻舌身之五根也。三器界。山河草木飲食器具等一切衆生之依報也。阿賴耶識常以此三種爲所緣之境。

【心】（術語）阿賴耶識之別名。心有積集、集起二義。阿賴耶識爲集諸法種子、又生起諸法者、故名曰心。唯識論三曰、「或名心。由種種法熏習種子所積集故。」述記三末曰、「梵云質多此名心也。即積集義、是心義。集起義是心義以能集生多種子故說此識以爲心。」唯識論三、述記三末、了義燈四本揭數多之異名。

【阿陀那】（術語）阿賴耶識之別名。

【所知依】（術語）阿賴耶識之別名。唯識論三曰、「或名所知依能爲染淨所知諸法。爲依止故。」述記三末曰、「攝論第一所知依品是此所知依阿賴耶識之別名也。」

【種子識】（術語）阿賴耶識之別名。唯識論三曰、「或名種子識能遍任持世出世間諸種子故。」述記三末曰「即爲諸法爲種子義。前第一心是積集種在其中義。今此取能生諸法義。故二差別。」生諸法一一之原因、謂之種子。

【異熟識】（術語）阿賴耶識之別名。唯識論三曰、「或名異熟識能引生死善不善業異熟果故」見異熟條。

【無垢識】（術語）阿賴耶識之別名。唯識論三曰、「或名無垢識。最極清淨諸無漏法所依止故。此名唯在如來地」述記三末曰、「唯無漏依體性無垢先名阿末羅識。或名阿摩羅識。古師立爲第九識者。非也。」

【第八識】（術語）阿賴耶識之別名。八識中之第八。述記三末曰、「攝論第二卷初亦名第八識。」唯識了義燈四本曰「從末向本數爲第八。」

【現識】（術語）阿賴耶識之別名。唯識了義燈四本曰、「楞伽經云諸法皆於本識上現故。」

【無沒識】（術語）阿賴耶識之別名。唯識了義燈四本曰、「無相論云一切諸種、無所隱沒故無沒也。」

【本識】（術語）阿賴耶識之別名。唯識了義燈四末曰、「名本識者。謂是一切法之根本故。」

【宅識】（術語）阿賴耶識之別名。唯識了義燈四末曰、「無相論云是種子之宅舍故。」

【執持識】（術語）阿賴耶識之別名。即阿陀那之譯名。

【根本識】（術語）阿賴耶識之別名。述記三末曰「如小乘名根本識」唯識了義燈四末曰、「大衆部立爲根本識。」

【第一識】（術語）阿賴耶識之別名。唯識了義燈四本曰、「第一識從本向末數爲第一。」

【阿賴耶外道】（流派）大日經住心品所擧三十種外道之一。大日經疏二曰、「經云阿賴耶者是執持含藏義。亦是室義。此宗說有阿賴耶能持此身有所造作含藏萬象。攝之則無所有。舒之則滿世界。不同佛法中第八識義也。」

【阿輸伽】（人名）Asoka 新稱阿輸

伽。舊稱阿叔迦阿舒伽等。譯曰無憂。見阿育條。

【阿輸伽王】（人名）見阿育條。

【阿輸柯七日為王】（傳說）是阿輸伽王之弟。見阿育條附錄。

【阿輸伽樹】（植物）翻梵語九曰「阿叔迦樹。應云阿輸迦。譯曰無憂。」僧伽羅刹佛行經曰「阿舒伽」名義集三曰「阿輸伽。或名阿輸柯。」悉多太子生此樹下。此樹又單名畢利叉。Vṛkṣa 即嵐毘尼 Lumbini 園之無憂樹也。

【阿輸闍】（地名）見阿踰闍條。

【阿縛遮羅】（雜語）譯曰市廛。見玄應音義二十三。唯識演秘四末。梵 Avacara

【阿縛羅訶佉】（術語）又作阿縛羅賀佉。A va ra ha kha 五字。地水火風空五大之種子也。大日經疏一曰「阿字門為地。嚩字門為水。囉字門為火。訶字門為風。佉字門為空。」

【阿縛盧枳低濕伐邏】（菩薩）Avalokiteśvara 舊稱阿那婆婁吉低輸。阿梨耶婆樓吉弖稅。譯曰觀世音。光世音。新稱阿縛盧枳低濕伐羅。阿婆盧吉帝舍婆羅。阿縛盧枳帝濕伐邏等。譯曰觀自在。觀世音也。西域記三曰「阿縛盧枳低濕伐羅。唐言觀自在。合字連聲。梵語如上。分文散音。即阿縛盧枳多。譯曰觀。伊濕伐羅。譯曰自在。舊譯為光世音。或觀世音。皆訛謬也。」法華玄贊六曰「阿縛盧枳帝濕伐邏耶。云觀自在。觀三業歸依。而拔衆生苦。」玄應音義五曰「阿婆盧吉低舍婆羅。此譯云觀世自在。舊譯云觀世音。或云光世音。並訛也。」釋迦方志上曰「阿縛盧枳抵（云觀也）伊濕伐羅（云自在也）菩薩。」慈恩傳二曰「阿縛盧枳多伊濕伐羅。唐云觀自在。」觀音玄義一曰「阿那婆婁吉低輸。此云觀世音。」嘉祥之法華義疏十二曰「阿梨耶婆樓吉弖稅。此翻觀世音。」見觀音條。

【阿縛盧枳多伊濕伐羅】（菩薩）觀自在菩薩之梵名。見前項。

【阿縛盧枳帝伊濕伐羅】（菩薩）觀自在菩薩之梵名見前項。

【阿盧漢】（雜語）譯曰殺賊。殺害煩惱賊之義。嘉祥之觀經疏下曰「天竺三相近。阿羅訶 Arhat 翻應供。阿羅漢 Aruhan 翻無生。阿盧漢 Arihan 翻禁賊。」參照羅漢條。

【阿擅】（術語）Anātman 或曰阿捺摩。譯言無我。見名義集四。

【阿儞眞那】（人名）Ratnacinta 沙門名。譯曰寶思惟。北印度迦濕蜜羅國人。見開元錄九。

【阿儞囉迦】（植物）梵名 Ardraka 生薑也。印度南都多種之。

【阿彌】（雜語）阿彌陀佛之略。

【阿彌陀】（佛名）Amita 譯曰無量。

玄應音義九曰「阿彌陀譯云無量。」

【阿彌陀佛三名】（名數）一譯無量壽Amitāyus 二譯無量光 Amitābha 三譯甘露Amṛta密教稱阿彌陀佛爲甘露王其大咒稱十甘露明者是也。菩提心義九曰、「此佛亦名無量壽佛。梵云阿彌陀喻麗又云阿彌陀婆耶沒馱此云無量光明佛。」因之以此三名如其次第爲法報應三身之稱號。但此爲密教之說顯教唯取初之二名。阿彌陀經所謂「彼佛光明無量照十方國無所障礙是故號爲阿彌陀。（中畧）彼佛壽命及其人民無量無邊阿僧祇劫故名阿彌陀。」是也。

【阿彌陀佛本名】（雜語）日本安然之說引證梵語禮讚謂阿彌陀佛之本名爲觀自在王如來。以無量壽佛、無量光佛爲其德稱。見觀音條。

【阿彌陀佛十三號】（名數）即十二光佛之別號、加無量壽佛之本名爲十三名也。無量壽經上曰、「是故無量壽佛號無量光佛、無邊光佛、無礙光佛、無對光佛、燄王光佛、清淨光佛、歡喜光佛、智慧光佛、不斷光佛、難思光佛、無稱光佛、超日月光佛。」

【阿彌陀三字法報應三身空假中三諦】（術語）阿字爲本不生之義、故是空諦。彌字爲吾我之義、故是隨緣之假諦。陀字爲如之義、故是中諦。又三身者取阿字第五轉方便究竟之義爲應身、彌爲報身、陀爲法身。日本慧心之阿彌陀部心集曰、「阿即空之義也。彌者即假之義也。陀者即中之義也。」

【阿彌陀成道因果】（術語）密教之阿彌陀、爲大日如來五智之妙觀察智所現、是於大日成道之外、不說阿彌陀成道之因果、說之者僅顯教之大乘而已。大乘教中說彌陀之成道者總有四處。其一者法華經化城喻品謂三千塵點劫之昔、有佛名大通智勝。其佛未出家時有十六王子、長名智積。聞父成佛、十六王子皆以童子出家爲沙彌、求等正覺。佛聽之、於四衆中說法華經。說經已、入靜室住於禪定八萬四千載。此時十六菩薩沙彌各昇法座、爲四衆覆講此經、一一度數百萬億那由他恒河沙衆生。爾時佛由三昧起普對四衆印可十六沙彌、使之歡迎供養。彼十六沙彌今皆成等正覺、於十方國土現在說法。其二沙彌於東方作佛、一名阿閦、在歡喜國、二名須彌燈。（中略）西方二佛、一名阿彌陀、二名度一切世間苦惱。（中畧）第十六爲釋迦牟尼佛、於娑婆國土成等正覺。（取意）其二者悲華經二謂往昔過恒河沙阿僧祇劫、有世界名刪提嵐、劫名善持、有轉輪王、名無諍念王。有一大臣名寶海、有子名寶藏、其後出家成等正覺、遂號寶藏如來。寶藏如來爲轉輪王廣說正法。王隨喜渴仰、請如來及聖衆供養三月。王有千子、長名不眗、第二名尼摩、千子亦供養過二百五十歲。勸寶海、梵王、千子及無量衆生令發菩提心。爾時如來卽入三昧放大光明現十方世界、或有世界五濁弊惡或有世界清淨微妙。王白佛、言諸菩薩等以何業故取淨世界以何業故取不淨世界。佛言菩薩以願力故取清淨土離五濁惡復有菩薩以願力故取五濁惡。世王言、我今欲真實行菩提願不取不淨佛土我發願願成道時世界中無有地獄餓鬼畜生衆生皆金色無有女人等一化生壽命無量世界清淨無有臭穢餘佛世界若有衆生聞我名修諸善本願生我世界者願其命終必定得生。唯除五逆與誹謗聖人破壞正法等。（大要與平等覺經之廿四願同）輪王發深願已請佛授記。佛卽告曰大王汝過西方過百千萬億佛土有尊音王如來世界清淨莊嚴悉如大王所願。汝發此願改汝字爲無量清淨彼佛入滅後三佛出現入滅、一經過恒沙阿僧祇劫入第二阿僧祇劫此時世界轉名安樂、汝當於此時作佛號無量壽如來。次又第一之不眴太子亦發大悲願、佛卽授記曰汝欲觀一切衆生生大慈悲心使住於安樂故今字汝爲觀世音。無量壽佛般涅槃後、彼土轉名一切珍寶所成就世界汝成佛號徧出一切光明功德山王如來次第二尼摩太子亦發大勢之願佛卽告太子汝今所願取大世界如汝所願成佛、號善住珍寶山王如來由汝取大世界、故字汝爲得大勢至（中略）第十一子各發願佛隨授記。（取意）其三者無量壽經上謂「過去久遠錠光如來出世如是次第出世至五十三佛名世自在王佛。時有一國王聞佛說法、心懷悅豫棄國捐王爲沙門號法藏至佛所白佛曰、我發無上菩提心願廣演經法我當修行取清淨妙土、使我速成正覺拔衆生生死苦本。爾時佛廣說二百一十億諸佛國土麤妙、應其心願使悉覩見之。法藏具足選擇攝取五劫諸佛清淨妙土清淨妙行於佛前建立四十八願。其第十八願曰、設我得佛十方衆生、至心信樂欲生我國乃至十念若不生者不取正覺唯除五逆誹謗正法者其一一願皆誓不取正覺。爾時大千感動天雨妙華空中有聲讚言決定必成無上正覺於是法藏於不可思議兆載永劫積集無量德行其願遂滿足成正覺、號無量壽佛其世界名安樂、現在西方去此十萬億剎由成佛凡歷十劫今現在說法。」其四觀佛三昧海經九說、於過去空王佛所三比丘共拜佛之白毫而成佛。

【阿彌陀報化異】（術語）諸佛有法報化三身。法身者諸佛平等。其報身依因位之願行其化身依所化之機緣、種種不同。今示彌陀報化二身則如前記之悲華經又如觀音授記經記彌陀之入滅觀音勢至之補處。又如皷音聲經記彌陀之國城父母等是化土之化身佛也。見悲華經(宙帙三)阿彌陀鼓音聲王陀羅尼經、(地帙十二)觀世音菩薩授記經(同上)但化土有淨穢之二、阿彌陀之化土亦然。已上諸經所說者、諸淨穢之化土也。故五濁世界亦名安樂世界。更有穢惡之化土、如釋迦之於娑婆。智度論三十六曰、「當知釋迦文佛更有清淨國土如阿彌陀佛國。阿彌陀佛亦有不嚴淨國如釋迦文佛國。」無量壽經所說之身土、眞報身報土也、身者光壽皆無量、土者廣大無邊際、衆者純大菩薩、淨土門之願生者、限於此佛土。但此有聖道淨土二宗之諍、聖道諸師如天台慈恩皆曰、彌陀淨土有化土報土之二相。既有無量之菩薩衆、則對於此衆者報身報土也、故觀經說佛身曰高六十萬億那由他恒河沙由旬等、是菩薩之所見也。又許凡夫聲聞之往生、說彼土有無量之人天聲聞衆、是生於化土而見化身也。非有化土則彼等未斷惑之凡夫、不得生於報土。經論之所判分明也。而此二土非別處、一於世界上、地前之凡夫見化土、地上之菩薩見報土、故佛地論言釋迦如來說佛地經時、地前之大衆、變化身居穢土而見說法、登地之菩薩、受用身居佛之淨土而見說法。如此同一處、凡聖皆同居之、故天台謂之凡聖同居土。自人天聲聞之方言之、則是必化土、於此化土聞法勤修、登於地位、得於當處感報身報土也。其化土之相說之分明者、前鼓音聲經等及觀無量壽經九品往生之經說是也。是爲凡夫二乘之機感。若通敎之菩薩、感見帶劣勝應身方便有餘土、別敎之菩薩、感見勝應身實報土、圓敎之菩薩、感見法身常寂光土、是天台觀經疏及淨名經疏所具說也。但以化土爲安樂淨土、無五濁多難、則爲增進佛道故願往生彼土也。然曇鸞道綽等淨宗諸師、言阿彌陀經說「衆生生者皆是阿毘跋致。」無量壽經於四十八願中立所生人之光壽二無量願、且有人天等之名者、以經說佛自會通其諸聲聞菩薩天人智慧神通皆爲一類、形狀無異、但因順餘方、故有此等之名、彼土之衆實爲純大菩薩、是眞報土也。然聖宗以此等文爲攝大乘論所說四意趣中之別時意趣、而不許凡夫直成阿毘跋致之菩薩也。而淨宗則言聖淨二門固異其途、彌陀別意之弘願、不能以常規律之。

【阿彌陀相好印相】(圖像) 阿彌陀之相好印相有顯密之別、密敎有胎金之別、顯敎有坐立之別。密敎中四方之四佛、惟阿閦等三佛、胎金兩部各改其方易其名、獨於西方之阿彌陀無所改易、是爲表無量壽佛之滅度無期也。其相好、胎藏界爲金色之螺髮形、結定印、目稍閉而視下、是乃法藏比丘出家成道之相。金剛界爲金色之寶冠形、印相如前、是爲在俗之當體、本有自然久遠實成之相。顯敎之坐立相好皆爲螺髮之出家形。其坐像如密敎之胎金兩部結定印。是爲照智而寂理。體胎藏界之意。彌陀成道自利之相也。其立像分離此定印而分上下。舉右手以五指表聲聞、緣覺、菩薩、顯佛、密佛之五界。下左手以五指表人、天、鬼、畜、地獄之五界。(此十界之配立者密敎也)是爲寂而照。金剛界之意。卽觀無量壽經所說住立空中之彌陀。理智不二而分。異應不離而離。以來迎衆生。引接淨土之化他相也。(台宗綱要)其定印於臍前仰兩手交叉。竪第二指而相背。以左右拇指捻其端。(胎曼大鈔一圖印集一)是案其兩指之圓相爲本有修生之兩覺。又爲胎金兩界之圓圓。其分之爲上右下左者。卽立像之來迎印也。

【密敎阿彌陀】(圖像)大日如來五智中妙觀察智之所現也。胎藏界在中臺八葉中西方之葉上。當大日之前面。以[悉曇] Am 唵字爲種子。中圖之五轉。主涅槃之德。東圖主發菩提之德。以蓮華爲三昧耶形。密號曰清淨金剛。以譯名謂之無量壽佛。其相好如上釋。金剛界在五解脫輪中之西方解脫輪中。當大日之背面。以紇哩[悉曇]字爲種子。其主德、三昧耶形、密號同胎藏界大日。其相好如曼荼羅大鈔一、三所記。

【阿彌陀根本印】(印明)二手交叉作拳。竪二中指以頭相拄。作蓮華之形。見無量壽儀軌。

【阿彌陀種子】(種子)[悉曇] Hrīh 紇哩字也。密敎爲人法一體。故[悉曇]紇哩爲阿彌陀之種子。亦爲其三昧耶形之蓮華種子。其所以爲種子者有二義。一就字音。名八葉心蓮之肉團心名訖栗䭾心。今字謂之訖里關有同音之意。以同音而亦有同體之義。故爲蓮華之種子也。二就字義。[悉曇]爲[悉曇][悉曇][悉曇][悉曇]之四字合成。此四字配於東西南北。[悉曇] ha 字者東方。痴煩惱、卽無明也。[悉曇]有因之義。無明爲一切惑業之因。一切之惑業以之爲首。故以之爲東方。[悉曇] ra 字者南方。貪煩惱也。[悉曇]爲塵染之義。是愛著之煩惱。南方之火大赤色。人所愛著與貪煩惱相應。[悉曇] i 字者西方。瞋煩惱也。[悉曇]爲殃禍之義。殃禍由瞋恚而生。西方風大能破壞物。與瞋煩惱相應。[悉曇] ah 字者北方。涅槃也。[悉曇]爲寂靜之義。前之三毒寂靜。卽是涅槃。北方黑色。與涅槃相應。此涅槃由三毒中出生。猶蓮華之從淤泥中生。名蓮華曰水精華。以此水大爲自性清淨之性分故也。由泥中出者是卽淤泥自性清淨之德也。恰如涅槃由三毒而出。彼此其義相應。故以[悉曇]字爲蓮華之種子。亦爲卽阿彌陀之種子。蓋據中圖之次第。阿彌陀者涅槃也。見護身法鈔。

【南無阿彌陀佛】(眞言)聖財集下謂眞言口傳六字名字爲陀羅尼。五佛種子也。[悉曇] (namo)二字歸命之義。命者常住之壽命大日也、[梵字][梵字][梵字][梵字]四字、如次第爲阿閦、寶生、彌陀、不空成就之四法也。

【阿彌陀眞言】（眞言）有一字呪、小呪、大呪之三種。其一字呪又有二種、一爲[梵字]之一字。不空神變經二十八曰、「溥徧解脫一字眞言曰唵惡莎縛訶。若人六時依法持誦滿一洛叉。是業成就。觀世音菩薩現金色身。當滅無始一切根本重罪。若不現者、復倍精進誦滿二洛叉或三洛叉、是業成就。觀世音重當現身、執手指示西方淨土阿彌陀佛座寶蓮華師子之座。復得阿彌陀佛手摩其頂。」二爲[梵字]之一字。理趣釋曰、「紇利字。具四字成一字眞言。(中略)若人持一字眞言。能一切除災禍疾病。命終已後當生安樂國土、得上品上生。」其小呪又云心咒。本名曰無量壽如來心眞言。無量壽修願行供養儀軌曰、「無量壽如來心眞言曰、唵阿密嘌多帝際賀囉吽。此眞言能誦十萬徧滿。得見阿彌陀如來。命終決定得生極樂。欲解此小呪、則此中有五句、第一唵字與第五吽字如常、第二句之阿密嘌多爲甘露之義、醫彌陀之大悲也。第三句之帝際有六義、一大威德之義、具足六臂之威德故也。二大威光之義、具足遍照光明故也。三大威神之義、具足神境神通故也。四大威力之義、具足六大力故也。五大威猛之義、具足速滅怨家之德故也。六大威怒之義、具足怒入地之菩薩故也。第四句之賀羅爲作業之義、有六義。一作佛之義、得如是心作佛久來始覺故也。二作業之義、來迎引接無間斷故也。三作用之義、神力自在故也。四作念之義、迎十念之衆生故也。五作定之義、入妙觀察智之三摩地定故也。六作願之義、發六八之大願故也。此九字卽彌陀八菩薩之種子、唵者阿彌陀。阿者觀音。密嘌者彌勒。多者虛空藏。帝者普賢。際者金剛手。賀者文殊。囉者除障蓋。吽者地藏也。見五字九字秘釋。其大呪本名阿彌陀如來根本陀羅尼。又呪中阿彌栗多卽甘露之語、有十句、謂之十甘露明。出無量壽敎行儀軌。眞言後之文、有「此眞言僅誦一徧、身中十惡四重五無間罪一切業障悉皆消滅。(中略)臨命終時見無量壽與大衆俱來迎安慰。卽生極樂上品上生。」其他同儀軌有無量壽如來拳印眞言。

【阿彌陀大心咒】（眞言）前條阿彌陀眞言中之大呪也。

【阿彌陀三摩耶形】（術語）見密敎彌陀條。

【阿彌陀二身】（名數）阿彌陀有正法輪、敎令輪之二身。敎時問答四曰、「金剛頂瑜伽云、西方阿彌陀佛現二身。若依正法輪現文殊師利菩薩身。若依敎令輪現焰鬘德迦身。」

【阿彌陀二脇侍】（術語）又曰二夾

侍。觀音勢至二菩薩也。見觀無量壽經。

【阿彌陀三尊】（圖像）中尊爲阿彌陀佛、左爲觀音菩薩、右爲勢至菩薩之三體。見觀無量壽經。

【阿彌陀五佛】（術語）三尊加地藏與龍樹、即爲阿彌陀五佛。

【九體阿彌陀】（術語）往生極樂有九品之差別、故佛體分爲九品。見觀無量壽經之九品條。

【阿彌陀佛法】（修法）阿彌陀佛之修法。即阿彌陀護摩也。

【阿彌陀護摩】（修法）密致所行之阿彌陀修法也。

【阿彌陀講】（行事）講讚阿彌陀佛功德之法會也。

【阿彌陀經】（經名）佛說阿彌陀經一卷、秦羅什譯、淨土三部經之一。此經略說西方淨土依正莊嚴等事。令人執持名號、一心不亂、即得往生。最爲切要。此經所攝、揀除小善根福德因緣。唯攝一類純篤之機也。各家註述如下。阿彌陀經義記一卷、隋智顗說、灌頂記。阿彌陀經義述一卷、唐慧淨述。阿彌陀經通贊疏三卷、唐窺基撰。阿彌陀經疏一卷、唐元曉述。阿彌陀經疏一卷、唐窺基撰。阿彌陀經義疏一卷、宋智圓述、阿彌陀經義疏聞持記三卷、宋元照述、戒度記。阿彌陀經句解一卷、元性澄句解。阿彌陀經略解一卷、明大佑述。阿彌陀經疏鈔四卷、明袾宏述。阿彌陀經疏鈔事義一卷。阿彌陀經疏鈔問辯一卷、阿彌陀經疏鈔演義四卷、明古德法師演義、智願定本。淨土已訣一卷、明大惠釋。阿彌陀經要解一卷、智旭解。阿彌陀經舌相一卷、淨挺著。阿彌陀經直解正行一卷、了根纂註。阿彌陀經略註一卷、續法錄註。阿彌陀經略解圓中鈔二卷、明大佑述、傳燈鈔。阿彌陀經摘要易解一卷、眞嵩述。阿彌陀經約論一卷、彭際清述。阿彌陀經要解便蒙鈔三卷、明智旭要解、達默造鈔、達林參訂。阿彌陀經疏鈔擷一卷、明袾宏疏鈔、徐槐廷擷。阿彌陀經應驗附。阿彌陀經釋一卷、鄭澄德鄭澄源排定。阿彌陀經註一卷、鄭澄德澄源合註。阿彌陀經箋註、丁福保注。

【阿彌陀佛偈】（經名）具名後出阿彌陀佛偈經、一卷、以偈頌讚嘆淨土者。

【阿彌陀三耶三佛薩樓佛檀過度人道經】（經名）佛說諸佛阿彌陀三耶三佛薩樓佛檀過度人道經、二卷、吳支謙譯。與佛說無量壽經同本異譯。外題署名佛說阿彌陀經、坊本表題曰大阿彌陀經。三耶三佛薩樓佛檀爲如來之尊號。過度是濟度之義。此經說阿彌陀如來濟度人道者。

【大阿彌陀經】（經名）佛說大阿彌陀經有二本。一爲宋進士王日休取前譯諸經刪補訂正者、二卷。一爲阿彌陀三耶三佛薩樓佛檀過度人道經之異名。

【阿彌陀經不思議神力傳】（經名）此傳附於拔一切業障根本得生淨土神咒之後。作者不詳。一卷。

【阿彌陀佛說咒】（經名）一卷、失譯。

【阿彌陀鼓音聲王陀羅尼經】（經名）一卷、失譯。

【阿彌陀經決十疑】（書名）別稱十疑論。一卷、天台大師著。

【阿彌陀經開題】（書名）別名阿彌陀經釋。一卷、佛法大師著。

【阿彌陀魚】（傳說）執師子國西南有魚、能作人語。唱南無阿彌陀佛。因名阿彌陀魚。人唱阿彌陀佛時則魚喜近岸取食之、味甚美、謂是阿彌陀佛之化身。見三寶感應錄上。

【阿彌陀曼荼羅】（圖像）以阿彌陀佛爲八葉蓮台中央之主體、秘密之曼荼羅也。其法以彌陀爲普門萬德之中央法界體性智、以彌陀四親近菩薩中第一之金剛法菩薩（即觀音）爲東方大圓鏡智、第二之金剛利菩薩（即文殊）爲南方平等性智、第三之金剛因菩薩（即彌勒）爲西方妙觀察智、第四之金剛語菩薩（即維摩居士）爲北方成所作智。日本眞言家頗行之。

【阿彌陀九品曼荼羅】（圖像）淨土曼荼羅之一種。於開敷之八葉蓮台中央安上品上生之阿彌陀佛、其周匝之八葉安八品之彌陀、內院之四隅、圖法利因語之四菩薩、第二院圖十二光佛四攝外四供、第三院圖二十四菩薩。

【阿彌陀婆耶】（佛名）見阿彌陀條。

【阿彌陀檀那】（人名）Amrtodana 王名。譯曰甘露施主。見佛本行集經五。

【阿彌陀迦良】（人名）王名。昔阿彌陀迦良王有病、自調藥將服之。時有辟支佛、與王同病、來乞藥。王即持藥施之、自作誓願、欲使一切衆生病如是悉除。其時阿彌陀迦良王、即今釋迦也。見菩薩本行經下。

【阿鞞】（術語）名位。阿鞞跋致之畧。玄應音義三曰「阿鞞、此譯云不退住。十住經云第七住」見左項。

【阿鞞跋致】（術語）Avaivarti 又作阿毘跋致、或作阿惟越致、譯曰不退轉。不退轉成佛進路之義。是菩薩階位之名。經一大阿僧祇劫之修行、則至此位。阿彌陀經曰「極樂國土衆生生者、皆是阿鞞跋致」同慈恩疏曰、「阿鞞跋致者、阿之言無、鞞跋致之言退轉。故大品經云不退轉故、名阿鞞跋致。（中畧）是人不爲諸魔所動、更無退轉」

【阿鋡暮】（經名）見阿含條。

【四阿鋡暮抄解】（書名）婆素跋陀阿羅漢造、苻秦鳩摩羅佛提等譯。二卷。說功德法、依法、惡法之三法者。與三法度論同本。

【阿避陀羯剌拏】（堂塔）Aviddha-karṇa 譯曰不穿耳。在中印度波羅奈斯國東。戰主國之伽藍。昔國王爲覩貨邏國沙門建立。西域記七記其因緣。

【阿黜婆翅羅國】（地名）Atyamba-kela 西印度之境。臨信度河、隣大海之濱。小乘僧徒多學正量部之法。見西域記十一。

【阿闍世】（人名）又作阿闍貰王名。舊稱阿闍世。新稱阿闍多設咄路。Ajātaśatru 譯曰未生怨。佛在世之頃。摩竭陀國王舍城之治者。父名頻婆娑羅、母曰韋提希。韋提希懷胎時、相師占之、謂此兒生必害父、因之名曰未生怨。未生以前結怨之意也。西域記九曰「阿闍多設咄路王。唐云未生怨。舊云阿闍世。訛也。」又名婆羅留支。譯曰折指。父王聞相師之言、與夫人共謀。於生日從樓上落於地、而阿闍世僅損指未死。故名折指。法華文句五曰、「阿闍世者。未生怨。或呼爲婆羅留支、此云無指。」同記曰、「言未生怨者。母懷之日已常有惡心於瓶沙王。未生已惡。故因爲名。無指者。初生相者言凶。王令昇樓撲之、不死。但損一指。故爲名也。」又名善見。涅槃經曰、「提婆達多語善見太子、言國人罵汝爲未生怨。善見言何故名我爲未生怨、誰作此名。達多言汝未生時、一切相師占言是兒生已、必殺其父、是故外人悉號汝爲未生怨。一切內人護汝心、故謂善見。」阿闍世既長、近惡友提婆達多、幽囚父母。見觀無量壽經。卽位後併吞諸小國、威震四隣、建一統印度之基。後因害父頻婆娑羅王之罪、遍體生瘡、至佛所懺悔、卽平愈（見涅槃經十九）。遂歸依釋迦佛。滅後五百羅漢、結集佛說、王爲之護法。佛敎之興、與有力焉。普超經曰、「阿闍世從文殊懺悔、得柔順忍、命終入賓吒羅地獄、卽入卽出、生上方佛土、得無生忍、彌勒出時、復來此界、名不動菩薩、後當作佛、號淨界如來。」

【阿闍世王之夢】（傳說）王於如來涅槃之夜、見月落日由地出、星宿雲雨、繽紛而落、七彗星現於天上、又天上有大火聚、一時墮地、問之臣下、知如來涅槃不祥之相也。見大般涅槃經後分下。

【阿闍世王經】（經名）佛說阿闍世王經二卷、後漢支婁迦讖譯。與佛說未曾有正法經同本異譯。說阿闍世王聞文殊師利菩薩說法而得悟。攝於方等部。

【阿闍世王授決經】（經名）佛說阿闍世王授決經一卷、西晉法炬譯。說阿闍世王以燈華奉佛、授成佛之記。別攝於方等部。

【阿闍世王問五逆經】（經名）一卷。西晉法炬譯。阿闍世王問五逆罪之受果。說由功德一旦墮地獄、後爲辟支佛。

【阿闍世王品】（經名）文殊師利普超三昧經之異名。

【阿闍世王女阿術達菩薩經】（經名）佛說阿闍世王女阿術達菩薩經、一卷、西晉竺法護譯。阿闍世王之女名無畏德、年十二、與舍利弗目連等諸聲聞論難、盡使屈服。與大寶積經無畏德菩薩會第三十二同本異譯。攝於方等部。

【阿闍世王女經】（經名）阿闍貰王女阿術達菩薩經之略。

【阿闍梨】（術語）Ācārya 舊稱阿闍梨、阿祇利、譯曰敎授。新稱阿遮利夜、阿遮梨耶、譯曰軌範正行。可矯正弟子行為、為其軌則師範高僧之敬稱。玄應音義十五曰「阿闍梨經中或作阿祇利、皆訛也。應言阿遮利夜、此云正行。又言阿遮梨耶、此云軌範。舊云。於善法中敎授令知、名阿闍梨也。」南海寄歸傳三曰「阿遮利耶、譯為軌範師、是能敎弟子法式之義。先云阿闍梨、訛也。」案阿闍梨又譯悅衆。

【五種阿闍梨】（名數）名義集一曰、「南山鈔云、四分律明五種阿闍梨。一出家阿闍梨、所依得出家者。二受戒阿闍梨、受戒作羯磨者。三敎授阿闍梨、敎授威儀者。四受經阿闍梨、所從受經。五依止阿闍梨、乃至依住一宿者。」

【眞言阿闍梨】（術語）阿闍梨之名、本通於一般之敎師、後乃局於眞言傳授秘法之職位稱號。大日經疏三曰「若於此漫荼羅種種支分乃至一切諸尊眞言手印觀行悉地、皆悉進達得傳法灌頂、是名阿闍梨。」

【引請阿闍梨】（職位）禪林得度之沙彌、未知進退、引導而敎授之者、謂之引請阿闍梨。即律宗之敎授師也。見象器箋八。

【四種阿闍梨】（術語）眞言阿闍梨、有四種之別。

【阿闍梨大曼荼羅灌頂儀軌】（經名）一卷、失譯、秘密部。

【阿闍梨所傳曼荼羅】（圖像）謂善無畏三藏所傳之曼荼羅也。胎藏界曼荼羅之一種。此曼荼羅之建立次第、與大日經所說之曼荼羅及現圖曼荼羅、略有不同。三重、十大院、列三百八十四尊。云出於大日經疏六義釋四。

【阿闍梨耶】（術語）又作阿遮梨耶、阿遮梨夜。見阿闍梨條。

【阿闍婆羅】（雜名）水名。見因果經四、翻梵語九。

【阿奢理貳】（寺名）Āścariṇi 又作阿奢理兒、譯言奇特。龜茲國之寺名。此國先王崇敬三寶、時以母弟有奇特之行、為欲傳其美蹟於後世、故建此寺。玄奘西遊時、此寺有學匠曰木叉毱多、滯留六十餘日、學俱舍婆沙等諸論焉。見西域記一、慈恩傳二。

【阿濕波】（神名）Aśvin 日天與阿濕

毘膩間所生之雙子名乘曙光擬人駕馬或鳥之金色車爲女神烏沙斯之先驅佛所行讚入苦行林品所謂「諸梵志等驚喜得相告爲入婆藪天爲二阿濕婆」者卽此神也。

【阿濕婆他】(植物)Aśvapāda木名。譯曰馬脚翻梵語九曰、「阿濕婆他應云阿舍婆陀譯曰阿舍婆者馬陀者脚」或謂Aśvattha卽菩提樹之誤。

【阿濕婆恃】(人名)馬勝比丘之梵名見阿濕縛伐多條出於西域記九。

【阿濕縛婆】(雜語)Aśvaka譯曰蘇息處見大日經疏三。

【阿濕毘儞】(雜名)Aśvinī 星宿名。譯曰虛宿胎藏界外金剛院之衆胎曼陀羅大鈔七曰「此天虛宿破軍星也五行金精也金必有破物能故曰破軍」(翻譯名義大集以爲婁星)

【阿濕薄迦】(人名)梵音Aśvaka慧琳音義六十曰、「阿濕薄迦人名無正翻」。

【阿濕婆氏多】(人名)Aśvajit馬勝比丘之梵名見阿濕縛伐多條。

【阿濕婆竇沙】(人名)Aśvaghoṣa馬鳴菩薩之梵名見釋摩訶衍論一、西域記八名義集一見馬鳴條。

【阿濕縛伐多】(人名)Aśvajit 馬勝比丘之梵名舍利弗之師五比丘之一。佛之血族瑜伽論略纂十六曰、「馬勝者卽舊俱舍三阿輸實應云阿濕縛(此云馬)伐多(此云勝)與梵王論義比丘也」又作阿濕婆氏多見慧琳音義一又曰阿濕婆見彌勒上生經上又曰阿濕波持見西域記九又曰頞鞞見中本起經又作阿說示見寶勝陀羅經一。

【阿濕縛庾闍】(雜名)梵名Aśvayuja 又作阿濕嚩喩若紀月名此月之太陰値Aśvinī(馬師)宿而滿故有此名爲印度紀月之第八月卽此方八月十六日至九月十五日之間也。

【阿濕摩揭波】(物名)又作遏濕摩揭婆阿濕摩竭婆馬腦之梵語見次項。

【阿濕嚩揭波】(物名)Aśvagarbha又作阿濕摩揭波譯曰馬腦慧苑音義上曰、「阿濕嚩者此云馬也揭波者腦也若言阿濕摩揭波(Aśmagarbha)此云石藏按此寶出白石中故應名石藏寶古來以馬腦聲濫石藏聲故謬云馬腦也」玄應音義二十三曰「遏濕摩揭婆亦名阿輸摩竭婆是赤色寶也」法華玄贊二曰、「馬腦梵云遏濕摩揭婆此言杵藏或言胎藏者堅實故也色如馬腦故從彼名作馬腦字以是寶類故字從玉或如石類字或從石」

【阿濕嚩喩若】(雜名)見阿濕縛庾闍條。

【阿濕婆迷陀耶若】(行事)Aśvajnedha-yañña 譯曰馬寶祀國王之大祭也。大集經五十註曰、「阿濕婆者齊云馬也。迷陀者寶柱也。耶若者祀也。爲此祀者唯閻浮提王之所能也。」(爲古代最神聖之祀祭以馬爲犧牲、故有此名。通常譯曰馬祠。)

【阿薩多】(雜名)星宿名。譯曰軫宿。見翻梵語九。梵語Pūrva Āṣāḍhāḥ

【阿薩闍】(雜名)病名。涅槃經疏六曰、「阿薩闍無的翻。義言無可治。玄應音義三曰、阿薩闍病、謂不可治病也。」(梵Asād-hya)

【阿嚕力】(眞言)觀音眞言「阿嚕力迦」之名。見次項。

【阿嚕力經】(經名)阿唎多羅陀羅尼阿嚕力品第十四之畧。

【阿嚕力迦】(眞言)多羅觀音之眞言也。阿唎多羅陀羅尼阿嚕力品曰、「唵。阿嚕力迦。娑縛訶。」

【阿嚕陀羅印】(印相)Rudra 譯曰大怒印。見陀羅尼集經三。

【阿藍】(人名)見阿羅邏條。

【阿藍伽藍】(人名)見阿羅邏條。

【阿藍婆】(雜名)藥名。正名阿羅底藍婆。Ratilambha譯曰得喜樂。塗身去患得喜之義。見華嚴探玄記二十、慧苑音義下。

【阿藍磨】(雜語)見阿羅磨條。

【阿離耶三蜜栗底尼迦耶】(流派)Ārya-sammitīya-nikāya 譯曰聖正量部。小乘分派之名。見寄歸傳一。參照「正量部」

【阿離耶莫訶僧祇尼迦耶】(流派)Ārya-mahāsaṃghika-nikāya 譯曰聖大衆部。小乘分派之名。見寄歸傳一。

【阿離耶跋摩】(人名)新羅人。嘗入長安、唐貞觀年中、追求正教、欲親禮釋尊靈蹤、遠涉中印度。止於那爛陀寺、學律論抄寫諸經。雖欲歸國、而所期不契、後於那爛陀寺寂。見求法高僧傳上。

【阿離野悉他陛攞尼迦耶】(流派)Ārya-sthavira-nikāya 譯曰聖上座部。小乘分派之名。見寄歸傳一。

【阿離野慕攞薩婆悉底婆拖尼迦耶】(流派) Ārya-mūlasarvāstivāda-nikāya 譯曰聖根本說一切有部。小乘分派之名。見寄歸傳一。

【阿羅】(雜名)阿羅磨之略稱。又雜之梵名。

【阿羅婆】(雜名)藥名。探玄記二十曰、「阿羅婆藥者云阿吒迦阿羅婆。此云金光汁藥。阿吒迦云金光明Hāṭaka阿羅婆云汁藥。」Rasa

【阿羅邏】(人名)Ārāḍakālāma 又作阿藍。仙人之名。譯曰懈怠。佛出家始就此人學。涅槃經二十一曰、「夜半逾城至鬱陀迦阿羅邏等大仙人所。」因果經三曰、「爾時太子卽便前至阿羅邏仙人處。」慧琳音義二十六曰、「阿羅邏此云懈怠。亦獲通定者也。」(二)寒地獄名慧琳音義二十六曰、「阿羅邏阿波波謂地獄寒苦之聲也。」梵Atata Hahava

【阿羅邏迦藍】（人名）又作阿羅邏迦羅摩阿羅茶迦邏摩。阿蘭迦蘭等佛本行集經二十一曰、「有一仙人修道之所名阿羅邏姓迦藍氏。」中阿含五十六羅摩經曰、「盛時年二十九。（中略）便住阿羅邏迦羅摩所。」般若經五百九十九曰、「阿羅茶迦邏摩子。」若依此等說則阿羅邏迦藍爲阿邏羅之具名然他經謂阿羅邏迦藍是二人。佛本行經三曰、「菩薩不然阿蘭是法於是復詣迦蘭問法（中略）捨迦蘭法於是便至尼連禪江。」釋迦譜一曰、「有二仙人阿羅邏迦蘭」（二人之說則迦蘭似爲 Udraka Rāmaputra 者）

【阿羅漢】（術語）Arhan 小乘極悟之位名一譯殺賊殺煩惱賊之意。二譯應供當受人天供養之意。三譯不生。永入涅槃不再受生死果報之意。智度論三曰、「阿羅名賊漢名破一切煩惱破是名阿羅漢。復次阿羅漢一切漏盡故應得一切世間諸天人供養。復次阿名不羅漢名生。後世中更不生是名阿羅漢。」又譯曰應眞。眞人法華文句一上曰、「阿颰經云應眞瑞應云眞人。」四果之一。參照阿盧漢條。

【阿羅漢果】（術語）悟位謂之果。以是爲對於修行之因之結果也。阿羅漢爲小乘之極果。

【阿羅漢向】（術語）四向之一。不還之聖者。進斷餘殘之煩惱而向於阿羅漢果者。見俱舍論二十四。

【阿羅漢具德經】（經名）佛說阿羅漢具德經一卷、宋法賢譯。是說百弟子之德及比丘尼優婆塞優婆夷之德者。與增一阿含經之弟子比丘尼品同本

【阿羅陀】（地名）Aruta 山名。譯曰無聲。見翻梵語九。

【阿羅耶】（術語）見阿賴耶條。

【阿羅梨】（雜名）屣之飾四分律開宗記八本曰、「阿羅梨以鳥毛安華屣邊也。」

【阿羅訶】（術語）Arhat 佛十號之一。譯曰應供當受衆生供養義。智度論二曰、「阿羅訶名應受供養佛諸結使除盡得一切智慧故應受一切天地衆生供養。」

【阿羅歌】（植物）Arka花名。又作阿迦。譯爲白花其大葉外道用以祭祀。

【阿羅蜜】（雜語）Harmita 譯曰遠離。智度論五十三曰、「阿羅蜜秦言遠離。波羅蜜秦言度彼岸此二言相近義相會故以阿羅蜜釋波羅蜜。」

【阿羅磨】（雜名）Ārāma又曰阿羅彌、阿藍摩。阿羅譯爲園玄音應義二曰阿藍磨者園也翻梵語九曰「阿羅彌者園」梵語雜名曰「阿羅磨園也」

【阿羅闍】（術語）Rāja-dhātu 阿剌闍界結界名譯爲王界飾宗記八末曰「阿羅闍界者一王所領一國土衆僧皆得是名阿羅闍界阿剌闍此翻爲王也」

【阿羅彌】（雜名）見阿羅磨條。

【阿羅波多】（人名）大臣名譯曰前言見本行集經四十三。

【阿羅波遮那】（雜語）見阿羅婆遮那條。

【阿羅婆伽林】（地名）林名譯曰不諸林翻梵語九曰「阿羅婆伽應云阿羅婆分譯曰阿者不也羅婆分者諸也」

【阿羅婆遮那】（術語）又作阿羅波遮那般若經所說悉曇字母四十二之初五字也見摩訶般若波羅蜜經五、智度論四十八梵 Alapacana

【阿羅迦摩羅】（人名）阿羅與迦摩羅之二仙人也見阿羅邏條。或云是一人之名。

【阿羅邏迦蘭】（人名）見阿羅邏條。

【阿羅邏迦羅摩】（人名）見阿羅邏條。

【阿羅波寶多夜叉】（異類）Ālpapota yakṣas 鬼名譯曰不稱鬼見孔雀王咒經上。

【阿難】（人名）Ānanda 阿難陀之畧。譯曰歡喜慶喜斛飯王之子提婆達多之弟佛之從弟十大弟子之一生於佛成道之夜。佛壽五十五阿難二十五歲時出家從侍佛二十五年受持一切佛法見中阿含第八侍者經、智度論三、文句二之上、阿彌陀經慈恩疏上。

【阿難多聞第一】（故事）阿難在佛十大弟子中多聞第一增一阿含經三曰「我聲聞中第一比丘知時明物所至無疑所憶不忘多聞廣遠堪忍奉上所謂阿難比丘是」

【阿難有三人】（雜語）法華文句一之上曰「正法念經明三阿難阿難陀此云歡喜持小乘藏阿難跋陀（Ānandabhadra）此云歡喜賢受持雜藏阿難娑伽（Ānandasāgara）此云歡喜海持佛藏」華嚴玄談八引集法經出阿難、阿難跋陀、阿難迦羅三人探玄記二引阿闍世王懺悔經舉阿難陀、阿難跋陀、阿難娑伽羅三人。

【阿難結集】（故事）佛滅後、摩訶迦葉於摩揭陀國大石窟結集三藏時、使阿難結集經藏見智度論二。西域記九佛滅度後、文殊師利彌勒諸大菩薩將阿難集摩訶衍。見智度論百參照「結集」條。

【阿難密號】（雜語）胎藏界曼陀羅鈔三曰「阿難密號集法金剛」。

【阿難放光】（故事）阿難爲多聞第一受持佛一代之說法故佛滅後迦葉結集三藏時使阿難昇師子座復演其說法增一阿含經一頌之曰「阿難仁和具四等意轉入微師子吼顧眄四部瞻虛空悲泣揮淚不自勝便奮光明和顏色普照衆主如日初彌勒覩光及釋梵叉十希聞無上法」。

【阿難入於鑰孔】（故事）結集三藏時阿難煩惱未盡故迦葉牽出阿難於外阿難坐禪經行後夜疲極息臥頭未至枕廓然得悟爲大阿羅漢其夜叩門呼迦葉言汝由門鑰孔中來卽由鑰孔中入見智度論二西域記九。

【阿難分身二國】（傳說）阿難將入滅去摩竭陀國趣吠舍釐城渡殑伽河泛舟中流摩竭陀王聞之慕其德嚴兵追請之吠舍釐王亦聞阿難來治軍旅迎之阿難恐其兵互欲殺害由舟中上昇虛空化火焚身中分落兩岸二國之王各奉其舍利造塔見西域記七。

【阿難半身舍利】（傳說）西域記九曰「未生怨王窣堵波側有窣者阿難半身舍利昔尊者將寂滅也去摩揭陀國趣吠舍釐城兩國交爭欲興甲兵尊者傷愍遂分其身摩揭陀王奉歸供養卽斯勝地式修崇建。

【阿難見金爲毒蛇】（傳說）義楚六帖十九曰「根本律云佛行見有寶伏藏佛曰此毒蛇也有人得之被王知禁奪阿難白佛言毒蛇不謬也」。

【阿難前世爲佛善友】（本生）出經律異相十五。

【阿難奉佛勅受持經典奉持左右】（故事）出經律異相十五。

【阿難感七夢】（傳說）出七夢經經律異相十五六帖七見夢條。

【阿難爲佛乞牛乳】（故事）出經律異相十五。

【阿難教化波斯匿王】（故事）出經律異相十五。

【阿難八不思議】（傳說）佛告文殊阿難事我二十餘年具足八種不思議一受特別之請待不往施主之家往必與衆共二如來之衣雖故物不受之三見佛以當見時四見女人不生欲心五聽法不再問六知佛所入之定七知衆會之得益八知佛所說之法見涅槃經四十。

【阿難八法】（故事）佛曰阿難具足八法持十二部經一信根堅固二其心質直三身無病苦四常勤精進五具足念心六心無憍慢七成就定慧八從聞生智見涅槃經四十。

【阿難七夢經】（經名）一卷、東晉竺曇無蘭譯。佛爲阿難解釋七夢悉應末世之事。攝於小乘部。

【阿難四事經】（經名）佛說阿難四事經、一卷、吳支謙譯。說四事供佛之法。攝於小乘部。

【阿難同學經】（經名）佛說阿難同學經、一卷、後漢安世高譯。掘多比丘欲還俗、阿難啓佛開示之、使之證果入滅。

【阿難問事佛吉凶經】（經名）佛說阿難問事佛吉凶經、一卷、後漢安世高譯。阿難問佛吉凶。佛答持戒是吉、犯戒是凶。幷問答殺生惡業之果報、問答末世俗弟子之理生事。

【阿難問事經】（經名）佛說阿難問事佛吉凶經之畧稱。

【阿難分別經】（經名）佛說阿難分別經、一卷、秦法堅譯。與阿難問事佛吉凶經同本。

【阿難說經】（經名）阿難爲諸比丘說跋地羅帝偈、及其義。攝於中阿含經四十三。

【阿難陀】（人名）見阿難條。

【阿難陀夜叉】（雜語）譯曰白牙。見孔雀王咒經上。

【阿難迦羅】（人名）又作阿難娑伽、阿難娑伽羅。三阿難之一。見阿難條附錄。

【阿難跋陀】（人名）又作阿難陀跋羅。三阿難之一。見阿難條附錄。

【阿難賓低】（人名）Anāthapiṇḍada 又作阿那他濱茶揭利呵跋底、阿那邠抵、阿那他濱茶陀等。長者名。譯曰給孤獨。建祇園精舍之人也。飾宗記八末曰：「阿難賓抵此是梵語訛略也。正云阿那陀賓茶揭利呵跋底。阿那陀此云無依、亦名孤獨。賓茶揭利呵跋底。此云團施。言長者以團食施無依孤獨之人也。因此時人號爲給孤獨長者也。本名須達多。」玄應音義二曰：「阿那邠坻、正云阿那陀擯茶陀。」

【阿難陀拘羅】（界名）Ānandakūṭa 佛世界名。譯曰華積。見陀羅尼雜集九。

【阿難陀補羅國】（地名）Ānandapura 西印度之境。小乘之僧徒頗多。見西域記十一。

【阿難陀目佉尼訶離】（術語）Ānanda-mukha-nihāri 陀羅尼名。

【阿難陀目佉尼訶離陀隣尼經】（經名）一卷、元魏佛馱扇多譯。

【阿難陀目佉尼訶離陀經】（經名）與上經同本異譯。一卷、宋求那跋陀羅譯。

【阿嚐那】（人名）Arjuna 天子名。無翻名。見慧琳音義四十三。傳未詳。

【阿蘇】（異類）阿蘇羅之略。譯曰非天。西域記九曰：「阿素落、舊曰阿修羅、又曰阿須倫。又曰阿蘇羅。此皆訛也。」見阿修羅條。

【阿蘇羅】（異類）見阿修羅條。

【阿顛底迦】（術語）Ātyantika 譯曰畢竟。畢竟無成佛之性之義。畢竟無善心之義。唯識論樞要上本曰、「第五性有三種。一名一闡底迦。二名阿闡底迦。三名阿顛底迦。一闡底迦是樂欲義。樂生死故。阿闡底迦是不樂欲義。不樂涅槃故。阿顛底迦名爲畢竟。畢竟無涅槃性故」玄應音義二十三曰、「阿顛底迦。此云畢竟。畢竟無有善心也」

【阿奢賊奇】（人名）Ākimsaki 兒名。譯曰無惱。見賢愚因緣經八。

【阿盧那】（植物）又作阿樓那、阿留那。見阿留那條附錄。

【阿轆轆地】（雜語）阿者助語。轆轆者車軌之道。運轉自在之義。碧巖集五十三則評云、「丈云我適來哭、如今却哭。看他悟後、阿轆轆地、羅籠不住、自然玲瓏」是即示無礙自由圓轉自在之境界之意。與所謂轉轆轆地同義。

【阿闥婆那】（術語）Atharvaṇa 譯曰咒術。見韋陀條。

【阿蘭那】（術語）又作阿𡂿拏。寺院之總名。見阿蘭若條。又梵志名。

【阿蘭那經】（經名）說釋尊往昔爲阿蘭那梵志。後出家說無常。以利益無量人天之往因。攝於中阿含經四十。

【阿蘭若】（術語）Āriṇya 寺院之總名。是比丘之住處。又作阿蘭那、阿蘭攘、阿蘭若迦、阿練若、阿𡂿拏、阿練茹、曷剌䫂等。譯曰無諍聲、閑寂、遠離處。離人里五百弓之處。華嚴經一曰、「阿蘭若法菩提道場」大乘義章十五曰、「阿蘭若者。此翻名爲空閑處也」慧苑音義上曰、「阿蘭若言阿蘭那正云阿蘭攘。此翻無諍聲」玄應音義一曰、「阿蘭拏。（友加反）或云阿蘭若。或云阿練若。皆梵音輕重耳。此云空寂。亦無諍也」玄應音義三曰、「阿蘭那行。或言阿𡂿拏。正言曷剌䫂。曷此云無。剌䫂此云諍。名無諍也。曷阿葛反」或苦曷反」金剛頂纂要曰、「阿蘭那者。此云寂靜」飾宗記五本曰、「阿蘭若迦。去村五百弓。云住無諍處人也」可洪音義八曰、「阿蘭那。此云無諍。云空家也」大日經疏三曰、「阿練若名爲意樂處。謂空寂行者所樂之處。或獨一無侶。或二三人。於寺外造限量小房。或施主爲造。或但居樹下空地。皆是也」四阿含暮抄上曰、「阿練茹。」

【阿蘭若行】（術語）比丘常居阿蘭若、不住於外。十二頭陀行之一。

【阿蘭若迦】（術語）Āraṇyaka 見阿蘭若條。又謂其住人也。

【阿鑁】（種子）梵 A.वं vaṃ 阿爲胎藏界大日如來之種子。鑁爲金剛界大日如來之種子。眞言宗以此二字爲秘要。

【阿鑁覽哈欠】（術語）A· vaṁ raṁ haṁ khaṁ 大日如來之眞言有三品、此乃其上品之眞言。卽大日法身之眞言也。青龍儀軌上曰、「曩莫。三曼多。沒馱喃。阿鑁覽哈欠。」三種悉地陀羅尼法曰、「下品悉地。阿羅波左那。中品悉地。阿尾羅吽欠。上品悉地。阿鑁覽哈欠。」佛頂尊勝佛果三種悉地眞言儀軌曰。「阿鑁覽哈欠毘盧遮那眞言是五字者是名秘密悉地。」此五字之解釋如阿尾羅吽欠爲地水火風空之五大、大日如來之自體也。

【阿闍提】（術語）阿闍底迦之舊稱。見次項。

【阿闍底迦】（術語）Anicchantika 舊稱阿闍提。譯曰無欲。不樂欲涅槃之義。玄應音義二十三曰、「阿闍底迦。此云無欲。謂不樂欲涅槃。亦言闡底柯。此云多貪。謂貪樂生死。不求出離。故不信樂正法。舊言阿闍提。譯云隨意作也。」

【阿羅婆娑】（雜語）譯曰光明。見華嚴疏鈔八。

【阿邏茶】（人名）仙人名。慧琳音義十八曰、「阿羅茶。唐言自誑。舊經阿蘭迦蘭是也。見阿羅邏條。

【阿邏底藍婆】（雜名）見阿藍婆條。

【阿邏茶迦邏摩】（人名）外道仙人名。無正翻。見慧琳音義八。案此是阿羅茶與迦邏邏摩之二子。見阿羅邏條。

【呪】（術語）梵語陀羅尼、Dhāraṇi 一譯曰呪。此外又有種種之譯名。見陀羅尼條。

【呪三首經】（經名）一卷、唐地婆訶羅譯。一爲大輪金剛陀羅尼。二爲日光菩薩呪、三爲摩利支天呪。

【呪小兒經】（經名）三行半、東晉曇無蘭譯。說療小兒病之神呪。

【呪心】（術語）呪者陀羅尼、心者精要之義、如般若心經之心、稱其呪中之精要曰呪心。如佛說楞嚴呪已、稱之曰呪心者卽是也。經七曰、「十方如來因此呪心得成無上正徧覺。（中略）十方如來持此呪心能於十方摩頂授記。」因之禪家每年七月十三日楞嚴會滿散唱念稱讚此呪後心呪之文曰呪心。見象器箋十三。

【呪五首經】（經名）一卷、唐玄奘譯。說能滅衆罪千轉陀羅尼呪、六字呪、俱胝佛呪、一切如來隨心呪、觀自在菩薩隨心呪。

【呪印】（雜名）陀羅尼與印契也。楞嚴經八曰、「心持呪印顧盻雄毅。」

【呪咀】（術語）爲殺人念誦呪咀神之呪也。呪咀神爲起屍鬼。卽毘陀羅是。古昔有倒懸烏葛沙摩明王畫像而供物等皆轉倒而作呪咀者。

【呪陀羅尼】（術語）四種陀羅尼之一。

【呪師】（雜名）呪禁師之略稱。

【呪神】（術語）陀羅尼各有一定之本尊是曰呪神。

【呪殺】（雜語）謂以起屍鬼呪殺人也菩薩戒經疏下曰、「呪殺謂毘陀羅等」見毘陀羅條。

【呪起死鬼】（修法）呪屍鬼使之起以殺怨人也見毘陀羅條。

【呪時氣病經】（經名）半紙、東晉曇無蘭譯說治流行病之神呪。

【呪術】（術語）神呪之妙術也呪有變殺人生人之物質等之奇術故謂之呪術。觀無量壽經曰、「沙門惡人幻惑呪術令此惡王多日不死」

【呪術陀羅尼】（眞言）四種陀羅尼之一。

【呪遍】（雜語）誦呪之遍數也。

【呪禁師】（雜名）結誦印明作加持祈禱之法師也呪者陀羅尼禁者凡眞言之法禁止不受灌頂印可之人行之故謂之禁

【呪誓】（術語）誦神佛之名證吾言如實不妄曰呪誓佛制禁比丘作此呪誓也。有部毘奈耶雜事十九曰、「是時六衆有緣事時卽便引佛法僧寶而爲呪誓或引鄔波馱耶阿遮利耶而爲呪誓有信敬俗人聞呪誓時作如是語我等俗流尙不引佛及師爲誓仁等出家何故引佛及師而作呪誓是所不應彼默無對苾芻白佛佛言俗生譏恥時合其宜然出家本求實語不應盟誓若作越法罪」然依四分之舊律則似開此呪誓行事鈔下四之一曰、「律云有言誓應言若我作是事南無佛若汝作是事亦南無佛不得雜餘地獄等」同資持記曰、「律下次敎呪誓謂有屈抑之事發誓以雪之意是求佛爲證。故云南無佛等」。

【呪齒經】（經名）一卷、東晉竺曇無蘭譯經云南無佛、南無法、南無比丘僧南無舍利弗大目犍連比丘南無覺意名聞（舍衞國之譯名）邊北方犍陀摩訶延山彼有蟲名羞吼無在某牙齒中止今當遣使者無敢啖某牙及牙中牙根牙邊蟲不卽下器中頭破作七分如鳩羅勒蟻梵天勸此呪南無佛使我所呪皆從如願是爲經之全文而不說呪。

【呪藏】（術語）四藏之一。見藏條。

【呪願】（術語）又唱法語願求施主或先亡福利名爲呪願此有食時呪願與法會呪願二種若總言之則修菩薩之行者一舉一動悉應呪願如華嚴經淨行品所說見願條。

【食時呪願】（術語）願施食之呪文也盂蘭盆經曰、「時佛勅十方衆僧皆先爲施主家咒願願七世父母（中略）然後受食。」資持記下三之三曰、「咒願即爲施主求願也。」禪苑淸規赴粥飯曰、「粥云。粥有十利。（見粥條）饒益行人。果報昇天。究竟常樂。又云。粥是大良藥。能除饑渴。消施受獲淸涼。共成無上道。齋云。三德六味。施佛及僧。法界人天。普同供養。饡飯云。施者受者。俱獲五常。色力命安。獲無礙辯。已上並引聲高喝也。」南禪規式曰、「僧堂齋粥咒願。第一座唱之。若闕則書記或藏主代之。」義淨南海寄歸傳第九於受齋軌則中詳說之。

【咒願六德】（名數）增一阿含經二十九曰、「世尊告諸比丘。咒願有六德。施主檀越成就三法。信根成就。戒德成就。聞成就。施物亦成三法。物色成就。味成就。香成就。」依咒願之功德而成就此六德也。

【法會咒願】（儀式）法會時導師誦法文爲施主祈願福利、是云咒願。咒願文者施主自述願事、故與咒願異。

【咒願師】（雜名）誦咒願文之僧也。是爲法會最重事、必由大導師爲之。

【呼摩】（術語）Homa 同護摩。見護摩條。

【呼畢勒罕】（雜名）蒙古語。化身之義、西藏達賴班禪兩喇嘛及諸胡土克圖、皆能不昧本性。身死之後、寄胎轉生、復接其前身之位職。謂之呼畢勒罕。

【呼圖克圖】（雜名）大喇嘛之名號。一作胡土克圖。蒙藏青海皆有之。凡爲呼圖克圖者、皆能世世轉生、永掌其職位。俗稱活佛。

【吽憚南】（雜語）Vandana 見和南條。

【咃】（術語）〇Tha 悉曇五十字門之一。大日經以爲「一切法長養不可得」、之義。文殊問經曰、「稱咃字時。是出置答聲。」出置答者自 Thapaniya(√sthā) 釋之。又涅槃經以爲「咃者法身具足。喻如滿月。是故名咃。」

【呬度】（地名）北方胡國呼印度之稱。寄歸傳三曰、「北方胡國獨喚聖方以爲呬度。呬音許伊反。全非通俗之名。但是方言。固無別義。西國若聞此名。多皆不識」

【呬怒泥舍】（地名）Sindhu-deśa 呬怒者天竺之本名。泥舍譯曰國。見梵語雜名。

【呬摩呾羅】（人名）Himatala 覩貨羅國王名。譯曰雪山下。見西域記三。

【帖釋】（術語）帖經文而解釋之也。止觀七曰、「帖釋經文。」

【帙子】（物名）帙簀、卷經卷、竹製之帙也。

【怖一切爲障者印】（印相）以右手作拳、舒風指（第二指）直竪之、以此印當眉間。指頭亦當眉間。即作毘俱胝之形也。其面如恐怒心住於一境不動故經云以毘俱胝形住於等引此一切佛之大印能現如來威猛一切之力恐怖一切爲障難者使其降服、亦能與一切衆生之所願如來菩提道場、以印能降諸魔也。

【怖畏施】（術語）八種施之一。見布施條。

【怖魔】（雜語）梵語比丘、一譯怖魔。見比丘條。

【怛他】（雜語）又曰呾絰他、怛儞也他。Tadyathā 譯曰所謂。可洪音義一曰「上多達反下借音亭夜反梵云呾絰他此云所謂入咒之初也」仁王經良賁疏下三曰「怛儞也他此云所爲古云即說」

【怛他揭多】（術語）譯曰如來。見多陀阿伽度條。

【怛他蘗多】（術語）譯曰如來。見多陀阿伽度條。

【怛他揭多毱多】（人名）Tathāgatagupta 比丘名。譯曰如來蜜。見慈恩傳二。

【怛他揭多嘌旨】（術語）譯曰如來光。見演密鈔八。

【怛利耶怛唎舍】（界名）譯曰三十三天名。

【怛剎那】（雜語）百二十剎那也。俱舍論十一曰「剎那百二十爲一怛剎那」

【怛怛羅】（雜語）譯曰雞聲。玄應音義二曰「呾呾羅是雞聲也」慧琳音義二十六曰「呾呾羅由聲得名」

【怛陀竭多】（人名）王名。譯曰如來。釋迦譜十曰「爲佛造寺王也此云如來」

【怛索迦】（異類）Takṣaka 龍王名。玄應音義二十三曰、「怛索加都達反龍王名也昔有仙人曾咒此龍令其入火龍王憂怖遂投帝釋遶座而住仙人知已、更以咒帝釋與龍一時俱墮帝釋求哀、得免所患龍遂死焉。」

【怛哩支伐離迦】（術語）Tlicivara 譯曰但三衣。十二頭陀行之一。見飾宗記五本。

【怛茶】（物名）又作但茶、檀茶。見檀拏條。

【怛埵三弟鑠】（書名）論名。譯曰辨眞。德光論師作。有二萬五千頌。見慈恩傳二。

【怛鉢那】（雜語）見歎波那條。

【怛麼】（術語）Ātman 譯曰我。吽字義曰、「梵云怛麼此翻爲我我有二種一人我二法我」

【怛縛】（雜語）Tvam 又作悉怛縛、怛縛也。譯曰汝。見梵語雜名。

【怛縛多利】（雜名）觀音陀羅尼名。

【怛薩阿竭】（術語）如來之梵語。見多陀阿伽度條。

【怛薩阿竭阿羅訶三耶三佛】（術語）

Tathāgata Arhan Samyaksaṁbuddha 怛薩阿竭爲如來。阿羅訶爲應供。三耶三佛爲正徧知。佛十號中之三號。玄應音義三曰：「怛薩阿竭阿羅訶三耶三佛，大品經作多陀阿伽度阿羅訶三藐三佛陀，同一名也。此則十號中三號也。但猶梵音輕重耳。多陀阿伽度，此云如來。阿羅訶，此云應供。三藐三佛陀，此云正徧知也。」見十號條。

【怛羅夜耶】（術語）Trayāya 譯曰三。囉怛那怛羅夜耶 Ratnatrayāya 者，三寶也。與格。仁王良賁疏下曰：「怛羅夜耶，此云三。」

【怛闥阿竭】（術語）譯曰如來。見多陀阿伽度條。

【怛囉吒】（雜語）又作怛囉磔。譯曰叱呵。大日經疏九曰：「怛囉吒是叱呵，懾伏之義。如師子奮怒大吼時，衆獸無不懾伏。」梵 Traṭa.

【怛囉麽洗】（雜語）麽洗者月之義。怛囉麽洗者正月也。十二緣生祥瑞經曰：「怛囉麽洗」。西域記二曰：「制怛羅月」。梵 Caitra-māsa

【性】（術語）體之義。因之義。不改之義也。唯識述記一本曰：「性者體也」。探玄記十八曰：「性是因義」。大乘義章一曰：「性釋有四義：一者種子因本之義，二體義名性，三不改名性，四性別爲性」。智度論三十一曰：「性名自有，不待因緣」。傳心法要上曰：「凡夫取境，道人取心，心境雙忘，乃是眞法。忘境猶易，忘心至難。人不敢忘心，恐落空無撈摸處。不知空本無空，唯一眞法界耳。此靈覺性，無始已來與虛空同壽，未曾生，未曾滅，未曾有，未曾無，未曾穢，未曾淨，未曾喧，未曾寂，未曾少，未曾老，無方所，無內外，無數量，無形相，無色相，無音聲，不可覓，不可求，不可以智慧識，不可以言語取，不可以境物會，不可以功用到。諸佛菩薩與一切蠢動含靈，同此大涅槃性。性即是心，心即是佛，佛即是法。一念離眞，皆爲妄想」。同下曰：「天眞自性本無迷悟，盡十方虛空界元來是我一心體」。禪源諸詮三曰：「良由此宗（禪宗）所說本性，不但空寂，而自然常知，故應目爲心也」。

【性力】（術語）十力之一。

【性土】（術語）法性土之略。

【性火】（術語）對事火之稱。地水火風四大種和合之火云事火，火大之一種云性火。性火者遍於一切之色法也。因明大疏二曰：「火有二種：一者性火，二者事火」。

【性心】（術語）性即圓明之眞心。即自性清淨心是也。楞嚴經一曰：「性心失眞，認物爲己，輪迴是中，自取流轉」。因禪宗往往以性心與心性顚倒通用，見心性條。

【性分】（術語）諸法差別之自性也。止觀五曰：「界名界別，亦名性分」。

【性用別論】（術語）四重出體之第四、見出體條附錄。

【性色】（術語）又云眞色。如來藏中之妙色也。性卽是色、故云性色。台家所謂性具之色也。楞嚴經三曰、「如來藏中。性色眞空。性空眞色。」

【性地】（術語）通教十地之一。見十地條。

【性戒】（術語）二戒之一。如殺盜自性是戒、不待佛制故名性戒。

【性佛】（術語）法性佛也。三身中之法身也。顯密不同頌曰、「顯法身默然。密性佛說法。」辨惑指南三曰、「性佛者、六大法性佛之意。」密教以六大為法身故也。

【性我】（術語）心性之大我也。去凡夫之妄我、則歸於如來之性我。

【性空】（術語）十八空之一。見空條。

【性空教】（術語）南山三教之一。小乘教也。見三教條。

【性空觀】（術語）南山三觀之一。小乘之觀法、觀因緣生之法其性空也。見三觀條。

【性宗】（術語）相性二宗之一、又空性二宗之一。見二宗條。

【性具】（術語）又曰體具、理具。謂本覺之性、具菩薩界以下九界之惡法及佛界之善法、總具十界三千之善惡諸法也。天台始發之、荊溪、四明、盛詳述之。他宗雖言性具善、然不言性具惡、台家獨談性具惡也。因之天台分之為別圓二教、以他宗之極說未盡性具、總謂之別教。觀音玄義記二曰、「九界望佛皆名為惡。此等諸惡。性本具不。答只具一字、彌顯今宗。以性具善、他師亦知。具惡緣了。（緣因了因有性善、亦具性惡。觀音玄義上詳說之。）他皆莫測。」佛心印記曰、「是知今宗性具之功。功在性惡。」妙宗鈔上曰、「諸宗既不明性具十界。則無同斷同悟之義。」同下曰、「荊溪云。他宗不明修性。若以眞如一理、名性隨緣差別為修。則荊溪出時甚有人說也。故知他宗同極祇云性起、不云性具、深可思量。」是指華嚴宗也、然賢首之菩提心章曰、「隨舉一門亦具一切。隨舉一義亦具一切。隨舉一句亦具一切。然此具德門中、性具善惡。法性實德、法爾如是。」是分明有性具之說也。（蕉窗漫筆上）教行錄三教門雜問答曰、「問、一切大乘經論皆談一切衆生本性清淨、台宗明性具十界、六既是穢、如何合諸經論。答、十法界六穢四淨、台宗既云性具、卽是性惡法門、安得不清淨乎。明此應具二義、一約情智說、二約迷悟分、情智者、猶言以情分別諸法、分別諸法皆邪、離情分別諸法、分別皆正。今圓人應用佛眼種智了達一念染情、體具十界、互融自在、則一切諸法、悉皆清淨、荊溪所謂知剎那染體悉淨者是也。二約迷悟分別、當知迷則十界淨穢俱染、悟則十界淨穢俱淨、台宗所明十界性惡法門。悉皆清淨者、正約悟解邊說也。故荊溪曰三千在理、同名無明、豈非迷故三千俱迷也、三千無改、無明即明、豈非悟故三千俱悟乎。然此二義猶是對修門說、若直約平等法界言之、則非修非性、非迷非悟、非淨非穢、一切衆生不勞造作、本性靈明、具足十界、不受諸垢。故經曰、五道清淨不受色、學此者有卽成大道、豈非一切衆生法界本淨乎」參照性惡條。

【性命】（術語）有情之性與命也。圓覺經曰、「諸世界一切種性、卵生胎生濕生化生、皆因婬欲而正性命。」

【性念處】（術語）三種四念處之一。見四念處條。

【性重戒】（術語）二種戒之一。

【性相】（術語）性者法之自體、在內不可改易也。相者相貌、現於外可分別也。有爲無爲相對、則無爲法爲性、有爲法爲相。而有爲無爲、皆有性相、自體云性、可識云相。智度論三十一曰「性言其體、相言可識。」法華經方便品曰「如是相、如是性。」涅槃經二曰「汝今當觀諸行性相。」

【性相二宗】（名數）法性宗與法相宗也。略云性宗相宗。見二宗條。

【性相學】（術語）性者諸法之自體、相爲其相貌義理也。又名法相。俱舍成實等明小乘之性相、瑜伽唯識等說大乘之性相、因之學習此等之諸論曰性相學。一名法相學。瑜伽釋曰「問答決擇諸法性相、故名爲論。」婆沙論一曰「阿毘達磨性相所顯。」

【性起】（術語）對緣起之稱。緣起者眞妄和合而起之諸法、故有染淨之差別。是乃因位之如來藏。性起者唯眞如法性自起而爲諸法、故唯有淨法。是乃果海之法身。性起與性具云何分別、答性起爲華嚴之極談、性具爲天台之圓談。華嚴宗不言性具、雖談眞如法性之理、性起萬法、然不言彼理性之內具諸法也。指要鈔下曰、「他宗極圓、祇云性起、不云性具、深可思量。又不談性具百界。但論變造諸法、何名無作耶。」

【性根】（術語）猶言根性。謂人心地之本原也。李紳石經堂記曰、「如來以萬門萬行、普示羣生、隨其性根、用假方便。」

【性海】（譬喩）眞如之理性、深廣如海、故云性海。如來法身之境也。西域記序曰、「廓群疑於性海、啓妙覺於迷津。」往生禮讚曰、「性海如來盡是師。」五教章上曰、「性海果分、當是不可說義。」五燈會元云「祖曰、汝化性海得否。曰、何謂性海。時未嘗知。祖卽爲說性海曰、山河大地皆依建立、三昧六通由茲發現。」白居易詩云、「性海澄渟平少浪。」

【性淨解脫】（術語）二解脫之一。

【性得】（術語）與生得同。謂不由學

間經驗而於本性上具備者。

【性欲】（術語）過去之習性云性、現在之樂欲云欲。無量義經曰「知諸衆生性欲不同、性欲不同種種說法」法華經方便品曰、「我以智慧力知衆生性欲方便說諸法」大日經疏一曰、「性欲者欲名信喜好樂。如孫陀羅難陀好五欲。提婆達多好名聞。乃至諸得道人亦各有所好性名積習習欲爲性」

【性唯識】（術語）對生滅變化下八識之相唯識、稱常住無相之眞如曰性唯識。因五重唯識之第五遣相證性識也。參照唯識條。

【性善】（術語）對修善或事善之稱。天台所說、謂法性所具之善也。性具之佛界是。見次項。

【性惡】（術語）對修惡之稱。依關係而起之惡謂之修惡、本來眞如理性所具之惡、謂之性惡。性具善、亦具惡、此性惡之義、天台一宗之極說、他宗未談之法門也。天台於觀音玄義發之、荊溪於止觀輔行五提出此說、後至四明對於華嚴宗及山外之異義盛擴張此義。眞如純眞無妄、不具惡、依無明之妄緣而背性起惡者、大乘諸家之通談也。華嚴宗圓敎之極說亦然。然台家貶之爲別敎所談而不取、謂修惡之性卽爲性惡、性具善亦具惡。云修善卽性善、他宗猶言之修惡卽性惡、獨爲台宗之極談。性善不斷、性惡亦不斷也。問性具善惡皆不斷、則闡提與佛有何相違。答闡提斷盡修善、但住性善。佛斷修惡、但有性惡。問闡提不斷性善爲使修善起、佛不斷性惡亦使修惡起耶。答闡提不達性善、以不達故爲善所染縛、修善自生起而對治惡。佛達性惡、故於惡自自在、不爲惡所染縛、則修惡不得起、故佛永無修惡。但以自在故、爲化度衆生終日用之、猶如名醫之於毒藥二法也。故迷悟之別、非在斷不斷而在達不達也。天台觀經疏曰、「理者法界無礙、無染而染、卽理性毒也」法華玄義五曰「破無明理惡說內敎位」觀音玄義上曰、「問緣了既有性德善、亦有性德惡不。答具。問、闡提與佛斷何等善惡。答、闡提斷修善盡、但性善在。佛斷修惡盡、但性惡在。問、性德善惡何不可斷。答、性之善惡但是善惡之法門、性不可改。歷三世無誰能壞、復不可斷壞。譬如魔雖燒經、何能令性善法門盡。縱令佛燒惡譜、亦不能令惡法門盡。如秦燒典坑儒、豈能令善惡斷盡耶。問闡提不斷性善、還能令修善起。佛不斷性惡、還令修惡起耶。答、闡提既不達性善、以不達故還爲善所染、修善得起、廣治諸惡。佛雖不斷性惡而能達於惡、以達惡故、於惡自在、故不爲惡所染、修惡不得起、故佛永無復惡。以自在故、廣用諸惡法門化度衆生。終日用之、終日不染、不染故不起。那得以闡提爲例。佛耶若闡提能達此善惡、則不復名一闡提也。」止觀輔行五曰「如來不斷性惡、闡提不斷性善。點此一意、衆滯自消」。觀音疏記一曰「修惡全體是性惡、故十二因緣及以五陰、一一如空、常住周遍」。止觀義例上曰「性惡若斷、普現色身從何處而立」。參照性具條。因對遮惡而立耶、如比丘之伐草木、墾土地、以佛之遮止而爲惡事、謂之遮惡、如殺盜爲本性惡事、謂之性惡。

【性罪】（術語）二罪之一。如殺盜等之諸惡、不待佛制而自性是惡也、犯之必有罪報。

【性境】（術語）三類境之一。

【性種性】（術語）二種性、或五種性、六種性之一。見種性條。

【性德】（術語）對修德之稱。言一切萬物本性之上、各有善惡迷悟之性能也。

【性遮】（術語）性罪與遮罪也。又性戒與遮戒也。

【性橫修縱】（術語）台家所說法報應之三如來、正了緣之三佛性、行智理之三法、法般解之三德等、在圓教爲不縱不橫、在別教爲縱橫差別、約之於性修因果二門、而謂之性橫修縱、因縱果橫。性橫修縱者、就三德明之、則此三齊爲性德、般若解脫之二德、不更爲智斷之修用、三法自立、互不相融、如三帝王之鼎立、故謂之爲橫、而其修成時、更起緣因了因之功以相資助、故先法身、次般若、後解脫、次第顯發、謂之爲修縱。因縱果橫者、在因而行時、行智理次第資發、故謂之爲因縱、如前之修縱。至果則性德三身一時顯發、故謂之果橫、如前之性橫。蓋橫者以別異之義而名、縱者以次第之義而名也。文句九曰「若但性德三如來是橫、修德三如來是縱」。同記曰「別教雖有性德之語、三皆在性而不互融、故成別義。若三在修前後而得、道理成縱」。光明記一曰、「行智理三、次第資發、修時縱也。法報應三、果中齊顯、證時橫也」。如斯在別教非橫即縱者、以不知三德修性之關係故也。在圓教爲不縱不橫、蓋三德俱爲性具者、圓教之意、以爲般若解脫雖在於性、而有修用之功、何則、九界之惑業、爲性惡之德、惑業之性、即般若解脫之性德、故由迷言之、雖爲惑業、由解言之、即爲緣了、可以知圓教之二德、雖在於性、而有修用之功矣。故此三德本來有性修之關係、一性如帝王、二修如二臣、一性具二修、即成不橫之義也。然別教以爲九界迷妄之惑業、性雖於理不離、而相與理別、三性共爲此惑業所覆、橫凝在性、不爲二德二修之用、故三德各別、成性橫之義也。又圓教雖言般若解脫即緣了之二修爲修德、然非如別教在理性之外、乃爲性所具之本有之德、故即於是性。如此二修即於一性、故成不縱之義。別教於惑業之外、別修成了緣之德、則必爲前後、故成修縱之義也。妙宗鈔二曰「三雖性具、緣了是修。二雖是修、非適今有。二若非修、三法則橫。二若非性、三法則縱」。

【性識】（術語）衆生之根性心識也。歸敬儀中曰、「羣生性識深淺利鈍」。

【性覺】（術語）眞如之體不由於他、體自覺體自明、故云性覺。楞嚴經四曰、「性覺妙明」。

【牸貨】（地名）四大洲中西大洲名。見西牛貨洲條。

【狐】（動物）昔有一人在山中誦刹利書、有一野狐住其傍、專心聽誦書有所解。謂我解此書、足爲諸獸中之王矣。於是遊行、而遇瘦狐、威嚇之使之服從、展轉伏一切之狐、伏一切之象、伏一切之虎、伏一切之獅子、遂得爲獸中之王。乃作此念、我今爲獸中之王、應得王女而婚、乘白象、率羣獸、圍迦夷城。城中智臣白王言、王與獸期戰日、且索彼一願、願使獅子先戰後吼、彼必謂我畏獅子、使獅子先吼後戰。野狐果使獅子先吼、野狐聞之、心破、由象上墜地死。於是羣獸一時散走。見五分律法苑珠林五十四。因智度論十四、說野干詐死、雖截其耳尾亦忍之、及斷命、乃驚走。因有野狐往獅子所乞食、每得殘餘、適値獅子飢、便呼野狐取呑之、未死、於咽中呼言、大家活我。獅子心念、養汝使肥大、以備今日耳、汝復云何。見經律異相四十七。

【狗子佛性】（公案）又作趙州狗子、趙州無字。趙州從諗寄託狗子佛性、打破有無之執見也。五燈會元第四曰、「僧問狗子還有佛性也無。師曰、無。僧曰、上自諸佛、下至螻蟻、皆有佛性、狗子爲甚麽却無。師曰、爲伊有業識性在。又有僧問狗子還有佛性也否。師曰、有。僧曰、既是佛性、爲什麽撞入這個皮袋裏。師曰、爲他知故犯」。此爲古來初入門之難關。

【狗心】（譬喩）以喩得少分卽滿足之凡夫心也。大日經一曰、「云何狗心、謂得少分以爲喜足」。

【狗戒】（術語）天竺外道中見有狗死生於天上者、邪度狗法爲天上之生因、有學狗臥於戶外食人之糞者、謂之狗戒外道。智度論二十二曰、「外道戒者、牛戒鹿戒狗戒羅刹鬼戒聾戒、如是等戒、智所不讚、唐苦無善報」。俱舍論十九曰、「本論說有諸外道起如是見、立如是論、若有士夫補特伽羅、受持牛戒鹿戒狗戒、便得淸淨解脫出離、永超衆苦樂、至超苦樂處」。

【狗法】（譬喩）以狗喩末世比丘之怨嫉猜忌者。大寶積經八十八曰、「當來末世後五百歲、自稱菩薩而行狗法。彌勒、譬如有狗前至他家、見後狗來、心生瞋嫉、嘊喍吠之、內心起想、謂是我家。（中畧）既起此想便生貪著。前至他家、見後比丘。瞋目視之、心生嫉恚。而起鬪諍、互相誹謗。言某甲比丘有如是過。某甲比丘有如是過。（中略）為衣食故。讚歎如來智慧功德。令餘衆生生於信仰。內自犯戒惡欲惡行。」

【彼同分】（術語）分別十八界、有同分彼同分之二門。根境識三者、互相交涉而作自業為同分、不然則為彼同分。彼同分者、為彼之同分之類、故名彼同分。而十八界中、惟法界為同分、餘十七界通同分彼同分之二者。俱舍論二曰「根境識三更相交涉。故名為分。或復分者是己作用。或復分者是所生觸。同有此分故名同分。與此相違名彼同分。由非同分與彼同分種類分同名彼同分。」

【彼此攝持】（術語）眞言所談。謂佛之三密與衆生之三密互相映而攝持。卽入我我入也。

【彼岸】（術語）梵語波羅、Para譯曰彼岸。生死之境界譬之此岸。業煩惱譬之中流。涅槃譬之彼岸也。智度論十二曰、「波羅秦言彼岸」又曰、「以生死為此岸。涅槃為彼岸」維摩經佛國品曰、「稽首已到彼岸」註「肇曰、彼岸涅槃岸也。彼涅槃豈崖岸之有。以我異於彼、借我謂之耳」思益經一曰、「世尊、誰住彼岸。佛言能知諸道平等者」心經註曰、西土俗以設喩、諸佛地謂之彼岸。涅槃經曰、彼岸者、喩如來也。又凡事物之究竟云彼岸。智度論一曰、「於事成辦亦名到彼岸。（天竺俗法、凡造事成辦、皆言到彼岸）」智度論三十三曰、「彼岸者。於有為無為法盡到其邊」法華嘉祥疏二曰、「以究了眞俗之原、稱到於彼岸。故大品云、到有為無為彼岸、卽其事也」

【往生】（術語）去娑婆世界、往彌陀如來之極樂淨土、謂之往、化生於彼土蓮華中、謂之生。往生之言、雖通於諸受生、而諸教所勸之行、偏在極樂、故常以為對於極樂之別名、是淨土門之至要肯目也。法華經藥草喩品曰、「卽往安樂世界阿彌陀佛大菩薩衆圍繞住處、生蓮華中寶座之上。」無量壽經下曰、「諸有衆生、聞其名號、信心歡喜、乃至一念、至心迴向、願生彼國、卽得往生、住不退轉。」觀無量壽經曰、「願生彼國者、發三種心、卽便往生。」

【三種往生】（名數）善導法事讚上、有難思議往生樂、雙林樹下往生樂、難思往生樂之言。日本見眞取此言、於教行信證中、如其次第配於第十一（卽第十八願之證益）第十九第二十之三願。卽由第十八願難思議之佛力、得第十一願必至滅度難思議之益、是曰難思議往生、是為無量壽經一部之所詮。故又云大經往生。依第十九願修自力定散諸行者、如釋迦於拘尸那城雙林樹下入滅之化身佛得生於極樂化土之利益是名雙林樹下往生是爲觀無量壽經一部之所詮又曰觀經往生依第二十願捨餘行專勵自力之念佛者往生淨土五百歲間胎藏於蓮華不見聞三寶是云難思往生是爲彌陀經一部之所詮故又曰彌陀經往生。

【往生集】（書名）三卷明雲棲袾宏輯分九類集錄往生人之事蹟者。

【往生論】（書名）無量壽經優婆提舍願生偈之異名又名淨土論。

【往生講】（行事）念阿彌陀佛而願往生極樂之人之佛事也。

【往生一定】（術語）謂得一念歸念之信必定往生彌陀淨土也。

【往生論偈】（書名）與往生論同。

【往生淨土懺願儀】（書名）一卷宋遵式集由無量壽經及稱讚淨土經等諸大乘經中采取而定往生淨土懺願之方式者。有十門。

【往生禮式】（書名）往生禮讚之講式也。

【往生禮讚】（書名）往生禮讚偈之畧名。

【往生禮讚偈】（書名）一卷唐善導著五部九帖之一述爲願往生之禮讚六時禮讚在此中。

【往相】（術語）二迴向之一謂以己功德迴施一切衆生願共往生安樂淨土謂之往相迴向論註下曰「迴向有二種相一者往相二者還相往相者以己功德迴施一切衆生作願共往生彼阿彌陀如來安樂淨土」

【往相正業願】（術語）同選擇稱名願。

【往相回向願】（術語）彌陀之第十七願也。

【往相信心願】（術語）彌陀之第十八願至心信樂之願也。

【往相證果願】（術語）彌陀之第十一願也又曰必至滅度願。

【往來八千返】（術語）釋迦如來來生此土化衆生來往已及八千度也梵網經下曰「吾今來此世界八千返爲此娑婆世界坐金剛華光王座乃至摩醯首羅天王宮爲是中一切大衆略開心地法門品竟」

【往益】（雜語）淨土往生之利益也。安樂集上曰「探集眞言助修往益」

【往還衣】（衣傳）五種衲衣之一。

【往還二回向】（名數）往相回向與還相迴向也。

【姤不男】（術語）五種不男之一見五種不男條。

【始士】（術語）菩薩一譯始士。始發心之謂也。三德指歸二曰「菩提薩埵安師翻爲開士始士。」

【始覺】（術語）爲一切衆生本性之自性清淨心、本來具照明之德、是名本覺、由此本覺之內薰與師敎之外緣、始起厭求之心、順本覺而漸漸生覺悟之智、謂之始覺。卽本成之四德（常樂我淨）云本覺、始成之四德云始覺也、起信論曰「始覺義者依本覺故而有不覺、依不覺故說有始覺」。

【始欠持】（人名）譯曰頂髻。南印度國之太子名、殺父殺阿羅漢犯二逆罪。見俱舍光記十八。

【始行人】（術語）對久行人而云。新廻心懺悔修佛道之人也。

【始成正覺】（術語）謂釋迦應身在菩提樹下成正覺也。是爲垂跡之方便、法華至壽量品隱之而不明、於壽量品始顯本地而說報身久成、爾前之經更無久成之說、故圓頓之華嚴經尙三言始成正覺。

【始終心要】（書名）一卷、唐荆溪述。明三諦爲天然之性德、衆生迷於三諦而生三惑、依於三觀而破三惑、破三惑以成三智、依三智而證三德之心要始終。宋淨岳有科文、從義有註、各爲一卷。

【姑尸草】（植物）譯曰吉祥草。姑尸是 Kuśa 之音。見吉祥草條。

【姑臧】（地名）郡府名、在甘肅涼州。梁高僧傳二曰「乃東適龜茲、頃之復進至姑臧、止於傳舍」此地原爲當西藏交通之要路、故東西來往之人、多輻輳焉。東晉安帝時、曇無讖三藏爲河西王大沮渠蒙遜譯出大般涅槃經、卽在此地、又見於出三藏紀集、開元錄等。

【姑蘇】（人名）姑蘇開上人。傳記不詳。釋門正統三曰「襄陽啖蛤、姑蘇餌蝦」。

【枉死城】（傳說）相傳其城繞酆都殿之右、寃魂各俟兇手到日、眼見受苦、使遭害者以消忿恨、直至被害之魂得有投生之日、提出解發諸殿各獄收禁受罪、非被遭屈之魂、概入此城也。

【枝末惑】（術語）與枝末無明同。

【枝末法輪】（術語）三轉法輪之一。

【枝末無明】（術語）對根本無明而得名。起信論謂衆生不達一法界之理、忽然妄念微動、謂之根本無明、依此根本無明而起之業相、見相、境界相、三細、名爲枝末無明。又五住地中、第五之無明住地、名根本無明、前四住地、卽見思之惑、名枝末無明。

【枝香】（雜名）三種香之一。

【林毘】（地名）林毘尼之略。見嵐毘尼條。

【林毘尼】（地名）Lumbini 園名。見嵐毘尼條。

【林間錄】（書名）二卷、後集一卷、宋釋惠洪撰、本明編次、所紀皆禪門古德之嘉言善行。多訂贊寧高僧傳之訛。中頗自抒己意、發明佛理。不盡敍錄舊事。後集一卷、則惠洪所作贊偈銘三十一首。漁父詞六首。不知何人所附入也。見四庫提要。

【林葬】（儀式）四葬之一。以屍放置林中施與野獸也。

【林微尼】（地名）見嵐毘尼條。

【林藤】（雜名）刧初人之食物也。俱舍論十二曰、「地餠復隱。爾時復有林藤出現。競耽食」俱舍頌疏記十二曰、「林藤者。謂以藤出成林。故名林藤」

【林變】（故事）佛涅槃時、娑羅雙樹之色變爲白也。涅槃經一曰「爾時拘尸那城娑羅樹林變白猶如白鶴。」三代實錄二曰、「調御丈夫示林變之悲。淨德夫人遺花萎之患。」

【杯度】（人名）宋京師杯度。不知姓名、常乘木杯度水。因以爲名。初見在冀州、不修細行、神力卓越、世無測其由來。見梁高僧傳十。

【杯度別】（故事）杯度自言與鳩摩羅什別也。慧皎高僧傳曰、「杯度在彭城、聞鳩摩羅什在長安。曰吾與此子戲別三百餘年。杳然未期。遲有遇於來生耳」

【板】（物名）響板也。爲報時間之板。

【板笈】（物名）修驗者之用具。與普通之笈異。長方形薄板之上部、爲圓形。板之周圍作大緣、下端爲長脚。附笈裏及肩箱。笈中入不動尊香爐等。外結水瓶鉢袋等。

【析水】（雜語）棄鉢水之餘殘曰析水。半飮之、半棄之。故曰析。見象器箋二十。

【析水桶】（物名）容析水之桶也。

【析小】（術語）其意謂折斷折破之意。折破折斷小乘曰析小。法華文句記四曰、「析小彈偏。歎大褒圓。」

【析玄記】（書名）佛祖統紀二十二曰、「法師敬雲。建業人。夙學天台之道。光化二年於永嘉寺講經。依俱舍論述小乘入道五位。作析玄記二卷。」光化爲唐昭宗之年號。惜其書不傳。

【析智】（術語）分析小乘諸法而觀空性之智也。法華玄義三曰「以析智觀界內十二因緣事。」

【析微塵】（雜語）分析微塵至實空也。首楞嚴經曰、「汝觀地性。粗爲大地、細爲微塵。至鄰虛塵。析彼極微、色邊際相七分所成。更析鄰虛、卽實空相。」

【放下】（術語）放手而置於下也。又云放下著。著字無意味、語助辭也。五燈會元世尊章曰、「黑氏梵志擎合歡梧桐華供養世尊。佛召梵志。志應諾。佛言放下著」同嚴陽尊者章曰、「初參趙州問、一物不將來時如何。州曰、放下著。師曰、既是一物不將來。放下個甚麽。州曰、放不下擔取去。師於言下大悟。」

【放下屠刀】（雜語）山堂肆考屠兒在涅槃會上放下屠刀立便成佛言改過爲善之速也。

【放牛經】（經名）一卷、秦羅什譯。爲增一阿含經放牛品之別譯。以放牛之十一法譬比丘之十一法。

【放生】（行事）釋放羈禁之生物也。列子說符篇曰、「邯鄲民正旦獻鳩於趙簡子。簡子曰正旦放生示有恩也。」按放生事始見於此。參照放生會條。

【放生池】（雜名）放當死之魚介、施食施法之池也。本依金光明經所說流水長者之緣、天台智者始立此法。佛祖統紀三十三曰、「放生。光明經述流水長者救魚十千天子報德。此緣起也。智者買斷簄梁、悉罷江上採捕。此立法也。赴計詣獄中之難。報修善堂上之恩。此顯驗也。（此三事並見智者紀）唐肅宗乾元二年詔天下置放生池。凡八十一所（顏眞卿爲碑）本朝眞宗天禧元年詔復天下放生池。沿江淮州郡上下水五里並禁採捕。（二事並見通塞志）慈雲奏西湖爲放生池。以四月八日會郡人縱魚鳥。法智於南湖以佛生日放魚鳥祝聖人壽。樞密劉均奉勅撰碑。此皆放生之梗概也。」陔餘叢考三十三曰、「唐乾元中命天下置放生池八十一所。顏魯公碑云、環地爲池、周天布澤。動植依仁。飛潛受護。宋天禧中王欽若奏以杭州西湖爲祝聖放生池。郡守王隨記之。東坡奏西湖不可廢者五、此其一也。其狀云郡人數萬會於湖上。所活羽毛鱗介以百萬數。然考藝文類聚、梁元帝時、荊州有放生亭碑。則唐以前已有之。又南史梁武時、謝徵爲放生文見賞於世。蓋梁武帝奉佛戒殺。至以麵爲犧牲。則放生起於是時無疑。」

【放生會】（行事）佛制比丘貯放生器、日常羅漉水囊之生類容之、以放之於泉池河水。未有放生會之事。及天台智者制天台山海曲爲放生池、使海上漁人放魚介於此。放之當爲授三歸戒、說大法以結法緣。蓋取金光明經所說流水長者救生之事緣也。是爲放生會之濫觴。其後天台之慈雲四明、盛行之、慈雲之金園集九四明之教行錄各有放生之儀軌。（釋門正統三）

【三節放生】（名數）歲末與安居竟及父母之忌辰也。圭峯盂蘭盆經疏曰、「儒則四時殺命春夏秋冬。釋則三節放生。一歲終。二夏滿。三忌辰。」

【放生器】（物名）比丘日常以漉水囊漉水、羅其囊底之小蟲放置一器以之送入河川泉池、此器卽放生器也。其製法義淨譯之護命放生儀軌法詳之。

【放生儀軌經】（經名）護命放生儀軌法之畧名。

【放光瑞】（術語）法華六瑞之一。佛將說法華、先放毫光、照此土及東方萬八千世界、序品曰「佛放眉間白毫相光、徧照東方萬八千世界。」

【放光經】（經名）放光般若波羅蜜多經之略名。

【放光三昧】（術語）百八三昧之一。放種種色光之三昧也。智度論四十七曰「放光三昧者、常修火一切入故、生神通力、隨意放種種色光、隨衆生所樂、若熱若冷、若不熱不冷。」

【放光動地】（術語）佛說深經之前放光明震動大地也。是爲大乘之通相。法華六瑞中之二瑞。

【放光般若經】（經名）放光般若波羅蜜多經之略名。

【放光般若波羅蜜多經】（經名）二十卷、無羅叉譯。與大般若第二分同本、常加啼法上之二品。與羅什譯之摩訶般若波羅蜜經竺法護譯之光讚般若波羅蜜經同本。放光之義、光讚經之下釋之。

【放參】（雜語）禪林之語。住持有事故、或臨時祈禱、放免晚參（夜之坐禪也）是云放參、卽鳴鐘三下、謂之放參鐘。見象器箋九。

【放逸】（術語）唯識論二十隨煩惱之一。不守規矩也。大乘義章二曰「離善方便名放逸。」

【放鉢】（修法）長壽之秘法也。如意寶珠轉輪秘密現身成佛金輪呪王經放鉢品說、佛告曼殊師利童子言、若有善男子善女人、飛空鉢行佛正道、欲利益衆生者、先選高山及深谷、若者如覆鉢、若者如仰鉢、寂寞無人最勝之境界、作造庵室、唯好獨住此清淨道場所、斷語無言、斷五穀粒食、飡松葉、呑水吸氣、禪定思靜、誦八大龍王陀羅尼及龍王名號、（中略）次取空鉢、召請諸龍王及迦樓羅鳥王、各呪一萬三千徧、卽沒空中、起大風輪、爾時金翅鳥王及娑伽羅大龍王等乘其風輪、頂戴空鉢、至天上諸龍王宮及阿修羅宮、卽取長年仙藥、施與行人、行者服已、住壽一千歲、神通如意、能堪修行佛之妙法道。若親近女色及食肉類、則不得飛鉢神通、頓止、是則先佛修行之要術、神仙之秘法也。

【放鉢經】（經名）一卷、失譯、卽普超三昧經奉鉢品之別譯也。二百天子欲退大心、佛化作一人、持百味飯食、使獻佛、佛卽置鉢於地、下入地中、至賴毘羅耶佛刹、懸空中、使諸弟子索之、不得、最後文殊師利索之、還獻佛、所賴毘羅耶佛因爲諸弟子說諸菩薩在娑婆世界行苦道、二百天子聞之、遂發大心。

【放燈】（行事）點燈放夜也。漢明帝時、佛法初東漸、摩騰竺法蘭與道士角法力勝之明帝勅於上元(正月十五日)點燈以表佛法大明。後代傚之、至三元(正月十五日、七月十五日、十月十五日)皆放燈云。僧史略下曰「案漢法本內傳曰、佛法初來與道士角試。燒經像無損而發光。又西域十二月三十日是此方正月十五日、謂之大神變月。漢明勅令燒燈表佛法大明也。(中略)唐先天二年西域僧沙陀請以正月十五日燃燈。開元二十八年正月十四日勅常以二月望日燒燈。(中略)德宗貞元三年勅正月十五日燃燈。是漢明帝因佛法初來與道士角法。勅令燭燈表破昏闇。(中略)後歷諸朝或然不。大宋太平興國六年勅下元亦放燈。三夜為軍民祈福。供養天地辰象佛道三元俱燃燈放夜、自此為始著於格令焉。」

【放禪】(雜語)禪林之語。止坐禪也。

【於諦】(術語)三論宗之語。於者所依之義。佛之說法為教諦、所依之二諦為於諦。是依中論諸佛依此二諦說法之文而立。二諦義上曰「論云諸法性空、世間顛倒思有為世諦。諸賢聖真知顛倒性空為第一義諦。諸佛依此二諦說法。(中略)今正此一句。明依二諦說法所依是於諦說法是教諦也。」

【明】(術語)智慧之別名。佛地論一曰、「有義明者以慧為性。慧能破闇故說為明。有義無礙善根為性。翻無明故。」大乘義章十四曰、「知法顯了故名為明。」因真言之別名。真言能破煩惱之闇故云明。又由口說云真言、由身現云明。又佛放光明於光中說故云明。演密鈔一曰、「明者明咒。真言之別稱。梵語尾儞也。此譯云明。破闇為義。梵語漫怛羅、此云真言、或名神咒。謂此真言能破衆生煩惱闇障。義翻為明咒。即明故。」大日經疏十二曰、「破除一切無明煩惱之闇故。名之為明。然明及真言義有差別。若心口出者名真言。從一切身分任運生者、名之為明也。」秘藏記本曰「陀羅尼者佛放光光之中所說也。是故陀羅尼與明其義不異。」

【明了】(術語)完全明知其事理也。法華經法師功德品曰、「菩薩於淨身皆見世所有。唯獨自明了。餘人所不見。」無量壽經下曰、「如來智慧海深廣無涯底。二乘非所測。唯佛獨明了。」

【明了論】(書名)律二十二明了論之畧名。

【明了願】(術語)謂彌陀之本願非虛設。賴其救濟無間斷、確實明了也。

【明月珠】(物名)經云明月摩尼。摩尼珠之光、如明月也。見明月摩尼條。

【明月天子】(天名)月天子也。住月宮、屬帝釋天。見月天子條。

【明月摩尼】(物名)摩尼者寶珠之總名。明月者其別名也。其光如明月故名。無量壽經上曰、「復以眞珠明月摩尼衆寶以爲交露。」六要鈔六本曰、「明月珠者摩尼也。摩尼之中有明月珠。明月珠者卽上所言月光摩尼。千手經說日精摩尼月精摩尼、其月精者此珠也。」

【明心】（術語）正明之心也。楞嚴經一曰、「唯願如來哀愍窮路發妙明心開吾道眼。」

【明心菩提】（雜語）五種菩提之一。見菩提條附錄。

【明王】（術語）稱敎令輪身受大日覺王敎令現忿怒身降伏諸惡魔之諸尊稱爲明王。如不動明王大威德明王是也。明者光明之義、以智慧而名、有以智力摧破一切魔障之威德、故云明王。是通於諸敎令輪身忿怒尊之稱也。但常說之明王、多指不動明王而言。總卽別名也。眞僞雜記十三曰、「明者光明義。卽象智慧。所謂忿怒身。以智慧力摧破煩惱業障之主。故云明王。」瑜伽學習捷圖上曰、「其忿怒者猶奴僕也。諸軌之中多稱明王。雖是奴僕奉行敎勅、卽猶君王。故呼忿怒亦名明王。」聖無動經曰、「假使三千界大力諸夜叉、明王降伏盡令入解脫道。」又陀羅尼謂之明王、約於女聲而云明妃、約於男聲而云明王。

【明孔】（雜語）開放三衣之條而不相縫合之處也。四分律之衣有明孔、有部律之衣無明孔。釋氏要覽上曰、「三衣葉上不刺合處謂之明孔。有云若田畦入水之竇。按根本百一羯磨淨三藏云、西國三衣並皆刺合、唯東夏開而不縫。詳觀律檢實無開法。」

【明匠】（雜語）聰明之師匠也。梁僧傳（浮陀跋摩傳）曰、「側席虛襟企待明匠。」唐僧傳（僧範傳）曰、「可謂當時明匠。」

【明地】（術語）十地第三發光地之異名。極淨明之智生、故名明地。見十地條。

【明妃】（術語）陀羅尼之別稱也。陀羅尼有能破煩惱之闇之德、故云明。能增長一切之功德、故云妃。亦單稱云明。大日經疏九曰、「明是大慧光明義。妃者梵云囉逝、卽是王字作女聲呼之。故傳度者義說爲妃。妃是三昧義。所謂大悲胎藏三昧也。」同十二曰、「若心口出者名眞言。從一切身分任運生者名之爲明也。由增長義故、女聲呼之。（中略）妃者如世女人能生男女令種胤不絕。此明能生一切如來所有功德。故義云妃也。」演密鈔八曰、「由增長義故、女聲呼之者。謂此明妃能生長行者功德法。故女聲呼之。梵云尼儞也。此是男聲。梵云尼儞卽是女聲。俱譯曰明。由隨增長義。故加以妃言也。」見明條。又於曼荼羅各部配耦部主之女尊名明妃。諸部要目曰、「三種明妃。佛部、無能勝菩薩以爲明妃。蓮華部、多羅菩薩以爲明妃。金剛部、金剛孫那利菩薩以爲明妃。」

【明行足】（術語）佛十號之一。梵名婢侈遮羅那三般那 Vidyā-carana-sampanna。依涅槃經之說，明者阿耨多羅三藐三菩提也，行足者腳足之義，指戒定慧言，佛依戒定慧之腳足而得阿耨多羅三藐三菩提，故名明行足。又依智度論之說，明者宿命天眼漏盡之三明也，行者身口意之三業也，足者滿足之義，三明者滿足身口意之三業，故名明行足。涅槃經十八曰「明者名得無量善果，行名腳足，善果者名阿耨多羅三藐三菩提，腳足者名為戒慧，乘戒慧足得阿耨多羅三藐三菩提，是故名明行足也。」智度論二曰「婢侈遮羅那三般那，秦言明行足，云何名明行足，宿命天眼漏盡名為三明。（中略）行名身口意業，唯佛身口意具足，餘皆有失，是故名明行足。」

【明利】（術語）聰明銳利也。無量壽經下曰「神通無礙，諸根明利。」

【明法】（術語）明者眞言之異名。大日經六曰「阿字第一句，明法普周遍。」義釋十四曰「明者即眞言之別名也。明法普遍，字輪周遍者，謂從一字亦無量字生，無量明周帀圍繞，如前所說字輪也。」

【明星】（天名）梵語阿樓那 Aruṇa 譯曰明星，即太白星也。是為明星天子之宮殿，內有天子住居，謂之明星天子，虛空藏菩薩之應化也。世尊於明星出時豁然大悟云。修行本起經上曰「菩薩所作已成，智慧明了，明星出時，廓然大悟，成最上覺。」普曜經曰「菩薩明星出時，豁然大悟。」又明星天子為虛空藏菩薩之化現，故修虛空藏求聞持之法，向明星祈請，求其感應也。見虛空藏及求聞持條。

【明星天子】（天名）住於太白星中之天子也，單曰明星。見明星條。

【明度】（術語）般若波羅蜜之古譯，般若譯曰明，波羅蜜譯曰度。

【明度無極】（術語）般若波羅蜜之古譯，般若譯曰明，波羅蜜譯曰度，又曰度無極。新譯般若曰慧，譯波羅蜜曰到彼岸。無極彼岸者，皆涅槃而名，渡生死海到達涅槃之無極，謂之度無極。一云到彼岸。

【明炬】（譬喻）明之炬火，以喻般若之智也。萬善同歸集五曰「故知般若是險惡徑中之導師，迷闇室中之明炬。」

【明相】（雜語）明者天空始呈白色之時也。待此明相現，得食朝粥，是律制也。釋氏要覽曰「四分律云：明相出始得食粥。餘皆非時。婆沙論云：明相有三：初日照剡部樹身，天作黑色；二日照樹葉，天作青色；三日過樹，天作白色。三色中取白色為正時，須舒手見掌文分明始得食粥。」

【明津】（術語）正明之津路也。釋門歸敬儀中曰「聖道之明津。」

【明信佛智】（雜語）不了佛智之反對無量壽經之語。明信佛智之不思議。深賴如來之救濟。不更疑自己之往生也。

【明珠】（物名）明月珠也。又曰明月摩尼。寶珠之光如明月。故名。此珠有澄濁水之德。涅槃經九曰「譬如明珠置濁水中。以珠威德。水即爲清。」

【明珠譬淨戒】（雜語）法華經序品曰「持淨戒猶護明珠」梵網經偈曰、「諸佛子宜發大勇猛。於諸佛淨戒護持如明珠。」六度集經三曰「具戒行者心無穢濁。內外清潔。凡夫猶瓦石。具戒高行者若明月珠也。」箋難一曰、「經護明珠。或是明月珠也。」

【明珠譬大乘經典】（雜語）涅槃經三曰、「譬如國王髻中明珠付典藏臣。藏臣得已。頂戴恭敬。增加守護。我亦如是。頂戴恭敬增加守護如來所說方等深義。」法華經安樂行品曰、「此法華經是諸如來第一之說。於諸說中最爲甚深。末後與賜。如彼強力之王久護明珠今乃與之。」智度論四十九曰、「若水濁。以珠著水中。水即爲清。是珠其德如是。」淨土論註下曰、「譬如摩尼珠。置之濁水。水即清淨。若人雖有無量生死之罪濁。聞彼阿彌陀如來至極無生清淨寶珠名號。投之濁心。念念之中罪滅心淨。即得往生。」

【明冥】（術語）明者神明。冥者冥官也。又如龍畜爲可見之衆類。謂之明。如閻魔王諸天鬼神爲不可見之衆類。謂之冥。性靈集九曰、「一切業道明冥。」

【明師】（雜語）明事理之師也。唐華嚴經十一曰、「導世明師難一遇。」寄歸傳四曰、「粤我韶齔。攜就明師。」

【明神】（術語）智慧照了曰明。威德不測云神。乃諸天鬼神之德稱也。

【明高僧傳】（書名）四高僧傳之一。見高僧傳條。

【明教】（人名）宋杭州契嵩。字仲靈。號潛子。宋仁宗賜明教大師之號。見五燈會元。

【明得】（術語）明得定也。唯識樞要上本曰、「位居明得。道隣極喜。」

【明得定】（術語）於菩薩四加行中煖位所得之禪定也。明爲無漏之慧。爲初得無漏慧前相之禪定。故名明得定。唯識論九曰、「依明得定。發下尋思觀無所取。立爲煖位。」（中略）初獲慧日前行相。故立明得名。」唯識述記九末曰、「明者無漏慧。初得無漏慧之明相。故名明得。明得之定。名明得定。」

【明得薩埵】（術語）四善根位中煖位之聖者也。此位之聖者得明得定。故有此名。

【明堂】（堂塔）禪林之目。僧堂正前高架明樓。明樓左右之空處云明堂。見象器箋一。

【明處】（術語）學習而生智慧之處也有五種謂之五明處又單云五明地持經三曰、「明處有五種一者內明處二者因明處三者聲明處四者醫方明處五者工業明處」勝鬘寶窟中本曰、「明處者五明也此五者生明智處故言明處」

【明窗】（雜名）僧堂之制大而復前後架屋堂內闇矣故當前板首座板頭西堂板頭之上屋上開窗（如今煙窗）故第一座板言明窗下見象器箋一。

【明脫】（術語）離愚痴云明離貪愛云脫維摩經弟子品曰、「不滅痴愛起於明脫」註「肇曰痴滅而明愛解而脫生曰不復爲痴所覆爲明不復爲愛所縛爲脫。」

【明眼論】（書名）說法明眼論之略稱。

【明達】（術語）明者三明、達者三達。在阿羅漢云三明在佛云三達、明者明了之義達者通達之義。無量壽經下曰、「智慧明達」

【明道】（術語）明者眞言之別名也、眞言之道法云明道。八大童子儀軌曰、「爰有三藏不空能達明道」

【明樓】（堂塔）禪林之目在僧堂之前。僧堂廣深又前有外堂堂內昏暗乃於堂前外堂之間、架高樓開窗取明、是謂之明樓見象器箋一。

【明慧】（術語）三明與三慧也。無量壽經下曰、「得深禪定諸通明慧」同慧遠疏曰、「明謂三明慧謂三慧」。

【明論】（書名）韋陀論也韋陀Veda譯曰明明者智也又明實事也、婆羅門立四明論佛教立五明論勝鬘寶窟中本曰、「五明論此是明智人之所造又學此論者亦能生人慧明。故稱五明。」唯識述記一末曰、「明論者先云韋陀論。今云吠陀論吠陀者明也明諸實事故」

【明靜】（術語）謂智慧明禪定靜也。止觀一曰、「止觀明靜前代未聞」輔行曰、「止體靜觀體明也。」

【明藏】（雜名）明朝彫刻之方册一切經也明朝有南北二藏南藏爲太祖所刻、在南京之官庫北藏爲太宗所刻、藏北京城中。其後神宗萬曆年間密藏禪師發願初刻方册大藏、爾來海內之緇素得閱大藏者皆師之賜也日本鐵眼禪師所翻刻者卽此本也。

【明證】（雜語）明白之證據也。佛昇忉利天爲母說法經上曰、「逮於聖慧而造明證」順正理論三十六曰、「准此標釋中足爲明證」

【肥者耶】（天名）譯言勝勝無勝之一。日天妃也。胎藏界曼荼羅文殊院之五奉敎中亦存焉。

【肥膩】（植物）草名。涅槃經八曰、「雪山有草名曰肥膩。牛若食者純得醍醐。」梵Pinodhi

【服水論師】（流派）二十種外道之一。此外道師說水是萬物根本、水能生天地又能壞萬物、卽以水爲究竟之涅槃者。

【牧牛】（譬喩）見十牛圖序條。

【物機】（術語）衆生之機根也。止觀大意曰、「起十界身、能隨順物機。」因明大疏序曰、「應物機於雙樹、浹至敎於塵洲。」

【物不遷正量證】（書名）一卷、明道衡述。

【物不遷正量論】（書名）二卷、明鎭澄著。

【物不遷論辨解】（書名）一卷、明眞界解。

【所引支】（術語）爲十二支中無明行二能引支引起之識、名色、六處、觸、受之五支也。

【所引生果】（術語）由十二支中牽引生起二因、引生之生與老死也。

【所化】（術語）施敎化者曰化主、或能化、受敎化者云所化。維摩經佛國品曰、「菩薩隨所化衆生而取佛土。」

【所立不遣】（術語）因明喩法之過也。如立無常之宗、擧極微之異喩、是不遮遣所立之宗、故云所立不遣。見因明大疏七。

【所立法不成】（術語）因明喩法之過也。如立無常之宗、擧虛空之同喩、是所立之宗法不成、故曰所立法不成。見因明大疏七。

【所司】（職位）執寺務之僧、勾當公文、謂之所司。

【所有】（術語）謂身有有生死果報之所也。無量壽經曰、「亦無所作、亦無所有。」慧遠疏曰、「亦無所有。無果可有。」

【所別】（術語）因明之宗支、如言聲無常、以聲之體爲有法、一云前陳、亦云所別、以無常之義爲法、一名後陳、亦云能別。

【所別不極成】（術語）因明宗法九過之一。如數論外道對佛弟子立我是可思、其所別之我、非我佛弟子之所許、故云所別不極成。所別能別皆爲自他共許所用之語也。見因明大疏四。

【所作】（術語）身口意之三業爲能作、其發動造作云所作。無量壽經上曰、「亦無所作、亦無所有。」慧遠疏曰、「亦無所作無因可作。亦無所有無果可有。」

【所作相似過類】（術語）十四過之一。不知因與宗同喩貫通時事件之總該合說、而視宗與同喩個個分離、攻擊因之不成立之過也。

【所求菩薩發心】（術語）見三種發

心條。

【所知依】（術語）阿賴耶識之異名也。因彼識爲偏依圓三性所知法之所依故也。唯識述記三末曰、「所知者三性與彼爲依名所知依。即攝論第一所知依品是。此所知依阿賴耶識之別名也。」

【所知障】（術語）二障之一。

【所依不成】（術語）因明四不成之第四。謂因所依之宗有法不成就也。例如對經部之無空論者、而勝論師謂虛空實有、德所依故。見因明大疏五。

【所被之機】（術語）可被敎化之機根也。

【所量】（術語）三量之一。心所量度分別之對境也。

【所須嚴淨願】（術語）法藏比丘四十八願中之第二十七願。見四十八願條。

【所詮】（術語）詮者顯也。依經文而顯義理、故經文云能詮、義理云所詮。四敎儀一曰、「敎是能詮、理是所詮。」義林章一本曰、「所詮法者、所詮義也。名句字者、能詮文也。」

【所遍計】（術語）遍計所執性之法遍計於我法之遍計心、故云所遍計。

【所緣】（術語）稱心識曰能緣、心識之所對云所緣。緣者攀緣之義也。俱舍光記二曰、「緣謂攀緣。心心所法名能緣、境是所緣。有彼所緣故名有所緣。心心所法其性羸劣、執境方起。猶如羸人非杖不行。」

【所緣緣】（術語）四緣之一。見四緣條。

【所緣縛】（術語）二縛之一。謂縛於所緣之境也。

【所緣斷】（術語）斷惑四因之一。

【所緣有對】（術語）三有對之一。見有對條。

【所薰四義】（名數）由七轉識薰習種子之第八識、具備四義也。一、堅住性。無前後始終憂喜變動一類而相續不斷也。二、無記性。具中容性質、爲無覆無記性、對善與染汚皆不相違背。若有强勝之善、或有染汚之性質、則互相違背、不能寬容也。三、可重性。有不依他生起之自在之勢力、與他融合之性質者。四、與能薰和合性。與能薰之識體同時同處和合一致也。故他身相望、異時相望、不可論能薰所薰。

【所藏】（術語）阿賴耶三藏之一。見阿賴耶條。

【所願不虛】（雜語）諸種願望皆滿足之意。法華經普賢勸發品曰、「普賢、若於欲世授持讀誦是經典者、是人不復貪着衣食臥具飮食資生之物、所願不虛、亦於現世得其福報。」

【所變】（術語）由實體所變化者。

【所變無記】（術語）四無記之一。

【欣】（術語）欣尙之意。心所名。對於厭而言。卽令心欣慕功德之精神作用也。入阿毘達磨論上曰「欣謂欣尙於還滅品。見功德已。令心欣慕隨順修善。心有此故欣樂涅槃。與此相應名欣作意。」順正理論十一曰「欣謂善心希求過患出離對治。此增上力所起順證修心欣尙性。此於離喜未至等地亦有現行。故非喜受。與此相應名欣作意。」皆是也。大毘婆沙論百四十三說有欣厭二心所。又二十八、百九十六說別有厭心所。俱舍論等說。心所中不出欣厭之二。俱舍光記四所謂「此論中等不別說者。以非恒起。或非並生。故不說爲大善地法。」成唯識論六所謂「及顯十一義別心所。謂欣厭等善心所法。雖義有別。說種種名。而體無異。故不別立。欣謂欲俱無瞋一分。於所欣境不憎恚故。」是也。

【欣求】（雜語）願求善法也。

【欣求淨土】（術語）願求西方之極樂也。往生要集一部明十大門。中有曰、「第一厭離穢土。第二欣求淨土。」見厭離穢土條。

【欣界】（界名）可欣求之境土。如賢聖之住處等是也。十不二門序曰、「光塵忽變。欣界尤賒。」

【社中】（雜語）凡結衆講磨道學者曰社中。見象器箋五。

【社伽】（雜語）譯曰衆生。

【社怛梵】（流派）Jaṭāvat 外道名。大日經疏一曰、「社怛梵者。謂與知者外道。宗計大同。但部黨別異。故特出之耳。」

【社得迦】（經名）Jātaka 譯曰本生。十二部經之一。

【社得迦摩羅】（經名）Jātakamālā 讚頌名。譯曰本生鬘。貫集佛前生苦行而爲讚頌者。寄歸傳三曰、「社得迦昔本生也。摩羅者卽是貫焉。集取菩薩昔生難行之事貫之一處也。若譯可成十餘軸。」

【邲輸跋陀】（菩薩）普賢菩薩之梵名。名義集一曰、「邲輸跋陀 Viśva-bhadra. 或三曼跋陀 Samanta-bhadra 此云普賢。」

【知】（術語）了了自覺也。禪源諸詮二曰、「問。諸緣絕時有斷滅否。答。雖絕諸念。亦不斷滅。問以何證驗云不斷滅。答。了了自知。言不可及。師卽印可云、只此是自性淸淨心。更勿疑也。若所答不契。卽但遮諸非。更令觀察。畢竟不與他先言知字。直待自悟。方驗實是親證其體。然後印之。令絕餘疑。故云默傳心印。所言默者。唯默知字。非總不言。六代相傳。皆如此也。至荷澤時。恐宗旨滅絕。遂明言知之一字衆妙之門。」同三曰、「設有人問。每聞諸經云。迷之卽垢。悟之卽淨。縱之卽凡。修之卽聖。能生世間出世間一切諸法。此是何物。答云是心。愚者認名便謂已識。智者應更問、何者是心。答、知卽是心。今時學禪人多疑云、達摩但說心、荷澤何以說知。如此疑者、豈不似疑云、比只聞井中有水、云何今日忽覺井中溼耶。思之思之、直須悟得水是名不是溼、溼是水不是名、卽淸濁水波凝流無義不通也。以例心是名不是知、知是心不是名、卽眞妄垢淨善惡無義不通也。」

【知世間】（術語）梵語路迦憊Lokavid 譯曰知世間。如來十號之一。謂知一切世間之法也。智度論二曰「復名路迦憊。路迦秦言世、憊名知、是名知世間。」

【知正覺世間】（術語）華嚴宗所立三種世間之一。如來具大智慧、永離偏邪、能覺了世間出世間之法、故以爲名。卽釋迦如來能化之智身也。

【知次位】（術語）十乘觀法之第八。謂觀行者知自己之位次也。

【知足】（術語）言知足安分也。大乘義章十四曰「得小之時、心不悔恨、說爲知足。」遺敎經曰「不知足者雖富而貧、知足之人雖貧而富。」又（界名）知足天之略。

【知足天】（界名）兜率天也。名義集二曰「兜率陀、此云妙足。新云覩史陀、此云知足。」彌勒之淨土在此天。

【知足院】（雜名）知足天之內院也。知足天有內外二院、內院爲彌勒菩薩之淨土。

【知見】（術語）就意識云知、就眼識曰見。又推求名見、覺了云知。又三智云知、五眼云見、皆爲慧之作用。法華經方便品曰「開佛知見。」

【知見波羅蜜】（術語）般若波羅蜜之異名。法華經方便品曰「如來方便知見波羅蜜皆已具足。」

【知身經】（經名）佛知身經之畧名。

【知法】（術語）在顯敎謂能知諸經之深義者曰知法、在密敎謂能知秘密之事相者曰知法。涅槃經十五曰「了知十二部經、名爲知法。」

【知事】（職位）僧院司事務僧之總名。禪院諸役擬朝官、分兩班。都寺、監寺、副寺、維那、典座、直歲諸役爲東班、稱此等僧爲知事。僧史畧中曰「案西域知事僧總曰羯磨陀那、譯爲知事。亦曰悅衆、謂知其事悅其衆也。稽其佛世、飮光位衆於靈鷲、身子涖事於竹林、及沓婆摩羅年甫十六已證應眞、其念身不牢固、請爲僧知事。」

【知者】（術語）十六神我之一。謂人身中有能知事物者、是神我之體也。

【知客】（職位）又云典客、典賓。禪林司賓客之接待者。

【知苦斷集】（術語）苦者苦諦、生死之果報也。集者集諦、煩惱惡業也。爲四諦中之二諦。知生死果報之苦、而斷招此苦果之煩惱惡業也。

【知息出】（術語）十六特勝之一。於數息觀覺照出息分明也。

【知息徧身】（術語）十六特勝之一。謂由欲界定證未至地之定時、證身及定法皆虛假也、息之入出徧身微而如有有而如無也。

【知息長短】（術語）十六特勝之一。謂調心漸熟、至觀照明了、覺知息之出入長短之想也。

【知恩報德】（術語）知師父之恩德而報謝之也。往生論註上曰、「知恩報德理宜先啓」。

【知恩報德益】（術語）現生十種益之一。信彌陀者喜身蒙恩德、以報謝之念爲事之利益也。

【知根】（術語）數論所說二十五諦中眼等五根名知根。以有見聞等之知覺也。

【知根無所畏】（術語）菩薩四無所畏之一。菩薩知了衆生之機根、而說法故無所畏怖也。

【知浮法】（術語）根本律云。苾芻應習浮、恐有難緣、不能浮渡。

【知浴】（職位）禪林司浴室者。

【知庫】（職位）禪林司倉庫者。又曰庫頭。

【知淨】（術語）見左條。

【知淨語】（術語）比丘有淨語、猶如忌諱。如比丘要草木時、謂斫木摘花等是爲不淨語。謂「知之」「看之」者是爲淨語。又如對金錢而言「收」「取」等、是皆屬不淨語。淨語凡有四種、一汝知是、二汝看是、三我須是、四我與是。從此四淨語中之第一種曰知淨語。又云知淨。行事鈔中壞生種戒曰、「五分凡諸草木、若有所須、語淨人言汝知是。若不解者、又語言汝看是。若不解、復語我須是。若不解、復語我與是。壞地亦然。」同資持記中三之一曰、「五分初明淨語、次列四種。解一即止。隨言通得。四皆云是。即指前物。」同畜錢寶戒曰、「僧祇云、若凡得錢及安居衣、直不得以手取、使淨人知。無者指脚邊地語言、是中知。」同資持記曰、「無者、謂無淨人。暫安地處言是中知、即淨語也。」

【知殿】（職位）禪林掌佛殿之事者。見象器箋六。

【知與智之別】（雜語）禪源諸詮三曰、「空宗以分別爲知、無分別爲智。智深知淺。性宗以能證聖理之妙慧爲智、以該於理智通於凡聖之靈性爲知。知通智局。」同二曰、「智局於聖、不通於凡。知即凡聖皆有、通於理智」。

【知道者】（術語）知眞實之道者。爲佛之自稱。法華經藥草喩品曰、「我是知道者」。

【知解宗】（雜語）但以多知多解爲宗者。六祖壇經曰「汝向去有把茆蓋頭、也只成個知解宗徒。」法眼大師曰「古人授記人、終不錯。如今立知解爲宗。卽荷澤是也。」黃檗曰「我此禪宗從上相承已來不會敎人求知求解。」

【知寮】（職位）寮主之異名。

【知論】（書名）大智度論之異名。

【知禮】（人名）宋四明山法智尊者知禮字約言後人依其所居號爲四明大師。七歲出家、十五具戒、專學律部。太平興國四年從寶雲受天台之敎觀。淳化二年始受請、主乾符。咸平六年日本國遣寂照、持源信法師問目二十七條請答釋。天禧元年結同志修法華懺、三載期滿將焚身以供妙經、秘書監楊億等致書止之。四年眞宗聞高行。賜法智大師號、使住世宣敎。六年正月寂。壽六十九。唐末之亂天台敎籍多散逸、至螺溪義寂雖遺文稍集、而學者猶晦於正宗。師於此時崛起。深達性具之旨。揭一家之正燈。稱其法爲山家正義、後學台敎者多宗之。見佛祖統紀八。

【知識】（名數）起信論所說五識之一。與六麤相中之智相同。就心體云智識。就無期之相云智相。見智相條。図（術語）朋友之異名。如云知人、我知其心識其貌之人也。又我所知之人也。非多知博識之義。諸經之初有「皆是大阿羅漢衆所知識」。卽就爲人所知而云。其人善、爲善友善知識。惡則爲惡友惡知識。說法引導我於善處者是善友、故曰善知識。又單云知識。又勸善友使喜捨三寶、謂之勸知識、唱知識。

【三種知識】（名數）見善知識條。

【知識衆】（雜語）多數之知友也。

【知識會】（行事）供養華嚴入法界品五十三善知識之法會也。見象器箋十三。

【和合海】（術語）僧衆和合爲一味、譬以海水之一味也。又僧衆多大如海之深廣、故喩以海也。

【和合衆】（術語）梵語僧伽、正譯曰衆。爲比丘三人已上之稱。和合衆卽和合僧也。

【和合僧】（術語）梵語僧伽 Saṃ-gha 一譯和合。和合僧者、梵漢雙擧也。比丘三人已上集同處、持同戒、行同道者、名和合僧。見僧條。若以手段使之分離、則謂之破和合僧、爲五逆罪之一。在世之提婆達多嘗犯此逆罪。和合有理和事和之二義。見六和敬條。

【和光】（術語）見次項。

【和光同塵】（術語）老子曰、「和其光同其塵」。是謂玄門。佛者假之以顯佛菩薩和威德光、近諸惡人、又示現種種身之義。如觀音之普門示現、卽和光同塵也。止觀六之二曰、「和光同塵、結緣之始。八相成道、以論其終。」同輔行曰「和光下釋現身也。同四住塵。處處結緣作淨土之因爲利物之始。衆生機熟。八相成道。見身聞法終至實益。」又與惡人同處。不染其惡。謂之和光不同其塵。涅槃經六曰、「是人爲欲調伏如是諸比丘故。與其和光不同其塵。」

【和合二聖】（雜名）淸雍正十一年、封天台寒山大士爲和聖。拾得大士爲合聖。

【和伎者】（雜名）卽助手也。楞伽經四曰、「心爲工伎兒。意如和伎者。五識爲伴侶。妄想觀伎衆。」

【和休經】（經名）太子和休經之略名。

【和夷羅洹閱叉】（菩薩）Vajrapāṇiyakṣa 金剛手菩薩之梵名。又曰執金剛神。玄應音義三曰、「和夷羅洹閱叉。卽執金剛神也。手執金剛杵。因以爲名焉。」

【和伽羅那】（術語）Vyākaraṇa 又曰和伽那、和伽羅、和羅那。譯爲授記。十二部經之一。佛說弟子未來之結果。以示其人者。大乘義章一曰、「和伽羅那。此云授記。行因得果。目之爲記。聖人說示人故稱爲授。」飾宗記三本曰「和羅那此云記別。舊名授記。」

【和社】（地名）見和尙條。

【和尙】（術語）Upādhyāya 又曰和上。律家用上字。其餘多用尙字。本爲印度之俗語。呼吾師云烏社。至于闐國等則稱和社、和闍（Khosha）等。和尙者其轉訛也。羅什三藏翻爲力生。以依師而弟子之道力得生故也。晉書佛圖澄傳曰、「法常與法佐對車夜談。言及和尙。比旦佐入見澄。澄已知之。於是國人每相語曰、莫起惡心。和尙知汝。」按此二字見正史之始也。魏書釋老志浮圖澄爲石勒所宗信。號爲大和尙。大和尙又始見此。翻譯名義曰、「和尙外國名。漢言知有罪知無罪也。」寄歸傳三曰、「言和尙者非也。西方汎喚博士皆名烏社。斯非典語。若依梵本經律之文。咸云鄔波馱耶。譯爲親敎師。北方諸國皆喚和社。致令傳譯習彼訛音。」百一羯磨一曰、「鄔波馱耶。譯爲親敎師。言和上者乃是西方時俗語。非是典語。」玄應音義十四曰、「和尙菩薩內戒經作和闍。皆于闐國等訛也。應言郁波弟耶。此云近誦。以弟子年少不離於師。常逐近受經而誦也。又言鄔波陀耶。此云親敎。舊譯云知罪知無罪名爲和尙也。慧苑音義上曰、「和上。按五天雅言和上謂之塢波陀耶。然彼土流俗謂之殟社。于闐疏勒乃云鶻社。今此方訛音謂之和上。雖諸方殊異。今依正釋。言塢波者此云近也。陀耶者讀也。言此尊師爲弟子親近習讀之者也。舊云親敎師者是也。」業疏三上曰、「中梵本音鄔波陀耶。在唐譯言。名之依學。依附此人學出道故。自古翻譯多雜蕃胡。傳天語、不得聲實。故有訛僻。轉云和上。如昔人解和中最上。此逐字而釋。不知音本。人又解云翻力生。弟子道力假教生成。得其遠意。失其近語。眞諦所譯明了疏則云優波陀訶。稍近梵音。猶乖聲論。余親參譯。委問本音。如上所述。彥琮譯云郁波弟耶。聲相近也」秘藏記本曰「天竺呼俗博士曰烏邪。漢家訛誤以烏邪爲和尙。加以烏邪是俗儒之稱。而名道人大誤耳。正可云拔底耶。天竺呼有智僧爲人師者爲拔底耶。拔底耶者親教義也」

【和南】（術語）Vandana 又云婆南。新稱伴談、伴題、煩淡、槃淡、盤茶味、槃那寐、畔睇、畔彈南等。譯曰稽首、及敬禮、度我。義林章二曰「古云南牟。卽是敬禮。(中略)若云伴談。或云伴題。此云稽首。亦云禮拜。亦云敬禮。訛云和南」寄歸傳三曰「言和南者。梵云畔睇。或云畔彈南。譯爲敬禮。但爲採語不眞。喚和南矣」行事鈔下三曰「四分至上座前、脫革屣、偏袒右肩、合掌執兩足、云我和尙南(義云度我)而作禮也。出要儀云、和南者爲恭敬也。聲論云、槃那寐、此翻爲禮也。」僧史略上曰、「若西域相見則合掌曰和南。或曰盤茶味。」玄應音義曰、「言和南者訛也。梵言煩淡、或言槃淡、此云禮也。或言歸命、譯人義安命字。」

【和香丸】（譬喩）和種種之香末爲一丸者。以譬一法之中具無量之佛法也。首楞嚴三昧經上曰、「譬如有王若諸大臣百千種香擣以爲末。若有人來索中一種。不欲餘香共相熏雜。堅意如是。百千衆香末中。可得一種不雜餘不。不也世尊。堅意是菩薩以一切波羅蜜熏身心。故於念念中常生六波羅蜜。」光明玄義上曰、「華嚴云、一法門無量法門而爲眷屬。首楞嚴和香丸。大品褒珠。法華一地所生。涅槃大海水浴。皆是其義。」

【和座子】（雜語）又云全坐子。連坐子之意。古溪錄秉拂曰、「靈利底善別端倪和座子不消輕輕蹈翻。」同小參曰、「和座托開。」

【和須吉】（異類）Vāsuki 龍王名。譯爲九頭龍。法華光宅疏一曰、「和須吉者。譯爲多頭。卽九頭龍王也。」法華玄贊二曰、「和須吉者。此云九頭。纔妙高食細龍之類也。」慧琳音義二十六曰、「和須吉或云筏蘇枳。此云九頭。」

【和須蜜】（人名）和須蜜多之畧。

【和須蜜多】（人名）Vasumitrā 華嚴經五十三善知識中之一。婬女之大善知識也。譯言世友。晉華嚴經云、「復次南行有城名莊嚴。有善知識名和須蜜多女。善財童子往詣其門。見女人容貌姿美。身出廣大光明。遇者得身淸淨。(云云)」止觀二之三曰、「和須蜜多婬而梵行。提婆達多邪見卽正。」又Vasumitra 佛滅後大論師名。婆沙四評家之一。西域記二曰、「伐蘇蜜呾羅論師。唐言世友。舊曰和須蜜多訛也。於此製衆事分阿毘達磨論。」俱舍光記二十曰、「梵名筏蘇蜜呾囉。筏蘇名世。蜜呾囉名友。舊云和須蜜訛也。」見世友條。

【和衆】（術語）和合之僧衆也。寄歸傳二曰、「客僧創來入寺。於五日內和衆與其好食。冀令解息。」

【和順】（雜語）平和柔順也。無量壽經下曰、「天下和順。日月清明。」

【和敬】（雜語）卽六和敬也。

【和會】（術語）調和經論之略義也。玄義分傳通記二曰、「言和會者。此有二義。一、如氷水者。氷水雖異、濕性是一。是故和會氷水二法、相異體同。二、如水火者。彼此雖別。於一塵中有水有火。濕不礙煗、煗不礙濕。是故和會各據一義、並不相違。」

【和僧】（術語）和合之僧衆也。寄歸傳二曰、「如求出家、和僧剃髮。」

【和輪比丘】（人名）往昔具至誠、如來涅槃後、此比丘能受持般舟三昧、今之釋迦佛於彼時生於王種、出家爲沙門、就此比丘學般舟三昧。見般舟經至誠佛品。

【和闍】（術語）見和尙條。

【和闍梨】（雜語）涅槃經疏十一曰、「和闍梨翻修治心。」按此釋非也。和闍梨爲和尙阿闍梨之畧名。

【和顏】（雜語）柔和之顏色也。無量壽經上曰、「和顏愛語。」

【和羅那】（術語）和伽羅那之畧稱。

【和羅飯】（飲食）鉢和羅飯之略。見鉢和羅條。

【刻花】（雜名）造花也。

【刻藏】（雜語）刋刻大藏經也。

【叔叔摩羅】（動物）譯曰虬。見大威德陀羅尼經七。梵 Śiśumara 恒河之鰐魚也。

【叔迦】（動物）Śuka 又作啾迦婆。譯曰鸚鵡。玄應音義三曰、「啾迦婆鸚鵡梵言。」大威德經七曰、「叔迦。」翻譯同。

【叔祖】（雜語）師翁之兄弟云叔祖。見象器箋五。

【叔鼇尼】（人名）又作叔離尼。比丘尼名。譯曰白淨、以白淨衣裹身出生、故以爲名。法礪四分律疏一上曰、「賢愚經、叔鼇尼者、此云白淨。生便白氎裹身。故言白淨。」賢愚經四曰、「叔離、晉云白也。」梵 Śukrini

【臥】（雜語）梵語 Śaya 睡眠之意。四威儀之一。說見臥法條。

【臥具】（地名）臥時之資具。床榻被褥等。智度論三十曰、「臥具者。牀榻被褥幃帳枕等。」因四分律名三衣袈裟曰臥具、十誦律曰敷具、從其形似而爲名也。薩婆多論五曰、「敷具者衣名也。」行事鈔中之二曰、「言臥具者。是三衣也。卽三衣總名臥具。猶如此方被之相故取通號」同下之一曰「此袈裟色從色得名（中略）若據此土所翻通名爲臥具」

【臥法】（雜語）比丘眠臥之法。右脇臥累足法衣覆身思想正也。摩得勒伽論六曰「初夜過四疊鬱多羅僧敷卷疊僧伽梨爲枕右脇臥脚脚相累不得散手脚不得散亂心不得散亂衣作明相正念起想思惟然後眠至後夜疾疾起經行坐除去睡蓋」釋氏要覽下曰「寶雲經云欲臥身向右邊累足以法衣覆身正念正知起明了想但爲長養諸根大種故。瑜伽論問云何緣右脇而臥答與師子王法相似」

【乳水】（譬喩）譬物之和合也。

【乳水眼】（譬喩）鵝鳥能分一器之乳水啜乳遺水以喩學者之擇法眼能別邪正也。見水乳條。

【乳木】（物名）護摩所用之薪也。用有乳汁之木故云乳木。欲火勢之强故也。下置乾柴上置乳木其寸法格好依法而有差異。大日經疏八曰「護摩薪當用乳木謂桑穀之類或用牛膝莖截之。劑十二指量皆須濕潤新採者取其條理端直當觀上下一向置之以香水灑淨令根本向身」

【乳中殺人】（術語）台家用語。以乳等五味配一代五時之經第一華嚴時爲乳味時。於此乳味時中說華嚴經對於別圓之機是頓教之相也。同時復說小乘之提謂經使聞者得大乘之益稱曰乳中殺人以爲不定教之相。乳中殺人者謂乳中置毒毒氣發能毒人此取涅槃經之喩也。毒卽實相之理法華玄義十曰「今依大經二十七云置毒乳中乳卽殺人酪蘇醍醐亦復殺人此謂過去佛所嘗聞大乘實相之教譬之以毒今値釋迦聲教其毒卽發結惑人死若如提謂波利經（中略）卽是乳中殺人也」

【乳光】（佛名）佛名。過去有長者貪利息復好牴觸他人因墮於牛。今生犎犎供釋尊以乳依此因緣未來成佛名乳光如來。見乳光佛經。

【乳光經】（經名）乳光佛經之略名。

【乳光佛經】（經名）一卷西晉竺法護譯。佛示有風疾命阿難乞乳於梵志家梵志讒嫉維摩說法開悟之帝釋化爲童子穀牛牛母牛子歡喜布施阿難以之白佛佛說牛之往因授成道之記。

【乳色】（譬喩）生盲人說乳色也。涅槃經十四曰「如生盲人不識乳色便問他言乳色何似他人答言色白如貝盲人復問是乳色者如貝聲耶答言不也復問貝色爲何似耶答言猶稻米末盲人復問乳色柔軟如稻米末耶稻米末者復何所似答言猶如雨雪。盲人復言彼稻米末冷如雪耶雪復何似答言猶如白鶴。是生盲人雖聞如是四種譬喻、終不能復識乳眞色。是諸外道、亦復如是。終不能識常樂我淨。」止觀五曰、「若爲盲人說乳若貝若粖若雪若鵠。若盲聞諸說即得解乳、即世諦是第一諦義。」

【乳味】（飲食）五味之一。見五味條。

【乳香】（物名）薰陸香也。夢溪筆談云「薰陸即乳香也。」梵 Kunduruka

【乳海子】（雜語）密教金剛界大日之種子爲𑖪𑖽（鑁）字。鑁者智也、於五大中當於水大、因之味鑁字乳水之人曰乳海子。乳即水大也。性靈集一曰、「去來去來大空師。莫住莫住乳海子。」

【乳經】（譬喻）天台以五味配五味之經。乳味配華嚴經、因之稱華嚴經曰乳經。法華玄義二曰、「乳經（中略）一麤一妙。」

【乳糜】（飲食）以乳而造之粥也。大日經疏七曰、「乳糜者。西方粥有多種。或以烏麻汁。以諸豆並諸藥味。如十誦藥法等文廣明。然最以乳糜爲上。」

【乳藥】（譬喻）舊醫與新醫同用乳藥、而病有利害之不同。以喻外道說常與佛之說常邪正異也。見新舊醫條。

【剎】（術語）𑖎𑖿𑖬 kṣa 又作乞叉、乞灑。悉曇五十字門之一。一切法盡不可得之義謂一切文字究竟無言說之聲也。從 Kṣaya（盡）及 Akṣara（語音文字）之語而釋之。金剛頂經曰、「乞叉（二合）字門一切法盡不可得故。」文殊問經曰、「稱乞灑（二合）字時。是一切文字究竟無言聲。」因梵名、Kṣetra 掣多羅、差多羅、紇差怛羅、剎摩等。譯曰土田、國、處。大乘義章十九曰、「剎者、是其天竺人語。此方無翻。蓋乃處處之別名也。」玄應音義一曰、「剎又作擦。音察。梵云差多羅。此譯云土田。經中或言國、或言土者、同其義也。或作剎土者、存二音也。即剎帝利名守田主、亦是也。」慧苑音義上曰、「剎。具正云紇差呾羅。此曰土田也。」法華文句記二曰、「剎者應云剎摩。此云田。即一佛所王土也。」

【剎土】（術語）剎者梵語差多羅 Kṣetra 之訛略。譯曰土田。梵漢雙擧云剎土。即國土之義。玄應音義一曰、「差多羅。此譯云土田。經中或云國、或云土者、同其義也。或作剎土者、存二音也。」

【剎多羅】（術語）見剎條。

【剎那】（術語）Kṣaṇa 譯言一念。時之最少者。勝鬘寶窟中末曰、「外國稱剎那。此云念也。」探玄記十八曰、「剎那者此云念頃。於一彈指頃有六十剎那。」俱舍論十二曰、「極微字剎那色名時極少。」西域記二曰、「時極短者。謂剎那也。」大藏法數曰、「一念中有九十剎那。一剎那中有九百生滅。」楞嚴經二曰、「沈思諦觀剎那剎那念念之間不得停住。故知我身終從變滅。」梵語雜名曰「刹那揭沙曩」。

【刹那生滅】（術語）一刹那之短時間中有生滅謂萬法刹那生、刹那滅轉轉相續也此爲成實論之說梵 Ksaṇabhaṅga

【刹那三世】（術語）刹那相對望而立三世現在之一刹那曰現在、前刹那曰過去後刹那曰未來。

【刹那無常】（術語）謂刹那之間、具生住異滅之四相轉變無常也。對一期無常而言仁王經上曰、「一刹那經九百生滅」

【刹利】（雜名）見刹帝利條。

【刹卽塔字】（雜名）清羅振玉面城精舍文甲敬史君碑建七層之寶刹、鈕樹玉說文新附考謂古無塔字寶刹卽寶塔其說極精南史虞愿傳帝以故宅起湘宮寺費極奢侈以孝武莊嚴刹七層帝欲起十層不可立分爲兩刹各五層此尤寶刹卽寶塔之明證。愚按說文亦無刹字。則作刹與作塔無異。同一後出字耳。

【刹柱】（物名）又作刹竿、金刹、表刹等表彰寺院之竿柱也。法華文句記二曰、「刹者應云刹摩此云田即一佛所王土也今名刹柱者、表田域故諸經中多云表刹」見刹竿條。

【刹竿】（物名）長竿之上以金銅造寶珠焰形、以立之於寺前刹者土田之義以表梵刹、故名刹竿又西國不別設幡竿、於塔上立竿柱、（卽九輪）竿頭安置舍利其義同土田、故亦名刹竿竿之梵語、乃刺瑟胝（Yaṣṭi 巴 Laṭṭhi）也見金刹條。聯燈會要阿難章曰「祖問迦葉云師兄世尊傳金襴袈裟外別傳箇甚麼迦葉召阿難祖應諾迦葉云倒却門前刹竿着」

【刹帝利】（術語）Kṣatriya 又曰刹利。印度四姓之第二譯言田主王種也。西域記二曰、「二曰刹帝利王種也舊曰刹利畧也」。註維摩經二、「肇曰刹利、王種也。秦言田主」智度論三十二曰、「刹利者王及大臣也」

【刹海】（雜語）如言水陸刹者梵語、譯作土田唐華嚴經二曰、「刹海微塵數」法界觀門曰、「不壞一塵而能廣容十方刹海。廣容十方刹海而一塵不大」

【刹塵】（譬喩）塵者微塵刹塵者、無數國土之義也唐華嚴經世主妙嚴品曰、「清淨慈門刹塵數共生如來一妙相」秘藏寶鑰下曰、「刹塵勃馱吾心佛」

【刹說】（術語）謂草木國土說之說法也華嚴經普賢行願品曰、「佛說衆生說及以國土說三世如是說」

【刹摩】（術語）Kṣamā 譯曰土田見刹條。

【制多】（術語）Caitya 又曰制底、制怛羅舊稱支提見支提條。

【制多迦】（天名）Cetaka 一作制吒迦。制吒迦難。不動明王八大童子之第八。譯曰福聚勝者。現惡瞋之相。聖無動尊成就使者法品曰「若制吒迦難。唐言福聚勝者。造畫其像面目忿怒」見矜羯羅條。

【制多山部】（流派）Jetavanīyā 小乘二十部之一。大衆部大天住制多山所立之部。制多者梵語。譯曰靈廟。宗輪論述記曰、「制多者。即先云支提訛也。此云靈廟。即安置聖靈廟處也。此山多有此制多、故因此立名。」

【制戒】（術語）佛對弟子制戒律也。

【制底】（堂塔）Caitya 同質底。積聚之義。謂佛塔也。大日經疏五曰「制底翻爲福聚。謂諸佛一切功德聚在其中。」三種悉地陀羅尼法曰「梵音制底與質多體同。此中秘密、謂心爲佛塔也。」寄歸傳三曰「制底是積聚義。」

【制底畔睇】（雜語）Caitya-Vandana 謂敬拜佛塔也。寄歸傳二曰、「制底畔睇。或云制底畔彈那。（中略）畔睇者敬禮也。凡欲出外禮拜尊像。有人間云何所之適。答曰、我向其處制底畔睇。」

【制門】（術語）如來悲德所垂、五逆十惡猶攝取。是爲開門。如來智德所發、制止諸惡、毫無容赦。是爲制門。所謂化制二教是也。

【制怛羅】（雜名）Caitra 星名。此星現於正月。故名正月曰制怛羅月。俱舍光記三十曰「制怛羅是星名。正月出現。正月從此星爲名。」西域記二曰、「春三月謂制怛羅月吠舍佉月逝瑟吒月。」又人名。以此人生於此月、故名。玄應音義二十四曰、「制怛羅、人名也。此正月星名。西國立名多此也。」

【制教】（術語）即戒律。以毘尼藏之所詮是制止邪非之教故也。南山戒疏一上曰、「教由制興。故名制教。」

【制教三宗】（名數）見化制二教條。

【制惡見論】（書名）此書爲玄奘三藏於印度所作。以破外道之惡見。唯識述記七末曰「我之大師、戒日大王爲設十八日無遮會時造制惡見論。」

【制經】（經名）長者子制經之略名。

【制聽二教】（名數）戒學之語。佛所制必當持之法、名制。爲以便宜聽其隨意行之之法、名聽。故制法不行之則得罪。聽法不持之亦不得罪。譬如比丘之三衣、比丘尼之五衣是制法。如百一資具是聽法。亦以此意而分別佛之教法、律藏曰制教、經論二藏曰聽教。見戒疏一上。行事鈔中。

【制體】（堂塔）Caitya 同制底。秘藏寶鑰上曰、「制體旗光」。

【到岸】（雜語）即到彼岸之略。

【到彼岸】（術語）梵語波羅蜜多 P

āramitā 新譯到彼岸。謂越生死海到涅槃岸之正道也。智度論十二曰：「波羅。秦言彼岸。蜜。秦言到。若能直進不退。成辦佛道。名到彼岸。復次於事成辦。亦名到彼岸。天竺俗法。凡造事成辦。皆言到彼岸。」

【到頭】（雜語）雖有諸說。而以畢竟究極之義爲是。

【宗】（術語）尊也。主也。要也。自己尊崇主張之要旨也。輔行一之一曰：「宗者。尊也。主也。」玄義一上曰：「宗者要也。」此宗有二種。一、成一宗而師資相承者。如印度之小乘二十部及成實宗之二十一宗。大乘瑜伽中觀之二宗。支那之十三宗。日本之十四宗是也。見宗派條。二、自家以一己之見判諸教之宗旨者。此又有二種。一單於諸教上判定之者。如永明之三宗。乃至賢首之十宗是也。一於已成之自他宗而判定之者。如日本弘法之十住心是也。

【二宗】（名數）見二字部本條。

【三宗】（名數）是永明所立。單於大乘判定其宗旨。一、法相。謂一切染淨諸法。無始時來。各有種子在阿賴耶識中。遇緣而由各自種子起。萬法條然。因之於色心諸法。建立種種名相者。如深密、唯識等之所明是也。二、破相。謂一切染淨之法。悉爲因緣生。以因緣生故無自性。如夢如幻。諸法唯是空。即空亦爲空。有相空相共破者。如般若、中論等之所明是也。三、法性。謂法性隨緣而爲萬法。如水起波。萬法即一味之法性。如波即是水者。如是萬法即法性。故如法相宗萬法非有。法性即萬法。故如破相宗萬法亦非空。如楞伽、起信等之所明是也。此三宗如其次第。爲有空中。與圭峯所立五教中之後三者同。見五教條。

【四宗】（名數）是通大小乘而判其宗旨者。有二種。一、北齊大衍所立。一、淨影所立。名異義同也。今爲便於解釋計。先述淨影。一、立性宗。是小乘中之淺者。說諸法各有體性者。但其說皆由因緣而生。與外道之立自然性者不同。如發智、六足、俱舍等諸論所說。薩婆多宗是也。二、破性宗。是小乘之深者。說諸法爲因緣生虛假無性者。與前宗立法之自性者不同。但尚許法之假相。如土木之城。爲因緣生。無實性。亦非無假城。是觀因緣之相而破自性。如成實宗是也。三、破相宗。是大乘之淺者。說諸法如陽炎。自性空。前宗虛假之相亦無。譬如人遠見陽炎以爲水。近見則不唯無自性。并水相亦無。是觀法之空性而破相也。四、顯實宗。是大乘之深者。說諸法在妄故。妄想無體。起必依眞。眞是如來藏。此眞性緣起而成生死涅槃。爲眞之緣起。故無不眞實者。此中前二宗經同論異。經同者。四阿含經也。論別者。如前所言。後二者。經論皆同一也。（案三論之嘉祥及明之智旭亦大乘一味之見也。）見大乘義章一。次述大衍之四宗、一因緣宗立因緣生色心之實法者即前之立法宗也。二假名宗立諸法無實性僅有假名者、即前之破性宗也、三不眞宗立諸法自性空、假相亦空、如陽炎之無自性、亦非無相者是盡空理而未顯眞性故名不眞宗。即前之破相宗也。四眞宗說眞如法性之隨緣而成諸法者。即前之顯實宗也。見五教章上之二。

【五宗】（名數）是護身寺自軌法師所立。一因緣宗、二假名宗、三不眞宗此三者同前四眞宗如涅槃等經明佛性眞如等者是也。五法界宗如華嚴經明法界自在無礙之法門者是也。

【六宗】（名數）是耆闍寺凜師所立。一因緣宗、二假名宗、此二者同前。三不眞宗、如諸大乘經說諸法如幻化等者。四眞宗說諸法眞空之理者。（淸涼云第三第四僅法（第四）喻（第三）之別）五常宗、如涅槃經說眞理有恒沙功德常恒等義者、與前第四之眞宗同。六圓宗、如華嚴經說法界自在緣起德用圓滿者、即前之法界宗也。見五教章。

【十宗】（名數）十宗者、律宗、（南山宗）俱舍宗（有宗）成實宗、三論宗（性空宗）天台宗（法華宗）賢首宗（華嚴宗）慈恩宗、（法相宗）禪宗（心宗）密宗（眞言宗）淨土宗（蓮宗）也。楊仁山先生之十宗略說以前九宗分攝羣機、後一宗普攝羣機。極爲簡而易曉。又日本昔時流布之十宗有二說、一大乘律宗、俱舍宗、成實宗、法相宗、三論宗、天台宗、華嚴宗、眞言宗、小乘律宗、淨土宗也。二於前之十宗除大乘律宗加禪宗爲十宗者。

【賢首十宗】（名數）是華嚴宗所判之十宗也。一、我法俱有宗、此立有我法二種之宗也。夫佛法以無我爲通理、而在佛教中立有我、故謂之附佛法之外道。俱舍論破我中嚴破此宗。二、有法無我宗、此立法即實有而我即空無之宗也。三、法無去來宗、此立現在法爲有過未法爲無之宗也。四、現通假實宗、此立現在法爲假有實有之宗也。五、俗妄眞實宗、此立世間法轉倒但有假名出世間法非倒而爲眞實之宗也。六、諸法但名宗、此立若世間法若出世間法、但有假名而無實體之宗也。已上六宗總是小乘教。印度小乘有二十部區別此六宗、（如下表）七、一切皆空宗、此立諸法皆空之宗、即空始教也、而不舉相始教者以舉後略初且爲對後之眞德不空故也。八、眞德不空宗、此立如來藏具無量德、隨緣生起眞如不空義之宗、即終教也。九、相想俱絕宗、此爲泯諸法相、絕心識想直叩眞性本體而談證入之宗、即頓教也。十、圓明具德宗、此談圓明眞性具足法界萬德、更無一法欠減、一眞法界無盡無極之義之宗即圓教也。見五教章上。

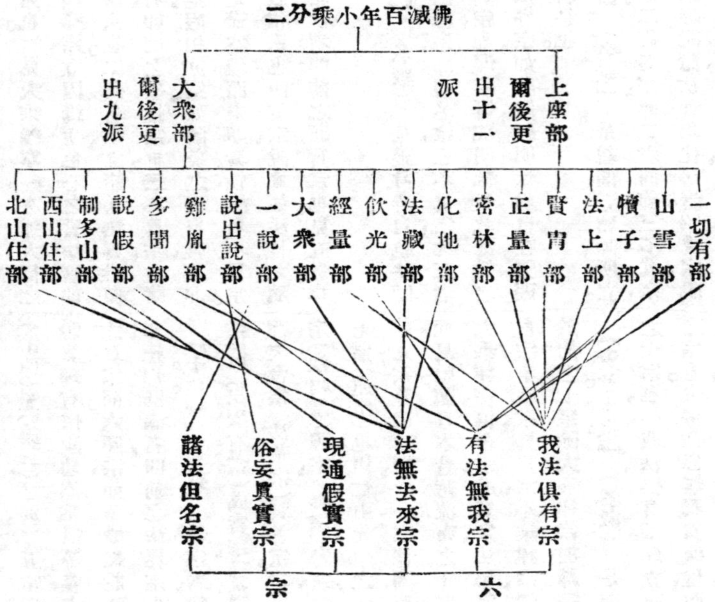

佛滅百年小乘分二

上座部　爾後更出十一派

大衆部　爾後更出九派

一切有部　山雪部　犢子部　法上部　賢胄部　正量部　密林部　化地部　法藏部　飲光部　經量部　大衆部　一說部　說出說部　雞胤部　多聞部　說假部　制多山部　西山住部　北山住部

我法俱有宗　有法無我宗　法無去來宗　現通假實宗　俗妄眞實宗　諸法但名宗

六宗

【宗元】（術語）宗旨之元由也。止觀一曰、「行人若聞付法藏則識宗元。」

【宗用】（術語）台家五重玄義中之宗與用也。見玄義條。

【宗令】（術語）宗門之命令、如達示等。

【宗旨】（術語）諸經所說主要之旨趣也。光宅法華疏一曰、「諸經宗旨要畧有三。」行事鈔上之一曰、「尋討者不識宗旨。」神僧傳曰、「佛圖澄妙解深經、旁通世論。講說之日、正標宗旨、使始末文言昭然可了。」按此晉唐間語。有作宗致。見劉義慶世說載荀粲語。宗致不同。有作宗指。見章懷太子馮衍傳注、維綱猶宗指也。又所信所屬之宗派也。

【宗匠】（術語）宗師巧說法、成後昆、如工匠之誨其徒、故謂之宗匠。貞元錄十八曰、「宗匠成敎、軌範賢明。」法華文句二曰、

「才藝兼通爲彼宗匠。」梁傳慧亮曰、「當時宗匠無與競焉。」

【宗因喻】（術語）因明之三支也。見三支條。

【宗法】（術語）因明立量三支之第一支由二句而成。又名曰宗體所立。其二句有五種之異名。一前句云自性、後句云差別。二前句云有法、後句云法。三前句云所別、後句云能別。四前句云前陳、後句云後陳。五前句云宗依、後句云亦宗依。以此二者皆宗體之所依也。見因明大疏上。

【宗依】（術語）因明三支中宗法有宗依宗體二者。前陳之聲（是曰有法）後陳之無常、（謂之能別。）二者名宗依。此二言極成而相關連、若於立敵一許一不許、是名宗體。此二者爲宗體之所依。故曰宗依。因明大疏上曰、「有法能別、但是宗依、而非是宗。」

【宗門】（術語）本爲諸宗之通稱、後爲禪宗自讚之稱。因之稱餘宗曰教門。楞伽經一曰、「佛語心爲宗、無門爲法門。」祖庭事苑八曰、「宗門謂三學者、莫不宗此門。故謂之宗門。」正宗記云、「所謂吾宗門、乃釋迦門一佛教之大宗正趣。（中略）乃知古者命吾禪門謂之宗門、而尊敎迹之外殊是也。」

【宗風】（術語）一宗之風儀也。禪宗特稱宗師家宗乘舉揚之風儀曰宗風。猶言家風、禪風等。若就宗師家一人之風儀而云、如稱「雲門宗風、德山宗風」等是也。又祖師禪風相承、爲其宗獨特之流儀、亦曰宗風。如「臨濟宗風、曹洞宗風」是也。

【宗要】（術語）宗主也、要如義、事物之主要名宗要。法華玄義一曰、「如提綱維、無目而不動。牽衣一角、無縷而不來。故言宗要。」高麗元曉之畧疏多稱宗要。如法華經宗要、無量義經宗要、楞伽經宗要等。

【宗派】（術語）大聖出世、說大小半滿之諸教、攝化一切機緣。滅後賢聖各依教分宗、以化益有緣。今列舉滅後三國之諸宗如左。

【天竺宗派】（雜語）有小乘二十部。出於宗輪論。見小乘條。又大乘有中觀（龍樹宗）瑜伽（彌勒宗）二宗。出於寄歸傳中觀宗爲支那之三論宗、瑜伽宗爲支那之法相宗。

【支那宗派】（雜語）有十三宗。一毘曇宗、二成實宗、三律宗、四三論宗、五涅槃宗六地論宗、七淨土宗、八禪宗、九攝論宗、十天台宗、十一華嚴宗、十二法相宗、十三眞言宗。以上所列、多依興起弘傳之次第而舉之。見三國佛法傳通緣起上。

【日本宗派】（雜語）八宗者、一三論宗、二法相宗、三華嚴宗、四俱舍宗、五成實宗、六律宗、七天台宗、八眞言宗。是亦依弘傳之次第而舉之。見傳通緣起中。此中上六宗曰上古宗。後二宗曰中古宗。又九宗者、上八宗加禪宗也。此稱八家九宗。又十宗者上九宗加淨土宗也。是亦依弘傳之次第而立。見傳通緣起下。又十二宗者、前十宗加淨土眞宗、日蓮宗也。此亦依弘傳之次第而立。現今僅有法相華嚴天台眞言以下八宗而已。

【宗家】(雜名)淨土眞宗指唐之善導呼曰宗家。是爲本宗祖家中之翹楚故也。

【宗祖】(術語)一宗之開祖也。

【宗乘】(術語)各宗所弘之宗義及敎典云宗乘。多爲禪門及淨土門標稱自家之語。碧巖第五十則垂示曰、「權衡佛祖。龜鑑宗乘。」

【宗徒】(術語)其宗之門弟也。

【宗致】(術語)如言宗趣。謂主義至極之所云致。法華文句記四曰、「此是法華之宗致、實敎之源由。」業疏二之上曰、「標舉宗致。」

【宗骨】(術語)一宗之骨目也。止觀義例曰、「所用義旨以法華爲宗骨。」

【宗師】(術語)宗者尊也。傳正法爲衆所尊崇者、稱曰宗師。又傳佛心宗之師云宗師。釋氏要覽上曰、「宗師傳佛心宗之師。又云宗者尊也。謂此人開空法道爲衆所尊故。」碧巖六十三則評唱曰、宗師家看他一動一靜。」因各宗稱其祖曰宗師。如眞宗謂唐之善導爲宗師。

【宗途】(術語)此宗旨別於他宗旨之途轍也。圓覺略鈔七曰、「宗途者宗旨別轍也。」

【宗眼】(術語)一宗之正法眼也。無盡燈論上曰、「雪峯眞覺大師絕世宗眼。」大藏一覽十有宗眼品。

【宗喀巴】(人名)又名羅卜藏札克巴。西藏新志中曰、「宗喀巴生於甘肅省之西寧府。性慧敏。年十四、學於後藏札什倫布之西薩迦廟。已涉紅敎之流弊。憂吞刀吐火之幻術、不足爲世益。誓洗其風。一日會衆自換黃色衣冠。告衆曰、敎主者世世呼畢爾罕以救人民。後得道於西藏之噶爾丹寺。此爲黃敎之始祖。其改正紅敎之特點有三。一易衣帽爲黃色。二改正呪語。三假定呼畢爾罕之轉生、以傳衣鉢。於是黃敎勃興。宗喀巴有二大弟子。一曰達賴喇嘛、一曰班禪喇嘛。此二弟子皆重見性度生、斥聲聞小乘及幻術下乘。佐宗喀巴有力。至明之中葉、黃敎之勢、遠出紅敎之上。」又曰、「聖武記云黃敎之祖宗喀巴。以明永樂十五年生於西寧衛。得道於西藏之噶爾丹寺。成化十四年示寂。初明代諸法王、皆賜紅綺禪衣。本印度袈裟舊式也。其後紅敎寺持密呪流弊至以吞刀吐火炫俗。無異師巫。盡失戒定慧宗旨。宗喀巴幼而神異、精通佛法。號甲勒瓦。在大雪山修苦。初出家、學於薩迦廟之呼圖克圖。乃元代發思巴之後。為紅教之祖。相傳其受戒時染僧帽不成色。惟黃立成。因服黃色之服。」今黃教徒以為阿彌陀文殊等之化身云。

【宗密】（人名）華嚴五祖圭峯宗密禪師姓何氏。果州人。唐元和二年赴貢舉。值遂州道圓禪師。因求披剃。一日於任灌家赴齋。得圓覺經。誦未終。卽感悟。圓曰。此經佛授汝耳。速參方去。後謁荊南忠。洛陽照。皆契印可。繼覽華嚴疏。欣然曰。吾逢圓覺。心地開通。今遇此疏。何其幸哉。乃以書達清涼。敍門人之禮。觀國師答書印可。曰。毘盧性海。與吾同遊者。舍汝其誰歟。文宗詔賜紫衣。著有論疏九十餘卷。會昌元年正月六日坐滅。其月二十二日奉全身於圭峯荼毘。得舍利如玉。塔曰青蓮。宣宗追謚定慧。

【宗源】（術語）宗旨之本源也。三論玄義曰。「夫欲立理。先須序宗源。」

【宗極】（術語）所宗所說之至極也。肇論上曰。「至虛無生者。蓋是般若玄鑒之妙趣。有物之宗極者也。」維摩經序曰。「濟蒙惑則以慈悲為首。語宗極則以不二為門。」

【宗義】（術語）一宗之義理。敎觀二門中之敎相門也。婆沙論百二十七曰。「許則便違對法宗義。」順正理論一曰。「由經有別。宗義不同。」

【宗說俱通】（術語）宗通說通也。禪門自悟徹底云宗通。說法自在曰說通。宗說俱通。為大宗師。祖庭事苑七曰。「清涼云。宗通自修行。說通示未悟。」楞伽經三曰。「佛告大慧。一切聲聞緣覺菩薩。有二種通相。謂宗通說通。」同註曰。「宗者道之本。說者敎之跡。」證道歌曰。「宗亦通。說亦通。定慧圓明不滯空。」

【宗儀】（術語）一宗之儀式也。

【宗論】（書名）靈峯蕅益大師宗論之略名。因（術語）宗釋二論之一。就一經總括宗旨。建立法義。為宗論。一一解其文義。曰釋論。淨土源流章曰。「就一類經。總攝宗旨。建立法義。名為宗論。別解文句。名為釋論。」

【宗學】（術語）各宗自家之修學也。

【宗鏡錄】（書名）百卷。宋慧日永明寺智覺禪師延壽集。

【宗體】（術語）宗義之實體也。又因明之宗法。有宗體宗依之別。見宗依條。

【使】（術語）煩惱之異名也。就喻以名煩惱。世之公使。隨逐罪人而繫縛之。煩惱亦隨逐行人。繫縛三界。使不出離。故名使。又使者驅役之義。煩惱能驅役人。故謂之使。大乘義章六曰。「使者如地論說。隨逐繫縛義名之為使。蓋乃就喻以名煩惱。如世公使隨逐罪人。得便繫縛。煩惱亦然。久隨行人。繫縛三有。不令出離。故名為使。毘曇成實亦同此說。故雜心云。使之隨逐。如空行影。成實說言。

使之隨逐如母之隨子。此等皆隨逐之義也。有人釋言驅役名使。於義無爽。但非經論名義。」法界次第上之上曰、「使以驅役為義。能驅役行者心神流轉三界。」

【十使】（名數）一貪欲、二瞋恚、三無明（又云愚痴）、四慢、五疑、六身見（又云我見）、七邊見、八邪見、九見取見、十戒取見。一切諸使中以此十使為根本故標出為十使。又曰十煩惱、十惑、十隨眠。台宗稱前五者曰五鈍使。後五者曰五利使。依惑性之利鈍而分之也。又以見思分別小乘俱舍之義。謂前四使通於見思二惑。疑以下之六使唯為見惑。又大乘唯識之義。四使與身邊二見之六使、通於見修、疑與邪取戒三見之四使唯為見惑。見大乘義章六法界次第上之上。

【十六使】（名數）大乘唯識之見惑數也。

【九十八使】（名數）小乘俱舍之見思二惑總數也。

【百十二使】（名數）大乘唯識之見惑分類也。

【百二十八使】（名數）大乘俱舍之見思二惑總數也。

【使呪法經】（經名）一卷、唐菩提留支譯。說大聖歡喜天毘那夜迦之法。

【使者】（術語）不動使者如金剛童子現僮僕之相。奉如來之敕令為使役者。

【使者法】（修法）不動使者陀羅尼祕密法之畧。

【侍者】（職位）親炙於長老左右而任其使喚者也。阿難為釋尊侍者。是為僧家侍者之嚆矢。國語曰、「展禽曰夏父弗忌必有殃。侍者曰若有殃焉在。」漢書「外戚傳有侍者李平。」西域傳「有侍者馮嫽。」按此為凡卑幼之通稱。觀無量壽經曰、「一一化佛有五百化菩薩無量諸天以為侍者。」

【五侍者】（名數）一侍香侍者、二侍狀侍者、三侍客侍者、四侍藥侍者、五侍衣侍者。是謂之五侍者。禪林之稱。

【六侍者】（名數）方丈有六侍者、一巾瓶侍者、二應客侍者、三書錄侍者、四衣鉢侍者、五茶飯侍者、六幹辦侍者。是皆親炙於室中、必須為法忘軀、必嚴密者任此職、庶不孤此法乳也。

【侍者八法】（名數）侍者當具八種之德也。菩薩從兜率天下生經曰「侍者具八法。一信根堅固。二其心覓進。三身無病。四精進。五具念心。六心不憍慢。七能成定意。八具足聞智。」象器箋六引之。

【侍者經】（經名）目連勸阿難侍佛、阿難乞三願、佛讚歎其種種未曾有之法。此經攝於中阿含經八。

【侍眞】（職位）叢林謂侍祖塔之眞影者云侍眞、卽塔主也。眞者祖師之形像。見象器箋六。

【侍眞侍者】（職位）與侍眞同。

【受】（術語）梵名Vedanā 領納所觸之境之心所法也。

【二受】（名數）一身受、領納於身無分別之受、卽苦樂捨之三受是也。二心受、領納於心起分別心之受、卽憂喜之二受是也。見俱舍論二九。

【受十善戒經】（經名）一卷、失譯。說十惡業之名、授十善戒之法、及殺生偸盜邪婬之十報十過。

【受日】（術語）比丘於安居中依父母之病緣、或自己無巳之事緣、要外出時、行其作法、以受暇日、名曰受日。其法以七日爲程度、七日盡尙要受日者、則改受之。見行事鈔上四之二。

【受五戒法】（書名）一卷、宋遵式撰。

【受五戒八戒文】（書名）一卷、作者未詳。

【受用土】（術語）三佛土之一。

【受生心】（術語）六十心之一。

【受用身】（術語）三身之一。

【受用三水要法】（書名）受用三水要行法之略名。

【受用三水要行法】（書名）一卷、唐義淨撰。三水者、一時水、二非時水、三觸用水也。見三水條。

【受衣】（雜語）禪家爲弟子者、師賜衣著之、謂之受衣。

【受戒】（術語）戒者五八十具之別、隨而受之者、各有其儀式作法、詳見戒條。容齋三筆曰、「周世宗時、詔男年十五以上、女年十三巳上、念得經文、經本府陳狀、兩京大名京兆府青州各起置戒壇、由官試驗、給付憑由、方得剃頭受戒、與近世納錢於官便可出家者異。」又眞言宗受三昧耶戒者須百日加行、其正受戒用最嚴密之作法。

【受戒入位】（術語）受佛戒、則入佛菩薩之法位也。

【受戒七衆】（雜語）與七衆同。

【受戒給牒】（儀式）謂出家受戒者由官給與其度牒也。稽古略三曰、「宋宣宗大中十年丙子。勅法師辯章爲三敎首座。初令僧尼受戒給牒。」見戒牒條。

【受戒犍度】（書名）二十犍度之一。見犍度條。

【受戒灌頂】（修法）凡眞言之受戒必行灌頂法、故受眞言之三昧耶戒謂之受戒灌頂。

【受戒阿闍梨】（職位）五種阿闍梨之一。見阿闍梨條。

【受別】（術語）見受記條。

【受決】（術語）同受記、謂受決定之記別也。

【受法】（術語）隨師入灌頂壇受一印一明乃至三部五部之法、名受法。各隨其法有淺深廣畧之儀式作法。有意者應先受結緣灌頂、次第進入。

【六受法】（名數）見六受條。

【受法經】（經名）二卷。就現在未來之苦樂而作四料簡。此經出中阿含經四十五。

【受法灌頂】（修法）凡眞言法以三昧耶戒爲始、受一尊法乃至阿闍梨必行灌頂之聖式、謂之受法灌頂。

【受空】（術語）三輪體空之一。見三輪相條。

【受具】（術語）謂比丘比丘尼之受具足戒也。行事鈔上三之一曰「十僧受具」。

【受所引色】（術語）法處所攝色五種之一。見法處所攝色條。

【受明灌頂】（修法）又云學法灌頂。五種灌頂之一。見灌頂條。

【受持】（術語）受者領受、持者憶持。以信力故受、以念力故持。是法華五種法師行之一也。勝鬘寶窟上本曰、「始則領受在心曰受、終則憶而不忘曰持」。

【受持品】（經名）仁王經八品中之第七品。此品中正明十三法師受持般若、又使他人受持、故名受持品。

【受持佛語】（雜語）信受佛之敎法也。法華經普賢勸發品曰、「一切大會皆大歡喜。受持佛語。作禮而去」。

【受持法華】（雜語）謂信受法華經也。法華經陀羅尼品曰、「佛告諸羅剎女、善哉善哉、汝等但能擁護受持法華名者、福不可量、何況擁護具足受持供養經卷、（中略）百千種供養者」。

【受持七佛名號所生功德經】（經名）一卷、唐玄奘譯。佛對舍利弗說東方五佛與南方二佛之名號功德。

【受者】（術語）十六知見之一。因受戒及灌頂者。

【受食】（雜語）謂比丘受檀越之施食也。行事鈔一之下曰、「五百問曰不著三衣受食犯墮」。

【受重得】（術語）十種得戒緣之一。

【受記】（術語）又云受莂。從佛受當來必當作佛之記別也。法華經譬喩品曰、「見諸菩薩受記作佛。而我等不預斯事」。

【受假虛實觀】（術語）三假觀之一。

【受欲】（術語）對物之欲也。資持記上一之五曰、「欲法有三。在屛對首能對名與欲、所對名受欲、對衆正陳名說欲」。見欲法條。

【受牌】（儀式）立僧首座奉堂頭之命、或普說或入室。堂頭先送牌於其人、立僧謹受之、名曰受牌。其後或普說或入室。見象器箋十一上。

【受喜】（術語）十六特勝之一。見十六特勝條。

【受菩薩戒法】（書名）一卷、唐慧沼撰。又一卷、宋延壽撰。

【受菩薩戒儀】（書名）一卷、陳慧思撰。

【受菩提心戒儀】（經名）一卷、唐不空譯。說受眞言菩提心戒之法。先歸命、次供養、次懺悔、次三歸、次受菩提心戒、總爲五法。各有長行偈頌與咒。

【受歲】（術語）比丘夏居竟、增一法臘、謂之受歲。

【受歲經】（經名）一卷、西晉竺法護譯。中阿含比丘請經之別譯。

【受想】（術語）五蘊中之受蘊與想蘊也。見五蘊條。

【受想行識】（術語）五蘊中之四蘊也。此四蘊皆爲心法、故稱曰非色之四蘊。

【受業院】（雜名）始受出家之業之寺院、稱曰受業院。見象器箋一。

【受業師】（術語）得度後受教之師、名受業師。又曰親教師。釋氏要覽上曰、「毘奈耶云鄔波陀耶、此云親教。由能教離出世業、故稱受業和尚。」

【受新歲經】（經名）一卷、西晉竺法護譯。說安居之竟日、佛命目揵連召集三千大千世界安居之阿羅漢、行自恣之法。此經與同法護譯之受歲經、經目相似、其說明則大異。

【受經阿闍梨】（職位）五種阿闍梨之一。

【受潤不二門】（術語）十不二門之一。

【受樂無染願】（術語）彌陀佛四十八願中之第三十九願。

【受隨】（術語）比丘初受戒體、而具於吾身、謂之受。後隨其戒體、如法修戒行、謂之隨。行事鈔中一之三曰、「受是要期思願、隨受稱願修行。譬如築營宮宅、先立院牆周帀、即謂壇場受體也。後便隨處營構、盡於一生、謂受後隨行。」又曰、「必須受隨相資、方有所至。」

【受諸心行特勝】（術語）十六特勝之一。見十六特勝條。

【受齋】（術語）受齋食之供養也。

【受齋經】（經名）菩薩受齋經之略名。

【受職】（修法）受職灌頂也。見灌頂條。

【受職灌頂】（修法）即傳法灌頂也。見灌頂條。

【受識住】（術語）四識住之一。見四識住條。

【受蘊】（術語）五蘊之一。見五蘊條。

【受灌】（術語）受灌頂也。⊞

【受體隨行】（術語）謂比丘受戒體後而隨處修行也。見受隨條。

【舍多毘沙】（雜名）星名。譯言危宿。見寶生陀羅尼經四。梵 Śatabhisa

【舍多提婆魔㝹舍喃】（術語）Śasta devamanuṣyānām 佛十號之一。譯曰天人師。智度論二曰「舍多，秦言教師。提婆言天。魔㝹舍喃，言人。名天人教師。」

【舍夷】（雜名）佛五姓之一。見瞿曇條。

【舍吒迦】（衣服）Śāṭaka 舊云舍勒。又云涅槃僧。譯內衣及裙。所善輕重儀下曰。「舍勒，四分云涅槃僧。此名內衣。即舍勒也。」玄應音義十五曰「舍勒，此翻爲衣。或云內衣也。」梵語雜名曰「裙，舍吒迦。」

【舍利】（動物）Śāri 鳥名。因舍利弗比丘之母名舍利。見舍利弗條。又（術語）新作設利羅，室利羅。佛之身骨也。又總名死屍。是依戒定慧之薰修所成者。元錙績霏雪錄曰「舍利，按佛書室利羅，或設利羅，此云骨身。又云靈骨。有三種色。白色骨舍利，黑色髮舍利，赤色肉舍利。」金光明經捨身品曰「是舍利者，即是無量六波羅蜜功德所熏。」又曰「舍利是戒定慧所熏修甚難可得最上福田。」玄應音義六曰「舍利，正音設利羅，譯云身骨。舍利有全身者，有碎身者。」法華玄贊二曰「梵云設利羅，體也。舍利者，訛也。」俱舍光記八曰「馱都，即佛身界也，亦名室利羅。唐言體，佛身體也。舊云舍利，訛也。」資持記下四之一曰「舍利，此翻遺身，即死屍也。」śarira

【二種舍利】（名數）一全身舍利，如多寶佛之舍利是也。二碎身舍利，如釋迦佛之舍利是也。又一生身舍利，依戒定慧所熏修，如來滅後留全身或碎身之身骨，使人天永獲供養之福德者。二法身舍利，一切大小乘之經卷是也。智度論曰「經卷是法身舍利。」

【舍利八斛四斗】（故事）舍利之分量也。長阿含十二遊經曰「爾時香姓以一瓶受一石許，即分舍利均爲八分已。」後分涅槃經下曰「造八金壜八師子座，各以七寶而爲莊嚴，其七寶壜各受一斛。」佛母般泥洹經曰「我般泥洹後，二百歲時，阿育王從八王索八斛四斗舍利，一日中作八萬四千佛圖。」毘奈耶雜事三十九曰「如來舍利總有一石六斗，分爲八分。七分在贍部洲，其第四分阿羅摩處所得之者在龍宮供養。」傳燈錄一曰「爾時金棺從座而舉，高七多羅樹，往反空中，化火光三昧，須臾灰生，得舍利八斛四斗。」釋門正統三曰「按菩薩處胎經云，佛滅度後，乃有舍利八斛四斗。」

【八國王分佛舍利】（故事）見香姓條。

【米粒名舍利】（雜語）秘藏記上曰、「天竺呼米粒爲舍利。佛舍利亦似米粒。是故曰舍利也。」彌勒上生經疏下曰、「舍利者稻穀也。馱都者體也。佛體大小如稻穀量、故以爲名。」慧苑音義下曰、「舍利是稻穀也。」梵語雜名曰、「稻。舍理。」

【舍利代用品】（雜語）舍利既有米粒之名、則可以米爲舍利。又如意寶珠金輪咒王經曰、「若無舍利以金銀瑠璃水精馬腦玻璃衆寶等造作舍利。（中略）行者無力者。卽至大海邊。拾清淨砂石卽爲舍利。亦用藥草竹木根節造作舍利。」

【舍利女】（人名）Sāri 舍利弗比丘之母也。

【舍利子】（術語）釋迦既卒。弟子阿難等焚其身。有骨子如五色珠。光瑩堅固。名曰舍利子。因造塔以藏之。見釋氏要覽注。図（人名）見左項。

【舍利弗】（人名）Śāriputra 又作舍利弗多、舍利弗羅、舍利子、新作舍利弗多羅、舍利富多羅、舍利補怛羅、舍利者母之名、弗或弗多者弗多羅之略、子之義也。爲舍利女之子、故曰舍利弗、舍利子。又父名云優婆提舍、故從父而稱之曰優婆提舍。然母名之爲舍利、古來有二釋、一爲鳥名。譯曰秋露、鶖鷺、鴝鵒、鸜鴿、鶖、百舌鳥。或言母之眼似彼鳥、或言母之才辯猶如鶖鷺、故以爲名。法華玄贊一曰、「梵云舍利弗呾羅、言舍利弗者、訛也。舍利云鶖。卽百舌鳥。亦曰春鸜。弗呾羅、言子。以母才辯喩如鶖鳥。此是彼子。以母顯之、故云鶖子。復名優婆提舍、以能論議故、兼得彼名。」嘉祥法華義疏一曰、「從母立名。母以眼似舍利鳥眼。故名母名舍利。其母於衆女人中聰明第一。以世人貴重其母、故呼爲舍利子。古經名鶖鷺子、鶖鷺子猶取鳥名也。或言舍利鳥似鶖鷺也。父名提舍。逐父爲名。故名優婆提舍。優婆者逐也。提舍者星名也。」玄應音義二十一曰、「舍利子。梵言奢利富多羅。或言舍利弗多羅。此梵音轉耳。舍利母名。眼之青睛名舍利。又母眼似鸜鵒眼。因以名焉。經中或言鶖鷺子者、一義也。」大明度經曰、「秋露子。」出三藏記一曰、「舊經舍利子亦秋露子。新經舍利弗。」俱舍寶疏一曰、「舍利、此云百舌鳥。子、是唐言也。」二舍利。譯曰身、又譯珠、以母之身形好妙、故名爲身、又母之聰明在眼珠、故名爲珠。法華文句一曰、「舍利弗。具存應言舍利弗羅。此翻身子。又翻舍利爲珠。其母於女人中聰明。聰明相在眼珠。珠之所生。故是珠子。又翻身。此女好形身。身之所生、故言身子。」然舍利譯爲身者、與設利羅訛言之舍利混同、是訛也。慧苑音義下曰、「奢唎補怛羅。此云鶖鷺子。舊翻爲身子者。謬也。梵本中呼身爲設利羅。故知懸別也。」玄應音義四曰「奢利富多羅。此譯云鶖鷺子。從母爲名也。母眼似鶖鷺。或如秋鷺鳥眼。因以名焉。舊云身子者。謬也。身者舍梨。與此奢利聲有長短。故有斯謬。或言優婆提舍者。從父名子也。」舍利弗者。與目連皆爲佛弟子中最重用之一人。其出家之因緣。本爲外道。逢師死。茫茫求道。於途上見馬勝比丘安序而走。比丘說「因緣所生法」之偈。遂出家。

【舍利弗本地】（本生）法華文句五曰、「身子久成佛。號金龍陀。迹助釋迦爲右面智慧弟子。」智度論四十曰、「舍利弗是佛右面弟子。目犍連是佛左面弟子。」

【智慧第一】（故事）增一阿含經三曰、「智慧無窮。決了諸疑。所謂舍利弗比丘是。」智度論十一曰、「一切衆生智。唯除佛世尊。欲比舍利弗。智慧及多聞。於十六分中猶尚不及一。」

【舍利弗瞋恚氣分】（雜語）智度論二謂「如舍利弗有瞋恚餘習。佛由禪定起經行。羅睺羅從佛。佛問羅睺羅。何故羸瘦。羅睺羅以偈答佛。若人食油則得力。若食蘇者得好色。食麻滓菜無色力。大德世尊當自知。佛問羅睺羅。衆中誰爲上座。羅睺羅答。和上舍利弗。佛言舍利弗食不淨食。爾時舍利弗轉聞是語。卽時吐食。自作誓言。從今日不復受人請。是時波斯匿王與長者須達多等來詣舍利弗所。告舍利弗。佛不以無事受人請。大德舍利弗復不受請。我等白衣云何當得大信淸淨。舍利弗言。我大師佛言舍利弗食不淨食。今不得受人請。於是波斯匿王等至佛所白佛言。佛不常受人請。舍利弗復不受請。我等云何心得大信。願佛勅舍利弗還受人請。佛言。此人心堅不可移轉。佛爾時引本生因緣。昔有一國王。爲毒蛇所嚙。王時欲死。呼諸良醫令治蛇毒。時諸醫多言還令蛇嗽。毒氣乃盡。是時諸醫各說咒術。召王之蛇。卽來王所。諸醫積薪燃火。勅蛇還嗽汝毒。若不然。當入此火。毒蛇思惟。我既吐毒。云何還嗽。寧此劇死。思惟定心。卽時入火。爾時毒蛇舍利弗是。世世心堅不可動。」

【舍利弗過去退大乘向小道】（傳說）見乞眼婆羅門條。

【舍利弗目連捔現神力】（傳說）智慧第一之舍利弗。餘德勝於神力第一之目連。見增一阿含經二十七。智度論四十五。經律異相十四。

【舍利弗授記】（傳說）舍利弗爲聲聞中第一智者。於法華之法說段第一唯獨開悟圓乘。回心向大。受未之記。別見法華經譬喻品。

【舍利弗風熱】（傳說）舍利弗爲阿羅漢之聖者。尚不捨有漏之依身。故不能免風等之熱病。光明文句曰、「雖入有涅槃。猶有果身在。身子風熱畢陵伽眼病。」

【舍利弗度二弟子說法顛倒】（傳說）涅槃經二十六說佛言我昔住波羅㮈國、舍利弗教二弟子、一令觀白骨、一令數息。經歷多年各不得定、以是因緣即生邪見。言無涅槃無漏之法、設其有者、我應得之。何以故、我能持所受戒故。我爾時喚舍利弗呵責之、汝不善教、為是二弟子顛倒說法。汝二弟子性各異、一主浣衣、一金師。金師之子應教數息、浣衣之人應教骨觀、以汝錯教、令是二人生惡邪。我於爾時為是二人說法、二人聞已、得阿羅漢果。

【舍利弗目連先佛入滅】（傳說） 舍利弗目犍連二大弟子共聞佛告諸比丘言、却後三月當入涅槃、不忍眼見世尊入滅、先佛已取滅。目連為宿業被執杖外道打殺。大方便報恩經五、賢愚因緣經五、記舍利弗入滅、且佛說其往昔因緣。增一阿含經十八說目連為執杖外道毆折將入涅槃事、及舍利弗見之先取涅槃。又月光菩薩經說舍利弗目連二人告佛請入滅、佛為之說往昔因緣。上足二人告佛而入滅者、乃三世諸佛之通規也。增一阿含經十八曰、「舍利弗言。又我躬從如來聞此語。諸過去當來今現在諸佛上足弟子先取般涅槃。然後佛取般涅槃。」薩婆多論七曰、「舍利弗目連以不忍見佛泥洹。便先泥洹。以其先泥洹故。七萬阿羅漢同時泥洹。」

【舍利會】（行事） 又曰舍利講、舍利報恩講。供養佛舍利之法會也。

【舍利塔】（堂塔） Śarira-stūpa 安置佛舍利之寶塔也。金剛童子軌曰、「此童子真言對舍利塔前念誦。餘所不應念誦。作法不成故。」寶樓閣經下曰、「離喧鬧寂靜處建立精室。或舍利塔前。皆對佛像。以向東方作吉祥坐及結跏坐。」

【舍利講】（行事） 見舍利會條。

【舍利讚】（術語） 舍利會時之讚偈也。

【舍利弗毘曇】（書名） 舍利弗阿毘曇論之略名。

【舍利弗問經】（經名） 一卷、失譯。問戒律之事。

【舍利弗多羅】（人名） 奢利弗怛羅 Śāriputra 見舍利弗條。

【舍利報恩講】（行事） 即舍利會。

【舍利弗悔過經】（經名） 一卷、後漢安世高譯。與菩薩藏經同本、文甚簡略。

【舍利弗阿毘曇論】（書名） 三十卷、姚秦曇摩崛多譯。舍利弗所立之對法藏也。

【舍利弗陀羅尼經】（經名） 一卷、蕭梁僧伽婆羅譯。與一向出生菩薩經同本。

【舍利弗摩訶目連遊四衢經】（經名）

一卷、後漢唐孟詳譯。衆聲喧鬧佛不許見、因諸天之請佛召見之。出增一阿含經馬王品。

【舍那】（物名）又作奢那。梵音Śaṭaka 衣名。見商那條。

【舍那身】（術語）毘盧舍那如來之身。

【舍那大戒】（術語）梵網經所說之大乘菩薩戒也。是盧舍那佛所說之戒法、故以爲名。

【舍那婆修】（人名）又作舍那婆私。比丘名。見商那和修條。

【舍那尊特】（術語）盧舍那佛之尊特身也。即華嚴之教主。是見尊特條。

【舍帝】（雜語）又作舍摭。八中洲之一。譯曰諂。俱舍光記十一曰「舍帝、此云諂。」瑜伽倫記一下曰、「舍摭、此云舍諂。」梵Śaṭhya 者諂也。

【舍脂】（雜語）Śaci 又作舍支、設施、可愛之義。研之義。慧苑慧琳共以爲月之別名者、誤也。月之梵名爲Śaśin 舍脂者帝釋夫人之名。因名帝釋曰舍脂鉢低。Śacipati 雜阿含四十曰、「彼釋提桓因名舍脂鉢低。佛告比丘。彼阿修羅女名曰舍脂。爲天帝釋第一天后。是故帝釋名舍脂鉢低。」玄應音義二十五曰、「設支舊言舍脂。此云能縛。謂女人若可愛能生男子染著。通名設支。」慧苑音義一曰、「舍支正云設施。謂月之別名。帝釋夫人。取爲號也。」華嚴經一曰、「帝釋夫人阿修羅女名曰舍支。於一音中出千種音。」慧琳音義二十六曰、「舍支月之別名。阿修羅三女。帝釋夫人。古云淨量。」

【舍勒】（術語）又云舍吒迦。又云涅槃僧。譯作內衣。裙。玄應音義十五曰、「舍勒、此譯云衣。或言內衣也。」所量輕重儀下曰、「舍勒。四分云涅槃僧。此名內衣。即舍勒也。」資持記中二之三曰、「舍勒、梵語。舊記云短裙之類。鼻奈耶云泥洹僧也。」梵語雜名曰、「裙舍吒迦。」

【舍婆提】（地名）Śrāvastī 國名。見舍衞條。

【舍摩】（雜名）Śama 菩提樹之異名。智首四分律疏九曰、「舍摩者菩提樹也。」翻梵語九曰、「舍摩譯曰寂靜。」

【舍摩陀】（術語）又作奢摩陀。與舍摩他同。

【舍摩梨】（植物）樹名。智度論十二說。譬如空地有樹。名舍摩梨。枝葉廣大。衆鳥集宿。一鴿後來。住一枝上。其枝即時壓折。澤神問樹神。大鳥鵰鷲皆能住持。何至小鳥便不勝。答云此鳥由我怨家尼俱盧樹來。食彼樹葉。來栖我上。必當放糞。子墮地。即惡樹復生。爲害必大。是故於此一鴿大懷憂畏。寧捨一枝全餘大者。菩薩亦如是。於諸外道魔衆

及諸結使惡業無所畏於阿羅漢辟支佛不怯。何以故。聲聞辟支佛於菩薩邊亦如彼鴿畏壞大乘心永滅佛業也。Śabari

【舍磨奢那】（雜名）又作奢摩奢那。此譯曰冢。玄應音義六曰「舍磨奢那此云冢也。西域僧徒死者或遺諸禽獸收骨燒之。埋於地下於上立表累甎石等頗似窣覩波。但形卑小耳」梵Śmaśāna

【舍樓伽】（飲食）醬名。善見律十七曰「舍樓伽此是優鉢羅拘物頭花根舂取汁澄使清是名舍樓伽醬」梵Śaluka

【舍黎娑擔摩經】（經名）具名大乘舍黎娑擔摩經一卷。趙宋施護譯。佛告諸苾芻若於十二緣生能見了名之為見法見佛。舍利弗以問慈氏菩薩。菩薩細釋十二因緣甚深之義。舍黎娑擔摩譯曰稻稈。別有稻稈經同本也。Śalistambha

【舍衛】（地名）Śrāvastī 本城名。後以為國號。其國本名為憍薩羅國。為別於南方之憍薩羅國。故以城名為國號。新作室羅伐悉底。譯曰聞者。聞物。豐德。好道等。以此城多出名聲之人。多生勝物故也。又有別名曰舍婆提城。尸羅跋提。捨羅婆悉帝夜城。佛在世時波斯匿王居於此城內。有祇園精舍。其地即今印度西北部拉普的Rahti河南岸之Rapetmapet在烏德之東。尼泊爾之南。天台金剛般若疏曰「舍衛名聞物國。勝物多出此境。嘉名遠振諸國。故名聞物。又舍婆提者昔有二仙弟名舍婆。此云幼小兄名阿跋提。此云不可害。合此二人以名城也。」玄應音義三曰「舍衛國云無物不有國。或言舍婆提城。或言捨羅婆悉帝夜城。訛也。正言室羅伐國。此譯云聞者。城法鏡經云聞物國。善見律云舍衛是人名。昔有人居住此地。往古有王見此地好。故乞立為國。以此人名號舍衛國。一名多有國。言有聰明智慧人。及諸國珍奇皆歸此國也」勝鬘寶窟上本曰「舍衛國。真諦三藏云彼國正音應云奢羅摩死底。此言好名聞國。昔有仙人好名聞在此中住。從仙人作名。故云好名聞國也。從來舊翻為聞物國。此多出好物遠聞諸國。故名聞物國。十二遊經云無物不有勝於餘處也」彌勒上生經疏上曰「梵言室羅伐悉底。言舍衛者訛略也。此中印度境憍薩羅國之都城名。為別南憍薩羅國。故以都城為國之稱。真諦法師云。昔有兄弟二人。一名舍婆。二名婆提。故彼所翻金剛般若云在舍婆提城。兄弟二人於此習仙獲果。遂城因此號名舍婆提。今新解云。應云豐德城。一具財物。二妙欲境。三饒多聞。四豐解脫。國豐四德。故以名焉」梵語雜名曰「舍衛室囉縛悉地」參照舍衛城條。

【舍衛三億】（傳說）見三億家條。

【舍國女】（傳說）蓮華女經所說衛

之蓮華女也。見蓮華女條。

【舍衛城】（地名）或云舍婆提。此翻聞物。謂寶物多出此城。又翻豐德。天台云、舍衛城又名舍婆提者、昔有二仙、弟名舍婆、此云幼小、兄名阿跋提、此云不可害、合此二人、以名城也。善見律曰、「舍衛者、是道士名也。昔有道士居住此地。往古有王、見此地好、就道士乞為立國、以道士名號為舍衛。又名多有。謂諸國珍寶及雜異物歸聚此國、故名多有。」西域記曰、「室羅伐悉底國、舊云舍衛國、訛也。中印土境。周六千餘里、宮城周二十餘里。穀稼豐。氣序和。風俗淳質。篤學好福。是勝軍大王所治國都也。」參照舍衛條。

【舍衛國王夢見十事經】（經名）一卷、失譯。佛就涅槃而夢國王十事者。

【舍頭諫】（人名）Śārdālakarṇa 太子名。譯曰虎耳。即阿難過去之名也。見舍頭諫經。

【舍頭諫經】（經名）舍頭諫太子二十八宿經之略名。

【舍頭諫太子二十八宿經】（經名）一卷、西晉竺法護譯。即摩登迦經之異譯。說二十八宿之吉凶者。

【舍離沙】（植物）樹名。見尸利沙條。

【舍羅】（動物）Śāra 鳥名。百舌鳥之雄者。玄應音義二十一曰、「舍羅百舌鳥雄鳥也。若言舍利 Śārikā(maina) 雌鳥也。」能人語。又（術語）Śalākā 譯曰籌。舍羅本為草名、以之為籌。今多以竹木作之。為知比丘之數而行之也。行事鈔上四曰、「四分舍羅、此云籌也。五分（中略）十誦行籌者。為檀越問僧不知數、佛令行籌。」業疏四上曰、「舍羅、草名。以為籌計。用從事名。知衆少多。欲趣布薩會也。」

【舍囉磨拏】（術語）與沙門同。

【周利般兎】（人名）即周利槃特。

【周利槃特】（人名）Śuddhipanthaka 又 Kṣudrapanthaka 又作周利槃陀伽、周利槃特迦、周梨槃陀迦。譯曰繼道、小路。新作朱茶半託迦、翻曰小路。兄弟二人、父母旅行至中路生長子、稱曰槃特。後又於路上生一子、名曰周利槃特。槃特者路之義、周利槃特者小路之義。兄聰明、弟愚鈍。慧琳音義二十六曰、「周利槃特、亦云周利槃陀迦。周利云小。槃陀迦、此云路也。」慈恩阿彌陀經疏上曰、「周梨槃陀迦者。不思議經翻為繼道。（中略）以兄弟相繼於路邊生。兄名路邊。弟名繼道。即周梨槃陀伽。」有部毘奈耶三十一曰、「朱茶半託迦。朱茶是小。半託迦是路。舊云周利槃特迦者、訛也。」增一阿含經三曰、「能化形體作若干變。所謂周利般兎是。」

【朱利槃特誦一偈】（故事）見半託迦條。

【周利槃特迦】（人名）見周利槃特

條。

【周忌】（雜名）一周忌也。值先亡者忌日一周年之日也。

【周忌齋】（行事）一周忌之法會也、供僧齋食名曰齋。

【周那】（人名）Cunda 純陀之異名。大部補注三曰「周那恐是純陀梵音不同」玄義私記七曰「周那者經云王子周那。雙卷泥洹名華氏子淳陀大經云工巧之子純陀。六卷泥洹經云長者淳陀」

【周金剛】（人名）唐德山鑒禪師姓周氏出家常講金剛般若經。時名之曰周金剛見傳燈錄十五德山章。

【周金剛王】（人名）周金剛、更云周金剛王。

【周陀】（人名）Śuddhipanthaka 又作 Kṣudrapanthaka 比丘名嘉祥法華義疏九曰、「周陀者翻為不樂。又云小路。」法華玄贊八曰、「周陀此云蛇奴。」

【周陀半託迦】（人名）又作周荼半託迦。比丘名。見周利槃特條。

【周祥】（雜語）一周忌也。佛之一周忌卽儒家之小祥忌故謂之祥。

【周遍法界】（術語）法之所在、名法界、法無盡故法界亦無邊。法身之功德及於無邊之法界、謂之周遍法界。

【周遍含容觀】（術語）華嚴宗法界三觀之一。見三觀條。

【周稚般他迦】（人名）見周利槃特條。

【周關】（雜語）一周忌也。關者關節之義、是距死亡日一周年之關節也。

【周羅】（物名）玄應音義二曰、「周羅、此譯云小寶也。」梵 Kṭudra 巴 Culla

【周羅髮】（雜名）一作周羅、首羅、譯言小髻。小髻云周羅髮。沙彌得道時頂留五三小髻至和尚前互跪、和尚乃剃除此小髻也。行事鈔下四曰「與剃髮時當頂留五三周羅髮來至和尚前互跪。和尚問云今為汝去頂髮可答言爾便為除之」同資持記曰、「周羅經音義云此翻為小梵僧云小髻也。留五三者趣舉其數。留一亦得。准知落髮亦是和尚。恐其煩久故令闍梨為除餘者但留少許和尚親落」起世因本經一曰、「周羅隋言髻也。外國人頂上結少許長髮為髻」玄應音義十八曰「周羅此譯云小也。謂小髻也。」探玄記八曰、「周羅此云頂髮」釋氏要覽上曰、「周羅髮卽今親教和尚最後為剃頂上髮也。梵語周羅、此云小結。」梵 Sūrya

【育抵華】（植物）育抵 Yuktā 者梵名。譯言相應。大方等大集經三所謂「復散諸華、謂曼陀羅華、摩訶曼陀羅華、乃至須曼那華、育抵華、」是也。

【承遠】（人名）蓮宗九祖之第三祖

也。曾居衡山設敎、人從而化者萬計。法照國師言其師承遠有至德。代宗欲徵之、度其不可、乃南向而禮焉。賜其居曰般舟道場。賜其寺額曰彌陀寺。貞元十八年七月十九日示寂於寺。年九十一。見蓮宗九祖傳。

【承露盤】（物名）塔上重重之相輪也。寂照谷響集一曰、「重重相輪名承露盤。故傳中（高僧傳）云。承露金盤一十一重。鍈鏁角張盤。及鏁上皆有金鐸。承露盤、或略云露盤。」

【河沙】（譬喻）恒河沙之略。天竺恒河之沙。譬數之多也。釋門正統八曰、「有劫石焉。有河沙焉。沙石之數有限。壽量之數無窮。是金仙氏長生也。」圓覺經曰、「若化河沙衆。皆得阿羅漢。」

【河神小婢】（故事）佛弟子畢陵迦婆蹉喚恒河神爲小婢也。大智度論曰、「長老畢陵迦婆蹉常患眼痛。是人乞食常渡恒水。到恒水邊。彈指咄言、小婢住、莫流水。卽兩斷而過。恒神訴佛。佛令懺謝。合掌語恒神言、小婢莫瞋。今懺謝汝。大衆笑之。云何懺謝而復罵耶。佛語恒神。當知非惡。此人五百世坐婆羅門家。常自驕貴。本習如此。」

【河淮】（地名）河者河北。淮者淮南。支那天台之鼻祖、北齊慧文之住處。止觀一上曰、「南岳師事慧文禪師。當齊高之世。獨步河淮。法門非世所知。履地戴天。莫知高原。」

【河淮之流】（流派）謂天台宗之派義也。

【阿羅伽】（術語）梵云阿羅伽、此云欲。如五欲之欲、希求之義也。見翻譯名義集十五。

【泯權歸實】（術語）泯亡方便之敎而使歸入眞實敎也。

【泥人】（雜名）泥犂之人、謂墮獄之人也。釋門正統四曰、「問博弈毀佛事。答、已配越州作泥人。」

【泥丸】（術語）同泥桓。見涅槃條。

【泥曰】（術語）與泥洹、涅槃同。僧肇無名論曰、「泥曰、泥洹、涅槃。此三名前後異出。蓋是楚夏不同耳。云涅槃、音正也。秦言無爲。亦名滅度。」資持記上一之一曰、「泥曰、或云泥洹、涅槃等。西音之轉。小遠疏中翻之爲滅。智論涅名爲出、槃名爲趣。言永出諸趣。」見涅槃條。

【泥底】（界名）與泥梨同。

【泥洹】（術語）又作泥曰、同涅槃。

【泥洹經】（經名）有三本、一爲般泥洹經之略名。二爲佛般泥洹經之畧名。三爲大般泥洹經之略名。

【泥洹雙樹】（術語）泥洹卽涅槃、佛涅槃之娑羅雙樹林也。

【泥桓】（術語）Nirvāṇa 同泥洹。見涅槃條。

【泥畔】（術語）見涅槃條。

【泥哩底】（異類）羅刹王名。大日經疏五曰、「次於西南隅畫泥哩底鬼王。執刀作可怖畏形」梵 Nirṛti

【泥犂】（界名）梵語。地獄也。其義為無有謂喜樂之類一切皆無。為十界中最劣境界。亦作泥黎。或作泥梨。泥梨迦。捫虱新話曰「黃魯直初好作豔歌小詞。道人法秀謂其以筆墨誨淫於我法中當墮泥犂之獄。魯直自是不作。佛書泥梨耶。無喜樂也。泥梨迦。無去處也。二者皆地獄名。或省耶迦字。只作泥梨。一作犂。又阿鼻、無間也。亦地獄名。法華經、無間地獄有頂天堂。

【泥梨】（界名）Niraya 又曰泥犂、泥梨耶。譯作地獄。見地獄條。

【泥梨迦】（界名）同泥犂。

【泥梨經】（經名）一卷、東晉竺曇無蘭譯。說惡人墮泥犂之苦。又說五天使者之詰問。即中阿含之痴慧地經也。

【泥得】（術語）譯曰常別施主、常施別食於僧中之施主也。由檀越出錢物於僧家、每日次第令於一比丘作好食。謂之別施。百一羯磨一曰、「梵云泥得。譯為常施。有別施主施僧錢物。作無盡食。每日次第令僧家作好食以供一人。乃至有日月來不許斷絕。西方在寺多有此。地人不知聞。若不能作食。供乳亦好」

【泥婆娑】（衣服）與泥縛些那同。

【泥塔】（術語）以泥土作小塔、中納經文而供養之。西域記九曰、「印度之法。香末為泥。作小窣堵波。高五六寸。書寫經文以置其中。謂之法舍利也。數盈積。建大窣堵波。總聚於內。常修供養」密教有其供養法。謂之泥塔供。為延命滅罪而修之。

【泥塔供】（修法）供養泥塔之法會也、或以供養實形之泥塔、或畫泥塔之曼荼羅而供養之。為滅罪及息災延命也。此為造塔延命功德經及無垢淨光大陀羅尼經所說。

【泥縛些那】（衣服）一作泥伐散娜、泥婆娑。Nivāsana 譯曰裙。西域記二曰、「泥縛些那。唐曰裙。曰涅槃僧。訛」百一羯磨十曰、「泥伐散娜。裙也」寄歸傳二曰、「泥婆娑」。

【泥盧鉢羅】（植物）Nila-utpala 四種蓮華之一。大日經疏十五曰、「泥盧鉢羅。此華從牛糞種生。極香。是文殊所執者。目如青蓮亦是此色」

【泥瞿陀】（人名）Nyagrodha 沙彌名。嘗於阿育王殿前。埸嚴正之威儀。王為捨婆羅門而歸敬沙門。見善見律一。

【泥囉耶】（界名）泥梨、Niraya 譯曰地獄。又曰不幸處。與那落迦 Naraka 梵語全異見地獄條。

【注荼半托迦】(羅漢) Cūḍapanthaka 十六羅漢中第十六尊者之名見羅漢項。

【油】(物名) 律攝云油謂苣藤蔓菁及木蜜等幷五種脂如法澄濾苣藤即胡麻也蔓菁即蕪菁也其根莖葉可爲菜食子可壓油也

【覆油鉢】(故事) 優婆毱多之故事。付法傳三謂爾時有一比丘尼年百二十曾見如來優婆毱多知彼見佛欲至其所尋遣使者告比丘尼尊者毱多欲來相見時比丘尼即以一鉢盛滿油置戶扇後優婆毱多至其所止當入房時棄油數滴共相慰問而後就座問言大姉世尊在時諸比丘輩威儀進止其事云何比丘尼言昔佛在世六群比丘最粗暴雖入此房未曾遺我一滴水大德今智慧高勝世人號爲無相好佛(不具三十二相之佛)然入吾房棄油數滴由是觀之佛在時人定爲奇妙優婆毱多聞是語甚自悔責極懷慚悔

【持油鉢】(譬喻) 義楚十九曰「律云護持淨戒如擎油鉢若護浮囊也」

【油鉢】(譬喩) 持正念譬如持油鉢。涅槃經二十二曰「譬如世間有諸大衆滿二十五里王敕一臣持一油鉢經由中過莫令傾覆若棄一滴當斷汝命復遣一人拔刀在後隨而怖之臣受王教盡心堅持經歷爾所大衆中雖見可意五邪欲等心常念言我若放逸著彼邪欲當棄所持命不全濟是人以是怖因緣故乃至不棄一滴油菩薩摩訶薩亦復如是於生死中不失念慧以不失故雖見五欲心不貪著」智度論十五曰「菩薩欲脫生老病死欲度脫衆生常應精進一心不放逸如人擎油鉢行大衆中」雜阿含經二十四修行道地經三同有此譬。

【老尼置油鉢試優婆毱多】(故事) 見油附錄覆油鉢條。

【波叉】(天名) 四天王中西方天王名玄應音義七曰「波叉或言毘留博叉訛也具言鼻溜波阿叉舊譯云雜語一義也正言醜眼西方天王名也」即廣目天也梵 Virūpakṣa

【波尼】(雜語) 又作波抳。譯言水涅槃經十三曰「如有一人善解雜語在大衆中是諸大衆熱渴所逼咸發聲言我欲飲水我欲飲水是人即時以清冷水隨其種類說言是水或言波尼或言鬱持或言娑利藍或言娑利或言婆耶或言甘露或言牛乳以如是等無量水名爲大衆說」梵語雜名曰「水波抳叉烏娜迦」梵 Pāniya 俗 Pāni

【波尼藍】(雜語) Pāniya 譯曰水。智度論四十二曰「三字名者如水名波尼藍如是等種種字門」

【波奴】（雜語）Vidhu 月名大威德陀羅尼經六曰、「月名波奴隋言光者」

【波他】（雜語）Pada 譯曰語言見智度論四十八。

【波沙提迦】（雜語）梵語譯言清淨也寶性論云「一自性清淨謂性淨解脫二離垢清淨謂障盡解脫」見翻譯名義集。

【波哆迦】（物名）Pataka 譯曰幡出於梵語雜名見旛條。

【波多迦比丘】（人名）百緣經七曰、「迦毘羅衛城中長者兒初生時於虛空中有一大幡偏覆城上因爲立字名波多迦後求佛出家名波多迦比丘得羅漢果曾於毘婆尸佛塔懸一長幡發願而去故九十一劫不墮惡道所生之處咸有大幡」（略抄）

【波夷羅】（神名）藥師十二神將之名。梵 Vajra

【波戍】（術語）Paśu 又曰啞哩也迦庾爾、Tiryagyoni 譯言畜生。見梵語雜名。

【波旬】（術語）又作波旬踰、波卑面、新作波椽波鞞梵音 Pāpīyas 又 Pāpiman 巴 Pāpimā 之轉訛也慧琳師云波旬者畧波卑椽之卑爲波旬誤作旬也如荼毘闍毘作耶旬之類波旬者惡魔名譯爲殺者惡者注維摩經四曰「什曰波旬秦言殺者常欲斷人慧命故名殺者」義林章六本曰「波卑夜此云惡者天魔別名波旬訛也成就惡法懷惡意故」玄應音義八曰、「言波旬者訛也正言波卑夜是其名也此云惡者常有惡意成就惡法成就惡慧故名波旬」慧琳音義十曰「波旬梵語正云波俾椽唐云惡魔佛以慈心呵責因以爲名古文譯爲波卑秦言好畧遂去卑字旬字本從目音懸誤書從日爲旬今驗梵本無巡音蓋書寫誤耳傳誤已久」俱舍光記八曰、「釋迦文佛魔王名波旬。羯洛迦孫馱佛魔王名度使」大部補注三曰、「波旬、亦云波旬踰此云惡者」勝鬘寶窟中末曰「林公云外國法佛在世及滅後共魔語皆悉笑之爲波卑面此云惡者且惡物」

【波吒羅】（地名）國名天竺十六大國之一見波吒釐條。図（植物）又曰鉢怛羅樹名梵語雜名曰「黃桐波吒羅」最勝王經七曰、「畬香鉢怛羅」慧琳音義二十五曰「波吒羅此翻爲重葉樹也」慧苑音義下曰「波吒羅其樹正似此方楸樹也然甚有香氣其花紫色也」梵 Pāṭala

【波吒釐】（地名）Pāṭaliputra 又作波吒釐子波吒利弗波吒羅波吒梨耶波羅利弗多羅巴連弗本爲樹名遂以名城摩竭陀國之帝都也初云拘蘇摩補羅城後改名波吒釐子城以此城爲波吒釐樹之神子而築也阿輸迦王於是建都西域記曰、「昔者人壽無量歲時號拘蘇摩補羅城。(Kusag-ārapura巴Kusumapura)(唐言香花宮城)王宮花多故以名焉。逮人壽數千歲更名波吒釐子城。(舊曰巴連弗邑訛也。)」玄應音義二十五曰、「波吒釐。亦云波吒梨耶。舊言巴連弗訛也。是一華樹名因此花樹以目城。」智度論三曰「佛涅槃後阿闍世王以人民轉少故捨王舍大城其邊更作一小城廣長一由旬名波羅利弗多羅。」宗輪論述記曰、「波吒釐子城者波吒釐者樹名也。子者樹之兒也。城因樹兒以立。故名波吒釐子。」慧琳音義十曰「波吒羅國。亦波吒釐」善見律一曰「波吒利弗國阿育王。」

【波吒釐子城緣起】(傳說)西域記八謂初有婆羅門高才博學門人數千受業。學徒一日遊觀有一書生徘徊悵望。同儔謂曰汝何憂。曰盛色方剛學業未成顧此憂心彌劇。學徒戲曰今將求子聘婚乃假立二人爲男父母二人爲女父母、遂命坐波吒釐樹下謂女婚者樹也。採時果酌清流陳婚姻之緒。時假女父攀華枝以授書生曰斯嘉偶也、幸勿辭。書生之心欣然自得日暮欲歸懷戀不止。學徒曰前言戲耳幸同歸林中猛獸多、恐相殘害。書生遂留往來樹側。及夜異光燭野管絃清雅。俄見老翁策杖來慰復有一老嫗引少女翁乃指少女曰是君之弱室也。酣歌樂讌經七日、學徒疑爲獸害往求之。乃見獨坐樹蔭如對上客。雖告同歸辭不從命。後自入城謁親故陳其始末聞者驚駭同往林中咸見華樹是一大第僮僕役使驅馳往來。彼老翁陳騰奏樂從容接對暮歲後生一男子。謂其妻曰吾今欲歸其妻以白父翁謂書生曰人生行樂詎必故鄉今將築室宜勿異志。於是役徒不日而成拘蘇摩補羅之舊城遷都於此由彼子故樹神爲築城爾後名波吒釐子城。

【波吒釐子】(地名)波吒釐者、梵語樹名子者漢語兒也見波吒釐條。

【波吒利弗】(地名)見波吒釐條。

【波吒釐弗多羅】(地名)即波吒釐子也。

【波吠爾野】(雜語)見鉢披祇條。

【波伽羅】(衣服)又云波利迦羅譯曰助身衣。十誦律六十一曰、「優婆離問佛。佛聽諸比丘所著衣覆身衣拭身巾拭面巾僧祇支泥洹僧是衣名何等。佛言名波伽羅。(晉言助身衣也)」羯磨疏四上曰、「波利迦羅唐譯助身衣也。」梵 Parikara

【波那娑】(植物)Panasa又曰半㮈娑、半娜娑果名玄應音義二十四曰、「半㮈娑乃可切舊言波那娑。果形如冬瓜。其味甚甘也。」慧琳音義四曰「半娜娑果此國並無。」(Jack-fruit)

【波那和提】(界名)天名。玄應音義

三曰、「波那和提天。新道行經云自在天也。亦即梵天也。」

【波利】（雜語）Pari 譯曰圓。圓滿之義也。又皆也、徧也。唯識樞要上本曰、「波利圓也。」華嚴經疏鈔十四曰、「波利、此云皆也、徧也。」又（人名）佛陀波利之略。唐儀鳳元年由西國來至五臺山、受文殊之告命、更還西天、齎尊勝陀羅尼經之梵本而譯出之、是婆羅門僧也。見尊勝陀羅尼經序。又（植物）波利質多之畧、樹名。

【波利迦羅】（衣服）衣名。見波伽羅條。

【波利師迦】（植物）花名。見婆師迦條。

【波利婆沙】（術語）律中之罰名。譯曰別住。犯戒者與別房使之獨住。不與僧共同住也。羯磨疏四下曰、「波利婆娑、此名別住。別與下房下臥具宿。不同僧住故名也。」四分戒本定賓疏上曰、「準明了論翻爲宿住。準僧祇律翻爲別住。準四分律翻爲覆藏。覆藏者就過翻名也、別住者罰令獨宿靜思其過、故律文不得二人三人同室宿也。經宿住也。」

【波利羅睺】（異類）鬼神王名。譯曰勇猛進。見金光明文句七。

【波利質多羅】（植物）Paricitra 又曰波利質羅、波疑質姤。具名波利耶怛羅拘陀羅。忉利天上之樹名。譯言香遍樹。又稱曰天樹王。慧苑音義下曰、「波利質多羅、具云波利耶怛羅拘陀羅。此云香遍樹。謂此樹根莖枝葉華實皆能遍熏忉利天宮。」又曰「波利、此曰遍也。亦曰周而質多羅云間錯莊嚴也。言此樹衆雜色花周而嚴飾。或云圓妙莊嚴也。」華嚴探玄記二十曰、「波利質多樹、正云波唎耶怛羅拘毘陀羅。此云香徧樹。謂此樹枝葉實一切皆香。故立此名。」

【波利樹法門】（術語）涅槃經三十二引忉利天宮之波利質多樹、以喩菩薩出家受具足戒乃至具足諸行得大般涅槃之功德也。

【波利暱縛喃】（術語）Parinirvāṇa 舊稱之涅槃也。唯識述記一本曰、「西域梵音云波利暱縛喃。波利者圓也。暱縛喃言寂。即是圓滿體寂滅義。舊言涅槃者訛略也。今或順古亦云涅槃。」

【波利怛羅拘迦】（流派）又作般利伐羅多迦、般利伐羅勺迦、簸利婆羅闍迦。外道之一類。出家外道也。唯識述記一曰、「有外道名波利怛羅拘迦、翻爲遍出、遍能出離諸俗世間、此是出家外道之類。」俱舍光記九曰、「般利伐羅多迦外道、此云遍出。即顯出家之義。是出家外道。此持執三杖行擬護衣服瓶鉢等。並剪鬢髮無義苦行。」玄應音義二十四曰、「般利伐羅勺迦、亦言簸利婆羅闍迦。此云普行。事那羅延天。頂留少髮。餘盡剃去。內衣在體。纔蔽形醜。其衣染以赤土之色也。」

【波怛囉賓荼波辰迦】（術語）Pat-rapiṇḍapātika 譯曰一揣食。見飾宗記五本。

【波夜提】（術語）見波逸提條。

【波和利】（雜語）見波婆離條。

【波泥】（雜語）Maṇi譯曰玉。秘藏記本曰、「波泥、玉也。月曰水波泥。日曰火波泥。是意也。」

【波波】（雜語）奔波怱擾之貌。六祖壇經曰、「離道別覓道。終身不見道。波波度一生。到頭還自懊。」又（地名）Pāvā 準陀所住之聚落名。譯曰罪惡。今之Padrauna也。毘奈耶雜事三十七曰、「世尊告阿難陀曰。我今欲往波波聚落。（波波此云罪惡）答曰。如是。世尊。是時欲往俱尸那城。壯士生地。漸至波波邑。（中略）時此衆中有鍜師之子。名曰準陀。亦坐聽法。」

【波波劫劫】（雜語）波波者奔波流浪也。劫劫者汲汲不息也。類書纂要九曰、「波吒勞苦也。勞碌奔波也。」叢林盛事下曰、「我波波吒吒出嶺來。」

【波卑】（異類）Pāpīyas 舊稱波旬。毘奈耶雜事三十六曰、「惡魔波卑來詣佛所。頂禮佛足。」見波旬條。

【波卑夜】（異類）舊稱波旬。法華玄贊二曰、「魔羅。云破壞。號也。略云魔。名波卑夜。云惡者。波旬訛也。」見波旬條。

【波卑椽】（異類）舊稱波旬。大寶積經二十八曰、「善哉波卑椽。」可洪音義二曰、「波卑椽。下以絹反。或云波卑夜。此云惡者。」見波旬條。

【波卑緣】（異類）舊云波旬。慧琳音義十二曰、「波卑緣。悅絹反。梵語天魔名。相傳誤云波旬。梵語元無波旬。古譯書波甸。音懸略也。後人誤書甸爲旬字。」見波旬條。

【波剌斯】（地名）Pārsa 又作波剌私、波囉悉。國名。見波斯條。

【波毘吠伽】（人名）梵語清辯論師之梵名也。專精誦持。志見慈氏。（即彌勒佛）入山九年。見神。謂曰。此巖石內有修羅宮。如法行請。石壁當開。開即入中。可以見也。論師受命。乃呪芥子。以擊石壁。論師入裏。壁復如故。見翻譯名義集。

【波若】（雜語）Prajñā 同般若。

【波帝】（雜語）Pati 一作鉢底。譯曰主。梵語雜名曰、「主。波底。」名義集二曰、「波帝。此云夫主。」起世經十曰、「諸惡法中。即得如是波帝波帝之名字也。（梵語波帝。隋言人主。）」

【波耶】（雜語）Paya譯曰水。慧琳音義二十六曰、「波耶。此云水也。即罽賓國人呼水名也。」

【波陀劫】（術語）Bhadra Kalpa 譯曰賢劫。見颰陀劫條。

【波陀羅】（人名）Bhadrapāla 見跋陀婆羅條。

【波俏】（雜語）五燈會元眉毛本無用。無渠底波俏。令人於事物之姸美可意足以制勝擅場者。謂之波俏。亦作波峭。

【波栗濕縛】（人名）Pārśva 比丘名。譯曰脇。馬鳴之師脇尊者之梵名也。西域記二曰、「波栗濕縛尊者。唐言脇尊者」。見脇尊者條。

【波師】（植物）花名。見婆師迦條。

【波藥致】（術語）卽波逸提之異名也。

【波梨鐙】（物名）祇園精舍無常院之鐘也。見鐘條。

【波崙】（菩薩）又作波倫、薩陀波崙之略。菩薩名。譯曰常啼。爲求般若七日七夜啼哭之菩薩也。玄應音義三曰、「波崙又作波倫。此云常啼。明度經云普慈。皆一義也」慈恩寺傳八曰、「聞道必猶波崙之歸無竭。」見常啼菩薩條。

【波婆利】（地名）又云波和利。園名。譯曰毛衣。翻梵語九曰、「波和利。應云波婆利。譯曰毛衣。中阿含第五十五」梵 Pravari

【波婆離】（人名）又作波婆利。如來在世彌勒菩薩之舅名。在波梨弗多羅國。爲國師。有多數之弟子。年百二十。歸佛證阿那含果。見賢愚經十二波婆離品。梵 Pravari

【波婆提伽】（雜語）譯曰淸淨。名義集四曰、「波婆提伽。或云梵摩。此云淸淨」

【波婆遮吒】（人名）比丘名。譯曰惡諂。見大威德陀羅尼經十。梵 Pāpacaṭa

【波婆梨奄婆】（地名）又曰波婆梨庵婆羅林。名。翻梵語九曰、「波婆梨菴婆林。應云波婆梨菴婆羅林。譯曰波婆梨者衣菴婆羅者果名。長阿含經十二」梵 Pravari-āmraavana

【波訶梨】（異類）鬼神名。譯曰威武盛。金光明文句七曰、「波訶梨子。翻威武盛」

【波提】（人名）Gavāṃpati 憍梵波提之略。羅漢名。

【波斯】（地名）又作波嘶。國名。新作波剌私。波剌斯。波囉悉。玄應音義二十四曰、「波剌私。亦云波嘶。或云波斯。國名也。臨近西海。最饒其寶。諸國商人皆取其貨。斯以龍威珠力古昔推焉耳」西域記十一曰、「波剌斯人性躁暴。俗無禮儀。無學藝。多工伎。婚姻雜亂。死多棄屍」梵語雜名曰、「波斯波囉悉」。因又波斯匿王之略。梵 Pārasī

【波斯匿】（人名）舍衞國之王名。譯曰和悅。又曰月光。新稱鉢邏犀那時多 Prasenajit。巴 Pāsenadi 玄奘譯作勝軍。義淨譯曰勝光。梵授王之子也。與佛同日生。有部毘奈耶雜事所謂憍薩羅國王勝光王是也。王第二夫人曰末利、(譯曰勝鬘勝鬘經之勝鬘夫人此王夫人之女也母子名同。)本爲劫比羅城(迦毘羅之城也)婢女以歸佛之福力爲王聘爲夫人生一子名惡生、Virūdhaka 有逆害自立之心長行大臣諫止之、後王將長行大臣至佛所聽法久不出長行意變竊引車馬還城策立惡生太子爲王驅逐大王之二夫人行雨勝鬘。二夫人詣王所、中途遇王白事王便令勝鬘還城自與行雨共向王舍城城外有一園林王停此令行雨報未生怨王(阿闍世王)未生怨王聞之大喜嚴駕自出迎之時勝光王久不得食乞於園主得蘿菔五顆食之往水邊過量飲之因成霍亂遂仆死未生怨王後來厚葬之。(見有部毘奈耶雜事八。)仁王經上曰「舍衛國主波斯匿王名曰月光。」西域記六曰「如來在世之時。鉢羅犀那恃多王唐言勝軍。舊曰波斯匿訛略也。」毘奈耶雜事二十曰、「室羅伐城(卽舍衛國又曰憍薩羅國)王名梵授。(中略)其梵授王告人曰。我子生時。光明殊勝普照世間應與我子名曰勝光。」勝鬘經寶窟上本曰「波斯匿王者此翻爲和悅以其情用弘和故云和悅又以德接民、能令萬姓和悅又翻爲月光。如仁王經云月光王有人言波斯匿王與佛同日生佛號日光國人言佛既號日光當號大王爲月光也。因國人稱爲月光若依父母所立名者字爲勝軍以其鬪戰無敵不勝、故云勝軍。」

【波斯匿王造金像】(傳說)見經律異相二十二。

【波斯匿王造牛頭旃檀像】(傳說)見經律異相二十三。

【波斯匿王見十夢請佛解之】(傳說)見增一阿含經四十一、經律異相二十八。

【波斯匿王遊獵得末利夫人】(故事)見四分律十三、經律異相二十八。

【波斯匿王女金剛醜女念佛改形】(傳說)見賢愚經二波斯匿王金剛品、經律異相三十四、雜寶藏經二百緣經。

【波斯匿女發心】(故事)見勝鬘夫人條。

【波斯匿王女善光嫁乞人】(傳說)見雜寶藏經二。

【波斯匿王女婆陀死王求贖命】(傳說)見經律異相二十八。

【波斯匿王太后崩王求贖命】(傳說)見波斯匿王太后崩塵土坌身經。

【波逸提】(術語)Pāyattika又作波逸底迦、波藥致、波羅逸尼柯、波羅夜質胝迦、波質胝柯波夜提六聚罪之第四譯爲墮犯戒律之罪名由此罪墮落於地獄故名墮罪。此中有尼薩耆波逸提 Naiḥsargika-pāyattika與波逸提之二數尼薩耆波逸提、譯曰、捨墮波逸提譯曰單、提又云。單墮捨墮有三十戒。蓋應以所犯之贓物捨入於僧中、故名捨墮、單墮有九十戒、犯者無應捨入之贓物、但結墮罪、故名單墮。戒相分八段時、別此爲二者、爲五篇或六聚七聚時、則此二者合爲一波逸提。行事鈔中一曰、「波逸提。義翻爲墮。十誦云。墮在燒煮覆障地獄故也。四分僧有百二十種。分取三十。因財事生犯。貪慢心强。制捨入僧。故名尼薩耆也。餘之九十單悔別人。若據罪體同一品懺。（中略）出要律儀云。尼薩耆。舊翻捨墮。聲論云。尼翻爲盡。薩耆爲捨。波逸提。本名波藥（夷劊反）致。也。明了論解波羅逸尼柯部有三百六十罪。正量部翻爲應功用。薩婆多云波羅夜質胝柯。翻爲應對治。恒須思惟。若犯卽覺。上座部云波質胝柯。翻爲能燒熱。此罪得大叫喚地獄。因時能焦熱心。因時能燒燃衆生。」有部毘奈耶二十曰、「波逸底迦法。」瑜伽倫記十八曰、「波逸底迦。舊云波逸提。亦名波夜提。此云墮罪。」

【波逸底迦】（術語）波逸提之異名。見前項。

【波鳩蠡】（人名）羅漢名。見薄拘羅條。

【波鉢多】（飲食）餅餈名。大日經疏七曰、「播鉢吒。食是不起麵餠餉。」梵語雜名曰、「菁蘘。波播吒。」

【波演那】、（雜名）Paryāyatana 又作波衍那。譯曰院。玄應音義十六曰、「波演那。梵言波衍那。此云周圍郭舍院也。」

【波頗】（人名）Prabhākaramitra 三藏法師名。續高僧傳三曰、「波羅頗迦羅蜜多羅。此言作明知識。或一云波頗。此云光智。中天竺人也。」大莊嚴經論序曰、「摩訶駝國三藏波羅頗迦羅蜜多羅。唐言明友。卽中天竺刹利王之種姓也。」唐高宗武德九年達、京住興善寺、譯大莊嚴經論等。太宗貞觀七年寂、壽六十九。

【波頗蜜多羅】（人名）三藏名。見波頗條。

【波樓那】（雜名）Vātyā 風名。譯曰迅猛風。華嚴疏七十八曰、「婆樓那風、此云迅猛風也。」慧苑音義下曰、「此云迅猛風也。其風堅密、如持世界風輪。」

【波樓沙迦】（雜名）忉利天四苑之一。譯曰麤澁園。見起世因本經六。梵 Paruṣaka

【波摩那】（界名）天名。可洪音義四上曰、「波摩那、亦云阿摩那天。此云無量光。」

【波儞尼】（人名）Pāṇini 造梵語文典之古仙名。西域記二曰、「人壽百歲之時有波儞尼仙。生知博物。愍時澆薄。欲削浮僞。删定繁猥。遊方問道。遇自在天。遂伸述作之志。自在天曰。盛矣哉。吾當祐汝。仙人受敎而退。於是研精覃思採摭羣言作爲字書備有千頌頌三十二言矣究極古今總括文言」。

【波賴他】（雜語）斤兩名也見鉢羅條。

【波曇】（植物）又作鉢曇。花名見鉢頭摩條。

【波闍羅】（物名）Vajra 又作髮闍羅見縛曰羅條。

【波闍波提】（人名）Prajāpati又作波闍鉢提見摩訶波闍波提條。

【波離】（人名）Upāli 鄔波離之略。

【波羅夷】（術語）Pārājika 六聚罪之第一、戒律中之嚴重罪也新作波羅闍巳迦、波羅市迦、戒經謂之棄、（犯者不收於內法而棄於外之意也）僧祇律謂之退沒、（退沒道果也）不共住、（不入僧數也）墮落、（墮阿鼻地獄也）十誦律謂之墮不如意處、（由犯此戒與魔戰而墮於負處也）四分律謂之斷頭、（以無論如何行法、亦不爲用、不得救之而再爲比丘故也）無餘、（絕一切僧中行務之分限、永棄於淸衆也）不共住、（不得共住於僧中也）俱舍論謂之他勝、（勝於惡法也）通常用四分律斷頭之義。玄應音義二十三曰、「波羅闍巳迦此云他勝、謂破戒煩惱爲他勝於善法也。舊云波羅夷、義言無餘、若犯此戒、永棄淸衆、故曰無餘也。」行事鈔中之一曰、「言波羅夷者、僧祇義當極惡。三意釋之、一者退沒、由犯此戒道果無分故。二者不共住、非失道而已、更不入二種僧數。（說戒與羯磨之僧衆也）三者墮落、捨此身墮在阿鼻地獄故。十誦云墮不如意處。薩婆多解云、由與魔鬬以犯此戒便墮負處。四分云、波羅夷者、譬如斷人頭不可復起、若犯此法、不復成比丘、故此從行法非用爲名。又云、波羅夷者、無餘也、此從衆法絕分爲名。故偈云、諸作惡行者、猶如彼死尸、衆所不容受、以此當持戒。又名不共住者、不得於說戒羯磨二種僧中共住故。」俱舍論十五曰、「薄伽梵說犯四重者、不名苾芻、不名沙門、非釋迦子、破苾芻體、害沙門性、壞滅墮落、立他勝名。」同光記十五曰、「梵云波羅夷、此云他勝、善法爲自、惡法爲他、若善勝惡法、名爲自勝、若惡法勝善、名爲他勝、故犯重人名爲他勝。」有部毘奈耶一曰、「波羅市迦者、是極重罪、極可厭惡、可嫌棄、不可愛、若苾芻亦纔犯時、卽非沙門、非釋迦子、失苾芻性、乖涅槃性、墮落崩倒、被他所勝、不可救濟、如截多羅樹頭、更不復生、不能鬱茂增長廣大、故名波羅市迦。」

【四波羅夷】（名數）又曰四重、四棄、四極重感墮罪、比丘犯四戒之罪也。一婬戒、梵云非梵行 Abrahmacarya 向人、畜生、鬼神等而行婬事也。男者大便處及口之二道、女者大小便處及口之三道、是婬處。二盜戒、梵云不與取Ada'tadāna。盜取人、畜生及三寶等之五錢及直五錢之雜物（限於五錢者因彼王法滿五則至死故佛制之）也。三殺人戒Vadha(Ahiṁsā)殺害人命也。殺畜生者、名殺畜生戒、是九十單提中之第六十一。四大妄語戒梵云妄說上人法、Utta-ramanuṣyadharma。貪利養自言得聖法我是聖人也。他妄語名之為小妄語戒、是九十單提中之第一。已上四重罪為五篇中之第一。故云初篇。見行事鈔中之一。

【密教四波羅夷】（名數）一不捨正法戒、如來一切之聖教皆當修行。二不捨離菩提心戒、菩提心為菩薩萬行之幢旗、若喪失之則萬行將依何而示導。三不應慳悋法戒、諸勝法為大聖之遺財、若慳悋不與、則與盜三寶物同。四不饒益行戒、於一切衆生不可作不饒益之行、應普攝一切衆生、為入道之因緣。大日經具緣品說此四波羅夷之偈、名三昧耶偈、同學處品云四種根本罪、經疏九謂之四波羅夷。大日經疏九曰「佛子汝從今不惜身命故、不應捨正法、捨離菩提心。慳悋一切法。不利衆生行。佛說三昧耶、汝善住戒者。如護自身命、護戒亦如是。（中略）今此四夷戒是眞言乘命根、亦是正法命根。若破壞者、於眞言藏中猶如死屍。雖具修種種功行不久敗壞也。」又同十七以不捨三寶與不退菩提心為四波羅夷、（分不捨三寶為三）「如前三世無障礙中先令不捨三寶。又令不退菩提之心。此即菩薩眞四重禁也。」

【八波羅夷】（名數）小乘於比丘之初篇說四波羅夷、於比丘尼之初篇說八種波羅夷。前四者如比丘戒所述。五摩觸戒、以婬心摩觸男子之身分也。六八事成重戒、有婬心、一捉男子之手、二捉衣、三入屏處、四共立、五共語、六共行、七身相倚、八共期行婬之處、此八事滿足方成波羅夷。七覆藏他重罪戒、知同輩犯重罪、故意覆藏之而不發露於衆也。八隨順被舉比丘戒、隨順以持惡見其罪為僧衆所舉（是云被舉）之比丘、或供給所須、或共言語也。比丘尼比比丘妄情深、故更加後之四戒也。見行事鈔下之四。

【顯教十波羅夷】（名數）大乘對於小乘之四波羅夷、八波羅夷、而說菩薩之十波羅夷。一殺戒、即人畜一切之殺生也。二盜戒、雖一針一草之微亦不與而取也。三婬戒、即人畜一切之婬事也。四妄語戒、即大小一切之妄語也。五酤酒戒、即販賣酒也。六說四衆過戒、舉四衆（在家菩薩與出家菩薩與比丘與比丘尼也）之罪過（七逆十重也）、而說之也。七自讚毀他戒、稱自己之功德而譏他之過惡也。八慳惜加毀戒、他人求財請法、慳惜不與而加毀辱也。九瞋心不受悔戒、向他生瞋心加以罵辱打擊、猶不息、他求悔善言懺謝亦不容受也。十謗三寶戒、誹謗三寶也。見梵網經戒疏下。

【密教十波羅夷】（名數）有二種、一爲大日經疏所說、一爲無畏三藏禪要所說。經疏所說者、一不捨佛寶、二不捨法寶、三不捨僧寶、四不捨菩提心、五不謗一切三乘經法、六不慳恡一切法、七不起邪見、八不沮止他發大心、亦不得見其懈怠而不勸發、九不差機說法、十不施一切不饒益他物。見大日經疏十七。三昧耶戒儀資秉記、禪要所說者、一不應退菩提心、二不應捨三寶、三不應譏謗三寶及三乘教典、四於甚深大乘教典不通解處不應生疑惑、五若有衆生已發菩提心者、不應說如是法令退菩提心趣向二乘、六未發菩提心者、亦不應說如是法令彼發於二乘之心、七對小乘人及邪見人前不應輒說深妙大乘、八不應發起諸邪見等法、九於外道前不應自說我具無上菩提妙戒、十但於一切衆生有所損害及無利益皆不應作及教人作見作隨喜。見無畏三藏禪要。

【波羅奈】（地名）Vāraṇasi 又作波羅捺、波羅奈斯、婆羅痆斯、婆羅捺寫國名。譯作江繞、因在恒河之流域故也。鹿野園在此中。今爲 Benares 玄應音義二十一曰「波羅痆斯、拏黠反。舊言波羅奈、或作波羅奈斯。又作婆羅捺寫、皆一也。」同二十三曰「婆羅痆。女黠切。國名也。舊云波羅奈、譯云江繞城。」西域記六曰「波羅痆（女黠反）斯國。舊曰波羅奈國、訛也。中印度境。」法華義疏四曰「波羅捺、此云鹿林、又翻爲繞河城、城有水遶。今謂波羅捺是其通處、鹿林是其別處。」毘婆沙論一百八十三曰「何故名婆羅痆斯、答此是河名、去其不遠造立王城、是故是城亦名婆羅痆斯。」十二遊經曰「波羅奈、此云鹿野、一名諸佛國。」法華科註曰「婆羅痆斯國都城東北有河、同名婆羅痆河。河東北十餘里至鹿野伽藍。其側大林名施鹿林、亦鹿苑。」

【波羅蜜】（術語）Pāramitā 又作波羅蜜多、播囉弭多。譯言究竟、到彼岸、度無極、又單譯曰度。以名菩薩之大行者、菩薩之大行能究竟一切自行化他之事、故名事究竟、乘此大行能由生死之此岸到涅槃之彼岸、故名到彼岸、因此大行能度諸法之廣遠、故名度無極。法華次第下之上曰「此六通云波羅蜜者、並是西土之言、秦翻經論多不同。今畧出三翻、或翻云事究竟、或翻云到彼岸、或翻云度無極。菩薩修此六法、能究竟通別二種因果一切自行化他之事、故云事究竟。乘此六法能從二種生死此岸到二種涅槃彼岸。謂之到彼岸、因此六法能度通別二種事理諸法之廣遠、故云度無極也。若依別釋三翻各有所主、若依通釋則三翻雖異意同無別也。」大乘義章十二曰「波羅蜜者是外國語。此翻爲度。亦名到彼岸。(中畧)波羅者岸。蜜者是到。」俱舍光記十八曰、「波羅此云彼岸。蜜多此云到。菩薩能到自乘所往圓滿功德彼岸處故。」智度論十二曰、「問曰。云何名檀波羅蜜。答曰。檀義如上說。波羅(秦言彼岸)蜜(秦言到)是名渡布施河得到彼岸。復次此岸名慳貪。檀名河中。彼岸名佛道。」慧琳音義一曰、「播囉弭多、唐云彼岸到。今迴文云到彼岸。」仁王經良賁疏上一曰、「言波羅者、梵語也。此云彼岸。對彼說此。此岸者何。於四諦中已起苦集而爲此岸。未起苦集而爲中流。涅槃菩提卽滅道諦而爲彼岸。(中畧)言蜜多者、梵語也。此具二義。離義到義。於生死中離此到彼。」

【六波羅蜜】(名數)一、檀波羅蜜。檀者檀那之略。譯曰布施、財施、無畏施、法施之大行也。二、尸羅波羅蜜。尸羅、譯曰戒、在家出家小乘大乘等之一切戒行也。三、羼提波羅蜜。羼提、譯曰忍辱。忍受一切有情罵辱擊打等、及非情寒熱飢渴等之大行也。四、毘梨耶波羅蜜。毘梨耶、譯曰精進、精勵身心進修前後之五波羅蜜也。五、禪波羅蜜。禪者禪那之略。譯曰惟修、新曰靜慮。又名三昧、譯作定。思惟眞理定止散亂之心之要法也。有四禪八定乃至百八三昧等之別。六、般若波羅蜜。般若譯曰智慧、通達諸法之智及斷惑證理之慧也。菩薩修此六法、究竟自利利他之大行、到涅槃之彼岸、故稱六波羅蜜。見法界次第下之上。(梵名出次條)

【十波羅蜜】(名數)唯識論立十波羅蜜、稱曰十勝行、爲菩薩十地之行法。一施波羅蜜、Dānapāramitā 二戒波羅蜜、Śilapāramitā 三忍波羅蜜、Kṣāntipāramitā 四精進波羅蜜、Viryapāramitā 五靜慮波羅蜜、Dhyānapāramitā 六般若波羅蜜、Prajñāpāramitā 七方便善巧波羅蜜、Upāyapāramitā 有迴向方便善巧與拔濟方便善巧之二種。八願波羅蜜、Pranidanapārañjat 有求菩提願與利樂他願之二種。九力波羅蜜、Balapāramitā 有修習力與思擇力之二種。十智波羅蜜、Jñānapāramitā 有受用法樂智、成熟有情智之二者。此是開六波羅蜜之第六而爲後之四波羅蜜也。見唯識論九。

【波羅羅】(雜語)梵語。謂重生華也。見翻譯名義集。

【波羅陀】(術語)菩薩行位之名。譯作性種性。仁王經下曰、「以二阿僧祇劫行正道法。住波羅陀位。」同嘉祥疏五曰、「波羅陀位者。此名性種性。三藏師云。義翻爲守護度。所習諸行能堅守不失也。」梵 Pālatā Pāla-gotra

【波羅伽】(術語)梵語。華言度彼岸也。見翻譯名義集。

【波羅迦】(術語)Pāraga 佛之別號。

譯作度彼岸見智度論二。

【波羅那】（地名）河名。譯作斷除。見本行集經三十五。梵Varaṇa

【波羅奢】（植物）樹名。譯曰赤花樹。玄應音義二十三曰、「波羅奢樹此云赤華樹。樹汁滓極赤用之爲染。今紫礦是也」同二十四曰、「紫礦波羅奢汁也。其色赤用染皮氎也。其樹至大亦名甄叔迦一物也。花大如升極赤。葉至堅韌。商人縫以爲袋者也」慧琳音義二十五曰、「波羅奢花此云赤色花」又藥名。寶樓閣經中曰、「波羅奢赤藥也」梵Palāśa

【波羅越】（雜語）Parāvata 譯曰鴿。佛國記有國名達嚫。僧伽藍穿大石山作之。凡有五重。第五層作鴿形。因名此寺爲波羅越。波羅越者天竺名鴿也。

【波羅塞】（雜名）戲伎名。梵網法藏疏六曰、「波羅塞戲。是西域兵戲法。謂二人各執二十餘小玉。乘象或馬。於局道所爭得要路。以爲勝也」同智周疏曰、「波羅塞戲者。此翻象馬鬬。是西國象馬戲法」梵Prāsaka

【波羅門】（雜名）梵語。譯言淨行也。天竺四姓以波羅門爲貴族。亦作婆羅門。

【波羅提毘】（雜名）Pṛthivī 譯言地。翻梵語九曰、「波羅提毘。應云波羅梯毘。譯曰地也」梵語雜名曰、「地鉢里體尾」

【波羅末陀】（雜語）譯曰第一義。Paramārtha 智度論四十七曰、「波羅末陀。秦言第一義」図（人名）眞諦三藏之梵名。眞諦。五代時西印度僧。景行澄明。器宇清肅。風神爽拔。悠然自遠。羣藏廣部。罔不措懷。梁武帝時於寶雲殿譯經。遭亂西歸。遇風漂還廣州。譯業無輟。訖陳泰建譯五十部。續高僧傳一曰、「拘那羅陀。陳云親依。或云波羅末陀。譯云眞諦。並梵文之名字也。」

【波羅市迦】（術語）舊稱波羅夷、義淨三藏云波羅市迦。見波羅夷條。

【波羅尼蜜】（界名）Paranirmita-vaśavartin 天名。譯曰他化自在。玄應音義三曰、「波羅尼蜜天。或云婆舍跋提天。此云他化自在天」

【波羅加羅】（雜名）Prākāra 又作鉢囉迦羅。譯曰墻。陀羅尼集經五曰、「結四方界法」注曰、「梵音波羅迦羅」梵語雜名曰、「墻鉢羅迦羅」

【波羅奈斯】（地名）見波羅奈條。

【波羅蜜多】（術語）又曰播囉弭多、見波羅蜜條。

【波羅蜜形】（術語）明妃之表相、即女形也。明妃即三昧之形。見秘藏記鈔一。

【波羅羅油】（植物）花名。譯言重華。法華義疏十一曰、「波羅羅油、此云重」名義集三曰、「波羅羅、此云重生華」

【波羅奢華】（植物）西域樹名。葉青。華有三色。日未出時黑色。日正照時赤色。日沒時黃色。樹汁甚赤。用染皮氎。名曰紫礦。見翻譯名義集。參照波羅奢條。

【波羅提毘叉】（飲食）Prativiṣa 藥名。華嚴探玄記二十曰、「波羅提毘叉藥者。此云登照藥。」

【波羅提木叉】（術語）Pratimokṣa 又作婆羅提木叉、鉢喇底木叉。戒律三名之一。譯曰別解脫、又曰處處解脫。七衆所受之戒律、各就解脫身口七支之惡之義而簡別爲定共戒道共戒、稱之曰別解脫戒。又翻曰隨順解脫。以戒律隨順有爲無爲二種解脫之果故也。行事鈔中之一曰、「波羅提木叉此云處處解脫。」戒本疏一上曰、「波羅提木叉。此翻別解脫也。」大乘義章一曰、「木叉者此名解脫。（中略）戒行名爲解脫。有其兩義。一者戒行能免業非、故名解脫。二能得彼解脫之果、故名解脫。」義林章三末曰、「別別防非名之爲別。能防所防皆得別稱。戒即解脫。解脫惡故。」華嚴探玄記三曰、「波羅提木叉、此云別解脫。此就因得名。然有二義。一揀異定道（定共戒與道共戒）名之爲別。二三業七支各各防非、故名爲別。亦翻爲隨順解脫。此據果立名。隨順有爲無爲二種解脫故。」希麟音義八曰、「鉢喇底木叉。舊云波羅提木叉。此云別解脫。即七衆別解脫律儀也。」巴 Pātimukha 列記戒律項目之書也。普通呼爲戒本。布薩之日、於僧衆現前讀此各條、令比丘懺悔犯非也。

【波羅提舍尼】（術語）波羅提提舍尼之略。

【波羅頗婆底】（異類）Prabhāvatī 阿修羅王之妹名。譯曰明妃。婆藪槃豆法師傳曰、「阿修羅有妹名波羅頗婆底。（知履反）波羅頗、譯爲明。婆底、譯爲妃。」

【波羅頗跡羅】（異類）Prbhāvara 夜叉名。譯曰最光明。見孔雀王咒經上。

【波羅逸尼柯】（術語）見波逸提條。

【波羅闍已迦】（術語）舊稱波羅夷。見波羅夷條。

【波羅質多羅】（植物）梵語。樹名。譯言圓生。法華稱爲天樹王。翻譯名義集引大經云。三十三天有波利質多羅樹。其根入地深五由旬。枝葉四布五十由旬。其華開敷。香氣周徧五十由旬。

【波羅提提舍尼】（術語）Pratideśaniya 又作波胝提舍尼、鉢喇底提舍那、鉢喇底提舍尼、略曰波羅提舍尼、波羅舍尼、提舍尼等。六聚罪之第四、犯戒律之罪名也。譯曰向彼悔。此中有四戒、犯此戒者、必對餘一比丘懺悔、懺悔則其罪消滅、故名向彼悔。行事鈔中一曰、「波羅提提舍尼。義翻向彼悔。從對治境以立名。僧祇云。此罪應發露也。」

即此律戒本中具明悔過之辭。僧有四種如下具陳尼有八種與僧全別明了論解第四波胝提舍尼部有十二罪。翻爲各對應說謂對人說所作罪也。」飾宗記六末曰、「鉢喇底提舍那。正翻爲對他說也。或云鉢喇底提舍尼義是一也。」寄歸傳二曰、「梵云痾鉢底鉢喇底提舍那。痾鉢者罪過也。鉢喇底提舍那、對他說也。說已之非冀令清淨。」

【波羅利弗多羅】（地名）城名。見波吒釐條。

【波羅夜質胝柯】（術語）見波逸提條。

【波羅頗密多羅】（人名）見波頗條。

【波羅羯羅伐彈那】（人名）Prabhakaravardhana 國王名。譯曰作光增。見西域記五。

【波羅頗迦羅蜜多羅】（人名）見波頗條。

【波羅提木叉僧祇戒本】（書名）摩訶僧祇律大比丘戒本之異名。

【泡影】（譬喩）此以譬世法之虛假不實。金剛經曰「如夢幻泡影。如露亦如電」

【治生產業】（雜語）謂日常之生業也。楞嚴經長水疏一下曰、「一心眞如及生滅相無二無別。即三明一。即一論三。故得治生產業皆與實相不相違背。」

【治地住】（術語）見十住條。

【治國天】（天名）同持國天。

【治意經】（經名）一卷失譯。說數息觀之法。

【治禪病秘要經】（經名）治禪病秘要法之異名。

【治禪病祕要法】（經名）二卷、北涼沮渠宗聲譯。說關於坐阿練若修禪定人身心之種種病魔治法。

【味入】（術語）十二入之一。

【味如嚼蠟】（雜語）謂無味也。楞嚴經、「當橫陳時味如嚼蠟。」

【味欲】（術語）同食欲。見四欲條。

【味道】（雜語）玩味於道也。三論玄義曰、「味道之流。」

【味著】（術語）執著食味也。無量壽經下曰、「雖有此食實無食者。但見色聞香、自然飽食身心柔軟無所味著。」

【味塵】（術語）六塵之一。食味之法汚眞性。故云塵。

【呵子】（植物）呵梨勒之實也。資持記下二之一曰、「呵梨勒。今時所謂呵子是也。」

【呵五欲】（雜語）智度論十七舉種種之譬喩因緣、說五欲之過。

【呵吒迦】（飲食）Hataka 又作訶宅迦。藥名。慧苑音義下曰、「訶宅迦。此云金色水。甚於九轉還丹之力者也。」圓覺大鈔五上曰、「有藥汁名訶宅迦。」探玄記二十曰、「阿羅娑藥者。具云呵吒迦阿羅娑。此云金光汁藥。呵吒迦云金光明。阿羅娑、Rasa 云汁藥。出於山中井內。諸龍守護。若有得飲、皆成仙人。」前出阿羅娑。引翻梵語。或爲阿羅娑之誤。

【呵色欲法】（經名）菩薩呵色法經之略稱。

【呵利陀】（天名）鬼母名。見訶利底條。

【呵利陀山】（地名）Harta, Haridrābha 翻梵語九曰、「呵利陀譯曰黃也。」

【呵責】（術語）治罰比丘七種法之一。於僧衆面前宣告呵責。奪三十五事之權利也。見行事鈔僧綱編。

【訶責犍度】（書名）四分律之篇章名。說比丘治罰法之篇章。犍度爲梵語。譯曰聚蘊。

【呵梨陀薑】（植物）智首之四分律疏九曰、「呵梨陀者。翻云黃薑。今律文胡漢並彰。故曰也。」梵 Haridrā

【呵梨得枳】（植物）果名。見訶梨勒條。

【呵梨跋陀】（人名）Haribhadra 人名。譯曰獅子賢。見梁高僧傳三。求那跋摩三藏之祖父名。

【呵欲經】（經名）菩薩訶色欲法經之略稱。

【呵婆婆】（界名）Hahava 寒地獄名。爲寒氣而不能出聲語。取苦惱之音以爲名。

【呵鵰阿那鋡】（人名）呵鵰者比丘名。阿那鋡者其證果也。

【佛說呵鵰阿那含經】（經名）一卷、東晉曇無蘭譯。說佛印可呵鵰阿那鋡之德行及說法者。

【呵鵰阿那含經】（經名）一卷、東晉曇無蘭譯。佛讚呵鵰優婆塞八事。

【呵羅羅】（界名）Atata 寒地獄名。智度論十六曰、「呵婆婆、呵羅羅、睺睺。此三地獄寒風噤顫。口不能開。因其呼聲而以名獄。」

【呾儞也他】（雜語）Tadyathā 又作呾經他。譯曰所謂。

【呾羅迦】（雜語）譯曰堅固。見大日經疏十。

【咒文】（術語）陀羅尼之文句也。

【咒目經】（經名）一卷、東晉曇無蘭譯。說治目疾之神咒。

【咒秘】（術語）陀羅尼也。

【呿陀】（術語）梵文字母也。華嚴四十二字母中呿陀二字。呿爲虛空之義。吳來詩曰、「鳥文映呿陀、器物窮雕鎪。」

【良价】（人名）曹洞宗之祖、洞山之

悟本大師、諱良价。見洞山條。

【羌揭梨】（物名）梵名。譯曰小刀。大日經五曰、「所有諸奉教皆羌揭梨印」慧琳音義三十六曰、「羌揭梨、唐云小刀。似報持之印信也」大日經疏十六釋羌揭梨印曰、「諸奉教使者、普皆作小刀印。此刀作鋸齒形。云小刀者非正翻」但大日經疏演密鈔五十三謂鋸之梵語為迦羅波但囉、則羌揭梨非可譯為鋸。蓋為小刀之一種、而作鋸齒形者。

【昔圓】（術語）對今圓之稱。法華之純一獨妙圓教為今圓、爾前兼但對待之圓教為昔圓。台教之判其圓用今昔雖別、而圓體則今昔一也。

【亟縛屣】（物名）譯曰靴。慈恩寺傳三曰、「亟縛屣、唐言靴也」梵語雜名曰、「靴迦縛史」。

【函櫃】（物名）僧堂之衆貯衣服等之器也。見象器箋十九。

【函蓋相應】（術語）彼此之二物能吻合者。譬如函與蓋之相稱。智度論二曰、「如諸法無量。智慧亦無量無數無邊。如函大蓋亦大、函小蓋亦小」淨土論註上曰、「相應者、譬如函蓋相稱也」大日經疏三曰、「須函蓋相稱、則授受皆得其宜」玄義二上曰、「以法常故諸佛亦常。函蓋相稱」。

【享堂】（堂塔）祖堂也。安置祖之像牌以祭享之、故云享堂。

【呰吉】（天名）具名呰吉利多耶尼。火天名。見玄應音義一。

【昆勒】（書名）又作蜫勒、論藏名。小乘四門之一。譯曰篋藏。尊者迦旃延作。明亦有亦空之理者。智度論二曰、「摩訶迦旃延。佛在時解佛語作昆勒。昆勒秦言篋藏也。乃至今行於南天竺」同十八曰、「智者入三種法門、觀一切佛語皆是實法不相違背。何等是三門。一者蜫勒門。二者阿毘曇門。三者空門。問曰、云何名蜫勒。（中略）答曰、蜫勒有三百二十萬言。佛在世時大迦旃延之所造。佛滅度後人壽轉減。憶識力少。不能廣誦。諸得道人撰為三十八萬四千言。若人入蜫勒門、論議則無窮」。因昆者毘之誤、當言毘勒。三論玄義十作「蜫勒論」又作「鞞勒論」天台淨名疏七作「昆勒門」可洪音義十曰、「蜫勒、上音毘、正作鞞也。梵言毘勒、秦言篋藏也」梵 Piṭaka

【岩戶觀音】（圖像）端座於岩窟內之觀音。三十三觀音之一。配於法華普門品所謂、「蚖蛇及蝮蠍、氣毒煙火燃、念彼觀音力、尋聲自廻去」。

【岳林寺】（寺名）又作嶽林寺。在浙江奉化縣。梁大同中所建。五代時、布袋和尚住於此。遂於其東廊下示滅。據傳燈錄二十七。大殿東堂布袋之全身現存。後宋皇祐中賜御書佛法二字云。

【尙闍梨】（本生）螺髻仙人之名。智度論十七謂如釋迦牟尼佛原爲螺髻仙人。名尙闍梨。常修第四禪定出入息斷在一樹下坐兀然不動有鳥見如此謂之爲木。卽於髻中生卵。是菩薩從禪覺知頂上有鳥卵。卽自思惟若我起動鳥母必不復來。鳥母不來。鳥卵必壞。卽還入禪至鳥子飛去乃起。此謂之禪波羅蜜之滿相。觀音玄義下曰「尙闍梨是禪滿相。」

【乖尊卑次序戒】（術語）制乖背尊卑次第序列之戒也。四十八輕戒之第三十八。佛法坐之次第不問老少貴賤先受戒者在前坐。後受戒者在後坐。此戒卽誡不依此次序坐無前後如兵奴之法者。通於大小二乘道俗七衆。法藏名之爲衆坐乖儀戒。太賢謂爲坐無次第戒。今依天台之名。出於梵網經菩薩戒義疏等。

【卷數】（雜名）爲祈禱及追薦誦陀羅尼讀經文時。爲寫其所讀陀羅尼經文之名及其遍數之目錄也。

【兒文殊】（菩薩）見文殊條附錄。

【帛尸梨蜜多羅】（人名）Śrimitra 又作帛尸黎蜜多羅。西域三藏名。譯曰吉友。梁高僧傳一曰「帛尸黎蜜多羅。此云吉友。」帛者應爲西域國名之略。

【帛尸黎蜜多羅】（人名）同帛尸梨蜜多羅。

【炙茄會】（行事）禪林炙茄子開筵。謂之炙茄會。禪苑淸規監院曰「如冬齋（中略）炙茄會。」

【返沒】（術語）往返沈沒於生死海也。

【岫雲寺】（寺名）俗名潭柘寺。在京城正西七十里。潭柘山前。始創於晉。淸康熙三十一年賜金重脩。宏麗軼舊。觀行宮參差。有舍利塔金剛延壽塔俱在寺內。

九畫

【音木】（物名）割笏也。讀經時每句讀打以調聲規律緩急之具。如拍子木之類。

【音敎】（術語）以音聲所說之敎法也。法華經信解品曰「我等今日聞佛音敎。歡喜踊躍得未曾有。」

【音義】（術語）訓文字之音而注其義也。

【玄應音義】（書名）卽玄應所撰二十五卷之一切經音義。見一切經音義條。

【慧苑音義】（書名）新譯大方廣佛華嚴經音義二卷。唐慧苑撰。

【慧琳音義】（書名）卽慧琳所撰一百卷之一切經音義。見一切經音義條。

【希麟音義】（書名）續一切經音義。十卷。唐希麟集。

【可洪音義】（書名）新集藏經音義隨函錄三十卷後晉（序云漢中）可洪撰。

【音樂】（術語）作樂以供養三寶也。法華經（方便品）偈曰「若使人作樂。擊鼓吹角貝。簫笛琴箜篌。琵琶鐃銅鈸。如是衆妙音。盡持以供養皆已成佛道。」百緣經曰「昔佛在世時。舍衛城中有諸人民各自莊嚴而作妓樂、出城遊戲、入城門值佛乞食、諸人見佛歡喜禮拜、卽作妓樂供養佛、發願而去佛微笑、語阿難言、諸人等由妓樂供養佛、未來世一百劫中不墮惡道、天上人中受快樂。智度論九十二曰「問云諸佛賢聖是離欲人、不須音樂歌舞、何故供養妓樂。答曰諸佛於一切法無所著、故無所須、諸佛憐衆生出世、故受之、其供養者使隨願得福」無量壽經下曰、「普散華香奏諸音樂。」

【音樂天】（天名）胎藏界曼陀羅第十二外金剛院之一衆。作音樂之天部也。胎藏界曼陀羅大鈔七曰、「是八部衆緊那羅衆也。法華疏曰天帝法樂神也。佛說法時與諸天來奏樂。故兩所擊鼓形出」

【音聲】（術語）入於耳根者曰音聲。

【音聲佛事】（術語）佛事者佛濟度衆生之事業也。佛濟度衆生或以光明或以佛身、或以香飯或以衣服臥具等。於此娑婆界不依他之方法、獨以音聲爲說法、故云。維摩經香積佛品曰、「或有佛土以佛光明而作佛事有以諸菩薩而作佛事（中略）有以佛衣服臥具而作佛事。」光明玄二曰、「此娑婆國土音聲爲佛事。」唯識述記二本曰、「此以音聲爲佛事故。」玄義六下曰、「他土餘根皆利。隨所用塵起之令他得益。此土耳根利。故偏用聲塵。」

【音聲念誦】（儀式）出聲稱佛名。卽誦經也。四種念誦之一。

【音聲陀羅尼】（術語）於佛菩薩之所說、總持秘密之深義曰音聲陀羅尼。智度論六曰、「勝意菩薩未學音聲陀羅尼。聞佛說便歡喜。聞外道語便瞋恚。聞三不善則不歡喜。聞三善則大歡喜。」諸法無行經下香聲陀羅尼作音聲法門。

【音響忍】（術語）就樹林之音聲而悟非有而有之眞理也。三法忍之一。見三法忍條。

【背上使】（術語）見疎迷惑條。

【背正】（術語）違背佛法之正理也。

【背念】（術語）厭背生死安住於涅槃之念也。瑜伽倫記六下曰、「念求出世違背生死故言背念所背生死之心安住無漏涅槃之念」

【背捨】（術語）八背捨也。淨心誡觀曰、「背捨離欲、順菩提分。」見八背捨條。

【背鱠經屏】（術語）空見之人、非道無慚、以木像之背切魚鱠、以佛之經論糊屏風也。止觀十曰、「背鱠經屛天田屎井。逆父慢母劇於行路。乃謂無礙。」

【皆空無漏】（術語）謂諸惡皆空寂而清淨也。無漏者、離煩惱之垢染而潔白清淨也。見無漏條。

【貞元經】（經名）稱四十卷之華嚴經也。

【貞元錄】（書名）貞元新定釋教目錄之略稱。

【貞元華嚴】（經名）般若三藏譯四十華嚴之別稱。唐貞元年中翻譯、故有此名。

【貞元新定釋教目錄】（書名）三十卷、唐圓照貞元十六年依勅命撰。

【貞實】（雜語）其心誠實而無諂曲、堪受法者。法華經方便品曰、「我今此衆無復枝葉、純有貞實。」

【要文】（術語）主要之法文也。梁僧傳（慧遠傳）曰、「抄其要文、撰爲二十卷。」慈恩傳七曰、「翻譯聖教要文。」

【要行】（術語）主要之行法也。佛昇忉利天爲母說法經上曰、「堅固志願、建立要行。」行事鈔下四之二曰、「明諸要行勿過八敬。」

【要旨】（雜語）主要之旨趣也。禪源都序上曰、「禪門要旨無是無非。」

【要言】（雜語）主要之言句也。行事鈔下三之四曰、「要言妙辭直顯其義。」

【要妙】（術語）諸法之要處、眞理之妙旨也。無量壽經下曰、「深入諸法、究暢要妙。」淨影疏曰、「得其宗要、知其妙旨。」

【要門】（術語）觀無量壽經所說十六觀之法謂之要門。善導一家之稱。觀經玄義曰、「娑婆化主因其請故廣開淨土之要門。安樂能人顯彰別意之弘願。其要門者卽此觀經定散二門是也。」

【要津】（術語）渡生死海主要之津路也。傳燈十六、藥山章曰、「末後一句、始到牢關。鎖斷要津、不通凡衆。」臨濟錄序曰、「把定要津、壁立萬仞。」

【要眞弘三門】（術語）眞宗所云之教相。要門與眞門及弘願也。要門者第十九願成就之法門、爲觀經所說、修定散自力之諸行而往生於懈慢邊地也。是稱雙林樹下往生。眞門者第二十願成就之法門、爲阿彌陀經所說、修自力廻向之念佛而往生於疑城胎宮也。是稱難思往生。弘願之眞門者第十八願成就之法門、爲無量壽經所說、修他力信心之念佛而往生眞實報土也。是稱難思議往生。衆生從此三門往生彌陀之淨土。

【要術】（雜語）主要之方術也。資持記中一之三曰、「唯戒一門、嚴爲要術。」

【要偈】（雜語）主要之偈頌。

【要略念誦經】（經名）大毘盧遮那佛說要略念誦經之略名。

【要集經】（經名）諸佛要集經之略名。

【要道】（術語）主要之道也。大寶積經百五曰、「三世諸佛世尊要道」廣百論釋論八曰「是利自他正真要道」。

【要路】（雜語）與要道同。楞嚴經四曰、「一切要路津口」。梁僧傳（七身篇論）曰「七覺八道實涅槃之要路」。

【要慧經】（經名）大乘方等要慧經之略。

【革蔥】（植物）又作葷蔥。梵名Latarka之譯。山蒜也。五辛之一。梵網經所謂佛子食之犯輕垢罪者是也。一說此即薤。

【甚希有經】（經名）一卷、唐玄奘譯。是無上依經之校量造佛功德品第一與附屬品第七之別譯。

【甚深】（術語）法之幽妙謂之深、深之極謂之甚。法華經方便品曰、「諸佛智慧。甚深無量」。又曰、「成就甚深未曾有法。隨宜所說意趣難解」。探玄記十一曰「超情曰深。深極曰甚」。

【五種甚深】（名數）一、義甚深。謂如來所證種智性之義、微妙不可思議也。二、實體甚深。謂如來所證實相之理體、不空不有、非如非異、不可思議也。三、內證甚深。謂如來所得之一切智、甚深無量。其智慧門難解難入也。四、依止甚深。謂如來所證真如之法體徧於一切處、無染無淨、不變不遷、不即不離也。五、無上甚深。謂如來所證之無上菩提、非一切聲聞辟支佛等所能思議也。見法華論上。

【甚深大迴向經】（經名）一卷、失譯。明天菩薩問云何少修善本而獲大果、佛答以應修三世諸佛所修慈悲之身口意行因說十善戒。

【南】（雜語）Naṁ梵語名詞之尾發南聲者、是第六轉屬聲、多言聲也。表三以上之數。演密鈔二曰「南者多聲。即是等義眾義。如云佛馱南、Buddhānāṁ 達磨南、Dharmānāṁ 僧伽南 Saṅghānāṁ」

【南山】（地名）唐道宣、四分律宗之祖也。住終南山之紵麻蘭若、故號南山大師。見道宣條。

【南山衣】（衣服）四分律宗之法服、為南山道宣律師之流義所用者。有鐶鉤之袈裟也。見畫像須知。

【南山家】（流派）謂南山大師四分律宗之一流。

【南山三觀】（名數）謂性空觀、相空觀、唯識觀也。摩訶止觀輔行所說。

【南山律主】（雜名）南山之道宣律師也。

【南三北七】（名數）一虎丘山笈師之五教、二宗愛師之四時教、三定林柔次道場慧觀之五時敎、是皆南地之諸師、故云南三。一北地師之五時敎、二菩提流支三藏之二敎、三佛馱光統之四宗、四有師之五宗、五有人之六宗、六北地禪師之二大乘敎、七北地禪師之一音敎、皆北地之諸師、故謂之北七。見法華玄義十。

【南天】（地名）謂南天竺也。

【南天竺】（地名）五天竺之一。天竺區劃五方、而當於南方者、謂之南天竺。

【南天鐵塔】（雜名）古時南印度之鐵塔也。相傳大日如來所說之法門、其上首金剛薩埵輯錄為經文、藏於塔中、龍樹菩薩開之、由金剛薩埵授其經典。關於此傳說、古來有法爾隨緣之二說。依法爾說則鐵塔為指龍樹之內心者、不外乎吾人各自之心性。依隨緣說、則鐵塔為實際存於歷史的者。

【南方月輪】（術語）金剛界之曼陀羅有五六月輪、南方之月輪有五尊、中央為寶性如來、寶光幢笑之四菩薩為四親近。

【南方佛敎】（術語）北方佛敎之對。阿育王以後傳播印度南部、錫崙暹羅緬甸等地之佛敎也。現存此等地之經典、皆為巴利語小乘敎也。其由北印度存在於西藏支那等之經典、殆為原文大乘敎也。如斯南北異其趣、故以地理區分稱為南方佛敎。

【南方寶生部】（術語）金剛界曼陀羅五方中、南方之月輪其中尊為寶生如來、司一切衆生之財寶福德、故云寶生部。

【南方無垢世界】（界名）龍女成佛之淨土名也。法華經提婆品曰「當時衆會、皆見龍女忽然之間變成男子、具菩薩行、即往南方無垢世界、坐寶蓮華、成等正覺、三十二相八十種好、普為十方一切衆生演說妙法。」

【南中三敎】（術語）一頓敎、二漸敎、三不定敎也。齊朝已後江南諸師立此三敎、用以判釋佛一代所說之法者也。頓敎指華嚴經、漸敎指阿含經至涅槃經等誘引之經、不定敎謂不能配於頓漸二敎之勝鬘經金光明經等。

【南本涅槃經】（經名）初北涼曇無讖譯大乘之大般涅槃經有四十卷、後南朝劉宋沙門慧觀與謝靈運等再治為三十六卷、所謂南本涅槃經也。部文精練、天台章安尊者依此本作疏、但流通於世者甚少、舊本則久行於世也。

【南岳】（人名）唐懷讓禪師、住衡岳般若寺、故稱南岳。六祖慧能下出二大系、一云南岳、一云靑原。見懷讓條。

【南岳磨磚】（公案）傳燈錄五南岳章曰「開元中沙門道一住傳法院、常日坐禪。師知是法器、往問曰、大德坐禪圖什麽。一曰、圖作佛。師乃取一磚於彼菴前石上磨之。一曰、師作什麽。師曰、磨為鏡。一曰、磨磚豈得成鏡。師曰、磨磚既不成鏡、坐禪豈得作佛。一曰、如何即是。師曰、如人駕車、車若不行、打車即是、打牛即是。一莫對。師又示曰、汝爲學坐禪、爲學坐佛。若學坐禪、禪非坐臥。若學坐佛、佛無定相。於無住法、不應取捨。汝若坐佛、即是殺佛。若執坐相、非達其理。一聞示誨、如飲醍醐。」

【南宗】（流派）自初祖達磨倡禪至五祖弘忍爲一味。弘忍弟子有慧能神秀二弟子、分南北二宗。慧能於江南布化、故云南宗。神秀入洛陽、而其道盛、故云北宗。此中至後世極隆盛者、南宗也。五家七宗之分派、悉屬於此下。因此後世以南爲禪之正宗、以慧能稱六代之祖。

【南泉】（人名）唐池州南泉山普願禪師、馬祖之法嗣也。初習律於敎觀、究精要。後入馬祖之門、頓忘筌蹄、心地悟明。德宗貞元十一年、留錫池州、不下南泉者三十餘年。文宗太和初、宣城陸亘請師下山、伸弟子禮、令說法要。太和八年十一月寂、壽八十七。見傳燈錄八。

【南泉斬猫】（公案）「一日東西兩堂爭猫兒、南泉見之、提起猫兒曰、道得即救取猫兒、道不得即斬。衆無對、泉斬猫兒爲兩斷。」見傳燈錄南泉章、碧巖六十三則、無門關第十四則、從容錄第九則。

【南泉水牯牛】（公案）「趙州問南泉曰、知有底人死後向甚處去。泉云、山前檀越家作一頭水牯牛去。州云、謝師示誨。泉云、昨夜三更月到窗。」見會元四趙州章。

【南泉白牯】（公案）「南泉示衆曰、三世諸佛不知有、狸奴白牯却知有。」見會元四長沙章、從容錄第六十九則。

【南泉牡丹】（公案）「陸亘大夫與南泉語話次、陸云、肇法師云、天地與我同根、萬物與我一體、也甚奇怪。南泉指庭前牡丹云、時人見此一株花、如夢相似。」見傳燈錄南泉章、碧巖第四十則、從容錄第九十二則。

【南泉鎌子】（公案）見鎌子條。

【南泉圓相】（公案）「時慧忠國師嗣法於六祖大師、道化帝鄉、譽冠一時。時人爭欲登彼龍門。時南泉歸宗麻谷三師同去將禮拜忠國師。至中路、南泉於地上畫一圓相云、道得即去。歸宗於圓相中坐、麻谷便作女人拜。泉云、恁麼則不去。歸宗云、是什麼心行。」見碧巖第六十九則。

【南洲】（地名）閻浮提也。是在須彌山南方鹹海中之大洲、吾人所住之處也。

【南院】（人名）汝州南院慧顒禪師、又曰寶應、興化存奬之法嗣也。

【南院一棒】（公案）風穴在南院會下爲園頭。一日院到園裏、問曰、南方一棒作麽生商量。穴云、作奇特商量。穴却問、和尚此間作麽生商量。院拈棒起云、棒下無生忍、臨機不讓師。穴於是豁然大悟。見會元十一風穴章。

【南浮】（地名）南閻浮提之畧。

【南能北秀】（雜語）南宗之慧能、北宗之神秀也。見南宗條。

【南部】（地名）南贍部洲之略。

【南無】（術語）Namah- Namo 又作南牟、南謨、那謨、納慕、娜母、南忙、那模、曩謨、納莫、曩莫。譯曰歸命、敬禮、歸禮、救我、度我等。是衆生向佛至心歸依信順之語也。若佛對佛而稱南無者、驚怖之義。謂生死之險難甚可驚怖、應悉救濟之也。按廣韻十一模部「無莫胡切、南無出釋典」南無之無音模、與有無之無不同。穆天子傳曰「膜拜而受」二言曰膜、兩言即南無也。玄應音義六曰、「南無或作南謨、或言南摸、皆以歸禮譯之。言和南者訛也。正言煩談、或言槃談、此云禮也、或言歸命。譯人以義安命字」慧苑音義上曰、「南無。此云敬禮。又云南忙」義林章四本曰、「古言南牟、即是敬禮。應言納莫、或納慕、若言伴談、或云伴題、此云稽首、亦云禮拜、亦云敬禮、訛爲和南」仁王經良賁下曰、「娜謨也。此云歸命」釋門歸敬儀下曰、「言南無者、經中云那謨、婆南等。傳梵訛僻。正音槃談、唐言我禮也。或云歸禮。歸亦我之本情。禮是敬之宗致也。或言歸命者、此義立代於南無也。理事符同、表情得盡。俗有重南無而輕敬禮者。不委唐梵之交譯也」涅槃經疏二曰、「南無、或言救我。或言歸命。或言屈膝」嘉祥法華經義疏四曰、「南無者、歸命也。救我也。」法華文句四曰、「南無、大有義。或言度我。度我可施衆生。若佛答諸佛、度我義不便。五戒經稱驚怖。驚怖者、正可施也。生死險難、實可驚怖。以大救之不得以小濟之。驚怖施佛可也。故文云喜稱南無佛。喜者得救物儀也。五戒經文云歸命。悉施衆生耳。」善導觀經疏一曰、「言南無者、即是歸命、亦是發願廻向之義」名義集四曰、「南無或那謨、或南摩、此翻歸命」大日經疏十曰「娜母歸命也」釋氏要覽中曰、「悲華經云、佛言南無者、此決定諸佛世尊名號音聲。唯識鈔云、梵語南無、此翻爲名、即是歸趣之義也。或云那摩、或曩謨、皆梵音訛也」

【南無佛】（術語）Namo buddhāya 歸命於佛也。法華經方便品曰、「一稱南無佛、皆已成佛道。」

【南無三寶】（術語）本爲驚怖時請救於三寶所發之詞、後於事出不意時亦發之。三寶者佛法僧也。

【南無垢】（界名）南方無垢世界也。

【南無阿彌陀佛】（術語）Namo'm-itābhāya buddhāya 又 Namo'mitāyus bu-ddhāya 又作南無阿彌陀（引）佛陀（引）耶、譯曰歸命無量光覺、無量壽覺。歸命於無量壽覺及無量光覺也。淨土門稱之爲六字名號。歸命者、衆生一心仰賴阿彌陀佛、卽衆生之信心也。無量壽覺或無量光覺者、佛助一切衆生行體成就也。蓋衆生之信心與阿彌陀佛助衆生之行體、皆具足於此六字內。此謂機法一體之南無阿彌陀佛也。眞言之口傳、以此名號爲陀羅尼、爲金剛界五佛。善導觀經疏一曰、「言南無者卽是歸命。言阿彌陀佛者卽是其行。以斯義故、必得往生。」觀無量壽經曰、「具足十念稱南無阿彌陀佛。」

【南無不可思議光如來】（術語）稱爲九字之名號。表阿彌陀佛光德之名號也。總由無量壽經所說之十二光、別由難思無稱之二光、而立不可思議光之名。謂歸命於有思慮言說到底不可之光明（智慧）之如來也。「南無不可思議光」之語、出於曇鸞之讚阿彌陀佛偈。

【南無喝囉怛那哆羅夜耶】（術語）Namo ratnatrayāya 又云那謨囉怛那怛囉夜耶。南無者歸命。喝囉怛那者寶。哆羅夜耶者三。卽歸命三寶也。

【南朝佛寺志】（書名）二卷。此書爲淸孫文川遺稿、陳作霖於叢殘蠹蝕中編纂成帙。總列寺名二百二十有六。凡同名而非確在金陵者、與六朝以後所創者、槪不濫載。

【南陽】（人名）名慧忠。受六祖之心印、居南陽之白崖山黨子谷、四十餘年不下山。肅宗聞其道行、上元二年、勅中使孫朝進召趣京、待以師禮、使居千福寺之西禪院。帝屢問道、頗領會。及代宗世、迎止光宅寺者十有六載。隨機說法、代宗大曆十年十二月寂。諡大證禪師。見傳燈錄五。

【南陽淨瓶】（公案）「肅宗問師、如何是九十身調御。師乃起立曰、還會麽。曰、不會。師曰、老僧與過淨瓶來。見傳燈錄五、會元二、從容錄第四十三則。

【南海寄歸傳】（書名）四卷。唐之義淨在南海之室利佛逝（Śribuja）國、記印度之僧規、以寄歸客、贈大唐諸德之書也。

【南頓北漸】（術語）支那南北兩宗之禪、從宗風之稱呼而云然也。

【南閻浮】（地名）南閻浮提之略。

【南閻浮提】（地名）Jambudvīpa 閻浮提六洲之名、在須彌山南方鹹海中、故云南。是吾人之住處也。見閻浮提條。

【南嶽】（人名）與南岳同、見懷讓條。

【南謨阿梨耶婆盧枳帝爍鉢羅耶菩提薩埵婆耶摩訶薩埵婆耶】（術語）Nama āryāvalokiteśvarāya bodhisattvāya mahāsattvāya 大悲咒之首。歸命於觀自在菩薩之語也。總爲蓮華部之歸命句。南謨者歸命。阿梨耶者聖。婆盧枳帝者觀。爍鉢羅耶者自在。菩提薩埵婆耶者菩薩。摩訶薩埵婆耶者摩訶薩。卽歸命觀自在菩薩摩訶薩也。

【南瞻部州】（地名）舊云南閻浮提、新云南贍部洲、閻浮者、即贍部之樹名、提者、洲之義、此洲中地有贍部樹、故以爲洲名、在須彌山南方之鹹海中、故云南。

【柰女】（人名）梵語菴羅、Āmra 舊譯曰柰、此女化生於柰樹上、故名柰女、爲摩竭國萍莎王之妃、生耆婆、見柰女祇域因緣經。參照柰氏條。

【柰女經】（經名）有二譯、一爲後漢安世高譯名柰女祇域因緣經、其一亦安世高譯、題柰女祇婆經、與上經同而文稍略。

【柰氏】（人名）羅什譯之維摩經謂之菴羅、Āmra 樹園、支謙譯之維摩經謂之柰氏樹園、菴羅、菓名、譯曰柰、柰氏者菴羅女也。此園爲菴羅女所有、故云柰氏樹園、見菴羅女及柰苑條。

【柰苑】（地名）梵語菴羅、Āmra 舊譯曰柰、柰苑、即菴羅樹園也。說維摩經之處也。維摩經佛國品曰「一時佛在毘耶離菴羅樹園」玄應音義八曰「菴羅、果形似梨、（中略）舊譯云柰、應誤也。」雞跖集曰「昔西域國有柰樹生果、果生有一女子、王收爲妃、女乃以苑地施佛、爲伽藍、故曰柰苑。」慈恩寺三藏傳序曰、「輕萬死以涉葱河、重一言而之柰苑。」今稱佛寺曰柰苑本此。（雜名）釋法秀植柰樹於其禪居、以爲寺閣之別稱、釋氏要覽上曰、「大唐內典錄云、罽賓禪師法秀初至燉煌、立禪閣於閑曠地、植柰千株、趁者如雲。」

【柰園】（雜名）與柰苑同。藝林伐山曰「佛寺亦稱柰園、因白馬寺有柰林也。」王勃詩云、「柰園欣八正。」

【柰女耆婆經】（經名）一卷、後漢安世高譯。與捺女耆域因緣經同本、其文少略。

【威怒】（術語）振大威勢而忿怒也。

【威怒王】（術語）金剛部諸尊現忿怒身之總名。聖無動經曰、「聖無動摩訶威怒王。」

【威怒王使者念誦法】（經名）底哩三昧耶不動尊威怒王使者念誦法之略名。

【威怒王念誦法】（經名）聖閻曼德迦威怒王立成大神驗念誦法之略名。

【威音王佛】（佛名）梵名 Bhīṣma-garjitasvararāja 法華經常不輕品曰、「乃往古昔過無量無邊不可思議阿僧祇劫、有佛名威音王如來、劫名離衰、國號大成、是威音王佛壽四十萬億那由他恒河沙劫、正法住世之劫數、如一閻浮提微塵。像法住世之劫數、如四天下微塵。其佛饒益衆生已後滅度。正法像法滅盡後、於此國土復有佛出、亦號威音王如來、如是次第有二萬億佛、皆同一號。最初威音王如來既已滅度、正法滅後、於像法中增上慢比丘有大勢力、爾時有一菩薩比丘名常不輕。」楞嚴經五曰、「跋陀婆羅。並其同伴十六開士、卽從座起頂禮佛足而白佛言我等先於威音王佛聞法出家、於浴僧時隨例入室。忽悟水因。」然禪錄假此佛名示時之極遠、又指向上本分爲威音佛以前。祖庭事苑五曰、「威音王佛以前蓋明實際理地威音已後卽佛事門中。此借喩以顯道。庶知不從人得。後人謂音王實有此緣。蓋由看閱藏敎之不審。」法華通義六曰、「此乃空劫初成之佛。已前無佛。故宗門稱向上曰威音那畔。」方語鈔曰、「禪錄言威音王者。謂極遠也。又指本分也。」五燈會元十九曰、「空劫威音前則有一壺氷。」

【威音那畔】（術語） 威音王佛以前也。謂向下之實際理地威音以後、卽向下之佛事門也。見前項。

【威施長者問觀身行經】（經名） 菩薩修行經之異名。

【威神】（術語） 威勢勇猛、不可測度也。無量壽經下曰、「無量壽佛威神功德不可思議。」勝鬘寶窟中本曰、「外使物畏目之爲威內難測度稱之曰神。」

【威儀】（術語） 坐作進退有威德有儀則者。法華經序品曰、「又見具戒威儀無缺。」觀無量壽經曰、「具足衆戒、不犯威儀。」戒疏一下曰、「行善所及、各有憲章、名威儀也。威謂容儀可觀。儀謂軌度格物。」左傳曰、「有威可畏謂之威。有儀可則謂之儀。」

【四威儀】（名數） 一行、二住、三坐、四臥。此四者各有儀則不損威德、謂之四威儀。菩薩善戒經五曰、「威儀苦者名身四威儀。一者行、二者住、三者坐、四者臥。菩薩若行若坐、晝夜常調惡業之心。忍行坐苦。非時不臥。非時不住。所住內外若牀若地若草若葉。於此四處常念供養佛法僧寶。」釋氏要覽下曰、「經律中皆以行住坐臥名四威儀。其他動止皆四所攝。」

【三千威儀】（術語） 對於具足戒二百五十而該稱其他細行曰威儀三千。三千者顯數之多、如三千威儀經。法數者強鑿成三千之數量。見三字部三千威儀條。

【八萬威儀】（術語） 三千之威儀、爲小乘比丘之事、大乘之菩薩、有八萬之威儀。按八萬爲八萬四千之畧。是亦示數之多量然作法數者說云、三千威儀、配身口七支而成二萬一千、約之於貪瞋痴之三毒與三毒等分而成八萬四千。見大藏法數六十八。法界次第下之上曰、「三千威儀八萬律行。」撰擇集曰、「不犯威儀有二。一大乘謂有八萬。二小乘謂有三千。」

【威儀師】（職位） 授戒時三師七證中有敎授師、爲指示授戒者以坐作進退之威儀者、此敎授師又云威儀師。行事鈔上三曰、「單白差威儀師。」自此一般法會指揮衆僧儀式作法之僧名爲威儀師。

【威儀僧】（職位）同威儀師。

【威儀法師】（職位）同威儀師。

【威德】（術語）可畏爲威可愛爲德。法華嘉祥疏七曰、「畏則爲威愛則爲德又折伏爲威攝受爲德。」

【威德定】（術語）同威德三昧往生十因末曰「眼識唯緣色塵依威德定亦緣法處色。」

【威德三昧】（術語）百八三昧之一。發威德力之禪定也。智度論四十七曰、「威德三昧者菩薩得此三昧、威德莊嚴。」

【威德無垢稱王優婆塞】（菩薩）維摩居士之尊稱也。維摩詰 Vimalakīrti 譯曰無垢稱、優婆塞者在家之信士也。威德與王者尊稱也。

【威德觀音】（菩薩）三十三觀音之一。左手持蓮華、坐於巖上之像也。配於法華經普門品所謂、「可以天大將軍身得度者、現天大將軍身爲說法。」此將軍身之威德、廣大而勝、故名爲威德。

【面王比丘】（人名）弊衣第一之比丘。增一阿含經三曰、「著弊惡衣無所羞恥。所謂面王比丘是。」

【面目】（術語）本來之面目也。

【面門】（雜名）有三釋、或云口、或云面顏、或云鼻下與口上之中間。唐華嚴經一曰「卽於面門衆齒之間放佛剎微塵數光明。」涅槃經一曰、「從其面門放種種光」臨濟錄曰「有一無位眞人在汝面門出入」探玄記三曰、「面門者諸德有三釋。一云是口、一云是面之正容非別口也。光統師云。鼻下口上中間是也。(中略)今釋依梵語稱面及口並門悉名目佉(Mukha)。是故翻此爲面門也。故知此中通舉其事。」

【面前一糸】（譬喻）禪錄之著語。譬最初之一念根本無明。晝夜六時操此色身六根之一糸也。最初之一念者、麤念之分別、故謂之一糸。

【面授】（術語）師資當面傳授也。輔行一曰「面授口訣之言」禪源諸詮下曰。「所修禪行似局一門、所傳心宗實貫三學。況覆尋其始、親稟釋迦、代代相承、一一面授。三十七世至于吾師也。」永平正法眼藏有面授之一章。

【面授口訣】（術語）與面授同。

【面善圓淨如滿月】（雜語）龍樹十二禮讚曰、「面善圓淨如滿月。威光猶如千日月。聲如天鼓俱尸羅。故我頂禮彌陀尊」（俱尸羅、譯曰好聲鳥。）

【面輪】（雜語）面容圓形、故云輪。大般若經三百八十一曰、「世尊面輪其猶滿月。」

【面壁】（雜語）坐禪之異名。初祖達

磨、住嵩山少林寺面壁而坐凡九年、不發一語。世所謂面壁九年是也。五燈會元一曰、「達磨寓止嵩山少林寺面壁而坐終日默然。人無測之謂之壁觀婆羅門。」

【面燃餓鬼經】（經名）救面燃餓鬼陀羅尼神咒經之略稱。

【飛化】（術語）飛行遊化也、化謂神出鬼沒之變化。無量壽經下曰、「飛化徧諸剎。」

【飛仙】（術語）飛行空中之仙人也。楞嚴經八曰、「情少想多輕舉非遠卽爲飛仙大力鬼王、（中畧）地行羅剎。」

【飛行】（術語）自在飛行虛空也。攝於六通中之如意通、神通業者經行虛空猶如飛鳥、法蘊足論說之。

【飛行仙】（術語）楞嚴經所說十種仙之一。飛行於空中之仙人也。楞嚴經八曰、「堅固草木而不休息、藥道圓成名飛行仙。」

【飛行夜叉】（異類）飛行空中之夜叉神。楞嚴經八曰、「大力鬼王飛行夜叉。」

【飛行皇帝】（術語）轉輪聖王之別名。以輪王能飛行空中故也。

【飛花落葉】（術語）獨覺乘之人、獨入山林見飛花落葉、知世之無常以開涅槃之悟也。

【飛來峯】（地名）在浙江杭縣靈隱山東南。輿地志曰、晉時西僧慧理登此嘆曰、此是中天竺國靈鷲山之小嶺。不知何年飛來。因號其峯曰飛來、亦名靈鷲峯。

【飛帝】（雜名）飛行皇帝之略。卽轉輪聖王也。

【飛單】（雜語）禪林之語。副寺役人每日僉定收支呈於方丈、謂之日單。又云飛單。飛單者、一日所記條目不多、數㪽往來如飛、故名。見象器箋十六。

【飛錫】（術語）謂比丘之旅行也。釋氏要覽下曰、「今僧遊行、嘉稱飛錫。此因高僧隱峯遊五臺、出淮西、擲錫飛空而往也。若西天得道僧、往來多是飛錫。」

【飛龍大薩埵】（雜名）龍神之尊稱。薩埵譯曰士、大薩埵卽大士也。

【建爪】（流派）外道之種類。大日經所說三十種外道中有建立淨外道與不建立無淨外道兩種是曰。建爪者、長爪梵志外道名。大日經疏二曰、「建立淨不建立無淨等種種宗計、皆不相應。乃至長爪梵尼諸大論師等。」

【建立】（雜語）設法門也。又築塔像也。法華經方便品曰、「若人爲佛故建立佛形像。」

【建立軌】（書名）建立曼茶羅護摩儀軌之畧稱。

【建立假】（術語）又云施設假。謂別教從空入假之假觀。是初以空觀蕩破諸法、更爲大悲施化建立假故名建立假以簡別於初從假入空之虛妄假也光明玄義記下一曰、「假在空後卽建立假」釋籤一之一曰「以藏通菩薩爲建立謗」

【建立謗】（術語）藏通之菩薩住於但空爲大悲施化修假觀也見建立假條。

【建立曼荼羅護摩儀軌】（書名）一卷唐法全集說建立護摩壇之作法。

【建立曼荼羅及揀擇地法】（書名）一卷唐慧琳集說立壇及擇地之法。

【建初寺】（寺名）康僧會至吳感舍利而化吳王孫權權爲建塔以始有佛寺號爲建初寺其地名佛陀里見高僧傳一（康僧會傳）。

【建佗歌】（動物）Kanthaka 悉達太子王宮出走所乘之馬因果經作「犍陟」、六度集經作「揵德」修行本起經作「騫特」玄應音義十九曰、「犍陟六度集作揵德正言建佗歌此譯云納也」此馬爲帝釋之化身見六度集經八經律異相七。

【建志補羅】（地名）梵名 Kāñchipura 南印度達羅毘茶 Drāviḍa 國之首府。護法論師出生之故地見西域記十。

【建盞】（物名）支那建安所造之茶盞也象器箋二十曰「宋蔡襄茶錄云茶色白宜紅盞建安所造者紺黑紋如兎毫其杯微厚熁之久熱難冷最爲要用」

【建豆釴喇底車憚娜】（衣服）Kandūpraticchadana 譯曰遮瘡疥衣十三資具衣之一見有部百一羯磨十。

【建聲】（雜名）外道之種類大日經所說三十種外道中第四建立淨外道第五不建立無淨外道此云建又第二十七聲顯外道第二十八聲生外道第二十九非聲外道此云聲秘藏寶鑰中曰「爪犢遙望不近建聲何得窺窬」

【屍鬼】（修法）以咒法起死屍使殺怨人謂之毘陀羅法藥師經曰、「咒起屍鬼令斷彼命」見吉遮條。

【屎擔子】（雜語）五尺之形骸滿屎糞人常荷擔之故指形骸而云屎擔子子者指物之稱臨濟錄曰「大德儞擔鉢囊屎擔子傍家走求佛求法」

【屎糞地獄】（界名）考信錄二曰、「雜阿含經曰食五辛人觸穢三寶死墮屎糞地獄出作野狐豬狗若得人身其體腥臭」

【眉間光】（術語）從眉間之白毫相放出之光明也見次項。

【眉間白毫相】（術語）佛三十二相之一佛之眉間有白毛內外映徹如白瑠璃、宛轉右旋觀無量壽經曰「眉間白毫右旋宛轉如五須彌山」法華經序品曰、「佛放眉間白毫相光照于東方萬八千世界」參照白毫條。

【柔和忍辱衣】(術語)弘經三軌之一。弘通法華者宜以柔和忍辱之心爲心、吾心柔和忍辱可以防一切瞋恚之害毒、如衣防寒熱之害、以爲因喩。法華經法師品曰、「善男子善女人入如來室著如來衣坐如來座、爾乃應爲四衆廣說此經。如來室者、一切衆生中大慈悲心是。如來衣者、柔和忍辱心是。如來座者、一切法空是。」

【柔和質直者】(術語)意柔而隨順於道、心正而無僞曲者。法華經壽量品曰、「諸有修功德柔和質直者則見我身在此而說法。」

【柔順忍】(術語)心柔智順、於實相之理不乖角、故云柔順。堪安住於其位地、故云忍。維摩經法供養品曰、「聞如是法、得柔順忍。」注「肇曰心柔智順、堪受實相未及無生、名柔順忍。」無量壽經上曰、「一者音響忍。二者柔順忍。三者無生法忍。」

【柔輭】(術語)謂心柔和而隨順於道也。法華經曰、「衆生既信伏質直意柔輭。」

【柔輭語】(術語)柔和之言語、能適人之情者。大集經六曰、「於諸衆生常柔輭語故。」

【勇猛精進】(術語)勇猛進修難行也。無量壽經上曰、「勇猛精進志願無倦。」法華經序品曰、「又見菩薩勇猛精進入於深山。」

【染】(術語)常曰染垢、染汚、不潔不淨之義。謂執著之妄念及所執之事物也。

【染心】(術語)愛著之心。婬欲之心。行事鈔中一之四曰、「僧祇云可畏之甚無過女人。敗正毀德莫不由之。染心看者越毘尼。聞聲起染亦爾。」

【染色】(雜語)謂僧衣之色也。以靑、黑、木蘭三種之壞色染之故也。見袈裟條。

【染衣】(雜名)僧衣也。以木蘭色等之壞色染衣故也。名義集七曰、「大論云。釋子受禁戒是其性。剃髮割截染衣是其相。」

【染汚】(術語)煩惱也。煩惱爲染汚眞性者。圓覺經曰、「若此覺心本性淸淨、因何染汚、使諸衆生迷悶不入。」俱舍頌疏一曰、「煩惱不淨、名爲染汚。」

【染汚意】(術語)第七識之異名。以七識爲迷染之根本、與我痴、我見、我慢、我愛之四煩惱俱起、緣八識之見分而生我執故也。

【染汚無智】(術語)二無知之一。三乘所通斷者見思之煩惱也。俱舍頌疏一曰、「煩惱不淨爲染汚。於境不悟、故曰無知。無知卽染汚、名染汚無知。持業釋。」文句記一曰、「小乘中立二無知。染汚無知、無明爲體。不染汚無知、劣慧爲體。」

【染法】(術語)謂與無明相應之法、由無明而起之法。卽三界所有之事法是也。

染者染汚之義、染汚眞性使不淸淨故名。

【染界】（界名）謂娑婆世界以染汚之事多故也。四敎儀集解下曰、「染汚事多。故云染界。」

【染海】（譬喩）染汚之海、愛欲謂之染。性靈集八曰「飄蕩染海隨衆緣以起滅。」

【染恚痴】（術語）又云婬怒痴、貪瞋痴。染者貪慾、恚者瞋恚、痴者愚痴、卽三毒之煩惱也。無量壽經下曰「少慾知足無染恚痴」

【染淨】（術語）愛著之念及所愛著之法謂之染、解脫之念及所解脫之法謂之淨。蓋染者無明之法、淨者法性之法也。十不二門指要鈔下曰、「以在纏心變造諸法。一多相礙念念住著名之爲染、以離障心應赴衆緣。一多自在念念捨離名之爲淨。」

【染淨衣】（術語）五識四種所依之一。

【染淨不二門】（術語）十不二門之一。無明法性之二法不二一如之義門也。

【染習】（術語）浸染惡氣熏習於他。

【染着】（術語）愛欲之心於外物浸染執着而不離也。新譯仁王經中曰「愚夫垢識染着虛妄爲相所縛」無量壽經下曰、「於其國土所有萬物無我所心無染着心。」智度論十二曰、「此六波羅蜜能令人度慳貪等煩惱染着大海到於彼岸。」

【染愛】（術語）於情欲之境浸染愛着。貪欲之煩惱也。智度論十七曰、「我得涅槃味不樂處染愛」

【染愛王】（明王）瑜祇經有愛染染愛兩品。兩品皆說愛染王之三摩地。凡染愛愛染之名字或爲各別之訓釋、或爲同一之釋、又就兩品所說之尊體而同異之傳不同。瑜祇經拾古鈔上曰、「染愛王成事智釋迦獨入火宅中與衆生染愛故。」又曰「染愛王兩頭二臂愛染王一頭六臂。」義決曰、「如來雖已離於愛染、由美巧故諸佛愛念如世恩愛不相捨離」大敎王儀軌上曰、「善以最上敬愛法普能敬愛一切佛。大愛心亦不捨魔、此卽金剛菩薩。」秘藏記末曰、「染愛定慧均等、互相攝入、攝持不離、曰愛染也。」參照愛染條。

【染緣】（術語）爲招感與業生死苦果之緣者、眞如之水依此染緣之波而起生死之波也。

【美音天】（天名）又名妙音天、辯才天之異名。梵名薩囉薩筏底 Sarasvatī 大日經疏十曰、「美音天是諸天顯詠美者。與乾闥婆稍異彼是奏樂者也。薩囉薩筏底曳、卽美音之名也。」大日經義釋七曰、「美音天亦名辯才天」見大辯才天條。

【美音天女】（天名）美音天女卽辯才天女也。

【美音乾闥婆】（異類）法華經序品所列四種乾闥婆之一。乾闥婆者、八部衆之一。樂神之部衆也。

【前三三】（術語）無着禪師與文殊問答之語。見無着條。

【前世】（術語）謂過去世之身也。

【前世之戒】（雜語）謂前生之身所持之戒行也。前世持五戒者、於今生生爲人、前生持十善戒者今生生於天或爲人中之王。

【前世三轉經】（經名）一卷、西晉法炬譯。說佛前世三轉生行檀波羅蜜之事。

【前正覺山】（地名）在摩竭陀國尼連河之附近。西域記八曰、「鉢羅笈菩提山 Prāgbodhi 唐言前正覺山。如來將證正覺。先登此山。故云前正覺也。」

【前生】（術語）過去世之身。唐音戊籤曰、「鄭還古吉州道中詩若有前生債。今朝不愼還。」

【前安居】（行事）安居有前中後之三種。見安居條。

【前身】（術語）前生也。白居易詩、「閑思往事似前身。」

【前佛】（術語）謂既入滅之佛也。常對於彌勒而言釋迦。見次項。

【前佛後佛】（術語）前佛指釋迦、後佛指彌勒。

【前板】（物名）禪林僧堂中聖僧龕之左右爲出入板。其在前者謂之前板。與言前堂同。見象器箋一。

【前卓】（物名）佛前置佛具之器具。

【前念】（術語）心法相續、豎分析之、至其極處謂之一念。念念之過去者爲前念、後來者爲後念。禮讚曰、「今身願生彼國者、行住坐臥必須勵心剋己。晝夜莫廢。畢命爲期。上在一形似如少苦。前念命終後念即生彼國。長時永劫常受無爲法樂。」

【前後際斷】（術語）謂有爲法之前際後際斷絕而不常住也。但觀之似不斷絕者、以前後相續故也。如旋火輪然。維摩經弟子品曰、「法無有人。前後際斷故。」淨影疏曰、「有爲之法前後相起。前爲前際、後爲後際。」

【前修】（術語）前代諸師之修道者。行事鈔資持記上一之一曰、「前修即前代諸師。」

【前堂】（堂塔）禪刹之僧堂東面中央有安置聖僧之龕。其前面爲前堂、後面爲後堂。各有一首座統領之。見象器箋一。

【前堂首座】（職位）前堂之第一座統領前堂者。位次亞於住持。

【前業】（術語）前世之業因。

【前資】（職位）禪林之稱呼。曾一任副寺已下東序之職而退休者。資助前之事務者之意也。見象器箋五。

【前塵】（術語）妄心前現之六塵境也。楞嚴經一曰、「佛告阿難、此是前塵虛妄相想、惑汝眞性。」

【首陀】（術語）Śūdra 又作首陀羅、新作戍陀羅、戍達羅、戍捺羅。天竺四大姓之第四、農人奴隸也。西域記二曰、「四曰戍陀羅。舊曰首陀、訛也。農人也。」玄應音義十八曰、「首陀應云戍達羅。譯曰農。」慧琳音義二曰、「戍達羅。古云首陀羅。或云首陀。即是農夫耕墾之儔也。」

【首陀婆】（界名）五淨天也。見首陀娑婆條。

【首陀羅】（雜名）印度四姓之第四。見首陀條。

【首陀娑婆】（界名）Śuddhāvāsa 又作首陀婆。五淨居天也。智度論五十四曰、「首陀婆天。秦言淨居天。」玄應音義十九曰、「首陀娑婆、或云私陀娑婆、私陀、首陀。此譯云淨。娑婆此云宮、亦言舍、或言處、即五淨居天是也。」

【首座】（職位）即座中之首位者。僧史畧中曰、「首座之名、即上座也。居席之端、處僧之上、故曰也。尋唐世勅辯章撿校修寺。宣宗賞其功、署三教首座。（中略）次復經論之學、或置首座、三教首座、則辯章爲始也。朱梁、泊周、或除或立。今大宋有講經講論首座。乃僧錄之外則立耳。」是爲官許之名。

【前堂首座】（職位）已下爲禪門私立之稱。僧堂之前版謂之前堂。前堂之首座、爲諸首座中之最上者、居住持之次席、因之而有第一座、座元、禪頭、首衆等別稱。僧堂坐禪號令之權、在首座、不在住持。首座謂之禪頭。衆僧皆聽首座之命也。勅修清規曰、「前堂首座、表率叢林、人天眼目。分座說法、開鑿後昆、坐禪領衆、謹守條章。齋粥精粗、勉諭執事。僧行失儀、依規示罰。老病亡沒、垂恤送終。凡衆之事、皆得舉行。如衣有領、如網有綱也。

」

【後堂首座】（職位）僧堂後版之首座也。勅修清規曰、「後堂首座、位居後版、輔贊宗風、規則端莊、爲衆模範。蓋以衆多、故分前後。齋粥二時過堂及坐禪、則後門出入。」

【立僧首座】（職位）立僧者、開導成立衆僧之義也。無一定之人、別於首座、頭首外、於西堂或前堂及諸耆宿中擇有道博達之人、懇請爲衆開法。或請大方之尊宿充之。其任極重。見象器箋六。

【名德首座】（職位）名德首座者、非住職之稱、擇有名聞德行者爲名德首座。

【却來首座】（職位）雖大方之尊宿、若住持能以禮致之、亦可充此職。是云退位爲人。退位爲人謂之却來首座。却來者、洞家之奉唱。向正位爲向去、自正位來偏位、爲却來。祖庭事苑八曰、「首座卽古之上座也。梵語悉替耶此云上座。(中畧)古今立此位皆取其年德幹局者充之。今禪門所謂首座者、卽其人也。必擇其己事已辦、衆所服從、德業兼備者充之。」

【首悔】(術語)自陳罪而懺悔也。

【首訶旣那】(界名)Śubhakṛtsna 天名譯曰遍淨是色界第三禪中之第三天見玄應音義三。

【首意經】(經名)梵志女首意經之畧。

【首圖馱那】(人名)Śuddhodana 舊作輸頭檀淨飯王之梵名也。玄應音義四曰、「輸頭檀王正言首圖馱那王此譯曰淨飯。或言白飯非也。」

【首楞嚴】(術語)Śūraṃgama 新云首楞伽摩。譯曰健相、健行、一切事竟。佛所得三昧之名也。健相者、譬幢旗之堅固也。以比佛德堅固諸魔不能壞、一切事竟者、佛德之究竟也。智度論四十七曰、「首楞嚴三昧者。秦言健相分別知諸三昧行相多少淺深如大將知諸兵力多少。復次菩薩得此三昧諸煩惱魔及魔人無能壞者。譬如轉輪聖王、主兵寶將所住至處無能壞伏。」涅槃經二十七曰、「首楞嚴者名一切事竟嚴者名堅。一切畢竟而得堅固名首楞嚴。以是故言首楞嚴定名爲佛性。」玄應音義二十三曰、「首楞伽摩、此云健行定。亦言健相。舊云首楞嚴也。」首楞嚴三昧經中曰、「菩薩得首楞嚴三昧能以三千大千世界入芥子中。令諸山河日月星宿悉現如故而不迫迮。示諸衆生。首楞嚴三昧不可思議勢力如是。」

【首楞嚴定】(術語)首楞嚴三昧也。

【首楞嚴經】(經名)大佛頂如來蜜因修證了義諸菩薩萬行首楞嚴經之畧名。首楞嚴者、三昧之名。萬行之總稱也。有十卷。經題下曰、「一名中印度那爛陀大道場經、於灌頂部錄出別行。大唐神龍元年龍集乙巳五月己卯朔二十三日辛丑。中天竺沙門般剌蜜帝於廣州制止道場譯。菩薩戒弟子前正諫大夫同中書門下平章事淸河房融筆授。烏長國沙門彌伽釋迦譯語。」此經不載於麗宋元明四大藏。因有眞僞之諍。然長水引智昇之開元釋教錄九云、「大佛頂如來密因修證了義諸菩薩萬行首楞嚴經十卷右一部十卷今現在沙門釋懷迪州人也。住羅浮山南樓寺。(中畧)後因遊廣州遇一梵僧(未得其名)賚梵經一夾。請共譯之。勸成十卷。卽大佛頂萬行首楞嚴經是也。」經異二經皆眞經也。閱藏知津曰、「阿難示墮之題目及紙葉文句與今之房融本並無差摩登伽難、佛放頂光說咒、敕文殊將咒往護、提獎來歸。啓請大法。佛爲先開圓解、次示圓行、次明圓位。乃至精研七趣、詳辨陰魔。此宗教司南、性相總要。一代法門之精髓、成佛作祖之正印也」。諸家之註述及關係本經之著作如下。楞嚴經義海三十卷唐懷迪證釋、宋子璿義疏併科宋曉月標指宋仁岳集解、宋咸輝排經人註楞嚴經經科一卷、宋子璿述。楞嚴經義疏注經二十卷、宋子璿集。楞嚴經義疏釋要鈔六卷宋懷遠錄。楞嚴經釋題一卷、宋宗印述。卽楞嚴經集註卷一。楞嚴經集註十卷宋思坦集註楞嚴經集解熏聞記五卷、宋仁岳述。楞嚴經要解二十卷、宋戒環解。楞嚴經箋二十卷宋惟慤釋可度箋。楞嚴經合論十卷、宋德洪造論正受䇿論入經并删補。楞嚴經會解十卷、元惟則會解。楞嚴經正脈疏科一卷明眞鑑作。楞嚴經正脈疏懸示一卷明眞鑑述。楞嚴經正脈疏十卷、明眞鑑述。楞嚴摸象記一卷、明袾宏述。楞嚴經懸鏡一卷明德清述。楞嚴經通議提綱略科一卷、明德清排訂。楞嚴經通議十卷、明德清述。楞嚴經聽說一卷、明圓澄註。楞嚴經圓通疏十卷、元惟則會解、明傳鐙疏。楞嚴經百問一卷、明百松和尙著。楞嚴經玄義四卷、明傳鐙述。楞嚴經祕錄十卷、明一松大師說、門人靈述記。楞嚴經玄義二卷、明智旭撰述、道昉參訂。楞嚴經文句十卷、明智旭撰述、道昉參訂。楞嚴經合轍十卷、明通潤述。楞嚴經直指科文一卷。楞嚴經直指總論十卷、明函昰疏。楞嚴經擊節一卷、明大詔撰。楞嚴經懸談一卷、明觀衡撰。楞嚴經畧疏十卷、明元賢述。內題楞嚴說通。楞嚴經貫攝十卷、劉道開纂述。楞嚴經觀心定解科一卷、靈耀述。楞嚴經觀心定解大綱一卷。靈耀述。楞嚴經觀心定解十卷、靈耀述。楞嚴經問答一卷、淨挺著。楞嚴經指掌疏懸示一卷、通理述。楞嚴經指掌疏十卷、通理述。楞嚴經指掌疏事義一卷、通理述。楞嚴經截流二卷、明傳如述。楞嚴經圓通疏前茅二卷、明傳燈述。楞嚴經直解十卷、明廣莫直解。楞嚴經講錄十卷、明乘旹講錄。楞嚴經纂註十卷、明眞界纂註。楞嚴經正見十卷、濟時述。楞嚴經說約一卷、明陸西星述。楞嚴經述旨十卷、明陸西星述。楞嚴經精解評林三卷、明焦竑纂。楞嚴經宗通十卷、明曾鳳儀宗通。楞嚴經如說十卷、明鍾惺撰。楞嚴經疏解蒙鈔三十六卷、明錢謙益鈔。楞嚴經證疏廣解十卷、明凌弘憲輯。楞嚴經寶鏡疏科文一卷、溥畹撰。楞嚴經寶鏡疏懸談一卷、溥畹撰。楞嚴經寶鏡疏十卷、溥畹撰。大勢至圓通章科解一卷、明正相解。楞嚴經大勢至菩薩念佛圓通章疏鈔一卷、續法集。楞嚴經勢至圓通章解一卷、行策撰。楞嚴經序指味疏一卷、諦閑述。

【首楞嚴三昧】（術語）Śūraṅgama-samādhi 見首楞嚴條。

【首楞嚴三昧經】（經名）三卷、秦羅什譯。堅意菩薩問三昧之法、佛唱首楞嚴之名廣說其字義而現妙用。

【首楞嚴三昧五名】（名數）涅槃經二十七曰、「首楞嚴三昧者有五種名。一者首楞嚴三昧二者般若波羅蜜三者金剛三昧四者師子吼三昧五者佛性隨其所作處處得名。」

【首楞伽摩】（術語）Śūraṅgama 首楞嚴之新稱。

【首盧】（雜語）Śloka 又作首盧迦、首盧柯輸盧迦波室路迦室盧迦總算經論文字之名也。三十二字名一首盧。（首盧迦爲韻文之名謂一句三十二語爲節者算散文之經亦依此算法謂爲三千頌十萬頌等。）玄應音義十七曰、「首盧亦名室路迦或言輸盧迦波印度數經皆以三十二字爲一輸盧迦或名伽陀。」同二十五曰、「或云首盧迦或言首盧柯約凡夫作世間詠者也此則闥陀論中之一數也。」瑜伽倫記五上曰、「若八字生是處中句此卽四句三十二字名室路迦經論文章多依此數無問長行及偈頌但滿三十二字舊名首盧。」

【首盧迦】（雜語）見前項。

【首題】（術語）諸經之題目也。觀無量壽經曰、「讚大乘十二部經首題名字。」

【首題名字】（術語）同首題

【首羅】（異類）八夜叉之一。又周羅髮也。見周羅髮條。梵

【苦】（術語）梵語豆佉 Duḥkha 逼惱身心之謂也。佛地經五曰、「逼惱身心名苦。」大乘義章二曰、「逼惱名苦。」

【二苦】（名數）一內苦此有二種、四百四病爲身苦憂愁嫉妬等爲心苦合此二者謂之內苦二外苦此亦有二種、一惡賊虎狼等之害、二風雨寒熱等之災合此二者謂之外苦見智度論十九。

【三苦】（名數）一苦苦自寒熱饑渴等苦緣所生之苦。二壞苦、樂境壞時所生之苦。三行苦爲一切有爲法無常遷動之苦。見俱舍論二十二、三藏法數十二。因數論三苦、依內依外依天也。依內者身心之苦。依外者由人物害來之苦。依天者由風雪等來之苦。見金七十論上。

【四苦】（名數）生老病死也。

【五苦】（名數）一生老病死苦。卽合四苦爲一苦也。二愛別離苦離別親愛者之苦也。三怨憎會苦與憎惡者會合之苦也。四求不得苦求欲者不得之苦也。五五盛陰苦亦云五陰盛苦五陰者身心之總體心身熾盛生長之諸苦也。又心身盛受一切苦也。

【八苦】（名數）前五苦中開生老病死苦爲四苦。涅槃經十二曰、「八相爲苦所謂生苦老苦病苦死苦愛別離苦怨憎會苦求不得苦五盛陰苦。」

【非想天八苦】（名數）八苦者、不但

人間乃至非想天亦有之。法華文句六曰、「非想亦有八苦之火。心生異念名生苦。念念不住名老苦。行心擾擾妨定名病苦。退定是死苦。求定不得是求不得苦。求定不得必有於障。即怨憎會苦。四陰心即五盛陰苦。」按、非想八苦。文僅列七。致諸文句記曰、「文已列七。闕愛別離。應云失定時苦名愛別離。」

【十苦】（名數）菩薩藏經云、人有十苦逼迫。一生苦。二老苦。三病苦。四死苦。五愁苦。六怨苦。七苦受。是三受中之苦受也。八憂苦。九病惱苦。十流轉大苦。見釋氏要覽一。

【苦厄】（術語）苦患災厄。三界皆然。心經曰、「照見五蘊皆空。度一切苦厄。」

【苦本】（術語）貪欲者是苦之根本。法華經方便品曰、「諸苦所因。貪欲爲本。」龍樹傳曰、「是時始知欲爲苦本。」

【苦末羅】（植物）木名。慧苑音義上曰、「苦末羅。西域近海岸邊樹名。此翻爲黃雜色金翅鳥若來。即居其上也。」

【苦行】（術語）梵語 Duṣkara-carya 又 Tapas 又常曰難行苦行。爲身所難堪之諸種行也。主指佛法以外外道所敎之行業。以苦行爲出離解脫之道。此思想印度多行之者。觀世尊六年苦行之事跡可知。至後世佛敎中之荒行亦云苦行。図寺內之淨人謂之苦行。傳燈錄（豐干章）曰、「本寺廚中有二苦行。曰寒山子拾得。」宋高僧傳（常譽傳）曰、「乃禮歸宗寺禪師充苦行焉。」

【苦行外道】（流派）俱舍論九曰、「如諸離繫及婆羅門輸婆多般利伐羅多迦等。異類外道。受持種種露形拔髮。杖烏鹿皮。持髻塗灰。執三杖。剪鬚髮等無義苦行。」百論上曰、「勒沙婆弟子誦尼乾子經言。五熱炙身。拔髮等受苦法是名善法。又有諸師行自餓法。投淵赴火。自墜高巖。寂默常立。持牛戒等。是名善法。」止觀輔行十之一曰、「苦行。即長壽天行。五熱炙身等。總有六行。一、自餓。二、投淵。三、赴火。四、自墜。五、寂默。六、持雞犬等戒。」本行集經二十四曰、「或有裸形。或臥棘上。或臥板上。（中略）或臥塚間。或蟻垤內。猶如蛇居。（中略）或復有用沙土烟塵。以塗坌身。正立而住。或不梳洗頭首面目。髮如螺髻。拳攣而住。或復拔髮。或拔髭鬚。」智度論三十八曰、「諸外道等。信著苦行。若佛不六年苦行。則人不信言。是王子慣樂不能苦行。以是故佛六年苦行。」

【佛伏苦行外道】（故事）因果經三曰、「即於尼連禪河側。靜坐思惟。觀衆生根。宜應六年苦行而以度之。思惟之已。便修苦行。於是諸天奉獻麻米。太子爲求正眞道故。淨心守戒。日食一麻一米。」

【苦行宿緣經】（經名）說佛六年苦行之宿因緣者。攝於佛說興起行經下。

【苦行論師】（流派）二十外道之一。

出外道小乘涅槃論。

【苦行林】（地名）釋尊苦行之地。優樓頻螺村也。見優樓頻螺條。

【苦因】（術語）苦之業因也。法華經譬喩品曰「深著苦因。不能暫捨」。成實論六曰「衣食等物皆是苦因」。

【苦言】（術語）呵他過之語。誡他之語。法華經信解品曰「如是苦言。汝當勤作。又以軟語若如我子」。

【苦空】（術語）有漏果報四相之二。有漏之果報爲三苦八苦之性。故云苦。無男女一異等諸實相。故曰空。

【苦空曲】（雜語）印度馬鳴菩薩善歌詠。常詮苦空無常之理。奏曲而化人。曲名賴陀和羅。見賴吒啝羅條。

【苦空無我】（術語）有漏果報四相之三。苦空如上。無我者。有漏果報中無我之實體。無我所有物之實體也。

【苦空無常無我】（術語）是卽有漏果報之四相。謂之苦諦四行相。苦空無常無我者。舊譯新譯謂之非常苦空非我。俱舍論二十六曰「苦聖諦有四相。一非常。二苦。三空。四非我。待緣故非常。逼迫性故苦。違我所見故空。違我見故非我」。觀無量壽經曰「八種淸風從光明出。鼓此樂器演說苦空無常無我之音」。大乘義章三曰「逼惱名苦。苦法遷流說爲無常。苦非我所故名爲空。苦非我體名爲無我」。

【苦法智】（術語）八智之一。斷三界見惑時。觀欲界苦諦而其斷已之解脫道智也。俱舍頌疏二十三曰「緣苦法故名苦法智」。大藏法數曰「因觀欲界苦諦而斷見惑之智明發也」。

【苦法智忍】（術語）八忍之一。觀欲界苦諦而正斷其見惑之無間道智也。忍者信也。信理而不疑之智。是爲得苦法智之因。故名苦法智忍。智者果。忍者因也。俱舍慧暉鈔下末曰「忍謂信光無始來於苦諦執我我所等。今得無漏智知苦諦無我我所。信喠有苦理名忍」。

【苦果】（術語）使身心苦之果報。從惡業而生者總言之。則生死之果報皆苦也。就中分別之。則如天上者樂果。如地獄者苦果。如人界者苦樂互立也。

【苦河】（譬喩）苦之深。譬如河。大集經十九曰「善作諸行。能乾苦河」。

【苦性】（術語）苦之性體也。俱舍論二十二曰「有三苦性。一苦苦性。二行苦性。三壞苦性。諸有漏行。如其所應與此三種苦性合」。見三苦條。

【苦毒】（術語）苦身毒身者。法華經方便品曰「以諸欲因緣墜墮三惡道。輪回六趣中。備受諸苦毒」。

【苦受】（術語）三受之一。對於違情

之境而領受逼迫之苦於心也。唯識論九曰、「領違境相逼迫身心說名苦受。」

【苦津】（譬喻）苦患之深譬之河津。智度論十一曰、「萬物無常唯福可恃。將人出苦津通大道。」法華玄贊一曰「庶令畢離苦津終登覺岸。」

【苦苦】（術語）梵語 Duḥkha-duḥkhatā 之譯。三苦之一。苦衆生身心之苦、從飢餓疾病風雨寒熱鞭打勞役等苦緣而生之苦也。大乘義章三曰、「從彼苦緣逼而生惱。名爲苦苦。刀杖等緣能生內惱說之爲苦。從苦生苦故曰苦苦。」法界次第中之下曰、「苦受從苦緣生情覺是苦。卽苦苦也。」因有情之心身本來是苦、更加刀杖等之苦故云苦苦。大乘義章三曰、「心性是苦。依彼苦上加以事惱。苦上加苦。故云苦苦。」止觀七上曰、「四大成身（中略）如篋盛四蛇癰瘡刺箭。常自是苦。有何可樂。加以飢渴寒熱鞭打繫縛生老病死。是爲苦苦。」三藏法數十二曰「有漏五陰之身性常逼迫名苦。又與苦受相應卽苦上加苦也。」

【苦海】（譬喻）苦無際限、譬之以海也。法華經壽量品曰、「我見諸衆生沒在於苦海。」楞嚴經四曰「引諸沈冥出於苦海。」心地觀經二曰、「常於生死苦海中作大船師濟羣生。」千手陀羅尼經曰、「南無大悲觀世音願我早得超苦海。」止觀四上曰、「苦海悠深。船筏安寄。」

【苦陰】（術語）新譯曰蘊。舊譯曰陰。構造有情之身心者也。人身有苦故云苦陰。見陰條。釋門歸敬儀上曰、「形則縛於俗習。苦陰常纏。」

【苦陰經】（書名）佛說苦陰經一卷、失譯人名。卽中阿含經中苦陰經上之別譯。

【苦陰因事經】（書名）佛說苦陰因事經一卷、西晉法炬譯。卽中阿含經中苦陰經下之別譯。

【苦域】（譬喻）苦世界也。娑婆滿苦痛故名。天台觀經疏曰、「夫樂邦之與苦域。金寶之與泥沙。」

【苦集】（術語）四諦之二。苦者業煩惱之結果生死之苦患、卽一切生死之果報也。其集成生死苦果之業煩惱謂之集。卽生死之原因也。

【苦集滅道】（術語）卽四諦也。苦集二者如上。滅者謂滅生死苦果之涅槃。道者謂可得涅槃果之正道。蓋苦集滅道者爲世間與出世間卽生死與涅槃之一雙因果。苦爲生死之果、集爲生死之因、滅爲涅槃之果、道爲涅槃之因也。但先果而後因者、以果顯著易知、因幽微難知故也。此四種之理、皆是眞實故云諦。聲聞乘之人、觀此四諦之理厭生死樂涅槃以斷煩惱（集諦）而證涅槃（滅諦）也。見四諦條。按法界次第云、苦以逼惱爲義。一切有爲心行、常爲無常患累之所逼惱、故名爲苦。集以招聚爲義。若心與結業相應、未來定能招集生死之苦、故名爲集。滅以滅無爲義。結業既盡、則不爲生死之患累、故名爲滅。道以能通之義。有二種。一正道、實觀三十七道品、三解脫門、緣理慧行、名爲正道。二助道、得解觀中種種諸對治法及諸禪定、皆是助道。此二相扶、能通涅槃、故名爲道。

【苦智】（術語）知苦諦之理之智。十一智之一。見大般若經三。

【苦惱】（術語）生死海之法、總爲苦我惱我者、一無安穩之自性。無量壽經下曰、「貪恚愚痴苦惱之患」。

【苦道】（術語）三道之一。道者能通之義。惑業苦互相通、從惑起業、從業感苦、從苦復起惑、故云苦道。即三界生死之果報也。見三藏法數十二。

【苦業】（術語）謂煩惱之業緣也。淨住子曰、「衆等此生由於身意造諸苦業。」

【苦想】（術語）十想之一。五陰之身、常爲諸苦所逼迫。爲此想、則智慧生而衆苦得滅、謂之苦想。見智度論二十三。

【苦聖諦】（術語）四聖諦之一。常略云苦諦。此苦集滅道四諦之理、唯爲聖智所知、非凡夫所知、故云聖諦。大乘義章三曰、「涅槃云、聖者所謂諸佛菩薩一切聖人、就聖辨諦、故云聖諦。何故就聖辨諦乎、良以諦實唯聖所知、非凡能覺、聖所知者、方名諦、故就聖辨之。」梵 Duḥkha-āryāṇisatyāṇi

【苦際】（術語）苦之最終。受生死苦最後之身也。法華經序品曰、「若人遭苦、厭老病死、爲說涅槃盡諸苦際。」大部補注六曰、「婆沙云、或有說者、阿羅漢最後陰、是苦際。」

【苦網】（譬喻）苦之纏綿於人、譬如網。最勝王經六曰、「汝能破裂一切衆生貧窮苦網、令得富樂。」

【苦輪】（術語）生死之苦果、輪轉不止、故云輪。勝天王般若經一曰、「衆生長夜流轉六道、苦輪不息、皆由貪愛。」仁王經曰、「十善菩薩發大心、長別三界苦輪海。」同良賁疏四曰、「苦輪海者、苦通三界、謂三苦也。依苦樂捨立爲苦、故往返不息、廻轉如輪。昇沈出沒、深大如海。」

【苦輪海】（術語）略云苦輪。見苦輪條。

【苦餘】（術語）三餘之一。二乘之人、既脫界內之生死、猶餘界外之生死也。三藏法數十一曰、「二乘之人、已出三界分段生死、尚有變易生死之苦、故名苦餘。」

【苦縛】（術語）苦患之繫縛。法華經方便品曰、「我令脫苦縛。」

【苦諦】（術語）四諦之一。三界生死之果報、畢竟苦患、無有安樂之性、此理決定眞實、謂之苦諦。見苦聖諦條。

【苦類智】（術語）八智之一。觀色界無色界之苦諦、而斷對於苦諦之見惑之智也。此智爲先觀欲界苦諦而起之苦法智流類、故有類之名。三藏法數三十一曰、「觀欲界苦諦之後、復觀上二界苦諦。眞智明發、是欲界苦法智之流類、是名苦類智。」

【苦類智忍】（術語）八忍之一。信忍上二界苦諦之理、將得苦類智之無間道智也。苦類智屬於果解脫道也、苦類智忍屬於因、無間道也。

【苦類忍】（術語）苦類智忍之略。

【苦覺】（術語）苦之覺想。八十華嚴經二十四曰、「永除苦蘊、永斷苦覺」

【苦蘊】、（術語）謂人身也。人身自五蘊而成、不免三苦八苦等苦、故云苦蘊。八十華嚴經二十四曰、「永除苦蘊、永斷苦覺」。

【苾力叉慕里迦】（雜語）Vṛkṣamūlika 譯曰樹下坐。飾宗記五本曰、「苾力叉慕里迦、此云樹下坐也。智論云樹下思惟、如佛生時、轉法輪時、涅槃時、皆在樹下。行者隨諸佛法、常處樹下。」

【苾吒瞿波羅】（異類）Pṛthukagopala 夜叉名。譯曰護兒。見大孔雀經中。

【苾芻】（術語）Bhikṣu 又云煏芻。同於舊譯之比丘。譯曰乞士、除士、除饉、男熏士、道士等。出家爲佛弟子、受具足戒者之都名也。以此方無正翻之語、故經論中多存比丘。苾芻之梵名、或以乞士、破煩惱之二義解之、或以淨乞食、破煩惱、淨持戒、能怖魔之四義釋之。乞士者、以彼自無所營、乞人之信施而淸淨活命故也。破煩惱者、以修聖道而破煩惱故也。淨持戒者、以受持盡形淨戒故也。能怖魔者、以必入涅槃、使魔畏怖故也。智度論三曰、「云何名比丘。比丘名乞士。淸淨活命、故名爲乞士。復次比名破、丘名煩惱。能破煩惱、故名比丘。復次、受戒時自言、我是某甲比丘、盡形壽持戒、故名比丘。復次、比名怖、丘名能怖魔王及魔人民。當出家剃頭著染衣受戒、是時魔怖。何以故怖。魔言是人必得入涅槃。」維摩經佛國品注曰、「肇曰、比丘、秦言或名淨乞食、或名破煩惱、或名淨持戒、或名能怖魔。天竺一名該此四義、秦言無一名以譯之、故存本名焉。」玄應音義八曰、「除饉、舊經中或言除士、除女、亦言熏士、熏女、今言比丘、比丘尼也。案梵言比丘、此言乞士。即與除饉義同。除六情飢、斷貪欲染也。以善法熏修、即言熏士、熏女。」釋迦譜七曰、「凡夫貪染六塵、猶餓夫飯不知厭足。聖人斷貪染六情饑饉、故號出家爲除饉。」南山業疏三曰、「中梵本音號曰煏芻。此傳訛失、轉比丘也。」探玄記十八曰、「比丘者、梵有三名。或云比呼、或云苾芻、或云比丘。此無正譯。義翻有三。謂怖魔、破惡及乞士。」然有以苾芻爲草名者、亦一說也。妙吉祥平等秘密最上觀門大敎王經一曰「吾吉祥草矩舍。（此言草）摩賀矩舍室哩矩舍。世尊因地修行時。常臥此三草也。苾芻矩舍悉黨矩舍。（此言白）世尊因地修行時。常枕此二草也。」慧琳音義二曰「苾芻草名也。僧肇法師義苾芻有四勝德」俱舍慧暉鈔、翻譯名義集、釋氏要覽等皆以爲草名。（業疏濟緣記三之一言世中妄傳是草名者訛也。）

【二苾芻】（名數）一世俗苾芻、凡夫之苾芻也。二勝義苾芻、聖者之苾芻也。見俱舍光記十五。

【四苾芻】（名數）一名想苾芻、身爲俗人、尚未受具足戒、自稱爲苾芻、是爲名想苾芻。名從想生、或能生想、故言名想。二自稱苾芻、犯重之人、實非苾芻、自稱言自是苾芻、名爲自稱苾芻。三乞食苾芻、出家之人以乞食自活、故名乞食苾芻。四破惑苾芻、諸阿羅漢破惑盡者也。見俱舍論十五。

【苾芻尼】（術語）又作煏芻尼 Bhiksuni 卽比丘尼也。尼者女聲、男僧云苾芻、女僧云苾芻尼。

【苾芻律儀】（術語）苾芻應受持之戒律、卽二百五十之具足戒也。

【苾芻五法經】（經名）一卷、趙宋法天譯。說新比丘有五法得離師之依止、及戒有七種之別。

【苾芻尼戒經】（經名）根本說一切有部苾芻尼戒經之略名。

【苾芻習學畧法】（經名）根本說一切有部苾芻習學略法之畧名。

【苾芻尼毘奈耶】（經名）Bhiksunivinaya 根本說一切有部苾芻尼毘奈耶之略名。

【苾芻迦尸迦十法經】（經名）一卷、趙宋法天譯。佛對迦尸迦說具足慚愧多聞等十法、則得爲人師。

【苾嚕吃嘌知】（天名）摩醯首羅天之子名。大日經疏五曰「苾嚕吃嘌知是摩醯首羅子、身極枯瘦、以常降伏怨敵、假使骨肉消盡、要令得勝、故爲此形。私謂卽是智度所云常修苦行、割肉祀火、感生諸惡神者也。所以住在南方。」梵 Bhṛgiriṭi

【若那】（人名）見惹那條。

【若那跋陀羅】（人名）見惹那跋陀羅條。

【若那戰陀羅】（人名）見惹那戰達羅條。

【若衍底】（雜語）譯爲勝之義、生之義、卽勝生也。由阿字門卽是無勝生、是爲一切無能勝者之母、故名無勝生。此無勝生亦名甘露生。見大日經義釋七。梵 Jayati

【若南】（人名）見惹那條。

【若提子】（人名）尼犍陀若提子之

略。

【哀亮】（術語）物音哀而明亮也。無量壽經上曰、「清揚哀亮微妙和雅。」

【哀雅】（術語）物音哀而有惟致也。觀經曰、「百寶色鳥和鳴哀雅。」

【哀愍】（術語）哀者悲哀、愍者憐愍。見人苦而起之慈悲情也。勝鬘經曰、「哀愍覆護我。」無量壽經下曰、「如來普慈哀愍。悉令度脫。」寶窟上末曰「哀者悲也。愍者慈也。」

【哀憐】（術語）哀苦之衆生也。大經淨影疏上曰、「佛心哀憐。」

【帝弓】（雜語）天帝之弓、虹之異名。同天弓。

【帝心】（人名）唐華嚴宗初祖杜順、太宗勅賜帝心之號。見杜順條。

【帝利耶瞿榆泥伽】（術語）Tirya-gyoni-gati 新譯曰傍行（畜生趣）畜生之異名也。見名義集二。

【帝居】（界名）天帝之居處。寄歸傳一曰、「慈濟徵命交舛帝居。」

【帝青】（物名）寶珠名。玄應音義二十三曰、「帝青、梵言因陀羅尼羅目多 Indranilamuktā 是帝釋寶。亦作青色。以其最勝、故稱帝釋青。目多此云珠。以此寶爲珠也。」

【帝須】（人名）Tisya 比丘名。同時有二人同名、阿育王時第三結集之上座謂爲目犍連子帝須（巴 Moggaliputtatissa）又王之弟爲七日王、觀無常而出家、名爲帝須比丘。見善見律二。

【帝網】（物名）帝釋天宮之網也。同因陀羅網。見因陀羅條。

【帝隸路迦也吠闍耶】（明王）Trailokya-vijaya 帝隸者三、路迦也者世、吠闍耶者降。又爲勝之義。卽降三世或勝三世明王之名也。見大日經疏十。

【帝釋】（天名）忉利天之主也。居須彌山之頂喜見城、統領他之三十二天。（忉利天譯三十三天）梵名釋迦提桓因陀羅 Śakra devānām Indra 畧云釋提桓因。新譯之梵名釋迦提婆因達羅。釋迦譯能、天帝之姓、提桓者天、因陀羅者帝。卽能天帝也。今反轉梵語而謂爲帝釋。胎藏界曼荼羅釋迦院之一衆也。大日經一曰、「初方釋天王。安住妙高山寶冠被瓔珞持跋折羅印。及諸餘眷屬慧者能分布。」同疏五曰、「於東方五頂之南、當畫因陀羅釋天之主。坐須彌山。天衆圍繞首戴寶冠。身被種種瓔珞持跋折羅。及諸餘眷屬、謂舍指夫人及六欲天等。是如圖中所示也。」法華義疏二曰、「釋提桓因者。具足外國語應云釋迦提桓因陀羅。釋迦爲能、提桓爲天、因陀羅爲主。以其在善法堂治化稱會天心。故爲能天主。」法華玄贊二曰、「梵云釋迦提婆因達羅、釋迦姓也。此翻爲能。提婆天也。因達羅帝也。正云能天帝釋。提桓因。云天帝釋。俱訛倒也。此在妙高山頂而住。三十三天之帝主也。過去字憍尸迦。此云蠒兒。名阿摩揭陀。此云此毒害。卽摩揭陀國過去帝釋修因之處。用爲國名。」

【帝釋宿因】（傳說）智度論五十六云「問曰先言釋者是字。提桓因者是天主。今佛何以不言釋。乃命言憍尸迦耶。答曰昔摩伽陀國中有婆羅門。名摩伽。姓憍尸迦。有福德大智慧。知友三十三人。皆修福德。命終皆生須彌山頂第二天上。摩伽婆羅門爲天主。三十二人爲輔臣。以是三十三人。故名爲三十三天。喚其本姓。故言憍尸迦。或言天主。或言千眼等。」

【帝釋爲佛造講堂】（傳說）選集百緣經二曰。「爾時諸羅漢六萬二千將詣拘毘羅國。彼諸民衆稟性賢善。仁慈孝順。意志寬博。於時如來作是念言。吾今當作牛頭旃檀重閣講堂。化彼民衆。作是念已。時天帝釋知佛心念。卽與天龍夜叉究槃茶等。各各齎持牛頭旃檀樹。奉上世尊。爲如來造大講堂。天之諸牀榻臥具被褥。天之須陀食自然備有。供養佛僧。」

【帝釋與修羅戰】（傳說）法華義疏二曰。「問何故常與帝釋戰。答婆沙云。修羅有美女而無好食。諸天有好食而無美女。互相憎嫉。故恒鬬戰也。」法華玄贊六曰。「若天得勝。便入非天宮中。爲奪其女。起此鬬諍。若非天得勝。卽入天宮。爲求四種蘇陀味。故共相戰諍。」長阿含經二十曰。「有大阿修羅王名羅呵。（Rāhu）威二萬八千里大身。住須彌山北大海底。見忉利日月等諸天行我頭上。大瞋興兵大戰。」觀佛三昧經一曰。「有阿修羅王名毘摩質多。有九頭。每頭有千眼。九百九十九手。八脚。口中吐火。有女端正無比。帝釋請爲妻。名悅意。後由天帝與他婇女遊戲園中。悅意起妒心。以告父。毘摩質多爲女興兵攻天帝。」譬喩經下曰。「有阿修羅王名羅睺羅。生一女。端正無比。帝釋厚幣求之。若不與則以兵取。阿修羅聞之大怒。興兵大戰。後講和。阿修羅以女納於帝釋。帝釋以甘露報之。」

【帝釋善法堂】（雜名）喜見城外角有善法堂。諸天集此。商量四天下之善惡。

【帝釋四苑】（名數）喜見城外面有四苑。一衆車苑。帝釋欲遊戲。入此苑。則種種寶車。自然涌出。二麤惡苑。帝釋欲鬬戰。入此苑。則所須器仗。自然現出。三雜林苑。諸天入於中。所翫皆同。俱生勝喜。四喜林苑。又云歡喜園。極妙之境界皆集於此。觀之不厭。見俱舍頌疏十一。

【帝釋拜畜】（傳說）未曾有經上云。「有野干爲師子所逐。墜井中。將死說偈懺悔於佛。帝釋聞佛名。咸未曾有。自天降。禮拜供養野干、聽法要。」止觀二曰、「上聖大人、皆求其法不取其人雪山從鬼請偈天帝拜畜爲師。」

【帝釋弓】（雜名）虹之異名也。演密鈔八曰、「虹狀如弓西方之人呼名印涅哩馱弩。Indradhanu 卽帝釋弓也。」

【帝釋天】（天名）天者梵語提婆、諸天神之通名帝釋者天主之別名見帝釋條。

【帝釋天妃】（天名）在胎藏界曼荼羅金剛部之西方主帝釋天之定德肉色左手持未敷蓮坐於筵。

【帝釋供】（修法）供養帝釋天之修法也。

【帝釋城】（雜名）帝釋天所居之城、卽善見城又名喜見城在須彌山頂見次項。

【帝釋宮】（雜名）帝釋天之宮殿在善見城內名殊勝殿俱舍論十一曰、「於山頂中有宮名善見面二千半周萬踰繕那。金城量高一踰繕那半其地平坦亦眞金所成。俱用百一雜寶嚴飾地觸柔軟如妬羅綿於踐蹋時隨足高下是天帝釋所都大城於其城中有殊勝殿種種妙寶具足莊嚴蔽餘天宮故名殊勝面二百五十周千踰繕那」又印度俗以虹名帝釋宮大日經疏十三曰、「西方名虹爲帝釋宮也其光亦爾也」

【帝釋宮音樂】（雜名）此天宮有二類樂神一云緊那羅常奏法樂二云乾達婆常奏俗樂卽八部衆中之二也。

【帝釋瓶】（物名）帝釋天之寶瓶也、所須之萬物自然涌出又云德瓶、賢瓶吉祥瓶等觀無量壽經曰、「涌出諸果如帝釋瓶。」智度論十三曰、「有人常供養天其人貧窮、一心供養滿十二歲求索富貴天愍此人自現其身而問之曰汝求何等答言我求富貴欲令心之所願一切得天與一器名曰德瓶而語之言所須之物復此瓶出其人得已、應意所欲無所不得。」

【帝釋窟】（地名）見帝釋巖條。

【帝釋網】（物名）懸於帝釋宮之寶網也畧云帝網華嚴諸師取以譬諸法重重無盡之緣起又爲天竺幻術者之咒名以此咒能如帝釋之網現一切事故也大日經五曰、「咒術網所惑同於帝釋網。」同疏十五曰、「此幻師眞言名帝釋網猶如彼網於一切事顯示相現有種種相而實無有一一實事故名帝釋網。」

【帝釋巖】（地名）又云帝釋窟。在摩伽陀帝釋嘗於此請問疑事於佛、佛演釋之、卽佛說帝釋所問經是也彌勒菩薩今在窟中西域記九曰、「因陀羅勢羅窶訶山唐言帝釋窟其山巖谷杳冥花林蓊鬱嶺有兩峰岌然突起西方南巖間有大石室廣而不高昔如來嘗於中止時天帝釋以四十二疑事畫石請問佛爲演釋其迹猶在」帝釋巖秘密成就儀軌曰、「摩伽陀國菴沒羅聚落北、韋提希山有帝釋巖。而彼巖中有九十九宮。(中畧)慈氏菩薩今現在彼入三摩地名最上莊嚴。」帝釋所問經曰、「爾時帝釋天王。聞佛在摩伽陀國毘提呬山帝釋巖中。」梵 Indraśilāguhā

【帝釋巖秘密成就儀軌】(經名)一卷。趙宋施護譯。佛爲金剛手說得面見帝釋巖彌勒菩薩之作法秘咒。

【帝釋心經】(經名)帝釋般若波羅蜜多心經之畧名。

【帝釋所問經】(經名)一卷。趙宋法賢譯。佛於摩伽陀國毘提呬山帝釋巖中爲帝釋演釋種種之疑問。卽中阿含之釋問經也。

【帝釋般若波羅蜜多心經】(經名)一卷。趙宋施護譯。佛在鷲峯爲帝釋說般若之義無邊。又說頌說咒。與通行之般若心經別本同。

【度】(術語)渡也。生死譬海。自渡生死海又渡人謂之度。又梵語波羅蜜譯曰度。渡生死海之行法也。

【五度】(名數)福行之五波羅蜜也。一布施。慈心施物也。二持戒。持佛戒而愼身口意之惡也。三忍辱。忍耐一切之苦痛陵辱而心不動也。四精進。勇猛勵一切之善。伏一切之惡也。五禪定。心止一處而拂去妄念也。

【六度】(名數)初五度如前。第六智慧。分別眞理也。此六度爲萬行之總體。前五爲福行。後一爲智行。以福行助成智行。依智行而斷惑證理。渡生死海也。

【十度】(名數)初六者如前。第七方便。善巧方便。自積功德。又濟度一切有情度也。第八願度。修上求菩提下化衆生之大願也。第九力度。行思擇力與修習力也。謂思惟諸法而修習之也。十智度。修自利利他之二智也。與前之第六度所以異者、彼爲觀空理之智慧。而此爲照有相之智慧也。故二度相對。第六度爲慧度。第十度爲智度。以上十度如其次第。卽菩薩十地之波羅蜜行也。見唯識論九。參照波羅蜜條。

【度世】(術語)度者渡也。出也。如言出世。出過世間之謂也。無量壽經上曰、「超過世間諸所有法。心常諦住度世之道。」同下曰、「獲其福德度世長壽泥洹之道。」述文贊中曰、「諦者安也。度者出也。卽出世道之別名。故」大經淨影疏下曰、「度世長壽泥洹道者。後生彌陀終得涅槃。」因濟度世間之人也。維摩經佛國品曰、「能度諸世間」

【度世品經】(經名)六卷。西晉竺法護譯。卽華嚴經離世間品之異譯。度卽離之義也。

【度生】(術語)濟度衆生也。

【度弟】(術語)巳度之弟子也。

【度沃焦】（術語）舊華嚴經名字品釋迦牟尼之別號。沃焦者在大海中吸入萬流之焦石也。衆生猶如焦石。五欲沃之而無厭足。唯佛能超度此欲。故號度沃焦。見沃焦條。

【度使】（譬喻）惡魔名。俱舍光記八曰、「魔羅名度使。度使。此云毀壞。」

【度科】（術語）得度之試科也。唐中宗景龍初詔天下試經度僧。山陰靈隱僧童大義誦法華經第一。是爲唐土度科之始。見佛祖統紀五十一。

【度洛叉】（雜語）十萬爲洛叉。十洛叉爲度洛叉。

【度脫】（術語）超度解脫生死之苦也。法華經序品曰、「諸仙之導師。度脫無量衆。」無量壽經下曰、「積累德本。度脫一切。」

【度貧母經】（經名）摩訶迦葉度貧母經之略名。

【度無極】（術語）梵語波羅蜜多。Pāramitā 舊譯度無極。新譯到彼岸。度者。卽到彼岸之義。無極。謂其行法無際限也。玄應音義三曰、「度無極。或言到彼岸。皆一義也。梵言波羅蜜多是也。」

【度無極經】（經名）六度集經之異名。

【度衆生心】（術語）欲濟度一切衆生之菩薩大悲心也。往生論註下曰、「按王舍城所說無量壽經。三輩章中雖行有優劣。莫不皆發無上菩提之心。此無上菩提心卽是願作佛心。願作佛心卽是度衆生心。度衆生心卽攝取衆生生有佛國土心。」

【度牒】（術語）許出家之公驗也。又云祠部牒。以從尙書省之祠部司出之故也。編年通論十六曰、「天寶五年五月。制天下度僧尼並令祠部給牒。今謂之祠部者。自是而始。」唐會要曰、「天寶六載。制僧尼道士令祠部給牒。」唐書食貨志曰、「安祿山反。楊國忠遣御史崔衆至太原納錢度僧尼道士。旬日得百萬緡。明年御史鄭叔淸與宰相裴冕又議度僧道收貲。」按此是鬻度牒之始。

【度僧】（儀式）度人爲僧也。度者出也。離也。出離俗也。又出離生死也。故云度。

【試經度僧】（雜語）唐中宗景龍初、詔天下試童行經義無滯者度之使爲僧。試經度僧自此始。見佛祖統紀五十一。

【特恩度僧】（雜語）隋文帝勅士庶使出家。是歲度僧五十萬。見佛祖統紀五十一。

【納金度僧】（雜語）唐肅宗至德初、宰相裴冕請鬻度牒。名香水錢。是納金度僧之嚆矢也。見佛祖統紀五十一、困學紀聞十四。

【度諸佛境界智光嚴經】（經名）一卷。失譯。大方廣入如來智德不思議經之異譯。先出度者入之義也。

【宣政院】（職位）元至元初、立總制院、而領以國師。掌釋教僧徒及吐蕃之境而隸治之。二十五年因唐制吐蕃來朝見於宣政殿之故、更名宣政院。置院使十人同知副使僉院各二人同僉院判各三人、參議經歷各二人都事三人照磨管勾各一人僧俗並用。二十六年、置斷事官四人。以後增省不一。至天曆二年、定置如前。詳於續文獻通攷。

【宣流】（雜語）弘布正法也。無量壽經上曰、「光融佛法宣流正化」。

【宣說】（雜語）演說教法也。唐華嚴經五曰、「以佛力故能宣說」。

【宣鑑】（人名）唐朗州德山院宣鑑、參龍潭崇信而契悟。咸通初應武陵太守薛延望請、居德山。四海禪徒輻輳。其人訓授天險海深邊際難窺。雪峰、參見嗣其法。咸通六年寂、壽八十四。見宋僧傳十二、傳燈錄十五。

【室衣座】（雜名）謂法華之三軌。弘經見三軌條。

【室利】（術語）見尸利條。

【室利羅】（雜名）Śarira 見舍利條。

【室利羅多】（人名）又作羅邏。Śrīlabha 譯曰勝受。經部之論師。

【室利邏多】（人名）Śrīlabdha 譯曰勝受。經部論師之名也。西域記五曰、「室利邏多唐言勝受。於是製造經部毘婆沙論」。

【室利提婆】（人名）Śrīdeva 譯曰吉祥天。道希法師之梵名也。見求法高僧傳上。

【室利揭婆】（物名）Śrīgarbha 譯曰勝德。寶玉名。華嚴經疏十五曰、「梵云寶利揭婆此云勝藏。即寶名也」。

【室利靺瑳】（雜語）Śrīvatsa 譯曰吉祥海雲。卍字形也。見萬字條。

【室利嚩塞迦】（物名）香名。似此方之薰陸香。大日經疏七曰、「室利嚩塞迦香者、似此方薰陸香。室利是具德吉祥義。言此香乃至天神皆悉愛樂。故以為稱也」。梵、Śrīvāsa

【室摩那拏】（術語）見沙門條。

【室摩拏伊落迦】（術語）見沙彌條。

【室盧迦】（術語）Śloka 又作室路迦、輸盧迦。舊云首盧。見首盧條。

【室羅伐】（地名）又作室羅筏。國名。見舍衛條。

【室羅筏】（地名）見前項。

【室羅筏拏】（雜名）Śrāvaṇa 又作室羅縛拏、室囉嚩那。五月之名。從唐曆五月十六日至六月十五日也。俱舍光記十一曰、「室羅筏拏當此間五月」。

【室羅伐悉底】（地名）國名。見舍衛條。

【室羅筏悉底】（地名）即舍衛國。梵

Śrāvastī

【室羅末尼羅】（術語）Śrāmaṇera 譯曰求寂。見沙彌條。

【室羅筏拏磨洗】（雜名）Śrāvaṇa-māsa 摩洗者月之義、卽五月也。

【室羅摩拏洛迦】（術語）Śrāmaṇe-raka 譯曰勤策男。見沙彌條。

【室羅摩拏理迦】（術語）Śrāmaṇe-rikā 譯曰勤策女。見沙彌尼條。

【室獸摩羅】（動物）又作失獸磨羅、失守磨羅、失收磨羅。鰐魚之類。善見論十七曰、「失守摩羅者、鰐魚也。」玄應音義十七曰、「失獸摩羅。或言失收麼羅。此云煞子魚也。善見律譯云鰐魚也。」唯識秘演二本曰、「室獸摩羅。傍生類也。形如壁蝽。小者二丈。大者百尺。」梵Śiśumāra

【室囉末拏】（術語）Śramaṇa 又作室羅摩拏。見沙門條。

【室灑】（術語）Śiṣya 譯曰所教、弟子之義也。求法高僧傳上曰、「室灑譯爲所敎。舊云弟子、非也。」

【客山】（雜名）對於主山而言。虛堂顯孝錄曰、「爲甚麼客山高主山低。」

【客司】（職位）又云接待所。敕修清規知客曰、「官員尊宿相過者。引上相見。仍照管安下去處。如次次人客。只就客司相款。」

【客位】（雜名）賓客及新叅者之休憩室。見象器箋二。

【客作賤人】（雜語）客於他家作業之賤人也。是法華經窮子喻中之語、窮子已還父家、雖受種種厚遇、尚自謂客作之賤人、無高尙之志。以喻須菩提等聲聞、雖耳聞大乘之法、尙未發大乘心也。法華經信解品曰、「爾時窮子。雖欣此遇。猶故自謂客作賤人。由是之故。於二十年中常令除糞。」法華義疏七曰、「未識大乘爲客作。尙守小分爲賤人也。」

【客塵】（術語）形容煩惱者。煩惱非心性固有之物、爲迷理而起者、故名之爲客。爲汚心性者、故名之爲塵。維摩經問疾品曰、「菩薩斷除客塵煩惱。」註「什曰。心本清淨。無有塵垢。塵垢事會而生。於心爲客塵也。肇曰。心遇外緣。煩惱橫起。故名客塵。」寶窟下末曰、「無始無明。自心分別所作。無有眞實。故名爲客。坌汚稱塵。」日本太子之維摩經疏四曰、「一切不善理非恒有。終必有遺除之義。故爲客。」最勝王經一曰、「煩惱隨惑。皆是客塵。法性是主。無來無去。」楞嚴經一曰、「時憍陳那起立白佛。我今長老於大衆中獨得解名。因悟客塵二字成果。」圓覺經曰、「靜慧發生。身心客塵從此永滅。」

【客頭行者】（職位）在禪院屬於知客寮而受其使令之侍者也。見象器箋八。

【突吉羅】（術語）又云突膝吉栗多、突瑟儿理多 Duṣkṛta 獨柯多（巴）Dukkata。戒律之罪名也。四分律分之爲身口二業、而譯爲惡作（身業）惡說（口業）明了論合身口二業譯曰惡作。（惡作之作、以意名、以依意之作動而起身口二業故也。）行事鈔中之一曰「善見云突者惡也、吉羅作也。聲論正音突膝吉栗多。」戒本疏一下曰「名突吉羅者。如律本云惡作惡說也。分身口業故有斯目、明了論中二業一名、俱爲惡作。身口爲非無非鼓動故也。」又名式叉伽羅尼、義翻曰應當學。又稱百衆學。此戒名微細而難犯、當能學習。故云學。其戒品數多、故云衆。其中（二百五十戒中）但列擧百戒、故云百。蓋突吉羅之名、就過之邊而言、式叉伽羅尼之名、就行之邊而言也。

【突婆】（物名）香名。陀羅尼集經五曰、「突婆香。唐云茅香。」見都嚧瑟迦及兜樓婆條。

【突路拏】（人名）Droṇa 婆羅門名、平分佛舍利以止諸國王之鬬爭、經中譯香姓、又譯香煙。出於毘奈耶雜事三十九。見香姓條。

【突瑟儿理多】（術語）Duṣkṛta 又作突膝吉栗多。突吉羅之具名。見突吉羅條。

【冒地】（術語）Bodhi 舊云菩提。新云冒地。仁王經良賁疏下三曰、「舊云菩提。今云冒地。」見菩提條。

【冒地質多】（術語）Bodhicitta 譯曰覺心、卽菩提心也。仁王經念誦儀軌曰、「冒地質多。此云覺心。」

【冒地薩怛嚩】（術語）與舊云菩提薩埵同。仁王經良賁疏下三曰、「舊云菩提。今云冒地。舊云薩埵。今云薩怛嚩。」

【星宿】（術語）又稱宿曜。印度之天文法也。其中有二十八宿 Nakṣatra 十二宮 Rāśi 七曜 Graha 之別。人界天界一切之事實、恒相反影、吉凶之相現於宿曜。且由星宿之運行而豫定個人之運命者也。是爲星占法。陰陽師、兵家、及密教之占卜者皆傳播之。藏經中有宿命智陀羅尼經、宿命陀羅尼、文殊師利菩薩及諸仙所說吉凶時日善惡宿曜經、宿曜儀軌、七曜禳災決、七星如意輪秘要經、七曜星辰別行法等諸經、民間流布之雜書、尤不勝枚擧。

【二十八宿】（術語）此爲區劃日月之運行、以平常目見之群星爲標據、而爲天之分野者。其數所以擧二十八者、似劃白月一日至黑月終之分野、爲一日一宿者。今記宿之名目及其分配、如次表。法苑珠林四引大集經云、「布置諸宿曜辰、攝護國土、養育衆生。」一此所以以一一之星視爲神化而祈其吉凶也。然其本來之意味、則由屬於太陰曆之曆法發之。

	宿	梵名	主神		被主物
之七宿	昴	Kṛttikā	Agni	火神	水牛
	畢	Rohiṇi	Prajāpati	生主	一切衆生
	觜	Invakā (MṛgaśirāMV.)	Soma	月神	韓提訶國
	參	Bāhū (Ārdrā.MV.)	Rudra	魯達羅(荒神)	剎利
南方之七宿	井	Punarvasū	Aditi	日神	金師
	鬼	Tiṣya (Puṣya.MV.)	Bṛhaspati	祈禱主	國王大臣
	柳	Āśleṣā	Sarpā	蛇神	雪山龍
	星	Maghā	Bhaga	薄伽神	巨富者
	張	Pūrve-(a.MV.)Phalguni	Vasu	婆藪神	盜賊
	翼	Uttare(a.MV.)Phalguni	Āryamāpitā	阿利耶摩神	貴人
	軫	Hastā	Savitā	娑毘怛利神	須羅吒國
東方之七宿	角	Citrā	Tvaṣṭā	瑟室利神	衆鳥
	亢	Niṣṭyā (Svāti.MV.)	Vāyu	風神	出家求道
	氐	Viśākhe(ā.MV.)	Indra-Agni	因陀羅(阿)祇尼	水、衆生
	房	Anūrādhā	Mitra	密多羅神	行車求利
	心	Rohiṇi Jyeṣṭhaghni (Jyeṣṭhā.MV)	Indra	因陀羅(帝釋)	女人
	尾	Mūlabarhaṇi(Mūla.MV.)	Nirṛti	儞律神	洲渚衆
	箕	PūrΛa Āṣāḍhā	Āpa	水神	陶師
北方之七宿	斗	Uttara Āṣāḍhā	ViśveDevā	毘說神	澆部沙國
	牛	Abhijit	Brāhmā	梵天	剎利　安多鉢堝那國
	女	Śroṇā(ŚravaṇāMV.)	Viṣṇu	毘紐神	鴦伽摩伽陁羅國
	虛	Śraviṣṭhā (Dhaniṣṭhā.MV)	Vasava	婆娑神	那遮羅國
	危	Śatabhiṣak(āMV)	Varuṇa	婆魯拏(水天)	著華冠
	室	Pūrve Prosṭhapadā	Ahi Budhniya	阿醯多陀難神	乾蛇羅國及龍陀輪盧那國
	壁	Uttare Prosṭhapadā	Nidrā	尼陀羅神	乾闥婆善樂
西方	奎	Revati	Pūṣā	甫涉神	行船人
	婁	AśΛayujan(Aśviui.MV.)	Gandharva	乾闥婆	商人
	胃	Apabharaṇi (Bharaṇi.MV.)	Yama	焰摩	婆樓迦羅國

【十二宮】（術語）此又爲用於天文占星之法者其名目與形像在胎藏界曼荼羅外金剛院。曼荼羅之名與宿曜經之名大同小異。十二宮如二十八宿各有分掌之事物以判吉凶者也。卽太陽分之六宮、如其次第掌軍旅、宮房庫藏、病患、將相刑殺之事。太陰分之六宮、掌學事、吏職、廚膳、馬厩、戶鑰、獄訟之事。又例如出行男女宮（雙女）秤宮（天秤）瓶宮（寶缾）東行大吉弓宮（人馬）獅子宮則西行大吉羊宮（白羊）西行大凶。蟹宮（巨蟹）女宮（室女）蝎宮（天蝎）魚宮（雙魚）南行大吉摩羯宮南行大凶。牛宮（金牛）北行大凶。（此十二宮配於十二獸、亦有當於三十六禽者、如子爲猫、鼠、伏翼。丑爲牛、蟹、鱉。寅爲猩、豹、虎。卯爲狐、兎、貉。辰爲龍、蛟、魚。巳爲蟬、鯉、蛇。午爲鹿、馬、麞。未爲羊、雁、鷹。申爲狖、猿、猴。酉爲烏、雞、雉。戌爲狗、狼、豺。亥爲豕、貐、猪。見十二獸條。）

		七曜配位	梵名	
太陰分	（火）	熒惑位	Meṣa	白羊宮
	（金）	太白位	Vṛṣa	金牛宮
	（水）	辰星位	Mithuna	雙女宮
	（月）	太陰位	Karkata	蟹宮
太陽分	（日）	太陽位	Siṁha	師子宮
	（水）	辰星位	Kanyā	女宮
	（金）	太白位	Tulā	秤宮
	（火）	熒惑位	Vcikaśṛ	蝎宮
	（木）	歲星位	Dhanus	弓宮
	（土）	鎮星位	Makara	摩羯宮
太陽分	（土）	鎮星位	Knmbha	寶瓶宮
	（木）	歲星位	Mina	雙魚宮

【七曜】（術語）見七字部中七曜條。

【星宿劫】（術語）過現未三大劫中、未來大劫之名、此劫中有千佛出世。始於日光佛、終於須彌相佛。佛之出興如天之星宿、故名星宿劫。佛祖統紀三十曰、「未來星宿劫。千佛出興如天星宿。」

【星宿劫千佛名經】（經名）三千佛名經之下卷也。

【星祭】（行事）宿曜經說人人當年星本命星侵犯則其人有災。如來說大悲陀羅尼消除之。名大威德金輪佛頂熾盛光如來消除一切災難陀羅尼經。經曰、「我有大吉祥眞言。名破宿曜。若能受持至心憶念。其災自滅。變禍爲福。」且大集經二十三昧神足品曰、「二十八宿日月隨行。一切衆生日月年歲皆悉繫屬。若人生日於角星者多財富貴、聰明多智、眷屬熾盛壽命。」乃至一一說之。此星祭、卽祀其人之當年星及本命星也。然消除一切災難陀羅尼經爲大悲隨情之方便、而非佛敎之敎。又大集經之說爲光味仙人之言、而非佛說。故佛破之。經曰、「佛言衆生闇行。著於顚倒煩惱繫縛。隨逐如是宿書籍仙人。星宿雖好、亦復生於牛馬豬狗。

亦有同於一星生者而有貧富貴賤參差。是故我知是不定法」又涅槃經梵行品曰、「諸佛世尊於諸衆生不觀種姓老少中年貧富日月星宿工巧下賤卑僕婢使唯觀衆生有善心者若有善心則便慈念。」

【星供】（雜語）供養本命星也。

【穿井】（譬喻）漸見佛性譬之穿井而見濕土法華經法師品曰、「藥王譬如有人渴乏須水於彼高原穿鑿求之猶見乾土。知水尚遠施功不已轉見濕土遂漸至泥其心決定知水必近。」

【穿耳客】（雜名）見次項。

【穿耳僧】（雜名）印度之僧多繫耳環謂之穿耳僧風穴衆吼集指達磨為穿耳客西域記七曰、「阿避陀羯刺拏僧伽藍唐言不穿耳（中略）昔大雪山北覩貨羅國有樂學沙門二三同志禮誦餘閑每相謂曰、妙理幽玄非言談所究聖迹明著可足趾相尋。（中略）既至印度寓諸伽藍、輕其邊鄙、莫之見舍外迫風露內累口腹顏色憔悴形容枯槁時此國王出遊近郊見諸客僧怪而問曰、何方乞士何所因來耳既不穿衣亦垢弊（中略）王聞其說用增悲感即斯勝地建立伽藍白氎題書為之制曰我惟尊居世上貴極人中習三寶之靈祐也既為人王受佛付囑凡厥染衣吾當惠濟建斯伽藍式招羈旅。自今已來諸穿耳僧我此伽藍不得止舍。」

【羯刺䅎】（術語）見阿蘭若條。

【羯刺怛那】（雜語）見囉怛娜條。

【羯羅闍姞利呬城】（地名）見王舍城條。

【羯羅怙羅】（人名）見羅睺羅條。

【羯利拏】（雜名）梵語總言塵等類。見翻譯名義集。

【羯部多】（雜語）梵語唐言奇特見西域記。

【品】（術語）梵語跋渠。Varga 此翻品品類之義聚類同者為一段稱為品也又品別之義彼此章段義理差別故名品法華文句一曰、「品者中阿含云跋渠此翻為品。品者義類同者聚在一段故名品也」同嘉祥疏一曰、「品者外國名跋渠此稱為品品云品別明義各異故稱為別二者品類以其明義各有部類故也」

【品具】（雜語）三衣六物等種種之道具也。

【品題】（術語）經論中品目之名稱。經題之對如云壽量品易行品等。

【品類足論】（書名）阿毘達磨品類足論之略名。

【毘尸沙】（術語）Viśeṣa 勝論六句義第五句義之梵名舊云別相諦新云同異句義百論疏上之中曰、「五毘尸沙諦此云別相諦謂瓶衣不同也。」

【毘木底】（術語）梵音 Vimukti 譯曰解脫。見毘目叉條。

【毘尼】（術語）Vinaya 新云毘奈耶。舊云毘尼律藏之梵名也楞嚴經曰、「嚴淨毘尼。弘範三界。」疏曰、「毘尼、此云善治。亦即云律」黃庭堅詩曰「心潔似毘尼。」見毘奈耶條。

【毘尼藏】（術語）Vinayapitaka 新云毘奈耶藏。舊云毘尼藏。三藏之一、攝稱如來所說之戒律經典。藏者包藏之義。此經典中包藏一切戒律之法。故云藏。善見律一曰、「毘尼藏者是佛法壽。毘尼藏住、佛法亦住」

【毘尼母經】（經名）又名毘尼母論。八卷。失譯。母經者梵云摩夷、譯曰行母。是詮顯行法、能生行、如母之生子。故云行母。論藏之別名也、今為毘尼之論釋。故名毘尼母經。

【毘尼母論】（經名）毘尼母經之異名。

【毘尼波啄】（經名）Vinitapatta 咒名。譯曰斷結。見陀羅尼雜集二。

【毘尼方廣經】（經名）清淨毘尼方廣經之略名。

【毘尼多流支】（人名）Vinitaruci 梵僧名。譯曰滅喜。見續高僧傳三。

【毘尼關要】（書名）十六卷、德基輯。

【毘尼關要事義】（書名）一卷、德基輯。

【毘尼摩得勒迦】（經名）薩婆多毘尼摩得勒迦之略名。摩得勒迦、譯曰行境界。論之別名也。

【毘世】（流派）又作鞞世、鞞世師、衞世。新云吠世史迦。勝論師之梵名也。見吠世史迦條。

【毘世沙蜜多羅】（人名）Viśesam-itra 成唯識論十大論師之一。譯曰勝友。見唯識述記一本。

【毘目叉】（術語）Vimoksa 巴 Vim-ukti 又云毘木叉、毘木底。譯曰解脫。離惡法也。探玄記十八曰、「毘目叉此云解脫」華嚴疏鈔五十四曰、「梵云毘木底。此云解脫。」大乘義章一曰、「無為解脫。直名木叉。又有為解脫。為毘木叉」

【毘目多羅】（術語）見次項。

【毘目瞿沙】（術語）又云毘目多羅。如來所出之音聲也。慧苑音義下曰、「毘目瞿沙。具云毘沙摩烏多羅。毘目瞿沙。言毘沙摩者、此云無怖畏也。烏多羅者、最上也。毘目瞿沙者、出聲也。探玄記十八曰、「毘目多羅者天竺本名毘目多羅涅懼沙。此翻為最上無恐怖聲」梵 Vimuktaghosa

【毘末羅蜜多羅】（人名）Vimalam-itra 論師名。譯曰無垢友。見西域記四。

【毘戍陀僧訶】（人名）Viśuddhasi-ṁha 比丘名。譯曰淨師子。見慈恩傳二。

【毘多輸】（人名）阿育王弟名。譯曰除憂。見行願品疏鈔四。梵 Vītāśoka。

【毘沙門】（天名）鞞沙門四天王之一。見次項。

【毘沙門天】（天名）Vaiśravaṇa 又云多聞天。四天王中毘沙門天之王也。在佛教中為護法之天神。兼施福之神性。法華義疏云此天恒護如來道場而聞法。故名多聞天。於胎藏界曼荼羅在外金剛部院北方之門側。於金剛界曼荼羅位於西方。夜叉主也。此天與吉祥天。從古神話時代常相關連而為夫妻。於日本台密如歡喜天有雙身毘沙門法。但雙身者皆男天也。其形像有多種。胎藏界曼荼羅之像著甲冑。左掌有塔。右持寶棒坐像也。或傳有為立像者。金剛界曼荼羅亦與之同。北方毘沙門天王隨軍護法眞言記乞勝利神加被之修法。論其畫像曰「於彩色中並不得和膠。於白氎上畫一毘沙門神。七寶莊嚴衣甲。左手執戟矟。右手托腰上。其神脚下作二夜叉鬼。並作黑色。其毘沙門面作甚可畏形。惡眼視一切鬼神勢。其塔奉釋迦牟尼佛。」毘沙門儀軌記唐天寶元年、不空三藏修其法。為玄宗平定五胡亂之始終。

【毘沙門供】（修法）供養毘沙門天王而祈福也。

【毘沙門經】（經名）有二本。一唐不空譯。題曰毘沙門天王經。一趙宋法天譯。題曰佛說毘沙門天王經。

【毘沙門講】（修法）講讚毘沙門天王之法事也。

【毘沙門儀軌】（經名）一卷。唐不空譯。

【毘沙門五童子】（名數）毘沙門天王隨從之五童子。禪尼只、獨鍵、那吒、鳩跋羅。甘露也。

【毘沙門天王隨軍護法眞言】（眞言）北方毘沙門天王隨軍護法眞言之略名。

【毘沙門天王隨軍護法儀軌】（經名）北方毘沙門天王隨軍護法儀軌之署名。

【毘那怛迦】（天名）一作毘那吒迦。又云毘那夜迦。鬼神名。見毘那夜迦條。（雜名）Vināyaka 七金山之第六。象頭 Gayāśīrṣa 山之別名。玄應音義二十四曰「毘那怛迦。此云有障。鬼神。有鬼神。人形象頭。凡見他事皆為障礙。山峯似彼神頭。故以名也。」

【毘那夜迦】（天名）Vināyaka 又作毘那耶迦、毘那也迦、頻那夜迦、毘那耶怛迦、毘那吒迦、吠那野怛迦。譯云常隨魔、障礙神。人身象鼻。常隨侍人為障難之惡鬼神也。大日經疏七曰「毘那夜迦、即是一切為障者。此障皆從妄想心生。」毘那夜迦含光軌曰、「毘那夜迦。常隨作障難。故名常隨魔也。（

中略)毘那夜迦、亦名毘那怛伽。此云象鼻也。其形如人。但鼻極長。卽愛香塵故也」玄應音義二十四曰「毘那怛迦、此云有障礙神。有一鬼神人形象頭。凡見他事皆爲障礙」希麟音義七曰「毘那夜迦。舊云頻那夜迦。皆不正梵語也。應云吠那野怛迦。此云障礙神。謂現人身象頭。能障一切殊勝事業故」退治此實類毘那夜迦之法、稱爲誐那鉢底、卽歡喜天。人身象頭。雙身抱合。男神爲實之毘那夜迦。女神者觀音菩薩爲退治彼、現毘那夜迦女形。與彼抱合而生歡喜心之相也。此云大聖歡喜天。見歡喜天條。

【毗那夜迦秘要】(經名) 毘那夜迦誐那鉢底瑜伽悉地品秘要之畧名。

【毘那夜迦含光軌】(經名) 毘那夜迦誐那鉢底瑜伽悉地品秘要之異名。以是爲含光師之記也。

【毘那夜迦誐那鉢底瑜伽悉地品秘要】(經名) 一卷、唐含光記。記大聖歡喜天之秘法。

【毘伽摩】(藥名) 雪山中良藥名。見慧琳音義十三。梵 Vigama

【毘伽羅】(雜名) Vyākaraṇa 新譯曰毘耶羯剌誦、又云毘何羯唎拏。譯曰聲明記論。關於五明中聲明、卽語學之俗書總名也。慈恩寺傳三曰、「印度梵書名爲記論。其源無始。莫知作者。每於劫初梵王先說、傳授天人。以是梵王所說、故曰梵書。其言極廣。有百萬頌。卽舊譯云毘伽羅論者是也。然其音不正。若正應云毘耶羯剌誦。(音女咸反)此翻爲聲明記論。以其廣記諸法能詮、故名聲明記論。昔成劫之初、梵王先說。具百萬頌。後至住劫之初、帝釋復略爲十萬頌。其後北印度健馱羅國婆羅門覩羅邑波膩尼仙又略爲八千頌。卽今印度現行者是也。近又南印度婆羅門爲南印度王。復畧爲二千五百頌。邊鄙諸國多盛流行。印度博學之人所不遵習。此並西域音字之本。其支分相助者。復有記論略經有一千頌。又有字體三百頌。又有字緣兩種、一名間擇迦、三千頌。二名溫那地二千六百頌。此別辯字緣字體。又有八界論八百頌。此中略合字之緣體」又寄歸傳四謂、「一創學悉談章。亦名悉地羅窣覩。Siddhir astu 此云成就吉祥章。本有四十九字、共相乘轉、成十八章、總有一萬餘字、合三百餘頌。(以三十二字爲一頌)相傳是大自在天所說。六歲童子學之、六月方了。二蘇呾羅。Sūtra 一切聲明根本經也。譯畧詮、謂略詮要義。有一千頌。是波尼儞 Pāṇini 仙所造、八歲童子誦八月、三。馱覩章。Dhātu 有一千頌。專明字元功用。如上經。四三棄羅章。Khila 棄羅者。荒梗之義。如田夫開創疇畎。故可云三荒章。一頞瑟吒馱覩 Aṣṭadhātu 有一千頌、使曉七例。(卽八轉聲、卽蘇槃多聲、8

ubanta）十羅聲、（有十種羅字明三世之異、）述二九之韻。（丁岸多聲之十八轉、）二文茶、（Maṇḍa. Muṇḍa）凡一千頌明合成之字體如樹之一目梵云苾力叉 Vṛkṣa 引二十餘句經文共相雜糅方成一事之號。三鄔拏地 Uṇadi 則與上文茶大同廣略爲異。此三荒章十歲童子三年勤學方解其義。五、苾栗底蘇呾羅 Vṛtti-sutra 卽前蘇呾羅之釋於上古作釋其類多於中妙者十八千頌、中天竺那蘭陀寺學士闍耶昳底 Jayāditya 所造。歿距今三十載。已上聲明論之五經、猶如支那之五經。六朱儞 Curṇi 有二萬四千頌、釋苾栗底蘇呾羅學士鉢顚社羅 Patañ-ali 所造明習前經學之三年方了。七伐楖呵利論 Bhartṛhari-śāstra 有二萬五千頌、釋前之朱儞大學士伐楖呵利所造是護法 Dharmapāla 同時人歿距今四十年。八薄伽論。Vākyapadīya 頌有七千釋七千頌。述聖敎量及比量之義作者同上。九、蓽拏。有本頌三千、伐楖呵利所造。釋有一萬四千頌、護法菩薩所造。極天地之奧秘、窮人倫之精華。若人學至此、方曰善解聲明。」又唯識樞要上末曰、「劫初梵王創造一百萬頌聲明論、後帝釋略爲十萬頌、次有迦多沒羅仙略爲一萬二千頌、次有波膩尼仙、略爲八千頌、已上四論總名處所、爲根本之聲明也。今現行者僅爲後二經、又有聲明論三百頌、波膩尼仙所造。有聲明畧本頌一千頌、後有八界論八百頌、又有闡釋迦論一千五百頌、又有溫那地論二千五百頌。此五聲明並名根栽、爲根本之處所聲明生智解之所依也。然護法菩薩造二萬五千頌、名雜寶聲明論。（寄歸傳所謂蓽拏也、）西方以聲明爲究竟之極論、盛行於世。」百論疏上之下曰、「毘伽羅論釋諸音聲法。」涅槃經疏五曰、「毘伽羅論者。此云字本論。」婆藪槃豆法師傳曰、「八部毘伽羅論及四皮陀六論。」

【毘利差】（異類）Vṛkṣa 餓鬼名。譯曰樹。見正法念經十七。

【毘里瞿仙】（天名）在胎藏界曼荼羅外金剛部院東南隅之火天下。火天眷屬。六火天之一。白色。爲使者形。兩手捧獨股杵。

【毘佛略】（術語）Vaipulya 又作鞞佛畧、裴佛畧。新云毘富羅。十二部經之第十。譯曰方廣經。稱方正廣大之經典。小乘之長阿含經、大乘之華嚴法華等諸經是也。若對於小乘、則一切之大乘經悉爲方廣經。大乘義章一曰、「毘佛略經、此名方廣。理正曰方。義備名廣。若依小乘。諸正爲方。言多曰廣。」慧琳音義二十六曰、「毘佛略、此云方廣。」大日經疏九曰、「梵音毘富羅、是廣大義。謂深廣無際不可測量。如是諸法自體、名毘富羅法界。」然智度論三十三曰、「廣經者、名摩訶衍。（中略）鞞佛略、（力夜反）秦言未曾有經。」是上所謂毘佛畧、卽方廣經稱爲摩訶衍、譯曰廣經。毘佛略譯爲第十一部之末曾有經。然他經論未曾有經之梵名爲阿浮達磨。二者相異應考。

【毘佉羅】（人名）須達長者家老婢之名。掌長者庫藏之財寶。常腰繫數百鍵鑰。出納取與、一切委之。性慳貪、嫌佛法、作此言、吾家長者愚迷、受沙門術、供給無止。遂發惡願欲不見聞三寶。末利夫人聞之、與須達共謀欲以佛力調伏彼、一日請佛於宮中、使彼持珍寶至宮中。老婢於宮中遭佛、以扇掩面、不欲見佛。佛以神力現無數之佛、徹扇使見之。彼既見佛、疾走歸家、以白氎纏頭入木籠中臥。佛曰此女於我無緣、於羅睺羅有因緣、彼能化之。乃還祇洹告羅睺羅使度彼女。羅睺羅身變轉輪聖王、至須達家、變老婢爲玉寶女。老婢大喜、受聖王十善戒、心既調伏、於是羅睺羅復本身、爲說三歸、授五戒。老婢聞法未舉頭、頃證須陀洹果。見觀佛三昧海經六法苑珠林九十六。梵 Vikārā

【毘羝羅】（人名）須達長者家老婢之名。高麗本之觀佛三昧經作毘佉羅。見毘佉羅條。

【毘何羯喇拏】（雜名）Vyākaraṇa 見毘伽羅條。

【毘侈遮羅】（術語）鞞侈遮羅那三般那之畧。

【毘舍】（雜名）Veśa 又曰鞞舍。天竺四姓之一。譯曰商。見吠舍條。

【毘舍也】（雜語）Viṣaya 又作毘沙耶。譯曰境界。國大日經疏十曰「怛他竭多、如來也。毘舍也、境界也。如來之境界、所謂如如」梵語雜名曰「國尾沙耶。」

【毘舍支】（異類）毘舍遮之女。天女餓鬼也。住於廁。胎藏界曼荼羅外金剛部院南方之餓鬼中。毘舍支在焉。

【毘舍佉】（雜名）Viśākhā 又作鼻奢佉。星名、當於二月。或言黑鹿。俱舍光記八曰「毘舍佉是二月星名。此云長養。卽功德生長也。」釋迦譜一曰「毘舍佉漢云沸星。」玄應音義十八曰「毘舍佉、或云鼻奢佉。此譯云別枝。卽是氐宿。」彌勒上生經疏上曰、「梵云毘舍佉。此云黑鹿。」

【毘舍耶】（天名）Vijaya 又作微舍耶。毘社耶。見微誓耶條。

【毘舍浮】（佛名）Viśvabhū 又作毘舍符、毘濕婆部、鞞恕婆附、毘攝羅、毘恕沙付、毘舍婆、鞞舍、隨葉、浮舍。第三十一劫中第二佛之名。智度論九曰「鞞恕婆附、秦言一切勝。」慧苑音義上曰「毘舍浮、正云毘濕婆部。言毘濕婆者此云遍一切也。部、自在也。言遍一切皆得自在。或翻爲一切有也。」華嚴疏鈔十六曰、「上云毘舍浮、又云遍勝。」玄應音義二十一曰「毘攝浮、舊言毘攝羅。亦云隨葉佛此云種種變現也。」梵網述記上曰、「毘恕沙付者亦名毘舍婆。亦言鞞舍。亦言浮舍。亦言隨葉。此云一切勝。亦云廣生。」

【毘舍婆】（佛名）佛名。見毘舍浮條。

【毘舍闍】（異類）Piśāca 又作毘舍遮、辟舍柘、畢舍遮。持國天所領鬼之名稱。孔雀王咒經下曰、「毘舍闍、梁云顛鬼。」玄應音義二十一曰、「畢舍遮。舊云毘舍闍。又作毘舍遮。鬼名也。餓鬼中勝者也。亦言顛狂鬼也。」同二十四曰、「畢舍遮、舊經中名毘舍闍。亦言辟舍柘」慧苑音義下曰、「毘舍闍王。毘舍闍之王。卽是東方提頭賴吒、此云持國。謂護持國土領二部鬼。一名毘舍闍。此云噉精鬼。二名乾闥婆。此云尋香也。」

【毘舍羅】（神名）Viśāla 神王名。佛祖統紀三十七曰、「梁武帝天監元年。帝夢釋迦檀像入國。乃遣郝騫等往西竺求之。（中略）郝騫謝文華等八十餘人。應詔西行求像。至舍衛國。從王乞像。王曰。此中天正像、不可適邊。乃令三十二匠更刻紫檀人圖一相。卯時運手、午時旣就。頂放光明、際露香雨。騫負像東還。乃渡大海。嘗聞甲胄之聲在後。忽異僧禮像而言曰。毘舍羅神王護像至彼。廣作佛事。言訖而隱。」

【毘舍遮】（異類）見毘舍闍條。胎藏界曼茶羅之南方、其位在焉。

【毘舍離】（地名）Vaiśālī 又作毘耶離、鞞舍離、維耶、維耶離、鞞舍隸夜。新云吠舍釐。國名。譯曰廣嚴。中印度也。維摩大士住此國。又佛滅一百年、七百賢聖爲第二結集之處。此國內之種族曰離車。亦曰跋闍子。（此國城之鼻祖名離車、當時有三城郭、開擴莊嚴、名毘舍離、詳說於善見律中、載離車之部）後爲阿闍世王所併。吉藏維摩經疏一曰、「毘耶離城、亦云毘耶離國。此是六大城中一大城。十六大國中一大國也。毘耶離、或云毘舍離、或云鞞舍離。此云廣博嚴淨。亦云好稻。復云好成。」西域記七曰、「吠舍釐國。舊曰毘舍離國。訛也。中印度境。」四分戒疏二上曰、「毘舍離者。多論云廣嚴城也。」玄應音義四曰、「毘耶離、或作毘舍離。或云維耶離。亦云鞞奢隸夜。皆梵言訛轉也。正言吠舍釐。在恒河南、中印度境。七百賢聖於中結集處所也。」卽今印度恒河北岸、干達克河東岸。今譯毘薩爾。

【毘舍佉母】（人名）卽鹿子母也。

【毘舍佉優婆夷】（人名）Biśākhā upāsikā 又云毘舍佉鹿母、毘舍佉母、單云鹿母、又云鹿子母。夫人名。毘舍佉者、星名。此夫人之生日當於此星、故以爲名。優婆夷者、總謂女子之信佛道者。又從子而稱鹿母。或鹿子母。俱舍光記八曰、「鹿母者、毘舍佉夫人。毘舍佉、是二月星名。從星爲名。此云長養。卽功德生長也。是彌伽羅長子兒婦。有子名鹿、故云鹿母、從子爲名、生三十二卵、卵出一兒。故婆沙一百二十四云毘舍佉鹿母」慧琳音義二十五曰「是星名也。此女因星得名。五分律云鹿子母是也」

【毘舍囉婆拏】（天名）又作毘舍羅。Vaiśravaṇa 毘沙門之具稱。

【毘陀】（術語）Veda 一作鞞陀、又作皮陀、韋陀、圍陀等。新云吠陀。鞞陀、婆羅門經書之名。譯曰明或智。觀無量壽經曰「臣聞毘陀論經說」見韋陀條。

【毘陀羅】（異類）又作迷怛羅。西土有呪法、起死屍使去殺人、是名毘陀羅法。十誦律二曰「有比丘以二十九日求全身死人。召鬼呪尸令起、水洗著衣、著刀手中。若心念若口說、我爲某故作毘陀羅、卽誦呪術。是名毘陀羅成。若所欲殺人、或入禪定、或入滅盡定、或入慈心三昧。若有大力呪師護念救解、若有大力天神守護、則不能害。是作呪比丘、先辦一羊、若得芭蕉樹。若不得殺前人者、當殺是羊、若殺是樹。如是作者善。若不爾者、還殺是比丘。是名毘陀羅」（優婆塞五戒相經所說同）梵網經下曰「呪殺謂毘陀羅等」同與咸疏註中曰「毘陀羅者、西土有呪法、呪死屍令起、謂使鬼去殺人」毘奈耶一曰「鞞陀路婆鬼著尸也。使起殺人」慧琳音義三十五曰「迷怛羅、唐言起屍鬼也」案毘陀羅者、起屍鬼之名也。法衆經陀羅尼品謂之韋陀羅。灌頂經所謂彌栗頭韋陀羅者是也。梵 Vetāla

【毘奈耶】（術語）Vinaya 一作鼻那夜、毘那耶、又云毘尼、鞞尼迦。三藏之一。謂佛所說之戒律。譯曰滅、或律。新譯曰調伏。戒律滅諸過非、故云滅。如世間之律法、斷決輕重之罪者、故云律。調和身語意之作業、制伏諸要行、故云調伏。毘尼母論一曰「毘尼名滅、滅諸惡法、故名毘尼」大乘義章一曰「言毘尼者、是外國語。此翻爲滅」行事鈔中一曰「毘尼、或云毘奈耶、或云毘那耶、此翻爲律。或以滅翻、從功能爲號、終非正譯。故以律翻之、乃當正義」義林章二本曰「毘奈耶、者此云調伏」探玄記一曰「毘奈耶此云調伏。調者和御、伏者制滅。調和控御身語等業、制伏除滅諸惡行故」玄應音義十四曰「毘尼、或言鞞泥迦、或言毘那耶、或云鼻那夜、或云毘奈耶、皆由梵音輕重聲之訛轉也。此譯云離行。行並道也。謂此行能離惡道、因以名焉」図（書名）根本說一切有部毘奈耶之署名。

【毘奈耶雜事】（書名）根本說一切有部毘奈耶雜事之略名。

【毘怛迦】（術語）Vitarka 譯曰尋。麤心於境尋求、謂之尋。細心於境伺察、謂之伺。此尋伺舊名覺觀。玄應音義二十三曰「梵云毘怛迦、此云尋。毘遮羅、此云伺。尋謂尋求。伺謂伺察。或思或慧於境推求麤位名尋。此二種於境審察細位名伺。故言尋伺。舊名覺觀者。案梵本菩提名覺。毘鉢舍那名觀。譯人不尋梵語致斯乖失也。」

【毘泥迦】（術語）見毘尼條。

【毘首】（天名）毘首羯磨之略。見次項。

【毘首羯磨】（天名）Viśvakarman 又作毘守羯磨。新云毘濕縛羯磨。帝釋之臣、化作種種工巧物。又司建築之天神也。毘首羯磨譯種種工業。因之西土之工巧者祭此天云。智度論四曰「巧變化師毘首羯磨天。」順正理論十二曰、「毘濕縛羯磨天」玄應音義二十五曰、「毘濕縛羯磨天。此譯種種工業。案西國工巧者多祭此天也。」起世因本經七曰、「時帝釋天王欲得瓔珞。卽念毘守羯磨天子。時彼天子卽便化作衆寶瓔珞奉上天王。若三十三天眷屬等須瓔珞者。毘守羯磨悉皆化作而供給之。」止觀五曰、「譬如毘首羯磨造得勝堂。」同輔行曰「毘首是天家巧匠也。」

【毘首羯磨化人造佛像】（傳說）止觀輔行一曰、「如阿含云。佛昇忉利以神足力制諸弟子不令知處。二王（優塡王與波斯匿王）憶佛因成大患。大臣白王。造像供養。優塡王以栴檀香作。匿王以紫磨金作。悉高五尺。初召工匠、與重賞償。無能造者。毘首羯磨化爲人來爲王造像。下斧之聲上至忉利。聞者解脫。」（二王造佛之事出增一阿含經二十八。而無毘首羯磨造佛之事。）

【毘首羯磨化身鴿】（傳說）天帝釋欲試尸毘王之檀波羅蜜、使毘首羯磨變身爲鴿。自變鷹逐之。鴿飛來入於王腋下。王以身施鷹而救鴿命。見智度論四。

【毘首羯摩三昧耶】（術語）大日如來工巧之三摩地也。見瑜祇經。

【毘耶】（地名）Vaiśāli 毘耶離城也、維摩居士之居處。肇論曰、「釋迦掩室於摩竭。淨名杜口於毘耶。」

【毘耶離】（地名）Vaiśāli 城名。見毘舍離條。

【毘耶娑問經】（經名）二卷、元魏瞿曇般若流支譯。大寶積經廣博仙人會之別譯也。

【毘若南】（雜名）見毘闍那條。

【毘若底】（術語）Vijñapti 譯曰識。了別之義也。義林章一末曰、「梵云毘若底。此翻爲識。識者了別義。」唯識樞要上本曰、「梵云毘若底丁儞反。識也。」

【毘若底摩呾剌多】（雜語）Vijñaptimātratā 譯曰唯識。二十唯識述記上曰、「毘若底此云識。摩呾剌多此云唯。」

【毘城】（地名）毘耶離城也。維摩居士居之。

【毘指多婆多】（雜名）Vijitavat 日之別名。譯曰勝者。見大威德陀羅尼經六。

【毘室羅懣拏】（天名）毘沙門之具稱。見毘沙門天條。

【毘訖羅摩阿迭多】（人名）Vikramāditya 國王名。譯曰超日王。西域記二曰、「室羅伐悉底國毘訖羅摩阿迭多王。唐言超日。」

【毘俱胝】（菩薩）Bhrukuṭi 又作毘俱知。胎藏界觀音院三十七尊中之一尊也。謂之毘俱胝菩薩。又云毘俱胝觀音。又云毘俱胝天女（八大觀音之一）毘俱胝者、皺之義。此天女從觀音額上之皺中生、故名毘俱胝。譯曰瞋目。三目四手忿怒形之天女也。不空羂索心咒王經下曰、「毘俱胝天女。毘俱胝。周言瞋目。」大日經疏五曰、「觀音左邊置聖者毘俱胝。其身四手。右邊一手垂數珠。鬘一手作施願印。左邊一手持蓮華。一手持軍持。面有三目。如摩醯首羅像。首戴髮冠。如毘盧遮那髮髻冠形。」同十曰、「佛大會中。時諸金剛現大可畏降伏之狀。狀如無有能伏之者。時觀音額皺中現此菩薩。西方謂額上皺文為毘俱胝。如今人忿時額上有皺也。此菩薩現身作大忿怒之狀。時諸金剛皆有怖心。入金剛藏身中。時彼毘俱胝進至執金剛藏前。時彼亦大怖畏。入如來座下而言。願佛護我。時佛謂彼毘俱胝言。姊汝住。時毘俱胝即住。已白佛。唯佛所敕。我當奉行。」蘇婆呼經下曰、「毖唎俱胝。此云忿像也。」陀羅尼集經六有觀自在毘俱胝菩薩三昧法印咒品、具說念誦之法。

【毘俱胝觀音】（菩薩）八大觀音之一。毘俱胝天女從觀音額上生之忿怒身也。見毘俱胝條。

【毘俱胝菩薩】（菩薩）尊稱毘俱胝天女曰菩薩。見毘俱胝條。

【毘俱胝菩薩一百八名經】（經名）一卷。趙宋法天譯。佛說毘俱胝菩薩一百八名之咒。持者得生於極樂世界。

【毘流波叉】（天名）Virūpākṣa 四天王之一。廣目天之梵名也。

【毘紐】（天名）Viṣṇu 見微瑟紐條。

【毘紐笯】（天名）見微瑟紐條。

【毘紐女天】（天名）此為梵天眷屬。位於胎藏界曼荼羅外金剛部院之南方。此天由勝生黃金蓮。於其上生梵天云。肉色。右手為拳置於膝。左手為掬勢仰而出。

【毘笈摩】（飲食）藥名。見頻伽陀條。

【毘留勒叉】（天名）增長天之梵名。見四天王條。

【毘殺社鉢利色迦羅】（衣服）Bhaiṣajya-pariṣkāra 比丘十三資具衣之一。百一羯磨十曰、「毘殺社鉢利色迦羅。藥資具衣也。」

【毘婆尸】（佛名）Vipaśyin 又作毘鉢尸、微鉢尸、鞞婆尸、毘婆沙、維衛。過去七佛之第一佛。譯曰勝觀、種種觀、種種見等。又名弗沙、或底沙。釋迦菩薩第三阿僧祇劫滿時、遭此佛、初修百大劫種相之福。以爲七佛之首。又由讚其佛之精進力。超九劫而成佛。可知此佛出世。在九十一大劫之前也。智度論九曰「賢劫之前九十一劫初有佛名鞞婆尸。秦言種種見」慧琳音義十八曰「毘鉢尸。或云微鉢尸。前劫中佛名也。唐云勝觀」慧苑音義上曰「毘婆尸。此云淨觀。或云勝觀。亦云勝見。或曰種種觀也。」梵網經述記下曰「毘婆尸。亦名毘婆沙。亦名維衛。卽是梵音有輕有重。故有不同。其義一也。此云勝見。亦云種種見。亦云廣見」慧沼最勝王經疏曰「第三祇滿。修相好。初逢勝觀。亦云弗沙。翅足讚佛。超於九劫。」

【毘婆尸佛經】（經名）二卷。趙宋法天譯。佛爲苾芻說過去毘婆尸佛四門遊觀、出家轉法輪之事。與長阿含大本緣經之後分同本。

【毘婆沙】（佛名）佛名。見毘婆尸條。

【毘婆沙】（術語）Vibhāṣā 又作鼻婆沙、鞞婆沙、毘頗沙。譯曰廣說、勝說、異說。俱舍光記一曰「毘者名爲廣。或名爲勝。或名爲異。婆沙名說。」玄應音義二十四曰「毘婆沙。或言鼻婆沙。隨相論作毘頗沙。此云廣解。或言廣說。亦云種種說。或言分分說。同一義也。」

【毘婆娑】（雜語）數量之名。譯數十萬兆。見本行集經十二。

【毘婆沙師】（術語）毘婆沙論中之諸師也。五百阿羅漢。各立異義。而釋發智論。是名毘婆沙論。因此指彼諸阿羅漢稱爲毘婆沙師。

【毘婆娑律】（書名）善見律毘婆沙之異名。

【毘婆沙論】（書名）Vibhāṣā-śāstra 廣解廣說經論之義者。總名毘婆沙論。是通名也。然別題毘婆沙論者。藏中有四部。一阿毘達磨大毘婆沙論。二鞞婆沙論。三五事毘婆沙論。（已上小乘）四十住毘婆沙論（是大乘）也。其他律部有善見律毘婆沙

【毘婆舍那】（術語）Vipaśyanā 又作毘鉢舍那。譯曰觀。見。種種觀察等。觀見事理也。起信論元曉疏下曰「奢摩他此云止。毘鉢舍那此云觀」慧琳音義十八曰「毘鉢舍那。唐云觀」涅槃經疏十二曰「毘婆舍那。此翻爲觀。亦云見」慧苑音義上曰「毘鉢舍那。此云種種觀察。謂正慧決擇也。」

【毘婆闍婆提】（流派）Vibhajya-vādin 譯曰分別說部。分別論師。其部所說有是有非。以更要分別。故名爲分別說部。此由他人名之也。俱舍光記二十曰「說非盡理。半是半非。更須分別。故名分別說部。梵云毘

婆闍縛地毘婆爲分別縛地爲部舊云毘婆闍婆提者訛也。

【毘婆毘婆舍那】（術語）Vipaśyana-Vipaśyana 毘婆舍那毘婆舍那之重言也重重觀眞理之謂善見律十曰、「毘婆毘婆舍那。「漢言觀苦空無我。」

【毘梨】（術語）Virya 毘梨耶之略。

【毘梨耶】（術語）Virya 又作毘離耶、尾唎也六度之一。譯曰精進、又曰勤或曰忍辱。大乘義章十二曰、「毘離耶者、此云精進。練心於法故說爲精、精心務達故稱爲進。」法界次第下之上曰、「毘梨耶、秦言精進。欲樂勤行善法不自放逸謂之精進。」梵語雜名曰「勤尾唎也」

【毘梨勤】（植物）果物名。見毘醯勒條。

【毘梨沙伽那】（異類）龍王名。住頻闍訶山下之池中、能解僧佉論、頻闍訶婆娑外道就之學僧佉。見天親傳。梵 Vrsagana, Varsaganya

【毘婁鬘】（人名）王名。譯曰愛樂見。慧琳音義二十六。梵 Virucin

【毘陵】（地名）又云毘壇。荊溪大師之住地也。因稱毘陵師、毘陵尊者等。見毘壇條。

【毘琉璃】（人名）Virūdhaka 國王名。又稱流離王、瑠璃王、婁勒王、維樓黎王、樓黎王、毘婁勒王等。新作毘盧釋迦王、毘盧宅迦王。生時與琉璃寶俱、故號毘琉璃。又由大夫人之讖而名惡生王。舍衛國（新曰室羅伐悉地國）波斯匿王（新譯勝軍王）之子、末利夫人所生。弒父王而嗣位、又以舊怨滅迦毘羅城之釋種。西域記六曰、「毘盧釋迦王、舊云毘流離王、訛也。」玄應音義二十三曰、「毘盧宅迦王、舊言毘流離、一也。」琉璃王經曰、「舍衛國王時有太子、名維樓黎。產育之初與琉璃寶俱、因以爲號。」毘奈耶雜事七曰、「勝鬘夫人至九月滿便誕一男、容貌端嚴人所樂見。經三七日聚會宗親、欲爲其兒施立名字。（中畧）時大夫人謂羣臣曰、我昔先時不作是語、觀斯婢女（指勝鬘、卽末利夫人）身形美觸、必當喪我憍薩羅城。大臣白言、誠有斯語。此子未生、國大夫人已爲作不祥之記。應與此兒名爲惡生。」

【惡生王逆害】（故事）西域記六云、「初勝軍王（波斯匿王）嗣位、求婚於釋種、釋種鄙其非類、欺以家人女、重禮而嫁之。勝軍王立爲正后、其產生之男爲毘盧釋迦王。毘盧釋迦欲就舅氏受業、至此城見新講堂、就中憩駕。諸釋聞之、逐罵曰、卑賤婢子、敢居此室。此室者諸釋所建、擬佛之居。毘盧釋迦嗣位後、追復先辱、便興甲兵云云。」經律異相七引釋迦畢罪經（今不傳）曰、「波斯匿王新紹王位、遣使迦毘羅衛求婚。諸釋五百集會、皆大瞋恚。曰、吾家大姓、緣何而與婢子結婚。時摩訶男告諸釋曰、波斯匿王爲人暴惡、或能壞吾國界。時摩訶男之婢生一女、面貌端正、沐浴衣被、與彼波斯匿王、言此我女也、可以成親。王喜、拜此女爲第一夫人。（卽末利夫人）後生一男兒、集相師使作名。相師曰、求夫人時、諸釋共議與不與、彼此流離。今以太子名流離。毘奈耶雜事七曰「劫毘羅城釋子大名（卽摩訶男）有一婢名明月、常使出園中採華、日日常採多華、結鬘獻於大名。大名褒之、號此女曰勝鬘。後此女遇佛世尊入城乞食、深起敬心、以自飯食奉施之、誓願言、願我此福捨婢身永獲大富貴。後彼勝光王（卽舍衛國波斯匿王）出遊獵、乘馬奔逸、遂至劫毘羅國、入彼大名園。勝鬘見之、種種方便給事於王。王感其機智、請之於大名、將歸立爲第二夫人。後生一子、卽惡生太子也。後惡生太子、與大臣子苦母（與太子同日生）出城遊獵、至劫毘羅城、入釋迦園、諸釋子大辱之。惡生還憍薩羅城、告左右曰、汝等憶持、父王沒後、我紹位時、告我此事。苦母曰、善哉太子、快出此語、願堅其心、紹位時、我當爲說。後惡生太子起逆害心、與長行大臣謀、放逐父波斯匿王、自紹王位。時苦母白王言、大王願念諸釋子怨不。王於是興兵滅諸釋。涅槃經十六曰、「瑠璃太子以愚痴故、廢其父王、自立爲主。復念宿嫌、多害釋種。取萬二千釋種諸女、刵劓耳鼻、斷截手足、推之坑塹」。

【惡生王滅釋種往昔因緣】（本生）毘奈耶雜事九詳說之。與起行經上曰、「過去久遠世、於羅閱祇大城中、時穀貴飢饉。（中略）其時羅閱祇有大村數百家、名曰吱越村。東不遠有池、名曰多魚。吱越村人將妻子詣多魚池、止於池邊、捕魚食之。時捕魚人、採魚著岸上、在於陸跳。我爾時爲小兒、年適四歲、見魚跳而喜。時池中有兩種魚、一種名麩、一種名多舌。此自相謂曰、我等不犯人、橫被見食、我等後世要當報此。佛語舍利弗、汝識爾時吱越村人男女大小不。則今迦毘羅越國諸釋種是。爾時小兒者、我身是。爾時麩魚者、毘樓勒王是。爾時多舌魚者、今毘樓勒王相師婆羅門名惡舌者是。（卽苦母）

【惡生王生入地獄】（傳說）毘奈耶雜事九曰、「佛記惡生王於七日後、爲猛火焚燒、墮在無間大地獄中。惡生聞之、大懼怖。苦母曰、如乞索婆羅門入舍乞求、不得物時、欲使其家生種種不吉祥事、何況沙門喬答摩所有親族、被王誅盡、寧無深重怨恨之言耶。隨其惡心、爲呪詛耳。王若懼、則於後園中池水內造一柱樓、王應詣彼七日居住、日滿後方可入城。王便使造樓、將諸宮人及苦母昇樓住。一夜過巳、苦母白王言、大王一夜巳過、餘六夜過、當共入城。如是二三乃至七日。

苦毋言今日安穩可共入城中。時、四面忽雲起。諸宮人相謂曰莊嚴結束可往城中。有一女以日光珠安假枕上自嚴飾。雲去天晴日光忽現照觸寶珠、便火出燒其假枕、猛炎上騰。即燒樓閣。諸宮人等四散馳走、惡生苦毋、皆被火燒身、皆爛熟、俱大號叫便墮無間大地獄中、受諸極苦。」涅槃經二十曰、「阿闍世王。復於前路鬪舍婆提毘流離王乘船入海遇火而死。」瑠璃王經曰、「佛言諸比丘。彼瑠璃王肆意惡逆罪盛乃爾、却後七日有地獄火當燒殺之、現世作罪便現世受大使奏議、怪與佛同。王大恐怖、乘船入海冀得自免。停住海中至七日期盡水中則有自然火出燒船及王、一時灰滅」楞嚴經八曰、「琉璃大王善星比丘、瑠璃爲誅瞿曇族姓、善星妄說一切法空。生身陷入阿鼻地獄。」

【毘庾娜棄帝】（雜語）譯曰生生出也。見大日經疏九。

【毘訶】（術語）毘訶羅Vihāra之略。僧坊之梵名也。見毘訶羅條。

【毘訶提】（衣服）衣名。舍衛國波斯匿王聞阿難說法歡喜施家中第一毘訶提衣使作三衣。見中阿含毘訶提經。梵Vihati 巴Bahitikā

【毘訶羅】（術語）又作鼻訶羅、鞞訶羅、尾賀羅Vihāra譯曰住處、寺、僧坊。玄應音義六曰、「毘訶囉、此云遊行處、謂僧所遊履處也。今以寺代之。言寺者、說文廷也。有法度者也。」俱舍光記十五曰、「毘訶羅、義翻爲寺。」大日經疏三曰、「僧坊梵音毘訶羅。譯爲經處、卽是長福住處也。白衣爲長福故、爲諸比丘造房、令持戒禪慧者得庇禦風寒暑濕種種不饒益事、安心行道。」同十一曰、「寺者毘訶羅。此方譯爲住處。」求法高僧傳上曰、「毘訶羅、是住處義。此云寺者、不是正翻。」玄應音義二十四曰、「毘訶羅、亦云鼻訶羅。」梵語雜名曰、「尾賀(引)囉。」

【毘訶羅波羅】（職位）Vihārapāla 譯曰護寺。守護一寺及和集僧而白事者。求法高僧傳上曰、「若作番直典掌寺門及和僧白事者、名毘訶羅波羅。譯爲護寺。」

【毘訶羅莎弭】（雜名）Vihārasvāmin 譯曰寺主。造寺之人也。求法高僧傳上曰、「造寺之人名爲寺主。梵云毘訶羅莎弭。」

【毘提訶】（地名）Videha 舊云弗婆提。弗於逮。四大洲中東大洲之名。故云東毘提訶。毘者勝之義、提訶者身之義。譯曰勝身。又譯前。以此洲在諸方之前故也。（東方爲前）西域記一曰、「東毘提訶洲、舊曰弗婆提、又曰弗於逮、訛也。」法華玄贊二曰、「吠是勝義、題呬云身。卽東毘提訶之名。彼毘提訶、男聲中呼。此吠題呬、女聲中呼。」瑜伽倫記一下曰、「毘提訶、此云勝身。」玄應音義二十三曰、「東毘提訶、或云弗婆提、或云弗於逮。皆梵音訛轉也。此云前在諸方之前也。」俱舍論十一曰、「東勝身洲。東陿西廣。三邊量等。形如半月。東三百五十。三邊各二千。」又毘提訶洲有二中洲之附屬、與本洲同名、一云提訶、二云毘提訶。卽身洲。譯曰勝身洲。俱舍論十一曰、「勝身洲邊二中洲者。一提訶洲。二毘提訶洲。」俱舍光記十一曰、「提訶、此云身。毘提訶、此云勝身。」

【毘奢隸夜】（地名）城名。見毘舍離條。

【毘奢蜜多羅】（人名）梵音Viśvāmitra 紀元前六世紀頃之人。釋尊幼年時師事之人也。

【毘嵐】（雜名）又作毘藍、鞞嵐、毘藍婆、鞞藍婆、吠藍婆、吠嵐婆、吠嵐僧伽。譯曰迅猛風。暴風名。玄應音義一曰、「毘嵐、或作毘藍婆。或作鞞嵐。或云吠藍。或作隨嵐。或言旋藍。皆是梵之楚夏耳。此譯云迅猛風也。」慧苑音義上曰、「毘藍風。正云吠藍婆。吠者散也。藍婆者所至也。曰此風所至之處、悉皆散壞也。又云毘者不也。藍婆者遲也。謂此風行最極迅急也。舊翻爲迅猛風是也。其水輪下風輪亦與此風輪同名也。」慧琳音義十三曰、「吠嵐僧伽。劫災時大猛風名也。此風猛暴能壞世界。」梵 Vairambhaka

【毘睇】（術語）Vidyā 譯曰明呪。眞言之陀羅尼也。陀羅尼能破衆生之煩惱闇障、故名明。求法高僧傳四曰、「毘睇譯爲明呪。陀羅是持。」

【毘搜紐】（天名）Visnu 又作毘瘦紐、毘瑟紐之變音。見毘瑟紐條。

【毘富羅】（術語）Vipula 又作尾布羅。譯曰廣大。大日經疏九曰、「梵音毘富羅。是廣大義。謂深廣無際不可測量。如是諸法自體、名毘富羅法界。」又（地名）Vipula 又作毘布羅鞞浮羅。山名。譯曰廣博脇山。在摩竭陀國、常人所見、故佛處處引之爲喩。瑜伽倫記三上曰、「廣博脇山者。舊云毘富羅山。其形如非天脇也。」翻梵語曰、「鞞浮羅山、譯曰大也。」智度論二十八曰、「計一劫中一人積骨過於鞞浮羅大山。（此山天竺人常見、以易信故說。）」涅槃經二十二曰、「一一衆生、一劫之中所積身骨如王舍城毘富羅山。」月藏經八曰、「毘福羅山。」西域記九曰、「山城北門西有毘布羅山。」

【毘跋耶斯】（術語）譯曰念處。卽四念處也。

【毘鉢】（雜語）毘鉢舍那 Vipaśyanā 之略。譯曰觀。觀想眞理也。性靈集二曰、「持三秘密達毘鉢。」

【毘鉢尸】（佛名）又作微鉢尸、Vipaśyin 佛名。見毘婆尸條。

【毘鉢舍那】（雜語）譯曰觀。見毘婆舍那條。

【毘鉢囉哩曳薩多】（印相）十二合掌之一。譯曰反背互相著合掌。大日經疏十三曰「以右手仰左手上。以左手覆在右手下。稍似坐禪人手相加之形。此名毘鉢囉哩曳薩哆合掌。此云反背互相著合掌。」梵 Viparyasta

【毘瑟怒】（天名）又作毘瑟笯。天神名。

【毘楞伽】（物名）具云釋迦毘楞伽。Śakrābhilagnamaṇiratna 寶玉名。觀無量壽經曰「釋迦毘楞伽寶以為其臺。」名義集三曰「釋迦毘楞伽寶此云能勝。」

【毘楞羯梨】（人名）國王名。對勞度差婆羅門請一偈、為以千釘釘身。見賢愚經一、經律異相二十五。

【毘頗沙】（雜語）Vibhāṣā 論名。見毘婆沙條。

【毘瑠璃】（天名）Virūḍhaka 四天王之一。增長天之梵名也。

【毘摩】（地名）Vimalā 江名。譯無垢。翻梵語九曰「毘摩、應曰毘磨羅。譯曰無垢。善見律十二」図(天名) Vimalā 譯曰無垢。最勝王經八曰「毘摩天女妙辯才。」

【毘摩羅】（天名）Vimalā 天女名。大自在天之婦也。西域記二曰、「跋虜沙城東北五十餘里至崇山。山有青石大自在天婦像。毘摩羅天女也。聞之土俗曰、此天像者自然有也。靈異既多。祈禱亦衆。」

【毘摩羅詰】（菩薩）Vimalakīrti 舊稱維摩詰。新云毘摩羅詰。鼻磨羅雞利帝。譯曰無垢稱。西域記七曰、「毘摩羅詰。唐曰無垢稱。舊曰淨名。然淨則無垢。名則是稱。義雖取同。名乃有異。舊曰維摩詰。訛略也。」玄應音義八曰「鼻磨羅雞利帝。此譯云無垢稱。稱者名稱也。」

【毘摩羅闍】（人名）Vimarāja 譯曰無垢王。見玄應音義二十六。

【毘摩質多】（異類）毘摩質多羅之略。見次項。

【毘摩質多羅】（異類）Vimalacitra 新云吠摩質呾利。阿修羅王之名。譯曰淨心。綺畫。寶飾等。娶乾闥婆之女。生舍脂夫人。嫁於帝釋。卽帝釋之舅也。法華文句二曰、「毘摩質多。此云淨心。亦云種種疑。波海水出聲。名毘摩質多。卽舍脂父也。觀佛三昧云、索乾闥婆女。生舍脂。帝釋業力。令其父居七寶殿納為妻。」法華玄贊二曰、「梵云吠摩質呾利。此云綺畫。明文其身。或云寶飾。用冠其服。云毘摩質多羅。訛也。此為最大天帝釋之婦公舍支之父也。說此因緣如宗輪疏。」二十唯識述記下曰、「吠摩質呾利王者。舊云毘摩質多羅阿修羅王者也。天帝釋設支夫人之父也。此云綺飾。或云綵畫。」

【毘樓那】（雜名）風名。探玄記二十

曰、「毘羅那風者。應是毘嵐風。此云旋猛風也。」見毘嵐條。

【毘樓勒迦】（天名）Virūḍhaka 增長天之梵名。

【毘遮羅】（雜語）Vicāra 譯曰伺、尋伺之伺也。見毘怛迦條。

【毘播迦】（術語）Vipāka 譯曰異熟。第八識之異名也。第八識爲無記性、與業因之善性惡性相異而成熟者、故曰異熟識。唯識述記二末曰、「毘播迦、此云異熟。毘者異也。播迦者熟義。」

【毘羯羅】（神名）藥師經所說十二大將之一。

【毘質多羅】（雜語）Bicitra 譯曰善。大日經疏一曰、「此善字、梵云毘質多羅。有端嚴義、種子義。譬如已得果實、復還爲種子也。」

【毘盧】（佛名）Vairocana 毘盧舍那之畧。法身佛之通稱。卽密教之大日如來也。碧巖九十九則曰、「肅宗皇帝問忠國師。如何是十身調御。國師云。檀越踏毘盧頂上行。帝云。寡人不會。國師云。莫認自己淸淨法身。」大慧普說二曰、「高步毘盧頂。不禀釋迦文。」普燈錄十八曰、「坐斷毘盧頂𩕳。須是沒量大人。」今僧人於七月中元結盂蘭盆會。首座僧裝爲毘盧佛。誦經施食。戴毘盧帽。因帽有毘盧佛小像故名。

【毘盧印】（印相）毘盧遮那（卽大日如來）之入定印也。大日之入定印爲法界定印、其印相仰左手、右手重於其上、二大指相拄、舒著頭指。左右頭指之中節上下重合、深入禪定而觀見法界衆生之相也。見胎藏界曼陀羅大鈔一。

【毘盧帽】（物名）黃檗僧所用之帽子也。

【毘盧遮】（人名）比丘名。增一阿含經三曰、「降乾沓和勲行善行。所謂毘盧遮比丘是。」

【毘盧宅迦】（人名）王名。舊云毘流離王是也。見玄應音義二十三。梵 Viruca

【毘盧折那】（人名）Vairocana 國王名。譯曰遍照。

【毘盧擇迦】（天名）又作鼻溜茶迦。舊云毘瑠璃。四天王中南方天王之名、秦譯增長。見四天王條。

【毘盧釋迦】（人名）Virūḍhaka 國王名。舊云毘琉璃王。西域記六曰、「毘盧釋迦王。舊曰毘琉璃。訛也。」見毘琉璃條。

【毘盧覺王】（佛名）毘盧舍那佛也。

【毘盧舍那】（佛名）Vairocana 又作毘盧遮那、鞞嚧杜那、毘盧折那、吠嚧遮那。佛眞身之尊稱也。解此者諸家不一。準天台以毘盧舍那與盧舍那及釋迦、如其次第配於法報應三身。毘盧舍那、譯曰徧一切處。盧舍那。翻曰淨滿。法華文句會本二十五曰、「法身如來名毘盧此翻徧一切處報身如來名盧遮那。此翻淨滿。應身如來名釋迦。」法華玄義六曰、「境妙究竟顯名毘盧遮那。智妙究竟滿名盧舍那。行妙究竟滿名釋迦牟尼。」已上天台之釋義以毘盧舍那與盧舍那分配於法報之二身。卽理智之二者也。華嚴則以此二者爲梵名之具略而爲報身佛之稱號。譯曰光明遍照。或單譯遍照。因舊經（晉譯）說盧舍那新經（唐譯）說毘盧遮那故也。華嚴探玄記三曰、「盧舍那者古來譯或云三業滿。或云淨滿。或云廣博嚴淨。今更勘梵本具言毘盧舍那。盧舍那者此翻名光明照。毘者此云遍。是謂光明遍照也。」慧苑音義上曰、「按梵本毘字應音云無廢反。此云種種也。盧遮那云光明照也。言佛於身智以種種光明照衆生也。或曰毘遍也。盧遮那光明也。謂佛以身智無礙光明遍照理事無礙法界也。」法相家亦如天台主張三身配屬之說。義林章七末曰、「瓔珞經云毘盧舍那佛是受用身。釋迦牟尼佛是化身也。」密家以毘盧舍那爲理智不二之法身佛稱號。或翻大日。或翻遍照。或翻最高顯廣眼藏。大日經疏一曰、「梵音毘盧遮那者是日之別名。卽除闇遍明之義也。」同十六曰、「所謂毘盧遮那者日也。如世間之日能除一切暗冥。而生長一切萬物。成一切衆生事業。今法身如來亦復如是。故以爲喩也。」卽身成佛義冠註下曰、「金剛頂義訣上云。毘盧遮那。此翻最高顯廣眼藏。毘者最高顯也。盧遮那者廣眼也。先有翻爲遍照王如來。（指玄奘十一面經）又有翻爲大日如來。」然密敎中亦有分不兩說。千臂千鉢大敎王經一曰、「說敎之根宗本有三。一者毘盧遮那法身。本性淸淨出一切法。金剛三摩地爲宗。二者盧遮那法身。出聖性普賢願行力爲宗。三者千釋迦化現千百億釋迦。顯現聖慧身。流出曼殊室利身作般若母爲宗。」此二身分屬之義也。般若理趣釋上曰、「毘盧遮那如來名遍照報身佛。於色界頂第四禪色究竟天成等正覺。」此是二身不分之義也。

【密敎毘盧遮那佛】（佛名）見大日如來條。

【毘盧遮那經】（經名）大毘盧遮那神變加持經之略稱。卽大日經也。

【毘盧舍那五聖】（名數）金剛界之五智如來也。五聖中毘盧舍那如來爲中心。故標舉之。

【毘盧遮那成道經】（經名）大日經之異名。

【毘盧遮那三摩地法】（經名）金剛頂經瑜伽修習毘盧遮那三摩地法之略名。

【毘盧遮那五字眞言】（眞言）𑖀阿、𑖪𑖰尾、𑖨囉、𑖮𑖳𑖽吽、𑖏𑖽欠之五字也。有不空譯之毘盧遮那五字眞言修習儀軌一卷。

【毘盧遮那五字劍印明】（印相）毘盧遮那五字眞言修習儀軌曰、「二手合掌二頭指屈而相著如劍形。眞言曰那謨三曼多勃馱喃阿尾囉吽欠。」

【毘盧遮那如來菩提心讚】（雜名）稱大日經轉字輪品金剛手所說之六句。其文曰「歸命菩提心歸命發菩提稽首於行體地波羅蜜等恭禮先造作歸命證空者。」

【毘曇】（術語）Abhidharma 巴 Abhidhamma 阿毘曇之略。新云阿毘達磨。譯曰無比法。新翻對法。論藏之總名也。無比法勝法。故云無比法。又以智慧對觀法。故名對法。對法者、智慧之別名也。（智慧爲無比之法）以三藏中之論藏詮顯學者之智慧故也。然則毘曇之名雖爲涉於大小乘論藏之通名。而常指小乘薩婆多部之論藏。如發智、六足、婆沙、俱舍等之諸論而云毘曇。總即別名也。因之此論旨名毘曇宗。即小乘二十部中之薩婆多部也。天台、淨影等古師常對於成實宗而稱毘曇。

【毘曇宗】（術語）小乘二十部中之薩婆多部也。此部以發智六足等諸阿毘曇論最具足、故稱毘曇宗。立我爲無而法爲有者也。俱舍宗屬之。

【毘曇孔子】（雜語）釋氏要覽下曰、「西秦慧嵩善阿毘曇論。時重號毘曇孔子。」

【毘曇有門】（術語）小乘薩婆多部阿毘曇論之宗旨、立一切諸法實有、故對於成實宗之空門而謂爲有門。三論玄義曰、「毘曇已有無義而執法有性。」

【毘曇成實】（雜名）小乘之毘曇宗與成實宗也、與言俱舍成實同。

【毘輸馱】（雜語）Viśuddha 譯曰清淨。大日經疏九曰、「毘輸馱是清淨。達摩濕闍多法界生義。此言如來頂相。」

【毘輸安呾囉】（人名）Viśvāntara 太子名。舊云蘇達拏太子是也。寄歸傳四曰、「東印度月官大士作毘輸安呾囉太子歌。詞人皆舞詠遍五天矣。舊云蘇達拏太子者是也。」

【毘輸遮囉那】（雜名）日之別名。譯曰觀者。見大威德陀羅尼經六。梵 Viśvacaraṇa

【毘壇】（地名）毘陵也。荊溪湛然居之。止觀輔行序讚曰、「毘壇者、即毘陵也。亦云晉陵。今常州也。」

【毘濕波】（雜名）Viśva 又云毘濕婆。風名。譯曰不巧。玄應音義二十二曰、「毘濕婆風、又云毘濕波風。此譯云不巧風也。」瑜伽倫記七上曰、「毘濕婆風者、此云種種巧莊嚴風。如說毘濕羯摩天等名巧天。」

【毘濕縛】（飲食）藥名。玄應音義二十一曰、「毘濕縛藥。此云有種種功聖藥也。」

」梵 Viśva

【毘濕婆】(雜名) 風名見毘濕波條。

【毘濕婆部】(佛名) Viśvabhū 又作鞞舍見毘舍浮條。

【毘濕飯怛囉】(人名) Viśvāntara 須達拏太子之別名也。譯曰衆異唯識演秘四末曰、「毘濕飯怛囉此云衆異有多德拔異衆人故卽須達拏太子別名也。」參照毘輸安呾囉條。

【毘鞞得迦】(植物) 又云尾吠怛迦果名舊云毘醯勒見毘醯勒條。

【毘闍那】(雜語) Vijñāna 又云毘若南譯曰識了別之義也。毘婆沙論七曰、「毘闍那秦言識。」瑜伽倫記一上曰、「毘若南此云識了別爲義。」

【毘闍柯】(人名) Bijaka 比丘名譯曰種子見法礪四分律疏二末。

【毘闍耶】(人名) Vijaya 大臣名譯曰難勝見本行集經四十三。

【毘闍耶多】(雜語) Vijayārtha 譯曰最勝好事起世經二曰、「其轉輪王坐毘闍耶多隋言最勝好事。」

【毘藍婆】(雜名) 又作鞞藍婆暴風名見毘嵐條。

【毘藍園】(物名) 佛生會爲安置誕生佛以衆花莊飾之屋形、禪林稱爲花亭、又名毘藍園。花亭之南面揭額題毘藍園之三字也。毘藍園之名迦毘羅城藍毘尼園之省略也。

【毘職吉蹉】(術語) Vicikitsā 譯曰疑唯識述記六末曰、「又如職吉蹉是治療義毘職吉蹉是疑義。」

【毘職多鉢臈婆】(人名) Vijitaprabha 北印度王子譯曰調伏光見慈恩傳二。

【毘羅尼】(地名) 河名譯曰難度舊衆生之愛欲也。寶積經百十曰、「若有衆生染著毘羅尼河(隋言難度)彼等身體卽生不白不黑雲色」梵 Viraṇi

【毘羅婆】(植物) 果名見頻婆條。

【毘羅胝子】(人名) 毘羅胝子者苦行外道淘糟飲汁拔髮灰身六師中之第三師也。

【毘醯勒】(植物) 又云鞞醯勒、毘梨勒、新云毘鞞得迦、尾吠怛迦。善見律十七曰、「鞞醯勒其形如桃子其味甜服能治癩」慧琳音義十六曰、「毘醯勒西方菓樹名也。今毘梨勒是也」百一羯磨八曰、「毘鞞得迦舊云鞞醯勒者訛也」梵語雜名曰、「毘醯勒、尾吠怛迦」

【毘蘭若】(人名) 婆羅門名。請佛安居、癡忘而不知佛至、如來於三月唯食馬麥。(引寶積經文毘蘭多下)然智度論等謂之阿耆達婆羅門是毘蘭若取其國邑而名、阿耆達多應爲其本名巴 Verañja

【毘蘭多】（地名）又作毘蘭、國名。佛於此國受毘蘭若婆羅門之請。三月安居。但食馬麥。卽如來九惱之一也。大寶積經二十八曰「如來昔在毘蘭多國受毘蘭若婆羅門請。三月安居而食麥」興起行經下曰、「我及卿等於毘蘭邑故食浮麥九十日。」梵 Vairantya

【毘攝浮】（佛名）舊言毘攝羅。見毘舍浮條。

【毘攝羅】（佛名）Viśvabhū 見毘舍浮條。

【毘灑迦】（異類）毘沙門所屬八大夜叉將之一。大日經疏五曰「六名毘灑迦」大疏演奧鈔十五曰、「毘舍迦此云大滿大將或云持法。」梵 Viśaka

【毘鐸佉】（寺名）Piṭṭaka 又作鞞鐸佉。伽藍名。譯曰嚼楊枝。西域記一曰、「象堅窣堵波北山巖下有一龍泉。是如來受神飯已、及阿羅漢、於中漱口嚼楊枝、因卽種根。今爲茂林。後人於此建立伽藍。名鞞鐸佉。唐言嚼楊枝」

【毘囉梨】（動物）野狐之類、取人而食。大威德陀羅尼經十五曰「毘囉梨、此野狐類。殺人食噉獸也」

【毘囉拏羯車婆】（動物）Virāṇakacchapa 譯曰龜。見名義集二。

【思】（術語）心所法名。俱舍七十五法中十大地法之一。唯識百法中五遍行之一。梵語指底。Cint 以使心造作之作用而名。俱舍論四曰、「思謂能令心有造作。」唯識論三曰「思謂令心造作爲性。於善品等役心爲業」大乘義章二曰、「思願造作名思。」梵語雜名曰「思指底」

【三思】（名數）凡發動身語二業、有三思。一審慮思、將發語而先審慮之思也。二決定思、起決定心而將發動之思也。三動發勝思、正發身語而動作善惡事之最勝思也。此中以前二思爲意業、以第三動發勝思爲身語二業。見義林章三末。

【思大】（人名）南岳尊者慧思、從陳帝受大禪師之號。因云思大。更尊而云思大禪師。或云思大和尚。佛祖統紀六曰、「帝可之。令隨師還山。將行、餞以殊禮。稱爲大禪師。思大之名。蓋得於此」

【思已業】（術語）於心中分別思惟之思業而現行爲言語之謂也。

【思法】（人名）六種羅漢之一。見阿羅漢條。

【思法阿羅漢】（人名）二十七賢聖之一。六種阿羅漢之一。恐證果退轉而自殺欲入無餘涅槃之羅漢也。

【思食】（術語）第六識相應之思心所、於可意境而生希望。意思資潤、諸根增長、又思想飲食、令人不死。如小兒視梁上懸囊、

及望梅止渴等、

【思益經】（經名）思益梵天所問經之略名。

【思益梵天所問經】（經名）四卷、秦羅什譯。思益者梵天之名、說大乘之實義而破小乘之偏小。

【思惟】（術語）思量所對之境而分別之也。無量壽經上曰、「具足五劫思惟攝取莊嚴佛國淸淨之行。」又對於定心之無思無想而定前一心之思想、謂之思惟。觀無量壽經曰、「敎我思惟、敎我正受。」善導序分義曰、「言我思惟者、卽是定前方便思想憶念彼國依正二報四種莊嚴也。」

【思惟手】（術語）五手之一。如如意輪觀音右手當其頰、標思惟之相也。大日經疏十六曰、「不思議具慧者菩薩作思惟手。」註曰、「與如意輪菩薩手同、亦如前淨居天印也。」

【思惟經】（書名）思惟略要法之異名。

【思惟要法】（書名）思惟畧要法之略名。

【思惟如意足】（術語）四如意足之一。

【思惟畧要法】（書名）一卷、秦羅什譯。先明形疾輕微、心病深重、次明四無量觀法、白骨觀法、觀佛三昧法、法身觀法、十方諸觀法、觀無量壽佛法、諸法實相觀法、法華三昧觀法。

【思假】（術語）思惑也、思惑之體虛妄無實、故云思假。止觀六曰、「思假者謂貪瞋痴慢、此名鈍使、亦名正三毒。」同輔行曰、「慢入痴攝、故但云三。」

【思量】（術語）思慮量度事理也。法華經方便品曰、「是法非思量分別之所能解。」

【思量識】（術語）三能變識第二之名。見三能變條。

【思量能變識】（術語）第七識也。

【思惑】（術語）新云修惑、舊云思惑、愛惑、假惑。三乘之聖人於修道所斷之貪瞋痴等迷事惑也。小乘三界合有十惑、大乘有十六惑。

【思緣】（雜語）思惟緣念也。金光明經上曰、「入大寂空三昧、思緣放大光明。」

【思慧】（術語）三慧之一。思惟自理而得之智慧也、於定散之中、屬於散慧。

【思禪師】（人名）天台第二祖南岳慧思禪師也。

【界】（術語）梵語馱都、Dhātu 譯曰界。差別之義。彼此之事物、差別而無混濫也。大乘義章八末曰、「界別爲界、諸法性別、故名爲界。」止觀五上曰、「界名界別。」因性之義。謂事物固有之體性。大乘義章八末曰、「

經名爲界。亦名爲性。」止觀五上曰、「界名界別。亦名性分。」俱舍光記一曰、「族義持義性義爲界。」図因之義。生他物之原因也。唯識論十曰、「界是藏義。或是因義。」起信論義記中本曰、「中邊論云。法界者。聖法因爲義故。是故名法界。此中因義。是界義故也。」百法疏曰、「界是因義。中間六識。藉六根發六境牽生。爲識爲因。故名爲界。」図種族之義。於事物有種族也。俱舍論一曰、「法種族義。是界義。如一山中有多銅鐵金銀等族說名多界。如是一身或一相續有十八類諸法種族。名十八界。」案此義可解爲三界十八界等多界之界、不可釋爲法界之界。図持之義。謂事物各維持自相也。俱舍論八曰、「能持自相。故名爲界。」俱舍光記一曰、「持義爲界。」図語根之義。總稱語根語幹謂之界。

【界內】（術語）欲界色界無色界之三界也。此三界對於界外之國土而云界內。見界外條。

【界內教】（術語）謂對沈淪三界中之衆生。教斷見思二惑出離三界之法門也。天台之藏教通教是也。四教儀曰、「此二教是界內教。」同集註下曰、「藏通三乘、斷惑出界。（中略）對界外方便等土名界內教。以此二教化界內也。」玄義五上曰、「若隨界內好樂。說前兩教位。」

【界內事教】（術語）天台謂三藏教。彼教精究五蘊十二處十八界等事相之法門、而理唯爲偏眞之空理、究理最爲淺薄、故貶之爲界內事教。玄義三上曰、「三藏具有三人。而皆以析智觀界內十二因緣事爲初門。」又曰、「通教亦有三人。同以體智觀界內十二因緣理。」

【界內理教】（術語）天台謂通教。彼教事相之談、遜於藏教、窮理稍深、達爲生卽無生、空卽不空、故褒之爲界內理教。

【界內惑】（術語）三惑中見思之惑、招三界之生死、故名界內惑。

【界分】（術語）欲界色界無色界之三界也。界爲分之義、常語之爲界分。行事鈔羯磨篇曰、「拔羣迷之重累。出界分之深根。」資持記上一之五曰「界分卽三有依報。」

【界尺】（物名）文房之具。以引罫線兼鎭紙幅者。

【界外】（術語）三界外之國土也。三界外有諸佛菩薩之淨土、謂之界外。三界謂之界內。此界外之淨土、天台差別爲方便有餘土、實報無障礙土之二土。寶窟中末曰、「三界外者名無漏。」

【界外教】（術語）對於斷見思惑離三界、於界外淨土受變易生死之法身菩薩教斷無明而成佛之法門也。天台立四教、藏通之二教爲界內教、別圓二教爲界外教。玄義五上曰、「若隨界外好樂說後兩敎位。」同六下曰、「三藏不說界外今以大乘意望之。」四敎儀集註下曰、「此敎明界外獨菩薩法。敎理智斷行位因果別前二敎別後圓敎。」又曰「圓敎菩薩以界外滅諦爲初門。」

【界外事敎】（術語）天台之別敎也。別敎之菩薩迷中道之理重、故分別無量之事法以之爲方便而使悟理謂之爲界外事敎。見七帖見聞七。玄義三上曰「別敎佛與菩薩。倶知界外十二因緣事。」

【界外理敎】天台之圓敎也。圓敎之菩薩迷理輕、故不借事事之方便直談一切萬法爲中道實相之妙理、謂之界外理敎。玄義三上曰「圓敎佛與菩薩。倶觀界外十二因緣理。」又曰、「無作迷中輕、故從理得名。」

【界如】（術語）十界與十如。天台之法相見一念項中一念三千條。

【界如三千窗】（雜語）修天台一念三千觀法之窗。觀一念具三千諸法、是乃天台宗之觀法。此三千諸法、爲由十界與十如與三世間而成者。故謂之界如三千。

【界身足論】（書名）六足論之一。見阿毘達磨條附錄。

【界品】（術語）倶舍論一部九品之第一。此品明諸法之體性、故名界品。界者性之義也。倶舍光記一曰、「界者性也。性之言體也。此品明諸法體。以界標名。」

【界畔字】（術語）𑖀字五轉中、成菩提之𑖀𑖽與入涅槃之𑖀𑖾二字稱爲界畔字。以菩提涅槃之二轉盡煩惱生死之邊際故也。見悉曇三密鈔上。

【界會】（術語）遍界悉集會也。九條錫杖文曰、「恭敬供養三尊界會。」

【界趣】（術語）三界六趣爲生死輪迴之處所。

【界繫】（術語）此繫屬於欲界之法、彼繫屬於色界之法等。有於色心之諸法各定其界之繫屬者、謂之界繫、判定其界繫、謂之界繫分別。倶舍論二曰、「十八界中幾欲界繫。幾色界繫。幾無色界繫。（中畧）繫謂繫屬。卽被縛義。」図三界之繫縛。指業而言。凡夫以業爲三界所繫縛者。羯磨疏序曰、「夫聖人之利見也。妙以淸澄界繫亡我靜倒。以爲言焉。」濟緣記一上曰、「界是苦道。繫是業道。」

【炭頭】（職位）禪林之稱呼司炭柴者。

【幽旨】（雜語）幽妙之旨趣也。華嚴玄談一曰、「照任幽旨。」

【幽冥】（術語）雖爲有理而幽遠非常識所及之處。又三惡道無異理光之處。（卽冥土）無量壽經下曰、「壽終後世尤深尤劇。入其幽冥轉生受身。」八十華嚴經十一曰、「一一毛孔現光明普遍虛空發大音。」

所有幽冥靡不照。」

【幽途】（雜名）幽冥之途、死後所趣地獄餓鬼畜生之三惡道。止觀四上曰、「幽途綿邈。無有資糧。」

【幽儀】（術語）幽冥之儀容也。謂死者之靈。

【幽靈】（術語）幽界之精靈也、六道衆生不可眼見者皆爲幽靈人命終已後其形體不可見故謂之幽靈幽儀等。道宣律師感通錄曰、「幽靈隨喜。」二十唯識述記序曰、「幽靈守昏而永翳。」

【風】（譬喩）以譬物之無礙。法華經神力品曰、「能持此經者。於諸法之義。名字及言辭。樂說無窮盡。如風於空中。一切無障礙。」

【風刀】（譬喩）命終時、體中風大動搖、支解身體、其苦如以利刀刺之。故云風刀。止觀四曰、「年時稍去。風刀不奢。豈可晏然坐待酸痛。」同輔行曰、「言風刀者。人命欲盡。必爲業力散風所解。如解韝囊。使息風不續。如解溝瀆。使血脉不流。如解機關。使筋節不應。如解火炬。使煖氣滅盡。如解坏器。使骨肉分離。」釋氏要覽下曰、「正法念經云。命終時刀風皆動。如千尖刀刺其身上。顯宗論云、爲人好發言譏刺他人。隨實不實。傷切人心。由此當招風刀之苦。」

【風大】（術語）四大之一。造作物質之四元素之一。動爲性、長爲業。

【風三昧】（術語）具云風奮迅三昧。起大風之禪定也。止觀一曰、「阿難入風三昧。四派其身。」同輔行曰、「尊者默然。卽入三昧名風奮迅。」

【風天】（天名）金剛界曼荼羅中四執金剛神之一。位於曼荼羅之西南角。幢幡爲三摩耶形。[梵字]字爲種子。[梵字]字者風大之種子也。又金剛界曼荼羅外金剛部二十天之一衆也。位於西方。又胎藏界曼荼羅外金剛院中之一衆。位於最西北。大日經疏五曰、「最西北隅置護方風天眷屬。」同十曰、「風神眞言曰嚩也吠。卽以本名爲眞言也。以嚩字爲體也。」同義釋七曰、「嚩野吠野吠。卽是風之正音。以嚩字爲眞言體。」（眞言體卽種子）秘藏記末曰、「風天赤黑色。持幢幡。右手持杖上半月形。左手按腰。」陀羅尼集經十二有風天之印咒法。

【風中燈】（譬喩）世間之轉壞、人命之無常、譬之風中之燈火也。智度論二十三曰、「世間轉壞。如風中燈。」方廣大莊嚴經五曰、「無有堅實。如風中燈、如水上泡。」坐禪三昧經曰、「誰能知死時所趣從何道。譬如風中燈。不知滅時節。」

【風色】（譬喩）以風無色、譬物之無色。成實論二曰、「世間事中兎角龜毛鹽香風色等。是名無。」

【風災】（術語）大三災之一。一大劫中第三期壞劫之末（合成住壞空四中劫爲大劫）起而蕩盡世界之大風災也。下自無間地獄、上至色界之第三禪天。三災中災害最廣大者。

【風定】（術語）風三昧也。

【風前燈】（譬喩）見風燈條。

【風前燭】（譬喩）見風燭條。

【風界】（術語）四界之一。風之自性爲風、界者性之義、持之義、差別之義也。造作一切物質之四元素之一。動爲性、使他增長爲業。俱舍論一曰、「地水火風能持自相及所造色、故名爲界。（中略）風界能長。（中略）風界動性。」

【風航】（譬喩）乘順風之船也。以譬淨土門之易行往生。論註上曰、「此無量壽經優婆提舍蓋上衍之極致、不退之風航者也。」

【風鈴】（物名）第十八祖伽耶舍多、就十七祖僧伽難提出家。他時聞殿前銅鈴風吹聲、難提迦耶問曰、鈴鳴耶、風鳴耶。伽耶答曰、非風非鈴、我心鳴耳。見傳燈錄二僧伽難提章。此事與六祖之風幡同意。

【風鼓山相擊】（雜語）六祖壇經之偈語。風鼓、災風鼓動也。山相擊、須彌崩倒也。因本經曰、「大三災時、有大黑風、吹使海水兩披、取日宮殿、置須彌山半、安日道中。緣此世間有二日出、河渠流竭。其後久久、大風復取第三日出、大恒河竭。四日出、阿耨池竭。五日出、大海乾枯。六日出、天下煙起。至七日出、天下洞然、直至梵天。火災之後、布大黑雲、周偏降雨滴、如車輪、無數千歲。其水漸長、至光音天。此水復減、有大風起、鼓動波濤、起沫積聚、自然堅固、變成天宮。七寶校飾、由此有梵天宮。其轉減、依前聚沫、次第成就他化自在天宮。直至成四天下。依前建立水災之後、其次久久、大僧伽風至果實天、其風四布、吹諸天宮、使諸天宮相拍、碎若粉塵、直至天下。諸大山王相拍亦然。六祖壇經曰、「劫火燒海底、風鼓山相擊。」

【風際】（雜名）風輪之際底也。風輪者、即世界之最底。凡一世界之成立、於虛空上生風輪、風輪上生水輪、水輪上生金輪。因而漸生須彌四洲也。見風輪條。

【風輪】（雜名）此世界之最下底、風輪下虛空也。但準於後三輪名之爲空輪、合爲四輪。俱舍論十一曰、「先於最下依止虛空、有風輪生、廣無數、厚十六億踰繕那。」虛空者即空輪也。此空輪之上風輪生、風輪之上水輪生、水輪之上金輪生。上有九山八海、輪者取其形橫圓、且其體質堅實而名之也。俱舍論十二曰、「如是風輪其體堅密、假令有一大諾健那以金剛輪奮威懸擊、金剛有碎、風輪無損。」

【風輪際】(雜名) 風輪之際限是一世界之最底下也。

【風輪壇】(雜名) 壇場爲半月形者。見諸部要目。

【風輪三昧】(術語) 五輪三昧之一。行者修禪定起相似智慧如風之空而無礙、能動萬物而又破壞之智慧無礙發出世之善根又破一切之煩惱故有此名。

【風幡】(地名) 傳燈錄五六祖章曰、「儀鳳元年屆南海遇印宗法師於法性寺講涅槃經師寓止廊廡間暮夜風颺刹幡聞二僧對論一云幡動一云風動往復酬答未曾契理師曰非風幡動動者自心耳印宗竊聞此語竦然異之」無門關第二十七則曰、「非風非幡」因此世俗稱僧德曰「論妙風幡法傳衣鉢」

【風燈】(譬喻) 風中之燈火也以譬世相之無常止觀七曰、「口若春蛙心如風燈」萬善同歸集五曰「無常迅速念念遷移石火風燈逝波殘照露華電影不足爲喻。」

【風顛】(人名) 清康熙間陜西人名超常號風顛俗姓李名福十四歲娶妻十八歲忽一夜猛然觸醒萬物無常方纔日落又是五更與妻同眠明是活鬼相守乃信口道、一十四歲配姻緣可笑夜夜伴鬼眠四恩無義今宵悟再不落他火坑間卽起往西山寺出家苦參六載夜聞谷風大悟著有語錄六萬餘言西安城西南隅風顛洞內有師坐化眞身頭面身衣皆用泥金貼糊惟兩手指爪宛然如生。

【風壇】(術語) 風者動之義隨處爲本尊謂之風壇。

【風奮迅三昧】(術語) 起猛烈之風分散支體之三昧也止觀一曰、「阿難河中入風三昧四派其身」同輔行曰「尊者猷然卽入三昧名風奮迅分身四派」法華文句二曰「於恆河中入風奮迅三昧分身爲四分」

【風燭】(譬喻) 風前之燈燭也以譬物之無常西域記八曰、「世間富貴危甚風燭」往生講式曰「一生是風前之燭萬事皆春夜之夢」

【軍那】(植物) Kunda 花名大日經疏五曰「如軍那華其華出西方亦甚鮮白」

【軍持】(物名) Kuṇḍi 又作軍鋳、君持、運遲、君遲、鍕鋳、捃稚迦、君稚迦。Kuṇḍikā 千手觀音四十手中軍持手所持之瓶也。大悲心陀羅尼曰、「若爲求生諸梵天上者當於軍持手眞言唵(引)嚩日囉(二合)勢佉囉嚕吒鉿」案軍持如瓶形僧人盛水器也。見君遲條。

【軍荼】(物名) 梵名 Kuṇḍa、火爐之義。卽密家護摩所用之火爐也。凡行護摩先造四肘之壇、高一搩手、中鑿軍茶、徑圓一肘、深十二指、於兩重作緣、內緣高闊各一拇指、外緣高闊各四指。底正中於此以泥作輪像及跋折囉之像、柄向南出、使作丁字形。柄長四指、闊亦四指、橫頭長八指、高闊各四指。又於外作一土臺、形如蓮華、於次外敷師之座位。又於軍茶之四周布吉祥草、以爲聖衆之座位。若鑿造軍茶不能時、卽以赤色畫其形狀、中安火爐爲法。蓋護摩有息災增益降伏鉤召敬愛之五種、隨其種類、而火爐之形不同。息災之護摩、其形正圓、增益正方形、降伏三角形、鉤召金剛形、敬愛蓮花形。出於金剛頂略出念誦經四、金剛頂瑜伽護摩儀軌等。図軍茶利之略。

【軍茶利】（物名）Kuṇḍali 又作軍遲。譯曰瓶。見軍持條。

【軍茶利明王】（明王）五大明王之一。具名阿密哩多軍茶利。譯曰甘露瓶。見甘露條附錄。

【軍茶利明王法】（修法）以甘露軍茶利明王爲本尊、爲息災或降伏而修之秘法。又曰甘露軍茶利明王法、略曰軍茶利法。出於甘露軍茶利菩薩供養念誦成就儀軌等。

【軍茶利夜叉】（明王）明王者總爲暴惡之忿怒相、故謂之夜叉。夜叉者暴惡之義。

【軍茶梨金剛曼茶羅】（圖像）若欲受持軍茶利法、應先畫其像。徧身青色、兩眼俱赤、攪髮成髻、其頭髮之色、黑赤交雜、如三昧火焰。張眼大怒、上齒皆露、以齩下脣、作大瞋面。有二赤蛇、兩頭相交、垂在胸前、仰頭向上。其兩蛇之尾、各穿像耳、尾頭垂下至肩上。其二蛇之色、如黃侯蛇、赤黑間錯。其像有八臂、手右最上之手、把跋折羅、屈臂向上。下之第二手、把長戟柱、屈臂向上、其戟上下各有三叉、皆有鋒刃、一頭向上、一頭拄地。下第三臂、壓左之第三臂、兩臂相交在胸上。右手中把兩赤蛇、其蛇相交、各向像面。左手亦把一頭赤蛇。兩手各作跋折羅印、兩手大指各捻小指之甲、餘指皆伸、卽以左手壓右腋之前、次以右手壓左腋之前、卽是身印也。下之第四臂、仰垂下向、勿著於右髀、五指皆伸、施無畏手也。左之上手中把金輪形、屈臂向上、輪有八角、轂輞成具。下之第二手、中指以下二指各屈向掌、大指捻中指上節之側、頭指直豎向上伸之、屈其臂肘、手臂向右。下之第四手、橫覆左髀、指頭向右。八手之腕中皆著金釧。以紫色地散華錦之天衣、絡於髆頂背、其天衣之頭、分左右各垂向下。以綠表紅裏之帶、用繫其腰。虎皮與錦鞔其兩髀、其兩脚脛各有赤蛇繞其脚脛、其兩蛇之色、赤黑間錯。使其像立於七寶蓮華上、其右脚之指向右邊、其左脚之指向左邊、其像左邊踝子以下晝一鬼王、身似人之形、軀貌麤大、作白象頭、屈膝踡坐、舉頭向上、瞻仰像顏、其鬼右手把蘿蔔根、屈臂向上、左臂平屈、展手仰掌、把歡喜團、其手兩腕皆著金釧、其鬼頸下著金瓔珞、以絲帶繫其腰上、以朝霞錦褌其兩胯。見陀羅尼集經八。

【軍荼利明王經軌】（經名）軍荼利儀軌、陀羅尼集經第九金剛阿密哩多軍荼利菩薩自在神力咒印品。

【軍荼利儀軌】（經名）甘露軍荼利菩薩供養念誦成就儀軌之略名。

【看山水陸】（術語）施餓鬼法謂之水陸法、施與水陸有情之意。又稱之為看山水陸、釋門正統四曰「我朝文忠公軾、重述水陸法像贊、今謂之看山水陸、供養上下八位者是也。熙寧中東川楊鍔祖述舊規、又製儀文三卷行於蜀中、最為近古。」

【看方便】（雜語）禪錄之語。用心注意也。

【看病】（雜語）看護病人也。梵網經下曰、「若佛子見一切病人、常應供養如佛無異。八福田中、看病福田第一福田。」僧祇律二十八說看病人法、其中記世尊洗病比丘之事緣。四分律四十一亦記此事、記佛誡而言曰「汝曹比丘自今已後應看病比丘。（中略）若有欲供養我者、當供養病人。」

【看經】（儀式）禪家謂讀經也。

【看糧】（雜名）禪家保護衆僧食料、報有無于典座之僧職也。任之者謂之看糧師。

【重】（雜語）物體之重量也。俱舍論一曰「可稱名重。」

【重山】（譬喻）以譬煩惱之厚重也。止觀一曰、「月隱重山、舉扇類之、風息太虛、動樹訓之。」同輔行曰「眞常性月、隱煩惱山。煩惱非一、故名為重。」

【重火】（流派）敬重火神者、事火外道也。佛道論衡序曰「敬日重火之徒」

【重如】（術語）如如也。智之至極為智智、理之至極為如如。見如如條。梵網經開題曰「重如月殿說三密自樂。」愛染講式曰、「重如月宮朶萬德而相應。」

【重空】（術語）空之又空也。

【重空觀】（術語）同次項。

【重空三昧】（術語）有總別二名、別者單指重三三昧中第一空空三昧之一、總者兼他稱無相無相、無願無願之二。見三三昧條。

【重定授菩薩戒法】（書名）一卷、明智旭重定。

【重重帝網】（術語）帝釋天之珠網、重重交絡者、稱為因陀羅網、（因陀羅譯曰帝）以譬華嚴經所說如來依正之功德重重無盡也。探玄記一曰、「由異體相入、帶同體相入故有重重無盡帝網門也。」參照玄門條。

【重病堂】（堂塔）又作重病閣。延壽堂之異名也。

【重頌】（術語）十二分敎之一、梵語祇夜 Geya 譯曰重頌。既宣說於上、更以偈頌結之也。法華經序品曰「欲重宣此義、以偈問曰」。

【重誨】（術語）重敎也。無量壽經下曰「受佛重誨。」

【重障】（術語）爲佛道重障者。大要有三種、一切之無明煩惱謂之惑障、五逆十惡等謂之業障、三途八難等謂之報障。衆生爲此等障礙不能開悟佛道也。唐華嚴經二曰「摧重障山見佛無礙。」

【重複衣】（衣服）僧伽梨之異名。以重著鬱多羅僧上故也。

【重閣講堂】（堂塔）在中印度毘舍離國獼猴池邊大林中。五分律一曰、「後之毘舍離住獼猴河邊重閣講堂。」雜阿含經三曰、「一時佛住毘耶離獼猴池側重閣講堂。」大般涅槃經上曰、「一時佛住毘耶離大林中重閣講堂。」

【重緣心】（術語）忽然心起、緣善惡之境、謂之獨頭心、更相續而緣前念、謂之重緣心。小乘戒中亦立心戒、依此重緣心也。

【重擔】（術語）衆生以煩惱爲重擔、菩薩以衆生爲重擔。無量壽經上曰、「爲諸庶類、作不請之友、荷負衆生、爲之重擔。」同淨影疏曰、「聲聞捨物、不將衆生以爲重擔。菩薩荷負、故用衆生而爲重擔。」

【重誓】（術語）又云重願。謂法藏菩薩前立四十八願後、更立三誓也。又四十八願中之第十七願、誓名號三誓中重誓名聲超十方、故云重誓。禮讚曰、「當知本誓重願不虛。」正信偈曰、「重誓名聲聞十方。」

【重誓偈】（雜名）三誓偈之異名。

【重翻】（術語）一種之梵本爲二重三重之譯者。開元錄十曰、「單本原來一本更無別本。重翻本是一經、或有二重翻者、乃至六重翻者。」

【重關】（術語）禪語。謂悟道之難關也。

【香】（雜語）梵語健達、Gandha 譯曰香。玄應音義三曰、「健達、此譯云香也。」有情非情之氣分、一切鼻可嗅者。大乘義章八末曰、「芬馥名香。此名不足。於中亦有腥臊臭不可備舉。且存香稱。」俱舍論一曰、「香有四種、好香惡香等不等香。有差別故。」此中以沈水等薰物爲六種供養之一。大日經疏十一曰、「隨取華等、以心念加之、如華卽以華眞言、香以香眞言加之。（中略）以如來加持力故、能成不思議業。」此香有塗香末香丸香等之別。

【香爲佛使】（雜語）香者爲能通人之信心於佛之使、故云佛使。行事鈔計請篇曰、「增一云。有設供者。手執香爐。而白時至。佛言香爲佛使。故須之也。」資持記下三之三曰、「以能通信、故云佛使。」

【香爲信心之使】（雜語）資持記下三之三曰、「賢愚經六云。佛在舍衛。放鉢國長者有子名富奇那。後出家證阿羅漢。化兄羨那。造旃檀堂請佛。各持香爐。共登高樓。遙望祇桓。燒香歸命。會佛及聖僧。香烟乘空在佛頂上。作一烟蓋。佛知卽語神足比丘同往。」僧史略中曰、「經中長者請佛宿夜登樓。手秉香爐。以達信心。明日食時。佛卽來至。故知香爲信心之使也。」

【香如須彌】（譬喻）以香譬須彌山也。新譯仁王經上曰、「無色界雨諸香華。香如須彌。華如車輪。」

【香入】（術語）香、總嗅於鼻者。爲十二入之一、故云香入。見十二入條。

【香几】（物名）同於香案。香爐之臺。見象器箋十九。

【香山】（地名）在無熱池之北、閻浮提洲之最高中心。漢所謂崑崙山也。俱舍論謂之香醉山。今地學家所謂脫蘭斯喜馬拉雅山也。觀佛三昧海經曰、「雪山有樹。名殃伽陀。其果甚大。其核甚小。推其本末。從香山來。以風力故。得至雪山。」俱舍論十一曰、「大雪山北。有香醉山。雪北香南。有大池水。出四大河。」西域記一曰、「贍部洲之中池者。阿耨婆答多池也。唐言無熱惱。在香山之南大雪山之北。周八百里矣。」南山戒疏一上曰、「四河本源香山所出。（中畧）俗云崑崙者。經言香山。」梵 Gandhamādana

【香山大樹緊那羅】（天名）居於香山大樹之緊那羅也。緊那羅者、八部衆之一、音樂之神。見大樹緊那羅條。

【香山寺】（寺名）在龍門山之陽、伊水之左、本爲唐日照三藏之墓處、後因梁王之請立伽藍、勅爲香山寺。危樓當溪、飛閣凌雲、石像七龕、浮圖八角、莊麗冠於天下。見賢首華嚴傳記一。

【香丸】（物名）混合種種之香爲丸者。用於密軌。

【香口比丘】（人名）依歎佛功德而感得口中香氣之比丘也。釋門歸敬儀曰、「香口比丘。報由歎佛。正業所感。爲人所名。」智度論十一曰、「阿輸伽王、一日作八萬佛圖、雖未見道、於佛法中少有信樂。日日請諸比丘入宮供養、日日次第留法師使說法。有一年少法師、聰明端正。次應說法、而在王邊坐。口有異香、王甚疑怪。謂彼欲以香氣薰王宮之人。語比丘言、口中有何等、開口看之。卽爲開口、無所有。與水使漱、香氣如故。王問大德、新有此香耶、抑舊有之耶。比丘答曰、自迦葉佛時有之。問如何而有。答曰、我昔於迦葉佛法中。爲說法比丘。在大衆中歡喜演說迦葉世尊無量之功德。自是以後。常有妙香出口中、世世不絕。恒如今日。

【香水】（術語）置香或花奉佛之水也。梵語閼伽。見閼伽條。蘇悉地經二曰、「器盛淨水。隨所作事。置本獻衣。復置塗香。依本法而作閼伽。燒香薰之。應誦眞言」大日經疏五曰、「調和香水以鬱金龍腦旃檀等種種妙香。」

【香水錢】（物名）僧之稅錢也。宋高僧傳八（神會傳）曰、「十四年、范陽安祿山舉兵內向。兩京板蕩。駕幸巴蜀。副元帥郭子儀。率兵平殄。然於飛輓索然。用右僕射裴冕權策。大府各置戒壇度僧。僧稅緡。謂之香水錢。聚是以助軍須」

【香水海】（雜名）見香海條。

【香水瓶】（器具）容閼伽水之瓶也。大日經疏八曰、「如香水瓶者。諸閼伽器亦然。當用金銀白瑠璃等爲垸。乃至商佉熟銅石木。或以樹葉新瓦瓫。衆香水置衆名花」

【香王】（菩薩）菩薩名。香王菩薩陀羅尼呪經曰、「其畫像法任其大小。身肉皆白。面貌端正。頭戴天冠。頸有瓔珞。右臂垂下。五指皆申。施無畏手。其五指端各雨甘露。施於五道衆生。手下並畫黑鬼三五個。左臂屈肘。手當左嬭。以把蓮華。其華從脚下出生。其華白紅色。足下蓮華亦白紅色。項背圓光。上有傘蓋。五色綿綺以爲衣服。兩重珠條。絡於髆上。一赤色。一黃色。」Gandharaja

【香王觀音】（菩薩）此菩薩爲觀音之部屬、故於十五觀音中爲香王觀音。在第十五數。

【香王菩薩陀羅尼呪經】（經名）一卷、唐義淨譯。記咒並畫法行法。

【香王經】（經名）上經之略名。

【香火】（物名）燒香燈火。人奉於寺廟之物。釋門正統四曰、「香火之設。於今爲盛」唐高僧傳一曰、「香火梵音。禮拜唱導」

【香火因緣】（雜語）古人盟誓。多設香火告神。故佛家謂彼此契合曰香火因緣。謂如結盟於宿世。故逾分相愛也。北史曰、「與主上有香火因緣。故相救援耳」白居易詩曰「香火因緣久願同」

【香木】（物名）出厠去穢之木。以香材造之、懸於竿端。摩擦之而淨兩手。見象器箋二十。

【香市】（雜名）卽衆香市也。法苑珠林三界篇曰、「忉利天有七市。第一穀米市。第二衣服市。第三衆香市。第四飲食市。第五華鬘市。第六工巧市。第七婬女市。處處並有市官。是諸市中、天子天女往來貿易。具市廛法以爲戲。」

【香衣】（衣服）勅許之色衣。元以香

木染之故名。後轉爲種種之色。但台密等所用者赤而帶黃者也。禪宗濟家用黃色、洞家有種種。淨土宗紫緋之外皆通名香衣。但除藍色見啓蒙隨錄二。按香衣謂香染之衣。見香染條。

【香合】（物名）入香之器。敕修清規念誦曰、「燒香侍者捧香合。」

【香色】（雜語）香染之色。見香染條。

【香印】（雜名）同於香篆。見香篆條。象器箋十九曰、「希叟曇禪師廣錄禪房十事香印頌云要識分明古篆一槌打得完全。燒灶旃檀牛糞衲僧鼻孔校穿。」

【𑖮𑖿𑖨𑖱𑖾字香印】（術語）以香作阿彌陀種子𑖮𑖿𑖨𑖱𑖾之形者。觀自在菩薩大悲智印周遍法界利益衆生熏眞如法曰、「於其壇中安置香爐。其香爐合攝觀自在周遍法界之相。以何爲相。卽其香印應作紇哩文。其梵文𑖮𑖿𑖨𑖱𑖾是也。（中略）我作其圖。」

【香光莊嚴】（術語）心念佛、佛隨逐於吾身、猶如染香氣之人身有香氣也。楞嚴經五曰、「子若憶母如母憶時。母子歷生不相違越。若衆生心憶佛念佛。現前當來必定見佛。去佛不遠。不假方便自得心開。如染香人身有香氣。此則名曰香光莊嚴。」

【香味】（術語）色香味觸四極微之一。見四微條。

【香姓】（人名）Dropa 巴、Dona 婆羅門名。佛於拘尸那城沙羅雙樹間火葬訖、諸國王來欲得其舍利、而鬬爭。端平分佛舍利止諸國之爭者。長阿含經卷四遊行經曰、「時遮羅波國 Amalakapa（巴 Allakappa）諸跋羅民衆、（巴 Bulaya）及羅摩迦國 Rāmagrāma（巴 Bāmagāma）拘利民衆、Kaulya（巴 Koliya）毘留提國（巴 Vethadipa）婆羅門衆、迦維羅衛國 Kapilavastu（巴 Kapilavatthu）釋種民衆 Śākya（巴 Sakya）毘舍利國 Vaiśāli（巴 Vesāli）離車民衆、Licchavi 及摩竭陀 Magadha 王阿闍世、Ajātaśatru（巴 Ajātasattu）聞如來於拘尸城 Kuśinagara（巴 Kusinārā）雙樹間取滅度、皆自會言今我宜往求舍利之分。時諸國王阿闍世等、卽於國中下令嚴四種兵、象兵、馬兵、車兵、步兵、進渡恒河。先遣婆羅門香姓至拘尸城、求舍利。曰、不與則四兵在此、不惜身命、當以力取。拘尸城君臣不聽。曰、如來遺形不敢許、彼欲舉兵、則吾亦在此。時香姓婆羅門曉衆人曰、諸賢長夜受佛教誡、口誦法言、心服仁化。寧可諍佛舍利共相殘害耶。如來遺形、欲以廣益、舍利現在者、但當分取。衆咸稱善、命香姓分之。爾時香姓、以一瓶一石許之舍利、均爲八分已、與八國。已請於衆人受其空瓶。（取意）後分涅槃經曰、「姓烟婆羅門。」Droṇa 者、量之義、非香姓之原語。香姓之名不詳。

【香刹】（術語）佛寺也。香者同香殿香室之香、刹者梵語 Ksetra 之略譯曰土田。

【香附子】（飲食）梵語目窣哆 Musta 藥名。香藥三十二味之一。見最勝王經七。

【香陀羅尼經】（經名）大金剛香陀羅尼經之略名。

【香染】（術語）茶褐色、卽黃帶黑之色、袈裟之本色同於木蘭色。此名香染者以取乾陀羅香樹之汁染之也。谷響集五曰「寶樓閣經中云、若以乾陀羅樹香和白芥子油、伏一切龍。自註云乾陀羅樹香安息香也。翻譯名義集三云、乾陀羅耶、正言犍達。此言香。金剛頂念誦經四云、若出家人、合著乾陀色衣。大日經不思儀疏云、袈裟者、乾陀色也。立印儀軌云、乾陀褐色也。按字書云、褐、黃黑色。俗謂之茶褐色。一謂犍陀羅、黃色、梵名也。見名義集。」按名義集三曰、「犍陀羅或劫賓那、此云黃色。」則香染爲袈裟之本色明矣。

【香亭】（物名）置香爐之小亭。器形如亭、四傍圍紗、前扁香亭兩字、同於眞亭之製、內安大香爐。尊宿之喪赴壙場時、香亭在眞亭之前。見象器箋二十。

【香室】（堂塔）本爲世尊之居室、今轉爲佛殿之異名。毘奈耶雜事二十六註曰、「西方名佛所住堂爲健陀俱知 Gandha-kuṭī 健陀是香、俱知是室。此是香室、香臺、香殿之義。不可親觸尊顏、故但喚其所住殿、卽如此方玉階陛下之類。然名爲佛堂佛殿者、斯乃不順西方意也。

【香炷】（雜名）線香之類。又有香氣之燈燭。楞嚴經六曰、「能於如來形像前、身然一燈、燒一指節、及於身上爇一香炷、我說是人無始宿債一時酬畢、長揖世間、永脫諸漏。

【香界】（雜語）謂佛寺也。見丹鉛錄。高適詩曰、「香界泯羣有。」按語本維摩詰經見香國條。

【香風山】（物名）在香山、香光明菩薩之住處。見華嚴經菩薩住處品探玄記十五。

【香音神】（天名）乾闥婆神也。見次項。

【香神】（天名）又云香音神。八部衆之一、乾闥婆神 Gandharva 食香、從身放香、故云香神。玄應音義三曰、「犍沓和、又云犍陀羅、又作乾沓婆、或云犍達婆、或云乾闥婆、舊名也。今正言犍達縛、此云齅香。亦云樂神、一云食香。舊云香神、亦近也。經中亦作香音神也。」

【香案】（物名）香爐之机。香煙臺。行事鈔二衣篇曰、「經架香案經函之類。」

【香城】（異名）般若經所說法涌菩薩之住處。常啼菩薩、於此所犧身求般若波羅蜜多。出於大般若三百九十八常啼菩薩品。止觀五上曰、「香城粉骨。雪嶺投身。亦何足以報德。」

【香偈】（雜名）佛前燃香時所唱之偈。亦稱燒香回向文。常用者爲華嚴經、「戒香定香解脫香、光明雲臺徧法界、供養十方無量佛、見聞普薰證寂滅、」四句。此外見釋氏要覽卷上等。

【香海】（雜語）香水之海。圍繞須彌山之內海、盡香水也。此有二、一蓮華藏世界之香水海。華嚴經八曰、「彼須彌山微塵數風輪。最在上者名殊勝威光藏。能持普光摩尼莊嚴香水海。此香水海有大蓮華。」探玄記三曰、「爲異彼染土鹹烈海。故云香水海也。」更有一、爲娑婆世界之香水海。俱舍論十一曰、「妙高爲初。輪圍最後。中間八海。前七名內。七中皆具八功德水。」佛祖統記三十一曰、「第一香水海、橫廣八萬由旬。第二香水海、四萬由旬。（中略）第七香水海、一千二百五十由旬。」法華玄贊序曰、「騰香海而津八萬。」

【香國】（雜名）佛國之名。維摩詰經曰、「有國名衆香。佛號香積。其國香氣。比於十方諸佛世界人天之香。最爲第一。其界一切皆以香作樓閣。經行香地。苑園皆香。其食香氣。周流十方無量世界。時彼佛與諸菩薩方共食。有諸天子。皆號香嚴。供養彼佛及諸菩薩。維摩詰化作菩薩。到衆香界。禮彼佛足。願得世尊所食之餘。於是香積如來以衆香鉢。盛滿香飯。與化菩薩。須臾之間。至維摩詰舍。飯香普熏毘耶離城及三千大千世界。」沈約文曰、「雖果謝庵園。飯非香國。而野粒山蔬。可同屬饜。」

【香芻】（植物）香草。自恣之比丘以爲座。祖庭事苑六曰、「根本百一羯磨云。受隨意比丘。應以生茅與僧伽爲座。諸比丘並於草上坐。（中略）隨意即自恣也。」

【香華】（物名）香與華。俱爲供養佛者、六種供養之二。法華經序品曰、「香華伎樂。常以供養。」後分涅槃經舉如來荼毘之式曰、「大衆各持無數香華寶幢幡蓋供養。」

【香欲】（術語）色聲香味觸五欲之一。是爲凡情之常欲、故名欲。止觀四下曰、「香欲者、即是鬱弗氛氳、蘭馨麝氣、芬芳酷烈、郁馥之物、及男女身分等香。」

【香象】（菩薩）或稱香惠、赤色、不可息。賢劫十六尊之一。居金剛界外院方壇南方四尊中之第一位。密號大力金剛或護戒金剛。〔二〕（異類）青色帶香氣之象。羅什之維摩經注釋香象菩薩之名曰、「青香象也。身出香風。菩薩身香風。亦如此也。」此菩薩在北方之香聚山說法。華嚴經菩薩住處品曰、

「北方有菩薩住處。名香聚山。過去諸菩薩。常於中住。彼現有菩薩名香象。有三千菩薩眷屬。常爲說法。」梵Gandhahasti

【香象菩薩】（菩薩）維摩經之同聞衆。又見前。

【白香象菩薩】（菩薩）維摩經之同聞衆。

【香象之文】（術語）取世親菩薩造俱舍論所載之香象宣令故事。指俱舍論而言。俱舍論頌疏一曰、「于時世親至本國已。講毘婆沙。（中略）如是次第成六百頌。攝大婆沙。其義周盡。標頌香象。擊鼓宣令云。誰能破者。吾當謝之。」西域記張說敍曰、「欲窮香象之文。將辭龍宮之目。」因佛典之通稱。大方便報恩經四曰、「提婆達多雖復能多讀誦六萬香象典。（麗本作經）而不能免阿鼻地獄罪。」

【香象大師】（人名）華嚴宗第三祖、名法藏、字賢首。日本多稱爲香象大師。宋高僧傳五曰、「釋法藏、字賢首。姓康。康居人也。（中略）復號康藏國師是歟。」

【香集】（界名）佛國名虛空藏菩薩之本土。虛空藏菩薩經曰、「西方過八十恒河沙世界。有一佛剎。名一切香集。彼國有佛。名勝華敷藏如來。彼佛今正爲諸大衆轉妙法輪。彼有菩薩。名虛空藏。已從彼佛。聞深妙法、得諸禪定。時虛空藏菩薩。卽與八十億菩薩俱頂禮佛足。身昇虛空。詣娑婆世界。」陳文帝之虛空藏菩薩懺文曰、「動神變相。去香集之境。放淨光明。來閻浮之界。」

【香廚】（雜名）僧家之食廚、謂之香積香廚。蓋香者取香飯之義。見香飯條。

【香湯】（物名）密教有以香湯洗身之法。加合香藥三十二味。見最勝王經七。

【香筥】（物名）盛香之器。又作香盒。香合。多爲木製或漆製。其形以平圓爲常。

【香雲】（雜名）香煙爲雲形者。最勝王經六曰、「所有種種香雲香蓋。皆是金光明最勝王威神之力。」

【香塔】（堂塔）以香和泥而造之塔。

【香煙】（雜名）供佛之香之烟。賢愚經六曰、「香烟如意。乘虛往至世尊頂上。相結合聚作一烟蓋。」

【香殿】（堂塔）佛殿之雅名。見香室條。求法高僧傳一曰、「根本香殿」

【香飯】（傳說）維摩自香積佛之世界齋供一會之大衆者。維摩經香積佛品曰、「舍利弗心念日時欲至。此諸菩薩。當於何食。時維摩詰知其意而語言。佛說八解脫。仁者受行。豈雜飲食而聞法乎。若欲食者且待須臾。當令汝得未曾有食。（中畧）於是維摩詰不起於座。居衆會前。化作菩薩。相好光明威德殊勝。蔽於衆會。而告之曰。汝往上方界分度如四十二恒河沙佛土。有國名衆香。佛號香積。與諸菩薩方共坐食。汝往到彼。如我辭曰。維摩詰稽首世尊足下。（中略）願得世尊所食之餘。當於娑婆世界施作佛事。令此樂少法者得弘大道。（中畧）於是香積如來。以衆香鉢盛滿香飯與化菩薩。時彼九百萬菩薩俱發聲言。我欲詣娑婆世界供養釋迦牟尼佛。幷欲見維摩詰等諸菩薩衆。佛言可往。（中略）時化菩薩既受鉢飯。與彼九百萬菩薩俱。受佛威神力及維摩詰力。於彼世界。忽然不現。須臾之間至維摩詰舍。時維摩詰即化作九百萬師子之座。嚴好如前。諸菩薩皆坐其上。時化菩薩以滿鉢香飯與維摩詰。香飯普熏毘耶離城及三千大千世界。（中略）時維摩詰語舍利弗等諸大聲聞。仁者可食如來甘露味飯。大慈所熏。無以限意食之。使不消也。有異聲聞念是飯少。而此大衆人人當食。化菩薩曰。勿以聲聞小德小智稱量如來無量福慧。四海有竭。此飯無盡。使一切人食搏若須彌。乃至一劫猶不能盡。（中略）於是鉢飯悉飽衆會。猶故不賜。」

【香蓋】（雜名）香烟上結爲蓋形者。最勝王經六曰、「見彼香烟一剎那頃變成香蓋。」

【香臺】（堂塔）佛殿之別稱。寄歸傳一曰、「富羅勿進香臺。」又香爐之臺。

【香塵】（術語）塵者染汚之義。色聲香味等爲汚人之情識而覆眞性者。故斥之曰塵。香者六塵之一。三藏法數二十八曰、「塵即染汚義。謂能染汚情識而使眞性不能顯露。（中畧）旃檀沈水飲食之香及男女身分所有香等。是名香塵。」

【香聚山】（地名）香象菩薩之住處。六十華嚴二十九曰、「北方有菩薩住處。名香聚山。（中畧）彼現有菩薩名香象。」探玄記十五曰、「香聚山應是在北香山王。」

【香樓】（堂塔）佛火葬時置寶棺之樓。後分涅槃經下曰、「爾時一切大衆所集微妙香木積高須彌。芬馥香氣普熏世界。相重密次成大香樓。（中略）是時天人大衆將欲舉棺置香樓上。（中略）漸漸荼毘。經于七日。焚妙香樓。爾乃方盡。」

【香稻】（植物）有香氣之米稻。劫初時。自然生於地上者。俱舍論十二曰、「有非耕種香稻自生。衆共取之以充所食。」寄歸傳一曰、「林藤香稻。轉次食之。身光漸滅。日月方現。」

【香篆】（雜名）以香造篆文。點之以火而測時者。後唯爲聞香。燒於飲席或佛前。谷響集七曰、「洪芻香譜云。百刻香。近世尙奇者作香篆。其文準十二辰。分一百刻。凡燒一晝夜。」釋門正統三曰、「後又有以盤摹香篆。號無聲漏者。締創若易而久久之後。未香有燥濕。山童有勤惰。豈若壺更之罕失乎。」

【香盤】(物名)香篆之盤。見象器箋十九。

【香醉山】(地名)見香山條。

【香積】(佛名)衆香世界之佛名。玄應音義三曰、「香積梵言乾陀羅耶。」維摩經香積佛品曰、「上方界分過四十二恒河沙佛土有國名衆香佛號香積今現在。其國香氣比於十方諸佛世界人天之香最爲第一(中略)其界一切皆以香作樓閣經行香地苑園皆香云云。」又謂僧家之食厨或供料。蓋取香積世界香飯之意也。

【香錢】(物名)資佛前香費之錢也。敕修清規知殿曰、「施主香錢不得互用。」

【香藥】(飲食)混種種之香而鍊成之藥。最勝王經七曰、「洗浴之法當取香藥三十二味。」

【香嚴】(術語)香光莊嚴之略。又(一)菩薩)維摩詰經曰、「有諸天子皆號香嚴。」楞嚴經曰、「香嚴童子白佛言見諸比丘。燒沈水香香氣來入鼻中。我觀此氣非木非空非烟非火。去無所著。來無所從。由是意銷。發無明漏。如來印我得香嚴號。塵氣倏滅。妙香密圓。我從香嚴得阿羅漢。」又(人名)唐鄧州香嚴山智閑禪師。就潙山靈祐禪師而契悟。法化盛行。死後勅謚襲燈大師。見宋高僧傳十三。

【香嚴擊竹】(公案)師出家、依潙山禪會。祐和尚知其法器。欲激發智光。一日謂之曰。吾不問汝平生學解及經卷册子上記得者。汝未出胞胎未辨東西時之本分事。試道一句來。吾要記汝。師瞢然無對。沈吟久之。進數語陳其所解。祐皆不許。師曰。却請和尚爲說。祐曰。吾說得吾見解。於汝眼目何益。師遂歸堂。徧檢所集諸方語句。無一言可將酬對。乃自題曰。畫瓶不能充飢。於是盡焚之。曰、此生不學佛法。且作箇長行粥飯僧。免役心神。遂泣辭山去。到南陽覩忠國師遺跡。遂憩止。一日因山中芟除草木。以瓦礫擊竹作聲。俄失笑間。廓然省悟。遽歸沐浴。燒香遙禮潙山。贊云、和尚大悲恩逾父母。當時若爲我說却何有今日事。仍述一偈曰、「一擊忘所知。而不假修知。動容揚古路。不墮悄然機。處處無蹤跡。聲色忘威儀。諸方達道者。咸言上上機。」見傳燈錄十一、會元九等。

【香嚴上樹】(公案)「禪師云、如人上樹。口啣樹枝。手不攀枝。脚不踏樹。樹下有人問西來意。不對卽違他所問。若對又喪身失命。正與麼時。作麼生對。有虎頭上座云。上樹卽不問。未上樹。請和尚道。師呵呵大笑。雪竇云。樹下道卽易。樹上道卽難。老僧上樹致將一問來。」見傳燈錄十一、會元九。

【香爐】(物名)燒香之器。金製者謂之金香爐。土製者謂之土香爐。造二層形者謂之火舍香爐。皆供於佛前。導師所持者謂之柄香爐有柄之香爐也。

【香爐箱】（物名）容柄香爐之長方形箱使導師後之侍者持之。

【香饌】（飲食）謂忌日之齋食也。敕修淸規達磨宿忌曰「率比丘衆營備香饌。以伸供養」

【契此】（人名）唐明洲奉化縣釋契此蹙額皤腹。言語無恒。隨處而睡。常以杖荷布囊。見物則乞分少許入袋。號長汀子布袋師。後梁貞明三年丙子三月示寂。辭世之偈曰彌勒眞彌勒分身千百億。時時示時人。時人不自識。世以爲慈氏之垂迹。見宋僧傳二十一。傳燈錄二十七。

【契氏】（地名）梵名Kheda。中印度古王國名。見西域記十一。

【契書】（雜名）又名證書。劵見象器箋十六。

【契經】（術語）經文者契人之機合法之理。故云契。大乘義章一曰「以其聖教稱當人情。契合法相。從義立目。名之爲契」玄義八上曰「翻爲契。契者契緣契事契義」。義林章二本曰「今大乘解梵言素呾纜。此名契經。（中略）契者契當至合之義」。探玄記一曰「素呾纜此云契經。契有二義。謂契理故。合機故」

【契會】（術語）契當會合而無乖角也。唯識論三曰「遠離二邊。契會中道」。十地義記一本曰「妙捨有無。契會中道」

【契嵩】（人名）宋杭州靈隱寺明教大師契嵩。字中靈。藤州鐔津李氏子。遊方徧參知識。得法於洞山曉聰禪師。師有文才。作原教篇十餘萬言。明儒釋一貫之旨。以抗韓愈排佛之說。後居永安蘭若。著禪門定祖圖傳法正宗記。並輔教篇。上進仁宗皇帝。帝覽之嘆賞。詔入大藏使流通。賜號明教。熙寧四年六月寂。有文集二十卷。名鐔津文集。盛行於世。見佛祖統紀四十五。佛祖通載三十八。稽古畧四。續傳燈錄五。

【契範】（術語）經典之異名。佛之經典。契理契機。爲轉迷開悟之法則軌範。故云契範。探玄記一曰「素呾纜此云契經。契有二義。謂契理故。合機故」。八宗綱要上曰「阿難尊者持契範而利群生」

【契線】（雜名）線者經也。契線者與言契經同。謂經文也。

【食】（術語）梵語阿賀羅Āhāra。總謂增益身心者。俱舍論十曰「毘婆沙說食於二時能爲食事。俱得名食。一初食時能除饑渴。二消化已資根及大」。分見二食條。四食條。五種淨食條。餘見以下附錄。

【三種淨肉】（名數）一我眼不見其殺者。二不聞爲我殺者。三無爲我而殺之疑者。此謂之三淨肉。小乘戒中不禁比丘之食。十誦律三十七曰「我聽噉三種淨肉。何等三不見不聞不疑。不見者、不自眼見爲我故殺是畜生。不聞者、不從可信人聞爲汝故殺是畜生。不疑者、此中有屠兒此人慈心不能奪畜生命。」然楞伽楞嚴梵網涅槃等諸大乘經一切禁之。涅槃經四曰「迦葉菩薩復白佛言世尊云何如來不聽食肉。善男子。夫食肉者斷大悲種。迦葉又言如來何故先聽比丘食三種淨肉。迦葉是三種淨肉隨事漸制」

【五種淨肉】（名數）初三者同前、四自死、諸鳥獸命盡自死者。五鳥殘。鷹鷲等食他鳥獸所餘之肉也。見楞嚴會解。

【九種淨肉】（名數）初五者同前。六不爲己殺、不爲我殺者。七生乾、非由湯火而熟者。又非鷹鳥等傷害所餘、乃自死經多日而自乾者。八不期遇、不由期約、偶然相遇而食者。九前已殺、非今時因我而殺、前時已殺者。見涅槃經四。

【肉食十過】（名數）衆生已親。見生驚怖。壞他信心。行人不應食。羅刹習氣。學術不成。生命同已。天聖遠離。不淨所出。死墮惡道。見法苑珠林九十二。

【九種食】（名數）一段食、分分段段嚙碎而食者。香味觸三者爲體。尋常之食物也。二觸食、六識觸對可愛之境而生喜樂以長養身心者。如眼之於美色乃至身之於軟滑是也。三思食、意識思好事而生樂、資益諸根者。四識食、地獄之衆生及無色界之有情等以識資持命根者。（已上四種爲世間食）五禪悅食、修行之人得禪定之樂能養諸根者。六法喜食、修法之人聞法生歡喜資慧命養身心者。七願食、修行之人發誓願而持身修萬行者。八念食、修行之人常念出世之善根而不忘以資益慧命者。九解脫食、修行之人終得涅槃之樂而長養身心者。見增一阿含經四十一。

【出世五食】（名數）上述之九種中、後五種爲增長資益出世之善根者、故稱出世之五食。見華嚴大疏十九。

【六根食】（名數）眼根以眠爲食、耳根以聲爲食、鼻根以香爲食、舌根以味爲食、身根以細滑爲食、意根以法爲食。見增一阿含經四十一。

【六種食】（名數）一乞食。人有下中上三品、下品者自爲邪命而得食、中品者受一食且赴請、上行之人唯行乞食以自省事修道而使他得施與福利故也。二次第乞食。凡愚者貪味棄貧從富、上行之流、不選貧富、等慈衆生、次第乞食。三不作餘食法、律中說人復次第乞食於求處數數正食、得貯餘食、行者作念此餘食法世尊開聽病者、我今無病不可受、是故不作餘食法。四、一坐食。有人數數不正食於中前數數食其餘米菓粥等。行者作念愚夫養身者爲增煩惱之故、故數數食、今我爲道而非爲養身。故僅中前一坐食。五、一揣食。經中亦名節量食、一受卽止、故云一揣食。節儉少食、名節量食。有人受一食法、於一食中恣意飽噉、氣脹腹滿而起睡眠。消息半日不滅、以妨修道、故須節量。六、不中後飲漿。有人節量飲食、尙貪味、於中後數數飲漿菓漿蜜等。爲求此漿多致邪命、費功廢道、是故不飲。見不思議疏上。

【食四分】（儀式）凡有飯四分之一、供養本尊、二行者自分、三同學者來食、四濟飢貧。若待同學不來、行者亦可自食。見不思議疏下。

【食前密語】（儀式）唱於食前之偈跋語也。見偈跋條。

【食後漱口】（儀式）釋氏要覽上曰、「百一羯磨、佛言、不可禮有染苾芻、有染苾芻亦不可禮他、違者得越法罪。優婆離白佛言、何名有染。佛言、染有二種、一不淨染、二飲食染。且言飲食染、若食噉而未漱口、雖設漱刷、尙餘津膩、是名有染。」

【食米齋宗】（流派）謂勝論師所立十句義之宗旨。見勝論宗條。

【食米齋仙人】（人名）勝論宗開祖之名也。見勝論宗條。

【食肉】（雜語）五種九種之淨肉、許比丘食之。見食條附錄。

【食戒】（術語）關於食事戒法也。蘇悉地經曰、「一日一食。不得再食。不應斷食。於食有疑不可食。」是瑜伽行者之食戒也。

【食後】（術語）律自明相現至食時謂之朝食前、自朝食至日中、謂之食後。見行事鈔中三之三。

【食前】（術語）梵云布羅縛賀拏。Probhakta 謂正午之時食以前也。大日經疏四曰、「食前可作息災。」行事鈔中三之三曰、「四分云。食前者明相出至食時。」

【食界】（術語）攝食界之略。三種結界之一。見結界條。

【食施獲五福報經】（經名）一卷、後漢安世高譯。又名施色力經。增一阿含經善聚品之別出也。

【食時】（術語）正食之時、卽日午時也。三世諸佛之法、過中一髮已不得食。阿彌陀經曰、「其國衆生、常以淸旦、各以衣祴盛衆妙華。供養他方十萬億佛。卽以食時還到本國、飯食經行。」沙彌十戒儀則經曰、「若受齋食時不得過中午日出至午前可許受齋食。」

【食馬麥宿緣經】（經名）出興起經下。

【食堂】（堂塔）又云齋堂。象器箋二曰、「禪林僧堂本食堂也。食堂卽齋堂也。」釋氏要覽曰、「毘奈耶云。給孤長者造寺。復作食若不彩畫便不端嚴。卽白佛。佛曰。隨意。未知何物畫佛言(中畧)食堂畫持餅藥叉。」祇園圖經曰、「最巷北大院名僧食所。自開三門。中門北有大食堂。堂前列樹方維相對。交陰相交。渠流灌注甚可觀。關凡僧食者多止此。」

【食堂安文殊像】（儀式）印度之法、食堂安頻頭盧尊者像為上座。於此供膳。不空三藏奏請於朝、使天下食堂中置文殊菩薩為上座。

【食頃】（雜語）一食之頃、謂暫時也。法華經序品曰、「時會聽者。亦坐一處。六十小劫身心不動。聽佛所說。謂如食頃。」

【食欲】（術語）四欲之一。

【食蜜】（譬喻）以喻學佛道也。四十二章經曰、「學佛道者。佛所言說。皆應信順。猶如食蜜。中邊皆甜。吾經亦爾。」

【食經】（經名）人以愛為食。愛以無明為食、無明以五蓋為食。乃至不信以聞惡法為食等。譬如大海以大河為食。大河以小河為食。乃至溪澗平澤以雨為食。出於中阿含經十。

【食厭想】（術語）又謂之食不淨想。十想之一。

【食蘭蕩】（雜語）蘭或作莨。蘭蕩、毒藥也。大涅槃經曰、「如人食莨蕩子。眼見針華。」傅大士頌曰、「蘭蕩拾華針。」永明壽禪師心賦曰、「食莨蕩而布華針。」

【盆】（行事）盂蘭盆之略。見盂蘭盆條。

【盆會】（行事）盂蘭盆會之略稱。

【皇覺寺】（寺名）在今鳳陽縣南二里。明太祖微時嘗為寺僧。洪武初改名龍興寺。

【韋天將軍】（天名）姓韋、名琨、四天王之四王下各有八將軍。此南天王八將軍之一也。為南山道宣律師示現、南山依之著靈感要略並律相感通傳二書。律相感通傳云韋將軍法苑珠林云天人韋琨、有擁護東西南三洲佛化之宿願。古來禪錄多與韋馱天混一、非也。感通傳曰、「有一天人來禮敬。敍暄涼已。曰弟子姓王名璠。(中畧)弟子是南天韋將軍下之使者。將軍事務極多。擁護三洲之佛法。(中畧)次又一天云。姓費氏。禮敬如前云、弟子迦葉佛時生在初天。在韋將軍下。諸天貪欲所醉。弟子以宿願力不受天欲。清淨梵行。偏敬毘尼。韋將軍童眞梵行。不受天欲。一王之下有八將軍。四王三十二將。周四天下。往還護助諸出家人。」法苑珠林十六曰、「又有天人韋琨。亦是南天王八大將軍之一臣也。四天王合有三十二將。斯人為首。生知聰慧。早離欲塵。清淨梵行。修童眞業。面受佛囑。弘護在懷。周統三洲。住持為最。」

【韋陀】（經名）Veda 又作圍陀、毘

陀、皮陀等、新稱吠陀、吠馱、薜陀、鞞陀等。譯曰明智明分等。婆羅門所傳經典之名也。明實事發生智慧故名。大本別為四分。西域記二曰「其婆羅門學四吠陀論。曰毘陀。訛也。一曰壽。謂養生繕性。二曰祠。謂享祭祈禱。三曰平。謂禮儀占卜兵法軍陣。四曰術。謂異能伎數禁咒醫方。」金光明最勝王經慧沼疏五曰「四明法。即四薜陀論。舊曰韋陀或毘伽羅論。皆訛謬也。一顏力薜陀。此云壽明。釋命長短事。二耶樹薜陀。此云祀明。釋祀祠之事。三娑摩薜陀。此云平明。平是非事。四阿達薜陀。此云術明。釋伎事。」法華文句八之三曰、「毘陀論。此云智論。」玄應音義十九曰、「毘陀。或言韋陀。皆訛也。應言鞞陀。此云分也。亦云知也。」唯識述記一末曰、「明論者。先云韋陀論。今云吠陀論。吠陀者明也。明諸實事故。」演密鈔二曰、「吠陀。此云明。即是外道四明也。」百論疏上之下曰、「四皮陀者。一荷力皮陀。明解脫法。二冶受皮陀。明善道法。三三摩皮陀。明欲塵法。謂一切婚嫁欲樂之事。四阿闥皮陀。明咒術算數等法。本云皮陀。此間語訛。故云韋陀。」摩登伽經上曰、「昔者有人名為梵天。修習禪道。有大知見。造一圍陀。流布教化。其後有仙名曰白淨。出興於世。造四圍陀。一者讚誦。二者祭祀。三者歌詠。四者禳災。次復更有一婆羅門。名曰弗沙。其弟子眾二十有五。於一圍陀廣分別之。即便復為二十五分。次復更有一婆羅門。名曰鸚鵡。變一圍陀為十八分。次復更有一婆羅門。名為善道。其弟子眾二十有一。亦變圍陀為二十一分。次復更有一婆羅門。名曰鳩求。變一圍陀以為二分。二變為四。四變為八。八變為十。如是展轉凡千二百六十有六種。是故當知圍陀經典易可變易。」案吠陀者。印歐語系中最古之文獻。印度最古之聖典也。集阿利亞民族從中央高原而下至印度五河Panjab流域。占居雪山西麓恆河流域間之讚歌、為婆羅門教根本之聖典。紀元前千年已前之記錄。有三吠陀或四吠陀。利俱吠陀 Rg-veda 撒買吠陀 Sāmaveda 亞求羅吠陀 Yajurveda 是為三吠陀、加阿他羅滑吠陀 Atharva-veda 而為四吠陀。利俱吠陀者、乃百論疏之所謂荷力皮陀。集太古之讚美歌者十卷一千十七篇。有一萬五百八十頌、撒買吠陀者、為三磨皮陀。於讚歌附音樂供祭式之實用者。有一千五百四十九頌。此中除七十八頌外。悉為利俱吠陀之讚歌也。亞求羅吠陀者。相應於冶受皮陀。為集四時祭祀之祭式咒文可用之祭詞者。此吠陀特有之咒文。皆散文也。此吠陀分為黑部 Kṛṣṇayajus 白部 Śuklayajus 黑部者。咒文與解說不分。有四種。一、Taittirīya-saṁhitā 二、Maitrāyaṇī-saṁhitā 三、Kāṭhaka-saṁhitā 四、Kapiṣṭhala-kaṭha-saṁhitā 也。白部者。咒文與解說不混、一種卽 Vājasaneyi-saṁhitā 也。阿他羅滑吠陀者爲阿闥皮陀集禳災禁咒日常祈念修法可用之祭歌者二十卷七百六十篇六千頌。

【六皮陀】（名數）金七十論中曰、「外智者六皮陀論。一式叉論二毘伽羅論三劫波論四樹底論五闡陀論六尼祿多論。」卽六皮陀分也。

【韋陀輸】（人名）Vītāśoka 又 Vigataśoka 達磨阿輸迦王之弟智度論二十謂之韋馱輸阿育王經三謂之毘多輸迦阿育王傳二謂之宿大哆善見律二謂之帝須由阿輸迦之方便爲七日王遂發心者。阿育王經三曰阿育王之弟毘多輸迦信外道之法、謗王供養佛僧、王告大臣言、我弟信外道之言、我當以方便使入佛法、我今入浴脫天冠及寶衣、汝當以我衣冠爲弟莊嚴使昇王座。大臣如王言。王出見之、大怒欲殺之、大臣諫曰、是王之弟、願王忍辱。王曰、我忍辱七日、使彼爲王而殺之。乃七日內使恣意受五欲、一日過已使旃陀執刀立門告曰、一日既過餘六日在當死、如是七日已、王問曰、汝王七日、種種伎樂汝數數見聞耶。答曰、我都不見不聞、旃陀羅日日執刀高聲唱曰、七日中已幾許日過、爾許日當死、我聞此聲雖爲閻浮提王得妙欲五妙以憂深故不見不聞。於是王爲說種種生死苦法、王弟遂發心出家證阿羅漢果。

【韋陀羅】（天名）Vetāla 又云毘陀羅。見毘陀羅條。

【韋陀梵志】（流派）以吠陀爲主之梵志卽韋陀論師也。大日經疏一曰、「且如有人志求五通智道、卽從大悲胎藏現韋陀梵志形、爲說瞿曇仙等異言行法。行者精勤不久成此仙身、更轉方便卽成毘盧遮那身也。」

【韋陀論師】（流派）奉事梵天、受持闡陀論者。大日經疏二曰、「闡陀是梵王所演四種明論、大闡陀論師是受持彼經能教授者。以能開示出欲之行故應歸依也。於彼部類之中梵王猶如佛、四韋陀典猶如十二部經、傳此法者猶如和合僧、時彼聞如是等世間三寶歡喜歸依隨順修行。」

【韋紐天】（天名）Viṣṇu 又作違紐天毘紐、韋糅、毘瑟紐、毘瑟笯、毘瑟怒、毘捜紐、毘瘦紐、譯曰遍淨等。大自在天之別名。生於劫初大水中有一千頭二千手、從其臍中生大蓮華蓮華上化生梵天王云。智度論二曰、「如韋紐天秦言遍聞。四臂、捉貝持輪騎金翅鳥。」同八曰、「劫盡燒時、一切皆空。衆生福德因緣力故十方風來相對相觸能持大水。水上有一千頭人二千手足名爲韋紐。是韋紐人臍中出千葉金色妙寶蓮華。其光大明如萬日俱照。華中有人結跏趺坐。此人復有無量光明名曰梵天王。此梵天王心生八子。八子生天地人民。是梵天王於諸婬瞋已盡無餘。」廣百論一曰、「違紐天。秦云遍勝天。」三論檢幽鈔一曰、「韋紐者、此翻爲遍淨。」大日經疏十七曰、「韋紐天者。自在天別名。」大日經疏五曰「微瑟紐舊譯謂之毘紐。此卽那羅延天也。」

【韋將軍】（天名）韋天將軍也。

【韋提】（人名）韋提希之略。

【韋提希】（人名）Vaidehi 又云毘提希、吠提希、新稱吠題呬弗多羅。譯曰思惟、思勝、勝妙身。摩羯陀國頻婆沙羅王之后、阿闍世之母也。法華文句二曰「韋提希、此云思惟。」同記曰、「亦云思勝。」法華義疏二曰、「韋提希、翻爲思惟、亦云四維。」法華玄贊二曰「梵云吠題呬弗多羅。古云思惟子。今云吠、是勝義。題呬云身。卽東毘提訶之名。彼毘提訶男聲中呼。此吠題呬女聲呼。此是山名。亦是彼山中神名。從彼乞得因以爲名。韋提希、訛也。」

【韋提幽囚】（故事）阿闍世太子聽提婆達多惡友之言、幽囚其母后韋提希於宮內。見阿闍世條。

【韋提求淨土】（故事）韋提旣被幽囚、生厭離心。願生於淨土也。觀無量壽經曰、「世尊我宿何罪。生此惡子。世尊復有何等因緣。與提婆達多共爲眷屬。唯願世尊爲我廣說無憂惱處。我當往生。不樂閻浮提濁惡世也。此濁惡處。地獄餓鬼畜生盈滿。多不善聚。」

【韋提得悟】（故事）韋提希聞觀經之說法。而開悟無生法忍也。觀無量壽經曰、「說此語時。韋提希與五百侍女聞佛所說。應時卽見極樂世界廣長之相。得見佛身及二菩薩。心生歡喜。歎未曾有。廓然大悟。得無生忍。五百侍女發阿耨多羅三藐三菩提心。願生彼國。」

【韋馱】（天名）翻譯名義曰、「韋馱是符檄用徵召也。與今所稱護法韋馱無涉。其護法者蓋跋闍羅波膩。跋闍羅、此云金剛。波膩此云手。其手執金剛杵。因以立名。」正法念經曰、「昔有國夫人。生千子。試當來成佛之次。至樓至當第千籌。其第二夫人生二子。一願爲梵王。請千兄轉法輪。次願爲密跡金剛神。護千兄敎法。今因狀其像於伽藍之門。」

【韋馱天】（天名）又作違陀天。婆羅門所事之天神也。慧琳師言是私建陀 Skanda 天之誤。譯曰陰天。金光明經鬼神品曰、「風水諸神。韋陀天神、及毘紐天。」大方等大雲經三曰、「見事韋馱作韋馱像。見事天母作天母像。」涅槃經七曰、「梵天。大自在天。違陀天。迦旃延天。」慧琳音義二十五曰、「違陀天譯勘梵音云私建陀提婆。私建陀、此云陰也。提婆云天也。但建違相濫。故筆家誤耳」案法華經陀羅尼品有韋陀羅鬼。韋陀羅、一作毘陀羅。起屍鬼也。韋馱天卽是。（見毘陀羅）又世以韋馱天爲韋天將軍者。訛也。

【韋馱天還佛牙】（傳說）俗說佛涅槃時。捷疾鬼盜取佛牙一雙。時韋馱天急追取還。至唐代授南山道宣律師。鬼盜雙牙之說。出後分涅槃經。曰「爾時帝釋。持七寶瓶。至荼毘所。其火一時自然滅盡。帝釋卽開如來寶棺。欲請佛牙。樓豆言莫輒自取。可待大衆共分。釋言佛先與我一牙舍利。是以我來。火滅於佛口中右畔上頷。取牙舍利。卽還天上。起塔供養。爾時有二捷疾羅剎。隱身隨帝釋後。衆皆不見。盜取一雙佛牙舍利」（云云）

【急施衣】（術語）安居竟所施之三衣。施主有事故。不得待竟日。於其以前施與安居僧者。安居竟十日已前許受之。捨墮罪中有過前受施衣過後畜戒。見行事鈔中二。

【急急如律令】（術語）本是漢朝官符所用者。後巫者以爲咒語。演密鈔二曰「且如此方言。言亦有顯言。有咒語如急急如律令等。咒火不燒。咒瘡令停。蓋作咒用不同。顯言」

【怨家】（術語）與我結怨之人。無量壽經下曰「怨家債主。焚漂劫奪」遺敎經曰「諸煩惱賊。常伺殺人。甚於怨家」

【怨結】（術語）怨恨之心結而不解也。唐華嚴經六十八曰「於有恩人反加殺害。於無恩處常懷怨結」心地觀經六曰「能損自他互爲怨結」

【怨賊】（雜名）害人之命奪人之財者。維摩經方便品曰「是身如毒蛇如怨賊。如空聚」遺經曰「心之可畏甚於毒蛇惡獸怨賊」

【怨敵】（雜名）怨恨讐敵也。金光明經二曰「鄰國怨敵。與如是念」

【怨憎會苦】（術語）八苦之一。我所怨憎之人。或嫌忌之事物。每相會之苦也。涅槃經十二曰「怨憎會苦。所不愛者而共聚集」

【怨親】（術語）怨者害我者也。親者愛我者也。大集經二十六曰「於怨親中平等無二」焰羅王供行法次第曰「供師運一念。離自他之異。故曰無遮心。絕怨親之念號平等」智度論二十曰「慈心轉廣。怨親同等」

【怨親平等】（術語）謂奉絕對之大慈悲之佛徒。怨敵與親友同一視也。參照前項。

【怨靈】（術語）持怨讐念之亡靈也。

【拏】（術語）ड Ḍa 又書疤。悉曇五十字門之一。金剛頂經曰「拏字門一切法怨對不可得故」文殊問經曰「稱拏字時是出攝伏魔諍聲。」大莊嚴經曰、「唱拏字時出斷一切魔惱亂聲。」此由 Ḍamara（魔障）之語釋之也。又（術語）ण Ṇa 悉曇五十字門之一。金剛頂經曰、「一切法諍論不可得。」文殊問經曰「稱拏字時是除諸煩惱聲」

【拏枳儞】（異類）見荼吉尼條。

【迴大入一】（術語）迴權大乘之心而歸入一佛乘之法也。

【迴心機】（術語）對於直入之機而言初奉方便假門之法後迴心歸入眞實一乘法門之機類也。

【迴施】（術語）回轉吾福而施與他衆生也往生論註下曰、「以己功德迴施一切衆生」

【迴諍論】（書名）一卷、龍樹菩薩造、後魏毘目智仙等譯先述外道一切法無體、言語亦無體如何能遮遣一切法之難。次述正義一切法者因緣生、言語亦因緣生同爲無體如以幻人還遮幻人。

【述記】（書名）慈恩大師之唯識論述記也。

【述嚕怛羅】（雜名）Śrotra 譯曰耳。梵語雜名曰「耳。羯囉拏。又羯叻拏。Karṇa 又述嚕怛羅。」義林章三本曰「梵云戍縷多此云能聞。」

【迦】（術語）क ka 又作葛、嘎、揭、柯、羯、箇、各、紺、悉曇體文三十五字中喉聲之第一。五十字門之一。字記曰、「迦。」寄歸傳曰「脚」金剛頂經字母品曰、「迦字門一切法離作業故。」文殊問經曰、「稱迦字時是入業異熟聲。」大莊嚴經曰、「唱迦字時出入業果聲」涅槃經曰、「迦者於諸衆生起大慈悲生於子想如羅睺羅作妙善義是故名迦」四十二字門曰、「稱迦字時入差別種種般若波羅蜜門悟一切法作者不可得故。」般若經曰、「迦字門入諸法作者不可得故。」此從 Kārya（業作）釋之也。

【迦丁比丘】（人名）佛滅後之羅漢名。

【迦丁比丘說當來變經】（經名）一卷、失譯人名說末世佛法破滅之相者。

【迦才】（人名）唐代人住長安寺弘法寺勤修淨業著淨土論三卷。

【迦尸】（地名）Kāśi 國名迦尸者、本竹名以此國出此竹故也。慧苑音義上曰、「迦尸者西國竹名也。其竹堪爲箭幹。然以其國多出此竹故立斯名其國卽在中天竺境憍薩羅國之北隣乃是十六大國之一數也。」

【迦尸迦】（人名）比丘名。

【苾芻迦尸迦十法經】（經名）一卷、宋法天譯說慚愧等十法。

【迦比羅】（人名）外道名。見迦毘羅

條。〔又〕(地名)古代中印度之地名。梵語亦作迦毘羅。又曰迦比羅伐窣堵。卽釋迦父王所主國也。釋迦在世之年其國卽已滅亡。地在今尼泊爾西南境拉普的 Rapti 河以東。晉法顯旅行時已云城址荒蕪民家僅數十。唐玄奘西遊尚見伽藍窣堵波及阿育王所建大石柱。今遺跡已不可見。惟大石柱陷入土中。於西元一八九七年始行掘出。其地在今哥拉克普爾 Corakhpur 以北。爲釋迦降生之處。

【迦比羅跋兜】(地名)樹林名。見迦毘羅婆條附錄。

【迦比羅婆修斗】(地名)城名。見迦毘羅婆蘇都條。

【迦比羅皤窣都】(地名)城名。見迦毘羅婆蘇都條。

【迦止栗那】(動物)見迦遮鄰地條。

【迦布德迦】(動物)Kapotaka 譯曰鴿。

【迦布德迦伽藍】(地名)Kapotaka-saṅghārāma 西域記九曰、「迦布德迦(唐言鴿也)伽藍。昔佛於此爲諸大衆一宿說法。佛說法時有羅者於此林中網捕羽族。經日不獲。遂作是言。我惟薄福。恒爲弊事。來至佛處。揚言唱曰。今日如來於此說法。我今網捕。都無所得。妻孥飢餓。其計安在。如來告曰。汝當蘊火。當與汝食。如來是時化作大鴿。投火而死。羅者持歸。妻孥共食。其後重往佛所。如來方便攝化。羅者聞法悔過。自斯捨家修學。便證聖果。因名所建爲鴿伽藍」此精舍名之因緣、別有一說。見鴿園條。

【迦尼迦】(植物)又作羯尼迦樹名。慧琳音義二十五曰、「迦尼迦樹具云尼迦割羅。尼迦、此云月也。割羅、此云作也」慈恩傳三曰、「羯尼迦樹處處成林。發蔓開榮。四時無間。花如金色」Kanika

【迦末羅】(雜名)病名。見迦摩羅條。

【迦多】(人名)迦多衍那之略。婆羅門姓。見迦旃延條。

【迦多衍那】(人名)羅漢名。見迦旃延條。

【迦多衍尼子】(人名)Katyayani-putra 又作迦多演尼子。見迦旃延條。

【迦夷】(地名)迦夷羅之略。佛之生國。見迦毘羅婆蘇都條。肇論曰、「集異學於迦夷」

【迦夷羅】(地名)見前項。

【迦夷婆兜】(地名)迦毘羅婆蘇都之略。

【迦吒牟尼】(人名)人名。譯曰苦行仙。見本行集經四十。

【迦吒富單那】(異類)又作迦吒布單那、Kaṭabhūtana 又 Kaṭapūtana 譯曰奇臭鬼。玄應音義二十一曰「羯吒布怛那、舊言竭吒富呾那。此云極臭鬼。或言奇臭鬼也。」慧琳音義十八曰、「羯吒布但那鬼。唐云叫譟作災怪鬼。」首楞嚴經曰、「迦吒富單那。」梵語雜名曰、「迦吒布單那。」

【迦老】（雜語）釋迦現保八十壽之老比丘相、故云迦老。

【迦利】（人名）Kali 又云哥利、歌利、迦梨、羯利、迦藍浮、迦羅富、迦黎。王名。譯曰鬬諍、惡生。西域記三曰、「曹揭釐城東四五里。有窣堵波。極多靈瑞。是佛在昔作忍辱仙。於此為羯利王。（唐言鬬諍舊云哥利、訛也。）割截肢體。」玄應音義三曰、「歌利王或言迦利王。論中作迦藍浮王。皆訛也。正言羯利王。此譯云鬬諍王。西域記云。在烏仗那國。曹揭釐城東四五里。是其處也。舊云惡世無道王。即波羅奈國王也。」涅槃經三十一曰、「迦羅富。」度無極集五曰、「迦黎。」梵又 Kaligarāja（名義大集一八〇）

【歌利王害忍辱仙】（本生）往昔佛生於南天竺富單城婆羅門家。時王迦羅富、性暴惡憍慢。爾時佛為化度衆生於城外修禪定。王率其一族宮人遊觀到樹下。婇女捨王來佛處。佛為說法。王見之生惡心。問佛曰、汝得羅漢果耶。佛言不得。更得不還果耶。佛答曰否。王曰、然則汝以尚具貪欲煩惱之身、恣見女人耶。佛曰、我雖未斷貪結。內心實無貪着。（中略）王即試之。截佛耳而顏容不變。群臣諫王欲使中止。王不聽。更劓鼻削手。而相好圓滿。無少變化。時天大雨沙石。王心大怖畏。詣佛處懺愧。請哀愍。佛曰、我心如無瞋亦無貪。王言大德云何知心無瞋恨。佛言我若無瞋恨。即將令此身如元。如是發願已。身即復本。王益懺愧。遂入佛門。見涅槃經三十一。金剛經曰、「如我昔為歌利王割截身體。我於爾時。無我相。無人相。無衆生相。無壽者相。何以故。我於往昔節支解時。若有我相人相衆生相壽者相。應生瞋恨。」智度論十四之說同之。度無極集五之說緣起少異。經律異相八引之。

【迦利沙】（雜名）又作迦利沙那。兩目名。起世經七註曰、「半迦利沙。隋言半兩也。」楞伽經曰、「迦利沙那。」梵 Karṣa, Karṣaṇa

【迦利沙那】（雜名）見迦利沙條。

【迦利沙波拏】（雜名）又作羯利沙鉢那、羯利沙鉢拏、迦利沙般拏、迦利沙婆拏、罽利沙盤、迦利沙鉢拏等。錢量名。譯曰貝齒四百錢。慧琳音義十三曰、「羯利沙鉢拏。金名也。計直可當四百錢一顆金也。顆顆圓大如江豆也。」同二十九曰、「迦利沙波拏。此云貝齒。」玄應音義二十一曰、「羯利沙鉢拏。亦作迦利沙鉢拏。聲之轉也。鉢拏此云銅錢。十六鉢拏為一迦利鉢拏。」同二十二曰、「迦利沙般拏。」俱舍寶疏二十二曰、「婆沙一百八十一云不取現在一迦履沙彌拏」同註曰「鉢拏此云錢一迦履沙當十六貝珠八十貝珠當一鉢拏十六鉢拏名迦履沙鉢拏雜心論翻迦履沙鉢那爲一錢謬也」金光明最勝王經六義淨註曰「此是根本梵音唯是貝齒而隨方不定或是貝齒或是金銀銅鐵等錢然摩揭陀現今通用一迦利沙波拏有一千六百貝齒總數可準知若準物直隨處不定」可洪音義二曰「羯利沙鉢那或云迦利沙鉢那或云罽利沙般此云銅錢十六錢爲一羯利沙鉢拏也又僧祇律云十九古錢爲一罽利沙槃」梵 Kārṣāpaṇa

【迦利沙般拏】（雜名）又同迦理沙般拏迦利沙波拏見前。

【迦利沙婆那】（雜名）同迦利沙波拏。

【迦利沙鉢拏】（雜名）又云迦履沙鉢拏錢量名見前。

【迦利底迦】（雜名）又云迦利邸迦、歌利底迦月名見迦絺那條。

【迦那跋底】（天名）雙身象鼻之歡喜天名見誐那鉢底條。

【迦那提婆】（人名）Kāṇa-deva 龍樹弟子提婆菩薩之別名缺一眼故云迦那提婆付法藏傳六曰「其初託生南天竺土婆羅門種尊貴豪勝由毀神眼遂無一目因卽號曰迦那提婆」提婆菩薩傳曰「初出眼與神故遂無一眼時人號曰迦那提婆也。」見提婆條。

【迦那伽牟尼】（佛名）Kanakamuni 又作羯諾迦牟尼佛名舊稱拘那含牟尼譯曰金寂金仙人賢劫中之第二佛過去七佛中之第五人壽三萬歲時生於清淨城智度論九曰「迦那伽牟尼秦言金仙人」玄應音義二十一曰「羯諾迦牟尼舊言拘那含牟尼此云金寂也」慧琳音義十八曰「羯諾迦牟尼唐言金寂靜是賢劫中第二佛」梵網經述記下曰「拘那含牟尼者或言迦那伽牟尼拘那含此云無節樹牟尼者此云忍亦云滿亦云寂」

【迦尾羅】（動物）鳥名見迦陵頻伽條七佛經曰「言音甚深妙如迦尾羅聲」

【迦尾攞縛婆多】（地名）城名見迦毘羅婆蘇都條。

【迦良那伽梨】（人名）太子名譯曰善事見賢愚經十梵 Kalyāṇakārī

【迦拘伽】（地名）河名所在不明譯曰腫頷見翻梵語九。

【迦拘婆】（植物）樹名譯曰峯見本行集經四十一。

【迦迦】（動物）Kāka 又云迦迦迦、迦迦羅 Kākala 譯曰烏大威德陀羅尼經七曰「迦迦烏也」慧琳音義二十六曰「迦迦羅此云烏因聲立名也」梵語雜名曰「烏梵名迦迦（法引）迦。」

【迦迦迦】（動物）見前條。

【迦迦那】（雜語）Gagana 譯曰空。見大日經疏十三。

【迦迦羅】（雜名）譯曰烏。見迦迦條。

【迦迦羅蟲】（動物）慧琳音義二十六曰「迦迦羅蟲。此云黑蟲。蟲必害母。」梵 Kakala

【迦迦婁多】（書名）書名。譯曰烏音。出於本行集經十一。見佉樓條附錄。Kaka-ruta

【迦迦婆迦頻闍邏】（雜名）譯曰雉。見大威德陀羅尼經七。Kapiñjala

【迦毘羅】（人名）Kapila 外道名。又云迦比羅、迦毘梨、劫毘羅等。譯曰黃頭、赤色等。數論派之祖。立二十五諦之義。百論疏上中曰、「迦毘羅。此云黃頭仙。亦云金頭。頭有金色。故以名之。金七十論云迦毘羅。此云赤色仙。劫初時。從空而出。」玄應音義二十三曰、「迦比羅、此云赤色。謂赤色仙人也。造僧佉論。說二十五諦義者。」慧琳音義二十六曰、「迦比羅、此云黃頭仙人。」賢愚經九曰、「迦毘梨。晉云黃頭。」唯識述記一末曰、「有外道名劫比羅。古云迦毘羅、訛也。此云黃赤。鬚髮面色並黃赤。故今西方貴婆羅門種皆黃赤色也。」立此數論之宗義、非實際的人物、蓋神話的架空人也。図(異類)鬼神名。孔雀王咒經下列東方四夜叉中曰、「迦毘羅、梁言黃色。」文句私記十本曰、「入唐常曉法師眞言錄中云。大聖迦毘羅神王像一軀。右神者是如來化身。秦代羅什。昔周五天。感得此神。」釋氏要覽下曰、「伽毘羅神像。法秀禪師。元嘉年中。初至建業。憇祇桓寺。畫此神像。於今効之。」図(地名)城或國名。迦毘羅婆蘇都之略。

【迦毘梨】（人名）外道名。見迦毘羅條。

【迦毘伽】（動物）鳥名。見迦陵頻伽條。

【迦毘伽羅】（動物）鳥名。見迦陵頻伽條。

【迦毘羅婆】（地名）城名。迦毘羅婆蘇都之略。

【迦毘羅婆仙人林】（地名）智度論三十三曰、「一切諸佛法。還本國時。與大會諸天衆。俱住迦毘羅婆仙人林中。此林去迦毘羅婆城五十里。是諸釋遊戲園。」

【迦毘羅衛】（地名）城名。悉多太子之生處。見迦毘羅婆蘇都條。

【迦毘摩羅】（人名）Kapimala 羅漢名。付法藏之第十三祖。付法藏傳五作「比羅。」摩訶止觀一上作「毘羅。」佛祖統紀一作「迦毘摩羅。」摩揭陀國人。初爲外道、有三千弟子、屈服於馬鳴之談論、而爲其弟子、於南天布法付法於龍樹作無我論一百偈。

【迦毘羅神】（神名）見迦毘羅條。

【迦毘羅婆蘇都】（地名）Kapilavastu 又作迦維、迦維羅閱、迦維羅越、迦毘羅、迦毘羅婆、迦比羅皤窣都、迦毘羅皤窣都、迦夷羅、迦維羅衛、迦比羅婆修斗、迦隨羅衛、迦尾攞縛娑多、劫比羅伐窣堵等。城名。悉多太子之生處。釋迦譜六曰、「迦維羅閱城。晉言妙德。」本行集經二十四曰、「迦毘羅婆蘇都。隋言黃頭居處。」十二遊經曰、「迦維羅越。此言妙德。」慧苑音義下曰、「迦毘羅城。具云迦比羅皤窣都。言迦比羅者、此云黃色也。皤窣都者、所依處也。謂上古有黃頭仙人。依此處修道。故因名也。」百論疏一上曰、「迦夷羅者云赤澤國也。」石壁之梵網經疏上曰、「迦夷羅國。正云劫比羅伐窣堵也。此云黃髮仙人住處。即是白淨王等兄弟四人所住之處。本是彼仙住處。因立城名。今爲國號耳。」慧琳音義一曰、「迦維、梵語訛畧也。正言劫毘羅伐窣覩城。佛下生之處也。」西域記六曰、「劫比羅伐窣堵國。舊曰迦毘羅衛、訛也。」慧琳音義十曰、「迦毘羅衛國。即如來下生之地淨飯王所治之境界。」智度論三十三曰、「迦毘羅婆城。」

【迦毘羅皤窣都】（地名）城名。見前項。

【迦耶】（術語）Kāya 譯曰身、積集。圓覺大鈔七下曰、「迦耶、此云積集。雖五根大造並皆積集。身根爲彼多法依止積集其中。獨得身稱。瑜伽論云。諸根所隨周遍積集。故名爲身。」名義集六曰、「梵有四名。一迦耶。二設利羅。三弟訶。四應伽。此云集積。」義林章三本曰、「身者積集義。依止義。（中畧）雖迦耶是積集所依義。翻爲身者體義相當。依唐言譯。」

【迦耶褒折娜】（衣服）譯曰拭身巾。比丘十三資具之一。見百一羯磨十。Kāya-poñcha

【迦柘】（雜名）寶名。慧琳音義四十九曰、「迦柘章夜反梵言寶名。經中自云珠也。」見迦遮末尼條。Kāca

【迦枳】（植物）花名。無翻。見可洪音義四下。

【迦剌底迦】（雜名）月名。見迦絺那條。

【迦留波陀】（雜名）Karipada 天名。譯曰象跡天。見正法念經二十三。

【迦留陀伽】（人名）Kālodaka 沙門名。譯曰時水。開元釋教錄三曰、「沙門迦留陀伽。晉言時水。西域人。弘喻有方。懷道遊國。以孝武帝太元十七年壬辰。譯十二遊經一部。」

【迦留陀夷】（人名）Kālodayin 比丘名。亦名烏陀夷。譯曰起時、黑曜、黑光。婆羅門種。悉達太子在宮時之師出家爲比丘、六羣比丘之一。嘉祥法華經義疏九曰「迦留陀夷者迦留。此翻時。陀夷名之爲起。十八部疏云。迦留者黑。陀夷者上。謂悉達太子在宮時師也。」慈恩彌陀經疏曰「迦留陀夷者。正法華云。此名黑曜、毘奈耶律云名黑光。增一阿含云。迦留陀夷其身極黑。夜行乞食時天大闇。而至他家。天有閃電。彼家婦人身正懷孕。於電光中見謂是黑鬼。怖而墮胎。乃謂之曰汝何鬼耶。答曰我瞿曇弟子。今來乞食。彼女人卽發聲惡罵。如來知之。卽敕比丘。從今已後。不得過中食。不得豫乞食。」

【迦留陀夷教化】（故事）佛在舍衛國。爾時長老迦留陀夷、得阿羅漢道。作是念。我先在六羣比丘中。於舍衛國汚辱諸家。我今當還使此諸家淸淨。作是念後。入舍衛國度九百九十九家。若夫得道而婦不得、婦得道而夫不得者。不在此數。更度一家以滿千家。遂被枉殺。見十誦律十七。

【迦留陀夷死糞中】（傳說）時舍衛城有婆羅門家。應以聲聞得度。迦留陀夷念言我復度此家、則於舍衛城滿千數。是朝持鉢至其家。主婦閉門煎麨。迦留陀夷現種種神變以化其心。使至祇洹。以其麨供僧。因說法使得初果證。與五戒爲優婆夷。彼還家導其夫來。其夫亦得初果爲優婆塞。夫妻旣入道。盡力供養迦留陀夷、命其子身死後。毋與今異。其子奉命供養如法。後子婦見賊主年少端正、竊通之娛樂。時迦留陀夷、往其家爲婦說婬欲之過。婦聞之生疑。恐或向夫說之。與賊主相謀。一日託病請迦留陀夷。日沒後。伺迦留陀夷到糞所。使賊主刺之。賊主便以利刀斷其頭。埋著糞中。世尊知之。率諸比丘至糞所、舉死屍如法於城外火化之。波斯匿王聞之。滅婆羅門家、及七世之親。見十誦律十七、經律異相十五。

【迦師】（飮食）穀名。譯曰錯麥。小麥飯名義集七曰「十誦指迦師爲錯麥。事鈔錯麥與迦師一物也。」

【迦師那阿攬摩那】（雜名）譯曰三十八禪定。見善見律四。

【迦哩迦】（人名）尊者名。十六羅漢之一。見羅漢條。

【迦哩底迦麼洗】（雜名）月名。麼洗、譯曰月。見迦絺那條。

【迦畢試】（地名）Kapisa 國名。周四千餘里、北背雪山。三陲爲黑嶺。國都城、周十餘里。宜穀麥。多果木。出善馬鬱金香。異方奇貨多聚此國。文字大同覩貨羅國。僧徒六千餘人。多習學大乘。昔健陀羅國迦膩色迦王、廣地至葱嶺東。河西蕃維皆送質子。王優待之。冬居印度諸國。夏還此國。春秋止健陀羅國。見西域記一。

【迦眞隣陀】（動物）鳥名。法苑珠林

曰、「迦眞鄰陀之鳥生於海中。抱觸之身心。猶適。勝過六欲。」

【迦眞鄰底迦】（動物）見迦遮鄰地條。

【迦旃】（人名）迦旃延、又迦旃延子之畧。

【迦旃子】（人名）迦旃延子之略。見次項。

【迦旃延】（人名）Kātyāyana 佛十大弟子中論議第一之摩訶迦旃延子。Maha-Kātyāyanī-putra 又云迦旃子、迦旃延子、迦多衍那、迦多衍尼子、迦底耶夜那、迦多演尼子、迦氈延、迦氈延尼子等。譯曰剪剃種、扇繩、好肩等。婆羅門姓十姓之一。以姓爲名。慧琳音義二十七曰、「摩訶迦旃延、摩訶迦多衍那。此云大剪剃種男、剪剃婆羅門姓也。」嘉祥維摩經疏二曰、「迦旃延、卽其姓。此云好肩。」不思議境界經上曰、「迦底耶夜那。（舊名迦旃延者。）」法華文句一下曰、「摩訶迦旃延。此翻爲文飾。亦肩乘。人云。字悞。應言扇繩。亦好肩。亦名柯羅。柯羅、此翻思勝。皆從姓爲名。」同記曰、「言文飾者。善讚詠故。言扇繩者。若作肩乘。二字並悞。以其生時父巳亡。世此兒礙母不得再嫁。如扇繫繩。」俱舍論神泰記一曰、「迦多衍尼子。舊云迦氈延。訛也。」慧苑音義下曰、「迦旃、一宗之姓氏也。延、此云胤也。言此尊者是彼種族之後胤耳。」俱舍論光記一曰、「迦多衍尼子者。迦多、名剪剃。衍、名爲種。尼、是女聲。此人是剪剃種女生。從母姓爲名。故名迦多衍尼子。是婆羅門十姓中一姓也。此剪剃種。西方貴族。（中略）若言迦多衍那。迦多衍、如前釋。那、是男聲。從父爲名也。」法華玄贊一曰、「梵云摩訶迦多衍那。云迦旃延。亦訛也。太般若云大迦多衍那。此云大剪剃種男。剪剃種者。是婆羅門姓也。」因天神名。涅槃經七曰、「爲欲供養天神。故入天祠。所謂梵天。大自在天。違陀天。迦旃延天。」因外道名。十外道之第七。譯曰算數。飾宗記七本曰、「宗雖有六。而有七人也。第一不蘭迦葉。（中略）第七迦旃延。」註曰、「梵云迦多衍那。此云算數也。上古有仙。常念算數。因爲名也。」

【迦旃延論議第一】（雜語）見摩訶迦旃延條。

【迦旃延著作】（雜名）著施設足論一萬八千頌。是六足論之一。俱舍論光記一曰、「大迦多衍那造施設足論一萬八千頌。」

【迦旃延敎化】（雜語）敎貧困老母使賣貧得生天果。見賢愚經五迦旃延敎老母賣貧品、諸經要集六、經律異相十五。尊者受佛敕。往本生處惡生王國。爲國王解八夢。使發正信。見雜寶藏經九。

【迦旃延經】（經名）經中所說離有無之二邊也。智度論二曰、「車匿比丘。我涅槃後。如梵天法治若心儒伏者。應敎那陀迦旃延經。即可得道。」探玄記二引之曰、「惡性比丘以梵檀治之。此云默擯。若心𣣋伏爲說迦旃延經。此云離有無經。破我慢心也。」

【薩婆多部鼻祖迦旃延】（人名）智度論二曰、「佛後百年。阿輸迦王作般闍於瑟大會。諸大法師論議異故。有別部名字。從是以來。展轉至姓迦旃延婆羅門道人。智慧利根。盡讀三藏內外經書。欲解佛法。故作發智經八犍度。」是即發智論也。光記一曰、「至三百年末。迦多衍尼子造發智論二萬五千頌。」婆藪槃豆傳曰、「佛滅後五百年中。（了義燈一作三百年）有阿羅漢名迦旃延子。母姓迦旃延。從母爲名。先於薩婆多部出家。本是天竺人。後往罽賓國。罽賓在天竺西北。與五百阿羅漢及五百菩薩共撰集薩婆多部阿毘達磨。製爲八伽蘭他。即此世間云八犍度。（中畧）亦稱此文爲發慧論。」案迦旃延之年代。槃豆傳之五百、照了義燈之文、則五爲三之寫誤也。攷其他諸書。皆爲三百年出世、且以之爲上座部小乘初分爲二之源由。宗輪論曰、「其上座部經爾所時。一味和合。（謂阿輸迦王時、小乘初分上座大衆二部以來）三百年初。有少乖諍。分爲兩部。一說一切有部。亦名說因部。二即本上座部。轉名雪山部。」同述記曰、「上座部本弘經藏。以爲上首。以律對法。爲後弘宣。（中略）至三百年初。迦多衍尼子出世。於上座部出家。先弘對法。後弘經律。既乖上座本旨。所以鬪諍紛紜。名少乖諍。」三論玄義曰、「從迦葉至寐者柯二百年已來無異部。至三百年初。迦旃延尼子出世。便分成兩部。一上座弟子部。二薩婆多部。」

【迦旃延阿毘曇】（書名）阿毘曇八犍度論之異名。迦旃延作。

【迦旃延說法沒盡偈經】（經名）佛使比丘迦旃延說法沒盡偈之略名。是亦佛滅後迦旃延說佛法沒盡之相者。

【說假部鼻祖迦旃延】（人名）佛滅後二百年頃有迦旃延阿羅漢。由大衆部中獨立一部。名說假部、又名多聞分別部。而此阿羅漢者、傳爲佛在世之迦旃延、入定保壽。而此時出定者也。宗輪論曰、「次後於此第二百年。大衆部中更出一部。名說假部。」同述記曰、「舊釋言大迦旃延。先住無熱池側。佛入滅後二百年時。方從彼出。至大衆部中。於三藏敎明此是世尊假名而說。此是實義而說。大衆部中有不信者。亦有信者。遂別分部。此部即大迦多衍那弟子所弘通也。」三論玄義曰、「於二百年中。從大衆部更出一部。名多聞分別部。佛出世時。大迦旃延造論解佛阿含經。至二百年。大迦旃延從阿耨達池出。（即無熱池）更分別前多聞部中義。時人有信其所說者。故云多聞分別部。」然則此迦旃延非發智論之作者也。

【迦旃延子】（人名）與迦旃延同。是迦旃延姓之子息、故附以子字耳。

【迦旃隣陀】（動物）鳥名。見迦遮鄰地條。淨土論註上曰、「寶性功德草柔軟左右旋觸者生勝樂過迦旃隣陀。」

【迦旃隣提】（動物）鳥名。見迦遮鄰地條。

【迦旃延尼子】（人名）此丘名。見迦旃延條。

【迦陵】（動物）迦陵頻伽之略。鳥名。見迦陵頻伽條。楞嚴經一曰、「迦陵仙音徧十方界。」

【迦陵迦】（動物）見次項。

【迦陵伽】（動物）又作羯陵伽、迦陵迦。鳥名。見迦陵頻伽條。

【迦陵伽衣】（衣服）慧琳音義二十五曰、「迦陵伽是國名。波和羅是衣名。」三德指歸二曰、「迦陵迦者迦陵迦、此云細滑衣。又云鳥毛衣。」梵 Kaliṅgapravāra

【迦陵伽王】（人名）譯曰懦逸、鬪諍。羅什譯之金剛經作「歌利王」。留支譯之金剛經作「迦陵伽王」。二十唯識述記下曰、「迦陵伽、此云懦逸。仙人之名。舊云王名。」慧琳音義十曰、「迦陵伽王古昔王名也。此云鬪諍。卽波羅奈國無道王也。」Kaliṅ-arāja

【迦陵迦林】（地名）Kaliṅgavana 又作羯陵伽林。慧苑音義下曰、「迦陵迦林。以義翻之名相鬪諍時此據因鬪諍建國立名。」探玄記十九曰、「迦陵迦者此云鬪諍時也。婆提者正云婆那。此云林也。」

【迦陵頻】（動物）鳥名。見次項。

【迦陵頻伽】（動物）Kalaviṅka 又作歌羅頻伽、加蘭伽、迦蘭頻伽、羯羅頻迦、迦楞頻伽、迦陵毘伽、迦陵伽、羯陵伽、羯羅頻伽、羯毘伽羅、羯陵伽羅、迦毘伽羅、鵾鵯伽羅、羯脾伽羅、羯鞞伽羅、迦毘伽、迦尾羅等。鳥名。譯曰好聲、和雅。正法念經曰、「山谷曠野多有迦陵頻伽。出妙聲音。若天若人緊那羅等無能及者。」翻譯名義集曰、「迦陵頻伽。此云妙聲鳥。」玄應音義一曰、「迦陵頻伽經中或作歌羅頻伽。或云加蘭伽。或云羯羅頻伽。或言毘伽。皆梵音訛轉也。迦陵者好。毘伽者聲。名好聲鳥也。」慧苑音義下曰、「迦陵頻伽。此云美音鳥。或云妙聲鳥。此鳥本出雪山。在殼中卽能鳴。其音和雅。聽者無厭。」智度論二十八曰、「如迦羅陵頻伽鳥在殼中未出發聲微妙。勝於餘鳥。菩薩摩訶薩亦如是。」玄應音義四曰、「羯毘或言羯陵。或云迦毘。或言加毘。此皆梵音訛也。此譯云迦毘者聲。伽羅者好。名爲好聲鳥也。」可洪音義三下曰、「鶡鵯正作羯脾也。或云羯毘。或云羯鵯。皆梵音楚夏耳。正言迦陵頻伽。」探玄記二十曰、「迦毘伽鳥者。具云迦羅頻伽。此云美音言鳥。謂迦羅云美音。頻伽云語言。謂雪山中一切鳥聲。皆悉不及。又在卵中。卽能出聲。」

【迦陵毘伽】（動物）鳥名。見前項。

【迦陵頻舞】（雜名）又作迦樓頻迦、樓賓、伽樓賓。舞曲名。譯言鳥或不言樂。林邑之古樂。天竺祇園寺供養日、迦陵頻來舞、時妙音天奏此曲。阿難傳之、遂流布云。

【迦逋大】（動物）梵名 Kapota、或譯鴿。或譯鳩。大威德陀羅尼經七曰、「迦逋大者斑鳩。」又迦布德迦 Kapotaka 謂其小者。又以爲鳥之通稱。

【迦梵達摩】（人名）梵名 Bhagavaddharma、譯言尊法。西印度人。唐時來、譯千手千眼觀世音菩薩大圓滿無礙大悲心陀羅尼經一卷。年壽並缺。見貞元錄十二。

【迦奢布羅】（地名）梵名 Kaśapura、鉢邏耶伽國之城名。護法論師在此伏外道云。見西域記五。

【迦鳩䭾】（植物）又作伽鳩。梵名 Kaksi 僧伽羅剎所集經卷中曰、「猶世伽鳩樹、降伏諸魔衆。」

【迦梨迦】（衣服）衣名。阿毘曇經下曰、「迦梨迦衣。織吉貝花作衣。以蠟染之。作斑色。」図（異類）Kālika 又作迦羅迦。龍名。譯曰黑龍。見玄應音義四。

【迦梨耶那】（人名）人名。譯曰正眞。見起世因本經十。梵 Kalyāṇa

【迦梨沙舍尼】（雜語）譯曰滅罪。見陀羅尼集經一。梵 Karṣaṇīya

【迦婆離】（人名）Kabarī 外道名。譯曰結鬘。入正理論疏中曰、「迦婆離。此云結鬘。穿人髑髏。以爲鬘飾。人有諳者。遂立量言。人頂骨淨。（宗）衆生分故。（因）猶如螺貝。（喩）因喩雖無有過。宗違世間共爲不淨。」

【迦婆離迦】（異類）鬼名。譯曰護身。見正法念經十六。

【迦提】（衣服）見迦絺那條。

【迦葉】（人名）又作迦攝。Kāśyapa 迦葉波、迦攝波之略。譯曰飲光。古代之姓氏。玄應音義二十四曰、「梵言迦葉波。迦葉、此云光。波、此云飲。」慧苑音義上曰、「迦葉、具云迦攝波。此曰飲光。斯則一家之姓氏。」佛十大弟子中、有頭陀第一之羅漢、謂之摩訶迦葉、略稱迦葉。見飲光及摩訶迦葉條。図（天部）七大仙、十大仙、並十鉢羅闍鉢底 Prajāpati 之一。又爲韋陀 Veda 誦出之一人。孔雀王咒經等見其名。在密教與瞿曇、末建拏諸仙皆爲配於胎藏外金剛部之一尊。

【迦葉尊者】（人名）佛弟子中有摩訶迦葉、Mahākāśyapa 優樓頻螺迦葉、Uruvilvākāśyapa 伽耶迦葉、Gayākāśyapa 那提迦葉、Nadīkāśyapa 十力迦葉 DaśabalakasyaPa五人單云迦葉者指摩訶迦葉、頭陀第一付法藏之第一祖也。

【三迦葉】（雜名）三迦葉者兄弟也、皆爲佛弟子長云優樓頻螺迦葉又云鬱爲譯曰木瓜林次云伽耶迦葉譯曰城次云那提迦葉譯河又譯江十二遊經曰、「三年爲鬱爲迦葉兄弟三人說法滿千比丘」法華文句一曰、「毘婆尸佛時三人共立刹柱以是因緣感報遂爲兄弟」

【迦葉頭陀第一】（雜語）見摩訶迦葉條。

【迦葉結集三藏】（故事）見摩訶迦葉條。

【迦葉舞】（故事）見摩訶迦葉條。

【迦葉擎拳】（圖像）釋門正統三曰、「今殿中設釋迦文殊普賢阿難迦葉梵王金剛者此土之像也阿難合掌是佛堂弟理非異儀迦葉擎拳本外道種且附本習以威來衆也」

【迦葉捨金色妻】（傳說）智度論四十五曰、「如摩訶迦葉娶金色女爲妻心不愛樂棄捨出家」

【佛分半座迦葉】（傳說）佛爲示三乘解脫同一分半座於迦葉使坐見華手經一。

【迦葉傳衣】（傳說）迦葉尊者傳如來僧伽梨而受持之見摩訶迦葉條。

【迦葉刹竿】（公案）「阿難問迦葉曰、世尊傳金襴袈裟外別傳何法迦葉答曰、阿難難應諾迦葉曰倒却門前刹竿難於言下大悟」見會元一阿難章

【迦葉結經】（經名）一卷後漢安世高譯說佛滅度後迦葉舉阿難九過及結集三藏之事。

【迦葉赴佛般涅槃經】（經名）一卷、東晉曇無蘭譯記迦葉赴佛涅槃處悲哀說偈。

【迦葉禁戒經】（經名）佛說迦葉禁戒經一卷宋京聲譯佛對迦葉說禁戒之法者攝於小乘律部。

【迦葉本經】（經名）大迦葉本經之略名。

【童子迦葉】（人名）其母於妊娠中出家爲比丘尼後生男子字童子迦葉年至八歲出家成阿羅漢果嘗浴於恒河現神通於波斯匿王前使王起敬信僧寶之念見經律異相十六。

【童女迦葉】（人名）與斷見外道之弊宿梵志論議遂使彼屈服而爲優婆塞長阿含經第七弊宿經曰、「時童女迦葉在斯婆醯村北尸舍婆林住時有婆羅門名曰弊宿止斯婆醯村此村豐樂民人衆多樹木繁茂波斯匿王別封此村與婆羅門弊宿以爲梵分」然與此同本異譯之中阿含經十六

蜱肆經曰、「一時尊者鳩摩羅迦葉遊拘薩羅國與大比丘衆俱往詣斯恕提住彼村北尸攝恕林。爾時斯恕提中有王名蜱肆。」鳩摩羅此譯童子、即童子迦葉也。然則所謂童女者殆誤。僧祇律十九曰、「王舍城中有姊妹二人妊身未產、信佛出家。諸比丘尼見其腹相便驅出。以是因緣往白世尊。佛言在家妊身者無罪。此比丘尼後生男兒字童子迦葉。年至八歲出家修道成阿羅漢。」五分律九曰、「童子迦葉不滿二十受具足戒、比丘生疑。佛言今聽數胎中歲足爲二十、若猶不滿又聽以閏月足。」

【迦葉佛】（佛名）於現世界人壽二萬歲時出世而成正覺。釋迦佛以前之佛也。過去七佛之一。見法苑珠林八、佛祖統紀三十。因菩薩名。涅槃經三曰、「爾時衆中有一菩薩摩訶薩。本是多羅聚落人也。姓大迦葉。婆羅門種。年在幼稚。以佛神力即從座起偏袒右肩。遶百千匝。右膝著地合掌向佛而白佛言世尊。我於今者欲少咨問。」

【迦葉菩薩品】（經名）涅槃經篇章名。佛與此幼童迦葉菩薩問答。發揚佛性常住之深義者。

【迦葉仙人說醫女人經】（經名）一卷。宋法賢譯。說迦葉仙人應嚩嚩迦仙人請醫女人產病之法者。全然爲醫書、不關佛教。

【迦葉波】（雜名）又作迦攝波。佛弟子名。古佛名。童子名。仙人名。律部名。見迦葉條。

【迦葉毘】（流派）又作迦葉遺、迦葉維、迦葉波律部名。見次項。

【迦葉遺】（人名）Kāśyapīya 又作迦葉維、迦葉毘、迦葉波。本爲人名、以爲律部之名。佛滅後百年、優婆麴多之門有五弟子、各立異見、律藏分五部。迦葉遺爲其中之一人、故名其部曰迦葉遺部。可洪音義三上曰、「迦葉毘、亦云迦葉維。亦云迦葉波。亦云柯尸悲。與此云飲光。此部律此土無文」拾毘尼義鈔上一曰、「迦葉遺者人名也。此人精進勇決、救護衆生。著木蘭袈裟。」案迦葉遺、譯曰重空觀、又譯曰解衆生空等者。從迦葉遺比丘所執之主義而譯之、非其正翻也。大集經二十二曰、「我涅槃後、我諸弟子、受持如來十二部經書寫讀誦、說無有我及以受者、轉諸煩惱、猶如死屍。是故名爲迦葉毘部。」是如來之豫言也。戒本疏一上曰、「迦葉毘此云重空觀。法名解脫。此有戒本相同五分。」

【迦葉利師】（人名）Kāśyapa-ṛṣi 迦濕彌羅國國王名。王甚信佛法、而迷於諸部之取捨。迦旃延子依薩婆多部之宗義造發智論示王。王可之、弘於世。見了義燈一本詳迦旃延條。

【迦葉彌羅】（地名）國名。見迦濕彌

羅條。

【迦葉摩騰】（人名）Kāśyapamātaṅga 又作攝摩騰、竺攝摩騰。無翻名。中天竺人。能解大小乘經。嘗為一小國王講金光明經。以防敵國侵害。名大顯。漢明帝遣蔡愔等於天竺求法、遇之、永平十年與竺法蘭等共至洛陽、譯四十二章經等。漢地之有佛法自此始。見歷代三寶記四、梁高僧傳一、開元釋教錄一。

【迦維】（地名）迦維羅衛之畧。城名。即迦比羅。翻譯名義集曰、劫比羅伐窣堵。舊曰迦毘羅衛。誤也。或名迦維衛。或名迦夷。竺法蘭對漢明云。迦毘羅衛者。大千之中也。瑞應經曰、「菩薩下當世作佛。託生天竺迦維羅衛國。迦維羅衛者。天地之中央。」王巾頭陀寺碑曰「是以如來利見迦維、託生王室。」參照迦毘羅婆蘇都條。

【迦維衛】（地名）迦維羅衛之略。城名。見迦維條。

【迦維羅越】（地名）城名。見迦維條。

【迦維羅閱】（地名）城名。見迦維條。

【迦維羅衛】（地名）城名。見迦維條。

【迦賓菟】（人名）比丘名。飾宗記八本曰、「迦賓菟者。五分十六。劫賓那是也。」見劫賓那條。

【迦賓闍羅】（動物）Kapiñjara 又作迦頻闍羅。鳥名。慧琳音義二十六曰、「古昔云。是鷄鳥也。引釋論云。似鵪鶉。與象猴為親友。故知是也。鷄音卓刮反。」名義集二曰、「迦頻闍羅。此云雉。」爾雅釋鳥曰、「鷄鳩冠雉。」

【迦種】（地名）山名。見伽耶條附錄。

【迦樓】（人名）或作迦留。或作迦羅。迦羅、秦言黑。此比丘是瓶沙王舊大臣、善知世法、故佛問之、然後隨國法結戒。

【迦嘍茶】（動物）Garuḍa 鳥名。見迦樓羅條。

【迦樓那】（雜語）Karuṇa 又作迦盧拏。譯曰悲。玄應音義三曰、「摩訶。此云大。迦樓那。此云悲。言如來功德。以般若大悲二法為體」大日經疏一曰、「梵音謂悲為迦盧拏。迦是苦義。盧拏是剪除義。慈如廣植嘉苗。悲如芸除草穢。」

【迦樓炎】（雜名）迦樓羅炎之略。見迦樓羅條附錄。

【迦樓羅】（動物）Garuḍa 又云迦留羅、迦婁羅、揭路茶、迦嘍茶、伽樓羅、誐嚕拏、蘗嚕拏等。鳥名。舊譯曰金翅鳥。新譯曰妙翅鳥、頂癭鳥、食吐悲苦聲等。居四天下之大樹、取龍為食。八部衆之一。法華文句二下曰、「迦樓羅。此云金翅。翅翮金色。居四天下大樹上。兩翅相去三百三十六萬里。」探玄記二曰、「迦留羅。新名揭路茶。此云妙翅鳥。鳥翅有種種寶色莊嚴。非但金。依海龍王經。其鳥兩翅相去三百三十六萬里。閻浮提止容一足。依涅槃經。此鳥能食消龍魚七寶等。又依增一經。日別食一大龍王五百小龍。達四天下。周而復始。次第食之。命欲終時。諸龍吐毒。不能復食。飢火所燒。聳翅直下。至風輪際。爲風所吹。還復上來。往還七返。無處停足。遂至金剛輪山頂上命終。以食諸龍。身肉毒氣。發火自焚。難陀龍王。恐燒寶山。降雨滅火。渧如車軸。身肉消散。唯有心在。大如髀。純青瑠璃色。輪王得之。用爲珠寶。帝釋得之。爲髻中珠。」慧苑音義上曰、「迦樓羅。或曰揭路茶。此云食吐悲苦聲也。謂此鳥凡取得龍。先內嗉中。得吐食之。其龍猶活。此時楚痛。出悲苦聲也。或曰。此云大嗉項鳥。謂此鳥常貯龍嗉內益其項癭也。舊云金翅。妙翅者。且就狀而名。非敵對翻也。然其翅有種種質色。非唯金耳。」慧琳音義一曰、「揭路茶。正音蘗嚕拏。古云迦婁羅。」同十一曰、「迦留羅。梵音不正也。正音誐嚕拏。」俱舍光記八曰、「揭路茶。此云頂癭。或名蘇鉢剌尼 Suparṇī 此云妙翅。翅殊妙也。舊云翅金鳥。非正所目。」

【迦樓羅炎】（雜名）火燃之狀如開迦樓羅鳥之羽。聖無動尊安鎮家國等法曰。「威容極忿。右持智劍。左執羂索。坐金盤石。光焰熾然。其焰多有伽樓羅狀。」同偈曰、「猛焰從心生。狀如金翅鳥。」

【迦樓羅法】（修法）迦樓羅鳥之修法。文殊師利菩薩根本大敎王經金翅鳥品一卷、速疾立驗魔醯首羅天說阿尾舍法一卷、具說其法。案迦樓羅法。以迦樓羅鳥神靈除惡龍災之意。

【迦樓羅觀】（術語）除諸災害。如迦樓羅鳥除毒蛇之害。其觀法名迦樓羅觀。義譯謂之微妙觀。見守護經。

【迦樓烏陀夷】（人名）Kālodayin 比丘名。

【迦樓烏陀夷經】（經名）迦樓烏陀夷思世尊恩深。讚不可中食。佛印可之。呵不持此戒者。攝於中阿含五十。

【迦摩】（異類）餓鬼名。正法念經十七曰、「迦摩餓鬼。」經注曰、「迦摩雨盧波。魏言欲色。」Kāmarūpa

【迦摩浪迦】（地名）梵名 Kāmalaṅkā 印度東境之國名。出於慈恩傳四。

【迦摩羅】（雜名）又作迦末羅病。譯曰黃病。玄應音義二十三曰、「迦末羅病。舊云迦摩羅病。此云黃病。或云惡垢。言腹中有惡垢。即不可治者也。」慧琳音義二十六曰、「迦摩羅病。此云大風病。」名義集六曰、「亦云癩病。」Kāmalā 黃目（名義大集二八四）図（人名）仙人名。見阿羅邏迦羅摩條。

【迦摩縷波】（地名）Kāmarūpa 國名。在東印度。周萬餘里。人體卑小。語言少異於中印度、崇奉天神不信佛法。自佛教興至唐世、未建立伽藍招集僧侶、淨信之徒惟竊念佛耳。王拘摩羅聞玄奘三藏在摩揭陀頻遣使延請三藏。三藏由戒賢論師勸至彼處盛頌大唐天子聖德、與王同行還會於戒日王之無遮會。見西域記十。唐書地理志作迦摩波。今印度阿撒毋西部之地。

【迦摩沙波陀】（人名）賢愚經十一譯曰斑足、智度論四作劫磨沙波陀、譯曰鹿足、殺害普明王之惡王名也。Kalmaṣapāda

【迦遮末尼】（雜名）Kācamaṇi 又云迦栢末尼。玉名。玄應音義二十一曰、「迦遮末尼、舊言迦栢。栢之夜反。此云水精。」慧琳音義三曰、「迦遮末尼、珠寶名也。琨瑤珉玉之類也。」同十八曰、「迦遮惡寶名也。玉名也。」

【迦遮鄰地】（動物）Kācalindikāka 又云迦旃隣提、迦旃隣陀、迦止栗那、迦遮隣底迦、迦真隣底迦、迦隣提、迦鄰陀等。鳥名。正法念經三十曰、「迦旃隣提海中鳥觸之大樂。有輪王出此鳥則現。」慧琳音義二十五曰、「迦隣提此云實可愛、謂水鳥。即鴛鴦之類是也。」

【迦遮隣地衣】（衣服）以鳥毛所織之衣。又云迦鄰陀衣。慧琳音義十三曰、「迦遮隣地、唐言細軟輕妙最上服也。」同十九曰、「迦止栗綿、亦名迦真隣底迦。瑞鳥名也。身有細軟毛、非常輕妙如綿絹績以爲衣。或爲絮轉輪聖王方御此服也。今雖有此鳥類非鳥也。其毛粗惡不堪緝績也。」同四十一曰、「迦遮隣底迦瑞鳥名也。身有毳毛非常輕軟績以爲衣。轉輪聖王方御此服。」

【迦遮隣底迦】（動物）見迦遮鄰地條。

【迦鄰陀】（動物）鳥名。見迦遮鄰地條。名義集曰、「華言細錦衣。」

【迦鄰陀衣】（衣服）又云迦旃隣陀衣。以迦鄰陀鳥毛所造之衣也。

【迦鄰提】（動物）鳥名。見迦遮鄰地條。

【迦算】（物名）梵語。蕃香也。見翻譯名義集。

【迦諾迦伐蹉】（羅漢）Kanaka vatsa 尊者名。十六羅漢之一。

【迦諾迦跋釐惰闍】（羅漢）尊者名。十六羅漢之一。Kanakabharadvāja

【迦絺那】（衣服）Kaṭhina 又作迦提羯絺那。衣名。譯曰堅實、功德。比丘九十日安居行終後、人所供養之衣。此衣依安居之功有五種之德、故名功德衣。五德者、一受此功德衣上不行作法（一云說淨作法）畜餘分之衣、亦無罪（尋常以爲長衣戒禁之）二三衣之中不攜一衣經一宿亦無罪（尋常以爲離三衣宿戒禁止之）三應檀主別請亦無罪、(尋常以爲別衆食戒禁之)四至午時受數度施主之齋亦無罪、(尋常以爲背請戒或展轉戒或處處食戒禁止之) 五至午時不告知同住之人而至施主之家亦無罪、(尋常以爲不囑同利入聚戒禁止之)其功德衣四周附緣、爲五條式者各條二分爲一長一短通計十隔。一功德衣使衆僧和集於一處、行受衣作法且定一人之持者使護持之因而衆僧各得受衣之功德。其衣有由施主供之者、若無之時、則衆僧集而裁縫之。行事鈔上之四曰、「明了論云本言迦絺那。爲存略故但云迦提此翻爲功德。以坐夏有功五利賞德也。」同上之四曰、「明了論翻爲堅實也。」 定賓之四分律戒本疏下曰、「迦絺那。此云堅實衣也此衣以是堅財成。又令施主受堅實報、復令衆僧生得五利堅實功德、(中略)亦名功德衣也。」 飾宗記八末曰、「一切堅物皆稱迦絺那。如人煩惱强盛。名此人爲迦絺那心人。」 迦絺那之字意爲堅、以麤製之綿布作之亦云安居之功德堅實以一日作終爲法。十二月十五日用羯磨捨之此衣諸說紛紛後世注釋家之說多不可信。

【迦絺那月】 (雜名) 又作迦提月、迦栗底迦月、羯栗底迦月、迦利邸迦月、迦剌底迦月、迦哩底迦麼洗 Kārttika 等安居竟之明日三十日間、爲比丘受迦絺那衣之時故以之名月。但配月有新舊之別南山舊譯家、以四月十六日(陰曆)爲前安居之入日、故七月十五日爲安居竟日自其翌日十六日至八月十五日之三十日、爲迦絺那月。(此功德衣限於前安居之人。) 行事鈔上之四曰、「若四月十六日結者至七月十五日夜分盡訖名夏竟。至明相出十六日後至八月十五日已來。名迦提月。」 玄奘義淨新譯家以五月十六日爲前安居之入日、故八月十五日爲竟日、自其翌日至九月十五日爲迦提月。寄歸傳二曰、「八月十六日。卽是張羯絺那衣日。」同二曰、「從八月半已後。名歌栗底迦月。江南迦提設會。正是前夏了時。」如此舊譯家、涉於八月之前半、又新譯家跨於八月與九月之兩月、故八月又翻九月。飾宗記六末曰、「迦栗底迦。舊名迦提者訛。八月也。」 西域記二曰、「頞濕縛庾闍月。迦剌底迦月。末伽始羅月。當此從七月十六日至十月十五日。」 慧琳音義十一曰、「迦利邸迦。唐言昴星。每年九月十五日月臨昴宿故取此星爲九月名。古名迦提。訛略不正也。」

【迦絺那經】 (經名) 八百比丘及世尊、爲阿那律作衣。阿那律爲衆說從信心出家乃至三明六通爲迦絺那法。此經攝於中阿含經十九中。

【迦頻闍羅】 (動物) 梵名 Kapiñjala 又作迦賓闍羅。鷓鴣也。慧琳音義以爲鷄鳥。

名義集以爲雄。

【迦膩色伽】(人名) Kaniṣka 屬於月氏族、其祖於中央亞細亞領富强之國土、至王勢威更張、新創建健馱羅王國、領地西自大夏Bactra之境、東殆達於恒河、北總葱嶺、南及信度Shindu河口、占阿育王以後不見其例之廣大領土。其初不信罪福、輕侮佛法、後發正信深歸依於佛法、注其全力、弘宣佛教、爲古來外護者、與阿育王併稱其功之顯著者、結集佛典也。王出世年代古來有種種異論、而非一致、今尙模糊。衆說彷徨於紀元前一世紀至後一世紀之間、而無越之者、今暫以西域記佛國記所傳、從佛滅四百年頃之出世說。(王歸佛有由釋尊懸記之傳說、出西域記二)

【迦膩色迦王結集三藏】(故事) 王以如來涅槃後第四百年、應期撫運、王風遠被、殊俗內附、機務餘暇、每習佛經、日請一僧、入宮說法、諸師各異其說、王頗惑於去就、以問脇尊者。尊者曰、如來去世、歲月逾邈、師資部執、自致矛盾、不如及今隨自宗而結集三藏。王聽之、精選其人、得四百九十九人、皆阿羅漢也。後得世友菩薩、以爲上座、充爲五百人。以迦濕彌羅國四周皆山爲要害之地、物產豐饒、迦膩色迦王率諸阿羅漢至此國、建立伽藍、使結集三藏。三藏各十萬頌、總爲三十萬頌、稱九百六十萬言、是大毘婆沙論也。王遂以赤銅爲鍱、鏤寫論文、以石函緘封、建塔而藏於其中、命藥叉神守衛其國、不使外出、求習學者使就中受業。見西域記三。

【迦曇波】(植物) 又云迦曇婆。樹名。起世經一曰「弗婆毘提訶洲有大樹、名迦曇婆、其本縱橫七由旬、高百由旬。」翻梵語九曰、「迦曇波花樹、譯曰白花。」念佛三昧經第四。」Kadamba

【迦曇婆】(植物) 見迦曇波條。此樹落葉、新芽發生甚速、葉常不絕。兩季開花。至九月散。花爲球形、花絲生於全面、宛如圓綫。白色而帶淡黃綠。又見念佛三昧經一。

【迦隨羅衛】(地名) 城名。見迦毘羅婆蘇都條。

【迦濕彌羅】(地名) Kaśmīra 新稱迦濕彌羅、羯濕弭羅、迦葉彌羅。舊稱罽賓。國名。在印土之西北境。西域記三曰「迦濕彌羅國、舊曰罽賓、訛也。北印度境、周七千餘里。四境負山、山極峭峻、雖有門徑、而復隘狹。自古隣敵、無能攻伐。國大都城、西臨大河、南北十二里、東西四五里。宜稼穡、多花菓、出龍種馬及鬱金香、火珠、藥草。氣宇寒勁、多雪少風。服毛褐、衣白氎。」希麟音義一曰、「罽賓西域國名、或云个濕蜜羅、亦云迦葉彌羅、皆梵語訛轉也。正云羯濕弭羅。此翻爲阿誰入。」貞元錄十七曰、「迦畢試國、罽賓訛也。」梵語雜名曰、「罽賓梵劫比舍也。」

【迦濕彌羅國龍池】（地名）見西域記三、（罽賓條附錄引之）部執論疏、希麟音義一。

【迦闍】（地名）國名。所在不明。譯曰蘆葦。見慧琳音義十八。

【迦藍】（雜名）見伽藍條。

【迦薩吐羅】（動物）梵名。譯曰麝香。

【迦藍浮】（人名）王名。見迦利條。

【迦嚩遮】（雜語）譯曰甲冑。大日經疏九曰「伐折囉是金剛。迦嚩遮名甲」梵 Kavaca 盔甲（名義大集二三八）

【迦羅】（雜名）Kalā 又作哥羅、歌羅。分量名。慧苑音義上曰「哥羅分。正云迦羅。此云豎折人身上一毛為百分中之一分也。或曰十六分之一分。謂西域風俗以十六升為斗。如此土以十六兩為一斤。義譯為校量分。」玄應音義四曰「折一毛以為百分。一分為歌羅分。論以義翻名為力勝。以無漏善法一歌羅分勝有漏千分故也。」又（術語）Kala 又云迦攞。譯曰實時。時有二種。實時云迦羅、假時云三摩耶。律中所說時食時藥時衣之時。實時也。經中所說一時一日乃至一劫之時。假時也。智度論一曰「天竺說時名有二種。一名迦羅。二名三摩耶。」名義集二曰「刋正記云。即實時。謂毘尼中聽時食。遮非時食。則實有其時也。故大論云。毘尼結戒是世界中實。非第一義中實」見三摩耶條。又（人名）此翻黑。或云哥羅。是尊者已得阿羅漢果。見迦樓條。

【迦羅比丘】（人名）十誦律曰、「鹿子長者兒名曰迦羅、聰智利根。衆人所問、常為斷疑他事。忽務若人有女姊妹有來求者、往問迦羅應與不應。若人為自求婦若為兒、求亦往問可取不可取。迦羅後時出家為僧。猶如本法」。

【迦羅分】（雜名）又云歌羅分、哥羅分。迦羅為分數之名、故云迦羅分。見迦羅條。

【迦羅那】（植物）木名。譯曰作。翻梵語九曰、「迦羅那樹譯云作也」。梵 Karaṇa

【迦羅陀】（地名）山名。見伽羅陀條。

【迦羅迦】（雜語）Kālaka 譯曰黑。

【迦羅迦龍】（異類）又云迦羅龍、迦梨迦龍。玄應音義三曰、「迦梨迦龍。又云迦羅迦龍。此譯云黑龍也。」

【迦羅迦樹】（植物）慧琳音義二十五曰、「迦羅迦樹。此云黑果。形似鎮頭。」同卷曰、「鎮頭迦果。狀同此方柹子之類」謂有害之果也。見迦羅鎮頭條。

【迦羅富】（地名）城名。譯曰臭地。見慧琳音義二十六。梵 Garapu

【迦羅勒】（植物）果名。見訶梨勒條。

【迦羅越】（術語）梵音 Kulapati 有族者之義。華言居士。見翻譯名義集。

【迦羅邏】（異類）夜叉名。譯曰噤喔。

見無量破魔陀羅尼經。梵 Karāla

【迦羅迦吒】(動物)譯曰蟹。又十二宮中螃蟹宮之名。

【迦羅求羅】(動物)蟲名。智度論七曰、「譬如迦羅求羅蟲其身微細。得風轉大。乃至能吞食一切。光明亦如是。得可度衆生。轉增無限。」梵 Kalākula

【迦羅沙曳】(雜名)茶香室叢鈔十三曰、即袈裟也。明朱國楨湧幢小品、引陳養吾象教皮編云。迦羅沙曳、僧衣也。省羅曳字、止稱迦沙。葛洪撰字苑。添衣作袈裟。或從毛作毠毟。

【迦羅阿育】(人名)Kālāśoka 佛滅百年頃君臨摩訶陀國之王、而難陀王朝(Nandaira)之始祖也。此王歷史古來頗有議論、爲未決之問題。此以北方所傳無此王之記事故也。排之者以爲迦羅者時之義、爲補某時代缺陷故作虛構之人物云、或謂迦羅者黑色之義、爲欲大達磨阿育王歸佛後之光彩、故指歸佛前兇暴之時代。然近時希臘印度年代比較研究之結果、達磨阿育王之出世年代、在紀元前四世紀、即佛滅二百十八年、較善見律之所傳確實、是可增王爲歷史的人物矣。

【迦羅育】(人名)即迦羅阿育。見前。

【迦羅毘迦】(地名)本行集經四十五曰、「迦羅毘迦。隋言赤黃色大村名也。」案迦羅毘迦爲迦毘羅迦之誤。見迦毘羅婆蘇都條。

【迦羅毘囉】(植物)木名。譯曰羊躑躅。陀羅尼集經八曰、「迦囉毘囉樹脂。唐云羊躑躅也。若採其葉即脂汁出。」梵 Karavīra

【迦羅者摩】(雜名)譯曰虎皮。見何耶揭唎婆像法。

【迦羅鎭頭】(譬喻)迦羅與鎭頭皆果名。迦羅果有毒、鎭頭無毒、而二果相似、以譬比丘之持戒破戒。涅槃經六曰、「善男子。如迦羅迦林。其樹衆多。於是林中。唯有一樹。名鎭頭迦。是迦羅迦樹鎭頭迦樹。二果相似。不可分別。其果熟時。有一女人。悉皆拾取。鎭頭迦果。纔有一分。迦羅迦樹。乃有十分。是女不識。齎來詣市而衒賣之。凡愚小兒。不復別故。買迦羅迦果。噉已命終。有智人輩。聞是事已。即問女人。姊何處持是果來。是時女人即示方所。諸人即言。如是方所。多有無量迦羅迦樹。唯有一根鎭頭迦樹。衆人知已。笑而捨去。善男子。大衆之中。八不淨法。亦復如是。於是衆中。多有受用如是八法。唯有一人清淨持戒。不受如是八不淨法。」止觀十下曰、「從外道四見。乃至圓門四見。有害無害。譬如迦羅鎭頭二果。」Kalaka Tinduka

【迦羅頻伽】(動物)鳥名。見迦陵頻伽條。

【迦羅鳩馱】(佛名)迦羅鳩忖馱之略。佛名。舊稱曰拘留孫。慧苑音義上曰、「迦羅鳩馱。具云迦羅鳩忖馱。此云所應斷已斷。」見拘留孫佛條。図(人名)Krakuda 外道字。姓迦旃延。六師外道之一。

【迦羅鳩馱迦旃延】(人名) Krakudakātyāyana 維摩經弟子品肇註曰、「姓迦旃延。字迦羅鳩馱。其人謂法亦有相亦無相。」同什註曰、「其人應物起見。若人問言有耶。答言有。問言無耶。答言無也。」慧琳音義二十六曰、「迦羅鳩馱。名也。此云黑領。迦旃延。姓也。」一名義集曰「迦羅鳩馱。此云牛領。迦旃延。此云剪髮。」

【迦羅鳩村大】(佛名) 舊稱拘留孫。佛名。見拘留孫佛條。

【迦羅鳩忖馱】(佛名) Krakucchanda 又云迦羅鳩飡陀。舊稱拘留孫佛名。見拘留孫佛條。

【迦羅囉底哩】(天名) Kalarātri 譯曰黑夜神。演密鈔九曰、「迦羅云黑。囉底哩云夜。黑夜神也。」

【迦羅鉢舍羅鉢】(物名) Kāla-pātra Śoṇa-pātra 黑赤二色之鉢。飾宗記十本曰、「此二即是梵語。黑赤二色也。下文既迦羅是黑。故知舍羅是赤也。」

【迦蘭陀】(動物) Karaṇḍa, Karaṇḍaka 又云迦蘭馱、迦藍陀、羯蘭鐸迦、迦蘭多迦、迦蘭陀夷、羯蘭馱迦、伽隣等。鳥名。譯曰好聲鳥。玄應音義十九曰、「迦蘭陀鳥。或言柯蘭陀。或作迦蘭馱迦。或云羯蘭鐸迦。皆梵音輕重也。此譯云好聲鳥也。案外國傳云。其形似鵲。但此鳥羣集。多棲竹林。」釋迦譜五曰、「時摩竭陀國有一長者。名曰迦陵。(中略)是故名曰迦陵竹園。」図山鼠名。善見律六曰、「迦蘭陀者。是山鼠名。」

【迦蘭陀村】(地名) 善見律六曰、「時毘舍離王。將諸妓女。入山遊戲。王時疲倦。眠一樹下。伎女左右。四散走戲。時樹下窟中。有大毒蛇。聞王酒氣。出欲螫王。樹上有鼠。從上來下。鳴喚覺王。蛇即還縮。(中略)王自念言。我今復活。由鼠之恩。王便思惟。欲報鼠恩。時山邊有村。王即命村中。自今以後。我之祿限。悉迴供鼠。因此鼠故。即號此村。名爲迦蘭陀村。」

【迦蘭陀長者】(人名) 善見律六曰、「迦蘭陀子者。是時村中有一長者。有金錢四十億。王即賜長者位。因村名。故號迦蘭陀長者。」

【迦蘭陀竹林】(地名) Kāraṇḍa-veṇuvana 又云迦蘭陀竹園、迦藍陀竹園、迦陵竹園、迦隣竹園等。迦蘭陀鳥所棲之竹林。又迦蘭陀長者所有之竹林也。在摩竭陀國王舍城與上茅城之間。係迦蘭陀長者所有、本與尼犍外道、後奉佛爲僧園、是爲印度僧園之初所謂竹林精舍是也慧琳音義四十一曰「迦蘭多迦古云迦蘭陀夷或云羯蘭鐸迦訛也正云羯𧄼馱迦大竹園名也在王舍城」西域記九曰「初此城中（言上茅城）有大長者迦蘭陀時稱豪貴以大竹園施諸外道及見如來聞法淨信追惜竹園居彼異衆今天人師以無館舍時諸鬼神感其誠心斥逐外道而告之曰長者迦蘭陀當以竹園起佛精舍汝宜速去得免危厄外道忿恚含瞋而去長者於此建立精舍功成事畢躬往請佛如來是時遂受其施」玄應音義五曰「迦蘭陀鳥名也其形似鵲鞞紐婆那此云竹林謂大竹林也此鳥多栖此林」竹園精舍之緣起詳於中本起經上然依因果經四分律則爲瓶沙王所施與四分律五十（房舍犍度）曰「爾時世尊在王舍城摩竭王瓶沙作如是念世尊若初來所入園便當布施作僧伽藍時王舍城有迦蘭陀竹園最爲第一時世尊知王心念即往迦蘭陀竹園王遙見世尊來即自下象取象上褥疊爲四重敷已白佛言願坐此座世尊即就座而坐時瓶沙王操金澡瓶授水與佛白言此王舍城迦蘭陀竹園最爲第一今奉施世尊願慈愍故爲納受（中畧）王瓶沙聞世尊聽衆僧作房舍欲於迦蘭陀竹園作大講堂如王住殿一切所須供給具足佛言聽作」因果經四曰「時頻毘娑羅王知佛受請住竹園已頂禮佛足辭退而去王還城已即敕諸臣令於竹園起諸堂舍種種莊飾極令嚴麗懸繒幡蓋散花燒香悉皆辦已即便嚴駕往至佛所頭面禮足而白佛言竹園僧伽藍修理已畢唯願世尊與比丘僧哀愍我故往住彼也」以上竹林精舍施與者雖有二說然是混雜園林之寄附者與精舍之施與者蓋竹園係長者迦蘭陀所寄附其園中精舍爲頻婆沙羅王建立奉佛也

【迦蘭多迦】（動物）鳥名見迦蘭陀條。

【迦蘭頻伽】（動物）鳥名見迦陵頻伽條。

【迦蘭陀夷】（地名）竹園名見迦蘭陀條。

【迦蘭那富羅】（地名）Karṇapur 聚落名譯曰耳城見本行集經三十三

【迦嚧尼】（雜語）Karuṇin 譯曰悲大日經疏十曰「迦嚧尼悲也麽也體也所謂大悲爲體也」

【迦囉伊】（動物）青藍色之懸巢鳥又鵲類。

【迦囉傳】（雜語）譯曰饒益大日經疏八曰「梵本云係多 Hita 翻云利益次云吃㘑耶 Kriyā 此翻爲利迦囉傳 Karaṇi 翻爲饒益本名各異」

【迦囉吠羅】（雜名）Kalavela 時分

名。見慧琳音義十三。

【迦邏迦】（雜語）Káraka 譯曰作者。智度論四十八曰、「若聞迦字。即知諸法中無有作者。迦邏迦秦言作者。」

【赴火外道】（流派）六苦行外道之一。赴火而死。以此苦行為得果之因者。見外道條。

【赴請】（雜語）由施主之請而赴齋會也。行事鈔下有赴請設則篇。

【赴機】（術語）應衆生機根而說法也。同於應病與藥。

【信】（術語）心所法之名。於諸法之實體與三寶之淨德、世出世之善根、深為信樂。使心澄淨是為信。唯識論六曰「云何為信。於實德能信忍樂欲心淨為性。對治不信樂善為業。」俱舍論四曰「信者令心澄淨。」頌疏四曰、「信者澄淨也。如水精珠能澄濁水。心有信珠令心澄淨。」大乘義章二曰、「於三寶等淨心不疑名信。」晉華嚴經六曰、「信為道元功德母。增長一切諸善法。除滅一切諸疑惑。示現開發無上道。」菩薩本業經下曰、「若一切衆生初入三寶海。以信為本。住在佛家。以戒為本。」智度論一曰、「佛法大海。信為能入。智為能度。（中略）復以經中說信為手。如人有手入寶山中。自在能取。若無手不能有所取。有信人亦如是。入佛法無漏根力覺道禪定寶山中。自在所取。」

【二種信】（名數）一信解。又曰解信。梵曰阿毘目佉。Abhimukh 自明見理。心無疑慮也。二深信。又曰仰信。梵曰捨攞馱。Śraddhā 是依人而信其言也。大日經疏三曰、「有大信解者。此信解。梵音阿毘目佉。謂明見是理。心無疑慮。如鑿井已漸至泥。雖未見水。心知在近。故曰信解也。下言深信者。梵音捨攞馱。是依事依人之信。如聞長者之言。或出常情之表。但以是人未曾欺誑。故即便諦受依行。亦名為信。」又有初信正信之二種。與貪瞋痴三不善根相應之信。為邪信。與無貪等三善根相應之信為正信。又有自力他力之二信。自發之信為自力信。依佛之大悲心而發之信。為他力信。此中五根中之信根。就正信而言。是佛徒通途之信心也。又淨土眞宗之信。就他力信而言。是一宗特殊之信心也。

【十種信】（名數）是華嚴經無盡藏品所說十無盡藏中第一信無盡藏之十種信也。一信一切法之空。二信一切法之無相。三信一切法之無願。四信一切法之無作。五信一切法之無分別。六信一切法之無所依。七信一切法之不可量。八信一切法之無有上。九信一切法之難超越。十信一切法之無生。見唐華嚴經二十一。

【信一念】（術語）見一念條。

【信力】（術語）五力之一。

【信力入印法門經】（經名）五卷、元魏曇摩流支譯。佛在普光法殿、文殊師利請問清淨初地之法、佛以六十餘種之五法答之。次問普賢菩薩云何諸佛無障礙智、乃至無障礙身。普賢歎其難知難見。文殊再請、乃具答之。

【信士】（術語）Upāsaka 梵稱優婆塞、譯云信男、又云信士。在家之信者、受三歸五戒或八齋戒者。通俗編曰、今人出財布施曰信士、漢曹全碑陰義士某千、義某五百、義士卽出貲助刋者。宋太宗朝避御名、凡義士皆改爲信。今之信士、卽漢碑所稱義士也。

【信女】（術語）梵語優婆夷、Upāsikā、翻信女。信受佛法而受三歸五戒或八戒齋之女也。

【信心】（術語）信受所聞所解之法而無疑心也。此有迷信正信、解心仰心、自力信他力信等之別。見信條。

【信心爲本】（術語）淨土眞言一宗之綱目、分爲眞俗二諦、卽世出世二門。俗諦以王法爲本、眞諦以信心爲本。蓋眞宗之意、以爲衆生往生彌陀之淨土、非由稱名之功德、乃由信大悲之佛之願力也。

【信心正因】（術語）眞宗又於前條眞諦門中分爲二、謂之信心正因稱名報恩。

【信心銘】（書名）三祖僧璨作。見傳燈錄二十。

【信心歡喜】（術語）信心之體、必有歡喜之相、因而約信心歡喜之四字歸於信樂之二字、約信樂之二字歸於信之一字。是淨土眞宗之法門、悉歸於信之一字。猶如天台之法門悉歸於具之一字、眞言之法門悉歸於阿之一字也。

【信手】（術語）入佛之寶山、以信心爲手而採寶、故云信手。智度論一曰、「經中說信爲手、如人有手入寶山中自在能取。若無手不能有所取。」

【信水】（譬喻）譬信心之澄淨似清水、故云信水。又信心之水、能洗除疑念之垢、故稱之曰信水。演密鈔三曰、「若先習垢深、則不染諸法界之法。若以信水滌令潔白、則堪受染。」

【信不退】（術語）三不退之一。見不退條。

【信外輕毛】（譬喻）信心搖動而不決定、譬如輕毛也。本是十信位之菩薩、非信外之凡夫、而信內之人現爲輕毛、則信外更如輕毛、故云信外輕毛。觀經玄義分曰、「況我信外輕毛敢知旨趣。」

【信仰】（術語）信三寶不疑而欽仰之也。唐華嚴經十四曰、「人天等類同信仰。」唐僧傳（慧璡傳）曰、「親欣其信仰。」

【信伏】（術語）信其法或其人而伏從之也。楞嚴經四曰、「恐汝誠心未信伏。」

梁僧傳法曰、「與安公相値忽然信伏。」

【信行】（術語）對於法行而言自依聖法而行謂之法行、信他敎而行、謂之信行。信行者爲鈍根而成聞慧、法行者爲利根而成思慧。玄義十曰、「敎門爲信行人觀門爲法行人。」

【信衣】（衣服）佛家傳授之衣也。五燈會元二十五祖曰、「師子尊者難未起時、密授我信衣法偈、以顯師承。」六祖壇經曰、「祖復曰昔達磨大師初來此土人未信之。故傳此衣以爲信體代代相承。」

【信向】（術語）信三寶不疑而歸向之也。隨願往生經曰、「信向者少邪習者多。」

【信成就】（術語）六成就之一。

【信成就發心】（術語）起信論所說三種發心之一。見三種發心條。

【信佛功德經】（經名）一卷、趙宋法賢譯。說信佛之功德。

【信忍】（術語）三忍五忍六忍之中各有信忍。見忍條。

【信戒】（術語）三寶及戒之四證淨法總收於信戒之二種。蓋三寶淨者以信爲體、戒淨卽爲戒也。俱舍論二十五曰、「由所信別故名有四。應知實事唯有二。謂於佛等三種證淨以信爲體。聖戒證淨以戒爲體。故唯有二。」藥師經曰、「壞君臣法毀於信戒。」

【信受難】（術語）四難之一。

【信受奉行】（雜語）信受如來所說之法而奉行之也。諸經之終多有斯語。見奉行條。

【信明】（雜語）信忍證明其事也。無量壽經上曰、「幸佛信明是我眞證。」

【信度】（地名）Sindhu 有信度國、信度河。

【信度河】（地名）又作辛頭河。贍部洲四大河之一。見四河條。

【信度國】（地名）Sindhu 原爲印度之稱、又特以名一國。此國信度河邊、周七千餘里大都城謂之毘苫婆補羅、Vichavapura 周三十餘里、宜穀稼牛羊等。如來昔遊此國、故無憂王於聖迹之處造窣堵波數十所。見西域記十一。

【信後】（術語）聞彌陀之名號而發信心之後也。

【信後稱名】（術語）淨土眞宗之敎得信心後之稱名總爲報恩。淨土門之特殊法門也。

【信後相續】（術語）信後之念佛相續也。見信後條。

【信首】（術語）佛法以信爲最初、故謂之信首。釋門歸敬儀上曰、「宜敬設儀。開其信首之法。」

【信香】（儀式）禪僧住持一寺、初說

法爲開堂、亦云出世、開法此時齋香寄師而通嗣法之信、謂之信香。見象器箋十。又賢愚經六說香爲信心之使、因此而總云香爲信香。見香條。

【信施】（術語）謂信者之施物也。觀佛經五曰、「虛食信施、以此因緣食諸鐵丸。」涅槃經十一曰、「寧以此口呑熱鐵丸。終不敢以毀戒之口食信心檀越飮食」。資持記下三之三曰、「信奉者故曰信施」。

【信相菩薩】（菩薩）金光明經信相菩薩疑釋尊之壽命不酬往昔之因位、（僅八十壽命）因而四佛世尊各說山斤海滴、地塵、空界之一喩、以示釋尊之長壽。

【信海】（譬喩）信心之實德廣大無邊、故譬之海。敎行信證三本曰、「眞如一實之信海」。

【信珠】（譬喩）信能澄淸人心、故譬之爲澄水之珠。成實論四曰、「得信珠則心池淸」。

【信敎自由】（雜語）人民信奉何敎。悉聽自由。政府不以威力强制之也。

【信根】（術語）五根之一。

【信現觀】（術語）六現觀之一。緣三寶之世間出世間決定淨信也。

【信順】（術語）信受所聞之法而隨順之也。無量壽經下曰、「應當信順如法修行」。敎行信證信卷序曰、「信順諸佛如來眞說」。法華玄義六下曰、「人心由法成親。親故則信。信故則順」。

【信解】（術語）聞佛之說法初信之、後解之、謂之信解。又鈍根者信之、利根者解之、謂之信解。又信者破邪見、解者破無明。法華經序品曰、「種種信解種種相貌」。同嘉祥疏二曰、「信解者。始名爲信。終稱爲解。又鈍根爲信。利根爲解」。同七曰、「信破邪見。解破無明」。又七賢之第三。見七賢條

【信解品】（經名）在法華經二十八品中第四。經之第二。信者聞人言而不疑也、解者悟解於自心內也。此一品爲譬喩品中第二之領解段。中根之人初聞方便品之法說、雖虛心信受、然未能悟其意、世尊爲於上譬喩品廣引三車一車之譬而說會三歸一之旨。於是須菩提迦旃延迦葉目連四大聲聞始領悟其旨、欲述其領悟之旨、說長者窮子之譬、述華嚴阿含方等般若法華五時之敎門、自彰其領悟之處也。

【信解行證】（術語）是佛道之一期也。先信樂其法、次了解其法、依其法而修習其行、終證得其果也。

【信解智力經】（經名）一卷、趙宋法賢譯。說佛五力之信解法與十力之智力。十力如常。五力者信進念定慧也。

【信鼓】（雜名）總謂鐘聲之音。爲得信之方便者、通謂之信鼓。增一阿含經四十

二、阿難昇講堂擊犍稚曰「我今擊此如來信鼓。(中畧)降伏魔力怨除結無有餘露地擊犍稚比丘聞當集諸欲聞法人度流生死海聞此妙響音盡當雲集此」資持記上一之四曰「信鼓者於事則告衆有期在法則歸心無二鼓謂擊動發音名通鐘磬」參照鐘條。因臨終之引磬謂之信鼓決定往生集曰「信鼓者磬名也亦名無常磬也」

【信種】(術語) 信心之種子成信根於身者也。

【信幡】(物名) 爲信心而奉佛之幡也見幡條。

【信滿成佛】(術語) 占察經所說四種成佛之一、華嚴宗唱導之彼宗之行位有行布圓融之兩門。行布門自十信至佛果六位之次第不同其圓融門則得一位隨得一切位也。其義以六相圓融十玄緣起而知之。故經中說十信之滿心勝進分上得一切位及佛位、(舊經第六第七新經第十四第十五賢首品) 謂之信滿成佛

【信樂】(術語) 信順所聞之法而愛樂之卽信心歡喜也。淨土眞宗以彌陀十八願有曰至心信樂欲生我國其至心與欲生心之二攝於信樂之一、此謂之一心又云一念蓋信喜心誠卽爲至心其心卽爲欲生淨土之欲生心也。教行信證信卷曰、「私闚三心字訓三卽合一其意何者至者卽是眞也實也誠也心者卽是種也實也言信樂者信者卽是眞也實也誠也滿也(中略)驗也宣也忠也。樂者卽是欲也願也愛也悅也歡也喜也賀也慶也。言欲生者欲者卽是願也樂也覺也知也生者卽是成也作也爲也與也明智至心卽是眞實誠種之心故疑蓋無雜也信樂卽是眞實誠滿之心(中畧)欲願愛悅之心歡喜賀慶之心故疑蓋無雜也欲生卽是願樂覺知之心成作爲與之心(中畧)故疑蓋無雜也。今案三心字訓、眞實心而虛僞無雜。正直心而邪僞無雜。眞知疑蓋無間雜故是名信樂信心卽是一心也。一心卽是眞實信心也是故論主建言一心也。」唯識論六曰「二信有德者謂於三寶眞淨德中深信樂故。」

【信德】(術語) 信心之功德也。又信佛法之德者也。

【信慧】(術語) 五根中之信根與慧根也。信以破邪見慧以斷無明無量壽經下曰「壽命甚難得佛世復難値人有信慧難。」教行信證行卷曰、「佛在世甚難値有信慧不可致。」

【信藏】(雜語) 信心含藏一切之功德、故云信藏華嚴經一曰「信藏解脫門」。

【便同彌勒】(雜語) 淨土之行者於信之一念便同彌勒菩薩到阿惟越致之位也。教行信證信卷末曰、「王日休云不退轉

者。梵語謂之阿惟越致。法華經謂彌勒菩薩所得報地也。一念往生便同彌勒佛語不虛。
「

【便利】（雜名）大小便也。法華經授記品曰、「便利不淨。」

【便社那】（術語）見便膳那條。

【便旋】（術語）速疾容易之義。無量壽經下曰、「便旋至竟年終壽盡。」

【便膳那】（術語）Vyañjana 又作便善那、膩膳那、便社那。舊譯曰味。新譯曰文。能顯之義。以文能顯義故也。俱舍光記五曰、「梵云便膳那。唐言文。是能彰顯義。近顯名句。遠顯於義。西國俗呼扇鹽酢等亦名便膳那。亦是能顯義。扇能顯風。鹽等能顯食中味也。舊譯為味。譯者訛也。」唯識述記二末曰、「梵云便膳那。此有四義。一扇。二相好。三根形。四味。此即是鹽能顯諸物中味。故味即是文。如言文義巧妙等。目之為便膳那。此中四義總是一顯義。古德說名為味。」飾宗記六本曰、「便社那、此云文也。」玄應音義二十三曰、「文身梵言膩膳那。此言顯了。但以文能顯義。故代之舊言味身。或言字身一也。」

【俗人】（術語）梵語曰誐羅娑他 Grhastha 言在家之人也。

【俗妄真實宗】（術語）華嚴宗所判十宗之一。小乘中說出世部等所立。言世間法為俗諦。出世間法為真諦。俗諦為妄。真諦為實者也。見五教章上。

【俗我】（術語）對真我而言。又云假我。佛者於五蘊之假者順世俗之法而稱為我。謂之俗我。真我又云實我。外道凡夫所執之妄我也。佛者排妄我。不撥俗我。

【俗戒】（術語）對於無漏之道具戒而名有漏之諸戒為俗戒。法苑珠林曰、「夫戒有三種。一是俗戒。二是道戒。三是定戒。五、八、十、具戒等為俗戒。」又對於十戒具足戒之出家戒而稱五戒八戒之在家戒為俗戒。

【俗形】（術語）俗人之形也。薩婆多律攝五曰、「非法衣服是俗形儀。」

【俗流】（術語）世俗之流類也。釋門歸敬儀中曰、「自揣形服都非俗流。」

【俗智】（術語）凡俗淺近之智。又知俗諦之智。又有漏雜染之智。見二智條。

【俗塵】（術語）凡俗之塵垢。斥一切世間之人事而言。往生要集上本曰、「頭戴霜髮。心染俗塵。一生雖盡。希望不盡。」續高僧傳（道傑傳）曰、「宿植德本情厭俗塵。」

【俗諦】（術語）對於真諦而有俗諦之稱。又云世諦。俗者俗事也。又世俗之人也。一切因緣生之事相。對於真理而云俗。又世俗之人所知。故云俗。諦者真實之道理也。即俗事上之道理。謂之俗諦。又世俗之人所知之道理。謂之俗諦。大乘義章一曰、「俗謂世俗。世俗所知。故名俗諦。」見二諦條。

【係念】（術語）同於繫念。玄應音義三曰「古文繫繼二形今作係同古帝反說文係結束亦連綴不絕也」

【係念定生願】（術語）指阿彌陀佛四十八願中第二十願。無量壽經上曰「設我得佛十方衆生聞我名號係念我國植諸德本至心廻向欲生我國不果遂者不取正覺」

【垢】（術語）妄惑垢心性故名垢。煩惱之異名。俱舍論二曰「垢之與漏名異體同」大乘義章五本曰「流注不絕其猶瘡漏故名為漏染汚淨心說以為垢能惑所緣故稱為惑」梵摩羅 Mala

【六垢】（名數）惱、害、恨、諂、誑、憍之六法能汚穢淨心故名為垢見俱舍論二十一、大乘義章五末、三藏法數二十七。

【七垢】（名數）一欲垢欲使他人知自己之功德也。二見垢、於自己之功德生執着分別之見也。三疑垢、於自己之功德生疑惑也。四慢垢、於自己之功德與他校量而生輕他之心也。五憍垢、於己之功德生貢高欣喜之心也。六隨眠垢、自己之功德蓋覆於他之諸煩惱也。（隨眠者煩惱之異名）七慳垢、於自己之功德生慳惜之心也。見瑜伽論七十四、三藏法數三十。

【垢汙】（譬喻）以身之垢譬心性之妄惑也。無量壽經上曰、「洗濯垢汙顯明清白」同經嘉祥疏曰、「垢汙者執相之惑皆沾汙慧身」

【垢染】（雜語）以染身之垢喻煩惱之心也。無量壽經下曰、「猶如淨水洗除塵勞垢染故」

【垢習】（術語）煩惱之習氣也。垢者煩惱之穢、習者習性也。無量壽經上曰、「塵勞垢習自然不起」

【垢結】（術語）惑毒垢淨心故云垢、以結成生死之苦果故云結、皆煩惱之異名。釋名歸敬儀中曰、「痴慢為本故增垢結」

【垢識】（術語）凡夫之心識為惑所垢者。新譯仁王經中曰、「愚夫垢識染著虛妄為相所縛」良賁疏曰、「言垢識者無始塵垢妄分別故名為垢識」

【持人菩薩所問經】（經名）四卷、西晉竺法護譯。與持世經同本異譯。

【持心經】（經名）持心梵天所問經之略名

【持心梵天所問經】（經名）四卷、西晉竺法護譯。思益梵天所問經之異譯。

【持牛戒】（術語）有一種之外道為造生天之因而持牛戒。百論疏上曰、「持牛戒者如俱舍論說合眼低頭食草以為牛法。

【持句】（術語）梵語陀羅尼、譯曰持。持句者持陀羅尼之言句也。

【持句神呪經】（經名）別名陀羅尼句經、一卷。吳支謙譯。與陀隣尼鉢經同本異譯。

【持犯】（術語）保持戒律謂之持、侵犯謂之犯。而戒律有止惡作善二門。故持犯各有二。二持者、一止持、保持五戒乃至具足戒等止惡之法、而防止三業、謂之止持。二作持、保持安居說戒懺悔禮拜等作善之法、而策勵三業、謂之作持。二犯者、一作犯、盲動三業以觸止持之法、卽由作而爲犯者。二止犯、怠慢三業、不修作持之善業、卽由止而爲犯者。資持記中四之一曰、「所謂執持。犯卽侵犯。」

【持世經】（經名）一名佛說法印品經、四卷。秦羅什譯。依持世菩薩之請問而說大乘之法門。

【持世陀羅尼經】（經名）一卷、唐玄奘譯。佛在建磔迦林妙月長者請問除貧愈病滅罪安危之法、佛爲說陀羅尼與雨寶陀羅尼經及大乘聖吉祥持世陀羅尼經同本。

【持本三昧】（術語）又名普載三昧。地神之三昧也。地爲萬物之根本、故名本。能持本、故稱持本。能負載萬物、故名普載。大疏十、曰、「地能持萬物。一切萬物依之生長。當知卽是佛心猶如來心能持萬物。深入持本三昧而說眞言也。（中畧）若人誦持修習。不久亦得如來心地也。（中畧）此三昧名爲普載三昧。以同大地故也。」

【持名】（術語）受持阿彌陀佛之名也。念佛之人謂之持名行者。觀無量壽經曰、「汝好持是語。持是語者卽是持無量壽佛名。」

【持名稱者】（明王）胎藏界釋迦院之一尊、耶輸多羅之譯名。此明妃凡有來求者、則必施與之、故名稱普聞。以持此名稱普聞之德、故立此稱。大日經一曰、「明妃住其側、號持名稱者。」

【持字】（術語）金剛拳菩薩之種子[梵字]鑁字也。[梵字]字爲金剛界智法身之種子。能總持一切之秘密、故稱其菩薩爲拳、稱其種子爲持。拳者堅持之義也。瑜祇經曰、「金剛密持尊持字發光明。」[梵字]字之智光照法界、故云發光明。

【持地】（菩薩）菩薩名。佛爲母說法、上忉利天時、此菩薩爲作三道之寶階。觀佛三昧海經六曰、「父王白佛。佛母摩耶生忉利天。佛今光相神通具足。云何當往爲母說法。佛告大王。如來當如轉輪聖王足行之法。從閻浮提上忉利天。問訊檀越。爲說妙法。爾時會中有菩薩摩訶薩名曰持地。卽從座起入首楞嚴三昧。三昧力故從金剛際金剛爲輪。金剛爲根。金剛爲花。花花相次出閻浮提。時四龍王難陀。跋難陀。阿耨達多。婆伽羅龍王等各持七寶。詣持地所奉上七寶。爲佛世尊作三道寶階。左白銀。右頗梨。中黃金。從閻浮提金剛地際上忉利宮」摩訶摩耶經上曰「天帝釋知佛當下。即使鬼神作三道寶階」增一阿含經二十八曰、「釋提桓因告自在天子(中畧)化作金銀水精」造像功德經上曰、「毘首羯磨並諸天衆知佛將欲下閻浮提作三道寶階」因胎藏界曼荼羅地藏院第七位有持地菩薩。密號曰內修金剛、願相金剛。其荷負衆生。如地之能持萬物。故名。

【持戒】(術語)一六度之一。受持戒律而不犯觸也。法華經譬喻品曰、「持戒清潔。如淨明珠」維摩經佛國品曰「持戒是菩薩淨土」地持論八曰、「三十二相無差別因皆由持戒所得」智度論謂有大力毒龍。以眼視人弱者即死。以氣噓人彊者亦死。時龍受一日戒出家入林樹間。疲懈而睡。獵者見之喜曰。以此皮獻國王。以爲船飾可乎。便以杖案其頭。刀剝其皮。龍自念我今持戒。故不計此身。一心受剝。不生悔意。時日大熱。欲趨大水。見諸小蟲來食其身。爲持戒故。不敢動。畜生尚能堅持禁戒。至死不犯。況復於人。

【持戒波羅蜜】(術語)六度之一。見戒波羅蜜條。

【持明】(術語)梵語陀羅尼、Dhār-aṇi 譯曰持明。持明者、眞言之異名、持明者、陀羅尼即眞言也。又受持眞言、謂之持明。演密鈔一曰、「明者明咒。眞言之別稱。梵語尾尼也。此譯云明。破闇爲義。(中畧)亦持亦明。持即是明。」大日經疏九曰、「持明者、梵云陀羅尼。持明謂總持一切明門明行。」同三曰、「聲聞經中以毘尼爲秘藏。要擇人簡衆方便授之。若未發律儀不令聽聞修習。摩訶衍中亦以持明爲秘藏。未入曼荼羅者不令讀誦受持。還同盜聽布薩反招重罪。」

【持明仙】(術語)誦持陀羅尼、或以藥力成就通力之仙人也。大日經疏六曰、「持明仙者。是餘藥力等所成。悉地持明仙者。皆是專依咒術得悉地人。」同十一曰、「或以法加童男女。亦令彼成就。以爲供侍。即遊十方剎也。西方有一人成。引五百人昇空而去。不知所去也。此法成就。即是持明仙也。」

【持明院】(術語)胎藏界十三大院之第五、亦名五大院。安置不動尊等五尊。

【持明藏】(術語)持明之法藏。即一切眞言陀羅尼之經典也。演密鈔一曰、「藏者能攝義故。(中略)今但取府庫名之爲藏。由如世間國大庫藏。即能蘊攝種種雜寶。出納取與賑濟無窮。持明藏亦爾。蘊攝諸佛秘密法義。利樂無盡。故以爲明藏。」西域求法高僧傳有毘睇陀羅必得家、譯曰持明藏。(Vidyā-dhara-piṭaka)

【持明灌頂】(術語)五種三昧耶中第三三昧耶、學法灌頂也。靈妙疏下曰、「阿闍梨灌頂者。行傳法阿闍梨灌頂也。如律中

受具足戒。持明灌頂者如律中未受具戒者。但自作本尊眞言印念誦不得廣行學也。」梵 Vidyādhara-abhiṣekha

【持金剛】（菩薩）又作執金剛。標幟金剛部菩薩不壞之智力而執持獨鈷三鈷五鈷等金剛杵者。大日經疏一曰、「梵云伐折羅陀羅。此伐折羅卽是金剛杵。陀羅是執持義。故舊譯云執金剛。今謂持金剛。（中略）此宗密意伐折羅是如來金剛智印。」

【持金剛利菩薩】（菩薩）胎藏界曼茶羅金剛手院第三行第七位。密號曰般若金剛。主智慧猛利之德。與金剛界之金剛利菩薩同一本誓云。

【持金剛衆】（菩薩）於大會式持金剛鈴金剛輪寶等隨從阿闍梨者。

【持金剛鋒菩薩】（菩薩）胎藏界曼茶羅金剛手院第一行第五位。密號曰迅利金剛。住於發心猛利之德。

【持金剛慧】（術語）秘密主、金剛手、卽金剛薩埵也。大日經一曰、「牟尼諸法主。告持金剛慧。」

【持金剛慧者】（菩薩）執金剛也。大日經一曰「能滿一切願持金剛者。」

【持法輪】（術語）三輪之一。如解深密經說三性三無性而保有空有二理之敎也。

【持法緊那羅】（天名）法華經所說四種緊那羅之一。

【持念】（術語）受持憶念正法而不忘失也。

【持律】（術語）保持戒律而不犯也。寶積經八十二曰、「誰是持律。誰持阿含。」注維摩經三曰、「優婆離秦言上首弟子中持律第一。」戒疏一上曰、「由律師持律故。佛法住世五千年。」

【持者】（術語）念持經典或陀羅尼等不斷者。如法華之持者、千手陀羅尼之持者等。法華經寶塔品曰、「若暫持者我卽歡喜。」

【持息念】（術語）舊云數息、新云持息。五停心之一。俱舍論廿二曰、「阿那阿波那念。言阿那者謂持息入。是引外風令入身義。阿波那者謂持息出。是引內風令出身義。慧由念力觀此爲境。故名阿那阿波那念。以慧爲性而說念者、念力持故。」梵 Ānāpāna

【持息觀】（術語）同持息念。

【持素】（術語）持素食之法。卽不食肉食也。

【持海輪寶】（物名）摩尼珠之名。無量壽經上曰、「以月光摩尼持海輪寶之王而莊嚴之。」

【持淨】（職位）淨頭之異名。

【持國天】（天名）又云治國天。四天王中東方天之名。

【持軸山】（雜名）梵名伊沙馱羅山、Isadhara 譯曰持軸。山頂之形如車軸、因有此名。高廣皆二萬一千由旬。

【持經者】（術語）常受持法華經而讀誦者。經者汎名、當時人多受持法華經故總名卽爲別名。

【持鉢】（術語）同托鉢。謂比丘之乞食也。

【持業釋】（術語）六合釋之一。見六離合釋條。

【持僧】（術語）護持僧也。

【持誦】（術語）受持誦讀經典或眞言也。

【持蓮華】（雜名）作禮時持於手者。供華之意也。又千手千眼觀音之一手。

【持蓮觀音】（圖像）三十三觀音之一。乘蓮葉兩手持蓮花、顯現童男童女之體。

【持劍明仙】（術語）咒劍而作成就、劍現光焰、得變身而成持明仙、飛騰於虛空。是名持劍明仙。見聖迦捉金剛童子儀軌上。

【持齋】（術語）過正午不食曰齋。持齋謂受持齋法而不違越也。釋氏要覽曰「齋起世因本經云烏脯沙陀隋言增長受持齋法增長善根故佛教以過中不食名齋」大日經一曰、「愚童凡夫猶如羝羊、或時有一法想生所謂持齋。」眞言宗所立十住心之第二爲「愚童持齋心。」

【持齋經】（經名）齋經之異名。

【持邊山】（界名）七金山之外邊、圍繞護持其餘之六金山者。梵名尼民陀羅。

【持鬘天】（天名）持華鬘之天衆也。占胎藏界曼荼羅外金剛院之一位。秘藏記下曰「持鬘天白肉色持華」大部補注五曰、「若部有衆生施香華鬘、必生此天。於其胸前天悅意華自然爲鬘、故號彼天爲持鬘耳。」

【按位接】（術語）對於勝進接而言。被接之一種。按者止之義、卽止於舊位、爲後教接入也。法華釋籤二曰、「伏位來入伏位、名爲按位」是蓋通別二教之人被接於後教、後猶在與前教同一伏位（別教爲地前、圓教爲住前）不能進入證位之意。又約於開會而或名爲按位。開卽由爾前之伏位直接入於圓教住前無明未斷之伏位也。

【按指】（雜語）押指也。楞嚴經四曰、「如我按指海印發光、汝暫舉心塵勞先起。」長水之義疏曰、「無生智合無相理、大用顯現」

【按摩】（雜語）涅槃經二十九曰、「按摩故得手軟相」

【指】（譬喩）以指譬教、以月比法。楞伽經四曰、「如實觀察者諸事悉無事。如愚見指月、護指不觀月、計著名字者、不見我實心」楞嚴經二曰、「如人以手指月示人。彼人因指當應看月若復觀指以爲月體此人豈亡失月體亦亡其指何以故以所標指爲明月故」圓覺經曰「修多羅敎如標月指。若復見月了知所標畢竟非月一切如來種種言說開示菩薩亦復如是」智度論九曰、「如人以指指月以示惑者惑者視指而不視月人語之言我以指指月令汝知之汝何看指而不看月此亦如是語爲義指語非義也」往生論註下曰「名爲法指如指指月」

【指月】（譬喩）以指譬修多羅以月譬字相見指條。

【指方立相】（術語）指方者指定西方也立相者建立彌陀之相好也是爲觀經一部之說相舉道門之諸家以之爲對於一往劣機之方便說其究竟說謂心外無法故心外無淨土實相無相故佛身無相然淨土門爲本爲凡夫之宗故以此指方立相爲宗之極致不取己心之淨土無相之理佛也觀經定善義曰、「今此觀門等唯指方立相住心而取境總不明相離念也如來懸知末代罪濁凡夫立相住心尙不能得何況離相而求事者如似無術通人居空立舍也」

【指印】（雜名）卽拇印也行事鈔中上曰、「諸書指印遣使」同資持記曰、「言指印者舊云手墨印紙以表其意或云西人指上貫印持以爲信」

【指多】（雜語）Citta 譯曰心見質多條。

【指兎】（雜語）兎爲月指兎者如言指月也見指條。

【指腹親】（雜語）指腹中之子而約結婚是云指腹親毘奈耶雜事三十一曰、「今可共作指腹之親我等二人若生男女共爲婚姻」

【指環】（物名）又曰指釧草釧、草環、茅環密敎之法續草作環以此穿於無名指。蘇悉地經一曰、「作法時當用茅草而作指釧著於右手無名指上（中略）以著此草環故罪障除滅手得清淨所作皆成」又曰、「其茅環者稱無名指量以茅三纒作金剛結。

【指難】（地名）同支那。

【指鬘】（人名）央掘摩羅之譯名見央掘摩羅條。

【指鬘經】（經名）央掘摩經之異名。

【弭陀訶羅】（異類）夜叉名譯曰食腦見孔雀王咒經上。

【弭秣賀】（地名）Mimaha 國名譯言米國見西域記十。

【弭曼差】（流派）Mīmāṁsā 印度六派哲學中興起最初者 Jaimini 所開此派之目的在解釋吠陀爲正當說明其儀式佛經中謂之聲論師見聲論師條。

【降三世明王】（明王）Trailokya-v

ijaya-rāja 又名月黶尊勝三世王五大明王之一、四面八臂之忿怒身踐大自在天之夫妻在五方中爲東方貪瞋痴謂之三世、降伏之故云降三世又降伏過現未三世之貪瞋痴故云降三世又降伏三界之主、故云降三世。大日經疏十曰「所謂三世。世名貪瞋痴。降此三毒名降三世。又由如過去貪故今受此貪報之身復生貪業受未來報。三毒皆爾名爲降三世也。復次三世者爲三界。（中略）以能降伏三世界主故名降三世明王也。」此明王以金剛薩埵爲自性薩埵之忿怒身也。理趣釋降三世品曰、「時金剛手大菩薩欲重顯明此義故持降三世印。以蓮華面微笑而怒顰眉猛視利牙出現住降伏立相。說此金剛吽迦羅心。」降三世成就極深密門曰「歸命聖主宰普賢金剛手。爲降伏一切現吽迦囉身。摧三世有毒。」仁王經儀軌上曰、「此金剛手卽普賢菩薩也。（中略）依敎令輪現成威怒降三世金剛。」

【降三世與大日如來】（雜語）降三世爲金剛薩埵之忿怒身、故其望大日如來時、以大日爲自性輪身、以薩埵爲正法輪身、以降三世爲敎令輪身。故以薩埵之正法輪身、歸於大日之自性輪身、則降三世明王、卽大日之忿怒身也。見敎令輪身條。

【降三世與阿閦如來】（雜語）依金剛界五智如來之分相門、則金剛薩埵乃阿閦如來、四親近菩薩之第一、故隨而降三世、爲東方阿閦如來之敎令輪身也。補陀落海會軌曰、「降三世阿閦佛忿怒。自性輪金剛薩埵菩薩。」降三世忿怒明王念誦儀軌曰、「阿閦普賢（普賢卽金剛薩埵）大弘誓甚深故。示現忿怒形相。」仁王經念誦儀軌上對於金剛手與降三世而論正法敎令之二輪亦此意也。

【降三世與釋迦如來】（雜語）理趣釋降三世品曰、「毘盧遮那佛。於閻浮提化八相成佛。度諸外道。」是以釋迦爲大日之正法輪身之意。十八會指歸曰、「示現釋迦牟尼佛降於閻浮提。變化身八相成道。皆是普賢菩薩幻化。」（普賢卽金剛薩埵）是以釋迦爲金剛薩埵示現之意。而爲降三世之大日敎令輪身也。金剛薩埵之忿怒身、如上所示、故釋迦與降三世、就其能變而言同一體也。

【三部降三世】（名數）胎藏界曼荼羅有降三世王三尊。一金剛手院中之一尊、一五大院中降三世王與勝三世王之二尊、降世與勝世其義一、故爲同尊。而此三尊爲三部之忿怒尊、猶如軍茶利明王有三部之別、蓋金剛手院之降三世爲金剛薩埵、是金剛部之忿怒尊、五大院中不動尊北之降三世爲大日所變、是佛部之忿怒尊、其西方之勝三世爲地藏菩薩所變、是蓮華部之忿怒尊。此非於同院中列同一之兩尊、是其名雖同、而為佛及地藏所變異故有其異。

【降三世尊形】（圖像）仁王經儀軌上曰「依教令輪故現作威怒降三世金剛。四頭八臂摧伏摩醯首羅大自在天諸魔軍衆。」降三世成就極深密門曰「吽迦羅金剛暴怒處月輪身流火光聚徧體玄青色大自在天王妃烏摩為座（中略）卽起平身立。舉右足左旋躡彼傲慢者大自在欲王撲至於地已定（左足）按於彼頂慧（右足）蹍彼王妃烏摩乳房上。（中略）二羽（兩手）印當心。慧手（右手）持五鈷怒臂如下擬次箭劍直執定上（左之上手）五鈷鉤次弓次執索。皆直引臂持四面正青色右黃左綠色後紅。成忿怒自在天王妃為座如前說吽迦囉金剛作如是相好。」已上皆四頭八臂、五大尊中之降三世也。屬於金剛界若胎藏界曼陀羅之降三世則為二臂。大日經疏五曰、「降三世忿怒明王尊。首戴寶冠持五鈷金剛印。」秘藏記末曰、「降三世尊黑色大忿怒之相二牙上。左手持三股跋折羅右一手持鉾。鉾二端有三股叉在火炎中。」

【降三世種子】（種子）𤙖也。是以自在之風為體。𤙖者長聲呼之、具足萬行也。加涅槃點則為明如來之解脫力故也。見義釋七。

【降三世眞言】（眞言）常稱曰蘇婆儞蘇婆（降三世）吽、（破壞）縛曰羅（金剛）吽發吒。（破壞）而本軌則為儞蘇婆、（降三世）縛曰羅、（金剛）吽發吒（破壞）大咒有降三世五重結護之秘釋。

【降三世儀軌】（雜名）降三世明王修法之儀軌、有金剛頂瑜伽降三世成就極深密門一卷、降三世忿怒明王念誦儀軌一卷。

【降三世成就極深密門】（經名）具名如上、一卷、不空與遍智譯。降三世之儀軌以此為本。

【降三世忿怒明王念誦儀軌】（經名）一卷、唐不空譯。

【降三世忿怒持明王尊】（明王）降三世明王之具名。持者保持之義、謂能保持忿怒也。見降三世明王條。

【降三世羯磨會】（術語）略云降三世會。金剛界九會曼荼羅之一。降三世住於事業具足身、降伏魔王之諸尊會場也。

【降三世三昧耶會】（術語）金剛界九會曼荼羅之一。又作降三世三摩耶會。三昧耶者本誓之意、表降伏三界主大自在天之本誓、故有此稱。

【降生】（術語）如來由兜率天而降生於世也。釋迦譜一曰、「釋迦降生成佛。」止觀弘決序曰、「惟昔智者大師降生不生。」

【降世】（術語）佛菩薩之出生也。由

高降於下劣世界之義。

【降伏】（術語）梵語阿毘遮嚕迦。Abhicāraka 譯曰降伏。以威力降伏他也。維摩經佛國品曰、「降伏魔怨。制諸外道。」

【降伏法】（修法）修五大明王等法退治怨敵惡魔也。五部尊法之一。補陀落海會軌曰、「三降伏法。用金剛部尊等。是故有五大忿怒尊等。」不空譯之阿毘遮嚕迦儀軌品明諸種之降伏法。

【降伏坐】（術語）又曰降魔坐。先以右足押左股、次以左足押右股也。反之者云吉祥坐。慧琳音義八作「降魔坐。」玄贊二作「降伏坐。」見跏趺條。

【降伏部多經】（經名）金剛手菩薩降伏一切部多大敎王經之略名。

【降伏印】（印相）二手相叉於內二小指相鉤、二無名指各入左右虎口、二中指豎合、二頭指各捻中指之背、二大指各捻中指之中節。見觀亥母成就法。

【降伏四魔金剛戲三昧】（術語）佛住此三昧說降伏四魔之眞言。金剛戲者、以佛之降伏四魔、乃佛之神通遊戲之一端也。大日經悉地出現品曰、「爾時毘盧遮那世尊。又復住於降伏四魔金剛戲三昧。說降伏四魔解伏六趣滿足一切智智金剛字句。」

【降服四魔眞言】（眞言）與前項同。其金剛字句爲[illegible]之五字。

【降鉢王何】（雜語）王濛見支道林、宿構數百言、欲其品題。讀竟、徐曰、與君別來多時、語了不長進。濛退謂人曰、支公乃降鉢之王何也。

【降胎】（術語）佛宿於母胎也。無量壽經上曰、「捨彼天宮。降神母胎。」

【降神】（術語）如來之宿於母胎也。無量壽經上曰、「捨彼天宮降神母胎。」

【降焰魔尊】（明王）又曰焰漫德迦、又曰六面尊、六足尊、大威德王。聖閻曼德迦威怒王立成大神驗念誦法曰、「聖閻曼德迦威怒王。」閻曼德迦忿怒王眞言大威德儀軌品曰、「閻曼德迦忿怒王。」又曰、「大威德尊。」大日經疏六曰、「降焰摩尊。」秘藏記末曰、「閻摩德迦尊。」仁王經儀軌上曰、「威怒六足金剛。」此尊爲阿彌陀如來之敎令輪身。其自性輪身爲文殊師利菩薩。在五方中爲西方。補陀落海會軌曰、「六足尊無量壽佛忿怒。自性輪文殊師利菩薩。」彼尊降伏焰摩、故名降焰摩尊。讚閻曼德迦忿怒王眞言儀軌品曰、「忿怒暴怖事。能壞嚧那囉。亦斷閻摩命。忿猛爲常業。」Yāma-ntaka

【降焰魔尊畫像】（圖像）大神驗念誦法曰、「聖閻曼德迦威怒王。身乘青水牛。持種種器杖。以髑髏爲瓔珞頭冠。虎皮爲裙。其身長大。無量由旬。徧身火焰。洞然如劫燒焰。顧視四方如師子奮迅。」仁王經儀軌上曰、「依敎令輪現作威怒六足金剛手臂頭各六坐水牛上。」大日經疏六曰、「降閻摩尊是文殊眷屬具大威勢其身六面六臂六足水牛爲座面有三目色如玄雲作極忿怒之狀。」

【降閻摩尊修法】（修法）修法之儀軌、見閻曼德迦條。

【降誕】（術語）佛生於世也。象器箋十三曰、「趙眘賓退錄云、詩誕彌厥月。誕大也。朱文公以爲發語之辭。世俗誤以誕訓生。遂有降誕慶誕之語。前輩辯者多矣。」佛法傳通緣起曰、「迦毘羅城示降誕之迹。」

【降龍鉢】（故事）降伏龍而入於鉢中也。佛本行集經迦葉三兄弟品曰、「如來化迦葉三兄弟至優婁頻螺聚落求一止宿處。彼有一草堂、迦葉一弟子病下痢、穢草堂、故以恨擯出之、死爲毒龍、住此草堂害人畜。迦葉欲伏之、祭祀火神、火神之力不及。如來住堂內寂然入禪定。爾時毒龍吐火焰逼如來、如來亦入火光三昧、身出大火、草堂熾然、如大火聚、時毒龍見如來所坐處獨寂靜無火光、自至佛所踊身入佛鉢中說偈曰、若人百千億萬歲一心祭祀此火神、彼輩不能斷去瞋、如今勝世尊忍辱。一切天人世界內唯有世尊大丈夫。諸被瞋恚重病纏、世尊能與忍辱藥。爾時如來擎鉢至優婁頻蠡迦葉所告言、此毒龍汝等所畏、今我以威火滅其毒火以示汝等。」梁高僧傳十（涉公傳）曰、「涉公西域人也。以苻堅建元十一年至長安。能以秘呪呪下神龍。每旱、堅常請之呪龍、俄而龍下鉢中、天輒大雨。堅及羣臣就鉢中觀之、咸嘆其異。」證道歌曰「降龍鉢解虎錫」

【降龍五經】（經名）龍王兄弟王經之異名。

【降龍伏虎】（雜語）釋道兩家俱相傳有降龍伏虎故事。謂能制御眞龍眞虎也。如苻秦僧涉能使龍下鉢中。後漢道士趙炳能禁虎使伏地。又十八羅漢有降龍伏虎二尊者是也。

【降臨】（術語）佛菩薩來臨也。安像三昧儀軌經曰、「如來賢聖降臨隨喜成就功德。」

【降魔】（術語）降伏惡魔也。佛將成正覺、坐菩提道場時、欲界第六天現惡魔之相、來試種種之妨害、或以溫言誑之、或以暴威逼之。佛盡降伏之、是云降魔。佛說無量壽經上曰、「受施草敷佛樹下跏趺而坐。奮大光明使魔知之。魔率官屬而來逼試。制以智力皆令降伏。」維摩經佛國品曰、「始在佛樹力降魔、得甘露滅覺道成。」

【降魔相】（術語）一此降魔爲八相成道之一。故云降魔相。又不動明王等降伏惡魔可畏之忿怒相、亦云降魔相。

【降魔杵】（物名）演密鈔十曰、「杵頭有四角形者。如尋常塑畫金剛神手所執者名降魔杵是也。」

【降魔坐】（術語）同降伏坐。見降伏條附錄。

【降魔利劍】（物名）不動明王等所持之刀劍也。是爲降伏惡魔之利劍。

【降魔經】（經名）有魔入目連腹中、目連喚出說往昔之因緣。魔乃怖而降伏。此經攝入中阿含經三十。

【津送】（儀式）禪家送亡者曰津送。有二義、一本爲送生人之語、送人至津而止。今準生人而送亡者也。一人之去、譬如舟之發津而人送之也。勅修淸規尊宿遷化曰、「但羅無常、偈同亡僧津送。」送其生人之例證、如傳燈錄會通傳曰、「帝厚其所賜、勅有司津送。」禪林寶訓曰、「迎待運日厚、禮津送。」印度之俗、運死者於河津、使足浸於水。後於河邊闍毘、有流遺骨於水之禮。尼波羅國於未全死之前、有送之於河津之習。此蓋爲引導而同時津送也。津送之義、或基於此習俗。

【津梁】（譬喩）渡河津之梁筏。以譬道諦。智度論十一曰、「涅槃之津梁。」

【洞山】（人名）筠州洞山悟本大師、名良价、姓兪氏。幼從五洩山默禪師出家。後徧參諸師、得法於雲巖晟師。唐大中年中、唱道於新豐、晚年移洞山、立偏正五位。（見五位條）法威大揚。咸通十三年端坐長逝、壽六十三。諡悟本大師。見傳燈錄十五。因襄州洞山守初宗慧禪師、爲雲門之法嗣。見五燈會元十五以下附錄爲宗慧事。

【洞山三頓棒】（公案）「洞山初參雲門、門問曰、近離甚處。山云、查渡。門曰、夏在甚處。山云、湖南報慈寺。門曰、幾時離彼。山云、八月二十五日。門曰、放汝三頓棒。山明日上問訊。昨日蒙和尚放三頓棒、不知過在甚麼處。門曰、飯袋子、江西湖南便恁麼去。山於此大悟。」見五燈會元十五洞山章、無門關十五則。

【洞山麻三斤】（公案）「僧問洞山、如何是佛。山曰、麻三斤。」見五燈會元十五洞山章、碧巖十二則、無門關十八則。

【洞山土地神】（公案）「洞山和尚、一生住院、土地神覓他蹤跡不見。一日廚前抛散米麵。洞山起心曰、常住物色、何得作踐如此。土地神遂得一見、便禮拜。」見碧巖九十七則評。

【洞上】（雜名）曹洞宗也。對於末師末流而云上。

【洞下】（雜語）曹洞宗之門下也。

【洞家】（流派）曹洞宗之一家也。對於濟家之稱。

【活】（地名）西域古王國名。覩貨邏

國之故地周二千餘里見西域記十二。

【活人劍】（雜語）以劍譬智謂復活眞性之機用也景德傳燈錄十六巖頭全豁條曰、「石霜雖有殺人劍但無活人劍」

【活文殊】（雜語）具文殊之本分者。臨濟錄曰、「儞目前用處始終不異處處不疑此個是活文殊」

【活句】（術語）禪宗之語有死句活句意路不通無義味句謂之活句有義味通意路句謂之死句林間錄上曰、「洞山初禪師云語中有語名爲死句語中無語名爲活句」

【活佛】（雜名）卽呼圖克圖大喇嘛之名號一作胡土克圖蒙藏青海皆有之凡爲呼圖克圖者皆能世世轉生永掌其職位、俗稱活佛元韓邦靖詩曰「更闕番僧取活佛似欲清淨超西天」按二字入詩僅見。

【活命印明】（術語）延命招魂法之印明也見延命條。

【活命童子】（人名）梵名時婆Jīva又曰時縛迦Jīvaka譯言活命有二人一爲大醫能活人命者一由佛受必活命之記別者俱舍光記五曰、「時縛迦此云活命善療衆病能活命故曰云耆婆云耆域訛也」此前之童子也同次文曰、「鳩摩羅此言童子。時婆此云活命名活命童子」是後之童子也。

【活兒子】（植物）菩提樹也。

【活祖】（雜語）祖師之存慧命者臨濟錄曰「儞心心不異名之活祖」

【活童子】（人名）醫王耆婆之譯名。善見律十七曰、「耆婆者外國音漢言活童子何以名之活童子時無畏王子晨朝乘車。欲往見王路見小兒問傍人言此兒爲死爲活傍人答言活是故言活童子」見耆婆條。

【活潑潑地】（雜語）活潑之至也本釋氏語朱儒亦用之中庸集注、故程子曰此一節子思喫緊爲人處活潑潑地讀者其致思焉。

【恒水】（地名）恒河也。法顯傳曰、「城接恒水有二僧伽藍」

【恒水經】（經名）佛說恒水經一卷、西晉法炬譯與中阿含瞻波經同本

【恒行不共無明】（術語）五種無明之一見無明條。

【恒伽河】（地名）卽殑伽河之異名。

【恒伽達】（人名）Gaṅgādatta 比丘之名譯曰河授爲父母祈恒伽神而得之子、故名王舍城大富長者之子請於父母而出家得道果見賢愚經恒伽達緣品

【恒伽提婆】（人名）Gaṅgādevi 女人名譯曰河天父母禱恒河之神而得之、故名於般若會坐受佛之授記出大般若二十卷、小品般若七卷、智度論七十五智度論七

十五曰、「問曰何以名爲恒伽提婆。答曰一切皆有名字爲識故何足求義。有人言是女人父母供養恒伽神得此女故言恒伽提婆。恒伽是河名提婆名天。」

【恒沙】（譬喻）恒河沙之略。見恒河沙條。因台宗所立三惑中塵沙之惑亦云恒沙。淨名經三觀玄義上曰、「見思恒沙無明之惑。」

【恒沙定】（術語）多如恒河沙數之禪定。乃地藏菩薩每日晨朝所入觀衆機之禪定也。玄奘記十輪經一曰、「此善男子。於一一日每晨朝時爲欲成熟諸有情故入殑伽河沙等諸定。」往生要集上末曰、「地藏菩薩每日晨朝入恒沙定周遍法界拔苦衆生。」

【恒河】（地名）恒伽河之略。長阿含經曰、「阿耨達池東有恒伽阿。（玄奘記作殑伽）從牛口出從五百河入於東海。（玄奘記作東南海。）池南有新頭河。（玄奘記作信度。）從師子口出從五百河入於南海。（玄奘記作西南海。）」新婆沙論曰、「殑伽河從池東面金象口出右遶池一帀流入東海。」西徼水道篇曰、「印度凡三大水。西曰印度河。東曰蒲蘭達江。而恒河橫貫其中。番名安治士河。」參照殑伽條。

【恒河沙】（譬喻）Gangā-nadi-vālukā 略稱恒沙。恒河沙之數、譬物之多也。智度論七曰、「問曰。如閻浮提中種種大河亦有過恒河者。何故常言恒河沙等。答曰恒河沙多餘河不爾。復次是恒河是佛生處遊行處。弟子現見故以爲喻。復次諸人經書皆以恒河爲福德吉河若入中洗者諸罪垢惡皆悉除盡。以人敬事此河、皆共識知故以恒河沙爲喻。復次餘河名字屢轉此恒河世世不轉。以是故以恒河沙爲喻不取餘河。」

【三恒河沙】（術語）涅槃經六說衆生信解大乘教典、於熙連河沙與八恒河沙之諸佛所聞法之功德。道綽之安樂集上明此中初之熙連河沙及三恒河沙發心曰、「如涅槃經云。佛告迦葉菩薩。若有衆生於熙連半恒河沙等諸佛所發菩提心。然後乃能於惡世中聞是大乘經典不生誹謗。若有於一恒河沙等佛所發菩提心然後乃能於惡世中聞經不起誹謗深生愛樂。若有於二恒河沙等佛所發菩提心。然後乃能於惡世中不謗是法。正解信樂受持讀誦。若有於三恒河沙等佛所發菩提心。然後乃能於惡世中不謗是法。書寫經卷雖爲人說未解深義。」

【八恒河沙】（術語）涅槃經六明信解大乘經之人宿福深廣、由於熙連河沙及八恒河沙之諸佛所發心修行。謂之九河供佛、又云九河發心。

【恒河喩經】（經名）佛說恒水經之異名。

【恒娑】(動物)Haṁsa 又作亘娑。譯曰鵝、雁。大威德陀羅尼經六曰、「恒娑隋言鵝」探玄記二十曰、「恒娑者此云鵝毛。以此為衣水澆不着。」西域記九曰、「亘娑唐言雁」。

【恒娑迦】(動物)Haṁsaka 譯曰鳩。見大威德陀羅尼經六。此恐非、或是鵝及雁也。

【恒常戒】(術語)六種戒之一。見戒條。

【恒順衆生】(術語)普賢菩薩十大願之第九。華嚴經普賢行願品曰、「言恒順衆生者。謂盡法界虛空界十方剎海所有衆生種種差別。所謂卵生胎生濕生化生(中略)有想無想非有想非無想。如是等類我皆於彼隨順而轉。種種承事種種供養。如敬父母。如奉師長。及阿羅漢乃至如來等無有異。於諸病苦為作良醫。於失道者示其正路。於闇夜中為作光明。於貧窮者令得伏藏。」

【恒憍天】(界名)天名。大部補註五曰、「恒憍亦言常放逸天。」梵 Gaṅgā

【待對】(術語)謂彼此相待。二法相對也。一切因緣生之事物皆然。止觀輔行三曰、「互相因依待對而立。」又曰、「皆是待對可思議。」

【律】(術語)梵語優婆羅叉、Uparakṣa 譯曰律。毘尼 Vinaya 譯曰律者、義翻也。(毘尼之正譯曰滅、或調伏)律猶言法禁、制之法也。又詮量。詮量罪之輕重也。大乘義章一本曰、「律者外國名優婆羅叉。此翻名律。解釋有二。一就教論。二就行辨。若當就教、詮量名律。若當就行、調伏名律。毘尼之教詮此律行。故稱為律。又生律行。故復名律。」同七曰、「禁制之法。名之為律。律猶法也。」止觀四曰、「律者。詮量輕重。分別犯不犯。」行事鈔資持記上一之一曰、「律者梵云毘尼。華言稱律。今約戒疏統括諸文不出三義。初言律者法也。(中畧)二云律者分也。(中略)三云律字安聿。聿者筆也。」同中一之二曰、「通禁制止名律。」

【律之四名】(名數)一毘尼、譯曰滅。新稱毘奈耶 Vinaya 譯曰調伏。二木叉、譯曰解脫。新稱波羅提木叉 Prātimokṣa 譯曰別解脫。三尸羅 Śīla 譯曰戒。四優婆羅叉、Upalakṣa 譯曰律。此四者異名同體。見大乘義章一本。

【律之二部】(名數)窟內部(上座部)窟外部(大衆部)即小乘根本之二部也。

【四律五論】(名數)見四字部四律五論條。

【律之三大部】(名數)見三大部條。

【律五論】(名數)律宗所依之五部論。如毘尼母論、摩得勒論、善見論、薩婆多論、明了論是也。

【律衣】（衣服）守小乘戒律之人所著之法衣也、一一之制度依戒律而作。

【律行】（術語）戒律之行也。維摩經方便品曰「雖爲白衣奉持沙門清淨律行。」

【律宗】（流派）戒律爲三藏三學之一、通於諸宗而唐南山道宣特依五部律中之四分律弘通戒律、故稱之曰律宗。即四分律宗也。四分律者佛滅後百年依曇無德羅漢而成別部、支那傳譯之至唐之南山而大成。

【律宗兩家】（流派）一疏家、法礪之舊疏也。二鈔家南山之行事鈔也。

【律宗三家】（名數）一相州日光寺之法礪、造四分律疏十卷、號爲舊疏、宗依成實論。嵩山之定賓、作飾宗記十卷、解釋之。二終南山之道宣、作四分行事鈔三卷、宗依大乘唯識。三西太原寺東塔之懷素、造四分開宗記十卷（又曰開四分律宗記）號爲新疏、盛斥前之二宗。宗依說一切有部。此三家在唐代各立異義門葉互爭、此名律之三宗。

【律法】（術語）戒律之法也。

【律虎】（譬喩）戒律優勝譬之於虎。釋氏要覽中曰「隋高僧法願大明律藏詞辯高亮、彭亨難敵號律虎。」

【律相】（術語）戒律之法相也。

【律師】（職位）善解戒律者之稱。涅槃經三曰、「如是能知佛法所作善能解說是名律師能解一字。」行事鈔資持記下三之四曰、「一字者律字。以律訓法總合大小開遮輕重。故雖博通指歸一字。」三德指歸一曰、「像法決疑經及觀心論皆明三師謂律師禪師法師也。明練持犯曰律師。」日本取之爲僧官之名。

【律乘】（術語）戒律之敎法也。釋門正統三曰「南山律乘。」

【律派】（雜語）戒律之流派也。

【律海】（譬喩）戒律廣大、譬如海也。行事鈔上一之三曰、「夫律海沖深津通萬象。雖包含無外而不宿死尸。」

【律儀】（術語）律者法律、儀者儀則、所制之法律、以防遏過非、惡律儀以防遏善事。因而立身之儀則也。通於善惡。善律儀者、大乘義章十曰、「言律儀者制惡之法。說名爲律。行依律戒、故號律義。又復內調亦爲律。外應眞則、目之爲儀。」行事鈔資持記中一之二曰、「通禁制止名律。造作有相名儀。」因無表之戒體（舊云無作）名爲律儀、此戒體在人之身中、他無表示、故云無表。爲不動身口意之作用、故云無作。而一旦得此戒體有防非止惡使人自順律儀之功能、故名之爲律儀。梵語三跋羅、義淨譯曰護。以戒體能護人也。大乘義章十曰、「無作之善說爲律儀。」俱舍論十四曰、「能遮能滅惡戒相續。

故名律儀。」有部百一羯磨一曰、「授與三歸並五尊處成鄔波索伽律儀護。」註曰、「此言護者。梵云三跋羅。譯為擁護。由受歸戒護使不落三途。舊云律儀。卽當義譯。云是律法儀式。若但云護。恐學者未詳。故兩俱存。明了論已譯為護。卽是戒體無表色也。」見無表色條。

【三種律儀】（術語）一別解脫律儀、於欲界受戒法而發生之戒體也。二靜慮生律儀、入色界諸定自發生之戒體也。三道生律儀、入無漏定發生之戒體也。前二者屬有漏、後一者屬無漏。舊作別解脫律儀、禪律儀、無漏律儀。俱舍論十四曰、「律儀差別略有三種。一別解脫律儀。謂欲纏戒。二靜慮生律儀。謂色纏戒。三道生律儀。謂無漏戒。」

【律儀戒】（術語）三聚戒之第一。守諸律儀離過非之戒行也。

【律幢】（譬喩）戒律之法幢也、戒律能防止邪非之敵、故云幢。

【律禪】（術語）律宗禪宗也。又律師禪師也。

【律講】（雜語）戒律之講演也。

【律藏】（術語）三藏之一。舊作毘尼藏、譯曰律藏、義翻也。新作毘奈耶藏、譯曰調伏藏。結集關於佛教中戒律之法言者、包含於此中而無所漏、故曰藏。見三藏條。

【律懺】（術語）戒律所說之懺悔法也。局於出家之五衆行之。行事鈔中四之三曰、「若論律懺唯局道衆。」

【後一乘】（術語）華嚴宗五教中最後之圓教為一乘教。見五教條。

【後三一乘】（術語）華嚴宗五教中後之終教、頓教、圓教三教為一乘教。

【後分華嚴】（術語）對於前分華嚴而言。天台家所談、卽謂佛成道三七日後、至鹿苑涅槃時、對一類頓大之機所說之華嚴法門也。法華玄義十所謂「華嚴時節長、昔小機未入、如聾如瘂、今聞般若、卽能得入、卽其義焉」、又謂「若華嚴正隔小明大、於彼初分永無聲聞、後分則有」是也。

【後分涅槃】（術語）大般涅槃經後分之異名。

【後五】（雜語）後五百歲之略。

【後五百年】（術語）與後五百歲同。

【後五百歲】（術語）大集經所說五種五百年中、第五之五百年、鬪諍堅固之時也。見五五百年條。法華經藥王品曰、「若如來滅後五百歲中若有女人聞是經典」同勸發品曰、「後五百歲濁惡世中」因佛滅度五百歲之後也。中論一曰、「佛滅度後後五百歲像法中。人根轉鈍。深著諸法。」中論疏一末曰、「後五百歲者此是五百歲後耳。」智度論釋信毀品云。佛滅度後五百歲後。有五百部則其證也。像法中者初五百為正法。

後五百歲卽屬像法。」

【後戶】（雜名）本堂之後口也、又曰裏堂後堂。

【後生】（雜語）未來之生涯、謂死後更生之所。無量壽經下曰、「後生無量壽佛國。」法華經藥草喻品曰、「後生善處。」

【後生菩提】（雜語）於後世生極樂、得菩提之果也。

【後世】（雜語）謂吾身之死後也。無量壽經下曰、「壽終後世尤深尤劇。」

【後世修因】（雜語）爲後世往生善所而修之善因也。

【後出阿彌陀佛偈】（經名）後漢失譯、有十四偈、讚往生淨土之勝妙。貞元錄曰、「後出阿彌陀偈經一卷（或無經字）一紙、（後漢失譯兩譯一失）」日本未知此偈爲何人所造、別云一切經中彌陀偈、令人取信。

【後出阿彌陀佛經】（經名）後出阿彌陀佛偈之異名。

【後有】（術語）未來之果報也。後世之心身也。勝鬘經曰、「阿羅漢辟支佛所斷煩惱更不能受後有。」智度論一曰、「後有愛種永已盡。」因生死身之最後云後有。與所謂最後身同。謂後有之菩薩、最後身之菩薩等。如悉達太子之身是也。

【後有菩薩】（術語）又曰最後身。生死身之最後也。受生死之身最後之菩薩云後有菩薩。如悉達太子是也。

【後光】（雜名）又曰背光。在佛背後之圓光、就木佛畫像而云。

【後安居】（術語）南山舊律謂五月十六日已後之三月、義淨新律謂六月十六日已後之三月。見安居條。

【後身】（雜語）謂來世之身。鄭谷詩曰、「後身惟願似師身。」宣和書譜曰、「李陽冰篆迹殊絕、自謂蒼頡後身。」卽今俗轉胎之說也。

【後佛】（佛名）後來出世之佛、謂彌勒佛也。

【後夜】（雜語）晝夜六時之一。夜間區分初中後三時、此爲其後分、故有此稱。卽寅刻、近日出之時也。佛遺敎經曰、「初夜後夜亦廢勿有。」彌勒所問經論三曰、「初夜後夜、精勤修行。」卽其例也。

【後念】（術語）於刻刻移行間、其先瞬間曰前念、其次瞬間云後念。又謂其初一念決定、其後永永相續之間。

【後架】（雜名）僧堂之後、有洗面之架、名曰後架。卽大衆之洗面處也。以其側有厠、後架之名、遂與厠相混。

【後唄】（雜名）梵唄有三節、擧於前云梵唄、擧於中云中唄、擧於終云後唄。

【後堂】（職位）對於前堂而言、具云後堂首座。略云首座。見後堂首座條。

【後堂板頭】（雜名）僧堂內後堂首座之坐席也。

【後堂首座】（職位）禪林區分僧堂爲前堂後堂、分管其後堂者曰後堂首座。

【後得智】（術語）正冥符眞如之智、離無分別之念故謂之無分別智、又曰根本智、後分別一切差別相之智、謂之分別智、又云後得智。以是爲根本智後所得之智也。又俗智、如量智等。佛陀起大悲救衆生者、此後得智也。眞諦譯攝大乘論釋十二曰、「根本智依非心非非心。後得智則依止心故。二智於境有異。根本智不取境以境智無異故。後得智取境以境智有異故。根本智不緣境如閉目。後得智緣境如開目。」同四曰、「如來本識永離一切解脫障及智障。此識或名無分別智。或名無分別後智。若於衆生起利益事一分名俗智。若緣一切無性起一分名眞如智。此二合名應身。」

【後陳】（術語）因明之語。對於前陳（或作先陣）而言。一作後說。見後說條。

【後敎涅槃經】（經名）涅槃經爲佛一代中最後之敎法、故冠以後敎二字。

【後報】（術語）言於此世造善惡之業於二生以後得其果報也。

【後鈴】（雜語）又云振鈴。卽一座行法之終、振鳴金剛鈴也。諸佛境界攝眞實經下曰、「是時瑜伽行者、習送諸佛、各還本土、眞言曰、（中略）眞言行者習眞言已、振金剛鈴三遍。」是其例也。

【後說】（術語）因明之語、宗支（宗因喩三支之隨一）中「聲」爲先陣、「無常」爲後說。蓋先陣者物之自性、後說者是其差別之義也。

【後際】（雜語）與後邊、後方等同。勝鬘經曰、「生死後際。」

【珂月】（譬喩）珂者玉之白者。以珂與月譬物之鮮白。法華經嚴王品曰、「眉間毫相白如珂月。」

【珂貝】（物名）珂者美石、貝者貝殼之美者。古以爲貨幣之用。慧琳音義二十五曰、「珂、廣雅美石、次玉也。埤蒼瑪瑙也。貝、玉篇螺屬也。出海中。色白如雪。龜傳曰。古者無錢。唯傳貝齒。且如資財貨賄之字皆從於貝。中天五印度見今行用。」

【珂但尼】（飲食）Khādaniya 又作佉陀尼、佉闍尼。譯曰嚼食。可咬嚼而食者。有五種、爲時藥之一分。百一羯磨五曰、「時藥者。謂是五種珂但尼。五種蒲膳尼。」寄歸傳一曰、「律云。半者蒲膳尼。半者珂但尼。蒲膳尼以含噉爲義。珂但尼卽齧嚼受名。半者Pañca謂五也。半者蒲膳尼。應譯爲五噉食。舊云五正者。准義翻也。一飯。二麥。三麥豆飯。四肉。五餅。半者珂但尼。應譯爲五嚼食。一根二莖三華四葉五果。」玄應音義四曰、「佉陀尼食譯云可噉。」資持記中三之二曰、「五種佉陀卽不正也。」又曰、「佉闍尼此云不正。」善見律十七曰、「一切果是名佉闍尼。」

【珂雪】（譬喩）如雪之白貝以譬物之鮮白。玄應音義六曰、「珂螺屬也。出海中。潔白如雪者也。」祖庭事苑七曰、「珂丘何切。石次玉也。亦瑪瑙潔白如雪者。一曰螺屬。」

【珂梨羅】（植物）又作軻梨羅、可梨羅、朅地羅、佉陀羅。木名。慧琳音義二十五曰、「朅地羅舊言佉陀羅。木名也。」玄應音義二十一曰、「擔山木。梵言朅達羅、舊言佉陀羅。南地多饒此木。」陀羅尼集經二曰、「佉陀羅木。唐云紫薑木也。」詳見軻地羅條。

【珊底羅】（天名）藥師十二神將之一。

【珊若】（雜語）Samjñā 數名。俱舍論曰、「十大跋藍爲珊若。」

【珊若娑】（雜名）譯曰癈風病。玄應音義二十五曰、「珊若娑病。此云癈風病。發不起者也。」

【珊兜史多】（界名）Samtusita 又作删兜率陀、兜率陀、兜率、兜術。欲界第三天之名。玄應音義三曰、「珊兜。先安切。卽天主也。此云正喜。一云正知足。兜率此云妙足。」智度論五十四曰、「删兜率陀。兜率天王名。秦言妙足。」慧琳音義六曰、「珊覩史多。上方欲界中天名也。古名兜率陀。或云兜術。皆訛略也。唐云知足。」見兜率條。

【珊瑚】（物名）七寶之一。名義集三曰、「珊瑚。梵語鉢攞娑福羅。Pravāda 應法師云。初一年青色。次年黃色。三年蟲食敗也。大論云。珊瑚出海中石樹。」梵語福羅之字可疑。

【珍重】（雜語）勸自重自愛之詞也。僧史略曰、「臨去辭曰珍重者何。此則相見既畢。情意已通。囑曰珍重。猶言善加保重。請加自愛。好將息。宜保惜。同也。」釋氏要覽中曰、「釋氏相見將退。卽口云珍重。如此方俗云安置也。言珍重卽是囑云善加保重也。」

【珍域】（術語）珍寶之方域。謂諸佛淨土也。天台觀經序曰、「雖廣示珍域而宗歸安養。」

【珍寶】（物名）金銀珠玉之類。法華經信解品曰、「無量珍寶不求自得。」同化城喩品曰、「欲過此道至珍寶處有一導師。」大集經十六曰、「妻子珍寶及王位臨命終時無隨者。」

【柯尸悲與】（界名）見呵婆婆條。

【柯摩施離沙多】（異類）夜叉名。孔雀王咒經上曰、「柯摩施離沙多梁言勝欲。」大孔雀經曰、「迦摩施瑟陀。」Kāmaśresṭha

【柯羅】（雜語）Kāla 又曰哥羅、迦攞。譯作黑。

【柯羅夜叉】（異類）孔雀王咒經上曰、「柯羅粱云黑。」

【迦羅龍】（異類）本行集經三十一曰、「迦羅隋言黑色。」見迦羅迦條。

【柄香爐】（物名）又云手爐、香爐之有柄者。

【柄語】（術語）禪林之語、謂山門洞門等疏之小序。如器之有柄也。見象器箋十五。

【枯木】（雜名）唐石霜諸禪師會下有禪坐而不臥者、天下謂之枯木衆。宋僧傳十二（慶緒傳）曰、「如是二十年間、堂中老宿長坐不臥、屹若楷杌、天下謂之石霜枯木衆是也。」傳燈錄十五石霜章曰、「師止石霜山二十年間、學衆有長坐不臥、屹若株杌、天下謂之枯木衆也。」

【枯木堂】（雜名）枯木衆所居之堂。

【枯木衆】（雜名）見枯木條。

【枯木偈】（術語）傳燈錄曰、「大海山法禪師有偈曰、摧殘枯木倚寒林、幾度逢春不變心。樵客遇之猶不顧、郢人那得苦追尋。」

【枯木禪】（公案）五燈會元曰、「昔有婆子供養一菴主、經二十年、常令一二八女子送飯給侍。一日令女子抱定曰、正恁麽時如何。主曰、枯木倚寒巖、三冬無煖氣。女子擧似婆。婆曰、我二十年祇供養得個俗漢。遂遣出燒却菴。」

【枯木龍吟】（雜語）意謂絕滅一切妄念妄想、至大死一番處、更甦生還來而得大自在也。碧巖二則頌評曰、「僧問香嚴、如何是道。嚴云、枯木裏龍吟。僧云、如何是道中人。嚴云、髑髏裏眼睛。」

【枯樹經】（經名）佛說枯樹經、一卷。失譯。

【枯禪】（術語）又曰枯槁禪坐、卽放下萬事也。

【相】（術語）梵語攞乞尖拏 Laksana 見梵語雜名。事物之相狀、表於外而想像於心者。大乘義章三本曰、「諸法體狀、謂之爲相。」唯識述記一本曰、「相謂相狀。」法華嘉祥疏三曰、「表彰名相。」

【四相】（名數）表彰有爲法之事體者有四。一生相、起事物也。二住相、安事物也。三異相、衰事物也。四滅相、壞事物也。有此四相者爲有爲法。無此四相者爲無爲法。倶舍論五曰、「頌曰、相謂諸有爲生住異滅性。論曰、由此四種是有爲相。法若有此、應是有爲。與此相違是無爲法。此於諸法能起名生、能安名住、能衰爲異、能壞爲滅。」小乘有部謂離所相之法、則有能相之別體。成實及大乘謂此四相唯爲有爲法變異之差別、非有所相與能相之別體。因之有部之四相爲實法、成實及大乘之四相爲假法。

【六相】（名數）華嚴經十地品所說、依此而談法界緣起事事無礙之義、華嚴宗之至相大發揮之。一總相、二別相、三同相、四異相、五成相、六壞相。一切緣起之法、必具此六相。不具六相、則不能爲緣起。此六相爲就體相用、論平等差別之二義者、前二相爲體上之平等差別、總相者示平等之體、別相者示差別之體。平等之體、謂一體具多體也、差別之體、謂多體各別也。例如一舍、一舍中具許多之磚瓦等、以磚瓦等多體總造一舍、是爲平等之體、卽總相也、而一舍中磚瓦等之多體各別、卽爲差別之體、是別相也。又同異之二相者、爲相上之平等差別、如磚瓦等形相雖各別、然有同造一舍之相、故云同相、諸相各別、故云異相。又成壞之二相者、爲用上之平等差別、如磚瓦等以各異之作用合成一舍、謂之成相、彼等各具一一之作用、謂之壞相。此六相互相融和、不離一味、謂之六相圓融。是一切緣起法之自性然也。

【三十二相】（名數）佛或轉輪聖王之內德表彰於身相者、有三十二。見三字部三十二相條。

【相入】（術語）謂彼此事物、互相融入而無乖隔、如數多之燈光相和也。就差別之諸法而論圓融無礙之義、由於相卽與相入之二門。見相卽條。

【相大】（術語）起信論所說三大之一。相者德相也、言眞如之體、具無量無邊之性德也。起信論曰「相大謂如來藏具足無量性功德故」又曰「復次眞如自體相者、一切凡夫聲聞緣覺菩薩諸佛、無有增減、非前際生、非後際滅、畢竟常恒。(是體大)從本以來、自性滿足一切功德。所謂自體有大智慧光明義故、偏照法界義故、眞實識知義故、自性淸淨心義故、常樂我淨義故、淸涼不變自在義故」

【相分】（術語）心法四分之一。心體變爲所緣之境相者、在心理學攝所謂一切之客觀。

【相好】（術語）Laksana Vyañjana 就佛之身體而言、微妙之相狀、可了別者、是謂之相、細相之可愛樂者、謂之好。相者大相、好者更爲莊嚴大相之小相也。就丈六之化身而言、則相有三十二、好有八十。就報身而言、則有八萬四千乃至無量之相與好。觀無量壽經曰「一心想佛時、是心卽是三十二相八十隨形好」又曰、「無量壽佛有八萬四千相、一一相各有八萬四千隨形好」法界次第下曰、「相好乃同是色法、皆爲莊嚴顯發佛身。但相總而好別、相若無好、則不圓滿。輪王釋梵亦有相、以無好故、相不微妙。故次相而辨好也。」輔行六曰、「相大莊嚴身、好小莊嚴身、若說大者則說小」智度論二十九曰、「若須八十隨形好、何不皆名爲相而別爲好。答曰。相大嚴身若說大則已攝小。復次相麤而好細。衆生見佛則具相好則難見。故又相者餘人共得。好者或共或不共。以是故相好別說」大乘義章二十末曰、「福狀外彰。名之爲相。又表內德亦名爲相。姿媚可愛。愜悅人情。說之爲好」

【三品相好】（名數）一上品相好。如華嚴敎主微塵數之相好是也。二中品相好。如觀經所說彌陀八萬四千之相好是也。三下品相好。如法華金光明經等敎主三十二相八十種好之相好是也。見觀經妙宗鈔下。

【相似】（術語）如相似覺、相似卽、相似位等。菩薩階位之名。

【相似卽】（術語）天台所立六卽之第四。五十二位中之十信、得六根清淨之德之位也。圓敎謂之內凡。此智雖爲有漏、而似可斷無明之眞無漏智、故云相似。初後之位不二、故云卽。

佛也。

【相似卽佛】（術語）天台所立六卽佛之一。謂依凡聖一如之理而相似之人卽

【相似覺】（術語）起信論所說四覺之第二。菩薩於十住十行十廻向之三十位。發類似眞覺之智慧以制伏諸煩惱之位也。

【相見道】（術語）眞見道之對。謂眞見道之後、起後得有分別之智慧、對於前之無分別智所證之眞理、再分別變眞如之相分、擬於眞見道而觀念之之位也。

【相空】（術語）諸法有性相二者、性之空無云性空、相之空無云相空。小乘敎之所明者爲性空之分、般若經等之所說者爲相空之分。

【相空敎】（術語）南山所立三敎之一。大乘之淺敎也。見三敎條。

【相空觀】（術語）南山所立三觀之一。既觀諸法之性空無上、更觀諸法之相空無。卽大乘之初門也。見行事鈔中四。

【相承】（術語）師弟授受以道也。大灌頂神咒經二曰、「師師相承受此經典」順正理論二十二曰、「上代師資相承」

【相承血脈】（術語）血脈相承之轉語。諸宗法脈相承、猶如子孫承父母之血肉也。

【相宗】（流派）法相宗之畧。

【相宗八要】（書名）八卷。明末白下雪浪洪恩演說宗敎、特從大藏中錄八種示人、以爲習相宗者之階梯。蓋兩土之著作也。其八種之名目、一百法明門論。天親菩薩造。唐三藏法師玄奘奉詔譯。二唯識三十論。世親菩薩造。玄奘譯。三觀所緣緣論。陳那菩薩造。玄奘譯。四六離合釋。失造論及譯人名。五觀所緣緣論釋。護法菩薩釋。唐三藏法師義淨譯。六因明入正理論。商羯羅主菩薩造。玄奘譯。七三支比量。玄奘立。宋永明寺主延壽

禪師於宗鏡錄中節出八、八識規矩玄奘造頌。以上之次序依明釋明昱所次蕅益則因明論列第一、六離合釋列第七三支比量則謂之眞唯識量也。

【相宗八要解八卷】（書名）明明昱著。百法明門論贅言一卷、唯識三十論約意一卷、觀所緣緣論會釋一卷六離合釋法式通關一卷觀所緣緣論釋記一卷因明入正理論直解一卷三支比量義鈔一卷八識規矩補註證義一卷。

【相宗八要直解八卷】（書名）明智旭解。因明入正理論直解一卷百法明門論直解一卷、唯識三十論直解一卷、觀所緣緣論直解一卷、觀所緣緣論釋直解一卷、直唯識量略解一卷、八識規矩直解一卷六離合釋法式略頌一卷。

【相待】（術語）自他相待、藉以存立也。如三線相待爲三角、若缺一線則不能。一切之有爲法、自他互待亦然。色境待眼根而爲色境、眼根待色境而爲眼根、短待長而爲短長待短而爲長也。新譯仁王經中曰、「諸法相待。所謂色界眼界眼識界乃至法界意界意識界。」註維摩經弟子品曰、「肇曰。諸法相待生。猶長短比而形也。」

【相待有】（術語）三種有之一。如待短而有長、待長而有短、待東而有西待西而有東是也。見智度論十二。

【相待妙】（術語）法華二妙之一。圓敎之外存藏通別之三敎、以三敎之麤、顯圓敎之妙、是名相待妙。泯三敎而歸圓敎妙之外無麤之形可待、是名絕待妙。卽法華已前所說之圓敎爲相待之妙法、法華所說之圓敎爲絕待之妙法也。

【相待假】（術語）相待之法無自體、例如長待短爲長則無長之自性、短待長爲短則無短之自體、長短共無實之體性、而相待存於假、故云相待假成實論所說三假之一。此有二種、如眼識之待眼根謂之觀待假如長之待短謂之形待假。新譯仁王經中分別此二者、單名觀待假爲相待名形待假爲不定相待。

【相卽】（術語）謂如波卽水、水卽波、彼此互廢已而同於他也。色卽是空空卽是色是相卽也。兩鏡相照爲相入非相卽也。

【相看】（雜語）賓主會見曰相看。禪林之語。敕修淸規月分須知曰、「九月重陽日住持上堂許方來相看。」

【相始敎】（術語）大乘始敎中廣說諸法之性相而不言一切皆成佛之敎也。如唯識論、空始敎之對。見空始敎條。

【相部】（人名）唐相州日光寺釋法礪之號。如謂冀州爲冀部也。州稱部者、是僧傳之語例。

【相部律】（流派）四分律三派之一。

相部之法礪。對南山之道宣、東塔之懷素而立一派、謂之相部律。

【相唯識】（術語）明唯識之相狀爲唯識之意、對於性唯識、位唯識而言。明實性理體所依立之依他起性萬法者之部門也。

【相符】（雜語）相符極成之畧。

【相符極成】（術語）自他皆同意而無異論也。因明三十三過中、宗有相符極成之過。於因明立宗者、在於立他不許之義、以因喩之力使他許故。可爲宗者、必爲一許（自）一不許（他）若從初即出自他共許之宗、則是徒費語言、故爲過也。因明入正理論曰、「相符極成者。如說聲是所聞」因明大疏曰、「對敵申宗本諍同異。依宗兩順枉費成功。」

【相無性】（術語）三無性之一。就遍計所執而論空理者。妄心所計實我實法之相、名遍計所執性。此遍計所執性體性都無、如龜毛兎角、是云相無性。相者凡夫之妄心、認爲實我實法之境相也。唯識論九曰、「依此初遍計所執立相無性。此體相畢竟非有。如空華故」

【相智】（術語）謂緣世間事相之俗智也。在小乘者於佛相智皆謂爲有漏智。大乘則純爲無漏也。

【相傳】（術語）師弟傳道也。註維摩經一曰、「聖聖相傳其道不改矣」十地義記一本曰、「昔來相傳」

【相想俱絕宗】（術語）賢首所立十宗之一。相爲所緣之境。想爲能緣之心。謂絕離心境。頓顯理性之宗旨也。即五敎中頓敎之所宗是也。五敎章上曰、「相想俱絕宗。如頓敎中絕言之敎。顯絕言之理等。如淨名嘿理等」

【相違因】（術語）十因之一。爲法將生而障礙之使不生者。

【相違釋】（術語）六合釋之一。二語連續、爲別體釋者。例如謂論語、論爲師弟之議論、語爲聖賢之法語是也。

【相違決定】（術語）六不定之一。三十三過中屬於因之過失也。立者先具三支立一宗之時、敵者對之亦立具三支正反立者之宗者、此時立敵兩立、不能生決定之智故立敵之因皆名決定相違、爲不定因之一、不定因者、謂使宗法不能決定之因、相違決定者、謂立敵之因各決定成立相違之宗也。立敵各決定而成相違之宗、故即爲不定因也。因明入正理論曰、「相違決定者。如立宗言聲是無常。所作性故。譬如瓶等。有立聲常。所聞性故。譬如聲性。此二皆是猶緣因故。俱名不定」

【相對】（術語）對立相違之二門也。

【相輪】（術語）又曰輪相。塔上之九輪也。相者表相、表相高出、故謂之相。又相者視也、人仰視之、故云相。行事鈔資持記下四之一曰、「相輪者圓輪聳出以爲表相故也。」名義集七曰、「言輪相者僧祇云佛造迦葉佛塔上施盤蓋長表輪相。經中多云相輪。以人仰望而瞻視也。」

【相輪塔】（堂塔）相輪樘之俗稱。相輪樘爲一種之塔婆也。

【相輪樘】（堂塔）作相輪塔者俗稱也。樘者柱也。不作塔、僅形容塔上之九輪而立幢柱者。梵名計都Ketu、譯曰幢。相幢與相同義故也。無垢淨光大陀羅尼經曰、「今爲汝說相輪樘中陀羅尼法。」菩提心義十曰、「金光明云南方寶相。新譯經云寶幢。幢相同是雞都。例如舊云信相。新云妙幢。」

【相縛】（術語）爲六塵之境相所縛而心不自在也。唯識論五曰、「言相縛謂於境相不能了達如幻事等。由斯見分相分所拘、不得自在。故名相縛。」

【相應】（術語）即契合之義。淨土論註上曰、「相應者譬如函蓋相稱也。」演秘鈔七曰、「相應字汎指契合義。」然梵語有二、一欲吃多Yukta、謂事物之契合也。如心心所之相應是也。二瑜伽Yoga或瑜祇、謂契合於理也。如瑜伽論瑜伽宗之名及三密相應、境智相應是也。（但欲吃多、瑜伽皆爲梵語根Yuj之變化）起信論曰、「以離念境界唯證相應故。」華嚴論曰、「一念相應一念佛。一日相應一日佛。」

【三種相應】（名數）依瑜伽論之意、則以三種之相應、悉攝一切法。一境、二行、三果。此三者悉有相應之義。而盡諸法。玄應音義二十三曰、「瑜伽、此云相應。謂一切乘境行果等。所有諸法皆名相應。境謂一切所緣境。此境與心相應。故名境相應。行謂一切行。此行與理相應。故名行相應。果謂三乘聖果。此果位中諸功德法。更相符順。故名果相應。」

【相應心】（術語）謂妄心與煩惱諸惑相應也。見唯識論三。

【相應因】（術語）六因之一。心王與心所互相應、以心王爲因而起心所。以心所爲因而起心王。故彼此相應名爲相應因。其相應之義、心王與心所有平等之義五種也。是云五義平等。俱舍論六曰、「由五平等共相應義立相應因。」又曰、「唯心心所是相應因。」

【相應宗】（流派）梵語瑜伽、Yoga譯曰相應。眞言宗之異名。彼宗以三密相應之旨爲本。故曰瑜伽宗。又云相應宗。

【相應法】（術語）心心所之異名。同時而起之一聚心心所有五平等之義。故名相應法。一所依平等。謂心王依眼根則心所亦依眼根也。二所緣平等。謂心王緣青境則心所亦緣青境也。三行相平等。謂心王了解青色、則心所亦了解青色也。四時平等、謂心王此時起則心所亦此時起也。五事平等、謂心王其體爲一箇、則心所之體亦各爲一箇也。俱舍論四曰「心心所五義平等故說相應、所依所緣行相時事皆平等故」。

【相應善】（術語）見善惡條。

【相應縛】（術語）二縛之一。心爲與此相應而起之煩惱所繫縛也。

【相應斷】（術語）四斷之一。有漏八識及五遍行心所等、其性雖非染汚、然爲與煩惱相應而爲染汚之性也。故斷其相應之惑時、則自心心所亦離染汚之繫也。謂之相應斷。

【相應不善】（術語）見善惡條。

【相應無明】（術語）依起信論之意、則業轉現之三細爲不相應無明、智相等之六麤爲相應無明。三細者未有心王心所之差別、至六麤始生心王與心所之差別也。起信論曰、「言相應者。謂心念法異。依染淨差別而知相緣相同故。不相應義者。謂卽心不覺常無別異。」若依瑜伽唯識之意則意識爲無明、與他之根本煩惱（貪瞋癡慢疑五惡見之十曰根本煩惱）相應而起、謂之相應無明。於根本煩惱之中、獨起無明、謂之獨頭無明、又曰獨行無明、不共無明。無明有發業潤生之二大用、卽依此無明也。見唯識述記五末、百法問答鈔一。

【相應阿笈摩】（經名）四阿含之一、卽雜阿含也。舊云雜阿含、新云相應阿笈摩。經與伽他相應之義。毘那耶雜事三十九曰、「若經與伽他相應者。此卽名爲相應阿含摩舊云雜者取義」。

【相應相可經】（經名）佛說相應相可經一卷、西晉法炬譯。說善惡之人各以類相聚。出單卷之雜阿含經中。

【相續】（術語）因果次第而不斷絕也。有爲法無一常住、世人但認因果連續爲常住耳。俱舍論四曰、「何名相續、謂因果性」。

【相續心】（術語）安樂集所立三心之一。不間雜餘念、但憶念彌陀一佛、心無間斷而相續也。

【相續相】（術語）起信論所說六麤相之第二。分別違順二境、因而起苦樂之念相續不絕者。

【相續常】（術語）佛地論所說三種常之一。假令有中間之隔、而以前後相續定常義者、生起無間斷、是曰不斷常。有時間斷、而更生起前後連續者、謂之相續常。

【相續假】（術語）成實論所說三假之一。一切有爲法悉由因果相續而至。視如假有、其實體無也。

【相續識】（術語）起信論所說五識之一。卽六麤中之相續相也。彼就無明而差別、此就識體而論者。

【相續無常】（術語）二無常之一。見

二無常條。

【相續執持位】（術語）阿賴耶識三位之一。

【相續解脫經】（經名）相續解脫地波羅蜜了義經之略名。又相續解脫如來所作隨順處了義經之略名。

【枳由羅】（物名）一作鷄由羅、吉由羅。又譯曰瓔珞。見翅由邏及瓔珞條。

【枳吒】（地名）譯曰踊出處。見枳怛那條。

【枳怛】（地名）海島名。見枳怛那條。

【枳怛那】（地名）海島名。譯曰踊出。探玄記十五曰、「枳怛者具云脈枳多。此云踊出。卽海島山之名。」華嚴疏鈔四十五曰、「枳怛那」。慧琳音義六十曰「枳吒」。

【枳哩枳哩尊】（明王）降三世明王之異名。見眞言修行鈔五。梵 Kelikila。

【枳哩枳哩眞言】（眞言）降三世明王之眞言、建立曼荼羅及揀擇地法曰、「都以枳哩枳哩忿怒無對眞言持誦香水。」

【枳羅婆】（地名）山名。見左條。

【枳羅蘇】（地名）Kilāsa 山名。譯曰白。翻梵語九曰、「枳羅蘇應云枳羅婆。（婆應爲娑之誤）譯曰白也。僧祇律第三十四卷」。

【枳攘娜鉢囉儞閉】（術語）Jñāna-pradīpa 譯曰智燈。仁王護經道場念誦儀軌曰、「枳攘娜此云智。鉢囉儞閉此云燈。由此智燈破諸闇故」。

【枷鎖愿】（雜語）夢粱錄曰、「東嶽聖誕士庶答賽心愫、或專獻信香者、或答重囚帶枷鎖者、道路絡繹、無日無之」。

【施】（術語）梵語檀那、Dāna 離慳惜而施與他之義。唯識論九曰、「施以無貪及彼所起三業爲性。」又曰、「施有三種。謂財施、無畏施、法施」。

【施一切無畏菩薩】（菩薩）除蓋障院八菩薩之一尊也。見除蓋障院條。

【施一切無畏陀羅尼經】（經名）一卷、宋施護譯。佛爲帝釋天說。

【施八方天儀則】（書名）一卷、大興善寺翻經院阿闍梨述。

【施化】（術語）施教化也。法華玄義一曰、「如來施化之意。」

【施主】（術語）行布施之主人也。自投資財而開法會、或供養僧之人、又葬式之主等、皆謂之施主。梵語檀越、陀那鉢底 Dāna-pati 思益經一曰、「世尊何謂菩薩能爲施主。佛言菩薩能敎化衆生。」寄歸傳一曰、「梵云陀那鉢底、譯爲施主。陀那是施、鉢底是主。而云檀越者、本非正譯。略去那字、取上陀音、轉名爲檀、更加越字。意道行由檀捨、自可越渡貧窮。妙釋雖然、終乖正本。」

【施主段】（術語）法會願文述施主

願意之處也。

【施行】（術語）布施之行法也。施物於人也。

【施色力經】（經名）食施獲五福報經之異名。

【施物】（術語）布施之品物。

【施林】（雜語）屍棄於林中也。即四葬中之林葬。

【施房舍比丘】（人名）名二十億之沙門於鞞婆尸佛世造一房舍施比丘僧、布一羊皮使僧蹈其上以其因緣於九十一劫中足不蹈地、最後身生於大長者家、足下生毛長二寸如靑瑠璃而右旋、初生時父與二十億兩之金、後厭五欲出家得道。見智度論二十九。又云二十億耳。

【施食】（儀式）施餓鬼之食也。又供養齋食於僧也。因向食施咒願謂之唱食。又云施食。佛說賢者五福德經曰、「佛言、人持食施僧有五種利。一色二力三命四安五辯。」禪苑淸規曰、「首座施食粥云粥有十利（云云）。齋云三德六味（云云）施食已行者喝食」。

【施食會】（行事）施食於鬼神餓鬼等之法會。

【施食儀起教緣由】（經名）瑜伽集要焰口施食儀起教阿難陀緣由之異名。

【施食獲五福報經】（經名）食施獲五福報經之異名。

【施設】（術語）安立之義、建立之義、發起之義。唯識述記三末曰、「言施設者安立之異名建立發起者亦名施設」。

【施設論】（書名）三卷趙宋法護譯、問答世間出世間之諸法及神通變化等之事者。

【施鹿林】（地名）鹿野園之異名。

【施鹿園】（地名）鹿野園之異名。

【施無厭】（寺名）摩揭陀國之那蘭陀寺、譯曰施無厭寺。玄奘久學於此。見那爛陀條。梵 Nālanda

【施無畏】（術語）又曰施無畏者、施無畏薩埵等。觀音菩薩之異名。彼菩薩爲衆生之依怙而使不畏怖者、即是施以無畏也。故名。法華經普門品曰、「此娑婆世界皆號之爲施無畏者」。楞嚴經六曰、「十方微塵國土皆名之爲施無畏者」。觀音玄義記一曰、「是觀世音菩薩摩訶薩。於怖畏急難之中能施無畏。是故此娑婆世界皆號之爲施無畏者」。梵 Abhayanda

【施無畏手】（術語）作施無畏印之手也。見左條。

【施無畏印】（印相）施無畏之印契。舉右手舒五指以向於外者。大日經四曰、「以智慧手（右手）上向作施無畏形。頌曰。能施與一切衆生類無畏。若結此大印名施無畏者。」又曰、「毘鉢舍那臂作施無畏手。是施無畏者印。」守護國界主陀羅尼經曰、「右手展掌竪其五指當肩向外名施無畏。此印能施一切衆生安樂無畏。」

【施無畏與與願】（印相）對於施無畏印而垂右手而仰掌者爲與願印但以此二印有互通之義故往往有以與願印名施無畏印者。玄奘譯十一面神呪經曰、「左手執紅蓮華軍持展右臂以掛數珠及作施無畏手」。香王菩薩陀羅尼經曰、「右臂垂下五指皆伸施無畏手其五指端各雨甘露施五道衆生」千光眼經曰、「施無畏舒右手垂五指現掌。」馬頭受檀法曰、「右臂垂下五指皆申施無畏手。」此等皆以與願爲施無畏。

【施無畏菩薩】（菩薩）胎藏界曼荼羅除蓋障院之上第三位。密號稱爲自在金剛。以五智之光明施與衆生使無所畏者。

【施無畏者】（術語）見施無畏條。

【施惠】（雜語）以物施與他也。無量壽經下曰、「貪狠財色不能施惠」

【施報經】（經名）長者施報經之略名。

【施開廢】（術語）天台就妙法蓮華經之蓮華發明施開廢之三義因而述三乘方便敎、卽一乘眞實敎之旨。佛於法華已前說三乘敎者是爲使入一乘法之方便而施設、故謂之爲實施權猶如蓮華之爲蓮實而花也。次於法華經明前所述之三乘敎爲方便示爲對於三乘敎之一乘之方便階梯此謂之開權顯實、猶如蓮華開而有蓮實之顯。也。次知三乘敎爲一乘之方便、一乘之外無三乘、一乘中有三乘故三乘廢唯有一乘之義成立此謂之廢權立實。猶如蓮華落而唯有蓮實也。已上三事、於法言之方便開時方便之體廢開與廢同時、於喩言之則必前後異時、故託於喩有前後三番之說也。見四敎儀集註上。

【施僧】（術語）以財物施與僧也。

【施樂觀音】（菩薩）三十三觀音之一。左手置膝、右手置頰、爲見蓮花之形者。

【施餓鬼】（行事）阿難尊者夜見餓鬼名焰口、（不空譯焰口實叉難陀譯面然）鬼請阿難施一斛食。阿難還白佛、佛說施餓鬼食之法又名斛食法使一切道俗修之。此丘每日生飯亦施餓鬼之法也。佛說救拔焰口餓鬼陀羅尼經曰、「阿難獨居靜處夜三更有餓鬼現前名焰口形醜陋口中吐火白阿難曰、却後三日汝命盡、將生餓鬼中、阿難畏問免之方便。餓鬼曰汝明日對無數餓鬼與無數婆羅門仙等施摩伽陀國一斛、並爲我供養三寶以此功力汝延壽且我亦免餓鬼苦。阿難以言於佛、佛爲說陀羅尼曰、誦此陀羅尼施食一一餓鬼當得摩伽陀國七斛食、汝今受持此法、福德壽命皆增長。」釋門正統四曰、「若夫施食之法、又非一切人天所知。惟如來以大慈普覆、不忍一切含靈受其飢餓苦惱。故假面然鬼王緣起、令阿難尊者以一摶食誦咒施之。今緇素通行、謂之施餓鬼食。」

【施餓鬼法】（修法）修佛行以施爲第一、六度中以施爲最初、四攝中亦以施爲第一。而施之中以施餓鬼爲最、故三國諸師盛行此法。其法出於不空譯之施諸餓鬼飲食及水法。稱寶掌如來（南方寶生佛）妙色身如來（東方阿閦佛）甘露王如來（西方彌陀佛）廣博身如來（中央大日佛）離怖畏如來（北方釋迦佛）五如來之名號、則以佛之威光加被、故能使一切餓鬼等滅無量之罪、生無量之福、得妙色廣博、得無怖畏、所得之飲食變爲甘露微妙之食、即離苦身而生天淨土也。寶掌如來爲南方之寶生如來、最勝王經作寶相、或作寶星、今曰寶掌。一義云、掌者主掌之義、以掌寶故名曰寶掌。一義云、攝眞實經所說、「結施願印、左手同前、右手仰掌入南方寶生如來三昧。（中畧）從五指間雨如意珠、此如意珠雨天衣服天甘露。」右手仰掌、由掌中雨寶、故名寶掌。經軌者、如佛說拔焰口餓鬼陀羅尼經一卷、不空譯。施諸餓鬼飲食及水法一卷、不空譯。佛說救面然餓鬼陀羅尼神咒經一卷、實叉難陀譯。瑜伽集要救阿難陀羅尼焰口儀軌經一卷、不空譯。瑜伽集要焰口施食儀起教阿難陀緣由一卷、不空譯。瑜伽集要焰口施食儀一卷、不空譯。

【施燈功德經】（經名）一卷、高齊那連提耶舍譯。說施燈之功德。

【施齋】（儀式）施齋食於僧也。午前之食云齋。

【施齋經】（經名）對施齋而誦經也。爲施主咒願之意。

【施願印】（印相）又曰與願印、滿願印。垂右手而仰掌、應衆生之願、施與財物之印也。大日經四曰、「次智慧手下垂、作施願形。頌曰、如是與願印、世依之所說、適纔結此者、諸佛滿其願。」

【施願金剛】（菩薩）又曰施願吉祥金剛、文殊師利也。大日經三曰、「以嚩字門及施願金剛。」義釋十曰、「嚩字並施願吉祥金剛者、是文殊也。種子是म摩字、即空點也。用加व嚩爲वं嚩耳。」

【昧怛麗曳】（菩薩）見彌勒條。

【胞胎】（雜語）四生中之胎生者、謂受生於母胎中也。觀無量壽經曰、「不處胞胎、常遊諸佛淨妙國土。」

【胞胎經】（經名）一卷、西晉竺法護譯。說入胎之因緣、及胎中三十八個七日生長之相貌、出胎七日後所生八萬戶蟲之名字、末說五陰皆無常苦無我我所。即大寶積經第十三佛爲阿難說人處胎會之異譯。

【胎大日】（雜名）胎藏界之大日如來。對金剛界之大日而云。

【胎化藏】（術語）八藏之一。說佛在摩耶夫人胎中現種種敎化事之法藏。菩薩處胎經等是也。

【胎內五位】（名數）人在母胎發育之間分爲五位。見五位條。

【胎生】（術語）四生之一。如人類在母胎內完具身體而生者、劫初之人男女未分。皆爲化生。其後發婬情而生男女二根。始爲胎生也。俱舍論八曰。「有情類生從胎藏是名胎生。如象馬牛豬羊驢等。」因極樂有胎生化生二類。或生邊地或生蓮內而花不開。爲不能見聞三寶。恰如胎生之人在胎內、故名胎生。疑佛之他力而自力修行之人、受此報。無量壽經下曰、「其胎生者所處宮殿或百由旬或五百由旬。各於其中受諸快樂。如忉利天上。（中略）壽五百歲常不見佛。不聞經法。不見菩薩聲聞聖衆。是故於彼國土謂之胎生。」畧論曰、「於五百歲中常不見聞三寶。安樂國土謂之邊地。亦曰胎生。」

【胎外五位】（名數）人之一生有胎內之五位與胎外之五位。俱舍論十五曰、「胎外五者。一嬰孩二童子三少年四中年五老年。」

【胎卵濕化】（雜語）四生也。見四生條。

【胎金】（術語）大別秘密敎有胎藏界金剛界之兩宗。胎藏界由理門而成。金剛界由智門而成。日本東密以從果向因之次第而次第爲金胎。台密以從因至果之次第而次第爲胎金。

【胎金各存五部三部】（雜語）密軌問辨下曰、「毘盧疏解釋五色五字以爲五部五智。金剛軌歸命普賢（佛部）金剛（金剛部）蓮華手（蓮華部）此則二界各存三部五部也。」

【胎金顯密】（術語）一金爲顯、以智顯故。胎爲密以理深密故。二胎爲顯以色顯故。金爲密以心隱故。

【胎宮】（術語）極樂之往生人有胎生與化生二種。疑佛他力而修自力念佛之人。雖往生極樂而五百歲間不能見聞三寶、猶如此界四生中胎生者在母胎內不能見日月、故名之爲胎生。其胎生者所生之七寶宮殿、謂之胎宮。爲於佛抱疑惑者之生處、故亦名疑城。是爲無量壽經所說。依觀無量壽經所言。則此宮殿謂之含華。所在之蓮華不開敷、爲不能見聞三寶之義也。見疑城胎宮條。觀經妙宗鈔一曰、「大本中說疑心修善。生彼胎宮樂同忉利。」

【胎息】（雜語）道家養生之術、柳文

所謂服氣是也。出抱朴子。佛教謂爲數息之法。

【胎經】（經名）菩薩處胎經之畧。

【胎獄】（譬喩）四生中之胎生者、在母胎內之苦、譬如獄也。又云胎宮。天台觀經疏序曰「金寶之與泥沙、胎獄之與華池」

【胎藏經】（雜名）無垢賢女經之異名。又菩薩處胎經之異名。

【胎藏界】（術語）梵語蘗縛俱舍、Garbha-kośa(dhātu)有二義、一隱覆之義。如人在母胎而隱覆其胎也、理體隱於煩惱中而不顯現、故云胎藏。二含藏之義、如母胎內含藏子體而覆育之也、理體能具足一切功德而不失之、故名胎藏。而此含藏有執持與出生之二義。其所譬之法有三。一譬本具之理性。密敎以地等之五大、或淸淨之菩提心、爲本具之理性。此理性攝一切諸法、猶如母之胎內攝持吾子、故云胎藏。祕藏記上曰、「胎藏者理也。金剛者智也」二譬衆生之肉團心。此肉團心本是八葉之蓮華、以攝持曼茶羅之諸尊故也。大日經義釋四曰、「內心妙白蓮者、此是衆生本心、妙法芬陀利華秘密幖幟。華基八葉、圓滿均等、如正開敷之形。此蓮華臺是實相自然智慧、蓮華葉是大悲方便也。正以此藏爲大悲胎藏曼茶羅之體。其餘三重是從此自證功德流出諸善知識入法界門耳」祕藏記鈔三曰、「經說曼茶羅來處。一切衆生心中有八瓣肉團、是八葉蓮華形也。於是處建立曼茶羅、云胎藏界也。」三曼茶羅中中臺八葉院也。以從大日之胎藏出生三重之曼茶羅一切之諸尊故也。而謂之爲胎藏者、佛之大悲慈護愛育衆生、猶如母於胎內之子、故云胎藏也。申言之、卽欲以衆生本具之胎藏之理、開示一切衆生、而由佛之大悲胎藏而流出化他之法門、是胎藏界之曼茶羅也。因之對金剛界而言、金者智也、胎者理也、金者始覺也、胎者本覺也、金者從因向果也、胎者從果向因也、金者自利也、胎者利他也。大日經疏一曰、「次說修眞言行大悲胎藏生大曼茶羅王、爲滿足彼諸未來世無量衆生、爲救護安樂故」同疏三曰、「以如來加持故、從佛菩提自證之德、現八葉中胎藏身、從金剛密印現第一重金剛手等諸內眷屬、從大悲萬行現第二重摩訶薩埵諸大眷屬、從普門方便現第三重一切衆生喜見隨類之身」同疏四曰、「若行人自見中胎藏身時、卽知一切衆生悉有成佛因緣」同五曰、「其中胎藏卽是毘盧遮那自心八葉華也」

【胎藏界三部】（名數）金剛界爲始覺上轉之自利門、故約轉識所得之五智、統收其曼茶羅於五部。胎藏界爲本覺下轉之化他門、故約大定智悲之三德、統收其曼茶羅於三部。一佛部、是於果上理智具足覺道圓滿者、胎藏界曼荼羅中中臺八葉院之諸尊及上下之諸院是也。是爲大定。二蓮華部、此爲如來之大悲三昧、能滋榮萬善、故喩之而名蓮華部。觀音院地藏院之在右方者是也。三金剛部、是爲如來之慧之力用、能摧破惑業苦之三障、故喩之而名金剛部。在金剛手院除蓋障院之左方者是也。是爲大智。而就現圖之第四重卽外部之諸尊言之、有二義、一通中胎上下、攝於佛部、南方攝於金剛部、北方攝於蓮華部。一通四方攝於釋迦院、釋迦爲三界六道能化之佛、故外部之尊通爲其眷屬也。大日經疏五曰、「大凡此第一重上方是佛身衆德莊嚴。下方是佛持明侍者、皆名如來部門。右方是如來大悲三昧、能滋榮萬善、故名蓮華部。左方是如來大慧力用、能摧破三障、故名金剛部。」呼三部之次第有二種、此經佛蓮金之次第、由勝而劣之次第也。又瞿醯經蘇悉地經等次第爲佛金蓮、是佛部爲解脫、金剛部爲般若、蓮華部爲法身、故自本有修出於生之次第也。見祕藏鈔三。

【三部三點】（術語）四萬義曰、「蓮華部法身、金剛部般若、佛部解脫」、蓮華部爲理、故配於法身、金剛部爲智、故配於般若、斯理斯智、解脫纏縛、顯行佛地、故佛部配於解脫。見秘藏記鈔三。

【三部主】（名數）三部各有主、佛部之主爲大日、蓮華部之主爲觀世音、金剛部之主爲金剛手。見大日經疏十六。又佛部爲金輪王佛頂、蓮華部爲馬頭觀自在、金剛部爲三世勝金剛。見諸部要目。

【三部母】（名數）三部各有主能生之德之尊、謂之部母。佛部之部母爲佛眼尊。蓮華部爲白衣觀自在尊。金剛部爲忙莽雞菩薩。見諸部要目。部母者非以佛眼等爲能生、毘盧遮那等爲所生、佛眼主毘盧遮那能生之母之德、故云佛母。餘二亦然。案部母卽典藏主也。

【三部明王】（名數）三部各有明王、佛部之明王爲最勝金輪佛頂王、蓮華部之明王爲訶野吃利嚩（馬頭）、金剛部之明王爲蘇婆（勝三世）。見悉地經一。

【三部明妃】（名數）佛部之明妃爲無能勝菩薩、蓮華部爲多羅菩薩、金剛部爲金剛孫那利菩薩也。見諸部要目。明王與明妃其三摩地各異、明王安立其種子、明妃含藏此種子使之能出生也。大日經疏九曰、「復次若男女交會因緣、種子託於胎藏而不失壞、卽是相加持義。如是諸佛國王明妃和合共生毘富羅種子、爲大悲胎藏加持、無有失壞、故名法界加持也。」

【三部忿怒】（名數）三部之敎令輪身也。佛部之忿怒爲不動、蓮華之忿怒爲嚩訶鉤、金剛部之忿怒爲軍荼利。見諸部要目。

又佛部爲阿鉢羅氏多(無能勝)、蓮華部爲施嚩嚩訶(寂智明)。見悉地經一。

【三部種子】(術語) 佛部爲𑖀字、蓮華部爲𑖭字、金剛部爲𑖪字。見大日經五。

【三部數珠】(雜語) 佛部爲活兒子、(菩提子)蓮華部爲蓮華子、金剛部爲嚕拏囉叉子(金剛子)。見悉地經二。

【三部護摩法】(修法) 佛部爲息災法、蓮華部爲增益法、金剛部爲降伏法。見悉地經一、大日經疏三。

【三部色】(名數) 佛部爲白、金剛部爲黃、蓮華部爲赤。見悉地經一。

【胎藏界五佛】(名數) 胎藏界曼陀羅之中心部云中胎藏、又稱中臺八葉院、八葉蓮華開敷之形也。中臺是大日如來、四方之四葉現四佛、四維之四葉現四菩薩、卽南方開敷華王如來、東方寶幢如來、北方天鼓雷音如來、西方無量壽如來、中臺之大日如來合爲五佛也。

【胎藏界九尊】(名數) 中臺八葉院之九尊也。前之五佛加東南維普賢菩薩、西南維文殊菩薩、東北維彌勒菩薩、西北維觀音菩薩之四尊也。

【胎藏界十三大院】(術語) 大日經儀軌說胎藏界之曼陀羅劃十三院而安置諸尊。但現圖曼陀羅缺四大護院之一而爲十二大院。見現圖曼荼羅條。

【胎藏界諸尊】(雜語) 諸家所說之數無定。而以四百十四尊爲常數。第一中臺八葉院九尊、第二遍知院七尊、第三釋迦院三十九尊、第四持明院五尊、第五虛空藏院二十八尊、第六金剛手院三十三尊、第七除蓋障院九尊、第八觀音院三十七尊、第九地藏院九尊、第十文殊院二十五尊、第十一蘇悉地院八尊。已上二百九尊謂之內院。第十二外周之金剛部院二百五尊。通內外院爲四百十四尊也。

【胎藏界曼陀羅】(術語) 胎藏界之諸尊、如其位安置於壇場者、曼陀羅爲壇場之義、輪圓之義。壇中安置十三大院四百十四尊、一切之功德輪圓具足者、是胎藏界之曼陀羅也。此曼陀羅乃顯衆生本具之理性者。故又名因曼陀羅、理曼陀羅。以東方爲發因之位、故亦名東曼陀羅。其理性淸淨無垢之德、喩之蓮華、故亦名蓮華曼陀羅。又此曼陀羅有現圖曼陀羅與阿闍梨所傳曼陀羅之二種。現圖曼陀羅爲圖畫善無畏三藏所請虛空炳現之壇形、卽現今流布於世者是也。阿闍梨所傳曼陀羅爲大日經及儀軌所說、不載之於圖畫、由一一阿闍梨傳其作法及義理。二者相違之點不少。蓋現圖爲結緣、阿闍梨所傳爲傳法也。參照現圖曼荼羅條。

【祆】(神名) 西域天神也。唐書西域傳註曰、「杜佑通典、職官門視流內、有薩寶符祆正。（祆希烟切、又呼朝切、）自注、祆者西域天神。佛經所謂摩醯首羅也。元奘記尼波羅國、邪正兼信伽藍天祠接堵連隅。（中畧）案西域故皆婆羅門祆教、漢霍去病踰焉支收休屠祭天金人、疑即胡祆像、非佛像也。」

【祆寺】（雜名）末尼祆教之寺也。見大秦寺條。

【祆教】（流派）具名大秦末尼火祆教。畧名末尼教、又云祆教。是波斯國之火教也。見大秦寺條。

【祇支】（衣服）見僧祇支條。

【祇多蜜】（人名）Gitamitra 沙門名。譯曰歌友。開元釋教錄三曰、「沙門祇多蜜。或云祇密多。晉云歌友。西域人。識性通敏。聰達宏遠。志存弘化。無憚遠遊。爰於晉代譯菩薩十住等經二十三部。」

【祇陀】（人名）Jetr Jeta 舊稱祇陀。新稱逝多、誓多。譯曰勝。舍衛國波斯匿王太子之名。

【祇陀林】（地名）此林元爲祇陀太子所有。故名祇陀林。見祇樹條。

【祇陀園】（地名）見祇樹條。

【祇陀飲酒】（傳說）未曾有經下曰、「祇陀太子白佛、昔受五戒、制酒持難、欲捨五戒而持十善、佛言飲時有何過。答國中豪賢時齎共飲、亦無餘過。佛言若如此、終身無過。」止觀二曰、「祇陀末利唯酒唯戒。」

【祇林】（地名）祇陀林之略。

【祇夜】（術語）Geya 舊譯曰重誦偈、重頌。新譯曰應頌。前段所說經文之義、更爲偈頌者。即重說其義。故云重頌。與前段之經義相應。故云應頌。是十二部經之一。大乘義章一曰、「祇夜、此翻名爲重誦偈也。以偈重誦修多羅中所說法義、故名祇夜。」玄義六上曰、「祇夜者。諸經中偈、四五七九言句、少多不定。重頌上者。皆名祇夜也。」華嚴疏鈔二十一曰、「祇夜者、此云應頌。一與長行相應之頌。由於長行說未盡。故雜集云、不了義經。應更頌釋。二爲後來應更頌故。涅槃云、佛昔爲諸比丘說契經竟。爾時復有利根衆生。爲聽法故。後至佛所。即便問人。如來向者爲說何事。佛時知已。即因本經。以偈頌曰。我昔與汝等不識四眞諦。是故久流轉生死大苦海等。」三藏法數四十四曰、「梵語祇夜。華言應頌。又云重頌。謂應前長行之文。重宣其義。或六句四句三句二句。皆名頌也。」

【祇夜伽陀】（術語）梵語祇夜伽陀、唐言諷誦。

【祇哆槃那】（地名）Jetavana 舊稱祇哆槃那。新稱逝多飯那、誓多飯那。譯作勝林。祇洹精舍所在之處。見祇樹條。翻梵語九曰、「祇洹林、應云祇哆槃那、亦云祇哆槃林。譯曰祇多者勝。槃那者林。華嚴經三十一卷」

【祇哆槃林】(地名)誓多林之意。見祇樹條。

【祇園】(地名)又作祇洹、祇桓。祇園爲祇樹園、祇陀園、祇樹給孤獨園之略。洹桓二字。經論互用。或云梵語。或云漢語。桓者林也。釋要曰「祇桓者梵語也。若作方言釋者。應法師曰桓卽林也。卽祇陀太子林也。以古桓字與園字同用也。」案祇園若爲梵語則洹字爲正。桓爲假借。若爲漢語則桓字爲正。洹爲假借也。見祇樹條附錄。

【祇園精舍】(堂塔)祇陀園林須達精舍之略。涅槃經二十九曰、「時須達長者白舍利弗大德。此大城(指舍衛城)外何處有地。不近不遠。多饒泉池。有好林樹。花果蔚茂。清淨閑豫。我當於中爲佛世尊及比丘僧造立精舍。舍利弗曰。祇陀(太子名)園林。不近不遠(中略)此處最勝。可安立精舍云云。」

【祇園精舍興廢】(故事)法苑珠林三十九曰、「依宣律師祇洹寺感通記云。經律大明祇洹寺基趾。多云八十頃地。一百二十院。准約東西近有十里。南北七百餘步。祇陀須達二人共造成之。已後經二百年被燒都盡。則當此土周姬第十三王平王三十一年(中略)於後五百年有旃育迦王。依地而起。十不及一。經於百年被賊燒盡。經十三年有王六師迦者。依前重造。屋宇壯麗。皆寶莊嚴。一百年後。惡王壞之。爲殺人場云云。」

【祇園精舍無常院】(堂塔)釋氏要覽下曰、「西域傳云。祇桓西北角日光沒處。爲無常院。若有病者。當安其中。意爲凡人內心貪著房舍衣鉢道具。生戀著心。無厭背故。制此堂。令聞名見題。悟一切法無彼常故。」

【祇園精舍頗梨鐘】(物名)出祇園圖經。往生要集上本曰、「祇園寺無常堂四角。有頗梨鐘。鐘音中亦說此偈。」見鐘條附錄。

【祇園圖經】(書名)一卷、南山道宣著。

【祇洹精舍】(堂塔)卽祇園精舍。見祇園及祇樹條附錄。

【祇樹】(地名)祇陀太子之樹林、略名祇樹。是太子供養佛者。祇陀林、祇洹林、祇洹飯那、祇哆槃那。皆同。新稱誓多林。慧琳音義十曰「祇樹梵語也。或云祇陀。或云祇洹。或云祇園。皆一名也。正梵音云誓多Jeta此譯爲勝。波斯匿王所治城也。太子亦名勝。給孤長者就勝太子。抑買園地。爲佛建立精舍。太子自留其樹。供養佛僧。故略云祇樹也。」玄應音義三曰、「誓多此譯云勝。氏卽憍薩羅國波斯匿王之子也。槃那此云林。正言飯那。以樹代之耳。」

【祇樹園】(地名)祇陀太子供養樹林之園庭。卽祇洹精舍所在之處。

【祇樹給孤獨園】（地名）舍衛城有長者哀恤孤危。世人呼曰給孤獨。Anātapiṇḍika 佛在摩揭陀國時。來聞法三歸爲優婆塞。後乞佛來舍衛城度國人、以園林獻佛。佛許之。長者歸國選園林、以太子誓多之園林Jetavana爲第一。彌勒上生經疏上慈恩、以二人之名載園林名之因緣曰、「地唯挾塏。泉林繁鬱。方五里。可設伽藍。善施請買。太子不許。因戲言曰。布金滿地。厚敷五寸。時卽賣之。善施許諾（中畧）太子知其情邈。自發勝心。人之所貴。莫過金寶。而彼當能傾庫買地以造僧園。我何所乏而無修建。請悔先地。長者不從。太子云。許地取金。未論林樹。地隨汝主。林屬我身。其助成功。但陳供養。佛後遊此。告阿難曰。園地善施所買。樹林誓多所施。二人同心共崇功德。自今已後。應謂此地爲誓多林給孤獨園。」

【祇樹花林窟】（地名）祇樹給孤獨園也。長阿含經一曰、「一時。佛在舍衛國祇樹花林窟」

【祈雨】（修法）修請雨法也。

【祈雨法】（修法）與請雨法同。

【祈念】（術語）與祈禱同。

【祈誓】（術語）心中立一定之誓祈神佛之冥祐也。或徵我祈誓之有驗與否。後世人亦謂之詛。

【祈請】（術語）求請也。梁高僧傳（求那跋摩傳）曰、「往彼祈請。並致書於跋磨」

【祈願】（術語）於神佛前祈福利之願也。

【祈禱】（術語）小乘教中無祈禱之法、大乘顯教中如金光明經仁王經雖有其意、而修法之儀軌不全備、獨於大乘密教則全。其法隨事千差萬別、而要不過於四法。四法者、一息災法、二增益法、三敬愛法、四調伏法。（建立軌秘藏記）佛菩薩明王諸天等各有本誓、應其本誓而修法、故感應不空、是謂之祈禱。案祈禱之法、本由古之吠陀而出。吠陀之第三名耶受yajus 明祭祠祈禱之法。西域記二曰、「三曰祠。謂享祭祈禱。」毘奈耶雜事四十七曰、「爲求子故。祈禱神祇」

【政論經】（經名）佛爲優填王說王法政論經之略名。

【政教一致】（雜名）混合政治與宗教、由宗教的立脚地而號令天下也。

【胡子】（雜名）指達磨而云。

【胡子無鬚】（公案）無門關第四則曰、「或庵主曰。西天胡子。因甚無鬚。」

【胡吉藏】（人名）三論宗之祖隋會稽嘉祥寺之吉藏、其先爲安息國人、非中國種、故自稱云胡。見吉藏條。

【胡祆像】（神名）見祆條。

【胡孫子】（雜名）猿形似胡人、故稱

猿曰胡孫子後世轉謂意馬心猿。

【胡瓶】（物名）千手觀音四十手中右一手所持之物其手名爲胡瓶手、亦名寶瓶手。

【胡喝亂喝】（術語）謂野狐禪者自無眞個見性而猥對學人下喝也。蓋是圓悟「雷聲洪大雨點全無」之謂徒爲大喝更無益學人之力恰如空雷之不降膏雨無潤草木之功也。

【胡跪】（雜語）胡人跪坐之法也。此中有左跪、互跪、長跪三種。左跪者右膝著地、其足指竪地右股置空、竪左膝左足踏地。是戰戰而表敬意之意。經中所謂右膝著地也。此爲正儀。歸敬儀曰、「言胡跪者胡人敬相。此方所無存其本緣。故云胡也」又曰「佛法順右。卽以右膝拄地右髁在空。右指拄地。又左膝上戴左指拄地。使三處翹翹曲身前就。故得心有專至。請悔方極」慧琳音義三十六曰、「胡跪右膝著地。竪左膝危坐或云互跪也」。

【胡道人】（雜名）謂印度之僧也。釋門正統四曰、「漢武掘昆明池得黑灰以問朔朔曰可問西域胡道人」

【胡亂】（雜語）苟且也。禪宗語錄多有此語。他如胡言胡說等皆可準此解之。

【胡亂坐】（雜語）言僧之不顧臘次亂雜而坐也。禪林之語。見象器箋十。

【胡種族】（雜名）佛種族也。祖庭事苑一曰、「稱西竺爲胡自秦漢沿襲而來卒難變革。故有名佛爲老胡經爲胡經。祖爲碧眼胡裔其後爲胡種」碧巖第八則評唱曰、「這般見解謂之滅胡種族」。

【胡嚧遮那】（雜語）Gorocanā 譯曰牛黃。見千手千眼大悲心陀羅尼經。

【胡蘇多】（術語）此云除一切鬱蒸熱惱。式棄佛所說之呪名。見七佛所說神呪經一。

【故二】（雜語）Pūrva-dvitīya 故者舊也。二者配也。謂比丘之舊妻也。玄應音義十四曰、「故二梵本云褒羅那地耶。譯云舊第二。雜心論云衆具及第二是也」四分律一曰、「近在屏處犯惡行與故二行不淨」

【故住】（雜語）住持之遷化者。

【故苦】（雜語）舊苦也。智度論十九曰、「新苦爲樂。故苦爲苦。如初坐時樂久則生苦。初行立臥亦樂久亦爲苦」

【故作業】（雜語）一作故思業。見次項。

【故思業】（術語）一作故作業、故思造業。故思所造業。故意所作之身語業曰故思業。不識而作者曰不故思業。感苦樂之果者限於故思業。瑜伽論九十曰、「故思所造業者謂先思量已。隨尋思已。隨伺察已而有所作」。

【故骨】（雜語）遺骨也。舊雜譬喻經下曰、「昔有人死後魂神還自摩其故骨過人問之汝已死何爲復摩故骨。神言此是我故身身不殺生不盜竊、乃至不瞋不痴死後得生天上所願自然快樂無極是故愛重之。」

【故骨如山】（雜語）謂生死流轉、一有情之故骨、一劫之間如山也。雜阿含經三十四曰、「世尊告諸比丘有一人於一劫中生死輪轉積累白骨不腐壞者如毘富羅山。」

【故紙】（譬喻）舊紙也。以譬不用物。臨濟錄曰、「三藏十二分敎皆是拭不淨故紙。」

【故意方行位】（術語）十地中第三地至第七地之間也。在此位之菩薩故意起煩惱而濟度衆生。故名。

【斫迦羅婆】（動物）Cakravāka 又作斫迦羅婆迦。譯言鴛鴦。玄應音義二曰、「斫迦羅婆鴛鴦梵語。」

【斫迦羅因陀羅】（天名）又作睒羯羅因陀羅帝釋名。見釋提桓因條。

【斫迦羅伐辢底】（術語）又作斫迦羅跋羅底斫迦羅伐剌底梵音 Cakravartin 譯曰轉輪。陀羅尼集經一曰、「斫迦囉跋囉底唐言輪轉。」玄應音義四曰、「斫迦羅此言輪伐剌底此云轉。」見次項。

【斫迦羅伐辢底曷羅闍】（雜名）又作遮伽羅伐過底遏羅闍、遮迦越羅、遮迦越。Cakravarti-rāja 譯曰轉輪王。玄應音義三曰、「遮迦羅伐辢底遏羅闍此譯云轉輪王也。」同三曰、「遮迦越羅正言斫迦羅伐辢底遏羅闍此譯云轉輪王也。」同四曰、「遮迦越羅此譯云轉輪聖王。正言斫迦羅、此言輪伐剌底、此云轉名轉輪王順此方言。」

【斫芻】（雜語）又作斫乞芻 Cakṣus 眼之梵語也。義林章四本曰、「眼者照了導義名之爲眼。瑜伽第三云屢觀衆色、觀而復捨故名爲眼。梵云斫芻、斫者行義、芻者盡義。謂能於境行盡見行盡見諸色故名行盡。翻爲眼者、體用相當依唐言譯。」梵語雜名曰、「眼斫乞芻。」

【斫訖羅】（術語）Cakra 譯作輪。輪寶也。見慧苑音義上。

【矜哀】（術語）矜者憐也。憐愍衆生之意。

【矜羯羅】（天名）又作金伽羅。Ki-ṃkara 不動明王八大童子之第七、與制吒迦侍不動明王之左右者。不動使者陀羅尼秘密法曰、「矜者問事也。羯邏者驅使也。（中畧）此神作小童子形有兩種。一名矜羯邏恭敬小心者是。一名制吒伽。難共語惡性者是。」聖無動尊一字出生八大童子秘要法品曰、「法波羅蜜慈悲心行。所以出現使者名矜羯羅。此云隨順。業波羅蜜卽方便心行。所以出生使者名制多迦。此云息災也。菩薩方便現瞋形故也。」図數名俱舍論十二曰、「十大鉢羅度多爲矜羯羅十矜羯羅爲大矜羯羅」見甄迦羅條。

【矜羯羅根本印言】(印相)　印爲不動刀印。明爲唵地哩矜娑婆契

【形像】(圖像)　同秘要品曰、「矜羯羅形如十五歲童。著蓮華冠。身白肉色。二手合掌。其二大指與頭指間橫揷一股杵。天衣袈裟微妙嚴飾。制吒迦亦如童子。色如紅蓮。頭結五髻。(表五智)左手嚩日羅。右手執金剛棒。瞋心惡性之者。故不著袈裟。以天衣纏頸肩。」

【衲】(衣服)　比丘之糞掃衣謂之納衣、衣納俗作衲。著衲衣者爲十二頭陀行之一、故以爲僧衣之都名、又禪僧多著衲衣、故稱曰衲僧衲子。

【衲子】(雜名)　又云衲僧、禪僧之別稱。禪僧多著一衲衣而遊方、故名。但衲衣爲頭陀比丘之法衣、不限於禪僧。

【衲衣】(衣服)　見納衣條。

【衲伽梨】(衣服)　又作衲加梨、衲衣之僧伽梨也。九條乃至二十五條謂之僧伽梨。

【衲袈裟】(衣服)　七條以上之袈裟有二種、一曰平袈裟、又云一色袈裟、以一種之色體而製者。一重無裏。二曰衲袈裟、以諸種之色體、雜糅補衲者。必附裏重厚製之。經律中謂之衲衣。又云糞掃衣。此乃補衲朽故破弊之布帛以爲法衣者。其實爲最賤之糞掃衣。然爲修頭陀行之高德比丘法衣、故以之爲最貴之物而重之。法會或上臈比丘之所服也。衲之本字爲納。從衣者俗字。

【衲衆】(雜名)　著衲袈裟之僧衆也、法會職衆中有衲衆之目。

【衲僧】(雜名)　同衲子。

【段食】(飲食)　梵名Piṇḍa　四食之一、舊譯云摶食或團食、吾人常用之食物也。香味觸爲體。分分段段受用。以資益身分。故云段食。俱舍論十曰、「香味觸三一切皆爲段食。自體可成段別而飲噉。故謂以口鼻分分受之。」義林章五本曰、「段者分段。分分受之。能持身命。舊云團者。可摶可握立爲團。食此義全非。團字非摶。非水飲等可摶團圓。云何名團。故應名段。」

【耶】(術語)　𑖧 Ya　悉曇五十字門之一、大日經曰、「野字門一切法一切乘不可得故。」由Yāna(乘)釋之。文殊問經曰、「稱野字時是佛通達聲。」又爲諸藥叉之種子也。又𑖧者爲聲之語尾也。仁王儀軌下釋陀羅尼曰、「𑖧野依聲明法八轉聲中第四爲聲。爲彼作禮故名。」

【耶旬】(雜語)　見茶毘條。

【耶舍】(人名) Yasas 比丘名。譯曰名聞、名稱。或作耶舍陀、Yaśoda 耶舍那。有部毘奈耶四十曰、「具壽阿難陀有弟子在婆颯婆聚落、號曰名稱。梵云耶舍」。四分律曰、「耶舍伽那子」。善見律曰、「耶斯那」。西域記曰、「耶舍陀」。阿育王經二曰、「比丘名耶舍。翻名聞」。玄應音義二十五曰、「耶舍。此云譽。謂名譽也」。梵語雜名曰、「名聞耶舍」。出於佛滅後一百年、爲摩竭陀國華氏城雞園寺之上座。勸阿育王建八萬四千佛塔。後於跋耆國毘舍離城集七百賢聖、爲第二結集之阿羅漢也。見阿育王經一、毘奈耶雜事四十。

【二耶舍】(名數) 經論中耶舍比丘有二人、一人爲佛在世之人。毘舍離城長者之子、名耶舍。出家後還家婬故婦。佛大詰斥之、遂制婬戒。是佛法中制戒之初也。見僧祇律一。(四分律作須提那子)一人卽佛滅後百年阿育王治世時雞園寺之上座。見阿育王經一。

【耶舍塔】(堂塔) 名山記曰、王褘自建昌還經廬山記曰、石峯從山腰拔起如卓筆。峯頂有舍利塔。俗呼爲耶舍塔。釋氏書云、東晉時耶舍尊者自西域奉舍利來、於此建塔。

【耶舍崛多】(人名) Yaśogupta 比丘名。譯曰稱藏。見歷代三寶記十一。

【耶祇經】(經名) 一卷。劉宋沮渠京聲譯。迦奈國婆羅門耶祇捨外道歸佛、不能受持五戒。向佛還戒。佛默不答。有五鬼神來欲害之。佛放光救之。得蘇生。外道懺悔更受戒、卽得初果。

【耶若達多】(人名) Yajñadatta 見演若達多條。

【耶維】(雜語) 又作邪維、闍維、耶旬、闍毘、茶毘等。見茶毘條。

【耶輸陀】(人名) 耶輸陀羅之略。

【耶輸陀羅】(人名) 見次項。

【耶輸多羅】(人名) Yaśodharā 又作耶輸陀羅、耶戍達羅。譯曰持稱、持譽、具稱等。悉達太子之夫人、羅睺羅之母也。後隨摩訶波闍婆提出家、於法華得授記。密教胎藏界觀音院之一尊也。法華嘉祥疏一曰、「耶輸多羅。此云名稱。諸女中有名稱也」。法華玄贊一曰、「耶戍達羅。此云持譽。耶輸陀羅訛也。形容美麗、近遠聞知。生育羅睺、天人讚詠。故名持譽。譽美稱也。(中畧)未曾有經、須達拏經、瑞應經、皆云羅睺是瞿夷之子。佛有三夫人(云云)」。大日經疏五曰、「耶輸陀羅。譯云持名稱者」。有部毘奈耶十八曰、「寶女耶輸陀羅。此云持稱。亦云具稱」。

【耐怨害忍】(術語) 三忍之一。見忍條。

【郁多】(衣服) 同鬱多羅僧。七條衣

也。玄應音義十二曰「郁多。於六反。或作鬱多。七條衣也」郁多羅僧伽之略見鬱多羅僧條。

【郁多羅僧】（衣服）郁多羅僧伽之略。見鬱多羅僧條。

【郁多羅僧伽】（衣服）Uttarāsaṅga 上衣、大衣、七條衣也。飾宗記五末曰「郁多羅僧伽。譯云上著衣也。言於常所服中最在其上故也」見鬱多羅僧條。

【郁多羅鳩留】（地名）北大洲名見鬱多羅究留條。

【郁伽支羅】（地名）所在不明。

【郁伽支羅經】（經名）佛遊郁伽支羅說法要者。攝入中阿含經十八。巴 Ukkacelā

【郁迦】（人名）Ugra 具名郁迦羅越。舍衛國長者名。譯曰功德。又曰威德。見慧琳音義二十六。長者詣佛所出家、佛爲說法。見郁迦羅越問菩薩行經。梵 Ugravati

【郁迦羅越問菩薩行經】（經名）西晉竺法護譯、一卷。

【郁迦長者經】（經名）郁迦羅越問菩薩行經之略。

【紅衣派】（流派）喇嘛之舊敎也。見紅敎條。

【紅敎】（流派）Shamār 喇嘛舊敎之僧用紅色之衣冠、故有此名。敎主蓄妻、血脈相承、行於西藏之南部。西藏新志中曰「喇嘛敎始名紅敎。西歷七百四十七年巴特瑪織巴斡者被聘至西藏。此人住克什米爾之境、爲印度之有名學者。於是巴師以其卓越天禀之能力、熱心布敎、親自周行全國。其奇蹟甚多。巴師之周行全國也、名爲征服幽鬼。一日有鬼頑相抵、欲壓氏於山峽、師飛騰得免。又有鬼自雪中擲兵器如雨。自稱降魔杵。氏融解積雪爲水、鬼遂投水中。師因令水沸騰、鬼骨肉糜爛。又投降魔杵刺幽鬼之目、鬼始出水、僅存生命。又一日有妖物大爲師苦、化白色犛牛來觸。師飄然登天。犛牛忽結其鼻頸與脚而不動、頓變纓白絹之美少年。再三申告、始留其生命。巴師遍巡國中、顯大自在力。其周圍驟集無數弟子請訓。巴師以排斥幽鬼派、專事剿滅、未免過激、故用術令其威化、使彼啣恩於我、皈依佛敎。其在西藏僅二年、整理喇嘛僧之秩序、有弟子二十五人。創設多數寺院。至此功成名遂、更向他國而去。其送別時、忽虹霓光起、遍照十方。自極樂空中飛車來迎、師徐乘而去。羣衆放聲而泣。由是喇嘛敎基礎强固、學生負笈而遊學西藏者日衆。至印度書悉爲翻譯梵語及西藏語出版字典亦復不少」

【紅頗黎色阿彌陀】（圖像）帶紅頗梨色之阿彌陀佛尊像也。三摩耶者八葉蓮華上橫五鈷杵、杵上竪獨鈷杵、上有紅蓮、其上阿彌陀佛結跏趺座、頭上戴金剛五佛之寶冠。左右兩手住於定印、佛身及衣等悉帶紅頗梨之色、威容端嚴。蓋以五大之色配於五方、赤色當於西方、彌陀本土西方之色、爲本佛之身色光明也。無量壽如來修觀行供養儀軌曰、「想壇中有紇哩字放大光明如紅頗黎色、徧照十方世界、其中有情遇斯光者、無有不得罪障消滅。」此爲本說。守護國界主陀羅尼經二曰「觀想成已、漸觀徧身皆紅蓮華色、此身即成阿彌陀如來。此觀成已、即從頂上放紅蓮華色光、亦以無數百千億光而爲眷屬。一一光中皆有無量紅蓮華色菩薩而現。各以此印入深三昧。光照西方恒沙世界。彼中衆生遇斯光者皆入三昧。」

【紅蓮華】（植物）梵名優鉢羅 Utpala 之譯、謂赤色之蓮華也。爲千手觀音四十手中、左所持者、其手曰紅蓮手。千手千眼觀世音菩薩大悲心陀羅尼曰、「若爲求生諸天宮者、當於紅蓮華手。」眞言。唵（引）商揭隸（二合）薩嚩（二合）賀」

【紅蓮地獄】（界名）八寒地獄之第七。梵名鉢特摩 Padma 譯曰紅蓮。爲寒而皮肉分裂如紅蓮華也。瑜伽論四曰、「紅蓮那落迦與此差別、過此靑已、色變紅赤、皮膚分裂、或十或多。故此那落迦名曰紅蓮。」俱舍光記十一曰、「鉢特摩此云紅蓮華。嚴寒逼切、身變折裂如紅蓮華。」

【紅蓮大紅蓮】（界名）Mahāpadma 八寒地獄之第八。名摩訶鉢特摩、譯云大紅蓮。瑜伽論四曰、「大紅蓮大那落迦與此差別、謂彼身分極大紅赤、皮膚分裂、或百或多。故此那落迦名大紅蓮。」俱舍論光記十一曰、「摩訶鉢特摩、此云大紅蓮華。嚴寒逼切、身變折裂、如大紅蓮華。」往生講式曰、「或咽焦熱大焦熱之炎、或閉紅蓮大紅蓮之冰。」

【紇利陀耶】（術語）見紇哩陀耶條。

【紇利俱】（術語）見紇哩條。

【紇利俱字塔】（堂塔）石造或木造之塔、中心書紇利俱字者。塔是鑁字、表金剛大日果位之法界宮殿。紇利俱字爲西方無量壽如來之根本種子、又爲觀音薩埵之種子。

【紇哩】（術語）[梵字] Hrīḥ 又作紇利、紇利俱。紇利爲阿彌陀佛或觀音菩薩之種子。雜趣釋下曰、「若人持此一字眞言、能除一切災禍疾病。命終已後、當生安樂國土、得上品上生。」雜談集十曰、「[梵字]字者彌陀觀音之種子。合[梵字]四字爲一字眞言之習也。輒不可記（中畧）極樂之宮殿樹寶池水鳥等皆由此一字而生云。」

【紇哩陀耶】（術語）梵音 Hṛdaya 又作紇哩娜耶、紇哩乃耶、訖利馱耶、紇哩娜野、紇利陀耶、釳利陀、又作汗栗馱。譯曰眞實、心堅實心。楞伽阿跋多羅寶經第一曰、「此是過去未來現在諸如來應供等正覺性自性第一義心。」註曰、「此心梵音肝栗大。肝栗大者。宋言心。謂如樹木心。非念慮心。念慮心者梵音質多。」菩提心義曰、「一切衆生本有眞如淨心名千栗馱耶。是心爲眞實之義。諸經論中名此心爲眞如法性。」宗密以紇利陀耶爲肉團心、乾栗陀耶爲堅實心。似誤。秘藏記曰、「千栗多以處中名非常等之心也。」其指眞實之心性、卽如來藏心明矣。解爲人之肉團心者、乃由眞言所謂卽身成佛、卽事而眞之說而出者。不過欲觀肉團心卽法身毗盧遮那身也。故雖曰肉團心其實卽指眞實心。由其形配於未敷蓮華。

【紇差怛羅】（術語）Kṣetra 譯曰土田國土也。見刹條。

【約】（術語）謂某事約歸於某局部也。其解如就字。就於人就於法卽約於人約於法也。

【約行六字】（術語）行者修行、萬善萬行也。六字者南無阿彌陀佛也。阿彌陀如來使五劫間思惟、兆載永劫間修業所得之大功德、舍有於一法句南無阿彌陀佛六字中。卽所謂約行六字也。

【約法】（術語）就敎法上而談也。對約機而言。

【約敎釋】（術語）天台四大釋例之一。見四釋條。

【約敎約部】（術語）天台就敎之方面而論曰約敎、就部之方面而論曰約部。

【約機】（術語）由受法者之方而云。由衆生之機上而論。

【計】（術語）常曰計度、以妄念而推度道理也。倶舍論十九曰「計我我所」。

【計名字相】（術語）起信論所明六麤之一。依妄執於諸法上立虛假之名字、種種計度分別也。見六麤條。

【計我實有宗】（流派）外道十六宗之一。謂獸主等也。是等外道所主張者、爲我、有情、命者、生者、皆有之。又謂此我於感覺起時認識。故得此名。

【計里枳黎】（菩薩）見髻利吉羅條。

【計度】（術語）以意識之作用、思量分別種種事物也。

【計度分別】（術語）三分別之一。散心之意識與相應之智慧之作用也。倶舍論一曰、「意識相應散慧名爲計度分別。」

【計捨羅】（植物）梵名 Kesara、又作計薩囉、雞薩羅。譯云蘂或花蘂。見大日經二、華嚴經七十六。又言師子身毛之旋文。見慧苑音義下。

【計着】（術語）以妄想堅爲計度而不動也。楞伽經三曰、「如緣言說義計着墮建立及誹謗見。」

【計都】（雜名）Ketu又曰計部、雞兜、雞都九曜之一。譯曰旗星卽彗星也。大日經疏四曰「計都正翻爲旗旗星謂彗星也。」

【計都末底】（地名）Ketumati山名。譯曰幢慧慧苑音義上曰、「計都此云幢也、末底慧也。」

【計薩囉】（植物）見計捨羅條。

【軌生物解】（術語）釋法之字而言。法者善爲人之軌範有使對物生了解之意。

【軌持】（術語）解法之字義者法有二義一軌之義謂以其體爲軌範使人起領解心也。二持之義謂維持其體不混亂他體也。唯識論一曰、「法謂軌持。」同述記一本曰「軌謂軌範可生物解持謂任持不捨自相。」

【軌範】（術語）物之法軌模範也。唯識論一曰、「法謂軌持。」同述記一本曰、「軌謂軌範可生物解。」

【軌範師】（術語）寄歸傳三曰、「阿遮利耶譯爲軌範師是能敎弟子法式之義。」

【軌儀】（術語）軌範儀則也。玄義三下曰、「戒定慧此三是出世梯橙佛法軌儀。」

【勅命】（術語）因如來爲無上法王、故稱其敎命云勅命。

【勅使拈香】（儀式）臨法筵爲敕使燒香也。

【勅修淸規】（書名）勅修百丈淸規之略名。

【勅修百丈淸規】（書名）唐百丈山懷海禪師初立禪家一門之宗規、謂之百丈淸規後世稱之謂古淸規。宋景德元年翰林學士楊億有古淸規序則此時尙存其後滅亡僅有頌偈等散見於諸書後來諸師收集而出於世有宋徽宗崇寧二年宗賾所集之崇寧淸規、宋度宗咸淳二年、惟勉所集之咸淳淸規、及元武宗至大四年、東林咸公所集之至大淸規三種。最後元順宗至元四年、百丈山德輝禪師奉勅選拔前之三規、大成淸規名勅修百丈淸規有八卷。詔天下僧人悉依此淸規而行。至明屢下勅不入此淸規者、以法繩之見勅修淸規序跋。

【勅願】（雜語）書寫經典起立塔像等天子之御願也。

【剌那】（物名）見囉怛娜條。

【剌那尸棄】（佛名）Ratnasikhin佛名譯曰寶頂又寶頂經中作罽那者誤。

【剌那那伽羅】（佛名）Ratnākara佛名或菩薩名譯曰寶積經中作罽那者誤。智度論七曰、「剌那那伽羅秦言寶積。」玄應音義三曰、「剌那那伽羅盧割切光讚經作羅鄰那竭菩薩此譯云寶積舊維摩經漢言寶事放光經作寶來案梵本云曷剌怛那揭婆此云寶臺或云寶藏皆一義也。經文有作罽君例切非也。

【剌瑟胝】（雜名）Yaṣṭi 譯言竿、又曰杖使知寺剎所在而建之幡柱也。玄應音義一曰「剌瑟胝剌音力割切此譯云竿。人以柱代之名為剎柱」巴 Laṭṭhi

【剌竭節】（雜名）又作糲竭節、譯曰杖。祖庭事苑曰「梵云糲竭節此言杖智門祚和上綱宗歌云糲竭節直拽路布靈利衲僧通一路」名義集七曰「剌竭節此云杖」梵 Laguḍa

【剌闍】（術語）又作囉惹。Pajas 譯曰塵數論所立自性三德之第二云剌闍塵坌之義、又傍翻為瞋為苦。唯識述記一末曰「梵云剌闍此名云微牛毛塵等皆名剌闍。亦名塵坌。今取塵義」梵語雜名曰、「塵梵名度哩囉惹」

【勃沙】（佛名）Puṣya 又作弗沙、譯曰增威、佛名也。慧苑音義上曰、「弗沙正云勃沙此云增威也」

【勃陀】（術語）Buddha 又作馞陀、勃馱、舊稱佛陀略云佛。譯曰覺者。義林章六本曰、「梵云馞陀訛略云佛」華嚴經疏鈔一曰、「佛者具云勃陀此云覺者」見佛條。

【勃陀提婆】（人名）Bodhideva 譯曰覺天、為婆沙四評家之一人。俱舍光記二十曰「梵云勃陀提婆勃陀名覺提婆名天。舊云佛陀提婆訛也」

【勃嚕唵】（術語）Bhrūṃ 金輪佛頂尊之種子也、三字連聲而成一字。金剛頂經成佛儀軌曰「勃嚕唵三合以此國無字同故以三字連聲合成一字急呼。」

【剃刀】（物名）剃除毛髮者。中阿含經四曰、「鐵輪利如剃刀」慧琳音義三十六曰、「剃體計反除毛髮之剃刀也」

【剃髮】（術語）剃鬚髮染衣者為佛弟子出家之相、為去憍慢且別於外道之出家而為之。謂是為三世諸佛之儀式也。因果經二曰、「爾時太子便以利劍自剃鬚髮。即發願言今落鬚髮願與一切斷除煩惱及習障」智度論四十九曰「剃頭著染衣持鉢乞食此是破憍慢法」毘尼母論三曰、「剃髮法但除頭上毛及鬚餘處毛一切不聽却。也所以剃髮者為除憍慢自恃心故」行事鈔下四曰、「五分佛制半月剃髮」地藏十輪經四曰、「我今恭敬禮剃髮染衣人」有部毘奈耶四十六曰「剃髮染衣其事未辦」

【剃頭】（術語）剃除頭髮也。為出家之相。秘藏寶鑰中曰、「出家者剃頭染衣比丘等是也」見剃髮條。

【則劇】（雜語）雜劇一則也。密庵天童錄曰、「似小兒則劇」

【即】（術語）和融不二、不離之義、如煩惱即菩提、生死即涅槃是也。台家立三種之即而判之。一二物相合之即。如金與木合、煩惱與菩提、本來各別、煩惱爲相、菩提爲性、性相合而彼此不離。故曰煩惱卽菩提。是通敎所談義。爲不能確斷煩惱則不能得菩提。二背面相翻之卽。如煩惱菩提雖爲一體、而有背與面之相違、由悟之背言之、則爲菩提、由迷之面言之、則爲煩惱也。蓋隨於無明、則爲煩惱生死、順於法性、則爲菩提涅槃。猶如一室有內外表裏。是別敎所談。破無明而不順法性則不得菩提。三當體全是之卽。如水波。爲水爲波、爲菩提爲煩惱、僅實智與妄情所見之異耳。妄情之前、法界總爲生死、實智之前、法界悉爲涅槃。是之謂法體卽、妙顯由物情。不要斷捨不要翻轉、要唯破無明之情以發智而已。故於佛界具九界煩惱生死之法、謂之性惡不斷、圓敎之至極也。輔行一曰、「卽者、廣雅云合也。若依此釋、仍似二物相合、名卽。其理猶疎。今以義求、體不二、故名爲卽。卽三而一與合義殊」十不二門指要鈔上曰、「應知今家明卽、永異諸師。以非二物相合及非背面相翻、直須當體全是、方名爲卽。」

【卽士釋】（術語）亦曰依主釋、依士釋。六合釋之一。玄應音義二十三曰、「卽士釋亦言依士。士謂主也。立名從主、故言依士。如言眼識等也。」見六離合釋條。

【卽心】（術語）一切萬法卽就於心而不離也。法華玄義四曰、「上來圓行不可遠求。卽心而是。（中略）心性卽空卽假卽中。五行三諦一切佛法卽心而具。」

【卽心卽佛】（術語）又曰卽心是佛、卽心成佛。爲諸大乘敎之極談。言是心卽是佛也。傳燈錄七（法常章）曰、「初參大寂問如何是佛。大寂云卽心是佛。師卽大悟」同六（馬祖章）曰、「僧問和尙爲什麼說卽心卽佛。師云爲止小兒啼。僧云啼止時如何。師云非心非佛」碧巖四十四則曰、「卽心卽佛卽不問。如何是非心非佛。」宗鏡錄二十五曰、「問如上所說卽心卽佛之旨。西天此土祖僧同詮理事分明。如同眼見。云何又說非心非佛。答卽心卽佛是其表詮。直表示其事。令證自心了了見性。若非心非佛是其遮詮。卽護過遮非。去疑破執。（中略）近代有濫參禪門不得旨者。相承不信卽心卽佛之旨。判爲是敎乘所說。未得幽玄。我自有宗門向上事在。唯重非心非佛之說。並是指鹿爲馬。期悟遭迷。執影是眞。以病爲法。」傳心法要上曰、「諸佛與一切衆生唯是一心。更無別法。此心無始已來、不曾生不曾滅、不靑不黃、無形無相、不屬有無、不計新舊、非長非短、非大非小、超過一切限量名言蹤跡對待、當體便是。動念卽乖。猶如虛空無有邊際、不可測度。惟此一心是佛。又曰唯直下頓了自心本來是佛、無一法可得、無一行可修。此是無上道、此叫眞佛。又下曰、卽心是佛。無心是道。又曰祖師西來、唯傳心佛。直指汝等心本來是佛。心心不異、故名爲祖。若直下見此意、卽頓超三乘一切諸位、本來是佛、不假修成」頓悟入道要門下、「有一行者問卽心卽佛、那個是佛。師云汝疑那個不是佛、指出看。無對。師曰、達卽徧境。是不悟永乖疏」

【卽心是佛】（術語）與卽心卽佛同。傳燈錄曰「有僧問大梅和尙見馬祖得個甚麽。大梅曰、馬祖向我道卽心是佛。僧曰、馬祖近日又道非心非佛。大梅曰、任他非心非佛、我只管卽心是佛。馬祖曰、梅子熟矣。」參照前項。

【卽心念佛】（術語）謂唯心之彌陀心得己身之淨土、而念自己心中之佛也。心者周遍法界、假如說彌陀隔十萬億佛土、尙是吾心佛所現、吾人之心性、本爲清淨之佛體、唯爲無明煩惱所覆、不能顯、其不顯者、謂隔十萬億土而已。故觀無量壽經曰、「是心作佛。是心是佛。」是淨土門以外諸大乘家之念佛也。

【卽中】（術語）圓教之中諦、乃空假二諦相卽之中、故云卽中、以別於別教之中諦。見卽空條。

【卽有卽空】（術語）謂一切有爲法其自性本空。非壞滅法然後始空也。仁王經上曰、「是法卽生卽住卽滅、卽有卽空」天台疏中曰、「卽有卽空者、色性自空、非色壞故空也。」

【卽身】（術語）台家盛談卽心義、眞言宗則言卽身義。謂卽心成佛、猶屬理、卽身成佛乃屬事實也。日本弘法著有卽身成佛義一卷。

【卽身成佛】（術語）眞言宗所談。謂此肉身可成佛也。菩提心論曰、「惟眞言法中卽身成佛、故是故說三摩地、於諸敎中闕而不書」又曰、「若人求佛慧、通達菩提心、父母所生身、速證大覺位。」

【三種卽身成佛】（名數）一理具之卽身成佛、一切衆生之身心、本來爲兩部之體、身爲五大、是胎藏界本有之理體也、心爲識大、是金剛界本有之智德也、身心卽爲兩部、故凡夫肉身之外、更無本覺之體性、肉身之當相爲大日法身、是曰理具之成佛。二加持之卽身成佛、衆生本覺之功德、與如來三密之加持力相應、而成辦一切佛事者、依加持之因緣而成佛、是曰加持之成佛。三顯得之卽身成佛、自身成就三密之修行、而顯現法性之萬德者、是乃眞實之證悟也。此三種配於通途之位、則理具成佛爲一切之凡夫、加持成佛爲三信已上乃至十廻向之行者、顯得成佛爲初地以上乃至佛位也。三種通爲卽身成佛者、猶如台家之六位、通云卽佛也。

【四種卽身成佛】（名數）演奧鈔四

十三曰、「卽身成佛有四重。一修生卽身成佛。(世間成就品)二本有卽身成佛。(悉地出現品)三本修不二卽身成佛。(成就悉地品)四絕待卽身成佛。(轉字輪品)」

【田夫卽身成佛秘法】(修法)先本尊加持爲智拳印、次一印三明、先於內五股印大咒三返、次以同印二頭指招中咒(口傳)三返、次以同印二大指押二無名小咒(口傳)三返。見日本心舟七刀印田五。

【卽身菩提】(術語)此肉身得菩提之悟也。如言卽身成佛。

【卽空】(術語)三諦中之空諦。謂一切法非滅却、然後始空也。一切法無體空寂、故云卽空。般若心經曰、「色卽是空。」玄義四曰、「心性卽空卽假卽中。」止觀一曰、「云何圓信信一切法卽空卽假卽中。」拾遺記下曰、「三觀之首皆言卽者。指一念心卽三諦故。」

【卽空卽假卽中】(術語)天台所立之三觀也。見三觀條。

【卽非】(術語)不異云卽、不一云非。楞嚴經四曰、「如來藏妙明心元離卽離非。是卽非卽。」

【卽事而眞】(術語)謂事理本來無二。於淺近之事相上自具深妙之眞理也。止觀一曰、「離說無理。離理無說。卽說無說。無說卽說。無二無別則事而眞。」光明玄曰、「若取卽事而眞。爲眞身。」法華玄義四曰、「雖服甘露不能卽事而眞、傷命早夭。」大日經疏一曰、「譬如幻師以呪術力加持藥草。能現種種未曾有事。五情所對。悅可衆心。若捨加持然後隱沒。如來金剛之幻亦復如是。緣謝則滅、興則生。卽事而眞。無有終盡。」

【卽是】(術語)於彼此事法顯圓融不二之語。見卽條。

【卽相卽心】(術語)聖道門諸敎云卽事卽理、淨土門一家言卽相卽心。相者謂西方有淨土、指方立相之相也。此相卽自己之一心、離自己則無淨土、無彌陀、故云卽相卽心。見西方合論五。

【卽悟無生】(術語)謂往生極樂者、卽時得無生法忍之悟也。安住於無生之理而不起諸惑、是曰無生法忍。觀無量壽經曰、「如彈指頃往生彼國。生彼國已見佛色身衆相具足。見諸菩薩色相具足。光明寶林演說妙法。聞已、卽悟無生法忍。」

【卽時入必定】(雜語)謂念佛行者、以信彌陀之一念卽時入於必定之位也。必定之位者、必成佛之位也。十住毘婆沙論易行品曰、「人能念是佛無量力功德。卽時入必定。」淨土文類聚鈔曰、「煩惱成就凡夫生死罪濁羣萌。獲往相迴向心行。卽時入大乘正定聚之數。」

【卽假】(術語)圓敎之假諦、爲空中

二諦相卽之假、故云卽假、以別於別敎之假諦。

【卽得往生】（術語）聖道門說卽心成佛與卽身成佛、淨土門說卽得往生。言以信佛之因緣、定直往生極樂也。而淨土門中亦有二解。淨土宗以爲異時之卽、眞宗以爲同時之卽。異時者來世往生極樂、於彼土住於不退轉之位也。同時者信之一念時、現生住於正定聚不退轉之位也。無量壽經下曰、「諸有衆生聞其名號信心歡喜乃至一念、至心廻向願生彼國、卽得往生住不退轉。」阿彌陀經曰、「是人終時、心不轉倒、卽得往生阿彌陀佛極樂國土。」

【卽離】（術語）事理不二云卽、事理差別云離。天台宗以此分別別圓二敎之淺深。指要鈔下曰、「今家以卽離分於別圓。」

【是心是佛】（術語）觀經所說於觀法中想佛、故是觀想之心卽爲佛也。觀無量壽經曰、「諸佛如來是法界身、入一切衆生心想中。是故汝等心想佛時、是心卽是三十二相八十隨形好。是心作佛、是心是佛。」天台疏曰、「是心作佛者、佛本是無、心淨故有。亦因三昧心終成作佛也。是心是佛者、向聞佛本是無、心淨故有、便謂條然有異。故言卽是、心外無佛、亦無佛因也。」善導疏曰、「言是心是佛者、心能想佛、依想佛身而現、卽是心佛也。離此心外、更無異佛者也。」住於此心而念佛、謂之卽心念佛。如淨土門以外之念佛皆是也。

【是法非法經】（經名）一卷、後漢安世高譯。說持善生慢反爲非法。是中阿含眞人經之別譯。

【是處非處力】（術語）佛十力之一。分別是非之理之力。

【咥哩迦】（術語）Mātṛka 譯曰本母。論藏之異名。慧琳音義六十曰、「咥哩迦或云摩怛里迦、唐云本母。」

【咥哩若底】（術語）Trjāti 譯曰三生。三世之生命也。見梵語雜名。

【拜】（雜語）拜佛宜從佛制、其拜法與俗制不同。茲將拜法詳述如下。一、兩手合掌當胸、站於蒲團之前。二、分右掌向下按於蒲團之中心。（此爲一把、左掌不動）兩膝跪於蒲團。三、以左掌按於蒲團之前左邊。（此爲一把）四、以右掌從中心移於蒲團之前右邊。（此爲半把、故拜之俗名謂之兩把半）兩掌相離約六寸。五、以頭按於兩掌中間之蒲團上。六、以兩手掌向裏面翻轉、以手心向上。（在當時卽以兩手接佛足、故曰頭面禮足）七、以兩手曲指成拳、反轉仍按於蒲團之原處。八、頭離蒲團。九、以右掌移於蒲團之中心。十、以左掌離蒲團、置於胸前、如合掌之狀。十一、以右掌用力撐起、（兩膝同時離蒲團）合於左掌當胸。此爲一拜。至少三拜、多則以三數遞加如六拜九拜十二拜等拜畢後尚有一禮如世俗之作揖名曰問訊拜畢時兩手尚合掌當胸卽以所合之兩掌向下(是時鞠躬)過膝約一寸以右掌置於左掌之內疊成一拳從下向上與肩齊(是時已直其躬)再以兩手所疊之拳放直當胸手心向上右手疊置左手之上兩大指相接此卽彌陀手印也此爲拜佛禮畢餘詳五體投地及問訊條。

【拜願】(雜語)宣府志曰、「市人於五月十三日爲父母妻子或己身疾病具香紙牲醴於城隍廟拜禱自其家門且行且拜至廟乃止謂之拜願今各處皆沿其風」

【拜懺】(雜語)釋氏禮佛爲人懺悔俗謂之拜懺因沿稱其所誦經典亦曰懺其事始盛於南朝梁武帝時今所傳梁王懺是也文言謂之禮懺梁書庾說傳晚年以後尤遵釋教宅內立道場環繞六時禮懺不輟。

【姟】(雜名)數目梵語那由他譯曰姟玄贊八曰「風俗通十千曰萬十萬曰億十億曰兆十兆曰京十京曰姟(中畧)那由他姟也」梵 Nayuta 一爲十兆又爲百萬卽兆(名義大集二四九)Ayuta 阿庾多譯爲垓與百京相當。

【姟劫】(雜名)姟者數名劫者梵語 Kalpa 時名風俗通曰「十億曰兆十兆曰京十京曰姟」見姟條。

【删那訶】(衣服)見僧那條。

【删捺陀】(衣服)見僧那條。

【洴舍】(人名)又作萍沙、瓶沙、頻婆娑羅新云頻毘娑羅 Bimbisāra 見頻婆娑羅條。

【砂】(雜名)石之細碎者聚砂爲塔。(故事)法華經方便品曰、「乃至童子戲聚沙爲佛塔如是諸人等皆已成佛道」義楚十八曰、「異相云五百童子江岸聚沙爲佛塔江深瀑長一齊溺死生知足天。」

【以砂施佛】(本生)阿育王前世爲小兒時途逢釋迦佛戲以沙爲麨施佛佛預言彼來生必爲國王見阿育王傳、義楚十八。

【科文】(術語)釋經論分科其文句之段落者是由秦之道安爲始知一經之大意不可缺文句一曰、「古講師俱敷弘義理不分章段若純用此意後生殆不識起盡又佛說貫散集者隨義立品(中畧)天親作論以七功德分序品五示現分方便品其餘品各有處分昔河西憑江東瑤取此意節目經文末代尤煩光宅轉細(中畧)曇鸞云細科烟颺雜礪塵飛蓋若過若不及也」

【科儀】(術語)銷釋金剛科儀會要註解一曰、「科儀者科者斷也禾得斗而知其數經得科而義自明儀者法也佛說此經爲一切衆生斷妄明眞之法今科家將此經中文義事理復取三教聖人語言合爲一體、科判以成篇章故立科儀以爲題名」。

【禺中】（術語）巳時卽今之午前十時也。說文曰「日在巳曰禺中」。天台取華嚴經日出三照之文配於五時教以第四之般若時定爲禺中時之教。

【限分】（術語）南山律宗之意、佛之制戒有深防與限分之二。制戒本爲止業因。業因必由三毒。凡夫未能了心性、卒然制之、甚難。故約於身口二業而制四重。二業既清淨、則心自沈靜能見過本。故制四重爲道體。是根本制也。更制其餘種類以防四重、名爲深防。又因過犯尙未窮極、豫加重制、禁微以防著、亦名深防。如比丘尼觸男臂準爲重犯等。此二義、初通於四重、則爲通義。後就四重各各而論、則爲別義。次分限者、制意業也。善惡之本緣、無非我倒。依此我倒而結業墮於生死。故各隨其限分而還制其心。故曰心念作、發心作、皆名犯。然諸師多不立此義。戒者但約於身口、於何處明心戒。雖然、身口具非威善惡、依思心而成業道也。但見論中、若制心戒者、無得脫者。就其獨頭之心而言也。獨頭之心念忽起緣、非不名爲犯。重緣向念、得思覺而不制止（謂之重緣心）故成犯也。此亦有通別之二。通者謂制止一切之邪念。別者如比丘比丘尼於睡眠中漏不淨、則比丘犯僧殘罪、比丘尼犯波逸提罪是也。見戒疏一下、二上、行事鈔上一之一。

【皈依】（雜語）釋氏謂皈依佛、皈依法、皈依僧、爲三皈。皈依者、謂身心歸向之也。

【怎生】（雜語）猶言如何樣也。朱子語錄多用怎生字、如云不知後面一段是怎生地。

【昭玄】（寺名）後魏建昭玄寺、爲僧尼之總管所。僧史略中曰、「後魏有曰初立監福曹以統攝僧尼。尋更爲昭玄寺也。故隋百官志曰。昭玄寺掌佛教。署大統一人、統一人、維那三人、置功曹主簿員、管諸州郡縣沙門矣」。佛祖統紀五十一曰、「陳文帝置昭玄十統」。有昭玄大沙門統、昭玄沙門統、昭玄沙門都統、昭玄大統、昭玄上統等之稱。

【唫吒】（異類）餓鬼名。譯曰食唾。見正法念經十六。梵 Kheta

【省行堂】（堂塔）延壽堂之異名。令省察病比丘身之行苦之意。見延壽條。

【省庵】（人名）蓮宗九祖之第九祖也。名實賢、字思齊。常熟時氏子。既出家、叩靈鷲和尙、參念佛者是誰、徉悟。後於鳳山梵天講寺、屏絕諸緣、純提淨土。結長期、晝夜六時念佛。與同人互相策勵。人皆謂永明再來。癸丑佛成道日、謂弟子曰、我於明年四月十四日長往矣。自此掩關、寸香齋限、晝夜課佛十萬聲。至期跏趺、見佛來迎而化。年七十四。所著有續往生傳、西方發願文、淨土詩一百八首、東海若解、舍利涅槃諸懺、並行於世。見省庵語錄附錄本傳。

【省常】（人名）蓮宗九祖之第七祖也。宋淳化中住南昭慶。慕廬山之風。結淨行社。士大夫與會者百二十人、王文正旦爲之首。比丘及千人焉。天禧四年正月十二日、端坐念佛、見佛來迎。泊然而化。年六十二。見蓮宗九祖傳畧。

【柁那】（術語）Dāna 譯曰施。慧琳音義十曰、「柁那正云䭾囊。唐云施。古曰檀那、一也。」

【負門】（術語）與他對論而歸於敗者、謂之墮於負門、或曰墮於負處。智度論一曰、「佛置我著二處負門。」

【負舂居士】（人名）指六祖慧能未出家、在黃梅腰石舂米時也。德異壇經序曰、「惟負舂居士一偈、傳衣爲六代祖。」

【衍門】（術語）衍者、梵語摩訶衍 Mahāyāna 之略。譯曰大乘。門者部門。對小乘謂大乘云衍門。文句記一上曰、「古人唯知衍門一大。」

【柵門那】（物名）又曰訕若。十外道之一。見訕若條。

【柳枝】（物名）唐土北地之俗、有插柳枝於淨水以攘邪鬼者。釋氏要覽下曰、「北人風俗。每至重午等毒節日。皆以盆盛水。內插柳枝置之門前辟惡。按灌頂經云。昔維耶黎城民遭疫。有一少年比丘。名禪提。奉佛教持摩訶神呪。往爲辟之。疫人皆愈。其禪提往彼國二十九年民安。至其還化、民復遭疫。民思禪提、遂往其住處。但見所嚼齒木擲地成林。林下有泉。民酌其水、折楊枝、掃拂灑。病者皆愈。毒氣銷亡。」

【拾得】（人名）豐干禪師行至赤城、道側聞兒啼、拾之、名曰拾得。沙門靈熠令知香燈。一日、登座、對佛而餐。復呼聖僧爲小根敗種。熠怒、令入廚滌器。一日、掃地、次寺主問汝姓甚麼、住在何處。拾放下掃帚、叉手而立。寺主罔測。寒山搥胸曰、蒼天蒼天。拾却問汝作甚麼。寒山曰、豈不見東家人死、西家人助哀。二人作舞、哭笑而出。廚食爲烏所食、拾以杖打伽藍神曰、汝食不能護、安能護伽藍乎。卽夕寺僧俱夢神曰、拾得打我。後與寒山同逝。

【偰咖野】（雜名）諸天名。見慧琳音義三十五。

【茂泥】（術語）Mrni 又作文尼、與牟尼同。此云寂默。或云能仁。或云仙。見牟尼條。

【柏庭】（人名）宋上天竺寺善月、字光遠、號柏庭。月堂慧詢之法嗣也。淳祐元年寂、壽九十三。所著楞嚴玄覽、金剛會解、圓覺略疏、楞伽通義、因革論、簡境十策、三部格言、金錍義解、宗教玄述、仁王疏記、附鈔箋要、皆行於世。自餘之雜製、名曰緒餘集。見佛祖統紀十九。

【姞栗陀羅矩吒】（地名）靈鷲山之梵名。見耆闍崛條。

【洗淨】（雜語）大小便洗手之法。寄歸傳二細記之。最爲律家所重。

【洩悉知】（地名）Yaṣṭi-vana 林名。譯曰竹杖。西域記九曰、「洩瑟知林。唐言杖林。林竹脩勁。其先有婆羅門。聞釋迦佛身長丈六。常懷疑惑未之信也。乃以丈六竹杖欲量佛身。恒於杖端出過丈六。如是增高。莫能究實。遂投杖而去。因植根焉。」

【苦婆羅窟】（地名）依瞻波樹而名窟。慧苑音義下曰、「苦婆是香花樹名也。其窟側近多生此樹。故因名耳。」梵Cāmpālu

【者裡】（雜語）祖庭事苑二曰、「這裡。這當作者。指事之辭也。這、三蒼詁訓云。古文同適字。之石切。又舊韻誕彥二音。唯禪錄作之也切。皆沿襲所致。」

【洲渚】（譬喻）譬涅槃也。祖庭事苑三曰、「大般若云。善現白佛。云何菩薩爲與世間作洲渚故。發趣無上正等菩提。佛言。譬如巨海大小河中高顯可居。周廻水斷。說爲洲渚。如是善現色前後際斷。乃至諸佛正等菩提前後際斷。由此前後際斷。一切法斷。此一切法前後際斷。卽是寂滅。卽是微妙。卽是如實。」

【茗蔕】（故事）林間錄上作「茗蔕」者非也。宜作掃蔕。乃周利槃特之故事。見周利槃特條。

【柱塔】（雜名）見塔條。

【咸傑】（人名）宋明州天童之密庵禪師、名咸傑。就應庵華禪師得法。奉敕住徑山靈隱寺。晚居天童而寂。見五燈會元、稽古略四。

【彥達縛】（天名）見乾闥婆條。

【彥琮】（人名）北齊趙郡柏人（直隸唐山縣治）人。姓李氏。十歲出家。改名道江。才藻清新。十二歲、遊鄴都、參講席。十四歲、入晉陽、齊后召赴宣德殿、講仁王經。齊亡。北周武帝召爲通道觀學士、侍講大易老莊之書。師外假俗衣、內持法服、更名彥琮。及隋文帝爲相、佛敎稍興。便爲朝士講般若經。年二十五落髮。文帝受周禪。自此講筵不絕。與陸彥師薛道衡等共著內典文會集。又爲沙門撰唱導法、皆改正舊體、繁簡得中。文帝見老子化胡畫像怪之、師作辯敎論、明道敎之妖妄。西域經至、奉勅從事翻譯。仁壽二年奉勅撰衆經目錄。尋又著西域傳。又撰沙門名義論及別集五卷。大業間、煬帝於上林園立翻經館、使居之。於林邑獲佛經五百六十四夾、一千三百五十餘部、並昆崙書多梨樹葉等、以送於館、使師披覽之。師並編敍目錄、撰爲五卷。又與裴矩共修續天竺記。前後所譯之經、凡二十三部一百許卷。並製序冠之經首。

大業六年七月寂。年五十四。歸葬柏人。所著有西域志十卷、達磨笈多傳四卷、通極辯教論一卷、通學論一卷、善財童子諸知識錄一卷、新譯經序合一卷、辯正論、福田論、僧官論、慈悲論、默語論、鬼神錄、願往生禮讚偈等。出於歷代三寶記、續高僧傳、大唐內典錄等。

【彥悰】（人名）鄉貫不詳。唐貞觀末、學於玄奘門。著大唐京師寺錄傳十卷、集沙門不應拜俗等事六卷、大慈恩寺三藏法師傳十卷、唐護法沙門法琳別傳三卷。年壽並缺。出於大唐內典錄等。

【玻璃】（物名）又作頗梨、頗黎。新譯曰頗胝迦、頗置迦、娑波致迦、塞頗致迦、颯破檄迦、窣坡致迦。Sphatika 當於此方之水精、有紫白紅碧四色。玄音應義二曰、「頗梨、力私切。又作黎。力奚切。西國寶名也。梵言塞頗胝迦。又言頗胝。此云水玉。或云白珠。大論云。此寶出山石窟中。過千年氷化爲頗梨珠。此或有也。胝音竹尸切。」同二十四曰、「頗胝迦。陟尸切。亦言娑波致迦。西國寶名也。舊云頗黎者、訛略也。」慧琳音義四十一曰、「頗胝迦。古譯或云頗黎。或云頗胝。皆訛轉也。正梵音云颯破檄迦。形如水精。光瑩精妙於水精。有黃碧紫白四色差別。」慧苑音義上曰、「頗梨色。正云窣坡致迦。其狀少似此方水精。然有赤有白等也。」智度論十曰、「若法沒盡時。諸舍利皆變爲如意珠。譬如過千歲氷化爲頗梨珠。」梵語雜名曰、「頗梨。薩頗置迦。」

【紀綱寮】（雜名）維那之住室。象器箋二曰、「維那寮又曰紀綱寮。」

【保境將軍】（圖像）大經藏中有列保境將軍之像者。是取傅大士爲烏傷宰時之形也。釋門正統三曰、「又立保境將軍。助香火之奉。謂是在日烏傷宰也。」

【苜蓿】（物名）香藥三十二味之一。最勝王經七曰、「苜蓿香。塞畢力迦。」梵語雜名曰、「苜蓿。薩止薩多。」

【茅蓋頭】（雜語）言有一把茅、作個草菴、蓋在頭上、以蔽風雨也。傳燈錄曰、「雲居問洞山、如何是祖師西來意。師曰、闍黎向後有一把茅蓋頭。」六祖壇經曰、「汝向去有把茅蓋頭、也只成個知解宗徒。」竹窗隨筆曰、「余單丁行脚時、忍饑渴、衝寒暑、備歷諸苦。今幸得把茅蓋頭。」

【洪覺範】（人名）宋寂音尊者淸涼禪師、名慧洪、字覺範。見慧洪條。

【疥癩野干】（譬喩）譬極可嫌者取之。行事鈔標宗顯德篇曰、「薩遮尼揵云。若不持戒。乃至不得疥癩野干身。何況當得功德之身。」無盡燈論上曰、「以二乘類。比疥癩野干。」與惡癩野干同。

【封體】（術語）謂或於某體以秘法封神佛之神靈者。

【洛叉羅尼經】（經名）一卷、趙宋法賢譯。持此咒者則與持洛叉之諸佛之功德無異。

【洛迦山】（地名）補陀洛迦山之略。

【洛陽伽藍記】（書名）五卷、後魏楊衒之著。其自序曰、「周室京城表裏凡有一千餘寺今日寥廓鐘聲罕聞恐後世無傳故撰斯記。然寺數最多不可遍寫今之所錄止大伽藍。」

【恨】（術語）梵語Upanaha之譯。心所名。七十五法之一。百法之一。即結怨煩惱之精神作用也。俱舍論二十一曰、「恨者謂於忿所緣事中數數尋思結怨不捨。」成唯識論六曰、「云何爲恨由忿爲先懷惡不捨。結怨爲性。能障不恨、熱惱爲業。謂結恨者不能含忍恒熱惱故。」俱舍論攝之於小煩惱地法、以爲有別體。唯識論以爲隨煩惱之一、瞋恚之一分而無別體。順正理論五十四辨恨與忿之差別曰、「如樺皮火、其相猛利、而餘勢弱名爲忿。如冬室熱其相輕微而餘勢強名爲恨。」

【屋門】（譬喻）五功德門之一。

【屋裏人】（雜語）謂人人本具之心性。蓋以家屋喻身體、主人公喻心性也。又謂參學同一師家之人。例如翠巖保福長慶三大老同爲雪峯會下人、故稱爲屋裏人是也。出於碧巖種電鈔七等。

【俄那鉢底】（天部）梵名Ganapati又作誐娜鉢底、迦那鉢底、誐那鉢底、伽那鉢底。譯云歡喜見。誐那鉢底條。

【咦】（雜語）笑貌。禪宗師家接學人時、又導師唱法語了、開示言詮不及意路不到之玄旨幽意、常用此語。又有用於嘲笑者。碧巖第一則頌舉評、廓然下語曰、「箭過新羅。咦。」無門關四十一則達磨安心話無門曰、「末後接得一個門人、又却六根不具。咦。」此類是也。蓋於笑裏寓獄德之意。

【秋金剛】（菩薩）理趣會曼荼羅、內供養之四菩薩、出於外供養金剛歌菩薩名爲秋金剛。又曰時秋金剛。

十畫

【敍謝】（雜語）敍臨筵智識、兩序侍者、單寮蒙堂等之德而謝之、是曰敍謝。又云謝語。見象器箋十一。

【泰山府君】（天名）又曰太山府君、本爲道家所起之名。道家以泰山之神爲泰山府君。於佛家爲十王經所說十王之第七閻魔王之書記、記人善惡。又掌大海底西北沃燋石下熱惱大地獄。此獄縱廣五百由旬。幷設十六小地獄、罪鬼入此獄期滿後轉解第八殿收獄查治。焰羅王行法次第曰、「若欲消除疫病氣病瘧病者、可供太山府君。」胎曼大鈔六曰、「或記曰太山府君亦名奉敎官。肉色。左手持人頭幢。右手持書於閻魔王斷罪處記善惡業作天也。」十王經注五曰、「太山王者詩云。太山不讓塊大海不厭涓露。如積塵成山賞少善。如微滴成海記少惡。故云太山王也。卽是炎魔王之太子也。又云太山府君。又云奉敎者。又云深沙大王。」

【秦廣王】（異類）十王之第一。專司人間壽夭生死冊籍統管幽冥吉凶鬼判殿。居大海沃燋石外正西黃泉黑路。惡人死後在殿右之孽鏡臺照過、批解第二殿用刑。

【恚怒】（術語）瞋恚忿怒也、於三毒之中謂之瞋毒。維摩經方便品曰、「以忍調攝諸恚怒。」無量壽經下曰、「或時心諍有所恚怒。」

【恚結】（術語）九結之一。諸衆生爲瞋恚廣行不善、由此招未來生死之苦、流轉於三界而不能出離也。結者繫縛之義、爲恚惑所繫縛而不能離生死之苦也。

【恚礙】（術語）與罣礙同。淨住子、忍惡罵無恥辱忍撾打無恚礙。

【素具】（雜名）素者本也、豫先辦備之具云素具。大疏四曰、「思惟衆緣支分皆令素具、勿得臨事闕乏而生疑惑也。」

【素法身】（術語）謂唯有法身之現體而功德不具者。天台所謂理卽佛、三惡道之衆生是也。四敎儀曰、「今雖然卽佛此是理佛、亦是素法身無其莊嚴何關修證者也。」同集註下曰、「無緣了功德莊嚴法身體素。天龍之所忽劣。」

【素怛纜】（術語）又作蘇呾纜。舊云修多羅。見蘇怛羅條。

【素食】（雜語）素者潔白之義、粗略之義。爲不雜魚肉滋味之食物。

【素意】（雜語）同素懷、平生之望也。

【素絹】（衣服）又作麤絹、生絹所作之法服。今無黑色之綾、呼絹衣之一種。元來爲白色。

【素豪】（術語）如來之白毫也。豪毫音通。唯識述記序曰、「白虹飛祾、素豪銷景。」

【素嚩哩拏】（雜語）Suvarṇa 又作蘇伐羅、修跋拏。譯曰金。梵語雜名曰、「金、梵語素嚩哩拏。」名義集三曰、「蘇伐羅。或云修跋摩。此云金。」

【素懷】（雜語）平素之希望。多就念佛行者之往生而言。續高僧傳（智者傳）曰、「時過三載方遂素懷。」

【素饌】（雜語）同素食。

【耆山】（地名）耆闍崛山之略。

【耆那】（術語）Jina 譯曰勝。佛之尊稱。佛本行集經一曰、「爾時如來住於佛行。無復煩惱、故名耆那。」玄應音義十九曰、「耆那或云視那。或作嗜那。此譯云勝。謂最勝也。」

【耆利柯】(人名)Girika 人名。譯曰山。見阿育王經一。

【耆那敎】(流派)敎派名。起於印度。與釋迦牟尼同時。或云爲佛敎之支派。耆那者勝者之意。能超脫一切世苦之謂也。敎祖大勇。爲中印度刹帝利族。八歲出家。四十歲而爲勝者。其敎派頗有勢力於印度。

【耆域】(人名)Jiva Jivaka 又曰耆婆。時縛迦。譯作固活。能活。良醫名。見耆婆條。

【耆域因緣經】(經名)奈女耆域因緣經之略稱。

【耆婆】(人名)Jivaka Jiva 又作耆域。時縛迦。譯曰固活。能活。王舍城良醫名。耆婆耆域同爲一人。觀同本異譯經題。一云奈女耆域因緣經。一云奈女耆婆經可知。(二經共爲後漢安世高譯。但少有具略相違。)敘其出姓前揭之二經以爲柰女與萍沙王(頻婆沙羅王)之子。毘那耶雜事二十一所載。與此同。然四分律三十九謂爲王舍城婬女(娼女)婆羅跋提與瓶沙王(頻婆沙羅)子無畏王之子。就得叉尸羅之賓迦羅學醫云。宋史藝文志有耆婆脈經三卷。耆婆六十四問一卷。耆婆五藏論一卷。

【耆婆爲醫王因緣】(本生)善見律毘婆沙十七敘耆婆之本生。

【耆婆諫止阿闍世逆害】(故事)出觀無量壽經。見阿闍世條。

【耆婆導阿闍世詣佛所】(故事)佛說寂志果經敘王害父母。憂惱不能措。六師外道亦無如何。遂來佛所懺悔。參照涅槃經十九。

【耆婆叩髑髏知生處】(傳說)五分律二十記耆婆善知音聲本末之相。叩五個髑髏。知生於地獄餓鬼畜生人天。有一髑髏不知生處。是羅漢之髑髏也。(其他傳說耆婆作外道論師)

【耆婆治病】(故事)耆婆以種種妙術治病。詳於佛說捺女耆域因緣經。佛說奈女耆婆經。四分律第四十。毘奈耶雜事第二十一。

【耆婆天】(天名)譯曰命天。長命之天也。楞嚴經二曰。「王言。我生三歲。慈母攜我謁耆婆天」。長水疏曰。「耆婆此云命。西國風俗皆事長命天神。子生三歲。即謁彼廟。謝求得也」。此天爲帝釋天左右之侍衞。長阿含經曰。「釋提桓因左右常有十大天子。隨從侍衞。何等爲十。一名因陀羅。二名瞿夷。三名毘樓。四名毘樓婆提。五名陀羅。六名婆羅。七名耆婆。八名靈醯嵬。九名物羅。十名難頭」。

【耆婆林】(地名)翻梵語九曰。「嗜婆林。譯曰命林。名也」。

【耆婆鳥】(動物)涅槃經作「命命鳥」。勝天王般若經作「生生鳥」。阿彌陀經雜寶藏經作「共命鳥」。梵名耆婆耆婆。一身兩頭之鳥也。玄應音義一曰：「梵言耆婆耆婆鳥，此言命命鳥是也。」見共命鳥及耆婆耆婆條。

【耆婆草】（植物）有三種。一、梵名 Jiva。二、梵名 Jivak，印度所傳八種要藥之一。三、西名 Ruta，即芸香，能治瘡疥，避惡蟲，故名耆婆草。

【耆婆耆婆】（動物）又作闍婆耆婆迦。Jivajivaka 又云 Jivamjivaka，鵪鶉之類。由鳴聲而名耆婆為命，或生之意，故云共命鳥。經中謂為（本行集經）二身二頭之禽鳥。

【耆毱】（人名）Jinu 仙人名，譯曰勝仙。見慧琳音義二十六。

【耆闍】（動物）譯曰鷲。見智度論三。又耆闍崛之略，山名。見次項。

【耆闍崛】（地名）梵音 Grdhrakūta。耆闍崛者，巴利音 Gijjakūta，又曰伊沙堀，揭梨馱羅鳩胝，姞栗陀羅矩吒。山名。譯曰鷲頭，鷲峰，靈鷲。山頂似鷲，又山中鷲多，故名。在中印度摩揭陀國王舍城之東北。釋尊說法之地。智度論三曰：「是山頂似鷲，王舍城人見其似鷲，故共傳言鷲頭山，因名之為鷲頭山。復次王舍城南尸陀林中多諸死人，諸鷲常來噉之，還在山頂，時人便名鷲頭山。此山五山中最高大，多好林水，聖人住處。」法華文句一上曰：「耆闍崛山，此翻靈鷲，亦曰鷲頭。云狼跡。」玄應音義六曰：「耆闍崛山，或言伊沙堀山，或言揭梨馱羅鳩胝山，若訛也。正言姞栗陀羅矩吒山，此翻云鷲臺，又云鷲峰。言此山既棲鷲鳥，又類高臺也。舊譯云鷲頭，或云鷲峰者，一義也。」西域記九曰：「如來御世垂五十年，多居此山，廣說妙法。」翻梵語曰：「耆闍崛，應云耆闍崛多，譯曰耆闍，鷲。崛多，頭。」

【耆闍崛多】（地名）山名。見前項。

【耆臘】（雜語）謂高年之僧。僧家不序齒而序臘，以捨俗為僧之年為始。如云僧臘若干，謂為僧幾年也。

【栗呫】（雜名）栗呫婆之略。

【栗呫婆】（雜名）見離車條。

【栗呫婆毘】（雜名）見離車條。

【栗馱】（術語）汗栗馱 Hrd.Hrdaya 之略。見肉團心條。

【恭敬】（術語）謙退云恭，推尊其德云敬。法華經嘉祥疏二曰：「謙遜畏難為恭，推其智德為敬。」釋氏要覽中曰：「四分律云：汝等比丘於我法中出家，更相恭敬，佛法可得流布。戒本云：若比丘不恭敬，犯波逸提。」

【恭敬施】（雜語）三施之一。向他為恭敬禮拜等也。智度論十二曰：「恭敬施者，信心清淨，恭敬禮拜，將送迎逆，讚歎供養。如是等種種名為恭敬施。」

【恭敬經】(經名)此經攝於中阿含經第十。說恭敬具威儀、具學法、乃至爲至涅槃之源。

【恭敬修】(術語)四修之一。見四修條。

【恭御陀】(地名)梵名Kongodha東印度古王國名。在烏荼國之西南。玄奘渡天時、此國外道甚盛。不信佛敎。國王爲熱心之溼婆敎徒。見西域記十等。

【柴頭】(職位)禪林之語。在飯頭之配下、管柴薪之役務。見象器箋七。

【索】(物名)不動之金剛索、觀音之羂索等。不動之索爲束縛惡人之標示。觀音之索爲網羅善類之標示。

【索哆】(術語)Sattva 同薩埵。謂堅忍不拔之丈夫也。大日經疏一曰、「菩提薩埵具據正義。當云菩提索多。此索多者是忍樂修行堅持不捨義也。」

【索欲】(術語)戒律之語。一山之大衆會合時、有事故而欲缺席。是曰欲。法此欲意豫傳於出席之比丘。是云與欲。受與欲謂之受欲。於會合之席間、開會之初、有主事受欲者否。是云索欲。此時受欲之人答某誰與欲於我。

【索欲問和】(儀式)既知索欲無一人之破和合僧。就今作之羯磨事、問一同和否、是曰問和。此索欲與問和二法、於一切之羯磨必於其初行之。見行事鈔上三。

【索訶】(界名)現住世界之名。三千大千世界之通名。舊稱娑婆。譯曰堪忍。又云忍土。以忍受三毒及諸煩惱。故梵語謂之索訶。又曰娑訶。見娑婆條。

【索菩薩】(菩薩)金剛界四攝菩薩之一。

【索話】(雜語)同索語。

【索語】(雜語)又曰索話。學人上堂、有疑不決、則出衆請問。是曰索語。今上堂之垂語、亦云索語。甚失古意。見象器箋十一。

【夏】(術語)四時之一。謂夏期三個月間之安居行也。見安居條。

【夏中】(術語)謂夏安居間之九十日也。

【夏末】(術語)夏安居之終。

【夏安居】(術語)一夏九旬之安居也。行事鈔上之四曰、「由夏中壞行義多招譏。復重故文云自今已去聽三月夏安居。」見安居條。

【夏坐】(術語)又曰坐夏。夏安居也。法顯傳曰、「度隴至乾歸國夏坐。」

【夏書】(行事)於夏安居時期書經文也。夏安居者於佛法爲樞要之修行時。

【夏首】(雜名)夏安居之初日也。圓覺經曰、「若經夏首三月安居。當爲淸淨菩薩止住。」

【夏竟】（術語）夏安居終之日也。舊律爲七月十五日、新律爲八月十五日。見安居條。

【夏衆】（雜名）爲夏安居之僧衆。

【夏金剛】（菩薩）理趣會曼荼羅內供養之四菩薩、出於外供養金剛花鬘菩薩、名爲夏金剛、或時夏金剛時雨金剛雲金剛。

【夏解】（術語）夏安居之終日。七月十五日。

【夏經】（行事）於夏安居中所寫之經典。又於夏安居中誦經也。

【夏滿】（術語）夏安居滿之日也。

【夏齋】（行事）禪院於結夏之日設齋會。見象器箋十四。

【夏臘】（術語）又曰夏臈、法臈。比丘之年歲也。比丘每歲爲九旬之安居、由其安居之數、以算法齡。稱曰法臘幾歲。故安居中與安居竟之日、猶如世俗之舊臘與歲首。此所以用夏臘之字也。以此夏臘之多少而定僧中之長幼。月燈三昧經六曰、「當問其夏臘。」僧史略下曰、「經律中以七月十六日是比丘五分法身生來之歲首。則七月十五日是臘除也。比丘出俗不以俗年爲計。乃數夏臘耳。經律又謂十五日爲佛臘日也。」蔡邕獨斷曰「臘者歲之終也。」賈島詩曰「夏臘今應三十餘。」

【烈士池】（地名）此池在鹿野苑之傍。西域記七曰、「從施鹿林東行二三里、至窣堵波傍有涸池。周八十餘步。一名救命。又曰烈士。云云。」詳記此池之因緣。

【烝砂作飯】（譬喩）楞嚴經曰、「佛言若不斷婬修禪定者、如烝砂石欲其成飯。經百千劫只名熱砂。」

【書】（雜名）梵語補薩多迦。Pustaka見梵語雜名。離佉。Lekha 見名義集五。

【書記】（職位）禪林之書寫僧也。

【書寫】（雜語）五種法師之一。見法師條。

【展單】（術語）禪林之語。單者牛單也。無晚參時、鳴放參鐘三下、其時展牛單。後遂謂放參鐘爲展單。

【展轉】（雜語）身體展張而移於他也。四卷楞伽一曰、「展轉相因。」無量壽經下曰、「展轉其中世世累劫無有出期。」唯識論八曰、「以展轉力故彼彼分別生。」

【桑門】（術語）又作喪門。同於沙門。皆舊譯之稱。譯曰勤行勤息。見沙門條。

【娑】（術語）स Sa 又作薩。悉曇五十字門之一。爲一切法一切諦不可得之義、現證一切智之聲也。由 Satya（諦）及 Sarvajñāna（一切智）釋之。金剛頂經曰、「娑字門一切法一切諦不可得故。」文殊問經曰、「稱娑（上）字時是現證一切智聲。」

【娑也地提嚩多】（術語）譯曰本尊。

大日經疏二十曰、「本尊者梵音娑也地提𠼝多若但云提𠼝多直所尊之義也」。

【娑多吉哩】（天名）Satakri 夜叉八大將之一。

【娑多婆訶】（人名）梵音 Sadvāhana Sātavāhana 國王名譯曰引正見西域記十。

【娑伽婆】（書名）六十四書之一。

【娑伽陀】（人名）或作修伽陀、亦云娑竭陀、又云娑婆揭多、此尊者初生時容儀可愛父見歡喜唱言善來故立為名具德經曰「我聲聞中能具火界神通修伽陀苾芻是」。

【娑呵】（飲食）Sahā 譯曰駛流藥名。見慧琳音義二十六涅槃經二十五曰「雪山之中有上香藥名曰娑呵有人見之得壽無量無有病苦」。

【娑底也】（術語）梵 Satya 譯曰諦。堅實之義。演密鈔七曰、「梵音娑底也此方云諦若言娑囉 Sara 即詮堅淨之義」。

【娑度】（雜語）Sādhu 譯曰善或曰善哉有部百一羯磨一曰「娑度譯為善」寄歸傳一曰「辭別之時口云娑度兼唱阿奴莫陀 Anumodana 娑度即事目善哉阿奴謨陀譯為隨喜」。善見律三曰、「衆僧唱薩」。玄應音義十六曰「唱薩此言訛也正言娑度。此譯云善哉」。

【娑界】（界名）娑婆界也。

【娑迦婆羅】（地名）鐵圍山也。見樸迦羅條。

【娑毘迦羅】（人名）又作劫毘羅。Kapila 外道名。即數論師也。楞嚴經一曰、「娑毘羅迦先梵天呪」。同十曰、「娑毘羅迦所歸冥諦」。同長水疏曰、「娑毘羅迦亦云劫毘羅此云金頭或云黃髮」。

【娑婆】（界名）Sahā 又作沙訶、娑訶樓陀新云索訶。堪忍之義、因而譯曰忍土。此界衆生安忍於十界而不肯出離、故名為忍。又諸菩薩行利樂時、堪受諸苦惱之義。又此界衆生有貪瞋痴等煩惱之過、衆生忍之、故名。又作雜惡雜會、以是為三惡五趣雜會故也。此為三千大千世界之總名。一佛攝化之境土也。法華文句二曰、「娑婆此翻忍其土衆生安於十惡不肯出離從人名土故稱為忍。悲華經云云何名娑婆、是諸衆生忍受三毒及諸煩惱故名忍土亦名雜會九道共居故」。法華玄贊二曰、「梵云索訶此云堪忍。諸菩薩等行利樂時多諸怨嫉衆苦逼惱堪耐勞倦而忍受故因以為名娑婆者訛也」。（中略）是三千大千世界號為娑婆世界」。探玄記四曰、「娑婆者此云堪忍。悲華經云。此中衆生貪瞋痴等過梵王忍之故為名也。」西域記一曰、「索訶世界三千大千國土。為一佛化攝也。舊曰娑婆又曰沙訶皆訛」。

玄應音義三曰、「沙訶。又云娑訶樓陀。或云娑婆。皆訛也。正言索訶。此云能忍。或云堪忍。一言雜會世界。」

【娑婆婆】（天名）帝釋八異名之一。見釋提桓因條。

【娑婆訶】（術語）夢溪筆談曰、「夔峽湖湘人。凡禁呪語。末云娑婆訶三合而爲些。即楚詞招魂所用些字。」翻譯名義曰、「娑婆。秦言一切。」與夢溪說異。參照蘇波訶條。

【娑婆草】（植物）或云婆婆草。此草甚柔輭。翻云膩。

【娑婆即寂光】（術語）常寂光土爲周遍法界之法體。故三五之色質皆在寂光一理之上。而宛然是故凡聖同居土之娑婆即常寂光土也。經云常在靈鷲山即其證也。法華玄義七曰、「寂光理通。如鏡如器。諸土別異。如像如飯。業力所隔。感見不同。」法華文句記九曰、「經云。我土不毀。常在靈山。豈離迦耶別求常寂。非寂光外別有娑婆。」輔行五曰、「土雖差別。不異寂光。寂光雖寂。不異諸土。」

【娑訶樓陀】（界名）Sahā-lokadhātu 見娑婆條。

【娑賀摻囉】（天名）Sāhasraka 五藥叉之一。

【娑賀嚩縛】（天名）Sahadeva 五藥叉之一。

【娑竭羅】（雜名）又曰娑伽羅。梵音 Sāgara 海名。譯爲鹹海。

【娑竭羅龍】（異類）又作娑伽羅龍。依所住之海而得名。或言依國而立名。法華經序品曰、「娑伽羅龍王。」同提婆品曰、「大海娑竭羅龍宮。」光宅法華義疏一曰、「娑伽羅者。因國得名也。」

【娑麼囉】（雜語）Smara 譯曰憶念。見大日經疏十八。

【娑磨】（書名）Sāma 四圍陀之第三。見韋陀條。

【娑羅】（植物）Sāla 樹名。見娑羅林條。

【娑羅支】（植物）樹名。見賧彌條。

【娑羅王】（佛名）Sālendrarāja 佛名。慧苑音義上曰、「娑羅此云堅固。亦曰寂勝也。」

【娑羅林】（地名）Śālavana 娑羅者堅固之義。因而謂之堅固林。慧苑師云高遠之義也。佛在拘尸那城阿利羅跋提河邊。娑羅樹四方各二株雙生。中間入滅。故佛之入滅處謂之娑羅林。而曰娑羅樹間。又云牛角娑羅林。牛角者表雙樹。或言角者。拘尸那城之別名。又佛涅槃時。雙樹悉變白如白鶴。故謂之鶴樹。玄應音義二曰、「沙羅。泥洹經作堅固林。」西域記六曰、「尸賴拏伐底河西岸不遠至娑羅林其樹類槲而皮青白葉甚光潤四樹殊高如來寂滅之所也」止觀一曰「中阿含云牛角娑羅林恐是以城而名林也拘尸那城云角城其城三角故云角也若爾只應云角那云牛角應是以牛角表雙以娑羅名樹娑羅西晉此云堅固堅之名稱樹德也故知牛角表雙義兼三角此卽寂滅說涅槃處」涅槃經疏二曰「娑羅此云堅固四方八株悉高五丈四榮四枯下根相連上枝相合」慧苑音義下曰「娑羅此云高遠以其林木森竦出於餘林之上也舊翻云堅固者誤自娑囉之與娑羅聲勢相近若堅固卽轉舌言之若呼高遠直爾稱之耳」涅槃經一曰「爾時拘尸那城娑羅樹林變白猶如白鶴」如來涅槃後四樹枯四樹榮以表大乘涅槃之常樂我淨萬代繁榮也

【娑羅娑】（動物）鳥名慧琳音義二十五曰「娑羅娑鳥此云共行亦云白鶴」大日經疏三曰「鴈非正翻梵本云娑羅娑鳥狀如鴛鴦而大聲甚清雅此方所無故會意言耳」梵 Sarasa

【娑羅華】（雜名）Śala 娑羅樹之華葉也釋氏要覽下曰「用白紙作娑羅華八樹以簇繩床表雙林之相」

【娑羅洟】（地名）聚落之名譯曰調御城見本行集經三十三梵 Sarathi

【娑羅樹】（植物）娑羅雙樹也

【娑羅樹王】（佛名）佛名妙莊嚴王未來成佛作娑羅樹王佛見法華經妙莊嚴王品

【娑羅笈多】（人名）Śālagupta 僧名譯曰貞固見求法高僧傳下

【娑羅雙樹】（雜名）見沙羅雙樹條

【娑羅迦隣提】（動物）Śāiasa Kā-raṇḍa (Dual) 二鳥名麗本之涅槃經三作「娑羅娑鳥迦隣提」宋元明三本之涅槃經三作「娑羅迦隣提」見沙羅隣提條

【娑羅僧伽何尼】（書名）六十四書之一見六十四書條

【娑羅婆悉諦夜】（地名）Śravasti (Loc.) 國名見舍衛條

【差別】（術語）對平等而云不指萬法一如之法性而數個個之性類也在佛敎從覺法上捨離差別之見並全然離差別見之平等皆爲惡平等之名所排於菩薩修行上越自利利他之差別相始爲達圓滿之平等者

【差利尼迦】（植物）樹名譯曰研枝出乳汁之樹也本行集經三十二曰「彼樹林名差利尼迦隋言出乳汁林」同四十一曰「有一林名差梨尼迦隋言研枝」梵 Kṣiriṇika

【差摩】（人名）Śamā 婆羅門婦之名譯曰安隱見賢愚經差摩現報品

【差摩比丘】(人名) 因病說法得心解脫。見經律異相十七。

【差摩蓮華】(人名) 比丘尼名。神通第一。遇强暴之人欲犯之、脫兩眼示彼得免。見經律異相二十三。

【差摩竭經】(經名) Sumāgadhā-sūtra 菩薩生地經之異名。

【差摩塞縛彌】(雜語) Kṣemasvāmin 譯曰田主。田當爲誤譯。

【差摩婆帝授記經】(經名) 一卷、元魏菩提留支譯。佛與彌勒共入城乞食、至頻婆娑羅王宮、王夫人差摩婆帝 Kṣemavatī 以衣爲座請佛坐之。佛爲夫人說法授道記。

【差羅波尼】(衣服) 又作叉羅波膩。衣名。譯曰灰水。玄應音義十四曰「差羅波尼、或作叉羅波膩、或云識羅半尼。此譯云灰水也。」Kṣarapāṇīya

【草木】(譬喩) 以譬受教法雨潤之一切衆生。見三草二木條。

【草木成佛】(術語) 天台眞言兩宗立草木成佛之義。天台於台宗二百題七有草木成佛之論目。依法華經諸法實相、涅槃經佛性體遍之教文、由一色一香無非中道之道理而成立圓實之意。謂中道佛性、徧於法界。故不隔有情無情。無情已有佛性、豈無成佛之理乎。然如華嚴謂眞如隨緣、在有情之邊爲佛性、在無情之邊爲法性。如是差別佛性法性。故不成非情成佛之義。荊溪於金錍論中詳細破之。極論爲「木石無心語生乎小乘」。以其是不知依正不二、色心一如之理。依凡情之迷見、故敢執木石無心也。荊溪釋本經諸法實相之文、謂實相必諸法、諸法必十如。十如必十界、十界必身土。身土既爲實相、何不能成佛耶。又四明之言、謂「欲顯眞修、須依理性。理非古今、不簡古今。一成一切成。故說無情成佛也。」又眞言宗之意、則據大日經所說六大周遍之理而立之。大日經阿闍梨眞實智品曰「我卽同心位、一切處自在、普遍於種種有情及非情。阿字第一命。嚩字名爲水。囉字名爲火。吽字名忿怒。(風)佉字同虛空。」此中初句我卽同心位說識大。後五句說五大。中間之一切處自在等三句、說六大之自在無礙。蓋六大爲大日之體性、周遍於有情非情。故一切草木瓦礫、悉爲如來之三昧耶身也。而有情既由於此六大周遍而往生、則非情亦此六大周遍。豈不能成佛耶。故據六大周遍之文、而草木成佛之義成立也。見秘藏記鈔七。

【草座】(物名) 導師所敷之坐具名。以紺與白之組絲垂左右。是取如來成道時受吉祥草敷金剛座之故事。無量壽經上曰「哀受施草敷佛樹下跏趺而坐」

【草庵】(雜名) 以草所造之庵也。法華經信解品曰、「猶處門外止宿草庵」往生要集上本曰、「當知草庵瞑目之間。便是蓮臺結跏之程。」

【草堂】（人名）宋處元之號。作義例隨釋六卷、破斥從義之纂要。見佛祖統紀十四。（寺名）羅什三藏譯場之名。釋氏要覽上曰、「草堂始因羅什法師得名。姚興世鳩摩羅什於大寺中搆一堂。以草舍蓋。於中譯經。因此名之也。」

【草堂寺】（堂塔）姚興於長安寺建四個大寺、第一大寺名草堂寺。卽羅什譯場草堂所在之處。唐昭宗重建之。佛祖統紀五十三曰、「昭宗敕羅什譯經處。重建草堂寺。」

【草單】（物名）安居之戒臘簿。

【草裏漢】（雜語）山野浮浪之徒。爲良民之害者。碧巖十六則曰、「鏡淸草裏漢。」

【草創】（雜語）謂堂塔寺舍等初建立也。

【草疏】（雜名）禪林所用之疏、多爲四六體、有時爲散文。是謂草疏。見象器箋十五。

【草賀】（雜語）草者略也。禪林、住持入院之時、知事上首等先略賀、是云草賀、住持既開堂下座之後、一山之大衆更展賀、謂之展賀。見象器箋十。

【草飯】（飲食）麤飯也。敕修淸規曰、「方丈備草飯。」史記陳丞相世家曰、「更以惡草具進梵使。」註曰、「草、粗也。」

【草鞋】（物名）僧於法會所著之靴有二種、一云鼻高。二云草鞋。又曰捽鞋。

【草環】（物名）又曰茅環、指釧。以茅草所造之指環。密敎修法時用之。蘇悉地經一曰、「又作法時。當用茅草而作指釧、著於右手無名指上。應誦當部三字半心眞言、或經百遍或千遍、後安指上。若供養之時。持誦之時。護摩之時。應著草釧。以著此草環故、罪障除滅。手得淸淨。所作皆成。」蘇悉地供養法下曰、「其茅環者。稱無名指量。以茅三繾作金剛結。」

【草繫比丘】（人名）佛在世時、有比丘、爲賊以生草繫之。比丘恐壞其生草、而不解縛、自待餓死。一切有部目得迦六曰、「佛在室羅伐城。時諸苾芻在跋蹉國遊行人間。爲賊所執。賊相告曰。仁等今可淨諸苾芻。是時賊中有一先是苾芻相近住人。告諸伴曰。何勞殺此。應以連根茅草可急縛之。令其饑渴自餓而死。時彼羣賊卽以茅草縛諸苾芻。棄之而去。時跋蹉國王名烏陀延。爲獵所出。遇到其所。告從臣曰。此是鹿熊耶。走騎觀察。乃見苾芻。問言。仁是何類。苾芻答曰。是出家者。於何類中。是釋迦子。何爲住此。答、我被賊縛。以何物縛。曰生草。王曰、何不拔起。報曰、世尊爲我制其學處。若復苾芻壞生草木得波逸提迦。王卽下乘。自手解放。各施三衣。」賢愚經四、莊嚴論三亦引之。梵網經下曰、「若佛子。護持禁戒。行住坐臥日夜六時讀誦是戒。猶如金剛。如帶持浮囊欲渡大海。如草繫比丘。」涅槃經二十六曰「寧捨身命不毀禁戒如草繫比丘。」

【茶末】（飲食）禪林之語。茶之爲細末者。所謂末茶是也。見象器箋十七。

【茶堂】（堂塔）禪林中在法堂後、寢堂前、住持行禮之處。即方丈也。見象器箋二。

【茶湯】（儀式）茶與湯也。凡禪家之法。每日於佛前祖前靈前供茶湯爲恆例。又新住持晉山時等有點茶點湯之禮。先點茶後點湯。因有稱觀音等諸佛爲茶湯日者。與緣日相類、其日參詣者。謂有特別之利益。

【茶湯會】（行事）以茶湯開筵也。俗以茶會謂爲「茶湯」。松源岳禪師錄有茶湯會之頌。

【茶毘】（術語）梵語。此云焚燒。舊譯闍維。訛也。見翻譯名義集正字通曰、「梵言闍維。即茶毘。僧死而焚之也。」或作闍毘。亦作茶毘。譯音字本無定。茶茶古本一字。尤易混也。

【茶鼓】（物名）於祖忌獻茶湯時、或茶禮湯禮時所鳴之鼓也。見象器箋十八。

【茶頭】（職位）禪林司煎點茶者。在諸寮舍。

【高山頓說】（雜語）華嚴經乃世尊成道最初、集高位菩薩、最上之說法。猶如日出東天時、先照高山。是謂之高山頓說。高山譬菩薩之機。頓說謂不歷次第階級。頓說大乘之法也。玄義一上曰、「雖高山頓說不動寂場而遊化鹿苑。」八十華嚴經五十如來出現品曰、「譬如日光出現時先照山王。次照餘山。後照高原及大地。而日未始有分別。善逝光明亦如是。先照菩薩。次緣覺。後照聲聞及衆生。而佛本來無動念。」四教儀曰、「第一頓教者。即華嚴經也。（中略）此經中云。譬如日出先照高山。」

【高士】（術語）菩薩之舊譯。三教指歸二曰、「菩薩。古維摩經翻高士。」

【高王經】（經名）高王觀世音經之略。

【高王觀音經】（經名）高王觀世音經之略。

【高王觀世音經】（經名）東魏天平年中高王時人所感得之觀音經也。續高僧傳二十九、法苑珠林二十五。謂之觀世音救生經。又云高王觀世音經。佛祖統紀五十四謂之十句觀音經。稽古略二謂之救苦觀音經。續高僧傳二十九曰、「昔元魏天平定洲募士孫敬德。於防所造觀音像。及年滿還常加禮事。後爲劫賊所引。禁在京獄。不勝拷掠。遂妄承罪。並處極刑。（中略）夢一沙門教誦觀世音救生經。經有佛名。令誦千遍。得免死厄。德既覺已。緣夢中經。了無謬誤。比至平明。

已滿百遍。有司執縛向市。且行且誦。臨欲加刑。誦滿千遍。執刀下斫。折爲三段。三換其刀。皮肉不損。怪以奏聞。丞相高歡表請免刑。仍敕傳寫。被之於世。今所謂高王觀世音經是也」。明蓮池以此經爲僞經。

【高六】（雜語）高者高祖、卽天台大師、六者六祖、卽荊溪大師。台宗之稱。

【高世耶】（物名）Kauśeya 又作憍奢耶。憍尸絹名。寄歸傳二曰、「高世耶乃是蠶名。作絹還受此號」。飾宗記五末曰、「今三藏云。高世耶者。卽是野蠶之名。此蠶不養。自生山澤。西國無桑。多於酢果樹上而食其葉。其形皓白。麤如拇指。長二三寸。月餘便老。以葉自裹。內成其蠒。大如足指。極爲堅硬。居人採之。取熱成絹。其絹極牢。體不細滑」。

【高世耶僧悉哩喇】（物名）譯曰野蠶臥具。見飾宗記五末。Kauśeya-saṁstara

膩【高出三昧】（術語）出生福德智慧之三昧也。智度論四十七曰、「高出三昧者。菩薩入此三昧。所有福德智慧。皆悉增長。諸三昧性從心而出」。

【高足】（雜語）弟子之勝者曰高足。宋高僧傳七曰、「有大乘基爲其高足」。

【高佛頂】（菩薩）住於胎藏界第六釋迦院。五佛頂尊之一。見佛頂條。

【高念佛】（雜語）高聲念佛也。

【高明寺】（寺名）寺爲唐時所建。智者大師之幽溪道場也。藏有大師之龍衣紫金鉢。又有天竺來之貝葉經。爲大師所藏。

【高峯】（人名）禪師之號。諱原妙。宋嘉熙戊戌生。參雲巖欽於北磵而得法。元世祖至元己卯、上天目西峯。入張公洞。題曰死關、不出戶者十五年。學徒參請無虛日。成宗元貞元年寂、壽五十七。有高峯錄盛行於世。見續稽古畧。

【高峯錄】（書名）一卷。宋祖雍編。

【高峯觀三昧】（術語）以名佛所入之三昧、如上高峯觀十方而無高低。以住此三昧觀十界衆生一相一味故也。見大日經疏。

【高祖】（雜名）各宗之開祖云高祖。

【高座】（物名）一段高者、有導師所登之高座。有說法者所登之高座。又法華會等之大會。其左右有講師之高座。

【高昌】（地名）西域古王國名。漢代之車師前部、後漢戊己校尉之故地。今新疆省戈壁沙漠東北部之吐魯番、哈剌和綽附近之地也。往時佛教盛行。梵漢兩種之經典並行。北涼時產法盛、法衆等諸師。北魏時曇學、威德蹔於此地譯賢愚經。東晉智嚴、智簡等入竺、途次入此地求行資。玄奘亦停留一月、國王麴文泰敬仰之。其歷史見漢書新舊唐書法顯傳等。

【高貴】（菩薩）高貴德王菩薩之略。

【高貴四德之𢿘】（術語）高貴德王菩薩爲涅槃經之對告衆佛對之說常樂我淨四德之妙理涅槃經二十一至二十六爲高貴德王品。

【高貴德王菩薩】（菩薩）具名光明遍照高貴德王菩薩涅槃經二十一卷已下高貴德王菩薩品之對告衆佛對之說修行涅槃經十種之功德涅槃經疏十九曰「光明遍照論外化廣高貴德王辨內行深」

【高僧】（雜名）德高之僧對出家之尊稱。

【高僧傳】（書名）十四卷梁慧皎撰。外有續高僧傳三十卷唐道宣撰宋高僧傳三十卷宋贊寧等撰明高僧傳八卷明如惺撰已上謂之四朝高僧傳。

【高僧法顯傳】（書名）一卷東晉法顯著師渡天之旅行記也因而別名佛國記。

【高聲念佛】（雜語）對於輕聲念佛而言又名厲聲念佛即大聲唱南無阿彌陀佛也阿彌陀經通贊疏中所謂「念佛有三。一心念心中繫念二輕聲念爲自耳所聞故。三高聲念」是也。

【高麗藏】（雜名）高麗國彫刻之大藏經也又稱麗藏高麗本麗本或鮮本案高麗藏經如前後凡有三幅。一顯宗二年爲退治契丹兵之難發願而刻者。二爲文宗朝所刻者。三爲高宗二十四年爲蒙兵退散祈願而刻者顯宗之板本據義天之諸宗𢿘藏雕印疏所言爲五千軸藏於符仁寺高宗二十年爲蒙兵所焚文宗之刻本雕造之年次不詳。據諸宗𢿘藏雕印疏言「文考乃鐫千萬頌之契經」又寄日本諸法師求𢿘藏疏言「其開元釋𢿘錄智昇所撰貞元續開元釋𢿘錄圓照所撰兩本所收之經律論等洎大宋新飜之經論總六千來卷幷已雕鏤施行。」可略知其卷數。高宗之板本自二十四年至三十八年凡閱十六年而刻成。今朝鮮海印寺所藏之經板即此本也當勘校之任者爲開泰僧統守其對照宋本契丹本等校合同異實爲善本其卷帙總爲大乘經五百二十一部二千一百六十四卷大乘律二十六部五十三卷。大乘論九十七部五百二十四卷小乘經二百四十部六百十四卷。小乘律五十四部四百三十九卷。小乘論三十六部七百〇二卷西土聖賢集六十八部一百八十六卷。此土撰述四十部三百六十三卷續入四百三十九部一千五百四十四卷。總計六百三十九函一千五百二十一部六千五百八十九卷。

【高薩羅王】（人名）Kosala. 波斯匿之別名大威德陀羅尼經六曰「波斯匿高薩羅王」易土集六曰「高薩羅者應憍薩羅轉聲婆斯匿王舍衛國主也舍衛者即憍薩羅都城之名也。由是波斯匿亦名高薩羅王乎。」

【高顯處】（術語）塔之譯名。資持記下三之二曰、「經音義云正言窣覩波義翻方墳翻高顯處以聳出故。」文句記三中曰、「新云窣覩波此云高顯。」

【衰】（術語）八世法之一。凡於我身有損減者。

【衰沒】（術語）天人之果報盡、則現五衰之相而退散於下界云。

【衰相】（術語）天人將死時現五種之小衰相與五種之大衰相見五衰條。

【衰患】（術語）謂惡疫飢饉等衰耗人之諸災患也。法華經陀羅尼品曰、「令百由旬無諸衰患。」

【庫子】（職位）又云庫司行者。禪家司會計等之行者也。百丈清規副寺條曰、「其上下庫子、須擇有心力能書算守己廉謹者爲之。」

【庫司行者】（職位）卽庫子。見前項。

【庫倫】（地名）Kurun 又云 Urgya Kuren。蒙古喇嘛敎之中心地去長城北六百里在土拉 Tula 河岸。市區分爲蒙古人漢人二住所商業繁盛人口凡三萬其大半爲喇嘛敎徒也。蒙古區有巨大圓形之佛堂其結構甚壯麗、屋上總以金箔裝飾、炯炯眩人目又有喇嘛胡土克圖之宮殿其外觀雖無異佛殿然華美壯大、遙有所勝。胡土克圖位亞達賴班禪二大喇嘛而有威靈蒙古人大尊崇之、以此地爲次於西藏拉薩之靈地。故每年夏季由蒙古諸部來禮拜者輻輳云。

【庫頭】（職位）副寺之舊稱司寺內之出納者。百丈清規副寺條曰、「副寺者古規曰庫頭今諸寺稱櫃頭、北方稱財帛其實皆此一職。」

【唐三藏】（人名）玄奘三藏也。

【唐生】（雜名）印度箚記上曰、「唐宋之世、中土請經求法之僧、踵趾相錯。至今相沿稱華人曰唐生。」

【唐僧取經】（雜語）俗指玄奘渡天竺求經而言。獨異志曰、「沙門玄奘姓陳氏。唐武德初往西域取經、行至罽賓國道險虎豹不可過。奘不知所爲、鎖門而坐。至夕開門見一老僧、莫知所由來。奘禮拜勤求。僧口授心經一卷令奘誦之。遂得道路開闢、虎豹潛形、魔鬼藏跡。至佛國、取經六百餘部而歸其心經至今誦之。」雙樹幻抄曰、「玄奘以貞觀三年冬抗表辭帝、制不許。卽私遁出玉關抵高昌。高昌王奉奘行貲護送達於罽賓。隨歷大林國僕底國那伽羅國祿勒那國至麴闍國。麴闍王有勝兵十萬雄冠西域。其俗以人祀天。奘至被執以風度特異將戮以祭。俄大風作、塵沙漲天晝日晦冥。彼衆驚異釋之。至中天竺入王舍城。彼已預聞奘至、具禮郊迎、安置那蘭陀寺。見上方戒賢論師。賢時春秋一百有六、道德爲西土宗師、號正法藏。奘啓以求法意。賢沓嗟曰、吾頃疾病且死、忽夢文殊謂曰、汝未應厭世、後三年震旦有大沙門從汝受道。自爾以來今三稔矣。於是慰喜交集。奘從賢窮探大乘、曰益智證。至貞觀十六年、乃發王舍城、入祇羅國。國王迎問、而國有聖人出世、作小秦王破陣樂、可爲我言之。奘粗陳帝神武大略。其主大驚、卽以青象名馬助奘馱經而還。以貞觀十九年至長安。文皇驚喜、手詔飛騎迎之。親爲經文作序、名聖敎序云」通俗編三十七曰、「唐藝文志有王元策中天竺國行記十卷。法苑珠林謂元策官金吾將軍、奉詔匿玄奘往西域取經、歸撰此記。今佚不傳」

【唐捐】（雜語）虛棄也。玄應音義曰、「唐徒也。徒空也。說文捐棄也」莊子曰、「是求馬於唐肆也」法華經普門品曰、「福不唐捐」

【庭前柏樹子】（公案）見趙州條。

【庭儀】（儀式）法會時於堂前庭上作行道之式也。

【庭儀曼荼羅供】（修法）三種曼荼羅供之一。於庭上作大行道之曼荼羅供也。

【座】（物名）梵語阿薩曩Āsana。諸佛以蓮華爲座。智度論八曰、「劫盡燒時、一切皆空。衆生福德因緣力故、十方風來相對相觸、能持大水。水上有一千頭人、二千手足、名爲韋紐。是人臍中出千葉金色妙寶蓮華、其光大明、如萬日俱照。華中有人結跏趺坐。此人復有無量光明、名曰梵天王。此梵天王心生八子。八子生天地人民。是梵天王於諸婬瞋已盡無餘。以是故言若有人修禪淨行、斷除婬欲、名爲行梵道。佛轉法輪、或名法輪、或名梵輪。是梵天王坐蓮華上。是故諸佛隨世俗故、於寶華上結跏趺坐說六波羅蜜。」又以師子爲座。見師子座條。

【座元】（雜名）禪林之稱首座之異名。爲僧堂座位之元首也。

【座不冷秘法】（修法）又云溫座護摩。謂續修護摩法也。

【座主】（職位）大衆一座之主也。如言上座首座。禪家云住持。敎家云座主。爲大衆一座之主、統理一山者。如天台山修禪寺座主道邃是也。又由禪家名敎家皆曰座主。釋氏要覽上曰「摭言曰、有司謂之座主。今釋氏取學解優贍穎拔者名座主。謂一座之主。古高僧呼講者爲高座。或是高座之主」

【座光】（雜名）又曰光座。臺座與後光也。陀羅尼集經十一曰、「功德天像身長一肘一尺三寸五分。除其光座。」

【座忘】（術語）坐禪時忘失自家現前之世界也。

【座湯】（儀式）禪林之衆僧爲座薦湯、名曰座湯。有大小之別。如庫司四節請闔山之大衆是云大座湯於夏末特爲夏中執役之人而設是云小座湯見象器箋十七。

【座頭】（物名）禪林之稱小屏風高約三尺立於戶口左右之座首又名隔板見象器箋十九。

【座臘】（術語）與法臘同。

【病子】（譬喩）喩極惡之衆生也。如母之憶子最深於病子佛於衆生亦如是也。涅槃經三十曰「譬如一人而有七子是七子中一子遇病父母之心非不平等然於病子心則偏多。」

【病行】（術語）涅槃經所說五行之一。以菩薩大悲治衆生罪業之大行也病者喩衆生之罪業大乘義章十二曰、「言病行者從所治爲名罪業是病治病之行故名病行。」

【病苦】（術語）四苦之一。梵語弭也地譯作病病有二種。一依先世之惡業而招者、二依今世之風熱等而感者。智度論八曰、「病有二種先世行業報故得種種病今世冷熱風發故亦得種種病。」

【病暇】（雜語）爲養病而請暇也。

【病導師】（術語）凡師之化導反增衆生之病謂之病導師止觀五曰、「身子聖德亦復差機凡夫具縛稱病導師。」

【病魔】（異類）四魔或十魔之一。

【五臟脉相】（名數）若脉洪直者、肝病之相輕浮者心病之相尖銳衝刺肺病之相如連珠者腎病之相沈重遲緩脾病之相。

【四大病相】（雜語）若身體苦重堅結疼痛枯痺瘻瘠是地大之病相若舉身膨腫膚肉浮滿是水大之病相若舉身洪熱骨節酸楚呼吸缺乏是火大之病相若心懸忽悅懊悶忘失是風大之病相。

【五臟病相】（雜語）面無光澤手足無汗是肝之病相面靑皓者是心之病相面黑色是肺之病相身無氣力是腎之病相、體澁如麥糠是脾之病相也。

【六神病相】（雜語）若多惛惛、是肝中無魂多忘失前後是心中無神若多恐怖癲病是肺中無魄若悲哭者是腎中無志若多廻惑是脾中無意若悵怏者是陰中無精是名六神病。

【病起六緣】（雜語）一四大不順故、二飮食不節故三坐禪不調故、四鬼神得便故五魔神爲故六業所起故止觀八之一。

【疾書】（雜名）經之頓寫又云疾書。大品般若經十五曰、「若欲書是般若波羅蜜時應當疾書」。

【家狗】（譬喩）煩惱隨逐於身而難去譬如家畜之狗涅槃經十五曰「如家犬不畏於人山林野鹿見人怖走瞋恚難去如守家狗慈心易失如彼野鹿」往生要集中末曰「野鹿難繫家狗自馴。」

【家依】（人名）梁朝眞諦三藏之別名。

【家珍】（雜語）會元七（雪峯存章）岩頭喝曰「你不聞道從門入者不是家珍。」無門關自序曰、「從門入者不是家珍。從緣得者始終成壞。」

【家家】（術語）十八有學之一。一來向中證極果之聖者也。此有二種、一三生家家斷欲惑三品旣滅四生猶餘六品卽三生者二二生家家斷欲惑四品旣滅五生猶餘五品卽二生者。此聖者三生或二生、由家轉生於家、證極果入涅槃故稱家家。而三生二生之一生、與人之一生皆謂之少生或半生。合於天之一生所謂一大生也。此有平等家家與不等家家之二種。（婆沙正理說二種、倶舍說平等之一種。）平等家家者爲天三人三天二人二、或人三天三人二天二也。不等家家者爲天三人二、天二人一、或人三天二人二天一也。因之分爲天家與人家二種。天家家者、謂平等家家之天三人三或天二人二、於天處得道、又還於天處而證極果者、（因得道與涅槃之處而得名）不等家家之天三人二或天二人一、於人處得道於天證極果者。（但由涅槃之處而得名。）人家家者謂平等家家之人三天三或人二天二於人處得道、於人處證極果不等家家人三天二或人二天一、於天處得道於人處證極果也。

平等家家	三生	天三人三	天家家
		人三天三	人家家
	二生	天二人二	天家家
		人二天二	人家家
不等家家	三生	天三人二	天家家
		人三天二	人家家
	二生	天二人一	天家家
		人二天一	人家家

今就此中不等家家中第一種、天三人二三生家家之天家、示其生處得果之相、則先於人中得見道已斷三品之惑。從此命終而生於天之一處。又由天死來生人間、受人之一生、又由人死生於天處、受天之一生。合前之一生爲天之二生。復由天來生人間受人之一生、合前之一生爲人之二生。又由人死上生於天、更受一生、合前之二生爲天之三生。於此第三生斷盡一切餘惑而證阿羅漢果也。故三生之天家家爲天三人二。（總除最初得道之生）三生之天家家旣然、則其餘二生天家之天二人一、三生之人家家之人三天二、二生之人家家之人二天一及平等家家之四種亦準此可知。此中平等家家爲不厭受生之人、故三生者人天具三生、二生者人天具二生。不等家家爲厭受生之人、故三生者人天中一方三生滿則三生之分濟、故一方之生、略而不受也。二生準是可知。見婆沙四十二、倶舍光記二十四、四教儀。

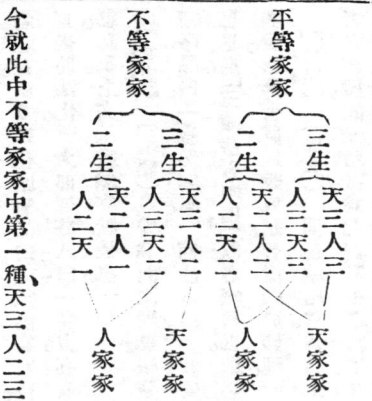

【家家聖者】（術語）同家家。

【家訓】（雜語）小參曰家訓、又云家教。禪林之語。見「小參」條。

【家常】（雜語）禪錄之語、家中常有之物、家常之茶飯等。

【家教】（雜語）小參之別名、禪林之語。龍翔錄曰、「明日結制。今夜小參。謂之家教。如家裡人說家裡話」見小參條。

【宴坐】（術語）坐禪也。維摩經弟子品曰、「宴坐樹下」淨影之義記二本曰、「宴猶嘿也。嘿坐樹下。名爲宴坐。宴晏相濫。晏是安義。宴是嘿義。全別。今影宴矣」天台之疏四曰、「宴坐者有云。縮止義。如龜藏六。野干不能害。縮止六識。六塵魔不能惱。故言縮止。今明宴之言安。安住根本淨禪。乃至滅定。息外勞塵。似涅槃法。安置心中。身證想受滅。故言宴坐」

【宴寂】（術語）安然而入寂也。謂聖者之死。法華經化城喻品曰、「於佛宴寂後。宣揚助法化」大部補註八曰、「宴寂、宴安也。息也。上文云寂然宴默是也」

【宴默】（術語）安然而沈默也。法華經序品曰、「寂然宴默」補注八曰、「宴、安也。息也」三藏法數四曰「默者無言也。默必對說。諸佛菩薩或說或默。皆能顯於妙理」

【宮胎】（界名）同疑城胎宮。爲胎生者之宮殿。故云胎宮。爲七寶宮中之胎生。故云宮胎。見疑城胎宮條。觀經定善義曰「雖得往生。含華未出。或生邊地。或墮宮胎」

【宮講】（行事）於宮中講經文也。支那古代已行之。如東晉之竺潛於元帝太興元年在內殿講經是也。

【害】（術語）梵語 Vihiṃsā 之譯。心所名。七十五法之一。百法之一。對於他人爲打罵損惱之精神作用也。

【害爲正法宗】（流派）外道十六宗之一。義林章一曰、「害爲正法宗。謂諍競劫起。諸婆羅門爲欲食肉。妄起此計。若爲祀祠。呪術爲先。害諸生命。能祀所害。若助伴者。皆得生天」瑜伽論七曰、「立如是論。若於彼祠中。呪術爲先。害諸生命。若能祀者。若所害者。若諸助伴。彼一切皆得生天」

【害想】（術語）三想之一。害人之思想也。

【害覺】（術語）欲加害於他人之心。三覺之一。又八覺之一。無量壽經淨影疏上曰「害覺亦名惱覺。於他人所念欲加害」

【容有釋】（術語）釋經論於正義外容認之傍義、謂爲容有之說、亦云容有之釋。

【馬】（動物）轉輪聖王七寶之一。名馬王婆羅醯、住大海之洲內、有眷屬八千。若轉輪聖王出世、則取最小者爲馬寶。見經律異相四十七。

【馬祀】（修法）以馬爲犧牲之外道

修法也。梵語 Aśvamedha 百論疏上之下曰、「爲求常天故。修馬祀。取一白馬放之。百日。或云三年。尋其足迹。以布黃金用施一切。然後取馬殺之。當殺馬時唱言婆藪殺汝。馬因祀殺。亦得生天。」（此下舉眞諦三藏之說引韋陀中馬祀之法）図外道之邪法、殺馬除去五臟、以七寶納之、施於婆羅門、以祈福祉。見文殊問經、止觀輔行十。

【馬大師】（人名）馬祖道一禪師也。見馬祖條。

【馬大師不安】（公案）「馬大師有病、院主問曰、近日尊候如何、大師云、日面佛月面佛。」見碧巖第三則、從容錄。

【馬大師野鴨子】（公案）「馬大師與其弟子百丈行次、見野鴨子飛過、大師云、是什麼。丈云、野鴨子。大師云、什麼處去。丈云、飛過去。大師遂扭百丈鼻頭、丈作忍痛聲。大師云、何曾飛去。」見碧巖五十三則。

【馬主】（地名）四主之一。雪山以北、出善馬、稱云馬主國。釋迦方誌上曰、「雪山以北至於北海。地寒宜馬。名馬主也。其俗凶暴。忍殺衣毛。是突厥國。」

【馬加持】（修法）加持病馬以祈平癒也。對馬頭觀音誦法華譬喩品。中古修驗者間行之。

【馬耳山】（雜名）九山、七金山之一。頞濕縛羯拏 Aśvakarṇa 之譯。由山形得名。圍善見山之山也、高廣各二千六百二十五由旬。

【馬有八態譬人經】（經名）一卷、後漢支曜譯。經中說惡馬有八態、以譬惡比丘也。

【馬苑】（寺名）漢之白馬寺也。

【馬郎婦】（人名）觀音菩薩化爲馬郎之婦稱曰馬郎婦。唐元和年中陝右有一美女、人見其姿貌欲求爲配。女曰、我亦欲有歸、但一夕能誦普門品者事之。黎明徹誦者二十人。女曰、女子一身豈能配衆。應誦金剛經。旦通誦者猶十數人。女復授以法華經七卷、約三日、至期獨馬氏子能通經。女使具禮成姻。馬氏迎之。女曰、適體中不佳、俟少安相見。客未散而女死、卽壞爛。葬之數日有老僧杖錫謁馬氏、問女所由、馬氏引之於葬所。僧以錫撥之、尸已化、唯黃金鎖子骨存。僧以錫挑骨、謂衆曰、此聖者也、愍汝等障重故設方便化汝等耳。語已飛空去。由此陝右奉佛者多。泉州粲和尙贊曰、丰姿窈窕鬢敧斜。賺殺郎君念法華。一把骨頭挑去後。不知明月落誰家。」見釋氏稽古略三。

【馬師】（人名）唐江西道一禪師、姓馬氏、因曰馬祖、又稱馬師。見傳燈錄六。図比丘名、又曰馬勝、梵名頞鞞 Aśvajit 五比丘之一。增一阿含經三曰、「我聲聞中第一比丘。威容端正。行步庠序。所謂馬師比丘是。」見馬勝條。

【馬祖】（人名）唐江西道一禪師、爲南岳讓之法嗣、姓馬氏、時稱馬祖。元和中諡大寂。傳燈錄六曰、「六祖能和尚謂讓曰。向後佛法從汝邊出馬駒蹈殺天下人。厥後江西法嗣布於天下時號馬祖焉。」

【馬麥】（故事）馬糧之麥也、佛一夏受阿耆達婆羅門王請、安居彼國、與五百比丘共食三月馬麥是佛十難之一。楞嚴經六曰、「若不爲此捨身微因縱成無爲。必還生人酬其宿債。如我馬麥正等無異。」參照阿耆達條。

【馬陰藏】（術語）三十二相之一。陰者男根也。佛之男根如馬陰、隱藏腹中、不現於外。

【馬陰藏三摩地】（術語）大日如來住此三摩地而說愛染法。見愛染王條。

【馬勝】（人名）又云馬師。梵名頞鞞。Aśvajit 巴 Assaji 五比丘之一。端正之威容與庠序之擧止、時時如引人目、舍利弗失師迷於所歸、憒憒行路時、卒然見馬勝比丘威儀、起問師問法之心。又諸比丘清旦由耆闍崛山爲乞食來王舍城、時有一長者見馬勝比丘、生歡喜之念、爲僧衆建六十房舍。（四分律及南傳律房舍犍度）卽此一端已可知其詳。西域記九曰、「阿濕縛恃比丘唐言馬勝。」

【馬鳴】（人名）佛滅後六百年出世之大乘論師名。有馬鳴比丘、馬鳴大士、馬鳴菩薩等稱。梵名阿濕縛窶沙 Aśvaghoṣa 其紀傳諸說不同。羅什譯馬鳴菩薩傳曰、「馬鳴菩薩、長老脇弟子也。本在中天竺出家爲外道沙門、世智聰辯、善通論議。唱言若諸比丘能與我論議者、可打揵椎。若其不能則不足公鳴揵椎受人供養。時長老脇在北天竺。知彼可化。以神力乘空到中天竺、命衆打揵椎。與彼論議使之墮負。遂化爲弟子。師還本國、弟子住中天竺弘通佛法、四蜚敬服、其後北天竺小月氏國王伐於中（中天竺）國、圍之、中天竺王遣使問所欲、答曰、汝意降伏者、送三億金、當相赦耳。王言此國無一億金、如何可得三億耶。答言汝國內有二大寶、一佛鉢、二辯才比丘。以此與我、足當二億金也。比丘請王應其求、王聽其言、與之、月氏王還本國。諸臣曰、王奉佛鉢固宜、比丘則天下皆是、當一億金、毋乃太過。王審知丘比高明勝達、其辯才說法乃感非類、七疋餓馬請比丘說法。諸聽者無不開悟。王繫此馬於衆會前以草與之、馬垂淚聽法無念食想。於是天下知比丘非尋常、以馬解其音、故遂號爲馬鳴菩薩。於北天竺廣宣佛法、導利羣生、四輩敬重、稱爲功德日。」付法藏傳五曰、「脇比丘付法於富那奢而涅槃。富那奢一時在閑林思惟、有一大士名馬鳴、智慧淵鑑、有所難問、無不摧伏起大憍慢、草芥羣生。富那奢知其可化、與彼論二諦義、使之屈伏、遂爲弟子。富那奢旣湼槃、彼於華氏城(在中天竺摩竭國)遊行敎化、大建法幢、摧滅邪見、作妙伎樂、名㘓吒啝羅、其音淸雅哀婉、宣說苦空無我法。時城中五百王子開悟出家、華氏王恐其民人聞此樂音、捨離家法、國土曠廢、令國內禁止其樂。時月支國旃檀罽昵吒王發兵向此國、國王降伏、索九億金。國王卽以馬鳴及佛鉢與一慈心雞各當三億、奉獻罽昵吒王。王大喜納受之、還本國。於是馬鳴以大行願、演甘露味、爲王與大饒益、度脫無量億人、所作已、捨命行。」婆藪槃豆法師傳曰「佛滅後五百年中有阿羅漢名迦旃延子、住罽賓國、與五百阿羅漢及五百菩薩共製八犍度論、而次更作毘婆沙釋之。時有馬鳴菩薩、舍衛國婆枳多土人、能通內外典、迦旃延子請之、與諸羅漢及菩薩共研定義意、使馬鳴著文、經十二年毘婆沙論方成。」摩訶摩耶經下曰、「佛湼槃後六百歲已。九十六種諸外道等邪見競興、破滅佛法。有一比丘。名曰馬鳴。善說法要。降伏一切諸外道輩。」已上諸說年代國名大同小異、蓋同一之人也。釋摩訶衍論一、記六馬鳴、其中第六舉摩訶摩耶經所說之馬鳴、卽今之菩薩是也。且言、「如是諸經各各別說。隨機現應。無相違過。馬鳴菩薩當何位人。何城誕生。何因馬鳴。(中畧)馬鳴菩薩。若尅其本、大光明佛。若論其因、第八地內住位菩薩。西天誕生。盧伽爲父。瞿那爲母。同生利益。過去世中有一大王。名曰輪陀。有千百鳥。皆悉好聲。若鳥出聲、大王增德。若不出聲、大王損德。如是諸鳥若見白馬則出其聲。若不見則不出聲。爾時大王徧求白馬。終日不得。作如是言。若外道衆此鳥鳴者、都破佛敎獨尊獨信。若佛弟子此鳥鳴者、都破外敎獨尊獨信。爾時菩薩用神通力、現千白馬、鳴千百鳥。紹隆正法、令不斷絕。是故世尊名曰馬鳴。」西域記八曰、「有阿濕縛窶沙(唐言馬鳴)菩薩者。智周萬物。道播三乘。」

【馬鳴菩薩】(菩薩)　天竺相傳此菩薩爲化作蠶蟲之人。養蠶之神也。

【七馬鳴】(名數)　釋摩訶衍論一、說六馬鳴、又馬鳴菩薩大神力無比驗法念誦儀軌有一馬鳴、是佛在世之大士也、合前爲七馬鳴。

【馬鳴本地】(本生)　三寶感應錄中曰、「金剛正智經中。馬鳴過去成佛號大光明佛。龍樹名妙雲相佛。大莊嚴三昧經中馬鳴過去成佛號日月星明佛。龍樹名妙雲自在王如來。」(金剛正智經並大莊嚴三昧經今不傳。)

【馬鳴屈鬼辯婆羅門】(傳說)　摩揭陀國波吒釐子城有婆羅門、常垂帷弄鬼辯、馬鳴與之論議、遂搴帷伏之。見搴帷條。

【馬鳴著作】（書名）大乘起信論一卷、大宗地玄文本論二十卷、佛所行讚五卷、十不善業道經一卷、六趣輪迴經一卷、尼犍子問無我義經一卷。

【馬鳴菩薩傳】（書名）一卷、秦羅什譯。即付法傳中第十二祖馬鳴大士之別傳也。

【馬鳴菩薩大神力無比驗法念誦儀軌】（經名）一卷、唐金剛智譯。釋迦如來坐菩提樹下、馬鳴菩薩白佛自說大神咒、使像末之貧窮獲大福利。

【馬頭山】（雜名）山形似馬頭、故名。增一阿含經三十四曰、「去伊沙山更有山。名馬頭山。」

【馬頭大士】（菩薩）馬頭觀音也。

【馬頭明王】（菩薩）馬頭觀音也。

【馬頭羅刹】（異類）人身馬頭之獄卒也。楞嚴經八曰、「亡者神識見大鐵城。火蛇火狗虎狼獅子。牛頭獄卒。馬頭羅刹。手執鎗矟驅入城內。向無間獄。」十王經曰、「引路牛頭肩挾棒。催行馬頭腰擎叉。苦牛食牛牛頭來。乘馬苦馬馬頭多。」

【馬頭觀音】（菩薩）梵名何耶揭梨婆 Hayagrīva 胎藏界觀音院之一尊、六觀音之一。以配止觀所說六觀音之師子無畏觀音、爲畜生道之教主。是無量壽之忿怒身、以觀音爲自性身、以馬置於頭、故曰馬頭觀音。亦曰馬頭大士。爲大忿怒威猛摧伏之形、故稱馬頭明王。乃五部明王中蓮華部之明王也。戴馬者、如轉輪聖王之寶馬驅馳四方而威伏之、表跋涉生死大海摧伏四魔之大威勢力大精進力也。又噉食無明重障之意。大日經疏五曰、「何耶羯梨婆、譯云馬頭。其非黃非赤、如日初出之色。以白蓮華爲瓔珞等莊嚴其身。光焰猛盛赫奕如鬘。指甲長利。雙牙上出。首鬘如師子項毛。作極吼怒之狀。此是蓮華部忿怒持明王也。猶如轉輪王寶馬巡歷四洲。於一時一切處去心不息。諸菩薩大精進力亦復如是。所以得如是威猛之勢。於生死重障中不顧身命。多所摧伏者。正爲白淨大悲心故。故以白蓮瓔珞而自嚴身也。」大日經義釋七曰、「蓮華部眷屬以馬頭爲忿怒明王。」義軌曰、「馬頭明王賀野紇里嚩。噉食無明諸障盡也。」秘藏記末曰、「馬頭無量壽忿怒自性輪觀音。」又曰、「馬頭觀音菩薩。赤肉色。大忿怒之相。幷三面牙在脣上。頭有白馬之形如輪王寶馬。」經軌有訶耶揭唎婆觀世音菩薩法印呪品（出陀羅尼集經第七）何耶揭唎婆像法、何耶揭唎婆觀世音菩薩受法壇、各一卷。

【馬頭觀自在菩薩眞言印】（印相）十八契印之一。辟除諸魔障之印契也。

【閃多】（術語）Preta 之誤。梵語華言鬼。立世論云、鬼道名閃多、爲閻摩羅王名閃多故其生與王同類、故名閃多。

【閃電光】(譬喻)以喻勢之神速與事之猛烈。會元七(保福章)曰「此事如擊石火、似閃電光、攝得攝不得、未免喪身失命」。

【骨人】(圖像)圖繪枯骨、使坐禪者觀之、卽爲骨鎖觀之對象、以便成想者也。行事鈔下二曰「大論供給坐禪法、禪杖禪毱禪鎮骨人」。資持記下二之三曰「骨人卽今枯骨圖、假彼色相以助禪法」。釋氏要覽下曰「智度論云、更與骨人、令坐禪者觀之、卽今畫作枯骨幀子是也」。

【骨山】(雜名)骸骨積成山者。毘奈耶雜事三十七曰、「枯竭血海、超越骨山」。

【骨目】(雜語)最要之義。文句記三中曰「一經之骨目」。

【骨身】(雜名)舍利之譯名。名義集曰、「舍利、新云室利羅。Śarīra、或設利羅。此云骨身」。

【骨佛】(雜名)言人死爲白骨也。

【骨筆】(雜名)爲寫經折骨爲筆者。宗鏡錄二十六曰、「身座肉燈、歸命供養、皮紙骨筆、繕寫受持」。梵網經下曰、「剝皮爲紙、刺血爲墨、以髓爲水、折骨爲筆、書寫佛戒」。

【骨場】(雜語)火葬時拾取死者之遺骨也。

【骨塔】(堂塔)舍利塔也。止觀五下曰、「金光明中佛禮骨塔」。

【骨節煩疼因緣經】(經名)說佛今生感受骨節疼之宿世因緣。攝於興起行經上。

【骨婁草】(植物)草名。又作屈屢草、屈婁草、或骨露草。如如法尊勝法、及普賢延命法等、凡爲延命修護摩時、用以燒供之草也。金剛頂瑜伽護摩儀軌所謂「或欲延命、燒屈婁草」是也。

【骨魯末遮】(雜語)譯曰白馬屎。見千手千眼觀世音菩薩治病合藥經。

【骨魯怛佉】(雜語)譯曰新驢屎。見千手千眼觀世音菩薩治病合藥經。

【骨鎖觀】(術語)亦云骨想。九種不淨觀(九想觀)之第八。觀身肉既散、但爲白骨相連、治貪著之心也。又名白骨觀。見九想條。

【骨鑠天】(天名)鑠與鎖同。梵名商羯羅 Śaṁkara 譯作骨鑠、自在天之化身也。因明大疏一曰、「商羯羅者、此云骨鑠。外道有言、成劫之始、大自在天人間化導、二十四相匡利既畢、自在歸天、事者顧戀、遂立像像其苦行悴疲飢羸、骨節相連、影狀如鑠、故標此像、名骨鑠天」。

【恩田】(術語)三福田之一。謂供養父母師長有恩德之人、則生福芽也。優婆塞戒經三曰、「報恩田者、所謂父母師長和尚」。

俱舍論十八曰、「害父母是棄恩田如何有恩身生本故。」

【恩河】（譬喻）慈恩之河性靈集八曰、「恩河深而無底德山峻而衝天。」

【恩度】（術語）出家之稱張無盡東林善法堂記云「以弼恩度而爲上首。」

【恩海】（譬喻）四恩之廣海性靈集七曰「以益自他以酬恩海。」

【恩愛】（術語）於父母妻子等間互感恩溺愛之情也無量壽經曰、「恩愛思慕。憂念結縛。」圓覺經曰「一切衆生從無始際由有種種恩愛貪欲故有輪迴。」

【恩愛河】（譬喻）恩愛之深譬如河也智度論一曰「已度凡人恩愛河。」

【恩愛奴】（譬喻）譬毒刺也長阿含經十曰、「三界無極尊能斷恩愛刺。」普賢觀經曰、「色壞汝眞爲恩愛奴色使汝經歷三界。」

【恩愛獄】（譬喻）以譬此世界人人常爲恩愛所縛不得自由也長阿含經一曰、「離於恩愛獄無有衆結縛。」

【恩憐】（術語）恩愛憐愍心地觀經三曰、「母亦恩憐不棄遺。」

【恩德】（術語）施恩惠於他之德也。大日經六曰、「常念恩德生渴仰心」心地觀經八曰、「佛於衆生有大恩德。」如來三德之一。見三德條。

【冥】（術語）無知之異名無知有二、一染汚無知二不染汚無知俱舍論一曰「以諸無知能覆實義及障眞見故爲冥。」

【冥一】（術語）混然而不可區別彼此也止觀一曰、「無相之境無緣之智智境冥一。」名玄第四曰、「冥是混一之義。」

【冥土】（界名）又作冥途見冥途條。

【冥加】（術語）人不知而由神佛加被之利益也自他皆不知謂之冥佛菩薩之感應多爲冥加希有顯加法華玄義七曰、「被冥加汝不知恩。」觀經玄義分曰、「冥加願攝受。」

【冥初】（術語）數論師立二十五諦、第一名冥諦以冥諦爲諸法之元初故謂之冥初。

【冥初外道】（流派）中論所說八計外道之一見外道條。

【冥利】（術語）又云冥益內密之利益也法華玄義七曰、「但明冥利不說顯益。」

【冥助】（術語）爲亡人求神佛之救助也慈恩傳八曰、「將延景福式資冥助。」

【冥性】（術語）數論師立二十五諦、第一名冥諦此冥諦中本有一切諸法隨緣次第出生云卽言冥諦者爲諸法之實性也。

【冥往】（雜語）冥然而往他處也卽謂死唯識樞要上本曰、「機感未符杳從冥往。」

【冥府】（雜名）死者之魂迷行之處、即閻魔之廳也。

【冥官】（術語）冥界之官僚也、爲炎魔王界所屬之人。焰羅王供行法次第曰、「一切冥官冥道道僧尼。」

【冥使】（異類）冥官之使者也、即閻魔卒是。

【冥祇】（雜語）幽冥之神祇也。西域記二曰、「冥祇警衛。」

【冥室】（雜語）闇冥之室也。寶積經百十二曰、「譬如千歲冥室未曾見明。若然燈時於意云何闇寧有念我久住此不欲去耶。（中略）百千萬劫久習結業以一實觀即皆消滅。」

【冥思】（術語）佛菩薩之思慮、非人所窺知故云冥。

【冥界】（界名）又云冥道。總稱地獄餓鬼畜生之三道。別名地獄道。琰魔王所住之世界是俗語也。

【冥益】（術語）佛菩薩內密之利益也。法華玄義六曰、「雖現不見靈應而密爲法身所益。不見不聞而覺而知是名爲冥益也。」

【冥途】（界名）又書冥土。謂幽冥之道途。地獄餓鬼等之處也。國清百錄三曰、「冥途雖隔感應道通。」盂蘭盆疏新記上曰「一日盆供少頃修崇。能使冥途應時脫苦。」

【冥途鳥】（界名）俗云杜鵑。見別都頓宜壽條。

【冥途使】（雜名）與無常使同。見無常條。

【冥寂】（術語）不見一物曰冥、絕諸相云寂。形容眞空之理也。止觀輔行曰、「四眼二智萬象森然佛眼種智眞空冥寂。」

【冥通】（術語）冥者離諸相而冥寂、通者通融一切而無礙。是嘆眞理之語也。戒本疏一上曰、「理在冥通。」同行宗記一上曰、「體離言象故言冥通。」

【冥衆】（雜語）謂梵天帝釋、諸鬼神、炎魔王等非人目所見之諸衆。漢光類聚二曰、「佛前備香華請不現前冥衆。起四弘誓願。」

【冥衆護持益】（術語）現生十種益之一。信彌陀者爲四天大王、龍神八部等之天神地祇所守護。故惡鬼神恐怖而不近也。

【冥陽會】（儀式）冥者冥界之餓鬼衆、陽者陽界之婆羅門仙衆。今普供施彼羣生。名曰冥陽會。見象器箋十四。

【冥道】（術語）焰魔王之住處曰冥道。又云冥界、焰魔王之眷屬住之稱曰冥宮。太山府君、半天婆羅門等亦屬之。焰羅王供行法次第曰、「本宮在鐵圍山之北地中。是即冥道宮也。五萬眷屬而爲圍繞。宮中庭有檀拏幢。」金光明文句三曰、「此經與冥道相關。」

【冥道供】（修法）供養焰魔王及其眷屬之修法也。又云焰羅王供。有焰羅王供行法次第一卷。

【冥感】（術語）同冥應。

【冥資】（雜語）為亡人資福也。

【冥福】（術語）亡人之資福也。

【冥罰】（術語）神佛與人之刑罰也。

【冥慮】（術語）神佛之思慮、幽冥而不可測知、故曰冥慮。

【冥機】（術語）有冥機冥應、冥機顯應之二。見感應妙條。

【冥熏】（術語）又云內熏。在本覺之眞如內冥冥熏習妄心使生菩提心也。止觀四曰、「冥熏密益卽是外護」輔行曰、「自非內熏、何能生悟。故知生悟力在眞如。故以冥熏為外護也。」起信論義記下本曰、「本覺內熏。」

【冥諦】（術語）數論師所立二十五諦之第一。是為萬物之本源、冥漠無諦、故曰冥諦。又云冥性。又為萬物之本源、萬差之諸法由此生出、故名自性、一名本性、亦云勝性。金七十論上曰、「自性者或名勝因、或名為梵、或名衆持。」百論疏上中曰、「所言冥諦者、舊云外道修禪得五神通、前後知凡萬劫內事、自八萬劫外不能了知、故云冥。智度論云、覺諦者此是陰中識。外道思惟此識為從因緣得、為不從因緣。若從因緣、因緣是何物耶。若不從者得此識。既思惟不能了知、便計此識從前冥漠處生、故稱冥諦、亦名世性。一切世間以此冥諦為其本性。」楞嚴長水疏二上曰、「言冥諦者、或云冥性、或言自性。梵云僧佉奢薩怛羅、此云數論。立二十五諦。最初一諦名為冥諦、計以為常。第二十五名為神我。亦計為常。我思勝境、冥性卻變二十三諦、為我受用。我旣受用、為境纏縛、不得解脫。我若不思、冥諦不變。旣無纏縛、我卽解脫、名為涅槃。」

【冥應】（術語）又云冥益。有冥機冥應等之四。見冥機條。

【冥寶】（雜語）淸異錄曰、「周世宗發引之日、金銀錢寶皆寓以形、雕印字文、黃曰泉臺上寶、白曰冥遊亞寶。」

【冥護】（術語）佛菩薩加護於人也。

【冥權】（術語）佛菩薩施於人之權謀方便也。維摩經序曰、「冥根無謀而動與事會。」

【冥顯】（術語）冥者、幽冥而不可見聞者。顯者顯現而可見聞者。

【冥顯兩界】（雜語）冥界與顯界也。冥界者死後之世界、顯界者娑婆世界也。

【冥鑑】（術語）冥衆之鑑照也。西域記二曰、「冥祇警衛、靈鑑潛被。」

【乘】(術語)梵語、舊曰衍。新曰野那Yāna。乘者乘載之義、以名行法乘行人使至其果地之意。有一乘二乘三乘四乘五乘之別。其中一乘有二種、二乘有二種、三乘有三種。四乘有四種。五乘有五種。各見本項。

【乘戒】(術語)乘者、以名開悟實相之智慧、戒者以名淨除身口惡之制法。此中小乘之比丘、戒急乘緩、大乘之菩薩、乘急戒緩。涅槃經六曰、「於乘緩者乃名為緩、於戒緩者不名為緩」。然是一往之相對、其實大乘之真薩埵、乘戒俱急。此有四句。見戒急條。

【乘戒四句】(術語)見戒急條。

【乘戒俱急】(術語)乘戒四句之一。

【乘戒緩急四句】(術語)即乘戒四句也。見戒急條。

【乘急】(術語)見戒急條。

【乘急戒緩】(術語)四句之一。

【乘津】(譬喻)發佛乘船筏之生死海渡津也。四分戒本疏序曰、「乘津五衆、覆壽羣萌」。同行宗記曰、「乘能運載、津是水濟、載出家衆、度生死津、故曰乘津」。

【乘種】(術語)出佛乘萌芽之種子也。宗鏡錄二十六曰、「因聞般若深經為乘種」。

【乘緩】(術語)見戒急條。

【笈】(物名)又云書笈。旅行時負於背之箱。附有足者。

【笈多】(人名)優波笈多之畧。羅漢名。見優波笈多條。

【笈房鉢底】(人名)Gavāmpati 又舊稱憍梵波提。新稱笈房鉢底。笈防鉢底。譯曰牛相。法華玄贊一曰、「梵云笈房鉢底、此云牛相、憍梵波提訛也。過去因摘一莖禾數顆墮地、五百生中作牛償他。今雖人身、尚作牛蹄牛呞之相。因號為牛相比丘」。見憍梵波提條。

【笔受】(雜語)見筆受條。笔即筆之俗寫。

【扇底迦】(術語)又曰訕底。四種悉地之一。譯曰息災法。妙吉祥平等觀門大教王經略出護摩儀軌曰、「訕底此言息災」。千手千眼觀自在菩薩行儀軌曰、「扇底迦法、息災也」。見護摩條。梵Śāntika

【扇陀】(人名)婬女名。使一角仙人墮落者。見一角仙人條。

【扇搋】(術語)譯曰黃門。男根不具者之稱。或為五種不男中第一生不男、生而不具者之名。或為第一法不男與第二犍不男(以刀去者)二種之名。或為五種不男之總名。慧琳音義五曰、「扇搋、勅加反。此名黃門。其類有五」。俱舍光記三曰、「扇搋唯無根。無根有二、一本性扇搋、二損壞扇搋」。玄應音義二十三曰、「搋音勅佳切。(中略)扇掘半擇迦、Saṇḍhasaṇḍaka 謂本來男根不滿。亦不能生子」見五種不男條。

【扇搋半擇】（術語）扇搋半擇迦之略。見扇搋條。

【扇搋半擇迦】（術語）一作扇搋般茶迦、五種半擇迦之一。半擇迦爲男根不具之總名。見扇搋條。

【臭口鬼】（異類）九種鬼之一。見餓鬼條、

【臭毛鬼】（異類）十類鬼之一。

【息化】（術語）佛息敎化而入於涅槃也。輔行一曰、「圓音敎風息化歸寂」。文句記三曰、「開權卽是法華之相。息化卽是涅槃之徵。」

【息心】（術語）梵語沙門之古譯。見沙門條。

【息世譏嫌戒】（術語）如殺盜婬妄、不待佛制而性自罪、佛準於其本性而制之是云性戒。其他比丘之戒法、多爲持比丘之資格、止世之譏嫌而制者、是爲遮戒。一名息世譏嫌戒。涅槃經十一曰、「有二種戒。一者性重戒。二者息世譏嫌戒。性重戒者謂四禁也。息世譏嫌戒者、不作販賣云云。」

【息災】（術語）止身之災厄也。眞言之修法、有息災、增益、降伏、敬愛之四者。深密經一曰、「息一切衆生一切災橫。」大日經疏三曰、「於息災法中卽能以此方便增益降伏。」

【息災法】（修法）息災之修法。是眞言四種壇法之第一。消滅天變地異兵火飢饉疾病橫死等災害之法也。此法以用佛部之尊爲通規。補陀落海軌曰、「息災法用佛部尊等。是故有五智佛。」

【息災壇】（術語）修息災法之護摩壇也。見息災法條。

【息災延命】（修法）息災法與延命法也。由眞言四種修法中之增益法別開而立延命之修法。

【息災增益】（術語）四種修法中之息災法與增益法也。

【息忌伽彌】（術語）Sakṛdāgāmin 又作息忌陀伽迷。譯曰一來。小乘四果之第二。智度論三十二曰、「息忌名一。伽彌名來。是人從此死生天上、天上一來得盡衆苦。」坐禪三昧經下曰、「息忌陀伽迷。秦言一來。」

【息苦】（術語）息生死之苦也。

【息除中天陀羅尼經】（經名）一卷、宋施護譯。與諸佛集會陀羅尼經、一切如來金剛壽命陀羅尼經同本異譯。

【息除賊難陀羅尼經】（經名）一卷、宋法賢譯。佛在摩伽陀國、阿難怖賊、佛爲說結界咒。

【息慈】（雜名）梵語沙彌之舊譯。初

入佛門息世情行慈濟之義。行事鈔沙彌別行篇曰「此翻爲息慈。謂息世染之情以慈濟羣情也。又云初入佛法多存俗情故須息惡行慈也。」

【息慮凝心】（術語）制妄念妄想而凝心思惟也。

【息諍因緣經】（經名）一卷、趙宋施護譯。中阿含周那經之別譯。

【烏】（術語）o 又作鷗、襖、鄔、奧、鄂、汙。悉曇十二母韻之一。五十字門之一。金剛頂經曰「汙字門一切法瀑流不可得故。」文殊問經曰、「稱汙字時是取聲。」又大莊嚴經曰「唱烏字時出死瀑流到彼岸聲。」是由 Ogha（瀑流）Odha（取）之語釋之。

ū 悉曇五十字門之一。十二母韻之第四。又作汙、憂、優、宇、歐、憂、甌、烏、烏、嗚。金剛頂經字母品曰「汙字門一切損減不可得故。」文殊問經文字品曰、「稱汙字時是損減世間多有情聲。」此由 Ūna（損減）釋之。又大莊嚴經四曰、「唱烏字時出諸世間一切衆生智慧狹劣聲。」

【烏仗那】（地名）Udyana 又曰烏杖那、烏萇、鄔茶、烏孫、烏儞也曩等。國名。西域記二曰「烏仗那國、唐言苑。昔輪王之苑囿也。舊云烏孫場。或曰烏茶。皆訛。北印度境。」開元錄六曰、「烏萇國、正音應云鄔茶。」慈恩傳二曰「烏仗那、舊稱烏長。訛也。」梵語雜名曰「烏儞也曩。」在北印度境。周五千餘里。山谷相屬。崇重佛法。敬信大乘。如來昔爲哥利王、割截肢體。爲尸毘王、捨身於鷹等之遺跡皆在此國。見西域記三。即今之 Yasef zay 也。

【烏臼】（人名）烏臼、嗣法於馬祖。見傳燈錄八。會元三。

【烏臼問法道】（公案）出碧巖集七十五則。

【烏沙斯】（天名）Ugas 星名。譯曰太白星。見玄應音義二十二。吠陀之女神。化爲曙光也。

【烏伽羅國鉢】（器名）或作鬱伽羅、又名云優伽羅、總是一號。時諸比丘得此國貴好瓦鉢。不受。佛聽受畜。

【烏波】（術語）Bhava 譯曰有。三有二十五有之有。一切生死之果報也。又十二緣起中之有支。招未來苦果之善惡業也。名義集六曰、「烏波。或云薩遮。此云有。婆沙云。有是何義。謂一切有漏法是佛言。若業能令後世續生。是名爲有。」

【烏波提涅槃】（術語）譯言有苦涅槃。謂外道小乘之涅槃也。慧苑音義下曰、「烏波。此翻爲有。提云苦也。謂二乘所得無餘涅槃、未離變易行苦。隨故有餘涅槃、及諸外道所計涅槃、並未離三苦故。」Upadhi-nirvāna

【烏波難陀龍王】（異類）八大龍王之一。難陀龍之弟在胎藏界曼荼羅外金剛部院之西門及南門。肉色頭有七蛇右手執劍左手散開。

【烏波髻使者】（佛名）文殊之使者。胎藏界曼陀羅第七文殊院二十五尊中之一。位於文殊之左方第一。秘藏記下曰、「烏波髻使者黃色左手靑蓮華右手利劍」梵 Upakeśini

【烏社】（雜名）見優婆馱耶條。

【烏剌尸】（地名）國名。屬於北印度境之迦濕彌羅國。僧徒學大乘。見西域記三。

【烏勃】（植物）果名。慧琳音義五十三曰、「烏勃林卽嗢勃林也。木果也。似木苽而大甚香」

【烏律律】（雜語）又作烏律率。形容眼睛之黑色語也。

【烏律率】（雜語）與烏律律同。

【烏施羅】（植物）Uśira 草名。玄應音義二十五曰、「烏施羅末草名也形如此土細辛其體極冷」

【烏廻鳩羅】（雜語）譯曰無二平等。可洪音義十五曰、「梵云烏迴鳩羅。此云無二平等。薩婆多律云烏廻名二鳩羅名平等。其心無二平等如稱。名烏廻鳩羅也」

【烏洛迦栴檀】（植物）Uragacandana 香木名。慧苑音義下曰、「烏洛迦者西域蛇名。其蛇常患毒熱。擄此香樹以身遶之。毒熱便息。故因名也。或曰此蛇最毒。螫人必死。唯以栴檀能治。故以爲名耳」

【烏耆】（地名）又作阿耆尼。傌夷。新疆之東北部。見慈恩傳二。Agni

【烏耆帝】（眞言）咒名。七佛所說神咒經一曰、「有咒名烏耆帝。晉言除禪定垢。却障道罪。諸魔邪鬼悉能滅之」

【烏俱婆誐】（天名）不動明王使者之名。八大童子之一。聖無動尊一字出生八大童子秘要法品曰、「金剛波羅蜜卽菩提心。行所以出現。使者名烏俱婆誐。此云超越住世也」梵 Ugra-bhaga

【烏孫】（地名）國名。見烏仗那條。

【烏茶】（地名）梵名 Odra 或作 Odiviśa 東印度之國名。西域記十謂其國東南境臨大海濱、有折利呾羅城、周二十餘里、入海商人遠方旅客往來中止之路、其城堅峻、多諸奇寶云。

【烏娜迦】（雜名）水之一異名。見鬱持條。

【烏素沙摩】（明王）見烏芻沙摩條。

【烏娑哆羅迦】（異類）惡鬼名。見慧琳音義三十五。梵 Ustraka

【烏婆柯】（人名）Upaka 外道名。譯曰近住。見義林章二本

【烏逋沙他】（行事）Upavasatha 巳

Uposatha 譯爲齋日、增長。起世因本經七曰、「一一月中有六烏哺沙他。」注曰、「隋言增長。謂受持齋法。增長善根。」卽六齋日也。同經十曰、「烏逋沙他。隋言齋戒。」異譯經二曰、「隋言潔齋。」見布薩條。梵文多用 Posadha 之俗字。故有增長之譯。

【烏烏喩經】（經名）此經說比丘之行、不可如獺、乃至如烏烏、應如猩猩之喩。攝於中阿含經十三。

【烏婆陀頗尼】（飲食）譯曰薄甘蔗糖。見善見律十七。

【烏婆計設尼童子】（菩薩）在胎藏界曼荼羅文殊菩薩之左第二位。烏婆者亞之義、卽亞於端嚴（計設尼）之意也。八大童子之一。主文殊能施之德。爲童子形、三髻、黃色、右手持獨股戟、左手豎大頭小三指、餘指屈、當胸、坐於赤蓮。

【烏啄支富敷】（眞言）神咒名。譯曰衆生五欲淤泥。臥提拔令出三界。見陀羅尼集經二。

【烏萇】（地名）一作烏長、國名。見烏仗那條。

【烏窠禪師】（人名）烏窠道林禪師、姓潘、名香光、富陽人也。九歲出家。二十一、於荆州果願寺受具。後詣長安西明寺復禮法師處、學華嚴經起信論。禮示以眞妄頌、俾修禪那。代宗詔國一禪師至闕下。師謁之、發明心地。及南歸、見秦望山有長松盤曲如蓋、遂棲止其上。白侍郞出守杭郡、入山問道。師曰、諸惡莫作。衆善奉行。白曰、三歲孩童也曉得。師曰、八十老翁行不得。忽一日、謂侍者曰、吾今報盡。言訖坐亡。

【烏瑟】（術語）烏瑟膩沙之略。

【烏瑟沙摩】（明王）見烏芻沙摩條。

【烏瑟膩沙】（術語）Usnisa 又作嗢瑟尼沙、鬱瑟尼沙、鬱尼沙、塢瑟膩沙。譯曰佛頂、肉髻。佛之頂骨隆起成髻形者。三十二相之一。可洪音義一上曰、「烏瑟膩沙。此云佛頂。」玄應音義二十一曰、「烏瑟膩沙。或作嗢瑟尼沙。或作鬱瑟尼沙。此云髻。案無上依經云。頂骨涌起。自然成髻是也。」慧琳音義四曰、「烏瑟膩沙、梵語也。如來頂相之號也。觀佛三昧海經云。如來頂上肉髻團圓。當中涌起。高顯端嚴。猶如天蓋。」往生要集上末曰、「烏瑟高顯、晴天翠濃。白毫右旋、秋月光滿。」無上依經曰、「鬱尼沙。」

【烏瑟膩沙總持經】（經名）一切如來烏瑟膩沙最勝總持經之略名。

【烏瑟膩沙最勝尊】（佛名）謂烏瑟膩沙最勝總持功德之尊體。詳見烏瑟膩沙最勝總持經。

【烏芻沙摩】（明王）Ucchusma 又作烏樞沙摩、烏芻澁摩、烏芻瑟摩、烏樞瑟摩。烏素沙摩。明王名。譯曰不淨潔、穢迹、火頭等。有轉不淨爲清淨之德。因之於厠中祭此明王。陀羅尼集經九曰、「烏樞沙摩唐云不淨潔金剛。」希麟音義五曰、「烏樞瑟摩或云烏芻摩沙。此云穢迹。舊翻爲不淨潔。皆訛。新翻爲除穢忿怒尊也。」楞嚴經五曰、「烏芻瑟摩。於如來前合掌頂禮佛之雙足而白佛言。我常先憶久遠劫前性多貪欲。有佛出世名曰空王。說多婬人成猛火聚。敎我徧觀百骸四支諸冷煖氣。神光內凝化多婬心成智慧火。從是諸佛皆呼召我名爲火頭。我以火光三昧力故成阿羅漢。心發大願。諸佛成道。我爲力士。親伏魔怨。」義疏五下曰、「烏芻沙摩云火頭。」

【烏芻沙摩尊形】（圖像）尊形爲忿怒形。由諸毛孔流出火焰。四臂具足。右手持劍。下手把羂索。左手持棒。次手把三股叉。一一器杖。皆起火焰。見烏樞瑟摩明王經上。圖像鈔八。若據陀羅尼集經九。則「面貌端正。極令殊好。」非忿怒之形。且四臂之器杖有差違。更有異形。

【烏芻沙摩修法】（修法）出於大威怒烏芻澁摩儀軌經一卷、大威力烏樞瑟摩明王經三卷、穢迹金剛神通大滿陀羅尼法術要門一卷、穢迹金剛百變法經一卷。陀羅集經九、金剛烏樞瑟摩法印咒品等。

【烏樞瑟摩】（明王）見烏芻沙摩條。

【烏樞瑟摩明王經】（經名）金剛恐怖集會方廣儀軌觀自在菩薩三世最勝心明王大威力烏樞瑟摩明王經之略。唐阿質達霰譯。三卷。

【烏芻澁摩】（明王）見烏芻沙摩條。

【烏芻澁摩儀軌】（經名）大威怒烏芻澁摩儀軌之略稱。

【烏圖末羅】（植物）木名。大陀羅尼末法中一字心咒經曰、「若欲祈雨取烏圖末羅木。」經註曰、「三藏云其木似梔子。」

【烏摩】（異類）Unmada 又曰憂摩陀。鬼名。慧琳音義二十六曰、「憂摩陀。此云妖狂。亦是醉神者也。」涅槃經疏七曰、「優摩陀。能令人醉。鬼阿婆羅令人狂鬼。」文句私記十末曰「注經云烏摩食精鬼。」

【烏摩妃】（天名）Umā 烏摩。譯曰貪。金剛頂瑜伽降三世極深密門曰、「大自在天王妃烏摩爲座。」摩醯首羅天之后妃也。彼天之左足蹈烏摩妃。是表貪也。又此尊蹈於降三世之足下。乘赤羊者。摩醯首羅既乘白牛。得大自在力。故妃乘羊以顯其微力。曼陀羅大鈔七謂烏摩妃爲白肉色。乘赤羊。左手持三戟。右手持蓮花。

【烏曇跋羅】（植物）又作優曇鉢羅、鄔曇鉢羅。花名。見優曇條。

【烏曇跋羅漿】（飲食）百一羯磨五曰、「烏曇跋羅其果如梨子。八種漿之第五也。」

【烏曇婆羅華】（植物）與烏曇跋羅同。見前項。

【烏龍】（人名）法華傳八曰、「李遺龍者。並州人。其家書業相繼。究微。龍父名曰烏龍。偏重此土道教。不信佛教。性耽嗜酒肉。謗佛經。（中畧）凡一生中不書佛經。設復有人贈投金玉。利都不見經。況自書寫。遂發狂亂。語遺龍曰。若汝吾子。不可信佛經。信而犯者。災橫不少。即吐血而卒。後並州司馬發心貞固。偏重法華。如法欲寫其經。無能書同志有人謂司馬曰。烏龍之子遺龍。繼業能書。其家邪見。不寫佛經。君威能伏邪心。堪任書寫。司馬以方便調伏。更不隨自稱家傳。固辭。更履餘書生。造一部畢。若紙若筆。必以淨心。自出珍寶。如法營。欲清淨供養。復思惟。我既州主。龍豈不肯受言。逼以刑言。贖以金玉。龍遂立題目。悔責父遺囑。入夜不覺。一日一夜。次夜夢。百千天人圍繞大威德天。龍前庭中住立。問誰人。天答。我是汝父烏龍。先生愚氣。不信佛經。墮大地獄。炎火纏身。一日一夜。萬死萬生。求死不得。求生不得。五百利犁。搆吾舌肉。不可具說。昨日地獄上。忽有光明。於中現一化佛。說偈言。假令遍法界。斷善諸衆生。一聞法華經。決定成菩提。如是六十四佛。次第而現。說偈亦爾。爾時地獄火滅。變爲涼地。我及衆生。捨身生第四天。天上法爾。初三事。即知汝造題目六十四字。一一之字。現化佛身。說偈拔苦。我與汝身。一肉血分。依我一人。善緣地獄罪人。聞偈離苦。同生一處。今圍繞者是也。」

【烏頭天】（天名）天名。胎藏界曼陀羅第十二外金剛院之一尊。胎藏界曼陀羅大鈔六曰、「此天者井宿也。問何故名烏頭乎。答頂上戴烏頭故。」梵Nirviṣi。

【烏藍婆拏】（行事）見盂蘭盆條。

【烏羅伽】（雜名）Uraga 譯曰腹行。即龍蛇之類。見探玄記二十。

【烏鐸迦漢荼】（地名）Utakhānda 北印度健馱羅國之都城名。在信度河之北岸。玄奘自印度歸。至此流失多數之經卷云。

【烏蘇吒】（經名）陀羅尼名。譯曰除婬。見七佛所說神咒經一。梵Uṣta。

【烏蘇慢】（異類）鬼名。譯曰厭神。玄應音義一曰、「厭人鬼名也。梵言烏蘇慢。此譯言厭。」釋迦譜二曰、「烏蘇慢。漢名厭神」

【烏蘇波置樓】（經名）得大勢菩薩之陀羅尼名。譯曰救諸病苦。見陀羅尼集經一。

【烏蘇耆晝膩多】（經名）陀羅尼名。譯曰金光照耀。見陀羅尼雜集一。

【鬼】（異類）梵語薜荔多Preta。舊譯餓鬼。新譯鬼。名義集二曰、「婆沙云。鬼者畏也。謂虛怯多畏。又威也。能令他畏其威也。又希求爲鬼。謂彼餓鬼。恒從他人希求飲食。

以活性命。」文句四下曰、「鬼者。胡言闍梨多。(闍閉之寫誤)秦言祖父。衆生最初生彼道。故名祖父。後生者亦名祖父。又慳貪墮此趣。此趣多饑渴。故名餓鬼。亦被諸天驅使。亦希望飲食。故名餓鬼。」鬼之種類極多、或如夜叉羅刹、有通力害人者、或如餓鬼常苦飢渴者。此中六趣中之鬼、是說餓鬼也。見餓鬼條。

【三種鬼】(名數) 一精媚鬼。於半夜子刻、變化爲子鼠等精靈厭媚坐禪之人者。或作少男少女老病之形及可畏等相。此時禪人各識其時、於子時來者、則知爲鼠獸呼其名字、精媚即散。(止觀八之三作時媚鬼)二悼惕鬼。三魔羅鬼。是第六天之魔屬也。見禪波羅蜜次第法門四。

【鬼黏五處】(本生) 智度論十六曰、「精進相者。身心不息故。譬如釋迦文佛。先世曾作賈客主。將諸賈人入險難處。是中有羅刹鬼。以手遮之言。汝住莫動。不聽汝去。賈客主即以右拳擊之。拳即著鬼。挽不可離。復次左拳擊之。亦不可離。以右足蹴之。足亦黏著。復以左足蹴之。亦復如是。以頭衝之。頭即復著。鬼問言。汝今如是。欲作何等。心休息未。答言。雖復五事被繫。我心終不爲汝伏也。當以精進力與汝相擊。要不懈退。鬼時歡喜心念。此人膽力極大。即語人言。汝精進力大。必不休息。放汝令去。」止觀曰、「如大論釋精進。鬼黏五處。」

【鬼鞭故屍】(傳說) 經律異相四十六曰、「昔外國有人死。魂還、自鞭其尸。傍人問曰。是人已死。何以復鞭。報曰。此是我故身。爲我作惡。見經戒不讀。偷盜欺詐。犯人婦女。不孝父母兄弟。惜財不肯布施。今死令我墮惡道中。勤苦毒痛。不可復言。是故來鞭之耳。(出譬喩經)」

【二鬼爭屍】(傳說) 見智度論十二、經律異相四十六。

【鬼子母】(天名) 本名訶梨帝。譯曰歡喜。以爲五百鬼子之母、故云鬼子母。見訶梨帝條、增一阿含經二十二曰、「降鬼諸神王。及降鬼子母。如彼噉人鬼。」初爲惡神、後歸於佛爲護法神。金光明經三曰、「訶利帝南鬼子母等。及五百神。常來擁護聽是經者。」」最勝王經八曰、「敬禮鬼子母及最小愛兒。」

【鬼子母神】(天名) 爲噉人之夜叉女、故曰神。

【鬼子母天】(天名) 二十天之一。

【鬼子母經】(經名) 佛說鬼子母經、一卷、失譯人名。說鬼子母食人之子、佛隱其愛子、以濟度之、使擁護三寶。然較毘奈耶雜事三十一所說稍疏略。

【祭鬼子母】(行事) 西竺寺廚、供養鬼子母以求福。見訶梨帝條。

【鬼火】（物名）鬼神所起之陰火也。新譯仁王經下曰、「龍火、鬼火」。

【鬼見】（譬喻）以鬼譬邪見。止觀十下曰、「若前世外有鬼緣鬼則加之發鬼禪鬼見。」

【鬼門】（雜語）指家及城郭之東北隅曰鬼門。是支那之俗說也。山海經曰、東海度朔山有大桃樹蟠屈三千里。其卑枝向東北萬鬼出入謂之鬼門。法苑珠林十云、依神異經曰、東北方有鬼星石室屋三百戶而共所石傍題曰鬼門。門晝日不閉至暮則有人語、有火青色。此鬼門之說所由來也。荒唐之說不關於佛、非佛徒所應忌避者。

【鬼怖木】（植物）柳也。禪提比丘以柳枝呪龍、以後名柳樹曰鬼怖木。見灌頂經。

【鬼法界】（界名）鬼類之世界也。十法界之一。

【鬼界】（界名）鬼類之世界。十界之一。見鬼條。

【鬼城】（雜名）乾闥婆城之異名。蜃氣樓也。乾闥婆為八部衆之一、鬼神之類。故名鬼見乾闥婆城條。

【鬼神】（術語）鬼為六趣之一。神為八部之通稱。有威云鬼、有能云神。金光明經文句六曰、「鬼者威也。能令他畏其威也。神者能也。大力者能移山塡海、小力者能隱顯變化」金光明經三曰、「鬼神品」最勝王經九曰、「諸天藥叉護持品」諸天藥叉之類卽鬼神也。釋摩訶衍論曰、「鬼并及神云何差別。障身為鬼、障心為神」長阿含經二十曰、「佛告比丘、一切人民所居舍宅皆有鬼神、無有空者。（中畧）凡諸鬼神、皆隨所依卽以為名。依人名人、依村名村、（中畧）依河名河。佛告比丘、一切樹木極小如車軸者、皆有鬼神依止、無有空者。一切男子女人初始生時、皆有逐神、隨逐擁護。若其死時、彼守護鬼、攝其精氣、其人則死」。

【鬼神食時】（雜語）昏夜是鬼神所食之時。四食時之一。見三藏法數十九。

【鬼病】（雜語）鬼魅著人而為病者。千手經曰、「誦持此神呪者、世間八萬四千種鬼病、悉皆治之、無不差者」。止觀八曰、「魔病者與鬼不異。鬼但病身殺身、魔則破觀心破法身慧命」。

【鬼婆】（譬喻）唐則天之諡名也。說郛三十四諡名錄曰、「鬼婆者武后也。地藏菩薩、李光弼也」。

【鬼眼睛】（雜語）妖怪之眼睛。以譬非正見。碧巖第五則著語曰、「山僧從來不弄鬼眼」。

【鬼問目連經】（經名）佛說鬼問目連經、一卷。後漢安世高譯。種種餓鬼問惡報業因於目連、彼一一答之者。

【鬼道】（界名）又曰鬼趣。夜叉羅刹

餓鬼諸神等之境土。六道之一。大乘法數二十七曰、「道即能通義。謂六道生死展轉相通。」據佛經云、凡舍宅街衢、市肆丘塚、皆有鬼神。無有空者。乃至江河樹木、亦有鬼神依止。其最劣者爲餓鬼。図猶言邪術。後漢書劉焉傳、張魯母有姿色、兼挾鬼道、往來焉家。三國志張魯傳、魯祖父世傳邪術。後魯據漢中、以鬼道敎民。自號師君。

【鬼窟裏】（譬喩）幽鬼所棲之處。闇黑之處。以譬總爲盲昧無所見之學人境界。坐禪儀曰、「法雲圓通禪師亦呵人閉目坐禪。以謂黑山鬼窟。」碧巖第一則曰、「向鬼窟裏作活計。」

【鬼趣】（界名）又曰鬼道。鬼神所趣之境土也。五趣之一。俱舍論八曰、「趣謂所往。」

【鬼魅】（雜語）靈鬼之害人者。華嚴經六十五曰、「風癇消瘦。鬼魅所著。如是諸有一切諸病。」

【鬼錄】（物名）閻魔廳記罪之鐵札也。歸敬儀中曰、「業網所拘。報增鬼錄。」

【鬼緣】（雜語）邪鬼之因緣。止觀十下曰、「若前世外有鬼緣。鬼則加之。發鬼禪鬼見。」

【鬼禪】（術語）發鬼神通力之禪定。止觀十下曰、「若前世外有鬼緣。鬼則加之。發鬼禪鬼見。」

【鬼辯婆羅門】（人名）馬鳴菩薩、降伏鬼辯婆羅門。見搴帷條。

【恁麼】（雜語）如此之意。傳燈錄九曰、「六祖問什麼物恁麼來。」婆子燒庵則曰、「正當恁麼時如何。」碧巖四十三則曰、「從上來還有恁麼家風也無。」祖庭事苑一曰、「恁麼上當作與麼。正從云作麼與麼指辭也。」

【留支勒那】（人名）Rucira tna 魏朝之勒那三藏及菩提留支也。

【留多壽行】（術語）阿羅漢成就自在之神通者。以願力與第四禪之定力轉感富之業因。而爲感壽之業因。以永住於世也。俱舍論二曰、「留多壽行。謂阿羅漢成就神通得心自在。若於僧衆若於別人以諸命緣衣體等物隨分布施。施已發願。即入第四邊際靜慮。從定起已。心念口言。諸我能感富異熟業。願皆轉招壽異熟果。時彼能感富異熟業則皆能轉招壽異熟果。」

【留拏】（術語）五種不男之一。譯曰犍、又作劇。以刀去勢也。見五種不男條。

【留難】（術語）邪魔來留止人之善事。爲修行之障難也。涅槃經三曰、「云何知天魔爲衆作留難。」往生論註上曰、「第六天魔常於佛所作諸留難。」

【眞人】（術語）總稱阿羅漢。亦稱佛。以是爲證眞理之人故也。無量壽經下曰、「

殺真人鬪亂衆僧。」法華文句一曰、「瑞應云真人。」同疏記曰、「真是所證。證真之人故曰真人。」玄應音義九曰、「真人是阿羅漢也。或言阿羅訶經中或言應真或言應儀。亦言無著果皆是一也。」中本起經上曰、「方身丈六。華色紫金明曜於世。(中畧)身正修德履道忽榮棄利義曰真人凡有千二百五十人俱。」

【真人經】(經名) 佛為比丘說、恃善法者為不真人法、自他不賤者為真人法。見中阿含二十。

【真土】(界名) 真佛土之略。謂佛真身所住之法性土也。對化身所住之化土而立。教行信證真佛土卷曰、「言真土者。大經言無量光明土或言諸智土。」

【真子】(術語) 如來之真子、謂諸菩薩也。是於法信順堪紹佛業者。又真實之行解由佛口而生、依正法而生、故云真子。涅槃經一曰、「成就如是無量功德。一切皆是佛之真子。」勝鬘寶窟下曰、「真子者、於法信順堪紹佛業。故名真子。又行解非妄名真。從佛口生、從正法故、名如來真子。又攝論意。佛子有五義。一以信心為種子。二以般若為母。三以禪為體。四以忍為乳。五以佛為父。又如無量義經以諸佛為父。方等經以諸佛為母。生菩薩子。」大日經疏一曰、「以從如來種性生、從佛身語意生、故曰真子。」

【真心】(術語) 真實不妄之心也、又正信無疑之心也。淨土真言約之於他力之信心謂之金剛之真心。往生禮讚曰、「雖不能流淚流血等。但能真心徹到者即與上同。」教行信證信卷曰、「金剛不壞之真心。」

【真文】(術語) 稱佛菩薩所說之文句云真文。輔行二之五曰、「今運居像末、矚此真文。」唐高宗三藏聖教序曰、「以中華之無質、尋印度之真文。」

【真丹】(雜語) 印度人亦稱我國曰真丹、與震旦、神丹。皆異譯之字也。西域記曰、「翻摩訶支那為大漢國。或謂日出東隅、其色如丹。故云震旦真丹者、此皆訛說。今謂神丹者、唯借其音耳。」

【真生二門】(名數) 心真如門與心生滅門也。

【真弘決判】(術語) 真宗就自力迴向之念佛真門與他力信心之念佛弘願而廢力真假也。

【真如】(術語) 梵音部多多他多、Bhūtatathatā (此梵語出於金剛經之梵本、譯曰真如性。) 真者真實之義、如者如常之義、諸法之體性離虛妄而真實、故云真、常住而不變不改、故云如。唯識論二曰、「真謂真實。顯非虛妄。如謂如常。表無變易。謂此真實於一切法。常如其性。故曰真如。」或云自性清淨心、佛性、法身、如來藏、實相、法界、法性、圓成實性、皆同體異名也。唯識述記二本曰、「眞以簡妄、如以別倒。初簡所執、後簡依他。或眞以簡有漏非虛妄、故如以簡無漏非有爲故。眞是實義、如是常義、故名眞如。」探玄記八曰、「不壞曰眞、無異曰如。前則非四相所遷、後則體無差別。此約始敎。又不變曰眞、順緣稱如。由前義故與有爲法非一。由後義故、與有爲法非異。二義同爲一法、名曰眞如。」大乘止觀曰、「此心卽自性淸淨心、又名眞如、亦名佛性、亦名法身、亦名如來藏、亦名法界、亦名法性。」往生論註下曰、「眞如是諸法正體。」敎行信證證卷曰、「無爲法身卽是實相、實相卽是法性、法性卽是眞如、眞如卽是一如。然則彌陀如來從如來生、示現報應化種種身也。」雜阿含經二十一曰、「以一乘道、淨衆生、離憂悲、得眞如法。」

【一眞如】(名數) 一眞法界無差別也。起信論所謂眞生未分之一心是。

【二眞如】(名數) 有種種、一隨緣眞如、不變眞如也。隨無明之緣而起九界之妄法、是爲隨緣眞如。雖隨緣而爲妄法、然其眞性不變、謂之不變眞如。因隨緣眞如故眞如卽萬法、不變眞如故萬法卽眞如。是華嚴之終敎、天台之別敎已上所談也。二空眞如、不空眞如也。眞如究竟離染法而如明鏡、是云空眞如。眞如具一切淨法、如明鏡之現萬象、謂之不空眞如。是亦起信論等之說。三淸淨眞如、染淨眞如也。是隨緣眞如不變眞如之異名。出於釋摩訶衍論三。四有垢眞如、無垢眞如也。衆生所具之眞如云有垢眞如、諸佛所顯之眞如云無垢眞如。此爲大乘止觀二所說。五在纏眞如、出纏眞如也。是有垢眞如無垢眞如之異名。出於起信論疏。六生空眞如、法空眞如也。空人我而所顯之眞如曰生空眞如、空法我而所顯之眞如曰法空眞如。此爲唯識論所說。七依言眞如、離言眞如也。眞如之體、本來離言辭之相、離心念之相、是云離言眞如。依假名之言說而顯其相、是云依言眞如。是亦起信論所說。八安立眞如、非安立眞如也。是依言眞如離言眞如之異名。探玄記等所說。九相待眞如、絕待眞如也。是亦安立眞如非安立眞如之異名。華嚴大疏鈔所說。

【三眞如】(名數) 一無相眞如、謂諸法之體無遍計所執之虛相也。二無生眞如、謂諸法因緣生故無實生也。三無性眞如、謂諸法之眞體言亡慮絕、故無妄情所執之實性也。此三眞如依唯識論所說之三無性而立。見三無性條。図一善法眞如、謂眞如隨緣爲善法也。二不善法眞如、謂眞如隨緣爲不善法也。三無記法眞如、謂眞如隨緣爲無記法也。出於雜集論。

【七眞如】(名數) 一流轉眞如、謂有爲法流轉之實性也。二實相眞如、謂顯於二無我之實性也。三唯識眞如、謂染淨法之唯識實性也。四安立眞如、謂苦諦之實性也。五邪行眞如、謂集諦之實性也。六淸淨眞如、謂滅諦之實性也。七正行眞如、謂道諦之實性也。流轉安立邪行之三眞如不通於佛、又實相唯識淸淨之三眞如爲根本智之境。餘四者爲後得智之境。是約於詮門以義說而說爲七。若廢詮而論如之體、則七卽一如也。見解深密經分別瑜伽品。唯識論八。

【十眞如】(名數) 菩薩十地所得之十眞如也。一遍行眞如、此眞如爲我法二空所顯、一法無所不在、故名遍行。二最勝眞如、此眞如具足無邊之德、於一切法爲最勝、故名最勝。三勝流眞如、此眞如所流之敎法極爲殊勝、故名勝流。四無攝受眞如、此眞如無所繫屬、非我執等之依所取、故名無攝受。五無別眞如、此眞如無差別之類、非如眼等之有異類、故名無別。六無染淨眞如、此眞如本性無染、非後方爲淨、故名無染。七法無別眞如、此眞如多數法種種安立、無別異、故名法無別。八不增減眞如、此眞如離增減之執、非隨淨染而有增減、故名不增減。又名相土自在所依眞如、以若證得此眞如、已現身相現國土自在故也。九智自在所依眞如、若證得此眞如已、則於無礙解得自在、故名。十業自在等所依眞如、若證得此眞如已、則於一切神通之作業陀羅尼定門、皆得自在、故名眞如之性、實無差別、今隨勝德而假立十種。菩薩於初地中已達一切而能證行、然猶未圓滿、故爲使圓滿後後建立之。見唯識論十。

【圓敎十眞如】(名數) 以前之十眞如、是別敎之義也。圓敎之十眞如、爲法華所說唯佛與佛乃能窮盡諸法實相如是等十如是之法也。故十如是與十眞如名義相同。天台謂之無作之無作、眞言謂之眞如十界。理趣釋釋上下十峯之金剛智處中表如來之十地十眞如十法界者、卽是也。卽身成佛義釋十界中列地獄等十界、亦與天台同。是如佛性論之假眞如釋、故名眞如。見菩提心義四。

【十二眞如】(名數) 又名十二無爲、十二空。一眞如、二法界、界者所依之義。是爲諸法所依之所也。三法性、是乃諸法之體性、故曰法性。四不虛妄性、對於諸法有爲之虛妄性而云不虛妄性。五不變異性、對於諸法之生滅變異而云不變異性。六平等性、對於諸法之差別不同而云平等性。七離生性、離生滅、故云離生性。八法定、法性常住、故云法定。九法住、諸法住於眞如之法位、故云法住。十實際、是爲諸法性眞實之際極、故云實際。十一虛空界、以喩理體之周遍法界、故云虛空界。十二不思議界、理體絕言思、故云不思議界。見大涅槃經。

【眞如海】(術語) 眞如法性具無量

之性功德、故云海。起信論歸敬頌曰、「法性眞如海無量功德藏」觀經玄義分歸敬頌曰「歸命盡十方法性眞如海。」

【眞如都】（術語）眞如爲諸佛之證處。故云都。依隨緣眞如之義、吾等衆生由本覺眞如之都而流出、輪廻於六道也。但是乃天台別敎歎道方便之所談、非圓敎證道之實說也。見無始無明條。

【眞如三昧】（術語）觀眞如無相之理而除妄惑之禪定也。起信論曰、「眞如三昧者不住見相不住得相乃至出定亦無懈慢所有煩惱漸漸微薄。」

【眞如隨緣】（術語）隨緣眞如隨無明之染緣而生九界之妄法也。

【眞如不變】（術語）與不變眞如同。見眞如條。

【眞如內薰】（術語）眞如之法性由內部而感化也。眞如爲吾人本具之自性清淨心、諸佛之法身也。此法身在內薰其妄心、又諸佛之報化二身垂敎法由外薰之、配之於三大、則眞如法身爲體相二大、報化二身爲用大。依此內外之二薰、衆生漸生厭求之菩提心也。一切皆成佛之義、依之而成。起信論曰「眞如薰習義有二種。云何爲二。一者自體相薰習。二者用薰習。自體相薰習者從無始世來具無漏法。（是體相薰習）備有不思議業作境界性。（是用薰習）依此二義常恒薰習。以有薰習力故、能令衆生厭生死苦、樂求涅槃、自信已身有眞如法、發心修行。」

【眞如法身】（術語）不空眞如具無量之功德法、故云眞如法身。又法身之體眞實如常、故云眞如法身。

【眞如緣起】（術語）四種緣起之一。見緣起條。

【眞如實相】（術語）眞如與實相同體異名、約於假諦之妙有而曰實相、約於空諦之一如而云眞如。此二不二之中道云法界。但眞如有不變隨緣之二義、又實相其實爲三諦之總名、故眞如實相通於空假中也。觀佛三昧經曰、「佛地果德、眞如實相、第一義空」往生要集中本曰、「色卽是空、故謂之眞如實相、空卽是色、故謂之相好光明。」

【眞如相廻向】（術語）十廻向之一。

【眞如寂滅相】（術語）眞如之體離一切之妄染、謂之寂滅相。是十眞如之無染眞如也。

【眞色】（術語）如來藏中之色、卽於眞空之妙色、是云眞色。依此眞善妙色、稱爲法身有相。楞嚴經三曰、「如來藏中性色眞空、性空眞色、清淨本然、周遍法界。」

【眞因】（術語）眞實之正因也。敎行信證三本曰、「證大涅槃之眞因。」

【眞妄】（術語）一切諸法有眞妄之二。隨無明之染緣而起之法爲妄、隨三學之淨緣而起之法爲眞。又因緣生之生、總爲不實故爲妄法不生不滅之眞如眞實故爲眞法。

【眞妄二心】（名數）第九之菴摩羅識、爲自性淸淨心是眞心也、第八已下之八識總爲無明所起之妄心也。楞伽經以海水與波浪喻之海水常住不變是爲眞波浪起滅無常是爲妄分之則爲四心一唯眞心眞生不二之一心也是唯爲諸佛如來之心。二唯妄心無明所起之八識心也、是唯爲外道凡夫之心。三從眞起妄心由眞如而緣起之妄心也、是爲別敎已上之心、別敎已下乃至外道凡夫不知此妄心。四指妄卽眞心離眞心而無妄心妄心卽眞心也、是爲初地已上菩薩之心見名義集六上。

【眞多摩尼毫相印】（印相）又云如來毫相印以左手作拳置之眉間也。見大日經密印品。

【眞言】（術語）梵語曼怛羅Mantra。是如來三密之隨一語密也、總謂法身佛之說法。假令經中有顯言而其聲名句文以大日如來之秘密加持爲體性故總爲眞言秘密藏也。演密鈔一曰、「釋曰密宗一一文言無非字門秘密加持而爲體性。雖有顯言從宗體俱屬秘藏。」別云陀羅尼譯云總持又云秘密號密言密語又云咒明日本東密謂假令依於總門而眞言者限於兩部之大經、（此攝一切之眞言經）東密立理秘密敎釋迦所說之法華華嚴楞伽仁王等諸經總說一乘敎之眞如法性者爲眞言。（見四秘密敎條）大日經疏一曰、「眞言者、梵曰漫怛羅卽是眞語如語不妄不異之音。龍樹釋論謂之秘密號。舊譯曰咒非正翻也。」同義釋一曰「眞如語言故名眞言」是釋摩訶衍論中所說五種言語之第五如義語也。顯敎雖謂眞如爲言語道斷、而依前四種之語則眞言卽以如義語眞如尙說也。然則眞語者說眞如之語也（是日本台密之義）眞實之語也。又眞率正直之語也。（是日本東密之義）如語者又說眞如也眞實如常之語也。此二者對於顯敎之假名語而言。不妄者誠實不虛之語、不異者決定不二之語。此二者對於凡夫之虛語兩舌而言。大日經疏三曰、「一一眞言皆如來妙極之語也。」金剛頂瑜伽分別聖位修證法門曰、「夫眞言陀羅尼宗者。一切如來秘奧之敎。」秘藏記本曰、「眞言者。如來眞實言無虛妄。故曰眞言」金剛壽命經略讚曰、「不空三藏云。於眞言密敎中說如是四種名陀羅尼眞言明。」大日經二曰、「一切法界力隨順衆生如其種類開示眞言敎法。」同經疏七曰、「如來一切言說無非眞言故。」又曰、「一一聲字卽是入法界門故得名爲眞言法敎也。至論眞言法敎應遍一切隨方諸趣名言。但以如來出世之始迹於天竺。傳法者且約梵文作一途明義耳。」而顯教諸宗依印度古來相傳以爲梵語係大梵天創造者。然密教就之立三重之秘密釋以解之。第一秘密釋大日如來說之、大日如來於色究竟天成道、始於此說阿字之言。後梵天降世說之、世人不知其本以爲梵天創造也。第二秘密中之秘釋阿字自說之。第三秘秘中之秘釋、眞如理智自說之。大日經供養疏下曰、「問誰說阿字。答秘密釋毘盧遮那佛說本不生故。二秘中秘密釋阿字自說本不生故。秘秘中秘釋。本不生理自有理智自覺本不生故。」大日經一曰、「此眞言相非一切諸佛所作。不令他作。亦不隨喜。何以故是諸法法爾如是故。若諸如來出現。若諸如來不出現。諸法法爾如是住。謂諸眞言眞言法爾故。」同疏七曰、「此眞言相、聲字皆常。常故不流。無有變易。法爾如是。非造作所成。」東密依此文謂梵文本有常住也。愚案密教之宗意由本不生言之、故一切諸法、悉爲本有常住、不獨梵文、即漢語和語、亦皆本有常住。然東密諸師獨於梵許本有常住、餘以爲人爲之妄作何也。（秘藏記鈔等）余私解之有二義、一據本不生之理言之。依此義則一切諸方諸趣之言語亦得謂爲本有常住。一由如來於印度出世、假梵文說諸法不生言語不可得等之深義、稱其深義之本有常住。依此義則其義理本有常住、梵文獨言爲本有常住。是密教所謂法門身、餘宗所謂法言、豈得爲人造耶。因於顯教稱讚佛菩薩之言教、謂之眞言。安樂集上曰、「採集眞言、助修往益。」五會法事讚曰、「三世諸佛誠諦之眞言。」教行信證序曰、「誠哉攝取不捨眞言、超世希有正法。」

【五種眞言】（名數）一如來說、二菩薩金剛說、三二乘說、四諸天說、五地居天說、謂龍鳥修羅之類也。又通前三種名爲聖者眞言、第四名爲諸天衆眞言、第五名爲地居天者眞言。亦可通名爲諸神眞言。但有淺深相違耳。見大日經疏七。

【眞言三字】（名數）古德云、眞言有三種、多字、一字、無字也。無字者圓覺無相之理。此理秘密也。一字者種子也。多字者、佛頂陀羅尼等也。

【眞言八種義】（名數）一眞如性一體之義。所謂無生無滅無來無去、離言離相、言語道斷、心行寂滅、本來淨故也。二隨想流出相成之義。以性淨故應化相應之義也。三加被護念之義。以四種不可思議力故、所謂業力佛力眞言力藥力等護念成熟也。四隨諸衆生所求不同之義。本願如神藥隨服應念成就故也。五慈悲義。慈悲證此法故。六以佛願度有情之義。隨心應像故也。七以諸菩薩度有情之義。八一切諸佛不思議之義。眞言不思議力。亦成無上不思議之果故也。見慈氏軌上。

【七番眞言】（名數）一大日、二四波、三四佛、四十六尊、五內供、六外供、七四攝。

【眞言心】（術語）謂阿之一字也。是爲一切眞言之中心、由此而一切之眞言流出、故云心。大日經五曰「所謂阿字者。一切眞言心。從此遍流出無量諸眞言」疏十七曰「此中眞言心者。此心梵音汗栗馱之心。卽是眞實心也」

【眞言宗】（流派）聖位經曰、「眞言陀羅尼宗者。一切如來秘奧之教、自覺聖智修證法門」依之而稱爲眞言宗。故本宗之得名、正爲佛說之號也。四家大乘中法相宗依深密經之法相品、三論宗依所依之論數、天台依所依之住所、華嚴宗依所依之本經、皆是末學人爲之立名。眞言之名、爲約於三密中語密之名。約於語密者、以三密中普利益人之語密最爲廣大故也。就本宗之傳來而論。大日如來越三世之一時、於色究竟天之法界心殿、對金剛薩埵等從心流出自內證之內眷屬、爲自受法樂說大日經、又於眞言宮殿說金剛頂經、金剛薩埵結集之。（日本台密謂阿難亦預之）其後釋迦佛滅後約八百年頃、龍猛（龍樹）菩薩呪七個白芥子投之、開十六丈（表示金剛界之十六菩薩）南天之鐵塔、親從金剛薩埵傳受兩部之大經。（台宗云大日經於塔外由文殊菩薩傳受）而龍猛傳之於龍智、龍智保壽至七百歲、授大經於善無畏、善無畏老齡七十九擔大日經及蘇悉地經、於唐玄宗開元四年丙辰來長安、開元十二年譯蘇悉地經三卷、十三年譯大日經七卷、沙門寶月譯說之、沙門一行筆授之、且作其疏。而金剛頂者、龍智授之金剛智、金剛智授之不空。金剛智齎十萬頌之金剛經、伴年少十四之不空、開元八年來長安、不幸於海上逢暴風、投其經本於海中。開元二十九年、金剛智入滅、天寶元年、不空還南天竺、逢龍智、復受十萬頌之大本。於天寶五年歸唐、同十二年、譯出教王經十卷。吾國眞言宗於是大盛。不空門下有含光、慧朗、慧果、含光慧朗法統不盛。慧果門下有義明、義圓、惠日、惠應、義操、及日本之弘法。義操門下有義眞、海雲、法全、惠應門下有文璨、義眞門下可攷者惟日本之圓仁等。法全門下有造玄、而日本之圓仁等亦就學焉。法全以後、眞言遂衰。宋代雖有法賢、施護、法天等、譯出密部經論、而無足見者。元世發思八出、乃唱變態的密教、卽今西藏之紅衣派喇嘛教是也。而日本自弘法學成回國、密教大盛、至於今不衰。三國佛教畧史曰「眞言宗者、依秘密眞言爲宗、故名。此宗弘傳由來、以大日如來爲秘密教主。大日如來於法界心殿開示兩部之秘密。金剛薩埵親受灌頂職位、是爲眞言秘密第二祖。薩埵承持秘法、待人傳弘。及龍樹菩薩開南天鐵塔、親禮薩埵、受傳法儀軌、是爲第三祖。龍樹傳之龍智菩薩、爲第四祖。龍智壽七百歲、授之金剛智三藏、爲第五祖。三藏該通大小、總持顯密。來於長安、傳弘密教。亦爲支那傳密宗之第一祖也。(善無畏雖先來未開宗立教、無有承者、故不入列祖之數)時不空三藏年甫十四、從金剛智來。能通漢語、與智共譯經。三十七歲還天竺、更遇龍智菩薩受瑜伽秘密法、是爲第六祖。亦支那之第二祖。天寶五年、再來京師、大譯經論、總出七十七部一百一卷。漢地密教之盛者、三藏之力也。三藏門下惠果等八人爲上首。並弘傳三密之妙法。(中畧)三密相應、卽身成佛之義。三密者手結印契、口誦陀羅尼、心觀阿字本不生之理是。」

【眞言宗八祖】(名數)一大日如來、二金剛薩埵、三龍猛、四龍智、五金剛智梵云縛曰羅菩提、六不空、七惠果、惠果以下、吾國未聞有繼之而爲祖者。日本則以空海繼之而爲八祖。諸宗中以如來加列祖中者、僅眞言教而已。且顯教相承、僅爲法之相承、不問年代之相去。密教之相承、乃以親就師受灌頂爲限。故謂之血脈。

【眞言師】(雜名)依眞言宗之法作加持祈禱者也。

【眞言花】(修法)以眞言加持花而奉獻之云眞言花。蘇悉地經一曰、「以眞言花當奉獻之」

【眞言乘】(術語)又曰神通乘。乘眞言之教法而到佛地、故云眞言乘。喻其迅速。故云神通乘。秘藏寶鑰中曰、「密教者自性法身大毘盧遮那如來與自眷屬自受法樂故所說法是也。所謂眞言乘者是也。」

【眞言教】(術語)眞言陀羅尼之教法。阿乃至訶等也。大日經二曰、「秘密主以要言之。諸如來一切智智。一切如來自福智力、自願智力。一切法界加持力。隨順衆生如其種類開示眞言教法。云何眞言教法、謂𑖀(阿)字門一切諸法本不生故。(中畧)𑖮(訶)字門一切諸法因不可得故。」

【眞言智】(術語)智中之智、無過於此之智也。大日經五曰、「解秘中最秘眞言智大心。今爲汝宣說」疏十七曰、「眞言智者謂智中之智。無上無過也。」

【眞言趣】(術語)趣又云道。卽如六趣六道。眞言具其差別之德、故云眞言趣。大日經五曰、「自眞言道以爲幖幟。圖具曼荼羅。如本尊相應」大疏十七曰、「趣謂如六趣等。此是眞言趣衆曼荼羅。如本尊相應者。如本尊有如是法我亦有之。故云具也。」

【眞言王尊】(雜名)大日如來之尊稱也。

【眞言法教】(術語)見眞言教條。

【眞言秘宗】(流派)又曰眞言密宗。

眞言秘密之宗敎也。所謂眞言宗是。

【眞言秘密】（術語）眞言爲如來三秘密之隨一語秘密。故云眞言秘密。秘密者、非言秘不示人也。謂法佛之三業幽奧深妙、非等覺之菩薩、不能窺知之。故云秘密。又在凡夫、爲迷情隱覆、不能發顯。故云秘密。

【眞言藏家】（流派）眞言宗以眞言藏爲所依、故對於他家名爲眞言藏家。眞言藏爲六波羅蜜經所說五藏中之第五陀羅尼藏也。二敎論上曰、「但眞言藏家以此爲入道初門。」

【眞言救世者】（術語）稱阿字也。大疏六曰、「此阿字門爲一切眞言王。猶如世尊爲諸法之王。故曰眞言救世者。」

【眞言陀羅尼】（術語）梵語曼陀羅、譯曰眞言、梵語陀羅尼、譯曰總持。其他曰呪。曰明曰秘密號曰密語。皆同體異名也。金剛頂分別聖位經曰、「眞言陀羅尼宗者。一切如來秘奧之敎。自覺聖智修證法門。」

【眞言陀羅尼宗】（流派）是大日如來親授之宗名也。見眞言宗條。

【眞佛】（術語）報身佛對於化身佛謂之眞佛。又謂無相之法身。無量壽經曰、「光明相好具如眞佛。」臨濟錄曰、「眞佛無形。眞法無相。」

【眞佛子】（術語）別敎菩薩、始到初地、即證我法二空之眞如、故謂爲生於如來家之眞佛子。唯識述記九末曰、「紹繼佛種、令不斷絕。乃至般若證眞法界。名於中生。名眞佛子。」

【眞佛頌】（書名）虛堂和尚作。

【眞身】（術語）諸佛二身之一。見二身條。

【眞身觀】（術語）觀經所說十六觀之第九、觀高六十萬億那由他恒河沙由旬之佛身也。

【眞妙】（雜語）眞實微妙也。敎行信證行卷曰、「稱名則是最勝眞妙勝業。」

【眞我】（術語）對外道凡夫之妄我、謂涅槃之我德云眞我。以涅槃所具之八自在、是眞實之我故也。大藏法數十二曰、「我者自在無礙之謂也。然有妄我眞我。若外道凡夫於五蘊身强立主宰。執之爲我。乃是妄我。若佛所具八自在稱爲我者。即是眞我。故名我德。」因對佛敎之俗我（即假我）謂外道凡夫所執之實我云眞我。俱舍論三十曰、「故佛說正法。如牝虎銜子。執眞我爲有。則爲見牙傷。撥俗我爲無。便壞善業子。」

【眞形】（雜語）眞實之形體也。謂佛之無相眞身。臨濟錄引傳大士之頌曰、「有身非覺體。無相乃眞形。」

【眞見道】（術語）於見道位起無漏根本之無分別智、悟唯識眞如之理也。

【眞法】（術語）眞如實相之法也。華

嚴經十六曰、「正覺遠離數此是佛眞法。」臨濟錄曰、「眞佛無形眞法無相。」敎行信證行卷曰「至理眞法一如化物利人。」

【眞法界】（術語）法界絕虛妄故云眞法界唯識述記九末曰「般若證眞法界。」

【眞法供養】（術語）眞實之法供養也。法華經藥王品言藥王菩薩往昔爲一切衆生喜見菩薩時燒身供養日月淨明德如來時諸佛同時讚之曰「善哉善哉善男子。是眞精進是名眞法供養如來。」天台大師於普賢道場修法華三昧至此是眞精進之句豁然大悟。

【眞金山】（譬喩）譬佛身之有光明也。十住毘婆沙論五曰、「無量光明慧身如眞金山。」

【眞金像】（術語）如來之身色如眞金也法華經序品曰、「身色如金山端嚴甚微妙。如淨瑠璃中內現眞金像。」

【眞金色相】（術語）如來三十二相之一見三十二相條。

【眞空】（術語）小乘之涅槃也非僞故云眞離相故云空是無一物之偏眞單空也。行宗記一上曰、「眞空者卽滅諦涅槃非僞故眞離相故空。」又眞如之理性離一切迷情所見之相故云眞空。卽起信論所明之空眞如唯識所說之二空眞如華嚴所說三觀中之眞空觀是也。又對於非有之有爲妙有謂非空之空曰眞空是大乘至極之眞空也。

【眞空觀】（術語）華嚴宗所立三觀之一見三觀條。

【眞空妙有】（術語）非空之空而非如小乘偏執之但空謂之眞空非有之有而非如凡夫妄計之實有謂之妙有故以眞空之故緣起之諸法宛然以妙有之故因果之萬法一如也。濟緣記一上曰、「妙有則一毫不立眞空乃因果歷然。」

【眞性】（術語）不妄云眞不變云性。是吾人本具之心體也楞嚴經一曰、「前塵虛妄相想惑汝眞性。」

【眞性菩提】（術語）三種菩提之一。見菩提條。

【眞陀羅】（天名）Kimnara 一作甄陀羅見緊那羅條。

【眞陀末尼】（物名）見震多末尼條。

【眞宗】（流派）眞實之宗旨是各稱自所信之宗也又明眞如法相實理之宗旨、如云性宗天台之別敎華嚴之終敎已上是也。觀經散善義曰「眞宗叵遇。」五會法事讚本曰「念佛成佛是眞宗。」慈恩傳八曰、「臣等夙敬眞宗幸窺天藻。」廣百論釋論曰、「重顯眞宗遣彼餘疑。」敎行信證化卷曰、「鈔眞宗詮摭淨土要。」大乘義章一曰、「辨此實性故曰眞宗。」五敎章上曰、「四眞宗涅槃華嚴等明佛性法界眞理等。」

【眞門】（術語）對方便之敎道、稱眞實之證道云眞門。行願品疏二曰、「總爲迷眞、故示眞門。」敎行信證化身土卷曰、「小本唯開眞門、無方便之善。」

【眞明】（術語）眞實之明慧也。法界次第上之下曰、「行者雖修觀照眞明未發。」

【眞知】（術語）眞智之知也。釋氏稽古略三曰、「眞知無知。以知寂不二之一心。契空有雙亡之中道。」

【眞俗】（術語）眞俗爲事理之異名、因緣所生之事理曰俗、不生不滅之理性曰眞。故有空中或空假中之三者爲有、又以假爲俗、空中爲眞。而是爲相對之名。故依相對而生重生之眞俗、遂至爲世出世或在家出家之異名。見二諦條。

【眞俗不二】（術語）天台別敎、華嚴終敎以上、眞如隨緣爲諸法、諸法卽眞如也。是云眞俗不二。然是就諸法之實法眞如邊、得言不二者。於諸法之當相。不得言眞如。故非眞不二。天台之圓敎或眞言之如、性具十界三千之諸法而爲眞如之諸法、是乃眞不二也。

【眞俗中三諦】（名數）空假中之三諦也。

【眞要】（術語）眞實精要之理也。法華經信解品曰、「說斯眞要。」唯識樞要上本曰、「究暢眞要。」

【眞相】（雜語）猶言本來面目也。洛陽伽藍記曰、「修梵寺有金剛。鳩鴿不入、鳥雀不棲、菩提達摩云得其眞相也。」李紳詩曰、「眞相有無因色界。」

【眞亭】（堂塔）禪宗掛亡尊宿眞影之小亭也。眞亭之製、四柱四宇、其形如亭。四傍皆張薄紗、透徹玲瓏、前檐扁眞亭兩字。影前安牌。或言有眞影贊辭、自書名則不用牌、喪赴化壇時、此器在龕前扛而進發。見象器箋二十。

【眞胝】（天名）Cinti天名。譯曰善思惟。玄應音義四曰、「眞胝胝作尸切此云善思惟是天名也。」

【眞修】（術語）二修之一。

【眞乘】（術語）眞實之敎法也。秘藏寶鑰上曰、「作遷慢如眞乘寂。」

【眞堂】（堂塔）禪家安置祖師眞影之堂也。見僧堂淸規五。

【眞淨】（術語）謂如來所證之法、眞實淸淨也。對於二乘之僞、故云眞實無累不脫、故云淸淨。法華經如來神力品曰、「我等亦自欲得是眞淨大法。」

【眞淨大法】（術語）是地涌菩薩稱讚法華之語也。天台以此一句證本經明常住。神力品曰、「爾時千世界微塵等菩薩摩訶薩從地涌出者、皆於佛前一心合掌、瞻仰尊顏而白世尊曰。(中畧)我等亦自欲得是眞淨大法受持讀誦解脫書寫而供養之。」法華玄義七曰、「口唱眞常大法是眞是常。略舉二德我樂可知而鈍者讀文猶自不覺也。」同釋籤曰、「眞是常德淨是淨德。既有常淨豈無我樂故云二德可知鈍者讀文猶自不覺者。不覺此經具足四德謬判法華不明常住。以是而言古今咸鈍。」

【眞荼】(雜名) Gaṇḍāla 旃陀羅之訛略。

【眞敎】(術語) 眞實之敎也。敎行信證一曰、「十方稱讚之試誠言時機純熟之眞敎。」

【眞理】(術語) 顯敎對於有爲之事相而謂無爲之眞如爲眞理、密敎以攝持之義爲理、有爲之事相各攝持其體而不亂雜、謂之理。指其法之不生謂之眞。即是胎藏界之十界曼荼羅也。

【眞常】(術語) 謂如來所得之法眞實常住也。楞嚴經四曰、「一世尊諸妄一切圓滅。獨妙眞常。」

【眞寂】(術語) 寂者涅槃也。佛之涅槃、對二乘之僞涅槃、謂之眞寂。因明大疏上本曰「歸眞寂於兩河。餘烈光乎沙劫。」

【眞假八願】(術語) 彌陀四十八願中、有眞實之願與方便之願。十一、十二、十三、十七、十八、二十二之六願爲眞、十九、二十之二願爲假。合成八願。

【眞智】(術語) 又云聖智。緣眞如實相之智、云眞智。是無緣之緣也。故眞智謂爲無智。注維摩經序曰、「聖智無知而萬品俱照法身無象而殊形並應」淨土論註下曰、「實無相故眞智無知也。」

【眞無量】(術語) 佛德無量、故云眞無量。是通諸佛而言。若約於彌陀佛而言、則光明無量壽命無量、謂之眞無量。眞者謂其德不虛妄也。讚阿彌陀佛偈曰、「神力本願及滿足(中畧)稽首歸命眞無量。」

【眞無漏智】(術語) 佛菩薩之無漏智。對於二乘之無漏智、謂之眞無漏智。此以二乘不斷法執不滅所知障、非眞之無漏智也。

【眞等流】(術語) 三等流之一。

【眞善】(術語) 善之善者曰眞善。延命地藏經曰、「眞善菩薩」又曰、「眞善男子。」

【眞善妙有】(術語) 眞空妙有之法也。即台家三諦中、假諦之諸法因之謂法身之色相、云眞善妙有之色。

【眞筌】(術語) 筌者筌蹄、喻言說也。即眞詮是。

【眞普賢】(菩薩) 生身之普賢菩薩也。臨濟錄曰、「爾目前用處、始終不異。處處不疑。此個是活文殊。爾一念心無差別光。處處總是眞普賢。」

【眞發明性】（術語）研練自心、發明本有之眞性也。楞嚴經一曰、「汝今欲研無上菩提眞發明性。應當直心酬我所問。」

【眞達羅大將】（天名）十二神將之一。

【眞詮】（術語）詮者、顯也。顯眞理之文句云眞詮。宗鏡錄二十六曰、「金是身外之浮財。豈齊至敎。命是一期之業報、曷等眞詮。」俱舍頌疏一曰、「明以眞詮。押以蘭室。」

【眞道】（術語）眞實之道也。瞿醯經下曰、「我行眞道何用呪術事耶。」

【眞歇了】（人名）丹霞淳禪師法嗣、眞州長蘆眞歇淸了禪師也。見五燈會元十四。

【眞解脫】（術語）斷一切煩惱障而證得佛之涅槃也。離縛云解。自在云脫。佛之涅槃具法身般若解脫之三德、今就解脫之一德謂之解脫。又二乘之解脫住於涅槃、故非眞解脫。佛以大悲之故不住於涅槃、又以大智之故不住於生死、卽爲不住之涅槃、故云眞。涅槃經四相品曰、「眞解脫者、卽是如來。」唯識論一曰、「由斷續生煩惱障、故證眞解脫。」同述記一本曰、「解謂離縛。脫謂自在。」

【眞實】（雜語）法離迷情、絕虛妄、云眞實。大乘義章二曰、「法絕情妄爲眞實。」法華經寶塔品曰、「如所說者皆是眞實。」

【眞實行】（術語）十行之一。

【眞實明】（術語）稱佛之智慧光、云眞實明。是三德中般若之德也。贊阿彌陀偈曰、「智慧光明不可量。故佛又號無量覺。有量諸相蒙光曉。是故稽首眞實明。」

【眞實身】（術語）魏書釋老志曰、「諸佛法身有二種義。一者眞實。二者權應。眞實身者。謂至極之體、妙絕拘累、不得以方處期、不可以形量限、有感斯應、體常湛然。權應身者、謂和光六道、同塵萬類、生滅隨時、修短應物、形由感生、體非實有、權形雖謝、眞體不遷、但時無妙感、故莫得常見耳。」案此說明佛生非實生滅非實滅也。

【眞實性】（術語）圓成實性三義之一。

【眞實義】（術語）諸法眞實之義有四種。一世流布眞實義、世間之法、悉同其名、衆生見地卽言是地、見火卽言是火、終不言是水是風、乃至見苦終不言樂、見樂終不言苦。是離於假名立相。然稱認皆同、此爲世流布眞實義。二方便流布眞實義、世間有智之人、先以心意籌量、隨宜方便、造作經書論議、以開導人、此爲方便流布眞實義。三淨煩惱障眞實義、聲聞緣覺、是以無漏道破諸煩惱淨業、得無礙智、此爲淨煩惱障眞實義。四淨智慧障眞實義、聲聞緣覺得無礙智、未能顯發中道之理、故名智慧障。佛菩薩斷此障中道之理、自然顯現。此爲淨智慧障眞實義。見菩薩善戒經二。

【眞實際】（術語）又曰眞際、實際。眞實者眞如也。窮極眞如之源底曰眞實際。無量壽經上曰「分別顯示眞實之際。」

【眞實經】（經名）諸佛境界攝眞實經之略名。

【眞實不虛】（術語）如來之說法無虛妄也。見般若經十。

【眞實理門】（術語）法相宗所立二門之一。見隨轉理門條。

【眞實報土】（界名）由於修業而有報土也。同於實報土。眞實信心念佛者往生之土。於眞宗謂之眞實報土。往生對於諸行往生之淨土曰方便化身土而云。

【眞說】（術語）眞實之說法也。又如來親口之敎說也。敎行信證信卷曰、「信順諸佛如來眞說。披閱論家釋家宗義。」

【眞境】（雜語）眞理之境界也。維摩經序曰、「冥心眞境。既盡環中。」

【眞際】（術語）眞言之邊際、卽至極之義。空平等之眞性也。仁王經上曰、「以諸法性卽眞實故。無來無去無生無滅。同眞際等法性。」維摩經阿閦品曰、「非有相非無相。同眞際等法性。」楞嚴經一曰、「不能折伏娑毘羅呪。爲彼所轉溺於婬舍。當由不知眞際所指。」

【眞語】（術語）說眞如一實之理之語也。又如來隨自意說。毫不爲他曲示。故云實語。大日經疏一曰、「眞言者（中畧）眞語如語。」大集經十曰、「須彌可說口吹動。不可說佛有二語。實語眞語及淨語。」金剛般若經曰、「如來是眞語者。實語者。不誑語者。不異語者。」

【眞影】（圖像）眞身之影像也。通木像畫像而言。性靈集七曰、「龍猛菩薩龍智菩薩眞影等都二十六幅。」敎行信證六末曰「圖畫眞影。」又眞身之影現也。承遠和尙碑（韻府）曰「勝緣既結。眞影來影。」

【眞儀】（雜語）眞身之儀容也。如云眞影靈像等。

【眞德不空宗】（術語）十宗之一。見宗條。

【眞諦】（術語）二諦之一。眞謂眞實無妄。諦猶義也。對俗諦言。如謂世間法爲俗諦。出世間法爲眞諦是也。図（人名）眞諦三藏也。

【眞諦門】（術語）見二諦條。

【眞諦三藏】（人名）西印度優禪尼國人。梵稱波羅末陀 Paramārtha。又曰拘那羅陀 Guṇarata。梁大同十二年三十餘歲來支那。受武帝好遇。會逢國難。往北齊赴東魏。流離間述金光明經、攝大乘論、唯識論等譯及世親傳等。著二百七十八卷。大建元年正月十一日寂。歲七十一。

【眞識】（術語）楞伽經所說三識之一。見識條。因離妄念之心識也、即第六識之淨心是唯識述記一本曰「淨彼眞識成斯雅論。」

【眞證】（術語）眞實不妄之證據也。如云明證。又眞實之證悟也。無量壽經曰「幸佛信明是吾眞證」敎行信證信卷序曰、「沈自心唯心、貶淨土眞證。」

【眞覺】（術語）佛之究竟覺悟也。別於菩薩之相似覺、隨分覺。故云眞覺。唯識論七曰「未得眞覺恒處夢中故佛說爲生死長夜。」

【眞覺寺】（寺名）寺爲隋開皇時所建。智者大師示寂於此。

【眞讀】（儀式）誦大般若經有眞讀與轉讀二樣。逐卷誦六百卷之始終云眞讀。誦經之初中數行而轉廻經卷云轉讀。

【兼行六度品】（術語）觀行五品之第四。修正觀之外兼行布施等六度之位。見五品條。

【兼利】（術語）自他兼利也。無量壽經上曰「自利利人人我兼利。」止觀五上曰、「自匠匠他兼利具足。」

【兼但對帶】（術語）天台之名目。五時中前四時之說相也。第一之華嚴時圓敎兼別敎而說、故云兼。第二之阿含時但說藏敎、故云但。第三之方等時藏通別圓之四敎彼此對望而說、故云對。第四之般若時、圓敎挾對藏通別之三而說、故云帶。玄義一上曰、「當知華嚴兼、三藏但。方等對。般若帶。此經無復兼但對帶。專是正直無上之道。故稱爲妙法也。」

【退大】（術語）退失大乘、墮於二乘也。如舍利弗退乞眼婆羅門退大乘以至今日。

【退凡下乘率都婆】（堂塔）在天竺靈鷲山之二基石塔也。頻毘娑羅王所建。西域記九曰「宮城東北行十四里、至鷲峯、如來御世垂五十年多居此山、廣說妙法。頻毘娑羅王爲聞法故發興人徒、由山麓至峯岑、跨谷凌岩、編石爲階、廣十餘步長五六里。中路有二小率堵婆、一云下乘、王至此徒行以進。一云退凡、即簡凡人不使同往。」

【退沒】（術語）由上地墮落於下地、樂地墮落於苦處也。往生論註上曰、「空過者退沒者。」往生要集上本曰、「上二界中雖無如此之事、終有退沒之苦。」

【退法阿羅漢】（術語）六種阿羅漢之一。最鈍根之羅漢、一旦證羅漢果後時逢惡緣退沒自果者。

【退屈】（術語）菩薩修行有可生三種退屈心之難關。見三退屈條。唯識論九曰、「修勝行時有三退屈。」圓覺經曰、「汝善男子當護末世是修行者。無令惡魔及諸外道惱身心令生退屈」

【退座】（雜語）法會佛事等式終了後、各歸於寮舍也。

【退道聲聞】（術語）四種聲聞之一。見聲聞條。

【退轉】（術語）言既退失所修證而轉變其位地也。法事讚曰、「五濁修行多退轉。不如念佛往西方」法華經序品曰「於阿耨多羅三藐三菩提不退轉」

【迷人咒】（雜名）外法有使人迷亂之咒法。五分律二十六曰「諸比丘學迷人咒。佛言不聽。犯者偷蘭遮」

【迷子】（譬喻）迷子手執金錢、彷徨困苦、以譬凡夫具菴摩羅識之佛性流浪於三界也。金剛三昧經曰「譬如迷子手執金錢而不知有。遊行十方經五十年貧窮困苦。專事求索而以養身而不充足。其父見子有如是事而謂子言。汝執金錢何不取用。隨意所須皆得充足。其子醒已而得金錢心大歡喜而謂得錢。其父謂言。迷子汝勿欣懌。所得金錢是汝本物。汝非有得。云何可喜。善男子。菴摩羅者亦復如是。本無出相。今即非入。昔迷故非無。今覺故非入」

【迷心】（術語）轉倒事理之妄心也。楞嚴經十曰、「各以所愛先習迷心而自休息」大日經一曰、「云何迷心。謂所執異所思異」大乘入道章下曰、「迷心不悟、一行倘不能依」

【迷生】（術語）迷之衆生也。寄歸傳二曰、「俯視生涯、是迷生之牢獄。仰晞寂岸、爲悟寂之虛關」

【迷妄】（術語）闇於事理云迷、虛而無實云妄。唐華嚴經四曰、「衆生迷妄具衆苦」仁王合疏中曰、「所言惑者、謂迷妄之心」

【迷企羅】（異類）Mihira 藥師經所說十二神將之一。無翻名。

【迷沒】（術語）言迷情沒在非理也。無量壽經上曰、「迷沒於瞋怒」

【迷伽室利】（人名）Meghaśrī 譯曰德雲。比丘名。五十三知識之一。探玄記十八曰、「梵云迷伽室利。迷伽此名雲、室利此云德。順彼應名雲德」

【迷事】（術語）無明有迷事與迷理之二。不達緣起之諸法、云迷事。行事鈔一上曰、「迷事者障俗諦故。迷理者障眞諦故」

【迷岸】（雜語）謂入於迷惑之路也。梁簡文帝文曰、「是以背流知反、迷岸識歸」

【迷乳】（譬喻）盲人不知乳色。譬說於涅槃經。見乳色條。義楚六帖七曰、「迷乳之色既分。廻天之醉俄醒」

【迷怛羅】（界名）又曰毘陀羅。譯曰起屍鬼。見毘陀羅條。

【迷底履】（菩薩）Maitreya 舊稱之彌勒也。瑜伽倫記五曰、「梵音迷底履此云慈氏。即族姓名字阿氏多（Ajita）此云無勝。舊曰彌勒阿逸多並訛也」見彌勒條。

【迷津】（術語）迷之境界即三界六道也。西域記序曰、「廓群疑於性海啓妙覺於迷津」明神宗續入藏經序曰「假筏迷津、施航覺海」

【迷界】（術語）迷之境界。謂爲煩惱所繫縛而流轉於三界之衆生界也。

【迷悟一如】（術語）迷無自性、無自性故爲空。既無迷何有悟。迷空也悟亦空也、空體一、謂之一如。是爲空宗之義。又迷如氷、悟如水、迷悟同體。謂之一如。是爲性宗之義。

【迷悟因果】（術語）迷與悟之因果也。就四諦之法而言。迷妄之因爲集諦、其果則苦諦也。證悟之因爲道諦、其果則滅諦也。

【迷倒】（術語）迷心轉倒事理也。唐華嚴經四十九曰、「菩薩離迷倒」有部毘奈耶四十七曰「遂使心迷倒」釋門歸敬儀上曰、「識心迷倒三毒常纏」

【迷情】（術語）迷惑轉倒之情念也。凡夫不能認識萬有之實相、執有爲無、計虛妄之假相爲有、妄念不絕也。轉變無常、不可依譬如夢。

【迷執】（術語）轉倒事理云迷、迷情之思云執。成唯識十曰、「愚夫迷執於境起煩惱業」六妙法門曰、「種種橫計迷執諸法。輪廻六趣」

【迷途】（界名）迷之境界也。三界六道是也。菩提心論曰、「夫迷途之法從妄想生」

【迷理】（術語）無明有迷事迷理二。闇於法性之眞理云迷理。見迷事條。

【迷惑】（術語）謬於事理云迷、不明事理云惑。唐華嚴經五曰、「觀佛神通境界無迷惑」法華經方便品曰、「無智者錯亂。迷惑不受教」敎行信證三末曰、「沈沒於愛欲廣海。迷惑名利之大山」

【迷境】（術語）迷之境界、三界六道之內也。

【迷黎麻羅】（雜語）眼目之迷亂也。碧巖五十一則評唱曰、「眼目迷黎麻羅」種電鈔六曰「借瞇瞜眽矖之音也。瞇訂正篇、海綿兮切音米。眇目也。瞜字彙隣溪切音黎、視也。眽綏視也。矖矖目無色也」人天眼目宗門雜錄部嚴頭云。從來眼目彌黎麻羅且莫亂呈懵袋今無眼子謂也。

【迷盧】（雜名）蘇迷盧Sumeru之略。舊言須彌山。西域記一曰、「蘇迷盧山唐言妙高山。舊曰須彌、又曰須彌婁皆訛略也」高八萬由旬、故曰迷盧八萬。

【迷盧八萬頂】（雜語）須彌山之頂上由海有八萬由旬。以愛師父之恩高也。

【迷隸耶】（飲食）Maireya 又作迷麗耶、米隸耶。以果實根莖等所造之酒也。順正理論三十八曰、「迷麗耶者。謂諸根業葉花果汁爲前方便不和麴蘖醞釀且成酒色香味。飲已惛醉。」玄應音義二十三曰、「米隸耶酒謂根莖花果等雜酒。」

【逆化】（術語）佛菩薩之善計化敎行邪道之衆生也、如燈光梵志和須密多女等。

【逆流】（術語）須陀洹之譯名、新作預流、舊作逆流。以初背生死之流而入涅槃之道故也。大乘義章十七本曰「須陀洹者。是外國語。義釋有三(中畧)二隨義傍翻名爲逆流、逆生死流。三途生死永不受故。」楞嚴經四曰「今欲逆生死欲流、反窮流根至不生滅。」

【逆修】（術語）逆修吾死後之佛事也。又云豫修。灌頂隨願往生十方淨土經曰、「四輩男女能解法戒。知身如幻。精勤修習。行菩提道。未終之時。逆修三七燃燈續明懸繒幡蓋。請召衆僧轉讀尊經。修諸福業得福多不。佛言普廣其福無量不可度量隨心所願獲其果實。」釋氏要覽下曰、「豫修齋七。」(按要覽誤本經之三七爲生七而爲齋七之說)

【逆喩】（術語）謂由果推因、由末究本之喩法。例如大海有本謂大河、大河有本謂小河、小河有本謂大池等。八喩法之一。見涅槃經二十九、三藏法數三十二。

【逆順】（術語）又曰違順。違逆眞理謂之逆、隨順眞理謂之順。又用於各種之意義、如逆流順流、逆緣順緣等。

【逆順三昧】（術語）於順逆諸法得自在之禪定。智度論四十七曰、「得此三昧。於諸法中逆順自在。」

【逆路伽耶陀】（流派）梵云路伽耶陀 Lokayata 譯曰順世外道。立順世情之敎之外道名。梵云縛摩路伽耶陀 Vāma-lokāyata 譯曰逆順世外道。又曰左順世外道。反於順世外道而立逆世情之左敎之外道名。玄贊九曰「路伽耶陀者。先云惡答對人。正言路迦耶底迦。云順世外道。逆路伽耶陀者。先云惡徵問人。正言縛摩路迦耶底迦。云左順世外道。執與前乖者。名左順世也。」法華嘉祥疏十曰、「路伽耶陀者。舊云是惡解義。逆路迦耶陀者。是惡論義。注經云。路伽耶陀者。如此間禮儀名敎儒墨之流也。逆路伽耶陀者。如老莊玄書絕仁棄聖之例。又言路伽耶陀。翻爲世間行。逆路伽耶陀。此云逆世間行。」法華經安樂行品曰、「路伽耶陀。逆路伽耶陀者。」

【逆緣】（術語）惡事爲佛道之緣也。蓋對於佛果菩提則惡爲逆緣、善爲順緣、對於生死苦果則善爲逆緣、惡爲順緣。總之違逆固體之果性者、皆逆緣也。楞嚴經六曰、「聖性無不通。順逆皆方便」然通常所論之順逆二緣、爲對於佛果菩提者、逆佛道之道爲逆緣、順佛道之道爲順緣。而順逆雖異而其結緣佛道則一也。因之順逆二緣共欲濟度。是佛道之本意也。止觀五上曰、「因緣有逆順。順生死者有漏業爲因愛取等爲緣。逆生死者以無漏正慧爲因行行爲緣。俱損生破惑。」

【逆謗】（術語）五逆罪者與誹謗正法者。無量壽經上曰、「唯除五逆誹謗正法。」

【逆觀】（術語）對順觀而云逆次修觀也。例如觀十二因緣、不依無明、行、識之次第、而觀老、死、病、生、有也。即從果探因也。眞言從諸法無因而觀使歸於本不生。稱爲逆觀旋轉。大日經疏第七曰、「若法無因、則諦不可得。若諦不可得、則自性鈍也。若是自性鈍、當知本性寂也。若本性寂、當知無相也。乃至若本不生、當知無因也。」

【迹化】（術語）對於本化之稱。法華經有本迹二門之教化。後之十四品云本化、前之十四品云迹化。見本迹二門條。

【迹本】（術名）法華之迹門本門也。法華玄義七曰、「又以此華喻佛法界迹本兩門。」

【迹佛】（術語）謂迹門之佛也。

【迹門】（雜名）本迹二門之一。

【迹門開顯】（術語）與開三顯一同。見開顯條。

【送亡】（儀式）送亡者於葬場也。見葬法條。

【送葬】（儀式）見葬法條。

【送羹飯】（雜語）睽車志曰、「有巫送鬼、自持咒前行、令一童擔羹飯。既行、童覺擔漸重、至不能任。巫曰、此寃鬼難送也。」

【追修】（儀式）爲死者修功德也。

【追善經】（儀式）爲追善讀經也。追善爲追薦之俗字。

【追善供養】（儀式）爲先亡者之冥福、存在者之供養也。

【追福】（術語）爲死者修功德而追薦也。優婆塞戒經曰、「若父喪已、墮餓鬼中。子爲追福。」北史隋文獻皇后傳曰、「上爲立寺追福焉。」又見次項。

【追薦】（儀式）又曰追善。追薦者爲死者追薦福之義。追善者爲死者追修善事之義。追薦爲典語。追善爲俗字。又曰追福。追修、追嚴等。盂蘭盆經宗密疏上曰、「逐搜索聖賢之教、虔求追薦之方。」梵網經下曰、「若父母兄弟死亡之日、應請法師講菩薩戒經律。福資亡者得見諸佛、生人天上。」又曰、「父母兄弟和上阿闍梨亡滅之日、及三七日、四五日、乃至七七日、亦應讀誦講說大乘經律。」灌頂隨願往生十方淨土經曰、「命終之人在中陰中身如小兒罪福未定應爲修福願亡者神使生十方無量刹土承此功德必得往生」

【追薦七分獲一】（雜語）佛說追薦之福七分之死者獲一分餘悉屬於作者也。灌頂隨願往生十方淨土經曰「普廣菩薩復白佛言又有人不信三寶不行法戒（中畧）卒得病苦緣此命終或墮在三塗八難之中受諸苦惱無有休息父母兄弟及諸親族爲其修福爲得福不佛言普廣爲此人修福者七分之中爲獲一也何故爾乎緣其前世不信道德故使福德七分獲一」

【追嚴】（修法）爲天子行追薦之佛事也嚴者莊嚴功德之義希叟雪竇錄曰「大行追嚴上堂」

【逃禪】（雜語）逃禪猶云逃墨逃楊。杜甫詩曰「蘇晉長齋繡佛前醉中往往愛逃禪」王嗣奭云醉酒而悖其教故曰逃禪。後人以學佛者爲逃禪誤見訂譌雜錄。

【翅由邏】（物名）Keyūra又曰枳由攞吉由羅譯作瓔珞可洪音義五下曰「翅由邏亦云枳由攞亦云吉由羅此譯云瓔珞」

【翅舍欽婆羅】（人名）Keśakambala十外道之第五譯曰髮衣外道着此衣也。四分疏飾宗記七末曰「翅舍欽婆羅此云髮衣也此外道着此衣也」

【翅夷羅】（衣服）鳥毛所作之衣也。四分律同宗記三末曰「翅夷羅衣鳥毛作衣也」

【起尸鬼】（異類）毘陀羅法所用之鬼名菩薩戒疏感註中曰「毘陀羅者西土有呪法呪死屍令起謂使鬼去殺人」文句十下曰「吉遮起尸鬼」見毘陀羅及吉遮

【起止處】（雜語）糞處也卽便所象器箋二曰「起止處者正厠糞之處也毘尼母經云上厠有二處一者起止處二者用水處用水處坐起褰衣一切如起止處無異」

【起世經】（經名）十卷隋闍那崛多譯與起世因本經同本異譯。

【起世因本經】（經名）十卷隋達摩笈多等譯與長阿含經中起世經佛說樓炭經起世經同本品次稍異說世界之形狀者。

【起行】（術語）謂往生之行也善導觀經疏三所謂「衆生起行口常念佛佛卽聞之」是也。

【起死人呪】（修法）呪新死之屍令起以殺害所怨者之魔呪也見毘陀羅條五分律二十六曰「諸比丘學起死人呪佛言不聽犯者偸蘭遮」

【起信論】（書名）大乘起信論之略名馬鳴菩薩作有二譯一梁眞諦譯一卷二唐實叉難陀譯二卷爲使起正信說大乘之

極理者。

【起信論義記】（書名）七卷、附別記一卷、唐釋法藏撰。據清楊文會言、藏內賢首疏五卷、圭峯刪削頗多、人皆病其割裂。近年求得古逸內典於日本、內有起信論義記、仍不免爲日本僧徒割裂之病。求之數年、復獲藏公原文、讎校再三、重加排定、併刋別記、以成完璧。日本南條文雄與余友善、此記賴以得之云云。

【起信論註疏】（書名）大乘起信論疏之異名。四卷、唐宗密取義記注本論者。稍有撮略。

【起信論疏筆削記】（書名）二十卷。宋子璿解宗密之註疏者。

【起信論裂網疏】（書名）六卷、明釋智旭述。其自序曰、「此大乘起信論、藏有二本、一是梁眞諦譯、一是唐實叉難陀譯。二譯對閱、唐本更爲文顯義順。但舊既流通梁本、私心弗敢自專、敬以闡決於佛、拈得宜解唐本。遂殫一隙微明、剖盡兩宗迷執、名之爲裂網疏云。」

【起信論直解】（書名）二卷、明釋德清直解。其自序曰、「賢首舊疏、科釋最爲精詳。加之記文浩瀚、學者望洋、杳莫可究。余就本疏少刪其繁、目爲略疏。業已刻雙徑。率多尊崇、頃念法門寥落、講席荒涼。（中略）山居禪悅之暇、因祖舊章、率意直注本文。貴在一貫、不假旁引枝蔓。而一心眞妄迷悟之義、了然畢見、如視白黑、足有便於初學。」

【起信論疏會閱】（書名）十卷、清釋續法編。戴京曾敘曰、「慈雲伯亭法師者、疏十經、註五教、洵賢家之標指也。與余爲方外交、因請其會通。不朞年而纂成。余閱之、見其宜分宜屬、根枝不紊。或合或離、函蓋相投。云云。」案此書卷首列名、唐西京沙門法藏述疏、終南草堂沙門宗密錄註、宋秀州長水沙門子璿修記、清錢塘慈雲沙門續法會編、順天府丞戴京曾閱定。義記未至中國前、此書爲最善。

【起信論科注】（書名）清桂念祖註。黃家玨曾序之曰、「吾江桂伯華居士、特發大心、欲使新發意菩薩速知法要、乃取義記中科與疏記析而爲二。其銷文者雙行夾註於逐句之下、而以小科錄於其旁、科較大者出格錄之。又大者別作一行、分別開列、瞭如指掌。云云。」

【起信論三疏】（書名）慧遠義疏二卷、元曉疏二卷、法藏義記二卷、稱之爲起信三疏。

【起信二門】（術語）起信論說明衆生心時、別爲心眞如門與心生滅門。心眞如門爲衆生心本體的方面之說明、心生滅門爲衆生心現象的方面之說明也。

【起者】（術語）有我見之人、計度自

能起罪福故名起者十六神我之一。見大乘義章六。

【起骨】（儀式）收遺骨來安置寢殿爲佛事云安骨其後入塔時爲佛事云起骨。敕修清規尊宿靈骨入塔曰、「鳴鐘衆集都寺上香畢。請起骨佛事送至塔所請入塔佛事」。

【起單】（術語）禪僧離寺而去也。以小紙片題衆僧之名各貼於位上之壁謂之單。有單之位卽席謂之單位。起單者自其單位起身也。碧巖七則評唱曰、「便起單渡江去」。

【起滅】（術語）事物之生與滅也。因緣和合則生起因緣離散則滅謝。維摩經問疾品曰、「應作是念但以衆法合成此身起但法起滅但法滅」。圓覺經曰、「生死涅槃同於起滅妙覺圓照離華翳」。

【起業相】（術語）依惑造種種之業也。六麤相之一。見起信論。

【起盡】（術語）與始末同。文句一上曰、「古講師但敷弘義理不分章段若純用此意後生殆不識起盡」。

【起請】（術語）起神祇或三寶而勸請保證吾言之非僞、謂之起請。但此起請卽盟誓。小乘從戒律禁止之毘奈耶雜事十九曰、「是時六衆有緣事時卽便引佛法僧寶而爲咒誓或引鄔波馱耶阿遮利耶而爲咒誓。俗生譏耻。時合其宜。然出家本求實語不應盟誓若作者得越法罪」。

【起請文】（雜名）又曰告文誓狀等。

【起龕】（行事）由家出棺時之佛事云起龕。敕修清規送亡曰、「維那出燒香請起龕佛事舉畢行者鳴鈸擡龕出山門首」。

【尅果】（術語）謂得果也。無量壽經上曰、「求道不止會當尅果」。又曰、「斯願若尅果大千應感動」。文句三下曰、「果由因尅」。述文贊中曰、「尅者遂也得也」。

【尅終】（術語）尅者必也期也。由因必得果故云尅果爲事之修極故云終。文句三下曰「果有尅終」。

【尅聖】（術語）又作克證。必獲聖果也。歸敬儀曰、「在凡不學何有尅聖之期」。

【尅實】（術語）又作克實得實義也。取實體也。宗圓記三曰、「夫言體者有隨名辯體有克實論體」。

【尅證】（術語）又作克證。言必能證得果也。菩提心論曰、「勤修本法尅證其果」。尅又作克。華嚴經音義上曰、「克證爾雅曰克能也」。

【尅識】（術語）尅者必也。識者記也。有天神必記識人之善惡也。無量壽經下曰、「自然尅識不得相離」。又曰、「天神尅識。列其名籍」。

【准提】（菩薩）與準提同。

【准提軌】（經名）七俱胝佛母准提大明陀羅尼經之異名。

【准提經】七俱胝佛母准提大明陀羅尼經之異名。

【准提觀音】（菩薩）見準提條。

【准胝觀音】（菩薩）即准提觀音。

【准提陀羅尼經】（經名）七俱胝佛母准提大明陀羅尼經之異名。

【准提大明陀羅尼經】（經名）七俱胝佛母准提大明陀羅尼經之異名。

【俵子】（物名）禪林之目印紙之類也。以小片紙朱印其寺號謂之印紙。見象器箋十六。

【俵嚫】（雜語）禪林之語。俵者分與之義、分與人之施物云俵嚫。品字箋曰、「俵、俵散也。以應得之物而照人分散爲俵。」

【倒凡】（術語）顚倒之凡夫。釋門歸敬儀中曰、「無始倒凡。隨情妄執。」

【倒合】（術語）因明三十三過之一、屬於同喩之過也。設同喩爲證無常之宗。故於聲無常之量爲同喩之合作法。視諸所作者皆是無常。應言如瓶。然倒說之。視諸無常者皆是所作、言如瓶時反證所作不證無常。謂之倒合之過。因明入正理論曰、「倒合者。謂應說言諸所作者皆是無常。而倒說言諸無常者皆是所作。」

【倒見】（術語）顚倒之妄見、有四種、常樂我淨是也。無常爲常、苦爲樂、無我爲我、不淨爲淨。大乘義章五末曰、「倒者邪執翻境。名之爲倒。」

【倒我】（術語）我無實體、思有我者、爲顚倒之妄見、故云倒我。四顚倒之一。釋門歸敬儀中曰、「凡懷遐承倒我。我我因循。何由得覺。」

【倒退三千】（術語）作家之機鋒不可當、倒戈退三千里也。

【倒修凡事】（術語）見入重玄門條。

【倒懸】（行事）梵語盂蘭盆Ullambana譯爲倒懸。人死、魂魄沈於闇道、有倒懸之苦也。爲救此倒懸之苦供養三寶者、即盂盆供也。玄應音義十三曰、「盂蘭盆、此言訛也。正言烏藍婆拏。此譯云倒懸。按西國法。至於衆僧自恣之日盛設供具奉施佛僧。以救先亡倒懸之苦。舊云盂盆是貯食之器。此言訛也。」新稱之婆拏、即舊稱之盆、皆梵語也。

【倒離】（術語）因明三十三過之一。屬於異喩之過、設異喩者、爲顯無宗處因亦無。故宜先離宗次離因。是曰異喩之離作法。蓋於聲無常之量爲之則諸常住者、（離無常之宗）視爲非所作、（離所作之因）應謂如虛空。若倒說、諸非所作者、視爲常住、謂如虛空時則是以非所作之因、成立常住之宗、違異喩之本義。故爲倒離之過。

【借花獻佛】（雜語）過現因果經、瞿

夷寄二花於善慧仙人以獻佛。按元雜劇有借花獻佛語。借當是寄花之訛。今俗用為借他人物以獻客之意。

【借別名通】（術語）依台家四教之判、有以別教之名顯通教之義者。是借別而名通也。謂為名別義通亦同。如法相宗明五十地。

【借香問訊】（雜語）禪林之上香、有俱住持之香者、卽先向住持問訊、是為借香問訊。燒香了、復向住持問訊、此為謝香問訊。見象器箋十。

【俱尸】（地名）俱尸那之略。城名。見拘尸那條。文句記四下曰「熙連河近俱尸城」。

【俱尸羅】（動物）又作拘翅羅、嶇翅羅、鴝鴟羅、瞿師羅、劬師羅。鳥名。譯曰好聲鳥。鶖鵰。見鳩夷羅條。

【俱尸那末羅王林】（地名）林名。俱尸那、譯曰茅城。末羅為王之姓。見翻梵語九。Malla

【俱不成】（術語）因明三十三過中、屬於同喻之過。如聲論師對於勝論師謂「聲為常（宗）無質礙故（因）如瓶（同喻）」瓶非常、又非無質礙法。則使常之宗無質礙故之因皆不成立。故謂為俱不成。見因明大疏三下。瑞源記七三十三過本作法下。

【俱不遣】（術語）因明三十三過中、屬於異喻之過。如聲論師對於薩婆多師謂「聲為常（宗）無質礙故（因）如極微（同喻）如虛空（異喻）」。薩婆多師謂虛空為常為無質礙。故所立常之宗、亦不遣、能立之無質礙故之因、亦不遣。故謂為俱不遣。因明入正理論曰「俱不遣者。對彼有論說如虛空。」因明大疏下末曰「卽聲論師對薩婆多等。立聲常異喻如空」。又見瑞源記七三十三過本作法下。

【俱不極成】（術語）因明三十三過中、屬於宗之過名。雖宗之能別不極成、與所別不極成之過也。見因明入正理論同大疏中本、瑞源記四三十三過本作法。

【俱支羅】（地名）舊稱龜茲。國名。見梵語雜名。

【俱生】（術語）俱生起之略。與吾生俱起之義。人之惑心之起有二種。一曰分別起。二曰俱生起。若依邪師邪教邪思惟而起者。為分別起。不假此三者、對於境自然而起者為俱生起。此中分別起、其惑強却易斷。俱生起弱而反難斷。因而於見道先頓斷分別起之惑。次於修道漸漸斷俱生起之惑也。唯識論一曰「無始時來虛妄熏習內因力故。恒與身俱。不待邪教及邪分別任運而轉。故名俱生」。同述記一末曰「與身俱起名曰俱生。後橫計生名分別起」。

【俱生法】（術語）又略云俱生。卽同

時並生起而不相離之法也。據俱舍論四、諸法中有決定俱生者。

【俱生起】（術語）與俱生同。

【俱生惑】（術語）俱生起之諸惑。俱生之我執、俱生之法執、俱生之煩惱障、俱生之所知障等。

【俱生神】（神名）與一切人之出生俱生而記人之善惡者。玄奘譯之藥師本願經曰、「諸有情有俱生神。隨其所作若罪若福。皆具書之。盡持授與琰魔法王。爾時彼王。推問其人。算計所作。隨其罪福而處斷之。」青丘之藥師經古迹下曰、「傳說本識與身生。故名俱生神。能熏習故。言具書持表法王故言授與。由業威力似神相現。」善珠之藥師經鈔下曰、「言俱生神者若約實而言。神即識。俱生神者。即阿賴耶識。以阿賴耶識是受生之主。與身俱時而生。故名俱生。隨諸有情所作罪福皆熏在阿賴耶識中。故言隨其所作乃至皆具書之。」因一說藥師經之俱生神、指華嚴經之同生同名二神。六十華嚴經四十五曰、「如人從生有二種天常隨侍衛。一曰同生。二曰同名。天常見人。人不見天。如來神變。亦復如是。非諸聲聞所能知見。唯諸菩薩乃能覩見。」藥師經鈔下曰、「倫法師云俱生神者。即如淨土三昧經說同生同名二神及華嚴等有文也。」

【俱有因】（術語）六因之一。俱時有之法。互為因。謂之俱有因。例如地水火風之四大。必四大相依而生者。彼為我之因。我為彼之因。恰如三叉之相依而立。是名俱有因。此法因果同時。故得相對而謂為俱有因。亦得相望而謂為互為果也。四大之中一大為因。則他三大為果。他三大為因。則此一大為果。以互為因者。必互為果故也。其果名稱為士用果。即俱有因之法。互為士用果。互為士用果者。必為俱有因之法也。俱舍論六曰、「若法更互為士用果。彼法更互為俱有因。其相云何。如四大種更互相望為俱有因。」梵 Sahabhūhetu

【俱有依】（術語）同時有依之義。又曰俱有根。成唯識論四曰、「五識俱有所依定有四種。謂五色根六七八識。隨闕一種必不轉故。同境分別染淨根本所依別故。聖敎唯說依五根義。以不共故。又必同境近相順故。第六意識俱有所依。唯有二種。謂七八識。隨闕一種必不轉故。雖五識俱取境明了。而不定有故非所依。聖敎唯說依第七者。染淨依故。同轉識攝。近相順故。第七意識俱有所依。但有一種。謂第八識。藏識若無定不轉故。如伽他說。阿賴耶為依。故有末那轉。依止心及意餘轉識得生。阿賴耶識俱有所依。亦但一種。第七識彼識若無定不轉故。論說藏識恒與末那俱時轉故。又說藏識恒依染汙。此即末那。」此為唯識家之正義。難陀安慧淨月等所說與之異。

【俱有法】(術語)如地水火風之四大種、又如本法與本相、心王與心所、同時並在而爲一組織、互不相離者也。見俱有因條。

【俱有根】(術語)心心所在同時而爲所依之眼、耳、鼻等六根也。見俱有依條。

【俱利劍】(異類)龍名。見俱利伽羅條。

【俱利伽羅】(異類)Krkala 又作俱力迦羅、俱哩迦、古力迦、俱哩劍、律迦、加梨加。迦羅迦等。龍名。俱力迦羅、譯曰作黑。迦羅、譯曰黑。卽黑色之龍。以此龍纏劍之形、爲不動明王之三昧耶形。俱利迦羅龍王經曰、「時不動明王智火大劍。變成俱利迦羅大龍有四支。」不動使者秘密法曰、「於壁上畫一劍。以古力迦龍王。繞此劍上。龍形如蛇。」立印儀軌曰、「以俱哩迦龍。纏交於劍上。」底哩三昧耶經曰、「畫律迦大蛇。纏劍上。劍圍繞畫火燄。」大日經曰、「俱利劍龍。」勝天般若經曰、「加梨加龍。」玄應音義三曰、「迦梨迦龍、又云迦羅迦龍。此譯云黑龍也。」淨嚴之不動明王瑜伽要鈔曰、「俱力迦羅。作黑之義也。」

【俱利伽羅不動明王】(明王)以劍有黑龍圍繞之像爲本尊者。是爲不動明王之三昧耶形、故標其本體、而稱爲不動明王。俱利伽羅王經曰、「俱利伽羅大龍。吞飮利劍。及以四足被繞。」

【俱利伽羅大龍勝外道伏陀羅尼經】(經名)一卷、失譯人名。

【俱哩迦羅不動眞言】(眞言)出於四十八使者儀軌。

【俱吠羅】(天名)Kuvera 天神名。大日經一曰、「日天月天。龍尊等。及俱吠濫。」同疏二曰、「俱吠羅。案可與宮毘羅爲一。」見俱毘羅條。(梵名 Kubera 者爲舊形、Kuvera 者、新形也。)

【俱舍】(術語)Kośa 又作句捨。譯曰藏、鞘、繭、包含攝持之義。玄應音義十七曰、「俱舍。此譯云藏。則庫藏之總名也。而體是蠶繭。借以喩之也。」同二十四曰、「俱舍此翻云藏。則倉庫繭鞘之總名也。舍藏義、一切以名焉。」大日經疏十四曰、「法界藏者。此藏梵音俱舍。是鞘義也。猶如世間之刀在鞘中。此藏亦爾。故以義翻也。」梵語雜名曰、「藏、句捨。又比吒迦 Pitaka。」

【俱舍論】(書名)阿毘達磨俱舍論之略稱。世親作。唐玄奘譯。三十卷。阿毘爲對、達磨爲法、俱舍爲藏。六足發智婆沙等薩婆多部之諸論、名爲對法論藏。有攝持與所依之二義、第一義爲此論攝持包含彼對法論中之勝義、故名此論曰對法藏。卽對法之二字、屬於彼本論、藏之一字、屬於此論。第二義爲彼本論乃此論之所依、故名爲藏。卽三字共爲彼本論之名也。然則此論乃全以彼論爲所依而造者。故亦全取彼之名爲此論之名。在六釋中全取他名之有財釋也。俱舍論一曰「攝彼勝義依彼故。此立對法俱舍名。」正理論一曰「藏或所依。猶如刀藏。」書中舉說有漏無漏之諸法。最末之一卷說無我。俱舍宗所依之論也。各家之註述如下。俱舍論法宗原一卷。唐普光撰。俱舍論頌疏序記一卷。唐法盈修。俱舍論頌疏義鈔六卷。唐慧暉述。俱舍論記三十卷。唐普光述。俱舍論疏三十卷。唐法寶撰。缺卷十二。俱舍論頌釋疏二十九卷。唐圓暉述。俱舍論頌疏記二十九卷。唐遁麟述。俱舍論頌疏卷三十。某補作。

【俱舍釋論】（書名）阿毘達磨俱舍釋論二十二卷。陳眞諦譯。舊譯則稱舊論。

【俱舍頌】（書名）阿毘達磨俱舍論本頌一卷。唐玄奘譯。是俱舍論之本頌也。有六百頌。世親最初造此頌文宣布之於世。以文義幽深。淺智之人不可解。後作論文解之。卽俱舍論也。論中本入本頌。

【俱舍宗】（流派）八宗之一。俱舍論之宗旨。印度小乘之區分有十八部。異論紛紛。如來滅後四百年之初。五百阿羅漢依健馱羅國迦膩色迦王之請。結集大毘婆沙論二百卷。由是十八部中薩婆多部之宗義確立。此論爲由六足論之義而解釋發智論者。故本宗之大義集成於此。其後經五百年。世親菩薩出世。初於薩婆多部出家。習其宗義。後學經量部。於自宗有所慊然。遂依大毘婆沙論作俱舍論。間間以經量部之意評破之。故自俱舍論之當意言之。則取捨折衷。爲於十八部外出一機軸者。然既依婆沙論作之。攝其要義而無漏。（故曰攝彼勝義。見上段俱舍論下。）故舉之屬於薩婆多部也。此論在印度稱爲聰明論。內外之人共學之。在支那陳之眞諦三藏先譯之。稱爲俱舍釋論。唐之玄奘更譯之。稱爲俱舍論。門人光寶二師各有疏記三十卷。大便學者。

【俱舍師】（雜語）以俱舍爲宗之師。對於以正理論爲宗之正理論師等而言。非指定世親一師之稱呼也。出於俱舍論光記等。

【俱舍論註疏】（書名）玄奘門人慈恩寺普光禀師之說。著俱舍論記三十卷。同門慈恩寺法寶著俱舍論疏三十卷。間駁普光。謂之光記寶疏。學者多以光記爲正義。加之以神泰之疏。稱爲俱舍三大部。然神泰之疏今爲缺本。僅傳五六卷。其後唐中大雲寺圓暉著頌疏十五卷。釋俱舍之本頌。遁麟慧暉二師各著記釋頌疏。梵本唯有稱友 Yaśomitra 之釋論。

【俱舍彌法】（術語）見俱睒彌條。

【俱空】（術語）我與法俱空也。三空之一。見三藏法數十。

【俱夜羅】（物名）譯曰隨鉢器。匙筯等也。所量輕重儀下曰、「俱夜羅器此方譯爲隨盋器。」

【俱毘藍】（地名）釋迦生處之城名。見迦毘羅條。

【俱毘羅】（天名）Kumbira（鳩鞞羅。俱尾羅）一作金毘羅。（俱吠羅）譯曰蛟。玄應音義五曰、「蛟龍、梵云宮毘羅。有鱗曰蛟龍」西域記七曰、「有人慢心、濯此池者、金毘羅獸多爲之害。若深恭敬汲用無懼」又Kubera北方毘沙門天王之別名。阿育王經六曰「復語鳩鞞羅（翻不好身）言汝於北方當護佛法。」毘沙門天王經曰、「若見毘沙門俱尾羅財施獲得大智慧。」又（人名）比丘名。本行集經七十曰、「長老宮毘羅。隋言蛟龍。」

【宮毘羅大將】（天名）藥師如來十二神將之一。宋譯藥師經曰「金毘羅大將。」善珠之藥師經鈔下曰、「宮毘羅大將。宋譯本云名金毘羅。宮金不同。傳梵本輕重爲異。」（宋本今不傳）

【俱毘陀羅】（植物）Kovidār 又作拘鞞陀羅。樹名。嘉祥法華疏十一曰「拘鞞陀羅。此云大遊戲地地破也。」慧琳音義二十五曰、「俱毘陀羅樹花。此云破他」（案他爲地之寫誤）翻梵語曰「婆利耶多羅者、遊戲。拘毘陀羅者地破。」立世經及起世經以爲波利質多羅樹之別名。法華經法師功德品曰「亦聞天上諸天之香。波利質多羅拘鞞陀羅樹香。」

【俱毘留波叉】（天名）又作毘留博叉。四天王中西方天王之名。譯曰雜語、醜眼、廣目。玄應音義七曰、「俱毘留波叉。或言毘留博叉。訛也。具言鼻溜波阿叉。舊曰雜語。一義也。正言醜眼。西方天王名也。」見毘流波叉條。（如音義之說、混毘沙門與廣目）

【俱胝】（名數）數名。見俱致條。又（人名）僧名。唐婺州金華山俱胝和尚、住金華山寺時、常誦俱胝佛母陀羅尼。故人呼之曰俱胝和尚。見無門關首書

【俱胝一指】（公案）碧巖十九則曰、「俱胝指頭禪」、從容錄八十四則曰「俱胝一指」無門關三則曰「俱胝豎指。」五燈會元四曰、「杭州天龍和尚法嗣、婺州金華山俱胝和尚、初住菴時、有尼名實際來。戴笠子、執錫遶師三匝曰、道得卽下笠子。如是三問。師皆無對、尼便去。師曰、日勢稍晚、何不且住。尼曰、道得卽住。師又無對。尼去後、師歎曰、我雖處丈夫形、而無丈夫氣。不如棄庵往諸方參尋知識去。其夜山神告曰、不須離此。將有肉身菩薩來爲和尚說法。逾旬果天龍和尚到庵。師卽迎禮、具陳前事。龍豎一指示之。師當下大悟。自此凡有學者參問、師唯擧一指無別提唱。有一童子每見人問事、亦豎

指。人謂師曰、和尚、童子亦會佛法、凡有問皆如和尚竪指。師一日潛袖刀子問童曰、聞汝會佛法、是否。童曰是。師曰、如何是佛。童竪起指頭。師以刀斷其指。童叫喚走出。師召童子。童回首。師曰、如何是佛。童擧手不見指頭、豁然大悟。師將入寂、謂衆曰、吾得天龍一指禪、一生用不盡。言訖示滅。」

【俱品一分轉不定】（術語）因明三十三過中屬於因之過、六不定之一。又略名俱分不定。卽於因用宗同品並宗異品有一分關係之法之過失也。例如聲論師對於勝論師謂「聲爲常（宗）無質礙故、（因）如虛空、如極微、（同喩）如瓶、如苦樂感情。（異喩）」此時無質礙之因其義於同喩一分之虛空雖有、而其一分之極微則無。又異喩一分之苦樂感念等雖有、而其一分之瓶則無。因而謂爲分轉。此中異喩一分之苦樂感念等、以因之義存在、使宗不定也。見因明入正理論、因明大疏中末、瑞源記五、三十三過本作法中。

【俱珍那】（地名）又作俱陳那。城名。慧苑音義下曰、「俱珍那城。或言俱陳那耶。言俱陳者是名。此云大盆。那、法律也。昔此城未立之時。有一五通仙、名俱陳。而於此地置一大盆。畜水若池。恒在盆側修仙法律。亦常爲人說護淨經及養生法。於後學徒。皆以師名及法爲其姓氏。人衆漸廣。卽於此邊建立城郭。故此擧國人今皆姓俱陳那。城亦因之立號耳。」

【俱哩迦】（異類）又作古力迦。龍名。見俱利伽羅條。

【俱致】（雜語）Koṭi 又作俱胝、拘致。數名。譯曰億。玄應音義五曰、「俱致。或言俱胝。此言千萬。或言億。而甚不同。故存本耳。」慧琳音義一曰、「俱胝。音知。天竺國數法名也。案華嚴經阿僧祇品云。十萬爲一洛叉。此國以數一億。一百洛叉爲一俱胝。俱胝三等數法之中。此卽中數之名也。」華嚴疏鈔十三上曰、「唐三藏。譯爲百億俱胝。測公深密記第六云。俱胝相傳釋有三種。一者十萬。二者百萬。三者千萬。用此三者。以俱胝數或至百數或至千數或至百千。唐三藏譯定千萬也。故至百數。」因毘俱胝觀音之略。七俱胝佛母尊之畧。

【俱起】（術語）同時生起也。二個以上者俱生於一時也。

【俱俱羅】（雜語）Kukkuṭa 又作究究羅、拘拘羅。譯曰雞聲。玄應音義二曰、「究究羅。此是雞聲也。鳩鳩吒。此云雞。」按羅或作囉。

【究究羅部】（流派）又曰拘拘羅部。譯曰雞胤部。小乘十八部宗之一。四分律開宗記一本曰、「拘拘羅部。此云雞胤部。准雞名亦應言究究羅部鳩鳩吒部。此是雞聲。從聲爲名。宗輪論名雞胤部。十八部論名窟居部。部執論名灰山住部」三論玄義曰、「此山有石。堪作灰。此部住彼山中修道。故以爲名。」梵 Kaukkuṭika

【俱留孫】（佛名）過去七佛之第四。又賢劫千佛之第一。見拘留孫佛條。

【俱密】（術語）眞如實相等之圓理。曰理密。印契禁咒等之三密。曰事密。而法華爲理密之秘密敎、大日金剛等之諸經、爲事理俱密之秘密敎。是日本慈覺之判釋、台密諸師以之與東密抗衡者也。慈覺之蘇悉地經疏一曰、「諸三乘敎是爲顯。（中略）未說事理俱密故也。（中畧）世俗勝義圓融不二。是爲理密。若三世如來身語意密。是爲事密。（中畧）如華嚴維摩般若法華等諸大乘敎。皆是密敎也。（中畧）彼華嚴等經雖俱爲密。而未盡如來秘密之旨。故與今所立眞言敎別。今所立毘盧遮那金剛頂等經。咸皆究盡如來事理俱密之意。是故爲別也。」證眞之天台眞言二宗同異章解此意曰、「敎有二種。一顯示敎。謂阿含深密等諸三乘敎也。二秘密敎。謂華嚴維摩般若法華涅槃等也。秘密敎亦有二。一唯理秘密敎。謂華嚴等。唯說圓融。不說三密行故。二事理俱密敎。謂大日金剛頂等。說圓融不二。亦說三密行故。」

【俱解脫】（術語）九無學之一。鈍根之羅漢、唯離煩惱之障、謂之慧解脫。若利根之羅漢與之俱離一切禪定之障（卽定解脫）至於得所謂滅盡定之至極定、是爲俱解脫。卽離慧與定之二障而得自在者。頌疏二十五曰、「定慧障名之爲俱」

【俱睒彌】（地名）Kauśāmbī又作拘剡彌。作佛形像經作「拘鹽惟國」造立形像福報經作「拘羅瞿國」。優塡王經作「拘深國」。十誦律三十作「俱舍彌國」。經律異相六作「拘翼國」。皆舊譯家之稱。新稱憍賞彌、憍閃彌。優塡王之治國也。西域記五曰、「憍賞彌國舊曰拘睒彌國。訛也。」慧琳音義二十六曰、「拘剡彌。此云不靜。亦云藏有也。」可洪音義三曰、「拘邏。國名也。或云鳩睒。或云憍尙彌。」大乘日子王所問經曰、「一時佛在憍閃彌瞿尸羅林」

【拘睒彌國】（地名）在中印度、周六千餘里、土地沃壤、氣序熱、都城宮內有大精舍、高六千餘尺、內有刻檀佛像、是優塡王所作。諸國君王來欲移之不能、遂圖而供養。俱言得眞。城東不遠、有故塼室、世親菩薩於此作唯識論。其東菴沒羅林中有故基、無著菩薩於此作顯揚論。自此東北七百餘里殑伽河邊有迦奢富羅城。護法菩薩於此降伏外道。見西域記五。

【拘睒彌犍度】（術語）十誦律作「俱舍彌法」。四分律作「拘睒彌犍度」。此國比丘有闘諍時、如法制止之。其法詳於此品

中。犍度譯言品或聚。巴 Kosambi-khandhaka

【俱睒犍度】（術語）四分律所說二十犍度之一。見前項。

【俱絺羅】（人名）又作俱祉羅、拘絺羅。新稱慧耻羅。羅漢名。見拘瑟耻羅條。

【拘絺羅池】（地名）翻梵語九曰、「拘絺羅池譯曰膝也。」

【俱會一處】（術語）同信心之人共往生極樂、會於一處也。阿彌陀經曰、「衆生聞者。應當發願願生彼國。所以者何。得與如是諸上善人俱會一處。」

【俱遜婆】（植物）Kusumbha 譯言紅藍花。爲橙紅色複花。以染線者。見蘇悉地羯羅供養法上。

【俱摩羅天】（天名）梵語俱摩羅、譯云童子。胎藏界曼荼羅、在西方辨才天傍、持三戟、金剛界曼荼羅、在東方、持鈴。大日經疏所謂俱摩羅、作鑠底印、是也。

【俱摩羅軌】（書名）金剛童子之儀軌。有佛說無量壽佛化身大忿迅俱摩羅金剛念誦瑜伽儀軌一卷指此。

【俱發意轉輪菩薩】（菩薩）在胎藏界曼荼羅虛空藏院、坐於虛空藏菩薩之右。密號曰法輪金剛。與纔發心轉法輪菩薩同本誓。肉色、左手持蓮、上安輪、右手仰掌、立獨股、坐於赤蓮。

【俱盧舍】（術語）Krośa 又作拘盧舍、拘婁舍、拘屢奢、句盧舍、拘樓賒。里程名。牛聲或鼓聲得聞之最大距離。五百弓或五里。玄應音義十八曰、「拘婁。或作句盧。今或云拘樓賒。此云五百弓。應言俱噓舍。謂大牛鳴音聲聞五里。八俱噓舍爲一踰繕那。即四十里。」俱舍光記十二曰、「一弓有六尺四寸。五百弓爲一俱盧舍。計五百弓有三千二百尺。」同十一曰、「俱盧舍。此云鳴喚。」行事鈔上之一曰、「俱盧舍。明了論疏云。一鼓聲間。雜寶藏中翻爲五里。相傳用之爲定。」雜寶藏經一曰、「拘屢奢。秦言五里。」俱舍論十二曰、「豎積四肘爲弓。積五百弓爲一俱盧舍。一俱盧舍。計是從村至阿練若中間道量。八俱盧舍爲一踰繕那。」

【俱緣果】（植物）准提觀音手所持之果名。金剛智譯之准提陀羅尼經之准提畫像之法曰、「第五手把微惹布羅迦果。」（漢言子滿果、此間無、西國有）。第六手把鉞斧。」然不空譯之准提陀羅尼經曰、「第五手掌俱緣果。第六手持鉞斧。」又不空譯之大孔雀明王畫像壇場儀軌曰、「俱緣果。（其果狀似木瓜。）」梵 Bījapūraka

【俱縛婆羅門】（人名）又作救婆俱婆羅門。日本內外之典。舉隨求陀羅尼經之功德、其中屢引此名。按隨求經有二譯、一爲不空譯、二卷、名普偏光明焰鬘清淨熾盛如意寶印心無能勝大明王大隨求陀羅尼經。一爲寶思惟譯、一卷名佛說隨求卽得大自在陀羅尼神咒經。檢此二經無俱縛婆羅門之名。但說有一優婆塞婆羅門、爲惡比丘書隨求陀羅尼、繫彼之頸、救其病苦、且以惡比丘之死屍隱陀羅尼、死後於地獄滅猛火。生於三十三天。名爲先身隨求天子云云。世有僞作之隨求陀羅尼經。訛傳之而記俱縛婆羅門之事耳。

【俱蘇摩】（植物）Kusuma　又作拘蘇摩。譯爲花。見玄應音義一。花十名中之一。

【俱蘇摩跋低】（界名）Kusumavatī　見宗輪論述記。佛國名。譯曰多華。見四童子三昧經中。

【俱蘇摩摩羅】（物名）Kusumamālā　譯曰華鬘。貫花爲輪者。玄應音義一曰、「俱蘇摩、此譯云華。摩羅、此譯云鬘。案西國結鬘師多用蘇摩那華行列結之、以爲條貫。無問男女貴賤、皆此莊嚴。或首或身、以爲飾好。則諸經中有華鬘寶蓋等同其事也。」

【俱蘇洛】（衣服）衣名。見俱蘇洛迦條。

【俱蘇洛迦】（衣服）舊稱祇修羅、瞿修羅、厥修羅、厥蘇洛迦。比丘尼所着之下裙。縫合如竹筒而無兩頭者。像其形而稱爲篅衣。行事鈔下一曰、「此似裙周縫合」同資持記曰、「周圓縫合而無兩頭。名俱修羅耳。」玄應音義四曰、「瞿修羅者。此云圖也。像其衣形而立名也。」寄歸傳二曰、「梵云俱蘇洛迦。譯爲篅衣。以其兩頭縫合。形如小篅也。長四肘。寬二肘。上可蓋臍。下至踝上四指。」飾宗記五本曰、「厥修羅者。正言厥蘇洛迦。此是圖。義像其形也。」「唐韻、「市緣切。」說文、「判竹圜以盛穀也。」Kusūla

【俱蘭吒】（雜語）譯曰色質礙之義。見名義集三。

【俱蘭吒華】（植物）見拘蘭荼條。

【俱攞】（雜名）Kūla　凡人之小塔也。寄歸傳二曰、「或有收其設利羅。爲亡人作塔。名爲俱攞。形如小塔。上無輪蓋。」

【俱攞鉢底】（雜語）Kulapati　譯言家主。求法高僧傳上曰、「若一人稱豪、獨用僧物、處斷綱務、不白大衆者。名爲俱攞鉢底。譯爲家主。斯乃佛法之大疣。人神所共怨。雖復於寺有益。而獲罪彌深。智者必不爲也。」見居士條。

【修生】（術語）由修行而得者。與得於自然法爾者有區別。與修證同。

【修行】（術語）四法之一。如理修習作行也。通於身語意之三業。漢書儒林傳曰、「嚴彭祖曰、凡通經術、固當修行先王之道。」淮南子詮言訓曰、「君子修行而使善無名、布施而使仁無章。」按修行本士君子所共務。自晉書謂鳩摩羅什不拘小檢、修行者頗疑之後人遂專以爲釋氏言如白居易長齋詩三春多放逸五月暫修行蘇軾僧爽白鷄詩斷尾雄雞本畏烹年來聽法伴修行法華經藥草喩品曰「漸漸修行皆得道果」無量壽經下曰「應當信順如法修行」

【修行住】（術語）菩薩位十住之第三。

【修行門】（雜名）謂葬場之南門也。由阿字四轉之深義而來見四轉條。

【修行經】（經名）修行道地經之畧名。

【修行道經】（經名）達磨多羅禪經之異名。

【修行道地經】（經名）七卷、天竺沙門衆護撰西晉竺法護譯有三十品明五陰等之法相及三乘之行法。論藏也。

【修行本起經】（經名）二卷、後漢竺大力等譯與過去現在因果經同本。

【修行方便禪經】（經名）達磨多羅禪經之異名。

【修行菩薩行諸經要集】（書名）大乘修行菩薩行諸經要集三卷唐智嚴譯集諸經四十二部明菩薩之行門六十六條。

【修多羅】（術語）Sūtra 又作修單羅、修妬路、修多闌、修單蘭多以綖爲正翻謂如以綖（線字同）貫花使之不散言敎能貫穿法義使不散失故名之爲綖其餘經文謂爲契經、經本等者義譯也新作素怛纜素呾纜、蘇多羅、蘇呾囉譯綖或契經綖之義如前。契經者契於理合於機故曰契貫穿法相攝持所化如經之於緯故曰經。法華玄義八曰、「修多羅或云修單蘭多或云修妬路彼方楚夏此土翻釋不同或言無翻或言有翻」此下就無翻而示含五義故不可翻、一法本、亦云出生二微發亦云顯示三涌泉四繩墨、五結鬘。就其有翻、亦舉五翻、一經二契三法本四綖五善語敎此中取經之翻。華嚴探玄記一曰「修多羅或云修妬路或言素怛纜。此云契經契有二義謂契理合機故經亦二義謂貫穿法相故攝持所化故」大乘義章一曰「修多羅者中國之言此方釋者翻譯非二或名經本或復翻爲直說語言或名契經或翻名綖人家所以翻爲經本蓋依仁王百論故爾。如仁王中佛告大王經本偈經乃至論義一切皆如。以彼經中名修多羅爲經本故人卽執此用爲翻名又百論中名其經本爲修妬路或云經本人復執此定爲翻名、蓋乃隨義以名經體非正翻名本義有四一理敎相對敎爲理本故名爲本二就經中經論相對經爲論本故名爲本（中畧）此等乃是隨義傍翻非正翻名人復所以翻爲直說、依成實論故爲此釋彼文說言修多羅者直說語言人卽執此以爲翻名蓋乃是其辨釋之辭非正翻名訶梨跋摩作論解釋十二部經、對彼祇夜伽陀偈經、故指斥言修多羅者直說語言、如似說言熱者是火、豈是翻名。人復所以翻名契經、依增一阿含序、故便作此翻。彼言契經是第一藏、毘尼第二、毘曇第三。明知契經是修多羅、又依雜心業品之文、彼文說言、斷律儀者如契經品、乃其所指是修多羅品、人卽執此以爲翻名、斯乃隨義以名其經、非是翻名。以其聖敎稱當人情、契合法相、從義立目、名之爲契。此既方言、何用私情種種圖度、若正相翻、名之爲綖。何以得知、今此且以三門釋之。一准定方言、二以義解、三以文證。准方言者、外國之人正名世人縫衣之綖爲修多羅、那得異翻。言義解者、諸法星羅、周散法界、所以次第顯理在世不墜不失、良以聖敎貫穿故爾。貫法之能、如綖貫花、故名爲綖。言文證者、如律中如種種花散置案上、風吹則落、何以故。無綖貫故。如是種種名種種性種種家出家、令佛法疾滅不久住、何以故、不以經敎攝取法故。故目聖敎以之爲綖。佛法如花、所被衆生三業如案、造過非如風滅法如花零落、若無言說記持彼法、法則隱滅。良以言敎記持在世、人雖造過、法常不滅、以有此能、故說如綖。又雜心言修多羅者、名曰結鬘、能貫諸法、貫法猶是綖之義也。」玄應音義二十三曰「素怛纜、此譯云綖。舊言修多羅、或云修妬路、皆訛也。」義林章三本曰「雜心論云、經有五義、謂出生、涌泉、顯示、繩墨、結鬘。五義今大乘解梵言素怛纜、此名契經。」大日經五曰「四種蘇多羅、謂白黃赤黑。」同疏十五曰「綖者梵音名爲蘇怛纜、是連持衆德、令其不散、故名綖。」(大日經云綖卽系、非經意) 此修多羅有總別之二稱、總修多羅者、三藏中之修多羅藏是也。該攝十二部經、別修多羅者、十二部經中之修多羅部經是也。是於總修多羅中各以別義分開十一、直說法相、餘不收於十一者、取總名、而爲別名也。図(物名) 眞宗各派七條袈裟所用之組紐名修多羅、是取綖之義也。梵 Sūtra

【修多羅論】(流派) Sautrāntika 經量部也。

【修多羅王經】(經名) 大方等修多羅王經之略名。

【修多闌波提那】(流派) 小乘十八部之一。譯曰經量部、見四分開宗記一

【修因感果】(術語) 修善惡之因而感苦樂之果也。嘉祥大經疏曰「法藏修因感淨土果。」靈芝小經疏上曰「今經卽以彌陀修因感果、依正莊嚴、不思議爲所詮理。」

【修利】(異類) 夜叉名。譯曰日。見孔雀經下。

【修伽陀】(術語) Sugata 又作修伽度。譯曰好去、好說、善逝。如來十號之一。去生

死而歸於涅槃、故曰好去善逝、好說法、故曰好說。智度論二曰「修伽陀、修秦言好、伽陀或言去或言說、是名好去好說。好去者、佛一切智爲大車八正道行入涅槃、是名好去。好說者、如諸法實相說、不著法愛說。」玄應音義四曰「修伽陀、或云修伽度、慧印三時經、譯云善逝、此如來德之一號也。」

【修伽度】（術語）見修伽陀條。

【修私摩】（人名）頻婆娑羅王長子之名、譯曰善結、見坐禪三昧經上。梵 Suaim-a

【修法】（術語）行密敎之祈禱法曰修法。

【修法阿闍梨】（術語）作加持祈禱之阿闍梨也。

【修法阿闍利】（術語）與前項同。

【修性】（術語）始成曰修、本有曰性。如修德性德、修惡性惡等。

【修性不二】（術語）十不二門之一。見不二條。

【修陀里舍那】（異類）夜叉名、譯曰善見、見無量門破魔陀羅尼經。Sudarśana

【修所斷】（術語）三所斷之一、見三斷條。

【修姤路】（術語）修多羅之異音也。見修多羅條。

【修迷樓】（雜名）山名。見須彌條。

【修習力】（術語）二力之一。

【修習位】（術語）唯識修道五位之第四。見五位條。

【修習止觀坐禪法要】（書名）一卷、天台智顗撰。一名童蒙止觀、又名小止觀。

【修習般若波羅蜜菩薩觀行念誦儀軌】（經名）一卷、唐不空譯。

【修墜】（術語）六墜法之一。

【修造局】（雜名）禪林掌一山作事之處。見象器箋七。

【修得】（術語）對於生得或報得之稱、而言以修行之功所得、故曰修得。

【修得通力】（術語）三通力之一。見通條。

【修跋拏】（雜語）Suvarṇa 譯曰金。見金光明經玄義下。

【修跋拏婆頗婆鬱多摩因陀羅遮閱那修多羅】（經名）Suvarṇaprabhā-sottamendrarājasūtra 譯曰金光明帝王經。金光明玄義上曰、「眞諦三藏云、修跋拏、此言金、婆頗婆、此言光、鬱多摩、此言明、因陀羅、此言帝、遮閱那、此言王、修多羅、此言經、都云金光明帝王經。」

【修越那提婆】（人名）Suvarṇade-va 見名、譯曰金天、見賢愚經五。

【修越那波婆蘇】（人名）Suvarṇa-prabhāsā 女子名、譯曰金光明、見賢愚經五。

【修惑】（術語）舊曰思惑。新曰修惑。於修道而斷之貪瞋痴等迷事之惑也。其惑有八十一品。見思惑條。

【修善】（術語）斷惡行善也。又對於性善之稱。本有之善曰性善。修成之善曰修善。即性善實大乘之通談也。見性惡條。

【修惡】（術語）天台之目。對於性惡之稱。菩薩界已下九界造作之惡名為修惡。其惡為眞如之性德。名為性惡。謂性為純眞無妄。惡為違性而起者。華嚴宗已下之實談也。天台之同教獨謂性具善惡。修惡即性惡云。見性惡條。

【修道】（術語）行位三道之一。聲聞乘自一來向至阿羅漢向。究竟斷三界修惑之位也。又菩薩乘十地之間。斷俱生起之煩惱所知二障之位也。既於見道一旦照見眞諦。更修習眞觀。故謂為修道。四教儀六曰、「二三果去重慮緣眞名修道。」

【修道所斷】（術語）三斷之一。

【修慈分】（經名）大方廣佛華嚴經修慈分之略名。

【修慧】（術語）三慧之一。修習而成之正智曰修慧。於定散中屬於定也。

【修摩提女】（人名）Sumati 又作須曼女。增一阿含須陀品第三十曰、「阿那邠邸長者（須達長者）女修摩提嫁滿財長者子。使其家供佛僧同悟道。」支謙譯之須摩提女經。此品之別譯也。有混Sumati與Sumāgati者。宜注意。

【修學】（術語）修習研學佛道也。法華經藥草喻品曰、「漸漸習學。悉當成佛。」

【修諸功德願】（術語）彌陀四十八願中第十九願「設我得佛。十方衆生發菩提心。修諸功德。至心發願。欲生我國。臨壽終時。假令不與大衆圍繞現其人前者。不取正覺。」是也。為修諸功德之人臨終時來迎引導之願。故亦曰臨終現前願、現前導生願、來迎引接願、至心發願願。

【修禪定】（術語）修行禪定也。

【修禪六妙門】（術語）六妙法門之異名。佛祖統紀名為不定止觀。

【修齋】（術語）執行齋會也。會僧而供齋食、曰齋會。

【修斷】（術語）四正斷之一。

【修羅】（異類）阿修羅之略。常與帝釋天戰鬬之鬼神也。見阿修羅條。

【修羅多】（人名）比丘名。譯曰調柔。

【修羅界】（界名）阿修羅為十界中之第七界。

【修羅軍】（雜名）阿修羅神與帝釋天合戰之軍兵也。

【修羅酒】（雜語）梵語修羅、Surā 又 Sura 譯云酒。阿修羅、即無酒也。見阿修羅條。

【修羅場】（雜名）阿修羅王與帝釋天戰鬬之場也。

【修羅道】（界名）阿修羅爲六道之一。常爲鬬諍者。

【修羅窟】（雜名）阿修羅王所住之石窟也。在深山幽谷、西域記處處記之。如清辯菩薩入大安達羅國之阿素洛宮待彌勒之成佛。見西域記十。

【修羅趣】（異類）阿修羅爲六趣之一。

【修羅妄執】（術語）修羅性憍慢。執着之念强。雖被種種敎化、其心不動。雖聽善語亦不能證悟。

【修羅攻帝釋】（故事）觀佛三昧經曰、「修羅攻帝釋。立大海水。踞須彌山頂。九百九十九手同時俱作。撼善見城、搖須彌山。四大海水一時波動。」

【修羅宮悉地】（修法）密敎有成阿修羅法之悉地、生於彼宮殿之法。陀羅尼集經烏樞沙摩軌說明彼之咒法。曰、「修羅女及仙人女等出迎行者。入內供養。常與甘露飲行者。齒髮皮膚並自脫去。更得新生。其人身形如似金色。持咒人得一千年活力如金剛。」同千轉陀羅尼軌說咒法曰、「其地開而作孔穴。咒佛得入。欲住得見彌勒佛者。即任意住。」西域記十詳細記清辯入宮之作法。

【修證】（術語）修行證理也。像法決疑經曰、「一切衆生本是佛。今亦修證還成佛。」傳燈錄（南岳章）曰、「修證即不無。染汚亦不得。」禪源都序上曰、「開談因果修證。便推屬經論之家。」

【修懺】（術語）修懺悔之行法也。

【修懺要旨】（書名）一卷宋四明智禮撰。

【俾沙闍羅所】（佛名）Bhaiṣajyarāja 佛名。維摩詰經下曰、「有佛名俾沙闍羅所如來。漢言藥王。」

【俾禮多】（異類）Preta 餓鬼之梵名。見薜荔多條。

【俾波迦論眞陀摩那迦樓】（佛名）hiṇnopākaruṇacintāmanasikāra 譯曰傷悲憐念見道神足無極變化經梵。

【振鈴】（儀式）密敎之修法、或爲喚召諸尊。或爲表歡喜而振鈴也。又印度之旃陀羅振鈴以別於常人。云見旃陀羅條。

【捃多蟻】（雜名）蟻之卵。又曰折脚蟻。瑜伽論八曰、「乃至極下捃多蟻。」同略纂三曰、「捃多蟻者此有二義。一蟻卵。二折脚蟻。故存梵音。」

【捃拾敎】（術語）於法華既開顯一乘後、更說涅槃經而開顯一乘。以捃拾法華之攝益所漏者、因而法華爲大收、涅槃爲捃收。

【捃稚迦】（物名）又作捃稚迦、君稚迦。譯曰澡瓶見君遲條。

【院】（雜名）梵曰羅摩、Ārāma 翻為院。圍以土墻之屋舍也。又官解曰院、後為僧居之名。又後世以寺為總號、院為寺中別舍之號。如唐之慈恩寺有翻經院。名義集七曰「羅摩、此云院。周垣小院」釋氏要覽上曰、「院梵云羅摩、唐言院。」

【院內道行雜作衣】（衣服）三衣中安陀會之異名。安陀會衣為五條袈裟之最下者、惟獨居院內或行道時着用之、故名為院內道行衣、入聚落會大衆時不得着之。六物圖曰、「安陀會名下衣。（最居下故、或下著故）從用名院內道行衣。（入聚隨衆則不得着）」

【院主】（職位）又名寺主。禪家監事之舊名也、今之監事、古稱院主或寺主。院主之名、以住持之稱號既濫、故改為監事云。（住寺為一山之主）釋氏要覽下曰、「監寺會要云、監者總領之稱、所以不稱寺院主者、蓋推尊長老」。

【除一切惡趣菩薩】（菩薩）除蓋障院八菩薩之一尊也。見除蓋障院八菩薩條。

【除一切蓋障菩薩】（菩薩）見除蓋障院八菩薩條。

【除一切憂冥菩薩】（菩薩）在胎藏界曼荼羅地藏院最上端、密號為大救金剛。除一切衆生之憂惱冥想、故亦名除一切憂惱菩薩。形白黃色、左手揚、右手施與坐赤蓮。

【除一切蓋障三昧】（術語）見除蓋障三昧條。

【除一切熱惱菩薩】（菩薩）除蓋障院八菩薩之一尊也。見除蓋障院八菩薩條。

【除一切疾病陀羅尼經】（經名）一卷、唐不空譯。說為除病之眞言。

【除一切熱惱菩薩印明】（眞言）義釋十謂其印為與願手、眞言係縛囉馱（與願也）以離因之法而得滿一切衆生願也。嚩囉鉢囉鉢多。（先得也）先若不得所願者、云何能授與人耶、由先得所願皆自滿足故、今憶本所願而與一切衆生、令除一切熱惱也。所以者何、尊者本立誓願志求佛道、今已得之、故當憶本所願度一切衆生、皆念入佛道也。莎訶（成就）He varada vara prāpta svāhā

【除災咒】（術語）消災咒之異名。

【除災教令法輪】（修法）又名熾盛光佛頂法。除滅一切災厄之修法也。

【除散亂心印明】（印相）先舒左五指、安於臍輪之前、次舒右五指安於左掌上。結此印已、入於西方無量壽如來之三昧。當觀[illegible]字、其字及我身十方悉皆為紅蓮華色。能使行者諸衆生除散亂之心、入於三昧之位。見攝眞實經中。

【除障佛頂】（菩薩）又作除業、摧碎、尊勝、尊勝陀羅尼者此尊之咒也。

【除蓋障院】（術語）胎藏界曼荼羅十三大院第八院之名安悲愍菩薩之九尊。

【除蓋障院八菩薩】（菩薩）一除疑蓋菩薩、二施一切無畏菩薩、三除一切惡趣菩薩、四救意慧菩薩、五悲念菩薩、六慈起菩薩、七除一切熱惱菩薩、八不可思議慧菩薩。見大疏五。是除蓋障菩薩之眷屬也。

【除蓋障三昧】（術語）眞言行者入初地、初見法明道斷除煩惱障等五障之三昧也。大日經一曰「此菩薩住淨菩提心門、名初法明道。菩薩住此修學不久勤苦便得除一切蓋障三昧。」同疏一曰「今此眞言門修行諸菩薩以見法明道故卽生獲除一切蓋障三昧。得此三昧故卽能與諸佛菩薩同住。發五神通。」

【除蓋障菩薩】（菩薩）除一切蓋障之略名。除蓋障院之中尊也。大日經一曰、「次行者於右方。次作大名稱除一切蓋障。執持如意寶。」同疏五曰、「次於第二重大日如來左方畫除蓋障菩薩。（中略）左手持蓮華。華上置摩尼寶珠。右作施無畏手。此菩薩及諸眷屬皆是大慈悲拔苦除障門。正以此菩提心中如意寶珠施一切衆生無畏滿其所願也。」又金剛界曼荼羅賢劫十六尊中之一尊也。

【除蓋障菩薩印明】（眞言）義釋十曰、「作虛心合掌屈小指無名指入於掌中也。眞言曰歸命阿薩埵係多（阿是能除義、薩埵卽衆生係多是利益義。謂利益衆生也、）驃也嗢伽多（是除義亦是開發其善性、令顯現也。）怛嚩怛嚩嚩嚩（怛嚩眞如無垢義。嚩無垢也。上所謂除者除何事謂除四垢也。凡夫愛見垢一也。聲聞垢二也。緣覺垢三也。菩薩垢四也。除凡夫垢故入聲聞位。除聲聞垢故入緣覺位。乃至除菩薩垢故淸淨位也。）莎訶（成就）梵 Namas Samanta-buddhānām, Aḥ Sarva-sattva-hitābhyudgata Traṁ Traṁ Raṁ Raṁ Svāhā

【除疑怪菩薩】（菩薩）除蓋障院八菩薩之一。一名除疑蓋。密號曰巧妙金剛。或功德金剛。衆生有疑怪者。故此菩薩以强斷其疑網爲德。

【除覺支】（術語）七覺分之一。新譯曰輕安覺支。除一切之心緣而身心輕安也。見智度論十九。

【除饉女】（雜名）梵語比丘尼、一譯除饉女。參照除饉男條。

【除饉男】（雜名）梵語比丘、一譯除饉男。以比丘能修福德之因得供養之果除因果之饉乏故也。天台維摩經疏一曰、「釋比丘者。或言有翻。或言無翻。言有翻者翻爲除饉。衆生薄福在因無法自資得報多所饉乏。出家戒行是良福田能生物善除因果之饉乏也。」

【孫多耶致經】　一卷、吳支謙譯。孫多耶致爲苦行梵志之名。佛說二十一事之惡而化彼。

【孫陀利】　（人名）Sundari 孫陀羅難陀尊者之本妻。譯曰豔。又 Sundari 羅漢名。一聚落之小兒生而端正。名孫陀利、波斯匿王率小兒詣佛所、佛說四諦之法。小兒悟道、佛說其往因。見百緣經十。又有婬女名孫陀利、在大衆中誹謗佛。是佛十難之一。佛說其往昔之因緣。名爲孫陀利宿緣經。攝於興起行經上。

【孫陀羅難陀】　（人名）Sundara-n-anda 孫達羅難陀、比丘名。佛之小弟。譯曰豔喜。光宅法華疏一曰「孫陀羅難陀是佛小弟。其人在俗有婦名孫陀利（Sundari）今舉其婦標之令知是小弟也。」同玄贊一曰、「孫達羅難陀。此云豔喜。孫陀羅。訛也。豔是妻號。色美端嚴無比名豔。喜是自名。簡前牧牛難陀、故言豔喜。豔之喜故。是佛親弟。身長一丈五尺二寸。佛至本城二日度之。」

【酒】　（物名）梵語蘇羅Sura。僧俗之戒、通嚴禁酒。五戒之第五。十戒之第五。具足戒中九十單墮之第五十一。菩薩四十八輕戒之第二。智度論列三十五過。四分律舉十失。俱舍論十四曰、「契經說諸有苾芻稱我爲師不應飲酒。乃至極少如一茅端所沾酒量亦不應飲。」四分律十六曰、「佛告阿難。自今以後。以我爲師者。乃至不得以草木頭內着酒中而入口。」梵網經下曰、「若佛子。故飲酒而生酒過失無量。若自身手過酒器與人飲酒者。五百世無手。何況自飲。」大愛道比丘尼經曰、「夫酒爲毒藥。酒爲毒水。酒爲毒氣。衆失之源。衆惡之本。」持律者以酒爲性罪。對法師以酒爲遮罪。俱舍論十四有問答。

【酒有三類】　（名數）一窣羅、Sura 以食製之者。二迷麗耶、以餘物製之者。三末陀 Madya 前二種之未熟已壞而使人醉者。俱舍論十四曰、「醞食成酒名爲窣羅。醞餘物所成名迷麗耶酒。即前二酒未熟已壞不能名酒。不名末陀。若令醉時名末陀酒。」又有三酒。一穀酒。二果酒。三藥草酒。智度論十三曰「果酒者。葡萄阿梨吒樹果。如是等種種名爲果酒。藥草酒者。種種藥草合和米麴甘蔗汁中能變成酒

【酒十過】　（名數）見飲酒條。

【爲病聽酒】　（雜語）分別功德論曰、「祇園有比丘。病經六年。優婆離往問所須。答唯思酒。優婆離曰。待我問佛。至園問佛、有比丘思以酒爲藥、可否。佛言、我所制法。除病苦者。優婆離復往索酒使飲。病尋平復。重爲

說法、使得羅漢果。」毘尼母論曰、「病者、聽甕上嗅之。若差不聽嗅」一然持律者以酒爲性罪、雖病者亦不聽也。見俱舍論十四。

【酒雨】（雜語）酒味也。行事鈔下二曰、「變成苦酒者不得飲。以酒雨已成故。」同資持記曰、「雨卽味也。北人呼酒味爲雨。」

【涌出】（雜語）從地下涌出也。法華經寶塔品、說多寶塔自地下涌出。同涌出品、說恒沙大菩薩自地下涌出。

【涌出品】（經名）從地涌出品之略名。法華經二十八品中第十五品名。說釋迦如來久遠所敎化之無量大菩薩、自地下涌出、以爲說釋迦壽量之緣由。卽本門法華之序分也。

【涌泉】（術語）梵語修多羅。Sūtra（常翻爲經）含有五義、此其中之第三義。修多羅中之文義不盡、如石泉之流注也。法華玄義八曰、「三含涌泉者。從譬爲名也。佛以四悉檀說法。文義無盡。法流不絕。」

【流木】（譬喻）與浮木同。

【流水灌頂】（修法）見流灌頂條。

【流沙】（地名）蒙古之大沙漠也。西域記十二曰、「從此東行入大流沙。沙則流漫。集散隨風。人行無迹。遂多迷路。四遠茫茫莫知所指。是以往來者聚遺骸以記之。」同書禹貢曰、「東漸於海。西被于流沙。」

【流來】（術語）自無始流轉於生死海而來於今也。

【流來生死】（術語）七種生死之一。謂從迷眞之始初無明流來之生死也。止觀輔行七之一曰、「攝大乘師立七種生死。一分段。謂三界果報。二流來。謂迷眞之初。」中論疏二末曰、「從無明流來爲來。」

【流注】（術語）有爲法刹那刹那前滅後生、相續不斷、如水之流注也。

【流舍那】（佛名）Vairocana 又作盧遮那、嚧柘那。佛名。或爲毘盧舍那之略名。或毘盧舍那爲法身佛之名、盧舍那爲報身佛之名。見毘盧舍那條。

【流毘尼】（地名）又作留毘尼。園名。見嵐毘尼條。

【流通】（術語）傳布敎法而無壅也。最勝王經三曰、「安穩豐樂。正法流通。」十地義記一本曰、「傳布名流。無壅曰通。」

【流通分】（術語）一經三分之一、於諸經之終、以所說之法付屬弟子、使流通於遐代。謂爲流通分。

【流通一念】（術語）謂無量壽經流通分所說「乃至一念」之語也。釋尊付屬彌勒菩薩之要法也。

【流漿】（雜語）謂於地獄中飲洋銅、喫鐵丸也。寄歸傳一曰、「咽咽當有流漿之苦。」

【流轉】（術語）Saṃsāra 流者相續

之義、轉者起之義、謂有爲法之因果相續而生起也。蓋一切凡夫作善惡之業、感苦樂之果、輪廻於六趣也。瑜伽論五十二曰、「諸行因果相續不斷性是謂流轉。」唯識述記四末曰、「流是相續義、轉是起義。」圓覺經曰、「有妄業故有流轉、厭流轉者妄見涅槃。」唐華嚴經三曰、「一切衆生界、流轉生死海。」」唯識論三曰、「令諸有情流轉生死。」俱舍頌疏三曰、「言流轉者、以識爲體、於生死中流轉故也。」

【流轉門】(術語) 對還滅門之語。無始以來、無明煩惱作善惡之業、感苦樂之果、卽惑業苦次第緣起之迷之因果也。四諦中苦集二諦爲流轉門、滅道二諦爲還滅門。

【流轉眞如】(術語) 七眞如之一。流轉於生死界之一切有情實性也。衆生雖流轉生死、而其實性則眞實如常、不動不改也。唯識論八曰、「流轉眞如、謂有爲法流轉實性。」

【流轉還滅】(術語) 流轉門與還滅門。迷悟之一雙也。

【流轉諸有經】(經名) 具名佛說大乘流轉諸有經、一卷、唐義淨譯。佛對影勝王說諸有情依造業而流轉諸有之義。諸有者二十五有也。

【流瀰尼】(地名) 園名。見嵐毘尼條。

【流灌頂】(修法) 見灌頂條。

【流變三疊】(術語) 大佛頂首楞嚴經四曰、「方位有十、流數有三。」(中畧)世間祇目東西南北、上下無位、中無定方、四數必明、與世相涉、三四四三、宛轉十二、流變三疊、一十百千、總括始終、六根之中、各各功德有千二百。」

			成數	零數
一疊流變	一一疊之成十	依四方三世數乘之	十	二
二疊流變	十十疊之成百	依十二數進位加之	百	二十
三疊流變	百百疊之成千	依百二數進位加之	千	二百

【浴主】(職位) 又曰知浴、司浴室之僧也。

【浴池】(雜語) 爲浴身所設之池塘也。印度爲熱國、故處處設之、以供澡浴之用。如東土之浴室。法華經曰、「流泉浴池、施佛及僧。」

【浴佛】(行事) 與灌佛同。西天於平常行之。中日諸宗於四月八日之佛生日行之。禪家更於十二月八日之佛成道日行之。後漢書陶謙傳曰、「每浴佛、輒多設飲飯、布席於路。」荊楚歲時記曰、「荊楚以四月八日諸寺各設會。香湯浴佛。共作龍華會。以爲彌勒下生之徵也」吳志劉繇傳曰、「笮融督廣陵彭城、大起浮圖祠。以銅爲人。黃金塗身。衣以錦采。垂銅槃九重。下爲重樓閣道。可容三千餘人、悉課讀佛經。令界內及旁郡人有好佛者聽受道。復其他役以招致之。由此遠近前後至者五千餘人戶。每浴佛多設酒飯。布席於路。經數十里。民人來觀及就食。且萬人。費以巨億」宋書劉敬宣傳曰「八歲喪母。四月八日敬宣見衆人灌佛。乃下頭上金鏡以爲母灌。因悲泣不自勝」僧史略上曰、「浴佛者、唐義淨三藏躬游西域。見印度每日禺中。維那鳴鐘。寺庭取銅石等像於盤內。磨香或泥。灌水以氎揩之。舉兩指灌水於自頂之上。謂之吉祥之水。冀求勝利焉。問浴佛表何。通曰、象佛生時龍噴香雨浴佛身也。然彼日日灌洗。則非生日之意。疑五竺多熱。僧既頻浴。佛亦勤灌耳。東夏尚臘八。或二月四月八日。乃是爲佛生日也」參照灌佛條。

【浴佛會】（行事）與灌佛會同。

【浴佛功德經】（經名）一卷。唐義淨譯。說浴佛之方規及功德。

【浴室】（雜名）洗浴之室也。西土必以冷水。東土必以溫水。故謂爲溫室。寄歸傳三曰、「世尊敎爲浴室。或作露地甎池。（中略）又洗浴者並須饑時。浴已正食。有其二益。一則身體淸虛。無諸垢穢。二則痰癊消散。能餐飲食。飽食方洗。醫明所諱」義楚六帖七曰、「有部律頌云。浴室畫五天使」

【浴室賢護菩薩像】（儀式）賢護菩薩。梵名跋陀婆羅。此菩薩於浴室依水之因緣而證圓通。依此因緣。於浴室安置此菩薩。見賢護條。

【浴鼓】（物名）禪林報浴時之鼓也。

【浴聖】（儀式）禪家洗浴聖僧像之法也。安置僧堂中央之像。總名聖僧。然其像不定。若大乘之寺安文殊。小乘之寺安憍陳如。或賓頭盧。或大迦葉。或須菩提。見象器箋三。

【浴頭】（職位）禪林之目。當直浴室之行者也。

【浴像】（儀式）洗浴佛像也。卽灌佛。見灌佛及浴佛條。

【浴像經】（經名）浴像功德經之略稱。

【浴像儀軌】（書名）新集浴像儀軌之略名。

【浴像功德經】（經名）一卷、唐寶思惟譯。

【涅伽多】（雜名）Nirgata 天狗星也。大日經疏五曰、「於南緯之南置涅伽多。謂天狗也」

【涅迦羅】（雜名）Niskāla 譯曰暫時。唯識樞要上本曰「涅者暫也。迦羅時也」

【涅哩底】（神名）Nirṛti 掌西南之神名。因而西南曰涅哩底方。大日經疏五曰、「西南涅哩底」。

【涅槃】（術語）梵音 Nirvāṇa、又作泥曰、泥洹、泥畔、涅槃那等。舊譯諸師譯為滅、滅度、寂滅、不生、無為、安樂、解脫等。新譯曰波利暱縛喃 Parinirvāṇa。譯為圓寂。滅者滅生死因果之義也。滅度者、滅生死之因果、渡生死之瀑流也。是滅即度也。寂滅者、寂有無為空寂安穩之義、滅者生死之大患滅也。不生者、生死之苦果不再生也。無為者、無惑業因緣之造作也。安樂者、安穩快樂也。解脫者、離衆果也。此中單譯滅為正翻。他皆為義翻。肇師之涅槃無名論曰、「泥曰、泥洹、涅槃、此三名前後異出。蓋是楚夏不同耳。云涅槃音正也。（中畧）秦言無為、亦名度。無為者、取於虛無寂寞、妙滅絕於有為。滅度者、言其大患永滅。超度四流」。涅槃玄義上曰、「既可得翻。且舉十家。一竺道生。時人呼為涅槃聖。翻為滅。二莊嚴大斌翻為寂滅。三白馬愛翻為秘藏。四長千影翻為安樂。五定林柔翻為無累解脫。六大宗昌翻為解脫。七梁武翻為不生。八肇論云無為亦云滅度。九會稽基偏用無為一義。十開善光宅同用滅度」。大乘義章十八曰、「外國涅槃此翻為滅。滅煩惱故滅生死故名之為滅。離衆相故大寂靜故、名之為滅」。涅槃經四曰、「滅諸煩惱名為涅槃。離諸有者乃為涅槃」。圓覺經曰、「以因緣俱滅故心相皆盡名得涅槃」。賢首心經略疏曰、「涅槃此云圓寂。謂德無不備稱圓。障無不盡名寂」。俱舍論二十四曰、「通達言唯自見道是證圓寂、初加行故」。唯識述記一本曰、「西域梵音云波利暱縛喃。波利者圓也。暱縛喃、言寂。即是圓滿體寂滅義。舊云涅槃、音訛略也。今或順古亦云涅槃」。華嚴大疏鈔五十二曰、「譯名涅槃、正名為滅。取其義類、乃有多方。總以義翻稱為圓寂。以義充法界德備塵沙曰圓。體窮眞性妙絕相累為寂」。

【涅槃那】（術語）涅槃之具名。涅槃玄義上曰、「毘婆沙云涅槃那。今經無那字。蓋譯人存略耳」。大乘義章十八曰、「涅槃。此名滅。那者名息。究竟解脫永蘇息故」。華嚴疏鈔五十二曰、「那入義」。

【二種涅槃】（名數）一有餘涅槃、二無餘涅槃。新譯曰有餘依、無餘依。依者有漏之依身。對於惑業而曰餘。有餘涅槃者、為生死之因之惑業已盡、猶餘有漏依身之苦果也。無餘涅槃者、更滅依身之苦果無所餘也。此二種之涅槃、同為一體。三乘之行人、於初成道時雖證得之、而無餘涅槃之現、則在於命終之時。智度論三十一曰、「涅槃是第一法無上法。是有二種。一有餘涅槃、二無餘涅槃。愛等諸煩惱斷、是名有餘涅槃。聖人今世所受五衆盡、更不復受、是名無餘涅槃。」此二種就大小乘分別之有三門。一單就小乘分別。斷生死之因、猶餘生死之苦果、謂之有餘涅槃。斷生死之因、同時使其當果畢竟不生、謂之無餘涅槃。現無餘涅槃之相在命終之時。蓋無餘涅槃者、灰身滅智、一有情都滅也。二單就大乘分別變易生死之因盡爲有餘、變易生死之果盡爲無餘。三大小相對而分別。小乘之涅槃爲有餘、以猶有變易生死故也。大乘之涅槃爲無餘、以更無餘之生死故也。此一義出於勝鬘經。見勝鬘經寶窟下本。又身智永滅、大小乘各異其說。小乘之空義、謂三乘之聖人入於無餘涅槃、則身智永亡而無一物。法界中滅一有情也。大乘中有相性二宗。相宗之唯識宗、謂定性二乘之無餘涅槃、爲畢竟都滅。不定性之二乘及佛之無餘涅槃、非爲實滅。二乘之人離分段生死、謂爲無餘涅槃。佛息應身之化、歸於眞身之本、謂爲無餘涅槃。性宗三論華嚴天台之諸家、謂無有定性之二乘、畢竟成佛也。故法界無有實滅之無餘涅槃者、但息妄歸眞、緝化還本、而入於無餘涅槃耳。大乘義章十八曰、「入義有三義。一就實論入息妄歸眞、從因趣果。二眞應相對息化歸眞、故名爲入。三者唯就應現捨有爲過、趣入無爲、故名入。」

【小乘涅槃與大乘涅槃】（術語）大乘義章十八曰、「大小相對則大乘得成法身般若解脫之三德涅槃、小乘不成。此有五義。一有無分別、小乘之三德是有法、涅槃之體是無法、有無別體、故不相成。大乘之三德體是有法、大乘之涅槃亦是有法、有義相並、故得相成。二常無常分別、小乘之三德體是無常、涅槃之體是常、常無常異、故不相成。大乘之三德、體性是常、大乘之涅槃亦是常、常義相順、故得相成。」（餘三義略）又就常樂我淨四德分別大小、則大乘之涅槃、具有四德、小乘之涅槃、四義不定。據小說小、則小乘之涅槃有常樂淨之三、唯無我之一。何則、涅槃爲無爲、不遷於四相、故說爲常。又所斷之惑體永滅不起、故名爲常。寂滅之體永安、故名爲樂。離垢染故稱爲淨。而於此涅槃中身智俱滅、無自在之大用、故無可名爲我。（俱舍論說滅諦之行相、謂爲滅淨妙離、因而可知無我德、）據大說小、則某時全奪四德而悉爲無、某時與以樂淨之二、而不許我常之二。全奪之者、以彼尙有變易生死故也。許淨樂之二者、就離分段生死上有一分淨樂之義故也。法華玄論二曰、「大小之涅槃凡有三義。一、本性寂滅、非本性寂滅異、小乘之涅槃滅生死而涅槃也、大乘之涅槃、生死本來涅槃也。故法華方便品言之、諸法從本來、常自寂滅相。二界內界外斷惑異、小乘之涅槃、唯斷界內分段生死而止、大乘之涅槃、幷斷界外變易生死也。三、衆德具不異、小乘之涅槃、無身無智、故不具衆德。大乘之涅槃、具身智、故具法身般若之德。」法華玄贊二、謂眞如具三德、以成涅槃。一眞如生圓覺、名爲般若。眞如之體爲覺性故也。小乘之涅槃體非覺性、故不名般若。二眞如之體、以出所知障名爲法身。彼爲一切功德法所依故也。小乘之涅槃非爲功德法所依、故不名法身。三眞如之體、衆苦都盡、離分段變易二死、故名解脫。小乘之涅槃離分段生死、未脫變易生死、故非圓滿之解脫。然就離分段之生死、謂爲三乘同坐解脫之床。由此小乘亦得名涅槃、而非爲大涅槃、以其不具足故也。要之離分段變易二生死、有無邊之身智、具法般解之三德、常樂我淨之四義者、大乘之涅槃也。唯離分段之生死、滅無身智。(自大乘言之、有變易生死之身智)三德之中、僅具解脫之一分、四義之中、唯具常樂淨之三者、小乘之涅槃也。

【涅槃字義】(術語)前言涅槃爲滅等者、是字釋也、更有義釋涅槃 Nirvāṇa 者。婆沙論二十八曰、「涅名稠林、槃名爲出。出蘊稠林、故名涅槃。復次槃名織、涅名爲不。以不織故、名爲涅槃。如有縷者便有所織。無則不然。如是若有業煩惱者便織生死。無學無有業煩惱。故不織生死。故名涅槃。復次槃名後有、涅名無。無後有故。名爲涅槃。復次槃名緊縛、涅名爲離。離緊縛故、名爲涅槃。復次槃名一切生死苦難、涅名超度。超度一切生死苦難。故名爲涅槃。」涅槃經二十五曰、「涅者言不。槃者言織。不織之義、名爲涅槃。槃又言覆。不覆之義、乃名爲涅槃。槃言去來。不去不來、乃名涅槃。槃者言取。不取之義、乃名涅槃。槃言不定。定無不定、乃名涅槃。槃言新故。無新故義、乃名涅槃。槃言障礙。無障礙義、乃名涅槃。善男子。有優樓佉迦毘羅等弟子言。槃者名相。無相之義、乃名涅槃。善男子。槃者言有。無有之義、乃名涅槃。槃名和合。無和合義、乃名涅槃。槃者言苦。無苦之義、乃名涅槃。」

【小乘二家涅槃】(術語)有部宗謂涅槃爲本來實有。斷煩惱時、起所謂離繫得之繩屬之於行者之身也、成實宗謂涅槃爲無法、生死因果之無、是涅槃也。大乘玄論三曰、「小乘二師者。毘曇計無爲爲涅槃。是善是常本有。在煩惱外。斷煩惱起得得之屬於行者。成論明涅槃但是無法。」

【四種涅槃】(名數)法相宗所立、一本來自性淸淨涅槃、雖有客塵煩惱、而自性淸淨、湛如虛空、離一切分別之相、言語道斷、心行處滅、唯眞聖者自內所證、其性原爲寂靜、故名涅槃。二有餘依涅槃、斷盡煩惱障所顯之眞如也。有餘依者、有漏之依身、對於所斷之煩惱而謂爲餘。雖餘此有漏之依身、而煩惱之障、永爲寂滅、故名涅槃。三無餘依涅槃、出生死之苦之眞如也。是亦與有餘依涅槃共斷煩惱障所得之眞理、而顯於生死苦果斷謝之時。卽後時也。故却無苦果之依身、謂爲無障依。衆苦永爲寂滅、謂爲涅槃。四無住處涅槃、是斷所知障所顯之眞如也。所知障爲智之障。二乘之人爲有所知障、不了生死涅槃無差別之理、固執生死爲可厭、涅槃爲可欣。佛斷所知障得菩提之眞智時、於生死涅槃離厭欣之情、但有大智故住於生死、爲有大悲故不住於涅槃、以利樂盡未來際有情、故謂之爲無住處、利樂之用雖常起而亦常寂、故謂爲涅槃。此中一切之有情有前之一、二乘之極聖有前自證有餘無餘之三、菩薩在初地已上有第一與第四之二、惟世尊具四也。問依大乘所說、則如來色身總爲無漏淸淨、非生死之苦果、何有有餘涅槃。旣無有餘涅槃、無餘亦宜無之。答曰、就佛身論有餘無餘有二義。一如來之身雖無實之苦果、然就示現似於苦果之依身而論有餘無餘也。如八相成道是。二就無漏色身之隱顯而論有餘無餘也。見唯識論十百法問答鈔八。

【五種涅槃】（名數）凡夫計度五種之現涅槃。一以欲界爲證處而愛慕之故。二愛慕初禪之性無愛故。三愛慕二禪之心無苦故。四愛慕三禪之極悅故。五愛慕四禪之苦樂兩亡故。計度此五處之現涅槃、故墮落於外道惑於菩提之性。見楞嚴經。

【涅槃分】（術語）出處在曇鸞論註所謂「不斷煩惱得涅槃。」解此有種種。一、分爲分圓之義。謂往生於極樂證涅槃之一分、涅槃之分得、證理未爲圓滿也。二、分爲因之義。謂可至涅槃之因分。正定聚之身分也。三、分爲分齊之義。謂涅槃證果之分齊。卽言涅槃也。

【涅槃山】（譬喩）對於生死之河而譬涅槃於山。千手經曰、「南無大悲觀世音。願我早登涅槃山。」又佛之入涅槃、如日之入山。故譬涅槃於山。涅槃經十四曰、「佛日將沒大涅槃山。」大日經疏二十曰、「如是大涅槃迹極通本衆生有緣薪盡、卽如來方便之火息、故涅槃也。佛日既隱於涅槃山故黑色也。」

【涅槃色】（術語）黑色也。以五轉中涅槃當於北方黑位故也。見五轉條。

【涅槃印】（術語）具曰涅槃寂靜印。三法印之一。佛決定而說涅槃寂靜之理、使衆生離煩惱生死、爲涅槃寂靜之法印。經中有此法印者、爲眞實之佛說。猶如世之印契也。又保證得涅槃證果之印契也。大集經五十三曰、「若有衆生爲我出家、剃除鬚髮被服袈裟、設不持戒、彼等悉已爲涅槃印之所印也。」

【涅槃宗】（流派）支那十三宗之一。

依涅槃經而弘布佛性常住之旨之宗也。自北涼之曇無識初譯此經、宋之慧成、曇無成、僧莊、道汪、靜林、慧定、曇斌、超進、法瑤、道登、曇度、道成諸師、製疏作章。弘布甚盛。在隋則淨影、智徽、法礪、道綽等、多以涅槃爲宗。至唐朝道宣、法寶各有所弘、而所歸在於涅槃、法寶特立五時敎、攝大小乘。及天台宗盛、法華涅槃同爲於醍醐味之說、此宗自屬於彼、別無以涅槃爲宗者。

【涅槃門】（譬喩）入涅槃城之門戶也。無量義經曰、「開涅槃門。扇解脫風。」般舟讚曰、「念佛卽是涅槃門。」又葬所四門之一。北方爲涅槃門。北方爲陰之極、故以配於寂靜之涅槃。見四門條。

【涅槃相】（術語）化身佛八相之一。世尊入滅之相也。佛八十年間敎化衆生、化緣既盡、於中天竺拘尸那城跋提河邊沙羅雙樹之間、一日一夜說大般涅槃經畢、頭北面西、右脇而臥、逆順入於四禪定四空定及滅盡定、又超越入於諸禪定、終於第四禪定入滅。時二月十五日之中夜也。爾時四邊雙樹開白花、如白鶴羣居、卽以轉輪王之茶毘式、移於金棺、諸大力士奉金棺、七帀拘尸那城至茶毘所過七日。時積大栴檀、投香燭、欲燒之、而火不燃。阿㝹樓馱言、是待迦葉之至也。時迦葉與五百弟子在耆闍崛山。知如來涅槃、欲拜如來之最後、更經七日、詣茶毘所。如來自金棺出雙足使見之。於是諸大力士投以七寶大炬、亦悉殄滅。迦葉言人天炬火。何得茶毘如來之寶棺。爾時如來以大悲力自入火光三昧、由心胸中火踊出棺外、漸漸茶毘、至七日、香樓寶樓焚盡。八國諸王競欲取舍利、既興兵、既而徒盧那（香姓）婆羅門以舍利分於諸王、各起塔供養之。（後分涅槃經小乘大般涅槃經）四敎儀七曰、「於第四禪中入火光三昧。燒身滅度。唯留舍利爲人天福用身智俱滅。入無餘涅槃。」

【涅槃夜阿闍世王夢】（故事）阿闍世王害父王、身生惡瘡、既遇世尊月愛光、身瘡漸愈、卽還本宮、都不知如來涅槃。於涅槃夜、夢月落日自地出、星宿雲雨、繽紛而隕、復有煙氣自地出、七彗星現於天上、復見天上有大火聚、遍空熾燃、而墮於地。見後分涅槃經下。

【涅槃月日】（雜語）大般涅槃經一曰、「二月十五日臨涅槃。」善見律一曰、「二月十五日平旦時入無餘涅槃。」長阿含經四曰、「二月八日取涅槃。」菩薩處胎經曰、「二月八日入般涅槃。」薩婆多論二曰、「以八月八日沸星出時取般涅槃。」西域記六曰、「聞之先記曰、佛生年八十、以吠舍佉月後半十五日入般槃涅。此當於三月十五日也。說一切部則謂佛以迦刺底迦月後半八日入般涅槃、此當於九月八日也。」涅槃經三十、就佛於二月十五日涅槃、共列十七義。其一義二月爲春陽之月、萬物生長。此時衆生多生常想、爲破衆生如是常想而顯如來眞常故也。又十五日日無虧盈、諸佛大涅槃亦無虧盈、故以十五日入涅槃也。

【拘尸那城涅槃】（傳說）佛涅槃於拘尸城之因緣也。涅槃經二十九曰、「往昔此地有轉輪聖王、唱如是言、如佛所說、一切諸法、皆悉無常。若能修習十善法、能斷如是無常大苦。我是時始聞佛之名號、發菩提心。自是已來、以是法轉教無量衆生。是故我今於此處、亦說諸法無常變壞、唯佛身是常住之法。我憶往昔所行之因緣、故今來此入涅槃。」

【佛三從金棺出】（傳說）初出金臂爲阿難現入胎之相。見菩薩處胎經一。次起坐爲摩耶說法。見摩訶摩耶經下、西域記六。後現雙足示迦葉。見後分涅槃經下、西域記六。

【涅槃風】（譬喩）涅槃之妙理、送人至於菩提、故譬之於風。涅槃經九曰、「是時忽遇大乘大涅槃風。隨順吹向於阿耨多羅三藐三菩提。」

【涅槃忌】（行事）見涅槃會條。

【涅槃佛】（術語）華嚴經十佛之一。佛之應身化事既畢、而示現滅度者。又涅槃像也。

【涅槃宮】（譬喩）涅槃爲衆聖之所遊、故譬之於宮殿。俱舍論三十曰、「此涅槃宮一廣道。千聖所遊、無我性。」同光記三十曰、「大涅槃衆聖所居、名涅槃宮。」

【涅槃界】（術語）界者藏之義、涅槃能藏無爲之萬德、故曰界。又爲因之義、涅槃能生一切世間出世間之利樂事、故曰界。又界爲界畔。涅槃雖無界畔、然對於生死界、則謂爲涅槃界。唯識論十曰、「界是藏義。此中含容無邊希有大功德故。或是因義。能生五乘世出世間利樂事故。」增一阿含經十二曰、「亦獲智慧海。漸至涅槃界。」

【涅槃食】（譬喩）涅槃譬之食。南本涅槃經四曰、「煩惱爲薪。智慧爲火。以是因緣。成涅槃食。」北本涅槃經曰、「涅槃飯。」

【涅槃堂】（堂塔）又曰延壽堂、省行堂、無常院。送病僧使入滅之處也。佛祖通載三十曰、「他日涅槃堂孤光獨照時。自驗看。」

【涅槃會】（行事）二月十五日追悼佛入滅之法會。揭涅槃像、讀誦遺教經。釋氏要覽曰、「二月十五日佛涅槃日。天下僧俗有營會供養。即忌日之事也。」

【涅槃經】（經名）有小乘大乘之二部、小乘之涅槃經、西晉白法祖譯佛般泥洹經二卷、東晉法顯譯大般涅槃經三卷、失譯般泥洹經三卷、是爲同本異譯、說八相成道化身之釋迦、於拘尸那城入涅槃前法之狀者。是化身佛之實錄也。其他中阿含中有涅槃經。說可得涅槃之觀行。大乘之涅槃經、西晉竺法護譯佛說方等般泥洹經二卷、東晉法顯譯大般泥洹經六卷、隋闍那崛多譯四童子三昧經三卷、此三本廣略不同。然皆爲大乘涅槃經之初一分也。其全經爲北涼曇無讖譯大般涅槃經四十卷。稱爲北本涅槃。後劉宋慧觀等再治前經爲大般涅槃經三十六卷。稱爲南本涅槃。說佛之涅槃非灰身滅智。佛今雖現入滅之相、然佛身常住不滅。此外唐若那跋陀羅譯大般涅槃經後分二卷、說佛之附屬及入涅槃、荼毘分骨等事。是爲前經後分之補足、故稱爲後分經。已上數本中常稱爲涅槃經者。乃南北二本之大般涅槃經。南本不拘有台家章安之疏。諸宗一般通用者、北本涅槃也、各家之註述及關於本經之著作如下。涅槃經玄義二卷隋灌頂撰。涅槃經疏三十三卷、隋灌頂撰、唐湛然再治。涅槃義記二十卷、隋慧遠述。涅槃經遊意一卷隋吉藏撰。大涅槃經玄義文句會本二卷、隋灌頂撰、唐道暹述、日本守篤分會。涅槃經會疏條目三卷、涅槃經會疏三十六卷、隋灌頂撰、唐湛然再治。日本本純分會。涅槃經疏私記十二卷。唐行滿集。涅槃經疏私記九卷唐道暹述。涅槃經疏三德指歸二十卷、缺卷十五、宋智圓述。涅槃經治定疏科十卷、宋智圓撰。涅槃玄義發源機要四卷宋智圓述。科南本涅槃經三十六卷、元師正排科、可度重訂。涅槃經會疏解三十六卷、元師正分科、明圓澄會疏。涅槃經末後句一卷淨挺著。

【涅槃像】(圖像)佛於雙林樹下頭北面西橫臥入涅槃之相也。

【涅槃像曼陀羅】(圖像)畫釋尊橫臥寶牀五十二類異衆圍繞之而哀慟之相也。畫虛空雲中有一僧、攜錫杖立於前、無數天人從於後而降臨之相者、是尊者阿那律、(又曰阿泥樓馱)於如來身入棺後、昇忉利天、以世尊入滅之事告摩耶夫人、摩耶聞之哀慕、自天下趣於雙樹間也。見摩訶摩耶經下。佛北首下娑羅樹之枝、遙懸錦囊及錫杖者、是爲佛之鉢盂及錫杖。佛入滅時手付阿難者也。見菩薩處胎經一。佛之足下有二老婆撫如來之足而涕泣者、悲身貧不能如餘人爲前後之供養也。見小乘大般涅槃經下。佛前一比丘迷倒、餘僧垂手而慰之者、阿難深沒憂海、投如來前如死人、阿那律安慰之、使於如來致四問之狀也。見智度論二。大力士之悲哽嗚咽相、是金剛力士也。見佛入涅槃密迹金剛力士哀戀經。

【涅槃論】(書名)大般涅槃經論之畧名。一卷、婆藪盤豆菩薩造、元魏達磨菩提譯。譯經中迦葉菩薩所問之偈。

【涅槃洲】(譬喩)涅槃譬之洲渚也。

度論七十一曰、「涅槃是爲洲衆生沒在四流水中佛以八正道船引著涅槃洲上。」

【涅槃城】（譬喩）涅槃爲聖者之所居故譬之宮城長阿含經四曰「沸星得最上道沸星入涅槃城。」楞嚴經十曰、「背涅槃城生天魔種。」楞伽經三曰、「緣自覺了向涅槃城。」智度論二十曰、「諸法實相是涅槃城城有三門空無相無作。」

【涅槃僧】（衣服）Nivāsana 又作泥洹僧新稱泥嚩些那。又曰厥修羅。（Kusūla-ka）譯言內衣卽裙也行事鈔下一之二曰、「涅槃僧法（此云內衣）僧祇佛於僧前自著內衣又泥婆珊那泥伐散那泥婆娑舊稱涅槃僧敎諸比丘因制式。」資持記中三之四曰、「涅槃僧此云內衣卽是裙也以西土裙法橫疊圍身長繩四繞使正多致不齊。」同下一之二曰、「翻內衣西國本無視袴卽以此衣襯體著故。」慧琳音義八十二曰、「泥縛些那僧方裙也。舊云涅槃僧。」西域記二曰、「泥嚩些那既無帶襻其將服也集衣爲褶束帶以縚褶則諸部各異色乃黃赤不同。」

【涅槃頭】（職位）掌涅槃堂事者。

【涅槃際】（術語）見二際條。

【涅槃飯】（譬喩）見涅槃食條。

【涅槃聖】（人名）秦之道生見略本之涅槃經、（法顯譯之六卷本佛說大般泥洹經）發明佛身常經之義聞者初不信之。及廣本出果然時人稱爲涅槃聖涅槃玄義上曰、「竺道生時人呼爲涅槃聖。」

【涅槃樂】（術語）三樂之一離生死之苦而究竟安穩謂爲涅槃之樂法華經藥草喩品曰、「皆令離苦得安穩樂世間之樂及涅槃樂。」

【涅槃縛】（術語）樂著涅槃而不利衆生者是小乘之境界也。金剛三昧經曰、「無住菩薩言心得涅槃。獨一無伴常住涅槃。應當解脫佛言常住涅槃是涅槃縛。」

【涅槃點】（術語）見涅槃聲條。

【涅槃聲】（術語）於梵音顯य等滿口聲之大涅槃義者曰涅槃聲其形爲:h之二點、例如अःah則謂之涅槃點。又依五字五音轉生之義、謂爲涅槃輪。其本字乃य（也）र（囉）ल（羅）व（縛）श（奢）ष（沙）स（娑）ह（訶）之八字也。若此等字連於上字則成上字涅槃之義。見悉曇藏二。又一說、加ळं（濫）क्ष（訖叉）之遍口聲以十字爲涅槃聲。梵漢對映集上曰、「往昔天竺有乾政師子。威勢勝餘。此師子不恐法師之近。獵師依勅命成法師之形而射獵之。師子死時唱रल等十字、因茲名爲涅槃之十字。」賢愚經及報恩經詳記堅誓師子爲法師所死之因緣、然不說此十字之事。是有密部經軌之典據耶、抑出於口傳耶、宜更考之。

【涅槃八味】（名數）涅槃所具備之八種法味。常住、寂滅、不老、不死、清淨、虛通、不動、快樂是也。大藏法數曰「涅槃梵語具云摩訶般涅槃那。華云大滅度。大卽法身、滅卽解脫、度卽般若。是乃三德秘密理藏也。此之理藏在諸佛不增、在衆生不減、而有八種法味。故泥洹經立此八味之名。」

【涅槃四柱】（名數）見四出偈條。

【涅槃經後分】（經名）大般涅槃經後分之略名。又稱爲後分涅槃經、後數涅槃經。

【涅槃寂靜印】（術語）三法印之一。一切衆生起惑作業、流轉於三界。故佛說涅槃寂靜之法、使得離生死至於寂滅也。

【涅槃疊那】（術語）Nirdhāpana 又 Nirdahana 譯曰焚燒。見荼毘條。

【消伏毒害經】（經名）請觀世音菩薩消伏毒害陀羅尼經之略名。

【消災咒】（眞言）陀羅尼名。佛說熾盛光大威德消災吉祥陀羅尼經一卷、不空譯。佛說大威德金輪佛頂熾盛光如來消除一切災難陀羅尼經一卷、唐代失譯。二經同本異譯。此中說之。經曰「我今說過去沙羅王如來所說熾盛光大威德陀羅尼除災難法。（中畧）受持讀誦此陀羅尼者成就八萬種吉祥事、能除滅八萬種不吉祥事。」

【消災經】（經名）與消災吉祥經同。

【消災吉祥經】（經名）佛說熾盛光大威德消災吉祥陀羅尼經之略名。一卷、不空譯。

【消災陀羅尼】（眞言）與消災咒同。

【消除災難經】（經名）大威德金輪佛頂熾盛光如來消除一切災難陀羅尼經之略名。

【消除一切災障寶髻陀羅尼經】（經名）一卷、宋法賢譯。帝釋與修羅戰敗、求救。佛爲說咒與之。

【消除一切閃電障難隨求如意陀羅尼經】（經名）一卷、宋施護譯。佛在舍衛國、向阿難說四方電神之名、並說神咒。觀自在等亦各說一咒。卽雷除之咒也。

【消滅】（雜語）惡事苦惱之消滅也。法華經藥王品曰「病卽消滅。」

【消瘦服】（衣服）袈裟之異名。消損煩惱之義。六物圖曰「或名消瘦服。損煩惱故。」

【消釋】（術語）消除經文之難義、解釋義理之蘊結也。止觀七曰「隨語消釋。」

【海】（雜語）海有八德、八不思議。十八德者見小乘部。

【海八德經】（經名）佛說海八德經、一卷。秦羅什譯。舉大海之八德比顯戒經之德。見海德條。

【海印】（術語）佛所得之三昧名。如

於大海中印象一切之事物、湛然於佛之智海印現一切之法也。大集經十五曰「譬如閻浮提一切衆生身及餘外色如是等色海中皆有印像。以是故爲大海印。」寶積經二十五曰、「如大海、一切衆流悉入其中。一切諸法入法印中、亦復如是故名海印。」探玄記四曰、「海印者從喩爲名。如修羅四兵列在空中。於大海中印現其像。菩薩定心猶如大海、應機現異、如彼兵像故。」還源觀曰、「言海印者眞如本覺也。妄盡心澄、萬像齊現、猶如大海由風起浪、若風止息、海水澄淸、無像不現。」八十華嚴經十四曰「衆生形相各不同。行業音聲亦無量。如是一切皆能現。海印三昧威神力。」楞嚴經四曰、「如我按指。海印發光。汝暫擧心。塵勞先起。」三藏法數三十九依宗鏡錄於海印三昧列十義。華嚴宗以此海印三昧爲華嚴經所依之定。華嚴經鈔二曰「如說法華依無量義處三昧。說般若經依等持王三昧。說涅槃經依不動三昧。故說諸經多依三昧、今說此經依何三昧。即海印三昧。」

【海印三昧】（術語）見海印條。

【海印定】（術語）即海印三昧。

【海岸山】（地名）海岸山爲今之補陀洛山觀音之住處。早離速離之兄弟爲繼母遺棄於此而餓死。淨土本緣經說之。但宜知此經爲僞作。

【海岸國】（地名）華嚴經法界品所說善財童子所參善知識五十三人中第三善住比丘之住處。探玄記十八曰、「海岸國者、此國在海濱。故天竺本名海岸。楞伽道解云。此國道向楞伽山故也。」

【海若】（雜名）又作耐薰。毘沙門天腹部所帶之鬼面名。本名河伯。面河伯海若、皆水神之名。出於莊子。

【海東】（人名）新羅國之沙門元曉入唐受學、有聲望、以其爲新羅國人、世以海東呼之。見宋僧傳四。

【海門國】（地名）華嚴經五十三善知識中海雲比丘之住處。探玄記十八曰、「言海門者此國近在南海。城門向海故名也。」

【海珠】（譬喩）海底之寶珠。譬難得也。寄歸傳一曰、「考其功也實致爲山之勞。覈其益焉時有海珠之潤。」

【海衆】（譬喩）衆僧一味和合、譬如海也。釋氏要覽下曰、「海衆增一經云、衆僧如彼大海、流河決水以入乎海、便滅本名、但有大海之名。」

【海雲比丘】（人名）華嚴經法界品所說善財童子所參善知識五十三人中之第二。住於海門國常觀海。探玄記十八曰、「海雲者此比丘、常在海岸觀緣起大海及彼海上人法莊嚴遍布如雲。從所觀爲名。」

【海會】（譬喩）聖衆會合之座也。德

之深與數之多。譬如海。華嚴玄疏一曰、「言海會者以深廣故謂普賢等衆德深齊佛數廣刹塵。故稱爲海。」演密鈔曰「海會衆也」華嚴經傳記一曰、「普賢等海會聖衆。」因總墓之名海衆同會一穴之義。

【海會塔】（堂塔）亦云普同塔衆僧之納骨塔也。

【海意菩薩】（菩薩）寶莊嚴土世界之菩薩海意經之發起衆。

【海意菩薩所問淨印法門經】（經名）九卷、宋維淨與法護共譯與大方等大集經海慧菩薩品第五同本

【海滴】（譬喻）如來壽量四喻之一。見喩條。

【海德】（術語）海八德經列八美德。一、汪洋無涯二、海潮不愆期三、不容死臭。四、有七寶珍珠五、五河俱入而無舊名六、霖雨注來亦無增減。七、衆魚有巨身八、鹽味遍中如一。」涅槃經三十七說海之八不思議。華嚴經四十二列海之十德。大部同之。

【海潮音】（術語）音之大者譬之於海潮。又海潮無念、不違其時。與大悲之音聲應時適機而說法相似。法華經普門品曰、「梵音海潮音。」楞嚴經二曰、「佛與慈悲哀愍阿難及諸大衆。發海潮音徧告同會諸善男子。」長水之義疏曰「天鼓無思隨人發響。海潮無念要不失時。此表無緣慈悲應機而說不待請也。」

【海潤國】（地名）華嚴經法界品所說五十三善知識中彌勒菩薩之住國。六十華嚴經五十八曰、「於此南方有一國土名曰海潤。」探玄記二十曰、「此是南天竺近海岸故名海潤國。天竺本名海岸門國。」

【海幢比丘】（人名）華嚴經五十三善知識之第六。

【海龍王】（異類）一時、佛在靈鷲山。無量之衆圍繞時、忽海龍王率無數眷屬詣佛處、佛爲說深法則大歡喜請佛降海底龍宮以受供養。說法。佛許之。時龍王化作大殿以紺瑠璃紫磨黃金莊嚴、寶珠瓔珞七寶爲欄楯。極爲廣大。又自海邊通金銀瑠璃三道寶階使至於龍宮以請世尊及大衆。世尊乃率無量之大衆至龍宮坐大殿之獅子座。更說妙法、以化龍屬。見佛說海龍王經請佛品。

【海龍王女】（異類）海龍王女、字寶錦、與尊者迦葉問答大乘之深義。佛稱讚之。授成佛之記。見海龍王經女寶錦受決品。

【海龍王經】（經名）佛說海龍王經、四卷、西晉竺法護譯。佛爲海龍王說大乘之深義。於龍王龍女阿修倫等與記別者。

【浮孔】（譬喻）浮木之孔也。止觀五曰、「盲龜何由上値浮孔。墜芥豈得下貫針鋒。」涅槃經二十三曰、「淸淨法寶。難得見聞我今已聞。猶如盲龜値浮木孔。」見龜條。

【浮木】（譬喻）幸運難遇、譬如海中之盲龜逢浮木也。雜阿含經十六曰、「大海中有一盲龜壽無量劫、百年一遇出頭、復有浮木正有一孔、漂流海浪、隨風東西、盲龜百年一出、得遇此孔。（中略）凡夫漂流五趣海、還復人身、甚難於此。」涅槃經二曰、「生世爲人難、值佛世亦難、猶如大海中盲龜遇浮孔。」法華經八曰、「佛難得值、如優曇波羅華、又如一眼之龜値浮木孔。」輔行記五之二曰、「如大海中有一盲龜、爾時海中復有浮木、唯木一孔、可立龜身、此龜三千年方得一出、億百千出、何由可値浮木孔。」

【浮陀】（雜語）見佛陀條。

【浮陀跋摩】（人名）又作佛陀跋摩。Buddhavarman 西域人、譯曰覺鎧、見歷代三寶記八、梁僧傳三。

【浮根】（術語）又曰扶塵根。五根有二種、在內正有發識取境之用者、名爲勝義根、眼之如葡萄、耳之如卷葉、外形謂爲浮根扶根、或扶塵根。浮者浮虛不實之義也。楞嚴經一曰、「我觀此浮根四塵、祇在我面。」

【浮雲】（譬喻）維摩經十喻之一。經方便品曰、「是身如浮雲、須臾變滅。」

【浮屠】（雜語）亦作浮圖、休屠。按浮屠浮圖、皆卽佛陀之異譯。佛教爲佛所創、古人因稱佛教徒爲浮屠、佛教爲浮屠道。後幷稱佛塔爲浮屠。參照浮圖條。

【浮想】（術語）虛妄不實之思想也。圓覺經曰、「衆生壽命皆爲浮想。」

【浮圖】（雜語）Buddha, 又 Stūpa 又作浮頭、浮屠、佛圖。舊譯家以爲佛陀之轉音。廣弘明集二曰、「浮圖、或言佛陀、聲明轉也。譯云淨覺、滅穢成明覺、爲聖悟也。」南山戒疏一上曰、「言佛者、梵云佛陀、或言浮陀、佛馱、步陀、浮圖、浮頭、蓋傳音之訛耳。此無其人、以義翻之名爲覺。」秘藏記本曰、「浮圖、佛也。新人曰物他也。古人曰浮圖也。」新譯家以爲窣堵波（卽塔）之轉音。智度論十六曰、「諸聚落佛圖精舍等。」西域記一曰、「窣堵波、卽舊所謂浮圖也。」瑜伽倫記十一上曰、「窣堵波者、此云供養處、舊云浮圖者、音訛也。」梵語雜名曰、「浮圖素覩波、塔制怛里。」世多通用後義。

【浮圖之始】（故事）茶香室叢鈔十三曰、「水經汳水篇注云、汳水又東逕梁國睢陽縣故城北、而東歷襄鄉塢南。」續述征記曰、「西去夏侯塢二十里、東一里卽襄鄉浮圖也。汳水逕其南、漢熹平中某君所立、死因葬之。其弟刻石立碑、以旌厥德、隧前有獅子天鹿、累塼作百達柱八所、荒蕪穨毁、彫落略盡矣。按熹平爲漢靈帝年號、中國之有浮圖、當始見於此。惜某君不傳其姓名。所云累塼作百達柱八所、豈卽浮圖之古制乎。」

【浮塵】（雜語）一切有爲之諸法、浮

塵不實、塵翳眞性、故曰浮塵。楞嚴經二曰、「阿難、汝未明一切浮塵幻化相」同長水疏曰、「虛假不實、汚染眞性、故曰浮塵。」

【浮塵根】（術語）卽眼耳鼻舌身意之六根也。言浮塵根者、眼如蒲萄朵、耳如新卷葉、鼻如雙垂爪、舌如初偃月、身如腰鼓顙、意如幽室見是也。

【浮曇末】（人名）Bhūtamati 比丘名。譯曰至誠意。見月明菩薩經。

【浮囊】（物名）渡海人所帶免沒溺之物也。名義集七曰、「五分云自今聽諸比丘畜浮囊。若羊皮、若牛皮。傳聞西域渡海之人多作鳥翮毛袋。或齊巨牛脬。海船若失吹氣浮身。」慧琳音義三曰、「浮囊者氣囊也。欲渡大海、憑此氣囊輕浮之力也。」經中以譬戒律護持菩薩之戒、猶如海人之於浮囊也。涅槃經十一曰、「譬如有人帶持浮囊欲渡大海。爾時海中有一羅剎、卽從其人乞索浮囊。其人聞已、卽作是念、我今若與、必定沒死。答言羅剎、汝寧殺我、浮囊叵得。（中略）菩薩摩訶薩護持禁戒、亦復如是。如彼渡人護惜浮囊。」

【唄】（雜語）唄匿之略。梵音之歌詠也。見唄匿條。

【唄士】（雜名）又曰唄師。法會唱如來唄云何唄等之梵唄者。

【唄比丘】（人名）又謂之鈴聲比丘、妙聲尊者。其形極爲醜陋、而音聲最好。其梵唄之聲、能感動人畜、故稱爲唄比丘。曾於過去世在佛塔供養金鈴、感此妙聲、故又稱爲鈴聲比丘。賢愚經無惱指鬘品曰、「時波斯匿王將征討鴦仇摩羅、路由祇洹。時祇洹中有一比丘、形極醜陋、音聲異妙、振聲高唄。軍衆傾耳、象馬不肯行。王乃還祇洹、下象至佛所、敬禮問訊云云」談唄比丘之因緣。毘奈耶雜事四曰、「憍閃毘城有一長者。誕一男兒、名爲善和。形貌羸瘦、其聲和雅。」

【唄匿】（儀式）單曰唄、又曰婆陟、婆師。梵音之歌詠也。引聲詠偈頌、是爲讚嘆三寶之功德、故曰唄讚。佛在世有最巧於唄道者、稱爲唄比丘、或鈴聲比丘。佛敎來漢土、人未知唄道之音調。魏陳思王曹植遊魚山、聞巖谷之水聲、自感得之、遂制曲譜云。見漁山條。文句記四曰、「經云唄者、或云唄匿、云讚頌。」行事鈔上四曰、「出要律儀云、如是鬱鞞國翻爲止斷也。又云止息。由是外緣已止已斷、爾時寂靜任爲佛事也。」法華玄贊四曰、「梵云婆陟、此言讚嘆。唄匿訛也。」玄應音義十四曰、「梵言婆師、此言讚嘆。言唄匿者訛也。」高僧傳十三曰、「天竺方俗、凡是歌詠法言稱唄。至於此土、詠經則稱爲轉讀、歌讚則號爲梵唄。昔諸天讚唄、皆以韻入絃管。五衆旣與俗違、故宜以聲曲爲妙。」薩婆多毘尼勒迦六曰、「瓶沙王信佛法往詣佛所白佛言世尊諸外道八日十四日十五日集一處唄誦多得利養眷屬增長願世尊聽諸比丘(中畧)佛言聽諸比丘八日十四日十五日集一處唄誦說法」梵 Pāṭhaka

【唄策】(物名)記梵唄之冊子也。

【唄器】(物名)錫杖、磬、鈴等總爲法會諷誦所用之道具。唄者歌詠也。

【唄讚】(儀式)歌頌讚嘆佛德也。梵語謂歌頌爲唄。諸經要集四有唄讚篇。

【哦】(術語)𑖐又作誐、伽、哧、我、疙。悉曇體文三十五字中牙聲之第三。五十字門之一。字記作「迦」大日經疏作「哦」。金剛頂經曰「誐字門一切法行不可得故」。文殊問經曰、「稱誐字時是甚深法聲」。大莊嚴經曰「唱伽字時出甚深法入緣起聲」。此由 Gata(行)及 Gambhīra(甚深)釋之。[illegible]悉曇五十字門之一。見仰條。

【哦哆也】(雜語)譯曰行。去來不住之義。大日經疏七曰、「梵云哦哆也。是名爲行。行謂去來遊進不住之義。」Gatayaḥ

【悟】(術語)覺之意。對於迷而言。即自迷夢醒覺也。與覺悟同義。

【悟入】(術語)悟實相之理、入於實相之理也。法華經方便品曰、「欲令衆生悟佛知見、故出現於世。欲令衆生入佛知見道、故出現於世」。因(人名)迦濕彌羅國有部宗之羅漢。衆賢論師之師。梵名塞建地羅。見俱舍光記一。

【悟本】(人名)曹洞宗初祖洞山良价禪師之謚號。見曹洞二師錄。

【悟忍】(術語)韋提希夫人以現見阿彌陀佛。廓然大悟、得無生之忍。是爲悟忍。又曰喜忍、亦名信忍。十信位之忍也。觀經定善義曰、「阿彌陀佛國清淨光明忽現眼前。何勝踊躍。因茲喜故、即得無生之忍。亦名喜忍、亦名悟忍、亦名信忍。(中略)是多是十信中忍。非解行已上忍也。」

【悟空】(人名)唐京兆雲陽陝西省西安府涇陽縣人。俗姓車氏。名法界。悟空其字。後魏拓跋氏之胤裔。天寶九年、罽賓大首領薩波達幹與三藏舍利越魔來求和、朝廷遣中使張韜光等四十餘人、師時授左衛與其行焉。取道安西、經歷諸國、至罽賓東都城乾陀羅國。張韜光等既畢使命、將歸。師病不能隨、仍留彼國、後疾漸痊、遂投三藏舍利越魔落髮、號達摩馱都、(譯云法界)。貞元五年、隨中使段明秀歸國、進佛舍利及所譯經。奉勅正度、賜名悟空。後不知所終。勅使翻經三部十一卷、編入貞元錄。圓照錄其行狀。見大唐貞元新譯十地等經記、宋高僧傳等。

【悟眞寺】(寺名)在陝西西安府終南山中覆軍山。隋淨業開基之所。見續高僧傳等。

【悟刹】(雜名)開悟之人所住之國

土。刹為梵語國土之義。圓覺經曰、「若能歸悟刹。先去貪瞋痴。」

【悟道】（術語）開眞實之知見、證悟菩提之道也。

【悟禪】參悟禪理也。苑咸詩、「蓮花梵字本從天、華省仙郎早悟禪。」

【悔】（術語）悔所造之罪惡也。成唯識論七曰、「悔謂惡作。」止觀七下曰、「悔名改往修來。」大乘義章二曰、「追返名悔。」

【悔過】（術語）向三寶而懺悔罪過也。

【悔懺法】（雜名）釋氏通鑑、傳大士告普建等曰、愼護三業、精勤六度、行悔懺法、免墮三塗。按法苑珠林懺悔篇有懺悔儀式。僧徒之禮十方佛皆悔懺之事也。

【悔過經】（經名）佛說舍利弗悔過經之略稱。其他有佛說文殊悔過經一卷。

【悅衆】（職位）別名知事。僧中之職名。司僧中之事務者。僧史畧中曰、「案西域知事。僧總曰羯磨陀那。Karma-dāna 譯為知事。亦曰悅衆。謂知其事、悅其衆也。（中略）秦主勅選道碧法師為僧正、慧遠為悅衆、法欽慧斌掌僧錄。」

【徒弟】（雜名）門徒弟子之略稱。釋氏要覽上曰、「弟子又云徒弟。謂門徒弟子畧之也。」

【徒衆】（雜語）弟子之成羣者。

【徑山】（地名）在杭州臨安府。謂為興聖萬壽禪寺。震旦五山之一。道欽開之。

【徑山道欽禪師】（人名）玄素之法嗣。始駐錫於徑山。唐代宗大曆三年詔使至闕、召對、叶旨、賜號國一。辭歸本山。德宗貞元八年寂。壽七十九。謚為大覺禪師。見宋高僧傳九、傳燈錄四。

【徑山佛鑑禪師】（人名）臥龍破庵祖先之法嗣。名師範。號無準。東福寺之開山聖一、圓覺寺之開山祖元、皆其法嗣也。見無準條。

【徑山虛堂智愚禪師】（人名）道場運庵普岩之法嗣。名智愚、號虛堂。建長寺之紹明其法嗣也。見虛堂條。

【娜】（術語）Da 又作陀、捺。悉曇五十字門之一。大日經所謂「那字門一切法施不可得故」者自 Dāna（布施）釋之。文殊問經所謂「稱娜字時是施調伏律儀寂靜安隱聲」者、自 Dāna（調伏）釋之。

【娜多家瑟吒】（物名）Dantakāṣṭha 譯曰齒木。見梵語雜名。

【娜伽】（雜語）Naga 譯曰山。大日經疏三曰、「山者梵云娜伽、是不動義」。

【娜耶】（術語）Naya 譯曰乘。大日經疏三曰、「梵音娜耶、卽是乘義。道義謂從一念善根乃至成佛、於其中間一一諸地所乘之法所行之道通名娜耶」。

【珠】（物名）喻實相之妙理爲珠。詳見衣珠及髻珠條。

【珠髻大臣】（人名）或云寶髻、或云如意頂髮、其義一也。梵語摩尼、此云如意珠。摩尼是寶之總名。此大臣是王舍城聚落主。

【班禪喇嘛】（職位）Panchen-bla-ma 位在達賴喇嘛之次。見次項。

【班禪額爾德尼】（雜名）即班禪喇嘛也。西藏新志中曰「班禪額爾德尼、世在後藏之札什倫布傳燈承繼者也。統治後藏全體、雖隸屬達賴喇嘛、然其人民對於後藏國王兼法王、有至尊敬之意。按班禪額爾德尼者、藏語智識或文字寶珠之意」。餘見達賴喇嘛條。

【桓因】（天名）釋提桓因之略。帝釋天也。見釋提桓因條。

【根】（術語）Indriya 能生之義。增上之義。草木之根、有增上之力、能生幹枝、因而眼之眼根、有强力能生眼識、則名爲眼根。信有生他善法之力、則名爲信根。又人性有生善惡作業之力、則名爲根性。俱舍論二曰「根者是何義。最勝自在光顯名根。由此總成根增上義」。大乘義章四曰「能生名根」。俱舍光記三曰「勝用增上。故名爲根」。

【三根】（名數）又曰三無漏根。謂見、修、無學三道之無漏智也。一未知當知根。在於見道無漏智、爲向無始以來未曾知之苦集滅道四諦之境、自此當知彼而行動者、故其無漏智名爲未知當知根。蓋在見道者爲苦法智忍至道類智忍之十五心、於此十五心觀上下二界四諦之境、間無論何者。無漏智未曾知之境界、自是當知而始運轉也。但此未知當知根、雖以無漏之慧根爲主、然就同時相應之心心所法、有最勝能者、使之相從、以善根與喜樂捨三受根及信等五根、都合九根爲體。二已知根。是爲修道之無漏智。在修道、於上下之四諦、無所謂未曾知者、無論何者皆已知了、但爲斷修惑、數數觀四諦之境。是名爲已知根。以九根爲體。與上之未知根同。三具知根。是爲無學根之無漏智。即盡智無生智也。無學之聖者、起盡智或無生智、則已已知四諦之理。有此自知。心名爲具知。此具知亦合九根。如上已上爲新譯之名。舊譯名未知欲知根、知根、知已根。見俱舍論二、智度論二十三。

【五根】（名數）有二種。（一）眼等之五根。一眼根。生眼識者。二耳根。生耳識者。三鼻根。生鼻識者。四舌根。生舌識者。五身根。生身識者。俱舍論一曰「五根者。所謂眼耳鼻舌身根」。（二）信等之五根。一信根。信三寶四諦者。二精進根。又名勤根。勇猛修善法者。三念根。憶念正法者。四定根。使心止於一境而不散失者。五慧根。思惟眞理者。此五法爲能生他一切善法之本。故名爲五根。見智度論十九、法界次第中之下、大乘義章四。俱舍論三曰、「於淸淨法中信等五根有增上用。所以者何。由此勢力伏諸煩惱。引聖道故。」

【六根】（名數）於眼等之五根、加意根也。據大乘、則第七之末那識名爲意根。據小乘、則以前念之意識爲意根。此六法有能生六識而使各別緣六境之勝用、故立爲六根。俱舍論三曰、「頌曰。了自境增上。總立於六根。論曰。了自境者。謂六識身。眼等五根。於能了別各別境識有增上用。第六意根於能了別一切境識有增上用。故眼等六各立爲根。」

【二十二根】（名數）一眼根、Cakṣurindriya 二耳根、Śrotrendriya 三鼻根、Ghrāṇendriya 四舌根、Jihvendriya 五身根、Kāyendriya 六意根、Manendriya 已上六根、上所說眼等之六根也。七女根、Śtrindriya 女子身中起色欲之處。八男根、Puruṣendriya 男子身中起色欲之處。九命根、Jivitendriya 有情一期之壽命也。十苦根、Duḥkhendriya 十一樂根、Sukhendriya 十二憂根、Daumanasyendriya 十三喜根、Saumanasyendriya 十四捨根、Upekṣendriya 已上五者、所謂五受也。十五信根、Śraddhendriya 十六精進根、Vīryendriya 十七念根、Śmṛtindriya 十八定根、Śamādhindriya 十九慧根、Prajñendriya 已上五根、所謂信等之五根也。二十未知當知根、Anājñātamājñāsyāmindriya 二十一已知根、Ājñendriya 二十二具知根、Ājñātāvindriya 已上三者所謂三無漏根也。見俱舍論三、大乘義章四。

【根力】（術語）五根與五力。法華經譬喩品曰、「無漏根力覺道。」

【根力覺分】（術語）與根力覺道同。分爲八正道分。思益經一曰、「無漏根分。」

【根力覺道】（術語）五根與五力、七覺支與八正道。

【根上下智力】（術語）十力之一。明瞭衆生根機性情之上下不同、及得果之大小等之佛智力也。

【根本心】（術語）三心之一。第八識爲萬法生起之根本。故名。

【根本印】（術語）諸尊各有根本之印與明。秘藏記私鈔六曰、「諸尊各有根本印明。秘經說愛染王法。誦大根本明(云云)。不動亦有根本印明。三摩地儀軌云。卽結根本印。誦本明七遍(云云)。是說大日根本印明也。如此一一尊各有本印本明。」

【根本依】（術語）諸識四種依之一。

【根本定】（術語）又名根本禪、根本等至。或八等至、略稱根本。對於近分定而言。卽離各下地修惑而得之初禪乃至非想非非想根本地所攝之定也。見俱舍論、毘婆沙論等。

【根本呪】（眞言）觀音之大慈呪。

【根本惑】（術語）對於枝末惑而言。有貪、瞋、痴、慢、疑、惡見之六種。又爲五利使五鈍使之十。與根本煩惱同。

【根本智】（術語）又作如理智、無分別智、正智、眞智等。根本智之名。對於後得智而言。正冥符於眞理。而無能緣所緣之差別、一念之眞智也。此智爲生一切法樂出一切功德大悲之根本。故曰根本智。唯識論十曰、「根本無分別智。親證二空所顯眞理。無境相故能斷隨眠」。三藏法數五曰「根本智亦名無分別智。謂此智不依於心。不緣外境。了一切境皆卽眞如。境智無異。如人閉目外無分別。由此無分別智。能生種種分別。是名根本智」。

【根本會】（術語）金剛界九會曼陀羅之中央會。謂爲根本會。亦曰成身會、羯磨會。

【根本識】（術語）阿賴耶識十八名之一。唯識述記三末曰、「小乘名根本識。」了義燈四本曰、「十六名根本識者。大衆部立爲根本識」。

【根本禪】（術語）又曰根本定。伏下地煩惱所得之上地禪定。謂爲近分。斷下地煩惱所得之上地禪定。謂爲根本。卽定地有色界無色界之八地。故有八根本禪八近分禪。

【根本等至】（術語）卽根本定也。

【根本法輪】（術語）三論宗所立三法輪之一。言華嚴經之說法也。法華遊意上曰「根本法輪者。謂佛初成道。華嚴之會。純爲菩薩。開一因一果法門。謂根本之敎也。」

【根本煩惱】（術語）又曰本惑。本煩惱。謂大乘百法中貪、瞋、痴、慢、疑、惡見之六大煩惱也。惡見以外、謂爲五鈍使。開惡見之一、則有身、邊、邪、取、戒之五見、此謂爲五利使。合而爲十。謂之十隨眠。或十使。共爲根本煩惱。其他爲隨煩惱。又五住地之中、第五之無明住地。爲根本煩惱。其他之四住地爲枝末。

【大日經根本煩惱】（術語）指貪瞋痴慢疑之五使。爲五根本煩惱。

【根本無明】（術語）無始無明之異名。見無始無明條。傳通記糅鈔六曰、「問根本無明其相如何。答我等心性天然迷悟二。其迷本名根本無明。悟本名本覺。此二無始本有。法自性天然理。難及思慮。不出言舌處也。」

【根本業道】（術語）就成一業畫加行、根本、後起之三。其業正成辨時之表業與無表業、名爲根本業道。例如殺生。殺了刹那之所作與所由作而薰發於身中之無表業、謂爲根本業道。無表業其後隨轉而不止。屬於後起。

【根本大樂經】（經名）最上根本大樂金剛不空三昧大教王經之略名。

【根本說一切有部】（流派）Sarvāstivāda 梵名薩婆多部。譯名說一切有部。是於佛滅後三百年之初上座部中立一部者。爾後犢子部等諸部由此分出。故對於其等末部而謂爲根本。

【根本無師自然智】（術語）謂阿字本不生之本覺智。義釋十二曰「今此阿字亦如是。從此根本無師自然之智。一切智業從此而生」。

【根本陀羅尼】（術語）具名無量壽如來根本陀羅尼。又稱阿彌陀大陀羅尼。阿彌陀大咒、十甘露眞言。見阿彌陀條附錄。

【根本薩婆多部律攝】（書名）十四卷、尊者勝友集。唐義淨譯。集薩婆多部之戒律藏者。

【根本說一切有部戒經】（書名）一卷、唐義淨譯。薩婆多部之戒本也。說二百五十戒之戒相。說戒時誦之者。謂爲戒本。

【根本說一切有部尼陀那】（書名）根本說一切有部尼陀那目得迦之略稱。

【根本說一切有部毘奈耶】（書名）五十卷、唐義淨譯。薩婆多部比丘之根本大律藏。梵 Mūla-sarvāstivāda-vinaya

【根本說一切有部毘奈耶頌】（書名）四卷、尊者毘舍佉造。唐義淨譯。攝略有部毘奈耶之偈頌。

【根本說一切有部百一羯磨】（書名）十卷、唐義淨譯。揭受戒說戒懺悔等諸種所關之一一羯磨法者。其事數多。故曰百。就其事爲一一之羯磨別。故曰一。梵 Ekaśata-karman

【根本說一切有部毘奈耶藥事】（書名）十八卷、唐義淨譯。特明食物之事。律以一切之食物爲藥。

【根本說一切有部毘奈耶雜事】（書名）四十卷、唐義淨譯。書受戒安居之大事。其他說些細之雜事者。

【根本說一切有部苾芻尼戒經】（書名）一卷、唐義淨譯。薩婆多部比丘尼之戒本也。於比丘尼之布薩誦之。

【根本說一切有部毘奈耶隨意事】（書名）一卷、唐義淨譯。特明自恣之事。

【根本說一切有部毘奈耶出家事】（書名）一卷、唐義淨譯。特明受戒之事。

【根本說一切有部毘奈耶安居事】（書名）一卷、唐義淨譯。明安居之事。

【根本說一切有部毘奈耶破僧事】（書名）二卷、唐義淨譯。特明提婆破僧之事。

【根本說一切有部尼陀那目得迦】（書名）十卷、唐義淨譯。尼陀那者、十二部中之因緣經。於前五卷說之。目得迦者十二

部教中之本事經、於後五卷說之。是關於律之緣起本生也。梵 Mūlasarvāstivādanidānamātṛka

【根本說一切有部苾芻習學略法】（書名）一卷元拔合思巴集。

【根本說一切有部苾芻尼毘那耶】（書名）二十卷唐義淨譯薩婆多部比丘尼之根本大律藏也。梵 Bhikṣuṇī-vinaya

【根本說一切有部毘奈耶皮革事】（書名）二卷唐義淨譯特說皮革之事。

【根本說一切有部毘奈耶雜事攝頌】（書名）一卷唐義淨譯攝略毘奈耶雜事之偈頌。

【根本說一切有部毘奈耶羯耻那衣事】（書名）一卷唐義淨譯明功德衣之事。

【根本說一切有部毘奈耶尼陀那目得迦攝頌】（書名）一卷唐義淨譯。十卷尼陀那目得迦中之本頌別行者。

【根身經】（術語）阿賴耶識三種境之一。言眼等五根身為阿賴耶識之相分。

【根利有遮無遮】（術語）根性銳利、不為煩惱所遮者。如佛在世之舍利弗。根性銳利、為煩惱所遮者。如佛在世之闍王央崛。見止觀二下。

【根門】（雜語）眼等六根為漏出種種煩惱、入種種妄塵之門戶。故曰根門。雜阿含經十一曰「善關閉根門。正念攝心位。」

【根性】（術語）氣力之本曰根。善惡之習慣曰性。輔行二之四曰「能生為根。數習為性。」

【根見家】（術語）又名眼見家。卽立眼根能見色境之說也。蓋古來說五識依五根各緣自境時、眼識能見色乃至身識能覺觸。或眼根能見色乃至身根能覺觸者。凡有四種。一根見、二識見、三根識相應之慧見、四根識和合見也。見大毘婆沙論等。

【根缺】（雜語）卽五根中一或二三等缺減不具者。見往生論。

【根境】（術語）又名根塵。卽色之所依而能取境者、謂之根。根之所取者、謂之境。根有五根六根之別。境有五境六境之別。六根六境、又稱十二處或十二入。見俱舍論等。

【根境識】（術語）又名根塵識。卽有取境之作用者、謂之根。所緣謂之境。能緣謂之識。五根五境五識、謂之前十五界。六根六境六識、謂之十八界。眼識以眼根為所依緣色境乃至意根以意識為所依緣法境。見俱舍論成唯識論等。

【根敗】（雜語）眼等五根敗壞而不為用也。維摩經佛道品曰「譬如根敗之士、其於五欲不能復利。如是聞諸斷結者、於佛法中無所復益。」同慧遠疏曰「眼等名根。根壞名敗。根壞之人名根敗士。於色聲等不能照矚。」

【根敗壞種】（術語）聲聞緣覺之二乘、乘可成佛之根機壞無有可證佛果之因也。此起於維摩經維摩叱二乘爲根敗壞種。亦曰根敗、二乘敗種二乘。

【根淨】（術語）六根淸淨之功德也。法華經法師功德品所說於圓敎相似卽之位得此功德。見六根淸淨條。

【根塵】（術語）根爲眼等之六根。眼等所對之色等六境曰塵。止觀一下曰、「根塵相對、一念心起。」

【根器】（譬喩）人之性譬諸木而曰根、根能堪物曰器。大日經疏九曰、「界說法有四種。謂三乘及秘密乘。雖不應悋惜。然應觀衆生量其根器而後與之。」

【根邊蘊】（術語）對於一味蘊而言。由細意識而起之有間斷五蘊也。小乘經量部所立。見異部宗輪論述記等。

【根機】（術語）人之性譬諸木而曰根。根之發動處曰機。修行之與廢、敎法之進止、一由此根機之如何。最勝王經七曰、「隨彼根機令習定。」寄歸傳二曰、「巧應根機。善誘人天。」

【根緣】（術語）人之根性與境遇之緣務。玄義分記三曰、「根緣不同、就戒授五八十具等戒。就定敎於觀練薰修等定。」

【根闕】（雜語）眼根等不具足者。聾盲瘖瘂之類。淨土論曰、「大乘善根界等無譏嫌名。女人及根闕二乘種不生。」與根缺同。

【根識】（術語）阿賴耶識十八名之一。了義燈四本曰、「十六名根識者大衆部立爲根本識。」

【校飾】（雜語）宋書禮志第六品以下、不得服金鐶及以金校飾之器物。齊書輿服志皇太子象輅校飾、如御旂九旒降龍。又漆畫輪車金塗校飾如輦、微有減降。佛國記、昔天帝釋試菩薩、化作鷹鴿。割肉貿鴿處、佛卽成道。與諸弟子遊行、語云、此本是吾割肉貿鴿處。國人由是得知。於此處起塔、金銀校飾。餘詳絞飾條下。

【校量】（術語）又曰校量。校較雖通。而以校爲本。廣韻曰、「較。又古孝切。音敎。與校通、比較也。」比量物之多少曰校量

【校量歎】（術語）欲讚嘆任何之功德、先假舉一大功德、使知其分量、而後以之況知其他功德之更大也。天台嘉祥謂之格量歎、慈恩謂之校量歎。法華經隨喜功德品之所明者、其一例也。

【校量功德經】（經名）希有校量功德經之略稱。

【校量數珠功德經】（經名）有二。一曼殊室利咒藏中校量數珠功德經之略稱。一佛說校量數珠功德經一卷、唐寶思惟譯。此二爲同本、校量數珠之體質、而以菩提子

爲至極者。

【較量一切佛刹功德經】（經名）佛說較量一切佛刹功德經一卷。宋法賢譯。較量諸佛國土時分之長短者。

【較量壽命經】（經名）佛說較量壽命經一卷。宋天息災譯。較量娑婆世界一切壽命之長短者。

【格外】（術語）超常格也。非尋常者。碧巖九則評唱曰、「須是斬斷語言格外見諦透脫得去」。

【格外句】（術語）越常格而向上之語句。從上祖家之語句皆然。碧巖二十一則垂示曰「太平特節者辨得格外句。舉一明三」。

【殊底迦】（人名）長者名。見殊底色迦條。

【殊底色迦】（人名）Jyotiska 又作聚底色迦、殊底迦、樹提伽、殊底穡迦。長者名。譯曰星曆、有命、火生。西域記九曰、「殊底色迦長者。唐言星曆。舊曰樹提伽訛也」有部目得迦七曰、「聚底色迦。舊云樹提伽訛也」倶舍論光記五曰、「佛遣人入火抱取殊底穡迦。此云有命。舊曰樹提迦訛也。彼之父母其家巨富。年老無子。忽因懷孕。問諸外道、咸言是女而不長命。及其問佛。佛記是男。長年具德。外道無識。方便藥中。母喪斃軀。子安無損。佛遣能活命（梵曰時縛迦）入火抱取。有命由佛記力故不死。能活命由佛使故不死。委說如經」。可洪音義十上曰、「樹提伽。此云火生長者」。

【殊致阿羅婆】（人名）仙人名。譯曰光味。見大集經四十二。Jyotirasa

【殊勝】（術語）事之超絕而世所希有者曰殊勝。

【殊勝池】（雜名）在帝釋殊勝殿前之殊勝池也。倶舍論十一曰、「天帝釋所都大城中有殊勝殿。種種妙寶具足莊嚴。蔽餘天宮故名殊勝」順正理論三十一曰、「四苑各有一如意池」六波羅蜜經三曰、「曼陀枳尼殊勝池水沐浴無由」

【殊勝殿】（雜名）帝釋之宮殿也。見殊勝池條。

【殊徵伽】（流派）Judinga 四種外道之一。見外道條。

【旃丹】（地名）見震旦條。

【旃茶羅】（雜名）佛國記、舉國人民、悉不殺生、不飲酒、不食葱蒜。唯除旃茶羅。旃茶羅名爲惡人。與人別居。按卽旃陀羅。

【旃延】（人名）迦旃延之略。比丘名。

【旃陀利】（雜名）見旃陀羅條。

【旃陀越】（地名）國名。所在不明。

【旃陀越國王經】（經名）Candrapati-sūtra 一卷。宋沮渠京聲譯。旃陀越國王信婆羅門之譖。埋懷胎之夫人於土中。兒生

於塚中母之半身不朽三年飲乳至六歲佛度使出家證阿羅漢果乃以神通化其父王

【旃陀羅】（雜名）Caṇḍāla 又作旃荼羅譯曰屠者嚴熾執暴惡人下姓等在四姓之外以屠殺爲業者男曰旃陀羅女曰旃陀利玄贊九曰「旃陀羅云屠者不律儀也正言旃荼羅此云嚴熾惡業自嚴行持幖幟搖鈴持竹爲自標故」玄應音義三曰「旃陀羅或云旃荼羅此云嚴熾謂屠殺者種類之名也一云主殺人獄卒也案西域記云其人若行則搖鈴自標或拄破頭之竹若不然王卽與其罪也」法顯傳曰「旃荼羅名爲惡人與人別居若入城市則擊木以自異人則識而避之不相搪揬」同二十三曰「旃荼羅此云執暴惡人亦言惡殺」阿育王經三曰「旃陀利女翻下姓」

【旃陀阿輸柯】（人名）Cāṇḍaaśoka 阿輸柯王作暴惡人稱爲旃陀阿輸柯旃陀爲旃陀羅譯言暴惡或可畏阿育王經一曰「阿育王瞋卽以竹箔裹諸女人以火燒之以其惡故時人謂爲旃陀阿輸柯王翻可畏」

【旃陀耆利柯】（地名）Caṇḍagiri 譯曰可畏山見阿育王經一

【旃陀婆羅鞞】（人名）王名譯曰月光見戰達羅鉢喇婆條

【旃陀羅提婆】（人名）Candradeva 比丘名譯曰月天見求法高僧傳上

【旃育迦】（人名）王名佛滅後七百年出再建祇園精舍法苑珠林三十九曰「經律大明祇桓寺之基趾多云八十頃地一百二十院准約東西近有十里南北七百餘步祇陀須達二人共造成之巳後經二百年被燒都盡（中畧）於後五百年有旃育迦王依地而起十不及一」

【旃叔迦】（物名）Kiṃśuka 寶名見甄叔迦條

【旃提羅】（術語）譯曰奄人斷男根者勝鬘經曰「卽遣內人名旃提羅」同寶窟上本曰「旃提羅此云奄人（中畧）又旃提羅者此云善信其人善而有信言善信今謂奄人是其通名善信當其別名未曾有經云旃提羅翻爲應作」梵Ṣaṇḍila(Ṣaṇḍha, Ṣaṇḍa Ṣaṇḍha,)

【旃達羅伐摩】（人名）Candravarman 比丘名譯曰月胄見慈恩傳二

【旃遮】（人名）又作旃闍戰遮婆羅門名又名遮摩那梵音 Ciñca Māṇavikā 光明玄上曰「若饑得食病得差獄得出獼猴得酒旃遮婆羅門飽食指腹皆是世人暢情爲涅槃爾」此婆羅門女名孫陀利爲腹盆而謗佛佛九惱之一興起行經下曰「佛告舍利弗往昔阿僧祇劫前有佛名盡勝如來爾時有兩種比丘一名無勝一名常觀波羅

那城有長者、名大愛。有婦曰善幻。兩比丘往其家爲檀越。善幻供養無勝四事無乏、供養常觀至薄。以無勝比丘斷諸漏六通具足、常觀比丘結使未盡。故常觀自言無勝比丘與善幻通、不以道法供養自以恩愛耳。汝知爾時常觀、卽我身是。善幻婦人、今婆羅門女名旃遮者是。我爾時無故以無勝羅漢罪無數千載在地獄受諸苦痛。今雖爲佛、爲諸大衆說法要時、以餘殃故多舌童女以鉢盂起腹、來至我所曰沙門何故不說自家事、乃說他事。汝今獨樂、不知我苦。汝先與我通使我有身今當臨月。爾時衆會皆低頭默然。時釋帝桓因侍後扇佛、以神力化一鼠入其衣裏嚙鉢盂。忽然落地。諸四衆及六師之徒見盂墮地皆大歡喜、揚聲稱慶。智度論二曰「旃闍婆羅門女帶盂謗佛。」法顯傳曰「外道女名旃遮摩那起嫉妬心。乃懷衣著腹前似若姙身。」西域記六曰「瞿伽梨陷坑南八百餘步有大深坑。是戰遮婆羅門女毀謗如來生身陷入地獄之處。」

【旃遮婆羅門女】(人名) 見前項。

【旃檀】(植物) 具名旃檀娜 Candana 香木名。譯曰與樂。出自南印度摩羅耶山。其山形似牛頭。故名牛頭旃檀。慧苑音義上曰「旃檀、此云與樂。謂白檀能治熱病、赤檀能去風腫。皆是除疾身安之樂。故名與樂。」玄應音義二十三曰「旃彈那、或作旃檀那。此外國香木也。有赤白紫等諸種。」案漢明帝時天竺國竺法師將畫釋迦像是優塡國旃檀師第四作也。又按本草謂檀香有白檀黃檀紫檀之別。故古今注稱紫檀爲旃檀。此紫檀乃檀香之別種。非今通用之紫檀木也。

【蛇衛旃檀】(物名) Uragasāra-candana 蛇所住之旃檀樹也。

【旃檀香辟支佛】(佛名) 四緣覺之一。麟喻獨覺也。在胎藏界曼荼羅釋迦院上行北端第八位。密號曰淸冷金剛。形瘦色黃白、左掌向外立於胸之脇、右手執袈裟角坐於赤蓮。

【旃檀耳】(飲食) 生於旃檀木之耳。純陀以之供佛。佛受之而涅槃。純陀又作周那。長阿含經三曰「爾時世尊於負味城隨宜住已。告賢者阿難俱詣波婆城。(中略)路由末羅至波婆城闍頭園中。時有工師子名曰周那。(中略)卽請世尊明日舍食。時佛默然受請。(中略)大衆圍繞往詣其舍就座而坐。是時周那尋設飲食供佛及僧。別煮旃檀樹耳、世所珍奇。獨奉世尊。佛告周那勿以此耳與餘比丘。周那受教。不敢輒與。」玄義七曰「八十二歲老比丘身詣純陀舍持鉢乞食。食旃檀耳羹。食訖說法。果報壽命中夜而盡。」

【旃檀那】(植物) 見旃檀條。

【旃檀烟】（故事）謂佛之荼毘也。以旃檀爲薪而荼毘佛也。

【旃檀薪盡】（故事）言佛之涅槃也。法華經序品曰、「佛此夜滅度如薪盡火滅。」

【旃檀瑞像】（圖像）優填王所作之佛像也。見瑞像條。

【旃檀罽昵吒】（人名）月支國王名。征中印度、將馬鳴菩薩而還。見付法藏傳五馬鳴傳。

【旃檀香身陀羅尼經】（經名）一卷、趙宋法賢譯。有陀羅尼名旃檀香身。誦持之、則能見觀音。又除身之惡疾。

【時】（術語）時有假實之二。實時曰迦羅 Kala 是世間之實時也。二曰三昧耶 Samaya 是以名刹那生滅之分位者、非有時之實性、故名之爲假時。唯識論所謂世無別體、依法而立是也。佛教中經論之二藏、多說三昧耶假時。律藏多說迦羅之實時。見三昧耶條。

【時乞縛】（雜名）Jihvā 譯、舌、能嘗之義也。見義林章三本。

【時分】（雜語）西天之曆法分晝夜有種種。依佛法則以晝三夜三之六時爲常法。阿彌陀經曰、「晝夜六時雨天曼陀羅華。」」大日經疏四曰、「如梵曆中說晝夜各有三時。」因其世法分爲八時。西域記二曰、「居俗日夜分爲八時。」註曰、「晝四夜四。於一一時各有四分。」因晝夜分十二時。是依大集經所說十二時神獸之說。支那日本古來襲用之。見十二獸條。因晝夜分三十時。俱舍論五曰、「百二十刹那爲怛刹那量。臘縛此六十。此三十須臾。此三十晝夜。三十晝夜月。」智度論四十八曰、「日名從旦至旦。初分中分後分。夜亦三分。一日一夜有三十時。」一因晝夜分六十時。大日經疏四曰、「時分者。西方曆法。晝夜各有三十時。一一時則有名號。如晝日即量影長短計之。某時作事即吉。某時則凶。某時中平。各各有像類」。

【時外道】（流派）又曰時散外道。十三外道之一。見外道條。此執有眞實時體以生一切萬物之外道也。

【時衣】（術語）佛法準於時藥時食等、亦有時衣。如入王宮聚落時、著僧伽梨。居房時著安陀會、謂之時衣。智度論二十二曰、「如佛說有時藥時衣時食。」

【時成就】（術語）六成就之一。

【時宗】（流派）日本二十宗之一。時宗者具稱六時往生宗。以晝夜六時專修善導之往生禮讚爲往生之業、因故名。

【時雨金剛】（菩薩）見雲金剛條。

【時非時經】（經名）一卷、西晉若羅嚴譯。記時念非時食之法。

【時食】（飲食）四藥中之時藥也。見四藥條。

【時毘多迦羅】(異類)譯曰食壽命。鬼神名。見孔雀王咒經上。梵 Jivitākāra

【時處諸緣】(術語)時爲十二時。處爲淨處不淨處。諸緣者止觀四之二所謂「息諸緣務者。生活人事伎藝也」是也。往生要集下本曰、「只是男女貴賤不簡行住坐臥。不論時處所緣。修之不難。願求往生。得其便宜。不如念佛」

【時處儀軌】(書名)金剛頂經一字頂輪王瑜伽一切時處念誦成佛儀軌之略名。

【時婆時婆迦】(動物)Jīvajīva 見耆婆耆婆條。

【時散外道】(流派)與時外道同。

【時衆】(雜名)總指僧俗之五衆曰時衆。觀經玄義分曰、「道俗時衆等。各發無上心」

【時媚鬼】(異類)又曰精媚鬼。三鬼之一。見鬼條。

【時經】(經名)時非時經之畧名。

【時解脫】(術語)七聖之一。

【時節意趣】(術語)見別時意趣條。

【時漿】(飲食)四藥中屬於時藥之漿類也。見漿條。

【時論師】(流派)二十外道之一。見外道條。

【時縛迦】(人名)Jīvaka 舊云耆婆。新云時縛迦。西域記九曰、「時縛迦。大醫。舊云耆婆。訛也」

【時機純熟】(術語)時孚與衆生之機根將純熟。得教法之化益。最爲便利也。

【脅】(人名)卽脅尊者。

【脅士】(術語)又作脅侍、挾侍。立於佛兩脅之菩薩也。士爲大士。菩薩之譯名。常侍佛贊佛化衆生之大士也。觀音勢至爲阿彌陀佛之脅士。(觀經)日光月光爲藥師佛之脅士。(藥師經)文殊普賢爲釋迦佛之脅士。(華嚴經)若在小乘。則以大迦葉阿難爲脅士。

【脅比丘】(人名)與脅尊者同。

【脅侍】(術語)與脅士同。侍爲侍者。

【脅尊者】(人名)梵曰波栗濕縛、Pārśva 又作波奢。付法傳中第十祖。小乘有部衆人勸迦膩色迦王爲婆娑結集者。卽第四結集之人。其所以稱脅者。西域記二曰、「波栗濕縛。唐言脅。初尊者之爲梵志師也。年垂八十。捨家染衣。城中少年便誚之曰。愚夫朽老。一何淺智。夫出家者。有二業焉。一則習定。二乃誦經。而今衰耄。無所進取。濫跡清流。徒知飽食。時脅尊者聞諸譏議。因謝時人而自誓曰。我若不通三藏理。不斷三界欲。得六神通。具八解脫。終不以脅而至於席。(中畧)綿歷三歲。學通三藏。斷三界欲。得三明智。時人敬仰。因號脅尊者」玄應音義二十五曰、

「脇尊者付法藏中波奢比丘。常坐者也。」付法藏傳五曰、「彼脇比丘由昔業故在母胎中六十餘年。既生之後鬚髮皓白。厭惡五欲。不樂居家。往就尊者佛陀密多稽首禮足。求在道次。(中略)勤修苦行。精進勇猛。未曾以脇至地而臥。時人卽號爲脇比丘。」

【脂那】(雜名) 卽支那。翻譯名義集脂那條云。一云支那。此云文物國。卽贊美此方是衣冠文物之地。二云指難。此云邊鄙。卽貶挫此方非中國也。西域記云。摩訶至那。此曰大唐。

【胸行】(雜名) 以胸步行者之意。蛇、蜥蜴等也。

【胸字】(術語) 佛三十二相之一。謂胸上之卍字也。觀佛三昧經三曰、「是時世尊披僧祇支示胸德字。令比丘讀誦德字。已知佛功德智慧莊嚴於卍字印中說佛八萬四千諸功德行。比丘見已。讚嘆佛言世尊甚奇特。但於胸字說無量義。何況佛心所有功德。」

【特尊】(術語) 三界中佛特尊貴也。智度論一曰、「我神德無量。三界特尊爲一切覆護。」

【特勝】(術語) 觀法名。十六特勝也。見十六特勝條。

【特欹拏伽陀】(術語) Dakṣiṇāgāthā 譯言施頌。對於施物祈願施主之福之伽陀也。舊曰嚫是也。寄歸傳一曰、「特欹拏伽陀、是持施物供奉之儀。特欹尼師。卽是應合受供養人。是故聖制。每但食了。必須誦一兩陀那伽陀報施主恩。」慧琳音義六十曰、「特欹拏此云將施物供養三寶之義。伽陀、卽偈頌也。是咒願施主福德資益之意。(中略)初引佛經。後加人意所頌也。」

【特懺】(術語) 大日經疏十有曰、「除一切惡趣特懺」故世間於塔婆之裏書Dhvaṁ也。

【祠部牒】(物名) 自祠部給度牒、故度牒曰祠部牒。釋氏要覽上曰「祠部牒自尙書省祠部司出故稱祠部」僧史畧曰、「唐會要曰則天延載元年五月十五日勅天下僧尼隸祠部」

【祠部筒】(物名) 以竹筒盛度牒。行脚之人隨身帶之者。見象器箋十九。

【祠堂經】(儀式) 在佛寺或檀家之祠堂或單對牌位於其忌日誦經、謂爲祠堂經。永代修之故。亦曰永代經。

【祠堂銀】(物名) 檀越爲祠堂經納錢財於佛寺、佛寺以之爲常住而保存之。謂爲祠堂銀。又曰長生錢。亦曰無盡財。釋氏要覽下曰、「寺院長生錢。律云無盡財。蓋子母展轉無盡故。」

【祖元】(人名) 字子元、號無學。宋慶元府人。年十四至徑山參佛鑑。年十七有所省悟。佛鑑寂後、徧歷諸處。年三十六、了然大悟。更無餘蘊。太傅賈似道聞元道譽、引使住天台山眞如寺。元開堂、酬佛鑑之恩。居七歲、侵於北虜。兵戈去而至溫州雁蕩。兵役壓溫境、舉衆逃竄。元獨兀坐堂裏。虜首欲加刄、元不動。述一偈曰、乾坤無地卓孤笻、喜得人空亦法空。珍重大元三尺劍、電光影裏斬春風。羣虜感悔、作禮而退。明年還天台山、爲天童寺首座。日本弘安二年、建長寺缺席。平時宗發使、幣求明宿。明州太守以元應之。弘安五年、時宗創圓覺寺、請元爲開山第一祖。同九年九月三日寂。壽六十一。謚曰佛光禪師。

【祖忌】（術語）各宗開祖之忌日。

【祖師】（術語）祖者始也。始立法爲人之師表者。通於顯密敎禪。春秋正義曰、「啖助曰、三傳之義、本皆口傳、後之學者、乃著竹帛、而以祖師之目題之。」漢書外戚傳曰、「定陶丁姬易祖師丁將軍之元孫。」師古注曰、「祖始也、丁寬易之始師。」故釋老二氏稱其創立宗派之人曰祖師。

【祖師西來意】（術語）初祖達磨自西天來此土、傳禪法、究竟意思如何。究此意思者、卽究佛祖之心印也。五燈會元（趙州章）曰、「僧問如何是祖師西來意。州云、庭前柏樹子。」碧巖十七則曰、「僧問香林、如何是祖師西來意。林云、坐久成勞。」同二十則曰、「龍牙問翠微、如何是祖師西來意。微云、與我過禪版來。牙過禪版與翠微、微接得便打。牙云、打卽任打、要且無祖師西來意。」

【祖師堂】（堂塔）禪苑安置初祖達磨之堂名也。

【祖師會】（行事）禪苑於歲旦陳列列祖之遺像及書畫等、使衆人拜觀、稱爲祖師會。

【祖師禪】（術語）不立文字、祖祖本傳之禪也。對楞伽經所說之如來禪而立此稱。卽以如來禪爲敎內未了之禪、以祖師禪爲敎外別傳至極之禪也。傳燈錄十一（仰山章）曰、「師問香嚴、師弟近日見處如何。嚴曰、某甲卒說不得。乃有偈曰、去年貧、未是貧、今年貧、始是貧。去年貧、無卓錐之地、今年貧、錐也無。師曰、汝只得如來禪、未得祖師禪。」

【祖師關】（術語）入於祖師位之關、門無門關曰、「參禪須透祖師關。」寶林傳曰、「期城太守楊衒之問達磨曰、西國相承稱祖、何義。達磨曰、明佛心宗、行解相應、名爲祖師。」

【祖訓】（術語）佛祖之敎訓。資持記中一之一曰、「佛敎廣示祖訓重彰。」

【祖庭事苑】（書名）八卷、宋睦庵著。摘解雲門錄以下錄中之熟語故事。

【祖道】（術語）祖師之道。

【祖意】（術語）祖師之意、各就自宗而言、又敎禪相對、而天台眞言等諸家之意曰敎意。敎外別傳之禪曰祖意。是以祖祖直指之心印故也。

【祖像】（術語）開祖之影像。

【祖燈】（雜語）列祖之法燈也。業疏濟緣記一上曰、「僧海還同於一味。祖燈分照於無窮。」

【神】（術語）有靈妙不測之德者之通稱。通名八部衆。天神乃至阿修羅神等。

【神力】（術語）又曰神通力。神爲妙用不測之義、通爲通融自在之義、力爲力用之義。謂不測之妙力、融通自在也。是在定慧、爲定力所生。屬於慧。在如來之四智五智、屬於成所作智。法華經序品偈曰、「諸佛神力、智慧希有。」參照通條。

【二種神力】（名數）一令遠處見聞神力、佛在一處說法、以神通力使他方異土之衆生、皆得見聞也。二令各各見佛神力、佛在一處說法、能使一一衆生各自在佛前見說法、如日出而影現於衆水也。見智度論九。図一現身面言說神力、初地之菩薩、住於佛之神力、入於大乘照明三昧、入是三昧已、十方世界之一切諸佛、以神通力、爲現一切身、當面說法也。二以手灌頂神力。初地之菩薩、得三昧神力、於千劫積集善根成就時、次第入於諸地乃至第十法雲地、住大蓮華微妙宮殿、坐大蓮華寶師子座、衆寶瓔珞莊嚴其身、黃金薝蔔如日月光明。是時一切如來自十方來、就大蓮華宮殿座上、以甘露灌其頂。見楞伽經二。

【三種神力】（名數）見通條。

【十神力】（名數）一、吐舌相。經曰、「現大神力。出廣長舌上至梵世。」長舌者、不妄語之報也、故表法華經迹門之開權顯實、本門之開迹顯遠、所說眞實不爲虛妄、而出廣長舌也。二、通身毛孔放光照十方。經曰、「一切毛孔放於無量無數色光。皆悉遍照十方世界。」是表佛慧之究竟也、初於序品中、放白毫光、照東之一方、表七方便之人初見一理、今本門既覺、放一切光、照一切土、能終初因、究竟佛慧故也。三、謦咳。經曰、「然後還攝舌相、一時謦咳。」謦咳爲將語時之狀。又爲通暢之相。表本迹二門之敎通暢也。四十餘年秘隱眞實、今得伸暢而無有遺滯、是我出世之大事通暢、故謦咳也。又以此法付諸菩薩、欲使導利後世之衆生、將語之、是故謦咳也。四、彈指。經曰、「俱共彈指。」是表隨喜也。天竺國俗、歡喜時爲彈指。今七方便人同隨喜入於圓道、得圓道而增智、隨喜損生、隨喜受持諸菩薩眞淨之大法。隨喜後世得無上之寶也。五、地六種動。經曰、「是二音聲徧至十方諸佛世界。地皆六種震動。」是表於住行向地等妙之六位動無明也。六、普見大會。經曰、「其中衆生天龍（中畧）諸四衆恭敬圍繞釋迦牟尼佛。既見是已、皆大歡喜。」是表諸佛之道同也。七、空中唱聲。經曰、「卽時諸天於虛空中高聲唱言(中畧)名妙法蓮華經。敎菩薩法諸佛所護念汝等當深心隨喜」是表於未來此敎法之被流通也。卽四一之中之敎一也。八、南無釋迦牟尼。經曰、「彼諸衆生聞虛空中聲已合掌向娑婆世界。作如是言南無釋迦牟尼佛」是一示佛弟子。表四一中之人一。一表未來有人一也。九、遙散諸物雲聚而來。經曰「以種種華香(中略)珍寶妙物皆共遙散娑婆世界所散諸物從十方來譬如雲集變成寶帳徧覆此間諸佛之上。」是表檀波羅蜜於未來有行一也。十、十方通同。經曰、「於時十方世界通達無礙。如一佛土。」是表未來之理一也。見法華經如來神力品。問、何以知此十相表現意、復表將來之意。答曰、於下文「我以是神力、於無量無邊百千萬億阿僧祇劫爲囑累故、說此經功德。」觀之。表現表當其義明矣。見法華文句十之一。

【十神力無礙用】(名數)一、多世界置一塵無礙用。二、一塵現多佛刹無礙用。三、衆海水置一毛孔往返十方不嬈衆生無礙用。四、多世界內自身中示現一切神通無礙用。五、一毛繫多金剛山持行十方令衆不怖無礙用。六、多劫作一劫力作多劫示現成壞差別無礙用。七、多世界現四大變壞不惱衆生無礙用。八、多世界三災壞時不損衆生無礙用。九、一手持多世界擲於界外不驚衆生無礙用。十、說一切刹同虛空令衆生悟解無礙用。見華嚴經。

【神力所持】(修法)見神變加持條。

【神人】(術語)是幽顯之二衆也。

【神女】(雜名)天女或女巫也。

【神分】(術語)說法明眼論曰、「若供養佛菩薩像、以開眼爲始。若讚嘆法寶、以神分爲初。」神分者。於法事之初、對於五類諸天兩神、誦般若心經一卷也。是一以除却惡魔邪鬼。一以請善神之擁護。其神分之文曰、「抑日來之間。降臨道場。所隨喜善根。天神地祇重奉法樂莊嚴。威光倍增。」次爲總神分般若心經一卷。明眼論曰、「問、何故神分唯用般若。答、雖可任用何經、然別指一經。此殊難定。其用般若經者、實有深意。其深意謂第六天魔王、嘆三界衆生數減、擬廻種種方便、使衆生輪廻六道、故人發善心修佛事、必出三界、出三界、必其數減、以是在修佛事所、成其障礙。如來悲此事、於心經說無眼耳鼻舌身意。說無色聲香味觸法。魔民聞此說時、深成禁忌、念言、佛陀說無六根六境六識、而佛是三達大聖、不妄語眞人、如來說無十八界、我等欲妨障何物、作是念時、魔王三業柔和、退還本宮、此時善神歡喜、聽受法味、守護施主也。」

【五種神分】(名數)明眼論曰、「一

勸請神分、必須勸請權實諸神故。二除障神分、依守護神念力可除天魔障礙故。三顯本神分、依修善力顯本地倍增威光故。四和合神分、依本迹和合可滿足二世悉地故。五供養神分、依上四種使諸天龍神等歡喜供養禮拜讚嘆故。」

【神文表白】（儀式）誦神分已、次對住持之三寶讀表白文。其表白有六事。一先讚修善之體。二嘆施主之意。三願成聖靈之菩提。四願成就聽衆之願。五言所修之善根、廻向於法界之衆生。六終請增諸天威光。

【神文表白願文】（雜名）隨願文之有無、若有願文、則表白已後讀之。其願文隨施主之意製之。見明眼論。

【神分心經】（儀式）法會之初、爲勸請神祇讀般若心經一卷、以拂魔障。見神分條。

【神光】（術語）諸佛之光明、神變不測、離分別之相、故稱神光。讚阿彌陀佛偈曰、「神光離相不可名、故佛又號無稱光。」止觀一之二曰「彌陀佛放神光現月蓋門。」

【神我】（術語）外道所執之實我也。我體常實而爲靈妙不思議、稱爲神我。數論外道二十五諦之第二十五稱爲神我諦。Purusa 又曰 Atman 以思爲體、遠離二十三諦、而以神我獨尊爲涅槃。唯識述記一末曰「金七十論神我以思爲體。」其他一切之外道、有自我他我、卽蘊離蘊等差別、而要之於諸種之法、亦皆妄執神我也。故佛說三法印中諸法無我印、印定內外之二敎。

【十六神我】（名數）與十六知見同。見十六知見條。

【神我外道】（流派）十種外道之一。如數論、勝論等立人天各自有常住之神我而主宰萬有之外道也。見行事鈔下四之二。

【神妙】（雜語）神者以不測而名妙者以不可思議而名。大灌頂神咒經二曰、「不肯信受此神妙經。」

【神足】（術語）神足通也。又曰神境智證通略曰神境通。五通之一。見通條。

【神足月】（術語）又曰神變月。正五九三長齋月之異名也。此月諸天以神足巡行四天下、故曰神足月。或神變月。雜阿含經四十曰「於月八日十四日十五日及神變月受戒布薩。」同四十一曰、「汝等諸瞿曇於法齋日及神足月受持齋戒修功德不。」智度論十三曰、「六日神足月受持清淨戒。」不空羂索神變眞言經曰、「修此法者、當於十方一切諸佛神通月修。所謂正月五月九月白月一日至十五日。」見三長齋月條。

【神坐】（雜語）神之坐位也。周禮遂師曰、「帷帟先註曰、先張神坐也。」儀禮少牢饋食曰「設几於筵上。」注曰、布陳神坐也。東觀餘論曰、「近歲有商於一耕夫得漢石刻數種。有云圜公神坐、綺里季神坐、甪里先生神坐、皆漢人隸書神坐之稱古矣。」

【神明】（術語）天神地祇也。不測曰神、靈明如鏡曰明。無量壽經下曰「日月照明。神明記識。」賢劫經一曰、「諸天神明、人與非人、愛重至德。」藥師經曰、「解奏神明。呼諸魍魎。」大方等陀羅尼經一曰、「當以神明爲證。」又言衆生之識性。釋門歸敬儀中曰、「開神明之正路。通正道之明津。」

【神供】（物名）神前之供物也。

【神秀】（人名）唐荊州當陽山度門寺神秀、受心印於東山弘忍、忍寂後、往江陵當陽山。道譽響四海。則天武后聞之、召使趣都。肩輿上殿、親加跪禮。師爲北宗之祖、猶南宗之有慧能。神龍二年入寂、勅諡大通禪師之號。見宋高僧傳八。

【神咒】（術語）陀羅尼也。爲神秘之呪語、故曰神呪。涅槃經一曰、「我已受汝所說神呪、爲欲安樂一切衆生四部衆故。」

【神根】（術語）神爲精神。精神爲一身之根本、故曰神根。止觀二曰「盲無眼者、不別是非。神根又鈍、煩惱復重。」

【神通】（術語）神爲不測之義、通爲無礙之義。不可測又無礙之力用、謂爲神通或通力。是爲五種通之一。有五通、六通、十通之別。法華經序品曰「此瑞神通之相。」大乘義章二十本曰、「神通者就名彰名。所爲神異、目之爲神。作用無擁、謂之爲通。」見神條。

【十種神通】（名數）一、出生念宿命方便智通。此智通爲出生知過去際之方便者。是宿命通也。二、出生無礙天耳智通。此智通爲出生聞十方音聲無礙天耳之方便者。是天耳通也。三、出生知一切衆生不可思議心心數法方便智通。此智通爲出生知一切不可思議心心所法之方便者。是他心通也。四、出生無礙天眼觀察衆生方便智通。此智通爲出生以無礙天眼觀察衆生之方便者。是天眼通也。五、出生不可思議自在神力示現衆生方便智通。此智通爲出生以不可思議自在神力對衆生示現之方便者。六、出生一身示現不可思議世界方便智通力。此智通爲出生一身示現不可思議世界之方便者。七、出生於一念中往詣不可說世界方便智通。此智通爲出生一念中往詣不可說之佛刹之方便者。八、出生不可思議莊嚴具、莊嚴一切世界方便智通力。此智通爲出生以不可思議莊嚴具莊嚴一切世界之方便者。九、出生不可說化身示現衆生方便智通。此智通爲出生對於衆生示現不可說之化身之方便者。已上五者乃神足通也。十、出生不可說世界成阿耨多羅三藐三菩提不可思議示現衆生方便智通。此智通爲出生對於衆生在不可說之世界示現不可思議等正覺之方便者。是漏盡通也。見晉華嚴三十八、探玄記十七。又法華玄義六之一以華嚴之十種變化爲十通見變化條。

【神通力】（術語）唐華嚴經一曰、「如來自在神通之力」見神通條。

【神通月】（術語）又曰神變月、神足月。三長齋月也見神足月條。

【神通光】（術語）佛對於一尋之常光。故以神通力放大光明名爲神通光。莊嚴經頌曰、「爾時彼佛無量壽化導他方菩薩心。密以神通化大光」

【神通妙】（術語）十妙之一。

【神通乘】（術語）稱眞言敎是爲依如來神變加持力而說之乘敎、故曰神通乘。又乘於神通力直到所至之處故以譬眞言乘之速疾成佛也。金剛頂經曰、「一切如來平等智神境通無上大乘」。大日經疏一曰、「大品經云或有菩薩初發心時卽登菩薩位、得不退轉。或有初發心時卽得無上菩提便轉法輪龍樹以爲如人遠行。乘羊去者久之乃到、乘馬則差速若乘神通人於發意頃便至所詣不得言發意間云何得到神通爾。不應生疑。則此經深旨也。」又曰「所謂淸淨句者。卽是頓覺成佛神通乘也。」同二曰、「如餘敎中菩薩行方便對治道次第漸除心垢。經無量阿僧祇劫或有得至菩提或不至者今此敎諸菩薩則不如是。直以眞言爲乘超入淨菩提心門若見此心明道時諸菩薩無數劫中所修福德自然具足。譬如有人以舟車跋涉經險難惡道得達五百由旬更有一人直乘神通飛空而度其所經過及至到之處。雖則無異而所乘法有殊。」

【神通經】（經名）大乘不思議神通境界經之畧名。

【神通輪】（術語）三輪之一。

【神通藏】（術語）千手陀羅尼經所說十藏之一。

【神通如意】（術語）六神通中之神境通。又名心如意通。以得如意自在之通力故也。觀無量壽經曰、「阿彌陀佛神通如意。於十方國變現自在」

【神通奇特】（術語）三種奇特之一。見奇特條。

【神通悉地智】（術語）五種悉地智之一。

【神通遊戲經】（經名）大莊嚴經之異名。

【神域】（術語）眞證之境界不可思議。謂爲神域。注維摩經序曰、「夫道之極者豈可以形言權智而語其神域哉。」

【神策】（物名）神秘之筮策也。作策百、一一記梵天之偈頌一偈者。神策經曰、「今欲承佛威神之力。出梵天結願一百偈頌以爲神策惟願世尊許可此事。」

【神策經】（經名）灌頂梵天神策經

之畧名灌頂經第十也。

【神智】（術語）自在徹見事理之智慧曰神智無量壽經上曰、「神智洞達」。

【神道】（術語）總稱六道中天道阿修羅道鬼道三者曰神道。又神爲神魂有情之精靈也其神靈之道理曰神道。三論玄義曰、「夫神道幽玄惑人多昧義任丘而未曉理涉旦而猶昏唯有佛宗乃盡其致。」又神妙之道即稱佛道。肇論疏曰、「神道者謂神妙之道即佛道也」

【神境】（術語）神境智證通之略。

【神境通】（術語）神境智證通之略。

【神境智證通】（術語）五通六通十通之一。見通條。

【神僧傳】（書名）九卷明太宗御製。自漢之摩騰始至元之瞻巴終凡傳二十八人。

【神闇】（術語）神爲精神、闇爲痴闇。謂不信之人也無量壽經下曰、「身愚神闇」。嘉祥疏曰、「心不信故曰神闇」

【神醫】（譬喩）見新舊醫條。

【神識】（術語）有情之心識靈妙不可思議故曰神識。猶言靈魂寶積經百九曰、「譬如風吹動諸樹木發起山壁水涯觸已作聲以冷熱因緣所生是故能受然彼風體不可得見。（中畧）此神識界亦復如是不可以色得見亦不至色體但以所入行作體現色」增一阿含經七曰、「吾是神識也吾是形體之具也」藥師經曰、「彼自身臥在本處具琰魔使引其神識至於琰魔法王之前。」楞嚴經八曰、「臨終時先見猛火滿十方界亡者神識飛墜乘煙入無間地獄」

【神藥樹】（植物）有神藥樹名摩陀祇主厭。有大神蛇、身長百二十丈。蛇行索食。有黑頭蟲身長五丈行道中與蛇相逢。蛇適舉頭欲斷前之大蟲。聞藥香屈頭欲走蛇身羅於藥樹身即中斷爲兩段頭半生得走、尾便臭爛。諸毒聞此蛇臭諸惡毒皆消滅見善信經下、經律異相三。

【神變】（術語）神者以天心而名、天然之內慧也。又神者陰陽不測之義也又妙用無方之義也。變爲變動之義、又爲改常事之義、又爲變畧之義以天然之內慧外示不測無方之變動改異謂爲神通。是五通六通十通中之神境通也法華文句三之一曰、「神變者神內也變外也神名天心即是天然內慧變名變動、即是六瑞外彰。」法華義疏三曰、「神變者陰陽不測爲神改常之事爲變」法華玄贊二曰、「妙用無方曰神。神通變異曰變」

【三種神變】（名數）一說法神變、如來無礙之大智、知諸衆生之善惡業因及善惡果報應之而爲說法名爲說法神變。二教誡神變、如來對諸弟子教誡是法應作、是法不應作、是道得聲聞乘、是道得緣覺乘、是道得大乘名爲教誡神變。三神通神變。如來爲調伏憍慢之衆生、現種種之神通名爲神通神變。見大寶積經八十六。是總以佛之三業爲神變也。法華文句三之一曰「若通釋者。如大寶積經一切諸法皆名神變。」輔行一之二曰「又神變者非但身輪一切語言及善巧皆名神變。」

【佛現十種神變伏迦葉】（故事）一、毒龍不中。二、龍火不燒。佛入迦葉之窟有赤龍放火。佛收毒龍使住鉢內而至迦葉所。三、恒水不溺。恒水卒至。迦葉恐佛溺於水。使弟子往見水不沒足。在水上行。四、三方取菓。迦葉請住供養三月。時至請食於佛。佛便往閻浮提取閻浮果。次往東弗婆提取毘梨勒果、次往瞿耶尼取呵梨勒果。五、北取粳糧。佛又往鬱單越取自然之粳糧。六、忉利取甘露。佛又往忉利天取甘露。七、知念隱去。迦葉念欲火祠、有諸天貴臣來。瞿曇端正。若人見之則使我失利。若明日不來則大幸。佛知已、且往北方取粳糧、往瞿耶尼取乳汁、往阿耨達池食之。暮還石窟中。迦葉問昨何不來。佛言我知汝心故不來。具說前事。八、知念現來。又因四天王來聞法、夜有光明。明日問佛。佛具說。次帝釋梵王來亦爾。迦葉問能使我祖父來聽法否。佛便念之使來。九、火不燃火不滅。迦葉欲作火祠、火不燃。迦葉問佛、佛言欲得燃耶。火便燃。又欲滅而不滅。如前問佛。便滅。十、斧不舉不下。又欲作火祠、五百弟子欲破薪、舉斧不得下。迦葉問佛、佛言欲得下耶。即下。下而又不舉。如前請佛便舉。見法華文句一之二。

【神變月】（術語）又曰神足月。見神足月條。

【神變經】（經名）大毘盧遮那成佛神變加持經之畧名。即大日經也。

【神變輪】（術語）三輪之一。

【神變示導】（術語）三種示導之一。

【神變加持】（修法）依此神變之加持力、衆生得蒙益也。言以佛之神變加持法也。大日經疏一曰「神變加持者。舊譯或云神力所持。或云佛所護念。（中畧）爾時世尊往昔大悲願故。而作是念。若我但住如是境界。則諸有情不能以是蒙益。是故住於自在神力加持三昧。普爲一切衆生示種種諸趣所喜見身。說種種性欲所宜聞法。隨種種心行開觀照門。」

【祇麽】（雜語）祇者只也。麽者恁麽之麽。助辭也。臨濟錄曰「大丈夫兒莫祇麽論主論賊。」聊爾之意也。

【破凡夫】（術語）根性破壞之凡夫也。祖庭事苑一曰「破音撥。」

【破立】（術語）又曰遮照。破萬法而顯眞空之理曰破。論萬法之緣起而顯妙有之義曰立。即是空有之二門也。如三論宗依空門而破諸法。如法相宗依有門而立諸法也。宗鏡錄八曰「破立一際。遮照同時。」

【破正命】（術語）即邪命也。以非法而活命曰邪命。行事鈔上之二曰、「破正命者。謂非法乞求。邪意活命。則有五種四種。」

【破外道小乘四宗論】（書名）提婆菩薩破楞伽經中外道小乘四宗論之略名。

【破有】（術語）有者三有或二十五有。言三界之生死也。如來爲破壞三界之生死而出世。故謂爲破有之法王。法華經藥草喩品曰「破有法王。出現世間」。心地觀經一曰、「破有法王甚奇特。」

【破有論】（書名）具名大乘破有論。一卷。龍樹造。趙宋施護譯。略說諸法無生、自分別起。

【破有法王】（術語）佛也。佛以無礙智之善巧方便、破吾人萬有實有（有法）之執著故也。法華經藥草喩品曰、「破有法王、出現世間。隨衆生欲。種種說法。」

【破地獄法】（術語）即地藏法也。

【破地獄偈文】（術語）宗鏡錄九曰、「纂靈記云。京兆人姓王。失其名。原無戒行。曾未修善。因患病致死。爲二人引至地獄。於地獄門前見一僧。云是地藏菩薩。乃使誦偈云。若人欲了知三世一切佛。應觀法界性。一切唯心造。（華嚴經夜摩天宮品覺林菩薩之偈）。菩薩授經已。謂之曰。誦得此偈。能破地獄之苦。其人誦已。遂入見王。王問此人有何功德。答云。唯受得一四句偈。具說如上。王遂放逸。誦此偈時。當聲至處。受苦之人皆得解脫。」又謂無量壽經之「其佛本願力。聞名欲往生。皆悉到彼國。自致不退轉。」文。漢朝玄通律師破戒到閻魔廳。誦此文。閻魔禮拜。又法華經譬喩品之「如來已離。三界火宅。寂然閑居。安處林野。今此三界。皆是我有。其中衆生。悉是吾子。而今此處。多諸患難。唯我一人。能爲救護。」又壽量品之「每自作是念。以何令衆生。得入無上道。速成就佛身。」」爲破地獄之文。又密咒圓因往生集有智炬如來心破地獄咒陀羅尼也。

【破色心論】（書名）唯識論之異名。

【破邪論】（書名）二卷。唐法琳選。廣破傅奕之邪說。

【破邪顯正】（術語）破邪道顯正理也。

【破邪即顯正】（術語）破邪計邪執者。爲直顯正道正見也。是爲三論宗之眼目。該宗破八迷。即以八不直顯中道也。是爲三論一宗之綱要。三論玄義曰、「但論雖有三義。唯二轍。一曰顯正。二曰破邪。破邪則下拯沈淪。顯正則上弘大法。」

【破戒】（術語）謂受戒者。一旦違反戒法也。破戒者所受之戒體。倘存於身中也。行事鈔之三曰、「十輪云。破戒比丘。雖是死人是戒餘力。猶示於人天導行。猶如牛黃麝香燒香等喻。佛因說偈。瞻蔔華雖萎。勝於一切華。破戒諸比丘。猶勝諸外道」末法燈明記曰「若有戒法。可有破戒。既無戒法。由破何戒而有破戒」

【破戒五過】（名數）破戒律者之過也。四分律所說五過者。自害。為智所訶。惡名流布。臨終生悔。死墮惡趣是也。

【破見】（術語）破正見也。即六十二見等。行事鈔上之二曰「破見者謂六十二見」

【破法】（術語）以邪見破斥如來之正法也。法華經曰「若聞此語。或不信受。而起破法罪業因緣」

【破法遍】（術語）十乘觀法之第四。以空假中三觀。遍破諸惑也。

【破法輪僧】（術語）破僧二種之一。言提婆以五種之邪法二分如來之法輪僧也。見破僧條。

【破性宗】（術語）見性宗條。

【破和合僧】（術語）略曰破僧。五逆罪之一。以邪方便使一味之聞法衆及一味之作法衆乖離。息止佛之轉法輪。阻害僧中之法事也。五逆之中。其罪最重。

【破相宗】（術語）永明所立三宗之第二。又淨影所立四宗之第三。見四宗條。又慧遠所立四宗之第二。見四宗條。

【破相敎】（術語）具名大乘破相敎。見三敎條。

【破相三昧】（術語）百八三昧之一。觀一切諸法悉如幻夢。不見一法之三昧也。智度論四十七曰「破相三昧。得是三昧。不見一切法相。何況諸三昧相。即是無相三昧」

【破夏】（術語）破安居也。不守安居禁足之制。出法界而外遊也。行事鈔上之四曰「准此結成者。從初去日。即須勸覓安身處。若未得已來。雖經宿不破夏。以非輕心故。反前不覓。則破安居。若得住處。夏法隨身。亦不得無緣出界。便破夏也」又（雜語）半夏之時也。五燈會元曰「義玄禪師。半夏上黃檗山。住數日乃辭。檗曰。汝破夏來。何不終夏去」

【破迹顯本】（術語）十種顯本之一。拂迷執於迦耶垂迹之情。顯久遠之本地也。見法華玄義九。

【破執】（術語）破有實我有實法之執見也。

【破情】（術語）立法之對。當欲知事理之本性。先欲對於其事理之迷情也。與破邪之意同。

【破惡見論】（書名）玄奘三藏在印度造。世不傳。慈恩寺傳四曰「時法師欲往烏茶。乃訪得小乘所製破大乘義七百頌者（中略）備得其旨。遂尋其謬節。用大乘義而破之爲一千六百頌名破惡論將呈戒賢法師。」

【破惡業陀羅尼】（眞言）請觀世音菩薩消伏毒害陀羅尼呪經所說、三種陀羅尼之一。破三障中業障之陀羅尼也。止觀二曰、「破惡業陀羅尼能破業障。」

【破無明三昧】（術語）除一切蓋障菩薩淨除自他惑障之三昧也。又稱爲金剛三昧。卽第二轉之𑖁字也。見大疏十。

【破落僧】（雜名）不持身分之僧也、如不持家產曰破落戶。

【破僧】（術語）五逆罪之一、此有二種。一破法輪僧、如提婆達多立五種之邪法、與佛之法輪對立、以分離聽聞佛之法輪之僧衆也。二破羯磨僧、於同一界內作別種之羯磨（作法）而破羯磨僧之和合也。此中前者其罪最重、止於佛在世。（佛滅後無轉法輪故）次者其罪輕、通於在世滅後。資持記上三之一曰、「破法輪者、立邪五法、盡形乞食、納衣、樹下、不食酥鹽及魚肉。（五種之邪法也。）破如來四依八正、犯上品蘭。破羯磨者、一界兩衆俱時作法、犯中品蘭。」

【破僧犍度】（術語）二十犍度之一。明破和合僧之事。

【破羯磨僧】（術語）二種破僧之一。見破僧條。

【破壇作法】（修法）解修法壇之作法也。先取去壇上之鈴杵及內外之供養器等、次塗塗香於手、住於妙觀察智印。（或法界定印）大壇中有𑖀字、是地輪之種子也。此字變成壇、又有𑖮字、變成大風輪、吹散地輪、而破壞此壇。所謂成者必壞也。次作普印、誦緣起法身偈三度。誦已、以印左轉三返、隨意破壞。

【破齋】（術語）八齋戒爲一日一夜之戒法、以不過中食之齋法爲主、其他受持不殺等之八戒也。若半途而破戒法、爲食事、曰破齋。破齋之罪、墮於地獄或龍畜等。法苑珠林有破齋篇。盂蘭盆經疏記下曰、「鍼咽鬼、謂腹大如山、咽如鍼孔、謂破齋夜食盜竊衆僧之食故。」

【破闇滿願】（術語）阿彌陀佛名號之功德、能破衆生無明之闇、使成佛之志願滿足也。往生論下曰、「無礙光如來名號能破衆生一切無明、能滿衆生一切志願。」

【破薩提】（術語）Upaśānti 譯曰寂靜。善見律十曰、「波薩提、漢言寂靜無有疲倦。」巴 Pāsādika

【破顏微笑】（故事）靈山會上迦葉尊者得道之相也。見拈花微笑條。

【破壞一切心識】（經名）決定毘尼經之異名。

【破竈墮】（人名）唐嵩岳破竈墮和尚、不稱名氏、言行難測、奉事嵩岳慧安禪師、號爲老安。山塢有廟甚靈。殿中唯安一竈。烹殺物命甚多。師一日領僧入廟。以杖敲竈三下。云。咄。此竈只是泥瓦合成。聖從何來。靈從何起。恁麽烹宰物命。又打三下。竈乃傾破墮落。須臾有一人青衣峨冠。忽然投拜師前。師曰。是什麽人。云。我原爲此廟竈神。久受業報。今日蒙師說無生法。得脫此處。生在天中。特來致謝。師曰。是汝本有之性。非吾强言。神再禮而沒。此師素不稱名。由此全取他名。號爲破竈墮。見宋高僧傳十九。傳燈錄四。

【破竈和尚】（人名）即破竈墮。見前項。

【破魔】（術語）破滅四種之惡魔也。

【破魔印明】（印相）右手舒五指以按地。左手五指執衣角。入於東方不動如來之三昧。當觀衣字。字及我身十方界盡皆青色。此印能使諸魔鬼神一切煩惱悉皆不動。是名能滅毘那夜迦及諸惡魔之印。見攝眞定經中。

【破魔陀羅尼經】（經名）無量門破魔陀羅尼經之畧名。

【破顯】（術語）破邪顯正也。

【袍】（衣服）見袍裳條。

【袍休羅蘭】（術語）Bahularatna Prabhūtaratna 佛名。譯曰多寶。慧琳音義二十八曰。「袍休羅蘭。梵語。佛名也。正梵云馱羅步多囉怛曩野。唐言多寶。」

【袍服】（衣服）台家謂爲袍裳。世作法服者誤。以三衣名爲法服故也。見袍裳條。

【袍裳】（術語）又曰袍服。（作法服者非）袍者原爲祇支（左右衣）與覆肩衣（右胛衣）之二物。來支那合此二物。加衫袖。稱爲褊衫。是今之袍也。裳者梵語涅槃僧。即裙也。此袍裳上下離而著。爲袍服。上下綴一爲直裰。

【被】（衣服）臥時覆身之物也。章服儀謂爲被單。

【被甲護身】（印相）又曰護身三昧耶。十八道之一。於眞言念誦法。爲欲行者之身被金剛甲冑。防護邪神惡魔之怨害時所結之印契也。因而又曰甲冑印。十八契印曰。「由結此印及誦眞言加持。即成被金剛甲冑。所有毘那夜迦及諸天魔作障礙者。退散馳走。悉見行者光明被身。威德自在。若居山林及在險難。皆悉無畏。」

【被位】（雜名）僧堂中大衆坐禪之坐席。謂之被位。被者坐禪時敷座之物也。

【被接】（術語）接者於中途前後會合也。如通教之人於中途爲別教圓教之人。別教之人於中途爲圓教之菩薩。既成就前敎之修證者。未至其極果內。隨其位之分際而爲後教之人。故前教有前無後。後教有後無前。如是中間前後接合謂之接。從佛之一方言之謂之受接。使我被別圓中道之理以、接於彼而我受之接合於別圓也。

【被葉衣觀音】（菩薩）在胎藏界曼茶羅觀音院第三行第一位。褁於蓮葉中。故名。密號曰異行金剛。

【眠】（術語）睡眠也。使身不自在、使心昏昧、以障觀者。唯識論七曰、「眠謂睡眠。令不自在昧略為性。障觀為業。」大乘義章二曰、「身心昏昧略緣境界名眠。」

【眠單】（雜名）禪林之目、臥時鋪於席者、即鋪蒲團也。原是律中之坐具。見象器箋十七。

【眠藏】（雜名）禪林之目寢室也。

【畔徒室利】（人名）論師名。譯曰親勝。成唯識論十大論師之一。唯識述記一本曰、「梵云畔徒室利。唐言親勝。天親菩薩同時人也。本頌初行先作略釋。妙得作者之意。後德因而釋焉。」梵 Bandhuśrī 徒為徒之誤。

【畔喋婆】（雜名）譯曰大災風。見慧琳音義六十九。

【矩柅】（物名）譯曰澡罐。見君遲條。

【矩拉婆】（地名）洲名、譯曰勝邊。見瑜伽倫記一下。梵 Kurava（名義大集一五四）

【矩矩吒】（動物）又作鳩鳩吒。雞也。見求法高僧傳等。

【矩矩吒翳說羅】（地名）譯雞貴。高麗國之異名。慧琳音義八十一曰、「矩矩吒、（雞也。）翳說羅、（貴也。）唐言雞貴。即高麗國也。共事雞神、首戴雞翎。故云雞貴也。」梵 Kukkuṭeśvara

【矩奢揭羅補羅】（地名）Kuśāgārapura 城名。在摩揭陀國之中、央頻婆沙羅王都於此。西域記九曰、「矩奢揭羅補羅城。唐言上茅宮城。上茅宮城摩揭陀國之正中。古先國王之所都。多出勝上吉祥香茅。以故謂之上茅城也。」

【秣奴若瞿沙】（人名）Manojñaghoṣa 比丘名。譯言如意聲。見慈恩寺傳。

【秘印】（術語）密教所傳之秘密印契也。

【秘決】（術語）決一作訣。秘密之口決也、五輪九字秘釋曰、「因茲弟子得聞此秘決。」

【秘法】（術語）有通別之二稱。通稱行於密教。護摩念誦之總名也、不顯露示人。故曰秘法。別稱分大法、准大法、秘法、通途法之四段、而第三段之別目也。蘇悉地法、五秘密法等之傳法、許於灌頂已後者、總曰秘法。

【秘宗】（流派）眞言秘密宗也。

【秘要】（術語）不妄示人之切要法門也。法華經方便品曰、「當知是妙法。諸佛之秘要。」同法師品曰、「此經是諸佛秘要之藏。不可分布妄授與人。」維摩經觀衆生品曰、「廣說諸佛秘要法藏。」法華文句五曰、「四十餘年、蘊在佛心、他無知者、爲秘。一乘直道、總攝萬途、故言要也。」法華嘉祥疏二曰、「秘者蓋稱歎之辭也。如世秘方千金不傳。今亦爾也。所言要者、宗歸一也。」同九曰、「言約理周、故稱爲要。昔來隱而不傳、目之爲秘。」

【秘密】（術語）秘爲秘奧之義、言其法門之深奧也。密爲隱密、言不容易示人也。佛說諸經、各有秘密之法。圓覺經曰、「爲諸菩薩開秘密藏。」涅槃經曰、「此經名如來秘密藏。」秘藏記末曰、「秘密義、秘者秘奧、密者隱密也。凡於一切物、皆有秘密。何者、色顯心隱、大小乘乃至外道等、如此有秘密。」然眞言宗以顯密二敎判一切經、特以自宗爲秘密。自此秘密之名、爲彼宗所占有。

【秘密主】（菩薩）具曰金剛手秘密主。即金剛薩埵也。解之者有淺深二釋。若依淺略釋、則秘密主爲夜叉王之異名。夜叉之身口意、隱密而不可了知、故西土之俗、謂爲秘密主。今金剛薩埵現此夜叉王之身、手持金剛、常爲諸佛侍衛、故謂爲金剛手秘密主。若依深秘釋、則諸佛之三業秘密、金剛薩埵執持其秘密、故謂爲秘密主。大日經以爲諸金剛衆之上首、一經之對揚主。大日經疏一曰、「金剛秘密主者、梵云播尼、即手掌、持金剛、與手執義同、故經中二名互出也。西方謂夜叉爲秘密、以其身口意速疾隱秘、難可了知、故舊翻或云密迹。若淺略明義、秘密主即是夜叉王也。執金剛杵、常侍衛佛、故曰金剛手。然是中深義、言夜叉者、即是如來身語意密。唯佛與佛乃能知之。乃至彌勒等猶於如是秘密神通力不能及。秘中最秘、所謂心密之主、故曰秘密主。能持此印、故曰執金剛也。」義釋一曰、「金剛手者、梵云縛曰羅馱囉。馱囉是執持義。此菩薩手執持金剛、故名金剛手也。秘密主者、若淺略義、即夜叉王。其性速疾。今深秘釋、此菩薩執持大日如來身口意密、故名秘密主。」

【秘密戒】（術語）密敎之戒律。即三昧耶戒也。

【秘密呪】（術語）眞言陀羅尼之總名。陀羅尼者、秘密之呪文也。

【秘密宗】（流派）密敎之宗旨。即密敎也。

【秘密乘】（術語）眞言之敎法也。大日經疏九曰、「略說法有四種、謂三乘及秘密乘。」

【秘密敎】（術語）天台所立化儀四敎之一。見四敎條。因爲眞言宗之總名。見秘密藏條。因爲圓敎之別名。以圓敎甚深、非二乘之所見聞也。五敎章上曰、「四名圓敎、謂法界自在、具足一切無盡法門、一即一切、一切即一等。華嚴是也。亦名秘密敎。以聲聞等不見聞故。」

【秘密箱】（物名）灌頂式時容納大阿闍梨所受用之金剛杵、散杖、寶冠、臂釧、白拂、扇、塗香器等器具之箱也。

【秘密經】（術語）眞言宗之經典也。

【秘密號】（術語）陀羅尼之異名。陀羅尼總爲秘密之文言、故名秘密號。大日經疏一曰、「眞言梵曰漫怛攞。卽是眞語如語不妄不異之音。龍樹釋論謂之秘密號。舊譯云咒非正翻也。」

【秘密壇】（術語）修秘密法之壇場也。修護摩者曰護摩壇。作灌頂者曰灌頂壇。布置曼荼羅者曰曼荼羅壇。

【秘密藏】（術語）秘密之法藏也。甚深秘奧、唯爲佛與佛之境界、非凡常所可了知之法門、故曰密。又如來能護念深法、苟非其器、則秘之而不說示、故曰秘。故秘密藏之名在諸經、爲顯其深甚秘極之通名也。圓覺經曰、「惟願不捨無遮大悲、爲諸菩薩開秘密藏。」涅槃經二曰、「我今當令一切衆生及以我子四部之衆悉皆安住秘密藏中。我亦復當安住此中入於涅槃。何等名爲秘密之藏。猶如伊字三點。若並則不成伊。縱亦不成。如魔醯首羅面上三目。（中略）我亦如是。解脫之法亦非涅槃。如來之身亦非涅槃。摩訶般若亦非涅槃。三法各異亦非涅槃。我今安住如是三法。爲衆生故名入涅槃。如世伊字。」（是以法般解三德之不一不異爲秘密藏也）然若依眞言宗之意、則總以釋迦化身所說之敎法爲顯敎、獨以大日法身之所說爲秘密藏。卽眞言一乘之總名。是不惟爲其法門深奧、且以內證極秘之法、於未灌頂之人決不宣示故也。猶如聲聞乘於未授戒之人、不說戒經。故稱戒經爲秘密藏。聖位經曰、「眞言陀羅尼宗者、一切如來秘奧之敎。自覺證智修證法門。」大日經疏三曰、「聲聞經中以毘尼爲秘藏。要擇人間衆、方乃授之。若未發律儀、不令聽聞。修習摩訶衍中、亦以持明爲秘藏。未入漫荼羅者、不令讀誦受持。」同十五曰、「秘密者卽是如來秘奧之藏敎。苟非其人則不虛授、不同顯露常敎也。」大日經開題曰、「樹藏秘密、稱名彰乘神通寄喩。」

【秘密上乘】（術語）稱眞言之敎法。秘密最上之乘敎也。

【秘密不翻】（術語）五種不翻之一。如陀羅尼以秘密之故不翻譯也。

【秘密相經】（經名）三卷、趙宋施護譯。世尊住於一切如來三昧界中。金剛手菩薩請問要略之修法。佛爲說之。

【秘密瑜伽】（術語）總名眞言之法。瑜伽譯言相應。眞言之法、以三密相應爲旨。三密相應、則說得所期之悉地、故總名瑜伽。而瑜伽之名、爲涉於顯密之通名。今密敎之瑜伽、謂爲秘密瑜伽。

【秘密灌頂】（修法）總言眞言宗一切之灌頂法。別之則爲五種三昧耶中第五之三昧耶。是受傳法阿闍梨位後之秘密灌頂也。此灌頂爲見諦阿闍梨之灌頂。於今時斷無之云。

【秘密八名經】（經名）八名普密陀羅尼經之異名。

【秘密三昧經】（經名）秘密三昧大敎王經之略名。

【秘密大乘經】（經名）如來不思議秘密大乘經之略名。

【秘密王三昧】（術語）圓覺經五名之一。圓覺經所說之行法甚深秘奧、而統攝萬行、故名秘密王。三昧者就所修之行法而名之也。

【秘密主三昧】（術語）金剛部之三昧也。大疏六曰、「於金剛慧印一心不亂、是秘密主三昧。」

【秘密善門經】（經名）金剛秘密善門陀羅尼經之略名。

【秘密莊嚴心】（術語）眞言宗所立十住心之第十。如來以秘密之三業、開顯衆生本具之無盡功德莊嚴之住心也。是卽爲眞言一乘之住心。

【秘密瑜伽壇】（術語）行秘密瑜伽法之壇場也。指金胎兩部之曼荼羅壇而言。

【秘密曼荼羅】（術語）總言一切之曼荼羅。以曼荼羅總爲秘密之法也。別之則立壇而行諸尊之三昧耶形。謂爲秘密曼荼羅。金剛界曼荼羅大鈔一曰、「秘密曼荼羅者。諸尊三昧耶形何隨意立壇行故。」

【秘密大敎王經】（經名）一切如來金剛三業最上秘密大敎王經之略名。

【秘密篋印心經】（經名）一切如來正法秘密篋印心陀羅尼經之略名。

【秘密三昧耶戒】（術語）略曰三昧耶戒。又曰佛戒、一道戒、三世無障礙戒。密敎戒律之名也。三昧耶爲平等之義、以身語意之三業平等不二、爲戒之本義、故曰三昧耶戒。異於顯敎之諸戒、故曰秘密。

【秘密名義儀軌】（經名）一切秘密最上名義大敎王儀軌之略名。

【秘密佛乘十住心】（術語）於十住心不立優劣深淺、由眞言實義、人天鬼畜等悉爲平等之法身者。是爲橫之十住心。此有二、曼荼羅種性之十住心與普門萬德之十住心也。前者表衆生本具之心平等而悉爲法身、後者爲顯大日所證普門萬德之有狀者。

【秘密隱顯俱成門】（術語）華嚴宗所談十玄門之一。見玄門條。

【秘密八名陀羅尼經】（經名）一卷、趙宋法賢譯。與玄奘譯之八名普密陀羅尼經同本。

【秘密三昧大敎王經】（經名）四卷、趙宋施護譯。

【秘敎】（術語）秘密之敎法也。又謂之密敎。總稱大日如來之敎法非顯露可說示者、故曰秘。亦曰密。二敎論曰、「他受用應化身隨機之說、謂之顯也。自受用法性佛說內證智境是名秘也」又曰、「唯有自性法身以如義眞實言能說是絕離境界是名眞言秘敎。金剛頂等經是也。」

【秘極】（術語）秘要窮極也。續高僧傳（僧範傳）曰、「乃知佛敎之秘極也。」

【秘奧】（術語）秘密深奧之法門也。寶積經六十一曰、「吼說秘奧甚深法。」顯密二敎論上曰、「法佛談話謂之密藏。言秘奧實說。」

【秘經】（術語）秘密之經典也。總稱眞言宗之經典。

【三部秘經】（名數）一大日經、二金剛頂經、三蘇悉地經也。

【五部秘經】（名數）日本東密於大日經、金剛頂經、蘇悉地經、瑜祇經之四部加要略念誦爲五部。日本台密於上四部加菩提場經爲五部。

【秘藏】（術語）隱而不傳於人曰秘。蘊蓄於內曰藏。秘藏者稱諸佛之妙法、以諸佛守護之不妄宣說故也。以非器而妄傳便爲破法故也。法華經信解品曰、「一切諸佛秘藏之法、但爲菩薩演其實事。」同嘉祥疏九曰、「昔來隱而不傳目之爲秘。如人妙寶蘊在於內故名爲藏。」維摩經問疾品曰、「諸佛秘藏無不得入。」注、「肇曰、秘藏、諸佛身口意秘密之藏。」涅槃經曰、「愚人不解、謂之秘藏。智者了達、則不名藏。」又眞言總稱爲秘藏。大日經疏三曰、「聲聞經中以毘尼爲秘藏。要擇人簡衆方乃授之。若未發律儀不令聽聞修習。摩訶衍中亦以持明爲秘藏。未入漫荼羅者不令讀誦受持。」同七曰、「所謂甚深秘藏者衆生自秘之耳。非佛有隱也。」

【秘藏記】（書名）二卷、日本弘法大師在唐之記也。

【秘藏經】（經名）大方廣如來秘密藏經之略名。

【秘藏寶鑰】（書名）一卷、日本空海撰。釋眞言宗所立之十住心。秘密曼荼羅十住心論之要略也。

【殺】（術語）斷絕生命之相續也。大乘義章七曰、「隔絕相續目之爲殺。」大日經疏十釋死生之眞言曰、「此眞言沒嚩底也（二合）吠。此卽死義也。死是殺義也。斷其命根名之爲殺。由本意願我斷一切衆生命根。命根卽是無始無明諸煩惱也。」

【殺生】（術語）十惡業之一。殺害人畜等一切有情之生命也。智度論十三曰、「

若實是衆生。知是衆生、發心欲殺而奪其命。生身業有作色。是名殺生罪。」

【殺生戒】(術語) 戒斷人畜之命者。自下手而殺、與敎人使殺同罪。五戒、八戒、十戒各有殺生戒。此不分別人畜。比丘之具足戒分之爲殺人戒與殺畜生戒之二種。殺人戒爲大殺生戒、爲四波羅夷罪之一。殺畜生戒爲小殺生戒、爲九十單墮罪之一。罪分輕重也。又比丘之自傷自殺、在五分律四分律、自殺者結偷蘭罪。在十誦律、自毀傷形體者、結突吉羅罪。

【殺鬼】(譬喩) 有生者有死、由於無常之理、因而譬無常之理曰殺鬼。殺人之幽鬼也。止觀七曰、「無常殺鬼不擇豪賢。」毘奈耶律三十四曰、「於寺門屋下畫生死輪。(中畧)於輪上應作無常大鬼、鬔髮張口長舒兩臂抱生死輪。」法句譬喩經一、增一阿含經二十三、四不可得經、出曜經二等說四梵志避遁於山海空市不得逃殺鬼事。見山海空市條。

【殺業】(術語) 十惡業之一。殺害他有情之惡業。

【般舟】(術語) 見般舟三昧條。

【般舟經】(經名) 般舟三昧經之略名。

【般舟讚】(書名) 一卷、唐善導作。讚嘆般舟三昧樂之偈頌也。

【般舟三昧】(術語) Pratyutpannas-amādhi般舟、譯曰佛立。以行此三昧則諸佛現前故也。大集賢護經譯爲思惟諸佛現前三昧。又譯言常行道。以行此三昧、期七日或九十日而不間斷修行故也。天台稱之爲常行三昧。(此時行爲行旋之義、對座三昧法而言)四種三昧之一。止觀二曰、「常行三昧者。此法出般舟三昧經。翻爲佛立。佛立有三義。一佛威力。二三昧力。三行者本功德力。能於定中見十方現在佛在其前立。如明眼人淸夜觀星見十方佛亦如是故名佛立三昧。(中畧)唯專行旋九十日爲一期。(中畧)九十日身常行無休息。九十日口常唱阿彌陀佛名無休息。九十日心常念阿彌陀佛無休息。(中畧)若唱彌陀卽是唱十方佛功德等。但專以彌陀爲法門主、舉要言之步步聲聲念念唯在阿彌陀佛。」一般舟讚曰、「梵語名般舟、此翻爲常行道。或七日九十日身行無間總名三業無間。故云般舟也。」

【般舟三昧經】(經名) 三卷或一卷、後漢支婁迦讖譯。大方等大集賢護經之舊譯也。由賢護菩薩之請而說佛立三昧之法。

【般吒】(人名) 又作半擇、見般茶迦條。

【般那摩】(植物) 與鉢納摩同。譯曰蓮華、陀羅尼集經四曰、「般那摩印唐云蓮華印。」梵 Padma

【般泥洹】（術語）Parinirvāṇa 與般涅槃同。入滅也。

【般泥洹經】（經名）二卷、失譯。與佛般泥洹經同本異譯。

【般泥洹後灌臘經】（經名）般涅槃後灌臘經之本名。

【般陀】（人名）比丘名。見半託迦條。

【般陀羅】（人名）過去世波羅奈國長者之婦。嘗以大便器施辟支佛、因感無量世與餓鬼之報。見百緣經五。梵 Pandara

【般怛羅】（雜名）悉怛多般怛羅 Sitātapattra 之略名、白傘蓋咒之梵名也。首楞嚴經七曰、「一向持佛般怛羅咒。」同長水疏七曰、「悉怛多般怛羅、云白傘蓋。即指藏心。」

【般若】（人名）Prajñā 又曰般賴若。三藏法師名。譯曰智慧。見宋高僧傳二。図（術語）Prajñā 又作班若、波若、鉢若、般羅若、鉢剌若、鉢羅枳孃、般賴若、波賴若、鉢賢禳、波羅孃。譯曰慧、智慧、明。智度論四十三曰、「般若者秦言智慧。一切諸智慧中最為第一。無上無比無等。更無勝者。」同八十四曰、「般若名慧、波羅蜜名到彼岸。」大乘義章十二曰、「言般若者。此方名慧。於法觀達。故稱為慧。」往生論註下曰、「般若者。達如之慧名。」法華義疏四曰、「無境不照、名為波若。」慧琳音義十二曰、「般羅若。正云鉢羅枳孃。唐云慧或云智慧。」慧苑音義上曰、「般若、此云慧也。西域慧有二名。一名般若。二名末底。智唯一名、謂之諸般。即是第十智度名也。」瑜伽倫記九曰、「梵云般若、此名為慧。當知第六度。梵云若那、此名為智。當知第十度。」楞嚴經四曰、「鉢剌若。」慧琳音義四十七曰、「鉢羅賢禳。唐言智慧。」

【二般若】（名數）一共般若、即台宗之通教也。通聲緣菩三乘說之、三乘共修證之、故曰共般若。二不共般若、台宗之別圓二教也。唯對於別圓之二菩薩說之、不共於聲緣之二乘、故曰不共般若。見智度論百。図一世間般若、未行寂靜真實之般若、常行有見有相之般若也。二出世間般若、於其中心如虛空、平等寂滅而離諸名相也。見地藏經十。図一實相般若、二觀照般若。此三般若中之前二者也。見華嚴大疏一。

【三般若】（名數）般若者、圓常之大覺也。一覺有三德。一實相般若、為般若之理體、本來為衆生所具、離一切虛妄之相、般若之實性也。是為所證之理體。二觀照般若、觀照實相之實智也。三方便般若、分別諸法之權智也。見金光明玄義上。図一實相般若（如上）二觀照般若（如上）三文字般若、詮上二般若之言教。五部八部及大般若等般若經是也。見肇論、法藏般若心經略疏。仁王經良賁疏上一曰、「明此經者、題云般若。即以爲宗。觀如來品別明三種實相觀照及以文字。慈恩三藏更加二種境界眷屬通前五法。般若性故般若相故般若因故般若境故。般若伴故。」

【五種般若】（名數）更開五種、該收般若之諸法。一實相般若。（如上）二觀照般若。（如上）三文字般若。（如上）四境界般若。爲般若之所緣、一切諸法是也。般若之眞智、以一切諸法爲境界、故名之爲境界般若。五眷屬般若。煖頂忍世第一法等諸智及戒定、慧、解脫解脫知見等、是皆觀照般若卽慧性之眷屬、故名爲眷屬般若。見金剛經刊定記二、三藏法數二十。

【般若十六善神】（名數）見十六善神條。

【般若佛母】（雜語）智度論三十四曰、「般若波羅蜜。是諸佛母。父母之中母之功最重。是故佛以般若爲母。」同百曰「般若波羅蜜。是諸佛母。諸佛以法爲師。法者卽是般若波羅蜜。若師在母存不名爲失利。」大品般若薩陀波崙品曰、「摩訶般若波羅蜜。是諸菩薩摩訶薩母能生諸佛攝持菩薩」

【般若無知】（術語）肇論有般若無知論。維摩經序曰、「聖智無知而萬品俱照。法身無象而殊形並應。」

【般若字】（術語）悉曇文字有般若字、三昧字。般若三昧共通之三種。

【般若部】（術語）大別一切經、總稱諸種之般若經曰般若部。

【般若塔】（堂塔）見八大靈塔條。

【般若時】（術語）天台所立五時之一。見五時條。

【般若船】（譬喩）般若之智慧、渡生死海之船筏也。千手經曰、「願我速乘般若

【般若會】（行事）讀誦大般若經之法會也。

【般若鋒】（譬喩）般若之空慧、能斷盡煩惱、故譬之於鋒刃。證道歌曰、「大丈夫秉慧劍。般若鋒兮金剛焰。」

【般若經】（經名）說般若波羅蜜深理之經典總名也。舊譯曰般若波羅蜜經、新譯曰般若波羅蜜多經。有數十部。其中除仁王般若經一部外、其他皆玄奘所譯大般若波羅蜜多經六百卷之支流重譯也。參照大般若經條。

【十六會般若】（經名）大般若經有十六會。見大般若經之部。

【五部般若】（名數）一摩訶般若、二金剛般若、三天王問般若、四光讚般若、五仁王般若。仁王經上曰、「五眼法身大覺世尊前已爲我等大衆二十九年說摩訶般若波羅蜜金剛般若波羅蜜天王問般若波羅蜜。

光讚般若波羅蜜。今日如來放大光明。斯作何事。」天台仁王經疏上曰、「從得道後二十九年。說四般若。」嘉祥仁王經疏一曰、「五部如此經說。」此中第一摩訶般若羅什譯之摩訶般若波羅蜜經、(又曰大品般若)、二十七卷。是大般若之第二會也。西晉無羅叉譯之放光般若三十卷及西晉竺法護譯之光讚般若十卷、(經文未盡)與之同本。第二金剛般若羅什譯之金剛般若經一卷是也。元魏菩提留支譯之金剛般若一卷、陳眞諦譯之金剛般若一卷、隋達磨笈多譯之金剛能斷般若一卷、唐玄奘譯之能斷金剛般若一卷、(大般若之別抄)、義淨之能斷金剛般若一卷、皆同本也。是爲大般若之第九會。第三天王問般若。月婆首那譯之勝天王般若波羅蜜經七卷是也。爲大般若之第六會。第四光讚般若。梵本未渡。在今藏中之光讚經及放光般若、皆與什譯之摩訶般若同本、三部共爲大般若之第二會。第五仁王般若。佛最後所說之本經是也、有什譯仁王般若波羅蜜經二卷。大般若之別部也。

【八部般若】(名數)又以八部總該般若。金剛仙論一曰、「有感應應世、故說八部般若。以十種義釋對治十。其第一部十萬偈、(大品是)第二部二萬五千偈、(放光是)第三部一萬八千偈、(光讚是)第四部八千偈、(道行是)第五部四千偈、(小品是)第六部二千五百偈、(天王問是)第七部六百偈、(文殊是)第八部三百偈。(金剛般若)」如經本所見、閱藏知津所云之大品、放光、光讚、其文雖有具異、然爲同一經本、以之配於三部、非也。故天台之金剛疏及嘉祥之仁王經疏、皆以爲八部中第一第二之經本未渡、取第三之光讚亦名之曰大放光。是爲第三部。又八部中第四之道行與第五之小品爲同本異譯。大般若之第四分也。故嘉祥名第四分爲小品或道行云。

【般若轉教】(術語)般若經、佛之自證少。多使須菩提舍利弗等聲聞弟子、對諸菩薩說諸法皆空之理。是曰轉教。是佛於彼等聲聞欲附屬大乘法財之密意、故曰轉教付財。四教儀曰、「次說般若轉教付財。」

【般若淘汰】(術語)依天台所立之教判、謂般若經說諸法皆空之理者、欲以遣蕩淘汰聲聞之法執故也、又會一切法悉爲摩訶衍(大乘)者、欲以融通二乘之執情故也。因而釋般若之部意、以融通淘汰之四字。四教儀集註上曰、「以空慧水蕩其執情。故曰淘汰。」

【般若盡淨虛融】(術語)謂般若經所說諸法皆空之理也。見盡淨虛融條。

【般若之夕】(雜語)依天台所立五時之釋、則自第一時之華嚴經至第四時之般若經爲化儀之方便說、第五時之法華經涅槃經爲出世本懷之眞實說、蓋般若經爲方便說之終、故曰般若之夕。

【般若湯】（雜名）禪林酒之隱辭也。東坡志林曰「僧謂酒爲般若湯、魚爲水梭花、雞爲鑽籬菜。」

【般若頭】（職位）禪林司般若經者。

【般若論】（書名）金剛般若論之略名。

【般若心經】（經名）有數本。一羅什所譯摩訶般若波羅蜜大明經一卷、日本弘法之心經秘鍵、即此本之解釋也。但其題號爲佛說摩訶般若波羅蜜多心經。二玄奘所譯般若波羅蜜多心經一卷、華嚴之賢首釋之、謂爲心經略疏。慈恩又有般若心經幽贊一卷。其他有唐利言譯之般若波羅蜜多心經一卷、唐法月重譯普遍智藏般若波羅蜜多心經一卷、宋施護譯之佛說聖佛母般若波羅蜜多經一卷。此中舉世流通者羅什譯之本也。說般若之心要、故題爲心經。略疏曰、「般若等是所顯之法。心之一字是能顯之喩。即大般若內統攝要妙之義。況人之心藏」餘詳心經條。諸家之註述如下。心經註一卷、中天竺提婆註。心經贊一卷、唐圓測撰。心經疏一卷、唐明曠述。心經疏一卷、唐慧淨作。心經疏一卷、唐靖邁撰。心經幽贊二卷、唐窺基撰。心經略疏一卷、唐法藏述。心經畧疏顯正記三卷、唐法藏、宋仲希述。心經略疏連珠記二卷、唐法藏述、宋師會述記。心經略疏小鈔二卷、唐法藏述、明錢謙益集。心經三註一卷、唐慧忠、宋道楷、懷深述。心經註解一卷、大顚祖師註解。心經註解一卷、無垢子註。心經註解二卷、心經註解一卷、孚佑帝君註解。心經疏一卷、宋智圓述。心經疏詒謀鈔一卷、宋智圓撰。心經頌一卷、宋光睦撰。心經註一卷、宋道隆述。心經幽贊添改科一卷、宋守千添改。心經幽贊崆峒記三卷、宋守千集。心經註解一卷、明眞可撰。心經直談一卷、明眞可撰。心經要論一卷、明眞可撰。心經說一卷、明眞可說。心經釋義一卷、明觀光釋。心經釋疑一卷、明觀光釋。心經直說一卷、明德清述。心經槩論一卷、明觀光釋。心經說一卷、明洪恩述。心經註解一卷、明宗泐如玘同註。心經新輪解一卷、明通容述。心經正眼一卷、明大文述。心經開度一卷、明弘麗著。心經發隱一卷、明正相解。心經際決一卷、明大慧釋。心經添足一卷、明弘贊述。心經貫義一卷、明弘贊述。心經釋要一卷、明智旭述。心經小談一卷、明觀衡述。心經一貫疏一卷、明益證疏。心經指掌一卷、明元賢述。心經事觀解一卷、續法述。心經理性解一卷、續法述。心經如是經義一卷、行敏述。心經註講一卷、行敏述。心經句解一卷、淨挺著。心經請益說一卷、道霈說。心經論一卷、函昰撰。心經口義別一卷、大璜著。心經註解一卷、敬止撰。心經解義節要一卷、明宋滙文句心經提綱一卷、明李贄撰。心經釋略一卷、明林兆恩撰。心經註解一卷、明諸萬里註。心經句解易知一卷、王澤注註。心經解義一卷、徐槐廷解義。心經易解一卷、謝承謨註。釋心經大意一卷、王起隆述。心經解一卷、徐昌治解。心經註疏一卷、仲之屏纂註。心經彙纂一卷、孫念劬纂。心經心得一卷、葉錫鳳著。心經箋註、心經詳註、丁福保注。

【般若多羅】（人名）Prajñātāra 禪家所立西天二十八祖中之第二十七祖也。東天竺人、已得道、至南天竺香至國度王之第三子菩提多羅（後改爲菩提達磨）而付法。五燈會元（達磨章）曰「路行跨水復逢羊。獨自栖栖暗渡江。日下可憐雙象馬、二株嫩桂久昌昌。」此四句偈爲達磨東來化益之讖也。

【般若拘羅】（菩薩）Prajñākūṭa 菩薩名、譯曰智積。慧琳音義二十八曰、「般若拘羅。正梵云鉢羅吉孃拘。唐云智積菩薩名也。」

【般若流支】（人名）Prajñāruci 三藏法師名、譯曰智希、慧愛。續高僧傳一曰、「般若流支、魏言智希。」二十唯識上曰、「魏時有居士名般若流支。此云慧愛。」

【般若跋摩】（人名）Prajñāvarman 高僧名、譯曰慧甲。見求法高僧傳上。

【般若菩薩】（菩薩）Prajñā-bodhisattva 胎藏界持明院（又云五大院）五尊中之中尊也。爲天女之形、有六臂。其左一手持梵篋、於此納般若之眞文、開其法味、與其餘之四大明王（五尊中之四尊）故以般若爲名。密號爲智慧金剛。是與大日四波羅蜜中之金剛波羅蜜同體、大日之正法輪身也。仁王經儀軌曰、「金剛般若波羅蜜者、卽般若菩薩也。」秘藏記末曰、「五大院中坐般若菩薩、天女貌白肉色、並有六手。左一手持梵篋。五手信契印。」修習般若波羅蜜菩薩觀行念誦儀軌一卷、並陀羅尼集經三有般若波羅蜜多大心經、具說印咒壇法。

【般若波羅蜜多菩薩像】（圖像）於白蓮華等上結跏趺坐、身黃金色、衆寶瓔珞、遍身莊嚴。首戴寶冠、冠繫白繒、兩邊垂下。左手當心持般若之梵篋、右手當乳作說法印、以大拇指壓無名指之頭是也。卽想菩薩頂至於足身之諸毛孔、流出光明、作種種之色、徧滿法界。一一光中化無量之佛、徧於虛空界之諸世界中、皆爲衆生宣說般若波羅蜜多甚深之法、皆使悟解也。見仁王般若念誦法。陀羅尼集經三畫大般若像法曰、「其菩薩身、除天冠外、身長一肘。通身白色。面有三眼、似天女相。形貌端正、如菩薩形。師子座上結跏趺坐。頭戴天冠、作簸箕光。其耳中著眞珠寶璫。於其項下著七寶瓔珞。兩臂作屈、左臂屈肘、側在胸上。其左手仰五指申展。掌中畫作七寶經函。其中具有十二部經。即是般若波羅蜜多藏。右手垂著右膝之上。五指舒展。即是菩薩施無畏手。(中略)菩薩右廂安梵摩天。通身白色。耳著寶璫。其項上著七寶瓔珞。立氍毹上。(中略)菩薩左廂安帝釋天。通身白色。耳著寶璫。其項上著七寶瓔珞。立氍毹上。」

【般若波羅蜜多根本印】(印相)以兩手背相附而收二頭指。以二小指屈掌中。以二大拇指各壓二指之頭。置於心上。誦經中之陀羅尼七徧。結此印誦此陀羅尼而行法之行者。即變成般若波羅蜜菩薩。爲一切諸佛之母。見仁王般若念誦法。

【般若提婆】(人名)Prajñādeva 高僧名。譯曰慧天。見求法高僧傳上。

【般若羯羅】(人名)Prajñākara 小乘三藏法師名。譯曰慧性。見慈恩寺傳二。

【般若毱多】(人名)Prajñāgupta 比丘名。譯曰慧藏。唯識述記四本曰、「南印度羅羅國正量部僧般若毱多。此云慧藏。安慧之學徒。三代帝王師。造七百頌謗大乘。」

【般若燈論】(書名)又曰般若燈論釋。十五卷。波羅頗迦羅蜜多羅譯。分別明菩薩釋龍樹之中論。五百偈者。較釋青目之五百偈者(即中論也)詳悉。

【般若波羅蜜】(術語)Prajñāpāramitā 新譯家謂爲般若波羅蜜多。於六波羅蜜及十波羅蜜中。皆爲第六波羅蜜。般若波羅蜜經中雖說六波羅蜜。然以般若爲諸波羅蜜中之最第一。故特標般若波羅蜜之名。般若譯爲智慧。波羅蜜譯爲度。或到彼岸。照了實相之智慧。爲度生死此岸而至涅槃彼岸之船筏。故謂之波羅蜜。智度論十八曰、「問曰。云何名般若波羅蜜。答曰。諸菩薩從初發心求一切種智。於其中間知諸法實相慧。是般若波羅蜜。」

【般若道行經】(經名)道行般若經之異名。

【般若理趣分】(經名)大般若十六會中第十會。謂之般若理趣分。(第五百七十八卷)是爲說實相般若之深旨者。故名爲理趣分。別行之爲敎宗之課誦。有慈恩之釋三卷。名爲理趣分述贊。此經與密藏中之般若理趣經。其說相酷似。故密家言理趣分說理趣經中淺略之行相也。

【般若理趣經】(經名)大樂金剛不空眞實三昧耶經之異名。般若理趣釋爲解釋此經者。

【般若理趣釋】(經名)大樂金剛不空眞實三昧耶般若波羅蜜多理趣釋之略名。是不空所譯。又有金剛智譯之理趣般若經。其異譯也。

【般若波羅蜜多】(術語)見般若波羅蜜條。

【般若斫羯囉軌】（經名）摩訶吠室囉末那也提婆喝囉闍陀羅尼儀軌之別名。以此毘沙天王之儀軌爲般若斫羯囉之譯故也。梵 Prajñācakra（智慧輪）

【般若波羅蜜多藏】（術語）六波羅蜜經所說五藏之第四。見五藏條。

【般若波羅蜜多呪】（眞言）般若心經中所說之陀羅尼也。陀羅尼集經第三亦說此呪。見心經條。

【般若波羅蜜多心經】（經名）見般若心經條。

【般若波羅蜜多理趣經】（經名）大樂金剛不空眞實三摩耶經之異名。

【般剌蜜帝】（人名）梵僧名。譯曰極量。中印度人。唐神龍元年。在廣州之制旨道場譯首楞嚴經十卷。見宋高僧傳二。梵 Paramiti（Pramiti）

【般迦舍末底】（術語）Prakāśamati 沙門名。譯曰照慧。見求法高僧傳二。

【般涅槃】（術語）譯爲入滅。常略曰涅槃。見涅槃條。俱舍光記二十三曰「梵云般涅槃。般此云圓。涅槃此云寂」

【般涅槃那】（術語）譯爲入滅息。常略曰涅槃。見涅槃條。

【般涅槃後灌臘經】（經名）般泥洹灌臘經之異名。一卷。西晉竺法護譯。說佛滅後四月八日七月十五日浴佛陳供之法。

【般荼迦】（術語）Paṇḍaka 又曰般吒。半托。半擇迦。半釋迦。譯曰黃門。不男。男根之不具者也。玄應音義十七曰「般吒。此訛略也。應言般荼迦。此云黃門。其類有五。般荼迦總名」飾宗記七末曰「梵云半釋伽。此云黃門」此有五類。見五種不男條。

【般荼盧伽法】（術語）般荼與盧伽。二比丘名。此二比丘好與他爲鬪諍。佛因制呵責羯磨之法。十誦律三十一題之爲般荼盧伽法。一曰苦切羯磨法。四分律四十四題之爲呵責揵度巴 Paṇḍuka, Lohitaka

【般僧伽胝】（衣服）Parisaṃghāṭi 佛之僧伽梨也。見僧伽梨條。

【般遮】（雜語）Pañca 又作半者。譯曰五。瑜伽倫記一上曰「梵言般遮此云五」梵語雜名曰「五半者」。㊀（行事）見般遮于瑟條。㊁（天名）見般遮于旬條。

【般遮婆瑟】（行事）見般遮于瑟條。

【般遮婆栗史迦】（行事）見般遮于瑟條。

【般遮尸】（人名）見次項。

【般遮尸棄】（人名）Pañcaśikhin 仙人名。譯曰五頂。五髻。唯識述記一末曰「婆羅痆斯國有婆羅門名摩納縛迦。此云儒童。其儒童子名般遮尸棄。此言五頂。頂髮五旋。頂有五角」慧琳音義二十六曰「般遮尸棄。此云五髻」

【般遮于旬】（天名）樂神名。大部補註五曰、「諸經亦云般遮于旬乃以其琴歌頌佛德。般遮于旬即五神通人也。」文句私記二曰「瑞應云般遮彈琴而歌。又云帝釋般遮伎」高僧傳十三曰「般遮絃歌於石室。請開甘露之初門淨居舞頌於雙林奉報一化之恩德。」

【般遮于瑟】（行事）Pañcavārṣika 又作般闍于瑟、般遮婆瑟、般遮跋瑟迦、般遮越師。具曰般遮跋利沙。又曰般遮婆栗迦史。直譯則為五年會。每五年一設之大齋會也。義譯曰無遮會。以容受一切之人而不遮遺故也。玄應音義十七曰、「般闍于瑟或作般遮于瑟。皆訛畧也。應言般遮跋利沙。又言般遮婆栗史迦。般遮此云五。婆栗史迦此云年。謂五年大會也。佛去世一百年後阿輸迦王設此會也。」十誦律五曰「般遮婆瑟會。」註「云五歲會也。」法顯傳曰、「般遮越師。漢言五年大會也。國王作大會也。」文句私記二曰、「[illegible]王經云五年功德會。開元錄云五年一切大集會。探玄記云無遮大會。」

【般遮羅】（人名）Pañcāla 又作般沙羅。國王名。譯曰五執。此王仁慈。廢死刑。但縛罪人之五體。捨之於山林。因而國人稱為般遮羅。王妃卵生五百子。各於他國生長。而還欲寇父王。王妃出而鎮之。慧琳音義十八曰、「般遮羅。唐云五。數名也。羅名為執。此乃國名王之美稱也。言彼國王性多慈愛。縱有犯死刑者不忍殺之。但縛五體送於曠野山林。時人嘉之。因為國號也。」俱舍光記八曰、「婆沙一百二十四云。毘舍佉鹿子母般遮羅、是地名。唐言執五。此王從地為名。妃生五百卵。羞愧恐為災變。以小函盛棄殑伽河。隨流而去。下有隣國王因觀水見卵。遣人取將歸。經數日開各出一子。養大饒勇。所往皆伏。無敢敵者。彼隣國王與彼父王久來怨讎。欲遣征罰。先作書告。今欲決戰。尋後兵至圍繞其城。即欲摧破。般遮羅王極生忙怖。王妃聞委。慰諭王言。王不須愁。此五百子皆是吾兒。具陳上事。夫子見母。惡心必息。妃自登城告五百子說上因緣。如何今者欲造逆罪。若不信者。皆應張口。妃按兩乳有五百道乳汁各注一口。應時信伏。因即和好。各起慈心。兩國交通。永無征伐。」

【般遮羅犍荼】（異類）Pañcālacaṇda 又曰般遮羅旃陀。夜叉名。譯曰五可畏。五處大孔雀王咒經上曰「般遮羅旃陀梁言五可畏。」大孔雀經曰、「般遮羅犍荼、翻曰五處。」

【般遮旬】（雜名）Pañcābhijñāna 譯曰五神通。又曰五旬。般遮為五也。玄應音義三曰、「五旬或言般遮旬。即五神通也。按阿闍世王女阿術達經云悉得五旬是也。大品等經云五神通同義也。」又曰、「般遮旬。般遮、此云五。猶五神通也。經中或作五句存二音。」

【般遮越師】（行事・見般遮于瑟條。）

【師】（術語）梵語烏波儞也。Upādhyāya 教以道者之通稱也。律中分得戒師與受業師之二。釋氏要覽上曰、「師有二種。一親教師。即是依之出家。二依止師。即是依之稟受三學。」梵語雜名曰、「師、烏波儞也。」

【師子】（動物）又作獅子。梵語枭伽、Simha 又曰僧伽彼。獸中之王也。經中以譬佛之勇猛。無量壽經上曰、「人雄師子。神德無量。」智度論曰、「又如師子四足獸中獨步無畏能伏一切。佛亦如是。於九十六種外道中一切降伏。故名人師子。」梵語雜名曰、「師子、枭伽。」名義集二曰、「僧伽彼。此云師子。」孔雀王咒經下曰、「僧伽夜叉。僧伽、梁言師子。」大孔雀王咒經中曰、「僧訶(師子)鄔波僧訶(小師子)。」図馬頭觀音、名獅子無畏觀音。

【師子諸傳說】（雜語）野狐領師子攻敵。及師子先吼。野狐自象墮而死。見止觀輔行五。師子王欲為獼猴捨身。見大集經三、經律異相四十七。師子食象哽死。木雀援之。蘇息後忘恩不報。因拔一目。見菩薩瓔珞經九。經律異相四十七。師子有二子。為獵者所殺、同生於長者家、出家得道。見十誦律一。經律異相四十七。師子墮井。為野干所救。見十誦律一、經律異相四十七。師子與虎為善友、野干兩舌而分身喪命。見十誦律第二誦第三分、同四誦第九分。彌沙塞律六。野干兩舌經、經律異相四十七。

【師子頻申比丘尼德相十一喻】（名數）善財童子南詢第二十四參見師子頻申比丘尼、端坐於一切諸寶樹下大師子座上、思惟其德相、舉十一喻。見唐華嚴經六十七。

【師子吼】（雜語）佛在大衆中。為決定之說而無所畏。謂為師子吼。涅槃經二十七曰、「師子吼者、名決定說。」維摩經佛國品曰、「演法無畏、猶如師子吼。」同註曰、「肇曰。師子吼。無畏音也。凡所言說不畏羣邪異學。喻師子吼衆獸下之。」勝鬘寶窟中末曰、「所言不怯名師子吼。」臨濟錄曰、「一師子一吼、野干腦裂。」

【師子吼十一事】（名數）破壞詐師子等。見涅槃經二十七。

【師子王】（譬喻）師子中之王也。譬佛菩薩無一切畏者曰師子王。無量壽經下曰、「如師子王無所畏故。」

【師子乳】（譬喻）以譬菩提心。華嚴經七十八曰、「譬如有人以牛羊等種種諸乳。假使積聚盈於大海。以師子乳一滴投中。悉皆變壞直過無礙。菩薩摩訶薩亦復如是。以如來師子菩提心乳。著無量劫業煩惱乳大海中悉令壞滅直過無礙。」

【師子座】（術語）佛為人中之師子、故佛之所坐總名師子座。如帝王之座謂為龍座也。智度論七曰「是號名師子非實師子也。佛為人中師子。佛所坐處或床或地皆名師子座。如今者國王坐處亦名師子座。」探玄記三曰、「總依智度論佛為人中師子。佛所坐處或牀或地皆名師子座。又坐此座說無為師子吼法是故亦名師子座。」又文殊菩薩以乘獅子為通例。其意亦如上所述。梵 Simhāsana

【師子國】.（地名）梵曰僧伽羅 Simhala 國譯曰執師子國。略云師子國。今之錫蘭島也。見執師子國條。

【師子國餓鬼】（傳說）見餓鬼條。

【師子胄】（人名）成實論之造主訶梨跋摩 Harivarman 也。一譯師子鎧。唯識論二本曰、「成實論師名師子胄。本於數論法中出家。因立彼義。云由色聲香味四塵以成四大。」

【師子筋】（物名）見師絃條。

【師子鎧】（人名）成實論主訶梨跋摩 Harivarman 之譯名也。

【師子法門】（術語）寄託於師子王以顯諸佛菩薩之功德曰師子法門。涅槃經二十七就師子吼舉十一事。一一配之於菩薩之法門。智度論述師子王之形相威勢、一一當之於諸佛之功德。寶雨經五列菩薩十種之善法、一一喻之於師子王。

【師子吼經】（經名）大方廣師子吼經之略名。

【師子頰王】（人名）梵語 Simhahanu 。印度迦毘羅城之主淨飯王之父、即釋尊之祖父也。

【師子臥法】（雜語）使比丘之臥法如師子也。中阿含經曰、「世尊告阿難曰。汝臥當如師子臥法。尊者阿難白曰。世尊獸王師子臥法云何。世尊答曰。阿難獸王師子晝為食行。行已入窟。若欲眠時足足相累。展尾在後右脇而臥。」

【師子奮迅】（譬喻）師子奮起時、身毛皆竪。其勢迅速勇猛。以譬佛之威猛。法華經涌出品曰、「諸佛師子奮迅之力。」

【師子尊者】（人名）付法藏傳最後之人也。西天二十三祖。（或加末田地為二十四祖、）為罽賓國王所殺。見付法藏傳六。

【師子斷肉經】（經名）師子素馱娑王斷肉經之略名。

【師子身中蟲】（譬喻）師子命終、其他獸畜無噉之者。但身中自生蟲而食之。以譬佛之正法他人不能壞之。法中之惡比丘、自壞毀之也。仁王經下曰、「如師子身中蟲自食師子肉。非外道也。」蓮華面經上曰、「阿難。譬如師子命絕身死。若空若地若水若陸。所有衆生不噉食彼師子身肉。唯師子身自生諸蟲。還自噉食師子之肉。阿難。我之佛法非餘能壞。是我法中諸惡比丘。猶如毒刺。破我三阿僧祇劫積行勤苦所集佛法。」

【師子奮迅三昧】（術語）師子奮迅時。開張諸根。身毛皆竪。現威怒哮吼之相。佛入此三昧。則奮大悲法界之身。開大悲之根門。現應機之威。使外道二乘之小獸懾伏。故名爲師子奮迅三昧。探玄記十八曰「從喩爲名。謂如師子奮迅之時。諸根開張。身毛皆竪。現其威怒哮吼之相。令餘獸類失威竄伏。令師子兒增其雄猛。身得長大。今佛亦爾。一奮大悲法界之身。二開大悲之根門。三竪悲毛之先導。四現應機之威吼。法界之法門。令二乘諸獸藏竄聾盲。菩薩佛子增長百千諸三昧海及陀羅尼海。如是相似。故以爲喩。」梵Simhavikrīḍita-samādhi

【師子頻申三昧】（術語）與師子奮迅三昧同。華嚴經六十曰「入師子頻申三昧。」舊經作師子奮迅三昧。華嚴疏鈔六十曰「頻申奮迅。俱是展舒四體通暢之狀。」見前項。

【師子遊戲三昧】（術語）八三昧之一。譬如師子之搏鹿。自在戲樂。佛亦入此三昧。廻轉此地。使六反震動。故名師子遊戲三昧。又佛名人師子。師子遊戲三昧者。佛遊戲三昧也。佛入此三昧時。使此大地有六種震動。使一切地獄惡道之衆生。皆蒙解脫。得生於天上。見智度論八。

【師子月佛本生經】（經名）一卷。失譯。佛住竹園。須蜜比丘緣樹上下。與八萬四千金色之獼猴跳戲。大衆譏嫌。頻婆沙羅王詣佛問之。佛言比丘即是師子月佛。補彌勒之處。并說獼猴之往因。授菩薩之記。

【師子奮迅菩薩所問經】（經名）一卷。失譯。華積樓閣陀羅尼經之舊譯也。師子奮迅菩薩。新譯作師子遊戲菩薩。

【師子莊嚴王菩薩請問經】（經名）一卷。唐那提譯。佛依莊嚴王菩薩之請問而作方曼荼羅。說供養地藏菩薩等八大菩薩。

【師比丘經】（經名）佛滅後棺殮葬送經之異名。

【師主】（雜語）師爲弟子之所主。故曰師主。有部毘奈耶二十七曰「我之師主」

【師兄】（雜語）禪林之語。法兄也。溫公續詩話曰「惠崇詩每犯古人。或嘲之云不是師兄多犯古。古人詩句犯師兄。」按五燈會元寶壽稱謂空和尚師兄。空曰。汝却與我作師兄。則師兄乃其同道中之稱耳。

【師匠】（譬喩）師成弟子之三學。如工匠之成器。故譬之爲匠。大寶積經百十二曰「無量禪定福德業。成善寂調心。以爲師匠。」有部毘奈耶四十曰「汝等當覓上好師匠。」演密鈔四曰「匠是工匠。如世工匠能匠成諸器。阿闍梨法匠、能匠成三乘三學法器」。

【師雨】（術語）師爲法師。雨爲雨安居。卽夏臘也。謂某師之夏臘若干也。玄應音義二十五曰、「師雨謂雨安居也。言師若干夏臘也」卽言師之法臘也。

【師姑】（雜名）尼姑之稱。按青州報恩寺大聖院清座主靈骨記云先師姑度小姑二人。師姐座主度小師五人。又後周雲門山大雲寺重修璧龕記。女弟子駱氏長名大師姑。次女小師姑。并見段松苓益都金石記。則此稱由來已久。傳燈錄曰、「有尼參保福從展。展問阿誰。侍者報曰。覺師姑。又五臺智通忽大悟曰、師姑元是女人作」。按廣異記、大歷時某寺尼令婢往市買餅。見朱自勸、問云。汝和尚好否。又云。聞汝和尚未挾纊。今附絹二疋與和尚作寒具。婢承命持絹授尼。則唐時尼亦稱和尚。雞肋編云京師尼諱師姑、號女和尚。有自來也。

【師保】（雜語）師保持弟子、故曰師保。增一阿含經十四曰、「我亦無師保」。智度論一曰、「我行無師保。志一無等侶」。

【師孫】（雜語）弟子之弟子曰師孫。

【師祖】（雜語）師之師曰師祖。

【師敎】（雜語）師之敎也。受十善戒經曰、「事實如是。當隨師敎」。俱舍論十四曰「如是方成從師敎受」

【師絃】（譬喻）以師子之筋爲樂絃。奏之則餘絃悉絕、以譬菩提心滅其餘之小功德。華嚴經七十八曰、「譬如有人以師子筋而爲樂絃。其音旣奏。餘絃悉絕。菩薩摩訶薩亦復如是。以如來師子波羅蜜身菩提心筋爲法樂絃。其音旣奏。一切五欲及以二乘諸功德絃悉皆斷滅」。

【師資】（雜語）老子曰、「善人不善人師。不善人善人資」。今取而配於師弟、師者以道敎弟子、故稱爲師。弟子者資助師、故稱爲資。法華文句曰「師有匠成之能。學者具資禀之德。資則捨父從師。敬師如父。師之謙讓處過如弟故」。

【師僧】（雜語）我仰爲師之僧也。由檀越言之。明眼論曰、「一度赴請之師僧以其檀那如親子弟」。梵網經下曰、「孝順父母師僧三寶」。

【師質】（人名）舍衛國婆羅門名。忠無子。詣佛使占相。佛言相有子。喜而供養佛。歸路有一獼猴、乞阿難之鉢、以蜜供養佛。獼猴死生於婆羅門家。名摩頭羅世質。後出家得道。見賢愚經十二。

【師檀】（雜語）師僧與檀越也。說法明眼論曰「一日師檀百劫結緣」。

【能人】（術語）能化之人也。卽佛。觀經玄義分曰「安樂能人顯彰別意弘願」。

【能大師】（人名）禪宗之六祖慧能

大師也

【能化】（術語）對所化而言、在師位而敎化他者爲能化。爲弟子而被他敎化者爲所化。佛菩薩能化也。一切衆生所化也。佛地論七曰「能化所化相屬決定」。婆沙論百七十八曰「能化所化善根應熟」。華嚴玄談九曰「衆生世間卽所化機智正覺世間卽能化主。」

【能仁】（術語）釋迦牟尼 Śakyamuni。一譯曰能仁。修行本起經上曰「釋迦文。漢言能仁。」梵網經述記上曰「釋迦牟尼。大唐翻云能寂。舊翻亦云能滿。亦云能仁。」金剛頂出生義曰「能仁如來收迹都史天宮、下生中印土。」

【能引師】（術語）謂十二支中之無明、行之二支。以是爲引發識、名色、六處、觸、受五果之種子故也。

【能立】（術語）因明之法、具正因正喩、而成立宗法、名爲能立。因明大疏上曰、「因喩具正。宗義圓成。顯以悟他。故名能立。」古因明宗因喩三支共爲能立。陳那之新因明、宗爲所立、因喩之二爲能立。

【能立不遣】（術語）喩法十過之一。是異喩之過也。能立者指因。凡所以設異喩者、爲所立之宗與能立之因立於反對而欲遣去彼也。然聲論師立宗謂聲爲常。無質礙故、如虛空（同喩）如業（異喩）此時異喩所用之業、爲善惡所作、則是無常無質礙。勿論依之無所立之常義、而有能立之無質礙義、故立於能立之反對、不能遣去彼無質礙之義、故名能立不遣之過。

【能立法不成】（術語）因明喩法十過之一。因喩不成就因義之過也。如謂聲爲常（宗法）所作故（因法）如虛空（同喩）虛空之因喩、無所作之義、故不能成就因之所作義、因而名爲能立法不成。

【能生支】（術語）謂十二支中愛、取、有之三支。是以此三支爲生當來果之生老死者故也。

【能行】（術語）所行之對。謂對被行者而行之方也。

【能行者】（人名）六祖大師名慧能、初在五祖之下爲行者。因而稱爲能行者。

【能安忍】（術語）十乘觀之一。

【能見相】（術語）三細之一。又九相之一。見三細條及九相條。

【能見心不相應染】（術語）六染心之一。

【能忍】（佛名）釋迦一譯能忍。能忍而出現於五濁惡世之義也。梵網經義疏上曰「釋迦牟尼者。瑞應經譯爲能儒。亦云能仁。又能忍。亦云直林。牟尼者。身口意滿。或云度沃焦。此是異說。」

【能別】（術語）如因明立宗之言謂

聲爲無常、聲爲所別、無常爲能別。聲者自體、無常者體上之義理也。今聲爲無常、以無常分別聲之體者、故無常爲能別、聲爲所別。

【能成立】（術語）因明之宗因喻三支中宗法爲所成立、因喻爲能成立。

【能作因】（術語）六因之一。

【能別不極成】（術語）宗法九過之一。凡立宗所別（聲）能別（無常）之言、必用立敵共許者、是以能別所別之言爲宗之所依、非爲宗體（所別能別分離者爲宗依、所別能別關連者爲宗體）而立敵所諍者在於宗體、不在依於宗者故也。然宗依已舉不共許之言、則於此處既爲立敵之諍、故名之爲能別不極成、所別不極成之過。例如耶蘇敎者對於佛敎者而言「人（所別）永眠（能別）」永眠之言爲佛者所不許、則是能別不極成也。

【能依】（術語）對所依而言。如地之於草木、地爲所依、草木爲能依。

【能門】（術語）能入之門也。理爲所入之法、而敎爲能入之門戶也。法華經文句五曰「執所入之一理、疑於三敎之能門」。

【能所】（術語）二法對待之時、自働之法、謂爲能、不働之法、謂爲所。如能緣所緣能見所見等。世言原告、卽爲能告、被告卽爲所告也。金剛經新註一曰、「般若妙理亡能所、絕待對」。

【能持】（術語）依梵網經之授戒法戒和尙向受者十重禁一一說其戒相、問汝能持之否、受者答以能持、此於言下受得戒也。梵網經義疏上曰、「直說十重、相問能持不、次第答能」。

【能持無所畏】（術語）菩薩四無所畏之一。見四無所畏條。

【能活】（人名）梵語耆婆Jivaka譯言能活、大醫之名。見耆婆條。

【能信】（術語）所信之對。對被信者而信之方也。

【能施太子】（本生）釋迦牟尼佛在因位時、爲大醫王、療一切之病、病者甚多、力不足、懊惱而死、生於忉利天、自思惟我今生於天享福報、然於人無益、自以方便捨天壽、生於娑伽陀龍王宮中、爲龍之太子。身已長、又方便而死、生於閻浮提中、爲大國太子、名曰能施。生而好施、年長大、自身所有皆盡、乃告父母、言龍王頭上有如意寶珠、能雨一切財物、我欲得之、以賑一切貧窮。父母許之。太子乃入大海至龍王所、龍王有神通力、知爲其子。太子亦知宿命、識其父母。龍王大喜、與其所欲。太子請於龍王、得其頭上如意珠、還閻浮提、如意出一切財物、隨人所須。見智度論十二、止觀輔行一。

【能破】（術語）因明八門之一。敵論者立過非之量時、指斥其過非、或難詰其所立也。因明大疏上曰、「敵申過量善斥其非。或妙徵宗。故名能破」

【能被法】（術語）對所被之機而言。能被衆生之敎法也。

【能寂】（術語）能仁寂默之略。釋迦譯曰能仁。牟尼譯曰寂默。見釋迦牟尼條。

【能得忍陀羅尼】（術語）與忍陀羅尼同。

【能淨一切眼疾病陀羅尼經】（經名）一卷。唐不空譯。佛在迦毘羅城爲長者說大神呪治其眼病。

【能遍計】（術語）對所遍計而言。六七二識、遍計度諸法而執實法名爲能遍計。所計之法謂爲所遍計。

【能詮】（術語）對所詮而言。詮爲詮顯經典之文句、以能顯義理。謂爲能詮。所顯之義理。謂爲所詮。四敎儀一曰、「夫敎是能詮。理是所詮」玄應音義二十三曰、「能詮、詮顯了義。說文、詮、具也。案具說事理曰詮」

【能緣】（術語）對所緣而言。緣爲攀緣。眼等之心識、攀緣聲等之外境曰能緣。聲等之外境曰所緣。攀緣者、心識不獨起。必攀外境而生。恰如老人之攀杖猿之緣木也。俱舍論光記二曰、「緣謂攀緣。心心所法名能緣。境是所緣」（中畧）心心所法其性羸劣。執境方起。猶如羸人非杖不行。」

【能緣斷】（術語）斷惑四因之一。滅能緣之惑而所緣之惑自然斷滅也。見惑內苦集二諦下他界緣之惑。依之而被斷。卽他界緣之惑爲自界緣之惑所緣者。故斷其能緣之自界緣惑、則他界緣之惑、自然斷滅也。

【能靜觀音】（菩薩）三十三觀音之一。佇岩向海。示靜寂相之觀音也。

【能薰】（術語）所薰之對。謂能使薰習者。例如第八識薰習種子之七轉識、謂爲能薰。

【能薰四義】（名數）使種子薰習者、必具備下之四義。所謂四義者、一有生滅。爲生滅之法、以有生滅有轉變、始有作用也。二有勝用。宜有緣慮之作用與善染汚强盛之勢用者。色法與無覆無記者無此義。三有增減。必爲增減者。完全圓滿者、無能薰之作用。四與所薰和合之性。宜與所薰之第八識爲同時同身者。而具此四義者、惟因位自身之七轉識也。

【能斷金剛經】（經名）能斷金剛般若波羅蜜多經之略名。梵 Vajra-cchedikā

【能斷金剛般若波羅蜜多經】（經名）一卷。唐玄奘譯。與羅什譯之金剛般若波羅蜜經、菩提流支譯之金剛般若波羅蜜經、眞諦譯之金剛般若波羅蜜經、達摩笈多譯之金剛能斷般若波羅蜜經、義淨譯之能斷金剛般若波羅蜜經同本異譯。慈恩傳七曰、「據梵本具云能斷金剛般若。舊經直云金剛般若。欲明菩薩以分別爲煩惱。而分別之惑堅類金剛。唯此經所詮無分別慧乃能除斷。故曰金剛般若。」

【能藏】（術語）藏識三義之一。見藏識條。

【能變】（術語）唯識論說萬法爲識之所變。而謂八識爲能變。此有三種。見三能變條。

【能變無記】（術語）四無記之一。見四無記條。

【納加梨】（衣服）見衲伽梨條。

【納衣】（衣服）一作衲衣。云糞掃衣。拾取人棄不顧與糞掃均之賤物。縫納爲法衣。故名糞掃衣。亦名納衣。比丘著之。十二頭陀行之一。作衲者俗字也。佛祖統紀（慧思尊者傳）曰「平昔禦寒唯一艾衲」註「法華經。衲衣在空閒。律文謂之五納衣。謂納受五種舊弊以爲衣也。俗作衲字失義。」大乘義章十五曰、「言納衣者。朽故破弊縫納供身。」又（雜名）禪僧多著納衣。故一稱曰衲衣。傳燈錄（多福和尚章）曰、「問如何是衲衣下事。」

【五納衣】（名數）釋氏要覽上曰、「糞掃衣有五種。一道路棄衣。二糞掃處衣。三河邊棄衣。四蟻穿破衣。五破碎衣。又有五種。一火燒衣。二水漬衣。三鼠咬衣。四牛嚼衣。五嬭母棄衣。已上衣。天竺人諱忌故棄之。以不任用。義同糞掃。故共納成衣。名糞掃衣也。」

【納衣十利】（名數）釋氏要覽上曰、「十誦云。若納衣。不貼田相。不許披入聚落。此衣有十利。一在麤衣數。二少所求索。三隨意可坐。四隨意可臥。五浣濯易。六少蟲壞。七染易。八難壞。九更不餘衣。十不失求道。」行事鈔頭陀行儀篇引十住婆沙而列十利。與上列十利相異。

【納戒】（術語）受戒也。納受戒體於身中之義也。傳燈錄（趙州諗禪師章）曰、「童稚於本州扈通院從師披剃。未納戒。」

【納具】（術語）納受具足戒於吾身也。

【納受】（雜語）受領納取他人之贈與也。法華經化城喩品曰「惟願哀納受。」慈恩傳七曰「片物供養願垂納受。」

【納骨】（儀式）納白骨於墓所也。

【納息】（雜語）舊婆沙論謂之跋渠。Varga 新婆沙論謂爲納息。玄應音義十五曰「跋渠此譯部類。」納息者同一之義類於一處納受止息之義也。

【納婆毘訶羅】（雜名）Navavihāra 譯曰新寺。見求法高僧傳上。

【納婆鉢奢弭】（雜語）Nakhapaśyami 比丘答獵者之辭也。有部毘奈耶二十八曰、「若獵者云我不疲倦。我問走鹿。即應先可自觀指甲。報彼人云諾佉鉢奢弭。若更問者應自觀太虛報彼人云、納婆鉢奢弭。一注曰「若據梵音諾佉者是爪甲義。亦是不義。鉢奢是見義。弭是我義。即是我見爪甲。亦目我不見義。茲為眼看爪甲即表不是妄言。彼人聞說道無。即謂無不見物。佛開方便救苦衆生。若直譯云我觀指甲道理無不相見。為之留本梵音口授方能細解。納婆（Nabha）亦兼兩義。一目太虛。二表不義。亦不可譯為東語。於中可准諸佉思之。具如廣註。即如此方觀臂上毛云我見毛。亦是目其無義也。」

【納莫】（術語）Namaḥ 與南無同。見南無條。

【納帽】（物名）納綴細片所作之帽子也。納為納衣之納。續高僧傳（景鸞傳）曰、「衣以袈裟。覆以納帽」

【納得】（雜語）他物於自身須納受得也。律宗綱要下曰、「納得戒體要由羯磨。」

【納慕】（術語）又曰那謨、南謨、納莫、娜謨、曩莫、南摩。見南無條。

【納播】（衣服）講僧所掛者。形如覆肩衣。播者其端開也。納俗作衲。僧史畧曰、「又三衣之外有曳納播者。形如覆肩衣。出寄歸傳。講員自許即曳之。若講通一本。則曳一支。講二三本。又隨講數曳之。如納播是也。」

【紙衣】（衣服）紙製之衣也。五燈會元臨濟下有紙衣和尚。曹山錄有紙衣道者。北齊書元宗紀曰、「回紇入東京。肆掠蕩盡。士民皆衣紙。」

【紙冠】（物名）又曰額烏帽子。法師陰陽師等所著用者。又當死人額之三角紙也。

【紙葉】（雜名）佛在世既許於紙葉書寫經典。毘奈耶雜事二十五曰、「若於經典不能記憶。當云何持。佛言應寫紙葉讀誦受持。」

【紙錢】（物名）真言宗祭供星天、專用紙錢。又禪林於祈禱及盂蘭盆會等雕紙如錢形、數十相連、與心經等於會畢時焚化、之所以供鬼神也。唐書王璵傳曰、「漢以來葬者皆有瘞錢。後世里俗稍以紙寓錢為鬼事。至是璵乃用為禳祓」按法苑珠林、紙錢起於殷長史。洪慶善杜詩辨證云、齊東昏侯好鬼神之術、剪紙為錢、以代束帛、至唐盛行其事。王叡詩紙錢灰出木棉花、李山甫詩可要行人贈紙錢、徐凝詩無人送與紙錢來、皆言之。邵康節春秋祭祀、亦焚紙錢。程伊川問之、曰冥器之義也。脫有益、非孝子順孫之心乎。宋王炎有清明日先塋掛紙錢詩。」又封氏見聞紀曰、「後漢蔡倫所造。魏晉以來始有其事。凡鬼神之物、其象似、亦猶塗車芻靈之類。古埋帛。今則皆燒之。」

【純一】（術語）無雜曰純。無二曰一。勝鬘經曰、「彼諸衆生。純一大乘。」法華經序品曰、「其義深遠。其語巧妙。純一無雜。清白梵行之相。」止觀一之一曰、「純一實相。而實相外更無別法。」

【純陀】（人名）Cunda 又作准陀、淳陀、周那。譯曰妙義。拘尸那城工巧師之子。佛自此人受最後之供養。玄應音義二十四曰、「准陀此云妙義。舊云純陀、訛也。」涅槃經二曰、「爾時會中有優婆塞。是拘尸城工巧之子名純陀。」涅槃經純陀品與一切大衆所問品詳記之。

【周那自宅供旃檀耳羹】（故事）據長阿含經三則說佛自行乞食、到周那（即准陀）宅受最後之供養食旃檀耳羹食已說法中夜命終。是小機之所見也。大小感見之不同不可和會。涅槃經疏四曰、「若見佛自行乞食。到純陀舍食旃檀耳羹。中夜入滅。轝向雙林以火焚身。此小緣劣見。若見純陀悲感但獻八斛四斗不思議供充飽一切（中略）大緣見勝。」

【純陀私夷羅】（地名）譯曰無角槌。聚落名。見本行集經三十三。

【純眞】（人名）譯曰眞人。見名義集二。

【純眞陀羅問經】（經名）純眞陀羅所問如來三昧經之略名。

【純眞陀羅所問如來三昧經】（經名）三卷、後漢支婁迦讖譯。與大樹緊那羅王所問經同本。純眞者、神人之義。陀羅者、緊那羅之訛畧。即神人緊那羅。此雖爲通釋。而實則純爲屯。Druma（樹）眞陀羅者、Kinnara之音譯也。

【純眞陀羅所問寶如來三昧經】（經名）純眞陀羅所問如來三昧經之異名。

【純圓獨妙之經】（經名）法華乃開三乘差別、而爲一大圓會爾前麤味而成醍醐妙味之經。故稱爲純圓獨妙之經。法華科註前錄曰、「如此五時。群經無量。括而統之。無出此四。故此四教乃是釋經之綱目。故知法華五時中乃純圓獨妙之經。」

【記】（術語）見記別條。又謂經論之註釋。如言俱舍之光記。

【記心輪】（術語）謂識別他心。佛之意業之用也。三輪之一。義林章六末（三輪章）曰、「三輪別名者。雜集第一說一神變輪。二記心輪。三敎誡輪。（中畧）心謂他心種類差別。記謂別識。識別彼心名曰記心。」

【記別】（術語）又作記莂。佛記弟子成佛之事。分別劫數國土佛名壽命等事。謂爲記別。授此記別於弟子。謂爲授記。別字加草冠者非也。文句七上曰、「記是記事。莂是了莂。」嘉祥義疏八曰、「記者云決也。亦云莂也。所言決者。於九道中分決此人必當成佛。故云決也。莂義亦然。」玄贊七曰、「記者。決也、別也。爲決了當果。爲分別其當來果相。

」玄應音義曰、「別分別也。經文從草作莂。非也」演密鈔四曰、「記別者謂世尊記諸弟子未來生事記因果也。」

【記別經】（經名）十二部經之一。梵語和伽羅那 Vyākaraṇa 譯曰授記。又曰記別。俱舍光記十八曰、「正理四十四云、言記別者、謂隨餘問酬答辨析。如波羅衍拏等中辨、或諸所有辨曾當現眞實義言。皆名記別。」

【記莂】（術語）與記別同。梁簡文帝文曰、「已於恒河佛所經受記莂」參照記別條。

【記法住經】（經名）佛臨涅槃記法住經之略稱。

【記室】（職位）書記也。

【記論外道】（流派）謂弘毘伽羅論之人也。玄應音義二十三曰、「記論外道。卽毘伽論是也。」

【訓童行】（行事）訓誨童行之意。禪宗每月一日十五日等、集各局務行者於寢堂訓誨垂示也。百丈淸規有訓童行條。

【訕者】（流派）十外道之一。飾宗記七本曰、「訕若梵云珊闍耶。此云圓勝。此外道自云我寂圓勝。」梵 Sañjaya

【訕底】（術語）見扇底迦條。

【訖利多】（雜語）Krita 譯曰買得。奴隸也。西域記三曰、「於諸異國買鬻賤人以充役使。（中畧）謂之訖利多。唐言買得。」

【訖利多王】（雜名）北印度迦濕彌羅國爲末田底迦阿羅漢所開拓。阿羅漢入滅後、訖利多種自立爲王。其後佛滅後四百年頃、健馱邏國迦膩色迦王一旦伏訖利多種、大興佛法。迦膩色迦王死後、訖利多種復爲王、斥逐僧徒、毀壞佛法。其後佛滅六百年頃、爲覩貨羅國釋種呬摩呾羅王所亡。見西域記三。

【訖栗枳】（人名）又作訖哩吉、雞梨祁、吉利。譯曰作事。太古印度出世之王。迦葉佛卽其子。云見起世經、起世因本經等。

【訖哩吉】（人名）見前項。

【財色】（術語）財寶與女色。無量壽經上曰、「棄國捐王。絕去財色」四十二章經曰、「財色施人。人之不捨。譬如刀刃有蜜。」淨心誡觀法上曰、「一切苦因果、財色爲本」。

【財供養】（術語）三供養之一。以世間之財寶、供養諸佛菩薩也。

【財首菩薩】（菩薩）財首菩薩自說往因。無量世過去有佛、名釋迦牟尼。佛滅後有一王子、名金幢。有邪見、不信正法。有知識比丘、名定自在。勸我入塔拜佛像、且稱南無佛。依是因緣、我値九百萬億那由他佛、得甚深念佛三昧。以來無數劫不墮惡道。今日遂得甚深首楞嚴三昧。見觀佛三昧經九安樂集上往生要集下本。

【財施】（術語）三施之一。以衣服飲食田宅珍寶等施與他也。

【財慧】（菩薩）梵名縛蘇摩底。又名地慧。或稱文殊師利使者、文殊師利使者女。文殊五使者之一。胎藏界文殊院二十五尊中居於文殊師利使者之左。卽使菩薩四十二位地地修行之慧增進之文殊使者、故有此名。密號曰吉祥金剛。或曰般若金剛。

【財欲】（術語）五欲之一。貪財寶也。

【財慳】（術語）二慳之一。吝於財施也。

【針口鬼】（異類）九鬼之一。見鬼條。

【針孔】（譬喻）於地上立針。自天上投纖縷使入針孔、事之甚難者。以譬人身之難受也。法苑珠林三十一曰、「提謂經云。如有一人在須彌山上以纖縷投之。一人在下持針迎之。中有旋嵐猛風吹縷。難入針孔。人身難受甚過於是。」（萬善同歸集五引文同之。）

【針毛鬼】（異類）九鬼之一。見鬼條。

【針芥】（譬喻）仰針於地、自天上投芥子、欲適中其針鋒甚難。以譬佛出世之難遇也。南本涅槃經純陀品曰、「芥子投針鋒。佛出難於是。」天名疏曰、「仰針於地、梵宮投芥。墮在針鋒。此事甚難。値佛生信復難於是。生信聞法復難於是。」止觀五曰、「隊芥豈得下貫針鋒」

【針鋒】（譬喻）自四禪天投芥子貫針孔之喻也。見前項。

【畜生】（術語）梵語底栗車、Tirya-groni. 畜生新譯傍生。爲畜養之生類、故名畜生。一切之世人或爲噉食、或爲驅使畜養此生、傍生者、言爲傍行之生類也。大乘義章八末曰、「言畜生者。從主畜養以爲名也。」梵網經下曰、「若佛子常起大悲心。若見牛馬豬羊一切畜生。應心念口言。汝是畜生發菩提心。」立世論曰「由因諂曲業故。於中受生。復說此道衆生多覆身行、故名底栗車。」婆沙論曰、「生謂衆生、畜謂畜養。謂彼橫生、稟性愚癡、不能自立、爲他畜養、故名畜生。」問若以畜養名畜生者、如諸龍水陸空行。豈可爲人所養、名爲畜生耶。答養者義寬。且滿人世。及以六天。不養者處狹。唯在人中山野澤內、又古昔諸龍亦爲人養。具在文史。今從畜養偏多、故名畜生。

【畜生因】（雜語）生於畜生趣之業因也。法華文句四曰、「普曜曰。觝突墮畜生。」釋氏要覽中曰、「辯意經云。有五事作畜生。一犯戒私竊。二負債不還。三殺生。四不喜聽受經法。五常以因緣艱難齋會。」止觀十曰、「無慚無愧。卽畜生界。」

【畜生有】（術語）長阿含十報經所說七有之一。畜生之果報有而非無、故曰有。

【畜生界】（界名）天台宗所立十界之一。畜生之一類、其法體差別、故謂爲界。

【畜生道】（界名）六道之一。有畜生業因者死後所趣之道途。與畜生趣同。又道以名因、謂其業因也。

【畜生趣】（術語）六趣之一。有畜生業因者死所趣之處。卽畜生之依住處也。

【畜生食時】（術語）見四食時條。

【畜趣】（術語）畜生趣也。

【盋兜那波吒】（物名）譯曰絹。見善見律六。巴 Pattuṇṇa-paṭṭa

【郝】（術語）郝 Haḥ 是爲摧一切魔菩薩之種子。具四義。一爲一切法本不生之義、二爲因之義、三爲人我之義、四爲法我之義。由迷於一切法本不生之理而爲一切煩惱之因。煩惱之因起二種之我。所謂人我、法我也。是故爲一切之外道諸天執我執法、欲使彼調伏、入於金剛藥叉三摩地。卽思惟此菩薩之一字眞言。入於一切法本不生門、則離一切煩惱之因。煩惱既離、則證二種之無我。而顯眞如恒沙之功德。卽超越三界九地安心所起之諸惑雜染。是故名爲摧一切魔大菩薩。見理趣釋。

【荏】（人名）古聖王之名。增一阿含經四十七曰「聖王名荏」。經註曰、「荏晉言大晌。音如錦反」

【原人論】（書名）具名華嚴原人論、一卷。唐圭峯宗密著。以華嚴之宗意、窮考人趣之生起者。

【原妙】（人名）蘇州人。姓徐氏。字高峯。見高峯條。

【峨眉山】（地名）四大名山之一。在四川峨眉縣西。兩山相對如蛾眉、故有此稱。一名大峨山。與中峩小峩相連、故合稱三峩。周廻千里。有石龕一百二十、大小洞四十。山頂有寺、號光相寺。爲普賢菩薩示現之靈場、因而著名。方輿記所謂、「自白水經八十四盤山徑如線、登躋六十里而至寺」是也。五雜俎四曰、「峩眉山雖六月必具單夾絮衣而登。其下時猶炎暑、至半山則御夾衣、絕頂卽著絮。過十月則不可登。道爲雪封、且寒甚也」明一統志七十一曰、「峩眉山在州城南二百里。來自岷山、連岡疊嶂、延袤三百里。至此突起三峰。其二峯對峙、宛若峩眉。自州望之、又如人之拱揖於前。宋宋白詩、不知立處高多少、只見星辰在下頭」。

【剗子禪】（術語）剗子者鋤也。空解之邪禪、譬之剗子之鋤物也。

【恥小慕大】（術語）小乘之行人在維摩思益等方等時之會座、聞盛褒大乘、初發恥小乘、慕大乘之心也。釋籤十曰、「如觀衆生品、卽是歎大。稱歎文殊淨名、卽是褒圓。故令小根恥小慕大」。

【隻履西歸】（故事）傳燈錄曰、「後

魏孝明帝太和十九年、達磨大師於禹門千聖寺端坐而化。其徒爲之葬熊耳山。起塔於定林寺。後二年。魏宋雲奉使西域。回遇師於葱嶺。手攜隻履。翩翩獨逝。問師何往。曰西天去。雲具奏其事。帝令啓壙視之。惟見空棺。一革履存焉。」

【倩女離魂】（公案）正燈錄六（五祖演禪師章）曰「五祖問僧云。倩女離魂。那個是眞底。」剪燈新話上聚景園記曰「淸河張鑑季女倩娘。鑑嘗許外甥王宙爲妻。旣而悔之。欲嫁賓僚之賢者。女聞之鬱抑。宙亦深恨。赴京師至山郭。半夜忽聞有人行聲。問之。乃倩娘也。遂匿於船。至蜀。凡五年。遂與還歸。旣至。宙獨先到鑑家。謝其事。鑑曰吾女病在閨中。何其詭說。宙曰見在舟中。鑑使人驗。果然。使者還報。室中病女聞而喜。起出相迎。合爲一體。」

【城隍神】（神名）陔餘叢攷三十五曰、「王敬哉冬夜箋記、謂城隍之名見於易。所謂城復於隍也。又引禮記天子大蜡八。水庸居其七。水則隍也。庸則城也。以爲祭城隍之始。固已。然未竟名之爲城隍也。按北史慕容儼鎭郢城。梁大都督侯瑱等舟師至城外。城中先有神祠一所。俗號城王神。儼於是順人心禱之。須臾風浪大起。凡斷其荻洪鐵鎖三次。城人大喜。以爲神助。遂破瑱等。隋書五行志。梁武陵王紀祭城隍神。將烹牛。有赤蛇繞牛口。是城隍之祀。蓋始於六朝也。至唐則漸徧。唐文粹有李陽冰縉雲縣城隍記。謂城隍神祠典所無。惟吳越有之。是唐初尙未列於祀典。張曲江集有祭洪州城隍神文。杜甫詩有十年過父老。幾日賽城隍之句。杜牧集有祭城隍祈雨文。則唐中葉各州郡皆有城隍。五代錢鏐有重修墻隍神廟碑記。書大梁開平二年歲在武辰。顧寧人謂以城爲墻。以戊爲武。蓋以朱全忠父名誠。曾祖名茂琳。故避其嫌名而改。陸放翁寧德縣城隍記所謂唐以來郡縣皆祭城隍是也。宋史蘇緘殉節邕州。後交人入寇。見大兵從北來。呼曰蘇城隍來矣。交人懼。遂歸。又范旺守城死。邑人爲設像城隍以祭。（中畧）吳澄記江州城隍廟曰。江右列郡。以漢潁陰侯灌嬰配食。（按査初白詩。今江西城隍卽係灌嬰。幷非配食矣。）明太祖初封京師城隍爲帝。開封臨濠東平和滁以王。府曰公。縣曰侯。洪武三年去封號。但稱某府縣城隍之神。」

【哥王】（人名）哥利王。見迦利條。

【晉水】（人名）趙宋淨源。號晉水。見淨源條。

【悕玄】（術語）希望玄理也。

【哭市】（故事）常啼菩薩爲求般若東行一大城涕泣也。參照常啼菩薩條。

【剝皮】（本生）昔釋迦如來爲愛法梵志（或作樂法菩薩）時。請剝身皮而乾之。

以書佛所說之一偈。求法精勤之極也。智度論十六曰、「如愛法梵志十二歲遍閻浮提求知聖法而不能得。時世無佛。佛法亦盡。有一婆羅門言。我有聖法一偈。若實愛法。當以與汝。答言。實愛法。婆羅門言。若實愛法。當以汝皮爲紙。以身骨爲筆。以血書之。當以與汝。卽如其言。破骨剝皮。以血書偈。如法應修行。非法不可受。今世及後世。行法者安穩。」同四十九曰、「如釋迦文佛本爲菩薩時。名曰樂法。時世無佛。不聞善語。四方求法。精勤不懈。了不能得。爾時魔變作婆羅門而語之言、我有佛所說一偈。汝能以皮爲紙、以骨爲筆、以血爲墨。書寫此偈。當以與汝。樂法卽時自念。我世世喪身無數、不得此利。卽自剝皮、曝之令乾。欲書其偈。魔卽滅身。是時佛知其至心。卽從下方涌出。爲說深法。卽得無生法忍。」

【躬伴支迦】（異類）夜叉名。大藥叉女歡喜母成就法曰、「躬伴支迦大藥叉將。古云散支者、訛也。」見散支條。

【浩妙】（雜語）浩大微妙也。止觀一上曰、「法門浩妙。爲天眞獨朗。」

【弱吽鑁斛】（術語）Jaḥ hūṃ vaṃ hoḥ 如其次第、乃鉤索鎖鈴四攝菩薩之種子也。見金曼大鈔一。

【倚版】（物名）與禪版同。坐禪時所倚之道具。厚三分。餘長一尺八寸、橫三寸九分。上下穿穴。用時東定於繩床之橫繩。

【挾侍】（術語）與脇士同。左右侍者挾佛之義。

【條衣】（衣服）出家之大衣也。有九條至二十五條之別、故曰條衣。薩婆多論曰、「大衣分三品。九條十一條十三條兩長一短。名下品。十五條十七條十九條三長一短名中品。二十一條二十三條二十五條四長一短。名上品。」

【晡剌拏】（人名）又作補剌拏、Pūrṇa 阿羅漢名。見富樓那條。

【竝起】（術語）二法以上同時相竝而生起也。

【娘矩吒】（動物）蟲名。玄應音義二十五曰、「娘矩吒。此云糞屎蟲。有觜如針。亦云針口蟲。穿骨食髓者也。」

【粉骨碎身】（雜語）爲法恩碎其身粉其骨也。證道歌曰「粉骨碎身未足酬。」止觀五曰、「香城粉骨。雪嶺投身。」粉骨者、如常啼菩薩於香城學般若時。大品般若菩薩陀波崙品曰、「常啼既得法已、自恨無供世尊者。忽過城中豪富長者不安、欲人骨髓合藥。卽時敲骨出髓。賣與長者、以所得金買種種花香供養於佛。」碎身者如釋迦於因中在雪山、爲羅刹捨全身以求半偈。出於涅槃經十四。見雪山童子條。

【豺狼地獄】（界名）十六遊增地獄

之一。豺狼來嚙罪人。

【剡浮捺他金】（雜名）又曰閻浮那陀金。見閻浮檀金條。

【桐魚】（物名）以桐材所製之木魚也。

【砧基簿】（雜名）始建寺時所定殿堂廊廡之柱礎圖也、是雖爲後日無用之物、然住持之人不可不知之。故入寺後。宜詢問兩序之人。敕修淸規曰、「交割砧基什物。」中峯本禪師擬寒山詩曰、「十冊古傳燈。轉作砧基簿。」

【狼跡山】（地名）鷄足山之異名。摩訶迦葉入定之山也。摩訶摩耶經下曰、「摩訶迦葉。於狼跡山中入滅盡定。」玄應音義八曰、「狼跡山。按梵本言屈屈多播陀山。此云鷄足山。又云尊足山。令迦葉居中者。在菩提樹東也。」

【荆溪】（人名）支那天台第九祖湛然、晉陵荆溪人、故號荆溪大師。佛祖統紀七曰、「九祖荆溪尊者湛然。姓戚氏。世居晉陵荆溪。時人尊其道。因以爲號。」

【烟蓋】（雜語）香烟蟠作蓋形者、賢愚經六曰、「香烟如意乘虛往。至世尊頂上。相結合聚。作一烟蓋。」

【祝聖拈香】（儀式）祝皇帝之萬歲而燒香也。

【貢高】（術語）淨名經曰、「我心憍慢者。爲現大力士。消伏諸貢高。令住無上道。」僧肇曰、「慢心自高。如山峯不停水。菩薩現力士伏貢高心。然後潤以法水。」

【缺漏】（術語）戒如堤防、以防比丘之過。因而不守戒。謂爲缺。因不守戒而過失漏於外。謂爲漏。法華經方便品曰、「於戒有缺漏。」

【竛竮】（雜語）又作伶俜。步行踚踉也。法華經信解品曰、「伶俜辛苦五十餘年。」嘉祥義疏七曰、「伶俜行不正貌也。」

【捕鼠】（譬喻）毀破戒僧之譬也。佛藏經指鳥鼠僧之譬喩。見鳥鼠僧條。釋門歸敬儀曰、「捕鼠之證、頻繁於胸臆。」

【剜燈】（修法）刳身燃燈以供養佛。表至誠也。賢愚經一說世尊爲虔闍尼梨王時、爲欲聞勞度差婆羅門之法而行之。報恩經二大同小異。止觀七曰、「三藏中事施雄猛。剜燈救貿國城妻子。而理觀全無毫末。」

【旁生】（雜語）佛家稱畜生曰旁生。上自龍獸禽畜。下及水陸昆蟲。皆是業輪惡趣。非人天之正道。故曰旁生。

【料簡】（術語）言於義理量裁簡別也。爲解釋之異名。但天台局於問答、稱爲料簡。大部補註四曰、「料者理也。量也。簡與揀同。大傳云。簡車馬也。即量裁選擇之義。」安樂集記上曰、「料簡之言人師不同。今家標章猶名料簡。和尙總以解釋皆名料簡。天台唯局問答名料簡也。」

【倍離欲貪】（術語）欲界煩惱之總稱曰欲貪。在凡夫之位欲界見修二惑九品中、斷前六品者謂爲倍離欲貪。倍於斷分離欲貪三品。故曰倍。

【罣礙】（術語）言障於前後左右上下而進退無途也。罣爲四面之障礙。般若心經曰、「依般若波羅蜜多故心無罣礙。心無罣礙故無有恐怖」

【案達羅】（地名）Andhra 南印度國名。首府曰瓶耆羅城。陳那在此國造因明論。又此地東南之馱那羯磔迦國、亦名大案達羅國。

【娯羅識法】（修法）如實愛染法也。諸宗章疏三曰、「娯羅識法。（娯爲如實之略字。羅識 Râga 者愛染之語。）」

【唅鑁】（術語）Haṁ·Vaṁ 不動尊之種子。在不動尊眞言之最後。大日經疏十曰、「用後二字爲種子。諸句義皆成就此也。」

【祇足摩踵】（儀式）西域記曰、「致敬之式、惟一拜跪而讚德、謂之盡敬。遠則稽顙拜手。近則祇足摩踵」唐書西域傳曰、「中天竺王姓乞利咥氏。亦曰剎利。世有其國、而不篡殺。（中畧）以祇足摩踵爲致禮。」

十一畫

【處】（術語）三科之一。梵名阿耶怛那。Āyatana 舊譯曰入。新譯曰處。根與境爲生心心所作用之處、故云處。根與境相涉入、故云入。有六根六境之十二法、故謂之十二處。又云十二入。俱舍論一曰、「心心所生長門義是處義。訓釋詞者謂能生長心心所法故名爲處。是能生長彼作用義。」同光記一下曰、「梵云阿耶怛那。唐云處。舊翻爲入。此亦不然。若言入梵本應云鉢羅吠舍。舊經亦有翻爲處者。如空無處等。及阿練若等。並與今同。」見三科條。

【處不退】（術語）淨土門所立四不退之一。見不退條。

【處中】（術語）言處於中也。卽非空非有之中道。瑜伽論釋曰、「如來出世隨宜爲說處中妙理。」

【處處經】（經名）一卷。後漢安世高譯。雜說種種之法。

【專心】（術語）謂心專一不雜餘念也。敎行信證二曰、「云專心者卽一心。形無二心也。」

【專行】（術語）捨餘法而專行一法也。敎行信證六本曰、「專行者專修一善。故曰專行。」

【專念】（經名）專注念於一境也。無量壽經下曰、「一向專念無量壽佛。」

【專修】（術語）專修一行也。敎行信證六本曰、「專修者唯稱念佛名離自力之心。」

【專想】（術語）專觀一境而心不散也。觀無量壽經曰「專想不移。」

【專精】（術語）心專一而精進於道也。無量壽經下曰、「專精行道。」

【專雜】（術語）專念與雜修也。參照雜修條。

【曹山】（人名）曹洞宗、洞山良价禪師法嗣本寂禪師之別號。由住處而稱也。大明一統志撫州府曰、「曹山在宜興縣北三十里。舊名荷玉山。嶺曰羅漢峯。昔本寂禪師因禮曹溪六祖回此。遂易名曹山。」

【曹洞】（雜名）曹洞宗之第一祖洞山、第二祖曰曹山。

【曹洞宗】（流派）禪宗五家之一。出所有二說。一爲取曹溪六祖慧能及六世孫洞山之名、二爲取第二祖曹山、第一祖洞山之名。後者顚倒行次。爲語便也。祖庭事苑七曰、「曹山卽洞山之嗣子。今不言洞曹言曹洞者。亦猶慧遠卽慧持之的兄。但言持遠而不言遠持。蓋由語便而無他。叢林或指曹爲曹溪。蓋不知世裔來歷之遠近。妄自牽合。」然以前者爲近於眞也。案曹洞宗源出六祖弟子行思。傳希遷。希遷傳藥山。藥山傳雲巖。雲巖傳良价禪師。住瑞州洞山。洞山傳本寂禪師。住撫州曹山。其說立五位君臣以爲宗要。五位者、正中偏、偏中正、正中來、偏中至、兼中到、是也。君爲正位。臣爲偏位。正位卽空界。偏位卽色界。

【曹溪】（人名）六祖慧能之別號。大明一統志七十九曰、「韶州府曹溪在府城東南三十里。源出狗耳嶺。西流合湞水。」皇輿考八曰、「韶州府曹溪府城東南。梁時有天竺國僧自西來。汎船曹溪口。聞異香。曰、上流必有勝地。尋之。遂開山立石。乃云、百七十年後當遇無上法師在此演法。今六祖南華寺是也。」

【堅心正意經】（經名）堅意經之異名。

【堅牢】（天名）一作堅牢地神、堅牢地祇。堅牢地天。大地神女之名。其解爲地之堅牢與神之不壞也。欲求資財珍寶伏藏及神通長年妙藥。並療衆病降伏怨敵。制諸異論時。於淨室安置道場。浴身著鮮潔衣。踞草座之上。在有舍利尊像之前。或有舍利制底之所。燒香散花。飯食供養。白月八日布灑星合時請召之。見金光明最勝王經八堅牢地神品。密敎謂爲胎藏大日之隨類應現身。與其后共列胎藏界曼荼羅外金剛部。形像爲肉色女形。左手持鉢。鉢中盛鮮花。其后形像、右手掬而當心。左手亦掬而當股。種子爲[illegible]。最勝王經八曰、「此大地神女名曰堅牢。」

大日經疏四曰、「地神是女天。女是三摩地義。即是大日世尊護持一切衆生心地三昧也。」嘉祥金光明疏曰、「神能持地使令不壞。因地受稱。」金光明經二、有「堅牢地神品。」諸天傳下、有「堅牢地神傳。」地藏本願經下、有「地神護法品。」

【地神護法】（術語）金光明經堅牢地神品曰、「隨是經典所流布處、是地分中敷師子座令說法者宣說、我當在中、常作宿衛、隱蔽其身、於法座下頂戴其足。而此大地衆味增長、藥草華菓皆悉具足、衆生食已、增長壽命。」地藏本願經地神護法品曰、「佛告堅牢地神、汝大神力諸神莫及。閻浮土地、悉蒙汝護、乃至草木穀米從地有、皆由汝力。若未來世中依地藏本願經修行者、以汝神力擁護之、勿令一切災害及不如意事聞於耳。」

【地神證明】（傳說）觀佛三昧經曰、「有王問佛、汝功德誰爲證明。佛即垂無畏手指地。一切大地、六種震動、堅牢地神涌出、唱言我是證明。」大日經疏四曰、「如釋迦牟尼佛初坐道場時、謂魔王言、由汝先世作一無盡施、故今得自在天主、我從無數劫以來如是修大施不可勝數。云何與我較優劣。魔言我所作之福汝已爲證、汝之福業誰當證明。菩薩爾時申右手指地說眞實言、我本於此地上行菩薩道、種種難行苦行、地神證知。爾時無量地神由地涌出、現其半身作證明。魔王軍衆、由是退散。」西域記八所述亦同。

【堅牢地天】（天名）堅牢地神也。印度神又名天。嘉祥金光明疏曰、「外國呼神亦名爲天。」見堅牢條。

【堅牢地天儀軌】（經名）一卷、唐善無畏譯。

【堅牢地祇】（天名）堅牢地神也。地神云祇。見堅牢條。

【堅牢地神】（天名）堅牢爲地神女名。見堅牢條。

【堅林】（地名）梵名沙羅。Sala 譯爲牢固。佛在此林中取涅槃。慈恩寺傳序曰、「提河輟潤。堅林晦影。」見堅固林條。

【堅固】（術語）如樹之根株不能拔者云堅、從他物不變原態者云固。謂心念之不變不動也。法華經曰、「妙光敎化令堅固。」

【五堅固】（名數）見五五百年條。

【堅固女】（人名）佛在祇園、說女人應離諸過而發大心。堅固優婆夷即於佛前發大菩提心。舍利弗與之問答、佛授以道記。見堅固女經。

【堅固林】（植物）娑羅樹之譯。此樹冬夏不凋、故以意譯曰堅固。晉譯泥洹經一曰、「堅固林中雙樹間。」涼譯涅槃經一曰、

「娑羅雙樹間」涅槃經會疏一曰、「娑羅雙樹此云堅固四方八株。」玄應音義二曰、「娑羅泥洹經作堅固林。」名義集三曰、「娑羅此云堅固北遠云冬夏不改故名堅固。」見娑羅條。

【堅固法身】（術語）公案名。又作大龍法身大龍山智洪弘濟答僧問示色身之外法身不可見者碧巖錄八十二則曰、「僧問大龍色身敗壞如何是堅固法身龍云山花開似錦澗水湛如藍。」

【堅固意】（菩薩）梵名地利祖地也舍夜。Drgadhrgaya 又云堅固深心胎藏界地藏院九尊之一即其第八尊也密號超越金剛種子ध字爲滅却戲論之意以表內證堅固三摩耶形爲蓮華上之羯磨尊形肉色、右手持開敷蓮華華中有羯磨金剛坐赤蓮華。

【堅固惠】（菩薩）胎藏界地藏院上第八位密號曰超越金剛主內證堅固不壞、又名堅固深心菩薩形肉色右手持蓮上有羯磨杵左手立大指輕屈頭指握餘指仰置膝上坐赤蓮。

【堅固經】（經名）堅固長者子勅弟子使現神足三乞於佛佛言我敎弟子但於空閑處靜默思道覆德露過攝於長阿含經十六。

【堅固三昧】（術語）百八三昧之一。金剛三昧之異名智度論四十七曰、「有人言金剛三昧是堅不壞故。」

【堅固女經】（經名）佛說堅固女經、一卷隋那連提黎耶舍譯說堅固女發心之事。

【堅固長者】（菩薩）五十三善知識之第四十六。

【堅固地神】（神名）金光明經作「堅牢地神」三藏法數四十六作「堅固地神。」見堅牢條。

【堅固菩薩】（菩薩）地藏院之一尊也見堅固惠條。

【堅法】（術語）三種之堅法身與命及財也修道者得無極之身無窮之命無盡之財名之曰堅法維摩經菩薩品曰、「當觀五欲無常以求善本於身命財而修堅法」註曰、「肇曰堅法三堅法身命財寶也若忘身命棄財寶去封累而修道者必獲無極之身無窮之命無盡之財也此三天地焚而不燒劫數盡而不盡故名堅法。」

【六堅法】（名數）出於本業經一信堅別敎菩薩於十住位修習空觀知一切之法皆爲眞諦而無毀壞者二法堅別敎菩薩於十行位修習假觀知一切法皆爲俗諦而無毀壞者三修堅別敎菩薩於十回向位修習中觀知一切法皆爲中諦而不毀壞者四德堅別敎菩薩於十地位修習中觀破一分

無明、顯一分三德而不毀壞者。五頂、堅。別教等覺菩薩居十地之頂破惑顯德而不毀壞者。六覺、堅。別教妙覺果佛覺了一切之法皆爲中道而不毀壞者。

【堅座】（雜語）並䟤蹲坐、臀不著地也。見攝眞實經一。

【堅智】（術語）金剛拳之異名。金剛頂義訣曰、「金剛拳者佛堅智相也。」

【堅勝法界座】（雜名）胎藏大日之法座也。金剛頂義訣曰、「名妙顯山、(舊云妙高山)、名堅勝法界座種。」菩提心義九曰、「若大日宗以堅勝法界座爲大日座。」

【堅意】（人名）梵名悉恥羅末底、Sthiramati 印度人。年代事蹟不詳。著有入大乘論二卷。其中引用龍樹提婆等、北涼道泰譯爲漢文、據此而觀、師爲龍樹之後起也。慧祥之法華傳一舉眞諦之傳說曰、「佛涅槃後、五百年終、龍樹菩薩造法華論。六百年初、堅意菩薩造釋論幷未來此土。」

【堅意經】（經名）佛說堅意經一卷、後漢安世高譯。誨人受謗、心不可動、且一心聽經。

【堅誓師子】（本生）釋尊因位時、爲金毛堅誓師子、念袈裟之德、故爲獵師捨身。此說出報恩經七、賢愚經十三堅誓師子品。報恩經七曰、「昔有一師子曰堅誓。身毛金色、有大威力、遊行山澤、見一辟支佛威儀清淨、來親近、常聞誦經。時有大獵師見師子身毛金色、欲剝其皮奉國王。乃案奇計剃頭被袈裟、入山中坐一樹上。堅誓師子見之、謂爲眞比丘、喜來舐其足。獵師使以毒箭射之。師子既被毒箭、哮吼欲搏撮、忽作是念、此是沙門、被壞色衣、是三世之佛賢聖之幖幟。吾愼不可起惡心。卽說偈曰、願自喪身命。終不起惡心。向於壞色服。願自喪身命。終不起惡心。向於出家人。說偈已、命終。佛言其時師子卽吾身、獵師卽今提婆達多是也、」

【堅實心】（術語）梵語汗栗馱。Hṛdaya 譯曰堅實心。眞如之實體也。卽起信論之一心。三藏法數十八曰、「堅實心者。堅固眞實。乃衆生本有之性。諸佛所證之理。卽第一義心也。」四心之一。見紇哩陀耶條。

【堅實心合掌】（術語）十二合掌之第一。大日經疏十三曰、「第一合掌。令當中心堅相著。十指頭稍相離。少許開之。此名寧居拏合掌。此名堅實心合掌也。」

【堅慧】（人名）菩薩名。梵名沙囉末底。Sthiramati 佛滅後七百年出現。作寶性論、法界無差別論等、顯揚大乘。見法界無差別論法藏疏。

【梵】（術語）Brahmā 梵摩或勃嚂摩、婆羅賀摩、沒羅憾摩、梵覽磨等之訛略。謂梵天也。婆羅門爲梵天之苗裔而行梵法、故婆羅門亦云梵志。譯作寂靜、清淨、淨潔、離欲等色界諸天離婬欲而清淨、總名曰梵天、其中初禪天中之主曰大梵、一名梵王。智度論十曰、「梵名離欲清淨。今言梵世界已總說色界諸天」又曰、「梵世界中梵天王爲主」同三十五曰、「色界都名爲梵。又梵爲色界初門」法華文句二曰、「梵者此翻離欲。除下地繫上昇色界故名離欲。亦稱高淨」玄應音義六曰、「梵言梵摩、此譯云寂靜、或清淨、或淨潔」法華玄贊二曰、「梵摩云寂靜、清淨淨潔皆同、亦云梵潔也。今唯云梵、但略云爾」華嚴疏鈔十七曰、「梵是西域之音、具云勃嚂摩、此翻爲淨」慧苑音義上曰、「梵具云梵摩、此翻爲清淨」同下曰、「梵摩、具云跋濫摩、此云清淨」玄應音義二曰、「婆羅賀麽、此云淨天。舊言梵天、訛略也」悉曇藏一曰、「梵者是語略也、具足可云波羅迦摩」金七十論中曰、「自性者、或名勝因、或名爲梵」又佛爲婆羅門、又稱梵、清淨者之意也。俱舍論二十四曰、「眞沙門性。經亦說名婆羅門性、以能遣除諸煩惱故。(中略)佛與無上梵德相應、是故世尊獨應名梵。由契經說佛亦名梵」

【梵士】(雜語)如言婆羅門國、印度之別名也。

【梵女】(雜名)梵志之女也。又志梵道之女也。

【梵女首意經】(經名)一卷、西晉竺法護譯。與有德女所問大乘經同本。

【梵天】(界名)新作婆羅賀麽天、Brahmadeva 色界之初禪天也。此天離欲界之婬欲、寂靜清淨、故云梵天。此中有三天、第一梵衆天 Brahmakāyika 第二梵輔天、Brahmapurohita 第三大梵天 Mahābrahman 但常稱爲梵天者、指大梵天王、名曰尸棄。Sikhin 深信正法、每逢佛出世、必最初來請轉法輪、又常侍佛之右邊、手持白拂。(參照大梵天條)外道所說之梵天、則大異。見梵天外道條又印度云梵天、梵土、天竺之意也。傳通緣起曰、「梵天之致」又修驗道墓所云梵天、取梵天來降守護聖靈之意。

【梵天女】(天名)梵天之女也。白肉色而持開蓮、爲胎藏界外金剛院之列衆。見胎曼大鈔七。

【梵天王】(天名)色界之初禪天、有梵衆梵輔大梵之三天、其大梵天稱梵天王、名爲尸棄。法華經序品曰、「娑婆世界主梵天王尸棄大梵」見梵天及大梵天條。

【梵天后】(天名)梵天之后妃也。佛法中之梵天、離欲清淨、故無后妃、世間所崇奉之梵天有后妃。大日經疏二曰、「梵天后、是世間所奉尊神。然佛法中梵王離欲、無有后妃」

【梵天供】(修法)供養大梵天之修法也。

【梵天法】(修法)　梵天宮所行之治罰法也。見梵壇條。

【梵天界】(界名)　梵天之世界也。卽色界之初禪天。大堅固婆羅門緣起經下曰、「諸煩惱海塞其源得生寂靜梵天界。」

【梵天外道】(流派)　行事鈔下四所舉十種外道中有梵天爲因外道。以梵天爲萬物生因之外道也。此外道有三種、一韓陀論師之梵天、二韓紐論師之梵天、三摩醯首羅論師之梵天。韓陀論師以梵天爲那羅延天所生、摩醯首羅論師以梵天爲摩醯首羅天之應身。見大梵天條。

【梵天擇地法】(經名)　一卷、失譯。

【梵天火羅九曜】(書名)　一卷、唐一行撰。說七曜九執之祭法。梵 Brahma-hora-navagraha

【梵王】(天名)　大梵天王之異稱也。又總稱色界之諸天。法華經方便品曰、「諸梵王及諸天帝釋。」毘奈耶雜事二十曰、「梵王捧傘天帝持拂」見大梵天王條。

【梵王宮】(雜名)　大梵天王之宮殿也。觀無量壽經曰、「有五百億妙華宮殿。如梵王宮。」

【梵心】(術語)　修梵行之心也。修四梵行或禪定則生於無色界、是卽梵行也。止觀一曰、「此發梵心行色無色道。」

【梵世天】(界名)　同梵世界。

【梵世界】(界名)　色界諸天、總云梵世界。離婬欲之梵天住處也。智度論十曰、「梵名離欲清淨今言梵世界已總說色界諸天。」

【梵本】(雜語)　梵經之未譯者。卽梵語之經典也。

【梵宇】(雜名)　卽佛寺也。江總文曰、「我開梵宇面壑臨丘。」

【梵行】(術語)　梵者清淨之義、斷婬欲之法爲梵行、卽梵天之行法也。修梵行則生梵天。智度論曰、「斷婬欲天皆名爲梵天。說梵皆攝色界。以是故斷婬行法名爲梵行。離欲亦名梵。若說梵則攝四禪四無色定。」同八曰、「有人行十善業道不斷婬。今更讚此行梵天行斷除婬欲。故言淨修梵行。」維摩經方便品曰、「示有妻子常修梵行。」註曰、「肇曰梵行、清淨無欲行也。」法華嘉祥疏七曰、「有人言通取一切戒爲梵行。別名斷婬爲梵行。故大品云婬欲障生梵天。何況菩提。」又涅槃名梵、證涅槃之萬行、云梵行。法華經序品曰、「具足淸白梵行之相。」法華嘉祥疏三曰、「梵行之相者。梵名涅槃。卽根本法輪大涅槃也。行卽萬行。到大涅槃也。」大日經疏十七曰、「梵謂涅槃。(中略)梵行謂修梵行者名。(中略)具大涅槃名爲梵。」又涅槃五行之一。梵者清淨之義。菩薩利他之行、能爲一切不善之對治、離過清淨、故名梵行。

【四梵行】（名數）又云四梵住。慈悲喜捨之四無量心也。此四心爲生梵天之行業、故名梵行。智度論二十五曰「四梵行心說故名梵輪。」

【梵字】（雜名）印度古文字。亦稱梵書。相傳爲梵天所說之書。書體右行。爲古今印度文字之本源。南北發達各異。行於北者多方形。行於南者多圓形。

【梵曲】（雜名）梵唄也。性靈集六曰、「梵曲魚山錦華龍淵。」

【梵身】（術語）佛之清淨法身也。菩薩戒經疏上曰、「莊嚴梵身無所障閡。」

【梵身天】（天名）同梵衆天。佛地論五曰「離欲寂靜、故名爲梵。身者衆也。」

【梵志】（術語）Brahmacārin 婆羅門四時期之一。又志求梵天之法者云梵志。瑜伽倫記十九曰、「梵者西國音。此翻爲寂靜。謂涅槃也。志是此方語。志求於梵。故云梵志也。」婆沙論三十四曰、「婆羅門至彼王所。王言梵志從何所來。」增一阿含經四十一曰、「沙門名息心。諸惡永已盡。梵志名清淨。除去諸亂想。」演密鈔二曰、「梵志者梵淨也。謂以淨行爲志者名爲梵志。」倶舍光記十二曰、「婆羅門此云梵志。」因對尼乾子謂在家之婆羅門云梵志。法華文句記九曰、「在家事梵名爲梵志。出家外道通名尼乾。」又一切外道之出家者名梵志。智度論五十六曰、「梵志者是一切出家外道。若有承用其法者亦名梵志。」

【梵志阿颰經】（經名）具名佛開解梵志阿颰經。一卷、吳支謙譯。與長阿含阿摩晝（巴 Ambattha）經同本。

【梵志頞波羅延問種尊經】（經名）一卷、東晉曇無蘭譯。即中阿含攝和經也。

【梵夾】（雜名）又曰經夾。又云梵篋。多羅葉之經卷也。通鑑曰、「唐懿宗於禁中自唱經手錄梵夾。」注曰、「梵夾貝葉經也。以板夾之。」見梵篋條。

【梵住】（術語）見四住條。

【梵延】（天名）梵王與那羅延天也。

【梵法】（術語）梵壇之法也。見梵壇條。

【梵刹】（術語）Brahmaksetra 梵者清淨之義、刹者刹摩。或掣多羅之略、土田之義。如言佛土佛國、轉爲伽藍之美稱。翻譯名義集曰、「又復伽藍名梵刹者、如輔行云、西域以柱表刹、亦所居處也。」

【梵典】（雜名）佛教之經典也。從梵土傳來者、故云梵典。

【梵怛】（術語）同梵壇。見梵壇條。

【梵服】（雜名）袈裟之異名。爲梵天之服。又爲梵行者之服、故名爲梵服。業疏四曰、「諸色界天行梵行、故皆服斯服。本非人服。知何名目又以衣爲梵服、行四無量。」

【梵音】（術語）大梵天王所出之音聲有五種清淨之音佛之音聲亦如是故三十二相中有梵音相法華經序品曰、「梵音微妙令人樂聞。」法華文句曰、「佛報得清淨之聲最妙號爲梵音。」華嚴經曰、「演出清淨微妙梵音宣暢最上無上正法聞者歡喜得淨妙道。」長阿含五闍尼沙經曰、「時梵童子告忉利天曰其有音聲五種清淨乃名梵聲。何等五。一者其音正直二者其音和雅三者其音清徹四者其音深滿五者其音遍周遠聞具此五者乃名梵音。」三藏法數三十二曰、「梵音者卽大梵天王所出之聲。而有五種清淨之音也。」図（儀式）音韻屈曲昇降歌頌佛諷詠法者云梵音。又曰梵唄、唄匿以聞者得淨信而佛聽之在世中鈴聲比丘唄聲第一。見唄比丘條。魏陳思王曹子建遊魚山聞嚴谷水聲寫之制梵唄之譜是爲東土梵唄之始。図單稱讀經之聲爲梵音。

【梵音相】（術語）三十二相中之梵音深遠相是也。見前條。

【梵音洞】（地名）卽觀音洞。見觀音洞條下。

【梵音錫杖】（術語）見四個法要條。

【梵音深遠相】（術語）同梵音相見梵音條。

【梵室】（雜名）梵行者之住室、卽寺院之房舍也。明智旭著有梵室偶談。

【梵苑】（雜名）寺院之別名。爲清淨之依處、故名梵苑。又爲淨行者之住處、故名梵苑。

【梵皇】（雜名）謂佛也。佛生於西北梵地爲法中之皇帝、故稱梵皇。止觀弘決序曰「古先梵皇乘時利見」

【梵界】（界名）梵天之世界、色界之初禪天也。堅固婆羅門緣起經下曰「離諸欲染煩惱、除此等得生於梵界。」

【梵迦夷】（界名）Brahma-kāyika 譯爲淨身、是色界初禪天之通名也。四阿含暮抄下曰「梵迦夷此云淨身」玄應音義三曰、「梵迦夷。此云淨身天。梵淨也卽初禪梵天也。」

【梵唄】（儀式）法會之聲明也。唄者唄匿之略。又作婆陟、婆師。音韻屈曲昇降、能契於曲爲諷詠之聲是梵土之法曲、故名梵唄。又曰唄匿單云唄翻作止斷止息或讚嘆、法事之初唄之以止斷外緣、止息內心、方堪作法事。又其偈頌多讚佛德、故云讚嘆。行事鈔上四曰、「說戒者坐已。維那打靜小者供養梵唄作之若準律文唄匿如法出要律儀云。此鬱鞞國語翻爲止斷也。又云止息由此外緣已止已斷爾時寂靜任爲法事也。」法華玄贊四曰、「婆陟此云讚嘆唄匿訛也。」楞嚴經六曰「梵唄詠歌。」梁僧傳十三（經師篇論)曰、然天竺方俗凡是歌詠法言皆稱爲唄。至於此土詠經則稱爲轉讀。歌讚則號爲梵唄。昔諸天讚唄皆以韻入絃綰。五衆旣與俗違。故宜以聲曲爲妙。原夫梵唄之起亦肇自陳思。(中畧)其後居士支謙亦傳梵唄三契。皆湮沒不存。世有共議一章。恐或謙之餘則也。唯康僧會所造泥洹梵唄於今尙傳。卽敬謁一契。文出雙卷泥洹。故曰泥洹唄也。」見唄條。

【初中後三唄】(儀式)梵唄有三節、初唄單云梵唄。復有如來唄與云何唄、在顯行之法事、用如來唄、在密行之法事、用云何唄。如來唄曰、「如來妙色身。世間無與等。無比不思議。是故我歸敬。」云何唄曰、「云何得長壽。金剛不壞身。復以何因緣。得大堅固力。」中唄曰、「如來色無盡。智慧亦復然。一切法常住。是故我歸依。」後唄曰、「處世界如虛空。如蓮華不著水。心淸淨超於彼。稽首禮無上尊。」

【梵宮】(雜名)梵天之宮殿也。今以爲佛寺之稱。法華經化城喩品曰、「其國界諸天宮殿。(中畧)梵宮六種震動。」又曰「梵天宮殿光明照曜。」梁高僧傳十三曰、「億耳細聲於宵夜。提婆颺響於梵宮。」朱慶餘詩曰、「流水離經閣。閒雲入梵宮。」

【梵書】(雜名)梵王所說之書。云梵書。慈恩寺傳三曰、「其源無始。莫知作者。每於劫初梵王先說。傳授天人。以是梵王所說。故曰梵書。其言極廣。有百萬頌。卽舊譯云毘伽羅論者是也。」

【梵乘】(術語)五乘之一。同菩薩乘。淸淨乘物之意。

【梵唐千字文】(書名)一卷、唐義淨撰。

【梵衆】(雜名)修梵行之徒衆、卽僧侶也。劉軻大德玭律師碑曰、「端肅嚴恪。儀刑梵衆。」

【梵衆天】(天名)色界之初禪天衆分三級。下級之天衆云梵衆天、猶如國土之庶民。

【梵嫂】(雜名)僧妻也。輟耕錄六曰、「宋陶穀淸異錄。京師大相國寺僧有妻。曰梵嫂。」

【梵富樓】(界名)Brahmapurohita 色界初禪第二天之名。卽梵輔天也。玄應音義十八曰、「梵富樓、初禪第二天也。此云前益天。在梵前恒思梵天利益。因以名也。或言梵先行天。亦言梵輔天也。」

【梵筴】(雜名)多羅葉之經卷也。見梵篋條。

【梵道】(術語)謂修淨禪斷婬欲也。智度論八曰、「若有人修禪淨行。斷除婬欲。名爲行梵道。」

【梵經臺】(堂塔)漢明時道譽二

燒經決眞僞之處也名義集七曰、「唐太宗梵經臺詩門徑蕭蕭長綠苔。一回登此一徘徊。青牛謾說函谷去白馬親從印土來。確實是非憑烈焰。要分眞僞築高臺。春風也解嫌狼籍。吹盡當年道教灰。」

【梵網宗】（流派）又名大乘律宗。曰本傳敎大師所立之宗派。以梵網戒品爲所依、故名。

【梵網戒】（術語）梵網經所說之十重禁四十八輕戒也。

【梵網經】（經名）梵網經盧舍那佛說菩薩心地戒品第十之略稱。梵網經本與華嚴經同部、悉翻之則有百二十卷六十一品、羅什三藏於長安譯諸經論於最後譯出經中專明菩薩行地之菩薩心地戒品第十之一品、此時道融道顯等三百餘人卽受菩薩戒、各誦此、且寫此品八十一部流通於世。（僧肇梵網經序）名之曰梵網者、從譬也。大梵天王之因陀羅網、重重交徹、無相障閡、諸佛之敎門、亦重重無盡、莊嚴法身、無所障閡、一部所詮之法門、重重無盡、譬如梵王之網也。菩薩戒經疏上曰、「此經題名梵網。上卷文言。佛觀大梵天王因陀羅網千重文綵不相障閡。爲說無量界猶如網目。一一世間不同。法佛敎門亦復如是。莊嚴梵身無所障閡。從譬立名。總喻一部所詮、參差不同、如梵王網也。」佛在第四禪說法時、大梵天王供網羅幢、因取以譬所說之法。見順正記二。一品分上下、上品爲釋迦佛於第四禪天普接大衆使歸蓮華藏世界之紫金剛光明宮中、臺上盧舍那佛以請問菩薩之行因、佛對千百之釋迦廣說十住等三十心及十地之法門。下品爲釋迦佛由蓮華藏世界沒、於十處示現成佛說法後、在娑婆世界閻浮提之菩提樹下結示十重四十八輕之戒法。因而指此下品稱曰菩薩戒經。梵 Brahmajala各家之著述如下。梵網經記二卷、唐傳奧述。梵網經菩薩戒本疏六卷、唐法藏撰。梵網經菩薩戒本述記四卷、唐勝莊撰。梵網經菩薩戒本疏五卷、現存卷二及卷四、唐知周撰。梵網經菩薩戒疏四卷、現存上卷、唐法銑撰。梵網經菩薩戒注三卷、宋慧因註。菩薩戒本經箋要一卷、明智旭箋。菩薩戒羯磨文釋一卷、明智旭箋。梵網經玄義一卷、明智旭述、道昉訂。梵網經合註釋經上下七卷、明智旭述、道昉訂。梵網經菩薩戒略疏八卷、明弘贊述。梵網經直解釋經上下四卷、明寂光直解。菩薩戒疏隨見錄一卷、明今釋造。梵網經菩薩戒初津八卷、書玉述。梵網經直解事義一卷、梵網經戒光一卷、淨挺著。梵網經順硃釋經上下二卷、德玉順硃。菩薩戒本持犯要記一卷、新羅元曉述。菩薩戒本宗要一卷、新羅大賢撰。梵網經古迹記釋經上下四卷、新羅大賢撰。梵網經菩薩戒本私記卷上、新羅元曉造。梵網經菩薩戒本疏三卷、新羅義寂述。

【梵網戒本】（書名）指梵網經之下卷云梵網戒本、又云菩薩戒經。此中正說十重四十八輕之戒法。

【梵網戒品】（書名）梵網經之異名。今之梵網經爲梵網經中菩薩心地戒品之一品、故稱云梵網戒品。

【梵網戒疏】（書名）爲梵網經菩薩戒本疏之畧稱。十卷、唐賢首大師法藏撰。梵網經菩薩心地品下半品之疏也、天台賢首皆不疏上半品、蓋盧舍那佛爲諸菩薩說心地法門、非凡位所能測知之故、其下半品亦至心心頂戴喜躍受持而止。

【梵網經合註】（書名）七卷、明釋智旭註、其緣起云梵網一經奉爲日課、遂於發隱（即蓮池大師袾宏之戒疏發隱）所闕之疑、渙然冰釋。即上卷文古義幽、昔人所稱不能句讀者、亦復妙旨泠然現前。因擬一爲合註、以補前人之缺。（中畧）適如是昉公遠從閩地攜杖來尋、爲其令師肯滿全公請講此經、以資冥福、復有二三同志、歡喜樂聞、予繇是力疾敷演、不覺心華開發、義泉沸湧、急秉筆而隨記之、共成玄義一卷合註七卷。

【梵網懺法】（書名）梵網經懺悔行法之略名。明智旭撰。

【梵網六十二見經】（經名）一卷、吳支謙譯。與長阿含經中梵動經同本。六十二之邪見、參差交叉、如梵天羅網、故名梵網。

【梵語】（雜名）天竺之言語、由梵天稟承、故云梵語。西域記二曰「詳其文字、梵天所製、原始垂則、四十七言也。（中畧）因地隨人、微有改變、語其大較、未異本源、而中印度特爲詳正、辭調和雅、與天同音」。俱舍論世間品曰、「一切天衆皆作聖言、謂彼言詞、同中印度」。依法相而論、二禪以上無尋伺之心、（舊曰覺觀）故無言語、唯初禪梵天有之。次第禪門曰、「初禪有覺觀、心則有語言法、二禪已上無之」。

【梵語雜名】（書名）一卷、翻經大德兼翰林待詔光定寺歸茲國沙門禮言集。

【梵漢相對鈔】（書名）二十卷、遍明和尚寂眞著、見諸宗章疏錄、未見現本。

【梵漢語說集】（書名）百卷、遍明和尚寂眞著、見諸宗章疏錄下。未見現本。

【梵福】（術語）二福之一。大梵天之福德也。增一阿含經二十一曰、「全閻浮大洲人福、不如輪王一人福、全閻浮提洲與輪王總不如西瞿耶尼一人福、前二大洲總不如東弗於逮一人福、前三大洲總不如鬱單越一人福、前四大洲總不如四天王福、如此次第至欲界六天及色界初禪之梵天梵輔天、總前人天及梵輔天之福、不如大梵天王。」

【四梵福】（名數）增一阿含經中說

四種梵福、一無塔處作塔、二塔壞則治之、三與聖衆和合、四於如來成道時請轉法輪。俱舍論十八曰「一爲供養如來駄都(舍利)建窣堵波於未曾處。二爲供養四方僧伽造寺施園四事供養。三佛弟子破乖能令和合。四於一切有情修慈悲喜捨四無量。」

【梵罰】(術語)梵壇之治罰也。見梵壇條。

【梵閣】(雜名)如云佛閣、因佛稱大婆羅門故也。

【梵僧】(雜名)梵土之僧也。又持清淨戒行之僧也。

【梵輔天】(界名)色界之初禪有三天、第二名梵輔天。大梵天之輔相也。俱舍頌疏世品一曰「二名梵輔天。衛侍梵王爲臣輔翼故。」

【梵摩】(術語)Brahman 見梵條。

【梵摩天】(天名)梵天之具名。

【梵摩尼】(物名)寶珠名。譯作淨珠。又大梵天王之如意寶珠也。彌勒上生經疏下曰「梵摩尼者、謂淨摩尼也。或大梵王如意珠也。」名義集三曰「摩尼應法師云、正云末尼、卽珠之總名也。此云離垢、或加梵字顯其淨也。」Brahma-mani

【梵摩羅】(天名)Brahman 略曰梵摩。一云梵。卽梵天也。千手經曰「與無量梵摩羅天俱。」或謂是梵天與摩羅王相合者。

【梵摩三鉢】(天名)Brahma-sahampati 梵天名。玄應音義三曰「梵摩三鉢天、此應天王名也。新道行經云梵天王也。」

【梵摩渝經】(經名)一卷、吳支謙譯。中阿含之梵摩經也。梵摩渝爲婆羅門名。觀佛之三十二相、信心歸依、證那含果。

【梵摩難國王經】(經名)一卷、失譯。時有國王名梵摩難、其子均憐儒出家證果、因勸父使供養佛。當衆僧臨飯時、佛勅阿難說僧跋。

【梵輪】(術語)法輪之異名。佛之說法清淨、故名梵輪。又佛之四梵行心(四無量心)之說、故名梵輪。又佛初成道時、梵天王來請轉法輪、故名梵輪。又世人貴梵天、隨順於彼、故名梵輪。又佛爲眞梵、眞梵之所說、故名梵輪。智度論八曰「佛轉法輪、或名法輪、或名梵輪。」同二十五曰、「梵輪者清淨故名梵。(中畧)復次梵名廣、佛轉法輪十方無不遍、故名廣。復次四梵行心說、故名梵輪。復次、佛初成道時、梵天王請轉法輪、故名梵輪。復次有人貴梵天、欲令歡喜、故名梵輪。」俱舍論二十四曰、「以能遣除諸煩惱故、卽此復說名爲梵輪、是眞梵王力所轉故、佛與無上梵德相應、是故世尊獨應名梵。由契經說佛亦名梵、亦名寂靜、亦名淸涼。」

【梵輪法輪同異】(術語)智度論二十五曰、「問曰、佛或時名法輪、或時名梵輪、有何等異。答曰、說梵輪法輪無異。復次有人言、說梵輪者現四無量心、說法輪者示四諦法。復次梵輪因四無量心得道、是名梵輪。依餘法得道、是名法輪。梵輪示四禪、法輪示三十七品。梵輪示修禪定聖道、法輪示修智慧聖道」。

【梵篋】（雜名）多羅葉之經卷、貝葉重疊、以板木挾其兩端、以繩結之、其狀恰如入於箱、故云梵篋。

【梵篋印】（印相）形梵篋之印契也。

【梵儀】（雜語）沙門出家之風儀也。

【梵德】（雜語）梵王之福德也。俱舍論二十四曰、「佛與無上梵德相應、是故世尊獨應名梵。」

【梵壇】（術語）法藏以爲梵語、譯曰默擯、衆僧不與之交言語也。智者元照以爲漢言、謂梵王於宮前立一壇、天衆不如法者、則令立壇上、餘天不與之往來交語。佛依車匿比丘惡性故、制此法、又名梵天法治。長阿含經四曰、「阿難白佛言、闡拏比丘（即車匿）虜扈自用、佛滅度後當如之何。佛告阿難、我滅度後、若彼闡拏不順威儀、不受教誡、汝等當共行梵壇罰、敕諸比丘不得與語、亦勿往反教授從事。」智度論二曰、「車匿比丘、我涅槃後如梵天法治。」梵壇者梵音Brahmadaṇḍa、梵杖及梵法之意、罰之方法如上述、婆羅門之治法應用於佛教之僧伽也。參照默擯條。

【梵學】（雜語）謂佛學也。甘澤謠曰、「圓觀者大曆末雒陽惠林寺僧。能事田園。富有粟帛。梵學之外。音律大通。」

【梵聲】（術語）如來之梵音也。無量壽經下曰、「梵聲猶雷震、八音暢妙響」見梵音條。

【梵難】（術語）比丘二難之一。本婦婬女等來誘調比丘、爲淨行作障難、故云梵難。爲梵行之難也。見行事鈔上四。

【梵釋】（天名）梵天與帝釋天也。總稱色界諸天云梵天、欲界忉利天之主云帝釋。

【梵釋四天】（天名）梵天、帝釋天與四王天也。

【梵釋四王】（天名）與梵釋四天同。

【梵鐘】（物名）寺院之大鐘也。梵者清淨之義、爲關於佛事者、故以爲名。

【梵魔】（天名）梵爲色界初禪之天主、即梵王也。以代表色界諸天者。魔爲欲界第六天之主、即他化自在天也。以代表欲界諸天者。法華經序品曰、「梵魔沙門婆羅門」

【梵覽摩】（天名）Brahman 梵之具名。一云梵覽摩。見梵條。

【梵響】（術語）如來梵音之響也。謂佛之說法。往生論曰、「如來微妙聲、梵響聞十方。」寄歸傳一曰、「聞梵響於王舍。獲果者無窮。」

【厠】(雜名)又名西淨、東淨、東司、雪隱、後架、起止處等。釋氏要覽下曰、「釋名云。厠雜也。或云溷。溷濁也。或云圊。圊淸也。至穢之處。宜潔淸故。」

【厠之位置】(雜語)天竺精舍、其西置厠院。或置於其南。摩訶僧祇律曰、「厠屋不得在東在北。應在南在西。小行亦如是。」祇園圖經曰、「次北第六院名爲流厠。有大高屋三重而立。飛橋雙上。甚是淸淨。下施厠坑。砌以伏竇。天帝手作。上無臭氣。大渠從大院北西注。南入厠院。伏流入竇。北出會於大河。人無見者。一切比丘皆此便利。」業疏濟緣記二上曰、「西土僧寺門皆東向。故塔廟置前。厨在後角。僧在兩間。行來處。卽大小便處。彼多東風。故厨厠皆在西南。吹氣於後。而厠在厨後。」同卷曰、「然此土寺門多是南向。尙正陽。故厨厠宜在東北。亦以多南風故也。」

【設厠功德】(雜語)大勇菩薩分別業報經曰、「造厠除衆穢。後無便利患。身心常淸淨。見者無不歡。緣是離諸垢。究竟獲大安。」福田經曰、「佛告天帝。我昔安設圊厠。緣此功德。世世淸淨。穢染不汙。食自消化。無便利患。」增一阿含經十曰、「近道作圊厠。人民得休息。晝夜得安穩。其福不可計。」釋氏要覽下曰、「虛空藏經云。若懺罪人。治厠八百日。能滅罪垢。」

【厠神】(明王)烏芻沙摩明王有解穢眞言。遂以爲厠神。

【厠簡子】(物名)又曰厠籌。拭屎之小木也。江南野錄云。李後主親爲桑門削作厠簡子。試之顋頰。少有澁滯者。再爲治之。

【厠孔】(譬喩)譬極汚穢者之辭。臨濟錄曰、「道流莫將佛爲究竟。我見佛猶如厠孔。菩薩羅漢盡是枷鎖縛人底物。」

【厠紙】(物名)天竺皆用籌。支那僧多依竺法。又間有用紙者。

【厠篦】(物名)厠籌也。見僧祇律三十四。

【厠籌】(物名)竺人以小木竹片拭糞。一名厠籌。又名厠橛。

【雪山】(地名)印度之北境。有高聳大山。千古頂雪。故云雪山。梵語Himālaya。譯曰雪藏。涅槃經二十七曰、「雪山有草。名爲忍辱。牛若食者。則出醍醐。」唐書西域傳曰、「北天竺距雪山。圜抱如壁。南有谷。通爲國門。」同註曰、「長春眞人西遊記。過大雪山。積雪甚高。馬上擧鞭測之。猶未及其半。又曰。由他路回。遂歷大山。山有石門。望如削蠟。有巨石橫其上。若橋焉。」外國史略曰、「印度北連雪山。稱曰希馬拉雅山。與西藏交界。希馬拉雅山高於海面二萬九千尺。」

【雪山部】(流派) Haimavatāḥ 小乘二十部之一。佛滅後三百年初上座部始生說一切有部之新派、根本之上座部移轉於雪山中、稱曰雪山部。宗輪論述記曰「上座弟子本弘經教、說因部(說一切有部別名)起多弘對法、既闕義理、能伏上座部僧。說因時遂大强、上座於斯乃弱、說因依舊住處、上座移入雪山。從所住處爲名、稱雪山部。若從遠所襲、以名上座部。」

【雪山偈】(雜名) 諸行無常之四句偈也。雪山大士於雪山聞此偈、故有是名。輔行五曰「與皇以雪山偈消不生生、是諸行無常」見雪山大士條。

【雪山鳥】(雜名) 又曰寒苦鳥。見寒苦鳥條。

【雪山八字】(雜名) 雪山半偈也。

【雪山大士】(本生) 又曰雪山童子。釋尊在過去世修菩薩道時、於雪山苦行、謂之雪山大士、或曰雪山童子。涅槃經十四曰、「善男子。過去之世、佛日未出、我於爾時作婆羅門、修菩薩行。(中略)我於爾時住於雪山、其山清淨、流泉浴池、樹林藥木、充滿其地。(中略)我於爾時獨處其中、唯食諸果、食已繫心思惟、坐禪經無量歲。」止觀二曰「雪山大士絕形深澗、不涉人間、結草爲庵、被鹿皮衣。」

【雪山大士半偈殺身】(本生) 涅槃經十四曰、「我住雪山、天帝釋爲試我、變其身爲羅刹、說過去佛所說半偈、諸行無常、是生滅法。我於爾時聞半偈、心生歡喜、四顧唯見羅刹。乃言善哉大士、若能說餘半偈、吾終身爲汝弟子。羅刹云、我今實飢、不能說。我即告曰、但汝說之、我當以身奉大士。羅刹於是說後半偈、生滅滅已、寂滅爲樂。我聞此偈已、於若石若壁、若樹若道、書寫此偈、即時昇高樹上、投身於地。爾時羅刹復帝釋形、接取吾身。依此功德、超越十二劫。」

【雪山仙人】(人名) 雪山有仙人名跋伽婆 Bhagava 食草根、修習慈心、而煩惱不能除、與一雌虎行欲、生十二子。見大集經二十四、經律異相三十九。

【雪山成道】(術語) 釋迦成道、在摩揭陀國之菩提樹下、非在雪山。謂之雪山者、就雪山大士之往因而假說之耳。

【雪山童子】(本生) 與雪山大士同。

【雪山半偈】(本生) 雪山童子爲半偈捨身也。見雪山大士條。

【雪山不死藥】(飲食) 雪山有靈草、名娑訶。人見之得壽無量。涅槃經曰「雪山之中有上香藥、名曰沙訶。有人見之、得壽無量、無有病苦。」

【雪峯】(人名) 福州雪峯禪師、名義存。得法於德山。唐懿宗咸通年中、上福州雪峯山、創禪院。法席常有千五百人衆。五代梁太祖開平三年寂、壽八十七。見傳燈錄十六。

【雪峯鼈鼻蛇】（公案）碧巖第二十二則曰、「雪峯示衆曰南山（雪峯）有一條鼈鼻蛇、汝等諸人切須好看長慶云今日堂中大有人喪身失命」。一見從容錄二十四則。

【雪峯盡大地】（公案）碧巖第五則曰、「雪峯示衆曰盡大地撮來如粟米粒大、拋向面前、漆桶不會、打鼓普請看。」

【雪浪】（人名）明末沙門雪浪三懷洪恩與憨山出無極之門、創講經典據正文、不采註疏一時緇素尊之。著有楞嚴經解一卷科判一章雪浪集見續釋氏稽古畧三楞嚴眼隨一。

【雪童】（本生）雪山童子也。秘藏寶鑰中曰「雪童投身」。見雪山大士條。

【雪嶺】（地名）雪山也。

【雪嶺投身】（本生）雪山童子爲半偈投身巖下與羅刹也。詳見雪山大士條。止觀五曰、「香城粉骨、雪嶺投身、亦何足以報德。」

【雪隱】（雜語）古來之說、雪爲雪竇山之明覺禪師、隱爲浙江之靈隱寺。雪竇嘗在靈隱寺司廁職故有此稱。見西淨條。

【雪竇】（人名）明州雪竇山禪師、名重顯、字隱之、從所住號爲雪竇。嗣法於智門祚。宋仁宗皇祐四年寂、壽七十三。賜號明覺大師。見續傳燈錄二。

【習】（術語）煩惱之餘氣曰習氣、又云習。

【習因習果】（術語）新譯之同類因、舊譯云習因。新譯之等流果、舊譯曰習果。智度論謂之習因習果。習者習續之義。習續前念之善而起後念之善、乃至習續前念之無記而起後念之無記、前爲習因、後爲習果。通於一切之色心、通於善惡無記之三性。止觀八曰、「何名習因習果。答、阿毘曇人云、習因是自分因、習果是依果。又習名習續、自分種子相生、後念心起、習續於前、前念爲因、後念爲果、此義通三性。」

【習果】（術語）見前項。

【習所成種性】（術語）二種性之一。見種性條。

【習氣】（術語）大乘之妄惑、分現行與種子及習氣三者。既伏惑之現行、且斷惑之種子、尚有惑之氣分而現惑相、是名習氣。舍利弗既斷瞋惑之種子、而動則怒氣如摧。是瞋惑習氣尚存之現證。三乘中聲聞全不斷之、緣覺稍侵害之。佛全斷之。述記二末曰、「言習氣者是現行氣分薰習所成、故名習氣。」

【習氣果】（術語）二果之一。

【習滅】（雜語）習善滅惡也。無量壽經下曰、「善知習滅音聲方便」。同淨影疏下曰、「習善之教名習音聲、滅惡之教名滅音聲。菩薩於此悉能善解、故名善知。於中巧知、故曰方便」。

【習種性】（術語）二種性或六種性之一。見種性條。

【袈裟】（衣服）具名迦沙曳。Kaṣāya譯曰不正、壞、濁、染等。又與加沙野之語同。譯曰赤色。比丘之法衣有大中小三件。避青黃赤白黑之五正色。而用他之雜色、故從色而云袈裟。其形爲長方形、故從形而云敷具、臥具等。其相割截小片綴合如田畔、故從相而云割截衣。又云田相衣。其他有道服、法衣、忍辱鎧、解脫幢相等種種之德名。大中小三枚之別名。其小者曰安陀會、又云五條。其中者曰鬱多羅僧、又云七條。其大者云僧伽梨、又云九條大衣等。天竺於此三枚袈裟外無所謂衣者。支那日本氣候寒、故於裏著衣、而掛於表也。天竺於五條上重著七條或大衣、或於五條七條上重著大衣、此方則不必重著、裏有衣也。其色有三如法色、其中通常天竺用乾陀、支那用木蘭色。日本用香染。卽赤而帶黑者。唐武后賜僧法朗等紫袈裟。玄應音義十五曰、「袈裟上舉佉切。下所加切。韻集音加沙。字本從毛作毠毟二形。葛洪後作字苑。始改從衣。案外國通稱袈裟。此云不正色也。諸草木中若皮若葉若花等不成五味。難以爲食者。則名迦沙。此物染衣。其色濁赤。故梵本五濁之濁亦名迦沙。天竺比丘多用此色。或言緇衣者。當是初譯之時見其色濁。因以名也。又案如幻三昧經云晉言無垢衣。又義云離塵服。或云痟瘦衣。或稱蓮花服。或言間色衣。皆從義立名耳。眞諦三藏云。袈裟此云赤血色衣。言外國雖有五部不同。並皆赤色。言靑黑木蘭者。但點之異耳」。行事鈔下一曰、「增一云。如來所著衣名曰袈裟。所食者名爲法食。此袈裟衣者從色得名。下文染作袈裟色。味有袈裟味。若據此土所翻。通名爲臥具。四分云。應以刀截成沙門衣。不爲怨賊劫。應作安陀會、襯體著。鬱多羅僧、僧伽梨入聚落著。而此三名諸部無正翻。今以義譯。慧上菩薩經。五條名中著衣。七條名上衣。大衣名衆聚時衣（中畧）若就條數便云十九十七乃至九條。七條五條等。律中無五七九名。但云安陀會。乃至僧伽梨。人名五七九條也」。寄歸傳一曰、「袈裟乃是梵言。卽是乾陀之色。元來不干東語。何勞下底置衣。若依律文典語。三衣並名支伐羅也」。同二曰、「一僧伽胝。二嗢呾羅僧伽。三安呾婆娑。此之三衣。皆名支伐羅。北方諸國多名法衣爲袈裟。乃是赤色義。非律文典語」。又曰、「凡出家衣服皆可染作乾陀。或爲地黃黃屑。或復荊蘗黃等。此皆可以赤土赤石研汁和之。量色淺深要而省事」。慧苑音義上曰、「袈裟、具正云迦邏沙曳。此云染色衣。西域俗人皆著白色衣也」。

【如法袈裟色三種】（雜語）一似黑、二似青三似赤似黑者卽緇色爲黑泥之色、似青者銅青也似赤者果實之染色天竺謂之乾陀色支那謂之木蘭色日本謂之香染者（香染丁子香以染之）百一羯磨九曰「凡作臥具（三衣）應作兩重染令壞色或青（極好深青律文不許隨時汙色事在開聽）或泥（廣律解泥謂是赤土赤石或卽是泥然而不許純烏泥皂斯乃外道之衣）或乾陀色（梵云袈裟野譯爲赤色）」行事鈔下一曰「四分云若青若黑若木蘭一一色中隨意壞善見云善來比丘瓦鉢貫左肩青色袈裟赤色鮮明準此木蘭色」又曰「青謂銅青黑謂雜泥等木蘭謂諸果汁等余在蜀都親見木蘭樹皮赤黑色鮮明可以爲染微有香氣亦有用作香者」資持記下一之一曰「銅青謂青褐如舊銅色雜泥謂以果汁浸於鐵器遂成黑色河底緇泥亦可染黑」釋門章服儀曰、「上明青色名同五色如論律中似而非正木蘭一染此方有之赤多黑少若乾陀色」

【袈裟十二名】（名數）釋氏要覽上曰「大集經云袈裟名離染服賢愚經云出世服如幻三昧經云無垢衣又名忍辱鎧又名蓮華衣謂不爲欲泥染故又名幢相謂不爲邪所傾故又名田相衣謂不爲見者生惡故又名痟瘦衣謂著此衣煩惱痟瘦故又名離染服去穢衣又名振起」又六物圖曰「一袈裟二道服修佛道者之衣也三出世服出離世俗者之衣也四法衣如法之衣也五離塵服遠離六塵者之衣也六痟瘦服有損消煩惱之德者七蓮華服離染著如蓮華者八間色服不正之間色避五正色也九慈悲服行慈悲者之服也十福田衣袈裟之條相等於世之田疇且其德爲世之福田而受供養也十一臥具（出四分律）以相似被褥也十二敷具（出十誦律）如言臥具也」

【袈裟著法】（雜語）寄歸傳云、取衣作三襵其肩頭疊處安其方帖以安衣鉤長可兩指結作同心向外牽出十字交繫便成兩鉤其胸前疊處緣邊安紐以紐內於鉤以衣右角寬搭左肩垂之背後此古法也至於中古袈裟之著法甚失古法其濫觴殆起於宋之靈芝律師彼著六物圖引感通傳「以衣角遶於左角」誤遶爲達遂於衣之右角施鉤僅達胸前與紐合結於是搭於左肩及遶於左臂之正儀全失大日經義釋明如來之鉢印云左手持衣兩角其法取袈裟近手之尖角及搭肩之角遶肘廻入手中使二角如雙耳仍二手相重如承鉢之形又出入聚落或私營事務許反被袈裟

【袈裟五德】（名數）悲華經八曰、釋迦如來昔於寶藏佛前誓已成佛時袈裟有五德一或犯重邪見之四衆以一念敬心尊

重袈裟、必於三乘受記。二天龍人鬼若恭敬袈裟少分卽得三乘不退。三若鬼神諸人得袈裟少分乃至四寸、則飮食充足。四衆生共違反、念袈裟便生悲心。五若在兵陣持此少分、恭敬尊重、常得勝他。又見行事鈔下一、釋氏要覽上。

【袈裟十利】（名數）心地觀經五列舉十利。一覆身離羞恥而具慚愧。二離寒熱蚊蟲。三示沙門之相見者歡喜離邪心。四是人天寶幢相、生梵天之福。五著之時生寶塔想滅諸罪。六壞色生不貪欲。七袈裟是佛淨衣、永斷煩惱而作良田。八消罪而生十善。九如良田能增長菩提之芽。十如甲冑煩惱之毒箭不能害。是故三世諸佛共服之。

【袈裟變白】（雜語）摩耶經下曰、「千三百歲已、袈裟變白不受染色。」末世法滅之相、沙門之袈裟與在家之白衣同。

【袈裟衣】（衣服）天竺本制、三種之袈裟卽爲衣、來於支那日本、則袈裟之外有一種稱爲衣之僧服也。見衣條。

【袈裟味】（飮食）五正色之雜色曰袈裟色、六味之雜味云袈裟味。大疏六曰、「如云袈裟味者、卽是染作袈裟色也。」行事鈔下一之一曰、「染作袈裟色、味有袈裟味。」同資持記曰、「袈裟味者、此示非正食名。」戒疏下一之一曰、「如六味中有袈裟味。可是食也。」

【袈裟袋】（物名）容袈裟之袋也。禪僧等他行時、盛三衣及常用之經卷度牒數珠引磬戒刀等諸具、懸於頸垂於胸者。

【梁皇懺】（修法）梁武帝初爲雍州刺史時、夫人郗氏性酷妬、旣亡化爲巨蟒、入後宮通夢於帝。帝制慈悲道場懺法十卷、請僧令懺禮、夫人化爲天人、在空中謝帝而去。其懺法行世稱曰梁皇懺。見釋氏稽古史略二。南史梁武德郗皇后傳曰、「后酷妬忌及終、化爲龍入於後宮、通夢於帝。或見形、光彩照灼。帝體將不安、龍輒激水騰涌。」太平廣記引兩京記曰、「郗后因忿怒投殿庭井中。衆趨井救之、已化爲毒龍、煙燄衝天、人莫敢近。帝悲嘆久之、因冊爲龍天王、便於井上立祠。」按釋典梁王懺、其序謂因懺悔后往業而作。所述后事畧同、而以龍爲蟒蛇。

【梁攝論】（書名）五攝論之一。梁朝眞諦所譯、無著之攝大乘論及世親之攝大乘論釋也。

【婆】（術語）ब Ba 又作麼。悉曇五十字門之一、體文之喉聲第三。金剛頂經曰、「麼字門一切法縛不可得故。」文殊問經曰、「稱麼字時、是解脫繫縛聲。」智度論曰、「若聞婆字、卽知一切法無縛無解。婆陀秦言縛。」解脫繫縛由Bandha(縛)釋之。図 भ Bha 又作嚩、嗏。悉曇五十字門之一。體文之喉聲第四。金剛頂經曰、「婆(重)字門一切法有不可得故。」文殊問經曰、「稱婆(去)字時是出三有聲。」智度論曰、「若聞婆字卽知一切法不可得破相婆伽桑言破。」此語根由 Bhū(有)釋之。

【婆叉】(地名) Vakṣu 又 Vaṅkṣu 河名。見縛芻條。

【婆子燒庵】(公案) 昔有婆子供養一菴主經二十年、常使一二八女子送飯奉侍。一日使抱定曰、正與麼時如何。主曰、枯木倚寒巖。三冬無暖氣。女子歸擧似於婆。婆曰、我二十年祇供養箇俗漢、遂令遣去燒却庵。見五燈會元六。

【婆尼】(人名) Bāni 大臣名。譯曰辯了。見西域記五。

【婆吒】(人名) 外道名。見婆私吒條。

【婆吒羅】(植物) 樹名。見跋陀羅條。

【婆收婁多柯】(流派) Bahusrutīyaḥ 十八部中之多聞部也。

【婆利】(雜名) 又曰盎句奢 Vaḍiśa, Vaḷiśa, Aṅkuśa 譯曰曲鉤。見名義集三。

【婆利師】(植物) 花名。見婆師迦條。

【婆利質羅】(植物) 樹名。見婆利質多羅條。

【婆利師迦】(植物) 又曰婆栗史迦。花名。見婆師迦條。

【婆利摩尼】(異類) Balimaṇi 夜叉名。譯作力珠。見孔雀王咒經上。

【婆利質多羅】(植物) 又作婆利質羅、婆疑質垢、婆利耶怛羅拘陀羅、婆唎耶呾羅拘毘陀羅。忉利天上之樹名。譯曰香遍樹。見波利質多羅條。

【婆利迦菴羅】(地名) Falikāmra 林名。翻梵語九曰、「婆利迦菴羅林。譯曰婆利迦、守也、護也。菴羅、果也。」

【婆利阿修羅】(異類) Vaḍiśaasura 阿修羅王名。婆利、譯曰鉤。見佛本行集經二十四。

【婆利闍多迦】(植物) Pārajātaka 天花名。譯曰彼岸生。見本行集經四十二。

【婆利史迦羅】(植物) 花名。見婆師迦條。

【婆伽伴】(術語) 又作婆誐鑁、薄伽伴。見婆伽婆條。

【婆伽梵】(術語) 又作薄伽梵。體聲、一言聲、男聲(主格單數男性)云婆伽梵、女性云婆伽婆底。見婆伽婆條。梵 Bhagavān

【婆伽婆】(術語) Bhagavat 一作婆伽伴、婆誐鑁、婆伽梵、薄伽梵、薄阿梵 Bhagavān (體聲、一言聲、男聲) 佛地論擧自在、熾盛、端嚴、名稱、吉祥、尊貴之六義。智度論出有德、巧分別、有名聲、能破之四義。又密敎有稱女人之秘釋。經中多單譯曰世尊。佛地論一曰、「薄伽梵者謂薄伽聲依六義轉。一自在義。二熾盛義。三端嚴義。四名稱義。五吉祥義。六、尊貴義。」智度論二曰：「云何爲婆伽婆。天竺語婆伽、秦言德。婆言有。是名有德。復次婆伽名分別。婆名巧。巧分別諸法總相別相。故名婆伽婆。復次婆伽名名聲。婆名有。是名有名聲。無有得名聲如佛者。復次婆伽名破。婆名能。是人能破婬怒癡。故稱爲婆伽婆。」玄應音義三曰：「婆伽婆。舊云大功德。至聖之名。正言薄伽梵。」慧琳音義十曰：「薄伽伴、或云薄伽梵、或云婆伽婆、或云薄伽跋帝。皆佛第十號也。」飾宗記三本曰：「本音薄伽梵。此方義釋爲世尊。或名婆伽婆。音之轉也。」仁王念誦儀軌曰：「婆誐嚩底沒馱(引)麼(引)誐婆誐嚩底。敵對翻云具福智者。會意釋云世尊沒馱。此云覺。麼誐。此云母也。順此方言言佛世尊母。婆伽梵者男聲呼也。婆誐嚩底、女聲呼也。二俱會意。釋云世尊。若依聲明敵對釋者。婆伽云破。梵翻爲能。能破四魔。名婆伽梵。又云薄阿梵。依聲明論。云薄名爲破。阿名無生。梵名爲證。智能證阿。名爲阿梵。由阿梵故能破煩惱。故佛世尊不生不滅不來不去。不一不異。不斷不常。不增不減。具如是德。名薄阿梵。又云薄伽梵。薄伽云福智梵名爲具。會意釋云由具福智莊嚴滿足。故名薄伽梵。又薄伽梵亦是男聲。」大日經疏一曰：「薄伽梵者。論師所解具有六義。今此宗中薄伽梵是能破義。如人執持利器。多所摧伏。(中畧)復次帝釋聲論謂女人爲薄伽。是欲求因緣能息煩惱義。又是所從生義。金剛頂宗卽翻此義云。女人者卽是般若佛母。無礙知見人皆悉從是生。有其志求因緣得與相應。煩惱戲論皆悉永息。非如世間欲熱雖小止息而實更增也。以密教不可直宣。故多有如是隱語。學者當觸類思之。(中畧)經中多釋爲世尊。是嘆德之總稱。西法語法。言及尊者不敢直斥其名。必先歎其功德。如云大智舍利弗。神通目犍連。頭陀大迦葉。持律優婆離等。故此經中例云薄伽梵毘盧遮那。今順此方文勢。或以世尊居下也。」

【婆沙】(雜語) Vibhāsā 譯曰說。見毘婆沙條。

【婆沙波】(人名) Vāspa 羅漢名。見婆師波條。

【婆沙論】(書名) 阿毘達磨大毘婆沙論之略名。

【婆沙四大論師】(名數) 又曰婆沙四評家。世友、法救、妙音、覺天之四論師也。此四論師與脇尊者共爲大毘婆沙論主之編纂者。故有此名。

【婆私】(人名) 婆私吒之略。婆羅門名。見婆私吒條。

【婆私吒】(人名) 又作婆私瑟搋。婆羅門名。此婆羅門之母喪六子而狂亂。露形馳走。見世尊而還本心。受三歸戒。(雜阿含經三十四、經律異相二十三。) 俱舍論十五曰、「愁毒纒壞心遂發狂如婆私等。」俱舍光記十五曰、「婆沙一百二十六曰。如契經說。婆私瑟擬婆羅門女喪六子故。心發狂亂。露形馳走。見世尊已還得本心。」梵 Vasistha図梵志名。略云婆吒。譯曰最勝。爲邪見外道、執涅槃之無常、且計草木有名。詳見私婆吒條。案私婆吒、卽婆私吒之誤。

【婆那】（雜語）Vana 又云飯那、嚩泥。譯曰林。名義集二曰、「婆那、正言飯那。此云林。」梵語雜名曰、「林。嚩尼。」

【婆里卑】（雜語）譯曰力士。戒壇圖經曰、「婆里卑梁言力士。」名義集二曰、「婆里卑。梁云力士。又梵云末羅（Malla）此云力。」梵 Balin

【婆陀】（雜語）Baddha Baudha 又作縛馱。譯曰縛。智度論四十八曰、「婆陀。秦言縛。」演密鈔八曰、「梵云縛馱。或云滿馱。此譯爲縛。」図（術語）阿波陀那 Avadāna 之略。十二部經中之第八、譬喩經也。

【婆怛那】（地名）城名。慧苑音義下曰、「婆怛那。具云難陀婆怛那（Nandavardhana）言難陀者此云嘉也。婆怛那者、增益也。其城在摩竭國內。」

【婆怛霰尼】（人名）婆吒與霰尼（又作先尼）之二外道也。見婆私吒條。

【婆舍跋提】（界名）又曰婆羅尼蜜。他化自在天之梵名。Paranirmita-vaśavartin 六欲天之第六。智度論曰、「婆舍跋提。秦言他化自在天。此間一梵王名尸棄。秦言火。」玄應音義三曰、「婆羅尼蜜天。或云婆舍跋提。天此云他化自在天也。」

【婆舍跋提天】（界名）見前項。

【婆拘羅】（人名）Vakkula 比丘名。見薄拘羅條。

【婆耶】（雜語）Payas 水之異名。涅槃經十三曰、「言是水。或言波尼（中畧）或言婆耶。」

【婆哆】（人名）長者名。譯曰軍。見阿育王經七。

【婆南】（術語）Vandana 和南之異稱。玄應音義十八曰、「婆南或云和南。皆訛也。正言槃談。此譯云我禮也。」見和南條。

【婆毘】（術語）韋陀經中之篇章名。雜阿含經五曰、「於諸大會中奉火爲其最。闍陀經典中婆毘諦爲最。」

【婆毘吠伽】（人名）Bhavaviveka 菩薩名。譯曰淸辯明辯。西域記十曰、「婆毘吠伽。唐言淸辯。」釋迦方誌下曰、「婆毘吠伽論師。此云明辯。」般若燈論之作主也。此菩薩住阿素羅宮待慈氏出世之因緣記於西域記十。

【婆城】（雜名）乾闥婆城也。西域之伎人、名乾闥婆 Gandharva。幻作城郭、須臾則滅、名曰乾闥婆城、又海上之蜃氣樓、名乾闍婆。以譬不實之法也。往生十因曰、「水鏡像。(中畧)陽炎婆城。」

【婆施羅】(菩薩) 華嚴五十三知識之一、樓閣城之船師也。疏鈔六十七曰、「婆施羅者、此言自在。謂於佛法海巳善通達。於生死海能通達。」梵 Vairocana

【婆刺拏】(人名) Vāraṇa 一作婆羅那。國王名。譯曰流轉。唯識樞要上末曰、「婆刺拏者。此云流轉。卽先婆羅那訛也。」是肩稀羅國之王、容貌端正、聞迦旃延比丘之宿因發心出家、入阿般地國山中修道、於時國王將宮人入山遊獵、宮人見流轉王之美貌、圍繞看之。國王見之大瞋、鞭流轉王殆至死而去。流轉王還國欲報仇、迦旃延請停一宿、以方便力令感惡夢、遂止其心入道得證果。見唯識樞要上末、二十唯識述記下。

【婆陀梨】(人名) 比丘名。俱舍光記三十曰、「婆陀梨是西方小棗名。父母憐子也。」以此標名。」梵 Badari

【婆珊婆演底】(神名) Vasanta-va-yanti 主夜神也。善財童子五十三參中之一、俗厭惡夢、則呪此神名云。華嚴經六十八曰、「摩竭提國迦毘羅城有主夜神名婆珊婆演底。(中略)我於夜闇人靜鬼神盜賊諸惡衆生所遊行時。(中略)我時卽以種種方便而救濟之。」(經中廣說除海難等)慧苑音義下曰、「婆珊婆演底、具云婆傘多婆演底。言婆傘多者、此云春也。婆演底、主當也。謂於春時此神主當守護衆生及諸苗稼也。(中略)又中天竺本云跋僧多。此云春生。謂能生物善故借喻名耳」西陽雜俎曰、「雍益堅云。主夜神呪持之有功德。夜行及寐可已恐怖惡夢。呪曰婆珊婆演底。」探玄記十九曰、「婆娑婆陀者、正云婆羅薩那。此名依止不畏。卽下文廣與怖畏衆生而作依止故、

【婆師】(植物) 花名。見婆師迦條。

又(雜語)唄匿之轉音。見唄匿條。

【婆師迦】(植物) Varṣika 又曰婆使迦、婆利師、婆利師迦、婆利史迦羅、婆師波利。花名。譯作雨時花、夏生花等。慧苑音義上曰、「婆利師迦。此云雨時生花。按梵語云婆利師、此云雨也。迦者時也。其花要至雨時方生、故名也。」同下曰、「婆師迦、具云婆利史迦羅。婆利史者、此云雨也。伽羅此云時也。西域呼夏爲雨。其花生於夏時、故名也。」玄應音義二十一曰、「婆使迦。舊云婆師迦。或云婆師波利花。此云夏生護花也。」梵 Varṣik-āla Varṣipāli

【婆師波】(人名) Vāṣpa 又作婆師婆、婆濕婆、婆沙波。五比丘之一。譯曰起氣、淚出、氣息。佛滅後、窟內窟外結集時、於窟外領界外之大衆結集三藏者、卽大衆部之祖也。佛本行集經三十四曰、「次長老婆沙波。隋

言起氣。」三論玄義曰、「界外大衆乃有萬數。婆師波羅漢爲主。此云淚出。常悲苦衆生而淚墮也。卽五比丘中之一人。而年大迦葉。敎授界外大衆。」中論疏記二下曰、「言婆師婆者。案最勝王經云婆濕婆也。照法師云。婆濕婆、此云氣息。」義林章二本曰、「有阿羅漢。念佛法恩念衆生苦。自恒垂淚。故名婆師婆。爲大衆主說授諸人。」唯識了義燈一本曰、「佛涅槃後。大迦葉波及婆師波雖分二處結集三藏。然一百年中佛法一味。」

【婆娑婆陀】（天名）主夜神也。見婆珊婆演底條。

【婆陟】（人名）見唄匿條。

【婆栖】（動物）鳥名。大日經疏十六曰、「婆栖鳥似鵄。小黃土色。觜亦黃。是鶻類也。此鳥有秘身法也。」

【婆哩野】（雜語）又曰婆梨耶、婆庾。譯曰婦。起世經十註曰、「梵語婆梨耶。隋言婦也。」梵Bhāryā

【婆差優婆差】（雜語）Upāsakaupāsikā在家之二衆。優婆塞優婆夷之轉訛也。仁王經下曰、「在家婆差優婆差。」同嘉祥疏五曰、「在家二衆名優婆塞優婆夷。有本云婆差優婆差。外國語音不同。有此異耳。」

【婆啝】（雜語）小兒之發聲也。涅槃經二十日、「嬰兒者能說大字。如來亦爾。說於大字。所謂婆啝。婆者有爲。啝者無爲。是爲嬰兒。」

【婆梨】（雜名）Vāri又作婆利、波利。水之別名。涅槃經十三曰、「或言婆利。」慧琳音義二十六曰、「婆梨此云雜藥和水名也。」翻梵語曰、「波利譯曰水也。」

【婆婆】（佛名）法苑珠林曰、「比丘白佛言。世尊復何因緣。故名婆婆。告曰。本爲人時。以婆詵私衣布施供養。故名婆婆。」

【婆婆伽梨】（人名）太子名。譯曰惡事。見賢愚經十。梵Pāpa-kārin

【婆兜釋翅搜】（地名）伽毘羅城之異名。見迦毘羅婆蘇都條。

【婆捺囉婆捺麽洗】（雜語）Bhādrapadamāse 又曰跋捺囉婆娜麽洗。又曰婆達羅鉢陀跋陀娜婆娜。譯曰六月。婆捺囉婆捺爲星宿之名。麽洗爲月之義。飾宗記六末曰、「婆達羅跋陀。六月也。」

【婆袠河】（地名）或云婆袠沫河。或云跋求河。又云跋求摩河。正梵音名跋窶末底。此翻勝慧河。

【婆須蜜】（人名）Vasumitra 菩薩名。見筏蘇蜜呾羅條。

【婆須蜜多】（人名）同婆須蜜。（菩薩）Vasumitra 華嚴五十三知識之第二十五知識也。爲險難國寶莊嚴城之婬女。善財童子詣之。開以欲化處於欲衆生之深法。華嚴經六十七曰、「於此南方有一國土名曰險難此國有城名寶莊嚴中有女人名婆須蜜多汝詣彼問」同探玄記十九曰「婆須蜜多此云世友亦名天友以巧能引攝諸世間故」又見筏蘇蜜呾羅條。

【婆須達多】（雜語）Vasudatta 譯曰財施華嚴經六十二曰「須達多優婆塞婆須達多優婆塞」同慧苑音義下曰「婆須達多云財施或云有善施行」

【婆須蜜多羅】（人名）與婆須蜜同。

【婆提】（人名）Bhadrika 釋姓中之王也稱曰跋提釋王跋提譯爲賢佛初還迦毘羅城時與五百餘人共出家禮家奴優婆離比丘剃頭受具遂證阿羅漢果見百緣經九因（雜語）Vana 譯曰林探玄記十九曰「婆提者正云婆那此云林也」梵語雜名曰「林縛尼」

【婆訶】（物名）Vaha譯曰笔又作篅玄應音義二十四曰「婆訶麻婆訶此言笔或言篅麻則胡麻也」俱舍光記十一曰「佉梨受一斛婆訶此云篅受二十佉梨」參照一婆訶條。

【婆訶麻】（雜名）婆訶者器名麻者胡麻也見前條。

【婆嵐】（雜名）風名見毘嵐條。

【婆達】（雜語）多言聲也因明大疏一曰「依聲明一言云婆達南二言云婆達泥多言云婆達」梵 Vadana

【婆斯仙】（天部）六火天之一位於胎藏界外金剛部之東方又侍於虛空藏院千手觀音之下或於補陀落山下結草庵奉觀音云赤肉色仙人形右持蓮華左持數珠立左膝坐於筵虛空藏院之像爲肉色苦行仙人形右手如彈指形左手持仙杖而立。

【婆斯仙后】（天部）火天之眷屬位於胎藏界外金剛部院之東南角爲白肉色右持荷葉上有未敷蓮左持半開蓮坐於筵

【婆雉末儞】（異類）Balimaṇi 又曰婆利摩尼夜叉名譯曰力珠大孔雀經曰「婆雉末儞翻曰力珠」孔雀王呪經上曰「婆利摩尼梁言力珠」

【婆雌子部】（流派）即犢子部也。

【婆麤富羅】（流派）Vatsaputra 又作婆蘇富羅見犢子部條。

【婆稚阿修羅】（異類）Bhandhiasura 又作跋墀跋稚跋移末利婆梨阿修羅王名列次於法華經序品法華文句二曰「婆稚者此云被縛或云五處被縛或云五惡物繫物不得脫故云被縛亦云有縛爲帝釋所縛」法華玄贊二曰「婆稚者舊云被縛非天（阿修羅）前軍爲天所縛正云跋稚迦此云團圓正法華中最勝是卽當勇健次執日後與天鬪時有勇健力跋陀縛義此非被縛」華嚴大疏鈔三曰「大力婆稚華梵異耳」慧苑音義上曰「婆稚正云末利此云有

力。」

【婆達羅鉢陀】（雜語）Bhādrapada 六月之梵名。

【婆塞羯羅伐摩】（人名）Bhāskaravarman 國王名。譯曰日胄。見西域記十。

【婆頗娑】（雜語）Prabhāsa 譯曰光明。金光明玄義曰、「婆頗娑此言光。」梵語雜名曰、「光明縛婆娑。」

【婆疑質垢】（植物）樹名。見波利質多羅條。

【婆誐】（雜語）Bhaṅga 又曰婆伽、薄伽。譯為破。智度論四十八曰、「婆伽。秦言破。」大日經疏一曰、「釋論亦云。婆伽名破。」梵語雜名曰、「破婆誐。」

【婆誐嚩底】（術語）Bhagavatī 又作婆誐嚩帝、薄伽跋帝。見婆伽婆條。（但此為其女聲之形）

【婆誐嚩帝】（術語）薄伽梵之與格。(Bhagavate) 世尊之意也。

【婆瘦】（天名）Vāyu 一作縛臾、婆牖。譯曰風。又風神名。司西北方。梵語雜名曰、「風婆庾。」名義集二曰、「婆庾此云風神。」孔雀王咒經上曰、「婆牖梁言風。」

【婆樓那】（異類）Varuṇa 龍王名。譯曰水。探玄記二曰、「婆摟那龍王此云水。為一切魚形龍王。」

【婆蹉】（人名）Vatsa 一云筏蹉。梵志、又云筏蹉子。犢子部外道也。因 Vatsa 比丘名。為苦行第一。增一阿含經三曰、「苦身露坐不避風雨。所謂婆蹉比丘是。」

【婆蹉婆】（雜語）帝釋天之別名。慧琳音義二十六曰、「婆蹉婆此云執金剛寶。亦云嚴飾也。」大部補注一曰、「婆蹉婆。河西云。翻為好嚴飾。昔日好衣布施。今得麗服也。」

【婆蹉富羅】（流派）同婆蹉富多羅。

【婆蹉梵志】（流派）犢子部外道也。見犢子部條。

【婆蹉那婆】（雜語）毒藥名。大寶積經一百十三曰、「如有一毒。名婆蹉那婆。（隋言牛犢子齊）復有毒藥。名訶羅訶羅。（隋言速殺）將如芥子。食即速疾命終。」梵 Vatsanābha, Halāhala

【婆蹉富多羅】（流派）犢子部之異名。見犢子部條。

【婆盧枳底濕伐羅】（菩薩）Avalokiteśvara 之訛。見觀音條。

【婆檀陀】（雜語）Bhadanta 譯曰大德。佛之別號。智度論二曰、「婆檀陀。秦言大德。」

【婆闍羅波尼婆里卑】（天名）Vajrapāṇibalin 譯曰金剛力士。戒壇經曰、「跋闍羅波尼、梁言金剛。婆里卑、梁言力士。」見二王條。

【婆薩婆】（人名）往昔閻浮提之國王也。受韋羅摩婆羅門之教、十二歲間設大施、最後對一婆羅門破身上之肉爲燈炷供養之、聞佛法之一偈。見智度論十一。梵Vāsava

【婆羅】（職位）Vihārapāla 維那之別名。譯曰次第。司僧中之次第順序者。行事鈔下二曰、「維那出要律儀翻爲寺護。又云悅衆。本正音婆邏。云次第。」〔又〕（雜語）Bāla 譯曰愚夫。舊翻爲毛道生者、誤婆羅爲縛羅而譯之也。唯識樞要上本曰、「金剛經云毛道生。今云愚夫生。梵云婆羅（去聲）此云愚夫。本錯云縛羅、乃言縛羅也。」〔又〕（雜語）又云婆羅訶。Bālaha 馬王名。輪王之馬寶也。華嚴探玄記八曰、「婆羅馬王者。三藏說正音具云婆羅訶。此云雲馬。謂遊行空雲迅速無礙。因以爲名。」玄應音義十二曰、「婆羅訶、此譯言長毛。」

【婆羅訶】（雜名）Bālaha 馬王名。見婆羅條。

【婆羅翅】（植物）Balāka Balākikā 樹名。譯曰白鷺。見慧琳音義二十五。

【婆羅門】（雜名）Brāhmaṇa 天竺四姓之一。具云婆羅賀摩拏、又云沒囉憾摩。譯爲外意、淨行、淨志、靜志等。奉事大梵天而修淨行之一族。玄應音義十八曰、「婆羅門。此言訛略也。應云婆羅賀摩拏。此義云承習梵天法者。其人種類自云。從梵天口生。四姓中勝。故獨取梵名。唯五天竺有。諸國卽無。經中梵志亦此名也。正言靜胤。言是梵天之苗胤也。」慧琳音義二十六曰、「婆羅門、此俗人也。謂淨行高貴捨惡法之人。博學多聞者也。」希麟音義八曰、「婆羅門。不正梵語也。應云沒囉憾摩。此云淨行。或云梵行。自相傳云。我從梵王口生。獨取梵名。世業相傳習四圍陀論。」俱舍頌疏賢聖品三曰、「此云淨志。遠煩惱故。同勤息義。」仁王經良賁疏中二曰、「婆羅門此云靜志。」俱舍光記一曰、「婆羅門法。七歲以上在家學問。十五已去學婆羅門法。遊方學問。至年四十、恐家嗣斷絕、歸家娶妻、生子繼嗣。年至五十入山修道。」智度論十曰、「在家中七世法淨。生滿六歲皆受戒。名婆羅門。」寄歸傳四曰、「五天之地。皆以婆羅門當貴勝。凡有座席。並不與餘三姓同行。」註維摩二曰、「肇曰。婆羅門秦言外意。」毘奈耶雜事一曰、「見諸婆羅門。以自三指點取白土。或以白灰抹其額上。以爲三畫。」〔又〕國名。見婆羅門國條。

【婆羅門仙】（異類）又曰牛天婆羅門。鬼趣之一仙也。釋門正統四曰、「曠野鬼并訶利帝母爲佛弟子。每食必出生飯者是也。所謂焰口鬼及婆羅門仙者爲佛弟子。至心所辨斛食者是也。」

【婆羅門敎】（術語）古昔婆羅門稱

專奉之教法也。中有種種別派、而大要以梵王爲主。以四圍陀論爲經。大日經疏二曰、「於彼部類中梵王猶如佛。四韋陀典猶如十二部經。傳此法者猶如和合僧時彼聞如是等世間三寶歡喜歸依隨順修行。」

【婆羅門國】（地名）印度之別名。西域記二曰、「印度種姓族類群分而婆羅門殊爲清貴從其雅稱傳以成俗無云經界之別總謂婆羅門國焉。」釋迦方誌上曰、「雪山以南名婆羅門國與胡隔絕書語不同。」寄歸傳三曰、「五天之地皆曰婆羅門國北方速利總號胡疆。」

【婆羅門城】（地名）佛到婆羅門城乞食空鉢而還。是佛九惱之一。出於智度論八。見九惱條。

【婆羅門僧】（雜語）婆羅門之本形行佛道者。尊勝經序曰、「婆羅門僧佛陀波利。」

【婆羅門書】（雜語）隋志曰、「後漢得西域胡書以四十字貫一切音文省義廣。謂之婆羅門書。」

【婆羅門避死經】（經名）一卷、後漢安世高譯。有四梵志各得五通欲免死、一上空、一入大海、一入山腹、一入大地、皆不免死。佛因說苦空無常無我四法。見山海空市條。此經出於增一阿含增上品。

【婆羅門子命終愛念不離經】（經名）一卷、後漢安世高譯。中阿含愛生經之別譯。梵志之兒死、愁憂見佛。佛言愛生便生愁憂。後因波斯匿王之請廣說其義。

【婆羅奢】（植物）樹名。譯曰赤花樹。見慧琳音義二十五。梵 Phalasa

【婆羅留支】（人名）阿闍世王之別名。此曰折指、又云無指。見阿闍世條。

【婆羅捨佉】（雜語）Praśākha 託胎後第五七日之名。見鉢羅奢佉條。

【婆羅那馱】（異類）Varanāda 夜叉名。譯曰大聲。見孔雀王咒經上。

【婆羅捺寫】（地名）與婆羅痆斯同。

【婆羅痆斯】（地名）Vārāṇasī 國名。見婆羅奈條。

【婆羅婆叉】（異類）Bālabhakṣa 餓鬼名。譯曰食小兒。見正法念經十七。

【婆羅尼蜜】（界名）Paranirmitavaśavartin 天名。譯曰他化自在天。玄應音義三曰、「婆羅尼蜜天、或云婆舍跋提天。此云他化自在天也。」

【婆羅波提】（地名）Dvāravati 城名。譯曰有門城。探玄記十九曰、「婆羅波提者正云墮羅拔提。此云有門城。謂城有端嚴之門故名也。」

【婆羅賀摩】（天名）Brahman 天名。譯曰淨。即梵天。又譯曰造書天。義譯也。玄應音義二曰、「婆羅賀摩此云淨天。舊云梵天。」

訛略也。」慧琳音義二十六曰、「婆羅賀摩天此云造書天卽造悉曇章是。」見大梵天條。

【婆羅提木叉】（術語）別解脫戒之梵名見波羅提木叉條。

【婆羅墮跋闍】（界名）Bhāradvāja 天名譯曰重語天見慧琳音義二十六。

【婆羅婆提伽】（雜語）又曰波羅婆提伽譯曰清淨經十誦律二十四曰、「婆羅婆提伽晉云清淨經。」飾宗記八本曰、「波羅婆提伽修妬路晉言清淨經。」梵 Prāsādika-sūtra

【婆羅可波帝】（經名）經名譯作廣主見百論。（梵 Bārhaspatya

【婆羅阿迭多】（人名）Balādrtya 王名譯曰幼日。摩竭陀國之王制礫迦國大族主之暴逆而服之厚信佛法建立堂塔後出家爲沙門西域記四曰、「摩揭陀國婆羅阿迭多王。唐言幼日。」

【婆羅袟底也】（人名）Balāditya 太子名譯曰新日婆藪槃豆傳曰、「正勤日王太子名婆羅袟底也。婆羅譯爲新袟底也譯爲日。」

【婆羅賀摩拏】（雜名）又曰婆羅欱末拏。Brāhmaṇa 婆羅門之具稱也。見婆羅門條。

【婆羅必栗託仡那】（雜語）又作婆羅必哩他仡那、婆羅必利他伽闍那。譯曰愚異生、小兒別生。凡夫之別稱也。凡夫愚痴而生死之果報各別異故名愚異生、凡夫之愚痴恰如小兒別異於聖者之生故云小兒別生。舊譯婆羅誤作縛羅、譯曰毛道生言凡夫之根性如輕軟之鴻毛也。玄應音義三曰、「正言婆羅必栗託仡那、婆羅此云愚、必栗託此云異、仡那此云生、應言愚異生以愚痴闇冥無有知慧但起我見不生無漏故。」又曰、「舊譯云婆羅必利他伽闍那。此言小兒別生以痴如小兒不同聖生也。」梵 Bala-pṛthag-jana

【婆藪】（人名）Vasu 又曰婆萸仙人名婆羅門中始殺生祀天、生墮於地獄、經無量劫由華聚菩薩之大光明力脫地獄詣釋迦佛所、佛讚嘆之爲衆說其大方便力。見智度論三、方等陀羅尼經一。

【婆藪槃陀】（人名）天親菩薩之梵名。見左條。

【婆藪槃豆】（人名）又曰婆藪盤豆、筏蘇盤豆、伐蘇畔度、筏蘇畔徒、婆藪槃陀。Vasubandhu 世親（舊曰天親）菩薩也。西域記五曰、「筏蘇畔度菩薩唐言世親。舊曰婆藪盤豆譯曰天親訛謬也。」唯識樞要上本曰、「伐蘇畔徒菩薩唐言世親無著菩薩同母弟也。」俱舍光記一曰、「俱舍論者筏蘇槃豆之所作也。筏蘇爲世、槃豆爲親、印度有天俗號世親。世人親近供養。故以名焉。菩薩父母從所乞所爲名也。舊譯爲天。此翻謬矣。若言天應號提婆也。」百論疏一曰、「婆藪。外國亦名和順。付法藏經云。婆藪槃陀、善解一切修多羅義。婆藪云天。親天親者、本是天帝弟。遺其生閻浮提伏修羅也。」又天神名、外道所事之毘瑟拏等天神、能救世住世、故名世天、又世人親近供養、故稱世親天。宗輪論述記上曰、「筏蘇者世義。外道所事毘瑟拏天亦名筏蘇。能救世故。世間父故。世導師故。住於世故。」俱舍神泰疏一曰、「奘法師譯婆藪。此云世。槃豆此云親。謂西方有天廟。是婆藪天廟也。其婆藪天像、多爲世人親近供養。西方呼爲世親天。」

【婆藪槃豆法師傳】（書名）一卷、陳眞諦譯。天親菩薩傳也。

【莎揭哆】（術語）梵音 Svāgata。又作莎伽陀、沙伽陀、沙竭陀、娑婆羯多、蘇揭多。譯曰善來。寄歸傳三曰、「西方寺衆多爲制法。凡見新來。無論客舊及弟子門人舊人即須迎前唱莎揭哆曰善來。」法華吉祥疏九曰、「莎竭陀、翻爲善來。又云沙伽陀也。」玄應音義六曰、「娑婆揭多。此云善來也。」飾宗記六本曰、「蘇揭多。此云善來。即莎伽陀是也。」又比丘名。

【莎髻】（雜語）不動尊之頭髮也。莎者草名、以莎草結髮、故云莎髮。是西土奴僕之風。不動尊爲童子奴僕之形、故結髮如奴僕也。表七覺支七佛七財等而造七莎髻、末一結之爲辮髮而垂於左、以表一子之慈悲也。底哩三昧經上曰、「頭上七種髻表七菩提。左垂一髮向下者是垂慈悲之義。悲念下惡極苦惱衆生也。」

【莫妄想】（雜語）傳燈八（汾陽無業章）曰、「凡學者致問師多答之曰莫妄想。」

【莫伽】（雜名）Maghā 星名。寶勝陀羅尼經四曰、「莫伽（唐言七星）星生者。若肩若背而有小疣。是善丈夫。能如法行而多財貨。」

【莫呼洛伽】（異類）大蟒神也。見摩呼洛伽條。

【莫呼洛伽摩】（異類）見前項。

【莫喝洛迦】（雜語）又曰莫訶洛迦。見摩訶羅條。

【莫訶】（雜語）Mahā 與摩訶同。見摩訶條。

【莫訶洛迦】（雜語）即莫喝洛迦。見摩訶羅條。

【莫訶衍磧】（地名）蒙古之大砂漠也。慈恩傳一曰、「莫訶衍磧。長八百餘里。古曰沙河。上無飛鳥。下無走獸。復無水草。」

【莫訶夜那鉢地已波】（人名）Mahāyāna-pradīpa 比丘名。譯曰大乘燈。見求法高僧傳上。

【莫訶僧祇尼迦耶】（流派）Mahāsaṅghika-nikāya 譯曰大衆部。寄歸傳一曰、「阿離野莫訶僧祇尼迦耶周云聖大衆部。」

【莫訶歌羅】（天名）見摩訶迦羅條。

【莫訶羅】（雜語）見摩訶羅條。

【莫耆】（飲食）與摩祇同見摩祇條。

【莫醯伊濕伐羅】（天名）Maheśvara 一作摩醯伊濕伐羅、略名摩醯濕伐羅、摩醯首羅。摩醯者大、伊濕伐羅者自在、即大自在。位於色界頂上之天神名也。慧苑音義上曰「摩醯首羅正云摩醯濕伐羅。言摩醯者、此云大也。濕伐羅者自在也。謂此天王於大千世界中得自在故也」智度論二曰、「摩醯首羅天秦言大自在。八臂三眼騎白牛」唯識述記一末曰「若言莫醯伊濕伐羅是大自在天。若長言摩醯伊濕伐羅、是事大自在天者也。如言佛陀是覺者。若言抱徒懃、是事佛者」見大自在天條。

【莊嚴】（術語）以善美飾國土或以功德飾依身云莊嚴。又以惡事積身亦云莊嚴。阿彌陀經曰、「功德莊嚴」探玄記三曰、「莊嚴有二義。一是具德義、二交飾義」觀無量壽經曰「以諸惡業而自莊嚴」輔行一之一曰「一心三諦爲所莊嚴。一心三觀爲能莊嚴」

【二種莊嚴】（名數）見二字部二種莊嚴條。

【四種莊嚴】（名數）一戒瓔珞莊嚴、菩薩持禁戒以離身之諸惡也。二三昧瓔珞莊嚴、菩薩修禪定以離諸邪覺也。三智慧瓔珞莊嚴、菩薩覺知聖諦以離諸顛倒也。四陀羅尼瓔珞莊嚴、菩薩持善使不失、持惡使不生也。此四法莊嚴法身、如世之瓔珞莊嚴其身、故名瓔珞莊嚴。見大集經一。

【二十九種莊嚴】（名數）天親之淨土論觀察彌陀之淨土、明二十九種之莊嚴、其中淨土之依報、即器世間清淨有十七種、淨土之正報、即衆生世間清淨有十二種。依報十七種者、一清淨莊嚴、勝過三界有漏之穢土而無漏清淨也。二量莊嚴、究竟如虛空無邊際也。三性莊嚴、依正道之大慈悲無漏之善根隨順法性而生起之淨土也。四形相莊嚴、淨土淸淨光明滿足、如明鏡日月輪也。五種種事莊嚴、備諸珍寶、具足妙莊嚴也。六妙色莊嚴、無垢光燄熾盛明淨曜世間也。七觸莊嚴、莊嚴淨土之種種珍寶柔軟、觸之者生勝樂也。八三種莊嚴、水上與地上及虛空之三處莊嚴也。九雨莊嚴、雨寶衣寶華、無量之妙香普薰也。十光明莊嚴、佛慧明淨之日除世之痴冥也。十一妙聲莊嚴、淨土妙聲深遠、善聞於十方也。十二主莊嚴、正覺之阿彌陀爲法王善住持也。十三眷屬莊嚴、諸菩薩衆由如來正覺之華化生也。十四受用莊嚴、受用大乘之法味、禪味三味味也。十五無諸難莊嚴、永離身心苦惱受樂無間斷也。十六大義門莊嚴淨土是大乘善根界、一切平等清淨無譏嫌之名言又無女人與六根不具者及二乘與一譏嫌實體、衆生皆爲大乘之薩埵一味平等也。大義門者謂淨土爲通大乘義利之門戶也。十七一切所求滿足莊嚴、衆生之所願樂一切能滿足也。正報之十二分爲二種、佛有八種、菩薩有四種。佛之八種者、一座莊嚴、無量之大寶王微妙之淨華臺也。二身業莊嚴、相好之光一尋、超於色像群生也。三口業莊嚴、如來微妙之梵聲聞於十方也。四心業莊嚴、同地水火風空於無分別也。五大衆莊嚴、彼土之人天聖衆、皆成就大乘善根由如來淸淨之智海而生也。六上首莊嚴、阿彌陀佛、於淨土爲上首如須彌山王、勝妙無有超過者也。七主莊嚴、阿彌陀佛爲彼土之教主天人丈夫之衆恭敬瞻仰也。八不虛作莊嚴、佛之本願力非虛設過之無空過者、必能令速滿足功德之大寶海也。菩薩之四種莊嚴者、一不動本處遍至十方供養化生莊嚴。二一念一時遍至佛會利益群生莊嚴。三一切世界讚嘆諸佛莊嚴。四無三寶處示法莊嚴也。此二十九種皆由彌陀之願心而莊嚴者。見淨土論。

【莊嚴劫】（術語）三世之三大劫中、過去之大劫名莊嚴劫。大劫中總有成住壞空之八十增小劫其住劫之二十小劫中有千佛出世、華光佛爲首、毘舍浮佛爲末。千佛出世莊嚴其劫、故名莊嚴劫。見過去莊嚴劫千佛名經。

【莊嚴門】（術語）六度萬行持戒持齋等、是莊嚴佛法外面之假裝、非眞佛法也。臨濟錄曰「祇如諸方說六度萬行以爲佛法。我道是莊嚴門佛事門。非是佛法。」

【莊嚴論】（書名）有二部、一無著造、波羅頗迦羅蜜多羅譯之大乘莊嚴經論十三卷。一馬鳴造羅什譯之大莊嚴論十五卷。

【莊嚴經】（經名）大乘無量壽莊嚴經之略名。

【莊嚴三昧】（術語）莊嚴王三昧之略稱。

【莊嚴王經】（經名）莊嚴王陀羅尼咒經之略名。

【莊嚴經論】（書名）大乘莊嚴經論之略名。

【莊嚴王三昧】（術語）法華妙音品所說十六三昧之一。

【莊嚴佛法經】（經名）持心梵天所問經之異名。

【莊嚴寶王經】（經名）具名佛說大乘莊嚴寶王經四卷、趙宋天息災譯。說觀自在菩薩歷劫救苦之事又說所住種種三昧之名、又說毛孔希有之功德。

【莊嚴佛法諸義】（經名）持心梵天所問經之異名。

【莊嚴菩提心經】（經名）一卷、秦羅什譯。最勝王經淨地陀羅尼品之別譯。

【莊嚴王陀羅尼經】（經名）一卷、唐義淨譯。佛在布怛落迦山爲觀世音妙吉祥二大菩薩說往昔所持之妙呪。持者當生極樂國。

【莊嚴劫千佛名經】（經名）過去莊嚴劫千佛名經之畧名。

【莊嚴淸淨藏三昧】（術語）是大日如來三世無礙力與如來加持不思議力之二力所依藏也。大日經三曰「爾時世尊復住三世無礙力依如來加持不思議力依莊嚴淸淨藏三昧」義釋八曰「如世間衆生種種身口意業皆依於心毘盧遮那亦爾。一切三世無礙智力、一切神變加持不思議力、依莊嚴淸淨藏也。」三世無礙力爲自證、如來加持力爲化他、莊嚴淸淨三昧爲𑖀字門菩提心之體、謂內證與外用之一切事業以𑖀爲所依而轉也。

【莊嚴入一切佛境界經】（經名）如來莊嚴智慧光明入一切佛境界經之畧名。

【茶】（術語）𑖮 Dha般若經所說四十二字門之最後梵字。以此字爲字母之究竟、越此字更無字也。故南岳假四十二字表大乘之四十二位、以阿字表初住、以茶字表妙覺。智度論四十八曰「茶字門入諸法邊竟處故不終不生。過茶無字可說。何以故。更無字故。」又曰「波茶秦言必。茶外更無字。若有者是四十二字枝派。」

【茶吉尼】（天名）Dākinī 又作茶枳尼、拏吉儞、吒枳尼。夜叉鬼之一類、有自在之通力、六月前知人之死、取其人之心臟食之。使修其法者得通力。云是外道邪法之一種。四門神供之一神也。慧琳音義三十五曰「茶枳尼、梵語。則鬼之總名。能魅人。與人通者也。」大日經疏四曰、「茶吉儞世間小術。亦於此門攝受之。」大日經四曰、「仲三昧手以覆面門爾賀嚩觸之。是諸茶吉尼印眞言曰頡履訶。」大疏十曰、「茶吉尼眞言。此是世間有造此法術者。亦自在呪術能知人欲命終者六月卽知之。知已、卽作法取其心食之。所以爾者。人身中有黃。所謂人黃猶牛有黃也。若得食者能得極大成就。一日周遊四域隨意所爲皆得。亦能種種治之。有嫌者以術治之極令病苦。然彼法不得殺人。必依自計方術。人欲死者去六月卽知之。知已、以術取其心。雖取其心然有法術要以餘物代之。此人命亦不終。至合死時方壞也。毘盧遮那以降三世法門化作大黑神。具大威力。以灰塗身於曠野中作法。悉召茶吉尼輩而呵責之。以汝常殺人故。今當食汝。以方便示彼衆呑之。彼等怖畏咸歸命佛。然後放之制令斷肉。

我白佛言。我若不食肉者如何自濟。佛言聽汝食死人心。彼言。人欲死時諸大藥叉等知彼命終爭來欲食。我云何得之。佛言聽於六月內以咒法加持之。至命終時聽汝取食。爲調彼衆令入佛慧、故說此眞言也。眞言曰訶利訶。」義釋七曰、「賀是因義。以一切法皆因心有故。今以羅字門食之名。爲啗食人心。更加傍點。故永滅心垢。住大涅槃也。」大疏十四曰、「舒左手覆掩口。以舌觸掌。即茶吉尼印也。」演密鈔九曰、「茶吉尼、是夜叉趣攝。能以自咒術盜取人心食之。」摩訶迦羅天之法爲調伏此茶吉尼也。見大黑天條。

【茶吉尼法】（修法）據以上所舉經疏之說、茶吉尼原爲有通力之一種鬼神、成就此法則其人亦得通力、因而印度外道多修此法。而眞言密教爲攝受彼外道謂佛亦說此。然支那傳譯之經軌中未有此、日本盛行此法、且出種種之經軌、而以狐精爲其本體、其經軌如阿羅婆沙曩吒枳尼經、相歡陀羅尼經、刀自女經、神驗咒王經、辰狐本因緣經、吒枳尼旃陀利王經等。無一在大藏中也。

【茶枳尼形像】（圖像）其印與種子如大日經疏所言、其形像及功德、據所謂吒枳尼旃陀利經曰、「爾時世尊於寶座上結跏趺坐。（中畧）時從地涌出白辰狐王。白形色脹滿白淨如白雁王。現頂上孔雀鳥。頸懸宇頭寶珠。（中略）爾時佛言。今此會中有一菩薩。名爲辰狐王菩薩。是則貧（貧字或爲觀字之誤）自在菩薩生身也。虛空天下三昧形。有六臂。是利六道衆生。」

【種子】（術語）或[illegible]字或[illegible]字、或[illegible]等。

【三形】（術語）如意寶珠也。

【茶毘】（術語）Jhāpita 又曰闍毘、闍維、闍鼻多、耶維、耶旬。譯爲焚燒。猶言火葬。僧死而焚其尸也。玄應音義四曰、「耶維。或言闍鼻。或言闍維。或言闍鼻多。義是焚燒也。」同五曰、「耶旬。或云闍毘闍維。同一義。正言闍鼻多。義是焚燒也。」慧琳音義二十五曰、「闍毘或言闍維。或茶毘。古云耶旬。此云焚燒也。」同四十三曰、「耶維。或言闍維。皆訛也。正言闍鼻多。義是焚燒。」西域記六曰、「涅疊般那。（Nirdhāpana）唐言焚燒。舊云闍維、訛也。」

【茶矩磨】（植物）Kuṅkuma 譯曰鬱金香。見最勝王經七。茶爲誤字。

【茶鎛和羅城】（地名）舊唐書曰、「茶鎛和羅城北臨禪連河。」

【荷力皮陀】（術語）Ṛg-veda 四吠陀之一。梨俱吠陀也。見韋陀條。

【荷澤】（人名）唐洛陽荷澤寺神會。年十四爲沙彌、謁六祖曹溪、居數歲、能得其旨、尋往西京受戒、唐景龍年中歸曹溪。六祖滅後二十年間、曹溪之頓旨、南地沈廢、嵩嶽之漸門盛行京洛。乃入京。天寶四年定南北頓漸兩宗著顯宗記盛行於世。遂使嵩嶽之門寂寞。肅宗上元元年壽七十五(高僧傳九十三)寂。見宋高僧傳八傳燈錄五。

【荷擔】(雜語)在背云荷。置肩云擔。金剛經曰「則爲荷擔如來阿耨多羅三藐三菩提」法華經曰「爲如來肩所荷擔」。

【章安】(人名)章安者地名。諱灌頂。後學尊崇故指其所生處呼之。見垂裕記一。

【章服義】(書名)釋門章服義之略稱。道宣著。

【章疏】(術語)分篇章而論法門云章。如大乘義章、法苑義林章等。通釋經論之文句云疏。因稱述記、義記等。寄歸傳四曰「經典章疏。皆不可分。當納經藏。四方僧共讀。」

【商主天子所問經】(經名)一卷、隋闍那崛多譯。佛在靈山商主天子請文殊說法、文殊爲說一百十九智。

【商佉】(動物)Śaṅkha 又作餉佉、傷佉、勝佉、儴佉、穰佉、霜佉、勝伽、商企羅、償起羅。譯曰贏貝。玄應音義二曰「儴佉。儴爾羊反。又霜傷二音。梵言餉佉。或言霜佉。此譯云貝也。亦云珂異名也」同二十一曰「商佉。舊言霜佉。或言傷佉。又作餉佉。又作儴佉。梵音輕重聲之訛轉也。此云貝」同十八曰「傷佉。經中或作蠰佉。正言勝佉。此譯云貝」慧琳音義十三曰「商佉。唐云贏貝」。

【商佉印】(印相)標商佉之印契也。

【商那】(植物)Śana 又作舍那、奢那。新作設諾迦、奢搦迦。草名。其皮可以爲衣。阿毘曇經下曰「奢那衣者。奢那樹似麻。取皮以爲衣」付法藏傳二曰「商那衣」。西域記一曰「設諾迦草衣」有部毘奈耶雜事四十曰「奢搦迦衣」。

【商那和修】(人名)新作奢搦迦、商諾迦縛娑。阿羅漢名。付法藏之第三祖也。見商諾迦縛娑條。

【商迦】(物名)Śaṅkha 譯曰白螺。見不空羂索陀羅尼經。

【商莫迦】(菩薩)舊作睒摩。菩薩名。見睒摩條。

【商量】(雜語)商賈量度物事也。祖庭事苑一曰「商量如商賈之量度。使不失中平。以各得其意」因學人參禪辨道而問答也。

【商羯羅】(物名)外道祭祀所用之骨鏁也。又作賞迦羅 Śaṅkara 譯曰鏁。因明大疏一曰「商羯羅。此云骨鏁。外道有言。成劫之始。大自在天人間化導。二十四相。自在歸天。事者傾戀。遂立其像。像其苦行悴疲飢羸。骨節相連。形相如鏁。故標此像名骨鏁天。」

【商羯羅天】(天名)大自在天之異

名。譯曰鑠。大日經疏三曰、「商羯羅是摩醯首羅別名。」見前項。

【商羯羅金剛】（天名）金剛力士名。譯曰鑠。大日經疏五曰、「金剛商羯羅。譯云金剛鑠。」千手經曰、「力士賞迦羅。」

【商羯羅主菩薩】（人名）Śaṅkaras-vāmin 梵名商羯羅塞縛彌。譯曰骨鏁主。骨鏁主爲大自在天之異名、此菩薩之父母以此天爲主祈禱生子、故名曰骨鏁主。因明入正理論之作者也。

【商羯羅塞縛彌】（菩薩）譯曰骨鏁主。菩薩名。因明大疏一曰、「商羯羅者、此云骨鏁。塞縛彌者、此云主。」見前項。

【商羯羅阿闍梨】（人名）Śaṅkara-ācārya 有名之印度敎復興者。紀元約七百八十九年頃、生於南印度之摩臘盤嗣甘把里、繼 Kumārila 之跡。盛一層婆羅門哲學之學風、於幾多之古哲學書下注釋、以自己之意見主張爲印度哲學之正敎。自歷遊四方、或派遣其弟子於全印度。漸次張敎線於民間、以屈伏佛敎爲目的、遂至驅逐之。三十二歲時、死於雪山中、彼於印度四方創設四箇大修道院、死後由其高弟統治、其學風以彼短生涯中之偉業爲源泉、永支配印度之思想界。

【商諾迦縛娑】（人名）Śāṇakavāsa。又作Śaṇavāsa 舊云商那和修、舍那和修、舍那波私。阿難之弟子也。商那、商諾迦、爲衣名。此譯世世著設諸迦衣、因以爲名、設諸迦衣、此譯麻衣。舊云胎衣者、義翻也。西域記一謂彼在先身中以設諸迦草績成爲衣、於解安居日持施衆僧。以此福力、於五百身中陰生陰常服此衣、今世以最後身從胎俱出。身既漸長、衣亦隨廣。及阿難度之出家、其衣變爲法服。及受具戒、更變爲九條僧伽胝。將證寂滅、至邊際定、發智願力、留此袈裟、盡釋迦遺法。法盡之後、方乃變壞云。付法藏傳二曰、「商那和修。由願力故、處母胎著商那衣。」毘奈耶雜事四十曰、「其子生時以奢搦迦衣裹身而出。因卽名爲奢搦迦。」開宗記一本曰、「舊云商那和修。此曰胎衣。此從義言。未詳所以。新曰商諾伽縛娑。此是草名。」

【毫相】（術語）如來三十二相中之白毫相也。見白毫條。

【毫相一分】（術語）佛滅後之比丘浴於如來白毫相之一分德而衣食有餘云。佛藏經下曰、「舍利弗。如來滅後白毫相中。百千億分。其中一分。供養舍利及諸弟子。舍利弗。設使一切世間人皆共出家隨順法行。於白毫相百千億分。不盡其一。」

【毫眉】（術語）佛眉間之白毫也。唐高僧傳一曰、「陽門飾毫眉之象。夜臺圖紺髮之形。」

【麻三斤】（公案）碧巖十二則曰、「

有僧問洞山如何是佛。山云「麻三斤。」示禪之大道於言句不拘泥也。

【麻豆瞿羅】（飲食）Madhugola 餅名。善見律十曰、「麻豆瞿羅。漢言美餅。」大日經疏七曰、「末塗共囉餅亦著鑑。兼以糖蜜塗之。」

【麻頭】（職位）禪林之語。勸化麻之僧也。

【麻蹉】（雜語）Matsya魚之梵名。大威德陀羅尼經七曰、「末蹉魚也。」梵語雜名作「麽娑」。

【麻薩羅揭婆】（物名）Musāragal-va見牟娑羅條。

【庵】（雜名）隱遁者所住之茅屋。釋氏要覽上曰、「西天僧俗修行多居庵。」劉熙釋名曰、「草圓屋曰蒲。又謂之庵。庵、奄也。所以自奄覆也。」拾遺記曰、「漢任末編茅爲庵。」後漢書曰、「皇甫規監關中兵。親入菴廬巡視。注云、菴廬、軍行宿室也。」按今凡奉佛小舍稱菴。翻譯名義云、菴羅本果樹名。此樹開花。花生一女。國人歎異。封其園。園既屬女。女宿善冥熏。以園奉佛。佛即受之。而爲所住。廣韻云、庵小草舍。菴果名。是也。黃山谷謂菴非屋。不當從广。乃斥庵爲俗書。

【庵室】（雜名）庵寺之室。

【庵寺】（雜名）本通於僧尼。後多爲尼寺之稱。

【庵主】（雜名）本通於僧尼。後爲尼主之稱。

【庵羅波利】（人名）Āmrapālī人名。又植物名。見菴羅條。

【康居】（地名）西域國名。史記大宛列傳曰、「月氏在大宛西可二三千里。其南則大夏。西則安息。北則康居也。（大宛去長安萬二千五百五十里。月氏在天竺北可七千里。）西域記一曰、「從此西北入大沙磧。絕無水草。途路彌漫。疆境難測。望大山尋遺骨以知所指。以紀經途。行五百餘里。至颯秣建國。Samarkand唐言康國。颯秣建國周千六七百里。東西長。南北狹。國大都城周二十餘里。極堅固。多居人。異方寶貨多聚此國。（中略）凡諸胡國此爲其中。」

【康孟詳】（人名）後漢康孟詳。其先康居國人。有慧學之譽。獻帝興平元年至建安四年。於洛陽譯遊四衢等經六部。見開元釋教錄一。

【康僧會】（人名）其先康居人。世世居天竺。其父因商賈移交趾。僧會少喪二親。入道勵行。深達三藏。時吳初染佛法。以大化未全。僧會欲振道江左。吳孫權赤烏四年至建康。爲權感得舍利。以示法驗。因大起寺（即大報恩寺）。譯經。由此江左大法鬱興。天紀四年九月病寂。此歲晉武太康元年也。見梁高僧傳一。

【康僧鎧】（人名）梵名僧伽跋摩、Saṅghavarman 又名僧伽婆羅、Saṅghapāla 印度人、廣學群經、曹魏嘉平五年來支那、於洛陽白馬寺譯無量壽經。見梁高僧傳一。（曇柯迦羅傳附）

【鹿】（動物）梵語疑嚛。Mṛga 又曰捨麼攞。佛於鹿苑初轉四諦法輪、因以鹿為轉法輪之三昧耶形。毘奈耶雜事曰、「佛言。凡印有二種。一是大衆。二是私物。若大衆印可刻轉法輪像。兩邊安鹿伏跪而住。其下應書元本造寺施主名字。」梵語雜名曰「鹿。疑嚛。又捨麼攞。Śambara」

【逐鹿】（雜語）虛堂錄一曰、「逐鹿者不見山。攫金者不見人。」

【九色鹿】（傳說）九色鹿經曰、「昔有一人為水漂溺、或出或沒。時有鹿角白如雪。其毛九色。入河救人命得存。後王索此鹿、知者重賞。其人示處。將殺鹿時。其人著癩。王問知其故、不殺鹿、其人乃發心。」

【鹿女夫人】（人名）即蓮華夫人也。雜寶藏經一、蓮華夫人與鹿女夫人別項記之而事由因緣全同、但國名等少異。見蓮華女條。

【鹿子母堂】（堂塔）此堂在舍衛國。中阿含經四十九曰、「一時佛遊舍衛國。在於東園鹿子母堂。」玄應音義十八曰、「鹿子母。梵言蜜利伽羅、此云鹿。磨多。此云母。跋羅裟馱。此云堂。亦言殿也。舊言磨伽羅母堂者、訛略也。」

【鹿母堂】（堂塔）同鹿母講堂。

【鹿母經】（經名）一卷、西晉竺法護譯。說佛因地為鹿母、誤墮弶中、求出見子、全信趣死。

【鹿母夫人】（人名）夫人有子、名鹿、為鹿子之母、故名鹿母、生三十二卵、一卵出一兒、俱舍光記八曰、「鹿母者、是毘舍佉夫人。毘舍佉是二月星名。從星為名。云長養。即功德生長也。是彌伽羅長者兒婦。有子名鹿。故云鹿母。從子為名。生三十二卵。卵出一兒。」

【鹿母講堂】（堂塔）在舍衛國。長阿含經六曰、「一時佛在舍衛國清信園林鹿母講堂。」雜阿含經二曰、「一時佛在舍衛國東園鹿母講堂。」白衣金幢二婆羅門緣起經上曰「一時世尊在舍衛國故廢園林鹿母堂中。」義楚六帖二十一曰、「中阿含云。鹿母為佛造大講堂。號鹿母堂也。」

【鹿仙】（本生）昔釋迦如來與提婆達多共為鹿王、斷尋而救他命、是鹿野園之緣起也。見鹿野園條。

【鹿皮衣】（衣服）以鹿皮所製之衣也、釋迦入山苦行時亦服之。瑞應經上曰、「行十數里。逢兩獵客。太子自念。我已棄家。在此山澤。不宜如凡人被服寶衣有欲態也。乃脫身寶裘與獵者貿鹿皮衣」止觀四曰、「雪山大士。絕形深澗。不涉人間結草爲席被鹿皮衣。無受持說淨等事。」

【鹿車】（譬喩）法華所喩三車之一。以譬三乘中之獨覺乘、獨覺者樂獨善寂不近人衆似鹿之處山村然也。法華經譬喩品曰「樂獨善寂深知諸法因緣。是名辟支佛乘。如彼諸子爲求鹿車出於火宅。」參照三車條。

【鹿戒】（術語）外道之邪計、有學鹿之舉動、食鹿食之物以爲生天之因者、是謂受持鹿戒。卽五見中之戒禁取見也。智度論二十二曰、「外道戒者牛戒鹿戒狗戒。」俱舍論七曰「若有士夫補特伽羅受持牛戒鹿戒狗戒。便得淸淨解脫出離」

【鹿足王】（人名）賢愚經十一作迦摩沙波陀、Kalmāṣapāda 譯曰斑足。智度論四作劫磨沙波陀、譯曰鹿足。殺害須陀須摩王卽普明王之惡王名。見須陀須摩條。

【鹿杖梵志】（人名）佛在世時諸比丘聞佛之不淨觀不堪厭離、雇鹿杖梵志令殺己云。四分律曰、「佛在婆求園令諸比丘、修不淨觀。諸比丘如敎修習身而厭生。如人以蛇繫於其頸。或有比丘發心欲死求刀自殺、或服毒藥、或轉相害。有一比丘往鹿杖梵志所讚言善人汝能殺我與汝衣鉢。時卽以利刀斷其命根。有天魔讚梵志言、善人汝得大福。是沙門釋子未度者得度未脫者得脫、兼得衣鉢。如是殺六十比丘。半月因說戒、佛問阿難不見諸比丘、阿難具答。因斯立制、改觀使修特勝（特勝卽數息觀也）」止觀九曰、「如律云。佛爲比丘說不淨觀。皆生厭患不能與臭身住衣鉢。雇鹿杖害。」

【鹿苑】（地名）鹿野苑之略。

【鹿苑時】（術語）台家所立五時之一。說三藏敎之時也。佛於菩提樹下說華嚴經後、至波羅奈國之鹿野苑對五比丘說阿含經、是爲小乘三藏敎之初。

【鹿野】（地名）佛始說法度五比丘之處。見左條。

【鹿野園】（地名）Mṛgadāva 又名鹿野苑、仙人論處、仙人住處、仙人墮處、仙人鹿園、仙人園、仙園、鹿園、施鹿園、鹿林等。在中天竺波羅奈國。佛成道後始來此說四諦之法、度憍陳如等五比丘。爲古來仙人始說法處、故名仙人論處。爲仙人之住處、故名仙人住處。昔有五百仙人見王之婇女發欲心失神通墜墮於此、故名仙人墮處。爲諸鹿之住處、故名鹿林。梵達多王以此林施鹿、故名施鹿林。大毘婆沙論一百八十二曰、「問何故名仙人論處。答若作是說諸佛定於此處轉法輪者。彼說佛是最勝仙人。皆是於此處初轉法輪。故名仙人論處。若作是說諸佛非定於此轉法輪者。彼說應言仙人住處。謂佛出世時有佛大仙及聖弟子仙衆所住。佛不出世時有獨覺仙所住。若無獨覺時有世俗五通仙住。以此處恒有諸仙住已今住當住、故名仙人住處。有說。應言仙人墮處。昔有五百仙人飛行空中。至此遇退因緣一時墮落。問何故名施鹿林。答恒有諸鹿遊止此林、故名鹿林。昔有國王名梵達多。以此林施與羣鹿。故名施鹿林。」西域記七曰、「波羅尼斯國大林中有窣堵波。是如來昔與提婆達多俱爲鹿王斷事之處。昔於此處大林之中有兩羣鹿各五百餘。時此國王畋遊原澤。菩薩鹿王前請王曰。大王校獵中原。縱燎飛天。凡我徒屬命盡玆晨。不日腐臭無所充膳。願欲次差日輸一鹿。王有割鮮之膳、我延旦夕之命。王善其言廻駕而返。兩羣之鹿更次輸命。提婆羣中有懷孕鹿次當就死。白其王曰。身雖應死、子未收也。鹿王怒曰。誰不寶命。雌鹿嘆曰。吾王不仁。死無日矣。乃告急菩薩鹿王。鹿王曰。悲哉。慈母之心。恩及未形。吾今代汝。遂至王門。道路之人傳聲唱曰。彼大鹿王今來入邑。都人士庶莫不馳觀。王聞之以爲不誠。門者白至。王乃信然。曰鹿王何遽來耶。鹿曰。有雌鹿當死、胎子未產。心不能忍。敢以身代。王聞嘆曰。我人身鹿也。爾鹿身人也。於此悉放諸鹿不復輸命。卽以其林爲諸鹿藪。因而謂之施鹿林焉。鹿野之號自此而興。」智度論十六所記與此同。

【鹿喜】（人名）見勿力伽難提條。

【鹿菩薩】（本生）有鹿菩薩、角白如雪、其毛九色、能救人命。昔有一人漂溺水中、鹿入河救之、王問此鹿、知者重賞、其人示處。將殺鹿。其人發癩。王問知、不殺鹿、因發心。見九色鹿經。

【鹿園寺】（寺名）在東天竺波羅奈國鹿野苑。求法高僧傳上曰、「那爛陀寺東四十驛許。尋殑伽河而下至蜜栗伽悉他鉢那寺。唐云鹿園寺也。」

【鹿頭比丘】（人名）佛在世之弟子。增一阿含經三曰、「分別智等恒不忘失。鹿頭比丘是。」

【鹿頭梵志】（人名）增一阿含經二十曰、「有鹿頭梵志、叩諸髑髏知各死相及其生處、但叩羅漢髑髏不知其所。」耆域之事與此相同。

【鹿難提】（人名）見勿力伽難提條。

【窣都婆】（術語）Stūpa 又作窣堵波、窣覩波、素覩波、藪斗婆、舊稱藪偸婆、私鍮簸、數斗波、鍮婆、塔婆、兜婆、塔浮圖等。奉安佛物或經文、又爲幖幟死者生存者之德、埋舍利、牙、髮等、以金石土木築造、使瞻仰者。譯曰大聚、方墳、圓塚、靈廟、高顯處、功德聚等。西域記一曰、「窣堵波。卽舊所謂浮圖也。又曰偸婆。又曰塔婆。又曰私偸簸。又曰數斗波。皆訛也。」起世經二曰、「蘇偸婆。隋言大聚。」法華文句三曰、「塔婆此云方墳。方墳如此土塚墓。大灌頂翻爲塚也。」玄應音義六曰、「諸經論中或作數斗波或作塔婆或作兜婆。或云偷婆或言蘇偷婆或作脂帝浮都。亦言支提浮圖、皆訛略也。正言窣都波此譯云廟。或云方墳。此義翻也。或云大塚或云聚相。謂累石等高以爲相也。案塔字諸書所無唯葛洪字苑云、塔佛堂也。」釋迦法中佛成道時、二商來得世尊之爪髮而起塔、是起塔之嚆矢又波斯匿乞佛之長髮而起塔、是亦爲最初佛滅後有十大塔阿輸迦王時有八萬四千舍利塔、此等爲佛塔也。據十二因緣經則許凡僧已上造塔依位之高下而塔之級層有限制在家不許之密教別設五輪形之塔、以爲大日如來之標幟、許僧俗一般立於墓所由是而謂之塔者乃佛塔謂之塔婆者乃五輪兩者有區別焉。見塔條。

【窣都婆印】（印相）又曰塔印。有二種、一以外五鈷印爲窣都婆印。十八道鈔上曰、「又於一印有異名外五鈷印。瑜祇經說窣都婆印。」瑜祇經拾古鈔上曰、「五部塔印指五鈷。」又以大慧刀印爲窣都婆印。亦名無所不至印。十八道鈔上曰、「塔印寶瓶印大慧刀印此三印同印異名也。隨其所用改阿闍梨觀心也。」又三部窣都婆印明相異、佛部之窣都婆印出於攝大軌蓮華部之窣都婆印出於觀音軌金剛部之窣都婆印出於瑜祇經。見日本安然瑜祇經疏二。

【窣都婆經】（雜名）書經文於窣都婆之木板也。

【窣都婆觀】（術語）大日經所說之五字嚴身觀即身成佛之法也。見五輪觀條。

【窣覩婆法界普賢一字心密言】（眞言）稱才之一字。見瑜祇經。

【窣引因】（術語）十因之一。見因條。

【窣連】（術語）十二緣起之異名。見十二緣起條。

【牽道八道行城】（雜名）梵網經心地品曰、「不得樗蒱圍棊波羅塞戲彈棊六博拍毱擲石投壺牽道八道行城。」明藕益梵網合註六曰、「牽道八道行城者、縱橫各八路、以棊子行之西域戲也。」

【寂】（術語）又云滅。涅槃之異名。維摩問疾品曰、「導人入寂。」淨影疏曰、「寂是涅槃。」又寂眞諦。

【寂用】（術語）見次項。

【寂用湛然】（術語）眞如之理體、離有爲之諸相、故云寂。而生世間出世間之善法故云用。即起信論所說三大中之體用二大也。而即體爲用與體皆常住不滅故云湛然。觀經玄義分曰、「恒沙功德寂用湛然。」

【寂光】（術語）寂謂眞理之寂靜。光謂眞智之光照。即理智之二德也。又即於寂理而光照謂之寂光。大日經疏一曰、「爾時行人爲此寂光所照無量智見自然開發。如蓮華敷。」又台家四土中之常寂光土云寂光。

【寂光土】（界名）常寂光土之略。

【寂光海會】（術語）寂光爲常寂光土、海會爲一會之大衆。十方法界諸佛菩薩乃至天龍八部諸衆來集、如萬川之朝宗大海、故稱曰海會。大日經疏三曰、「復次衆生一會心中有如來壽量長遠之身寂光海會乃至不退菩薩、亦復不能知。當知此法倍復難信。」演密鈔四曰、「寂光海會者、寂光土也。海會衆也。即是常寂光土中塵沙之衆也。此通眞應。」

【寂忍】（術語）寂靜與忍辱也。指要鈔序曰、「被寂忍之衣據大慈室。」

【寂志果經】（經名）一卷、東晉竺曇無蘭譯。與長阿含沙門果經同本、佛爲阿闍世王說沙門現在之得果。

【寂災眞言】（眞言）南麼三曼多勃馱喃。阿摩訶奢底蘗多。舍底迦羅。鉢羅（二合）舍摩達磨儞栗惹多。阿婆縛娑嚩婆嚩達磨三曼麼多鉢羅鉢多。娑訶。Namaḥ samantabuddhānāṃ Aḥ Mahāśāntigata śuddhikara praśama-dharmanirjāta abhāvasvabhāvadharma samantaprāpta Svāhā 大日經疏八同義釋六有細釋。

【寂定】（術語）離妄心妄想云寂定。無量壽經上曰、「廣普寂定深入菩薩法藏。」淨影疏上曰、「一切法中不起妄想名廣寂定。」

【寂岸】（術語）寂滅之彼岸、即涅槃之稱也。寄歸傳一曰、「仰睎寂岸爲悟寂之樞關。」

【寂念】（術語）寂靜之念慮、即禪定也。圓覺經曰、「於陀羅尼不失寂念及諸靜慧。」

【寂音尊者】（人名）唐大莊嚴寺慧齡之弟子也。其傳附於續高僧傳二十八。（慧齡傳）

【寂常】（術語）無煩惱云寂、無生滅云常、即涅槃之理也。楞嚴經一曰、「世尊我等今者二障所纏、良由不知寂常心性。」

【寂留明菩薩】（菩薩）胎藏界觀音院第二行第七位。密號曰定光金剛。彌陀定門之尊、以寂靜心留之義而名。肉色、左手屈四指豎頭指當胸、右手掌向外、高舉著天衣、立左膝坐赤蓮華、垂帶翻風似風天。

【寂然】（術語）寂靜無事之狀也。維摩經弟子品曰、「法常寂然、滅諸相故。」註曰、「生曰、寂然者寂靜無事之義也。」

【寂然界】（術語）二乘所證之涅槃境界也。大日經一曰、「蘊處界能執所執皆離法性。如是證寂然界。」同疏二曰、「行者如是觀照時從無性門達諸法卽空。得離一重法倒了知心性如是不爲蘊處界能執所執之所動搖。故名證寂然界證此寂然界時、漸過二乘境界。」

【寂然護摩】（修法）息災之護摩也、行灌頂時爲弟子滅罪而修護摩、是云寂然護摩大日經疏八曰、「次當爲諸弟子作寂然護摩。是扇底迦 Sāntika 法亦可翻爲息災也。」

【寂場】（術語）寂滅道場之略。法華玄義一上曰、「雖高山頓說。不動寂場而遊化鹿苑。」

【寂場樹】（植物）寂滅道場之菩提樹也。見菩提樹條。

【寂滅】（術語）寂滅爲梵名涅槃 Nirvāna 之譯語、其體寂靜、離一切之相、故云寂滅。法華經序品曰、「或有菩薩見寂滅法。」維摩經佛國品曰、「知一切法皆悉寂滅。」註曰、「肇曰。去相故言寂滅。」同弟子品曰、「法本不然。今則無滅。是寂滅義。」無量壽經上曰、「超出世間、深樂寂滅。」智度論五十五曰、「滅三毒及諸戲論故名寂滅。」

【寂滅忍】（術語）五忍之一。見忍條。

【寂滅相】（術語）涅槃之相離一切之相、謂之寂滅相。法華經方便品曰、「諸法從本來。常自寂滅相。」智度論八十七曰、「涅槃卽是寂滅相。」

【寂滅場】（術語）寂滅道場之略。四教儀集註上曰、「處隨法轉。名寂滅場。」

【寂滅樂】（術語）五種樂之一。見樂條。

【寂滅無二】（術語）涅槃離一切差別之相、故謂之寂滅無二。圓覺經曰、「圓覺普照。寂滅無二。」

【寂滅爲樂】（術語）寂滅者涅槃也。對於生死之苦而涅槃爲樂。涅槃經曰、「諸行無常。是生滅法。生滅滅已。寂滅爲樂。」

【寂滅道場】（術語）化身佛證有餘涅槃之道場也。如釋尊在摩竭陀國迦耶山頭尼連禪河邊之菩提樹下金剛座上是也。晉華嚴經一曰、「一時佛在摩竭陀國寂滅道場始成正覺。」

【寂照】（術語）眞理之體云寂、眞智之用云照。楞嚴經六曰、「淨極光通達。寂照含虛空。」正陳論曰、「眞如照而常寂爲法性。寂而常照是法身。義雖有二名。寂照亦非二。」

【寂照慧】（術語）六慧之一。

【寂照神變經】（經名）寂照神變三摩地經之略名。

【寂照神變三摩地經】（經名）一卷、唐玄奘譯。佛在鷲山、海衆駢集、賢護菩薩問法。佛答以寂照神變三摩地、使菩薩於一切諸法皆得圓滿。

【寂業師子】（雜名）釋迦之異名。大日經疏四曰、「是故無量應度衆生四種魔軍由此退散。是故號爲寂業師子。」演密鈔五曰、「號爲寂業師子者、偈中云釋師子救世。具足應云釋迦師子救世。偈以五字成句、故略去迦字但有釋字。此釋迦言尋常翻譯或但爲能或云能人。今云寂業者蓋依字門而立其名。謂前梵本偈中云赦吃也。赦卽是奢字門也。奢者一切法寂義也。吃也者上吃字是迦字門、爲速合也也字取聲便故。遂成吃音。迦者、詮一切法造作義。造作卽業也。由此故云寂業師子也。」

【寂種】（術語）聲聞緣覺乘欣樂涅槃寂滅之種性也。二教論曰、「寂種之人膏肓之病、醫王拱手。」

【寂調音所問經】（經名）一卷、劉宋法海譯。淸淨毘尼方廣經之異譯。

【寂靜】（術語）離煩惱曰寂、絕苦患云靜。卽涅槃之理也。華嚴經一曰、「觀寂靜法滅諸痴闇」毘婆尸佛經下曰、「調御大丈夫導引於羣生。令至寂靜道。」資持記下四之二曰、「寂靜卽涅槃理也。」往生要集上末曰、「一切諸法本來寂靜。非有非無。」

【二種寂靜】（名數）一身寂靜、捨家棄欲息衆緣務閑居靜處、遠離情鬧身之惡行一切不作。是云身寂靜。二心寂靜、於貪瞋痴等悉皆遠離修習禪定而不散亂。意之諸惡行一切不作、是云心寂靜。見釋氏要覽下。

【寂靜音海夜神化導三十七門】（名數）善財童子南詢第三十五參寂靜夜神對童子自說於三十七類之衆生爲三十七門之化導。見唐華嚴七十一。

【寂靜行】（術語）謂聲聞緣覺求涅槃寂靜之行法也。探玄記五曰、「敎寂靜行。有三義。一以彼二乘修離生死喧雜行。故二令修證人空寂靜行。三無餘涅槃名寂靜。修彼名行。」

【寂靜法】（修法）眞言五種護摩中第一之息災法曰寂災法。又云寂靜法。要略念誦經曰、「修寂靜者結跏趺坐面向北方、對於圓相一心離緣作成就法名扇底迦」Śāntika

【寂靜門】（術語）一切諸法本來寂靜、故稱一切法云寂靜門。寶篋經曰、「文殊師利於東方莊嚴國佛名光相現在說法有大聲聞名曰智燈因文殊問、默而不答。彼佛告文殊云、可說法門令諸衆生得無上道。文殊答云一切諸法皆是寂靜門。」

【寂靜樂】（術語）五種樂之一。見樂條。

【寂靜眞言】（眞言）寂災眞言也。大日經疏八曰、「當以寂靜眞言用蘇蜜酪和飯百遍」參照寂災眞言條。

【寂靜相應眞言】（眞言）扇底迦法相應之眞言也。大日經疏七曰、「若眞言中有納磨(是歸命意)莎縛訶等字。當知是修三摩地寂靜相應眞言也」要略念誦經曰、「所謂初安唵字後稱所方言莎嚩訶名扇底訶也。」此中納磨與唵之相違胎藏界爲納磨、金剛界爲唵。

【寂默外道】(流派) 六苦行外道之一。見外道條。

【寄位】(術語) 寄於行位之差別、以顯示敎門之淺深也。又曰寄顯、或曰寄在。見五敎章卷上。

【寄言歎】(術語) 以種種善言讚歎法云寄言歎、更進而言無讚歎之言辭云絶言歎。天台以法華方便品諸佛智慧甚深無量等之言爲寄言歎、以止止不須說爲絶言歎。止觀輔行一之一曰、「一於方便品初寄言絶言廣歎略歎。不出權實。」

【寄附】(雜語) 委託物於寺院、爲備三寶之用也。與施與不同。優婆塞戒經曰、「善男子受優婆塞戒者。先學世事。既學通達如法求財。若得財物。應供父母妻子眷屬。其餘藏積。俟用不應寄附四處也。一老人二遠處三惡人四大力。」

【寄庫】(雜語) 遼志曰、「遼俗十月內五京進紙衣甲器械。十五日國主與押番臣密望木葉山奠酒用番字書狀同燒化以奏山神曰寄庫。」今人焚寓錢於生前。作佛事寄屬冥吏。以冀死後取用。蓋遼俗也。宋無名氏鬼董曰、杭有楊嫗信庸僧寄庫之說、月爲一竹篋。置寓金銀而焚之。付判官掌之。判官者、取十二支之肖似爲姓。如寅生則黃判官。丑爲田。未爲朱。亥爲袁。卯爲柳。戌爲成之類。

【寄庫錢】(雜名) 葬送時、埋於土中之錢也。謂以錢寄於冥土之府庫請免亡者之罪也。蓋漢魏以來之俗習。一云瘞錢。日本謂之六道錢。佛祖統紀曰、「世有用紙錣寄庫者。」龍舒之淨土文曰、「予遍覽藏經。即無陰府寄庫之說。奉勸世人。以寄庫所費。請僧爲西方之供。一心西方。則必得往生。若不爲此而爲陰府寄庫則是志在陰府。死必入陰府矣。」

【寄褐】(雜語) 爲護持孩兒被僧衣也。釋氏要覽下曰、「今世人護惜孩兒遂服以僧衣。謂之寄褐。」

【密山住部】(流派) 與密林山部同。

【密付】(術語) 師資密密付法也、即禪家之以心傳心。寶鏡三昧歌曰、「如是之法。佛祖密付。汝今得之。宜善保護。」

【密印】(術語) 諸佛菩薩各有本誓、爲幖幟此本誓。以兩手十指形種種之相。是爲本誓之印象、印契、故云印。其理趣秘密深奧。故云密。大日經密印品明諸尊之印相、且曰、「身分舉動住止。應知皆是密印。舌相所轉衆多言語。應知皆是眞言。」又禪徒模仿眞言、謂直指之心印云西來之密印。

【密印灌頂】（修法）大日經說五種之灌頂其第五種曰密印灌頂唯授一人之秘法也。

【密行】（術語）持戒密行也。三千威儀八萬細行大衆不知、唯我知之能行、故云密。卽以羅睺羅爲弟子中密行第一。然依天台之意則密行有大小乘之異。微細之護持爲密行者小乘之意也法華之意彼原爲法身之菩薩住於圓頓之妙戒今現聲聞之身、持小乘之麤戒秘本地妙戒故云密行。法華經人記品曰、「羅睺羅密行唯我能知之。」釋籤曰、「羅睺羅密行者小乘亦云羅睺羅密行。與法華何別然大小不同。小乘以微細護持爲密。(中畧)今法華中約其發迹卽以迹覆本名之爲密。」淨心誡觀中曰、「聖賢密行、內智外愚。」同發眞鈔中末曰、「密行謂蘊己善行、不欲彰外也。」

【密因】（術語）首楞嚴經之經題曰、「密事密因修證了義。」如來之果德名秘密藏、入此秘密藏之因行云密因。又密者經所說之陀羅尼是非凡小之所能知、故名密。密卽因也。楞嚴經八曰、「亦名如來密因修證了義。」同義疏八中曰、「三世果人入秘密藏。以此爲因。密之因也。又此大定行一切行。而非凡聖之所知故名爲密。密卽因也。」図佛菩薩之本地也。佛菩薩之本地、秘而人不能明、故云密印。楞嚴經六曰、「我滅度後勅諸菩薩及阿羅漢應身生彼末法之中作種種形度諸輪轉。或作沙門白衣居士人主宰官童男童女如是乃至婬女寡婦奸偷屠販與其同事稱讚佛乘令其身心入三摩地終不自言我眞菩薩眞阿羅漢。泄佛密因輕言未學。唯除命終陰有遺付。」同義疏六下曰、「眞聖利物終不可測以承佛制不妄漏泄。此聖眞因唯聖自證。故云密因。未學之前不可輕說。陰有遺付者不顯稱也。此開臨終密有表示遺囑弟子如求那屈指事。」

【密利伽羅】（人名）見勿力伽難提條。

【密字】（術語）謂金剛語菩薩之種子𑖨𑖽囕字。密者語密。以𑖨𑖽火焚燒一切有相之言語、歸於無言、卽維摩之大默也。瑜祇經曰、「密字化諸電打破諸修羅。」

【密成通益】（雜語）藏敎二乘之人、於方等時遭佛彈呵、於不知不識裡蒙通敎之利益也。

【密法】（術語）眞言秘密之法也。

【密供】（術語）修護摩供養諸尊之密敎修法也。

【密宗】（流派）卽密敎、亦稱眞言宗。此宗以毘盧遮那成佛經金剛頂經等爲依。立十住心、統攝諸敎、建立曼荼羅、三密身口、意相應、卽凡成聖其不思議力用惟佛能知、非因位所能測度、故曰密宗。

【密咒】（術語）秘密之神咒、即陀羅尼也。

【密林山部】（流派）Saṇṇagarikāḥ 小乘二十部之一。佛滅後三百年中由犢子部流出者。宗輪論曰「密林山者、近山林蓊鬱繁密部主居此名密林山。從所居爲名也。文殊問經名彷山部」

【密軌】（術語）密敎之儀軌也、如大日經儀軌、仁王經儀軌等是。

【密室】（譬喻）密室吹風、以譬禪定。止觀五曰、「若能修定。如密室中燈能破巨闇。」

【密迹】（天名）又曰密迹力士、密迹金剛、金剛密迹等。新譯爲秘密主、手持金剛武器警固佛之夜叉神總名。密迹者、以彼常親近佛聞佛秘密事迹之本誓、故名密迹也。寶積經密迹金剛力士會曰、「法意太子曰。吾自要誓。諸人成得佛時。當作金剛力士。常親近佛在外威儀省諸如來一切秘要常委託依。普聞一切諸佛秘要密迹之事信樂受喜不懷疑結。（中略）其法意太子則今金剛力士名密迹是也」然依玄應師之義則以迹字爲譯人之蛇足、是不見寶積經之過也。玄應音義一曰、「密迹。梵言散那。此譯云密主。密是名也。以知佛三密功德故也。主者夜叉主也。案梵本都無迹義。當以示迹爲神。故譯經者義立名耳」大日經疏一曰、「西方謂夜叉爲秘密。以其身口意速疾隱秘。難可了知。故舊翻或云密迹。若淺略明義。秘密主卽是夜叉王也」梵 Guhyapada

【密迹士】（天名）金剛神也。亦稱密迹金剛密迹力士。智度論曰、「五百執金剛隨一是密迹士金剛手所現」

【密迹力士經】（經名）大寶積經四十九會中第三會、密迹金剛力士會也。

【密迹金剛力士哀戀經】（經名）佛入涅槃密迹金剛力士哀戀經之略名。

【密家】（流派）密敎之宗家也。

【密家三藏】（名數）謂大毘盧舍那金剛頂經二百卷、蘇婆呼經根本部等一百七十卷菩提心摩訶衍經等十一卷也。金剛頂經爲經藏、蘇婆呼經爲律藏、摩訶衍經爲論藏。

【密唄】（雜名）密敎之梵唄也。

【密益】（術語）秘密之利益也。止觀四曰、「冥熏密益」

【密敎】（術語）對顯敎而言。謂大日如來所說之金胎兩部敎法也。是爲法身佛內證之境界、深密秘奧、故云密敎、又爲對未灌頂人不許顯示之敎法、故云密敎。二敎論上曰、「法佛談話。謂之密藏。言秘奧實說」又曰、「自性受用佛。自受法樂。故與自眷屬各說三密門。謂之密敎」日本東密於此密敎立事理二密見理密條。

【密庵】（人名）五燈會元曰、「明州天童密庵禪師名咸傑、應庵曇華禪師法嗣、幼穎悟出家徧參知識後謁應庵於衢洲之明果應庵孤硬難入屢遭呵叱。一日應庵問如何是正法眼師遽答曰破沙盆。應庵頷之。未幾辭去省親庵送以偈曰大徹投機句當陽廓頂門相從今四載徵詰洞無痕雖未付鉢袋氣宇呑乾坤却把正法眼呼作破沙盆。此行將省覲切忌便蹤跟吾有末後句待歸要汝遵。後詔住徑山靈隱晚移天童示寂。」無盡燈論上曰「密庵破沙盆却高妙喜枕。」

【密參】（雜語）嚴密參禪也。無盡燈論上曰、「密參功積。」

【密衆】（雜名）密敎之衆徒也。

【密場】（雜語）密敎之學場也。

【密意】（術語）於佛意有所隱藏不爲顯了眞實之說者也。又佛意深密、非因人之所測知、故云密意。觀經玄義分曰、「佛密意弘深敎門難曉。三賢十聖弗測所闚。況我信外輕毛敢知旨趣。」最勝王經一曰、「汝等當知云般涅槃有舍利者是密意說」唯識論九曰、「密意言顯非了義。」

【密經】（術語）密敎之經典也。

【兩部】（名數）大日經爲胎藏部之本經金剛頂經爲金剛部之本經此兩部經乃日本東台二密無異議者。

【三部】（名數）一胎藏部、如上。二金剛部、如上。三雜部、釋迦所說之密經也。是顯密雜糅故名雜部、如金光明經、六波羅蜜經、首楞嚴經等是。此亦無議異。又一胎藏部如上。二金剛部如上。三不二部、蘇悉地經也。是說金胎不二之法者、故稱曰不二部。但是爲日本台密一家之所立。日本東密於金胎兩部中說不二法外無不二之法、不許其別部。

【密義】（雜語）深密之義理也。楞嚴經一曰、「欽奉慈嚴將求密義。」

【密語】（術語）以密意說之語也。如如來說涅槃是隱如來常住之意而說、故云密語。涅槃經九曰、「如來密語甚深難解。譬如大王告諸羣臣先陀婆來。先陀婆一名四實。一者鹽二者器三者水、四者馬。（中略）智臣善解大王四種密語。是大乘經亦復如是。」永平之正法眼藏有密語一章。又密敎之陀羅尼云密語。秘藏記本曰、「密語者。凡夫二乘不能知。故曰密語。眞言者。如來言眞實無虛妄。故曰眞言。」

【密號】（術語）又云金剛名、灌頂號。密部所唱之金剛名也。如大日如來曰遍照金剛、阿彌陀如來云淸淨金剛。又眞言云密號。大日經疏一曰、「眞言梵云漫荼羅。卽是眞語、如語、不妄不異之言。龍樹釋論謂之秘密號。舊譯云咒非正翻也。」

【密學】（雜語）密敎之學行也。

【密機】（術語）謂可聞眞言秘密之機根也。

【密壇】（術語）密敎之祭壇也、又護摩壇也又曼荼羅之道場也、又灌頂壇也。

【密壇灌頂】（修法）設曼陀羅之道場而行灌頂式也見灌頂條。

【密講】（雜語）密典之講演也。

【密藏】（術語）眞言之經典也僧史畧上曰、「密藏者陀羅尼法也。是法秘密非二乘境界諸佛菩薩所能游履也。」二敎論上曰、「法佛談話謂之密藏言秘奧實說。」

【密嚴國】（界名）大日如來之淨土也。密嚴經及金剛頂一切瑜祇經說之爲金胎兩部法身之依處華嚴經所說之華藏世界淨土門所談之極樂世界皆爲此異名。密嚴者以三密莊嚴之大曼陀羅道場也。不空譯之密嚴經上曰、「今此世界名曰密嚴是中菩薩。悉於欲色、無色無想有情之處。以三摩地力生智慧火焚燒色貪及以無明。轉所依止得意成身神足力通以爲嚴飾。」又曰、「欲色無色界無想天等天宮。如來迴已出。而往密嚴住。（中畧）依自難思定現於衆妙色色相無有邊非餘所能見極樂莊嚴國世尊無量壽」金剛頂一切瑜祇經曰、「唯此佛刹盡以金剛自性清淨所成密嚴華嚴。」二敎論曰、「密者金剛三密華者開敷覺華。嚴者具種種德言以恒沙佛德塵數三密莊嚴身土。是名曼茶羅。」瑜祇經拾古鈔上曰、「是說兩部法身所依土密嚴華嚴華藏也。」菩提心論曰、「此菩提心能包藏一切菩薩功德法故若修證出現則爲一切導師若歸本則是密嚴國土。不起於座能成一切佛事」密嚴諸秘釋九有密嚴淨土畧觀。

【密嚴經】（經名）具名大乘密嚴經、前後有兩譯、前譯爲唐之地婆訶羅譯三卷、後譯爲唐之不空譯三卷、佛住出過三界密嚴國有金剛藏菩薩、問佛第一義法性、佛答以如來藏不生不滅。次對金剛藏菩薩諸士、開說如來藏阿賴耶識等大乘法相一經始終、皆係此說。

【密嚴經疏】（書名）四卷、唐法藏撰。

【密嚴淨土】（界名）與密嚴國同。

【密嚴華藏】（界名）密嚴國與華藏世界也。密嚴國密嚴經說之華藏世界華嚴經說之、皆爲他受用之報土初地已上斷一分無明之法身菩薩所生之淨土也。但華藏世界屬顯敎密嚴國屬密敎。

【密灌】（術語）秘密灌頂之略。

【密習因】（術語）見因條附錄十因十果項。

【寃親】（雜語）寃謂怨家。親謂親愛者。五燈會元曰、「佛敎慈悲寃親平等。」

【寃親平等心】（術語）見七種懺悔心條。

【宿王戲三昧】（術語）法華十六三昧之一。

【宿世】（術語）前世之生死也。法華經授記品曰、「宿世因緣吾今當說」

【宿世因緣周】（術語）法華三周之一。對下類者說宿世因緣誘證悟之說法也、即化城喻品之說法是。

【宿因】（術語）植於宿世之業因也。通於善惡華嚴經七十五曰、「宿因無失壞」求法高僧傳下曰、「宿因感會今果現前。」

【宿行本起經】（經名）修行本起經之異名。

【宿作】（術語）宿昔之作業也、單以宿作為一切之因、是宿作外道之執計也。見宿作外道條。

【宿作外道】（流派）外道十一宗之一。此外道計一切衆生受苦樂之報皆由宿世本業之所作。故若於現世持戒精進、受身心之苦、則能壞本業、本業既壞、則衆苦滅、故得涅槃。是說宿因現報、雖與佛法之正說不異、然以一切歸於宿作不許感現在之功力果（是曰士用因士用果）故以之為邪執也。毘婆沙論百九十八曰、「一切士夫補特伽羅。所有所受無不皆以宿作為因、此非因計因戒禁取見苦所斷。（中畧）問此正法中。亦說所受苦樂過去業為因而非惡見。彼外道亦作是說何故名惡見耶。答此正法中說。現所受有以過去業為因有是現在士用果者。彼說一切皆以過去所作業為因。不說現在有士用果。故名惡見。」眞諦譯天親攝論釋二曰、「論曰或執宿作。釋曰路柯耶胝柯說世間一切因唯有宿作、現在功力不能感果。故現在非因。如世間二人同事一主俱有功力一人被禮遇一則不爾。故知唯由宿作。不圖現在功力。」華嚴演義鈔八曰、「瑜伽云。何因緣故彼外道作如是見。答。彼見世間。雖具正方便而招於苦。雖具邪方便而致於樂。彼如是思若由現在士夫作用為彼因者彼當顛倒。由彼所見非顛倒故。是故彼皆以宿作為因。涅槃三十五廣破此見。」玄奘譯世親釋二曰、「宿作為因者。謂彼不許有士用因故成邪執。」

【宿住通】（術語）宿住隨念智證通之略。六通中之宿命通也。

【宿住智正明】（術語）俱舍論所說三明之一。見三明條。

【宿住隨念智力】（術語）佛十力之一。知過去宿世之智力也。

【宿住隨念智證通】（術語）俱舍所說六通之一。隨意知宿昔住世之通力也。

【宿忌】（術語）對正忌之當日而謂其前日云宿忌。

【宿命】（術語）宿世之生命也。佛謂世人於過去世皆有生命。或為天或為人或爲餓鬼畜生展轉輪回謂之宿命。能知宿命者。謂之宿命通。

【宿命力】（術語）如來十力之一。

【宿命明】（術語）三明之一。見三明。

【宿命通】（術語）六神通之一。俱舍論云宿住隨念智證通。自在知宿世生命行事之通力也。見通條。

【宿命智】（術語）知宿命之智也。

【宿命智通】（術語）六通中之宿命通也。能知宿命之事。故云智。智力自在無礙、故云通。

【宿命智通願】（術語）四十八願之第五。使往生之人天皆得宿命智之誓願也。

【宿命智經】（經名）宿命智陀羅尼經之略名。

【宿命智陀羅尼經】（經名）一卷。趙宋法賢譯。持此陀羅尼者、能得宿命智。

【宿夜】（雜語）卽逮夜也。明日茶毘之前夜、故云宿夜。見象器箋三。

【宿直】（雜語）月天以二十七日經二十七宿一周於天。其遞次直於宿處云宿直。其日云宿直日。

【宿直日】（雜語）見前項。

【宿根】（術語）宿世之根性也。

【宿執】（術語）宿世於心執著不離之善惡性質也。

【宿執開發】（術語）宿世執行之善根功德。今世開發而結善果也。

【宿習】（術語）宿世之習也。通於善惡。俱舍論十二曰、「雖有此理。由彼宿習。」天台別傳曰、「宿習開發。煥若華敷矣。」

【宿善】（術語）宿世所植之善根也。往生要集下末曰、「念彼佛者、宿善內熱、今開發耳。」

【宿善往生】（術語）對於念佛往生而言。謂信心獲得、由於宿善之開發。是爲宿善往生、不拘宿善之有無而依十念往生者、謂之念佛往生。

【宿植】（術語）宿世所植之善根也。法華經普門品曰、「宿植德本。衆人愛敬。」法華玄義曰、「宿植淳厚者。」

【宿報】（術語）依宿世業因而感之果報也。

【宿業】（術語）宿世所作善惡之業因也。長阿含經一曰、「宿世之所成。」順正理論二十五曰、「行緣識者。顯示宿業。」資持記上三之一曰、「宿業所追。致使此生虛喪。」

【宿煮】（術語）比丘於居處煮食云宿煮。律不禁之。資持記上二之一曰、「食界者。攝食以僧。令無宿煮罪。」

【宿債】（術語）宿昔之負債也、宿世所作之惡業、未贖苦果也。楞嚴經六曰、「是人此始宿債。一時酬畢。」

【宿意】(術語) 宿昔之意願、又宿昔之怨意也。

【宿福】(術語) 宿世之福德善根也。法華經化城喩品曰、「我等宿福慶。今得值世尊。」同妙莊嚴王品曰、「宿福深厚生值佛法。」無量壽經上曰、「宿福所追故能致此。」

【宿德】(術語) 老宿之有道德者。

【宿緣】(術語) 宿昔之因緣也。華嚴經二十五曰、「同行宿緣諸淸淨衆。於中止住。」梁傳求那跋陀羅曰、「不圖宿緣乃逢此事。」

【宿曜】(術語) 二十八宿與七曜也。見星宿條。

【宿曜經】(經名) 文殊師利菩薩及諸仙所說吉凶時日善惡宿曜經之畧名。

【宿曜儀軌】(書名) 一卷、唐一行撰。

【宿願】(術語) 宿昔之本願也。

【宿願力】(術語) 宿願之力用也。觀無量壽經曰、「然彼如來宿願力故有憶想者必得成就。」

【晨朝】(雜語) 一日分三時、第一云晨朝。而晨朝各於其本堂修晨朝之勤行、故直指其勤行曰晨朝、是六釋中之有財釋也。

【晨朝日沒觀行】(行事) 天台宗之常作法朝懺法夕例時之勤行也。

【曼陀】(雜語) 又作萬陀、滿拏。曼陀羅之略又曼陀羅華之略。

【曼陀殊】(植物) 又作曼陀羅華、曼殊沙華。

【曼陀羅】(植物) Mandārava 又曰漫陀羅。花名。譯作圓華、白團華、適意華、悅意華等。阿育王經七曰、「漫陀羅翻圓華。」法華光宅疏一曰、「曼陀羅華者。譯爲小白團華。摩訶曼陀羅華者。譯爲大白團華。」法華玄贊二曰、「曼陀羅華者、此云適意。見者心悅故。」慧苑音義上曰、「曼陀羅華。此云悅意華。又曰雜色華。亦云柔軟華。亦云天妙華。」案曼陀羅爲一年生草。莖直上高四五尺。葉作卵形。常有缺刻。夏日開大紫花。有漏斗形之合瓣花冠。邊緣五裂。實爲裂果。面生多刺。性有毒。以其葉雜煙草中同吸。能止咳嗽。過量則能致死。本草曼陀羅花。一名風茄兒。一名山茄子。生北土。法華經佛說法。天雨曼陀羅花。翻譯名義曼陀羅。此云適意。又云白華。図(人名)高僧名。翻譯名義云曼陀羅。此言弱聲。亦云弘弱。扶南國人。神解超悟。幽明畢觀。無憚夷險。志存弘化。卽曼陀羅仙也。

【曼陀羅仙】(人名) 比丘名。歷代三寶記十一曰、「扶南國沙門曼陀羅。梁言弱聲。」續高僧傳一曰、「有扶南沙門曼陀羅者。梁言弘弱。大齊梵本遠來貢獻。」梵 Man-dra

【曼陀羅供】(術語) 供養兩部大曼

陀羅之法會也。

【曼陀枳尼】（雜名）池名。在忉利天上。六波羅蜜多經二曰、「善法堂中衆議長隔曼陀枳尼殊勝池水沐浴無由」慧琳音義四十一曰、「曼陀枳尼池。梵語大龍象王浴池名也。准起世經及立世阿毘曇論等皆說此池在此贍部洲大雪山北有此池。是善住象王之所浴處。今經意云。是諸天浴池。若爾卽合在忉利天上。彼天若有卽是名同。彼天若無卽是錯譯。未詳孰是。更勘梵本爲一爲異也。」梵 Mandakini

【曼供】（術語）曼陀羅供之略稱。

【曼怛羅】（術語）Mantra 又作曼特羅、滿怛羅。譯曰眞言、神咒、秘密語。見眞言條。

【曼殊】（菩薩）卽文殊。翻譯名義曰、「曼殊師利。此云妙德。西域記曼殊室利。唐言妙吉祥。此卽維摩經之所謂文殊師利也。」

【曼殊沙】（植物）Mañjūṣaka 又作曼殊顏。花名。譯曰赤團花、藍花、柔軟花。光宅法華疏一曰、「曼殊沙華。譯爲小赤團花。摩訶曼殊沙華。譯爲大赤團華也。」玄應音義三曰、「曼殊顏華。又云曼殊沙。此譯云藍華也。」法華玄贊二曰、「曼殊沙者。此云柔軟華。體柔輭。亦令見者離剛礦三業故。」翻譯名義曰、「曼殊沙。此云柔軟。又云赤華。」

【曼殊顏】（植物）Mañjūṣaka 花名。見前條。

【曼殊童子】（菩薩）曼殊室利童子之略。

【曼殊伽陀】（雜名）Mañjugāthā 曼殊室利菩薩吉祥伽陀之略名。

【曼殊室利】（菩薩）Mañjuśrī 一作曼殊尸利、舊稱文殊師利、新稱曼殊室利。菩薩名。見文殊師利條。

【曼殊室利經】（經名）具名大方廣曼殊室利經觀自在多羅菩薩儀軌經、一卷、唐不空譯。多羅菩薩之儀軌也。密教之金剛薩埵卽顯教所謂曼殊室利也。

【曼殊五字心陀羅尼品】（經名）具名金剛頂經曼殊室利菩薩五字心陀羅尼品、一卷唐金剛智譯。

【曼荼羅】（術語）Maṇḍala 又作曼陀羅、滿荼邏、漫怛羅、蔓陀囉、曼拏羅、略云曼拏、曼荼。新舊之譯有種種、舊譯多曰壇、又云道場、新譯多曰輪圓具足、又云聚集。此中就體而言、以壇或道場爲正意、就義而言、以輪圓具足或聚集爲本義。卽築方圓之土壇安置諸尊於此、以祭供者是爲曼陀羅之本體、而此壇中聚集具足諸尊諸德成一大法門、如轂輞輻具足而成圓滿之車輪、是曼陀羅之義也。而常稱爲曼荼羅者、是圖畫者。此爲四曼中之大曼荼羅。師子莊嚴王菩薩請問經曰、「道場之處。當作方壇。名曼荼羅。廣狹隨時。」不空羂索陀羅尼經下曰、「蔓陀囉。

此云壇也。」探玄記二十曰、「曼荼羅、云道場也。圓壇也。」慧琳音義十曰、「漫荼羅無正翻。義說云聚集會處也。卽念誦壇場也。」演密鈔四曰、「漫荼羅者、此云道場。是與弟子發心得道之處。謂之道場。」大日經疏三曰、「十方世界微塵數大悲萬行波羅蜜門、猶如華藏。三乘六道無量應身猶如根莖條葉發暉相間。以如是衆德輪圓周備故名漫荼羅也。」同四曰、「漫荼羅是輪圓之義。」又曰、「曼荼羅並發生義。今卽名發生曼荼羅也。下菩提心種子𑖀於一切智心地。潤以大悲水。𑖪照以大慧月。𑖨鼓以大方便風。𑖮不礙以大空空。𑖏能令不思議法性芽次第滋長、乃至彌滿法界成佛樹王。故以發生爲稱。」又曰、「梵音曼荼羅、是攢搖乳酪成蘇之義。曼荼羅是蘇中極精醇者。浮聚在上之義。猶彼精醇不復變易。復名爲堅。淨妙之味共相和合。餘物能所不雜。故有聚集義。是故佛言極無比味無過上味。是故說爲曼荼羅也。以三種秘密方便攢搖衆生佛性之乳。乃至經歷五味成妙覺醍醐。醇淨融妙不可復增。」又曰、「漫荼羅者、名爲聚集。今以如來眞實功德集在一處。乃至十世界微塵數差別智印輪圓輻輳。翼輔大日心王。使一切衆生普門進趣。是故說爲漫荼羅也。」演密鈔二曰、「漫荼羅、聚賢集會之處。萬德交歸之所。」同五曰、「漫荼羅、是蘊聚積聚諸佛如來眞實功德之處。故以爲名。言輪圓輻輳者。以喩顯法。輪卽平輪。圓謂圓滿。轂輞輻等相圓滿故。輻輳者歸會也。謂衆輻歸會於轂也。（中畧）今借喩此漫荼羅三重法界門罔不歸輳於大日心王。使三乘五乘一切衆生普門進趣皆輳中胎大空之處。故曰輪圓輻輳也。」四曼義曰、「古人翻壇。新人翻輪圓具足。」秘藏記本曰、「曼荼羅。謂三密圓滿具足義也。」一切賢聖、一切功德之集合處既名爲漫荼羅、故其賢聖之身形或言語或持物或誓願等亦悉名爲漫荼羅。此以其一一輪圓具足之義在故也。大日經疏一曰、「眞言梵曰漫怛羅、卽是眞語、如語、不妄不異之言。釋論謂之秘密語、舊譯云咒、非正翻也。」此賢聖之語密、附以曼荼羅之稱之一例也。就之而立四種之曼荼羅、以該收一切法。

【四種曼荼羅】（名數）一大曼荼羅、總集諸尊之壇場（卽舊譯曰壇者）及其諸尊之形體、幷圖畫其壇場之全體及諸尊一一者是也。是爲曼荼羅之總體。故云大。大者五大之義、又廣大之義、他三種雖亦係五大所成、而此爲總體、且最廣大、故獨名爲大。二三昧耶曼荼羅、畫諸尊手所持之器杖及印契者是也。三昧耶爲本誓之義、此以表諸尊之本誓、天魔波旬勿論、諸尊自身亦不能違越誓約之標幟也。三法曼荼羅、畫諸尊之種子眞言及一切經之文字義理是也。四羯磨曼荼羅、羯磨者作業之義、鑄造之形像是也。此乃諸尊身上一切之威儀事業及鑄像泥塑等之作業。此四漫中前一爲總體、後三爲別德、大曼荼羅是諸尊之人體、此諸尊所說之法門是法曼、此諸尊所持之器杖是三昧耶曼、此諸尊之所作是羯磨曼。見秘藏記鈔二。此四漫又云四智印、諸部要目曰「一切印契一切法要以四智印攝盡。大智印以五相成本尊瑜伽。三昧耶印以二手和合金剛縛發生成印。法智印名本尊種子法身三摩地一切契經文義。羯磨智印以二金剛拳如執持器杖幖幟如身威儀形。」秘藏記本曰、「四種曼荼羅。一大曼荼羅、五大也、謂繪像形體等也。二三昧耶曼荼羅、尊等所執持器杖印契。三法曼荼羅、種子也。四羯磨曼荼羅、威儀也。」密敎分別萬有、常用六大四曼三密之言、依此深秘之釋而論、四曼卽一切現象之分類、大曼荼羅總攝十法界中一切之有情、六大所成顯故附以大之名。三摩耶曼荼羅總攝十法界一切非情之法、三摩耶乃平等之意、示非情其實皆平等也。法曼荼羅、攝音聲言語卽風浪之聲、色塵之文字、六塵上所表詮者之一切法、者所以保體使生知覺者也。羯磨曼荼羅攝上述三曼上所有之一切動作。

【兩部曼荼羅】（術語）金剛界之曼荼羅與胎藏界之曼荼羅也。凡密敎之法門、以分金胎之兩部、故自建立二樣之曼荼羅也。而此兩部雖各自獨立爲得成佛悉地之法門、然密敎爲由全體上融會二者、故配之於理智因果等、以會兩部爲一雙之法門。胎藏界爲勵衆生本具理性之法門、配於理、配於因、金剛界爲勵諸佛始成果相之法門、配於智、配於果、而安置之、則胎曼在東、金曼在西、以東爲物之發生之始、西有物之終歸之義、自相應於因果之理故也。是爲一應之說明。

【金剛界曼荼羅】（術語）依金剛界密敎本經金剛頂經之所說、則有六種十種等之曼荼羅、現圖曼荼羅中輳合九種、稱曰九會曼荼羅。見九會曼荼羅條。

【胎藏界曼荼羅】（術語）胎藏界眞言本經大日經雖說諸種之曼荼羅、而根本之都會檀曼荼羅由十三大院而成、以大日爲中心、輳合一切之佛菩薩諸天諸神者、但現圖之曼荼羅則省四大護院之一、而爲十二大院。見現圖曼荼羅條。

【二重曼荼羅】（術語）胎金兩部之曼荼羅、各有淺略秘密之兩重。在胎藏界者、大日經具緣品所說、大日住阿彌陀三摩地所現之加持境界也。是於三部中爲蓮華部之曼荼羅、淺略曼荼羅也。疏六曰、「青色是無量壽色、既到金剛實際、卽以加持方便普現大悲曼荼羅。如淨虛空中具含萬德故。」又秘密品所說者爲毘盧遮那本地之境界、三部中之佛部曼荼羅卽是秘密曼荼羅也。在金剛界者教王經略出經所說之大日住阿閦三摩地誦吽字成阿閦佛爲成身會者、是三部中之金剛部曼荼羅、卽淺略曼荼羅也。又瑜祇經序品所說之曼荼羅、是三部中之佛部曼荼羅秘密曼荼羅也。故瑜祇經非十八會之攝、經自說謂爲本有金剛界大日如來住於衆生本有之三摩地於本有無作之境界所現之自性所成三十七尊、故其種子三形等大與常途之說相相異。卽淺略者乃加持修生之曼荼羅、秘密者乃本有本地之曼荼羅、胎藏本地之理佛更住於西方蓮華部加持現曼荼羅、又本有金剛之智佛更住於東方金剛部示修生曼荼羅、故深秘之兩部於佛部中建立之、淺略之兩部於蓮金二部爲其體也。見秘藏記本同鈔一。

【支分生曼荼羅】（術語）大日經疏三曰、「經云世尊一切支分皆悉出現如來之身者」、前現莊嚴藏時普門一一之身各遍十方隨緣應物今欲說曼荼羅位故通約佛身上中下之體以部類分之由臍已下現生身之釋迦人法示同及二乘六趣種種之類形色像威儀言音壇座各殊異、及其眷屬不同周於八方如曼荼羅之本位次第而住。(是第四重第三院)由臍已上至咽出現無量十住諸菩薩各持三密之身與以無量眷屬普於八方如曼荼羅之本位次第而住。然此中自有二重、由心已下者是持大悲萬行之十佛刹微塵數諸大眷屬、(是第三重卽第二院)由心已上者是持金剛密慧之十佛刹微塵數諸內眷屬。(是第二重卽第一院)已上二重通名大心衆。由咽以上至如來頂上出現四智四三昧之果德佛身、此四佛四菩薩之八身於一切世界徒衆刹土名業身業諸受用之事不同、亦於八方如曼荼羅之本位次第而住。(是第一重卽中胎)

【法華曼荼羅】（術語）圖示佛所說法華經靈山之一會也。

【觀經曼荼羅】（術語）是爲准於觀無量壽經所說之圖畫、故謂之觀經曼荼羅。

【淨土曼荼羅】（術語）觀經曼荼羅之別名。

【九曜曼荼羅】（術語）見九曜條。

【涅槃曼荼羅】（術語）圖畫佛入滅時之一會者。卽涅槃像也。

【曼荼羅通三大】（術語）六大四曼三密如其次第配於體相用之三大。是常規也。然依秘藏記、則四曼各通三大。秘藏記末曰、「曼荼羅謂三密圓滿具足之義也。」是以三密之川大爲曼荼羅也。又同末曰、「問秘密藏以何爲體相用。答以曼荼羅爲體。」是以曼荼羅爲體也。以其四曼爲相大則處處釋之不用引證。

【曼荼羅身】（術語）胎藏界之法弟子受灌頂已後、阿闍梨以𑖀字加持其弟子成四種之曼荼羅身也大疏八曰「阿闍梨復當頂禮曼荼羅一切世尊。爲灌頂故、至誠啓白。卽以寶瓶徐遶曼荼羅三匝已復更如法加持至弟子所先用𑖨（囉）字爲火焚燒其身悉成灰已。方用四瓶次第（由普賢瓶爲始）灌之。灌已、觀此灰中作𑖪（嚩）字門。其色純白。從此出生五字。所謂𑖀（阿）·𑖥𑖽（鑁）𑖨𑖽（覽）𑖮𑖳𑖽（吽）·𑖏𑖽（欠）持其五字輪（是五輪塔婆也）次說𑖀字在其頂上轉成中胎藏。又從此字生三重光焰。一重偏繞咽上。隨所照及之處諸尊隨現卽成第一院曼荼羅。次一重光偏繞心上諸尊隨現成第二重曼荼羅。次一重光偏繞臍上諸尊隨現成第三重曼荼羅。爾時弟子都成曼荼羅身也。」

【曼荼羅敎】（術語）眞言敎之異名也、曼荼羅一譯眞言、故謂眞言敎曰曼荼羅敎或曼荼羅藏見秘藏記本。

【曼荼羅外道】（流派）自在王菩薩經列種種之外書中有曼荼羅呪術經。

【曼荼羅菩薩】（菩薩）胎藏界虛空藏菩薩之左第五位密號曰秘密金剛、輪圓金剛、集起金剛與大輪菩薩同本誓主諸法能生之德。爲黑色忿怒形、三目六臂火災髻、左右第一手結小金剛輪之印仰安頂上左第二手輪、第三手獨股右第二手三股第三手劍坐於赤蓮。

【曼荼羅種姓十住心】（術語）在密敎爲橫之十住心之一普門萬德十住心之對顯衆生本具之心平等悉與法身同一之十住心也。

【曼馱多】（人名）Māndhātṛ頂生王之名譯曰我養見玄應音義二十四。

【閉關】（雜語）禪林之語閉居養道念也禪餘內集曰、「閉關守寂」又曰、「閉關學道」。

【閉爐】（儀式）禪宗之行事。每年三月三十一日閉暖爐之行事也。

【問法印】（印相）烏樞瑟摩經上曰、「其問法相並其五指。微屈之如仰掬形引手向掌向前如來也」

【問訊】（雜語）合掌而口問安否也。但敬揖以表問安否之心亦云問訊。僧史略上曰、「如比丘相見曲躬合掌口曰不審者何。此三業歸仰也。（曲躬合掌身也、發言不審口也。心若不生崇敬豈能動身口乎）謂之問訊。其或卑問尊則不審少病少惱起居輕利不。上慰下則不審無病惱乞食易得住處無惡伴水陸無細蟲不。後人省其辭止曰不審也」釋氏要覽中曰、「善見論云比丘到佛所問訊云少病少惱安樂行否。僧祇律云。禮拜不得如瘂羊當相問訊。」

【問話】（雜語）禪林之學生、向和尚發問之語句也。卽法堂上禪客所發之問禪是也。由來學生學習此問話爲能事、其弊甚多。傳燈錄（瑞鹿先禪師章）曰「師云。大凡參學佛法、未必學問話是參學。」

【問禪】（雜語）住持陞座說法時、名客出衆與住持問答、是曰問禪。

【婁勒】（人名）瑠璃王、一作婁勒王。

【國一】（人名）唐徑山道欽禪師。代宗賜國一之號。見徑山條。

【國土】（術語）一切有情之住處。有淨土穢土等之區別。

【四種國土】（名數）天台所立。一凡聖同居土、凡夫與聖者同居之國土也。此中有淨穢二種。如閻浮提爲凡聖同居之穢土、如兜率之內宮、西方之極樂、爲凡聖同居之淨土。二方便有餘土。此羅漢死後所生之國土在三界之外。羅漢思死入無餘涅槃者誤、實則土生於方便有餘也。修小乘之方便、斷盡三界之煩惱。因而生於其土。然尚餘障覆中道實相之無明根本惑、故云方便有餘土。三實報無障礙土、此爲斷一分無明之菩薩所生之處、報眞實之道之無礙自在國土、故云實報無障礙土。四常寂光土、爲全斷根本無明之佛之依處、謂常住、寂滅、光明之佛土也。見天台觀經疏。

【國土身】（術語）華嚴經所說十身之一。毘盧舍那如來應衆生之機現草木國土、故草木國土卽舍那之身也。見探玄十四。

【國土世間】（術語）三世間之一。國土爲衆生所依之境界。既有能依之身、則必有所依之土。十界之所依、各各差別。是名國土世間。見智度論四十七。三藏法數十三。

【國土海】（術語）對於世界海而言。謂不可思議佛刹、卽十佛自體所居之依報也。五教章卷下所謂彼十佛境界所依有二、一國土海、圓融自在、當不可說、若寄法顯示、如第二會初所說是也。

【國土淸淨願】（術語）阿彌陀佛四十八願中第三十一願。願極樂國土之淸淨者。無量壽經上曰、「設我得佛國土淸淨皆悉照見十方一切無量無數不可思議諸佛世界。猶如明鏡覩其面像。若不爾者。不取正覺」

【國土嚴飾願】（術語）阿彌陀佛四十八願中第三十二願。願國土之嚴飾者。無量壽經上曰、「設我得佛。自地已上至於虛空宮殿樓觀。（中略）嚴飾奇妙超諸人天。（中略）若不如是不取正覺」

【國王】（術語）爲前世持十善戒、今生得其果報者。得諸天之保護、故又云天子。仁王經敎化品曰、「十善菩薩發大心、長別三界苦輪海。中下品善粟散王。上品十善鐵輪王。」金光明王經三曰、「因集業故生於人中王。領國土。故稱人王。處在胎中諸天守護。或先守護。然後入胎。雖在人中生爲人王。以天護故復稱天子」

【國王恩】（術語）四恩之一。見四恩條。

【國王十種夢】（傳說）舍衛國王波斯匿夜夢十事。見十夢條。

【國王不梨先泥十夢經】（經名）佛說國王不梨先泥Prasenajit十夢經一卷。東晉竺曇無蘭譯。舍衛國王夢見十事經之異譯。

【國忌】（行事）古代每年於先帝崩御之忌日。營法會讀經。謂之國忌。

【國忌齋】（行事）先帝忌日所設之齋會也。

【國師】（職位）謂一國之師也。原非專封佛徒。如王莽以劉歆爲國師。時稱國師公。後漢書趙典篤學博聞。宜備國師。六朝時稱國子祭酒爲國師。儒生亦得稱國師也。至北齊文宣帝。始以高僧法常爲國師。降及元明。佛徒封國師者尤多。僧史略中曰「西域之法。推重其人。內外攸同。正邪俱有。昔尼犍子信婆羅門法。國王封爲國師。（中略）聲教東漸。唯北齊有高僧法常。初演毘尼。有聲鄴下。後講涅槃幷受禪數。齊王崇爲國師。國師之號自常公始也」又（人名）六祖慧能大師法嗣。西京光宅寺慧忠國師。既得心印。居南陽白崖山黨子谷。四十餘歲不下山門。唐肅宗聞其道行。敕令入京。以師禮待之。因稱國師。見傳燈錄五。

【國師三喚】（公案）國師三喚侍者。侍者三應。諸國師云將謂吾辜負汝。元來却是汝辜負吾」見傳燈錄五。五燈會元二。無門關十七則。

【國師水椀】（公案）忠國師問紫璘供奉。聞供奉註思益經是否。奉云是。師云凡註經當須解佛意始得。奉云若不會意。爭敢言註經。師遣侍者盛一椀水。水中入七粒米。椀面安一隻筯。送與奉。問云是什麼義。奉云不會。師云老師意尚不會。更說甚佛意」見禪林類聚八。碧巖四十八則評唱。

【國淸寺】（寺名）在浙江天台縣北天台山中。山有三寺。在頂曰福林。在腰曰國淸。在麓曰修禪。國淸具名景德國淸寺。隋文帝開皇十八年。敕爲智顗禪師所創建。初智顗夢巖崖萬重。側有滄海。渺無涯際。泓澄在其下。一僧來伸手導顗登山。覺後語門人。皆答以會稽天台山。因而陳大建七年。遂入此山。隋開皇十七年。於此示寂。翌年。文帝勅爲顗創建一宇。名爲天台山寺。大業元年。煬帝賜國淸寺額。唐宋元明。皆勅重修。淸康熙十二年亦有勅再修。賜住僧紫衣。今大雄殿。普門殿。三隱堂。智者大師塔所等。結構極壯麗。境致幽勝。適於修禪。眞震旦之名刹也。案國清爲天台宗之本山。唐一行嘗於此學算。

【國清百錄】（書名）四卷。隋灌頂纂。筆記智顗禪師住天台山日之言說者。始自立制法。終至智者遺書述放生池。凡纂錄一百四條。知大師一代行業最利便之書也。原有廣略二本。廣本早已散佚不傳。今傳者其略本也。卷首有灌頂並有嚴序。

【國僧正】（職位）僧官名。佛祖統紀五十一曰、「秦主以僧䂮爲國僧正。法欽爲僧錄。」

【國寶】（雜名）行解具備堪爲人師者之尊稱。止觀五上曰、「自匠匠他。兼利具足。人師國寶。非此是誰。」

【異人】（雜語）與言他人、別人等同。法華經序品曰、「妙光菩薩。豈異人乎。我身是也。」

【異口同音】（雜語）人數多時。衆人爲同一之語也。報恩經一曰、「異口同音。俱發聲言。」南本涅槃經十曰、「異口同音。唱如是說。」慈恩之彌勒上生經疏曰、「身別故異。口語等故同音。」

【異心】（術語）謂二心。移於他之心也。法華經譬喻品曰、「若人恭敬。無有異心。離諸凡愚。獨處山澤。如是之人。乃可爲說。」

【異方便】（術語）特殊之方便也。法華經方便品曰、「更以異方便。助顯第一義。」觀無量壽經曰、「諸佛如來。有異方便。令汝得見。」

【異生】（術語）凡夫之異名。凡夫輪廻六道。受種種別異之果報。又凡夫種種變異而生邪見造惡。故曰異生。大日經疏一曰、「凡夫者正譯應云異生。謂由無明故。隨業受報。不得自在。墮於種種趣中。色心像類各各差別。故曰異生也。」唯識述記二本曰、「異有二義。一別異名異。謂聖唯生人天趣。此通五趣故。又變異名異。此轉變爲邪見等故。生謂生類。」探玄記十曰、「異生者。執異見而生。故曰異生。即舊名凡夫也。」玄應音義二十四曰、「異生。梵言婆羅必栗託仡那（Balaprthagjana）婆羅。此云愚。必栗託。此云異。仡那。此名生。應作愚異生。言愚痴闇冥。無有智慧。但起我見。不生無漏也。亦言小兒別生。以如小兒不同聖生。故論中作小兒凡夫是也。又名嬰愚凡夫。亦云嬰兒凡夫。凡夫者義譯也。舊經中或言毛道凡夫。案梵本毛名嚩羅。愚名婆羅。當由上婆聲之相近致斯訛謬。譯人之失也。」秘藏寶鑰上曰、「凡夫作種種業。感種種果。身相萬種而生。故名異生。」

【異生性】（術語）使人爲凡夫之本性。指所謂見惑之煩惱種子而言。唯識論一曰、「於三界見所斷種未永害位。假立非得。名異生性。於諸聖法。未成就故。」俱舍論四曰、「云何異生性。謂不獲聖法。」述記二本曰、「異生之性名異生性」。

【異生羝羊心】（術語）十住心之一。凡夫之愚譬之羝羊。羝羊爲牡羊、只念食欲與婬欲者。見秘藏寶鑰上。

【異出菩薩本起經】（經名）西晉聶道眞譯一卷。

【異因】（術語）異之原因。別途之原因。遺敎經曰、「集實是因更無異因」。

【異安心】（術語）異於正統派之安心也。毀斥之語。爲眞宗之常語。

【異見】（術語）差異之見界。善導之經疏四觀曰、「不爲一切別解別行異見異學異執之所退失傾動」。

【異門】（術語）與我門派相異者。與他宗他派等同。

【異品】（術語）因明學與宗義相異之品類曰異品。即用於異喩者。入正理論曰、「異品者謂於是處無其所立」。

【異品遍無性】（術語）因明學之語。於體當具三義中之第三義。謂因必望於宗之異品即異喩之物具宗義遍無之性也。見入正理論因明大疏上二。

【異品一分轉同品遍轉不定】（術語）因明三十三過中屬於因之過。名爲因異喩一分通同品全分通者。以其一分通於異喩使宗不定也。見入正理論因明大疏上。

【異相】（術語）四相之一。見有爲條。

【異部】（術語）別異之部類。謂宗派等。異部宗輪論述記上曰、「異者別也。部者類也。人隨理解情見不同別而爲類名爲異部」。

【異部宗輪論】（書名）世友菩薩造、唐玄奘譯一卷。薩婆多宗之所傳也。宗派之部類各異。故曰異部。所宗之法互有取捨。輪轉不定。故名宗輪。述小乘二十部之宗旨者。

【異部宗輪論述記】（書名）一卷。慈恩作。

【異執】（術語）固執異於正理之理而不動之迷情也。善導之觀經疏四曰、「異見異學異執」。敎行信證六末曰「敎誡邪僞異執外敎」

【異義】（雜語）別立義而異於他者。佛昇忉利天爲母說法經下曰、「其佛所說不講異義」。慈恩之宗輪論疏曰、「後別立義乖初所立與本宗別。名末宗異義。」

【異解】（術語）差異之見解。八十華嚴經十七曰、「但入眞如絕異解」。

【異端】（術語）謂與我道不同者。指外道外敎而言。

【異說】（術語）異於他之說也。月上女經下曰、「利益衆生。無異說」。瑜伽論釋曰、「就相隨機種種異說」。物不遷論曰、「羣籍殊文百家異說」

【異熟】（術語）舊譯果報。新譯異熟。

依過去之善惡而得之果報總名。謂果異於因之性質而成熟也。如善業感樂果、惡業感苦果、是樂果非善性而為無記性、（非善非惡曰無記）對於善性之業可云異類、（善性與無記性類異也）苦果對於惡業苦果非惡性而為無記性、是亦因與果異性質也。（苦樂二果皆為無記性）因之名曰異熟果。又因與果必隔世於異時而熟之義。俱舍論六曰「異類而熟是異熟義。」唯識述記二之末曰、「言異熟者或異時而熟。或變異而熟。或異類而熟。」補註十一曰、「新云異熟。舊云果報。」梵 Vipāka

【異熟因】（術語）六因之一。謂善惡之二業也。善業感樂果、惡業感苦果、而苦樂之二果非善非惡而為無記法、是曰異熟。其異熟之因名異熟因。俱舍論六曰、「唯諸不善。及善有漏。是異熟因。異熟法故。何緣無記不招異熟。由力劣故。如朽敗種。（中畧）為異熟之因。名異熟因。」

【異熟果】（術語）五果之一。謂果報異時成熟。即第八識也。以此識能含藏一切諸法種子、而成熟諸根識之果也。如眼等諸根由昔作善惡之因、今報得苦樂之果。若今作善惡之因、亦感當來苦樂之果。故名異熟果也。唯識述記二之末曰、「異熟因所招名異熟果。」

【異熟生】（術語）大乘之義、別異熟與異熟生、阿賴耶識為異熟、眼耳鼻舌身意之六識為異熟生。以是六識之異熟有由阿賴耶種子（即異熟）所生之義也。唯識論三曰、「眼等六識業所感者。是異熟生。非眞異熟。」小乘總謂異熟因之所生為異熟生。與異熟果同。俱舍論二曰、「異熟因所生名異熟生。如牛所駕車名曰牛車。」

【異熟識】（術語）阿賴耶識之異名。三能變中之第一異名。見三能變條。

【異熟障】（術語）謂自然之果報、不能修行佛法之境界也。如三惡趣或無想天是。俱舍論十七曰、「全三惡趣。人趣北洲。及無想天。名異熟障。」此障何法。謂障聖道及障聖道加行善根。」

【異慧】（術語）異於正理之種種邪智也。大疏九曰、「勿生於異慧。（中畧）異慧是分別妄想之慧。」

【異論】（術語）不同之論義。有反於正法與雜多之二義也。雜阿含經三十四曰、「給孤獨長者於外道精舍伏彼異論。」成實論二曰、「諸比丘等種種異論。」

【異緣】謂他事懸心也。大日經疏八曰、「情有所注。不復異緣。」

【異學】（術語）異於我道之學問。毀斥之稱。涅槃經一曰、「摧伏異學壞正法者。」散善義曰、「異見異學。」

【異轍】（術語）不同之軌轍。謂學派

等之異毀斥之語。文句記九之上曰、「進止異轍。」

【累七齋】（儀式）又云齋七、謂人死後每七日營齋至七七日也。以人死生爲中有之身、不得生緣則每七日死生而至七七日也。釋氏要覽下曰、「人亡每至七日必營齋追薦。謂之累七。又云齋七。」

【累劫】（雜語）累疊數多之劫量也。世界成壞之時期云劫。無量壽經下曰、「世世累劫無有出期。」法華經譬喻品曰「汝等累劫衆苦所燒。」

【累形】（術語）凡夫爲自己形體蒙種種之煩累、謂之累形。寄歸傳二曰、「有待累形、假衣食而始濟。」

【累障】（雜語）煩累障礙也。三論玄義曰「累障既深。」

【崇信】（雜語）崇敬信仰也。

【崇敬】（雜語）崇敬賢聖也。大方便報恩經七曰、「若說者尊重於法。聽法之人亦生崇敬。」

【崑崙】（地名）南海諸國之總稱。如今之爪哇及附近諸島皆是也。寄歸傳一曰、「唯崑崙捲頭體黑。」宋高僧傳一曰、「附崑崙舶離南海至訶陵國界遇大黑風。」此崑崙皆指南海諸國、非崑崙山也。參照崑崙國條。

【崑崙子】（雜語）又曰崑崙奴、崑崙國之黑人也。晉道安色黑、故人呼曰崑崙子。又云漆道人。高僧傳五（道安傳）曰、「澄講安每覆述。衆未之愜。咸言須待後次當難殺崑崙子。即安後更覆講。疑難蜂起。安挫銳解紛行有餘力。時人語曰。漆道人驚四隣。」

【崑崙山】（地名）內典所謂香山是也。香山具名香醉山。在雪山之北。此山之南有無熱池、以爲四大河之源。南山戒疏一上曰、「俗云崑崙者。經謂香山也。」見香山條。

【崑崙舶】（雜名）崑崙國之船。

【崑崙國】（地名）本名掘倫。交廣之人呼爲崑崙。黑色人所住之國。今之爪哇、蘇門答臘等。寄歸傳一曰、「良爲掘倫初至交廣。遂使總喚崑崙國焉。唯此崑崙頭捲體黑。」谷響集一引萬書萃錦謂「西南夷有崑崙層期國。距應天府馬行三年。在西南海島。其國有野人身如黑漆。國中人布食誘捉。賣與番商爲奴。」梵語雜名曰、「崑崙儞波多羅。」梵 Dvipatala 巴 Dipatala

【常力】（術語）菩薩十三力之一。

【常不輕菩薩】（本生）常不輕者。梵語 Sadāparibhūta 之義譯也。過去無量阿僧祇劫有佛曰威音王如來。當其佛像法時、增上慢比丘有大勢力、爾時有一菩薩比丘名常不輕。其菩薩凡有所見、不問四衆皆悉禮拜恭敬。我深敬汝等、不敢輕賤、所以者何、汝等皆行菩薩道、當得作佛、故言。而此比丘不專讀誦經典、但行禮拜、乃至遠見四衆亦故往禮拜讚嘆、如前言、四衆中有生瞋恚心、不淨者、惡口罵詈言、是無智比丘、從何所來、自言我不輕汝、而與我等授記、當得作佛、我等不用如是虛妄授記。如是經歷多年、常被罵詈、不生瞋恚、常如前作授記、言作此語時、衆人或以杖木瓦石打擲之、避走遠住、猶高聲唱言、我不敢輕於汝、汝等皆當作佛、以其常作此言、故增上慢比丘比丘尼等號之爲常不輕。其比丘臨命終時、於虛空中聞威音王佛說法華經、得六根清淨、廣爲四衆說之、前罵詈打擲者、皆悉歸依、由其遇無數佛、受持讀誦法華經、爲四衆解說之、遂作佛、佛曰即今我身是。見法華經常不輕品。

【常不輕菩薩品】（經名）法華經二十八品中第二十品、說常不輕菩薩之因緣、故名。

【常行三昧】（術語）常恆修念佛三昧也。

【常行乞食】（術語）十二頭陀行之一。見頭陀條。

【常光】（術語）化身佛平常之光明也。見次項。

【常光一丈】（術語）又云常光一尋。化身佛之常光明、其徑一丈也、是爲常光、故不別言放光。智度論八曰「問云如來何故常光一丈。答曰、今衆生薄福鈍根、目不堪其光、故若放多光、則失眼根、若衆生利根福重、佛則放無量光明。」

【常住】（術語）法無生滅變遷謂之常住。常住有三種、見三種常條。又常住物之略。又常住之果有七種、見七常住果條。

【常住二字】（術語）明涅槃之常住爲涅槃經一部所詮、故經如來性品四曰「或聞常住二字音聲。若一經耳、即生天上。後解脫時、乃能證知如來常住無有變易。」

【二種常住】（名數）一百歲至滅劫名常。諸菩薩若住百千萬億歲、若一劫乃至八萬劫後入滅、是名爲常、是即久遠住世名爲常、非不變不遷之常也。二常住不壞名常。諸煩惱之惑已滅、則眞常之理方顯、眞常之理不生不滅不變不壞、名爲常。見智度論四十三。

【常住果】（術語）常住者無生無滅不遷不變之謂、在修曰因、在證曰果、即諸佛所得清淨究竟之果也。此有七種、見七常住果條。

【常住物】（術語）四種僧物之一。

【常住敎】（術語）岌法師三敎之一。見三敎條。

【常住藏】（術語）千手陀羅尼持誦者十二藏德之一。持此陀羅尼者得常住之樂也。

【常住僧物】（術語）見四種僧物條。

【常住心月輪】（術語）在眞言之金剛界觀想吾心爲清淨之圓月。是表示本有常住之菩提心也。

【常住常住僧物】（術語）四種僧物之一。見四種僧物條。

【常坐】（術語）十二頭陀行之一。見頭陀條。

【常坐三昧】（術語）法華四種三昧之一。

【常坐常行】（術語）法華四種三昧中之常坐三昧與常行三昧也。

【常沒】（術語）常沈沒於生死海之衆生也。南本涅槃經三十六曰「常沒者。所謂大魚受大惡業身重處深。是故常沒」

【常見】（術語）二見之一。

【常身】（術語）二佛身之一。見二身條。

【常求利】（雜語）又作常體利、穰虞梨、囊虞哩曳。

【常念】（術語）時常憶念也。法華普門品曰「若有衆生多於婬欲。常念恭敬觀世音菩薩。便得離欲」常念者正念也。此正念有事理之二種。事之常念者晝夜二時行住坐臥念觀音之神力而不忘也。理之常念有四敎之異。藏敎之常念或觀自他身內外不淨三十六物之不淨充滿。或從死想至白骨想之九想一一觀之而遠離婬心。或分析色法至極微觀所執男女本來空以破婬心。皆常念觀音之姿也。通敎之常念以諸男女之境界皆由因緣生。觀爲自性空而滅欲情。此大乘通敎常念觀音之姿也。別敎之常念初用卽空之觀。破凡夫實有之執。次用假有之觀。破著於空相之執。後觀非空非有。離空假之二邊而隨順於中道。此別敎常念觀音之姿也。圓敎之常念。從男女始。一切之境界本來融通一味而無別體。然又不泯事相。無量之相卽一理。一理卽無量之相。譬如鏡中浮萬象之影。而萬象本空。爲一鏡體。卽於男女等相而爲法界實相。則能執之我身亦爲法性。被執之男女亦爲實相。孰爲愛著者。孰爲被愛著者。能愛所愛畢竟無相。是一切之相不存。而不存自他之隔。故愛著之心一齊歇息。此是不斷而自除之妙術也。是圓敎中道常念觀音之姿也。蓋如是念。則此正念之體卽觀音也。何則以能念之行者。所念之觀音。其體無隔故也。

【常宗】（流派）耆闍法師所立六宗之第五。見宗條。

【常侍看球】（故事）王常侍參睦洲蹤禪師。一日蹤問今日何故入院遲。王云。爲看馬打球。故來遲。蹤云。人打球耶。馬打球耶。王云。人打球。蹤云。人困耶。王云困。蹤云。馬困耶。王云困。蹤云。露柱困耶。王惘然無對。歸至私第中夜間忽然省得。明日見蹤云。某甲會得昨日事蹤云、露柱困耶。王云困。蹤遂許之。見禪林類集一。

【常波羅蜜】（術語）四波羅蜜之一也。

【常受快樂願】（術語）阿彌陀佛四十八願中之第三十九。

【常食施】（術語）七種布施之一。見布施條。

【常修多羅宗】（流派）涅槃宗之異名也。涅槃經說涅槃常住之義、故名常修多羅、彼宗成於此經、故稱常修多羅宗。如云涅槃宗。

【常修梵行願】（術語）四十八願之第三十六。

【常途】（術語）通常之規則也。大日經疏三曰、「不同常途習定之功力」。寄歸傳二曰、「持衣說淨常途軌式」。

【常寂】（術語）眞體離無滅之相謂之常、絕煩惱之相謂之寂、唯識述記一本曰、「不生不滅絕名相於常寂之津」。

【常寂光土】（界名）四土之一。

【常智】（術語）智絕緣慮、謂之常智。諸法實相、離生滅而爲無相、證其無相常境之智爲無緣之常智也。四敎儀曰、「常境無相、常智無緣」。

【常悲菩薩】（本生）世尊昔爲菩薩、曰常悲、見世穢濁、背正向邪、常愁憂悲慟。其時有佛名京法無穢、滅度未久、經法都盡。常悲夢聞其佛說法、消除心垢、而入淸淨定。卽捨妻子入山苦行、自慟哭我不遇佛不見法僧、何由修佛道。天神下敎之、使東行。常悲隨敎東行、數日卽止。上方有佛、飛來其前、菩薩見佛、且喜且悲、稽首曰、願佛垂哀、爲我說經。佛告之曰、三界皆空、夫有必無、萬物若幻、一生一滅、猶若水泡、且敎之東行二萬里、逢健陀羅越國法來菩薩、使聽度無極之法。見度無極經七。

【常啼菩薩】（菩薩）梵名薩陀波倫、Bsadāpralāpa 智度論九十六曰、「問何以名薩陀波倫（薩陀秦言常波倫名啼）是因緣得名字耶。答有人言、其少時喜啼、故名常啼。有人言此菩薩行大悲柔軟、故見衆生在惡世貧苦老病憂苦、爲之悲泣、是故衆人號爲薩陀波倫。有人言是菩薩求佛道故憂愁啼哭七日七夜、是故天龍鬼神號曰常啼。」

【常喜悅根大菩薩身】（術語）寶生如來四親近之第四、金剛笑菩薩也。使一切有情諸根得無量之安樂悅意、故名常喜悅根。見金剛頂經一。

【常道】（雜語）尋常之道理也。無量壽經下曰、「生死常道、轉相嗣立」。

【常境】（術語）常智所照之境、離一切生滅之相、故云常境。經云、世間相常住、卽是也。四教儀曰「常境無相常智無緣」

【常樂】（術語）涅槃四德中之二。見四德條。

【常樂我淨】（術語）涅槃之功德也。見涅槃條。又凡夫之四顛倒也。見四倒條。

【常德】（術語）四德之一。

【常醉天】（天名）胎藏界外金剛院之一尊。

【常燈】（物名）又作無盡燈、長明燈。見無盡燈條。

【常隨佛學】（術語）普賢十大願之一。見普賢條。

【常瞿利童女】（天部）除蟲毒之尊也。常瞿利翻云大體。或作常瞿利毒女。又作常瞿利童子。毒女經謂「此常瞿利雖現女人而實非女。善男子、諸佛菩薩智慧神通能為衆生現種種身攝化諸毒」此言其為男性也。童女經言「我遊香醉山、見一童女百福相好、莊嚴其身、以鹿皮為衣、以諸毒蛇為瓔珞、將諸毒蛇蝌之類圍繞前後常為伴而戲」此明其住於毒蟲之三昧也。成就法曰、「一身綠色狀如龍王、具七頭、頂有圓光、應想四臂右第一手持三股叉、第二手執三五莖之孔雀尾、左第一手持黑蛇、第二手無畏」

【堂上】（職位）堂頭之異名。禪林方丈之住持也。

【堂主】（職位）謂禪林延壽堂之主也。水陸堂主、羅漢堂主等各守一堂者。雖亦稱堂主、但特指延壽堂主。總即別名也。

【堂司】（雜名）禪林維那寮之別號。維那司僧堂之事。故其居所謂之堂司。又呼其人為堂司。

【堂達】（職位）七僧之一。法會之式、於塲傳達願文等之僧也。

【堂塔】（雜語）殿堂與塔廟。

【堂頭】（職位）禪林之稱、方丈之異名。住持人之居處也。因而住持云堂頭和尚。

【堂頭和尚】（職位）見前項。

【堂嚫】（術語）施僧堂之僧之施物也。

【第一句】（術語）稱阿字。大日經六曰「阿字第一句。明法普周徧」義釋十四曰「猶如世間地居天中帝釋為第一。諸世仙聖中梵天為第一。諸聖智中佛為第一。此阿字門於一切眞言門中最為第一也」由此一字成無量功德故無上也。

【第一義】（術語）以名究竟之眞理。是為最上故云第一。深有理由故云義。聖智之自覺也。大乘義章一曰「第一是其顯勝之目。所以名義」中論疏三本曰「以其最上莫過故稱第一。深有所以目之為義」勝鬘寶窟上末曰「理極莫過名為第一。深有所以目此為義」法華義疏四曰「第一義者一實之道理極無過為第一。深有所以。稱爲義也。」注維摩經一曰、「肇曰第一義、謂諸法一相義也。」楞伽經二曰、「第一義者。聖智自覺所得非言說妄想覺境界」碧巖第一則曰、「如何是聖諦第一義。」

【第一乘】（術語）大乘之異名。唐華嚴經五十一曰、「過二乘名爲大乘、第一乘、勝乘、最勝乘、上乘、無上乘、利益一切衆生乘。」

【第一空行】（術語）空三業之惡之行法謂之空行。空行有大小乘之勝劣、大乘之空行謂之第一。涅槃經一曰、「爲欲利益安樂衆生成就大乘第一空行。」

【第一空法】（術語）第一義空之妙理也。見第一義空條。

【第一寂滅】（術語）實相之妙理、是爲第一義、故云第一、離一切言辭之相故云寂滅。卽涅槃也。法華經方便品曰、「知第一寂滅。以方便力故雖示種種相其實爲佛乘。」

【第一結集】（故事）謂王舍城之五百結集也。見結集條。

【第一時教】（術語）法相宗所立三教之第一。見三教條。

【第一義天】（術語）譬第一義空之妙理爲天。四天中之義天是也。涅槃經二十二曰、「義天者十住菩薩摩訶薩等。以何義故。十住菩薩名爲義天。以能善解諸法義故。云何爲義。見一切法是空故。」法華玄義四曰、「第一義天天然之理。」涅槃經十八曰、「第一義天謂諸佛菩薩常不變易。以常住故不生不死不老不病。」

【第一義空】（術語）對於小乘之涅槃而云大乘至極之涅槃爲第一義空。小乘之涅槃者偏眞但空也。大乘之涅槃者空亦空、爲中道實相之空。故名第一義。三藏法數四十六曰、「諸法中最第一法名爲涅槃。涅槃之法空無有相。是爲第一義空。」涅槃經二十七曰、「佛性名第一義空。第一義空名爲智慧。所言空者不見空與不空。」智度論三十一曰、「能使諸法實相空、名爲第一義空。」觀佛三昧經曰、「佛地果德眞如實相第一義空。」因小乘之涅槃亦名第一義空。雜阿含經十三曰、「我今爲汝等說法。初中後善。善義善味。純一滿淨。梵行淸白。所謂第一義空經。」

【第一義智】（術語）於金剛喻定斷盡一切煩惱之究竟佛智也。勝鬘經曰、「金剛喻者第一義智。（中略）若壞一切煩惱藏究竟智。是名第一義智。」

【第一義樂】（術語）涅槃之妙樂也。起信論曰、「以無量方便救拔一切苦惱衆生。令得涅槃第一義樂。」

【第一義諦】（術語）二諦之一。對於世俗諦之稱。又云眞諦、聖諦、勝義諦、涅槃眞如實相中道法界眞空等總以名深妙之眞理。諦者眞實之道理也。此道理爲諸法中第一。故云第一義。眞實故云眞。爲聖者所見故云聖。爲殊勝之妙義故云勝義。大乘義章一曰「第一義者亦名眞諦。第一是其顯勝之目。所以名義。眞者是其絕妄之稱。世與第一審實不謬。故通名諦。（中畧）彼世諦若對第一。應名第二。若對眞諦。應名妄諦。第一義諦若對世諦。應名出世。若對俗諦。應名非俗。若對等諦。應名非等。立名一一。不可返對。是故事法且名世諦俗諦等諦。理法且名第一義諦乃至眞諦。」

【第一義觀】（術語）台宗三觀中中觀之異名也。此名出菩薩瓔珞經。是爲觀道之最上至極。故名第一義。止觀三曰「二觀爲方便道。得入中道。雙照二諦。心心寂滅。自然流入薩婆若海。名中道第一義觀。」

【第一牢强精進】（雜語）傳心法要下「問何者是精進。師云。身心不起。是名第一牢强精進。纔起心向外求者。名爲歌利王愛遊獵去。心不外遊。卽是忍辱仙人。身心俱無。卽是佛道。」

【第一義悉檀】（術語）四悉檀之一。說一實中道之理。使衆生斷惑證理。佛之善巧也。

【第一義法勝經】（經名）一卷。元魏般若流支譯。佛說大威燈光仙人問疑經之異譯。

【第一第二第三法忍】（術語）見得三法忍願條。

【第二月】（譬喩）翳眼之人見第二月。以譬物之似有非有。圓覺經曰「妄認四大爲自身相。六塵緣影爲自心相。譬如彼病目見空中華及第二月。」新譯仁王經中曰。「不定相待有無異一。如第二月。」楞嚴經二曰「此見非妙精明心。如第二月非是月影。」

【第二果】（術語）小乘四果中之第二果。謂一來果也。

【第二禪】（術語）色界四禪天中之第二禪天。新譯名第二靜慮。劫末之大水災限於此天。

【第二壇】（術語）對於大曼荼羅稱護摩壇或灌頂壇爲第二壇。大疏八曰「阿闍梨作第二曼荼羅。與中曼荼羅相對。去大曼荼羅二肘。第二是次小之義。卽是相待言之也。」

【第二時敎】（術語）法相宗所立三敎之第二也。見三敎條。

【第二結集】（故事）見結集條。

【第二能變】（術語）末那識之異名。分八識爲三種。第八阿賴耶識爲初能變。第七末那識爲第二能變。餘之六識爲第三能變。心識對於所變之境而謂之能變。唯識論四曰、「次第二能變。是識名末那。」

【第二七日說】（術語）華嚴經之說時、華嚴宗依十地論定為佛成道後第二七日之說、天台宗依法華經判為三七日間之說。見華嚴經條。

【第七仙】（雜名）釋迦如來之別號釋迦為過去七佛之第七、具長生不死之德、故云第七仙。唐譯華嚴經十二曰、「如來於此四天下中或名一切一成。或名圓滿月。或名師子吼。或名釋迦牟尼。或名第七仙。或名毘盧舍那。或名瞿曇氏。或名大沙門。或名最勝。或名導師。」增一阿含序品曰、「自歸能仁第七仙。演說賢聖無上軌。」

【第七情】（術語）舊譯之根、新譯云情、有眼等之六名為六情、無有第七情。因此喻無法為第七情第十三入第十九界等。維摩經觀眾生品曰、「如第七情、如第十三入、如第十九界。菩薩觀眾生為若此。」

【第八識】（術語）阿賴耶識之異名。大乘所說八識中自末數本、居於第八、為諸識之根本。

【第八外海】（界名）九山八海中之第八海也。以須彌山為中心、有七海七山、故云七內海七寶山。第七寶山之外、為第八外海、閻浮提等四洲在此中。第九鐵圍山圍繞此外海。

【第十八願】（名數）阿彌陀佛四十八願中之第十八願也。無量壽經上曰、「設我得佛。十方眾生。至心信樂。欲生我國。乃至十念。若不生者。不取正覺。唯除五逆誹謗正法。」四十八願中此名王本願、眾生念佛得往生於淨土者、唯依此願。因此名為念佛往生之願。敎行信證三本曰、「斯心卽是出於念佛往生之願。斯願名選擇本願、亦名本願三心之願。復名至心信樂之願、亦可名往相信心之願也。」

【第十六王子】（名數）三千塵點劫之昔、大通智勝佛所有十六王子、出家修大乘行、今盡成佛、於十方國土說法度生、其第十六王子卽今釋迦如來是也。法華經化城喻品曰、「彼佛弟子十六沙彌、今皆得阿耨多羅三藐三菩提。於十方國土現在說法。（中畧）第十六我釋迦牟尼佛、於娑婆國土成阿耨多羅三藐三菩提。」

【第三分】（術語）諸心心所四分中自證分為第三分。因就於佛壽而言、佛出於人壽百歲時、以佛之果報勝於世人、壽命可至百二十歲、為滅後之弟子分其福分、捨第三分、卽後之四十歲、故八十歲而入滅也。大集月藏經第十法滅盡品曰、「我今為眾生。棄捨身壽命。為增三精氣。悲愍眾生故。捨壽第三分。令我法海滿。洗浴諸天人。」

【第三地】（術語）分見諦已上菩薩之階位為十地、此中歷二大阿僧祇劫、其第三地稱爲發光地。

【第三果】（術語）小乘四果中之第三果不還果也悉斷欲界之煩惱不再還來於欲界者。

【第三禪】（界名）色界四禪天中之第三禪天也此中有三天謂之少淨無量淨、遍淨。

【第三時敎】（術語）法相宗所立三敎之第三也見三敎條。

【第三結集】（故事）見結集條。

【第三焰天】（界名）焰爲梵語又云夜摩欲界中第三重之天處也。

【第三能變】（術語）眼等六識之異名識者變現境故謂之爲能變唯識論謂其能變之識有八種此分三段第八阿賴耶識爲初能變第七末那識爲第二能變第六意識乃至第一眼識合爲第三能變解釋詳之。眼等之六識其性類相大故合之唯識論五曰「次第三能變差別有六種」云云明之。

【第五十】（雜語）謂人聞法華一偈一句次第敎他第五十人之功德也隨喜功德品曰「若人於法會得聞是經典乃至於一偈隨喜爲他說如是展轉敎至於第五十最後人獲福今當分別之如有大施主供給無量衆具滿八十歲隨意之所欲見彼衰老相髮白而面皺齒疎形枯竭念其死不久我今應當敎令得於道果卽爲方便說涅槃眞實法世皆不牢固如水沫泡燄汝等咸應當疾生厭離心諸人聞是法皆得阿羅漢具足六神通三明八解脫最後第五十聞一偈隨喜是人福勝彼不可爲譬喩如是展轉聞其福尙無量何況於法會初聞隨喜者」

【第五大】（術語）一切色法之上但有地水火風之四大更無第五大故如龜毛兎角之無法謂爲第五大與言第六陰第七情同維摩經觀衆生品曰「如第五大如第六陰（中略）如第十九界菩薩觀衆生爲若此」

【第六天】（界名）欲界之天有六重、他化自在天位於第六因而謂爲第六天是欲界之頂上也。

【第六天魔王】（天名）此他化自在天王常爲佛道障礙故云魔王四魔中之天魔也佛將成道來爲妨害遂爲佛所調伏卽此魔王也三藏法數十七曰「此魔卽欲界第六天也若人勤修勝善欲超越三界生死而此天魔爲作障礙發起種種擾亂之事令修行人不得成就出世善根是名天魔」

【第六陰】（術語）五陰之外無第六陰因而譬有名無實者爲第六陰如言第十三入第十九界維摩經觀衆生品曰「如第六陰如第七情」。

【第六識】（術語）第六意識也。

【第六意識】（術語）就唯識論所立

八識從眼識數之意識位於第六故謂為第六識亦云第六意識。

【第四禪】（術語）色界四禪天之第四最高處也新譯經論中謂之第四靜慮見第四靜慮條。

【第四結集】（故事）見結集條。

【第四靜慮】（術語）舊譯曰第四禪。新譯曰第四靜慮色界四地中第四地之名。此有九天其第三廣果天中有大自在天宮。此第四靜慮以上無依三災而成壞者。

【梨耶】（雜語）Arya 阿梨耶之略。譯曰聖者玄應音義十六曰「梨耶此云出者謂出苦也義譯為聖者」又第八識之名。新稱阿賴耶舊稱阿梨耶略云梨耶。

【梨師達多富那羅】（人名）梨師達多此云仙授或翻仙施又云仙餘謂從仙人邊求得子故也富那羅又名富蘭那此翻故舊或云宿舊是仙授之兄此兄弟二人是波斯匿王大臣於拘薩羅國錢財巨富無與等者而能於佛及四部衆等共受用不計我所。雜阿含經曰「富蘭羅耑修梵行離欲清淨。不著香華遠諸凡鄙持戒為勝梨師達不耑精梵行然其智足達四聖諦智慧為勝後時二俱命終佛記二人一持戒勝一智慧勝二俱同生一趣同一受生同於後世得斯陀含。生兜率天一來世間盡苦邊際」具德經曰。「而於信心中能具大智慧仙授烏波薩哥是於信心中能持梵行布囉拏烏波薩哥是。」烏波薩哥即優婆塞布囉拏即富那羅。

【捺地】（雜語）又作那智難地同於那提見那提條。

【捺地迦葉波】（人名）同於那提迦葉。

【捺落迦】（界名）Naraka 又作Nāraka 卽地獄與地獄罪人之梵名也但諸師多以捺落迦那落迦泥而為一慈恩分別之而以捺落迦為受苦之處那羅迦為受苦之人玄應音義七曰「梵言泥黎耶或言泥囉夜或言那落迦此云不可樂亦云非行謂非法行處也或在山間或大海邊非止地下言地獄者一義翻也」同十曰「泥犁或言泥犁耶亦言泥犁迦此云無可樂」同二十三曰「那羅訶亦云泥囉夜此譯有四義一不可樂二不可救濟三闇冥四地獄經中言地獄者一義也」婆沙論一百七十二曰「有說捺落名人迦名為惡惡人生彼處故名捺落迦有說落迦名可樂捺是不義彼處不可樂故名捺落迦」唯識述記五末曰「捺落迦者此云苦器受罪處也那落迦者受彼苦者故二別也」見地獄條。

【啓白】（雜語）同表白以事趣告白佛菩薩也。

【啓白日】（雜語）初為啓白之日即法會之初日亦云開白。

【眷屬】（術語）梵語雜名曰、「眷屬。梵語跛儞嚩羅。眷屬二字見史記。史記樊噲傳曰「大臣誅諸呂呂須嬃（註音眷）屬」釋迦、大日各有內大二眷屬。釋迦之二眷屬者、智度論三十三曰「如釋迦文佛未出家時、車匿給使優陀耶戲笑瞿毘耶耶輸陀等諸婇女爲內眷屬。出家六年苦行時五人給侍、得道時彌喜羅陀須那剎多羅阿難密跡力士等、是名內眷屬。大眷屬者舍利弗目揵連（中畧）及彌勒文殊師利颰陀婆羅諸阿毘跋致、一生補處菩薩等。」大日之二眷屬者、大日經疏一曰「般若釋論（智度論）生身佛成道時、阿難密迹力士等是爲內眷屬。舍利弗目連等諸聖人及彌勒文殊諸阿毘跋致、一生補處菩薩等是名大眷屬。今謂佛加持身亦復如是。諸執金剛各持如來密印名內眷屬。諸大菩薩大悲方便普門攝受無量衆生。輔佐法王行如來事名大眷屬。」取之於胎藏界曼荼羅、則第一重之上方遍智院爲法身之德、右方觀音院爲解脫之德、左方金剛手院爲般若之德。此爲大日伊字三點之內眷屬。又第二重之上方文殊院、右方地藏院、左方除蓋障院、下方虛空藏院之諸菩薩爲大眷屬。見大日經疏六。

【眷屬妙】（術語）天台所立法華迹門十妙之第九。受如來之法者、助如來之化者、總爲如來之眷屬。分別之有五種。一理性眷屬、衆生與佛本來一如、理性平等、自然相關、是不關於結緣、雖不結緣、皆是子也。二業生眷屬、由往昔聞法之善業、今生於佛世受道得度者。於大通佛所結緣、爾來至今日爲受化之衆生是也。三願生眷屬、嘗起生於此佛出世之誓願、由此宿願而今或爲親或爲怨、見佛聞法者。四神通眷屬、先世既値佛而發眞見諦、而生猶未盡、或在上界、或在他方、今聞佛之出世、以通力來生此界、或爲親、或爲怨、以輔佛之行化、自斷餘殘之惑者。五應生眷屬、既斷無明之惑、得法身之本、能起應、入於生死、導引衆生、使向於佛道者。如摩耶是千佛之母、羅睺羅是千佛之子、諸聲聞悉內秘外現、皆是法身之菩薩應緣而生者。故云應生。玄義六下曰、「譬如父母遺體、攬此成身、得爲天性、性親愛故名眷、更相臣順故名屬。行者亦然。受戒之時、說此戒法授於前人、前人聽聞即得發戒、師弟所由生也。禪亦如是。授安心法、如教修行、即得發定、是爲我師、我是弟子。慧亦如是。說諸法門轉入人心、由法成親、親故則信、信故則順、是名眷屬也。」

【眷屬般若】（術語）五種般若之一。無相之眞智爲觀照般若、是般若之自性也。助發此般若、又自此般若流出之戒定慧等諸法、總云眷屬般若。見金剛經纂要刊定記二、三藏法數二十。

【眷屬長壽願】（術語）阿彌陀佛四十八願之第十五無量壽經上曰「設我得佛國中人天壽命無限量除其本願脩短自在若不爾者不取正覺」日本望西樓大經鈔題爲眷屬長壽願。

【悉他薛攞】（術語）Sthavira 譯曰住位受戒後經十歲離師獨住之位也寄歸傳三曰、「西方行法受近圓已去名鐸曷羅。（譯爲小師）滿十夏名悉他薛攞（譯爲住位）得離依止而住又得爲鄔波馱耶。」

【悉他陛攞尼迦耶】（流派）Sthaviranikāya 譯曰上座部見開宗記一。

【悉地】（術語）譯曰成就但成就有所成能成之別通於世出世之法三密相應、因而成就之妙果以梵語謂之悉地爲成就其妙果使三密相應之因行以漢語謂之成就大日經疏十二曰、「悉地是眞言妙果爲此果故而修因行故此中成就者是作業成就」大日經供養法疏上曰、「悉地者成就。亦云成菩提」大日經義釋五曰、「當得成就一切悉地」

【五種悉地】（名數）息災、增益、敬愛、鉤召、降伏之五法也見辨惑指南四。

【四種悉地】（名數）見四種檀法條。

【悉地宮】（術語）成就眞言妙果卽悉地之國土宮殿也有三品大日經疏三曰、「此中言悉地宮有上中下上謂密嚴佛國。出過三界非二乘所見聞中謂十方淨嚴下謂諸天修羅宮等。」

【悉地果】（術語）稱證菩提之𑖀𑖽（暗）字義釋十三曰、「住於最上一切法句而得成就故名暗字悉地之果也。」

【悉地持明仙】（人名）依咒術得外法悉地之仙人也大日經疏六曰、「悉地持明仙者皆是專依咒術得悉地人」

【悉地羅窣都】（術語）Siddhir astu 悉曇章之題名也寄歸傳四曰、「創學悉談章亦名悉地羅窣覩斯乃小學標章之稱但以成就吉祥爲目」

【悉多頞他】（人名）太子名。見悉達多條梵 Siddhārtha

【悉伽羅】（動物）Sṛgāla 譯曰野干。見玄應音義二十四。

【悉怛多般怛羅】（術語）譯曰白傘蓋大佛頂咒之名也楞嚴經七曰、「佛頂光聚悉怛多般怛羅秘密伽陀」同長水疏曰、「悉怛多般怛羅云白傘蓋卽指藏心不與妄染相應故云白遍覆一切法故云蓋」梵 Sitātapatra

【悉皆金色願】（術語）阿彌陀佛四十八願中之第三無量壽經上曰「設我得佛國中人天不悉眞金色者不取正覺」

【悉耻羅末底】（人名）Sthiramati 譯曰安慧成唯識十大論師之一見唯識述

記一本。

【悉替那】（雜語）譯曰上座。出於名義集一。

【悉達】（人名）悉多太子之名。見次項。

【悉達多】（人名）Siddhārtha又作悉達、悉多、悉陀、悉多頞他。正音薩婆曷剌他悉陀。Sarvārthasiddha 譯曰一切義成。釋迦佛爲淨飯王太子時之名也。修行本起經上曰、「悉達漢言財吉。」本行集經二十四曰、「悉達、隋言成利。太子名也。」智度論二曰、「父母名字悉達多。秦言成利。得道時知一切諸法。是名爲佛。」西域記七曰、「薩婆曷剌他悉陀。唐言一切義成。舊曰悉達多、訛略也。」慧苑音義下曰、「悉達具云薩縛頞他悉地。地字應平聲呼。言薩縛者、此云一切也。頞他、事也。悉地、成也。言其於一切所應作事皆已成就也。」梵網述記上曰、「悉達者、梵音具名悉多頞他。悉多、此云成。是成就義。西方人言、誦經純熟、名爲悉多頞他、此云辦。即是事究竟義。」

【悉曇】（術語）Siddham 又作悉談。譯曰成就。玄應音義二曰、「悉曇此云成就。」梵語本係梵天所製、故名悉曇。見次項。

【悉曇章】（術語）列次梵字之元始及其生字、爲兒童最初之科本。是名悉曇章。悉曇者、別指摩多（母韻）體文（子韻）之四十七言。涅槃經所謂半字者是也。又總稱他之生字十八章。本之而成就十八章之文字及名句等、故名悉曇。又爲小學之標稱而題嘉名也。演密鈔六曰、「梵語悉曇、此云成就。準聲明中即是男聲。八轉聲中屬於業聲。業謂造作。以此爲本而能成辦諸章文字及名句等、故云成就。」寄歸傳四曰、「一則創學悉談章。亦名悉地羅窣覩。Siddhirastu 斯乃小學標章之稱。但以成就吉祥爲目。本有四十九字。共相乘轉成一十八章。」法華遊意上梵竺曰、「依冥本前皆無題。但云悉曇。此云吉祥。亦名成就。」玄應音義二曰、「案西域悉曇章。本是波羅賀磨天所作。自古迄今更無異書。但點畫之間微有不同耳。悉曇此云成就。論中悉檀者亦悉曇也。以隨別義轉音名爲悉檀。」

【悉曇字數】（雜語）經論所說有種種。悉曇字記有四十七字。摩多之十二音與體文之三十五聲也。

摩多十二音

阿 阿（長） 伊 伊（長） 歐 歐（長） 藹 藹 奧 奧（長） 暗 痾

體文三十五聲

迦 佉 伽 伽 哦 者 車 社 社 若 吒 他 茶 茶 拏 多 他 陀 陀 那 波 頗 婆 婆 磨 也 囉 羅 縛 奢 沙 娑 訶 濫 叉（乞灑）

西域記二曰、「詳其文字。梵天所製。原始垂則。四十七言也。遇物合成、隨事轉用。流演枝派、其源深廣。」大莊嚴經示書品說四十六字。以阿字爲始、以差字爲終。十二摩多與三十四體文也。僅除三十五字中屬於遍口聲之濫字耳。然金剛頂經字母品說五十字、始於阿、終於乞灑、此初列十六摩多、後列三十四體文。(如莊嚴經除濫字)十六摩多者、第六音之下列里、哩、呂、嚧、𑖆𑖇𑖈𑖉後列𑖊(噎)𑖋(愛)等六摩多也。依之而總爲五十字。又文殊問經字母品說五十字、始於阿、終於乞灑、全同金剛頂經、但別摩多之文字爲呂、唱、力、嚧。又涅槃經文字品說五十字。初列十二摩多、次列三十四體文、(除濫字。)迦爲始、茶爲後、次有別摩多四(魯流盧樓)字。又大日經具緣品說四十二字。初說摩多之阿字一字、次說迦等之體文二十字、次說野等徧口聲之體文八字、次說仰等之體文五字。總有四十二字。又同字輪品說五十字。初說摩多之伊等十二字、後說仰等五字、是不依音聲之次第、而依於義理之次第也。又華嚴經入法界品說四十二字、般若經四念處品亦說四十二字、(與華嚴之字門大異)大集經海慧菩薩品說二十八字、(自阿至婆)寄歸傳有四十九言。依字記之說、故是如金剛頂經等於第六音之下取別摩多四音而最後𑖀𑖽(暗)𑖀𑖾(痾)之二字稱爲界畔字而省之。因之而爲十四音。卽於摩多之十四加體文三十五。

【初中後三分】(術語) 凡字輪大別爲三、初以阿字(四十二字門)五阿字(五十字門)爲第一分、次以迦乃至婆之二十字爲第二分、次有也乃至訶之八字、是爲涅槃聲、同於字傍之二點、是爲第三分。已上皆爲男聲、智慧字也。次有伊等八字(四十二字門)伊等十二字(五十字門加嚕留盧呂之四字)卽成就三昧、是爲女聲、三昧之聲也、卽同於字上之點畫「・」。次有仰等之五字、是爲大空聲、同於上頭之點。此五字者、遍於定慧也。卽見也等字則是涅槃、除之義也、見伊等字卽顯三昧、若見仰等字卽大空之點、大空者、離一切諸相卽是成佛之義也。見大日經疏十四。

【根本十四音】(雜語) 佛本行集經十一曰、「梵天所說之書。」註曰、「今婆羅門書正十四音是。」涅槃經八曰、「迦葉菩薩白佛言、世尊。云何如來說字根本。佛言善男子。說初半字以爲根本。(中畧)所言字者其義云何。善男子。有十四音名爲字義。(中略)此十四音名曰字本。」而次下經文雖就摩多及體文之五十字詳說字義、然不指此十四之根本字者何耶。因而諸師異解多端。如悉曇藏二列十類之異解。其中秀法師之解云、「悉曇十二字合長短二聲爲一音、合有六音。次從迦以去有二十五字爲一音、合爲五音。足前合爲十一也。次從耶已去九字、三字爲一音、合有三音。足前合爲十四音也。不取魯流四字爲音。明此四字直是利前音非是音也。」又悉曇三密鈔之六說中、第六說信範之說與之同。

【四種相承】（名數）一梵王相承。又云南天相承。劫初成時、摩醯首羅（又云商羯羅天、初禪之梵天也。）與毘被劍和合而生一字、名婆藍摩 Brahma 彼有四面而說四韋陀。後面所說爲阿闥婆陀 Atharvaveda。卽聲明也。後人更造六論以釋四韋陀、其一名毘伽羅論、釋後面所說之阿闥婆陀、而辨聲明之法。婆藍摩又云造書天。有三兄弟、造三行之書、梵王造左行之梵書、伽婁仙人造右行之伽書、季弟倉頡作下行之篆書。所云梵王之所說者、根本四十七言。字記所謂南天相承摩醯首羅文字是也。二龍宮相承、又云中天相承。釋尊滅後七百年中龍樹入海探得大乘所傳字記。所謂中天兼以龍宮文字是也。三釋迦相承、前引諸經中除大日經金剛頂經外之經說是也。四大日相承、卽大日經金剛頂經所說、金剛薩埵之結集者是也。見悉曇藏一。

【四重秘釋】（術語）密教就此悉曇爲四重之秘釋。見眞言條。

【五天音與漢士二音】（雜語）以漢音吳音之二音評五天之音、則中天之音多用漢音、少用吳音。南天之音、多用吳音、少用漢音。此中善無畏金剛智不空、一行、慈恩惠果等用中天之音。智廣、寶月等用南天之音。詳見悉曇藏一、悉曇三密鈔上。

【悉曇藏】（書名）日本安然撰、有八卷、故稱爲八卷藏。梵悉曇俱舍 Siddhakoşa

【悉曇四書】（名數）一、悉曇字記。二、悉曇十二例。三、法華梵釋。四、眞言句義鈔也。

【悉曇字記】（書名）一卷、唐智廣、記南天竺般若菩提所傳之悉曇者。

【悉曇十二韻】（術語）四十七字中之十二摩多也。

【悉曇十二章】（術語）摩多之十二音也。西域記二曰、「開蒙誘進、先遵十二章。七歲後、漸授五明大論。」

【悉曇十八章】（術語）以摩多體文四十七言（又四十九言）爲本而生之文字有十八章、載於悉曇字記。寄歸傳四曰、「本有四十九字、共相乘轉成一十八章。總有一萬餘字、合三百餘頌。」

【悉曇五十字門】（術語）見悉曇章條。

【悉曇四十二字門】（術語）見悉曇章條。

【悉檀】（術語）Siddhānta 又作悉談。智度論說四悉曇。悉曇者同於悉談、悉檀、成就之義也。然古師或譯曰宗、或譯曰理、又有譯爲成者。獨南岳以悉爲漢語、檀爲梵語、施之義。見四悉檀條。

【貧女】（雜語）貧窮之女人也。

【貧女寶藏】（譬喻）一切之凡夫具佛性、譬之貧女之有寶藏也。涅槃經七曰「我者卽是如來藏義。一切衆生悉有佛性。卽是我義。如是我義從本已來常爲無量煩惱所覆。是故衆生不能得見。善男子。如貧女人舍內多有眞金之藏。家人大小無有知者。時有異人善知方便語貧女人。我今雇汝。汝可爲我芸除草穢。女卽答言。我不能也。汝若能示我子金藏。然後當速爲汝作。（中略）是人卽於其家掘出眞金之藏。女人見已、心生歡喜。生奇特想。宗仰是人」同三十四曰「我又說衆生佛性。猶如貧女宅中寶藏。力士額上金剛寶珠。轉輪聖王甘露之泉。」

【貧女獻濬澱作辟支佛】（故事）智度論八曰「佛入婆羅門城乞食、婆羅門城、王立制限、若施食於佛、輸五百金錢、佛到其國、皆閉門不應。佛空鉢而出。時一家有一老母持破瓦器盛臭濬澱出門棄之。見佛世尊空鉢而來、見佛相好、思如此神人、應食天廚。今降身行乞、必慈愍一切故。白佛欲設供而不能得、今此弊食佛須者取之。佛知其心信敬淸淨、伸手持鉢受其施食。因記是老女施食於佛、故十五劫中於天上人間受福快樂、後得男子身出家學道、作辟支佛。」萬善同歸集六曰「貧女獻濬澱而位登支佛。童子進土麨而福受輪王。」

【貧女一燈】（故事）阿闍世王授決經曰「阿闍世王請佛佛飯食已、佛還祇洹。王與祇婆議曰、今日請佛、佛飯已、更復有所宜。祇婆曰、惟多燃燈。於是王乃勅使具百斛麻油膏、自宮門至祇洹精舍。時有貧窮老母常有至心欲供養佛而無資財。見王作此功德、乃更感激、行乞得兩錢、因至麻油家買膏。膏主曰、母大貧窮、乞得兩錢、何不買食以自繼、而用此膏爲。母曰、我聞佛世難值、百劫一遇、我幸逢佛世而無供養。今日見王作大功德、巍巍無量、我意激起。雖實貧窮而欲燃一燈、爲後世根本者。於是膏主知其至意、與兩錢膏應得二合、特增三合、凡得五合。母則往至佛前燃之、心計此膏不足半夕、乃自誓言、若我後世得道如佛、膏當通夕光明不消。作禮而去。王所燃之燈、或滅或盡。雖有人侍、恒不周帀。老母所燃一燈光明特朗、殊勝於諸燈、通夕不滅、膏又不盡。佛告目連天今已曉、可滅諸燈。目連承教以次滅諸燈、燈皆已滅、唯此母一燈三滅亦不滅、便舉袈裟扇之、燈光益明、乃以威神引隨藍風吹燈、老母之燈實爲熾盛、乃上照梵天、傍照三千世界、悉見其光、佛告目連止止、此當來佛之光明功德、非汝威神所毀滅、此母却後三十劫當得作佛、曰須彌燈光如來。」賢愚經貧女難陀品稱難陀爲貧女之名。所記略同。

【貧女施氎衣生天】（傳說）雜寶藏經四曰「須達長者欲供養三寶勸化乞索於一切人民時有一貧女辛苦求價唯得一氎以覆身體見須達乞卽施與須達得巳奇其所能便以錢財穀帛衣食恣意所欲供給貧女壽盡命終生於天上後來至佛邊佛爲說法得須陀洹果」賢愚經五貧人夫婦氎施得現報緣品曰「過去久遠毘婆尸佛時有一貧女名檀膩伽因比丘勸化勸其夫唯施一氎由此功德檀膩伽九十一劫所生之處與白氎身俱生今世生於長者家名叔離遂出家得阿羅漢果」

【貧女施兩錢成后】（傳說）雜寶藏經五曰「有貧女見長者於耆闍崛山中供養衆僧生隨喜念曾於糞中拾得兩錢供養僧衆爾時上座維那代呪願且留半分食與彼女女得食大喜還眠臥樹下時國王夫人亡王令國內占相福德之女占師將此女到宮王喜立爲夫人於是王夫人欲報前恩車載飲食珍寶至彼山供養僧衆上座不起使維那呪願諸年少比丘疑之上座言我佛法中不貴珍寶唯貴善心夫人先施兩錢時善心極勝後施珍寶吾我貢高以是我不與呪願」

【貧女施米汁生天】（傳說）諸經要集六曰「有貧女施臭米汁於迦葉尊者得生天之報」

【貧陀婆那】（寺名）寺名譯曰叢林見阿育王經七梵 Piṇḍavana

【貧道】（術語）又云乏道梵語沙門那（略云沙門）之古譯也修正道而斷生死貧乏之義也涅槃經曰「沙門名乏那名道斷一切乏斷一切道（邪道）以是義故名沙門那」百論疏曰「沙門者云乏道亦云息心乏道者以道斷貧乏也」因貧道者乏聖道之義是沙門自謙之稱世說曰「支道林嘗養數馬曰貧道愛其神駿」石林燕語曰「晉宋間佛敎初行未有僧稱通曰道人自稱則曰貧道」善見論十五曰「若有賣衣鉢人比丘喚來示金錢語賣衣鉢人言貧道須此衣鉢有此金錢居士自知」行事鈔下三曰「五分還寺去時（中畧）至請門首告云檀越好施如法貧道何德堪之」業疏三下曰「沙門者或云乏道貧道以譯之皆謙虛自收不伐德也今譯爲息惡者取其意也」行事鈔資持記下三之三曰「貧道亦云乏道皆謙收之稱」梁僧傳十三（法獻傳）曰「中興僧鐘於乾和殿見帝（齊武帝）帝問鐘所宜鐘答貧道比苦氣帝嫌之乃問尙書王儉先輩沙門與帝王共語何所稱正殿坐不儉答漢魏佛法未興不見其記傳自僞國稍盛皆稱貧道亦預坐」僧史略下曰「若此方對王者漢魏兩晉或稱名或曰我或曰貧道故法曠上書於晉簡文稱貧道支遁上

書乞歸剃亦稱貧道。道安諫苻堅自稱貧道。呼堅爲檀越。于時未爲定戒」。案貧道之稱、今屬之道士矣。

【貧窮海】（譬喩）　貧窮之苦難深廣、譬之爲海。智度論二十二曰、「施爲堅牢船。能度貧窮海」。

【貧窮福田】（術語）　優婆塞戒經所說三福田之一。貧窮之人來乞時施給之。雖不求報亦自然獲福。是名貧窮福田。

【貧窮老公經】（經名）　一卷。劉宋慧簡譯。有老公年百二十而甚貧窮。欲來見佛、釋梵斷絕之。佛使阿難喚之來。說其往因、出家證果。

【貪】（術語）　梵語囉誐。Rāga 染著五欲之境而不離也。例如貪愛貪欲等。唯識論六曰、「云何爲貪。於有有具染着爲性。能障無貪生苦爲業」。俱舍論十六曰、「於他財物惡欲爲貪」。瑜伽倫記七上曰、「貪之與愛名別體同」。大乘義章二曰、「愛染名貪」。同五本曰「於外五欲染愛名貪」。

【貪水】（雜語）　貪愛之情能吸引物、又滋長惡法。如水。楞嚴經八曰、「是故十方一切如來色目多求同名貪水。菩薩見貪、如避瘴海」。

【貪見】（術語）　十種見之一。貪著於自心順情之境生種種之妄見者。

【貪毒】（術語）　三毒之一。貪欲之煩惱毒害有情之身心者。

【貪使】（術語）　十使之一。貪欲之煩惱。驅使有情之身心者。

【貪染】（術語）　貪著五欲之境染著也。

【貪狠】（譬喩）　言貪欲之深如狠也。無量壽經下曰、「貪狠於財色」。同義寂疏曰、「狠性多貪。故多貪者謂之狠。如狐性疑謂之狐疑」。

【貪病】（術語）　三病之一。貪愛之心病惱有情之身心者。見涅槃經三十九。

【貪恚痴】（術語）　同於貪瞋痴。又云婬怒痴。卽三毒之煩惱也。

【貪欲】（術語）　引取順情之塵境而無厭。謂之貪欲。卽貪愛世間之色欲財寶等而無厭也。法界次第上之上曰、「引取心無厭足爲貪欲」。法華經譬喩品曰、「諸苦所因貪欲爲本。若滅貪欲無所依止」。

【貪欲使】（術語）　十使之一。貪欲之煩惱驅役有情之身心使流轉於三界者。

【貪欲蓋】（術語）　五蓋之一。貪欲之煩惱蓋覆有情之心識而不使善法發生者。

【貪欲尸利】（術語）　三毒尸利之一。見三毒條。

【貪欲卽是道】（術語）　台宗所立性惡之法門也。貪欲之事雖惡。而具法性之實理。故習於貪欲者。可就貪欲而觀法性也。又謂之婬欲卽是道。

【貪欲瞋恚愚痴】（術語）卽三毒之煩惱也。

【貪習】（術語）貪欲之爲習性者。楞嚴經八曰、「貪習交計、發於相吸。」

【貪惜】（術語）貪惜財物無施與之心也。無量壽經下曰、「有無相通無得貪惜。」

【貪結】（術語）五結之一。貪欲之煩惱使人緊縛於三界之生死而不得出離者。

【貪著】（術語）多求而無厭足爲貪、貪心固著而不離云著。法華經序品曰、「貪著於名利求名利無厭」、寶積經七十八堅牢比丘壁上偈曰、「邪念生貪著貪著生煩惱」、遺敎經曰、「若有智慧則無貪著。」

【貪愛】（術語）於五欲之境貪著愛著而不能離者。貪與愛異名同體也。勝天王般若經一曰、「衆生長夜流轉六道苦輪不息、皆由貪愛。」法華經方便品曰、「深著五欲如犛牛愛尾。以貪愛自蔽盲瞑無所見。」楞伽經三曰、「殺無明父、害貪愛母。」

【貪煩惱】（術語）六大煩惱之一。貪欲之情惱亂有情之身心者。

【貪瞋】（術語）三毒中之二毒、貪欲與瞋恚也。釋門歸敬儀中曰、「貪瞋一發業構三塗。」

【貪瞋二河譬喩】（譬喩）二河白道之喩也。見二河白道條。

【貪瞋痴】（術語）貪欲與瞋恚愚痴三種之煩惱也。此三有荼毒人最劇、故稱三毒。涅槃經二十九曰、「毒中之毒不過三毒。」釋門歸敬儀中曰、「下凡煩惱、微細難知。麤而易見、勿過三毒。自毒毒他深可厭患。」

【貪縛】（術語）三縛之一。貪欲之煩惱、縛有情之身心不使出離者。見華嚴孔目章。

【貪濁】（術語）貪欲之煩惱、濁亂有情之身心者。隨願往生經曰、「娑婆世界人多貪濁、信向者少。」

【鳥迹】（譬喩）空中之鳥跡、以譬物之無實體也。涅槃經二曰、「譬如鳥跡空中現者無有是處。有能修習無我想者而有諸見者亦無是處。」維摩經觀衆生品曰、「如空中鳥跡。如石女兒。」

【鳥翅】（故事）四分戒本疏二上曰、「律中龍珠鳥翅一去不還。」行宗記二上曰、「鳥翅者昔有比丘住林間、正患夜半衆鳥悲鳴。佛敎乞鳥兩翅。卽飛出林不復還矣。」

【鳥道】（術語）禪道至難險如鳥道、鳥道者地名也、又至道寥廓、如空中鳥跡也。洞山錄曰、「我有三路接人、鳥道玄路展手。」玄中銘序曰、「寄鳥道而寥空、以玄路而該括。然雖空體寂然、不乖群動。」同銘曰、「舉足下足鳥道無殊、坐臥經行莫非玄路。」祖庭事苑四曰、「鳥道猶虛空也。」南中入志曰、「鳥道四百里。以其險絕獸尙無蹊。特上有飛鳥之道。」李白詩曰、「西當太白有鳥道。」

【鳥窠禪師】（人名）名道林、唐杭州人九歲出家、二十一歲於荊州果願寺受戒。至京師謁徑山道欽禪師而契悟心要。後南歸見秦望山有長松枝葉繁茂盤屈如蓋、遂棲止其上。故時人謂之鳥窠禪師。有鵲巢於側、人又曰鵲巢和尚。元和年中白居易出知杭州聞師之道、見師棲止巢上、乃問曰、師住處甚險。師曰、太守危險尤甚。曰、弟子位鎭山河何險之有。師曰、薪火相交識性不停得非險耶。曰、佛法大意如何。師曰、諸惡莫作、衆善奉行。曰、三歲孩兒也解恁麼道。師曰、三歲童兒雖道得、八十老翁行不得。居易頷歎、數從問道、穆宗長慶四年二月十日跏趺而化、勅諡圓修禪師。見傳燈錄四、稽古略三。

【鳥鼠僧】（譬喩）鳥鼠者蝙蝠之異名、以譬破戒之比丘。佛藏經上曰、「譬如蝙蝠。欲捕鳥時則入穴爲鼠。欲捕鼠時則飛空爲鳥。而實無有鼠鳥之用。其身臭穢、俱樂闇冥。舍利弗破戒比丘亦復如是。既不入於布薩自恣。亦復不入王者使役。不名白衣不名出家。」㘞如鼠唧唧聲、鳥空空聲、謂無意味之語也。止觀八曰、「鼠唧鳥空。」

【兜牟盧】（天名）天名。慧琳音義十二曰、「兜牟盧、梵語天名也。此即四姊妹女天之兄也。並是欲界中諸天眷屬。」梵 Tumbura

【兜沙經】（經名）一卷、後漢支婁迦讖譯。玄應音義八曰、「兜沙經。此譯云行業經。」華嚴經如來名號品之少分及光明覺品之少分也。兜沙之梵語未詳。

【兜沙羅】（雜語）Tuṣāra 又作都沙羅。譯曰霜。華嚴經七十八曰、「兜沙羅色光明。」慧苑音義下曰、「兜沙羅色具云兜沙兜羅色。言兜沙者、此云霜也。兜羅、氷也。」梵語雜名曰、「霜覩沙羅。」

【兜夜】（雜語）兜者兜率天。夜者夜摩天也。

【兜率】（界名）天名。舊作兜率、兜率陀、兜率哆、兜術等、新作都史多、覩史多、鬪瑟哆、珊覩史多等。譯曰上足、妙足、知足、喜足等。欲界之天處、在夜摩天與樂變化天之中間、下當第四重。分天處內處之二。其內院爲彌勒菩薩之淨土、外院則天衆之欲樂處也。四阿含暮抄下曰、「兜率陀、此云上足天。」西域記三曰、「覩史多天。舊曰兜率佗、又曰兜術他、訛也。」玄應音義十八曰、「兜率哆。或作兜駛多、或言兜率陀、皆訛也。正言覩史多。此云知足天。亦云妙足也。」可洪音義一曰、「䏢兜率陀。上所奸反。大般若作珊覩史多。勝天王經作䏢兜術率陀。應和尚音義作䏢兜。並先安反。此云正喜。人云正知足也。」佛地論五曰、「覩史多天後身菩薩。於中敎化。多修喜足。故名喜足。」俱舍寶疏八曰「覩史多此云喜足。於五欲樂生喜足心。故舊云知足。」瑜伽略纂二曰、「都史多名知足。受樂知足故。」法華經勸發品曰、「若有人受持讀誦解其義趣。是人命終(中畧)卽往兜率天上彌勒菩薩所。」梵 Tuṣita

【兜率內院】(雜名)　菩薩最後身之住處也。釋迦如來爲菩薩時最後之住處、住於此終此生、下生人間而成佛也。今爲彌勒菩薩之淨土也。此亦菩薩身之最後、彼天四千歲間住於此。已生人間、成佛於龍華樹下也。而彼天之四千歲當人中之五十七億六百萬歲。普曜經一曰、「其兜術天有大天宮。名曰高幢。廣長二千五百六十里。菩薩常坐爲諸天人敷演經典。」彌勒上生經曰、「爾時此宮有一大神名牢度跋提。卽從座起遍禮十方佛。發弘誓願若我福德應爲彌勒菩薩造善法堂。令我額上自然出珠。既發願已。額上自然出五百億寶珠。(中畧)化爲四十九重微妙寶宮。」

【兜率天】(界名)　兜率、此翻知足。謂於五欲境知止足。故此天依空而居。人間四百年。爲此天一晝夜。則人間十四萬四千年。方爲此天一年。若此天壽四千歲。則該人間五十七億六百萬年矣。參照兜率條。

【兜率陀】(界名)　卽兜率天。欲界諸天之一。其義爲妙足。亦譯知足。謂此天人於五欲皆知足也。

【兜率天子】(菩薩)　又云地獄天子。釋迦菩薩在兜率天宮。足下放光照十方世界。爾時地獄衆生、往昔曾植諸善根者、得蒙此光照。直脫地獄而生於兜率天。聞天鼓所說之法音。於此天身中至第十地者。謂之兜率天子。見華嚴經四十八如來隨好光明功德品第三十五。

【兜率和尙】(人名)　宋隆興府兜率院從悅禪師。寶峯克文之法嗣。元祐六年寂。壽四十八。見續傳燈錄二十二。

【兜率三關】(公案)　續傳燈錄二十二曰、「室中設三語以驗學者。一曰撥草瞻風。只圖見性。卽今上座性在甚麽處。二曰識得自性。方脫生死。眼光落地時作麽生脫。三曰脫得生死。便知去處。四大分離向甚麽處去。」大慧武庫及無門關作「撥草參玄。」

【兜婆】(術語)　Stūpa　同塔婆。見塔條。

【兜術】(界名)　Tuṣita　同梵語之都率。見兜率條。

【兜樓婆】(物名)　Turuṣka　又作妬路婆。香名。楞嚴經七曰、「壇前別安一小火爐。以兜樓婆香煎取香水。」大日經疏七曰、「妬路婆草是西方苜蓿香。與此間苜蓿香稍異也。」婆者娑之譌。

【兜調經】（經名）一卷、失譯。與鸚鵡經及分別善惡報應經、皆中阿含鸚鵡經之別譯。兜調者婆羅門名也。

【兜羅】（物名）Tūla 又作妬羅、堵羅、蠧羅、譯曰楊華絮、野蠶繭綿、常曰兜羅綿、兜羅毦。又樹名。慧琳音義三曰「堵羅綿、細綿絮也。涉門道宣注四分戒經云草木花絮也。蒲臺花、柳花、白楊白疊花等絮是也。取細耎義」同六十四曰「兜羅貯草木花絮木綿也」飾宗記六末曰「兜羅者草木花絮之總名也」俱舍光記十一曰「妬羅是樹名。綿從樹果中出、名妬羅綿、如言柳絮」瑜伽倫記八上曰「野蠶繭名妬羅綿」

【魚】（動物）阿彌陀佛爲魚濟度人。見阿彌陀條。又釋迦如來修菩薩行時、嘗往海中見海中魚巨細相吞、自沒足於海、大魚得飽、小魚得活。此菩薩魂神化爲鯨魚之王。身長數里、時海邊饑饉、人民相食、鯨魚乃寄身海邊、使肉食取之、以救饑饉之民。見度無極集一、經律異相十一。

【魚子】（譬喩）因多而果之成熟者少、譬之魚之子。智度論四曰「菩薩發大心、魚子菴樹華、三事因時多、成果時甚少」因佛念衆生、譬之魚母之念魚子。智度論三十七曰「以佛念故而不墮落、譬如魚子母念則得生、不念則壞」

【魚山】（地名）卽漁山。一名吾山。在山東東阿縣西八里。以陳思王曹植遊此感梵唄而著名。詳見漁山條。

【魚王貝母】（譬喩）此二者行時、衆魚衆貝悉皆附隨、以譬一大煩惱起、衆惑隨之而起。止觀五下曰「魚王貝母衆使具足」

【魚母】（譬喩）彌陀佛以念力住持極樂國土、譬之魚母之念持其子也。淨土論註上曰「住持者如黃鵠持子安千齡更起。魚母念持子逕澩不壞」

【魚兎】（譬喩）譬經文之義理。止觀三曰「得魚兎忘筌罤」

【魚板】（物名）本名梆、魚形之小板。禪院之浴室懸之。

【魚施餓鬼】（行事）魚族供養之施食會。漁夫對於平生之殺生、爲薦後生菩提、或航海中遭難、魚族爲祟、投飲食於河海、施食供養也。

【魚腹兒】（故事）阿羅漢拘羅之事也。付法藏經曰「拘羅生婆羅門家、其母蚤亡、父更娶妻、拘羅年幼、後母瞋忿、擲諸河中。値一大魚、卽便吞食、以福緣故、猶復不死。有捕魚師捕得此魚、詣市賣之。拘羅父見、卽隨買持以歸、以刀剖腹、兒在魚腹、出聲唱言、願父安養、勿令傷兒。父鬬魚腹抱兒出。年漸長大、求佛出家、得阿羅漢果」

【魚鼓】（物名）木魚之異名。魚形之板鼓、爲報知諸事而打者、因其空洞、謂之鼓、爲板形謂之魚板魚板須似魚形。

【魚籃觀音】（菩薩）即馬郎婦觀音也。爲三十三觀音之一、手持魚籃因有此名、又有水上乘大魚之形像。宋濂魚籃觀音像讚序曰、「予按觀音感應傳唐元和十二年、陝右金沙灘上有一美豔女子挈籃鬻魚人競欲室之女曰、妾能授經。一夕能誦普品者、事焉。黎明能者二十。女辭曰、一身豈堪配衆夫耶。請易金剛經。如前期能者復居其半女又辭、請易法華經、期以三日唯馬氏子能。女令具禮成婚。入門女即死。死即糜爛立盡遽瘞之。他日有僧同馬氏子啓塚觀之。唯黃金鎖子骨存焉。僧曰、此觀音示現以化汝耳言訖飛而去自是陝西多誦經者。」

【參】（術語）凡禪門集人爲坐禪說法念誦、謂之參。參者交參之義、謂衆類參會也。故詰旦升堂謂之早參、日暮念誦謂之晚參、非時說法、謂之小參。凡垂語之尾多用參語。參言外妙旨之意也。象器箋曰、「參趨承也。晉謁」

【參同契】（書名）石頭和尚希遷所作。其結句云「謹白參玄人光陰莫虛度」。

【參狀】（物名）門狀之異名。

【參前】（雜語）禪林之語。謂晚參之前也。

【參後】（雜語）晚參或放參之後曰參後。

【參退】（雜語）禪林之語同於參後。晚參或放參之後也。

【參問】（雜語）參至師下而問道曰參問。

【參堂】（雜語）禪林之語。新戒之沙彌初參入僧堂也。

【參椅】（物名）參者交也、脚木交叉可以折疊之椅子。或云學者參問時師家坐此椅子、故名參椅。

【參詣】（雜語）爲禮拜至神佛之前也。

【參寥子】（人名）宋僧道潛號參寥子。

【參寥子集】（書名）宋釋道潛撰。道潛性褊寡合、故其詩頗少含蓄然落落不俗亦因於此。其集世有二本。卷帙相同。而次序少異。一題三學法嗣廣賓訂。一題法嗣法穎編考。集中有與法穎倡和詩則法穎本當不失眞也。凡十二卷。

【參暇】（雜語）暫時請暇出寺者十五日以內再還來、謂之參暇。後世新依住某寺而云參暇者失本義矣。

【參榜】（物名）禪林之語、參見人時之名刺也、又云門狀。

【參請】（雜語）禪林之語。參學請益也。

【參頭】（職位）禪林之語。叢林舊參、

能諧禮樂指導四方來之雲衲者。

【參禪】（術語）參入禪道之義。證道歌曰、「尋師訪道爲參禪。」禪苑授戒章曰、「參禪問道戒律爲先。」皮日休詩曰、「林間孤鶴欲參禪。」

【這裡】（雜語）見者裡條。

【這箇】（術語）又作者箇。指物之辭也。正字通未中曰、「者又此也。」

【連河】（地名）希連禪河之略。佛於此河畔菩提樹下成道。集沙門不應拜俗等事序曰、「仰化連河。攜蜂臺於勝壤。」

【逗會】（術語）使適合於所化之機宜也。

【逗機】（術語）逗者止也投也。小大頓漸之敎法各止住於其機類而不通融於他也。又各投合其機而與以應分之益也。總就方便敎上而言。說文曰、「逗止也。」又通作投。正韻「物相投合也。」

【速成】（術語）速成佛也。

【速香】（物名）速燃之下等香。

【速疾鬼】（異類）Rākṣasa 之譯。又作足疾鬼。見羅剎條。

【速疾立驗摩醯首羅天說阿尾奢法】（書名）一卷。唐不空譯。有那羅延天請摩醯首羅天使說迦樓羅使者之阿尾奢法。

【速得漏盡願】（術語）彌陀佛四十八願中之第十。使衆生速得六神通中漏盡通之願也。斷盡自己煩惱之自在力謂之漏盡通。無量壽經上曰、「設我得佛。國中人天。若起想念貪計身者。不取正覺。」起想念而貪着於身者。卽是漏也。（漏爲煩惱之異名。）

【速證無上正等菩提】（雜語）藥師如來十二願中第九願之願意也。曰、「若墮種種惡見稠林。皆當引攝置於正見。漸令修習菩薩行。速證無上正等菩提。」

【逝心】（雜語）舊譯家譯婆羅門謂之逝心。

【逝多】（人名）Jetṛ又 Jeta。又作誓多。舊稱祇陀。舍衛國波斯匿王太子之名。譯曰戰勝。玄應音義二十五曰、「逝多此云戰勝。是俱薩羅國波斯匿王之子也。太子誕生之日王破賊軍。內宮聞奏。因以名也。舊云祇陀。或云移多。亦言祇洹。皆訛也。移音是奚切。」

【逝多林】（地名）Jetavana 舊稱祇陀林。祇洹林。本爲逝多太子所有之林。故云逝多林。須達長者買之而建精舍以獻於佛。卽祇洹精舍是也。西域記六曰、「逝多林。唐言勝林。舊曰祇陀。訛也。」

【逝宮】（雜名）謂梵王宮及人宮也。逝者遷流無常之義。俱舍光記十八曰、「逝宮謂梵王宮。以彼梵王計彼爲常。佛爲對治彼常計。故名梵宮。逝是無常義。又解逝宮所謂人宮。人宮速歸磨滅。故言逝宮。」因曰月星辰之宮殿也。逝者逝行之義。住心論曰、「二明日月星宮是亦名遊虛空天。古名逝宮」。

【逝瑟吒】（雜名）Jyaiṣṭha 月名。自陰曆三月十五日至四月十五日也。見西域記二。

【逝經】（經名）菩薩逝經之略名。

【逝童子經】（經名）一卷、西晉支法度譯。逝爲梵語逝多之略。譯曰勝。童子名。此經外有二譯、安世高譯者謂之長者子制、白法祖譯者謂之菩薩逝。年十六時佛至其家、逝勸毋行施、佛爲授記。

【逋多】（地名）Potalaka 山名。逋多羅山也。見補陀落迦條。

【逋多羅】（地名）山名。見補陀落迦條。

【逋沙】（雜語）Puruṣa 又作甫沙、補沙、晡沙。新作富盧沙。譯曰丈夫、士夫。玄應音義一曰、「逋沙又作補婁沙。或言富留沙。皆訛也。正言富盧沙。此言士夫。或言丈夫。經中或作甫。訛也」見補盧沙條。

【逋沙他】（雜語）梵語。華言齋日。釋氏以過午不食爲齋。每月有六齋日。見翻譯名義集。

【逋利婆鼻提賀】（雜名）Pūrva-videha 東大洲名。見毘提訶條。

【逋盧羯底攝伐羅】（菩薩）Avalokiteśvara 觀自在菩薩之梵名也。探玄記十九曰、「觀世音者有名光世音。有名觀自在。梵名逋盧羯底攝伐羅。逋盧羯底此云觀。毘盧此云光。以聲字相近。是以有翻爲光。攝伐羅、此云自在。攝多此云音。勘梵本諸經中有作攝多。或攝伐羅。是以翻譯不同也」。

【逐他用】（術語）稱鉤召法。瑜祇經曰、「那羅延自在俱摩羅釋王金剛尾延那。名爲逐他用」。同疏三曰、「逐他鉤召。逐者隨也」。

【逐機頓】（術語）頓教二種之一。禪源諸詮三曰、「遇凡夫上根利智。直示眞法聞卽頓悟。全同佛果」。

【逐機末教】（術語）佛適應聽者機根而說之枝末教也。稱法本教之對。

【通】（術語）作用自在無礙。謂之通。佛、菩薩、外道、仙人之所得者也。卽通力神通等是也。瓔珞經曰、「神名天心。通名慧性」。大乘義章二十本曰、「作用無壅。名之爲通」。此有三種之別。一報得通力。三界諸天皆有五種之神通。乃至鬼神亦有小通。此神通皆依果報而自然感得者。二修得通力。三乘聖者修三學而得六通。外道仙人修禪定而現得五通者。三變化通力。三乘聖者以神通力變現種種者。見華嚴大疏三。

【五通】（名數）一神境智證通、又云身如意通。Ṛddhividhi-jñāna 又云身通。又云神足通。卽變現不思議境界之通力、謂之神境通。遊涉往來自在之通力、故云神足通、自身得變現自在之通力、故云身如意通。各就一邊而與以名也、其中神境通名最爲通稱。二天眼智證通 Divya-cakṣus 得色界天眼根照久無礙謂之天眼智證通。三天耳智證通、Divya-srotra 得色界天耳根、聽聞無礙者。四他心智證通 Paracitta-jñāna 知他人之心念而無礙者。五宿命智證通、Pūrva-nivāsānusmṛtijñāna 知自己及六道衆生宿世生涯而無礙者。此五通爲有漏之禪定或依藥力咒力而得、故外道之仙人亦能成就之。此五者皆名智證通者、以其爲各依智而證得之通力故也。見俱舍論十八。

【六通】（名數）於前五通加漏盡智證通 Āsravakṣaya-jñāna 之一。漏盡知證通者、三乘之極致、諸漏（卽一切煩惱）斷盡爲無礙者。成就此六通限於三乘之聖者、俱舍論二十七曰、「通有六種。一神境智證通。二天眼智證通。三天耳智證通。四他心智證通。五宿住隨念智證通。六漏盡智證通。雖六通中第六唯聖、然其前五異生亦得。」大乘義章二十本曰、「一名身通。二名天眼。三名天耳。四他心智。五宿命。六漏盡通。」（以上六神通次第、同智度論二十八說其次第。）法界次第中上曰、「一天眼通。二天耳通。三知他心通。四宿命通。五身如意通。六漏智通。」（次第異）

【十通】（名數）一宿命通、二天耳通、三他心通、四天眼通、五現神力、六現多身、七往來速疾、八能莊嚴刹土、九現化身、十漏盡通。見華嚴離世間品。又華嚴經說十通、一他心通、二天眼自在淸淨通、三宿住智通、四知劫通、知久遠劫之事也。五天耳智通、六無體性智通、通達諸法無性之理而變現自在、廣利羣生也。七善分別語言通、能通達一切之語言也。八色身智通、能無色現色而無留礙也。九一切法通、通達一切法之事理而無不知也。十滅定智通、滅定者大寂定也。大寂定中能現諸威儀而定散無礙也。見華嚴大疏三十一。

【通力】（術語）神通或業通之力用也。佛菩薩及外道仙人所得爲神通、有五通六通之別。鬼神狐狸等所得爲業通、以彼依業力所得故也。有三通力。見通條。

【通化】（術語）弘通敎化也。道宣律師感通錄曰、「羅什師今位階三賢、所在通

【通申論】（術語）三論之嘉祥、區別菩薩所造之論爲二種。通申諸經之旨者云通申論、如中論百論等。別申一經之旨者云別申論、如智度論之釋大品經。略云通論別論。見三論玄義。明智旭稱之爲宗經論（通申論）釋經論（別申論）見閱藏知津。

【通行】（術語）道之異名。以能通達而趣於涅槃也。

【四通行】（名數）一苦遲通行、依於無色定與未至定中間定之無漏道。名苦通行、以定中無十八支林功德。止多觀少。轉進艱辛也。此中有利鈍之二根。鈍根者謂之苦遲通行。二苦速通行、第一中之利根者也。三樂遲通行、依於色界之四根本定之無漏道、名樂通行、以有十八支林功德。止觀均等。轉進自然也。此中有利鈍之二根、鈍根之人謂之樂遲通行。四樂速通行、第三中利根之人也。見俱舍論二十五。

【通戒】（術語）又云略戒。「諸惡莫作。衆（或作諸）善奉行。自淨其意。是諸佛敎。」等之偈頌也。是過去七佛所通說、又爲通於一切大小乘之戒經。故謂之通戒。七佛各有通戒。見七佛通戒條。

【通戒偈】（術語）通戒之四句偈也。見通戒條。

【通佛敎】（術語）謂不偏於特殊之宗派、共通佛敎全般之敎義也。

【通別二序】（術語）一經之序分分爲證信序與發起序。而證信序者共通其經以外之餘經。故云通序、發起序者特局於其一經、故稱別序。

【通序】（術語）諸經之初有通別二序、如是我聞等通於諸經之序說。爲通序。通序後係本經一部之緣起。爲別序。通序天台分爲五成就、嘉祥分爲六成就。合此通別二序、爲一經三分之第一序分。勝鬘寶窟上本曰、「衆經大同。故名通序。」

【通利】（術語）能通其事而無礙。如利刄也。法華經序品曰、「雖讀誦諸經而不通利。」同化城喻品曰「諸根通利。」

【通身手眼】（公案）猶云渾身是手渾身是眼也。五燈會元曰、「道吾問雲巖曇晟禪師曰、大悲千手眼、那個是正眼。師曰、如人夜間背山摸枕子。吾曰、我會也。師曰、作麼生會。吾曰、遍身是手眼。師曰、道也太煞道。祇道得八成。吾曰、師兄作麼生。師曰、通身是手眼。」

【通明禪】（術語）於四禪四無色及滅盡定而觀身息心三事之禪法也。修此禪者必通觀身息心之三。故云通明、又能發六通三明。故名通明。見止觀九法界次第上之下。

【通明慧】（術語）六通與三明及三慧也。無量壽經下曰「得深禪定諸通明慧。」

【通肩】（術語）見通兩肩法條。

【通夜】（儀式）念誦自夜而達明也。行事鈔中三曰、「僧祇若佛生日轉法輪日乃至大會通夜說法」普通人死時守之徹宵、又謂進薦之勸行也。

【通披】（術語）見通兩肩法條。

【通受】（術語）大乘之受戒有二法、通受三聚淨戒爲通受、別受別解脫戒謂之別受、別解脫戒者三聚淨戒第一攝律儀戒之一分也。通受者不必要限於現前之師、於佛前自誓感好相隨而得戒。別受之法、必具三師七證、行羯磨之作法、而始得戒。是謂之通受自誓、別受相承。

【通兩肩法】（術語）畧云通肩、又云通披著袈裟、對於偏袒右肩而通兩肩著之也。偏袒右肩者恭敬之相、通肩者福田之相。故比丘出而乞食必作通肩之儀。

【通念佛】（術語）對於別念佛而言。通三世諸佛之名號而稱之也。

【通前藏敎】（術語）謂通敎共通於前之藏敎也。卽於此敎鈍根之菩薩、雖觀無生四諦、而但證偏空之理故也。

【通後別圓】（術語）通敎共通於後之別敎圓敎也。於此敎利根之菩薩與別圓二敎之人證同樣中道之理故也。

【通敎】（術語）天台所立化法四敎之第二、說萬法當體卽空無生無滅（當體卽空無實生實滅）之理、爲使二乘及鈍根之菩薩得但空之證、使利根之菩薩得不但空卽中道之證而施設之三乘敎也。不要斷滅萬法、說萬法當體爲因緣生而當體卽爲空無生、故空之中自有不空之義而含中道之理、此名不但空、亦名當通含中。利根之菩薩證此含中之中道而爲別敎圓敎之人也。佛之通敎、正爲此人。故以通敎爲大乘之初門。然而通者共通之義、有二義。一者三乘共學之義。藏敎之三藏四諦十二因緣六度、所學各異、而此敎之三乘、三乘共學諦緣度、皆見當體卽空之理、但以斷見思之正使、兼侵害習氣、自行化他共行、而分三乘之別、故名通。二者單就菩薩有通前通後之義。通敎之菩薩有利鈍二種、鈍根之菩薩與前之藏敎同證但空之涅槃、利根之菩薩、聞之而會不但空之義、遂聞後當體卽空之說、而通於別圓二敎所詮中道實相之理、爲別敎圓敎之人。如此就菩薩有通前通後之義、故名通敎也。此二義中佛之通敎本意、爲使利根之菩薩、得通後之益也。四敎儀曰「通前藏敎、通後圓敎、故名通敎。又從當敎得名。謂三人同以無言說道、體色入空、故名通敎。」

【三通】（術語）通敎之通有三種之別。一因果俱通、三乘同依於體空無生之理（是因通）而斷惑證理（是果通）、是三乘共學之義、通敎之當分也。二因通果非通、是就三乘中之菩薩而分別之、通敎之菩薩、有利鈍之二種、鈍根之菩薩、屬於前之第一種因果俱通也。若利根之菩薩者、七地以前三乘皆斷證、故云因通。七地已後、或爲別敎所接、（此云別接通）或爲圓敎所接、（此云圓接通）各依中道之理而修證、卽別圓之人、故謂之果非通。是但就利根之菩薩而立通前通後之義也。此通前通後之義與前三乘通學之義正爲通敎之敎意也。三通別通圓、此爲藉通開導。藉通開導者、本爲別圓之機、而由一類之人、聞通敎當體卽空之說而修證、遂爲別圓之人、故謂之藉通開導。謂爲通敎之所說開導而爲別圓也。是爲本來別圓之機、故與第二被接之人異。故非正爲通敎之機類、但就鬪通敎上立此一類也。見四念處二。

【通敎十地】（術語）見十地條。

【通途】（術語）謂通常之法也。觀音義疏上曰、「此乃通途商略。」因明義斷曰、「此解雖然未是通途。」

【通偈】（術語）不論經之長行與偈頌、但數文字至三十二字者、謂之通偈。是數經之法也。百論疏上曰、「偈有二種。一者通偈、二者別偈。別偈者謂四言五言六言七言皆以四句而成。目之爲偈。謂別偈也。二者通偈。謂首盧偈。釋道安云。蓋是胡人數經法也。莫問長行與偈。但令三十二字滿。卽便名偈。謂通偈也。」

【通惑】（術語）天台所立五惑中、見思之惑名爲通惑、塵沙無明之二名爲別惑。以見思爲通於三乘而斷之惑故也。四敎儀曰、「集諦者卽見思惑。（中畧）又云通惑。」

【通達】（術語）通於事理而無壅也。金剛經曰、「若菩薩通達無我法音。如來說名眞是菩薩。」無量壽經下曰、「通達諸法性、一切空無我。專求淨佛土、必成如是刹。」

【通達心】（術語）具云通達菩提心。五相成身之第一。初蒙阿闍梨之開示而達菩提之理、修心月輪觀法之位也。

【通達位】（術語）法相宗所立五位之一。菩薩竣一阿僧祇劫之行、始登初地之位、通達少分二無我理之位也。是謂之菩薩之見道。唯識論九曰、「通達位。謂諸菩薩所住見道。」三藏法數二十一曰、「初地菩薩。體會眞如。智照於理。得見中道。故名通達位。」

【通會】（術語）法門之相違、融通和會也。五敎章上曰、「各依敎開宗務存通會。」

【通論】（術語）見通申論條。

【通論家】（術語）通釋無著攝大乘論之敎家也。

【通慧】（術語）神通與智慧。又諸神通以慧爲體、故云通慧。通卽慧也。俱舍論二十七曰、「如是六通解脫道攝慧爲自性。」無量壽經上曰、「諸通慧聲。」

【通霄路】（術語）通天之路也。五燈會元七（太原孚章）曰、「鼓山赴大王請、雪峯門送。（中略）趂至中路、便問師兄向什麼處。山曰、九重城裏去。師曰、忽遇三軍圍繞時如何。山曰、他宗自有通霄路。」

【通覆】（術語）謂白事而通達其志也。小補疑會曰「覆、通作復、復房六切白也。」

【造立形像經】（經名）造立形像福報經之略名。

【造立形像福報經】（經名）一卷、失譯。與佛說作佛形像經同本異譯。佛在拘羅瞿國爲優塡王說。

【造寺堅固】（術語）五箇五百年中、第四五百年爲末法之初、雖爲無行證之時、然爲結善緣盛立寺塔者多之時代也。

【造作魔】（異類）好土功好戰鬪等、總爲無事平穩之害者。

【造花】（物名）以紙或絹所造之花也。得以供佛。寄歸傳四曰、「冬景片時或容闕乏。翦諸繒綵全以名香。設在尊前。斯實佳也。」

【造書天】（天名）梵名婆羅賀摩天、Brahman 稱始造悉曇之人。慧琳音義二十六曰、「造書天梵云婆羅賀摩天。即造悉曇章十二音字母者是也。」

【造塔功德經】（經名）一卷、唐地婆訶羅譯。說佛在忉利天爲觀音菩薩分別、「諸法因緣生。我說是因緣。因緣盡故滅。我作如是說」之一偈。書寫之而安置於塔內。

【造塔延命功德經】（經名）一卷、唐般若譯。波斯匿王知却後七日壽盡、詣佛請延命之法。佛勸造塔供養、並說其儀軌法則。

【造像】（雜語）佛上三十三天夏中三月不在閻浮時、拘翼國優塡王慕佛以栴檀造五尺之佛像、舍衛國波斯匿王聞之、以紫磨金鑄五尺之佛像而供養之。於時閻浮提之內始有二像。見增一阿含經二十八。又優塡王造金像。見觀佛三昧經六。波斯匿王造栴檀像。見外國圖記。諸經中說造像之功德者。如大乘造像功德經、佛說作佛形像經、佛說造立形像福報經、造塔功德經、佛說造塔延命功德經。上說造像之始、有歷史的事實可信。作羅漢像、又爲佛塔裝飾而刻諸種之像者、佛時代亦有之。若爲崇拜之對象而製作佛像者、則似以阿育王後迦膩色迦王時代爲始。

【造像功德經】（經名）具名大乘造像功德經。二卷、唐提雲般若譯。佛在忉利天上。優塡王初造佛像。佛自天而下。王問功德。佛深讚之。彌勒因問滅業障之事。佛一一細答。

【逍遙自在】（雜語）謂無所拘束也。五燈會元曰、「性空妙普菴主、建炎初荷策往見賊魁徐明。明欲斬之。爲文自祭。有云二十四臟。逍遙自在。逢人則喜。見佛不拜。賊駭異釋之。」

【頂王經】（經名）有二本。一爲西晉竺法護譯。一卷。題曰大方等頂王經。一爲梁月婆首那譯。一卷。稱曰大乘頂王經。二經皆與善思童子經同本異譯。

【頂生王】（本生）往昔有王名布殺陀王、王頂上忽生皰、自皰生一子。後長大爲金輪王。稱頂生王。頂生金輪王既征服四天下、遂上忉利天欲害帝釋而已代之。不成還下地困病而死。頂生王者今之釋迦佛是也。俱舍光記八曰「曼馱多是王名。唐云我養。是從布殺王頂皰而生。顏貌端正。王抱入宮告誰能養。諸宮各言我養也。故以標名。舊云頂生王、此義翻也。然非正目。此王長大爲金輪王。」頂生王故事經、文陀竭王經、頂生王因緣經、賢愚經頂生王品、涅槃經十二說頂生王欲害帝釋反敗死之因緣。仁王經下說此時帝釋設百座仁王會退頂生王軍之事。

【頂生王經】（經名）有二部。一爲佛說頂生王故事經、一卷。西晉法炬譯。一爲佛說頂生王因緣經、六卷。趙宋施護譯。二經共說頂生王之行蹟。但具略相異耳。

【頂生三昧】（術語）出生佛頂尊之三昧也。出生義曰「如此又住頂生三昧而現頂生之身耳。」

【頂石】（譬喩）頂上之磐石、當速去之。以譬生死之危急也。心地觀經五曰、「精勤修習未嘗暫捨。如去頂石。如救頭然。」

【頂光】（術語）佛菩薩頂上之圓光也。大阿彌陀佛經曰、「諸佛頂光不及彌陀頂中光明」觀無量壽經曰「頂有肉髻。項有圓光。」

【頂位】（術語）頂法之位也。見頂法條。

【頂法】（術語）又曰頂位。四善根之一。四善根中煖頂之二者爲動善。忍世第一之二者爲不動善。是動善中之最極。猶如人之頂也。故名頂法。俱舍論二十三曰「動善根中此法最勝。如人頂。故名頂法。或由此是進退兩際。如山頂。故說名爲頂。」唯識論八曰、「尋伺位極。故復名頂。」

【頂門眼】（術語）摩醯首羅天有三目。其豎之一隻眼云頂門眼。最超於常眼。碧巖三十四則頌古著語曰「頂門具一隻眼」。同三十五則垂示曰、「若不是頂門上有眼肘臂下有符。往往當頭蹉過。」

【頂相】（術語）如來頂上有肉髻、一切人天不能見。故名無見頂相。三十三相之一。大法炬陀羅尼經曰、「如來頂相肉髻圓滿。一切人天所不能見。」涅槃經曰「無有能見我頂相者。」因禪家謂祖師之半身肖像云頂相。尊之而擬於如來之無見頂相也。

【頂珠】（譬喩）同髻珠。法華七喩之一。見髻珠條。因（術語）佛之肉髻圓如珠之相也。祖庭事苑四曰、「頂珠佛頂珠也。卽世尊頂圓如珠」大般若經三百八十一曰、「世尊頂上烏瑟膩沙高顯周圓猶如天蓋。」

【頂巢】（術語）坐禪而身不動。至鳥

巢於其頂上也。觀音玄記下曰、「尙闍梨得第四禪出入息斷。鳥謂爲木。於髻生卵。定起欲行。恐鳥母不來。卽更入禪。鳥飛方起。是禪滿相。」

【頂輪王】（菩薩）金輪佛頂之異名。

【頂輪眞言】（眞言）佛頂尊之眞言也。

【頂墮】（術語）菩薩於十信之相似位永斷見思二惑、永不沈於三途、得六根互用之功德。於此安其分、著其法、不更進修而入十住之位、是名頂墮。離三界之惑之位、故云頂。於此頂位墮落不進、是卽頂墮。八敎大意曰、「若專住似位名爲法愛。已得相似六根互用。已破兩惑永無墜苦。若愛此似位名爲頂墮。」智度論二十七曰、「愛著諸功德。於五衆無常苦空無我取相心著、是菩薩頂墮。」

【頂禮】（術語）五體投地以吾頂禮尊者之足也。歸敬儀下曰、「經律文中多云頭面禮足。或云頂禮佛足者。我所貴者頂也。彼所卑者足也。以我所尊、敬彼所卑者、禮之極也。」

【減劫】（術語）於住劫之中由人壽無量歲每百年減一歲、至人壽十歲、爲第一之減劫。由是每百年增一歲、至人壽八萬歲、更下至十歲、爲第二之減劫。如此一上一下、終第十九之減劫、更增至人壽八萬歲、爲第二十之增劫。至住劫而終。卽第一止於減數、第二十止於增數、中間有十八回之增減。是曰住劫之二十增減。此中由第一至第十九減壽之時期名減劫、由第二至第二十增壽之時期名增劫。俱舍論十二曰、此洲人壽經無量時至住劫初、壽方漸減。從無量減至極十歲。卽名爲初一住中劫。此後十八皆有增減。謂從十年增至八萬。復從八萬減至十年。爾乃名爲第二中劫。次後十七例皆如是。後從十歲增極至八萬歲。名二十劫。一切劫增無過八萬。一切劫減唯極十年。十八劫中一增一減時量方等。初減後增。故二十劫時量皆等。」（八萬者、八萬四千歲之大數也。）

【減緣減行】（術語）緣者、指上界四諦與上二界四諦之八諦。行者指欲界四諦下十六行相與上二界四諦下十六行相之三十二行相。自聲開乘四善根之初至忍法之上忍、連環普觀此上下八諦之三十二行相、同自中忍之位、一行減之、遂至留苦或道一諦、故謂之減緣。其所以減之者、汎觀上下等之一行相、謂之減行、每減其四行相自減八諦之三十二行相、觀智浮漫而不猛利。故自中忍以後漸漸狹其觀境、以養成猛利之觀智。遂爲發眞無漏智之算引也。上下八諦之三十二行相、第一回自第一觀至第三十一、因而減去第三十二卽上界道諦下出之一行相、第二回更自第一觀至第三十、因而滅去第三十一卽上界道諦下行之一行相。如此每一周自下逆次滅一行相終至滅第一卽欲界苦諦下苦之一行相卽滅去者三十一行相也。滅此三十一行相中每第四周滅一諦故謂之滅緣滅於他三周之行相謂之滅行。卽滅緣七周滅行二十四周合於三十一周滅去三十一行也。第四周謂之滅緣者上下八諦爲所緣之境三十二行相爲對於此之能緣觀解故滅四行相卽滅所緣之境一諦也。因而逆次滅去每至第四行相不謂爲滅行特附以所謂滅緣卽滅諦之名耳。見行相條。

【健杜】（物名）又作健陀、健達。譯曰香。大日經疏九曰「健杜是香」見健陀條。

【健陀】（雜語）又作乾陀、乾馱、犍達。譯曰赤色、黃色等卽袈裟之色也。百一羯磨九曰「乾陀色。梵云袈裟野。Kaṣāya 譯爲赤色。」章服儀曰「木蘭一染此方有之赤多黑少若乾陀色。」寄歸傳一曰、「袈裟乃是蕃言卽是乾陀之色。」(Kantha 或 Kantaka)又(物名)譯曰香Gandha大日經疏九曰「健杜是香」大日經第二息障品作「健陀」名義集三曰、「乾陀羅耶正言健達此云香。」玄應音義三曰「健達此譯云香也。」俱舍光記八曰、「健達名香」又(植物)香樹名寶樓閣經中註曰、「乾陀羅樹香安息香也。」業疏四上曰「赤卽木蘭所染徵涉黑色卽世南海乾陀樹皮頗相類也」元照應法記曰「乾陀樹業疏云南海有之疑是木蘭梵語耳。」又(異類)鬼名法華經陀羅尼品曰「健陀健陀羅黃色鬼。」嘉祥法華義疏十二曰、「建陀此云赤色鬼」慧琳音義二十六曰、「建陀具足云私健陀Skandha(Skanda)此云蔭也。朗法師云是偏唇鬼也。」又(天名)健達婆之略名。八部衆之一。般舟經中曰、「鬼神乾陀共擁護」往生要集指摩鈔十九曰、「乾陀者具云健達縛。又云乾闥婆國音不同也」見乾闥婆條。又(地名)國名犍陀羅國之略名見乾陀羅條。

【健陀俱知】（堂塔）Gandhakuṭī 又作健陀俱胝譯曰香室、堂本爲世尊之居室、後轉爲寺廟之異名。毘奈耶雜事二十六曰「西方名佛所住堂爲健陀俱知健陀是香。俱知是堂。此是香室香臺香殿之義。」

【健陀國王經】（經名）一卷後漢安世高譯。健陀國王感牛語而信佛。佛因說往因。

【健陀摩陀摩羅】（地名）山名。翻梵語九曰「健陀摩陀摩羅譯曰香花」梵Gandhamādanamāla 卽香醉山也。

【健陀穀子袈裟】（衣服）健陀又作乾陀香樹名。穀子者果實也。卽以健陀樹果實所染之袈裟也。其色赤或多赤少黑、是爲袈裟之本色。又以健陀爲香之梵名、故云香染見健陀及香染條。緞或作殼枳殼（Kaṇṭaka）之意。

【健南】（雜名）又作鍵南、蹇南、健男、羯南。譯曰堅厚、堅固、凝厚。胎內五位之一。人於胎內至第四七日肉團堅厚者。玄應音義二十二曰「鍵南舊云伽訶那。此云堅厚。至第四七日肉團方堅實」。俱舍光記九曰「健南此云堅肉」。大佛頂經七作「羯南」。梵 Ghana

【健勇坐】（雜名）稱結跏趺坐曰健勇坐。見白傘蓋大佛頂念誦要法。

【健拏驃訶】（經名）Gaṇḍa-vyūha 華嚴一乘義私記曰「梵云犍拏驃訶。華言健拏嚴言驃訶」。

【健達縛】（鬼類）又作乾闥婆。詳見乾闥婆條。

【健馱梨】（眞言）咒名。持之則能騰飛於空中。是由健馱羅國女巫所出之呪。故從女聲而云健馱利。俱舍論二十七曰「有咒術名健馱梨。持此便能騰空自在」。同光記二十七曰「眞諦云有女天名健馱梨。翻爲持地。此咒是健馱梨所說。從能說女天爲名。故稱健馱梨」。玄應音義二十三曰「健馱梨。持咒女名也。從國爲名。此女聲呼之。男聲猶健馱羅國也」。大法炬陀羅尼經十三曰「犍陀利。隋言奪香」。梵 Gandhārī

【健馱羅】（國名）亦譯健馱邏、健陀羅、乾陀羅、乾陀衞、乾陀。大唐西域記健馱邏國東西千餘里。南北八百餘里。東臨信度河。國大都城號布路沙布邏。按健陀羅本梵語。其義爲香。故或譯爲香遍國。國名頗古。印度阿輸迦王已曾遣僧傳敎於其地。惟當時地域頗廣。自今之白沙瓦至古之呾叉始羅。皆其境。其後迭屬於彌蘭及大月氏。迦膩色迦王即建都布路沙布邏城。以統轄大月氏全帝國者也。迨大月氏衰。小月氏族爲嚈噠所迫。南都布路沙布邏。領有今之喀布爾及船遮布旋。爲嚈噠所取。故健陀羅於東方歷史上最有價值。今阿富汗之喀布爾、堪達哈爾以東。及印度之西北邊省。悉爲健陀羅故地。而堪達哈爾即健陀羅之音轉也。布路沙布邏城即今西北邊省之白沙瓦。參照乾陀羅條。

【假】（術語）假者借之義。諸法各無實體。借他而有。故名假。如借諸蘊而有衆生。借棟梁而有家屋。故假者虛妄不實之義也。

【二假】（名數）一無體隨情假。如凡夫之執我法。我法本無實體。但隨自己之妄情而立我法之名者。二有體施設假。五蘊之法非無。彼於五蘊和合之上假設我法之名者。初就凡夫之迷情而云。後就聖者之悟情而言。見述記一本。

【三假】（名數）爲破凡情實我實法之執。於般若經明三種之假名。三波羅攝提

Prajñapti 又名三攝提、三假施設。智度論四十一曰、「經曰菩薩摩訶薩行般若波羅蜜。名假設受假施設法假施設。如是應當學。」一法假。法者色心等各自之法。此法自性本來虛假不實。故名法假。諸法因緣生、無實性。故是自性假也。二受假。受者總法含受別法而成一體也。如含受四大而成草木。攬五蘊而成衆生。卽攬別為總。名曰受假。是積聚假也。三名假。一切諸法之名也。名者由法依想而假施設者。故名名假。此三假依觀入破遣之次第、則先破名假。次破受假。後破法假。而到法之實相。法之實相者卽諸空也。舊譯仁王經觀空品曰「世諦故三假。故名見衆生。」同天台疏曰、「三假者。謂法假受假名假也。」又成實論假名相品說三假。一因成假。一切之有為法必以因緣而生、是名因成假、卽前之法假也。二相續假。有為法前後相續而存在、是名相續假。如蘊體相續而成人之一期。三相待假。如待短而有長、待苦而有樂、是名相待假。

【四假】（名數）成實論中又明四假。一因生假。一切之有為法、由因而生、皆為無性。故名因生假。如六因四緣生諸法。是前三假中之法假。二緣成假。如攬五蘊成人、捉四境成家。是前三假中之受假。三相待假。如長短等相待而立。四相續假。如一念之色聲、不成身語業。色聲相續方成身語業。見大乘義章一、俱舍光記三十。

【假名】（術語）有二釋、一就名所釋。諸法本無名、以人為假付名者。故一切之名、虛假不實、不契實體。如貧賤之人與以富貴之名、是卽假名。大乘義章一曰、「諸法無名。假與施名、故曰假名。如貧人假稱富貴。」起信論曰「一切言說假名無實。」二就法而釋。諸法為因緣和合而成、無眞實之體、故不可自差別、假名僅有差別之諸法、離名則無差別之諸法、故指諸法為假名。注維摩經曰、「什曰、緣會無實。但假空名耳。」大乘義章一曰、「諸法假名而有。故曰假名。是義云何。廢名論法。法如幻化。非有非無。亦非非有。亦非非無。無一定相可以自別。以名呼法。法隨名轉。方有種種。諸法差別假名故有。是故諸法說為假名。」法華經方便品曰、「但以假名字、引導於衆生。」

【假名宗】（術語）大衍所立四宗之第二。見宗條。

【假名有】（術語）三有之一。如色香味觸四事之因緣和合、假名為酪。是酪者其實為色香味觸、無酪之自體、而以假名之故有酪、是卽假名有也。就色香味觸一一而言亦然。見智度論十二、三藏法數十三。

【假名世間】（界名）又曰衆生世間、有情世間。三世間之一。於世間法中一切之有情云假名世間。以有情者是於五蘊上假設之名字、無有情之實體也。卽十界之有情是止觀五上曰、「衆生世間既是假名無體。分別攬實法假施設耳」。見三世間條。

【假名菩薩】（術語）十信之菩薩也。十住已去爲實行之菩薩。瓔珞經下曰、「佛子從不識始凡夫地値佛菩薩敎法中起一念信便發菩提心。是人爾時住前名信想菩薩亦名假名菩薩亦名名字菩薩。

【假合】（術語）衆緣之假和合也。和合必有離散、是一時之和合而非永久故云假。

【假合之身】謂人之身、是衆緣之假和合物也。大乘同性經曰、「衆緣和合名曰衆生」。原人論曰「此身但是衆緣假和合相、元無我人」。

【假色】（術語）無表色之異名。色法之中有無表色、由受戒所生。舊譯爲無作色或無敎色。是雖屬於色法然如香味而無形質、故對彼實色而名曰假色。

【假有】（術語）謂因緣生之法也。因緣所生之法。如鏡花水月、無其實性。雖無實性然非虛無之法。因之對於龜毛兎角之無法、此於眞如法性之實有而名之爲假有。

【假我】（術語）五蘊之假和合者。外道凡夫妄執之爲實我、悟道之聖者了達爲因緣生之假我。假我爲因緣生、與兎角龜毛之都無不同。若撥無此假我、卽爲惡取空之邪見。經中諸賢聖之自稱我者、皆但就假我而言、卽如如是我聞、又我此土安穩。我說卽是空、皆從人法假立爲我也。

【假法】（術語）對實法而云。由因緣和合而存在之假者。見假條。

【假門】（術語）方便之法門。與以假益之法門。阿彌陀佛四十八願中之第十九願念佛之外修諸行諸善、欲往生極樂者、則誓臨終來迎其人也。此爲日本淨土眞宗所立。敎行信證文類六本曰、「久出萬行諸善之假門、永離雙林樹下之往生」。

【假和合】（術語）從因緣而假和合也。事物之存在、非實有、但爲假和合也。

【假時】（術語）時之梵語有二、一迦羅。二三摩耶。迦羅譯爲實時。三摩耶譯曰假時。見迦羅及三摩耶條。

【假等流】（術語）三等流果之一。見等流果條。

【假實】（術語）假與實也。顯正理論三十二曰、「然許極微畧有二種、一實二假。其相云何。實謂極成色等自相於和集位現量所得。假由分析比量所知。謂聚色中以慧漸析至最極位。然後於中辨色聲等極微差別。此析所至名假極微」。成唯識論八曰、「依他起性有實有假。聚集相續分位性故說爲假。有心心所色從緣生故說爲實。有若無實法假法亦無。假依實因而施設故」。

【假諦】（術語）見三諦條。

【假觀】（術語）天台三觀之一。觀一念之心具三千諸法也。

【偈】（術語）Gāthā 譯曰頌。定字數結四句者。不問三言四言乃至多言。要必四句。頌者美歌。伽陀者聯美辭而歌頌之者。故譯曰頌。見伽陀條。又偈訓為竭。竭也。攝盡其義之意。天台仁王經疏中曰「偈者竭也。攝義盡。故名為偈。」

【二種偈】（名數）偈有二種。一通偈。二別偈。別偈者四言五言六言七言等。皆以四句成之。通偈者即首盧偈也。不問長行與偈。但以三十二字名偈者。是竺人數經之法也。見百論疏上。

【五種偈】（名數）一短句。二字乃至五字為一句。四句為一偈。二前句。六字或七字為一句。四句為一偈。三中句。八字為一句。四句為一偈。四後句。九字乃至二十六字為一句。五長句。二十六字以上為一句。

【偈句】（術語）偈之文句。南山戒疏一上曰「彼葉一偈三十二字。唯此方言多少無準。或三四字或五六七。節以聲言用為偈句。」

【偈他】（術語）譯曰頌。見伽陀條。

【偈蒴】（雜語）佛家詩文之稱。佛家作詩曰偈。作文曰蒴。

【偈頌】（雜名）梵語偈陀。此譯為頌。梵漢雙舉云偈頌。吳音也。梵之偈陀。如此方之詩頌。字數句數有規定。以三字乃至八字為一句。以四句為一偈。

【偈語】（術語）偈頌體之語句。見偈條。

【偈讚】（雜語）以偈句讚嘆他德者。演密鈔五曰「以金剛偈讚稱歎諸尊。」

【偏小】（術語）佛成道後十二年間之說法。大乘家貶之名曰偏小。謂所說之理偏於空。而法門狹小也。

【偏小情】（術語）人法二空中。只知人空一邊。未知法空。小乘淺薄之偏見也。

【偏有執】（術語）偏於萬有之有一邊而執着之見解也。

【偏空】（術語）謂小乘所談之空理。以其偏於空之一邊也。

【偏門】（雜名）非正門。有犯罪者則從此門驅出。見象器箋一。

【偏衫】（衣服）南山舊律家之說。三衣之下覆於左肩之片衣云祇支。覆於右肩之片衣云覆肩衣。（義淨新律家謂祇支覆肩為梵漢兩語而一物也。）魏代縫合此二物名之為偏衫。截領開裾。猶存本相也。資持記作徧衫。說文。徧衣也。六物圖曰「此方往古並服祇支。至後魏時始加右袖。兩邊合縫之徧衫。截領開裾。猶存本相。故知偏衫左肩即本祇支。右邊即覆肩也。」僧史略曰「後魏宮人見僧自恣偏袒右肩。乃一施肩衣。號曰偏衫。全其兩肩兩袖。失祇支之體。自魏始也。」釋氏要覽曰「偏衫古僧依律制只有僧祇支。（此名覆膊亦名掩腋衣）此長覆左膊及掩右腋。蓋襯三衣。故即天竺之儀也。（案已上準於新律家之義）竺道祖魏錄云。魏宮人見僧袒一肘不以為善。乃作偏袒縫於僧祇支上相從因名偏衫。今開脊接領者蓋魏遺制也。」

【偏眞】（術語）小乘所說之眞理為偏於空之一邊者、故曰偏眞。一云單空。

【偏眞空理】（術語）同上。

【偏袒】（術語）此有二解。一、謂袒露一臂也。史記陳勝起窮巷奮棘矜偏袒大呼、天下從風。今通稱偏護其人曰偏袒。蓋自周勃有為呂氏右袒為劉氏左袒之令、後遂沿用袒字為助之義矣。二、佛家所著袈裟。輒偏露一邊。謂之偏袒。金剛經所謂偏袒右肩是也。

【偏袒右肩】（術語）掛袈裟而偏袒右肩、是表比丘恭敬尊者之相也。釋氏要覽曰「律云。一切供養皆偏袒。示有便於執作也」法華經曰「偏袒右肩。右膝着地。」

【偏教】（術語）偏於一方之教。即權教是也。

【偏執】（術語）偏固執於一邊不通於他也。廣百論釋十曰、「偏執如來破相空教」梁傳三、求那跋摩偈曰、「諸論各異端。修行理無二。偏執有是非。達者無違諍。」

【偏圓】（術語）判教理勝劣之稱。偏者偏僻所說之理偏於空乃至中也。圓者圓滿一切具足也。一往配之。則小乘為偏。大乘為圓。然再往論之、則大乘中亦有偏圓。華天所謂圓教獨圓。如他之通別二教（台家）終頓二教（嚴家）偏教也。止觀三曰、「偏名偏僻。圓名圓滿。」

【偶像】（雜語）以土木或金屬所製神佛之像也。漢書霍去病過焉耆山得休屠王祭天金人。此中國偶像之最古者。

【偶講】（行事）維摩會法華會等、講者問者之對配、謂之偶講。

【偷婆】（術語）Stūpa 同於塔婆。譯曰廟或墳。玄應音義十曰、「偷婆。經中或作兜婆。或云塔婆。或言藪斗波。皆訛也。正言窣堵波。此云廟。或言方墳。皆義釋也。」見塔條。

【偷盜】（術語）十惡業之一。新譯作不與取。他人不與而自取也。法界次第上之上曰、「盜取他財物。故名為偷盜。」俱舍論十六曰、「要先發欲盜故思。於他物中起他物想。或力或竊起盜加行。不誤而取令屬己身。齊此名為不與取罪。」

【偷蘭】（術語）偷蘭遮之畧。

【偷蘭遮】（術語）又曰偷蘭遮耶、薩偷羅。梵音 Sthūlātyayas 巴 Chullaccaya 譯作大障善道、大罪、麤惡、麤過等。六聚罪之一。初二篇之因罪（犯波羅夷與僧殘而未遂者）及五篇不攝之諸果罪（就死屍而婬、盜五錢已下、不在五篇中者）也。故此中於罪體雖有因果之別、輕重之差、而就最重者列於波羅夷僧殘之次、以對於此二者之因罪（即本遂罪）最重故也。行事鈔中之一曰、「善見云、偷蘭名大遮障善道。後墮惡道。體是鄙惡。從不善體立名者。由能成初二兩篇之罪故也。又翻為大罪。亦言麤惡聲。論云。正音名為薩偷羅。明了論解偷蘭為麤。遮耶為過」

【值遇】（雜語）希逢也。得會益我者也。法華經化城喻品曰、「昔所未曾覩無量智慧者。如優曇婆羅。今日乃值遇」法華讚曰「度此身難值遇。喻如優曇華始開」

【塚】（雜名）梵言舍磨奢那。封葬之所云塚。其高者云墳。又以土高築為物事之標者亦曰塚。後轉為墓之汎稱。翻譯名義集曰、「舍磨奢那、（Śmaśāna）此云塚。西域僧死、埋骨地下。上累甎石。似窣堵婆。但形卑小。」

【塚間坐】（術語）十二頭陀法之一。比丘坐臥於塚間也。

【塠惕鬼】（異類）圭峯起信論疏下曰、「塠惕鬼。」三藏法數十二曰、「㨃惕鬼。㨃音堆。惕音剔。」起信論義記下曰、「埠場鬼。」止觀八曰、「槌惕鬼。」正作槌惕鬼。

【堆壓地獄】（界名）別名衆合地獄、八大地獄之第三。獄中有大石山壓碎罪人之身者。

【域心】（術語）同於域懷。

【域龍】（人名）又曰大域龍。論師名。梵名陳那。Dinnāga 新因明學之鼻祖。瑞源記一曰、「後記云、域龍者、梵語。此云陳那是也。秋篠記云、具存梵音。應言摩訶 Mahā 陳那伽。此云大域龍。謂由菩薩德雄辯捷。而立破自在。其猶龍故。五印度域莫敢抗者。故稱曰大域龍。」案西域記十曰、「陳那、唐言童授。」慈恩傳四曰、「陳那、此云授童。」原語無童授之意。誤傳也。見陳那條。

【域懷】（術語）域者限域也、所期之分限云域懷。又云域心。法華文句會本十曰、「原其域懷求佛。」同記曰、「言域懷者域謂限域。期心分齊」

【捧物】（雜名）供養三寶之物。

【捧爐神】（圖像）謂荼釜足之鬼形也。

【掛子】（衣服）禪僧所懸之袈裟名。與掛絡同。傳燈錄（慧日章）曰、「不披袈裟。不受具戒。唯以雜彩為掛子。」

【掛大佛】（雜語）西藏新志中曰、「三月初一日、掛大佛亮寶布達拉山上。（中略）男婦不下六七萬。山坡無隙地。紬畫大佛像、自山上第五層樓懸挂垂至山麓、約長三十餘丈。」

【掛眞】（雜語）眞者眞儀。尊宿之肖像。掛肖像云掛眞。

【掛褡】（雜語）僧人投寺寄寓。謂之掛褡。褡衣𧟂也。葛長庚詩云。「未相識前來掛褡。知堂嫌我身襤褸。」參照次項。

【掛搭】（雜語）或作掛褡。又作挂搭。正韻曰、「掛與挂同。」懸也。搭者、附也挂也。禪僧止住、云掛搭。懸衣鉢袋於僧堂之鉤也。因之住持許行脚人依住、謂爲許掛搭。與掛錫掛鉢等。亦同。見掛錫條。

【掛搭單】（雜名）同於掛單。

【掛單】（雜語）與掛搭同。僧人投宿寺院也。

【掛鉢】（雜語）粥飯了、掛鉢於鉤也。因之禪僧止住於他寺曰掛鉢。又曰掛搭、掛錫等。

【掛絡】（衣服）又作掛落、掛羅。小袈裟名。本由支那之禪僧而起。今日本之淨土宗亦用之。掛絡者掛而絡於身之義。單名掛子。或云絡子。通兩肩懸於胸間之小方形物也。釋氏要覽上曰、「絡子或呼掛子。蓋此先輩僧創之。後僧效之。又亡衣名。見掛絡任身。故因之稱也。今南方禪僧。一切作務皆服。以相不如法。諸律無名。幾爲講流非之。」象器箋十七曰、「味者。字作掛羅。謂以羅紗造。又作掛落。謂掛而落胸前。皆杜說也。」

【掛錫】（雜語）懸錫杖之義。謂僧之止住也。同於掛搭。祖庭事苑八曰、「西域比丘行必持錫。有二十五威儀。凡至室中不得著地。掛必於壁牙上。今僧所止住處。故云掛錫。」

【掉】（術語）掉舉也。令心高舉、不安靜之煩惱也。俱舍論四曰、「掉謂掉舉。令心不靜。」唯識論六曰、「云何掉舉。令心於境不寂靜爲性。能障行捨奢摩他爲業。」

【掉悔】（術語）掉舉與追悔之心、共爲不使心安靜之煩惱也。

【掉散】（術語）五蓋之一。身口意之三業不靜、好爲喧噪也。身掉者、好游走諸雜戲、謔不暫坐安靜。口掉者、好吟詠爭是非。爲無益之戲論、世間之語言。意掉者、心情放逸、恣意攀緣思惟文藝世間之才技、爲諸惡覺觀也。

【掉舉】（術語）見掉條。

【掩土】（儀式）全身埋葬也。

【掩色】（術語）掩隱白毫之色之意、謂佛陀之死也。又用於高僧之死。俱舍論曰、「青蓮能笑白毫掩色。」

【掩室】（術語）掩閉室而不接於人也。謂如來成道後、三七日間、坐思而不說法也。僧肇之無名論曰、「釋迦掩室於摩竭。淨名杜口於毘耶。」肇論新疏下曰、「法華說。

如來成佛三七日中而不說法。智度論第七云佛得道五十七日不語等。義言掩室也。」

【掃地】（雜語）掃地有五德。毘奈耶雜事曰「世尊在逝多林。見地不淨。欲令彼樂福衆生於勝田中植淨業故。即自執篲欲掃林中。時舍利子。大目犍連。大迦葉波。阿難陀等諸大聲聞見是事已。悉皆執篲共掃園林。時佛世尊及聖弟子掃除已。入食堂中就座而坐。佛告諸苾芻。凡掃地者有五勝利。云何爲五。一者自心清淨。二者令他心淨。三者諸天歡喜。四者植端正業。五者命終之後當生天上。」

【探水】（物名）禪僧拄杖下頭二尺許。別存小枝。撓而向下。纒繞於本幹。名爲探水。蓋於路過水則先下杖驗之。視水在小枝上下。而後敢渡也。見象器箋十九。

【探玄記】（書名）具名華嚴經探玄記。二十卷。唐法藏撰。釋晉經六十卷。

【探竿影草】（術語）臨濟四喝之一。臨濟錄曰「有時一喝。如探竿影草。」編鵜羽以探水中。待魚集一處而網之。是云探竿。以草浮水中。魚集其影。是云影草。以喻善知識接得學者之善所也。人天眼目註曰「探竿漁者具也。束鵜羽。插竿頭。探水中聚羣魚於一處。然後以網漉之謂也。影草者。刈草浸水中。則羣魚潛影。然後以網漉之。是皆漁者聚魚之方便也。善知識於學者亦復如是。」

【探草】（術語）探竿影草之略。

【探頭】（雜語）探者探索。頭者頭領。師家之勘辨云探頭。臨濟錄曰「上堂有僧出禮拜。師便喝。僧云。老和尚莫探頭好。」

【探題】（職位）於法華會維摩會等。爲論義之時。定論題之人曰探題。又云題者。是最重之職。統領論場者。此人在高座判斷問答之是非。時謂之精義者。

【推功歸本】（術語）推末之功。令歸於根本之德也。

【捨】（術語）Śa 又作沒奢。悉曇五十字門之一。爲一切法本性寂之義。信勤念定慧之聲也。由 Śānta（寂）及 Śraddhā（信）釋之。大日經曰「捨字門一切法本性寂故。」文殊問經曰「稱捨字時。是出信勤念定慧聲。」因善心所之一。內心平等而無執著。名爲捨。簡別於受蘊中之捨受。名爲行捨。行蘊所攝故也。俱舍論四曰「心平等性。無警覺性。說名爲捨。」大乘義章二曰「內心平等。名之爲捨。」同十二曰「亡懷稱捨。心無存著。故曰亡懷。」

【七種捨】（名數）淨影維摩經義記三本曰「經中說捨。汎有七種。一心性平等亡懷稱捨。情無存著。故曰亡懷。二於衆生捨離一切怨親等礙。目之爲捨。三捨一切貪瞋等過。名之爲捨。四見生得脫不復憂念放捨名捨。五證空平等離相名捨。六自捨己樂施、與他人說之爲捨。七益衆生無所希望名之爲捨。」

【捨心】（術語）四無量心之一。棄捨一切而無著也。

【捨多壽行】（術語）阿羅漢二壽行之一。見二壽行條。

【捨身】（術語）或爲報恩燒臂燒身、或爲布施割肉棄身、是名捨身行。梁僧傳有亡身篇。然大小乘異其利、小乘偏以之爲破戒。如小乘之律藏。大乘以之爲菩薩之持戒、如梵網經、法華經等。寄歸傳四敍小律之意。萬善同歸集三述大律之意。六朝時此風盛行。梁武帝、陳武帝皆嘗捨身寺中爲奴。

【捨身品】（經名）金光明經四有捨身品、說過去摩訶羅陀王之第三子摩訶薩埵爲餓虎捨身。

【捨戒】（術語）捨離戒也。捨所得之戒有五緣。

【捨受】（術語）五受之一。

【捨念清淨地】（界名）三界九地之第五。第四禪天也。見九地條。

【捨家棄欲】（術語）出家沙門之行法也。即離妻子眷屬之愛著、五欲之色味、而出家發心也。無量壽經下曰、「其上輩者。捨家棄欲而作沙門。」

【捨無量心】（術語）四無量心之一。

【捨筏】（譬喻）正法譬之筏。教佛筏之應捨、言正法尚應捨、況非法乎。釋門歸敬儀中曰、「經有捨筏之喩。」見筏喩條。

【捨置記】（術語）四記之一。

【捨聖歸淨】（術語）捨聖道門而歸於淨土門也。

【捨墮】（術語）梵云尼薩耆波逸提。八聚藏之一。見篇聚條。梵音 Naiḥsargika-prāyaścittika

【捨德處】（術語）四德處之一。

【捨濫留純識】（術語）五重唯識之一。見唯識觀條。

【捨羅】（雜語）譯曰長被。見舍勒條。

【捨覺支】（術語）七覺支之一。

【捨囉梵】（物名）譯曰瓦椀。大日經二曰、「依於嚩度方閫以捨囉梵。」慧琳音義三十六曰、「捨囉梵唐云瓦椀也。於西北隅風神王位作法止風雨以瓦椀合之。」梵 Śarāva

【捨攞馱】（術語）Śraddhā 譯曰深信。大日經疏三曰、「有大信解者。此信解梵音阿毘目底謂明見是理。心無疑慮。如鑿井已漸至泥。雖未見水。必知在近。故名信解也。下云深信者。此信梵音捨攞馱。是依事依人之信。如聞長者之言。或出常情之表。但以是人未曾欺誑。故即便歸受依行。亦名爲信。與上文信諸佛菩薩義同。梵語本是兩名。唐音無以甄別故同名言信耳」

【採華授決經】（經名）採華違王上佛授決號妙華經之略名。

【採華違王上佛授決號妙華經】（經名）一卷東晉竺曇無蘭譯說阿闍世王受決經中之採華人受決一事。

【採菽氏】（人名）佛弟子目乾連之譯名。慧琳音義六曰、「採菽氏古譯梵語云大目乾連訛略不正。正梵語云摩訶沒特伽羅。唐云大採菽氏。俗云菉豆子。古仙人號也。目乾連是此仙種。亦名俱利迦。Kulika 或名拘隸多。或云俱律陀皆一人之號」梵 Mahā Maudgalyāyana

【採蓮華王經】（經名）採華違王上佛授決號妙華經之異名。

【接引】（術語）接取引導人也。觀無量壽經曰、「以此寶手接引衆生。」

【接生戒】（術語）同於攝衆生戒。見攝衆生戒條。

【接待】（術語）接客也。與攝待同。見攝待條。

【接善戒】（術語）同於攝善法戒。

【接足作禮】（術語）以兩手接尊者之足而禮之也。仰兩手捧足如接。觀無量壽經曰、「韋提希見無量壽佛已。接足作禮。」

【授大乘菩薩儀】（書名）一卷。宋元照述。

【授手】（術語）上輩三品之往生人臨終時西方極樂之佛菩薩皆執金剛臺至行者前、授手迎接行者也。觀無量壽經曰、「阿彌陀如來與觀世音大勢至無數化佛。（中略）觀世音菩薩執金剛臺。語大勢至菩薩至行者前。阿彌陀佛放大光明。照行者身。與諸菩薩授手迎接。」

【佛佛授手】（術語）自一佛至一佛、自一佛至多方之佛、授手、囑累法也。祖庭事苑四曰、「泥洹云。佛將入滅。命羅漢十萬比丘授手。又將左手伸向阿難、羅云。又將阿難、羅云手授與他方化佛。表囑累故」

【授衣節】（行事）陰曆九月曰授衣節。禪家有授衣節之上堂。鏡堂圓禪師建仁錄授衣節上堂曰、「人間九月授衣時。破綻禪和猶未知。趁暖急須先補綴。待寒方覺已遲遲。」

【授決】（術語）同於授記。於衆生授與決定作佛之記別也。大日經疏一曰、「定光之授決。」

【授戒會】（儀式）於一般在家之人授與優婆塞戒優婆夷戒之法會也。除眞宗外他宗皆行之。

【授事】（術語）Karmadāna 梵語羯磨。譯曰事。陀那、譯曰授。以諸雜事指授於人之役是名授事。舊曰維那者。卽此也。寄歸傳四曰、「授事者。梵云羯磨陀那。陀那是授。羯磨是事。意道以衆維事指授於人。舊云維那者非也。維是周語。意道綱維。那是梵音。略去羯磨陀字也。」

【授記】（術語）梵云和伽羅。Vyākaraṇa 十二部經之一。佛對發心之衆生授與當來必當作佛之記別也。

【二種授記】（名數）一無餘記。佛現前授記某甲衆生於某劫中作佛。號某如來。如是有國土眷屬等了了說之。故名無餘記。如世尊復言若我在世。或滅度後。聞諸法華經一句一偈者。我皆爲授無上菩提之記。是名無餘記。二有餘記。如言告衆生汝於未來某佛時當畢此罪。某甲如來爲汝授記之類。是名有餘記。復言若一切衆生悉有有餘。彼生善根相續不斷。當至無上菩提。是名有餘記。見大疏四。

【四種授記】（名數）一未發心而與授記。或有衆生往來五道。諸根猛利。好樂大法。佛知是人自此過若干阿僧祇劫。發無上菩提心。又過若干阿僧祇劫修菩薩行。度無量衆生。令住於菩提。又過若干阿僧祇劫成無上菩提。號字如是。國土如是。乃至滅後法住歲數如是等。是名未發心而與授記。是十位已前之種性地也。二適發心已得授記。或有人久植德本。修習善行。勤心精進。諸根明利。是人發心。卽住阿惟越地。入菩薩位。墮畢竟數。出過八難。如是等人適發心。諸佛卽授當得作佛之記。是名適發心已得授記。是住行以上也。三密授記。有菩薩求無上菩提。行種種之施。勤行精進。求諸善法。如是人固當授記。然自志滿足。恐不復更發精進之心。如不授記。復恐衆人生疑。謂此人精進修行。不蒙授記。是故佛以威神力密作當得作佛之授記。令他人聞。不令當人知。是曰隱覆授記或云密授記。四現前授記。有菩薩久集善根。無不具足。常修梵行。觀無我空。於一切法得無生忍。佛知是人功德智慧已悉具足。則於一切大衆前現前記其成佛名號國土等。是名現前授記。見首楞嚴三昧經下。又一未發菩提心授記。謂諸佛世尊觀諸衆生根機之利鈍。其具增上之信者。佛則令發菩提心授當得作佛之記也。二共發菩提心授記。謂諸菩薩善根成熟。不得增上之行。但誓欲度脫一切衆生。與諸衆生同發菩提心同成正覺。蒙佛之授記也。三隱覆授記。卽上之密授記。四現前授記。與上名義共同。見菩提資糧論三。

【六種授記】（名數）一種性未發心記。與上之第一同。二已發心記。與上之第二同。三現前記。與上之第四同。四不現前記。對面說爲現前記。於異處遙說爲不現前記。五時覺時定記。記時劫之數量名字。並說佛及國土之名字者。六時無量時不定記。總言於無量劫作佛。不委曲辨時劫之數量及佛國之名號者。地持論勝鬘寶窟上末。

【八種授記】（名數）一已知他不知、發心而自發誓願、未廣及於人未得四無所畏未得善權故也。二衆人盡知已不知發心、廣大得無所畏得善根故也。三已衆俱知位在七地得無畏得善權、得空觀故也。四已衆俱不知未入七地未得空觀之無著行故也。五近覺遠不覺如彌勒是諸根具足不捨如來無著之行故也。（彌勒成佛在近、近者得覺知其授記、遠者不能覺知）六遠覺近不覺此人未能演說聖賢之行故也。即師子膺是七近遠俱覺諸根具足不捨無著之行徧遊十方世界作不思議顯佛之神德故也。今之柔順菩薩是。八近遠俱不覺未得菩提皆不能悉知如來藏等之行故也。今之等行菩薩是。見菩薩瓔珞經九法華文句七之一。

【授記光】（術語）佛爲授行者記別、照行者身之光明也。智度論三十三曰、「諸佛法欲與衆生授記。先微笑、無量光從四牙中出所謂靑黃赤白綠紫等也。」

【授記品】（經名）法華經二十八品中之第六品。依迹門三周說法中譬喩之說法、以中根之迦葉等四大聲聞廻小向大佛對此四人說當來作佛、現前授記之品也。

【授記說】（術語）梵音曰和伽羅。Vyākaraṇa 佛於菩薩緣覺等、授與未來懸記之說教也。十二部經之一。

【授菩薩戒儀】（書名）一卷、唐湛然述。又一卷、宋遵式撰。

【授學無學人記品】（經名）法華經二十八品中第九品之名。聲聞乘四果中預流、一來、不還之三果云學人。阿羅漢果云無學人。此品記法華迹門三周說法中之因緣周、由於彼等聞往昔之因緣、初廻小乘心發無上菩提心。佛於彼等授當來必當作佛之記別、故謂之授學無學人記品。常略名人記品。

【掘倫】（地名）小島名。在安南之東南海中。又名崑崙島。出於寄歸傳一。（今爲Pulo Condore）

【掘具羅】（植物）或作局崛羅、窶具羅、求求羅。譯曰安息香。見求求羅條。

【陳那】（人名）Dinnāga 菩薩名。譯曰童授。或譯曰域龍。佛滅後一千百年頃出現於南印度案達羅國、作因明正理門論。是新因明之祖也。西域記十曰、「陳那、唐言童授。」慈恩傳四曰、「此言授童」。因明後記曰、「域龍者梵語此云陳那是也。」大部補註曰、「陳那具云摩訶陳那迦、此翻大域龍。」

【入定作論】（故事）西域記十曰、「陳那菩薩者、佛去世後承風染衣、智願廣大、慧力深固、愍世無依、思弘聖教、以爲因明之論、言深理廣、學者虛功、難以成業、乃匿迹幽巖、棲神寂定。（中略）放大光明、照燭幽昧。時此國王深生尊敬。見此光明。相疑入金剛定。因請菩薩證無學果。陳那曰：吾入定觀察。欲釋深經。心期正覺。非願無學果也。王曰：無生之果。衆聖攸仰。斷三界欲。洞三明智。斯盛事也。願疾證之。陳那是時心欣王請。方欲證受無學聖果。時妙吉祥菩薩知而惜焉。欲相警誡。乃彈指悟之而告曰：惜哉。如何捨廣大心。爲狹劣志。從獨善之懷。棄兼濟之願。(中畧)陳那菩薩敬受指誨。奉以周旋。於是覃思沈研。作因明論」。

【陳那裂石】（故事）　見石條。

【陳棄藥】（飮食）　又云腐爛藥。南山舊律家依僧祇四分所說。謂爲大小便。義淨新律家依有部律。謂爲人所遺棄之醫藥。僧祇律四曰：「若被毒。醫言應服大便汁。若自已許。不須復受。若他許者當受。比丘病。醫言當服小便者。不得取初後。應取中。若自已許。承取卽名受。若在地及他許當受」。四分律四十二曰：「爾時比丘病毒。醫敎服腐爛藥。若是已腐爛藥墮地者。應以器盛水和之漉受。然後服。若未墮地者。以器受之。水和漉服之。不須受」。業疏三曰：「腐爛藥者。世所同棄。而實可收。卽大小便也。有本說云：陳棄藥者。謂世間糞殘渣滓可棄者。取重煮之。得療。卽止。何須問本」。同濟緣記曰：「腐爛。側中有二釋。初釋中小便治勞。大便解熱。名黃龍湯。次釋則通衆藥。人所不用。故云陳棄。卽腐爛異名」。義淨師極斥之。寄歸傳三曰：「自有方處。鄙俗久行。病發卽服大便小便。疾起便用豬糞貓糞。或堈盛甕貯。號曰龍湯。雖加美名。穢惡斯極。(中略)陳棄之言。卽是陳故所棄之藥。意在省事。僅可資身。上價自在關中。噉服實成非損。梵云哺堤木底鞞殺社。哺提是陳。木底是棄。鞞殺社譯之爲藥。是陳棄藥也。律開大便小便。乃是犢糞牛尿。(中略)正量部中說。其陳棄既是部別。不可同斯。了論雖復見文。元非有部所學」。巴Pūtimutta (mūtra)-bhesajja (糞便藥)　梵(義淨)Pūtimukti-bhesajya(陳棄藥)

【陳尊者】（人名）　又曰陳尊者。號睦州。嗣法於黃檗。居睦州之龍興寺。見傳燈錄十二。

【陞座】（雜語）　禪家之用語。上高座而說法也。舊說曰普說爲陞座。或上堂亦稱陞座。

【陰】（術語）　謂色聲等之有爲法也。其解釋諸師各異。天台謂陰有二義。一陰者蔭覆之義。謂色聲等之有爲法。蔭覆眞理也。二積聚之義。謂色聲等之有爲法。積聚生死之苦果也。止觀五上曰：「陰者陰蓋善法。此就因得名。又陰是積聚。生死重沓。此就果得名」。淨影取積聚之一義。大乘義章八本曰：「積聚名陰。陰積多法故」。是言色聲等之有爲法。多法積聚而爲體也。已上二家皆爲舊譯、梵語塞建陀 Skandha 之譯語也。然新譯以譯之爲蘊、解積聚之義。爲且視舊譯之陰字爲陰陽之陰、因許積聚之義不許陰覆之義。若爲陰覆之義、則梵語云鉢羅婆陀。慈恩之義林章五本曰、「梵云塞建陀、唐言蘊。舊譯名陰。(於禁反)此陰是陰覆義。若言蔭者。梵本應云鉢羅婆陀。案陰音應以於今反陰陽之陰也。(陰陽之陰是陰積之義)」但仁王經曰、「色名色蘊。心名四蘊。皆積聚性。隱覆眞性。」又中論疏四末曰「陰者陰殺也。其義主殺。以此五法能害慧命。是故經中喩旃陀羅。」是如天台之釋、有蔭覆之義。名義集六曰、「蘊謂積聚。古翻陰。陰乃蓋覆積聚有爲。蓋覆眞性。」

【五陰】(術語)見五蘊條。

【陰入界】(術語)五陰十二入十八界也。謂之三科。見三科條。楞伽經曰、「惟願世尊更爲我說陰入界生滅。」

【陰幻】(術語)謂五陰如幻假有之理也。輔行二曰、「聞說陰幻、知罪無生。」

【陰妄】(術語)五陰盡爲迷妄者、故云妄。

【介爾陰妄一念】(術語)吾人現思妄心也。卽第六意識之一念。介爾者、微弱之義、細少之義。陰妄者、謂此心屬於五陰中之識陰而爲迷妄者。一念者、謂僅一剎那之心也。天台宗之觀法、以此心爲所觀。無觀斯妄之一念心、爲具三千性相卽空卽假卽中者。輔行五之三曰、「言介爾者、謂剎那心。又介爾者介者弱也。謂細念也。但異無心。三千具足。」四敎儀集註下曰、「觀一念心等者、卽現前陰妄一剎那心。」

【陰妄一念】(術語)謂陰蓋善法之迷妄一念心。卽凡夫現前一剎那之心。指陰識無記之第六識也。蓋天台之意、謂初心者、不堪直以融妙之法體爲所觀、修圓頓之妙觀、故不就佛界或衆生界、而卽近要易修自己一念之心。法定爲所觀之境。於摩訶止觀正修章中雖廣舉所觀之十境、以備機根之不同。若剋示境體、則如所謂去丈就尺、去尺就寸。置色等四陰而但觀識陰。識陰三性中亦獨取無記羸劣現前剎那之妄心、以爲所觀之境體云。參照前項。

【陰界】(界名)五陰與十八界也。

【陰持入經】(經名)後漢安世高譯、二卷。說五陰六入等之法相及三十七器之道科。小乘部。

【陰境】(術語)十境之一。

【陰錢】(雜名)紙錢之別名。陰府所用之錢貨。見瘞錢及紙錢條。

【陰藏】(術語)佛之陰莖也。佛之陰莖藏於腹中而不現見、故云陰藏。似馬之陰、故名馬陰藏。又云陰馬藏。三十二相之一。三藏法數四十八曰、「陰相藏密、猶馬陰不可見也」往生要集中本曰「如來陰藏平如滿月有金色光猶如日輪」

【陰藏相】(術語)見前項。

【陰魔】(譬喩)五陰能害衆生佛性、故譬之魔。四魔之一。

【陪食】(儀式)禪林之目、達磨忌住持不趣僧堂食粥、於法堂與祖師相伴喫粥、是曰陪食。

【陪堂】(堂塔)禪林之目、陪客僧於僧堂之外堂受食、謂之陪堂。

【陪貼】(雜語)請禪林供養人於本飯本菜之外、陪增貼附供物也。敕修清規尊宿遷化曰「陪貼供養」

【陪禪】(雜語)禪林之語、與伴禪同義。

【陪臚】(天名)Bhairava 自在天之一形、陪臚破陣曲爲舞樂、唐招提寺之陪臚會奏之、稱其蹈舞之際所走之方云陪臚走。參照陪囉嚩條。

【陪襯】(雜語)見陪嚫條。

【陪囉嚩】(天名)金剛神之名。妙吉祥瑜伽大敎金剛陪囉嚩輪觀想成就儀軌經畫像儀軌分曰、「方可求彼勇猛正直人衣。或求女人隱觸之衣。或求女人產生衣。若無如是等衣、卽用屍衣。求得衣已、卽於寂靜無人到處、令彼畫人擇日起首。(中畧)大金剛陪囉嚩相者。一身九面裸形黑色三十四臂一十六足。(中畧)於像前畫尸陀林。中有種種囉叉娑鬼神吠多拏等。又畫尼俱陀樹。樹上有懸掛人屍及有鐵屍。復於林下畫衆人屍。(中畧)於本尊前畫持明人裸身被髮。以髑髏爲冠。以五種甘露藥塗身。(中畧)如是畫像畢已。將此幢安於深密寂靜之處。常燒人肉爲香供養。持明人用人骨爲數珠。於此像前以虔心專注。一日三時持誦大明滿三洛叉。然後隨意作法成就。此畫幢像不得寄於他人。亦不得輒於人前開展令人瞻見。持明人以酒食爲食。又復一日三時以吠嚕左囊及人血相和爲香。於幢前焚燒以爲供養。如是至誠不退者。決定獲得最上成就」梵 Bhairava

【陪嚫】(雜語)禪林之目、陪者重也、功勞非常者、一陪其嚫也。陪通倍。

【添品法華】(經名)添品妙法蓮華經之畧。

【添品妙法蓮華經】(經名)八卷。隋闍那崛多達摩笈多共譯。多用什師之譯文、變其品之前後。但添羅什本之不足。卽提婆達多一品、並藥草喩品中生育之一喩、故云添品。普門品中之後偈、羅什本云本來有、提婆品、嘉祥、天台、慈恩、謂其無、今從後義。

【深入】(術語)梵語曰尼延底、譯曰深入。貪之別名。貪能深入所欲之境、又能深入自心。故名深入。法華經壽量品曰、「毒氣深入失本心故於此好色香藥而謂不美。」名義集六曰、「尼延底此云深入貪之異名。樂著爲貪。」

【**深心**】（術語）三心之一。求法之心深重云深心、又求深高佛果之心云深心、又於深因種德難拔云深心。觀無量壽經曰、「二者深心。」淨影疏曰、「求心慇重故曰深心。」天台疏曰、「深者佛果深高以心往求。故曰深心。」維摩經佛國品曰、「深心卽是淨土。」註曰、「肇曰樹心衆德深固故難拔。深心也。」同菩薩品曰、「深心卽是道場增長功德故。」因謂凡夫迷之深固也。法華經方便品曰、「知諸衆生有種種欲深心所著。隨其本性以種種因緣。（中畧）方便力故而爲說法。」

【**深玄**】（術語）黑色也。大日經疏六曰、「黑謂如來壽量常住之身。如是妙身畢竟無像故作深玄色。」其形爲八角。不思議疏下曰、「深玄者八角場也。卽是蓮華場也。」

【**深行**】（術語）深秘之行業也。爲初地已上之行業。金光明經一曰、「十方諸佛世尊深行菩薩之所護持。」

【**深行阿闍梨**】（術語）稱初地已上證悟諦理與大日如來同其位之阿闍梨。大日經疏三曰、「若同毘盧遮那智業圓滿。是名深行阿闍梨也。」演密鈔五曰、「若同毘盧遮那智業圓滿者智卽是觀自身爲大日身業卽觀自身同薩埵若如是者乃名深行阿闍梨也。」此有十重之深行。

【**深防**】（術語）律之制戒有深防與限分之二法。見限分條。

【**深坑**】（術語）深奥之坑穴。墮、則終不能出以譬二乘證涅槃者及斷善根之人。華嚴經如來出現品曰、「佛子。如來智慧大藥樹王唯於二處不能爲作生長利益。所謂二乘墮無爲廣大深坑及壞善根非器衆生溺大邪見貪愛之水。」

【**深沙大將**】（天名）譯語未詳。有儀軌一卷有天上虛空下地之三使者使成就一切所願。軌中各說其印明。不說其形相種子三形。

【**深沙大將儀軌**】（經名）一卷、唐不空譯。

【**深位**】（雜語）深高之位次也。

【**深妙**】（術語）甚深微妙也。法華經方便品偈曰、「於諸無量佛不行深妙道。」又曰、「無量諸佛所而行深妙道。」

【**深法**】（術語）甚深微妙之法也。諸法實相爲深法之極。法華經序品曰、「世尊在大衆敷演深法義。」無量壽經下曰、「聞深法歡喜信樂。」

【**深法門**】（術語）諸法之深義。有無量之門、故云深法門。無量壽經下偈曰、「究達神通慧遊入深法門。具足功德藏妙智無等倫」。

【深法忍】（術語）甚深之法忍也、法忍有三忍五忍十忍等種種淺深差別無量壽經上曰、「其聞音者得深法忍。住不退轉。」又曰、「心以法緣一切皆得甚深法忍住不退轉。」見忍條。

【深信】（術語）以深固之心信法也。維摩經佛國品曰、「深信堅固猶如金剛。」教行信證信卷曰、「深心即是深信深信即是堅固深信。」

【深秘】（術語）深奧秘妙也。對淺略之稱。

【深秘師】（術語）深秘阿闍梨也。

【深秘釋】（術語）密教四種釋之一。

【深秘阿闍梨】（術語）大日如來之稱、又由大日如來受灌頂者之稱。大日經疏三曰、「乃至毘盧遮那以本願故住於加持世界普現悲生曼荼羅是名深秘阿闍梨。」同十五曰、「當知此中蒙佛灌頂者。為深秘之佛。蒙世間人師之所授者為顯略阿闍梨也。」

【深密經】（經名）解深密經之略。

【深密解脫經】（書名）五卷、元魏菩提流支譯。解深密經之舊譯。

【深理】（術語）深妙之眞理也。唯識論一曰、「唯識深妙理中得如實解。」天台觀經疏曰、「亦從深理生。」

【深淨】（術語）謂甚深淸淨也。法華經方便品曰、「我聞聖弟子深淨微妙音喜稱南無佛。」

【深量】（雜語）深高之分量也。唐華嚴經二十一曰、「見無量佛起深量信。」淨影大經疏上曰、「捨凡成聖荷恩深量。」

【深智】（術語）深高之智慧也。法炬陀羅尼經二十曰、「深智方便開顯法藏。」

【深奧】（術語）深妙秘奧也。大品經有深奧品。智度論七十四曰、「深奧處者空是其義。」南本涅槃經九曰、「譬如良醫子所知深奧出過諸醫。」

【深經】（術語）通稱說諸法實相深理之諸大乘經。維摩經法供養品曰、「諸佛所說深經。」註曰、「什曰以實相印封此經。則為深經也。生曰深經者佛說實相法。」

【深摩舍那】（雜名）譯曰棄死屍處。即尸陀林也。毘那耶雜事十四曰、「於一切時常用深摩舍那處鉢。」註曰、「謂是棄死屍處。舊言尸陀者訛也。」見尸陀林條。梵 Śītavana 又 Śmaśāna

【深禪定】（術語）深妙之禪定也。禪定有種種、先於世間禪總有未至中間四禪四無色之十種、上地之禪望於下地、謂之深禪定。又就出世之無漏禪而有種種淺深之不同。見禪條。

【深禪定樂】（術語）與禪定樂受相

應者。四禪中下之三禪也、其中第三禪稱曰離喜妙樂、身心共爲純一妙樂、謂之禪定樂之最第一。法華經化城喩品曰、大梵天讃佛之偈曰、「我等所往來五百萬億國、捨深禪定樂、爲供養佛故。」

【深總持】（術語）深妙之總持也、梵語陀羅尼、Dhārani 譯作總持、有四種、見總持條。

【深藏】（術語）總稱詮諸法實相深理之大乘修多羅藏。安樂集上曰、「大乘深藏、名義塵沙。」

【淺略】（術語）密宗之語、淺者淺近、略者簡略、總指顯敎所說。二敎論下曰、「法身說深奧、應化敎淺略。」

【淺略釋】（術語）密敎之釋例分二門、一淺略釋、世間通途之釋義也、二深秘釋、詮密敎深理之釋義也、深秘釋中更分三重之淺深、總立爲四重。大日經疏二曰、「依阿闍梨所傳、皆須作二種釋、一者淺略釋、二者深秘釋。」同三曰、「又此經文有淺略深秘二釋、就深秘釋中復有淺深、輒爾披翫者以不解密號故、」見四釋條。

【淺臘】（術語）謂比丘之受戒年數不久者、比丘之年云臘、由受戒之年度起算。

【清白】（術語）佛所顯之法、又總名無漏之善法、皆離煩惱之垢染、故云清白。無量壽經上曰、「清白之法、具足圓滿。」同慧遠疏曰、「所顯之法、出離邪謗、名爲清白。」同嘉祥疏曰「是無漏明、故云清白。」又七善之一。

【清字經館】（雜名）以大藏經譯爲滿洲文字之館也。嘯亭續錄一曰、「乾隆壬辰、上以大藏佛經有天竺番字、漢文、蒙古諸繙譯、然禪悟深邃、漢經中咒偈、惟代以翻切、並未得其秘旨。清文句意明暢、反可得其三昧、故設清字經館於西華門內、命章嘉國師綜其事、達天蓮筏諸僧助之、考取滿謄錄纂修若干員、繙譯經卷、先後凡十餘年、大藏告蕆、四體經字始備。初存經板於館中、後改爲實錄館、乃移其板於五鳳樓。」

【清明】（雜語）清淨之光明也。無量壽經下曰、「日月清明。」

【清信士】（術語）梵語優婆塞。Upāsaka 譯曰信士、又曰清信士、受三歸五戒得清淨信心之男子也。

【清信女】（術語）梵語優婆夷。Upāsikā 譯曰信女、又曰清信女、受三歸五戒具清淨信心之女子也。

【清信男】（術語）同清信士。

【清涼】（山名）五臺山志曰、「五臺山本名清涼山、」華嚴經疏云、「清涼山者卽代州雁門郡五臺山也、以歲積堅冰、夏仍飛雪、曾無炎暑、故名清涼。」參照次項。

【清涼山】（地名）唐代州五臺山之

別名。華嚴經菩薩住處品曰、「東北有處。名清涼山。從昔以來。諸菩薩衆於中止住。現有菩薩名文殊師利。與其眷屬諸菩薩衆一萬人俱。常在其中而演說法。」探玄記十五曰、「清涼山即是代州五臺山是也。於中現有古清涼寺。以冬夏積雪。故以爲名。」

【清涼月】（雜語）指佛而云。華嚴經離世間品曰、「菩薩清涼月。遊於畢竟空。」

【清涼寺】（寺名）唐代州五臺山之別峯有清涼寺、華嚴之澄觀住之。

【清涼池】（譬喻）以喻涅槃之無惱熱也。智度論二十二曰、「人大熱悶。得入清涼池中。冷然清了。無復熱惱。」法華玄義二曰、「三法爲乘。乘於是乘入清涼池。」同四曰「智目行足。到清涼池。」

【清涼三昧】（術語）斷一切憎愛之念。使爲清涼之三昧也。大集經十四曰、「有三昧名曰清涼。能斷離憎愛故。」

【清涼世界】（地名）即清涼山也。

【清涼國師】（人名）華嚴四祖、清涼國師、諱澄觀。字大休。山陰人。姓夏侯氏。身長九尺四寸。垂手過膝。口四十齒。目光夜發。晝乃不眴。日記萬言。七行俱下。才供二筆。年十一、出家。嘗以十事自勵。嘗問徑山欽西來宗旨。默受印記。住五臺山、疏華嚴經。後居京師。德宗迎入內。賜號清涼國師。生歷九朝。爲七帝門師。開成三年、坐逝。壽百二十歲。塔於終南、名曰妙覺。後有僧至闕、言在葱嶺見金神。取華嚴菩薩大牙歸供養耳。有旨啓塔。貌如生。而失二牙。佛祖統紀二十九曰、「初德宗誕節。召講經內殿。以妙法清涼帝心。遂賜號清涼法師。」釋氏稽古略三曰、「帝顧謂羣臣曰。朕之師言雅而簡。辭典而富。能以聖法清涼朕心。仍以清涼賜爲國師之號。」

【清淨】（術語）離惡行之過失、離煩惱之垢染、云清淨。

【三種清淨】（術語）身語意之三業、遠惡行。離惑垢也。俱舍論十六曰、「諸身語意三種妙行。名身語意三種清淨。暫永遠離一切惡行煩惱垢。故名爲清淨。」探玄記四曰、「三業無過。云清淨。」

【清淨人】（雜名）佛之尊號。易行品曰、「諸佛無量劫。讚揚其功德。猶尚不能盡。歸命清淨人。」

【清淨土】（術語）淨業所感之淨土也。

【清淨心】（雜名）無疑之信心也。又無垢之淨心也。中阿含經四十一曰、「清淨心盡脫婬怒痴。成就於三明。」勝鬘寶窟上本曰、「清淨心。淨者信也。起淨信之心。又不雜煩惱心。名爲淨心。」

【清淨身】（雜名）清淨之佛身也。法華經云清淨光明身。

【清淨園】（雜語）寺院十名之一。

【淸淨識】（術語）第九菴摩羅識。Amalavijñāna 舊譯淸淨識。

【淸淨智】（術語）無漏智也。勝鬘寶窟上末曰「淸淨智證第一義」。

【淸淨施】（術語）三輪相之一。見三輪相條。

【淸淨勤】（雜名）指如來言以如來有淸淨無垢之勸功也。

【淸淨三昧】（術語）法華十六三昧之一。

【淸淨本然】（公案）會元十四長水章曰「長水問瑯琊覺和尙如何是淸淨本然云何忽生山河大地覺厲聲云淸淨本然、云何忽生山河大地長水言下領悟」。是依楞嚴經四富樓那之問所謂「世尊若復世間一切根塵陰處界等皆如來藏、淸淨本然、云何忽生山河大地諸有爲相次第遷流修而復始」也。而此問意與圓覺經金剛藏菩薩、「世尊若諸衆生本來成佛、何故復有一切無明若諸無明衆生本有何因緣故如來復說本來成佛」之問同唐復禮法師嘗以偈問天下之學士。諸師各有答偈。

【淸淨法界】（術語）佛所證之眞體也。七佛經曰、「佛有淸淨法界、證眞覺智無不了知」。

【淸淨法眼】（術語）淸淨之法眼也。法眼爲五眼之一。小乘之聲聞於見道觀見四聖諦大乘之菩薩於初地觀見二空之理之智也。無量壽經下曰、「萬二千那由他人得淸淨法眼」。

【淸淨光佛】（佛名）十二光佛之一。

【淸淨覺相】（術語）本覺之眞相也。正覺之體離染汚故云淸淨。圓覺經曰、「一切如來本起因地皆依圓照淸淨本覺相永斷無明方成佛道」。

【淸淨眞如】（術語）七眞如之一。

【淸淨覺海】（譬喩）淸淨之本覺、深廣如海也。圓覺經曰「若於所求別生憎愛則不能入淸淨覺海」。

【淸淨涅槃】（術語）二涅槃、三涅槃之一。見涅槃條。

【淸淨業處】（術語）淨妙之佛土、爲以純善之業因而生之處故名爲淸淨業處。觀無量壽經曰、「佛日敎我觀於淸淨業處」。同慧遠疏曰、「淨妙佛土純善所歸是故名爲淸淨業處」。

【淸淨光明身】（術語）具淸淨光明之佛身也。法華經法師品曰、「若說法之人獨在空閑處寂寞無人聲讀誦此經典我爾時爲現淸淨光明身若忘失章句爲說令通利」。我者釋尊也。

【淸淨持戒印】（印相）是持戒淸淨之印。通常之佛部三昧耶印出觀自在菩薩怛縛多喇隨心陀羅尼經。

【清淨巧方便】（術語）六種巧方便之一。

【清淨解脫三昧】（術語）所住之三昧、無垢清淨離一切之繫縛而自在名曰清淨解脫三昧。無量壽經上曰「諸菩薩衆聞我名字、皆悉逮得清淨解脫三昧。」

【清淨毘尼方廣經】（經名）一卷、秦羅什譯。文殊與寂調伏音天子問答第一義諦、又問答聲聞菩薩之律行不同及種種之法門、因明菩薩住於五無間業而成無上道。

【清淨觀世音菩薩普賢陀羅尼經】（經名）一卷、唐智通譯。與觀自在菩薩說普賢陀羅尼經同本、而有畫像入壇受持法。

【清梵】（雜語）謂釋氏誦經聲也。王僧孺文曰、「清梵含吐、一唱三歎、密義抑揚、連環不輟。」

【清規】（書名）唐德宗元和年中、百丈山懷海禪師始立天下禪林之規式、謂之清規、即百丈清規也。後稱曰古清規。其後一家之祖師、各應時處而制寺規、皆謂之清規。清規者、清淨之儀軌也、所立之儀軌能清淨大衆、故名清規。我國有備用清規、勅修清規、日用清規等。日本有大鑑清規、永平清規、瑩山清規等。但百丈清規今不傳。釋門正統四曰、「元和九年、百丈懷海禪師始立天下禪林規式、謂之清規。議者恨其不遵佛制、猶禮樂征伐自諸侯出。」

【清揚】（雜語）妙聲清淨、音響遠揚也。無量壽經上曰、「又其樂聲無非法音、清揚哀亮、微妙和雅。」

【清源】（人名）見青原條。

【清課】（雜語）謂釋家日行之課程也。鄧漢詩曰、「蒲團清課後。紈扇黯歌中。」

【清墮】（術語）小乘之阿羅漢、誤解清淨涅槃、遂墮於偏空、謂之清墮。祖英集曰、「若不見鶖峯勝集、百萬茫茫等閑過。懷衲之外皆清墮。」

【清辯】（人名）梵名婆毘吠伽 Bhavaviveka 譯曰清辯。爲佛滅後一千一百年頃、與護法菩薩同時之論師、承龍樹中觀之宗旨、作大乘掌珍論、以破護法之有宗、而立空宗。是在印度爲空有二宗諍論之嚆矢。西域記十曰、「論師雅量廣遠、外示僧佉（數論）之服、內弘龍猛（龍樹）之學。聞護法菩薩隆名、懷談議、詣護法所、護法辭不會。還本土、靜思曰、非慈氏成佛誰決我疑、於觀音菩薩像前誦隨心陀羅尼、絕粒飲水三歲、菩薩現妙身聽其所意、敎其至馱那羯磔迦國城南山巖執金剛神所、至誠誦執金剛陀羅尼。論師往誦、三歲後、神乃授秘方曰、此石窟內有阿素洛宮、如法行、石壁當開、即入中待彌勒出世。論師曰、幽居無觀、何知佛出興。神曰、我當報師。受命專咒誦持、復歷三歲、精芥子擊石、巖壁便洞開。師入之、石壁復合。」

【清齋】(術語)清淨之持齋也。由下午至明旦不食謂之齋。又釋氏要覽下曰「今民俗以辰刻飲一杯水、終日不食云清齋。」又謂茹素戒葷也。王維詩曰「松下清齋折露葵」。又(雜名)楞嚴經曰「我時辭佛。宴晦清齋」。(注)清齋淨室也。

【淨人】(雜名)奉侍比丘僧之俗人也。其人解比丘之淨語、故稱曰淨人。比丘之指命總順戒律之作法、故謂之淨語。資持記中三之一曰「知屬前人淨在此人。由解斯義故號淨人」。

【淨口業眞言】(眞言)卽「修唎修唎。摩訶修唎。修修唎。薩婆訶。」十四字也。銷釋金剛科儀會要註解二曰、「誦此眞言者、一切口業悉皆清淨。不誦眞言以恒河水漱亦不淨也」。

【淨土】(界名)聖者所住之國土也。無五濁之垢染、故云淨土。梁譯之攝論八曰、「所居之土無於五濁。如彼玻璨珂等名清淨土」。大乘義章十九曰「經中或時名佛地。或稱佛界。或云佛國。或云佛土。或復說爲淨刹。淨首。淨國。淨土。」

【生淨土法八】(名數)維摩居士應衆香國衆香菩薩之問、說於此土成就八法得生淨土。一饒益衆生不望報。代一切衆生受諸苦惱。所作功德盡以施之。二心等衆生、謙下無礙。三於諸菩薩視之如佛。四於所未聞之經文聞之不疑。五與聲聞不相違背。六不嫉他供不高己利、而於其中調伏其心。七常省己過、不訟他短。八恒以一心求諸功德。見維摩經香積品。

【十七種淨土】(名數)佛於毘耶離國菴摩羅樹園對寶積童子說十七種之淨土。一直心是菩薩之淨土、菩薩成佛時、不諂之衆生來生其國云云。二深心、三大乘心、四布施、五持戒、六忍辱、七精進、八禪定、九智慧、十四無量心、十一四攝法、十二方便、十三三十七品、十四廻向心、十五除八難、十六守戒行、十七十善。是菩薩之淨土。見維摩經佛國品。

【淨土宗】(流派)佛敎之一派。以晋賢爲初祖。主於念佛往生。晋慧遠專倡淨土法門。住廬山。結蓮社。得一百二十三人同願往生極樂國土。魏之曇鸞。唐之道綽。皆專修此道。以觀想持名專修爲上。一名蓮宗。日本亦盛行之。爲二十宗之一。

【淨土門】(術語)門者差別之義、對於聖道門而云淨土門。見二門條。

【淨土論】(書名)無量壽經優婆提舍願生偈之異名。

【淨土七經】(名數)爲支那淨土敎依典之七經也。無量清淨平等覺經二卷、大阿彌陀經二卷、無量壽經二卷、觀無量壽經一卷、阿彌陀經一卷、稱讚淨土佛攝受經一、卷鼓音聲三陀羅尼經一卷。皆爲讚歎淨土之經典。故亦曰稱讚淨土七經。

【淨土眞宗】（流派）常略云眞宗。日本二十宗之一。淨土宗所分出。以他力廻向之信心爲淨土往生之正因。以信後相續之稱名爲佛恩報謝之行業、且其宗規許蓄妻噉肉、不別要持戒倫理綱常通似世之修齋也。親鸞爲其宗祖。

【淨土變相】（術語）變者動也、圖畫不動而畫極樂種種之動相、故云變相。或曰變者變現之義、圖淨土種種之相而令變現、故名變相。樂邦文類曰、「李翰林白金銀泥畫淨土變相讚曰。圖金創端、繪銀設像。八法功德波動靑蓮之池。七寶香華光映黃金之地。清風所拂、如生五音。百千妙樂、咸說動作。」

【淨土文類】（書名）日本眞宗之本、典敎行信證文類也。

【淨土不退地】（術語）淨土門四不退中之處不退地也。見不退條。

【淨土曼茶羅】（術語）又曰觀經曼茶羅。有二種。見觀經曼茶羅條。

【淨土三部經】（經名）見三部經條。

【淨土十疑論】（書名）一卷、隋智者大師說。

【淨土往生論】（書名）同淨土論。

【淨土生無生論】（書名）一卷、明傳燈撰。各家註述如下。淨土生無生論註一卷、明正寂註。淨土生無生論親聞記二卷、明受敎記。淨土生無生論會集一卷、達默集。

【淨土境觀要門】（書名）一卷、元懷則述。明約心觀佛境觀不二之法門。

【淨土往生論註解】（書名）二卷、元魏曇鸞撰。註釋天親之淨土論。學徒稱曰論註。

【淨三業印】（印相）蓮華合掌爲清淨三業之印契、故云淨三業印。見蓮華合掌條。

【淨三業眞言】（眞言）凡修法之初、懺悔法了後、必手結蓮華合掌印、口誦此眞言、除淨吾身口意三業之垢染也。其眞言曰、唵。薩縛婆縛秫馱。薩羅縛達磨。薩縛婆縛秫度欠。Om svabhāvaśuddha sarvadharma svabhāva śuddhahaṃ 第一句之唵、爲金剛界眞言歸命語、三身之義、歸命等之義、如常。第二句薩縛婆縛爲自性之義、第三句秫馱爲自(淨)之義、通上句、卽謂自身之自性淸淨也。第四句薩縛達磨爲一切法之義、卽謂一切法之自(淨)性淸淨也。第五句薩縛婆縛秫度、秫度爲他(淨)之義、卽謂他身之自性淸淨也。蓋謂自身及一切諸法與他身共自性淸淨。結句之欠爲我之義、卽謂今以此自他法淸淨眞言加持、故本具之自性顯現、我身之三業今實淸白也。

【十六字成三十七尊】（術語）此眞言正有十六字、是十六尊之種子、然依阿闍梨之口傳、謂此十六字乃定慧三十二尊之種子、於此附加五佛之種子而爲三十七尊。

金薩　王　愛　喜
金波　嬉　香　鉤
寶菩　光　幢　笑
寶波　鬘　華　索
法菩　利　因　語
法波　歌　燈　鏁
業菩　護　牙　拳
業波　舞　塗　鈴
阿　寶　大　彌　不
閦　生　日　陀　空

【淨巾】（物名）卽手巾也。

【淨天】（界名）四種天之一。見天條。

【淨天眼】（術語）清淨之天眼也。中阿含經十三曰、「已得靜正住逮得淨天眼」。

【淨天眼三昧】（術語）五種三昧之一。見三昧條。

【淨心】（術語）吾人本具之自性清淨之心也。宗鏡錄二十六曰、「破妄我而顯眞我之門。斥情心而歸淨心之道。」密教金剛界譬之於內明之月輪。

【淨心住】（術語）六種住之一。

【淨心誡觀法】（書名）一卷、南山道宣著。本書之註述如下。淨心誡觀法科一卷、宋允堪述。淨心誡觀法發眞鈔六卷、宋允堪述、日本慧光合。

【淨方】（術語）方者方所、淨方者卽淨土之稱。歸敬儀中曰、「淨方不一、隨意樂而受去。」

【淨月】（人名）唯識論十大論師之一。見十大論師條。

【淨水珠】（譬喩）寶珠也、能令濁水澄淨、故名淨水珠。以喩慈心及信心。智度論二十曰、「慈相應心者、慈名心數法、能除心中憒濁、所謂瞋恨慳貪等煩惱。譬如淨水珠著濁水中、水卽清。」

【淨主】（雜語）令家屋爲比丘得住之淨屋、其施主謂之淨主。善見律十七曰、「邊房云何結緣淨屋、若初建柱時、先作坑、以柱近坑、比丘圍繞捧柱、爲僧衆作淨屋、如是三說、說竟立柱。第二第三第四亦如是說。若說一柱、亦得淨屋。若以作屋、云何作淨、應喚屋主來語言、此屋未淨、爲汝衆徒爲淨。檀越作此言、此淨屋布施衆僧從意受用、卽爲淨屋。若先作屋、無屋主、云何作淨、若聚落有老宿、應喚來此屋未作淨、請爲淨主。若檀越不解說、比丘應敎作此言、此淨屋布施衆生隨意受用、卽得作淨屋、隨意受用、安置飯食、無內宿罪。」

【淨名】（人名）見淨名居士條。

【淨名玄】（書名）天台智者之維摩經玄疏六卷、世稱淨名玄。

【淨名經】（經名）維摩詰經之異名。

【淨名玄義】（書名）四卷、元興寺智光撰。

【淨名玄論】（書名）八卷、隋吉藏撰。

【淨名居士】（人名）新作毘摩羅詰、譯曰無垢舊稱維摩詰翻爲淨名。見維摩條。

【淨名居士方丈】（堂塔）說維摩居士之居室也。以其室廣一丈而爲四方故有此名。法苑珠林三十八曰、「於大唐顯慶年中勅使衛長史王玄策因向印度過淨名宅、以笏量基止有十笏。故號方丈之室也。」

【淨行者】（術語）又曰梵志。修婆羅門行者之通稱也。見梵志條。

【淨行品】（經名）菩薩本業經之異名。

【淨行經】（經名）優婆夷淨行法門經之畧名。

【淨行梵志】（術語）修梵天行之婆羅門稱曰淨行梵志。大日經疏四曰、「火神是淨行梵志火祠之所」

【淨行者吉祥印】（印相）大梵天王印之名也。見大梵天條。

【淨肉】（術語）比丘食而無罪之肉云淨肉。有三種、五種、九種。見食條。

【淨衣】（衣服）祈請神佛時所著之清淨衣也。眞言師各依其修法而異其色（見護摩條）但俗人一般著白衣。

【淨地】（術語）比丘住而無罪之地云淨地。有清淨其地之法。

【結淨地法】（儀式）行事鈔下二之一曰、「五分諸比丘欲羯磨於一房一角半房半角、中庭或通結坊間作淨地。並聽若通結應云此住處共住共布薩僧今結淨地除某處」寄歸傳二有五種之淨地。一起心作、初造寺時定基石已、若一苾芻爲檢校人應起如是心於此一寺或可一房爲僧當作淨厨。二共印持定寺基時若但三人者、應一苾芻告餘苾芻言諸具壽（比丘之稱）皆可用心印如此處、於此一寺或可一房爲僧作淨厨第二第三應如是說。三如牛臥其寺屋猶如牧牛處處起臥散漫房門無有定處、縱不作法此處卽成其淨四故廢處是久經僧捨廢處、如重來者至舊觸處卽爲淨。然是不得經宿越宿卽應作法。五秉法作秉白二羯磨法結界文如白一羯磨中所說。

【淨印法門經】（經名）海意菩薩所問法印經之略名。

【淨妙】（雜語）清淨微妙也。法華譬喩品曰、「是皆一相一種能生淨妙第一之樂。」

【淨妙華三昧】（術語）百八三昧之一。

【淨佛】（術語）佛有淺深勝劣之別、究竟之眞佛云淨佛。大日經疏八曰、「言淨佛者聲聞法中阿羅漢亦名爲佛。諸餘大乘未了義經亦有成佛義。然不得名爲遮淨。今正明本心常佛。故以淨字甄之」是台宗斥法相之成佛謂爲有爲之報佛、夢中之權果是也。

【淨佛國土成就衆生】（雜語）淨佛國土者、維摩經佛國品所謂「若菩薩願得淨土。當淨其心。隨其心淨則佛土淨。」佛國土卽菩薩成佛時感得之國土。蓋欲令當來自身所住之國土清淨、必先清淨已心。已心清淨、則其國土得清淨也。故菩薩發大願心、成就當來已淨土而清淨心行、謂之淨佛國土。成就衆生者。又維摩經佛國品所謂「衆生之類是菩薩淨土。所以者何。菩薩隨所化衆生而取淨土。」菩薩感佛土。必有所化之衆生、佛土之淨穢、隨於所化衆生之淨穢。所化之衆生靑淨則其土清淨、所化之衆生汚穢則其土亦汚穢。故菩薩爲莊嚴佛國土而今日敎化衆生、衆生隨其敎而身成就清淨之善業。故當來往生彼佛國土。能所之二化、依正之二報、共得清淨。因之而敎化衆生。謂之成就衆生。法華經信解品曰、「於菩薩法遊戲神通。淨佛國土。成就衆生。心不喜樂。」

【淨住】（術語）寺名十種之一。

【淨住子】（書名）齊蕭子良撰。謂以沙門淨身口七支。不起諸惡。長養增進菩提善根。如是修習成佛無差。則能紹續三世佛種。是佛之子。故曰淨住子。

【淨住舍】（雜名）佛寺或名淨住舍。見法苑珠林。謂清淨安住之所也。

【淨住社】（雜名）齊宣王募僧俗行淨住之法、名曰淨住社。見僧史略下。

【淨戒】（術語）清淨之戒行也。法華經序品曰、「精進持淨戒。猶如護明珠。」

【淨邦】（術語）同於淨土。敎行信證序曰、「淨邦緣熟。調達闍世興逆害。」

【淨法界】（術語）又曰清淨法界、眞如也。眞如之體離一切垢染。故曰淨。爲一切世間出世間功德之所依。故曰法界。佛地論三曰「淨法界眞如爲體」

【淨法界印】（印相）以左右手爲拳、二大指入掌中。伸二頭指。

【淨法界呪】（眞言）與淨法界眞言同。

【淨法界眞言】（眞言）又曰法界生眞言。南謨三曼多佛陀南。達摩馱都。薩嚩婆縛句痕。第一句歸命如常。第二句達摩馱都爲法界之義。第三句薩嚩婆縛爲自性之義。第四句句痕爲我之義。法界卽是佛身、下句云我者卽是法界。此行者雖未能卽體眞性、但作此印誦眞言。亦卽同於體法界也。見大日經密印品同疏十三。又唵嚂瑜伽蓮華部念誦法曰、「若觸穢處、當於頂上觀有法界生字。放赤色光。所謂嚂字。於所食物皆加持此字。卽不成穢觸。於一切供養香華等皆加此字。放白色光。卽無穢觸。所供養物皆得法界。」此中唵爲金剛界之歸命語。三身等之義如常。

【淨居】（界名）淨居天也。又（雜名）伽藍之地也。舊唐書高祖紀、「伽藍之地本曰淨居棲心之所理尚幽寂」。

【淨居天】（界名）五淨居天也。見五淨居天條。

【淨居天眞言】（眞言）見五淨居天條。

【淨門】（術語）六妙門之一。

【淨宗】（流派）淨土宗之略稱。又云淨家。

【淨剎】（術語）清淨之佛國也。華嚴經七曰、「廣大淨剎皆成就」行事鈔下四之一曰、「作從佛往淨剎之意」。

【淨定】（術語）同於等至。

【淨命】（術語）比丘離四種之邪命法而清淨活命、謂之淨命。卽八正道中之正命也。又以清淨之心爲生命、謂之淨命。維摩經菩薩品曰、「正行善法、起於淨命」。註曰、「肇曰凡所行善不以邪心爲命」。不思議疏上曰「淨命者少欲知足之行」。

【淨波羅蜜】（術語）四波羅蜜之一。

【淨竿】（物名）禪寺之浴室設淨觸二竿、淨竿掛淨衣、觸竿掛穢衣。見象器箋二十。

【淨侶】（雜語）無垢清淨之僧衆也。

【淨信】（術語）清淨之信心也。仁王經中曰、「一念淨信」。

【淨屋】（雜名）比丘住而無罪之家屋云淨屋。見淨主條。

【淨施】（術語）二種布施之一。見布施條。

【淨玻璃鏡】（物名）所謂業鏡是也。在閻魔廳罪人一生惡業之事實、悉現前令當人見之。此淨玻璃鏡之名、出於僞造之十王經。不足取。謂之業鏡、又稱火珠、以顯現罪業之說、則經論有明據。見業鏡條。

【淨除業障經】（經名）淨業障經之異名。

【淨除罪蓋娛樂佛法經】（經名）五句章句經之異名。

【淨家】（流派）淨土宗云淨家。

【淨瓶】（物名）梵語軍遲、又作捃稚迦、梵音Kuṇḍikā、此云瓶。有淨觸二瓶、淨瓶之水、以洗淨手。觸瓶之水、以洗觸手。亦稱澡瓶。今俗多以尋常花瓶當之、殊誤。釋氏要覽中曰、「淨瓶、梵語軍遲、此云瓶。常貯水、隨身用以淨手。寄歸傳云軍持有二、若甆瓶者是淨用、若銅鐵是觸用」。義淨之受用三水要行法曰、「舊律十誦五十九云、有淨瓶罐、則澡罐。四十一云、有淨水瓶、常水瓶。又新譯有部律文淨瓶觸器、極分明。此並金口親言、非是人造。寧容唯一銅瓶、不分淨觸。雖同告語、不齒在心。豈可以習俗生常、故違聖教」。

【淨眼】（術語）清淨之法眼也。五眼

中法眼見事理諸法之淨眼也。華嚴經曰、「一如是淨眼能觀見」。図(人名)王子之名。見淨藏淨眼條。

【淨眼三昧】(術語)一心觀梵釋諸天之淨身名為淨眼三昧。大日經疏曰、「於梵釋諸尊解脫身一心不亂名彼天淨眼三昧」。

【淨華衆】(術語)往生極樂者、化生於清淨之蓮華、具七種淨法、是曰淨華衆。願生偈曰、「如來淨華衆正覺華化生」。見七華條。

【淨華臺】(雜名)清淨之蓮華臺也。

【淨域】(術語)諸佛之淨土也。西方要決曰、「必須遠跡娑婆棲神淨域」。

【淨國】(術語)清淨之佛國也。維摩經佛國品曰、「菩薩取於淨國皆為饒益諸衆生故」。觀無量壽經曰、「必生淨國」。淨土論註曰、「淨國無衰變」。

【淨梵王】(天名)梵者清淨之義、梵天總離婬欲故云梵、今梵漢雙舉稱曰淨梵。梵天王也。

【淨菩提心】(術語)眞言行者初入初地見法明道、得無蓋障三昧、名曰淨菩提心。大疏三曰、「初入淨菩提心門見法明道、如識種子迦羅羅時」。

【淨菩提心門】(術語)清淨之菩提心、是東方阿閦如來之三摩地、一切衆生成佛之正因也。一切衆生必以此淨菩提心為因、證入一切如來之境界、故有門之稱。大日經疏一曰、「入佛智慧有無量方便門。今此宗直以淨菩提心為門、若入此門即初入一切如來境界」。

【淨菩提心地】(術語)初地之異名、是為眞言行者初心之位、次三句義之菩提心為因、配於此地。見秘藏記末。

【淨菩提心觀】(術語)五字輪觀之異名。見字輪觀條。

【淨衆】(雜語)清淨持戒之僧衆也。

【淨智見作意】(術語)四種作意之一。

【淨道】(雜語)清淨之佛道也。法華經序品曰、「求無上慧為說淨道」。

【淨飯王】(人名)迦毘羅衛國之王、釋尊之父王也。名義集三曰、「首圖馱那、Śuddhodana 此云淨飯、或云白淨」。

【淨飯王千佛父】(本生)雜寶藏經一、明鹿女之緣云、「昔雌鹿舐仙人尿便生端正女、跡生蓮華時、梵領國王索此女為第二夫人、生千葉蓮華、葉有千小兒、長大皆為力士。彼時千子者賢劫之千佛是也。父者白淨王是也。母者摩耶是也」。

【淨飯王般涅槃經】(經名)一卷、劉宋沮渠京聲譯。佛及難陀、阿難、羅云、親送淨飯王之喪、以彰孝道。

【淨業】(術語)清淨之善業也。又往生西方淨土之業因也。觀無量壽經曰「此三種業過去未來現在三世諸佛淨業正因。」

【淨業部經】(經名)淨業障經之異名。

【淨業障經】(經名)一卷、失譯。無垢光比丘入城乞食、爲婬女所呪犯根本戒。生大苦惱見文殊師利菩薩。菩薩將詣佛所、佛爲說無性之法、發心得記、因廣說淨業障之法。

【淨意問經】(經名)淨意優婆塞所問經之略名。

【淨意優婆塞所問經】(經名)一卷、趙宋施護譯。佛在祇園、淨意來問長壽短壽乃至愚痴智慧八種之因緣。佛具答之。

【淨聖】(術語)清淨之聖者也。聖者、雖無不淨、然此稱其上位之人也。法華經普門品偈曰、「觀世音淨聖於苦惱死厄能爲作依怙。」

【淨源】(人名)趙宋杭州南山慧因寺法師、名淨源、生於晉江楊氏、先世爲泉之晉水人、故學者稱晉水師。受具參方、承華嚴於五臺承遷、學合論於橫海明覃、還南、聽楞嚴圓覺起信於長水法師了璿。四方宿學推爲義龍。哲宗元祐三年十一月己酉入滅、世壽七十八。見釋氏稽古略四。

【淨經】(經名)文殊師利淨律經之略名。

【淨圓覺心】(術語)如來淨妙之圓覺心也。圓覺經曰、「末世衆生欲求如來淨圓覺心應當正念遠離諸幻。」

【淨瑠璃淨土】(界名)藥師琉璃光如來所居、在東方之世界也。

【淨瑠璃世界】(界名)藥師如來之淨土也。見藥師條。

【淨滿】(菩薩)盧舍那、一譯淨滿。

【淨語】(術語)眞實之語云淨語。大集經十曰、「須彌可說口吹動。不可說佛有二語實語眞語及淨語。」

【淨潔五欲】(名數)對於欲界麤弊之五欲、謂色界無色界之色聲香味觸五欲曰淨潔五欲。

【淨躶躶】(雜語)又云赤躶躶。天眞獨朗無纖毫情塵之稱。碧巖九則評唱曰、「須是透過關捩子、出得荊棘林、淨躶躶赤灑灑。」

【淨德】(術語)四德之一。

【淨德夫人】(人名)妙莊嚴王之夫人也。見妙莊嚴王條。

【淨影】(人名)隋淨影寺慧遠、世取其寺號稱爲淨影。

【淨髮】(術語)僧之剃頭也。淨髮之法、半月一度。高僧傳(闍那崛多傳)曰「遮拘迦國山中有入滅定羅漢三人定中禪寂。每至半月諸僧就山爲其淨髮」同求那跋陀羅傳曰、「時未及淨髮白首皓然。」

【淨摩尼珠】（物名）淨水珠也有寶珠其德能清淨濁水故云淨水珠淨土論註下曰、「譬如淨摩尼珠置之濁水水卽清淨。若人雖有無量生死之罪濁聞彼阿彌陀如來至極無生淸淨寶珠名號投之濁心念念之中罪滅心淨卽得往生」參照淨水珠條。

【淨頭】（職位）禪林掌厠所之僧也。見西淨條。

【淨頭寮】（堂塔）淨頭之寮舍也。

【淨藏】（人名）妙莊嚴王二子之一。見淨藏淨眼條。

【淨藏三昧】（術語）法華十六三昧之一。

【淨藏淨眼】（人名）出於法華經妙莊嚴王本事品中因緣談中之人過去世光明莊嚴國有王云妙莊嚴。邪見熾盛、不信佛法。二子淨藏、淨眼、夙信佛法得神力憐愍父王之邪見爲之演種種奇瑞遂令父王翻心至佛所得法華利益。

【淨穢不二】（術語）見不二條。

【淨覺】（術語）清淨之覺悟也。圓覺經曰、「以淨覺心取靜爲行。」又（人名）名仁岳自號潛夫淨覺是勅賜號也。初從四明法智學後背師成一家世謂之爲山外派之泰斗所著有楞嚴會解十卷、熏聞記五卷、楞嚴文句三卷金剛般若經疏二卷、發軫鈔五卷彌陀經疏二卷、指歸記二卷十不二門文心解二卷雜錄名義十二卷義學雜編六卷等見佛祖統紀二十一。又（雜名）魏書曰、「浮屠正號曰佛陁佛陁與浮圖聲相近皆西方言其來轉爲二音華言譯之則謂淨覺。

【淨籌】（物名）厠籌之未使用者。

【淨觀】（術語）清淨之觀法也、如淨土之十六觀是。歸敬儀曰、「少厭欲苦令修淨觀。」

【淋汗】（雜語）禪家謂夏月之入浴爲淋汗淋說文曰、「以水沃也。」蓋熱時常有汗故每日入浴沃汗也。

【淚墮尊者】（人名）佛滅後大阿羅漢有大悲心常悲三途之衆生而啼泣、故名淚墮尊者。觀經玄義分傳通記一曰、「淚墮尊者悲三途衆生苦。」同糅鈔七曰、「淚墮尊者、滅後大羅漢也得宿命智見自身過去墮獄等想像一切衆生三途苦悲淚流血淚。以之洗染袈裟本證未明。」

【淘汰】（術語）天台所立五時敎之說以第四時之般若經爲淘汰敎說諸法皆空之理遣蕩一切之執情也。四敎儀集註上曰、「以空慧水蕩其執情故曰淘汰。」

【淫欲】（術語）色欲也。圓覺經曰、「

諸世界一切種性。卵生胎生濕生化生。皆因婬欲而正性命。」行事鈔中曰、「智論云、婬欲雖不惱衆生。心心繫縛故爲大罪。故律中婬欲爲初。」按淫、除淫湯外應均從女作婬。

【淫欲即是道】（雜語） 由煩惱即菩提之理而立之言。諸法無行經下曰、「貪欲是涅槃。恚痴亦如是。於是三事中有無量佛法。若有人分別貪欲瞋恚痴。是人去佛遠。譬如天與地。」智度論六引此文曰、「婬欲即是道。恚痴亦如是。如此三事中。無量諸佛道。」氷之性即如水。貪瞋痴三毒之性即法性眞如也。是煩惱即菩提生死即涅槃之意。止觀二曰、「無行經云。貪欲即是道。恚痴亦如是。（中畧）貪欲即菩提。（中畧）佛說貪欲即是道者。佛見機宜知一種衆生底下薄福。決不能於善中修道。極任其罪轉無巳。令於貪欲修習止觀。極不得巳故作此說。」輔行四曰、「經說欲是道者。只云道性不出於欲。亦云欲性不離於道。約理云即約事須離。」參照即條。

【淫欲火】（譬喩） 婬欲燒心。譬之火也。千手陀羅尼經曰、「若能稱誦大悲呪。婬欲火滅。邪心除。」

【淫欲病】（譬喩） 婬欲傷身。譬如病。止觀九上曰、「如是想者。是婬欲病之大黃湯。」

【淫湯】（飲食） 米湯也。淫者留之義、黜米粉於湯。混濁滯留。是曰淫湯。續字彙云、淫王粲七哀詩「何爲久滯淫」文選註留也。

【淫羅】（譬喩） 以喩淫欲之捕人也。智度論十四曰、「婬羅網人皆投身。」

【婬】（術語） 十惡之一。沙彌律曰、「在家五戒。惟制邪婬。出家十戒。全斷婬欲。但干犯世間一切男女。悉名破戒。楞嚴載寶蓮香比丘尼私行婬欲。自言婬欲非殺非偷。無有罪報。遂感身出猛火。生陷地獄。世人因欲。殺身亡家。出俗爲僧。豈得更犯。生死根本。欲爲第一。故經云。婬泆而生。不如貞潔而死。噫、可不戒歟」等。不等觀雜錄一曰、「經中婬字多從女旁。專指男女事也。今人欲依說文改從氵旁。書中淫字訓義甚多。放也。溢也。甚也。邪也。經中專指男女事。故從女爲妥。」

【婬火】（譬喩） 婬欲之熱情。譬如火也。止觀七上曰、「皆以不淨爲初門。悉治婬火。」智度論十四曰、「婬火內發。自燒而死。」

【婬習因】（術語） 十因之一。見因部十因六果條。

【婬戒】（術語） 顯敎十重戒之一。見十重戒條。

【婬欲】（術語） 見婬條。

【婬怒癡】（術語） 是舊譯之稱。新譯謂之貪瞋癡。三毒之煩惱也。涅槃經五曰、「無量劫中被婬怒癡煩惱毒箭。受大苦切。」

【混沌供】（雜語） 諸供混沌而供之

意。即修護摩法時、混和殘餘之諸供、而供養諸尊幷十方世天也。如蘇悉地羯羅經下所謂「所殘餘穀酥蜜酪等、並和一處用祭火天。」金剛頂瑜伽護摩儀軌所謂「獻聖衆所殘五穀香花等、聚一器中、獻十方世天。」息災護摩次第所謂「若供物少時、混沌而供、又蘇油等少時混沌而用。」是其例也。

【唵】（術語）Oṁ 胎藏界之陀羅尼、冠曩莫之語、金剛界之陀羅尼冠唵之語。秘藏記末曰、「唵字有五種義。一歸命。二供養。三驚覺。四攝伏。五三身。」一歸命者、歸依於佛、獻無二之命之義也。所歸之佛體有自佛他佛之二、自佛者、自心之本覺佛、即在纏如來也、蓮華三昧經所謂「歸命本覺心法身。（中略）還我頂禮心諸佛。」是也。衆生無始以來違背吾本覺之佛、流轉生死中、今始知自心之本佛、歸於本覺之佛、是還源之最初、眞言之歸命也。他佛者、已成之佛、即出纏如來、並一切衆生之本覺佛在纏如來也。誦此唵字則歸於如是自他佛之功德、一時成就。二供養者、是亦有自他佛之二、準上可知。三驚覺者、誦唵字時、其音自行者毛孔入、驚覺自心本有之佛及一切之佛、現於目前、如由春風與雷雨而蟄蟲破地出現、草木花果開結。（春風者、大悲願行、雷雨者、如來加持力、蟄蟲者、本有法身之如來、草木者、本有之法身、華果者、始成之智身。）四攝伏者、譬如諸司百官有王之勅召時、身心不厭寒暑而參集、行者誦此唵字時、一切諸天龍神等聞此音、皆悉攝伏而參集也。（攝伏法有忍之功、瑜祇經曰「攝伏如奴僕。」）五三身者、法報化之三身也。其故以唵之一字爲阿烏麻 Auṁ 之三字合成、阿者本不生之義、是法身、烏者譬喻不可得、是不可思議之報身、麻者、吾我不可得、現人天鬼畜之諸衆生。因而誦此唵字則三身成現加持掌護行者也。見守護國經九、秘藏記鈔七。

【唵字印】（印相）側掌屈風指、餘伸直、又名吉祥印、言說之標幟也。攝大軌中曰、「側掌屈風。餘申直淨行吉祥印。名爲唵字印。」大日經疏二十曰、「其尊作持唵字印者。即是梵志義法也。淨行者凡有所言說。皆側右手。作印形而舉案之。以唵字聲而作相故也。」演奧鈔十四曰、「今私推之。唵字聲者。淨行者結此印欲語之時。先唱唵字聲歟。是說法驚覺標幟也。秘藏記唵字出五種義。驚覺義其一也。此印亦名吉祥印。釋迦說法印。亦名智吉祥印。准而思之。」

【唵字觀】（術語）就唵字觀法報化三身字義之觀法也。出守護經九。

【釋迦觀唵字成佛】（雜語）守護國經九載釋迦成佛記內云、「於鼻端想淨月輪。於月輪中作唵字觀。」

【唵阿吽】（術語）Oṁ A Hūṁ

三個種子各別項解。以此三字書於木佛之三處。安像三昧儀經曰、「誦此眞言已。復想如來如眞實身諸相圓滿。然以唵阿吽三字。安在像身三處。用唵字安頂上。用阿字安口上。用吽字安心上。」

【唵呼盧呼盧】（眞言）藥師如來觀行儀軌法藥師如來之眞言有大小二種、此其中之小呪也。「唵呼盧呼盧戰馱利摩撜祇莎訶。」諸尊眞言句義鈔上曰、「句義未勘也。但元來言鈔呼盧吽盧者。無能勝藥師義也。此不審也。追可考之。」唵之義、見唵條。

【唵嚩呢叭彌吽】（術語）梵語 Oṃ maṇi padme hūṃ 又作唵摩尼鉢頭迷吽、唵麽抳鉢訥銘吽。祈寶珠蓮上之義。喇嘛教徒常口唱之呪文、即蓮華手菩薩 Padmapāṇi 祈未來極樂往生時所唱之六字題目也。彼教徒信此菩薩、如彼阿彌陀如來、在極樂蓮臺、救濟祈者、生生世世、出離因果無窮之生死、故不問僧俗皆口唱之、尊戴最厚。恰如吾國人之信仰南無阿彌陀佛六字。然西藏觀音經摩尼伽步婆 Maṇi bkaḥ ḥbum 以詩讚歎此六字題目之功德、說其所以有智慧解脫救濟快樂之本源。蓋人若一度唱六字題目中唵 Oṃ 之一字、其功德能塞死後流轉天上界之途。又唱嚩 ma 之一字時、免輪廻於惡鬼所住之修羅道。唱呢 ṇi 之一字時、離再受生於人間界之厄。唱叭 pad 之一字時、令人能去輪廻於畜生道之難。唱彌 me 之一字時、能脫沈淪於餓鬼道之苦。唱吽 hūṃ 之一字時、有使無死而墮於地獄之功德。又描出唵字者、以表明天上界之白色。嚩字爲修羅道之青色、呢字爲人間界之黃色、叭字爲畜生道之綠色、彌字爲餓鬼道之紅色、吽字爲地獄之黑色。又不惟獨唱此題目、始有功德、即著之於身、或持於手、或藏於家、亦得爲生死解脫之因。西藏人多書此六字題目於長布片等、藏於經筒中、稱之爲法輪、人人手自回轉之、或依風車及水車之力、使之旋轉、名爲轉法輪。蓋西藏人信以如是法輪旋轉之功德、得脫生死輪廻之苦、最大之法輪、書十億之題目云、又西藏國內所至之門戶飄揚之旗旆、即爲此六字題目、路旁所建之碑、亦是。可以見尊信六字題目之狀矣。

【啐啄】（譬喻）雞子將孵化時、小雞在卵中之吮聲、謂之啐、母雞欲令出而嚙殼、謂之啄。以譬禪人之機鋒相據。碧巖十六則公案曰、「僧問鏡清。學人啐。請師啄。」同七則評唱曰、「法眼禪師有啐啄同時底機。具啐啄同時底用。」禪林寶訓音義曰、「啐啄。如雞抱卵。小雞欲出以嘴吮聲曰啐。母雞憶出以嘴嚙之曰啄。作家機緣、相投而解。亦猶是矣。」

【啀喍嘷吠】（雜語）啀喍者、以口嚙

物也。嘷吠者張口而吼也。法華經譬喩品曰、「鬬諍擔掣嘊喍嘷吠。」

【唱衣】（術語）比丘等五衆死亡時、其遺物別爲輕重之二。金銀田園房舍等之重物。以之歸入常住物。三衣百一衆具爲輕物。以之分配於現前之僧衆。就此分與而不得分與之均等時、則集僧衆而競賣之、平分其價。此競賣云唱衣。以先定價而唱呼幾許也。釋氏要覽下曰、「唱衣、律云。僧輕物差一五法比丘分與現前僧。爲分不均。故佛聽集衆。先以言白衆。和許可賣共分。目得迦云。佛言。初准衣時可處中。勿令大貴大賤。不應待其價極方與之。若不買者故增價犯惡作罪。大毘婆沙論問。命過比丘衣鉢等云何得分。答。彼於昔時亦曾分他。如是財物今時命過。他還分之。增輝記云。佛制分衣本意。爲令在者見其亡物。分與衆僧。作是思念。彼既如斯。我還若此。因其對治。令息貪求。故今不能省察此事。翻於唱賣之時。爭價上下。喧呼取笑。以爲快樂。愕之甚也。仁者宜忌之。」唱衣之上解不可反於古意。

【唱名】（術語）同於稱名。謂稱佛之名號也。

【唱食】（雜語）食時之呪願曰唱食。唱食之呪願之謂也。見象器箋十三。

【唱寂】（雜語）唱寂滅也。謂佛之入涅槃。涅槃經一曰、「二月十五日以佛神力出大音聲。（中畧）大覺世尊將欲涅槃。一切衆生若有所疑今悉可問。」

【唱道師】（職位）爲說法之人也。因法會之首座、唱經文。始誘導衆僧之僧也。常略稱爲導師。

【唱導】（術語）宣唱法而化導人也。佛世以舍利弗、富樓那爲第一。梁高法傳十科中有唱導之一科。法華經涌出品曰、「是四菩薩。於其衆中。最爲上首唱導之師。」大部補注九曰、「啓發法門、名之爲唱。引接物機、名之爲導。」梁僧傳（唱導論）曰、「唱導者。蓋以宣唱法理。開導衆心也。昔佛法初傳、於時齋集。止宣唱佛名。依文致禮。至中宵疲極、事資啓悟。乃別請宿德、升座說法。或雜序因緣。傍引譬喩。」僧史畧中曰、「唱導者。始則西域上座凡趣請咒願曰。二足常安。四足亦安。一切時中皆吉祥等。以悅可檀越之心也。舍利弗多辯才。曾作上座讚導頗佳。白衣大歡喜。此爲表白之推輪也。」

【唱薩】（雜語）薩者娑度 Sâdhu 之訛略。善哉之義。玄應音義十六曰、「唱薩。此言訛也。正言娑度。此譯云善哉。」

【唱禮】（術語）法會表白終後、唱禮師登禮盤、唱五悔、五大願等之文。謂之唱禮。其唱禮初所唱奉請之佛名。有金、胎、合之三種差別。胎藏界唱禮南無清淨法身毘盧遮那佛、南無東方寶幢佛、南無西方無量壽佛南無南方華開敷佛、南無北方天鼓雷音佛。(已下諸菩薩等省略)金剛界唱禮南無常住三世淨妙法身金剛界大悲毘盧遮那佛、南無金剛堅固自性身南無福德莊嚴聚身阿閦佛南無受用智慧身寶生佛南無作變身阿彌陀佛、南無盡虛空遍法界釋迦牟尼佛。(已下諸尊省略)合部唱禮南無胎藏金剛界清淨法身大悲毘盧遮那佛南無東方寶幢阿閦佛南無南方華開敷寶生佛、南無西方無量壽阿彌陀佛南無北方天鼓雷音釋迦牟尼佛。(已下諸尊省略)依法會而異其所用、例如阿彌陀三昧之時、用金剛界之彌陀唱禮盂蘭盆三昧之時用胎藏界之彌陀唱禮。

【啾迦婆】(動物)　見叔迦條。

【唯】(術語)　梵語摩怛刺多。Mātra-ta 一簡別之義、簡別於他法云唯。二決定之義、示決定有此法云唯。三顯勝之義、示此法之顯勝云唯。義林章一末曰、「梵云摩怛刺多。此翻為唯。唯有三義。一簡持義。二決定義。三顯勝義。」唯識述記一本曰「唯言顯其二義。一簡別義。二決定義。」

【唯一神道】(流派)　日本神道之一派、兩部神道之對。神代不混外教純粹相續之意。其教相亦有用天台眞言之教理儀式者。其言曰神道者根本也、儒教者枝葉也、佛法者華實也。故依世間顯露之淺義、別佛為本地、神為垂跡、依隱幽之密義則神為本地、佛為垂跡也。如眞言之秘密單為秘密而淺、神道之密義、隱密而存深義。相承有相傳、傳授面授口訣之四重。又立影像光氣向上底下之四位。授神道護摩宗源行事、十八神道等云。

【唯心】(術語)　一切諸法、唯有內心、無心外之法、是謂唯心。亦云唯識。心者集起之義、集起諸法故云心、識者了別之義、了別諸法故云識、同體異名也。八十華嚴經十地品曰、「三界所有唯是一心。」唯識論二曰、「入楞伽經伽他中說、由自心執著。心似外境轉彼所見非有。是故說唯心。」

【唯心偈】(雜名)　指舊華嚴經第十一、夜摩天宮菩薩說偈品如來林菩薩所說之偈曰、「心如工畫師造種種五陰。一切世間中無法而不造。如心佛亦爾。如佛衆生然。心佛及衆生。是三無差別。」華嚴宗以為顯唯心緣起之至極者。謂為心總佛及衆生為別、心總該一切萬有。故迷則為衆生、悟則為佛。心外無衆生、心外無佛也。天台以此偈甘三法妙。山外之解、謂心乃能造之理、佛及衆生乃所造之理。如華嚴宗言。山家之釋、謂心佛衆生之三法各具事理、為能造所造、顯互具互融實相之意之偈也。

【唯心淨土】(術語)　見己身彌陀唯心淨土條。

【唯心廻轉善成門】（術語）華嚴宗所立十玄門之第九。謂唯如來藏之一心自在性起成就一切之功德也。見五敎章中。

【唯色】（術語）色心不二。故萬法唯心。又唯色也。依之立護法唯識無境。故立清辯唯境無識。止觀義例上曰：「能了諸法則見諸法唯心唯色。當知一切由心分別諸法。何曾自謂同異。」

【唯漸無頓】（雜語）禪源諸詮三曰：「若遠推宿世。則唯漸無頓。今頓見者。已是多生漸薰而發現也。」

【唯境無識】（術語）順世外道計地水火風之四大極微常實。立唯境無識（今所謂唯物論）之義。清辯論師於眞諦中立心境共爲眞空。於俗諦中立唯境無識之義。以與護法論師之唯識無境對立。蓋內識有境有心。心必託境而起故也。義林章一末曰：「或順世外道及淸辯等。成立境唯。爲簡於彼言識之唯。」

【唯識】（術語）梵語摩怛剌多。Mātrata。此譯曰唯。梵語毘若底。Vijñapti。此譯爲識。梵語倒置之爲識唯。通常爲 Vijñānamātravāda。唯者簡別之義。簡別識外無法。謂之唯。識者了別之義。了別之心。略爲三種。廣有八種。謂之識。然則唯識者。爲三識或八識之複名數。非唯一識之義也。華嚴經就集起之義而云唯心。唯識論就了別之義而云唯識。其體一也。又唯心之名。通於因果。唯識之稱。唯在因位。三種者。初能變（第八識）。二能變（第七識）。三能變（前五識）也。八種者。眼識乃至阿賴耶識也。義林章一末曰：「識者心也。由心集起綵畫爲主之根本。故經曰唯心。分別了達之根本。故論稱唯識。或經義通因果。總言唯心。論說唯在因。但稱唯識。識了別義。在因位中。識用强故。說識爲唯。其義無二。二十論云：心意識了。名之差別。」唯識述記一本曰：「唯言顯其二義。一簡別義。遮虛妄執。顯但有識。無心外境。二決定義。離增減數。略唯決定有此三。故廣決定有八種識故。」問：唯識之言。謂有八種之識。除八種識體之外。更無餘法乎。答：不然。言唯八識者。謂一切諸法不離八識。非言八識之外無餘法也。凡諸法分別爲五法。一心。二心所。三色。四不相應。五無爲。此中前四者爲事。後一者爲理。稱曰五法事理。此五法事理。皆不離識。故稱唯識。以第一之心。乃識之自相。第二之心所。乃識之相應法。第三之色。乃心與心所之所變。第四之不相應法。乃心與心所及色之分位差別。第五之無爲法。乃前四法之實性故也。又唯之言。取遮遣遍計所執性。識之言取依他圓成之二性。唯識論七曰：「唯識言有深意趣。識言總顯一切有情各有八識。六位心所。所變相見。分位差別。及彼空理所顯眞如。識自相故。識相應故。二所變故。三分位故四實性故。如是諸法皆不離識。總立識名。唯言但遮愚夫所執離諸識實有色等。」義林章一末曰「梵云毘若底。此翻爲識。識者了別義。識自相、識相應、識所變、識分位、識實性五法事理皆不離識。故名唯識。」楞嚴經五彌勒菩薩之言曰「我以諦觀十方唯識。識心圓明。入圓成實。遠離依他及遍計執。得無生忍。斯爲第一。」

【五重唯識】（術語）見唯識觀條。

【五種唯識】（名數）見五字部五種唯識條。

【唯識宗】（流派）法相宗之異名、彼宗以萬法唯識之法門爲主也。

【唯識章】（書名）大乘法苑義林章一末篇章之名。

【唯識家】（術語）法相宗之異名。

【唯識會】（行事）講讚唯識論之法會。

【唯識論】（書名）有二本。一爲成唯識論、梵名Vijñānamātrasiddhi-śāstra之異名。一爲唯識二十論之略名。唯識二十論有三譯。一後魏瞿曇般若流支（又作菩提流支）譯一卷。單題曰唯識論。或題曰楞伽經唯識論。二陳眞諦譯一卷。題曰大乘唯識論。三唐玄奘譯一卷。題曰唯識二十論。諸家之註釋如下。唯識二十論述記二卷、唐窺基撰。成唯識論料簡二卷、唐窺基撰。又稱唯識開發。成唯識論述記二十卷、唐窺基撰。成唯識論別鈔十卷、存卷一卷五卷九卷十、唐窺基撰。成唯識論掌中樞要八卷、唐窺基撰。成唯識論掌中樞要四卷、唐窺基撰。成唯識論掌中樞要記二卷、存卷上、唐智周述。成唯識論了義燈十四卷、唐慧沼述。成唯識論了義燈記二卷、存卷下、唐智周撰。成唯識論演秘十四卷、唐智周撰。成唯識論義蘊五卷、唐道邑撰。成唯識論疏義演二十六卷、唐如理集。缺卷六末下及十七十八二十二。成唯識論演秘釋卷一、唐如理撰。註成唯識論卷十七、餘缺。成唯識論疏鈔十八卷、唐靈泰撰。缺卷九卷十三末卷十五卷十七。成唯識論學記八卷、新羅太賢集。唯識開蒙二卷、元釋雲峯集。成唯識論俗詮十卷、明明昱俗詮。成唯識論集解十卷、明通潤集解。成唯識論音義十卷、明廣承音義。成唯識論合響十卷、明大眞合響。成唯識論自考十卷、明大惠錄。成唯識論觀心法要十卷、明智旭述。唯識三十論直解一卷、明智旭解。唯識三十論約意一卷、明明昱約意。成唯識論音響補遺科二卷、智素科。成唯識論音響補遺十卷、智素補遺。成唯識論證義十卷、明王肯堂證義。

【唯識觀】（術語）具名唯識三性觀。三性者何、一曰遍計所執性。執在心外之我法性是也。二曰依他起性。種子所生之因緣法是也。三曰圓成實性。依他起性所依之實體眞如是也。分別此三性、則以遍計所執性、係心外之法、非有而遮遣、依他圓成係心內之法、非空而觀照、是名唯識三性觀。唯者簡持之義、簡去遍計而持取依圓之二性、識之言者、顯所持取之依圓二性也。修此唯識三性觀、自淺至深有五重、稱爲五重唯識。一曰遣虛存實識。以心外諸境、爲遍計所執之虛妄、體用非有而遮遣。心內諸法、爲依他與圓成、體用非無而存留。此爲虛實相對之觀法。二曰捨濫留純識。識有八種分別識相則各有相分、見分、自證分、證自證分之四分。此中相分爲所緣之境、後三分爲能緣之心。而所緣之相分、濫於心外之妄境、故捨彼而不取、唯存留後三分之純識。此乃心境相對之觀法。三曰攝末歸本識。相分係識內所取之境、見分係識內能取之作用、此二者從識之自體分而起、自體分爲本、見相二分爲末、故離識之自體分、無見相之末、攝末而歸於本。此乃體用相對之觀法。四曰隱劣顯勝識。八識之自體分、各有心王與心所。心王者勝如王、心所者劣如臣、故隱劣法之心所以顯勝法之心王。此乃心心所相對之觀法。五曰遣相證性識。留於第四重之八識心王之自體分、是依他起性之事相。此事相之實性、爲二空所遣之圓成實性。卽以依他之事相爲空而捨遣、證得圓成實性也。此爲事理相對唯識觀之至極。五重之中、前四重爲捨遣遍計所執性而使歸於依他起性之觀法、故曰相唯識。後一重爲捨遣依他起性而證得圓成實性之觀法、故曰唯識觀。菩薩觀此唯識無境、以相違識相智等之四智。

【唯識開蒙】（書名）二卷、元釋雲峰集。是書不列正文、僅將論文中緊要之處撮爲標題一百五十、設爲問答、以暢其旨、故云開蒙也。

【唯識心要】（書名）十卷、明蕅益大師隨講隨錄以成之。凡遇論文中蹇澀之處、則旁書數字以充暢其義、故閱者較易領會。

【唯識俗詮】（書名）十卷、明釋明昱應王肯堂之請、因將成唯識論隨講隨錄而集成之。顧起元曾爲之序云、師以宇泰先生（卽王肯堂）之請、詮釋此論、批卻導窾、曲暢旁通、開卷粲然、了無疑滯云云。

【唯識心定】（術語）唯識觀也。楞嚴經五曰、「我修習唯識心定、入三摩地。」

【唯識三世】（術語）三種三世之一。見三世條。

【唯識中道】（術語）法相宗所立。一切萬有唯識所變、而非有非空之中道也。遍計所執者、以情有故爲非空、以理無故爲非有。依他起性者、以非有故爲空、以似有故爲有。圓成實性者、以眞空故爲非有、以妙有故爲非空。就此一法上而論、非有非空之二義並存、是稱一法中道。今三性對望而論、現於虛妄總識上之一切萬法、（卽遍計所執之法）悉爲虛妄之影像、而非實有之法。情有理無也。然自實之種子變現之依他起諸法、假令非常住實在、而不可謂爲無。如幻假有也。圓成實性之眞如、眞空妙有、其體空寂、眞實圓滿之實在也。一切諸法、皆具此三性、故空有不可不斷、是非有非空之中道也。此爲三性對望之中道。

【唯識法師】（人名）慈恩大師雖造百部章疏、而以成唯識論爲宗、故號唯識法師。

【唯識圓敎】（術語）南山所立三敎之一。大乘之深敎也。見三敎條。

【唯識所變】（術語）萬有總由阿賴耶識所變出之意。見賴耶緣起條。

【唯識述記】（書名）具名成唯識論述記。二十卷、唐慈恩大師著。解成唯識論。

【唯識樞要】（書名）具名成唯識論掌中樞要。唯識三箇疏之一。四卷、唐慈恩作、解成唯識論中之要義。

【唯識演秘】（書名）具名成唯識論演秘。唯識三箇疏之一。七卷、唐樸楊大師智周作。釋唯識述記。

【唯識導論】（書名）護法菩薩釋世親之唯識二十論、稱曰唯識導論。二十述記上曰「西域註釋數十餘家。根本卽有世親弟子瞿波論師。末後乃有護法菩薩。護法所造釋名唯識導論」法相之學匠單稱導論者、成唯識論也。

【唯識無境】（術語）言唯有內心、心外無境也。楞伽經唯識論曰、「唯識無境界、以無塵妄見」秘藏寶鑰上曰、「幻影觀心。唯識遮境」

【唯識義章】（書名）法苑義林章之異名。

【唯識義蘊】（書名）具名成唯識論義蘊。十卷、唐開元寺道邑作、釋唯識述記。

【唯識了義燈】（書名）唯識三箇疏之一。具名成唯識論了義燈、七卷、唐淄州大師慧沼作。顯慈恩之正義、而斥圓測之異義。

【唯識三箇疏】（名數）唯識樞要、唯識了義燈、唯識演秘也。唯識樞要辯成唯識論中之要義、唯識了義燈破圓測之邪義、唯識演秘解唯識述記之難義。

【唯識三性觀】（術語）見唯識觀條。

【唯識二十論】（書名）常云二十唯識。一卷、世親菩薩造、唐玄奘譯、由偈頌之數而名。總有二十一頌、後一頌爲結嘆、非明宗義也。有三譯、一後魏般若流支譯、單題曰唯識論、或題楞伽經唯識論。二陳眞諦譯、題曰大乘唯識論。三今論是也。此論慈恩作釋、謂之唯識二十論述記、二卷。

【唯識中道宗】（流派）又云唯識宗。同於法相宗。

【唯識三十論頌】（書名）梵名 Vijñānamātrasiddhi-triṁśati-śāstra-kārikā 常云三十唯識。一卷。世親菩薩造。唐玄奘譯。成唯識論之本頌也。

【唯識無境界論】（書名）般若流支譯楞伽經唯識論之異名。

【唯識二十論述記】（書名）二卷。唐慈恩作。受玄奘之旨趣釋唯識二十論。

【唯識隨疏翼】（書名）見成唯識論隨疏條。

【唯願無行】（術語）修得道果必願行具足。願大則行亦應大。若僅有願。而徒望果。無與此相應之行。無有得證果者。此爲通敎家難淨土敎之語也。

【唯蘊無我心】（術語）眞言宗所立十住心之第四。入聲聞乘修四諦觀法了悟唯有五蘊之法而無人我實體之住心也。

【崛山】（地名）耆闍崛山之略譯曰鷲峯山。

【崛多】（人名）優婆崛多之略。出於佛滅後百年之羅漢。名見優婆崛多條。義楚六帖七曰「迦葉創其綱維。崛多分其修貫」

【惟干頗羅天】（界名）Bṛhatphala 天名。玄應音義三曰、「惟干頗羅天。此云廣果天。第四禪第二天也。凡夫果中此最殊勝。故名爲廣果天也。」

【惟白】（人名）宋靜江（現廣西臨桂縣治）人。姓冉氏。號佛國禪師。雲門宗法雲法秀之嗣。住汴京法雲寺。撰續燈錄三十卷。又著大藏綱目指要錄八卷。後移明州天童寺。年壽並缺。見續傳燈錄十二。佛祖統紀四十六等。

【惟則】（人名）永安（現江西廬陵縣）人。號天如。中峯明本之法嗣。屬於虎丘之門派。元至元中。住蘇州師子林。撰楞嚴會解。後造楞嚴經圓通疏。凡十卷。此外有禪宗語錄、淨土或問、十法界圖說等。年壽並缺。見續稽古略一、五燈會元二十二。

【惟儼】（人名）山西絳州人。姓韓氏。十七歲出家。博通經論。嚴持戒律。一日自歎曰、大丈夫當離法自淨。誰能屑屑行細事耶。詣石頭希遷室。次參馬祖道一。言下契悟。侍奉三年。後還石頭。爲其法嗣。年八十四寂。勅諡弘道大師。見傳燈錄十四、傳法正宗記七。

【惜囊】（雜語）謂比丘之受戒以後也。取所謂比丘護戒如護惜浮囊之故事。見浮囊條。

【情分】（術語）人之情欲種種差別也。如云身分。

【情有】（術語）凡夫妄計一切之境界。無理但存情。謂之情有。歸敬儀中曰「人惟情有。」

【情有理無】（術語）我法二者。雖存迷情之見。於理爲無體也。即遍計所執性。

【情見】（術語）妄情之所見也。唯識樞要上本曰「情見各異禀者無依」。

【情欲】（術語）四欲之一。

【情猿】（譬喻）心情之動轉不定、譬如猿猴。故云情猿。慈恩寺傳九曰「制情猿之逸躁。繫意象之奔馳。」

【情塵】（術語）六根與六塵也。舊譯六根云六情。智度論二十三曰「情塵識和合。所作事業成。」又心情之塵垢也。慈恩寺傳九曰、「定凝慧水。非情塵所翳。」

【惛沈】（術語）使心盲昧沈鬱之煩惱也。八纏之一。唯識論六曰、「云何惛沈。令心於境無堪任爲性。能障輕安毘鉢舍那爲業。」

【猛火聚】（雜名）猛火之聚團也。楞嚴經五曰、「烏芻瑟摩於如來前合掌頂禮佛之雙足。而白佛言。我常先憶久遠劫前。性多貪欲。有佛出世。名曰空王。說多婬人成猛火聚。」

【猛利煩惱】（術語）二煩惱之一。見煩惱條。

【猊下】（雜語）猊者狻猊、卽獅子之屬。獅子座爲佛菩薩等所坐之座牀。後世轉於尊稱一宗碩德用之。今於各宗管長之尊稱用之。猶言閣下足下等。

【猊座】（物名）卽獅子座。謂佛所坐處也。戴叔倫詩曰「猊座翻蕭瑟。」

【得】（術語）不相應法之一。梵語鉢羅鉢多 Prāpta 謂有情所得之法。繫於有情之身者。因而譬以繩、謂之得繩。如善惡之諸業及聖道。此得繩繫於吾身。故全歸我有也。謂以所得法上之「得繩」生而得其法也。此得有四種之別、一法俱得。所得之法現在。此得亦現在者。二法前得。所得之法尚在未來、僅得生於前者。譬如太陽在地下現明相於前也。三法後得、所得之法入於過去。得猶現在者。如太陽西入猶留餘光也。四非前後俱得、前之三得爲有爲法上之得、有爲法有過現未之不同。故得有前後俱無爲法爲不生法。無過現未之別。故所得之法不能言前後俱。因之無爲法卽擇滅非擇滅之得、謂爲非前後俱之得。小乘薩婆多宗立此得爲一種之實法、成實宗及大乘立之爲假法。止觀七曰「籠以四大繫以得繩。」

【得入】（術語）言得入於佛道也。又得者證得。入者悟入也。維摩經問疾品曰、「諸佛秘要無不得入。」起信論曰、「若離於念名爲得入。」法華經壽量品曰、「每自作是念以何令衆生得入無上道。速成就佛身。」

【得大勢】（菩薩）菩薩之名。經中又云大勢至。見勢至條。

【得大勢明王】（菩薩）得大勢菩薩爲蓮華部之持明王。故稱爲明王。見勢至條。

【得三法忍願】（術語）彌陀如來四十八願之第四十八、使十方諸菩薩得三種法忍之願也。無量壽經上曰「設我得佛。他方國土諸菩薩衆。聞我名字不卽得至第一第二第三法忍。於諸佛法不能卽得不退轉者。不取正覺」法忍爲證悟之異名。法爲所證之理、心安於法爲忍。忍有淺深之差別、仁王經明伏忍順忍信忍生忍寂滅忍之五忍、本經之下明音響忍柔順忍無生忍之三忍、此三忍或言是仁王經五忍中之前三忍。或言是本經所說之三忍。

【得不退轉願】（術語）四十八願中之第四十七願。誓令他方國土之菩薩、聞彌陀之名號卽住於不退轉之位也。

【得生淨土神咒】（術語）拔一切業障根本得生淨土神咒之略名。

【得戒】（術語）謂發得戒體之無表色於自身也。由他授戒法不發此無表色、則不名爲得戒。具三師七證作白四羯磨之法而行之、謂之作法得。於佛前自誓而得之、名曰自誓得。其他雖有種種得戒之法。然不通於滅後之弟子。見義林章三末。

【得戒沙彌】（雜語）此是比丘犯重、卽時發露無覆藏心。衆僧白四羯磨與學戒法。既非比丘。又不捨離袈裟、仍同大僧共住、故名得戒沙彌。

【得果】（術語）三乘之聖人各得自乘之果法也。緣覺菩薩立一無學果、聲聞立四果。南史曰、「到溉朝夕從僧徒禮誦。及卒。顏色如恒。手屈二指。卽佛道所云得果也」

【得定】（術語）卽指三三昧三解脫門也。

【得金剛身願】（術語）又云那羅延身願。彌陀佛四十八願中第二十六願之名。見那羅延身願條。

【得度】（術語）生死比海、涅槃比彼岸、超生死而到涅槃云度。謂得渡生死之海也。無量壽經下曰、「隨意所願、皆可得度」增一阿含經十四曰、「佛在菩提樹下初得佛作是念羅勒迦藍、諸根純熟。應先得度」遺教經曰、「應可度者若天上人間皆悉已度。其未度者。皆亦已作得度因緣」因（儀式）落髮爲沙彌云得度、是爲得度之因緣、故因中說果而云得度。

【試經得度】（儀式）由官設度科、印度無此法、始於我國。佛法金湯編七曰、「唐中宗神龍二年八月。詔天下試童行經義。挑通無滯者度之。試經度僧始此」編年通論十七曰、「唐肅宗至德二年。聽白衣能誦經五百紙者度爲僧」佛祖統紀五十一曰、「宋仁宗詔試天下童行誦法華經、中選者得度。參政宋綬夏竦監試」

【得度式】（儀式）爲僧時之儀式也。見得度條。

【得度因緣經】（經名）給孤獨長者女得度因緣經之略名。

【得益分】（雜語）善導之觀經疏科本經之王宮會爲四分、第三曰得益分、既明十六觀之正宗分已、而明韋提希夫人及五百侍女見佛得道之益之經文也。觀經序分義曰「四從說是語時下至諸天發心已來、正明得益分。」

【得病十緣】（名數）佛說醫經所說。一久坐、二食不節、三多憂愁、四疲極、五婬欲、六瞋恚、七忍大便、八忍小便、九制上風（忍呼吸也）、十制下風（忍放屁也）。

【得通】（術語）得通力也。

【得勝堂】（雜名）天帝與修羅戰而勝、令毘首羯磨作最勝之堂、名曰得勝堂。止觀五曰「毘首羯磨造得勝堂。」同輔行曰「長阿含云、天帝與修羅戰勝、更造一堂、名爲最勝。（中畧）此堂無比、故云最勝。今云得勝者、猶戰得勝而造此堂。」

【得道】（術語）三乘各斷惑證理之智慧、名爲道、行三學而發此智、云得道。法華經方便品曰「修行得道。」

【得道梯橙錫杖經】（經名）一卷、失譯。錫杖爲得道梯橙之意、此所說與律制之錫杖異。

【得脫】（術語）得脫生死之苦也。法華經曰「得脫三界苦惱之患。」遺教經曰、「雖復出家、猶未得脫。」心地觀經三曰、「口稱南無三世佛、得脫無暇苦難身。」

【得意忘言】（術語）不拘泥於文句、以味其眞意也。僧肇之寶藏論曰「得意忘言、一乘何異。」

【得髓】（術語）謂得玄理之至極也。傳燈錄三（達磨章）曰、「迄九年、已欲西返天竺。（中畧）最後慧可禮拜後、依位而立。師曰、汝得吾髓。乃顧慧可而告之曰、昔如來以正法眼付迦葉大士、展轉囑累而至於我。我今付汝、汝當護持、幷授汝袈裟、以爲法信。」

【得繩】（術語）有部所說十四不相應法中有名得者、使一切之有情法繫於人身中不離、因而譬爲繩。如善惡諸業、一旦所造之業、既入過去、有得繫彼之諸業於身、故至未來而使受其果也。止觀七曰「籠以四大、繫以得繩、心在色籠、無處不至、業繩未斷、去已復還。」見得條。

【得辯才智願】（術語）阿彌陀佛四十八願中第二十九願之名、令極樂之往生人得辯才與智慧之願也。無量壽經上曰、「設我得佛、國中菩薩若受讀經法、諷誦持說、而不得辯才智慧者、不取正覺。」

【從地涌出】（雜語）法華經說時佛之神變也。法華經從地涌出品曰、「佛說是時、娑婆世界三千大千國土地皆震裂、而於其中有無量千萬億菩薩摩訶薩同時涌出。

【從佛支生印】(印相)　秘密八印之一。先合掌稍開曲其二風指(左右人指)稍向裏曲張掌心如掬水之像是名從佛支生印。謂從如來一切支分而生也。見大日經疏十七。

【從空入假觀】(術語)　別教三諦觀之一。見三諦條。

【從香】(儀式)　開堂祝聖、侍者捧瓣香、更拈一炷、又或新住持爲嗣法親插於爐却而中立、侍者進更撮香燒之、並謂之從香。

【從冥入冥】(雜語)　衆生不聽佛法從幽冥而流轉於幽冥也。法華經化城喻品曰、「長夜增惡趣、減損諸天衆、從冥入於冥、永不聞佛名。」

【從容錄】(書名)　六卷、元萬松老人行秀提唱天龍覺和尚之頌古百則者。從容者、老人所住燕京報恩寺內之庵號。

【從義】(人名)　趙宋神智法師學四明之正統、扶宗學、成勉破四明、爲山外派之泰斗。元祐六年入寂。謚曰神智。所著有大部補註十四卷、光明玄義順正記三卷、光明文句新記七卷、觀經往生記四卷、十不二門圓通記三卷、義例纂要六卷、四教儀集解三卷、金錍寓言四卷、淨名略記十卷、搜玄記三卷。見佛祖統紀二十一。

【從僧】(職位)　又云伴僧。隨從住持之僧也。

【婦人】(雜語)　害比丘之淨行者、無過於婦人。故經中最排斥婦人。大寶積經四十四曰、「當知婦人是衆苦本、是障礙本、是殺害本、是繫縛本、是憂愁本、是怨對本、是生盲本。當知婦人滅聖慧眼。」

【婦人遇辜經】(經名)　一卷、乞伏秦聖賢譯。婦人之親戚一時亡絕。佛見之而得道。

【啞子得夢】(譬喻)　啞者得夢、不能語之以喻自然自得之境、不可以言語與他談者。無門關趙州狗子則無門著語曰、「參個無字、晝夜提撕、莫作虛無會、莫作有無會。如吞了個熱鐵丸、相似吐又吐不出、蕩盡從前惡知惡覺、久久純熟、自然內外打成一片、如啞子得夢、只許自知。」此即以心傳心、端的言詮不及、意路不到、決不關他唇吻之意也。

【啞羊】(譬喻)　羊之啞者。譬至愚之人也。梵 Edamūka

【啞羊外道】(流派)　天竺有外道。如啞羊不語、以爲勝行。見行事鈔資持記下三之二。

【啞羊僧】(雜語)　四種僧之一。見僧條。

【啞法】(術語)　無言之行也。啞者聾啞之啞。業疏四下曰、「十誦云、若受啞法偷闌。以同外道故。故僧祇中不得不語法。若欲方便少事不語。得至半月。於布薩時應共語問訊問事答事咒願等也。」小乘以無言之行爲外道之啞法。禁之。大乘不然。

【現一切色身三昧】（術語）畧稱普現三昧。如妙音觀音自在示現一切衆生色身之三昧。名法華經藥王品曰、「是一切衆生喜見菩薩樂習苦行。（中略）得現一切色身三昧。」

【現世】（術語）現在之世。人有生命之間也。

【現生】（術語）現在之生。同於現世。指其人在生之一期。理趣經曰、「卽於現生證一切法平等金剛三摩地。」

【現生十種益】（名數）日本眞宗所立。文類三末曰、「獲得金剛信心者。橫超三塗八難道。必獲現生十種益。」一冥衆護持益。梵天帝釋四天王龍神八部等護持行者也。二至德具足益。信之一念發揮名號之至德。盡其功德圓滿具足於我身也。無量壽經下曰、「其有得聞彼佛名號歡喜踊躍乃至一念。當知此人爲得大利。則是具足無上功德。」淨土論曰、「觀佛本願力遇無空過者。能令速滿足功德大寶海。」三轉惡成善益。獲一念信心之時。旣具足至德。則轉三世之重惡而使盡爲菩提之善也。四諸佛護念益。十方恆沙之諸佛護念行者也。選擇集末曰、「十方諸佛護念念佛行者。」五諸佛稱讚益。諸佛稱讚行者也。無量壽經下曰、「聞法能不忘。見敬得大慶。則我善親友。」觀無量壽經曰、「若念佛者。當知此人是人中芬陀利華。」如來會下曰、「廣大勝解者。」六心光照護益。由佛之大慈悲心照觸念佛行者之光明。謂之心光。念佛之行者。爲此心光所照護也。觀念法門曰、「彼佛心光常照是人攝護不捨。」七心多歡喜益。念佛之行者如初歡喜地菩薩。於未來成佛。決定無間違。心常歡喜也。八知具報德益。念佛之行者。卽具足至德。獲得大利。今可爲報謝佛恩之身也。九常行大悲益。他力信心之行者。以自信者勸人。爲自行佛之大悲之身也。安樂集曰、「大悲經云云何名爲大悲。（中略）若能展轉相勸行念佛者。此等悉名行大悲人。」十入正定聚益。定成佛之位。謂之正定聚。又云不退位。念佛之行者。以信之一念入於此位。而未來必成佛也。淨土論註上曰、「易行道者。謂但以信佛因緣願生淨土。乘佛願力便得往生彼淸淨土。佛力住持卽入大乘正定之聚。」

【現世利益】（術語）專修念佛行者。以念佛之德。自獲得現世之利益也。觀念法門說現生利益五種增上緣之第二曰、「護念得長命增上緣。」敎行信證三末說現生十種利益之第一曰、「冥衆護持益。」皆爲證明現世之利益者。

【現生不退】（術語）日本眞宗所談。確得信心者於現生住於所謂正定聚之不退位而未來必開涅槃之證也。現生十益中「入正定聚益」是也。無量壽經下曰、「諸有衆生聞其名號信心歡喜乃至一念至心廻向願生彼國。卽得往生住不退轉。」十住毘婆沙論易行品曰、「無量光明慧身如眞金山(中略)人能念是佛無量力功德。卽時入必定。」參照現生條。

【現生正定聚】（術語）現生十益之一。入正定聚益也見前項。

【現在】（術語）其事物正呈作用之位也。現今存在之義。俱舍論二十曰、「有作用時名爲現在。」

【現在世】（術語）三世之一。三世有二種、一刹那之三世、二果報之三世。依刹那之三世則以生相爲未來世以滅相爲過去世、以住異二相爲現在世、依果報之三世、則以一期之生老病死爲現在世以過去無數之生老病死爲過去世以當來無數之生老病死爲未來世。

【現在五果】（名數）十二因緣中、識、名色、六入、觸、受之五者、爲依無明與業過去之因而顯之現在之果故名。參照十二因緣條。

【現在報經】（經名）菩薩瓔珞經之異名。

【現在佛名經】（經名）稱揚諸佛功德經之異名。

【現在有體過未無體】（術語）經量部之說。謂一切諸法惟現在之時爲實在、於過去與未來爲非實在。

【現在賢劫千佛名經】（經名）一卷、失譯。列出世於現在賢劫之千佛名。

【現成】（術語）禪宗之語。自然出來、不假造作安排者。與天台所云當體卽是等同。

【現成底見】（雜語）現成的之見解。如喫茶喫飯今日所有悟之境界、非別要修行與工夫者。類於自然外道之僻見也。無盡燈論上曰、「或生法空見或生一味平等見或生現成底見或生當體卽是見。」

【現成公案】（術語）現又作見。現之義也。不借造作安排現成就之公案也。此中含褒貶二意。傳燈錄十二(睦州章)曰、「師見僧來云見成公案放汝三十棒。」碧巖第九則著語亦有見成公案之說。

【現行】（術語）阿賴耶識有生一切之法之功能、謂之種子、自此種子生色心之法謂之現行。復指所生之法而謂之現行。現行法之略也。

【現行法】（術語）從阿賴耶識種子顯現行動之一切法也。

【現印】（印相）不動尊十四印之一。見不動尊條。

【現色不相應染】（術語）起信論所說六染心之一。五識中之現識、三細中之現相也。現識爲現一切之色像卽境界之相者、故名現色。生境界之相、猶爲微細之根本無明分際、而未與心王心所相應而起、（惟爲心王）故名不相應染。

【現身】（術語）現生之身。又佛菩薩化現種種之身也。

【現身說法】（術語）謂神力廣大、能現種種身、向種種人說法也。楞嚴經曰「我於彼前、皆現其身而爲說法、令其成就」今謂借己身爲譬喻、以寓訓戒者、亦用此語。

【現劫】（術語）現在之劫、卽賢劫。

【現供養】（術語）對於四種供養中運心供養而謂他之三供養也。見供養條。

【現法樂住】（術語）禪定七名中之一。禪定者、離一切之妄想而現受法味之樂安住不動、故名。了義燈五本曰「定有七名。（中畧）七云現法樂住。（中略）現法樂住、唯在靜慮、根本非餘、淨不通散」

【現前】（術語）在於現在目前也。律中現前僧之語處處散見、似指現居於眼前之僧、因顯現於前也。

【現前地】（術語）菩薩乘十地之第六地。眞如淨性顯現之位。最勝般若顯現之位。楞嚴經八曰、「無爲眞如性淨明露、名現前地」。唯識論九曰、「現前地住緣起智、引無分別最勝般若、令現前故」

【現前授記】（術語）四種授記之一。見菩薩根性熟、現於一切大衆前授成佛之記也。

【現相】（術語）起信論所說三細之一。三細中自第二之轉相現一切境界之相者。於論謂之境界相、義記謂之現相。五識中之現識。六染心中之現色不相應染也。起信論曰、「三者境界相。以依能見故、境界相妄現」。

【現般涅槃】（雜語）大日經六（三三昧耶品）曰「復次秘密主、次於一身示現三種。所謂佛法僧。復次秘密主、從此成立說三種乘、廣作佛事、現般涅槃、成熟衆生」般涅槃、譯曰入滅。佛八相成道中示現入涅槃之相也。

【現益】（術語）現世之利益。

【現起光】（術語）二光之一。常備於佛身之光明、謂之常光。應緣而大放光、謂之現起光。

【現通】（術語）現通力也。唯識論十曰、「稱彼機宜、現通說法」。

【現通假實宗】（術語）慈恩八宗之第四。賢首十宗之第四。小乘二十部中說假部、並經量部之別師及成實論等所立、說現在法通於假實故有此稱。蓋說假部三科中、五蘊不分根境能緣所緣不對立直就法之自性而分類故以之爲實十二處十八界能所根境相對而說故謂爲假設而非實法。又經量之別師謂五蘊十二處爲麤分別故立爲假十八界爲細分別、故立爲實。見法華玄贊一、五教章上。

【現量】（術語）因明用三量之一。又心識三量之一。現實量知也。向色等諸法現實量知其自相、毫無分別推求之念者。五識之緣五境與意識之與五識共緣五境者、（五同緣意識）與五識同時起者、（五俱意識）又在定中之意識與第八識之緣諸境、均爲現量。此總出於心識上之現量也。其中因明用之現量、惟五識與五同緣。五俱之意識而已。因明入正理論曰、「現量謂無分別。（中畧）現現別轉故名現量。」因明大疏上本曰、「能緣行相不動不搖自唯照境。不籌不度。離分別心。照符前境明局自體。故名現量。」又同下末曰、「五根各各明照自境。名之爲現。」

【現量相違】（術語）因明宗法九過之一。即相違於現量所得之事實而立宗之過失也。如立宗而說聲非所聞。聲所聞之法、爲與耳識同起之意識、（五俱之意識也）現量所證、知若謂聲非所聞、則與此現量之證知相違、故名現量相違。見因明大疏中本

【現智身】（術語）金剛界修法所結之印明之一。見次項。

【現智身印明】（印相）蓮華部心軌於被甲拍掌之後說現智見智二身之印明。文云「次結現智身。二羽金剛縛。禪智入於掌。身前想月輪。於中觀本尊。諦觀於相好。偏入金剛巳。大印如儀則身前當應結思惟大薩埵眞言曰唵（歸命）嚩日囉（金剛）薩怛縛（有情金剛薩埵種子）」

【現喩】（術語）八種喩之一。以現在之事物爲譬者。

【現報】（術語）現在作善惡之業、而現身受善惡之果也。

【現當】（術語）現在與未來之二世。未來又云當來。故云。

【現瑞序】（術語）以名法華經序品中敍雨華放光六瑞之一段。

【現種種身】（雜語）法華經妙音菩薩品說妙音菩薩現三十四身濟度衆生曰、「妙音菩薩其身在此而是菩薩現種種身。處處爲諸衆生說是經典。」

【現圖曼陀羅】（術語）胎藏金剛之兩部曼荼羅、流布於世者。本爲現於空中者。故云現圖。或爲現所圖示者。故云現圖。金曼者金剛智不空所傳、胎曼者善無畏所傳、或云兩曼皆善無畏所傳。曼陀羅大鈔一曰、「此現圖曼陀羅者善無畏三藏捨國位入秘

密教。奉值金剛智受兩部大法。為北天竺堅陀羅陀國大王授兩部大法。時大王云。正奉見兩部曼陀羅矣。時善無畏金粟王塔本請聖加被。時炳現虛空曼陀羅是也。(中略)或說云。北天竺暮嚕羅國有王名金粟王。歸依善無畏三藏建塔置其寺。時王云。授我真言。三藏思。天竺大日經廣本十萬偈三百卷。無便授。此時三藏向天云。授我末世相應法。祈時經七日金字大悲胎藏曼陀羅現空。三藏圖繪之。今世流布曼陀羅是也。」又金曼之現圖有諸說。見九會曼陀羅條。

【金剛界現圖曼陀羅】(術語) 是金剛界之現圖曼荼羅也。東方為正面。第一會置中央。自東面右旋而置八會。合為九會。見九會曼陀羅條。

【胎藏界現圖曼陀羅】(術語) 胎藏界者大日經說十院。青龍儀軌說十三院。現圖示十二院。

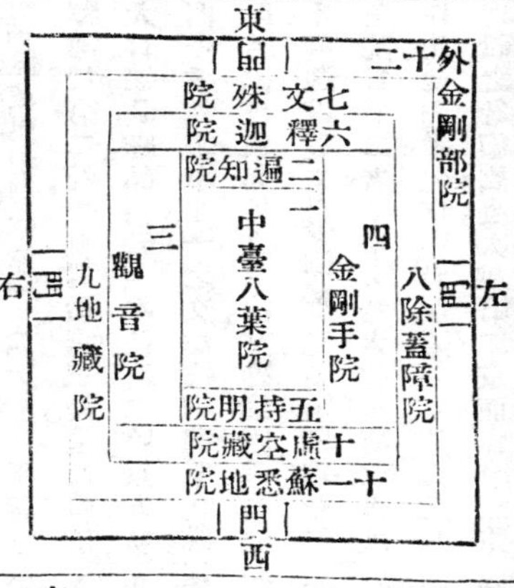

東 門
十二外金剛部院
七文殊院
六釋迦院
二遍知院
一中臺八葉院
四金剛手院
三觀音院
五持明院
八除蓋障院
九地藏院
十虛空藏院
十一蘇悉地院
西 門
左　右

於此加四大護院。而為十三大院。四大護院者。應在四門云。

【三重圓壇與四重圓壇】(雜語) 現圖曼陀羅與經疏所說異。依現圖則上下四重。左右三重。故約於前後而云四重。除中院外。遍智院、金剛手院、觀音院、持明院之四院為第一重。次釋迦、虛空藏之二院為第二重。次文殊、除蓋障、地藏、蘇悉地之四院為第三重。此外金剛部眾圍繞四周。為第四重。總之左右三重、上下四重也。因此稱為四重圓壇。然據經疏有三重四重之兩說。三重之說依疏六則如左圖。

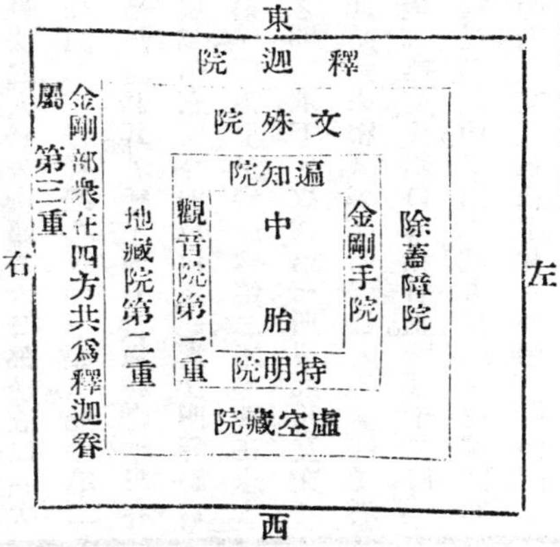

東
釋迦院
文殊院
遍知院
中胎
金剛手院
觀音院第一重
持明院
除蓋障院
地藏院第二重
虛空藏院
金剛部衆在四方共為釋迦眷屬第三重
西
左　右

此亦除中胎。以遍智、金剛手、觀音、持明之四院為第一重。又云第一院。是為三德秘藏之內眷屬。又云如來法身之智德。次以文殊、除蓋障、地藏、虛空藏之四院為第二重。又云第二院。是為如來之大眷屬。如來悲智之二德也。次于釋迦院中攝一切之二乘八部而爲第三重、又云第三院。是爲一切衆生喜見隨類之應身等流身、又云如來外用悲德。是卽三重圓壇也。大日經疏五曰、「從大日如來臍已下光明。是此第三重位。自臍已上至咽所出光明。爲第二重位。自咽已上乃至於頂相之光。爲第一重位。其中胎藏卽是毘盧遮那自心八葉華也。」又曰、「此蓮華臺是實相自然智慧。蓮華葉是大悲方便也。正以此藏爲大悲胎藏漫茶羅之體。其餘三重是從此自證功德流出諸善知識入法界門耳。」同六曰、「三重漫茶羅所示種種類形。皆是如來一種法門身。是故悉名爲佛。」同七曰、「更作深秘密釋者。如三重漫茶羅中五位三昧皆是毘盧遮那秘密加持。其與相應者皆可一生成佛。何有淺深之殊。」已上、三重之明文也。然疏一云、「畫作諸佛菩薩乃至二乘八部等四重法界圓壇。」同十五云、「如前所說。以身四分作四重曼茶羅。」其相違如何、三重者、中院是法界自性之體、故除之、就其流出上而立四重、又四重者、於三重加中院能所合論故也。而中院爲第一重者、疏七云、「謂中胎藏毘盧遮那。第二院觀音金剛手云云。」是既以觀音金剛手（三重中之第一重）爲第二院、則以中胎八葉爲第一重可知也。又同二十云、「此八葉卽是大悲藏第一重也。」

【經疏與現圖相違】（雜語）現圖置釋迦於第二院、經軌置於第三院。是經軌依大日經具緣品所云「次往第二院。東方初門中畫釋迦牟尼。」之文。然據阿闍梨之說、則若依自內向外之次第、文殊院應爲第二重、釋迦院（合外金剛部）應爲第三重。今釋迦院爲第二者、是示大智大悲次第故也。故作此曼陀羅、先作中胎並第一重。是爲大日內證之智德故也。次越第二重而作第三重之釋迦院、是爲大日外用之悲德故也。卽大智大悲不二之次第也。次還作第二重之文殊院等、是兼悲智具二利故也。然則經文之第二院、依法門次第釋迦作第二番故云第二院、文殊作第三番故云第三院。是但爲治慢法之人、特安密語耳。大日經疏五曰、「次往第二院畫釋迦牟尼。阿闍梨云。此中第二是隱密語耳。若從中向外當以釋迦牟尼眷屬爲第三院。今則以毘盧遮那法門眷屬爲第一。釋迦牟尼眷屬爲第二。諸菩薩在悲智之間。上求下化故爲第三。所以如此互文者。此是如來密藏。爲防諸慢法人不從師受者變亂經文。故須口傳相付也。」同十二曰、「前曼茶羅中。云第二院置釋迦。第三院文殊師利。此文互也。由下先定中胎竟直向第三院定之。故云第二。非是第二則是第三重也。」又云、現圖之蘇悉地院、不載於經軌者、諸師合之於虛空藏院之意也。

【三部】（術語）胎藏界之曼荼羅、分之則中臺八葉院、及上下之諸院爲佛部、右方之諸院爲蓮華部、左方之諸院爲金剛部。見胎藏界條。

【諸尊之面位】（雜語）凡金胎兩部之曼荼羅。一曼荼羅之諸尊、皆向大日而坐、例如金剛界五解脫輪之聖衆、前右左後雖異、然皆面向大日、又攝眞實經中說毘盧遮那如來坐在中、面向東方、東方不動如來面向西方、四大菩薩亦然（中畧）南方之寶生如來面向北方、四大菩薩亦然。然現圖諸尊、總向行者而坐、是爲使行者觀念之方便也。演奧鈔十三曰「問右爲智、故應爲金剛部、左爲理、故應爲蓮華部。今相反之如何。答北以水故爲蓮華部、南以火故爲金剛部。疏第四云、土持中胎藏、水持右方蓮華部眷屬、金持左方金剛部眷屬、木持上方如來果德、火持下方大力諸明」又曰「問觀音右安多羅、左安毘俱胝如何。答觀音有定慧二德、多羅主定德、故置右、毘俱胝主慧德、故置左。例如大日右安蓮華部尊、左安金剛部尊」

【現識】（術語）楞伽所說三識之一。阿賴耶識之異名。一切諸法、盡依阿賴耶識而顯現、故名現識。楞伽經一曰「譬如明鏡、持諸色像。現識處現、亦復如是」唯識了義燈四本曰「現識者、楞伽經云、諸法皆於本識上現故」因起信論所說五識之一。以名阿賴耶識之相分。由阿賴耶識之自體分變現能見之心與所見之相也。彼論以其自體分名業識、以其見分名轉識、以其相分名現識。

【現證】（術語）現證妙果也。

【現證三昧大敎王經】（經名）一切如來眞實攝大乘現證三昧敎王經之略稱。

【現觀】（術語）慧現觀諦理也。於見道十六心之位觀上下八諦之理、謂之聖諦現觀。此有二種、如小乘有部以十六心見道、故爲漸現觀、如大乘法相立一心眞見道、故爲頓現觀。唯識述記九末曰「現謂現前、明了現前、觀此現境、故名現觀」又曰「現觀者、慧現觀諸法」

【三現觀】（名數）俱舍論所說。一見現觀、正就見諦之法而立者、唯無漏之慧也。是獨於諸諦之境、現見分明、故名現觀。二緣現觀、就能緣之法而立者、卽合此無漏之慧及與此慧相應之一聚心心所而爲現觀。三事現觀、就作同一事業之法而立者、卽此時能緣之心心所幷道共戒不相應法等、盡作同一之事業、故總名現觀。見俱舍論二十三。

【六現觀】（名數）唯識論所立。一思現觀、思觀察諸法、而使別生現觀智之力强、故與以現觀之名。二信現觀、於三寶決定之淨信、助現觀之智、而使不退轉、故與以現觀之名。三戒現觀、無漏之道共戒、除破戒之垢、使觀智增明、故亦名現觀。四現觀智諦現觀、此乃正爲現觀之智諦。名現觀者、卽於見道修道觀眞如之體(名非安立諦)之無漏智慧也。五現觀邊智諦現觀。於正觀眞如之體、後邊更觀眞如之相(謂之安立諦)之見道修道智諦也。六究竟現觀、謂究竟位(卽無學道)中一切之諸智。此中後三者爲現觀之自性、而前三者爲現觀俱起之法、故均於俱舍論之事現觀。見唯識論九。

【現觀邊】(術語)卽見道現觀後邊所得之世俗智也。大毘婆沙論三十六曰、「現觀苦邊集邊滅邊得此智、故名現觀邊。有說此是諸瑜伽師觀聖諦時、傍修得故名現觀邊。尊者妙音說曰、此智近現觀、故名現觀邊。如近村物、名曰村邊。」又見俱舍論二十六。

【理】(術語)事之對也。指平等之方。面於表面難認識於本體有一定不變之理存。如不見木石爲木石、觀爲因緣所生法也。四敎儀曰、「良以如來依理而立言、遂令群生修行而證理、故佛聖敎出世法。」

【理一】(術語)法華四一之一。見四一條。

【理入】(術語)二入之一。深信凡聖一如之理而不疑也。依此理入而起修行、謂之行入。見金剛三昧經上。

【理在絕言】(術語)言眞理在言語道斷中之義。又爲當然不要道理言論之義。釋家多用此語。本據未詳。六要鈔六曰、「大涅槃界第一義諦、妙境界相、理在絕言。」傳通記糅鈔七曰、「若據一家實者、佛加決定。方請加備、理在絕言。」

【理佛】(術語)法身之異名也。佛三身中報化二佛爲事佛、法身佛爲理佛。是通途之義也。天台家所立六卽佛中之理卽佛也。三惡之衆生、亦具法性之理、與佛無異。是爲理佛。又稱素法身、唯具法身之理體而無功德之莊嚴也。天台觀經疏曰、「言衆生卽是佛理佛也。」

【理佛性】(術語)對於行佛性而言。佛性之理體爲理佛性、可開發其佛性之行業爲行佛性。以法相宗立有永不成佛之衆生、違於涅槃經一切衆生悉有佛性之語、故於佛性立此二義而會之也。謂理佛性者、一切衆生雖具而行佛性者不遍於一切、故有成不成也。見行佛性條。

【理卽】(術語)台家所立圓敎六卽位之第一。一切衆生皆具中道佛性爲理。此理具之位與究竟之佛果不二爲卽。卽三惡道之衆生、無一毫之善者、是理卽也。見六卽條。

【理卽佛】(術語)六卽佛之一。理卽位之佛也。卽理佛。惟具天然之佛性而無一毫之解行者。卽極惡最下之凡夫也。然自理性言之。則與究竟之佛相卽不二、故云理佛。四敎儀曰、「今雖然卽佛。此是理卽。亦是素法身無其莊嚴何關修證者也」。同集註下曰、「理卽佛貶之極也。以其全乏解行證卽。但有理性自爾卽也。」見六卽佛條。

【理身理土】（術語）三身中之法身、謂之理身、法身所住之土謂之理土。普賢觀經名之爲毘盧遮那（理身）常寂光（理土）唯識論十名之爲自性身（理身）法性土。（理土）立此身土之別、或以寂（理土）照（理身）或以理（理土）智、（理身）或以性（理土）相。（理身）要之爲一法性上之義立也。見西方合論五、觀經疏傳通記一等。

【理事】（術語）道理與事相也。是配於眞俗理爲眞諦事爲俗諦。釋門歸敬儀中曰、「入道多門不過理事。理謂道理。通聖心之遠懷。事謂事局。約凡情之延度。」

【理事無礙觀】（術語）華嚴宗所立法界三觀之一。平等之眞體爲理、有爲之形相爲事。理如水、事如波、卽於平等之理而有萬差之事、卽於萬差之事而有平等之理。觀如此事理交徹眞俗圓融之義、謂之理事無礙觀。見十玄門條。

【理事無礙法界】（術語）四法界之一。同於理事無礙觀。法界者、總稱事理之法之語也。見玄門條。

【理事俱密】（術語）台密所立密敎二種之一。見理秘密敎條。

【理法身】（術語）二法身之一。就三身中之法身而分理智之二、所證之理體爲理法身、能證之智慧爲智法身。依新譯家則理法身者無爲而本有、智法身者有爲而新成。依舊譯家則理智皆爲無爲、法性本有寂照之二用、以寂之義爲理法身、取照之義爲智法身。最勝王經二曰、「唯有如如如如智。是名法身。」

【理法界】（術語）四法界之一。謂諸衆生雖有色身等之別、然皆爲同一體性也。

【理門論】（書名）因明正理門論之略名。

【理具】（術語）台家有理具事造之目。法性之理體、自爾具三千之諸法、爲理具、依緣造起爲事造。山外之正義、依理具之三千而有事造之三千。山外之異義立事造之三千而不許理具之三千也。

【理具成佛】（術語）眞言宗所立三種成佛之一。謂一切衆生本具兩部之曼荼羅而本覺常住也。見卽身成佛條。

【理具三千】（術語）萬有一一悉皆具三千諸法、謂之理具三千。對於事造三千而言。

【理具卽身成佛】（術語）見卽身成佛條。

【理性】（術語）性者、以不改爲義、本

具之理體終始不改謂之理性。

【理和】（術語）僧伽有理事二和、同一界內之僧身口意三業無乖角謂之事和。同破見思之惑同證無爲之理謂之理和。

【理長爲宗】（術語）不問宗派如何、但取道理所勝而立論例如世親依婆沙論而造俱舍論時不但依有部之義且取經部之說也。

【理界】（術語）界者差別之義、差別理智之二而云理界智界如言理門智門。

【理秘密敎】（術語）日本台密於密敎中立理秘密、事理俱密之二敎華嚴法華等之一乘敎爲理秘密且立大日釋迦同體之義。東密不許之也菩提心義一末曰「問仁王經云五千女人現身成佛者、是於佛世聞仁王經而成佛也。菩薩處胎經云魔梵釋女皆不捨身、不受身、悉於現身成佛者、是於無佛世自觀而成佛也。無量義經云、持是經者、即於此身得無生忍者、是於佛滅後持經而成佛也。云何惟眞法中言即身成佛耶若言此等即身成佛之人、皆修此觀、（眞言觀）則何故說此三摩地法之諸敎中闕而不書。答、所言之眞言法者、大日經義釋謂梵音云曼怛羅。此云眞言、龍樹釋論謂之密語眞語如語不妄不異之語。故名眞言。故凡說眞如法性之敎、皆名眞言故凡法華等之諸大乘、皆名眞言秘密敎、唯法華等、雖皆說此三摩地法、而傳法之菩薩、闕而不書。若於佛世、若於滅後持經而心覺開解、則得成佛道成佛道時於內心觀法名三摩地。是名初住之即身成佛。問何以知說諸眞如法性皆名眞言秘密敎耶。答蘇悉地經疏云有二種敎。一顯示敎。二秘密敎。顯示敎謂阿含深密等諸三乘敎也。秘密敎謂華嚴維摩法華涅槃等諸一乘敎也。秘密敎亦有二種。一理秘密敎謂彼華嚴等一乘敎。唯說世俗勝義圓融無二。不說三密行相故。二事理俱密。謂大日金剛頂蘇悉地經等能說世俗勝義圓融無二。亦說三密行故。」

【理致】（術語）道理旨趣也。法華遊意上曰、「理致淵遠、統羣典之要。」唐僧傳（德志傳）曰「名題前後、甚得理致。」又禪家之宗匠、接人開示經論之道理而導之、稱爲理致。彼宗所謂如來禪是也。七帖見聞一末曰「神智云宗門立理致機關二門敎化機緣」

【理乘】（術語）三大乘之一。爲萬有根柢之理性之異名。

【理敎】（術語）台家立四敎、通敎爲界內之理敎、圓敎爲界外之理敎。見界內及界外條。

【理密】（術語）台密所立之理秘密敎也。見理秘密敎條。

【理曼陀羅】（術語）胎藏界之曼陀

羅也。兩部之曼陀羅配于理智、則胎藏界爲顯衆生本有之理性之德者、金剛界爲說如來始成之智相者。

【理智】（術語）理爲所觀之道理、智爲能觀之智慧、彼此冥合、稱爲覺悟。卽依理生智、依智顯理也。不思議疏下曰：「秘秘中秘釋者。本不生理自有理智、自覺本不生故。」因智有二種、有漏諸智謂之事智、無漏智謂之理智。見俱舍論十八。

【理智相應】（術語）眞如之理、與證此之智慧相應也。

【理智無礙法身】（術語）三種法身之一。見法身條。

【理善】（術語）事理二善之一。事理者淺深之意也。滅事惡之淺近之善爲事善、滅理惑之深妙之善爲理善。法華玄義五曰：「生界內事善說三藏位。生界內理善說通敎位。生界外事善說別敎位。生界外理善說圓敎位。」見二善條。

【理惑】（術語）對於事惑而言。我見邊見等見惑、迷惑於四諦之理、謂之理惑。貪瞋等思惑、迷惑於世間之事相、謂之事惑。（就藏通二敎而論）又根本無明之惑、能障覆中道之理、使不顯發、謂之理惑。見思之惑、能覆空寂之理、塵沙之惑、能障化導之事相、謂之事惑。（就別圓二敎而論）見玄義釋籤六。因所證之理與所斷之惑也。玄義釋籤一曰：「理惑體一、境智如如。」

【理窟】（雜語）道理之窟也、宋高僧傳七曰：「謂之義天、則明星有爛、謂之理窟、則善門無關。」續高僧傳十曰：「理窟更深。浮囊不捨。」

【理障】（術語）二障之一。根本無明、礙正知見而不達本覺眞如之理、謂之理障。圓覺經曰：「云何二障、一者理障、礙正知見。二者事障、續諸生死。」

【理盡三昧】（術語）照解極理之禪定也。新譯仁王經中曰：「爲三界主、修不可稱不可說法明門、得理盡三昧。」同良賁疏中上曰：「照解離極、故名理盡。」

【理趣分】（經名）具名般若理趣分。般若十六會中之第十會、大般若經第五百七十八卷是也。與密部之理趣經大同。

【理趣經】（經名）又云般若理趣經。大樂金剛不空眞言三摩耶經之異名也。有不空譯之理趣釋二卷。日本弘法之理趣經開題五卷。亮典之純秘鈔三卷。因金剛智所譯金剛頂瑜伽理趣般若經一卷之略名。是般若經之異譯也。

【理趣會】（術語）金剛界九會曼陀羅之一。有十七尊、以諸尊住於理趣三昧而名。見九會曼陀羅條。

【理趣釋】（書名）具名大樂金剛不空眞實三昧耶經般若波羅蜜多理趣釋。二卷、唐不空譯。解釋密部之理趣經。

【理趣釋經】（經名）理趣釋之異名。

【理趣三昧】（術語）誦讀理趣經式。一心行此法、故名三昧。有顯密之二行。顯行者讀玄奘譯之般若理趣分、密行者讀不空譯之理趣經。

【理趣禮懺】（術語）理趣三昧也。行理趣三昧者為禮懺、故云禮懺。

【理實】（術語）與實理同。

【理論】（術語）對於事論而言。就差別之事相而論謂之事論、就平等之理性而論謂之理論。法華玄義六曰「理論則同如是故不異。事論有機應是故不一。」

【理禪】（術語）事理二禪之一。有漏定為事禪、無漏定為理禪。四教儀集註中曰、「大論云三阿僧祇時六波羅蜜者、是乃事禪事智滿耳。俱舍云道樹已前四波羅蜜滿。至佛果位、二波羅蜜滿。此約緣理禪、理智始滿。」

【理證】（術語）事理二證之一。憶念道理而證悟之也。見戒疏上。又教理二證之一。舉佛之聖教而為證憑也。見唯識論。

【理懺】（術語）懺悔有事理之二種。觀法之無性、而亡罪福之相、以破理障、為理懺。身口意所作、一一依於法度、對於尊像披陳過罪、以破事障、為事懺。四教儀曰「理懺者。若欲懺悔者。端坐念實相。衆罪如霜露。慧日能消除。即此義也。」行事鈔中四之三曰、「今懺悔之法。大略有二。初則理懺。二則事懺。此之二懺。通道含俗。」

【理體】（術語）萬有之本體、謂理性也。

【理觀】（術語）道理之觀念也。止觀十曰、「聽學人誦得名相。齊文作解。心眼不開。全無理觀。（中略）習禪人唯尚理觀。觸處心融。闇於名相。一句不識。」同事觀之對。

【梯隥】（譬喻）漸漸昇高之木階也、以譬漸教。止觀一曰、「漸則初淺後深。如彼梯隥。」同輔行曰「梯者說文木階也。極高用梯。次高用隥。故隥字亦可從足。謂昇躡也。從木者雉蹵反。非此所用。從石者謂山坂漸高也。亦可義用。正應從邑。何此隥字亦梯類也。可以昇高也。」

【梯羅浮呵】（地名）巴 Thera-guha 窟名。譯曰上座。探玄記十五曰、「梯羅浮呵者。此云上座。即尊者名也。以居此窟。故因以為名。文殊問經體毘裏部。此云上座部。同此名也。」

【梱多】（植物）木名。出摩伽陀國。長六七丈。經冬不凋。取其皮書之。本作貝。俗作梱。見酉陽雜俎。按貝葉漚之似紗縠可用以寫經。

【梅怛黎】（術語）見梅呾利耶條。

【梅怛麗藥】（術語）見梅呾利耶條。

【梅呾利】（菩薩）梅呾利耶之略。

【梅呾利耶】（菩薩）Maitreya 舊訛略而云彌勒。譯曰慈。當來嗣釋迦出世成佛之菩薩名。又作梅怛麗藥、梅怛梨、梅呾囉曳尼、梅呾利曳尼、梅呾利曳那。玄應音義二十五曰「梅怛麗藥此云慈。卽舊云慈氏者也。慈有二因緣。一值慈佛發心。二初得慈心三昧因以名焉。言彌勒或云梅怛黎並訛。」唯識述記四本曰「梅呾利耶此翻云慈氏。梅呾囉曳尼是聲轉之異。」彌勒上生經疏上曰「依正梵本應云梅呾利耶。此翻爲慈。古云彌帝隸。或云彌勒者皆語訛也。(中略)若釋名應云梅呾利曳尼。梅呾利曳尼是女聲。母性慈故因名慈氏。(中略)若依此姓名爲慈者應云梅呾利曳那。是男聲也。」俱舍光記十八曰「梅怛儷藥。梅怛此云慈。儷藥此云氏。菩薩在慈姓中生。從姓立名。故名慈氏。舊云彌勒訛也。」

【梅呾利曳那】（菩薩）見前項。

【梅呾囉曳尼】（菩薩）見梅呾利耶條。

【桶底脫】（雜語）謂坐化也。趙瀛詩曰「桶底脫時無一物。」傳燈錄曰「雪峯告巖頭曰我問德山從上宗乘事。德山打一棒曰道甚麼。我當時如桶底脫相似。」五燈會元曰「眞歇了入厨看煮麵。次忽桶底脫。衆皆失聲曰可惜許了。曰桶底脫合歡喜。因甚煩惱。僧曰和尚卽得。」

【桶頭】（職位）管掌桶類之禪寺僧也。

【殑伽】（地名）又云强伽、殑伽、恒伽、恒架。Gaṅgā 譯曰天堂來。以其原從高處神堂而來也。印度東北之大河名。爲印度三大河之一。發源於雪山之南部。合大小無數之支流而東南奔流五百里。與蒲拉買普篤羅河共流入印度洋。其流域一帶之地。卽所謂恒河之平原。四境開闊。交通八達。且地味極爲豐饒。故古來起於印度之幾多君主。其都城皆以此川流而定。數千年來印度文明之中心也。佛教勿論。卽其他之宗教與哲學。亦起於此流域。因此印度人視此河極爲神聖。遂至以河名直爲神名。西域記一曰「殑伽河。舊曰恒河。又曰恒伽。訛也。」玄應音義八曰「强伽。舊名恒河是也。亦名殑伽。從阿耨大池東面象口流出。入東海。其砂細與水同流也。」此所以經中有恒河沙數諸佛之譬喩語也。同二十四曰「殑伽河。諸經論中或作恒河。或言恒伽河。亦云恒迦河。或作强伽。河皆訛也。此河從無熱惱池東面象口而出。流入東海。舊譯云天堂來。以彼外書云本入摩醯首羅天頂。從耳中出流在地上。以天化身在雪山頂。故作是說。見從高處而來。故云天堂來也。」俱舍光記五曰「殑耆是河神名。若女聲中呼名殑耆。若男聲中呼名殑伽。

舊曰恒河訛也。」可洪音義一曰、「恒伽。大般若經作殑伽天女是也」此所以以其河水爲神聖而生浴於此水者得去一切罪汚之思想也。藥師本願經作「弶伽」

【殑河女】（故事）此女愛念其子共沒於殑河、死生於梵天。心地觀經三曰、「昔有女人抱其子。渡於恒河水瀑流以汎水故力難前。與子俱沒無能捨。爲是慈念善根力。命終上生於梵天長受梵天三昧樂。得遇如來受佛記。」性靈集八曰、「殑河女人因愛子而生天上。坐海丈夫發慈悲以成大覺。」

【殑伽沙】（地名）舊稱恒河沙。新稱殑伽沙。

【殑伽神】（神名）又作恒伽天。印度恒河之河伯也。見殑伽條。祖庭事苑七曰、「主河之名是女非鼻聞香未見其緣。」

【殑伽神女】（神名）同上。

【殑耆】（神名）殑伽河女神名。見殑伽神條。

【殑耆羅】（人名）比丘名。俱舍寶疏五曰、「殑耆是河神名。羅名攝受。父母憐子與字立名。殑耆攝受女聲呼名。耆男聲呼爲伽」梵 Gaṅgilaya

【旋火輪】（術語）以火旋轉而爲輪形者。輪形似有而非實。以譬一切事法之假相。楞嚴經三曰、「生死死生。生生死死。如旋火輪未有休息。」止觀六曰、「爲此見故。造衆結業。墮墜三途。沈廻無已。如旋火輪。若欲息之。應當止手。」智度論六曰、「如旋火輪。但惑人目。」

【旋陀羅尼】（術語）法華三陀羅尼之一。謂於法門得旋轉自在之力也。嘉祥法華義疏十曰、「旋陀羅尼於法門中圓滿具足出沒無礙。」

【八種旋陀羅尼字輪門】（名數）於諸陀羅尼之字門逆順旋轉而爲釋。故云旋陀羅尼字輪門。此有八種。一以一字釋一切字義。如釋迦字之時。但以種種之因緣而觀本不生。即見無所作之義。乃至如釋訶字。亦以種種之因緣而觀本不生。即見無因之義。（是就初之迦與後之訶而畧中間也。）二以一切字釋一字。如釋阿字之時。以種種之因緣而觀無造作。即見本不生。乃至以種種之因緣觀諸法無因。即見本不生。三一切字成立一字。一切法本不生。以無作故。如虛空無相故。無行故。無合故。乃至無因故。四一字成立一切字。一字法無作也。以其本不生故。乃至一切法無因也。以其本不生故。五以一切字破一字。如執人有造作。應破彼而言。若諸法本不生之義已成立。而云有作。是義不然。乃至執有因。亦破彼而言。若諸法本不生之義已成立。而云有因。是義不然。六以一字義破一切字義。七順旋轉。若法本來不生。即無造作。若無造作。則如虛空無相也。若如虛空無相、即無有行、若無有行、則無有合、若無有合、則無有遷轉、乃至若無因、當知法之本不生、是名順旋轉。(是約初之阿迦佉哦伽遮六字與最後之訶字而作釋、略其中間也。)八逆旋轉、若無法因、則諦不可得、若諦不可得、則自性鈍、若是自性鈍、當知本性寂、若本寂者、當知無相、乃至若本不生、當知無因。(是逆次越訶娑沙奢四字而約邏之一字與最首阿六字而釋之者。)見大日經疏七。

【十六玄門】(名數) 日本僧高野、於此八種旋陀羅尼加遮情、表德、淺略、深秘、字相、字義、一字攝多、多字歸一之八門而為十六玄門。大日經開題曰、「據大日經王及金剛頂經王。秘密法曼荼羅。旋陀羅尼字輪海印三摩地釋一切經。且有十六門。謂遮情表德。淺略深密。字相字義。一字攝多。多字歸一。一字釋多。多字釋一。一字成多。多字成一。一字破多。多字破一。順旋轉。逆旋轉是也。」此中順逆之二旋轉、即大疏之八種旋陀羅尼、要之但加增六門而已。

【旋陀羅尼字輪門】(術語) 八種旋陀羅尼字輪門也。見旋陀羅尼條。

【旋嵐】(雜名) 又云旋藍、譯曰大猛風。見毘嵐條。

【旋轉眞言】(眞言) 稱正念誦之眞言、以旋轉念珠而誦之也。見十八道鈔下。

【族姓子】(雜名) 又云族姓男。梵名矩羅補囉。Kula-putra印度有四姓、生於如來家、於諸姓中為最勝、故云。大日經疏五曰、「梵云矩羅。是族義。部義。補怛羅、是男子義。若世諦釋於四姓中生。皆名大族。今得生如來家。於諸族中為最勝。故名族姓子。」

【晦堂】(人名) 宋黃龍山晦堂寶覺禪師、名祖心、嗣黃龍南禪師。哲宗元符三年寂。見稽古畧四。

【晚參】(儀式) 謂晚刻之參禪或晚刻之念誦。對於早參而言。敕修淸規晚參曰、「凡集衆開示。般謂之參。古人匡徒。使之朝夕咨扣。無時而不激揚此道。故每晚必參。則在晡時。」祖庭事苑七曰、「日晡念誦、謂之晚參」

【晚粥】(雜名) 晡時之粥食也。於律法雖觸不過中食之戒、然禪院則稱為藥石而用之也。

【晤恩】(人名) 宋慈光院晤恩。高論尊者淸竦之旁出、山外宗之祖也。初就志因學三觀之旨、道名大播。雍熙三年入寂、壽七十五。稽古畧四曰、「初天台宗、自唐德宗建中三年荆溪尊者滅後、五傳至淸竦、竦有二弟子、曰義寂、曰志因。寂以敎觀之正脈傳於義通、通傳於四明之知禮、下竺之遵式、源源授受。志因傳於晤恩、恩之名著於僧史。恩傳於洪敏與源淸、淸傳於孤山之智圓與梵天之慶昭、昭傳於繼齊與威潤、境觀解行、各師其說。四明之知禮辭而闢之、衡嶽之家世斥之爲山外宗。」宋僧傳七、佛祖統紀十有傳。

【晡提木底鞞殺社】（飮食）Pūtimukta-bhaiṣajya 陳棄藥之梵名。見陳棄藥條。

【脚布】（物名）入浴時所用之布也。百丈清規六曰、「展浴袱取出浴具於一邊。解上衣未卸直綴。先脫下面裙裳以脚布圍身。方可繫浴裙將裩袴捲摺內袱內。」

【脚板】（雜名）雜寶藏經曰、「命終之時以八識之所去。知六道之誕生。頂聖眼生天。心人餓鬼腹。傍生膝蓋。離地獄脚板。」臨濟錄曰、「儞波波地往諸方覓什麼物踏儞脚板闊。」

【脚俱陀迦多演那】（人名）Kraku-da-kātyāyana 又作脚陀迦旃延。外道名。希麟音義九曰、「脚陀、舊云迦羅鳩駄。此云黑領。迦旃延、姓也。此外道應物而起。若問有答有。問無答無也。」又出毘奈耶雜事三十八。

【脚跟點地】（術語）前後際斷、徹見本來面目、一切功夫皆有著落之謂也。

【脚絣】（物名）裹脚部之布也。旅行時用之。又作行纏、脛衣、脛巾。俗呼脚絆、律云護蹲衣、腨衣。

【脫皮淨】（術語）戒律之法、果實有皮者、脫皮而食、謂之脫皮淨、食之無罪。不然、卽爲不淨。見行事鈔下二。

【脫珍著弊】（譬喩）以譬釋迦如來濟報身之體而垂丈六之應身、說小乘四諦之敎者。法華經信解品曰、「卽脫瓔珞細軟嚴飾之具。更著麤弊垢膩之衣。」

【脫闍】（物名）Dhvaja 譯曰幢。楞嚴經七曰、「寫此神咒安城四門幷諸支提或脫闍上。」長水疏七曰、「脫闍云幢。」

【脫體】（術語）全體一般等之意。碧巖第一則評唱曰、「脫體現成。」同九則評唱曰、「脫體不是。」

【望參】（職位）禪林之職名。副參之候補者也。

【望鄕臺】（傳說）面如弓背、朝東西南三向、灣直八十一里、後如弓弦、坐北。劍樹爲城。臺高四十九丈。刀山爲坡、砌就六十三級。犯鬼登此臺照鏡見聞之後、押入叫喚大地獄內。

【望寮】（堂塔）禪家寮主之下有副寮、副寮之下有望寮之職、望寮者副寮若闕、卽可轉上而補之、故名。見象器箋六。

【祥月】（術語）祥者、由禮記之小祥（一周忌）大祥（三周忌）而來、因而宗密之盂蘭盆疏有祥月之文字、靈芝之新記解之、有祥月卽周年之說。卽一周忌也。

【祥草】（植物）吉祥草之略。如來成道時以吉祥草爲座。

【祥瑞】（雜語）吉祥之瑞相。善事出現時、爲豫告或讚嘆而現之不可思議相也。

六種震動、天雨妙華等是也。

【眼】（雜名）梵語斫芻。又作斫氣芻。Cakṣu 義林章三本曰、「梵云斫芻。斫者行義、芻者盡義。謂能於境行盡見行盡見諸色。故名行盡。翻爲眼者。體用相當、依唐言譯。」華嚴大疏五曰、「照矚爲眼。」

【眼入】（術語）十二入之一。

【眼目】（譬喻）譬物之主要而言。圓覺經曰、「是經十二部經清淨眼目。」文句記十上曰「以一乘妙行爲眼目。」

【眼目異名】（譬喻）名雖異、其實同、譬之眼目。名異其實同也。俱舍光記一曰、「一切與諸眼目異名。」同二十曰、「性之與體眼目異名。」

【眼同】（雜語）衆眼同見爲事。元朝之俗語也。

【眼見家】（術語）就眼根眼識而論、俱舍論二述爲二家。一眼根觀照色境名爲見、因此眼識能了別、名爲識、謂見之用即在眼根。此名眼見家。一眼識依眼根而生。識能見色境而了別之。爲色。即見者識之用也。是名識見家。此中大衆部法救論師等爲識見家。有部宗之本義。眼見家也。愚案其餘耳根等之聞等準此可解。楞嚴經七大中開根大者。據此眼見家之義也。

【眼根】（術語）六根之一。眼識發生之所依者。地水火風四大種所造。其體質清淨。是爲實之眼根。不可以肉眼見者。是名勝義根。彼以肉眼可見之眼球、稱爲扶塵根、爲彼勝義根之所依者。即如盲人有扶塵根無勝義根。故不能生眼識也。俱舍論一曰、「眼謂內處四大所造淨色爲性。」同頌疏一曰、「眼等五根。體清淨故。如珠寶光。故名淨色。」

【眼疾病陀羅尼經】（經名）能淨一切眼疾病陀羅尼經之略名。

【眼智明覺】（術語）見道中智之別稱。苦法智忍爲眼、苦法智爲智、苦類智忍爲明、苦類智爲覺。見輔行五之四。

【眼識】（術語）六識之一。以眼根爲所依而生。了別色境者。隨能生之眼根而立眼識之名。三藏法數二十一曰、「眼根由對色塵。即生其識。此識生時。但能見色。是名眼識。」唯識論五曰「眼識乃至意識。隨根立名。」

【略三寶】（儀式）凡禪家諷唱之末、必有十方三世等語。此名略三寶。謂十方三世一切佛者。佛寶也。諸尊菩薩摩訶薩者。僧寶也。摩訶般若波羅蜜者。法寶也。其鳴磬之法、十方一下、諸尊一下、摩訶般若一下、以分三寶也。

【略授三歸五八戒並菩薩戒】（書名）一卷。唐澄照讚。

【略出經】（經名）金剛頂瑜伽中略出念誦經之略名。

【略出念誦經】（經名）同於略出經。

【略戒】（術語）戒經有廣略之二敎、佛成道後十二年間大衆清淨無犯戒者故未曾立一戒唯說略偈總勸誡善惡故謂之略戒又云略敎十二年以後弟子行法漸流放逸汚清淨之法海因隨緣制之遂至有五篇七聚之多謂之廣戒又云廣敎略敎局於利根廣敎通於利鈍二機四分僧戒本曰「善護於口言自淨其志意身莫作諸惡此三業道淨能得如是行是大仙人道此是釋伽牟尼如來無所著等正覺於十二年中爲無事僧說此戒經從此巳後廣分別說」但常以諸惡莫作諸善奉行自淨其意是諸佛敎「之四句偈爲略戒又眞言以三平等戒爲略戒見三昧耶戒條。

【略念誦法】（修法）金輪時處儀軌說此法是行者或旅行或多事不能行廣法時或其人之性爲不好廣軌者而說之也其次第先以護身法清吾三業、次以小金剛輪之印明成壇場次結其尊之根本印誦其明七遍以加持心額喉頂之四處因而成大圓鏡智乃至成所作智之四智次爲金剛合掌置之頂上誦[illegible]字二十一遍以成供養法以下不必捻數珠。

【略論安樂淨土義】（書名）一卷、梁．曇鸞作或言文義非無取捨恐是別人之作。

【略問訊】（儀式）見問訊條。

【略敎誡經】（經名）一卷唐義淨譯。讚少欲知足呵惡比丘之三種不善思惟。

【略說戒經】（經名）佛垂般涅槃略說敎誡經之異名。

【略說敎誡經】（經名）同略說戒經。

【移山經】（經名）力士移山經之略。

【移龕】（儀式）入龕三日後移龕於法堂讀經是爲移龕佛事見象器箋十四。

【蛇】（動物）梵語曰薩跛。Sarpa 見梵語雜名。

【無禁捉蛇】（譬喩）禁者禁制也、捉毒蛇有制法應以鐵杖先押其頭次以手捉其頂不依此制法卒爾捉蛇則爲螫死是譬比丘無觀智之制法漫談空理放恣五欲也出於阿梨吒經止觀二曰、「淮河之北有行大乘空人無禁捉蛇者」同輔行曰、「淮北河北邪空之人濫稱大乘入惡無觀故以無禁捉蛇喩之禁者制也術法制物故也貪欲如蛇觀法如禁以觀觀欲如捉蛇不善四句如無禁」

【蛇知蛇足】（譬喩）智度論十曰、「如偈說智人能敬智智論則智喜智人能知智如蛇知蛇足」

【黑蛇抱珠】（譬喩）喩衆生業報之因緣不同也智度論八曰、「業報因緣各各不同（中略）譬如黑蛇而抱摩尼珠臥有阿羅漢人乞食不得。」

【納蛇於筒】（譬喻）譬禪定能正人之邪曲也。智度論曰、「是心從無始來常曲不正。得是正心行處。心則端直。譬如蛇行常曲入竹筒則直。」

【比丘化爲蛇】（傳說）行事鈔資持記下一之三曰、「有比丘喜樂衣服因病致死。後化爲蛇來纏衣。」

【一蛇首尾】（譬喻）雜譬喻經曰、「昔有一蛇。頭尾自諍。頭語尾曰、我應大。尾語頭曰、我應大。頭曰、我有耳能聽。有目能視。有口能食。行時在前。故應大。汝無此術。尾曰、我使汝去。故得去。若我不去。則汝不得去。以身繞木三帀。三日不已。求食不得。飢餓垂死。頭語尾曰、汝放我。聽汝爲大。尾聞其言。卽時放之。後語尾曰、聽汝前行。尾在前行。未數步。墮大深坑而死。喩衆生無智。爲人我。終墮於三途也。」

【蛇行】（譬喻）佛告諸比丘有蛇行法。何等爲蛇行法。謂殺生手常血腥。乃至行十不善等。彼爾時身蛇行。口蛇行。意蛇行。如是身口意蛇行已。向地獄或畜生之一趣。蛇行衆生。謂蛇鼠猫狸等腹行衆生。是名蛇行法。見雜阿含經三十七。

【蛇足】（譬喻）譬情有理無之妄見也。萬善同歸集五曰、「起龜毛兎角之心。作蛇足鹽香之見。」

【蛇神】（天名）延命地藏經所說十五神之一。

【蛇衛旃檀】（植物）見牛頭旃檀條。

【蛇繩麻喩】（譬喻）說明唯識、說明三性所引之譬喩。謂見繩以爲蛇。旣覺爲繩。悟繩之實性爲麻也。參照三性條。

【船子】（人名）秀州華亭縣船子和尙名德誠。遂寧府人。得法於藥山。至華亭。泛小舟隨緣渡日。因號曰船子和尙。後得夾山善會付法。自覆舟入水而逝。見傳燈錄十四。

【船後光】（雜名）謂佛像後之後光。其形如竪船也。

【船師】（術語）佛之異名。度衆生於彼岸之船筏之意。無量壽經曰、「船師大船師。運載群生渡生死河。置涅槃岸。」晉華嚴經二十曰、「譬如船師不住此岸。不住彼岸。不住中流。而能運度此岸衆生至於彼岸。以往返無休息。」涅槃經九曰、「如來名爲無上船師。」

【船筏】（譬喻）以譬佛之敎法度人也。

【瓶】（物名）經論引瓶爲譬者甚多。

【天德瓶】（物名）出心所願者之瓶也。六十華嚴經五十九曰、「菩提心者。則爲天德瓶。滿足一切所樂欲故。」探玄記二十曰、「天德瓶者。於中所索悉皆得故。如如意珠也。」

【瓶碎失寶】（譬喻）瓶卽天德瓶也。

智度論十三曰、「譬如有人常供養天。其人貧窮。一心供養滿十二歲。求索富貴。天愍此人。自現其身與一器。名曰德瓶。而語之言。所須之物。復此瓶出。其人得已。應意所欲。無所不得。得如意已。具作好舍。象馬車乘。七寶具足。供給賓客。事事無乏。客問之言。汝先貧窮。今日所由得如此富。答言我得天瓶。瓶能出種種衆物。故富如是。客言出瓶見示。幷所出物。卽爲出瓶。瓶中引出種種衆物。其人憍佚。立瓶上舞。瓶卽破壞。一切衆物。亦一時滅。持戒之人。亦復如是。種種妙樂。無願不得。若人破戒。憍佚自恣。亦如彼人破瓶失利」

【瓶水】（譬喩）師資傳燈。譬如瀉瓶水於瓶也。涅槃經四十曰、「阿難事我二十餘年。（中略）持我所說十二部經。一經其耳。不曾再問。如寫瓶水置之一瓶」。當云瀉瓶。

【瓶沙王】（人名）見頻婆娑羅條。

【紺宇】（雜名）又曰紺園、紺殿等。寺之異名。見紺園條。

【紺坊】（雜名）寺之別譯。與言紺園、紺宇、紺殿等同。見紺園條。大周新翻三藏聖敎序曰、「可謂緇俗之綱維。紺坊之龍象」。

【紺青】（雜語）青而含赤之色。爲佛之毛髮之色。又云紺瑠璃。大般若三百八十一曰、「世尊首髮脩長。紺青稠密不白」。又曰、「世尊眼睫猶如牛王。紺青齊整不相雜亂」。玄應音義三曰、「紺古闇反。青赤色也」。釋名云、紺含也。謂青而含赤色也」。

【紺頂】（雜名）又曰紺髮。佛頂上之毛髮。爲紺青之色也。大般若三百八十一曰、「世尊首髮脩長。紺青稠密不白」。

【紺睫】（術語）佛之眉毛。爲紺瑠璃之色也。大般若三百八十一曰、「世尊眼睫。猶若牛王。紺青齊整。不相雜亂」。廣弘明集十三曰、「白毫紺睫」。

【紺殿】（雜名）寺之別稱。與紺宇、紺園等同。取紺瑠璃之色而名。見紺園條。

【紺園】（雜名）寺之別稱。以紺瑠璃爲佛之毛髮。又爲佛國土之色相故也。祖庭事苑四曰、「紺園卽紺宇也。釋名曰、紺含也。謂青而含赤色也。內敎多稱紺目紺髮。取此義也」。

【紺蒲】（植物）果名。赤而圓。有三約之橫文。佛頸成此相。謂之紺蒲成就。慧苑音義下曰、「紺蒲正云劍蒲。乃西域菓名。其色紅色。復周三約橫文。而佛頸成就彼相」。梵 Kamboja。

【紺蒲國】（地名）華嚴經所言之甘菩遮國。見甘菩遮條。

【紺瑠璃】（雜語）同於紺青。紺者青而含赤。瑠璃者青色也。佛之毛髮及佛國等之色也。觀佛經一曰、「至於成道。以髮示父王。王卽以手伸其髮。從尼拘樓陀精舍至父王宮。如紺瑠璃。遶城七匝」。心地觀經一曰、「

爾時世尊坐寶蓮華師子座上。其師子座色紺瑠璃。」觀無量壽經說極樂之地相心曰、「見瑠璃地內外映徹。上有金剛七寶金幢擎瑠璃地。」法華經譬喻品說華光如來之淨土相曰、「其土平正。淸淨嚴飾安隱豐樂。天人熾盛。瑠璃爲地。」

【紺髮】（雜名）又曰紺頂。佛陀之毛髮爲紺瑠璃之色也。續高僧傳一曰、「陽門飾毫眉之像。夜臺圖紺髮之形。」

【細心】（術語）見細意識條。

【細四相】（術語）生、住、異、滅之四相也。見四相條。

【細色】（術語）謂男女好妙之容色也。無量壽經下曰、「眄昧細色。邪態外逸。」

【細意識】（術語）微細之意識也。又名細心。卽於生死等之位相續不斷之微細意識也。成唯識論三所謂「有餘部執生死等位、別有一類微細意識、行相所緣俱不可了、應知卽是此第八識。」是也。是爲小乘上座部所立。但本末之執計不同。見唯識述記四、了義燈四等。

【細滑欲】（術語）六欲之一。貪著身體之軟細滑澤也。

【終南】（人名）華嚴宗初祖杜順、寂後現靈於終南山、後人稱曰終南。見佛祖統紀二十九。

【終敎】（術語）賢首五敎之一。見五敎條。

【終歸於空】（術語）言諸法之實相、終歸趣於空也。空者非灰斷之空、乃中道第一義空、空亦空絕對之空、謂之第一義空。空亦空則此中自有中道之義、故云中道。卽非偏空、而爲中空圓空、妙妙空也。法華經藥草喩品曰、「解脫相、離相、滅相、究竟涅槃常寂滅相、終歸於空。」眞言阿字本不生之實義是也。

【設利】（術語）見舍利條。

【設利羅】（術語）一作捨哩囉。Śarira 舍利之新稱。見舍利條。

【設利弗怛羅】（人名）見舍利弗條。

【設陀鄰迦醯】（天名）女神之名。生經二曰、「雪山南脇有大女神。名設陀隣迦醯。」注曰、「晉云攝聲。」

【設都嚧】（雜語）Śatru 又作設覩嚧、設咄嚕、捨覩嚧、爍覩嚧、娑訥嚕、窣覩嚧。譯曰怨家。希麟音義六曰、「設咄嚧或云窣覩嚕。皆梵語輕重。此云寃家。卽於一切善法作寃害者。」同七曰、「捨覩嚧。或云窣覩嚕。亦云設咄嚕。皆梵語訛轉也。此云寃家也。」梵語雜名曰、「怨娑訥嚕。」

【設喇陀䟦摩】（人名）Śradvarman 僧名。譯曰信胄。見求法高僧傳上。

【設賞迦】（人名）Śaśāṅka 王名。譯曰月。見西域記五。

【設覩盧】（雜語）Śatru 見設都嚧條。

【救世】（術語）又作救世尊、救世者、救世大悲者等。佛菩薩之通稱。法華經化城喩品曰「善哉見諸佛救世之聖尊。能於三界獄勉出諸衆生。」起信論曰、「最勝業徧知色無礙自在救世大悲者。」此等皆以名佛者。法華經普門品曰、「衆生被困厄。無量苦逼身。觀音妙智力。能救世間苦。」此特以名觀音菩薩者。此菩薩與此土緣深、信仰最多。故救世之稱號、獨爲觀音所特有。

【救世菩薩】（菩薩）觀音菩薩之稱號。

【救世觀世音】（菩薩）觀音者略名、觀世音爲具名。新譯謂之觀自在。見觀音條。

【救世輪】（術語）如謂諸佛爲救世者。謂法輪爲救世輪也。

【救世圓通】（菩薩）觀世音菩薩之異名。

【救世誓】（術語）觀世音菩薩濟度衆生之誓願也。

【救世闡提】（雜語）闡提者、無往生之機也。菩薩之慈悲無限、起救濟一切衆生之大業、不念自身之成佛、故云救世闡提。

【救世金輪法手印】（印相）以兩手大拇指各著於無名指之末節之根而兩手合之。使左右手指尖一一相著是也。

【救拔餤口餓鬼陀羅尼經】（經名）佛說救拔餤口餓鬼陀羅尼經、一卷、唐不空譯。阿難逢餤口餓鬼怖而白佛、佛爲說陀羅尼救拔餤口施餓鬼之法自此始。

【救苦齋】（行事）法會之名。梁武帝作之。佛祖統紀三十七曰、「中大通元年京城大疫。帝於重雲殿爲百姓設救苦齋。以身爲禱」。

【救苦觀音經】（經名）高王觀世音經之異名。續高僧傳第三十九、法苑珠林第二十五有救生觀音經、又曰高王觀音經。佛祖統紀有十句觀音經。經文只有十句。佛祖通載、稽古略有救苦觀音經、此僞經也。觀音慈林集中云「救生經非今僞造救苦經」。可以爲證。見高王觀世音經條。

【救脫】（菩薩）見次項。

【救脫菩薩】（菩薩）此菩薩、於藥師經後半說念藥師如來可免苦難災厄、且詳示供養藥師如來之法式。

【救面然餓鬼陀羅尼神咒經】（經名）佛說救面然餓鬼陀羅尼神咒經、一卷、唐實叉難陀譯。與佛說救拔餤口餓鬼陀羅尼經同本、但無四佛之名號。

【救療小兒疾病經】（經名）囉嚩拏說救療小兒疾病經之略稱。

【救蟻】（故事）沙彌名救蟻。雜寶藏經四曰、「昔有一羅漢、畜一沙彌。知此沙彌却後七日必當命終與暇使歸家、至七日頭命還來。沙彌辭師便去於其道中見衆蟻子爲水漂流命將絕生慈悲心自脫袈裟盛土堰水取蟻子置高燥處遂悉得活。至七日頭、還歸師所。師甚怪之尋便入定以天眼觀知、更無餘福。以救蟻子因緣故七日不死得延命。」

【救護菩薩】（菩薩）胎藏界除蓋障院九尊之一。又作救護惠。如來以智慧救護衆生進九界衆生於佛界、故名。曼荼羅鈔四曰、「以掌向身掩心、如來之慈在心之義。大指稍豎向上者大指爲智故九界衆生、進於佛界是覆護哀愍之義。左手爲拳安於腰側、是哀愍惠之義。」

【救護惠】（菩薩）即救護菩薩。見前項。

【敗根】（術語）又云敗種。謂聲聞、緣覺二乘、永不成佛、於法華以前入於灰身滅智之涅槃、自認永不成佛者、毫不生求菩提之心也。因而譬以廢壞之草木根及種子。三論玄義曰、「大品呵二乘爲痴狗。淨名貶聲聞爲敗根。」維摩經不思議品曰、「於此大乘已如敗種。」涅槃經如來性品曰、「如焦種雖遇甘露、百千萬劫終不生芽。」止觀八曰、「焦種不生、根敗難用。」玄義九曰、「墮三無爲坑。若死若死等苦。已如敗種。再不還生。智醫攝手。方藥無用。」

【敗種】（術語）見敗根條。

【敗種二乘】（術語）見敗根條。

【敗壞菩薩】（術語）菩薩之敗壞佛種者。智度論二十九曰、「菩薩有二種。一者敗壞菩薩。二者成就菩薩。敗壞菩薩者。本發阿耨多羅三藐三菩提心。不遇善緣。五蓋覆心。行雜行。轉身受大富貴。或作國王或大鬼神王龍王等。以本造身口意惡業不淸淨故。不得生諸佛前及天上人中無罪處。是名爲敗壞菩薩。」

【野】（術語）ㄐ悉曇五十字門之一。見耶條。

【野干】（動物）見狐條。

【野布施】（術語）又云花錢。於喪場分與之施物也。

【野巫】（雜語）草野之巫師、唯解一術者、以譬寡聞之禪人。止觀七曰、「又如野巫唯解一術。方救一人獲一脯胙。何須神農本草耶。欲爲大醫。偏覽衆治。廣療諸疾。轉脈轉精。數用數驗。恩救博也。」

【野狐身】（傳說）古人誤一轉語、五百世爲野狐身。見百丈條。

【野狐精】（雜名）野狐之精靈、變幻誑人者。傳燈錄十二（潭空章）曰、「有尼欲開堂。師曰。尼女家不用開堂。尼曰。龍女八歲成佛。師曰。龍女有十八變。汝試一變。尼曰。變了也。野狐精。」

【野狐禪】（雜語）禪家以外道爲野狐禪。傳燈錄曰、「有老人參百丈禪師云昔住此山因錯對一語。五百生墮野狐身」四家玄錄曰、「百丈大智禪師。一老人聽法曰僧住此山有人問大修行底人還落因果也無。遂對曰不落因果。墮在野狐禪。請和尙代一轉語。師曰汝但問。老人便問。師曰不昧因果。老人大悟曰今已免老狐身。只在山後住。乞依亡僧例焚燒。巖中果見一死狐。積薪化之。」

【野盤僧】（雜語）奔走諸方無開暇之村野僧也。

【野鹿】（譬喩）善心之難繫。譬之野鹿也。涅槃經十五曰、「如家犬不畏於人。山林野鹿見人怖走。瞋恚難去如守家狗。慈心易失如彼野鹿。」往生要集中末曰、「野鹿難繫。家狗自馴。」

【野葬】（儀式）四葬之一。捨置屍骸於野中也。

【敎】（術語）Āgama梵語阿含。譯曰敎。聖人之言。被於下者。在心云法。法發於言云敎。玄義一上曰、「敎者聖人被下之言也。」

【敎一】（術語）法華四一之一。法華」止觀一上曰、「敎是上聖被下之言」經所說之敎法爲十方佛土中唯有一乘法之敎、法非二乘三乘。爲唯說成佛一道之敎、故名敎一。見四一條。

【敎人信】（術語）自信之對。披瀝自己之信念。敎未信之人使之共信也。

【敎化】（術語）又曰勸化。敎人而化惡爲善也。法華經方便品曰、「諸佛如來。但敎化菩薩」。図（雜語）乞人施物。一名敎化。又曰勸化。俗稱乞食曰叫化子。敎叫同音也。

【敎化地】（術語）已既成佛。可敎化他人之利他地位也。往生論曰、「出第五門者。以大慈悲觀察一切苦惱衆生。示應化身。廻入生死園煩惱林中。遊神通。至敎化地。以本願力廻向故。」同論註下曰、「修行成就已。當至敎化地。敎化地即是菩薩自娛樂地。」

【敎化地益】（術語）五功德門之第五、園林遊戲地門也。現神通遊至敎化之地、由生死煩惱之園林。救得苦惱衆生之還相廻向果德也。

【敎化地獄經】（經名）罪業應報敎化地獄經之異名。

【敎內】（術語）禪宗以心傳心之宗曰敎外。依自餘佛之聲敎之宗云敎內。見敎外條。

【敎王經】（經名）有三部。一、金剛頂一切如來眞實攝大乘現證大敎王經。三卷、唐不空譯。一、金剛頂一切如來眞實攝大乘現證大敎王經。二卷、唐不空譯。一、佛說一切如來眞實攝大乘現證三昧大敎王經。三十卷、趙宋施護譯此中常稱爲敎王經者指不空譯之三卷。

【敎令】（術語）大日利益衆生之敎勅也。金剛頂經一曰、「一切如來不空作敎令又時普賢大菩提薩埵身從世尊心下。一切如來前依月輪而住。復請敎令」見敎令輪身條。

【敎令輪】（術語）大日如來之敎令堅固、破摧諸怨敵、如轉輪王之輪寶故謂之敎令輪。理趣釋下曰「毘盧遮那佛轉法輪。輪有四種。所謂金剛輪。寶輪。法輪。羯磨輪。其四輪皆攝在二輪中。所謂正法輪。敎令輪。」

【敎令輪身】（術語）行敎令輪之身也。諸明王現忿怒之相者。凡一一之佛、有三種之輪身。本地之佛體、爲自性輪身、現菩薩之身、爲正法輪身、現明王忿怒之相、爲敎令輪身。例如大日如來爲自性輪身、般若菩薩爲正法輪身、不動明王爲敎令輪身。又金剛薩埵爲正法輪身、降三世明王爲敎令輪身也。秘藏記鈔二曰「大日是本地自性佛體故爲自性輪身也。（中略）大日垂迹現菩薩身、以正法化人。故以理趣會曼荼羅爲正法輪身也。（中畧）大自在天王等强剛難化衆生。不拘正法化導。故金剛薩埵更住忿怒威儀降大自在天云降三世尊也。然則在佛位名自性輪身。在菩薩位名正法輪身。在明王位名敎令輪身。一一佛皆有此三身。」胎藏界曼陀羅大鈔三曰、「問忿怒形名敎令輪身意如何。答、五尊義云敎者敎通之義也令者嚴動義也。輪者轉惑摧破義也。摧破一切衆生煩惱令入如來體性故。」而此三輪身有通別二種。若依別門則五佛各自有一種之正法輪身與一種之敎令輪身。（見五大明王條）若依通門、則五佛各具五種之正法輪身與五種之敎令輪身。如此秘藏記是金剛界九會曼荼羅會之意、依通門金剛薩埵降三世爲大日之正法輪敎令輪也。又此五如來、五菩薩、五明王、如其次第乃三密也。如來者身密菩薩者語密明王者意密也。

【敎外】（術語）佛敎有敎內敎外之二途。佛陀以言句傳授者謂之敎內之法。離言句、直以佛心印於他之心謂之敎外之法。據禪宗之說、謂諸宗中惟禪宗爲敎外之法、其他諸宗皆敎內之法也。說法明眼論曰、「南天祖師分佛法爲二。謂敎內敎外是也。即如來正法望口爲敎望心名禪」

【敎外別傳】（術語）禪宗向上之作畧、不施設文字、不安立言句、直傳佛祖之心印也。是即敎內之眞傳。達磨之悟性論曰、「直指人心。見性成佛。敎外別傳。不立文字」無門關曰、「世尊云吾有正法眼藏。涅槃妙心。實相無相。微妙法門。不立文字。敎外別傳。」図（書名）十六卷。明黎眉等編。

【敎主】（術語）開敎之本主。文句記

一上曰、「諸教中各有五人記經。(中略)皆以佛爲教主也。」行願品疏鈔三曰、「十佛齊融。爲斯教主。」

【教行】(術語)教法與修行也。隨教法而爲修行也。元照彌陀經疏曰、「大覺世尊一代名教。大小雖殊不出教理行果。因教顯理。依理起行。由行尅果。」往生要集序曰、「往生極樂之教行、濁世末代之目足也。」十不二門曰、「觀心乃是教行樞機。」

【教行證】(術語)教法與修行及證果。依如來之教法而起修行、依修行之功而證悟聖果。與教理行果之四法、惟開合不同耳。一切佛法盡攝在此三者。十地論曰、「第二大願有三種。一切諸佛法輪皆悉受持者。謂教法。(中略)攝受一切佛菩薩者所謂證法。(中略)一切諸佛所教化法皆悉守護者。謂修行法。」義林六本(三寶章)曰、「具教行證三名爲正法。但有教行名爲像法。有餘無餘名爲末法。」法華玄義五下曰、「乘有三種。謂教行證。」同釋籤曰、「五品乘教至六根。六根乘行至初住。初住乘證至妙覺。」

【教行信證】(書名)教行證文類之外題。是日本眞宗所立四法之名。於教行證三法之外、復立信之一法、示眞宗之法門、獨以信心爲最要者。教指無量壽經、行指南無阿彌陀佛、信爲信南無阿彌陀佛之信心、證者往生極樂、得涅槃之證果也。彼書有六卷、初四卷明教行信證之四法。因之外題置教行信證之四字。日本見眞著。

【教行理】(術語)教者、謂從緣而設之教說、行者、謂可尅果之因行、理者、謂從名而詮之理致。法華玄義一下約之於通別曰、「從緣故教別、從說故教通。從能契故行別、從所契故行通。理從名故別、名從理故通。」釋籤一下曰、「此三中通攝佛法。教則機應相對、行則因果相對、理則名實相對、亦是事理相對。」

【教亨】(人名)濟州任城(今山東濟寧州治)人。姓王氏、字虛明。七歲出家。十五歲遊方。聞鄭州普照寺寶和尚法席盛、往參叩。一日至睢陽、偶憶擊板因緣、凝情如入禪定、不覺已到河口。同行德滿呼曰、此河津也。師乃下馬、悲喜交集、及歸、語之寶公、寶曰、此似假臥人欲轉動。猶未印可、曰、曾看日面佛公案否。師笑曰、兒時已看得。寶亦笑曰、我只令人參諸方掉下底禪。但再參去定有自得力處。後一日、師靜坐雲堂、忽聞板聲、霍然證悟、因呈頌曰、日面月面、星流電轉、若更遲疑、面門看箭、咄寶遂記莂曰、吾不得讓汝。後師住少林寺法席大盛。年七十寂。見佛祖通載大明高僧傳等。

【教寺】(雜名)對於禪寺律院之稱。謂眞言天台等曰教宗之寺。

【教衣】(衣服)除禪僧與律僧其他

天台法相等所着之法衣謂之敎衣此三者服制殊異、故名。

【敎判】（術語）敎相判釋之略。天台之五時八敎、法相之三時敎、華嚴之五敎等、判決釋迦一代之敎義者。所謂敎觀二門中之敎相門是也。見五時敎及三時敎條。

【敎系】（術語）師資相傳敎法之系統也。

【敎命】（術語）敎誡命令。長阿含經十五曰、「侍者卽承敎命。往語諸人」大日經義釋二曰、「隨聞善友等如法敎命。便卽不生疑惑。」

【敎於】（術語）三論宗所談、二諦三於之一。見三於條。

【敎法】（術語）四法之一。佛所說大小之三藏十二部敎也。釋籤一曰、「弘宣敎法。」

【敎卷】（書名）敎行信證六卷中之第一卷、題曰、「顯淨土眞實敎文類。」明大無量壽經爲淨土眞實之敎者。

【敎典】（術語）宗敎上之典籍。經典也。

【敎門】（術語）敎法爲入道之門戶、故云門。又敎法萬差、各異門戶。故曰門。法華經譬喩品曰、「以佛敎門。出三界苦。」四敎儀一曰、「衆生機緣不一。是以敎門不同。」又曰、「於無言理。赴緣起敎。以敎爲門。是以稟敎之徒。因門契理。」止觀大意曰、「今家敎門。以龍樹爲始祖。」

【敎相】（術語）敎觀二門之一。謂分別敎義也。如天台之五時八敎、法相之三時敎、乃至眞言之顯密二敎十住心是也。玄義一上曰、「敎者聖人被下之言也。相者分別同異也。」見敎觀條。

【敎相門】（術語）對觀心門而立。同於敎觀之「敎」。見敎觀條。

【敎相三意】（術語）法華之說敎、有異於其他諸經之三意。一根性融不融相、法華說法之時、衆生之根性、一味而無差別。而其以前則衆生有二乘三乘之差別。二化道始終不始終相、由釋尊思化道始、說至其願意滿足終者、惟限於法華經。三師弟遠近不遠近相、釋尊與其弟子、非但爲一時之關係、實從久遠之古已爲師弟也。

【敎相判釋】（術語）見敎判條。

【敎院】（雜名）又云敎寺。對於禪院或律院而言。卽天台華嚴法相淨土等寺院之通稱。

【敎勅】（術語）師父之戒勅。涅槃經二曰、「今當眞實敎勅汝等。」輔行一之一曰、「受佛敎勅。口誦法言。」參同契曰、「嚴父下令。敎勅子孫。」

【敎起】（術語）敎法起之緣由也。經初必有敍此之一段、名曰序分。

【敎益】（術語）敎法之利益、由敎法而受之功德利益也。

【敎乘法數】（書名）四十卷。明圓瀞集。

【敎授】（術語）敎法授道也。宋譯楞伽經一曰「現方便而敎授。」輔行四之三曰「宣傳聖言名之爲敎、訓誨於義名之爲授。」

【敎授師】（術語）同敎授阿闍梨。

【敎授和上】（人名）唐清涼國師由朝所賜之稱號。佛祖統紀五十一曰「德宗賜澄觀淸涼法師敎授和上。」

【敎授阿闍梨】（術語）五種阿闍梨之一。敎授弟子威儀作法等之比丘稱。又云敎授師。受戒之時三師之一。必定其人。受戒之儀式中、有受者請敎授阿闍梨之作法。見行事鈔上之三。參照阿闍梨條。

【敎授善知識】（術語）三善知識之一。見善知識條。

【敎理】（術語）法之道理也。於世尊之說法與實行之訓誡、同時有四諦十二因緣八正道等組織之敎、是屬於敎理者也。後於論藏之形式、尤明白作製敎理之面目。

【敎理行果】（術語）自力聖道門修證得果之次第。敎爲佛陀之言敎、理爲敎中所說法之道理、行爲順其道理而修行、果爲由其修行之因而得之證果。

【敎唯識】（術語）見五種唯識條。

【敎跡】（術語）敎法之蹤跡。資持記上一之二曰「聖人出現。爲物垂範。謂之敎跡。」續高僧傳一曰「五時敎跡。迄今流行。」報恩經一曰「如來敎跡。隨宜三藏九部。」玄義十下曰「達磨多羅釋敎跡義云。敎者謂佛被下之言。跡謂蹤跡。亦應跡化跡。言聖人布敎各有歸從。」

【敎跡義】（術語）判釋敎相者。大乘義章一曰「衆經敎跡義。」大乘玄論五有「敎跡義。」

【敎義】（術語）敎法之義理。五敎章上曰「海印三昧一乘敎義。」慈恩傳九曰「少來頗得專精敎義。」

【敎道】（術語）地論說二道。一敎道、依如來之敎法而方便修行也。二證道、斷妄惑而證悟眞實之理也。見二道條。

【敎會】（雜名）奉同一敎義者之團體也。又說敎集會也。

【敎誡】（雜語）敎之誡之也。無量壽經下曰「佛語敎誡。」

【敎誡輪】（術語）三輪之一。謂敎誡他之佛口業也。同於口輪。義林章六末（三輪章）曰「摧伏鎭遏二利之用。名之爲輪。」又曰「敎謂敎示令彼善生。誡謂誡盟令其罪滅。」見三輪條。

【敎誡示導】（術語）三種示導之一。

菩薩愍苦衆生發慈悲喜捨之心說法教誡、以示導之也。見大般若經四百六十九、三藏法數十一。

【教誡新學比丘行護律儀】（書名）一卷，唐道宣撰。條錄新學沙彌應遵奉之律儀者。又略云教誡律儀。

【教誡神變】（術語）三種神變之一。如來教誡諸衆生妙用變化不可測也。見寶積經八十六、三藏法數八。

【教語】（術語）佛教衆生之語言。無量壽經下曰「教語開導信之者少」。

【教網】（譬喻）衆生譬魚，佛之教譬網。華嚴經曰、「張佛教網亘法界海，漉人天魚置涅槃岸」。

【教興】（術語）同教起。佛教興之緣由也。

【教導】（術語）教而導之也。涅槃經二曰、「教導我等令離四倒」。智度論三十五曰、「教導修善業」。

【教諦】（術語）三論宗之目。佛所說之眞俗二諦也。見於諦條。

【教曇彌經】（經名）教誡曇彌尊者之不法者。攝於中阿含經三十。

【教禪】（術語）教與禪也。如云教觀。

【教證】（術語）教文上之證據。對理證而云。図日本眞宗所立教行信證之中畧教行信證文類二曰、「眞宗教證與片州。

【教證俱實】（術語）天台以之名圓教。圓教之教道與證道皆為眞實也。

【教證俱權】（術語）天台謂藏教與通教、教道及證道皆為方便而非眞實。二教為隨界內機精之權教、其證果為單空理，故以名之。

【教鏡】（譬喻）喩教經為明鏡。觀經疏序分義曰、「經教喩之如鏡，數讀數尋。開發智慧」。戒疏一上曰、「以行觀說。如人照鏡，鏡即教也」。

【教體】（術語）釋迦一代教法之體性也。此教體以聲為體乎、以名句為體乎、將以心為體乎、以眞如為體乎、其他可為教體者有乎無乎、諸師之意見各異。慈恩之義林章一本、唯識述記一本、出四重之教體。賢首於起信論義記上出四門之教體。清涼於華嚴經疏二出十種之教體。

【十種教體】（名數）一音聲語言體。以言音語業為教體、故佛之言辭論說即教體。二名句文義體。依事立名、依名之衆合為句、合衆義成文、身即聚集之義。此三長短高下次第行布、為詮顯教法之體。三通取四法體。通取聲名句文四法為教體。四通攝所詮體。通攝經文與所詮之義理為教體。五諸法顯義體。世間一切諸法能顯義理者為教體。六攝提唯心體。以前五種之一切諸法、唯心所顯、故一心爲敎體。七會緣入實體。會前六門緣起差別之敎法同入眞如一實之體、是上攝相歸性之義。八理事無礙體。眞如是理、敎法是事、此二無礙爲敎體。九事事無礙體。一切法之文義圓融無礙爲敎體。十海印炳現體。海印三昧爲敎體。見華嚴大疏二。

【敎觀】（術語）敎相與觀心也。敎相者釋迦一代之敎法、由自己之宗義而分別判斷也。觀心者觀念自宗所立之眞理也。如天台宗以五時八敎爲敎相、以一心三觀爲觀心、乃至如眞言宗以顯密二敎十住心爲敎相門、以阿字不生爲觀心。此二門雖通諸宗、而天台一家之發揮冠於諸宗。止觀大意曰、「略述敎觀門戶大概。今家敎門以龍樹爲始祖。慧文但列內觀視聽而已。洎乎南岳天台、復用法華三昧發陀羅尼。開拓義門、觀法周徧。（義門即敎門）敎觀綱宗曰、「佛祖之要敎觀而已矣。觀非敎不正、敎非觀不傳。有敎無觀則罔。有觀無敎則殆。」玄義十下曰、「今釋此三敎各作二解、一約敎門解、二約觀門解。敎門爲信行人又成聞義。觀門爲法行人又成慧義。聞慧具足如人有目日光明照見種種色。」

【敎觀二門】（術語）敎門與觀門也。見敎觀條。

【敎觀綱宗】（書名）一卷、明智旭著。述台家敎觀之大綱者。

【欲】（術語）梵語剌者Rajas希求之義、希求塵境也。唯識論五曰、「云何爲欲。於所樂境希望爲性。勤依爲業。」俱舍論四曰、「欲謂希求所作事業。」大乘義章二曰、「於緣欲受稱欲。」同七曰、「染愛塵境名之爲欲。」釋氏要覽下曰、「雜阿含經云、佛言若衆生所有苦生彼一切皆以欲爲本。增一經云、欲生諸煩惱。欲爲生苦本。」梵語雜名曰、「欲剌者。」

【三欲】（名數）一形貌欲、二姿態欲、三細觸欲。見涅槃經十二。

【五欲】（名數）色聲香味觸也、能起人貪欲之心、故稱欲。釋氏要覽下曰、「五欲謂色聲香味觸也。智論云、五欲名華箭、又名五箭、破種種善事故。」

【六欲】（名數）一色欲、二形貌欲、三威儀姿態欲、四言語音聲欲、五細滑欲、六人想欲。此六法能起人之貪欲心、故稱欲。見智度論二十一。

【欲火】（譬喻）婬欲之熱情如火也。楞嚴經八曰、「十方一切如來色目行婬同名欲火。」大集經三十八曰、「欲火入心猶如鬼著。」

【欲心】（術語）貪欲之心也。月上女經上曰、「有欲心者無解脫。」

【欲天】（界名）欲界之諸天也。有六重、稱曰六欲天。俱舍論八曰、「欲天者一四天王衆天。二三十三天。三夜摩天。四覩史多天。五樂變化天。六他化自在天。」

【欲天五婬】（雜語）欲界諸天之婬事有五事。四天王天與忉利天之衆生。其婬事與人間界無異。夜摩天則勾抱成婬。兜率天以執手爲婬。化樂天以對笑爲婬。他化天以相視成婬。

【欲有】（術語）三有之一。欲界之業因果報存在實有也。

【欲吃多】（雜語）Yukta 譯曰冥符契合之義。演密鈔七曰「梵云欲吃多。冥符義。」

【欲色二界】（名數）三界中之欲界與色界也。皆爲天人之依處。

【欲如意足】（術語）四如意足之一。

【欲邪行】（術語）五戒之一。婬欲之邪行也。見俱舍論十六。

【欲泥】（雜語）言婬欲之穢濁如泥也。首楞嚴經合論曰「婬心煩燒。名爲熱惱。婬事穢濁。名爲欲泥。」

【欲法】（術語）凡於僧中說戒授戒等法事。已有事緣不能出席而於此法事隨喜共欲。其事之希望。名爲欲。此欲意授他出席之比丘。謂之與欲。其比丘受彼委托。謂之受欲。出僧中而說之。謂之說欲。

【欲取】（術語）四取之一。謂貪欲之心能取著五塵之境也。

【欲油】（修法）歡喜天之法有浴油之式。見歡喜天條。

【欲河】（譬喻）貪欲之煩惱。令人沈沒。故譬以河也。思益經一曰「世尊誰度欲河。佛言能捨六入者。」

【欲性】（術語）衆生種種之欲望。爲其本性。佛說法必隨此欲性也。法華經方便品曰「種種所行道。若干諸欲性。」

【欲金剛】（菩薩）金剛界理趣會中臺五尊四金剛之一。密號曰意生金剛。二手捻箭。以大悲之欲箭害二乘厭離心之深我法門也。

【欲刺】（譬喻）言五欲惱人如針之刺也。無量壽經下曰「拔諸欲刺以安羣生。」

【欲苦】（術語）欲界之苦患也。釋門歸敬儀中曰「此凡愚少厭欲苦。」

【欲染】（術語）五欲之汚染眞性者。法華經譬喩品曰「雖復教詔而不信受。於諸欲染貪著深故。」

【欲界】（界名）梵名Kāmadhātu 三界之一。食欲二欲强有情所住之處。名爲欲界。上自六欲天爲始。中自人界之四大洲。下至八大地獄是也。俱舍論八曰「地獄等四及六欲天。並器世間。是名欲界。」又曰「欲所屬界。說名欲界。」俱舍光記八曰「欲界欲勝。故但言欲。」

【欲界諸宮殿】（雜語）欲界有六重

之天稱曰六欲天。即六欲天之宮殿也。見六欲天條。

【欲界定】（術語）欲界所屬之禪定也。然欲界爲散地。不當有禪定。謂欲界定乃未至定之異名。是一義也。或謂欲界雖爲多分散心、亦非無少分之定。心取其少分之定、故名欲界定。其定心不永續、滅去甚速。故又謂之電光定。是一義也。見七帖見聞三末。若依成實之義、則欲界有確然之禪定。能發無礙智。見止觀九之一。

【欲界繫】（術語）分諸法爲三界繫、屬於欲界之法、云欲界繫。

【欲界九品惑】（名數）見九品惑條。

【欲界三欲】（名數）食欲、睡眠欲、婬欲之三欲也。

【欲界散地】（術語）欲界之有情無定心。定心限於色界無色界之有情。故以彼云定地。而名欲界爲散地。

【欲海】（譬喻）愛欲之深廣。譬如海也。元照彌陀經疏下曰、「未成之佛久沈欲海。杳無出期」溫子昇文曰、「漂淪欲海。」梁武帝文曰、「度羣迷於欲海。引含識於涅槃」

【欲氣】（術語）婬欲之氣分也。楞嚴經一曰、「欲氣麤濁」

【欲流】（術語）四流之一。欲界貪瞋等之思惑也。由此思惑而流轉於欲界、故名欲流。又總名三界之生死曰欲流。以是爲依欲惑而得之流轉也。楞嚴經四曰、「汝今逆生死欲流。返窮流根」

【欲貪】（術語）同於貪欲。於所願無厭足之煩惱也。維摩經觀衆生品曰、「身孰爲本。欲貪爲本」法華經譬喻品曰、「諸苦所因、貪欲爲本」楞嚴經四曰、「想愛固結。愛不能離。則諸世間父母子孫相生不斷。是等則以欲貪爲本」

【欲無滅】（術語）十八不共佛法之一。謂濟度衆生無厭足也。

【欲鉤】（術語）菩薩以愛欲牽人、遂濟度之、欲猶如鉤。維摩經佛道品曰、「或現作婬女。引諸好色者。先以欲鉤牽。後令入佛智」金光明文句二曰、「斯乃非欲之欲。以欲止欲。如以屑出屑。將聲止聲」

【欲想】（術語）三惡想之一。思財想色之思想也。無量壽經上曰、「不起欲想瞋想害想」

【欲愛】（術語）菩薩喜樂正法、謂之法愛。凡夫貪愛五欲之境、謂之欲愛。又欲界之貪愛也。對於色愛而言。楞嚴經一曰、「阿難白佛。我見如來三十二相勝妙殊絕。形體映徹。猶如瑠璃。常自思惟。此相非是欲愛所生。何以故。欲氣麤濁。腥臊交遘。膿血雜亂。不能發生勝淨妙明紫金光聚」

【欲愛住地】（術語）五住地惑之一。

總稱屬於欲界之一切思惑、思惑之中愛惑最重、故云欲愛住地。

【欲塵】（術語）五欲汚身如塵坌、故云塵、又欲者六欲塵者五塵。無量義經曰、「微滯先墮以淹欲塵。」智度論十七曰、「禪爲清淨水能洗諸欲塵。」俱舍光記十一曰、「喜林苑極妙欲塵、殊類皆集。」

【欲塹】（譬喻）貪欲深而難越、故譬以塹。無量壽經上曰、「散諸塵勞、壞諸欲塹。」

【欲漏】（術語）三漏之一。欲界之見思二惑也。衆生因欲界之見思二惑而造作諸業、漏落於欲界而不能出離、故名欲漏。

【欲箭】（譬喻）五欲之法害人、故譬如箭。唐華嚴經淨行品曰、「若得五欲、當願衆生。拔除欲箭究竟安穩。」囟（物名）欲金剛菩薩所持之箭也。欲箭者密語也、欲心與境相應、如箭之中。菩薩以大悲心鉤召一切有情、使安住於佛道也。五秘密軌曰、「欲金剛以菩薩心箭鉤召一切有情安置佛道。」金剛界儀軌曰、「極喜三昧耶印名爲大悲箭。以射厭離心。」維摩經所說之欲鉤、取於女性、今之之欲箭取於男性。慧琳音義十曰、「欲箭。欲心與境相應。如箭之中也。」

【欲樂】（術語）五欲之樂也。最勝王經一曰、「以諸如來斷諸欲樂。不取一法。」

【欲暴流】（術語）四暴流之一。見瀑流條。

【欲縛】（術語）五欲四縛也。

【欲覺】（術語）三惡覺之一。貪欲之知覺也。無量壽經上曰、「不生欲覺瞋覺害覺。」

【欲魔】（術語）婬欲之惡魔也。楞嚴經九曰、「有欲魔入其心腑。一向說欲爲菩提道。化諸白衣平等行欲。其行婬者名持法子。」

【執】（術語）固執事物而不離之妄情也。或云執念、又云執心。

【執一語言部】（流派）一說部之異名。

【執心】（雜語）固執事物而不離之心也。廣百論釋曰、「非唯空有、亦復空空。遍遣執心。」中論疏三末曰、「方廣之流聞無生。乃更增其執心。」

【執見】（術語）執持己心而不離之見解也。就種種之妄見而言之。釋門歸敬儀中曰、「無始妄習、執見鏗然。」顯密二教論上曰、「文隨執見隱義。逐機根現。」

【執金剛】（術語）又云持金剛、金剛手。胎藏界三部中金剛部之諸衆、標如來之智印、皆手執金剛、故云執金剛。大日經一曰、「一切持金剛者、皆悉集會。（中畧）其金剛名曰虛空無垢執金剛。（中畧）金剛手秘密主如是上首。」同疏一曰、「梵云播尼、即是手。掌掌持金剛。與手執義同。故經中二名互出也。(中畧)前明諸執金剛。一向是如來智印」。因警護諸天諸佛之夜叉神謂之執金剛。見次項。

【執金剛神】(天名)又云執金剛夜叉、金剛手、金剛力士。手執金剛杖而護帝釋天宮門之夜叉神也。遇佛出世。卽降於閻浮提。衛護世尊。防守道場。俱舍論十一曰、「頌曰。妙高頂八萬。三十三天居。四角有四峯。金剛手所住。」論曰。山頂四角各有一峯。其高廣量各有五百。有藥叉神名金剛手。於中止住。守護諸天。」五分律一曰、「諸佛常法有五百金剛神侍衛左右。」智度論三十五曰、「執金剛菩薩、常執金剛衛護菩薩。」又古來於寺門兩脇安金剛力士之像。世稱爲二王。見二王條。梵 Vajrapāṇi 又 Vajradhara

【執杖梵志】(人名)手所持之杖似人頭。此梵志擊殺目連。鼻奈耶二曰、「執杖梵志手所持杖似人頭。」見摩訶目犍連條。

【執杖藥叉】(異類)門脇之金剛力士、律云執杖藥叉。見二王條。

【執事】(職位)禪林之知事、又云執事。見象器箋七。

【執受】(術語)衆生以身內之五根五境爲非執受之法。執受者、執爲攝之義。持之義、受爲領之義、覺之義也。攝爲自體。持使不壞。又共安危。能生苦樂等之覺解。名爲執受。唯識述記二本曰、「言執受義者。執者是攝義持義。受是領義覺義。攝爲自體。持令不壞。安危共同而領受之。能生覺受。名爲執受。」

【執花印】(印相)人指與拇指相捻如執花之形。餘指申散而竪之。卽是大日經疏十六曰、「執花印。空風相捻。如執花形。餘指申散而竪之。」

【執取相】(術語)六麤相之一。見六麤條。

【執持】(雜語)固執不動也。阿彌陀經曰、「執持名號。」

【執持識】(術語)依於法相大乘之意。阿賴耶識一名阿陀那識。此譯執持識。了義燈四本曰、「七名執持識。謂阿陀那識。」梵 Adāna

【執相應染】(雜語)六染心之一。

【執師子國】(地名)梵云僧伽羅。Siṁhala 譯曰執師子。今之錫蘭島也。僧伽羅者。釋迦如來因位爲大商主時之名。始入於彼處而立國。因取其名爲國號。見西域記十一。

【執情】(雜語)執著之妄情也。五敎章中曰、「以執情而驚怪。」

【執著】(術語)固著於事物而不離也。大般若七十一曰、「能如實知一切法相而不執著。故復名摩訶薩。」菩提心論曰、「凡夫執著名聞利養資生之具務以安身。」

行事鈔下四曰、「大德順佛聖教依教而修、內破我倒、外遣執著。」

【執障】（雜語）我執與煩惱障、又法執與所知障也。

【執曜】（術語）九執七曜也。梵 Graha

【執藏】（術語）阿賴耶識三藏之一。阿賴耶者藏之義、以含藏一切法故也。而此藏識常恆爲第七末那識所緣而被爲我執、故名執藏。唯識述記三本曰、「我愛緣之爲執藏義。」

【乾陀】（地名）Yugaṃdhara 山名。瑜乾馱羅之略。譯曰雙持。慧苑音義上曰、「乾陀山具云瑜乾馱羅。言瑜乾者此云雙也。馱羅持也。」

【乾陀越】（地名）國名。同乾陀羅條。

【乾陀衛】（地名）見乾陀羅條。

【乾陀羅】（地名）Gandhāra 又作健馱邏、犍陀囉、乾陀、乾陀衛、乾陀越。譯曰持地、香行、香遍、香淨、香潔等。國名。西域記二曰、「健馱邏國。舊曰乾陀衛、訛也。北印度境。」慧苑音義下曰、「乾陀羅國、此云持地國。謂昔此國多有道果聖賢住持其境。不爲他國侵害也。又云乾陀是香。羅謂陀羅。此云遍也。言遍此國內多生香氣之花。故名香遍國。其國在中印度北、北印度南二界中間也。」玄應音義三曰、「乾陀越國。應云乾陀婆那。此譯云香林。明度經云香淨國。同一也。」次下曰、「香淨。梵言乾陀越、或作健。案阿闍世王女經。云乾陀。云香潔。一云香風國也。」阿闍世王女經曰、「犍陀訶刹土。漢言香潔國。」即今此地尙有有古時大乘流行之形跡、加以古來爲印度與希臘交通之衝、西曆紀元前後所製作極精好之佛像亦有發見者。美術、建築學上最有名者也。図山名。四阿含暮抄下曰、「犍陀羅。此云持天地山。」図（植物）樹名。畧名乾陀。寶樓閣經中曰、「若以乾陀囉樹香和白芥子油伏一切龍。」註曰、「乾陀囉樹香安息香也。」見健陀條。図（雜名）色名。名義集三曰、「乾陀羅。或劫賓那。此云黃色。」見健陀條。

【乾陀羅耶】（界名）佛國名。譯曰香積。見玄應音義三。梵 Gandhālaya

【乾陀婆那】（地名）國名。見乾陀羅條。

【乾陀呵晝】（菩薩）又作犍陀呵晝。見次項。

【乾陀訶提】（菩薩）Gandhahastin 又作乾陀訶提、乾陀呵晝。菩薩名。譯曰香象。可洪音義六曰、「乾陀訶提下合作堤。音低。此云香象。」玄應音義三曰、「乾陀呵晝菩薩。新道行作香象菩薩是也。」

【乾陀囉樹香】（物名）由乾陀囉樹製之香料。即安息香也。寶樓閣經中注曰「

乾陀囉樹香。安息香也。」梵Gandhāra Gandhāla 安息香者、通常呼爲Guggula。

【乾陀達羅度波】（印相）譯曰香水法印。見陀羅尼集經五法。

【乾沓和】（天名）又云犍沓和、健沓恕。八部衆之一。樂神名。見乾闥婆條。

【乾沓婆】（天名）見乾闥婆條。

【乾城】（雜名）乾闥婆城之畧別名鬼城。蜃氣樓也。乾闥婆者、印度樂人之異名、樂人巧幻樓閣、因而空中所現之蜃樓、名爲乾闥婆城。慈恩寺傳九曰、「乾城水沫無以譬其不堅。」見乾闥婆城條。

【乾屎橛】（譬喩）拭人糞之橛之乾者。取至穢之意。屎橛又作厠籌、淨籌、淨木、厠簡子等。用之者印度之風。會元十五曰、「僧問雲門。如何是佛。門云。乾屎橛。」禪林集句曰、「不念彌陀佛。南無乾屎橛。」指月錄曰、「臨濟曰、赤肉團上有一無位眞人。未證據者看看。有僧出問。濟曰、是乾屎橛。又僧問惟一、如何是道中人。曰乾屎橛。」按此即莊周所謂道在屎溺。

【乾峯】（人名）越州乾峯和尚。洞山良价之法嗣。見會元十三、傳燈十七。

【乾峯一劃】（公案）又曰乾峯一路。「僧問十方薄伽梵、一路涅槃門、未審路頭在甚麽處。峯拈起拄杖劃一劃云在這裏。」見會元十三、無門關、從容錄六十一則。

【乾栗馱】（術語）譯曰堅實心。見紇哩陀耶條。

【乾栗陀耶】（術語）Hṛdaya 譯曰堅實心。見紇哩陀耶條。

【乾達城】（雜名）乾達婆城之略。譯曰尋香城。樂人幻作之化城也。又云蜃氣樓。

【乾慧地】（術語）三乘共十地之第一地。其智慧乾燥而未淳熟、故云乾慧。大乘義章十四曰、「雖有智慧。未得定水。故云乾慧。又此專觀。未得理水。亦名乾慧。」

【乾闥】（物名）又作健達、譯曰香。見健陀條。図（天名）乾闥婆之略。譯曰香陰。樂神名。八部衆之一。見次項。

【乾闥婆】（天名）Gandharva 又作健達婆、犍達縛、健闥婆、乾沓和、乾沓婆、彥達縛、犍陀羅等。譯曰香神、嗅香、香陰、尋香行。樂人之稱。又八部衆之一。樂神名。不食酒肉、唯求香以資陰身、又自其陰身出香、故有香神乃至尋香行之稱。與緊那羅同、奉侍帝釋而司奏伎樂。緊那羅者法樂、乾闥婆者修樂。注維摩經一曰、「什曰。乾闥婆。天樂神也。處地十寶山中。天欲作樂時。此神體上有相出。然後上天也。」天台淨名疏二曰、「乾闥婆。此云香陰。此亦陵空之神。不噉酒肉。唯香資陰。」文句二下曰、「乾闥婆。此云嗅香。以香爲食。亦云香陰。其身出香。此是天帝俗樂之神也。」嘉祥法華義疏二曰、「犍撻婆。此云香陰。以其淸虛食香。又身唯恒出香。故名香陰。一玄應音義三曰、「犍沓和又云犍陀羅。或作乾沓婆或云犍達婆或云乾闥婆舊名也。今正言犍達縛。皆國音之不同也。此云齅香。亦云樂神。一云食香。舊云香神。亦近也。經中亦作香音神也。」図(雜名)西域之俗、俳優謂之乾闥婆、彼等不事生業、只尋飲食之氣、作樂而乞求故名。二十唯識述記上曰、「西域呼俳優亦云尋香。此等不事王侯。不作生業唯尋諸家飲食等香氣。便往其門作諸伎樂而求飲食。」玄贊二曰、「梵云健闥縛。此云尋香行。即作樂神乾闥婆、訛也。西域由此呼散樂爲健闥縛。專尋香氣作樂乞求故。」図(術語)中有之稱。死於此而生於彼之中間身也。彼亦以香爲食。二十唯識述記上曰、「梵云健達縛。此云尋香。謂中有能尋當生處香卽往生。亦名健達縛。」俱舍論光記八曰、「健達名香。縛名食。卽中有名。」

【乾闥婆城】(雜名)又作犍闥婆城、健闥縛城、巘達嚩城。譯曰尋香城、蜃氣樓。樂人名爲乾闥婆、彼樂人能幻作樓閣以使人觀、故名之爲乾闥婆城。而現於空中之蜃氣樓類是、故亦稱爲乾闥婆城。以譬物之幻有實無也。智度論六曰、「犍闥婆者。日初出時。見城門樓櫓宮殿行人出入。日轉高轉滅。此城但可眼見而無有實。是名犍闥婆城。」二十唯識述記上曰、「舊論云乾闥婆城、訛也。梵云犍達縛。西域呼俳優亦云尋香。此等能作幻術。此幻作城於中遊戲。名尋香城。幻惑似有無實城用。或呼陽焰化城名健達縛城。諸商估等入諸山海。多見陽焰化爲城室。於中聞有作樂等聲。西域呼作樂者既名尋香。故說此化城名尋香城。」輔行一之三曰、「乾城、俗云蜃氣。蜃大蛤也。朝起海洲。遠視似有樓櫓人物。而無其實。故十喩讚云。世法空曠。如彼鬼城。」慧苑音義下曰、「乾闥婆城。此云尋香城也。謂十寶山間。有音樂神。名乾闥婆。忉利諸天意須音樂。此神身有異相。卽知天意往彼娛樂。因此事故。西域名樂人爲乾闥婆。彼樂人多幻作城郭。須臾如故。因卽謂龍蜃所現城郭。亦爲乾闥婆城。」慈恩寺傳九曰、「乾城水沫無以譬其不堅。」

【乾闥婆王】(天名)法華經序品曰、「有四乾闥婆王。樂乾闥婆王。樂音乾闥婆王。美乾闥婆王。美音乾闥婆王。各與若干百千眷屬俱。」智度論十曰、「犍闥婆王名童籠磨。(秦言樹)」(Druma)

【乾闥婆王彈琴】(雜語)樂神乾闥婆之奏樂。智度論十曰、「屯崙摩甄陀羅王。Drumakimnararājā 犍闥婆王。至佛所彈琴讚佛。三千世界皆爲震動。乃至摩訶迦葉不安其座。」

【乾闥婆身】(雜語)三十三身之一。乾闥婆者、帝釋執法樂神名。八部衆之一。觀自在菩薩現種種之身、應入諸國土時亦示此身形。法華經普門品所謂「應以天龍夜叉、乾闥婆、阿修羅、迦樓羅、緊那羅、摩睺羅伽、人非人等得度者、卽皆現之而爲說法。」首楞嚴經六所謂「若乾闥婆樂脫其倫、我於彼前現乾闥婆身爲說法。」是也。補陀落海會軌說其形像曰、「乾闥婆身頂上有八角冠、身相赤肉色、身如大牛王、左定執籥笛、右慧持寶劍、具大威力相、髮髻有焰鬘冠。」

【部引陀】（雜名） 梵語華言水星。見翻譯名義集。

【部行】（術語） 部行獨覺也。

【部行獨覺】（術語） 二種獨覺之一。謂聲聞乘中預流、一來、不還三果之人或爲四善根人之最利根、最後證第四阿羅漢果時、離佛邊而觀飛花等外緣或觀十二因緣道理而獨自覺者。此種之獨覺者、修行中組織數多之部黨、如聲聞人、故云部行、至證果而獨悟、故云獨覺。見獨覺條。

【部主】（雜語） 小乘之二十部各謂其開祖爲部主。図眞言胎藏界之三部各立部主、金剛界之五部各有部主、部主有二義、一者國主之義、一者執權之義也。秘密瑜伽學習上曰、「部主者此有二說。一如國主大疏義是。一如執權是管領義。以名主也。諸部要目義是。」

【部母】（術語） 密教之三部五部、各立部主與部母。見胎藏界及金剛界條。

【部多】（術語） Bhūta 已生之有情名爲部多。俱舍論十曰、「又契經說食有四種。能令部多有情安住（中略）言部多者、顯已生義。諸趣生已、皆謂已生。」玄應音義二十四曰、「部多已生義。含多解、故仍置本名。」図以名鬼類之一種。慧苑音義下曰、「部多宮。部多、此云自生。謂此類從父母生者、名夜叉。化生者、名部多也。」

【部執】（雜語） 各部之執見也、如小乘二十部之類。唯識樞要上本曰、「佛涅槃後。因彼大天、部執競興。」唯識了義燈一本曰、「部是衆義、名聖弟子爲部。執是取義、皆取佛說三藏之中所說法義。」

【部執異論】（書名） 一卷、世友大菩薩造、陳眞諦譯。與異部宗輪論同本異譯。

【部敎】（術語） 謂部與敎也。天台宗所說。部者爲釋尊之敎說、時間的竪立順序者、敎者爲空間的橫區別敎義之淺深者。化儀之四敎、爲從於部之敎判、化法之四敎、爲從於敎之敎判也。

【部異執論】（書名） 部執異論之異名。

【釣語】（術語） 禪林住持上堂、於學者垂示難問題、謂之索語索話。又曰釣語釣話。釣出學者之疑之義也。禪林寶訓三曰、「萬菴曰。古人上堂。先提大法綱要審問大衆。

學者出來請益。遂形問答。今人杜撰四句落韻詩呼作釣語。一人突出衆前高吟古詩一聯。呼作罵陣。俗惡俗惡。可悲可痛。」

【釣鐘】（物名）梵鐘之俗名。

【副都綱】（職位）見僧錄司條。

【副參】（職位）禪寺從屬參頭而助其役務之僧。

【副寮】（職位）禪林之職名。此職副於寮主而扶持之。作點檢寮內之掃除及道具之有無等事。見僧堂清規五。

【勘破】（術語）勘定事之是非也。碧巖四則曰「勘破了也。」

【勘辨】（術語）宗門有勘辨之一科。凡於一機一境之處。師家試學者之深淺。學者探師家之邪正者。謂之勘辨。見禪林類集六勘辨部。

【勒叉】（雜語）Laksa 紫色也。玄應音義一曰「羅差或言洛沙。訛也。應云勒叉。此譯曰紫色也。」

【勒沙婆】（人名）三仙之一。三仙者。釋迦佛出世以前盛行於天竺之三種外道仙人也。勒沙婆譯曰苦行。即尼犍子外道。又云離繫外道。止觀十曰「勒沙婆此翻苦行。計因中亦有果亦無果。」同輔行曰「勒沙婆。此云苦行。未知出時節。以算數爲聖法。造經亦有十萬偈。名尼犍子。」百論疏上之中曰「勒沙婆者。此云苦行仙。其人計身有苦樂二分。現世併受苦盡而樂法自出。所說之經名尼犍子。有十萬偈。」梵 Rṣabha

【勒那提】（人名）Ratnadeva 譯曰寶天。兒名。見賢愚經二。

【勒那三藏】（人名）勒那跋提也。

【勒那跋提】（人名）Ratnamati 譯曰寶意。中天竺人。誦一億之偈。尤明禪法。魏正始五年至洛邑。譯十地等論二十四卷。既通此土之音。講華嚴經。道俗雲集。講次忽有一人執笏。形如大官。云天帝請和尚講華嚴經。都講。維那。梵唄。法事所須。咸已備具。講序之衆僧皆同見之。言訖便隱。勒那及都講。維那。奄然終於法席。見華嚴傳記二。

【勒那跋彌】（人名）Ratnavarmin 譯曰寶鎧。國王名。見賢愚經十。

【勒那闍耶】（本生）佛昔行菩薩道入大海濟五人時之名也。無譯語。五人者。即佛初度之五比丘是也。見賢愚經勒那闍耶品。

【勒那識祇】（人名）Ratnaśikhin 譯曰寶髻。太子名。見賢愚經八。

【動】（術語）風大之自性也。令四大所造之物質。相續而自此至彼也。俱舍論一曰「風界動性。由此能引大種造色。令其相續生至餘方。如吹燈光。故名爲動。」

【動不動法】（術語）欲界之法。無常迅速。故爲動法。上二界之法長久。故名不動法。遺教經曰、「一切世間動不動法皆是敗壞不安之相。」維摩經五曰、「什云欲界六天爲動法。上二界壽命劫數長久。外道以爲常名不動法。」

【帶刀臥】（雜語）又云帶刀睡。謂右脇而臥也。蓋帶刀者刀在左脇。故左脇不得臥。因名右脇臥爲帶刀臥。見象器箋十二。

【帶刀睡】（雜語）同帶刀臥。

【帶劣勝應身】（術語）勝應身也。見三身條。

【帶塔尊】（菩薩）彌勒菩薩之異名。

【帶塔德菩薩】（菩薩）同於戴塔吉祥。

【帶質境】（術語）三類境之一。如第六識緣五根五境、第七識緣第八識、自心所現之相分帶本質之實體。猶如鏡中所現之影像帶持鏡外之實物者。

【帶數釋】（術語）六合釋之一。帶數語之釋也。如言三藏、於藏帶三之數、是帶數語也。因而釋三藏爲三種之藏、此謂之帶數釋。

【貫休】（人名）後梁成都府東禪院貫休。以書畫及詩稱。嘗受衆安橋强氏藥肆之請、畫羅漢像。云每畫一尊、必祈夢得應眞之貌、方成。與常體不同。吳越王錢氏崇重之。賜禪月大師之號。梁乾化二年寂。壽八十一。見宋僧傳三十。

【貫花】（譬喩）譬經之散文、謂之散花。其偈頌謂之貫花。文句一上曰、「佛赴緣作散花貫花兩說。」嘉祥法華義疏三曰、「龍樹十住毘婆沙云。一者隨國法不同。如震旦有序銘之文。天竺有散華貫華之說也。」宋高僧傳曰、「釋靈幽誦習惟勤、偶暴終、魂爲冥府引之見王。問修何業。曰素持金剛般若。王令諷誦、畢日勘少一節文。何貫華之線斷耶。師且還人間。勸人受持斯典。其眞本在濠州鍾離寺石碑上。已而蘇。幽遂奏奉勅令寫此經眞本。添其句讀、在無法可說是名說法之後。」

【貫首】（職位）一貫籍之上首也。因而僧謂一山之長。山之座主。寺之長吏等作貫主者非。孔安國孝經序曰、「貫首弟子顏回。閔子騫。冉伯牛。仲弓。」後漢書（邊讓傳）曰、「若以年齒爲嫌、則顏回不得貫德行之首。」

【貫頂】（職位）同貫首。

【貫華】（譬喩）與貫花同。

【貫錬】（雜語）貫通練習也。無量壽經上曰、「博綜道術、貫練群籍。」

【畢力迦】（物名）又作必栗迦香名。譯曰目蓿香。又曰觸香。大寶廣博樓閣善住秘密陀羅尼經中曰、「必栗迦香。注云目蓿香也。」慧琳音義十二曰、「畢力迦香名也。」同二十六曰、「此云觸香也。」梵 Prkkā.

Sprkkā

【畢里孕迦】（天名）見冰揭羅條。

【畢舍遮】（術語）Piśāca 又作臂奢柘、毘舍闍、毘舍遮、食肉鬼名。孔雀王咒經下曰、「毘舍闍梁云顛鬼」。玄應音義二十一曰、「畢舍遮舊言毘舍闍又作毘舍遮鬼名也。餓鬼中勝者也。亦言癲狂鬼也」。慧苑音義下曰、「此云噉精鬼東方天王所領鬼神也」。唯識演秘二本曰、「畢舍遮者唐云食血肉鬼之異名也」。

【畢洛叉】（植物）又作畢剌叉、樹名。譯曰高顯。阿輸迦樹之異名也。佛誕生於此樹下。玄探記二十三曰、「畢剌叉者具云鉢剌叉。義翻云高顯樹也。有處名阿輸迦樹。此云無憂樹也」。慧苑音義下曰、「畢洛叉樹。或曰畢剌叉。此云高顯。佛於此降誕則爲高顯。名顯人天。故曰高顯也。或有處云佛於阿戍迦樹下生者也」。梵 Vilakṣa

【畢哩體瞿摩夷】（物名）Pṛthivi-gomaya 譯曰牛糞。見慧琳音義十。

【畢陵】（人名）畢陵伽婆蹉之畧。比丘名。

【畢陵伽】（人名）又作必陵伽。畢陵伽婆蹉之畧。

【畢陵伽婆蹉】（人名）又作畢蘭陀筏蹉 Pilinda-vatsa 比丘名。譯曰餘習。以有高慢之餘習故也。法華文句二曰、「畢陵伽婆蹉此翻餘習。五百世爲婆羅門。餘氣猶高。」法華玄贊一曰、「畢蘭陀筏蹉。此云餘習。言畢陵伽婆蹉、訛也。五百世中爲婆羅門。惡性麤言。今雖得果。餘習猶在。如罵恒河神。故名餘習。」

【畢陵慢心】（故事）智度論二曰、「長老畢陵伽婆蹉。常患眼痛。是人乞食常渡恒水。到恒水邊。彈指言小婢住莫流。水即兩斷。得過乞食。是恒神到佛所白佛。佛弟子畢陵伽婆蹉常罵我言小婢住莫流。佛告畢陵伽婆蹉懺謝恒神。畢陵伽婆蹉即時合手語恒神言小婢莫瞋。今懺謝汝。是時大衆笑之。云何懺謝而復罵耶。佛告恒神。汝見畢陵伽婆蹉合手懺謝不。懺謝無慢而有此言。當知非惡。此人五百世來常生婆羅門家。常自驕貴輕賤餘人。本來所習口言而已。心無憍也。如是諸阿羅漢雖斷結使猶有餘習」。止觀二曰、「又道不妨惡。須陀洹人婬欲轉盛。畢陵尙慢。身子生瞋。於其無漏有何損益」。

【畢竟】（雜語）物之至極最終也。

【畢竟空】（術語）一切之有爲法與無爲法畢竟爲空。名爲畢竟空。智度論三十一曰、「畢竟空者。以有爲空無爲空破諸法無有遺餘。是名畢竟空」。又曰、「問曰畢竟空無所有。則是性空。今何以重說。答曰畢竟空者名爲無有遺餘。性空者名爲本來常爾」。仁王經良賁疏中一曰、「畢竟空者、謂諸法究竟不可得。」法華嘉祥疏九曰、「畢竟空是諸空中之王故智度論云性空菩薩所行畢竟空是佛所行。」華嚴經離世間品曰、「菩薩清涼月遊於畢竟空放光照三界心法無不現」

【畢竟依】（術語）佛之德號也。佛爲衆生究竟之依處、故稱畢竟依。讚阿彌陀佛偈曰「清淨光明無有對。故佛又號無對光。遇斯光者業垢除。是故稽首畢竟依」

【畢竟無】（術語）如龜毛兎角畢竟無者不同於畢竟空、畢竟空者理性之談、故不遮畢竟有也。唯識述記二本曰、「畢竟無者卽龜毛等。」

【畢竟智】（術語）究法界理性之智也。涅槃經四十曰、「一切諸法皆是虛假隨其滅處是名爲實。是名實相是名法界名畢竟智」

【畢竟覺】（術語）佛之所證、他人無有類似之證也。同於無上覺。

【畢竟斷】（術語）對於損伏斷而言。無漏道之力斷滅煩惱之種子使不再生也。經量部所說。

【畢竟空行】（術語）見四安樂行條。

【畢竟無常住】（術語）宇宙之萬有、其體空無而畢竟無常住之法也。吾人認萬象之體形而以爲常也住也、不過爲假想妄想耳。

【畢竟成佛道路】（術語）謂絕對不二之一乘法成佛之道。雖多而結局唯歸入於一道路者也。謂其終局成佛之一道。

【畢勒支底迦】（術語）Pratyeka 不逢佛世而悟、故云獨覺。觀十二因緣而覺悟、故云緣覺。慧苑音義上曰、「辟支梵音具云畢勒支底迦此云各各獨行。佛者覺也。舊翻爲獨覺、正得其意。或翻爲緣覺、譯人謬以梵語云鉢攞底迦、此翻爲緣故。智論第十八中通上二類也。」玄應音義三曰、「緣一覺又云獨覺。舊經云古佛。又云辟支佛。又言辟支迦。或云貝支迦。皆梵言訛轉也。此云獨覺是也。」

【畢勒支底迦佛】（術語）Pratyekabuddha 舊云辟支佛。譯曰獨覺。又云鉢攞底迦佛。譯曰緣覺。三乘之中乘也。見前項。

【畢鉢】（植物）一作畢跋。畢波羅之略。畢鉢羅樹或畢鉢羅窟也。

【畢鉢羅】（人名）大迦葉之實名。法華文句一曰、「摩訶迦葉此翻大龜氏。（中略）名畢鉢羅或畢鉢波羅延或睇毘犁（Sthavira）畢鉢羅樹也。父母禱樹神求得此子以樹名之。」梵 Pippalāyana 又(植物) Pippala 又作必鉢羅。庫鉢羅。樹名。卽菩提樹。佛於此樹下證菩提。故稱菩提樹。西域記八曰「金剛座上菩提樹者。卽畢鉢羅之樹也。昔佛在世高數百尺。屢經殘伐。猶高四五丈。

佛坐其下成等正覺。因而謂之菩提樹焉。莖幹黃白。枝葉青翠。冬夏不凋。光鮮無變。每至如來涅槃之日、葉皆凋落。頃之復故。」探玄記二十曰、「畢鉢羅樹、此云榕樹。在嶺南亦有此類。」慧琳音義八曰「庳鉢羅、樹名也。或云畢鉢羅。」

【畢鉢羅窟】（地名）巴 Vebhāra-guhā 梵 Vaibhāra 又作卑鉢羅窟、賓鉢羅窟。以窟上有畢鉢羅樹繁生、故名。或言畢鉢羅為大迦葉名、（父母祈樹神而生、故名。又迦葉所居之窟、故名畢鉢羅窟。此雖古釋、然非也）在摩竭陀國王舍城竹林精舍之西、大迦葉結集三藏處也。付法藏傳一曰、「迦葉辭如來往耆闍崛山賓鉢羅窟。」佛祖統紀四曰、「如來滅後、於畢鉢羅窟立三座部、主結為三藏。」更有一處、西域記九曰、「溫泉西有卑鉢羅石窟、世尊在昔恒居其中。後壁洞穴、是阿素洛宮也。習定比丘多居此室。」法顯傳一曰、「南山西行三百步、有一石室、名賓波羅窟。佛食後常於是座禪。又西行五六里、山北陰中有一石室、名車帝。佛泥洹後、五百阿羅漢結集經處。」

【畢蘭陀筏蹉】（人名）同於畢陵伽婆蹉比丘、見畢陵伽婆蹉條。

【軛】（術語）謂煩惱也。衆生為煩惱所繫縛、譬如牛馬受軛而挽車也。

【邪子洲】（地名）處在不明、想像之國。玄應音義二十四曰、「邪又作鄒。同以遮切。師子國南浮海數千里。洲人卑小。長餘三尺。人身鳥喙。唯食鄒子。既無穀稼。所以不識於牛也。」

【許可】（雜語）認許印可之意。謂傳授教法而與以許可印信也。如眞言家之許可作法淨土宗圓頓戒許可之類是也。

【停心】（術語）五停心觀也。

【徙多】（地名）又作枲多、私多。河名。見私陀條。

【淄州】（人名）淄州天雲寺慧沼、親承於玄奘慈恩、造唯識了義燈七卷、釋唯識論及慈恩之述記、著慧日論、最勝王經疏等。見宋僧傳四。

【貳吒】（界名）Akaniṣṭha 天名。譯曰色究竟。色界之最頂也。玄應音義八曰、「貳吒或作阿伽尼沙託。或言尼師吒。皆梵音輕重也。正言阿迦尼瑟搋。此言色究竟天也。」

【皐諦】（鬼類）梵名 Kuntī。又作睪帝。譯言何所。十羅剎女之一。種子為[illegible]。形像為女形、衣色紅青。右手把裳、左手持獨股、如打物形、立膝。密家以之為文殊師利菩薩之化身。

【陵伽】（人名）畢陵伽婆蹉 Pilindavatsa 之略。比丘名。

【趺坐】（儀式）趺與跗同。足背也。置

足背於髀上、謂之趺坐。有全跏趺坐半跏趺坐之別。婆娑論曰「結跏趺坐是相圓滿」。王維詩曰、「軟草乘趺坐」。

【笯赤建】(地名) Nujkend 印度西北方中央亞細亞之地也。玄奘入竺時過此地。見西域記一。

【殑伽河沙】(譬喻) 見恒河沙條。

【斛食】(術語) 四角之木函盛飯食而供於三界萬靈之牌前者。施一斛食之意。佛說救拔燄口餓鬼陀羅尼經曰、「爾時餓鬼白阿難言、汝於明日若能布施百千那由佗恒河沙數餓鬼并百千婆羅門仙等。以摩伽陀國所用之斛、施一斛飲食、并及為我供養三寶。汝得增壽、令我離於餓鬼之苦得生天上」。

【斛飯】(人名) 梵名途盧檀那。 Dronodana 或作Dotodana。又譯曰穀淨師子頰王之子、淨飯王之弟、釋尊之叔父也。傳歷未詳。起世經十、彰所知論上等、謂王有阿尼婁馱、跋提梨迦之二子。五分律十五、十二遊經、有部律破僧事二、釋迦譜一等、謂有摩訶男阿尼婁馱之二子。衆許摩訶帝經二、於此加跋㮈黎女而為有三子、智度論三、報恩經三、謂有提婆達多阿難之二子。又出於增一阿含經、七帖見聞等。

【堊醯掣怛羅國】(地名) 又作堊醯掣呾邏、阿藍車多羅。 Ahicchatra 中印度般闍羅國北部之大都會、在恒河之東。屬饒夷之北。小乘正量部之僧徒甚多。見西域記四。智度論三。

【堊醯掣呾邏】(地名) 見前項。

【犀扇】(雜名) 畫犀牛之扇子。公案鹽官有犀牛扇子。見鹽官條。

【陶家輪】(物名) 製陶器所用之車輪。又製造陶器之人也。維摩經不思議品曰、「菩薩斷取三千大千世界如陶家輪」。資持記中一之下曰、「陶家謂土作家。輪卽範土為杯器之車。運之則轉。故以喻焉」。行宗記三上曰、「陶家卽土作者。輪盤一發餘力自轉」。

【敏俱理】(術語) 高麗國之梵稱。見梵語雜名。梵 Hinguli

【屛莎】(人名) Bimbisāra 又作萍沙、洴沙、瓶沙。見頻婆娑羅條。

【術婆迦】(人名) 又作術婆伽、戍縛迦。譯曰無畏。漁師名。智度論十四曰、「國王有女名拘牟頭。 Kumuda 有捕魚師名術婆伽。 Subhakara 於道遙見王女在高樓上窗中見面、想像染著、心不暫捨。稍歷日月不能飯食。母問其故、以情答母。言我見王女心不能忘。母喻之、亦不聽。母為子故、入王宮中、送魚鳥肉而不取價。王女怪而問之。母白王女、我唯有一子。敬慕王女、情結成病、願垂愍念、賜其生命。王女言、汝去、月十五日於某甲天祠中住天像後。母還語子。其子沐浴新衣在天像後住。王女白父王、我有不吉、須至天祠以求吉福。嚴車五百乘出至天祠。獨入天祠。天神思惟王爲我施主、不可令此小人毀辱王女。即厭此人使睡不覺。王女既入見其睡、推之不悟。即以瓔珞直十萬兩金遺之而去。後此人得覺見有瓔珞。又問衆人知王女來、情願不遂。憂恨懊惱。婬火內發自燒而死。」

【紹隆】（雜語）續法而使益盛也。維摩經佛國品曰「紹隆三寶」註曰、「肇曰。紹佛種則三寶隆。」

【屙屎送尿】（雜語）上厠大便、謂之屙屎。小便謂之送尿。臨濟錄曰「開單鹿鉢、屙屎送尿、搬柴運水、喫茶喫飯、皆是衲僧家本分之三昧王三昧。」是即示日用行事中擧足下足無一而不爲禪之意。

【掠虛頭漢】（雜語）掠取虛頭之痴漢也。虛頭者虛空也、非可掠取、指慢心躁急之人而言。碧巖第十則曰、「州便打云。這掠虛頭漢」。

【祭文】（雜語）又作齋文。爲齋供冥衆弔祭亡者而誦讀之文也。

【罣窻】（物名）遮椅子背後之板屏也。

【沓婆摩羅子】（人名）沓婆、或作達婆、或作陀婆。又曰陀驃陀驃。翻云主摩羅。此云力士。或云壯士。根本律曰、波波國中有一壯士大臣、名勝軍。大富多財、受用豐足。所有貲產、如毘沙門王。雖非王種、時諸壯士作灌頂法、扶以爲王。後生一兒、色相端美、天然淨潔。彼國之法、若天然淨潔者、名實。此兒亦爾。淨潔過人、復是壯士大王之子、應與立字名實力子。」善見律曰、「沓婆是比丘名。摩羅是王名。此王子出家、故名沓婆摩羅子。此大德、年七歲出家。鬚髮落地、即成羅漢。得三達智。具六神通。以本願故、爲僧差使。

【晝暗林】（雜名）謂墓所也。見尸陀林條。

【軟語】（雜語）溫言適人情之語也。涅槃經二十曰、「諸佛常軟語。爲衆故說麤。麤語及軟語。皆歸第一義。是故我今者。歸依於世尊。」

【烹佛煆祖】（術語）於洪爐中烹煆佛祖也。謂宗匠之活作略。傳燈十六（四江懷忠章）曰、「僧問、洪爐猛炎、烹煆何物。師云、烹佛煆祖。曰、佛祖作麼生烹。師云、業在其中。曰、喚作甚麼業。師云、佛力不如。」碧巖集普照序曰、「秉烹佛煆祖鉗鎚。頌出衲僧向上巴鼻。」

【庶類】（術語）六道之凡夫也。無量壽經上曰、「爲諸庶類作不請之友。」

【赦儞娑】（天名）毘沙門天王子之名。行者誦持毘沙門經、則現童子形、聞行者之志願、以之告其父王云。見毘沙門天王經。

【途盧檀那】（人名）Dronodana 王名。佛本行集經五曰「途盧檀那隋言斛飯王」參照斛飯條。

【訖羅】（雜名）Graha 又作訖栗何、蘗哩訶譯曰執謂日月等之五執也大日經疏十三曰、「言訖羅是執日之眷屬凡有八曜皆名爲執也」同四曰「九執者梵音訖栗何是執持義」同七曰、「其日月五星等亦以終始相隨故梵語名蘗哩訶翻爲九執。正相會一處天竺曆名正著時此執持義」

十二畫

【虛心合掌】（術語）十二合掌之一。合十指之頭而掌之中心稍爲相離者梵云三補吒梵(Sampuṭa)合掌見大日經疏十三。

【虛妄】（術語）無實云虛反眞云妄。圓覺經曰、「虛妄浮心多諸巧見不能成就圓覺方便」法華經譬喩品曰、「佛之所說。言不虛妄」涅槃經三十八曰、「一切惡事、虛妄爲本」

【虛妄法】（術語）色聲等五欲之法、其體虛假不實故云虛妄法華經方便品曰、「深著虛妄法堅受不可捨」

【虛妄輪】（術語）謂生死之輪廻也。是依虛妄之惑業所感其體非眞宗故云虛妄讚阿彌陀佛偈曰、「我從無始循三界爲虛妄輪所廻轉」

【虛妄分別】（術語）妄分別事理也。維摩經觀衆生品曰、「問身孰爲本答曰欲貪爲本又問欲貪孰爲本答曰虛妄分別爲本」

【虛舟】（人名）元虛舟禪師名普度、初住中天竺寺後住靈隱寺稽古略四曰、「詔中天竺虛舟普度住影德靈隱師揚州人。受業揚子橋白蓮寺嗣常州華藏無得通禪師通嗣靈隱松源岳禪師」

【虛言】（雜語）無實之言語唯識論四曰「彼有虛言都無實義」

【虛空】（術語）虛與空者無之別稱。也虛無形質空無障礙故名虛空此虛空有體有相體者平等周徧相者隨於他之物質而彼此別異也依有部之宗義分之爲虛空與空界之色以其體爲虛空以其相爲空界之色以此虛空爲一無爲法數於三無爲之一而攝於法處之中空界之色者爲眼所見之色法而攝於色處之中即有爲法也世人以此空界之色爲虛空故世人所謂虛空者爲妄法而不免生滅楞嚴經六曰「空生大覺中如海一漚發有漏微塵國皆依空所生。」同九曰、「當知虛空生汝心內猶如片雲點太淸裏況諸世界在虛空耶」同十曰、「乃至虛空皆因妄想之所生起」起信論曰、「虛空相是其妄法體無不實以對色故有是可見相。令心生滅。以一切色法本來是心。實無外色。若無色則無虛空之相。」大乘義章二曰、「虛空有體有相。體則周徧。相則隨色彼此別異。」此體之虛空無爲、有部立爲有法、大乘立爲無法。見虛空無爲條。

【虛空無邊】（術語）謂虛空之無邊際也。起信論曰、「虛空無邊、故世界無邊。世界無邊、故衆生無邊。」

【虛空有無】（術語）勝論立虛空爲九實之一、以爲有。有部宗亦立爲三無爲之一、以爲有。成實宗、大乘宗皆以爲無。見虛空無爲條。

【虛空喩】（術語）大乘空十喩法之一。智度論六曰、「如虛空者。但有名而無實法。虛空非可見法。遠視故眼光轉見縹色。諸法亦如是。空無所有。人遠無漏實智慧。故棄實相見彼我男女屋舍城郭等種種雜物心著。」此下就虛空之有無而設問答。決虛空之無實體。

【虛空四名】（名數）一虛空、二無所有、三不動、四無礙。見止觀三上。

【虛空十義】（名數）一無障礙義。諸色法中無障礙故。二周徧義。無所不至故。三平等義。無簡擇故。四廣大義。無分際故。五無相義。絕色相故。六清淨義。無塵累故。七不動義。無成壞故。八有空義。滅有量故。（爲有之空）九空空義。離空著故。（爲空之空）十無得義。不能執取故。見釋摩訶衍論三。

【虛空天】（界名）五類天之一。欲界六天中夜摩天以上之四天也。以其離須彌山在虛空中。故見秘藏記末。

【虛空化】（術語）佛化也。清異錄上曰、「玄奘論道釋云、道有爲宗、舟航化佛無爲宗、虛空化。」

【虛空身】（術語）華嚴經所說、能三世間十身之一。謂如虛空無名無相無礙自在之身。卽毘盧舍那如來之身相也。見探玄記十四。

【虛空界】（術語）謂眼所見之大空也。中阿含經三十六曰、「譬如月無垢。遊於虛空界。」智度論一曰、「虛空界無量諸佛土。」

【虛空孕】（菩薩）虛空藏之異譯。菩薩名。見虛空藏條。

【虛空神】（神名）梵語舜若多、Śūnyatā 譯曰虛空神。主空之神也。

【虛空眼】（菩薩）佛母尊之名。又云佛眼。於胎藏界定三部之母主時。以金輪佛頂尊爲佛部之部主。以虛空眼尊爲佛部之部母。在舊譯仁王經有「觀空品」。在新譯仁王經爲「觀如來品」。是謂大空三昧爲佛故虛空卽佛也。此虛空眼尊以大空三昧爲本體。主生佛部一切功德之母之德。故稱佛母。大日經疏五曰、「次於大勤勇北至於北維。

置虛空眼。卽毘盧遮那佛母也。」秘藏記末曰、「佛部金輪佛頂爲主。虛空眼爲母。又云佛眼也。」佛眼有三種。見佛眼尊條。

【虛空華】（譬喩）如病眼之人、見空中如花者浮動、是名虛空華。譬事物之無實體也。楞伽經一曰、「世間離生滅、猶如虛空華。」楞嚴經二曰、「見與見緣並所想相、如虛空華本無所有。」同於空華。

【虛空慧】（菩薩）梵名 Gaganamati 又 Sahacittotpada-dharmacakra 胎藏界虛空藏院二十八尊之一。在虛空藏菩薩右方第二列之第一位。種子爲ग字、是遷變之義。三昧耶形爲蓮上之金剛輪。此輪爲八輻輪、卽表八正道。形像肉色、左手持蓮華、蓮上有八輻輪。右手仰掌上立獨股金剛杵。獨股金剛者、示獨一法界阿字淨菩提之智。又虛空慧之稱、表虛空藏菩薩之慧之意也。

【虛空會】（術語）從法華經見寶塔品末、「爾時大衆見二如來在七寶塔中師子座結跏趺坐。」至囑累品中「多寶佛塔還可如故。」佛與大衆悉住在虛空之中、故名虛空會。加以前後之兩會在靈山、謂之兩處三會之說。

【虛空藏】（菩薩）梵名 Akāśagarbha 又 Gaganagarbha 又云虛空孕菩薩。名空慧之庫藏、猶如虛空、故名虛空藏。包藏一切之功德、如虛空、故名虛空藏。胎藏界曼荼羅虛空藏院之中尊也。大集經虛空藏品謂爲從此東方大莊嚴世界一寶莊嚴佛所之菩薩。虛空藏菩薩經謂爲從此西方一切香集依世界勝華敷藏如來所之菩薩。金剛界之曼陀羅在賢劫十六尊之中。胎藏界在第六之釋迦院與第十之虛空藏院。注維摩一曰、「什曰虛空藏菩薩實相慧藏如虛空也。」千手經曰、「當知其人虛空藏。常以空慧觀衆生故。」大集經十四虛空藏品曰、「何因緣故名虛空藏。佛告速辯菩薩。善男子。譬如大富長者多諸民衆。無量庫藏財寶充滿。能行布施、心無慳悋。若行施時、貧窮往者、隨意所須、開大寶藏、悉能給與。彼諸衆生皆得適意。長者施已、心喜無悔。善男子。虛空藏菩薩亦復如是。(中畧)得如來神足力故、於虛空中、隨衆生所須、若法施、若財施、盡能施與、皆令歡喜。」大日經一曰、「次復於龍方、當畫虛空藏。勤勇被白服、持刀生焰光。」同疏五曰、「次於西方畫虛空藏菩薩。被鮮白衣、左手持蓮華、華上有大刀印。刀印上徧生焰光。及諸眷屬、皆坐正蓮華上。此菩薩持如來等虛空慧。所以持大刀者、利慧之幖幟也。被服白衣、明白淨無垢、是其教門外飾也。譬如虛空無所分別、亦無所積集、而世間萬像依之以生。今此法門亦爾。於畢竟空中出生不思議自在用、無有究盡。如大集虛空藏經中廣明。故名虛空藏也。」此菩薩與南方寶生四菩薩之最初實菩薩同胎。

【虛空藏形像】(形像) 胎藏界釋迦院之虛空藏、據秘藏記末曰、「左手持蓮華。上有如意寶、右手持白拂。」虛空藏院之虛空藏、據大日經疏五曰、「被鮮白衣左手持蓮華華上有大刀印、持大刀印者利慧之標幟也。」秘藏記末曰、「肉色左手持開蓮華、上有如意珠右手持寶劍。」又觀虛空藏菩薩經曰、「虛空藏菩薩頂上有如意珠、其如意珠為紫金色、若見如意珠即見天冠、此天冠中現五十三佛像如意珠中現十方佛像。」

【虛空藏求聞持法】(修法) 見求聞持條。

【虛空藏與日月星】(雜語) 宿曜儀軌曰、「若人欲求福智、當歸依此菩薩日月星皆虛空藏所變也。」

【虛空藏與明星】(雜語) 一說日月星、配觀音、勢至、虛空藏之三菩薩、以明星為虛空藏之化身。故修虛空藏求聞持法者祈禱明星。虛空孕菩薩經曰、「於後夜燒香求彼東方黃白大士。名阿樓那。(中畧)東方黃白阿樓那閻浮提顯現之時彼虛空孕菩薩即隨後來。」虛空藏菩薩經曰、「後夜向東方燒香、請明星曰、明星明星汝今初出照閻浮提大悲護我。可為我白虛空藏菩薩。」虛空藏菩薩神咒經曰、「明星出時從座而起。向於明星說如是言。南無阿嘍那、南無阿嘍那。願以大悲白大悲虛空藏菩薩。」法華文句一上曰、「明星天子是虛空藏菩薩應作。」阿樓那者明星之梵音 Aruṇi 也。

【五大虛空藏】(名數) 虛空藏菩薩之德分為五方者。五大虛空藏菩薩速疾大神驗秘密式經曰、「東方福智虛空藏菩薩、坐白寶蓮華、戴五佛寶冠、以種種瓔珞嚴飾於身、右手施無畏、左手持寶蓮華、華上有羯磨杵、形色黃。南方能滿虛空藏菩薩、坐赤蓮華、頂有五佛寶冠。莊嚴如前。形色赤色、右手持寶劍、左執青蓮華、華上有如意寶珠、珠之周邊有火焰。西方施願虛空藏菩薩、坐紫蓮華、寶冠如前莊嚴如前合掌當胸前、形色如紅波利。北方無垢虛空藏菩薩、坐白蓮華、寶冠如前、莊嚴如前左手施無畏、右手持寶蓮華、華上有月輪、形色水白。中央解脫虛空藏菩薩、寶冠如前、莊嚴如前。坐黃白蓮華、右手施無畏、左手持寶蓮華、華上有獨鈷杵、色黃。」又瑜祇經曰、「行者應畫五大金剛虛空藏於一圓明中、等於自身量而畫之於一圓中更分為五。於中圓畫白色虛空藏、左手執鉤、右手持寶。前圓中畫黃色虛空藏、左持鉤、右執寶金剛、右圓中畫青色虛空藏、左執鉤、右持三瓣寶、放大光明。於後圓中畫赤色虛空藏、如前左持鉤、右持大紅蓮華。左圓中畫黑紫色虛空藏。如前左持鉤右持寶羯磨。是名五大虛空藏求富貴法。若畫此像、於青色或金色絹上畫之。其菩薩衣服首冠瓔珞皆依本色。各半跏坐。畫此像了、對壇前無間誦五字明一千萬遍。卽得富貴成就。」日本東寺觀智院國寶中有惠運自唐請去之瑜祇五大虛空藏菩薩木像。金剛虛空藏（乘師子）摩尼虛空藏（乘象）法界虛空藏（乘馬）業用虛空藏（乘鳥）蓮花虛空藏（乘孔雀）是也。

【虛空藏菩薩經軌】（經名）虛空藏菩薩經一卷。虛空孕菩薩經二卷。虛空藏菩薩神咒經一卷。（已上三部同本異譯）觀虛空藏菩薩經一卷。大集經虛空藏品。（已上方等部）大虛空藏菩薩念誦經一卷。大集大虛空藏菩薩所問經八卷。聖虛空藏菩薩陀羅尼經一卷。虛空藏菩薩問七佛陀羅尼咒經一卷。佛說虛空藏菩薩陀羅尼經一卷。五大虛空藏菩薩速疾大神驗秘密式經一卷。虛空藏菩薩能滿所願最勝心陀羅尼求聞持法一卷。（已上密部）

【虛空法身】（術語）五種法身之一。謂如來之法身、融通三際、包括大千。一性圓明。遠離諸染也。非言彼身外之虛空卽法身也。

【虛空孕經】（經名）虛空孕菩薩經之異名。

【虛空智字】（術語）謂金剛幢菩薩之種子扌怛囕字。其字體扌字爲如之義、眞如離諸相如虛空。故云虛空。瑜祇經疏三曰「虛空智扌體如字」

【虛空處定】（術語）空處定之具名。四空處定之一。見空處條。

【虛空無爲】（術語）三無爲之一。有部宗所立有二虛空、一有爲虛空。二無爲虛空也。凡現於無色像所者、是有爲虛空。本來常空者無爲虛空也。有爲虛空者有分限。有生滅。屬於眼識之所見。因是稱此爲空界之色。爲五蘊中色蘊之所攝、六大中空大之所攝。是有爲無常也。無爲虛空者無限無際、眞空寂滅。離一切之障礙、一切有礙之物體得自在行動於其中者。是屬於意識之所緣、爲三無爲中之虛空無爲。世所謂爲虛空者、卽空界之色有爲虛空也。空界之色、其體性雖不障礙他法、然爲他法障礙、現障礙於他有形物體。而其體卽滅。因此而名爲有爲。若實之虛空、離於能礙所礙、亦周徧於有形之物體中。常恒不變。是爲無爲法。以無障礙解虛空之義。俱舍論一曰「虛空但以無礙爲性。由無礙故色於中行。」正理論一曰「虛空容受色等有爲。」俱舍光記一曰「空界色雖非能礙、而是所礙。被餘色礙而開避。故其體不生。世言虛空者、於空界色說虛空聲」又曰「空界復由虛空得有。」大乘義章二曰「如毘曇虛空有二。一者有爲。二者無爲。

「一因大乘六無爲之一。唯識論立六種無爲、以彼有部所立虛空無爲、非實有之法、于佛證得之法性上爲六無爲相中之一相。法性之體、離諸之障礙、故名之爲虛空無爲、非別有容受萬物之無爲虛空也。因而依有部則虛空之語、直指大虛空、依唯識則一者喩語、法性之無爲、似大虛空、故名虛空。一者法性、即爲虛爲空、故名虛空。見唯識論二、同述記二末。

【虛空無邊超越】（菩薩）梵名Gag-agananta-vikrama 又云越無量虛空。胎藏界金剛手院第二行第四位之菩薩也。密號曰廣大金剛。形像爲黃白色、右手屈臂開肘仰掌、指頭向右、左手向內當嬭、持三股杵、竪左膝、交趺而坐。衣之前端、繫於左肘上、下垂下。印相爲禪慧檀智、反而相叉、即持地印也。

【虛空無垢持金剛】（菩薩）梵名Gaganāmala-vajradhara 又云虛空無垢執金剛。胎藏界金剛手院第二行東邊第一位之菩薩也。密號曰離染金剛。形像爲肉色、右手屈臂開肘仰掌側指端向右、左手竪掌、持一股杵、當左嬭房。面向右方、坐赤蓮華。印相爲定慧內縛、舒二風、屈腕、即索印也。

【虛空藏法】（修法）虛空藏之修法。即以不空譯之大虛空藏菩薩念誦法爲所依、通修福德智慧音聲之法也。

【虛空藏院】（術語）胎藏界曼陀羅十三大院中第十之名。雖有二十八尊、而以虛空藏菩薩爲中尊。

【虛空藏講】（行事）講讚虛空藏菩薩之法事也。

【虛空藏經】（經名）虛空藏菩薩經之略名。

【虛空庫菩薩】（菩薩）以虛空爲庫藏、隨衆生願望而施與種種珍寶、經無量劫不可窮盡、故名虛空庫。

【虛空藏觀經】（經名）觀虛空藏菩薩經之異名。

【虛空雲海明門】（術語）初地之菩薩得百法明門、二地以上各地十倍而至第十地。越之而至第十一地之佛果、則所得之明門、不可限量、故譬之爲虛空與雲與海、而稱爲虛空雲海明門。大疏七曰、「至十一地畔。於虛空雲海法明門中一一皆見蓮華藏世界。」

【虛空孕菩薩經】（經名）一卷、隋闍那崛多譯。虛空藏菩薩經之異譯也。

【虛空藏念誦法】（經名）大虛空藏菩薩念誦法之略名。

【虛空藏求聞持法】（經名）虛空藏菩薩能滿所願最勝心陀羅尼求聞持法之略名。一卷、唐善無畏譯。說求聞持之修法。

【虛空藏菩薩經】（經名）一卷、姚秦佛陀耶舍譯。虛空藏菩薩、從西方之勝華藏佛所現大神力而來。佛說其頂上寶珠之因、消一切之罪、滿一切之所求。

【虛空藏菩薩神咒經】（經名）一卷、劉宋曇摩蜜多譯。與虛空藏菩薩經同本異譯。

【虛空藏菩薩陀羅尼經】（經名）佛說虛空藏菩薩陀羅尼經、宋法賢譯。但有陀羅尼而無經文。

【虛空藏菩薩問七佛陀羅尼經】（經名）一卷、梁錄失譯。佛在鷄羅娑山頂、一比丘爲惡病所持、一比丘爲惡鬼所持、請虛空藏菩薩哀求於佛、佛現神力、七佛於空中各說一咒。

【虛無】（術語）虛無之宗旨。謂三論宗所立之眞空。三論大義鈔一曰「以無心之妙慧、而契無相之虛宗」

【虛堂】（人名）名智愚、虛堂其號也。就湖州道場山運菴巖而契悟、出世於嘉興府興聖禪寺、時宋理宗紹定二年也、寶祐六年敕領育王山、三年、景定五年有詔使住淨慈。衲子雲集、堂宇不能容、半居堂外、理宗崩、召師使對靈普說、兩宮賚賜優渥、度宗咸淳三年還徑山、六年壽八十五寂。見會元續略三上虛堂錄末尾行狀。

【虛堂三問】（故事）虛堂在靈隱鷲峰塔杜絕世諦、衲子請益、遂立三問、使各著語。一己眼未明底因甚將虛空作布袴著。二劃地爲牢底因甚透者個不過。三入海算沙底因甚針鋒頭上翹足。」見虛堂錄八。

【虛堂錄】（書名）門人妙源編其末有云「祖翁在世語錄二帙、刊流天下」宋咸淳五年、晉之續錄後集已成三卷」

【虛堂和尚語錄】（書名）十卷、門人等編。編錄臨濟宗楊岐派虛堂智愚之法語偈頌詩文者。前七卷、虛堂在世已被刊行、續集三卷、係妙源所輯集刊行者。

【虛堂和尚頌古評唱折中錄】（書名）二卷、日本僧合虛叟編。對於虛堂智愚之頌古、折衷諸家之評唱、以資禪學士之參攷者。

【虛假】（術語）不實之義。謂無實體也。輔行五之三曰「假者。只是不實爲義」三假之一。見三假條。

【虛假心】（術語）虛僞而不眞實之心也。謂凡夫自力之心。

【虛假行】（術語）非眞實之行也。謂內心與外相不調之行。又云自力雜毒善。

【虛假雜毒善】（術語）凡夫所修之善根、皆虛假不實、無不雜我執煩惱之汚也。

【虛庵】（人名）宋天童虛庵懷敞禪師、黃龍慧南之法嗣爲靈源惟清之法嗣爲長靈守卓。卓之法嗣爲育王之無示介諶。諶之法嗣爲萬年之心聞曇賁。賁之法嗣爲天童之經瑾。瑾之法嗣、卽虛庵懷敞也。敞住於天台萬年寺而傳法於日本建仁寺開山明庵榮西見佛祖宗派綱要依此則虛庵當爲黃龍七世之孫。

【虛無】（術語）無物之實體。無爲自然也。老子以此虛無爲道體。三論玄義曰、「伯陽之道、道指虛無。牟尼之道、道超四句。」

【虛無身】（術語）佛身通融自在而離一切如光影、謂之虛無身。無量壽經上曰、「類貌端正。超世希有。容色微妙。非天非人。皆受自然虛無之身無極之體。」嘉祥疏曰、以神通無所不至。故曰無極之體。色如光影、故云虛無之身。」述文贊中曰、「虛無無極者。無障礙故。希有故。」

【虛僞】（術語）虛妄而不眞實也。楞伽經三曰、「無垢虛僞妄想習氣。」無量壽經下曰「虛僞諂曲之心。」

【虛誑語】（術語）十惡業之一。以惡心攻欺他人之言語也。俱舍論十六曰、「於所說義異想發言。及所誑者解所說義。染心不誤。成虛誑語。若所誑者未解言義。此言是何。是雜穢語。」

【琵琶】（物名）世俗之樂器也。以之供養佛菩薩者。法華經曰、「琵琶鐃銅鈸。」

【喜見】（雜語）人喜見之也。

【喜見菩薩】（菩薩）一切衆生喜見菩薩之略。藥王菩薩之前身。嘗爲供養法華經而燒身者。法華經藥王品曰、「是一切衆生喜見菩薩樂習苦行。於日月淨明德佛法中。精進經行。一心求佛。滿萬二千歲已。得現一切色身三昧。得此三昧已。心大歡喜。卽作是念。我得現一切色身三昧。皆是得聞法華經力。我今當供養日月淨明德佛及法華經。卽時入是三昧。於虛空中雨曼陀羅華。（中略）以供養佛。作是供養已。從三昧起而自念言。我雖以神力供養佛。不如以身供養。卽服諸香旃檀（中略）以天寶衣而自纏身。灌諸香油。以神通力願而自燃身。光明遍照八十億恒河沙世界。（中略）爾時佛告宿王華菩薩。於汝意云何。一切衆生喜見菩薩。豈異人乎。今藥王菩薩是也。」

【喜見城】（界名）忉利天（譯曰三十三天）帝釋所住之城名。在須彌山之頂。智度論一百曰、「七而山頂有三十三天宮。其城七重。名爲喜見。九百九十九門。一一門邊皆有十六靑衣大力鬼神守護城中。」然起世經、賢愚經、長阿含經、優婆塞戒經、俱舍論、順正理論等、總作善見城。是翻譯之相違也。因而俱舍論頌疏十一曰、「於山頂中有宮名善見。（亦名喜見城也）見者稱善也。」

【喜見天】（界名）喜見城之天處。卽三十三天。

【喜忍】（術語）淨土門所說三忍之一。現見阿彌陀佛而心生歡喜之時。得無生法忍。是名喜忍。觀無量壽經曰、「見彼國土。

極妙樂事。心歡喜故。應時卽得無生法忍。」觀經序分義曰。「阿彌陀佛國清淨光明忽現眼前。何勝踊躍。因玆喜故。卽得無生之忍。亦名喜忍。亦名悟忍。亦名信忍。」

【喜根】（菩薩）菩薩名。諸行無行經下說喜根勝意二菩薩之事。智度論六引此文殊師利白佛言。昔有佛名獅子音王。時有二菩薩比丘。一名喜根。容儀質直。不捨世法。又不分別善惡。不讚少欲知足。不讚戒行頭陀。但說諸法實相。語諸弟子。一切諸法婬欲相瞋恚相愚痴相。卽是諸法實相。方便敎弟子使入一相智。（云云）

【喜受】（術語）心於順境受忻悅之喜也。五受之一。見三藏法數二十一。

【喜林苑】（雜名）四苑之一。舊云歡喜園。帝釋天之苑庭名。俱舍論七曰。「城外四面四苑莊嚴。是彼諸天共遊戲處。一衆車苑（中略）四喜林苑。」光記十一曰。「婆娑一百三十三云。四喜林苑。極妙欲塵。殊類皆集。歷觀無厭。」

【喜面天】（天名）胎藏界外金剛院之一衆。伊舍那天之子。見胎曼大鈔六。

【喜悟信】（術語）淨土眞宗所立之三法忍也。見喜忍條。

【喜捨】（術語）又云淨捨。淨施等。喜施財寶也。

【喜菩薩】（菩薩）具名金剛喜菩薩。阿閦如來四親近之一。

【喜樂】（術語）眼等五識無分別而悅豫謂之樂。意識分別而悅豫謂之喜。五受中之二。

【喜德女】（人名）此女往昔愛敬妙光菩薩。發願世世爲其婦。後化生於喜見婬女園之蓮華中。養於喜見婬女。才色皆備。年二十四。見國王太子德主。起愛敬心。請爲其妻。太子言我發大菩提心。於自己身命財無所慳惜。汝若勿悔。則可喜德女言。假令地獄火來燒我身。終不悔。於是偕詣佛所聽法。太子得無量陀羅尼門。女得調伏心志。見智度論三十五。

【惡】（術語）乖理之行。於現在與將來招苦之行也。法界次第上之上曰。「惡是乖理之行。故現在將來由斯招苦。」大乘義章七曰。「順名爲善。違名爲惡。」同十二曰。「順理名善。」又梵 अः aḥ 悉曇十二母韻之一。五十字門之一。爲阿之轉聲。卽於無點之阿字傍加涅槃點者也。謂爲沈沒之聲。又謂有一切法遠離不可得之義。蓋沈沒者由 Ast-amgama（下往）譯之。遠離者由 Asta（捨離）譯之者。金剛頂經曰。「惡字門一切法遠離不可得故。」文殊問經曰。「稱惡字時。是深沒聲。」大莊嚴經曰。「唱惡字時出一切法皆滅沒聲。」

【惡人】（術語）爲惡事之人。無量壽

經下曰、「惡人行惡從苦入苦。」

【惡叉】（植物）樹名其子似沒石子。生必三顆同蒂以喩惑業苦三者同時具足。見翻譯名義集楞嚴經曰「佛告阿難一切衆生從無始來種種顚倒業種自然如惡叉聚。」參照次項。

【惡叉聚】（植物）惡叉者、果實名形似無食子落地則多聚於一處故云惡叉聚。楞嚴經一曰、「業種自然如惡叉聚」唯識論二曰、「一切有情無始時來有種種界如惡叉聚法爾而有」同述記曰「惡叉形如無食子落在地時多爲聚故以爲喩也」同演祕曰、「惡叉聚者於一聚中法爾而有多品類也西域有之人以爲染並取其油」玄應音義二十三曰、「惡叉樹名其子形如無食子彼國多聚以賣之如此間杏人故喩也。」（梵 Rudra-aksa 今之金剛子）

【惡乞叉】（術語）見阿乞叉野句勢條。

【惡口】（術語）罵詈惱人之言。法界次第上之上曰、「惡言加彼令他受惱名爲惡口」十惡之一。無量壽經下曰、「兩舌惡口妄言綺語」法華經不輕品曰、「若有惡口罵詈誹謗獲大罪報」大乘義章七曰、「言辭麤野目之爲惡惡從口生故名惡口。」

【惡生王】（人名）惡生王依於宿福、忽感得五百之寶鉢出雜寶藏經九惡生王者別處謂之琉璃王舍衛國末利夫人所生、族滅迦毘羅國之釋種者出有部毘奈耶雜事八經律異相七參照毘琉璃條。

【惡世】（術語）惡事盛之世。阿彌陀經曰「娑婆國土五濁惡世」

【惡世界】（術語）同於惡世。散善義曰、「五濁惡時惡世界」

【惡因】（術語）可招惡果之惡事種也。瓔珞本業經下曰、「是故善果從善因生。是故惡果從惡因生。」

【惡行】（術語）不善之行也。倶舍論十六曰、「一切不善身語意業。如次名身語意惡行。」十地論義記四本曰「現習惡行。當受大苦」

【惡名畏】（術語）五怖畏之一。見五怖畏條。

【惡見】（術語）惡見解也。八十華嚴經十四曰、「捨不正道。永除惡見。」成唯識論六曰「云何惡見。於諸諦理顚倒推度染慧爲性」行事鈔上曰、「邪心決徹。名之爲見。見心違理目之爲惡」

【惡見處】（異名）地獄名、十六別處地獄之一。見正法念經六、往生要集上本。

【惡作】（術語）作惡事後之追悔懺悔之心也。倶舍論四曰、「惡作者。謂緣惡作心追悔性」唯識論七曰、「悔謂惡作。惡所作事追悔爲性。」又惡作法也。七聚之一。突吉羅罪也。

【惡言】（術語）罵詈之言。報恩經三曰、「以一惡言不知其恩毀罵其母。喻如畜生」。證道歌曰、「觀惡言是功德此則成吾善知識」。

【惡性】（術語）三性之一。見三性條。

【惡性須善提】（人名）見須善提條附錄。

【惡念】（術語）惡之念慮。四十二章經曰、「息滅惡念」。菩提心論曰、「宿殃未殄、惡念旋起」。

【惡時】（術語）惡行盛之時。散善義曰、「五濁惡時」。

【惡果】（術語）自惡事之因而生之苦果。瓔珞本業經下曰、「是故善果從善因生。是故惡果從惡因生」。

【惡祇尼】（天名）或作些吉利多耶尼。譯曰火神。見名義集二。見阿祇尼條。

【惡取空】（術語）撥無因果之道理、無著於惡空見也。地持論二曰、「云何為惡取空。若沙門婆羅門謂彼此都空。是名惡取空」。唯識論七曰、「撥無二諦是惡取空也。諸佛說為不可治者」。止觀五之六曰、「寧起我見如須彌山。不惡取空」。

【惡知識】（術語）為人所知之惡人。又曰惡師友。知識者乃為人所知之義、非己知事物之理之義也。法華經序品曰、「衆所知識大阿羅漢等」。維摩經二肇註曰、「大士處世猶日月昇天。有目之徒莫不知識」。法華文句四上曰、「聞名為知。見形為識。見形為知見心為識」。法華經義疏一曰、「知其內德。識其外形。又遠衆則知。近衆則識」。轉為師友之稱。八十華嚴經五十八曰、「遠善知識。近惡知識」。法華經譬喻品曰、「捨惡知識。親近善友」。涅槃經二十二曰、「菩薩於惡象等。心無怖懼。於惡知識生畏懼心」。

【惡無過】（術語）執作惡無過之一種邪見。又曰惡無礙。即如惡取空者、觀空而言因果寂滅。心不怖罪、更起蓋纏。是也。

【惡刹羅】（術語）又作噁刹囉。見惡察那條。

【惡律儀】（術語）善律儀之反對。定時定事而守之行曰律儀。律儀有善惡。如戒法者善之律義。如畋獵者為惡律儀。法華經安樂行品曰、「不親近旃陀羅及畜猪羊雞狗畋獵漁捕諸惡律儀」。涅槃經二十九有十六種之惡律儀。報恩經六揭十二種之惡律儀。

【惡鬼】（異類）仁王經下曰、「惡鬼惡龍」。良賁疏曰、「惡鬼疾疫。惡龍旱澇」。

【惡鬼神】（異類）夜叉羅刹之類、惱害人者。藥師本願經曰、「不為諸惡鬼神奪其精氣」。大集月藏經五曰、「諸惡鬼神得敬信品」。又為獄卒。

【邪婬之惡鬼】（異類）今生邪婬之咎。於地獄感惡鬼使苦吾身。惡鬼卽獄卒也。往生要集上本曰、「獄卒取地獄人置刀葉林。見彼樹頭有好端正嚴飾婦女。如是見已。卽上彼樹。樹葉如刀割其身肉。次割其筋。如是劈割一切處已。得上樹已。見彼婦女復在於地。以欲媚眼上看罪人。作如是言。念汝因緣。我到此處。見已欲心熾盛。次第復下。刀葉向上。」

【惡師】（雜名）以惡道敎人者。智度論一曰、「一切衆生入邪見網。爲異學惡師所惑。」

【惡執惡】（術語）屠者之極惡者。俱舍光記十九曰、「諸旃陀羅皆名執惡。於中造惡過極甚者。名惡執惡。」

【惡報】（術語）報惡事之因之惡果。中阿含經一曰、「穢汚煩惱受諸惡報。」優婆塞戒經四曰、「能分別說邪道正道及善惡報。」

【惡衆生】（術語）卽惡有情。散善義曰、「惡世界惡衆生。」

【惡道】（術語）乘惡行而往之道途。地獄畜生等是也。大乘義章八末曰、「地獄等報。爲道所詣。故名爲道。故地持言。乘惡行往。名爲惡道。」與惡趣同。

【三惡道】（術語）地獄餓鬼畜生之三道處。梵網經曰、「墮三惡道中。二劫三劫。不聞父母三寶名字。」

【惡道畏】（術語）五怖畏之一。見五怖畏條。

【惡道者】（術語）佛道之修行者。謂之道者。此言道者之惡者。

【惡業】（術語）乖理之行。謂之惡。身口意三者作事。謂爲業。俱舍論光記十三曰、「造作爲業。」卽十惡五逆之所作。四十華嚴經四十曰、「我昔所造諸惡業。皆由無始貪瞋癡。」六波羅蜜經五曰、「無始所造惡業。如大千界所有微塵。」

【惡說】七聚之一。惡言說也。徒爲無用之論義者。行事鈔中曰、「身名惡作。口名惡說。」

【惡語】（術語）惡之言語。行事鈔中曰、「凡有所說。當說善語。不應惡語。」

【惡察那】（術語）Akṣara 譯曰字。卽文字也。由其不變之義。取爲不改轉之義。唯識論述記四曰、「惡察那是字。無改轉義。」俱舍論光記五曰、「梵云惡剎羅。唐云字。是不流轉義。謂不隨方流轉改變。」大日經疏十四曰、「字輪者。梵音云嚂剎囉輪。嚂剎囉是不動義。」同十七曰、「字者。梵有二音。一者名惡剎羅也。是根本字也。二者哩比鞞（Li-pi）是增加字也。根本者卽是本字。如阿字最初二音。」梵語雜名曰、「字梵名阿乞史羅」

【惡察羅】(術語)譯曰字。與惡察那同。

【惡趣】(術語)衆生以惡業之因而趣之所。俱舍論世間品曰、「趣謂所往。」即地獄畜生等。

【三惡趣】(術語)地獄、餓鬼、畜生之三處也。又曰三塗。

【四惡趣】(術語)於三惡趣加修羅。

【五惡趣】(術語)於三惡趣加人天、修羅屬於天。無量壽經下曰「橫截五惡趣。」

【惡緣】(術語)誘我爲惡事之外界事物。西方要決曰、「六惡緣伴阻壞淨心。」往生要集上末曰「煩惱內催惡緣外牽」

【惡龍】(異類)惡龍神也。仁王經下曰「惡鬼惡龍」同良賁疏曰「惡鬼疾疫惡龍旱澇」。

【惡露】(術語)謂身上不淨之津液也、如膿血屎尿等、惡者憎厭之義、露者津液也。心地觀經曰、「自見己身三十六物惡露不淨。」本起經曰「惡露自出坐臥其上。」無量壽經下曰「生老病死痛苦惡露不淨無可樂者。」無量壽經鈔六曰、「醫心方云惡露者血也。」

【惡觸】(術語)食物爲他人之手所觸而惡穢者。凡戒律以他人手觸之食物爲不淨而禁食之。見行事鈔下同資持記下二之二。

【惡覺】(術語)惡之思想有八種之別。大乘義章五末曰、「邪心思想名之爲覺。違正理故稱爲惡。惡覺不同。離分有八。」止觀五之四曰、「八風惡覺所不能入。」

【惡魔】(異類)障礙佛道之惡神之總稱。圓覺經曰、「惡魔及諸外道惱身心。」法苑珠林曰、「惡魔波旬將八十億衆欲來壞佛」見魔條。

【惡靈】(術語)人之執念留於此世而作祟者。死靈、怨靈也。

【惡癩野干心】(譬喻)惡癩者惡疾、野干者野狐、喻心之惡也。止觀二之四曰、「大論云寧起惡癩野干心。不生聲聞辟支佛意」但大論無此語。薩遮尼犍經九曰、「若不持戒。不得疥癩野干身。況當功德之身。」

【惑】(術語)迷妄之心迷於所對之境而顛倒事理謂之惑。貪瞋等煩惱之總名也。大乘義章五本曰、「能惑所緣、故稱爲惑。」探玄記十三曰「心迷前境目之爲惑」仁王經合疏中曰、「所言惑者謂迷妄之心」

【惑人】(術語)迷妄之凡夫也。三論玄義曰「神道幽玄惑人多昧。」

【惑染】(術語)迷於貪欲瞋恚愚痴等諸煩惱之理而汚眞性者。天台淨名經疏一曰「故知雖具惑染、願力持心亦得居他。」

【惑得】(術語)惑者所得之法也。身者能得之體也。令此所得之法、得於能得之身有一種之實法、名之爲惑得、猶如以繩繫物於身、因此謂之得繩。凡斷惑云者、非壞滅惑體、乃絕對於此惑得繩也、證涅槃云者、亦有繫涅槃於吾身之得繩、名爲離繫得、生此離繫得之繩、謂爲證涅槃之理也。而解脫此惑得爲無間道、生離繫得爲解脫道、凡斷惑證理、要無間解脫之二道者、爲此也。俱舍論二十三曰、「十六心中忍無間道、約斷惑得無能隔礙、故智是解脫道、已解脫惑得與離繫得俱時起、故具二次第理定應然、猶如世間驅賊閉戶。」

【惑著】（術語）貪愛之心、迷惑於所對之境、執著而不離也。止觀七曰、「若緣女色沈湎在懷、惑著不離、當用不淨觀爲治。」

【惑業苦】（術語）貪瞋等者惑也、依此惑有善惡之所作者業也、以此業爲因而出三界之生死者苦也。是云三道、唯識論二十八曰、「生死相續由惑業苦、發業潤生之惑能感後有諸業名業、業所引生衆苦名苦。」

【惑障】（術語）四障之一。諸衆生由貪欲、瞋恚、愚痴等之惑、而障蔽正道也。新譯仁王經上曰、「實智平等、永斷惑障。」

【惑趣】（術語）惑者迷也、趣者理趣也、謂迷於理也。中論序曰、「使惑趣之徒、望玄指而一變。」同疏曰、「惑者迷也、趣者理也、謂迷理之人也。」

【惠果】（人名）唐京兆府昭應縣（今陝西臨潼縣治）人。姓馬氏。以天寶五年生。幼穎悟、師事大照禪師、隨從見其師不空三藏、不空一見異之、曰、我法教汝、實與之、遂就受三密四曼之秘奧。後奉代宗奏對法要、爲內道場之護持僧、住長安青龍寺東塔院。爾來受德宗順宗之崇敬、爲三朝之國師、威德高於朝野、四衆被化者多。義明、義圓、辨弘、慧日、義操、惟上、玫臺、操敏、堅通等、皆入其門。日僧空海入唐、亦謁師、受不空所傳之密藏焉。年六十寂。著有阿闍梨大曼荼羅灌頂儀軌一卷、金剛界金剛密號一卷等。

【惠利】（術語）如言施惠、惠利他人也。無量壽經上曰、「求淸白之法、以惠利羣生。」

【粟散】（術語）小王之多、如散粟也。自輪王以下領一國一州者、皆云粟散王。仁王經上曰、「中下品善粟散王、上品十善鐵輪王。」天台仁王經疏中曰、「小王衆多、猶如粟散。」大部補注十三曰、「或云取數之衆多、故云粟散、或云如人把粟散置盤中、各得分位。」

【粟散國】（術語）粟散王領有之國土也。

【棗栢大士】（人名）李長者通玄、在則天朝、會華嚴經新譯八十卷成、持至太原、廣高仙奴家、日食十棗、柏葉餠一枚、後人號爲衰栢大士。

【黃白大士】（天名）明星之異名。見明星條。

【黃衣】（衣服）戒律之上、黃爲五正色之一、爲僧衣不如法也。僧史略上曰「後周忌聞黑衣之讖。悉屏黑色着黃色衣。起於周也」然以黃色是不如法一轉而爲褐色。是如法也。僧史略上曰、「時有青黃間色號爲黃褐石蓮褐也東京關輔尙褐色衣」是宋代之事。至元則屢有賜黃色者。及明則喇嘛之新教起。盡服黃衣矣。

【黃門】（雜名）梵語般吒阿毘曇譯、爲閹人。以無男根故。律有五種黃門、謂生黃門、形殘黃門、妬黃門、變黃門、半月黃門。僧祇律曰「是不能男、有於六種。一、生。謂從生不能男。二、捺破。謂妻妾生兒。共相妬嫉。小時捺破。三、割却。謂若王若大臣。取人割却男根。以備門閣。四、因他。謂因前人觸故。身根生起。五、妬。謂因見他人行婬。然後身根生起。六、半月。謂半月男半月不能男。是謂六種。

【黃赤色仙人】（人名）數論外道之祖迦毘羅 Kapila 之譯名。唯識述記一末曰「有外道名劫比羅。古云迦毘羅、訛也。此云黃赤。鬢髮面色、並黃赤故。今西方貴婆羅門種。皆黃赤色也。時世號爲黃赤色仙人」

【黃金宅】（雜名）伽藍之總名。取須達長者以黃金布地、買地建祇園精舍之故事也。見祇園精舍條。祖英集曰「巖東高鎖黃金宅」祖庭事苑三曰、「黃金宅。僧藍之總名也」

【黃昏偈】（雜語）六時偈之一。法華懺法曰「白衆等聽說黃昏無常偈。此日已過。命卽衰減。如少水魚。斯有何樂。諸衆等。當勤精進。如救頭燃。但念苦空無常。勤愼莫放逸」

【黃卷赤軸】（故事）又云黃紙朱軸。謂佛之經典也。案寫經典用黃紙、蓋準於唐代之黃勑。一爲尊之、一爲防蟲害也。維摩經垂裕記一曰、「唐貞觀中。始用黃紙寫敕制。焉至高宗上元二年詔曰。詔敕施行。既爲永式。比用白紙。多有蟲蠹。今後尙書省頒行天下。並宜用黃紙。」華嚴演義章曰、「言黃卷赤軸者。今大藏經卷是也」正宗記曰、「教外別傳。非謂黃卷赤軸」

【黃泉】（界名）又作冥土。人死所行之處。左傳曰、「不及黃泉。無相見也。」

【黃衲】（衣服）青黃之間色衣也。僧史略上曰、「今江表多服黑色赤色衣。時有青黃間色。號爲黃褐。（中畧）今天下皆謂黃衲爲觀音衲也。」

【黃面老子】（佛名）指釋迦而言。如來爲金色身、故云黃面。無門關曰、「黃面瞿曇。傍若無人。」又曰「黃面老子。詆謼閭閻。」

【黃面瞿曇】（佛名）與黃面老子同。

見前項。

【黃紙朱軸】（物名）與黃卷赤軸同。

【黃梅】（人名）黃梅山在黃州府黃梅縣。禪宗五祖弘忍居黃梅山東禪院。因稱黃梅。大明一統志六十一曰「黃州府黃梅山在黃梅縣西四十里。其山多梅。故名。隋以此山名縣。」

【黃敎】（流派）喇嘛敎之一派。十四世紀頃宗喀巴 Tsongkhapa 慨紅敎之腐敗而別爲開始者。衣冠等皆用黃色。行於西藏蒙古伊犁。西藏新志中曰「黃敎之大喇嘛有四。一達賴喇嘛。二班禪喇嘛。三哲布尊丹巴。四多倫諾爾阿嘉胡圖克圖。相傳哲布尊丹巴。爲菩薩之轉生。其勢力普及蒙古地方。寺在圖拉河右岸庫倫等地。僧衆萬餘。多倫諾爾阿嘉胡圖克圖駐北京及其附近。」

【黃湯】（飲食）又云黃龍湯、龍湯、大黃湯。見龍湯條。

【黃葉】（譬喻）以楊樹之黃葉爲金。與小兒以止其啼。譬佛說天上之樂果以止人間之衆惡也。見涅槃經二十。

【黃葉止啼】（雜語）見黃葉條。又見楊葉條。

【黃楊木禪】（術語）俗言黃楊至難長。若遇閏年却縮。云借以呵鈍漢之參禪。大慧普說二曰「這漢參黃楊木禪。倒縮了也。」本草綱目三十六曰「黃楊木其性難長。俗說歲長一寸。遇閏則退。今試之。但閏年不長耳。」

【黃幡】（物名）以黃紙作幡。懸之於死者之塚塔。則大有功德云。釋門正統四曰「釋氏類苑云。或薦亡黃幡者。灌頂經云。若四輩男女若命終時。若已命過。於其亡日。造作黃幡。懸着剎上。離八難苦。得生十方諸佛淨土。諸經要集問曰。何故經中爲亡人造作黃幡。掛於塚塔上者。答曰。雖未見經釋。可以義求。此五大色中黃色居中。用表忠誠。盡心修福。爲引中陰。不入惡趣。莫生邊國。」

【黃頭大士】（佛名）佛生於迦毘羅城。迦毘羅者黃色之義。此處本爲黃頭仙人之住處。因得迦毘羅之名。今以昔之黃頭擬譯爲黃頭。名義集三曰「迦毘羅。此云黃色。上古有仙曰黃頭。依此修道。」祖英集上曰「黃頭碧眼知未知。」

【黃龍】（人名）宋隆興府黃龍山普覺禪師名慧南。受法於慈明圓禪師。住於黃龍。神宗熙寧二年寂。壽六十八。大觀四年勅謚普覺。傳嗣之弟子有眞淨之克文。東林之常總。晦堂之祖心等。見續傳燈錄七。稽古畧四。

【黃龍三關】（故事）黃龍常以三問接人。曰。人人有個生緣。如何是汝生緣。曰。我手何似佛手。曰。我脚何似驢脚。每以此三語問學者。無能契其旨者。天下叢林名爲三關。

纔有酬者、師無可否、歛目危坐。人莫測其意、
問其故。師云、巳過關者掉臂徑去、安知有關
吏。從吏問可否。是未透關者。見會元十七、普
燈錄三、人天眼目上。

【黃龍念讚】（故事）黃龍和尙住黃
檗時、於室中常舉曰、「鐘樓上念讚。床脚下
種菜」有勝首座下一轉語道、「猛虎當路
座。」黃龍便退。黃檗使勝首座住持。見會元
十七黃檗惟勝章、普燈錄四。

【黃龍山】（地名）在今江西南昌府
寧州。相傳吳黃武年間、黃龍現于此、故名。宋
慧南禪師住此山、唱黃龍之一派、因此著名。

【黃龍宗】（流派）與黃龍派同。見次
項。

【黃龍派】（流派）禪七宗之一。始於
臨濟宗第七祖石霜慈明之門弟黃龍慧南。
後二百年而法統絕。

【黃龍湯】（飲食）又云大黃湯。黃湯、
龍湯等、大便之汁也。見龍湯條。

【黃檗】（人名）唐斷際禪師希運、幼
於福州黃檗山出家、後參江西百丈山海禪
師而得道、後居洪州大安寺、海衆奔輳、相國
裴休鎭宛陵、建大禪苑、請師說法、師酷愛舊
山、因以黃檗名之。後稱師云黃檗。見傳燈錄
九。

【黃檗噇酒糟漢】（公案）「黃檗示衆
云、汝等諸人盡是噇酒糟漢。（嘗古人糟粕
之鈍漢也）恁麽行脚何處有今日。（何日
行本分契當）還知大唐國裏無禪師麽。時
有僧出曰、只如諸方匡徒領衆又作麽生。檗
云不道無禪只是無師。」見碧巖十一則、從
容錄五十三則。

【黃檗山】（地名）在福建福淸縣西
二十餘里。其山多產黃檗、故名。唐貞元五年、
正幹禪師開創此山、建立一宇、名云般若堂。
其後歷八年、大闢堂宇、改號建福寺。尋希運
禪師住山、黃檗之名頓顯。自後遂爲臨濟一
派之大道場、宋代最盛、幾閱星霜、漸卽零落。
明洪武二十三年、莆陽心鑑周公爲檀越、請
大休禪師革新一山之制規、重建殿宇。然至
嘉靖三十四年、遇倭寇之亂、堂宇盡爲灰燼、
田地殆歸烏有。隆慶初有中天正圓結茅庵
於黃檗之荒址、以圖恢復。萬曆二十九年、奏
請藏經、孤苦八年、未蒙命而病歿。其徒興壽
與慈等繼其志、越六年、相國葉文忠公奏賜
萬福禪寺之號。四十二年、敕賜藏經全部、並
帑金三百兩、於是募化重建諸堂。崇禎二年、
隆宓隆瑞等、亦續其業、與諸檀越謀、謀金粟
密雲六年冬、費隱繼其席。九年夏、隱元承之、
寺門之興建、於是得全備。隱元復渡日本、弘
傳黃檗之教義、故日本亦有所謂黃檗山萬
福禪寺焉。出黃檗山志。因江西宜豐縣西北
一百里鷲峯山、一名黃檗山。唐宣宗微時、嘗
與黃檗僧同觀瀑布云。案黃檗僧似卽斷際

禪師也。

【黃檗山志】（書名）八卷、黃檗宗性幽編隱元重修蒐錄黃檗山萬福寺之起原、沿革及境內一切事蹟者且記希運至隱元之法系等清初刊行。

【黃檗山斷際禪師傳心法要】（書名）一卷、唐裴休集集錄親聞於希運禪師者間或記其月日文辭簡潔一讀可以知禪要、又得窺其宗淵源卷首有裴休序卷尾附禪師宛陵錄一卷然收於景德傳燈錄者題爲黃檗希運禪師傳心法要删各章之歲月、又於卷末省略三分之一却附加裴休之傳心偈四言長一篇唐大中十一年成。

【黃檗宗】（流派）宗名取於福清之黃檗山唐貞元五年正幹禪師傳六祖之法、開創此山斷際禪師住此、大振法道名遂著。希運寂後臨濟義玄之門裔大爲繁興爾後黃檗之道場與臨濟之宗風、一其盛衰降於宋、廢於元至明代復興崇禎九年、隱元住此山尤能中興黃檗之古道清順治十一年應日本之請讓席於門人慧門性沛而東渡遂爲日本黃檗宗之祖。

【黃檗板】（雜名）謂日本黃檗宗鐵眼禪師翻刻明藏六千七百七十一卷之大藏經也又云鐵眼板。

【黃檗禮佛】（雜語）公案名黃檗宛陵錄曰「大中帝爲沙彌師於佛殿上禮佛。沙彌云不着佛求不着法求不着衆求長老禮拜當何所求師云不着佛求不着法求不着衆求常禮如斯沙彌云用禮何爲師便掌。沙彌云太麤生師云者裏是什麼所在說麤說細隨後又掌沙彌便走」是蓋唐大中帝宣宗見黃檗形相未達其心髓徒說麤說細遂遇黃檗之痛掌也。

【黃檗擇菜】（雜語）公案名以不視擇菜爲外境取入自己之心性爲問答者會元四曰、「黃檗希運禪師在南泉普請擇菜次泉問甚麼處去曰擇菜去泉曰將甚麼擇師豎起刀泉曰祇解作賓不解作主師以刀點三下泉曰大家擇菜去」是就擇菜而示應不昧却平常之佛性者也應看取黃檗之刀豎起。

【黃壚】（雜名）謂地下也猶言黃泉。淮南子曰「放乎九天之上蟠手黃壚之下。」又爲傷亡感舊之詞世說曰、「王戎過黃公酒壚謂客曰吾與嵇叔夜阮嗣宗酣飲此壚自嵇阮亡後視此雖近邈若山河。」

【黃蘆園經】（經名）佛在黃蘆園時、百二十歲之老梵志來責佛不敬一切佛說其理由及於五欲不昧不怖攝於中阿含經四十。

【喪覲】（術語）送喪於野外頒僧之布施物也俗謂之野布施敕修清規出喪掛眞曰「喪司維那知客聖僧侍者儀行喪覲」

【森羅萬象】（雜語）謂宇宙間存在之各種現象森然羅列於前也。法句經曰、「森羅及萬象。一切之所印。」陶弘景文曰、「萬象森羅。不離兩儀所育。」

【森羅萬象卽法身】（術語）依顯敎則十界三千之法。悉爲法身性具之法。故云爲法身。依密敎則十界三千之法。悉爲大日法身之三昧耶形。故云爲法身。

【厥修羅】（衣服）見俱蘇洛迦條。

【厥蘇洛迦】（衣服）譯曰圓衣。比丘尼之裙名。見俱蘇洛迦條。

【雲心】（術語）雲時之心也。雲雨之時。人氣鬱翳。憂慮滋多。故常思慮苦樂而非心之時者。名爲雲時之心。六十心之一。大日經一曰、「云何雲心。謂常作降雨思念。」疏二曰、「如西方夏三月中。霖雨殊甚。以常滯淫昏墊故。時俗憂樂思慮之心。蔚翳滋多。故作降雨時思念也。覺知已。則當行捨心。離於世間憂喜。隨順法喜。是所對治。」

【雲水】（術語）行脚僧也。取行雲流水之意。禪林之語。從容錄一曰、「兩堂雲水盡紛拏。王老師能驗正邪。」

【雲兄水弟】（雜語）禪僧相親之意。與俗所謂四海兄弟四海同胞同。永平清規曰、「方來雲兄水弟。衆心爲自心。道念爲自念。」

【雲衆水衆】（雜語）與雲兄水弟同。

【雲門】（人名）韶州雲門山文偃禪師。姑蘇嘉興人。姓張氏。嗣雪峯。南漢主晟歸依之。賜匡眞禪師之號。乾和七年己酉歲示寂。後宋太祖乾德四年（南漢主鋹天寶九年）賜謚大慈雲匡眞弘明禪師。見傳燈錄十九、會元十五、稽古略三。

【雲門宗】（流派）禪宗之一派。以雲門山文偃禪師爲宗祖。故謂之雲門宗。稽古略三曰、「師嗣雪峯存禪師。存嗣德山鑒。鑒嗣龍潭信禪師。師之法道。世宗仰之。目之曰雲門宗。」

【雲門屎橛】（公案）「僧問雲門。如何是佛。門云。乾屎橛。」乾屎橛者。拭人糞之橛之乾者。取至汚穢之意。見會元十五。無門關二十一則。

【雲門三句】（公案）「師云。我有三句語示汝諸人。一句函蓋乾坤。一句截斷衆流。一句隨波逐浪。若辯得出。有參學分。若辯不出。長安路上輥輥地。」案雲門三句。依起信論則第一句爲一心門。第二句爲眞如門。第三句爲生滅門。見會元十五德山緣密章、人天眼目中雲門宗部。

【雲門體露金風】（公案）「僧問雲門。樹凋葉落時如何。雲門云。體露金風。」見碧巖二十七則、種電鈔三。

【雲門一寶】（公案）「雲門示衆云。乾坤之內。宇宙之間。中有一寶。祕在形山。拈燈籠向佛殿裏將三門來燈籠上。」此據肇公之寶藏論廣照空有品「夫天地之內宇宙之間中有一寶秘在形山識物靈照內外空然寂寞難見其號玄玄」拈燈籠已下爲雲門之注脚形山爲四大五蘊燈籠譬一寶之明照佛殿裏比形山之空虛三門即山門見碧巖六十二則種電鈔七從容錄九十二則。

【雲門餬餅】（公案）「僧問雲門。如何是超佛越祖之談門云餬餅。」見碧巖七十七則種電鈔八從容錄七十八則萬松着語曰「一舉四十九」蓋知這一個餬餅之味則四十九皆可知之意也但這餬餅隨於食者而或爲醍醐或爲毒藥此僧自己見識未熟却質問向上底事故以斯答。

【雲門須彌】（公案）「僧問雲門不起一念還有過也無門云須彌山」見從容錄十九則會元十五雲門章蓋謂是非爲有無分別之限如須彌山之意也。

【雲門露柱】（公案）「雲門示衆云。古佛與露柱相交是第幾機自代云南山起雲北山下雨」見碧巖八十三則種電鈔九從容錄三十一則。

【雲門對一說】（公案）「僧問雲門。如何是一代時敎雲門云對一說。」圓悟評唱曰「一大藏敎只消三個字四方八面無儞穿鑿處人多錯會却道對一時機宜之事故說又道森羅及萬象皆是一法所印謂之對一說更有道只是說那個一法有什麽交涉非唯不會更入地獄如箭殊不知古人意不如此」見碧巖十四則種電鈔二本

【雲門倒一說】（公案）「僧問雲門。不是目前機亦非目前事時如何門曰倒一說。」見碧巖十五則種電鈔二本

【雲門金毛獅子】（公案）「僧問雲門如何是清淨法身門云花藥欄僧云便恁麽去時如何門云金毛獅子。」花藥欄者以竹林闌芍藥牡丹等之四邊者也見碧巖三十九則種電鈔四。

【雲門一曲】（公案）「僧問如何是雲門一曲門云臘月二十五。」見會元十五雲門章。

【雲門十五日】（公案）「雲門垂語云十五日已前不問汝十五日已後道得一句來自代云日日是好日。」見碧巖六則種電鈔一。

【雲門露字】（公案）僧問雲門殺父殺母向佛前懺悔殺佛殺祖向甚麽處懺悔門云露」露者顯露謂徧法界曾無藏匿者示自己罪惡向自己懺悔之意也見會元十五雲門章。

【雲門聲色】（公案）「雲門示衆云。聞聲悟道見色明心觀世音菩薩將錢來買餬餅放下手却是饅頭」見從容錄八十二

則。

【雲門塵塵三昧】（公案）「僧問雲門。如何是塵塵三昧。門云。鉢裏飯桶裏飯。」見碧巖五十則。

【雲門鉢桶】（公案）同於碧巖五十則塵塵三昧。

【雲門拄杖子】（公案）「雲門以拄杖示衆云。拄杖子化爲龍呑却乾坤了也。山河大地甚麼處得來。」見碧巖六十則種電鈔六。

【雲門光明自在】（公案）「雲門垂語云。人人盡有光明在。看時不見暗昏昏。作麼生是諸人光明。自代云。廚庫三門。又云。好事不如無。」見碧巖八十六則種電鈔九。

【雲門藥病相治】（公案）雲門示衆云。藥病相治。盡大地是藥。那個是自己。」見碧巖八十七則種電鈔九。

【雲門六不收】（公案）「僧問雲門。如何是法身。門云。六不收。」見碧巖四十七則種電鈔五。

【雲門擧令】（公案）「雲門一日云。宗門作麼生擧令。代云。吽。」見雲門廣錄。

【雲門失通】（公案）「靈樹生生不失通。（爲僧修淨業故）雲門三生爲王。所以失通（染著五欲垢故）」靈樹者雲門同門人。見碧巖六則評唱。

【雲門七條】（故事）五燈會元雲門章曰。「上堂因聞鐘聲。乃曰。世界與麼廣闊。爲甚麼鐘聲披七條。」

【雲門禪師語錄】（書名）三卷。

【雲門匡眞禪師語錄】（書名）雲門禪師語錄之具名。

【雲門山】（地名）在廣東韶州曲江縣治。五代後晉末。雲門宗祖文偃徙居此山。再興廢址。新建堂宇。凡二年有半竣功。號爲光泰禪寺。時禪徒輻湊。門風甚盛。因取山名。以立宗名。

【雲門三高】（名數）雲門宗之三高僧也。元至正年間。雲門山有三禪師。一浮休允若。二斷江覺恩。三休耕逸。三師時居韶州雲門山。相共諷詠吟誦。世人慕其高風。稱爲雲門三高。

【雲宗】（流派）白雲宗之略。

【雲版】（物名）版形鑄爲雲形。故謂之雲版。爲報時而打者。又云大版。掛於庫司之前。象器箋十八曰。「雲章曰。版形鑄作雲樣。故云雲版。俗事考云。宋太祖以鼓多驚寢。易以鐵磬。此更鼓之變也。或謂之鉦。即今雲版也。」

【雲金剛】（菩薩）又云時雨金剛。又（鑁字）之智水滅煩惱之火。故云雲金剛。見理趣釋。

【雲居】（人名）雲居道膺禪師。生幽州玉田王氏。參洞山。一日山問大闍提人作五逆罪、孝養何在。師曰始成孝養。自爾。山許爲室中領袖。師住持雲居三十年。道徧天下。衆至千五百人。南昌鍾王師尊之。願爲世世師。唐天福二年、壬戌正月三日示寂。諡弘覺禪師。

【雲居山】（地名）在江西南康建昌縣西南三十里。其山峻嶮、頂上常有雲。故名。又名歐山。爲歐岌得道之地。又以洞山之上足道膺住此山振洞上之宗風而有名。

【雲居羅漢】（雜語）居於雲上之羅漢、形容遠超脫於俗界者。碧巖十一則著語曰、「也是雲居羅漢。」

【雲衲】（術語）雲水之衲僧。雲水者、喻行脚而言。佛祖通載（雲峰高禪師傳）曰、「雲衲四來。三堂皆溢」衲或作納。

【雲海】（譬喻）譬物之多也。大日經疏一曰、「以遍一切處淨菩提心與供養雲、普作佛事。」金剛界禮懺文曰、「遍法界一切供養雲海菩薩摩訶薩。」秘藏寶鑰上曰、「八供天女起雲海於妙供。」

【雲堂】（堂塔）又云僧堂。大衆之集處言甚多如雲也。象器箋一曰、「僧堂亦曰雲堂。謂衆集如雲多也。」

【雲華】（人名）華嚴宗第四祖智儼之號。八宗綱要曰、「第四智儼禪師承杜順佛盛弘此宗。制作多多。居雲華寺號雲華尊者。」

【雲集】（雜語）多集之貌。又如雲之集於無心之貌。言他方來之大衆也。八十華嚴經二曰、「爾時如來道場衆海悉已雲集。」大疏二曰、「多數大身重重無礙。雲之象也。又浮雲無心。龍吟則起。菩薩無住。佛現爰來。」

【雲集衆】（術語）如來之弟子爲二分、常隨從聞教助化者。謂之常隨衆、限於或時或處從他方如雲之多而來集者。謂之雲集衆。此雲集衆限於大乘經。智旭之楞嚴文句一曰、「與大比丘衆已下。具列常隨雲集兩類。顯同聞衆成就。」

【雲棲】（人名）雲棲大師、名袾宏、字佛慧、號蓮池。初爲儒生、三十後出家、行脚多年、住於杭之雲棲、建創禪林、勵念佛、嚴戒律。壽八十一。明神宗萬曆四十三年示寂。著書三十二種。見續稽古略三。

【雲鼓】（物名）報午齋之鼓。畫雲形。故云雲鼓。見象器箋十八。

【雲横山】（地名）又作雲黃山。在浙江義烏。上有峴壁高百丈。廣三十五丈。可俯瞰華溪。傍有如來峯七佛峯。梁天監年中善慧大士棲居此山頂、躬耕行道。因以有名。彼「空手把鋤頭。步行騎水牛。人從橋上過。橋流水不流。」之偈、蓋詠當時之景物者。大同五年創寺於雙檮樹下。名曰雙林寺。陳天嘉二年、遶樹行道。感七佛相隨。山頂忽見黃雲之橫。其狀盤旋恰如蓋、因名雲橫山。見傳燈錄二十七。

【雲巖】（人名）潭州雲巖寺曇晟、鍾陵建昌人、姓王氏、少出家、初參百丈海禪師、侍左右者二十年、未悟玄旨、百丈歸寂後、謁藥山言下契會。唐會昌元年六十而寂。見宋高僧傳十一、傳燈錄十四、五燈會元五。

【雲巖問道吾手眼】（公案）碧巖八十九則曰、「雲巖問道吾大悲菩薩。用許多手眼作什麼。吾云。如人夜半背手摸枕子。」

【雲巖大悲】（公案）同前。

【雲巖掃地】（公案）從容錄二十一則曰、「雲巖掃地次。道吾云、太區區生。巖云。須知有不區區者。吾云。恁麼則有第二月也。巖提起掃箒云。這個是幾月。吾便休去。」是示忙中有閑、不更涉第二頭、掃地之時為掃箒一本之王三昧、即森羅萬象悉為一本之掃地三昧也。

【雁】（動物）梵語亘娑。譯曰雁。（亘娑Haṃsa 鵝也。通名亦用於雁。雁之梵名Dhār tarāṣṭra 也。）

【雁為比丘落命】（傳說）見雁塔條。

【五百雁聞佛法生天】（傳說）佛在波羅捺國為四衆說法。時空中有五百雁聞佛音聲愛樂之、來下世尊所、時有獵師設羅、五百雁罹於羅、為獵師所殺、以聞法功德生於忉利天。見賢愚經十三五百雁聞佛法生天品、經律異相四十八。

【雁不食出籠】（傳說）國王欲得雁肉、以籠養之、中有不食者、諸雁謂曰何不食。不食者言憂不能食。七日瘠瘦、得從籠孔中出飛去。遙謂肥者曰、卿等貪食害痛在後。見譬喩經六、經律異相四十八。

【五百雁為五百羅漢】（本生）報恩經四謂「昔有國王、欲得雁肉、使獵師捕雁。時有五百雁過虛空、雁王誤落網中。獵師大喜、將取殺之、有一雁來悲鳴投於雁王。五百雁亦徘徊虛空不去。獵師見之、不忍殺雁王、放之使去、國王聞之斷雁肉。爾時之王即今阿闍世王、雁王為佛、一雁為阿難、五百雁為五百羅漢也。

【雁行】（雜語）以雁行之不亂、喩行列之整齊也。續高僧傳二十二曰、「應供列雁行之僧、戒聞敍重受之夏。」又作雁立。勅修清規二曰、「參頭領衆雁立、插香喝參、三拜、退分東西序後、雁立。」

【雁立】（雜語）見前項。

【雁宇】（堂塔）又作雁堂。佛堂之異名。善見律十曰、「高閣講堂者。於大林作堂。堂形如雁子。一切具足。為佛作此堂也。」

【雁塔】（堂塔）西域記九曰、「有窣堵波。謂亘娑。Haṃsa 唐言雁。昔此伽藍習翫小乘。小乘漸敎也。故開三淨之肉。而此伽藍。遵而不墜。其後三淨求不時獲。有比丘經行。忽見羣鴈飛翔。戲言曰。今日衆僧中食不充。摩訶薩埵。宜知是時。言聲未絕。一鴈退飛。當其僧前。投身自殞。比丘見已。具白衆僧。聞者悲感。咸相謂曰。如來設法。導誘隨機。我等守愚。遵行漸敎。大乘者正理也。宜改先執。務從聖旨。此鴈垂誡。誠爲明導。宜旌厚德。傳記終古。於是建窣堵波。式照遺烈。以彼死鴈瘞其下焉」図古歡堂集雜著五、西京記曰、唐慈恩寺西院浮圖高三百尺。永徽五年、沙門玄奘造。國人謂之雁塔。塔在朱雀街第十五坊。南臨黃渠。木竹陰翳。最於京師。沈佺期詩曰「雁塔丹青古。龍池歲月深。」即此。唐故事、進士及第、列名於慈恩寺塔。謂之雁塔題名。塔以石爲壁。唐人遊觀。留題甚多。不特進士題名而已。塔屢遭火。斷石遺字。猶有存者。

【雁書】（本生）佛之前生譚。往昔波羅捺王摩訶羅闍有二子、名善友惡友。兄欲得如意珠、恤國人、與弟惡友共入大海得珠、弟嫉之、奪珠、刺兄眼、歸謂沒於水。父母慟哭。後兄眼恢復、在利師跋國。宮廷初飼一白雁、聞其主不幸、悲鳴宛轉。母夫人爲作書繫於雁頸、雁飛到利師跋國、見善友。飛鳴。善友知父母悲哀、作手書又繫於其雁、雁歸、父母審事情、即杻械惡友、迎善友。其時惡友即提婆達多、善友即今之佛。見大方便佛報恩經四（惡友品。）

【奢利耶】（地名）婆羅門聚落之名。慧琳音義十二曰、「奢利耶。婆羅門聚落名也。世尊於此邑中乞食不得而空鉢還。」梵Śaliya

【奢利富多羅】（人名）一作奢利補怛羅。Śāriputra 見舍利弗條。

【奢耶尼】（飲食）Blojaniya 食名。見半者蒲膳尼條。

【奢搦迦】（物名）舊云商那。Śāna 麻類、可以作衣。七種衣之一。図（人名）比丘名。舊曰商那和修。Śāṇavāsa 有部毘奈耶雜事四十曰、「其子生時。以奢搦迦衣裹身而出。因即名爲奢搦迦。即是麻類。此方先無。高共人等。堪織爲布。舊云商那和修者訛。」

【奢摩他】（術語）Śamatha 又作舍摩他、奢摩陀、舍摩陀。禪定七名之一。譯曰止、寂靜、能滅等。攝心住於緣、離散亂也。大乘義章十三曰、「奢摩他、此翻名止。攝心住緣。目之止。」慧琳音義十八曰、「奢摩他。唐云止。」慧苑音義上曰、「奢摩他。此云止息。亦曰寂靜。謂正定離沈掉也。」圓覺畧疏三曰、「奢摩他、此翻云止。定異名。寂靜義也。謂於染淨等境。心不妄緣故。若准涅槃經釋。即名能滅、能調、寂靜、遠離、及能清等。」了義燈五本曰、「奢摩他。此云心。」

【奢彌】（植物）Śami 又作賒彌、奢弭。木名。譯曰枸杞。合部金光明經六曰、「奢彌（枸杞）草。」不空羂索陀羅尼經上曰、「賒彌木此云枸杞。」

【奢薩怛羅】（術語）Śāstra 又作舍薩怛羅。設娑怛羅。譯曰論。義林章一本曰「梵云奢薩怛羅。此翻爲論。總周一部立以論名。」瑜伽論一上曰「梵云舍薩怛羅。此云論。釋論云問答決擇諸法性相。故名爲論。」

【奢羅密帝】（天名）神王名。譯曰獨處快鬼。見金光明文句七。

【裂裟】（故事）頻毘娑羅王夢見一㲲裂成十八片。一金杖折成十八段。以爲佛滅後小乘分派之兆。見金杖條。

【畫水】（譬喻）譬物之無果也。涅槃經一曰「是身念念不住。猶如電光瀑水幻炎。亦如畫水。隨畫隨合。」

【畫石】（譬喻）常在者譬之畫（入聲）於石也。涅槃經十五曰「譬如畫石其文常存。畫水速滅。勢不久住。瞋如畫石。諸善根本如彼畫水。」

【畫麻屩】（故事）西域中天寺中畫唐釋玄奘之麻屩匙筯而拜之也。酉陽雜俎曰「國初僧玄奘往五印取經。西域敬之。成式見倭國僧金剛三昧言。嘗至中天寺。中多畫玄奘麻屩（屩履也。木曰屐。麻曰屩）及匙筯。以綵雲乘之。蓋西域所無者。每至齋日。輒膜拜焉。」

【畫餅】（譬喻）禪家謂文字語言之無用。如畫餅之不足充飢餓也。傳燈錄香嚴智閑條有「畫餅不可充飢」之語。

【畫瓶】（譬喻）譬人身爲盛糞穢畫瓶也。菩薩處胎經一曰「如畫瓶盛糞。」釋門歸敬儀曰「或比行厠畫瓶。或擬危城坏器。」道眞記中曰「次喻出大丈夫論。彼云。畫瓶滿糞穢。外飾若汝憎。此身臭穢滿。云何汝不厭。」（語法偈頌也。今檢丈夫論無此文。）

【畫像】（物名）彩畫之佛像也。密教謂之曼陀羅。法華經方便品曰「若人於塔廟寶像及畫像。以華香幢蓋敬心而供養。」大唐內典錄一曰「秦景使還於月支國得優塡王旃檀像師第四畫像樣。來至雒陽。帝勅圖之於西陽城門及顯節陵上供養。自爾素丹流演於今。」

【尋】（術語）見尋伺條。

【尋伺】（術語）舊云是觀。新作尋伺。不定法中二種之心所也。見七十五法條。

【尋香城】（雜語）見乾闥婆城條。

【尋思路絕】（雜語）超越思慮分別也。唯識論十曰「本來自性淸淨涅槃。謂一切法相眞如理。（中畧）離一切相一切分別。尋思路絕。名言道斷。唯眞聖者自內所證。」

【尋常念佛】（術語）簡別於別時法之念佛。不擇行住坐臥四威儀。晝夜不斷之念佛。稱爲尋常念佛。

【費陀】（雜語）Vidya 又作皮陀。譯曰明。因明大疏一曰「醯都言因。費陀云明。」

又曰知法。卽四吠陀論。百論疏上之下曰「本云皮陀(Veda)此間語訛。故云韋陀。」

【費拏】(印相)妙音天之印相名。作奏樂之形也。廣大儀軌中曰「辯才卽妙音。慧風持空。定仰在臍。舒運動如奏樂。名爲費拏印。」(慧者右手。風者人指。空者拇指。定者左手。)梵 Viṇā

【屠沽】(雜名)屠殺者。沽賣者也。指下賤之人而言。元照之彌陀經疏曰「此乃具縛凡夫。屠沽下類。刹那超越成佛之法也。」

【屠所羊】(譬喻)以譬人之壽命。時時尅尅近於死也。涅槃經三十八曰「觀是壽命常爲無量怨敵所遶。(中畧)亦如朝露勢不久停。如囚趣市步步近死。如牽牛羊詣於屠所。」摩訶摩耶經上曰「譬如旃陀羅驅牛就屠所。步步近死地。人命疾於是。」

【賀唎怛繫】(植物)果名。見訶梨勒條。

【賀捺婆】(動物)梵語。鴨類之鳥。卽鵝鵠等。

【賀邏馱】(雜名)梵語。華言池。見翻譯名義集。

【登地】(術語)菩薩之階位有十信、十住、十行、十廻向、十地、等覺、妙覺、五十二位。登其中十地之位。謂之登地。經一大阿僧祇劫之修行後也。而十地之間自初地至第十地之終。要二大阿僧祇劫之修行。其初地稱歡喜地。始斷一分煩惱而悟一分法性。歡喜之位也。以後登地之菩薩又名法身之菩薩。

【登地菩薩】(術語)入初地卽歡喜地行位之菩薩也。見前項。

【登住】(術語)菩薩之階位有十信、十住、十行、十廻向、十地、等覺、妙覺等。入十住之位者。謂之登住。然圓敎菩薩之十住。卽當於別敎菩薩十地之位。圓敎之菩薩有登住已去一分之斷惑證理。別敎之菩薩。於登地以後成之。法華玄義五曰「無明是同體之惑。如水內乳。唯登住已去菩薩鵝王能唼無明乳。淸法性水。從此已去。乃判眞因。」釋門歸敬儀中曰「眞俗並觀。登住方修。」見登地條。

【登座】(儀式)禪宗之師將陞座。指座有法語。謂之登座。見象器箋。

【登高座】(儀式)誦經導師登禮盤也。諸法會儀則上記其式。又(物名)讀經時導師所登之高座。在須彌壇之正前。前有經梵左有柄香爐臺、右掛磬。

【登壇受戒】(術語)築高壇行授戒式之處曰戒壇。受者登此受戒也。

【發下品十善心】(術語)十種發心之一。衆生念念起勝他之心。行下品之十善。植修羅道之種也。

【發心】(術語)發菩提心也。願求無

上菩提之心也。涅槃經三十八曰、「發心畢竟二不別。如是二心前心難。」華嚴經曰、「初發心時便成正覺。」無量壽經下曰、「捨家棄欲而作沙門。發菩提心。」維摩經慧遠疏曰、「期求正眞道名爲發心。」

【發心住】（術語）菩薩十住之第一位也。

【發心門】（術語）四門之一。以名東門。見四門條。

【發生佛頂】（佛名）具名廣大發生佛頂。胎藏界釋迦院釋尊之右第三位。密號曰破魔金剛。主息災之德。有廣大、大轉輪之異名。黃色、右手持蓮、上竪獨股杵、左手爲胎拳、立頭指當胸、坐赤蓮。

【發生金剛部菩薩】（菩薩）胎藏界金剛手院第一行第一位。密號曰不壞金剛。發生金剛部之諸尊、故有此名。故有此尊爲金剛部部母之說。與金剛針菩薩同體。白黃色、法界定印上立獨股、著天衣、坐赤蓮。

【發吒】（術語）Phat 爲破壞之義。破壞一切之魔障也、故四種法中降伏法眞言、終必用此句。大日經七曰、「初後吽發降伏用。」同疏七曰、「發吒也是摧撲義。」秘藏記末曰、「降伏初吽後發吒。」同私鈔九曰、「吽字其音如牛吠。是降伏聲也。又風輪種子也。風有摧破能。故爲降伏加句。發吒者、破壞義。是又與調伏相應。」

【發光地】（術語）菩薩十地之第三地。乃本覺之慧光開發位也。

【發戒】（術語）依授戒之法於受者之身中發得戒也。法華玄義六曰、「受戒之時。說此戒法授於前人。前人聽聞卽得發戒。」

【發思巴】（人名）或作八思巴、八思麻。華言聖童也。西藏新志中曰、「至元之初、有發思巴者出。禮其伯父薩思哇學伽陀三千言。七歲能演其法、論辨縱橫。復遍咨名宿、鉤元索隱。邃通三藏。國人以爲聖呼之爲發思巴。歲十五、聞元世祖之德、馳驛謁之王府。世祖深信之。宮闈並東宮皆受法戒。及世祖登極、賜發思巴玉印、使任中國之法王、統天下之敎。時僅二十二也。至元七年、受詔制元之國字、稱旨。卽今之蒙古字。至此更升帝師大寶王。賜玉印。由此統領諸國之釋敎。至元二十一年、召至京師。禮遇極隆。如一佛出世之時。於是遂以紅敎爲元之國敎。」

【發起】（雜語）物之初起曰發。處因發揚鼓動他人也。註維摩經二曰、「顯維摩詰辯才殊勝。發起衆會。」

【發起手】（印相）爲發起相之印相也。大日經疏十六曰、「除惡趣菩薩畫作發起手。謂舒手仰掌。從下向上擧之。」

【發起序】（術語）二序之一。對於證信序而立。見序分條。

【發起衆】（術語）四衆之一。如法華經之會座、依舍利弗三請而發起本經之說法、謂之發起衆。法華文句二曰「發起者、權謀智鑒、知機知時、鼙揚發動、成辦利益、如大象蹴樹使象子得飽。」

【發迹顯本】（術語）本門法華開顯之意。謂伽耶成道之釋迦如來、爲開放垂迹、更顯示久遠實成之本地也。法華玄義七曰、「發迹顯本者、還指最初爲本、中間示現發迹顯本。」

【發得】（術語）言禪定智慧等發生獲得於吾身中也。往生十因曰、「一心稱念阿彌陀佛、三昧發得、故必得往生。」

【發眞】（術語）發起自己本有之眞性也。楞嚴經九曰、「一人發眞。」

【發菩提心】（術語）菩提者無上正眞道也。發求無上正眞道之心曰發菩提心。觀無量壽經曰、「三者發菩提心、深信因果。」無量壽經下曰、「捨家棄欲而作沙門、發菩提心、一向專念無量壽佛。」觀經玄義分曰「同發菩提心、往生安樂國。」大乘義章九曰「發菩提心者、菩提胡語、此翻名道。果德圓通、故曰菩提。於大菩提起意趣求、名發菩提心。」

【發菩提心論】（書名）具云發菩提心經論、二卷、天親菩薩造、秦羅什譯、有十二品、具說發心誓願及六度之相。

【發菩提心破諸魔經】（經名）二卷、趙宋施護譯、出生菩提心經之新譯。

【發智論】（書名）阿毘達磨發智論之略名。

【發智六足】（書名）發智論與六足論也。薩婆多宗之根本論有七論、其中發智論最該博、故謂之身論、他六論名爲足論。見阿毘達磨條。

【發意】（術語）同於發心。無量壽經上曰、「發無上正眞道意、棄國捐王、行作沙門。」

【發煩惱障】（術語）三障之一。

【發遣】（術語）勸人而遣之於他處也。

【發磔迦】（雜語）譯曰擢壞。慧琳音義三十六曰、「發磔迦眞言中擢壞句。」梵 Phataka

【發餓鬼心】（術語）十種發心之一。衆生刹那刹那起名利之心、作下品十惡、以植餓鬼道之種子也。

【發講】（儀式）同於開講。言講經之始也。

【發願】（術語）發起誓願也。阿彌陀經曰、「應當發願生彼國土。」

【發願鐘】（儀式）法會時、導師誦發願文時之信號鐘也。

【發願文】（雜名）署名願文、法事之

時述施主願事之表白也。

【發願心】（術語）回向發願心之略。

【發願回向】（術語）唐善導觀經疏釋南無二字曰、「言南無者卽是歸命。亦是發願回向之義。」

【發露】（術語）發露所犯之罪而無所隱也。四敎儀曰、「一切隨意發露。更不覆藏。」

【發覺淨心經】（經名）二卷、隋闍那崛多譯。大寶積經發勝志樂會第二十五之異譯。

【盜牛】（譬喻）盜他之牛不知其方法、則不能得醍醐味。以喻外人之剽竊佛敎之文句、不能得解脫之益者。涅槃經三曰、「一世尊入涅槃後、盜竊如來遺餘善法。若戒定慧。如彼諸賊劫掠諸牛。諸凡夫人雖復是戒定慧。不能解脫。以是義故。不能獲得常定常慧解脫。如彼羣賊不知方便。已失醍醐。」三論玄義曰、「若言老敎亦辨雙非。蓋以沙糅金。同盜牛之論。」

【盜貪】（術語）起竊盜業之貪欲。

【盜髻珠】（故事）法顯記曰、「僧尼羅國王以金等身而鑄佛像。髻裝寶珠。有盜者以梯取之。像漸高而不及。盜歎佛不救衆生。像俯首而與之。後市人擒盜。盜言其事。視像尚俯。王重贖其珠而更裝之。」

【溫陀羅】（雜語）見嗢呾羅條。

【溫宿】（地名）西域國名。相當於現今之烏什。在新疆天山之南麓。疏勒之東北、阿克蘇之西。梁高僧傳羅什傳下謂爲龜茲之北界。

【溫室】（雜名）卽浴室。又曰湯殿。寶積經五十七曰、「明至我家入溫室洗浴。」敎誡律義示入溫室之法十六條。

【溫室洗浴衆僧經】（經名）佛說溫室洗浴衆僧經、一卷。後漢安世高譯。說洗浴之功德。

【溫室經】（經名）佛說溫室洗浴衆僧經之畧稱。

【溫陵】（人名）宋溫陵開元蓮寺沙門戒環也。徽宗宣和年中著妙法蓮華經解二十卷。又見戒環條。

【溫陵開元寺志】（書名）四卷、鼓山元賢撰。記錄泉州溫陵開元寺之事者。

【溫獨波羅】（異類）夜叉名。譯曰勇進勤護。見大孔雀咒王經。梵 Udyoga-pāla

【溫糟】（雜名）誤紅糟爲溫糟。見紅糟條。

【善】（術語）見善惡條。

【善人】（雜語）信因果之理行善事之人也。無量壽經下曰、「善人行善。從樂入樂。從明入明。」

【善人禪】（術語）九種大禪之一。有大善根者所修之禪也。

【善力】（術語）修善之力用由善所得之力。無量壽經下曰、「常力善力。」淨影疏曰、「依法正修名爲善力。」

【善女人】（雜語）見善男子條。

【善女人傳】（書名）清彭際清述。二卷。自晉以來正傳一百三十八人。附見九人。其自言曰、「予既集居士傳已而爲二女子授諸大乘經。因續采古今諸善女人得入法流者凡百三十許人。合爲傳授二女子。俾傳而習之。」

【善士女】（術語）梵語優婆夷。一譯善士女。歸三寶持五戒之在家信女也。

【善方便經】（經名）善方便陀羅尼經之略名。

【善方便陀羅尼經】（經名）一卷。失譯。與延壽妙門陀羅尼經同本。

【善友】（雜語）梵語賀里也曩蜜怛羅Kalyāṇamitra隨順於我而起善行者。探玄記六曰、「起我行故名善友。」

【善月】（術語）謂正五九之三長齋月。以此三月可特修善故也。敕修清規曰、「正五九爲善月。」

【善心】（術語）以慚愧之二法及無貪等之三根爲善之自性。與之相應而起之一切心心所名曰善心。

【善巧】（術語）善良巧妙之方便也。佛地論七曰、「稱順機宜故名善巧。」文句二曰、「顯善權曲折明觀行精微。」文句私記三末曰、「舊譯以方便並爲善權。若唐三藏翻爲善巧。」

【十種善巧智】（名數）一、了達佛法甚深善巧智。二、出生廣大佛法善巧智。三、宣說種種佛法善巧智。四、證入平等佛法善巧智。五、明了差別佛法善巧智。六、悟解無差別佛法善巧智。七、深入莊嚴佛法善巧智。八、一方便入佛法善巧智。九、無量方便入佛法善巧智。十、知無邊佛法無差別善巧智。見唐華嚴經四十九。

【善巧安心】（術語）十乘觀法之第三。以種種善巧之方術安住我心也。

【善巧工藝門】（術語）大日如來出生北方金剛業菩薩之三摩地也。出生義曰、「自一切如來善巧工藝門而生金剛牙。」

【善巧方便經】（經名）大方廣善巧方便經之略名。

【善生】（人名）梵音Sujāta、王舍城長者之子。又云尸迦羅越Sigālo。佛對之說六方禮之法。見善生經。

【善生經】（經名）善生童子、順婆羅門之法。每朝洗浴、禮拜六方。佛見之而說佛法之六方禮。父母爲東方。應以五事敬順。師長爲南方。應以五事敬奉。妻婦爲西方。應以五事敬待。親族爲北方。應以五事觀敬。僮僕爲下方。應以五事敬授。以沙門婆羅門爲上方、應以五事供奉禮敬。如是諸方、則死得生天。此經有數本。一後漢安世高譯、名佛說尸迦羅越六方禮經。一西晉支法度譯、名佛說善生子經。一題善生經、在中阿含第三十三。一亦題善生經、在長阿含第十一。一說於優婆塞一集會品。

【善本】（術語）同於善根。植善固而不拔之意。因善爲菩提之本也。法華經序品曰「已於千萬佛所植諸德本」無量壽經下曰、「善人無善本不得聞此經」。勝鬘經上末曰、「善本本亦因也。欲以此善爲菩提根。故名爲本」

【善住天子】（人名）忉利天諸天子中之一人。自知却後七日命終。命終後七返閻浮提受畜生之身、後墮地獄。大怖、請救於帝釋。帝釋至祇園精舍、求其法於佛。佛爲說佛頂尊勝陀羅尼、令善住天子誦之、以延壽轉難。見尊勝陀羅尼經。

【善住祕密經】（經名）大寶廣博樓閣善住祕密陀羅尼經之略名。又廣大寶樓閣善住祕密陀羅尼經之畧名。前者不空譯、三卷。後者善無畏譯三卷。同本異譯也。

【善住意天子所問經】（經名）聖善住意天子所問經之略名。

【善吉】（人名）須菩提比丘之譯名。見須菩提條。

【善因】（術語）爲善根招善果之因者。本業經下曰、「善果從善因生」。

【善世】（職位）見僧錄司條。

【善世院】（職位）見僧錄司條。

【善名稱如來】（佛名）善名稱吉祥王如來之略。七佛藥師之一。

【善名稱吉祥王如來】（佛名）七佛藥師之一。見七佛藥師條。

【善見天】（界名）五淨居天之一。在色界第四禪。定力勝而見清徹、故曰善見。又帝釋所居善見城之宮殿也。

【善見城】（界名）又曰喜見城。帝釋天之宮城也。在須彌山之絕頂。優婆塞戒經一曰、「三十三天有一大城名善見。其城縱廣滿十萬里」。俱舍論十一曰、「於山頂中有宮名善見（中略）是天帝釋所都大城」頌疏十一曰、「於山頂中有宮名善見。（亦名喜見城也）見者稱善也」見喜見城條。

【善見律】（書名）善見律毘婆娑之略名。

【善見論】（書名）善見律毘婆娑之異名。

【善見藥】（譬喻）譬如有藥名爲善見。衆生見者衆毒悉除。

【善見太子】（人名）阿闍世太子之別名。涅槃經三十四曰、「羅閱耆王頻婆娑羅。其王太子名曰善見。業因緣故、生惡逆心欲害其父」

【善見宮城】(界名)見善見城條。

【善見宮殿】(界名)見善見城條。

【善見藥王】(飲食)見善現藥王條。

【善見尊者】(菩薩)五十三知識之第十一。

【善見毘婆沙律】(書名)善見律毘婆沙之異名。

【善見律毘婆娑】(書名)十八卷、蕭齊僧伽跋陀羅譯。小乘律部五論之一。廣釋四分律者。巴 Samantapāsādikā

【善見變化文殊問法經】(經名)大乘善見變化文殊師利問法經之略名。

【善利】(術語)利益之善妙者。謂菩提之利益也。法華經化城喻品曰、「安穩成佛道。我等得善利。」維摩經見阿閦佛品曰、「聞此經者。亦得善利。」

【善劫】(術語)賢劫之異名。智度論釋經文之賢劫曰、「劫簸秦言分別時節。颰陀者。秦言善。有千萬劫過去空無有佛。是一劫中有千佛興、諸淨居天歡喜故名為善劫。」

【善男子】(術語)佛稱在家出家之男女曰善男子善女人。善者、美其信佛聞法也。

【善男信女】(雜名)金剛經六譯疏記、善男信女有二義。一以人稱、是四衆人也。一以法喻、以羅漢性剛直能自善不能化人。表為善男子。菩薩性柔和慈悲。能自化化人、種佛善根紹隆佛種。表為善女人。今謂事佛者曰善男信女。

【善戒經】(經名)菩薩善戒經之略名。

【善法】(術語)五戒十善為世間之善法、三學六度為出世間之善法、淺深雖異、而皆為順理益己之法、故謂之善法。

【善法堂】(堂塔)帝釋天講堂名。在須彌山頂喜見城外之西南角。於此論人中之善惡。俱舍論十一曰、「外西南角有善法堂。三十三天時集於彼詳論如法不如法事。」涅槃經十二曰、「是善法堂忉利諸天常集其中論人天事。」西域記四曰、「昔如來起自勝利上昇天宮居善法堂為母說法。」

【善法罵】(術語)罵人有二種。汝是下賤生等、以惡法罵之云惡法罵、汝是大聖人等、假善事毀辱之云善法罵。見行事鈔中三之一。

【善知識】(術語)知識者、知其心識其形之義。知人乃朋友之義。非博知博識之謂。善者於我為益、導我於善道者。法華文句四曰、「聞名為知、見形為識。是人益我菩提之道、名善知識。」法華經妙莊嚴王品曰、「善知識者是大因緣。所謂化導令得見佛、發阿耨多羅三藐三菩提心。」有部毘奈耶雜事曰、「阿難陀言。諸修行者、由善友力方能成辦得善友、故遠離惡友。以是義故、方知善友是半梵行。佛言阿難陀勿作是言善知識者是半梵行。何以故、善知識者是全梵行。由此便能離惡知識、不造諸惡。常修衆善、純一清白、具足圓滿梵行之相。由是因緣若得善伴與其同住乃至涅槃事無不辦。故名全梵行」

【三種善知識】（名數）一外護善知識、令我不缺乏怖畏、得安穩修道者。二同行善知識、與我同道、得互相切磋策發者。三教授善知識、宣傳聖言、訓誡我令去惡赴善者。見止觀四。

【十種善知識】（名數）一令住於善提心之善知識。二令生善根之善知識。三令行諸波羅蜜之善知識。四令解說一切法之善知識。五令成熟一切衆生之善知識。六令得決定辯才之善知識。七令不著一切世間之善知識。八令於一切劫修行無厭倦之善知識。九令安住於普賢行之善知識。十令入一切佛智所入之善知識。見唐華嚴經五十三。

【五十三善知識】（名數）善財童子歷訪之善知識數也。見五十三參條。

【善知識十德】（名數）善財童子南詢第八參詣毘目仙人舉十喻嘆其功德。一善知識則是趣向一切智門、令我得入眞實道故。二善知識則是趣向一切智乘、令我得至如來地故。三善知識則是趣向一切智船、令我得至智寶洲故。四善知識則是趣向一切智炬、令我得生十力光故。五善知識則是趣向一切智道、令我得入涅槃城故。六善知識則是趣向一切智燈、令我得見夷險道故。七善知識則是趣向一切智橋、令我得度險惡處故。八善知識則是趣向一切智蓋、令我得生大慈涼故。九善知識則是趣向一切智眼、令我得見法性之門故。十善知識則是趣向一切智潮、令我得滿足大悲之水故。見唐華嚴經六十四。

【善知識魔】（術語）十魔之一。於自己所得之法生執著慳吝之念、不能開導人者。

【善來】（雜語）印度比丘、歡迎來人之辭。寄歸傳三曰、「西方寺衆多爲制法。凡見新來無論客舊及弟子門人舊人即須迎前唱莎揭哆。譯曰善來。」梵Susvāgata

【善來者】（雜語）師稱其弟子曰善來者。大疏八曰、「如實善來者汝今得同彼。」

【善來得】（術語）十種得戒緣之一。見十種得戒緣條。

【善來比丘】（雜語）由當人之願力與佛之威神力、佛向願出家之人稱善來比丘、便爲沙門剃髮染衣之相自備、身成具足戒也。增一阿含經十五曰、「諸佛常法若稱善來比丘便成沙門。是時世尊告迦葉曰。善來比丘。此法微妙善修梵行。是時迦葉及五百弟子所著衣囊盡變作袈裟。頭髮自落如似剃髮以經七日」四分律三十三曰、「時迦葉卽往弟子所告言汝等知不。我今欲從沙門瞿曇所修梵行。汝等心所樂者各自隨意。(中畧)前白佛言我等欲於如來所出家修梵行。佛言善來比丘。於我法中快修梵行得盡苦際。卽名爲受具足戒」佛本行集經三十四曰、「時憍陳如知彼法行從座而起。頂禮佛足胡跪合掌而白佛言善哉世尊。我入佛法世尊度我以爲沙門與具足戒。爾時佛告憍陳如言善來比丘。入我法中行於梵行。盡苦邊故。是時長老憍陳如身便出家成具足戒。」

【善性】(術語) 三性之一。事物性質之善者。有四類、一勝義善、涅槃之體性畢竟安穩者。勝義爲涅槃之異名。二自性善、慚愧及無貪無瞋無痴之五法、身性是善者。三相應善、心心所中與彼自性善相應而起、方成善性者。四等起善、自語二業及不相應法由彼自性善相應善引起而爲善性者。俱舍論十三曰、「由四種因成善性等。一由勝義。二由自性。三由相應。四由等起。」

【善果】(術語) 依善業所招之善妙結果也。本業經曰、「是故善果從善因生。」

【善夜經】(經名) 一卷、唐義淨譯。栴檀天子欸比丘詣佛請善夜經。佛爲說經及呪。善夜者此經功德離惡夢險難等不祥之義也。

【善事太子】(本生) 賢愚經九善事太子入海品曰、「昔寶鎧王有二王子、兄云善事、弟云惡事。二人共入海求寶。弟竊刺兄眼使爲盲人、奪其財而還。後兄還國、眼目已癒。父王聞之大怒、欲罪弟兄請免其罪。善事太子今釋迦如來是也、惡事太子提婆達多是也。」

【善施】(人名) 梵語蘇達多。譯曰善施。善施與人之義。西域記六曰、「蘇達多唐言善施。舊曰須達訛也。」Sudatta

【善施長者】(人名) 卽須達長者也。見須達條。

【善施太子】(本生) 舊稱須大拏太子、須提梨拏太子。新稱蘇達拏太子。譯作善施太子。須大拏經曰、「昔葉波國太子好施、依施父王白象與婆羅門之罪放國、攜妻與一男一女、入檀特山住。時有貧老梵志名鳩留孫來乞二子。善施太子喜而與之。」

【善哉】(雜語) 梵語娑度。Sādhu 義譯曰善哉。稱讚之辭也。法華經方便品曰、「梵音慰喩我善哉釋迦文」同譬喩品曰、「善哉善哉。如汝所言。」智度論曰、「歡喜讚言善哉善哉。再言之者、喜之至也。」勝鬘寶窟中本曰、「善是好別稱。哉是助語之辭。」法華玄贊四曰、「法爾隨喜皆云善哉。」寄歸傳三曰、「娑度義曰善哉。」

【善苗】（術語）猶言善根植善之苗、則得福之實。

【善星】（傳說）是佛爲太子時之子。出家讀誦十二部經、能斷欲界之煩惱發得第四禪定。謂爲眞涅槃然彼近惡友退失所得之解脫以爲無涅槃之法起因果撥無之邪見且向佛起惡心生墮無間地獄因之稱曰闡提比丘闡提者一闡提之略不信之義、不成佛之義也、又稱曰四禪比丘涅槃經三十三曰、「善星比丘是佛菩薩時子。出家之後受持讀誦分別解說十二部經壞欲界結。獲得四禪。（中畧）善星比丘雖復讀誦十二部經獲得四禪乃至不解一偈一句一字之義。親近惡友。退失四禪失四禪已生惡邪見。作如是言無佛無法無有涅槃。（中畧）善男子汝若不信如是事者善星比丘今者在尼連禪河。可共往問爾時如來卽與迦葉往善星所。善星比丘遙見如來見已。卽生惡邪之心以惡心故生身陷入墮阿鼻地獄（中畧）以其宣說無因無果無有作業。爾乃記彼永斷善根是一闡提厠下之人地獄劫住。」楞嚴經八曰、「善星妄說一切法空生身陷入阿鼻地獄。」法華玄贊一曰、「又經云佛有三子。一善星二優婆摩耶三羅睺故涅槃云。善星比丘菩薩在家之子。」

【善思童子經】（經名）二卷隋闍那崛多譯佛乞食毘耶離城至毘摩羅詰家善思童子獻華禮佛誓成菩提佛爲說法童子證無生忍。

【善相婆羅門】（人名）相悉達太子之人名卽阿私仙也。

【善根】（術語）身口意三業之善、固不可拔謂之根又善能生妙果生餘善故謂之根維摩經菩薩行品曰、「不惜軀命種諸善根。」註曰、「什曰謂堅固善心深不可拔。乃名根也。」大集經十七曰、「善根者。所謂欲善法。」

【三善根】（名數）一不貪二不瞋三不痴十住毘婆沙論一曰、「善根者不貪不恚不痴一切善法從此三生。」智度論三十曰、「一切諸善法皆從三善法生增長。」

【四善根】（名數）煖、頂、忍、世第一法之四加行法也。見加行位條。

【善根魔】（術語）十魔之一。於所修之善法生貪著之心更不增進者。

【善根方便所度無極經】（經名）慧上菩薩問大善權經之異名。

【善財】（人名）佛弟子名。華嚴經善財童子歷參五十三員善知識末後到彌勒閣按善財於東洋紫竹林參觀世音、乃第二十八參、爲五十三員善知識之一而度善財者、彌勒與文殊也。見通俗編參照次條。

【善財童子】（人名）華嚴經入法界

品曰、「文殊師利在福城東住莊嚴幢娑羅林中、其時福城長者子有五百童子、善財其一人也、善財生時種種珍寶自然涌出、故相師名此兒曰善財。」善財詣文殊師利所發心、從此漸次南行參五十三知識而證入法界。探玄記十八曰、「由此福報財寶相起立善財名、即善爲因財爲果、又生時寶現爲財、後歎其行德爲善。」禪寺山門閣上觀音菩薩左邊安善財童子之像、是取善財歷訪五十三知識於第二十七番遇觀音大士聞法之因緣而爲菩薩之脇士者。大法會行道之時有執火舍前行之小法師二人、是曰定若沙彌、別名善財童子、但依童子之形而名也。止觀一曰、「常啼東請善財南詢、藥王燒手、普明刎頭。」參照五十三參條。梵Sudhana

【善財採藥】（公案）五燈會元（文殊章）曰、「文殊一日令善財採藥曰、不是藥者採將來、善財徧觀大地無不是藥、却來白云、無有不是藥者、文殊云、是藥者採將來、善財乃拈一枝草度於文殊、文殊拈起示衆云、此藥亦能殺人、亦能治人」（是禪門例之機語、經論無此事。）

【善神】（術語）八部衆中護持正法者之總名。

【十六善神】（名數）大般若經護持之神也。詳見十字部十六善神條。

【三十六部善神】（名數）擁護受三歸戒者之善神也。詳見三字部三十六善神條。

【善鬼神】（異類）八部衆之能護持佛法擁護國土者。無量壽經下曰、「福德盡滅、諸善鬼神各共離之。」

【善時分天】（界名）六欲天之第二須夜摩天、秦譯妙善天、唐譯善時分天。見可洪音義一。

【善恭敬經】（經名）一卷、隋闍那崛多譯。說敎他之功德及事師之方規。

【善現】（人名）須菩提之譯名。見須菩提條。

【善現天】（界名）五淨居天之第三。在色界四禪、善妙之果報顯現、故名善現。

【善現行】（術語）十行之一。見十行條。

【善現比丘】（人名）善財童子所參五十三知識之一。住救度國。見探玄記十九。

【善現藥王】（飲食）妙藥之名。晉華嚴經三十七曰、「譬如雪山有大藥王名曰善現、若有見者眼得清淨、若有聞者耳得清淨、若聞香者鼻得清淨、若嘗味者舌得清淨、若有觸者身得清淨、若取彼地土悉能除滅無量衆病、安穩快樂。」往生要集上末曰、「善見藥王滅一切病。」

【善宿】（術語）梵語布薩Upavasatha Posadha 巴 Uposatha 一譯善宿、止宿

於善之義。智度論十三曰「布薩秦言善宿」。新譯曰長養。見布薩條。

【善宿女】（術語）受持八戒之優婆夷也。詳見次項。

【善宿男】（術語）受持八戒之優婆塞也。新云近住男。又名長養男。凡布薩（舊曰善宿。新曰長養）有在家出家之二法。出家之布薩。每半月之說戒是也。在家之布薩法。受持八戒是也。智度論十三曰「今日誠心懺悔。身清淨。口清淨。心清淨。受行八戒。是則布薩。秦言善宿」。俱舍論十四曰「言近住者。謂此律儀近阿羅漢住。以隨學彼故有說此近盡壽戒住。如是律儀或名長養。長養薄少善根有情。令其善根漸增多故」。

【善逝】（術語）梵名須伽陀 Sugata 譯曰善逝。又曰好去。諸佛十號之一。十號之第一曰如來。第五曰善逝。如來者乘如實之道而善來娑婆界之義。善逝者如實去彼岸不再退沒生死海之義。以此二名顯來往自在之德。智度論二曰「佛一切智爲大車。八正道行入涅槃。是名好去」。大乘義章二十末曰「言善逝者。此從德義以立其名。善者名好。逝者名去。如來好去。故名善逝」。菩薩持地經一曰「第一上昇永不復還。故名善逝」（第一爲涅槃）

【善逝子】（菩薩）大日如來之稱。大日經七曰「隨善逝子所修習」。

【善處】（術語）人界天上或諸佛淨土曰善處。法華經藥草喻品曰「現世安穩。後生善處」。

【善惡】（術語）判善惡之性。經論諸師之說。種種不一。菩薩瓔珞經以順理爲善。違理爲惡。經下曰「一切衆生識始起一想。住於緣。順第一義諦起名善。背第一義諦起爲惡」。大乘義章七曰「順名爲善。違名爲惡」。同十二曰「順理名善。違理名惡」。法界次第上之下曰「善順理爲義。息倒歸眞。故云順理。惡以乖理爲義」。唯識論以順益此世他世之有漏無漏行法爲善。於此世他世違損之有漏行法爲惡。若夫如人天之樂果。於此世雖爲順益。於他世不爲順益。故非是善。無記性也。又如惡趣之苦果。於此世雖爲違損。於他世不爲違損。故非是惡。亦無記性也。論五曰「能爲此世他世順益。故名爲善。人天樂果雖於此世能爲違順。非於他世。故不名善。能於此世他世違損。故名不善。惡趣苦果雖於此世能爲違損。非於他世。故非不善」。淨影約五乘而判三種之善惡。一順益爲善。違損爲惡。若依此義。則上通佛菩薩。下極人天。其所修之行。名爲善。招三途之因及人天中苦果之別報業。名爲惡。二順理爲善。違理爲惡。理者無相空性也。例如行布施。所施者。能施者。施物之三輪物存於意中。是違於無相空性之理之有相行也。若不存三輪之相、是順於理之無相行也。因之順理為善、違理為惡。若依此義則上從佛菩薩下極二乘其所修之善法名善。人天衆生所修之善法、總為有相行、名之為惡。三體順為善、體違為惡。法界之眞性為己自體、體性緣起而成行德、所行自體無如心不緣理、所謂隨心之欲而不超軌之境界也、是名為善。若依此義則凡夫二乘無論、即上至三乘總其緣修之善行、齊為惡也。見大乘義章十二。天台立六種、一人天之善。五戒十善之事善也、然人天之果報盡、則還墮於三途、故亦為惡。二二乘之善。二乘能離三界之苦、故名善、然但能自度、不能度他、故亦為惡。故大論謂寧起惡癩野干心、不生聲聞辟支佛意。當生死涅槃俱為惡也。三小乘菩薩之善、慈悲兼濟、故是善、然彼身中未斷一毫之煩惱、（小乘菩薩三大劫中不斷惑、最後一坐成覺）如貯於毒器之食物、食者乃死、故亦為惡。四通教三乘之善。三乘同斷見思之煩惱、是善也、然墮於二邊、不見別教中道之理、未斷一分之無明、故亦為惡。五別教菩薩之善、見中道之理是善、然猶為隔歷之中道、不能見圓教圓融之妙中、所行帶方便、不稱於理、亦是惡。故涅槃經自白、由此以前我等皆為邪見人、邪豈非惡耶。六圓教菩薩之善、圓妙之理是至極之善、然此有二義、一順實相之圓理為善、背之為惡。二達此圓理為善、著之為惡。圓之著尚為惡、況復其餘。止觀二之三曰「唯圓法名為善、善順實相名為道、背實相名非道。若達諸惡非惡皆是實相名非道、若達諸惡非惡皆是實相、即行非道、通達佛道。若於佛道生着、不消甘露、道成非道。」同輔行曰「唯圓為善。復有二意、一者以順為善、以背為惡。次以着為惡、以達為善。」又曰「以著為惡、以達為善、圓著尚惡、況復餘耶。」以上諸說中淨影第一順益之義、同於唯識論之說。第二順理與第三體順相兼、同於瓔珞經之說、天台別教之義、與淨影第二順理之義、同圓教中之第一義、與淨影體順之義及瓔珞經之說同、其第二義以達著斷善惡之性、為天台獨特之發揮、生死即涅槃、煩惱即菩提、於是釋然也。

【善不受報】（術語）竺道生嘗著善不受報論、其言曰、依五戒十善等善、伏惡以受人天之身報、但是增上緣、故實者是善非是受報。是與菩薩本業經下所謂「一切善受佛果、無明受有為生滅果、故善果從善因生、惡果從惡因生、名善不受生滅之果。若凡夫聖人一切善皆名無漏、而言受無漏果者、佛化衆生行善背惡故。」相符合。且元曉經疏曰「一切善受佛果者、生得善作得善皆為正因受佛果故、一切善名無漏者、順寂靜性逆諸漏故、（中略）餘處說有漏善者、望傍緣說、謂十善等、若望佛果、即為正因、望人天報但爲緣因報因但是增上緣故。」愚案是論與彼師之涅槃常住論皆爲千古之卓見。

【四種善惡】（名數）前所述善惡之性、其標準也俱舍論分其種類各爲四種。一勝義善、涅槃也。涅槃是最極安穩衆苦永滅、如無病之體者。二自性善、慚愧之二與無貪無痴無瞋之三善根也此五法不待餘之相應及等起而自爲善猶如良藥。三相應善、其他信勤等善法待慚愧與三善根相應而始爲善故猶如水。四等起善、身語二業也。由自性善與相應善等起而爲善故猶如良牛所出之牛乳。惡之四種反之。

【五善五惡】（名數）無量壽經謂不殺等五戒曰五善反此五戒曰五惡。經下曰、「教化羣生令捨五惡令去五痛令離五燒。降化其意令持五善獲福德度世壽泥洹之道。」同淨影疏曰、「五惡所謂殺盜邪婬妄語飲酒。令持五善、所謂五戒、翻前五惡」已下經下詳說五惡、稱曰五惡段。

【十善十惡】（名數）十惡者、一殺生、二偸盜、新云不與取。三邪婬、非自之妻妾而行欲者。四妄語、新云虛誑語。五兩舌、新云離間語。六惡口、新云麤惡語。七綺語、新云雜穢語。語含婬意者。八貪欲、九瞋恚、十邪見、撥正因果、求僻信禍者。此十者並乖理而起故名惡。又此十惡爲苦報之業因故名曰十惡業。又云十不善業、又此十業能通苦報、故又名十不善道。又曰十惡業道。十善者不殺生乃至不邪見也。此十者能順理、故名善、名十善業、又名十善道、十善業道。準上可知。見法界次第上之下、俱舍論十六。此中受持十善曰十善戒、是爲大乘之在家戒、以感欲界之樂果者。

【善惡所起經】（經名）分別善惡所起經之略名。

【善惡業果位】（術語）賴耶三位之一。

【善惡報應經】（經名）分別善惡報應經之略名。

【善無畏】（人名）中天竺國王之子、梵名戍婆揭羅僧訶、Śubhākarasiṃha唐言淨師子。義翻曰善無畏。一云輸婆迦羅、此云無畏亦義翻。悲十三嗣位、昆弟嫉之而構亂、因讓位於兄出家、至南海濱、遇殊勝招提、得法華三昧、又詣那蘭陀寺、遇龍樹弟子達磨掬多（即龍智三藏）受瑜伽三密之教。掬多勸無畏行化支那。唐玄宗開元四年至長安。出求聞持法大日經等之秘經及現圖曼陀羅。二十年求還西域、優詔不許。二十三年十月七日化、壽九十九。贈鴻臚卿。見宋僧傳二。

【善業】（術語）五戒十善等善事之作業也。

【善資寮】（雜名）禪林之稱。住副寺已下知事退休人之寮舍也。

【善敬經】（經名）善恭敬經之異名。

【善慧】（人名）東陽烏傷居士傅翕、字玄風、年十六娶劉氏生二子、云普建普成。年二十四、遇梵僧嵩頭陀、知往因、結菴松山之雙檮樹間、自稱當來解脫善慧大士、苦行七年、宴坐之間、見釋迦金粟定光三佛、翕有神異、梁武帝敬重之。嘗創輪藏、令轉之者得大利。後世作輪藏者安父子三人之像。陳大建元年四月二十四日示寂、大士之心要、全爲天台之一心三觀。荊溪之止觀義例曰「東陽大士位居等覺、尙以三觀四運而爲心要。故獨自詩曰、獨自精其實離聲名、三觀一心融萬品、荊棘叢林何處生、獨自作、問吾心中何所著、推撿四運幷無生、千端萬累何能縛（中畧）故知一家教門遠稟佛經、復與大士宛如符契」見佛祖統紀二十三。常云傅大士。

【善慧地】（術語）菩薩十地中第九地之名。得四無礙解、於十方演說一切法之位也。新譯仁王經下曰「得四無礙解、一音演一切聞者悉歡喜、名爲善慧地。」唯識論九曰、「善慧地成就微妙四無礙解、能遍十方善說法故」

【善慧仙人】（人名）大藏一覽曰、「佛告諸比丘、言然燈如來出興世時、善慧仙人、豈異人乎、卽我身是。」

【善賢】（人名）比丘名、梵語須跋陀羅Subhadra 又云蘇跋陀羅。一百二十歲之老梵志也。來拘尸那城、臨佛入滅、出家得道、是最後之弟子也。見蘇跋陀羅條。

【善樂長者經】（經名）一卷、趙宋法賢譯。佛爲善樂長者說淸淨眼秘密大神咒。治其眼病。

【善導】（人名）唐光明寺善導、稱光明寺和尙、聞河西道綽講淨土之觀經、發心於念佛一門、悃篤精苦、頭燃如拂、續至京師、激發道俗、專使願求往生。三十餘年無別寢處、除洗浴外、曾不脫衣、擧目不見女人、一切名利、心不起念、寫阿彌陀經十萬餘卷、所畫淨土之變相三百餘堵、嘗稱佛名、口出光明。高宗永隆二年、登寺前之柳樹自投而死、（或云誤傳自殺）高宗皇帝於寂後賜寺額、云光明。所著有觀經疏、往生禮讚、法事讚、觀念法門、般舟讚。

【善緣】（術語）善法爲佛道之緣者。

【善親友】（術語）稱聞佛法信受者曰善親友。觀無量壽經曰、「聞法能不忘、見敬得大慶、則我善親友。」

【善覺長者】（人名）摩耶夫人之父名。佛本行集經五曰、「時迦毘羅城相去不遠、復有一城、名曰天臂、彼天臂城有釋種豪貴長者、名曰善覺、大富多財、積諸珍寶。」同七註曰、「摩訶僧祇師云、摩耶夫人父名善覺。」

【善權】（術語）善巧之權謀。猶言方便。自誓三昧經曰、「善權隨時三十七品具足佛事。」法華玄義二曰、「夫經論異說悉是如來善權方便。」文句私記三末曰、「舊譯以方便並爲善權若唐三藏翻爲善巧。」

【着於如來衣】（術語）三軌弘經之一。見三軌條。

【着鎧入陣】（譬喻）喻比丘之持戒堅固者。遺敎經曰、「雖入五欲賊中不爲所害。如著鎧入陣。」

【普化】（人名）唐鎭州普化和尚。不知爲何處人。事盤山寶積禪師。密受眞訣。唯振一鐸。佯狂無測。其由咸通元年振鐸凌空。隱隱而逝。見宋僧傳二十。傳燈錄十。

【普化驢鳴】（故事）傳燈錄（普化章）曰、「嘗暮入臨濟院。喫生菜飯。臨濟曰。這漢大似一頭驢。師便作驢鳴。臨濟乃休。師曰。臨濟小厮兒。只具一隻眼。」

【普光地】（術語）稱因圓果滿之佛地。曰普光地。五秘密軌曰、「毘盧遮那三身普光地位。」

【普光三昧】（術語）普放光明照十方界之三昧也。大寶積經八十九曰、「得普光三昧具大光明。」華嚴經十定品說十大三昧中第一云普光三昧。

【普光天子】（天名）三光天之一。星天也。卽明星是。謂爲虛空藏菩薩之化現。云法華文句曰、「普光是明星天子。虛空藏應作。」嘉祥法華義疏二曰、「普光天子者。謂星天也。」

【普光如來】（佛名）勝鬘夫人當來正覺之佛號。勝鬘經曰、「過二萬阿僧祇劫當得作佛號普光如來。」

【普光法堂】（堂塔）普光明殿之異名。佛於此堂說法。故云法堂。

【普光明殿】（堂塔）在摩竭陀國菩提道場之側。佛於此殿內說華嚴經九會中之第二會第七會第八會三會。若依舊經之八會。則爲第二會與第七會之二會。華嚴經如來名號品曰、「爾時世尊在摩竭提國阿蘭若法菩提場中始成正覺。於普光明殿坐蓮華藏師子之座。」同十定品曰、「爾時世尊在摩竭提國阿蘭若法菩提場中始成正覺。於普光明殿入刹那諸佛三昧。」同離世間品曰、「爾時世尊在摩竭提國阿蘭若法菩提場中普光明殿坐蓮華藏師子之座。」同疏鈔十二曰、「處在菩提道場東南可三里許。熙連河曲彼河之龍爲佛造此。」

【普同塔】（雜名）禪林之語。藏亡僧之骨於一處。故云普同塔。又曰普通塔。海會塔。

【普同問訊】（雜語）禪林之語。與大衆一時問訊也。

【普印】（印相）金剛合掌之異名。綏

合兩掌、交叉十指之頭、是曰金剛合掌。此合掌代用於一切之印相、故名普印。又五指卽五智、一切之印不出五智印、故名普印。

【普安王】（人名）昔有五王共相往來、其最大者字普安、習菩薩行、餘四小王常習邪行。大王欲度之、呼四王共娛樂七日、及還語四王言、卿等各說所樂之事。一王言、我願欲得陽春三月樹木榮華遊戲原野。一王言、我願得欲常作國王、鞍馬服飾樓閣殿堂、官屬人民圍繞左右、晃晃昱昱、推鐘鳴鼓出入行來、路人傾目。一王言、願得好婦好兒、端正無雙、互相娛樂、極情快樂。一王言、願我父母常在、多有兄弟妻子、羅列好衣美食、以恣其口、素琴清衣共相娛樂。王一一說其非長久之樂事。四王俱問王樂何事。王言我樂不生不死、不苦不樂、不饑不渴、不寒不熱、存亡自在。此是我樂。於是五王共詣佛所、佛爲說八苦、諸王及侍從百千萬人皆證須陀洹果。見五王經、法華文句記三。

【普回向】（術語）禪林夏安居中、行楞嚴會、每日粥罷、集衆誦楞嚴咒畢、楞嚴頭舉普回向之偈、大衆同聲念普回向之偈。眞歇禪師所製、敕修清規楞嚴會載之。

【普門】（術語）華嚴經所明一門之中攝入一切法、謂之普門、又云普法。探玄記二曰、「入緣起陀羅尼一門中、卽攝圓融法界、故云普門。」又曰、「一門有一切門、名普門。又若依普門一位、卽一切位。」因佛菩薩神通之力、開通無量之門、示現種種之身、圓通一切衆生、亦名普門、如觀音之普門示現、大日之普門三昧是也。普門品曰、「開是觀世音菩薩品自在之業、普門示現神通力。」往生論註下曰、「示應化身者、如法華經普門示現之類。」大日經疏四曰、「法界圓壇、普門無限。」同六曰、「如來以普門善巧圖作悲生漫荼羅。乃至出生世界微塵數隨類之形、猶不窮盡。」

【普門品】（經名）觀世音菩薩普門品之略名。法華經二十八品中第二十五品也。爲觀音菩薩說普門圓通之德者、故名普門品。示現三十三身、普使一切衆生圓通於佛道也。法華科註八曰、「普門卽圓通之門也。」嘉祥法華義疏十二曰、「普門者、普以周普爲義、門覺開通無滯之名、能通道令物悟入、故稱爲門。」

【普門壇】（雜名）眞言行者所入之壇場有二種之別。一云普門壇、一云一尊壇。普門壇者、以大日如來爲中心、都會無盡諸尊之金胎兩部曼荼羅是也、因之名曰都會曼荼羅。大日經二（具緣品）略出經四、教王經三（大曼荼羅廣大儀軌品）蘇悉地經三、（灌頂壇品）瞿醯經下、陀羅尼集經十三（都會道場品）等詳說之。其一尊壇者、念誦有緣一尊之壇法也。亦曰都外壇曼荼羅、卽如降三世大儀軌、金剛童子經下所述者是。見秘密眞言觀行要覽。

【普門品經】（經名）一卷、西晉竺法護譯。大寶積經第十文殊師利普門會之異譯。

【普門持誦】（術語）普持誦曼茶羅海之諸尊眞言也。大疏八曰、「然後住瑜伽座。以五輪字持身。首置百光遍照王。以無垢眼觀自心華臺本不生字方作普門持誦。先於毘盧遮那心月中炳現眞言。而後持誦。并示密印。周遍中胎藏已。次及第二院諸尊。乃至終竟。或一一現前觀之而作持誦。或自身作彼本尊。於其心月現眞言字而作持誦。乃至頓作曼茶羅身而作持誦。隨行者觀心勢力。若不能爾者。當以一心誦部主眞言百遍。隨所餘上首諸尊各誦七遍。並作彼印也。」

【普門世界三昧門】（術語）普眼三昧門之異名。

【普門法界身】（術語）應一切衆生之機而各現所喜見之身說應機之法。是曰普門示現之身。大疏八曰、「爾時弟子都成曼茶羅身。若更深釋。卽是普門法界身也。」

【普門曼茶羅】（術語）又曰都壇。大日經具緣品所說由大悲之胎藏而出現之四重曼茶羅也。大疏六曰、「佛如所示現普門曼茶羅。演說諸尊開圖位竟。」

【普供】（儀式）普供養之略稱。

【普供養印明】（印相）出無盡供養、供養無邊聖衆之印與眞言也。香華等之五供爲別供。此普供爲總供。十八契印曰、「二手合掌。以右押左。交指卽成。誦眞言三遍。想無量無邊塗香雲海。花鬘雲海。燒香雲海。飯食雲海。燈明雲海。（卽是五供）皆成淸淨廣多供養。普供養眞言曰（云云）。」

【普供養眞言】（眞言）卽「唵。誐誐曩。三婆嚩。日囉斛。」十字也。銷釋金剛科儀會要註解二曰、「此明行人念眞言時。運心作觀想。此所供之物。用淨法界嚂字眞言。及以吉祥手印。加持二十一徧。以爲淸淨法食。自然周徧法界。手印（吉祥手印）者。以右手大拇指與無名指相捻。餘三指皆舒散。次念變食眞言。」

【普知尊】（術語）佛之尊號。普知諸法也。卽十號中之正遍知。法華經譬喩品曰、「舍利弗來世成佛。普知尊號名曰華光。」

【普知天人尊】（術語）佛之尊號。普照事理。故云普知。爲天與人中之尊。故云天人。法華經化城喩品曰、「普知天人尊。哀愍羣萌類。」

【普法】（術語）法界諸法。一具一切。普遍圓融。謂之普法。見此普法名普眼。是華嚴經所說之法門也。五敎章上曰、「依此普法。一切佛法並於第二七日一時前後說。前後一時說。」宗鏡錄九曰、「見普法故。名普眼。普法者。一具一切。一一稱性。同時具足。」

【普法義經】（經名）一卷。後漢安世高譯。與具論譯之廣義法門經同經。

【普明王】（人名）智度論四曰須陀須摩王。仁王經下云普明王。爲鹿足王所捉。請七日之命。歸國至期。以持不妄語戒故。以身就死。止觀一曰。「藥王燒手。普明刎頸。」觀音玄義下曰。「如須摩提王。以身就死。持不妄戒。是尸滿相。」見須陀須摩條。又仁王經謂此王爲斑足王所捉。請七日之間還國修仁王會。見斑足王條。

【普陀】（地名）山名。在浙江定海縣東海中。梵名補陀洛迦。華言小白華也。亦名補陀山。又名梅岑山。相傳以梅福名山。有大寺。僧徒爭往朝禮。氣候溫和。風景奇特。西人之旅吾國者。多避暑於此。參照普陀落伽山條。

【普陀山】（地名）四大名山之一。見普陀落伽山條。

【普陀洛伽山】（地名）即普陀山也。普陀山志一曰。「一名補陀。華嚴經又稱補怛洛伽山。蓋梵名也。猶華言小白華。云乃善財第二十八參觀音菩薩說法處。傳記稱東洋西紫竹旃檀林者是也。在今定海縣之東。距縣百餘里。孤峙海中。」

【普雨法雨】（譬喻）普雨法雨。潤諸草木。譬佛之說法爲雨也。法華經化城喻品曰。「唯願天人尊。轉無上法輪。擊於大法鼓。而吹大法螺。普雨大法雨。度無量衆生。」

【普度】（雜語）廣行剃度也。宋史嘗勸上於征戰地修寺及普度僧尼。

【普建普成】（人名）傅大士之二子。見傅大士條。

【普茶】（儀式）廣饗一般大衆以茶也。

【普渡衆生】（術語）佛謂視衆生在世。譬譬擾擾。如在海中。本慈悲之旨。施安大法力。悉救濟之。使登彼岸也。

【普現色身】（術語）如觀音現三十三身。佛菩薩普示現種種之身。濟度衆生也。大日經疏二曰。「當念我當得門證自然之慧。然後普現色身而演說之。」法華經科註八曰。「普現色身。形無定准。不可牛羊眼看。不可以凡愚識度。」

【普現色身三昧】（術語）菩薩得此三昧。則得現種種色身。化益衆生。故名普現色身三昧。如妙音觀音之現諸身。卽依此三昧之力用。法華經名曰現一切色身三昧。同經妙音菩薩品曰。「華德菩薩白佛言。世尊是妙菩薩。深種善根。世尊住何三昧。而能如是在所顯現度脫衆生。佛告華德菩薩。善男子。其三昧名現一切色身。妙音菩薩住是三昧中。能如是饒益無量衆生。」

【普現三昧】（術語）普現色身三昧

之略稱。

【普現如來】（佛名）又曰普見如來。文殊菩薩當來成佛之號也。見文殊條。

【普通印】（印相）見普通吉祥印條。

【普通塔】（雜名）同於普同塔。

【普通問訊】（雜語）與普同問訊同。

【普通吉祥印】（印相）以空水二指（第一指第四指）頭相捻、餘三指皆舒散。以此印加持諸物及其壇中一切供養之具、悉用加之、皆得成也。見義釋十一。

【普眼】（術語）觀世音之慈眼普觀一切衆生、謂之普眼。大日經疏五曰、「如來究竟觀察十緣生句、得成此普眼蓮華、故名觀自在。約如來之行、故名菩薩。」同十曰、「以此普眼而觀衆生、故名觀自在者。」図一具一切云普法、觀普法云普眼。宗鏡錄九曰、「以是圓滿之宗、普門之法、見普法故、名爲普眼。（眼中）略外無法、乃稱普眼。」

【普眼三昧門】（術語）大日如來普門示現之諸大衆曰普門大衆、觀此普門大衆於一心、謂之普眼三昧門。大日經疏六曰、「若總觀如是普門大衆、一心住緣而不馳散、卽是普眼三昧門、亦名普門世界三昧門。」

【普莎訶】（雜語）譯曰吉祥。俱舍論三十曰、「如藥事成能除癎痾。誑臍嬌說普莎訶言。」同光記曰、「普莎訶、此云吉祥。」梵 Pusyaka

【普莊嚴童子】（術語）華嚴宗所談四勝身成佛之一人。過去有王、名愛見善慧。（新經曰喜見善慧）其第二王子名普莊嚴童子、（新經曰大威光太子）以三生中解行生之勝身、於解行生之終心入果海。見舊經四、新經十一。

【普等三昧】（術語）普者普遍、等者齊等也。住此三昧則普見一切諸佛、故名普等三昧。無量壽經上曰、「逮得普等三昧。住是三昧、至於成佛、常見無量不可思議一切諸佛。」悲華經謂之遍至三昧、分陀利經謂之普至三昧、莊嚴經謂之普遍三摩地。

【普超三昧經】（經名）三卷、西晉竺法護譯。文殊師利普超三昧經之略名。

【普菴】（人名）禪林或安普菴像於佛殿背後。普菴爲臨濟十二世之孫、牧菴忠禪師之法嗣、名印肅、號普菴。宋孝宗乾道五年入寂。初師振化於袁洲之南泉山道場之盛甲於天下。沒後有靈、凡有禱者、其應如響。元朝加贈大德慧慶之號、因之號曰慧慶禪師。後元仁宗延祐年中、南康沙門宗瑰柏姑蘇城西五里許創慧慶禪寺、建無量壽閣、祠佛及五百尊者像、閣後作普光明殿、安置普菴之像、士民翕然而求冥應云。見普菴肅禪師錄、天如則禪師錄、吳郡慧慶禪寺記。

【普悲觀音】（菩薩）三十三觀音之

一。兩手覆於衣垂於前立丘上之相。

【普爲乘教】（術語）卽法相宗也。詳名曰普爲一切乘教謂與利益於五乘卽人間天上聲聞緣覺菩薩全體之教也。蓋法相宗立五性各別雖主張成佛不成佛而各授相應之利益故有此名。

【普遍三昧】（術語）見普等三昧條。

【普遍光明燄鬘清淨熾盛如意寶印心無能勝大明王大隨求陀羅尼經】（經名）二卷唐不空譯略稱大隨求陀羅尼經、隨求陀羅尼經大隨求經隨求經等。佛在大金剛須彌峰樓閣集一切大衆放頂毫之光照十方一切佛剎說大神呪名普遍光明（中畧）大隨求陀羅尼並說種種靈驗之事。更有寶思惟譯之隨求卽得大自在陀羅尼神呪經一卷同本抄略。

【普想觀】（術語）觀無量壽經十六觀之第十二觀。爲普觀想佛身佛土之觀法、故謂之普想觀經曰、「是名普觀想名第十二觀。」

【普義經】（經名）普法義經之略名。

【普達王經】（經名）一卷失譯夫延國王普達命賣一切之頭人無賣者因勸人生信心佛說王之夙緣。

【普說】（雜語）禪家之說法也普說者普說正法開宗衆之意象器箋十一曰、「舊說曰普說卽陞座也上堂亦陞座也但普說不炷祝香不搭法衣以爲異自眞淨始。三佛亦行之到大慧方盛普說須是知見廣博人而始得。」華嚴經離世間品曰、「普說正法智慧觀察。」

【普賢】（菩薩）梵名邲輸跋陀 Visvabhadra 又作三曼多跋陀羅 Samantabhadra 或譯曰普賢或作徧吉主一切諸佛之理德定德行德與文殊之智德證德相對。卽理智一雙行證一雙三昧般若一雙也故以爲釋迦如來之二脇士。文殊駕師子侍佛之左方、普賢乘白象侍佛之右方。（今反智右理左之說者、示理智融通之義、又胎藏界之次第右蓮左金也）此理智相卽行證相應三昧與般若全者、卽毘盧舍那法身佛也。華嚴一經之所明歸於此一佛二菩薩之法門故稱爲華嚴三聖。爲一切行德之本體、故於華嚴之席說十大願、又爲諸法實相之理體故於法華之席誓於法華三昧之道場自現其身。嘉祥法華義疏十二曰、「普賢者、外國名三曼多跋陀羅。三曼多者此云普也。跋陀羅、此云賢也。此土亦名遍吉遍猶是普吉亦是賢也。（中畧）註經解云化無不周曰普。隣極亞聖稱賢。」探玄記二曰、「德周法界曰普至順調善曰賢。」大日經疏一曰、「普賢菩薩者普是遍一切處賢是最妙善義。謂菩提心所起願行、及身口意悉皆平等遍一切處純一妙善備具衆德故以爲名。」楞嚴經曰、「普賢菩薩言我已曾與恆沙如來爲法王子。十方如來敎其弟子菩薩根者修普賢行。從義立名。」法華經普賢勸發品曰、「是人若行若立讀誦此經。我爾時乘六牙白象王。與大菩薩俱詣其所而自現身供養守護安慰其心。」晉華嚴經入法界品曰、「爾時佛在舍衛國祇樹給孤獨園大莊嚴重閣堂。與五百菩薩摩訶薩俱普賢菩薩文殊師利菩薩而爲上首。」探玄記十八曰、「名中先標上首二人。以其是助化主故。釋有三義。一普賢當法界門是所入也。文殊當般若門是能入門也。二普賢三昧自在。文殊般若自在。三普賢明廣大之義。文殊甚深之義。深廣一對故。」

【密敎普賢】(菩薩) 有二體。一爲大日內眷屬中之上首金剛菩薩。(見金剛薩埵條) 一爲大日眷屬中之上首、是與顯敎之普賢菩薩同體。在金剛界者爲賢劫十六尊中、第十六主釋迦本有之智之大菩薩、以對文殊之修生智德。因之雖與文殊同以劍爲三昧耶形。然此以標本有之智、文殊之劍標始成之智、有本始之異。而本有之智卽理、故對文殊不越理智相對之常法也。理趣經曰「大樂金剛薩埵(卽金剛薩埵)卽是普賢金剛薩埵」金剛界曼荼羅大鈔三曰、「普賢菩薩。左拳右蓮上有劍。密號眞如金剛。」又在胎藏界者、八葉院中四菩薩之第一爲普賢菩薩。位於東南方、以智劍爲三昧耶形。密號曰眞如金剛。秘藏記末曰、「東南方普賢菩薩白肉色左手執蓮華上有利劍圓炎。」胎藏界曼荼羅大鈔一曰、「或記云胎藏八葉中普賢頭戴五佛寶冠左手執蓮。上有劍右手伸掌屈地水向上也。」又曰、「普賢有重重法華所明普賢曰乘白象王現其人前。今八葉中普賢異此。不乘象不持鈴杵。金剛薩埵名普賢時持鈴杵也。」又第一金剛手院之中尊金剛薩埵也。白肉色、左手金剛拳、右手持五股金剛杵。密號曰眞如金剛。見胎曼陀羅大鈔二。已上二菩薩爲門眷屬之普賢也。其大眷屬之普賢、是第二之文殊院普賢菩薩是也。侍中尊文殊之左脇、以三鈷杵爲三昧耶形。密號曰示現金剛。秘藏記末曰「大聖普賢菩薩肉色青蓮華上有三股折羅。」胎藏曼荼羅大鈔四曰、「乘白象、兩手合掌。華嚴法華等所明普賢也。又當界八葉中普賢頭戴五佛寶冠、左手執蓮華上有劍右手伸掌屈地水向上也。今當院普賢。頭無寶冠如秘藏記。」又依密敎三輪身則大日爲自性輪身、普賢爲正法輪身、步擲明王或六足尊明王爲敎令輪身。(仁王經儀軌意) 依二輪身則大日普賢皆爲自性輪身步擲六足尊爲敎令輪身(秘藏記)見五大明王條。

【普賢十願】(名數) 四十華嚴經、普

賢行願品曰、「應修十種廣大行願。何等爲十。一者敬禮諸佛。二者稱讚如來。三者廣修供養。四者懺悔業障。五者隨喜功能。六者請轉法輪。七者請佛住世。八者常隨佛學。九者恒順衆生。十者普皆廻向。」

【普賢願海】（雜語）指上之十願而云。此十願爲代表一切菩薩之行願者、故總謂其他菩薩之發心修行、入於普賢願海云。無量壽經上曰、「現前修習普賢之德。」往生要集上本曰、「開一實道。入普賢之願海。」華嚴經一曰、「恒以所得普賢願海。令一切衆生智身具足。」

【三種普賢】（名數）一實相普賢、本地之理體也。二究竟普賢、以智究覺法身之理、即是本覺也。三賢現普賢、顯教法華經所說由東方寶威德王佛國來至之普賢、又密教大日如來之補處菩薩是也。如顯教以彌勒爲釋迦之補處、密教以普賢定爲大日之補處、此三種之義、通於文殊觀音等諸菩薩、而獨就普賢明之者、因是大日之補處也。

【普賢經軌】（經名）觀普賢菩薩行法經、一卷。普賢菩薩陀羅尼經、一卷。普賢金剛薩埵略瑜伽念誦儀軌、一卷。普賢曼拏羅經、一卷。

【普賢品】（經名）普賢菩薩勸發品之略稱。

【普賢跏】（術語）半跏也。時處念誦儀軌曰、「或作普賢跏。左掌承右腿。右趺鎮左髀。普賢跏乃成。」然依普賢金剛薩埵儀軌、則半跏之外有普賢跏。曰、「端身結跏趺坐。或半跏趺坐。或普賢跏或隨意坐。」梵 Bhadrāsana

【普賢經】（經名）佛說觀普賢菩薩行法經之畧名。以普賢菩薩爲本尊、說修法華三昧之法、故天台以之爲法華之結經。於法華三十講之末日講之。

【普賢德】（術語）菩薩以慈悲普濟度一切衆生也。即言衆生化益之行德。

【普賢講】（術語）講讚普賢菩薩功德之法會也。常於法華三昧堂行之。以法華三昧道場、普賢菩薩示現爲法華經普賢勸發品所說故也。

【普賢三昧】（術語）普賢菩薩之修法也、有顯密二法、顯教即普賢觀經所說、以普賢菩薩爲本尊、觀諸法實相之理、懺悔六根之罪障也、又云法華三昧。成此三昧、則普賢菩薩乘六牙白象、示現於道場。密教即普賢金剛薩埵念誦儀軌所說、身口意之三密相應、則現成普賢之身。名曰普賢三昧。因普賢文殊二大士爲一雙之法門、普賢主一切三昧、文殊主一切般若、助佛之教化、故對於文殊般若而云普賢三昧。探玄記十八曰、「普賢三昧自在。文殊般若自在。」

【普賢大士】（菩薩）普賢菩薩也。見

普賢條。

【普賢行者】（雜名）修普賢三昧之人也。

【普賢如來】（佛名）在金剛界或以名果上之大日如來、或以名因位之普賢菩薩。名大日者依於大日普賢證成普願行之義。名爲普賢如來又名普賢法身若依主伴互具之義、則三十七尊總稱爲普賢如來也。日本安然之瑜祇經疏依於此義而總稱三十七尊爲普賢如來。瑜祇經曰、「金剛界普賢如來」同疏曰、「三十七尊皆名普賢。」略出經四曰、「普賢法身徧一切無始無終無生滅」菩提心論曰、「其圓明則普賢身也。亦是普賢心也與十方諸佛同之。亦乃三世修行。證有前後及達悟已無去來今。」同初心鈔下曰、「普賢身心者約之可指大日身心。大日名大普賢故。」又名普賢者爲示大日如來久已成道、爲諸衆生今始成道。又因中有果、故因中說果稱普賢之身爲如來。金剛頂經疏一曰、「婆伽梵大菩提心普賢大菩薩」同疏三曰、「婆伽梵者果號也大菩提心大菩薩者是卽因號。今以果號號因稱者爲顯毘盧遮那雖久成道爲諸衆生示適今證故號因位。又云因必有果故以爲名。」

【普賢延命】（菩薩）普賢菩薩有延命之德、向普賢菩薩祈禱延命之法、謂之普賢延命凡延名之修法有二種、一普賢延命二延命菩薩延命菩薩卽金剛薩埵也。

【普賢菩薩】（菩薩）又曰普賢薩埵、普賢大士同一體也。見普賢條。

【普賢三昧耶】（術語）密敎之普賢三昧也。

【普賢行願品】（經名）大方廣佛華嚴經入不思議解脫境界普賢行願品之略名。卽四十華嚴經之第四十卷也。

【普賢所說經】（經名）大方廣普賢所說經之略名。

【普賢金剛手】（菩薩）普賢菩薩卽金剛手、約智而云普賢、約理而云金剛手。見金剛薩埵條。

【普賢三昧耶印】（印相）是普賢如來（卽大日如來）之三昧耶印也。瑜祇經曰、「普賢三昧耶屈進力（左右頭指）如鉤。檀慧（左右小指）禪智（左右大指）合是名彼大印。」是外五股印也。

【普賢示現之所】（傳說）宋范成大吳船錄曰、「泊嘉州單騎入峨眉小峨中峨。昔傳有游者。今不復有路。惟大峨一山爲佛書所記普賢大士示現之所。至三千鐵佛殿云。普賢居此山有三千徒衆共住。故作此佛。

【普賢金剛薩埵】（菩薩）顯敎之普賢菩薩、密敎謂之普賢金剛薩埵、持三股之金剛杵。密號曰眞如金剛稱曰示現金剛。見普賢條。

【普賢曼拏羅經】（經名）一卷、趙宋施護譯。佛在鷲峯說金剛薩埵之秘密相應法、有種種之觀想。

【普賢三昧耶印明】（眞言）兩手外縛、豎二中指相合也。眞言曰、唵（歸命）三昧耶（平等）薩怛鑁（入我我入）見眞言句義鈔中。

【普賢菩薩定意經】（經名）等月菩薩所問三昧經之異名。

【普賢菩薩勸發品】（經名）法華經二十八品中第二十八品之名。法華之終、普賢菩薩由東方來於末世之行者勸發法華也。

【普賢菩薩行願讚】（經名）一卷、唐不空譯。四十華嚴經普賢行願品中最後偈文之異譯、後有速疾滿普賢行願陀羅尼一咒。

【普賢菩薩陀羅尼經】（經名）一卷、趙宋法天譯。說根本咒一與治病呪六。

【普賢三昧耶印眞言】（雜名）密敎所傳普賢菩薩之印與眞言也。

【普賢金剛薩埵儀軌】（經名）普賢金剛薩埵略瑜伽念誦儀軌之略名。

【普賢金剛薩埵略瑜伽念誦儀軌】（經名）一卷、唐不空譯。明修普賢三昧成普賢之身者。

【普廣經】（經名）隨願往生經之異名。

【普廣菩薩經】（經名）隨願往生經之異名。

【普請】（雜語）禪林集衆作務曰普請。僧史略上曰、「共作者、謂之普請。」傳燈錄禪門規式曰、「行普請之法、上下均力也。」囗但集衆云普請。敕修淸規送亡曰、「白大衆。粥能普請送亡。」

【普德淨光夜神】（神名）五十三善知識之第三十二。

【普濟寺】（寺名）禪寺也。本稱爲前寺。普陀山志三曰、「在白華頂南靈鷲峯下。歷代廢興不一。明萬歷三十三年勅建。賜額護國永壽普陀禪寺。國朝康熙四年乙巳夏、遭紅毛寇劫掠焚燬。大殿猶巍然獨存。三十八年南巡。御題普濟羣靈額賜前寺。遂改今名。」

【普燈錄】（書名）五燈錄之一。

【普禮】（儀式）禮敬一切如來也。眞言法有檀前普禮着座普禮之二者。結普禮之印、唱普禮之眞言而禮拜也。普禮之眞言、出於不空之戒儀。

【普曜經】（經名）八卷、西晉竺法護譯。與方廣大莊嚴經同本。而品有開合。

【普觸禮】（儀式）謂衆人一時觸禮也。觸禮者、以坐具觸地而三叩頭也。

【普勸坐禪儀】（書名）一卷、日本曹洞宗開祖道元著。欲使佛祖嫡傳之坐禪法規、萬人皆知而撰述者。

【普觀】（術語）觀無量壽經十六觀中第十二觀之一。普觀想無量壽佛與極樂世界之禪定也。經曰、「見此事已。名見無量壽佛極樂世界。是爲普觀想。名第十二觀。」

【普觀想】（術語）同前項。

【普觀三昧】（術語）觀自在菩薩之三昧也、卽是普眼三昧。入此三昧時、卽能於念念之中以普眼徧觀、具足明了、故名普觀三昧。見大日經義疏七。

【華】（雜名）奉華於佛菩薩又散而供養之也。密教修法時、華爲最重要者之一。大日經二具緣品曰、「持眞言行者。供養諸聖尊。當奉悅意華。潔白黃朱色。」同疏七說應各隨諸尊之性類及曼荼羅之方位等、分別奉獻之華。又見蘇悉地羯羅經供養花品。

【華手】（術語）蓮華合掌之稱。大疏十五曰、「華手發生。謂作印。作印已。卽蓮心供養也。」

【華手經】（經名）佛說華手經十卷、秦羅什譯。有三十五品、因華德藏法王子之請問而開演大法。經中說他方來之菩薩以華作佛事。故題曰華手。

【華水】（術語）閼伽之水也。華者、取其淸淨之義。眞言修行鈔一曰、「道範云。寘一點水花開。故取彼淸淨華水用供養法。故云華水供。終南山道宣云。後夜水未生蟲。故云無垢水。」

【華水供】（術語）供閼伽於佛也。

【華天】（雜語）華嚴宗與天台宗也。

【華方】（術語）南方之異名也。此以胎藏界五佛中南方之佛名開敷華王如來、又曰沙羅樹王華如來故也。

【華王世界】（界名）毘盧舍那佛所住之蓮華藏世界也。文句九上曰、「華王世界。」大部補註九曰、「梵網經云。於寂滅道場坐金剛華光王座。淨名疏云。攝大乘說華王世界。舊攝論云大蓮華王淸淨世界。新攝論云大寶華王淸淨佛土。」

【華皿】（物名）一作花筥。金屬所製、盛櫁葉或模仿蓮華花瓣之金銀紙片、行道散之名爲散華。

【華目】（譬喩）以靑蓮華譬目之淨也。維摩經佛國品曰、「目淨修廣如靑蓮。」肇註曰、「天竺有靑蓮華。其葉修而廣。靑白分明。有大人目相。故以爲喩也。」廣弘明集十三曰、「白毫紺睫之輝。果脣華目之麗。」

【華氏城】（地名）梵名婆吒梨那、波吒釐子。Pāṭaliputra 摩揭陀國之故城也。本名拘蘇摩補羅城。唐名香花宮城。Kusumapura 以王宮花多故也。後改爲波吒釐子城、佛滅後無憂王（阿育王）遷都於此。西域記八曰、「昔者人壽無量歲時。號拘蘇摩補羅城。唐言香花宮城。王宮花多故以名焉。逮乎人壽數千載。更改波吒釐子城。」付法藏傳五曰、「華氏城」阿育王經一曰、「此兒者我入涅槃百年後。當生波吒利弗多城名阿育。」阿育王傳一曰、「此小兒者當作轉輪聖王四分之一。於花氏城作正法王。號阿恕伽。Asoka」

【華色】（人名）比丘尼。又名蓮華色尼、溫盋羅苾芻尼、鬱波羅比丘尼。佛由忉利天降時。此比丘尼化爲輪王。最初拜佛。智度論十一曰、「如佛在忉利天夏安居受歲已。下閻浮提。（中略）衆人欲求先見佛禮敬。有華色比丘尼。欲除女名之惡。便化爲轉輪王。衆人見避坐。到佛所已。還復本身。最初禮佛。」分別功德論曰、「蓮華色尼最前見我。」毘奈耶雜事曰、「溫盋羅苾芻尼身化爲輪王。（中略）大衆開路令彼近前。」

【華色爲提婆所害】（故事）有華色比丘尼。呵提婆之不法。爲彼所害。蓋與最初見佛之華色。爲同人也。何則彼爲見佛化輪王。其活潑之狀。與呵提婆之勢。其行爲相似也。智度論十四曰、「提婆達多便生惡心。推山壓佛。金剛力士以金剛杵而遙擲之。碎石迸來傷佛足。華色比丘尼呵之。復以拳打尼。尼卽時眼出而死。」涅槃經十九曰、「如來有弟提婆達多。破壞衆僧。出佛身血。害蓮華比丘尼。作三逆罪。」摩訶摩耶經下曰、「時鬱波羅比丘尼從王宮出。而於門外見提婆達多。卽呵之言汝令釋種不得熾盛。於佛法中作大留礙。時提婆達多聞此語已。極大忿怒。卽以手拳而打其頭。彼比丘尼尋便命終。」此外更有二蓮華色女與一蓮華女。見蓮華色女及蓮華女條。

【華光出佛】（雜語）從極樂之華中出多光、從其光中出多佛而說法。其說見無量壽經。

【華光如來】（佛名）舍利弗、未來成佛云華光如來。法華經譬喻品曰、「舍利弗。汝於未來世。過無量無邊不可思議劫。供養若干千萬億佛。奉持正法。具足菩薩所行之道。當得作佛。號曰華光如來、應供、正遍知、明行足、善逝、世間解、無上士、調御丈夫、天人師、佛世尊。」

【華足】（物名）机臺等之足。造爲花形者。於佛前安經等。

【華束臺】（物名）安華束之臺。卽供華者。

【華林園】（地名）彌勒成道後說法之僧園名。中有龍華樹、故曰華林園。彌勒佛於此園龍華樹下成道。且以三會之說法、悉度應度之衆生。羅什譯彌勒下生經曰、「爾時於華林園。其園縱廣一百由旬。大衆滿中。初會說法。九十六億人得阿羅漢。第二大會說法。九十四億人得阿羅漢第三大會說法。九十二億人得阿羅漢。」

【華林園會】（術語）謂華林園之三會說法也。即龍華三會是。見前項。

【華表】（堂塔）列仙傳所謂華表、本由印度傳來。毘奈耶雜事三十七曰、「佛告阿難。此拘尸那城古昔有聖王都城。城門四寶合成。門門皆有大華表柱。亦以寶成。」現佛陀伽耶塔之正面、有圓形之華表一柱。高丈餘。有種種之彫刻。

【華香】（物名）華與香也。供養佛者。見香華條。

【華胎】（術語）疑心少功德之人、往生於極樂五百歲間、包於蓮華胎內、不能見聞三寶。猶如幼兒在母胎不能見聞世間也。

【華首經】（經名）華手經之異名。

【華院】（術語）謂畫蓮華之曼荼羅中、圍繞中臺之華葉各一層也。金剛峰樓閣一切瑜伽瑜祇經吉祥大成就品所謂「於中應畫三層八葉蓮華。中畫我身。當於我前。一蓮華葉上畫一切佛頂輪王。手持八輻金剛寶輪。於此次右旋布七曜使者。次第二華院。當頂輪王前畫金剛薩埵。次右旋畫八大菩薩各執本幖幟。次第三華院。右旋各畫八大金剛明王。」是也。

【華座想】（術語）同華座觀。此觀法非眼識所對之境、為唯於心上想像者、故名曰華座想。經說觀了曰、「是為華座想。名第七觀。」

【華座觀】（術語）觀經所說十六觀之一。觀想阿彌陀佛華座之相也。觀無量壽經曰、「佛告韋提希。欲觀彼佛者。當起想念。於七寶地上作蓮華想。令其蓮華一一葉作百寶色。（中畧）華葉小者。縱廣三百五十由旬。如是蓮華有八萬四千葉。（中畧）釋迦毘楞伽寶以為其臺。」

【華瓶】（物名）有兩種。一腹大口狹。用以插花。此密家之華（同花）瓶也。一口大如瓢。用以立雜華。兩側有耳。此禪家之華（如字）瓶也。

【華梵】（雜語）華者支那、梵者印度。多就言語文字而云。唯識述記序曰、「商搉華梵。徵詮輕重。」

【華開敷王】（菩薩）見開敷華王如來條。

【華開蓮現】（譬喻）台宗所談、蓮華三喻之一。以華譬權法、以蓮譬實法。如華開則蓮現。開權法則實法必現。以喻於法華之迹門開三乘之權法、顯一乘之實法。於本門之法華以迹顯本亦同之。是曰開權顯實（迹門）開迹顯本（本門）。玄義七下曰、「華開故蓮現。而須華養蓮。譬權中有實而不能知。今開權顯實。意須於權。」又曰、「華開蓮現。譬開迹顯本。」

【華報】（譬喻）華者喩也。又假之義也。如人爲獲果實而植樹、正得其果實、兼可得華、華卽華報也。如此衆生植善惡之業因、正報其業因之結果曰果報、又稱實報正報。附隨其實報正報而得之假果名華報、例如不殺之因、遠感涅槃之果、謂之實報、因之而得長壽、是卽華報也。智度論十一曰「如人求蔭故種樹、求華或求菓故種樹、布施求報亦復如是。今世後世樂、如求蔭、聲聞辟支佛道如華、成佛如果。」往生要集上末曰、「應知念佛修善爲業因、往生極樂爲華報、證大菩提爲果報、利益衆生爲本懷。」

【十王華報】（術語）十王爲六欲四禪之王、初地之菩薩爲四天王、乃至第十地之菩薩爲第四禪天之王、而化益有情、此十王之果報、對於十地之菩薩而云華報。

【華蓋】（物名）以花而飾之傘蓋也。法華玄贊二曰、「西域暑熱、人多持蓋、以花飾之、名爲華蓋。」

【華落蓮成】（譬喻）天台所謂妙法蓮華經蓮華含三種喩意中之第三意也。凡蓮華瓣落則蓮實成、以喩三乘之方便廢則一乘之眞實成立（迹門之喩）、垂迹之權身廢、則本地之實身成立也。玄義七下曰、「三華落蓮成、卽喩廢三顯一。（中畧）三華落蓮成、譬廢迹顯本。」

【華臺】（物名）蓮華之臺座。佛菩薩之臺座。觀無量壽經曰、「自見己身坐蓮華臺。」法華讚上曰、「專心念佛坐華臺。」大日經疏十五曰、「如世人以蓮華爲吉祥淸淨、能悅可衆心。今秘藏中亦以大悲胎藏妙法蓮華爲最秘密吉祥、一切加持法門力之身坐此華臺也。」

【華聚經】（經名）佛說華聚陀羅尼呪經之略名。

【華聚陀羅尼呪經】（經名）佛說華聚陀羅尼呪經、一卷、失譯人名。與華積陀羅尼神呪經、佛說華積樓閣陀羅尼經同本。

【華齒】（異類）法華十羅刹女之一。

【華幢】（物名）以華飾之旗柱。觀無量壽經曰、「於臺兩邊各有百億華幢、無量樂器。」

【華輪】（物名）衆多之華、聚爲輪形者。新譯仁王經下曰、「是諸大衆持十千金蓮華、散釋迦牟尼佛、合成華輪、蓋諸大衆。」

【華積劫】（雜名）智度論四十牒經文曰、「是諸人於未來世過六十八億劫、當作佛、劫名華積、佛皆號覺華。」

【華積經】（經名）佛說華積樓閣陀羅尼經、及華積陀羅尼神呪經之略稱。

【華積世界】（界名）佛國名。智度論十曰、「彼世界常有淨華。（中畧）阿彌陀佛世界不如華積世界。」

【華積陀羅尼神呪經】（經名）一卷、

吳支謙譯與華積樓閣陀羅尼經同本異譯。分別佛之功德與供養佛之功德且說華積陀羅尼。

【華積樓閣陀羅尼經】（經名）佛說華積樓閣陀羅尼經、一卷趙宋施護譯與上經同本新譯。

【華翳】（術語）華爲空中之花翳爲視物不能明之目依翳目而見空華、空華必由翳目圓覺經曰「譬如幻翳妄見空華。（中畧）妙覺圓照離於華翳。」

【華鯨】（物名）梵鐘之異名華者、喩其莊飾鯨者譬其聲也。

【華藏界】（界名）蓮華藏世界之略。見蓮華藏世界條及次項。

【華藏世界】（界名）釋迦如來眞身毘盧舍那佛淨土之名最下爲風輪、風輪之上有香水海、香水海中生大蓮華、此蓮華中包藏微塵數之世界、故稱蓮華藏世界略名華藏世界凡報身佛之淨土、具十八圓滿、其中之依持圓滿卽蓮華藏世界也。晋華嚴經八曰、「爾時普賢菩薩告大衆言諸佛子此華藏莊嚴世界海是毘盧遮那如來往昔於世界海微塵數劫修菩薩行時一一劫中親近世界海微塵數佛。一一佛所淨修世界海微塵數大願之所嚴淨。」已下八、九、十三卷明之、謂之華藏世界品此蓮華藏世界建立之大略、由上下二十重周圍十一周而成以中心爲毘盧舍那佛之所居佛祖統紀三十一曰「上極寶焰、下徹風輪、此華嚴所明一世界種豎高則且約二十重周圍則略得十一數。復由此數隨方各十則總之爲百十一。如天帝珠網、分布而住。」梁譯世親攝論十五曰「世間世界地輪依水輪。水輪依風輪。淨土爲依何法論曰無量功德聚所莊嚴大蓮花王。爲依止釋曰以大蓮花王譬大乘所顯法界眞如。蓮華雖在泥水之中。不爲泥水所汙。譬法界眞如雖在世間不爲世間法所汙。（中畧）復次如來願力所感寶蓮華於諸華中最大最勝。故名王。無量色相等功德聚所莊嚴。能爲淨土作依止。」探玄記三引此文已曰「華藏之名因此立也。（中畧）藏是含攝義出生義具德義此中通論有二義。一由此土內含攝一切人法等諸法門故二含攝一切諸餘刹故。」淸涼疏八曰「蓮華含子之處目之曰藏今刹種及刹爲大蓮華之所含藏故云蓮華藏。」但蓮華藏世界爲諸佛報土之通名卽華嚴經所說者、釋迦佛之華藏也。觀經所說之極樂、阿彌陀佛華藏也。大日經所說之胎藏界、密嚴經所說之密嚴國、大日如來之華藏也。

【梵網經蓮華藏世界】（界名）有千葉之一大蓮華中臺有盧舍那佛、千葉各爲一世界、盧遮那佛化爲千釋迦、居於千世界。復就一葉世界有百億之須彌山百億之四天下(卽三千大千世界)百億之南閻浮提。千釋迦各化爲百億之釋迦坐於百億之菩提樹下見梵網經上。

【華藏世界成佛】(術語) 丈六之釋迦在摩揭陀國菩提樹下成佛時、小機所感見謂之化身佛。大機所見爲報身之毘盧舍那佛、於十八圓滿之蓮華藏世界成正覺也。但菩提樹下與蓮華藏世界並非異處、穢土卽淨土也。探玄記二曰、「或云。此界唯是娑婆此約三乘說。或云卽是華嚴約別敎一乘辨。」

【華藏八葉】(術語) 謂胎藏界之曼陀羅、第一中臺八葉院也。是八葉之蓮華藏世界、九佛現於其上。是卽吾人心蓮之標示。祕藏記鈔六曰、「一切衆生干栗多心法爾有八瓣形。是八葉心蓮花也。是名花藏世界。」

【華藏與極樂】(雜語) 華藏世界本就釋迦之果報而說者、其實通於諸佛、彌陀之極樂、亦卽華藏世界也。探玄記三曰、「三世諸佛嚴華藏界、皆與此同。」秘藏記本曰、「華藏界義。華者理也。理遍法界藏諸法於其中。故曰華藏。是華藏世界者最上妙樂在其中。故曰極樂。當知極樂與華藏雖名異而非異所。」秘藏記鈔六曰、「天親淨土論極樂國土名華藏世界。是其證也。以蓮華成國土。故云華藏。受最上妙樂。故曰極樂。是一處異名也。」世親淨土論曰、「入第三門者以一心專念作願生彼修奢摩他寂靜三昧行故得入蓮華藏世界。」

【華藏與密嚴】(雜語) 釋迦云華藏世界。彌陀云極樂世界。大日云密嚴世界。三名雖異其實爲一處也。見密嚴條。

【三處蓮華藏世界】(名數) 密敎立三處之華藏世界。其故以大日經立三重之佛身、一加持身、二本地身、三行者身。今約此三身而成義、則加持身卽他受用報身、是阿彌陀佛也。其住處名華藏世界。由是過西方十萬億淨土卽有其處。青龍軌名彌陀爲蓮華藏。是五部中蓮華部報身之土也。本地身卽大日如來也。此佛之住處名華藏世界。高廣無邊、而超相對絕中邊不可定爲西方十萬億。是五部中佛部自性法身之住處也。大日經所說之胎藏、華嚴經所說之華藏世界是也。行者身卽我等自身也。一切衆生之干栗多心法爾有八葉形。是八葉之心蓮華。名曰華藏世界。見秘藏記鈔六。

【華藏界會】(術語) 華藏世界之法會。釋迦之眞身毘盧舍那佛、於十八圓滿之蓮華藏世界常恆之法會也。華嚴經一部所說。

【華嚴】(流派) 本爲經名、又以名此經文爲所依之宗派及其法門。

【華嚴五敎】(術語) 華嚴宗立小始、

終、頓、圓之五教而判釋一代教。見五教條。

【華嚴三聖】（術語）毘盧舍那佛爲中尊。普賢文殊二菩薩爲左右之脇士。

【華嚴朝】（雜語）佛成道最初說華嚴經。最後說涅槃經。因之稱曰華嚴朝涅槃夕等。見五時條。

【華嚴王】（菩薩）來迎二十五菩薩之一。念佛行者臨命終時。與阿彌陀佛共來迎之之菩薩名。形像善悅慈愛。相好端嚴。纓天衣天冠。以瓔珞莊嚴。手持鈴鳴之種子[illegible]。

【華嚴宗】（流派）此宗以華嚴經爲所依。故稱曰華嚴宗。我國以唐之帝心杜順和尚爲始祖。雲華智嚴法師爲二祖。賢首法藏法師爲三祖。清涼澄觀法師爲四祖。圭峯宗密禪師爲五祖。至宋朝加入馬鳴龍樹而爲七祖。大唐道璿律師於日本天平八年齎華嚴宗章疏入日本。新羅之審祥往大唐。從賢首學華嚴。後至日本。住於大安寺。日本始有華嚴宗。十宗略說華嚴爲經中之王。秘於龍宮。龍樹菩薩乘神通力誦出略本。流傳人間。有唐杜順和尚者。文殊師利化身也。依經立觀。是爲初祖。繼其道者。雲華智嚴賢首法藏以至清涼澄觀。而綱目備舉。於是四法界十玄門六相五教。經緯於疏鈔之海。而華嚴奧義如日麗中天。有目共覩矣。後之學者。欲入此不思議法界。於諸祖撰述。宜盡心焉。

【華嚴時】（術語）天台判教五時之一。謂佛成道最初在三七日中說華嚴經之間也。彼宗所謂前分華嚴。乃七處八會中之前七會也。然此華嚴經之說時。異說甚多。華嚴宗之說。如探玄記二曰。「是知此經定是第二七日說。」華嚴疏鈔一上舉三解。中。其第二解謂「九會皆在二七日後。」法相宗之說。如同學鈔一之一曰。「宗家意。第二七日說前七會。鹿苑以後說第八會。」此等說皆依十地經論一所舉「如是我聞。一時婆伽婆。成道未久。第二七日。在他化自在天中自在天王宮摩尼寶殿。與大菩薩俱。」之經文。及世親「何故不初七日說。思惟行因緣行故。」之釋。淨影亦據之。大乘義章一曰。「若依大乘。第二七日。宣說華嚴修多羅也。」而天台一家定爲成道日已後三七日間之說。是取法華經方便品所謂「我始坐道場。觀樹亦經行。於三七日中。思惟如是事。」以此思惟時。正爲華嚴之說時故也。言心者。如來成道。不立其座。直對大乘菩薩於三七日間說華嚴之大法。感見彼小機爲觀樹經行而作思惟者也。玄義十下以爲華嚴頓說之證文。引方便品三七思惟文了。乃曰。「我始坐道場。卽是明頓也。（中畧）寂滅道場。始成正覺。爲諸菩薩。頓說大乘。如日初出。前照高山。此明最初釋迦頓說也。」同釋籤曰。「約大機卽寂場之時。約小機卽成已思惟未說之時。」（寂場之時者。謂於寂滅道場說華嚴之時）文句記曰、「小見三七停留。大都終始無改。」然華嚴疏鈔一上所舉三解中之第一解、全不準於台宗之義。其文曰、「初七說前五會。第二七日說十地等。第九一會乃至後時以祇園身子皆後時故。」（此依唐經七處九會、故曰第九會。依晉經則第八會也。）要之華嚴宗決爲第二七日之說不定其長短、又不分前分後分。法相宗取第二七日之說、而分前分與後分、天台宗定爲初成道後三七日、而亦分前分後分、其後分爲三七日已後至涅槃之長時說。（是曰時長華嚴。）

【華嚴傳】（書名）五卷、賢首著。

【華嚴經】（經名）大方廣佛華嚴經之略名。大方廣爲所證之法、佛爲能證之人、證得大方廣理之佛也、華嚴二字爲喻此佛者。因位之萬行如華、以此華莊嚴果地、故曰華嚴。又佛果地之萬德如華、以此華莊嚴法身、故曰華嚴。華嚴略策曰、「大方廣者。所證法也。佛華嚴者能證人也。大以體性包含。方廣乃業用周遍。佛謂果圓覺滿。華喻萬行披敷。嚴乃飾法成人。經乃貫穿常法。」四敎儀集註上曰、「因行如華莊嚴果德。」此華譬因行也。探玄記一曰、「佛非下乘。法超因位。果德難彰。寄喻方顯。謂萬德究竟環麗。猶華互相交飾。顯性爲嚴。」此華譬果德也。大日經疏曰、「華有二種、一者萬行華。二者萬德行。」

【華嚴經說時】（雜語）華嚴經之說時、天台宗與華嚴宗所說各異。天台宗謂華嚴經一部八會、別爲前後二分、前分七會爲佛成道後三七日間之說法、第八會之後分爲其後之說法、華嚴宗謂爲成道後第二七日之說法、八會一時說。者法相宗謂是第二七日之說法、同華嚴宗、別前後二分、後分華嚴爲後時之說法、與天台宗所說同。探玄記三曰、「一乘本敎。要在初時第二七日。更無異說。仍攝前後各無量劫。念念無間。一一念中亦各攝彼前後際劫。亦如帝網重重無盡九世十世之所轉也。」天台法相之說、見華嚴時條。

【華嚴經三譯】（雜語）華嚴經有三譯。一六十卷、東晉佛䭾跋陀羅譯、一名六十華嚴、或名晉經、或名舊經。智儼造五卷之疏、名曰搜玄記、賢首造探玄記二十卷。二八十卷、唐實叉難陀譯、一名八十華嚴、或曰唐經、或名新經。慧苑造刊定記十六卷、清涼作疏二十卷。演義鈔四十卷。三四十卷、唐般若譯、一名四十華嚴。清涼造十卷之疏。此中前二經、具略相違、而終始略同、後一經但詳說前二經入法界品之一品。

【三本華嚴經】（傳說）此經文殊菩薩與阿難結集已、龍神收入龍宮。後龍樹菩薩入龍宮見之、有上中下三本。下本有十萬偈、三十八品、中本有四十九萬八千八百偈、一千二百品、上本有十三千大千世界微塵數偈、一四天下微塵數本。龍樹受持下本之十萬偈、流傳於閻浮提。支那所譯之三本、即皆爲其下本十萬偈之抄略也。晉譯僅三萬六千偈、唐譯僅四萬五千偈、因之稱曰略本經。此三本之緣由、眞諦三藏據西域之傳紀而說。見賢首華嚴傳記一、探玄記一。

【華嚴經十類】（名數）有二說。一賢首所說之十類。一恒本、不可說之微塵數身、現微塵數之刹土、盡未來際、念念常說普說未曾休止者。是不可結集、此事出本經不思議品。二大本、如海雲比丘受持之普眼經者。以須彌山聚之筆、四大海水之墨、書一品之修多羅、尙不可窮盡、如是品其數過塵沙、此亦非貝葉之所可記、此事出本經入法界品。三上本、四中本、五下本。此三者即所謂三本之華嚴、據西域記傳之說。六畧本、是六十華嚴經之梵本、有三萬六千偈、要畧彼下本十萬偈者。七論釋、龍樹所造之大不思議論、世親所造之十地論等解釋本經者。八翻譯、即六十華嚴經、譯爲畧本三萬六千偈者。九支流、兜沙經、菩薩本業經等、由大經支出流行者。十感應、依念持之功而於經有感應者。是雖依於其人、今推功而屬於經。見華嚴探玄記一。二淸涼所說之十類。一略本經、二下本經、三中本經、四上本經、此四同賢首。五普眼經、是同賢首之大本。六同說經、無量塵沙之諸佛、常恒說同一之法者。七異說經、對萬差之機類、說萬差之法者。此二者爲別開賢首之恒本者也。八主伴經、諸佛互爲主伴說同一之法者。如此土之佛爲主而說十住、則他土諸佛各伴之而說十住。九眷屬經、華嚴經之方便說種種之餘經者。十圓滿經、圓融前之諸本而包含一切者。見華嚴經疏三。

【華嚴經疏註】（雜語）華嚴經論一卷、後魏靈辨造。華嚴遊意一卷、隋吉藏撰。華嚴還源觀科三卷、隋吉藏撰。華嚴經合論一百三十卷、唐李通玄造論、志寧釐經合論。新華嚴經論四十卷、唐李通玄撰。華嚴經大意一卷、唐李通玄造。華嚴經決疑論四卷、唐李通玄撰。華嚴經骨目二卷、唐實叉難陀撰述。華嚴法界玄鏡二卷、唐釋杜順述、澄觀釋。華嚴五教止觀一卷、隋杜順說。華嚴一乘十玄門一卷、隋杜順說、唐智儼撰。注華嚴法界觀門一卷、唐釋杜順述、宗密註。於大方廣佛華嚴經中搜玄分齊通智方軌五卷、唐智儼記。華嚴五十要問答二卷、唐智儼集。華嚴經內章門等雜孔目章四卷、唐智儼集。華嚴經探玄記二十卷、唐法藏述。華嚴經文義綱目一卷、唐法藏撰。華嚴經策林一卷、唐法藏述。華嚴經問答二卷、唐法藏撰。華嚴經義海百門一卷、唐法藏述。華嚴關脈義記一卷、唐法藏述。華嚴遊心法界記一卷、唐法藏撰。華嚴三味章一卷、唐法藏述。華嚴發菩提心章一卷、唐法藏述。華嚴十重止觀一卷、唐法藏撰。華嚴經普賢觀行法門一卷、唐法藏撰。華嚴一乘敎義分齊章四卷、唐法藏述。華嚴經旨歸一卷、唐法藏述。華嚴經明法品內立三寶章二卷、唐法藏述。修華嚴奧旨妄盡還源觀一卷、唐法藏述。宋淨源重校。華嚴經疏六十卷、華嚴經隨疏演義鈔九十卷、華嚴經疏鈔三十卷、以上唐澄觀撰。貞元新譯華嚴經疏十卷、唐澄觀述。華嚴經行願品疏科一卷、普賢行願品別行疏鈔六卷、唐澄觀別行、疏宗密隨疏鈔。華嚴經疏科文十卷、華嚴經疏鈔玄談九卷、華嚴經疏演義鈔八十卷、以上澄觀撰述。華嚴經疏注百二十卷、唐澄觀述。宋淨源錄疏注經。缺卷二十一至七十又九十一至一百。大華嚴經略策一卷、華嚴經入法界品十八問答一卷、華嚴經七處九會頌釋章一卷、以上澄觀撰述。華嚴經綱要八十卷、澄觀疏義明德清提挈。皇帝降誕日於麟德殿講大方廣佛華嚴經玄義一卷、唐靜居撰。華嚴經文義記六卷、唐靈裕集記。復庵和尚華嚴綸貫一卷、續華嚴經略疏刊定記十五卷、唐慧苑述。華嚴原人論併解四卷、唐宗密述、元圓覺解。註華嚴法界觀科文一卷、唐宗密述。註華嚴法界觀科文一卷、唐宗豫述。華嚴一乘成佛妙義一卷、唐見登集。華嚴經普賢行願品疏科一卷、宋遵式治定。華嚴經要解一卷、宋戒環集。華嚴經吞海集三卷、宋道通述。華嚴法相槃節一卷、宋道通述。法界觀披雲集一卷、宋道通述。註同敎問答一卷、宋道通述。釋雲華尊者融會一乘義章明宗記一卷、宋師會述。註華嚴同敎一乘策一卷、宋師會述、希迪註。華嚴一乘敎義分齊章焚薪二卷、宋師會錄。華嚴一乘敎義分齊章科一卷、宋師會述。華嚴一乘敎義分齊章復古記六卷、宋師會善熹述。註華嚴金師子章一卷、宋承遷註。註華嚴法界觀門頌二卷。宋本嵩述。註華嚴七字經題法界觀三十門頌二卷、宋本嵩述頌、元琮湛集解。華嚴妄盡還源觀科一卷、宋淨源刋正。華嚴妄盡還源觀疏鈔補解一卷、原人論發微錄三卷、以上宋淨源述。華嚴一乘敎義分齊章義苑疏十卷、宋道亭述。華嚴懸談會玄記四十卷、元普瑞集。原人論解三卷、元圓覺解。原人論合解二卷、元圓覺解、明揚嘉祚刪合。華嚴經感應略記一卷、明袾宏輯錄。華嚴大義一卷、明善堅撰。出古庭禪師語錄。華嚴經合論簡要四卷、明李贄簡要、華嚴感應緣起傳一卷、弘璧輯。華嚴經綱目貫攝一卷、永光錄集。華嚴經三十九品大意一卷、永光敬錄。註華嚴經合論纂要三卷明方澤纂。一乘決疑論一卷、華嚴念佛三昧論一卷、以上彭際淸述。華嚴經感應傳一卷、胡幽貞刋纂。華嚴經持驗記一卷、周克復纂。華嚴經談玄決擇六卷、缺首卷。上京沙門鮮演述。圓宗文類、高麗義天集。存十四及二十二。華嚴一乘法界圖一卷、新羅義湘撰。華嚴海印三昧論一卷、新羅明晶述。華嚴心要法門一卷同上。華嚴鏡燈章一卷、續法集錄。華嚴經文義要決問答四卷新羅表員集。

【四種華嚴經】（名數）天台差別華嚴經爲四種。一前分華嚴、又曰初頓華嚴寂場華嚴三七日華嚴謂成道後三七日之說法八會中之前七會也。二後分華嚴、謂三七日以後之說法第八會之入法界品也。此會中以舍利弗等聲聞在座、故知非三七日之說法。三時長華嚴謂三七日後、佛將盡未來際對於其機說華嚴之法者。其中佛一代中之時長華嚴阿難結集之、附於彼三七日所說之前分華嚴後、卽後分華嚴是也。後分與時長、其體爲一、僅就會而分前分與後分、就時而分三七日與時長、異其稱耳。四法界華嚴、此不依經帙爲一代敎中說法界之理者之通稱。見四敎儀集註上、增暉記一、七帖見聞二本半字談一。

【華嚴經七處八會】（術語）六十華嚴經一部有三十四品。合人中三處與天上四處爲七處。於普光法堂重會、總有八會。

會	品	品數	處	
第一會	世間淨眼品以下	二品	菩提道場	
第二會	如來名號品以下	六品	普光法堂	人間三處
第三會	昇須彌頂品以下	六品	忉利天	
第四會	昇夜摩天宮自在品以下	四品	夜摩天	
第五會	昇兜率天宮寶殿品以下	二品	兜率天	天上四處
第六會	十地品以下	十一品	他化天	
第七會	離世間品	一品	普光法堂	
第八會	入法界品	一品	野閣講堂（卽逝多林）	

【華嚴經七處九會】（術語）八十華嚴經一部有三十九品、七處九會所說。六十華嚴經第六他化天會十一品、此經分爲他化天與普光明殿二處、故爲九會。

會	品	品數	處	
第一會	世主妙嚴品以下	六品	菩提道場	
第二會	如來名號品以下	六品	普光明殿	
第三會	昇忉利天宮品以下	六品	忉利天	人三
第四會	昇夜摩天宮以下	四品	夜摩天	天四
第五會	昇兜率天宮品以下	三品	兜率天	同前
第六會	十地品	一品	他化天	
第七會	十定品以下	十一品	普光明殿	
第八會	離世間品	一品	普光明殿	
第九會	入法界品	一品	重閣講堂（卽逝多林）	

【華嚴經五周因果】（術語）法華經有三周說法、而華嚴經有五周因果。一所信因果、於第一會之二品（就六十經而云）明舍那之果德及其佛過去因人普莊嚴童子之因行、是明舍那佛之因果者、故謂之所信因果。以佛之因果爲行者所信也。二差別因果、由第二會名號品至第六會小相光明品間有二十八品、此中前二十五品明十信十住十行十回向十地差別之因、次三品明三德差別之果、因之云差別因果。三平等因果、第六會之餘普賢行品性起品之二品也。普賢行品圓融以上十信等之五十位、說平等之因、性起品會以上三品差別之果令歸於一法界之性起、因之因與果皆平等、故云平等因果。四成行因果、第七會離世間品之說也。此一品初明信住行向地之五行、後說八相成道、以此因行成此果行、故云成行因果。五證入因果、第八會之入法界品也。此一品有本末二會、於本會明佛自在現證入之果、於末會明善財童子證入法界之因。因之而曰證入因果。華嚴一經僅五周因果之說而已。見探玄記一。

【華嚴五爲】（術語）華嚴經說法之五種目的也。一正爲、爲不思議乘之菩薩。二兼爲、爲一切衆生結緣。三引爲、爲誘引權敎之菩薩。四權爲、爲諸菩薩權現二乘之身、列於法筵使實之二乘知廻心。五遠爲、爲外道凡夫聞是敎而有謗、後遂使彼等信受。

【華嚴金獅子章】（書名）一卷。賢首著。爲答唐則天武后之問、借庭前之金獅子爲喩、以顯華嚴之敎觀者。初明法界緣起、次論五敎、最後說涅槃。

【華嚴經探玄記】（書名）二十卷、賢首撰。華嚴經之註釋、第一卷開敎起之所由、藏部之所攝、立敎差別、敎所被之機、能詮之敎體、所詮之宗趣、具釋題目、部類、傳譯、文義之分齊、隨文解釋之十門、以說玄義、二卷以下逐本經之文而解釋。

【華嚴部】（雜名）對於般若部等而言、卽藏經之分類名、大方廣華嚴經及其別出並支派之經也。

【華嚴頭】（職位）禪苑之役名。爲書寫供養華嚴經勸化檀施之頭首。見象器箋八。

【華嚴會】（行事）講讚華嚴經之法會也。

【華嚴一乘】（術語）一切衆生乘唯一道而盡成佛、是云一乘。法華經說此旨、謂之法華一乘。華嚴經說此理、謂之華嚴一乘。依華嚴宗之意、佛之說一乘有種種。如楞伽、勝鬘爲絕想一乘、如法華涅槃爲同敎一乘、華嚴經爲別敎一乘。見五敎章。

【華嚴一乘敎義分齊章】（書名）又名華嚴一乘敎分記、華嚴敎分記、一乘敎分記、五教分記、五教章三卷、又四卷、唐法藏撰。說一乘之義並五教之分際。

【華嚴三昧】（術語）佛華嚴三昧之略。以一眞法界無盡緣起爲理趣。達此理趣而修萬行。莊嚴佛果。謂之華嚴。一心修之謂之三昧。是華嚴大經及梵網經所說。無量壽經上曰「得佛華嚴三昧宣暢一切經典。」六十華嚴經三十七曰、「普賢菩薩正受三昧。其三昧名佛華嚴。」瓔珞經曰、「我先於第三禪中集八禪衆說一生補處菩薩入佛華嚴三昧定百千億偈。」探玄記十七曰、「一釋名者以因行華嚴成果相令顯著故。二體性者法界行門心海爲體以等持廣大無限量故。三明業用者有二。一依此顯說華嚴法。故無量壽經歎菩薩德中言得佛華嚴三昧宣說諸佛經典。二依此顯示華嚴行。故上云、施戒忍辱精進禪方便智慧諸功德。一切自在難思議。華嚴三昧勢力故。」淨影無量壽經疏曰、「如華嚴說。彼一三昧統攝法界。一切佛法悉入其中。」嘉祥無量壽經疏曰、「此三昧皆飾法身故云華嚴。」

【華嚴大疏】（書名）本名大方廣佛華嚴經疏、六十卷、唐澄觀著。

【華嚴法界】（術語）大乘究竟之理、法華經謂之實相、（方便品曰唯佛與佛乃能究盡諸法實相）華嚴經名爲法界、（第八會名入法界品）法界者就體之名、實相者就義之稱、其實一也。華嚴一經以此法界爲體、一部始終不外乎明此法界之理、故云華嚴法界。法界有四種。見法界條。

【華嚴法界義海】（書名）一卷、賢首著。又曰義海百門。

【華嚴玄談】（書名）與華嚴懸談同。

【華嚴旨歸】（書名）一卷、法藏著。有十門分別。

【華嚴音義】（書名）新譯大方廣佛華嚴經音義之略名。二卷、唐慧苑著。亦曰慧苑音義。

【華嚴問答】（書名）又曰五十要問答、二卷、唐智儼著。

【華嚴骨目】（書名）一卷、荆溪湛然著。

【華嚴略策】（書名）一卷、華嚴宗清涼著。

【華嚴菩薩】（人名）梵僧稱清涼國師澄觀爲華嚴菩薩。見稽古略三。

【華嚴遊意】（書名）一卷、三論宗吉藏著。

【華嚴尊者】（人名）嵩山神秀禪師法嗣普寂、居洛陽華嚴禪苑。世人稱爲華嚴尊者。

【華嚴懸談】（書名）又曰華嚴玄談。合清涼華嚴大疏中之懸談於演義鈔爲別行者。藏經目錄有「大方廣佛華嚴經疏演義三十卷」

【華嚴懸談會玄記】（書名）四十卷、元普瑞著。

【華嚴八會章】（書名）華嚴綱目之別名。

【華嚴法界觀】（書名）本名修大方廣佛華嚴法界觀門、一卷唐杜順著分爲眞空觀理事無礙觀周徧含容觀之三說華嚴法界之觀門者清涼釋有華嚴法界玄鏡二卷圭峯釋有註法界觀門一卷。

【華嚴大疏鈔】（書名）大方廣佛華嚴經隨疏演義鈔之略名九十卷澄觀自釋大疏者。

【華嚴演義鈔】（書名）清涼作八十華嚴經疏二十卷更作演義鈔四十卷、自釋其疏。

【華嚴敎分記】（書名）即華嚴五敎止觀。

【華嚴原人論】（書名）一卷、唐宗密述。又名原人論論尋討人道、以唯一眞心爲其本者。

【華嚴經傳記】（書名）五卷唐法藏撰。畧曰華嚴傳記述華嚴經之部類傳譯講解諷誦等人之事歷者。

【華嚴經搜玄記】（書名）五卷、唐智儼述卷首內題曰於大方廣華嚴經中搜玄分齊通智方軌、各卷之終有華嚴經畧疏、普通畧曰搜玄記隨文解釋舊華嚴經者。

【華嚴法界觀門】（書名）即華嚴法界觀。

【華嚴五敎止觀】（書名）一卷、唐杜順說。又名華嚴敎分記、五敎分記。說華嚴五敎之止觀法門者。

【華嚴法界玄鏡】（書名）二卷、唐清涼澄觀著。釋杜順之華嚴法界觀者。

【華嚴一乘十玄門】（書名）一卷、唐杜順說、智儼撰。就海印三昧所現而分十門、明其玄旨者。

【華嚴五十要問答】（書名）二卷、唐智儼集或作要義問答以問答體說述華嚴經中五十三種之要義者。

【華嚴遊心法界記】（書名）一卷、唐法藏撰。明華嚴五敎之觀者。

【華嚴經內章門等雜孔目】（書名）四卷、唐智儼集。略云華嚴孔目章。又單曰孔目章。就舊華嚴經隨難別解者。

【華鐘】（物名）梵鐘之異名。

【華鬘】（物名）印度風俗男女多以花結貫飾首或身、謂之俱蘇摩摩羅、Kusum-amālā 因而以爲莊嚴佛前之具大日經入漫荼羅具緣品之餘曰「持眞言行者。供養諸聖尊。當奉悅意華。潔白黃朱色。鉢頭摩青蓮。龍華奔那伽。計薩羅末利。（中畧）是等鮮妙華。吉祥衆所樂。採集以爲鬘」玄應音義一曰、「梵言俱蘇摩。此譯云華。摩羅、此譯云鬘。按西國結鬘師多用蘇摩那華。行列結之。以為條貫。無問男女貴賤。皆此莊嚴。或首或身以為飾好。」西域記二曰、「首冠華鬘。身佩瓔珞。」蘇悉地經三曰、「若欲成就華鬘法者。取閣底華作鬘。」然莊嚴佛前之華鬘、有以種種之寶刻其形者。守護國界經曰、「以種種寶用作華鬘而為莊嚴。陀羅尼集經六曰「若月無花、刻花安之。」支那日本之風土、難得適當之花故專用金屬所刻之華鬘。

【華籠】（物名）盛花之器。或曰華皿。

【莽】（術語）𑖦 Ma 又作麽、摩、磨。悉曇體文三十五字中唇聲之第五。金剛頂經曰、「莽字門一切法吾我不可得故。」由Mamata（我）釋之、文殊問經曰、「稱莽字門時。是息憍慢聲。」大莊嚴經曰、「唱摩字時。出銷滅一切憍慢聲。」由Mada-māna釋之。智度論曰、「若聞磨字。即知一切法離我所。磨磨迦羅、（Mamakāra）秦言我所。」華嚴經曰、「唱麽字時。入般若波羅蜜門。」大日經九曰、「莽無也。」同十曰、「莽空也。」

【莽娑】（雜語）見摩娑條。

【莽莫枳】（菩薩）又作摩莫枳。見麽麽雞條。

【菴沒羅】（植物）果名。菴羅之新稱。見菴摩羅條。

【菴沒羅女】（人名）即菴羅女。見菴羅條附錄。

【菴沒羅園】（地名）即菴羅樹園。見菴羅條附錄。

【菴浮梨摩國】（地名）印度之國名。慧苑音義下曰、「菴謂菴羅。此云無垢。則西域果名。其果堪以療疾。諸國之中。此國最多。故以名焉。其國即在中印度內也。」

【菴婆女】（人名）Āmrā 巴 Ambā 又作菴羅女、菴樹女。皆為菴婆羅樹女之略。見菴羅條。

【菴婆羅】（植物）果名。見菴羅條。

【菴婆羅多迦】（植物）Āmrātaka 巴 Ambātaka 慧琳音義五十三曰、「菴婆羅多迦。亦天果名也。西國有。此國無。」見菴羅條。

【菴婆利沙】（人名）Ambarīṣa 國王名。譯曰虛空箭。見佛本行集經二十一。

【菴華】（譬喻）菴羅之花。譬難實者。止觀五下曰、「坏器易壞。菴華難實。」見菴羅條。

【菴園】（地名）菴羅樹園之略。見菴羅條。梵 Āmra

【菴摩羅】（植物）Āmra 一作菴羅、菴沒羅。果名。新稱阿末羅、阿摩洛迦、菴摩洛迦等。舊稱菴摩羅、阿摩勒、菴摩勒等。譯曰無垢清淨。謂如林檎。漢字之使用混亂。Āmra 相當於菴羅、菴沒羅。Amara 譯曰天菓、Amala 譯曰無垢、通用阿摩羅、菴摩羅等漢名混用之而不分明。西域記八曰、「阿摩落迦。印度藥果之名也。」慧琳音義二十六曰、「阿摩勒果。此云無垢。涅槃經作呵梨勒、訛也。」維摩經弟子品肇註曰、「菴摩勒果形似檳榔。食之除風冷。」有部毘那耶雜事一曰、「餘甘子。出廣州。堪沐髮。西方名菴摩洛迦果也。」梵語雜名九曰、「阿摩楞迦。」

【掌中菴摩羅果】（譬喩）楞嚴經二曰、「阿那律見閻浮提。如視掌中菴摩羅果。」以喩一目瞭然也。阿那律、爲天眼第一。

【菴摩羅識】（術語）又作阿摩羅識、阿末羅識。譯曰清淨識、無垢識、眞如識等。九識中之第九。金剛三昧經曰、「諸佛如來。常以一覺而轉諸識。入菴摩羅。」輔行三之一曰、「菴摩羅九識。名清淨識。」宗鏡錄五十六曰、「阿摩羅。翻無垢識。體非一異。名眞如識。」舊譯家以爲阿賴耶識之外別有此識、而建立九識、新譯家謂此是阿賴耶識果上之名、不別立此識。唯識論三舉第八識之異名、「或名無垢識。最極清淨。」云云。（參照阿賴耶條）以爲八識之異名。是新譯家之說。（此識名從譯爲清淨識觀之、則爲 Amala 而似非 Āmra 又非菴摩羅也。）

【菴摩洛迦】（植物）Amalaka 果名、見菴摩羅條。案菴摩勒果、即菴摩羅果、不可與菴羅果混一。菴羅果新稱菴沒羅果。菴摩勒、新稱阿末羅果。又作菴摩洛迦。（餘甘子）因而依西域記二曰、「花草果木雜種異名。所謂菴沒羅果（中畧）阿末羅果。」列舉二果。毘奈耶雜事二曰、「梵言菴摩洛迦。此言餘甘子。廣州大有焉。上菴沒羅。全別。爲聲相濫。人皆惑之。故爲注出。是掌中觀者。」同五曰、「菴摩洛迦、即嶺南餘甘子也。初食之時。稍如苦澀。及其飲水。美味便生。從事立名。號餘甘矣。舊云菴摩勒果者、訛也。」

【掌中菴摩勒果】（譬喩）似與菴摩羅兩用。維摩經弟子品曰、「吾見此釋迦牟尼佛土三千大千世界。如觀掌中菴摩勒果。」楞伽經四曰、「如來者現前世界。猶如掌中視阿摩勒果。」

【菴羅】（植物）果名。又作菴婆羅、菴羅（波利）菴沒羅等。維摩經佛國品什註曰、「菴羅樹、其果似桃非桃也。」同肇註曰、「先言柰。」西域記四曰、「菴沒羅果雖同一名。而有兩種。小者生青熟黃。大者始終青色。」玄應音義八曰、「菴羅或言菴婆羅。果名也。案此花多而結子甚少矣。果形似梨。舊譯云柰。應誤也。正言菴沒羅。」起世經一曰、「鬱多羅究留洲。有一大樹名菴婆羅。其木縱廣七由旬。下入於地二十一由旬。出高百由旬。枝葉垂覆五十由旬。」名義集三曰、「庵羅。正言庵沒羅。或庵羅（波利）」參照菴摩羅條。梵 Āmra 巴 Amba

【菴羅樹園】（地名）在印度之毘耶

離國、菴羅樹女所獻佛於此說維摩經。維摩經佛國品曰、「佛在毘耶離菴羅樹園與大比丘衆八千人俱。」嘉祥之維摩經疏一曰、「菴園者、卽是別處、亦云捺女園。此事如祇陀園、祇陀園給孤長者買爲佛起精舍。此處是捺女自捨爲佛起精舍。」梵 Āmrapāli-ā-rāma

【菴羅衛園】（地名）Āmrapāli、又名 Āmrāvatī。玄應音義二十二曰、「菴羅衛舊云菴羅樹園。卽菴羅婆女。以園施佛。仍本爲名也。言衛者此昔守衛看護此園林。」

【淨名大士變菴羅園爲講堂】（雜語）佛說法在菴羅樹園、淨名大士（維摩譯名）將從方丈之病室與文殊共詣此處、先以彼神力變此菴羅樹園爲淨土之大講堂狀也。維摩經菩薩行品曰、「爾時、佛說法於菴羅樹園。其地忽然廣博嚴事。一切衆會皆爲金色。阿難白佛言。世尊以何因緣有此瑞應。（中畧）佛告阿難。是維摩詰文殊師利。與諸大衆。恭敬圍繞發意欲來。故先爲此瑞應。」

【菴羅果熟少】（譬喩）智度論四曰、「帝釋以偈答曰。菩薩發大心。魚子菴樹華。三事因時多。成果時甚少。」往生要集上本曰、「魚子難長。菴羅少熟。」以此信法之難也。

【菴羅女】（人名）又作菴婆女、菴樹女、柰女等。皆爲菴羅婆樹女之略。彼女由菴羅婆樹而生、因呼曰菴羅女。爲摩竭陀國頻婆娑羅王之妃、生耆婆。後歸佛奉園於佛。佛受之以爲住所。慧琳音義二十六曰、「菴羅女、亦云菴樹女。此依傳云依樹花中而生。」同卷曰、「溫室經云柰女者。卽其人也。卽頻婆娑羅王之貴妃。良醫耆婆之母也。」長阿含經二、遊行經、記獻菴羅園於佛。梵 Āmra-pāli

【菴羅衛女】（人名）俱舍光記八曰、「菴羅衛者有菴羅衛女。從菴羅樹濕氣而生。或從子生。或從枝生。」梵 Āmrapālī或Āmrāvatī

【菴羅衛】（植物）見菴摩羅條。

【蓱沙】（人名）又作瓶沙、洴沙。頻婆娑羅 Bimbisāra 之訛略。王名。見頻婆娑條。

【蓱沙王五願經】（經名）一卷。吳支謙譯。先敍蓱沙王之五願、後敍弗迦沙王之出家、佛爲說法。

【菩提】（術語）Bodhi 舊譯爲道、新譯爲覺。道者通義、覺者覺悟之義。然所通所覺之境、有事理之二法。理者涅槃、斷煩惱障而證涅槃之一切智、是通三乘之菩提也、事者一切有爲之諸法、斷所知障而知諸法之一切種智、是唯佛之菩提也、佛之菩提、通於此二者、故謂之大菩提。智度論四曰、「菩提名諸佛道。」同四十四曰、「菩提、秦言無上智慧。」注維摩經曰、「肇曰。道之極者、稱曰菩提。秦無言以譯之。菩提者、蓋是正覺無相之眞智乎。」止觀一曰、「菩提者、天竺音也。此方稱道。」大乘義章十八曰、「菩提胡語。此翻名道。果德圓通。名之爲道。」安樂集上曰、「菩提者、乃是無上佛道之名也。」唯識述記一本曰、「梵云菩提、此翻爲覺覺法性故。古云菩提道者非也。

【三種菩提】（名數）見三菩提條。

【三佛菩提】（名數）一應化佛菩提、於應當現之所、隨即示現、謂出釋氏宮去迦耶城不遠、坐菩提樹下金剛道場得無上菩提也。二報佛菩提、十地圓滿、得眞常之涅槃。如法華經壽量品所謂「我實成佛已來無量無邊劫」是也。三法佛菩提、如來藏性本來清淨、衆生界卽涅槃界也。經所謂「如來如實知見三界之相。不如三界見於三界。」是也。見法華論、法華玄義十、法華文句九。

【三身菩提】（名數）同三佛菩提。

【五種菩提】（名數）一發心菩提、十信之菩薩於無量生死中爲無上菩提發大心也。二伏心菩提、十住十行十廻向之菩薩於諸煩惱調伏其心、行諸波羅蜜也。三明心菩提、初地已上之菩薩觀三世諸佛之諸法實相、其心明了也。四出到菩提、八地已上之菩薩、於般若中不著於般若能滅諸惑、見十方之佛、出三界而到佛果也。五無上菩提、等覺之菩薩、坐於道場、斷盡諸煩惱得無上菩提也。見智度論五十三。

【菩提心】（術語）菩提舊譯爲道、求眞道之心曰菩提心。新譯曰覺、求正覺之心曰菩提心。其意一也。維摩經佛國品曰、「菩提心是菩薩淨土。」觀無量壽經曰、「發菩提心深信因果。」智度論四十一曰、「菩薩初發心。緣無上道。我當作佛。是名菩提心。」觀經玄義分曰、「願以此功德。平等施一切。同發菩提心。往生安樂國。」大日經疏一曰、「菩提心卽是白淨信心義也。」又曰、「菩提心、名爲一向志求一切智智。」

【二種菩提心】（名數）一緣事菩提心、是以四弘誓願爲體、一衆生無邊誓願度、念一切衆生悉有佛性而願求度之、令入大般涅槃也。是饒益有情戒、亦是恩德之心、亦是緣因佛性、亦應身菩提之因也。二煩惱無邊誓願斷、願求自斷無邊之煩惱也、是攝律儀戒、亦是斷德之心、正因佛性、法身菩提之因也。三法門無盡誓願知、是願求覺知無盡之佛門也、是亦攝善法戒、智德之心、了因佛性、報身菩提之因也。四無上菩提誓願證、是願求證得佛果菩提也。由前三行願具足成就而證得三身圓滿之菩提、還亦廣利益一切衆生也。二緣理菩提心、一切諸法、本來寂滅、安住於此中道實相而成上求下化之願行、是爲最上之菩提心、謂爲緣理之菩提心。

見往生要集上末。

【三種菩提心】（名數）是乃密教眞言行者之菩提心也、密教立五佛有各別之主德、以東方阿閦如來之大圓鏡智立發菩提心之德、故行者初發之菩提心、爲畢竟厭求之心、此雖屬第六意識、而其菩提心之性德則爲大圓鏡智、故以自身之第八識爲發心之體、受三昧耶戒者、亦向東方以阿閦如來爲本尊。蓋三昧耶戒以此三種之菩提心爲自體也。一行願菩提心、修行發願、故名行願、願者念一切衆生悉含如來藏性、堪安住於無上菩提、願以大乘微妙之法悉度之也、行者爲此修四弘度之行也。二勝義菩提心、止息劣法、觀顯勝義、故云勝義、此有教觀之二門、凡觀夫外道二乘法相三論天台華嚴之九種住心、次第捨劣取勝、終安住於究竟之秘密莊嚴心、是教門之勝義也。又觀諸法覺悟其無自性、則止除一切之妄惑自眞起用、萬德斯具、是觀門之勝義也。如是一就所住之教而云勝義、一就所顯之理而云勝義也。三三摩地菩提心、三摩地又云三昧耶、三摩譯爲等至、新譯曰等念、三摩耶於金剛頂義訣譯爲等持、是行者入於信解地而修三密相應之五部秘觀、等持諸佛自行化他之萬德、故名等持、徧入有情界、平等攝受而護念之、故名等念、無所不至、故曰等至、前二者通於顯、後一者則唯密也、此三者卽大定（三摩地）大智（勝義）大悲（行願）之三德、又胎藏界之佛（大定）蓮（行願）金（勝義）之三部、又觀音（行願）文殊（勝義）普賢（三摩地）三尊之三摩地、又表德（行願）遮情（勝義）不二（三摩地）也。菩提心論曰「求菩提者、發菩提心修菩提行、旣發如是菩提心已、須知菩提心之行相、其行相者三門分別、諸佛菩薩、昔在因位發是心已、勝義行願三摩地爲戒、乃至成佛無時暫妄」菩提心義八曰、「藏通別之人、不知此法、唯圓教初住已上、眞言凡夫巳上修此三摩地」。

【菩提水】（術語）宋張邦幾侍兒小名錄拾遺曰「五代時有一僧號至聰禪師、修行於祝融峯十年、自以爲戒行具足無所誘掖。一日下山、於道傍見一美人、號紅蓮、一瞬而動、遂與合歡、至明僧起沐浴、與婦人俱化。有頌曰「有道山僧號至聰、十年不下祝融峯、腰間所積菩提水、瀉向紅蓮一葉中。」

【菩提子】（物名）指西藏語之 Bo-di-ci 果、可以作數珠、產於雪山地方、非菩提樹之實也。校量數珠功德經曰「若用菩提子爲數珠者、或用掐念、或但手持數誦一徧、其福無量」。見數珠條。案菩提子一名川穀、一年生草、所在有之、春生苗、莖高三四尺、葉如黍、開紅白花作穗、夏秋之間結實、圓而色白、有堅殼、如琺瑯質、俗用爲念佛之數珠、故名菩提子。木本者別爲一種、中國惟天台山有之謂之天台菩提。

【菩提分】（術語）Bodhyaṅga 總爲四念處、四正勤、四如意足、五根、五力、七覺、八正、三十七道品之名、別爲三十七道品中七覺支之名。分者支分之義。七種或三十七科之道行支分。故名分。又分者因之義、七種或三十七科之道行、皆順趣菩提、故名菩提分。阿彌陀經曰、「七菩提分八聖道分。」俱舍論二十五曰、「道亦名爲菩提分法。（中略）三十七法順趣菩提。是故皆名菩提分法」大乘義章十六曰、「言道品者。經中亦名爲菩提分。亦名覺支。」仁王經上曰、「修習無邊菩提分法。」同良賁疏上一曰、「菩提分法者。菩提云覺。正是所求。分者因也。亦支分義。三十七法順趣菩提。菩提之分名菩提分。」

【菩提寺】（雜名）見菩提所條。

【菩提門】（術語）葬場四門之一。名西方曰菩提門。

【菩提所】（雜名）檀家所屬之寺院云菩提所。作讀經誦呪供佛施僧之法事。爲自身或爲亡靈求無上菩提之所也。

【菩提會】（行事）集會而參究菩提名曰菩提會。

【菩提樂】（術語）五種樂之一。五樂之一。見樂條。又樂曲名。

【菩提場】（雜名）菩提道場也。華嚴經一曰、「佛在摩竭提國阿蘭若法菩提場中。始成正覺」

【菩提講】（修法）爲求菩提講說法華之法會也。

【菩提經】（經名）文殊師利問菩提經之略名。

【菩提樹】（植物）Bodhidruma 又Bodhivṛkṣa 釋尊於此樹下成道、故名菩提樹、譯曰道樹、又云覺樹。然此樹之本名、法苑珠林八云阿沛多羅樹、法顯傳云貝多樹、觀佛三昧經云阿輸陀樹、Aśvattha 西域記八云畢鉢羅樹（Pippala）見畢鉢羅條。謂貝多羅爲菩提樹者誤也。酉陽雜俎曰、「菩提樹出摩伽陁國。在摩訶菩提寺。蓋釋伽如來成道時樹。一名思惟樹。莖幹黃白。枝葉青翠。經冬不凋。至佛入滅日。變色凋落。過已還生。至此日。國王人民大作佛事。收葉而歸。以爲瑞也。樹高四百尺。已下有銀塔周迴繞之。彼國人四時常焚香散花。繞樹作禮。唐貞觀中。頻遣使往於寺設供。併施袈裟。至顯慶五年。於寺立碑。以紀聖德。此樹梵名有二。一曰賓撥梨力叉。二曰阿濕曷咃婆力叉。西域記謂之卑鉢羅。以佛於其下成道。即以道爲稱。故號菩提婆力叉。漢翻爲樹」翻譯名義集曰、「西域記云即畢鉢羅樹也。昔佛在世高數百尺。屢經殘伐。猶高四五丈。佛坐其下成等正覺。因謂之菩提樹」廣東新語曰、「訶林有菩提樹。蕭梁時智藥三藏自西竺持來。今大可百圍。作三四大柯。其根自上倒垂。以千百計。大者合圍。小者拱把。歲久根包其幹。惟見根而不見幹。葉似柔桑。二月凋落。五月而生。僧采而漚之。惟餘細筋如絲。霏微蕩漾。比於紗縠。俗謂之菩提紗是也。」按訶林卽今番禺之光孝寺。寺有西番訶黎勒樹。故名。粵東筆記曰、「菩提樹子。可作念珠。面有大圈。文如月。周羅細點如星。謂之星月菩提。」光孝寺志曰、「嘉慶二年六月二十五夜。颶風吹倒。陳中丞大文命工培護。越年枯萎。寺僧喬菴離相同詣南華。接一小枝歸植舊地。今扶疏猶昔。」雷州府志曰、「菩提果色白者。味甜。五月熟。」案菩提樹爲常綠亞喬木。多產於粵東。高二丈餘。葉卵形。端甚尖長。花隱於花托中。實圓質堅不朽。今瓊山縣謂之金剛子。亦可作念珠。

【菩提心戒】（術語） 三昧耶戒之異名。以菩提心之自性淸淨爲戒性也。

【菩提心義】（書名） 一卷。著者不詳。以五門分別明菩提心之要義。

【菩提心論】（書名） 金剛頂瑜伽中發阿耨多羅三藐三菩提心論之略名。

【菩提心經】（書名） 莊嚴菩提心經之略名。

【菩提樹神】（神名） 守護菩提樹之天女也。金光明經中佛對此天女說流水長者子之昔緣。天女讚曰、「我常念佛。樂見世尊。常作誓願。不離佛日。佛讚嘆曰、善哉善哉。樹神善女。汝於今日快說此言。一切衆生若聞此法。皆入甘露無生法門。」

【菩提流支】（人名） 又作菩提留支。Bodhiruci 菩提鶻露支。譯曰道希。北天竺人。魏宣武帝時來洛陽。多翻諸經。續高僧傳一曰、「菩提流支。魏言道希。北天竺人也。」十地經序曰、「三藏法師菩提留支。魏言覺希。」二十唯識述記上曰、「菩提鶻露支。此云覺愛。先云覺喜。卽魏時菩提流支法師。」

【菩提流志】（人名） Bodhiruci 譯曰覺愛。南天竺人。唐朝武后時來。譯三藏。開元釋敎錄九曰、「沙門菩提流志。本名達磨流支。唐言法希。天后改爲菩提流志。唐言覺愛。南印度人。」宋高僧傳三曰、「釋菩提流志。南天竺國人也。淨行婆羅門種。姓迦葉氏。」

【菩提薩埵】（術語） Bodhisattva 同菩薩。大日經疏一曰、「菩提薩埵。阿闍梨云具據正義。當云菩提索多。此索多者。是忍樂修行堅持不捨義也。然聲明有如是法。若論文字。其義雖正。音韻或不流便者。得取便安之。故世論師謂爲薩埵。傳習者隨順其辭。」見菩薩條。

【菩提金剛】（人名） 金剛智三藏也。

【菩提分法】（術語） 見菩提分條。

【菩提智魘】（術語） 與菩提法智魘

同。

【菩提達磨】（人名）Bodhidharma 東土禪宗之初祖、常略名達磨見達磨條。

【菩提道場】（雜名）Bodhimaṇḍa 佛成就菩提之道場也在摩竭陀國尼連禪河邊菩提樹下之金剛座是也。釋尊於此成道、故謂之菩提道場。

【菩提索多】（術語）見菩提薩埵條。

【菩提心觀釋】（書名）一卷趙宋法天譯略釋菩提心非性非相不生不滅非覺非無覺等之義者。

【菩提法智魔】（術語）十魔之一。見魔條。

【菩提資糧論】（書名）六卷、龍樹菩薩造、自在比丘釋隋達摩笈多譯明般若波羅蜜等為菩提之資糧者。

【菩提鵠露支】（人名）Bodhiruci 見菩提流支條。

【菩提心離相論】（書名）一卷、龍樹菩薩造、趙宋施護譯達蘊處界等之諸相唯心所說成就第一義空是菩提心之離相也。

【菩提薩埵摩訶薩埵】（術語）見菩薩摩訶薩條。

【菩提場莊嚴經】（經名）菩提場莊嚴陀羅尼經之略名。

【菩提場莊嚴陀羅尼經】（經名）一卷、唐不空譯佛住廣博大園因毘鈕達多婆羅門求子為說陀羅尼。

【菩提場所說一字頂輪王經】（經名）五卷、唐不空譯與菩提流志譯之一字頂輪王經同本。

【菩薩】（術語）具名菩提薩埵、Bodhisattva 又曰菩提索埵摩訶菩提質帝薩埵。舊譯為大道心衆生道衆生等、新譯曰大覺有情覺有情等。謂是求道之大心人、故曰道心衆生、求道求大覺之人、故曰道衆生、大覺有情。又薩埵者勇猛之義、勇猛求菩提故名菩提薩埵。又譯作開士始士高士大士等。義譯也。總名求佛果之大乘衆。注維摩曰、「肇曰菩提佛道名也。薩埵秦言大心衆生。有大心入佛道名菩提薩埵。」大乘義章十四曰、「菩薩胡語此方翻譯為道衆生。具修自利利他之道名道衆生。」法華文句二曰、「菩提此言道薩埵此言心。」法華經嘉祥疏一曰、「菩提云道。是無上正遍知果道也。薩埵言衆生為求果道故名道衆生也。」法華玄贊二曰、「菩提覺義。是所求果。薩埵有情義。是自身也。求菩提之有情者。故名菩薩。」佛地論二曰、「緣菩提薩埵為境故名菩薩。具足自利利他大願求大菩提利有情故。」又曰、「薩埵者是勇猛義。精進勇猛求大菩提故名菩薩。」淨名疏一曰、「菩提為無上道。薩埵名大心。謂無上道大心。此人發大心為衆生求無上道。故名菩薩。」安師云開士始士。又翻云大道心衆生。古本翻爲高士。既異翻不定。須留梵音。今依大論釋菩提名佛道。薩埵名成衆生。用諸佛道成就衆生故。名菩提薩埵。又菩提是自行。薩埵是化他。自修佛道。又用化他。故名菩薩。」天台戒經義疏上曰「天竺梵音摩訶菩提質帝薩埵。今言菩薩。略其餘字。譯云大道心成衆生。」等不等觀雜錄一曰、「菩薩之薩字。說文無之。今有人改作薩。謂是薛字之假借也。又有寫作殺。更可駭也。考字典從薩。與古經不符。經中從廿從乃從立從生。當是譯經時所撰。良有以也。」

【二種菩薩】（名數）在家與出家也。智度論七曰、「此中二種菩薩。居家出家。善守等十六菩薩是居家菩薩。（中畧）慈氏妙德菩薩等是出家菩薩。」參照菩薩僧條。

【二種菩薩身】（名數）一生死肉身、三賢位之菩薩、未證法性。爲惑業受三界生死分段身之菩薩也。二法性生身、既證得無生法性。捨三界生死肉身受不生不死不思議變易身之菩薩也。此法性生身、經論之說多。謂是初地以上、或以爲八地以上、如往生論註智度論七十四曰、「菩薩有二種。一者生死肉身。二者法性生身。得無生忍法斷諸煩惱。捨是身後得法性生身。」往生論註下曰、「平等法身者八地已上法性生身菩薩也。」

【菩薩號】（職位）稱人師號爲菩薩、僧史略號竺法護爲燉煌菩薩。蓋我國菩薩號之始也。

【菩薩行】（術語）求自利利他圓滿佛果之菩薩衆大行也。卽布施等之六度是。法華經五百弟子品曰、「內秘菩薩行。外現是聲聞」

【菩薩地】（術語）通數十地之第九。修佛果因行之位也。

【菩薩戒】（經名）大乘菩薩僧之戒律也。總名三聚淨戒、別有二途。一梵網爲宗之說、二瑜伽稟承之說。梵網爲宗之說、受戒之作法出於梵網經律藏品、其戒相爲梵網經所說之十重禁四十八輕戒。是三聚戒中之攝律儀戒也。瑜伽稟承之說出於善戒經、彼經爲佛初成道之說。補處之彌勒親聞之、瑜伽論之菩薩地品也。依此說則攝律儀戒與聲聞地之所說相同、與小乘比丘之二百五十戒亦同。但爲菩薩利他攝諸善法饒益一切衆生爲菩薩戒。卽三聚中之攝善法戒饒益有情戒也。故戒相所說不一定、瑜伽論持地論各有不同。

【菩薩戒作法】（修法）受菩薩戒之作法戒經天台疏上出六種。一梵網本。二地持本、三高昌本、四瓔珞本、五新撰本、六制旨本。其中梵網本之受法。梵網之受法是盧舍那佛爲妙海王子（蓮華藏世界）授戒之法、

釋迦從舍那所受誦、次傳與逸多菩薩、如是二十餘菩薩次第相付、而什師傳來出於律藏品。(梵網經)

【菩薩乘】(術語)五乘之一。修六度之行、圓滿二利而到佛果之乘教也。

【菩薩道】(術語)圓滿自利利他二利而成佛果之菩薩道也。法華經藥草喻品曰「汝等所行是菩薩道。」

【菩薩藏】(術語)二藏之一。大乘經之都名。法華華嚴等諸大乘經、含藏大乘菩薩修因證果之法、故名菩薩藏。

【菩薩性】(術語)五性之一。滿二利之行而當成佛之大乘菩薩種性也。見五性條。

【菩薩籤】(物名)見觀音籤條。

【菩薩舞】(譬喻)菩薩之行、能投人情、令人歡喜、故譬以舞曲。大日經五曰、「一切如來神力之所加持、善解正偏知道菩薩行舞。」

【菩薩僧】(菩薩)出家菩薩僧與聲聞僧其受戒及外形等之異同、頗有諍論、以梵網爲宗者、謂聲聞僧之外有菩薩僧、外相雖與聲聞僧爲一、而其戒法別有梵網所說之菩薩戒、大異於聲聞僧之小乘戒。引心地觀經報恩品所說之三種僧爲其的證。稟承瑜伽者以智度論之文爲的證、謂餘佛雖於三乘之僧各異其戒以別其位、而我釋迦法中、聲聞僧之外、別無菩薩僧、出家之菩薩、與聲聞僧同受比丘戒、依其臘次列次於聲聞僧之中。如法華經所謂常不輕菩薩比丘是也。論三十四曰、「諸佛多以聲聞爲僧、無別菩薩僧。如彌勒菩薩文殊師利菩薩等、以釋迦文佛無別菩薩僧、故入聲聞僧中次第坐。有佛爲一乘說法、純以菩薩爲僧、有佛聲聞菩薩雜以爲僧、如阿彌陀佛國菩薩多聲聞僧少。」愚案從戒法言之、則顯教中聲聞菩薩之二僧別異、從其形相言之、則顯教中所說之聖弟子、不論聲聞菩薩、皆爲出家沙門之相、其菩薩戴冠掛瓔珞之在家莊嚴形相、僅限於密教、且如心地觀經、非純顯教、顯密合部之經也。故捨律衣用素絹等官衣、或戴寶冠爲密教之菩薩僧、尙有其說、若爲釋迦法中顯教之菩薩僧、則甚不可。支那於後周之世始有菩薩僧。僧史略下曰、後周太武皇帝壞毀佛道二教、尋武帝崩、宣帝立、漸欲興佛教、卽勅曰、太武皇帝嫌濁穢、故廢而不立。朕簡耆舊學業僧二百二十人、勿剪髮毀形。令於東西二京陟岾寺爲國行道、所資公給。時高僧智藏、建德二年隱於終南紫蓋閣、至宣帝時出謁、勅令長髮爲菩薩僧、爲陟岾寺主。大象二年、隋文爲丞相、藏謁之、因得落髮。又釋彥琮不肯爲菩薩僧、以其戴花冠被瓔珞像菩薩之相、惡作此形、謂非佛制也。

【菩薩巾】(物名)俗謂觀音兜。

【菩薩身】（經名）佛融三世間十身之一。見十身條。

【菩薩行經】（經名）郁迦羅越問菩薩行經之略名。

【菩薩地經】（經名）菩薩地持經之略名。

【菩薩十地】（名數）菩薩見諦已上之修行、分爲十地。見十地條。

【菩薩十住】（名數）新作十地、舊作十住。菩薩見諦以上之修行地也。又五十二位中十信之次位有十住位。見十住條。

【菩薩睒經】（經名）睒子經之異名。

【菩薩低眉】（雜語）狀人慈善之語。參看金剛努目條。

【菩薩戒本】（書名）一卷、唐玄奘譯。與曇無讖譯之菩薩戒本經同本、但開性罪之八條、瑜伽稟承宗之戒本也。

【菩薩戒經】（經名）姚秦羅什最後譯出梵網經中之菩薩心地戒品第十、爲二卷、題曰梵網經盧遮那佛說菩薩心地戒品第十。後別錄此下卷中偈頌已後所說之戒相爲一卷、以便誦持。台祖智者名之曰菩薩戒經、弟子章安記智者之說、作義疏二卷。又華嚴之法藏題曰梵網經盧舍那佛菩薩十重四十八輕戒、（今刊本略稱梵網經戒本）作疏五卷。菩薩戒經與咸疏上曰「隋仁壽目錄有梵網經二卷、什師所譯。又有菩薩戒本一卷。亦云什師在闕本目中。譯經圖記與隋錄同。大周刊定錄亦有菩薩戒本一卷。乃云十八紙。各家之註述如下。菩薩戒義疏二卷、隋智顗說、門人灌頂記。菩薩戒經義疏會本二卷、隋智顗說、灌頂記、日本微隱分會。菩薩戒經疏刪補三卷、唐明曠刪補。菩薩戒經疏註八卷、宋與咸入疏箋經加註釋疏。菩薩戒經義疏發隱五卷、明袾宏發隱。菩薩戒經義疏發隱事義一卷、明袾宏述。菩薩戒經義疏發隱問辨附事義一卷、明袾宏述。

【菩薩藏經】（經名）一卷、梁僧伽婆羅譯。舍利弗問懺悔隨喜勸請迴向、佛具答之。初明十世界之十佛、使結壇受持。後明過去大光明聚如來時、世尊爲竭伽陀天女受持此經、卽轉女身。

【菩薩比丘】（術語）內證爲菩薩、外現聲聞比丘之形者。法華經常不輕品曰「有一菩薩比丘、名常不輕」。

【菩薩馬頭】（菩薩）馬頭觀音也。

【菩薩大士】（術語）大士者梵語摩訶薩埵 Mahāsattva 之譯。爲菩薩之尊稱。

【菩薩逝經】（經名）一卷、西晉白法祖譯。逝童子經之異譯。逝者梵語童子之名。

【菩薩淨戒】（術語）菩薩受持之清淨戒法也。

【菩薩種性】（名數）五性之一。見五性條。

【菩薩聖衆】（術語）菩薩有未斷惑者、是凡夫之菩薩、初地以上斷幾分之惑者是聖衆也。

【菩薩地持經】（經名）八卷、北涼曇無讖譯、瑜伽論本地分中第十五菩薩地之異譯、但缺第四持。

【菩薩道樹經】（經名）又名私訶昧經。一卷、吳支謙譯、佛在竹園答長者子私呵昧之問、說菩薩之法。

【菩薩十地經】（經名）大方廣菩薩十地經之略名。

【菩薩十住經】（經名）一卷、東晉祇多蜜譯、華嚴經十住品之別譯。

【菩薩睒子經】（經名）一卷、失譯、說佛往昔孝養瞽親之事、與睒子經同本。

【菩薩善戒經】（經名）一名菩薩地、九卷、劉宋求那跋摩譯、有三十品、第一序品與大寶積經優婆離會第二十四同。佛在給孤獨園說三十五佛悔除罪之法、時有優婆離由禪定起請廣說決定毘尼、佛爲分別聲聞菩薩之持犯不同、次勅文殊使說究竟毘尼、第二品以下並與瑜伽論中之菩薩地同意、彌勒菩薩以此經爲宗、成十地論、而地持經又由十地論錄出別行、故地持經與此善戒經大同、更有一卷之菩薩善戒經、明六重八重四十八輕、說菩薩受戒之法、卽上經戒品中之別出、與玄奘譯之菩薩戒本菩薩戒羯磨文大同小異。

【菩薩善法經】（經名）坐禪三昧經之異名。

【菩薩戒本經】（經名）一卷、彌勒菩薩說、北涼曇無讖譯、此卽每半月誦之戒本也、此譯最善、但爲瑜伽稟承宗之戒本。

【菩薩修行經】（經名）一卷、西晉白法祖譯、又名威施長者問觀身行經、大寶積經第二十八勤授長者會之異譯也。

【菩薩內戒經】（經名）一卷、劉宋求那跋摩譯、以佛十五日說戒之時文殊請問初發意道俗之菩薩當作何功德、佛爲說十二時戒法。

【菩薩瓔珞經】（經名）十四卷、姚秦竺佛念譯、一名現在報經、說種種大乘之法門、瓔珞者取菩薩以十德莊嚴其體之義。

【菩薩摩訶薩】（術語）具名菩提薩埵摩訶薩埵（Bodhisattva Mahāsattva）菩提薩埵、作道衆生、新譯曰覺有情、摩訶薩埵作大衆生、新譯曰大有情、求道果之衆生、故云道衆生、求道果者通於聲聞緣覺、故爲簡別於彼、更曰大衆生也。又菩薩有中高下之諸位、但爲示地上之菩薩、更曰摩訶薩。佛地論二曰、「菩薩摩訶薩者、謂諸薩埵求菩提故、此通三乘、爲簡取大、故須復說摩訶薩言。（中畧）此通諸位、今取地上諸大菩薩、是故復說摩訶薩言」。法華嘉祥疏二曰、「摩訶薩埵者。摩訶云大。十地論云。大有三種。願大行大度衆生大。薩埵云衆生。卽大衆生也。（中略）摩訶薩者簡異二乘。亦求小道。今明求於大道。故名大衆生。」

【菩薩度人經】（經名）失譯、雜譬喻經之異名。

【菩薩童子經】（經名）菩薩逝經之異名。

【菩薩受齋經】（經名）一卷、西晉聶道眞譯。先明三歸悔過、次明十念十戒、次明解齋之法、廻向於淨土。

【菩薩心地品】（經名）梵網經之品名。此如經題亦爲喩。大士之要用、如人身之有心。能統萬事。見天台菩薩戒經疏上。

【菩薩處胎經】（經名）菩薩從兜率天降神母胎說廣普經之異名。

【菩薩淸涼月】（雜語）舊華嚴經四十三曰、「菩薩淸涼月。遊於畢竟空。垂光照三界。心法無不現。」新華嚴經五十九曰、「菩薩智光月。法界以爲輪。遊於畢竟空。世間無不見。」

【菩薩生地經】（經名）一卷、吳支謙譯。差摩竭釋種長者子問何行疾得成佛。佛答以二種之四事。此行法能生佛果。故名生地經。

【菩薩本生鬘論】（書名）Jatakamālā 十六卷、趙宋慧詢等譯。集釋迦菩薩飼虎救鴿等事。

【菩薩戒羯磨文】（書名）一卷、彌勒菩薩說、唐玄奘譯。受戒羯磨第一、懺罪羯磨第二、得捨差別第三。由瑜伽論別行。

【菩薩修行四依】（名數）初依爲地前、供養五恒沙之佛。二依爲初地乃至六地、供養六恒沙之佛。三依爲七八九地、供養七恒沙之佛、四依爲十地、供養八恒沙之佛。菩薩經此四依成就修道。

【菩薩藏正法經】（經名）大乘菩薩藏正法經之略名。

【菩薩求佛本業經】（經名）諸菩薩求佛本業經之略名。

【菩薩五法懺悔文】（書名）一卷、失譯。於懺悔勸請隨喜廻向發願之五悔各作偈語。蓋西土賢聖之撰述也。

【菩薩五法懺悔經】（經名）菩薩五法懺悔文之異名。

【菩薩五戒威儀經】（經名）菩薩優婆塞五戒威儀經之略名。

【菩薩修行四法經】（經名）一卷、唐地婆訶羅譯。與佛說大乘四法經義同而文稍異。

【菩薩訶色欲法經】（經名）一卷、秦羅什譯。誡女色謂女人言蜜心毒。如龍淵師窟不可近也。

【菩薩念佛三昧經】（經名）六卷、劉

宋功德直譯。念佛三昧即觀佛三昧經中正觀品、正說之。

【菩薩神通變化經】（經名）菩薩行方便境界神通變化經之略名。

【菩薩瓔珞本業經】（經名）二卷、姚秦竺佛念譯。說四十二位之名義行業及菩薩戒等。

【菩薩十住行道品經】（經名）一卷、西晉竺法護譯。華嚴經十住品之別譯。

【菩薩行五十緣身經】（經名）一卷、西晉竺法護譯。佛爲文殊師利說前世之功德以致今之相好。

【菩薩行門諸經要集】（書名）大乘修行菩薩行門諸經要集之略名。

【菩薩緣身五十事經】（經名）菩薩行五十緣身經之異名。

【菩薩內習六波羅蜜經】（經名）一卷、後漢嚴佛調譯。

【菩薩境界奮迅法門經】（經名）大薩遮尼乾子經之異名。

【菩薩優婆塞五戒威儀經】（經名）優婆塞五戒威儀經之異名。一卷、劉宋求那跋摩譯。與菩薩戒本經同本。後附禮佛、發願、受繩床等法。

【菩薩行方便境界神通變化經】（經名）三卷、劉宋求那跋陀羅譯。與大薩遮尼乾授記經同本。但缺王論品。

【菩薩投身飼餓虎起塔因緣經】（經名）一卷、北涼法盛譯。與金光明經捨身品之事相同。

【菩薩從兜率天降神母胎說廣普經】（經名）七卷、姚秦竺佛念譯。一名處胎經。菩薩記二月八日夜半、佛臥於金棺以神通力示現處於母胎之宮殿、集十方之菩薩、說種種大乘之法。說已、付囑此經於彌勒菩薩、身復本形在於金棺、寂然無聲。後記分舍利起塔供養、大迦葉集八億四千聖衆、結集八藏。

【菊燈】（物名）供於佛前之燈臺一種。象菊花而作、故有此稱。

【菜頭】（職位）禪林之語。在典庫之下、管領菜蔬之僧。見象器箋七。

【童子】（術語）Kumāra 梵語究摩羅、鳩摩羅迦。爲八歲以上未冠者之總稱。西國希出家而寄侍於比丘所者、稱曰童子。又經中稱菩薩爲童子、以菩薩是如來之王子故也。又取無婬欲念、如世童子之意。寄歸傳三曰、「凡諸白衣。詣苾芻所。若專誦佛典。情希落髮。畢願緇衣。號爲童子。或求外典無心出離名曰學生。」玄應音義五曰、「究摩羅者、是彼土八歲未冠者童子總名。」釋氏要覽上曰、「經中呼文殊善財寶積月光等諸大菩薩爲童子者。即非稚齒。如智論云。如文殊師利十力四無畏等悉具佛事。故往鳩摩羅迦地。又云。若菩薩從初發心斷婬欲。乃至菩薩是名童子。」

【童子戲作佛事】（本生）法華經方便品曰、「乃至童子戲聚沙爲佛塔如是諸人等皆已成佛道。」阿育王傳一曰「世尊與阿難在巷中行見二小兒。一名德勝、是上族姓子。一名無勝、是次族姓子。弄土而戲。以土爲城。城中復作舍宅倉儲以土爲麨著倉中。此二小兒見佛三十二大人相歡喜。德勝於是掬倉中土名爲麨、奉上世尊。無勝在傍合掌隨喜。德勝於是說偈讚曰（中略）佛言。我若涅槃百年之後此小兒者當作轉輪聖王四分之一。於花氏城作正法王。號阿恕迦。分我舍利而作八萬四千寶塔饒益衆生。」

【童子經法】（修法）以金剛童子爲本尊而祈禱之秘密法此法依金剛童子經。

【童行】（職位）禪寺入寺之年少未得度之童子名或云道者。

【童行堂】（雜名）童行之居室也。

【童侍】（職位）同童行。宋僧傳（貫休傳）曰、「出家爲童侍日誦法華經一千字。」

【童受】（人名）經部論師拘摩邏多 Kumāralabdha 之譯名。西域記三曰、「拘摩邏多。唐言童受。」同十二曰、「當此之時東有馬鳴南有提婆西有龍猛北有童受號爲四日照世。」

【童眞】（術語）沙彌之異名。又通於有髮童子。凡童子之性、天眞爛漫。故云眞若准漢語則當云眞童。今准梵語故曰童眞。玄應音義五曰、「童眞是沙彌別名。梵云究摩囉浮多 Kumārabhūta 究摩囉者是彼土八歲未冠者童子總名浮多此云眞。亦言實也。」楞嚴經五曰、「今於如來得童眞名。預菩薩會。」

【童眞住】（術語）十住之第八住。初生於佛家、在童子之位也。

【童壽】（入名）姚秦三藏鳩摩羅什之譯名。

【童授】（人名）新因明之祖、陳那之譯名。西域記十曰、「陳那。唐言童授。」

【童蒙止觀】（術語）修習止觀坐禪法要之異名。

【瘞錢】（雜名）瘞於葬處之錢也。釋門正統四曰、「唐王岐傳云。玄宗時岐爲祠祭使專以祠解中帝意有所禳祓。大抵類巫覡。漢以來。葬者皆有瘞錢。後世俚俗稍以紙寓錢爲鬼事。至是岐乃用之。則是喪祭之焚紙錢。起於漢世之瘞錢也。其禱神而用寓錢則自王岐始耳。」

【棄老國】（地名）雜寶藏經一曰、「佛言過去久遠有國名棄老。彼國土中有老人皆遠驅棄。（云云）」記一大臣置老父於密室由老父之智救國難之說話。

【寒山】（人名）宋高僧傳十九（豐干傳）曰、「寒山子世謂爲貧子風狂士也。

幽止天台始豐縣西七十里寒巖中。時國淸寺有拾得者、寺僧使知事食堂。恒拾衆僧殘食菜滓、斷竹爲筒投藏於內。若寒山子來、卽負去。或經行廊下、或時叫喚凌人、或望空漫罵。寺僧不耐、以杖逼逐。則翻身撫掌、呵呵徐退。然其布襦零落、面貌枯瘁、以樺皮爲冠、曳大木屐。初臺州守閭丘入寺、問寒山見之而拜。寺僧驚曰、大官何禮風狂夫。二人連臂笑傲出寺。閭丘復往寒巖訪問、送衣裳藥物。高聲唱曰、賊我賊、退便身縮入巖穴中。其穴自合。寒山有詩、題於山林間。集之成卷、云寒山詩集、行於世。」稽古略三曰「閭丘曰、天台國淸有賢達否。豐干曰、寒山文殊、拾得普賢。宜就見之。閭丘入寺拜二大士。二士走曰、豐干饒舌、彌陀不識、禮我何爲。」案閭丘者、閭丘胤也。

【寒山寺】（寺名）在江蘇吳縣西十里楓橋。相傳寒山拾得嘗止此。故名。張繼詩曰、「姑蘇城外寒山寺。」

【寒山詩】（書名）三卷、道翹錄。集錄寒山之詩頌者。所收凡三百餘首。概爲五言律、有奇骨、有淸韻、有雅致。脫出六朝間豔麗綺靡之流弊。專呼號心靈之活動、可謂開千古一家之流風者。附錄載豐干詩拾得詩。合稱此三詩曰三隱集。卷首有台州刺史閭丘胤序。此書有異本、宋淳熙十六年禹穴沙門志南編輯本及明計益都刻本等是也。註釋之佳者、爲寒山詩闡提紀聞三卷（白隱）寒山詩索賾三卷（大鼎）寒山詩管解六卷（連山）寒山詩首書三卷等。

【寒山詩集】（書名）一卷、唐閭丘胤撰。寒山之遺偈。

【寒山拾得】（人名）唐貞觀時二僧。高僧傳、豐干師居天台國淸寺。出雲遊。適閭丘胤出守台山、問彼有賢達否。曰、寒山文殊。拾得普賢。狀如貧子、又似風狂。閭丘至任、入寺見二人拜之。二人曰、豐干饒舌。便連臂走出。尋其遺物、見拾得偈詞。四庫書目有寒山子詩集二卷、豐干拾得詩一卷。參照寒山條。

【寒氷地獄】（界名）以寒風氷凍責罪之地獄。十六遊增地獄之一。見三藏法數四十五。一名阿羅羅、又名阿婆婆、皆像其寒顫聲也。

【寒林】（雜名）林葬之處。定一林爲墓所、運死屍而棄於此。飼諸禽獸也。梵語尸陀屍陀、Sītavana 其林幽邃而寒、故又橫死屍所入之者畏而毛豎寒栗、故名寒林。玄應音義七曰、「屍陀林正言尸多婆那、此名寒林。其林幽邃而寒、因以名也。在王舍城側。死人多送其中。今總指棄屍之處、爲屍陀林者、取彼名之也。」釋氏要覽下曰、「寒林、卽西域棄尸處。僧祇律云、謂多死尸、凡入者可畏毛寒。故名寒林。」尸陀林者、寒林之逆翻、而非原語之正者。原語爲 Śmaśāna。相當於法

顯傳之尸摩賒那、(墓田)名義集七之舍摩奢那。(冢)

【寒林經】(經名) 大寒林聖難拏陀羅尼經之異名。

【寒苦鳥】(動物) 又名雪山鳥。天竺雪山有寒苦鳥、終夜嶋說殺我寒故、雄鳴夜明造巢。至旦有朝日暖映、亦不造巢、但鳴曰、何故造作栖、安穩無常身、今日不知死、明日不知死。天竺爲佛國、鳥獸亦有功德、故作無常偈、如此囀也。或云、妻鳥鳴寒苦逼身、夜明造巢。夫鳥鳴今日不知死、明日不知死、何故造作栖、安穩無常身。

【寒暑到來】(雜語) 公案名。猶言生死到來。洞山錄曰、「僧問洞山、寒暑到來、如何迴避。山云、何不向無寒暑處去。僧云、如何是無寒暑處。山曰、寒時寒殺闍梨、熱時熱殺闍梨。」是卽道破生也全機現、死也全機現之當體者也。

【富那奇】(異類) 餓鬼名。佛在王舍城竹林精舍時、尊者目連見一餓鬼、身如燋柱、腹如大山、咽如細針、呻吟大喚、馳走四方、求索尿屎以爲飲食。目連詣佛所問之、佛曰、此賢劫中舍衛城有長者、壓甘蔗汁而致大富、時有辟支佛患渴病、詣長者家乞甘蔗汁、長者心生歡喜、告其婦富那奇曰、我有急緣欲出、汝在後取甘蔗汁施辟支佛。夫出、婦取辟支佛鉢於屏處小便鉢中、以甘蔗汁覆其上、與辟支佛、佛受已、知非是、投棄於地、空鉢而還。彼婦命終、墮餓鬼中、常爲饑渴逼却、卽今富那奇餓鬼是也。見百緣經五。因(人名) Pūrṇeccha 比丘名。放鉢國長者曇摩羨、Dharmasena 此譯法軍、有二子、兄名羨那、此譯軍。弟名富那奇、此譯滿願。後出家證阿羅漢、化兄羨那、令造旃檀堂請佛。各持香爐、登高樓、遙望祇洹、燒香歸命、念佛及聖僧。香烟乘空至佛頂上、爲一烟蓋。佛知之、卽語神足比丘同往。見賢愚經六。

【富那奢】(人名) 又作富那夜奢、Puṇyayaśas 脇尊者之弟子、馬鳴之師也。見付法藏傳五。

【富那夜奢】(人名) 比丘名。見富那奢條。

【富那婆蘇】(雜名) Punarvasu 星名。唐云弗宿。寶星陀羅尼經四曰、「富那婆蘇、(唐言弗宿)。星生者於左脇下。當有黑疵。財穀具足而少知慧」。因(人名) 一作補捺伐素、分那婆素。比丘名、依星宿而名。本行集經七十曰、「有長老分那婆素。隋言弗宿」。慧琳音義六十曰、「補拏伐系」。

【富那跋陀】(神名) Pūrṇabhadra 神將名。譯曰滿賢。見慧琳音義二十六。

【富那曼陀弗多羅】(人名) Pūrṇa-maitrāyaṇīputra 比丘名。譯曰滿慈子。見富樓那條。

【富伽羅】（術語）Pudgala 見補特伽羅條。

【富陀那】（異類）餓鬼名見布怛那條。

【富特伽耶】（術語）見補特伽羅條。

【富婁沙富羅】（地名）Puruṣapura 國名譯作丈夫土在北天竺是天親菩薩之生國。天親傳曰「婆藪槃豆法師者北天竺富婁沙富羅國人也富婁沙譯爲丈夫、富羅譯爲土」法顯傳曰「從揵陀衛國南行四日到弗樓沙國」續高僧傳二曰「富留沙富邏此言丈夫宮」

【富單那】（異類）又作布單那。餓鬼名見布怛那條。

【富樓那】（人名）一作富婁那。Pūrṇa 具名富樓那彌多羅尼子、Pūrṇamaitrāyaṇī-putra 富樓那彌窒那尼子又作富囉拏梅低黎夜富多羅、富羅拏迷泜黎夜尼弗多羅、布剌拏梅呾利曳尼子、富那曼陀弗多羅、新作布剌拏梅呾麗衍弗呾羅、補剌拏梅呾利曳尼弗呾羅。富樓那又作富剌拏、譯曰滿是其名也彌多羅尼又作梅呾麗衍尼、譯曰慈是其母姓也。富多羅又作弗呾羅、譯曰子此名滿者爲慈氏之子故舉譯語而云子、舉梵語而云弗呾羅從母姓而爲名乃印度之風習。因而翻總名曰滿慈子、滿願子、滿祝子、滿見子等。以彌多羅之語有祝見等之異義也。是釋迦十大弟子中說法第一之阿羅漢。初出家證阿羅漢果後聞法華因緣周之說法、回小向大、於五百弟子授記品授記未來成佛號法明如來。玄應音義三曰「富囉那彌多羅尼子。又作彌窒那尼子正言富囉拏梅低黎夜富多羅。富羅拏此云滿是其名也。梅低黎夜此云慈是其母姓。富多羅者子也。兼從母姓爲名、故此云滿慈子。或譯云滿願子。皆一義也與佛同日而生」注維摩經三曰「什曰富樓那、秦言滿。彌多羅尼秦言善知識。善知識是其母名也」法華光宅疏一曰「富樓那姓也。彌多羅尼子者、此翻爲願子。是故無量壽尊者滿願子。即其人也」西域記四曰「布剌拏梅呾麗衍尼弗呾羅唐言滿慈子。舊曰彌多羅尼子、訛略也」法華玄贊一曰「補剌拏梅呾利曳尼弗呾羅此云滿慈子。云富樓那彌多羅尼子、訛也。滿是其名。慈是母姓。其慈今取母姓。此滿尊者是慈女之子。或滿及慈俱是母號名滿慈子」大明度經二曰「滿祝子」玄應音義三曰「滿祝子即富樓那是也」

【富樓那說法第一】（故事）增一阿含經三曰「能廣說法分別義理、所謂滿願子比丘是」法華經授記品曰「佛告諸比丘汝等見是富樓那彌多羅尼子不。我常稱其於說法人中最爲第一」

【富樓那成佛】（雜語）法華經五百

弟子品曰、「過無量阿僧祇劫當於此土得阿耨多羅三藐三菩提號曰法明如來」

【富樓沙曇藐婆羅提】（術語）Purusa-damya-sārathi 佛十號中調御丈夫之梵名。智度論二曰、「富樓沙、秦言丈夫。曇藐、秦言可化。婆羅提、言調御師。是名可化丈夫調御師。佛以大慈大智故有時耎美語有時苦切語有時雜語以此調御令不失道」

【富羅】（雜語）譯曰土。國土也。見婆藪槃豆法師傳。梵Para 図(物名)Pula 又曰福羅、布羅、腹羅。莊飾之短靴也。玄應音義十五曰、「福羅、正言布羅。此譯云短靿靴也」同十六曰、「腹羅或作福羅。或云富羅。正言布羅。此云短靿靴也」寄歸傳一曰、「富羅勿進香臺」見次條。

【富羅跋陀羅】（物名）靴飾也。四分開宗記八本曰、「富羅跋陀羅者。以木綿及諸雜物與皮合縫。使中央起也」見富羅條。梵 Pula-ādatra

【富蘭陀羅】（天名）Purandhara 帝釋之一名。雜阿含經四十曰、「釋提桓因、復名富蘭陀羅。佛告比丘。彼釋提桓因本為人時數數行施衣服飲食乃至燈明。以是因緣故名富蘭陀羅」涅槃經三十三曰、「如帝釋亦名憍尸迦。亦名富蘭陀羅」慧琳音義二十八曰、「富蘭、云城。陀羅、云破」

【富蘭那迦葉】（人名）Pūraṇakāśyapa 又作棓刺拏、布剌拏、不蘭迦葉、補剌那迦葉、布賴那伽葉、布剌拏迦葉波、哺剌拏迦攝波子。六師外道之一。富蘭、譯曰滿。是其實名。迦葉波、譯曰飲光。是母氏之姓。從母姓而稱為迦葉波。因之又云迦葉波子。是空見外道也。註維摩經三曰、「什曰、迦葉母姓也。富蘭那字也。其人起邪見。謂一切法無所有。如虛空不生滅也」飾宗記七末曰、「不蘭迦葉。正梵音云布剌拏迦葉波也。布剌拏、此云滿也。是名也。迦葉波、此云飲光。此是姓也」玄應音義二十三曰、「棓剌拏。外道六師中一人名也。舊言富蘭那迦葉。迦葉是姓。富蘭那是字。即空見外道也」毘奈耶雜事三十八曰「哺剌拏迦攝波子」

【寓宗】（術語）寄寓他宗之宗旨。如俱舍宗寓於法相宗、成實宗寓於三論宗是也。

【寓錢】（物名）以紙作錢形寓錢之意者。即紙錢也。見紙錢條。

【紫甲】（雜名）袈裟中之甲為紫地。其緣色不定。比之衲袈裟儀為略、

【紫衣】（衣服）紫色之袈裟或上衣也。是非佛制之色。乃賜僧之紫衣、始於唐之法朗等。僧史略下曰、「按唐書則天朝有僧法朗等。重譯大雲經。陳符命言則天是彌勒下生。為閻浮提主。唐氏合微。故由之革命稱周。法朗薛懷義九人並封縣公。賜物有差。皆

賜紫袈裟金龜袋。其大雲經頒於天下寺各藏一本。令高座講說。賜紫自此始也」資持記曰。「今時沙門多尙紫服。按唐紀則天朝薛懷義辭宮庭。則天寵用令參朝議。以僧衣色異。因令服紫袈裟。帶金龜袋。後僞撰大雲經。結十僧作疏進上。復賜十僧紫衣龜袋。由此弊源一泛。于今不返」六物圖曰。「輕紗紫染。體色俱非。佛判俗服。全乖道相。何善之有」

【紫姑】（雜名）顯異錄曰。「紫姑萊陽人。姓何。名媚。字麗卿。壽陽李景納爲妾。爲大婦曹氏所嫉。正月十五夜陰殺之厠間。上帝憫之。命爲厠神。故世人以其日作其形於厠間迎祝。以占衆事」按俗呼爲坑三姑。三之行次未見所出。

【紫服】（衣服）見紫衣條。

【紫金】（物名）見紫磨金條。

【紫柏】（人名）明紫柏大師名僧可。號達觀。於燕京大建法幢。後罹誣而終。有紫柏老人集。

【紫袈裟】（衣服）見紫衣條。

【紫磨】（物名）金之最上品也。書禹貢厥貢璆鐵。釋文。郭注爾雅。璆卽紫磨金。按爾雅作鏐。孔融文。金之優者名曰紫磨。南史林邑國傳。夷人謂金之精者爲陽邁。若中國云紫磨者。參照次項。

【紫磨金】（物名）又曰紫磨黃金。紫者紫色也。磨者無垢濁也。涅槃論曰。「閻浮檀金有四種。一青。二黃。三赤。四紫磨。紫磨金具有衆色。」一本是漢名。孔融聖人優劣論曰。「金之精者名爲紫磨。猶人之有聖也」續博物志曰。「華俗謂上金爲紫磨金。夷俗謂上金爲陽邁金。」

【紫磨忍辱】（雜語）謂佛紫磨金色之身。有忍辱柔軟之相。忍辱者。爲有情非情所被。堪忍痛惱。不起瞋恚忿怒也。

【紫磨黃金】（物名）同紫磨金。

【開士】（術語）開悟之士。又以法開導之士。菩薩之德名。玄應音義四曰。「開士。謂以法開導之士也。梵云扶薩。又作扶薛。或言菩薩是也」釋氏要覽上曰。「經中多呼菩薩爲開士。前秦苻堅賜沙門有德解者。號開士」因而亦爲和尙之尊稱。又曰闡士。

【開山】（術語）開山立寺。謂之開山。一轉而稱創一宗派之人。亦曰開山。佛祖統紀八（擇卿傳）曰「建壽聖院。請師開山」續稽古略一曰。「成宗建大萬聖祐國寺於五臺。詔求開山第一代住持。帝師迦羅斯巴薦之」

【開山忌】（行事）寺之開基入滅日也。此日必修供養。

【開山堂】（堂塔）安置本寺開山像之堂也。又云祖堂。或影堂。

【開山祖師】（術語）佛氏多擇名山。

拓立寺院其始創基業者。謂之開山祖師。後則首創一宗一派者。亦以是稱之。參照開山條。

【開三顯一】（術語）天台宗明三乘敎為一乘敎之方便。以顯絕待之一乘敎。法華經前半十四品之所明。謂之迹門法華。玄義六下曰、「今經四大弟子領佛開三顯一益」見開顯條。

【開化】（術語）敎人開曉化惡也。法華經序品曰、「是諸八王子。妙光所開化。」無量壽經上曰、「入衆言音。開化一切。」

【開心入智闔智】（術語）金剛界五相成身之前說此三種。開心者、為入無漏智先開我之心殿也。出觀自在王如來軌。

【開白】（儀式）法事之初曰開白、終曰結願。開白云者、於法事初必讀表白文也。

【開白詞】（儀式）表白之詞。卽述法會之意趣者。

【開白打】（儀式）為開白打鑒也。

【開示悟入】（術語）開佛知見、示佛知見、悟佛知見、入佛知見也。是顯佛出世本懷之語。法華經方便品曰、「舍利弗云何名諸佛世尊唯以一大事因緣故出現於世。諸佛世尊欲令衆生開佛知見使得淸淨故。出現於世。欲示衆生佛之知見故出現於世。欲令衆生悟佛知見故。出現於世。欲令衆生入佛知見道故。出現於世。舍利弗是為諸佛唯以一大事因緣故。出現於世。」開者如始開藏戶也。示者如現藏內之寶也。悟者如一一記得藏內寶物也。入者如入藏取寶物也。此開悟之淺深。次第配之於大乘之階位。四十位文句四上曰、「知見者智知於理。見諦法。諦法無為則無分別。以無為故而有差別。約此知見。論開示悟入。以略擬廣。則有四十位。（中略）開者卽是十位初破無明。開如來藏。見實相理。示者。惑障旣除。知見體顯。體備萬德顯示分明。故名為示。悟者。障除體顯。法界行明。事理融通。更無二趣。入者。事理旣融。自在無礙。自在流注。任運從阿到茶。入薩婆若海。」

【開元寺】（寺名）唐玄宗開元二十六年。詔天下州郡、各建一大寺。卽以紀年為寺號。其後興廢不一。現今存者已無多。因福建泉州溫陵開元寺。唐中宗嗣聖三年、郡儒黃守恭所創基。以匡護為第一世。九年號興敎寺、神龍元年。改為龍興寺。開元二十六年、玄宗勅各州郡置開元寺、復更稱為開元寺。至宋代支院凡百二十區。元初合為一寺、世宗賜額大開元萬壽禪寺。元末天下紛亂。寺亦荒廢。明太祖命正映來住、寺復中興、至隆慶萬曆之間。又極衰頹。佛殿僧舍、多為民居。崇禎末、殿堂存者十三、支院二十餘云。其中東塔西塔今倘存。皆以花崗石築造。有溫陵開元寺志四卷。

【開元三大士】(雜語)三國佛敎略史曰、「八年(唐玄宗開元八年)金剛智三藏率不空三藏至京師。勅居於慈恩寺。智傳龍樹之密敎。所至築壇度人。時稱善無畏金剛智不空爲開元三大士」。

【開元釋敎錄】(書名)二十卷、唐智昇撰。以三藏經論編爲目錄。不分門目。但以譯人時代爲先後。起漢明帝永平十年丁卯、迄開元十八年庚午、凡六百六十四載。中間傳經緇素總一百七十六人、所出大小二乘、三藏聖敎、及聖賢集傳。併及失譯。總二千二百七十八部、合七千四十六卷、分爲二錄。一曰總括羣經錄。皆先列譯人名氏、次列所譯經名卷數、及或存或佚。末爲小傳。凡九卷。其第十卷則歷代佛經目錄四十一家。一曰別分乘藏錄。分爲七目、各以經論類從。辨別存亡眞僞、及删併重修之類、凡八卷。其十九二十卷、則大小乘經論入藏目錄也。見四庫提要。縮刷藏經緣起曰、「唐太宗開元十年。沙門智昇著開元釋目錄二十卷。詮次經律論及諸師撰述五千四十八卷。以千字文定函號。是大藏定數之始也。爾來歷朝大藏詮次。以開元錄爲模範」。

【開元釋敎錄略出】(書名)四卷、智昇撰。前釋敎錄中之入藏錄、以千字文編定者。

【開本】(術語)開迹顯本之略。見開迹顯本條。

【開甘露門】(術語)施餓鬼也。

【開光】(術語)佛像落成後。擇日致禮而供奉之。謂之開光。亦曰開眼。或曰開眼供養。佛說一切如來安像三昧儀軌經曰、「復爲佛像開眼之光明。如點眼相似。卽誦開眼光眞言二道」。

【開光明】(術語)開眼也。禪家之用語。大慧錄曰、「江給事請開佛光明」。見開光條。

【開定】(雜語)開禪定之意、謂從禪起也。與出定同。

【開具】(術語)詳記器物之數目也。敕修清規送亡板帳式曰「開具內幾貫文」。

【開枕】(雜語)就寢也。日用軌範曰、「候首座開枕後困重者就寢」

【開法】(術語)敎法開始也。資持記上一之一曰、「以如來爲開法大師。迦葉已下爲佛法聖僧」塵露章曰、「如來是開法導師。迦葉乃傳持初首」玄義一上曰、「開法進道」。

【開宗記】(書名)四分開宗記之略名。

【開咽喉印】(印相)施餓鬼法開餓鬼之咽喉使能飮食之印契也。見施餓鬼條附錄。

【開近顯遠】(術語)與開迹顯本同。

明八相成道之近事爲方便、以顯久遠之本體者。玄義十下曰、「如法華三周說法斷奠聲聞。咸歸一實。後開近顯遠。明菩薩事。」同九下曰、「若扶文便應言開近顯遠。若取義便應言本迹。呼近爲迹。稱遠爲本。名異義同。」見開顯條。

【開室】(雜語)同於入室。開室使衆入參也。見象器箋十一。

【開度】(術語)開導濟度也。賢愚經六曰、「唯願如來當見哀愍、暫下開度。」

【開皇三寶錄】(書名)歷代三寶紀之異名。開皇者著作之年代。

【開悟】(術語)開智悟理也。法華經序品曰、「照明佛法。開悟衆生。」八十華嚴經四曰、「開悟一切愚闇衆生。」出曜經二曰、「欲化彼人令得開悟。」付法藏傳五曰、「爾時馬鳴著白氎衣入衆伎中自擊鐘鼓。調和琴瑟。音節哀雅。曲調成就。演宣諸法苦空無我。時此城中五百王子。同時開悟。厭惡五欲。出家爲道。」

【開浴】(雜語)開浴室也。寒月五日一浴。暑天每日沐汗。爲開浴告知於衆僧、於齋堂前掛開浴牌。敕修清規知浴曰、「凡遇開浴。齋前掛開浴牌。」

【開祖】(術語)開一宗之祖師。

【開迹顯本】(術語)與開近顯遠同。明八相成道之釋迦、爲垂迹之身、以顯久遠實成之本地也。是法華經後半十四品之所明。是曰本門法華。見開顯條。玄義七下曰、「華開蓮現。譬開迹顯本。」

【開眼】(術語)新作佛像所行之法會名。開佛眼之義。開眼之本據、如一切如來安像三昧儀軌經曰、「如是供養儀則已周備。復爲佛像開眼之光明。如點眼相似。即誦開眼光眞言二道。」大威力烏樞瑟摩明王經中曰、「令匠於壇中速刻本尊(中畧)以彩色嚴之。像額間點赤或黃。至來月一日開目。」二經中前經說理之開眼、後經說事之開眼。然開眼之古式事理皆爲也。

【開眼供養】(儀式)行開眼之法會、必當捧香華、佛供、燈明等於佛、故云供養。安像三昧義軌經詳說之。

【開眼師】(職位)開眼供養之導師。

【開堂】(儀式)本爲譯經院之儀式、每歲聖誕節、必譯新經上進、以祝聖壽。前兩月諸官集觀翻譯、謂之開堂。今世宗門長老新住持、初演法、謂之開堂者基於此。見祖庭事苑八。

【開啓】(術語)初開法事之場也。敕修清規聖節曰、「披閱金文。今辰開啓。」

【開基】(術語)建立一寺始住持之僧。

【開善】(人名)梁鍾山開善寺智藏法師、以寺號而呼爲開善。見唐僧傳五。

【開善寺】（寺名）梁武帝爲寶德大士建塔寺名曰開善、禮敬智藏法師使居之。見稽古略二。

【開結二經】（術語）無量義經與普賢經二經也。定法華經爲本經、無量義經於法華經之前爲序說者、故名之爲開經。普賢經於法華後說是總結彼之經意者、故名曰法華結經。是天台宗所定。

【開華三昧】（術語）觀音菩薩爲開往生西方淨土人所宿之蓮花所住之三昧名。觀經定善義曰、「因大悲菩薩入開華三昧。疑障乃除宮華開發身相顯然。」傳通記一曰、「開華三昧者菩薩威神有開華德、從德立名。故云開華。」

【開發金剛寶藏位】（術語）大日經、斷三妄執屬於地前、此上更立十地、稱曰開發金剛寶藏位。以是爲開發大日金剛寶藏之行位故也。

【開經】（術語）說本經以前而爲其豫演之經也。如法華經爲本經、無量義經爲開經。又謂開繙經文也。普通唱「無上甚深微妙法。百千萬劫難遭遇。我今見聞得受持。願解如來眞實義」之偈而繙經卷、稱曰開經偈。

【開解】（術語）了解道理也。無量壽經曰、「心中閉塞意不開解」。賢愚經二曰、「聞佛說法咸得開解。」

【開會】（術語）開者、明明打開方便之方便、會者、眞實和會其方便、卽方便眞實之法、例如於法華經方便品斷定三乘敎爲方便之說、爲開。於經文名之曰開方便門。又三乘敎於一乘上始有分別者、說一乘之外無三乘、三乘卽一乘、爲會。於經文名之曰示眞實相。因而所謂開顯亦同。是乃法華經一部之主意也。四敎儀曰、「開前頓漸會入非頓非漸。故言開權顯實。」見開顯條。

【開塔印】（印相）作塔印、其二大指間少開也。見率都婆印條。

【開道者】（術語）能開示佛道者。佛之自稱。法華經藥草喩品曰、「我是一切智者、一切見者、知道者、開道者、說道者。」

【開葷】（雜語）又曰開素。許食葷肉也。佛雖制酒肉五辛、而有病患或利益事時、則許飲食之。如四分律四十二、等爲病比丘許噉諸種肉、飲諸種汁漿、十誦律二十六、僧祇律三十二、毘尼母論三等、許食離見聞疑之三種淨肉、五事報應經謂有病聽於伽藍外白衣家食五辛、分別功德論四說佛許病比丘飲酒、文殊問經上說佛許食肉噉蒜、皆是也。

【開敷道印】（印相）辯才天之印也。離八葉印於左右而仰舒五指者。

【開敷華王如來】（菩薩）胎藏界八葉中南方之尊。經云華開敷、疏云沙羅樹王開敷佛金色放光明住於離垢三昧之相也。爲平等性智之所成司五德第二修行之德、長養大悲萬行開敷萬德故名華開敷。其種子爲第二點之㮈其密號曰平等金剛。以是爲平等性智之所成故也於金剛界云寶生如來其密號同是四種法身中之他受用身也。大日經一曰「南方大勤勇遍覺華開敷」金色放光明三昧離諸垢」同疏四曰「南方觀娑羅樹王華開敷佛身相金色放光明。如住離垢三昧之標相自菩提心種子長養大悲萬行今成遍覺萬德開敷故以爲名。」

【開演】（術語）說法也。解深密經一：曰「一切種子如暴流我於凡愚不開演。」唯識述記一本曰「幽隱未顯今說名開。先略難知廣談爲演」

【開漸】（術語）對顯頓而立。開漸顯頓與開權顯實同開漸敎而顯頓敎也。見開顯條。

【開廢】（術語）同於開遮。聽許曰開、禁制云廢。

【開廢會】（術語）開與廢及會也。天台所謂論本迹二門開會之三義。開者開除、除權敎及迹門也。廢者廢捨、捨權敎及迹門也。會者會入、融會權敎及迹門諸行使歸入實敎及本門也。開就敎法之體而言、廢就化導之用而言、會就所修之行而言也。

【開蓮】（譬喻）花開蓮現之略。是天台就法華經題之蓮華立三喩中之第二喩、示開權顯實之意者。玄義一上曰、「華開蓮現、可喻即權而實。」玄義七下曰、「二華開故蓮現、而須華養蓮譬權中有實。而不能知。今開權顯實意須於權。」

【開遮】（術語）戒律之語。開者許之義。遮者止之義。許作曰開、禁作曰遮。資持記上一之五曰、「遮即是制。不制爲即是開。」

【開導】（術語）開豪而導之以佛道也。無量壽經下曰、「隨器開導。授與經法。」

【開導依】（術語）謂前生之心王開路引導後生之心王心所也。唯識論三曰、「開導依者。謂有緣法爲主。能作等無間緣。此於後生心心所法。開路引導名開導依。此但屬心非心所等。」

【開靜】（雜語）禪林晨朝鳴版、開覺靜睡之謂也。有小大二種、五更四點之後鳴庫前之版、先起行者、是云小開靜、五更五點之後、庫前之版及諸堂之版一齊鳴、令闔寺之大衆起、是云大開靜。見象器箋十八。

【開齋】（術語）比丘喫朝飯也。義楚六帖六曰、「律云明相出時開齋。明相者。日照閻浮樹時。身黑葉青。過則白。開齋。又云星沒。又云少年比丘見手中𥍀文。」

【開講】（雜語）始開講釋也。講座之初日。對於解講或滿講而言。考信錄二曰「開講、發講並解講、解座之字、屢見廣弘明集二十二」

【開曉】(術語)開蒙明暗也。藥師經曰、「幽明衆生悉蒙開曉。」

【開題】(術語)解釋經文之題號也。如大日經問題、金剛頂經開題等。日本空海多用此名。

【開題供養】(儀式)新書寫經文而供養之之法會。其法會之表白、自解釋其經文之題號及其大意、故用開題之名。

【開壇】(雜語)開傳法灌頂之壇也。其授灌頂之知法師範謂之開壇阿闍梨。

【開覺】(術語)開發本有之佛性、覺知真性之本源也。八十華嚴經六曰、「應受化者咸開覺。」地持論曰、「平等開覺。故名為佛。」

【開覺自性般若波羅蜜多經】(經名)佛說開覺自性般若波羅蜜多經。四卷、宋惟淨等譯。

【開爐】(行事)禪林陰曆十月一日開爐、此日方丈有大相看。敕修清規月令須知曰、「十月初一日開爐。方丈大相看。」

【開權】(術語)開權顯實之略。法華一部之說、相見開顯條。文句記三上曰、「開權即是法華之相。息化即是涅槃之徵。」

【開權顯實】(術語)法華一部之說相見開顯條。

【開顯】(術語)開權顯實之畧。是乃法華經一部之說意。天台宗之判釋也。權者方便、實者真實。開方便而顯真實、乃本經一部之主意。開方便者、指四十餘年之方便說、開示此為方便。不開示之、謂為閉方便門。至於法華、方便之說、裝如真實、閉方便之門、故不得見真實之義。然今以開示方便為方便、而知方便之為方便、則真實之為真實自顯。經文謂之曰、「開方便門。示真實相。」是即法華之開權顯實也。然以此開權顯實當於經文、則前十四品曰開三顯一之說、後十四品曰開近顯遠之說。開三顯一者、就教法而名、開近顯遠者、就佛身而名。即前開三乘教之方便、而顯一乘教之真實、後開垂迹之近佛、而顯本地之遠佛也。故法華一部二十八品、前半為開三顯一、後半為開近顯遠、總之則歸結於開權顯實、即開顯之二字。玄義一上曰、「華敷譬開權。蓮現譬顯實。」文曰。開方便門。示真實相。」文句八上曰、「河西道朗云。直名三為方便。即是開方便門。昔不言三是方便。故方便門閉。今名三為方便。即示一為真實也。私謂此釋符文。」文句記八之三曰、「嘉祥亦云。開二種之方便。示二種之真實。昔不云二是方便。故門閉。今云二種是方便。故方便門開。」(二種方便為教法與佛身也)玄義一下曰、「開權顯實者。一切諸法。莫不皆妙。一色一香。無非中道。衆生情隔於妙耳。」同五上曰、「昔權蘊實。如華含蓮。開權顯實。如華開蓮現。離此華已。無更別蓮。」同五下曰、「開權顯實。於一切法中。卽見中道。」同七下曰、「若開權顯實者。達事法已。權意卽息。亦不離權。遠求於實。權卽是實。無復別權。故言開權顯實也。」同十上曰、「拂之以權迹。顯之以實本。當知此經唯論如來設敎大綱。不委微細綱目。」文句記四下曰、「六章之要。莫若開顯。」

【閑文字】（雜語）不要之文字。六祖壇經曰、「若見本性。十二部經總是閑文字。」

【閑不閑】（術語）閑者佛道修行有暇之境界。不閑者有八難等而無暇也。

【閑居】（術語）修止觀二十五方便中第一科具五緣中之第三有閑居靜處。止觀四上曰、「第三閑居靜處者。雖具衣食。住處云何。若隨自意、觸處可安。三種三昧、必須好處。好處有三。一深山幽谷。二頭陀抖擻。三蘭若伽藍。」

【閑居十德】（名數）

無男女境無愛欲心　無雜言緣無妄語愆
無敵對人無鬬諍畏　無是非友無讚毀誤
無見人失無談他過　無隨逐屬無眷屬嗜
無對面人無禮儀煩　無來臨客無饗應營
無交衆情無好衣望　獨修妙行更無他妨

【閑處】（術語）閑靜之處。謂練若也。法華經安樂行品曰、「在於閑處。修攝其心。」

【閑道人】（術語）詩經毛註曰、「閑、習也。」習道之人也。證道歌曰、「絕學無爲閑道人。」

【閑塵境】（術語）謂無要之文字、不用之言語也。文字屬於色塵之境。言語屬於聲塵之境。臨濟錄曰、「上他閑塵境。都不辨邪正。」

【閑機境】（術語）不用之機緣作略。臨濟錄曰、「皆是上他古人閑機境。」

【間穴餠】（飲食）穿穴於餠、盛種種之美味者。大日經疏七曰、「間穴餠有二種。或剖爲孔穴。或狀如亂絲重重間穴。加以衆味也。」

【間色】（術語）對青等之五正色而有綠等之五種中間色。又五間色之外有青、黑、木蘭三種之壞色。亦稱間色。是爲袈裟之常色。五正五間、不可爲袈裟。

【間色服】（衣服）袈裟之異名。袈裟有定之三種壞色。是爲一種之間色、故名間色服。非言彼五間色也。一青之間色。二黑之間色。三木蘭之間色。六物圖曰、「或名間色服。三色成故。」見袈裟條。

【間隔】（術語）謂無始之間隔、一念之間隔等。乃眞言宗之用語。根本無明之異名。不達法界平等之理而執差別之妄念也。由此差別之妄念而起貪瞋等之煩惱、造諸惡業、輪廻於生死。一切生死之根本皆在此一念之間隔。此妄情爲凡夫之自性、由無始而相續、故云無始之間隔。菩提心論有此名、起信論謂之根本無明。菩提心論曰、「或爲無始間隔。未能證於如來一切智智故」辨惑指南二曰、「一念間隔、頓有差別自他之念。殺生偸盜邪婬妄語等惡業皆從自愛疎他而起、故皆是無始間隔所作也。」

【間錯天】（天名）胎藏界曼荼羅外金剛部南方十七位之天名。二十八宿中之翼宿種子ㄐ字。此天在因位下禍於小男女、或使至死。由胎藏大日之加持攝取於曼荼羅會中、爲曼荼羅外護之一尊。

【間斷】（雜語）間隔斷絕之意。又名有間斷。或曰有間。對於無間而言。即不相續而中間斷絕也。成唯識論四所謂「無心定、熟眠、悶絕、無想天中間斷故」往生禮讚所謂「憶想間斷故」是也。

【悶絕位】（術語）命終時苦悶絕倒氣息之時也。

【量】（術語）宗因喩之三支爲比量、因明之作法爲立量。

【二量】（名數）一現量、如以眼識見色、以耳識聞聲。二比量、如見烟知有火。以已知之法比顯未知之法也。

【三量】（名數）一現量、二比量、三聖敎量。又曰至敎量、聲量、正敎量。尙有現量比量非量之三量。見三字部三量條。

【四量】（名數）於三量加譬喩量也。人生之無常、如水泡之無常、以喩而顯者。

【五量】（名數）上四量加義准量。義准量者、若准於法之無我、必知爲無常也。

【六量】（名數）五量加無體量是也。如入此室中見主不在、知所往之處。此中陳那菩薩之因明法、廢餘量、各隨其所應、攝於現與比中、唯立現比之二量。見因明大疏一。

【量果】（術語）三量之一。相宗謂能緣之心、緣所緣之境而了知、終之結果也。

【量等】（術語）量等身之略。

【量等身】（術語）言如來之身、相等於一切有爲無爲諸法之量也。經舉十三個量等身。華嚴經曰、「佛子如來應正等覺成正覺時、得一切衆生量等身、得一切法量等身、（中畧）得寂滅涅槃界量等身。佛子如所得身、言語及心亦復如是、如是等無量數淸淨三輪。」同經疏曰、「今初有十三身、前六等事、次三等理、次一等事理、事事無礙、後三等因果。略舉十三、俱云無量。晉經但云等身。」

【最上乘】（術語）至極之敎法也。諸宗各名其宗義。法華經授記品曰、「諸菩薩智慧堅固、了達三界、求最上乘。」二敎論上曰、「爲欲成就乘、最上乘者、故名爲大乘。」

【最上意經】（經名）最上意陀羅尼經之略名。

【最上大悉地】（術語）稱佛果。廻向

頌曰、「我等所修諸功德。廻向最上大悉地。」

【最上意陀羅尼經】（經名）一卷、宋施護譯。最上意爲陀羅尼之德稱。

【最上秘密那拏天經】（經名）三卷、宋法賢譯。說那拏天之修法儀軌。

【最上大乘金剛大敎寶王經】（經名）二卷、宋法天譯。佛在廣嚴城勅金剛手菩薩說弟子之八事及二諦等。

【最上根本大樂金剛不空三昧大敎王經】（經名）七卷、宋法賢譯。大樂金剛爲金剛薩埵之異名。有二十五品。說儀軌及實理。

【最正覺】（術語）最上至極之正覺。謂佛也。正覺者指契於眞理之智慧。無量壽經上曰、「得微妙法成最正覺。」探玄記二曰、「正覺者。能覺之妙智。以菩薩亦有隨分正覺、然位未極。不得稱最。今就至極名最正覺。」華嚴大疏一曰、「開悟稱覺。離倒爲正。至極爲最。」

【最末後身】（術語）與最後身同。見最後身條。

【最明】（術語）四十二章經曰、「何者最明。心垢滅盡。淨無瑕穢。是爲最明。」

【最後】（雜語）謂人之死時。如最後之念佛、最後之敎誨等。

【最後心】（術語）又名最後念。卽灰身滅智、將入無餘涅槃。最後刹那之心也。見大毘婆沙論三十二等。

【最後念】（術語）與最後心同。

【最後生】（術語）見最後身及最後身菩薩條。

【最後有】（術語）與最後生同。

【最後身】（術語）謂生死界中最後之身。阿羅漢及等覺菩薩之身也。法華方便品曰、「得阿羅漢最後身。」勝鬘經寶窟中末曰、「最後身菩薩。菩薩之人。於最後生未成佛前。名最後。」

【最後身菩薩】（術語）又名最後生、最後有、或後身菩薩。卽住於生死身最後之生之菩薩也。俱舍論十八曰、「住最後有名最後生。」俱舍光記十八釋之曰、「卽是王宮所生身。」又瑜伽論略纂十一曰、「最後身、謂已生欲界。卽於此身成道。此身爲生死身最後有。故名最後身。」是也。

【最後十念】（術語）臨命終時、念佛十遍也。此據觀無量壽經所謂愚人臨終十念。念念中除八十億劫生死罪。生於極樂之說。

【最後之唱】（雜語）如來涅槃、介諸比丘以戒爲師。依戒而住。故云。

【最後品無明】（術語）最極微細之無明也。就生起之次第而謂爲無始無明、根本無明、元品無明等。就伏斷之次第而謂爲最後品無明。七帖見聞七曰、「約流轉初無始無明云也。又元初一念無明云也。是卽法性都忽然念起名爲無明。迷始一念無明也。又還滅門時斷惑終故最後品無明云也。又終品無明釋。」

【最勝】（術語）無量壽經上曰、「今日世英住最勝道。」淨影疏曰、「無上菩提。是最勝道。」

【最勝人】（雜語）稱讚念佛行者之言。

【最勝子】（人名）Jinaputra 造瑜伽師地論釋之菩薩名。西域記十一曰、「鉢伐多國。周五千餘里。（中略）城側有大伽藍。僧徒百餘人並學大乘敎。卽是昔愼那弗呾羅（唐言最勝子）論師於此製瑜伽師地釋論。」

【最勝乘】（術語）大乘之尊稱。八十華嚴經五十一曰、「過二乘名爲大乘。第一義乘。勝乘。最勝乘。上乘。無上乘。利益一切衆生乘。」

【最勝壇】（術語）稱秘密壇之內心曼荼羅。大日經五曰、「此最勝壇故應與三昧耶。」義釋十二曰、「從諸佛大悲海而生金剛智。從金剛智出生一切佛會也。於一切曼荼羅中此最爲上無與比也。」

【最勝尊】（術語）尊中之至極稱佛。無量壽經上曰、「願我功慧力等此最勝尊。」

【最勝經】（經名）金光明最勝王經之略名。又地婆訶羅譯佛頂最勝陀羅尼經之略名。

【最勝太子】（天部）護持佛法守護國家之善神名。又名如意勝王、如意天王。甘露太子。

【最勝講堂】（堂塔）帝釋天講堂之名。見增一阿含經十。

【最勝眞如】（術語）十眞如之一。於十地中第二離垢地所證之眞如。是地持極淨之尸羅。故於證亦具無邊之功德。於一切法最勝。故名。

【最勝王經】（經名）具名金光明最勝王經。十卷。唐義淨譯。此經有三本。第一譯云金光明經。有四卷。第二譯云合部金光明經。有八卷。第三譯卽此金光明最勝王經也。一部有三十一品。是護國三部經之一。經之第六有四天王護國品。說四天王鎭護國家之誓。

【最勝王經疏】（書名）六卷、淄州慧沼著。同八卷、海東元曉著。

【最勝佛頂】（菩薩）金輪佛頂之一。胎藏界釋迦院五佛頂尊之一。見佛頂尊條。

【最勝佛頂印】（印相）輪寶印也。見大日經密印品。

【最勝陀羅尼經】（經名）佛頂最勝

陀羅尼經之略名。

【最勝燈王神呪經】（經名）東方最勝燈王如來助護持世間神呪經之略名。

【最勝佛頂陀羅尼經】（經名）一卷、宋法天譯有陀羅尼八十句前後無文。

【最勝佛頂陀羅尼淨除業障經】（經名）一卷唐地婆訶羅譯尊勝陀羅尼經之異譯。

【最無比經】（經名）佛說最無比經、一卷唐玄奘譯佛爲阿難校量三歸五戒乃至具足戒之功德。

【最極】（術語）因位之極等覺之位也文句四曰、「隣圓際極唯一生在」同記曰、「言隣圓者圓謂圓滿近於滿位隣妙覺也言際極者顯隣圓耳」

【最澄】（人名）日本傳敎大師名最澄與空海入唐傳台密禪之三宗爲日本天台宗之高祖所著甚多凡二百八十餘部云。

【景岑】（人名）南泉之法嗣也號招賢三十二祖傳曰、「岑嘗與仰山寂玩月次寂曰人人盡有這個祇是用不得岑曰恰是倩汝用寂曰儞作麼生用岑劈胸與一蹋寂曰囫直下似個大蟲自此諸方稱爲岑大蟲。淸雍正十二年封洞妙朗淨禪師。

【景命日】（雜名）天子卽位之日禪林法規每月此日有祝讚諷經見象器箋十三。

【景德傳燈錄】（書名）三十卷宋眞宗景德年中沙門道原編集諸祖之機緣者。

【單】（物名）書姓名於片紙者又片紙記物名者。

【單本】（術語）譯經之無別本者開元釋敎錄十曰、「單本原來一本更無別本重翻本是一經或有二重翻者乃至六重翻者。」

【單白】（儀式）三種羯磨之一最輕微之事及常式之事僅一度白告於衆得使其事成立者羯磨疏一上曰、「單白者如設戒告衆僧常所行聖制同遵有背結過未假煩請隨作便遂初牒事表陳勸衆和忍名之爲白卽此成遂有作業之功名爲羯磨」資持記上一之五曰、「一者單白事或輕小常所行或是嚴制一說告僧便成法事」見羯磨條。

【單位】（雜名）禪堂貼己名單之座位也敕修淸規日用軌範曰、「昏鐘鳴須先歸單位坐禪」

【單前】（雜語）禪堂貼己名單之坐床謂之單位又其床前之板謂之單闊八寸、據周尺故爲一尺謂之單板一尺而床闊六尺加以單板一尺則爲七尺謂之七尺單前。若除單板則爲六尺謂之六尺單前碧巖錄曰、「三條椽下七尺單前試去參詳看」續傳燈錄（繼圓禪師章）曰、「且向三條椽下六尺單前須容取。」

【單拏】（物名）與但茶同。

【單致利】（雜語）Nidrā-tandri 譯爲腫眼病。大乘義章二曰、「喜睡五病名單致利。」

【單麻】（故事）一個麻實也。佛六年苦行、一日食一麻一麥云。

【單提】（術語）猶言單傳。禪家直指之旨也。單提宗旨不涉餘岐之義。又具足戒五篇中有尼薩耆波逸提與但波逸提二篇。尼薩耆者、捨之義、波逸提者、墮之義、捨者、應捨離所犯之贓物也。墮者、其罪報墮於地獄也。其捨墮罪有三十、戒墮罪有九十戒。因而九十之墮罪、對於三十之捨墮罪、謂之單墮、今以提之一字舉墮之梵語波逸提Pācitt-ika也。

【單傳】（術語）禪家之宗旨、不依經論文句、單傳心印也。碧巖初則評唱曰、「達磨遙觀此土有大乘根機。遂泛海得得來。單傳心印」祖庭事苑曰、「傳法諸祖。初以三乘教乘衆行。後達磨祖師單傳心印。破執顯宗。所謂教外別傳不立文字。直指人心見性成佛。然不立文字失意者多矣。往往謂屏去文字以默坐爲禪。斯實吾門之啞羊爾。且萬法紛然。何止文字不立者哉。殊不知道猶通也。豈拘執於一隅哉。故卽文字文字不可得。文字既爾。餘法亦然。所以爲見性成佛也。豈待遣而後已。」

【單寮】（雜名）獨房也。頭首知事退職居於獨房及名德之居於西堂首座之居於獨房者、皆稱單寮。單身專寮而無同舍者也。見象器箋五。

【貴己等佛】（雜語）具高慢之心、以己爲貴。有等於佛之思也。約理言之、雖爲生佛一如。然迷悟因果懸隔。起與佛同等之見。必至慢舉而疎實修焉。

【貴在得悟】（雜語）教文之義理、無方無定。所詮之貴、在於得悟也。是三論一家之綱要。法華遊意上曰、「一之與異隨時用之。貴在得悟。義無定也。」

【貴在得意】（雜語）所貴在於得其意也。文句一上曰、「貴在得意。不煩筆墨。」

【圍遶】（儀式）遶右旋而敬禮。卽右遶三匝也。法會之行道式本此。賢愚因緣經九曰、「須達遙見世尊。猶如金山。（中略）覩之心悅。不知禮法。直問世尊。不審瞿曇。起居何如。世尊卽時命令就座。時首陀會天遙見須達雖見世尊。不知禮拜供養之法。化爲四人。行列而來。到世尊所。接足作禮。胡起問訊。起居輕利。右遶三匝。却坐一面。是時見其如是。乃爲愕然而自念言。恭敬之法。事應如是。卽起離座。如彼禮敬問訊起居。右遶三匝。却坐一面。」法華文句二下曰、「圍繞者。佛初出世。人未知法。淨居天化爲人像。到已右旋。

旋已敬禮却坐聽法。因於天敬人以爲楷。（經中畧）圍繞者、行旋威儀也。」

【黑天】（天名）Mahākāla 卽大黑天神。大自在天之眷屬。本名嚕捺羅Rudra。譯曰暴惡。別名摩訶迦羅。譯曰大黑。大日經疏二曰、「黑天梵音魯捺羅。是自在天眷屬。」同十曰、「嚕捺羅亦佛所化身。是摩醯首羅之化身也。」見大黑天及魯達羅條。

【黑分】（術語）太陰曆之下半月也。梵語記里史拏博乞史Kṛṣṇapakṣa。見梵語雜名。見黑月條。

【黑月】（術語）又曰黑分。Kṛṣṇapakṣa 太陰曆之下半月也。西域記二曰、「月虧至晦謂之黑分。黑分或十四日十五日。月有大小故也。」底哩三昧經曰、「黑月八日於寒林、（中略）坐其上念誦。」

【黑比丘經】（經名）黑比丘因好鬪諍、佛爲說惡馬良馬之喻誡之。攝於中阿含經二十三。

【黑氏梵志經】（經名）一卷、吳支謙譯。有梵志名迦羅。具足五通、能說法。閻羅王來聽法。悲梵志七日後當死。死墮閻羅界。梵志懼、見佛證果。

【黑白】（術語）善惡之異名。倶舍論十六曰、「諸不善業一向名黑。染汚性故。色界善業一向名白。不雜惡故。」卽黑白二業也。

【黑白二月】（雜名）由十五夜之滿月前十五日曰白月。後十五日曰黑月。此一月兩分之名。乃印度之曆法。如言黑月白月、黑分白分。

【黑衣】（衣服）黑色之僧衣也。釋氏要覽上曰、「今禪僧多著黑黲衣。若深色者。可是律中皂黑衣攝。用墨錠與雜泥不遠故。若淡而靑白者。可是律中靑衣攝。以用銅靑板綠雜墨染故。」是三種如法色之一。參照黑袈裟條。

【黑衣宰相】（人名）僧慧琳、南北朝時得幸於宋文帝、與聞政治、故有此稱。佛祖通載八曰、「時有僧慧琳者。以才學得幸於帝。與決政事。時號黑衣宰相。」梁僧傳七道潤傳有附傳。

【黑衣二傑】（雜名）佛祖統紀三十六曰、「齊武帝永明元年。勅長干寺玄暢同法獻爲僧主。分任江南北事。時號黑衣二傑。」

【黑耳】（神名）神女名吉祥女之妹、常爲損害於人者。新稱黑耳。舊稱黑闇。倶舍論光記五曰、「黑耳吉祥姊妹二人常相隨逐。姊名吉祥。所至之處能爲利益。妹爲黑耳。由耳黑故以名焉。所至之處能爲衰損。舊云功德天、黑闇女。譯家誤矣。」

【黑沙地獄】（界名）十六遊增地獄之一。熱風吹揚熱黑沙。燋爛人心者。

【黑夜神】（神名）Kālarātri 又曰黑夜天、闇夜天、黑闇天。梵名伽羅囉底嚟。閻摩王三后之一。司中夜之神。大日經疏十曰：「次黑夜神。眞言此卽閻羅侍后也。」同十四曰：「以左手握地水指入掌。火風相並而申之。其空指如尋常作拳也。此黑夜天印也。閻羅王后也。」同十六曰：「南方閻摩王當作風壇。（中略）左邊畫黑闇后。以幢爲印。」同十七曰：「當知卽是黑夜天。卽是閻羅一演密鈔九曰：「梵語迦羅。此譯云時。卽三時等也。若准普通眞言藏品中釋者。具足梵音云迦羅囉底嚟。迦羅云黑。囉底嚟云夜。卽黑夜神也。又底哩名三。卽夜三時也。」

【黑風】（雜語）天晦暴風吹海。名爲黑風。法華經普門品曰：「入於大海。假令黑風吹其船舫。」羅什譯仁王經下曰：「黑風赤風青風天風地風火風水風。」長阿含經二十一曰：「有大黑風暴起吹海水。」

【黑耶柔】（術語）四吠陀中之耶柔吠陀分二種。一爲白耶柔。一爲黑耶柔。

【黑蚖】（譬喩）劇毒之蛇。以譬煩惱之毒。略說戒經曰：「煩惱毒蛇睡在汝心。譬如黑蚖。當速除之。」

【黑蚖懷珠】（譬喩）智度論十示過去之業因不同。故現在之果不均曰：「有一黑蚖懷摩尼而臥。有一羅漢乞食不得。」言蚖於前世破戒。猶以有福分。今墮於蚖尙懷寶珠云。止觀七下借之以喩有解不能行曰：「雖聞不用。如黑蚖懷珠。何益於長蛇者乎。」

【黑袈裟】（衣服）黑色之袈裟。律中禁青黃赤白黑之五正色。而許似青、似黑、木蘭之三不正色。似黑者。卽緇色。言如黑泥之色也。釋門章服儀曰：「問上引大乘中被服染衣。未知何色。成於如法。答如經律中。通云壞色。故文云。當以三種青黑木蘭。隨用一壞。成如法色。（壞者言正色壞濁也）（中略）上明青色。名同五色。如論律中。似而非正。木蘭一染。此方有之。赤多黑少。若乾陀色。」行事鈔下之一曰：「青謂銅青。黑謂雜泥等。木蘭謂諸果汁等。」

【黑象脚】（雜語）一類之衆生。見佛之色身如黑象脚也。觀佛三昧經三曰：「優婆塞衆中有十六人。見佛色身如黑象脚。優婆夷衆中有二十四人。見佛色身猶如聚墨。」

【黑鉢】（器名）此是毘舍離城上好黑色貴瓦鉢。諸比丘得、不敢受。佛聽受畜。

【黑飰】（雜名）正字通曰：「飰、同飯。」以天燭草葉之汁染飯。爲青黑之色。禪宗於四月八日造之。供佛。本由仙家之服餌而來。天燭一名楊桐。因之其飯一名桐飯。敕修淸規月分須知曰：「四月初八日佛誕浴佛。庫司豫造黑飰。」象器箋十六曰：「濳確類書云：青精一名南天燭。又曰黑飯草。以其可染黑飯也。道家謂之青精飯。」

【黑業】（術語）四業之一。感闇黑不淨之苦果闇黑不淨之惡業也。婆羅門緣起經曰、「造黑業者感黑業報。」智度論九十四曰「黑業者是不善業果報地獄等受苦惱處。是中衆生以大苦惱悶極故名爲黑。」成實論八曰「若業二世所呵今呵後呵。是人爲罪墮在黑闇無有名聞故名爲黑。」行宗記二上曰、「言黑黑者因黑果黑故云俱不淨。不淨即黑之異名也。」

【黑漆桶】（譬喻）譬無明之堅厚也。碧巖第一則評唱引五祖禪師之語曰、「與他打破漆桶。」種電鈔一曰「棱伽云人曠劫無明結習膠固恰如貯漆之桶黑洞洞地不明也。」

【黑漫漫】（譬喻）如云黑漆桶、謂人之不明也。碧巖四十四則著語曰、「依舊黑漫漫。」

【黑齒】（異類）法華經所說十羅剎女之一。十羅剎女共誓擁護持經者。見羅剎女條。

【黑闇】（雜語）無智慧之光也。南山戒疏二上曰、「言黑闇心者。謂痴心也。」止觀五上曰、「此黑闇人豈可論道。」論阿彌陀佛偈曰「三塗黑闇蒙光啓。」

【黑闇女】（天名）涅槃經十二曰、「姊云功德天、授人以福。妹云黑闇女、授人以禍。此二人常同行不離。」功德天又曰吉祥女。黑闇女又云黑耳女。見黑耳及吉祥條。

【黑闇天】（天名）即黑闇女。見前項。

【黑嶺】（地名）又作黑山。山名。見西域記一。慈恩傳二等。

【黑繩】（界名）八熱地獄之第二。俱舍頌疏八曰、「黑繩地獄。先以黑繩秤量支體。後方斬鋸。故名黑繩。」

【黑繩地獄】（界名）見前項。

【嵐毘】（地名）嵐毘尼之略。

【嵐毘尼】（地名）Lumbini 又作藍毘尼、嵐鞞尼、留毘尼、流毘尼、流彌尼、林毘尼、林微尼、樓毘。新稱臘伐尼。藍鞞尼。花園名。在迦毘羅城之東。摩耶夫人生佛之處。藍鞞尼譯作鹽、上古守園之婢名、因以名園。或譯曰可愛。西域記六曰、「箭泉東北行八九十里。至臘伐尼林。有釋種浴池。澄清皎鏡。雜華彌漫。其北二十四五步有無憂華樹。今已枯悴。菩薩誕靈之處。」玄應音義十九曰「嵐毘或言流毘尼。或言林微尼。正言藍鞞尼。此云鹽。即上古守園婢名也。因以名園。飯那此云林。或譯云解脫處。亦云滅。亦名斷。鞞音扶晚切。」智度論二十六曰、「佛世世當愛遠離行。若菩薩在母胎母亦樂遠離行。去城四十里、嵐鞞尼林中生。」翻梵語九曰、「樓毘、譯曰可愛。長阿含第四。」

【掌中論】（書名）一卷、陳那菩薩造、

(Diṅnāga.) 唐義淨譯。論三界唯有假名、實無外境、引蛇繩麻之譬。

【掌石】(譬喩) 海底有石名掌、無一微塵之不平、經中以爲國土平正之喩。法華經五百弟子授記品曰「地平如掌」法華文句七曰「經直言如掌不言手掌。手掌不平則非所引。海底有石名掌。此石無有一微塵不平。當知類如法掌耳。」

【掌光】(雜語) 道昂慧解夙成。掌中常有光不勞燈燭。

【掌果】(譬喩) 掌中之菴摩羅果也、以譬物之易見。止觀一曰「如觀掌果無有僻謬。」

【掌珍論】(書名) 具名大乘掌珍論、一卷。清辯菩薩造、唐玄奘譯。明諸法無相之義、破護法之諸法有相、卽破相宗之根本論也。

【悲】(術語) 梵語 Karuṇā 或跛哩泥嚩 Parideva 惻愴他人之苦而欲救濟之之心也。大乘義章十一曰、「愛憐名慈。惻愴曰悲」又曰「慈能與樂。悲能拔苦。」梵語雜名曰、「悲跛哩泥嚩。」

【悲心】(術語) 悲他之苦之心也。止觀四曰、「悲心徹骨、如母念子。」

【悲手】(術語) 表慈悲心之手相也。大日經疏十七曰、「救意菩薩作悲手置心上。謂水空相捻當心。餘介申散也。其捻指向心。」(水爲無名指空爲拇指)

【悲引】(術語) 大悲之引導也。敎行信證六本曰、「濁惡群萌、齊悲引也。」

【悲田】(術語) 三福田之一。可悲愍之苦難貧窮境界、向此境界而惠施、則得無量之福。故名悲田。法論謂供父母曰恩田。佛僧曰敬田。貧窮曰悲田。唐有悲田養病坊。見舊唐書武宗紀、悲田之名本此、

【悲田院】(堂塔) 養鰥寡孤獨窮民之處也。法論謂供父母爲恩田。供佛爲敬田。施貧爲悲田後世謂養濟院曰悲田院。本此。唐有悲田養病坊見舊唐書。俗作卑田院。

【悲生眼印】(印相) 此印相出攝大儀軌二。灌頂時於壇前結此印開弟子之眼。

【悲生曼荼羅】(術語) 三重之曼荼羅、從中胎八葉之大悲而生、故有此稱。大日經一曰、「胎藏正均等。藏中造一切悲生曼荼羅。」

【悲母】(術語) 垂悲於我之母也。心地觀經二曰、「慈父恩高如山王。悲母恩深如大海。」

【悲門】(術語) 對智門之稱。見悲智條。

【悲智】(術語) 慈悲與智慧也。此爲佛菩薩所具一雙之德、稱曰悲智二門。智者上求菩提、屬於自利、悲者下化衆生、屬於利他。以之配於人身之兩手、則悲爲左手、智爲

右手。又配於眞言之兩部、則悲爲胎藏界、智爲金剛界。配於彌陀之兩脇士、則悲爲左脇之觀音、智爲右脇之勢至、有如是無盡之對配。法事讚上曰「釋迦諸佛皆乘弘誓、悲智雙具不捨含情」

【悲智圓滿】（術語）慈悲與智慧完全具足也。

【悲旋潤菩薩】（菩薩）胎藏界除蓋障院上第七位。密號曰悲念金剛。以旋大悲智水潤衆生乾田爲三昧、菩薩以大悲纒其心、故名大悲纒、又名悲念、悲愍慧、悲發生菩薩。形肉色、左手執未敷蓮、右手大中相捻、坐於赤蓮。

【悲華經】（經名）十卷、北涼曇無讖譯。寶海梵志勸無諍念王及其千子、詣寶藏如來所發無上心、使各取淨土。無諍念王受無量壽佛之記、王之第一子、受觀世音之記、第二子受大勢至之記、乃至千子悉受記也。

【悲無量心】（術語）四無量心之一。於一切衆生起悲心而無量也。

【悲敬二田】（名數）悲田與敬田也。加恩田則爲三福田。見福田條。

【悲幢】（物名）大悲之摩竭幢也。於幢頭安摩竭幢、故名摩竭幢、以標愛金剛之三昧也。五秘密軌曰、「愛金剛摩竭幢爲大悲金剛鎖度一切衆生以爲其道」

【悲增菩薩】（菩薩）二增菩薩之一、見二增菩薩條。

【悲濟會】（行事）施餓鬼會也。

【悲願】（術語）佛菩薩大慈悲所發之誓願也。如阿彌陀佛之四十八願、藥師如來之十二願等。唯識論四曰、「悲願相應善心」大日經疏四曰「勸囑阿闍梨令興平等悲願」

【悲願船】（譬喩）佛菩薩之悲願、卽度人於生死海之船筏也。心地觀經一曰、「應念我何時乘悲願船去」

【悲願金剛】（菩薩）地藏菩薩之密號也。

【勞侶】（術語）塵勞之黨侶也。塵勞者煩惱之異名。維摩經弟子品曰「爲與衆魔共一手作諸勞侶」註「肇曰。其爲諸塵勞之黨侶也」大日經疏曰、「若離如是實相印、餘皆愛見所生、與天魔外道作諸勞侶」

【勞度差】（人名）外道之能知幻術者、與舍利弗角種種之神力。見賢愚經須達起精舍品。

【勞怨】（術語）魔來勞我、我爲爲怨、故云勞怨。維摩經方便品曰「降魔勞怨」註「肇曰。四魔勞我致爲怨」慧遠疏曰、「魔能勞亂、名之爲勞、敗人善根、故說爲怨」

【勞結】（術語）塵勞與結使、皆煩惱之異名。淨心誡觀法序曰、「吸攬塵緣、積成勞結。」

【勞謙】（雜語）勞而不誇功也。維摩經香積佛品曰、「斯諸菩薩亦能勞謙。」

【無】（術語）梵語阿、A譯曰無、非、不。以世俗釋之、只是否定事物存在之辭。以勝義釋之、則無有二種。惑智之無與聖智之無是也。惑智之無、僅爲斷見。聖智之無、則超於有無之妙無也。眞言以𑖀阿字爲觀道之要門、禪家亦有以無字爲悟道之關門者、皆取聖智之無也。無門關第一則曰、「趙州和尚。因僧問狗子還有佛性也無。州云無。」評唱曰、「參學須透祖師關。妙悟要窮心路絕。祖關不透、心路不絕、盡是依學附木精靈。且道如何是祖師關。只者一箇無字、乃宗門一關也。遂目之曰禪宗無門關。」

【無一物】（術語）禪門六祖得道之語。六祖壇經曰、「菩提本無樹。明鏡亦非臺。本來無一物。何處惹塵埃。」

【無二無三】（術語）法華無二亦無三之略。

【無二亦無三】（術語）謂成佛之道、唯一而無二道三道也。法華經方便品曰、「十方佛土中。唯有一乘法。無二亦無三。除佛方便說。」此爲偈文之語。其本文曰、「如來但以一佛乘故爲衆生說法。無有餘乘若二若三。」諸師解之、其說不一。台家就藏通別圓四敎而對簡之、成立唯一圓敎。餘乘若二若三、訓爲「餘乘與若二與若三。」餘乘者、指別敎、若二者、指通別二敎、若三者、指藏通別三敎。意謂今之法華時爲唯一圓敎、不如前華嚴時（第一時）之兼別敎、不如般若時（第四時）之帶通別二敎、不如方等時（第三時）之對待藏通別三敎也。是視二三之數爲複數而解之也。（法華文句）三論之嘉祥、法相之慈恩、就三乘而對簡之、成立唯一佛乘。故訓爲「餘乘之若二若三。」餘乘者、總指緣覺與聲聞、若二者、別指緣覺、若三者、別指聲聞。是以一二三之次第、佛乘爲第一、緣覺乘爲第二、聲聞乘爲第三。意謂爲唯一佛乘、無第二之緣覺乘、亦無第三之聲聞乘也。慈恩言勘梵本謂爲無第二無第三、譯時果謂無二亦無三也。（法華義疏、法華玄贊）

【無二平等經】（經名）無二平等最上瑜伽大敎王經之略名。

【無二平等最上瑜伽大敎王經】（經名）六卷、趙宋施護譯。金剛界眞言之別名。

【無刀大賊】（譬喩）不持刀之劫賊也、以譬無德之比丘掠他信施者。淨心誡觀中曰、「凡夫狂痴、內愚外智。未有戒定、現戒定相。彰揚善名、招引利養。隱匿垢過、外顯清白。常向道俗說己功德。經云。此是無刀大賊。罪於劫掠。」

【無三惡趣願】（術語）阿彌陀佛四

十八願之第一。無量壽經上曰、「設我得佛。國有地獄餓鬼畜生者不取正覺」

【無上】（術語）謂無有過於此者。善見律一曰、「無上者諸法無能勝也」華嚴大疏鈔十三曰、「無有能過者故號爲無上」淨土論註曰、「無上者此道窮理盡性更無過者」

【無上上】（術語）佛之德號也。無上無上之義。涅槃經四相品曰、「無上上者眞解脫眞解脫者卽是如來」

【無上士】（術語）Anuttara 佛十號之一。無上之士夫也。人中最勝無有過之者、故云無上士。涅槃經曰、「有所斷者名有上士。無所斷者名無上士」涅槃經八曰、「如來者名無上士。譬如人身頭最無上。非餘肢手足等也。佛亦如是最爲尊上。非法僧也」智度論二曰、「涅槃法無上。佛自知之。（中略）如諸法中涅槃無上。衆生中亦無上」大乘義章二十末曰、「士者人之別稱。人中最勝。餘不能加。名無上士」

【無上道】（術語）如來所得之道、更無過上。故名無上道。法華經方便品曰、「正直捨方便。但說無上道」同壽量品曰、「每自作是念。以何令衆生得入無上道。速成就佛身」同勸持品曰、「我不愛身命。但惜無上道」法華嘉祥疏二曰、「菩提云道。無上正徧知果道也」

【無上忍】（術語）堪受眞理之智謂之忍。有無上忍、寂滅忍等。無上者嘆稱之語。寶積經二十二曰、「速至大安穩成就無上忍」因十忍之一。信受無常之理而不疑也。

【無上法】（術語）涅槃也。一切法中無過涅槃也。智度論五十五曰、「如阿毘曇中說有上法者一切有爲法及虛空非智緣盡。無上法者智緣盡所得涅槃。是故知無法勝涅槃者」

【無上眼】（術語）無上之法眼也。中阿含經二十九曰、「堪任正梵行。成就無上眼」

【無上尊】（術語）人天中、佛最尊勝、故號無上尊。無量壽經上曰、「吾當於世爲無上尊」涅槃經二曰、「當念懃精進頂禮無上尊」

【無上乘】（術語）嘆稱教法之至極也。卽大乘之異名。華嚴經五十一曰、「過二乘名爲大乘。第一乘、勝乘、最勝乘、上乘、無上乘。利益一切衆生乘」寶積經二十八曰、「諸佛如來正眞正覺所行之道。彼乘名大乘。名爲上乘。名爲妙乘。名爲勝乘。無上乘。無上上乘。無等乘、不惡乘、無等等乘」

【無上燈】（雜名）涅槃之總名。以能照破煩惱之昏闇故也。中阿含經三十曰、「一切有結盡。無病爲涅槃。謂之無上燈」

【無上輪】（術語）三輪之一。輪者堅

固之義、無常堅固、破之非易、故名輪。見三輪條。図無上之法輪也。謂佛之說法。法華經化城喻品曰、「當轉無上輪。」

【無上慧】（術語）佛所得之智慧也。法華經序品曰「求無上慧。爲說淨道。」

【無上覺】（術語）無上之正覺也。佛覺悟一切法之眞智也。梵云阿耨多羅三藐三菩提、譯曰無上正等正覺。七佛經曰、「如是出家時。速成無上覺。」

【無上大果】（術語）對於等覺而謂爲無上果、對於二乘小果而謂爲大果、即佛果也。法華經曰、「久修梵行。今得無漏無上大果。」

【無上方便】（術語）阿彌陀佛作願、攝取一切衆生、使生於極樂國善巧之方便無過於此、故名無上之方便。淨土論註下曰、「此中言方便者。謂作願攝取一切衆生。共同生彼安樂佛國。彼佛國即是畢竟成佛道路。無上方便也。」

【無上上乘】（術語）大乘之德號。無上無上之敎法也。

【無上正覺】（術語）無上正等正覺之簡稱。謂佛之悟也。無過於此之悟、故云無上、離偏邪故云正、悟眞理故云覺。梵語阿耨多羅三藐三菩提、此譯無上正等正覺。無量壽經上曰、「決定必成無上正覺。」

【無上世尊】（術語）佛之尊號。以佛爲一切世間中最尊勝故也。

【無上妙覺】（術語）如來所得之覺體、不可思議、故云妙、無有過之、故云無上。圓覺經曰、「無上妙覺徧諸十方。出生如來。」

【無上法王】（雜語）如來之尊號。以如來於法得自在故也。圓覺經曰、「無上法王有大陀羅尼門。」智度論七曰、「佛爲法王。菩薩爲法將。」

【無上法輪】（術語）如來之說法也。法華經譬喻品曰、「轉無上法輪。敎化諸菩薩。」長阿含經一曰、「佛於鹿野苑中轉無上法輪。」

【無上道心】（術語）願求無上道之心也。觀無量壽經曰、「不謗大乘。但發無上道心。」

【無上涅槃】（術語）對於二乘所得之涅槃而云大乘之涅槃爲無上。

【無上菩提】（術語）菩提有三等、聲聞緣覺佛是也、此中佛所得之菩提、無有過之者、故云無上。寶積經二十八曰、「於無上菩提。堅固不退轉。」

【無上處經】（經名）一卷、失譯。指三寶爲三無上處。

【無上寶珠】（譬喻）阿彌陀佛之名號、譬之無上之寶珠。往生論註下曰、「譬如淨摩尼珠置之濁水。水即淸淨。若人雖有無量生死罪濁。聞彼阿彌陀如來至極無生淸淨寶珠名號投之濁心。念念之中罪滅念淨。即得往生。」

【無上寶聚】（譬喻）以譬作佛之記別。法華經信解品曰、「佛說聲聞當得作佛。無上寶聚不求自得。」

【無上正等戒】（術語）三昧耶戒之四重禁也。以是爲成無上正等覺之因故也。

【無上正等覺】（術語）無上正等正覺之略。

【無上正眞道】（術語）梵語阿耨多羅三藐三菩提 Anuttara samyaksaṃbodhi 之古譯。無量壽經上曰、「時國王聞佛說法。心懷悅豫。尋發無上正眞道意。」又曰、「開化恒沙無量衆生使立無上正眞之道。」

【無上正徧知】（術語）阿耨多羅三藐三菩提之古譯。註維摩經七曰、「肇曰。阿耨多羅。秦言無上。三藐三菩提。秦言正徧知。道莫之大無上也。其道眞正、莫法不知、正徧知也。」

【無上正徧道】（術語）阿耨多羅三藐三菩提之古譯。往生論註曰、「佛所得法名阿耨多羅三藐三菩提。阿爲無。耨多羅爲上。三藐爲正。三爲徧。菩提爲道。統譯之、名爲無上正徧道。」

【無上兩足尊】（術語）佛之尊號。兩足謂如人類有兩脚者、以佛於兩脚衆生中無上尊勝故也。法華經方便品曰、「無上兩足尊願說第一法。」

【無上福田衣】（衣服）袈裟之總名。袈裟之條相作田畦之形。故云福田衣。又僧爲三福田之一、故名僧衣爲福田衣。無上者、稱嘆之語。

【無上慚愧衣】（術語）袈裟之總名。慚愧之德能防衆惡、如衣服。寶積經九十三曰、「須衣爲得無上慚愧衣故。」維摩經佛道品曰、「慚愧之上服。」註「肇曰、慚愧障衆惡。法身之上服。」

【無上正等正覺】（術語）阿耨多羅三藐三菩提之新譯。法華玄贊二曰、「阿云無。耨多羅云上。三云正。藐云等。又三云正。菩提云覺。即是無上正等正覺。」

【無上正等菩提】（術語）菩提新譯曰覺。即無上正等覺也。

【無上菩提誓願證】（術語）四弘誓願之一。證無上菩提之誓願也。

【無心】（術語）眞心離妄念、謂之無心。非云無心識。又妄心如幻影、自性不可得、故云無心。又一時休止心識而使不生、故云無心。如五位無心是也。宗鏡錄四十五曰、「大寶積經云。文殊師利言。如人學射。久習則巧。後雖無心、以久習故、箭發皆中。我亦如是。初學不思議三昧。繫心一處。若久習成就。更無心想。恒與定俱。先德云。一念妄心僅動。即具世間諸苦。如人在荊棘林。不動則刺不傷。

妄心不起、恒處寂滅之樂。一念妄心纔動、即被諸有刺傷。故經云有心皆苦。無心即樂。」同八十三曰「若不起妄心則能順覺。所以云無心是道。」金剛經曰「過去心不可得。現在心不可得。未來心不可得。」傳心法要下曰「如今但學無心、頓息諸緣。莫生妄想分別。無人無我無貪瞋無憎愛無勝負、但除卻如許多種妄想性自本來清淨。即是修行菩提法佛等。」

【無心定】（術語）滅盡定四名之一。大乘義章九曰、「無心定者、偏對心王以彰其名、心識盡謝故曰無心。離於有心分別散動、名無心定。」

【無心三昧】（術語）百八三昧之一。謂滅盡定及無想定無心之禪定。智度論四十七曰、「無心三昧者。即是滅盡定或無想定。何以故。佛自說因緣入是三昧中諸心心數法不行。」

【無心道人】（雜語）無念無想之眞人也。四十二章經曰、「供養三世諸佛。不如供養一無心道人。」聖財集下曰、「三世佛者始覺之佛、如三千佛以凡聖別執偏住於有相之心而供養故限於佛而不通於凡限於應身而不通於法身、未達不二之理也。凡夫亦本來之佛、與佛同體不知此理者愚也。無心道人者無凡心與佛心、是爲無心之形。無凡心故一切凡夫在此中。無佛心故一切諸佛在此中。一時成供養一切之凡聖、豈非勝於偏供耶。黃檗云於佛作清淨光明解脫想。於衆生作垢濁闇昧生死想。不可成佛。肇公云佛非人非天故能天能人也。此爲眞佛。非天非人者爲實體遮情之法門也。能天能人者爲權用表德之法門也。遮表俱時、體用不二、是爲法門之大體。無心道人無凡聖之心、無心故爲凡聖之物體、是一法界大總相法門體也。」

【無孔笛】（譬喩）無孔笛不能吹、以譬公案之難無著手之處也。普燈錄三十曰、「無孔笛最難吹。」碧巖八十二則著語曰「無孔笛子撞著氈柏板。」

【無孔鐵鎚】（譬喩）鐵鎚之無孔者、無柄更無著手處也。碧巖十四則著語曰、「無孔鐵鎚。」同七十六則著語曰「元來是個無孔鐵鎚。」

【無巴鼻】（雜語）巴者、把也。鼻、鼻準也。無巴鼻猶摶之不得、即得無所得之意也。德異壇經序曰「盡得無巴鼻。」

【無方】（術語）方者方所、方法、佛之設化自在而無一定之方所無一定之方法也。瓔珞本業經曰、「大用無方法王法主。」三論玄義曰「適化無方陶誘非一。」行事鈔上一之二曰、「藥病相叩。利潤無方。」同資持記曰、「方謂方所。如來立法量同空界。羣生萬類無不沾益。故其所利、不在一隅。故曰無方。」

【無方釋義】（術語）三論家四種釋義之一。見四種釋義條。

【無六識】（術語）謂不以耻爲耻之人言其無眼等之六識也。

【無分別心】（術語）離情念分別之心識也。有二種、一爲無漏之無分別心、一爲有漏之無分別心。無漏之無分別心、又云無分別智。正體會眞如之智也。有漏之無分別心、如定心之第六識或第八識及眼等之五識、稱於境之自相、現量之心是也。分別爲隨念計度自性之三種。無分別者無隨念計度之二種、非無自性也。見百法問答鈔二。

【無分別法】（術語）諸法實相之理、言語道斷、心行處滅、故云無分別法。法華經方便品曰「如三世諸佛說法之儀式、我今亦如是說無分別法。」

【無分別智】（術語）又云無分別心。正體會眞如之智也。眞如者、離一切之相而不可分別也。故以分別之心者、不能稱其體性。以離一切情念分別之無相眞智、方始冥符也。攝大乘論釋十二曰、「若智與所取不異、平等平等起、是名無分別智。」起信論曰、「無分別心與體相應。」

【無不定心】（術語）十八不共法之一。見十八不共法條。

【無不知已捨】（術語）十八不共法之一。見十八不共法條。

【無比女】（人名）優塡王經曰「佛在拘深國、王號優塡、其國有婆羅門、名摩因提、有一女、容貌希有、名曰無比。官僚豪姓求聘之爲妻、父曰、若與我女容貌齊者則應之。摩因提見佛相好具足、喜曰、方爲此人。卽將女詣佛所、請曰、願以奉箕箒。佛說種種不淨之相曰、穢惡臭皮囊、有何好處、應將去。摩因提慚耻而退、送此女於優塡王、王大喜、寵之甚。王之正后嘗師事佛、得須陀洹道、此女譖之於王。王惑其言、以百箭射之、箭皆繞后三帀、而還落王前、王驚懼、至佛所自懺悔、佛爲說女子之諸惡。」

【無比身】（術語）佛身微妙、世無比類、故云無比。勝鬘經曰、「普放淨光明、顯示無比身。」寶窟上本曰「天下無類、故云無比。」

【無比法】（術語）阿毘曇、一譯無比法。無比類之無上法也。見阿毘曇條。

【無生】（術語）涅槃之眞理、無生滅、故云無生。因而觀無生之理以破生滅之煩惱也。圓覺經曰、「一切衆生、於無生中妄見生滅、是故說名轉輪生死。」最勝王經一曰、「無生是實、生是虛妄、愚痴之人、漂溺生死。如來體實、無有虛妄、名爲涅槃。」仁王經中曰「一切法性眞實空、不來不去、無生無滅、同眞際等法性。」梵網經上曰、「伏空假會法性、登無生山。」止觀大意曰、「衆教諸門。大各有四。乃至八萬四千不同。莫不並以無生爲首。今且從初於無生門偏破諸惑。」肇論新疏遊刃中曰、「清涼云。若聞無生者。便知一切諸法皆悉空寂無生無滅。但於嚴土利他不生喜樂。而趣於寂故成聲聞乘也。若聞無生。便知從緣。故無生等。成緣覺乘。若聞無生。便知諸法本自不生。今則無滅。卽生滅而無生滅。無生滅不礙於生滅。以此滅惡生善。利自利他成菩薩乘。」垂裕記二曰、「無生寂滅、一體異名。」

【無生之生】（術語）如化身示現於娑婆、衆生往生於極樂爲離六道四生生之生。故云無生之生。

【無生寶國】（雜名）極樂無四六回生之生死。故云無生寶國。法事讚曰、「無漏無生還卽眞。」往生禮讚曰、「無生寶國永爲常。」

【無生四諦】（術語）涅槃經所說四種四諦之一。天台以配於通教之法門。說迷悟之因果。悉爲幻化之法。而非實生實滅。生滅卽無生滅。故云無生四諦。以簡異於藏教生滅之四諦。

【無生忍】（術語）安住於無生無滅之理而不動也。仁王經說五忍。此爲第四。或爲初地之證名。或爲七八九地之悟名。智度論五十曰、「無生忍法者。於無生滅諸法實相中信受通達無礙不退。是名無生忍。」同八十六曰、「乃至作佛不生惡心。是故名無生忍。」大乘義章十二曰、「理寂不起稱曰無生。慧安此理名無生忍。」仁王經良賁疏曰、「言無生者。謂卽眞理智證眞理。名無生忍。」楞嚴經長水疏一下曰、「了法無生。印可決定。名無生忍。」同八上曰、「眞如實相。名無生法。無漏眞智。名之爲忍。得此智時。忍可印持法無生理。決定不謬。境智相冥。名無生忍。」大乘義章十二曰、「如龍樹說。初地已上亦得無生。若依仁王及與地經。無生在七八九地。」天台觀經疏曰、「無生忍是初地初住。」

【無生身】（術語）佛之法身無生滅、故云無生身。涅槃經九曰、「如來實性喩如彼月。卽是法身是無生身。」觀經玄義分曰、「定散等廻向速證無生身。」

【無生法】（術語）謂眞如之理、涅槃之體。以彼遠離生滅故也。楞嚴經長水疏八上曰、「眞如實相名無生法。」

【無生門】（術語）諸法無生之理也、觀此無生之理者。爲一貫佛道始終之入道初門。止觀五之三曰、「無生門能通止觀。到因至果。又能顯無生。使門光揚。淨名三十二菩薩各說入不二門。皆是菩薩從門入。而無生爲始（法自在菩薩之入不二門）大品明阿字門所謂諸法初不生。此證無生門。」

【無生智】（術語）聲聞果十智之第十。阿羅漢之最極智也。已斷三界之煩惱、證知我身更不受生於三界、阿羅漢果之智也。又大乘菩薩證無生之理之智也。往生論註下曰、「豈不能轉生見爲無生智乎。」

【無生際】（術語）無生之理、爲法之際極源底、故云無生際。智度論三十三曰、「諸法相推求尋究入無生法中。更無過是者。是名無生際。」

【無生藏】（術語）詮無生之理之法藏也。如中論所說之八不是也。見說法明眼論。

【無生懺】（術語）三懺之一。現罪障之法體爲無生、而亡善惡之隔也。

【無生觀】（術語）見二空觀條。

【無生法忍】（術語）略云無生忍。無生法者、遠離生滅之眞如實相理體也、眞智安住於此理而不動、謂之無生法忍。於初地或七八九地所得之悟也。寶積經二十六曰、「無生法忍者。一切諸法無生無滅忍故。」註維摩經一曰、「肇曰。無生忍、同上不起法忍。法忍卽慧性耳。見法無生。心智寂滅。堪受不退。故名無生法忍也。」智度論七十三曰、「無生忍者。乃至微細法不可得。何況大。是名無生。得此無生法。不作不起諸業行。是名得無生法忍。得無生法忍菩薩。是名阿鞞跋致。」

【無生相似過類】（術語）十四過之一。已生之因、雖成立宗、而就未生之因、謂不能成立宗之過也。例如對於所謂「聲無常」、謂聲發後固成立宗、而未發時、無其體故、不得云無常之過是也。

【無生清淨寶珠名號】（術語）阿彌陀之名號、以法藏菩薩之無生智所成、故爲無生卽生之法性中道也。往生論讚下曰、「彼淨土是阿彌陀如來清淨本願無生之生。非如三有虛妄生也。」又曰、「阿彌陀如來至極無生清淨寶珠名號。」

【無功用】（術語）不加造作自然之作用也。觀經玄義分曰、「功周無功用。證智未證智。」

【無功用智】（術語）菩薩於八地已上、不借加用之功、自然契於眞性之智也。西方要決曰、「十地論云。入八地已去。得任運無功用智。於散散中得自在故無念退也。」玄義分記一曰、「佛地論意。七地已前名功用。八地已上無功用。」

【無功德】（故事）會元一（達磨章）曰、「達磨大師見梁武帝、帝問朕起寺度僧、有何功德。磨曰無功德。」

【無央數劫】（雜語）央者盡也、無盡數之劫也。劫者極長時之名、記世界成壞之時節數目也。無量壽經上曰、「無央數劫、積功累德。」法華經見寶塔品曰、「此佛滅度無央數劫。」

【無句】（術語）有無四句之一。計我與五蘊身皆無之外道見名爲無句。卽斷見也。

【無去三昧】（術語）百八三昧之一。智度論四十七曰、「得此三昧不見一切法來去相。」

【無去無來】（術語）謂如來之法身、湛然常住也。金剛經曰、「如來者無所從來亦無所去故名如來。」起信論義記上曰、「非生非滅、四相之所不遷。無去無來三際莫之能易。」

【無因外道】（流派）同于無因論師。

【無因有果】（術語）三論玄義所明外道四執之一。見四執條。

【無因無果】（術語）三論玄義所明外道四執之一。見四執條。

【無因果外道】（流派）十種外道之一。計草木自生自死人亦同之者也。見行事鈔下四之二。

【無字】（公案）僧問趙州、狗子還有佛性也無。答云無。此稱趙州無字。而爲禪家之公案。見無條。

【無字印】（術語）無字之法印也。起生死之斷者以無字之法印。見無條。

【無字寶篋經】（經名）元魏菩提流支譯。大乘遍照光明藏無字法門經之異譯。先出。

【無字法門經】（經名）大乘徧照光明藏無字法門經之略名。

【無住】（術語）法無自性、無自性故無所住着。隨緣而起。故云無住。故無住者萬有之本也。維摩經觀衆生品曰、「從無住本立一切法。」同註曰、「什曰、法無自性。緣感而起。當其未起、莫知所寄。莫知所寄故無所住。無所住故、則非有無。非有無而爲有無之本。」起信論義記上曰、「夫眞心寥廓。（巾略）非生非滅、四相之所不遷。無去無來、三際莫之能易。但以無住爲性。隨派分岐。逐迷悟而升沈。任因緣而起滅。」宗鏡錄八曰、「文殊師利云、從無住本立一切法。叙公釋云、無住卽實相異名。實相卽性空異名。」

【無住心】（術語）見住無住處條。

【無住三昧】（術語）百八三昧之一。觀諸法無常無住之禪定也。智度論四十七曰、「無住三昧者是三昧名無作三昧。住是三昧中觀諸法念念無常。無有住時。」

【無住處村】（地名）時拘薩羅國、有一村無僧伽藍及停留之舍。有居士爲福德故、造立住處。備諸飲食供給往來衆僧。唯施一食不能多供。因以福德施設。故餘律皆名福德舍。

【無住涅槃】（術語）四種涅槃之一。見涅槃條。

【無住處涅槃】（術語）同無住涅槃。

【無安】（術語）一切世間無安穩之法、悉以苦爲自性。法華經譬喻品曰「三界無安。猶如火宅。衆苦充滿。甚可怖畏」新譯仁王經下曰「愛欲結使自作瘡疣。三界無安。國有何樂。」

【無色天】（界名）謂無色界之四處。

【無色有】（術語）三有之一。無色界之果報質在。謂之無色有。

【無色界】（界名）三界之一。此界無一可謂爲色法之物質。亦無身體宮殿。但存識心而住居於深妙之禪定。故謂之爲無色界。此無物質之世界雖不能定其方處。而姑就果報之勝之義。謂在色界之上。但謂爲色體實無者。有部宗之義也。依成實之義。則就無麤色而謂爲無色。非謂全無色也。此界中分四地。自下而上言之。則第一爲識無邊處。第二爲空無邊處。第三爲無所有處。第四爲非想非非想處也。既爲無質。故不能以居處分之。但依其禪定壽命等之勝劣而立差等。俱舍論八曰「無色界中都無有處。以無色法無有方所。（中畧）但異熟生差別有四。一空無邊處。二色無邊處。三無所有處。四非想非非想處。如是四種名無色界。此四非由處有上下。但由生故。勝劣有殊。復如何知彼無方處。謂於是處得彼定者。命終即於此處生。故復從彼處沒。生欲色時。即於是處中有起故」又曰「於彼界中色非有。名爲無色。所言色者。是變礙義。或示現義。彼體非色。立無色名。」

【無色貪】（術語）五上分結之一。見結條附錄。

【無自性】（術語）謂諸法爲因緣生。無一定之自性也。唯識論九曰「一切法皆無自性。」

【無自性心】（術語）極無自性心之畧。眞言宗所立十住心之第九住心。以配於華嚴宗。

【無自然性】（術語）一切有爲法。依衆緣而生。無自然之性也。唯識論九曰「依次依他立生無性。此如幻事託衆緣生。無如妄執自然性。故假說無性。」

【無耳人】（術語）見無眼人條。

【無光佛】（術語）佛之無光明者。如言無好佛。洞山錄曰「署山曰。好箇佛。只是無光焰。」會元（岩頭章）曰「洞山好佛。祇是無光。」

【無行般】（術語）五種不還之一。有一種之不還果。生於色界。不加功力。經久自然斷上地之惑而般涅槃者。

【無有等等】（雜語）謂數量之大無上也。無有相等同等數之意。又云無等等。

【無有好醜願】（術語）彌陀佛四十八願中之第四願。使國中人天無有好醜之差也。無量壽經上曰、「設我得佛國中人天。形色不同。有好醜者不取正覺」

【無言】（術語）又曰無言行。或無言戒。行無言之一種佛法。無言童子是也。大集經十二無言菩薩品曰、「王舍城師子將軍家產一子。當其生時虛空之中多有諸天作如是言。童子。當應念法。思惟於法。凡所發言。莫說世事。常當頒宣出世之法。常當守口。愼言少語。莫於世事起諸覺觀。當依於義。莫依文字。爾時聞是語已。不復涕泣。無嬰兒相。乃至七日色貌和悅。見人歡喜。目未曾眴。是時有人語其父母。是兒不祥。不應畜養。何以故。瘖無聲故。父母答言。是兒雖復瘖不出聲。然其身根具足無缺。當知是兒必有福德。非是不祥薄福之人。因爲立字。字曰無言。時無言童子漸漸長大。如八歲兒。所遊方面人所樂見。隨有說法轉法輪處。樂往聽受。口無所宣。爾時無言童子以佛神力與其父母眷屬宗親往寶坊所。到已見佛。心生歡喜。禮敬供養。右繞三帀。合掌而立。並見十方諸來菩薩。生大喜心。爾時舍利弗白佛言。世尊。師子將軍所生之子。身根具足而不能語。是何惡業因緣所致。佛告舍利弗。汝今不應作如是語。輕是童子。何以故。是人卽是大菩薩也（中略）爾時無言菩薩現如是等大神通已。低頭合掌作如是言。南無佛陀。南無佛陀（中略）爾時無言以佛神力及己願力。與諸菩薩踊在虛空高七多羅樹。正向於佛而說偈」（有無言童子經二卷。此品之異譯也）梁武金剛般若經懺文曰、「無言童子妙得不言之妙。不說菩薩深見無說之深」（不說菩薩者。維摩居士也）

【無言戒】（術語）無言之戒行也。見無言條。

【無言太子】（人名）卽無言童子也。

【無言說道】（術語）通敎之觀智也。言說者。指諸法之事相。觀事相卽空。故云無言說。

【無言童子】（人名）受諸天誡。修無言行之童子也。見無言條。

【無言童子經】（經名）二卷。西晉竺法護譯。大集經十二無言菩薩品之異譯。

【無言菩薩】（人名）卽無言童子也。

【無言菩薩經】（經名）無言童子經之異名。

【無言三昧耶】（術語）西方金剛語菩薩之三摩地也。

【無作】（術語）無因緣之造作也。如言無爲。七帖見聞七曰、「圓敎意十界三千萬法皆中道法爾任運自然。體始令造作。法無之。故名無作敎也」因心無造作物之念也。如無作三昧是。無量壽經下曰、「無作無起。觀法如化」因不假身口意之動作。自然相續之法也。如無作戒無作色等是。

【無作四諦】（術語）涅槃經所說四種四諦之一。天台以配圓敎之法門四諦者、迷悟之因果也。圓敎者中道之理性、具本來十界諸法、則迷悟緣生之事相、爲一一本具理性之德、別無造作事相之當體、卽爲中道實相、故謂之無作四諦。

【無作大戒】（術語）新云無表色、舊云無作色、戒法者、以所謂無作色之一種色法爲戒體、故曰無作、對小乘戒及沙彌戒而稱大乘戒或大僧戒爲大戒。見無作色條。

【無作三身】（術語）天台圓敎之三身也。如法相宗權敎、修因感果之佛爲報三大劫修行之因而成之佛、故謂之爲有爲法。佛圓敎之佛三身皆爲本有自爾之性佛、非因行之造作、故謂之爲無作三身。守護國界章下之中曰「有爲報佛夢裏權果。無作三身覺前實佛。」

【無作色】（術語）新云無表色、舊云無作色。見無表色條。

【無作戒】（術語）又云無敎、新譯曰無表戒體有二、一作戒、二無作戒、作戒者謂受戒時如法動作身口意三業、可見聞之業體。無作戒者、謂依此時作戒之緣而生於身中不可見聞之業體、此業體初發之緣、雖由身口意動作、（卽作戒）而一旦生了、則不假身口意之造作、恒常相續、故稱爲無作、作戒於身口動作息時亦滅、而無作戒則一生之中常相續而發防非止惡之功能、是謂之無作戒體。此戒體向境而防一一之非者、卽十戒二百五十戒等。就能防之體立無作戒、就所防之境分別二百五十等相、爲發此無作戒故行作戒也。行事鈔中一之三曰「若單立作、作體謝往、不能防非。又不可常作、故須無作。長時防非、若單立無作、則起無所從、不可孤發、要賴作生。二法相藉。」又曰、「雜心云。身動滅已、與餘識俱、是法隨生、故名無作。成論無作品云。因心生罪福、睡眠悶等是時常生、故名無作。」又曰「言無作戒者、以非色非心爲體。」此無作戒體、或以爲色法、或以爲心法、或以爲非色非心法、凡有三家不同。見戒體條附錄。

【無作三昧】（術語）同無作解脫門。

【無作解脫門】（術語）又云無願解脫門、三解脫門之一。於一切生死法中離願求造作念之禪定也。見三三昧條。

【無我】（術語）梵語Anatman、又云非我。常一之體、有主宰之用者、爲我、於人身執有此、謂之人我、於法執有此、謂之法我、於自己執有此、謂之自我、於他執有此、謂之他我。然人身者五蘊之假和合、無常一之我體、法者總爲因緣生、亦無常一之我體、既無人我無法我、則無自我他我、不待言矣。如此畢竟無有我、是究竟之眞理也。金剛經曰「通達無我法者、如來說名眞是菩薩。」十地經論一曰、「無我智有二種。我空法空。」大乘義章二曰「法無性實。故曰無我。」同三曰、「苦非我體。故名爲無我。」俱舍光記二十六曰、「違我見故非我。」又曰「非自在故非我。」又曰、「卽蘊自體非我故非我。如言卽舍非人。」止觀七曰、「爲無智慧故。計言有我。以慧觀之。實無有我。我在何處。頭足支節。一一諦觀。了不見我。何處有人及以衆生。衆生業力機關。假爲空聚。從衆緣生。無有宰主。如宿空亭。」原人論曰、「形骸之色。思慮之心。從無始來。因緣力故。念念生滅。相續無窮。如水涓涓。如燈焰焰。身心假合。似一似常。凡愚不覺之。執之爲我。寶此我故。卽起貪瞋痴等三毒。三毒擊意。發動身口。造一切業。」

【無我印】（印相）三法印之一。凡愚妄於色身假合上。固執常一之我。作種種之妄業。佛爲破其妄計。說無我之理。此理決定而不可違越。又爲離異於外說之印契。故云無我印。見三法印條。

【無我想】（術語）十想之一、知一切諸法空寂而滅我想之謂也。

【無我觀】（術語）觀一切諸法爲無我之觀法也。

【無見頂相】（術語）佛三十二相中鳥瑟膩沙相中之好也。（相爲大相、好爲小相）佛頂上有肉塊隆起爲髻形、謂爲鳥瑟膩沙相。頂上肉髻相等。於此相中有一切人天不能見之頂點、故名無見頂相。觀佛經三曰「佛頂肉髻生萬億光。光光相次乃至上方無量世界。諸天世人十地菩薩亦不能見。」觀無量壽經曰、「唯頂上肉髻及無見頂相不及世尊。」同天台疏曰、「肉髻是相。無見頂是好。此相好表於極果。今作因人。故不及佛。」楞嚴經七曰、「若有宿習不能滅除。汝敎是人一心誦我佛頂光明摩訶薩怛多般怛羅無上神咒。斯是如來無見頂相無爲心佛從頂發輝。坐寶蓮華所說心咒。」

【無戒】（術語）依法而領納戒體謂之受戒、受戒後毀犯戒體謂之破戒、自初未受戒謂之無戒。無戒之僧謂之名字比丘。見末法燈明記。

【無足】（雜名）如蛇等。瑜伽論八十三曰、「無足有情者如蛇等。二足有情者謂人等。四足有情者如牛等。多足有情者如百足等。」

【無沒識】（術語）第八識十八名之一。唯識了義燈四本曰、「無沒識者。無相論云。一切諸種子無所隱沒。故無沒也。」起信論義記中本曰、「阿梨耶及阿賴耶者、但梵言訛也。梁朝眞諦三藏訓名翻爲無沒識。今時奘法師就義翻爲藏識。但藏是攝藏義。無沒是不失義。義一名異也。」

【無佛世界】（術語）謂釋迦既入滅、彌勒佛未出現之中間時也。此時地藏菩薩出而教化衆生。延命地藏經曰、「我每日晨朝入諸定。入諸地獄令離苦。無佛世界度衆生。今世後世能引導。」

【無位眞人】（術語）不屬於佛衆行位之赤裸裸眞人也、如云本來面目。臨濟錄曰、「上堂云。赤肉團上有一無位眞人。從汝等諸人面門出入。未證據者看看。」

【無沙矩摩】（雜名）譯曰牛糞。出飾宗記五末見瞿摩夷條。

【無求】（雜語）傳心法要上曰、「百種多知不如無求最第一也。」

【無明】（術語）梵語阿尾儞也。Avidyā 謂闇鈍之心無照了諸法事理之明。卽癡之異名也。本業經上曰、「無明者。名不了一切法。」大乘義章二曰、「於法不了爲無明。」同四曰、「言無明者。癡闇之心。體無慧明。故曰無明。」俱舍論十曰、「明所治無明。（中略）其相云何。謂不了知諦實業果。」（四諦三寶業因果報）唯識論六曰、「云何爲癡。於諸事理迷闇爲性。能障無癡一切雜染所依爲業。」

【根本枝末二無明】（名數）起信論分無明爲根本枝末之二、迷於法界理之原始一念、爲根本無明。因根本無明而起三細六麤之惑業、爲枝末無明。依此判、則小乘之無明局於枝末無明、不問根本無明也。以彼不會眞如不斷法執故也。根本無明一名無始無明。眞言稱之爲無始間隔。台家號之爲微細無明與障中無明。勝鬘所說五住地中之無明住地。卽謂此也。而此障中微細無明之品數雖爲無量。姑分爲四十二品。於初住已上至佛果之四十二位斷之。其中第四十二之無明爲始覺之智最後所斷者。謂之最後品無明、迷於眞如之原始無明。謂之元品無明。是台家圓教之判也。參照無始無明條。

【相應獨頭二無明】（名數）獨頭無明、又云不共無明。俱舍論唯識論謂無明與其餘貪等五大惑共起。爲相應無明、無明獨起。爲獨頭無明。又云不共無明。起信論謂業轉現三細之間無明獨起。爲獨頭無明、至於六麤與餘惑相應而起。爲相應無明。

【五種無明】（名數）一相應無明、同上。二不共無明、上之不共無明中單與意識相應之不共無明也。三恆行不共無明、上之不共無明中單與第七末那識相應之不共無明也。是恆時相續不斷。故名恒行。簡別於意識相應之五位無心有間斷者。且此無明與我癡慢三大惑相應、故殊別也。四主獨無明。是意識相應之不共無明。不但不與本惑俱起。卽與忿等隨惑亦不相應者、在無明中最有強盛之勢用者也。五非主獨行無明。是與忿等之隨惑俱起而於彼糾勢力之無明也。見百法問答鈔一。

【十五種無明】（名數）一根本無明、

由無始之際、一念不覺而長夜昏迷、不了眞理、能生一切之諸惑煩惱者名之。二枝末無明、心心所相應而起有貪瞋慢疑見等之煩惱者名之。三共無明、一切結使共相造作一切之諸業者名之。四不共無明、第七識別體之相無、妄起染心障蔽無漏之聖法而恒無間斷者名之。五相應無明、第七識恒與貪癡見慢四惑相應而起者名之。六不相應無明、緣麤顯之境不與餘識相應者名之。七迷理無明、根本無明障中道之理而不能顯發者名之。八迷事無明、見思之煩惱障蔽生死之事而不能出離者名之。九獨頭無明、妄覺之心不緣外境、孤立生起、生已增廣者名之。十俱行無明、心心所之法常相隨逐而曾不捨離者名之。十一覆業無明、一切之結使覆蔽諸業、使人不知名譽利養恭敬等者名之。十二發業無明、以貪疑我見慢等悉能發生一切惡業而名。十三種子時無明、種子者藏識、子時者子刻也。子時爲十二時之首、藏識爲諸識之首、故以爲喩。染習此種子在於藏識中而未發顯者名之。十四行業果無明、以十二因緣中無明、行、愛、取、有之五者爲煩惱、爲業因、他之七者爲苦果而名。十五惑無明、以名俱生分別及根本隨煩惱等之惑。見毘婆沙論二。

【無明法性一體】（術語）法性與無明、如冰與水、無明之冰卽諸性之水也。但非謂吾人之心性本來爲冰、法性之水後爲無明之冰、僅謂無始無明之體卽爲本覺之法性而已。玄義五曰、「若有無明煩惱性相、卽是智慧觀照性相。（中略）如冰是水。如水是冰。」止觀輔行六曰、「爲迷冰者指水爲冰。爲迷水者指冰爲水。如迷法性卽指無明。如迷無明卽指法性。若失此意。俱迷二法。故知世人非但不識卽無明之法性。亦乃不識卽法性之無明。」見無始無明條。

【無明父】（譬喩）無明與貪愛相和而生我、無明比父、貪愛譬母也。楞伽經三曰、「貪愛名爲母。無明則爲父。」四教儀曰、「永別無明父母。究竟登涅槃山頂。」

【無明見】（術語）十種見之一。爲無明不了事理執種種之邪見也。

【無明使】（術語）十使之一。無明能驅使人使流轉於三界、故名使。

【無明病】（譬喩）無明能傷人、故以譬於病。止觀六曰、「無明爲病淵源。中道爲藥府城。」往生要集中末曰、「佛是醫王。法是良藥。僧是瞻病人。除無明病。開正見眼。」

【無明惑】（術語）台家所立三惑之一。爲障覆中道之理之根本無明。別教之菩薩從初地斷之、圓教之菩薩從初住斷之而證中道之理也。

【無明酒】（譬喩）無明能昏沈人之本心、故以酒爲譬。妙法聖念處經七曰、「勿飲無明酒。」秘藏寶鑰上曰、「徒縛妄想之繩空醉無明之酒。」又酒者爲誘無明闇心之緣、故云無明酒。

【無明流】（術語）四流之一。無明能令衆生漂流於生死故名爲流。

【無明結】（術語）九結之一。無明能繫縛人於三界而不使出離故謂之結。

【無明㲉】（譬喻）㲉爲鳥卵之外皮、無明能生育生死故以卵㲉爲譬也。藥師經上曰、「破無明㲉竭煩惱河。」慧琳音義十一曰、「經言無明㲉喻根本無明及以貪愛。包含無量結使煩惱陶鑄有情命業生死。宛轉其中不能出離無明窟宅。如鳥居卵㲉。故引爲喻也。」

【無明乳】（譬喻）法性譬水、無明比乳、和乳於水、與鵝則彼啜乳而殘水。以譬菩薩之消無明、淸法性也。玄義五曰、「無明是同體之惑。如水內乳。唯登地已去菩薩鵝王能啖無明乳、淸法性水。從此已去乃判眞因。」

【無明樹】（譬喻）無明能生苦果、故以樹爲譬。教行信證二曰、「猶如利鋸能截一切無明樹。」

【無明糠】（譬喻）無明能令業種生後世之果、故以米種之糠皮爲譬。智度論二曰「佛心種子後世田中不生無明糠脫故。」

【無明漏】（術語）三漏之一。無明能令衆生漏落於生死不能出離、故曰漏。

【無明網】（譬喻）無明能羅人故譬之以網。中阿含經二十九曰、「永捨離我慢裂壞無明網。」

【無明闇】（譬喻）心性之無明、譬如空穴中之闇黑。教行信證序曰、「無礙光明破無明闇慧日。」

【無明塹】（譬喻）無明能陷沒人故以塹壕譬之。長阿含經十二曰、「斷刺平愛坑、及塡無明塹。」

【無明藏】（術語）無明爲根本生無量之惑業苦、故稱之曰藏。瓔珞本業經上曰、「無明名不了一切法。迷法界而起三界業果。是故我言從無明藏起十三煩惱。」

【無明住地】（術語）五住地之第五。於根本枝末中爲根本無明、於我法二執中爲法執。是一切煩惱之所依、爲變易生死之因。故名住地。勝鬘經寶窟中末曰、「此無明住地、卽指妄想心體以爲無明。（中略）闇惑之心體無慧明、故曰無明。爲彼恆沙起惑所依、名之爲住。能生恆沙、故稱爲地。」唯識述記八末曰、「舊言無明住地、今言習地。梵本無住所言習者由數習故有此無明等五住地、故名無明習地。所言住是何義。」

【無明住地惑】（術語）五住地惑之一。

【無明羅刹】（譬喻）無明能害人故

以羅剎譬之。

【無明長夜】（譬喻）煩惱之惑覆智眼、不見不可思議之光明、流轉於生死界、故譬以長夜之闇黑。

【無明薰習】（術語）四薰習之一。見四薰習條。

【無明羅剎經】（經名）一卷、失譯、引鬱禪耶城折吒王降伏疫鬼爲喻、以明如來逆觀十二因緣破無明之羅剎也。

【無所有】（術語）又言無所得、空之異名也。楞嚴經上曰「安然得無所有。」佛藏經一曰、「憶念分別無所有法。或說斷常。或說有作或說無作。」仁王經中曰、「是故陰入界無我無所有相。」

【無所得】（術語）體無相之眞理、心中無所執著、無所分別、是曰無所得。卽空慧也、無分別智也。涅槃經十七曰、「無所得者、則名爲慧。有所得者、名爲無明。」又曰、「有所得者、名生死輪。一切凡夫輪迴生死。故有所見。菩薩永斷一切生死。是故菩薩名無所得。」智度論十八曰、「諸法實相中。決定相不可得故。名無所得。」仁王良賁疏中二曰、「有所得心者、取相之心也。無所得心者、無分別智也。」維摩慧遠疏曰、「無所得者、理中無情可得。此諸菩薩破去情相。到無得處。名爲無所得。」又曰、「觀眞捨情名無所得。」

【無所著】（術語）佛之德號。以佛不執著塵染也。行事鈔下三之二曰、「增一云。（中略）南無如來無所著至眞正等覺。」同資持記曰、「無所著者離塵染故。」

【無所觀】（術語）觀念諸法無所得之理也。入佛境界經曰、「諸欲不染故。敬禮無所觀。」

【無所有處】（界名）無色四處之第三處。修禪定之人、初觀空爲無邊、破空之人、今厭識之無邊、觀所緣皆無所有、爲無所有之解、依此行力所生之處、故名無所有處。從加行之禪定而立名者。

【無所求行】（術語）行入四種之一。見二入條。

【無所不至明】（眞言）具名遍法界無所不至眞言。大日經悉地出現品曰、「依法界力無等力正等覺信解。以一音聲四處流出。普遍一切法界與虛空等。無所不至。眞言曰南麼（中略）噁。」

【無所不至印】（印相）諸尊通用之印也。

【無所希望經】（經名）一卷、西晉竺法護譯、象腋經之異譯。

【無所有處天】（界名）無所有處爲無色界天之一處、故名天。

【無所有處地】（界名）無所有處爲三界九地之一、故名地。

【無所有處定】（術語）爲生無所有

處之禪定也。見無所有處條。

【無所有菩薩經】（經名）四卷、隋闍那崛多譯。無所有菩薩於佛前隱身不現、種種問法、使怨讐信佛之神通、次爲女現身、使得成男。佛爲波斯匿王說此菩薩之大方便力。

【無始】（術語）一切世間、若衆生、若法、皆無有始、如今生從前世之因緣而有、前世亦從前世而有、如是展轉推究、故衆生及法之元始不可得、故云無始。勝鬘寶窟中末曰「攝論云無始卽是顯因也。若有始則無因。以有始則有初初則無因。以其無始則是有因。所以明有因者、顯佛法是因緣義」。梵語雜名曰「無始阿努婆嚩底」。

【無始間隔】（術語）見無始無明條。

【無始空】（術語）十八空之一。由因果之理推之、則世間一切之法、實爲無始、更以慧眼觀之、則諸法皆空、而無始之相亦不可得、此謂之無始空。見智度論三十一。

【無始生死】（術語）無明無始、故生死亦無始也。見無始無明條。

【無始無明】（術語）勝鬘、本業、起信諸經論謂之無始無明、菩提心論謂之無始間隔、生死流轉之根本惑體也。平等法界之理不達、妄隔平等之理性、謂之無明、又曰間隔。是闇惑之心體無慧明、故曰無明。闇惑之心隔離理性、故名間隔、依此無明之間隔而生種種之煩惱、作種種之業、受種種之果也。而名之爲無始者有三釋。一就因緣生之理而釋、二就惑體相依之義而釋、三就眞實同體之理而釋。一就因緣生之理而釋者、謂凡一切有爲法、乃因緣生、現世之果、由前世之因而生、前世之果、更由前世之因而生、如是推究、更無初始、若有初始、則是無因生之外計、而非佛法、得涅槃經之四柱偈及攝論之文等說而明也。（見無始條）是爲大乘論之通說。二就惑體相依之義而釋者、謂枝末無明依根本無明、根本無明依眞如、是緣起法之自然也。此時無明爲惑之根本、無明之先更無爲始之惑法、故謂之無始、依此釋則無始之言、卽根本之異名、成無明有始之義。依此義起信論謂爲忽然念起、名爲無明。天台謂之元品無明、起信論之疏家謂之根本無明、曰忽然、曰元品、曰根本、皆爲有始之異名也。圓覺經曰「云何無明。善男子。一切衆生從無始來。種種顚倒。猶如迷人四方易處」。由有無始本起無明、爲己主宰、一切衆生生無慧目、身心等性皆是無明」。本業經下曰「其四住地前更無法起、故故名無始無明住地」。勝鬘經寶窟中末曰「無始有二釋。一云無明無有始、故衆生無始。波若無底。二云。無明最在初、實錄有始、但無有一法在此前者、故云無始也」。起信論曰「一切衆生不名爲覺、以從本來念念相續、未曾離念故、說無始無明。」起信論義記下末曰、「唯此無明爲染法之源、最極微細、更無染法能爲此本。故云忽然念起也。如瓔珞本業經云。四住地前無法起、故名無始無明・住地。是則明其無明前無別有法爲始起之本。故云無始。卽是論忽然義也。此約麤細相依之門、說爲無前。亦言忽然。不約時節以說忽然。以起無初故也。」大乘經論所說、多依此義。是爲使去妄歸眞之一種敎道、權大乘之義也。三就眞妄同體之義而釋者、謂眞如與無明、乃一法之異名、如水與冰、冰之自性卽爲水、無明之自性卽爲眞如也、吾等本來爲冰、非先爲水而後爲冰也、如前爲水之說、僅爲敎道之方便耳。起信論曰、「如來藏無前際故。無明之相亦無有始。」文句私記五曰、「若言心性本淨、爲惑所覆、猶敎道、且順權說。(中略)若依實理、心性未淨、猶如無始唯冰無水。雖今是冰、則不得云冰不是水。心性亦爾。雖本是無明、不得云非三德。是故圓人唯觀無始三道卽三德、不同權人却覆方見。」

【生死無始無終】(術語) 依上所說無明無始之理、生死之無始、其理分明。但無終依別圓二敎而異其義、別敎已下爲有終、以斷九界而入佛界故也、圓敎性具十界、則至佛界、倘存九界、生死無終也、但修惡轉歸性惡、於其體性無有一增減。蓋無明爲緣而造起九界者、別敎之權說也、依此說、則無明斷盡、九界亦滅、無理之當然也。然圓敎十界爲性具、非賴無明之造作、無明者、不達其十界之性之迷情也、依此迷情修起照明之性惡、而爲雜穢之九界、是曰法本妙麤由物情。故於我雖有迷悟之別、於法則無有增損、因而於佛界九界宛然、得應現於九界、而自在垂化用也。(見性惡條)

【無始無邊】(術語) 謂佛法遠大。莫能知其由來也。齊書曰、「佛法者理寂乎萬古。迹肇乎中世。淵源浩博。無始無邊。」

【無始曠劫】(術語) 生死無始、故云無始、經久遠年劫、故云曠劫。

【無表色】(術語) 舊云無作色、新云無表色。受戒時、以强盛之身口表業爲緣、滿身四大製造之一種色體也。此色體有防非止惡之功能、恒防止身口之過非、故以之爲戒體、其物體外相不顯、故名無表。又爲由身內地水火風之四大而生者、故名爲色。是非如他色有物質、有障礙、然由四大之色法而生、故攝於色法之中。是乃小乘有部宗之義也。若依成實宗之義、則此法無緣慮之性用、故非心、無質礙之性用、故非色、卽爲非色非心之法也。大乘法相宗以之爲第八阿賴耶識所有之思種子別作用、攝之於心法。此無表色有善惡、善性之無表色、有招樂果之業道功能、又有念念倍增之防非止惡功能。惡性之無表色、有招苦果之業道功能、又有念念倍增之防善止善功能。俱舍論一曰「無表雖以色業爲性、如有表業、而非表示令他了知、故名無表。」

【三種無表色】（名數）一律儀無表色、依受善戒之表業而發、或與禪定共發、或與無漏智共生、有防非止惡之功能者。二不律儀無表色、或由生於不律儀之家、依其家法、行殺生等惡法而生、或依活命之儀、故發我一生爲殺生業等之誓心而生、有防善止善之勢用者。三非律儀非不律儀無表色、上二種爲戒律的無表色、此依善性而非善戒、惡性而非惡戒之善惡表業而生、此中攝善與惡之二種、即闕極善極惡爲二、合中善中惡爲一也。今示發善之非律儀非不律儀無表色、則一由福田、向諸福田施財寶園林等也。二由誓、未禮佛念起十善之誓也。三由作、以殷重之作意而行善也。此等皆發無表、由此已下下善下惡、不至發無表。見俱舍論業品。

【三種律儀無表色】（名數）律儀無表色又有三種、一別解脫律儀無表色、依受戒作法而發之無表色也。二靜慮律儀無表色、依入有漏定而發之無表色也。入定則身中自發防非止惡之戒體、又謂之定共戒。三無漏律儀無表色、入無漏定時所發之無表色也。又謂之道共戒。此二種與有漏無漏之定心、皆爲共生共滅之戒體、故總名曰隨心轉戒。

【八種別解脫律儀無表色】（名數）依順受戒作法、發動善性身口而生之別解脫律儀無表色、又有八種之別。一苾芻律儀無表色、依比丘受具足戒而發者。二苾芻尼律儀無表色、依比丘尼受具足戒而發者。三正學律儀無表色、依式叉摩那受六法而發者。（式叉摩那譯曰正學女）四勤策律儀無表色、依沙彌受十戒而發者。（沙彌譯曰勤策）五勤策女律儀無表色、依沙彌尼受十戒而發者。六近事律儀無表色、依優婆塞受八戒而發者。七近事女律儀無表色、依優婆夷受八戒而發者。八近住律儀無表色、依優婆塞優婆夷受五戒而發者。

【無表戒】（術語）戒有二種、舊曰作戒無作戒、新曰表戒無表戒。受戒之時、造作受者身口而表示受戒之相於外、謂之表戒。此時身內生一種有防非止惡功用之實物、謂之無表戒。以此於外相無表示故也。表戒者受戒時竣、即亦斷絕、無表戒者、永於身內相續、以護身口之惡也。而此無表戒、有部以爲色法、成實宗以爲非色非心、法相宗以爲心法。參照無作戒條。

【無表思】（術語）法相宗之說。受戒之時、以第六識思心所隆盛之勢力、於第八識熏其種子、此思心所之種子、有防非止惡之功能、故以之爲戒體。此戒體於外相無表示故名無表思、順小乘有部之義、名爲無表色、彼宗以無表之戒體爲色法故也。

【無表業】（術語）業體有表業無表業二種。舊云作業無作業。小乘有部宗以二業皆以實之色性爲體、故復名之曰表色無表色。成實宗以爲以非色非心爲體。大乘法相宗以爲以心法爲體、而假名曰表色無表色。

【無性】（人名）菩薩名、釋無著之攝大乘論於唯識之法門成立別義。又（術語）性者體也、一切諸法無實體、謂之無性。法華經曰「知諸法常無性。」楞嚴經曰、「諸幻成無性。」

【三無性】（名數）唯識論九曰、「三種無性、謂卽相生勝義無性。」詳見三字部三無性條。

【無性有情】（術語）唯具人天有漏種子、無有三乘無漏種子之有情也。故永沈淪於六道而不能出離。法相宗所立五性各別之第五無性種姓也。

【無性攝論】（書名）五攝論之一。無性菩薩依無著之攝論作攝大乘論釋、玄奘譯、有十卷。

【無依】（術語）如言無著、謂雖接於萬境而一無所依也。是之謂無依道人。臨濟錄曰、「這箇無依道人乘境出來。」又曰、「達六種色聲香味觸法皆是空相、不能繫縛此無依道人。」

【無依涅槃】（術語）同無餘依涅槃。

【無知】（術語）昏闇之心不知照事理也。小乘教立二種之無知、一染汙無知、二不染汙無知。見二無知條。又眞智寂靜而不動、絕一切分別、謂之無知。起信論曰、「若心起見、則有不見之相。心性離見、卽是遍照法界義故。」淨土論註下曰、「實相無相故、眞智無知也。（中略）無知故能無不知。」維摩經序曰、「聖智無知而萬品俱照。法身無象而殊形並應。」肇法師之寶藏論有般若無知論一篇。

【無念】（術語）無妄念也、卽正念之異名。三慧經曰、「問曰。何等爲能知一萬事畢。報曰、一者謂無意無念萬事自畢。意有百念萬事皆失。」四十二章經曰、「飯千億三世諸佛。不如飯一無念無住無修無證之者。」宗鏡錄八曰、「正念者、無念而知。若總無知、何成正念。」傳心法要曰、「一念不起、卽十八界空。卽身便是菩提華果、卽心便是靈智。亦云靈臺。又曰、且如瞥起一念、便是境。若無一念、便是境忘心自滅、無復可追尋。」頓悟入道要門論上曰、「問此頓悟門以何爲宗、以何爲旨、以何爲體、以何爲用。答無念爲宗、妄心不起爲旨、以清淨爲體、以智爲用。問、既言無念爲宗、未審無念者無何念。答無念者、無邪念、非無正念。云何爲邪念、云何名正念。答念有念無。卽名邪念。不念有無。卽名正念。念善念惡。名爲邪念。不念善惡。名爲正念。乃至苦樂生滅取捨怨親憎愛並名邪念。不念苦樂等。卽名正念。問云何是正念。答正念者唯念菩提。問菩提可得否。答菩提不可得。問既不可得。云何唯念菩提。答只如菩提假立名字。實不可得。亦無前後得者。爲不可得故。卽無有念。只箇無念是名眞念。」俗謂失策曰無念。謂遺恨爲無念者。無正念之意也。出曜經七曰。「無念及放逸。亦不習所修。睡眠不求悟。是謂入深淵。」

【無門宗】（流派）謂禪宗也。無門乃佛心之異名。宗鏡錄五十七曰。「楞伽經云。一切諸度門。佛心爲第一。又云。佛語心爲宗。無門爲法門。所言宗者。謂心實處。」

【無門關】（書名）宋禪僧慧開字無門。指評古人之公案四十八則。題曰禪宗無門關。此書以趙州之無宗爲第一則。自云祖師之關只一箇無字。乃宗門之一關也。遂目之曰禪宗無門關。

【無法愛】（術語）十乘觀之一。

【無法可說】（術語）頓悟入道要門論上曰。「問無法可說。是名說法。其義云何。答。般若體畢竟淸淨。無有一物可得。是名無法可說。卽於般若空寂體中。具恒沙之用。卽無事不知。是名說法。故云無法可說。是名說法。」

【無法有法空】（術語）十八空之一。

【無制人】（術語）起惑任情。自制無法。名曰無制人。是以邪見身無法爲法者。俱舍論三十曰。「不見眞理無制人。」

【無空論師】（雜名）經部師不立虛空實有。因之名爲無空論師。

【無相】（術語）謂眞理之絕衆相也。又涅槃離男女等十相也。無量義經曰。「無量義者。從一法生。其一法者。卽無相也。」涅槃經三十曰。「涅槃名爲無相。以何因緣名爲無相。善男子。無十相故。何等爲十。所謂色相聲相香相味相觸相生住壞相男相女相。是名十相。無如是相。故名無相。」大乘義章二曰。「言無相者。釋有兩義。一就理彰名。理絕衆相。故名無相。二就涅槃法相釋。涅槃之法。離十相。故曰無相。」維摩經不二法門品曰。「一相無相爲二。若知一相。卽是無相。亦不取無相。入於平等。是爲入不二法門。」同淨影疏曰。「諸法悉空。名爲無相。」止觀一曰。「常境無相。常智無緣。」維摩經文殊師利問疾品曰。「雖行無相。而度衆生。是菩薩行。」此無相有淺深二重。見有相條。

【無相宗】（術語）三論宗以般若所說諸法皆空爲宗。故他人目之爲無相宗。非彼自稱也。蓋依一門而分一大乘敎爲相性二宗。華嚴天台等談眞如隨緣之宗。謂之性宗。法相三論不許眞如隨緣之宗。謂之相宗。

此相宗中分爲有空二者、立依他萬法緣生非空之法相宗爲有相宗、立依他萬法緣生即空之三論宗爲無相宗、是亦判教之一門也。選擇集本曰、「且如有相宗。立三時教而判一代聖教。所謂有空中是也。如無相宗。立二藏教以判一代聖教。所謂菩薩藏聲聞藏是也。」

【無相佛】（人名）無相好之佛也、謂身不具三十二相而其德與佛等也。三論玄義曰、「天竺十六大國方八千里。有向化之緣。並爲委誠。龍樹爲無相佛。」付法藏傳三優婆毱多稱無相好佛。

【無相教】（術語）即無相空教也。岌師之三教、慧觀、波頗蜜多、劉虬之五教中各指諸部般若經之所說爲無相教。以對小乘經之有相教、法相宗以之爲第二時空教、華嚴宗以之爲空始教、天台宗以之爲圓教、挾帶通別二教之帶教。

【無相業】（術語）念佛四種業之一。觀佛身上之空寂無相也。

【無相觀】（術語）見二空觀條。

【無相三昧】（術語）三三昧門之第二。又云無相解脫門。見三三昧條。

【無相大乘】（術語）三論以空理爲宗、故有無相大乘之別稱。

【無相好佛】（人名）尊者優婆毱多、於佛滅後百年出世、爲付法藏之第五祖、時人稱其德曰無相好佛。謂身不具相好、而其德與佛等也。付法藏傳三曰、「大德今者智慧高勝世人號爲無相好佛。」

【無相空教】（術語）謂般若經之所說、三論之所宗。以彼說一切諸法無相空寂、而無實體故也。唯識樞要上本曰、「龍猛菩薩證極喜地採集大乘無相空教。造中論等究暢眞要。」

【無相菩提】（術語）無相者即寂滅之義、菩提者自證而不從他得、故曰無相寂滅菩提。大日經具緣品偈曰、「坐無相菩提。眞言勢無比。」演密鈔五曰、「寂滅者即無相義。但心自證不從他得。故無諸相。坐謂安處。即是處於寂滅道場。故法華云。諸法空爲座是也。」

【無相離念】（術語）對立相住心而言。觀眞如之理體。爲非有非空、非非有非非空四空、絕百非、遠離一切之念慮思想也。

【無相心地戒】（術語）禪門所傳之戒、云無相心地戒。猶台宗之戒曰圓頓無作戒、密宗所傳之戒曰秘密三摩耶戒、各以其家之宗義名之也。禪家以無相不可得之心地爲戒體、戒相有梵網之十重四十八輕戒。

【無相福田衣】（術語）袈裟之德名。出世之服、離有爲世染之相、故曰無相、爲生無漏福德之道衣、故曰福田。資持記下四之二曰、「無相福田者、出世無漏之福、離有爲相故。」

【無相解脫門】（術語）三解脫之第二。與三三昧中無相三昧同。

【無相無相三昧】（術語）同無相無相解脫門。

【無相無相解脫門】（術語）重三解脫門之第二。見三三昧項中重三昧。

【無垢】（雜名）清淨而無垢染也。又曰無漏。

【無垢人】（術語）維摩經曰、「八解之浴池定水湛然滿布。以七淨華浴此無垢人。」

【無垢女】（人名）經中有數無垢女。一爲維摩居士妻之名。見月上經。一爲須達多婆羅門女之名、在毋胎中聞佛說出生後至佛所變爲男子。見無垢賢女經。一爲舍婆提城優婆夷之名。問佛早起拂佛塔之功德。見無垢優婆夷問經。

【無垢衣】（衣服）袈裟之總名。言無煩惱之垢染也。釋氏要覽上曰、「如幻三昧經云無垢衣。」

【無垢水】（雜名）後夜由井中汲出爲閼迦供用之水也。眞言修行鈔二曰、「終南山道宣云後夜水未生蟲。故云無垢水。」

【無垢地】（術語）離垢地之異名。離垢地爲菩薩第二地之名。又謂等覺之菩薩曰無垢地菩薩。四敎儀五曰、「等覺位卽是等覺性若望菩薩名等覺佛。若望佛地名爲金剛心菩薩。亦名無垢地菩薩也。」

【無垢忍】（術語）瓔珞經所說六忍之第五、等覺地之菩薩斷除無明之惑染。於自性清淨之心體安住不動之位也。因云無垢菩薩。

【無垢施】（術語）波斯匿王女之名。梵名維摩羅達。譯曰離垢施、又曰無垢施。年始十二歲容貌端正。時八大聲聞八大菩薩皆被詰問。離垢施經曰、「城中波斯匿王有女曰維摩羅達。晉言離垢施。」梵 Vimaladattā.

【無垢眼】（術語）以[illegible]覽字置於兩眼、轉肉眼爲法眼、謂之無垢眼。大日經七曰、「安立無垢眼。」大疏四曰、「首中置百光遍照王。而以無垢眼觀之。」同二十曰、「無垢覽字也。」

【無垢輪】（術語）清淨之法輪也。卽說法是。

【無垢識】（術語）梵名阿末羅 Amala。譯曰無垢識。舊譯家以爲第九識之稱、新譯家以爲第八識淨分之稱。是不別立第九識故也。唯識論三曰、「或名無垢識。最極清淨諸無漏法所依止故。此名唯在如來地有。菩薩二乘及異生位持有漏種可受熏習。未得善淨第八識故。」同述記三末曰、「唯無漏依。體性無垢。先名阿末羅識。或名阿摩羅識。古師之爲第九識者非也。」

【無垢稱】（人名）維摩居士之翻名。舊作淨名、新作無垢稱。西域記七曰、「毘摩羅詰Vimalakîrti唐言無垢稱、舊曰淨名。然淨則無垢、名則是稱、義雖取同、名乃有異。舊曰維摩詰、訛略也。」

【無垢施經】（經名）離垢施經之異名。

【無垢稱經】（經名）說無垢稱經之略名。玄奘譯維摩經之經題也。

【無垢三昧】（術語）佛菩薩清淨三昧之總稱。三昧者禪定也。

【無垢世界】（界名）龍女成佛之世界名。法華經提婆品曰、「當時衆會。皆見龍女忽然之間變成男子。具菩薩行。即往南方無垢世界。坐寶蓮華。成等正覺。三十二相八十種好。普爲十方一切衆生演說妙法。」

【無垢淨光法】（修法）無垢淨光大陀羅尼經所說、造塔滅罪之法也、陀羅尼中以阿彌陀佛爲本尊。

【無垢光菩薩】（菩薩）胎藏界文殊院之尊。文殊師利菩薩之眷屬。

【無垢光童子】（菩薩）文殊八大童子之一。即無垢光菩薩。密號曰離塵金剛。顯文殊之空智、無垢而放光明。爲三髻童子形、黃色、左持未敷蓮、右捧寶鉢、安於臍下、坐於赤蓮。

【無垢逝菩薩】（菩薩）又曰虛空無垢菩薩。在胎藏界虛空藏院虛空藏菩薩之左第一位。密號曰明徹金剛。主五大虛空藏之德、明星天子之本地也。見胎藏曼陀羅大鈔五。

【無垢賢女經】（經名）一卷、西晉竺法護譯。轉女身經之異譯。

【無垢妙清淨圓鏡】（雜語）大日經成就悉地品曰、「囉字爲眼界。輝燭猶明燈。俛頸小低頭。舌近於齶間。而以觀心處。當心現等引。無姤妙清淨。圓鏡常現前。如是眞實心。古佛所宣說。」

【無垢優婆夷問經】（經名）一卷、後魏般若流支譯。有無垢優婆夷、賢優婆夷等、問佛拂佛塔地、乃至四梵行三歸戒之功德差別。佛決之。

【無垢淨光大陀羅尼經】（經名）一卷、唐彌陀山等譯。劫毘羅城之戰荼婆羅門、知七日後當命終、恐懼來見佛、佛敕使修理古塔、念誦神呪。因之命根增長、生於極樂國乃至成佛、遂廣說造塔及呪法。

【無畏】（術語）又云無所畏。佛於大衆中說法、泰然無畏之德也。此有四種、稱曰四無畏。大乘義章十一末曰、「化心不怯、名爲無畏。無畏無畏不同、一門說四。」法華經方便品曰、「無量無礙。力無所畏。」無量壽經上曰、「善學無畏之網。曉了幻化之法。」

【四無畏】（名數）一一切智無所畏、佛於大衆中明言我爲一切智人而無畏心也。二漏盡無所畏、佛於大衆中明言我斷盡一切煩惱而無畏心也。三說障道無所畏、佛於大衆中說惑業等諸障法而無畏心也。四說盡苦道無所畏佛於大衆中說戒定慧等諸盡苦之正道而無畏心也見智度論二十五法界次第下之下。

【六無畏】（名數）眞言行者菩提心一念之功德有六種之差別、謂之六無畏、無畏者安穩蘇息之義、一切衆生被煩惱所縛而似死滅若到此六處、則各各離彼之扼縛、而得蘇息、故名無畏。凡大日經之說相、地前立三阿僧祇劫、於此三劫越麤妄執與細妄執及極細妄執之三妄執、此上更立十地、爲開發金剛寶藏位、以上上方便更斷微細之妄執、而至於佛果。卽三劫十地之次第、三劫爲地前、十地爲地上。十地者、第四之一切也。（與顯數以三劫爲究竟異）於此地前三劫差降眞言行者所得之功德而立六無畏也。一善無畏、是卽世間之善心、持五戒十善等離三途業之位也。眞言行人修三密而供養本尊之位與之齊。二身無畏、二乘行者不淨觀等成就、於身之扼縛得解脫之位也。眞言行人依有相觀於壇上本尊衆相現前之位與之齊。三無我無畏、二乘之人證無我之理、於一切法觀無我相之見道位也。眞言行人於本尊海會覺衆像爲緣生、不生愛著之位與之齊。四法無畏、二乘之人於五蘊等法覺性相爲空證偏眞之理之無學道位也。眞言行人於瑜伽境界如水月鏡像觀無性無相、之位與之齊。五法無我無畏、三乘之人了萬法唯心心外無法而心得自在之位也。眞言行人知一切境界皆自心功德得自在之用之位與之齊。六平等無畏、一乘之人了萬法一實眞如、於諸法無能所本末、住於平等法界之位也。眞言行人現諸法本不生、住心實際平等本源之位與之齊。已上六無畏以三劫配之、則前四者乃初劫之位、第五者乃第二劫之位、第六者乃第三劫之位也。但三劫就所度之妄執而立之、六無畏就能度之淨心而立之。見大日經疏三十住心廣名目六、辯惑指南三。

【無畏施】（術語）三施之一。以無畏施於人也。持戒之人無殺害之心、一切衆生之無畏無過於此、名曰無畏施。

【無畏藏】（術語）離怖畏之安穩寶藏也。嘆稱眞言行者之言。千手經曰「當知其人是無畏藏。龍天善神常護持故。」

【無畏三藏】（人名）善無畏三藏之略稱。

【無染識】（術語）妙觀察智之異名。妙觀察智爲蓮華部之主、蓮華在淤泥而不染、故謂其智云無染識。見秘藏記本。

【無後生死】（術語）七種生死之一。謂等覺之菩薩也。以彼此身入於妙覺不更受後身故也。

【無信稱名】（術語）無他力眞實之信心但口稱念佛也。不信自己所稱之念佛、爲往生之正因不知彌陀之願行、如俗流所稱之念佛是也。

【無記】（術語）三性之一。事物之性體中容不可記爲善、亦不可記爲惡者。又感善果不可記、感惡果亦不可記者俱舍論二曰、「無記者。不可記爲善不善性。故名無記。」有說。不能記異熟果故名無記。」唯識論五曰、「於善不善損益義中。不可記別。故名無記。」大乘義章七曰、「解有二種。一對果分別中容之業不能記得苦樂兩報。故名無記。二就說分別。中容之業如來不記爲善爲惡。故名無記。」

【二無記】（名數）無記性之體有二種、一有覆無記、妄惑之體性極爲羸劣者、如俱生起之我法二執卽第七識是也。是體性極爲羸弱、故曰無記。然爲自性妄惑能隱覆聖道、故名有覆無記。二無覆無記、如阿賴耶識之自體及內之五根、外之山河草木等是也。非自性妄惑而羸弱、非善惡、故曰無覆無記。見百法問答鈔三。

【四無記】（名數）就無覆無記之一而更分別爲四種。一異熟無記、依一切前世業因而感之身心果報也。異熟爲果報之異名。二威儀無記、起行住坐臥取捨屈伸等威儀時之心無記者。三工巧無記、作圖畫彫刻等種種工巧時之心無記者。四變化無記、以通力作種種變化時之心無記者。其中威儀工巧之二者、雖亦通於善惡二性及有覆無記、而今只取無覆無記之一邊耳。見百法問答鈔三。

【十四無記】（名數）見十四難條。

【無記法】（術語）無記性之法也。有記法之對。

【無根】（雜語）無男女之根者。

【無根信】（術語）初無信根、今蒙佛力而生信、是云無根信。涅槃經二十曰、「世尊我見世間從伊蘭子生伊蘭樹。不見伊蘭生栴檀樹。我今始見從伊蘭子生栴檀樹。伊蘭子者我身是。栴檀樹者卽是我心無根信也。無根者、我初不知恭敬如來不信法僧。是名無根。」同會疏十八曰、「本時五根未立。今遂得信。故曰無根。」增一阿含經三曰、「得無根善信。所謂阿闍世王是。」

【無根樹】（雜名）七女經曰、「七女告帝釋曰、願與我聲願。帝釋許諾。一女曰、我願欲得無根無枝無葉樹。」

【無倒】（術語）顚倒事理者、凡夫之通見、如指苦爲樂指無常爲常是也。離一切顚倒之正見曰無倒。

【無能勝菩薩】（菩薩）梵語阿逸多。Ajita 譯曰無能勝、彌勒菩薩之字、以其威德廣大無能勝之者故云、眞言法中以慈氏菩薩（卽彌勒）爲自性輪身之名、以無能勝金剛爲釋迦如來敎令輪身之名。（敎令輪身者奉其如來之敎令現忿怒之身以對治惡魔者）補陀落海會軌曰、「無能勝釋迦牟尼佛忿怒自性輪慈氏菩薩。」大疏五曰「釋迦牟尼座下。應作忿怒持明右邊號無能勝左邊號無能勝明妃並白色持刀印。觀佛而生其間。」同十曰、「此是釋迦化身。隱其無量自在神力而現此忿怒明王之形。謂降伏衆生而盡諸障也。（中畧）能於生死中而得自在。坐佛樹下摧破四魔兵衆也。無能勝卽無不可破壞之義也。」普通眞言品義釋曰、「釋迦眷屬以無能勝爲忿怒明王。」秘藏記末曰、「無能勝釋迦忿怒自性輪慈氏。」是秘藏記之二輪身也。若依仁王經義軌等之三輪身、則釋迦爲自性輪、慈氏爲正法輪身、無能勝金剛爲敎令輪身。見敎令輪身條。

【無能勝金剛形像】（形像）黑色忿怒相也、有四面四臂、面上並有三目、有大炎鬘、左右持鐵鉤鉾鎊、密號曰勝妙金剛。見胎藏界曼荼羅大鈔三。

【無能勝明王】（菩薩）卽無能勝菩薩。在胎藏界釋迦院釋尊之前、與其妃相對、而守護一門。密號曰勝妙金剛。參照前項。

【無能勝明妃】（菩薩）在胎藏界釋迦院與無能勝明王相向。密號曰長生金剛。其三昧與無能勝明王同。參照無能勝菩薩條。

【無能勝大明陀羅尼經】（經名）一卷、趙宋法天譯、此呪能破邪法、能破魔軍、饒益有情。

【無能勝大明心陀羅尼經】（經名）一卷、趙宋法天譯。此呪能成就一切吉祥之事業、消除衆罪。

【無能勝旛王如來莊嚴陀羅尼經】（經名）一卷、趙宋施護譯、佛在忉利天宮帝釋與修羅戰敗、請問於佛、佛爲說呪、書此陀羅尼置於旌旗上、一切怨敵無能勝者。

【無財鬼】（異類）無財餓鬼也。

【無財餓鬼】（異類）餓鬼有有財無財、少財多財等之種類、極無福分之餓鬼、少分之食物不能下咽者名曰無財餓鬼。見餓鬼條。

【無起】（術語）無生之異名。無生法忍一名無記法忍。無因生果名爲無起、又作無生。無量壽經下曰、「無作無記。觀法如化。」同慧遠疏下曰、「無因可生云無起。故維摩云雖行無記而起善行。故知無起約因以說。」

【無酒神】（異類）八部衆之一。阿修

羅也。法華文句二曰、「阿修羅者。此云無酒。四天下採花醞於大海。魚龍業力其味不變。瞋妒誓斷。故言無酒神。」

【無差別】（術語）有爲法其外相雖有種種差別。然其內情爲一。如波之姿雖異。而其水性則一。故云無差別。

【無師智】（術語）謂無師獨悟之佛智也。法華經譬喩品曰、「一切智佛智自然智無師智。」同嘉祥疏六曰、「無師智者。前之三智並不從師得。故云無師智。」大日經疏一曰、「如是自證之境。說者無言。觀者無見。不同手中菴摩勒果可轉授他人也。若可以言語授人者。釋迦菩薩蒙定光之授決之時。卽可成佛。何故具修方便。要待無師自覺方名佛耶。」

【無修無證】（術語）離修證情念之無爲眞人也。台家稱所謂無作性德之人。四十二章經曰、「飯千億三世諸佛。不如飯一無念無住無修無證之人。」

【無常】（術語）梵語阿儞怛也。Anitya 世間一切之法生滅遷流。刹那不住。謂之無常。無常有二、一刹那無常。謂刹那刹那有生住異滅之變化也。二相續無常。謂一期相續之上有生住異滅之四相也。涅槃經一曰、「是身無常。念念不住。猶如電光暴水幻炎。」智度論二十三曰、「一切有爲法無常者。新新生滅故。屬因緣故。」六祖壇經曰、「生死事大。無常迅速。」無常經曰、「未曾有一事不被無常呑。」因俗以爲鬼名。陳裕詩曰、「一朝若也無常至。劍樹刀山不放伊。」

【無常狠】（譬喩）無常之可畏。譬如狠也。智度論十五曰、「菩薩雖上妙五欲不生貪著。以有無常等觀故。譬如王有一大臣。覆藏自罪。王欲罰罪。語曰。若得無脂肥羊當許汝罪。大臣有智。繫一羊養以水草。日日三時以狠怖之。羊得養肥而無脂。王問如何得爾。答以上事。菩薩亦爾。見無常空狠。消結使脂肥功德身。」

【無常刀】（譬喩）觀佛經三曰、「汝等邪見不信正法。今無常刀割切汝身。」

【無常使】（譬喩）十王經曰、「閻魔法王遣閻魔卒。一名奪魂鬼。二名奪精鬼。三名縛魄鬼。卽縛三魂至門關樹下。」又有閻魔王遣五天使之說。見天使條。

【無常虎】（譬喩）無常之可怖如虎也。

【無常殺鬼】（譬喩）見殺鬼條。

【無常風】（譬喩）風不知所來。不知所去。去來於不用意之間而散花滅火。以譬時至則衆生之命數卽爲奪去也。智度論二曰、「咄世間無常如水月芭蕉。功德滿三界。無常風所壞。」

【無常依】（術語）如來之德號。如來爲一切衆生之所依。故名。

【無常堂】（堂塔）又云無常院、延壽堂、涅槃堂、皆其別名也。置臨命病者之所。見無常院條。

【無常院】（堂塔）律家曰無常院、無常堂、禪家曰涅槃堂、延壽堂。置臨命之病僧使觀無常之所也。行事鈔下四之一曰「若依中國本傳云。祇洹西北角日光沒處爲無常院。若有病者安置在中。以凡生貪染見本房內衣鉢衆具多生戀著無心厭背。故制令至別處。堂號無常。來者極多還反一二。（中略）其堂中置一立像金薄塗之面向西方。其像右手舉起左手中繫一五綵幡脚垂曳地。當安病者在像之後。左手執幡脚作從佛往淨剎之意。」

【無常鳥】（雜名）冥土之鳥名。謂杜鵑也。十王經曰、「樹有荊棘。宛如鋒刃。二鳥栖掌。一名無常鳥、一名拔目鳥。」註曰、「無常鳥者、杜鵑也。拔目鳥鴉也。」

【無常偈】（雜名）仁王經所說之四非常偈也。

【無常想】（術語）十想之一、觀想無常之理也。

【無常磬】（雜語）又云引磬。人命臨終所打之磬也。行事鈔下四之一曰「若終亡者打無常磬。」同資持記曰、「天台智者臨終語維那曰。人命將終。得聞鐘磬增其正念。唯長唯久。氣盡爲期。云何身冷方聲磬耶。（今時死已方打、故知無益。）」

【無常經】（經名）一卷。唐義淨譯。說老病死三法之不可愛、後附五言頌十二首、七言頌四首。謂之無常偈。西天僧葬時頌之。

【無常鐘】（雜名）同無常磬。

【無常講】（行事）以無常（卽人死）爲緣而修之佛事也。

【無常依經】（經名）二卷、梁眞諦譯。說造佛像之功德及如來之功德。

【無常迅速】（術語）六祖壇經曰、「生死事大。無常迅速。」

【無常觀門】（術語）觀世相無常之佛門也。

【無動行】（術語）又云不動業。三行之一。謂修禪定而生於色界無色界也。禪定離心之散動。故云無動、生天之果報決定而無移動。故云無動。前義就因而言。後義就果而言。

【無動佛】（佛名）妙喜世界之阿閦佛。譯作無動佛。維摩經阿閦佛國品曰、「佛告舍利弗。有國名妙喜。佛號無動。是維摩詰於彼國沒而來生此。」

【無動尊】（菩薩）不動尊之異名。立印軌曰、「於袈裟上畫聖者無動尊。」

【無動尊安鎭家國等法】（修法）聖無動尊安鎭家國等法之略名。

【無動尊一字出生八大童子秘密法品】

(經名)聖無動尊一字出生八大童子秘密法品之略名。

【無貪】(術語)三善根之一。心無貪欲也。唯識論六曰、「云何無貪於有有具無著爲性。對治貪著作善爲業。」

【無敎色】(術語)舊譯之無作色。一名無敎色。新譯曰無表色。見無作色條。

【無欲】(術語)無貪欲也。無多欲也。

【無欲仙人】(雜名)仙人之無多欲者。行事鈔下二之一曰、「四分八種漿。古昔無欲仙人所飮。梨、酸棗、甘蔗、䔰果、葡萄、舍樓伽等漿也。」

【無得正觀】(術語)又云不二正觀。三論家之目。就諦理而謂之八不中道、就觀解而謂之無得正觀。八不卽無得中道、則正觀也。中道之理、爲不生不滅不一不異等故、正觀之智、無生滅一異等所得也。三論玄義曰、「通論大小乘經同明一道。故以無得正觀爲宗。但小乘敎者正觀猶遠。故就四諦敎爲宗。大乘正明正觀。故諸大乘經同以不二正觀爲宗。」

【無異想】(術語)如來十八不共法之一。於一切衆生無遠近親疏之異想也。

【無異相似過類】(術語)十四過之一。立論者論法所用之同品、敵者無理分別、攻擊爲非同品是異品之過誤也。

【無患子】(植物)同木槵子。

【無眼人】(術語)譬不知正道之人。安樂集上曰、「如目連所問經。佛告目連(中略)是故我說無量壽國易往易取。而人不能修行往生。反事九十五種邪道。我說是人名無眼人名無耳人。」(大藏中無此經、大周刊定疑經目錄有摩訶目連經一卷或是。)

【無執受】(術語)對外境無執著覺受者。卽謂如無感覺之無機物者。

【無諍三昧】(術語)故住於空理與他無諍之禪定也。金剛經曰、「佛說我得無諍三昧人中最爲第一。是離欲阿羅漢」。同略疏中曰、「無諍三昧者、以其解空、則彼我俱忘。能不惱衆生。亦能令衆生不起煩惱。故也」。智度論十一曰、「舍利弗佛弟子中智慧第一。須菩提於弟子中得無諍三昧最第一。無諍三昧相常觀衆生不令心惱。多行憐愍」。註維摩經三曰、「肇曰、善吉於五百弟子中解空第一。常善順法相無違無諍。內既無諍。外亦善順羣心令無諍訟。得此定名無諍三昧也。」南岳著有無諍三昧法門二卷。

【無問自說】(經名)十二部經之一。同鄔陀南。

【無問自說經】(經名)十二部經之一。梵名優陀那Udāna。譯曰無問自說。無問者、佛自說之。如阿彌陀經。大乘義章一曰、「第五名爲優陀那經。此翻名爲無問自說。不由諸請而自宣唱故名無問自說經也。」

【無情非佛】（雜語）頓悟入道要門論曰「今言無情者無凡情非無聖情也。」又曰若無情是佛者活人應不如死人。」

【無情成佛】（術語）見非情成佛條。

【無量】（雜語）多大而不可計量也。又數目之名攝大乘論釋八曰「不可以譬類得知爲無量」勝鬘經寶窟中本曰「無量義者猶是廣大異名」同上末曰「依華嚴經是百二十數中一數之名也。非是汎爾言無量也。」

【四無量】（名數）佛菩薩慈悲喜捨之四德也。與樂之心爲慈拔苦之心爲悲喜衆生離苦獲樂之心曰喜於一切衆生捨怨親之念而平等一如曰捨緣無量衆生而起此心謂之無量又曰四等四梵行俱舍論二十九曰「無量有四一慈二悲三喜四捨言量者無量有情爲所緣故引無量福故感無量果故。」

【無量劫】（雜語）經劫無量也。劫者梵語謂世界成敗之一期也。見劫條。

【無量義】（術語）無量無數之義理謂一切諸法也。諸法無量各具義理故云無量義。又實相之異名也。無量義經曰「無量義者從一法生其一法者卽無相也」法華嘉祥疏二曰「無量義者凡有二種一者實相之體不可限量謂體無量二者從實相一法出一切數謂用無量此體用並有深所以故稱爲義」

【無量尊】（佛名）無量壽佛之異稱。無量壽經下曰「應時無量尊動容發欣笑」

【無量慧】（術語）佛之德號以具甚深無量之智慧故也。法華經化城喻品曰「無量慧世尊受彼衆人請」讚阿彌陀佛偈曰「十方三世無量慧同乘一如號正覺」

【無量稱】（雜語）大日如來之稱。又如實眞言行者之稱大日經一曰「何況無量稱住眞言行法行此無上句眞言救世者」同疏六曰「當知如是人轉復希有當爲普門海會之所稱嘆名聞十方又同大日如來有種種名號故云無量稱也。」

【無量覺】（術語）無量壽佛之略號。無量壽經下曰「彼土菩薩衆往觀無量覺」平等覺經曰「無量覺授其決我前世有本願一切人聞說法皆悉來生我國」

【無量壽】（經名）阿彌陀瘦斯Amitayus之譯見阿彌陀條。

【無量光天】（界名）色界第二靜慮三天中之一。俱舍頌疏世間品一曰「光明轉增量難限故名無量光天」

【無量光佛】（佛名）十二光佛之一。無量壽經上曰「無量壽佛號無量光佛」（中畧）超日月光佛」楞嚴經五曰「大勢至法王子與其同倫五十二菩薩。卽從座起。

頂禮佛足。而白佛言。我憶往昔恒河沙劫有佛出世名無量光。十二如來相繼一劫其最後佛名超日月光佛彼佛敎我念佛三昧。」

【無量義經】（經名）一卷蕭齊曇摩伽陀耶舍譯佛將於法華說無量之法歸於實相之一。先說此經明無量之法由一實相而生。故謂之爲法華之開經。又法華論列法華十七名。無量義經其一名也。是法華之實相有自生無量義之理故以爲別名也。

【無量義經疏】（書名）日本傳敎疏三卷題曰註無量義經。又無量義經箋註丁福保注。

【無量壽經】（經名）梵語 Sukhāvativyūha-sūtra 二卷曹魏康僧鎧譯淨土三部經之一。此經說無量壽佛之因地修行、果滿成佛國土莊嚴攝受十方念佛衆生往生彼國等事。該括無遺。無攝之機通於聖凡。凡位具攝三輩。唯除五逆十惡誹謗正法。此經前後有十二譯中存五譯欠七譯。見五存七欠條。各家註述如下。無量壽經義疏二卷、隋慧遠撰。無量壽經義疏一卷、隋吉藏撰無量壽經記二卷上卷殘下卷逸唐玄一集。無量壽經連義述文贊三卷唐璟興撰。無量壽經宗要一卷新羅元曉撰。無量壽經起信論三卷彭際清述。無量壽經會譯一卷魏源會譯。

【無量壽佛】（佛名）阿彌陀佛之譯名也。淨土三部經中小經存梵名題曰阿彌陀經。大經舉譯名題曰無量壽經。阿彌陀含無量光無量壽之二義。無量壽經上曰「無量壽佛威神光明最尊第一。」觀無量壽經曰「無量壽佛身量無邊非是凡夫心力所及。」於密敎爲五佛中之西方尊。於胎藏界曰無量壽。於金剛界曰阿彌陀。見阿彌陀條。

【無量壽院】（雜名）兜率天內院四十九院中有無量壽院。

【無量壽咒】（雜名）佛說大乘聖無量壽決定光明王如來陀羅尼經中所說之陀羅尼也。經中說誦此陀羅尼者則增壽命滿百歲。敕修清規聖節曰「諷無量壽咒舉藥師號。」

【無量壽王】（佛名）無量壽佛也。佛是覺王。故稱曰王。

【無量無礙】（術語）四無量與四無礙也。

【無量四諦】（名數）四種四諦之一。見四諦條。

【無量淨天】（界名）色界第三靜慮三天中之第二。俱舍頌疏世間品一曰「此淨轉勝。是難限故名無量淨天。」

【無量億劫】（雜語）無量億者數目、劫者梵語長時之名也。

【無量聲佛頂】（菩薩）胎藏界釋迦院釋尊之右第五位。密號曰妙響金剛。主說法之德。或有無邊音聲、無邊聲、妙音遍照、（遍聲之意）之名。黃色。左手持蓮上有法螺。右手立無名小三指、（無名小三指五字疑有誤今仍之）餘二指屈而當胸。坐於赤蓮。

【無量無數劫】（雜語）經劫無量無數也。世界一成一敗之時量謂之劫。法華經方便品曰「無量無數劫。聞是法亦難。」

【無量壽經論】（書名）無量壽經優婆提舍願生偈之異名。

【無量光明土】（界名）極樂世界之異名。平等覺經曰、「速疾超便可到安樂國之世界。至無量光明土。供養於無數佛。」敎行信證五曰、「謹案眞佛土者。佛者則是不可思議光如來。土者亦是無量光明土也。」

【無量光菩薩】（菩薩）在金剛界曼荼羅外廓之西方南端。密號曰大明金剛、離染金剛。賢劫十六尊之一。又名甘露光菩薩。爲赤肉色、右持蓮。上有光。左手伏膝上。

【無量壽如來】（佛名）即阿彌陀如來也。見無量壽佛條。

【無量壽觀經】（經名）觀無量壽經之異名。

【無量清淨佛】（佛名）無量壽佛之別稱。平等覺經一曰、「無量清淨佛光明最尊第一無比。」

【無量義處三昧】（術語）梵語 Anantanirdeśapratisthāna samādhi 佛說法華前先說無量義、次入此三昧也。無量者三乘五乘等無量法門。即無量義也。義處爲無量義之依處。即實相也。生無量法義依處之實相無相三昧。謂之無量義處三昧。佛既說無量義後將說實相。於中間入此定。依所出之無量義。故爲無量義經之三昧、依所歸之義處則爲法華經之三昧。因而通於前後法華文句二曰、「三道即三乘。四果即羅漢緣覺菩薩佛。此等諸法名爲無量。實相爲義處。從一義處出無量法。得爲無量法入一義處。」

【無量壽經義疏】（書名）二卷。隋淨影寺慧遠撰。又唐嘉祥寺吉藏撰。

【無量壽如來印】（印相）蓮華部之入定印也。金剛界曼荼羅大鈔一曰、「無量壽如來金色三摩地印。密號清淨金剛。」見入定印條。

【無量壽如來會】（經名）寶積經第五會之名。無量壽經爲此會之別譯。

【無量壽莊嚴經】（經名）Amitāyuryūha-sūtra 又 Sukhāvatīvyūha-sūtra 具名大乘無量壽莊嚴經。三卷。趙宋法賢譯。無量壽經之異譯也。

【無量印法門經】（經名）如幻三摩地無量印法門經之略名。

【無量門微密持經】（經名）一卷。吳支謙譯。一向出生菩薩經之異譯。

【無量壽佛眞身】（故事）廣西全州

之湘山寺、無量壽佛眞身在焉。其法名曰全眞、唐肅宗時脩道於衡山、後居湘山者七十年。涅槃於此、其徒漆其身而龕之。傳宗時奉爲無量壽佛。歷朝香火甚盛。明一統志八十三曰、「全眞柳州人、唐至德初來游湘源、剏淨土院。宋州刺史韋宙遣使禮請、翌日卽至。四門各見其入宙出道迎、惟見其一。其神變不可具述。卒年一百三十二。五代時因全眞多神異、改湘源爲全州。今其眞身在湘山。歷代封爲慈祐寂照妙應禪師。」淸一統志三百五十六曰、「會昌間汰釋氏、寂照師一夕生肉髻鬚髮並長、乃衣紫霞衣入覆釜山、結庵而居、示寂後其遺蛻在湘山、曰無量壽佛塔。」

【無量壽王陀羅尼經】（經名）大乘聖無量壽決定光明王如來陀羅尼經之畧名。

【無量壽大智陀羅尼】（經名）一卷、趙宋法賢譯。僅有咒文。

【無量淸淨平等覺經】（經名）四卷、後漢支婁迦讖譯。無量壽經之異譯。

【無量功德陀羅尼經】（經名）一卷、趙宋法賢譯。誦此陀羅尼則得見觀世音菩薩及無量壽佛。

【無量門破魔陀羅尼經】（經名）一卷、劉宋功德直玄暢共譯。一向出生菩薩之異譯。

【無量壽經優婆提舍願生偈】（書名）一卷、婆藪槃豆菩薩造、元魏菩薩流支譯。論經義者爲優婆提舍、是論無量義經經義而造之願生偈也。願生偈者、願生於安樂國之偈文也。又無量壽經論亦名往生論、淨土論。

【無量壽如來修觀行供養儀軌】（經名）一卷、唐不空譯。說阿彌陀如來之陀羅尼及供養法、敎人證念佛三昧則必生淨土。

【無間】（界名）梵語阿鼻。Avici譯曰無間。如無間地獄、無間修、等無間緣等。

【無間修】（術語）四修之一。不間斷之修行也。

【無間業】（術語）有五種之大惡業、此惡業決定受極苦之果、更無餘業餘果之間隔、故名無間業。又造此惡業之人、由此命終定墮地獄中、而無間隔、故名無間業。此二義雖有前就法後就人之別、然皆當體得名也。又地獄名爲無間、此業能受無間地獄之果、故名無間業、是從果得名也。俱舍論十七曰、「此無間名爲目何義。約異熟果決定更無餘業餘生能爲間隔。故此唯目無間隔義。或造此業補特伽羅、從此命終、定墮地獄中無間隔。故名無間。」（此二釋爲當體得名）大乘義章七曰、「此五何故名無間業。釋有四義。一趣果無間。故曰無間。故成實言。捨此身已、次身卽受、故名無間。二受苦無間。五逆之罪生阿鼻獄。一劫之中苦苦相續無有樂間因從果稱名無間業。三壽命無間。五逆之罪生阿鼻獄一劫之中壽命無絕因從果稱名為無間。四身形無間。五逆之罪生阿鼻獄阿鼻地獄縱橫八萬四千由旬。一人入中身亦徧滿一切人入身亦昇滿不相障礙。因從果號名曰無間」(此四釋前一為當體得名、後三為從果得名)。

【五無間業】(名數)梵Ānantarya 即五逆罪也。見五逆條。

【無間道】(術語)二道之一。方斷惑而不為惑間隔之無漏智也。舊譯謂之無礙道。已斷惑已正證理之智曰解脫道。即無間道乃前念之因道、解脫道乃後念之果道也。俱舍論二十五曰「無間道者謂此能斷所應斷障」。

【無間地獄】(界名)八熱地獄之一。梵云阿鼻旨。Avīci 造五逆罪之一者即墮於此、一劫之間、受苦無間、故名無間地獄。無間有五種之義、一趣果無間、終此身直墮於彼無間隔也。二受苦無間、受苦無間斷也。三時無間、一劫之間、相續而無間斷也。四命無間、一劫之間壽命無間斷也。五身形無間地獄縱橫八萬四千由旬、身形遍滿之而無間隙也。(此五義大部補註以為成實論之說而引之、諸師皆倣是然成實論無此義、於五無間條下辯之) 成實論八曰「次身受報、故名無間」(成實論僅此一義耳)俱舍論十一曰、「此贍部洲下過二萬有阿鼻旨大捺落迦。深廣同前謂各二萬。故彼底去此四萬踰繕那。以於其中受苦無間非如餘七捺迦受苦非恒故名無間。(中畧)有餘師說阿鼻旨中無樂間苦故名無間。」

【無等】(術語)佛之尊號。梵語曰阿娑磨 Asama 謂此之餘生無與等也。智度論二曰、「婆伽婆名有德先已說復名阿娑磨秦言無等。」大日經疏三曰、「如來智慧於一切法中無可譬類亦無過上。故名無等。」

【無等等】(術語)梵語 Asamasama、佛道及佛之尊號。佛道超絕無與等者、故云無等。唯佛與佛等、故曰等。維摩經佛國品曰、「無等等佛自在慧。」法華經普門品曰、「皆發無等等阿耨多羅三藐三菩提心。」註維摩經一曰、「肇曰佛道超絕無與等者。唯佛佛自等、故言無等等。」智度論二曰、「復名阿娑摩娑摩秦言無等等。」同四十曰、「無等等、諸佛名無等與諸佛等、故名為無等等。」同淨影疏曰、「佛比餘生無等名為無等。佛佛道齊故復言等。」法華經嘉祥疏十二曰、「佛道無等、唯佛與佛等、故名此道為無等等。所以名佛為無等等。」又九界之衆生不能等於理、佛能等於此理、佛則無等之等也。法華文句十曰、「無等等者九法界心不能等理。佛法界心能等此理。故無等而等也。

」又無等無等之意、如言無上上。只顯法之獨絕也。賢首心經略疏曰、「獨絕無倫名無等等」法華文句十曰、「如是知見究竟法界。廣無崖底無等無等等。更無過上」玄義私記二本曰、「無等之下重云等者。以一無字冠二等字也。」

【無等覺】（術語）無等等之正覺也。又無與等之正覺也。瑜祇經曰、「名金剛持地速悟無等覺。」

【無等等句】（雜名）指幻燄等之十緣生句爲無等等句。以是爲與無等之佛智得等同之言句故也。大日經疏三曰、「如來智慧於一切法中無可譬類。亦無過上。故名無等。而心之實相與之函蓋相稱。間無異際。故曰無等等。若以十緣生了知心處。則安住其中。故曰無等等句。」

【無等等咒】（雜名）般若波羅蜜多咒四名之一。此咒獨絕無倫、故曰無等等咒。無等等者無等無等也。般若心經曰、「故知般若波羅蜜多是大神咒（中略）是無等等咒」同略疏曰、「四獨絕無偈、名無等等咒。」

【無等等乘】（術語）大乘之總名。無等無等之意。言他無比類也。寶積經二十三曰、「是故此乘名大乘（中略）無上上、無等等乘。」

【無等等三昧】（術語）觀一切衆生等於無等之佛之禪定也。智度論四十七曰、「無等等三昧者。得此三昧。觀一切衆生皆如佛。觀一切法皆同佛法。」

【無等力三昧耶明妃】（術語）即入佛三昧耶眞言。大日經密印品曰、「爾時薄伽梵卽便住於身無害力三昧。住斯定故。說一切如來入三昧耶偏一切無能障礙力無等力三昧耶明妃」義釋十曰、「三力者。謂三世力。或是三平等也。無等力者、即此三力也。」

【無爲】（術語）梵語 Asaṃskṛta。爲者造作之義、無因緣造作曰無爲。又無生住異滅四相之造作曰無爲。卽眞理之異名也。此無爲法有三種六種之別。三無爲中之擇滅無爲、六無爲中之眞如無爲、是正爲聖智所證之眞理。曰涅槃。曰法性。曰實相。曰法界。皆無爲之異名也。無量壽經上曰、「無爲泥洹之道。」淸信士度人經曰、「棄恩入無爲。眞實報恩者。」肇論曰、「無爲者取乎虛無寂寞。妙絕於有爲。」探玄記四曰、「緣所起法名曰有爲。無性眞理名曰無爲。」華嚴大疏十六曰、「以有所作爲。故名有爲。有爲是無常。無所作爲。故名無爲。無爲卽是常也。」大乘義章二曰、「釋有二。一對法外四相以釋色心等法爲彼法外四相所爲。虛空等三不同彼故。名曰無爲。二對法體四相以釋色心等法一切皆有初生次住終異後滅前後集起評之曰爲虛空等三無彼爲故名曰無爲。」

【三無爲】（名數）小乘立三無爲。一擇滅無爲、舊云數滅無爲。擇者簡擇事物道理之智慧力也、數者智慧之法數、（有爲之法諸數多故、總名爲數）與擇同。蓋依智慧簡擇力斷煩惱所顯之一種滅諦、謂之擇滅、其滅依擇而得也。此滅體即爲涅槃。名之爲滅者、以其爲滅煩惱而顯之實體、且其體中有爲諸相寂滅也。依有爲諸相寂滅之義、復名爲無爲。二非擇滅無爲、舊云非數滅無爲。非依智慧之簡擇力、但於缺生法因緣處自顯之一種滅體、謂之非擇滅。例如入於見道、則爲聖者、於聖者身上畢竟缺凡夫性可生之因緣、因而此時對於凡夫性得一種之無爲法、即非擇之滅也。謂之爲滅者、以其爲因緣滅處所顯之實體、且其體中有爲諸相寂滅也。依是復名爲無爲。要之就所斷之煩惱而寂滅不生之無爲法被顯、爲擇滅、爲缺緣而寂滅不生之無爲法被顯、爲非擇滅。三虛空無爲。前二無爲之外、有一種之無爲法、以無礙爲性。無論向何法、無礙、亦無被礙。其相恰如世間所云之虛空、故名爲虛空無爲。世所言之虛空、雖如無爲法、然彼爲眼見之法。且自不礙他而爲他所礙、呈廣狹方圓之相、是非無爲法、故稱之爲空界之色、而攝於色法中之顯色。此虛空無爲、則於色心之諸法及空界之色外、有一實體、而爲此等諸法之所作也。見俱舍論一、大乘義章二、七帖見聞三本。

【六無爲】（名數）大乘立六無爲。但非謂有六種之別體、乃斷我法二執處所顯之一種眞理、有無常、無常皆不可名、但是法之實性、故名法性也。此一法性從所顯之緣分種種之名也。一虛空無爲、此法性離本來諸障礙之位所顯者名之。二擇滅無爲、依此法性智慧力斷煩惱之位所顯者名之。三非擇滅無爲、不由此法性之擇力而爲本來淸淨或緣缺之位所顯者名之。四不動無爲、此法性生於第四禪天離苦樂麤動之位所顯者名之。五想受滅無爲、此法性入於聖者非想地所攝之滅盡定。滅六識心想及苦樂二受之位所顯者名之。六眞如無爲、由此法性有眞實如常之相而名。此中前五無爲、就一法性所顯之位之差別、而假立爲五種之名者也。前五者爲詮法性之相之假名、後一者爲詮法性之體之假名也。由是而論前五無爲名體皆爲假立、眞如無爲、體爲定在、但眞如之名爲假立也。見唯識論二、百法問答鈔九。

【無爲戒】（術語）密敎之三昧耶戒也。雖依阿闍梨之加持而受得、然是暫借外緣、顯本來自身之具得者、此爲本不生之戒、不依自他之能所、故曰無爲戒。

【無爲舍】（術語）無爲者、涅槃也、涅槃爲人之安宅故云舍。千手經曰「南無大悲觀世音願我速會無爲舍。」

【無爲法】（術語）離因緣造作之法也。有三無爲六無爲等。三無爲中之擇滅無爲、六無爲中之眞如無爲、卽涅槃也。涅槃爲無爲法中之最勝者、四十二章經曰「解無爲法、名曰沙門。」

【無爲空】（術語）十八空之一。言一切無爲法不可得也。仁王經合疏中曰、「無爲空者虛空數滅非數滅空也。」

【無爲生死】（術語）變易生死、勝鬘經謂之無爲生死。以聖者爲無爲之人、無爲人所受之生死也。大乘義章八本曰、「聖人不起有漏業受分段報、名曰無爲。無爲聖人所有生死、名無爲生死。」

【無爲法身】（術語）佛所證之法身湛然寂靜、離因緣之造作、故云無爲。淨土論註下曰、「無爲法身者法性身也。法性寂滅故法身無相也。無相故能無不相。」

【無爲空死】（術語）與言醉生夢死同。遺敎經曰、「常當自勉精進修之、無爲空死、後致有悔。」

【無爲泥洹】（術語）泥洹爲涅槃之變音。涅槃離一切之有爲造作、故曰無爲。無量壽經上曰「無爲泥洹之道。」

【無爲能爲】（術語）佛之法身、爲無爲而能爲也。往生論註下曰、「盡夫生者、上失無爲能爲之身、下酖三空不空之痼。」

【無爲無欲】（術語）無造作之念、無貪欲之心也。無量義經曰、「其心寂靜常在三昧、恬安憺怕、無爲無欲。」

【無爲涅槃界】（術語）涅槃爲不生不滅、絕一切有爲之相、故云無爲。淨土門謂極樂、卽無爲涅槃界也。法事讚曰、「極樂無爲涅槃界。」

【無著】（術語）無執著於事物之念也。又（人名）菩薩名。梵名阿僧伽。Asanga 天親菩薩之兄也。皆爲法相宗之祖。見阿僧伽條。又禪師名。唐杭州無著禪師、名文喜。年七歲出家、習律聽敎。宣宗初往五臺禮文殊。遇一老翁牽牛而行、迎師入寺。翁縱牛引師陞堂。翁曰、近由何處來。師曰、南方。翁曰、南方佛法如何住持。師曰、末法比丘奉戒律者不少。翁曰、有幾何。師曰、或三百或五百。師却問、此間佛法如何住持。翁曰、龍蛇混雜、凡聖同居。師曰、有幾何。翁曰、前三三後三三。翁呼童子均提出茶、又進酥酪。翁拈起玻璃盞問曰、南方還有這個否。師曰、無。翁曰、尋常得甚麼喫茶。師無對。辭別。翁令童子相送。師問童子前三三後三三是幾許。童子呼大德。師應諾。童曰、是幾許。師曰、是爲何處。童曰、此金剛窟般若寺。師憬然悟彼翁是文殊。懿宗咸通三年、師至洪州觀音院、參仰山寂禪師、頓悟心要、光化三年寂。壽八十。見五燈會元末僧傳也」。

二十。【無著戒】（術語）十種戒之一。二乘之人見眞諦之理。能成聖道。於五塵之境無染著也。

【無著天親宗】（術語）法相宗之異名。無著爲兄造攝大乘論等。天親爲弟造唯識論等。共成立法相宗。

【無滅】（術語）成佛果後盡未來際無減少之功德也。

【六無減】（名數）智度論二十六明佛十八不共法中說六無減。一欲無減。欲度脫衆生之欲心所也。二精進無減。爲度衆生勤而不倦之精進心所也。三念無減。念三世諸法而不失之念心所也。四慧無減。分別一切法相之慧心所也。五解脫無減。佛斷一切煩惱之正習而證解脫。故云解脫無減。六解脫知見無減。於證解脫之知見而無邊淸淨。

【二十二無減】（名數）唯識論十謂如來四智相應之心品定有二十二法。稱之曰二十二無減。一作意、二觸、三受、四想、五思、（是心所中之五遍行也）六欲、七勝解、八念、九定、十慧、（是心所中之五別境也）十一信、十二慚、十三愧、十四無貪、十五無瞋、十六無痴、十七精進、十八輕安、十九不放逸、二十行捨、二十一不害。（已上心所中十一善也）再加心王之一爲二十二。

【無勝國】（界名）釋迦如來之淨土也。涅槃經二十四曰、「西方去此娑婆世界。度四十二恒河沙等佛國土。彼有世界名曰無勝。彼土何故名曰無勝。其土所有嚴麗之事悉皆平等。無有高下。猶如西方安樂世界。亦如東方滿月世界。我於彼土出現於世。爲化衆生故。於此土閻浮提中現轉法輪」

【無雲天】（界名）色界第四禪有九天。此其中最初之天也。法苑珠林曰、「遍淨天至無雲天復遠一倍」

【無尋唯伺】（術語）色界之中間禪、無尋之心所。唯有伺之心所也。

【無尋無伺】（術語）色界二禪已上、無尋之心所與伺之心所也。

【無惱指鬘】（人名）凶人央掘摩羅、Aṅgulimālya 譯爲指鬘、指鬘本名無惱。賢愚經十一曰、「阿聾賊奇誓言無惱」。出曜經十七曰、「無害」。

【無想】（術語）無想天或無想定也。

【無想天】（界名）無想有情之天處也。有部與經部攝之於第四禪之廣果天、不立別處。上座部於廣果天之上立無想天之一處。俱舍論五曰、「無想有情居在何處。居在廣果。廣果天中有高勝處。如中間靜慮。名無想天」

【無想定】（術語）外道欲得無想天

果而修之滅一切心想禪定也。有部宗之說、諸外道等謂無想天之果報爲眞涅槃爲求彼報學修無想定以滅心想、依第四禪定滅諸心法而今無念無想既滅心想已、則得一種非色非心之法而補領心處是曰無想定。成實宗中不存此義、謂凡夫不能滅心法但入定之心、寂靜微細而難覺故云無想非全爲無想也。俱舍論五曰、「有別法能令心心所滅名無想定。無想者定名無想定或定無想名無想定。」

【無想果】（術語） 又曰無想報、無想事。色界第四禪天有無想天處生於此處、則五百大劫間心心所都滅身實爲枯木死灰、因而一類之外道謂此是眞涅槃界於現世修無想定死後則生彼天。蓋以無想定爲因、感得一種非色非心之物、防止心心所而使不生也。此非色非心之一物爲對於無想定之因之果報、（新譯曰異熟果）故謂之無想果。俱舍論五曰、「無想若生無想有情天中。有法能令心心所滅名爲無想。是實有物遮未來心心所令暫不起如堰江河此法一向是異熟果誰之異熟謂無想定。」

【無想界】（界名） 無想天也。

【無想處】（界名） 無想天也。

【無想經】（經名） 大方等無想經之略名。

【無愛】（術語） 如來無餓鬼愛、故名眞解脫、餓鬼愛者貪欲無厭如餓鬼也。涅槃經四相品曰、「若得成阿耨多羅三藐三菩提也。無愛無疑。無愛無疑卽眞解脫。」又曰、「解脫者名曰無愛。愛有二種。一餓鬼愛。二法愛眞解脫者離餓鬼愛。憐愍衆生故有法愛。如是法愛眞解脫。」

【無意】（術語） 無虛妄之意思也、是爲禪道之至極。三慧經曰、「問云。何等爲能知一萬事畢。報曰。一者無意無念萬事自畢。意有間念萬事皆失。」

【無癡】（術語） 三善根之一。心無癡惑也。唯識論六曰、「無癡於諸事理明解爲性。對治愚痴作善爲業。」

【無著行】（術語） 十行之一。無着卽無礙之義、言諸行圓融而無障礙也。

【無著果】（術語） 阿羅漢果之古譯。出三藏記集一曰、「舊經無著果（亦應眞亦應儀）新經阿羅漢（亦言阿羅訶）」

【無著攝論】（書名） 五攝論之一。無著所造之攝大乘論也。有三譯、後魏佛陀扇多譯二卷、陳眞諦譯三卷、皆名攝大乘論、唐玄奘譯三卷題曰攝大乘論本。

【無道心】（術語） 求佛果之心曰道心。無求佛果之心曰無道心。

【無煩天】（界名） 色界十八天之第十四。

【無滅】（人名） 梵名阿泥樓豆、阿寃

樓陀阿那律譯曰無滅天眼第一。見阿那律條。

【無義語】（術語）義者義利也。無益之語謂之無義語。晉華嚴經二十四曰「無義語罪。亦令衆生墮三惡道若生人中得二種果報。一者所說言語人不信受。二者所有言說不能明了。」

【無極之體】（術語）極樂淨土衆生之身體。達悟涅槃無極之理之身也。無量壽經曰「顏貌端正超世希有容色微妙非天非人皆受自然虛無之身無極之體。」

【無極寶三昧經】（經名）二卷。西晉竺法護譯。佛入無極寶三昧召集十方菩薩。舍利弗與十方來之菩薩及文殊師利問答法要。

【無稱光佛】（佛名）十二光佛之一。無量壽佛之異名。其光明無稱量之者。故名無稱光。

【無袛長者子】（雜語）本爲長者之子。而犢鼻褌亦不完者。碧巖五十則頌古曰、「箇箇無袛長者子。」

【無漏】（術語）Anāsrava 漏者煩惱之異名。漏泄之義。貪瞋等之煩惱。日夜由眼耳等六根門漏泄流注而不止。謂之漏。又漏爲漏落之義。煩惱能令人漏落於三惡道。謂之漏。因之謂有煩惱之法云有漏。離煩惱之法云無漏。俱舍論二十曰、「諸境界中。流注相續。泄過不絕。故名爲漏。」大乘義章五本曰、「流注不絕。其猶瘡漏。故名爲漏。」法華文句一曰、「毘曇云。漏落生死。」

【無漏法】（術語）離煩惱垢染之清淨法也。如三乘聖人所得之戒定慧及涅槃是。俱舍論一曰、「虛空等三種無爲及道聖諦名無漏法。所以者何。諸漏於中不隨增故。」

【無漏因】（術語）以無漏清淨之戒定慧證涅槃果。謂之無漏因。四諦中之道諦也。

【無漏果】（術語）無漏道所得之果德也。四諦中滅諦之涅槃是。

【無漏界】（術語）無漏清淨之世界也。又謂涅槃。

【無漏根】（術語）無漏智之根本也。有三種。名曰三無漏根。見三無漏根條。

【無漏通】（術語）六神通中前五通爲有漏通。後之漏盡通爲無漏通。前五於有漏道可得。後一者非無漏道不能得也。

【無漏智】（術語）謂三乘之人。離煩惱無染之清淨智也。斷惑證理。即此智之用。法華經方便品曰、「度脫諸衆生。入佛無漏智。」

【無漏路】（術語）無漏清淨之境界。不染汚煩惱之世界也。

【無漏道】（術語）二道之一。謂三乘

之人離煩惱垢染之戒定慧四諦中之道諦是也。分之爲見修無學之三道。

【無漏慧】（術語）離隨染煩惱性質之純眞無垢智慧也。即三乘之聖智是。

【無漏法性】（術語）法性淸淨、本離煩惱之漏垢、故云無漏。法華經法師功德品曰「無漏法性之妙身。」

【無漏後身】（術語）二乘無學果之身也。既斷煩惱曰無漏、生死之最後身曰後身。法華經授記品曰「諸聲聞衆無漏後身、法王之子。」

【無漏實相】（術語）諸法實相之理體、無垢淸淨、故曰無漏。法華經序品曰、「是德藏菩薩於無漏實相心已得通達。」

【無漏最後身】（術語）與無漏後身同。法華經方便品曰、「辟支佛利智無漏最後身亦滿十方界。」

【無慚】（術語）梵語曰阿紇里。Ahrīkatā 言作惡自心無耻也。唯識論六曰、「不顧自法輕拒賢善爲性、能障礙慚、生長惡行爲業。」俱舍論四曰、「於所造罪自觀無耻名曰無慚。觀他無耻說名無愧。」

【無慚外道】（流派）此外道計一切罪福皆是大自在天作爲、非人間之所關知、自在天喜則衆生安樂、瞋則衆生苦。人間之罪福、一繫於大自在天之意、使全責任負於大自在天、犯罪而不慚愧則不墮於惡道。慚愧則却墮於地獄云。

【無蓋】（雜語）廣大之極、更無蓋之者也。與無上等同。又謂無所不蓋也。無量壽經上曰、「如來以無蓋大悲矜哀三界。」同淨影疏曰、「佛悲殊勝、餘不能加、不能蓋上。名無蓋悲。」同嘉祥疏曰、「無蓋悲者佛慈悲無所不覆蓋耳。」

【無蓋大悲】（術語）見前項。

【無際】（術語）法華經方便品曰、「如來知見廣大深遠。無量無礙力無所畏禪定解脫三昧深入無際。」

【無際智】（術語）言佛智無邊際也。無量壽經下曰、「億劫思佛智窮力極講說。盡壽猶不知佛慧無邊際。」

【無疑】（術語）不疑惑也、聞法信而不疑也。

【無疑解脫】（術語）三種羅漢之第三。

【無實】（術語）無實體也。南本涅槃經十二曰、「有名無實即世諦」不眞空論曰、「以名求物無當名之實。」

【無竭】（人名）曇無竭之略。比丘名。

【無愧】（術語）梵語Anaratratā。不顧世間恣作暴惡也。唯識論六曰、「云何無愧。不顧世間崇重暴惡爲性、能障礙愧生衆惡行爲業。」俱舍論四曰、「爲諸善士所訶厭名爲罪。於此異中不見怖畏說名無愧。」

【無種性】（術語）法相宗所立五性之一、無無漏之善種、畢竟不能出離生死者、又名無性有情。唯識樞要上本曰「無種性者現當畢竟不成」。

【無種闡提】（術語）無種者、無佛種性、畢竟不能成佛之人也。唯識樞要上本曰、「無種性者現當畢竟不成」。闡提者梵語一闡提之畧。不具信心、斷善根、永不能成佛者之謂。涅槃經德王品曰「一闡名信、提名不具。信不具故名一闡提」。入楞伽經二曰「一闡提者焚燒一切善根」。

【無塵三昧】（術語）無能勝菩薩之三昧也。依此三昧而離一切之塵垢也。

【無塵法界】（術語）塵者色等之六塵、即三界之諸法也。法界爲眞理之異名。理體淸淨、一切三界諸法唯由理緣起、理外無塵境。故云無塵法界。觀經玄義分曰「無塵法界凡聖齊圓」。起信論曰「三界虛僞唯心所作。離心則無六塵境界」。（心爲眞心、即眞如之心也。）

【無塵唯識】（術語）塵爲塵境、即三界之諸法。謂萬法唯爲阿賴耶識所作、識外無塵境也。眞諦譯攝論五所謂「實無有塵、唯有識體顯現爲塵。無塵法界」。說唯理無塵唯識說唯識。

【無聞比丘】（術語）一向修禪而無正聞慧之比丘、所謂暗禪師是。如善星比丘、得第四禪定謂證涅槃、及其後退失四禪、撥無涅槃之法、謗阿羅漢尚有後身、墮於無間地獄。是曰無聞比丘。楞嚴經九曰、「若作聖解、則有一分好輕淸魔入其心腑。自謂滿足更不求進。此等多作無聞比丘。疑謗後生墮阿鼻地獄」。見善星條。

【無毀犯戒】（術語）菩薩十戒之一。菩薩自保淨戒而不犯、爲衆生說妙法而使不犯戒也。

【無對光佛】（佛名）十二光佛之一。

【無盡】（術語）無爲法離生滅之相、故爲無盡。又有爲法之緣起、一多相即、故爲無盡。無爲法之無盡、權敎所談。有爲法之無盡、實敎所談。華嚴宗盛談此義。維摩經菩薩行品曰、「何謂無盡。謂無爲法」。註曰、「肇曰。有爲法有三相、故有盡。無爲法無三相、故無盡」。大日經疏十四曰、「無盡者、即是無相別名」。

【三事無盡】（名數）一布施無盡、菩薩好爲布施、乃至身命亦能施與、而心不疲厭。二持戒無盡、菩薩護持禁戒、未曾違捨。復以戒法化人、心不疲厭。三博聞無盡、菩薩博學一切經典、乃至諳練世間之藝術、而心不疲厭。見衆德三昧經。

【十無盡句】（名數）華嚴經十地品中所說、初歡喜地菩薩、發廣大之願、以十無盡而成就。若此十句有盡、則我願亦盡、此十句無盡、故我願亦無盡、名爲十無盡。一、衆生界無盡、諸衆生皆依世界而住、世界無盡故衆生無盡。二、世間無盡、一切世界依虛空而住、虛空無盡故世界無盡。三、虛空界無盡、虛空徧十方而無有際限、虛空無盡也。四、法界無盡、稱於眞如之法而說無量之法、法界無盡也。五、涅槃界無盡、無量之衆生入於涅槃、涅槃界無盡也。六、佛出現界無盡、佛出現而說法度生無盡也。七、如來智界無盡、如來之智慧、能知自心所緣之法界無盡也。八、心所緣無盡、如來之智所照之境無盡也。九、佛智所入境界無盡、佛智所證之境界無盡也。十、世間轉法轉智轉無盡、世間轉者展轉而攝入前之衆生界世界虛空界也。法轉者展轉而攝入前之法界涅槃界佛出現界也。智轉者展轉而攝於前之如來智界心所緣界佛智所入境界也。世法智之三種展轉含攝而無窮盡也。見華嚴經疏二十三。

【無盡根】（植物）藥樹名也。華嚴經曰、「雪山頂有藥王樹、名無盡根。」

【無盡財】（雜名）寺中積金錢貸與他人、使生利息、以供三寶之用者。釋氏要覽曰「寺院長生錢。律云無盡財。蓋子母展轉無盡故。西京記云、寺中有無盡藏。又則天經序云、將二親所畜用兩京之舊邸、莫不總結招提之宇、咸充無盡之藏。十誦律云、以佛塔物出息。佛聽之。僧祇云、供養佛華多、聽轉賣、買香油。猶多者、轉賣入佛無盡財中。（詳諸律、三寶皆有無盡財）」

【無盡海】（譬喩）無盡之法譬如海之深廣也。華嚴經二曰、「一切法門無盡海、同會一法道場中。」

【無盡意】（菩薩）梵名阿差末底、Aksayamati 佛遊寶莊嚴堂說大集經時、從東方不眴國普賢如來所來、廣說八十無盡之法門。無盡意菩薩經是也。又於法華經會座爲普門品之對揚衆、取頸上瓔珞與觀音菩薩。名義集一曰「阿差末此云無盡意。」

【無盡燈】（譬喩）法門名。以一人之法展轉開導百千人而無盡、譬如以一燈燃百燈、故云無盡燈。此爲橫之無盡也。維摩經菩薩品曰、「維摩詰言、諸姊有法門名無盡燈。汝等當學。無盡燈者、譬如一燈然百千燈、冥者皆明、明終不盡。如是諸姊、夫一菩薩開導百千衆生、令發阿耨多羅三藐三菩提、於其道意亦不滅盡。隨所說法而自增益一切善法。是名無盡燈也。」又華嚴之賢首形事實上一種之無盡燈、以表法界緣起重重無盡之意。是亦橫之無盡也。佛祖統紀三十三曰、「無盡燈、賢首法藏師爲則天以十鏡置八隅。中安佛像、燃燈照之、則鏡鏡現像、以表刹海重重無盡之意。」因禪林以長明燈名無盡燈、是竪之無盡也。北磵文集然無盡燈記曰、「淨名大士旣授萬二千人天女無盡燈法門。從而諭之曰。冥者皆明。明終不盡。伊尹所謂以先覺覺後覺也。後世焚香繼晷號無盡燈。非淨名心也。」

【無盡慧】（術語）無盡無邊之智慧也。瑜祇經曰「身如妙吉祥。能成無盡慧」。

【無盡藏】（術語）謂德廣無窮爲無盡。包含無盡之德曰藏。大乘義章十四曰「德廣難窮。名爲無盡。無盡之德包含曰藏。」探玄記十九曰「出生業用無窮。故曰無盡藏。」維摩經佛道品曰「以祐利衆生。諸有貧窮者。現作無盡藏。」

【十無盡藏】（名數）功德林菩薩。於華嚴會上爲諸菩薩說十無盡藏。一信藏。二戒藏。三慚藏。四愧藏。五聞藏。六施藏。七慧藏。八念藏。九持藏。十辯藏。見華嚴經疏二十一。

【無盡三昧】（術語）百八三昧之一。知無盡法（即無爲法）之禪定也。智度論四十七曰「無盡三昧者。得此三昧。滅諸無常等相。即入不生不滅。」

【無盡玄宗】（術語）說幽玄無盡緣起之法之宗。即云華嚴宗。

【無盡法界】（術語）重重無盡之法界緣起也。見次條。

【無盡緣起】（術語）四種緣起之一。又云法界緣起。華嚴經所說緣起之法門也。一切之法。互相爲緣。互相起法也。緣一法而起萬法。緣萬法而起一法。重重緣起。而緣起之義無窮。故曰無盡緣起。故云萬法相即相入。無礙自在。見五教章十。

【無盡意菩薩】（菩薩）在金剛界曼荼羅外廓北方。密號曰定慧金剛。無盡金剛。賢劫十六尊之一。白色。右持梵篋。左爲拳。參照無盡意條。

【無盡意菩薩經】（經名）四卷。劉宋智嚴等譯。無盡意菩薩從東方不眴國普賢佛所來。說八十無盡法門。與大集經無盡意品同。

【無諍】（術語）安住於空理。與物無諍也。佛言須菩提得無諍三昧。見無諍三昧條。

【無諍智】（術語）諍者煩惱之異名。使他人對於己身而不起貪欲瞋恚煩惱之智。謂之無諍智。利根之二乘及佛有此智。俱舍論二十七曰「自知己身福田中勝。恐他煩惱復緣己生。故思引發如是相智。由此方便令他有情不緣己身生貪瞋等。此行能息諸有情類煩惱諍。故得無諍名。」

【無諍念王】（本生）阿彌陀如來因位爲轉輪王時之名也。悲華經二曰「往昔善持劫時。有世界名刪提嵐。有轉輪王名無諍念。有一大臣名寶海梵志。是梵志生一子。名寶藏。後出家成菩提。號寶藏如來。如來廣爲無諍念王說法。王請如來及諸聖衆三月供養。王有千子。王及千子如是供養滿二百五十歲。時寶海梵志勸王及千子發菩提心、聖王卽發菩提心願求淸淨國土、寶藏如來與授記卽西方極樂阿彌陀佛是也。」

【無諍輪王】（本生）轉輪聖王無諍念也。見無諍念王條。

【無熱】（雜名）梵語阿耨達阿那婆達多。法華義疏二曰、「阿那婆達多。此云無熱。」

【無熱天】（界名）五淨天之第二、在於色界。俱舍頌疏世間品一曰、「已得雜修上中品定。能善伏除上中品障。意樂調柔離諸熱惱。故名無熱。」

【無熱池】（地名）又云無熱惱池。梵名阿耨達池、Anavatapta 又 Anavadatta 在香山之南大雪山之北、周市八百里。贍部洲之中心也。住於此之龍王、名阿耨達龍王。俱舍論十一曰、「大雪山北有香醉山。雪北香南有大池水。名無熱惱。出四大河。一殑伽河。二信度河。三徙多河。四縛芻河。無熱惱池縱橫正等面各五十踰繕那量。八功德水盈滿其中。非得通人無由能至。」西域記一曰、「贍部洲之中地者。阿那婆答多池也。唐言無熱惱。舊曰阿耨多池、訛也。在香山之南大雪山之北周八百里矣。」

【無遮】（雜名）寬容物而無遮也。圓覺經曰、「憐愍不捨無遮大悲爲諸菩薩開秘密藏。」楞嚴經一曰、「如來開闡無遮度諸疑謗。」餤羅王供行法次第曰、「設無遮廣大供養。」

【無遮施】（術語）無遮會也。

【無遮會】（行事）Pañca-parisad, Pañcavarsika-parisad 梵語般闍于瑟。譯曰無遮會。賢聖道俗貴賤上下無遮、平等行財法二施之法會也。印度國俗屢行之。支那則梁武大通元年初行之。（佛祖統紀通塞志）智度論二曰、「佛後百年。阿輸迦王作般闍于瑟大會。」

【無遮大會】（行事）見無遮會條。梁武帝幸同泰寺。設四部無遮大會。陳武帝詔出佛牙於杜姥宅。集四部設無遮大會。並見南史。

【無數劫】（雜語）見阿僧祇條。

【無價】（雜語）價直之至極也。如言極數爲無數。無量壽經下曰、「無價衣供養無量覺。」法華經授記品曰、「無價寶珠繫汝衣裏。」

【無價駄婆】（雜語）駄婆者梵語、譯曰奴。爲人使役而不取傭資之奴、謂之無價駄婆。以比行無緣大悲之菩薩。俱舍論十八曰、「如世傳有無價駄婆。當知此言目彼菩薩。」同光記十八曰、「駄婆此云奴。不用錢買名爲無價。謂彼菩薩受他驅役利益有情。如不用錢買奴相似。」

【無齒大蟲】（雜語）大蟲者虎、無齒

者、年長而無齒也。

【無憂王】（人名）舊稱阿育、新稱阿輸迦王。譯曰無憂王。見阿育王條。

【無憂樹】（植物）梵名阿輸迦、Aśo-ka阿述迦。佛生於此樹下。見阿輸迦條附錄。

【無憂最勝吉祥王如來】（佛名）七佛藥師之一。

【無緣】（術語）無緊屬之關係也。無心識之攀緣也。止觀一曰、「常境無相。常智無緣。」

【無緣之衆生】（術語）佛菩薩有本來所化之衆生緊屬之、是爲有緣之衆生。故於此佛有緣者、於彼佛無緣。於無緣之衆生、畢竟不得化之。

【無緣道場】（雜名）不屬於一人、不能定其爲誰、汎云爲一切衆生之道場也。

【無緣乘】（術語）觀三界唯心無於心外緣法者、以行菩提之道也。大日經疏二曰、「無緣乘者。至此僧祇始能觀察阿陀那深細之識解了三界唯心。心外更無一法而可得者。乘此無緣心而行大菩提道。故名無緣乘也。」

【無緣寺】（雜名）回向於無緣之人之道場也。

【無緣佛】（雜語）於自己無因緣之佛。謂於宿世未與自己結緣之佛也。

【無緣塔】（雜名）不緊屬於一人合葬多人之墳墓也。又謂無親戚故舊之緣者之墳墓。

【無緣塚】（雜名）同於無緣塔。

【無緣乘心】（術語）十住心之第六、他緣大乘心也。他無兩義、梵音同一。故約於菩薩之大悲緣他衆生而謂之他緣、約於菩薩之大智緣心外無法而謂之無緣。大疏二曰、「梵音莽鉢羅。是無義。亦是他義。所謂他緣乘者、謂發平等大誓。爲法界衆生行菩薩道。乃至諸一闡提及二乘入正位者。亦當以種種方便折伏攝受普令同入是乘。約此無緣大悲故名他緣乘。又無緣乘者。至此僧祇始能觀察阿陀那深細之識解了三界唯心。心外更無一法而可得者。乘此無緣心而行大菩提道。故名無緣乘也。」

【無緣三昧】（術語）法華經所說十六三昧之一。滅盡定之異名。都滅一切識心而離所緣之禪定也。法華經嘉祥疏十二曰、「無緣三昧即滅盡定」

【無緣法界】（術語）無差別平等之義也。無緣者、謂不分別彼此之境也。（境爲所緣、心爲能緣）法界者謂法之有限也。普及分別彼此有限之法、謂之無緣法界。

【無緣慈悲】（術語）三種慈悲之一。見慈悲條。

【無餘】（術語）無餘殘無餘蘊也。謂事理之至極也。如無餘涅槃、無餘說、無餘修等。

【無餘依】（術語）無餘涅槃又云無餘依涅槃。依者苦所依之身體也。涅槃有二種、有苦之依身謂之有餘依涅槃、無苦之依身謂之無餘依涅槃。唯識述記十末曰、「依謂依身。」

【無餘記】（術語）佛之授記有有餘無餘之二種。演密鈔五曰、「餘卽未盡之義。今盡言之名爲無餘。如佛現前記彼某時某處證覺號某如來。名無餘記。言有餘者。如來有所未盡之意。如言汝於未來某佛爲汝授記。名有餘記。」

【無餘修】（術語）四修之一。不加餘行。專修一行之謂也。

【無餘說】（術語）謂盡理之說也。法鼓經曰、「一切空經是有餘說。唯有此經是無上說。」三論玄義曰、「敎稱滿字。理曰無餘。信之則獲福無邊。」

【無餘入寂】（術語）二乘之人、證無餘涅槃而歸入寂滅也。

【無餘灰斷】（術語）入無餘涅槃而灰身斷智也。卽無餘涅槃之證。

【無餘涅槃】（術語）梵語Anupadhiśesa-nirvāna、二涅槃之一。新云無餘依涅槃。身智皆灰滅之涅槃也。見涅槃條。

【無餘依妙涅槃界】（術語）阿羅漢灰身滅智而寂滅之境界也。無有漏之依身、故云無餘依。其境界不可思議。故云妙。圓寂故云涅槃。毘奈耶雜事十八曰、「現諸神變。入無餘依妙涅槃界。」

【無學】（術語）聲聞乘四果中、前三果爲有學、第四阿羅漢果爲無學。學道圓滿、不更修學也。法華玄贊一曰、「戒定慧三。正爲學體。進趣修習名爲有學。進趣圓滿止息修習。名爲無學。」法華嘉祥疏九曰、「若緣眞之心更有增進義。是名爲學。緣眞之心已滿、不復進求。是名無學。」

【九無學】（名數）九種羅漢也。見羅漢條。

【無學果】（術語）修行位到第四果之人也。卽阿羅漢果。

【無學道】（術語）三道之一。謂斷三界諸惑已。盡證眞諦之理。不更要學修之圓滿智慧。卽阿羅漢之無漏智也。

【無瞋】（術語）三善根之一。遭違緣而心無瞋恨也。唯識論六曰、「云何無瞋。於苦苦具無恚爲性。對治瞋恚作善爲業。」

【無謀】（術語）如來之施化、但應於緣。初無謀慮也。止觀七曰、「無謀權巧。故號能仁。」四敎儀集註上曰、「如來妙應無謀沒化。」玄義二曰、「無謀之權。稱緣轉變。」

【無頭榜】（雜語）禪林之說。匿名造謗者。謂之無頭榜。若人無頭時不可認其人。今造榜謗人者藏己姓名。故云。

【無縫塔】（雜名）凡造塔用木或石疊累而成、故皆有縫稜級層者、以一塊石造之、則無縫稜級層、此之無縫塔、世所謂卵塔也。無縫塔之形如鳥卵、故云卵塔。無縫塔之語出於忠國師。傳燈錄（南陽忠國師章）曰、「師以化緣將畢、涅槃時至。乃辭代宗。代宗曰師滅度後弟子將何所記。師曰告檀越造取一所無縫塔。曰就師請取塔樣。師良久曰。會麼。曰不會。師曰貧道去後有侍者應眞、却知此事。」

【無聲漏】（雜名）以末香造篆文、供計時之用、故稱無聲漏。釋門正統三曰、「有以盤模篆文號無聲漏者。」

【無擇地獄】（界名）無間地獄之古譯。以造無間業之人、不擇何人而押收之故也。楞伽經三曰、「云何男子女人行五無間不入無擇地獄。」正法華經一曰、「其大光明照諸佛國、靡不周遍、至於無擇大地獄中。上達三十三天。」

【無覆無記】（術語）二無記之一。覆者覆蔽之義。見無記條。

【無礙】（術語）又云無閡、無礙。自在通達而無礙也。自在涉入而無礙也。自在融通而爲一體也。如燈光互相涉入、是無礙之相也。維摩經佛國品曰、「心常安住無閡解脫。」往生論註下曰、「無礙者謂知生死卽涅槃。如是等入不二門無礙相也。」卽身成佛義曰、「無礙者涉入自在義。」往生要集中本曰、「我所有三道與彌陀佛萬德本來空寂一體無礙。」

【四無礙】（名數）四無礙解、或四無礙辯之略。

【無礙人】（術語）佛之德號、以佛證生死卽涅槃之無礙道故也。晉華嚴經五曰、「一切無礙人、一道出生死。」往生論註下曰、「無礙者知生死卽涅槃。」讚阿彌陀佛偈曰、「我以一心讚一佛、願遍十方無礙人。」

【無礙智】（術語）謂佛智之通達自在也。法華經化城喩品曰、「如來無礙智、知彼佛滅度、及聲聞菩薩、如見今滅度。」涅槃經八曰、「如來不爾。悉知自地及以他地。是故如來名無礙智。」大集經一曰、「無礙智慧無有邊、善解衆生三世事。」無量壽經下曰、「佛眼具足、覺了法性、以無礙智爲人演說。」勝鬘寶窟上末曰、「無礙智者、於世諦法知之自在也。」

【無礙解】（術語）又云無礙辯。見四無礙解條。

【無礙道】（術語）見無間道條。

【無礙光】（術語）十二光之一。阿彌陀佛之光明也。阿彌陀佛之光明、無論山河雲霧等外障、卽貪瞋痴慢等內障、亦不能障蔽、且爲照破、故名。

【無礙光佛】（佛名）卽無礙光如來。

【無礙大會】（行事）又云無遮大會。施與一切僧俗之大齋會也。佛祖統紀二十七曰、「梁武大同二年帝幸同泰寺設無礙大會。」

【無礙光如來】（佛名）經云無礙光佛、論云無礙光如來。阿彌陀如來十二異名之一。往生論曰「歸命盡十方無礙光如來。」

【無邊】（術語）廣大而無邊際也。起信論曰、「虛空無邊故世界無邊。世界無邊、故衆生無邊。衆生無邊、故心行差別亦復無邊。」

【無邊身】（術語）佛之身量無邊際也。西域記九曰、「有婆羅門聞釋迦佛身長丈六。常懷疑惑未之信也。乃以丈六竹杖欲量佛身。恒於杖端出過丈六。如是增高莫能窮實。遂投杖而去因植根焉。」

【無邊世界】（術語）謂虛空界也。又謂無數之世界無邊際存在也。起信論曰、「虛空無邊、故世界無邊。世界無邊、故衆生無邊。」

【無邊光佛】（佛名）十二光佛之一也。

【無邊法界】（術語）法界廣大而無邊、際無盡。諸法存於其中。諸法無盡、故法界亦無邊。法界者、容法之界域也。

【無邊身菩薩】（雜名）即如來之異名。傳心法要下曰、「問無邊身菩薩爲什麽不見如來頂相。師云實無可見。何以故無邊身菩薩便是如來、不應更見。但無諸見、即是無邊身。若有見處、即名外道。」

【無邊門陀羅尼經】（經名）出生無邊門陀羅尼經之略名。

【無願三昧】（術語）與無願解脫同。

【無願解脫門】（術語）又云無作解脫門。三解脫門之第二。於一切生死法中願求離造作之念之禪定也。見三三昧條。

【無願無願三昧】（術語）同無願無願解脫門。

【無願無願解脫門】（術語）重三解脫門之第三、見三三昧條。

【無識身三昧】（術語）金剛頂經一曰、「阿娑頗那伽三摩地」同疏二曰、「此經訣云阿之言無。娑頗那迦者、識也。三摩地、平等持也。伽者身也。應云無識身平等持也。入此定者、能治攀緣散亂等障」是一切義成就菩薩未爲五相成身觀前所住之三昧也。

【無覺有觀三昧】（術語）新云無尋有伺三摩地。三三昧之一。謂以空無相無作相應心將入二禪之時、覺知之心已亡、分別禪味之念猶在、一切定觀皆悉正直。故名無覺有觀三昧。中間禪之禪定也。參照三三昧條。

【無覺無觀三昧】（術語）新云無尋

無伺三摩地三三昧之一。謂以空無相無作相應心入於二禪。乃至滅受想定覺知之心、分別禪味之念俱亡故名無覺觀三昧。二禪已上乃至非想地之禪定也。參照三三昧條。

【無體】（術語）無實之體性也、又無實體也。

【無體隨情假】（術語）二假之一。如外道凡夫妄執之實我實法、非有我法之實體、但爲隨自己妄情而假說之實我實法也。

【毳衣】（衣服）以鳥毛所織之衣也。眞言家多著之。

【毳衲】（雜名）唐裴休晩年披毳衲。於歌姬院捧缽乞食曰。不爲俗情所染可以說法爲人。見癸辛雜識。

【毳徒】（雜語）見五百毳徒與毳衣條。

【智】（術語）梵語Jñāna、闍那、若那。於事理決斷也。大乘義章九曰、「慧心安法名之爲忍。於境決斷、說之爲智。」唯識述記九曰、「忍言智以決斷故。」

【一智】（名數）華嚴經云、一切諸如來同一法身、一心一智慧力無畏亦然。爲唯一佛智。卽一切種智也。一相寂滅之相種種之行類相貌皆知。名一切種智。此智觀三諦、若言一相寂滅之相、卽是觀中道也。若言種種之行類相貌皆知卽是雙照空假二諦也。見止觀三之二。

【二智】（名數）有數種。詳見二字部二智條。

【三智】（名數）詳見三字部三智條。

【四智】（名數）法相宗所立如來之四智。凡夫有八識、至如來轉爲四智。一大圓鏡智、轉第八識者。如有漏之第八識變依正二報而持有情之身。此智變如來之身土而持一切之功德、猶如大圓鏡中現一切之色像。故名大圓鏡智。緣境無邊、照法界之事理、故又名一切種智。卽如來萬德之總本也。二平等性智、是轉第七識者。反於第七識之我見而達無我平等之理。於一切衆生起無緣大悲之智也。三妙觀察智、轉第六識者。妙觀察諸法之相而施說法斷疑之用之智也。四成所作智、轉眼等五識者。爲利一切凡夫二乘類成種種變化事之智也。如來之現化身化土及諸神通所作、皆智之作用也。見唯識論十、百法問答鈔八。又密敎以此四智如其次第配於阿閦、寶生、彌陀、不空成就（釋迦）之四如來。皆報身也。又有羅漢之四智、悟四諦之智也。蓋羅漢果自云我生已盡、梵行已立、所作已辦、不受後有。我生已盡者、苦諦之智也。梵行已立者、滅諦之智也。所作已辦者、道諦之智也。不受後有者、集諦之智也。四敎儀集註中曰、「此位斷上八地七十二品思俱盡、四智已圓」。又智度論二十七說四智。一道慧、知一道之智也。二道種慧、道有無量之差別、二道三道乃至無量道也。一一通達其道名爲道種慧。三一切智、知一切法寂滅一相之空智也。四一切種智、知一切法一相寂滅並識一切法種種行類差別、有空雙照之實智也。天台以此四智如其次第配於法華之開示悟入。因一道慧、二道種慧、三一切智、四一切種智。釋論二十七解之有多種、或謂因中但有理體、名爲道慧、道種慧。果上事理皆滿、名爲一切智、一切種智。或言因中之權實、故謂爲道慧、道種慧。入空爲實慧、入假爲權慧。或言果上之權實、故謂爲一切智、一切種智。直緣中道、名一切智、雙照二諦、名一切種智。或言因中之總別、果上之總別也。或言道慧、道種慧是單明權實、一切智、一切種智是複明權實。如是種種釋四智、四智但是三諦之照也。

【菩薩所觀四智】（術語）唯識論等破外道餘乘實我實法之所執、且說阿毘達磨經四智成就菩薩之所觀、舉以畧顯於心外無有實境。四智者、一相違識相智、於一處鬼人天等所見各別。境若實有、則豈能如此隨見者業力而轉變種種耶。二無所緣識智、緣過去未來夢等非實之境時、境非實有、而心現緣知。心若必託外境而起、則云何無緣耶，以此准知、一切境界、皆心所變也。三自應無倒智、境若爲實、則一切凡夫、皆應是聖、本來證悟心外之境故。若然、則不應假功用而得脫、應自然成就、何不然耶。四隨三智轉智、三智者、一隨自在者智轉智、已證得心自在者、隨自己所欲轉變水等能成金等。境若實有、何能如此隨心轉變耶。二隨觀察者智轉智、得勝定而修法觀者、觀一境隨而靑瘀等相、種種顯現。境若實有、豈能如此耶，三隨分別智轉智、起證實之無分別智、一切境相、皆不現前。境若實有、云何證實時皆不現耶。菩薩成就此四智時、於唯識之理決定悟入故、不許心外實境也。

【五智】（名數）密敎所說、如來之五智也。於上四智加法界體性智之一。見五字部五智條。

【菩薩五智】（名數）一通達智、能覺夢而通達諸法之智也。二隨念智、能憶持過去事而不忘失之智也。三安立智、能建立正行而使他修習之智也。四和合智、觀一切法隨緣和合之智也。五如意智、隨意所欲而無不滿足之智也。見攝大乘論五。

【八智】（名數）證欲界四諦之智、謂之四法智、證上二界四諦之智、謂之四類智、四法四類合爲八智。即觀八諦正斷煩惱之無間道位、謂之忍、既斷煩惱之解脫道位、謂之智。總有八忍八智。是無漏智之初也。見見道條。

【十智】（名數）於小乘立十智、以攝一切之智。一世俗智、見諦以前一切凡夫之智也、與煩惱相應、故稱有漏智。二法智、證欲界苦集滅道之智也。三類智、證上二界苦集滅道之智也。四苦智、知上下界苦諦之智也。五集智、知上下界集諦之智也。六滅智、知上下界滅諦之智也。七道智、知上下界道諦之智也。法智已下之六智、皆無漏智也。是爲上之八智、但異其分類之法耳。八他心智、知他人心之智也。九盡智、既斷盡一切煩惱、則知我既知苦、斷集、證滅、修道、卽斷盡煩惱時所生之自信智也。十無生智、是限於利根羅漢所有之智也。既知斷證修之事畢、更無知斷證修之事、故云無生。自覺此無生而知我不再知斷證修之智也。鈍根之羅漢、有更退沒而再要知斷證修者、則不能具此智。見俱舍論二十六。又大乘說如來所具之十智。一三世智、於三世法通達圓明之智也。二佛法智、通達一切佛法說法度生之智也。三法界無礙智、知一切衆生本具法界之體事理融通不相障礙之智也。四法界無邊智、知衆生色心諸法充滿一切而無邊際也。五充滿一切世界智、如來從定起廣大妙用周徧充滿於世間之智也。六普照一切世間智、如來有大智慧光明普照了無量世界之智也。七住持一切世界智、如來有大神力住持世界、攝化一切衆生之智也。八知一切衆生智、如來知一切衆生善惡因緣之智也。九知一切法智、如來既知所化衆生、復知能化諸法之智也。十知無邊諸佛智、如來出現於無邊諸佛世間而知說法敎化一切衆生事之智也。見華嚴經十六。

【五海十智】（名數）諸佛如來對於五海而發十智也。五海者、一、一切諸世海。二、一切衆生海。三、法海業海。四、一切衆生樂欲諸根海。五、一切三世諸佛海。十智者、一無量無邊法界智、是法智也。五海智非一、故云無量無邊。二能詣三世諸佛所智、是盡邊智、究盡五海而該三際之佛也。三一切世界海成壞智、是成壞智。五海之集散、亦世界法之集散也。四入無量衆生界智、是所化智。五海約於染亦衆生海也。五佛甚深法門智、是理智。五海皆深、亦法界海也。六一切三昧不壞三昧住智、是三昧智。五海皆定境也。七入一切菩薩諸根界智、是知根欲智也。八一切衆生語言轉法輪辭辯海智、是辯智也。九一身徧滿一切世智智、是身徧智也。十一切諸佛音聲智、是圓音智也。是皆通於五海等。見華嚴盧舍那品探玄記三。

【十一智】（名數）於小乘所說之十智加如實智之一。凡一切法如實正知而無罣礙之智也。是爲佛智之總名。見大般若經三、智度論二十七。

【二十智】（名數）台家約四敎而明二十智。三藏敎有七智、世智、外凡智、內凡智、四果智、辟支佛智、菩薩智、佛智是也。又通敎有五智、四果智、支佛智、入空之菩薩智、出假之菩薩智及佛智是也。又別教有四智、十信智、住行向之三十心智、十地等覺智、佛果智是也。又圓教有四智、五品智、六根智、住行向地之四十心智、佛智是也。見輔行三之三。

【四十八智】（名數）約十二緣起於四諦而觀生四十八智之有漏智也。未來之老死、即是苦諦、老死之集、即集諦、老死之滅即滅諦、老死之趣滅行、即道諦。如老死乃至過去行之四諦亦然。無明無因、故不觀之。故十二支與四智合而爲四十八智也。

【七十七智】（名數）是亦觀十二支中後十一支之聞思修三慧有漏智也。十一支各有七智、故合爲七十七智。七智者、先於未來之老死一支作順逆之二觀。謂觀由有生而有老死之順觀、與觀不由生而非有老死之逆觀之二智也。如是過現之老死亦爾。故三世合而有六智。此六智緣理如實而知、故是思修慧、名眞實智。更聞教而知三世緣起之道、與名法住智。又名假智、爲第七智。即聞慧也。先於聞慧生一智、次由思修慧生六智、合爲七智。見對法論四。

【智人】（雜名）有智之人也。智度論十曰、「智人能知智如蛇知蛇足。」

【智力】（術語）正智與神通力也。又正智之力用也。無量壽經上曰、「魔率官屬而來逼試、制以智力、皆令降伏。」法華經普門品曰、「觀音妙智力、能救世間苦。」

【智山】（譬喻）智之高譬如山也。唐華嚴經二十二曰、「智山法華悉已淸淨。」

【智刄】（譬喻）智慧之鋒刄也。萬善同歸集五曰、「智刄纔揮、疑根頓斷。」

【智火】（術語）稱र字。大教王經上曰、「金剛三摩地。र字發智火。燒除虛妄因。」図（譬喻）以智燒煩惱之薪、故譬以火。涅槃經三十八曰、「善男子。是經即是剛利智斧。能伐一切煩惱大樹。（中略）即是智火焚煩惱薪。」

【智火印】（印相）即法界生印也。見胎藏界事鈔上。

【智心】（術語）智慧之心也。大日經一曰、「云何智心。謂順修殊勝增上法。」大乘義章十九曰、「智心不怯名爲無畏。」

【智水】（術語）謂灌頂之水。灌頂者、以如來智慧注入行者之儀式也。大日經疏八曰、「陳列密嚴佛土法界大圖。坐於妙法蓮華自在神通師子之座。以本性淸淨智慧慈悲水、具含萬德而灌其心。」

【智月】（譬喻）智慧之光明、譬如月也。唐華嚴經八十曰、「如來智月出世間。」図（人名）梵名若那戰達羅 Jñānacandra 譯曰智月。唯識十大論師之一。護法菩薩之門人。見唯識述記一本。

【智手】（術語）稱右手。

【智永】（人名）南北朝陳永欣寺僧。俗姓王。會稽人。號永禪師。善書。能兼諸體。草書尤勝。臨書三十年。得眞草千字文八百餘本。浙東諸寺各施一本。

【智目】（譬喩）智猶如目。玄義二曰、「智爲行本。因於智目起於行足。目足及境三法爲乘。乘於是乘入淸涼池。」同四曰、「智目行足到淸涼池。」

【智目行足】（譬喩）譬智解於目。譬修行於足也。見智目條。

【智生三昧】（術語）大日如來說百光徧照眞言之三昧也。義釋十三曰、「佛將說此眞言導師。卽住巧智生三昧。謂此三昧能生如來普門善巧智。故以爲名也。」

【智母】（術語）生智之母也。猶言覺母。新譯仁王經中曰、「實相卽是諸佛智母。一切有情根本智母。」又論藏之異名也。摩得勒迦譯曰智母。

【智光】（譬喩）智慧之光。智能破無明之闇。故以光爲譬。

【智光嚴經】（經名）度諸佛境界智光嚴經之略名。

【智光滅業障經】（經名）具名佛說智光滅一切業障陀羅尼經。一卷。趙宋施護譯。與佛說智炬陀羅尼經同本別譯。佛在日月天子宮說佛菩薩之名及呪。普賢菩薩讚嘆而勸受持。

【智行】（術語）智慧與修行也。法華玄義四曰「智目行足到淸涼池。」

【智旭】（人名）名智旭。字蕅益。自號八不道人。從所居而曰靈峯。父岐仲。持白衣觀音呪祈子。母金氏。夢大士抱子授之而生。時明萬曆二十七年五月三日也。初學儒。以聖學自任。作闢佛論數十篇。十七歲閱蓮池大師自知錄敍及竹窗隨筆。取論焚之。二十歲喪父。讀地藏本願經。發出世之心。日誦佛名。居三年。聞一法師講首楞嚴經。至空生大覺。忽生疑不能得。遂於像前發四十八願。決心出家。天啓二年三夢憨山。時憨山在曹溪。不能往。從憨山之徒雪嶺剃度。尋往雲棲聽古德講唯識論。疑與首楞嚴之宗旨不合。請問古德。云性相二宗不許和會。心怪之曰。佛法豈有二耶。遂入徑山參禪。性相二宗一時透徹。旭見律學退廢。以興律爲任。旣述毘尼集要。尋欲註梵網經。於佛前拈鬮以決所宗。得天台宗。於是究心台部。而不肯爲台宗子孫。以近世之台宗禪宗賢首慈恩各執門庭不能和合也。晚住靈峯。生平著述合有四十餘種。順治十一年正月二十一日寂。壽五十七。嘗曰。生平行履。百無一長。獨有大菩提心。忘身爲人。捨己從人。爲堪質之於三世慈尊者。見靈峯宗論。師之靈峯二十景頌中大雄峯頌曰。「鷲嶺遙傳秪一傳。由來吾道貴聞知。但從龍樹通消息。不向黃梅覓破衣。」

【智印】（術語）如人有印則得入國、以般若之智爲印則得入實相之理故曰智印。又如印契判物之眞僞以智爲印刋定是非眞妄等故曰智印。又如大日拳印不動之劍印、各證明內證之智德者故曰智印。法華經妙音品曰「智印三昧」法華義疏十二曰、「如人入安穩國有印得入無印不得入菩薩得此三昧解入實相」法華玄贊十曰「以智爲印刋定是非眞妄等故」秘藏寶鑰上曰「五部諸佛智鑒智印」

【智印經】（經名）大乘智印經之略名。趙宋智吉祥等譯、與慧印三昧經及如來智印經同本佛入智印三昧說如來所知之境界。

【智自在所依眞如】（術語）十眞如之一。於第九善慧地證悟之眞如無礙智所依之眞如也。在此地得四無礙智自在得知故有此名。

【智吉祥印】（術語）梵志之說法印、謂之淨行者吉祥印、釋尊之說法印謂之智吉祥印。釋尊之說法印有三種。

【智妙】（術語）法華迹門十妙之一。證實相之境之智微妙不可思議也。方便品曰「我所得智慧微妙最第一」

【智身】（術語）華嚴所說融三世間十身之一。以圓明之智慧爲佛身者。

【智波羅蜜】（術語）般若波羅蜜也。

【智波羅蜜十德】（名數）一知貪欲行者、二知瞋恚行者、三知愚痴行者、四知等分行者五知修學地行者六於一念中知無邊衆生之行、七知無邊衆生之心、八知一切法之眞實九知一切如來之力十普覺悟法界門見唐華嚴經十八。

【智周】（人名）唐泗州智周、號樸揚。爲淄州慧沼之弟子作唯識論演秘因明記等。

【智拘絺羅菩薩】（菩薩）在胎藏界釋迦院上行南端第二位。密號曰正圓金剛、或宿慧金剛。主釋迦精進之德。七集雖以此尊爲比丘形列於聲聞衆而在釋迦院則爲供養雲海二菩薩中之一尊、爲肉色使者形合掌中入未敷蓮華作供佛之狀坐於荷葉。

【智杵】（物名）金剛杵之異名有獨鈷三鈷五鈷等、皆標幟內證之智德者故名智杵。性靈集六曰、「實相智杵摧破邪山」

【智斧】（譬喻）智能斷煩惱、故譬以斧。涅槃經三十八曰、「是經即是剛利智斧、能伐一切煩惱大樹」

【智果】（術語）涅槃曰斷果、菩提曰智果。以菩提爲佛智、由因地修行而生之妙果也。

【智門】（術語）對悲門之稱、是爲一雙之法門者差別之義。諸佛萬德、可差別爲此二者。一切自利之德爲智門、一切利他之德爲悲門。

【智法身】（術語）見法身條。

【智度】（術語）六度之一。般若波羅蜜Prajñāpāramitā也。般若譯曰智。波羅蜜譯曰度。智修實智之行法也。維摩經佛國品曰、「善於智度通達方便。」

【智度論】（書名）大智度論之略名。

【智相】（術語）智慧之相貌。謂佛之光明也。佛之光明。爲佛智顯於外之相貌也。淨土論註下曰「光明智相者。佛光明是智慧相也。此光明照十方世界無有障礙。」又起信論所說六麤相之一。於三細中第三境界相起妄心智用而分別可愛不可愛之境也。

【智相三昧】（術語）生眞實智慧之三昧也。智度論四十七曰、「得此三昧見一切諸三昧中有眞實禪慧相。」

【智炬】（譬喩）智慧之光明譬如炬、觀經玄義分曰、「灑甘露潤於羣萌。煇智炬則朗重昏於永夜。」

【智炬陀羅尼經】（經名）一卷。唐提雲般若譯。與佛說智光滅一切業障陀羅尼經同本別譯。

【智界】（術語）理智相對。智所屬之法曰智界。猶云智門也。界者自性之義。差別之義。稱胎藏界曼荼羅爲理界。金剛界曼荼羅爲智界。

【智首】（人名）唐弘福寺智首。爲四分律宗之祖。南山律師之師也。作四分律廣疏十二卷。見續高僧傳二十二。

【智者】（人名）天台大師智顗之德號。由晉王所賜。輔行一曰、「幼名光道。亦名王道。此從初生端相立名。法名智顗。顗靜也。卽出家後師爲立號。從德爲名。故用靜義。後授晉王菩薩戒品。因卽爲王立以法號。云大王紆尊弭禁名曰總持。王曰大師傳佛法燈。稱爲智者。」見智顗條。又（雜語）有智慧者。法華經藥草喩品曰、「我是一切智者。」

【智者大師眞身塔】（堂塔）塔建於眞覺寺內。智者大師之肉身在焉。

【智城】（譬喩）智慧之城郭。譬佛果也。敎行信證二曰、「令諸羣生入智城。」

【智海】（譬喩）智慧廣大。譬如海也。無量壽經下曰、「如來智慧海。深廣無涯底。」地藏十輪經八曰「漸次趣入深廣智海。」

【智息入】（術語）十六特勝之一。於數息觀覺照入息分明也。

【智拳印】（印相）金剛界大日如來之印相。獨一法界之相也。以表諸佛之執持智法海。一字頂輪王經曰、「拳能執持諸佛智法海。」是九會曼荼羅中第六一印會智法身之大日也。時處軌曰、「右執左頭指。十方剎土中。唯有一乘佛。如來之頂法。等持諸佛體。是故名智拳。」金輪儀軌曰、「十方佛之中唯有智拳印。」

【智眼】（術語）智能見事物、故名眼。智卽眼也。又智之眼也。謂非肉眼也。唐華嚴經六十一曰、「善知識者則是趣向一切智眼」成實論十九曰、「智慧現在前猶明眼見色。」

【智淵】（譬喩）智深猶如淵也。金光明經二曰、「智淵無邊法水具足。」

【智淨相】（術語）不思議業相之對。依法力薰習而如實修行、破生滅相、現不生滅、破無明不覺、顯現法身之相也。卽本覺之隨染者還於本淨之相也。

【智智】（術語）智中之智也、特稱佛之一切智。見一切智智條。

【智閑】（人名）鄧州香嚴寺智閑、嗣潙山之法者。

【智悲】（術語）如來之大智與大悲也。加以大定為三德。

【智惑】（術語）智慧與妄惑相対之法如水火。

【智象】（雜語）智慧之龍象、稱大智之僧。又涅槃經智度論等三獸渡河之喩、以深智比象。

【智楫】（譬喩）由智渡生死海、故以舟楫譬之。萬善同歸集五曰、「迷闇室中之明炬、生死海中之智楫。」

【智鏡】（譬喩）智慧之照了譬如鏡也。因明大疏序曰、「明懸智鏡者、幸留心鑑照。」

【智境】（術語）智者能觀之心、境者所對之法。境有眞妄二者、妄為智之所斷、眞為智之所證。

【智境冥一】（術語）謂能觀之眞智與所觀之眞理冥合一致也。止觀五曰、「常境無相、常智無緣。以無緣智緣無相境、無相之境相無緣之智。智境冥一、而言境智。」

【智慧】（術語）梵語若那、Jñāna 譯曰智。般若 Prajñā 譯曰慧。決斷曰智、簡擇曰慧。又知俗諦曰智、照眞諦曰慧。通為一也。大乘義章九曰、「照見名智、解了稱慧。此二各別。知世諦者名之為智、照第一義者說以為慧。通則義齊。」法華經義疏二曰、「經論之中多說慧門鑒空、智門照有。」瑜伽倫記九曰、「梵云般若。此名為慧。當知第六度。梵云若那。此名為智。當知第十度。」

【智慧山】（譬喩）智慧之高如山也。涅槃經八曰、「如來悉斷無量煩惱、住智慧山。」

【智慧水】（譬喩）智慧能洗煩惱之垢、故譬以水也。文殊師利問經曰、「心性本淨、諸過為垢。以智慧水洗除心垢。」

【智慧火】（譬喩）智慧能燒煩惱之薪、故喩以火。

【智慧光】（術語）阿彌陀佛十二光

之一。佛之光明能破一切衆生無明之闇、故名智慧光。讚阿彌陀佛偈曰「佛光能破無明闇。故佛又號智慧光。」

【智慧門】（術語）入智慧之門戶也。佛果之實智云智慧入其實智之因地權智云門。又如來自證之智云實智、利他敎化之智云權智、權智爲令入實智之門戶也。又權智所說之一切敎法、爲令入實智之門戶、故名曰智慧門。法華經方便品曰「諸佛智慧甚深無量。其智慧門難解難入。」法華文句三曰「其智慧門、卽是嘆權智也。蓋是自行道前方便、在進趣之力、故名爲門。從門入到道中、道中稱實。道前謂權也。」法華義疏四曰「門者權智、說一切敎、爲通佛智、故以一切敎爲佛智慧門。」法華玄贊三曰「智慧門者、卽能詮敎。智慧甚深、卽所詮理。」

【智慧風】（譬喩）智慧能吹人入法性之海、故譬以風。六波羅蜜經偈曰、「衆生無定性。猶如水上波。願得智慧風。吹入法性海。」

【智慧海】（譬喩）如來智慧之深廣、譬如海也。無量壽經下曰、「如來智慧海、深廣無涯底。」

【智慧雲】（譬喩）智慧之廣大如雲也。仁王經下曰「智慧如密雲遍滿於法界。」

【智慧鳥】（傳說）若爲財物說法者、死生天上爲智慧鳥能說法云。正法念經三十一曰、「若爲財物、故與人說法、不以悲心利益衆生而取財物、是名下品之法施也。（中畧）如是等法施之人、生於天上作智慧鳥、能說偈頌。是則曰下法施也。」

【智慧箭】（譬喩）智慧能害煩惱之賊、故譬以箭。增一阿含經三十九曰、「仁鎧三昧弓、手執智慧箭、福業爲兵衆。今當壞汝軍。」智度論十曰、「忍鎧心堅固、精進弓力强。智慧箭勁利。破憍慢諸賊。」

【智慧燈】（譬喩）智慧能破愚痴之闇、故譬以燈光。智度論四十一曰、「以智慧燈照我等。」

【智慧劍】（譬喩）智慧能斷煩惱絕生死之絆、譬如利劍。維摩經菩薩行品曰、「以智慧劍破煩惱賊。」心地觀經八曰、「法寶猶如智慧利劍、割斷生死離繫縛故。」

【智慧觀】（術語）觀世音菩薩五觀之一。以眞實之智慧觀實相之理也。法華經普門品曰、「眞觀淸淨觀、廣大智慧觀。」

【智慧光佛】（佛名）十二光佛之一。阿彌陀佛之異名。以彼佛具智慧之光明、故也。無量壽經上曰、「是故無量壽佛號無量光佛（中畧）智慧光佛。」

【智慧念佛】（術語）南無阿彌陀佛六字之名號、其體爲阿彌陀如來眞實圓滿之智慧、故執持其名號之念佛曰智慧念佛。

【智慧資糧】（術語）見資糧條附錄。

【智慧波羅蜜】（術語）又曰知見波羅蜜、卽般若波羅蜜也。六波羅蜜之一。又佛之實智對於方便之權智曰智慧波羅蜜。法華經譬喻品曰、「如來亦復如是。（中略）具足方便智慧波羅蜜。」同方便品曰、「如來方便知見波羅蜜皆已具足。」

【智慧知未來世無礙】（術語）十八不共法之一。見十八不共法條。

【智慧知過去世無礙】（術語）十八不共法之一。見十八不共法條。

【智慧知現在世無礙】（術語）十八不共法之一。見十八不共法條。

【智德】（術語）諸佛三德之一。如實照了諸法而無礙者、卽菩提是也。又有智慧、有行德者、謂智德兼備之高僧也。

【智箭】（譬喻）智慧之銳如弓箭也。智度論十一曰、「當以智箭破汝疑軍。」

【智幢】（雜語）智慧之寶幢。又（菩薩）菩薩名。賢劫十六正士之一。

【智增菩薩】（菩薩）二增菩薩之一。見二增菩薩條。

【智積】（人名）王子名。大通智勝佛時出家十六王子之第一名。法華經化城喩品曰、「其佛未出家時有十六子。其第一曰智積。」又（菩薩）從多寶如來來法華之會座、與文殊菩薩論議女人成佛事之菩薩。法華經提婆品曰、「於時下方多寶世尊所從菩薩。名曰智積。啓多寶佛當還本土。釋迦牟尼佛告智積曰。善男子且待須臾。此有菩薩名文殊師利。可與相見論說妙法。可還本土。」又金剛界曼茶羅中賢劫十六尊之一。

【智積菩薩】（人名）中吳紀聞曰、「靈巖寺乃智積開山之地。智積當東晉末自西土來。剏立伽藍。泗州僧伽至無錫。聞智積在蘇、卽回曰。彼處已有人矣。由是名遂顯。有貧嫗持角黍爲獻。智積受之。嫗因得度。至今上巳日號智積生日。聚數百嫗爲角黍會。」

【智諦】（術語）智爲能照之觀智、諦爲所照之諦理。猶言智境。

【智劍】（譬喻）淸淨之智慧、以斷煩惱之絆。故譬如劍也。最勝王經二曰、「生死羂網堅牢縛。願以智劍爲斷除。」

【智燈】（譬喻）智慧之燈也。智度論二曰、「痴冥道增智燈滅。」

【智幢菩薩】（菩薩）在金剛界曼茶羅外廓南方之西端。賢劫十六尊之一。密號曰圓滿金剛。高豎大智之幢幡、以破戲論爲德。白肉色、右持幢、左拳安腰。」

【智藏】（術語）智慧廣大、包含諸法。故曰藏。五教章上曰、「一切諸法皆悉流入毘盧遮那智藏大海。」宗鏡錄十八曰、「一切衆生自心處內有八瓣。和合成蓮華。此蓮華中有正遍知海。是名毘盧遮那智藏。亦名蓮華藏莊嚴世界海。」又（人名）不空三藏之諱。貞元釋教目錄十五曰、「大辯正大廣智不空三藏和上者南天竺執師子國人也。法諱智藏。號不空金剛。」

【智藏海】（譬喻）智藏之深廣、譬如海也。宗鏡錄二十八曰「毘盧遮那智藏海」

【智斷】（術語）智德與斷德也。照了眞理曰智德、斷盡煩惱曰斷德。即菩提與涅槃也。往生論註上曰、「論智則義無不達。語斷則習氣無餘。智斷具足。能利世間」

【智類道忍】（術語）八忍十六心之一。將得道類智前時所起之忍可決定也。

【智願】（術語）智與願也。又智之願也、達於實相之理之智慧所發之大悲弘願也。

【智願海】（譬喻）智願之深廣譬如海也。禮讚初夜偈曰「彌陀智願海。深廣無涯底」

【智顗】（人名）天台大師名智顗、字德安、姓陳氏、其母夢呑白鼠而生。師卜者曰、白鼠者龍所化也。七歲喜往伽藍、僧口授普門品、一遍成誦。十八歲就湘州果願寺法緒出家、二十歲受具。初從慧曠學律、兼通方等諸經。陳文帝元嘉元年時、思禪師止光州大蘇山、師往頂拜。思曰、昔日靈山同聽法華、宿緣所逐今復來也。即示以普賢道場、說法華四安樂行。師日夜自勵、經二七日誦經至是眞精進是名眞法供養如來、身心豁然而入定、照了法華。思歎曰、非汝不證、非我不識、所入定者法華三昧前方便、所發功德者初旋陀羅尼也。縱令文字師千羣萬衆亦不能窮汝辯、當於說法人中最爲第一。陳光大元年同法喜等二十七人初至陳都金陵、時年三十。大建元年儀同三司沈君理請居瓦官寺講法華、乃一夏九月談經玄義。止瓦官前後八載、講大智度論、說次第禪門。陳大建七年秋九月始入天台安居佛隴。九年二月帝詔割始豐縣調以充衆費、遂創伽藍、十年五月左僕射徐陵奏於朝、賜修禪寺之號。陳少主數數遣使請師於金陵、師出止於金陵靈超寺、講釋論及仁王般若於太極殿、後移光宅寺。金陵既敗、師往憩於廬山、隋開皇十一年晉王鎭建康（即金陵）遣使奉迎、師曰我與晉王有宿緣、直赴之。此年十一月二十三日於總管府金城殿設千僧齋受菩薩戒、師謂王曰、大王紆遵聖戒、可名總持。王贊師曰、大師傳佛法燈、宜稱智者。十二年師至荊州、爲報地恩於當陽縣玉泉山建立精舍、賜額云一音、重改玉泉。十三年夏四月於玉泉寺說法華玄義。十四年夏四月又說摩訶止觀、晉王入朝、師亦辭歸天台。十七年冬十月、晉王歸藩、遣使入山奉迎、師隨使出山、至石城乃有疾、曰石城是天台西門、大佛是當來靈場、處所既好、宜最後用心。右脇西向臥、專稱彌陀般若觀音、又唱法華無量壽二經、爲最後聞思弟子智朗請曰、不審師何位、此處沒、將生何處。師曰、不領吾衆、必得六根淨（十信位即相似即）爲他損己、只是五品位、汝何問生、吾諸師友、觀音侍從、皆來迎我。誡維那曰、人命將終、聞鐘磬聲則增正念、唯長唯久、氣盡爲期。言訖、跏趺唱三寶名、如入三昧、時開皇十七年十一月二十四日未時也、壽六十。見智者大師別傳唐高僧傳十七。諡法空寶覺靈慧尊者、世稱天台大師、稱其宗爲天台宗。

【智證】（術語）以實智證涅槃也。維摩經弟子品曰「受諸觸如智證」

【智礙】（術語）二礙之一、又云所知障。礙涅槃之煩惱云煩惱礙、礙菩提之無明云智礙。菩提即佛之一切智、爲智之障礙、故名智礙。其體爲根本無明也。

【智鐘】（雜語）鳴鐘也。

【智辯】（雜語）智慧與辯才也。心能照理曰智、智發於說曰辯。辯乃智之德也。無量壽經上曰「智慧辯才」

【智辯無窮願】（術語）阿彌陀如來四十八願之第三十、令極樂往生人得智辯無窮之德之誓願也。無量壽經上曰、「設我得佛、國中菩薩智慧辯才、若可限量者、不取正覺」

【智囊】（雜名）稱多智之人曰智囊。釋氏要覽中曰、「吳支謙字恭明、號智囊。高僧傳云、祇園寺三千僧皆號奘法師爲智囊。

【智儼】（人名）華嚴二祖雲華智儼法師、又號至相尊者。俗姓趙氏、生於開皇二十年也。初剃染時、禱於大藏前、抽得華嚴首卷、終日誦閱。遂往杜順和尚所侍聽、未久、盡得玄旨。尙以所集觀法、傳與祖習、令其講授。偶遇異僧、謂曰、欲解華嚴一乘之宗者、十地中六相之義是也、靜攝思之、當自知耳。因即淘研、豁爾貫通。從此數講華嚴、宗風大振、名徧寰中。總章元年、告門人曰、吾將暫往淨方、也不逾月、遂說法而逝、世壽七十二矣。

【等】（術語）平等之義、等級之義、等類之義。等類之等有二種、一向內等、如已列之物件盡列、後者等字者。二向外等、於應列之數種中、舉二三類、取其他而畧等字者。又謂之向上等、向下等。見向內等條。

【等一大車】（譬喻）法華經譬喻品所說、長者於門外所賜諸子之大白牛車也。等一爲平等一味之義、此大車以諸法實相爲體、故曰等一。經曰、「爾時長者各賜諸子等一大車」

【等一切諸佛】（術語）十廻向之第三位。見十廻向條。

【等引】（術語）梵名三摩呬多、Samahita 譯曰等引。定名也。在定心專注之性曰等引。等謂身心之安和平等也。人若修定則依定力而引生此等故名等引。唯識述記六上曰、「等持通定散但專注境義等引唯定心屨作意注故言等引者一引等故名等引。謂身心中所有分位安和之性平等之時名之爲等此由定力故此位生。引生等故名爲等引。（中畧）梵云三摩呬多此云等引。三摩地此云等持。」

【等心】（術語）於一切衆生怨親平等之心。又諸行等修之心。無量壽經下曰、「等心勝心深心。」智度論八曰、「等心者是於一切衆生中無怨無恚。」探玄記二曰、「無思忿物故云等心」大經淨影疏曰、「諸行齊修故曰等心。」

【等正覺】（術語）梵語三藐三菩提。譯曰等正覺。又三藐三佛陀。譯曰等正覺者、徧知者。如來十號之第三。（參照十號條）覺即知也。覺知遍於一切。是遍也。覺知契於理。是正也。謂遍正覺知一切法也。又三世諸佛之覺知平等。故曰等。離邪妄故曰等。大經淨影疏曰、「等正覺者餘經中亦名正徧知也。正是理。於理究照故名徧知。今言等者是彼徧也。稱理名等。正者還是餘經正也。言其覺者是彼知也。」資持記下三之二曰、「等正覺者。謂三世道同。正印簡異邪妄。」

【等目菩薩所問三昧經】（經名）又名普賢菩薩定意經。三卷。西晉竺法護譯。即華嚴經之十定品也。

【等至】（術語）定之別名。梵名三摩鉢底。在定中身心平等安和。謂之等。定能令至此平等位。故名爲等至。是唯定而非散。通於有心無心。若有心定。則其心離昏沈與掉舉而爲平等。謂之等。以定力得至此等。故謂之等至。若無心定。則約定中依身大種平等而名爲等至。外有等持等引之二。見三昧條。唯識述記六上曰、「在定定數勢力令身心等有安和相至此等位名爲等至。（中略）三摩鉢底。此云等至。」見等持條。

【等至三昧】（術語）大日如來示現大悲胎藏曼荼羅莊嚴大會之三昧也。大日經入秘密曼荼羅位品曰、「爾時大日世尊入於等至三昧。」義釋十二曰、「等至者三昧之名。」

【八等至】（名數）四靜慮四無色之八定也。

【等妙】（術語）等覺與妙覺也。大乘階位五十二級中第五十一位爲等覺。第五十二位爲妙覺。即佛果也。等覺如十四日之月。妙覺如十五日之月。三十七尊出生義曰「削地位之漸階。開等妙之頓旨。」

【等妙金剛】（菩薩）胎藏界金剛手院第三行第六位。密號曰細細金剛。司佛之內證。肉色。右手立大頭兩指其間竪獨股。屈餘三指。左手持忿怒三股。安膝上。坐於赤蓮。

【等妙覺王】（術語）佛之尊稱。等者

等覺、是顯因圓、妙者妙覺、是顯果滿、卽因圓果滿之覺、故稱等妙覺王。

【等身】（術語）造諸尊之形像、等於自己之身量、謂之等身。瑜祇經曰、「凡一切瑜伽中像皆身自坐、等量畫之。」又佛有等身、晉華嚴經云等身、新華嚴經云是等身。

【等供】（術語）又云等得。凡大衆之食法、由上座至下末待食物等配賦平均、令維那唱等供或等得、然後得食也。行事鈔下三曰、「四分得食便食、爲俗譏責、佛令唱等得已、然後食。僧祇唱等供、若時欲過、隨下隨食無罪。十誦云等供。（中略）十誦因舍利弗爲上座純食好食、羅睺白佛。佛言從今上座待得遍、聞等供聲一切僧共食。」同資持記下三之三曰、「等供約賦徧、等得約受足。等卽是同。」同下四之一曰、「等得亦云等供。卽大小食時唱食平等。」問、梵語僧跋、此譯等施、是亦食前所唱之語、與等供何別。答、總爲相同、別則等供之語、就行食之平等而稱、僧跋之語、就食味之平等而稱。

【等空】（術語）等於虛空也。大日經一曰、「等虛空無邊一切佛法依此相續生。」

【等味】（術語）謂涅槃平等一味之性德也。勝鬘經曰、「智慧等故得湼槃。解脫等故得湼槃。清淨等故得湼槃。是故湼槃一味等味、謂解脫味。」

【等持】（術語）定之別名。梵語舊稱三昧、譯曰定、新稱三摩地、譯曰等持。謂心住於一境平等維持也。是通於定散二心也。假使在於散心而心專注於一境、卽三摩地。故譯爲定者不可也。唯識述記七上曰、「等持者平等持心。等但於境轉、故名爲等持。故通定散。（中略）三摩地此云等持。」倶舍論二十八曰、「等持者爲定名、異體同。故契經說心定等、定名正等持、此亦名爲心一境性。」

【三等持】（名數）三三昧、新作三三摩地、譯曰三等持。一空等持、二無相等持、三無願等持。見三三昧條。因更有一種三等持、一有尋有伺等持、二無尋唯伺等持、三無尋無伺等持。見三摩地條。

【等侶】（術語）同類之人也。報恩經五曰、「共諸等侶出外遊觀。」涅槃經五曰、「又解脫者無有等侶。」

【等活地獄】（界名）八熱地獄之第一。倶舍頌疏世間品一曰、「等活地獄、謂彼有情雖遭種種斫刺磨擣、而彼暫遇涼風所吹、尋蘇如本、等前活、故立等活名。」參照地獄條。

【等流】（術語）由因流出果、由本流出末、因果本末相類似、由甲出與甲無異也。唯識論九曰、「聞法界等流敎法。」同述記九末曰、「法界性善順、惡違、具諸功德。此亦如是。故名等流。等者相似義、流者出義、從彼所出、與彼相似、故名等流。」又等者等同、流者流類也。但言二者相似。

【等流身】（術語）密敎所立四身之一。佛身變化、現與人天諸畜同類之形也、如曼荼羅中、外金剛部之諸衆及觀音之三十三身是也。

【等流果】（術語）五果之一。從善因生善果、從惡因生惡果、從無記因生無記果也。例如從前念之不善心生後念之不善心或不善業也。果性似因性而流出、故云等流果。又等流爲等同流類之義、因果之性同類、故云等流。舊譯謂之習果、對於因則六因中由同類因與徧行因而生者曰等流果。唯識論二曰、「等流果、果似因故。」俱舍論六曰、「等流果似自因法、名等流果。謂似同類徧行二因。」唯識述記二末曰、「等謂相似。流謂流類。」

【三種等流果】（名數）分別等流果爲三種、一眞等流果、如上所言以善性惡性無記性爲因而引善惡無記同類之果者。二假等流果、如前世殺生命他短命、故今世感自身之短命、是實爲異熟果、然以前後短命之義相似、故假名爲等流果者。三分位等流果、如眼識之於聲境乃至意識之於法境、皆爲第八識所生之果、而眼識與色境乃至意識與法境、各所緣能緣關連而二者之分位同者。

【等流相續】（術語）一類者不變更其性質而相續爲一類也。

【等流習氣】（術語）二種習氣之一。習氣又名種子、謂第八識所藏之生果功能也。等流習氣爲生等流果之種子。唯識述記二末曰、「自性親因名等流種。」

【等起善】（術語）三種善之一。見善惡條。

【等起不善】（術語）四種不善之一。與自性不善、相應不善所等起之表業、無表業、及不相應行法也。此恰如飮毒液而生之乳。

【等得】（術語）等供之異名。見等供條。

【等無間緣】（術語）四緣之一。此乃於心心所相續上而立之緣、滅於前念之心法、已逃避而開導彼、以引起後念心法之作用也。猶如渡野中獨木橋、前人避開以渡後人也。等者等同之義、前念後念其心心所之數、雖有增減、而各自之體、皆爲一個、無一法而二體並起者、前念後念各爲一個而相等者、謂之等。如色法不然、前刹那雖爲屬一極微者、然後刹那則同體之極微有增而爲三者、又有反之而較前刹那減少者、前後不等也。無間緣者、於前心與後心之間、無他間隔之物體、縱經若干時前念之心法、直與後念之心法爲生緣也。此緣唯局於心法、於餘法不通。又羅漢臨涅槃最後心之心心所外、一切之心法盡有此緣用。蓋羅漢入於涅槃、畢竟不再起心法故彼之最後心失此緣用也。俱舍論七曰、「等無間緣除阿羅漢臨涅槃時最後心心所法諸餘已生心心所法是等無間緣性此緣生法等而無間。依是義立等無間名由此色等皆不可立等無間緣。不等生故」唯識論七曰、「等無間緣謂入現識及彼心所前聚於後自類無間等而開導令彼定生。」

【等無間緣依】（術語）又名開導依。謂前念之心滅而爲生起後念心心所之所依也。蓋後念之心心所必俟前念之心滅讓現行之位、始得生起故前滅之心（意根）望後念之心心所謂之等無間緣依。

【等智】（術語）十智之一。知世俗事之智也。大乘義章十五曰、「言等智者。世俗之慧等知諸法故名等智。」

【等衆生界】（術語）遍衆生界也、該收一切衆之稱。起信論曰、「立大誓願盡欲度脫等衆生界。」

【等集衆德三昧經】（經名）三卷、西晉竺法護譯。集一切福德三昧經之異譯。前出。

【等慈】（術語）平等之慈悲也。楞嚴經一曰、「阿難執持應器於所遊城次第循乞。（中略）方行等慈不擇貴賤發意圓成一切衆生無量功德。」同長水疏曰、「軌則如來行平等慈。」

【等諦】（術語）俗諦之別稱。世俗諸法非一。

【等願】（術語）諸佛平等之誓願也、指四弘誓願而言。讚阿彌陀佛偈曰、「或覩淨土與等願。」

【等覺】（術語）佛之異稱。等者平等、覺者覺悟。諸佛覺悟平等一如故名等覺。智度論十曰、「諸佛等故名爲等覺。」往生論注下曰、「以諸法等、故諸如來等。是故諸佛如來名爲等覺。」又大乘階位五十二位中第五十一位之菩薩曰等覺。是菩薩之極位也。即滿足三祇百劫之修行、別敎之菩薩斷十一品之無明圓敎之菩薩、斷四十一品之無明、將得妙覺之佛果。其智慧功德、等似妙覺、故謂之等覺。又名一生補處金剛心有上士、無垢地等。四敎儀四曰、「若望法雲名之爲佛。望妙覺名金剛心菩薩。亦名無垢地菩薩。」止觀一曰、「究竟即菩提者。等覺一轉入於妙覺。」瓔珞經上曰、「所謂等覺性中有一人。其名金剛慧幢菩薩。住頂寂定以大願力住壽百劫修千三昧。已入金剛三昧（中略）坐佛道場超度三魔。復住壽萬劫化現成佛入大寂定。等覺諸佛二諦境界外非有非無無色無心因果二習無有遺餘。」

【等覺大士】（術語）與等覺位之菩薩同。

【等覺已下】（雜語）等覺者、一生補處菩薩之名。如今彌勒菩薩是也。下地望之、雖與佛等。然有極細一品無明未盡。故猶稱菩薩。言下者。指下位九地三賢。

【等覺金剛心】（術語）謂菩薩經三祇百劫修行登因地最後之等覺位。入金剛喻定也。金剛喻定者。正將成佛時所入之定、知慧堅固。故以金剛爲喻。一念打破無始無明而到達無上佛果之因位最後道心也。

【等觀】（術語）一切平等觀念事理也。無量壽經下曰「等觀三界空無所有」。涅槃經一曰、「等觀衆生如視一子」。

【策修】（雜語）策進心而行善法也。

【筆受】（雜語）於譯場受譯主之言、筆之以漢言也。事物紀原七曰、「宋朝會要曰。太平興國七年六月。譯經院成。譯經。詔梵學僧筆受綴文。七月詔左右街義學僧詳定。十二月選梵學沙門一人爲筆受。義學沙門十人爲證義。其後以惟淨爲梵學筆受。自此始也。談苑曰。譯經常以梵僧後令惟淨同譯經。梵學筆受二人譯經綴文二人證義八人。唐世翻譯有筆受官以朝臣爲之。佛陀多羅之譯圓覺經也。房融爲筆受是矣。宋朝太宗始用梵覺僧也」。

【筆端舍利】（雜名）宋高僧傳曰、「唐窺基字洪道。姓尉遲氏。關輔語曰三車和尚。入大慈恩寺躬事奘師。後得彌勒上生經、造疏通暢厥理。援毫次筆鋒有舍利二七粒而隕。如吳含桃許大色紅可愛。次零然而下者狀如黃粱粟粒」。

【筌魚】（譬喻）能詮之經文。譬以筌、所詮之義理。比以魚。

【筌罤】（譬喻）又曰筌蹄。筌者取魚之具。罤者取兎之網。以喻方便門及言語文句等。實現實義之用具。罤或作蹄。乃假借也。玉篇曰、「罤兎網」。法華文句一曰、「若徵若著。若權若實。皆爲佛道而爲筌罤」。起信論義記序曰、「眞心寥廓。絕言象於筌蹄」。

【答香】（儀式）禪林之規。凡來賓爲我拈瓣香於爐。則我亦爲彼拈之。是曰答香。或云還香。見象器箋九。

【答秣蘇伐那】（堂塔）Tamasāvana 譯曰闇林。伽藍名。見西域記四。

【答順宗心要法門】（書名）一卷。唐宗密註。

【答摩】（術語）Tamas 數論所立自性冥諦三德之一。爲闇之義、癡之義、赤之義、憂之義。瞋之義。苦之義。見唯識述記一末。

【筏喩】（譬喩）佛之敎法如筏。渡河既了、則筏當捨。到涅槃之岸則正法尙當捨、因之一切所說之法名爲筏喩之法。示不可執著於法也。五大品阿梨吒經曰、「山水甚深。無有船橋。有人欲從此到彼岸。結筏乘之而度。至岸訖作此念。此筏益我。不可捨此。當擔戴去。於意云何。爲筏有何益。比丘曰、無益。佛言彼人更以此筏還水中、或於岸邊捨去云何。比丘曰、有益。佛言如是、我爲汝等長夜說筏喻法、欲使棄捨、不欲使受、若汝等知我長夜說筏喻法、尚可以捨是法、況非法耶。」金剛經曰、「是故不應取法。不應取非法。以是義故。如來常說汝等比丘知我說法如筏喻者。法尚應捨。何況非法。」

【筏喻經】（經名）指中阿含五十五阿梨吒經而云。經中爲阿吒梨比丘說筏喻。

【筏蹉】（人名）又曰跋私。梵音 Vatsa 小乘犢子部之祖。佛當時之外道也。後歸佛出家。

【筏蹉子】（流派）見前項。

【筏蹉經】（經名）犢子部之經典也。

【筏蹉外道】（流派）同筏蹉子。由犢子部之部祖爲筏蹉 Vatsa 而名。

【筏羅遮末羅】（地名）Aparacāmara 八中洲之一。俱舍光記十一曰、「邏遮末邏。此云猫牛。筏邏遮末邏。此云勝猫牛。」

【筏蘇枳】（異類）Vāsuki 龍王名。見和須吉條。

【筏蘇蜜呾羅】（人名）Vasumitra 又作伐蘇蜜多羅。舊作和須蜜、婆須蜜多、婆須蜜多羅。世友菩薩之梵名。舊云天友。佛滅後四百年有部宗出家之小乘菩薩也。五百阿羅漢結集大毘婆沙論時、此是其上首、且稱爲婆沙論四評家之隨一。著宗輪論。宗輪論述記上曰、「異部宗輪者。佛圓寂後四百許年。說一切有部。世友菩薩之所作也。（中略）言世友者。梵云筏蘇蜜多羅。筏蘇者、世義。蜜多羅、友也。外道所事毘瑟拏天、亦名筏蘇。（中略）住於世故。今此論主從彼乞得。彼天之友、故云世友。友者朋友。如云世親世天親也。世天友、故名世友。」俱舍光記二十曰、「梵名筏蘇蜜呾羅。筏蘇、名世。蜜呾羅、名友。舊曰和須蜜、訛也。」慧苑音義下曰、「婆須蜜多、此云世友。亦曰天友。或曰寶。亦曰財也。」図有一人名筏蘇蜜呾羅、爲有部宗之阿羅漢。佛滅後三百年出世。作品類足論等。俱舍光記一曰、「至三百年初。筏蘇蜜多羅造品類足論六千頌。」（卽是蜜衆事分阿毘曇也）又造界身足論。伐蘇蜜多羅。此云世友。」西域記二曰、「伐蘇蜜呾羅論師唐言世友。舊曰和須蜜多、訛也。於是製衆事分阿毘達磨論。」図有一人同名。爲經部之異師。俱舍光記五曰、「世友、梵名云伐蘇蜜多羅。舊云和須蜜、訛也。印度國名世友者非一。非是婆沙會中世友。」見世友條。

【喬答摩】（人名）舊稱瞿曇。新稱喬答摩。佛姓。見瞿曇條。

【喬底迦】（人名）羅漢名。俱舍光記二十五曰、「喬底迦。是牧牛種人。眞諦云喬底伽。此云瓦器。本是外道。恒執瓦器自隨。仍本爲名。」

【喬答彌】（人名）舊稱憍曇彌。新稱喬答彌。喬答摩之女聲。卽呼喬答摩姓之女曰喬答彌。如言女性之比丘爲比丘尼也。見憍曇彌條。

【番大悲神咒】（經名）一卷、純梵語之大悲咒也、番者西蕃之義。卽西域也。

【番僧】（職位）輪番守護堂宇之僧。又云堂守冈（雜名）西番之僧也。西番卽西域。

【替僧】（雜名）明制。凡皇太子諸王生。率剃度幼童一人爲僧名曰替僧。神宗替僧名志善見張江陵集。

【敦煌石室】（雜名）甘肅敦煌縣東南有鳴沙山其麓有三界寺。寺旁石室千餘。舊名莫高窟。俗名千佛洞。以四壁皆佛像也。淸光緒庚子。有道士掃除積沙。於複壁破處。見一室。內藏書甚富。發之皆唐及五代人所手寫。並有雕本佛經尤多。蓋西夏兵革時。保存於此也。英人史泰英。法人伯希和。先後至其地。皆擇完好者捆載而去。陳於彼國博物院中。至我國政府更往搜求。精好者已不可得。近人據伯希和所得本印行者。有敦煌石室遺書、鳴沙石室古佚書二種。皆前所未見之祕笈也。

【尊上經】（經名）一卷、晉竺法護譯。中阿含釋中禪室尊經之別譯。

【尊老】（雜語）尊重之老僧也。寄歸傳三曰。「尊老之處。多座須安。」

【尊形】（術語）同尊儀。大日經六曰、「彼二種尊形成就二種事。」

【尊形曼荼羅】（術語）一名形像曼陀羅。畫諸尊之形像。示相好具足與福德圓滿者。六曼陀羅是也。

【尊足山】（地名）雞足山之異名。摩訶迦葉入定之處。因推崇之而名曰尊足山。西域記九曰、「屈屈吒播陀山。唐言雞足。亦謂窶盧播陀山。唐言尊足。（中畧）尊者大迦葉波居中寂滅。不敢指言。故言尊足。」Guru-pāda 在今之Gurpā驛。

【尊那經】（經名）一卷、趙宋法賢譯。佛對尊那（Cunda）尊者說七種之布施、七種之發心。

【尊者】（術語）梵語阿梨耶。Ārya 譯作聖者、尊者。謂智德具尊者。羅漢之尊稱。賓持記下三曰、「尊者。臘高德重。爲人所尊。」行事鈔下三曰、「下座稱上座爲尊者。上座稱下座爲慧命。」

【尊星王】（天名）北斗七星、七佛所說神咒經名爲妙見菩薩、日本謂之尊星王。稱祭北斗之法曰尊星王護摩。

【尊容】（雜語）佛菩薩等尊貴之容貌也。往生要集上本曰、「跪七寶階、瞻萬德之尊容。」

【尊悟】（雜語）尊貴人之證悟也。讚阿彌陀偈曰「尊悟歡喜地」。

【尊特】（術語）謂勝應身尊大殊特。盧舍那佛是也。法華玄義十曰、「尊特之身、猶如虛空。爲法性身菩薩說法」。四敎儀集註上曰「盧舍那翻淨滿。謂諸惡都盡故淨。衆德悉圓故滿。亦翻光明遍照。亦名尊特名勝應」。

【二種尊特】（名數）一修成尊特、因位修行所成就佛之大相好也、是乃報佛之相好、別敎之意也。二性具尊特、法性本具之妙相也、是乃法佛之相好、圓敎之意也。此中性具之尊特爲上品、修成之尊特爲下品。而華嚴經之微塵數相好爲修成、故是下品法華經之微妙淨法身爲性具、故是上品。見妙宗鈔四。

【尊記】（術語）佛記弟子成佛之言曰記、別敬之而曰尊記。法華經曰、「大智舍利弗。今得受尊記」。

【尊宿】（雜語）德尊年長者。觀經序分義曰「德高曰尊、耆年曰宿」。傳燈錄（睦州章）曰「人稱曰陳尊宿」。

【尊崇】（術語）貴德敬聖也。雜阿含經五十曰、「尊崇佛法僧」。

【尊勝供】（修法）尊勝佛頂尊之供養法也。

【尊勝法】（修法）念尊勝佛頂尊誦尊勝陀羅尼之修法也。尊勝佛頂、一名除障佛頂。釋迦如來五佛頂之一。釋迦如來爲救善住天子七徧墮惡趣之苦、由佛頂現輪王而說尊勝陀羅尼也。見尊勝軌。本尊乃大日如來也。百二十尊法曰、「觀想壇中有八葉大蓮華。蓮華上有八師子座。座上有七寶樓閣。閣中有大葉寶蓮華。華臺上有月輪。此一大月輪中有九位。中位有𑖀字。字變成率都婆。率都婆變成大日如來。結跏趺坐。白肉色。兩手臍下如入禪定。掌中承蓮華。蓮華上有金剛鉤。戴五佛冠。周圍八大佛頂坐。並不動降三世六個飛天等圍繞」。

【畫像】（圖像）尊勝佛頂修瑜伽法儀軌上曰、「其所畫布絹氎等大小隨意（中畧）於蓮華臺上結跏趺坐。白肉色。兩手臍下如入禪定。掌中承蓮華。於蓮華上有金剛鉤、如上頂輪王等種種光明五智冠等。一依瑜伽圖。皆於白蓮華座結跏趺坐（云云）」

【尊勝軌】（經名）尊勝陀羅尼儀軌之略稱。

【尊勝經】（經名）尊勝陀羅尼經之略名。

【尊勝佛頂】（佛名）一名佛頂尊勝、亦名除障佛頂。是五佛頂之隨一。尊勝陀羅尼之本尊。卽釋迦如來由佛頂現出之輪王形。爲佛頂尊中之最尊。故名尊勝佛頂。能除一切惑業。故名除障佛頂。尊勝佛頂修瑜伽法儀軌下曰、「一切佛頂中尊勝佛頂能除一切煩惱業障故號爲尊勝佛頂心亦名除障佛頂」同下曰、「釋迦牟尼如來結跏趺坐作說法相(中畧)爾時世尊慈悲愍念便入除障三摩地從如來頂上發生惹耶三摩地狀若輪王之像白色首戴五佛寶冠手執金剛鉤項背圓光通身如車輪狀暉曜赫奕現此三摩地時十方世界六種震動十方世界一切地獄六趣衆生應墮惡道者皆悉滅除一切惡業不復受若便生天及十方淸淨國土爲此善住天子七返惡道之身一時消滅是故號爲除障佛頂輪王卽是五佛頂輪王之一數並通三佛頂八大頂輪王也」佛頂尊勝陀羅尼念誦儀軌曰、「卽於山間空閑處或於淨室畫本尊尊勝陀羅尼像安於東壁持誦者以面對之」

【尊勝秘法】(修法)　尊勝佛頂尊之祕密修法也見尊勝法條。

【尊勝護摩】(修法)　對尊勝佛頂尊而修護摩法也有佛頂尊勝陀羅尼經一卷、佛頂尊勝陀羅尼念誦儀軌一卷。

【尊勝陀羅尼】(眞言)　具名佛頂尊勝陀羅尼、尊勝佛頂尊之陀羅尼也帝釋天、憫善住天子有從今受七度畜生惡道身之業因詣祇園精舍請佛救濟之法佛爲說此陀羅尼、令誦之尊勝陀羅尼經曰、「告帝釋言天帝有陀羅尼名爲如來佛頂尊勝能淨一切惡道能淨除一切生死苦惱(中畧)佛告天帝此佛頂尊勝陀羅尼若有人聞一經於耳先世所造一切地獄惡業皆悉消滅」

【尊勝佛頂法】(修法)　尊勝法之具名。

【尊勝佛頂如來】(佛名)　尊勝佛頂、爲釋迦如來由佛頂現出之尊像故曰如來。

【尊勝大明王經】(經名)　一卷趙宋施護譯佛爲阿難說呪名尊勝大明王。

【尊勝陀羅尼經】(經名)　有五譯、一唐杜行顗譯佛頂尊勝陀羅尼經一卷、二唐地婆訶羅譯佛頂最勝陀羅尼經一卷、三唐佛陀波利譯佛頂尊勝陀羅尼經一卷、四地婆訶羅重譯最勝佛頂陀羅尼淨除業障經一卷五唐義淨譯佛頂尊勝陀羅尼經一卷。六宋施護譯尊勝大明王經一卷此六譯中、不空三藏之弟子法崇就第三譯之佛陀波利本作疏二卷流行於世。

【尊勝陀羅尼經疏】(書名)　二卷唐法崇著經文就佛陀波利之本陀羅尼依不空三藏譯之佛頂尊勝念誦供養法中所出。

【尊勝陀羅尼儀軌】(經名)　有二本、一唐善無畏譯尊勝佛頂修瑜伽法儀軌一卷二不空譯佛頂尊勝陀羅尼念誦儀軌一卷。

【尊像】(雜語)　佛菩薩等之形像。蘇悉地經二曰、「置閼伽於尊像前。」

【尊儀】（術語）尊貴之儀容。謂佛菩薩之形體、又貴人之眞影靈牌等。尊勝經序曰、「伏乞大慈大悲普覆令見尊儀」。寄歸傳一曰、「普就尊儀蹲踞合掌」。因謂香奠、由奠於尊儀之意而名。

【尊靈】（雜語）尊貴之靈魂。謂貴人之死者。

【奠茶】（儀式）供茶於佛前祖前靈前也。凡禪規以奠茶奠湯爲恒例。又葬式据棺於龕堂後、有奠茶奠湯之佛事。茶與湯之前後、午前先湯後茶、午後先茶後湯、必並供。

【奠湯】（飲食）見點茶湯條。

【曾郎】（人名）唐雪峯義存禪師、姓曾氏、有曾郎之稱。

【衆】（術語）梵語僧伽。Saṅgha 此譯衆、舊譯家謂四人已上之和合、新譯家謂三人已上之和合。天台觀經疏曰、「衆者四人已上乃至百千無量」。法華義疏二曰、「四人已上至萬二千人以還悉名爲衆」。法華玄贊一曰、「衆者僧也。理事二和得衆名也。三人已上得僧名故」。見僧條。

【衆生】（術語）梵語薩埵、Sattva 僕呼善那、新譯曰有情、舊譯曰衆生。衆生有多義、（一）衆人共生之義、法華文句四曰、「中阿含十二云：劫初光音天下生世間、無男女尊卑、衆共生世、故言衆生。此據最初也」。（二）衆多之法、假和合而生、故名衆生。法鼓經曰、「萬法和合施設名爲衆生」。注維摩經二曰、「生曰衆生者、衆事會而生、以名宰一之主也」。大乘義章六曰、「依於五陰和合而生、故名衆生」。大經慧苑疏曰、「衆法成生、亦名衆生」。法華文句四曰、「若攬衆陰而有假名衆生。此據一期受報也」。（三）經衆多之生死、故名衆生、不曰衆死者、以有生者必有死、有死者必有生故也。般若燈論曰、「有情者數數生、故名衆生」。大乘義章七曰、「多生相續名曰衆生」。法華文句四曰、「若言處處受生故名衆生者、此據業力五道流轉也」。俱舍光記一上曰、「受衆多生死、故名衆生。夫生必死、言生可以攝死、故言衆生。死不必生、如入涅槃、故不言衆死」。唯識述記一本曰、「梵云薩埵、此言有情、有情識故。（中畧）言衆生者、不善理也、草木衆生」。

【觀衆生三十相】（名數）維摩居士依文殊菩薩之問、說三十種之衆生觀。一如見幻師所現人、菩薩觀衆生爲若此。二如智者見水中月。三如於鏡中見其面像。四如熱時炎。五如呼聲響。六如空中雲。七如水聚沫。八如水上泡。九如芭蕉堅。十如電久住。十一如第五大。十二如第六陰。十三如第七情。十四如十三入。十五如十九界。十六如無色界色。十七如燋穀芽。十八如須陁洹身見。十九如阿那含入胎。二十如阿羅漢三毒。二十一如得忍菩薩以貪恚毀禁。二十二如佛煩惱習。二十三如盲者見色。二十四如入滅盡定出入息。二十五如空中鳥跡。二十六如石女兒。二十七如化人煩惱。二十八如夢所見已寤。二十九如滅度者受身。三十如無煙火。

【衆生本性】（雜語）衆生本性、爲眞如法性。眞如法性有不變隨緣二義。其隨緣故爲衆生。衆生之本體卽法身、故經曰法身流轉五道名衆生。五教章中曰、「經云、法身流轉五道名衆生」。指事記曰「不增不減經云、此法身過於恒沙無邊煩惱所纏。從無始世來隨順世間波浪漂流往來生死名爲衆生」。法華玄義六明六種眷屬中曰、「理性眷屬。衆生如佛如、一如無二如。理性相關、任運是子。故曰我亦如是衆聖中尊世尊之父。一切衆生皆是吾子。此是理性不關結緣不結緣、皆是佛子也」。

【衆生無始無終】（術語）衆生之體旣爲法身、則法身無始無終、衆生亦無始無終也。且衆生無始、以無明無始故也。見無始無明條。

【衆生愛樂十由】（名數）善財童子南詢第三十七參開敷一切樹華夜神對童子說一切衆生愛樂十由。一如來威德力故。二順如來敎故。三行如來語故。四學如來行故。五得如來所護力故。六修如來所印道故。七種如來所行善故。八依如來所說法故。九如來智慧日光所照故。十如來性淨業力所攝故。見唐華嚴經七十二。

【衆生忍】（術語）二忍之一。見忍條。

【衆生相】（術語）我人四相之一。見四相條。

【衆生心】（術語）一切衆生所有之心也。起信論曰、「摩訶衍者總說有二種。云何爲二。一者法、二者義。所言法者、謂衆生心」。衆生心有眞妄二者、依嚴家則以眞心爲大乘之體、卽如來藏心也。義記上曰、「衆生心者出其法體。謂如來藏心」。依台家則以妄心爲大乘之法體、所謂介爾陰妄之心是也。依相宗則是阿賴耶之一心。

【衆生見】（術語）謂固執實有衆生之妄見也。我見之異名。

【衆生界】（界名）對佛界之稱。十界中除佛界、總稱他九界曰衆生界。

【衆生恩】（術語）四恩之一。

【衆生垢】（術語）取我之心曰衆生垢。維摩經弟子品曰、「法無衆生。離衆生垢故」。慧遠疏曰「取我之心名爲衆生垢」。

【衆生根】（術語）衆生之根性也。維摩經佛國品曰、「善解法相知衆生根」。

【衆生想】（術語）固執實有衆生之妄想也。維摩經問疾品曰、「除我想及衆生想」。

【衆生說】（術語）五類說經之一。

【衆生濁】（術語）五濁之一。見五濁

條。

【衆生相續】（術語）三相續之一。

【衆生緣慈】（術語）三慈之一。見慈悲條。

【衆生世間】（界名）三世間之一。

【衆生界盡】（雜語）令一切衆生界盡成佛也。華嚴經十地品曰、「佛子此大願以十盡句而得成就。所謂衆生界盡。世界盡。虛空界盡。法界盡。涅槃界盡。佛出現界盡。如來智界盡。心所緣界盡。佛智所入境界盡。世間轉法轉智轉界盡。若衆生界盡我願乃盡。（中畧）若世間轉法轉智轉界盡我願乃盡。」

【衆生迴向】（術語）見廻向條。

【衆生無差別】（術語）三無差別之一。見三無差別條。

【衆生數忍辱】（術語）二種忍辱之一。

【衆生不可思議】（術語）四事不可思議之一。見不可思議條。

【衆生本覺心蓮】（術語）密教所談。見心蓮條。

【衆生意樂意趣】（術語）四種意趣之一。

【衆生無邊誓願度】（術語）四弘誓願之一。見四弘誓願條。

【衆同分】（術語）使有情得同等類似果報之因名爲衆同分。俱舍論十五曰、「棄捨衆同分」謂人之死也。見同分條。

【衆合地獄】（界名）八大熱地獄之第三。見地獄條。

【衆車苑】（雜名）又曰衆車園、帝釋善見城四園之一。見帝釋條附錄。

【衆法】（術語）三種羯磨法之一。謂四人已上之比丘相和作羯磨也。又謂之僧秉。見羯磨條。

【衆事分阿毘曇論】（書名）十二卷、尊者世友造、劉宋求那跋陀羅譯。即阿毘達磨品類足論之同本異出。僅有七品。

【衆苦】（術語）諸苦難也。智度論十一曰「人身無常衆苦之藪」。

【衆香市】（雜名）見香市條。

【衆香國】（界名）佛經假設之詞。謂有國名衆香。佛號香積。其樓閣苑囿皆香。其香氣周流十方無量世界云云。

【衆香國土】（界名）維摩經香積佛品所說香積如來之淨土也。

【衆徒】（術語）總稱持戒之淸僧曰衆徒。

【衆祐】（術語）新作世尊、舊作衆祐。衆德助成、或衆福助成之義。玄應音義一曰、「衆祐。祐助也。謂衆德相助成也。舊經多言衆祐者。福祐也。今多言世尊者。爲世所尊也。此蓋從義立名耳」同二十一曰、「衆祐。於救切世尊號也。謂有衆德自祐祐、猶助也。梵言婆伽婆。正言薄迦梵 Bhagavat 也。」僧史畧上曰：「漢末魏初傳譯漸盛或翻佛爲衆祐。」

【衆病悉除】（術語）是藥師如來十二願中之第七願也。玄奘譯藥師經第七願曰：「願我來世得菩提時若諸有情衆病逼切。無救無歸無醫無藥無親無家貧窮多苦。我之名號一經其耳衆病悉除身心安樂。家屬資具悉皆豐足。乃至證得無上菩提。」

【衆務】（術語）律於四人已上相合作羯磨。謂之衆務。資持記上一之一曰、「衆務謂四人已上羯磨僧。」

【衆許摩訶帝經】（經名）十三卷、趙宋法賢譯。佛在迦毘羅國。釋衆欲聞過去種族之事、佛勅目連說之、次敍摩耶之生緣。乃至一代教化之事。續釋尊一生教化之記錄也。經題之義未詳。

【衆喜瑞】（術語）法華六瑞中之心喜瑞也。見六瑞條。

【衆聖】（術語）謂小乘初果已上、大乘初地已上之斷惑證理諸聖人也。唯識樞要上本曰、「道超群典。譽光衆聖。」行宗記上之一曰「衆聖非一。」

【衆聖點記】（術語）持善見律毘婆沙之師資相傳也。佛入滅以來每歲安居竟記一點、故名衆聖點記。出三藏記十一善見律毘婆沙記曰「仰惟佛世尊泥洹已來年載至七月十五日受歲竟。於衆前謹下一點。年年如此。感慕心悲不覺流淚。」歷代三寶記十一曰、「外國沙門僧伽跋陀羅齊言僧賢。（善見律譯者）師資相傳云。佛涅槃後優波離既結集律藏訖。卽於其年七月十五日受自恣竟。以香華供養律藏。便下一點置律藏前。年年如是。優波離欲涅槃持付弟子陀寫俱。陀寫俱欲涅槃付弟子須俱。（中畧）如是師師相付至今三藏法師。三藏法師將律藏至廣州。船反還去。以律藏付弟子僧伽跋陀羅。羅以永明六年共沙門僧猗於廣州竹林寺譯出此善見毘婆沙。因共安居。以永明七年庚午歲七月半夜受自恣竟。如前師法。以香華供養律藏訖卽下一點。當其年計得九百七十五點。點是一年。趙伯休。梁大同元年。於廬山值苦行律師弘度。得此佛涅槃後衆聖點記。年月訖齊永明七年。伯休語弘度曰。自永明七年以後。云何不復見點。弘度答云。自此已前皆是得道聖人手自下點。貧道凡夫止可奉持頂戴而已。不敢輒點。伯休因此舊點下推至梁大同九年癸亥歲。合得一千二十八年。房（三藏記之著者）依伯休所推。從大同九年至今開皇十七年丁巳歲合得一千八十二年。若然則是如來滅度始出千年去聖尙邇深可慶歎。」依此記則周敬王三十五年、西歷紀元前四百八十五年、是佛入滅之年也。

【衆道】（術語）謂三乘之行法也。無量壽經下曰「衆道之要」。

【衆會】（術語）諸衆之會合也。幻士仁賢經曰「於時目連在衆會前」。法華經序品曰「天龍鬼神等衆會之心」。梵語雜名曰「衆會鉢刺沙地」。

【衆園】（術語）梵語僧伽藍摩 Saṅgharāma 譯曰衆園。比丘衆依止之園庭也。即寺院是。

【衆經目錄】（書名）一隋法經等撰。七卷。一隋靜泰撰。五卷。

【衆經撰雜譬喻】（書名）二卷。比丘道略集。秦羅什譯。

【衆罪如霜露】（雜語）由思惟懺悔之功德而一切之罪障忽消滅也。普賢觀經曰「一切業障海。皆從妄想生。若欲懺悔者。端坐念實相。衆罪如霜露。慧日能消除」是說二識中之理識。三識中之無生識也。

【衆僧】（雜語）三人以上和合之比丘。梵云僧伽。譯曰衆。衆僧為梵漢雙舉之目。

【衆寮】（雜語）禪林衆僧依止之寮舍也。

【衆賢】（人名）Saṅghabhadra 論師名。有部宗悟入之弟子。曩者世親菩薩講婆沙論。造俱舍論。匡毘婆沙師之誤。衆賢論師通破俱舍論。破俱舍取雹摧草本之意。名曰俱舍雹論。世親菩薩見之。稱此論反發明我宗。因改名順正理論。有八十卷。又顯宗論有四十卷。正理以破執為主。顯宗以顯正為本。見西域記四。

【衆緣慈】（術語）三緣慈之一。衆生緣之慈悲也。見慈悲條。

【衆寶觀音】（菩薩）三十三觀音之一。坐地上。右手按地。立左手安於左膝。現長者身。

【集起】（術語）梵語質多 Citta。此譯曰心。阿賴耶識之名也。一切現行法於此識薰其種子之義為集。由此識生一切現行法之義為起。參照種子條。

【集異門論】（書名）阿毘達磨集異門足論之略名。

【集華經】（經名）稱揚諸佛功德經之異名。

【集智】（術語）十一智之一。證集諦之無漏智也。

【集衆鐘】（物名）鐘為集衆生而打者。故名。見鐘條。

【集會】（雜語）僧俗集會於法會之席也。

【集會所】（雜名）法事時參列之衆僧所集之處也。

【集會鐘】（雜名）報法會始時集衆僧之鐘也。

【集解】（書名）天台四教儀集解之略名。

【集諦】（術語）四諦之一。

【焦芽敗種】（譬喻）不能發無上道心之二乘如草芽之枯焦者、種子之腐敗者。維摩詰經曰、「二乘如焦芽敗種。不能發無上道心。」

【焦熱地獄】（界名）八大地獄中之第六爲炎熱地獄、又云焦熱地獄見三界義。

【焦熱大焦熱】（界名）八大地獄中之第七云極熱地獄、又云大焦熱地獄。

【循身觀】（術語）四念處觀中之身念處觀也。觀身之不淨由頭至足次第巡歷、觀三十六物皆不淨、故名循身觀。大日經疏三曰、「如修循身觀時見此身三十六物之所集成。五種不淨惡露充滿。終不爲此而生貪愛」慧苑音義二曰、「循身觀。循巡也。今謂四念處中第一觀身不淨。從頭至足次第巡歷三十六物皆不淨也。」

【舜若】（術語）Śūnya 空之梵語。謂虛空及諸法之空無也。又舜若多之略譯作空性。見舜若多條。

【舜若多】（術語）Śūnyatā 譯作空性。有二釋、一指虛空之實體、名爲空性。空即性之持業釋也。楞嚴經三曰、「舜若多性可銷亡。爍迦羅心無動轉」長水疏曰、「舜若多、云空也。虛空之性不可銷滅。」二指諸法之空無、謂之空、空之性名爲空性。空之性之依主釋也。指眞如之體、生法之二空爲門而顯中道之眞如。故謂眞如爲空性。非言眞如之體是空也。唯識述記一本曰、「非性是空。說爲二空。從能顯說。梵言舜若。可說如空。名舜若多。如是空性。即是二空所顯實性也。故言空者。從能顯說。二空之性。名二空性。依士釋名。言眞如空。未善理故。」

【爲人悉檀】（術語）四悉檀之一。具名各各爲人悉檀。佛之說法、鑑衆生之機根、各應其人而說之以成就善根者。

【爲母說法經】（經名）佛昇忉利天爲母說法經之略名。

【爲利倒說戒】（術語）四十八輕戒之第十六。誡爲利養惜法。可答不答。無前無後、謗三寶、倒說經律之文字者。法藏謂之惜法規利戒。太賢謂之貪財惜法戒。大小乘皆制之。或謂唯限於大乘。出菩薩戒義疏卷下。

【爲利詐師戒】（術語）四十八輕戒之第四十一。誡內無可爲人師之智德、外詐爲智德、爲利養名聞、貪求多數之弟子者。法藏謂之無德作師戒。太賢謂之惡求弟子戒、出家二衆大小乘皆制之。出菩薩戒義疏卷下。

【爲惡人說戒戒】（術語）四十八輕戒之一。誡爲惡人說佛戒者。蓋未受菩薩戒者、或外道惡人及邪見人輩、未受佛戒、名爲畜生、生生不見三寶、與木頭無異、故若爲利養向是等惡人說七佛之敎誡、則所化無益說者唯得罪也。法藏及太賢皆謂之非處說戒。戒以此等人皆爲非處也。道俗七衆大小二乘俱制之。出梵網經卷下菩薩戒義疏卷下。

【爲物身】（術語）對於實相身而言。見二身條附錄。

【爲病聽酒】（術語）見酒條附錄。

【爲實施權】（術語）爲使歸於眞實、假施設權法也。法華玄義第一序有曰、「爲蓮故華者、譬爲實施權」。是蓋爲解釋法華經題目蓮華二字三義中之一義。爾前與法華相對、於爾前四時說逗機益物之法者、皆是爲使歸於法華眞實之妙圓假設之方便權說、雖暫有用而終可廢者。

【爲無爲】（術語）有爲法與無爲法也。離涅槃虛空等因緣之爲作、是無爲法。有色心等因緣爲作之法、是有爲法。

【然燈】（儀式）燃燈燭也。無量壽經下曰、「懸繒燃燈散花燒香」。図（佛名）見次項。

【然燈佛】（佛名）梵名 Dipaṁkara 提洹竭、提和竭羅、瑞應經譯曰錠光、智度論譯曰然燈。錠爲燈之足。釋迦如來因行中第二阿僧祇劫滿時、逢此佛出世、買五華之蓮、以供養佛、髮布於泥、令佛蹈之、以受未來成佛之記別。智度論九曰、「如然燈佛生時、一切身邊如燈、故名然燈太子。作佛亦名然燈。舊名錠光佛」。四敎集解中曰、「亦名然燈。亦名錠光。有足名錠、無足名燈。錠字或作定字、非也」。瑞應經上曰、「錠光佛時、釋迦菩薩名儒童、見王家女曰瞿夷者、持七枝靑蓮華、以五百金錢買五莖蓮、合彼女所寄托二枝爲七莖蓮奉佛。又見地泥濘、解皮衣覆地、不足、乃解髮布地、使佛蹈之而過。佛因授記曰、是後九十一劫、名賢劫、汝當作佛、號釋迦文如來」。心地觀經一曰、「昔爲摩納仙人時、布髮供養然燈佛、以是精進因緣故、八劫超於生死海」。（摩納 Māṇava 譯儒童）

【然燈經】（經名）施燈功德經之異名。

【象】（動物）梵語迦耶 Gaja。見名義集。一作誐惹。見梵語雜名。普賢菩薩所乘。大聖歡喜天之神體也。

【象養盲父母】（傳說）雜寶藏經二曰、「昔迦尸國王與比提醯國王戰敗、更以象令戰、得一大白香象於山中。象曰、山有盲父母、無養者。王感其至孝、使去。後父母死、白象再來於王、告戰諍之非。王聽言、遣象至比提醯國講和。

【象力比丘】（人名）或名象首。又名法手。舍衛國有象首聚落、彼因稱名也。是釋種子。雜阿含經佛記云、此人犯三種非法、所謂慳貪愚癡瞋恚當墮於地獄中。

【象王】（雜語）象中之王。以譬佛者。涅槃經二十三曰、「是大涅槃唯大象王能盡其底。大象王謂諸佛也。」法苑珠林曰、「佛有八十種好相進止如象王。行步如鵝王。容儀如師子王。」華嚴經曰、「象王行處落花紅。」又譬菩薩也。無量壽經下曰、「猶如象王善調伏故。」

【象主】（雜語）四主之一。印度之異名。見四主條。

【象牙華】（譬喻）諺言象聞雷則牙上生華。涅槃經八曰、「譬如虛空震雷起雲、一切象牙上皆生華。若無雷震則華不生、亦無名字。衆生佛性亦復如是。常爲一切煩惱所覆不可得見。是故我說衆生無我。若得聞是大般涅槃微妙經典則見佛性。如象牙華。」

【象舍利】（人名）佛弟子有名象舍利者。還捨法服習白衣之行、憑兩女人肩上、後詣佛所、復爲沙門。尋於座上得阿羅漢。見增一阿含經四十五。

【象迦葉】（人名）比丘名。增一阿含經二曰、「觀了諸法都無所著。所謂象迦葉比丘是也。」

【象迹喻經】（經名）說四聖諦喻以一切足迹中象迹爲第一。攝於中阿含經七。更有一卷。異學卑盧說象迹王之喻讚佛。佛更具足說之。證無漏爲極大象迹。攝於中阿含經三十六。

【象敎】（雜名）佛敎爲形象以敎人。故又謂之象敎。王巾頭陀寺碑曰、「正法既沒象敎陵夷。」

【象尊】（雜名）印度之國王皆尊象、故謂之象尊國。寄歸傳一曰、「雞貴象尊之國。」自註曰、「言象尊者西國君王以象爲最。五天並悉同然。」

【象喻】（譬喻）涅槃經六、以象喻佛性、盲人譬無明之衆生。說衆盲摸象之肢體爲種種之解。曰、「象喻佛性。盲喻一切無明衆生。」廣弘明集二十曰、「手摩四鉢始乎鹿野之教。身臥雙林終於象喻之說。」

【象衆】（人名）梵音Hastigaṇa。釋種甘蔗王四子中之第三子。

【象腋經】（經名）佛說象腋經、一卷、劉宋曇摩蜜多譯。於此深經生解者如大象之有力故以名之。

【象鼻】（雜語）譏下垂衣之一角者。毘奈耶十曰、「著泥洹僧不得如象鼻。如象鼻者不應戒行。」註曰、「其一角當前下垂。」凡著袈裟之法。袈裟右上角搭於左肩上而垂於後。若置之於肘上或垂於胸前者。此爲象鼻之相。不如法也。毘奈耶十曰、「不得垂三衣前角著。著者不應戒行。」註曰、「不抄著肩上垂之臂上肘前。」行事鈔下之一曰、

「以垂臂上名象鼻也」寄歸傳二曰「以衣右角寬搭左肩垂之背後勿安肘上」又曰、「袈裟角垂正當象鼻梵僧縱至皆亦雷同。良爲絹滑墮肩、遂令正則訛替後唐三藏來傳搭肩法然而古德嫌者尚多黨舊之迷、在處皆有」

【象駕】(譬喩) 以譬佛敎之東漸。謂象馱經而來也華嚴玄談曰「鷲巖西峙。象駕東驅」演義鈔曰、「上句明主出西天。故云鷲巖西峙後句即化法東被。故云象駕東驅。言象駕者略有二義。一一千年後像法之時佛敎方被故。二者象馱經故。初雖白馬來儀本用象故。」

【象頭山】(地名) 梵名伽耶、Gayā竭夷訛略也、具名羯闍尸利沙。Gaya(ja)śi-rṣa 譯作象頭。有二處、一在靈鷲山北三四里同一界內、提婆於此行破僧。二在尼連禪河傍、佛度三迦葉之所。俱舍光記十八曰、「羯闍尸利沙山。此云象頭山。山頂如象頭。故以名焉。在鷲峯山北可三五里。同一界內。天授住彼而破僧故。舊云伽耶山者、訛也。以羯闍之與伽耶音相近、故謬傳爾。然西方別有伽耶山。去鷲峯山一百五十餘里。非同一界非破僧處。」法華文句一曰、「伽耶。亦羯夷。亦象。」十二遊經曰、「四年象頭山上爲龍鬼神說法。」魏菩提留支譯之伽耶山頂經、隋毘尼多流支譯爲象頭精舍經。

【象頭精舍經】(經名) 一卷、隋毘尼多流支譯。佛在伽耶山文殊師利問佛菩提之義、後向諸天子說大乘法。與文殊師利問菩提經、伽耶山頂經、大乘伽耶山頂經同本異譯。

【象寶】(動物) 轉輪聖王七寶之一。爲乘駕而感得象之最勝也。

【象爐】(物名) 爐爲白象形、以之燒香置於道場之入口、行者跨之入內。薰身使清淨之意也。用象者以象身有香氣也。註維摩經一曰、「什曰。青香象也。身出香風。菩薩身香風亦如是。」

【逮夜】(雜語) 又曰大夜、宿夜。謂物故之次夜、荼毘之前夜。逮者及也。逮明日荼毘之夜也。詩經匏有苦葉篇曰、「士如歸妻。迨冰未泮。」逮迨同字。後總稱忌日之前夜。

【逸多】(菩薩) 阿逸多之畧。彌勒菩薩名。四明敎行錄曰、「輔處逸多。受折維摩詰。」

【逸婀】(術語) 謂一阿字也。逸一音近、婀阿聲同。性靈集六曰、「奇哉逸婀之德。皇矣五轉之鑁。」

【進如意足】(術語) 見四如意足條。

【進具】(術語) 年滿二十由沙彌進而受比丘之具足戒也。

【進法阿羅漢】(術語) 六種阿羅漢之一。積功行、精進而將至不動阿羅漢之阿羅漢也。

【進學經】（經名）一卷、劉宋沮渠京聲譯、說孝順、仁慈、惠施等法。

【超八】（術語）天台宗之語、謂法華涅槃之敎超勝於八敎而爲攝含八敎之高敎也。

【超八醍醐】（術語）天台宗之語、謂法華涅槃之敎爲超勝八敎之醍醐味敎也。

【超入三昧】（術語）見超越三昧條。

【超日王】（人名）梵名 Vikramāditya 亦譯曰力日。爲印度阿踰闍國之王。笈多Gupta 王朝之始祖也。滅當時割據各地之諸王國、而統一印度、領地頗大。王保護諸有宗敎、獎勵文學、語學、貢獻於印度文明不尠。無著、世親等與王同時代之人也。

【超日明經】（經名）超日明三昧經之略名。

【超日月光佛】（佛名）無量壽經所說十二光佛之一。無量壽佛之光明、超越日月、故亦名超日月光佛。

【超日明三昧經】（經名）二卷、西晉聶承遠譯。佛因普明菩薩之問說超日明定、又隨諸菩薩之問而說諸法、終受日天子供養。

【超世願】（術語）阿彌陀如來之誓願也。世者普通之意、超者卓出之意、爲卓越三世諸佛誓願之大悲本願、故稱超世願。指普通四十八願而云、或特名攝身（攝法身也第十二、十三、十七之三願）攝土（卽攝淨土也、第三十一與三十二願）之五願。無量壽經曰「我建超世願、必至無上道」。同註曰、「超世流布諸佛本願、是名超世」。

【超世本願】（術語）與超世願同。

【超世悲願】（術語）與超世願同。

【超佛越祖】（術語）謂作家手段超越於佛祖也。傳燈錄（雲門章）曰「汝等沒可作了、見道著祖意、便問超佛越祖之談。汝且喚那個爲佛、那個爲祖、說個超佛越祖底道理」。

【超宗越格】（術語）宗爲大法之根源、格爲格式、格令。宗匠之手段、不立眞如佛性等之手段、是爲超宗、不依舊例之格式、是爲越格。碧巖普照序曰「超宗越格正眼」。

【超越證】（術語）聲聞乘有四果、從初果順次證阿羅漢果、謂之次第證。超越此前果而證後果、謂之超越證。就超越證而論、諸說不同。俱舍論僅有從凡夫直證第二果者、與從凡夫直證第三果者二種、是曰超前二果。唯識論更許超中二果、一旦證初果後、超中間之二果、三果直證第四果也。天台一家更許超前三果、因立四種。一本斷超、本在凡夫外道以有漏之六行觀斷欲界思惑之六品者、入見道於第十六心斷見惑已時、超預流果一來果之二（所謂超前二果）直證第三不還果者。二小超、聖弟子於見道之第十六心證預流果了、更修無漏道、斷三界之思惑、或一時斷欲界之九品者、超第二果而證第三不還果、或一時斷下八地（除有頂地）之惑者、超中間第二果第三果直爲阿羅漢向、若一時斷盡上九地之惑者、直證阿羅漢果。三大超、如佛在世之凡夫外道聞佛善來比丘之言、直證阿羅漢果者、是名超前三果。四大大超、小乘菩薩、於三十四心斷一切之煩惱而成佛果者、是唯台家之義立也。

【超越斷】（術語）同超越證。

【超越三昧】（術語）凡禪定淺深次第爲四禪四無色及滅盡定、出入皆以順此次第爲法。例如散心之人、不能直入四無色定、必先入初禪定、順次而入第四禪、後入四無色之初定也。又出定不得直出、必逆次依此次第。是乃聲聞人之法也。然佛及深位之菩薩不必用此次第、得由散心直入滅盡定、得由滅盡定直出散心、謂之超越三昧。智度論八十一曰、「問曰。超越三昧不得超二。又不從散心而入滅盡定。答曰。大小乘法異。不超二者。小乘法中說。菩薩無量福德智慧深入禪定力故。能隨意超越。」但依小乘有部之說、則許超前二果。

【超越心地】（術語）超絕一切心法之佛位也。大日經眞言品曰、「諸佛自證三菩提不思議界超越心地。」同疏三曰、「如世人擧趾動足皆依於地。菩薩亦如是。依心進行。故名此心爲地。以心尙有所依故。未名正遍知。如來已度此微細戲論。進趣都息。故名超越心地。」

【超斷】（術語）同超越證。

【越三昧耶】（術語）如來之本誓名三昧耶、違越如來之本誓曰越三昧耶。漫授受秘法者之罪名也。不得傳授、私誦眞言、又授未灌頂人以秘法、皆得越三昧耶之罪。又名越法罪。大日經四曰、「若異此者同謗諸佛菩薩。越三昧耶。決定墮於惡趣。」同十四曰、「不爾者卽得越三昧耶罪。三昧耶者是自誓也。一切如來所立誓願。（中略）以方便故而立此法。是故猶如世間大王之敎勅不可過越。爲過者必獲重責也。」觀智軌曰、「一一印契儀軌眞言。應當於灌頂阿闍梨處躬親稟受。若不從稟受決擇而專擅作者。是卽名爲越三昧耶。受及授者俱獲重罪。」參照越法罪條。

【越三摩耶罪】（術語）卽越三昧耶之罪也。見前項。

【越法罪】（術語）又曰越三昧耶罪。違越三世諸佛秘密之法之罪也。大日經疏二十曰、「此大乘密敎當如是法相承。若授受失宜。卽是專擅自恣而越法則。故云住不放逸也。」演密鈔十曰、「若傳受失宜。專擅自恣。卽是放逸。違越三世諸佛秘密法則。得越法罪。越法罪者。此中所謂犯三昧耶四波羅夷中第三戒也。謂傳法之人當須善識根緣。又知法門分際。應病授藥。勿使差根。」

【越喜三昧】（術語）耶輸陀羅女所入之三昧也。依此三昧而生種種之歡喜、並使一切衆生歡喜。故名越喜三昧。越乃超越無比之義。見耶輸多羅條。

【越毘尼】（術語）違越毘尼。卽戒律也。如眞言所言越法罪、或越三昧耶。行事鈔中之一曰「女人敗正毀德。莫不由之。染心看者越毘尼。」

【越毘尼罪】（術語）略作越毘尼。見前項。

【越罪】（術語）越毘尼罪之略。違越毘尼法（戒律）之罪也。行事鈔上三曰、「僧得越罪。」

【越闍】（物名）Vajra 譯爲金剛。智度論十曰、「越闍（金剛）龍珠如意珠。」

【越難經】（經名）一卷、西晉聶承遠譯。越難長者大富而慳、死爲盲乞兒、乞食至其家、打於其子。佛因之說偈。

【博叉】（人名）博叉般茶迦之略。又（地名）Vaṅkṣu 又 Vakṣu 一作薄叉、河名。見縛芻條。

【博叉半擇迦】（人名）見半託迦條。

【博叉般茶迦】（人名）Pakṣapaṇḍaka 見半託迦條。

【博吃蒭】（雜名）Pakṣa 譯曰魔軍。大日經疏九曰、「魔軍者。梵本正音博吃芻。是羽翼黨援之義。今依古譯會意言耳。」

【傅大士】（人名）姓傅、名翕、字玄風。南齊建武四年生、陳宣帝大建元年卒。爲有髮之道士。取於姓曰傅大士。又取於地曰東陽大士。自稱爲善慧大士。大士乃菩薩之翻名。此大士創始輪藏、因之今安於藏內。有傅大士、傅附龍華懺法之後、又有傅大士錄四卷、現行於世。見善慧條。

【傍生】（術語）舊云畜生、新云傍生、一作旁生。傍行之生類也。婆沙論曰「其形旁、故其行亦旁。又曰、「因行不正、受果報旁。負天而行、故云旁行。」玄應音義二十一曰、「傍生。梵言吉利藥住尼。又云帝利耶瞿揄泥伽。此云傍行。舊翻爲畜生。或言禽獸者。分得仍未總該也。」俱舍頌疏世間品一曰、「言傍生者。以傍行故。」梵 Tiryagyoni

【傍生趣】（術語）五趣之一。

【堙羅】（植物）堙羅那之略。見次項。

【堙羅那】（植物）Airāvaṇa 又作㗸那婆那、伊羅鉢多羅、伊羅鉢那、㗸羅婆那、伊羅婆拏、黳羅葉、醫羅葉、伊蘭等。元爲草名。以名天帝之象。玄應音義十一曰、「堙羅、古文堙蜜二形。今作堙。同於仁切。帝釋象王名堙羅那。或名蜜那婆那。或名伊羅鉢多羅。此譯云香葉。身長九由旬。高三由旬。其形相稱也。

哂烏賢切。」同二十二曰、「翳羅葉一奚切。樹名也。舊經律中作伊羅葉訛也。」華嚴疏鈔四十三曰、「伊羅鉢那此云香葉常居第一金山之脇。」可洪音義三曰、「翳羅上烏兮反龍象王之名也又因煙二音或云㖶羅婆那。或云伊羅婆那或云哀羅跋拏或云藹羅伐拏。」慧琳音義第十二曰、「哂羅婆那。白象王名也天帝釋所乘。」同十六曰、「伊羅跋象此象王名天帝釋常所乘有大神通。」華嚴經六十六曰「伊羅婆拏大象。」因龍王名。本行集經三十七曰、「爾時海內伊羅鉢王既受龍身」經注曰「尹羅鉢隋言霍香葉」慧琳音義三十八曰、「毉羅葉者龍王名也。此龍頭上有毉羅樹故名」。見伊蘭條。（本項中伊羅婆那 Airāvaṇa 與伊羅鉢 Elāpattra 及 Erāvaṇa 似相混皆龍象名也。）

【堪忍】（術語）堪忍苦難也。南本涅槃經二十六曰、「不惜身命堪忍衆難。」俱舍論十八曰、「衆苦逼身。皆能堪忍」

【堪忍世界】（界名）娑婆世界之譯名。此界衆生忍爲惡故又諸菩薩爲敎化忍受勞倦。故名曰堪忍世界文句二下曰、「娑婆此翻忍其土衆生安於十惡不肯出離從人名土故稱爲忍悲華經云云何名娑婆是諸衆生忍受三毒及諸煩惱故名忍土」玄贊二曰、「梵云索訶此云堪忍。諸菩薩等行利樂時多諸怨嫉衆苦逼惱堪耐勞倦而忍受故因以爲名。娑婆者訛也。」

【堪忍地】（術語）菩薩十地中。初地之別名。南本涅槃經十一曰、「得四念處已則得住堪忍地中菩薩摩訶薩住此地已則能堪忍貪欲恚痴亦能堪忍寒熱飢渴蚊虻蚤蝨暴風惡觸種種疾疫搥打楚撻身心苦惱一切能忍。是故名爲住堪忍地」此堪忍地配於菩薩之十地、諸師各有異見。天台一家以定之爲初地之位。涅槃經會疏十一曰、「舊云第五地禪波羅蜜備是堪忍地今明不爾若各就別圓別論定果已如前釋若圓別合論還是初地」玄義四上曰「祇登地時不爲二邊所動名不動地上持佛法下荷衆生名堪忍地於生死涅槃俱得自在名無畏地無畏地從我德立名堪忍地從樂德立名不動地從常德立名淨德通三處登地之日四德俱成」

【堪忍之境】（界名）同堪忍世界。即娑婆世界也。

【堪能】（術語）謂有力能堪物也。起信論曰、「於一切時一切處所有衆善隨已堪能不廢修學。」止觀七下曰、「地持云得勝堪能名爲力」

【堪達法】（術語）羅漢其性堪能練習可達不動法者。是六種羅漢之一。俱舍論二十五曰、「堪達法者。彼性堪能好修練根。

速達不動。」

【場室】（雜名）行灌頂之壇場也。

【揀師】（術語）揀擇阿闍梨也。未熟之阿闍梨有自稱大宗師、導人於邪路者、故所化宜揀擇其熟未熟焉。

【揀語】（術語）簡擇評論古則公案之言語也。五位顯訣中所謂「逐位揀曰」「別時揀曰」「別揀曰」「揀曰」等是也。

【揀魔辨異錄】（書名）八卷。淸世宗因密雲會下有法藏者、背其師旨、逞己臆見、著五宗原、以企後學推尊於己。其徒弘忍更同惡相濟、因密雲闢而又闢、乃著五宗救、自誤誤人、致參禪者陷入魔道。特爲摘錄八十餘條、逐條駁正、命續入大藏、開人正眼。世宗所刻書冊經板、悉皆校對精嚴。唯此一書錯訛甚多。可知此書的係賓天後所刻。書冊殿板、存於大內。除皇帝有勅、無由刷印。故罕見於世。普陀山印光法師（卽常慚）詳細校正其錯訛。於民國七年、刊版流通。

【提山】（地名）佉羅提耶山之略、地藏菩薩所居。地藏菩薩儀軌曰「爾時釋迦牟尼佛在佉羅提耶山、與無量諸地藏菩薩俱」性靈集二曰「提山垂迹」。

【提多迦】（羅漢）Dhṛtaka 羅漢名。

【提多羅吒】（天名）Dhṛtarāṣṭra 四天王之一。持國天也。見四天王條。

【提衣】（術語）同唱衣。

【提舍】（術語）又作底沙。譯曰說。說法度人。探玄記五曰「提舍、此云說。謂常說法也。亦云光也。」慧苑音義上曰「提舍。正云底沙。依西域訓字云。底謂底邏那。此云度也。沙謂皤沙。此云說也。言說法度人也。」梵 Tirna-bhasya

【提舍尼】（術語）Pratideśanīya 波羅提舍尼之略。七聚罪之第五。

【提舍那】（術語）Deśanīya 譯曰發露、說罪所犯之罪。向他自首也。舊謂之懺悔。行事鈔中四之三曰「提舍那者。此云發露。謂此懺悔是發露法故。」同資持記曰「提舍那者。亦卽懺悔之通名。」寄歸傳二曰、「必若自己陳罪。乃云提舍那矣。」

【提和越】（雜名）Devasopāna 譯曰天地。薩曇分陀利經曰、「天王佛國名提和越。漢言天地國。」

【提和竭】（佛名）見大和竭羅條。

【提和羅耶】（佛名）Devarāja 譯曰天王。薩曇分陀利經曰、「調達却後阿僧祇劫當得作佛。號名提和羅耶。漢言天王。」

【提河】（地名）阿利羅跋提河 Ajiravatī-nadī 之略。舍衛城岸之河名。西域記六曰「阿恃多伐底河。唐言無勝。舊云阿利羅跋提河。訛也。」

【提波延那】（人名）又作提波耶那、仙人名。輔行四曰、「如婆沙中云、佛未出時、帝釋嘗詣提婆延那仙人所聽法、舍脂（帝釋夫人）念帝釋捨我欲詣餘女、隱形上車到仙人所、帝釋乃見之言仙人不欲見女、汝當還去。不肯去、帝釋以蓮荷莖打之、舍脂乃以軟語謝。諸仙聞聲起欲、螺髻落地失通。又佛本行集經十六曰「昔迦尸國有一仙人、名提波耶那。隋言埏上生。被孫陀利婬女誑惑」梵 Devayāna

【提洹竭】（佛名）Dīpaṅkara 譯曰燃提燈。佛名。可洪音義二曰「提洹竭、中戶官反。亦云提和竭。此云錠光。即燃燈佛也」

【提桓】（雜語）Deva 又作提洹、提婆、提和。譯曰天。

【提唱】（術語）謂禪家宗匠、向學徒提起宗要唱導也。他宗有所謂講釋、而禪宗不立文字、專一悟入、故全班之說明、爲自然不可說者。此所以提起唱導宗要、而鼓發所化之心魂也。

【提婆】（雜語）Deva 譯曰天。如摩訶提婆之譯爲大天、提婆達多之譯爲天授是也。⊠（人名）又作提波、菩薩名。譯作天。後以一目施神、故曰迦那提婆 Kāṇadeva 伽那者片目之義。或以一目授女子。本執師子國人、龍樹之弟子、付法藏第十四祖也。提婆菩薩傳曰「提婆菩薩、南天竺人、婆羅門種。博識才辯、擅名諸國、而以人不信受其言爲憂。其國中有大天神、曰大自在天、有人求願、能令滿足。提婆詣廟求入相見、主廟者言、天像至神、不可正視、又使人百日失心。提婆言、是我所願見、若不如此、我豈欲見。主廟者奇其志氣、使入廟。天像動其眼、怒目視之。提婆問、天神則神矣、何其小也。當以威靈感人、智德伏物、而以黃金自多、動頗梨幾惑人、非我所望。便梯像、鑿出其眼。觀者皆驚異。提婆言、我使汝等知神不假形、情不託形而已。吾既非慢神、亦非辱也。言已而出。其夜備精饌供天神。天神言、汝得我心、人得我形、汝以心供、人以質饋、知而敬我者汝、畏而誣我者人。汝所供饌盡美、唯無我所須。我所乏者左眼、能施我者、便可出之。提婆應命、以左手出眼與之。天神讚曰、善哉丈夫、眞上施也。汝求何願、我必如汝意。提婆言、我稟明心、不假外質、唯恨悠悠蒙朦、不知信受我言。神賜我願、必當令我言不虛沒。神言必如願。於是退詣龍樹菩薩受出家法、剃頭法服、周遊揚化。時南天竺王信受邪道、沙門親子不得一見。提婆欲化之、變形爲宿衛士、能幹事。王見之喜、問其人。提婆言、我是一切智人。王驚異、以種種事驗之、果然。於是集國中一切婆羅門使論議、無一敵者、皆剃髮爲弟子。有一邪道弟子、耻其師屈、自誓汝以口伏我、我以力伏汝。偶見提婆獨由禪起經行、以刀決之、五臟委地。提婆言、是我先業所害、非汝也。悟然而化。初以眼施神、無一目、時人號曰迦那提婆」百論疏上之上曰、「提婆者天也。蓋是其本名。末稱伽那提婆。伽那者小一目。以一目施天神。故以爲名。復傳云。提婆曾乞食有女人應發欲心。於提婆眼生愛。提婆出之示之但是不淨。因以發心。故小一目也。」

【提婆投針】（故事）西域記十曰、「時提婆菩薩自執師子國（卽錫蘭）來求論議。謂門者曰。爲通謁。門者通於龍猛。（卽龍樹）龍猛知其名。盛滿鉢水。命弟子曰。汝持此水示彼提婆。提婆見水。默而投針。弟子持鉢懷疑而返。龍猛曰、彼何辭對。曰默無所說、但投針於水。龍猛曰、智人也。滿鉢之水。譬我智之周。彼投針遂極其底。是非常人。應速召進。提婆頗自負。期將大對。抗忽視威顏。忘其所言。自引責。請受敎。龍猛曰、遇斯俊彥。寫瓶有寄矣。」

【提婆爲天】（故事）西域記五記提婆到中天竺鉢羅耶伽國一伽藍與外道爲循環論而服之。見我天爾狗條。

【提婆擊鐘】（故事）西域記八曰、「摩揭陀國波吒釐子城邊有故伽藍。伽藍中有窣堵波名建犍稚聲。初城內伽藍數百。僧徒甚盛。後漸殂落。外道益滋。白王令二者對論。敗者不擊犍稚。王允之。而諸僧取敗。十二年間不能擊犍稚。提婆聞之。白其師龍猛菩薩。直入城內。晨朝時。大擊犍稚。王乃召集學人使論議。外道悉墮負。國王大喜。建此靈基以旌至德。」

【提婆菩薩造論】（書名）百字論一卷。百論二卷。外道小乘四宗論一卷。外道小乘涅槃論一卷。

【提婆菩薩傳】（書名）一卷。秦羅什譯。與付法藏傳所載大同。

【提婆多】（人名）Devatā 譯曰夫人。探玄記二十曰、「夫人者梵名提婆多。正翻應名天后。古人就義曰夫人。」

【提婆宗】（術語）又曰龍樹宗。三論之空宗也。以是爲龍樹提婆二大士所顯揚者也。

【提婆品】（經名）提婆達多品之略。見提婆達多品條。

【提婆達】（人名）提婆達多之略。

【提婆論】（書名）提婆菩薩釋楞伽經中外道小乘涅槃論之略名。

【提婆俱吒】（地名）山名。譯作天臺。善見律第七。見翻梵語。梵 Devakūṭa

【提婆達多】（人名）Devadatta 又作提婆達兜。禘婆達多。地婆達多。地婆達兜。調婆達多。調達。達兜。譯曰天熱。天授。斛飯王之子。阿難之兄。佛之從弟也。出家學神通。身具三十相。誦六萬法藏。爲利養造三逆罪。生墮於地獄。但其本地爲深位之菩薩。於法華受天王如來之記別。釋迦譜六曰、「由中本起經云。調達。又云提婆達多。齊云天熱。以其生時人天心皆忽驚熱。故因爲名。增一阿含云提婆達兜」法華義疏九曰、「提婆達多。是斛飯王子。提婆此翻爲天。達多言熱。以其生時諸天心熱。故名天熱。所以然者。諸天知其造三逆罪。破壞佛法。見其初生。心生熱惱。故因以爲名」西域記六曰「提婆達多。唐言天授。斛飯王之子也」十二遊經曰、「調達四月七日食時生。身長一丈五尺四寸」

【提婆與佛初結讐】（故事）佛本行集經十二曰、「悉多太子十二歲之時。五百童子各在自己園內遊嬉。時有羣雁飛行虛空。提婆達多射一雁。雁帶箭落太子園中。太子愍之。拔箭療其瘡。提婆達多遣使求之。不與。是提婆達多構怨最初之因緣也」

【提婆爲利養學神通】（故事）有四說、一從佛學。五分律三曰「時世尊受諸大聲聞與阿耨達龍王之請。調達未得神通。不能俱去。羞耻。從佛願學通法。佛爲敎於安居中得神通」二從修羅陀比丘學。增一阿含經四十六曰「提婆達多從修羅陀比丘學沙門威儀禮節。是時提婆達多請說神通道。比丘爲說其法。達多不久而得」三從十力迦葉波學。毘奈耶破僧事十三曰、「提婆達多未得聖果時。世飢荒。乞食難得。有諸神通者。或往他洲。或往天取食。提婆達多見之。欲得神通。詣佛請敎。佛知彼起逆罪。勸三學。不敎通法。提婆去往憍陳如乃至五百上座請敎。諸比丘知佛意。亦不敎。更去詣十方迦葉波。彼不知佛聖意。即敎之。達多受其敎而得神通」四從阿難學。出曜經十五曰、「時有比丘名調達。聰明廣學。十二年間坐禪入定。心不移易。誦佛經六萬。象不勝載。後意轉退。漸生惡念。意望供養。至世尊所。請說神通之法。世尊知彼惡意。說四非常法。不許通法。去至舍利弗目連所。二比丘亦同佛。調達念阿難我弟。彼必敎我。詣阿難所。請阿難爲說其法。調達聞已。在閑處專心一意。由麤入細。以心擧身。以身擧心。身心俱合。漸漸離地。乃至石壁無礙」智度論十四十誦律三十七亦同。

【提婆五逆與三逆】（故事）見五逆條。

【提婆五法】（故事）五逆罪中以破僧罪爲最重。破僧者於同一結界中構別法而樹立一衆也。今提婆所立有五法。輔行一曰「言五法者。婆沙云一糞掃衣。二常乞食。三一坐食。四常露坐。五不受鹽及五味。與正理不同。正理云。一不受五味。二斷肉。三斷鹽。四不受割截衣。五不居聚落邊寺」一非謂是五法悉邪。立此五法爲二分一味之僧爲大罪也。參照五法條。

【提婆達兜】（人名）同提婆達多。

【提婆犀那】（人名）Devasena 羅漢名。譯作天軍。見西域記四。

【提婆設摩】（人名）Devakṣema 羅漢名。譯曰賢寂、天寂。識身足論之作者。西域記五曰：「城南道左有大伽藍。昔提婆設摩阿羅漢於是造識身足論說無我人。瞿波阿羅漢作聖教要實論說有我人。」俱舍光記一曰：「佛涅槃後一百年中提婆設摩造識身足論七千頌。此云賢寂。」同神泰疏一曰：「提婆設摩此云天寂。」

【提婆地提婆】（人名）Devātideva 譯曰天上天佛。未出家時之名。

【提婆弗呾羅】（人名）Devaputra 譯曰天子。見求法高僧傳上。

【提婆毘何羅】（寺名）Devavihāra 譯曰天寺。伽藍名。

【提婆落起多】（人名）Devarakṣita 譯曰天護。商主名。見阿育王經九。

【提婆達多品】（經名）法華經卷五最初之品名。記釋迦如來往昔為聞法華經、奉事今提婆達多前身阿私仙人之事。又記提婆達多今雖為三逆罪在無間地獄，然後來成佛，號天王如來。及八歲龍女依文殊菩薩之化導，於南方無垢世界現身成佛。於一經中為功德最勝之經文。

【提婆魔囉播稗】（天名）Devamāra Pāpīyas 天魔之梵名。慧苑音義下曰：「天魔波旬，具云提婆魔囉播稗。提婆此云天也。魔囉障等也。播稗罪惡也。謂此類報生天宮，住好勸人造惡退善，令不得出離故也。」

【提訶】（術語）Deha 譯作身。俱舍光記十一曰：「提訶此云身。」瑜伽倫記一曰：「提訶此云身毘提訶此云勝身。」

【提雲般若】（人名）Devaprajñā 比丘名。譯曰天智。開元錄九曰：「沙門提雲般若，或云提雲陀若那，唐云天智，于闐國人也。」

【提綱】（術語）亦曰提要、提唱。舉宗旨之要文而說明意義者。

【提調】（雜語）提舉其事而能為調理也。敕修清規寮主副寮曰：「提調香燈茶湯。」

【提撕】（術語）正字通曰：「提撕之撕有西私二音。西者提撕，警覺也。警覺弟子而教導之也。」西域記七曰：「提撕指授。」性靈集八曰：「庭訓有餘，提撕無極。」

【提謂經】（經名）提謂波利經之畧名。

【提謂波利】（人名）二商主名。提謂又作帝梨富娑 Trapuṣa 瓜、離謂等。波利又稱跋梨迦 Bhallika 優婆離、金挺等。或稱為北天人。或稱為優德伽羅 Utkala 人。佛對之初說人天教，與以髮爪使造塔。但此為梵天勸請以前之事也。五分律十五曰：「結跏趺坐七日，受解脫樂。過七日已，從三昧起，遊行人間。時有五百賈客，乘五百乘車，中有二大人。一名離謂、一名波利。二人昔善知識。死爲善神、恒隨逐之。作是念。今佛始成大道。未有獻食。我今當令二人飯佛、使長夜獲安。卽以神力車牛皆躓。衆人怖懼四向求神。彼神於空中語言。汝等莫怖。今佛世尊初成大道。靜坐七日、從定起、遊行。坐彼樹下。未有獻食者。汝奉上麨蜜。長夜獲安。衆人歡喜卽和麨蜜。俱詣樹下。遙見世尊。(中畧)前禮佛足。奉上麨蜜。(中畧)受已語言。汝等當歸依佛。歸依法。卽受二自歸。是爲人中二賈客最初受二自歸。便爲說隨喜咒願之偈。(中畧)爾時世尊說是偈已。更爲賈人說種種妙法。示教利喜已。」因果經三曰、「卽從座起、詣波羅捺國。爾時有五百商人。二人爲主。一名跋陀羅斯那。一名跋陀羅利。(中略)佛到多謂婆跋利村。時彼商人既見如來。威相莊嚴。又見諸天前後圍繞。倍生歡喜。卽以蜜麨[illegible]奉上佛。」瑞應本起經下曰、「一名提謂。二名波利。」修行本起經下曰、「度二賈客提謂波利。」中本起經上曰、「度二賈客提謂波利。」方廣大莊嚴經十曰、「時北天竺國兄弟二人爲衆商之主。一名帝履富婆。一名婆履。」佛本行集經三十二曰、「爾時彼處從北天竺有二商主。一名帝梨富婆。隋言胡瓜。二名跋梨迦。隋言金挻。」

【提謂波利經】（經名）原有二部。一爲一卷之提謂經、眞本也。一爲二卷之提謂經、僞撰也。出三藏記集卷五僞經僞撰雜錄第三曰、「提謂波利經二卷。(舊則有提謂經一卷)右一部。宋孝武時北國比丘曇靖撰。」唐高僧傳一(曇曜傳)曰「又有沙門曇靖者。以創開佛日。舊譯諸經並從焚蕩。人間誘導。憑准無因。(言魏武廢佛之難)乃出提謂波利經二卷。意在通悟。而言多妄習。(中略)舊錄別有提謂經一卷。與諸經語同。但靖加五方五行。用石糅金。致成僞耳。」一卷之提謂經、亦不存於今藏經。

【提樹】（雜名）菩提樹之略。

【提頭賴吒】（天名）又作提多羅吒。Dhṛtarāṣṭra 卽持國天也。四天王之一。須彌之半、第四層之東。爲東方天主。守護東洲。故亦曰東方天。

【提點】（職位）禪林之職名。司金穀者。庫司知事之外有此職。原爲宋朝官職之名。提點者、提舉點檢其事使無塵滯也。見象器箋七。

【提羅】（術語）扇提羅 Saṇḍhila 之略。男女根不具之稱。昔有比丘五人。爲欲得利養、矯裝聖者之形、有一婦人信之、誠意供養之。因而婦人大得絕福、比丘死墮地獄、後生於人爲扇提羅。止觀一曰、「無德受供。如彼提羅行。」見扇提羅條。

【揭利馱羅鳩胝】（地名）山名。見耆闍崛條。

【揭羅婆】(物名)Karpāra 香藥名。最勝王經七列香藥三十二味中第十八曰、「婆律膏香(揭羅婆)」同慧沼疏曰「婆律膏者是龍腦香脂」。

【揭底】(雜名)數名。頌疏世間品曰、「十大三摩鉢耽爲揭底」。六十數之一。Gati

【揭路茶】(動物)鳥名。見迦樓羅條。

【揣食】(術語)四食之一。又作團食。揣摶字通。以手握食爲丸而食之也。是印度人之食法。指欲界中一切之食物。印度人手握飯與菜納之於口中也。新譯曰段食。分分段段而食之義。註維摩二曰、「生曰凡欲界食謂之揣食。揣食者揣握食也」。同淨影疏二曰「揣食者卽揣握之食也」。康熙字典曰「漢書註揣與摶通。摶以手圜之也。禮曲禮毋摶飯。疏取飯作摶易得多」。義林章四食章解之曰「段者分段。分分受之能持身命。舊言團者可摶可握。立爲團食。此義全非。團字非摶。非水飲等可摶團圓。云何名團。故應名段」。殆誤梵Piṇḍapāta

【揷單】(雜語)禪林之語。初入禪林。揷入已單位於僧堂衆僧間也。敕修淸規新戒參堂曰「歸堂揷單隨衆禪誦」。

【揜句】(雜語)見由旬條。

【强毒】(術語)强結毒鼓之緣之意。又作彊毒。謂於無大善根者强說法華經而使之謗。以結逆緣也。法華文句所謂「本已有善釋迦以小而將護之。本未有善不輕以大而强毒之」是也。

【强緣】(術語)强因緣力也。敎行信證文類序曰「弘誓强緣多生叵値」。

【粥】(飲食)又曰小食。晝字不成之柔者。禪林之常法朝喫粥。僧祇律二十九曰、「粥初出釜劃不成字者」。

【粥之利】(雜語)四分律曰、「食粥有五事善。除飢。除渴。消宿食。大小便調適。除風患。食粥者有此五善事」。僧祇律二十九之偈曰「持戒淸淨人所奉。恭敬隨時以施粥。十利饒益於行者。色。力。壽。樂。辭淸辯。宿食風除。飢渴消。是名爲藥佛所說」。

【粥之時】(雜語)明相現而得見手中文。以來可食之。見開齋條。釋門正統三曰「粥則見於手中文。齋則過午不食」。

【八種粥】(飲食)佛在迦尸國竹園、與諸比丘安居時。居士等作種種之粥施佛與僧。故有八種之名。一酥粥。以牛馬等之酥和米粟煮爲粥也。二油粥。以荏酥麻等之油和米粟煮爲粥也。三胡麻粥。取胡麻之子和米粟煮爲粥也。四乳粥。以牛馬等之乳和米粟煮爲粥也。五小豆粥。以綠豆赤豆等和米粟煮爲粥也。六摩沙豆粥。摩沙豆疑卽大豆。蓋梵語摩訶。華言大。今言摩沙者乃梵音遠近不同。以此豆和米粟煮爲粥也。(摩沙 Masa 譯荳顆)。七麻子粥。以黃麻子和米粟煮爲粥也。八薄粥、或用米或用粟煮爲稀粥也。十誦律二十六。

【粥疏】（雜名）高僧齊己、蜀人、幼捨俗、依潙山祐禪師。時仰山義寂禪師住豫章觀音院。已總轄庶務。有粥疏曰：「粥名良藥。佛所稱揚。義冠三種。功標十利。更祈英哲。各遂願心。旣備清晨。永資白業。」見釋氏稽古略三。

【粥飯僧】（雜語）言但喫粥飯無有一用之僧也。南部新書曰：「清泰朝李專美除北院。甚有舟楫之嘆。時韓伯裔已登庸。因賜之詩曰：伯裔登庸汝未登。鳳池雞池冷如冰。如何且作宣徽使。免被人呼粥飯僧。」五代史李愚傳曰：「廢帝謂愚等無所事。常目宰相曰：此粥飯僧耳。以爲飽食終日而無所用心也。」

【粥能】（術語）晨朝喫粥之後也。勅修清規聖節曰：「至五更住持行香。回再覆。粥能上堂。」

【粥能鐘】（雜名）粥後打鐘三下。此名粥能鐘。或曰此展單之鐘也。非爲粥能。或曰此三下但是下堂之鐘也。

【粥頭】（職位）掌早粥之僧也。

【陽光】（譬喩）卽陽燄也。大日經疏二曰：「陽光者如春時地氣。日光望之如水。迷渴者生企求心。」

【陽燄】（譬喩）大乘十喩之一。又作颺燄。或單曰燄。又曰陽光。莊子所謂「野馬塵埃」是也。謂春初之原野日光映浮塵而四散者也。渴鹿見之以爲水。走而趣之。維摩經方便品曰：「是身如燄。從渴愛生。」同註曰：「渴見陽燄。惑以爲水。」楞伽經二曰：「譬如羣鹿爲渴所逼。見春時燄而作水想。迷亂馳趣。不知非水。」智度論六曰：「如燄者。以日光風動塵故。曠野中如野馬。無智人初見謂爲水。」維摩經慧遠疏曰：「陽燄浮動。相似野馬。」止觀一上曰：「集旣卽空。不應如彼渴鹿馳逐颺燄。」

【湛然】（人名）台州國清寺湛然。姓戚氏。唐晉陵荊溪人。時人尊其道。號爲荊溪。天寶載剃落。持律森嚴。極止觀之奧旨。法華釋籤、文句記、止觀輔行、其他淨名廣略疏、涅槃後分疏、金剛錍等著書頗多。中興天台之道。智者之後第六代也。建中三年二月寂。壽七十二。宋開寶年中吳越王錢氏請諡圓通尊者。見宋高僧傳六、佛祖統紀七。

【湖南】（人名）靑原山行思之法嗣、石頭希遷在湖南。其道大振。以對於江西之馬祖。時稱爲江西湖南。無盡燈論上曰：「江西與湖南。兒孫滿天下。」

【游藍】（飲食）食味名。慧琳音義七十九曰：「游藍是阿修羅王所食味也。或云蘇陀。天甘露也。其狀難名。」

【湯頭】（職位）禪林司點湯之事者。

【渴仰】（術語）仰慕其人、如渴者之慕水也。法華經壽量品曰「心懷戀慕渴仰於佛。」涅槃經一曰、「善持淨戒渴仰大乘。」

【渴地獄】（界名）獄卒以熱鐵丸著於罪人口中、燒其脣舌、通徹入腹、無不燋爛。十六遊增地獄之一。見三藏法數四十五。

【渴伽】（動物）Khaḍga 又作朅伽、佉伽。譯曰犀牛。玄應音義一曰、「佉伽婆沙。又作喝伽。皆訛也。正言朅伽。朅音去謁切。此譯云犀牛。毘沙拏、此云角。謂犀牛一角也。一亦獨也。喻獨覺也。」大日經疏十五曰、「獨覺本云犀角。論云麟角。」

【渴法】（雜語）渴於正法也。大集經二十一曰、「釋迦牟尼佛告諸梵天帝釋四王。善男子。我於此惡處成就阿耨多羅三藐三菩提。為欲利益無明闇冥渴法衆生。」

【渴鹿】（譬喻）渴鹿見陽炎以為水。譬迷妄之心也。四卷楞伽經二曰、「譬如羣鹿為渴所逼、見春時焰、而作水想、迷亂馳趣、不知非水。」止觀一下曰、「集既卽空、不應如彼渴鹿馳逐飈燄。苦既卽空、不應如彼痴猴捉水中月。」輔行曰、「渴鹿逐焰者、熱及空塵三因緣故、而生於燄。渴因緣故、謂之為水。」止觀五上曰、「如渴鹿逐炎、狂狗齧雷、何有得理。」

【渴愛】（術語）凡夫愛著於五欲、如渴而愛水也。維摩經方便品曰、「是身如炎、從渴愛生。」註曰、「肇曰、渴見陽炎、惑以為水。愛見四大、迷以為身。」行事鈔下之二曰、「渴愛難滿、如海吞流。」

【渴樹羅】（植物）果名。形小似棗。百一羯磨五曰、「形如小棗、澀而且甜。出波斯國。中方亦有、其味稍異。其樹獨生、狀如檳榔。其果多有、類至番禺。時人名為波斯棗。其味頗與乾柿相似。」梵 Kharjūra

【渴樹羅漿】（飲食）八種漿之第八。

【渙那】（地名）國名。見于闐條。

【啼哩曳】（術語）十二合掌之第十、譯曰橫拄指合掌。大日經疏十三曰、「仰二手掌、令二手中指頭相接而仰之。名啼哩曳合掌。此名橫拄指合掌。」梵 Tiryak

【啼哭佛】（佛名）賢劫千佛中最後佛之名。寶積經號為樓由。翻為涕泣。別經曰樓至。譯為啼哭。大寶積經密迹金剛力士會曰、「最後成佛、名曰樓由如來。爾時愁感自投於地。由斯號樓由（樓由者晉言涕泣）。」如來不思議秘密大乘經五曰、「最小無邊慧太子當得成佛。號樂欲如來。於賢劫中最後成佛（古經不譯、但云樓至）。」嘉祥法華義疏十二曰、「金剛身下第三示非梵非聖。身既為鬼神、屬四天處住。是故非聖。身實是樓至佛。故非凡。此云啼哭佛。獨住半賢劫度衆生。」此疏之意、以今之二王為樓至佛之化身也。禪錄亦多依此。皆誤也。見二王條。

【喝】（雜語）張勢而叱咤其物之聲。從黃蘗臨濟以來、禪家之宗匠多用之以打破學人之漆桶。見一喝條。

【喝火】（雜語）禪院巡寮警火曰喝火。見象器箋十二。

【喝食】（職位）大衆食齋粥時、立於食堂一面、舉聲報齋食之名者也。其法入堂先拜聖僧、次拜住持、次拜首座、次立於南方一面、待首座施食呪願了、唱曰請大衆下鉢、其次香飯羹菜等次第而喝。任此役者為未得度之童子、謂之喝食行者。

【喝捍】（地名）國名。西域記一曰、「喝捍國、唐言東安國。」

【喝參】（雜語）身自來報道伺候曰、喝參。即唱參也。敕修清規訓童行曰「緩聲喝曰參。」

【喝露聻咦】（雜語）喝者叱人之聲。露者露現物之顯然分明也。聻者指物之詞。咦者呼人之聲。禪家宗匠、多假用此等單語。提撕學人。

【喫素】（雜語）鄭康成禮注曰、「素食平常之食。」漢書霍光傳曰、「昌邑王典喪不素食。」注云素食、菜食無肉也。金史世宗紀曰「山陵每以朔望致祭、朔則用素、望則用肉。」東京夢華錄曰、「有素食店。」劍南集曰「有素飯詩」。鼠璞曰、「今俗人食三長月素。釋氏智論天帝釋以大寶鏡照四部神州、每月一移、察善惡、正五九月照南贍州、唐人於此三月不行死刑、曰三長月。因戒屠宰。是以天帝釋為可欺也。」通俗編曰、「喫素之風、肇始於唐、盛行於宋。沿至今日、名目轉多、更有辛素、竈素、三官素、觀音素、準提素、玉皇素。婦人女子有一月間僅三數日不持素者。」

【喫棄羅】（物名）Khakkhara 錫杖之梵名。寄歸傳四曰、「言錫杖者、梵云喫棄羅。即是鳴聲之義。」

【喻】（術語）因明三支作法之一。在因之次、而助因使宗成立者。以既知之事實為喻、作推定未知事實之用。

【喻依】（術語）因明之喻法、分喻依喻體之二義、欲喻之義理為喻體、其喻體之所依為喻依。例如瓶為喻依。瓶上所作無常之義為喻體。喻法所取者為喻體、而非為喻依也。因明大疏上曰、「瓶等喻依。」又曰、「如空等、此舉喻依以彰喻體。」

【喻體】（術語）見喻依條。

【喚鐘】（物名）鐘之小者。又曰半鐘。亦曰飯鐘。

【[口*垔]尼】（術語）又作咽尼。佛之德相也。譯曰鹿王。玄應音義四曰、「[口*垔]尼又作咽。同於堅、於見二切。此譯云鹿王。」見伊尼延條。

【[口*垔]羅】（異類）龍王及象王之名。可洪音義二曰、「啞羅或云翳羅婆那。或云伊羅婆那。或云哀羅跋拏或云藹羅伐拏」見堙羅那條。

【恆迦羅】（雜語）Kaṅkara 數名。本行集經十二曰、「恆迦羅隋言數千萬億」俱舍頌疏世間品五曰、「十大鉢羅度多爲矜羯羅。」

【喇嘛】（雜名）蒙古青海西藏等處。皆謂僧爲喇嘛。

【喇嘛三佛】（雜名）西藏新志中曰、「人民所最尊敬爲三佛。達賴第濟仲第穆次之。」

【喇嘛服裝】（衣服）西藏新志中曰、「喇嘛服裝著袍子袈裟戴僧帽。雖因服色而分教派。然有崇尚黃教之僧徒、爲紅色之服裝者。同一黃教二種服色。蓋年老者用黃、年少者用紅、其習尚然也。其平素所著衣服、毫無異於常人。惟於儀式上服法衣。維西之僧徒、用闊袖長衣。雖嚴冬常露兩肘。帽子冬季戴平頂之方氈帽。夏季戴平頂之竹笠。」

【喇嘛教】（流派）佛教之一派。唐時自印度入西藏。至今以西藏爲此教之中樞。並行於滿洲蒙古。有新舊二派。舊教衣紅。亦稱紅教。末流漸入妖妄。新教衣黃。亦稱黃教。明永樂間宗喀巴所創。清時認爲正教而保護之。其開宗之二大弟子曰達賴喇嘛。曰班禪額爾德尼。相傳化身轉世輪迴不已。參觀呼畢勒罕條。

【喇嘛僧】（雜名）西藏新志中曰、「喇嘛僧秩有十數等。其最尊者曰國師、曰禪師。其次曰札薩克大喇嘛。曰副札薩克大喇嘛。曰札薩克喇嘛。以上給印。餘給箚付。其次曰大喇嘛。曰副喇嘛。曰閒散喇嘛。札薩克喇嘛之徒、有德木齊格思規格隆班第等。」

【順上分】（術語）五上分結也。見結條。

【順下分】（術語）五下分結也。見結條。

【順化】（術語）僧之死謂爲順世。或順化。順世道而死化之義也。佛祖統紀二十八曰「是年順化」

【順分】（術語）順爲順益之義、分爲部分之義。順益其所順法之部分名爲順分。此有三種。一順福分。爲感世間可愛之果之有漏善根。五戒十善等法是也。二順解脫分、解脫爲涅槃。爲定能感涅槃果之有漏善根。此善生已則使彼有情名爲身中有涅槃之法。若聞說生死有過、諸法無我、涅槃有德、身之毛豎悲泣墮淚。當知彼既植順解脫分之善也、是爲聲聞乘之三賢位。三順決擇分。是煖、頂、忍、世第一法之有漏善根也。決擇者見四諦之理之無漏勝慧。分者部分之義。此四善根之功德、能順益其勝慧一分之見道決擇智。使彼出生。名爲順決擇分。故聲聞乘中極速者、三生方得解脫也。卽初生起順解脫、第二生起順決擇分、第三生入於見道乃至得究竟之解脫也。俱舍論十八曰「言順福分者。謂感世間可愛果善。順解脫分者。謂定能感涅槃果善。此善生已、令彼有情名爲身中有涅槃法。若有聞說生死有過、諸法無我、涅槃有德。身毛爲豎。悲泣墮淚。當知彼已植順解脫分善。順決擇分者。謂近能感聖道果善。卽煗等四。」同二十三曰「此煗、頂、忍、世第一法四殊勝善根名順決擇分。依何義建立順決擇分名。決謂決斷。擇謂簡擇。決斷簡擇、謂諸聖道。以諸聖道能斷疑故。及能分別四諦相故。分謂分斷。此言意顯所順。唯是見道一分。決擇之分。故得決擇分名。此四爲緣、順益彼故、得順彼名。故此名爲順決擇分。」

【順中論】（書名）二卷、龍勝菩薩造、無著菩薩釋、元魏瞿曇般若流支譯。

【順中論義入大般若波羅蜜經初品法門】（書名）順中論之具名。

【順不定業】（術語）順不定受業之略。

【順不定受業】（術語）四業之一。見業條。

【順世】（術語）又曰順化。謂僧之死也。隨順世法而示死之義也。見佛祖統紀。

【順世八心】（名數）順於世道而感人天之果、謂爲順世之行。又達於世間而感出離之果、謂爲違世。其行法之次第發達有八心、是名順世之八心、違世之八心。大日經疏二曰「如前所說種子根疱等及歸依三寶爲人天乘行齋施善法、皆名順世八心。若三乘初發道意、迄至拔業煩惱根本無明種子、生十二因緣、名違世八心、或可就見道修道等諸位分之。各自有八心也。大乘行者、了達諸蘊性空、故於一切法中都無所取、亦無所捨。雙離違順八心我蘊兩倒二種業煩惱網、是名超越一切瑜祇行」見十心條。

【順世外道】（流派）順世者、梵名路伽耶 Lokāyata Cārvāka 是敎祖也。出生年代雖不明、然較釋迦出世似少在前。其主張以否定聖敎、拒絕道德、徒滿肉體之欲望爲目的、唱極端之物質的快樂主義、故稱爲順世外道。

【順正記】（書名）三卷、神智從義撰、釋光明玄義。

【順正理論】（書名）阿毘達磨順正理論之略名。

【順生】（術語）順生受業也。

【順生業】（術語）順生受業之略。又曰順次生受業。見業條。

【順古不翻】（術語）五種不翻之一。

【順忍】（術語）五忍之一。見忍條。

【順次】（術語）此生之次。謂爲順次。

所謂順次之往生是也。是爲三受業中之順次受業、順次之往生者終此生則直往生極樂、不更隔他生也。五輪九字秘釋曰、「二七曼茶羅者大日帝王之內證(中略)順次往生之一道。」

【順次業】(術語)順次生受業之略。又曰順生受業。三業四業之一。見業條。

【順決擇分】(術語)三順分之一。見順分條。

【順後句】(術語)見順前句條。

【順後業】(術語)順後受業之略。三業四業之一。見業條。

【順後受業】(術語)又曰順後次受業。見業條。

【順苦受業】(術語)三受業之一。

【順性行】(術語)四性行之一。

【順前句】(術語)於法中隨取二法、互相問時依止前法以答所問、謂爲順前句。例如問子由女子生者耶、女子生子者耶。答言子固由女子生者、然女子未必生子。反之而於兩問中依止後句而答之者、名爲順後句。例如問女子生子者耶、子由女子生者耶。答言子固由女子生者、然女子非必爲生子者。是以狹問寬則爲順前句、以寬問狹則爲順後句也。見瑜伽倫記五上。

【順流】(術語)二流之一。

【順逆】(術語)順緣逆緣也。見逆緣條。又順化逆化也。見逆化條。

【順現】(術語)順現受業也。

【順現業】(術語)順現受業之略。三業四業之一。見業條。

【順現受業】(術語)又曰順現法受業。見業條。

【順喻】(術語)八種喻之一。見譬喻條。

【順道法愛】(術語)法愛有二種。一爲相似之法愛。又名似道法愛。又名順道法愛。住前之法愛也。二爲眞道法愛。住上之法愛也。決云愛名雖同、眞似義別。見七帖見聞七。

【順解脫分】(術語)三順分之一。見順分條。

【順福分】(術語)三順分之一。見順分條。

【順緣】(術語)順逆二緣之一。見逆緣條。

【順權女經】(經名)順權方便經之異名。

【順權方便經】(經名)二卷。西晉竺法護譯。與樂瓔珞莊嚴方便品經同本。

【惱】(術語)心所名。小煩惱地法之一。謂自己因自身知惡事爲惡事而不改、執著至飽、不用他人之諫言、但自懊惱煩悶也。又爲二十隨煩惱之一。謂追想過去之行事、或由現在之事物不滿於意、自懊惱之精神作用也。

【猪頭和尚】（雜語）禪師之頭面似猪、故世人稱爲猪頭和尚。釋門正統四曰、「宋眞宗皇帝景德三年猪頭和尚志蒙顯化衢婺二郡。」

【猶預不成】（術語）因明三十三過之一。宗因喻中屬於因之過。謂立猶預不決之疑義於因也。入正理論曰、「於霧等性起疑惑時爲成大種和合火有而有所說猶預不成」彼山麓有火、（宗）以現烟故、（因）猶如烟筒、（喻）是霧是烟未決定者用於因故曰猶預不成。見因明大疏五。

【猴沼】（地名）印度之獼猴池也。慈恩寺傳序曰、「鷲山猴沼」見獼猴池條。

【街坊】（雜名）街坊化主之略。

【街坊化主】（雜名）或單曰化主。單曰街坊。勸化市鄽街坊索施物爲大衆之供料者。敕修淸規曰、「化主凡安衆處。常住租入有限。必藉化主勸化檀越。隨力施與添助供衆。其或恒產足用。不必多往干求取厭也。」

【復飾】（雜語）還俗也。一次落飾出家者再蓄髮爲俗人也。

【徧一切處】（術語）法身佛之梵名。名爲毘盧舍那。一名徧一切處。以如虛空無邊際遍滿於一切處故也。普賢觀經曰、「毘盧遮那遍一切處」

【徧吉】（菩薩）普賢菩薩之異譯。普爲遍、賢爲吉、言別意同也。智度論九曰、「一佛圖中有人癩風病來至遍吉菩薩緣邊一心自歸」。釋門正統三曰、「妙德現於淸涼。徧吉彰於峨嵋」。

【徧成諸行】（術語）頓成諸行之對。由行布門修行之菩薩、始自發菩提心終至等覺位、次第經過諸法門階級、徧修諸行也。

【徧計】（術語）凡夫之妄情、遍計度諸法也。唯識論八曰、「周遍計度、故名遍計。」

【徧界】（雜語）徧三千世界也。碧巖五十三則垂示曰、「徧界不藏全機獨露。」

【徧參】（雜語）禪僧行脚參學徧天下之知識也。

【徧照】（術語）法身之光明、遍照世界也。大日如來之密號爲遍照金剛。瑜祇經曰、「薄伽梵金剛界遍照如來。」

【徧照金剛】（佛名）大日如來之密號也。

【徧照般若波羅蜜經】（經名）一卷、趙宋施護譯。佛在他化自在天爲金剛手說諸字之義門并神咒。

【徧覺】（術語）周遍圓滿之覺悟也。止觀五曰、「乃至成佛正覺大覺徧覺皆是觀慧異名。」

【徧觀一切色身想】（術語）觀經十

六觀中之第九觀觀想阿彌陀佛之身相光明也。其觀成就則得見十方諸佛之身相。對於第八觀而謂此觀爲眞身觀。

【須大拏】（人名）見須達拏條。

【須延頭】（佛名）又作須扇多佛名。譯曰甚淨見玄應音義三。梵 Suyantu

【須扶提】（人名）Subhūti 比丘名。

【須那刹多】（人名）Sunaksatra 比丘名譯曰好星見慧琳音義二十六。

【須陀】（術語）新稱戍陀羅 Sudra 舊稱首陀。天竺四姓之最下姓西域記二曰、「四曰戍陀羅農人也。舊曰首陀訛也。」又（飲食）Sudhā 又作首陀、蘇陀。天之甘露味也。玄應音義四曰、「須陀食或云修陀此天食也。修陀此云白也。隨相論云須陀此云善、陀是言貞實也。」見蘇陀條。

【須陀食】（飲食）見須陀條。

【須陀洹】（術語）Srota-āpanna 具稱須陀般那、窣路多阿半那、窣路陀阿鉢嚢。舊譯入流、至流、逆流、溝港等。新譯預流。聲聞四果中初果之名也。入流者初入聖道之義、逆流者違背於生死之流也。斷三界之見惑、卽得此果。大乘義章十七本曰、「須陀洹者是外國語。義釋有三。一當名正翻名修無漏。如涅槃說須名無漏。陀洹修習以修無漏故名須陀洹。二隨義傍翻名爲逆流。逆生死流。三途生死永不受故。三隨義傍翻亦名觸債。將拒三途因而不受果故曰觸債」智度論三十二曰、「須陀名流。卽是八聖道分。般那名入。入是八聖道分流入涅槃也」玄應音義二十三曰、「窣路多阿半那、此云預流。一切聖道說名流。能相續流向涅槃。故初證聖果創參勝列。故名預流。預及也。參預也。須陀洹者訛也。或云逆流。或言入流。亦云至流。皆一也」慧苑音義上曰、「須陀洹正云窣路陀阿鉢嚢。言窣路陀者此云入也。阿鉢嚢者、此云流也。謂適斷見惑、捨異生性、初獲聖性、入聖行流。故名入流。舊安洹字、莫知其所以也」大明度經二曰、「溝港。」同行瑫音義曰、「梵云須陀洹。此云入流。謂已入聖流。今云溝港。乃取入流之義也」玄應音義五曰、「今言溝港者、取其流入處也。」

【須陀洹向】（術語）須陀洹分因果之二位。自見道初心至第十五心間向須陀洹果之因位。稱爲須陀洹向。

【須陀洹果】（術語）見道之終、卽第十六心之位、對於前之向位而稱爲須陀洹果。聲聞乘四聖位中正果初位之位也。

【須陀摩】（人名）昔明王之梵名也。見須陀須摩條。

【須陀耶】（人名）沙彌名。見蘇陀夷條。

【須陀沙彌】（界名）須陀夷沙彌也。

【須陀般那】（術語）見須陀洹條。

【須陀須摩】（人名）又作須陀摩國。王名。譯言普明。智度論四曰、「昔有須陀須摩王。持戒精進。常依實語。晨朝乘車欲入園遊戲。時有一婆羅門來乞。施王曰諾。待我出還。入園遊戲時有兩翅鬼王曰鹿足。自空中飛來。捉王去。至所住山。置於九十九諸王中。須陀須摩王涕零如雨。鹿王問言。汝何以啼如小兒。王言我不畏死。畏失信於婆羅門。王語其所以。鹿足王放之使還。約過七日來還、王還國。布施婆羅門。立太子為王。過七日欲至鹿王所。國民叩頭留王。王說偈曰。實語第一戒。實語昇天梯。實語為大人。妄語入地獄。我今守實語。寧棄身壽命。心無有悔恨。如是思惟。至鹿足王所。鹿王見之歡言。汝為實語人。爾時王讚實語而呵妄語。鹿足聞之。起淨信。放還王及九十九王。」此事酷似仁王經所說普明王為班足王所捉。請七日猶豫。還國設仁王會之因緣。因而天台以為智度論之須陀須摩王、即仁王經之普明王。止觀二曰「須陀摩王失國獲偈」梵 Sudhāman

【須炎】（界名）Suyāma 天名。見須夜摩條。

【須炎摩】（界名）天名。見須夜摩條。

【須波弗】（人名）Suprabuddha 國王名。譯曰善覺。見釋迦譜二。

【須夜摩】（界名）又作須炎、須炎摩。天名。譯曰妙善、妙時分。智度論五十四曰、「須夜摩。夜摩天王名也。秦言妙善。」玄應音義三曰「須炎或作須夜摩天。此云妙善天。又炎摩此云時分。須炎摩此言善時分。」慧苑音義上曰「須夜摩。須善也。夜摩時也。言彼諸天光明赫奕。晝夜不別。依看花開合以分其時。既非明闇之時。故曰善時也。」見夜摩天條。Suyāma

【須臾】（雜語）俱舍論十二曰、「百二十剎那為怛剎那。量臘縛此六十。此三十須臾。此三十晝夜。」又曰、「三十臘縛為一牟呼栗多。」瑜伽倫記四曰、「牟呼栗多。此云須臾。」梵語雜名曰「須臾乞沙拏 Kṣaṇa 剎那也。」猶言暫時。時量也。

【須毘羅】（異類）Suvira 夜叉名。譯曰好勇。見慧琳音義二十六。

【須涅多羅】（異類）Sunetra 又作蘇泥怛羅。夜叉名。譯曰善眼。見孔雀王呪經下。

【須涅蜜陀】（界名）Sunirmita 天名。譯曰化樂。見智度論五十四。

【須浮帝】（人名）與須扶提同。

【須扇多佛】（佛名）Suśānta 譯曰甚淨。玄應音義三曰、「須扇頭佛又云須扇多佛。晉言甚淨。」智度論七曰、「如須扇多佛弟子本行未熟。便捨入涅槃。留化佛一劫以度衆生。」

【須跋】（人名）苦行外道之名。慧琳

音義二十六曰、「須跋執苦行爲道也」。

【須跋陀】(人名) 須跋陀羅之略。

【須跋陀羅】(人名) Subhadra 佛最後之聖弟子名。見蘇跋陀羅條。

【須曼】(植物) 又作須曼那。花名。見須摩那條。

【須曼女】(人名) 須摩提菩薩卽妙慧童女也。見須摩提菩薩條。

【須曼耳比丘】(人名) 須曼爲花名、此比丘前生以須曼花供養佛塔。依此因緣、耳上生須曼花、故名。智度論二十九曰、「如須曼耳比丘。先世見鞞婆尸佛塔、以耳上須曼華布施。以是因緣故九十一劫中不墮惡道。受天上人中樂。末後三時須曼在耳。香滿一室。故字曰須曼耳。後厭世出家。得阿羅漢道。」

【須帶】(界名) Sudarśana 又作須禰、須甕。善見天也。

【須眞胝】(天名) Sucinti 譯曰善思惟。見玄應音義三。

【須眞天子經】(經名) 二卷、西晉竺法護譯。須眞天子發三十三問。佛一一答之。須眞又以三十二事問文殊、文殊一一答之。乃至有須眞與文殊諸種之問答。

【須梨耶】(天名) Sūrya 譯曰日。出於起世經九。見蘇利耶條。

【須部摩】(異類) Subhūma 夜叉名。譯曰善地。見孔雀經下。

【須婆睺】(異類) Suvāc 夜叉名。譯曰好聲。見慧琳音義二十六。梵音似爲Subāhu(好臂)。

【須菩提】(人名) Subhūti 又作須浮帝、須扶提。新作蘇補底、蘇部底。譯言善現、善吉、善業。又稱空生。十大弟子中、解空第一之人。佛使此人說般若之空理。注維摩經三曰、「什云須菩提。秦言善業。肇曰。秦言善吉。」西域記七曰、「蘇補底。唐言善現。舊曰須扶提。或曰須菩提。譯曰善吉。皆訛也」法華文句二曰、「須菩提。此翻空生。生時家中倉庫筐篋器皿皆空。問占者。占者言吉。因空而生。字曰空生。從依報器皿瑞空以名正報。依正俱吉(中畧)故言善吉也。」

【解空第一】(故事) 增一阿含經三曰、「恒樂空定分別空義。所謂須菩提比丘是。」止觀六曰、「須菩提空智偏明。能於石室見佛法身。故大品中被加說般若。」肇論下曰、「須菩提唱無說以顯道。釋梵絕聽而雨花。」同註曰、「大品般若自天主品以來。須菩提依幻化喩。廣說甚深般若無說無聽之理。」

【無諍第一】(故事) 須菩提在弟子中得無諍三昧爲最第一。

【三須菩提】(名數) 一解空須菩提。前所明解空第一之須菩提也。二天須菩提。

增一阿含經一曰、「喜著好衣行本清淨。所謂天須菩提比丘是」三惡性須菩提。百緣經十曰、「金翅鳥提一小龍龍命終、生於舍衛國婆羅門家端正殊妙因立字曰須菩提。年漸長大智慧聰明唯甚爲惡性。瞋罵凡眼所見之人及畜生父母親屬共厭患之。遂捨家入山。乃見鳥獸草木乃至風吹、亦生瞋恚。以山神之勸、見佛相好心懷歡喜禮佛足。佛爲說瞋恚過患須菩提聞佛說法、懺悔罪咎、豁然獲得須陀洹果。精勤修習遂證極果。」

【須菩提品】（經名）摩訶般若鈔經之異名。

【須提那】（人名）聚落主名。譯曰求得。南山戒疏二上曰、「須提那者多云聚落主名也。此云求得其子耶舍此翻爲明。如僧祇釋持信出家。」Sudina

【須達】（人名）Sudatta 又作須達多。新稱蘇達多、譯言善與善給善授善溫等。舍衛國給孤獨長者之本名、祇園精舍之施主也。玄應音義三曰、「須達多此云善與。故得給孤獨名也。」慧苑音義下曰、「須達多、此云善給施無依怙也。」華嚴疏鈔六曰、「須達多、正言賑濟無依義云給孤獨也。即長者之稱。」

【須達七貧】（傳說）須達七次貧、後貧最劇。於糞壤中得一木。乃旃檀也。賣之得米四斗。告婦曰、且炊一斗、吾當索菜。時佛知可度時至、先使舍利弗往乞食、婦喜入之鉢中。更炊一斗、目連復往乞、亦喜而與之。復炊一斗、迦葉往乞之、亦與之。猶有一斗炊之、佛自往乞之、婦喜而盡施之。佛口自咒願、今日罪滅福生。須達尋還、見之大喜、共飲飯汁。須臾、珍寶穀帛自然涌出、如往時之富。須達踊躍、更請佛及僧盡供養之。佛爲說法、皆得道。見雜譬喩經下、雜寶藏經二、經律異相三十五。

【須達經】（經名）一卷、齊求那毘地譯。佛爲須達說施法。與中阿含須達多經同本。

【須達多】（人名）與須達同。

【須達拏】（本生）Sudāna 又作須大拏、須提梨拏。新作蘇達拏。太子名。譯言善牙、善愛、好愛、善與、善施等。佛之前身、行布施行之名也。智度論十二曰、「須提梨拏太子。秦言好愛。以其二子施婆羅門、次以妻施。其心不轉。」玄應音義五曰、「須大拏或云須達拏、或云蘇陀沙拏。此云善與、亦云善施。」西域記二曰、「蘇達拏太子。唐言善牙。以父王大象施婆羅門。」有太子須大拏經一卷。皆詳說之。見蘇達拏條。

【須達梨舍那】（界名）Sudarśana 舊作須蹛、須噠、須滯、須滯須⿸疒帶天名。譯曰善見天。玄應音義三曰、「須帶天。案中陰經。作須滯天。或作須⿸疒帶天。亦言善見天。定障漸微。見極明徹。故名善覩也。樓炭經作須曒天。皆一也。應言須達梨舍那。此言善觀天。曒音丁計切、嚌音帝。」

【須鞬提】（界名）地獄名。譯曰極香華。見四阿含暮抄下。可洪音義二曰：「須鞬提。此云黑衣。」梵 Sugandhi

【須摩】（界名）須摩提之略。西方極樂之異稱也。淨土法門源流章曰：「王舍城內、啓須摩之嘉會。」與須摩提同。

【須摩那】（植物）Sumanā 又作修摩那、蘇摩那、須曼那。花名。玄應音義三曰：「須摩那花。或云蘇摩那華。其色黃白。亦甚香。不作大樹。纔高三四尺。四垂似蓋者也。」慧苑音義下曰：「須摩那花。此云悅意花。其形色俱媚。令見者心悅。故名之也。」慧琳音義二十六曰：「須摩那。亦云蘇摩那。玄奘云善稱意。」法華義疏十一曰：「須摩那。此云好意花。」陀羅尼集經十二曰：「須曼華。此云相思。」

【須摩經】（經名）須摩提菩薩經之略名。

【須摩檀】（人名）夫人名。譯曰華施也。見賢愚經五。梵 Kusumadāna

【須摩提】（界名）Sumati 西方極樂之別名。譯曰妙意、好意等。般舟三昧經曰：「念西方阿彌陀。今現在彼。隨所聞當念。去此十萬億佛刹。名須摩提。」雲棲小經疏二曰：「極樂者梵語須摩提。此云安樂。亦云安養。亦云清泰。亦云妙意。名雖小殊。皆極樂義。」

【須摩提王】（人名）四教儀集註中曰：「如須摩提王以身就死。持不妄戒。是尸滿相。」須摩提王。爲須陀摩王。或須陀須摩王之誤。智度論四曰：「須陀須摩王。」止觀七略作「須陀摩王。」是普明王之梵名也。輔行一曰：「普明者得名未知。此從仁王經名。大論名曰須陀摩王。方音不同耳。」見須陀須摩條。

【須摩提經】（經名）一卷、唐菩提流支譯。大寶積經妙慧童女會第三十之異譯

【須摩那菩薩】（菩薩）與須摩提菩薩同。玄應音義五曰：「須摩提。應云須摩那。此譯云好意。或云好智。」梵 Sumati

【須摩提女經】（經名）一卷、吳支謙譯。增一阿含須陀品第三十之別譯。

【須摩提菩薩】（本生）Sumati 又作須摩那菩薩。名也。智度論三十譯爲妙意。以五百金錢買須羅婆女五莖華。供養燃燈佛。受釋迦文之記別。智度論三十五曰：「如須摩提菩薩見燃燈佛。從須羅婆女買五莖華。不肯與之。卽以五百金錢得五莖華。女猶不與。而要之而言：願我世世常爲君妻。當以相與。菩薩以供養佛故。卽便許之。」又有一須摩提菩薩。大寶積經妙慧童女會第三十所

說之童女菩薩是也。大寶積經九十八妙慧、童女會第三十曰、「王舍城長者女、名妙慧、年始八歲、詣佛問法。佛爲說四十行。女發大願、勳地雨花、衆變金色。次答文殊之諸問。文殊向佛讚之。佛因說其由發菩提心經三十劫。女又發大誓願。卽轉如三十歲知法比丘。」竺法護譯及羅什譯之須摩提菩薩經、又菩提流志譯之須摩提經、皆爲此會之異譯也。

【須摩提長者經】（經名）一卷、吳支謙譯。王舍城中長者子須摩提死。父母痛苦不已、佛說一切法無常開喩之。

【須摩提菩薩經】（經名）有二譯。一爲西晉竺法護譯、一卷、一爲秦羅什譯、一卷。皆爲大寶積經妙慧童女會第三十之異譯。

【須賴經】（經名）有二譯。一爲曹魏白延譯。一爲前涼支施倫譯。皆一卷。

【須彌】（雜名）Sumeru又作修迷樓、蘇彌樓、須彌樓、彌樓。新作蘇迷盧、蘇迷嚧。山名。一小世界之中心也。譯言妙高、妙光、安明、善積、善高等。凡器世界之最下爲風輪、其上爲水輪、其上爲金輪、卽地輪。其上有九山八海、卽持雙、持軸、擔木、善見、馬耳、象鼻、持邊、須彌之八山八海與鐵圍山也、其中心之山、卽爲須彌山。入水八萬由旬、出水八萬由旬、其頂上爲帝釋天所居、其半腹爲四王天所居、其周圍有七香海七金山、其第七金山外有鹹海、其外圍曰鐵圍山、故云九山八海。瞻部洲等四大洲在此鹹海之四方。注維摩經一曰、「肇曰。須彌山天帝釋所住金剛山也。秦言妙高。處大海之中。水上方高三百三十六萬里。」勝鬘寶窟中本曰、「須彌、此言妙高。亦名安明。亦言善積。林公須彌留。此言善高。三百三十六萬里。」西域記一曰、「蘇迷盧山。唐言妙高山。舊曰須彌、又曰須彌婁。皆訛略也。四寶合成。在大海中。」慧琳音義一曰、「或云須彌山、彌樓山。皆梵音聲轉不正也。正云蘇迷嚧。唐云妙高山。四寶所成。故曰妙。出過衆山曰高。或云妙光山。以四色寶光明各異照世。故名妙光也。」玄應音義六曰、「須彌山亦言修迷樓山。正言蘇彌盧。此譯言妙光。亦云妙高山也。」俱舍論曰、「妙高山王四寶爲體。謂如次四面北東南西。金、銀、吠瑠璃、頗胝迦寶。」

【密教道場觀】（術語）密教之世界觀也。密教道場觀之器世界觀、空輪、風輪、水輪、金輪之四、與顯教同。其金輪上大乳海中有金龜、周遍於法海、其背上生大蓮華、其上有八峰須彌山。卽觀下方之空輪爲我心之空、觀風輪爲法身、觀水輪爲大悲、觀金輪金龜爲佛性、觀須彌爲法身、觀八海爲八識、觀七金山爲七覺支。而法身爲一切諸法之本源、故謂須彌爲座。見秘藏記本同鈔四。是依密經所說大日如來於須彌盧頂金剛寶樓閣說法。金剛頂經一曰、「往詣須彌盧頂金剛摩尼寶峯樓閣。」攝眞實經曰「時薄伽梵住妙高山頂三十三天帝釋天宮中摩尼最勝樓閣。三世諸佛常說處。」是爲本有法身會座之密意也。

【須彌四層級】（名數）蘇迷盧山有四層級、始自水際至盡第一層相去有十千踰繕那量。如是乃至有第三層至盡第四層亦有十千之量。此四層級自妙高山傍出而圍繞之、盡其下半。最初之層級出爲十六千。第二第三第四之層級如其次第爲八千四千二千。有藥叉神名爲堅手住於初層級。有名持鬘者住於第二級。有名恒憍者住於第三級。此三者皆是四大天王所部之大衆也。第四之層級爲四大天王及其諸眷屬共居止之所、如妙高山四外層級四大王衆及眷屬之居。如是持雙持軸山等七金山上亦有天之居、是皆四大王所部之封邑也。是名依地而住之四大王衆天。欲天之中此天最廣。見俱舍論十一。此四層級又詳說於正法念經二十二乃至二十四。

【須彌座】（物名）與須彌壇同。謂佛座也。須彌山名王勃文曰、「俯會衆心競起須彌之座。」

【須彌樓】（雜名）山名。見須彌條。

【須彌壇】（物名）又曰須彌座。謂形象須彌山之中細臺座也。上安置本尊。

【須彌燈王佛】（菩薩）維摩詰借師子座於須彌燈王佛。維摩經不思議品曰、「過東方三十六恒沙國有世界名爲須彌相、其佛號須彌燈王。彼佛身長八萬四千由旬、其師子座高八萬四千由旬嚴飾第一。於是長者維摩詰現神通力。即時彼佛遣三萬二千師子座高廣嚴淨使來入維摩詰室。」

【須闍多】（人名）Sujātā 又作須闍提、善女名。本行集經二十四曰、「有善女名須闍多。隋言善生。」賢愚經二曰、「須闍提品。」

【須闍提】（人名）見前項。

【須嚏】（界名）天名。見須達梨舍那條。

【須羅陀】（人名）梵志女名。譯曰鮮潔辨。見阿闍世王女經。

【琰魔】（天名）Yama-rāja 又作炎摩、琰摩、閻魔、琰摩、燗魔、閻摩羅、閻摩羅社、琰摩邏、閻閻羅等。譯曰縛。縛罪人之義。又曰雙世。彼於世中、常受苦樂二報之義。又曰雙王。兄妹二人並王之義。又曰平等王。平等治罪之義。地獄之總司也。玄應音義二十一曰、「餤摩或作琰摩。聲之轉也。舊云閻羅。又云閻摩羅。此言縛。或言雙世也。謂苦樂並受。故云雙世。即鬼官總司也。又作夜磨盧迦。亦作閻摩羅社。閻摩、此云雙。羅社、此云王。兄及妹。皆作地獄王。兄治男事。妹理女事。故曰雙王。」

慧琳音義五曰、「燗魔梵語。鬼趣名也。義翻爲平等王。此司典生死罪福之業。主守地獄八熱八寒。及以眷屬諸小獄等。役使鬼卒。於五趣中。追攝罪人。捶拷治罰。決斷善惡。更無休息。故三啓經云。將付琰魔王。隨業而受報。勝因生善道。惡業墮泥犁。即其事也」。又譯曰遮止。止罪惡不使更造之義。又曰諍息。息諍息惡之義。慧苑音義上曰、「閻羅、具正云琰摩邏闍。此云遮止。謂遮止罪人。不更造罪。」俱舍光記八曰、「琰魔王。舊云閻邏者、訛也。琰魔、此云靜息。謂犯罪人。不自知過。於苦不忍。違拒獄卒。更造過罪。由王示語。便知已罪。意分而受。息諍息罪。皆由王。故名靜息。」瑜伽倫記十六曰、「餤摩即本地分曰靜息王。靜息諸罪也。」俱舍論十一曰、「琰魔王使諸邏刹娑擲諸有情置地獄者。」図密教攝之於天部。金剛界曼陀羅之第一根本成身會、及第二羯磨會中外金剛部二十天之一。又胎藏界曼陀羅以爲第十二外金剛部院之一衆。

【琰魔界】（界名）Yama-'oka 琰魔王之世界、在此大洲地下五百由旬之處、縱廣亦五百由旬。俱舍論十一曰、「琰魔王國。於此贍部洲下。過五百踰繕那。有琰魔王國。縱廣量亦爾。從此展轉。散居餘處。或有端嚴具大威德。受諸富樂。自在如天。或有飢羸顏貌醜陋。如是等類。廣說如經。」長阿含經地獄品曰、「閻浮提南。大金剛山內。有閻羅王宮。王所治處。縱廣六千由旬。」

【琰魔王苦樂二相】（傳說）閻羅王宮晝夜三時有大銅鑊、自然現出。時有大獄卒、捉王使臥熱鐵上。以鐵鉤開口、以洋銅灌之、全身無不燋爛。受此苦已、復與諸衆生相娛樂、與諸大臣眷屬同受福樂。見長阿含經十九地獄品、三界義。

【琰魔王廳】（雜名）閻魔王之公判庭。十王經曰、「大城四面周圍鐵墻。四方開鐵門。左右有檀茶幢。上安人頭形。人能見人間。如見掌中菴羅果。右黑闇天女幢。左泰山府君幢。（中畧）左神記惡。形如羅刹。常隨不離。悉記小惡。右神記善。形如吉祥。常隨不離。皆錄微善。總名雙童。（中畧）其王以簿推問亡人。算計所作。隨惡隨善而斷分之。」藥師經曰、「諸有情有俱生神。隨其所作。若罪若福。皆具書之。盡持授與琰魔法王。爾時彼王。推問其人。算計所作。隨其罪福而處斷之。（中畧）彼琰魔王。主領世間名籍之記。若諸有情不孝五逆。破毀三寶。壞君臣法。毀於信戒。琰魔法王。隨罪輕重。考而罰之。」參照焰魔天曼陀羅條。

【琰魔使】（異類）極惡之人、琰魔王遣鬼卒引取之。藥師經曰、「然彼自身。臥在本處。見琰魔使引其神識。至於琰魔法王之前。」善珠之贊解之曰、是藥師如來方便力。

使惡人夢見之也。

【琰魔法王】（天名）琰魔爲勸善懲惡之判官、故謂爲法王。藥師經古迹記曰、「曉悟罪人止衆惡、故雖鬼界攝、亦名法王。」

【琰魔三天使】（名數）一老、二病、三死。獄卒將罪人到閻羅王前時、王責之曰、我遣此三天使誡汝、汝何不覺知。見長阿含經十九地獄品第四、三界義。

【焰摩王印】（印相）熾盛光佛頂儀軌曰、「二手合成蓮、小指頭指垂入掌、與檀拏相同。」

【琰魔天】（天名）Suyamadeva裁斷一切衆生善惡業之天。三昧耶形爲人頭之杖、又名檀茶頭。人頭表向淨頗梨鏡知善惡之業。見金剛界曼陀羅大鈔二。

【餤摩天供】（修法）供養餤摩天之法。百二十尊法六詳記其修法。

【炎魔天供六十壇法】（修法）修六十座之炎魔天供壇、爲修護摩之壇場也。

【琰魔卒】（鬼類）地獄呵責罪人之獄卒也。俱舍論十一曰、「心常懷忿毒、好集諸惡業、見他苦欣悅、死作琰魔卒。」又曰、「琰魔王使諸羅刹娑擲諸有情置地獄者、名琰魔卒。」

【棒喝】（術語）禪家宗匠接人之作略、或用棒、或用大喝。棒始於德山、喝來自臨濟。臨濟問黃檗、如何是佛法的大意。檗便打。如是三問、三度被打。後參大愚、得悟黃檗宗旨。卻回黃檗、機鋒敏捷、檗便打、師便喝。以後接人棒喝交馳、故今謂警醒人之迷誤者曰當頭棒喝。

【棲光】（術語）如來之涅槃也。棲息光明之義。資持記上一之二曰、「如來滅度、常光隨息、故曰棲光。」

【棲身】（術語）棲息身於一處也。四教儀集註上曰、「此山即大師棲身入寂之所。」

【棲神】（雜語）棲息精神而不移於他也。維摩經序曰、「尋翫茲典、以爲棲神之宅。」

【植衆德本】（雜語）積種種之功德也。法華經序品曰、「供養無量百千諸佛、於諸佛所植衆德本、常爲諸佛之所稱歎。」功德能生善果、故曰德本。

【棺臺四門】（雜名）形容胎藏界曼陀羅之四門、於棺外作四門、東南西北之次第、附發心、修行、菩提、涅槃之名、是示佛道之始終者。葬場之四門亦同。

【棺斂葬送經】（經名）佛滅度後棺斂葬送經之略名。一卷、失譯人名。佛爲阿難說滅後棺斂葬送之式及佛鉢往至之所。

【椎】（物名）又作槌。打物發聲之小木也。集韻曰、「椎、傳追切、音追、通作槌、俗作柏。」說文曰、「擊也、又鍊椎也。」涅槃經十三曰、「如鳴椎集僧嚴鼓戒兵吠貝知時是名法世。」敕修清規法器章曰、「椎。齋粥二時僧堂內開鉢念佛唱食遍食施財白衆皆鳴之維那主之下堂時聖僧侍者鳴之。」

【㮈女祇域經】（經名）㮈女祇域因緣經之略名。

【㮈女祇域因緣經】（經名）一卷、後漢安世高譯㮈女生於㮈樹上後適萍沙王而生耆域、（又曰耆婆）耆域爲世之名醫能治種種之奇病並出往昔之因緣。

【殘果】（雜語）死後殘存之果體卽死屍是也。

【腕香】（修法）於臂上燒香也。

【勝子】（人名）唯識十大論師之第九唯識述記一本曰、「梵云眞那弗多羅言勝子。」

【勝子樹】（地名）舊作祇陀林、又作祇洹譯曰勝子樹勝子爲波斯匿王之子。生時與敵戰勝因以名勝。爲勝氏所有之樹林、故云勝子林又云祇樹然勝之梵語爲祇陀或祇洹者誤也。應作逝多、故新作逝多林。Jetavana 玄應音義九曰、「勝子樹。祇陀林。或云祇洹並訛也。正言逝多。憍薩羅國波斯匿之子也。」

【勝三世金剛】（菩薩）或云聖三世。在胎藏界持明院北端密號曰最勝金剛。與降三世明王同體異名然此院特列勝三世降三世兩尊青色頭髮如馬王髻三目雙牙向上、左持三股杵右持頭附三股杵之戟坐於磐石迦樓羅炎圍之大日經謂勝三世威猛、燄圍繞有寶冠持金剛、不顧自身命專請受敎。

【勝士】（雜語）持戒者之尊稱。釋氏要覽上曰、「月燈三昧經云能淨持戒名勝士。」

【勝心】（術語）修殊勝之行之心也。無量壽經曰、「等心勝心深心。」淨影疏曰、「所行務上名爲勝心。」高僧傳六曰、「發勝心於曠劫。」

【勝友】（雜語）良友也。釋迦如來稱譽念佛者爲觀音勢至之勝友。觀無量壽經曰、「若念佛者當知此人是人中芬陀利華。觀世音菩薩大勢至菩薩爲其勝友。」

【勝天王經】（經名）勝天王般若波羅蜜多經之略名。

【勝天王問般若經】（經名）勝天王般若波羅蜜多經之異名。

【勝天王般若波羅蜜多經】（經名）七卷陳月婆首那譯五部般若之一。大般若第六會之別譯。

【勝因】（術語）殊勝之善因也。佛說無常經曰、「勝因生善道。惡業墮泥犁。」

【勝行】（術語）謂波羅蜜多之行法也。唯識論九曰、「十勝行者卽是十種波羅蜜多。

【勝光王】（人名）波斯匿王也。玄奘譯曰勝軍、義淨譯曰勝光。見波斯匿王條。

【勝身】（人名）摩揭陀國王舍城頻婆娑羅王之夫人韋提希也。有部毘奈耶雜事四十五曰「摩揭陀國王舍城王名曰影勝、夫人曰勝身。」

【勝佛頂】（菩薩）五佛頂之一。見佛頂尊條。

【勝宗】（流派）勝論宗也。見勝論宗條。

【勝宗十句義論】（書名）一卷、勝者慧月造、玄奘譯。勝宗立十句而盡一切法、此論明其十句之義。

【勝金】（物名）閻浮檀金也。

【勝金色光明德女經】（經名）大莊嚴法門經之異名。

【勝果】（術語）勝妙之證果也。佛果對於聲聞緣覺二乘之果及十地菩薩之果而謂之勝果。蓋二乘之果非爲圓滿、故是果而非勝。十地之法未爲圓滿、故是勝而非果。獨佛果爲究竟圓滿之妙果、故曰勝果。見唯識述記一本。王僧孺懺悔禮佛文曰「藉妙因於永劫、招勝果於茲地。」

【二勝果】（名數）佛之眞解脫（涅槃）大菩提二果也。唯識論一曰「斷障爲得二勝果、由斷續生煩惱障、故證眞解脫。由斷礙解所知障、故得大菩提。」

【勝林】（地名）舊作祇洹、祇樹、祇陀林。新作逝多林。逝多譯曰勝。逝多太子之林也。西域記七曰「逝多林、唐言勝林。舊曰祇陀、訛也。」中阿含經四十三曰「佛遊舍衛國、在勝林給孤獨園。」梵 Jetavana

【勝者】（流派）勝論師也。十句義論曰「勝者慧月」

【勝思惟經】（經名）勝思惟梵天所問經之略名。

【勝思惟問經論】（書名）勝思惟梵天所問經論之略名。

【勝思惟梵天所問經】（經名）元魏菩提流支譯思益梵天所問經之異譯。

【勝軍王】（人名）同勝光王。

【勝軍地藏】（菩薩）對於勝軍不動而有勝軍地藏。見地藏條。

【勝軍王所問經】（經名）一卷、宋施護譯。與沮渠京聲譯之諫王經、玄奘譯之如來示教勝軍王經、義淨譯之佛爲勝光天子說王法經、大同小異。佛爲波斯匿勝軍王 Prasenajit 說王法、并說十二因緣。但四山一喩、後之三經合於老病死衰之四、此合於邪行老病死之四名、爲四怖。

【勝軍不動明王】（菩薩）有四十八使者之明王也。見不動明王條。

【勝乘】（術語）大乘之德名。八十華

嚴經五十二曰、「過二乘名大乘第一乘勝乘最勝乘」。

【勝流眞如】（術語）十眞如之一。見眞如條。

【勝處】（術語）見八勝處及八背捨條。

【勝處瑜伽經】（經名）金剛頂勝處瑜伽普賢菩薩念誦法經之略名。

【勝密外道】（人名）室利毱多唐譯曰勝密、曾設火坑毒飲欲害佛而不能遂、謝咎歸依見西域記九。舊譯曰德護、佛說德護長者經所說之德藏長者是也。彼經詳說此事。

【勝得世俗諦】（術語）八諦中四種世俗諦之第三。見諦條。

【勝進道】（術語）四道之第四。見四道條。

【勝義】（術語）對於世間或世俗之語而有勝義之語、謂勝於世間世俗義之深妙理也。

【勝義空】（術語）涅槃經所說十八空之一。勝義爲涅槃、勝義空者言涅槃之空性也。

【勝義法】（術語）涅槃也。

【勝義根】（術語）對於扶塵根而有勝義根。乃眼耳鼻舌身五根之實體也。依之而有發識取境之作用。爲四大種所成、清淨如珠寶云。俱舍論一曰、「彼識所依五種淨色如其次第應知卽是眼等五根。如世尊說。苾芻當知眼謂內處四大所成淨色爲性。如此廣說」見扶塵根條。

【勝義僧】（術語）四種僧之第一。見僧條。

【勝義諦】（術語）法相宗所立二諦之一。對於世俗諦而謂之勝義諦。卽眞諦也。見二諦條。

【勝義空經】（書名）一卷、宋施護譯、說諸法無實生實滅、且說十二因緣生十二因緣。謂是可攝於大乘部者。

【勝義無性】（術語）三無性之第三。見三無性條。

【勝義世俗諦】（術語）八諦中四種世俗之第四。見諦條。

【勝義菩提心】（術語）密教三種菩提心之第二。見菩提心條。

【勝義勝義諦】（術語）八諦中四種勝義諦之第四。見諦條。

【勝解】（術語）七十五法中十大地法之一。百法中五別境之一。於所緣之境決定印可而不可移轉也。若於境猶豫、勝解全無。故大乘不攝之於徧行法。俱舍論四曰、「勝解謂能於境印可」。唯識論五曰、「云何勝解。於決定境印持爲性。不可引轉爲業。」

【勝解作意】（術語）三種作意之一。

【勝意】（人名）比丘名。諸法無行經下。與喜根菩薩並說。見喜根條。

【勝意生明】（眞言）摩醯首羅天之秘呪也。如摩醯首羅天勝妙意生利益事之陀羅尼名。大日經三曰、「摩醯首羅天有勝意生明。能作三千大千世界衆生利益。化一切受用。」

【勝業】（術語）勝妙之行業也。俱舍論三十曰、「徧悟所知成勝業。」

【勝道沙門】（雜名）瑜伽論所說四種沙門之第一。見沙門條。

【勝論】（流派）吠世史迦奢薩怛羅、Vaiśeṣika-śāstra 此譯勝論。又稱勝宗。見次項。

【勝論宗】（流派）又譯曰衛世師、Vaiśeṣika 勝論。印度六派哲學之一。爲嗢露迦仙 Ulūka（一名迦那陀 Kaṇāda）所始稱。分析宇宙萬有爲空間的之唯物的多元論也。別爲六種、謂之六句義。實 Dravya 爲本體。德 Guṇa 爲屬性。業 Karman 爲作用。同 Sāmānya 爲共通性。異 Viśeṣa 和合 Samavāya 爲物物間之固有性。第五之異、別爲異、有能、無能、俱分之四。別立無說。合爲十句義。此乃慧月所立。較之數論稍後。百論疏中曰、「旣在僧佉後出。見一宗有過。是故立論名衛世師。」就所論而言。四宗論曰、「迦那陀外道論師言。一切法異者。我與覺異。以說異法故。此是我。此是覺。如白氎。此是白。此是氎故。」

【勝論師】（雜名）尊之曰勝論師。斥之曰勝論外道。以勝論十句義爲宗之徒也。見前項。

【勝論十句義章】（書名）一卷。慧恩述。

【勝幡】（物名）印度之風、與敵戰而破之、則立勝幡。故道場降魔亦立勝幡、表其勝利。維摩經佛道品曰、「勝幡建道場。」注曰、「外國破敵則豎勝幡。道場降魔亦表其勝相也。」法華經授學無學人記品曰、「佛有大威德。名常立勝幡。」

【勝幡瓔珞陀羅尼經】（經名）一卷。宋施護譯。佛在喜樂山頂之天宮。因大梵王之請。說呪拔罪。

【勝幢】（物名）勝戰之幢旗也。涅槃經二十六曰、「能與魔王波旬戰。能摧波旬所立勝幢。」參照勝幡條。

【勝幢臂印經】（經名）勝幢臂印陀羅尼經之略名。

【勝幢臂印陀羅尼經】（經名）一卷、唐玄奘譯。依大梵王及觀世音之請而說此呪。持者不更受惡趣之生。

【勝數】（流派）勝論數論之二論也。性靈集七曰、「勝數典文。尙溺三有之水。」

【勝敵毘沙門】（天名）對於勝軍不

、動勝軍地藏而有勝敵毘沙門。以毘沙門爲戰神故也。

【勝應身】（術語）又名尊時身。天台立法報應之三身、其報身分爲自受用、他受用之二、其他受用之報身、對於自受用而名爲應身、對於第三應身之劣而名爲勝、蓋勝應身爲他受用之報身也。法華文句記九之一曰、「故他受用亦得名報、亦得名應。若勝若劣、俱名應故。」止觀一之二說見相發心、四教之人見佛之相好而發菩提心。依此則藏教之人、觀劣應之相好、通教之人、觀勝應之相好、別教之人、觀報佛之相好、圓教之人、觀法佛之相好。是爲就三身中之應身、而分勝劣者、與從前報身中分開勝應異。蓋此爲對於丈六之佛身而配觀想之淺深於四教者、與自佛身上分判法報應三身異其義門也。是乃天台一家之法義、不可與其他通途之三身門相和會。

【勝鬘經】（經名）勝鬘師子吼一乘大方便方廣經之略名。此經旨趣以一乘爲宗。與妙法蓮華經同。妙法蓮華廣說。此經略說。法華有三會及種種權實。此則有二死五住之言。廣略雖異。理可互明。本經之註述如下。勝鬘經寶窟六卷、隋吉藏撰。勝鬘經義記上卷、缺下卷、隋慧遠撰。勝鬘經述記二卷、唐沙門基說、義令記。勝鬘經疏義私鈔六卷、日本聖德太子疏、唐明空私鈔。

【勝鬘夫人】（人名）舍衛國波斯匿王之女、母云末利、譯爲鬘。夫人之梵名尸利摩羅。Mālyaśrī 尸利、譯曰勝。摩羅、譯曰鬘。嫁阿踰闍國爲王妃。勝鬘寶窟上本曰。「勝鬘者。外國名尸利摩羅。尸利、此翻爲勝。摩羅名鬘。」案是乃女聲。故摩羅當言摩利、與母之末利同。

【勝鬘師子吼一乘大方便方廣經】（經名）一卷、劉宋求那跋陀羅譯。大寶積經第四十八勝鬘夫人會之異譯也。佛在給孤獨園、波斯匿王末利夫人共致書於其女阿踰闍國王妃勝鬘夫人稱揚佛德。勝鬘得書歡喜說偈、遙請佛來現。佛卽現身。勝鬘說偈讚歎其德。佛爲授記。勝鬘復發十弘誓願、感天花天音。乃至說大乘了義、廣明二乘不了義、（其了義爲唯一佛乘也）佛讚印是放光昇空而還獨園、告阿難及天帝釋結名付屬。

【酥】（飲食）是牛羊等乳鑽抨成之。或以草葉藥而成之。所謂從牛出乳、從乳出酪、從酪出生酥、從生酥出熟酥、從熟酥出醍醐、而醍醐最爲上藥。大智度論曰、「牛乳驢乳、其乳雖同、牛乳抨則成酥、驢乳抨則成糞。」

【酥酡】（飲食）山家清供曰、「蘇東坡與子由飲槌蘆菔爛煮。不用他料。只研白米爲糝食之。忽放箸撫几曰。若非天竺酥酡、人間決無此味。」法苑珠林曰、「夜摩諸天有以珠器而飲酒者。受用酥酡之食色觸香味。皆悉具足」

【酥粥】（飲食）見粥條附錄。

【酥燈】（雜名）佛燈也。薩都剌詩曰、「院院翻經有咒僧。垂簾白日點酥燈。」法苑珠林曰、「誦咒時然八支酥燈。」

【焰】（譬喻）又作炎。如來衆生之機緣既盡。卽入於涅槃。故託薪盡火隨滅而稱涅槃爲炎。稱涅槃經爲炎經。稱涅槃點爲炎點。玄莊譯攝論釋十曰「或現等正覺或涅槃如火」

【焰王光佛】（佛名）無量壽經所說十二光佛之第五佛。十二佛者皆讚嘆無量壽佛光明之德之名也。慧遠疏曰、「此光勝餘。名燄王光」讚彌陀偈曰、「佛光照曜最第一。故佛又號光燄王。」

【焰胎】（術語）光焰圍繞其身、如在胎藏。謂之焰胎。大日經一曰「身處於焰胎。」同疏五曰、「光焰周徧苦身。如在胎藏。故云處焰胎也。」

【焰曼威怒王】（明王）又作閻曼威怒王。見閻曼德迦條。

【焰網】（術語）佛之光明、重重交徹而不盡。如帝釋天之珠網也。藥師經曰、「燄網莊嚴過於日月。」藥師經纂解上曰、「燄謂光燄。網謂珠網。言光明無盡義也。」

【焰摩界】（界名）餓鬼趣也。見琰魔條附錄琰魔界。

【焰摩天】（界名）Yāma 欲界天之名。欲界天中第三重之天處。具稱須焰摩。略稱焰摩。又舊稱炎摩。譯曰善時。新稱夜摩。譯曰時分。寶積經三十七曰、「滅焰摩天宮乃至遍淨天所有宮殿」無量壽經上曰、「第三炎天。乃至色究竟天」法華文句二之一曰、「忉利上有炎摩。此翻善時。去忉利三百三十六萬里。善時上有兜率陀。」

【焰摩天妃】（天名）焰摩天之后妃、主定德爲慈忍形。

【焰魔天曼荼羅】（圖像）以焰魔天爲中心而建立之曼荼羅也。中央焰魔天、跏水牛。左持人頭幢。左右爲焰魔后二人。右著衣、左裸。外界下部中央五道大神坐於床上。右爲司命。持簡與筆而跏坐。右見司錄卷子。又同左側爲拏吉尼。裸形持囊。左爲遮文茶坐馬頭形之蓮葉上。又上部之中央、有泰山府君。凭机執筆。左手執人頭幢。其左爲聖天、右爲成就仙。坐圖中五道大神司命司錄泰山府君、皆唐服也。然泰山府君爲道教之神、與焰羅王供行法次第所出不同。

【焰慧地】（術語）菩薩位階之名。十地之第四地。楞嚴經七曰、「明極覺滿。名焰慧地」唯識論九曰「焰慧地安住最勝菩提分法。燒煩惱薪。慧焰增故。」見十地條。

【焰經】（儀式）禪林設火爐焙藏經

去其蒸濕也。

【焚香】（雜語）焚香之始李相之賢已集謂始於佛圖澄與會能改齋漫錄謂始於漢曲園雜纂曰「禮郊特牲云周人尚臭。蕭合黍稷臭陽達於牆屋故既奠然後焫蕭合羶薌鄭注曰蕭薌蒿也染以脂合黍稷燒之羶當爲馨聲之誤也然則焫蕭合馨香卽燒香之權輿後世焚香以降神自是周人尚臭之遺意」

【視篆】（術語）篆者印也禪林之法入住持所時有撿視寺印之禮故入寺曰視篆象器箋九曰「舊說曰中華寺院有其字印如天童印以玲瓏巖主四字篆刻凡住持退院時小軸列書闔山大衆名軸尾使寺印又別片紙打寺印不動其紙貼印仰之納於印籠若少動印則所粘紙可破是關住之際禁盜掛搭之法也住持封其印籠託都寺令傳後住之人都寺至新住持入寺日於室間度與之」敕修淸規入院曰「知事捧呈寺印新命看封付知事開封新命視篆」

【硨磲】（物名）慧苑音義曰「梵音正云牟娑羅揭婆 Musāragaiva 牟娑羅此云勝揭婆藏也舊名車渠所未詳也」本草綱目四十六曰「時珍曰案韻會云車渠海中大貝背上壟文如車輪之渠」後人於字偏加石。

【疏】（術語）疏通經論之文句而決擇義理也垂裕記一曰「疏者疏也決也疏通經文決擇佛旨故曰疏也」靈芝盂蘭盆記上曰「疏卽訓疎謂疎決文義使無壅滯」

【疏山】（人名）唐撫州疎山光仁禪師（會元作匡仁）身相短陋精辯冠衆稱爲繼佛叔嗣法於洞山見會元十二傳燈錄十七宋高僧傳十三。

【疏勒】（地名）國名慧苑音義下曰「疏勒國正名佉路數怛勒古來此方在略呼爲疏勒又訛數音爲疏然此名乃是彼國一山之號因立其稱又或翻爲惡性國以其國人性多獷戾故也」今之 Kashgar 也。

【疏頭】（雜名）今人書祝詞焚於神前謂之疏頭。

【疎所緣緣】（術語）唯識宗所立所緣緣之一以名間接所緣之境卽對於相分之本質也。

【疎迷惑】（術語）俱舍謂之背上使。謂見道所斷十惑中貪瞋痴慢之四惑也是不直緣諦理緣五見等見惑而起之惑也。

【補沙】（雜名）Pusya 又作富沙布灑弗沙佛星孛星星名二十八宿中之鬼宿也玄應音義八曰「沸星或云佛星或作孛星或言弗沙星皆音字訛也正音富沙依諸經云如來成道出家皆用二月八日鬼宿合時依日藏分經二月九日曙夜屬九日故」寶星陀羅尼經四曰「富沙（唐言鬼宿）星

生者有最上相手中輪相猶如日輪。」可洪音義五、曰「弗沙此云鬼宿。」最勝王經七曰「布灑星日。」蘇悉地經中曰「若作最上成就、應取上宿曜時。其中下法類此應知。然諸宿中鬼宿為最。若作猛利成就、還依猛利宿曜時。」護摩法略鈔曰、「當知若值補灑星合日作一切法皆得速成。」

【補伽羅】（術語）Pudgala 又作福伽羅。見補特伽羅條。

【補陀】（山名）一作普陀。在浙江定海縣東海中。亦名普陀山。詳普陀條。

【補陀落】（地名）普陀落補陀落迦之略。

【補陀落迦】（地名）Potalaka 又作補陀落伽、逋多、逋多羅、補怛洛迦、布呾洛迦、補但落迦、補陀落山。名譯作光明山、海島山、小花樹山等。在印度之南海岸、為觀音之住處。其山形為八角。舊華嚴經入法界品曰「於此南方有山曰光明。彼有菩薩名觀世音。」同探玄記十九曰「光明山者彼山樹華常有光明表大悲光明普門示現。此山在南印度南邊。天竺本名逋多羅山。此無正翻。以義譯之名小樹蔓莊嚴山。又十一面經在此山說。」新華嚴經入法界品曰、「於此南方有山名補怛洛迦。彼有菩薩名觀自在。」千手經曰、「一時釋迦牟尼佛在補陀落山觀世音宮殿寶莊嚴道場中。」西域記十曰、「秣剌耶山東有布呾洛迦山。山徑危險巖谷攲傾。山頂有池。（中略）池側有石天宮。觀自在菩薩往來遊舍。」陀羅尼集經二曰、「補陀落伽山此云海島也。」慧苑音義下曰、「補怛洛迦山、此翻為小花樹山。謂此山中多有小白花樹。其花甚香。香氣遠及也。」

【補陀落海會軌】（經名）攝無礙大悲心大陀羅尼經計一法中出無量義南方滿願補陀羅海會五部諸尊等弘誓力方位及威儀形色執持三摩耶幖幟曼荼羅儀軌之略名。一卷。唐不空譯。

【補剌拏迦葉】（人名）一作布賴那迦葉。外道名。見富蘭那迦葉條。

【補剌拏伐摩】（人名）Pūrṇavarm-an 無憂王之末孫。譯曰滿胄。見西域記八。

【補剌拏梅呾利曳尼弗多羅】（人名）Pūrṇamaitrāyaṇī-putra 比丘名。譯曰滿慈子。見富樓那條。

【補特伽羅】（術語）Pudgala 又作富特伽羅、舊作福伽羅、補伽羅、富伽羅、弗伽羅、富特伽耶。舊譯曰人或衆生。新譯曰數取趣。數者取五趣、而輪廻之義。唯識述記二本曰「補特伽羅、數取趣也。」玄應音義一曰、「福伽羅。經論中或作富伽羅。或作富特伽耶。舊譯云人。應云補特伽羅。此云數取趣也。言數數往來諸趣也。」同二十二曰、「案梵本。補此云數。特伽、此云取。羅此云趣。云數取趣。謂數數往來諸趣也。舊亦作弗伽羅。翻名爲人。言捨天陰入人陰、捨人陰入畜生陰。是也」慧苑音義上曰、「補伽羅。正云補特伽羅。此云數取趣。謂造集不息。數數取苦果也。」

【補處】（術語）前佛既滅後、成佛而補其處是名補處。卽嗣前佛而成佛之菩薩也、隔一生而成佛則謂之一生補處。又此位名等覺、彌勒卽爲釋迦如來之補處菩薩也。維摩經曰、「彌勒在一生補處。」智度論七曰、「彌勒菩薩應稱補處」觀音玄義中曰、「補處者。前佛既滅。而此菩薩卽補其處。故云補處。」四敎儀集註下曰、「一生補處者。猶有一品無明。故有一生。過其一生。卽補妙覺之處。」無量壽經上曰、「諸菩薩衆來生我國。究竟必至一生補處。」

【補處彌勒】（菩薩）與所謂一生補處之彌勒同。彌勒爲當於五十六億七千萬年後成道、繼釋迦如來之跡而補佛處之菩薩故也。見補處條。

【補敎編】（書名）三卷、宋契嵩撰。

【補瑟迦】（術語）見補瑟置條。

【補瑟置】（修法）Paustika 又作報瑟置迦、此云增益。又作補瑟迦。Paustika 護摩法四種中之增益法也。略出護摩儀曰、「補瑟置、此云增益或云富貴」眞言修行鈔五曰、「梵補瑟迦。云增益。」

【補瑟徵迦】（修法）五種護摩法中鉤召法之梵名。眞言修行鈔五曰、「梵補瑟徵迦、此云鉤召。」請知諸尊之修法也。（微或爲徵字、指增益法。）

【補澁波】（雜語）又作布瑟波。Pu-spa 譯曰花。大日經疏八曰、「梵云枳娑攞瑜。是林樹上兼帶條葉之花。次云補澁波。正目花體。如花鬘散花之類皆用此名。」禪宗正脈序曰、「布瑟波印於飲光。」名義集三曰、「布瑟波、此云華。」

【補羯娑】（雜名）Pulkasa, Paulkasa 又 Pukkasa 又作卜羯娑、作婆者誤也。賤種族之名。除糞穢之賤人。不信因果之邪人也。慧琳音義五曰、「補羯娑。上博毋反。中居謁反。下桑何反。此譯云邊地下類不信因果殺生劫盜愛樂邪見人也。」同二曰、「補羯娑。梵語。此云垢濁種。卽邊鄙惡業不信因果之人。」瑜伽倫記三上曰、「卜羯娑者、亦云補羯娑。除糞穢家也。」可洪音義一曰、「補羯娑、亦云卜羯娑。唐言除糞擔死屍等。鄙賤種類也。」唯識了義燈二本曰、「補羯娑、典獄也。」

【補盧沙】（雜語）Puruṣa 又作富樓沙、補婁沙、富婁沙、浮溜沙、布路沙、逋沙、甫沙、晡沙。譯曰丈夫、或人。瑜伽論二說男聲之八囀、用補盧沙之語、以之爲第一囀（卽體聲）之例。玄應音義二十二曰、「補盧沙。舊言富樓沙。此云士夫或云丈夫。談體也。」慧琳音義四十五曰、「浮溜沙。唐言丈夫也。」寄歸傳二曰「言布路沙者。譯爲人也」

【補盧衫】（雜語）Puruṣam 補盧沙（卽言丈夫之語）之第二轉。卽業聲也。見八轉聲條。

【補盧鎩】（雜語）Puruṣe 補盧沙Puruṣa（卽言丈夫之語）之第七轉聲。卽於聲也。（又曰依聲）玄應音義二十二曰、「補盧鎩。所戒切。所依士聲。明中七轉呼召聲也。」見八轉聲條。

【補盧殺沙】（雜語）Puruṣasya 補盧沙（卽言丈夫之語）之第六轉。卽屬聲也見八轉聲條。

【補盧沙耶】（雜語）Puruṣāya 補盧沙（卽言丈夫之語）之第四轉。卽所爲聲也。見八轉聲條。

【補盧沙拏】（雜語）Puruṣena 又作補盧崽拏。補盧沙（卽言丈夫之語）之第三轉。卽具聲也。見八轉聲條。

【補盧沙頌】（雜語）Puruṣāt 補盧沙（卽言丈夫之語）之第五轉。卽所從聲也。見八轉聲條。

【補蹠翁】（人名）六度經云、昔察微王謂補蹠翁。孰最樂乎。曰王樂也。使之攝統權治。握統萬機。勞役其心。王復問樂乎。曰萬事勞心。非如補蹠巧拙隨意。

【補囉嚩尾禰賀】（地名）Purva-videha 東大洲名。慧琳音義一曰、「補囉嚩尾禰賀。翻云身勝。此洲人身形殊勝。故爲名。古云弗于逮。弗婆提。」

【裙】（衣服）舊稱泥洹僧。涅槃僧。新稱泥縛些那。泥伐散那。Nivāsana 譯作裙。比丘穿於腰部者。十三資具之一。西域記二曰、「泥縛些那。唐言裙。舊曰涅槃僧。訛也。既無帶襻。其將服也。集衣爲襵。束帶以縚。襵則諸部各異。色乃黃赤不同。」百一羯磨曰、「泥伐散那。唐言裙。」寄歸傳二曰、「四部之殊。以著裙表異。一切有部則兩邊向外雙襵。大衆部則右裙蹙在左邊向內插之。不令其墮。西方婦女著裙與大衆部無別。上座正量制亦同之。但以向外直翻傍插爲異。腰條之製亦復不同。」比丘尼之裙。梵名俱蘇洛迦。譯曰筒衣。縫兩端而爲圓形者。見俱蘇洛迦條。

【裙子】（衣服）與單言裙者同。子者助字。

【結】（術語）結集之義。繫縛之義。煩惱之異名。爲煩惱因而結集生死。故謂之結。又繫縛衆生而不使解脫。故謂之結。卽爲生死之因者。大乘義章五本曰、「結集生死。目之爲結。結縛生死。亦名爲結。」同五末曰、「煩惱闇惑。結縛行人。故名爲結。又能縛心。亦名爲結。亦能結集一切生死故。」三藏法數二十四曰、「結卽繫縛之義。謂衆生因煩惱妄惑造諸惡業。而爲衆苦繫縛。流轉三界不能出離。故云結也。」

【三結】（名數）一見結、我見也。二戒取結、行邪戒也。三疑結、疑正理也。見惑中此三者過最重。故以此三結爲見惑之總稱。斷此三結爲預流果。涅槃經三十六曰、「迦葉菩薩白佛言。如佛先說。須陀洹人所斷煩惱。猶如縱廣四十里水。其餘在者如一毛渧。此中如何說斷三結名須陀洹。一者我見。二者非因見因。三者疑網。（中略）佛言善男子。須陀洹人雖復能斷無量煩惱。此三重故。亦攝一切須陀洹人所斷結故。」輔行五之四曰、「論云。此三種結是三三昧近對治法。身見是空近對治法。戒取是無願近對治法。疑是無相近對治法。復次三結生惑增上。身見生六十二。戒取生一切苦行。疑於過去一切處生猶豫。是故經中但說三結。」宗輪論述記曰、「結與煩惱一體異名。結是緊縛義。煩惱擾亂義。」文句一上曰、「結卽二十五有生因也。」玄贊一曰、「煩惱爲生死因。名爲有結。三有之結也。（中略）生死之因能和合苦。能結故名結。」

【五結】（名數）一貪結、貪著生死法之煩惱。二恚結、忿怒違情事之煩惱。三慢結、恃己凌他之煩惱。四嫉結、妬他盛榮之煩惱。五慳結、慳惜財物之煩惱。見阿毘達磨集論四。三藏法數二十四。

【五下分結】（術語）三界中欲界之結惑曰下分結。立五結。一貪結、貪欲之煩惱。二瞋結、瞋恚之煩惱。三身見結、我見之煩惱。四戒取結、取執非理無道邪戒之煩惱。五疑結、狐疑諦理之煩惱。此五惑於欲界而起者、且爲之不能超脫欲界。故謂之下分結。俱舍論謂之順下分。見俱舍論二十一、大乘義章五末、四敎儀集註中、三藏法數二十四。

【五上分結】（術語）對五下分結而立五上分結。於色界無色界起之、且爲之不得離色界無色界、故謂之上分結。俱舍論謂之順上分。一色愛結、貪著色界五妙欲之煩惱。二無色愛結、貪著無色界禪定境界之煩惱。三掉結、二界衆生心念掉動而退失禪定之煩惱。四慢結、二界衆生恃自凌他憍慢之煩惱。五無明結、二界衆生癡闇之煩惱。見同上。

【九結】（名數）總合如上結門而立九結。一愛結、貪愛也。二恚結、瞋恚也。三慢結、憍慢也。四痴結、不了解事理之無明也。五疑結、疑惑三寶也。六見結、身見邊見邪見之三也。七取結、見取見戒禁取見二種之取著也。八慳結、慳惜己身命財寶也。九嫉結、嫉妬他榮富也。

【結印】（術語）結印契也。密家極重其法。結此印必就師親受。不爲他人所見。一字奇特佛頂經上曰、「於寂靜處應結契印。

親承稟而受。若異此結者。諸魅及毘那夜迦而作障難。死墮地獄。不灌頂者。不發菩提心者。彼人前不應結此等印」。七俱胝佛母准提大明陀羅尼經曰「即以塗香摩手而結手契。結契時以衣覆手。勿令人見」。參照印條。

【結生】（術語）謂由中有沒而托生於母胎也。俱舍論九所謂「時健達縛於二心中隨一現行。謂愛或恚。彼由起此二種倒心。便謂已身與所愛合。所憎不淨泄至胎時。謂是已有。便生喜慰。從茲蘊厚。中有便沒。生有起已。名已結生」是也。

【結戒】（術語）結成戒律而護持也。智度論二十二曰「衆僧大海中結戒爲畔際」。

【結制】（術語）謂結一夏九旬安居之制度。即爲安居之行也。

【結河】（譬喻）結者繫縛之義。煩惱之異名。結惑溺人。故譬以河。大集經三十二曰「衆生闇行沒結河」。

【結使】（術語）結與使。皆煩惱之異名。繫縛心身。結成苦果。故云結。隨逐衆生。又驅使衆生。故云使。結有九種。使有十使。淨心誡觀發眞鈔上本曰「結使成論云。猶如乳母常隨小兒。能繫縛生死。故名爲結。常隨生死。故名爲使。即九結十使」。大乘義章五本曰「隨逐繫縛。稱之爲使。結集生死。目之爲結。結縛衆生。亦名爲結」。

【結使犍度】（術語）八犍度之一。八犍度論中分別煩惱之篇章名。

【結冑】（修法）密教爲速疾成就悉地。辟除諸魔。結金剛甲冑之印。金剛頂蓮華部心念誦儀軌曰「次於諸有情。當與大悲心。無盡生死中。恒被大誓甲。爲淨佛國土。降伏諸天魔。成最正覺故。被如來甲冑。二羽金剛拳。當心舒進力。二度相縈遶。心背次兩膝。齊腰至兩肩。喉項額又頂。各各三旋遶。徐徐前下垂。先從檀慧散。即能護一切。天魔不能壞」。金剛界念誦私記細說結冑之條。

【結界】（術語）建伽藍。或作戒壇。行一種之作法。而定其區域境界也。即其作法所限定之地。謂之結界地。

【二種結界】（術語）一自然界。大者如閻浮一洲。小者如一洲一島。自然限結界之區域者。二作法界。作羯磨之法而限定大小之攝僧界。攝衣界。乃至戒場等者。而自然中但得作最初結界之一法。其餘之羯磨法。則必於作法界中行之。見行事鈔上之一。

【三種結界】（名數）一攝僧界。二攝衣界。三攝食界。攝僧界中又有三種。一大界。一伽藍地之外界爲小極限。廣者至十里。乃至百里。佛使結此大界者。欲令爲說戒等僧事時。一聚之僧盡和集。無一人乖隔故也。凡僧事之法。一界中有一人不和集者。則其事不成就。夫無結界之法、閻浮提界僧衆、不盡和集、不得舉僧事、是何可者、以是佛陀方便、使於隨處結搆僧界、使同一界內之僧、得舉和集之實、以作僧事。此所以結攝僧大界也。資持記上二之一曰、「僧界者、攝人以同處。令無別衆罪。」二戒場、僧中有要數四人乃至要二十人之法事、爲恐僧疲極、佛聽結之。戒場極小者、可容二十一人。三小界、是亦恐困難事廢法事而聽結之、其界隨臨時僧之坐起而大小隨之。世所謂結界地者、指此中之第一大界也。第二攝衣界、爲令比丘離三衣之結界也、於此攝衣界內、假令離三衣經宿、亦免離宿罪。資持記上二之一曰、「衣界者、攝衣屬人、令無離宿罪。」第三攝食界、結界食物貯藏所、隔離比丘之住處、使比丘不犯宿食之罪者。資持記曰、「食界者、攝食以障僧。令無宿煮罪。」

【結界五相】（雜語）大界之形相有五種。一方相、二圓相、三鼓形相、四半月相、五三角相。各以天然之山水或木石等爲其界標。見善見論十七、三藏法數二十四。

【密敎結界法】（修法）密敎於每一修法、結之解之。結界者、遮惡持善之義、分迷悟善惡之界畔、退惡類住善者之法也。其法有五種。一地結、二四方結、三虛空網、四火院、五大三昧耶。第一地結、又名金剛橛、立橛於大地、其橛爲金剛橛、其橛之根或說到金輪際、或說到水輪際等。是十八道之第六也。第二四方結、又名金剛墻、若無四方之墻、以三胡墻爲墻。是十八道之第七也。第三虛空網、以金剛網張於虛空、網端垂於金剛壇上、是十八道之第十四也。第四火院、以火炎旋遶於彼空網、是爲除天魔波旬之障難、十八道之第十五也。第五大三昧耶、前火院外之總結界也。所以用此印明者、蘇悉地儀軌曰、「假令側近轉輪王佛頂及餘相違諸道言者。不能解壞、亦不損減。」卽依金輪佛頂等威力、爲除斷壞之之難而作之也。故時處儀軌曰、「修行諸尊者。五百由旬內尊皆不降赴。以輪王威德斷壞諸法故。」金剛墻火炎等避此難、難故更用大三昧耶之印明也。此大三昧耶、十八道及如意輪軌不載之、惟於軍茶利軌說之、因而加之也。軌云、復結大三昧耶印。十度（十指）相叉於內爲拳、忍願（左右中指）並竪屈進力（左右風指）如鉤、在忍願之兩邊、如三股杵形、以禪智（左右大指）附於進力之側、（是門縛三股印也）右旋印三帀、誦密言三徧。誦密言曰、唵（歸命）賞羯𠼝（輪）。摩訶（大）三摩琰（平等）。娑嚩訶（成就）。是於前火院之外、尚以三股重成大界也。見秘藏記本、同鈔六、十八道鈔上。

【結界石】（物名）標結界相之石也。有二種。一爲攝僧界中結大界標其外相之石牓。四分律行事鈔所謂「最外一重、大界外相標」、又「結已、卽須牓示顯處、令後來者主客俱委、無有濫疑」是也。二爲禁葷酒等入門內之石牓、亦稱禁牌石、又曰葷酒牌。是禁葷酒等入結界內、令僧衆道業精進也。

【結界印明】（印相）一字頂輪王念誦儀軌曰「次結計里枳里印。以左大指壓左小指甲上、餘三指頭拆開直竪、如三股杵形、右旋轉三币、則成結界。眞言曰唵枳里枳里嚩曰羅吽。」

【結夏】（術語）行夏安居也。結者結成之意。資持記上四之一曰「立心止住名爲結耳。」荊楚歲時記曰「四月十五日天下僧尼就禪剎掛搭謂之結夏」見安居條。

【結病】（譬喩）結者煩惱之異名。譬煩惱爲身之病也。智度論二十二曰「僧是我斷諸結病中一因緣。」

【結座】（術語）謂禪師上堂說法、其終拈提古則、或舉偈語而結一會也。見象器箋十一。

【結跏】（雜語）見次項。

【結跏趺坐】（術語）佛陀之坐法也。結加趺於左右髀上而坐也。（跏字添足者所謂蛇足也）趺者足背也、交結左右足背而置於左右髀上、謂之全跏坐、卽結跏趺坐也。置左右之一足於左右之一髀、名爲半跏坐。全跏坐有吉祥降魔之二、先以右足押左股、次以左足押右股、手亦上左、謂之降魔坐、反之謂之吉祥坐。釋尊於菩提樹下成正覺時之身爲吉祥坐、而手作降魔印。慧琳音義八曰「結跏趺坐、略有二種。一曰吉祥、二曰降魔。凡坐皆先以右趾押左股、後以左趾押右股、此卽左押右、手亦左在上、名曰降魔坐。諸禪宗多傳此坐。依持明藏敎瑜伽法門、卽傳吉祥爲上、降魔坐有時而用。其吉祥坐、先以左趾押右股、後以右趾押左股、令二足掌仰於二股之上、手亦右押左、安仰跏趺之上。名爲吉祥坐。如來昔在菩提樹下成正覺時、身安吉祥之坐、手作降魔之印、故如來常安此坐轉妙法輪」輔行二之一曰「結跏者、先左後右、與兩髀齊」玄贊二曰「坐有二相、一降伏坐、以左押右、二吉祥坐、以右押左。今將說法作吉祥坐。加者重也、卽交重足坐。有爲跏者不知所從」密家一義以上之吉祥坐名蓮華坐、以半跏坐爲吉祥坐。大日經不思議疏下曰「結跏坐者、凡坐法聖善之寺三藏和上邊面受、左足先著右髀上、右足次著左髀上、名爲蓮華坐。單足著左髀上、名爲吉祥坐也。別此坐者、非聖坐也。若欲求菩提、學佛坐爲得」同次文曰「住蓮華坐者、結跏坐是、所謂先左脚著右髀上、後右脚著左髀上也。吉祥坐者、右脚著左髀上、亦言半跏坐也」蓋不思議疏之蓮華坐、卽慧琳之所謂吉祥坐、不思議疏之所謂吉祥坐、卽半跏坐也。

【結跏趺坐因由】（雜語）智度論七曰、「諸坐法中結跏趺坐最安穩不疲極此是坐禪人坐法。（中畧）此是禪坐取道法坐。魔王見之其心憂怖。（中畧）見畫跏趺坐魔王亦愁怖何況入道人安坐不傾動。」嘉祥法華義疏二曰、「結跏趺坐是諸佛常坐之法作此坐者身端而心正也。」行事鈔下之三曰、「薩婆多云加趺坐者將正心故。」秘藏記鈔四曰、「結跏趺坐其形方形也方形主不動轉德故入道時殊用此坐法也。」

【結衆】（術語）多人相倚、結成一羣之衆而共業事者。

【結集】（術語）Saṃgīti佛滅後、諸弟子相會、為防止異見邪說、誦佛陀之說法、舉各自所聞確實者、結合集成之、為大小乘經典。但經論所傳不同、以下順次大別而記之。第一為小乘經之結集。第二為大乘經之結集。第三為秘密經之結集。第一小乘經之結集有四期。第一王舍城之結集、第二毘舍離城之結集、第三波吒利弗城之結集、第四迦濕彌羅城之結集是也。

小乘
- 王舍城（窟外／窟內）　佛滅年
- 毘舍離城——一百年
- 波吒利弗城——二百年
- 迦濕彌羅城——（四百年／五百年）

大乘——鐵圍山或耆闍堀山

秘密——不言年處

因太炎文錄初編別錄三曰、「佛未涅槃以前經典已有結集。如阿毘達磨法蘊足論為目乾連所造、而引大因緣經及敎誨頗勒窶那經。（卷十一）即小乘初次結集、亦非止阿難集經優波離集律迦葉集論而已。西域記九云諸學無學數百千人不預大迦葉結集之衆更相謂曰、如來在世同一師學法王寂滅、簡異我曹欲報佛恩當集法藏。於是凡聖咸會賢智畢萃復集素呾纜藏毘奈耶藏阿毘達磨藏雜集藏禁咒藏、別為五藏。凡聖同會因而謂之大衆部。是則阿含以外大衆部又有所集可知。（此大衆部乃佛弟子、非佛滅百年大天破敎以後之大衆部也。）」

【王舍城結集】（故事）佛滅之年、五百大阿羅漢等相會於摩揭陀國王舍城外、畢波羅窟Pippala或七葉窟Saptaparṇi而安居。此時阿難誦經藏、阿那律誦律藏、期於世尊之遺法不生違見。此即第一結集。又云五百結集。此結集後世傳說甚多。或言有窟內窟外之二派、有上座大衆之異見。遂由此傳說之無根據、生否定此結集事實之學者。但無論其內容如何、而結集之史實無存疑之餘地也。

【王舍城結集窟內窟外不分】（故事）小乘經典第一期之結集、有分窟內窟外二部者、亦有不分者。不分之說、如阿育王傳四曰、「迦葉與五百羅漢同至畢波羅窟、先使阿難結集修多羅藏、次使優波離結集毘尼藏、後迦葉自結集摩得勒伽藏。」(取意)十誦律六十曰、「大迦葉與五百比丘共安居王舍城外精舍、先使優波離結集毘尼藏、次使阿難結集修妬路藏與阿毘曇藏。」(取意)四分律五十四曰、「初大迦葉與五百大比丘至王舍城、優波離先結集毘尼藏、次阿難結集修多羅藏與阿毘曇藏、既結集三藏後、長老富羅那率五百比丘來、迦葉更對此比丘等如上結集三藏。」(取意)智度論二曰、「大迦葉欲結集三藏、至王舍城闍崛山中告阿闍世王賜我等食、日日送付、今我等爲結集經藏、不作他行、三月安居於此。先十五日說戒時集大衆、迦葉入禪定、以天眼觀之、一千人中、獨阿難一人未盡餘垢。迦葉自禪定起、攝阿難手從衆中出、言今清淨衆中欲結集經藏、汝餘垢未盡、不可住此、阿難深慚耻悔責、其夜中盡餘垢爲阿羅漢、直入加於千數。於是使阿難先結集修妬路法藏、次使優波利結集毘尼藏、後復使阿難結集阿毘曇藏。」(取意)毘尼母經三曰、「大迦葉先於王舍城耆闍掘山竹林精舍中集五百比丘、使阿難結集第一毘尼藏第二修妬路藏、第三阿毘曇藏之三藏、後富蘭那偕比丘五百人來加之。」(取意)已上皆記三藏之結集、比丘之數與結集者小有異。僧祇律三十二曰、「與一千大比丘同至王舍城剎帝山窟、敷置牀褥、莊嚴世尊座、世尊座左面、敷舍利弗座、其右面敷目犍連座、次敷大迦葉座、如此次第敷五百座、辦四月供養、爲結集法藏、悉斷外緣。爾時一千人中選取五百、使阿難先結集四阿含及雜藏、次使優波離結集毘尼藏。」(取意)五分律三十曰、「大迦葉與五百比丘至王舍城使優波離先結集毘尼藏、次使阿難結集修多羅藏。」(取意)善見律一曰、「阿闍世王爲結集者於先底槃那波羅山邊禪室門邊造講座、大迦葉得五百比丘來此、先使優波離結集毘尼藏、次使阿難結集法藏。」(取意)已上僧祇律與善見律皆不言第三阿毘達磨藏之結集。增一阿含經序品曰、「大迦葉集八萬四千衆、使阿難結集第一契經藏、第二律藏、第三阿毘曇藏、第四雜藏。(此中有方等大乘)彌勒菩薩在座稱善哉。」(取意)撰集三藏傳曰、「於摩竭陀僧伽尸城北、迦葉聚八萬聖者、使阿難結集四藏、一經藏、二律藏、三法藏、四雜藏。」(取意)已上增一阿含經與撰集三藏傳所說皆同、大衆部之義也。故雖不自言窟外、而爲窟外之結集無論矣。(義林章二本、決撰集三藏傳爲大衆部之義、唯識同學鈔三之五、決今增一阿含經爲大衆部之經。)

【王舍城結集窟內窟外區分】（故事）結集分窟內窟外之二部、上座部家之所傳也。文殊問經下曰、「佛告文殊師利。初二部者。一摩訶僧祇。（此言大衆。老少同會、共集律部也。）二體毘履。（此言老宿。淳老宿人同會、共出律部也。）」法藏經曰、「五百羅漢集王舍城。迦葉問云、先結集何藏。卽共和云、先結毘尼藏、毘尼藏者、佛法之壽命也。乃使憂波離一夏中八十度誦。次使阿難誦五阿含經、次誦阿毘曇。時有一萬羅漢後來。婆修婆斯爲上首。皆住界外各誦三藏。眞諦部執論疏二曰、「於王舍城七葉巖夏四月十五日、大迦葉集五百羅漢、先使阿難頌五阿含爲經藏、次使富婁那誦阿毘曇名對法藏、次使優波離誦毘奈耶名律藏。時有無量比丘來欲聽法。迦葉不許、使住界外、各自如法誦出三藏。婆師婆比丘爲上首。其數多、故時號皆多衆。界內衆、迦葉爲上首。世尊自指迦葉爲上座、佛滅後亦爲弟子之依、故號上座。其年十二月阿闍世王死、迦葉亦入猨跡山、大衆便散。」（取意）西域記九曰、「出王舍城北門行一里餘、至迦蘭陀竹園。自竹園西南行五六里、南山之陰有大石室、阿闍世王爲結集者於此建堂宇。大迦葉欲結集法藏、登蘇迷盧山、擊大犍稚、集聖者、得一千人、於此始結集。時安居初之十五日也。阿難結集素怛纜藏、優波釐結集毘奈耶藏、迦葉自結集阿毘達磨藏。雨安居間三月、盡結集三藏訖。大迦葉爲僧中一切上座、謂之上座部結集。其西北隔二十餘里、有大衆部結集處。諸學無學數百千人、不預大迦葉結集之衆者、來此結集法藏。別集素呾纜藏、毘奈耶藏、阿毘達磨藏、雜集藏、禁咒藏、爲五藏。凡聖同會、故云大衆部。」（取意）宗輪論述記曰、「佛初入滅。七葉巖中二部結集。（中略）皆由未生怨王爲大檀越種種供養。恐界內界外人多。難可和合。所以兩處弘宣。」慈恩寺傳三所記同此。但窟內結集之集文云、「經兩三月安居中集三藏訖、書之貝葉、方遍流通。」

【毘舍離城結集】（故事）是小乘三藏中毘那耶藏之結集也。佛滅後一百年、於毘舍離國有十個非法起。長老耶舍（陀）比丘、於毘舍離城波利迦園召集七百聖衆、斷十箇非法、洗淨律藏云。四分律五十四、十誦律六十、五分律三十、僧祇律三十三、毘尼母經四、善見律一、西域記七之諸書所記同。西域記七曰、「吠舍釐城東南十四五里有大窣堵波、是七百賢聖重結集處。佛涅槃後百十年、吠舍釐城諸苾芻遠離佛法、謬行戒行。時長老耶舍（陀）召集七百賢聖於吠舍釐城、依毘奈耶制止謬法、宣明聖教。」（取意）善見律一曰、「世尊涅槃已一百歲時、毘舍離跋闍子比丘。毘舍離中十非法起。（中略）長老耶斯那比丘發起此事。於跋闍子比丘眾中。長老離婆多問薩婆迦。薩婆迦比丘答。律藏中斷十非法及消滅淨法。(中略)於毘舍離婆利迦園中眾已聚集。如迦葉初集法藏無異。一切佛法中垢洗除已。」世謂之七百結集、又云第二結集。其爭論之原因十非事、見十事非法條。

【波吒利弗城結集】(故事)阿育王 Dharmāśoka 即位十七年、即佛滅二百三十五年、目犍連帝須爲上座、會一千比丘、於波吒利弗城誦出法藏。帝須更自作論事 Kathāvatthuppakaraṇa 一千章、駁擊異議邪說。蓋此結集開會之動機、以阿育王篤信佛法、外道之徒、窮於衣食、作佛教比丘形、混於佛徒中、大混濁佛教教義、爲陶汰正邪而開也。善見律二曰「阿育王。四年中殺諸兄弟。唯置同母弟一人。過四年已。然後阿育王。自拜爲王。從此佛涅槃已二百一十八年。後阿育王即統領閻浮利地。(中略)王白諸大德。願大德布薩說戒。王遣人防衛眾僧。王還入城。王去之後。眾僧即集眾六萬比丘。於集眾中。目犍連子帝須爲上座。能破外道邪見徒眾。眾中選擇知三藏得三達智者一千比丘。如昔第一迦葉集眾。亦如第二須那拘集眾。出毘尼藏無異。一切佛法中清淨無垢。第三集法藏。九月日竟。大地六種震動。所以一比丘說。名爲第三集也。」然有此結集之記事者、惟爲南傳、北傳則無之、故以此爲虛構之作說而排之者多。雖然、此獨斷之甚者、北方所傳、未可云全然無之、眞諦之部執論疏、三論玄義冠註、髣髴有其痕跡。其他三論玄義之摩揭陀優婆塞、與宗輪論述記一之好雲王爲同人、兩書記事合致。而好雲王與阿育王其原語皆爲 Devānampiya、尤可推知。故不可斷爲北傳所無也。案此結集爲分派後錫蘭上座部間所起之事件、故他部派、不知其事、即知之亦風馬牛視之、所以惟記於與錫蘭上座部有關係之書、而其他無之乎。其歷史的事實、無可疑之餘地、故稱第三結集。

【迦濕彌羅城結集】(故事)小乘經典第四期之結集、爲說一切有部所傳。有兩說。一佛滅後四百年、集五百羅漢與五百菩薩、迦旃延羅漢爲上座、馬鳴菩薩爲筆者、造阿毘達磨之毘婆沙一百萬偈。一佛滅後四百年、當健陀羅國迦膩色迦王時集五百羅漢、世友菩薩爲上首、造鄔波第鑠論十萬頌、以釋經藏、造毘那耶及阿毘達磨之毘婆沙論各十萬頌、以釋律藏及論藏。總爲三十萬頌。(其中漢譯者但阿毘達磨之毘婆沙論二百卷)而其會所、兩說皆迦濕彌羅城、即罽賓城也。婆藪槃豆法師傳曰、「佛滅度後五百年中。有阿羅漢名迦旃延子。母姓迦旃延。從母爲名。先於薩婆多部出家。本是天竺人。後往罽賓國。罽賓在天竺之西北。與五百阿羅漢及五百菩薩。共撰集薩婆多部阿毘達磨。製爲八迦蘭陀。(中略)馬鳴菩薩。是舍衛國婆枳多土人。通八分毘伽羅論及四波陀六論。解十八部三藏。文宗學府。允儀所歸。迦旃延子遣人往舍衛國。請馬鳴爲表文句。馬鳴既至罽賓。(中略)義意若定。馬鳴隨即著文。經十二年。造毘婆沙方竟。凡百萬偈。(中略)迦旃延子。即刻石立表云。今去學此諸人。不得出罽賓國。(中略)恐餘部及大乘汚壞此正法。以立制事白王。王亦同此意。罽賓國四周有山如城。唯有一門出入。諸聖人以願力攝諸夜叉神。令守門。若欲學此法者。能來罽賓則不遮礙。」西域記三曰「健馱邏國迦膩色迦王。以如來涅槃後四百年出王。夙崇信佛法。日請一僧說法。人人異說。王召脇尊者問之。尊者云。如來去世。歲月逾矣。各異部執。所說矛盾。王聞之。感傷於迦濕彌羅國建立伽藍。施與之。使隨部執具釋三藏。脇尊者召集五百比丘。世友菩薩爲上首。釋三藏各十萬頌。合三十萬頌。九百六十萬言。迦膩色迦王遂以赤銅爲鍱。鏤寫論文。緘封於石函。立窣堵波藏之其中。命藥叉神周衛。其國不使異學持出此論。」(取意)

【大乘結集】(傳說)　有數說。菩薩處胎經。佛滅後七日。大迦葉招集五百阿羅漢。令彼請十方佛世界諸阿羅漢。於閻浮提娑羅雙樹間。得八億四千阿羅漢衆。使阿難先分類菩薩藏。聲聞藏。戒律藏之三部。於其菩薩藏結集八藏。云菩薩處胎經出經品曰「爾時佛取滅度已。經七日七夜。時大迦葉告五百阿羅漢打揵稚集衆。(中略)集諸羅漢得八億八千衆。來集到忍界。聽受法言。(中略)使阿難昇七寶高座。迦葉告阿難言。佛所說法。一言一字。汝慎勿使有缺漏。菩薩藏者集著一處。聲聞藏者亦集著一處。戒律藏者亦集著一處。(中略)最初出經。胎化藏爲第一。中陰藏第二。摩訶衍方等第三。戒律藏第四。十住菩薩藏第五。雜藏第六。金剛藏第七。佛藏第八。是爲釋迦文佛經法具足矣。」次依智度論。則文殊彌勒等大菩薩。將阿難於鐵圍山結集大乘三藏。謂之菩薩藏。或言小乘三藏於耆闍崛山。(智度論之說)結集之。智度論百曰「有人言。如摩訶迦葉。將諸比丘在耆闍崛中集三藏。佛滅度後。文殊師利彌勒諸大菩薩。亦將阿難集是摩訶衍。」

【秘密結集】(傳說)　或謂金胎兩部之大經。盡爲阿難結集。或謂金剛手菩薩爲正。阿難爲伴。或謂兩部雜部。皆爲金剛手菩薩受持結集。後兩說據六波羅蜜經。所謂金剛手受持陀羅尼門之說也。六波羅蜜經一曰「慈氏。云何名爲第三法寶。所謂過去無量殑伽沙等諸佛世尊所說正法。我今亦當作如是說。所謂八萬四千諸妙法蘊。(中略)攝爲五分。一素呾纜。二毘奈耶。三阿毘達磨。四般若波羅蜜多。五陀羅尼門。此五種藏教教化有情。隨所應度而為說之。(中略)復次慈氏。我滅度後。令阿難陀受持所說素呾纜藏。其鄔波離受持所說毘奈耶藏。迦多衍那受持所說阿毘達磨藏。曼殊室利菩薩受持所說大乘般若波羅蜜多。其金剛手菩薩受持所說甚深微妙諸總持門。」又見義林章二本。法苑珠林十二教時諍等。

【結集法】(雜語)聚衆多比丘。依戒律之法組織一會。會中選一人使登高座。發問。問之聞其答。更問會衆。無一人異議。則定為如法之佛說。此謂之結集法。

【結賊】(術語)結者繫縛之義。煩惱之異名。煩惱害知慧。故以賊為譬。金光明經一曰「六入村落結賊所止。」同文句記五曰「能害慧命。故云結賊。」

【結解】(術語)如言縛脫。為煩惱所縛而不自在。故云結。悟理而脫結縛。謂之解。楞嚴經五曰。「結縛同所因。聖凡無二路。」

【結經】(術語)對於開經而言。謂說本經後。以此為結攝而演之經。如法華之結經為觀普賢經是也。

【結業】(術語)惑謂之結。由惑而起之善惡所作。謂之業。寶積經百二十二曰「百千萬劫。久習結業。以一實觀即皆消滅。」行事鈔上四曰。「結業自纏。永流苦海。」

【結嘆】(術語)用於經釋科文之語。結上意而讚嘆也。

【結漏】(術語)結與漏。皆煩惱之異名。煩惱繫縛心身。故云結。煩惱從眼耳等六根日夜漏泄。故云漏。見煩惱條。撰集三藏傳曰「阿難爾時坐一樹下。滅結漏盡。」

【結線】(術語)密教修調伏法之六字經法時。為結縛怨敵或惡病而行之咒術。

【結縛】(術語)煩惱之異名。繫縛心身。不使解脫出離之義。維摩經佛國品曰。「稽首能斷衆結縛。」無量壽經下曰。「煩惱結縛。無有解已。」

【結緣】(術語)於佛法結緣。創未來得度之緣也。止觀六上曰。「和光同塵結緣之始。」文句二下曰。「現世雖見佛聞法無四悉檀益。但作未來得度因緣。此名結緣衆。」」文句記二下曰。「結謂結構。立機之始。緣即緣助。能成其終。則成未來修得三德之先萌也。」往生要集下末曰。「當知生謗亦是結緣。我若得道。願引攝彼。彼若得道。願引攝我。」

【大通結緣】(術語)過去三千塵點劫昔有大通智勝佛。說法華經。爾時有十六王子。於佛入定後八萬四千劫間。覆講法華經。今日逢釋迦出世。聞法華經之一切聲聞衆。其時已聞王子之說法而發心結未來得度之緣者。是法華三周說法中因緣周之說法也。見法華經化城喻品。

【結緣衆】(術語)四衆之一。雖由宿

因淺未能得現益、而爲未來得道之因緣、到如來之法座、而見佛聞法者。見四衆條。

【結緣經】（雜名）各爲結緣會集書寫經文也。此雖通於諸經、而多就法華言、是取大通結緣之義也。

【結緣八講】（行事）見八講條。

【結緣灌頂】（術語）謂一般俗人入灌頂壇、投華於諸尊而結緣也。當投華時、使以尊像爲與我有宿緣之尊體而念之。結緣之名基於此。因名投華三摩耶。是二種灌頂之一。見灌頂條。

【結緣諷經】（雜名）見諷經條。

【結講】（雜語）講會之結末、即講會之最終日也。

【結願】（雜語）法會之末日也。

【結願作法】（修法）密宗於結緣作法行補闕啓白也。其文曰、「自開闢之始。至於結願之今。致隨分精誠。雖勤修。具縛凡夫分段依身故。行法之間雖制餘念。然者經三業亘六根所犯有誤事。仍誦秘密神咒唱諸尊名號。懺所犯充補闕。」次唱眞言佛名畢、又云、「依念秘密眞言唱諸寶號。成如法如說功德了。」見考信錄四。

【結護】（術語）謂眞言行者、結印契誦眞言守護所修之法也、又護身結界、以辟除惡魔也。念誦結護法普通諸部曰、「凡欲念誦。先須護身結界澄想。」蘇悉地羯羅經供養品曰、「若作諸法。遂乃忘作護持法。則令使魔興。欲除魔故。速應誦持當部明王眞言。將護自身。一切魔障不得其便。如上備作護身結界及餘法已。然後攝心安詳念誦。」又要略念誦經說七種之秘密結護法、皆以不動威怒法通用於一切處。

【絕大】（術語）大之至極、言更無比此大者。止觀三曰、「絕大不可思議。」

【絕言嘆】（術語）正述讚嘆之辭爲寄言嘆、不能以言辭讚歎而述止讚辭之旨、謂之絕言嘆。法華經方便品佛以此二觀觀如來之權實二智。文句三曰、「一寄言嘆二絕言嘆二智。」

【絕待】（術語）待者待對也、對於相對而言。止觀三曰、「無可待對。獨一法界。故名絕待止觀。」

【絕待妙】（術語）見相待妙條。

【絕食】（術語）見斷食條。

【絕學】（術語）傳心法要上曰、「古人心利、纔聞一言、便乃絕學。所以喚作絕學無爲閒道人也。」

【絕對】（術語）獨一之法、他不能對比者、是曰絕對、對於相對而言。敎行信證二曰、「按本願一乘海圓融滿足極速無礙絕對不二之敎也。」又曰、「金剛信心絕對不二之機也。」

【絞飾】（雜語）觀無量壽佛經中之

校飾。據慧琳音義作絞飾。絞交效反。謂繪黑黃間色也。禮玉藻註。絞蒼黃之色也。說文從系交聲。飾裝飾也。

【給孤】（人名）佛在世長者之名。梵語本名蘇達多。譯曰善施。梵語別號阿那陀擯荼陀。譯曰給孤獨。略名給孤。建祇洹精舍之人。西域記六曰「善施長者仁而聰敏。積而能散。拯乏濟貧。哀孤恤老。時美其德。號給孤獨焉」玄應音義三曰「阿那他。此云無親。舊人義譯爲孤獨。賓茶䭾寫耶。此云團與。舊人義譯爲給。猶是須達多之別名。修達多。此云善與。故得給孤獨名也」

【給孤獨園】（地名）給孤獨長者買得祇陀太子之園林。施與僧衆。故名給孤獨園。見祇園條。

【給孤獨長者】（人名）中印度憍薩羅國舍衛城之豪商。性慈善。好施孤獨。故得此名。在王舍城聽釋迦說法。深歸依之。請至其國。購太子祇多之園林。以贈釋迦。使之說法。由是佛教大行於其地。參照給孤條。

【給孤獨長者女得度因緣經】（經名）佛說給孤獨長者女得度因緣經。一卷。宋施護譯。說長者女須摩提。嫁於滿財長者子。令其家供養佛僧。同悟道者。出於增一阿含經須陀品第三十。

【給園長者】（人名）給孤獨長者也。

【絡子】（物名）與掛絡同。

【絡多未知】（雜語）譯曰赤泥伽藍名。西域記十曰「絡多未知僧伽藍 Rakta-mrttikāsanghārāma, (Raktaviti) 唐言赤泥」

【絍婆】（植物）Nimba 又作任婆。賃婆樹名。玄應音義二曰「絍婆。古文任同。如林。如深二切。樹名也。葉若可煮爲飲。治頭痛也。如此間苦楝樹也」同二十四曰「賃婆果。女鴆反。形如此苦楝樹也」俱舍頌疏業品六曰「從賃婆種賃婆果生。其果大小如苦楝子。其味極苦」

【絍婆蟲】（動物）食絍婆樹之蟲也。涅槃經三十二曰「無智人樂生死。如絍婆蟲樂絍婆樹」作維婆蟲者誤。

【訶】（術語）𑖮𑖾 Hah 降三世尊之種子也。見降三世條。又𑖮 Ha 悉曇五十字門之一。配之六大。以表風大。字記曰「訶字許下反。音近許可反。一本音賀」大日經曰「賀字門。一切法因不可得故」文殊問經曰。「稱賀字時。是害煩惱離欲聲」華嚴經曰。「唱訶婆字時。入般若波羅蜜門。名觀察一切無緣衆生方便攝受令出生無礙力」上中因不可得。由 Hetu（因）釋之。害煩惱離欲。由 Hata（害）釋之。

【訶尼】（雜語）探玄記四曰「訶尼。此或云捨義。或云生滅。以本語難定也」

【訶字】（術語）𑖮 Ha 梵之訶字爲

五大中風大之種子。大日經疏一曰、「訶字門爲風。」見訶條。

【訶宅迦】（飲食）靈藥名。見呵吒迦條。

【訶利】（動物）Hari又作呵梨、㗌里。譯曰獅子。孔雀王咒經上曰「訶利、梁云獅子。」寶窟上本曰「外國云呵梨。此云獅子。」

【訶利底】（天名）Hāritī 又作哥利底、呵利帝、訶利帝、訶哩帝、呵利陀。鬼母名。譯曰歡喜。暴惡。青色。黃色等。毘奈耶雜事三十一曰、「月滿生女容貌端嚴見者愛樂。其女生時諸藥叉衆咸皆歡喜。諸親立字名曰歡喜。」同卷曰「此既取我男女充食則是惡賊藥叉何名歡喜。因此諸人皆喚爲訶利帝藥叉女。」希麟音義六曰、「呵利帝。此云歡喜天母也。」孔雀經音義曰、「訶利底。唐云愛子母也。」准胝陀羅尼經曰、「呵利底菩薩」密教秘記曰、「翻梵語云呵利陀鬼子母。呵利陀、此云黃色。信行梵語集云。訶利帝、此云青色。梵漢相對鈔云。訶利底、此云青衣。古譯云功德天。」寄歸傳解纜鈔一曰、「呵利底。此云暴惡。」

【訶利帝母】（天名）即鬼子母神也。毘奈耶雜事三十一曰、「往昔王舍城中有獨覺佛出世、爲設大會、有五百人各飾身共詣芳園、途中遇懷姙牧牛女持酪漿來、勸同赴園。女喜之舞蹈、遂墮胎兒。諸人等捨之赴園內、女獨止而懊惱、便以酪漿買五百菴沒羅果、見獨覺佛來女傍、頂禮而供養之、發一惡願曰、我欲來世、生王舍城中盡食人子。由此惡願、捨彼身後、生爲王舍城娑多藥叉長女、與健陀羅國半叉羅藥叉長子半支迦藥叉婚、生五百兒、恃其豪强日日食王舍城男女。佛以方便隱鬼女一子。鬼女悲歎求之、知在佛邊。佛曰、汝有五百子、尙憐一子、況餘人但有一二耶、乃敎化之授五戒、爲鄔波斯迦。鬼女曰、今後無兒可食者。佛曰、勿憂、於我聲聞弟子每食次呼汝及兒名、皆使飽食。汝於我法中勤心擁護伽藍及僧尼。鬼女及兒皆歡喜。」寄歸傳一曰、「西方諸寺每於門屋處。或在食廚邊。塑畫母形抱一兒子。於其膝下。或五或三。以表其像。每日於前。盛陳供食。其母即是四天王衆大豐勢力。其有疾病無兒息者。饗食薦之。咸皆遂願。」

【訶利帝母畫像】（圖像）大藥叉女歡喜母並愛子成就法曰、「先於白氎上或素絹上。隨其大小。畫我歡喜母。作天女形。極令殊麗。身白紅色。天繒寶衣。頭冠耳璫。白螺爲釧。種種瓔珞。莊嚴其身。坐寶宣臺。垂下右足。於宣臺兩邊。傍膝各畫二孩子。其母左手於懷中抱一孩子。名畢哩孕迦。（梵Priṅika）極令端正。右手近乳。掌吉祥果。於其左右。並畫侍女眷屬。或執白拂。或莊嚴具。」

【訶利帝母法】（修法）密敎以訶利

帝母爲本尊欲祈出產而修之秘法、與鬼子母神之修法同。大藥叉女歡喜母並愛子成就法一卷、訶利帝母眞言經一卷。冰揭羅天童子經一卷、共詳說其修法。

【訶利帝母供】（修法）供養訶利帝母之法會。產時修之。見密門雜抄。

【訶利帝母經】（經名）大藥叉女歡喜母並愛子成就法之異名。

【訶利帝母眞言經】（經名）一卷、唐不空譯。說鬼子母之修法。

【訶利帝母眞言法】（經名）訶利帝母眞言經之異名。

【訶利枳舍】（異類）又作嚩里離舍。夜叉名。譯曰獅子髮。見孔雀王咒經上。Ha-rikesa

【訶佛罵祖】（雜說）公案名。五燈會元曰「德山宣鑒禪師抵潙山。山至晚問首座。今日新到在否。座曰。當時背卻法堂。著草鞋出去也。山曰、此子已後向孤峯頂上盤結草菴。訶佛罵祖去在。」

【訶梨勒】（植物）Haritaki 又作訶利勒、呵利勒、呵梨勒、訶梨怛鷄、呵梨得枳、賀唎怛緊、訶羅勒等。果名。譯曰天主將來。五藥之一。又曰訶子。毘奈耶雜事一曰、「餘甘子。訶梨勒。毘醯勒。畢鉢梨。胡椒。此之五藥。有病無病。時與非時。隨意皆食。」善見律十七曰、「訶羅勒大如棗大。其味酢苦。服便利。」玄應音義二十四曰、「訶梨怛鷄。舊言訶利勒。翻爲天主將來。此果堪爲藥分。功用極多。如此土人參石斛等。無所不入也。」百一羯磨八曰、「呵梨得枳。舊云呵梨勒。訛。」梵語雜名曰「賀唎怛繫」資持記下二之一曰「呵梨勒。今時所謂呵子是也。」本草曰、「訶梨勒樹似木梡。花白子似梔子。主消痰下氣。來自海南舶上。廣州亦有之。」唐音癸籤云「包佶訶梨勒葉詩。茗飲暫調氣。梧丸喜伐邪。是葉亦能下氣。其功勝茗。今醫家俱用其子。不聞用葉者。應是本草失收耳。」

【訶梨怛鷄】（植物）果名。見訶梨勒條。

【訶梨跋摩】（人名）Harivarman 三藏名。譯曰獅子鎧。獅子鉀。成實宗之祖。生於中印度婆羅門家、初學數論外道。後就薩婆多部鳩摩羅陀聞發智論。更轉赴大衆部、又研究大乘。作成實論。出世年代或謂係佛滅九百年、不確。其成實論支那翻譯爲西紀四百十二年也。出三藏記十一曰、「訶利跋摩者。宋稱獅子鎧。佛泥洹後九百年出在中天竺婆羅門子也。」三論玄義曰「成實論者。佛滅度後九百年內。有訶利跋摩。此言獅子鎧之所造也。其人本是薩婆多部鳩摩羅陀弟子。慨其所釋近在名相。遂徙轍僧祇。大小兼學。鑽仰九經。澄汰五部。再卷邪霧。重舒慧日。於是道振罽賓。聲流赤縣。」

【訶悉多】(雜名)Hasta 譯曰手。見百一羯磨九。

【訶利底南】(天名)同訶利底母。涼譯之金光明經三曰、「訶利底南鬼子母等及五百神。」名義集二曰、「訶利底南此標梵語鬼子母等此顯涼言。名雖有二人祗是一。」見訶利底條。

【訶利鷄羅】(地名)Harikela 謂緬甸阿羅徤 Arakan 地方。求法高僧傳下有曰「從師子洲東北泛舶一月到訶利鷄羅國。此國是東天東界。卽贍部洲地漸之東印度。」因是又可知義淨以贍部洲爲印度之總稱也。

【訶陵】(地名)又作波陵。在爪哇島。寄歸傳一所謂南海諸洲十餘國之一。唐麟德年中會寧律師嘗遊此。與若那跋陀羅共譯出大般涅槃經後分二卷。

【訶嚩】(術語)Hva 悉曇四十二字門之一。又作火。大品經四念處品云「火字門入諸法喚不可得故。」不空譯華嚴經入法界品四十二字觀門云「稱訶嚩字時。觀察一切衆生入堪住力。徧生海藏般若波羅蜜門。悟一切法可呼召性不可得故。」舊華嚴經五十七曰、「唱訶婆字時。入般若波羅蜜門。名觀察一切無緣衆生方便攝受令生海藏。」蓋梵語訶嚩 hva 爲呼召之義。依深秘釋解爲可呼召性不可得也。

【訶羅訶羅】(物名)Halahala 毒藥名。

【評唱】(術語)品評提倡古人之說也。碧巖錄題下曰「評唱雪竇顯和尙頌古語要。」

【註華嚴法界觀門】(書名)一卷。唐宗密撰。華嚴法界觀門之註釋書也。

【註維摩經】(書名)十卷。後秦僧肇就羅什譯之維摩經合輯羅什道生及自己之三註者。

【註論】(書名)往生論註之異名。

【詐習因】(術語)見因條附錄十因十果項。

【詐現異相】(術語)見五邪命條。

【酤酒戒】(術語)顯教十重戒之一。誡以無明毒藥之酒與人使人惛迷也。

【軻地羅】(植物)Khadira 又作珂地羅、朅地羅、軻梨羅、朅達羅、佉陀羅、朅地洛迦、佉達羅、朅達洛迦、佉提迦等。木名。譯曰山木、苦楝木、空破、紫橿木、毒樹刺等。慧琳音義二十五曰、「朅地羅。舊言佉陀羅。木名也。」玄應音義二十一曰、「擔山木。梵言朅達羅。舊言佉陀羅。南地多饒此木。」陀羅尼集經二曰、「佉陀羅木。唐云紫蘗木也。」同十曰、「刦地羅木。此云紫橿木。」慧琳音義十五曰、「佉達羅。毒樹刺名。如此方皂莢之類。」俱舍光記十一曰、「朅地洛迦。印度樹名。此方南邊亦有此樹。稱為擔木山。上寶樹。其形似彼從樹為名。舊云佉陀羅木。訛也。」玄應音義二十四曰、「朅地洛迦。此云擔山木。」瑜伽畧纂一曰、「七金山之第五也。朅達洛迦。此云擔木。諸阿修羅以此木擔須彌山。山有擔木。故以為名。」起世經一曰、「須彌下其次有山名佉提羅迦。高四萬二千由旬。」

【軻地羅山】（地名）又作佉陀羅山等。七金山之第五。玄應音義一曰、「軻梨應云軻地羅。此譯曰軻空也。地羅。破也。名空破山也。」慧苑音義下曰、「佉陀羅。應曰軻梨羅。此卽木名。謂此方苦楝木也。由彼山中多有此木。故立其名。」

【軻梨】（地名）Khadiraka 山名。玄應音義一曰、「軻梨。應云軻地羅。此譯云。軻者空也。地羅者破也。名空破山也。」

【貼相】（術語）無田相之袈裟。云縵衣。為令縵衣作田相。於衣上貼附條數。是同貼相。釋氏要覽上曰、「十誦律云。比丘居山野。許著縵條衣。不許著入聚落。應於衣上貼作田相。又云。比丘貧少衣。不能割截。應於衣上安貼。若五七九條。若過十條等。」

【貼菜】（雜名）禪林於常住所調之菜外。別自貼附而表供養之意者。謂之貼菜。俗稱添菜。

【貼嚫】（術語）嚫者梵語 Dakṣiṇā。施物也。於修法會等有特勞者。加增其施物。是曰貼嚫。海篇類編曰、「貼天叶切。音帖。裨也。依附也。又粘置也。」

【跋】（術語）𑖢 Pa 又作波。簸。悉曇五十字門之一。體文喉聲之第一。金剛頂經曰、「跋字門一切法第一義諦不可得故。」文殊問經曰、「稱跋字時。是勝義聲。」智度論曰、「若聞波字。卽時知一切法入第一義諦中。波羅末陀(Paramārtha)秦言第一義諦。」

【跋日羅菩提】（人名）Vajrabodhi 又作縛日羅冒地。三藏法師名。譯曰金剛智。見開元錄九。宋僧傳一。

【跋折羅】（物名）一作筏折羅。亦作抜折羅。Vajra 金剛也。見嚩曰羅條。

【跋折羅吒訶沙】（菩薩）譯曰大笑金剛。陀羅尼集經八曰、「跋折羅吒訶沙。身。唐云大笑金剛。」梵 Vajra-aṭṭahāsa

【跋折羅母瑟知】（印相）Vajramuṣṭi 譯曰金剛拳印。見陀羅尼集經四。

【跋伽仙】（人名）梵音 Bhārgava 又 Bhagava 又 Bhaga 佛二十九歲出家求道時。最初師事之仙人。苦行婆羅門也。

【跋伽婆】（人名）Bhārgava 仙人名。譯曰瓦師。佛出家。始到此仙人處。見佛本行集經二十。

【跋利訶羅】（異類）夜叉名。譯曰食藤。見孔雀王咒經上。

【跋利沙鍵拏】（流派）又作伐里沙鍵拏、縛利沙鍵拏。Vargagaṇa 雨衆外道之梵名。玄應音義二十三曰、「梵云縛利沙。亦云跋利沙。此云雨。外道名也。鍵拏、此云衆。謂雨等師徒之名。故名雨衆。」

【跋私弗多羅】（流派）Vatsī-putra 犢子部之梵名。見犢子部條。

【跋私弗多羅部】（流派）亦作婆蘇富羅部、婆蹉富多羅部。梵音 Vatsīputrīyāḥ 譯曰犢子部、可住子部。見犢子部條。

【跋陀羅】（雜名）Uttarabhādrapadā 星名。譯曰壁宿。見寶星陀羅尼經二。図（人名）Bhadrā 比丘尼名。自識宿命、遇佛成道。見跋陀羅比丘尼經、經律異相二十三。図 Guṇabhadra 求那跋陀羅之略。三藏法師名。図（羅漢）十六羅漢之一。図（異類）Bhadra 龍王名。譯曰賢龍。見正法念經十八。図（植物）Bhadra 樹名。譯曰賢樹。見慧苑音義上。

【跋陀和利】（人名）巴 Bhaddāli 比丘名。佛讚嘆一座食之法、跋陀和利不堪、固辭、夏三月竟、復來見世尊、佛種種呵之、爲說出要。見中阿含五十一跋陀和利經。

【跋陀耆婆】（地名）Bhadrajīva 城名。譯曰賢壽。見賢愚經二。

【跋陀婆羅】（菩薩）又作䟦陀、颰陀波羅、颰陀和颰陀和羅、跋陀羅波黎、跋陀羅波梨。賢護菩薩之梵名。法華文句二曰、「跋陀婆羅菩薩。此云善守。亦云賢守。思益經云。若衆生聞名者、畢定得三菩提。故名善守。」見賢護條。

【跋陀迦毘羅】（人名）Bhadrakapilā 比丘尼名。曾爲波斯匿王所逼、其心無染愛、脫詣祇洹。佛言心無愛染、則無罪。見十誦律二、經律異相二十三。

【跋陀羅室利】（人名）Bhadraśrī 又作跋捺羅室利、賢首菩薩之梵名。華嚴探玄記四曰、「跋陀羅、此云賢。室利、此云吉祥。或云德。或云勝。是故非初首之首。亦非上首之首。此等梵語皆有別名。故此但爲顯吉祥勝德超絕爲首。當體至順調柔曰賢。賢約體性。首約德用。是持業釋也。」

【跋陀羅婆提】（雜名）Bhadrapati 城門名。譯曰賢主。見本行集經三十五。

【跋陀羅耶尼】（流派）Bhadrayānīkāḥ 譯曰賢胄部。小乘十八部之一。見飾宗記一本。

【跋陀羅樓支】（人名）Bhadraruci 論師名。譯曰賢愛。摧大慢之婆羅門、使生陷於地獄。西域記十一曰、「西印度有苾芻跋陀羅樓支。唐言賢愛。妙極因明。深窮異論。」

【跋陀羅耶尼部】（流派）梵音 Bhadrayānīyāḥ 見賢胄部條。

【跋陀羅迦卑梨耶】（人名）Bhadrakapila 婆羅門女名。譯曰賢色黃女。見本行集經四十五。

【跋捺羅婆娜】（雜語）Bhādrapada 六月之梵名。見梵語雜名。

【跋陂】（菩薩）Bhadrapāla 又作颰陂陀。賢護菩薩之梵名。颰陀婆羅之略稱。

【跋陂菩薩經】（經名）一卷。失譯。般舟三昧經之異譯。般舟經由拔陂菩薩之請而說。拔陂爲跋陀婆羅之略稱。譯作賢護。

【跋怛攞】（物名）Vitāna 譯曰蓋。卽幡蓋之蓋也。見梵語雜名。

【跋南國】（地名）扶南國之異稱。寄歸傳一曰「跋南國。舊曰扶南。先是裸國人。多事天。後乃佛法盛流。惡王今幷除滅。迥無僧衆。外道雜居。斯乃贍部南隅。非海洲也。」

【跋梨迦】（人名）商主之名。譯曰金挺。見佛本行集經三十二。

【跋移阿修羅】（異類）見婆稚阿修羅條。

【跋渠】（雜語）Varga 譯曰部、品、經論中之篇章也。玄應音義十五曰「跋渠。此言訛也。正言伐伽。譯云部。謂部類也。或言羣。同其義也。」同十七曰「跋渠。亦言伐伽。此譯云部。亦品之別名也。」法華文句一曰「跋渠。此爲品也。品是義類。義此中文句氣類相從。節之爲跋渠。例如律中有篇聚。毘曇有犍度爾。」

【跋提】（人名）貧人之名。供養一燋木於佛。受當來成辟支佛之記。別見百緣經三。又婆提比丘之名。見跋提梨迦條。又（地名）又作伐提、跋提、跋底、嚩底。河名。見阿恃多伐底條。

【跋提唎加】（人名）梵音 Bhadrika 佛成道後。於鹿野園濟度五比丘之一人。甘露王之子也。

【跋提梨迦】（人名）一作婆提唎迦。Bhadrika 巴 Bhaddiya 五比丘之一。中本起經曰跋提。四分律曰婆提。最勝王經曰婆帝利迦。本行集經曰跋提梨迦。譯爲小賢。本行集經十一曰「白飯王亦有二子。第一名難提迦。第二名爲婆提唎迦。」同三十四曰「次一長老跋提梨迦。（隋言小賢）」

【跋窣堵】（術語）Vastu 又作婆藪斗。律藏名。飾宗記二末曰「婆藪斗律者。眞諦三藏云此翻品類。律也。此律多說緣起制諸經戒。」開元錄九（義淨傳）曰「跋窣堵卽諸律中犍度跋渠之類也。梵有楚夏耳。」

【跋遮那】（物名）梵語袈裟環也。清異錄曰「天福三年。賜僧法城跋遮那。」

【跋摩】（人名）Harivarman 訶利跋摩之略。成實論主之梵名。

【跋摩宗】（流派）成實宗也。從其論主之名。故稱曰跋摩宗。

【跋闍】（地名）Vṛji 毘舍離國 Vaisāli 之地名。佛滅後百年此地比丘行十事。見跋闍子比丘條。

【跋闍子】（雜名）見跋闍子比丘條。

【跋闍羅】（物名）一作伐闍羅。Vajra 譯曰金剛。與縛曰羅同。

【跋闍子比丘】（雜名）Vrjiputrabhiksu 毘舍離跋闍之出家人也。此地之僧。於佛滅後百年、起十事之非法。長老耶舍陀比丘因此集七百賢聖於毘舍離城、起第二結集。

【跋闍子比丘十事非法】（名數）毘奈耶雜事四十曰、「一高聲共許淨法、（四分「得寺內」十誦「如是淨」五分「求聽淨」）比丘在寺內作別衆非法之羯磨。大衆高聲共許、則其法成。二隨喜淨法、（四「後聽可」十「證知淨」）五（合於求聽淨中）比丘作非法之羯磨、其座大衆隨喜、又於界內先作別衆之羯磨、然後求來人聽可則其法成。三、舊事淨法、（四「得常」十「行法淨」五「習先所習淨」）比丘自堀地、敎人使堀等舊作事、作之亦非違法。四、鹽事淨、（四「得與鹽共宿」十「鹽淨」五「鹽薑合共宿淨」）以筒盛鹽帶於身、常受用亦非非法。五、道行常法、（四「得聚落間」十「近聚落淨」五「越聚落淨」）比丘於一處食已、未行一驛半驛、便作別衆食、亦非違法。六、二指淨法、（四「兩指抄食」十「指淨」五「兩指抄食淨」）比丘足食已、不受殘食之法、更得食以兩指食之、亦非違法。七、必治病淨法、（四「得飲闍樓羅酒」十「貧住淨」五「飲闍樓伽酒淨」）和水飲酒爲治病、亦非非法。八、酪漿淨法、（四「得和」十「生和合淨」五「酥油蜜和酪淨」）以乳酪一升和水攪之、於非時飲用、亦非違法。九、座具淨法、（四「得畜不截坐具」十「樓邊不益尼師壇淨」五「佈坐具大小隨意大小淨」）作新坐具、不著故物、且大小隨意作之而受用、亦非非法。十、金寶淨法。（四「得受金銀」十「金銀寶物淨」五「受畜金銀錢淨」）受金銀寶玉之施物而畜之、亦非違法。（五分合一與二、更加復坐食淨爲十事）南傳律本言十事非法、與此稍有相違。而古來各異其解。卽一鹽淨、於角蓄鹽可持。二、二指淨、至午下二指得取食。三、聚落間淨、自一村行於他村時、時間外得取食。四、住處淨、住同一境界內、得別別作齋日說戒。五、隨意淨、（又後聽淨）無裁斷㯹利之衆僧行事、事後得乞大衆承認。卽得隨意行事務也。六、習先所習淨、（又久住淨）若有慣例、無論何事、皆得爲之。七、生和合淨、午時過不許飲新乳、但飲殘乳、非其所限。故少變質之生和合Amathi得飲之。八、水淨、（又飲闍樓伽酒淨）闍樓伽 Jalogi 濁也。謂白酒、甘酒之類。耶樹汁之醱酵者。要之飲酒精分少之酒也。九、不益樓尼師壇那淨、飾樓之蓆布、越定量之大亦不爲罪。

十金錢淨手捉金錢亦非爲罪。以上爲據南傳之巴利律者。西藏所傳大體同前條。

【跋闍羅波膩】（菩薩）Vajrapāṇi譯曰金剛手。名義集二曰、「應法師云。跋闍羅、此云金剛。波膩、此云手。謂手執金剛杵。以立名。」

【跋闍羅婆羅】（人名）Vajrabala三藏法師名。譯曰金剛堅。見續高僧傳二。

【跋藍】（雜語）數量名。俱舍頌疏世間品五曰、「十大姥達羅爲跋藍」梵Bala

【跋難陀】（人名）Upananda比丘名。譯曰善喜、賢喜、聞佛涅槃而歡喜之惡比丘也、善見論謂之須跋陀羅摩訶羅。長阿含經四曰、「時彼衆中有釋種子字跋難陀。止諸比丘言。汝等勿憂。世尊滅度。我得自在。彼老常言。當應行是。不應行是。自今已後。隨我所爲。」四分律五十四曰、「爾時有跋難陀釋子。在衆中語比丘言。長老且止。莫大憂愁啼哭。我等於彼摩訶羅邊得解脫。彼在時數敎我等。是應是不應。當作是不應作是。我等今得自在。欲作便作。欲不作便不作。」善見律一曰、「時有比丘名須跋陀羅摩訶羅。言止止。何足啼哭。」巴Subhaddo因（異類）Upananda　龍王名。難陀龍王之弟也。皆保護摩竭陀國。使無飢饉者。法華文句二曰、「難陀名歡喜。跋名善。兄弟常護摩竭提。雨澤以時。國無饑年。瓶沙王年爲一會。百姓聞皆歡喜。從此得名。」法華玄贊二曰、「第一名喜。第二名賢喜。此二兄弟善應人心。風不鳴枝。雨不破塊。初能令人喜。後性賢令喜。故以爲名。」

【跋難陁龍】（異類）跋難陁龍、唐言賢喜也。見前項。

【跋羅婆堂】（人名）巴Bhāradvāja梵志名。婆私吒與婆羅婆之二人、皆梵志之種姓而出家。爲諸梵志所呵責。佛爲說劫初漸立四姓之事、又說善惡業報無差別。見中阿含婆羅婆堂經。

【跋羅末羅耆釐】（地名）Bhrāmaragiri山名。譯曰黑蜂。在中印度。見西域記十。

【跋羅哈摩達多】（人名）Brahmadatta　王名。譯曰淨授。俱舍光記八曰、「昔有一王名跋羅哈摩達多。唐言淨授。於王腋下有皰生一女子。名爲鵠鸞。」

【跏坐】（術語）足加䏶上之坐法也。有全跏半跏二種。全跏爲兩足加於兩䏶者。半跏爲左右一足加於一方䏶上者。經中謂之結跏趺坐者、卽全跏坐也。見結跏趺坐條。

【跏趺】（術語）結跏趺坐也。見結跏趺坐條。無量壽經上曰、「跏趺而坐。奮大光明。」

【跏趺坐】（術語）同跏趺。見結跏趺坐條。

【報士】（術語）四士之一。酬萬行之

因而得之萬德莊嚴淨土也見四土條。

【報土眞身】（術語）對化土之化身而言謂住於眞實報土之佛之眞報身也。

【報生】（術語）亦曰生得亦云果報。非由習修得於先天者。

【報生三昧】（術語）此爲八地以上之法身菩薩常入三昧、住此三昧則如人見色不用心力、依此三昧之力自然作事、不加功用其身之果報、現種種之形生種種之功德、故云報生三昧。智度論五十曰「經曰云何菩薩常入三昧菩薩得報生三昧。故論曰得報生三昧、如人見色不用心力住是三昧、度衆生安穩勝於如幻三昧。自然成事無所役用如人求財有役力得者、有自然得者」。

【報因】（術語）對習因之稱。報者果報也感苦樂果報之善惡之因謂之報因新譯家謂之異熟因。

【報佛】（術語）與報身佛同。

【報身】（術語）見三身條。

【報命】（術語）報過去業因而受之一期壽命也。因之報命不可增減、卽定命也。

【報果】（術語）酬報善惡業因之苦樂結果也。新譯家謂之異熟果。釋門歸敬儀曰「形纏桎梏報果不可頓銷」

【報恩】（術語）世有四恩、爲報酬之而盡心致力也。有報恩經。

【報恩寺】（寺名）在江蘇吳縣治北隅。本吳通元寺。唐改開元寺。吳越爲報恩寺。今稱北寺中有浮圖稱北寺塔。

【報恩田】（術語）三福田之一。父母師長等有養育教誨之恩、報答之則自獲無量之福故名福田。

【報恩施】（術語）八種施之一。以報恩之意思而布施者。

【報恩經】（經名）大方便佛報恩經之略名。

【報恩巧方便】（術語）六種巧方便之一。施衆生以德、衆生思報其恩時、令衆生行道之方便也。

【報恩奉盆經】（經名）一卷、又名報緣功德經、失譯。佛說盂蘭盆經之異譯。

【報得】（術語）其人之果報自然而得者。對修得而言。

【報通】（術語）五種神通之一。如鬼神龍王等有自己生得果報之神變者。

【報寃行】（術語）行入四種之一。見二入條。

【報障】（術語）三障之一。報爲果報。依煩惱惑業而得地獄餓鬼畜生等惡趣之果報、又雖受生於人天而生來不信者、由之障礙聖道之善根、是云報障。涅槃經十一曰、「報障者生在地獄畜生餓鬼誹謗正法及一闡提是名報障」。

【報像功德經】（經名）報恩奉盆經

之異名。

【報緣】（術語）果報之因緣也。言一期之壽命。

【報應】（術語）佛家謂有施必報。有感必應。故現在之所得無論禍福皆有報應。又佛三身中報身應身之二身也。

【報賽】（雜語）爲報恩而奉財物也。

【報謝】（術語）報恩謝德也。敎行信證曰「深知佛恩爲報謝至德」因一期之果報謝去也。法華文句記七曰「一期報謝、無付故惜」

【斯陀含】（術語）見四向及四果條。

【斯陀含向】（術語）見四向條。

【斯陀含果】（術語）見四果條。

【斯苓王】（人名）支婁迦讖譯之般舟三昧經勸助品曰「佛告颰陀和久遠不可計阿僧祇劫有佛名私訶摩提。有大國名颰陀和。有轉輪王維斯苓往到佛所。佛爲說是三昧。（念佛三昧）王聞之歡喜。持珍寶散佛上。時私訶摩提佛般涅槃後。維斯苓王壽終。還而自生於其家爲天子名梵摩達。爾時有比丘名珍寶。爲四部弟子說是三昧。梵摩達聞之歡喜。持珍寶散其上。發意求佛道。與千人共爲沙門求學是三昧。承事師八千歲。不休懈。却後更見六萬八千佛。輒於一佛所聞是三昧。自得佛名曰坻羅惟逮。佛世尊是時千比丘從得等正覺。皆名坻羅鬱沈」

【斯訶國】（界名）下品之穢土也。見迦才淨土論上。

【散】（術語）梵語尾鉢羅枳剌曩。Vipra-kirna 常作散善、散地、散心等。對定之語言。心散亂不止住於一境也。

【散心】（術語）散亂之心。放逸之心。止觀五曰「夫散心者。惡中之惑。如無鉤醉象。踏壞華池。穴鼻駱駝。翻倒負馱。疾於掣電。毒逾蛇舌」

【散心法師】（術語）斥漫說分別之人而言。止觀十曰「散心法師。雖分別諸使。亦不自知空見過患」

【散心誦法華】（術語）謂以散亂之心讀誦法華經也。

【散心常時念佛】（術語）持散亂心不定期限。不調作法。不簡時處所緣。於行住座臥稱佛名。願淨土之往生也。

【散日】（雜語）又曰滿散。法會之結願日也。

【散支】（天名）又曰散脂。具名散脂迦。散脂修摩。新稱僧愼爾耶。半只迦。半支迦。譯作密神。Pañcika 或謂是歡喜母即鬼子母神之子。或謂是鬼子母神之夫。北方毘沙門天王八大將之一。其所管有二十八部衆。巡行世間。賞罰善惡。金光明經三曰「散支鬼神品」最勝王經八曰「僧愼爾耶藥叉大將品」於此品中誓守護能信受此經者。

訶哩帝母經曰、「時有大藥叉女名歡喜。容貌端嚴。有五千眷屬。常住支那國。護持世界。是沙多大藥叉將之女。婚半支迦大藥叉將。（昔云散脂者訛）生五百子。」諸天傳乾引陀羅尼集經曰、「鬼子母有三男。長名唯奢文。次名散脂大將。小名摩尼跋陀。」大日經疏五曰、「置毘沙門天王。於其左右置夜叉八大將（中略）三名半只迦。舊曰散支。」天台光明疏三曰、「具存梵音應言散脂修摩。此翻爲密。密有四義。謂名密行密智密理密。蓋北方天王大將。餘三方各有。東方名樂欲。南方名檀帝。西方名善現。各有五百眷屬。管領二十八部。」嘉祥光明疏曰、「外國言散脂修摩。此云密神。迹在鬼王是十地。」

【散生齋】（術語）布施而乞病愈也。魏書（京兆王太興傳）曰、「初太興遇患。請諸沙門行道。所有資財。一時布施。乞求病愈。名曰散生齋。」

【散他迦多衍那】（人名）Śanta-kātyāyana 又曰珊陀迦旃延。比丘名。玄應音義二十二曰、「迦多。姓也。衍那。子也。散他。標別其類也。舊經論作訕大迦旃延。或作珊陀迦旃延。皆訛。」

【散地】（術語）色界無色界謂之定地。欲界謂之散地。定地者生得之心禪定之地也。散地者生得之心散亂之地也。於欲界得入禪定者。依行力而修起色界無色界之定心。欲界當分之果報。無有定心。故欲界中之六欲天並四大洲地獄等。盡稱散地。輔行六曰、「欲界六天、地獄、洲等。同是散地。故但爲一。」

【散多尼迦】（植物）Śantanika 花名。慧琳音義二十五曰、「散多尼迦。此云寂靜華也。」

【散杖】（物名）密教之修法。由灑水器取水散之者。本束生茅而作之。後世以梅木換之。大日經疏二十曰、「灑水謂閼伽水也。閼伽別有方法。如悉地中說耳。然此灑水有二法。若以茅作小束。置閼伽碗中而灑之。灑時順灑右旋灑也。若直用手灑亦得。」眞言修行鈔二曰、「敎舜口傳云。散杖漢朝始作之。天竺以茅灑水及以指灑之。殊用梅枝香木故也。」

【散杖加持】（術語）見加持條附錄。

【散忌】（雜語）開山忌達磨忌等法會之滿散。卽結願之日。

【散那】（菩薩）密迹金剛之梵語。玄應音義一曰、「密迹。梵言散那。譯云密主。密是名也。以知佛之密功德故也。主者夜叉主也。案梵本都無迹義。當以示迹爲神。故譯經者義立名耳。」梵 Ṣaṇḍa

【散供】（物名）散末、散華、散錢等。謂放散而供養者。

【散陀那】（植物）花名。慧琳音義二

十六曰、「散陀那花。亦云線陀那。此云流花也」探玄記二十曰、「刪陀那大藥王樹者。此云續斷藥。謂此藥樹能令所傷骨肉等皆得復續故」梵 Sandanika

【散陀那經】（經名）散陀那、（巴）Sandhāna 居士名。此居士往尼俱陀 Nyag-rodha 梵志處。梵志毀佛。佛至其處說苦行之淨不淨。以伏梵志。此經攝於長阿含經八。

【散花】（術語）與散華同。魏書世祖即位。每引高德沙門共談。於四月八日輿諸佛像行於廣衢。帝親御門樓臨觀。散花以致敬禮。

【散花天女】（菩薩）維摩經會中有一天女。以天花散諸菩薩。悉皆墮落。至大弟子便著不墜。天女曰結習未盡故花著身。

【散花師】（雜名）七僧之一。四箇法要時、發起散花之儀者。

【散念誦】（術語）散心之念誦也。對於觀字輪之定念誦而謂之散念誦。

【散拓羅】（術語）Saṁsāra 譯曰移轉輪廻。

【散脂迦】（天名）夜叉大將之名。見散支條。

【散善】（術語）散亂之心勤修之善根也。對定善而言。如觀無量壽經所說十六觀前十三觀為定善。後三觀為散善。觀經玄義分曰、「要門者。即此觀經定散二門是也。定即息慮凝心。散即廢惡修善」菩提心論曰、「又乘散善門中經無數劫」因從密教所判、一切之顯教為散善門。密教為三摩地門。三摩地乃定之梵名。以密教由初心修生佛不二之觀行故也。見辨惑指南三。

【散善義】（書名）善導四帖疏之一。釋觀經十六觀中後三觀之散善門者。

【散華】（雜語）稱經句之偈頌曰貫華。其散文曰散華。見貫華條。文句一曰、「佛赴緣作散華貫花兩說」因（儀式）為供養佛而散布花也。無量壽經下曰、「懸繒燃燈。散華燒香。以此廻向願生彼國」因顯密法要之式有散華之儀。在顯為四箇法要之一、在密為二箇法要之一。於梵唄之後行之。盛樒葉於華筥、詠伽陀而散之也。此有次第散華與行道散華二種。各立其座而不行道、但由頭人次第詠伽陀而散花者。曰次第散華。行道作者。曰行道散華。其伽陀有種種。願我在道場、香花供養佛之次。天人此界多聞室。逝宮天處十方無丈夫牛王大沙門尋地山林遍無等。謂之釋迦散華。稽首天人所恭敬。阿彌陀仙兩足尊。在彼微妙安樂國。無量佛子衆圍繞。謂之彌陀散華。藥師瑠璃光如來。大慈大悲照光明。良與法藥救衆生。故我稽首瑠璃光。謂之藥師散華。難壞大力忿怒身。善哉善哉魔尼王。降伏魔鬼難伏者。是故我今稽首禮。謂之毘沙門散華。歸命毘盧舍那佛身口意業遍虛空演說如來三密門金剛一乘甚深教謂之大日散華見說法明眼論鈔上諸法會儀則上等。

【散無表】（術語）依善戒而得善無表及依惡事而得惡無表也對定無表而言。

【散業】（術語）定散二業之一散心而營之善業也往生要集下末分別念佛爲定散有相無相之四業。

【散經】（術語）法會修畢時之讀經。是曰散經。

【散亂】（術語）謂凡夫之心流蕩於六塵之境一剎那亦不止住者。唯識論六曰、「云何散亂於諸所緣、令心流蕩爲性。能障正定惡慧所依爲業謂散亂者發惡慧故」智度論十七曰、「亂心輕飄甚於鴻毛馳散不停駛過疾風不可制止劇於獼猴暫現轉滅甚於掣電如是不可禁止若欲制之非禪不定」

【散疑三昧】（術語）離一切疑結之定心也見智度論四十七。

【散錢】（雜名）又曰賽錢韓退之佛骨表曰、「百十爲羣解衣散錢自朝至暮轉相倣效」內典不見散錢之字蓋散華形如散錢也。

【棱嚴經】（書名）即楞嚴經也明人刻經、喜用說文字、楞字不見說文、因改楞爲棱。實則以楞字爲正。

【朝山】（雜名）鹽鐵論曰、「古者無出門之祭今富者祈名嶽望山川椎牛擊鼓戲倡舞像」按俗於遠處進香謂之朝山據文則此俗之興由於西漢西藏新志中曰「其熱心禮佛者至不遠千里而來拉薩向達賴宮殿長跪待達賴出若得見者榮幸無比不吝獻千百金其不得見者則望宮殿禮拜而回更變家產兌金銀縫衣服內沿途行乞至西藏曰朝山又曰朝活佛（中略）人民見達賴及他高僧時匍伏於地行敬禮達賴以木板輕擊其頭或抹以手則歡喜欲狂」

【朝打三千暮打八百】（儀式）言宗匠爲人之作用朝夕棒打學人也碧巖六十則頌古著語曰「直饒朝打三千暮折八百、堪作什麼」

【朝座】（行事）修法華八講等時一日中設朝夕二座謂之朝座夕座因之八講四日而終十講五日而終。

【朝講】（行事）即朝之講也同朝座。

【朝參】（儀式）早朝之參禪也於粥罷爲之禪門清規曰「閤院大衆朝參夕聚」

【朝鮮之佛教】（故事）三國佛教略史曰「世尊滅後一千三百餘年當西洋紀元後四百年代（佛教入漢三百餘年）秦主苻堅遣沙門順道送佛像經文於高勾麗是爲朝鮮佛教之始時高麗王小獸林二年也王受之越三年始創肖門寺以置順道是爲

佛寺之始」又曰「朝鮮之佛教現所存者有二派、一漸派、又名教宗、持戒清淨誦經禮拜、以漸種佛因也。二頓派、又稱心宗。晝夜不斷、一心念佛、以頓生淨土爲期也。朝鮮僧徒於此二派之中必屬其一。」

【朝露】（譬喻）譬人命之無常也。涅槃經三十八曰「是壽命常爲無量怨讎所遶。念念減損、無有增長、猶山瀑水、不得停住。亦如朝露勢不久停。」

【鈔】（雜語）要略廣博之文義者。資持記上一之一曰「鈔者有二義。一採摘義。二包攝義。」

【鈔經】（經名）摩訶般若波羅蜜鈔經之略名。

【鉤】（物名）屈鐵而作之器物名。爲千手觀音四十手中左一手所持之物、表召集之義者。其手名鉤手、或名鐵鉤手、又名俱尸鐵鉤手。

【鉤召法】（修法）五種壇法之一。召集諸尊之修法也。秘藏記末曰「鉤召用羯摩部尊鉤菩薩。」補陀落海會軌曰「鉤召法用羯摩部尊。是故有鉤索鎖鈴等。」眞言修行鈔五曰「梵補瑟微迦、此云鉤召。」見壇法條。

【鉤紐】（物名）又作勾紐、鞍紐。懸袈裟而結合兩片者。作輪形、謂之鉤、垂條帛爲紐。即三分袈裟之幅、於前後處置鉤與紐也。然依律則鉤紐之前後相反。毘奈耶雜事七曰「佛言爲護衣應安紐鉤。可於肩上安鉤。胸前綴紐。紐有三種。一如蔓菁子。二如葵子。三如棠梨子。應於緣後四指安鉤。應重作帖。以錐穿穴。鉤出其內。繫作雙鉤。其紐可在胸前緣邊綴之。疊衣三襵是安鉤紐處。」律攝五曰「去緣四指肩隅置帖。於此帖中穿爲小孔。定細條鉤。可長兩指反自相繫。便成二鉤。胸前緣邊應安其紐。」此爲鉤置背後、紐置條前之制。義淨三藏依之寄歸傳二曰「五肘之衣、疊作三襵。其肩頭疊處、去緣四五指、許安其方帖。可方五指。周刺四邊。當中以錐穿爲小孔。用安衣鉤（中略）內紐此中。其鉤前疊處緣邊安紐、亦如衫紐。」是義淨三藏印度當代之實見也。然南山依十誦律而反之。行事鈔下之一曰「十誦佛自敎比丘施鞍紐法。前去緣四指施鞍、後去緣八指施紐。應如是作。」章服義曰「十誦云、去緣四指前施鉤、去緣八指後施紐。良以用右角掩覆左肩、前鉤後紐收束便爲。」釋氏要覽曰、「鉤紐、僧祇云紐縲。集要云、前面爲鉤、背上爲紐。」又後世禪宗代鉤以環、代紐以條、稱曰南山衣。象器箋十七曰「今時禪林例代鉤以環、代紐以條（中畧）舊說曰、觀唐王摩詰畫像、形其袈裟無條環。蓋唐時猶不用條環。條者五代時始有、環者宋朝始有。」畫像須知曰、「天竺衣者不用鐶鉤之袈裟。南山衣者、附鐶鉤之袈裟也。」

【鉤索鎖鈴】（菩薩）金剛界之四攝菩薩也。表大日如來攝取之大悲者。鉤者召衆生、索者縛衆、鎖者結衆生、鈴者歡衆也。

【鉤菩薩】（菩薩）金剛界四攝菩薩之一。具名金剛鉤菩薩。黑色、左爲拳、右取三股之鉤。示大日如來以大悲之鉤召攝一切衆生之德。畢位經曰、「毘盧遮那佛於內心證得請召金鉤三摩地智。從金剛鉤三摩地智流出金剛鉤光明。遍照十方世界。請召一切如來金剛道場及拔一切衆生惡趣。安於無住涅槃之城。（中略）成守菩提心戶金剛鉤菩薩形。住東門月輪。」

【欽婆羅】（衣服）Kambala 衣名。慧琳音義二十五曰、「欽婆羅衣、毛絲雜織。是外道所服也。」西域記二曰、「頷（墟嚴反）鉢羅衣、織細羊毛也。」三德指歸二曰、「欽婆羅。此云麤衣。善見云。此衣有二種。一髮欽婆羅、織人髮作。二毛欽婆羅、織犛牛尾作。」

【鈍色】（雜語）法衣喪服之色。黑色之壞色也。卽灰色。

【鈍同二乘】（術語）天台宗分通教之菩薩爲鈍利二種。其鈍根之菩薩、不能證悟中道。故與二乘同一。是曰鈍同二乘。

【鈍使】（術語）十使中身、邊、邪、取、戒之五惑曰五利使。貪、瞋、痴、慢、疑之五惑曰五鈍使。使者煩惱之異名。迷於理之惑曰利使、迷於事之惑曰鈍使。

【鈍根】（術語）愚鈍之根機。不堪成就佛道者。法華經藥草喩品曰、「正見邪見。利根鈍根。」指月錄曰、此是接引鈍根人語。未審接上根人復說何法。蘇軾詩曰、「鈍根仍落箭鋒機。」

【鈍機】（術語）愚鈍之根機、不堪學佛道者。戒疏一上曰、「末代鈍機、情多狡詐。」

【都子婆羅門村】（地名）五分律曰、「都夷婆羅門聚落、在拘薩羅國界、舍衛大城西北六十餘里。元是迦葉佛本生之處也。

【都史天】（界名）都史多天之略。」

【都史多】（界名）Tuṣita 一作覩史多、兜駛多、鬭瑟多天名。舊云兜率。見兜率條。

【都史宮】（界名）都史多天之宮殿也。彌勒菩薩所居。見兜率條。

【都史殿】（界名）都史多天之宮殿也。彌勒菩薩所居。

【都史夜摩】（界名）Tuṣita Yāma 都史多天與夜摩天也。

【都外壇曼荼羅】（修法）於都會壇曼荼羅諸尊中。置有緣之佛菩薩於別壇而行之也。

【都市王】（雜名）十王之第八。司掌大海底正西沃燋石下大熱惱大地獄。此獄縱廣五百由旬。另有十六小地獄。罪鬼入獄期滿解第九殿。

【都寺】（職位）具名都監寺。位在監寺之上。而都總諸監寺。故曰都寺。又云都總。又作都守。

【都吒迦】（雜語）一作咄吒迦。喜悅之音聲名。又為鳥名。入楞伽經一曰：「以都吒迦音讚歎佛。」慧琳音義三十一曰：「咄吒迦音。梵語不求字義。唐云喜悅之音也。經作都吒迦。」華嚴疏鈔十四曰：「俱枳羅者。亦云都吒迦。此云衆音合和。微妙最勝。」梵Tutaka

【都邑聚落念處】（術語）見念處條。附錄十念處項。

【都表如意輪觀音】（菩薩）此為如意輪觀音入於日輪三昧之尊。如意金輪之德勝於餘尊。故名。見都表如意輪軌。

【都法阿闍梨】（術語）於密教之秘法傳受一切三部五部之法。以為人師者之稱。又四種阿闍梨中第一為傳法阿闍梨。第二為都法阿闍梨。此時為學法之至極。尚是居弟子之位。未叶師位者。謂之都法阿闍梨。正受傳法灌頂。登於師位。則為傳法阿闍梨。猶如等覺妙覺之差也。

【都部要目】（書名）諸部要目之異名。

【都率漫茶羅】（術語）圖畫兜率天宮。卽彌勒菩薩淨土之狀者。

【都綱】（職位）見僧錄司條。

【都會】（術語）謂多數之事物。該收於一處也。玄義八曰：「體者一部之指歸。衆義之都會也。」

【都會大壇】（術語）都會壇曼荼羅也。

【都會壇曼荼羅】（術語）以大日為主。自餘佛菩薩為伴。該收一處之曼荼羅也。大日經疏曰：「夫漫陀羅者。名為聚集。今以如來眞實功德集在一處。乃至十方世界微塵數差別智印。輪圓輻輳。翼輔大日心王。使一切衆生普門進趣。是故說為漫陀羅也。」

【都道場】（雜名）唐土郡縣每建祝壽之道場。以為一郡一縣衆會祈禱之處者。敕修淸規聖節曰：「或住持赴郡縣都道場所。歸時鳴鐘集衆門迎。詣方丈問訊。」

【都倉】（職位）掌出納之役。

【都管】（雜名）見都寺條。

【都聞】（職位）又曰都文。禪林之語。掌文書之役。

【都監寺】（職位）卽都寺也。都監寺畧云都寺。見都寺條。

【都率天】（界名）具云兜率陀。或都史陀。譯云知足。於五欲知止足。故名。參照兜率條。

【都維那】（職位）三綱之一。律宗禪宗曰維那。教宗曰都維那。見維那條。

【都壇曼荼羅】（術語）大日之曼茶

羅、以大日爲中胎而成三重之都壇、故稱都壇曼荼羅、以對於諸尊之別壇曼荼羅。大疏四曰、「若行人自見中胎藏時。卽知一切衆生悉有成佛因緣故。其所起大悲曼荼羅亦周徧法界」見都會壇曼荼羅條。

【都總】（職位）都寺之異名。

【都薩羅】（地名）城名。慧苑音義下曰、「都薩羅者。都謂都羅。此云喜也。薩羅者。此云出生也。言此城中出無量歡喜之事故。名之爲城名也」梵 Turasāra

【都嚧瑟迦】（物名）Turuṣka 又作咄嚕瑟劍、兜樓婆。香名、譯曰蘇合香草、白茅香。陀羅尼集經六曰、「都嚧瑟迦油。唐云蘇合香」名義集三曰、「咄嚕瑟劍。此云蘇合。」見兜樓婆條。

【割縷淨】（雜名）比丘之三衣、必以青黑木蘭之三壞色染之。然其衣料極爲細軟、不堪染色。且外無三衣之用者、故許割片端之縷而使用之、是曰割縷淨。淨者、與淨肉、說淨等之淨同、謂無罪也。見行事鈔中之三。

【蛭數】（佛名）見底沙條。

【舐突】（術語）以瞋恚之心害人、如暴牛之舐觸人者。無量壽經下曰、「矇冥舐突。」又曰、「憯慝舐突。」法華文句四曰、「慳貪墮餓鬼。舐突墮畜生。十惡墮地獄。」

【敢曼】（衣服）纏於腰者。寄歸傳一曰、「赤脚敢曼。」慧琳音義八十一曰、「敢曼、梵語也。遮形醜之下裳。如此方之裈袴。一幅物。亦不裁縫。橫纏腰下。名曰合曼也。」梵 Kambala

【殼漏子】（雜名）又作可漏子。可殼唐音相近、故假用殼者。卵之皮甲、漏者漏泄汙物之義、子者指物之語。此譬人之身體也。傳燈錄（价禪師章）曰、「師將圓寂。謂衆曰。離此殼漏子。向什麼處與吾相見。衆無對。」傳燈錄（長慶稜禪師章）曰、「保福遷化。人問師。保福拋却殼漏子。向什麼處去也。師曰。且道保福在那箇殼漏子裏。」又封皮謂之可漏子。

【匾波摩那】（界名）見阿波羅摩那阿婆條。

【硬剎剎地】（雜語）形容物之堅。見碧巖五十九則著語。

【斑足王】（人名）賢愚經十一謂爲迦摩沙波陀、譯曰斑足。智度論四作劫磨沙波陀、譯曰鹿足。以足有斑駁故也。是爲天羅國王之太子、故曰斑足太子。後爲王、故曰斑足王。嘗從邪師之敎、欲得千王之頭、既得九百九十九王而缺一人、後得普明王。普明王請一日之間、設百座仁王會。第一法師爲說四非常偈、普明王聞之而證虛空等定、斑足王得空三昧。此斑足王卽佛在世之鴦崛摩羅 Aṅgulimālya 前身也。仁王經護國品曰、「昔有天羅國王。有一太子欲登王位。一名斑足。太子爲外道羅陀師受敎。應取千王頭以祭家神。自登其位。已得九百九十九王。少一王。卽北行萬里。卽得一王。名普明王。其普明王白斑足王言。願聽一日飯食沙門。頂禮三寶。斑足王許之一日。時普明王。卽依過去七佛法。請百法師敷百高座。一日二時講般若波羅蜜八十億偈竟。其第一法師爲普明王說偈言。(卽四非常偈)時普明王眷屬得法眼空。王自證虛空等定。還至天羅國斑足王所衆中。卽告九百九十九王言。就命時到。人人皆應誦過去七佛仁王問般若波羅蜜經中偈句。時斑足王問諸王言。皆誦何法。時普明王卽以上偈答王。王聞是法得空三昧。九百九十九王亦聞法已。皆證三空門定。」七卷楞伽經六曰「昔有一王。乘馬遊獵。馬驚奔逸。入於山險。既無歸路。又絕人居。有牝師子與同遊處。遂行醜行。生諸子息。其最長者名曰斑足。後得作王。領七億家。食肉餘習。非肉不食。初食禽獸。後乃至人。所生男女。悉是羅剎。」賢愚經十一曰「過去久遠阿僧祇劫。此閻浮提有一大國。名波羅捺。於時國王名波羅摩達。爾時國王將四種兵入山林中遊行獵戲。王到澤上馳逐禽獸。單隻一乘。獨至深林。王時疲極。下馬小休。爾時林中有牸師子。懷欲心盛。行求其偶。困不能得。值於林間見王獨坐。婬意轉盛。思欲從王。近到其邊。舉尾背住。王知其意。而自思惟。此是猛獸。力能殺我。若不從意。儻見危害。王以怖故。卽從師子。成欲事已。師子還去。諸兵羣從。已復來到。王與人衆。卽還宮城。爾時師子從是懷胎。日月滿足。便生一子。形盡似人。唯足斑駮。師子憶識。知是王有。便銜擔來著於王前。王亦思惟。自憶前事。知是己兒。卽收取養之。以足斑駁。字爲迦摩沙波陀。」(Kalmāṣa-pāda)晉言斑足。」(此下說王食人肉、最後記爲須陀素彌王得道、(法華文句一)亦敍王事。與二經稍異。參照須陀須摩條。

【琥珀】(物名)梵語阿濕摩揭婆、Aśmagarbha 其色紅黃而有瑩光。七寶之一也。

【蛤蜊觀音】(菩薩)三十三觀音之一。坐於蛤蜊中、故有此稱、又唐文宗食蛤蜊有擘而不開者。焚香禱之。俄變爲大士形。帝召終南山惟政禪師問之、師曰。夫物無虛應、此蓋陛下信心。廣耳經云。應以此身得度者、卽現此身而爲說法。帝曰、大士雖現。未聞說法。師曰、陛下視此常耶、非常耶、信耶、非信耶。帝曰、希有之事。焉得不信。師曰、已說法竟。帝大悅、卽詔天下寺院立觀音像。見佛祖統紀四十二。

【蛤像】(雜語)大興善寺有蛤像。相傳隋帝嗜蛤。所食甚夥。忽有一蛤。椎擊如舊。帝異之。置諸几上。一夜有光。及明肉自脫。中有一佛二菩薩像。帝遂誓不食蛤。見酉陽雜狃。

【傀儡子】（物名）即木偶人。畧云傀儡。四分律行事鈔中曰、「諸師不曾見此衣。謂如傀儡子戲團之類。」同資持記中曰、「傀儡子云者木戲人也。」又臨濟語錄曰、「如何是第三句。師云看取棚頭弄傀儡。」

十三畫

【路地念佛】（儀式）行葬式時、從喪主家至葬式場途中之念佛也。

【路迦】（雜語）Loka 又作嚧迦、譯曰世間。大日經疏十曰、「嚧迦、世間也。」梵語雜名曰「世路伽」、

【路伽】（雜語）同路迦。見路迦條。

【路伽多】（雜語）Lohita 譯曰赤。又作曷囉迦多。見梵語雜名。

【路伽耶】（流派）路伽耶陀之略。見路迦耶底迦條。

【路伽耶陀】（流派）Lokāyata 見路迦耶底迦條。

【路伽憒】（術語）同路迦憒。

【路迦憒】（術語）Lokavit 又作路伽憒。譯曰知世間。世間解。佛十號之一。解知世間之性相也。智度論二曰、「路伽、秦言世。憒、名知。是名知世間。」大品般若經疏六曰、「路伽憒世間解也。」

【路伽祇夜】（術語）Loka-geya 譯曰重頌。十二分敎之一。涅槃經疏八曰、「祇夜具足應云路伽祇夜。祇夜翻爲句。亦云頌。開善云等句。莊嚴云等頌。光宅云重頌。是頌長行之偈。」以爲十二分敎之一時、惟祇夜 Geya 爲然。涅槃經疏冠以路伽 Loka 者、世俗歌之意歟。

【路迦那他】（術語）Lokajyestha 又 Lokanātha 譯曰世尊。佛之別號也。智度論二曰、「路迦那他、秦言世尊。」

【路迦耶經】（書名）又曰路伽耶經。見次項。

【路迦耶底迦】（流派）Lokāyatika 又作路柯耶胝柯、路伽耶陀。譯作順世。四卷楞伽經謂之惡論。七卷楞伽經謂之世論。外道之名。隨順世間之凡情、計執是常是有等者。法華經安樂行品曰、「讚詠外書。及路伽耶陀。逆路伽耶陀者。」嘉祥法華義疏十曰、「路伽耶陀者、舊云是惡解義。（中略）注經云路伽耶陀者。如此方禮儀名敎儒墨之流也。（中略）又言路伽耶陀。翻爲世間行。」慧琳音義十五曰、「路伽耶經。梵語。此名惡論義。正梵音云路伽耶底伽。此則順世外道。隨順世間凡情所說。執計之法是常是有等。」法華玄贊九曰、「路伽耶陀者、先云惡答對人。正言路伽也底迦。云順世外道。」眞諦譯天親攝論釋二曰、「路柯耶胝柯說。世間一切因唯有宿作。」

【路賀】（雜語）Loha金鐵之總名。見梵語雜名。

【資生】（雜語）衣食住之具、以資助人之生命者。法華經法師功德品曰、「資生業等皆順正法。」智度論十九曰、「正命者。一切資生活命之具悉正不邪。」

【資持記】（書名）宋靈芝元照、解釋南山之四分行事鈔者。

【資財帳】（物名）寺院之財產目錄也。

【資緣】（雜語）衣食住爲資佛道修行之外緣、故云資緣。

【資糧】（術語）資爲資助、糧爲糧食。如人遠行、必假糧食資助其身。欲三乘之果、宜以善根功德之糧、資助己身也。最勝王經六曰、「具足資糧超諸聖衆。」唯識論九曰、「爲趣無上正等菩提修習種種勝資糧故。」同述記九末曰、「菩薩因之初位資益己身之糧、方至彼果、故名資糧。」

【二種資糧】（名數）寶積經所說。一福德資糧、布施持戒等之善根功德、即六度中之前五度也。二智德資糧、修習正觀而勸求妙智也、即第六度。見三藏法數七。

【四種資糧】（名數）瑜伽論所說。一福德資糧、如前。二智德資糧、如前。三先世資糧、由宿世積集之善根、在今生爲自完具之資糧也。四現法資糧、今生修習之福智資糧也。見三藏法數十七。

【資糧位】（術語）唯識五位之一。見五位條。

【瑟石】（物名）以瑟瑟所造之大盤石、不動尊之寶石也。四十八使者儀軌曰、「蓮華上有樓閣、其中有瑟石、瑟石中有憾字、字變成勝軍不動尊。」

【瑟瑟】（物名）五寶之一。不動明王之寶座以之而造、故曰瑟瑟座。法華儀軌曰、「五寶、金、銀、眞珠、瑟瑟、玻璃。」

【勢力鬼】（異類）鬼道中之有勢力者。於諸鬼爲最勝、所受富樂類於人天。如羅刹夜叉等皆是。

【勢至】（菩薩）具名大勢至菩薩、得大勢。梵語摩訶那鉢、Mahāsthāmaprāpta阿彌陀三尊之一、侍於阿彌陀之右脇、主佛之智門者。菩薩之大智至一切處、故名大勢至。眞言以爲胎藏界觀音院之一尊。觀無量壽經曰、「以智慧光普照一切、令離三塗、得無上力、是故號此菩薩名大勢至。」觀世音菩薩受記經曰、「得大勢。」大日經一曰、「次近毘俱胝、畫得大勢尊、彼服商佉色、大悲蓮華手、滋榮而未敷。」同疏五曰、「如世國王大臣、威勢自在、名爲大勢。言此聖者以至得如是大悲自在之位、故以爲名。」

【勢至寶冠戴父母遺骨】（雜語）觀無量壽經曰、「頂上肉髻如盔頭摩華、於肉髻上有一寶瓶。盛諸光明。普現佛事。」定善義楷定記八引本緣經記。此瓶中盛父母之遺骨。本緣經未詳。童子敎曰「觀音爲師敬。寶冠戴彌陀。勢至爲親孝。頂戴父母骨。」

【勢至觀】（修法）觀經所說十六觀之第十一。觀想勢至菩薩身相之觀法也。

【勢峯】（雜名）陰莖也。慧琳音義四十八曰「勢峯謂陰莖也。舊言馬陰藏相是也。」

【勢速】（術語）二十四不相應行法之一。諸行迅速之義也。謂有爲法之念念生滅。轉移甚速。

【勢羅】（雜語）Śaila 譯曰山。見名義集三。又梵語播囉嚩多 Parvata 又作擬里 Giri 見梵語雜名。

【聖】（術語）正之義也。證正道。名爲聖。勝鬘寶窟下本曰「聖者正也。以理正物名爲聖」大乘義章十七末曰「初地以上。息妄契眞會正名聖。」

【聖人】（術語）梵語阿離野。Ārya 譯言聖者。聖人。對於凡夫之稱。謂大小乘見道以上。斷惑證理之人也。涅槃經十一曰「以何等故名佛菩薩爲聖人耶。如是等人有聖法故。常觀諸法性空寂故。以是義故名聖人。有聖戒故復名聖人。有聖定慧故故名聖人。有七聖財。所謂信、戒、慚、愧、多聞、智慧、捨離。故名聖人。有七聖覺故。故名聖人。」金剛經曰、「一切聖人皆以無爲法而有差別。」

【聖八千頌般若波羅蜜多一百八名眞實圓義陀羅尼經】（經名）一卷、趙宋施護譯。說般若之一百八名及陀羅尼。

【聖凡】（雜名）聖者與凡夫也。楞嚴經五曰、「結解同所因。聖凡無二路。」

【聖大總持王經】（經名）一卷、趙宋施護譯。佛爲阿難說四呪。能知七生、十四生、二十一生及倍倍生之事。

【聖天】（天名）大聖歡喜天之略稱。

【聖天講】（行事）大聖歡喜天之法會也。

【聖天供】（修法）大聖歡喜天之供養法也。

【聖天菩薩】（人名）Āryadeva 廣百論本之作者也。

【聖心】（術語）佛心也。無量壽經下曰、「聲聞或菩薩莫能究聖心。」

【聖方】（術語）梵語阿離野提舍。Āryadeśa 印度之尊稱也。寄歸傳三曰「阿離野譯爲聖。提舍譯爲方。即名西國爲聖方矣。以其賢聖繼軌。人皆共稱。或云末睇是中。提舍（Madhyadeśa）是國。百億之中心。斯其事也。」

【聖不動】（菩薩）不動明王也。稱明王之德曰聖。見不動明王條。

【聖六字增壽經】（經名）聖六字增

壽大明陀羅尼經之異名。

【聖六字大明王經】（經名）聖六字大明王陀羅尼經之略名。

【聖六字大明王陀羅尼經】（經名）一卷、趙宋施護譯佛在給孤獨園、爲阿難說二呪是但對揚阿難而說非有別緣。

【聖六字增壽大明陀羅尼王經】（經名）一卷、趙宋施護譯佛在祇園、阿難有病、佛詣彼說呪救之是與救阿難女難之六字呪全別六字之稱未詳。

【聖火】（雜名）南史齊武帝紀曰、「有沙門從此齋火至色赤於常火云以療疾。灸至七炷而疾愈貴賤爭取之多得其驗咸云聖火」。

【聖仙】（佛名）佛之尊號也。以佛是仙中之聖故也七佛略戒曰「是大仙人道」。因聖爲三乘之聖人、仙爲世間五通之仙。

【聖主】（術語）又曰聖主師子佛之尊號也、佛爲諸聖中之上首、故曰聖主師子。取自在無畏之義。法華經序品曰、「聖主師子演說經典」。嘉祥義疏三曰、「中論云聖有三種一外道五通二辟支羅漢。三法身菩薩。佛於三聖最大故稱聖主。

【聖正三昧】（術語）三三昧之一。見三三昧條。

【聖印】（術語）如三法印實相印、聖道之法印也。又言密家之印契。

【聖印經】（經名）聖法印經之略名。

【聖行】（術語）涅槃五行之一。聖者正也。菩薩戒定慧所修之行也。

【聖多羅菩薩梵讚】（經名）一卷、趙宋施護譯梵語之讚頌也。

【聖多羅菩薩】（菩薩）又曰多羅觀音見多羅觀音條。

【聖多羅菩薩一百八名陀羅尼經】（經名）一卷、趙宋法天譯多羅菩薩說一呪自在天說一呪。

【聖多羅菩薩經】（經名）一卷、趙宋法賢譯佛在香醉山爲五髻乾闥婆王說多羅菩薩之呪及頌持者得生於極樂國。

【聖吉祥持世陀羅尼經】（經名）具名大乘聖吉祥持世陀羅尼經、一卷、趙宋法天譯持世陀羅尼經之別譯。

【聖位】（術語）三乘聖果之位也。華嚴經二十六曰、「願一切衆生速入聖位」。

【聖位經】（經名）略述聖位經之略名。

【聖言】（名數）聖者正也、正直之言也。四聖言、一言不見爲不見二言不聞爲不聞。三言不覺爲不覺四言不知爲不知。見阿毘達磨集異門足論十。

【八聖言】（名數）於不見不聞不覺不知之事中、言爲實見等、或於所見所聞所覺所知之事中言爲不見等。如是八種名爲非聖言。若於不見乃至不知、言爲不見等、或於所見乃至所知言爲實見等、如是八種名爲聖言。見俱舍論十六。因謂梵語爲聖言。或聖語。見聖語條。

【聖妙吉祥眞實名經】（經名）一卷、元智慧譯。前爲文殊菩薩發菩薩心之願文。中明五智勇識之眞實名。後有文殊之一百八名讚等。

【聖佛母般若波羅蜜多經】（經名）一卷、趙宋施護譯。與般若波羅蜜多心經同本。有序及流通。般若之智生諸佛。故稱爲聖佛母。

【聖佛母小字般若波羅蜜多經】（經名）一卷、趙宋天息災譯。佛在靈山、以觀自在菩薩之請、說小字之般若眞言。又說勝妙般若眞言。

【聖法】（術語）佛所說之法、叶於正理、謂爲聖法。

【聖法印經】（經名）一卷、西晉竺法護譯。佛說三解脫門爲聖法印。

【聖性】（術語）唯識作聖性。俱舍作正性。其意一也。唯識以無漏智之種子爲聖性之體。俱舍以離煩惱爲正性。唯識述記九末曰「即依無漏智分別智等俱行五蘊種子爲聖性體。」俱舍論十曰、「何名正性。謂契經言貪無餘斷。瞋無餘斷。癡無餘斷。一切煩惱皆無餘斷。是名正性。」

【聖性離生】（術語）唯識作聖性、俱舍作正性。其意一也。生無漏智而斷煩惱、謂爲聖性。聲聞緣覺之二乘、入於見道之位、生一分之無漏智、斷分別起之煩惱障。菩薩生一分之無漏智、斷煩惱所知之二障、因而得一分之聖性、永離異性（凡夫）之生、謂爲聖性離生。唯識論九曰「二乘見道現在前時。唯斷一種名得聖性。菩薩見道現在前時。具斷二種名得聖性。」俱舍論二十三曰、「得世第一法。雖住異性生而能趣入正性離生。」四敎儀六曰、「聖以正爲義。捨凡性入正性。」

【聖明】（雜語）非凡常曰聖。稱智德曰明。無量壽經上曰「智慧聖明不可思議。」

【聖供】（雜語）三寶之供養物也。

【聖典】（術語）三藏之總名也。

【聖果】（術語）菩提涅槃也。是依聖道所得。故曰聖果。此果爲眞正。故曰聖果。楞嚴經一曰、「雖得多聞不成聖果。」淨住子曰「三乘聖果。十地功德。」

【聖者】（術語）聖者正也。發無漏智而證正理之人曰聖者。三乘之見道以上也。華嚴經六十二曰「唯願聖者廣爲我說。」

【聖胎】（術語）十住十行十廻向之三賢位、謂爲聖胎。因其以自種爲因、善友爲緣、聞正法而修習長養、至於初地而見道生於佛家故也。仁王經中曰、「是爲菩薩初長養心爲聖胎故」同良賁疏曰、「於三賢位俱名聖胎。所謂胎者自種爲因善友爲緣聞淨法界等流正法修習長養初地見道誕佛家矣」。

【聖持世陀羅尼經】（經名）一卷、趙宋施護譯。玄奘所譯持世陀羅尼經之別本也。

【聖迦抳忿怒儀軌經】（經名）具名聖迦抳忿怒金剛童子菩薩成就儀軌經、三卷、唐不空譯。大藏中分載於二處。迦抳之翻名未詳。

【聖師】（雜名）二師之一。見二師條。

【聖師子】（術語）佛之尊號也。佛爲聖中之王、猶如獅子爲獸中之王、故名。法華經方便品曰、「我聞聖獅子深淨妙音」。

【聖根本說一切有部】（流派）與說一切有部同。

【聖敎】（術語）聖者正也。與正理合名爲聖。聖人之所說、謂爲聖敎。圓覺經曰、「聞此聖敎隨順開悟」。解深密經一曰、「已善奉行如來聖敎」。宗輪論述記曰、「聖者正也。與正理合。目之爲聖。又契理通神。名之爲正。此所說敎名爲聖敎」。

【聖敎序】（雜名）唐太宗製述玄奘法師至西域求經譯布中夏之事。後有高宗在靑宮所作述聖記。末附玄奘所譯心經。弘福寺沙門懷仁集王羲之草書以勒石。今按原文記作於太宗貞觀二十二年。至高宗咸亨四年始立碑。世謂之集王聖敎序。別於褚聖敎而言。

【聖敎量】（術語）又作正敎量。又曰至敎量。因明之用語。三量之一。見量條。

【聖淨二敎】（術語）聖道與淨土之二敎也。唐道綽一代敎之判釋也。見二門條。

【聖淨相對】（術語）使聖道門與淨土門相對而論難易也。

【聖莊嚴經】（經名）聖莊嚴陀羅尼經之畧名。

【聖莊嚴陀羅尼經】（經名）二卷、趙宋施護譯。羅睺童子臥時爲惡羅刹所撓、佛爲說呪而護之。

【聖尊】（雜語）佛之尊號也。法華經化城喩品曰、「諸佛救世之聖尊」。

【聖智】（術語）聖者正也。如理智正照眞諦、離虛妄之分別、名爲聖智。維摩經發序曰、「聖智無知而萬品俱照。法身無象而殊形並應」。往生論註下曰、「法性無相故聖智無知」。

【聖提婆】（人名）Āryadeva 造百論等之提婆菩薩也。以其爲菩薩故尊稱爲聖。唯識樞要上本曰、「聖提婆等諸大論師」。

【聖衆】（雜語）聲聞、緣覺、菩薩、佛之聖者人衆也。

【聖衆來迎】（雜語）念佛行者命終

時、阿彌陀佛、遺極樂淨土之聖衆、迎入淨土也。安樂集曰、「命終之時。即得現見阿彌陀佛與諸聖衆住其人前得往生也。」

【聖衆來迎樂】（術語）淨土十樂中之第一。見樂條。

【聖衆來迎願】（術語）四十八願之第十九願、謂念佛行者臨終時、阿彌陀佛與大衆共現其人之前而引接之之願也。智光謂之爲命終現前導生願。慧心[illegible]爲臨終迎接願。靜照謂之爲臨終現前願。眞源謂爲聖衆來迎願。了慧謂爲來迎引接願。見無量壽經鈔三。

【聖衆俱會樂】（術語）淨土十樂之一。見樂條。

【聖無動經】（經名）聖無動尊大威怒王秘密陀羅尼經之略名。俗云不動經。見不動經條。

【聖無動尊】（菩薩）不動明王之別稱也。見不動明王條。

【聖無動尊大威怒王念誦】（經名）金剛手光明灌頂經最勝立印聖無動尊大威怒王念誦儀軌法品之略名。

【聖無動尊安鎭家國等法】（經名）一卷、唐金剛智譯。說安鎭法。在宮庭謂爲安鎭法。在民衆謂爲安宅法。

【聖無能勝金剛火陀羅尼經】（經名）一卷、趙宋法天譯。佛在妙高山、敕金剛手菩薩使說咒。以安慰天龍夜叉等。

【聖無量壽決定光明王如來陀羅尼經】（經名）一卷、趙宋法天譯。佛向妙吉祥菩薩說西方無量壽之陀羅尼。能增壽命得大利益。

【聖無動尊一字出生八大童子秘要法品】（經名）一卷、大興善寺翻經院述。稱爲八大童子儀軌。

【聖最勝經】（經名）聖最勝陀羅尼經之畧名。

【聖最勝陀羅尼經】（經名）一卷、趙宋施護譯。與最上意陀羅尼經恐爲同本

【聖最上燈明如來陀羅尼經】（經名）一卷、趙宋施護譯。東方最勝燈王如來助護持世間神咒經之異譯。

【聖虛空藏菩薩】（菩薩）見虛空藏條。

【聖虛空藏菩薩陀羅尼經】（經名）一卷、趙宋法天譯。虛空藏菩薩問七佛陀羅尼經之別譯。

【聖善住意天子所問經】（經名）一卷、元魏毘目智仙譯。大集經善住意天子會之異譯。

【聖賀野紇哩縛念誦儀軌】（經名）具名聖賀野紇哩縛大威怒王立成大神驗供養念誦儀軌法品、二卷、唐不空譯。馬頭明王之儀軌也。

【聖道】（術語）聖者之道也。總稱三乘所行之道。華嚴經八曰「具轉聖道妙法輪」成實論一曰「聖道能破一切結使。」又八聖道支也。與八正道分同。見聖道門條。

【聖道衣】（衣服）紫衣、素絹、道服等謂之聖道衣。以是爲天台眞言等聖道衆之人所著故也。對於律僧之律衣、念佛僧之黑衣而言。

【聖道門】（術語）二門之一。除淨土宗、淨土眞宗之淨土門。如其他法相天台宗於此土說自凡至聖之道。總名爲聖道門。見二門條。

【聖道衆】（雜語）法相、三論、天台、眞言等昇於官位之僧徒也。聖道之名自聖淨二門之別而來。

【聖種】（術語）聖者之種性也。謂入道而修三學者。三寶中之僧寶也。行事鈔下二曰、「三寶聖衆。」又生衆聖之行法、名爲聖種。一、二、三、於衣服、飲食、臥具、隨所得而喜足。四、樂斷惡、樂修善、名爲四聖種。以諸弟子捨俗之生具（衣食住）與俗之事業。爲求解脫、歸於佛而出家。故法王世尊愍彼而效彼之俗。安立助道之二事也。一生具、二事業。即前三者爲助道之生具。後一者爲助道之事業也。若能依前之生具作後之事業、則解脫不久。此四法能生衆聖、故名爲聖種。見俱舍論二十二。

【聖種性】（術語）五種性、又六種性之一。見種性條。

【聖語】（術語）Āryabhāṣa 又曰聖言。即梵語。所謂三尸克利德婆羅門之經語、爲中天竺之正音。俱舍論十一曰、「一切天衆皆作聖語。謂彼言詞同中印度。」毘婆沙論七十九曰「世尊有時爲四天王先以聖語說四聖諦。四天王中二能領解。二不領解。世尊憐愍饒益彼故。以南印度邊國俗語（舊婆沙作毘陀羅語）說四聖諦。謂翳泥迷泥蹋部達。嚛部。二天王中一能領解。一不領解。世尊憐愍饒益彼故。復以一種篾戾車語（舊婆沙作彌離車語）說四聖諦。謂摩奢覩奢。僧攝摩。薩縛怛毘剌遲。時四天王皆以領解。」然以聖語說四諦、爲對於四天王之一時隨說。非爲佛之常語。佛以當時摩竭陀國之俗語爲佛語。此語之經文今不可得。南方阿利耶語之方言經文、傳於錫蘭島、是即今之巴利語也。因而暹羅國之佛徒、指巴利之佛語、稱爲摩呼。而佛於諸律中呵責用聖語者。四分律五十二曰、「時有比丘字勇猛。婆羅門出家。往世尊所白世尊言。大德此諸比丘衆姓出家。名字亦異。破佛經義。願世尊聽我等以世間好言論修理佛經。佛言汝等痴人。此乃是毀損。以外道言論而欲雜糅佛經。佛言。聽隨國俗言音所解。誦習佛經。」五分律二十六曰、「有婆羅門兄弟二人誦闡陀Chandas鞞陀書後於正法出家。聞諸比丘誦經不正。譏呵言諸大德久出家而不知男女語一語多語現在過去未來語長短音輕重音。乃作如此誦讀佛經。比丘聞羞恥。二比丘往至佛所。具以白佛。佛言聽隨國音讀誦。但不得違失佛意。不聽以佛語作外書語。犯者偷蘭遮。」十誦律三十八曰、「佛在舍衛國。有二婆羅門一名瞿婆。二名夜婆。於佛法中得信出家。本誦外道四圍陀書。出家已。以是音聲誦佛經。時一人死。一人獨在。所誦佛經。忘不通利。更求伴不得。心愁不樂。是事白佛。佛言從今以外書音聲誦佛經者突吉羅。」

【聖網】（譬喻）聖人之教網也。謂佛之教法以其羅致衆生使歸於正法故也。行事鈔上二曰、「致使聖網日就衰弱。」

【聖福】（術語）二福之一。對於梵福之稱。三乘之聖果。

【五種聖福】（名數）一聖福、住於阿羅漢最後身而得有餘涅槃者、是小乘之聲聞也。二體聖福、通教之三乘人同體達諸法即爲無生、唯斷煩惱之正使而不能侵害習氣者是也。三小薩埵福、具自行化他之二利、以無言說之道斷煩惱、遂入無餘涅槃者、是小乘之菩薩也。四大薩埵福、自初發心次第化人而入大涅槃者、是大乘別教之菩薩也。五聞法華經初隨喜福、圓教之菩薩、聞法華經而隨信者是也。見法華文句十。

【聖僧】（術語）禪林僧堂中央所安之像曰聖僧。然其像不定。若大乘寺安文殊。小乘寺安憍陳如。或賓頭盧。或安大迦葉、安須菩提。則通用不拘。見象器箋三。◎僧爲供養時。有別設座充尊者之位者。是賓頭盧尊者也。見賓頭盧條。◎斷惑證眞之聖人曰聖僧。

【聖僧侍者】（職位）又曰聖侍。禪宗給侍僧堂聖僧之像者。

【聖儀】（術語）又曰尊儀。佛像也。寄歸傳四曰、「灌沐尊儀」又曰、「灌洗聖儀。實爲通濟。」

【聖緣】（術語）聖道之助緣也。止觀十曰、「若前世外有鬼緣。鬼則加之。發鬼禪鬼見。外有聖緣。聖人加之。發正禪見也。」

【聖賢】（雜名）聖者與賢者也。

【聖諦】（術語）聖者所見之諦理也。諦者言其理之眞實不虛也。俱舍論二十二曰、「何義經中說爲聖諦。是聖者諦。故得聖名。於非聖者此豈成妄。於一切是諦性無顚倒故。然唯聖者實見非餘。是故經中但名聖諦。非非聖諦。顚倒見故。如有頌言。聖者說是樂。非聖說爲苦。聖者說爲苦。非聖說是樂。」勝鬘寶窟下本曰、「聖諦者苦集滅道審實不虛。故名爲諦。又能生不顚倒實解。故名爲諦。聖謂諸佛。就聖辨諦。故云聖諦。又此能生無漏聖解。目之爲聖。故云聖諦。」碧巖第一則曰、「如何是聖諦第一義。」

【聖諦現觀】（術語）於見道觀現前四諦之理也。

【聖閻曼德迦威怒王】（菩薩）五大明王中之大威德明王也。

【聖應】（術語）佛陀之感應也。法華文句一曰、「但觀己心之廣高。仰無窮之聖應。」

【聖曜母陀羅尼經】（經名）一卷、趙宋法天譯。金剛手菩薩請說咒擁護衆生。不爲諸惡星宿所害。佛爲說聖曜母陀羅尼。梵 Ārya-grahamātṛkā-dhāraṇī

【聖寶藏神】（天名）有無量之財寶、饒益衆生。故名聖寶藏神。見聖寶藏神儀軌經。

【聖寶藏神儀軌經】（經名）二卷、趙宋法天譯。說祈禱聖寶藏神之儀軌。

【聖靈】（雜語）神聖之精靈也、總尊敬死者之神識而言。說法明眼論曰、「供養佛像、廻向聖靈。」

【聖觀音】（菩薩）又作正觀音。新作聖觀自在。六觀音之一。無六觀音中千手等之異相。故但稱爲聖觀音。尋常之觀音菩薩也。見觀音條。

【聖觀自在儀軌】（經名）聖觀自在菩薩心眞言瑜伽觀行儀軌之畧名。

【聖觀自在菩薩】（菩薩）又作正觀自在菩薩。舊云聖觀音。六觀音之一。常單名觀音。見觀音條。

【聖觀自在菩薩念誦儀軌】（經名）一切佛攝相應大教王經聖觀自在菩薩念誦儀軌之略名。

【聖觀自在秘密心陀羅尼經】（經名）聖觀自在菩薩不空王秘密心陀羅尼經之略名。

【聖觀自在菩薩一百八名經】（經名）一卷、趙宋天息災譯。

【聖觀自在菩薩心眞言瑜伽觀行儀軌】（經名）一卷、唐不空譯。說聖觀音之本尊及眞言念誦法。

【聖觀自在菩薩不空王秘密心陀羅尼經】（經名）一卷、趙宋施護譯。不空羂索神變眞言經第一品之別譯。

【禁五路印】（術語）引留臨死病人之魂魄於現身。爲令延命而結之印。屈無名指入掌中。竪小指者是也。禁者閉塞之義。五路即六道中之五道。言人死而趣他界、今既在人道。死去之處是五道也。以不思議之加持力禁閉五道之門、蘇而還於前身。故爾言也。或曰、魂魄經五路而去。今令此防遏之。五路者、一臍下、二胸、三腹、四首、五頂上也。出於穢跡金剛說神通大滿陀羅尼法術靈要門。

【禁母緣】（術語）善導觀經序分義、分一經之序分爲證信序、發起序之二、於發起序中更分七科、阿闍世王幽閉其母韋提希夫人之一段謂之第三科禁母緣。

【禁戒】（術語）佛制定之法律爲禁非戒惡者。三藏中律藏專明之。有五戒八戒沙彌戒具足戒等之別。

【禁戒經】（經名）迦葉禁戒經之畧名。

【禁滿】（物名）溫器之名。玄應音義十四曰「禁滿溫器名也。尋檢文字所無。未詳何出。此應外國語耳。」

【楚石】（人名）名梵琦、字楚石。得法於元叟端。住持天寧永祚寺。明洪武三年寂、壽七十五。國初第一等之宗師也。見續稽古史略二。

【楚江王】（雜名）十王中之第二。司掌大海之底正南沃燋石下活大地獄。此重地獄、縱廣五百由旬。另設十六小地獄。爲惡之人犯何罪孽、推入大獄、另發應到何小獄受苦。滿期轉解第三殿加刑發獄。

【想】（術語）心性作用之一。浮事物之相於心上、以爲起言語之因者。與一切之心相應而起。俱舍論四曰、「想謂於境取差別相」唯識論三曰、「想謂於境取像爲性。施設種種名言爲業。謂要安立境分齊相。方能隨起種種名言。」

【想地獄】（界名）等活地獄之異名。罪人爲苦所逼、作已死想、而冷風吹來更活起也。俱舍論曰、「等活地獄。」顯宗論曰「想地獄。」

【想受滅無爲】（術語）六無爲之一。見無爲條。

【想念】（術語）思想念慮。觀無量壽經曰、「當起想念。正坐西向、諦觀於日」無量壽經下曰、「想念貪計」

【想愛】（術語）情想與愛欲。順諸事情想則生愛欲。以此二者爲受生之本因。楞嚴經曰「想愛同結。愛不能離。則諸世間父母子孫相生不斷。」

【想顚倒】（術語）三顚倒之一。凡夫對六塵之境、而思想顚倒、生種種煩惱也。見宗鏡錄四十二。

【想蘊】（術語）五蘊之一。人有想像事物善惡邪正種種情想。聚之故名曰想蘊。俱舍論二曰「想蘊謂能取像爲體。卽能執取靑黃長短男女怨親苦樂等相。」

【想觀】（術語）想事物於心而觀。事理二觀之事觀也。觀無量壽經所說之十六觀卽此事觀。經曰、「是爲日想。名曰初觀。」乃至「是名下輩生想。名第十六觀。」

【雷】（雜名）梵語識羅惹哆 Garjita 爲空中之四大相觸而發聲者。三界義曰、「長阿含云有時地大與水大相觸。有時地大與火大相觸。有時地大與風大相觸。有時水大與火大相觸。有時水大與風大相觸。以是緣故虛空中有雷聲起。」

【象牙聞雷生花】（傳說）涅槃經八曰、「譬如虛空震雷起雲。一切象牙上皆生花。若無雷震。花則不生。亦無名字。衆生佛性亦復如是。常爲一切煩惱所覆。不可得見。」

【孔雀聞雷娠】（傳說）涅槃經三十四曰、「自有衆生非因父母而得生長。譬如孔雀聞雷震聲而便得身。又如青雀飲雄雀淚而便得身。如命命鳥見雄鳥舞卽便得身。」

【除雷符】（物名）最勝王經如意寶珠品曰、「世尊於大衆中告阿難陀曰。汝等當知有陀羅尼名如意寶珠。遠離一切災厄。亦能遮止諸惡雷電。（中略）於此東方有光明電王。名阿揭多。南方有光明電王。名設羝嚕。西方有光明電王。名主多光。北方有光明電王名蘇多末尼。（中畧）若於住處書此四方電王名者。於所住處無雷電怖。亦無災厄及諸障惱。」

【電】（譬喩）金剛般若經六喩之一。維摩經、大般若經十喩之一。爲忽生忽滅者。故以喩世相之無常迅速。金剛般若經曰、「一切有爲法。如夢幻泡影。如露亦如電。應作如是觀。」維摩經方便品曰、「是身如電。念念不住。」無量壽經下曰、「知法如電影。究竟菩薩道。具諸功德本。受決當作佛。」

【電光石火】（譬喩）譬事之迅速。勢之猛烈。會元七（保福章）曰、「此事如擊石火。似閃電光。」

【電光朝露】（譬喩）喩身之無常也。慈恩傳二曰、「何爲電光朝露少時之身。作阿僧企耶長時苦種。」心地觀經一曰、「猶如夢幻與泡影。亦如朝露及電光。」

【電影】（譬喩）以電喩法之無常迅速。以影譬無實體。無量壽經下曰、「知法如電影。究竟菩薩道。」

【塗毒鼓】（雜語）以毒料塗於鼓上。使人聞聲而卽死者也。傳燈錄曰、「全豁禪師上堂。一僧出禮拜請師。曰吾教意猶如塗毒鼓。擊一聲遠近聞者皆喪。」參照毒鼓條。

【塗香】（儀式）六種供具之一。塗香於身手以供養佛也。智度論九十三曰、「天竺國熱。又以身臭故。以香塗身供養諸佛及僧。」同三十曰、「塗香有二種。一以栴檀木等摩以塗身。二者種種雜香擣以爲末。以塗其身及熏衣服幷塗地壁。」大日經疏八曰、「塗香是淨義。如世間塗香能淨垢穢息除熱惱。」行願品疏鈔三曰、「塗香者謂和合諸香用塗身手。供養之時當作是念。我獻塗香願從此等流五無漏塗香。磨瑩熱惱者。脫彼諸地獄一切極炎熱。」又請誦印明用塗香。不空羂索經三曰、「塗香塗手結持印。」都表如意摩尼轉輪聖王念誦秘密略法曰、「

次用塗香塗手臂上。然後念誦。」

【塗割】（譬喻）謂有恩人來塗香於我一手、有怨人來割取我一手、以譬恩怨之二緣。涅槃經三曰、「若有一人以刀害佛。復有一人持栴檀塗佛。佛於此二若生等心。云何。」止觀十曰、「雖起慈悲、愛見悲耳。雖安塗割、乃生滅强忍。」

【準提】（菩薩）Caṇḍī 又作准胝、尊提。稱爲天人丈夫觀音、人道之能化也。禪宗以準提爲觀音部之一尊、深尊崇之、日本東密以準提爲六觀音之一、攝於蓮華部、獨台密以七俱胝佛母准提經之經名、准提入於佛母中以爲佛部之尊。准提譯曰清淨、讚嘆心性清淨之稱。爲三目十八臂之尊形。三昧耶形爲未敷蓮華。准提經曰、「准字門者。於一切法是無等覺義。提字門者。於一切法是無取捨義。」

【畫像法】（圖像）取不截白氎清淨之物、擇去人髮、畫師受八齋戒、不以膠和色、用新椀盛彩色而畫之。其像作黃白色、種種莊嚴其身。腰下著白衣、衣上有花文、身著輕羅綽袖天衣、以綬帶繫腰、朝霞絡身、其手腕以白螺爲釧、其臂上之釧、七寶莊嚴。一一手上著指環、都十八臂、面有三目。上二手作說法相、右第二手施無畏、第三手把劍、第四手把數珠、第五手把微若布羅迦果、（漢言子滿果）第六手把鉞斧、第七手把鉤、第八手把拔折羅、第九把寶鬘。左第二手把如意寶幢、第三手把蓮華、第四手澡罐、第五手把索、第六手把輪、第七手把螺、第八手把賢瓶、第九手把般若波羅蜜經篋。於菩薩下作水池、池中安蓮華、難陀跋難陀二龍王共扶持蓮華莖。蓮華上安准提菩薩。其像周圍安明光焰、其像作憐愍眼看。

【准提求願觀想法】（修法）若求無分別、當觀無分別無記念、若求無相無色、當觀文字無文字念、若求不二法門、當觀兩臂、若求四無量、當觀四臂、若求六神通、當觀六臂、若求八聖道、當觀八臂、若求十波羅蜜圓滿、當觀十臂、若求如來普遍廣地、當觀十二臂、若求十八不共法、當觀十八臂、卽如畫像法觀也、若求三十二相、當觀三十二臂、若求八萬四千法門、當觀八十四臂、如是觀念、當入一切如來三摩地門甚深方廣不思議地。晃七俱胝佛母准提經。

【准胝法】（修法）此道場觀、先觀想地結上金剛墻內有大海、大海中有大寶山、山上有樓閣、閣中有八葉蓮華臺、蓮華上有月輪、輪中有嚩字、其字變成未敷蓮華、蓮華變成七俱胝佛母尊。白黃色、有十八臂。持種種三昧耶形。（出本頂）着白輕羅綿、坐赤蓮花。額有眼、（卽三眼）眷屬圍繞。其印契以二小指二無名指相叉入掌、二中指直豎頭相著、二頭指頭附二中指上節側、二大指各附二頭指側即成其眞言爲唵折隸主隸准提莎訶。准提經百二十尊法、佛部經七俱胝佛母准提大明陀羅尼經中說布此眞言九字於身上之法。

【准提陀羅尼布字法】（修法）出於七俱胝佛母准提大明陀羅尼經。

唵字　想安頭上　其色白如月　放於無量光　除滅一切障

折字　想安兩目　其色如日月　爲照諸愚闇　能發深慧明

隸字　想安頸上　色如紺瑠璃　能顯諸色相　漸具如來智

主字　想安心上　其色如皎素　其心清淨故　速達菩提路

隸字　想安兩肩　色黃如金色　猶覩是色相　能被精進甲

准字　想安臍中　其色妙黃白　速登妙道場　不退菩提故

提字　想安兩脞　其色如淺黃　速證菩提道　得坐金剛座

莎嚩　想安兩脛　其狀作赤色　常能想是字　速得轉法輪

訶字　想安兩足　其色猶滿月　行者作是想　速得達圓寂

【準提佛母法】（修法）見準提條附錄。

【準提念誦觀行等法】（修法）七俱胝佛母准提大明陀羅尼經之異名。

【準開山】（雜名）道行崇高功被山門者謂之準開山、或稱中興祖。見象器箋三。

【淺那】（人名）Sena 譯曰軍。見賢愚經六。

【義】（術語）梵語阿他、Artha 又作阿陁。譯曰義。道理意味也。華玄略述一本曰、「義者所以也。」淨影維摩義記四曰、「義別有三。一對相顯實所以名義。二對體用顯義用名義。三對惡論善義利名義。」

【義山】（譬喩）譬義理之高如山也。因明大疏一曰「竦義山於奧牖」

【義天】（人名）慈恩大師能解妙義、稱曰義天。宋高僧傳七曰、「有大乘基爲其高足。不緣宿習多見生知。謂之義天」又十住等之菩薩、名爲義天。四天之一。涅槃經二十二曰、「義天者。十住菩薩摩訶薩等。以何義故十住菩薩名爲義天。以能善解諸法義故。云何爲義。見一切法是空義故。」又高麗國仁孝王第四子、名義天。出家封祐世僧統、元祐初入中華求法、上表哲宗請傳賢首宗教。歸國流通敎。就錢唐慧因寺淨源受法。又就天竺寺慈辯受天台教觀。謁靈芝大智學律藏。就圓照宗本禪師問宗旨之大義。歸國弘通華嚴。見釋門正統八、稽古略四。

【義天目錄】（書名）本名新編諸宗敎藏總錄、二卷。海東傳華嚴大教沙門義天著。爲目次諸家之章疏者是章疏目錄之嚆矢。自序曰、「開元中初有大法師厥號智昇刋落訛謬。刪簡重複。總爲一書。曰開元釋敎錄。凡二十卷最爲精要。識者以爲經法之譜無出昇之右矣。住持遺敎。莫大焉。予掌窮謂(按窮謂二字、疑原本有誤無從攷正、今仍之)經論雖備。而章疏或廢。則流衍無由矣。輒效昇公護法之志。搜訪敎迹。以爲己任。孜孜不捨。僅二十載。於茲矣。今以所得新舊製撰諸宗義章。不敢私秘。敍而出之。後有所得。亦欲隨而錄之。脫或將來編次函帙。與三藏正文垂之無窮。則吾願畢矣。」

【義心】(術語) 猶豫不決之心也。有迷事迷理二者。迷事之疑。於見道斷之。迷理之疑。至佛斷之。

【義少】(雜名) 能解義之少年也。釋氏要覽下曰、「法安年十八講涅槃經。張永問年幾。永嘆曰、昔扶風朱勃年十二。能讀書。人號才童。今安公可曰義少。」

【義立】(雜語) 推義而立說也。謂經論無明文。而推其中所合之義立自己之主張也。選擇傳弘決疑鈔所謂「聖淨二門人師義立」。即其例也。

【義玄】(人名) 唐眞定府臨濟院義玄。曹州南華人。見黃檗山運禪師、了然通徹。後趙人請住子城之南臨濟。示人心要。頗類德山。以咸通七年丙戌寂。敕諡慧照大師。言敎頗行於世。稱曰臨濟宗。見宋高僧傳十二。

【義存】(人名) 唐福州雪峯廣福院義存。泉州南安人。十七落髮。遇德山宣鑒。而契悟。咸通年中登閩之象骨山雪峯創院。徒衆翕然。僖宗賜號眞覺大師。住閩州四十餘年。學者冬夏千五百不減。梁開平二年壽八十七寂。見宋高僧傳十二、傳燈錄十六。

【義利】(術語) 義與利相應。義必有利。故曰義利。佛地經論一曰、「義利現益名義。當益名利。」大日經疏七曰、「於一一眞言皆具能成就一切義利。」

【義成殿】(雜名) 於佛生日造浴佛之小亭。於亭上揭義成殿之額。義成乃悉達太子之幼名。一切義成之略。西域記七曰、「薩婆曷剌他悉陀。Sarvārtha-siddha 唐言一切義成。舊曰悉達多。訛略也。」

【義足經】(經名) 佛說義足經二卷、吳支謙譯。由十六小經而成。各經之終有義足偈。因名義足經。義足偈者、補足上說經義之意。

【義和】(人名) 鄉貫未詳。生平江能仁寺。唱華嚴圓融念佛法門。南宋乾道元年、於臨安慧因院撰華嚴念佛三昧無盡燈一卷。嘗賜圓澄法師之號。年壽並缺。見樂邦文類、佛祖統紀等。

【義青】(人名) 青社人。姓李氏。於妙相寺試經得度、習百法論。一日歎曰、「三祇途遠、自困何益。」乃入京師聽華嚴。嘗讀法慧菩薩偈、至即心自性句、猛省曰、「法離文字、寧可講耶。」去叩禪林、參浮山法遠於聖巖寺、隨侍凡六年。洞下宗旨悉皆究明。遠即付大陽警玄之頂相皮履直裰、更囑曰「代我續其宗風、無久滯此、宜善護持。」尋見圓通法秀、意氣相投、自是道聲藉藉。初住建州白雲山、尋遷舒州投子山、舉大陽之宗風。故有投子之號。年壽並缺。法嗣九人、芙蓉道楷最著。所著有投子青禪師錄二卷。見續傳燈錄、佛祖通載等。

【義空】（人名）唐代人。鄉貫未詳。師事鹽官齊安、承南宗禪之奧旨、爲其上首。應日本橘皇后之請、至彼國、爲檀林寺開山。居數歲、歸唐。年壽並缺。

【義例】（書名）止觀義例之略稱。荊溪作、二卷。

【義例纂要】（書名）六卷、宋神智從義、釋義例者。所謂山外之異義也。

【義例隨釋】（書名）六卷。草堂處元著。釋義例而破山外神智之纂要者。

【義門】（術語）各種之義理、門戶差異、而彼此不混同也。門者差別之義。止觀大意曰、「開拓義門、觀法周備。」元照之彌陀經疏曰、「先以義門括其綱要。」

【義虎】（人名）義解之猛、譬如虎也。釋氏要覽中曰、「高僧道光在江東研究義理、號義虎。」

【義味】（譬喻）依文生義、如依食生味。蓋喻義爲食味也。又義者言義、味者趣意。即言與意也。行事鈔中二曰、「義味俱解。」資持記中二之一曰、「義謂言義、味即意趣。」

【義林章】（書名）大乘法苑義林章之略名。

【義陀羅尼】（術語）Artha-dhāraṇī 陀羅尼者、梵語、總持之義。能總持所聞之義趣而不忘失、謂之義陀羅尼。乃菩薩所成之德。四種陀羅尼之一。三藏法數十四曰、「諸菩薩持所聞無量義趣、經無量時、永不忘失。是名義陀羅尼。」大乘義章十一曰、「於諸法義、總持不忘、名義陀羅尼。」

【義相】（術語）義理與相狀也。五教章下曰、「佛果義相。」又義理之相狀也。三藏法數十五曰、「義相名相、即能詮教。下所詮義理之相。」

【義便】（術語）明義之便宜也。玄義一下曰、「若從義便、應先明法、却論其妙。下文云、我法妙難思、若從名便、應先妙次法。」

【義眞】（人名）唐人。鄉貫未詳。惠果之法孫、受法於義操。開成會昌頃、住長安青龍寺東塔院、有英名、究三教、通五部、特精胎藏。日本僧圓仁圓行等多就受密學。後武宗詔廢佛教、破壞寺塔、使僧尼還俗、毀章敬青龍安國三寺、以爲內園。師不知所終。

【義推相似過類】（術語）因十四過類之第七、謂不知宗因寬狹之規則、濫爲義推、由反面攻擊立者論法時所招之過誤也。凡宗因之關係、因之範圍、與宗之範圍同等、若狹時得論理推斷、不許因之範圍、較宗之範圍寬廣、然敵者不知此理、例如對於「聲無常(宗)由人意力發故(因)猶如人造品」(同喩)」之論式欲破斥之若謂如汝所云義推之、不得不謂無常者、皆由人生之意力發生、然有無常而非人造之物、如此論式實爲謬誤云云、是全不知宗因寬狹之規則、爲敵者自己之過誤也。

【義兼兩向】（雜語）一文上下異義也。

【義理】（術語）適於理之道也。八十華嚴經二十一曰「修多羅文句義理無有忘失」思益經力說品曰、「隨其義理不隨章句言辭」成實論衆法品曰、「佛法皆有義理、外道法無義理」。

【義淨】（人名）唐京兆大薦福寺義淨三藏、咸亨二年年三十七、發足取路南海、趣印度、經二十五年、經三十餘國、天后嗣聖元年、還洛陽、天后親迎於上東門外、置所齎梵本於佛授記寺。初與于闐之實叉難陀共譯華嚴經、後於長安福先寺及雍京西明寺自譯最勝王經等二十部。和帝神龍元年、於洛陽內道場譯孔雀王經、又於大先福寺譯莊嚴王經、二年隨駕歸雍京。後置翻經院於大薦福寺使居之。三年入內與翻經沙門九旬安居。其後所譯多多、都出五十六部二百三十卷、別出南海寄歸內法傳、西域求法高僧傳等五部九卷、其他雜著頗多、淨雖遍譯、藏然偏致律部、先天二年壽七十九寂。見宋高僧傳一。

【義寂】（人名）新羅國人、年代事蹟未詳、或云玄奘門人、與元曉等同時。出所著頗多、有無量壽經疏三卷、觀經綱要、涅槃經總目二卷、大乘義林章十二卷等二十餘種。見義天敎藏總錄、東域傳燈目錄等。因宋天台山螺溪傳敎院義寂、字常照、溫州永嘉人。受具已、往會稽學南山律鈔、至天台山研究止觀。先是天台敎迹甚爲散逸、金華古藏中但得淨名疏而已。後告韶禪師派人至日本購獲、僅足於佛隴道場國淸寺相繼講訓。許王錢氏私署淨光大師、賜紫方袍。及與螺溪道場、四方學侶雲集。雍熙四年壽六十九寂。著止觀義例等、自智者捐世至六代傳法、湛然後二百餘歲、受其遺寄、最能荷負。見宋高僧傳七。

【義無礙】（術語）知諸法之義、了了通達而無滯也。四無礙之一。大乘義章十一曰「知義無滯名義無礙」。

【義無礙智】（術語）於義得無礙之智也。

【義無礙解】（術語）舊譯曰義無礙智。新譯曰義無礙解。

【義無礙辯】（術語）自義無礙智起義無礙之言說也。於言說辯了之名。見四無礙條。

【義通】（人名）高麗人。後唐明宗天成二年生。有異相、頂有肉髻、眉長五六寸。乾祐頃來漢土、至天台山雲居寺見韶國師、又於螺溪義寂聞一心三觀之旨、以爲圓頓之學、悉於茲徹。遂留受業、又爲天台之第十六祖。將歸鄉里、經四明、郡守錢維治固止其行、漕使顧承徽舍宅爲傳敎院使居之。宋太宗賜寶雲之額。寶雲之號蓋基於此。端拱元年十月寂。壽六十二。所著有觀經疏記、光明玄贊釋、光明句備急鈔等。見佛祖統紀八、釋氏稽古略四。

【義疏】（術語）解釋本經義理者。疏者疏通之義、疏通義理之意。止觀七下曰、「覽他義疏洞識宗途。」

【義楚】（人名）宋齊州開元寺義楚、出家勤學不怠。極俱舍一宗。後該覽大藏三徧、擬白樂天六帖、十年中孜孜著義楚六帖、上於朝。唐世宗敕付史館、賜明敎大師之號。開寶年中壽七十四寂。見宋高僧傳七。

【義楚六帖】（書名）二十四卷。義楚著。類集釋氏之義理文章、庶事羣品者。大綱五十部。隨事四十門。

【義意】（術語）義趣意向。順正理論二十三曰、「我見此經。義意如是。」慧愷舊俱舍序曰、「重譯論文再解義意。」

【義解】（術語）義理之解釋。解釋佛經之深義也。高僧傳十科中有義解一科。

【義趣】（術語）義理之所歸趣也。法華經方便品曰、「了達諸義趣。」玄贊三曰、「是所說義。何所歸趣。」

【義湘】（人名）新羅人。唐總章二年、游中國、至長安終南山、隨智儼、學華嚴經。時吉藏亦同學。交游研鑽、深入玄微。歸國闡揚華嚴一乘之宗風。年壽並缺。著有一乘法界圖等。爲海東華嚴之初祖。

【義學】（雜語）謂如俱舍唯識等建立名數、論因果階級、法相跼蹐文字間之學問也。釋氏稽古略四所謂「兩街止是南山律部。慈恩賢首之疏鈔、義學而已。士大夫聰明超軼者、皆厭聞名相因果」之類是也。

【義懷】（人名）宋永嘉樂清（浙江溫州樂清縣治」人。姓陳氏。世營漁業。長入景德寺爲童行、天聖中、試經得度。初參金鑾善、又謁葉縣省、皆不契。仍東遊至姑蘇翠峯、謁雪竇重顯、汲水擔柴、辛慘練修、一日有所悟其機、偈曰、「一二三四五六七、萬仞峯頭獨足立、驪龍頷下奪明珠、一言勘破維摩詰。」顯拊案稱善印可。後出世於鐵佛寺、提倡法要。其語曰、「譬如雁過長空、影沈寒水。雁無留跡之意、水無留影之心」顯激賞以爲類已。尋住越州天衣寺、凡五遷法席、所到皆興其荒廢、大振雲門之法道。嘉祐五年寂、年七十二。世稱曰天衣義懷。見續傳燈錄、佛祖通載等。

【義操】（人名）唐靑龍寺東塔院義操。乃慧果阿闍梨付法之上足、爲國師。以大悲胎藏等三部之秘法、付與法潤義眞大遇等。見明匠略傳。

【義燈】（書名）唯識論了義燈之略稱。

【義龍】（譬喻）長於義學、以龍爲譬。釋氏要覽中曰「陳高僧惠榮講學縱橫、號義龍。」

【義類次第】（術語）法相宗釋三時敎判之語。釋尊所說之敎法、不關年月之前後、由敎義之淺深而判有空中之三時也。

【義辯】（術語）菩薩七辯之一。智度論五十五曰、「說趣涅槃利益之事、故名義辯。」

【著】（術語）心情纏綿於事物而不離、謂之著。如愛著執著貪著等。是大乘義章二曰「纏愛不捨名著」釋門歸敬儀中曰、「著是病本」法華經方便品曰、「吾從成佛已來、種種因緣、種種譬喻、廣演言敎、無數方便、引導衆生、令離諸著。」輔行二曰、「以著爲要、以達爲善。」

【著心】（術語）執著於事理之心也。智度論四十六曰、「若以著心修善、破則易、若著空生悔、還失其道、譬如火起草中、得水則滅」止觀十曰、「四門雖是正法、若以著心著此四門、則生邪見」又曰、「觀法雖正。著心同邪。」

【著衣喫飯】（雜語）言日常之事、無何等之奇特也。臨濟錄曰、「屙屎送尿、著衣喫飯、困來卽臥、愚人笑我、智乃知焉。」

【著我】（術語）思五蘊假和合之身中、有我實在而執著之也。

【著法】（術語）執著之念及所著之事物、總云著法。又執著於法也。

【著鬼簿】（物名）又云靈簿。過去帳之異名。

【著想】（術語）執著事物之妄想也。

【著語】（術語）著於古則公案句下之短評也。

【著樂】（術語）執著於樂境也。法華經方便品曰、「著樂痴所盲。」

【葉衣觀音】（菩薩）被葉衣觀音之略。被葉衣爲喻著八萬四千功德衣之意。密號爲異行金剛。三昧耶形爲未敷蓮華。其形像如葉衣觀自在菩薩陀羅尼經所說、「其像作天女形、首戴寶冠。冠有無量壽佛、瓔珞環釧莊嚴其身、身有圓光火焰圍繞。像有四臂。右第一手當心持吉祥果。第二手作施願手。左第一手持鉞斧。第二手持羂索。坐蓮華上。」秘藏記曰：「白肉色。左手取羂索。右手執未敷蓮華。」胎藏界曼陀羅鈔二曰：「問。何故名被葉衣耶。答。不明。若是葉色云。心歟。衣慈攝受被着歟。私案云被着之義可然。葉者八萬四千諸相好外繁茂義歟。衣法華云。柔和忍辱衣矣。」梵 Palāśāvalin

【葉衣觀自在菩薩陀羅尼經】（經名） 一卷。唐不空譯。詳說其修法及功德。

【葉衣觀自在經】（經名） 葉衣觀自在菩薩陀羅尼經之略名。

【葉蓋】（物名） 以木葉所造之蓋笠也。釋氏要覽中曰：「蓋律有二種。一竹蓋。二葉蓋。」

【葬式】（儀式） 佛家之葬式。本依後分涅槃經淨飯王泥洹經等所說及毘奈耶雜事所說之亡僧葬法。（見葬法條）至於後世。諸宗各殊。惟禪宗典例最爲詳密。今記其大要。僧死。先爲浴亡。使浴亡者。次著衣。据寢室。行入龕佛事。其第二夜通夜誦經。次入龕第三日。於寢室先行移龕佛事。移之於法堂。移於法堂後。行鎖龕佛事。而鎖龕蓋。於是有舉哀之式及奠茶湯之佛事。次行起龕佛事。由法堂起龕至山門。首在此轉龕。即轉龕向裏也。斯時供香華茶湯。爲轉龕佛事。鳴鈸至葬處。既至葬處。則先燒香奠茶。次爲秉炬（又曰下火）之事。導師取擬炬之小木。爲下火佛事。次付荼毘。荼毘後。爲收骨。拾白骨。次爲安骨。迎之於寢室。行佛事。次行起骨佛事。舉骨至塔所。於塔所行入塔佛事。入骨於墓。是其大要也。見象器箋十四。對在家之法。諸宗亦不一準。惟爲亡者剃髮與法名。乃一般之式。蓋以亡僧之格行之也。律書所出者。見葬法條。

【葬法】（儀式） 印度之葬法有三種。四種。三種者。一火葬。二水葬。三野葬也。四種者。一火葬。二水葬。三土葬。四林葬也。西域記二曰：「送終殯葬。其儀有三。一曰火葬。積薪焚燎。二曰水葬。沈流漂散。三曰野葬。棄林飼獸。」毘奈耶雜事十八曰：「佛言。苾芻身死。應爲供養。苾芻不知云何供養。佛言。應可焚燒。（中畧）欲燒殯時。無柴可得。佛言。可棄河中。若無河者。穿地埋之。夏中地濕。多有蟲蟻。佛言。於叢薄深處。令其北首右脇而臥。以草稕支頭。若草若葉覆其身上。」行事鈔瞻病送終篇曰：「中國有四葬。水葬投之江流。火葬焚之以火。土葬埋之岸傍。林葬棄之中野。爲鵰虎所食。律中多明火林二葬。亦有甕者。五分云。屍甕之。若火燒在石上。不得草上。安一漢地亦有四甕之說。列子曰：「晏平仲曰。既死。豈在我哉。焚之亦可。沈之亦可。瘞之亦可。露之亦可。」

【對出家送喪】（儀式） 僧中有死者。則一山之僧衆送之。附於四葬之一。令誦經咒願毘奈耶雜事十八曰、「送喪苾芻可令能者誦三啓無常經并說伽陀爲其咒願。事了歸寺便不洗浴。隨處而散。俗人見譏咸言釋子極不淨潔。身近死屍身不洗浴。佛言、不應爾。可洗身。彼卽俱洗。佛言、若觸屍者連衣俱洗。其不觸著但洗手足。彼還寺中不禮制底。佛言應禮制底」寄歸傳二曰、「然依佛敎。苾芻亡者觀知決死。當日舁向燒處尋卽以火焚之。當燒之時親友咸萃在一邊坐。或結草爲坐。聚土作臺。或置甎石以充坐物。令一能者誦無常經半紙一紙。勿令疲久。然後各念無常還歸住處。寺外池內連衣並浴。其無池處就井洗身。(中略)然後歸房。地以牛糞淨塗。餘事並皆如故」西域記二曰、「諸有送死以爲不潔。咸於郭外浴而後入」律宗依此法規。謂死屍爲不淨。不許置於佛殿。

【對在家送喪】(儀式)　比丘除其父母外。不許送在家人之喪。但爲施無常助道念、則不在此限。善見律十一曰、「若檀越作是言。今某國王某檀越喪。今葬請比丘送喪。不得去。若比丘自念言我往看彼葬觀無常。因此故我得諸道果。如此去無罪」送父母之喪者。如佛擔父棺、則爲報恩也。檀越來爲死者請誦經咒願、可至葬所者。此固爲比丘化方之一端。可如出家衆之葬法、於在家者之葬處誦無常經爲死者咒願、爲生者澍法雨也。梵網經下曰、「父母兄弟和上阿闍梨亡滅之日及三七日。乃至七七日。亦應讀誦講說大乘經律齋會求福」

【佛爲父擔棺】(傳說)　佛擔父王之棺也。淨飯王般涅槃經曰、「爾時世尊念當來世人民凶暴。不報父母育養之恩。爲是不孝之者。爲是當來之衆生等設禮法。故如來躬身自欲擔父王之棺。卽時三千大千世界六種震動。(中略)爾時世尊威光益顯。如萬日並。如來躬身手執香爐在喪前行」又舁姨母大愛道之葬牀。增一阿含經五十曰、「爾時告阿難陀羅云。汝等舉大愛道身。我當躬自供養。(中略)爾時釋提桓因毘沙門天王前白佛言。唯願世尊勿自勞神。我等自當供養。舍利弗告諸天止止天王。如來自當知時。此是如來所應修行。非是天龍鬼神所及也。所以然者。父母生子多有所益。長養恩重。乳哺懷抱。要當報恩。不得不報恩。(中略)是時世尊躬自舉牀一脚。難陀舉一脚。羅云舉一脚。阿難舉一脚。飛在虛空至彼冢間」

【葬送】(雜語)　送亡人於葬處也。佛滅度後棺斂葬送經曰、「吾滅度後。當有梵志理家盡禮葬送」

【葬頭河】(雜名)　出於十王經之妄說。其文曰、「葬頭河曲於初江邊官廳相連承所渡。前大河卽是葬頭。見渡亡人名奈何津。所渡有三。一山水瀨。二江深淵。三有橋渡」

【葬頭河婆】（異類）十王經之妄說。謂葬頭河邊有奪衣婆褫亡人之衣也。文曰：「官前有大樹名衣領樹。影住二鬼。一名奪衣婆。二名懸衣翁（中略）婆鬼脫衣。翁鬼懸枝。」

【葬殮】（儀式）又作葬斂。謂葬式也。

【葬禮】（儀式）葬送之禮式也。見葬式條。

【落叉】（雜語）Laksa　又曰洛叉。洛沙數量名。十萬也。如意輪陀羅尼經曰：「一洛叉唐云十萬數也。」玄應音義二十三曰：「洛叉又言洛沙。此當十萬。一百洛沙為一俱胝。」梵語雜名曰：「十萬。梵名攞乞史。」密教設淺深二教。淺略釋以為十萬之數量。深釋以為見照或成就之義。見三落叉條。

【落吃澁弭】（術語）Lakṣmi譯曰吉祥相。大日經疏八曰：「梵云落吃澁弭。翻為吉祥相。或云具相。亦是嘉慶義。吉祥義。吉慶義。滅德義。好相貌義。當知此名攝一切功德。故會意言之。」

【落迦】（界名）Naraka　那落迦之略。地獄之梵名。闢邪編曰：「邪見實落迦種子。若不改悔。陷墮非遙。」

【落染】（雜語）落髮染衣之略。

【落草】（雜語）落於下賤之意。碧巖三十四則曰：「雲門云。此語皆為慈悲之故。有落草之談。」同評唱曰：「若是出草之談。則不恁麼。」碧巖第三則頌古着語曰：「自也是爾落草。」

【落湯螃蟹】（雜語）公案名。五燈會元曰：「雲門偃曰。忽一日眼光落地。莫似落湯螃蟹。手忙脚亂。」

【落飾】（雜語）謂王公之出家也。剃落身之嚴飾之義。

【落髮】（雜語）削髮為僧也。北史河南王傳曰：「初和聘乙氏公主女為妃。生子顯。薄之以公主故。不得遣出。因忿遂自落髮為沙門。」劉長卿詩曰：「龍宮落髮披袈裟。」

【落髮染衣】（雜語）謂剃除鬚髮去飾著黑衣而出家也。

【落慶供養】（儀式）新築或修繕佛殿落成時所行之法會也。

【落謝】（術語）謂現在之法。滅其作用。於過去中謝去也。

【落賺】（雜語）事事欺誑之狡猾人也。

【募化】（雜語）又云募緣。亦曰化緣。募集與勸化之義。

【募化簿】（物名）勸緣簿也。

【募緣】（雜語）勸緣也。募有緣之人之意。

【募緣疏】（物名）勸緣簿也。

【萬】（術語）卐字之音。卐字不入經傳。惟釋藏中有之。釋家謂佛再世生胸前隱起卐字文、後人始識此字。華嚴音義謂卐本非字。周長壽二年權制此文著於天樞、音之爲萬。謂吉祥萬德之所集也。宣城梅氏不入字彙。自錢塘吳任臣作元音統韻末卷始行補入。參照萬字條。

【萬八千世界】（雜語）佛將說法華經眉間白毫放光明照東方世界之數量也。法華經序品曰、「爾時佛放眉間白毫相光。照於東方萬八千世界靡不周徧。」法華嘉祥疏二曰、「萬八千世界者表說一乘之果已滿、如萬。一乘之因未圓、如八千。又表一乘眞實故、義卽具足如萬。三乘是方便未具足故如八千。」

【萬子輪王】（術語）初地菩薩之別號也。瓔珞本業經上曰、「佛子。世間果報者。所謂十住銅寶瓔珞銅輪王一百子爲眷屬。（中略）歡喜地百寶瓔珞七寶相輪四天王。一萬子爲眷屬。」如此諸位菩薩當於世間果報、則歡喜地卽初地之菩薩功德、得四天王有一萬之福子。

【萬分】（術語）菩薩之修行、至於佛位也。

【萬不一生】（術語）顯雜修之失之語。謂雜修行者萬人中無一人得往生於彌陀之報土中者。

【萬行】（術語）一切之行法也。菩提心論曰、「復經三僧祇劫。修六度萬行。皆悉具足。然證佛果。」

【萬行少善】（術語）謂南無阿彌陀佛六字念佛所攝之善根福德無量、爾餘之萬行、少善根少福德也。

【萬字】（術語）卐之形也。是印度相傳之吉祥標相、梵名室利靺蹉洛刹曩 Śrī-vatsalakṣaṇa 卽吉祥海雲相也。羅什玄奘諸師譯之曰德字。魏菩提流支於十地經論十二譯此語爲萬字。此中室利靺蹉卽卐譯爲萬者、爲功德圓滿之義。故吉祥海雲之義、譯無咎。惟洛刹那譯爲字者、是與惡刹那之語相混。梵語洛刹那乃相、惡刹那乃字也。今卐爲相而非字、故可譯爲吉祥海雲相、卽萬相也。然其形右旋則爲卐、如禮敬佛右繞三匝、佛眉間白毫右旋婉轉、總以右旋爲吉祥。古來有作卍者、誤也。高麗本之藏經及慧琳音義二十一之華嚴音義、皆作卐。又示右旋之相而記爲[illegible]。大乘經之說、謂此係佛及第十地菩薩胸上之吉祥相、三十二相之一。據小乘之說、則此相不限於胸上。楞嚴經一曰、「卽時如來從胸萬字涌出寶光。」無量義經曰、「胸表卐字師子臆。」觀佛經三曰、「於萬字印中說佛八萬四千諸功德行。」唐譯華嚴經三十九曰、「皆於金剛莊嚴臆德相中出大光明。名能壞魔怨。」（是說第十地菩薩萬字之文）唐譯華嚴經四十八曰、「如來胸臆有大人相、形如卐字、名吉祥海雲。

」菩提流支譯之十地經論十二曰、「經曰。」於功德莊嚴金剛萬字胸出一大光明名壞魔怨。論曰於菩薩胸中有功德莊嚴萬字相名爲無比。」(是卐形當萬字之元初也名義集六華嚴音義云大周長壽二年主上制此文著於天樞音之爲萬謂吉祥萬德所集也。然華嚴音義無此文且其說爲非。)毘奈耶雜事十三曰、「世尊便舒無量百千功德所生左手旋環萬字。能除怖畏善施安穩。捉少年頭屈右手指內彼口中鉤其齒木與血俱出。」同二十六曰、「世尊便以上妙輪相萬字吉祥網輓其指謂從無量百福所生相好莊嚴。」慧琳音義十二曰、「卐字之文梵云室哩靺蹉。唐云吉祥相也有云萬字者謬說也。(中略)非是字也。乃是如來身上數處有此吉祥之文大福德之相。」華嚴音義上曰、「卐字之形今勘梵本卐字乃是德者之相。元非字也。(中略)卐室利靺蹉此云吉祥海雲。明本之華嚴音義一曰、「卐梵書萬字若佛胸前吉祥相是萬字者何不作此字者蓋知魏朝翻十地論譯人昧劣錯謂洛刹那爲相惡刹那爲字由此相字二音按聲呼之洛惡皆如鶴字聲勢既其相近故使一朝之謬。累代忘返也。」華嚴疏鈔八曰、「形如卐字者。靜法云(即華嚴音義者)室離靺瑳本非是字。乃是德者之相正云吉祥海雲。衆德深廣如海益物如雲古來三藏誤譯洛刹曩爲惡刹羅。遂以相爲字故爲謬耳然此相以爲吉祥萬德所集成因目爲萬意在語略義含應云萬相耳」已上諸說以萬字之萬爲漢語之義、然有一說以萬直爲梵音而寫卐字之音者。宋僧傳三曰、「譯音不譯字如佛胸前卐字是也。」日本最澄之註無量義經上曰、「萬者借音之字。胸上表示梵滿之字其梵字者應作卐字。此經備音作此萬字。即表果滿也。」案此說非是。余於印度聞學僧之說、謂此卐形爲梵天家之吉相、凡畫尊像必劃此卐形於此郭內畫形體爲法是乃火炎上之形、梵天之法、以火爲最大清淨最大吉祥而刱此相也

【萬劫】(雜語)劫爲分別世界成壞之時量名萬劫者、經世界成壞一萬、言時之極長也

【萬佛名經】(書名)宋劉跂學易集。有萬佛名經序曰、「趙郡李侯常武之夫人樂安孫氏自常武沒屏居里第。閱誦藏經積十餘萬歲鈔取佛名。類聚次第。數字一萬使其子周南召南繕錄成書析爲十卷題曰萬佛名經。」

【萬法】(術語)總該萬有事理之語、法者自體之義、軌則之義、萬有之事理、一一有自體具軌則、故皆名法、乃至龜毛兎角畢竟無者亦名爲法。以彼有無之自體、有無之軌則也。故比之外典之萬有萬事萬物等言、

而此言爲最汎。

【萬法一如】（術語）萬法由因緣而生、爲自然之法因緣生之法無有自性無自性故空即以空爲性也萬法各有一空性謂之一如。一者不二之義、如者相似之義、以萬法空性不二而相似也對萬之言而云一如、若對妄之言、則曰眞如如者正指空性之理體而言。往生十因曰「而今覺知法界唯眞。萬法一如無煩惱可斷煩惱卽菩提。無生死可厭。生死是涅槃。」

【萬法是眞如眞如是萬法】（術語）以大乘至極之義、說萬法之性相也。萬法指染淨之諸法、眞如指離染淨之一味實體眞如之體如水、萬法之相如波、波之性卽水、萬法之性卽眞如、水隨緣而生波之相、眞如之體應緣而現萬法之相淨名經曰、「萬法卽眞如由不變故。眞如是萬法、由隨緣故。」金錍論曰、「故子應知萬法是眞如、由不變故。眞如是萬法、由隨緣故子信無情無佛性者。豈非萬法無眞如耶。」

【萬松】（人名）燕京報恩寺萬松行秀禪師河內人也、於荆州淨土寺出家徧參諸處終於磁之大明寺謁雪巖、契悟心印、尋還淨土寺構萬松軒以自適金章宗明昌四年（南宋光宗紹熙四年）召師問道、賜錦綺之大僧衣。承安二年詔師住西山仰山棲隱禪寺。得法者一百二十人、壽八十一。稱萬松老人報恩老人。見會元續略一上師著從容錄蓄涉於金元兩朝之曹洞禪大宗匠也。

【萬物嚴淨願】（術語）彌陀如來四十八願中第二十七願、使國中萬物嚴淨之願也。無量壽經上曰、「設我得佛。國中人天一切萬物嚴淨光麗。形色殊特窮微極妙。無能稱量其諸衆生乃至逮得天眼。有能明了辯其名數者。不取正覺。」

【萬指】（雜語）萬人也。林間錄上曰、「萬指出迎。」

【萬華會】（行事）萬燈會之異名。或謂萬燈會外有萬華會、供養一萬之華於佛之法會也。

【萬善】（術語）一切之善事也。

【萬善同歸集】（書名）六卷、宋延壽著。明衆善盡歸於實相者。

【萬福寺】（寺名）在福州福淸縣黃檗山黃檗宗之本山也。參照黃檗山條。

【萬境】（術語）一切之境界也。

【萬僧會】（行事）會一萬之僧而修供養也。李唐懿宗禁中設萬僧會。帝升座讚唄。

【萬緣俱絕】（雜語）頓悟入道要門論上曰、「萬緣俱絕者、卽一切法性空是也。」

【萬燈會】（行事）點萬燈以供養佛之法會也。菩薩藏經曰、「然十千燈明懺悔衆罪。」十千卽萬也。

【葛藤】（譬喻）譬煩惱也。又斥法門之煩者。又謂言語。禪家之常語。出曜經三曰、「其有衆生。墮愛網者。必敗正道。（中畧）猶如葛藤纏樹。至末遍則樹枯。」碧巖十二則垂示曰、「却有許多葛藤公案。具眼者試說看。」種電鈔一曰、「葛藤者謂語言。」碧巖第一則垂示曰、「看取雪竇葛藤。」叢林盛事曰、「禪家者流。凡見說事枝蔓不徑捷者。謂之葛藤。」楞伽經一曰、「叢樹葛藤句。非叢樹葛藤句。」

【葛藤禪】（術語）大慧武庫曰、「雪居舜老夫常譏天衣懷說葛藤禪。一日聞懷遷化。於法堂合掌曰。且喜葛藤樁子倒。」

【葷辛】（飲食）葷乃蔬菜之臭者。辛乃其辣者。佛皆禁之。名義集三曰、「葷而非辛、阿魏是也。辛而非葷、薑芥是也。是葷復是辛、五辛也。」梵網經下曰、「若佛子。不得五辛。」西域記二曰、「蔬菜則有薑芥瓜瓠葷陀菜等。葱蒜雖少。噉食亦希。家有食者。驅令出郭。」寄歸傳一曰、「五天之人。不食諸虀及生菜之屬。由此人無腹痛之患。」

【葷酒】（飲食）葷與酒也。葷爲植物之辛而臭者。以攝一切之肉類。

【惹】（術語）Ja 又作社、闍。悉曇五十字門之一。爲一切法生不可得之義、超老死之聲、由 Jāti（生）Jāra（老）釋之。金剛頂經曰、「惹字門一切法生不可得故。」文殊問經曰、「稱惹字時。是超老死聲。」

【惹那】（雜語）Jñāna 譯曰智。大日經疏十三曰、「薩末囉、Smara（憶念也、）惹那、Jñāna（智也言尙憶此智也。）」菩提心義十曰、「闍那、此正言智。是分別根生義。」

【惹那跋陀羅】（人名）Jñānabhadra 譯曰智賢。南海波陵國人、譯涅槃後分經二卷。見開元錄九。

【惹那戰達羅】（人名）Jñānacandra 譯曰智月。唯識十大論師之一。

【意】（術語）思量事物曰意。唯識論五曰、「薄伽梵處處經中說、心、意、識、三種別義。集起名心。思量名意。了別名識。是三別義。」俱舍論四曰、「集起故名心。思量故名意。了別故名識。心意識三名。所詮義雖異。而體是一如。」止觀二上曰、「對境覺知。異乎木石。名爲心。次心籌量。名爲意。」又以前念之心爲所依而生後念之心曰意。梁譯之攝論一曰、「以識生依止爲意。」釋曰、「若心前滅後生。無間能生後心。說此名意。」起信論義記中末曰、「攝論云。意以能生依止爲義也。」

【意力】（術語）求正覺之意思。無量壽經下曰、「意力願力。」同淨影疏曰、「求佛之心名爲意力。」

【意三】（名數）十惡中屬於心意之三惡也。卽貪欲、瞋恚、愚痴是。

【意水】（術語）言入定時、心意湛然

如水也。三藏法師傳九曰、「定凝意水。」

【意生】（術語）生於意之謂也。

【意生身】（術語）又曰意成身由 Manomaya 譯之。初地以上之菩薩身爲衆生濟度如意受生而得之身、故名。勝鬘經曰「大力菩薩意生身。」寶窟中末曰、「意生身是初地已上一切菩薩彼人受生無礙自在、如心如意名意生身。」四卷楞伽經二曰「意生身者。譬如意去迅速無礙。故名意生」同經三說三種之意生身。七卷楞伽經四說三種之意成身。

【意生化身】（術語）菩薩任意而生之變化身也。

【意生金剛女】（天名）金剛界曼陀羅中、第七理趣會以香奉於本尊之天女名。手持柄香爐。見金剛界曼陀羅大鈔三。

【意生八葉大蓮華王】（術語）內心曼荼羅之大悲胎藏界也。是由我內心而生、故稱曰意生。見大日經入秘密曼荼羅位品及義釋十二。

【意巧】（術語）用意以種種方便所得之善巧也。晉書索靖傳曰、「叡哲交通意巧滋生。」

【意地】（術語）意乃第六識、是支配一身之所、又爲發生萬事之場處、故曰地。猶言心地。唯識論五曰、「意地感受名憂根。」宗鏡錄二曰、「注一昧之智水洗意地之妄塵。」

【意安樂行】（術語）四安樂行之第三。意離四過安樂行法華之法也。見四安樂行條。

【意言】（術語）意中之言、爲意所思者。圓覺經略疏鈔十一曰、「意言者意中之言也。」

【意車】（譬喩）意之活動如車也。三德指歸中曰、「油意車以戲九空。」

【意見】（術語）人之思量也。南山戒疏之上曰、「有何意見而欲乖異。」

【意成】（術語）又曰意生。由意之力而身成立也。

【意成天】（天名）天名。離色界無色界飲食、祇以意思存在之天人也。唯識論七曰「無色亦名意成天。」

【意成身】（術語）同意生身。

【意性】（術語）令物彼此相異之性。其性雖不可見、然有此異性、乃現異相也。俱舍論四曰、「何名轉變。謂相續中前後異性。」勝論師十句義中有異性句義。詳釋於十句義論唯識論一述記一之末。

【意性化身】（雜語）意生化身之誤。見意生條附錄。

【意近行】（術語）僅第六意識上有之、能爲意識親近之緣、使意識行者、即喜憂捨之三受也。五受中苦樂二受依五根及意根不親近於意識。此三受其所緣各各有六境。故合爲十八意近行。見俱舍論十。

【意根】（術語）六根之一。見六根條。

【意根坐斷】（術語）斷滅煩惱之根本思量分別也。有意識乃生分別、分別生種種煩惱。故煩惱斷滅、必意識斷滅。

【意馬】（譬喻）言人意馳逐於外境不住於一處、猶如奔馬也。慈恩傳九曰「願託慮於禪門。澄心於定水。制情猿之逸躁。繫意馬之奔馳。」

【意馬心猿】（譬喻）心地觀經八曰、「心如猿猴。遊五欲樹。暫不住故。」趙州錄遺表曰「心猿能跳。意馬休馳。」

【意氣金剛女】（天名）胎藏界曼陀羅中第七理趣會、奉塗香於本尊之天女名。手捧塗香器。見胎藏界曼陀羅大鈔三。

【意許】（術語）因明學所用之語。存於意而不顯於言曰意許。顯於言曰言陳。因明論大疏三曰、「以彼成立意許法之差別。積聚他用」因明論直解曰「口雖不言心有所指。即意許差別性也。」

【意密】（術語）三密之一。見三密條。

【意處】（術語）十二處之一。即心王也。在五蘊中爲識蘊、在十八界中爲七心界。此六識界與意界之七心界有能使心心所法作用生長之義、故於十二處中畧立爲意處。蓋由十二處者爲愚於色者所說之法門、故開色者爲詳、心略而唯爲一也。

【意執】（術語）意中執持事物、堅固而不動也。

【意業】（術語）三業之一。見三業條。

【意路不到】（雜語）意識不能到者。即不得以思慮分別而臆度之眞理境界也。虛堂錄四曰、「言詮不及、意路不到。」

【意經】（經名）佛說意經一卷。西晉竺法護譯。與中阿含四十五、心經同本。說心意之相。

【意解】（術語）謂依意識而了解也。八十華嚴十四曰、「觀其意解與同事。」深密經一曰「唯除種種意解別異意解變異意解。」行事鈔上曰「意解不同。心相各別。」資持記上四之一曰、「意解即所見也」又意之解脫也。維摩經佛國品曰「漏盡意解」又註曰、「漏盡九十八結漏既盡。故意得解脫。成阿羅漢也」同慧遠疏一曰、「內除愛染。名爲漏盡得無學智名爲意解」

【意猿】（術語）意之狂奔如猿也。三教旨歸下曰、「二六之緣誘策意猿」

【意樂】（術語）意得滿足而悅樂也。藥師經曰、「精進能調意樂。」玄奘譯之攝大乘論中明六種之意樂。又唯識論九明七最勝中有意樂最勝。三藏法數二十七曰、「菩薩修習一切法門皆須作意欣樂也。」

【意輪】（術語）三輪之一。見三輪條。

【意趣】（術語）心意之趣向。法華經方便品曰「隨宜所說意趣難解」。

【意憤天】（天名）由沒於意憤天處而降生於人間者住於須彌山。止觀私記五末曰「婆沙云意憤天」。

【意學】（術語）禪宗之學問。禪學。當於身口意中之意業故有佛心宗之名。禪源都序一曰「經是佛語禪是佛意諸佛心口不相違」。傳通緣起上曰「道善意學」。

【意樹】（譬喩）人之意譬如樹。謂善果惡果皆依意而結也。集沙門不應拜俗事序曰「意樹紛披」。

【意識】（術語）六識之一。依意根而起了別法境之心王也。有四種之別。一獨頭意識。不與他之五識俱起。獨起而汎緣十八界之意識也。此在散心。於三量中必爲比非之二量。二五同緣意識。與他五識同時而起。與彼共緣其境明了依之意識也。是心之現量。三五俱意識。與五識同時而起。緣五境。傍緣十八界之意識也。是通於現比非三量。四五後意識。生於五俱意識之後。念緣前念五境之境。及緣他一切法之意識也。是全與獨頭意識相同。此獨頭意識之釋。乃就六識建立之小乘而言。若就大乘之八識家言之。則倘與末那識阿賴耶識俱起。非獨頭現行也。見百法問答鈔二。又第六意識。六識中意識位於第六。故名。

【慈】（術語）見慈悲條。

【慈力王】（人名）往昔慈力王行十善。鬼神無食。以人皆持戒。時五夜叉來見王。王以身血施。令飽滿。而願若我當來成佛時。令汝得法食。且先度。慈力王即今釋迦牟尼佛。五夜叉即今五俱倫也。見賢愚經二。慈力王血施緣品。梵 Maitrabala

【慈子】（雜語）釋迦之弟子曰釋子。彌勒之弟子曰慈子。義楚六帖六曰「長阿含經云。所有弟子隨佛各別。釋迦弟子號釋子。彌勒弟子號慈子」。

【慈氏】（菩薩）舊稱彌勒。新稱梅怛麗耶 Maitreya 譯曰慈。是爲其姓。故稱慈氏。見彌勒條。

【慈氏軌】（經名）慈氏菩薩略修愈誐念誦法之異名。

【慈氏誓願經】（經名）慈氏菩薩誓願陀羅尼經之略名。

【慈氏所說稻稈喩經】（經名）慈氏菩薩所說大乘緣生稻稈喩經之略名。

【慈氏菩薩陀羅尼】（經名）一卷。趙宋法賢譯。

【慈氏菩薩誓願陀羅尼經】（經名）一卷。趙宋施護譯。佛爲慈氏說咒。慈氏立誓拔苦因受記。

【慈氏菩薩略修愈誐念誦法】（經名）二卷。唐善無畏譯。

【慈氏菩薩所說大乘緣生稻稈喻經】（經名）與大乘舍黎娑擔摩經、了本生死經、稻稈經同本異譯。

【慈心】（術語）四無量心之一。與人以樂之心也。

【慈心十一種果報】（名數）一臥安、二覺安、三無惡夢、四天護、五人愛、六毒不侵、七兵不侵、八水不侵、九火不侵、十盜賊不侵、十一得生梵天。見增一阿含經四十七。

【慈心童子】（人名）同慈童女。見慈童女條。

【慈水】（譬喻）慈悲之心能使人滋榮、故譬之以水、曰慈水。性靈集七曰、「慈水奄遊」此云慈母也。

【慈父】（雜語）心地觀經三曰、「慈父恩高如山王。悲母恩深如大海」。

【慈父長者】（譬喻）就法華譬喻品所說窮子之喻而云慈父卽長者。以譬如來之大悲大福也。

【慈光】（術語）諸佛大慈之光明也。讚阿彌陀佛偈曰「慈光遐被施安樂」

【慈行童女】（菩薩）五十三知識之一。

【慈地比丘】（人名）是六羣比丘中第一惡者。於生生中與摩羅子常爲怨惡。

【慈忍】（術語）慈悲與忍辱也。是三軌之二。證道歌曰、「觀惡言是功德、此則成吾善知識、不因訕謗起怨親、何表無生慈忍力」。

【慈明】（人名）趙宋潭州石霜山慈明禪師、名楚圓。嗣汾陽昭。臨濟六世之孫也。見稽古略。

【慈明盆水】（公案）慈明圓禪師、一日於方丈內安一盆水、上橫一口劍、下著一雙草鞋、橫安拄杖而坐。見僧入門便指。僧擬議。師便棒。見會元十二。

【慈明行心】（公案）慈明平生以事事無礙行心、非凡聖所能測。見禪林僧寶傳五章是圓頓家之常事、有何不能測。

【慈明虎聲】（公案）慈明圓禪師、泉大道來參。問曰、白雲橫谷、間道人何處來。泉顧指左右曰、夜來何處火、燒出古人墳。明曰、未在更道。泉作虎聲。師打一坐具。泉推倒慈明。明亦作虎聲。泉退身大嘆云、我對七十餘員善知識、唯師可繼得臨濟正宗。見會元十二。

【慈明執爨】（公案）慈明之婆、近寺居人無測之。慈明乘閑必至彼。一日攜粥當參久不聞槌鼓。楊岐爲監寺、曰今日當參何不擊鼓。云和尚出未歸。直往慈處、見明執爨、婆煮粥。岐云、和尚今日當參、大衆久待、以何不歸。明云、儞下得一轉語卽歸。下不得、東西去。楊岐以笠子蓋頭上行數步。明大喜、遂同歸。見普燈錄三。

【慈明論棒】（公案）慈明謂黃龍曰、書記學雲門禪、必善其旨、如曰放洞山三頓棒、於洞山時應打否。龍曰應打。慈色莊言曰、三頓棒聲便喫棒、則汝且及暮聞鴉鳴雀噪、鐘魚鼓板聲亦應喫棒、何時當已。龍瞠却。慈明云吾始疑汝不堪、師今可也。即令拜。見普燈錄三。

【慈明速喝】（公案）楊岐問慈明、幽鳥語喃喃、辭雲入亂峯時如何。明云我行荒草裡、汝又入深村。楊岐云、官不容針、更借一問得否。明便喝。岐云好。一喝。明又喝。岐亦喝。明速兩喝。岐便禮拜。明云這事是箇人正能擔荷。岐拂袖去。見普燈錄三。

【慈門】（術語）佛菩薩由慈心流出諸功德及善巧方便、謂之慈門。華嚴經世主妙嚴品曰、「清淨慈門刹塵數。共生如來一妙相」。碧巖外道問佛頌曰、「慈門何處生塵埃」。

【慈恩】（術語）施慈悲之恩德於人也。無量壽經下曰、「蝡動之類、皆蒙慈恩」。

又（人名）唐法相宗窺基、住京兆大慈恩寺、後世稱之曰慈恩大師。見窺基條。

【慈恩家】（流派）唐慈恩大師窺基、以法相宗成一家、謂之慈恩家。

【慈恩寺】（寺名）唐高宗為太子時、為文德皇后所創建、十大寺之一。在陝西長安縣東南、曲江北。隋無量寺地。南臨黃渠。竹松森邃。為京師最。西院浮圖七級。崇三百尺。永徽三年沙門玄奘立。東有繙經院。摭言曰、「進士自神龍後。期集慈恩寺塔下題名。」按唐杜甫岑參等并有登慈恩寺塔詩。

【慈恩宗】（流派）佛敎之一派。天竺有性相二宗、性宗即三論宗。相宗則從楞伽深密密嚴等經流出。有瑜伽顯揚諸論。而以成唯識論為最。唐玄奘至中印度。就學於戒賢論師。歸譯傳。以玄奘住慈恩寺。故號慈恩宗。明季此宗大振。一名法相宗。又名唯識宗。

【慈恩敎】（術語）稱唐慈恩大師弘闡之法相宗。

【慈恩傳】（書名）大慈恩寺三藏法師傳之略名。

【慈恩八宗】（流派）慈恩大師於佛敎判別八宗。我法空有宗、指犢子部等。有法無我宗、指有部宗等。法無去來宗、指大衆部等。現通假實宗、指說假部等。俗妄眞實宗、指說出世部等。諸法但名宗、指一說部等。勝義皆空宗、指般若等空宗龍樹系。應理圓實宗、指華嚴法華等經及無著系之說。

【慈恩寺三藏】（人名）唐法相宗之開祖、玄奘三藏、住大慈恩寺、因名慈恩寺三藏。

【慈恩寺三藏法師傳】（書名）十卷、唐慧立本、彥琮箋。玄奘三藏之傳記也。

【慈航】（術語）大慈弘誓之船也。萬

善同歸集六曰、「駕大般若之慈航、越三有之苦津。」

【慈起菩薩】（菩薩）又曰慈愛生菩薩。胎藏界除蓋障院九尊之一。肉色、持梵篋。金剛名曰慈念金剛。見大日經疏五、胎曼鈔四。

【慈救呪】（眞言）不動明王之眞言也。見不動條。

【慈救眞言】（眞言）同慈救咒。

【慈救眞言寶篋印】（印相）不動尊之印也。

【慈眼】（術語）佛菩薩以慈悲心視衆生之眼也。

【慈無量心】（術語）四無量心之一。

【慈悲】（術語）與樂曰慈、拔苦曰悲。四無量心中之二無量也。智度論二十七曰、「大慈與一切衆生樂、大悲拔一切衆生苦。」

【三種慈悲】（名數）一衆生緣慈悲、以一慈悲心視十方五道衆生、如父、如母、如兄弟姉妹子姪、緣之而常思與樂拔苦之心、名衆生緣慈悲心。此多在凡夫或有學人之未斷煩惱者而起。二法緣慈悲心、既斷煩惱之三乘聖人達於法空、破吾我之相、破一異之相、滅一異之相之人、但憐衆生不知是法空、一心欲拔苦得樂、隨其意而拔苦與樂、名法緣慈悲心。三無緣慈悲、此慈悲惟在諸佛、蓋諸佛之心、不住於有爲無爲性之中、不住於過去現在未來世之中、知諸緣不實、顚倒虛妄、故心無所緣、但佛以衆生不知諸法實相、往來五道、心著諸法、取捨分別、故心無衆生緣、使一切衆生自然獲拔苦與樂之益、名無緣慈悲心。見智度論二十、佛持論五、涅槃經。

【慈悲五利】（名數）一刀不傷、二毒不害、三火不燒、四水不沒、五瞋惡見善、見檀特羅經。

【慈悲十二利】（名數）一、福常隨身。二、臥安。三、覺安。四、不見惡夢。五、天護。六、人愛。七、不毒。八、不兵。九、水不喪。十、火不喪。十一、在所得利。十二、死昇梵天。見法句經。

【慈悲衣】（雜名）法衣之德名也。見袈裟條。

【慈悲室】（譬喩）法華三軌中譬慈悲爲如來之室。法華經法師品曰、「如來之室者、一切衆生中大慈悲心是也。」

【慈悲觀】（術語）五停心觀之一。

【慈悲忍辱】（術語）法華三軌中之二軌也。法華經法師品曰、「如來室者、一切衆生中大慈悲心是、如來衣者柔和忍辱心是。」

【慈悲懺法】（書名）具曰慈悲道場懺法。梁武帝所撰。

【慈悲萬行】（術語）菩薩住於大悲心而修萬行、以慈悲之水滋榮萬行之樹木也。
【慈悲水懺法】（書名）三卷、唐智玄述。河施餓鬼之法也。
【慈悲萬行菩薩】（菩薩）修慈悲萬行之菩薩也。
【慈悲道場懺法】（書名）啓運慈悲道場懺法之略名。
【慈悲十力無畏起】（術語）謂諸佛如來之慈悲由十力與四無畏而起也。無量義經偈曰、「戒定慧解知見生三明六通道品發慈悲十力無畏起衆生善業因緣出。」
【慈雲】（譬喩）慈心廣大覆於一切、譬如雲也。雞跖集曰「如來慈心如彼大雲。蔭注世界」。図（人名）宋杭州天竺靈山寺靈應尊者名遵式字知白、眞宗賜號慈雲。天台寧海人、宋太宗乾德元年癸亥生。於國清寺普賢像前燒一指、誓傳天台之道。明道元年壬申十月八日入寂、壽六十九。見佛祖統紀十一。
【慈雲懺主】（人名）宋遵式法師、慈雲治定往生淨土懺儀。請觀音消伏毒害懺儀、金光明懺法因而後世稱爲慈雲懺主。
【慈尊】（菩薩）慈氏菩薩卽彌勒菩薩也。往生要集上末曰、「今案之從釋尊入滅至慈尊出世隔五十七俱胝六十百千歲。」觀經散善義曰、「若不親從慈尊何能免斯長歎。」
【慈尊月】（術語）金剛界賢劫十六尊中上首所安之慈氏菩薩住於月輪故謂爲慈尊之月。
【慈尊寶冠】（物名）八大菩薩曼荼羅經說慈尊之寶冠安率覩波是釋尊全身之舍利也。
【慈童】（人名）慈童女長者子之略。
【慈童女】（人名）慈童女長者子之略。
【慈童女長者子】（人名）慈童女長者之子也、慈童女爲長者之名、非爲女人。雜寶藏經一曰、「佛於過去世爲一慈女。由事發願願一切受苦者盡集我身、命終生於兜率。」卽致父母少爲不善則得大苦報、少爲供養則得無量福。」
【慈意】（術語）欲與人以樂之意也。法華經普門品曰、「悲體戒雷震、慈意妙大雲、澍甘露法雨。」
【慈敬】（術語）以慈愛之心而敬崇之也。無量壽經曰、「慈敬於佛。」
【慈霔】（雜語）以慈悲之雨注於人也。唐高僧傳（智顗傳）曰、「二時慈霔。」
【慈濟微命】（故事）毘奈耶雜事五曰、「南方二苾芻欲往室羅伐禮世尊、中路熱渴、觀水有蟲。大者唯念法、不飮而喪身。小者謂佛世難遇、飮而涉路。大者直生於三十三天、以勝妙之身禮世尊、得法眼淨。小者後至、爲佛呵責。」南海寄歸傳一曰、「恚捐輕枝現生龍戶、慈濟微命交升帝居。」

【慈嚴】（術語）有慈悲有威嚴、謂爲慈嚴所謂慈母嚴父也。楞嚴經一曰、「欽奉慈嚴、將求密義。」

【慈辯】（術語）由慈心起說、謂爲慈辯。無量壽經曰、「演慈辯授法眼。」

【稟具】（術語）受具足戒也。

【稟教】（術語）稟承佛之教法也。止觀輔行一曰、「受化稟教須討根源。」玄義釋籤六曰、「昔稟佛教起於誓願。」

【痺鉢羅】（植物）Pippala 又卑鉢羅樹之名。見畢鉢羅條。

【痴】（術語）梵語慕何。Moha 譯言痴。又曰無明。心性闇昧、迷於事理也。一切之煩惱由之而起。三毒之一。唯識論六曰、「於諸理事迷闇爲性。能礙無痴、一切雜染所依爲業。」又曰、「諸煩惱生、必由痴故。」俱舍論四曰、「痴者所謂愚痴。卽是無明。」大乘義章五本曰、「闇惑爲痴。」

【痴人】（雜名）愚痴之人。續谷響集七曰、「痴人前不可說夢。達人前不可言命。宋人就月錄以爲陶淵明之言不知何據。（丹鉛錄）」

【痴人說夢】（雜語）冷齋夜話曰、「僧伽龍朔中遊江淮間。其迹甚異。有問之曰。汝何姓。答曰姓何。又問曰何國人。答曰何國人。唐李邕作碑。不曉其言。乃書傳曰大師姓何。何國人。此正所謂對癡人說夢耳。」

【痴犬】（譬喩）痴犬逐塊。見犬條。

【痴子】（術語）愚惑之凡夫也。法華經信解品曰、「痴子捨我五十餘年。」

【痴凡】（雜語）愚痴之凡夫。淨心誡觀下曰、「無礙之智與痴凡一如。」

【痴水】（譬喩）愚痴之煩惱、譬如濁水。楞嚴經八曰、「十方如來色目我慢名飮痴水。菩薩見慢如避巨溺。」

【痴心】（術語）六蔽心之一。愚痴之煩惱蔽心性也。

【痴狗】（譬喩）譬聲聞緣覺之二乘。大品般若經十五曰、「須菩提譬如狗不從大家求食反從作務者索。須菩提當來世間善男子等棄深般若而攀枝葉聲聞辟支佛所應行經當知是爲菩薩魔事。」三論玄義曰、「大品呵二乘爲痴狗。淨名貶聲聞爲敗根。」

【痴取】（術語）愚痴之煩惱取爲煩惱之異名。

【痴使】（術語）十使之一。愚痴之煩惱也使爲煩惱之異名。

【痴定】（術語）有禪定而無智心者。觀音玄義上曰、「若定而無慧者此定名痴定。譬如盲兒騎瞎馬。必墮坑落塹而無疑也。」

【痴毒】（術語）三毒之一。愚痴之煩惱能毒害人者。

【痴迷】（術語）痴心迷於理也。止觀五曰、「無明痴惑本是法性。以痴迷故、法性變作無明起諸顛倒善不善等。如寒來結水變作堅冰」

【痴惑】（術語）心性痴闇、惑於理者。止觀五曰「無明痴惑本是法性。」

【痴猴】（譬喻）凡夫認虛爲實。如痴猴捉水中之月。止觀一曰「痴猴捉水中月」。見獼猴條。

【痴愛】（術語）愚痴與貪愛。三毒中之二。愚痴爲父、貪愛爲母、而生一切之煩惱惡業。大日經一曰、「劣慧諸衆生以痴愛自蔽」探玄記七曰、「痴愛是苦因」。止觀九曰、「愛蠶自縛。痴燈所害。百千萬劫。」觀音別行疏曰、「無明爲父、貪愛爲母。六根男六識女爲媒嫁。生出無量煩惱之子孫。」

【痴網】（譬喻）愚痴爲三德之一。爲發一切煩惱之本、故譬之於網之綱。萬善同歸集五曰、「沃渴愛之甘露。截痴網之慧刃。」

【痴網】（譬喻）愚痴之纏綿譬如網。唐華嚴經一曰、「令諸衆生永剬痴網。」

【痴慢】（雜語）愚痴與我慢。起信論曰、「遠離痴慢。」

【痴聚】（術語）多種之愚痴也。楞伽經二曰、「外道痴聚。」

【痴燈】（譬喻）凡夫譬如蛾、愚痴譬如燈火也。止觀五曰、「愛繭自縛。痴燈所害。」

【痴縛】（術語）三縛之一。愚痴之煩惱、纏綿而不離者。

【痴禪】（雜名）又曰痴室。斥空坐禪者而言。

【痴闇】（術語）無明之闇惑。唐華嚴經二曰、「如來智慧無邊緣。一切世間莫能測。永滅衆生痴闇心。」金光王童子經曰、「遠離諸煩惱痴闇雲翳除。」

【痾嚕祇】（雜語）Ārogya 大比丘受沙彌禮時返禮之辭。祈無病安全之義。寄歸傳三曰、「大受小禮自可端拱而云痾嚕祇。是咒願彼令無病義耳。」

【蜃樓臺】（譬喻）內典謂之乾達婆城。十喻之一。秘藏寶鑰下曰、「外道狂執蜃樓臺。」

【塞迦】（術語）梵字𑖭𑖿𑖎 Ska 四十二字門之一。又作娑迦、索迦、歌或作阿娑迦。此字雖無阿字形、然爲悉曇合字轉聲、當開口出聲時、常帶阿之聲而呼爲阿娑迦。新華嚴經七十六曰、唱娑迦字時、入般若波羅蜜門、名廣大藏無礙辯光明輪徧照。」入法界品四十二字觀門曰、「唱𑖭𑖿𑖎塞迦字時入無著無礙解脫地獄光明輪普照般若波羅蜜門、悟一切法積聚蘊性不可得故。」又不空羂索神變眞言經十四曰、「入塞迦字門解一切法聚積蘊性不可得故」守護國界主陀羅尼經三曰、「[illegible]娑迦字印悟解一切蘊聚體故」是卽以梵語塞健陀Skandha有積聚卽蘊之義故轉釋塞迦之字義者也。

【塞建陀】（術語）Skandha 又作塞建陀羅舊譯曰衆聚陰新譯曰蘊俱舍光記一本曰、「塞建陀羅唐言蘊舊譯名陰（於禁反）此陰是蔭覆義若言陰者梵本應言鉢羅娑陀案陰音應以於今反注也陰陽之陰也（中略）若言陰氣是萬物所藏卽是聚義借喩此名麤可通途然非正目故今名蘊或名爲衆故法華云五衆之生滅此亦不然若言衆梵本應云僧伽或翻爲聚此亦不然若言聚梵本應云曷羅施」玄應音義二十三曰、「塞建陀此翻爲蘊由積聚義說名爲蘊杜順曰蘊聚也蓄藏諸色故言色蘊受想等四義亦如此舊經論中或言五衆又云五聚頗亦近是仍未總名舊翻陰者失之久矣。」図（人名）羅漢名譯曰悟入衆賢論師之師也。俱舍寶疏一曰、「有羅漢名塞建陀唐云悟入」俱舍光記一曰、「塞建地羅」見塞建地羅條図（天名）又曰塞建那天最勝王經八曰、「塞建陀天妙辯才」大日經疏五曰、「塞建那天卽是童子天也」探玄記二十曰、「塞建那此云勝伏」梵Skanda韋䭾天也自建䭾誤爲韋䭾者也。

【塞建陀羅】（術語）見塞建陀條。

【塞建地羅】（人名）Sugandhara 羅漢名譯曰悟入俱舍光記一曰、「塞建地羅唐言悟入悟入卽衆賢師主」

【塞建那】（天名）見塞建陀條。

【窟內】（地名）摩揭陀國迦蘭陀竹園西南行五六里南山之北有大石窟如來滅後迦葉於此結集三藏同時去石窟二十餘里之處其餘大衆結集五藏故起窟內窟外之稱見西域記九宗輪論述記。

【窟內上座部】（流派）迦葉爲僧中第一之上座故於此師窟內結集名爲上座部窟外之結集以人數之多名爲大衆部宗輪論述記曰、「界內卽有迦葉波此云飲光時爲上座（中略）界內旣以迦葉爲上座部界外無別標首但總名大衆」

【窟外結集】（故事）見結集條。

【窟宅】（雜語）大慧書曰、「以思量計較爲窟宅」

【窟居部】（流派）見雞胤部條。

【窟觀】（雜語）於石窟修觀法卽坐禪也。

【窣吐羅底迦】（術語）Sthūlatyaya 六篇中第六小罪之名見慧琳音義六十。

【窣莎揭哆】（雜語）Susvāgata 譯曰極善來客自外來時謝主之辭寄歸傳三曰、「西方寺衆多爲制法凡見新來無論客舊及弟子門人舊人卽須迎前唱莎揭哆譯曰善來客乃尋聲卽云窣莎揭哆。譯曰極善來。如不說者。一違寺制。二准律有犯。」

【窣堵波】（術語）見率都婆條。

【窣堵波大吉祥菩薩】（菩薩）彌勒菩薩之異名也。

【窣路多阿半那】（雜語）Srotaāp-anna 譯曰預流、入流。小乘四果之第一果。玄應音義二十三曰、「梵音窣路多阿半那。此言預流。一切聖道說爲流。能相續流向涅槃故。初證聖果創參勝列。故名預流。預及也。參預也。舊言須陀洹者。訛也。」見四果條。

【窣羅】（飲食）Surā又作蘇羅、譯曰酒。順正理論三十八曰、「窣羅者。謂米麥等如法烝煮和麴糵汁投諸藥物。醞釀具成酒色香味。飲已昏醉。」瑜伽略纂十一曰、「窣羅者、米酒也。迷隸、(Meraya) 卽果酒也。末陀、(Mada) 蒲桃酒也。」梵語雜名曰、「蘇羅。」

【照拂】（行事）禪林謂維那之點檢也。照爲監視之義。拂音弼、輔弼也。敕修清規聖節曰、「維那燒香。點湯。照拂。」正字通曰、「拂與弼通。荀子諫諍輔拂。」

【照法輪】（術語）玄奘所立三法輪敎之第二。卽第二時之空敎也。見三敎條。

【照寂】（術語）眞如之妙用照十方曰照。眞如之妙體離諸過曰寂。妙用之當相爲寂體曰照寂。寂體之當處爲妙用曰寂照。

【照堂】（堂塔）在禪林僧堂之後。首座之僧代住持提撕衆僧之處。此屋連於僧堂而邃闇、故高其制、使之敞明、名爲照堂。或作之於法堂之後。又爲影堂之異名、則誤也。見象器箋一。

【照牌】（物名）牌上圖示衆僧之座次、使各人照知之者。

【照鏡】（雜語）在戒法、爲自己之相好而觀鏡、爲越毘尼。病新瘥後、或新剃髮時、又顏面生瘡時。始得照鏡。

【照覽】（術語）佛菩薩以光明照見衆生之機也。遵式之智者大師齋忌禮讚文曰、「聊薦精誠。仰惟照覽。」仁岳之釋迦如來涅槃禮讚文曰、「惟願洪慈。俯迴照覽。」

【愚夫】（雜語）梵曰婆羅。Bala 譯愚夫。言愚痴之凡夫也。新譯仁王經中曰、「愚夫垢識。染著虛妄。」唯識樞要上本曰、「梵云婆羅。此云愚夫。本錯云縛羅。乃言毛道。」

【愚夫所行禪】（術語）四種禪之一。謂二乘之人及外道觀無我之性、無常不淨之相等。

【愚法】（術語）小乘二類之一。聲聞緣覺二種之小乘、單迷執自法而愚於大乘法空之妙理者。謂爲愚法小乘。一旦雖取小果。然解大乘之理、遂廻心向大者、謂爲不愚法小乘。大乘義章十七末曰、「小中有二種人。一愚法人。執小迷大。名愚法人。知小解大。」

名不愚法人。」冠註五教章上之三曰、「一小乘教。二大乘始教。三終教。四頓教。五圓教。前一卽愚法二乘。後一卽別教一乘。」義苑曰、「具云愚法小乘。謂愚於法空故。此是大乘貶斥爲名故。」

【愚法二乘】（術語）與愚法同。見愚法條。

【愚童】（譬喻）以喻不知因果之道理而惑溺於生死之凡夫也。大日經一曰、「無始生死愚童凡夫執著我名我有。分別無量我分。」大日經疏一曰、「薩埵畧有三種。一者愚童薩埵。謂六道凡夫不知實諦因果。心行邪道。修習苦因。戀著三界。堅執不捨。故以爲名。」

【愚童持齋心】（術語）眞言宗所立十住心之第二。謂凡夫信世間因果之道理、知持齋之爲善而行之也。持齋者不過中食之法（過正午不爲食）以之爲善道者。爲印度古來之風俗。無異於此方所謂仁義之道。因而以之爲人乘之住心。大日經一曰、「愚童凡夫類猶羝羊。或時有一法想生。所謂持齋。彼思惟此少分。發起歡喜。數數修習。秘密主。是初種子善業發生。復以此爲因。於六齋日施與父母男女親戚。是第二芽種。復以此施。授與非親戚者。是第三疱種。復以此施。與器量高德者。是第四葉種。復以此施。歡喜授與伎樂人等及獻尊宿。是第五敷華。復以此施。發親愛心供養之。是第六成果。」秘藏寶鑰上曰、「愚童持齋心。由外因緣忽思節食。施心萌心。如穀遇緣。」倶舍光記十四曰、「西方國俗斷食名齋。」

【愚鈍】（雜語）心愚根性鈍者。行事鈔中之四曰、「若論事懺屬彼愚鈍。」文類曰、「凡小易修眞教。愚鈍易往捷徑。」

【愚鈍物】（雜語）吐羅難陀比丘尼罵迦葉尊者爲愚鈍物。毘奈耶雜事三十一曰、「吐羅難陀苾芻尼。從外而來。欲入住處。過河水泛溢。見迦攝波在板橋上。吐羅難陀作是念。此愚鈍物。今可治之。速往橋邊。用力蹋板。時迦攝波遂卽落河。衣服並濕。鉢沈水底。錫杖隨流。迦攝波曰。姊妹汝無過犯。乃是具壽阿難陀作斯過失。强請世尊度如斯類惡行之女。」

【愚惑】（雜語）心愚而迷於理者。無量壽經下曰、「愚惑所覆。不能深思熟計。」

【愚癡】（術語）三毒之一。梵曰慕何、Moha 譯曰癡。心性闇昧。無通達事理之智明也。與無明同。瑜伽論八十六曰、「癡異名者。亦名無智。亦名無見。亦名非現觀。亦名惛昧。亦名愚癡。亦名無明。亦名黑闇。」法界次第上之上曰、「迷惑之性。立之爲癡。若迷一切事理。無明不了。迷惑妄取。起諸邪行。卽是癡毒。亦名無明。」大乘義章五本曰、「闇惑名癡。」華嚴大疏鈔二十曰、「迷於四諦。皆曰愚痴。」

【愚痴齋】（人名）洞山良价臨命終時設僧齋名爲愚痴齋以誡弟子之戀情也。傳燈錄十五（良价傳）曰、「唐咸通十年三月命剃髮披衣令擊鐘儼然坐化時大衆號慟移晷師忽開目而起曰夫出家之人心不附物是眞修行勞生息死於悲何有乃召主事僧令辦愚痴齋一中蓋責其戀情也衆猶戀慕不已延至七日食具方備師亦隨齋畢。曰僧家勿事大率臨行之際喧動如斯至八日浴訖端坐長往。」

【愚僧】（雜語）斥指愚昧之出家者而云資持記上一之三曰、「不學愚僧傳爲口實」通鑑唐紀七曰、「愚僧矯詐皆云由佛」今爲自稱之語。

【圓心】（術語）求涅槃圓果之心也。寄歸傳四曰、「圓具圓心遵修律藏。」

【圓元】（術語）謂十方衆生知覺冥通而打成一片之處也。楞嚴經十曰、「能令已身根隔合開亦與十方諸類通覺覺知通溜能入圓元」

【圓仁】（人名）日本人曾入唐禮五臺山逢志遠法師寫得台家諸書又就元政阿闍梨義眞阿闍梨玄法寺法全阿闍梨等傳受兩部曼荼羅之大法又就智者八代高弟醴泉寺宗穎受止觀住長安六年始歸國。壽七十一寂諡曰慈覺。

【圓生樹】（雜名）樹名在忉利天善見城之東北俱舍論十一曰、「東北圓生樹」同頌疏曰、「城外東北有圓生樹是三十三天受欲樂所也其圓生樹盤根深廣五十踰繕那聳幹上昇枝葉傍布高廣量等百由繕那挺葉開花妙香芬馥順風熏滿百由繕那。逆風時猶遍五十。」

【圓伏】（術語）台宗圓敎之法達惑體融通亡見思塵沙無明三惑之差別則於同時伏之也。

【圓合】（術語）圓滿融合諸法也。圓覺經曰、「以圓覺慧圓合一切於諸性相無離覺性。」

【圓行】（術語）圓敎之行法。謂一行即一切行也。四敎儀集註下曰、「圓行一行一切行。」

【圓光】（術語）放自佛菩薩頂上之圓輪光明也。觀無量壽經曰、「彼佛圓光如百億三千大千世界於圓光中有百萬億那由他恆河沙化佛」

【圓光觀音】（菩薩）三十三觀音之一。背負火燄之觀音也。逢刑戮時念之取法華經普門品「或遭王難苦臨刑欲壽終念彼觀音力。刀尋段段壞」之意。

【圓佛】（術語）圓敎之法身佛。即毘盧舍那佛也。又在台家之圓敎稱爲十界圓融之佛。普賢觀經義疏下曰、「釋迦牟尼佛名毘盧舍那。此卽圓佛果成相也」法華文句一曰、「隱前三相。唯示不可思議如虛空相。卽圓佛自覺覺他」四教儀曰「以虛空爲座。成清淨法身。居常寂光土。卽圓教佛相也」指要鈔上曰、「煩惱生死乃院九界法。旣十界互具方名圓佛。豈壞九轉九」

【圓戒】（術語）圓頓戒也。以名天台家所傳之大乘戒。法華玄義四曰、「佛戒卽圓戒也」又南山大師稱四分律宗分通大乘之戒爲圓戒。

【圓位】（術語）謂圓教之位次。位位相攝圓融也。四教儀集註下曰、「圓位位位相攝」。

【圓妙】（術語）台家釋圓教之圓、有圓妙之一義。空假中三諦圓融而不可思議。謂爲圓妙。妙者以不可思議而名。四教儀集註下曰、「三諦圓融。不可思議。名圓妙」

【圓成】（術語）成就圓滿也。楞嚴經一曰、「發意圓成一切衆生無量功德。」

【圓成實性】（術語）三性之一。空煩惱所知二障而顯之眞理。諸法眞實之體性也。曰眞如。曰實相。曰法界。曰法性。曰涅槃。皆同體異名也。爲圓滿成就諸法功德之實性。故名圓成實性。從其具德也。唯識論八曰、「二空所顯圓滿成就諸法實性。名圓成實」。

【圓具】（術語）具足戒之異名。受具足戒者近於涅槃之圓果。故云圓具。舊曰具足戒。新曰近圓戒。寄歸傳四曰、「圓具圓心遵修律藏」

【圓供】（物名）圓壇之供物也。修法之壇有方壇圓壇之別。

【圓板】（物名）圓形之鐘板也。可以打擊者。

【圓空】（術語）對於偏空而曰圓空。著於空曰偏空。空亦空、更無所著曰圓空。亦名第一義空。無盡燈論上曰、「可偏空而入圓空。」

【圓果】（術語）涅槃也。是以圓滿行因證得之圓滿果德。故名圓果。大日經三曰、「願一切無障安樂諸羣生。樂欲成如來所稱讚圓果」法華玄義四曰、「大乘是圓因。涅槃是圓果。」

【圓宗】（術語）耆闍寺凜法師立六宗教。第六名圓宗。指華嚴經所說圓融具德之法門也。（五教章上之一）然自天台宗興、盛鼓吹圓頓一實之旨。遂爲彼宗之別稱。

【圓陀陀地】（雜語）或曰陀陀。爲美豔之貌。碧巖四十三則頌古曰、「琉璃古殿照明月」著語曰、「圓陀陀地」

【圓明具德宗】（術語）華嚴所立十宗之一。五教中圓教之所詮也。

【圓信】（術語）圓常之正信也。四教儀集註下曰、「圓信。圓常正信」又台家圓教之機、信一念具十界三千之法。

【圓珍】（人名）日本人。嘗入唐、於福州開元寺就般若多羅三藏習梵學、上天台山研台宗之章疏、入長安遇青龍寺傳教和尚長生殿持念大德法全傳受兩部之秘旨、受傳法阿闍梨位之灌頂。壽七十八寂、諡智證。

【圓相】（術語）見一圓相條。

【圓音】（術語）圓妙之聲音。謂佛語也。楞嚴經曰、「願佛哀愍宣示圓音。」

【圓海】（譬喻）如來果上之功德、廣大圓滿、譬之大海、曰圓海。二教論曰、「天親十地馳因分可說之談。龍猛釋論挾圓海不談之說。」

【圓修】（術語）在台家圓教、同時修空假中之三觀也。又圓滿修萬行也。圓覺經曰、「圓修三種。」元照彌陀經疏上曰、「萬行圓修、最勝獨推果號。」

【圓悟】（術語）圓滿覺真理也。圓覺經曰、「善男子其心乃至圓悟涅槃、俱是我者。」又在台家圓教三諦三觀圓融、故空假中之諦理、同時覺悟也。指要鈔上曰、「既不明性具十界、故無圓斷圓悟義。」又（人名）宜興人。姓蔣氏、號密雲、三十歲從幻有正傳祝髮、過銅棺山豁然大悟、四十九歲傳傳之衣拂、歷住六大刹、大振宗風、崇禎中年七十七寂。有語錄十二卷、見天童密雲禪師年譜、五燈嚴統等。又圓悟克勤禪師、見克勤條。

【圓悟禍門】（雜語）公案名。意謂佛教之真理、非言語文字所能詮、徒弄言端語端、遂失其真也。圓悟錄有曰、「圓悟克勤禪師、僧問如何是佛、師云口是禍門。」即是也。

【圓悟佛果禪師語錄】（書名）二十卷、宋虎丘紹隆等編彙集佛果禪師一生之三堂小參普說法語拈古頌古等。欲知宋代臨濟之宗風及禪師之造詣及事歷者、此書實不可少。

【圓乘】（術語）圓滿無缺之教法也。謂三乘中之佛乘。

【圓珠】（譬喻）心想奔轉不停、如盤上之圓珠也。釋門歸敬儀曰、「教稱野鹿、又等圓珠。」

【圓通】（術語）妙智所證之理曰圓通。性體周徧為圓、妙用無礙為通。又以覺慧周徧通解、通入法性、謂為圓通。此前義就所證理體釋之、後義就能證行門釋之。楞嚴經圓通之目、據後義。經中有二十五大士、各依佛之問、陳圓通之法門、謂音聲為圓通之門乃至耳根為圓通之門也。經五曰、「阿難及諸大衆、蒙佛開示、慧覺圓通、得無疑惑。」又曰、「吾今問汝、最初發心悟十八界、誰為圓通、從何方便入三摩地。（中畧）如吾所證、音聲為上。」楞嚴正脉疏曰、「六根互用、周徧圓融、成茲妙果。其修入方法、最為方便者、即從耳根修入。耳根聞性、人人本自圓通。如十方擊鼓、一時並聞、是圓也。隔牆聽音、遠近能悉、是通也。聲有動靜、循環代謝、而聞性湛然常住、了無生滅。若不尋聲流轉、而能反聞自性。漸至動靜雙除、根塵迴脫、寂滅現前、六根互相爲用、遂得圓通。」三藏法數四十六曰「性體周徧曰圓、妙用無礙曰通。乃一切衆生本有之心源、諸佛菩薩所證之聖境也。」因觀音爲圓通大士。見次項。

【圓通大士】(菩薩)觀音之別號也。楞嚴會上大小二十五聖各自說所證之圓通方便、佛勅文殊料簡是非。文殊歷評已、獨以最後觀世音之耳根圓通爲最上。以此土衆生六根中耳根爲最利、故以耳根爲圓通之方便而爲最上也。因而二十五聖中圓通之名、獨冠於觀音。

【觀音圓通三眞實】(術語)文殊就觀音之耳根圓通、舉三眞實而稱贊之。一眼不見障外、乃至意亂而不定、是通眞實。二十處打鼓、同時聞之、是圓眞實。三、聲有息時、亦不失聞性。有時聞爲有、無時聞爲無、是常眞實。愚案是一往之說也。論實理則六根皆有三眞實。

【圓通三昧】(術語)楞嚴會上二十五大士各言法性圓通之三昧行。如以憍陳那之音聲爲圓通三昧、以觀音之耳聞爲圓通三昧。

【圓通懺法】(修法)觀音懺法之別名。以觀音一稱圓通大士故也。

【圓通懺摩法】(修法)與圓通懺法同。梵語懺摩(Ksama)略曰懺、請寬恕之義也。

【圓密】(術語)天台之圓敎與眞言之密敎。日本台密立天台眞言理密同一。故有圓密之稱。

【圓密禪戒】(術語)一圓敎、即止觀業、二密敎、即遮那業、三禪宗、即牛頭禪、四戒律、即梵網宗。

【圓堅】(術語)圓極之果堅實之德也。寄歸傳二曰、「棄九門之虛僞。希十地之圓堅。」

【圓寂】(術語)涅槃舊譯滅度。新譯圓寂。圓滿諸德、寂滅諸惡之義也。即離生死之苦、全靜妙之樂、窮極之果德也。就此中所謂離生死之苦而言之、賢聖命終、爲圓寂。即入於涅槃。寶積經五十六曰「我求圓寂而除欲染。」宗輪論述記曰、「無上法王、久入圓寂。」唯識述記一本曰、「西域梵音云波利暱縛。波利若、圓也。暱縛哹、言寂。即是圓滿體寂滅義。舊云涅槃。音訛略也。」賢首心經略疏曰、「涅槃、此云圓寂。謂德無不備、稱圓。障無不盡、名寂。」

【圓接別】(術語)台宗之語。別敎地前之賢位、合空假而爲假。又於修假之位內顯示發習而爲圓敎之菩薩、謂爲圓接別。以圓教引接別教菩薩之義也。

【圓教】（術語）以名大乘窮極之實教。後魏光統律師立三教、第三爲圓教。圓教之名自此始。其後由晉華嚴經五十五「爾時如來。知衆生應受化者而爲演說圓滿因緣修多羅。」又「顯現自在力演說圓滿經」之經文而立名。天台宗判四教、第四爲圓教、華嚴宗復立五教、第五爲圓教。今依台宗之說釋之、先就圓體言之、則爲圓融圓滿之二義。十界三千之諸法、一如一體、謂爲圓融、十界三千之諸法、條然具足、謂爲圓滿、亦曰圓足。圓融爲空諦、圓滿爲俗諦、此二相卽不二爲中諦。觀此三諦於一時、謂爲圓。輔行二之一曰「圓名圓融圓滿義。又圓者全也。李奇云。圓錢也。卽圓全無缺也。」四教儀一曰、「圓以不偏爲義。此教明不思議因緣二諦中道事理具足不別。但化最上利根之人。故名圓教也。」次就行位言之、則謂爲圓頓。華嚴經說初發心時便成正覺、涅槃經說發心究竟二無別是也。頓者頓極頓足、諸法本圓融、故一法圓滿一切法、以一念之開悟頓疾極足佛果、謂爲圓頓。是天台所判四教中第四圓教之所詮也。是爲宗之極致。故教名圓頓宗。戒名圓頓戒、觀名圓頓觀。輔行二之一曰、「圓頓者頓名頓極頓足。（中畧）體非漸教、故名爲頓。」次稱三諦相卽之實相不可思議、謂爲圓妙。釋籤一之一曰、「圓覺妙之別名。」四教儀集解下曰、「三諦圓融、不可思議。名爲圓妙。」

【八圓】（名數）四教儀一出圓教之法、列八種。一教圓、教煩惱卽菩提、生死卽涅槃。或說惑業苦三道卽法身般若解脫三德秘藏之妙理、或談諸法實相凡聖一如生佛不二等。是教圓之相也。二理圓、三諦之妙理、中道不偏。是理圓之相也。三智圓、照一切種智之中道、是智圓也。四斷圓、一斷一切斷、斷一惑、則斷一切惑。是斷圓也。又不斷之斷。是斷圓也。五行圓、一心三觀、一念三千之觀行、爲一行一切行之修行。故是行圓也。六位圓、先後相卽、一位具諸位之功德、卽六卽位之相是位圓也。七因圓、雙照二諦、自然流入果地。是因圓也。八果圓、妙覺不思議三德之果不縱不橫。是果圓也。

【圓教四門】（名數）天台言圓教有四門、有門、空門、亦有亦空門、非有非空門是也。

【圓測】（人名）唐京師西明寺圓測、慧解縱橫。玄奘三藏爲慈恩基師講新翻之唯識論時、測賂守門者隱而聽之。歸則緝綴義章。將欲罷講、測於西明寺鳴鐘集衆、稱講唯識。基嫌其有奪人之心、遂讓測講。訓三藏講瑜伽論、還同前盜聽而受之。亦不後基也。迨天后初選入譯場、爲證義。所著之唯識疏鈔、天下分行焉。見宋高僧傳四。

【圓頓】（術語）台宗之圓敎、就其行位而謂爲圓頓。見圓敎條。

【圓頓戒】（術語）謂天台宗之戒法也。彼宗以所謂圓融諸法頓速成佛圓頓之旨爲宗、故名所依之戒爲圓頓戒。十宗略記謂此戒與小乘律宗雲泥各別、原以法華開顯之妙理爲本、而兼梵網之十重禁戒四十八輕戒等也。止觀云當知中道妙觀、戒之正體上品清淨究竟持戒、是圓戒之正意也。

【圓頓宗】（流派）天台宗也。

【圓頓敎】（術語）圓敎之具名。天台宗之敎法也。

【圓頓觀】（術語）圓頓止觀之略稱。

【圓頓觀解】（術語）圓頓之觀解、修圓頓止觀之法也。

【圓頓凡夫】（術語）足受圓頓一乘敎法之利根凡夫。

【圓頓止觀】（術語）略曰圓頓觀。靜止妄念曰止。眞智通達曰觀。由止成觀。由觀資止。止觀不離、故略稱止觀、亦單曰觀。此止觀之法有三種、爲漸次不定圓頓。法華所說之觀法、爲圓頓止觀。天台大師宣說之、章安大師編集之、名爲摩訶止觀。十卷之大本是也。見止觀條。図（書名）摩訶止觀一名圓頓止觀。以書中說圓頓止觀之法義故也。

【圓頓無作大戒】（術語）天台宗所傳之圓頓戒也。圓頓及大、戒敎戒德之語。無作、新譯家謂爲無表。戒體之通稱也。戒體爲非色非心、住於受者之身中、有防非止惡之功能者、決非爲可造作發動之法、故曰無作。見無作色條。

【圓頓菩薩大戒】（術語）天台宗之圓頓戒也。讚戒德謂爲圓頓。簡別於聲聞緣覺之所受、謂爲菩薩。對於小乘戒謂爲大戒。

【圓極】（術語）圓滿至極也。五敎章上曰「果海圓極」。

【圓暉】（人名）唐中大雲寺圓暉、研精性相、特深於俱舍。一門光寶二師後、有此人作俱舍論頌疏、天下珍之。見宋高僧傳五。

【圓道】（術語）三諦圓融一實之眞道也。止觀一之一曰「會不二之圓道」。

【圓塔】（物名）金剛界之法身塔也。見法身塔條。又謂爲塔。顯修生之智也。見密門雜抄。

【圓照】（術語）圓覺經曰「一切如來本起因地、皆依圓照清淨覺相、永斷無明、方成佛道」。又曰「生死涅槃同於起滅、妙覺圓照離於華翳」。図（人名）京兆藍田（陝西藍田縣）人。姓張氏。十歲依西明寺景雲律師出家、研鑽維摩法華因明唯識等、傍究儒典、特精律藏。唐開元年間奉勅預譯經。大曆年間、詔兩京律師十四人、定新舊兩疏之律條。師與超濟等共當筆受之任。所謂勅僉定四分律疏是也。年八十二寂。所著有貞元新定釋教目錄等十九種見宋高僧傳、佛祖統紀等。

【圓詮】（術語）詮顯圓理之經也。如華嚴法華是也。止觀一之一曰、「聲爲佛事。稱之爲經。圓詮之初目之爲序。」

【圓滿】（術語）台宗圓教之圓體有圓融圓滿之二義。見圓教條。

【圓滿修多羅】（術語）謂華嚴經也。修多羅、譯言經。此名經中自說。晉華嚴經五十五曰、「爾時如來知諸衆生應受化者。而爲演說圓滿因緣修多羅。」又曰、「顯現自在力。演說圓滿經。無量諸衆生。悉受菩提記。」因而爲華嚴經之別稱。又華嚴天台判教中立圓教之名皆依此文也。

【圓實】（術語）圓頓一實也、稱天台圓教之教理。一行圓融一切行、一位圓具一切位而成佛、頓極頓速、謂爲圓頓。此理爲一而無二三、爲眞實而非虛妄、謂爲一實。

【圓實墮】（術語）謂墮落於煩惱即菩提、生死即涅槃、或邪正不二、善惡一如等說之圓實理談而破戒行流於放逸也。

【圓輪】（術語）謂眞言月輪觀之月輪也。金剛頂疏一曰、「試觀圓輪無樂不與。」

【圓談】（術語）談諸法實相圓融之理。金光明玄義上曰、「法性之圓談。」

【圓墮】（術語）與圓實墮同。

【圓融】（雜語）圓者周遍之義、融者融通融和之義、若就分別妄執之見言之、則萬差之諸法盡事事差別、就諸法本具之理性言之、則事理之萬法遍爲融通無礙、無二無別、猶如水波、謂爲圓融、曰煩惱即菩提、曰生死即涅槃、曰衆生即本覺、曰娑婆即寂光、皆是圓融之理趣也。此法門爲性宗之樞機、實大乘之極談、楞嚴經四曰、「如來觀地水火風本性圓融、周徧法界湛然常住。」止觀曰、「若就分別妄執之事。即一向不融。若據心性緣起之用。即可得相攝。」宗鏡錄九十九曰、「事理圓融者。即種種事稱理而偏。以眞如理爲洪鑪。融萬事爲大冶。鐵汁洋溢無異相也。」

【三種圓融】（術語）華嚴宗立三種之圓融。一事理圓融、事如波、理如水、如水波相即也。說眞如即萬法、萬法即眞如、生死即涅槃者此門也。二事事圓融。如波與波相即不二也。說須彌芥子、大海毛端、互相入不相礙。說邪正不二、煩惱即菩提者此門也。三理理圓融、如水與水一味融和也。說萬聖所具眞理一味者、此門也。此中事理圓融、理理圓融雖爲終教、然猶說之事事圓融、乃獨爲圓教之極談也。

【六相圓融】（名數）華嚴經中說凡緣起之法有六種之義相、而圓融和會。見六相條。

【圓融門】（術語）華嚴宗就華嚴經

之所說、立行布圓融之二門。見行布門條。

【圓融十乘】（術語）天台所判四教中圓教之十乘觀法也。行止觀有十種之法、謂為十乘觀法。此十乘觀法通於藏通別圓之四教、故特指圓教之十乘、而謂為圓融十乘。以十乘一一悉以事理之圓融為理致故也。

【圓融三學】（術語）謂華嚴天台所判中圓教之三學也。戒定慧互為融卽、具三卽一、一卽三之理致、異於餘教之三學也。

【圓融三諦】（術語）謂台家圓教所談之三諦。三諦為空假中、藏通二教依空諦之一、別教雖添假中二諦、然空假中次第而觀、故謂為隔歷三諦。圓教觀為卽空卽假卽中、故謂之圓融三諦。

【圓融至德嘉號】（術語）南無阿彌陀佛之名號也。由永劫之修行、而圓具諸善萬行、由兆載之思性、而融攝一切功德、備無上至極之福德、此名號之意也。

【圓壇】（術語）梵語曼荼羅、Mandala 舊譯曰壇、新譯曰輪圓具足、圓滿具足。安置諸尊之壇場、故曰圓壇。大日經疏一曰、「於薩婆若平等心地畫作諸佛菩薩、乃至二十八部等四重法界圓壇、此一一本尊身語心印、皆是一種差別乘也。」止觀二曰、「作圓壇彩畫。」

【圓機】（術語）圓頓之機根也。法華玄義六曰「圓機圓應。」

【圓凝】（術語）凝然圓寂之涅槃也。寄歸傳四曰、「令學四眞證圓凝之兩得。」

【圓斷】（術語）台宗圓教之斷法也。謂台宗解元來性惡、故見思、塵沙、無明之三惑、同時並斷也。指要鈔二曰、「諸宗既不明性具十界、則無圓斷圓悟之義。故得卽名而無卽義也。」

【圓鏡曼荼羅】（術語）自心圓明中、字印形之三、旋轉成就、名為圓鏡曼荼羅。由此內心之妙曼茶羅出音聲、名為轉法輪。其音普徧於十方、名為法螺。大疏八曰、「猶字輪旋轉相成、共為一體。如字輪者、印輪身輪亦然。是故解圓鏡曼荼羅義時、卽解我密藏中轉法輪義。轉此法輪時、以一音聲普徧十方世界、警悟衆生、故曰吹大法螺也。」演密鈔七曰、「圓鏡曼荼羅者、百字位成品偈云。彼有能知此內心之大我、隨其自心位導師所住處、八葉從意生、蓮華極嚴麗、圓滿月輪中無垢猶淨鏡。於彼常安住、眞言救世者。（中畧）常出生淸淨種種自作業。（中畧）眞言者能作一切諸佛事。」

【圓覺】（術語）一切有情皆有本覺、有眞心、自無始已來、常住淸淨、昭昭不昧、了了常知。約於體而謂為一心、約於因而謂為如來藏、約於果而謂為圓覺。圓覺者、圓滿之靈覺也。圓覺經曰、「善男子。無上法王有大陀羅尼門。名爲圓覺。流出一切清淨、眞如、菩提、涅槃、及波羅蜜、敎授菩薩。」又曰「善男子。圓覺淨性。現於身心。隨類各應。」圭峯圓覺略疏序曰、「萬法虛僞。緣會而生。生法本無、一切唯識。識如幻夢。但是一心。心寂而知、目之爲圓覺。」佛使證此圓覺、爲說大方廣圓覺修多羅了義經。

【圓覺三觀】（名數）圓覺經說三種之觀法、謂爲圓覺之三觀。一、奢摩他觀。奢摩他譯言止。專靜止心念而入於涅槃也。二、三摩鉢底觀。三摩鉢底、譯言觀。觀如幻之相而證幻化之淨行也。三、禪那觀。禪那譯言思惟。不取靜相及幻化、思惟而證中道之實相也。此三觀單複重疊而爲二十五種、稱之爲二十五清淨定輪。（經於二十五種一一說之。）經偈曰、「所謂奢摩他、三摩提、禪那、三法頓漸修。有二十五種。十方諸如來、三世修行者。無不因此法而得成菩提。」

【圓觀】（術語）天台宗圓敎所說之觀法。卽圓頓之觀法也。圓者圓融、圓滿、圓頓等之義。見圓敎條。

【圓覺會】（行事）禪林有圓覺會。拈提圓覺經也。

【圓覺經】（經名）具名大方廣圓覺修多羅了義經。一卷、唐佛陀多羅譯。佛入神通大光明藏三昧。現諸淨土。文殊、普賢等十二大士次第請問因地修證之法門。佛一一答之。因而一經有十二章。諸家之註述如下。圓覺經略疏四卷、唐宗密述。圓覺經大疏鈔科三卷、存中與下、唐宗密製。圓覺經略疏之鈔二十五卷、唐宗密於大鈔略出。圓覺經大疏十二卷、唐宗密述。圓覺經大疏釋義鈔十三卷、唐宗密撰。圓覺經略疏科一卷、唐宗密撰。圓覺修多羅了義經略疏注四卷、唐宗密述。圓覺經略鈔十二卷、唐宗密於大鈔略出。圓覺經鈔辨疑誤二卷、宋觀復撰。圓覺疏鈔隨文要解十二卷、宋清遠述。御註圓覺經二卷、宋孝宗皇帝註。圓覺經類解八卷、宋行霆解。圓覺經略疏序注一卷、宋如山注。圓覺經略疏序注一卷、載下半、宋如山註序。圓覺經心鏡六卷、宋智聰述。圓覺經集注二卷、宋元粹述。圓覺經夾頌集解講義十二卷、宋周琪述。圓覺經直解二卷、明德清解。圓覺經近釋六卷、明通潤述。圓覺經要解二卷、明寂正要解。圓覺經句釋正白六卷、弘麗著。圓覺經連珠一卷、淨挺著。別收入閱經十二種中。茲不出。圓覺經析義疏四卷、通理述。前附大義懸示各一卷。圓覺經精解評林卷上、明焦竑纂。圓覺經講義二卷、諦閑講演。圓覺經佚文。

【園頭】（職位）禪寺之役名。司菜園者。

【園觀】（術語）園者園林、觀者高臺也。法華經譬喻品曰「常處地獄。如遊園觀。」

【園生樹經】（經名）一卷、趙宋施護

譯與中阿含晝樹度經同本。

【置答】（術語）四答之一。置棄而不答也。如外道問神魂之斷常問如來滅後之有無。佛皆置而不答。名爲置答。所謂十四不可記也。

【罪人】（雜名）造罪之人也。觀無量壽經所謂「如此罪人以惡業故應墮地獄、」是也。

【罪行】（術語）三行之一。五逆十惡等之所行。

【罪性】（術語）罪業之本性也。罪業之本性者、空而不可得也。止觀四曰「觀罪性空者了達貪欲瞋恚之心皆是寂靜門」一也。

【罪垢】（譬喩）罪惡之汚身譬如垢也。涅槃經一曰「一衆生遇斯光者罪垢煩惱一切消除。」

【罪根】（術語）植罪惡深而不可拔者。又罪惡之根本卽無明也。

【罪報】（術語）罪之報。依罪業而感之苦果也。無量壽經下曰、「罪報自然無從捨離。」

【罪惡】（術語）涉於身口意三業總背於理者。

【罪業】（術語）罪惡之所作。爲感未來苦果之因者。法華經化城喩品曰、「罪業因緣故。失樂及樂想」

【罪業應報經】（經名）佛說罪業應報敎化地獄經之略名。一卷、後漢安世高譯。信相菩薩問二十種惡報之罪因。佛一一答之。

【罪福】（術語）五逆十惡等爲罪。五戒十善等爲福。罪有苦報。福有樂果。無量壽經下曰、「信罪福、修習善本。願生其國」百論疏上之上曰、「罪以摧折爲義。造不善業。感彼三塗。得於苦報。摧折行人。目之爲罪。福是富饒爲義。起於善業、招人天樂果、故稱爲福」俱舍光記十五曰、「罪福二門、非皆齊等」

【罪福無主】（術語）自諸法實相上言之。罪福皆無定實之主。平等空寂也。觀普賢經曰、「我心自空。罪福無主。一切法如是。」維摩經不二品曰「罪福爲二。若達罪性、與福無異」法華經提婆品曰、「深達罪福相遍照於十方。」

【罪福應法經】（經名）一卷、宋求那跋陀羅譯。

【罪福簿】（物名）言陰府有記人罪福善惡之帳簿也。法苑珠林九十六謂爲功德簿、罪福簿。又曰焰魔帳。

【罪障】（術語）罪惡爲得善果之障。又於聞妙法爲障者。隨求陀羅尼經曰、「此比丘承此咒力。罪障消滅。卽得生於三十三天」法事讚曰、「閻羅司命。滅除罪障。注記善名。」

【業】（術語）梵語羯磨Karma。身口意善惡無記之所作也。其善性惡性必感苦樂之果、故謂之業因。其在過去者謂為宿業、現在者謂為現業。俱舍光記十三曰「造作名業。」業為造作之義。是有二種、一如身之取捨屈伸等造作、名為身業。音聲之屈曲造作、名為語業。是直指身之造作、語之造作為業也。二與第六意識相應而起心所中思之心所也。思之心所以造作為性、故以之為業性。卽動作身之思為身業。動起語之思為語業。作動意之思為意業。依此義而俱舍論就十業道區別業業道與業道。謂殺等七支為身語二業、故為業、又為業之道。業為身語之二業自體是業、業之道為思心所遊履之處。又貪瞋等三者唯為業之道、以彼非自體業、唯為思心所遊履之所故也。（依大乘之教、則意亦有業之義。依此則貪等之意業亦為業、業之道也。）此二種業中小乘俱舍以第一種為實業、為正感果之異熟因。大乘唯識以第一種為假業、以第二種正發動身語之現行思心所為招當果之實業。

【表業無表業】（術語）就身語意之三業言之、小乘俱舍之說局於身語二業、有表業無表業。（謂為表色無表色）大乘法相之義、三業皆有表業無表業。表者表示之義、身之表業者他可見之動作、取捨屈伸等是也。語之表業者他可聞之言語、名句文是也。意之表業者、起貪瞋等之念、意業雖不表示於他人、然猶於心內自表示、故名為表業。三業之無表者、與身表業共於身中生不可表示於他之一種業體也。是為身無表業。又與語表業共於身中生一種之業體、謂為語無表業。又與意表業共生一種之業體、謂為意無表業。其中小乘不立意表業、故隨而不立意無表業。大乘立意表業、且三業共以思之心所為體、故意表亦如身語二表有意無表。然而小乘以為表業無表業共為四大所生實之色性、謂之表色無表色。大乘之表業以現行之思之心所為體、無表業以思心所之種子為體、故其實業性雖為心法、而現行之思起色法之身表業語表業、有防色法身表語表過非之用、故納於所發所防而假名謂為表色無表色也。蓋小乘立思心所造作之身表業語表業、為善性惡性無記性之實法、故直以所發之身語二業為業體、以其中善惡之業體為感苦樂之果、然則業體卽色法也。無表業為色處中之表色、（色處有顯色形色表色之三、取捨屈伸等為表色）語表業為屬於聲處之聲屈曲、故共是無記法、而不能招當果、故不立為業體。業體定為能發之思心所、但就所發所防之色而假付以色之名。蓋業體正為心法也。若依成實宗、則立之為非色非心法。問小乘立身語二表業、大乘立身語意三表業。此二表業三表業悉有無表業耶。答曰、表業有律儀、非律儀、非律儀非不律儀之三種。律儀業、爲受五戒八戒等時之表業。非律儀業、爲正作殺生等惡戒之表業。非律儀非不律儀業、非善戒、亦非惡戒、此其餘善惡之所作也。小乘俱舍謂此三種共生無表、大乘唯識家無定判、一同於俱舍。一謂律儀非律儀之表業、雖必生無表、然非律儀非不律儀卽處中之表業、善惡之心、皆爲微弱、故無發無表者。是難陀論師之義也。慈恩謂二說中爲判是非之顯文、故取捨任情。但俱舍論處中之表業、雖謂爲律儀非律儀外之善惡、然非謂無論如何微少之善惡業、皆生無表、謂依善類似律儀、惡類似非律儀之規則所立之中品善惡業而爲無表、非不規則之汎爾善惡也。（此事於無表色部辨之。） 因而善惡分上中下三品、上品之善、與律儀之表業、共有律儀之無表業、上品之惡、與非律儀之表業、共有非律儀之無表業、中品之善惡、亦與非律儀非不律儀之表業、共發非律儀非不律儀之無表。但下品之善惡、惟有善惡之表業而無生無表者。例如誓於十日乃至一月布施於僧、爲處中之善業、此發無表、如只布施一時、爲汎爾之善業、不發無表。見俱舍論業品、義林章三末。

【無表色二功能】（名數） 表色卽表業之善性惡性、唯有成大業道爲感未來異熟果之異熟因之一功能。無表色卽無表業之功能、一成業道、二別有防非止惡之功能、此功能自未捨戒以來、其功能念念倍增。故若捨戒時、失其念念倍增之防非止惡功能、而不失感異熟之業道功能也。

【二業】（名數） 一引業、於六趣各有總別之二報、假如人趣彼此各具六根、彼此受共同之果報、是總報也。如人人異其壽夭醜美强弱貧富、是別報也。其引發總報之業、名爲引業。二滿業、其成滿別報之業、名爲滿業。見俱舍論十七。因定不之二業。一定業、定受苦樂之二報者、此中有順現業之三種。二不定業。不定受果報者。見瑜伽論九、法華玄贊十。因黑白之二業。一黑業、可感穢惡不淨之苦果者。二白業、可感淨妙淸白之樂果者。見智度論九十四、玄義二上。

【三業】（名數） 一身業、作於身者。二口業、說於口者。三意業、思於意者。此三業大乘唯識分別假實之二、身語二業有假實之二種、意業唯爲實之一種。身業之假法、爲取捨屈仲等身形之表色、攝於色處之中。語業之假法、爲音聲之屈曲、攝於聲處。小乘立之爲實之業體。身語意三業之實法、爲意識相應之思心所。思有三種。一審慮思、將發身語而先審慮之思也。二決定思、起決定之心而將欲作之思也。三動發勝思、正發身語而動作善惡事之思也。此中取第三現行動發勝思善不善之思爲身語二業之體、取第一第二之二思爲意業之體。見義林章三末。図一福業、爲顯界之善業可招樂果者。二非福業、爲欲界之惡業可招苦果者。三不動業、謂屬於色界無色界之禪定意業也。屬於欲界之身口意三業、於其果報有由他之緣力而時爲移動者。如可受人趣之果者、亦爲他之惡緣所引而感鬼趣之果。然修上二界之禪定者、依其禪定之差別而可受之上界地地果報、決無變動、故禪定總名不動業。見俱舍論十五。図一善業、順於道理之作業。二惡業、逆於道理之作業。三無記業、其作業中庸而佛記不爲善惡者。又不能記受苦果受樂果者。見大乘義章七。図一漏業、感分段生死之果報者、凡夫之所作。二無漏業、感方便有餘土之果報者、二乘之所作。三非漏非無漏業、感實報土之果報者、菩薩之所作。見止觀三之上。図一順現受業、俱舍謂爲順現法受業。於此生作業於此生受果報者。二順生受業、俱舍謂爲順次生受業。於此生作業於次生受果者。三順後受業、俱舍謂爲順業次受業。於此生作業、於二生已後受果者。見雜集論八、大乘義章七。図一曲業、依諂而生之身口意三業也。二穢業、依瞋而生之三業也。三濁業、依貪而生之三業也。見俱舍論十五。図一順樂受業、自欲界至色界第三禪天之所有善業、名爲順樂受業。以能感樂受故也。二順苦受業、欲界之一切不善業也。三順不苦不樂受業、自第三禪天至已上有頂之一切善業。唯感意識之捨受也。見俱舍論十五。

【四業】（名數）以上順現等之三業加不定受業之一業者。見唯識論七、俱舍論十五、百法問答抄三。図黑白等之四業。一黑黑業、惡業而感苦果者因果皆爲墨穢、故謂爲黑黑。二白白業、善業而感樂果者因果皆爲淨白、故名爲白白。三黑白業、善惡交參者。四不黑不白業、離黑白之相者、即無漏業也。見涅槃經三十七、大乘義章七。

【六業】（名數）五趣之業與不定業也。一地獄業、爲十惡業之上品者。二畜生業、爲十惡業之中品者。三餓鬼業、爲十惡業之下品者。四人業、爲散善之下者。五天業、散善之上者、感欲界之六天、八禪定業、感色無色界之八天處。六不定業、微善下惡受業不定者。見成實論六業品、大乘義章七。

【十業】（名數）十惡業與十善業之二種。見善惡條。

【業力】（術語）善業有生樂果之力、惡業有生惡果之力用。有部毘奈耶四十六曰、「不思議業力、雖遠必相牽。果報成熟時、求避終難脫。」

【業天】（術語）善惡之業、必引苦樂之果、如天道之自然、故曰業天。儒所謂天道、即佛之業道也。無量壽經下曰、「天道自然。」日本望西樓註曰、「憬興云、天者業也。惡業之道故。瑜伽亦云業天。蓋同此矣。瑜伽論云。業天所惱。雖無作者。而業果自屬。難得逃」。

【業火】（譬喻）惡業害身。譬如火。又名燒地獄罪人之火。以後者由前世之惡業所感故也。楞嚴經八曰「以業火乾枯」。

【業厄】（雜語）由前世惡業所感之災厄。

【業田】（譬喻）業能生苦樂之果。故譬之於田。華嚴經三十八曰「業田愛潤無明覆」。

【業行】（術語）業即行。非別義。種類雜多。故重二字。往生要集中本曰「諸餘業行。不令雜起」。

【業有】（術語）七有之一。又名行有。業之體用不亡。謂為有。

【業因】（術語）善業為樂果之因。惡業為苦果之因者。成實論業因品曰「業是受身因緣」。又曰「萬物從業因生」。般舟讚曰「門門不同八萬四。為滅無明果業因」。

【業成】（術語）業事成辦之略。眞宗之用語。平生業成。

【業成就論】（書名）一卷。天親菩薩造。元魏毘目智仙譯。與大乘成業論同本。

【業性】（術語）又曰業體。業之自體也。華嚴經二曰「業性廣大無窮盡」。見業體條。

【業受】（雜語）受為壽。依先業所感之壽命也。

【業果】（術語）業為善業惡業。果為其業所感人天鬼畜等之果報也。新譯仁王經中曰「三有業果一切皆空」。楞嚴經四曰「唯殺盜婬三為根本。以是因緣業果相續」。義林章二曰「斷見衆生。不信後世善惡業果」。

【業事成辦】（術語）業因成就也。淨土論註上曰「言十念者。明業事成辦耳」。智度論十二曰「復次於事成辦。名彼岸」。

【業食】（雜語）四食之一。以業資身者。如地獄之有情。無食物而生活。

【業波羅蜜】（菩薩）四波羅蜜之一。金剛界三十七尊中。居大日如來北方之菩薩名。是即大日如來入北方釋迦三摩地所出生者。密號曰妙用金剛。或曰作業金剛。形像青色。左手持蓮華。蓮上有篋。右手取羯磨杵。三昧耶形。即篋上羯磨杵也。

【業垢】（譬喻）惡業不淨而感苦果。故譬之於塵垢。讚阿彌陀佛偈曰「清淨光明無有對。故佛又號無對光。遇斯光者業垢除」。

【業苦】（術語）善惡之作業。感苦樂之果者。曰業。依業而得之苦樂果。通曰苦。華嚴經毘盧遮那品曰「願佛光照我。滅生死業苦」。淨心誡觀上曰。「解義不救業苦。汝宜依誡如說修行」。

【業風】（譬喻）惡業所感之猛風、劫末大風災時及地獄等所吹之風。又善惡之業、能使人轉而輪廻三界故譬之曰風。正法念經十曰、「一切風中業風第一。」十卷楞伽經九曰「業風長四大。如諸果成熟。」唯識論四曰「阿賴耶識業風所漂遍依諸根、恒相續轉。」大乘義章七曰、「業力如風。善業風故吹諸衆生好處受樂。惡業風故吹諸衆生惡處受苦。」般舟讚曰「業愛痴繩縛人送隨業風吹落苦中。」

【業相】（術語）起信論所說三細相之一。依根本無明而眞心始動作者相當於阿賴耶識之自體分。起信論曰、「無明業相。以依不覺故心動說名爲業。」同義記中末曰、「業有二義。一動作義。二爲因義。」

【業海】（術語）謂種種惡因如大海也。四十二章經注曰、「罪始濫觴禍終滅頂。惡心不息業海轉深。」

【業病】（雜語）依前世惡業而感之病、必不可免者。

【業秤】（雜名）在地獄冥官之下、量罪業輕重之秤也。十王經曰、「業匠搆巧懸七秤量身口七罪。爲紀輕重。」又曰、「五官業秤向空懸。左右雙童業簿全。」

【業通】（術語）又曰報通。五種通力之一。如中有之身及鬼神、依宿業自然而得之通力也。俱舍論九曰、「一切通中業通最疾凌空自在、是謂通義。通由業得名爲業通。此通勢用速故名疾。中有具得最疾業通上至世尊無能遮抑以業勢力最强盛故。」

【業累】（雜語）業之繫累。惡業之障害身者。與業魔同。

【業結】（術語）惡業與煩惱。結爲煩惱之異名。

【業惱】（術語）惡業與煩惱。秘藏寶鑰中曰「業惱株杌。」

【業疏】（書名）四分律刪補隨機羯磨疏之異名。南山作、三大部之一。

【業報】（術語）應於善惡業因之苦樂果報。又業因與果報。寶積經九十六曰、「閻羅常告彼罪人、無有少罪我能加汝。自作罪今日來業報自招無代者。」南本涅槃經六曰、「是薄福人受業報故。」法華經序品曰、「善惡業緣受報好醜。」宗鏡錄二十六曰、「命是一期之業報。」

【業報身】（術語）華嚴宗之所談十身之一。菩薩爲濟度衆生如衆生現業因所感之身者。見佛身條。

【業報略經】（經名）分別業報略經之略名。

【業報差別經】（經名）具名佛爲首迦長者說業報差別經、一卷、隋瞿曇法智譯。爲首迦長者說一切衆生繫屬於業、依止於業、隨自業而轉、廣說一切之業、各有十種。

【業處】（術語）梵語Karmasthāna。心業止住之處。卽入定而使心住於一境也。觀無量壽經所謂「唯願佛日令我觀淸淨業處」是也。是雖與禪定蠶同義、然中國日本等、多不用此語。淨影觀經義疏上謂「餘妙淨土純善所歸、是故名爲淸淨業處」。善導觀經序分義二謂「言敎我觀於淸淨已下、正明旣能厭穢欣淨、若爲安心注想得生淸淨處」。皆以淸淨業所感之處所之意解之、謂爲淨土之異名。然按梵語業處、無業所感處之義、且觀現今緬甸等南方諸國、稱爲伽樓摩須德䟦那Karmasthāna 其法盛行、乃知從來之解說未了。業處者、雖爲欲得涅槃而修之、然非廣開說法之法、爲秘密傳之者、故重師資相承、稱其師爲業處阿闍梨。Karmasthāna-ācārya其傳授之儀式頗爲莊重。於壇上安業處佛（菩提樹下入定之像）、於下壇之兩端、各點五個燭、中列盛白色香華之五枚盞、由左方順次供養之於佛、法、僧、業處佛、及業處阿闍梨。次唱偈、次第禮之。從阿闍梨承業處之法後、默坐靜心意、遂至生捨喜Upekṣāpriti云。此南方諸國所行之一種禪法、不獨僧侶、卽居士間亦相傳之。

【業賊】（譬喩）惡業之害身、譬如賊。性靈集八曰、「業賊日集」。

【業義】（術語）論場之語。法華講等時、問者對於講師、初所問者曰業義、次所問者曰副義。

【業道】（術語）三道之一。善惡之所作、使人向於六趣、故名爲道。勝鬘經寶窟上末曰、「造作稱業、通人向於三途、名之爲道。」智度論九十二曰、「小者不名業道、以其能趣惡處故爲道」。業以思之心所爲體、十善十惡共爲業、（卽思遊履之所）故名爲道。卽業之道也。俱舍論十七曰、「業之道故立業道名」。又監視人善惡作業之天神地祇、謂爲業道神。略曰業道。觀念法門引淨土三智經曰、「向天曹地府一切業道數數首過」。

【十業道】（名數）有善惡之二種。見善惡條。

【業道冥祇】（術語）業道爲各自依業因而成之諸種鬼類冥祇者、幽冥之神祇也。一髻尊陀羅尼經曰、「啓白一切諸佛般若菩薩金剛諸天等及與一切業道冥祇」。

【業感】（術語）以善惡之業因、感苦樂之果者。秘藏寶鑰中曰、「夫災禍之興略有三種、一時運、二天罰、三業感」。

【業感緣起】（術語）緣起論之一種、說世界自他一切之萬象、爲依吾人業因而感生之理。參照緣起條。

【業障】（術語）惡業之障礙。惡業妨正道者。涅槃經十一曰、「業障者、五無間罪重惡之病」。俱舍論十七曰、「一者害母、二者害父、三者害阿羅漢、四者破和合僧、五者惡心出佛身血。如是五種名爲業障。」華嚴經世主妙嚴品曰、「若有衆生一見佛。必使淨除諸業障。」

【業障除】（術語）淨除業障之意。印言名又名大慧刀印。以智慧之利刀除滅業障。故有此名。卽二羽爲金剛拳屈進力二節、禪智壓二度。結業障除印、誦唵縛日囉羯磨尾輸馱耶薩嚩囉拏儞母馱薩底曳曩三摩耶吽之眞言時。則以金剛業之故能淨三業、滅五逆決定業云。見金剛頂蓮華部心念誦儀軌等。

【業網】（譬喩）善惡之業因羅人而使沈沒於生死。故譬之於網。歸敬儀曰、「業網所拘報增鬼錄」

【業壽】（雜語）依宿世業因而定之壽命。秘藏寶鑰上曰、「業壽之風」。

【業種】（雜語）善惡業之可生苦樂果者。猶如世間之種子。楞嚴經一曰、「業種自然。如惡叉聚。」止觀四上曰、「業種雖久。久不敗亡。」

【業種子】（雜語）二種種子之一。見種子條。

【業輪】（譬喩）善惡之業、能載人使輪轉於六趣。故譬以車輪。

【業影】（譬喩）言業之從身如影也。智度論六曰、「處處常隨逐。業影不相離。」成實論業因品曰「因形有影。形滅則影滅」。

【業緣】（術語）善業爲招樂果之因緣。惡業爲招苦果之因緣。一切有情盡由業緣而生。維摩經方便品曰、「是身如影。從業緣生」。新譯仁王經下曰、「諸界趣生隨業緣生。如影如響。一切皆空」。法華經序品曰、「生死所趣善惡業緣」。唯識論八曰、「能招後有諸業爲緣」

【業塵】（雜語）惡業汚身。故云塵。

【業餘】（術語）三餘之一。二乘之人、雖離可受三界分段生死之有漏業、但尙餘界外可變易生死之無漏業者。

【業縛】（雜語）業之繫縛也。義林章一末曰、「三界業縛彼猶有故」。輔行一之一曰、「敎汝解業縛」。

【業繩】（譬喩）言業之繫縛如繩也。止觀七上曰、「業繩未斷。去已復還」。

【業羂】（譬喩）善惡之業縛人而繫於生死。故譬之羂索。正法念經十三曰、「業羂所繫縛」。

【業識】（術語）有情流轉之根本識也。依根本無明。而一如之眞心初生動作之念者。起信論曰、「一者名爲業識。謂無明力不覺心動故」。然論中二樣用之。一對於他之轉識現識等、一對於分別事識卽意識。因之前者當於阿賴耶識中之自體分。後者當於阿賴耶識全體。

【業簿】（雜名）記衆生善惡業之冥

官帳簿也。

【業鏡】（雜名）冥界寫取衆生善惡業之鏡也。楞嚴經八曰「有惡友業鏡火珠、披露宿業對驗諸事。」淨心誠觀上曰「今唯使汝淨除業鏡客塵曀等見汝身中少分佛性。」資持記下三之四曰、「正五九月、冥界業鏡輪照南洲若有善惡鏡中悉現。」僞造之十王經所謂淨玻璃鏡是也。

【業繫】（譬喩）業猶如繩縛衆生之身而繫於三界之牢獄、故曰繫。起信論曰「凡夫業繫苦。」

【業繫苦相】（術語）起信論所說六麤相之一。謂由業所感之生死苦果也。由惡業受苦果業報之繫縛而不自在、故云繫。起信論曰「六者業繫苦相以依業受報不自在故。」

【業魔】（雜語）十魔之一。一切惡業之障害善道者。

【業體】（術語）又云業性。正招苦樂異熟之異熟因也。小乘以表色無表色之色法爲業體、大乘以思心所之現行及種子爲業體。於所行之思心所上假立表色之名、於種子上假立無表色之名。成實論以之爲非色非心之法。見業條。

【裝香】（雜語）盛香於器也。

【當分】（術語）台家所立有當分跨節之目。當分者謂於藏通別圓之四敎各有其當分之敎行理、跨節者謂於前三敎上直超說圓意。蓋當分之義門在一代經之當位、跨節之義門在法華經而見一代經也。千差無量之法門由施權之方便言之、則盡係當分、自開會之佛意言之、則皆係跨節。以當分而成相待妙、以跨節而成絕待妙。玄義二曰、「一當分二跨節。」同釋籤曰、「答中意者、卽具當分跨節兩義。應知兩義卽與待絕二妙不殊。（中畧）若依施權、卽當分義、若據佛意、卽跨節義。（中畧）當分通於一代、於今便成相待。跨節唯在今經。佛意非適今也。」又曰、「當分乃成今經相待義邊、跨節乃成今經開權義邊。」

【當生愛】（術語）命終時所起三愛之一。見愛條。

【當位卽妙】（術語）猶言當相卽道。謂不論何事其位皆妙。如良醫所觀毒有毒之妙藥有藥之妙也。

【當來】（雜語）應來之世。卽來世也。

【當來導師】（術語）謂彌勒菩薩。以其自今經五十六億七千萬歲於此界出世成道而化導衆生故也。

【當來變經】（經名）有二部。一爲佛說當來變經一卷、西晉竺法護譯。一爲迦丁比丘說當來變經一卷、失譯。皆說當來惡法强盛、佛法變壞者。

【當門】（雜語）與當面同。猶言普通、

通途也。

【當相卽道】（術語）謂世間淺近之事相皆有深妙之道理也。猶言卽事而眞。密家之事相門盛談此旨。

【當情現】（術語）謂當於凡夫妄情之前、現種種之相也。猶如於疑心之前生暗鬼。唯識三性中遍計所執性是也。蓋凡夫之迷心本來具實我實法之執情、當於非我非法之事物上、現出實我實法之相貌、遂認之為實我實法也。

【當情現相】（術語）亦名中門存境。由迷情妄想而現無體之實我實法相分也。見當情現條。

【當通機】（術語）謂相當於通教之鈍根機也。是天台之用語。

【當途王經】（經名）法華經普門品卽觀音經之異名。謂於當世流通中最尊之經也。法華文句十曰、「此品是當途王經。講者甚多。」大部補註十曰、「途道也、亦世也、王尊也、大也。（中畧）當世尊大之經也。」

【當陽】（雜語）陽者明也、當陽者謂向於明而動作也。

【當意卽妙】（雜語）當位卽妙之誤。

【當機】（術語）佛之說法、契當衆生之根機而使之得益也。有部毘奈耶十九曰、「為說當機微妙之法。」

【當機衆】（術語）說法會下四衆之一。正當其法而悟道之機類也。法華文句一曰、「不起於座聞卽得道、此名當機衆。」

【當機益物】（術語）諸經之說法不同者、應其機而與以利益之善巧方便也。法華玄義一曰、「餘經當機益物。不說如來施化之意。此經明佛設教元始。」

【當頭】（雜語）猶言直下、當下。

【當頭棒喝】（雜語）見棒喝條。

【當體】（術語）直指其本體之詞。如當人當面之當。大乘義章二曰、「言虛空者、當體立目。」行事鈔中一曰、「無作當體是戒。」

【當體卽空】（術語）一切之有為法不必分析壞滅事體而使為空、其事體本為空無也。蓋因緣生之法、如夢如幻無實性也。觀如此當體卽空稱曰體空觀。為天台四教中之通教觀法。

【當體如是】（術語）如波之當體卽水、煩惱卽菩提、生死卽涅槃也。卽是有相相翻當體之三種見卽條。

【感果】（術語）由作之業因而招某結果也。戒疏四下曰、「因不虛設、必能感果。」

【感通傳】（書名）外題道宣律師感通錄。內題宣律師感天侍傳。因之一名感通傳。又云感通錄。又曰律相感通傳。一卷。記道宣師感天人來降、付與戒律事相問答者。案一卷之傳錄、蓋記感通一部分者歟。然據釋門正統八謂「又言此土雪蹤西天聖跡計有三千八百餘條隨問隨錄爲感通傳」所錄不止一卷也。

【感通錄】（書名）見感通傳條。

【感進】（術語）感爲感應進爲精進。精進習學之人得佛之感應感生於進故曰感進。

【感應】（術語）衆生有善根感動之機緣佛應之而來謂之感應。感屬於衆生應屬於佛。玄義六上曰「經中機語緣語並是感之異目悉語衆生(中畧)應是赴義」三藏法數三十七曰「感即衆生應即佛也。謂衆生能以圓機感佛佛即以妙應應之。如水不上升月不下降而一月普現衆水」正法華經一曰「無數世界廣說經法世尊所爲感應如是」大日經疏一曰「妙感妙應不出阿字門」金光明文句六曰「淨土三昧經云。衆生亦度佛若無機感。佛不出世。亦不能得成三菩提」同記曰「今從圓說始究經意。良以自他性本不二方有能感及有能資」因是台宗立四機四應。詳見感應妙條。

【感應道交】（術語）衆生之感與如來之應之道互相交通也。法華文句六下曰「始於今日感應道交。故云忽於此間會遇見之」

【感應妙】（術語）十妙之一。衆生感佛菩薩靈應之善根發動曰機。應此機而垂佛菩薩之利益曰應。是有四句。一冥機冥應。於過去善修三業。於現在未運身口。籍於往昔之善根。是爲冥機。雖不現見靈應而密爲法身所益。不見不聞而覺知。是爲冥應。二冥機顯應。於過去植善冥機已成得值佛聞法。於現前得利益者。佛初出世最初得度之人。現在何嘗修行。諸佛照其宿機而自往度之也。三顯機顯應。現在之身口意精勤不惰能感降臨。如須達長跪佛往祇洹。月蓋曲躬聖臨門閫。又如今之行人禮懺道場。能感靈應者是也。四顯機冥應。人於一世勤苦現善濃積而不顯感冥有其利。即顯機冥益也。法華玄義六上曰「衆生根性百千。諸佛巧應無量(中略)今略言有四。一者冥機冥應。二者冥機顯應。三者顯機顯應。四者顯機冥應」

【三十六句】（名數）上四句各有四句。即一冥機冥應。二冥機顯應。三冥機亦冥亦顯應。四冥機非冥非顯應。餘三機亦如此。即成十六句。而機既召應。則應亦有十六句。即一冥應冥機。二冥應顯機。三冥應亦冥亦顯機。四冥應非冥非顯機。他三句亦如此。因之機應各十六。合成三十二句。於此加根本之四句。成三十六句之機應。見玄義六之一。

【感應使者】（圖像）爲帝釋之使者。禪院以爲伽藍神而祭之。

【慼忌】（術語）尊宿之誕生日也。於此日修齋供。謂之慼忌齋。或言善知識爲哀慇衆生出生應世故謂其誕生日曰慇忌見象器箋十三。

【愛】（術語）梵字[illegible]。悉曇十二韻之一。五十字門之一。文殊問經字母品曰、「稱愛(引)引字時是威勝聲」是似由有威儀路義之Airyapatha. 轉釋者因貪物之意。染著之意。乃十二因緣之一。俱舍論九曰、「貪資具婬愛」大乘義章五末曰、「貪染名愛。」唯識論述記十六曰「躭染爲愛」楞嚴經四曰、「異見成憎同想成愛」圓覺經曰、「輪廻愛爲根本」

【二種愛】（名數）一有染汚。卽貪愛。如愛妻子等。二無染汚、卽信愛。如愛師長等。見俱舍論四。

【三種愛】（名數）一境界愛臨終時。於眷屬家財等之愛著心也。二自體愛臨終時於吾身體之愛著心也。三當生愛臨終時、於當來生處之愛著心也。見往生要集中末、同指麾鈔十八。

【愛子成就法】（修法）大藥叉女歡喜母幷愛子成就法之略名。

【愛火】（術語）謂情愛如火也。梁元帝文曰、「苦流長汎愛火仍燃」

【愛心】（術語）愛欲之心也。楞嚴經七曰、「愛心永脫成阿羅漢」往生十因末曰、「五戒優婆塞由愛心爲鼻蟲。」

【愛水】（術語）自愛欲之情流出之水液。如精液者。楞嚴經八曰、「因諸愛染。發起妄情。情積不休。能生愛水。(中畧)心著行婬。男女二根自然流液。」又愛欲之煩惱、能潤業而引未來之果、故譬之以水。八十華嚴經三十七曰、「業爲田。識爲種。無明闇覆。愛水爲潤。」

【愛行】（術語）對見行之語。愛欲之情多者曰愛行、推理多者曰見行。行卽心行。心之活動也。涅槃經十五曰、「人有二種。一者見行。二者愛行。」智度論二十一曰、「衆生有二分。行愛行見行。愛多者著樂。見多者多著身見等行。」

【愛見】（術語）執著於人而起愛也。維摩經問疾品曰、「於諸衆生。若起愛見大悲。卽應捨離。」什註曰、「見有衆生。心生愛著。因此生悲。名爲愛見大悲。」又愛與見二種之煩惱也。迷事之惑名愛、迷理之惑名見。如貪欲瞋恚等爲迷事之惑。我見邪見等爲迷理之惑。楞嚴經六曰、「令諸衆生落愛見坑、失菩提路。」智度論七曰、「煩惱有二種。一屬愛。二屬見。」同二十一曰、「衆生有二分。行愛行見行。」

【愛見大悲】（術語）不斷煩惱而運大悲以救衆生也。愛者思惑、見者見惑。小乘之菩薩、於三大阿僧祇劫間、發四弘誓願、修六度萬行、濟度衆生。然未斷見思之煩惱、爲伏惑行因、故認能愛所愛二相、其大悲亦虛妄不淨故令人爲疲厭之想當捨離之也。

【愛身天】（天名）此天在欲界。智度論十曰、「愛身在六天上形色絕妙故言愛身」。

【愛別離苦】（術語）八苦之一。別所愛者之苦痛也。如妻別夫時之苦痛是。

【愛果】（術語）愛欲之果報也。大悲經三曰「樂著生死三有愛果」。

【愛法】（術語）愛樂執著於法之心也。無量壽經下曰「愛法樂法」同慧遠疏曰、「修慧行得法愛著名爲愛法」。止觀五之六曰、「愛法卽無明」。

【愛刺】（譬喩）言愛欲之煩惱毒害人如棘刺也。八十華嚴經十三曰、「衆生無智慧愛刺所毒害」。

【愛河】（術語）愛欲溺人、譬之爲河。又貪愛之心、執著於物而不離、如水浸染於物故以河水譬之。八十華嚴二十六曰、「隨生死流入大愛河」。浴像經曰、「願永出愛河登彼岸」。楞嚴經四曰、「愛河枯乾令汝解脫」。探玄記十一曰、「以有愛水所沒故爲愛河」。善導之觀經疏四曰、「言水火二河者、卽喩衆生貪愛如水瞋憎如火也」。梁武帝文曰「登長樂之高山出愛河之深際」。

【愛念】（術語）愛他念他之意也。涅槃經二曰、「如來無有愛念之想」。智度論三曰、「淨飯王愛念子故常遣使問訊」。

【愛金剛菩薩】（菩薩）金剛界曼陀羅中第七理趣會中臺五尊中西方之菩薩名。亦曰摩竭幢。左右持人頭之幢。見金剛界曼陀羅大鈔三。

【愛界】（術語）愛欲之境界也。愛欲之種族也。大集經三曰、「知世愛界」。

【愛毒】（譬喩）恩愛害道如毒藥。爲恩愛所繫縛而妨害佛道修行也。智度論十五曰、「爲邪見箭愛毒塗」。

【愛染】（術語）貪愛染著之情也。煩惱之名。智度論一曰、「自法愛染故毀訾他人法」。同三十四曰、「愛染無門」。淨住子曰、「洗除心垢、六塵愛染」。王維詩曰「愛染日以薄禪寂日以固」。

【愛染王】（明王）明王名。（Rāga）明王外相現忿怒暴惡之形、其內證以戀愛染著之至情爲本體、故名愛染明王。卽愛神是也。愛染爲貪欲之煩惱、今以之爲神明之體者、煩惱卽菩提之意也。大日經疏十曰、「常敎以無貪治貪。今敎以大貪治貪」。其身相乃三面六臂之忿怒尊、持種種之法具。瑜祇經愛染王品曰、「身色如日暉、住於熾盛輪、三目威怒視、首髻師子冠、利毛忿怒形、又安五鈷鉤、在於師子頂、五色華鬘垂、天帶覆於耳。左手持金鈴、右執五峯杵。儀形如薩埵。安立衆生界。次左金剛弓、右執金剛箭。如射衆星光、能成大染法。左下手持彼、右蓮如打勢。一切惡心衆速滅無有疑。以諸華鬘索絞結以嚴身。作結跏趺坐。住於赤色蓮。蓮下有寶缾兩畔吐諸寶」

【愛染如法佛】（雜語）示冥合敬愛之理者。即愛染之標幟。

【愛染明王種子】（種子）[illegible]吽

【愛染三尊】（雜名）種子集末說三尊之種子。三尊之名未檢。

【愛染王根本印】（印相）左右兩手於掌內交叉爲縛。豎兩方之中指使相交而染著見瑜祇經愛染王心品。

【愛染金剛如法佛】（佛名）愛染明王之異名。此明王有金剛王之別稱。且爲大日如來之變化。故名金剛如法佛。瑜祇經愛染王品曰「三世三界中。一切無能越。此名金剛王。」日本安然之瑜祇經疏曰「並是以大日尊爲本尊。乃至變身成金剛愛染王。光潤」

【愛染王法】（修法）愛染王之修法也。金剛王菩薩祕密念誦儀軌。瑜祇經愛染明王品詳述其作法。

【如法愛染】（修法）修法名。如法爲如法如說之意。稱美之言。如如法尊眼、如法尊勝等。同前項。

【愛染曼荼羅】（圖像）此曼荼羅以明王爲本尊。四圍置意生、計里枳羅、愛樂、意氣之四金剛、意生、計里枳黎、愛樂、意氣之四金剛女。及色聲香味之四菩薩。外院置時春、時雨、時秋、時冬之四菩薩。見金剛王菩薩祕密念誦儀軌。

【愛涎】（術語）由愛欲情而垂之涎也。楞嚴經八曰、「貪求財寶。心發愛涎。舉體光潤」

【愛海】（術語）愛欲之海。欲之深如海也。八十華嚴經七十八曰、「愛欲海。我慢山」止觀五之四曰、「摧邪山。竭愛海」數行信證三末曰、「沈沒於愛欲廣海。迷惑於名利大山」

【愛流】（譬喻）貪愛之流。貪愛能惑溺人心。譬如暴流也。心地觀經一曰、「善逝恆爲妙法船。能截愛流超彼岸」

【愛根】（術語）愛欲之煩惱爲根本、生他煩惱。謂之愛根。與善根之根同。大乘同性經上曰「無明愛根」

【愛鬼】（譬喻）愛著害人、譬如鬼也。三教旨歸中曰「羈縻愛鬼。」付法藏傳三曰「愛羅剎女常欺衆生。」

【愛恚】（術語）貪愛與瞋恚之二惑也。大集經三曰、「離愛恚故。一切世間供養恭敬。」

【愛財天】（天名）胎藏界曼陀羅中、第十二外金剛院北方之天神名。乃七曜中之貪狼星也。以司財故名愛財、見胎藏界曼陀羅大鈔七。

【愛欲】(術語)愛者貪愛、親愛。欲者貪欲、樂欲。深愛妻子等之情也。無量壽經下曰、「愛欲榮華不可常保。」

【愛欲海】(譬喩)愛欲蔽心之明、其深如海也。八十華嚴經十三曰、「衆生流轉愛欲海」四十華嚴經六曰「破煩惱山竭愛欲海。」

【愛眼】(術語)佛慈愛之眼。華嚴經二十五曰、「大慈大悲愛眼等視諸衆生。」

【愛執】(術語)愛惜執著之情。謂執著恩愛之情而難離也。法華經方便品曰、「深著虛妄法。堅受不可捨。」

【愛惜】(術語)愛惜難離之情也。法華經勸持品曰、「我不愛身命。但惜無上道。」止觀七之二曰、「捨身命財。決無愛惜。」

【愛假】(術語)思惑之異名。思惑以愛爲主。愛自迷情而起、其體虛假、故謂愛卽假也。

【愛著】(術語)愛者恩愛、親愛。著者執著、染著。深執著於恩愛之境而難離之情也。與愛執同、爲三毒中貪欲之煩惱。寶積經九十七曰「如蠅見於吐而生愛著心。」六十華嚴經二十五曰「不能乾竭愛著大海。」

【愛著慈悲心】(雜語)從愛著之念而起之慈悲心也。此慈悲心於佛道最甚。維摩經問疾品曰、「於諸衆生若起愛見大悲。卽應捨離」什註曰、「見有衆生。心生愛著。因此生悲。名愛見大悲。」

【愛著生死】(雜語)凡有生者、不論在如何之境遇、不免生老病死、不悟之而思惟永久不滅、執著於此世、是曰愛著生死。

【愛著迷】(雜語)一切萬有、爲五蘊和合而假存者、不知此理而執著一切萬物爲常恒不易、謂之愛著迷。

【愛敬】(術語)愛敬尊貴之人也。無量壽經上曰、「如純孝之子、愛敬父母。」

【愛敬法】(修法)又曰敬愛法。爲愛敬神佛之修法也。又使人起愛敬心之修法也。

【愛網】(術語)爲情愛所束縛也。出曜經曰「其有衆生墮愛網者。必敗正道。」

【愛結】(術語)貪愛之煩惱也。貪愛縛人。謂之結。大集經三曰、「諸見因緣增愛結。」萬善同歸集中曰、「愛結情根其類一等。」九結之一。

【愛惑】(術語)愛欲之惑。惑爲惑眞理之義、此惑不斷、則不能見理。光明文句三曰「八人見地猶有愛惑。」

【愛渴】(術語)又曰渴愛。言愛欲之心。其貪如渴者之求水。圓覺經曰、「衆生欲脫生死。免諸輪廻。先斷貪欲。及除愛渴。」

【愛餤】(術語)猶言慾火。梁簡文帝文曰「業動心風。情漂愛餤。」

【愛菩薩】(菩薩)金剛愛菩薩之略。

【愛道】（人名）比丘尼名。又曰大愛道。梵名摩訶波闍波提(Mahāprajāpatī)是佛之姨母也。行事鈔資持記下三之四曰、「愛道是佛姨母。佛生七日摩耶命終。姨母乳養。」

【愛想】（術語）執著親愛自己所好者之想也。與愛著同。涅槃經二曰、「如來無有愛念之想。」

【愛業】（術語）貪愛之業。因業爲善惡所作、招未來之果者。楞伽經二曰、「無明愛業等法。」

【愛語】（術語）四攝法之一。見四攝法條。無量壽經上曰、「和顏愛語。」

【愛種】（術語）愛欲之種。愛欲能招苦果、故云種。大集經一曰、「能焦三有諸愛種。」

【愛獄】（譬喻）貪愛之獄。謂愛欲束縛逼害人如牢獄也。八十華嚴經五十二曰、「處貪愛獄自不能出。」性靈集二曰、「同脫愛獄齊遊覺道。」

【愛樂】（術語）愛者親愛、樂者樂欲、信樂世間出世間善法之意也。唯識論六曰、「愛樂證修世出世善。」淨土論曰、「愛樂佛法味。」

【愛樂金剛】（菩薩）在金剛界理趣會金剛薩埵之後。青色兩手持摩羯幢。又名愛金剛。

【愛樂金剛女】（天名）金剛界曼陀羅中第七理趣會持蠟蠋供本尊之天女名。見金剛界曼陀羅大鈔三。

【愛潤】（術語）人將死時、特起恩愛之煩惱以潤業種、令生未來之苦果也。八十華嚴經三十八曰、「業田愛潤無明覆。」

【愛憎】（術語）謂愛親憎怨也。八十華嚴經二十八曰、「願一切衆生捨愛憎心。斷貪恚結。」法華經藥草喩品曰、「我觀一切普皆平等。無有彼此愛憎之心。」

【愛輪】（譬喻）愛欲之車輪也。愛欲乘人輪廻於六道、譬如車輪也。性靈集八曰、「四生之愛輪。」

【愛論】（術語）愛著之戲論也。由愛著之迷心而生種種不正之言論。中論疏一曰、「明戲論有二。一者愛論。謂於一切法有取著心。二者見論。於一切法作決定解。」

【愛緣】（術語）恩愛之緣。寶積經七十八曰、「諸煩惱中愛緣所合。此最爲重。」

【愛縛】（術語）恩愛之緊縛。仁王經下曰、「無明愛縛。」同良賁疏曰、「愛與無明自纒縛故。」

【愛糠】（譬喻）愛欲之糠。言愛欲之宜棄如糠也。智度論二十八曰、「諸聖人糠已脫。」

【愛羂】（術語）愛者貪愛、羂者羂罥。謂愚癡之人、罹貪愛之羂、不得自在也。正法念經七曰、「己爲愛羂誑作惡不善業」。

【愛羅筏】（異類）　龍王名見藹羅筏拏條。

【愛羅刹女】（譬喩）　愛欲之鬼女也。愛欲能害人如鬼女也羅刹爲鬼之總名付法藏傳二曰、「愛羅刹女常欺衆生」。

【愛繭】（譬喩）　愛欲之情縛人使不自在、猶如蠶之吐絲束縛自身也止觀五之三曰、「還以愛繭自纏」。

【愛緊】（術語）　恩愛之緊縛也。智度論二十八曰、「斷諸愛緊直趣涅槃」。

【愛護】（術語）　愛而護之也止觀七之三曰「愛護將養」秘藏記末曰「諸佛菩薩愛護」

【會】（雜語）　有四解。一、開會之意。謂開除隔別之執情而眞實融會也若對於開及廢而言之則取融會所修之行之意。所謂會三歸一之類是也。二、集會之意曰法會、曰會座皆是此義。如涅槃會法華會維摩會之類是也。三、會得之意謂能於事物之義理了解通達也與了會同碧巖集所謂「諸人還會否」之類是也。四、會通之意謂釋異通難之解釋方法也。與會釋同原人論所謂「會通本末」之類是也。

【會二歸一】（術語）　會二乘而歸於一乘也。三車家就法華之說法而言。

【會三歸一】（術語）　佛於法華經說爾前所說三乘之法、爲一佛乘之方便所歸者一佛乘耳。一佛乘之外無二乘三乘是爲會三歸一。法華玄義七曰、「華合未開、譬隱一乘分別說三華葉正開、譬會三歸一但說一乘華落蓮存、譬絕敎冥理」。四敎儀曰「開前頓漸會入非頓非漸故言開權顯實又言廢權立實又言會三歸一」。

【會下】（術語）　猶言門下法會之下所列之弟子輩也。

【會正記】（書名）　唐太宗貞觀中終南山道宣作戒疏業疏行事鈔、弘四分律、流轉逾四百歲、釋義近十家。於中宋嘉祐年中杭之大昭慶寺允湛律師、作會正記十二卷、釋南山之行事鈔、獨盡於理其後靈芝之元照律師繼承其宗且以法華顯圓意作資持記。見釋氏稽古略四。

【會式】（儀式）　法會之儀式也。俗直指法會曰會式。

【會本】（雜名）　會合本文與註解爲一本者例如合天台之法華玄義與爲其註解書之釋籤、而稱爲法華玄義釋籤會本是也。

【會行事】（職位）　又曰會奉行。法會時、掌儀式次第莊嚴等之役名、必任通於古實者本於天台眞言而用之。

【會者定離】（術語）　言世之常會者、必有離散之時也。遺敎經曰、「世皆無常會必有離。」涅槃經二曰、「夫盛必有衰。合會有別離。」未生怨經曰、「盛者卽衰、合會有離。」法句經曰、「合會有離、生者有死。」

【會座】（雜語）爲聞說法而集會之聽衆座場也。又與會場同。

【會得】（雜語）了解義理也。又單曰會。見會條。

【會通】（術語）又曰和會、和會疏通彼此相違乖角之義、使歸於一意也。肇論曰、「同我則非復有無、異我則乖會通。」五敎章中曰、「應以六相方便而會通之。」

【會衆】（雜語）一會之大衆也。大法鼓經上曰、「今此會衆如栴檀林、淸淨純一。」

【會諸佛前經】（經名）須摩提長者經之異名。

【會釋】（雜語）謂會通解釋法門之難義也。又俗謂善於人曰會釋、取和融人情之義。說法明眼論曰、「一言會釋、一坐飲酒」

【鼠】（動物）梵語母蔗迦、Mūṣika 又作婦佉維。Ākhu 見梵語雜名。

【白黑二鼠】（譬喩）或喩晝夜、或譬日月。賓頭盧突羅闍爲優陀延王說法經曰、「昔日有人行在曠野、逢大惡象、爲象所逐。狂懼走突、無所依怙。見一丘井、卽尋樹根入井中藏。有白黑鼠、牙齧樹根。此井四邊有四毒蛇、欲螫其人。而此井下有大毒龍。傍畏四蛇、下畏毒龍。所攀之樹、其根動搖。樹上有蜜三渧、墮其口中。於時動樹、撐壞蜂窠、衆蜂散飛、唼螫其人。有野火起、復來燃樹。（中略）曠野者喩於生死。彼男子者喩於凡夫。象喩無常。丘井喩於人身。樹根喩人命。白黑鼠者喩晝夜。齧樹根者喩念念滅。四毒蛇喩四大。蜜者喩五欲。衆蜂喩惡覺觀。野火燒者喩老。下毒龍者喩死。」名義集五曰、「大集云、昔有一人避二醉象（生死）緣藤（命根）入井、（無常）有黑白二鼠（日月）嚙藤將斷。傍有四蛇欲螫、（四大）下有三龍吐火張爪拒之。（三毒）其人仰望二象已臨井上。憂惱無託。忽有蜂過、遺蜜滴入口。（五欲）是人唼蜜全亡危懼。」（撿大集經不見此文）性靈集四曰、「四蛇相鬪於身府、兩鼠爭伐於命根。」

【鼠偷蘇死】（傳說）有長者以甁盛蘇、置於樓。一鼠貪蘇入甁、食之蘇盡、身大不能出甁。長者取蘇甁、思凝結之、置於火上、鼠卽死。見經律異相四十七、義楚六帖二十四。

【天帝化鼠】（傳說）戰遮婆羅門女、以木盂擬腹、詣佛所、於大衆中言是佛子。天帝化白鼠、咬斷其繩而落木盂。大衆大笑。見旃遮條。

【鼠喞鳥空】（譬喩）斥濫談圓理者、謬煩惱卽菩提、生死卽涅槃之卽義。又私諸法皆空之空義、不達卽空之深義。謂如怪鼠喞喞之聲、怪鳥空空之聲也。止觀八曰、「謬謂卽是、猶鼠喞若言空空、如空鳥空。」同輔行曰、「不達諦理謬說卽名何異怪鼠作唧唧聲卽聲無旨濫擬生死卽是涅槃亦如怪鳥作空空聲豈得濫同重空三昧」四教儀曰「我等愚戇纔聞卽空卽廢修行不知卽之所由鼠唧鳥空廣在經論尋之思之」文句記十曰「凡言卽者以顯於離如冰不離水理須融冰義同於離方乃顯卽」止觀大意曰「凡諸經中有卽名者如生死卽涅槃之流皆以六位甄之使始終理同而初後無濫」

【鼠摟栗】（術語）摟者攬取也褱取也。凡鼠食栗、必取其實全其皮殼穿內而不損外以喻或師以不空假名宗謂諸法之性實、雖爲空無而假之謂非爲全無也。不空假名宗者對於空假名宗而立假名之世諦不空也。大乘玄論一曰、「不空假名者但無性實有假世諦不可全全如鼠嘍栗」（次中論疏作樓玄論作嘍、皆非也）中論疏二末曰、「齊隱士周顒著三宗論。一不空假名。二空假名。三假名空。不空假名者經云色空者、此是空無性實、故言空耳不空於假色也。以空無性實、故名爲空卽眞諦。不空於假、故名世諦。」晚人名此爲鼠樓栗義。」

【鳧鈴】（物名）鳧氏所造之鈴也。見次項。

【鳧鐘】（雜名）周禮曰、「鳧氏鑄鐘。」考工記曰、「鳧氏爲鐘。鳧入水不溺。以名鐘工。取其浮虛之義。」

【奧】（術語）梵語。Au悉曇五十字門之一。十二韻之一。又作燠、炮。金剛頂經釋字母品曰、「稱奧字門、一切法化生不可得。」文殊問經字母品十四曰、「稱奧字時、是化生聲。」蓋文殊問經說淺略之字相、金剛頂經推究其字相、明絕對不可思議之甚深字義也。淨嚴之悉曇字記講述曰、「一切事法、幻化生滅、其生滅卽不生滅、故化生不可得。其不生滅卽生滅、故常住相又不可得。復次、化生爲四生中化生、化生相又卽本有、故化生卽常住。胎卵濕三生亦如此。奧音雙示能生所生、是則事理生不生並說之義也。奧音爲歸結本源之義。」

【奧箄迦】（術語）譯曰可爾、如是、方便。慧琳音義六十一曰、「奧箄迦Aupayika唐云可爾、或云如是。」有部毘奈耶三十一曰「奧箄迦譯云方便。」

【奧闍訶洛鬼】（異類）鬼名。玄應音義二十一曰、「奧烏報反。此云吸人精氣鬼也。」梵Ojaāhāra

【達水】（地名）阿耨達池也。

【達多】（人名）提婆達多之略。

【達池】（地名）阿耨達池之略。

【達利瑟致】（術語）Drṣṭi又作達梨舍那Darśana。譯曰見。邪見正見之見也。因明大疏中本曰、「達利瑟致云見。」玄應音義六曰、「達梨舍那。此云見。」

【達利瑟致案多】（術語）Drṣṭyanta 譯曰見邊。所見之邊際也。乃因明之譬喻。譬喻者、以所見之邊爲成立未所見之宗者、故名見邊。見因明大疏中本。

【達梨舍那】（術語）梵語。又作達利瑟致。華言見。見有五種。一身見。二邊見。三見取。四戒取。五邪見。具此五種。名曰見惑。見翻譯名義集。

【達弭羅】（人名）Dharmila 童子名。俱舍寶疏五曰、「達弭、此云有法。羅、此云取。於有法神邊乞取。從所乞神爲名。故云有法取。」玄應音義二十四曰、「達弭羅、彌爾切。此云攝受法。」

【達婆羅摩】（天名）達婆爲乾達婆之略、羅摩其名也。報恩經三曰、「達婆羅摩。彈七寶琴、出微妙音。」梵 Gandharva-rāma

【達須】（雜名）又曰達首。蠻俗之名。慧琳音義四十八曰、「達須。謂此等人微識佛法。不能堅固修持行也。」瑜伽倫記六上曰、「達須。無有正音可譯。雖有識別。是狠戾義。（中略）四天竺外。佛在世時。無佛四衆出世遊行。然有識別。如唐國等名達須國。（中略）基法師云。達須者。細碎下惡鄙猥賤類。」梵 Dasyu

【達絜】（雜名）又曰達須。邊國下賤之名。慧琳音義五曰、「達挐、奴雅反。有經文有作絜、思預反。書寫人誤也。此卽梵語也。亦是邊夷戎羯下賤惡種、不知禮儀如禽獸之類也。」可洪音義一曰、「達絜、息慮反。亦云達須。言此等人微識佛法、不能堅固修行也。」見達須條。梵 Dasyu

【達滑】（雜名）了義燈二本曰、「達滑姪女家。沽酒家。」

【達磨】（術語）Dharma 又作達摩、達麽、馱摩。譯曰法。軌則之義、軌持之義也。義林章六本曰、「達磨、名法。方廣經云。軌則名法。成唯識云。法謂軌持。能持自相軌生解故。涅槃經說。法、名不覺。」因（人名）Bodhidharma 具名菩提達磨、譯曰道法。南天竺之刹帝利種也。父王曰香至。磨爲其第三子。本名菩提多羅。後遇二十七祖般若多羅、嗣法。改多羅曰達磨。梁普通元年泛海至廣州。帝迎之到建業。問曰、朕卽位以來、造寺寫經有何功德。磨曰、無功德。帝曰、云何眞功德。磨曰、淨智妙圓、體自空寂、如是功德不可以世求。帝曰、如何是聖諦第一義。磨曰、廓然無聖。帝曰、對朕者誰。磨曰、不識。帝不悟。遂渡江之魏。乃後魏孝明正元元年也。止嵩山少林寺、終日壁觀。號壁觀婆羅門。孝明帝聞之、三召不起。後得慧可、付法並衣。付法偈曰、「吾本來茲土。傳法救迷情。一華開五葉。結果自然成。」又曰、此有楞伽經四卷、爲如來極談法要、今並付汝。梁大通二年寂、其年葬熊耳山。梁武帝製碑讚德唐代宗謚曰圓覺大師見傳法正宗記五。

【達磨忌】（行事）十月五日也。梁大通二年十月五日入寂大小禪刹悉修之。

【達磨宗】（流派）禪宗之異名。

【達磨尸羅】（人名）Dharmaśiras 沙門名譯曰法首見開元錄二。

【達磨弗多】（人名）Dharmaputra 太子名譯曰法子見歷代三寶記八。

【達磨舍羅】（雜名）Dharmaśālā 義譯曰福舍慈恩傳二曰「達磨舍羅唐言福舍王敎所立使招延旅客給贍貧乏者也。」

【達磨波羅】（人名）Dharmapāla 菩薩名譯曰護法十大論師之一西域記十曰、「南印度境達羅毘茶國周六千餘里國大都城號建志補羅（中略）建志補羅城者卽達磨波羅菩薩（唐言護法）本生之城」見護法條。

【達磨笈多】（人名）Dharmagupta 譯曰法密南印度羅囉國人隋開皇十年來、譯藥師經等見續高僧傳二。

【達磨耶舍】（人名）Dharmayaśas 沙門名譯曰法稱見開元錄四譯曰法明見出三藏記十一。

【達磨流支】（人名）Dharmaruoi 沙門名譯曰法希見續高僧傳一又國王名譯曰法愛見彌勒上生經疏上。

【達磨般若】（人名）Dharmaprajña 優婆塞名譯曰法智見續高僧傳二

【達磨畢利】（人名）Dharmapriya (-pri) 比丘名譯作法愛見慈恩傳二

【達磨提婆】（人名）Dharmadeva 沙門名譯作法天見求法高僧傳下。

【達磨菩提】（人名）Dharmabodhi 沙門名譯曰法覺見開元錄六。

【達磨馱都】（術語）Dharmadhātu 譯作法界或謂諸法之身體、或謂佛舍利。大日經疏七曰、「梵云達磨馱都名爲法界界是體義分義佛之舍利亦名如來馱都言是如來身分也」同六曰、「蓮華臺達磨馱都所爲法身舍利也」

【達磨羯羅】（人名）Dharmakāra 比丘名譯曰法性見慈恩傳二。

【達磨闍那】（人名）Dharmajñāna 比丘名譯作法智見開元錄六

【達磨摩提】（人名）Dharmamati 沙門名譯作法意齊武永明年中譯提婆達多品見歷代三寶記十一。

【達磨多羅】（人名）Dhasmatrāta 阿羅漢名譯曰法救有四人一於佛滅後三百年出世、作無常品等鄔南那頌。俱舍論一曰、「大德法救無常品等」同光記一曰、「達磨多羅此云法救師涅槃後三百年出世。」二於四百年出世爲婆沙論四評家之一人俱舍論中往往引之。三於六百年出世立、漏隨增義之人。俱舍光記一曰「至六百年達磨多羅、此云法救。(中畧)論主亦同彼釋。」四於千年出世造雜心論之人。三論玄義曰、「千年之間有達磨多羅、以婆沙太博四卷極畧更撰三百五十偈足四卷合六百偈。名爲雜心。」法華玄義作達磨鬱多羅譯曰法尙見達磨鬱多羅條。名義集一曰、「達磨狙(莊呂)羅多。」

【達摩面壁石】(雜名) 清姚元之竹葉亭雜記曰、「河南少林寺後殿西壁前設供桌供一石。高幾二尺强上下寬五七寸不等。卽之一麤石了無異處。向之後退至五六尺外。漸有人形。至丈餘。則儼然一活達摩坐鏡中矣。腮邊短髭若有動意。寺僧言乾隆三十六年。駕幸嵩山。欲觀祖師面壁石。石在少室山洞中。故浮置之者。因請以呈覽焉。」

【達磨婆陀那】(人名) Dharmavardhana 阿育王王子之名。譯曰法益。見阿育王經四。又作達磨跋檀那。見釋迦譜十。

【達磨計都佛】(佛名) Dharmaketu 譯曰法幢佛。見文殊師利寶藏經。

【達磨鬱多羅】(人名) Dharmottara 阿羅漢名。玄義釋籤六曰、「達磨鬱多羅者。此云法尙。是阿羅漢。佛滅後八百年中於婆沙中取三百偈以爲一部。名雜阿毘曇」他處多作達磨多羅。見達磨多羅條。

【達磨多羅禪經】(經名) 二卷、東晉佛陀跋陀羅譯。說小乘之禪法。

【達賴喇嘛】(職位) Dalai Lama 達賴者蒙古語大海之意。喇嘛者西藏語 Lama 勝者之義。爲西藏喇嘛敎之敎主、屬於黃衣派。爲禪定菩薩之化身。在主都剌薩相承者。喇嘛死時、國內派人以奇瑞爲表徵、求死喇嘛之轉生者、令嬰兒繼嗣。西藏新志中曰、「達賴喇嘛者、喇嘛僧中至大至高全國所最尊崇者也。宗敎上有無限威力、殆如歐洲之羅馬法王。土民以達賴爲保護國家、維持佛敎而出現世界代表佛陀者。其政治悉委之駐藏大臣。實不能專生殺與奪之權。按達賴云者蒙古語大海之意。謂智慧如大海也。藏語格樂瓦、皇帝至寶之意也。」又曰、「按達賴喇嘛爲宗喀巴之大弟子。班禪額爾德尼爲宗喀巴之二弟子。宗喀巴以明永樂十五年生於西寧衛。得道於西藏之噶爾丹寺。成化十四年示寂。遺囑二大弟子世世以呼畢勒罕轉生。演大乘敎。呼畢勒罕者。華言化身也。皆死不失其通。自知往生之所。其弟子輒迎立之。常在輪迴不昧本性。其所指爲呼畢勒罕者。不限於一地一族。一世二世出後藏。三世出前藏。四世出蒙古。五世出前藏。六世出裡塘。宗喀巴經言、達賴六世、班禪七世後不復再來。」

【達嚫】(術語) Dakṣiṇā 又作嚏嚫、

達儭、達親、達櫬、大嚫、檀嚫。財施之義。又右手之義、以右手受施物也。蓋於齋食之後、施僧以財物、令右手受之也。僧對其施物爲報之而說法、稱其說法亦曰達嚫。是轉財施之義而爲法施之義。義淨三藏謂爲陀那伽陀或特欹拏伽陀、譯作施頌。探玄記十八曰、「達櫬者。尊婆須蜜論作檀嚫。此云財施。律云。報施之法名曰噠嚫。導引福地亦名噠嚫。西域記云。正言達櫬拏。或云馱器尼。此云右手也。以用右手受他所施爲其生福故。從之立名。」行事鈔下三曰、「大嚫法。五分食後施衣物。名爲噠嚫也。」資持記下三之三曰、「達嚫、大嚫、梵音少異。亦云檀嚫。此翻財施。謂報施之法名曰達嚫。文約施衣、准應不局。世謂以財襯食、故名嚫者、不識華梵。又名說法爲施財者並非。問、爲名財物、爲目說法。答、據名名物。今謂行施之時必爲說法。因名說法以爲達嚫。準理具云達嚫說法。事義方全。問、此與咒願何別。答、約事似同。究義須別。咒願則別陳所爲。達嚫則通爲說法。今或營齋事須雙用。」寄歸傳一曰、「但至食罷、必爲說特欹拏伽陀。是持施物供奉之義。特欹尼師、郎是應合受供養人。是故聖制、每但食了、必須誦一兩陀那伽陀、報施主恩。」

【達羅毘荼】（地名）古國名。在南印度境。其領城跨帕拉爾河。有今麻打拉薩西南一帶之地。西域記曰、「達羅毘荼國周六千餘里。都城號逮志補羅。周三十餘里。土地沃壤。稼穡豐盛。多華果。出寶物。氣序溫暑。風俗勇烈。深篤信義。高尚博識。而語言文字少異印度。伽藍百餘所。僧徒萬餘人。」

【達嚕噶齊總管】（職位）僧官名。見廣敎總管府條。

【道】（術語）能通之義。大要有三種。一有漏道、善業通人使至善處、惡業通人使趣惡處、故善惡二業謂之道、所至所趣之處亦名爲道。如地獄等之六道是也。淨土論註上曰、「道者通也。以如此因、得如此果。以如是果、酬如是因。通因至果、通果酬因。故名爲道。」大乘義章八末曰、「所言道者、從因名也。善惡兩業、通因至果、名之爲道。地獄等報、爲道所詣、故名爲道。」二無漏道、七覺八正等法、能通行人使至涅槃、故謂之道。又行體虛融無礙、故爲通之義。以通故、名爲道。如道諦、道品、聲聞道、佛道等。梵言菩提是也。大乘義章十六曰、「諸行同體、虛融無礙。名之爲通。通故名道。」三論玄義曰、「至妙虛通、目之爲道。」俱舍論二十五曰、「道義云何。謂涅槃路。乘此能往涅槃城故。」法界次第中之下曰、「道以能通爲義。正道及助道、是二相扶、能通至涅槃。故名爲道。」華嚴大疏十八曰。「通至佛果、故名道。」三涅槃之體、排除一切障礙、無礙自在、謂之道。涅槃無名論曰、「夫涅槃之名道也。寂寥虛曠、不可以形名得微妙無相不可以有心知。」淨土論註下曰「道者無礙道也。」大乘義章曰「末伽、」Mārga 梵語雜名曰「末㗚誐」

【道一】（人名）唐江西道一禪師、姓馬氏時稱馬祖南岳讓之法嗣也。見江西條。

【道力】（術語）自道體而生之力用、得道故由道發無畏之力用也。楞嚴經一曰、「阿難見佛頂禮悲泣恨無始來一向多聞、未全道力。」智度論二曰「阿難聞是事悶、心小醒得念道力助。」

【道人】（術語）得道之人、又修道之人也。漢書京房傳曰、「道人始去涌水爲災。注云道人有道術之人也。」地理志曰「代郡道人縣注云本有仙人遊其地因以爲名。」四十二章經曰「道人見欲必當遠之。」釋氏要覽上曰「智度論云得道者名爲道人。餘出家者、未得道者、亦名道人。」

【道士】（術語）本爲釋子之稱、後遂爲神仙家之名、猶如言道敎也。法苑珠林六十九曰、「姚書云始乎漢魏、終暨苻姚皆號衆僧以爲道士。至魏太武二年有寇謙之始竊道士之名、易祭酒之稱。」盂蘭盆經疏下曰、「佛敎傳此方呼僧爲道士。」行事鈔資持記下三曰、「道士本釋氏之美稱後爲黃巾濫竊遂不稱之。」

【道心】（術語）稱於五道之心也。歸敬儀中曰「福業不成道心無涉。」又求菩提之心也。唐華嚴經十三曰、「普觀衆生發道心。」法華經義疏二曰「菩提云道是無上正徧知果道也。」又道心者言在家行佛道者也。與言道者同。

【道心者】（雜名）有道心而修行者。爲在家修行者之稱。

【道水】（譬喩）正道淨澄而洗除塵垢、故喩之以水。行事鈔上一曰、「洗心道水者。慕存出要。」

【道中】（術語）三道位之一。正證悟實道之位、次也。見道後條。

【道元】（術語）正道之根元也。唐華嚴經十四曰、「信爲道元功德母。長養一切諸善法。」

【道化】（術語）以道法而敎化他也。無量壽經下曰、「聽受經法宣布道化。」

【道生】（人名）晉道生本姓魏、鉅鹿人、值竺法汰而出家、遂姓竺。入廬山幽棲七年、鑽仰羣經、後與慧叡慧嚴同遊長安、從羅什受學、後還都止靑園寺、著二諦論佛性常有論法身無色論佛無淨土論等、守文之徒、多生嫌嫉。又六卷之泥洹經、先至京師、生剖析經理、立闡提成佛之義、時大本未傳、舊學不許之、以爲邪說、遂擯於衆中、生袖手入平江虎丘山、豎石爲聽徒、講涅槃經、至闡提有佛性處曰、如我所說、契佛心否、羣石皆首肯。後遊廬山、居銷景巖、聞曇無讖在北涼、重譯涅槃之後品、至南京見之、果如生言。宋元嘉十一年十一月寂。見高僧傳七、釋氏稽古略二。

【道平】（人名）唐道平沙門、爲金吾大將軍。佛祖統紀五十一曰「肅宗沙門道平爲金吾大將軍破安祿山反賊」

【道行】（術語）學道修行也。又道德之行也。維摩經囑累品曰「如說修行。當知是爲久修道行」淨影大經疏上曰「內心求道備有道行以道成人名道衆生」

【道行般若經】（經名）具名道行般若波羅蜜經、十卷。後漢支婁迦讖譯。與大般若第四分同、而有常啼曇無竭二菩薩事。是般若經譯本之最古者。

【道安】（人名）苻秦道安、常山扶柳人。家世世業儒、早喪父母。十二歲出家。神智聰敏、而形貌甚陋、不爲師所重。數年驅役、安精勤不倦。後求經師與一經、殆有一萬言、安一日誦之、不差一字。師大驚、爲授具戒。次使遊方、入鄴都、遇佛圖澄師之。澄講則安每覆述、時人語曰、漆道人驚四隣。後歷遊諸處、訪道於太行恒山。創立寺塔。晉武帝寧康元年、避石氏亂、率弟子遠等四百餘人至襄陽、立檀溪寺。鑄佛像。武帝聞安名、資給厚祿、安固辭不受。晉太元四年、秦主苻堅取襄陽、得安。喜曰、吾以十萬師取襄陽、得一人半。安公一人、習鑿齒半人也。安至長安、僧徒數千人、大弘法化。堅欲取江南、安諫之、堅不聽、攻之、果大敗。安註經、每求聖證、一日感長眉尊者來降。見所製欽歎。卽賓頭盧也。因日設供。安每與弟子法遇等於彌勒前立誓願生兜率。秦建元二十一年寂、壽七十二。安生而左臂有肉隆起如印。時稱印手菩薩。沙門姓釋、註經開三分、皆由安始。見高僧傳五。

【道光】（術語）道之光明也。道體清淨、離一切過垢、照破無明之闇。故曰道光。讚阿彌陀佛偈曰、「道光明朗色超絕。故佛又號淸淨光」。

【道次】（術語）證聖道之位次。百緣經曰、「獲得須陀洹果。求入道次」

【道交】（術語）衆生善根發動曰機、大悲爲之感動曰應。機應相稱曰道交。法華文句記一曰、「諸佛不來、衆生不往、機應相稱、故曰道交」

【道共戒】（術語）三種律儀之一。三乘聖者入色界所發之無漏定、則與無漏智共於身中自發得防非止惡之戒體、（卽無漏之律儀）是名無漏律儀。又名道共戒。此無漏之律儀、與無漏道共生、與無漏道共滅、故名道共戒。

【道地經】（經名）一卷、後漢安世高譯。修行道地經之略出。

【道位】（術語）修道之位次。如菩薩之十地、聲聞之七方便位等。中論疏一曰、「

名貫道位德備三忍。

【道休】（人名）釋道休、恒以頭陀爲業。住雍州新豐福緣寺南驪山幽谷結草爲庵、一坐七日乃出。其定出山乞食施說禁戒。誨人慈善。如是積四十年。貞觀三年夏內依期不出、端拱而卒。然休師出家已來常但三衣不服縉纊以傷生也。所著布衣積有年稔。塵朽零破見者心寒。

【道戒】（術語）道共戒也。

【道法】（術語）至涅槃正道之法也。無量壽經下曰、「奉持經戒受行道法。」四十二章經曰「爲沙門受道法者。」維摩經方便品曰、「不捨道法而現凡夫事。」

【道法智】（術語）觀道諦而得之智、又斷迷於道諦之見惑之智也。

【道具】（術語）凡三衣什物資助一切學道身之具名曰道具。華嚴經入法界品寶髻長者章曰、「修無分別功德道具。」同觀自在章曰、「善知識者至一切智助道之具。」釋氏要覽中曰、「道具中阿含經云所蓄之物可資身進道者。即是增長善法之具。菩薩戒經云資生順道之具。」天台別傳曰、「衣鉢道具分爲兩分。」

【道具衣】（衣服）象器箋十九曰、「叢林諺語名羅紗之直裰曰道具衣。」啓蒙隨錄曰、「道具衣由禪宗而名、又云裝束衣。」又明著衣之次第曰「於表衿著道具衣、掛九條或七條之袈裟。」

【道門】（術語）道法之門戶也。三論玄義曰「開顯道門。」

【道服】（衣服）袈裟之別名。爲道人所服者故名。六物圖曰、「或名袈裟或名道服或名出世服。或名法衣。」是法衣之總名也。

【道念】（術語）正道之心念也。心存於道者。

【道芽】（術語）正道之萌芽也。法事讚上曰「智慧冥加道芽增長。」心地觀經五曰、「道芽增長如春苗。」法華玄贊二曰、「佛說法雨道芽生令生善。」

【道果】（術語）道爲菩提、果爲涅槃、涅槃由菩提之道而證。故曰果。法華經藥草喻品曰、「漸次修行皆得道果。」四十二章經曰、「度憍陳如等五人而證道果。」

【道俗】（術語）出家之人曰道、在家之人曰俗。智度論十曰、「佛弟子七衆。比丘、比丘尼、學戒尼、沙彌、沙彌尼、優婆塞、優婆夷。優婆塞優婆夷是居家。餘五衆是出家。」註維摩經二曰、「肇曰大士美惡齊旨、道俗一觀。故終日凡夫而終日道法也。」中論疏一曰、「道俗者智度論云。聲聞法中未說生死即涅槃。衆生則是佛。故二乘不能一道俗也。道則涅槃俗則生死。」

【道俗業經】（經名）演道俗業經之

略名。

【道品】（術語）道法之品類、有三十七科、爲至涅槃之道法。故曰道品、類差別故曰品。見三十七道品條。無量義經曰「三明六通道品發」台家立四種。

【道宣】（人名）姓錢氏、唐丹徒人、十六落髮、隋大業中從智首法師受具戒、唐武德中充西明寺上座。及玄奘三藏自西域還、奉敕從於譯場、宣撰行事鈔、戒疏、業疏、高僧傳、廣弘明集等二百卷。嘗築一壇、俄有長眉僧來談道、乃賓頭盧也。復三果之梵僧禮壇讚曰佛滅後住像法世、與發毘尼者唯師一人。乾封二年春冥感天人來談律相、正古譯之謬。又有大人授天竺祇園之古蹤、宣抄記之、卽祇園圖經二卷是也。貞觀中嘗隱沁州雲室山、覩人天童奉侍左右。又於西明寺夜行道、感毘沙門天王子那吒太子來授佛牙、及寶掌而保持供養。乾封二年十月三日寂、壽七十二。咸通十年謚澄照、塔云淨光、師久居洛南、故號南山律宗。見高僧傳十四。

【道前】（術語）證悟實道以前之位次也。見道後條。

【道者】（術語）修行佛道者之稱。釋氏要覽曰「智度論云、得道者名爲道人。餘出家者未得道者亦名道人、道者亦同此說」後謂禪林之行者云道者、投佛寺求出家而未得度者。

【道要】（術語）佛道之樞要也。賢愚經十三曰、「願重矜愍顯示道要」。讚阿彌陀佛偈曰「究暢道要無障礙」

【道信】（人名）禪宗東土之第四祖也。嗣法於僧璨、傳於弘忍、傍出金陵牛頭山之一系。唐高宗永徽辛亥寂、壽七十二。見傳燈錄三。

【道後】（術語）道爲自行眞實之道。未契實道爲道前、正證實理爲道中、自證以後爲道後。每地各分此三者。釋籤四曰、「道者謂自行眞實之道、未契實理、眞理在纏、故名爲理。故以地前名爲道前、初地巳上巳證實理、復由此理成後行、初證巳後、究竟巳前、並名道中。由此地行理究竟顯、以顯之理名爲道後。自行證後、故名道後」。法華文句記三曰、「此中須以十地爲道前、妙覺爲道中、證後爲道後」金光明玄義上曰、「當知道前圓性德、道中圓分德、道後圓究竟德」

【道風】（術語）道之化人、如風之靡草者。無量義經曰、「道風德香熏一切」。釋氏要覽中曰、「寶林傳云、祖師難提至摩提國。一日有風西來、占曰此道風也。必有道人至。果得伽耶舍多至」

【道昭】（人名）日本人、入唐謁玄奘三藏、三藏加意敎誨、告曰、經論文博、勞多功少、我有禪宗、汝可承此法傳於東土。昭喜修習、早得悟解、又指令見相州隆化寺慧滿禪師、滿委曲開示、且付以楞伽經、業成辭三藏、三藏以佛舍利經論及相宗之章疏付之。昭歸、盛弘相宗、日本始開唯識之旨。壽七十二寂、遺命荼毘、日本火葬自昭始。

【道流】（術語）學道者流、禪道者流也。臨濟錄曰「道流祇如自古先德皆有出人底路。」

【道記】（人名）成道之記別也。

【道院集要】（書名）三卷、宋晁迥撰。迥耽於禪悅。王古序文言其名理之妙、雖白樂天不逮。迥所著有道院別集、自擇增修百法、法藏碎金錄、隨因記述、耄智餘書凡五編。古刪除重複擇其精要以爲此書。見四庫提要。

【道神足無極變化經】（經名）四卷、西晉安法欽譯。佛昇忉利天爲母說法經之異譯。經中說如來現十方之身而施化、故名道神足無極變化。

【道理】（術語）通貫事物本眞之義曰道理。道理者通達無礙之謂。指一物上所具之義、通於餘物而言。

【四種道理】（術語）解深密經五說四種之道理。一觀待道理、有爲法必因果對待、因生果、果由因生之不變道理也。二作用道理、因緣所生之有爲法、必有成辦事業之作用也。三證成道理、由現量與比量及聖教量而證明成立之道理也。如諸行無常、諸法無我是。四法爾道理、不關如來之出世不出世、本來安住於法界之自爾道理也。此中法爾道理乃總體、其餘三道理乃其部分。法爾之一分現於因果之關係、名觀待道理、現於事業之上、名作用道理、現於人之理想上、名證成道理。此三者皆爲可知之道理也。第四之法爾中含此三者、皆有應以佛之無分別智冥契而不可知之道理。因而以五明對之、則觀待作用之二道理爲工巧明、醫方明、聲明之所知、證成道理乃因明之所知、法爾道理乃內明之所知也。

【道教】（術語）正道之教也。無量壽經上曰「出興於世、光闡道教。」同下曰「宣布道教、斷諸疑網。」其後魏寇謙之以爲神仙道之名。見道士條。惟蒙古人尚稱佛教爲道教。蒙古源流四曰「崇祀釋迦牟尼佛於上方福地、大施金銀寶貝於釋迦牟尼佛、極加敬重、修明道教。」又曰「遵依從前道教而行、遂賴道教獲享安逸。」案此書中稱佛教爲道教處甚多、略錄一二以例其餘。

【道氣】（術語）佛道之氣分也。止觀十曰「闇證凡鄙、盲狗稽吠。自行化他、念無道氣。」

【道眼】（術語）修道而得之眼也。又觀道之眼也。佛開解梵志阿颰經曰「道眼觀知可度者。」圓覺經曰「分別邪正、能於末世一切衆生無畏道眼。」楞嚴經曰「發妙明心開我道眼。」注曰、「眞妄顯現決擇分明曰道眼」蘇軾詩曰「道眼已入不二門」

【道術】（術語）道法技術通於內外世出世之法者。無量壽經上曰、「博綜道術。貫練羣籍。」嘉祥疏曰「五明道術」

【道章句經】（經名）五句章句經之異名。

【道場】（術語）梵語菩提曼拏羅。Bodhimaṇḍala 謂佛成聖道之處。中印度摩竭陀國尼連禪側菩提樹下之金剛座是也。西域記八曰、「菩提樹垣正中有金剛座。（中略）賢劫千佛坐之而入金剛定。故曰金剛座焉。證聖道所亦曰道場。」又得道之行法謂爲道場。維摩經菩薩品曰、「直心是道場(中略)三十七品是道場」又供養佛之處謂爲道場。輔行二曰、「嚴道場者。場者俗中亦以爲祭神處也。今以供佛之處名爲道場」又學道之處謂爲道場。註維摩經四曰、「肇曰閑宴修道之處謂之道場也。」隋煬帝時以爲寺院之名。佛祖統紀三十九曰、「隋大業九年。詔改天下寺曰道場」又爲法座之異名。慈悲道場水陸道場等是也、

【道場觀】（術語）眞言行者觀所住之道場及所信之佛身。謂爲道場觀。其所住之道場分器界與道場之二段。而就其器界言之。則顯密諸教所明有三輪五輪之不同。今明其中三輪。則初爲風輪。次爲水輪。次爲地輪。此三輪之種子爲[梵字][梵字][梵字]。攝大軌上曰、「最初於下位。思惟彼風輪。賀字所安住。黑光焰流布。歸命欠。次上安水輪。其色如雪乳。嚩字所安住。歸命鑁。復於水輪上。觀作金剛輪。忽置本初字。四方通黃色。歸命阿」但地輪之中有[梵字]字[梵字]字[梵字]字之三重。三重雖爲不同。然並是地輪之攝。故總稱爲地輪。初[梵字]字爲金輪之種子。次[梵字]字爲火輪之種子。後[梵字]字爲八葉蓮華之種子。八葉蓮華者須彌山也。蘇悉地出現品曰、「行者一緣想八峯彌盧山」靑龍軌曰「一緣而觀總八峯彌盧山」略出經曰「其山衆寶所成而有八角」大日經疏十二曰、「先想八峯須彌山王。八峯謂四面周帀作於峯」八峯八角爲八葉之標幟。故以須彌山爲八葉蓮華。是卽於[梵字]字金輪上瀰滿八功德水。於其中出生大蓮華王。卽須彌山也。而於[梵字][梵字]兩字之中間觀[梵字]字者。軍荼利軌曰「爲成變化蓮華故。當觀覽字門。流散赤焰而成火輪。其形三角。漸引量同水輪。忽然之間從金龜背躍出八葉大蓮華。金剛爲莖」是爲成蓮華故觀[梵字]字也。巳上爲器界。巳下爲壇場。其八葉蓮華上有八柱之樓閣。千手儀軌曰「於蓮華上有八大金剛柱。成寶樓閣」卽每葉有一柱。閣內安壇。其壇形量隨行者之意可也。其形隨方圓三角半月等法而不同。其量有大小重重。如攝眞經所說。於壇上更觀八葉之

白蓮華、已上明所住之道場。已下爲能住之佛身。卽觀吾身而爲佛身也。先於腰下想𑖀字。是卽地輪黃色也。於腰想𑖪字水輪白色也。於胸想𑖨字日輪火輪赤色也。於髮際想𑖮字風輪黑色也。於頂上想𑖏字虛空輪青色也。阿字是本不生理之種子、落種子於地輪、則待水土之緣始萌。是故地輪上有水輪、雖有水土之緣、然必待日輪之煖氣、莖葉始具。故上有日輪。(卽火輪)雖有水土日輪之緣、然必待解脫之風而得具足生長。故上有風輪。縱有水土日風、然皆悉堅實、何能使物生長、故最上有空輪。如是觀五字於五處、卽所謂五字嚴身也。下自地輪上至虛空、重重觀置、而五大相互融通矣。此率都婆放光、周遍於法界、爲毘盧遮那之身、有種種之莊嚴、坐於白蓮華臺、寶冠有五佛、舍那之身著白紗。我自始至終種種之事亦如是。若以本尊爲本、則可以我爲影、以吾爲本、則可以本尊爲影。觀諸佛亦如是相融。是三平等觀之義也。見祕藏記本。道場觀有二種、一理觀、二事觀。於行者之身內觀之、謂爲理觀、於身外觀之、謂爲事觀。器界及道場觀爲事觀、佛身觀乃理觀也。見祕藏記鈔三。爲此道場觀、用不空成就之成所作智定。三摩地儀軌曰、「行者次應以成所作智三摩地想。於已身前觀無盡乳海。出生大蓮華王、金剛爲莖、量同法界。上想七寶珍寶樓閣殿、如意珠以爲莊飾。(中畧)毘盧遮那如來身色如月、首戴如來冠、垂妙穀天衣、瓔珞莊嚴、光明普照、無量無數大菩薩衆前後圍繞以爲眷屬。」

【道場神】(神名)道場之守護神也。唐華嚴經一曰、「復有佛世界微塵數道場神、所謂淨莊嚴幢道場神(中畧)妙光照耀道場神。」大疏鈔一下曰、「道場神、從所依所守得名。下諸神衆類皆同此。言道場者、非唯護佛道場。但有莊嚴道場之處、卽於中護故。」止觀私記八曰、「道場神者、護法善神。如法華十羅刹、方等夢王等。」

【道場樹】(植物)菩提樹也。此樹下有成佛之金剛座、故謂爲道場樹。無量壽經上記極樂世界之菩提樹曰、「其道場樹無量光色高四百萬里。」

【道殿】(人名)字法藏。俗姓杜氏。雲中人。唐末時人也。住五臺山金河寺、著顯密圓通成佛心要一卷。其門人序之云、博學則侔羅什之多聞、持明則具佛圖之靈異。(指人言)又云其文則精儁簡約、其義則淵奧該弘、窮顯密之根源、盡修行之岐路。一十二分敎之蓍龜、八萬四千行之鈐鍵云云。(指顯密圓通言)

【道智】(術語)十智之一。證道諦之理之智也。

【道欽】(人名)唐徑山道欽禪師。見徑山條。

【道意】（術語）猶言道心。求無上道之心也。無量壽經上曰、「顯現道意無量功德」。

【道禁】（術語）爲佛道禁止諸惡者。卽戒波羅蜜也。無量壽經下曰、「勿犯道禁」。

【道滅】（術語）道諦與滅諦也。修道法而得寂滅之涅槃、出世之因果也。妙樂之因果也。觀法上次第爲滅道。以先舉涅槃之妙果、使之欣慕故也。

【道業】（術語）可感人天之果之善業爲福業。可成佛果之善業爲道業。以菩提心而修之諸業也。

【道種性】（術語）瓔珞經所說六種性之一。十廻向之位也。在此位始正修中道觀。故名爲道。能生佛果、故名爲種。四敎儀曰、「十廻向者。一救護衆生離衆生相。（中畧）十入法界無量。（伏無明習中觀）亦名道種性」。同集註下曰、「道種性者。始正修中、故名道。能生佛果、故名種。」

【道種智】（術語）智度論所明三智之一。學一切道法濟度衆生之菩薩智也。三諦中假諦之智也。見三智條。

【道綽】（人名）眞宗七祖之第四祖。唐幷州玄中寺道綽、幷州汶水人。稱爲西河。十四出家。講敷涅槃經。後詣石壁玄中寺。讀曇鸞碑。大有所感。自此捨涅槃之講說、專事念佛。講觀經二百餘徧。示誨道俗。撰安樂集兩卷。貞觀十九年四月二十四日寂、年壽不記。唐高僧傳（道綽傳）曰、「綽今年八十有四。而神氣爽明。宗紹存焉。」

【道號】（術語）以號表道者。卽字也。又爲道人之別號。故曰道號。某居士某道人、皆道號也。見象器箋五。

【道樹】（植物）菩提樹也。本名果波羅樹。佛於此樹下成道、故亦曰道樹。大集經十曰、「憐愍衆生趣道樹。」菩薩戒經義疏上曰、「坐菩提樹下得道。因名道樹。」見菩提樹條。因道能生長、故譬之曰樹。行事鈔上三曰、「扶疏道樹、光揚慧日」。

【道樹經】（經名）菩薩道樹經之略名。

【道樹三昧經】（經名）私呵昧經之異名。

【道德】（術語）正法名爲道。得道而不失、謂爲德。無量壽經下曰、一長與道德合

【道樂】（術語）解道而自樂也。法華經藥草喩品曰「以道受樂」。阿育王經八曰「今已得道樂。」

【道緣】（術語）佛道之因緣。

【道諦】（術語）四諦之一。無漏之三學可以到涅槃之正道也。此道諦爲因。滅諦爲果。滅諦者涅槃也。是爲出世間之因果。

【道器】（術語）堪修佛道之器量也。

戒本疏二下曰、「斷彼相續違慈惱他損害道器過中之甚。」

【道檢】（術語）聲聞之人於見道以道檢心故曰道檢。玄應音義三曰、「以道檢心故言道檢。大品經云若入聲聞正位是也。蒼頡篇檢法度也亦攝也。」

【道舊】（術語）道友也、以道相交故曰道舊者舊識也。

【道邃】（人名）與道尊者道邃、不知何許人。唐代宗大曆中來依荊溪於天台佛隴寺、荊溪嘉之曰吾子其能嗣興吾道、遂授止觀輔行。師爲衆開說發明深旨。貞元二十一年、日本沙門最澄來求法、師盡以一家之教觀付之。見佛祖統紀八。

【道類智】（術語）八智、十六心之一、觀上二界之道諦而得之智也。以類法智故謂爲類。唯識宗以爲見道之智。俱舍宗以之屬於修道。

【道識】（術語）正道之智識。三論大義鈔一曰、「像教之時、人根轉鈍、道識亦昧。」

【道體】（術語）聖道之體也。謂自己之本心。以一切之聖道由之而生也。戒疏行宗記二上曰、「言道體者、道無別體、即本淨心。心隨染緣與道相反故禁重罪還復本淨無漏聖道由此而生。故云體也。」

【道觀】（術語）道爲化道、謂教化他也。觀爲空觀、謂自觀空理也。自住於空理而向他行化道、謂爲道觀雙流。是菩薩之正行也。止觀六曰、「菩薩者福慧深利、道觀雙流。」四教儀集註下曰、「道觀雙流者、道謂化道、觀謂空觀。帶空出假。故曰雙流。」金光明文句五曰、「通教八地、別教十廻向、圓教亦在初住、皆是道觀雙流、自他俱益之位也。」同記曰、「道謂外化、觀謂內行。」

【道觀雙流】（術語）自修空觀、同時出假觀、化道衆生也。

【遊山】（雜語）禪門之人、己事了畢、不須參問、觀覽勝概也。敕修清規裝包曰、「如遊山到處、將及門下包捧入且過安歇處解包取鞋襪濯足更衣搭袈裟與知客相看。」

【遊方僧】（雜名）雲遊四方之僧人也。亦曰行脚僧。

【遊化】（術語）遊行處處而教化也。地藏經曰、「遊化六道、拔苦與樂。」法華玄義一曰、「不動寂場、遊化鹿苑。」

【遊心法界】（術語）使心游法界、觀見萬差之諸法也。晉華嚴經三曰、「遊心法界如虛空、是人乃知佛境界。」

【遊四衢經】（經名）舍利弗目連遊四衢經之略名。

【遊行】（術語）歷遊諸處也。即行脚也。法華經信解品曰、「漸漸遊行、遇向本國。」釋氏要覽下曰、「毘奈耶律云、如世尊言、五法成就。五夏已滿得離依止。遊行人間。五法者。一識犯。二識非犯。三識輕。四識重。五於別解脫經善知通塞。能持能誦。」

【遊行經】（經名）三卷長阿含經第二至第四。因阿闍世王問伐隣國事。廣爲比丘說七法六法。乃至歷敘入涅槃分舍利之事。佛般泥洹經二卷、大般涅槃經三卷、般泥洹經二卷、皆爲同本異譯。

【遊虛空天】（天名）五類天之一。日月星宿等遊行虛空之天神也。見秘藏記末。

【遊增地獄】（界名）八熱八寒爲大地獄。八大熱一一各有十六小地獄。以一獄城之四面門外、各有爐煨增、屍糞增、鋒刄增、烈河增之四處也、是名十六遊增地獄。八大熱合爲一百二十八遊增。有罪業之衆生游此、倍增苦惱、故曰遊增。俱舍論十一曰、「十六增者、八捺落伽四面門外各有四所。（中略）四面各四增、故言皆十六。此是增上被刑害所、故說名增。本地獄中適被害已、重遭害故。」

【遊戲神通】（術語）佛菩薩游於神通、化人以自娛樂、曰遊戲。又戲者自在之義、無礙之義。智度論七曰、「戲名自在。如師子在鹿中自在無畏。故名爲戲。」註維摩經五曰、「什曰。神通雖大、能者易之。於我無難、猶如戲也。肇曰。遊通化人以之自娛。」同慧遠疏曰、「於神通中歷涉爲遊。出入無礙、如戲相似、故亦名戲。」同嘉祥疏曰、「外道二乘、神通卽有礙、不名遊戲。今菩薩無礙、云戲也。」

【遊戲三昧】（術語）傳燈錄曰、「南泉扣大寂之室。頓然忘筌。得遊戲三昧。」三昧。梵語。專心也。諸佛菩薩。以專心救濟衆生爲遊戲。故云。

【遊戲觀音】（菩薩）三十三觀音之一。乘五色雲、左手安偏膝、遊觀法界之相。

【過木橋】（公案）神山僧密與洞山良价過獨木橋時、寄於拈提之故事、示一事一物不固執依倚、有無二見不可墮於待對者。頌古聯珠通集第二十四曰、「神山與洞山過獨木橋。洞先過了。拈起木橋曰、過來。師曰、价闍黎。洞乃放下木橋。」

【過去】（術語）有爲之事物作用終滅之位也。三世之一。

【過去塵點劫】（術語）欲示過去之久遠、法華經說五百塵點劫三千塵點劫等塵點之譬、見塵點條。

【過去莊嚴劫】（術語）劫有大中小之三。現在之大劫曰賢劫。過去之大劫曰莊嚴劫。未來之大劫曰星宿劫。

【過去七佛】（名數）第一毘婆尸佛、Vipaśyi 第二尸棄佛、Śikhi 第三毘舍浮佛、Viśabhū 第四拘留孫佛、Krakucchanda 第五拘那含牟尼佛、Kanakamuni 第六迦葉佛、Kāśyapa 第七釋迦牟尼佛、Śākyamuni 也。此中前三佛出於過去莊嚴劫之末。拘留孫佛以下、出於現在之賢劫。見法苑珠林八、佛祖統紀三十。

【過去聖靈】（雜名）總謂死者之靈魂。聖靈者謂既棄坌塵之身、獨存神聖之靈識也。

【過去帳】（物名）記死者名之冊子。雅名曰靈簿、靈會簿、著鬼簿等。見考信錄四。

【過去佛分衞經】（經名）過去世佛分衞經之略名。

【過去世佛分衞經】（經名）佛說過去世佛分衞經、一卷、西晉竺法護譯。分衞爲乞食之梵語。Piṇḍapātika 說過去世有佛。與弟子俱乞食有一婦見其儀容發心使所生之子出家而得授記。

【過去因果經】（經名）過去現在因果經之略名。

【過去現在因果經】（經名）四卷、宋求那跋陀羅譯。佛說過去於普光佛所、得授記、行生生菩薩之道、乃至於今生八相成道、示一一往因。中有與仙人論破冥諦及非想天之事。太子瑞應本起經、異出菩薩本起經與之同本。

【過去莊嚴劫千佛名經】（經名）三千佛名經之第一卷。列千佛之名。失譯人名。首附宋畺良耶舍譯之三劫三千佛緣起、舉五十三佛之名號。

【過去佛】（故事）歸田錄曰、太祖初幸相國寺、至佛像前燒香。問當拜與不拜。僧錄贊寧奏曰、不拜。問其何故。對曰、見在佛不拜過去佛。上微笑而頷之。遂爲定制。

【過去冥冥】（術語）謂不知生之由來也。秘藏寶鑰上曰、「生我父母不知生之由來、受生我身亦不悟死之所去。顧過去冥冥不見其首。臨未來漠漠、不尋其尾」

【過未】（術語）過去與未來。

【過未無體】（術語）小乘中如薩婆多部、立三世實有、過去之法與未來之法現在之法同爲實有。宗輪論述其宗曰、「有者皆二所攝。一名二色。過去未來體亦實有」。然大乘之諸家無論、小乘中大衆部等及成實宗、亦言過未之法、非實有之體。宗輪論敘大衆部等宗曰、「過去未來非實有體」。同述記曰、「現有體用可名實有。去來體用無故並非實有。曾有當有名去來故。」成實論二世無品委辨過未無體之理。

【過度】（術語）謂自出生死、又使人出生死也。無量壽經上曰、「過度生死、靡不解脫」。異譯之大阿彌陀經曰、「過度人道經」

【過夏】（雜名）安居經過九十日也。碧巖錄曰、「且在這裏過夏」

【過現】（雜名）過去與現在。

【過現因果經】（經名）過去現在因果經之略名。

【過堂】（雜語）上僧堂喫食也。見象器箋九。

【過患】（雜語）過咎與災患。

【過慢】（術語）七慢之一。於等者而謂爲我勝、於勝者而謂爲我等之慢心也。

【運心】（術語）起如何如何之心。又心向某方而運。

【運心供養】（行事）但於心中起供養之思、而不現於事實也。又心中起至誠之供養想也。蘇悉地經中曰、「有四供養遍通諸部一切處用。一謂合掌。二以閼伽。三用眞言及慕捺羅。四但運心。此善品中隨力應作。或復長時供養中最無過運心。如世尊說諸行法中。心爲其首。若標心而供養者。滿一切願。」同上述運心之相曰、「若無如上花養根菓獻者。曾見曾聞獻供養花。或自曾獻花。隨所應。令想運供養。最爲勝上供養。尊法雖有如前花菓等獻。若能至心虔虔合掌頂奉供養本尊花菓。如是心意供養最上。更無過者。」

【運心隨方】（術語）眞言宗之事相行法有此二途。運心者、假令身向任何一方、而我謂前方爲東方也。隨方者、隨於東西南北之四方也。是舉方位之一、而他可類推者。見辨惑指南四。

【運庵】（人名）宋湖州道場山運庵巖禪師、嗣法於松源岳禪師、授之於虛堂愚禪師。見稽古略四。

【違他順自】（術語）對於違自順他而言。謂違背他性而隨順自家之本性也。起信論義記卷中解心生滅門之下、就隨緣眞如與成事無明、論其各有此義。隨緣眞如之違他、謂眞如反對他無明妄染、顯現自家之德也。順自者、謂眞如隨順自家之本性、內自重於無明、令起淨用也。是卽還滅門之意。成事無明之違他、謂無明違背他眞如之理體、而覆眞理也。順自者、謂無明隨順自家之本性而成妄心也。是卽流轉門之意。

【違自順他】（術語）對於違他順自而言。謂違背自家之本性而隨順他性也。起信論義記卷中解心生滅門之下、就隨緣眞如與成事無明、論其各有此義。隨緣眞如之違自、謂眞如違背自家之本性而隱其眞體也。順他者、謂眞如隨順他無明、而顯現妄法也。此卽流轉門之意。成事無明之違自、謂無明違背自家之本性而詮示眞如之功德也。順他者、謂無明隨順他眞如而能知其名義、成淨用也。此卽還滅門之意。

【違境】（雜語）違逆自己身心之境界、卽起瞋恚受苦痛之事象也。境相本無差別、而任自己之心意以判之也。

【違順】（術語）違境與順境。感苦之

境界名爲違境。感樂之境界名爲順境。常曰順違。今以苦樂文字之次第謂爲違順。唯識論三曰、「受謂領納順違俱非境相爲性」。往生要集上末曰、「以貪瞋境多違順故。自起煩惱返墮惡道」。(俱非者非順非違)

【違緣】(術語)違於吾心之事緣。如盜賊水火之難等。往生要集上本曰、「遇諸違緣數被殘害」。又思慮他事也。輔行五之三曰「心無異緣」。

【遏吒薄】(人名)見阿吒嚩迦條。

【遏部多】(堂塔)梵名 Adbhuta 譯云未曾有。或奇特。塔名。在北印度烏仗那國曹揭釐城東北三十餘里。昔佛爲人天於此處說法。後此塔從地涌出云。見西域記三。釋迦方誌上等。

【遍出外道】(流派)出家外道之一類。以名遍離世俗之義。唯識述記一本曰、「有外道名波利昢羅拘迦。翻爲遍出。遍能出離諸俗世間。卽是出家外道之類」。

【遍行因】(術語)六因之一。見六因條。

【遍行惑】(術語)爲一切煩惱起因之根本煩惱也。

【遍行眞如】(術語)十眞如之一。十地之中在初地所證之二空眞理也。此眞理遍於一切諸法。故云遍行眞如。

【遍地院】(術語)胎藏界曼荼羅之東方第一重也。又曰佛母院。此以三世諸佛能生之德爲主故也。是有七尊。(主五尊。伴二尊。)中央一切如來智印。(左右脇侍優樓頻螺迦葉。伽耶迦葉。)左邊大勇猛菩薩。左傍大安樂不空金剛眞實菩薩。右邊佛眼佛母。右傍七俱胝佛母尊是也。而此院爲降魔之印。故中尊於白蓮華上作三角形。光焰圍之。表以三角之智火降伏四魔也。

【遍至法界】(術語)燒香之眞言。譯曰遍至法界。燒香之功德周遍於法界也。大日經疏九曰、「達摩馱睹牟蘖帝。譯云遍至法界也」。

【遍沒般不還】(術語)九種不還之一。見不還條。

【遍依圓】(術語)遍計所執性。依他起性。圓成實性之三性也。

【遍周法界】(術語)法者有形無形。事理色心之通稱。法之有限。謂爲法界。瀰滿於其法界而無不至。謂爲遍周法界。以名法身之功德。

【遍法界身】(術語)佛之眞身也。謂眞身無邊而周遍於法界也。華嚴經世界成就品曰、「願我當見遍法界身」。

【遍所許宗】(術語)因明所立四宗之一。如言眼之見色。彼此所共許也。

【遍知所緣斷】(術語)斷惑四因之一。依遍知所緣之境而斷煩惱也。見惑之內、苦集二諦下自界緣之惑、與滅道二諦下無漏緣之惑。依之而斷、即觀其爲煩惱所緣之境之四諦理而至於遍知、故能緣之煩惱自然斷滅。

【遍計所執性】（術語）三性之一。凡夫之妄情遍計度一切法、名爲遍計。以此遍計之妄情計無我爲我執、無法爲法。恰如暗中謬繩爲蛇。是名爲遍計所執性。此所執性爲當情現之妄相。體性都無也。唯識論曰「由彼遍計偏計種種物、此遍計所執自性無所有」。見三性條。

【遍計所起色】（術語）法處所攝色五種之一。謂依第六意識之妄分別所變起之空華水月等無實事之諸色相也。

【遍是宗法性】（術語）因明三相之一。三支之中、望因於宗而示其關係者。蓋因必於宗之前陳名辭中、爲元來遍有之事件。故因者（宗之前名辭中）有遍是宗法之性之意、是云遍是宗法性。例如謂聲無常也。（宗）所作性故（因）時、爲因之「所作性」、於宗之前名辭「聲」中固遍有之是也。

【遍淨天】（界名）色界第三禪天第三天之名。此天淨光周遍、故名。法華經法師功德品曰「光音及徧淨」。可洪音義一曰「徧淨天、三禪天王也。長阿含云徧淨天王名淨智。四臂捉貝持輪、御金翅鳥」。

【遍處】（術語）觀法之名。與十一切處同。見八背捨條。

【遍智】（術語）遍知一切法之智慧也。

【遍照如來】（佛名）大日如來之異名。瑜祇經曰「薄伽梵金剛界遍照如來」。

【遍照遮那】（雜語）毘盧遮那佛也。此佛譯爲遍照、亦略曰遮那。遍照遮那合二而成一佛也。

【遍槌】（雜語）禪林之目。食粥之時打槌遍集大衆也。

【遁世】（術語）隱遁世間而獨自修佛道也。但遁世有通別之二。通相之遁世、總名出家入道。別相之遁世、於出家中止應請出世住持交衆之念、一向營自行者、謂爲遁世者。又曰後世者。弘明集十二沙門不敬王者論曰「凡在出家、皆遁世以求其志」。唐僧傳（慧勇傳）曰「每思遁世、莫知其所」。

【逼迫巧方便】（術語）六種巧方便之一。擯斥逼迫作惡事者、使就於善之方便。

【逾健達羅】（地名）天竺山名。華言雙迹。此山之峯有二隴道、似車跡。故名。見翻譯名義集。

【鳩夷羅】（動物）Kokila 又作鳩那羅、拘耆那羅、拘耆羅、拘翅羅、拘枳羅、俱繫羅、瞿翅羅、瞿師羅、鴝鵒羅、俱枳羅、瞿枳羅、具史羅等。鳥名。譯曰好眼鳥、好聲鳥、美音鳥、鵶鷗等。玄應音義五曰「鳩夷羅、或云居枳羅鳥。

此云好聲鳥。」同十曰、「拘耆羅或作拘翅羅梵音轉也譯云好聲鳥此鳥聲好而形醜。從聲爲名也。」同八曰、「拘枳或名拘翅。或作瞿翅羅譯云鵶鵾鳥。」同七曰、「案中本起經云瞿師羅者此譯云美音。」慧琳音義十四曰、「俱翅羅舊云俱枳羅梵語西國鳥名此國無。」

【鳩夷羅衣】（衣服）四分開宗記三末曰、「鳩夷羅衣絳色羊作衣也。」

【鳩那羅】（人名）見拘那羅條。

【鳩垣】（異類）又作鳩洹仇桓鬼名。譯作大身玄應音義三曰、「鳩垣諸經中或作鳩洹或作仇桓皆梵言訛也此譯云大身也。」梵 Kupana

【鳩鳩吒】（雜名）Kukkuṭa 又作矩矩吒譯曰雞。

【鳩鳩吒部】（流派）小乘十八部中雞胤部之梵名見俱俱羅條附錄。

【鳩槃茶】（異類）Kumbhāṇḍa 又作弓槃茶、究槃茶、恭畔茶、拘槃茶、俱槃茶、吉槃茶、拘辨茶、鳩滿拏鬼名。噉人精氣之鬼譯作甕形鬼冬瓜鬼南方增長天王之領鬼。探玄記二曰、「鳩槃茶依正法華經名厭眉鬼噉人精鬼等亦名冬瓜鬼王名毘樓勒此云增長王是南方天王。領二部鬼。一名鳩槃茶。二名薜荔多從所領爲名。」慧苑音義上曰、「鳩槃茶此云陰囊亦曰形印謂此之類陰囊狀如冬瓜。行時擎置肩上坐時即便據之由斯弊狀特異諸類故從之爲名舊云冬瓜者。以其事猥而不顯故使人謬解耳。」玄應音義二十一曰、「究槃茶或作恭畔茶又作弓槃茶皆一也此云甕形頗似冬瓜也。」圓覺經曰、「爾時有大力鬼王名吉槃茶與十萬鬼王卽從座起頂禮佛足」梵語雜名作「鳩滿拏。」後因用以喻婦人老醜之狀唐任瓌畏妻杜正倫譏弄之瓌曰婦當畏者三少妙之時如生菩薩。及兒滿前如九子魔母至五六十時傅施妝粉或青或黑如鳩槃茶。見御史臺記。

【鳩滿拏】（異類）鬼名。見鳩槃茶條。

【鳩摩】（術語）究摩羅浮多 Kumāra-bhūta之訛略譯作童眞童相稱八地巳上之菩薩玄應音義三曰、「鳩摩正言究摩羅浮多究摩羅者八歲巳上乃至未娶者之總名也。舊名童子浮多者。舊譯云眞言童眞地也。或云實亦是一義今當爲相言童相也。經順俗名以童標八地巳上菩薩也或云法王子者別號也。」

【鳩摩利】（天部）梵名 Kimārī。又作憍摩利、俱摩羅。是鬼女衆之一胎藏界外金剛部中之一尊也。形像肉色、左手持鉾右手爲掬或左手執杵右手執劍

【鳩摩羅】（天部）見鳩摩羅伽條。

【鳩摩羅什】（人名）具名鳩摩羅什

婆、鳩摩羅時婆、鳩摩羅耆婆。譯曰童壽。見鳩摩羅耆婆條。羅什父天竺人出家至龜茲國、婚於國王之妹生什。頃之其母出家得道果。什年七歲隨母出家、徧遊西域、總貫羣籍最善於大乘。時在龜茲秦主苻堅建元十九年使呂光伐龜茲。獲什而還。至涼州聞苻堅敗、因自立。其後後秦姚興伐涼降之。什始入長安。興以國師之禮禮之。仍使入西明閣及逍遙園譯出衆經。宣譯凡三百八十餘卷、秦弘始十一年寂於長安。時晉熙寧五年也。臨終曰吾所傳無謬。則焚身之後、舌不焦爛。在逍遙園依外國之法火化之。薪滅形碎。唯舌不灰。見出三藏記十四、梁高僧傳二。

【四聖十哲】(雜名)　稽古畧二曰「師之弟子曰生、肇、融、叡、謂之什門四聖。加曇影、慧嚴、慧觀、僧䂮、道常、道標。謂之什門十哲。」佛祖通載八曰「資學三千。拔萃有八。道生、僧肇、道融、僧叡、道恒、僧影、慧觀、慧嚴等各有著述。知別傳明。」

【羅什別室】(故事)　出三藏記十四(羅什傳)曰「性率達不礪小檢。修行者頗非之。什自得於心未嘗介心(中略)姚主嘗謂什曰大師聰明超悟。天下無二。若一旦後世何可使法種無嗣。遂以妓女十人逼令受之。自爾已來不住僧房。別立廨舍供給豐盈。每至講說常先自說。譬如臭泥中生蓮華。但採蓮華勿取臭泥也。」佛祖通載八曰、「什亦自謂。每講有二小兒登吾肩。欲障也。自是不住僧房。別立廨舍。諸僧有效之者。什聚針盈鉢謂曰若相效能食之者。乃可畜室耳。舉匕進針如常饍。諸僧愧止。」

【鳩摩羅炎】(人名)　Kumārāyana 天竺人。家世世相國。炎不嗣相位而出家。東度葱嶺。至龜茲國。國王敬慕之、迎請為國師。王有妹者婆。Jīvā 年始二十。甚為聰明。逼炎妻之。舉一子。即鳩摩羅什也。見梁傳二。(鳩摩羅什傳)

【鳩摩羅炎負檀像傳震旦】(故事)　初優塡王以栴檀刻佛像。安置於拘睒彌國。鳩摩羅炎欲負像來此方。路經四國。諸國愛護而不許出國。依本圖寫使留其本。至龜茲國。王抑留之。以妹妻之。生羅什。使齎至姚秦。後南宋孝武破秦、迎請此像。還江左。止於龍光寺。世號龍光之瑞像。見資持記下三之二。

【鳩摩羅陀】(人名)　又作鳩摩羅䭾。論師名。見鳩摩邏多條。

【鳩摩羅伽】(雜語)　Kumāraka 又曰鳩摩羅。譯曰童子。

【鳩摩羅伽天】(天名)　譯曰童子天。見拘摩羅天條。

【鳩摩羅伽地】(術語)　Kumāra-bhūta 又作鳩摩羅浮地、鳩摩羅浮多地。譯曰童子地、童眞地、童相地等。通為菩薩地之總稱。別稱初地或八地已上之菩薩。瓔珞本業經上曰、「鳩摩羅伽秦言逆流歡喜地。」是指初地巳上。智度論二十九曰、「鳩摩羅伽地者。或有菩薩從初發心斷婬欲。乃至阿耨多羅三藐三菩提。常行菩薩道。是名鳩摩羅伽地。復次有菩薩作願。世世童男出家行道。不受世間愛欲。是名爲鳩摩羅伽地。復次又如王子名鳩摩羅伽。佛爲法王。菩薩入法王位。乃至十地。故悉名王子。皆住爲佛。如文殊師利十力四無所畏等悉具佛事。故住鳩摩羅伽地。廣度衆生。復次又如童子過四歲巳上未滿二十。名爲鳩摩羅伽地。若菩薩初生菩薩家者。如嬰兒得無生法忍。乃至十住地。離諸惡事。名爲鳩摩羅伽地。」此爲一切菩薩地之通稱。玄應音義三曰、「鳩摩羅伽。正言究摩羅浮多。」見鳩摩條。

【鳩摩羅耆婆】（人名）Kumārajīva 又作鳩摩羅時婆、鳩摩羅什婆。羅什三藏之具名。譯曰童壽。合取父之名童與母之名壽者。出三藏記十四（羅什傳）曰、「什一名鳩摩羅耆婆。外國製名多以父母爲本。什父鳩摩羅炎。母字耆婆。故兼取爲名云。」百論疏一曰、「鳩摩羅什者。父名鳩摩羅炎。母曰耆婆。耆婆曰壽。鳩摩羅炎云童。卽童壽也。合取父母兩稱爲兒一名者。風俗異也。正言父母兩稱並是美名。欲令兒好。故合字之。」見鳩摩羅什條。

【鳩摩羅時婆】（人名）又作鳩摩羅耆婆、鳩摩羅什婆。同名有三人。一爲佛在世大醫之名。舊稱耆婆、耆域。譯曰活命童子。二爲受佛活育記別之童子。俱舍論五曰、「佛所記別達弭羅（中略）鳩摩羅時婆。」同光記五曰、「鳩摩羅此言童子。時婆此云活命。名活命童子。」三卽羅什三藏。譯曰童壽。見鳩摩羅什條。

【鳩摩羅設摩】（人名）Kumāraśarman 詩人名。玄應音義二十五曰、「鳩摩羅設摩。此云童寂。多造詩詠者。」

【鳩摩邏多】（人名）Kumāralabdha 又作矩摩邏多、拘摩羅羅多、拘摩羅邏多、鳩摩羅陀、鳩摩羅馱。譯作童受、童首、豪童、童子。論師名。有二人。一爲經部之鳩摩邏多。出於阿輸迦之時。西域記三（呾叉始羅國下）曰、「昔經部拘摩羅邏多（唐言童受）論師於此製述諸論。」同十二（朅盤陀國）曰、「無憂王命世。卽其宮中建窣堵波。其王於後遷居宮東北隅。以其故宮爲尊者童受論師建僧伽藍。臺閣高廣。佛像威嚴。尊者呾叉始羅國人也。幼而穎悟。早離俗塵。（中略）其所製論凡數十部。並盛宣行。莫不翫習。卽經部本師也。」唯識述記二本曰、「佛去世後一百年中。北天竺怛叉翅羅國有鳩摩邏多。此言童首。造九百論。（中略）經部以此所說爲宗。當時猶未有經部。經部四百年中方出世故。」俱舍論光記二曰、「鳩磨邏多。此云豪童。

是經部祖師。」一爲佛滅後八百年末出世之付法藏第十九祖且爲薩婆多部之學者。成實論師訶梨跋摩之師也成實論僧叡序曰、「成實論者佛滅度後八百九十年。罽賓小乘學者之匠鳩摩羅陀上足弟子訶梨跋摩之所造也。」三論玄義曰、「佛滅度後九百年內有訶梨跋摩其人本是薩婆多部鳩摩羅陀弟子。」付法傳六曰、「僧伽耶舍未滅度時以法付屬鳩摩羅䭾。(中略)鳩摩羅䭾晉言童子少有美名。」佛祖通載五曰、「第十九祖鳩摩羅多者大月氏國婆羅門之子也。」

【鳩羅】(佛名)佛名見拘留孫佛條。

【鳩羅檀提】(異類)Kuladanta 又作究羅檀度鬼王名譯曰戰無敵見金光明文句七。

【鳩邏邏揭刺闍】(動物)Kulāla-r-ājā 譯曰鵙鷲見大威德陀羅尼經七。

【偏和】(雜語)見漚和拘舍羅條。

【偏和拘舍羅】(雜語)見漚和拘舍羅條。

【傳心】(術語)禪家以心傳心也唐詩紀事僧希運曰、「上乘之印惟是一心更無別法心體一空萬緣俱寂裴休錄之爲傳心法要」傳心法要上曰、「自達摩大師到中國唯說一心唯傳一法以佛傳佛不說餘佛。以法傳法不說餘法法卽不可說之法佛卽不可說之佛乃是本源清淨心也。唯此一事實餘二則非眞般若爲慧此慧卽無相本心也。」又曰、「夫學道者先須屛卻雜學諸緣決定不求決定不著聞甚深法恰似清風屆耳、瞥然而過更不追尋是爲甚深入如來禪離生禪想從上祖師唯傳一心更無二法指心是佛頓超等妙二覺之表決定不流至第二念始似入我宗門。」參照以心傳心條。

【傳衣】(術語)禪宗以金襴之大衣爲法衣或傳衣是爲表傳法之信之衣、故曰傳衣。於上堂陞座著之餘時一切不著之案釋迦佛坐四十九年、將金縷僧迦梨衣傳與摩訶迦葉。見傳燈錄。初祖達摩至六祖惠能、皆傳衣自七祖以後不傳衣。亦見傳燈錄。

【傳戒】(儀式)僧寺召集四方新出家之僧人爲之受戒名曰傳戒釋氏以殺盜婬妄酒爲五戒謂授以戒律使知遵守也。

【傳供】(儀式)於佛壇傳送供物之儀式也原爲禁中大法會所行之儀式、後禪門亦有此式大鑑清規佛誕生曰、「住持至。燒香一炷。大展三拜。不收坐具侍者一班進卓排立傳供」敕修清規聖節曰、「住持上茶湯上首知事遞上」

【傳法】(術語)弘傳佛法也。

【傳法院】(雜名)事物紀原引宋朝會要曰、「太平興國五年。詔於太平興國寺大殿西度地作譯經院。中設譯經堂東序爲演文堂。西序爲正義堂。自是每誕節即獻經也。八年改爲傳法院」。

【傳法灌頂】（修法）　二種灌頂之第二。五種灌頂之第四。又曰受職灌頂。受大阿闍梨職。上傳授密法於人之位之灌頂也。依此灌頂受大日如來之職。自身爲傳法之阿闍梨也。故具曰傳法阿闍梨位灌頂。

【傳法阿闍梨位】（術語）　受傳法灌頂而爲教示密法身之位也。是爲密教之極果。與大日如來同位。亦曰傳教阿闍梨。亦曰傳燈阿闍梨。

【傳持】（術語）　從他受法而保持於吾身也。法華文句一曰、「傳持如來無礙智慧」。戒疏一上曰「由上傳持正法與顯」。

【傳通】（術語）　或於東西。或於古今。教法傳來弘通也。宗輪論述記上曰「貝葉傳通。道終未替」。行宗記上一之一曰、「古今傳通」。

【傳通緣起】（書名）　三國佛法傳通緣起之略稱。

【傳教灌頂】（術語）　又名傳法灌頂。受職灌頂。傳受秘密之事法。而紹阿闍梨位之灌頂也。演密鈔四曰「灌頂之言有二種別。一傳教灌頂。二結緣灌頂。（中略）二者傳教灌頂。從初發心求阿闍梨。爲欲紹襲阿闍梨位。故師許可已。爲造立漫荼羅具足儀軌。而與灌頂。得灌頂已。堪紹師位。故名得傳教灌頂。名阿闍梨也」。

【傳燈】（術語）　法能破闇。故以燈譬之。傳法於他。故曰傳燈。大般若經四百六曰、「尊者善現告尊者舍利子言。諸佛弟子凡有所說一切皆承佛威神力。何以故。舍利子如來爲他宣說法要。與諸法性常不相違。諸佛弟子依所說法精勤修學。證法實性。由是爲他有所宣說。皆與法性不相違。故佛所言如燈傳照」。維摩經菩薩品曰、「無盡燈者。譬如一燈然百千燈。冥者皆明。明終不盡」。智度論百曰、「所以囑累者。爲不令法滅故。汝當教化弟子。弟子復教餘人。展轉相教。譬如一燈復燃餘燈。其明轉多」。

【傳燈式】（儀式）　相承法脈之儀式也。

【傳燈錄】（書名）　三十卷。宋眞宗景德元年。吳沙門道彥。系釋迦以來祖祖之法脈。錄法語者。後傚之有種種之燈錄。此其嚆矢也。

【傳燈阿闍梨】（術語）　傳法阿闍梨之異名。

【塔】（術語）　又作塔婆。兜婆。偷婆。浮圖等。皆梵語窣堵波(Stūpa巴Thūpa)之訛略也。高積土石以藏遺骨者。又名俱攞。譯言聚。高顯。墳。靈廟等。別有所謂支提。或制底。(Chaitya) 言不藏身骨者。或通稱爲塔。亦曰支提。法華義疏十一曰、「依僧祇律有舍利名塔婆。無舍利名支提。地持云。眞問有無皆名支提。明了論云支提此云淨處。」行事鈔下二曰、「雜心云有舍利名塔無者名支提。塔或名塔婆或云偸婆此云塚。亦云方墳。支提云廟。廟者貌也。」玄應音義六曰、「諸經論中或作藪斗波。或作塔婆。或作兜婆。或云偸婆。或言蘇偸婆。或作支提浮都。亦言支提浮圖。皆訛略也。正言窣堵波。此譯云廟。或云方墳。此義翻也。或云大塚。或云聚相。謂累石等高以爲相也。」西域記一曰、「窣堵波。卽舊所謂浮圖也。又曰鍮婆。又曰塔婆。又曰私鍮簸。又曰數斗波。皆訛也。」法華文句記三曰、「新云窣覩波。此云高顯。方墳義立也。謂安置身骨處也。」寄歸傳三曰、「大師世尊旣涅槃後。人天並集以火焚之。(中畧)卽名此處以爲制底。」塔有顯密二教之別。顯教以爲揭高德之標幟。卽所謂墓標。故限於佛乃至有德之比丘。密教以爲大日如來之三昧耶形。五輪塔是佛體。非墓標。因而許爲結緣追福。建於一般僧俗之墓處。俗曰石塔。塔婆。窣塔波者。指此五輪塔也。

【塔之層級】(雜語) 探玄記八曰、「依長阿含經四人應起塔。一佛。二辟支。三聲聞。四輪王也。眞諦三藏引十二因緣經云八人應起塔。一如來。露盤八重已上。是佛塔。二菩薩。七盤。三緣覺。六盤。四羅漢。五盤。五那含。四盤。六斯陀含。三盤。七須陀洹。二盤。八輪王一盤。若見之不得禮。以非聖塔故也。(所引之十二因緣經今不傳) 又依僧祇律。凡僧亦起塔。謂持律法師。營事比丘。德望比丘。應起塔。旣非聖人。總無露盤。仍使在屛處。若違之則結罪。準此等文今方爲師造塔。廣起露盤。非惟現人得罪。亦乃累彼先亡。深可悲也。」後分涅槃經上曰、「佛告阿難。佛般涅槃荼毘旣訖。一切四衆收取舍利置七寶瓶。當於拘尸那伽城內四衢道中起七寶塔。高十三層。上有相輪。」寄歸傳二曰、「或有收其設利羅。爲亡人作塔。名爲俱攞。形如小塔。上無輪蓋。然塔有凡聖之別。如律中廣論。」毘奈耶雜事十八曰、「佛言應可用磚兩重作基。次安塔身。上安覆鉢。隨意高下。上置平頭。高一二尺。方二三尺。準量大小。中豎輪竿。次著相輪。其相輪重數。或一二三四乃至十三。次安寶瓶。(中畧)佛告長者。若爲如來造窣覩波者。應可如前具足而作。若爲獨覺勿安寶瓶。若阿羅漢相輪四重。不還至三。一來應二。預流應一。凡夫善人但可平頭。無有輪蓋。」已上十二因緣經所云之露盤。卽爲後分涅槃經所云之層。每級出四簷者。寄歸傳毘奈耶雜事所云之相輪。卽今之所謂九輪。一就簷數。一就相輪而論差別也。資持記下一之四曰、「露盤卽四簷也。(中畧)凡僧不得出簷安級。今有出簷者由不知教。僭同上聖。(中畧)相輪者。圓輪聳出。以爲表相故也。」

故凡聖皆許相輪。行事鈔下一之四亦引用上出探玄記所引之僧祇律、辨之。然則相輪謂爲露盤。或覆鉢下之斗形謂爲露盤。非經意也。

【造塔】（雜語）十誦律五十六曰、「起塔法者。給孤獨居士深心信佛。到佛所頭面禮足。一面坐。白佛言。世尊世尊遊行諸國時我不見世尊、故甚渴仰。願賜一物。我當供養。佛與爪髮言。居士汝當供養此爪髮。居士卽時白佛言。願世尊聽我起髮塔爪塔。佛言。聽起髮塔爪塔。是名起塔法」高僧傳曰、「康僧會吳赤烏十年至建康。孫權令求舍利。既得之。權爲造塔。晉帝過江更修飾之。此中國造塔始也」

【天上四塔】（名數）帝釋天建佛之四塔。一箭塔、取佛爲太子時所帶之一箭建塔。二髮塔、取太子出家時之髮建塔。三盋塔、取佛將成道時受牧女乳糜之盋建塔。四佛牙塔、取佛荼毘時之佛牙建塔。見佛本行集經十三、十九、三藏法數十三。

【舍利塔】（堂塔）藏佛舍利者。若無舍利則稱之爲支提。單爲表靈場古蹟而立。

【法身塔】（堂塔）書法身偈而藏之者。寄歸傳四曰、「或積爲聚。以磚裏之。卽成佛塔。或置空野任其銷散。西方法俗莫不以此爲業。（中畧）當作之時中安二種舍利。一謂大師身骨。二謂緣起法頌。其頌曰。諸法從緣起。如來說是因。彼法因緣盡。是大沙門說。」參照法身偈條。

【四處立塔】（雜語）諸佛之常法。於四處立支提。一生處、二得道處、三初轉法輪處、四涅槃處。見法苑珠林三十七。

【八大靈塔】（名數）一迦毘羅城之龍毘尼園。二摩伽陀國之尼連河邊。三波羅奈城之鹿野苑。四舍衛國之祇陀園。五曲女城。六王舍城。七廣嚴城。八拘尸那城。見八大靈塔名號經、八大靈塔梵讚。

【十塔】（名數）東晉法顯譯大般涅槃經下曰、「時八王既得舍利、踴躍頂戴還於本國各起兜婆。彼婆羅門從諸力士乞分舍利瓶、自起兜婆。諸力士等取其一分、於閣維處合餘灰炭而起兜婆。如是凡起十處兜婆」阿育王經六曰「佛入涅槃、起八舍利塔、第九甖塔、第十炭塔」又後分涅槃經條目曰「閻浮中有十塔。八者舍利塔、第九瓶塔、第十炭塔」涅槃經疏三德指歸二十曰、「卽分舍利以爲八分。瓶塔第九。灰塔第十」此十塔之明證也。然般泥洹經下以爲十一塔。謂「舍利八分爲八塔、第九甖塔、第十定塔、第十一灰塔」云。其中八塔謂拘尸國、波波國、遮羅國、羅摩伽國、毘留提國、迦維羅國、毘舍離國、摩伽陀國之衆、各得一分舍利、歸於本國以造立供養者。一說頂塔、牙塔、齒塔、髮塔、爪塔、衣塔、鉢塔、錫塔、瓶塔、輿塔、號爲十塔。然未詳所據。

【十一塔】（名數）見十塔條。

【八萬四千塔】（故事）阿育王所立。見阿育條。

【多寶塔】（堂塔）見多字部多寶塔條。

【寶篋印塔】（堂塔）藏寶篋印陀羅尼者。

【五輪塔】（堂塔）密教所說。五輪爲地水火風空之五大。大日如來之三昧耶形也。五大之形。如次第爲方、圓、三角、半月、團形。五大之種子爲阿婆羅吽佉。見五輪成身條。

【塔主】（職位）禪林之職名。守塔者。

【塔印】（印相）塔爲大日如來三昧耶形之法印。故曰塔印。又手結塔形之印相。見率都婆印條。

【塔寺堅固】（術語）五堅固之一。佛滅第四之五百年。堅固造立塔寺之時期也。

【塔婆】（術語）見塔條。

【塔像】（術語）塔與佛像。無量壽經下曰「起立塔像。飯食沙門」

【塔廟】（堂塔）梵語塔。一譯廟。梵漢雙擧曰塔廟。玄應音義六曰「或作塔婆。或云兜婆。正言窣覩波。此譯云廟」法華經見寶塔品曰、「我之塔廟爲聽法華經故涌出其前。」

【塔頭】（術語）禪林之稱。大寺德高之住僧入寂後。其徒弟慕師德。不去塔頭。構房而住。稱爲某大德之塔頭。何院。必別有院號。其後只爲寺中別坊之名。臨濟錄曰「師到達磨塔頭。塔主云。長老先禮佛先禮祖師。云佛祖俱不禮」

【塢】（術語）𑖄 U 悉曇五十字門之一。十二母韻之第三音。又作烏、歐、郁、憂、于、嗢、甌、鬱、優、有、爲、溫、鄔、佛、盂。金剛頂經字母品曰、「塢字門。一切法譬喩不可得故」文殊問經字母品曰、「稱塢（上）字時。是多種逼迫聲」大莊嚴經四曰、「唱烏（上聲）字時。出世間諸惱亂事聲」涅槃經八曰、「郁者。於諸經中最上最勝。增長上上。謂大涅槃」譬喩不可得者。自Upamā（譬喩）釋之。逼迫及惱亂者。自Upadrava釋之。

【塢波陀耶】（術語）又作鄔波陀耶、見優婆馱耶條。

【塢波塞迦】（術語）見優婆塞條。

【塡王】（雜名）優塡王也。始刻佛像。

【損伏斷】（術語）畢竟斷之對。暫時抑煩惱之種子、依有漏道之力。故觸緣乃再爲現行之斷也。經部所立。

【搩手】（雜名）梵語Vitasti。又作磔手。搩手者。張也。謂張拇指與中指之距離也。賫持記上二之一曰、「磔字當從石。張也。謂母指中指相去爲磔」

【隔生即忘】（雜語）隔生則盡忘前

世之事而不記憶也。凡夫不足言。天台六卽位中至觀行卽之位亦云爾。玄義六下曰、「若相似益隔生不忘。名字觀行益隔生卽忘。」

【隔宿】（雜語）忌日之前日也。以與當日隔一宿故也。敕修淸規景命四齋日祝讚曰、「隔宿堂司行者報衆掛諷經牌」

【隔歷】（術語）彼此相隔、次第不和會融會也。常對於圓融之文字而言。玄義一下曰、「五陰實法隔歷是世界」。四念處四曰、「別則隔歷。圓則一念」

【隔歷三諦】（術語）空爲但空、破見思之惑。假爲但假、破塵沙之惑。中爲但中、破無明之惑。又自空觀而入於假觀。自假觀而入於中觀。如此空假中三者次第各別。名爲隔歷之三諦。別敎之分際也。玄義一上曰、「隔歷三諦、麤法也。圓融三諦。妙法也。」四敎儀集註下、明別敎之理智曰、「理則隔歷三諦。智則三智次第。」

【隙遊塵】（術語）又曰日光塵。梵 V ātāyanacchidrarajas、飛散空中肉眼僅得辨認之塵也。與極微之八十二萬三千五百四十三倍相當。參照極微條。

【溥首】（菩薩）又作普首。文殊師利、一譯溥首。又譯普首。溥爲梵語也。大乘法門經曰、「文殊師利者。晉言溥首童眞。」同經慧琳音義三十二曰、「溥首上音普。梵語經以晉音翻文殊師利爲溥首童眞。今唐言翻妙吉祥。」圓覺大鈔四下曰、「觀察諸法三昧經云普首。阿目佉經云濡首。無量門微密經云敬首。」然玄應之說謂溥爲濡字之誤。玄應音義三曰、「經中有作溥首。案溥此古文普字。疑爲誤也。應作濡。音而未反。但字形相濫。人多惑耳。」可洪音義一曰、「溥首。按出三藏記作濡。而未反。古維摩經云文殊師利。晉言濡首是也。又音普。經中亦作普。」

【滅】（術語）有三種。一涅槃、譯爲滅。涅槃之體、無爲寂滅。故名滅。大乘義章二曰、「涅槃無爲。恬泊名滅。」二尼彌留陀、尼樓陀、Nirodha 譯爲滅。四諦中之滅諦也。涅槃之滅、偏據滿處。尼彌留陀之滅、通於因果。大乘義章一曰、「涅槃之滅。偏據滿處。尼彌留陀滅義通因果。是故滅諦有滅皆收。」賢愚經十二曰、「豆佉、三牟提耶、尼樓陀、末伽。晉言苦集滅道。」三毘尼、譯爲滅。是戒行也。戒行能滅諸惡。故曰滅。前二者體是滅。毘尼之滅、有所滅也。大乘義章一曰、「若論毘尼。體非是滅。有爲行德。能有所滅。故名爲滅。又能證寂滅之果。故說爲滅。」梵語雜名曰、「滅、尼娜捨。」俱舍論光記五曰、「能滅彼現法用。滅入過去。故名爲滅。」

【滅十方冥經】（經名）一卷、西晉竺法護譯。佛敎面善悅童子念十方之佛名以除恐怖。

【滅法】（術語）無爲法之異名。以其寂滅一切之諸相也。

【滅法忍】（術語）滅法智忍之略稱。

【滅法界】（雜語）猶言無法。俗曰無理無法之事。斷滅法界之理之謂也。

【滅法智】（術語）八智之一。照了欲界滅諦之解脫道智也。

【滅法智忍】（術語）八忍之一。照了欲界滅諦之無間道智也。

【滅定】（術語）滅盡定之略。維摩經方便品曰、「不起滅定而現諸威儀。」新譯仁王經上曰、「出入滅定。示現難量。」

【滅受想定】（術語）滅盡定之異名。使六識之心心所都滅而不起、故名爲滅盡定。然其加行方便、特厭受之心所與想之心所二法而務滅之。故從加行而名爲滅受想定。唯識論七曰、「由偏厭受想亦名滅彼定。」同述記七本曰、「彼心心所滅、名滅定。恒行染汚心等滅故。即此亦名滅受想定。」

【滅受想無爲】（術語）六無爲之一。見無爲條。

【滅果】（術語）寂滅之妙果。與涅槃同。

【滅相】（術語）有爲四相之一。謂有爲法有現法滅而入於過去之相也。又眞如三相之一。眞如寂滅、無二種之生死、謂爲滅相。法華經化城喩品曰、「如來說法。一相一味。所謂解脫相離相滅相。」

【滅度】（術語）梵語Nirvāna 巴Nibbāna 之譯、有有餘無餘之二。（見涅槃條）故皆指命終證果。無量壽經上曰、「國中天人不住定聚、必至滅度者。不取正覺。」法華經序品曰、「佛此夜滅度如薪火滅。」遺敎經曰、「世尊滅度、一何疾哉。」涅槃經二十九曰、「滅生死故、名爲滅度。」肇論曰、「滅度者、言其大患永滅、超度四流。」行願品鈔四曰、「言涅槃者。具云般涅槃那。古譯爲入滅息。息即是滅。故但云入滅。或云滅度。即滅障度苦也。」

【滅後】（術語）如來之涅槃、謂爲入滅。滅後者入滅已後也。遺敎經曰、「汝等比丘。於我滅後當尊重珍敬波羅提木叉。」

【滅病】（術語）圓覺經所說四病之一。住於諸法寂滅相之病也。圓覺經曰、「滅病。若復有人作如是言。今我永斷一切煩惱。身心畢竟空無所有。何況根塵虛妄境界。一切永寂。欲求圓覺。彼圓覺性非寂相。故說名爲病。」

【滅除五逆罪大陀羅尼經】（經名）一卷、趙宋法賢譯。佛爲阿難說之。

【滅理】（術語）謂涅槃也。是寂滅之眞理也。寄歸傳二曰、「無生妙智、託滅理而方興。」

【滅惡趣】（菩薩）胎藏界除蓋障院

之上第三位。密號曰除障金剛。以破滅三惡趣爲本誓。與地藏同。又名破惡趣。除惡趣。菩薩形白黃色。左手屈中指附於大指。伸餘指。當胸。右手爲與願。坐於赤蓮。

【滅智】（術語）照了滅諦之理之智也。

【滅場】（雜名）寂滅道場之略。

【滅道】（術語）滅諦與道諦也。滅者。滅生死因果之涅槃也。道者。證涅槃之正道也。滅爲果而道爲因。謂之無漏之因果。又曰還滅之因果。先果後因者。先示果使生欣求之念。因以修因也。

【滅業】（術語）可得涅槃滅果之業事也。性靈集二曰「三諦之滅業」。

【滅罪生善】（術語）請佛力而滅罪生善也。往生要集中本曰「滅罪生善。共生極樂」。

【滅盡定】（術語）梵語Nirodhasa-māpatti。又名滅受想定。二無心定之一。滅盡六識心心所而不使起之禪定也。不還果已上之聖者。爲假入涅槃之想而入於此定。極長者爲七日。屬於非想天。外道所入之無心定。名爲無想定。屬於第四禪。俱舍論五曰「如說復有別法。能令心心所滅。名無想定。如是復有別法。能令心心所滅。名滅盡定」。大乘義章二曰「滅盡定者。謂諸聖人患心勞慮。暫滅心識。得一有爲非色心法。領補心處。名滅盡定」。同九曰「滅受想者。偏對受想二陰彰名。想絕受亡。名滅受想。滅盡定者。通對一切心心數法以彰名也。心及心法一切俱亡。名爲滅盡」。

【滅盡三昧】（術語）又曰滅盡定。滅盡六識心心所之禪定也。見滅盡定條。無量壽經下曰「風觸其身。皆得快樂。譬如比丘得滅盡三昧」。

【滅種】（術語）滅無漏之種子。永不可成佛者。唯識論所說五種性中之無性有情。楞伽經所說二闡提中之斷善闡提也。釋門正統八曰「唯識等論定性滅種之文」。

【滅羯磨】（術語）律之罰法有謂爲滅擯者。行滅擯之作法曰滅羯磨。

【滅諍犍度】（術語）律中明七滅諍之篇章也。出於四分律四十七卷。記滅比丘諍論之七種作法。見七滅諍條。

【滅憎愛三昧】（術語）百八三昧之一。智度論四十七曰「滅憎愛三昧者。得是三昧。以喜法中不生愛。可惡法中不生瞋」。

【滅諦】（術語）Nirodha-āryasatya 四諦之一。梵曰尼樓陀。譯曰滅。滅爲滅無之義。以擇滅無爲（卽涅槃）爲體。涅槃者。生死因果滅無。故曰滅。此理眞實。故曰諦。法界次第中之上曰「滅以滅無爲義。結業旣盡。則無生死之累。故名爲滅」。法華玄義二曰「二十五有子果縛斷。是滅諦」。

【滅諦四相】（名數）四諦各有四相。滅諦之四相、爲滅靜妙離之四。舊譯曰盡止妙出。俱舍論二十六曰「諸蘊盡故滅。三火息故靜。無衆患故妙。脫衆災故離。」大乘義章三本曰「滅中四者謂盡止妙出。亦名滅止離盡。滅有過故云盡。滅寂止惱患故云止。捨遠羈礙稱之爲妙。出離纏縛名出。」

【滅擯】（術語）律中科罪之名。比丘犯重罪而無悔心者。滅僧籍而擯斥之也。行事鈔上一之四曰「滅擯者。謂犯重已舉至僧中白四除棄也。」同上二之二曰「言滅擯者。謂犯重比丘。心無慚愧不敢學悔妄入清衆。濫居僧限。當三根五德舉來詣僧憶念示罪。令自言已舉白四法。」釋氏要覽下曰、「彌沙塞云。梵罰此有二法。一默擯。謂一切人不與來往言話等。二滅擯。（滅即滅名也。）」

【滅類忍】（術語）滅類智忍之略稱。

【滅類智】（術語）八智之一。照了欲界無色界滅諦理之解脫道智也。

【滅類智忍】（術語）八忍之一。照了色界無色界滅諦理之無間道智也。

【源底】（術語）至極之處。根元之處。華嚴經十四曰、「得諸如來心之源底」天台戒疏上曰「觀達無始無明源底」

【源空】（人名）日本淨土宗之開祖。初受台學。又受密敎及圓頓大戒。後見善導觀經疏、遂捨所習、專事念佛。撰撰擇本願念佛集。

【嗚嚕捺囉叉】（植物）Rudrākṣa 樹果名。譯曰天目。由葉之形取名。如櫻桃顆。紫色名金剛子。堪爲數珠。金剛部念誦人。即用此數珠。珠甚堅硬。見慧琳音義三十五。

【嗟】（術語）ಛ Cha 又作擦車。悉曇五十字門之一。一切法影不可得之義也。不覆欲之聲也。其義自 Chāyā（影）語得之。金剛頂經曰、「嗟字門一切法影像不可得故」文殊問經曰、「稱嗟字時。不覆欲聲」

【嗟韈囊】（天名）忉利天一天子之名。翻名不詳。

【嗟韈囊法天子受三歸依獲免惡道經】（經名）一卷。趙宋法天譯。天子當死墮猪身。帝釋敎以三歸。乃生於兜率陀天。

【嗜那耶舍】（人名）Jinayaśas 比丘名。譯曰勝名。見續高僧傳二。

【嗢多那惹】（術語）合掌之名。十二合掌之一。以兩掌仰而相並。俱向上而相鋪。謂之嗢多那惹合掌。譯曰顯露。顯露內心之意。見大日經疏十三。

【嗢多羅僧】（衣服）見鬱多羅僧條。

【嗢怛羅】（人名）梵名 Uttara 又作嗢怛羅鬱多羅、溫呾羅。譯曰上。南印度珠利耶國人。西域記十珠利耶國條、謂提婆菩薩師得六神通、具八解脫、往投宿。席唯一床。師乃聚落葉、指使就坐。提婆頻逃請決。師為言、屈厚禮提婆、恭敬有加。

【嗢怛羅矩嚕】（界名）又作殟怛羅句盧。北大洲名。見鬱多羅究留條。

【嗢怛羅】（人名）見嗢呾羅條。

【嗢怛羅僧伽】（衣服）見鬱多羅僧條。

【嗢怛羅犀那王】（人名）Uttarasena 王名。譯曰上軍。見西域記三、釋迦方誌上。

【嗢怛羅頞沙荼】（雜語）Uttarāṣāḍha 月名。嗢呾羅為上。頞沙荼月當於太陰曆四月十六日至五月十五日之間。是夏三月之初。故曰上。西域記六曰、「上座部菩薩以嗢呾羅頞沙荼月三十日夜降神母胎。當此五月十五日。」

【嗢怛羅漫怛里拏】（界名）Uttaramantriṇa 中洲之名。譯曰上儀。八中洲之一。見俱舍頌疏世間品。

【嗢底迦】（人名）外道名。譯曰能說。見俱舍記三十。梵 Uktika

【嗢屈竹迦】（雜語）Utkuṭuka 又作嗢俱吒。譯曰蹲踞。兩足蹈地、竪兩膝。凡向人謝罪、向大衆申禮等作之。南海寄歸傳三曰、「嗢屈竹迦譯為蹲踞。雙足履地。兩膝皆竪。攝歛衣服。勿令垂地。即是持衣說淨。常途軌式。或對別人而說罪。或向大衆而申敬。或被責而請忍。或受具而禮僧。皆同斯也。」慧琳音義三十六曰、「嗢俱吒坐臀不著地。」

【嗢柁那】（術語）見嗢柁南條。

【嗢柁南】（術語）又作嗢陀南。四法印之別稱。譯曰集施。但與四法印之本稱烏拕南、其義別也。見烏拕南條。

【嗢俱吒】（雜語）見嗢屈竹迦條。

【嗢鉢】（植物）嗢鉢羅之略。玄應音義二十一曰、「烏沒切。舊言優鉢羅。此云黛花也。」見漚鉢羅條。

【嗢鉢羅】（植物）見漚鉢羅條。

【嗢達洛迦】（人名）又作鬱頭藍弗。人名。譯曰雄傑。慧琳音義十八曰、「嗢達洛迦、梵語也。唐言雄傑。即經中鬱頭藍弗是也。」見鬱頭藍弗條。

【嗢露迦】（人名）見優樓迦條。

【嵯】（術語）झ Jha 又作鄭、社、悉曇五十字門之一。謂一切法戰敵不可得之義、制伏惡語言之聲。金剛頂經曰、「鄭（上）字門一切法戰敵不可得故。」文殊問經曰、「稱鄭（才舸反）字時。是制伏惡語言聲。」

【愧】（術語）有過羞他也。大乘義章二曰、「於惡自厭名慚。於過羞他為愧。」

【慎那弗怛羅】（人名）Jinaputra 論師名。譯曰最勝子。作瑜伽師地釋論。見西域記十一。

【慎那呾羅多】（人名）Jinaputra 譯曰最勝子。製瑜伽師地釋論之人也。慈恩傳四曰、「愼那呾羅多。唐言最勝子也。製瑜伽師地釋論。」一案是唯識述記曰十大論師之一、辰那弗多羅也。呾羅多爲 Trāta 譯爲子者似誤。

【䭔惕鬼】（異類）或作堆惕鬼、埠惕鬼、埠塲鬼。以䭔惕鬼爲正。坐禪時來作人障礙之鬼名也。治禪病經下曰、「羅旬踰等一千長者子。始初出家。請尊者阿難摩訶迦葉舍利弗等爲和上。摩訶迦葉敎千比丘數息靜處。鬼魅所著。見一鬼神。面如琵琶。四眼兩口。擧面放光。以手擊攊兩腋下及餘身分。口中唱言䭔惕䭔惕。如旋火輪。似掣電光。或起或滅。令於行者氣心不安。所（中畧）佛告阿難。諦聽諦聽。善思念之。當爲汝說若有四衆患此鬼者。汝當談治鬼之法。此䭔惕鬼有六十三名。乃是過去迦那含牟尼佛時有一比丘。垂向須陀洹。因邪命故。爲僧所擯。瞋恚命終。自誓爲鬼。乃至今日惱亂四衆。壽命一劫。劫盡命終。落阿鼻地獄。汝等宜識名字一心繫念。莫爲所亂。」名爲䭔惕者。以彼口言䭔惕也。䭔惕爲憂愁之意。

【微】（雜語）七倍於極微者。見極微條。

【微行】（雜語）微妙之行法也。觀經天台疏曰、「微行妙觀。至道要術。」

【微戍陀】（雜語）Viśuddha 譯曰清淨。大日經疏七曰、「眞言中或有扇多（是寂義）微戍陀（是清淨義）等字。當知是成滿一切諸願眞言。」

【微吉羅拏】（菩薩）五佛頂尊之第五。譯曰捨除。大日經疏五曰、「微吉羅拏、譯云捨除。頂是棄捨一切煩惱義。是摧碎義也。」梵 Vikirṇa

【微吃哩抳多】（雜語）Vikrīḍita 譯曰踴躍。大日經疏一曰、「梵云微吃哩抳多、是踴躍義。遊戲義。神變義。」

【微沙落起多】（人名）阿育王第一夫人之名。譯曰光護。見阿育王經三。梵 Vibhārakṣita

【微妙】（人名）比丘尼名。說自身爲世苦出家得聖果之經歷。度五百比丘尼。見賢愚經三、諸經要集九。図（雜語）法體幽玄。故曰微。絕思議。故曰妙。維摩經菩薩品曰、「微妙是菩提。諸法難知故。」無量壽經下曰、「普爲十方說微妙法。」長阿含經一曰、「如來大智微妙獨尊。」法華經提婆品曰、「微妙淨法身。具相三十二。」

【微妙法水】（術語）稱𑖪字門。以此𑖪字門清淨之法水、淨行者之心器、且使生身田之𑖪𑖽字佛種子也。義釋十一曰、「微妙法水。從空而注。以淨其心器。」

【微妙曼拏羅經】（經名）一切如來大秘密王未曾有最上微妙大曼拏羅經之略名。

【微若布羅迦】（植物）Bijapūraka 果名。七俱胝佛母准提大明陀羅尼經曰、「微若布羅迦果。漢言子滿果。此間無西方有。」

【微細身】（術語）密教立法身有微細之色形。周遍於法界。秘藏記末曰、「凡佛者捨有漏五蘊等身。有無漏五蘊等身。無漏五蘊等微細身。微細身如虛空。」同下曰、「法身微細身。五大所成法身微細身。虛空乃至草木一切處無不遍。是虛空是草木。即法身。於肉眼見麤色。於佛眼微妙之色。」

【微細生死】（術語）變易生死之異名。大乘義章八曰、「微細生滅無常。念念遷異。前變後易。名為變易。變易是死。名變易死。」千手陀羅尼經曰、「超越無量億劫微細生死」。

【微細流注】（術語）謂妄識之微細生滅遷流也。為阿賴耶識之相。

【微細相容安立門】（術語）見玄門條附錄。

【微密】（術語）微妙秘密也。涅槃經三曰、「願佛開微密。廣為衆生說。」大日經六曰、「吾當一切說微密最希有諸佛之秘要。」

【微密持經】（經名）無量門微密持門經之略名。

【微鉢哩哆】（印相）十二合掌之一。譯曰反叉合掌。見大日經疏十三。梵 Viparīta

【微微心】（術語）入滅盡定前剎那極微細之心也。

【微瑟紐】（天名）Viṣṇu 又作毘瑟紐、毘紐、韋紐、毘瑟笯、毘瑟怒、毘搜紐、毘瘦紐。那羅延天之別名也。又為自在天之別名。大日經疏五曰、「微瑟紐。舊譯謂之毘紐。此是那羅延天也。」同十七曰、「韋紐天。自在天別名。正云毘瑟紐。」玄應音義二十二曰、「毘瑟笯天。舊云毘搜紐。或云毘紐。皆訛也。此當幻惑義。是伐藪天別名也。舊言婆藪天也。」同二十三曰、「此天有大威德。乘金翅鳥行。行時有輪以為前導。欲破則彼無有能當也。」不空羂索經二曰「毘瑟怒」。瑜伽倫記十七上曰、「毘瑟笯世界者。毘紐天處也。毘瑟笯者。名為幻惑。」見韋紐天條。

【微塵】（術語）色體之極少為極微。七倍極微為微塵。七倍微塵為金塵。金塵者。得遊履金中之間隙也。俱舍論十二曰、「七極微為一微量。積微至七為一金塵。」

【微塵數】（雜語）譬數量之多以碎物為微塵。其數多也。法華經分別功德品曰、「大千界微塵數菩薩」。

【微聚】（術語）色聚之極小者。蓋無單一極微而生之物。欲界之物質。其最為單純者。為能生之地水火風四大極微。與所造之色香味觸四境(聲有無不定故除之)極微等八種之極微、必以聚合俱生為法。因而所謂最小之色聚稱為微聚也。

【微誓耶】(天名) Vijayā 又作微惹耶、毘社耶。日天之妃也。譯曰無勝、誓耶為勝、微誓耶為最極無勝也。大日經疏五曰、「釋天眷屬之南置日天衆。在八馬輅車中。並二妃在其左右。所謂誓耶微誓耶。譯云勝無勝也。」秘藏記末曰、「微舍耶天。肉色持弓箭。」図五佛頂尊之第二曰誓耶。第三曰微誓耶。大日經疏五曰、「第二誓耶。譯為勝頂。第三微誓耶。此用多聲呼也。譯為最勝頂。」

【微摩麗】(雜語) 譯曰無垢。見大日經疏五。

【瑚璉】(物名) 寶珠名。釋氏要覽中曰、「隋虎丘惠聚法師。汝南周弘正常嘉歎也。」

【瑞相】(術語) 吉瑞之形、顯見於人目者。原限於吉瑞、而俗通於吉凶用之。方廣大莊嚴經三曰、「將欲生時。輪檀王宮先現三十二種瑞相。」涅槃經二曰、「如來今現此瑞相。不久必當入於涅槃。」法華經序品曰、「以何因緣而有此瑞神通之相。放大光明。」光宅法華疏一曰、「相據於外。瑞據於內。然相即是瑞。瑞亦即相。但密報稱瑞表異為相。」

【瑞像】(圖像) 優塡王始以栴檀作釋迦佛之形像、瑞相圓滿、故名瑞像。西域記五曰、「城內故宮中有大精舍高六十餘尺。有刻檀佛像。上懸石蓋。鄔陀衍那王之所作也。靈相間起。神光時照。諸國君王恃力欲舉。雖多人數莫能轉移。遂圖供養。俱言得眞。語其源迹、即此像也。初如來成正覺已。上昇天宮為母說法。三月不還。其王思慕願圖形像。乃請尊者沒特迦羅子。以神通力接工人上天宮。親觀妙相彫刻栴檀。如來自天宮還也。刻檀之像起迎世尊。世尊慰曰。教化勞耶。開導末世。」

【龍光瑞像】(圖像) 行事鈔下二曰、「恐後世造像無所表彰、故目連躬將匠工上天取圖、如是三反、方乃近眞。(中略)中國之僧、欲將來漢地諸國各愛護之、不使出境、王令依本寫而留之。今所傳者、乃至四寫也、彼本今在揚州長樂寺。又曰龍光瑞像。」同資持記下三之二曰、「中國之僧、即鳩摩羅琰。自西天負像欲來此方。路經四國、皆留本圖寫。至龜茲國、王抑之、自道使返。以妹妻之。後生羅什、什齎至姚秦。後南宋孝武破秦。躬迎此像、還江左、止於龍光寺。故號瑞像。至隋朝、置於長樂寺。有僧奏請瑞像歸寺、今在帝京。此據龍光壁記。」(今者為宋朝在帝京者、汴都西華門外之聖禪院也。) 續稽古史略一曰、「元仁宗延祐三年丙辰、於燕京大聖萬安寺立栴檀瑞像殿、安置此像。翰林承旨程鉅夫瑞像殿記曰、西土一千二百八十五年、龜茲六十八年、涼州十四年、長安十七年、江南一百七十三年、淮南三百六十七年、復至江南二十一年、汴京一百七十七年、（宋朝也）北至燕京居聖安寺十二年、（金朝也）北至上京大儲慶寺二十年、（元朝也）南還燕京內殿居五十四年、（元朝也）丁丑歲三月燕宮火、迎還聖安寺之居居五十九年。世宗至元十二年、迎奉於萬壽山仁智殿。同十四年建大聖萬安寺、同二十六年自仁智殿迎安寺之後殿、其後二十七年、仁宗延祐三年、勅建栴檀瑞像殿。」（此記載於稽古史略四宋寧宗錄中。）

【長干寺瑞像】（圖像）行事鈔下二曰、「如長干寺瑞像是阿育王第四女作、脚趺銘云、今在京師大發靈相。」稱阿育王像。

【瑞應華】（植物）梵名優曇鉢、優曇鉢羅。Udumbara 譯曰靈瑞華、瑞應華等。見優曇條。

【瑞應本起經】（經名）太子瑞應本起經之略名。

【瑞巖】（人名）唐瑞巖名師彥、嗣巖頭、青原下之六世也。見五燈會元七。

【瑞巖主人】（公案）瑞巖和尚每日自呼主人公、復自應諾、乃云惺惺著、諾、他時異日莫受人瞞、諾諾。見會元瑞巖章。

【瑜伽】（術語）Yoga 一作瑜誐。男聲呼曰瑜伽、女聲呼曰瑜祇。Yogin 與物相應之義（瑜祇 Yogin 爲瑜伽 Yoga 之修行者、其體聲第一格爲 Yogi 女聲爲 Yogini 此解及末出大日經疏之解有疑）相應有五義。一與境相應。二與行相應。三與理相應。四與果相應。五與機相應。此中顯宗多取理相應之義。瑜伽唯識之瑜伽是也。密教取行相應之義。瑜伽三密之瑜伽是也。唯識述記二本曰、「言瑜伽者名爲相應。此有五義故不別翻。一與境相應。不違一切法自性故。二與行相應。謂定慧等行相應也。三與理相應。安非安立二諦理也。四與果相應。能得無上菩提果也。五得果既圓。利生救物。赴機應感。藥病相應也。此言瑜伽。法相應稱。取與理相應。多說唯以禪定爲相應。」大日經疏二曰、「瑜伽釋爲相應。若以女聲呼之。則曰瑜祇。所謂相應者。卽是觀行應理之人也。」卽身義曰、「瑜伽者翻云相應。相應涉入。卽是卽義。」

【瑜伽我】（術語）大日經所說、三十種外道之一。

【瑜伽宗】（流派）密教之總名也。又別謂密教中之大日宗。大日經所說胎藏部之眞言是也。以與金剛部之金剛頂宗相對。菩提心論心鈔上曰、「瑜伽大日經宗通名也。謂大日經等也。此經疏中指大日經云此瑜伽宗故。」又支那之法相宗在印度名爲瑜伽宗。寄歸傳一曰、「所云大乘無過二種。一則中觀。二則瑜伽。」

【瑜伽座】（物名）修瑜伽行者之座床也。大疏八曰、「住瑜伽座以五輪字持身。」大日經七持誦法則品曰、「阿字遍金色。用作金剛輪。加持下體。說為瑜伽座。」

【瑜伽敎】（術語）密敎總名。密敎以三密之瑜伽為宗也。

【瑜伽經】（經名）瑜伽大敎王經之略名。又為密經之總名。

【瑜伽論】（書名）瑜伽師地論之略名。

【瑜伽像】（圖像）修眞言瑜伽經者觀想之尊像也。瑜祇經曰、「若作曼荼羅。及畫瑜伽像。」

【瑜伽師】（術語）觀行者之總名也。瑜伽為相應之義。相應有五義。見瑜伽條。其中多取第二行瑜伽之義、觀行即禪定相應之人、名為瑜伽師。又此名雖通於顯密二敎。然多以名密敎之觀行者。蓋總即別名也。唯識述記二本曰、「此言瑜伽。法相應稱。取與理相應。多說唯以禪定為相應。瑜伽之師即依士釋。師有瑜伽名瑜伽師。即有財釋。」圓覺大鈔七本曰、「瑜伽者。此云相應。此有五義。故不別翻。謂一與境。二與行。三與理。四與果。五與機相應也。雖有多說。今唯以禪定為相應也。師者即觀行人。是師之稱。如云禪師。」俱舍光記業品一曰、「瑜伽師。即觀行者異名也。」梵 Yogācārya

【瑜伽上乘】（術語）瑜伽為相應之義、三密之行業相應而契於理、謂為瑜伽。此行為無上之佛乘。故曰上乘。眞言敎之美稱也。

【瑜伽三密】（術語）瑜伽為相應之義、三密為身口意之三業、手結印、口呪眞言、意念本尊、此三密互相即、又佛之三密、涉入行者之三密、謂為相應。以此相應為觀行之成就。因瑜伽師之三密也。眞言之觀行者、謂為瑜伽師。

【瑜伽成就】（術語）三密相應之行法成就也。

【瑜伽唯識】（術語）瑜伽論與唯識論也。即印度之空宗有宗。

【瑜伽密宗】（流派）與眞言宗同。

【瑜伽羯磨】（術語）Yogakarman 瑜伽論所明之授戒作法、法相三乘家之所相承也。授戒之作法、謂為羯磨。

【瑜伽論釋】（書名）瑜伽師地論釋之略名。

【瑜伽念珠經】（經名）金剛頂瑜伽念珠經之略名。

【瑜伽阿闍梨】（術語）Yogācārya 又稱見諦阿闍梨。三密相應、照見眞諦之初地以上阿闍梨也。

【瑜伽師地論】（書名）梵名Yogācāryabhūmi-śāstra百卷彌勒菩薩說唐玄奘譯。三乘之行人謂為瑜伽師瑜伽師所依所行之境界有十七聚謂為瑜伽師地瑜伽師之地也。此論明瑜伽師所行之十七地故名瑜伽師地論。十七地者第一五識身相應地乃至第十七無餘依地也。玄應音義二十二曰「瑜伽此譯云相應一切乘境行果等所有諸法皆名相應境謂一切所緣境此境與心相應故名境相應行謂一切行此行與理相應故名行相應果謂三乘聖果此果位中諸功德更相符順故名果相應師地師謂三乘行者由聞思等次第習行如是瑜伽隨分滿足展轉調化諸衆生故名瑜伽師師謂教人以道者之稱也舊經中言觀行人者也。地謂境界所依所行或所攝義是瑜伽師所行境界故名為地即十七地也」佛去世後一千年中無著菩薩自阿踰陀國講堂昇夜摩天受於彌勒菩薩晝日為大衆宣說者本論之著述如下瑜伽論略纂十六卷唐窺基撰。瑜伽論刼章頌一卷唐窺基撰。瑜伽倫記四十八卷（或作二十四卷）唐遁倫集撰。

【瑜伽瑜祇經】（經名）金剛峯樓閣一切瑜伽瑜祇經之略名。

【瑜伽大教王】（菩薩）稱金剛界之諸經大教王經上曰「我今歸命禮瑜伽大教王開演一佛乘如來三密藏」

【瑜伽大教王經】（經名）五卷趙宋法賢譯大遍照金剛如來在淨光天大樓閣中說瑜伽大教王經即金剛界之秘法也。

【瑜伽師地論釋】（書名）一卷最勝子菩薩等造唐玄奘譯釋瑜伽師地之名義略釋十七地之名義。

【瑜伽護摩儀軌】（經名）金剛頂瑜伽護摩儀軌之略名。

【瑜伽蓮華部念誦法】（經名）一卷唐不空譯。觀自在菩薩之念誦法也觀自在為蓮華部之主。

【瑜伽降三世極深密法門】（經名）金剛頂瑜伽降三世極深密法門之略名。

【瑜伽金剛頂經釋字母品】（經名）一卷唐不空譯釋遏阿等五十字門之義

【瑜伽觀自在王如來修行法】（經名）金剛頂經瑜伽觀自在王如來修行法之略名。

【瑜伽修習毘盧遮那三摩地法】（經名）金剛頂經瑜伽修習毘盧遮那三摩地法之略名。

【瑜珈僧】（雜名）應赴僧也禪宗記曰「禪僧衣褐講僧衣紅瑜珈僧衣葱白」

【瑜金】（術語）佛滅後小乘之分派譬之折金杖也見金杖條。

【瑜祇】（術語）Yogin 一作瑜岐瑜祁梵語瑜伽Yoga譯為相應與理相應之

法體之稱也、因而有瑜祇(卽瑜伽)人師之稱。唯識述記二本曰「若言瑜祇卽觀行者。是師之稱」。慧琳音義三十一曰「瑜祁觀行入定相應者也。經作祇誤也」。同四十二曰「瑜岐唐云相應也。瑜祇瑜伽亦同此釋」也。

【瑜祇經】(經名)　金剛峯樓閣一切瑜伽瑜祇經之略名。

【瑜祇灌頂】(修法)　日本東密一流、於金胎兩部灌頂外、由瑜祇經別立灌頂法。謂之瑜祇灌頂。謂兩部之灌頂爲金胎二、瑜祇灌頂爲金胎不二。因而爲五種三昧中第五三昧耶之秘密灌頂。是與日本台密於兩部外立兩部不二之蘇悉地灌頂相似。又爲以心灌頂之別稱。瑜祇經內作業灌頂品明以心灌頂、亦明手印灌頂。經所謂「置華於印中。令散彼支分。隨華所墮處。行人而尊奉。敎彼本明印。令共作成就」是也。

【瑜乾馱羅】(雜名)　Yugaṃdhara 又作由犍陀羅、瑜健達羅、由乾陀羅、遊犍陀羅、踰健達羅。七金山之第一。譯曰雙持山。有二道故名。玄應音義一曰「由乾大論作犍陀羅山。此譯云由犍者雙。陀羅者持。名雙持山也」。同二十四曰「特健達羅。舊言由乾陀羅山。此云持雙。山言此山峯有二隴道。因以名之」。俱舍光記十一曰「此云持雙。此山頂上有二道。猶如車跡。山持二跡。故名持雙」。瑜伽略纂一曰「七金山者。一瑜健馱羅。此云持雙。山頂有兩稜故」。華嚴疏鈔三十九曰「此云雙持。廻文卽云持雙也」。

【瑜遮那講堂】(堂塔)　在阿瑜遮國、Ayodhyā 之寺院。往昔彌勒菩薩自都率天下說瑜伽論等五部大論之堂。

【極七有】(術語)　與極七返同。

【極七返】(術語)　又作極七有、極七生。預流之聖者、不斷修惑者、於欲界之人與天、七返往來受生、中必聖道成就、證羅漢果。故謂之極七返。此七往來中、於人中有七度之中有、七度之生有、於天中有七度之中有、七度之生有。合有二十八生。而七之數同。故略云極七生。猶言七處善、七葉樹。但云二十八生者、除最初得道之身。蓋若於人趣得預流果者、七生天上、有七之中有與生有。又七生人中、有七中有、七生有。於其最後之人中生有、入於涅槃。又於天趣得預流果者、下生於人、有七中有七生有、上生於天、有七中有、七生有。於其最後之天上入於涅槃。故知除最初得道之身也。若取之則爲二十九生。問、何故限於七生而無第八生。答曰、是以身之相續限於七生、而所有之聖道成就故也。聖道之力、法爾而然。猶如七步蛇、第四日瘧、而此極七生乃言預流果之最鈍根者、至其利根者、有一生而直證阿羅漢果者。俱舍論二十三曰「頌曰。未斷修斷失住果極七返。論曰。諸住果者。於一切地修所斷失都未斷時。

名爲預流生極七返。七返言顯七往返生。是人天中各七生義。極言爲顯受生最多。非諸預流皆住七返故。（中畧）彼從此後別於人中極多結七中有生有。天中亦然。總二十八。皆七等故說極七生。如七處善及七葉樹。（中畧）若於人趣得預流果。彼還人趣得般涅槃。於天趣得。還於天趣。何緣彼無受第八有。相續齊此必成熟故。聖道種類法應如是。如七步蛇第四日瘧。」十住論曰、「初果聖者。睡眠懶惰不至二十九有。」

【極七返有】（術語）與極七返同。見前項。

【極十歲】（術語）減劫者、人壽漸減、其極至於十歲。此時現小三災云。俱舍論十二曰、「此洲人壽量漸減。乃至極十。小三災現。」

【極致】（雜語）至極之宗旨也。淨土論註上曰、「上衍之極致」。盂蘭盆經疏新記下曰、「道教之極致。」

【極地】（雜語）至極之地位。言佛也。行事鈔下四曰、「佛爲極地之人。」

【極好音】（雜語）如來八音之一。三藏法數曰、「一切諸天二乘菩薩。雖各有好音。未足爲極。唯佛音聲、聞者無厭。得入妙道。好中之最。故名極好音。」

【極光淨天】（界名）舊譯曰光音天。新譯曰極光淨天。色界第二禪天之最上天也。大火災壞滅世界後。成劫之初。此天天人次第下生而爲大梵天及人等。俱舍頌疏八曰、「第二靜慮有三天者。一少光天。於二禪內光明最少。故名光天。二無量光天。光明轉增。量難限。故名無量光天。三極光淨天。光明勝前。徧照自地。故名極光。」見光音天條。

【極位】（雜語）極證悟之位。謂佛果也。探玄記一曰、「唯是極位大菩薩境。」文句三之一曰、「若極位者。則一切下位而皆不知也。」

【極成】（術語）因明學之語。自他共許而無異論之言義也。因明大疏一曰、「至極成就。故名極成。」

【極妙】（雜語）善美之至極。玄理之至極。大般若理趣分曰、「極妙樂清淨句義。是菩薩句義。」觀無量壽經曰、「見彼國土極妙樂事心歡喜。」碧巖第一則評曰、「聖諦第一義。是敎家極妙窮玄處。」

【極果】（術語）至極之證果。謂佛之正覺也。是爲因位修行之結果。光明文句七曰、「菩提極果積行方尅。」大乘義章八曰、「無漏極果所謂盡智及無生智。」法華文句四上曰、「妙因斯滿極果頓圓。」

【極祕三昧】（術語）卽大日如來自證之法界體性三昧也。祕藏寶鑰下曰、「毘盧遮那世尊入於一切如來一體速疾力三昧。說自證之法界體性三昧。」言我覺本不生、出過語言道、諸過得解脫、遠離於因緣、知空等虛空、如實相智生、已離一切暗、第一實無垢。解云此頌文約義廣、言淺心深而非難說。又有百字輪十二字等之眞言觀法三摩地門及金剛界三十七尊四智印之三摩地、即是大日如來極祕之三昧、文廣不能具述。」

【極逈色】（雜語）法處所攝五種色之一。除一切之有形物質外見空漠之明闇。是名空界之色、此色至遠、故名逈色。分析此至遠之空界色至於極微、謂爲極逈色。此極逈色非爲眼識之所對、但爲意識之所緣、故於十二處中不攝於色處而攝於法處也。見義林章五末法處色章。

【極理】（雜語）至極之道理。文句記三之一曰「若實序正俱常從極理說。」

【極唱】（雜語）究竟之言說。金錍論曰「雙林最後極唱究竟之談」。秘藏寶鑰下曰「眞如受薰之極唱。」

【極畧色】（術語）法處攝色五種之一。分析物質而至於細微者、即極微也。小乘有部宗立之爲實物、攝於眼識所緣之色處、然大乘唯識宗以之爲假想上之分析、入之於意識所緣之法處中。義林章五末曰「極略色。極者至也、窮也、邊也。略有二義、一者總義、總略衆色析至極微、名極略色。二者小義、析諸根境至極小處名極略色、故稱極略。不名極微。」

【極喜】（術語）菩薩十地之初地、謂爲極喜。見極喜地條。

【極喜地】（術語）又曰歡喜地。菩薩修道位十中之第一地。菩薩既破第一阿僧祇劫之行、無始已來、初發眞無漏、而達於一分二空所顯之理、斷分別起之煩惱、因而得離凡夫之性、成爲法身之菩薩、爲極生歡喜之位、故曰極喜地。又曰歡喜地。唯識論九曰、「極喜地。初獲聖性、具證二空、能益自他、生大喜故。」

【極喜三昧耶】（術語）又名悅喜三昧耶、大三昧耶眞實印、素囉多大誓眞實印。即謂行者發菩提心、滅除諸障、既爲金剛薩埵、觀自他無別、爲同體大悲時、自住於無上歡悅之想也。大教王經一曰「爾時薄伽梵復入極喜王大菩薩三昧耶所生薩埵加持、名金剛三摩地、一切如來極喜三昧耶也。」普賢念誦儀軌曰「應作是思惟、我身既成普賢菩薩。發是心令無邊有情界成就解脫、於此三摩地中觀一切有情自他無別、爲同體大悲」。即是也。金剛界降三世三昧耶會之降三世明王、住此三昧、手執大悲弓箭、是爲其本誓。以堅固清淨菩提心之弓箭射元品無明之怨敵、大樂化他之大喜、無有間斷。是謂極喜三昧耶。若眞言行者欲住此三昧、則結大誓眞實印。二羽爲金剛縛、忍願入掌而相交合、檀慧禪智四指面相合、如獨股金剛杵、以忍願觸心上、誦唵三昧耶斛蘇囉多娑怛鑁之眞言。是表大悲之箭、射生死厭離之心也。由結此印而觸心故、金剛薩埵徧入身心、速與成就意欲希望諸願皆得。又見蓮華部心念誦儀軌、普賢修行念誦儀軌等。

【極尊】（雜語）至極之尊者。佛也。歸敬儀曰「宇宙之極尊。」

【極惡】（雜語）犯四重罪及五逆罪者。涅槃經九曰「犯四重禁及五無間、名極重惡。譬如斷截多羅樹頭、更不復生。」往生要集下曰「觀經云、極重惡人、無他方便、唯稱彌陀、得生極樂。」

【極無自性心】（術語）眞言宗十住心之第九。華嚴經所說圓融法界之理也。眞如無自性、故緣起爲萬法。所起之萬法、亦如眞如之性無自性、故萬法互相卽相融、蓋華嚴法界之理、爲究極爲無自性之理者、故曰極無自性。大日經疏三曰、「如說極無自性心十緣句生。卽攝華嚴般若種種不思議境界。皆入其中。」秘藏寶鑰下曰、「善無畏三藏說。此極無自性心一句。悉攝華嚴敎盡。所以者何。華嚴大意原始要終。明眞如法界不守自性隨緣之義。杜順和上依此法門、造五敎華嚴三昧法界觀等。弟子智儼相續。智儼弟子法藏法師。又廣五敎作指歸綱目及疏。卽是華嚴宗之法門一一義章。」

【極聖】（雜語）聖中之極。謂佛也。金錍論曰、「阿鼻依正、全處極聖之自心。毘盧身土、不逾下凡之一念。」盂蘭盆經疏新記上曰、「佛爲極聖。」

【極聖位】（術語）六種性位之一。究竟妙覺之位也。

【極說】（雜語）至極之說法。敎行信證一曰、「一乘究竟之極說。」

【極微】（術語）依有部宗之意、極微有三位。一極微之微、二色聚之微、三微塵也。極微之微者、色聲香味觸五境與眼耳鼻舌身五根等十色之最極微分也。是實色極少、不可更分、故光記名之爲極微之微。對於色聚之微而謂之爲實之極微。舊譯云鄰虛。然此極微非有色之體用、隨而非現量所得、唯以慧漸漸分析而至於究竟者。是爲慧眼之所行、而非眼見之現量得、故正理論稱之爲假之極微。色聚之微者、前色等之極微、聚合而成一物質上之最極微分也。前色聲等十色、雖爲實色、然非爲單獨生者。生時必彼此相依而俱生者。是爲諸微之和聚體。故光記以之爲假色。而是亦無色之體用、非眼見所得之現量體、故正理論以爲假之極微。（但此假實爲一應之對論、依有部宗實義、則所成之微色亦實體也。觀下所引了義燈之文可知。）俱舍論四曰、「色聚極細、立微聚名、爲顯更細於此者。（中略）入事俱生、隨一不減。」同光記曰、「微聚是假。假聚依實。實有多少不同。是即約假聚、明有實數也。」又曰、「應知微有二種。一色聚微。即極少八事俱生。不可減也。二極微微。即色極少更不可分也。」觀此可知也。然而俱舍論十二曰、「分析諸色至一極微故。一極微爲色極少。」此位之極微也、非第一位實之極微。不可混同。微塵者、眼見上之最極微也。前色聚之極微、上下四方之六方與中心七微集聚、梵曰阿菟、又曰阿拏、俱舍論單譯曰微、餘處多曰極微。即七倍八事俱生之色聚極微、爲一阿菟、即一微之量、是眼見上之最極點也。其眼見者、非爲人之肉眼、惟天眼與輪王眼及今生可得佛果之菩薩(如悉達太子)眼得見者。正理論稱之爲實之極微。此微更七倍名爲金塵、七金塵名爲水塵、七水塵名爲兎毛塵。金塵者於金中往來無障者。水塵爲往來水中之空隙者。兎毛塵爲等於兎毛之端者。可以想象極微之量矣。俱舍論十一曰、「七極微爲一微量。積微至七爲一金塵。積七金塵爲水塵量。水塵積至七爲一兎毛塵。」同光記曰、「七極微爲一量微。顯細聚。梵云阿菟。Aṇu 此名微。眼見色中最微細也。應知但爲天眼輪王眼後有菩薩眼所見。」義林章五本曰、「有體用中最極小者所謂阿拏。說此名極微。」然則一極微雖爲二十事體和融滿足之色體、然未爲五識之境、必至七極微積聚成一阿拏色、始爲五識之境也。(天人等)即一阿拏色具百四十之事體。唯識了義燈二本曰、「有宗云。以七極微成一拏色。然不涉入各各相去一微。能所(能者極微、所者阿拏、)俱實即從拏色始五識得。若一一微唯意識得非五識境。」

【極微分不分】(雜語)　三位極微中第二位色聚之微、大小乘各異其論、小乘以分析之極爲極微。至於極微、則無可分上下左右方角之部分。(此曰極微無方分)故不可更爲分析。若果欲分析之、則惟以意識之觀慧、於一極微中分別有能造之四大、有所造之色香等而已、然如此分析之色香等二十、但爲想像、故非實之極微。蓋此二十、非事實可分離者也。大乘原不立實體之極微。其極微爲以觀慧分析麤色之意識想像、故得分析無限。然於某程度而不止之、則與虛空相似、不能爲物質之想。故於得爲色想之限、立極微之名、而定爲分析之之極也。正理論三十二曰、「極微。略有二種。一實二假。其相云何。實謂極成色等自相。於和集位現量所得。假由分析比量所知。謂聚色中以慧漸析至最極位。然後於中辨色聲等極微差別。此析所至名假極微。」唯識論二曰、「諸瑜伽師以假想慧於麤色相漸次除析至不可析。假說說極微。此極微猶有方分而不可析。若更析之、便以空現、不名爲色。故說極微是色邊際。」

【極微假實】（雜語）勝論師言極微爲圓常、更無生滅、雖空劫之時亦離散而徧游於空中。小乘之經部成實謂現在爲實有、而過未爲無。小乘之有部宗謂極微爲三世實有、常恒不變、只依衆生業力之有無而有作用之生滅、衆生業緣未熟、微體未起作用之位、爲未來之極微、正起作用、集成根境、從而爲現在之極微、作用巳再、爲體、爲過去之極微、極微體法雖爲恒有、而其作用則生滅無常。故勝論異於常經。然則未和合之第一位極微之微、爲實法、所和合之第二位色聚之微亦爲實體也。又七微聚集之阿菟色亦爲實法、但就於事實現見之上而論、第三七微於和聚之位、始得實成現見一物體、故可謂爲實之極微、第一第二之微、於事實上非如此分離、但爲以智慧分析之之比量分齊、故謂之爲假之極微。（觀上所引之正理論可知）然而大乘謂一切之物質、隨其量之大小、念念刻刻、自阿賴耶識之種子變現、無自微積至大之法。然則極微者、止爲破我見成析空觀時、以假想分析物質實體之極微、決爲無有也。唯識論二曰、「識變時隨量大小頓現一相、非別變作衆多極微合成一物。」

【極愛一子地】（術語）略云一子地。謂菩薩證化他之果、極憐愍衆生之位也。涅槃經十六梵行品所謂「菩薩摩訶薩修慈悲喜巳、得住極愛一子地。善男子、云何是地名曰極愛、復名一子。善男子、譬如父母見子安隱、心大歡喜、菩薩摩訶薩住是地中、亦復如是、視諸衆生同一子、見修善、生大歡喜。是故此地名曰極愛。善男子、譬如父母見子遇患、心生苦惱、愍之愁毒、初不捨離。菩薩摩訶薩住是地中、亦復如是、見諸衆生爲煩惱病纏、切心生愁惱、憂念如子、身諸毛孔、血皆流出。是故此地名爲一子。」是也。然古來定其地位、各有異說。僧宗以之爲七地、淨影以爲初地、灌頂以爲初地證化他之果者。涅槃經疏十七曰、「舊云是性地。二云八地巳上。三云是初地。今明不然。先明聖行、即是自行、巳云初地。此明梵行、即是化他。先自行巳入初地、化他何但是性地。何至超八地巳上。斯皆若過若不及。正是初地證化他之果。」即其意也。

【極樂】（界名）Sukhāvatī 佛土名。阿彌陀佛之國土。又作安養、安樂、無量清淨土、無量光明土、無量壽佛土、蓮華藏世界、密嚴國、清泰國等。梵名須摩提。譯曰妙樂。諸事具足、圓滿、惟有樂而無有苦也。阿彌陀經曰、「從是西方過十萬億佛土、有世界名曰極樂。其土有佛、號阿彌陀、今現在說法。（中略）其國衆生無有衆苦、但受諸樂、故名極樂。」無量壽經上曰、「法藏菩薩、今巳成佛、現在西方、去此十萬億刹。其佛世界名曰安樂。」般舟三昧經行品曰、「去此間千億佛剎。其國名須摩提」平等覺經一曰、「無量清淨佛。作佛已來凡十小劫。所居國名須摩提。正在西方。去是閻浮剎地界千億萬須彌山佛國。」稱讚淨土經曰、「於是西方去此世界過百千俱胝那庾多佛土。有佛世界名曰極樂。其中世尊名無量壽及無量光。」悲華經三曰、「大王。汝見西方。過百千萬億佛土。有世界。名尊善無垢。彼界有佛名尊音王。(中略)如是諸佛悉滅度已。復過一阿僧祇劫等阿僧祇劫。入第二恆河沙等阿僧祇劫。是時世界轉名安樂。汝於是時當得作佛。號無量壽。」鼓音聲經曰、「西方安樂世界今現有佛號阿彌陀。(中略)其國號曰清泰。聖王所住。」觀音授記經曰、「西方過此億百千剎。有世界名安樂。其國有佛號阿彌陀。」秘藏記上曰。「華藏世界者。最上妙樂在其中。故曰極樂。當知極樂與華藏。雖名異而非異所。」天台彌陀經義記曰、「彼有三名。極樂對苦。安養從用。無量壽逐人爲國。」

【淨土十疑】(名數)　天台智者大師就淨土往生出十疑。通釋之以勸誘往生。「一釋求生淨土無大慈悲心疑。二釋求生乖無生理疑。三釋偏求生一生疑。四釋偏念一佛疑。五釋具縛得生疑。六釋卽得不退疑。七釋不求內院疑。八釋十念得生疑。九釋女人根缺不生疑。十釋作何行業得生疑。」見淨土十疑論。

【淨土三十益】(名數)　廬山蓮宗寶鑑九謂天台智者淨土羣疑論云列淨土之三十益。一往生佛土益。二得大法樂益。三親近諸佛益。四遊歷十方供佛益。五親聞佛說益。六福慧資糧疾得圓滿益。七速證菩提益。八諸天人等同集一會益。九無退轉益。十無量行願增進益。十一鸚鵡舍利宣揚法音益。十二風樹樂響益。十三摩尼水漩演苦空益。十四諸樂奏妙音益。十五四十八願益。十六眞金色身益。十七形無醜陋益。十八具足六通益。十九常住定聚益。二十無諸不善益。二十一壽命長遠益。二十二衣食自然益。二十三唯受衆樂益。二十四三十二相益。二十五實無女人益。二十六無有小乘益。二十七離於八難益。二十八得三法忍益。二十九身常有光益。三十得那羅延身力益。

【極樂世界】(術語)　界爲界別之義明其爲極樂之淨土、非在穢土之限界者也。

【極樂海會】(術語)　極樂之聖衆相依而爲法會、其廣大如海、故云。

【極樂曼陀羅】(圖像)　圖記極樂莊嚴之曼陀羅也。亦云淨土曼陀羅。

【極熱地獄】(界名)　八大地獄之第七。俱舍論八曰、「大極地獄」同頌疏曰、「極熱地獄。」

【極靜】(雜語)　至極之靜慮。謂禪定

也。圓覺經曰、「諸菩薩唯取極靜。由靜力故。永斷煩惱。」

【極臘】（雜名）臘次之最高者。僧之歲曰臘。自受戒之年起算。

【極難勝地】（術語）菩薩十地之第五。又曰難勝地。難爲困難之義、勝謂勝於前地也。唯識論九曰、「極難勝地。眞俗兩智行相互違。合令相應。極難勝故。」本業經釋義品曰、「佛子順忍修道。三界無明疑見一切無皆不空。八辯功德入五明論。無不通達。故名難勝地。」

【極證】（雜語）至極之悟。

【極覺】（術語）妙覺也。文句八曰、「仍前位次寄談極覺耳。」

【楞伽】（地名）Laṅkā 新作餕伽。又作駿伽。在師子國（即錫蘭島）之山名。（今之 Adam speak）楞伽爲寶名、又曰不可到、難入之義也。即山以有楞伽寶得名。又以險絕常人難入得名。佛嘗在此說大乘經、名楞伽經。西域記十一師子國曰、「國東南隅有餕（勒登反）伽山、巖谷幽峻、神鬼遊舍。在昔如來於此說餕伽經。舊曰楞伽經。訛也。」唯識述記四本曰、「楞伽者。是師子國山名也。」慧琳音義三十一曰、「楞伽。正梵音云餕伽。山名也。勒鄧反。此亦寶名也。此山多饒此寶、故以爲名。在南海中師子國西南隅、海島大山也。」華嚴疏鈔六十二曰、「楞伽。此云難往。」楞伽經心玄義曰、「楞伽、此云難入。（世尊說法無史實）

【楞伽山】（地名）見楞伽條。

【楞伽經】（經名）有四譯、今存三本。一宋求那跋陀羅譯、名楞伽阿跋多羅寶經。有四卷。名四卷楞伽。二元魏菩提流支譯、名入楞伽經。有十卷。名十卷楞伽。三唐實叉難陀譯、名大乘入楞伽經。有七卷。名七卷楞伽。本經各家之著述如下。入楞伽經心玄義一卷、唐法藏撰。楞伽經註卷二卷五、唐智儼註、殘缺。楞伽經通義六卷、宋善月述。楞伽經集註四卷、宋正受集注。大乘入楞伽經註十卷、宋寶臣述。楞伽經纂四卷、宋楊彥國纂。觀楞伽經記八卷、明德清筆記。楞伽補遺一卷、明德清撰。楞伽經玄義一卷、明智旭撰述。楞伽經義疏九卷、明智旭撰。楞伽經合轍八卷、明通潤述。楞伽阿跋多羅寶經註解八卷、明宗泐如玘同註。楞伽經參訂疏八卷、明廣莫參訂。楞伽經宗通八卷、明曾鳳儀宗通。楞伽經心印一卷、淨挺著。楞伽經心印八卷、前有科文函是疏。楞伽經精解評林一卷、明焦竑纂。楞伽經疏卷中、殘缺。

【楞伽經義疏】（書名）四卷。明釋智旭撰述。其後序曰、「猶憶初發心時、便從事於禪宗。數年之後、涉律涉教、著述頗多。獨此楞伽、擬於閱藏畢後方註。壬辰結夏晟溪、無處借藏。乃以六月初三日舉筆、至八月十一日閣筆於長水南郊之冷香堂。謹閱七旬而佛事魔事病障外障殆無虛日。三易地而稿始脫」

【楞伽經註解】（書名）四卷。明釋宗泐如玘於洪武十年冬十月奉詔箋釋。十一年七月進呈。太祖皇帝覽之。歎爲精確。命流布海內。使學者講習。宗泐卽奉詔刻於京師天界禪林。後如玘又刻於杭之演福寺。末有宋濂題辭。載其事頗詳。

【楞伽經宗通】（書名）三十卷。明曾鳳儀撰。其自序曰「余於憨山稱莫逆。自癸巳造訪牢山。後音問寥寥。得筆記（憨山之楞伽筆記）讀之。不啻面譚。始讀灑然。再讀之則疑。三讀之則有所更定。不覺盈紙。復取三譯覈之。宋譯雋永有味。故不可易。至棘句倒語。非證魏唐二譯則不可曉。筆記節分條列。燦如指掌。令學者易於參訂。余亟取之。更爲斟酌舊注。融會三譯。間出胸臆。或前人所未道。要於中暢簡奧。不使有楞伽難讀之歎。」案此書附有唐譯楞伽經文二品。提婆菩薩二論。

【楞伽島】（地名）錫蘭島本名楞伽。佛說楞伽經處也。山中拔海三千尺。有勝區曰拔第。有湖作牛形。周遭可十里。故宮在焉。宮外一寺。有臥佛供養此中。島中最高峯突出如方城。上有佛跡。長可二尺。土人往往於雞鳴時攀躋瞻禮。謂可消災難。殆卽佛說經處矣。

【楞伽懸記】（術語）釋尊在楞伽山。懸記如來滅後。南天竺有大德比丘。名龍樹。宣說大乘無上之法。初證歡喜地。應往生安樂國。出於楞伽經九。（七卷經第六）

【楞伽經唯識論】（書名）一卷。元魏菩提留支譯。唯識二十論三譯之最古者。

【楞伽阿跋多羅寶經】（經名）Laṅkāvatāra-sūtra 四卷。劉宋求那跋陀羅譯。爲本經三譯中之最古者。楞伽者。山名。阿跋多羅者。入之義。佛入此山說法。故名入。新譯云入楞伽經者是也。寶字乃譯人添加。因楞伽寶表經義之無上寶也。或言阿者。無也。跋多羅者。上也。阿跋多羅寶卽無上寶也。華嚴疏鈔六十二曰「經題云楞伽阿跋多羅寶經。阿之言無。跋多羅云上。寶卽此方之言」楞伽心玄義曰「阿伐哆陀羅。此云下入。以梵語中下入上入。悉有別名。唯從上下入。別有此名。如入菩薩等。解四卷者。翻爲無上。此甚訛也。勘諸梵本及十卷中。都無寶字。十卷中翻爲入者當名也」

【楞嚴咒】（眞言）又曰佛頂咒。楞嚴經所說之神咒也。有四百二十七句。此中最末之八句爲心咒。楞嚴經長水疏曰「此咒四百二十七句。前諸句數。但是歸命諸佛菩薩衆賢聖等。及敍咒願加被離諸惡鬼病等難。至四百十九云哆姪他。此云卽說咒曰。從四百二十唵字去方是正咒。如前云六時行道誦咒。每一時誦一百八徧。即正誦此心咒耳。如或通誦更爲盡善。」

【楞嚴頭】(職位) 禪家舉唱楞嚴咒者之職名。請音聲好之人充之。敕修清規楞嚴會曰、「維那先期擇有音聲者爲楞嚴頭。」又曰、「維那白佛宣疏畢。楞嚴頭唱楞嚴。衆和畢。仍作梵音唱念經首序引畢。方舉咒。咒畢唱摩訶衆和畢。維那廻向。」

【楞嚴會】(行事) 禪林之古法、於安居結制中爲除魔障、設楞嚴壇。每日衆僧集誦楞嚴咒、稱楞嚴會。四月十日啓建、七月十三日滿散。勅修清規楞嚴會曰、「楞嚴會乃祈保安居」又曰、「四月十三日啓建。至七月十三日滿散。」

【楞嚴經】(經名) 一名大佛頂如來密因修證了義諸菩薩萬行首楞嚴經、唐般剌密帝譯。十卷。闡明心性本體。文義皆妙。屬大乘秘密部。無法不備。無機不攝。學佛之要門也。等不等觀雜錄一曰、「楞嚴楞伽之楞字。說文作棱。他書從之。惟佛經內專用楞字。疑係譯經時所定。當從之。不必更改也。」參照首楞嚴經條。

【楞嚴三昧】(術語) Śūraṅgama-samādhi 首楞嚴三昧之略名。

【楞嚴大師】(人名) 宋長水子璿、依楞嚴經開悟、講此經三十遍、製義疏十卷。大中祥符六年翰林學士錢公奏賜楞嚴大師之號。見楞嚴經眼髓一。

【楞嚴文句】(書名) 明智旭撰、首楞嚴經文句也。

【楞嚴經會解】(書名) 二十卷、元釋惟則會解。其自序曰、「余見長水璿師、孤山圓師、泐潭月師、溫陵環師之說。又閱吳興岳師之集。併得與福、慤、賓中、沇、眞際、節、構、李敏諸師之意、無不大同。惟所見或各從一長、乃不能不小異。(中略)今余會諸家要解以通大途。異不公平衆者節之。異而互通者互存之。互爲激揚者、審其的據而節取之。間有隱略乖隔處、則又附己意自爲補註。若合殊流同歸於海、故謂之會解。」

【楞嚴圓通疏前茅】(書名) 二卷、明釋傳燈述。其自敍緣起曰、「惟念近日楞嚴正脉、大非天如禪師會解。因而波及天台。耳食之流、易爲眩惑。苟不破斥、妨道孔多。遂復出斯二卷之文、命曰前茅。」

【楞嚴經纂註】(書名) 十卷、明釋眞界纂註。瞿汝稷序曰、「註之得於長水溫陵者十之七。得於泐潭孤山諸家者十之二。得於上人之獨見者十之一。諸師名號不復錄、以融而爲一。則經旨脉絡相屬。讀者爲便。」

【楞嚴經合轍】(書名) 十卷、明釋通潤述。其自序曰、「余獨坐靜處、案上唯置楞嚴。即胸中眼角口吻邊亦唯置楞嚴。且讀且思遇不愜心處、卽書而粘之壁、時時參究、務求必達。故亦時時會心、積數年而楞嚴一貫之旨、字字皆契佛心、毫無齟齬。(中略)余故復將平日私記、而與諸佛性相若合一轍者裒成一帙、以付剞劂。云云」

【楞嚴經正脈】(書名)四十卷、明釋眞鑑述。其卷首自序曰「經本分明而註多鹵莽。正脈旣失、本旨多乖。後賢指摘成帙、甚至但說本文。學者莫決從違、而臨文浩歎者多矣。鑑長夜迷徒、釋宗晚學、賴聖賢加被、發薄少善根。偶窺華屋之門、輒惘宮牆之望。僭伸管見、請正大方、實非橫陳臆說而蔑先賢。意惟曲順佛言、而資後學。」云云。楊仁山居士曰、「正脈爲註本之最善者、披剝陳言、獨申正見、發揮經義、超越古今。」

【楞嚴經直指】(書名)十卷、明釋函昰疏。其嗣法門人今釋序之曰、「吾師天然昰和上、寓坐丹霞、以三月成直指。(中畧)言言本色、不借華詞。其不可思議之妙、實有與諸家迥絕者。」

【楞嚴經通議】(書名)十卷、明釋德清述。其自序曰、「歷覽諸說、有所未愜者、獨理觀未見會通。故言句雖明、而大旨未暢。(中畧)至萬歷甲寅、以投老南嶽、寓靈湖之萬聖蘭若。結夏時、粵門人超逸侍予最久、廿苦疾病患難、靡不同之。予感其精誠、因入室請益懸鏡、觸發先心、遂直筆成帙、較懸鏡雖多、無非廣發一心三觀之旨、而文不暇詳釋。題曰通議、蓋取春秋經世先王之法議而不辯之意、所謂議其條貫、而通其大綱。是於向上一路、實以爲贅。其於初機之士、可以飲海一滴、而吞百川之味也。」案此書十卷、外首附懸鏡一卷、末附補遺一卷。

【楞嚴經疏解蒙鈔】(書名)六十卷、畧稱曰佛頂蒙鈔。海印弟子蒙叟述。蒙叟、錢謙益別號也。自第四十八卷以下總曰佛頂五錄。所謂五錄者、佛頂圖錄一卷、佛頂序錄一卷、佛頂枝錄二卷、佛頂通錄二卷、佛頂宗錄六卷也。謙益於明末福王時、曾爲禮部尙書、入清授禮部右侍郎。所著詩文集、多誹謗清室之語。清高宗閱之大怒、命焚毀其版、不許印行。此書本收入清藏。高宗惡其爲人、在藏中黜去。然其文集等、固潛行於世間、莫能禁也。此書雖流通者希、然詳細博雅、固讀首楞嚴經者不可少之書也。

【楞嚴經指掌疏】(書名)十卷、淸釋通理述。等不等觀雜錄四曰、楞嚴經以阿難示墮、發起大教、專爲正路修行人欲漏未除者作榜樣也。若爲邪僻之徒、尋常數誡、不一而足。指掌疏以詐現威儀等語、貶斥阿難、大失經意。蓋誤墮之由、非阿難起意貪欲、乃摩登以呪攝入。若非阿難正直、則摩登以色鉤引已足、何待呪攝。阿難內心淸淨、未動婬念、但力不自由、難以擺脫耳。

【楞嚴懺悔行法】（書名）一卷、釋諦閑撰。

【楞嚴序指味疏】（書名）釋諦閑述疏。天如禪師唯則撰楞嚴經序、而諦閑疏之也。

【楞嚴經攝論】（書名）二卷、釋太虛著。是書會萃各家之精要而成。凡二卷四分。一、判釋本經文義分。二、會較餘部交義分。三、別明當部要意分。四、散釋艱文澀義分。

【楊文會】（人名）字仁山、清安徽石埭縣人。生於道光丁酉十一月十六日。卒於宣統辛亥八月十七日、年七十五。生平好讀奇書。凡音韻歷算天文輿地、以及黃老莊列、靡不領會。二十七歲時、曾於皖省書肆中得大乘起信論一卷。病後檢閱他書、舉不愜意。讀起信論、乃不覺卷之不能釋也。由是遍求佛經。一心學佛。悉廢其向所爲學。以爲末法世界、全賴流通經典、普濟衆生。北方龍藏、既成具文。雙徑書文、又燬於兵燹。於是發心刻書本藏經、俾廣流傳。乙丑年乃就金陵差次、學畫刻經事。校勘刻印而外、或誦經念佛、或靜坐作觀、往往至漏盡而寢。是歲參考造像量度經、及淨土諸經、延畫家繪成極樂世界依正莊嚴圖、十一面大悲觀音像、並搜得古時名人所繪佛菩薩像、刊佈流通。戊寅曾惠敏奉使歐洲、隨赴英法、考求法國政敎生業甚詳。丙辰春、應劉芝田星使召、隨往英倫、考察英國政治製造諸學。深明列強立國之原。時已五十有三矣。厥後見仕途之蕪雜、誓不復與政界相往還。乃於東瀛購得小字藏經全部、閉戶誦讀。庚寅夏走京師、禮旃檀佛像、並求藏外古德逸書。又寓書日本南條文雄、廣求中國失傳古本。南條學梵文於英國、與居士素稔。厥後由海外得來藏外書籍二三百種。因擇善付梓。甲午與英人李提摩太君譯成英文大乘起信論、以爲他日佛敎西行之漸。丁未秋、就刻經處開佛敎學堂曰祇桓精舍。冀學者漸通中西文、以爲將來往天竺振興佛敎。國文英文同志任之。佛學居士自任之。就學緇素二十餘人、日有進益。未兩稔、因經費不給而止。居士弘法四十餘年、流通經典至百餘萬卷、印刷佛像至十餘萬張。著有大宗地玄文本論略註二卷、佛敎初學課本、陰符道德莊列發隱諸書。又等不等觀雜錄、則居士歿後所刻之遺著也。徐君文蔚云、先生既由蓮池憨山上窮賢首淸涼、而溯其源於馬鳴龍樹。於以入毘盧之性海、契彌陀之願門。故居恒自言敎宗賢首、行在彌陀。又嘗與李澹緣居士書曰、念佛法門、普攝三根。中人以上、宜以三經一論爲津梁。更以大乘起信論爲入道之門。通達此論、則楞嚴楞伽華嚴法華等經自易明了。嘗立量云、念佛往生是有法。自力他力爲宗。因云因果相感故。喩如車兩輪。嘗約桂伯華居士專心研究因明唯識二部、期於徹底通達。爲學佛者之楷模、不至顢頇儱侗走入外道而不自覺。實振興佛法之要門。且於淨土道理深爲有益。蓋莊嚴淨土總不離唯識變現也。(云云)其詳見楊仁山居士事略、茲撮其大要耳。

【楊岐】(人名)宋袁州楊岐山方會、與黃龍山慧南皆爲臨濟六世慈明圓禪師之法嗣、各立一派、稱爲楊岐黃龍。師於宋仁宗慶曆六年寂。見續傳燈錄七。

【楊枝】(物名)梵曰憚哆家瑟詑。Dantakāṣṭha 譯曰齒木。嚼小枝之頭爲細條、用刷牙齒者。楊枝者義譯也。寄歸傳一曰「每日旦朝須嚼齒木揩齒刮舌務令如法。盥漱清淨。方行敬禮。(中畧)其齒木者。梵云憚哆家瑟詑。憚哆譯之爲齒。家瑟詑即是其木。長十二指。短不減八指。大如小指。一頭緩須熟嚼。良久淨刷牙關。(中畧)齒木名爲楊枝。西國柳樹全稀。譯者輒傳斯號。佛齒木樹實非楊柳。那爛陀寺目自親觀。既不取信於他。聞者亦無勞致惑。檢涅槃經梵本云嚼齒木時矣」大日經疏五曰、「彼當取優曇鉢羅或阿說他木端直嫞好者。不麤不細。稱十二指量。凡一切量法皆用大拇指上節側而相捻。是其正數也。此二木是過去佛菩提樹。若無者當求有乳之木。謂桑穀等」凡西國請俗人、先贈齒木及香水等、而祝其人之健康、以表懇請之意。故請佛菩薩亦用楊枝淨水。觀音懺法曰、「我今具楊枝淨水。惟願大悲哀憐攝受」毘尼日用切要曰、「取楊枝律中名曰齒木。楊有四種。皆可梳齒也。一白楊、葉圓。二青楊、葉長。三赤楊、霜降葉赤。四黃楊木、性堅緻。雖長今咸以柳條當楊枝。柳條垂下。乃小楊也。若無柳處。將何梳齒。須知一切木皆可梳齒。皆名齒木。但取性和有苦味者嚼之。不獨謂柳木一種」因梵網經心地品曰、「不得樗蒲。(中畧)爪鏡、蓍草、楊枝、鉢盂、髑髏、而作卜筮」明藕益梵網經合註六曰、「楊枝即棒柳神」

【楊柳觀音】(菩薩)三十三觀音之一。以楊柳爲三昧耶形之觀音也。楊柳取其柔順、不知起因。

【楊葉】(譬喻)若有小兒啼、則與楊樹之黃葉以止啼。譬佛之方便也。涅槃經二十曰、「如彼嬰兒啼哭之時、父母即以楊樹黃葉而語之言莫啼莫啼。我與汝金。嬰兒見已。生眞金想。便止不啼。然此楊葉定非金也。」

【預流向】(術語)四向之一。預流果之因道也。見預流果條。

【預流果】(術語)小乘四果之第一。舊稱須陀洹。譯曰逆流、入流。新稱窣路多阿半那。Srota-āpanna 聲聞乘之人、斷三界之見惑已、方違逆生死瀑流之位。謂之逆流果。預流之流、聖道之流也。斷三界之見惑已、方預參於聖者之流、謂之預流果。是爲聲聞乘最初之聖果、故稱爲初果。向此果者、在斷見惑之見道十五心間、謂之逆流向、又曰預流向。卽預流果之因道、預流向爲見道位、預流果爲修道位也。玄應音義二十三曰、「預流。梵言窣路多阿半那、此言預流。一切聖道說爲流。能相續流向涅槃。故初證聖果、創參勝列。故名預流。預及也。參預也。舊言須陀洹者訛也。或言逆流、或言入流、亦云至流、皆一也。」俱舍論二十三曰、「預流者、諸無漏道總名爲流、由此爲因趣涅槃故。」

【預彌國】（界名）閻魔王之世界也。預彌爲閻魔或夜摩之訛轉。十王經曰、「閻魔王國名無佛世界。亦名預彌國。亦名閻魔羅國。」梵 Yami

【暗蔽】（術語）愚人之心、常暗於理、蔽於欲。法華經譬喻品曰、「愚痴闇蔽三毒之火。」

【暗禪】（雜語）又作暗證禪師、暗證、暗證禪、暗禪比丘、暗禪法師、盲禪等。謂不依教之暗解禪人也。以不依教法之故、暗於智解。墮於上慢、修行無志、終於獨證盲悟之徒。

【暗證】（雜語）以坐禪工夫爲專而暗於教文之義理者。

【暗證禪師】（雜語）嘲禪僧惟耽觀道、不知教相文理。爲禪宗以外之宗派者。止觀五上曰、「非暗證禪師文字法師所能知也。」

【暖寺】（儀式）與暖寮同。

【暖洞】（雜名）暖寮之異名。

【暖席】（雜名）與暖寮同。

【暖寮】（儀式）禪語。又曰暖寺、暖席。入寮之人、辦茶菓等饗先居之人、謂之暖寮。又言他人賀入院。

【暖簾】（物名）禪語。防風之綿布簾、謂之暖簾。勅修清規月分須知曰、「四月候天氣、僧堂內下暖簾、上涼簾。」

【腰衣】（衣服）見裙條。

【腰白】（衣服）又曰腰帛。喪中以白帶圍腰者。象器箋十七曰、「尊宿遷化、孝服者白帶圍腰。言腰帛、或作腰白。」

【腰線】（修法）加持線縷、帶於行者之腰者。蘇悉地經一曰、「復取白氎絲及以麻縷、令童女染作紅色、或鬱金色。合令作線。取結爲眞言索。持誦七遍而作一結。一一如是乃至七結。置本尊前、以眞言加持經一千遍。持誦時及護摩時、欲臥之時、應以繫腰。夜臥之時、不失精穢、故應須繫。」蘇悉地供養法下曰、「其腰線者、令童女右旋搓合。經三合已、重更三合、若綱調雲作。」

【腹中女聽經】（經名）一卷、北涼曇無讖譯。與轉女身經同本。

【牒文】（術語）見次項。

【牒釋】（術語）牒文作釋也。牒爲札、

凡於註疏中斷割所釋之廣文而舉之、恰如簡札、謂之牒文。釋者就其牒文而施釋也。

【煩惱】(術語)梵語吉隸舍、Klesa 貪欲瞋恚愚痴等諸惑、煩心惱身、謂為煩惱。智度論七曰、「煩惱者。能令心煩能作惱故。名為煩惱。」同二十七曰、「煩惱名。略說則三毒。廣說則三界九十八使。是名煩惱。」註維摩經二曰、「肇曰。七使九結惱亂衆生。故名為煩惱。」止觀八曰、「煩惱是昏煩之法。惱亂心神。又與心作煩。令心得惱。即是見思利鈍。」大乘義章五曰、「勞亂之義。名曰煩惱。」唯識述記一本曰、「煩是擾義。惱是亂義。擾亂有情故名煩惱。」梵語雜名曰、「煩惱。吉隸舍。」

【二煩惱】(名數)一、根本煩惱、貪瞋痴慢疑惡見之六大煩惱、為一切諸煩惱生起之本。故名為根本煩惱。二、隨煩惱、忿恨覆等二十之煩惱、以前之根本煩惱為體、或為由此流出者、故名為隨煩惱。是唯識之法相也。見唯識論六、百法問答鈔二。図一、分別起煩惱、依邪師邪教邪思惟之緣而起之我見邊見等理惑、謂之分別起煩惱。於見道一時斷之。二、俱生起煩惱、依無始以來之熏習力、與自身俱生之貪瞋等事惑、謂為俱生起之煩惱。入於修道、漸漸斷之。見百法問答鈔四。図(名數)一、大煩惱地法、無明、放逸、懈怠、不信、惛沈、掉舉之六惑。常與一切之染心相應、故名之為大煩惱地法。二、小煩惱地法、忿、覆、慳等之十惑、唯為俱生迷事之惑、故唯為修道斷、不通於見道斷、又唯起於意識、不通於餘識、又十惑各別而起、無俱起者、故名之為小煩惱地法。是俱舍之法相也。見俱舍論隨眠品。図一、數行煩惱、如貪欲瞋恚、不斷而起之煩惱也。二、猛利煩惱、如因果撥無之邪見、上品之煩惱也。見俱舍論十七。

【三煩惱】(名數)一見思、二塵沙、三無明。台家所立。見三惑條。

【四煩惱】(名數)與末那識常恒相應之四種根本煩惱也。一我痴、二我見、三我慢、四我愛。見唯識論四。

【六大煩惱】(名數)一、貪煩惱、染着為性、生苦為業。二、瞋煩惱、憎恚為性、不安與惡行之所依為業。三、痴煩惱、於諸理事迷闇為性、一切諸惑之所依為業。四、慢煩惱、恃己於他高舉為性、生苦為業。五、疑煩惱、於諸諦理猶豫為性、能障信心為業。六、惡見煩惱、顛倒推求之惡慧為性、能障善見而生苦為業。此惡見之中有五種。一身見、固執實我也、二邊見、偏執我之斷常也、三邪見、撥無因果之理也。四見取見、固執自己之惡見也、五戒禁見、固執非理之戒禁也。因而合之則為六煩惱、開之則為十煩惱。是為諸惑中之根本、餘惑以之為體為所依而生、故名之為本惑、亦名為根本煩惱。台家分之為利鈍之二使、前五煩惱爲五鈍使、後五惡見爲五利使。見唯識論六百法問答鈔一。

【十煩惱】（名數）開六煩惱中惡見之一而爲身見、邊見、邪見、取見、戒禁取見之五見。因而爲十煩惱。然則六煩惱十煩惱、實開合之不同也。

【煩惱冰】（譬喩）比菩提以水、故指煩惱爲冰。煩惱卽菩提、如冰與水也。敎行信證行卷曰、「良知如經言、煩惱冰解成菩提水。」止觀五曰、「無明痴惑本是法性。以痴迷故法性變爲無明。起諸顚倒善不善等。如寒來結水作堅冰。又如眠來變心有種種夢。」

【煩惱泥】（譬喩）煩惱能生菩提之華、故名爲泥。以與泥能生蓮相類故也。維摩經佛道品曰、「譬如高原陸地不生蓮華。卑濕淤泥乃生此華。如是見無爲法入正位者。終不復能生於佛法。煩惱泥中乃有衆生起佛法耳。」

【煩惱林】（譬喩）煩惱繁茂、譬諸樹木、故曰林。往生論註下曰、「示應化身。廻入生死園煩惱林中遊戲神通。」

【煩惱河】（譬喩）煩惱能漂沒三界之人天、故譬諸河。藥師經曰、「破煩惱殼。竭煩惱河。」涅槃經德王品曰、「煩惱大河乃能漂沒三界人天世間。大河運動手足則到彼岸。煩惱大河唯有菩薩因六波羅蜜。乃能得度。」

【煩惱海】（譬喩）衆生之煩惱深廣、譬之於海。華嚴經二曰、「衆生沒在煩惱海。愚癡見濁甚可怖。」大堅固波羅門緣起經下曰、「諸煩惱海塞其源。得生寂靜梵天界。」

【煩惱病】（譬喩）煩惱之惱心如病之於身、故名爲病。敎行信證行卷曰、「如善見藥王能破一切煩惱病故。」

【煩惱習】（術語）煩惱之習氣也。巳斷煩惱、猶有其殘氣而不如法者、如難陀以婬欲之習故、雖得阿羅漢、然坐於男女大衆中、眼先視女衆、與之高語說法。如舍利弗以瞋習之故、聞佛言舍利弗食不淨食、卽吐食不復受請。智度論二十七曰、「煩惱習者名煩惱殘氣。若身業口業不隨智慧。似從煩惱起。」

【煩惱陣】（譬喩）煩惱自四面群起而攻擊身心、故名爲陣。止觀五曰、「此金剛觀割煩惱陣。此牢強足越生死野。」

【煩惱礙】（術語）二礙之一。見思之煩惱、惱亂心神、以障礙法性之涅槃者。卽二障中之煩惱障也。

【煩惱道】（術語）三道之一。道者通之義、煩惱自苦而來、煩惱能生業、故名爲道。

【煩惱賊】（術語）煩惱能損慧命、傷法身、故名爲賊。大般涅槃經下曰、「我等既去無上法王。煩惱之賊日見侵害。」維摩經菩薩行品曰、「以智慧劍破煩惱賊。」觀無量壽經曰「未來世一切衆生爲煩惱賊之所害」同天台疏中曰「煩惱賊者此能損慧命傷法身故名爲賊也。」

【煩惱網】（譬喩）煩惱能羅籠衆生、故名爲網金光明經一曰、「以知慧刀裂煩惱網。」

【煩惱障】（術語）二障之一。對於所知障而言百二十八之根本煩惱及隨煩惱惱亂有情之身心、能障涅槃故名爲煩惱障。佛地論七曰、「惱亂身心令不寂靜名煩惱障。」唯識論九曰「煩惱障者謂執遍計所執實我薩迦耶見而爲上首百二十八根本煩惱及彼等流諸隨煩惱此皆擾惱有情身心能障涅槃名煩惱障」因三障之一。對于業障報障而言貪瞋等之煩惱數數起而障礙聖道名爲煩惱障涅槃經十一曰、「煩惱障者貪欲瞋恚愚痴。（中畧）常爲欲覺恚覺害覺之所覆蓋是名煩惱障。」俱舍論十七曰「煩惱有二一者數行謂恆起煩惱二者猛利謂上品煩惱應知此中唯數行者名煩惱障」

【煩惱濁】（術語）五濁之一。見五濁條。

【煩惱餘】（術語）三餘之一。二乘之人斷盡三界內見思之惑猶有界外無明之惑故謂之煩惱餘

【煩惱薪】（譬喩）煩惱燒於智慧之火、故譬以薪無量壽經下曰、「猶如火王燒滅一切煩惱薪故」

【煩惱藏】（術語）五住地之煩惱、能含攝一切之煩惱、故名爲藏又能藏如來之法身故名爲藏勝鬘經曰「不思議空智斷一切煩惱藏」又曰「若於無量煩惱藏所纏如來藏不疑惑者於出無量煩惱藏法身亦無疑惑。」同寶窟下本曰、「四住及無明攝一切煩惱皆在其內故名爲藏。又此惑能藏如來法身故名爲藏」

【煩惱魔】（術語）四魔之一。煩惱能惱亂身心、障礙菩提故名爲魔。

【煩惱不退】（術語）五不退之一。見不退條。

【煩惱業苦】（術語）又曰惑業苦。依貪瞋無明之煩惱而造善惡之業、依善惡之業而感三界之苦樂又依此苦果之身而造起煩惱之業。如是三法輪轉而遊履、故謂之三輪亦曰三道。

【煩惱雜染】（術語）三雜染之一。見思之諸煩惱、能染汚衆生之心識而使不清淨故云。

【煩惱即菩提】（術語）止觀一曰、「無明塵勞即是菩提無集可斷。（中畧）生死即涅槃。無滅可證」又曰、「生死即涅槃。是名苦諦（中畧）煩惱亦即是菩提。是名集諦」

」此煩惱卽菩提生死卽涅槃之義、爲大乘至極之談、依敎門之淺深而異其歸趣。參照卽條。法華玄義九曰、「體生死卽涅槃名爲定。達煩惱卽菩提名爲慧。」十不二門指要鈔上曰、「若離三道卽無三德。如煩惱卽菩提生死卽涅槃」敎觀大綱見聞曰、「密敎謂愛染明王表煩惱卽菩提、不動明王表生死卽涅槃。顯敎謂龍女表煩惱卽菩提。提婆表生死卽涅槃」

【煩惱無邊誓願斷】（術語）四弘誓願之一。誓願斷盡無邊之煩惱也。

【煩談】（術語）Vandana 見和南條。

【煩籠】（雜語）煩惱之樊籠也。梁武達磨碑曰、「永注禪河滌煩籠」

【煖位】（術語）四加行位之一。煖法之位也。見次項。

【煖法】（術語）對於見道之四加行、位第一位、既經了總別之念處、而自此專觀四諦十六行相之位也。此爲將發見道之無漏智、先生相似之解、如火之將發、先有煖相也。俱舍頌疏二十三曰、「此法如煖、立煖法名。聖道如火、能燒惑薪。聖火前相故名爲煖。」

【煏芻】（術語）Bhikṣu 比丘、新作苾芻、又作煏芻、見苾芻條。

【煆髮】（儀式）燒得度人剃落之髮之式也。

【犍】（術語）截男勢也。五種不男之一。或作劇。玄應音義十四曰、「犍又作揵劇二形。同居言切。字書犍害也。通俗文以刀去陰曰犍」

【犍不男】（術語）五種不男之一。以刀截去男根者。四分律三十五曰、「犍者生已都截去作黃門。」行事鈔上三曰、「犍作者。」（犍而爲黃門者）法華文句記九上曰、「五不男者（中略）劇謂截等」（作劇誤）唐韻曰、「劇。居言切。音犍。剔也。」犍劇通用。梵 Āpatpaṇḍaka Ruṇapaṇḍaka

【犍地】（物名）又作犍稚。見犍稚條。

【犍陀】（術語）Skandha 巴 Khandha 又作塞陀、犍度。譯名聚篇章。見犍度條。

【犍陀訶】（地名）見乾陀羅條。

【犍陀樓】（植物）樹名。翻梵語九曰、「犍陀樓譯曰持地。見四分第九」梵 Gandhalu

【犍陀羅】（地名）見犍馱羅條。

【犍陀菴羅】（植物）樹名。翻梵語九曰、「犍陀菴羅樹譯曰香果。見善見第三」

【犍陀摩訶衍】（地名）Gandha-mahāyāna 山名。翻梵語九曰、「犍陀譯曰香。摩訶衍者大乘」

【犍沓】（天名）卽乾沓和。

【犍坻】（人名）祇洹精舍奴之字。譯曰續生之義。本爲波斯匿王兒之子、容色美王之夫人私呼之。欲使從已。犍抵不聽。夫人大怒。讒於王。王大怒。節節解體。軀棄於塚間。命未絕頃。佛到其邊。光明照身。平復如故。佛爲說法。即得第三果。言我身已破。佛續我命。我當盡此形壽布施於佛及比丘僧。即來祇洹。終身爲奴。見智度論八。此續生之名之因緣也。Ghaṇṭin

【犍度】（術語）Skandha, 巴 Khandha 又作乾度。譯曰聚。蘊。積。藏。結。節。論律中結章之名。南山戒疏一下曰「受法戒法各別聚處。名爲犍度」。法礪四分律疏七本曰。「西音犍度。此方稱聚。諸法之中。當分說故。稱爲聚。而存梵音。總爲犍度」。飾宗記七本曰「西音犍度者。梵音塞犍陀。或云塞犍圖。此翻爲蘊。蘊即聚也」。玄應音義四曰「犍度。此言訛也。正音娑犍圖。此云聚也」。資持記上一之一曰「梵語犍度。此云法聚。即篇品之名」。演密鈔五曰「犍度云藏」。因婆藪槃豆法師傳曰。「八伽蘭他。Grantha 即此間云八乾度。伽蘭他譯爲結。亦曰節。謂義類各相結屬。故云結。又攝義令不散。故云結。義類各有分限。故云節」。

【八犍度】（名數）一。雜犍度。雜說四善根。四聖果。有餘涅槃。無餘涅槃等法。故名。二。結使犍度。結使者煩惱之異名也。說三結。五蓋。五上分結。五下分結等。乃至百八煩惱。故名。三。智犍度。智者智慧也。說二智。三慧。四智。八智。十智等。故名。四。行犍度。說身口意三業之所行。三業道。乃至十善十惡之業行。故名。五。大犍度。說地水火風四大能造所造之法。故名。六。根犍度。說眼等之五根。六根乃至二十二根等。故名。七。定犍度。說四禪八定等之禪定。故名。八。見犍度。說斷定之二見乃至六十二見等。故名。見八犍度論。

【二十犍度】（名數）一。受戒犍度。說受戒之法。故名。二。說戒犍度。說每月說戒懺悔之法。故名。三。安居犍度。說每年自五月（舊律）六月（新律）安居之法。故名。四。自恣犍度。說夏安居竟日使比丘隨意舉他所犯之罪而懺悔之之法。故名。五。皮革犍度。就比丘著皮革。說其法非法。故名。六。衣犍度。說比丘三衣之法。故名。七。藥犍度。說四藥之法。故名。八。迦絺那衣犍度。說安居竟後。一月之間。自信者受迦絺那衣之事。故名。九。拘睒彌犍度。說於拘睒彌國所發僧中之爭事。故名。十。瞻波犍度。記於瞻波國所起之僧中爭事。故名。十一。呵責犍度。說呵責惡比丘之法。故名。十二。人犍度。說比丘犯罪而不覆藏時。對其人使懺悔而洗淨之之法。故名。十三。覆藏犍度。說治比丘犯罪而覆藏之者之法。故名。十四。遮犍度。說比丘說戒時。遮不如法之比丘不聽列之之法。故名。十五。破僧犍度。說破法輪僧破羯磨僧之事。故名。十六。滅諍犍度。說滅七種諍論之法。故名。十七。比丘尼犍度。說比丘尼特殊之法、故名十八法犍度、就比丘之坐作語默說如法之威儀、故名十九房舍犍度、說比丘所住房舍之法、故名二十雜犍度說已上十九犍度外之種種雜法、故名見四分律三十一乃至五十四。

【犍陟】（動物）悉達太子乘馬之名、見建佗歌條。

【犍陟馬】（動物）又作金泥馬。與前項同。

【犍黃門】（術語）五種不男之一。見犍不男條。

【犍椎】（物名）又作犍槌、乾槌。集韻曰「椎傳追切音追通作槌」見犍稚條。

【犍德】（雜名）又作塞特、悉達太子之乘馬名見建佗歌條。

【犍稚】（物名）Ghaṇṭā 又作犍槌、犍地、犍遲、犍椎、譯曰鐘、磬、打木、聲鳴等、可打而作聲之物之通稱。大小無別。案椎稚二字、共爲寫梵音者。故無論用何者、皆無妨。而辨其相違、則椎者、集韻曰、「傳追切。音追。通作槌。俗作柏。」椎槌通用也。稚者、廣韻曰、「直利切。音治。」然玄應謂經論中用椎或槌字者、總爲稚之寫誤也。元照謂書爲椎或槌訓爲地者本也、書爲稚直訓爲地者、後人妄改也。玄應音義十四曰、「犍椎。犍椎宜作稚。稚音直致切。」同一曰、「犍椎。椎直追反。經中或作犍遲。案梵本。臂吒犍稚。臂吒此云打。犍稚所打之木。或檀或桐。此無正翻。以彼無鐘磬故也。但椎稚相濫。所以爲誤已久也。」同十六曰、「犍稚直致切。舊經多作犍遲。(中略)今經律多作犍椎誤也。」次元照釋南山行事鈔上之一所謂「出要律儀。引聲論翻犍(巨寒反)椎(音地)此名磬亦名爲鐘。」(案現本之行事鈔此處之椎字作稚。據元照之意固作椎)於行事鈔資持記上一之四曰、「若諸律論。並作犍槌。或作犍椎。如字而呼。乃是梵言訛轉。唯獨聲論正其音耳。今須音槌爲地。又羯磨疏中直云犍地。未見稚字呼爲地也。後世無知。因此(羯磨疏犍地之文字)一誤。於鈔文前後以及一宗祖教。凡犍椎字。並改爲稚。直呼爲地。請尋古本寫鈔及大藏經律考之。方知其謬。但以稚椎相濫。容致妄改。今須依律論並作犍槌。至呼召時。自從聲論。或作椎亦爾。世有不識梵語者。云是打鐘之槌及砧槌等。此又不足議也。」然而據南山行事鈔(前所引者)則犍稚雖翻爲磬或鐘。而據同師之尼鈔則謂彼無鐘磬、故翻爲打木。資持記上一之四曰、「若準尼鈔西傳云。時至應臂吒犍槌。臂吒此云打。犍槌此云所打之木。或用檀桐木等。彼無鐘磬。故多打木集人」玄應音義之說(前所引者)亦據之。然元照等疑之。同資持記註曰、「應法師經音義。大同尼鈔。然祇桓圖中多明鐘磬。而云彼無者。或恐少耳。」名義集七曰、「應法師釋云。梵語臂吒。此云打。梵語犍槌。此云所打之木。或檀或桐。此無正翻。彼無鐘磬故也。音義指歸斥云。祇如梵王鑄祇桓寺金鐘。又迦葉結集撾銅犍稚。豈無鐘耶。但天竺未知有磬。五分律云。隨有瓦木銅鐵鳴者。皆名犍地」。釋氏要覽下曰「今詳律。但是鐘磬石板木板木魚砧槌有聲能集衆者。皆名犍稚也」。祖庭事苑曰「犍稚此翻聲鳴」。

【犍摩波摩】（異類）夜叉名。譯曰守法。見孔雀王咒經上。

【頌】（術語）梵語伽陀 Gāthā 譯言頌。頌有種種。見伽陀條。

【立頌八意】（名數）一、少字攝多義。能於少字攝多義也。二、讚嘆多以偈頌。讚嘆其德。以偈頌東西其揆一也。三、爲鈍根重說。佛爲弟子說長行。有根鈍而尙不解者。則重說偈頌也。四、爲隨喜樂故。佛見衆機有欣樂偈頌者。隨而說偈頌也。五、爲後來徒故。佛爲弟子說長行竟。或有新來之衆。不聞前經。故爲說偈頌也。六、爲易受持故。長行之文句繁多。難於受持。故更說偈頌。使易記持也。七、增明前說故。初說長行。義有未盡。後說偈頌更明其義也。八、長行未說故。不說長行。直說偈頌。所謂孤起頌也。見華嚴大疏。

【頌古】（術語）擧古則爲韻語。發明其意者。稱爲頌古。禪林寶訓下曰「萬庵曰。頌始自汾陽。暨雪竇宏其音。顯其旨。汪汪乎不可涯」。碧巖第一則頌評曰「頌古只是繞路說禪。拈古大綱。據款結案而已」。碧巖種電鈔一乾曰「蓋頌古者。頌出古則之奧義。令知斧頭元是鐵也。其中或有揚或有抑。雖涉言語。初無斧鑿之跡。其言也如咬鐵餕餡。其義也如望重溟而不可測其淵深也。故汾陽善昭禪師爲頌古略示其秘要。其後雪竇以博達之才。乃繼汾陽。放開禪苑花錦。令學人入羣玉之府而採其所求。然有至其奧旨。雖佛祖未容易企其步。何況初機後學者有委悉其玄旨乎。所謂雪竇頌古者頌古聖者。豈虛設哉。若夫久參上士。雖山河虛空水聲鳥語喚作玄旨去在矣」。

【頌疏】（書名）圓暉法師之俱舍論頌疏略稱頌疏。

【頌疏記】（書名）遁麟法師之俱舍頌疏記。畧稱頌疏記。

【頓大】（術語）指華嚴經。頓爲頓敎。大爲大乘敎也。如般若經雖爲大乘敎。而爲對於漸入之機說於小乘敎之後者。則是漸敎之大乘敎也。華嚴經爲佛於成道初。對於頓入之菩薩頓說大乘敎者。則爲頓而大。故曰頓大。

【頓大三七日】（術語）天台一宗之說。謂華嚴經爲佛成道後三七日間之說法。法華經方便品曰「我始坐道場。觀樹亦經行。於三七日中。思惟如是事」。此觀樹經行之三七日、爲小機之所見、大機於此間感華嚴之所說也。荊溪之五時說法頌曰、「阿含十二方等八二十二年般若談。法華涅槃共八年華嚴最初三七日。」

【頓旨】（術語）頓悟之旨趣。出生義曰、「削地位之漸階。開等妙之頓旨。」

【頓成諸行】（術語）徧成諸行之對。謂依圓融門修行之菩薩、若斷一惑即斷一切惑、修一行、即具足一切行、頓成滿道行也。

【頓法】（術語）速疾成就所求之法也。

【頓悟】（術語）有一類大心之衆生、直聞大乘行大法、證佛果、此爲頓悟。初得小果、後迴入大乘、而至佛果、此爲漸悟。又自初雖入大乘而以歷劫之修行、漸成佛道、爲漸悟。速疾證悟妙果、爲頓悟。但以初義爲通說。圓覺經曰、「是敎名爲頓敎大乘頓機衆生從此開悟。」大日經疏曰、「無頓悟機不入其手。」頓悟入道要門論上曰、「云何爲頓悟。答、頓者頓除妄念。悟者悟無所得。」又云、「頓悟者不離此生即得解脫。」

【頓悟機】（術語）上根上智得速入悟之人。無量壽經註曰、「頓悟上機。又如說修行之人也。」

【頓悟菩薩】（術語）又曰直往菩薩。漸悟菩薩之對。無始以來、於第八阿賴耶中、有菩薩之法爾無漏種子、無爲二乘之修業、直進入菩薩之道位者。

【頓敎】（術語）有二解。一、爲頓成之敎。凡歷劫修行、方出生死之法、名爲漸敎。頓成頓悟佛果之法、名爲頓敎。楞伽經一曰、「如菴摩羅果漸熟非頓。如來淨除一切衆生自心現流亦復如是。（中略）譬如明鏡頓現一切無相色像。如來淨除一切衆生自心現流亦復如是。」依此義而佛自名圓覺經爲頓敎大乘、賢首於五敎之第四、立頓敎之名、天台善導判觀經之所說爲頓敎、且天台所立第四之圓敎、亦得圓頓之名。圓覺經曰、「善男子。是經名爲頓敎大乘。頓機衆生從此開悟。」天台觀經疏曰、「漸頓悟入。此即頓敎。正爲韋提希及諸侍女。並是凡夫。未證小果。故知是頓。不從漸入。」善導般舟讚曰、「瓔珞經中說漸敎。萬劫修功證不退。觀經彌陀經等說。即是頓敎菩薩藏。一日七日專稱佛。命斷須臾生安樂。」四敎儀曰、「圓名圓妙（中略）圓頓。」集註下曰、「體非漸成。故名圓頓。」二、爲頓說之敎法。對未熟之衆生、初說小法、漸次說大乘之法、此爲漸敎。對頓悟之機、自初直說大法、此爲頓敎。玄義一曰、「如日初出先照高山。厚殖善根感斯頓說。頓說本不爲小。小雖在座如聾如啞。緣得大益。名頓敎相。」大乘義章一曰、「自有衆生藉淺階遠。佛爲漸說。或有衆生一越解大。佛爲頓說。」依此義而天台於化儀四敎之第

一、立頓敎之名。即謂華嚴經於一切經中、爲對菩薩之大機頓說別圓二敎之大法者。故名爲頓敎。非如法華以圓頓之法名爲頓敎。是台宗之意也。

【頓敎一乘】（術語）唐善導判淨土之法門爲頓敎一乘速疾成佛故謂爲頓敎、一切衆生悉得乘此乘故謂爲一乘。觀經疏三寶偈曰「我依菩薩藏頓敎一乘海說偈歸三寶」。

【頓頓敎】（術語）二頓敎之一。見二頓條。

【頓圓敎】（術語）二圓敎之一。見二頓條。

【頓說】（術語）頓敎之說法也。不以小乘爲階梯而說大乘、直說破大乘也。如華嚴經是。見頓敎條。

【頓漸】（術語）頓敎與漸敎也。以判諸大乘敎。又曰漸頓。見漸頓敎條。

【頓寫】（儀式）又曰頓經、一日經。於一座疾書法華經也。爲追福而修之。

【頓證菩提】（術語）速疾證得菩提之妙果也。往生講式曰「頓證菩提道無如斯觀門」。

【頓機】（術語）頓大之根機、謂聞頓敎而頓悟佛道之機類也。圓覺經曰「是經名爲頓敎大乘頓機衆生從此開悟」。

【頓斷】（術語）許多煩惱一時斷滅也。

【頓覺】（術語）謂不依次第漸修而頓覺菩提之人。華嚴宗五敎中之頓敎是也。圓覺經曰、「十方諸如來三世修行者無不因此法而得成菩提。唯除頓覺人」。

【裸形外道】（流派）梵語Nirgran-tha. 天竺二十種外道之一。表遠離一切之繫縛、以裸形爲正行也。寒天裸形、趨拜佛神、爲裸形外道之遺風。佛門無之。唐華嚴經二十五曰、「願一切衆得慚愧衣以覆其身捨離邪道露形法」。

【裸形梵志經】（經名）佛爲裸形外道說苦行有善惡之二趣。外道即出家證果。攝於長阿含十六。

【睦州】（人名）黃蘗希運禪師之法嗣也。姓陳氏、居睦州龍興寺以晦跡、常製草屨密賣道上。歲久人知之、有陳蒲鞋之號。時學人來叩激、則隨問隨答、詞語不可當。由是四方歸慕、號爲陳尊宿。見傳燈錄十二。

【睒子經】（經名）睒子爲童子之名。佛說往昔爲睒子童子、孝養瞽親之事。有二譯。一失譯附於西晉錄、謂爲菩薩睒子經。一乞伏秦聖賢譯、名爲佛說睒子經。出於六度集經。

【睒末梨】（植物）草名。玄應音義二十四曰、「睒末梨睒式染反滑草也。用之洗手甚滑澤也」。

【睒陀那婆】（異類）鬼類名。三德指歸二曰「睒陀那婆者。此云施有。是修羅種類。不損有情。名施有也。」

【睒經】（經名）菩薩睒子經之略名。

【睒摩】（菩薩）新作商莫迦。Śamaka菩薩名。昔有長者夫妻兩目並喪。入山求道。時有菩薩名一切妙見。愍其意生於長者家。名睒摩。至孝仁慈。年過十歲。與父母共入山奉事。著鹿皮之衣。提瓶汲水。時迦夷國王入山射獵。引弓射睒。盲父母仰天曰。睒至孝。天知之則睒當更生。於是釋梵四天。來下睒前。灌神藥於口。拔箭更活。父母驚喜。兩目皆開。見睒子經。西域記二曰。「化鬼子母北行五十四里。是商莫迦菩薩（舊曰睒摩菩薩訛也）恭敬鞠養。侍盲父母。於是採菓。遇王遊獵。毒矢誤中。至誠感靈。天帝傳藥。德動明聖。尋即復蘇。」名義集一曰「商莫迦。此云善。」

【睒摩利】（異類）鬼神名。譯曰英雄德。見金光明文句七。梵Śamitṛ

【睒摩菩薩】（菩薩）詳見睒摩條。

【睒彌】（植物）又作苫彌、賞彌。譯曰苟杞。最勝王經七曰、「苟杞根（苫彌）」陀羅尼集經十曰、「賞彌木。此云苟杞。」玄應音義二十二曰、「睒彌葉。其葉苦也。」梵Śami

【睡】（術語）梵語捨以哆。Śayita 心識昏沈而失覺知者。十纏之一。

【睡眠】（術語）不定地法之一。使心闇昧之精神作用也。意識惛熟、謂為睡。五識闇冥而不働、謂為眠。心所之一。屬于煩惱。于五蓋中、名為睡眠蓋。于五欲中、謂為睡眠欲。釋氏要覽曰、「臥之垂熟也。此是心所法中四不定一也。令人不自在。昧略為性。障染為業。發覺淨心經有二十種睡眠過患。」

【睡眠欲】（術語）欲界三欲、又五欲之一。謂凡[illegible]、精進、怠惰、放縱、唯耽睡眠、溺于樂著也。

【睡眠蓋】（術語）衆生為其睡眠煩惱覆心識、不能進于善法、沈淪于三界、無有出期。故名蓋。見法界次第。

【睡蛇】（譬喩）佛遺教經曰、「煩惱毒蛇。睡在汝心。譬如黑蛇。在汝室睡。汝當以持戒之鉤。早併除之。」

【號】（雜語）名稱之彰于外者。大乘義章二十末曰、「通釋義齊。隨相分別顯體為名。樹德云稱。名稱外彰。號令天下。說之為號。」

【號睒迦羅毘】（動物）譯曰堅誓師子名。見賢愚經十三。

【稠林】（譬喩）以譬煩惱。種種之煩惱、交絡繁茂、如稠林也。法華經方便品曰、「入邪見稠林。」止觀九曰、「無明戲論翳如來藏稠煩惱林。」同十曰、「邪晝日增。生死月甚。如稠林曳曲木。何得出期。」

【十一種稠林】（譬喻）十地中第九善慧地之菩薩知衆生十一種之稠林。一衆生心之稠林、（中略）煩惱、業、根、解、性、樂欲、隨眠、受生、習氣相續、三聚差別之稠林。

【稠禪師】（人名）齊鄴西龍山雲門寺僧稠、能修禪法。嘗山行見兩虎鬭、以錫杖中解之而去。齊文宣帝爲建雲門寺、屢幸寺、稠師守比丘之法、都不送迎、或人以此譏於帝。帝大怒、欲自來加害。稠師冥知之。避寺去二十里、孤立道傍。帝至而問之曰、恐鮮血不淨汚精舍。帝下馬悔謝、躬負師還寺。見唐高僧傳十六。

【稗沙門】（雜名）謂僧之無行者。寶積經曰、沙門在於衆中、似是持戒有德行者。施主見時謂盡是沙門、而彼人實非是名稗沙門。譬如麥田中生稗麥也。見容齋隨筆。

【稗稊】（譬喻）稗似禾之穀而非者、稊者似稗而雜生於地之穢草也。以譬比丘之不德。四分律六十曰、「佛告諸比丘、應審定問彼人。彼入於佛法中無所住無所增長。譬如農夫田苗稊稗參生、苗葉相類不別、而爲妨害。乃至秀實、方知非穀之異。既知非穀、即芸除根本。何以故。恐害善苗故。比丘亦復如是」

【碎身舍利】（術語）如多寶塔中所現之多寶佛存全體者、謂爲全身舍利。如釋迦佛之舍利、謂之碎身舍利。諸法從緣四句之偈、謂之法身舍利。見舍利條。

【辟子佛因緣論】（書名）二卷、失譯。說波羅捺國王等八位辟支佛覺悟之因緣。

【辟支】（術語）辟支迦佛陀之略。

【辟支地】（術語）通教十地之一。辟支佛之地位也。

【辟支佛】（術語）辟支迦佛陀之略。

【辟支佛乘】（術語）三乘中之中乘也。謂開辟支佛覺悟之因行。法華經譬喻品曰、「若有衆生、從佛世尊聞法信受、慇懃精進、求自然慧、樂獨善寂、深知諸法因緣、是名辟支佛乘」（從佛世尊聞法信受者、最初之發心必依佛、與聲聞乘同。求自然慧、樂獨善寂者、示獨覺之義。深知諸法因緣者、示緣覺之義。辟支佛具此二義、）

【辟支迦佛】（術語）辟支迦佛陀之略。

【辟支迦佛陀】（術語）Pratyekabuddha 略曰辟支、辟支迦佛、辟支佛。又作鉢羅翳迦佛陀。舊譯緣覺、新譯獨覺。智度論二名俱存。蓋辟支佛具此二義也。初發心時值佛而思惟世間之法、後得道、身出無佛世、性好寂靜、加行滿而無師友之教、自然獨悟。故名獨覺。又觀待內外之緣（內爲飛花落葉、外爲十二因緣）而悟聖果、故名緣覺。但天台一家之義、以之爲別種、無佛世之悟道爲獨覺、於佛世觀十二因緣而得道爲緣覺。智度論十八曰「辟支佛有二種。一名獨覺。二名因緣覺。」同七十五曰、「辟支佛地者先世種辟支佛道因緣。今世得少因緣出家。亦觀深因緣法成道。名辟支佛。辟支迦秦言因緣。」大乘義章十四曰、「辟支胡語。此方翻譯名因緣覺。藉現事緣而得覺悟。不假他教。名因緣覺。又於十二因緣法中而得覺悟。亦名緣覺。」法華玄贊二曰、「辟支迦佛陀者。此云獨覺。略云辟支佛。」瑜伽倫記八曰、「獨覺地。若依梵語名鉢剌翳迦佛陀。舊云辟支訛也。此云獨覺。初發心時亦值佛。(中畧)修加行滿。無師友教。自然獨悟。」有辟支佛因緣論二卷。說八辟支佛出家悟道之相。

【辟除賊害咒經】(經名)一卷、失譯、能除劫賊之難。

【辟除諸惡陀羅尼經】(經名)一卷、趙宋法賢譯。此陀羅尼能除毒蟲等之難。

【辟鬼珠】(物名)避惡鬼之寶珠也。

稱仁王經之功德。見仁王經受持品。

【辟雷電法】(修法)出於最勝王經七如意寶珠品。

【蜆子】(人名)唐洞山价禪師之法嗣、京兆府蜆子和尚不知何許人。印心於洞山。俗混於閩川。不畜道具、不循律儀、冬夏唯被一衲、逐日沿江岸採掇蝦蜆、以充其腹。暮即宿於東山白馬廟紙錢中。居民目為蜆子和尚。華嚴靜禪師與之往來唱歌。後不知所終。見五燈會元十三。

【蜎飛蠕動】(雜名)蜎飛者飛蟲也。蠕動者蛆蟲也。過度人道經曰、「諸天人民蜎飛蠕動之類。」龍舒淨土文二曰、「蜎飛謂微細飛蟲也。蠕動謂微細蛆蟲也。若此者佛尚化度。況於人乎。」

【蛾】(譬喻)以譬為欲樂而墮身命者。智度論十七曰、「諸欲樂甚少。憂苦毒甚多。為之失人身。如蛾趣燈火。」

【蜂臺】(雜語)佛塔自遠方觀之、如蜂巢、故名。集沙門不應拜俗等事序曰、「構蜂臺於勝壤。」大周新翻三藏聖教序曰、「窮具牒之遺文集蜂臺之秘藏。」

【經】(術語)梵語修多羅 Sūtra 之譯。意又曰契經、或曰經本。(一)三藏之一。對於律及論而言。即佛所說之教法也。涅槃經第十五所謂「從如是我聞乃至歡喜奉行、如是一切名修多羅、」大毘婆沙論第一等所謂律及論詮戒及慧、而經則詮定者、即是也。論其字義、瑜伽師地論第二十五謂「能貫穿縫綴種種能引義利能引梵行眞善妙義、是名契經。」同第八十一謂「契經者、謂貫穿義。」顯揚聖教論亦同之。是以貫穿之義釋經也。然佛地經論謂「能貫能攝、故名為經、以佛聖教貫穿攝持所應說義所化生故。」又法苑義林章第二本謂「雖以貫穿之義釋契經、然以教貫義、以教攝生。名之為經。猶如綖之貫花、經之持緯。西域呼汲索縫衣之綖席經聖敎等皆名素呾纜。衆生由敎攝而不散流於惡趣。義理由敎貫而不散失隱沒。是故名聖敎爲契經。」華嚴疏第一釋修多羅謂「古譯爲契經。契謂契理契機。經謂貫穿攝化。卽契理合機之經。依主受名。復云正翻名綫。綫能貫華、經能持緯。此方不貴綫稱。故存於經。」是等皆以貫穿攝持之二義釋經也。若依雜阿毘曇心論第八則修多羅有五義。其文曰「修多羅者有五義、一曰出生。出生諸義故。二曰泉涌。義味無盡故。三曰顯示。顯示諸義故。四曰繩墨。辨諸邪正故。五曰結鬘。貫穿諸法故。如是五義。是修多羅義。」法華玄義第八上廣就修多羅出有翻無翻之兩說、無翻之中詳說今之五義、謂梵語多含。故不可翻。有翻之中出經、契、法本、綫、善語敎之五譯。其間謂經爲經由之義。以其由於聖人之心口。故云出敎由行由理由之三釋。又謂經爲經緯之義。如世絹經、以緯織之。而龍鳳文章成。佛以世界悉檀說經、菩薩以世界緯織、經緯合。故聖賢文章成。又依淨影之無量壽經義疏卷上。謂「經者、外國名修多羅。此翻名綖。聖人言說、能貫諸法。如綖之貫華。故名爲綖。而言經者。綖能貫華、經能持緯、其用相似。故名爲經。若依俗訓。經者常也。人別古今。敎儀常楷。故名爲常。經之與常、何相關顧。將常釋經。釋言經者、是經歷義。凡是一法、經古歷今。恒有不斷。是其常義。故得名常。」是並釋經之字訓也。蓋梵音修多羅、爲貫穿攝持之義。雖可譯爲綖或線。然以古來支那於聖人之說稱爲經。故借之而用經之名也。竊思佛典中稱爲經者甚多。其分類不一。普通分爲大乘經小乘經二種。大乘經之中分般若部、寶積部、大集部、華嚴部、涅槃部。或爲華嚴部、方等部、般若部、法華部、涅槃部、秘密部。小乘經之中或分爲阿含部小乘部二種。又就翻譯而區別爲重譯經單譯經、宋代已後之譯經、別有續入藏目錄。依緣山三大藏總目錄、大乘經、併般若、寶積、大集、華嚴、涅槃、重譯、單譯。宋藏五百二十八部、二千一百七十五卷。元藏五百二十八部、二千一百七十四卷。麗藏五百二十一部、二千一百六十四卷。小乘經、阿含單譯、總計宋元兩藏各二百四十二部、六百二十一卷。麗藏二百四十部、六百十四卷。依縮版大藏經目錄、則大乘經華嚴方等般若法華涅槃五部、合計四百五十部、二千二百九十一卷。小乘經三百二十一部、七百七十八卷。別有秘密部五百七十部、九百三十一卷。但秘密部中含不屬於經者。此外有關經、僞經、疑經及未度之經。又有非佛所說而亦稱爲經者。如法句經、坐禪三昧經、修行道地經、雜譬喩經、百喩經等是也。通彼經律論三藏而稱爲大藏經。或一切經者。不過以經爲其中之根本、卷帙亦隨而多故、據勝立名耳。(二)十二部經之一。對於祇夜、優婆提舍等而言。經中直說之長行也。成實論第一十二部經品所謂「修多羅者直說語言」、瑜伽師地論第八十一所謂「契經者長行直說」、大乘阿毘達磨雜集論第十一所謂「契經者、謂以長行綴緝略說所應說義」、者是也。是經中長行、卽爲散文、而不用偈頌、又稱不屬於授記、本生、論議等之部分也。又出於大智度論第三十三、往生論註卷上、大乘義章第一、法華義記第一、法華玄贊第一、華嚴探玄記第一、善導之觀經疏第一等。

【經體三塵】(名數)　經體有三。一爲聲。於佛在世時聞金口之音聲而得道、是以聲塵爲經。二爲色。於佛滅後、由經卷紙墨而傳持之、是以色塵爲經。三爲法。內心思惟自法、而契於理。是不由他敎、不由紙墨、唯以法塵爲經。耳識利者依於聲。眼識利者依於色。意識利者依於法。此土之人、此三識利。餘三識鈍。鼻嗅紙墨亦無所知、身觸經卷亦不能解。舌嘬文字亦寧辨是非耶。是故唯以三塵爲經體。見玄義八上。

【焙經】(行事)　設火爐、焙藏經、去其蒸濕也。敕修淸規知藏曰、「函帙目錄。常加點對。缺者補完。蒸潤者焙拭。殘斷者粘綴。」

【拭經】(行事)　焙綿拭經也。

【經木】(物名)　讀經時所打之拍子木、謂之經木、亦曰音木。

【經王】(譬喩)　稱其經勝於他經、曰經王。卽經中之王也。法華經藥王品曰、「如帝釋於三十三天中王。此經亦復如是。諸經中王。(中略)如佛爲諸法王。此經亦復如是。諸經中王。」法華嘉祥疏九曰、「言經王者。此經於今昔權實開合自在。故稱爲王。又獨一無二。亦是王義。」最勝王經一曰、「金光明妙法。最勝諸經王。」心地觀經八曰、「若有法師受持讀習解說書寫此心地經衆經中王。如是法師與我無異。」

【經文】(術語)　經之文句。能詮義理者。卽經文爲能詮、義理爲所詮。

【經手】(雜名)　又曰經生。書寫經者。

【經瓦】(物名)　瓦彫經文、爲永傳而埋置土中者。

【經生】(雜名)　又曰經手。書寫經者。

【經生聖者】(術語)　謂在預流等聖位、經欲界或色界之多生、而後般涅槃者。其中經欲界生之聖者、必不往生於色無色界。證得不還果已、定於現身般涅槃。此以彼聖者既厭欲界之苦、深恐生於上界、猶有長時之苦、同於欲界故也。經色界生之聖者、于色界無苦、隨而有以厭心劣而上生于無色界之義。大毘婆沙論五十三問答欲界經生之聖者、生于上二界否、評家云、定無復生于上二界者。俱舍論二十四曰、「已經欲界生沿、及已從此往上界生諸聖必無練根並退」是由凡經生之聖者不惟習根極爲成熟又得殊勝之所依止也。並見俱舍光記二十四、寶疏二十四等。

【經衣】（衣服）又作經帷子。死者所被之淨衣書經文者。不空羂索眞言經六曰、「若有衆生億劫具造四重五逆十惡等罪。身壞命終墮阿鼻獄。若此亡者隨其身分屍骸衣服爲眞言者身影映着。卽得解脫捨所苦身直生淨土」大寶樓閣經上曰、「若讀若誦若受持若佩身上若書衣中。（中略）決定當得不退轉無上菩提」

【經行】（術語）于一定之地旋繞往來也。卽坐禪而欲睡眠時。爲此防之。又爲養身療病。寄歸傳三曰、「五天之地道俗多作經行。直去直來唯遵一路。隨時適性勿居鬧處。一則痊痾。二能銷食。（中略）若其右繞佛殿旋遊制底。別爲生福。本欲虔恭。經行乃是銷散之儀。意在養身療病。舊云行道或曰經行。二事總包無分涇渭。遂使調適之事久闕東川。」玄贊二曰、「西域地濕壘塼爲道。於中往來消食誦經。如經布絹之來去。故言經行。」釋氏要覽下曰、「十誦律云。經行有五利。一勦健。（勦音巢輕捷也）二有力。三不病。四消食。五意堅固。三千威儀經有五處可經行。一閑處。二戶前。三講堂前。四塔下。五閣下。」法華經序品曰、「未嘗睡眠經行林中。」同方便品曰、「我始坐道場觀樹亦經行。」十誦律五十七曰、「經行法者。比丘應直經行。不遲不疾。若不能直。當畫地作相。隨相直行。是名經行法。」摩得勒伽六曰、「比丘經行時。不得搖身行。不得大駛。駛不得大低頭。縮攝諸根。心不外緣。當正直行。不能直者安繩。」

【經戒】（術語）經義與戒行。又經中所譯之戒法。又戒爲萬世之常經。故曰經戒。無量壽經下曰、「奉持經戒受行道法。」

【經夾】（雜名）又云梵夾。刻經文於貝多羅夾。以厚板以繩結之也。其狀類箱。故曰梵筴。愚案夾爲筴之誤。同筴。

【經卷】（術語）古經皆爲卷本。故曰經卷。方冊之經成於明朝。法華經法師品曰、「於此經卷敬視如佛種種供養。」

【經者】（人名）受持法華經者。又講說經論者。對於禪者而云。

【經宗】（術語）依經而開之宗旨。曰經宗。依論而開之宗。曰論宗。如華嚴天台是經宗。如成實三論是論宗。

【經法】（術語）金口之聖說。爲萬世之常法者。稱爲經法。無量壽經下曰、「聽受經法歡喜無量。」毘奈耶雜事四曰、「善和苾芻作吟諷聲讚誦經法。」

【經典】（雜名）佛說之。阿難結集之。初傳之於口。後書之於貝葉。其文句並書籍謂爲經典。無量壽經上曰、「菩薩經典究暢要妙。」法華經序品曰「聖主師子演說經典微妙第一。」

【經供養】（行事）不限何經、書寫之、爲作佛事。謂爲經供養。供養經之義。經者屬於三寶中之法寶。供養經者、卽供養法寶也。法華經分別功德品曰、「如來滅後若有受持讀誦。爲他人說。若自書若敎人書供養經卷。不須復起塔寺及造僧坊供養衆僧。」隨求陀羅尼經記書隨求陀羅尼、繫於病比丘之頸、大減病苦、死後雖墮地獄、亦依呪力而消滅罪障、生於天而成隨求卽得天子。

【經律】（術語）三藏中之經藏與律藏。俱係金口之直說。經爲敎常道者。律爲制惡事者。

【經律異相】（術語）五十卷、梁僧旻寶唱等集。就經律二藏中拔粹類聚者。法苑珠林之類。

【經律論】（術語）見三藏條。

【經軌】（術語）密部之經典與儀軌。

【經架】（物名）置經之棚。

【經師】（雜名）讀經之法師。毘奈耶雜事四曰、「善和苾芻作吟諷聲讚誦經法。（中略）我欲親往奉彼經師。」同十三曰、「「經師律師論法師禪師不以同類令聚一處。」梁高僧傳有經師之一科。

【經案】（物名）載經之机。

【經馬】（雜名）般若心經與繪馬也。禪院之祈禱及盂蘭盆會等、印造此二者、焚之加以紙錢經龍焚化傳是宋時禪林之法。蓋以人鬼道異。若火化之、則他得受用也。異聞總錄云。李泳子永常印尊勝陀羅尼幡焚施鬼道。卽此也。

【經家】（人名）結集經典之人、卽指阿難。三德指歸一曰、「經家者卽阿難。是結集經家也。」

【經唄】（雜語）歌詠經文之聲。卽梵唄也。慧琳音義六十五曰、「經唄僧尼法事梵唄聲也。」

【經敎】（雜語）經典之敎訓。圓覺經曰、「如是經敎功德名字。」

【經部】（流派）具名經量部。見經量部條。

【經堂】（堂塔）入一切經之殿堂。與經藏同。

【經筒】（物名）盛經之箱。釋氏要覽中曰、「經筒法將並五印度學人稱奘法師。」是由箱之義、轉而爲通經人之義。與西域記十二贊奘師所謂「印度學人咸仰盛德。既曰經筒亦稱法將。」皆有脚經筒之義也。

【有脚經筒】（人名）宋僧傳十六曰、「後唐貞峻時稱有脚經筒。聽俱舍論。隨講誦頌八品六百行。」

【經帷】（衣服）卽經衣。見經衣條。

【經塔】（堂塔）納經文陀羅尼而供養之塔也。西天之法、凡造塔及像則必納舍利或經頌。其納經頌者、即經塔也。寄歸傳四曰「凡造形像及以制底。（中畧）中安二種舍利。一謂大師身骨。二謂緣起法頌。」密教勸置陀羅尼。寶篋印陀羅尼經曰、「安置此陀羅尼於塔像中者。我等十方諸佛。隨其方處恒常隨逐。」尊勝陀羅尼經、佛教天帝謂此供養者為摩訶薩埵。法華經法師品亦教於經卷所住之處、起七寶之塔而嚴飾之。因於塔書經文者。書史會要六曰、「釋法暉。政和二年天寧節。以細書經塔來上。作正書。如半芝麻粒。寫佛書十部。」

【經單】（物名）記經名之紙標。禪家每年啓建正月祝道場之前一日、貼於大殿前者。勅修百丈清規第一曰、「啓建元先一日。堂司備榜。張於三門之右及上殿經單。俱用黃紙書之。」

【經量部】（流派）小乘十八部之一。佛滅後四百年之初、由說一切有部別派者。三藏之中唯以經為正量故名經量部。單云經部。宗輪論述記曰、「此師唯依經為正量。不依律及對法。凡所援據以經為證。即經部師。從所立以名經量部。」Sautrāntika

【經道】（術語）經典所說之道。無量壽經下曰、「如來與世難值難見。諸佛經道難得難聞。」

【經筴】（物名）又曰梵筴。貝筴。筴音楚革切、筴策也。簡書也。字典曰、「廣韻楚革切。魯語臧文仲聞柳下季之言。使書以為三筴。註簡書也。」以貝經與簡策同也。作夾者為非。寄歸傳一曰、「云十誦四分者、多是取其經夾以為題目。」僧史略上曰、「于時未事翻譯。必存梵筴。」

【經箱】（物名）貯經之箱。其形不同、而在經案之上者、竪一尺許、橫四五寸、多鏤金銀嵌螺鈿為飾。

【經論】（術語）三藏中之經藏與論藏。經為如來之金口說、法華經涅槃經等。論為菩薩之祖述、唯識論俱舍論等。三論檢幽鈔一曰、「欲示師資不同。故師說名經。資言稱論。以師所說可則可常。能顯至道。故稱為經。資之所作。俱論佛語。更無異制。故稱為論。」

【經頭】（職位）禪家掌經卷圖書之僧也。因禪院為補修一切經勸化街坊之僧曰經頭。

【經藏】（術語）該攝佛所說之經典、稱為經藏。經中各含藏事理、故曰藏。三藏法數九曰、「三藏者。謂經律論各各含藏一切文理。故皆名藏。」六十華嚴經六曰、「自歸於法。願與衆生深入經藏。智慧如海。」因納經典之府庫也。又作經堂、藏殿、輪藏等。此中亦收經律論之三藏及賢聖聖祖之章疏、名爲經藏者就本也。寄歸傳四言亡僧之遺物、曰「所有經典章疏皆不可分。當納經藏。四方僧共讀。」

【經藏堂主】（職位）藏主之下有堂主。藏主不居藏殿。堂主守經、常在藏殿。見象器箋六。

【經題】（術語）經之題目。佛經置重首題。題爲一部之總標。天台釋經題、立五重之玄義。爲萬代之洪範。

【經櫃】（術語）貯衆僧衣服道具之器。其在僧堂者謂之函櫃。其在衆寮者謂之經櫃。衆寮是看經之所、故曰經櫃。前面與後面各有二本之足。其小者、有時用代經案。其大者容大人而有餘。

【經釋】（術語）佛經與師釋也。佛之說法直語傳記錄者、謂之經。其經意爲人師解釋者謂之釋。

【經體】（術語）經之體也。謂一經所詮之主質。天台觀經疏卷上、謂諸法實相爲經之體、餘皆魔事、如諸星環北辰、萬流宗於東海也。天台以前之諸師、不別經宗與經體。天台以體爲一經之主。謂宗如輔臣。小乘經以三法印爲體。淨土諸師以念佛爲體。

【綖】（術語）與線同字。梵語修多羅、Sūtra 直譯爲綖。義譯爲經。兩譯雙舉爲綖經。經文爲如線之貫物、使不散逸。貫穿連綴文句與義理者、故喩之爲線。見修多羅條。

【綖經】（術語）又曰線經。梵語之修多羅、若直譯則可爲綖。常義譯爲經。或合爲綖經。綖線同字也。見修多羅條。法華玄義六、曰「修多羅翻線經。」大日經疏五曰、「修多羅古譯謂之綖經也」

【試經】（雜語）讀經之試驗也。禪林之語。

【該羅】（術語）兼攝物而不漏也。無量壽經下曰、「於佛敎法。該羅無外」

【該攝】（術語）該羅差別、融攝於絕待也。對於分相而言。華嚴家謂三乘一乘等差別之法、原不出別敎一乘之外、悉爲華嚴海中之波瀾。故約於體、泯其差別相、該羅之而融攝於絕待之一也。出於五敎章上。

【該攝門】（術語）對於分相門而言。華嚴宗賢首之用語。一乘之外有三乘、謂之分相門。論一乘之內該三乘、謂之該攝門。五敎章上之一、曰「就普賢門中。復作二門。一分相門。二該攝門。」

【詵遮】（術語）Abhiṣecana 毘詵遮之略、譯爲灌頂。菩提心義十曰、「梵云毘詵遮此云灌頂」

【詵遮要秘】（書名）一卷、弘融著。記灌頂之事。

【話在】（雜語）有可話說事在也。碧巖五十四則曰、「雲門問僧。近離甚處。僧云西禪。門云西禪近日有何言句。僧展兩手。門打一掌。僧云某甲話在門却展兩手。僧無語。」

【話則】（雜語）佛祖之說話、可爲學者之法則者、稱爲話則。

【話墮】（術語）自吐語而自分墮負也。雲門錄中曰、「舉光明寂照。（中略）師云話墮也。」

【話頭公案】（術語）宗匠話頭所成之公案也。公案者、參禪者可研究之問題也。見公案條。

【話欛】（雜語）如言話柄。古宿錄四十曰、「雲門悅上堂曰。摩竭掩室已不及初。毘耶杜詞至今話欛。」正字通曰、「欛欛字之譌。」又曰、「欛必架反音霸柄。」

【詮旨】（術語）依詮談旨謂爲詮。廢詮談旨謂爲旨。是法相宗之名目也。

【詮辯】（術語）言詮辯論也。唯識述記序曰、「息詮辯於言蹄之外。」

【誠信】（術語）眞言至誠之信心也。

【酪】（飲食）精製牛乳者。梵語雜名曰、「娜地」涅槃經十曰、「聲聞如乳。緣覺如酪。」梵 Dadhi

【酪味】（譬喩）五味之第二。台家以喩第二時之小乘敎。

【酪經】（術語）台家之敎判。以華嚴等五時配於乳等五味。第二時鹿園時之諸經。稱爲酪經。卽一切之小乘經也。法華玄義二曰、「酪經一種因果狹下短。但麤無妙。」

【酬因感果】（術語）酬報因行而感得果報也。見因果條。

【羣牛譬經】（經名）佛說羣牛譬經、一卷、西晉法炬譯。以羣牛譬好比丘、以驢譬惡比丘。

【羣生】（術語）許多之衆生也。維摩經佛國品曰、「法王法力超羣生。」無量壽經上曰、「求淸白之法。以惠利羣生。」法華經方便品曰、「又諸大聖主。知一切世間天人羣生類深心之所欲。」

【羣生海】（譬喩）敎行證文類二曰、「乘一切智船浮諸羣生海。」

【羣有】（術語）三有、九有、二十五有等。衆生之果報名爲有。業疏一上曰、「唯此僧寶下濟羣有。」濟緣記一上曰、「下濟羣有六道福田。故言羣有者。正報卽四生。依報則三界開爲九有二十五有。」

【羣迷】（術語）許多迷惑之衆生也。觀經玄義分曰、「羣迷性隔樂欲不同。」大日經疏二曰、「十方三世諸佛唯有此一門。誘進羣迷出於火宅。」

【羣萌】（術語）如言羣生。萌者、草木始發芽未冥昧之貌。因而以喩衆生之盲昧。法華經化城喩品曰、「普智天人尊。哀愍羣萌類。」無量壽經上曰、「光闡道敎。欲拯羣萌。」

【羣疑論】（書名）釋淨土羣疑論之略稱。宋僧傳謂之決疑論。七卷。唐千福寺懷感撰。其註解有探要記十四卷、鈔二十卷。

【羣機】（術語）諸機類也。最勝王經十曰、「八種微妙應羣機。」歸敬儀上曰、「統羣機大小。」

【羣類】（術語）羣者衆生也、有情之種類數多也。法華經方便品曰、「天人羣生類。」圓覺大疏上之二曰、「大士親愛展轉流布則群類普霑。」

【賊住】（術語）謂未受具足戒者、住於受具足戒之比丘衆中共僧事也。寄歸傳一曰、「不思咽咽當有流漿之苦。誰知步步現招賊住之殃。」行事鈔上三曰、「四分云。爲比丘與外道相濫。佛令問何時何月何和尙闍梨等。卽知佛法與外道俗人有異。勘問知非賊住。」

【賊縛比丘】（人名）見草繫比丘條。

【跨節】（術語）天台之名目。就諸經之當意而判敎意。謂之當分。由法華經之意、定餘經之意。謂之跨節。例如阿含經爲使離生死苦入於涅槃而說。當分之意也。爲使得大乘佛果之階級方便說之。其本意在於佛果。跨節之解釋也。因而以當分成法華之相待、妙以跨節成法華之絕待妙。當分爲方便之施設。跨節爲佛之本意也。玄義一下曰、「當分者。如三藏佛趣種種機。說種種敎。（中略）二跨節者。何處別有四敎主。各各身各各口。各各說。」同釋籤三曰、「若依施權。卽當分義。若據佛意。卽跨節義。」又曰、「當分通於一代。於今便成相待。跨節唯在今經。佛意非適今也。」又曰、「當分乃成今經相待義邊。跨節乃成今經開權義邊。」

【跪拜】（雜語）佛在世、國人遇婆羅門則跪拜之。遇沙門則敬禮之。毘奈耶雜事一曰、「六衆報曰。汝等愚人。不閑禮式。誰合跪拜。誰當敬禮。彼人答曰。我等但知見老婆羅門。卽云跪拜。若見苾芻便云敬禮。」

【跪爐】（雜語）跪而拈香於爐前也。百丈淸規一曰、「兩序分班對立。住持就跪。知客跪進手爐。侍者跪進香合。維那白佛宣疏。畢。知客跪接爐。住持收坐具。」

【解】（術語）有二義。一、釋之義。卽釋文義而消疑滯也。又具云解釋。或曰解義。二、知解之義。卽謂由見聞義理而生之心解也。對於行而言。如信解領解悟解了解之類是也。

【解一切衆生語言三昧】（術語）法華經妙音品所說十六三昧之一。嘉祥法華義疏十二曰、「解一切語言三昧者。得此三昧解衆生語而爲說法。」

【解一切衆生語言陀羅尼】（術語）法華經妙音品曰、「解一切衆生語言三昧。」同藥王品曰、「解一切衆生語言陀羅尼。」

陀羅尼者、總持不失之力用也。就體言則爲三昧、就用言則爲陀羅尼。

【解了】（術語）會得道理也。深密經二曰、「於我甚深密意言說如實解了。」南本涅槃經十九曰、「解了實相空無所有。」

【解打鼓】（術語）公案名。又名禾山四打鼓。禾山無殷對於學人所問、避迂遠曲折之問答、示眞諦一竅、意在言外、打鼓之響反在後面之意者。說見禾山條附錄。

【解行】（術語）知解與修行。解理行事也。天台戒疏上曰、「於出世道解而勤行。故名解行。」勝鬘寶窟中本曰、「由解行成就得入初地。」唐僧傳（慧思傳）曰、「解行高明、根識清淨。」

【解行生】（術語）華嚴所立三生成佛之第二。見三生條。

【解行地】（術語）由解而修行、未證眞如之地、前三賢菩薩階位。

【解行相應】（術語）解與行相應也。見解行條。

【解行發心】（術語）起信論三發心之一。菩薩十行之行成就、而發十迴向之心也。起信論義記下末曰、「解行發心者、位在十迴向。兼取十行。十行位中能解法空、順行十度、行成純熟、發迴向心、入十向位、故云解行發心也。」

【解空】（術語）悟解諸法之空相也。佛弟子中以須菩提爲解空第一。註維摩經三曰、「肇曰、須菩提、秦言善吉、弟子中解空第一也。」

【解知見】（術語）解脫、解脫知見二語之略。五分法身之第四爲解脫、第五爲解脫知見。解脫爲涅槃、解脫知見爲自覺證悟涅槃之知慧也。此二者、合戒定慧之三者、爲五分法身。無量義經曰、「戒定慧解知見生。三昧六通道品發。」見五分法身條。

【解界】（術語）解修法時所結之界場也。見解界法條。

【解界法】（術語）眞言之修法、初行結界之法、（見結界條）修法竟而行解界法。次作撥遣本尊之法。秘藏記鈔六曰、「結界者、攝法界歸於一處、是一法界之表示也。解界者、開一塵、會於法界、是多法界之表示也。一一解前結界之印明、謂爲解界。結界時一一眞言三遍誦之、解界之時一遍誦之、以成之難而破之易故也。而解界有投花之法、爲奉送其本尊、投花也。投花時投向諸佛之本土。本土爲法界宮、諸佛乘此投花各還其本土也。」（見投花條）

【解信】（術語）仰信之對。學教法之道理、由智之道而信也。

【解夏】（術語）七月十五日（舊律）或八月十五日（新律）解夏安居之制也。又曰解制。此日行所謂自恣法。佛說解夏經、佛說受新歲經、佛說新歲經、說其法。歲華紀麗曰「衆僧解夏」。禪苑淸規解夏曰「七月十四日晚念誦煎湯。來日昇堂人事巡寮煎點。同結夏之儀」

【解夏草】（植物）解夏之日、僧贈檀越者。蓋此日諸比丘取生茆擬如來成道時之吉祥草、坐於此上而行解夏之法、故與以此吉祥草、分福分之意也。釋氏要覽下曰、「今浙右僧解夏日以綵束茆以遺檀越。謂之解夏草。今詳此草已爲五分法身座。故名爲吉祥草也」

【解夏經】（經名）佛說解夏經一卷、趙宋法賢譯。與增一阿含二十四卷善聚品、佛說受新歲經同本。說七月十五日解夏之法。

【解悟】（術語）會得道理也。法華經提婆品曰「無量衆生開法解悟。」探玄記一曰「遂經三載冥加悟解。」圓覺大疏上之二曰、「先悟後修爲解悟。先修後悟爲證悟。」宗鏡錄三十六曰、「若因悟而修卽是解悟。若因修而悟卽是證悟」禪源諸詮三曰、「若因悟而修、卽是解悟」

【解座】（雜語）解散法座也。

【解拳論】（書名）一卷、陳那菩薩造。陳眞諦譯。以藤蛇之譬說三界無實之義。唐義淨譯者名爲掌中論。同本也。解拳者解拳示人之義。以譬解人之迷執。

【解脫】（術語）梵曰木底 Mukti 木叉 Mokṣa 譯曰解脫。離縛而得自在之義。解惑業之繫縛、脫三界之苦果也。注維摩經一曰「肇曰、縱任無礙。塵累不能拘。解脫也」唯識述記一本曰、「解謂離縛。脫謂自在。」華嚴大疏五曰、「言解脫者、謂作用自在。」頓悟入道要門論上曰、「問欲修何法卽得解脫。答唯有頓悟一門卽得解脫。云何頓悟。答頓者頓除妄念。悟者悟無所得」又曰、「但無愛憎心、卽是二性空。二性空者、自然解脫也。」又曰、「云何解脫心。答無解脫心。亦無無解脫心、卽名眞解脫也」傳心法要下曰、「前際無去今際無住、後際無來、安然端坐。任運不拘、方名解脫。」㊁涅槃之別稱。以涅槃之體離一切之繫縛故也。唯識述記一本曰、「言解脫者。體卽圓寂。由煩惱障縛諸有情恆處生死。證圓寂已能離彼縛。立解脫名。」俱舍論十八曰、「解脫涅槃亦名無上。」大乘義章二曰、「涅槃果德絕縛名脫」同十八曰、「言解脫者。自體無累名爲解脫。又免羈縛亦曰解脫」。梵語雜名曰、「解脫。梵語木底。」㊂禪定之別稱。如三解脫、八解脫、不思議解脫。脫縛自在者禪定之德也。大乘義章十三曰、「八解脫者。名爲解脫絕下縛故」注維摩經一曰、「什曰、亦名三昧。亦名神足。或令修短改度。或巨細相容。變化隨意。於法自在。故名解脫。」㊃五分法身之一。

【二解脫】（名數）一、有爲解脫。爲阿羅漢無漏之眞智。二、無爲解脫。是爲涅槃。俱舍論二十五曰「解脫體有二種。謂有爲無爲。有爲解脫謂無學勝解。無爲解脫謂一切惑滅。」又一、性淨解脫。謂衆生之本性淸淨無繫縛染汚之相。二、障盡解脫。謂衆生之本性雖爲淸淨。然由無始已來煩惱之惑。不得顯現本性。今斷盡此惑障。得解脫自在也。見寶性論五。又一、慧解脫。阿羅漢未得滅盡定者。是爲唯解脫證涅槃之智慧障者。故曰慧解脫。二、俱解脫。阿羅漢得滅盡定者。是爲解脫慧與定之障者。故曰俱解脫。成實論分別賢聖品曰「因滅盡定故有二人。不得此定名慧解脫。得此定者名俱解脫。」俱舍論二十五曰「俱由得滅定餘名慧解脫。」又一、時解脫。鈍根之無學。待勝時而入定。及得脫煩惱之縛者。二、不時解脫。利根之無學。不選時而入定。及得脫煩惱之縛者。見俱舍論二十五。又一、心解脫。心離貪愛者。二、慧解脫。慧離無明者。見大乘義章十八。俱舍寶疏二十五。

【三解脫】（名數）又曰三空。亦曰三三昧。具名三解脫門。一空解脫。二無相解脫。三無願解脫。三種之禪定也。見三解脫門條。

【八解脫】（名數）舊曰八背捨。是爲棄捨三界染法繫縛之八種禪定。與八勝處。十一切處。一具之法門也。見八背捨條。

【解脫天】（人名）玄奘三藏在印度時。彼土之小乘衆稱三藏爲解脫天。慈恩寺傳五曰「諸衆歡喜。爲法師競立美名。大乘衆號曰摩訶耶那提婆。此云大乘天。小乘衆號曰木叉提婆。此云解脫天。」

【解脫分】（術語）順解脫分之略。

【解脫衣】（衣服）解脫幢相衣之略。袈裟之別稱。

【解脫身】（術語）二佛身之一。佛身解脫煩惱障。故名解脫身。唯識述記十末曰。「言法身者。非三身中之法身也。佛得二名。離煩惱故。名解脫身。離所知障。具無邊德。名爲法身。」又五分法身之一。

【解脫戒】（術語）別解脫戒之略。

【解脫味】（術語）出世法三味之一。涅槃之妙味也。勝鬘經曰「涅槃一味等味。謂解脫味。」法華經藥草喩品曰「爲大乘說甘露淨法。其法一味。解脫涅槃。」勝鬘寶窟中末曰「出世法有三種味。一法味。二禪悅味。三解脫味。」

【解脫門】（術語）謂空、無相、無願三種之禪定也。此三者爲涅槃之門戶。故名。俱舍論二十八曰「於中無漏者名三解脫門。能爲涅槃爲入門故。」大乘義章二曰「涅槃果德絕縛名脫。空無相等與脫爲門。名解脫門。」

【解脫服】（衣服）又曰解脫幢衣。解脫幢相衣。袈裟之異名。言袈裟爲求出離解脫之人之服。法苑珠林二十二曰、「大哉解脫服。無相福田衣。披奉如戒行。廣度諸衆生。」

【解脫食】（術語）出世五食又九食之一。出家行人由解脫惑業之繫縛、增長善根資益慧命、猶如世間之食資養諸根。故稱解脫爲食。

【解脫相】（術語）三相之一。

【解脫律】（經名）解脫戒本經之略名。

【解脫冠】（譬喩）解脫之貴如寶冠。增一阿含經十四曰、「天王來至此及諸魔眷屬。復以方便降。令著解脫冠。」

【解脫海】（譬喩）解脫之德、深廣如海。華嚴經二曰、「此智幢王解脫海。」

【解脫障】（術語）俱舍論所說二障之一。見二障條。

【解脫輪】（術語）謂自金剛界大日五智現出五如來所住之月輪也。見五解脫輪條。

【解脫藏】（術語）離一切繫縛之人身也。千手經曰、「當知其人是解脫藏。天魔外道不能稽留故。」

【解脫道】（術語）四道之第三。又佛道之總名。出離解脫之道。如解脫道論之解脫道。

【解脫耳】（雜語）以耳聞法、遂得解脫。耳爲解脫之門。故曰解脫耳。思益經二曰、「眼是解脫。解脫門。耳鼻舌身意是解脫門。」此土衆生特以耳根爲解脫門。楞嚴經五曰、「他佛出娑婆界。此方眞敎體。清淨在音聞。欲入三摩提。實以聞中入。離苦得解脫。」玄義六下曰、「此土耳根利。故偏用聲塵。」

【解脫風】（譬喩）世間之顚倒苦惱比如炎熱。解脫譬如涼風。無量義經曰、「請佛轉法輪。隨順能轉。微渧先墮。以淹欲塵。開涅槃門扇解脫風。除世熱惱致法淸涼。」

【解脫幢衣】（衣服）解脫幢相衣之略。袈裟之異稱。

【解脫堅固】（術名）大集經所說五堅固之第一。佛滅後第一五百年間正法盛而於證解脫堅固也。

【解脫深坑】（術語）固執於解脫而不能圓滿自利利他之行、譬如墮於深坑也。大集經十三不可說菩薩品曰、「善男子。譬如有人墜墮深坑。是人不能自利利他。聲聞緣覺亦復如是。墮解脫坑。不能自利及以利他。」

【解脫知見】（術語）五分法身之第五。

【解脫戒經】（經名）一卷。元魏瞿曇般若流支譯。列迦葉毗部別解脫戒之本條者。又一切戒經之通名。智度論二曰、「解脫戒經。卽是大師。」

【解脫道論】（書名）十二卷、優波底

沙羅漢造蕭梁僧伽婆羅譯有十二品說出離解脫之要道者作者爲巴利佛數傳燈祖之一人此書爲由巴利語譯者佛音之淨道論先驅也體裁亦同。

【解脫幢相衣】（衣服）袈裟之異名。袈裟爲求解脫人所服而不爲邪所傾動又條相似佛塔之幢故名地藏十輪經四曰「被殑伽沙佛解脫幢相衣於此起惡心定墮無間獄」釋氏要覽上曰「又名幢相謂不爲邪所傾故」應法記曰「條相四圍有同佛塔故云幢相」

【解脫知見身】（術語）解脫知見爲如來法身之一分故曰身。

【解脫戒本經】（經名）解脫戒經之具名。

【解脫清淨法殿】（術語）謂法身所居之大涅槃界也圓覺經曰「依願修行漸斷諸障障盡願滿便登解脫清淨法殿證大圓覺妙莊嚴域」

【解結次第】（雜語）楞嚴經攝論曰、六結不同一巾所造第一第六不成雜亂則汝六根亦復如是畢竟同中生畢竟異諸結若存是非蠭起此結非彼彼結非此若結解除則無彼此尙不名一六云何成佛言六解一亡亦復如是若欲除結當於結心六結同體結不同時則解結時云何同除縮由次第解亦次第佛言六根解除亦復如是見下圖。

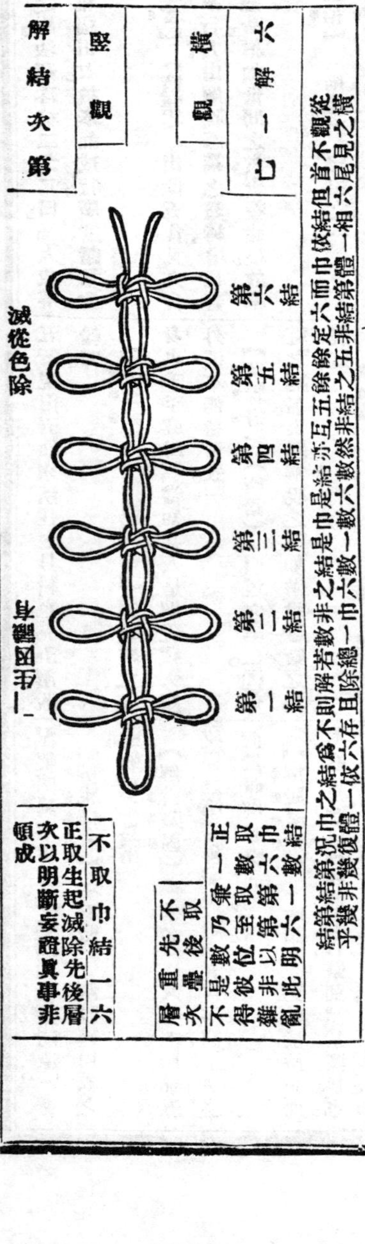

解結次第

豎觀

橫觀

六解一亡

從觀不首但結依巾而六定除餘五五亦是結是巾是結之非數若解則爲結之巾況第結第結
橫之見尾六相一體第結非五之結非數然六數一巾六數一除總且存六依一體復拔非拔乎

第六結 第五結 第四結 第三結 第二結 第一結

正取巾結一數六數乘取第一乃至第六數位以明是彼非此不得雜亂

不取先後重疊層次

不取巾結一六

正取生起滅除先後層次以明斷妄證眞事非頓成

生因識有

滅從色除

【解深密經】（經名）五卷、唐玄奘譯。此爲法相宗所依之本經、有前後總別四譯。第一劉宋求那跋陀羅譯一卷、名相續解脫地波羅蜜了義經。又一卷名相續解脫如來所隨順處了義經。二者對於唐譯爲地波羅蜜品第七與如來成所作事品第八之二品。二元魏菩提留支譯五卷、名深密解脫經、與唐譯對分勝義諦相品第二之一品而作四品。第三梁眞諦譯一卷、名佛說解節經、雖有四品、而卽唐譯之勝義諦相品一品。第四唐譯卽解深密經也。唯識演秘三末曰「此經梵本名曰珊地涅暮折那 Sandhinirmocana 本。涅暮折那、此翻名解。珊地之聲含於三義。一諸物相續、二骨節相連、三深密之義。西方士俗呼此三種並名珊地。（中略）前後譯人各取一義以立經題、皆不相違。然據經旨、解深密名理爲勝矣。」一經有八品、解說阿賴耶識深密者。見閱藏知津六。

【解惑】（術語）解與惑也。解爲智、惑爲煩惱、相反之法。止觀八上曰、「若遮障重、當修助道。旣解惑相持。便應索援。」

【解境十佛】（術語）華嚴宗以眞實之智解見法界時、立爲萬有無非皆佛、分之爲十種。衆生身、國土身、業報身、聲聞身、辟支佛身、菩薩身、如來身、智身、法身、虛空身是也。

【解滿成佛】（術語）四滿成佛之一。見四滿成佛條。

【解節經】（經名）佛說解節經、一卷、梁眞諦譯。與解深密經中之勝義諦相品同本。

【解憂經】（經名）佛說解憂經、一卷、宋法天譯。說一切無常、當求解脫。

【解講】（雜語）止講義也。解散講衆也。廣弘明集十九有題爲「解講疏」者。數首解講之表白文也。

【解釋】（術語）分解難文、使知義理也。智度論六十五曰、「解釋者。如囊中寶物繫口、則人不知。若爲人解經卷、囊解釋義理。」

【嗣法】（雜語）弟子嗣師之法也、密家謂爲傳法。禪家謂爲嗣法。象器箋十二曰、「宗門之嗣法、猶諸侯之嗣國也。」

【嗣法拈香】（行事）開堂爲師拈香、發露得法之所由。以與化奘禪師爲始。

【嗣香】（術語）對於先師謝己得爲法嗣之恩之瓣香也。

【鍋頭】（職位）司鍋釜類者。禪林之役名。

【鉦】（物名）鐃之小者。說文曰、「鐃、小鉦也。」今鉦反比鐃小。其釣者謂爲釣鉦。置者謂爲敲鉦。法事時叩以通知信息。又於念佛時叩之。

【鉦鼓】（物名）佛教儀式所用之樂器。

【鉗鎚】（譬喻）鉗者以鐵束物之謂、稱鐵鋏之類。鎚謂鐵鎚。冶工以鉗鋏赤熱鐵、以鎚鍛鍊之於鐵床上。喻師家接得僧衆使其器成者。大慧普覺語錄鼓山宗逮條所謂「故一味本分以鉗鎚似之、後來自在打發、別處、大法既明向所受過底鉗鎚得一時受用」碧巖錄普照序所謂「秉烹佛煅祖之鉗鎚、頌出衲僧向上之巴鼻」是也。

【鉢】（物名）梵語鉢多羅 Patra 之略。比丘之飯器也。行事鈔下之二曰、「十誦鉢是諸佛標誌不得惡用」見鉢多羅條。

【鉢支】（物名）又曰鉢枝鉢鼓鉢搘。支鉢之臺也。四分律四十三曰、「鉢若不正。應作鉢支」五分律二十六曰、「比丘以鉢盛食著地翻之。佛言。聽作鉢支。用銅鐵牙角瓦石竹木除漆樹」十誦律六十一曰、「鉢枝法。」僧祇律二十八曰「鉢鼓」傳燈錄道禪師章曰、「鉢搘」

【鉢他】（雜語）譯曰一升。見楞伽經。巴 Pattha

【鉢多】（物名）鉢多羅之略。

【鉢吉帝】（人名）又作鉢吉蹄、波機提。譯言本性、志性。摩登伽種之婬女也。見阿難而生婬心。請之於母。母誦神咒蠱惑阿難。阿難將行樂。爲佛所救。婬女出家。摩登伽經上曰、「過去有婆羅門名蓮華實。女名本性。爾時女者今性比丘是也」舍頭諫經曰、「有殉咒女名曰波機提。晉曰志性」又曰、「過去有梵志名弗伽娑有女名志性弗伽娑女則志性比丘尼是」鼻奈耶三曰、「佛在舍衞國祇樹給孤獨園。尊者阿難平旦入城乞食時甚熱。阿難中路燋渴。路上有旃茶羅女名鉢吉蹄。於井汲水。阿難詣井索水。女曰、我是摩鄧伽種。君爲貴種瞿曇第一弟子波斯匿王所敬。末利夫人師。我敢持水不與阿難。曰、我不問汝旃茶羅非旃茶羅。但施我水。女於是掬水灌阿難手足。於是生婬意。阿難飲水去。鉢吉蹄女還家啓父母。願以沙門阿難爲夫婿。母曰、此阿難爲轉輪王家子。沙門瞿曇弟子。我等旃茶羅種何得以阿難爲女婿。女曰若得阿難而不得爲婿。我當飲毒死。母於是設祭壇。請摩鄧伽神。誦摩鄧伽咒。阿難在祇洹。恍惚牽心於此。至其家。鉢吉蹄女見阿難。踊躍抱之。著床上。暫時阿難以道力「得自寤自念。我今困厄、世尊何不慈愍我。佛乃知之。爲阿難誦佛語。（摩登伽經舍頭諫經。佛爲誦神咒。但其咒語異）於是阿難得脫幻術。至佛所。婬女逐阿難而至。請佛以阿難。佛言。汝欲得阿難。阿難既爲比丘。汝亦應爲比丘尼。婬女乃還家白父母。剃髮至祇洹。時佛爲婬女廣說四聖諦法。婬女卽思惟佛道得阿羅漢果」更有摩鄧伽經二卷、摩鄧女解形中六事經一卷、摩鄧女經一卷、舍頭諫經一卷。此四經爲同本異譯。皆記摩鄧伽女之事。但並爲小乘部大乘部。首楞嚴經記阿難乞食途次。經歷婬室。遭摩鄧伽以娑毘羅先梵天咒攝入婬席。如來宣說頂光神咒。勅文殊師利將往護阿難。惡咒消滅。即與阿難及摩鄧伽歸來佛所。大小二部所記不同。梵 Prakṛti 巴 Pakati

【鉢吒】（衣服）Paṭṭa 絹之大幅無條相者。謂爲縵衣。又曰縵條。用以裹身者。有部毘奈耶二十三曰「織作鉢吒。」注曰「言鉢吒者。謂是大氈。與袈裟量同。總爲一幅。此方既無。但言衣氈。前云衣者。梵本皆曰鉢吒也。此云縵條。」大日經三曰「鉢吒爲裙。」同疏曰「用極細絹爲下裙。」梵語雜名曰「絹鉢吒」

【鉢吒補怛囉】（人名）Pāṭaliputra 華嚴疏鈔四十五曰「波吒補怛囉。此云黃華子。即黃華女之子也。」因地名。補吒梨子城也。見波吒釐條。

【鉢印】（印相）仰兩手掌。其頭指已下四指頭。左右各捻左右大指。各著於其頭指側。飯食供養印與地神印。佛部三昧耶印。地藏菩薩之印。共爲此鉢印也。

【鉢伐多】（地名）國名。在北印度。都城傍有大伽藍。僧徒數百。並學大乘。昔最勝子論師於此作瑜伽師地論釋。又爲賢愛論師德光論師之出家處。見西域記十一。梵 Parvata

【鉢多羅】（物名）Pātra 又作波多羅。波呾囉。鉢呾羅。播怛囉。鉢和羅。鉢和蘭。略云鉢。比丘六物之一。飯器也。有泥鐵之二種。譯曰應器。又曰應量器。以體色量三者皆應法故也。又以賢聖應受人之供養者用之也。玄應音義十四曰「鉢多羅。又云波多羅。此云薄。謂治厚物令薄而作此器也。」寄歸傳二曰「波呾囉。鉢也。」玄應音義十三曰「鉢和羅。飯。獨證身誓經云鉢和蘭。亦梵言輕重耳。此譯云自恣食也。」盂蘭盆經宗密疏曰「鉢和羅飯者。鉢中飯也。梵云鉢多羅。此云應器。和字誤也。今時但云鉢者。略也。」六物圖曰「二釋名者。梵云鉢多羅。此名應器。有云。體量色三皆應法故。若準章服儀云。堪受供者用之。名應器。故知鉢是梵言。此方語簡省下二字。三明體者。大要有二。泥及鐵也。五分律中用木鉢犯偷蘭遮。僧祇云。是外道標故。又受垢膩故。」參照鉢盂條。

【鉢孕瞿】（植物）花名。大日經疏十三曰「鉢孕瞿。花西方出此花。如此間粟穀之色。花房亦如穀穗。甚香也。」

【鉢位】（雜語）禪林之語。僧堂大衆粥齋之坐位曰鉢位。見象器箋二。

【鉢健提】（神名）天神名。慧琳音義二十六曰「鉢健提。此云跳躑。此中力士甚勇健。捷疾也。」涅槃經疏七曰「鉢健提。此云堅固。」巴 Pakkhandin

【鉢里薩囉伐拏】（物名）Parisrāvapa 六物之一。濾水囊也。寄歸傳二曰「鉢里薩囉伐拏。濾水羅也。」

【鉢油】（故事）見油條。

【鉢陀】（雜語）Pada 又作播陀、波陀、鉢曇。譯曰足、跡、句。法苑義林章一本曰「梵云鉢陀。此翻為跡。當古之句。」唯識述記二末曰「鉢陀是跡。如尋象跡以覓象等。此名為句。理應名跡。義之跡故。尋此知義也。順古所翻稱之為句。播陀是足。」大日經疏一曰「梵云鉢曇。正翻為足。聲論是進行義。住處義。如人進步舉足下足。其跡所住處謂之鉢曇。言辭句逗義亦如是。故同一名耳。」智度論四十四曰「天竺言波陀。秦言句。」梵語雜名曰「跛娜。句、步。」又曰「播娜。足。」

【鉢刷】（物名）小板一頭圓形、加漆、清鉢門粘粒之器也。見象器箋二十。

【鉢盂】（物名）或作盋盂。鉢為梵語、盂為漢語、梵漢雙舉之名。敕修清規辨道具曰「梵云鉢多羅。此云應量器。今略云鉢。又呼云鉢盂。即華梵兼名。」演繁露曰「東方朔傳注。盂食器也。若盋而大。今之所謂盋盂。盋音撥。今僧家名其食器為鉢。則中國古有此名。而佛徒用之。」按說文云盋食器也。盂屬。然則以鉢多羅為盋盂者。音義兼譯也。參照鉢多羅條。

【鉢和羅】（術語）Pravāraṇa 又作盋和羅、鉢和蘭。玄應師之說、安居竟謂為自恣日。即七月十五日也。此日供養三寶之飯食謂為鉢和羅、譯曰自恣食。宗密師之說、鉢和羅為鉢多羅之誤。玄應音義五曰「鉢和羅。亦言鉢多羅。梵音訛轉。此云自恣食也。」盂蘭盆經曰「在大衆中皆同一心受鉢和羅飯。」同宗密疏曰「鉢和羅飯者。鉢中飯也。梵云鉢多羅。此云應器。和字訛也。今時但云鉢者略也。」兩解共誤。參照自恣條。

【鉢刺婆刺拏】（術語）Pravraṇa 巴 Pavāraṇā 譯曰隨意。自恣。當安居之末日、使他隨意於見聞疑三事、舉發安居中自己之過罪、以為憶念懺悔云。舊譯云自恣。使他恣舉己愆也。寄歸傳二曰、「凡夏罷歲終之時。此日當名隨意。即是隨他於三事之中任意舉發說罪除愆之義。舊云自恣者義翻也。（中略）鉢刺婆刺拏譯為隨意。亦是飽足義。亦是隨他人意舉其所犯。」

【鉢底婆】（雜語）Pratibhāna 譯曰辯才。辯說。見名義集四。

【鉢披祇】（雜語）又作波吠儞野。譯曰棄家。舍頭諫經曰、「有人棄家。除去鬚髮。是故世間有靈道沙門鉢披祇。」註曰、「鉢披祇者晉云棄家。」梵語雜名曰、「出家。波吠儞野。」巴 Pabbajita. Pabbajjya

【鉢刺底】（雜語）Pratiti 譯曰順、至。唯識述記四末曰、「鉢刺底是順義。」俱舍論九曰「鉢剌底是至義。」

【鉢剌迦羅】（雜語）Prakala譯曰章。義林章一本曰「梵云鉢剌迦羅此云章也。章即章段一章一段以明諸義。」

【鉢剌闍摩】（雜語）Prathama譯曰第一通常爲第一第二之第。見瑜伽倫記一上。

【鉢剌底羯爛多】（雜語）Pratikrānta譯曰順次第唯識述記四末曰、「逆次第云阿奴羯爛多。阿奴是逆義。羯爛多云次第。順次第云鉢剌底羯爛多。鉢剌底是順義。」

【鉢剌翳迦佛陀】（術語）Pratyekabuddha 舊所謂辟支佛是也。譯曰獨覺。瑜伽倫記八上曰、「獨覺地若作梵語名鉢剌翳迦佛陀。舊云辟支訛也。此云獨覺。初發心時亦值佛世聞法思惟。後得道身出無佛世。性樂寂靜不欲雜居。修加行滿。無師友教。自然獨悟。永出世間中行中果。故名獨覺。或觀待緣而悟聖果。亦名緣覺。」

【鉢特】（植物）鉢特摩之略。

【鉢特摩】（植物）又作波頭摩、鉢頭摩、鉢曇摩。梵語Padma譯曰紅蓮華。又八寒地獄之第七。此地獄衆生爲寒苦割肉似紅蓮。故有此名。見鉢頭摩條。

【鉢拏】（雜名）梵語。八十枚貝珠爲一鉢拏。十六鉢拏爲迦利沙鉢拏。見翻譯名義集。

【鉢耽嵐婆】（衣服）又作鉢耽婆婆。衣名。玄應音義十四曰、「鉢耽嵐婆或作鉢耽婆婆。此國名也。從國名衣也。」梵 Pratilamba 又 Prativāsa

【鉢耽婆婆】（衣服）見前項。

【鉢納摩】（植物）Padma 譯曰蓮華。見鉢頭摩條。

【鉢娜他】（雜語）又作末喇誐。Mārga 譯曰道路。見梵語雜名。

【鉢哩體吠】（天名）Pṛthivī 地神名。即其眞言也。以體字爲眞言之體。正音是他字門也、一切之法皆有所依住處、故如來藏猶如大地。今以入阿字門之故、一切法所依住處不可得也。上加伊點是三昧聲云云。見大日經義釋七。見堅牢條。

【鉢婆叮】（異類）龍王名。譯曰忍龍。見正法念經十八。

【鉢袱】（物名）包鐵鉢之袱紗也。又曰袱帕。見象器箋二十。

【鉢袋】（物名）見鉢囊條。

【鉢晝羅】（飲食）藥湯名。慧琳音義二十六曰、「鉢晝羅亦名優陀伽。(Udaka)此云煮樹藥湯。如今時茶榠之類也。」梵 Pāthola

【鉢喇底木叉】（術語）Pratimokṣa 見木叉條。

【鉢喇底提舍尼】（術語）見波羅提

提舍尼條。

【鉢喇底提舍那】（術語）Pratideś-aniya 見波羅提提舍尼條。

【鉢喇特崎拏】（術語）Pradakṣiṇa 譯曰旋右。卽遶右而行也。寄歸傳三曰「言旋右者。梵云鉢喇特崎拏。鉢喇字緣。乃有多義。此中意趣事表旋行。特崎拏卽是其右。總名尊便之目。故時人名右手爲特崎拏。手意是從其右邊爲尊爲便。方合旋繞之儀矣。」見右繞條。

【鉢單】（物名）禪林之目。鐵鉢之敷藉物。日用軌範曰「先展鉢單。仰左手取鉢安單上。」其製以柿汁累合厚紙造之。於橫三摺之。更於竪三摺之。如乙字。見象器箋二十。

【鉢塞莫】（物名）譯曰數珠。牟梨曼陀羅咒經曰「鉢塞莫此云數珠。」見數珠條。巴 Pāsakamālā

【鉢裏飯桶裏水】（公案）碧巖五十則曰「僧問雲門。如何是塵塵三昧。門云。鉢裏飯。桶裏水。」

【鉢蓋】（物名）鐵鉢之蓋也。釋氏要覽中曰「律云。有塵坌鉢。聽作鉢蓋。」

【鉢摩婆底】（人名）夫人名。阿育王經四曰「日中王夫人名鉢摩婆底。翻云芙蓉花。」梵 Padmavatī

【鉢摩羅伽】（物名）譯曰赤光珠。見名義集三。

【鉢履曼茶羅】（雜語）Pari-maṇḍ-ala 又作鉢哩曼茶羅。譯曰圓。寄歸傳二曰「鉢履曼茶羅著泥婆娑。卽其眞也。譯爲圓整著裙。」梵語雜名曰「圓。鉢哩曼茶羅。」

【鉢曇】（術語）Pada 又曰鉢陀。譯曰句。大日經疏一曰「句者梵云鉢曇。正翻爲足。聲論是進行義。信處義。如人進步舉足下足。其迹所住處謂之鉢曇。言辭句逗義亦如是。故同一名耳。」三論大義鈔序曰「貽鉢曇施將來之人矣。」見鉢陀條。因（植物）花有鉢曇赤蓮華也。見鉢頭摩條。

【鉢曇摩】（植物）Padma 花名。見鉢頭摩條。

【鉢器】（物名）鉢爲梵語鉢多羅之略。譯曰應器。或應量器。比丘之飯器也。世云鐵鉢是也。無量壽經上曰「七寶鉢器自然在前。」行事鈔下之二曰「鉢器制聽篇」

【鉢頭摩】（植物）Padma 又作鉢特忙。鉢弩摩。波頭摩。鉢納摩。波曇。波曇摩。鉢曇摩。赤蓮華也。玄應音義三曰「波曇。又云波暮。或云波頭摩。正言鉢特摩。此譯云赤蓮華也。」慧苑音義上曰「波頭摩。正云鉢特忙。此曰赤蓮花也。其花莖有刺也。」大疏七曰「鉢頭摩是紅蓮華。」同十五曰「鉢頭摩復有二種。一者赤色。卽此間蓮華也。二者白色。今此間有白蓮花是也。非芬陀利。」慧琳晉義三曰、「鉢弩摩正云鉢納摩此人間紅蓮華之上者或云赤黃色花」

【鉢嚕灑】（飲食）八種漿之第六百一羯磨五曰「鉢嚕沙漿其果狀如蘡薁子。」見更藥條附錄八種更藥項。

【鉢羅】（雜語）一作波羅、又曰波賴他譯曰四兩分戒本疏三下曰、「鉢羅多論云波羅此云四兩」飾宗記五末曰「多論第五云四兩立世阿毘曇論云兩稱一兩名一鉢羅蓋多論約少稱毘曇就大稱說之也。今解鉢羅翻爲分如鉢羅奢佉翻爲支支豈是四兩也」梵語雜名曰、「兩波羅」解脫道論七曰、「一頗賴他梁言四兩」梵Palārdha

【鉢羅若】（術語）Prajñā 一作般賴若、般羅若見般若條。

【鉢羅弭】（雜語）Parami譯曰第一。大日經疏十三曰、「鉢羅弭譯爲第一也以無等故卽是第一更無過上也。」

【鉢羅由他】（雜語）Parāyuta 又作波羅由他數量名俱舍頌疏世品五曰「十那庾多爲鉢羅由多」本行集經十二曰「波羅由他隋言數十萬億」

【鉢羅吠奢】（術語）Praveśa 譯曰入十二入之入也因明大疏一曰、「鉢羅吠奢翻入」梵語雜名曰、「入鉢羅尾捨」

【鉢羅底也】（術語）Pratyaya 譯曰緣大日經疏十曰、「醯都(Hetu)因也鉢羅底也緣也」

【鉢羅枳孃】（術語）Prajñā 見般若

【鉢羅奢佉】（術語）Praśākhā 又作鉢羅賒佉胎內五位之第五托胎後第五之七日至於產出之位也譯曰支節、又曰支分眼耳手足之支分差別也玄應音義二十三曰、「鉢羅奢佉亦云婆羅舍佉此云枝枝節五七日時上有形相若至第六七日從五處更生耳鼻手足等故有重枝名有風生眼耳等孔亦云生苦也」俱舍頌疏世品二曰、「鉢羅奢佉此云支節也」

【鉢羅薩他】（雜語）譯曰斤、量目也。菩提資糧論一曰、「譬如量物有鉢羅薩他有阿宅迦」經注曰、「如此間合升斗斛之類」梵語雜名曰、「斤鉢羅薩他」梵Prastha

【鉢羅腎蘘】（雜語）Prajñā 譯曰智慧見慧琳音義四十七。

【鉢羅笈菩提】（地名）Prāgbodhi山名譯曰前正覺西域記八曰、「鉢羅笈菩提山唐言前正覺山如來將證正覺先登此山。故云前正覺也」

【鉢羅塞建提】（神名）Praskandha 神名譯曰勝蘊俱舍光記二十七曰、「鉢羅塞建提神名鉢羅此云勝塞建提此云蘊。」

【鉢羅摩禍羅】（物名）譯曰珊瑚。慧苑音義上曰、「珊瑚梵本正云鉢羅摩禍羅。寶樹之名其樹身幹枝葉條華皆紅色」

【鉢羅步多囉怛曩野】（佛名）Prabhūtaratna 多寶佛之梵名也。慧琳音義二十六曰、「抱休蘭佛名也正音鉢羅步多囉怛曩野(與格)唐云多寶」薩曇分陀利經曰、「抱休羅蘭漢言大寶」

【鉢蹬伽】（人名）仙人名。譯曰蛾出於二十唯識述記下。

【鉢蠟若帝婆耶那】（流派）Prajñaptivādinaḥ 小乘部宗之名。說假部也。見四分律開宗記一本。

【鉢蠟若帝婆那那部】（流派）又作般羅若底婆拖部。Prajñaptivādinaḥ 譯曰說假部。見說假部條。

【鉢蘭那賒嚩哩】（經名）Praṇāśabalin 陀羅尼之名。譯義未詳。有鉢羅那賒嚩哩大陀羅尼經一卷、宋法賢譯、除惡魔鬼神、及消除災害疾疫。

【鉢囉惹】（天名）Prajāpati 譯曰生主。梵王之別名。見鉢囉若鉢多曳條。

【鉢囉拏摩】（印相）十二合掌之第七。譯曰歸命合掌。大日經疏十三曰、「合十指頭相叉皆以右手指加於左手指上。如金剛合掌也。此云歸命合掌。梵音云鉢囉拏摩合掌」梵 Praṇāma

【鉢囉若鉢多曳】（天名）Prajāpati 梵天名。卽其眞言也。鉢囉若爲一切生之義、鉢多爲主之義、曳 ye 爲助聲。所謂一切衆生之主也。一切衆生因梵天而生、故名一切生主。而實衆生無始。是非梵天所生。如來亦如是。以世間一切善皆自佛心生之、故又不見如來之終始、故名爲世間之父。然實衆生之佛性、前際無始。是非如來所生也。以最初之鉢囉字爲眞言之體。鉢是第一諦最勝之義、囉爲塵垢之義、入阿字門、則成淨法界。不爲塵垢所染、卽是蓮華胎藏也。一切之佛子亦如是自最勝之胎藏生、是故名爲最勝子。末句加曳字、故名爲梵天乘。見大日經義釋七。演密鈔七曰、「此鉢羅。疏主義譯爲一切生。謂一切世間計無不從彼生。故若敵對譯時或云勝或云他。謂一切世間中爲尊爲主。故名爲勝。又西方外道計梵王能生一切。卽是他我。故名爲他。是故亦得名爲勝生主他生主。」

【鉢囉帝提舍耶寐】（術語）Pratideśayāmi 梵語。布薩說戒之具名也。玄應音義十六曰、「布薩是訛略也。應言鉢囉帝提舍耶寐。此云我對說。謂相向說罪也。舊云淨住者義翻也。」

【鉢囉底婆娜嚩底】（雜語）Pratibhāṇavatī 譯曰具辯才。仁王護國經道場念誦儀軌曰、「鉢囉底婆娜此云辯才。嚩底此云具也。順此方言具辯才也。」

【鉢囉嚩娜𪘨嚩囉】(雜語)譯曰最無上。大日經疏九曰、「鉢囉嚩娜𪘨嚩囉是上妙義。殊勝義。即是世間第一更無過上。故云最無上。」梵Pravanatuara

【鉢囊】(物名)又云鉢袋。盛鐵鉢之囊也。四分律五十二曰、「手捉鉢難護持。佛言聽作鉢囊。盛不繫囊口。鉢出。佛言應繫手捉鉢囊護持。佛言應作帶絡肩。」毘奈耶雜事四曰、「時有苾芻手擎鉢去。在路脚跌。鉢墮遂破。因斯闕事。以緣白佛。佛言苾芻不應手擎其鉢。便以衣角裹鉢而去。廢闕同前。佛言應作鉢袋盛去。苾芻手攜。招過如上。佛言不應手持而去。應可作襻掛肩持行。」

【鉢邏犀那恃多】(人名)Prasenajit 見波斯匿條。

【鈴】(物名)有柄與舌、振之即鳴者。其柄爲獨鈷乃至五鈷之形。謂爲鈴杵。眞言天台等之唄器也。又懸於堂塔之簷、謂爲風鈴或金鐸。又俗謂銅鉢爲鈴。取其形之類似也。始於禪家。密家謂之金銑。出於儀軌中。

【鈴供】(故事)供金鈴於佛塔。則世世得好音聲、唄比丘是也。釋門歸敬儀中曰、「聲駐軍馬。由與鈴供。」見唄比丘條。

【鈴杵】(物名)見鈴條。

【鈴菩薩】(菩薩)金剛鈴菩薩之略。金剛界四攝菩薩之一。

【鈴聲比丘】(人名)又曰唄比丘。見唄比丘條。

【鈸】(物名)又曰銅鈸、銅鈸子、銅盤等。原爲西戎南蠻之樂器。僧家採用爲法會之樂器。又鐃與鈸原爲別物、後混爲一、稱爲鐃鈸。見鐃鈸條。

【鼓】(物名)樂器名、張皮於木、以桴擊之而鳴者。釋氏要覽下曰、「五分云。諸比丘布薩衆不時集。佛言若打犍稚。或打鼓吹貝。」毒鼓、甘露鼓、法鼓、金鼓、天鼓、各見本條。

【鼓天】(天名)擊鼓之天人。胎藏界曼陀羅第十二外金剛院之一衆。

【鼓音王經】(經名)阿彌陀鼓音聲王陀羅尼經之畧名。

【鼓音如來】(佛名)見天鼓雷音佛條。

【鼓音聲王經】(經名)阿彌陀鼓音聲王陀羅尼經之畧稱。

【鼓音聲陀羅尼經】(經名)阿彌陀鼓音聲王陀羅尼經之畧稱。

【鼓樓】(堂塔)中世以後諸大寺與鐘樓相對建於講堂之左右。爲懸鼓打時之處。現今多於樓門之上、堂之隅、懸之矣。

【殿主】(職位)知殿之異名。又曰殿司。

【殿鐘】(物名)禪宗佛殿之鐘也。敕修淸規法器章曰、「殿鐘住持朝暮行香時鳴七下。凡集衆上殿。必與僧堂鐘相應接擊之。知殿主之。」

【敬上慈下】（雜語）謂上於尊長恭敬供養。下於一切慈愍愛念也。觀無量壽經所謂「孝養父母。奉事師長。慈心不殺。修十善業。」即其意也。故淨影觀經疏曰。「孝養父母奉事師長者。敬上之行。慈心不殺者。慈下之行。」

【敬田】（雜語）於佛法僧之三寶。恭敬供養。則生無量之福分。故曰敬田。優婆塞戒經三謂爲「功德田」。三福田之一。止觀十下曰。「上不見經佛。敬田。下不見親恩之德」。

【敬順】（術語）敬他順他之命也。法華經安樂行品曰。「敬順佛故發大誓願」。

【敬愛】（術語）無量壽經下曰。「父子兄弟夫婦室家。中外親屬。當相敬愛。無相憎嫉。」図五種壇法之一。請諸佛菩薩愛護之修法名。又祈一家親睦平和所用之修法名。見秘藏記末。參照祈禱條。

【敬愛法】（修法）見祈禱條。

【敬禮】（雜語）Vandana 恭敬禮拜也。即禮拜佛及法僧也。毘奈耶雜事一曰。「見老婆羅門。即云跪拜。若見苾芻便云敬禮。」同十五曰。「凡是口云我今敬禮。但是口業中敬。若時曲躬口云畔睇。此雖是禮。而未具足。然鄔波離。於我法律。有二種敬禮。云何爲二。一者五輪着地。一者兩手捉腨。而皆口云我今敬禮。彼云無病。若不爾者。俱得越法罪」。法華懺法曰。「一一心敬禮十方一切常住佛」。義林章四本曰。「言敬禮者。虔恭曰敬。軌儀稱禮。諦發殷誠。屈儀褒讚。申虔恭之道。標敬禮之名。又起殷淨心。策殊勝業。申誠歸仰。故名敬禮。即通三業。諸教云稽首者。藉身業之稽首。申三業之敬禮。」義林章四本曰。「古云南牟。即是敬禮。應言納慕或納莫」。

【新三論】（書名）見三論條。

【新戒】（雜名）謂沙彌之初受戒者。

【新律家】（流派）對於舊律家而言。四分律五分律等爲舊譯之律。有部律爲義淨之新譯。以此等律爲所依。謂之新律家。

【新婦子禪師】（雜語）是指惡知識之柔弱而言也。婦人始嫁。即艶容而取媚於夫。是恐違夫之意。趁出而不能爲家之主宰也。臨濟錄曰。「若似新婦子禪師。便即怕趁出院。不與飯喫。不安不樂。」

【新發意】（術語）謂新發求菩提之意者。是不限於出家。通稱在家出家者也。然至後世乃限於新出家者。（新發意謂四位以下者之出家入道。謂三位以上者）法華經序品曰。「新發意菩薩供養無數佛」。名義集一曰。「阿夷恬。此云新學。亦云新發意」。

【新發意菩薩】（術語）二種菩薩之一。見菩薩條。

【新無量壽經】（經名）五會讚指觀

無量壽經、稱為新無量壽經。是以雙卷之無量壽經譯於前、觀無量壽經為譯於後者、故對前譯之雙卷經而稱觀經為新無量壽經也。

【新集浴像儀軌】（書名）一卷、唐慧琳述。

【新歲】（術語）謂夏安居竟之翌日、即七月十六日。（舊律）是比丘之新年元旦也。

【新歲經】（經名）一卷、東晉曇無蘭譯。坐夏既竟、佛集衆僧、使各相懺悔、諸天來供養偈讚。

【新義派】（流派）日本眞言宗之一派。

【新摩利迦】（植物）花名。譯曰如次第花。見慧琳音義二十六。

【新編諸宗敎藏總錄】（書名）三卷、高麗義天作。錄經論之鈔疏。內題為東海有本見行錄。

【新學菩薩】（術語）新發心學習佛道之菩薩也。梵網經下曰「汝新學菩薩。頂戴受持戒」

【新舊醫】（譬喩）經中有云舊醫客醫者、止觀謂為新舊醫。佛初對小乘之徒、說無常之義、至涅槃時、說常住之義。因而小乘之徒、疑佛語之前後相違。佛即舉新舊兩醫之喩、以解其惑。涅槃經二謂「譬如國王、闇鈍有一醫師、亦頑冥。國王無鑑識之明、厚賜重祿。其醫王病、不察其病症、一用乳藥。後客醫來、以方便介其醫得王寵遇、遂斥舊醫。因勸王曰、願王自今勿用乳藥。乳藥於病有害。且宜令國中曰、病者一切勿用乳藥。若用者斷頭。王聽之、令於國中。於是國中病者無用乳藥者。後王有病、即命是醫如何治之。醫即勸用乳藥曰、我先斷乳藥者、大妄語也。王今有熱病、正宜服乳藥。王曰、汝今狂乎。汝先言毒、今復言好。如汝言、則舊醫果勝汝歟。醫曰、王勿作是言。譬如蟲食木、有成字者。智人見之不言是蟲能解字。舊醫亦爾、不別諸病、悉用乳藥。如彼蟲偶得成字。是乳藥亦是甘露、亦是毒藥也。若是㹀牛不食酒糟滑草等、放牧之處、不在高原、不在下濕、飲清流、食青草、飲餧調適、行住得所、如是則其乳能除諸病、是名為甘露妙藥。其餘之乳一切皆名毒藥。王聞之曰、善哉、吾自今日可復用乳藥矣。乃令國中更用乳藥。」此喩之意、舊醫之純用乳藥者、如彼外道之唯說邪常。客醫之如來、初使制乳者、如初時欲破外道之邪常、為說無常。後復使用乳藥者、如成小乘無常已、今還說大乘眞常。新舊二乳、乳之名雖同、而邪正之義別也。

【新舊兩譯】（術語）佛典之譯語有兩樣。一曰舊譯、一曰新譯。以唐玄奘三藏為界。玄奘以前者為舊譯、玄奘以後者為新譯。

玄奘者新譯之翹楚也。

【新薰說】（術語）唯識宗有謂第八識所藏之種子、非爲本來固有者、如視爲本有能薰之法所薰之識皆有無始以來。即種子亦爲無始以來所薰習者。難陀勝軍二師爲此說。非宗之正義。

【新薰種子】（術語）本有種子之外。有新薰種子。見種子條。

【新譯】（術語）見舊譯條。

【飯那】（雜語）Vana又作婆提、婆那、縛尼譯曰林。玄應音義一曰、「飯那此云林也」華嚴探玄記十九曰、「婆提者正婆那。此云林也」梵語雜名曰、「林縛尼」

【飯袋子】（雜語）斥無用人之言。其身體只盛飯食之袋囊而已。無門關十五則曰、「飯袋子。江西湖南便恁麼去。」天中記三十九曰、「江湖近事、馬氏驕奢。諸院王子僕從烜赫。文武之道未曾留意。時謂之酒囊飯袋。」

【飯頭】（職位）禪家之役名。司大衆之粥齋者。僧堂淸規五曰、「此職與典座分勞。掌粥飯常與菜頭監糧等和合而護惜常住。其用心與典座同。愼飯糧之過不足。宜常熟讀典座敎訓。」臨濟錄冠註曰、「百丈淸規有典座無飯頭。此典座也。典座者職掌大衆齋粥一切供養」

【飯僧】（雜語）猶言齋僧。舊唐書曰、懿宗奉佛太過。常於禁中飯僧親爲贊唄。

【飯磬】（雜語）僧寺中每飯時擊磬以召僧徒。故名飯磬。沈炯詩曰、馴烏逐飯磬。

【飲光】（人名）迦葉之譯名。自光飲蔽他微光之義。名爲飲光。有二義。一是祖先之姓。故名。一彼身有光明。故名。文句一下曰、「摩訶迦葉。此翻大龜氏。其先代學道。靈龜負仙圖而應。從德命族。故言龜氏。眞諦三藏。翻光波。古仙人身光炎涌。能映餘光。使不現。故言光波。亦云飲光。迦葉身光。亦能映物。」法華義疏一曰、「十八部論疏云。具足應云迦葉波。迦葉此云光。波此云飲。合而言之。故云飲光。飲光是其姓。上古仙人名爲飲光。以此仙人身有光明。能飲諸光。令不復現。今此迦葉。是飲光仙人種。卽以飲光爲姓。從姓立名稱飲光也。又此羅漢亦自有飲光事。其人身有金色光明。（中略）此金猶不及迦葉金色。是故亦名飲光。」

【飲光仙】（人名）上古有仙人名飲光。見前項。

【飲光部】（流派）小乘二十部之一。佛滅三百年之末自說一切有部別出者。取部主之名名爲飲光部。與佛在世之飲光同名異人。見宗輪論述記上。

【飲血地獄】（界名）日日飲血之地獄。見地藏本願經上地獄名號品。

【飲食】（術語）飲料食物。欲界之有

情、必依飲食而立身。

【飲食欲】（術語）欲界三欲之一。見三欲條。

【飲食供養】（術語）五種供養之一。眞言觀行要覽曰、「蘇悉經二（獻食品）曰。略說獻食應用園根長根諸果酥餅、油餅、諸羹臛等。或種種粥及諸飲食。此四種食通獻諸部。瞿醯經中（奉請供養品）曰、所有臭穢辛苦澀味古殘宿不祥之食、不應供養。或若不辦種種羹者、但用小豆羹而供養亦得。凡所領上皆應熟酪。凡乳粥上皆應著蜜。其小豆羹上應著牛酥。若有蕫者亦應著之。其菓子中石榴爲上。於諸根中毘多羅根爲上。」

【飲食三時供】（行事）蘇悉地經偈曰、「晨朝時日中時及日沒時。」不動使者軌曰、「旦時午時黃昏時。」

【飲食四時】（行事）胎藏三時、常事也。金剛界四時、是以此界取一切之物類四故也。四時者於平常之三時加半夜。

【飲食三昧】（術語）五供三昧之一。

【飲食眞言】（眞言）六種供養眞言之一。見供養條。

【飲酒】（術語）五戒之一。禁飲酒。俱舍論十四曰、「諸飲酒者、心多縱逸、不能守護諸餘律儀。故爲護餘令離飲酒。」

【飲酒十過】（名數）一顏色惡。飲酒之人、顏貌容色因之變常、無有善相也。二下劣。飲酒之人威儀不整、動止輕薄、人所賤惡也。三眼視不明。恣飲而狂癡、瞻視昏瞀不辨色境也。四現瞋恚相。醉酒之人行不善法、不顧親屬賢善、恣爲忿怒也。五壞田業資生。恣飲放逸、破費產業、散失資財也。六致疾病。飲酒過度、則失身體之調、以致疾病也。七益鬪訟。醉酒發很、與人爭競、不惜身命、而鬪訟益增也。八惡名流布。耽飲縱恣、則棄捨善法、而醜名惡聲、流布遠近也。九智慧減少。飲酒昏迷、愚癡狂騃、而智慧減少也。十命終墮惡道。狎朋飲酒、不修善行、則惡業日增、命終後墮於惡道也。見四分律十。

【飲酒三十五過】（名數）一現世財物虛竭。何以故。飲酒醉亂、心無節限、用費無度故。二衆病之門。三鬪諍之本。四裸形無恥。五醜名惡露、人所不敬。六無復智慧。七應所得物而不得、已所得物而散失。八伏匿之事盡向人說。九種種事業廢不成辦。十醉爲愁本。何以故。醉中多失、醒則慙愧憂愁。十一身力轉少。十二身色壞。十三不知敬父。十四不知敬母。十五不敬沙門。十六不敬婆羅門。十七不敬叔伯及尊長。何以故。醉悶慣惱、無所別故。十八不敬佛。十九不敬法。二十不敬僧。二十一朋黨惡人。二十二疎遠賢善。二十三、作破戒人。二十四無慙愧。二十五不守六情。二十六縱色放逸。二十七人所憎惡、不喜見。二十八貴重親屬及諸知識所共擯棄。二十

九、行不善法。三十、棄捨善法。三十一、明人智士所不信用。何以故。酒放逸故。三十二、遠離涅槃。三十三、種狂癡因。三十四、身壞命終。墮惡道泥犂中。三十五、若得爲人所生之處、常當狂騃。如是種種過失。是故不飲酒。見智度論。

【飲酒三十六失】（名數）一、不孝父母。二、輕慢尊長朋友。三、不敬三寶。四、不信經法。五、誹謗沙門。六、訐露人罪。七、恒說妄語。八、誣人惡事。九、傳言兩舌。十、惡口傷人。十一、生病之根。十二、鬭諍之本。十三、惡名流布。十四、人所憎嫌。十五、排斥聖賢。十六、怨黷天地。十七、廢忘事業。十八、破散家財。十九、恒無慚愧。二十、不知羞恥。二十一、無故捶打奴僕。二十二、横殺衆生。二十三、姦犯他妻。二十四、偷人財物。二十五、疎遠善人。二十六、狎近惡人。二十七、常懷恚怒。二十八、日夜憂愁。二十九、牽東引西。三十、持南著北。三十一、倒溝臥路。三十二、墮車墜馬。三十三、逢河落水。三十四、持燈失火。三十五、暑月熱亡。三十六、寒天凍死。見四分律。

【飲樹】（雜名）諸天取飲之樹也。瑜伽論四曰、「諸天愛其廣大、形色殊妙。多諸適悅。復有飲樹、從此流出甘美之飲。」

【飽叢林】（雜語）謂禪林之舊參也、少叢林之反對。古尊宿三十九智門祚錄「所以趙州八十尚自行脚。秖是要飽叢林。又且不擔板。」

【毀呰】（雜語）口毀曰呰。根本律曰、「毀呰語者、謂於他人爲毀辱事。」

【毀釋】（雜語）毀釋尊及其敎法也。

【勤】（術語）梵語Virya 心所名。七十五法之一。百法之一。令心勇悍之精神作用也。與精進同義。俱舍論四所謂「勤謂令心勇悍爲性、」成唯識論六所謂「勤謂精進、」是也。俱舍論攝之於大善地法、唯識論亦以爲善心所之一、皆爲有別體。

【勤行】（行事）勤行善法也。六波羅蜜中之精進波羅蜜也。法界次第下之上曰、「毘梨耶秦言精進。欲樂勤行善法。不自放逸。謂之精進。」◎僧家定時於佛前讀經禮拜、稱爲勤行。定勤行之時、總有一切時、六時、四時、三時、二時等之別。一切時者、不擇行住坐臥、是菩薩之精進波羅蜜也。六時者晝三夜三也。晨朝日中黃昏爲晝三。初夜中夜後夜爲夜三。智度論七曰、「菩薩夜三晝三六時禮請。」又曰、「菩薩法晝三時夜三時常行三昧。」同二十六曰、「佛以佛眼一日一夜各三時觀一切衆生誰可度者。」同九十二曰、「佛常晝三時夜三時以佛眼遍觀衆生。誰可種善根。」然則六時之勤行、略中之本法也。四時者、晨朝日中黃昏夜半也。三時者晝之三時也。二時者晨昏之二時也。自四時已下、今現行之。

【勤求】（雜語）勤求善法也。法華經序品曰「經行林中勤求佛道」。

【勤苦】（雜語）勤而苦也。無量壽經下曰「愛念相隨勤苦若此」。

【勤根】（術語）與精進根同。

【勤息】（術語）梵語沙門之譯名。勤行衆善止息諸惡之義。見沙門條。

【勤策】（術語）沙彌也。抱欲爲比丘之希望勤自策勵故名。

【勤策律儀】（術語）梵語室羅摩拏洛迦三跋羅 Śramaṇeraka-saṃvara 正翻勤策擁護。室羅摩拏洛迦（舊曰沙彌）者勤策。三跋羅者擁護之義。律儀乃意譯也。別解脫律儀之一。爲苾芻勤加策勵故云勤策。能防身語故云律儀。俱舍論十四曰「若受離十所應遠離、安立第三勤策律儀。何等名爲十所應離。謂於前八塗飾香鬘舞歌觀聽開爲二種、復加受畜金銀等寶以爲第十」卽是也。前八者殺生、不與取、非梵行、虛誑語、飲諸酒、塗飾香鬘舞歌觀聽、眠坐高廣嚴麗牀座、食非時食也。此爲沙彌之十戒。出家沙彌所受持。若女人受之則稱爲勤策女律儀。然實體是一。非勤策律儀之外別有勤策女律儀也。

【勤舊】（雜名）謂禪院知事、侍者、新主等之退職者。嘗勤事務、故曰勤。已退職、故曰舊。見象器箋五。

【亂心】（雜語）心念散亂、不住於一處也。勝鬘寶窟下本曰、「心不住於一境名爲亂心」。

【亂行】（雜語）亂暴放逸之行也。

【亂善】（術語）欲界衆生以散亂心所作之禮佛誦經等善根也。釋門歸敬儀中曰「且如欲有亂善體封下界」。

【亂想】（術語）散亂放逸之心想也。謂一切之煩惱。楞嚴經七曰、「和合氣成八萬四千飛沈亂想」。增一阿含經一曰、「去衆亂想逮沙門果」。

【亂僧】（雜語）亂行之僧也。

【碑】（物名）欲使永知死人之功績、以其事蹟或讚辭等刻於石等、建之於衆人共見之處者。

【塌薩阿勞】（雜語）塌薩爲不蠲之義、關於其事也。阿勞之阿、爲發語助辭。勞爲勞擾、關事苦勞之狀、嘲人動作之詞也。服天方語解曰、「塌薩與塌儑同。唐音通、出於山谷集註、物不蠲也。蜀人語」。

【鄔那末奴沙婆陀】（術語）Unani-anuṣyapada 譯曰滅人語。損滅他人之語、卽毀呰也。見飾宗記六本。

【鄔波那】（雜語）譯曰發起。見大日經疏一。

【鄔波世羅】（人名）Upaśaila 劫初卵生之羅漢名。譯曰小山。因住處而名之。見俱舍論八同光記八。

【鄔波柁耶】（術語）又作鄔波馱耶。見優婆馱耶條。

【鄔波索迦】（術語）又作烏波索迦。見優婆塞條。

【鄔波素迦】（術語）見優婆塞條。

【鄔波斯迦】（術語）又作烏波斯迦、優波賜迦。見優婆夷條。

【鄔波僧訶】（異類）Upasiṁha 又作優婆僧伽。夜叉名。譯曰小獅子。見孔雀王咒經中。

【鄔波馱耶】（術語）見優婆馱耶條。

【鄔波遮盧】（人名）輪王名。譯曰小髀。從父髀生故名。見俱舍論八、同光記八。Upacaru

【鄔波婆娑】（術語）見優波婆娑條。

【鄔波題鑠】（術語）見優婆提舍條。

【鄔波三鉢那】（術語）Upasaṁpanna 譯曰近圓。受大戒者之美稱。寄歸傳三曰、「既受戒已名鄔波三鉢那」注曰、「鄔波是近。三鉢那是圓。謂涅槃也。今受大戒。即是親近涅槃」

【鄔波半止迦】（異類）又作優波般止部。Upapañcaka 夜叉名。譯曰小五。見孔雀王咒經下。

【鄔波尼殺曇】（雜語）Upaniṣad 又作塢波尼殺曇、優波尼沙陀。譯曰近少、微細、因等。慧苑音義上曰、「優波尼沙陀分正云塢波尼殺曇。言塢波者近也。尼殺曇者少也」慧琳音義一曰、「優波尼沙陀分。梵語算法數之極也。大論釋爲微細分析至極之言也」同十曰、「義譯爲微細極至隣虛。名塢波尼殺曇」玄應音義二十一曰、「鄔波尼殺曇分。又言優婆沙陀分。此數之極也」能斷金剛論下曰、「鄔波尼煞曇譯爲因」

【鄔波提舍泥】（雜名）Upadeśana 譯曰業聲。八轉聲之第二。

【鄔陀延】（地名）Udayana 又作優陀延、鄔陀衍。譯曰出。日出之義。見宗輪論述記。

【優陀延王】（人名）釋迦方誌上曰、「優塡古優陀延也。唐云出愛」見優塡條。

【優陀延山】（地名）慧琳音義二十六曰、「優陀延山。此云日出處也」

【鄔陀南】（術語）十二部經之一。見憂陀那條。

【鄔陀衍那】（人名）王名。見優塡王條。

【鄔婆娑沙】（術語）見優波婆娑條。

【鄔婆提耶】（術語）見優婆馱耶條。

【鄔茶】（地名）國名。見烏仗那條。

【鄔斜訶羅】（異類）夜叉鬼名。譯曰吸食。見孔雀王經上。梵 Ucchvasa-āhāra

【鄔馱南】（術語）又作烏拕南、鄔陀

南見憂陀那條。

【鄔闍衍那】（地名）Ujjayini 國名。南印度之境。僧徒三百餘人、大小乘學。有阿輸迦王所作之地獄遺址。見西域記十一。

【鄔盧頻螺迦葉波】（人名）又作烏盧頻螺迦葉波。見優樓頻螺迦葉條。

【鄉人】（雜名）謂舊里之人。百丈清規尊宿遷化條所謂「勤舊、辦事、鄉人、法眷。」是也。其爲首長者曰鄉頭、或曰鄉長、列於末位之意曰鄉末。又見百丈清規二及六、象器箋稱呼門。

【搕𢶍】（雜語）糞色也。即謂糞穢。雲門廣錄上曰「若是一般虛掠漢食人膿唾、記得一堆一擔搕𢶍、到處馳騁驢脣馬嘴、誇我解十轉五轉問話。」又虛堂錄曰、「逕掃堆頭、更加搕𢶍。」

【廬天】（界名）Parittābha 色界第二禪中初天之梵名。譯曰有光壽、少光。玄應音義十二曰、「廬天晉言有光壽天。是第二禪中初天也。亦名少光天。以光小故也。」可洪音義一曰、「盧天正作廬也。四阿含暮抄。云波栗阿波。此言少光。」

【廬波】（界名）廬波摩那之略。

【廬波摩那】（界名）Apramāṇābha 無量光天之梵名。人至此天、則身放光明無量。玄應音義十二曰、「廬波摩那。晉言無量光天也。」可洪音義一曰、「廬波。四阿含暮抄云阿波摩那阿婆。此言無量光。」

【廬樓亘】（菩薩）譯曰光世音。即舊譯家觀世音菩薩之音譯。見可洪音義二。

【畺良耶舍】（人名）Kālayaśa 三藏名。梁高傳三曰、「畺良耶舍、此云時稱。西域人。三藏兼明。以禪門爲專業、宋元嘉初來京洛。太祖文皇帝深加嘆賞。使居鍾山道林精舍。沙門寶誌崇其禪法。沙門僧含筆受譯藥王藥上經、觀無量壽經二經。壽六十終。」

【熙連】（地名）又作希連。Hiraṇyavati 河名。一作尸剌那伐底。譯云金河。佛於此河畔涅槃。見阿恃多伐底條。

【熙連禪】（地名）又作希連禪。河名。見熙連條。

【煮沙】（雜語）以泥沙欲煮成飯也。首楞嚴經曰、「猶如煮沙、欲成嘉饌。縱經塵劫、終不能得。」

【煎點】（飲食）煎茶之點心。煎茶以點空心也。或爲點心之異名。是進茶之前先進些點心物也。見象器箋十七。

【腨如鹿王相】（術語）佛三十二相之一。佛之腨如鹿之腨、具可愛樂之相也。

【獅子】（動物）猛獸名。產非洲及南美之巴西國。身長至七八尺。頭圓而大。尾細長。毛黃褐色。雄者有鬣。雌者似虎。吼聲達數里。羣獸聞之。無不懾服。故稱獸中之王。古亦作師子。

【獅子吼】（譬喩）喩佛敎威神發大音聲震動世界也。傳燈錄曰「釋迦佛生時。一手指天。一手指地。作獅子吼。云天上天下。惟吾獨尊。」

【獅子座】（雜名）智度論謂佛爲人中獅子。凡所坐若牀若地。皆名獅子座。

【獅子會】（雜語）東京夢華錄曰「九月重陽。都下開寶寺仁王寺有獅子會。諸僧皆坐獅子上。作法事講說。游人最盛。」

【椽儀】（行事）大法要時於本堂周圍之椽側行道之儀式也。蓋通常之法式。唯於內陣或本堂內行道。而大法要時。大衆多。且儀式莊嚴。故特行此式。行於庭上。謂之庭儀。今行於椽側。故有此名。

【塑像】（雜語）塑土爲像也。陔餘叢考三十二曰「自佛法盛而塑像偏天下。然塑像實不自佛家始。史記帝乙爲偶人以象天神。與之博。則般時已開其端。國語苑蠡去越。越王以金寫其形而祀之。國策宋王偃鑄諸侯之象。使侍屛廁。則并有鑄金者。孟子有作俑之語。宋玉招魂亦云像設。魏文侯曰。吾所學者乃土梗耳。又國策秦王曰。宋王無道。爲木人以象寡人。而射其面。又孟嘗君將入秦。蘇代止之曰。土偶與桃梗相遇。桃梗曰。子西岸之土也。挻子以爲人。歲八月雨降。則汝殘矣。土偶曰。吾西岸之土。土殘則復西岸耳。今子東國之桃梗也。削子以爲人。雨下水至。漂子而流。吾不知所稅駕也。則泥塑木刻。戰國時皆已有之矣。又韓非子記桓赫削之道。鼻莫如大。目莫如小。鼻大可小。小不可大也。目小可大。大不可更小也。此又塑像之秘訣。至佛像自漢武擊休屠。始得其祭天金人以歸。然則佛像本用金鑄。其後有用土木者。則轉從入中國。以中國法爲之耳。」

【頑石點頭】（雜語）蓮社高賢傳曰。「竺道生入虎丘山。聚石爲徒。講涅槃經。群石皆爲點頭。」今言感化之深曰頑石點頭。本此。

十四畫

【與力不障】（術語）當其生而附與以力。補助之使無障礙。增上緣之一種也。

【與果】（術語）對於取果之稱。爲所生之法。種因。謂之取果。正於所生之法與以力使之生。謂之與果。俱舍論六曰「能爲彼種。故名取果。正與彼力。故名與果。」

【與欲】（術語）見欲法條。

【與麼】（雜語）俗語指物之辭也。祖庭事苑一曰「與麼指辭也。」

【與奪】（術語）論評敎義。褒而取之。謂之與。貶而斥之。謂之奪。四敎儀集註上曰。「約敎別與約敎通奪。」

【與願手】（術語）結與願印之手相也。

【與願印】（印相）又曰施願印、滿願印。仰掌舒五指而向下、流注如意寶或甘露水之相也。爲寶生如來地藏菩薩虛空藏菩薩等本誓之標幟。求聞持法曰、「右手復作與諸願印。五指下垂現掌向外。是與願印相。」攝眞實經曰、「第三結施諸願印。舒右五指仰掌想從五指間雨如意寶珠。衆生一切諸樂皆令圓滿。是印名爲能令圓滿一切衆生所愛樂印。」大日經疏十六曰、「與願手舒指仰掌向下流注甘露水。」梵 varada-mudrā

【與願印與施無畏印】（雜語）或以爲別、或以爲同。見施無畏印條。

【竪者】（職位）又作立者。於論場立義答問者之難者曰竪義。亦曰竪者。但竪義與竪者有上下之別。

【竪超】（術語）二超之一。

【竪義】（術語）又作立義。於論場就出自探題之論題而立義也。字彙云、豎者立也。俗作竪。非西域記五曰、「衆咸默然無竪議者。」佛祖統紀三十八曰、「相州彼岸寺鑑禪師講會。各各竪義。有一小僧難問蜂起。殊爲可觀。」

【竪敵】（術語）又作立敵。立者與敵者。於論場成立自義者爲立者。反對之而問難者爲敵者。

【竪底沙論】（書名）Jyotiṣa 六論之一。

【碧眼胡】（雜語）碧眼之胡人。指達磨也。祖庭事苑四曰、「初祖達磨大師眼有紺青色。故稱祖曰碧眼。」

【碧眼胡僧】（雜語）謂達磨。高僧傳曰達摩眼紺青色。稱碧眼胡僧。

【碧巖集】（書名）碧巖錄之異名。

【碧巖錄】（書名）又名碧巖集。十卷、宋圜悟於澧州夾山靈泉院碧巖方丈提倡雪竇頌古百則者。然圜悟弟子大慧宗果、提起敎外別傳不立文字之眞趣。一旦燒棄之。後人更拾集其燼餘、傳之於今。黃檗宗大智爲之註釋。名種電鈔。

【壽光學士】（人名）梁慧超、學經論、明解宏達。博贍內外。武帝勅爲壽光殿學士。見釋氏要覽下。

【壽延經】（經名）延壽經之誤。延壽經爲延壽妙門陀羅尼經之異名。

【壽命】（術語）梵語曰儞尾單。Jīvita 命根爲體。壽煖識爲相。活動爲用。輔行七之三曰、「一期爲壽。連續曰命。一期連持。息風不斷名爲壽命。」

【二種壽命】（名數）智度論七十八曰、「衆生有二種命。一者命根。二者智慧命。」

【畜生八壽命】（名數）一一彈指頃、二一日、三半月、四一月、五一歲、六十歲、七百千萬億歲、八乃至一劫。見甘露味論。

【壽命相】（術語）我人四相之一。又智境四相之一。見四相條。

【壽命經】（經名）即壽命陀羅尼經。

【壽命無數劫】（雜語）佛之壽命無量也。法華經壽量品頌曰、「我智力如是。慧光照無量。壽命無數劫。久修業所得。」

【壽命無量願】（術語）阿彌陀佛四十八願中之第十三願。

【壽命無有量】（雜語）與壽命無數劫同。法華經人記品曰、「佛有大威德。名聞滿十方。壽命無有量。以愍衆生故。正法倍壽命。像法亦如是。」

【壽命陀羅尼經】（經名）一切如來金剛壽命陀羅尼經之略名。

【壽者】（術語）十六知見之一。

【壽者相】（術語）於假和合之體上認壽命而誤解者。

【壽相】（術語）我人四相之一。見四相條。

【壽域】（雜名）長壽之域土也。西域記贊曰、「聲教之所霑被。馳騖福林。風軌之所鼓扇。輒驅壽域。」

【壽量品】（經名）如來壽量品之略稱。

【壽量四土偈】（術語）法華經壽量品偈曰、「常在靈鷲山。及餘諸住處。衆生見劫盡。大火所燒時。我此土安隱。天人常充滿。」此六句為法界道場偈。亦曰壽量四土偈。以此六句中自具四土也。文句言常在靈鷲山、是實報土。為三世常住之淨土。故謂為他受用報身所居之實報土。為證實相之理者所得之果報。故謂為實報。別教初地以上、圓教初住已上之菩薩住處也。又言常在二字、含常寂光土。謂常寂光土者、實相之理。即三諦之理也。蓋常者常住之理。故為中諦。寂者空之義。即為空諦。光者照三千諸法之義。即為假諦。此常寂光之理、即為自他受用報身所證、即所住所在之處。故常在二字、得以顯之也。其次餘諸住處之言中。有方便同居之二土。故稱之為四土偈。

【壽經】（經名）無量壽經之略名。選擇集本曰、「壽經云。佛告阿難。」

【壽像】（物名）其人生存中所造之畫像木像等、謂之壽像。

【壽樂】（術語）長壽與安樂也。無量壽經下曰、「何不棄世事。勤行求道德。可獲極長生。壽樂無有極。」

【嘉尙】（人名）唐慈恩寺嘉尙。玄奘門下四哲之一。遊奘之門、受瑜伽唯識之旨。奘譯大般若時、為證義綴文。又在則天武后朝、與薄塵靈辯等預譯場之證義。功績甚多。後不知所終。見宋高僧傳四。

【嘉祥】（人名）隋會稽嘉祥寺吉藏。以寺號稱為嘉祥。三論宗之祖也。唐高僧傳

十三、佛祖統紀十、有傳。因梁高僧傳著者慧皎、住梁會稽嘉祥寺。故亦呼爲嘉祥。見唐高僧傳六。

【嘉祥寺】（寺名）在支那浙江省紹興府會稽。創立年時未詳。由來學匠之住此寺者頗多。至三論宗之祖吉藏於茲張講席、其名遂爲天下所知。

【嘉集】（雜語）嘉吉之集會。注維摩經一曰、「肇曰。一時法王啓運嘉集會之時也。」

【嘉會】（雜語）嘉吉之法會。大日經疏四曰、「良日晨者。意在菩提心嘉會之晨也。」

【嘉會壇曼陀羅】（術語）曼陀羅之德名。設曼陀羅、以行灌頂、十方諸佛來集、生導師當來之嘉會也。因中臺大日之理法身、住於西方蓮華部之阿彌陀三昧、以領加持曼荼羅、爲衆生說法、謂爲嘉會曼荼羅。大日經具緣品之說法是也。是爲自證會加持身之說。又領西方極樂之阿彌陀相而說法。是嘉會曼荼羅也。此爲說聽和合之嘉運、故謂爲嘉會。諸經之首所謂一時是也。大日經六曰、「靑色是無量壽色、旣到金剛實際。卽以加持方便善現大悲曼荼羅。」秘藏記鈔一曰、「大日住於阿彌陀三摩地、領加持曼荼羅、三部中蓮華部之曼荼羅也。」聖財集下曰、「五佛中前三佛內證之三點無相法身也、三點中南方理智不二之實生也、不對於迷機、謂之爲四身一體內證之自性壇。王西方之嘉會壇。始爲對於迷機之淨土佛彌陀。一切淨土佛、彌陀之分身也。」

【誓】（術語）要約之言也。無量壽經上曰、「斯願不滿足。誓不成正覺。」

【誓水】（雜語）又曰金剛水。眞言行者受三昧耶戒時、爲表誓約所飲之水名。大日經疏五曰、「又於別器調和香水。以鬱金龍腦旃檀等種種妙香。亦以眞言加持。授與令飲少許。此名金剛水。以秘密加持故。乃至地獄重障皆悉除滅。內外俱淨堪爲法器也。阿闍梨言此卽名爲誓水。亦順世諦。猶如盟誓之法。令於一切衆聖前呷此香水自誓眞心要令不退大菩提心願也。」大疏演奧鈔十二曰、「今謂卽事而眞自宗大旨也。而第六日是受戒日也。其戒體者卽此誓水也。常途教淺深雖異。皆以幽邃玄理爲戒體。而今作秘密加持戒香和鑁水令飲服受者。故尸羅戒體納得心中。甚深得益難思法門也。」又名五瓶所盛之灌頂水。以是爲諸佛本誓之智水故也。

【誓不成正覺】（雜語）彌陀如來爲菩薩時立四十八願已、更立誓。斯願不滿足。我不成佛也。無量壽經上曰、「我建超世願。必至無上道。斯願不滿足。誓不成正覺。我於無量劫不爲大施主。普濟諸貧苦。誓不成正覺。我至成佛道。名聲超十方。究竟靡所聞。誓不成正覺」謂之三誓偈。

【誓言】（術語）誓約之言。法華經見寶塔品曰「今於佛前自說誓言」。

【誓戒】（術語）持誓與戒也。釋門正統三曰「法智載嚴於誓戒」。

【誓扶習生】（術語）又曰扶習潤生。台家之所談。言於通教十地中第九之菩薩地、以誓願扶見思之習氣、受三界之生、以度衆生也。以於十地中第七之已辦地、既斷見思之正使、已不能受生於三界六道而度衆生、將以何者滿利他之行。若藏教之菩薩、三祇百劫之間、不斷一毫之見思（唯制伏之）故可以之而受生。別圓二教、以無明爲受生之因。通教無無明受生之義。又於第七地既與阿羅漢共斷三界之見思、故今於殘餘之習氣、加誓願與慈悲之二力、以爲得受生化度之自在。卽以誓願慈悲之二力、扶持見思之習氣、而潤三界之生業、故亦曰扶習潤生。法相家初地以上七地以下菩薩留惑潤生之義、與之相當。智度論二十七曰、「菩薩得無生法忍、煩惱已盡、習氣未除、故因習氣及法性生身、能自生化生、有大慈悲、爲化衆生故、亦爲滿本願故、還來世間」。唯識論九曰、「留煩惱障助願受生」。四教儀集解下曰、「九菩薩地見思已亡、名正使盡。此約自行、故同二乘。若欲利他則須扶習。扶謂扶持。習卽見思之氣分也。潤謂潤益。生卽分段之形生也。所謂扶持見思之氣分而潤益、故受生焉」見七帖見聞六本。

【誓耶】（術語）譯曰勝頂。五佛頂之第二。見大日經疏五。

【誓約】（術語）誓願約束。就佛菩薩之救濟而言。

【誓願】（術語）立誓而願事也。諸佛菩薩必有總別二種之誓願。總誓願者四弘誓願是也。別誓願者如阿彌陀佛之四十八願、藥師之十二願是也。探玄記二曰、「隨心求義爲願。要契至誠爲誓」。止觀七曰、「發願者誓也。如許人物、若不分券物則不定。施衆生善、若不要心、或恐退悔、加之以誓」。法華經方便品曰、「舍利弗當知、我本立誓願、欲令一切衆生、如我等無異」。

【誓願力】（術語）佛在因位時與大願、所誓果得之功德力、全由因位之誓願所成也。

【誓願安樂】（術語）誓願安樂行之略。

【誓願安樂行】（術語）四安樂行之第四。立欲使一切衆生入於佛道之誓願、而安樂行法華之法也。見四安樂行條。

【聚沫】（譬喻）以譬有爲法之無常。維摩經方便品曰、「此身如聚沫、不可撮摩」。

【聚砂】（本生）見次項。

【聚砂爲佛塔】（雜語）謂童子戲聚砂作佛塔供養之之事由是爲成佛之結緣也。(出自阿育王之本生)法華經方便品曰「乃至童子戲聚砂爲佛塔如是諸人等皆已成佛道。」

【五百幼童聚沙興塔】（傳說）五百幼童相結爲伴日日遊戲、但至江水、聚砂興塔、各言塔好雖有善心而宿命福薄時天卒雨、江水暴漲、漂流溺死佛告衆人、五百童子生於兜率天皆同發心爲菩薩行、佛放光明、使其父母見子所在、佛遙呼五百童子來。時皆住虛空中、散華於佛、下稽首、言蒙世尊恩、身雖喪亡、得見彌勒見出生經、經律異相四十四。

【聚墨】（譬喩）以譬物之黑者。無量壽經上頌曰、「光顏巍巍。威神無極。如是焰明。無與等者。日月摩尼。衆光焰耀。皆悉隱蔽。猶若聚墨。」觀佛三昧海經三曰、「優婆夷中二十四人見佛身色猶如聚墨。」

【厭】（術語）心所名。對欣而言。厭背苦集無量過患之善精神作用也。毘婆沙論及正理論、立之爲善心所、謂於慧及無貪之外有別法。俱舍論等則不別立之。俱舍光記四出其理由、謂厭欣二行相、爲相違之心、故於一心中不並起、又不恒起、又不普於善心周遍相應、故不別立之云。

【厭世】（術語）厭世間求出離也。止觀五曰、「設厭世者。翫下劣乘。攀附枝葉。狗狎作務。敬獼猴爲帝釋。宗瓦礫是明珠。此黑闇人豈可論道。」

【厭求】（術語）厭苦求樂也。起信論曰、「厭生死苦。欲求無上菩提。」往生要集上本曰、「厭離穢土。欣求淨土」

【厭欣】（術語）厭離穢土欣求淨土之畧。見厭離條。

【厭苦緣】（雜語）善導分觀經之發起序爲七段、自時韋提希被幽閉、已至共爲眷屬之一段、科爲厭苦緣。謂此一段爲韋提希夫人爲阿闍世王所幽閉、起厭娑婆苦之情之緣起也。觀經序分義曰、「從時韋提希被幽閉下至共爲眷屬已來。明厭苦緣。」

【厭患對治】（術語）四對治之一。見四對治條。

【厭魅】（異類）咒死屍使殺害怨敵者。梵曰毘陀羅。見毘陀羅條。千手經曰、「厭魅咒咀。」

【厭離】（術語）於物厭離也。維摩經佛國品曰、「佛以一音演說法。或有恐畏或歡喜。或生厭離或斷疑。」唯識論六曰、「厭謂慧俱無貪一分。於所厭上不染着故。」

【厭離穢土】（術語）厭娑婆也。往生要集上本分要集一部之所明爲十門、曰、「一厭離穢土。二欣求淨土。(中略)十問答料簡。」

【爾炎】（術語）見爾燄條。

【爾前】（術語）台宗常用之語。由此以前之意。指法華經已前。法華文句四之一曰「爾前非無上也。」

【爾燄】（術語）又作爾炎。Jñeya譯曰所知境界。智母。智境。謂五明等之法。為能生智慧之境界者。勝鬘寶窟中末曰「爾炎謂智母。以能生智故。又亦名為智境。則五明等法。能生智解。故名智母。為智所照。名智境也。」同中末曰「生智境界為爾炎地。」玄應音義十二曰「梵言爾炎。此譯云所知。亦云應知。」

【爾儞】（雜語）譯曰仁者。呼人之稱。大日經疏四曰「梵音爾儞。名為仁者。」

【奪衣鬼】（異類）與奪衣婆同。

【奪衣婆】（異類）褫取罪人衣之惡鬼名。十王經曰「官前有大樹。名衣領樹。陰住二鬼。一名奪衣婆。二名懸衣翁。（中畧）婆鬼脫衣。翁鬼懸枝。顯罪低昂。送後王廳。」又作脫衣婆。

【奪魂鬼】（異類）十王經所說三鬼之一。人將死時。來奪魂之鬼也。十王經曰「閻魔法王遣閻魔卒。一名奪魂鬼。二名奪精鬼。三名縛魄鬼。」

【奪精鬼】（異類）十王經所說三鬼之一。人將死時。奪其精氣之惡鬼也。見奪魂鬼條。

【盡七日】（雜語）七七之終也。

【盡十方】（術語）盡十方之法界。而無餘也。願生偈曰「世尊我一心。歸命盡十方無礙光如來。願生安樂國。」

【盡未來際】（術語）為示法之永。假說未來際也。如過去無極際。未來亦無有際底也。心地觀經四曰「當證無上菩提果。盡未來際常不滅。能度衆生作歸依。」

【盡苦道】（術語）謂二乘之法。即四諦十二因緣之觀行。以斷盡生死之苦之道也。法華經方便品曰「是故舍利弗。我為設方便說。諸盡苦道。示之以涅槃。」

【盡是女身】（雜語）由聞法之功德而捨離女身也。法華經藥王品曰「若有女人聞是藥王菩薩本事品。能受持者。盡是女身。後不復受。」

【盡智】（術語）俱舍論所說十智之第九。見智條。

【盡智經】（書名）詳說盡智之事。中阿含經十。

【盡淨虛融】（術語）謂般若經之所說也。彼經專明諸法皆空之實相。不餘一法。悉皆是空。故謂為盡淨。盡者悉皆之義。淨者清淨之義也。虛融者。諸法既為真空。而無自性。故虛通融鎔。同為一如。是為一代五時中第四時之說法。以乘遣蕩二之法執。令終入於法華中道實相之漸階也。法華玄義十之二曰、「般若論通則三人同入。論別則菩薩獨進。廣歷陰入盡淨虛融。亦不明其意出意。」

【盡無生智】（術語）俱舍論所說十智中盡智無生智之二也。俱舍論二十五曰、「盡無生智說名為覺」。見智條。

【盡無盡法門】（雜語）頓悟入道要門論上曰、「問、經云。盡無盡法門如何。答。為二性空故、見聞無生是盡。盡者諸漏盡。無盡者、於無生體中。具恒沙妙用。隨事應現、悉皆具足。於本體中亦無損減、是名無盡。即是盡無盡法門也。」

【盡虛空界】（術語）約豎而謂為盡未來際。就橫而謂為盡虛空界。顯物之無際限、佛門之套語也。

【盡壽藥】（飲食）四藥之一。

【翠巖】（人名）明州翠巖永明大師、名令參、嗣法於雪峰、大張法席。見傳燈錄十八。

【翠巖眉毛】（公案）「翠巖夏末示衆云。一夏已來為兄弟說話、看翠巖眉毛在麼。」見碧巖八則、從容錄七十一則。

【蓋】（術語）煩惱之異名。覆蓋之義。覆行者之心、使善心不開發者。法界次第上之上曰、「蓋以覆蓋為義。能覆蓋行者。清淨信心。不得開發」。無量壽經下曰、「離蓋清淨。無厭倦心。」參照五蓋條。因笠蓋。比丘所用者。釋氏要覽中曰、「律云。跋難陀比丘。持大蓋行。（似今涼傘也）諸居士遙見謂是官人。皆避道。及近元是比丘。乃譏嫌之。佛乃制戒。不應持大蓋。若天雨即聽」。同卷曰、「蓋有二種。一竹蓋。二葉蓋。寄歸傳云。西域僧。有持竹蓋。或持傘者。」因佛之供具。寶蓋天蓋等。增一阿含經曰、「是時梵天王在如來右。釋提桓因在如來左。手執拂。密迹金剛力士。在如來後。手執金剛杵。毘沙門天王。手執七寶之蓋。處虛空中在如來上。恐有塵土坌如來身」。蓋之用有防塵埃者。觀無量壽經曰、「其光如蓋七寶合成。徧覆地上」。

【蓋天】（界名）Parittābha 玄應音義五曰、「蓋天諸經作盧天。此譯云有光壽天也。盧鳥合切」

【蓋天蓋地】（雜語）覆蓋天地也。又曰普天普地。示自己意氣滿溢。磅礴於宇宙之意。宗門統要續集十六巖頭全豁條所謂「師云。若欲播揚大教、一一從自己胸襟流出將來。為我蓋天蓋地去」之類是也。

【蓋樓亘】（菩薩）譯曰光世。可洪音義二下曰、「蓋樓亘。此云光世菩薩也」。案蓋為盧之誤。觀世音菩薩之音譯。

【蓋纏】（術語）五蓋與十纏。皆煩惱之數。維摩經佛國品曰、「悉已清淨。永離蓋纏」。

【夢】（雜語）夢中所現無實事、以譬世間之諸法無實性。維摩經方便品曰「是身如夢。爲虛妄見。」演密鈔四曰「言夢者寐中神遊也。凡人寢寐神識不定。」

【四夢】（名數）一四大不和夢、或夢山崩或夢自身飛騰虛空、或夢虎狼及劫賊追逐。此因地水火風之四大不調、心神散逸。二先見夢、隨晝間所見而夢。三天人夢、若人修善、則天人爲感現善夢以使增長善根、惡人作惡、則天人爲現惡夢使怖惡生善。四想夢、常思想者多現夢中、想善事則現善夢、想惡事則現惡夢。見善見律十二。

【五夢】（名數）智度論六曰、「夢有五種。若身中不調、若熱氣多則多夢見火見黃見赤。若冷氣多則多見水見白。若風氣多則多見飛見黑。又復所夢見事、多思惟念故則夢見。或天與夢、欲令知未來事故。是五種夢皆無實事而妄見。」毘婆沙論三十七曰、「應說五緣見所夢事。一由他引、謂若諸天。諸仙神鬼呪術藥草親勝所念及諸聖賢所引故夢。二由曾更、謂先見聞覺知是事、或曾串習種種事業、今便夢見。三由當有、謂若將有吉不吉事。法爾夢中先見其相。四由分別、謂若思惟希求疑慮、卽便夢見。五由諸病、謂若諸大不調適時、便隨所增夢見彼類。（乃至）異生聖者皆得有夢。聖者中從預流果乃至阿羅漢獨覺亦皆有夢。唯除世尊。所以者何。夢似顚倒。佛於一切顚倒習氣皆已斷盡。故無有夢。如於覺時心心所法無顚倒轉。睡時亦爾。」

【摩耶夫人五夢】（傳說）摩訶摩耶經下說、「佛母摩訶摩耶在忉利天見五大夢。一須彌山崩、四海水竭。二諸羅刹手執利刀競排一切衆生眼、時吹黑風、諸羅刹皆悉馳歸雪山。三欲色界諸天悉失寶冠、自絕瓔珞、不安本座、身無光明、猶如聚墨。四如意珠王在高幢上、恆雨珍寶、周給一切、有四毒龍、口中吐火、吹倒彼幢、吸如意珠、使猛疾惡風吹沒深淵。五有五師子自空來下、嚙摩訶摩耶乳、入於左脇、身心疼痛如被刀劍。」是表佛之入滅也。

【阿闍世王五夢】（故事）佛涅槃之夜阿闍世王感五種之惡夢。見五夢條。

【阿難七夢】（故事）阿難七夢經說「阿難在舍衛國得七夢、來佛問。一陂池火焰。二日月星宿沒。三比丘在不淨坑中、白衣登頭。四群猪來觝突旃檀林。五頭戴須彌山不以爲重。六大象棄小象。七師子王頭上有七毫毛在地死。一切禽獸見而怖畏。後身中蟲出食之。佛言汝七夢表當來遺法弟子不依佛敎。第一夢者當來比丘惡逆熾盛。第二夢者佛泥洹後諸聖隨而泥洹、衆生眼滅。第三夢者、出家比丘死入地獄、在家白衣生天上。第四夢者當來白衣、來入塔寺誹謗衆僧、破塔害僧。第五夢者、佛泥洹後、阿難爲出經師、一句不忘。第六夢者將見邪見熾盛、破我佛法、有德之人皆隱不現。第七夢者佛泥洹後一千四百七十歲中、我諸弟子修德之心、一切惡魔不得嬈亂、弟子自行不法以壞佛法。」

【波斯匿王十夢】（故事）舍衛國王夢見十事。經說「舍衛國波斯匿王得十夢、以問佛。一有二瓶、一空、一滿、其水往來不入空瓶。表當來富者相送遺而不給貧者。二於馬口尻置食。表大臣食於官與民。三小樹生花。表後世人三十頭白。四小樹結實。表女子小即生子。五有羊食繩。表夫出賈販、婦在家與他男共住、食夫之財。六有狐坐於金床。表賤人之富。七有大牛隨小犢子而乳。表貨女使與他男子共住、已守門食於女之婬錢。八四牛自四面來欲鬪、未鬪而去。表後世人主放逸不畏天、雨師祈雨、只有雲自四方來、須臾雲四散。九大陂之水、中央濁、四邊淸。表後世閻浮國土、八方安而中土亂。十大溪水赤。表後世國王興兵殺戮流血赤。」

【訖栗枳王十夢】（故事）俱舍論九曰「如訖栗枳王夢所見十事。謂大象井麨、栴檀妙園林、小象二獼猴、廣堅衣鬪諍。」俱舍光記八曰「訖栗枳此云作事。是迦葉波佛父。夜夢十事。旦迦葉白佛、佛言此表當來釋迦遺法弟子先兆。一王夢見有一大象被閉室中、更無門戶、唯有小窗、其象以方便投身得出、尾猶爲窻礙不能出。此表釋迦遺法弟子、能捨父母妻子、出家修道、於其中猶懷名利、不能捨離。二王夢見一渴人求水、便有一井具八功德、隨逐其人、而不敢飲。此表釋迦遺法弟子諸道俗等不肯學法、有知法者爲名利故、雖隨彼爲說、而猶不學。三王見以一升眞珠易一升麨。此表釋迦遺法弟子、爲求名利故、以佛正法爲他人說、希彼財物。四、王夢見以栴檀與凡木易。此表釋迦遺法弟子以內正法易外書典。五王夢見有妙園林、華菓茂盛、狂賊毀壞無餘。此表釋迦遺法弟子磨滅如來正法之園。六王夢見諸小象驅一大象出群。此表釋迦遺法弟子諸惡朋黨破戒苾芻、擯斥持戒有德之苾芻、使出於衆外。七王夢見一獼猴身塗糞穢、搪揬衆人、此表釋迦遺法弟子諸破戒人以諸惡事誣謗好人。八王夢見一獼猴實無德而衆共捧、海水灌頂立爲王。此表釋迦遺法弟子破戒苾芻實無所知而爲名利故、諸惡朋黨共相扶立爲衆首。九王夢見廣堅之衣、有十八人各取少分、四面爭挽而衣不破。此表釋迦遺法弟子分佛正法成十八分、雖有異執、而眞法尙存、依之修道皆得解脫。此顯所學之法也。十王夢見多人共集、互相征伐、死亡略盡。此表釋迦遺法弟子、旣分爲十八、各有門人部執不同、互相鬪諍。此顯能學之人也。」

【頻婆娑羅王夢氎裂杖折】（故事）頻婆娑羅王夢一氎裂爲十八片、一金杖折爲十八段。怖而問佛。佛以爲滅後十八部分派之兆。見金杖條。

【夢感好相】（雜名）法華經安樂行品說成四安樂行之人。夢中感五種之好相。一見佛爲衆生說法。二見己爲衆生說法。三、見由佛授記。四見修菩薩之道。五見已八相成道。

【夢行般若】（傳說）舍利弗問須菩提。若菩薩摩訶薩於夢中入三三昧空無相無作三昧、寧於般若波羅蜜有益耶。須菩提報舍利弗。若菩薩於晝日入三三昧、則於般若波羅蜜有益。夜夢中亦當有益。何以故。晝夜夢中等而無異」見大品般若經夢行品、智度論七十五。

【三人婬女夢】（傳說）佛在世有三人、爲伯仲季。聞毗耶離國有婬女名菴羅婆利。舍婆提國有婬女、名須蔓那。王舍城有婬女名優鉢羅槃那。三人各聞彼女端正無比、晝夜專念。染着於心。便於夢中與彼從事。覺已心念。彼不來、我亦不往。而婬事得辦、因此悟一切諸法皆如是耶。於是到颰陀婆羅菩薩所而問是事。颰陀婆羅答言諸法實爾。皆自念生。菩薩爲其方便說法。三人即得不退地。見智度論七。

【須跋陀梵志夢】（故事）佛涅槃夕、須跋陀梵志感惡夢。怖而詣佛所、出家得道。見須跋陀條。

【金鼓懺悔夢】（故事）見金鼓條。

【妙幢菩薩夢】（傳說）最勝王經夢見金鼓懺悔品所說妙幢菩薩所見金鼓懺悔之夢也。金光明經作信相菩薩。見金鼓條。

【夢中說夢】（雜語）大般若經五百九十六曰、「復次善勇猛。如人夢中說夢所見種種自性。如是所說夢境自性總無所有。何以故。善勇猛。夢尚非有。況有夢境自性可說。」

【十二夢王】（雜名）行方等三昧。有十二神明、現於夢中、與以好相。大方等陀羅尼經一曰「佛告華聚。我今語汝。莫妄宣傳如是妙法。當以神明爲證。何以故名爲神明。善男子。如是當有十二夢王。見此一王者乃可爲說」

【夢幻】（雜語）夢爲睡眠中之妄想、幻爲以種種秘術使人目眩惑現出種種不實之事者、共虛假不實之事也。以譬一切諸法之虛假不實。金剛經曰、「一切有爲法如夢幻泡影」

【夢見十事經】（經名）舍衛國王夢見十事經之略名。

【夢虎】（譬喻）夢中之虎、以譬虛事。慧命法師詳玄賦曰、「保一異之四邪、執斷常之雙計。怖夢虎於長眠。羨空華於久瞖。」

止觀十日、「今於觀支忽發先解。夢虎空華如幻之有作此有解解心明利。」善見律十二曰、「眠時夢見山崩或飛騰虛空或見虎狼師子賊逐此是四大不和夢虛不實」梁僧傳佛圖澄章曰、「慕容儁都鄴處石虎宮中。每夢見虎嚙其臂意謂石虎爲祟後符堅征鄴儁子暐爲堅大將郭神虎所執實先夢虎之驗也。」慧影智論疏曰、「凡論夢法睡眠時始夢。不眠不夢。如人睡眠夢中見虎畏號叫覺者見之知其夢爾。夢虎自無眾生亦爾。臥生死床覆無明被昏睡眠生五塵夢起五欲想取著諸法生我我所見。」

【夢相】（術語）夢中所現善惡之相也。大方等陀羅尼經說十二夢王之夢相。

【夢想】（術語）夢中之想念也。楞嚴經中曰「彼諸善男子修三摩地想蘊盡者。是人平生夢想消滅寤寐恒一。」

【夢感佛說功德經】（經名）具名、大明仁孝皇后夢感佛說第一希有大功德經、二卷屬疑僞經。

【夢氈】（故事）頻婆娑羅王夢見一氈分爲十八片佛記爲滅後十八分派之兆。見頻婆娑羅條。

【蒙古佛教】（故事）蒙古庫騰漢、於歲次己未有疾、多人診視不能痊。術窮因議及西邊地方有奇異通曉五識名薩斯嘉恭噶嘉勒燦喇斯延請醫治庶幾有益遂令韋瑪郭特之道爾達達爾罕爲首、往請怕克巴巴喇密特係是戊子年以來紀三千三百七十五年歲次壬寅降生。至戊辰年二十七歲、往額訥特珂克與左道六師之異端講論辯難。窮其詞獲班第達之號而歸其叔父扎克巴嘉勒燦喇嘛曾告之云日後有東方帽若柄鷹、靴似猪鼻屋似木綱、娓娓長音語須三四譯者、係蒙古國君博第薩多之化身名庫騰漢。遣使名道爾達者請汝、汝必往行。當於後彼處大興佛教。（中略）丁未年六十六歲與漢相見造成獅吼觀音收服龍王、仍與漢灌頂、頃刻病愈。眾皆歡喜。即遵薩斯嘉班第達之言而行。所有邊界蒙古地方、剏興禪教。歲次辛亥、怕克巴巴喇密特年七十歲圓寂。見蒙古源流。

【蒙潤】（人名）元杭州南天竺演福寺蒙潤、號玉岡。年十四出家、從古源法師受天台之教觀。會古源歸寂從竹堂傳公卒其業。由集慶寺維那分座於演福寺、後主演福。宗風大振居六年歸白蓮華院修念佛三昧。誓不出山行宣政院強起之再主南天竺時寺新燬由師力再復舊觀、居三年復歸老白蓮院。順帝至正二年十二月二十六日示寂。壽六十八。天目中峯國師嘗致書曰法師能以芬陀利香充塞宇宙人謂古佛復出信矣。見續佛祖統紀上。

【蒙堂】（堂塔）蒙堂之名、始於大覺

之故事後來兩序退職者之安息處稱爲蒙堂蒙者周易蒙卦象曰「蒙以養正聖功也」疏曰「能以蒙昧隱默自養正道乃成至聖之功」宋景濂潛溪集四曰「大覺日與九峯韶公佛國白公參寥潛公講道一室扁曰蒙堂叢林取則焉」

【蒙惑】（術語）愚蒙迷惑也維摩經序曰「濟蒙惑則以慈悲爲首」

【蒭摩】（衣服）Ksuma 又作菆摩須摩芻摩迦蘇摩讖磨麻衣也西域記二曰「蒭摩衣麻之類也」慧琳音義三十二曰「蒭摩衣上側俱反梵語正言菆摩菆音鄒唐云麻衣也」玄應音義二曰「蒭摩正言菆摩此譯云麻衣舊云草木案其麻形似荊芥華青色」同十四曰「芻摩或云蘇摩或言讖磨此云麤布衣」四分開宗記三本曰「蒭麻衣者」有部毘奈耶七種衣中「二者芻摩迦紵麻作衣也」

【蒲塞】（雜語）伊蒲塞之略

【蒲膳尼】（術語）一作蒲繕尼 Bhojanīya 見蒲闍尼條

【蒲闍尼】（術語）Bhojaniya 又作蒲膳尼譯言正食新譯噉食米飯等可噉食之五種正食也行事鈔下二曰「四分中有五種蒲闍尼（此云正食）謂麨飯乾飯魚肉也」玄應音義四曰「蒲闍尼食譯云可食」有部毘奈耶三十六曰「有五種蒲膳尼食（是含噉義也）成足食云何爲五一餅二麥豆飯三麨四肉五飯噉此五時名爲足食」寄歸傳一曰「律云半者蒲膳尼蒲膳尼以含噉爲義半者謂五也半者蒲膳尼應譯爲五噉食舊云五正者准義翻也一飯二麥豆飯三麨四肉五餅」

【蒲團】（物名）坐具僧人坐禪及跪拜所用也織蒲爲之厥狀團圓故曰蒲團許渾詩曰「吳僧誦經能敗衲依蒲團

【蒲盧】（物名）Varaṭā, Gandholi 蜾蠃也楞嚴經七曰「蒲盧等異質相成」同長水疏曰「蒲盧蜾蠃也取青蟲爲子非己所生（中畧）因果之應感此類生」

【蒺䔧園】（雜語）寺中如法三寶淸淨則供養於此者可得無量之福果是爲良福田若寺中非法聚會衆僧不如法則不生福利是爲蒺䔧園行事鈔下三曰「經云衆僧良福田亦是蒺䔧園斯言實矣」

【蒺䔧論】（雜語）於他發難問使他不得語亦不得不語謂之蒺䔧論雜阿含經三十二記外道嗾其弟子使向佛發數度蒺䔧論弟子還聞佛說而信伏

【麽】（雜語）俗語訓爲否或否耶語錄多用之図（術語）見婆條

【麽也】（雜語）又作摩耶譯曰體大日經疏十曰「麽也體也」梵語雜名曰「體麽耶」図 Māyā 夫人名譯曰幻術又曰

幻術。(麽也或摩耶譯爲體者、果與譯爲幻、或幻術之摩耶夫人名同一否、殊不可必)見摩訶摩耶條。

【麽吒】(術語)麽지爲月之種子。吒ᄃ爲日之種子。略出經一曰、「於右眼中想麽字。於左眼中想吒字。又想麽字變爲月。吒字變爲日。卽以金剛所成眼瞻仰一切佛。」秘藏寶鑰上曰、「麽吒慧眼破無明之昏夜。日月定光現有智之薩埵。」

【麽洗】(雜語)Māsa 譯曰月。見怛羅麽洗條。

【麽度羅】(地名)Mathurā 又曰摩偷羅。國名。見摩偷羅條。

【麽麽】(雜語)Mama(一言聲屬聲)譯曰我之。演密鈔八曰、「我字梵音麽麽。」梵語雜名曰「我麽麽」

【麽麽鷄】(菩薩)Māmakī 又作忙莽雞、忙莽計、忙忙雞、摩莫枳。譯曰金剛母。金剛部之部母。金剛手院之一尊也。大日經疏十曰、「金剛母所謂忙莽計。忙言母義。莽計亦是多義。卽一切金剛之母。謂金剛智慧從此生也。」慧琳音義三十九曰、「麽麽雞金剛部母者名也。」諸部要目曰、「金剛部忙莽雞菩薩以爲部母。」菩提場經二曰、「摩莫枳菩薩(中略)是一切菩薩之母。」

【麽羅庾】(物名)Malayu 香名。大日經疏七曰、「白檀香西方名爲麽羅庾是山名。卽智論所云除摩梨山更無出旃檀處是也」見摩羅耶條。

【麽攞】(雜語)Māla 又作麽羅。譯曰鬘。玄應音義十八曰、「梵云麽羅。此云鬘。西域結鬘師。多用蘇摩那華行列結之以爲條貫。」梵語雜名曰、「鬘麽(引)攞」。

【麽嚧】(雜語)嚩嚕 Jala 之轉音。譯爲水。秘藏寶鑰下曰、「甚深也者麽嚧。峻高也者蘇迷。」同纂解五曰、「麽嚧與嚩嚕梵語之異。並此翻水。大疏云嚩嚕拏是水。龍由主水故。卽是具大悲水能遍灑一切也。」梵 Maru, Varuṇa

【麽囉誐始羅】(雜語)Mārgaśirsa 九月之名。見梵語雜名。

【塵】(術語)謂一切世間之事法。染汚眞性者。四塵五塵六塵等。法界次第曰、「塵卽垢染之義。謂此六塵能染汚眞性故也。」大乘義章八末曰、「能坌名塵。坌汚心故。」

【塵妄】(術語)不淨曰塵。不實曰妄。一切生死之境界也。明神宗續入藏經序曰、「使人破塵妄之迷。以印妙圓之體。」

【塵沙】(術語)如塵如沙。喻物之多也。行事鈔上一曰、「法界塵沙」資持記上一之三曰、「法界者十界依正也。塵沙者喻其多也。」㊁(術語)天台所立三惑之一。謂爲塵沙塵沙之惑。稱爲化道障之惑。菩薩敎化物之障也。菩薩敎化物。必通達如塵沙無數之法門、然心性闇昧。不能通達此塵沙之法門、自在教化、謂爲塵沙之惑。即就不知不達之法門多而與以此名、其惡體爲唯一之劣慧。俱舍論所謂不染汚無知、唯識論所謂所知障、與之同。四教儀半字談五曰、「所治之病、能治之法門、緣生之事法、其類無數、無一一了知者、無知之種類無數、故名爲塵沙。然種類雖多、而其體唯爲劣慧、非一一爲別。」輔行一曰、「塵沙者、譬無知數多。」文句記一曰、「不汚染無知劣慧爲體。」輔行五曰、「塵沙障俗理。俗顯能垂化。」

【塵劫】（術語）即塵點劫也。楞嚴經一曰、「縱經塵劫。終不能得。」見塵點劫條。

【塵那羅】（雜名）Dināra 譯曰金錢。最勝王經義淨自註曰、「陳那羅即金錢也。」

【塵剎】（術語）塵數之世界也。剎爲梵語國土之義。往生要集上末曰、「普入一切塵剎作諸佛事。」正信偈曰、「超日月光照塵剎。」

【塵表】（術語）俗塵之外也。謂佛道也。

【塵洲】（術語）謂如塵數多量之世界也。因明大疏序曰、「應物機於雙樹。至教浹於塵洲。」

【塵垢】（術語）煩惱之通稱。維摩經佛國品曰、「遠塵離垢得法眼淨。」註曰、「肇曰。塵垢八十八結也。」不動經曰、「以智慧火燒諸障礙。亦以法水澍諸塵垢。」無量壽經下曰、「猶如淨水。洗除塵勞諸垢染故。」

【塵欲】（術語）六塵之貪欲也。中阿含三十三曰、「雄猛捨塵欲。」

【塵勞】（術語）煩惱之異名。貪瞋等之煩惱、坌穢眞性、勞亂身心、謂爲塵勞。維摩慧遠疏曰、「煩惱坌汚。名之爲塵。彼能勞亂。說以爲勞。」長水楞嚴疏一上曰、「染汚故名塵。擾惱故名勞。」止觀一曰、「塵勞即是菩提。」

【塵道】（術語）常義、穢土謂爲塵道、華嚴敎之意、塵爲微塵、十方虛空界一一塵中皆有世界、謂之塵道世界。又曰毛道。一毛端處有剎有佛也。道與五道六道之道同。

【塵道世界】（術語）稱加持世界見密軌問辯上。

【塵鄉】（術語）六塵之鄉里。謂生死海也。秘藏寶鑰上曰、「渴鹿野馬奔於塵鄉。」

【塵境】（術語）爲六塵之心所對者。色聲香味觸法是也。

【塵塵三昧】（術語）於一微塵中入一切之三昧、謂爲塵塵三昧。華嚴經賢首品偈曰、「一微塵中入三昧。成就一切微塵定。而彼微塵亦不增。於一普現難思剎。」碧巖五十則曰、「僧問雲門。如何是塵塵三昧。門云。鉢裏飯。桶裏水。」

【塵塵剎土】（術語）如塵數之無數

國土也。又微塵之中有國土、華嚴經說之塵中毛端皆有剎有佛說法利生。

【塵網】(術語)色等之六塵網人者。行事鈔上一曰「迹超塵網。」

【塵說】(術語)以普賢之耳聞之則至草木國土一微塵、悉常恒說無上之妙法。卽十方虛空界一一塵中有剎有佛、常說華嚴經、謂之塵說剎說。華嚴旨歸曰「四徧塵道者謂於十方虛空界中一一塵處皆有佛剎、悉於其中演說此經。」

【塵數】(雜語)數之多者譬如塵。

【塵諦】(雜名)地之一塵水之一滴也。

【塵緣】(術語)六塵之境、色聲香味觸法也。以是爲心之所緣而汚心性故也。圓覺經曰「妄認四大爲自身相、六塵緣影爲自心相。」

【塵點】(術語)塵點劫也。

【塵點劫】(術語)有二種。一、三千塵點劫。二、五百塵點劫。

【三千塵點劫】(術語)磨一三千大千世界所有之物而爲墨、每經一三千大千世界、下一點、竟盡其墨、而其所經過之世界、悉碎爲微塵、謂其一塵爲一劫。是顯大通智勝佛出世久遠之比喻也。見法華經化城喻品。

【五百塵點劫】(術語)抹五百千萬億那由他阿僧祇之三千世界而爲微塵、每經五百千萬億那由他阿僧祇之國下一塵、竟盡其塵、而其所經之世界、悉碎爲微塵、以其一塵爲一劫。是顯釋迦如來成佛久遠之比喻也。見法華經壽量品。

【塵累】(術語)煩惱惡業之汚我縛我者。楞嚴經一曰「拔濟未來越諸塵累。」長水疏一上曰、「煩惱與業。染汚繫縛、喻之塵累。」

【塵藥】(術語)律宗所立行之四依之一、謂比丘所用之藥財也。塵者言人之棄而不顧、如塵芥也。如衣爲糞掃、釋門歸敬儀中曰「納衣乞食樹下塵藥。」

【塵體】(雜名)塵數之身體也。性靈集七曰、「塵體爲身沙心爲用。」

【廓然大悟】(術語)朗悟眞理也。觀無量壽經曰、「廓然大悟得無生忍。」

【廓然無聖】(公案)廓然而無聖諦之意。景德傳燈錄第三菩提達磨條曰「帝又問如何是聖諦第一義。師曰、廓然無聖。」此一句古來稱爲禪之樞機、雖透難解之極則。見碧巖錄(第一則)從容錄(第二則)

【腐爛藥】(雜名)又作大黃湯、龍湯、黃龍湯。大小便也。南山羯磨疏三下曰、「腐爛藥者世所同棄而實可收。卽大小便也、」濟緣記三下曰「小便治勞。大便解熱。名黃湯。」

【賓吒羅】（界名）Piṇḍāra 又作賓陀羅。地獄名。譯曰集欲。普超經下曰、「舍利弗。阿闍世王所入地獄名賓吒羅。（秦曰集欲）適入尋出其身不遭苦惱之患。」可洪音義六下曰、「賓跎羅地獄名也。晉云集欲。又云賓頭。」

【賓伽羅】（人名）Piṅgala（Nīlanetra）梵志名。譯曰青目。釋龍樹之中觀論。中論序曰、「今所出者。是天竺梵志名賓伽羅。秦言青目之所釋也。」

【賓坻】（人名）Piṇḍada 給孤獨長者之梵名也。玄應音義十四曰、「賓坻。直饑切。或作邠坻。晉府㒟切。案梵本云阿那他賓茶揭利呵跛底。Anāthapiṇḍadagṛhapati 此云給孤獨長者也。」

【賓茶波底迦】（術語）Piṇḍapātika 與儐荼波多同。

【賓鉢羅】（植物）Pippala 畢鉢羅之異稱、樹名。付法藏傳一曰、「迦葉辭如來往耆闍崛山賓鉢羅窟。」

【賓頭】（界名）地獄名。見賓吒羅條。図（人名）賓頭盧之略。羅漢名。

【賓頭沙羅】（人名）Bindusāra 王子名。譯曰遍實。見阿育王經一。

【賓頭盧】（人名）Piṇḍola 羅漢名。見賓頭盧頗羅墮條。

【賓頭盧伽】（異類）鬼王名。譯曰立不動。見金光明文句七。

【賓頭盧經】（經名）請賓頭盧經之略名。

【賓頭盧頗羅墮】（人名）Piṇḍola bharadvāja 具曰賓頭盧頗羅墮誓。略曰賓頭盧或賓頭。十六羅漢中之第一賓頭盧尊者也。永住於世、現白頭長眉之相。名賓頭盧、姓頗羅墮、又曰賓頭盧突羅闍、賓度羅跋羅惰闍。賓頭盧翻言不動、頗羅墮譯言捷疾、利根、重瞳等。婆羅門十八姓中之一。此人原爲拘舍彌城優陀延王（又云優塡王）之臣、王以其精勤、使之出家、證阿羅漢果。而對於白衣、妄弄神通、爲佛呵責、不得住於閻浮提、使往化西瞿耶尼洲、後閻浮四衆思見之、白佛。佛聽還、而不聽入於涅槃。使永住於南天之摩梨山、度滅後之衆生。元照彌陀經疏曰、「賓頭盧此翻不動。頗羅墮眞諦翻捷疾。或利根。或廣語。婆羅門中一姓也。」名義集一曰、「賓頭盧翻不動字也。頗羅墮姓也。本行集經翻重瞳。」法住記曰、「第一尊者賓度羅跋囉墮闍。（中畧）與自眷屬千阿羅漢多分住西瞿陀尼洲。」雜阿含經二十三曰、「時王（阿育王也）見尊者賓頭盧。頭髮皓白。辟支佛體。（中畧）尊者賓頭盧以手舉眉毛視王。言我見如來於世無譬類。」

【賓頭盧住世因緣】（本生）法苑珠林四十二曰、「昔有樹提伽長者。造旃檀鉢著絡囊中。懸高象牙杙上作是言。若沙門婆羅門不以梯杖能得者。卽與之。諸外道知欲現神通。挑頭而去。賓頭盧聞是事白目連。言實爾不。答言實爾。汝師子吼中第一。便往取之。其目連懼佛敎不肯取。賓頭盧卽往其舍入禪定。申手取之。依四分律。當時坐於方石縱廣極大。逐身飛空得鉢已還去。佛聞呵責。云何比丘爲外道鉢（旃檀鉢非比丘宜持之物）而於未受戒人前現神通力。從今盡形擯汝。不得住閻浮提。於是賓頭盧如佛敎敕往西瞿耶尼。敎化四衆。廣宣佛法。閻浮提四部弟子思見賓頭盧。白佛。佛聽還。坐現神足故不聽涅槃。勅令爲末世四部衆作福田。其亦自誓三天下有請悉赴。」（依十誦律三十七、四分律五十一）雜阿含經二十三。「賓頭盧自說曰、「世壽住舍衛國。五百阿羅漢俱。時給孤獨長者女。適在富樓那跋陀那國。時彼女請佛及比丘僧。時諸比丘各乘空而往彼。我爾時以神力合大山往受彼請。時世尊責我。汝那得現神足如是。我今罰汝常在於世不得取涅槃。護持我正法。勿令滅也。」請賓頭盧經曰、「賓頭盧者字也。頗羅墮誓者姓也。其人爲樹提長者現神足故。佛擯之不聽入涅槃。敕令爲末法四部衆作福田。」

【賓頭盧住處】（雜語）雜阿含二十三曰、「時王（阿育王也）白尊者曰。尊者今住在何處。尊者答王曰。在於北山。山名犍陀摩羅。共諸同梵行僧。」請賓頭盧經曰、「請時於靜處燒香禮拜。向天竺摩梨山至心稱名言」（云云）

【小乘寺賓頭盧爲上座】（故事）梵網經法藏疏一曰、「又聞西國諸小乘寺以賓頭盧爲上座。諸大乘寺以文殊師利爲上座。」支那寺院原以憍陳如或賓頭盧爲上座、後依不空三藏之奏請、以文殊爲上座。表制集二曰、「伏望自今已後令天下食堂中於賓頭盧上特置文殊師利形像以爲上座。詢之聖典具有明文。（中略）斯乃天竺國皆爾。非僧等鄙見。仍請永爲恒式。」一心戒文上曰、「凡佛寺上座置大小二座。一者一向大乘寺置文殊師利菩薩以爲上座。二者一向小乘寺置賓頭盧和上以爲上座。三者大小兼行寺置文殊與賓頭盧兩上座。小乘布薩日賓頭盧爲上座坐小乘次第。大乘布薩日文殊爲上座坐大乘次第。」

【食堂安置賓頭盧】（雜語）禪林僧堂中央所安置之像。稱爲聖僧。每日設食供之。其像有文殊、有憍陳如、有空生。而無一準、但多以賓頭盧爲聖僧。此自秦之道安爲始、正安置形像、由於宋末之法顯法鏡等云。釋氏要覽下曰、「傳云中國僧寺立鬼廟。次立伽藍神廟。次立賓頭盧廟。卽今堂中聖僧也。始因道安法師夢一胡僧頭白眉長語安云。可時設食後十誦律至慧遠方知和尙所夢即賓頭盧也。於是立座飯之。寺寺成則。法苑云。聖僧元無形像。至宋泰初末。正勝寺僧法願。正喜寺僧法鏡等。始圖形像矣。今堂中聖僧多云憍陳如非也。緣經律不令為立廟故。不赴四天供故。又安法師夢是賓頭盧故」高僧傳五道安傳曰、「安常註諸經。恐不合理。乃誓曰。若所說不甚遠理。願見瑞相。乃夢見梵道人頭白眉毛長。語安曰。君所註經殊合道理。我不得入泥洹。住在西域。當相助弘通。可時時設食。後十誦律至。遠公乃知和尚所夢賓頭盧也。於是立座飯之處處成則。」

【賓頭盧迎王王七年失國】（故事）四分律五十三說、世尊在拘睒彌國、王優陀延是賓頭盧親厚之知識、王朝晡常往問訊。時有不信樂之婆羅門大臣、見賓頭盧不起迎王、以惡心諫止王。王曰、明日清旦當往、若不起、當奪其命。明旦賓頭盧遙見王來、便遠迎先意問訊言、善來大王。王問言、汝今何意起迎我。答言、為汝故起。王言昨日何故不起。答言、亦為汝故。王問云何為我。答言汝昨日善心來、今日懷惡心來、若我不起、當奪我命。若奪我命、必墮地獄。若起迎王、將失王位。然寧使失王位、不可使墮地獄。是故起。王曰、幾日失王位。言卻後七日必失王位。即如記、至第七日、尉禪王國波羅殊提王來捉王、七年鎖脚四禁」法華文句記曰、「賓頭盧知七年失國。及稠禪師進否為王。」

【請賓頭盧法】（書名）宋慧簡譯。一卷。又南山感通傳說請賓頭盧之法。

【賓頭盧突羅闍為優陀延王說法經】（經名）一卷、宋求那跋陀羅譯。賓頭盧原為優陀延王（又云優塡王）臣、既出家證阿羅漢果、還國為國王說種種之譬喻、明五欲之可厭惡。

【寧尾拏】（術語）十二合掌之一。譯曰堅實心合掌。見大日經疏十三。

【聞一悟解百千門】（雜語）見因解悟百千門條。

【聞光力】（術語）聞光明之力也。聞阿彌陀如來智慧之光明、有超世希有之大願、攝取不捨之威神力而信之。即信彌陀之救濟也。

【聞名】（術語）聞佛之名號也。觀無量壽經曰、「其佛本願力。聞名欲往生。」

【聞名轉女願】（術語）彌陀如來第三十五願、與女人往生願同。

【聞名不退願】（術語）彌陀如來四十八願中第四十七願也。見得不退轉願條。

【聞名具德願】（術語）彌陀如來四十八願中第四十四願也。見具足德本願條。

【聞名具根願】（術語）彌陀如來四十八願中第四十一願也。見諸根具足願條。

【聞名見佛願】（術語）彌陀如來四十八願中第四十五願也。見住定見佛願條。

【聞名得忍願】（術語）彌陀如來四十八願中第三十四使聞彌陀名者皆得無生法忍悟之願也。無量壽經上曰、「設我得佛。十方無量不可思議諸佛世界衆生之類。聞我名字不得菩薩無生法忍諸深總持者。不取正覺。」

【聞名得定願】（術語）彌陀如來四十八願中第四十二願也、見住定供佛願條。

【聞名梵行願】（術語）彌陀如來四十八願中、第三十六願也。與常修梵行願同。

【聞成就】（術語）六成就之一。經首聞之一字也。

【聞忌】（雜語）在遠方聞親近者等死去而爲忌也。

【聞卽信】（術語）謂聞之卽信也。不信、則雖聞而如不聞。經曰、「聞其名號」者非聞於耳、聞於心之意也。

【聞法】（雜語）聞教法也。法華經安樂行品曰、「合掌讚佛。聞法歡喜。」

【聞法難】（術語）四難之一。得聞正法爲難也。

【聞物國】（地名）舍衛國也。玄應音義八曰、「聞物國謂舍衛國。十二遊經文云。無物不有國也」彌陀經元照疏曰、「舍衛翻聞物。人物富庶遠聞諸國故。」

【聞陀羅尼】（術語）又曰聞持陀羅尼。四陀羅尼之一。聞持佛之敎法而不忘也。陀羅尼譯言總持。大乘義章十一末曰、「敎法名法。於佛敎法聞持不忘。名法陀羅尼。聞不忘故經中亦名聞陀羅尼。」見陀羅尼條。

【聞持】（術語）聞敎法而憶持不忘。卽陀羅尼也。華嚴經三十三曰、「聞持無量諸佛正法。」法華經分別功德品曰、「菩薩摩訶薩得聞持陀羅尼門。」

【聞持觀】（術語）修求聞持法之觀法也。見求聞持法條。

【聞持陀羅尼】（術語）與聞陀羅尼同。持之梵語陀羅尼也。

【聞思修】（術語）見三慧條。

【聞城十二因緣經】（經名）貝多樹下十二因緣經之異名。

【聞慧】（術語）三慧之一。由聞敎法而生之慧解也。大乘義章十曰、「受敎名聞。生解名爲聞慧。」因聞信敎法名爲聞、思惟法理名爲慧。法華玄義一曰、「今使聞慧兼修義觀雙流。」同十曰、「敎門爲信行人。又成聞義。觀門爲法行人。又成慧義。聞慧具足。如人有目日光明照見種種色。」

【團拜】（雜語）衆人聚拜也。見象器箋十。

【團食】（飲食）又曰摶食。皆舊譯之稱。

【鳳刹】（雜名）佛寺之美稱也。鳳爲瑞鳥、故取爲美稱。

【榮華】（雜語）富而榮也。無量壽經下曰「愛欲榮華不可常保」。

【熒惑天】（界名）見次項。

【熒惑星】（雜名）梵名阿誐羅迦那乞叉怛摩、Angāraka-naksatra 又稱熒惑天、火熒惑星、火曜星、罰星、四利星、或曰虛漢。金剛界三昧耶會外金剛部二十天之一、南方五尊之五位也。形像爲肉色女形、左手作拳安於膝、右手持火精當於胸、坐於荷葉座。出於梵天火羅九曜者爲神形。

【舞心】（術語）見六十心條。

【舞菩薩】（菩薩）金剛界曼荼羅中、內四供養菩薩之一。

【舞戲】（雜名）金剛界曼陀羅有嬉鬘歌舞四供養之菩薩。大日經義釋六曰「一一歌詠皆是眞言、一一舞戲無非密印」。

【管毒木】（物名）常瞿梨童女所持物之一。常瞿梨毒女經所謂「左手把管毒木印」是也。此木或謂是四角之木、或謂以毒木作管、或謂非一木名、乃東諸毒木爲之、丙說似當。蓋常瞿梨以諸毒蛇爲瓔珞、諸蟲蟒蛇類爲伴戲、不使諸毒龍蛇侵害衆生、故應持如此木具也。

【管絃講】（行事）於佛前奏管絃之講社也。印度似有此風。長阿含經第十敍帝釋天執樂神般遮翼至摩揭陀帝釋窟彈琉璃琴。中世盛行之。

【算沙】（術語）善財童子、南行至名聞國、於自在主善知識所、習算沙法門。自在主言曰、我先於文殊師利習學書算字印等法門、入於工巧神通、知一切法門。常與十千童子在河渚上聚沙爲戲、依此法門、得知世間書算界處等法、乃至菩薩之算法。見六十華嚴經。

【算數目犍連經】（經名）算數目犍連、梵志名、此梵志以法爲喩問佛法中次第、佛答之、攝於中阿含三十五。巴 Gaṇakamo-ggallāna

【算題】（物名）算之題也。台家論場之目、細長之竹片、書論義之問題者、即籤也。荊溪大師之釋籤義由之出。

【肇法師】（人名）姚秦長者沙門僧肇也。

【肇論】（書名）三卷、唐肇作、以作者之名爲題。物不遷論第一、不眞空論第二、般若無知論第三、涅槃無名論第四、首有宗本義之一章、冠於四論。疏註如下。肇論疏三卷、晉惠達撰、缺下卷。肇論疏三卷、唐元康撰。肇論疏科一卷、宋遵式排定。夾科肇論序注一卷、宋曉月注。注肇論疏六卷、宋遵式述。肇論新疏三卷、宋文才述。肇論新疏游刃三卷、宋文才述。肇論略注六卷、明德清述。

【鼻入】（術語）十二入之一、鼻根也。

【鼻根】（術語）六根之一。梵語揭邏

拏。譯言鼻生鼻識之所依爲鼻根。義林章三本曰「鼻者能齅義。梵云揭羅拏。此云能齅」

【鼻那夜】（術語）見毘奈耶條。

【鼻息】（術語）二十五圓通之一。

【鼻婆沙】（術語）見毘婆沙條。

【鼻溜茶迦】（天名）見毘盧擇迦條。

【鼻致迦】（雜語）Bījika 譯曰種。見翳迦鼻指迦條。

【鼻隔禪師】（雜名）謂閉鼻六根、而隔離前境也。約鼻之一而總稱六根。謂住於空見枯木閑坐之禪人。猶言闇證禪師。止觀十曰「鼻隔禪師發得空見。多墮網中不能自拔」同輔行曰「鼻隔無深觀行。唯止心鼻隔。因此觀故發得空見。此人尚不識小乘眞諦。豈能觀於空見之心令成妙境。但隨見轉。墮於見網」

【鼻摩羅雞利帝】（菩薩）見毘摩羅詰條。

【鼻蟲】（傳說）經律異相三十七引居士物故爲婦鼻中蟲經曰、「有清信士持戒精進。有一沙門爲道友。時清信士得病將死。其婦在傍大悲之。清信士增愛戀、死而魂神在婦鼻中爲蟲。婦啼哭不能自止。沙門往見婦、蟲自鼻涕墜地。婦慚愧欲以脚蹈之。沙門告曰、勿殺。是汝夫婿化作此蟲。沙門爲蟲說曰、卿精進持戒、福應生天見諸佛、但坐恩愛戀慕之想、生此蟲中、卽宜慚愧。蟲聞而意解。便自尅責。俄命終卽得生天」

【鼻識】（術語）六識之一。了別鼻根所生香境之心識也。

【槃太子】（雜名）四卷楞伽經謂之槃太子。七卷楞伽經謂之石女兒。蓋槃所生之太子、石女所生之兒、槃與石女非情之義同。

【槃那寐】（術語）Vandāmi 見和南條。

【槃陀】（雜語）尺量名。行事鈔上之一曰、「般陀二十八肘。」業疏一下曰、「般陀者量之總名。一般陀有二十八肘」

【槃陀伽】（人名）見半託迦條。

【槃陀迦】（人名）比丘名。見半託迦條。

【槃特】（人名）見半託迦條。

【槃特迦】（人名）見半託迦條。

【槃茶】（人名）婆修槃茶之略。比丘名。付法藏第二十祖也。見佛祖統紀五。

【槃淡】（雜語）Vaudana 一作煩淡。見和南條。

【槃遮】（雜語）Vāc又曰婆娑 Bhāṣā。譯曰說。觀經嘉祥疏曰、「胡云槃遮。此云說。說是吐教彰理名之爲說」

【熊耳山】（地名）達磨之塔所也。塔記曰、「大師化緣已畢。傳法得人。乃端居而逝。卽大同二年十二月五日也。葬於熊耳山。

起塔定林寺大明一統志二十九河南府曰、「熊耳山在盧氏縣山連永寧兩峯相並如熊耳。」

【熊嶺】（地名）見熊耳山條。

【遠行地】（術語）菩薩十地中第七地之名。此地之菩薩住於純無相觀、遠出過世間與二乘之有相行、故名。唯識論九曰、「七遠行地至無相住功用後邊出過世間二乘道故。」

【遠分對治】（術語）見對治條。

【遠劫】（術語）經劫久遠也。劫爲梵語劫波之畧、計世界成壞之時量也。

【遠忌】（術語）五十年百年等之遠年忌也。又曰遠闕日。

【遠師】（人名）隋朝之慧遠法師也。

【遠師二敎】（名數）淨明寺慧遠之敎判也。判漸敎與頓敎。見二敎條。

【遠沾妙道】（術語）去佛遙遠之衆生、沾於法華妙道而得利益之意。法華文句一所謂「後五百歲遠沾妙道」是也。

【遠塵離垢】（術語）遠離塵垢也。塵垢雖爲煩惱之總名、然今指八十八使之見惑。斷八十八使之見惑而得正見、謂之遠塵離垢得法眼淨。是於二乘初果與菩薩初地之得益也。但多就小乘之初果而言。法華經妙莊嚴王品曰、「佛說是妙莊嚴王本事品時、遠塵離垢於諸法中得法眼淨。」維摩經方便品曰、「三萬二千天及人知有爲法皆悉無常、遠塵離垢得法眼淨。」

【遠離】（術語）謂無爲法之性空、而脫一切之事相繫縛也。維摩經菩薩行品曰、「觀於遠離而身心修善。」註曰、「肇曰遠離無爲之別稱耳。雖見無爲離遠之要、而身心不離有爲善也。」

【遠離處】（術語）遠離聚落之處也。

【遠離樂】（術語）五種樂之一。於初禪天遠離欲界愛染之煩惱、而生禪定之喜樂也。

【遠離所滅流】（術語）見七流條。

【遠闕日】（雜語）遠忌也。參照遠忌條。

【遜婆明王】（明王）又曰儞遜婆遜儞降三世明王之別名也。見降三世條。

【遜婆明王法】（修法）內作業灌頂品所說。經疏三曰、「遜婆明王五部吽迦羅具三十七尊、內外火法之護磨也。」經說遜婆明王之根本眞言曰、唵嚩日羅吽（引）迦羅吽吽吽儞遜婆吽吽。金剛頂十八會初敎王會四大品中第二降三世尊有六曼荼羅。所謂大三法羯之四各具三十七尊、皆持降三世印、四印會十七、一印會十三尊。今文之四印加持東方四印曼荼羅之十七尊法也。

【遺信得】（術語）十種得戒緣之一、如盻受戒之尼、容姿端麗、於至精舍之路有遇難之悲時佛爲遣使授具足戒。

【遣相證性識】（術語）五重唯識之一。見唯識條。

【遣虛存實識】（術語）五重唯識之一。見唯識條。

【遣喚】（術語）發遣與招喚也。釋尊告示由娑婆世界乘彌陀願船而往極樂。阿彌陀佛自極樂直來招呼也。

【遣蝗】（修法）驅除田園害蟲之祈禱也。

【趙州】（人名）趙州觀音院從諗。南泉普願之法嗣也。唐曹州人。姓郝氏。童稚於本州扈通院披剃。未受戒便抵池陽參南泉。值南泉偃息。泉問曰。近離什麼處。師曰。近離瑞像院。曰。還見瑞像否。師曰。不見瑞像。只見臥如來。曰。汝是有主沙彌。無主沙彌。師曰。有主沙彌。曰。主在什麼處。師曰。仲冬嚴寒。伏惟和尙尊體萬福。南泉器之。而許入室。異日問南泉。如何是道。南泉曰。平常心是道。師曰。還可趣向否。南泉曰。擬向卽乖。師曰。不擬時如何知是道。南泉曰。道不屬知不知。知是妄覺。不知是無記。若是眞達不疑之道。猶如太虛廓然虛豁。豈可强爲是非耶。師言下悟理。乃往嵩嶽瑠璃壇受戒。仍返南泉。留久之。衆請住趙州觀音院。一曰東院。道化大揚。昭宗乾寧四年十一月二日寂。壽一百二十。勅諡眞際大師。見傳燈錄十。

【趙州狗子】（公案）見狗子佛性條。

【趙州柏樹子】（公案）「僧問趙州如何是祖師西來意。州云。庭前柏樹子。」見會元趙州章。無門關三十七則。從容錄四十七則。

【趙州勘婆】（公案）「五臺山路上有一婆子。凡有僧問臺山路向甚麼處去。婆云。驀直去。僧纔行三五步。婆云。好箇師僧又恁麼去。後有僧舉似趙州。州云。待我去勘過這婆子。明日便去。亦如是問。婆亦如其答。州還。謂衆云。臺山婆子我勘破了。」見會元趙州章。無門關三十一則。從容錄十則。

【趙州無字】（公案）與趙州狗子同。

【趙州洗鉢】（公案）「僧問趙州。某甲乍入叢林。乞師指示。州云。喫粥也未。僧云。喫粥了。州云。洗鉢盂去。其僧省悟」見無門關七則。從容錄三十九則。

【趙州救火】（公案）趙州到黃檗。檗見來。便閉却入門。州於法堂內把火云。救火救火。檗便出擒住云。道道。州云。賊過後張弓。

【趙州大蘿蔔】（公案）「僧問趙州承聞和尙親見南泉。是否。州云。鎭州出大蘿蔔頭」見碧巖第三十則。

【趙州三轉語】（公案）見三轉語條附錄。

【趙州四門】（公案）「僧問趙州如

何是趙州。州云、東門西門南門北門。」見碧巖九則。

【趙州問死】（公案）「趙州問投子、大死底人却活如何。子云、不許夜行投明須到。」見碧巖四十一則、從容錄六十三則。

【僕呼膳那】（雜語）Bahujana 譯曰衆生。見醯埵條。

【僕拏】（術語）十二合掌之一。大日經疏十三曰、「以二地指二空指相著。餘指稍令開散。名僕拏合掌。此名初割之蓮也。」梵 Pūna

【僕拏合掌】（印相）十二合掌之第四。梵 Pūna

【僧】（術語）僧伽 Saṃgha 之略。譯曰和或衆。四人已上之比丘和而爲衆。新譯家以爲三人已上。智度論三曰、「僧伽秦言衆。多比丘一處和合。是名僧伽。」僧非可名一人之上。寄歸傳三曰、「凡有書疏往還。題云求寂某乙。小苾芻某乙。（中界）不可言僧某乙。僧是僧伽。目乎大衆。寧容一已輒道四人。西方無此法也。」雖然僧之一分。則言僧亦無害。僧史略下曰、「若單曰僧。則四人已上方得稱之。今謂分稱爲僧。理亦無爽。如萬二千五百人爲軍。或單已一人亦稱軍也。僧亦同之。」大乘義章十曰、「僧者外國正音。名曰僧伽。此方翻譯名和合衆。行德不乖名之爲和。和者非人目之爲衆。」行事鈔曰、「四人已上。能御聖法。辦得前事。名之爲僧。僧以和合爲義。言和合者有二義。一理和。謂證擇滅故。二事和。此別有六義。一戒和同修。二見和同解。三身和同住。四利和同均。（均供養之利）五口和無諍。六意和同悅。」行事鈔資持記上一之四曰、「和有六。戒見利三名體和。身口意三名相和。又初果以後名理和。所證同故。內凡以還名事和。即六和也。」義林章六本曰、「三人已上是僧體也。從多論議故。彼國之法。一名爲一。二名爲身。自三已上皆名爲多。如辦法事。四人方成。一人白言大德僧聽。所和三人得名僧。故若四是僧。豈能白者而自白耶。欲顯和合從多人故。自三已上皆得名僧。」僧伽之比丘最少數。得爲羯磨之最少限僧數也。

【二種僧】（名數）一聲聞僧。修小乘三學。剃頭染衣。出家沙門之形相也。二菩薩僧。修大乘三學。有髮俗衣。在家之形相也。見智度論三十四。又一應供僧。在檀越可供養者。二三歸僧。三寶中之僧寶。而可歸依者。唯限於聲聞人中之四向四果。見大乘義章十。

【三種僧】（名數）一聲聞僧。上二種僧中者是也。二緣覺僧。緣覺有麟喩部行之二種。部行成僧衆。三菩薩僧。修大乘行者。見同上。

【四種僧】（名數）一啞羊僧。愚痴之比丘。不知善惡持犯。不知隨所犯之罪而悔除、猶如啞羊至死無聲者。二無羞僧、雖知善惡持犯、而內無羞恥之心。不作悔除者。三有羞僧、識持犯知悔除者。四眞實僧、具見道以上聖德者。見智度論三。因一勝義僧、與智度論之眞實僧同。二世俗僧、與智度論之有羞僧同。三瘂羊僧、與智度論之啞羊僧同。四無慚愧僧、與智度論之無羞僧同。見地藏十輪經五。

【僧尼】（術語）僧爲梵語僧伽之略、雖通於男女、然但以名男子之出家者、尼爲比丘尼之畧、女子之出家者也。侯鯖錄曰「漢明帝聽陽成侯劉峻等出家。僧之始也。濟陽婦女等出家、尼之始也。」

【僧尼管屬】（雜語）僧尼之制度官也。僧史畧中曰、「東漢初沙門、隸鴻臚寺。西晉無聞。至後魏初立監福曹統攝僧伍。尋更爲昭玄寺。後復改崇玄署、齊梁之世立同文寺、使主僧務。至唐初、僧尼皆隸司賓。則天朝改隸祠部。玄宗開元十四年、分僧道、僧尼割屬鴻臚寺。使祠部檢校之。道士女冠隸之宗正寺。憲宗元和二年、初立左右衛功德使僧道全隸之。所度僧尼由祠部給牒。宋朝一代准之。」

【僧可】（人名）禪宗第二祖慧可之本名。

【僧正】（職位）僧官之一。後秦姚萇始以僧䂮爲僧正。僧史略中曰、「僧正者何。正政也。自正正人、克敷政令、故曰也。蓋以比丘無法、如馬無轡、勒牛無貫繩、漸染俗風、將乖雅則。故設有德望者、以法而繩之、令歸於正。故曰僧正也。此僞秦僧䂮爲始也。」又見僧錄司條。

【僧正司】（職位）見僧錄司條。

【僧主】（職位）僧官名。始於南齊高帝詔法穎爲京邑之僧主。見佛祖統紀五十一。

【僧史畧】（書名）三卷、宋贊寧著。記佛家事物之紀原。

【僧伍】（雜語）猶言僧侶。伍者伍伴也。

【僧次】（術語）僧之席次、必依夏臘之多少而定。梵網經下曰「若佛子應如法次第坐。先受戒者在前坐。後受戒者在後坐。不問老少比丘尼貴人國王王子乃至黃門奴婢。」因供養法有僧次與別請二者。施主不選其人、但順僧中之席次而供養、謂之僧次。特選其人而請待、謂之別請。

【僧自恣日】（行事）七月十五日也。安居九十日行既竣、而行所謂自恣作法之日也。十方諸佛、歡喜卒其安居之修道。故亦曰佛歡喜日。盂蘭盆經曰、「善男子。若比丘比丘尼國王太子三公百官萬民庶人、行慈孝者、皆應先爲所生現在父母過去七代父母於七月十五日佛歡喜日僧自恣日、以百味飲食安盂蘭盆中施十方自恣僧。」見自恣條。

【僧吉隸鑠】（術語）Saṁkleśa 譯曰雜染。以名一切之有漏法。見唯識述記二末。

【僧吃爛底薩】（術語）Satkāyadarśana 薩迦耶見之薩。有三義。此其中之一義。譯曰移轉。大乘所立之身見也。

【僧伽】（術語）Saṅgha 又作僧佉、僧加、僧企耶。譯曰衆和會。常略曰僧。比丘之衆多和合者。見僧條。木槵子經曰、「至心稱南無佛陀南無達磨南無僧伽。」又譯曰師子。孔雀王咒經上曰、「僧伽梁言師子。」Siṁha 之轉也。又人名。僧伽不知何國人何姓。唐龍朔初年來西涼府。次歷江淮。隸名於山陽龍興寺。屢現神異。中宗景龍二年、於內道場召問法要。同四年終於薦福寺、壽八十二。見宋高僧傳。又付法藏第十七祖僧佉耶舍 Saṅghayaśas 之略稱。

【僧伽多】（術語）見僧伽吒條。

【僧伽吒】（術語）又作僧伽多。譯曰集會。法門名。僧伽吒經一曰、「有法門名僧伽吒。若此法門在閻浮提。有人聞者悉能除滅五逆罪業。」大集會正法經一曰、「我有正法名大集會。」此二經同本異譯也。梵 Saṅghāṭa。又風災劫時所起之風名。大寶積經三十七曰、「又風災起更有大風名僧伽多。彼風所吹舉此三千大千世界幷蘇迷盧山輪圍山等及諸大海。舉高百踰繕那已碎末爲塵。」起世因本經二曰、「有大風名僧伽陀。隋言合會。壞世界。」同四卷作「僧伽多。」

【僧伽吒經】（經名）四卷。元魏月婆首那譯。說大集會正法者之功德。次有折伏尼犍外道事。

【僧伽陀】（術語）Saṅgata 譯曰習種性。位名。仁王經下曰、「能以一阿僧祇劫修伏道忍行。始得入僧伽陀位。」同嘉祥疏五曰、「外國名僧伽。此方名習種性。又義翻名爲離著。地以不著人我故也。」又僧名。譯曰饒善。見歷代三寶紀八。

【僧伽彼】（動物）Siṁha 譯曰師子。見名義集二。

【僧伽梨】（衣服）Saṅghāṭī 比丘三衣之一。新稱僧伽胝、僧伽致、僧伽鴟、僧伽知。譯曰重或合。以割截而更合重之故也。義淨譯爲複衣。其義譯有種種之名。爲三衣中之最大者、故稱爲大衣。以其條數最多、稱爲雜碎衣。入王宮聚落乞食說法時必服之。故稱爲入王宮聚落時衣。有三品之不同。九條十一條十三條・二長一短、爲下品。十五條十七條十九條、三長一短、爲中品。二十一條二十三條二十五條、四長一短、爲上品。西域記二曰、「僧伽胝舊曰僧伽梨訛也。」玄應音義十四曰、「僧伽梨。此音訛也。應云僧伽致。或云僧伽胝。譯云合。或云重。謂割之合成。又重作也。此一衣必割截成。餘二衣或割不割。若法密部說諸有部等多則不割。若聖辨部大衆部等則割截之。若不割者直安帖角及以鉤紐而已。」寄歸傳二曰「僧伽胝譯為複衣也。」

【僧伽胝】（衣服）又作僧伽致、僧伽鵄、僧伽知、僧伽胝。Saṅghāṭi 見前項。

【僧伽羅】（本生）Siṁhala 譯曰執師子。釋迦如來往昔為大商主時之名。亡羅剎國而立僧伽羅國。西域記十一曰「昔有大商主云僧伽。其子名僧伽羅。率五百商人入海採寶。為風波飄流至一羅剎女國。羅剎女來迎之。誘入鐵城中。後悟其為鬼女。一心祈禱。感一天馬。五百商人皆乘之免危難。羅剎女知誘惑不成、凌空至僧伽羅家。呈媚哀請。僧伽羅怒拔劍欲斬之。羅剎女去而訴之於王。王惑其美色、使內侍。僧伽羅諫、不聽。已而羅剎女殺王、持其屍還本處。國人立僧伽羅為王。僧伽羅立為王。率兵至海島、悉殺鬼女。遂有其國。仍以王名為國號、謂為僧伽羅國」即今之錫蘭國也。

【僧伽藍】（術語）僧伽藍摩之畧。見次項。

【僧伽大師】（人名）唐時西域人。姓何氏。龍朔中南遊江淮。於泗州建寺。中宗親書額為普光王寺賜之。世稱觀音大士化身。見太平廣記。李白有僧伽歌。參照僧伽條。

【僧伽藍摩】（術語）Saṅghārāma 又作僧伽羅磨。畧曰僧伽藍、伽藍等。譯曰衆園。僧衆所住之園林也。玄應音義一曰「僧伽藍舊譯云村。此應訛也。正言僧伽羅磨。此云衆園也。」

【僧伽阿難】（人名）Saṅghānanda 譯曰衆喜。求那跋摩三藏之父名。見高僧傳三。

【僧伽羅剎】（人名）Saṅgharakṣa 譯曰衆鬼。佛滅七百年頃、出世於須賴國、撰集佛行經等。

【僧伽羅剎所集經】（經名）二卷、符秦僧伽跋澄譯。說佛因位之行法至果後之化相。

【僧伽耶舍】（人名）Saṅghayaśas 論師名。譯曰衆稱。因明大疏一曰、「僧伽耶舍。此云衆稱。特善薩婆多及因聲明論」

【僧伽蜜多】（人名）阿育王之女。見阿育條附錄。

【僧伽婆羅】（人名）Saṅgha-pāla 譯曰衆養。扶南國僧、來齊都、住於正觀寺、為求那跋陀羅之弟子。梁天監五年、勅召於楊都、譯出大育王經解脫論等十一部。普通五年寂於正觀寺、壽六十五。見續高僧傳一。

【僧伽跋摩】（人名）Saṅghavarman 譯曰衆鎧。天竺僧、宋元嘉十年自流沙至京邑。器宇淸峻。有戒德。此時二衆未備。師子國比丘尼鐵薩羅至都衆乃推跋摩爲戒師僧尼受具者數百人譯出雜心論摩得勒伽等。後還天竺見高僧傳三。

【僧伽跋澄】（人名）Saṅgha-vartidra 譯曰衆現罽賓國僧符秦建元十七年來關中與道安等共譯出阿毘曇毘婆沙見高僧傳一。

【僧伽提婆】（人名）Saṅghadeva 譯曰衆天罽賓國之僧符秦建元年中入長安、後渡江晉太元年中譯出阿毘曇論阿含經百餘萬言見高僧傳一。

【僧伽難提】（人名）Saṅghanadi 譯曰衆河付法藏第十六祖之名。

【僧伽娜娜】（雜語）Siṁhanāda 譯曰師子吼見良賁仁王經疏上二。

【僧伽婆尸沙】（術語）見僧殘條。

【僧伽爛提迦】（流派）譯曰說轉部。小乘部派之名開宗記一本曰「僧伽爛提迦部此云說轉部然是經部異名爲立實我異故別說」經量部也參照經量部條梵 Saṁkrāntikaḥ

【僧伽跋陀羅】（人名）Saṅghabhadra 譯曰衆賢薩婆多宗之名匠也對於世親之俱舍論造順正理論及顯宗論大張其宗婆藪盤豆法師傳曰「遣人往天竺請僧伽跋陀羅法師來阿踰闍國造論破俱舍論此法師至即造兩論一光三摩耶論有一萬偈止述毘婆沙義三摩耶譯爲義類二隨實論有十二萬偈救毘婆沙義破俱舍論」西域記三(伽濕彌羅國下)曰「僧伽跋陀羅唐言衆賢於此製順正理論」

【僧戒】（術語）沙彌之十戒比丘之具足戒也。

【僧坊】（堂塔）又作僧房僧尼所住之坊舍僧坊之名雖通於一般然名戒律專門之道場爲僧坊其制度與他之寺院異法華經曰、「起塔寺及造僧坊」觀佛三昧經一曰、「來請僧坊供養衆僧」十誦律五十六曰「僧坊法者佛聽諸僧坊中溫室講堂樓閣一重舍尖頭舍鞬那舍佛聽是諸坊舍衆僧畜亦聽一人畜名之僧坊法」

【僧兵】（雜名）明嘉靖癸丑倭兵入犯蘇淞海濱其兵民禦之敗而走者三十七陣矣撫江蔡公克廉募僧兵殄滅之自後我師與倭戰多凱旋凱旋自天員一陣始也（中畧）倭犯杭城三司令僧兵四十人禦之。其將爲天眞天池二人天池乃少林僧於是交兵、大破倭奴。倭人走襲上海太倉。蔡公駐節於蘇、走金幣至杭、聘取僧兵。杭方戒嚴莫肯與鹿園(僧名)無以謝蔡公使人請月空等十八人原非禦寇四十人之列三司遂聽之鹿園與月空曰爾之見都院也宜述僧兵衆寡不敵之形繳其禮幣而善辭之脫有不允可薦少林僧天員爲將見講楞嚴經於天池山中、乃將材也。月空見蔡公辭不獲、遂薦天員。天員就聘出山、乃五月十日也。蔡公館之於瑞光寺。與月空同處。月空領杭僧兵十八名。天員領蘇僧四十八人。協力征勦。又選蛇山兵十人與月空合爲一枝。六月初十日遣哨六團有賊百餘人。奮力追擊、賊懼而逸。復屢戰輒勝。凡翁家港所逃、及老營之賊、悉勦滅無遺。計僧所傷亡者四人耳。節錄樵書二編卷九、僧兵湖廣土兵篇。

【僧那】（術語）具名僧那僧涅。舊譯、僧那爲弘誓、大誓。僧涅爲自誓。皆謂菩薩之四弘誓也。即自誓四弘誓謂之僧那。僧涅。或言僧那爲鎧。僧涅爲著。著鎧也。是以鎧喩四弘誓之語。玄應師譯爲被甲輔行。一曰、「僧那西晉此云弘誓」。玄應音義三曰、「僧那僧涅。應云摩訶僧那僧涅陀。舊譯云。摩訶言大。僧那言鎧。僧涅言著。亦言莊嚴。故名著大鎧。大品經云大誓莊嚴是也。一云。僧那大誓。僧涅自誓。此皆訛也。正言删那訶此云甲胄。捺陀或云被。或云衣。言被甲衣甲也。」肇論曰、「結僧那於始心。終大慈以赴難」。梵Sa-mnāha-saṃnaddha ②僧名。慧可之弟子。見續高僧傳十九。

【僧那僧涅】（術語）見前項。

【僧佉】（流派）Sāṅkhya 正曰僧企耶、譯曰數。外道之論名。玄應音義十曰、「僧佉此語訛也。應云僧企耶。此云數也。其論以二十五根爲宗。舊云二十五諦。」唯識述記一末曰、「梵云僧佉。此翻爲數。即智慧數數度諸法根本立名。依數起論名爲數論。論能生數亦名數論。」百論疏上之中曰、「僧佉此云制數論。明一切法不出二十五諦。故一切法攝入二十五諦中。名爲制數論。」法華文句八曰、「僧佉此云無頂。因人名論。」見數論條。

【僧佉論】（外道）即數論師也。

【僧形】（雜語）剃頭被袈裟之形。

【僧形文殊】（圖像）見文殊條。

【僧埤崎】（衣服）見僧祇支條。

【僧官】（職位）僧官之公任始於支那。後秦姚萇以僧䂮爲僧正。後魏皇始年中以法果爲沙門統。是支那僧官之始也。見僧史略中。②（雜語）以僧爲在家者之官也。事物紀原七曰、「自隋文帝以沙門彥琮爲翻經館學士。後始命僧以官。及唐又以不空爲開府儀同三司試鴻臚卿。宋朝會要曰。太宗時法賢、雍熙四年加試光祿卿階朝散大夫。注太祖朝僧元靄亦加朝散大夫階也。」

【僧供】（術語）僧之供物。供養僧之預備。

【僧林】（譬喩）謂住僧多如林也、猶言叢林。

【僧秉】（術語）秉法中之衆僧法也。

【僧物】（術語）衆僧之共有物件也。

【二種僧物】（名數）一現前僧物、屬於一結界中現在衆僧之衆物也。即現前僧個個供養之衣食等。二四方僧物、又曰十方僧物、亦曰僧祇物。屬於四方僧之物件、寺之房舍飯米等也。此別由施者之意志而別者。因由於物件之性質而區別者爲重物輕物、堂舍田園等爲前者、鉢錫杖三衣等十八資具爲後者。重物輕物之別、明死者遺產相續之法。

【四種僧物】（名數）一、常住常住僧物、又曰局限常住僧物。約於界限而不通于餘寺、恒供別住之僧之僧物也。二、十方常住僧物、又曰四方常住僧物。義通十方、事限坊中之僧物。三、現前現前僧物、又曰當分現前僧物。比丘各自供身之資具。四、十方現前僧物、又曰四方現前僧物。情通十方內外、立共法而遮分與十方僧、獨施與現前僧者。即如五衆輕少之遺物。

【僧事】（雜語）僧中之事務。授戒說戒等。

【僧炎伽陀尼】（雜語）豫守罪而不使起也。文殊師利問經上注曰、「僧炎是逆守義。伽陀尼是令不生義。」梵Saṃyamagatani

【僧泣多毘奈耶】（術語）譯曰略敎。世尊臨涅槃略說隨方毘尼之敎也。見有部百一羯磨十。梵Saṃksipta-vinaya

【僧祇】（術語）Sāṃghika譯曰衆數、僧祇部、僧祇律、僧祇物等。因阿僧祇Asaṃkhyeya之略。譯曰無數、無量。

【僧祇支】（衣服）Saṃghāṭi又作僧迦、僧竭支、祇支、竭支。新稱僧却崎、僧脚欹迦。譯曰覆膊衣、掩腋衣。爲長方形之衣片。袈裟之下掛也。袈裟直著於身易著汗垢。故用下掛。又熱時在屏處許於裙上但著之。其著法如掛袈裟自右方之腋下交搭於左肩之上。西域記二曰、「僧却崎唐言掩腋。舊曰僧祇支訛也。覆左肩掩兩腋。左開右合。長裁過腰。」寄歸傳二曰、「僧脚崎掩腋衣也。」又曰、「其僧脚崎衣、即是覆膊。更加一肘始合本儀。其被著法、應出右肩、交搭左膊。房中恒著。唯此與裙出外禮尊任加餘服。」又曰、「僧脚崎取一幅半或絹或布可長四肘五肘。如披五條反搭肩上。」又曰、「准梵本無覆肩名即是僧脚崎衣。此乃祇支之本號。」有部百一羯磨十曰、「僧脚欹迦。即是掩腋衣也。古名覆髆、長蓋右肩、定匪眞儀。向使掩右腋而交搭左肩、即是全同佛制。又復流派自久、漫造祇支。繁費雖多、未閑折中、既違聖撿、自可思愆。雖目擊明文、仍恐未能除改。謂改其覆髆、除乃除却祇支耳。」玄應音義十六曰、「僧迦、正言僧脚差。僧此云掩、覆脚差此云腋。名掩腋衣。律文作僧迦支、或作祇支、或作羯支、皆訛。」蓋四分律雖有祇支覆肩二名、而此原爲梵漢之二名、實一物也。然南山舊律以之爲二物、舉比丘尼之五衣三衣之外、加此二者爲五衣。新律家於三衣之外、加裙(男曰泥洹僧女曰厥修羅)僧脚崎、(即祇支覆肩也)爲五衣。義淨新律家之意、謂覆肩衣即僧脚崎、而謂爲僧祇支或竭支祇支者。梵語之訛畧也。南山舊律家之意、謂當時漢土所行之祇支、通於僧尼勿論行事鈔下一曰「僧祇支法、此是中國梵音。此翻云上狹下廣衣。」(依四分律則謂上狹下廣衣爲未造祇支前之衣相、以爲翻名未穩)六物圖曰、「梵語僧祇支、此云上狹下廣衣。此准律文以翻。全乖衣相若準應法師音義。翻云掩腋衣、頗得其實。」大乘比丘十八物圖曰、「四分律四十云、爾時比丘得上狹下廣衣。衣用作僧祇支。白佛、聽作。當知上狹下廣者言是未作祇支而所得衣相也。然舊師又以此直爲翻名、是亦疑矣。」覆肩衣爲覆右肩。於比丘特聽阿難。於比丘尼爲制衣、使受持之、祇支覆肩兩用、原爲比丘尼之事。然來漢土、露出右肩、於其風俗不適、故自元魏之朝、比丘亦兩用之。其後更變爲褊衫。褊衫者、縫合左肩之祇支與右肩之覆肩者也。見行事鈔資持記下一之一、僧史略上。

【僧祇部】(流派) Sāṃghikāḥ 摩訶僧祇部之畧。譯言大衆部。一在小乘二十部中、佛入滅之年、結集經典時、於窟外爲之者。此窟內之結集名上座部。窟外之結集名大衆部。此二部爲小乘之根本部。一佛滅後百年頃、於優婆毱多下、自律藏上分五部、其中之一、有大衆部。是窟內上座部之分也。參照小乘條。

【僧祇物】(術語) 僧祇譯曰衆、即比丘比丘尼之大衆也。其大衆共有之物、謂之僧祇物。此大衆該攝十方一切之比丘比丘尼。假令施主寄附之田園房舍米穀等、十方之比丘比丘尼可享受者、則謂之十方僧物四方僧物等。觀無量壽經曰、「如此愚人偷僧祇物盜現前僧物。」名義集七曰、「僧祇此云四方僧物。」

【僧祇律】(書名) 摩訶僧祇律之畧稱。五部律之一。大衆部之律藏也。資持記上一之二曰、「具云摩訶僧祇。此翻大衆。從衆爲名。即窟外部」梵 Sāṃghikavinaya

【僧祇戒本】(書名) 摩訶僧祇律大比丘戒本之畧名。

【僧界】(術語) 三結界之一、一寺一山之總界也。是爲攝僧之結界、故曰僧界。因而住此界內者、成一團之和合衆。使比丘住此離別衆之罪。凡以爲諸寺諸山之結界、不入外之俗人或女子等者、實爲大誤。蓋爲使僧無別衆之咎之善巧也。資持記上二之一曰、「僧界者。攝人以同處。令無別衆罪。」

【僧俗】(雜語) 出家與在家。

【僧相】（雜語）僧之形相。宋高僧傳七曰、「一行所作通神定僧相之法王人形之菩薩。」

【僧若】（術語）Samjñā 譯曰想。五蘊之一。見俱舍光記五。

【僧侶】（術語）猶言僧徒。侶者徒也、伴也。見僧條。

【僧柯奢】（地名）Saṅkāśa 國名。譯曰光明。見阿育王經三。

【僧柯慄多弭】（術語）Saṃskṛtaṃ 譯曰有爲。因緣生之法也。見名義集五。

【僧涅】（術語）僧那僧涅之畧。見僧那條。

【僧徒】（雜語）字典曰、「徒衆也。弟子也。」僧衆多。故稱徒。又對於師故稱徒。西域記一曰、「伽藍百餘所。僧徒五千餘人。」

【僧家】（雜語）猶言僧門。

【僧祐】（人名）梁京師建初寺僧祐、律學之名匠也。出出三藏記、釋迦譜、釋迦方誌、弘明集等。行於世。天監十七年寂。壽七十四。見高僧傳十一。唐南山律師爲此師之後身云。見宋高僧傳道宣傳。

【僧帳】（故事）唐會要曰、「舊制僧尼籍三年一造。其籍一本送祠部、一本留州縣。又開元十七年八月十日。勅僧尼宜依十六年舊籍。則僧尼供帳始於此耳。」僧史略曰、「唐文宗太和四年正月祠部請天下僧尼具名申省。以憑入籍。入籍造帳。自太和始也。」

【僧堂】（堂塔）在禪宗之寺院。爲僧坐禪之所。故曰僧堂。亦曰禪堂。亦曰雲堂。以衆集如雲之多也。亦曰選佛場。以於此選擇作佛之人也。亦曰齋堂。食堂於僧堂之外設齋堂者。爲後世之事。古於僧堂兼禪與齋也。堂面東。前後設入口。東口名前門。西口名後門。堂之中央安置釋迦或文殊迦葉等聖僧中之一像。其四周連長榻。敷廣座。數千僧衆於此坐禪。於此受齋。一堂爲二分。聖僧形像前方名前堂。前堂之首座管領之。其後方名後堂。後堂之首座管領之。凡主僧堂者首座也。住持非主僧堂。故僧堂之中無住持之床。唯別設椅子。住持爲檢點大衆入僧堂。坐之。僧堂之名。既著於西竺。智度論二曰、「阿難如是入金剛定。破一切諸煩惱山。得三明六神通共解脫。作大力阿羅漢。卽夜到僧堂門敲門而喚。」

【僧䂮】（人名）姚秦僧䂮、通六經及三藏。律行清謹。能振佛法。及姚萇僭有關中。盛弘大化。羅什入關。內外僧尼多動輒有過。於是姚興始以僧䂮爲僧正。使正綱紀。是爲僧官之始。弘始末年沒於長安之大寺。壽七十。見高僧傳六。

【僧跋】（術語）又曰僧友。三鉢羅佉多 Saṃpragata 也。見三鉢羅佉哆條。

【僧庵】（雜語）僧之庵室。

【僧殘】（術語）律中罪科之名。梵名僧伽婆尸沙。Saṅghāvaśeṣa 巴 Saṅghādisesa 譯曰僧初殘。僧殘。此罪爲次於波羅夷之重罪。犯之則必依僧衆而行懺悔法。若不行之則與犯波羅夷罪同。於比丘之資格。入死地者也。解此名者。如行事鈔中一引善見論。婆沙論。四分律。毗尼母論之四說。一善見論謂僧伽即僧。婆譯言初。尸沙譯言殘。若有比丘犯此罪。則衆僧集而先行所謂覆藏羯磨之作法。謂之初。終行所謂出罪羯磨之作法。謂之殘。僧依初殘之二法除其罪。故謂之僧初殘三字。皆以名對治之法也。二婆沙論謂殘字以罪名。所犯之惡事雖既過去。然罪猶殘留於此身而不消滅。今仍行僧衆法。除彼所有之殘罪。故謂之僧殘。三四分律謂有二義。前義與婆沙同。後義爲衆僧之義務。對於彼犯罪之比丘。有可行之行法殘留。故名僧殘。四毘尼母論謂「如人爲他所斫。殘有咽喉。故名爲殘。理須早救。」殘以命名。言波羅夷者爲死已決定之罪。而此罪爲尚有殘命者。故僧衆宜速行作法救彼之殘命也。此戒項目有十三。故古來稱爲十三僧殘。

【十三僧殘】（名數）Trayodaśa saṅghāvaśesāḥ 一失精戒。Śukravisṛṣṭi 二觸女人戒。Kāyasaṁsarga 二者皆爲失精戒之一類。故意以婬心摩觸等也。三麤語戒。Maithunābhāṣaṇa 持婬心作卑汚之談話也。四嘆身索供養戒。Paricaryāsaṁvarṇana 比丘讚嘆我身分以動女心也。五媒嫁戒。Sañcaritra 六有主房戒。Kuṭikā（小房）乞施主造制限外之廣大房舍也。七無主房戒。Mahallaka（大房）無施主而造營房舍也。八無根謗戒。Amūlaka 九假根謗戒。Laiśikan 十破僧違諫戒。Saṅghabheda 十一助破僧違諫戒。Tadanuvartaka 十二汚家擯謗違諫戒。Kuladūṣaka 汚家者。比丘受施而與他人也。十三惡性拒僧違諫戒。Daurvacasya

【僧衆】（術語）僧爲僧伽之略。多數之比丘和合爲一團也。譯曰衆。僧衆爲梵漢雙舉之熟語。名義集七曰「普集僧衆。」

【僧都】（職位）僧官名。元魏之世有沙門都統之名。原爲一官。至齊乃二分之。始有沙門都之稱。下於統一等。又隋世有國僧都之稱。見僧史略中。

【僧童】（雜語）禪僧之用語。謂之童行。又曰行者。僧中之童子也。見童行條。

【僧統】（職位）僧官名。僧史略中曰。「姚秦初立僧官。稱爲正。魏改之。稱爲統。有沙門統。僧統。沙門都統三名。皇始年中。法果初任沙門統。文成帝再興佛法。後罽賓沙門五人給僧統。孝文帝世。初任曇曜爲沙門都統。其後至隋世。初起大統之稱。以曇延任之。」一新譯仁王經下曰。「未來世中一切國王王子大臣。與我弟子橫立記籍。設官典主大小僧統。非理役使。當知爾時佛法不久。」同良賁疏曰、「西國出家者不立記籍。亦無主典僧中統攝悉皆無矣。」

【僧會】（職位）見僧錄司條。

【僧會司】（職位）見僧錄司條。

【僧訶】（動物）Simha 譯曰師子。大孔雀王咒經中曰、「僧訶（師子）鄔波僧訶（小師子）」

【僧道送喪】（雜語）燕翼貽謀錄曰、「喪家命僧道誦經設齋作醮、曰資冥福也。出喪用以導引又何義乎」開寶三年十月、詔開封府禁止士庶之家喪葬不得用僧道威儀前引。

【僧塞迦羅】（術語）Saṁskāra 譯曰行。五陰之一。見勝鬘經寶窟中末。

【僧愼爾耶】（異類）藥叉大將之名。見散支條。

【僧綱司】（職位）見僧錄司條。

【僧肇】（人名）羅什門下四哲之一。初以老莊為心要、嘗讀老子歎曰、美則美矣、未盡善也。後讀舊譯之維摩經、歡喜頂受、始知所歸、自此出家。聞羅什至姑臧、自遠從之。及什至長安、姚興命僧肇僧叡等入逍遙園、詳定經論。著般若無知論涅槃無名論等。以盡玄微、見者莫不稱歎。晉義熙十年沒於長安。壽三十一。見高僧傳六。

【僧肇臨刑說偈】（故事）此事僧傳不載。惟傳燈錄二十七曰、「僧肇法師遭秦主難。臨就刑說偈曰。四大元無主。五陰本來空。將頭臨白刃。猶似斬春風。」

【僧竭支】（衣服）見僧祇支條。

【僧竭胝】（衣服）Saṁghāti 見僧伽梨條。

【僧賜紫】（故事）僧史略曰、「則天朝。僧法朗譯大雲經陳符命言。法朗等皆賜紫袈裟。」

【僧儀】（術語）僧之威儀。謂剃除鬚髮、著袈裟也。戒疏一上曰、「迦竺初達現僧儀也。」

【僧膳】（雜名）僧之食膳。

【僧叡】（人名）羅什之弟子。關中四聖之一。什所翻之經、叡並參正焉。昔竺法護譯出正法華經受決品云、天見人、人見天。什譯經至此言此語與西域語同、但言過質。叡曰非人天交接兩得相見耶。什喜曰。實然。皆此類也。什所出之論、本叡多造其序。見高僧傳六。

【僧璨】（人名）禪宗東土六祖之第三。得法於慧可禪師、隱於舒州皖公山。後遇周武破滅佛法、往來太湖縣司空山。隋開皇十二年得沙彌道信付法。煬帝大業二年寂。唐玄宗諡為鑑智禪師。見傳燈錄三。

【僧錄】（職位）僧官也。錄僧之事。僞

秦姚興、以僧䂮爲僧正、僧遷爲悅衆、法欽慧斌二人爲僧錄。僧錄之名始於此。見高僧傳僧䂮傳。後唐憲宗元和二年於左右街置僧錄、以沙門端甫任之、是爲唐代僧錄之始。當於僞秦之僧正、後魏之沙門統、僧中之總管也。見釋門正統四。

【副僧錄】（職位）唐昭宗乾寧中、始以覺暉爲副僧錄。見僧史略中。

【僧錄司】（職位）僧官也。唐文宗開成中、始立左右街僧錄。明太祖洪武元年、立善世院。四年、卽革之。九年、給僧度牒。十五年、始置僧錄司、左右善世各一人、左右闡敎各一人、左右講經各一人、左右覺義各一人、掌釋敎之事。各直省府屬置僧綱司、都綱一人、副都綱一人、州屬置僧正司、僧正一人、縣屬置僧會司、僧會一人、各掌其屬釋敎之事。俱選精通經典、戒行端潔者爲之。僧凡三等。曰禪、曰講、曰敎。隸禮部。二十四年、淸理釋敎、限僧三年一度給牒。凡各府州縣寺宇、但存寬大者一所、倂居之。凡僧府不得過四十人、州三十人、縣二十人。民年非四十以上、女年非五十以上者、不得出家。二十八年、令天下僧衆赴京攷試給牒。不通經典者黜之。其後又有法王、佛子、大國師等封號。淸天聰六年、始設僧官。順治年間、定品制、悉仿明舊案。善世正六品、闡敎從六品、講經正八品、覺義從八品、餘俱未入流、不給祿、不與職官並列。

【僧諡】（雜名）弘明集曰「後魏太祖時法果卒。諡趙胡靈公。」案此爲僧諡之始也。

【僧齋】（儀式）請僧而供養齋食也。齋食之外、有講經之儀式、謂之齋會。或講供。以齋食供養爲主。但有諷經之略儀、謂之僧齋。或諷供。

【僧寶】（術語）三寶之一。三乘聖衆、旣發眞無漏智、爲世所歸敬之福田者。若舉似寶、則宜悉取發心已上。

【僧寶果】（術語）卽漏盡阿羅漢也。

【僧寶傳】（書名）三十二卷、宋釋惠洪撰。禪宗自六祖以後、分而爲二。一曰靑原。其下爲曹洞、雲門、法眼。一曰南嶽。其下爲臨濟、潙仰。是爲五宗。此書總括五宗、於禪門宿望各述其事迹始末、爲之傳贊。凡八十一人。原書本三十卷。末附補傳一卷、臨濟宗旨一卷。補傳題丹崖菴僧慶老。蓋亦北宋人也。見四庫提要。

【僧嚫】（術語）僧之布施物。

【僧籍】（術語）僧尼之名籍、置之於官、以防濫非僧。史略中置僧籍弛張二科、論曰「周隋之世、無得知。（中略）文宗大和四年正月、祠部請天下僧尼冒名而非正度者、具名申省、各省給牒、以憑入籍。時入申名者七十萬、造帳入籍、自大和五年始。」仁王經囑累品曰「國王、大臣、太子、王子、自恃高貴滅破吾法明作制法。(中略)立統官制衆安籍記僧(中略)當知爾時正法將滅不久。」

【僧護】(人名)舍利弗弟子名與五百商人共入海歸路遲同伴於海邊歷見五十三地獄歸而問之於佛佛一一答之見因緣僧護經。

【僧護經】(經名)因緣僧護經之略名。

【僧護因緣經】(經名)因緣僧護經之異名。

【僧鬘】(雜語)譯曰對面施。戒疏二上曰、「僧鬘物者此梵本音。據唐言之對面物也。即是現前對面之施耳」

【僞經】(術語)漢魏以後、翻譯爲盛、僞似之經論、雜然而出。不可不辨。道安之疑經錄序曰、「外國僧法學皆跪而口受。同師所受。若十二十。轉以授後學。若有一字異者。共想推校。得便摈之。僧法無縱也。經至晉土。其年未遠。而喜事者。以沙糅金。斌斌如也。而無括正。何以別眞僞乎。(中略)安敢豫學次見涇渭雜流。龍蛇並進。豈不耻之。今列意謂非佛經者如左。以示將來後學。」可以知安公之時既盛。

【僞經目錄】(書名)出三藏記集五揭道安之疑經錄及僧祐之疑經錄。大唐內典錄十揭歷代所出疑僞經論錄。大周刊定衆經目錄四十有僞經目錄。開元釋教錄十八揭疑惑錄。其他歷代之衆經目錄各有僞經一科。

【像化】(術語)像法之敎化。佛敎之來支那在經佛滅後五百年之正法時後、故爲當時佛法之總稱。又以儒爲名敎。故以佛爲像敎。以拜佛像故也。西域記序曰、「慧日淪影。像化之跡東歸」倶舍頌疏一曰、「圓暉多幸。遭玆像化。」

【像末】(術語)見像法及正像末條。

【像法】(術語)正像末三時之一。像者似也。謂與佛滅後五百年後一千年間所行之正法相似之佛法也。嘉祥法華義疏四曰、「大論佛法凡有四時。一佛在世時。二佛雖去世。法儀未改。謂正法時。三佛去世久。道化訛替。謂像法時。四轉復微末。謂末法時。」三藏法數曰、「正猶證也。像像似也。」順權方便經下曰、「我之身侍須菩提已來十二年未曾得聞如是像法衆祐地說」正像末三時之年數。經論之異說多。見正像末條。

【像法轉時】(雜語)轉猶言起。謂佛滅後經五百年像法之起時也。藥師經曰、「令諸鬪者業障消除。爲欲利樂像法轉時諸有情故。」

【像法決疑經】(經名)一卷、大周刊定衆經目錄列之於僞經目錄中。然天台以之爲涅槃經之結經。往往引用之。法華文句九下曰、「像法決疑經結成涅槃」釋籤十曰「彼像法決疑結涅槃」。

【像始】（術語）像法之始。讚阿彌陀偈曰「本師龍樹摩訶薩誕形像始理頹綱」。

【像季】（術語）像法之末季。佛滅後五百年爲正法。正法後一千年爲像法。似法所行之時也。輔行序曰「況時淹像季學鮮知機」。註曰「季者或指像法末或直指末法」。西方要決後序曰「生居像季去聖斯遙」。

【像敎】（術語）與像化同。因佛像與經敎。唯識述記序曰「漢日通暉像敎宣而遐被」。

【像經】（雜語）佛像與經典。順權方便經下曰「所在土地逮得聽服如是像經」。

【像運】（術語）像法之時運。佛滅後五百年爲正法。正法後一千年爲像法。像者似也。西域記十二曰「黃圖流鷲山之化。赤縣演龍宮之敎。像運之興斯爲盛矣」。行事鈔上之二曰「舉彼微言重光像運」。高僧傳三曰「三藏法門有緣必覩。自像運東遷在茲爲盛」。

【像想觀】（術語）觀經所說十六觀中第八觀。彌陀佛形像之觀法也。「想彼佛者先當想像閉目開目見一寶像如閻浮檀金色坐彼華上（中略）是爲像想名第八觀」。

【像觀】（術語）與像想觀同。

【境】（術語）心之所遊履攀緣者。謂之境。如色爲眼識所遊履。謂之色境。乃至法爲意識所遊履。謂之法境。俱舍頌疏一曰「色等五境爲境性。是境界故。眼等五根名有境性。有境界故」。因實相之理爲妙智遊履之所。故稱爲境。是屬於前之法境。玄義二上曰「以境妙故智亦隨妙。以法常故諸佛亦常。函蓋相稱境智不可思議」。

【境本定身】（術語）見佛之相好而發心。謂之見相發心。此見相依四敎之機。有四種不同。然其所對之佛身。必爲丈六之釋迦應身。應身爲所觀之境。觀見此四相之別也。因而定爲境本之佛身。爲丈六之釋迦。是謂之境本定身。止觀輔行一曰「皆以三藏如來而爲境本。於色相上四見不同」。四敎儀集註上曰「如來。謂丈六身。即境本定身也」。

【境行果】（術語）境爲所觀之境。行爲修斷之行。果爲所得之果。就一切法而辨詳分別觀察三性有體無體有爲無爲等。謂爲境。已知境界。則修習聞思修三慧。凝五重唯識觀。謂爲行。果者。謂有漏之修。能感世間一切之妙果。無漏之修。永滅諸障而得大菩提也。

【境界】（術語）Visaya 自家勢力所及之境土。又我得之果報界域。謂之境界。無量壽經上曰「比丘白佛斯義弘深非我境界。」入楞伽經九曰、「我棄內證智妄覺非境界。」

【境界相】（術語）起信論所說三細之一。自第二之轉相現一切之境界者。亦名現相。又名現識。唯識論所謂果能變與識之自體分所現之相分同。起信論曰、「境界相以依能見故境界妄現。」

【境界般若】（術語）五種般若之一。一切諸法、爲般若所對之境界、（般若爲能緣之智、諸法爲所緣之境）故指一切諸法曰境界般若。見三藏法數二十。

【境界有對】（術語）三有對之一。見有對條。

【境界愛】（術語）三種愛之一。見愛條。

【境智】（術語）所觀之理謂之境。能觀之心謂之智。釋籤一曰、「理惑一體境智如如。」

【境智行】（術語）台宗所立之三軌也。見三軌條。

【境唯識】（術語）約於所觀境界之唯識。五種唯識之一。法苑義林章一曰、「一境唯識、阿毘達磨經云、鬼與傍生人與天各隨其所感事等心異。故義非眞實如是等文、但說唯識所觀之境者、皆境唯識。」

【境敎理行果】（術語）於四法寶之外、別加所觀之境者。法相宗稱之爲五種唯識。說境唯識敎唯識理唯識行唯識果唯識之別。出於法苑義林章、成唯識論樞要等。

【摧碎佛頂】（菩薩）佛頂尊之一。見佛頂尊條。

【障】（術語）煩惱之異名。煩惱能障礙聖道。故名障。大乘義章五本曰、「能礙聖道、說以爲障。」餘見二障三障四障五障十重障各條。

【障盡解脫】（術語）二解脫之一。

【障礙山】（地名）毘那怛迦山Vinataka之譯。

【障礙有對】（術語）三有對之一。見有對條。

【滿分戒】（術語）具足戒之異名。

【滿分淸淨者】（雜語）佛爲滿淸淨者。菩薩爲分淸淨者。合佛菩薩而謂爲滿分淸淨者。唯識論一曰、「稽首唯識性。滿分淸淨者。」

【滿月尊】（術語）佛之德號也。

【滿字】（術語）梵字之摩多與體文各別、未成全字、謂之半字。摩多體文相合而完成全字、謂之滿字。涅槃經以此半滿二字譬小乘經與大乘經。見二字條。

【滿字敎】（術語）半滿二敎之一。見二敎條。

【滿成佛】（術語）見四滿成佛條。

【滿足願】（術語）希求者總求成就、

圓滿具足一切願之本願也。

【滿果】（術語）滿業所感之果也。見滿業條。

【滿泥】（雜語）Vande 又作漫提。譯曰禮拜。觀自在如意輪瑜伽法要曰「行人面於西漫提自在王。次禮餘方佛。」一本作滿泥。慧琳音義二十六曰「滿泥自在王。梵語也。唐云禮拜自在王者無量壽佛。」

【滿怛羅】（術語）見曼怛羅條。

【滿拏】（雜語）見曼陀條。

【滿座】（術語）法會之最終日也。亦指列座之全體而曰滿座。

【滿祝子】（人名）富樓那衜者之譯名。見富樓那條。

【滿殊尸利】（菩薩）見文殊條。

【滿財長者】（人名）給孤獨長者之女。修摩提。嫁滿財長者之子。使其家供佛僧。同悟道。見須摩提女經。

【滿荼】（雜語）Maṇḍa 譯曰堅固。金剛座之異名。大日經疏十二曰「爾時諸金剛菩薩即能現菩提座也。此座但以世間意說。但座處耳。然西方名此座爲滿荼。滿荼者是堅固義。不動義。是更無等比義。是遍周法界義。今現此菩提座。亦如酪中現蘇。諸味共會一處而不相離。」

【滿荼邏】（術語）見曼荼羅條。

【滿宿】（人名）六群比丘之一。見比丘條。

【滿散】（術語）期日而行法事。法事終了。謂之滿散。事滿衆散之義也。又其臨散場而諷誦。謂之滿散。亦曰散經。見象器箋十三。

【滿業】（術語）又名別報業。凡人間一生中造善惡邪正種種之業。其中最爲主要者。唯有一業。招引未來世鬼畜人天等之生者。名爲引業。其他一切諸業相倚。於彼鬼畜人天等生中。更使六根具不。身體强弱。壽命長短。其他貧富貴賤等各自差別之果報圓滿者。謂之滿業。因而亦名引業爲總報業。滿業爲別報業。畫者畫人體。引總體之輪廓。譬如引業。於其上別好醜姸美。譬如別報業。俱舍論曰「一業引一生。多業能圓滿。」

【滿遍】（雜語）譯語。平均之義。

【滿馱】（雜語）Bandha 譯曰縛。演密鈔八曰「梵云縛馱。或云滿馱。此譯爲縛。」

【滿慈子】（人名）又曰滿願子。滿祝子。富樓那衜者之翻名。見富樓那條。

【滿講】（雜語）講完一部之書也。

【滿濡】（菩薩）Mañju 又作曼殊。曼乳。譯曰妙。又曼殊室利菩薩。古經謂之滿濡。新譯家略稱曼殊。

【滿願】（人名）滿願子之略。比丘名。又（術語）願已滿也。往生論下曰「彼無礙光如來名號。能破衆生一切無明。能滿衆生一切志願。(中略)問曰名爲法指如指指月。若稱佛名號便得滿願者指月之指應能破闇。若指月之指不能破闇稱佛名號亦何能滿願耶。」

【滿願子】(人名) 新譯滿慈子。尊者富樓那之翻名見富樓那條。

【滿願子經】(經名) 一卷、失譯。尊者富樓那往化惡國、佛爲說忍行。出於雜阿含十一卷。

【漏】(術語) 梵語Āsrava煩惱之異名也。漏爲流注漏泄之義、三界之有情、由眼耳等六瘡門、日夜流注漏泄煩惱而不止、故名漏。又煩惱現行、使心連注流散而不絕、故名漏。名漏煩惱如漏器漏舍也。俱舍論二十曰、「從有頂天至無間獄由彼相續於六瘡門泄過無究。故名爲漏。(中略)若善釋者應作是言。諸境界中流注相續泄過不絕故名爲漏。」一大乘義章五本曰、「流注不絕其猶瘡漏。故名爲漏。」法華玄贊一曰、「諸論皆云煩惱現行令心連注流散不絕。名之爲漏。如漏器漏舍深可厭惡。損汙處廣毀責過失。立以漏名。」又漏失之義、煩惱漏失正道、故名。又煩惱使人漏落於生死、故名。法華文句一曰、「成論云。失道故名漏。(中略)毘曇云。漏落生死。」嘉祥法華義疏一曰、「成論人以失理取相之心名漏。」

【三漏】(名數) 一欲漏、欲界中除無明、其餘一切之煩惱名之。二有漏、色無色界中除無明、其餘一切之煩惱名之。三無明漏、三界中之無明名之。成實論十曰、「欲界中除無明。餘一切煩惱名爲欲漏。色無色界有漏亦如是。三界無明名無明漏」智度論三曰、「三界中三種漏已盡無餘故言漏盡也。」涅槃經三十七曰、「善男子煩惱三種。所謂欲漏有漏無明漏。智者應當觀是三漏所有罪過。」

【漏分布經】(經名) 一卷、後漢安世高譯。說五陰之苦集及八正道。即中阿含之梵達經也。漏分布者、五陰之苦集、爲有漏之分布也。

【漏永盡無所畏】(術語) 佛四無所畏之一。證漏盡而對於萬人之難論、亦無畏懼也。

【漏戒】(術語) 漏失戒律而不守持也。即破戒。大集經九曰、「若無淨持戒。漏戒比丘以爲無上。若無漏戒。剃除鬚髮。身著袈裟。名字比丘爲無上寶。」

【漏無漏】(術語) 有漏法與無漏法也。漏爲煩惱之異名。三界之諸法爲有漏法。三乘之聖道及涅槃界爲無漏法。

【漏業】(術語) 見業條附錄三業項。

【漏質】(術語) 有漏之體質、有煩惱垢染之身也。漏爲煩惱之異名。臨濟錄曰、「此無依道人。雖是五蘊漏質。便是地行神通。」

」

【漏盡】（術語）梵語Āsravakṣaya Kṣīṇāsrava 凡人自眼等六根門漏泄煩惱、故名煩惱爲漏、至三乘之極果以聖智斷盡此煩惱、謂之漏盡。法華經序品曰、「諸漏已盡、逮得己利。」智度論三曰、「三界中三種漏已盡無餘、故言漏盡也。」

【漏盡力】（術語）菩薩十力之一。斷盡一切煩惱之力用也。

【漏盡明】（術語）三明之一。具曰漏盡智證明。見三明條。

【漏盡通】（術語）六通之一。具曰漏盡智證通。見六通條。

【漏盡智】（術語）斷盡一切煩惱之阿羅漢智也。

【漏盡比丘】（術語）煩惱斷盡之比丘、即阿羅漢也。

【漏盡意解】（術語）一切煩惱斷盡而心意解脫也。是爲小乘阿羅漢之證果。無量壽經下曰、「八十萬比丘漏盡意解。」維摩經佛國品曰、「八千比丘不受諸法、漏盡意解。」同注曰、「肇曰、漏盡者九十八結漏既盡、故意得解脫成阿羅漢也。」

【漏盡智力】（術語）十力之一。

【漏盡無畏】（術語）與漏盡無所畏同。

【漏盡智通願】（術語）阿彌陀佛四十八願中第十、速得漏盡願之異名。

【漏盡智證明】（術語）三明之一。俱舍論謂之漏盡智證明。證涅槃之理、顯了分明也。經論多略稱漏盡智或漏盡明。見三明條。

【漏盡智證通】（術語）六通之一。經論多略稱漏盡智通或漏盡通。俱舍論謂之漏盡智證通。證漏盡即涅槃之境而無礙自在之智也。俱舍頌疏智品二曰、「漏盡智證通、漏盡者擇滅也、智證漏盡無擁名通。」見六通條。

【漏盡無所畏】（術語）四無所畏之一。於大衆中明言我斷盡一切煩惱而無所畏也。

【漏盡阿羅漢】（術語）斷盡一切煩惱而住於阿羅漢之位者。法華經序品曰、「皆是阿羅漢、諸漏已盡。」同方便品曰、「漏盡阿羅漢、阿若憍陳如等。」

【漏縛】（術語）漏爲漏泄之義、縛爲繫縛之義、皆爲煩惱之異名也。衆生自眼等六根門漏泄煩惱、爲此煩惱、身心被繫縛、故名爲漏、名爲縛。安樂集上曰、「若願生淨土、便是取相轉增漏縛、何用求之。」

【漉水袋】（物名）與次項同。

【漉水囊】（物名）比丘六物之一。又曰漉水袋、濾水囊。漉水去蟲之具也。行事鈔下一之二曰、「漉水袋法、物雖輕小、所爲極大」

【演若】（人名）演若達多之略。宗鏡錄五曰、「千迷競起空迷演若之頭。一法纔生。唯現闥婆之影。」

【演若多】（人名）見次項。

【演若達多】（人名）Yajñadatta 又作延若達多、耶若達多。人名。譯曰祠授。因祠天而授之義。俱舍光記三十曰、「延若達多。此云祠授。因祭祠天而乞得子。故言祠授。」楞嚴經四曰、「演若達多。」唯識述記一本曰、「耶若達多」。

【演若多之頭】（故事）室羅城有一狂人曰演若達多。某日朝以鏡照面、於鏡中得見頭中眉目而喜。還觀已不得見己頭中眉目、因大瞋恨。謂是魑魅所作而狂走。此以自己之本頭、譬眞性、鏡中之頭、譬妄相。喜見鏡內之頭有眉目者、以比認妄相爲眞堅執不捨。不見自己之本頭有眉目者、以比眞性無一切之諸相。楞嚴經四曰、「汝豈不聞室羅城中演若達多忽於晨朝以鏡照面愛鏡中頭眉目可見。嗔責己頭不見面目。以爲魑魅。無狀狂走。於意云何。此人何因無故狂走。富樓那言是人心狂。更無他故。」同十曰、「乃至虛空皆因妄想之所生起。斯元本覺妙明眞精妄以發生諸器世間。如演若多迷頭認影。」

【演祖】（人名）蘄州五祖山法演禪師也。就白雲端契悟、居東山而接衆。見續傳燈錄二十。

【演密鈔】（書名）解大日經義釋者。十卷。大遼天祐帝朝、即宋神宗時燕京圓福寺沙門覺苑著。

【演義鈔】（書名）大方廣佛華嚴經疏演義鈔之略名。

【演道俗業經】（經名）佛說演道俗業經。一卷。乞伏秦聖堅譯。佛爲給孤獨長者說在家之三財與出家之三業者。

【演說】（術語）布演義理而說示也。法華經序品曰、「演說正法。」八十華嚴六曰、「依於一實理演說諸法相。」

【十種演說】（名數）善財童子南詢第二十參徧行外道對童子自說爲一切種生演說十種法門。一或爲演說一切世間種種技藝、使得具足一切巧術陀羅尼智。二或爲演說四攝方便、使得具足一切智道云云。見唐華嚴經六十。

【演暢】（術語）說演義理也。法華經提婆品曰、「演暢實相義。開闡一乘法。」阿彌陀經曰、「演暢五根五力七菩提分八聖道分。如是等法。」

【漁山】（地名）又作魚山。地名。魏曹植在此處始製梵唄。因而梵唄謂之漁唄。漁梵等玄贊四曰、「陳思王登漁山。聞巖岫誦經。清婉遒亮。遠谷流響。遂擬其聲而制梵唄。」

故今俗中謂之漁梵。冥會西域三契七聲。聞俱胝耳等所作法也」文句記五中曰「按梁宣驗記云。陳思王姓曹名植字子建。魏武帝第四子。十歲善文藝。私制轉七聲。植曾遊漁山。於巖谷間聞誦經聲。遠谷流美。乃效之而制其聲。如賢愚經鈴聲比丘緣」西征記曰、「魚山此臨河在濟州。」

【漁梵】（雜名）見漁山條。

【漚多羅僧】（衣服）袈裟名。見鬱多羅僧條。

【漚呵沙】（界名）Okās 佛土名。譯曰明闊開。見阿閦世王經上。

【漚波耶波羅蜜】（術語）Upāya-pāramitā 方便度之義。十波羅蜜之一。漚波耶爲方便、波羅蜜爲到彼岸（即度）之義。以善巧方便令衆生到涅槃之境界也。

【漚和拘舍羅】（術語）Upāyakauśalya 又作漚和俱舍羅。傴和拘舍羅。譯曰方便勝智、善巧方便、方便善巧。法華義疏四上曰、「外國稱傴和拘舍羅。漚和稱爲方便。拘舍羅稱爲勝智」可洪音義五曰「漚和拘舍羅。亦云憂波憍舍羅。此云妙。亦云善巧方便」放光般若經行招音義曰、「漚和上烏候反。下或作慪。漚慪拘舍羅。此云方便」華嚴疏鈔十四曰、「漚和俱舍羅。此云方便善巧。」

【漚慪】（術語）又作漚和。見前項。

【漚鉢羅】（植物）Utpala 又作嗢鉢羅、優鉢羅、烏鉢羅。花名。譯曰青黛花、青蓮花。其花青色。葉細長。香氣頗高。摩訶般若行招音義曰、「漚鉢羅。漚烏候反。此云青蓮花。又云青黛花」慧琳音義二曰「嗢鉢羅花。唐云青蓮花。其花青也。葉細陋長。香氣遠聞。人間難有。唯無熱惱大龍池中有。或名優鉢羅。」見優鉢羅條。

【漚樓僧佉】（人名）又作優樓僧佉。漚樓與僧佉二仙人名。漚樓者勝論之祖。見優樓迦條。僧佉指數論師。

【漚樓頻螺】（人名）見優樓頻螺條。

【漸次觀】（術語）台家三種止觀之一。成最初之數息觀。漸進而修至極之實相觀也。天台在瓦官寺所說之次第禪門是也。

【漸次敎授】（術語）見四種敎授條。

【漸次止觀】（術語）見止觀條附錄。

【漸書】（雜語）法華經之漸寫。又曰漸書。見漸寫條。

【漸悟】（術語）見二悟條。

【漸敎】（術語）對於頓敎之稱。如初說小乘、後說大乘。以淺深次第而說之敎法也。止觀三曰、「漸名次第。藉淺由深。」

【漸備一切智德經】（經名）一卷、西晉竺法護譯。華嚴經十地品之別譯。

【漸頓敎】（術語）有二種。一以漸敎頓敎判一代敎也。一華嚴之淸涼以華嚴經爲頓敎。法華經爲漸頓敎是也。前之漸頓敎者、陳眞諦三藏等以漸頓二敎判一代敎。漸悟菩薩先習小乘後迴心向大而學大乘、佛對此機所說之諸經爲漸敎。鹿園以下之大小乘經是也。此中之小乘爲漸敎小乘、而大乘爲漸敎大乘。直入頓悟之菩薩直樂佛果、發心修行、佛對此機直說大乘、此爲頓敎。華嚴經是也。依此義則如法華涅槃固爲漸敎之所攝也。法相宗用漸頓之名。又天台宗以化儀之四敎、判法華以前之經、有頓敎漸敎之名。卽據此義。然天台智者以五雙判止觀、其中漸頓之一雙、就法門之體而論之。圓敎爲頓足頓極成佛之法、故謂之頓敎。藏通別三敎爲次第漸入成佛之法、故謂之漸敎。故自天台言之、華嚴經自化儀之上雖爲頓敎、而自化法之上則兼說別圓二敎、因而可謂於頓敎兼漸敎。法華爲純圓之法、故唯可謂爲頓敎。華嚴宗之淸涼則以爲華嚴經所化之機爲頓、所說之法亦爲頓、故可謂爲頓頓。法華經所說之法爲頓、而所化之機爲漸、故可謂爲漸頓。止觀三曰「四明漸頓者。漸名次第。藉淺由深。頓名頓足頓極。」

【漸寫】（雜語）爲法施書法華經、有頓寫漸寫之式。以數日書之謂之漸寫。

【漸斷】（術語）謂三界九地八十一品修惑之一品徐徐而斷也。對於頓斷而言。

【漫茶迦】（飲食）Maṇḍaka 餅名。大日經疏七曰、「漫茶迦是此方薄餅。」梵語雜名曰、「餅滿拏」

【漫茶羅】（術語）與曼茶羅同。

【漫提】（雜語）Vande 又作漫泥。見滿泥條。

【漫怛羅】（術語）與曼茶羅同。

【漫陀羅】（植物）與曼陀羅同。

【慚】（術語）大善地法之一。又十一善心所之一。心所名。自己反省羞恥自己罪過之精神作用也。

【慳】（術語）梵名母履衍 Matsarya 又曰路婆 Lobha 俱舍小煩惱地法十之一。唯識隨煩惱二十之一。於財與法深爲耽着不能惠捨之心也。唯識論六曰、「耽着財法不能惠捨秘悋爲性。能障不慳鄙畜爲業。」俱舍論二十一曰、「慳謂財法巧施相違令心悋着。」大乘義章二曰、「悋惜財法稱慳。」同五末曰、「堅着不捨目之爲慳。」梵語雜名曰、「慳梵名母履衍又路婆」

【慳心】（術語）六蔽心之一。慳貪之惑心爲蔽覆、不行布施也。見智度論三十三、三藏法數二十七。

【慳法七報】（名數）說法慳悋不施於人之人、後世所受之七種惡報也。卽生盲報、愚痴報、生惡衆報、胎夭報、物恐報、善人遠離報、無惡不作報。

【慳貪】（術語）惜物而不與人、貪求而無飽足之心。法華經方便品曰、「若以小乘化乃至於一人我則墮慳貪。」中阿含經三十一曰「我見世間人有財物不施得財復更求慳貪積聚物。」文句四下曰「慳貪墮此趣此趣多饑渴故名餓鬼。」

【慳惜加毀戒】（術語）顯教十重戒之一。制慳惜不與所求反加毀辱之戒也。法藏謂爲故慳戒太賢謂爲慳生毀辱戒今依天台所立之名。

【慳結】（術語）九結之一。慳吝之煩惱也見結條。

【慢】（術語）恃己而凌他也。十六惑之一。有七慢九慢之別。唯識論六曰「慢恃己於他高舉爲性。（中略）此慢差別有七九種。」大乘義章二曰「凌他稱慢。」

【七慢】（名數）一慢、於劣而謂己勝、於等而謂己等者。是於境雖稱而以心高舉。故名爲慢也。二過慢、於等而謂己勝、於勝而謂己等者。三慢過慢、於他勝中而謂己更勝者。四我慢、執有我有我所有而使心高舉者。五增上慢、未證得聖道而謂已證得者。六卑慢、於他多分勝中而謂己少分劣者。七邪慢、成就惡行恃惡高舉者。見俱舍論十九。

【九慢】（名數）唯識述記六曰、「九慢者大乘中不見文。顯揚第一云如經說三慢類。我勝我等我劣。婆沙一百九十九及俱舍第十九說有九慢。」一我勝慢、于與我同等者而思我爲勝。是七慢中之過慢也。二我等慢、於比我勝者而思我爲等同也。三我劣慢、於比我多分勝者而思我爲少劣。是即七慢中之卑慢也。四有勝我慢、思他比己爲勝也。是即於勝而思己劣者。故攝於卑慢中。五有等我慢、思他與己等也。是即於等而思與己等者。故攝之於慢中。六有劣我慢、思他劣於己也。是即於等而思己勝者。故攝之於過慢中。七無勝我慢、思他於己無勝也。是即於等而思己等者。故攝之於慢中。八無等我慢、思他於己無等也。是即於等而思己勝者。故攝之於過慢中。九無劣我慢、思他於己無劣也。是即於勝而思己劣者。故攝之於卑慢中。然則此九慢者三慢之分類也。俱舍十九頌曰、「慢有七九從三。」

【慢山】（譬喩）憍慢之高譬如山也。釋門歸敬儀上曰「慢山上聳。俯視於人物。我室四豪包藏於見愛。」

【慢見】（術語）十種見之一。與慢同。大藏法數曰、「心生憍慢。計己爲勝。視他爲劣。是名慢見。」

【慢坑】（譬喩）憍慢之深坑也。止觀十曰「勝者墮慢坑。負者墮憂獄。」

【慢求羅】（地名）山名。譯曰尾。翻梵語九曰、「慢求羅山譯云尾也。彌沙塞律第二。」梵 Lāṅgula

【慢使】（術語）十使之一。慢惑驅使人之身心也。

【慢結】（術語）九結之一。慢惑之繫縛身者。

【慢金剛】（菩薩）金剛界理趣會中臺五尊之一。標示慢卽菩提深密之理趣。

【慢習因】（術語）見因條附錄十因十果項。

【慢惑】（術語）十大惑之一、憍慢之妄惑也。

【慢想】（術語）憍慢之念想也。南本涅槃經二十二曰「其心初無憍慢之想」。西方要決曰「等心起敬勿生慢想」。

【慢煩惱】（術語）見煩惱條附錄。

【慢過慢】（術語）七慢之一。

【慢境】（術語）見十境條。

【慢幢】（譬喩）慢心高擧、如幢之高聳也。六祖壇經曰、「禮本折慢幢。頭奚不至地」。

【慢擧】（術語）自慢而心擧也。俱舍論四曰、「慢對他心擧」。

【嘆佛】（術語）讚嘆佛德之偈文也。瀰滿於經中。禪門之疏及廻向之首、以聯句或四句偈嘆佛德、謂之嘆佛。祝聖迴向之首曰、「巍巍金相堂堂覺王」是也。

【嘆佛偈】（經名）出於無量壽經上卷。法藏比丘詣世自在王佛所、讚佛德之偈文曰、「光顏巍巍、威神無極、如是焰明、無與等者、日月摩尼、珠光燄耀、皆悉隱蔽、猶若聚墨」云云、凡八十句。

【嘆眞】（術語）祖師忌廻向文之首、唱儷語或偈文、謂之白眞。亦曰嘆眞。讚嘆眞願之義也。

【嘆德】（術語）讚嘆他德也。

【嘆德師】（職位）密敎行傳法灌頂、灌頂終時、誦讚嘆新阿闍梨德之文者也。最是名擧之役。

【嘆靈】（雜語）亡者廻向之首語。

【鳴魚】（物名）禪林之器具。呼爲梆。木製之魚形、打之而鳴者。見魚鼓條。

【鳴錫】（物名）錫杖之異名。

【鳴鐘】（雜語）佛寺之大鐘、以杵鳴之、故曰鳴鐘。禪家有鳴鐘佛事。

【鳴鐘功德】（雜語）見鐘條。

【獄卒】（術語）在地獄之內、現種種可畏之形、以種種之苦具殘害罪人者。然是非實之有情、由於罪人之業力而見之、如有情也。俱舍論十一曰、「諸地獄卒是有情不。有說非情、如何動作。有情業力如成劫風。若爾云何通彼大德法善現說。如彼頌言、心常懷忿毒、好集諸惡業。見他苦欣悅。死作琰魔卒。琰魔王使諸邏刹婆、擲諸有情置地獄者。名琰魔卒。是實有情、非地獄中害有情者。故地獄卒非實有情」。

【獄縛】（雜語）爲三界之牢獄所縛也。馬鳴傳曰、「三界獄縛無一可樂」。

【魂神】（術語）心識之異名。小乘立六識。大乘立八識。此六識八識。對於肉體謂之魂神。俗所謂靈魂也。無量壽經下曰：「壽命或長或短。魂神精識自然趣之。」

【魂祭】（行事）儒有招魂法。密教有去識還來法。神道有魂祭。

【魂魄】（術語）心身之異名。魂者心識。有靈用而無形者。魄者有形體而為心識之依處者。禮記郊特牲曰：「魂氣歸於天。形魄歸於地。」註曰：「魂者神也。陽也。氣也。魄者精也。陰也。形也。」諸經要集十九曰：「魂是靈。魄是屍。」因主肝為魂。主肺為魄。楞嚴經九曰：「以此心內外精研。其時魂魄意思精神除執受身。」長水疏八上曰：「主肝曰魂。主肺曰魄。主脾為意。主腎為志。主心為精神。」布薩式曰：「肝藏魂。肺藏魄。心藏神。腎藏精。脾藏志。五藏悉傷。則五神去矣。」

【瑯琊】（地名）宋滁州瑯琊山廣照禪師。名慧覺。得法於汾陽昭禪師。應緣於滁州。與明州雪竇山顯禪師同時唱道。四方謂之二甘露門。見續傳燈錄三。

【瑯琊山河】（公案）五燈會元十二長水子璿講師章曰：「聞瑯琊道重當世。即趨其席。值上堂次。出問清淨本然。云何忽生山河大地。瑯琊厲聲曰：清淨本然。云何忽生山河大地。師言下領悟。」

【瑠璃】（物名）Vaidurya 新譯曰吠瑠璃。吠瑠璃耶。毘頭梨。吠努璃耶等。七寶之一。譯言遠山寶。不遠山寶等。青色之寶石也。就產出之山名之。遠山為須彌山之異名。不遠山者。去波羅奈城不遠之山也。玄應音義二十三曰：「瑠璃。吠瑠璃也。亦云毘瑠璃。又言鞞頭梨。從山為名。謂遠山寶也。遠山即須彌山也。此寶青色。一切寶皆不可壞。」慧琳音義一曰：「吠瑠璃寶名也。或云毘瑠璃。或但云瑠璃。須彌南是此寶也。其寶青色。瑩徹有光。凡物近之。皆同一色。帝釋髻珠。云是此寶。」慧苑音義上曰：「瑠璃。梵言具云吠瑠璃耶。此為不遠山。謂西域有山。去波羅奈城不遠。此寶出彼。故以名之。」梵語雜名曰：「瑠璃。吠努離耶。」

【池中取瑠璃譬】（雜語）涅槃經二曰：「譬如春時。有諸人等在大池浴。乘船遊戲。失瑠璃寶。沒深水中。是時諸人悉共入水求覓是寶。競捉瓦石草木砂礫。各各自謂得瑠璃珠。歡喜持出。乃知非真。是時寶珠猶在水中。以珠力故。水皆澄清。於是大衆乃見寶珠故在水下。猶如仰觀虛空月形。是時衆中有一智人。以方便力安徐入水。即便得珠。汝等比丘不應如是修無常苦無我相不淨想等以為實義。如彼諸人各以瓦石草木砂礫而為寶珠。汝等應當善學方便。在在處處常修我想常樂淨想。（中略）如彼智人巧出寶珠。」

【瑠璃王】（人名）Virūḍhaka 又作爐。流璃王、婁勒王、樓黎王、維樓黎王、毘流離王。[illegible]彌毘盧釋迦王。亡迦毘羅衞國釋種之惡王。名見毘琉璃條。

【瑠璃壇】（物名）以瑠璃寶所築之戒壇也。義楚六帖二十一曰「嵩岳有玉石壇大鄭有瑠璃壇僧受戒羯磨說戒作法集僧唱共結之壇矣」又言佛壇社壇之爲瑠璃色也。

【瑠璃太子】（人名）逆王名。涅槃經謂之瑠璃太子。餘經謂之瑠璃王。見瑠璃王條。

【瑠璃王經】（經名）一卷、西晉竺法護譯。說舍衞國波斯匿之子、嗣王位、滅迦毘羅國釋種、墮於地獄之始末。

【瑠璃輪王】（雜名）見六輪條。

【瑠璃觀音】（菩薩）三十三觀音之一。又曰香王觀音。乘一蓮華、浮於水手持香

【瑠璃金山寶花光照吉祥功德海如來】（佛名）吉祥天女於過去念此佛、得今之富樂自在。故諸人欲得富樂者對於吉祥天之像、應歸命於此佛云。見最勝王經大吉祥天女品。

【楷定】（術語）正決定也。玄應音義二十五曰、「廣雅楷模品式法也。」法華玄義一上曰「印是楷定不可改易。」

【楷定疏】（書名）唐善導作觀經疏四卷、其第四卷之末曰、「今欲出此觀經要義楷定古今」因而世稱爲楷定疏。

【楷定記】（書名）三十六卷。竹林寺顯意著。釋善導之楷定疏者。

【槌砧】（物名）承槌打之木、謂之槌砧。打之小木謂之槌。槌爲木器。爲槌而有砧。敕修清規維那曰、「左手按砧（中略）右手鳴椎高不過五寸聲絕方下椎急緩合度。」

【槌墪】（物名）槌砧之異名。正字通曰、「墪音敦平地有椎者」

【福力太子】（人名）往古眼力王最後之一子。生時有無量吉祥福德之祥瑞、因而名爲福力。見福力太子因緣經。

【福力太子因緣經】（經名）三卷、趙宋施護譯。諸苾芻共會、相謂何行業最多獲義利。阿難言色相行業、（阿難容貌美故言）聞二百億言精進行業、阿尼樓陀言工巧行業、舍利弗言智慧行業。（各就自己所得而言也）以問佛佛言其中智慧最勝。而修福因緣爲極勝。因說福力太子之因緣詮之。

【福分】（術語）二分之一。感世福之五戒十善行法、謂之福分。感出世果之發菩提心行、謂之道分。

【福不可避】（術語）見七法不可避條。

【福田】（術語）田以生長爲義、於應供養者供養之則能受諸福報、猶如農夫播種於田畝有秋收之利、故名福田。探玄記六曰「生我福故名福田。」無量壽經淨影疏曰「生世福善如田生物故名福田。」

【二福田】（名數）一學人田小乘見道位已後修學聖道之聖者也、是有十八人。一信行、二法行、三信解、四見到、五身證、六家家、七一種、八向須陀洹、九得須陀洹、十向斯陀洹、十一得斯陀洹、十二向阿那含、十三得阿那含、十四中般涅槃、十五生般涅槃、十六行般涅槃、十七無行般涅槃、十八上流色究竟涅槃。（已上聖位之差別也、謂之十八有學）二無學人田得極果更無可修學之聖者、卽阿羅漢也、是有九人。一思法、二昇進法、三不動法、四退法、五不退法、六護法、七實住法、八慧解脫、九俱解脫。（是依根性差別而名之九種羅漢）見中阿含三十福田經。図

有二福田。一悲田、貧窮困苦之人也、是爲可施與慈哀心之良田。二敬田、三寶也、是爲可以恭敬心供養之良田。智者大師別傳曰「廻施悲敬兩田、使福德增多。」

【三福田】（名數）一報恩福田、父母師長也。二功德福田、佛法僧之三寶也。三貧窮福田、貧窮困苦之人也。見優婆塞戒經二。

【四福田】（名數）一趣田、畜生。二苦田、貧窮困苦之人也。三恩田、父母等也。四德田、三乘之賢聖也。見俱舍論十八。

【八福田】（名數）見八字部八福田條。

【眞福田十法行】（名數）首楞嚴三昧經下曰「有十法行、名爲眞福田、一住空無相無願解脫門而不入法位云云」

【福田衣】（術語）袈裟之德名也。爲世之福田、生功德故。又以袈裟之條相與世之田疇相等故。

【福田經】（經名）諸德福田經之略名。又中阿含三十有福田經。

【福田淨德】（術語）一發心離俗、謂出家之人發勇猛心、脫離凡俗、習佛菩提而能懷佩妙道、爲世福田、是爲初淨德也。二毀其形好、謂出家之人剃除鬚髮、毀壞相好、去世俗之塵衣、著如來之法服、具佛威儀、爲世福田、是爲第二淨德也。三永割親愛、謂投佛出家、割絕父母親愛之情、一心精勤修道、以報父母生成之德、兼能爲世福田、是爲第三淨德也。四委棄軀命、謂出家之人能委棄身命、無所顧惜、惟務一心求證佛道、兼能爲世福田、是爲第四淨德也。五志求大乘、謂出家之人常懷濟物之心、專志勤求大乘之法、度脫一切有情、爲世福田、是爲第五淨德也。

【福生天】（界名）色界第四禪天之第二。

【福生城】（雜名）見福城條。

【福行】（術語）三行之一。五戒十善等感人天福利之行法也。

【福因】（術語）感福德果之業因也。即該稱布施等之善根功德。福力太子因緣經一曰「若諸有情修福因所獲福果又極勝。」

【福地】（雜名）寺院之德號。生福德之地域也。

【福林】（雜語）福德之樹林也。西域記贊曰、「聲敎之所霑被。馳騖福林。風軌之所鼓扇輒驅壽域。」

【福足】（術語）二足之一。足爲進修之義。修施等福德之行、而莊嚴應身之相好、名爲福足。

【福伽羅】（術語）見補特伽羅條。

【福果】（術語）依善業而獲之福德果報也。福力太子因緣經一曰、「若諸有情修福因所獲福果又極勝。」

【福城】（雜名）華嚴經入法界品、善財童子參見文殊菩薩之所也。善財此時了悟根本智。更欲得差別智。依文殊之指南而南遊、經一百一十城、參見五十三之善智識也。六十華嚴經四十九曰「覺城娑羅林中。」八十華嚴經六十二曰、「福城娑羅林中。」四十華嚴經四曰「福生城娑羅林中。」

【福相法身】（術語）二法身之一。智相法身之對。保持敎法而爲人說也。施大千世界之七寶不如說四句偈文之福德爲大。由其福相得到法身之住處、故有此名。

【福庭】（雜名）寺之尊稱。寺者生福之園庭也。

【福智】（術語）一福德、二智慧。即二種莊嚴。此二德莊嚴法身者也。菩薩自初發心、修六度萬行、具足所有之福德、能顯現法身、謂之福德莊嚴。修習正智、見淨盡無明、能顯現法身、謂之智慧莊嚴。六度中布施等六度爲福德莊嚴、第六般若爲智慧莊嚴。又福德屬於利他、智慧屬於自利。菩薩一切之萬行、攝在此二者也。涅槃經二十七曰、「二種莊嚴一者智慧二者福德若有菩薩具足如是二種莊嚴者則知佛性。」

【福智藏】（術語）含攝福德智慧二莊嚴之法藏也。敎行信證二曰、「圓滿福智藏。開顯方便藏。」

【福智虛空藏菩薩】（菩薩）見虛空藏條附錄。

【福報】（術語）福利之果報也。如六趣中人天之福報。增一阿含經一曰「雖受梵天福。猶不至究竟。」百論上曰、「福報滅時離所樂事。」大乘義章九曰、「依智起福。依福起報。」

【福等三業】（名數）福業、非福業、不動業也。一福業、爲欲界之善業。感生可愛之果而利益有情、故名福業。二非福業、爲欲界之不善業、感生非愛之果而損害有情、故曰非福業。三不動業、爲色無色兩界之善業、感不動之果故曰不動業。

【福道】（術語）福爲福德、道爲道觀。卽福智之二莊嚴也。釋門歸敬儀中曰「福道交加」見福智條。

【福業】（術語）感福德之行業也。有三福業。見三福條。百論疏上之上曰「福是富饒爲義。起善業招人天樂果故稱爲福」

【三福業】（名數）一施福業、施與貧窮之人、由施而獲世出世之福利、謂之施福業。二平等福業、以平等之慈悲心愛護一切衆生、因而成世出世之福利、謂之平等福業。三思惟福業、以智慧思惟觀察出離之法、爲出世福善之業、謂之思惟福業。見增一阿含經十二。

【福蓋】（雜語）福德蓋身、謂之福蓋。福蓋正行所集經一曰、「汝諸比丘於其福蓋速得圓滿」。

【福蓋正行所集經】（經名）十二卷、龍樹菩薩集、趙宋日稱等譯。選集成就福蓋正行之法。

【福聚海無量】（術語）福德之聚、廣大如海。讚嘆觀音福德無量之語。法華經普門品曰、「具一切功德慈眼視衆生福聚海無量是故應頂禮」。

【福德】（術語）以名一切之善行。又以名善行所得之福利。無量壽經下曰「福德自然」。

【福德身】（術語）見佛身條附錄。

【福德門】（術語）二門之一。差別於智慧而曰門。

【福德藏】（術語）觀無量壽經所說定散之諸行也。此淨土要門之方便藏也。經謂三福爲往生之正因、故廻向淨土之諸善萬行、名爲福德。

【福德莊嚴】（術語）二種莊嚴之一。修福德之善行而莊嚴佛果也。

【福德資糧】（術語）二種資糧之一。修布施之善行爲佛果之資糧也。

【福慶】（雜語）福利之可慶喜者。法華經化城喩品曰、「我等宿福慶今得値世尊」

【福慧】（術語）福德與智慧之二種莊嚴也。法華經方便品曰、「見六道衆生貧窮無福慧」華嚴經十一曰、「法界悉充滿福慧咸廣大」。止觀六曰、「菩薩者。福慧深利。道觀雙流」

【福祿】（雜語）總稱世出世之福利功德。無量壽經下曰「福祿巍巍」。

【福羅】（物名）又作腹羅。見富羅條。

【福嚴】（名數）福智二莊嚴之一、福莊嚴也。以施等福業莊嚴其身也。

【福觀】（術語）又曰福慧。卽福智之

二莊嚴也。福者修布施等之善業。觀者觀念眞理。福屬利他。觀屬自利。淨土源流章玄敍曰「福觀雙修」

【禍母】（傳說）昔有一國、五穀豐熟、人民安樂。王問群臣、我聞天下有禍、不知是何類。答曰臣亦不見。王便勅一臣於鄰國求之。禍母神化人賣一物、狀如猪。臣問是何名。答曰禍母。臣乃以價千萬買之。問曰是何食。答曰食針一升。既買得、還進於王。王勅畜養之。課人民以針。一國擾亂。臣遂白王請殺。王許之。將殺之而斫刺不能傷害。積薪燒之。禍母身赤如火。躍走入城。城邑悉燒盡。此譬買女色之禍也。見譬喩經、諸經要集、法苑珠林等。

【禘婆達多】（人名）見提婆達多條。

【竭叉】（地名）國名。其國在葱嶺之中、寒而不生餘穀。唯熟麥。國中有佛之一齒、爲佛齒起塔。有千餘僧徒。盡學小乘。晉法顯至此國。遇五年大會、（每五年大會）四方沙門皆雲集。王及群臣、如法供養一月。乃至三月供養畢。盡出王馬匹、使重臣騎之、具種種珍寶、並沙門所須物。與群臣共發願布施衆僧。布施已、自僧贖之。見法顯傳。

【竭支】（衣服）又作祇支。譯曰覆腋衣。長方形。自左肩覆右腋者。玄應音義四曰、「竭支或作僧祇支者皆訛也。應言僧伽鵄。此譯云覆腋。若著矍修羅。則不著僧伽鵄。矍修羅者此云圓也。像其衣形而立名也。」資持記中三之三曰、「竭支即祇支相量四方。」

Saṃkakṣikā

【竭誐】（物名）Khadga又曰Khaṅga又作渴誐、揭伽。譯曰太刀。梵語雜名曰、「太刀。梵名竭誐。」

【渴誐印】（印相）譯曰劍印。慧琳音義三十六曰「揭伽唐云劍。」

【竭伽】（天部）見次項。

【竭伽仙】（天部）見次項。

【竭羅伽】（天部）又作竭伽、揭伽、揭瞿。古仙人名。大日經疏十六有曰、「竭伽仙者山名。約處得名。」爲吠陀誦出者之一。犬孔雀王呪經下等、與他諸仙皆列其名。此等諸仙皆是古舊之大仙。造四明論、善閑呪術云。於胎藏界曼荼羅中爲火天之眷屬。與他四仙皆位於外金剛部院。但現圖曼茶羅、不圖其形像。

【颯陀婆羅度三姪女】（傳說）颯陀婆羅、譯曰賢護。見賢護條。

【颯破拔迦】（物名）見玻璃條。

【端心正意】（術語）制止貪瞋痴之三毒而不作諸惡也。無量壽經下曰、「端心正意不作衆惡甚爲至極。」

【端坐】（雜語）正威儀而坐也。普賢觀經曰、「一切業障海智從妄想生。若欲懺悔者端坐念實相。」

【端的】（雜語）端正也。的、實也。眞、實、眞正等之義。如「端的是好」等。

【端嚴】（雜語）莊飾正嚴也。法華經序品曰「身色如金山。端嚴甚微妙。」

【褐刺縭】（物名）毛布名。西域記二曰、「褐刺縭衣。織野獸毛。細耎可得緝績。故以爲珍而充服用。」Kārali

【褐麗】（人名）褐麗筏多之略。比丘名。

【褐麗筏多】（人名）Revata 舊稱離婆多。比丘名。慧琳音義八曰、「褐麗筏多。舊云離婆多略也。」見離婆多條。

【徧袒】（衣服）偏袒之異名。章服儀曰、「徧袒椅支。」

【頗】（術語）Pha 又作叵。悉曇五十字門之一。體文喉聲之第二。金剛頂經曰、「頗字門。一切法不堅如聚沫故。」文殊問經曰「稱頗字時是得果作證聲。」智度論曰、「若聞頗字。卽知一切法因果空。故頗羅 Phala 秦言果。」因（雜語）經論中多有頗有之語。玄應音義六曰「頗諸書語辭也。」應法記曰、「頗者有無未決之辭。」

【頗尼多】（飲食）Phāṇita 煎甘蔗之汁者。正法念經三曰、「如甘蔗汁器中火煎。初離垢名頗尼多。」

【頗胝迦】（物名）與頗黎同。見玻璃條。梵 Sphaṭika

【頗勒具那】（人名）Phalguna 比丘名。因十二月之星而名之。玄應音義二十四曰、「頗勒具那。此十二月星也。此人從此爲名。」

【頗勒窶拏】（雜語）Phalguna 又作叵勒拏。十二月之稱。

【頗黎】（物名）見玻璃條。

【頗置迦】（物名）見玻璃條。

【頗羅】（雜名）Phala 譯曰果。見智度論四十六。梵語雜名。

【頗羅吒】（雜語）見次項。

【頗羅墮】（雜名）Bharadvāja 又曰頗羅吒。婆羅門六姓之一姓也。本行集經四十曰、「頗羅吒隋云重瞳。」法華文句三曰、「頗羅墮此翻捷疾。亦云利根。亦云滿語也。」法華義疏三曰、「頗羅墮俗姓也。眞諦三藏云翻爲利根仙人。六姓婆羅門中一姓也。又翻爲辯才。又翻爲滿正也。」法華玄贊二曰、「頗羅墮者婆羅門十八姓中之一姓也。」

【頗羅訶羅】（異類）Phalāhara 夜叉名。譯曰食果。見孔雀王呪經上。

【頗攞遇捉】（雜名）見叵羅虞那麼洗條。

【稱名】（術語）稱佛名也。諸佛諸菩薩之名。雖盡可稱。而通常多稱阿彌陀佛之名。往生要集中本曰、「問念佛三昧爲唯心念爲亦口唱。答如止觀第二云。或唱念俱運。

或先念後唱或先唱後念唱念相繼無休息。聲聲念念唯在阿彌陀佛。又威禪師云觀經言是人苦逼不遑念佛善友教令可稱阿彌陀佛。如是至心令聲不絕豈非苦惱所逼念想難成令聲不絕至心便得今此出聲學念佛定亦復如是令聲不絕遂得三昧見佛聖衆皎然目前故大集日藏分言大念見大佛。小念見小佛。大念者大聲稱佛也小念者小聲稱佛也。斯卽聖教有何惑哉。現見卽今諸修學者唯須勵聲念佛三昧易成小聲稱佛遂多馳散此乃學者所知非外人之曉矣。」

【稱名正行】（術語）見五正行條。

【稱名念佛】（術語）稱名卽念佛也。

【稱名雜行】（術語）五種雜行之一。非專念稱彌陀之名號稱諸佛諸菩薩諸天神之名號也。

【稱佛】（術語）唱佛名也。歸元直指下說稱佛之功德。

【稱念】（術語）稱名念佛也。往生要集上曰、「專心稱念三昧有成」

【稱法行】（術語）行入四種之一。見二入條。

【稱法界】（術語）又曰稱性。華嚴經之所說稱於法界之眞性也。華嚴傳記一曰、「此乃圓滿法輪稱法界之談耳。」

【稱揚諸佛功德經】（經名）三卷、元魏吉迦夜等譯。佛在靈山爲舍利弗及彌勒迦葉說東方五十三佛、南方三十八佛、西方三佛北方六佛、上方二十七佛之名號功德。

【稱實聲聞】（術語）見聲聞條附錄。

【稱檀德佛】（佛名）見囉怛那尸緊雞佛條。

【稱意華】（植物）翻譯名義集曰、「須曼那或云須末那又云蘇摩那此云善攝意。又云稱意華其色黃白而極香。樹不至大。高三四尺。下垂如蓋。須曼女生於須曼華中。」

」

【稱讚】（雜語）稱揚讚嘆其功德也稱讚淨土經曰、「稱讚不可思議佛土功德一切諸佛攝受法門」

【稱讚慳】（術語）五慳之一。見五慳條。

【稱讚我名】（術語）法藏比丘四十八願中第七願也。

【稱讚淨土經】（經名）稱讚淨土攝受經之略名。

【稱讚淨土攝受經】（經名）一卷、唐玄奘譯阿彌陀經之新譯也。與舊經異者舊經爲六方佛之勸信、而新經爲十方佛之勸信也。

【稱讚大乘功德經】（經名）一卷、唐玄奘譯。佛在寶華殿德嚴華菩薩問何等是新學菩薩惡友。宜遠離者。佛言無如樂二乘之人寧墮地獄、不可起二乘之作意。次明謗大乘之罪、及釋大乘之名義。

【稱讚如來功德神咒經】（經名）一卷、唐義淨譯。與十二佛名神咒較量功德除障滅罪經同本文稍略。

【種子】（術語）眞言之阿等一字生無量之義。譬如草木之種子、故名種子。諸尊各有種子、標所具之衆德。仁王經軌曰、「言種子者。引生義攝持義。」大日經疏六曰、「作字漫荼羅者。經中有種子字。當如法置之。」同十曰「以下說種子字。從一字能生多故名種子也」同十七曰、「佛兩足尊說阿字爲種子。種子能生多果。一一復生百千萬數。及至展轉無量不可說也。」

【兩界種子】（術語）金胎兩曼之種子也。秘藏記鈔一曰、「胎藏界以眞言初字爲種子。胎藏因曼荼羅。故以初因爲法體意也。金剛界以眞言終字爲種子。金剛果曼荼羅故以後果爲法體意也。」

【三部種子】（術語）瑜祇經疏二曰、「佛部以阿𑖀爲種子。成卒都婆蓮華部以娑𑖭爲種子。成八葉蓮華。金剛部以嚩𑖪爲種子。成五股金剛。」

【種子】（術語）法相宗所談、對於現行法之稱。指在阿賴耶識中生一切有漏無漏有爲法之功能而謂之種子。猶如草木之種子也。是爲有爲法之正因、四緣中因緣之實體也。唯識論二曰、「何法名爲種子。謂本識中親生自果功能差別。」唯識述記二本曰、「種子卽是諸法因緣。皆因相也。」

【二類種子】（名數）一本有種子、第八識處、爲無始法爾有生一切有漏無漏有爲法之功能。是爲本有種子。二新熏種子、種子由現行之前七識隨所應而色心萬差之種種習氣、皆悉落在第八識中、更成生果之功能、謂之新熏種子。亦曰始起種子。唯識論二曰、「種子各有二類。一者本有、謂無始來。異熟識中法爾而有生蘊界處功能差別。（中略）此卽名爲本性住種。二者始起謂無始來數數現行熏習而有。（中略）此卽名爲習所成種。」

【種子生現行現行薰種子】（術語）在色者二緣和合、在心者四緣和合時、阿賴耶識所持之種子、生現行。是本有種子生果之功能也。此謂之種子生現行。其現行之法、必隨所應而薰種子、其薰之種子、卽新薰種子也。此謂之現行薰種子。應知此時有三法、成二重之因果。三法者、一爲能生之種子、二爲所生之現行、三爲所薰之種子。二重之因果者、一爲種子生現行、二爲現行薰種子。此三法同時成二重之因果。以所生之現行、卽薰種子故也。此謂之種子生現行現行薰種子。又曰三法展轉因果同時。就八識而論、則第八識所持之種子爲因、生眼等之七轉識、同時七轉識之現行法爲因、生第八識之種子。因而謂之七轉第八互爲因果本宗因果之談於此爲極。

【種子心】（術語）見十心條附錄。

【種子惑】（術語）對於現行惑而言。

【種子境】（術語）阿賴耶識三境之一。見阿賴耶條。

【種子識】（術語）阿賴耶識之異名。以其生一切有漏無漏之諸法故也。

【種子識六義】（名數）一刹那滅義。謂眼耳鼻舌身意等諸種子、刹那纔生、生卽隨滅、念念不停而變異也。二果俱有義。果者識與根也。識與根同時俱起而成力用。如眼根照色境時、眼識卽隨而同緣、於諸實境分明顯了也。三恆隨轉義。識起時種子亦隨而轉、如眼根照境時、種子隨而相續、無有間隔也。四性決定義。諸識所緣之善惡無記三性、無有間雜。如眼識緣惡境、則成惡法、而不能成善法、緣善境則成善法、而不能成惡法也。五待衆緣義。識非爲一因而生、必假衆緣而成就。眼識之種子、空明、得根境等之緣而始顯發也。六引自果義。諸識各引自體果用、非是色心交互而成。如眼根照時、眼識卽緣所對之實境、而不混聲香之別體也。見成唯識論二。

【種子曼荼羅】（術語）四曼中之法曼荼羅也。

【種性】（術語）種爲種子、有發生之義。性爲性分、有不改之義。

【二種性】（名數）地持經一說。一性種性。性者本性、謂自無始以來、法爾六處殊勝、而未種解脫分之善也。二習種性。習爲習修、聞法界等流敎法、習修衆善而成之種性也。唯識論九曰「大乘二種種性。一本性住種性。謂無始來依附本識法爾所得無漏法因。二習所成種性。謂聞法界等流法已、聞所成等熏習所成。」又楞伽經二說。一聖種性、三乘聖者證涅槃之種也。二愚夫種性、愚痴凡夫迷執諸法之性也。是種卽能生之種性卽數習之性、非理性之性。

【五種性】（名數）於瓔珞經所說六種性中除第六妙覺性之果性、取因位之種性而爲五種性也。一習種性、爲十住之位。研習空觀而破見思之惑。二性種性、爲十行之位、不住於空而能敎化衆生、分別一切法性。三道種性、爲十廻向之位、修中道之妙觀、因而通達一切之佛法。四聖種性、十地也。以前之住行向皆名爲賢、此是十地菩薩依中道之妙觀、破無明之一分、而證入聖位、故名爲聖種性。五等覺性、此位之菩薩、望後之妙覺雖猶有一等、然勝於前之諸位、故稱覺名爲等覺性。日本傳敎註無量義經中曰「未顯眞實者但說隨他五性。」

【六種性】（名數）瓔珞本業經上說。一習種性、十住也。與前同。二性種性、十行也。

與前同。三道種性、十廻向也、與前同。四聖種性、十地也、與前同。五等覺性與前同。六妙覺性、妙極覺滿。此中性雖通於六位。而種局在於因。故前之四位正名爲種。等覺雖猶在因、而勝於前位、故稱爲覺不謂爲種也。

【種性住】（術語）六種住之一。

【種姓清淨】（術語）見十德條附錄。

【種草】（術語）佛性之在人如草木之有種子。故曰種草。

【種根器】（術語）阿賴耶識所緣之三境也。見阿賴耶條。

【種智】（術語）佛之一切種智也。佛智知一切種種之法名爲一切種智。智度論二十七曰「一切種智是佛事。聲聞辟支佛。但有總一切智無有一切種智」輔行一曰。「覺者大明也。曉也。直也。今亦如是。十號具足。種智圓明也」

【種智還年】（雜語）法華文句記九曰、「父久先服種智還年之藥。父老而若少。子亦久禀常住不死之方。子少而若老」是法華涌出品。釋迦如來指地涌無量之大菩薩、而言爲我弟子。彌勒疑言父少子老。舉世所不信。此即以譬解其父少子老之意也。釋迦既於久遠之昔、以服種智之靈藥、奏還年之功而少。今日現垂迹之少相。地涌之菩薩、亦久禀常住不死之奇方。故見之如老也。

【種種論】（雜名）見六十二見條。

【種種界智力】（術語）十力之一。悉知種種不同之佛智力。

【種種色世界】（雜語）世界之種種色相也。華嚴經光明覺品曰「金色世界、妙色世界、蓮華色世界、薝蔔花色世界、優鉢羅花色世界、金色世界、寶色世界、金剛色世界、玻璃色世界、平等色世界」

【種種勝解智力】（術語）十力之一。明瞭衆生種種欲樂勝解之智力。

【種德】（人名）婆羅門名。長阿含經十五有種德經。巴 Sogadanda

【種熟脫】（術語）天台所說。依法華法門之意、究佛世尊化導始終之三益。法相也。一種者衆生最初蒙佛之善巧。下佛道之種也。二熟者中間相値。以圓機之異方便助顯第一義而成熟之也。三脫者今日雨華動地、於法華之會座、以如來之滅度而滅度也。而三益涉於三世有遠有近。由於其人是一佛之敎化。由於其佛而完全之意也。衆生或亘三世、或於一生。由於其下成菩提種之佛而得道成佛也。其可於法華會座成佛者、非限於其一生而得聞法。乃於過去世受釋迦佛之敎化也。可爲釋迦佛對於所謂久遠實成而起之敎義。法華文句一曰「四示相者。且約三段示因緣相。衆生久遠蒙佛善巧。令種佛道因緣。中間相値更以異方便助顯第一義而成熟之。今日雨華動地。以如來滅度而滅度之。復次久遠爲種。過去爲熟。近世爲脫。地涌等是也。復次中間爲種。四味爲熟。王城爲脫。今之開示悟入者也。復次今世爲種。次世爲熟。後世爲脫。未來得度者是也。」法華玄義二曰、「無謀之權稱緣轉變。若遠若近。若種若熟若脫皆爲一榮故。」

【種識】（術語）　種子識之略稱。第八識之異名也。

【種覺】（術語）　佛證一切種智而大覺圓滿。故曰種覺。法華文句七曰、「求至種覺。故言至珍寶所也。」觀經疏曰、「邊際智滿。種覺頓圓。」同妙宗鈔上曰、「於種種法證本圓覺。」觀音玄鈔上曰、「既成種覺。號正法明。」

【領納】（術語）　於吾身心領受納得也。唯識論三曰、「受謂領納順違俱非境相爲性。」行事鈔上一之三曰、「行者以領納爲趣。」

【領解】（術語）　領取他之所說而會得於心也。又自陳會得也。深密經二曰、「我今領解世尊所說義。」淨影大經疏下曰、「自下彌勒領解。」法華文句記五之一曰、「領謂外領佛說。解卽內受佛意。」

【二種領解】（名數）　一曰齊領。二曰探領。齊領者、齊於自己之分而領解所受之化益也。探領者不限於自己之分、探佛之意廣通一切而領解也。見法華文句會本十七。

【精明】（雜語）　精良明白也。謂心意之清潔。無量壽經下曰、「精明求願。」

【精舍】（術語）　寺院之異名。爲精行者所居、故曰精舍。非精妙之謂。此名自祇園精舍而來。學林新編曰、「晉孝武幼奉佛法、立靜舍於殿門。引沙門居之。因此俗謂佛寺曰靜舍。亦曰精舍。」按漢儒者教授生徒、其所居悉稱精舍。范書包咸傳、咸住東海立精舍講授。黨錮傳、劉淑檀敷俱立精舍教授矣。肱傳、盜就精廬求見。注云、精廬卽精舍也。以此觀之。精舍本爲儒士設。晉時別居沙門。乃襲用其名焉耳。三國志注引江表傳曰、于吉來吳立精舍。燒香讀道書。製作符水以療病。晉武以前。道士亦嘗襲精舍名矣。釋迦譜八曰、「息心所棲。故曰精舍。」慧苑音義上曰、「藝文類曰、精舍者非以舍之精妙名爲精舍。由其精練行者之所居。故謂之精舍也。」名義集七曰、「靈祐寺誥曰、非麤暴者所居。故云精舍。」

【五精舍】（名數）　智度論三曰、「五山中有五精舍。」見五山條。〔一〕給孤獨園、在舍衛國。二鷲嶺、在摩揭陀國。三獼猴池、在毗耶離國。四菴羅樹園、在毗耶離國。五竹林精舍。又名迦蘭陀竹園。在摩揭陀國王舍城傍。見三藏法數二十四。

【西竺諸國精舍】（名數）　舍婆提國有二處。一祇園精舍。二摩伽羅母堂。波羅奈斯國有一處、鹿林中之精舍也。名梨師般陀那。毘耶離國有二處、一摩訶般二獼猴池岸精舍。鳩睒彌國有一處、名劬師羅園。見智度論三。

【精室】（雜名）修法之道場也。精妙之壇場也。又為精練者之室宅。故曰精室。三摩地法曰「建立精室布輪壇」。准提儀軌曰、「將像於精室秘密供養」。

【精神】（術語）有情之心識也。精微曰精。不測曰神。無量壽經下曰、「精神苦痛」。

【精眞】（雜語）精明眞如之性也。楞嚴經十曰、「唯一精眞」。

【精氣】（雜語）人之精神氣力也。藥師經曰「無有非人奪其精氣」。

【精進】（術語）又曰勤。小乘七十五法中大善地法之一、大乘百法中善心所之一。勇猛修善法斷惡法之心作用也。唯識論六曰、「勤謂精進。於善惡品修斷事中勇悍為性。對治懈怠滿善為業」。輔行二曰、「於法無染曰精。念念趣求曰進」。慈恩上生經疏下曰、「精謂精純無惡雜故。進謂昇進不懈怠故」。華嚴大疏五曰、「精進練心於法名之為精。精心務達目之為進」。維摩經佛國品曰「精進是菩薩淨土」。案漢書召屬縣長吏選精進掾史注精明而進趣也。此為精進二字之出處。

【二種精進】（名數）一身精進、如法致財而用於布施等。二心精進、斷慳貪等之惡心而不使得入也。見智度論八十。

【三種精進】（名數）一被甲精進、被菩薩大勢心之甲。不怖種種難行也。二攝善精進、勤修善法而不倦也。三利樂精進、勤化衆生而不倦也。見成唯識論九。

【精進力】（術語）五力之一。

【精進弓】（譬喻）智慧譬箭。精進比弓。智度論十曰、「忍鎧心堅固。精進弓力强。智慧箭勁利。破憍慢諸賊」。

【精進心】（術語）見十信條。

【精進信】（術語）十信之一。

【精進根】（術語）五根之一。

【精進鎧】（譬喩）鎧為甲、三種精進中之被甲精進也。法華經涌出品曰、「汝等當共一心被精進鎧。為堅固意」。

【精進方便】（術語）見十種方便條。

【精進無滅】（術語）二十二無減之一。見無減條。

【精進覺支】（術語）見七覺分條。

【精進如意足】（術語）四如意足之一。見四如意足條。

【精進波羅蜜】（術語）又曰勤波羅蜜。六波羅蜜之一。

【精進波羅蜜菩薩】（薩菩）十波羅蜜菩薩之一。密號曰慧護金剛。

【精媚鬼】（異類）三種鬼之一。見鬼

條。

【精魂】（雜名）精氣魂魄也。碧巖第一則頌評曰「弄精魂瞠眼睛云廓然無聖」。

【精識】（術語）人之精靈心識也。無量壽經下曰「魂神精識自然趣之」。

【精廬】（雜語）精舍也。玄應音義十六曰「精廬。廬舍也。卽精舍是也」。

【精靈】（雜語）神識也。業疏濟緣記四下曰「精靈卽神識」。又邪鬼之上品也。楞嚴經六曰「如不斷偷必墮邪道。上品精靈。中品妖魅。下品邪人。諸魅所著」。

【精靈棚】（物名）盂蘭盆供飲食之棚。

【蜱肆經】（經名）鳩摩羅迦葉以種種之喩斷蜱肆王（巴 Payāsi）無後世之見。又以種種之喩使捨邪見三毒而受三歸。見中阿含十六。

【蜱羅尸】（地名）Pesi 見蔽尸條。

【練根】（術語）在加行位中修行者。訓練諸根。捨鈍根而就利根也。

【練若】（術語）Āraṇya 阿練若之略。又曰阿蘭若。見阿蘭若條。

【練禪】（術語）觀練熏修四種禪之一。謂九次第定也。

【線香】（物名）又作綫香。仙香。雜抹衆香加糊而作之。其炷煙長久。故稱爲仙香。亦曰長壽香。其制纖長如線。故曰線香。線又作綫。

【線索】（物名）壇上所張之線繩也。仁王道場念誦儀軌曰「以五色縷令童女右合麤細如其小指。以繫橛頭周匝壇上」。

【綱目】（譬喩）綱之細目也。天台之判教。以頓漸秘密不定之化儀四教。比諸大綱。藏通別圓之化法四教。比諸綱目。法華玄義十曰「法門綱目」。同文句記一曰「頓等是此宗判教之大綱。藏等是一家釋義之綱目」。

【網界】（術語）又曰金剛網。護摩壇上界之結界也。

【綱格】（雜語）止觀七下曰「敎門綱格」。輔行七之四曰「綱謂綱紀。如綱之外圍。格謂格正。如物之大體」。

【綱維】（職位）寺中之役名。綱領寺內。維持佛事者。寺主。上座。維那。三者謂之三綱。見義楚六帖六。

【維口食】（術語）四邪命食之一。維爲四維。謂比丘學種種之方相咒術卜占等而爲生活也。

【維那】（職位）Karmadāna 梵語羯磨陀那。司寺中事務者。寺中三綱之一。維爲漢語。綱維之義。那取羯磨陀那之那。又稱爲綱維。次第。授事。知事。悅衆。寺護等。寄歸傳四曰「授事者。梵云羯磨陀那。陀那是授。羯磨是事。意道以衆雜事指授於人。舊維那者。非也。維是周語。意道綱維。那是梵音。略去羯磨陀也。」行事鈔集僧通局篇曰、「維那聲論翻爲次第也。謂知事之次第。相傳云悅衆也。」同赴請設則篇曰、「十誦爲知請故。須立維那。出要律儀翻爲寺護。又云悅衆。本正音婆邏。此云次第。」僧史畧上曰、「按西域知事僧總曰羯磨陀那。譯爲知事。亦曰悅衆。謂知其事悅其衆也。」又曰、「寺之設也。三綱立焉。若網罟之巨綱。提之則正。故曰也。梵語摩摩帝。悉替那。羯磨陀那。華言言寺主。上座。悅衆也」名義集一曰、「隋智琳。潤州刺史李海遊命琳爲斷事綱維。爾後寺立三綱。上座。維那。典座也。」

【維耶】（地名）見毘舍離條。

【維耶離】（地名）Vaiśālī 毘耶離國也。

【維祇難】（人名）沙門名。譯曰障礙。見歷代三寶記五。梵 Vighna

【維婆蟲】（動物）紕婆蟲之誤。見紕婆蟲條。

【維越】（術語）阿惟越致 Avaivartika 之略。譯言不退。不退轉菩薩正道之位也。以名初地之位。

【維摩】（人名）Vimalakīrti 維摩羅詰。毘摩羅詰、略稱維摩。或維摩詰。舊譯曰淨名。新譯曰無垢稱。佛在世毘耶離城之居士也。自妙喜國化生於此。委身在俗。輔釋迦之教化、法身之大士也。佛在毘耶離城菴摩羅園。城中五百長者子詣佛所請說法時、彼故現病不往。爲欲令佛遣諸比丘菩薩問其病床、以成方等時彈訶之法。故其經名爲維摩經。維摩經方便品曰、「爾時毘耶離大城中有長者名維摩詰。已曾供養無量諸佛。」同見阿閦佛品曰、「佛告舍利弗。有國名妙喜。佛號無動。是維摩詰於彼國沒而來生此。」註維摩經一曰、「什曰。維摩詰秦言淨名。生曰維摩詰。此云無垢稱也。其晦跡五欲。超然無染。清名遐布。故致斯號。」西域記七曰、「毘摩羅詰。唐言無垢稱。舊曰淨名。然淨則無垢。名則是稱。義雖取同。名乃有異。舊曰維摩詰。訛略也。」

【維摩金粟如來後身】（傳說）見金粟條。

【維摩經不二】（故事）見默不二條。

【維摩丈室】（雜名）見方丈條。

【維摩詰】（人名）菩薩名。略云維摩。其義爲淨名。淨者清淨無垢之謂。名者名聲遠布之謂。唐詩人王維字摩詰。卽以此菩薩之名爲其名字也。參照維摩條。

【維摩經】（經名）羅什譯維摩詰所說經之略名。

【維摩詰經】（經名）二卷、吳支謙譯。維摩經三譯中之最古。

【維摩羅詰】（人名）維摩之具名。

【維摩羅達】（人名）Vimaladattā 譯曰離垢施。波斯匿王之女。見佛說離垢施女經。

【維摩經供養】（行事）新書寫維摩經而供養之之法會也、於佛像謂爲開眼、於經謂爲供養。

【維摩詰所說經】（經名）維摩經之具名。三卷。秦羅什譯、維摩經有三譯、一吳支謙譯。題爲維摩詰經。二爲今經。三唐玄奘譯是爲說無垢稱經。三譯中流行盛者今經也。諸家疏註如下。維摩詰所說經註十卷姚秦鳩摩羅什僧肇道生三家註中集出。注維摩經十卷後秦僧肇注。常稱爲註維摩。維摩經義記八卷隋慧遠撰。維摩經玄疏六卷隋智顗撰。常稱爲淨名玄。維摩經文疏二十八卷、隋智顗撰。常稱爲廣疏。維摩經畧疏十卷、隋智顗說、唐湛然畧、世稱爲淨名疏。淨名玄論八卷、隋吉藏述。維摩經遊意一卷隋吉藏述。維摩經義疏六卷、隋吉藏述。維摩經疏五卷、隋吉藏述。維摩經疏記三卷、唐湛然述。維摩經疏記鈔卷四卷五、唐道暹私記。不全。說無垢稱經疏六卷、唐窺基撰。維摩經畧疏垂裕記十卷、宋智圓述。維摩經疏科一卷、明失名著。維摩經評註十四卷、明楊起元評註。維摩經無我疏十二卷、明傳燈著。維摩經饒舌一卷、淨挺著。

【維摩經折衷疏】（書名）六卷、明釋大賢述、其法弟大巍爲之序云、此經自秦譯以來、始出肇師註、而多引什師之語。其文簡其旨深。（中畧）近時無我疏、印天台四教六即四悉三觀等語、其文浩汗、義旨重疊、誠繁矣。吾兄古德法師新出斯解、義乃折衷云云。

【維摩詰經講義】（書名）二卷、民國八年、太虛法師於京師已未講經會講演維摩詰不可思議解脫經、在會聞法者集成之。書中多推陳出新之語、融貫哲理、斵調天下、於講經中、能獨開一生面者。

【維摩詰子所問經】（經名）大方等頂王經之異名、維摩詰之子善思童子、抱于保姆與佛及諸大弟子問答妙義。

【維樓黎王】（人名）見毘琉璃條。

【維衛】（佛名）見毘婆尸條。

【維衛佛】（佛名）Vipaśyin 過去七佛之第一佛、長阿含經謂爲毘婆尸佛、增一阿含經中七佛父母姓字經謂爲維衛佛。

【緇田】（雜語）緇者緇衣、僧衣也。緇田猶言僧園。

【緇衣】（衣服）紫而淺黑、非正黑。若黑爲五方之正色、服之者非法也。僧史畧上曰「幷部幽州則尙黑色、若服黑色、最爲非法也。何耶、黑是上染大色、五方正色也。問緇衣者何狀貌、答紫而淺黑、非正色也。」

【緇林】（雜名）寺院也。僧著緇衣、故曰緇林。寺院爲僧所居住之叢林、故曰緇林。林者言僧衆之多也。唯識樞要上曰、「至年十七。遂預緇林。」

【緇門】（雜名）服緇衣之僧徒一門也。

【緇黃】（雜語）謂僧道也。僧人緇服。道士黃冠故云。

【緇徒】（雜語）緇衣之徒也。

【緇素】（雜語）緇爲緇衣、支那之禪僧多服之。素爲白衣、印度之俗人多服之。因爲僧俗之別稱。

【緇流】（雜名）僧著緇衣、故謂之緇流。或緇徒、流爲流類之義、著緇衣之類也。釋氏要覽上曰、「緇流此從衣色名之也。」

【綺語】（術語）一切含婬意不正之言詞也。舊譯綺語。新譯雜穢語。十惡之一。後世騷人積習。多喜以美人香草寓言。凡涉於閨閤者。皆謂之綺語。雲笈七籤曰、「三者無色界天。其中人壽命億劫歲。若人一生之中。不惡口兩舌妄言綺語。當來過往得居此天。」大乘義章七曰、「邪言不正。其猶綺色。從喩立稱。故名綺語。」俱舍論十六曰、「一切染心所發諸語。名雜穢語。」成實論曰、「語雖實語。以非時故。卽名綺語。」

【芻摩】（植物）Ksauma 又作蒭摩。譯云麻衣。西域記二曰、「芻摩衣麻之類也。」慧琳音義三十一曰、「芻摩衣上側俱反。梵語正言菆摩。菆音鄒。唐言麻衣也。」

【缾中無水】（雜語）三論宗之用語、以喩空觀五蘊之中無有人我之意也。

【缾沙】（人名）與瓶沙同。

【缾體無實】（譬喩）喩諸法無我之語。五蘊之諸法、皆爲假和合者、决非如凡夫之思惟有實體者。此其喩也。成實家之用語。

【誡門】（術語）見勸門條。

【誡罰】（術語）罰僧中之有罪者。僧史略上曰、「或有過者。主事示以柱杖。焚其衣鉢。謂之誡罰。」

【誡勸】（術語）佛敎不出於誡勸二門。諸惡莫作、誡門也。諸善奉行、勸門也。中論疏一曰、「佛有誡勸二門。諸惡莫作名爲誡門。諸善奉行名爲勸門。」

【語言音聲欲】（術語）見六欲條。

【語表業】（術語）無表業之外、有身表業語表業。人之言語乃以一種意思表示於人之作業、故謂之語表業。俱舍論十三曰、「語表業體謂卽言聲。」唯識述記二本曰、「語謂語言。此能表了所欲說義。故名爲語表。

【語密】（術語）如來三密之一。佛之言語爲神變不思議者。

【語梵】（術語）如來三密中之語密及梵輪也。梵輪爲法輪之異名。梵爲清淨之義。

【語善】（術語）見七善條。

【語等】(術語)四等之一。諸佛之言音爲同等無二不增不減者。見楞伽經三。

【語菩薩】(雜名)維摩爲西方之語菩薩。以無語卽語故也。

【語無表語】(術語)言語使某作業發動於口時、同時招感他日果報之原因、薰發於自己之身內。其被薰發者、無形無象、無他可表示者。故曰語無表。見業條。

【語業】(術語)三業之一。言語之作業。有善有惡。妄言綺語等爲惡語業、愛語實語等爲善語業。

【語輪境界】(術語)稱佛之陀羅尼身境界。是百光遍照眞言𠃵字所成也。大日經六曰、「佛言秘密主。觀我語輪境界廣長。遍至無量世界清淨門。」義釋十三曰、「汝可觀我語輪。謂卽觀佛陀羅尼身字輪境界也。」

【語錄】(雜語)禪祖之語要、不事華藻。以俗談平話宣之、侍者小師隨而筆錄者、名爲語錄。宋儒講學。門弟子記其言論。亦襲是稱。如上蔡語錄之類。大抵以白話敍述。別爲一格。

【語路】(雜語)臨濟錄曰、「學人拈出箇機權語路。向善知識口角頭。」

【認賊爲子】(譬喩)認自家之妄想、爲眞正之悟見、以是譬之。楞嚴經一曰、「由汝無始至於今生。認賊爲子。失汝元常。故受輪轉。」圓覺經曰、「認一切我爲涅槃。故有證有悟名成就故。譬如有人認賊爲子。其家財寶終不成就。」

【認名認體異】(術語)見二宗條。

【誦】(雜語)背文而闇持之也。止觀四之一曰、「誦者背文闇持也。」

【誦文法師】(雜名)斥唯得誦其經、不得解其義者、謂爲誦文法師。止觀五之二曰、「非暗證禪師誦文法師所能知也。」

【誦戒本】(書名)菩薩戒本經之異名。

【誦咒】(術語)闇誦陀羅尼也。最勝王經五曰、「至心禮敬。然後誦咒。」止觀二之一曰、「誦經誦咒尙喧於靜。」

【誦茗箒】(故事)捫蝨新語曰、「世尊在日有比丘、鈍根、無多聞性。佛令誦茗箒二字。旦夕誦之。言茗則已忘箒。言箒則又忘茗。每自尅責。繫念不休。忽一日能言曰茗箒。於此大悟。」詳見半託迦條。

【誦律】(術語)有八十誦律與十誦律二種。八十誦律爲根本律、五部之分派、皆自此出、其本律今不傳。十誦律爲現存四律之一、薩婆多宗之戒律本也。

【誦經】(術語)法華五種法師行之一、暗誦經文也。

【誦經物】(雜語)誦經之物、卽布施物也。

【誦經鐘】（雜名）以誦經報大衆之大鐘也。

【誦經法師】（雜名）見五種法師條。

【誦帚】（故事）般特比丘之故事也。見半託迦條。

【說一切智】（雜語）見一切智條附錄。

【說一切智願】（術語）阿彌陀佛四十八願中第二十五願使往生極樂者得說佛一切智境界之願也。無量壽經上曰「設我得佛國中菩薩不能演說一切智者不取正覺」。

【說一切有部】（流派）略名有部。梵名薩婆多部 Sarvāstivādah。別名說因部。小乘二十部之一。佛滅後三百年初自根本之上座部別立者。立有爲無爲一切諸法之實有。且一一說明其因由爲宗。故稱說一切有部。又曰說因部。發智六足等諸論皆屬此宗。小乘部中最極旺盛。宗輪論述記「說一切有者一切有二。一有爲二無爲。有爲三世。無爲離世。其體皆有名一切有。因言所以此部說義皆出所以廣分別之。從所立爲名」。

【說不可思議品】（經名）大樹緊那羅王所問經之異名。

【說示】（術語）說教法而示人也。淨影維摩經疏曰「將言對法名之爲說。以言對人目之爲示」。

【說四依】（名數）見四依條附錄。

【說四衆過戒】（術語）顯教十重戒之一。

【說出世部】（流派）Lokottaravādinah 小乘二十部之一。佛滅第二百年自大衆部中分出此部。所說者世間之法爲自顚倒惑業而生之果。悉是假名。無有實體。唯出世之法。非由顚倒而起。道與道果皆實。故從所立之義。名爲說出世。見宗輪論述記。

【說出苦道無所畏】（術語）佛四無所畏之一。見四無畏條。

【說因部】（流派）Hetuvādah 說一切有部之別名。見說一切有部條。

【說戒】（術語）律之作法。每半月終。其日集大衆。讀戒經。又於半月間令憶出所犯之罪。而說其罪。以長善除惡。梵曰布薩。譯言淨住長淨。是就其功能而名之者。就其日之作爲則曰說戒。就比丘之懺悔則曰說罪。此說戒秘密。不受具足戒者。不使得聽。行持鈔上四曰「布薩此云淨住」。寄歸傳二曰。「言說罪者。意欲陳罪說己先愆。改往修來。至誠懇責。半月半月爲褒灑陀。朝朝暮暮憶所犯罪。褒灑是長養義。陀是淨義。意明長善淨除破戒之過。昔云布薩者。訛略也」。涅槃經三曰「有一童子不善修習身口意業。在屏隈處盜聽說戒。密迹力士承佛神力。以金剛杵碎之如塵」。

【說戒日】（術語）印度以陰曆之一月分爲白月黑月之兩半、於白黑月之終日、行說戒之式。即每月十五日與三十日也。即布薩也。

【說戒師】（術語）於說戒日讀戒本之人。一座之長老勤之。

【說戒犍度】（書名）二十犍度之一。半月會僧衆說戒行懺悔之式、定布薩之式。見布薩條。

【說法】（雜語）法華經曰、「衆聖之王說法敎化。」法華玄義六曰、「諸法不可示。言辭相寂滅。有因緣故亦可說。」

【說法三軌】（名數）又曰三軌弘經。見三軌條。

【說法五德】（名數）說法使聽者生五種之福德。一於當生得長者、以聽者不殺人故。二於當生得大富、以聽者不盜故。三於當生得端正、以聽者意和故。四於當生得名譽、以聽者歸依三寶故。五於當生得聰明、以聽者曉了妙慧故。見賢者五福德經。參照五人說法條。又十九說法見觀音條。

【說法印】（印相）說法之印契也。有三種。一左右手各捻其無名指與拇指之指頭、餘指舒散、左手仰於心前、右手覆於其上、而勿使相着。二捻兩手中指與拇指、無名指與頭指散而稍曲、使小指直立、橫左手安於胸上、豎右手安於乳。三捻兩手頭指與拇指、中無名小三指並舒、左手仰掌、安於胸上、以右手腕著於中指等頭。以掌向外。此三種如其次第。爲化報法三身說法之相也。見大疏演奧鈔十四。

【說法妙】（術語）法華迹門十妙之一。如來說大小偏圓之法、咸使衆生悟入於佛之知見也。

【說法品】（術語）觀行即五品之第三。圓頓之行者、在觀行即之位、說法化人、化功歸己、而觀解轉增進者。

【說法瑞】（術語）法華六瑞之一。佛於法華經前、說無量義經、爲說本經之緣、是爲說法華之瑞相也。

【說法神變】（雜語）三種神變之一。見神變條附錄。

【說度部】（流派）說轉部之異名。見經量部條。

【說矩里迦龍王像法】（經名）一卷、失譯人名。說矩里迦羅龍王之像法。梵 Kulika

【說通】（術語）能悟宗旨、謂之宗通。能作說法、謂之說通。楞伽經三曰、「一切聲聞菩薩有二種通相。謂宗通及說通。」

【說淨】（術語）又曰淨施、戒律之制、比丘有得衣鉢藥及金銀穀米者、不許自蓄之。必求所施主一旦施與之而如衣鉢藥者、得更由施主還付、仍自護持、是爲淨貪着之意之法、故云淨施、能施者謂之施主、所施者謂之淨施者、對於施主說施與之言、謂之說淨。依此說淨之法、爲比丘者得蓄積諸長物。然施法有展轉施與眞實施之二法。如衣鉢藥者、於出家五衆中定施主、更以他一人爲紹介者而施與彼施主、施與了、則直由其紹介者轉還本人、名爲展轉淨、如金銀米穀者、求淨信之白衣定爲施主、直接對之眞實施與、令彼保管、名爲眞實淨、所謂淨人者、受此眞實淨之白衣人也。展轉淨之作法如下。比丘有長衣(三衣外之衣)欲說淨之、則至一比丘所、手取其長衣口云「大德一心念、此是某甲長衣、未作淨、爲淨故施與大德、爲展轉淨故。」此時受彼請者乃言「大德一心念、汝有此長衣未作淨、爲淨故與我、我今受之。」而此語次應問曰「汝施與誰」、淨者答言「某甲(淨主名字)施主」於是彼比丘對淨者言「大德一心念、汝是長衣、未作淨、爲淨故施與我、我今受之、汝於某甲(第三者淨主)與是衣、某甲(淨主)已有、汝爲某甲故善護持着用隨因緣。」見行事鈔下一。

【說欲】(術語)欲成受戒說戒等僧事者、已有事故不能出席時、以己贊同隨意其事之欲望、紹介於他比丘、使於大衆中說之、謂之說欲。見欲法條。

【說規矩】(雜語)對於弟子而說規矩禮度也。禪林之稱。

【說敎】(術語)說敎導人也。法華玄義十曰「說敎之大綱、大化之筌罤。」行願品疏二曰「聖人說敎、祇在益生。」

【說假部】(流派)Prajñaptivādinaḥ 小乘二十部之一。佛滅後二百年自大衆部中分出、說世出世之法有假法有實法者。宗輪論述記曰「世出世法皆有假有實、故從所立以標部名。」

【說道】(術語)說正道也。法華經藥草喩品曰、「我是一切智者。一切見者。(中略)說道者。」

【說道沙門】(雜名)四種沙門之一。見沙門條附錄。

【說經】(術語)講說經文之義理也。大智度論曰、「一佛說。謂如來金口所宣。二、弟子說、謂諸聲聞緣覺菩薩承佛神力加被所說。三仙說。謂佛會中諸大仙人、從佛入道、誓弘佛化宣揚正法。四、諸天說。謂帝釋每於善法堂上、爲忉利天人演說般若。五、化人說。謂三乘聖人、隨機現化、如羅睺羅化作金輪王而度城東老母先讚福果因緣、後說大乘妙法。」

【說經師】(雜名)爲說敎之人。

【說無垢稱經】(經名)六卷。玄奘所譯之維摩經也。

【說罪】(行事)於說戒日或自恣日以自己所犯之罪科向他說之、所謂自首請恕也。梵曰阿鉢底鉢喇底提舍那、Āpatipratideśana 義淨三藏譯爲說罪。舊言懺悔。寄歸傳二曰、「梵云阿鉢底鉢喇底提舍那。阿鉢底者罪過也。鉢喇底提舍那即對他說也。說已之非。冀令淸淨。自須各依局分。則罪滅可期。若總相談愆。非律所許。舊云懺悔非關說罪。」

【說罪要行法】（書名）一卷、唐義淨譯。說說戒日比丘說罪之法式。

【說盡苦道無所畏】（術語）四無畏之一。於大衆中、以生死果報之苦道爲獅子吼而無所畏也。見四無畏條。

【說障法無所畏】（術語）佛四無所畏之一。見四無畏條。

【說障道無所畏】（術語）四無畏之一。於大衆中以惑業之障道爲獅子吼而無所畏也。見四無畏條。

【說默】（術語）說爲說法、默爲不說、依理體則應默。依因緣則應說。此二者爲菩薩之聖行。思量經二事品曰、「汝等集會當行二事。若說法。若聖默然。」止觀一曰、「若競說默不解經意。去理逾遠。離說無理。離理無說。說即無說。無說即說。無二無別。即事而眞。」心經秘鍵曰、「聖人投藥隨機淺深。聖者說默待時待人。」

【說轉部】（流派）小乘二十部之一。經量部之別名。見經量部條。

【說聽】（雜語）說者與聽者。中觀論曰、「眞法及說者聽者難得故。」

【誑】（術語）二十隨煩惱之一。以種種之手段使他抱顚倒之見也。

【誑習因】（術語）見因條附錄十因十果項。

【誕生會】（行事）與降誕會同。祝四月八日釋尊降誕、或諸宗祖師誕生之法會也。

【誕生偈】（雜名）釋尊降誕時、右手指天、左手指地、宣「天上天下唯我獨尊、今玆而往、生分已盡」之偈。上文出於西域記六。長阿含一記下句爲「要度衆生生老病死」諸經殊不一致。常用「三界皆苦我當安之」之下句。

【誐】（術語）梵字ग ga悉曇五十字門之一。四十二字門之一。又作伽、哦、我、嚨、仰、蘖、竭、釳、乾、犍、乾、虐、疙、俄。金剛頂經釋字母品云、「稱誐字門一切法行不可得。」大日經入漫荼羅品云、「哦字門、一切諸法一切行不可得。」涅槃經八曰、「俄者一切諸行破壞相。」蓋誐ga者爲gati即步行之義。故依深秘釋爲行不可得之說者也。依大日疏七之釋、則行謂去來進退不住之義。今從阿字門展轉釋之、則以諸法本不生故而爲無作。爲無作故則無可對待。說爲空。空即不行之處、不行之處尙不可得。況行處耶。文殊問經字母品云「稱誐字時、是甚深法聲。」守護國界經三云「誐字印入甚深法無行取故。」不空譯華嚴經入法界品四十二字觀門云「稱誐字時、入普遍輪長養般若波羅蜜門悟一切法行取性不可得。」是卽謂無行無到、不動本處而知所詣之處入般若波羅蜜甚深之門也。

【誐那鉢底】（天名）Ganapati 又作迦娜縛底、我那婆底。譯曰歡喜。大聖歡喜天之梵名。毘那夜迦誐那鉢底瑜伽悉地品秘要曰「誐那鉢底此云歡喜。非餘毘那夜迦也。以慈善根力令諸毘那夜迦生歡喜心。然後呵責令不作障」見歡喜天條。

【誐那婆底】（天名）與誐那鉢底同。見歡喜天條。

【誐囉娜】（動物）梵名Gardabha 驢馬也。

【誐嚕拏】（動物）鳥名。見迦樓羅條。

【輕毛】（譬喻）在十信位之菩薩、譬如輕毛。以其於佛道一進一退不定故也。舊譯之仁王經受持品曰「習忍以前行十善菩薩、有退有進。譬如輕毛隨風東西。」法華文句二上曰、「六心已前輕毛菩薩信根未立其位猶退。」名義集二曰、「婆羅隋言毛道。謂行心不定。猶如輕毛隨風東西。魏金剛云毛道凡夫。」然唐善導師所謂信外輕毛者、自謙而云。觀經玄義分曰、「況我信外輕毛敢知旨趣。」

【輕安】（術語）心所名。與善心相應而起、使心堪於其事、使身輕樂安穩之心作用也。俱舍論四曰、「輕安者謂心堪任性。」

【輕安覺支】（術語）見七覺分條。

【輕垢罪】（術語）比重減輕一等、玷汚淨行之垢惡也。梵網經心地品曰、「若不爾者犯輕垢罪。」

【輕重儀】（書名）四分律輕重儀、一卷。南山道宣著。就亡五衆物分別輕物重物者。律中死者之遺產相繼法。輕物與親近比丘弟子比丘、看病比丘等、重物屬於四方僧者、不許分與。此所以須分別輕重物也。又曰現前僧物四方僧物。

【輕侮覺】（術語）見八覺條。

【輕捷】（異類）見夜叉條。

【輕觸】（術語）見八觸條。

【輕慢】（術語）輕人之慢也。法華經不輕菩薩品曰、「我深敬汝等。不敢輕慢。」

【疑】（術語）謂於諸實理猶豫不決之心也。故非一旦契悟諦理不能絕之。小乘預流果以上、菩薩初地以上、乃爲斷疑者。唯識論六曰、「云何爲疑。於諸諦理猶豫爲性。能障不疑善品爲業。謂猶豫者善不生故。」大乘義章六曰、「疑者於境不決猶豫曰疑。有二種。一者疑事。如夜觀樹疑爲是人爲非人等。二者疑理。疑諸諦等。小乘法中唯取疑理說爲疑使大乘通取皆須斷故。」

【疑續善】（術語）因果之道理、斷定爲決無名爲邪見。有此邪見者、爲斷善根之人。以其斷滅一切之善根不使發生故也。然此邪見之人有時觸於善緣而生或有因果道理一念之疑、則此時已斷之善根再續生、謂之疑續善。俱舍論十七曰「續善疑有見。」疑有者或有因果理之疑念也。見者決定爲定有之正見也。

【疑是解津】（雜語）謂疑爲知解之津渡也。涅槃疏十三曰、「疑是解津。復是惑本」。三德指歸十八曰「疑是解津者。津謂津濟。由疑故得解。則疑是解之津濟也。」輔行四之四曰、「師法二疑。須曉其時。若未入三昧來。於此二法若不疑者。或當復雜邪師邪法。故應熟疑思擇之。疑爲解津。此之謂也。」南山戒疏一曰、「由涉疑故。是解家法。」

【疑心】（術語）見六十心條。

【疑見】（術語）謂於諸諦理懷猶豫、無決定之見也。十種見之一。見三藏法數四十三。

【疑刺】（譬喻）疑念害善根、故譬以毒刺。萬善同歸集六曰、「堅信根而拔疑刺。」

【疑使】（術語）爲疑惑所驅役而流轉於三界、謂之疑使。十使之一。大乘義章六曰、「使者如地論說。隨逐縛義。名之爲使。蓋乃就喻以名煩惱。如世公使隨逐罪人。得便繫縛。煩惱亦爾。久隨行人。繫縛三有。不令出離。故名爲使。有人釋言。驅役名使。於義無爽。但非經論。」法界次第上之上曰、「使以驅役爲義。能驅役行者心神。流轉三界。」

【疑城胎宮】（術語）阿彌陀佛國土之邊地有一宮殿、以七寶莊嚴、若於疑心中念阿彌陀佛者、胎生於此宮殿中、五百歲間、不得聞三寶之名。爲疑惑人所住、故曰疑城。爲胎生之宮殿、故曰胎宮。但籠居宮殿中、不得見佛聞法之益、故曰胎生。以其似四生中之胎生、故云。無量壽經下曰、「若有衆生。以疑惑心。修諸功德。願生彼國。不了佛智。不思議智。不可稱智。大乘廣智。無等無倫最上勝智。於此諸智。疑惑不信。然信罪福。修習善本。願生其國者。此諸衆生。生彼宮殿。壽五百歲。常不見佛。不聞經法。不見菩薩聲聞聖衆。是故於彼國土。謂之胎生。」敎行信證六曰、「亦如大無量壽經說。卽疑城胎宮是也。」

【疑悔】（術語）疑念與後悔。法華經序品曰、「諸求三乘人。若有疑悔者。佛當爲除斷。令盡無有餘。」

【疑根】（譬喻）疑念深入於心、譬如根。萬善同歸集六曰、「智刃絕揮。疑根頓斷。」楞嚴經二曰、「佛哀愍宣示圓音。拔我疑根。歸無上道。」

【疑執】（術語）疑惑之執念。斷於見道者。唯識樞要上本曰、「遠離疑執。起處中行。」

【疑結】（術語）由疑眞諦之理、作種種之妄業、爲三界所繫縛不能出離名之爲疑結。九結之一。結爲結縛不出之義。大乘義章五末曰、「煩惱闇惑。結縛行人。故名爲結。亦能縛心。亦名爲結。亦能結集一切生死。故稱爲結。」三藏法數三十五曰、「疑結謂諸衆生於佛法僧寶妄生疑惑。不修正行。廣行衆善。由此遂招未來生死苦。流轉三界不能出離。是名疑結。」

【疑惑】（術語）疑理遂於事、不能決定是非者。法華經譬喩品曰、「今於世尊前。聞所未聞皆墮疑惑。」無量壽經下曰、「疑惑中悔自爲過咎。」

【疑煩惱】（術語）見煩惱條附錄。

【疑蓋】（術語）疑惑之情、蓋覆心識、使不徹見眞理也。五蓋之一。法界次第上之上曰、「痴心求理猶豫不決名之爲疑。蓋者以覆蓋爲義。能覆蓋行者清淨心善。不得開發。故名爲蓋。」

【疑蓋無雜】（術語）眞實之信心、無疑心間雜之意。疑爲五蓋之一。障無漏之五蘊、故曰疑蓋。敎行信證信卷曰、「明知至心。卽是眞實誠種之心。故疑蓋無雜也。信樂卽是眞實誠滿之心。極成用重之心。審驗宣忠之心。欲願愛悅之心。歡喜賀慶之心。故疑蓋無雜也。欲生卽是願樂覺知之心。成作爲興之心。大悲廻向之心。故疑蓋無雜。今按三心字訓眞實心而虛假無雜。正直心而邪僞無雜。眞知疑蓋無間雜。故是名信樂。信樂卽是一心也。一心卽是眞實信心。」

【疑網】（譬喩）疑惑交絡譬如網。法華經方便品曰、「無漏諸羅漢。及求涅槃者。今皆墮疑網。」智度論二十七曰、「從諸佛聞法斷諸疑網。」

【銀山鐵壁】（譬喩）靈性之孤峻獨絕、譬如銀山鐵壁之難攀也。圓悟錄四所謂「有依倚底碧落靑霄無依倚底銀山鐵壁、」又碧巖錄普照序所謂「銀山鐵壁、孰敢鑽研、」之類是也。壁立萬仞針劄不入之語其義亦同。

【銀地】（雜名）或曰金地瑠璃地等。佛閣道場之通稱。

【銀地道場】（堂塔）支那天台山之古佛道場。智者大師於此傳法。大明一統志四十七曰、「銀地嶺在天台縣北三十里。與金地嶺相接。相傳爲定光佛示現處。」

【銀色女經】（經名）佛說銀色女經、一卷。元魏佛陀扇多譯。佛說於過去爲銀色女救他之事。與佛說前世三轉經同。事迹小異。

【銀椀裏盛雪】（公案）示生佛一如之眞源、卽一色邊之宗極者。雲門文偃法嗣巴陵新開院顥鑒三轉語之一。碧巖集十三則曰、「僧問巴陵如何是提婆宗。巴陵云銀椀裏盛雪。」又寶鏡三昧歌有「銀盌盛雪。明月藏鷺。類之不齊混則知處。」

【**銀輪王**】（雜名）四輪王之一。自天感得銀輪寶而王三天下者。見輪王條。

【**銅鉢**】（物名）以銅所作之磬也。

【**銅鈸**】（物名）又曰鐃鈸。法華經曰、「琵琶鐃銅鈸。」

【**銅輪王**】（術語）四輪王之一。感得銅製輪寶而王二大洲之轉輪聖王也。見轉輪王條。因十住菩薩習種性之人爲銅輪王、化二大洲。故十住爲銅輪位。圓教分證即之位也。仁王經上曰、「習種銅輪二天下。」同天台疏曰、「十住菩薩習種性人作銅輪王王二天下。」止觀二曰、「進入銅輪破弊根本。本謂無明。本傾枝折。顯出佛性。是分證眞實位。」

【**銅鍱部**】（流派）上座部之異名。玄應音義二十三曰、「銅鍱部上座部也。鍱赤銅鍱書字記文。今猶在師子國也。」巴 Tam-bapaṇṇiya

【**銅鑼**】（物名）敎家用之。正字通曰、「鑼郎何切音羅。築銅爲之形如盂。」

【**銖衣**】（雜名）言其衣之輕也。佛經說諸天人衣重自數銖至半銖不等。賈至詩曰「舞怯銖衣重。」

【**睒多**】（術語）梵語。華言寂滅。淨名曰、法本不然。今則無滅。是寂滅義。見翻譯名義集。

【**蜜伽闍**】（人名）Mṛgaja 悉達太子三夫人之一。譯曰鹿子。有部毘奈耶十八曰、「寶女蜜伽闍注云鹿子也。」

【**蜜利車**】（雜名）Mleccha 又作彌離車。彌戾車。胡種之稱。譯曰垢濁種。續高僧傳四（玄奘傳）曰、「迦果斯地北民雜胡戎。制服威儀不參大夏。名爲邊國蜜利車類。唐言譯之垢濁種也。」玄應音義十八曰、「彌離車或作彌戾車。皆訛。正言蔑戾車也。」華嚴疏鈔十四曰、「蔑戾車者三藏云惡中惡。亦云奴中奴。皆義翻耳。」

【**蜜利伽羅磨多跋羅娑馱**】（堂塔）Mṛgamātṛ-prāsāda 譯曰鹿母堂。玄應音義十八曰、「蜜利伽羅此云鹿。磨多此云母。跋羅娑馱此云堂。亦言殿也。舊云摩伽羅母堂者訛略也。」

【**蜜栗伽悉他鉢娜**】（寺名）（Mṛg-adāva）寺名。譯曰鹿園。鹿野園之精舍也。求法高僧傳上曰、「那爛陀寺東四十驛許。尋弶伽河而下至蜜利伽悉他鉢娜寺。唐云鹿園寺也。」梵 Mṛga-sthāpana

【**甄正論**】（書名）三卷。唐玄嶷著。廣破靈寶等經天尊等名之僞。

【**甄叔迦**】（物名）Kiṁśuka 又作堅叔迦。緊祝迦。寶石名。譯曰赤寶。玄應音義六曰、「甄叔迦寶。譯云赤色寶。按西域傳云。有堅叔迦樹。其花赤色。形大如手。此寶色似此花。因以名焉。」慈恩之上生經疏下曰、「甄叔迦寶。狀如延珪。似赤瑠璃。」慧琳音義十六曰、「緊祝迦」図(植物)樹名。慧琳音義十一曰、「甄叔迦。西國花樹名也。此方無此樹。大唐西域記云。印度多有甄叔迦樹。其花赤色。形如人手。一說云。亦名阿叔迦。(Aśoka)亦名無憂樹。其花亦赤色。此說正也。」

【甄陀】(天名)又作緊那羅。緊捺洛。項。八部衆之一。譯曰人非人。見緊那羅條。

【甄迦羅】(雜名)Kaṃkara 數量名。法華經藥王品曰、「甄迦羅。頻婆羅。Bimbara 阿閦婆 Akṣobhya 等偈。」俱舍論十二列五十二數。其中第十六曰「矜羯羅。」玄應音義六曰、「甄迦羅。或云恒迦羅。此當千萬億。」法華玄贊十曰、「甄迦羅等者。俱舍論第十二卷說數六十。妄失餘八。以十漸積至第十六名矜羯羅。第十八名頻跋羅。第十九名大頻跋羅。第二十名阿芻婆。第二十一名大阿芻婆。此總三種。即是十六十八二十數也。」

【甄迦羅女】(天名)樂神名。八部衆之一。智度論十七有甄陀羅女。輔行四之三誤作甄迦羅女。緊那羅、堅陀羅、眞陀羅等。梵語之訛轉。見緊那羅條。

【鞞師迦】(植物)Vārṣikī 花名。見次

【鞞嘌沙迦】(植物)Varṣika 又作鞞師迦。花名。譯曰雨時花。希麟音義五曰、「鞞師迦花。正云鞞嘌沙迦花。此云雨時花也。或云夏生花。其花白色甚香。半夏時生。因名云。

【飾宗記】(書名)飾宗義記之略名。

【飾宗義記】(書名)略云飾宗記。十卷、唐嵩山定賓作。釋相部法礪之四分律疏十卷。

【歌王】(人名)即歌利王。見迦利條。稽古史畧三曰、「忍仙林下坐禪時。曾被歌王割截肢。」

【歌天】(天名)住於胎藏界之外金剛部院。天人之吹笛者。又有歌天女。見胎藏界曼陀羅大鈔六。

【歌利王】(人名)見迦利條。

【歌唄】(儀式)歌者歌嘆。唄者梵語唄匿。譯曰讚頌。讚嘆。是梵漢雙舉之語。又唱唄之義。法華經方便品曰、「或以歡喜心。歌唄頌佛德。」文句記五之中曰、「經云唄者。或云唄匿。此云讚誦。」玄贊四曰、「梵云婆陟。此言讚嘆。唄匿訛也。」梵 Pāṭhaka

【歌偈】(雜名)歌歎他德之偈頌。智度論三十五曰、「喜德女見太子。自造歌偈。而讚太子。愛眼視之。目未曾眴。」

【歌詠】(行事)律教禁歌詠。毘奈耶

雜事六曰、「苾芻不應歌詠引聲而誦經卷。若苾芻作闡陀聲誦經典者得越法罪若方國言音須引聲者作時無犯。」然大乘許之。大日經義釋六曰、「一一歌詠皆是眞言一一舞戲無非實印。」

【歌詠心】（術語）見六十心條。

【歌菩薩】（菩薩）見八供養條附錄。

【歌栗底迦】（雜名）月名見迦利底迦條。

【歌頌】（雜名）謳歌其德之偈頌。法華經法師品曰、「妓樂歌頌供養恭敬。」

【歌嘆】（雜語）以諧歌讚嘆其德也。無量壽經下曰、「咸然奏天樂暢發和雅音。歌嘆最勝尊供養無量覺。」

【歌舞人】（雜名）內四供之西北二供也。秘藏寶鑰上曰「金寶法業歌舞人」

【歌舞菩薩】（菩薩）奏天樂、歌舞而讚歎如來賞揚往生人之菩薩。無量壽經下曰、「咸然奏天樂。暢發和雅音。歌歎最勝尊。供養無量覺」又金剛界三十七尊中有金剛歌、金剛舞之二菩薩。

【歌舞三摩地】（術語）是大日如來之歌三摩地舞三摩地也。大日如來住此三摩地名變現一天女、一以歌詠供養西方彌陀如來。一以舞技供養北方不空成就如來。（釋迦）是金剛界三十七尊中之內四供女菩薩也。然則歌舞卽大日法身內證之德。一句之歌詠一曲之旋舞、亦無非爲深妙之佛事。因而具法性無盡之德、故與之相應則一切之悉地得成就也。智度論十三曰、「問諸佛賢聖是離欲人、不用音樂歌舞、何以故供養伎樂耶。答諸佛於一切法中心無所著。於世間法悉無所須。惟憐愍衆生故出世。應隨供養者願而使得福故受。又菩薩欲淨佛土故求好音聲。欲使國土中衆生聞好音聲。其心柔軟。心柔軟故受化易。是故以音聲因緣供養佛。」

【歌聲】（故事）緊那羅之歌聲、使五百仙人失通、迦葉尊者不堪於座。見智度論十七。見緊那羅條。

【歌羅】（雜名）分量名。見迦羅條。

【歌羅分】（雜名）同上。

【歌羅邏】（雜名）初宿胎內之位。釋禪波羅蜜次第法門卷三之上曰、我初生時攬父母身分以爲已有名歌羅邏。歌羅邏時。名曰無明。參照羯邏藍條。

【歌羅頻伽】（動物）見迦陵頻伽條。

【馱】（術語）ध Dha 又作達。悉曇五十字門之一。大日經所謂「馱字門一切法界不可得故」者自 Dharmadhātu（法界）釋之。文殊問經所謂「稱馱字時是七聖財聲」者自 Dhana（財）釋之。

【馱那演那】（術語）Dhyāna 譯曰靜慮。見馱南條。

【馱迦】（動物）見迦蘭陀條。

【馱南】（術語）Dhyāna 又作馱演那、馱那演那。定名七種之一。譯為靜慮。舊稱禪那。譯言思惟修。俱舍寶疏二十八曰：「馱南此云靜慮。馱那舊云禪那訛也。」了義燈五本曰：「四云馱那演那。此云靜慮。」瑜伽倫記四上曰：「四云馱衍那。此云靜慮。舊云禪義不正也。或云持阿那訛也。」俱舍光記二十八曰：「印度造字聲明論中有字界字緣。審慮梵云振多。是字緣。於振多義中置地界故。地是梵音。復以餘聲明法助此振多義地界變成馱南。馱南此云靜慮。舊云禪。或云禪那。或云持阿那。皆訛也。」

【馱衍那】（術語）Dhyāna 又作馱那演那、馱南。譯曰靜慮。見靜慮條。

【馱索迦】（雜名）Dāsaka 譯曰奴。見玄應音義二十三。

【馱娑】（雜名）梵名。譯言奴。參照無價馱娑條。

【馱都】（術語）Dhātu 譯曰界、體、性。事物固有之自體也。事物各有界畔而持自性之義也。又謂如來之舍利。是為金剛不壞之身界。以其為實體故也。又曰達磨馱都。譯為法界。法體。惟具略之異耳。玄應音義二十五曰：「馱都謂堅實也。此亦如來體骨舍利之異名。」慧琳音義八曰：「馱都此云法界界體也。」俱舍光記八曰：「身界梵曰馱都。即佛身體也。亦名室利羅。（Śarīra）唐言體。佛身體也。舊云舍利訛也。」俱舍寶疏十八曰：「馱都此云性。如來體性也。」

【馱摩】（術語）與達磨同。譯曰法。智度論四十八曰：「馱摩秦言法。」

【馱縛若】（物名）Dhvaja 譯曰幢。大日經疏九曰：「梵云馱縛若。此翻為幢。梵云計都 Ketu 此翻為旗。」

【馺婆訶】（術語）見蘇波訶條。

【馺嚩訶】（術語）Svāhā 見蘇波訶條。

【馺縛訶】（術語）見蘇波訶條。

【蒸沙】（譬喻）譬物之不可成也。楞嚴經六曰：「是故阿難若不斷婬修禪定者。如蒸沙石欲其成飯。經百千劫祇名熱沙。何以故。此非飯本沙石成故。」萬善同歸集六曰：「匍匐昇沈輪迴莫已。蒸砂之喻。足可明之。」

【對告衆】（術語）世尊說法之時。以大衆內某一人為對手而說法。如節章之初有「佛告阿難」者。阿難為對告衆也。阿彌陀經般若經之舍利弗。亦為對告衆。

【對法】（術語）阿毘達磨。譯曰對法。梵語 Abhidharma 對為對觀對向之義。法為四諦涅槃之法。以無漏聖道之智慧。對觀四諦之理。對向於涅槃之果。故名對法。蓋對法者。智慧之名也。然三藏中論藏為於諸法之性相問答決擇而生其無漏智慧之法文、故彼之論藏亦名對法俱舍論一曰「論謂生無漏慧教此諸慧論是彼資糧故亦得名阿毘達磨」。

【對法宗】（術語）阿毘達磨藏之宗趣也俱舍論三十曰「我多依彼釋對法宗」。

【對法論】（書名）阿毘達磨雜集論之異名。

【對法藏】（術語）三藏之一類集一切之論部謂之對法藏諸論之通名也。又（書名）世親所造之俱舍論也梵名阿毘達磨俱舍譯曰對法藏對法指發智六足等之諸論藏指俱舍論此論含攝彼發智六足等之妙義故名此論曰「對法之藏」俱舍論一曰「由彼對法論中勝義入此攝故此得藏名」。

【對治】（術語）斷煩惱也是有四種。一厭患對治、謂加行道在見道以前緣苦集二諦生深爲厭患之念也。二斷對治、謂無間道、於無間道緣四諦而正斷煩惱也三持對治謂解脫道於無間道後起解脫道更緣四諦、攝持彼無間道所得擇滅之得以使所斷之煩惱不更起也。四遠分對治謂勝進道於解脫道後、入於勝進道更緣四諦使所斷之惑轉更遠也其中正對治爲第二之無間道斷。

【對治助開】（術語）十乘觀法之第七。若修正觀時邪倒之心起而爲障因而不能前進則行相應之法而對治之以助彼正道、開前進之道也。

【對治悉檀】（術語）四悉檀之一。如爲破常見說空教、爲破斷見說有門爲對治彼此之執說種種之法以成就破執之益也。悉檀者成就也。

【對治秘密】（術語）見四種秘密條。

【對首】（術語）三種羯磨法之一。首者面也、一人乃至四人之比丘對面而爲說淨懺悔等之羯磨也見行事鈔上五之一。

【對首心念法】（術語）見羯磨條。

【對揚】（術語）於佛之說法會坐對佛發起問答等、以揚發佛意而成辦利益謂之對揚佛亦以其對揚者爲一會之代表而說法則謂之對告衆光明文句五曰、「諸佛說法必有對揚」又（儀式）於法會行散華式時、散華之偈終後、擧希望佛法世法常住安穩之偈文謂之對揚。

【對徧中】（術語）四中之一。

【對機】（術語）佛陀對於衆生之根機、而施相應之手段。又禪家之宗匠答學者之問也。

【對緣假】（術語）四假之一。見假條。

【對觸禮】（儀式）面面相對而禮拜也。

【羯地洛迦】（植物）又作竭地洛迦。

木名。見軻地羅條。

【竭伽】（物名）梵語、Khadga又作竭識。譯云刀或劍。求祈願成就時所用七物之一。大日經悉地出現品所謂「如是計都、竭伽傘蓋、履蓋眞陀摩尼、安膳那、藥盧遮那等、」是也。慧琳音義三十六曰「竭伽唐云劍。」大日疏十一釋竭伽曰「刀以鑌爲骨柄。」又（動物）翻譯名義集曰「竭伽此云犀牛。」參照渴伽條。

【竭伽毘沙拏】（動物）又作佉伽婆沙、渴伽婆沙、佉伽毘沙拏。譯曰犀角。見渴伽條。Khadga-viṣāṇa

【竭達羅】（地名）山名。七金山之第五。見軻地羅條附錄。

【竭盤陀】（地名）國名。西域之一處。開國之祖謂之漢日天種。謂母爲漢土之人、父自日天而來。其王族之容貌與中國同、首飾方冠、身被胡服。此國有經部之祖童受論師之伽藍。此國王嘗聞論師之盛名、與兵伐呾叉始羅國將師而還。見西域記十二。梵 Gorband

【竭藍婆】（地名）又作竭藍波。鬼之住處名。地藏十輪經四曰「有一大丘壙。名竭藍婆。甚可怖畏。藥叉羅刹多住其中。」玄應音義二十一曰、「竭藍婆舊經云呵羅。此云强也。」慧琳音義十八曰、「竭藍波。唐云伏剛强處。地名也。不求字義。」

【雉】（動物）野雞也。

【雉救林火】（傳說）昔野火燒林。林有一雉、以水灑林、往返不止。時天帝來問言、汝何作。答曰、我愍衆生、故欲救此林、此林蔭影清涼、我諸種類眷屬、皆悉依仰、我身有力、云何怠而不救之。天帝問言、汝精勤可至幾時。答曰、將以死爲期。天帝言、汝心雖爾、誰證知之。卽自立誓、我心至誠不虛、火卽當滅。是時淨居天知雉弘誓、卽爲滅火。見智度論十六、經律異相四十八、義楚六帖二十三。

【火神救雉雛】（本生）有一阿練若處於野。野火將至。不知云何。以白佛。佛言汝往滅之。受敎往滅、然不能使滅。還白佛。佛言可以我名語火神、可言世尊欲使汝滅。受敎往語。火卽滅。還白佛。佛言、此火神不但今世聞我名、火卽滅、過去世時、海中有洲、七歲中常爲火所燒。彼洲上叢草中有雉、生一雛。父母見火欲至、便捨去。其雛於後張舒翅腳、示火神、說偈曰、有腳未能行。有翅未能飛。父母見捨去。唯願活我命。火神卽以偈答曰、卵生非所求。而今從吾乞。我今當施汝。四面各一尋。佛言爾時之雉雛、我身是也、火神今之火神是也。見五分律二十六。

【熏士】（雜名）見苾芻條。

【熏習】（術語）與薰習同。詳見薰習條。

【碣斗】（譬喻）又作竭斗傑斗。以碣

石之斗出喻猜黠狡猾之翟倨傲鬭爭也。

【銘文】（雜語）銘於金石或圖像之文也。図心腑可銘之要文也。

【閣主】（職位）佛閣之主事。禪苑清規曰、「閣主殿主維那所請。」

【際史吒】（雜名）際史吒、譯曰三月。見梵語雜名。梵 Jyaiṣṭha

【圖寺】（雜語）浮圖與佛寺。高僧傳康僧會曰、「江左興立圖寺。」

【裵佛略】（術語）梵音 Vaipulya之訛。十二部經中方廣經之梵名。

【瑤花】（堂塔）玉華宮也。見玉花條。

【摑裂】（雜語）裂破也。無量壽經上曰、「摑裂邪網。」同述文讚曰、「摑古惡反亦裂也。」

【摸象】（譬喩）盲人摸象之喩也。涅槃經三十二說、「有王告一大臣、汝牽一象來示盲者。大臣受王敕、多集衆盲、以象示之。時彼衆盲各以手觸、大王卽喚衆盲各各問言、汝見象否。衆盲各言我已見。王言象類何物。觸其牙者卽言象形如蘿菔根。觸其耳者言象如箕。觸其頭者言象如石。觸其鼻者言象如杵。觸其脚者言象如臼。觸其脊者言象如牀。觸其腹者言象如甕。觸其尾者言象如綳。善男子。如彼衆盲不說象體、亦非不說。是衆相若悉非象者、離是外更無別象。善男子王喩如來正徧知。臣喩方等涅槃經。象喩佛性。盲喩一切衆生無明也。」菩薩處胎經三、亦有此譬。

【膏明】（譬喩）膏油與燈明。正行比膏妙解比燈明。止觀五上曰、「膏明相賴。目定更資。」

【嘍栗】（雜語）鼠嘍栗之略。

【嗽卑】（術語）Upāsikā 新譯之鄔波斯也。譯曰近善女。玄應音義十五曰、「嗽卑或言蘇卑。或言優婆斯。皆訛轉也。正言鄔波斯。此云近善女。」

【慇重修】（術語）見四修條。

【截雨呪】（眞言）祈雨止之神呪。見密呪圓因往生集。

【截頭】（地名）水經注。釋法顯所謂糺尸羅國。漢言截頭也。佛爲菩薩時以頭施人故因名國。

【毖柯羅摩訶秩多】（人名）Vikra-māditya 王名。譯曰正勤日。見婆藪槃豆傳。

【臺座】（物名）座床之高者。安置佛像於此。

【寢堂】（堂塔）禪家住持之寢室。見象器箋一。

【漆桶】（譬喩）無分別之眼闇黑。喩以漆桶。罵無眼子之詞也。猶言黑漆桶。漆桶不會等。

【複師】（職位）華嚴宗之僧職。再講講師所講述者、以明義理之僧也。

【複熾盛光法】（修法）北斗七星護摩法之略名。

【榜排手】（圖像）千手觀音四十手之一。榜者以盾排禦敵之義也。觀音纂玄記曰「榜木片標榜牌與牓同。俗呼盾爲牌。案釋名云彭排。彭旁也。在旁排敵禦攻」

【敲鉦】（物名）漢名鉦鼓。鼓形之鉦、敲之而念佛者。

【敲枷打鎖】（雜語）禪宗打破斷滅頑空之枷鎖、解脫緊縛。故以此喩之。續傳燈錄三十四密庵咸傑條所謂「將來敲枷打鎖則不無」是也。

【齊領】（術語）見領解條附錄。

【齊業身】（術語）以宿業盡爲齊限而入滅之佛身也。對於齊緣身而言。即天台所談小乘三藏敎之佛身也。蓋三藏敎之敎意、一切萬法、依因緣和合而生、本非有實我。總因前世之煩惱業而顯、故佛身亦不能漏於此規宿業所感。必以宿世之業力盡爲齊限、而始入滅。八十老比丘於娑羅林中患背痛而入涅槃之佛身是也。出於法華玄義七等。

【齊說齊聞】（術語）在於實大乘、一色一香無非中道。山色淸淨身、谿聲廣長舌、萬有皆齊說實相之妙法。同時亦皆齊聞其妙法云。是即法身說聽之義也。出於四明尊者敎行錄四。

【齊緣身】（術語）以緣盡爲齊限而入滅之佛身也。對於齊業身而言。即天台所說通敎之佛身也。蓋通敎之敎意、不別待分析推求、直依法之道理、而談一切萬法如幻即空。故佛身亦非實在者。有應感佛身之緣則現相。緣盡則滅形。即以所化之機緣盡爲齊限而隱其身。所謂機與即生、緣謝即滅之佛身是也。出於法華玄義七等。

【幖幟】（雜語）見不動明王條附錄。

【箇箇圓常道】（術語）是華嚴天台所說幽遠玄妙之敎。一箇一箇之事物、山川草木、勿論即至一塵一芥之微、悉皆具備圓滿常住之道。無不有眞理之全體者。圓有完全圓滿意、常有常住不滅意。味佛法至極之道理也。

【箜篌】（物名）樂器名。釋名謂爲師延所作、空國之侯所存也。故亦作空侯。或謂漢武帝使樂人侯暉爲之。其聲坎坎。故又作坎侯。隋書音樂志謂出自西域、非華夏舊器。其器今已失傳。舊說謂似瑟而小、用木撥彈之。日本之箜篌傳自百濟、故亦謂之百濟琴。有竪箜篌臥箜篌兩種。印度自古有之。故法華經曰「簫笛琴箜篌」

【誌公碑】（雜名）梁釋寶誌之碑也。在鄒平醴泉寺。行書。碑陰有誌公像。指月錄曰、「寶誌禪師金陵東陽民朱氏之婦、上巳日聞兒啼鷹巢中、梯樹得之。舉以爲子。其後出家專修禪披髮徒跣著錦袍往來皖山劍「水之下以鬚尺拂子挂杖頭負之而行。」其碑文爲瑯琊王筠所作見南史隱逸傳。

【暱縛】（雜語）Jvala 譯曰光明見唯識樞要上末。

【厮禪】（雜語）問答往來謂之厮禪。厮者相也餘冬序錄四十八曰、「唐人詩中字音。有以十讀如諟。相讀如厮。如恰似春風相欺得如何不相離等句。皆思必切。」大慧書上曰、「將心意識記取遮杜撰說底抑去勘人一句來一句去謂之厮禪。」

【蜫勒】（書名）梵語譯言篋藏。摩訶迦旃延所造之論部名詳見大智度論第二。

【蜫蟲作佛】（術語）依圓頓一乘之意則謂昆蟲亦尚作佛云智度論九十三曰、「復次佛心中一切衆生皆畢定微細蜫蟲雖末有善心過爾所劫發心後當作佛。（中略）如法華中說畢定餘經說有退有不退。」

【搴帷】（故事）與褰帷同。馬鳴菩薩降伏鬼辯婆羅門之故事也詳見褰帷條。

十五畫

【慧】（術語）分別事理決斷疑念之作用也。又通達事理之作用也。又智與慧雖爲通名。然二者實相對達於有爲之事相爲智。達於無爲之空理爲慧。唯識論九曰、「云何爲慧。於所觀境簡擇爲性。斷疑爲業。謂觀得失俱非境中由慧推求得決定故」俱舍論四曰、「慧謂於法有簡擇」大乘義章二曰、「於緣決定爲緣」同十曰「觀達爲慧」同二十本曰、「慧者據行方便觀達名慧。就實以論真心體明自性無闇目之爲慧」

【慧矢】（譬喻）密教之法門以定慧一雙配於左右。弓爲定之標幟。矢爲慧之表示。愛染明王所持之弓箭是也。

【慧力】（術語）五力之一。言智慧有能除煩惱之力用也。

【慧上菩薩問大善權經】（經名）二卷、西晉竺法護譯。大寶積經第三十八大乘方便會之異譯。

【慧山】（地名）在江蘇無錫縣西。西域僧慧照居此故名。又名惠山。第二泉在焉。與地記古名華山一名西神山又名歷龍山、

【慧水】（譬喻）智慧能洗煩惱之垢故譬以水。

【慧日】（譬喻）佛智能照世之盲冥、故比之於日。無量壽經下曰、「慧日照世間。消除生死雲」法華經方便品曰、「慧日大聖尊」同普門品曰、「慧日破諸闇。能伏災風火」

〔同〕（人名）唐慧日三藏、青州東萊人。姓辛氏。幼見義淨三藏從印度歸、羨慕之。嗣聖十九年、決志西遊。三年達印度境。拜聖迹、求梵本。歷訪諸方智識、經十三年。歸途具閱

艱難、深厭閻浮之苦。欲速見佛。徧問天竺三藏學者所說。無不讚淨土。又感觀音靈告。遂有淨土往生志願。開元七年達長安。在天凡十八年、經歷七十餘國。所齎甚多。玄宗勅賜慈愍三藏之號。天寶七年寂。年六十九。所著有往生淨土集三卷。見宋高僧傳二十九、佛祖統紀四十等。図元慧日禪師姓沈氏號東明。明州定海人。爲直翁法嗣。至大元年、應日本聘東渡。大揚曹洞之宗風。日本高僧傳等有傳。

【慧日尊】（佛名）稱大日如來。

【慧月】（人名）勝論外道中初立十句義之人也。唯識述記一末曰、「其苗裔名曰慧月。立十句義。」見衞世師條。

【慧文】（人名）北齊慧文尊者。姓高氏。閱大智度論一心三智之文。卽依此以修心觀。謂果既一心而得。因豈前後而獲。此觀若成。證一心三智。雙亡雙照。卽入初住無生忍位。又閱中論因緣所生法句。怳然大悟。頓了諸法無非因緣所生。而此因緣有不定有。空不定空。空有不二。名爲中道。以心觀授南嶽。故爲台宗始祖。

【慧幻】（術語）一切諸法皆如幻化。如來之聖智亦爲幻化。稱爲慧幻。幻士仁聖經曰、「諸坐比丘亦如幻化。如我之身亦是慧幻。」

【慧心】（術語）心體明了。能達觀事理者。

【慧心奇特】（術語）見奇特條附錄。

【慧可】（人名）初名神光。北魏洛陽人。達摩大師居嵩山少林寺時。神光請道甚摯。至雪夜斷其左臂。達摩感而許之。改其名曰慧可。後受達摩衣鉢。繼禪宗之法統。爲第二祖。

【慧生】（人名）北魏人。神龜元年、奉勅與宋雲等、共發洛陽。入乾陀羅國。留數年。尋齎經百七十部還國。著有使西域記一卷。見魏書百十一、歷代三寶記三等。

【慧目】（術語）智慧之眼目也。圓覺經曰、「幻翳朗照。慧目淸淨。」又曰、「一切衆生。生無慧目。身心等性。皆是無明。」寄歸傳一曰、「既無慧目。誰鑑是非。」

【慧光】（術語）慧智之光也。無量壽經下曰、「慧光明淨。超踰日月。」図（人名）北齊名僧。爲律宗大家。又譯十地論於洛陽。爲地論宗之鼻祖。門下弟子甚多。

【慧光童子】（菩薩）見不動明王條附錄八大童子項。

【慧布】（人名）廣陵人。姓郝氏。二十一歲出家。初就楊都建初寺瓊法師學成實。尋就攝山止觀寺僧詮聽三論講。洞達淸玄。妙知論旨。後遊北鄴。訪可禪師。寫章疏六馱。負之還江表。又往齊國。廣寫錄闕書。嘗見西方往生行人告云、如我所願。在衆生化度。如何在蓮華中受十劫樂耶。未若於三途處救濟苦也。可以見其志矣。年七十、自絕穀粒。遂寂。終時手屈三指云。見續高僧傳七等。

【慧次】（人名）冀州人。姓尹氏。幼出家。就法遷受學、博通經論。智藏、僧旻、法雲等、皆出其門。承道場慧觀之說、立三教五時之教判。稱爲江南三家之一。齊永明八年寂。年五十九。見梁高僧傳八等。

【慧印】（印相）又云智印。印有決定不變之義。如來之智慧、契於法之實相、而決定不變、故名慧印。

【慧印三昧】（術語）發生慧印之禪定也。

【慧印三昧經】（經名）一卷、吳支謙譯。與大乘智印經及如來智印經同本。爲佛如來入智印三昧而說之經、故名。

【慧安】（人名）慧安禪師、荊州枝江人。姓衛氏。唐貞觀中、謁黃梅五祖、遂得心旨。於是徧歷名跡、至嵩嶽、云是吾終焉之地。自爾禪者輻輳。神龍二年、中宗賜紫衣摩衲、尊以師禮、延入宮中、供養三載。辭歸嵩嶽。是年三月八日、閉戶偃身而寂。春秋一百二十有八。

【慧利】（術語）智慧與利益也。維摩經問疾品曰、「若不如是。已所修治爲無慧利。」注曰、「肇曰、若不能爾。其所修行、內未足爲有慧。外未足爲有利也。生曰、無慧利於物也。」

【慧見】（術語）以深妙之智慧、達觀諸法之識見也。無量壽經上曰、「自以慧見問威顏乎。」

【慧足】（雜語）二足之一。佛以福慧之二爲兩足、遊履於三界。慧其右足也。

【慧身】（術語）五分法身之一。成自無漏智慧之身也。

【慧沼】（人名）唐淄州慧沼、從慈恩大師、極性相之奧義。及菩提流志譯大寶積經、預於證義。又於義淨之譯場、爲證義、多所刊正。著唯識了義燈、質圓測之異義。後著諸疏義、號淄州沼。見宋高僧傳四。

【慧忍】（術語）見忍條附錄十忍項。

【慧忠】（人名）見南陽條。

【慧門】（術語）入於智慧之法門也。最勝王經一曰、「開闡慧門。善修方便。」

【慧門十六尊】（名數）金剛界羯磨會三十七尊中、司智慧之德之十六大菩薩。金剛薩埵、金剛愛、金剛善哉、金剛寶、金剛光、金剛幢、金剛笑、金剛法、金剛利、金剛因、金剛語、金剛業、金剛護、金剛牙、金剛拳之諸尊是也。

【慧命】（術語）法身以智慧爲壽命。智慧之命夭傷、則法身之體亡失。蓋慧爲法身之壽命、故曰慧命。四教儀曰、「末代凡夫、於佛法中起斷滅見。夭傷慧命。亡失法身。」

因尊稱比丘曰慧命。博聞強識、以慧爲命之義也。又曰慧壽。新譯曰具壽。猶言慧命須菩提等。行事鈔下三曰、「毘尼母云。下座指上座爲尊者。上座指下座爲慧命。」勝鬘寶窟中本曰、「慧命者。以廣大甚深之慧爲命故。名慧命也。如經言慧命須菩提慧命舍利弗也。」資持記下三之二曰、「慧命謂博聞強識以慧爲命也。」

【慧果】（人名）唐青龍寺慧果阿闍梨、眞言宗之第七祖、大廣智不空三藏之付法入室也。永貞元年十二月寂、壽六十。見付法傳。

【慧炬】（譬喻）智慧之燈炬也。智慧能照無明之闇、使知道之險難、故譬爲燈炬。涅槃經二十一曰、「汝於佛性猶未明了。我有慧炬能爲照明。」寄歸傳二曰、「艤法舟於苦津。秉慧炬於長夜。」

【慧炬三昧】（術語）法華經所說十六三昧之一。入此三昧、則發智慧之燈炬、照世之險難、故謂爲慧炬三昧。法華嘉祥疏十二曰、「慧炬三昧者。如執炬夜行。不墮險處。」

【慧思】（人名）台宗二祖南嶽慧思尊者、姓李氏。武津人。心愛法華、借本入塚、對經涕泣。夢普賢菩薩摩頂而去。所摩頂上、隱起肉髻。年十五、出家。文師授以心觀之訣。豁然大悟、待法華三昧。乃結庵大蘇山。時齊運將傾。思避其難。遂卓錫南嶽。靈瑞重沓、有諸天童以爲侍衞。將順世、大集門人說法、苦切訶責。乃曰、若有十八人不惜身命修法華懺者、吾當供給。若無、吾當遠去。竟無答者。卽端坐言佛來迎而化。

【慧約】（人名）慧約國師。字德素、姓婁。東陽烏傷人。年十七、出家於東山寺。巖棲卻粒、餌以松朮。中書郎周顒、太宰褚淵、太尉王儉、交請開法。所居之處、靈異屢著。梁帝大興戒法、請師爲闍黎。尊之曰智者。帝躬稟菩薩大戒。入滅後、勅葬誌公塔左。

【慧苑】（人名）唐洛京佛授記寺慧苑、（定刋等記有京兆靜法寺沙門慧苑等）師華嚴之賢首、深精究一宗、號山首門人。刋定賢首新譯華嚴經之略疏成十五卷、題曰續華嚴經略疏刋定記。加自己之臆見、往往亂賢首之正義。爲華嚴一家之異解者。後淸涼大師作大疏鈔百卷、糾刋定之謬、師又作新經音義二卷、世稱爲慧苑音義。見宋高僧傳六。

【慧苑音義】（書名）新譯大方廣佛華嚴經音義二卷、靜法寺慧苑撰。故世稱慧苑音義。慧琳音義中採取之、又別行焉。

【慧威】（人名）婺州東陽人。姓劉氏。號天宮尊者。幼受具、入智威之室、頓開悟天台三觀之法門。時人呼曰小威。後歸東陽、山居絕人事。登門求道之士不少。爲台宗第七祖。年壽並缺。後吳越王謚曰全眞尊者。嗣法弟子有玄朗。見宋高僧傳六、佛祖統紀七等。

【慧南】（人名）信州玉山人、姓章氏。世稱黃龍慧南。見黃龍條。

【慧寂】（人名）韶州懷化人。姓葉氏。世稱仰山慧寂。見仰山條。

【慧皎】（人名）會稽上虞人。住嘉祥寺。春夏弘法、秋冬專著述。梁天監十九年、撰高僧傳十四卷。又有涅槃義疏十卷、梵網經疏等。年壽並缺。見歷代三寶記、續高僧傳等。

【慧毒門】（術語）破身少著毒藥、則毒氣遍滿於身、是依毒門深入毒氣也。菩薩之造論、為衆生開慧門、學者依之而深為研究、則悟入必深、如彼毒門、故寄喻謂之慧毒門。俱舍論三十曰「於此方隅已略說、為開智者慧毒門。」同光記三十曰「如身少破著少毒藥、須臾毒氣遍一身中、為毒門。今造此論亦復如是。明少慧門。諸有智者能深悟入。如似毒門。名慧毒門。從喻為名。」

【慧洪】（人名）宋寂音尊者、名慧洪、又名德洪、字覺範。參眞淨文禪師得法。後居江寧府清涼寺。海衆輻輳。高宗建炎二年寂、壽五十八。賜寶覺圓明之號。著禪林僧寶傳、林間錄、石門文字禪等。見釋氏稽古略四。

【慧流】（譬喻）智慧之流水也。智慧能洗煩惱之垢染。故譬之流水。賢愚經二曰、「佛日初出。慧流灌潤。」

【慧海】（術語）智慧深廣如海。因明大疏序曰「抱慧海於深裏。」

【慧淨】（人名）常山眞定人。姓房氏。十四歲出家。隋開皇年間、於長安開講筵。聲譽甚高。唐貞觀二年、新經來、師當選筆受大莊嚴論、撰疏三十卷。於是名譽喧傳、波頗三藏等歎為東方之菩薩。十九年、玄奘歸朝、勅師與譯經。病不赴。其年寂。年六十八。所著有雜心論疏三十卷、俱舍論疏三十餘卷等十餘種。見續高僧傳三、佛祖統紀三十九。

【慧基】（人名）錢塘人。姓呂氏。十五歲出家、二十歲受具。遊歷諸方、講宣經教。太宗遣使迎請、稱疾不行。著法華義疏三卷。又製問訓義序三十三科、註遺教經等。譽馳海內。勅為僧正。是為東土僧正之始。齊建武三年寂、年八十五。見梁高僧傳八、佛祖統紀三十六等。

【慧能】（術語）智慧之功能也。高僧傳六曰、「藉慧能於前因。發勝心於曠劫。」又（人名）禪宗東土第六祖也。姓盧氏、三歲喪父。及長、家益貧、採薪販賣養母。一日入市、聞人讀金剛經。問其所得、謂蘄州黃梅山五祖弘忍禪師。五祖問曰、汝從何處來。答曰、嶺南。師曰、嶺南人無佛性。能曰、人即有南北、佛性豈然。師知其為異人。使入碓房舂米。因稱為盧行者。經八月、五祖知付授時至、使衆徒各書得法之偈。時上座神秀書偈曰「身是菩提樹。心如明鏡臺。時時勤拂拭。莫使惹塵埃。」能聞之曰、如吾所得則不然。稱雇童子夜於壁間書一偈曰、「菩提本非樹。明鏡亦非臺。本來無一物。何處惹塵埃。」五祖知之、潛入碓房問曰、米白否。答曰、白未經篩。五祖以杖三打碓而去。能即以三更入室。祖乃授衣法。去隱南方漁村者數年、儀鳳元年正月至南海、遇印宗法師於法性寺。印宗聞禪要、取弟子禮。其月十五日、會諸名德爲之剃髮。二月八日、就法性寺智光律師受具足戒。後居曹溪、大注甘雨。神龍元年、帝召之不起。唐玄宗開元元年八月三日、儼然示寂、壽七十六。元和十年勅謚大鑑禪師。見六祖壇經、宋高僧傳八、傳燈錄五。

【慧超】（人名）傳歷未詳。嘗游印度、普探聖踪。有慧超往五天竺國傳三卷。慧琳音義第一百、訓其梵音。

【慧愷】（人名）又作智愷。鄉貫未詳。姓曹氏。陳天嘉四年、奉眞諦三藏對譯攝大乘及釋論、當筆受之任、尋助俱舍論之翻業、兩論皆作其疏。梁承聖二年、眞諦譯起信論、又陳光大二年、譯律二十二明了論、師亦並當筆受之任。年五十一、寂。見續高僧傳一。

【慧根】（術語）五根之一、能觀達衆生爲慧、慧能生道、故名根。大乘義章四曰、「於法觀達目之爲根。慧能生道。故名慧根。」

【慧眼】（術語）五眼之一、慧能觀照、故名眼。照諸法皆空眞理之空慧名之。無量壽經下曰、「慧眼見眞能度彼岸。」思益經三曰、「慧眼爲見何法。答言若有所見。不名慧眼。慧眼不見有爲法。不見無爲法。」智度論三十三曰、「爲實相故求慧眼。得慧眼不見衆生盡滅一異相。捨離諸著不受一切法。智慧自內滅。是名慧眼。」大乘義章二十本曰、「言慧眼者。觀達名慧。慧能照矚。故名慧眼。」又曰、「法眼了見一切法相。慧眼了見破相空理及見眞空。」

【慧眼力】（術語）三力之一。

【慧琳】（人名）唐西明寺釋慧琳、姓裴氏、疏勒國人。始事不空三藏爲沙彌。印度之聲明、支那之訓詁、無不精奧。撰大藏音義一百卷。元和十五年、寂於西明寺、壽八十四。見宋高僧傳五。

【慧琳音義】（書名）本名一切經音義。西明寺慧琳法師撰。故稱爲慧琳音義。一百卷。宋高僧傳五曰、「慧琳始事不空三藏爲室灑。內持密藏、外究儒流。印度聲明、支那訓詁。靡不精奧。嘗謂翻梵成華、華皆典故。典故則西乾細語也。遂引用字林、字統、聲類、三蒼、切韻、玉篇、諸經雜史。參合佛意。詳察是非。撰成大藏音義一百卷。起貞元四年、迄元和五載。方得絕筆。貯其本於西明藏中。京邑之間、一皆宗仰。」黎養正序曰、「琳書既兼攬玄應慧苑窺基雲公四家音訓。復親承不空三藏指定梵文音義。上通秦漢、近揭隋唐、乃至西土方言、人文地理、亦皆不遺、不溢、囊括羣有、理事無礙、信乎無美而弗備也。」餘見一切經音義條。

【慧雲】（譬喻）智慧之雲、如來之覆一切衆生、如大雲也。法華經藥草喻品曰「慧雲含潤、電光晃耀。」

【慧喜菩薩】（菩薩）見不動明王條附錄。

【慧無減】（術語）十八不共法之一。

【慧解】（術語）智慧之用能解了諸法也。五句譬喩經三曰「慧解可修經戒。」梁僧傳序曰「慧解開神則道兼萬億。」

【慧解脫】（術語）但得慧障解脫之羅漢也。此人之性分、好悟道理、不好事用之功德。故但斷障無漏智慧之見思煩惱、而不離障禪定等功德之事用障也。例如但好學問不好藝能之人。長阿含經十九曰、「又能善分別滅苦集聖道。則心得解脫、慧解脫亦然。」俱舍論二十五曰、「慧解脫者、未得滅盡定者名慧解脫、但由慧力於煩惱障得解脫故。」

【慧解脫羅漢】（術語）二種羅漢之一。見羅漢條。

【慧鍔】（人名）亦作慧萼。日本人。奉橘太后命入唐、登五臺、尋至杭州鹽官靈池寺謁齊安、請上首義空歸日本。於是有臨濟宗。後又來、再登五臺、得觀音聖像、於嶺頭將奉歸日本、過寧波、故昌縣海濱、以感大士奇瑞、卽止建寺奉像。號補陀落迦山寺、爲南海禪刹之名藍。後世以師爲其開基。見佛祖通載、佛祖統紀等。

【慧懃】（人名）舒州人、姓江氏、字佛鑑。試經得度、讀法華所謂「唯此一事實」之經文、有省。參五祖法演數年、恚其不印而去。後開佛果克勤徹證、再還五祖山、大事畢了、爲第一座。會太平靈源赴黃龍、舒州守臣孫鼎臣請令繼太平席。師既受五祖之衣法、法道大振。政和初、詔令住汴京智海。五年乞歸、住建康蔣山、賜紫衣及徽號。七年寂。世稱佛鑑慧懃。見續傳燈錄等。

【慧業】（術語）達於空理而爲諸善事也。維摩經菩薩品曰、「知一切法不取不捨、入一相門、起於慧業。」

【慧義】（術語）依慧見而生之深妙義理也。無量壽經上曰、「愍念衆生、問此慧義。」

【慧遠】（人名）慧遠有二人。一、廬山東林寺慧遠。俗姓賈氏、雁門人。初學儒。二十一歲出家、以道安爲師、達大乘之奧旨。時襄陽有寇亂、道安散徒衆、遠辭而至荊州、將往羅浮、抵潯陽、愛廬峯淸靜、住於山陰。時有沙門慧永、在西林寺、原爲同門、永勸刺史桓伊興東林寺、使遠居之。於是隱士劉遺民雷次宗及沙門千數、由遠遊止。遠乃與緇素百二十三人結白蓮社於無量壽佛像前修淨業。著法性論唱涅槃常住之說出沙門不敬王者論張沙門之綱維。居廬阜三十餘年不出影山送客每以虎溪爲界晉義熙十二年八月寂壽八十三。見高僧傳六。二隋淨影寺慧遠姓李氏燉煌人十三歲出家。二十歲就光統和上進具承光二年周武勝齊行廢教遠以死抗議之。及大隋受禪再興佛教於楊都創淨影寺勅遠居之講說英俊投學遠身長八尺五寸腰九圍開皇十二年寂壽七十。著諸經之疏皆以四字爲句又撰大乘義章佛法之綱要於此盡誠釋疏家之泰斗也。別於晉慧遠而謂爲小遠見續高僧傳十。

【慧壽】(術語)又曰慧命見慧命條。

【慧數】(術語)新譯曰心所法舊譯曰數法以心王雖爲一而心所法有多數也。慧數者卽慧之心所止觀十曰「觀支是慧數。」

【慧撥】(譬喩)又作慧筏撥同筏智慧爲到彼岸之船筏故曰慧撥性靈集六曰「捨慧撥於彼岸。」

【慧德處】(術語)見四德處條。

【慧燈】(譬喩)智慧之燈明也華嚴經曰「慧燈破諸闇。」大集經二曰「有諸衆生行無明闇菩薩見已修集智慧爲令衆生然慧燈故。」法華經人記品曰「世尊慧燈明。」

【慧燈王】(人名)過去世有王名慧燈好施捨身之血肉救人之命見四分律二經律異相二十五。

【慧縛】(術語)愚痴之障也愚痴因緊縛智慧故名慧縛唯識述記序曰「解慧縛於攝論表縱聖。」

【慧學】(術語)三學之一觀達眞理爲慧進習爲學斷惑證理慧之作用也爲發此慧而進修謂之慧學對配於三藏則爲阿毘達磨藏之所詮阿毘達磨藏者詮顯此慧學之法藏也大乘義章十曰「觀達稱慧進習爲學」對法論十一曰「開示慧學是阿毘達磨。」

【慧劍】(譬喩)智慧能斷煩惱故名慧劍義楚六帖五曰「寶積經云文殊執劍馳往佛所佛言殺貪瞋痴身令諸衆生悟慧劍法門破煩惱賊人。」證道歌曰「大丈夫秉慧劍般若鋒兮金剛焰非但能摧外道心早曾落卻天魔膽。」

【慧燭】(譬喩)猶言慧炬。

【慧藏】(術語)三藏中論藏詮慧學故曰慧藏對法論十一曰「開示慧學是阿毘達磨」婆沙論一曰「若依增上慧論道是阿毘達磨」因通三藏名爲慧藏廣弘明集二十成實論義疏序曰「四種圍陀在家必習三品慧藏入道愈通。」

【慧覺】(人名)西洛人號廣照禪師。

見廣照條。

図(術語)謂物之智慧能自覺覺人也。劉孝綽文云、嚴事招提師仰慧覺。

【慧鏡】(譬喩) 智慧能照物、如明鏡。中阿含經五十四曰、「云何比丘聖智慧鏡。」弘明集序曰「覺海無涯慧鏡圓照」

【慧觀】(人名) 清河人。姓崔氏。自幼出家。聞羅什入關中。輒行師事之。時有「通情則生(道生)融(道融)上首、精難則觀(慧觀)肇(僧肇)第一」之稱。嘗著法華宗要、什見之稱快。晚止京師道場寺。敷揚法化。嘗判一代敎分二敎五時之相。是爲吾國判敎之嚆矢。劉宋元嘉年中寂。著有所辨宗論、頓悟漸悟義等。見出三藏記集、梁高僧傳等。

【賣弄】(雜語) 謂自誇也。

【賣峭】(雜語) 以物高賣也。虛堂延福錄七曰、「釋迦老子一生賣峭。」

【熱病】(雜名) 見九病條。

【熱時炎】(雜語) 陽炎也。炎熱時、遠望曠野、則風塵映日光、生一種之幻影。謂之陽炎。亦曰野馬。渴鹿或無智之人見之爲水。以喩一切有爲法之虛假不實。智度論六曰、「焰以日光風動塵故。曠野中如野馬。無智人初見謂爲水。男相女相亦如是。」涅槃經二十曰、「如熱時炎。愚癡之人謂之爲水。」維摩經觀衆生品曰、「如熱時炎如呼聲響。」見陽燄條。

【熱惱】(術語) 逼於劇苦而身熱心惱也。法華經信解品曰、「以三苦故。於生死中受諸熱惱。」

【熱鐵地獄】(界名) 以熱鐵所造之地獄也。智度論十六曰、「熱鐵地獄縱橫百由旬。驅打馳走足皆燋然。」

【賢】(術語) 證眞謂之聖、隣於聖謂之賢。玄義四下曰、「隣聖曰賢。」

【三賢】(名數) 小乘五停心觀、別相念住、總相念住之位、謂之三賢。見七十五法名目。又大乘十住十行十回向之位、謂之三賢。見大藏法數十。

【七賢】(名數) 一五停心、二別相念住、三總相念住、四煖法、五頂法、六忍法、七世第一法。卽通三賢與四善根(後之四)而爲七賢。見玄義四下。

【賢人】(術語) 三賢十聖、七賢七聖等。總稱聲聞乘預流果以前、菩薩乘初地以前之觀行者爲賢人。成宗論二十七賢聖中、前二者爲賢人、後二十五者爲聖者。玄義八曰、「賢名賢能。亦名賢善。善故有德。能故有智。智德具足。故稱賢人。」見賢聖條。

【賢士】(術語) 稱在家之菩薩。思益經一曰、「跋陀婆羅等十六賢士。」

【賢豆】(地名) 見印度條。

【賢劫】(術語) 過去之住劫、名爲莊嚴劫、未來之住劫、名爲星宿劫、現在之住劫名爲賢劫。現在之住劫二十增減中、有千佛出世、故稱讚之爲賢劫。亦名善劫。大悲經三曰「阿難、何故名爲賢劫。阿難、此三千大千世界劫欲成時盡爲一水。時淨居天以天眼觀見此世界唯一大水。見有千枝諸妙蓮華。一一蓮華各有千葉金色金光大明普照。香氣芬薰甚可愛樂。彼淨居天因見此已。心生歡喜踴躍無量。而讚歎言奇哉奇哉。希有希有。如此劫中當有千佛出興於世。以是因緣。遂名此劫號之爲賢」。悲華經五曰、「此佛世界當名娑婆(中略)時有大劫名曰善賢。何因緣故劫名善賢。是大劫中有千世尊成就大悲出現於世」。行宗記四下曰、「慈恩劫章云、即此住劫稱賢劫。此界成後有千佛出世。既多賢聖。故名賢劫」。梵Bhadrakalpa

【賢劫千佛】(術語)過現未三住劫、各有一千佛出世。賢劫千佛者、佛祖統紀三十勘考諸經論、依其所記、則住劫有二十增減、其前八增減中爲佛之出世。於第九減劫始有佛、名拘留孫佛。是爲千佛之第一。次爲拘那含牟尼佛、次爲迦葉佛、次即今之釋迦牟尼佛。自此至第十增減之減劫有彌勒出世。次於第十增減之減劫中、有師子佛等九百九十四佛。次於第二增減之增劫有樓至佛出世。合計一千佛。

【千佛出興異說】(雜語)或以爲一轉輪王之千子。或以爲千手觀音之化出、或以爲千佛各別出生。經論所說種種不同。寶積經九曰、「過去有佛曰無量勳寶飾淨王如來。其時有轉輪聖王住淸淨大城名勇郡王。王有千子、第一名淨意、第千子名意無量。後又生二子。一名法意、二名法念。父王及千子共詣如來所、發無上道心。千子於賢劫次第成正覺。其第一子淨意、即拘留孫佛是也。乃至弟千子意無量、即樓至佛是也。後二弟法意言、諸兄成佛、則我當爲金剛力士、護衛佛法。法念言、我當爲梵王、請佛轉法輪」。賢劫經八曰、「過去久遠世有無量精進如來。時有國王名德華。王有千子。聞佛所說發心修行、遂皆成最正覺。是今賢劫中出興之千佛也」。千佛因緣經曰、「過去大寶劫時有寶燈焰王如來。其像法中有一大王、名光德王之學堂有千子。年各十五。聞諸比丘稱讚三寶、隨比丘詣像前、各發無上道心。遂成最正覺。今拘留孫佛乃至最後之樓至佛是也」。」千手千眼觀世音菩薩姥陀羅尼身經曰、「我亦曾見過去毘婆尸佛、現此千手千眼大降魔身。世尊我今亦現此千手千眼大降魔身。於千臂中各現出一轉輪王、爲同賢劫千代轉輪聖王。於千手千眼中各現出一佛、示同賢劫千佛。故菩薩降魔身中此身爲最」。」千眼千臂觀世音菩薩陀羅尼經上曰「過去毘婆尸佛化現降魔身、千眼各出一佛、爲賢劫千佛。千臂亦各化出一輪王、爲千代輪王」。藥王經曰、「釋迦牟尼佛告大衆曰、我曾於往昔無數劫時妙光佛末法中聞是五十三師名信心歡喜復使他聞持他人復展轉相教至三千人其千人華光佛爲首毘沙浮佛爲終於過去莊嚴劫成道之千佛是也其千人拘留孫佛爲首樓至佛爲終於現在賢劫中成道之千佛是也其千人日光佛爲首須彌相佛爲終於未來星宿劫當成佛」其千佛之名出於現在賢劫千佛經及賢劫經第六卷千佛名品又第七卷千佛興立品一一說其父母弟子國城佛壽等第八卷千佛發意品一一說其發心因緣此千佛於胎藏界曼荼羅總略爲十六尊

【賢劫經】（經名）又名颰陀劫三昧經譯曰賢劫定意經八卷或十卷西晉竺法護譯初說諸三昧諸度無極佛之神通功德事末說賢劫千佛事

【賢劫十六尊】（經名）一卷失譯人名說賢劫千佛中上首十六尊之秘印密咒

【賢劫十六菩薩】（名數）賢劫十六尊也見賢劫條

【賢劫千佛名經】（經名）現在賢劫千佛名經之略稱

【賢坐】（雜語）四坐法之一密教行者修敬愛法或降伏法時所結之坐法也略出念誦經一曰「若欲降伏應面向西結賢坐而坐」註云「並脚蹲坐臀不著地是也」又准提陀羅尼經曰「竪二膝並脚名爲賢坐」

【賢明】（術語）賢聖明哲無量壽經下曰「賢明長者尊貴豪富」

【賢首】（術語）比丘之尊稱猶言賢者尊者義淨譯新律中多用此稱又（菩薩）華嚴經賢首品有賢首菩薩又（人名）佛說賢首經有併沙國王妃賢首夫人又華嚴宗第三祖唐法藏字賢首其祖康居國人來居長安藏年十六詣四明山阿育王塔鍊一指誓學華嚴嘗預玄奘三藏之譯場然以所見不同而出至則天武后朝爲譯場之首與實叉難陀義淨復禮等共出新華嚴經等爲則天武后講新華嚴經聖曆二年奉詔講大經於佛授記寺感天瑞先天元年終於大薦福寺贈鴻臚卿見宋高僧傳五佛祖統紀二十九又見法藏條

【賢首宗】（流派）華嚴宗也至賢首而此宗大成故名

【賢首經】（經名）佛說賢首經一卷乞伏秦聖堅譯併沙國王夫人颰陀師利（此曰賢首）願聞十方佛菩薩士之名佛爲說之次問離女身之法佛答以十事梵Bhadrasri,-sirī(Siras 之不規則女姓)

【賢首十宗】（名數）見宗條附錄

【賢首五教儀科註】（書名）四十八卷清釋續法總集賢首清涼圭峯等著述六百餘卷而成賢首宗一家言以祖述賢首而

判釋迦如來一代之所說法者。故曰賢首五敎儀。凡六卷。嗣因旨義深奧。又自為之科註。為賢首宗一家之要書也。卷首冠以縣談二卷。合五十卷。

【賢首五敎儀開蒙】（書名）一卷、淸釋續法撰。因賢首五敎儀六卷。聽衆未能全誦。故又略成此書。使學者易於練習。釋通理曾為增註。共六卷。

【賢者】（術語）修善道、未斷惑證理者。如三賢十聖七賢七聖之賢。又通名上位。增一阿含經二十九曰、「賢者舍利弗。賢者大目乾連」等。

【賢者五福德經】（經名）高麗藏作佛說賢者五福德經。一卷。西晉白法祖譯。說賢者說法得五種之福德。

【賢胄部】（流派）Bhadrayānika 小乘二十部之一。佛滅後三百年。自犢子部流出。部主名曰賢。以賢為祖、故稱為賢胄部。其所說與犢子部同。宗輪論述記曰、「賢胄者。賢者部主之名。胄者苗裔之義。是賢阿羅漢之苗裔。故言賢胄。從所襲部主為名也。」

【賢瓶】（物名）賢為善之義。又名善瓶、德瓶、吉祥瓶、如意瓶、有德瓶。若人祈神天感得此瓶。時所求者如意由瓶而出云。大日經疏八曰、「有部毘尼中說大迦葉舍利弗。目犍連須菩提四大弟子。猶如賢瓶。若人淨心供養。竟希求世間現報。無不如願」見瓶及德瓶條。

【賢瓶宮】（天名）Kumbha 又曰 Bhadra-kumbha 寶瓶。十二宿之一。胎藏界外金剛部院之一衆。以寶瓶為三昧耶形。

【賢現普賢】（術語）見普賢條附錄。

【賢善】（術語）賢而行善者。涅槃經四相品曰、「外現賢善。內懷貪嫉」觀經疏散善義曰、「不得外現賢善精進之相。內懷虛假」。

【賢愚經】（經名）賢愚因緣經之略。

【賢愚因緣經】（經名）三卷、元魏慧覺等譯。為集賢聖凡愚之種種因緣事蹟者。

【賢勝優婆夷】（人名）五十參善知識之第四十五。

【賢聖】（術語）外典謂之聖賢。內典謂之賢聖。賢者和於善之義。聖者會於正之義。和於善、雖離惡而未發無漏智、不證理、不斷惑。在凡夫之位者。謂之賢。既發無漏智。證理斷惑、次捨凡夫之性者、謂之聖。見道前七方便之位。名為賢。見道以上名為聖。大乘義章十七本曰、「和善曰賢。會正名聖。正謂理也。理無偏邪。故說為正。證理捨凡說為聖矣。（中畧）就位分別。見前已前。調心離惡名之為賢。見諦已上。會正名聖。故仁王中地前並名為三賢。地上菩薩說為十聖。」四敎儀二曰、「言賢者。隣聖曰賢。（中畧）賢者名直善也。」嘉祥仁王經疏三曰「會眞名聖」俱舍光記二十二曰、「賢謂賢和。聖謂聖正。」大乘中仁王經有三賢十聖之目。瓔珞本業經有四十二賢聖之稱。小乘中薩婆多宗立七賢七聖。成實宗立二十七賢聖。但賢有通別之二門。據別門則賢居下位。據通門則通於見諦以上。如經說賢者舍利弗賢者須菩提等福田經所說之二十賢聖。俱舍論二十二曰「分別賢聖品」。成實論一曰「分別賢聖品」。大乘義章十七本曰「賢聖義」。義林章五本曰「二十七賢聖章」各有所說。

【三賢十聖】（名數）大乘所立。仁王經上曰「三賢十聖忍中行。唯佛一人能盡源」。又曰「三賢十聖住果報。唯佛一人居淨土」。十住、十行、十回向之三位為三賢。初地以上乃至第十地之菩薩為十聖。至初地而初會於理。故得聖之名。俱舍論寶疏二十二曰「依仁王經。地前為賢。地上名聖。經云三聖十聖故。」

【七賢七聖】（名數）薩婆多宗所立。五停心、別相念住、總相念住、煖法、頂法、忍法、世第一法之七方便位為七賢。信行、法行、（初果）信解、見得（第二果第三果）身證、（第四向）慧解脫、俱解脫（第四果）之人為七聖。

【二十七賢聖】（名數）成實論中、阿含福田經所說。俱舍家亦兼言之。二十七賢聖者。十八有學（見有學條）與九無學。（見羅漢條）成實論賢聖品曰「如是九種名無學人。先十八學人。是無學。是二十七人名為一切世間福田。」四教儀三曰、「賢人有二。聖有二十五。合有二十七賢聖。具出成論。」又曰「二十七賢聖者。十八有學及九無學」

【四十二賢聖】（名數）三賢十聖加等覺妙覺之二聖者。菩薩瓔珞本業經上曰、「為菩薩者（中略）必諦受學四十二賢聖名門決定多義。」本經舉梵漢之名見四十二地條。

【賢聖名字品】（經名）菩薩瓔珞本業經之品名。

【賢鉤天】（天名）胎藏界曼荼羅外金剛部北方第六天。與二十八宿中之壁宿、七曜中之貪狼星、五行中之火相當。賢為善、鉤為鉤召。招集福德之意也。種子為[梵字]字。寂靜之義。或作[梵字]字。有之義也。此天在因位著於萬法實有之見。慾望熾盛。如豺狼之貪。故約於因位之本性以[梵字]字為種子。然由胎藏大日之加持。為曼荼羅會中所攝取。乃體達阿字本不生之理。萬法實有之見破而欲念頓為消滅。身心寂靜。故約於果位之身以[梵字]字為種子。

【賢護】（人名）Bhadrapāla 梵名曰颰陀跋陀和、跋陀婆羅、跋陀羅波梨。或曰賢護長者、賢護菩薩、賢護大士。在家之菩薩也。

玄應音義五曰、「案移識經云。颰陀羅波梨。此譯云賢護。亦云賢守。隣聖曰賢。固道稱守。幻士經云。颰陀。此言仁賢。是王舍城在家菩薩也。」大寶積經百九卷賢護長者會第三十九曰、「有一最大巨富商主長者之子。名颰陀羅波梨。(隨言賢護)(中略)爾時世尊告阿難言。長老阿難。汝欲聞此颰陀羅波梨長者家中所有衆樂事乎。乃至具足說其受於快樂果報。雖復忉利帝釋天王猶不能及。況復人間。(中畧)是長者子。凡有六萬最大商主恒隨彼後。(中畧)其颰陀羅波梨家內恒常鋪設六萬上妙六合牀榻。雜色被褥以覆其上。(中畧)復有六萬婇女端正殊絕。身體柔軟細滑。(中畧)又其長者欲食之時。則有六萬雜種羹臛飯食。微妙香美。猶如天厨無有異也。」佛說大乘菩薩藏正法經有「賢護長者品。」又大方等大集賢護經一曰、「王舍大城有優婆塞。名曰賢護。爲衆上首。」

【颰陀婆羅度三人】(傳說) 毘耶離國有婬女、名菴羅婆利。舍婆提有婬女、名須曼那。王舍城有婬女。名優鉢羅槃那。有三人各各聞人讚三女端正無比。晝夜專念、心著不捨。便於夢中夢與從事。覺竟心念彼女不來、我亦不往、而婬事得辦。因是悟一切之法皆如是耶。於是詣颰陀婆羅菩薩所問是事。菩薩答言諸法實爾、皆從念生。如是種種、爲此三人方便巧說其法之空。是時三人卽得阿毘跋致。見智度論七。

【浴室安賢護菩薩像】(雜語) 禪院浴室安跋陀婆羅像者、據以水因證圓通之故事。楞嚴經五曰、「跋羅婆羅。並同伴十六開士。卽從座起。頂禮佛足而白佛言。我等先於威音王佛聞法出家。於浴僧時隨例入室。忽悟水因。既不洗塵。亦不洗體。中間安然得無所得。宿習無忘。乃至今時從佛出家。令得無學。」僧堂淸規曰、「九日。浴主、於浴室鳴鑰集衆於賢護大士諷經。於心經消災等回向。」

【賢護經】(經名) 大方等大集經賢護分之略稱。

【鴈王】(雜名) 佛之異名。與鵝王同。以佛三十二相中、手足一一指間如鴈如鵝、有縵網交絡也。智度論四曰、「五者手足指縵網相。如鴈王張指則現。不張則不現。」

【鴈門】(雜語) 以佛曰鴈王、故佛門曰鴈門。又(人名)淨土論註記主梁曇鸞之稱號。以師爲鴈門人也。唐高僧傳六曰、「釋曇鸞。或爲巒。未詳其氏。鴈門人也。」

【震旦】(地名) Cina又作振旦、眞丹、神丹。翻譯名義集曰、「東方屬震。是日出之方。故云震旦。」近人或云震卽秦。乃一聲之轉。旦若所謂斯坦。於義爲地。蓋言秦地耳。參照支那條。

【震旦三聖】(名數) 見三聖條附錄。

【震多末尼】（物名）一作振多摩尼、又作震跢末尼Cintā-maṇi 譯曰如意珠。希麟音義六曰「振多摩尼或云眞多末尼梵語輕重也此譯云如意寶珠」陀羅尼集經六曰、「眞陀末尼唐云如意珠」大日經疏一曰「眞陀摩尼爲諸寶之王。」

【震動】（雜語）大地震動有三種之六種震動見六種震動條。

【震越】（衣服）Civara 譯曰臥具、又曰衣服玄應音義三曰、「眞越或作震越此應臥具」同十二曰「震越梵言也此譯云衣服也」

【震嶺】（地名）震旦國卽漢地也。資持記上一之一曰、「震嶺者震是梵言之省略嶺者卽土境之通名具云震旦亦云眞丹。此翻漢地。」

【憂火】（譬喩）憂惱之烈譬如火。金光明經四曰、「我常渴仰欲見於佛。爲是事故憂火熾然。惟願世尊。賜我慈悲清冷法水。以滅此火。」

【憂世】（雜語）現世四苦八苦充滿、憂懼不安之意又作浮世如浮雲萍草無定相也。

【憂陀伽】（雜名）Udaka 譯曰水。見鬱持條。

【憂陀那】（術語）Udāna 又作優陀那烏拕南鄔陀南優檀那鄔馱南鬱陀那等。發語言時喉中之風智度論六曰、「如人欲語時口中風出名優陀那此風出已還入至臍觸臍響出響出時觸七處退是名語言。」又譯曰丹田圓覺經大鈔十一之下曰、「有師言臍下一寸名憂陀那此云丹田」名義集六曰、「優陀那天台禪門曰此云丹田去臍下二寸半」又譯曰中天台之禪門口訣曰「一脉直往趣臍號曰優陀那風優陀那者中也。故號此脉爲中脉也」又譯曰自說。十二部經中之無問自說經。無人問佛自說法者。俱舍光記一曰、「鄔陀南此云自說。卽十二部經中第五自說經也。無人問佛自說故若言嗢陀南此云集散集散說故或言集施集所說義。施有情故」慧苑音義上曰、「鄔馱南此云無問自說」玄應音義二十一曰、「鄔拕南此言自說。舊言鬱陀那」同二四曰「鄔拕南舊曰優陀那自言自說。謂不待請問而自說也卽無問自說經是也」又譯曰印、標相、總略。一切行無常等之四法印也瑜伽倫記十一之下曰「四烏拕南若作嗢字者皆須改正。舊語不正名四優陀那。翻名爲印今翻名說卽世尊常誦說此義似無問自說隨義傍翻亦得名印或名總略義或名標相如說無常是有爲標相。（中略）涅槃寂靜是無爲法標相。若名嗢拕南則名集施」大乘義章二曰、「優檀那者。是外國語此名爲印法相楷定不易之義名印也。」華嚴經大疏鈔十八曰、「優檀那此名標相。」同鈔曰「嗢陀南此云集施應與鄔陀南異。今論亦云嗢陀南或譯之少巧。」同二十二曰、「鄔陀南者舊爲優陀那訛也正翻爲說義當無問自說。」案四法印之頌亦曰四烏拕南又曰四嗢拕南但言烏拕南則自說或法印之義。言嗢拕那則集散或集施之義。此中以言烏拕那爲本義。

【憂陀羅經】（書名）見優陀羅條附錄。

【憂陀伽娑羅栴檀】（植物）Uraga-sāracandana 木名探玄記二十曰、「憂陀伽娑羅栴檀者具云地毘烏羅伽娑羅也。地毘此云妙。烏羅伽此云腹行。即龍蛇之類。娑羅此云勝。亦云堅固謂此栴檀堅固勝出。在龍宮故以爲名。」

【憂受】（術語）五受之一。見五受條。

【憂承伽摩】（動物）烏名見優禪伽摩條。

【憂海】（譬喻）憂之深譬如海。智度論二曰、「心沒憂海。不能自出。」

【憂畢叉】（術語）見優畢捨條。

【憂婆咧馱夜】（雜語）譯曰小心法。見陀羅尼集經二。

【憂獄】（譬喻）憂愁之苦譬如牢獄。智度論十八曰、「勝負懷憂喜。勝者墮憍坑。負者墮憂獄。」

【墮在】（術語）自上入於下也。自理入於事也。報恩經二曰、「我於爾時墮在火車地獄中。」唐華嚴經三十九曰、「受佛智識墮在佛教。能爲衆生廣作佛事。」同十九曰、「三世墮在法。說名爲世間。」

【墮舍迦】（雜名）Viśākhā 月名。譯曰氏宿。見可洪音義十三下。墮當爲誤字。

【墮法處色】（術語）法處所攝色也。

【墮喜淨法】（雜名）見跋闍子比丘條附錄。

【墮負】（術語）負論義也。智度論十九曰、「汝論墮負處。」

【墮薪】（故事）杭州興教小壽禪師、初隨天台韶國師、普請聞墮薪而悟。作偈曰、撲落非化物。縱橫不是塵。山河及大地。全露法王身。國師頌之而已。見林間錄上。

【墮羅鉢底】（地名）Dvārapati 譯曰門主。城名。慧苑音義下曰、「墮羅鉢底。此翻爲門主。或云有門。謂古者建立此城王之號也。」

【蓮】（植物）彌陀之淨土、以蓮華爲所居、故指淨土曰蓮。

【蓮子】（物名）蓮華之實也。可以作數珠。數珠功德經曰、「若用蓮子爲數珠。誦掐一徧得福萬倍。」

【蓮池】（人名）見次項。

【蓮池大師】（人名）明杭州雲棲寺

僧。名袾宏。亦稱雲棲大師。俗姓沈。初業儒。後為僧。居雲棲塢。融合志禪淨土二宗。定十約。僧徒奉為科律。清雍正中賜號淨妙眞修禪師。

【蓮社】（雜名）東晉僧慧遠居廬山。與劉遺民等同修淨土。中有白蓮池。因號蓮社。亦曰白蓮社。見蓮社先賢傳。

【蓮邦】（界名）極樂之異名。以彼土之衆、總以蓮華為所居也。

【蓮貝】（雜語）蓮者蓮華、西方無量壽佛之三昧耶形也。貝者法螺、北方鼓音佛之三昧耶形也。秘藏寶鑰上曰、「制底旗光蓮貝仁。」

【蓮宗】（流派）奉蓮社之旨趣、願求蓮邦之宗門也。蓮宗寶鑑自叙曰、「東晉遠公祖師因聽彌天法師講般若經。豁然大悟。（中畧）遊止廬山。與高僧朝士結緣修行。故云諸數三昧。其名甚衆。功高易進。念佛為先。因以蓮宗名其社焉。」又曰、「元貞元元年正月。逃明居士燕覺道破衣和尚。欽奉聖旨勅開蓮宗善法堂護持敎法。貞元二年正月又欽奉聖旨賜通慧大師蓮社正宗。」雲棲彌陀經疏鈔二曰、「六趣衆生。則中陰之身自求父毋。往生善士。則一彈指頃蓮華化生。是蓮華者。乃卸凡殼之玄宮。安慧命之神宅。往詣之國。號曰蓮邦。同修之友。號曰蓮祐。約禪誦之期。號曰蓮漏。定趣向之極曰蓮宗。重其事也。」

【蓮宗九祖】（名數）自東晉太元中慧遠大師東林倡社、獨起蓮宗、以念佛為往生淨土、至今千數百年、往生者不可勝計。宋石芝曉師嘗定蓮宗七祖。明代衆舉雲棲為第八祖。清代復舉省庵為第九祖。皆以念佛一派相承者也。其名如下。初祖圓悟大師廬山東林慧遠和尚。二祖長安光明善導和尚。三祖衡山般舟承遠大師。四祖衡州雲峯法照國師。五祖新定烏龍少康大師。六祖杭州永明延壽和尚。七祖武林昭慶省常和尚。八祖古杭雲棲蓮池大師。（袾宏）九祖鳳山梵天省庵法師。（實賢）見蓮宗九祖傳畧。

【蓮宗寶鑑】（書名）具名廬山蓮宗寶鑑。念佛正因十卷、元廬山東林寺善法堂主優曇普度集。廣述念佛之要旨。

【蓮門】（流派）蓮宗之門派也。願求蓮邦之淨土門異稱也。

【蓮刹】（界名）蓮為蓮華、刹為土之梵語、西方之淨土、以蓮華為往生之所託、故曰蓮刹蓮邦等。

【蓮臥觀音】（菩薩）三十三觀音之一。趺座合掌於池中蓮華之觀音。

【蓮胎】（術語）念佛往生彌陀淨土之人、皆在蓮華內而生、恰如母胎、故曰蓮胎。蓮宗寶鑑八曰、「當生淨土。入彼蓮胎。受諸快樂。」五會讚曰、「十念蓮胎雖住劫。華開還得悟無生。」元照觀經疏下曰、「當知今日想佛之心相好果德悉已具足。蓮胎孕質。即是此心。果證菩提。不從他得矣。」小經聞持記曰、「一念神識。託彼蓮胎。」

【蓮宮】（術語）蓮華藏世界也。指報身佛之淨土而言。又胸中八葉之心蓮華也。表制集曰、「和上遠自蓮宮。」

【蓮座】（物名）蓮華之臺座。謂佛座也。華嚴經曰、「一切諸佛世界悉見如來坐蓮華寶師子之座。」王勃觀佛跡寺詩曰、「蓮座神容儼。松崖聖跡餘。」

【蓮祐】（術語）謂同相祐而修淨業、願蓮邦之往生者。雲棲彌陀經疏鈔二曰、「往詣之國曰蓮邦。同修之友曰蓮祐。」

【蓮理】（術語）心蓮之妙理也。瑜伽宗總以心蓮爲極致。

【蓮偈】（雜名）妙法蓮華經之偈頌也。

【蓮眼】（術語）青蓮華之眼也。佛眼之好妙如青蓮。維摩經佛國品曰、「目淨修廣如青蓮。」

【蓮華】（植物）天竺有四種之蓮華。一優鉢羅華、Utpala 二拘物頭華、Kumuda 三波頭摩華、Padma 四芬陀利華、Puṇḍarika 如其次第。青黃赤白之四色也。又加泥盧鉢羅 Nilotpala 爲五種。總譯爲蓮華。但通常稱爲蓮華者、指芬陀利之白蓮華。此華有三時。未敷之時、名屈摩羅（Mukula）敷而將落之時、名迦摩羅。（Kamala）處中盛時、稱爲芬陀利。法華遊意曰、「舊云。外國稱芬陀利。此翻爲蓮華。今謂芬陀利未必翻爲蓮華。涅槃經云人中蓮華人中芬陀利華。既其兩出。似如爲異。今謂蓮華爲通。芬陀利爲別。所以知然者。凡有五證云云。」法華玄贊一曰、「奔茶利迦者白蓮華也。西域呼白蓮華爲奔茶利迦。故新經說青黃赤白四色蓮華。云媼鉢羅華、拘某陀華、鉢特摩華、奔茶利華。如次配之。」大日經疏十五曰、「三藏說西方蓮華有多種。一者鉢頭摩。復有二種。一者赤色。即此間蓮華也。二者白色。今此間有白蓮是也。非芬陀利。優鉢羅。亦有赤白二色。又有不赤不白者。形似泥盧鉢羅花也。俱勿頭。有赤及青二種。又云。俱勿頭是蓮華青色者。泥盧鉢羅。此華從牛糞種生。極香。是文殊所執者。自如青蓮。亦是此色。更有蘇健地迦花。亦相似而小花。芬陀利迦。花可有百葉。葉葉相承。圓整可愛。最外葉極白。漸向內色漸微黃。乃至最在內者與蘂色相近也。此花極香也。昔琉璃王害釋女時。大迦葉於阿耨達池取此花。裹八功德水灑之。諸女身心得安樂。命終生天。因是投花於地。遂成種。至今猶有之。花太可愛。徑一尺餘。尤可愛也。此法華所引中者是。是漫茶羅八葉者也。」

【蓮華三喻】（名數）佛以蓮華喻妙

法稱爲妙法蓮華經。天台以之爲乘教權實之開廢。以佛身本迹廢立之深義爲喩題。立迹門之三喩與本門之三喩。迹門之三喩者、一爲蓮故華、是譬爲實施權。如來於法華會坐、爲顯一乘之實、於爾前先說三乘之權教也。二花開蓮現、是譬開權顯實。花開譬開權、蓮現譬顯實。正於法華之會座、拓開三乘之權方便、顯一乘之實義也。三花落蓮成、是譬廢權立實。既開三乘之權教、則權教自廢、一乘之實教獨存也。已上三喩、爲就佛之垂迹身所說乘教上、譬開廢之義者、故爲迹門之三喩。是本經前十四品之意也。本門之三喩者、亦一爲蓮故華、是譬從本垂迹。如來自久遠實成之本、垂伽耶始成之化迹也。二花開蓮現、是譬開迹顯本。本經至壽量品、迦耶始成之佛、始打開爲化身、顯久遠之本地也。三花落蓮成、是譬廢迹立本。開化身已、則化身自廢、獨久成之本身成立也。已上三喩、顯佛之本地、爲之開廢、故爲本門之三喩。見法華玄義一。

【五莖蓮華】（本生）釋迦如來昔遇燃燈佛（錠光佛）奉五莖蓮華、布髮於泥、使佛蹈之、因受記別。見然燈佛條。

【諸佛以蓮華爲坐床】（雜語）諸佛常以蓮華爲座床者、蓋取蓮華藏世界之義。蓮華藏世界者、報身佛之淨土也。又智度論八曰、「以蓮華軟淨。欲現神力能坐其上。令不壞故。又以莊嚴妙法坐故。又以諸華皆小。無如此華。（中畧）梵天王坐蓮華上。是故諸佛隨世俗故。於寶華上結跏趺坐。」大日經疏十五曰、「如世人以蓮華爲吉祥淸淨。能悅可衆心。今秘藏中亦以大悲胎藏妙法蓮華爲最秘密吉祥。一切加持法門之身坐此華臺也。然世間蓮亦有無量差降。所謂大小開合色相淺深各發不同。如是心地花臺亦有權實開合等異也。若是佛。謂當作八葉芬陀利。白蓮華也。其華令開敷四布。若是菩薩。亦作此華坐。而令花半敷。勿令極開也。若緣覺聲聞。當坐於花葉之上。或坐俱勿頭華葉上。（中畧）若淨居諸天乃至初禪梵天等世間立號爲梵者。皆坐赤蓮華中。」

【青蓮第一】（雜語）涅槃經二十四曰、「如水生花中青蓮華爲最。不放逸法亦復如是。」智度論二十七曰、「一切蓮華中。青蓮爲第一。一切陸生華。須曼色第一。」

【蓮華子】（術語）蓮華部之弟子也。胎藏界三部之一、金剛界五部之一。

【蓮華女】（人名）或曰青蓮華尼。或曰鬱盋羅華比丘尼、或曰嗢羅苾芻尼、或曰華色比丘尼、或曰蓮華色尼、或曰蓮華色女、或曰蓮華婬女、或曰蓮華女。皆是梵漢之不同、又譯語之左右也。總取美女之容色而名之。而經論中有多數之蓮華女。或同名同人、同名異人。

【青蓮華尼恒識出家法】(故事)智度論十三存梵名謂爲欝盋羅華比丘尼。

【華色比丘尼欲先見佛】(傳說)智度論十一舉翻名謂之華色比丘尼。毘奈耶雜事存梵名謂爲嗢盋羅苾芻。又分別功德論謂之蓮華色尼。是爲同一之蓮華比丘尼。佛自忉利天降下時以神通變身爲輪王。最初禮佛。後呵責提婆達多非法。遂爲彼所打殺。見華色條。

【蓮華婬女見化人得悟】(傳說)有二蓮華女皆是婬女。與前諸蓮華女有別。經律異相三十二曰、「佛在耆闍崛山有一婬女名曰蓮華。善心自生。便棄世事作比丘尼。卽行到佛所。未至中道有流泉水。女因飮水澡手自見其面像姿姸無比。便念云何自棄作沙門耶。且當少時快我私情。尋卽還家。佛知蓮華應得道。化作婦人。端正絕世勝蓮華女。尋路而來。蓮華見之。心甚愛敬。卽問化人。從何處來。化人答言從城中來。欲還歸家。雖不相識。可俱還到向泉水上。二人俱還到泉水上。陳意委曲。化人睡臥枕蓮華膝。須臾之頃忽命絕。胮脹臭爛。肌體解散。蓮華見之。心大驚怖。云何好人忽無常。此人尙爾。我豈得久。故常詣佛學道。卽詣佛所作禮自說。(中畧)蓮華聞法欣然解釋得阿羅漢」(蓮華女經今不在藏內)

【蓮華婬女抉兩眼授與婆羅門】(傳說)毘奈耶雜事三十二曰、「佛在王舍城竹林園。於此城中有一婬女名蓮華色。衒色爲業。以自活命。時有婆羅門來告言。少女好不。我可與汝行歡愛事。報曰。汝有錢不。答言我無。女曰。可去覓錢後來相見。答言我覓。便往南方隨處經紀。得五百金錢來女處。時蓮華色由依尊者目連善知識故因卽出家。近圓得阿羅漢果。(中畧)蓮華色遂往闇林。於閑靜處宴坐入定受解脫樂。時婆羅門持五百金錢至王舍城。問諸人曰。蓮華色女今何處去。答言彼已於釋子法中而爲出家。向室羅伐。(中畧)彼便往就報言。少女先有誠言。今持錢至。汝可與我共爲歡樂。報言。婆羅門。我已棄捨罪惡之業。汝今宜去。報言。少女汝雖捨我。我不捨汝。宜可起來。心不相放。報言。汝於我身何處支體偏生愛樂。答曰。我愛汝眼。卽以神力抉其兩眼而授與之。時婆羅門便作此念。此禿沙門女能作如是妖術之法。拳打尼頭。棄之出去。」

【蓮華心】(術語)密敎所說三部中蓮華部之心要也。

【蓮華王】(本生)有二人。一、彌勒所問本願經曰、「過去有太子。號蓮華王。端正殊妙。威神巍巍。出遊道見一人。身體病癩。見已悲念。問病者何藥能療。答曰。得王身之髓塗身。其病乃愈。是時太子卽破身骨。與髓於病人。歡喜惠施。心無悔恨。爾時之太子。卽我身是也。」(取意)一、百緣經四曰。「過去波羅奈國王曰蓮華治正天下、人民豐樂。時人民貪食多故種種病生各相扶持、詣王所求醫藥。王見病人、生大悲心集諸醫、使療民衆。諸醫曰、須得赤魚肉血令食、病乃可愈。我等諸醫不能得。時蓮華王念今赤魚鈞不得、我當求願作赤魚形、爲衆生治身中諸病。發是願已、自投樓下命終生河中作大赤魚。時民衆聞彼河中有大赤魚、各持斤斧割取食其血肉、病皆愈。其割取處隨而復生。如是十二年、給施衆生悔恨之心無秋毫。遂命終、生於忉利天。爾時之蓮華王、釋迦佛是也」(取意)

【蓮華印】(印相)蓮華形之印相也。演密鈔九曰、「蓮華印謂大指名指相持。餘三指散舒是也」

【蓮華衣】(衣服)袈裟之異名。取清淨無染之義。釋氏要覽上曰、「袈裟又名蓮華衣。謂不爲欲泥染故」

【蓮華寺】(寺名)卽東禪寺。見東禪寺條。

【蓮華坐】(術語)半跏坐爲吉祥坐、結跏趺坐爲蓮華坐。大日經不思議疏曰、「凡坐法聖善之寺三藏和上邊面受左足先著右脞上、右足次著左脞上。名爲蓮華坐。單足著右脞上。名爲吉祥坐也。別此坐者非聖坐也」又蓮華之臺座也。諸佛恒以蓮華爲坐床者、取蓮華藏世界之義。又智度論擧諸釋。見蓮華項。

【蓮華拳】(印相)四種拳之一。並兩手、各作拳、竪兩大指也。見大日經疏十三。

【蓮華部】(術語)胎藏界三部之一。又金剛界五部之一。爲觀音虛空藏等諸菩薩、司佛大悲三昧之諸尊也。胎藏界曼荼羅十三大院中右方之觀音院地藏院諸尊是也。大日經疏五曰、「右方是如來大悲三昧。能滋養萬善、故名蓮華部」蘇悉地經一曰、「諸佛形像卽是佛部。諸菩薩形卽蓮華部。諸世天像爲金剛部」

【蓮華眼】(術語)觀世音之密號也。觀音之眼相、爲靑蓮慈悲之容。多羅尊自此處出生。要略念誦經曰、「開敷妙覺光明眼。修廣猶若靑蓮華」

【蓮華門】(術語)金剛界曼荼羅道場所設之門戶也。頂間畫蓮華。故名。秘藏記鈔六曰、「蓮華門者。六卷略出經云、闓闕中如頂形。如丁字。現圖曼荼羅合此文。頂間畫蓮華。故云蓮華門也。口傳云、金剛智。胎藏理也。智以理爲能入。理以智爲能入。故金剛界曼荼羅安蓮華門。胎藏界曼荼羅安金剛門也」

【蓮華服】(衣服)又曰蓮華衣。袈裟之德名。六物圖曰、「或名蓮華服。離染著故」

【蓮華峯】(地名)天台之別山。韶國

師示寂之地也。所集之禪要、題謂之部國師蓮華峯語錄。見祖庭事苑七。

【蓮華會】（儀式）圜悟天寧錄、慈受惠、林錄有蓮華會之上堂。

【蓮華落】（雜名）通俗編曰、「五燈會元、俞道婆常隨衆參琅邪。一日聞丐者唱蓮花樂。大悟則蓮花樂為丐者所唱曲名。其亦已久。」今通作蓮花落。

【蓮華尊】（術語）蓮華部之諸尊也。以蓮華為幖幟者。大日經疏六曰、「蓮華尊則於華上重置蓮華。」

【蓮華國】（界名）蓮華藏世界也。又為佛國土之總名。

【蓮華偈】（雜名）妙法蓮華經之偈文也。

【蓮華智】（術語）五智中妙觀察智之異名。以阿彌陀為蓮華部之尊故也。菩提心論曰、「西方阿彌陀佛由成妙觀察智。亦名蓮華智。亦名轉法輪智。」菩提心義曰、「梵云鉢納麽。此云蓮華。是蓮華部智故為名。」

【蓮華語】（術語）與蓮華念誦同。

【蓮華漏】（物名）廬山慧遠弟子慧要、有巧思。以蓮華作漏刻、名蓮華漏。梁高僧傳六道祖傳曰、「遠有弟子慧要。亦解經律。而尤長巧思。山中無漏刻。乃於泉水中立十二葉芙蓉。因流波轉以定十二時。晷景無差。焉。」翻譯名義曰、「廬山遠公門有僧慧要者。患山中無刻漏。乃於水上立十二葉芙蕖。因波輪以定十二時。晷景無差。今曰遠公蓮花漏是也。」按李肇國史補載此事。云即惠遠所作。乃取銅葉製器。狀如蓮花。置盆水上。底孔漏水半之則沈。每晝夜十二沈云。

【蓮華輪】（術語）阿闍梨曼荼羅觀晉院之一尊也。大疏五曰、「如蓮華輪像。當以四蓮華葉。如十字之形。用為輪輻。輻外作刀環開之。」

【蓮華臺】（雜語）蓮華之臺座也、為佛菩薩之常座。

【蓮華鐸】（物名）以蓮華作手柄之鐸也。大疏六曰、「蓮華鐸則以蓮華為緊。」

【蓮華觀】（術語）言於水輪圓形中觀[illegible]字。蓮華為水生之花、故約於所生、謂水為蓮華。見三種悉地儀軌。

【蓮華三昧】（術語）佛坐於法華妙蓮之理、謂為蓮華三昧。法華玄義七曰、「今蓮華之稱。非是假喻。乃是法華法門。法華法門清淨因果微妙。名此法門為蓮華。即是法華三昧當體之名。非譬喻也。」又清淨之菩提心、離一切之塵垢、故名。大日經疏四曰、「淨菩提心。於一切法都無染著。即名蓮華三昧。住此三昧者。乃至諸法空相亦不可得。」又法華三昧之異名。如蓮華三昧經。

【蓮華夫人】（本生）雜寶藏經一曰、

「過去久遠時、雪山有一仙人、名提婆延、婆羅門種。婆羅門法不生男女不得生天。此婆羅門常於石上小便、精氣流墮石宕、一雌鹿來舐小便處、便有娠、月滿詣仙人窟下生一女子。蓮華裹其身、自母胎出、端正殊妙。仙人知是己子、取而畜養。漸長大、脚蹈地處、皆出蓮華。烏提延王遊獵、見是女端正、乞之於仙人。便與王語言、當生五百王子。王大夫人甚妬鹿女。其後鹿女不久生五百卵、盛之於簏中。大夫人取五百麪段以代卵處、以此簏擲棄恒河中。王問夫人生何物、答言純生麪段。王言仙人妄語、卽下夫人之職、不更見王。時薩耽菩王在下流與諸婇女遊戲、見此簏來取之、於五百夫人各與一卵、卵自開、中有童子、面目端正。養育長大、各皆有大力士力、建五百力士之幢。後薩耽菩王與烏提延王有隙、五百力士將軍衆伐烏提延王。王恐怖言、一力士猶不可當、況五百力士耶。又思念彼仙人能或解知、詣仙人所、乞攘却國之大難。仙人言五百力士蓮華夫人之子、王今以蓮華夫人、乘大象上、著於軍陣前、彼自然服。卽如仙人言、還來懺謝蓮華夫人、莊嚴夫人、乘大白象、著於軍陣前。五百力士舉弓欲射手不得自然屈伸。時仙人飛來虛空中告諸力士、慎勿擧手勿生惡心、若生惡心皆墮地獄。此王及夫人汝之父母也。母卽按乳、一乳作二百五十流、皆入諸子口。卽向父母懺悔、皆得辟支佛。二王亦自然開悟得辟支佛。爾時之仙人卽我身是也。」(取意)

【蓮華太子】(人名) 見蓮華王條。

【蓮華合掌】(印相) 竪左右十指而指掌共合、謂爲蓮華合掌。凡行法最初爲此印。其所以然者、古來相傳此印名爲本三昧耶印。我等處胎內之位所結之印。爲理智不二自證之性、故名本三昧耶印。出胎時分兩手作拳。心經秘鍵所謂分手於金蓮場者爲此位也。自此已後出於化他門、作種種之事業矣。仍於行法最初、先結此印、安於理智不二之體性已、自此印開種種之印契。次第行之、爲一座之行法也。然而解兩手十指之幖幟、則蓮華卽理、理之處、必有智、故以二手爲理智而合二手者、理智不二之表示也。左手靜、故爲理、右手辨一切之事、故爲智。大般若經五百二十四曰、「善現當知如人右手能作衆事。如是般若波羅蜜多能引生一切殊勝。善現當知如人左手所作不便。如是前五波羅蜜多不能引生殊勝善法。」又攝無礙經曰、「左手五指名胎藏界五智。右手五指名金剛界五智。十指卽十度。或名十法界或曰十眞如。」大日經三曰、「復次如身印左手是三昧義、右手是般若義。十指是十波羅蜜滿足義。亦是一切智五輪譬喩義。」配十波羅蜜於十指、有異釋。依蓮華部心軌、則右手五指配於檀等五度、左手五指配於慧等五度。依畧出經、則左手五指、配於檀等五度。右手五指、配於慧等五度。又十法界者非尋常之十法界。十法是五凡五聖之十界、左手爲不自在故、配於五凡之迷者、地獄畜生餓鬼人天也。自左小指次第配之。右手爲自在故、配於五聖之覺者、聲聞緣覺菩薩(法相三論)權佛(天台華嚴)實佛(眞言)也、自右手小指次第配之。十眞如爲唯識論等所說。前五地所證五種之眞如、配於左五指、後五地所證五種之眞如、配於右五指。又縮之作行者之蓮華合掌、則成一法界、開之作歡喜之蓮華印、則爲多法界、有無量之名。見秘藏記本同鈔六。而諸經軌之分配種種不同。又此蓮華合掌爲合蓮華之形、吾人之肉團心卽胎藏界佛心之表示也。

【蓮華手門】(術語)胎藏曼荼羅之北門也。是爲蓮華部之方、故名蓮華手門。大疏六曰、「蓮華手門假月上各置商佉。」

【蓮華色女】(人名)見蓮華女條。

【蓮華色尼】(人名)勸受戒之人。見蓮華女條。

【蓮華念誦】(術語)五種念誦之一。念誦之聲聞於自之耳也。見念誦條。

【蓮華時分】(雜語)以蓮華之開合計時分之晝夜、須夜摩天之事也。大集經曰、「此天用蓮華開合以明晝夜。又云赤蓮華開爲晝、白蓮華開爲夜、故云時分也。」案時分天卽須夜摩天。

【蓮華言音】(術語)蓮華念誦也。

【蓮華面經】(經名)二卷、隋那連提黎耶舍譯。佛將入涅槃、勅使阿難諦觀金身、爲說舍利弗所作之佛事。又爲現將來壞法之惡事、使生厭離。次至菩提樹下、諸天哀歎、佛爲懸記蓮華面破佛鉢。

【蓮華胎藏】(術語)胎藏界之曼陀羅也。胎藏界之大悲門、以蓮華爲幖幟、故曰蓮華胎藏、母胎於子含藏保持、如蓮華之於蓮種、故曰蓮華胎藏。見胎藏界條。

【蓮華勝會】(雜名)行念佛之集會也。卽蓮社之類。空華叢談一曰、「蓮社始於東晉之慧遠、蓮華勝會始於趙宋之宗頤。」

【蓮華藏印】(印相)八秘密印之第三。梵 Padmāsana

【蓮華眼經】(經名)蓮華眼陀羅尼經之畧名。

【蓮華部母】(術語)三部五部、各有部主與部母。部主如國王、部母如王夫人。蓮華部以白處觀音爲部母、又以法波羅蜜爲部母。大日經疏五曰、「多羅之右置半拏囉嚩悉寧、譯云白處。以此尊常在白蓮中、故以爲名。亦戴天髮髻冠、襲純素衣、左手持開敷蓮華。從此最白淨處出生普眼、故此三昧名爲蓮華部母也。」秘藏記曰、「無量壽蓮華部主、法波羅蜜爲母也。」

【蓮華婬女】（人名）見蓮華女條。

【蓮華臺印】（印相）標幟蓮華臺座之印契也。

【蓮華三昧經】（經名）此經藏內無之。據日本諸書之說、則頗有來歷。如谷響集一曰「台家經旨相承口訣中云。蓮華三昧經亦云無障礙經。具題云妙法蓮華三昧秘密三摩耶經。智證大師拔十卷中至要請來云」。鹿王禪院如意寶珠記曰、「玆有經其名云蓮華三昧經。震旦國中唯一部之經也。故震旦靑龍寺法全阿闍梨受此經於惠果和尙。和尙轉傳所受於大日如來之經也。弘法大師傳敎大師入唐時。雖望傳斯經不授之。法全及示寂。大聖文殊遺護法善神告法全。汝所秘之蓮華三昧經。無可授之器。願可授我。法全乃授之。昔日本西園寺前太政大臣孫竹園院禪師投三千五百兩黃金於大宋國求此經。時淸涼山竹林寺長老爲五臺山修造替三千五百兩黃金。是時童子現來。開寶藏授蓮華三昧經。爾來今在我朝天台山代代座主傳之爲眞言秘密法」經中有歸命本覺心法身等偈文八句、說顯密之極旨。日本安然之菩提心義及敎時義、盛引此文。弘法之異本卽身義中題曰無障礙經、引此文。日本慧心之眞如觀亦題無障礙經、引此文。頃日新刊之日本續藏經第一輯第三套第五冊題爲妙法蓮華三昧秘密三摩耶經、不空三藏譯、舉一卷。

【蓮華手菩薩】（菩薩）梵名Padmapāṇi 觀自在之異名也。大日經一曰、「又現執金剛普賢蓮華手菩薩」。

【蓮華初開樂】（術語）往生要集所說十樂之一。見十樂條。

【蓮華部心軌】（經名）金剛頂蓮華部心念誦儀軌之略名。常稱爲金剛界儀軌者是也。

【蓮華部定印】（印相）三部定印之一。見定印條。

【蓮華部通法】（經名）有觀自在大悲成就瑜伽蓮華部念誦法門一卷。

【蓮華部儀軌】（經名）金剛頂蓮華部心念誦儀軌之略名。

【蓮華軍荼利】（菩薩）蓮華部之軍荼利明王也。在胎藏界之觀音院、觀音大慈內之折伏忿怒也。秘藏記下曰、「左指靑蓮華大靑色」。

【蓮華藏世界】（界名）諸佛報身之淨土也。爲寶蓮華所成之土、故名。略曰華藏世界。釋迦之華藏、華嚴經所說是也。彌陀之華藏、觀經所說之極樂是也。大日之華藏、大日經胎藏界密嚴經之密嚴國是也。見華藏世界條。

【蓮華曼荼羅】（術語）胎藏界曼荼羅之別名。大悲之胎藏、恰如蓮華之滋養蓮種。故對于金剛界之金剛標蓮華之名。

【蓮華部念誦法】（經名）蓮華瑜伽部念誦法之略名。

【蓮華部三昧耶】（術語）十八道之一。

【蓮華部三昧耶印】（印契）見十八道條。

【蓮華眼陀羅尼經】（經名）一卷。趙宋施護譯。此陀羅尼能除六根之病。得六根清淨。

【蓮華部發生菩薩】（菩薩）胎藏界觀音院中臺第一行上之尊也。密號曰無盡金剛。出生蓮華部之諸尊。故多爲肉色。左手持蓮華。右手當胸屈無名指。或並屈小指。坐赤蓮。

【蓮華部心念誦儀軌】（經名）金剛頂蓮華部心念誦儀軌之略名。

【蓮華曼拏羅滅罪陀羅尼經】（經名）廣大蓮華莊嚴曼拏羅滅一切罪陀羅尼經之略名。

【蓮經】（雜名）謂法華經也。酉陽雜俎曰。大興善寺素和尚轉法華經三萬七千部。有僧題詩云。三萬蓮經三十春。半生不踏院門塵。齊己詩曰。蓮經七軸六萬九千字。日日夜夜終復始。

【蓮華千子】（故事）賢劫千佛之前因也。雜寶藏經曰。「佛告諸比丘。過去久遠無量世時。波羅奈國中有山。名曰仙山。有梵志在彼山住。大小便利於石上。後有精氣墮小行處。有雌鹿來舐。即便有身。生一女子。梵志取之。養育長成。時梵豫國王求索此女立爲第二夫人。後時有身。相師占言。當生千子。日月滿足。便生千葉蓮華。欲生之時。大夫人以物縵眼。不聽自看。取千葉蓮華。盛著篋裏。擲於河中。時烏耆延王將諸徒衆。下流遊戲。見有一篋。即便接取。開而看之。見千葉蓮華。一葉有一小兒。取之養育。以漸長大。各有大力。即時將諸軍。降伏諸國。次到梵豫國。王聞軍至。募能攘却者。第二夫人言。但爲我作百丈之臺。我坐其上。必能攘却。作臺已竟。夫人在上而坐。爾時千子欲擧弓射。自然手不能擧。夫人語言。我是汝母。即時兩手構乳。一乳之中。有五百歧。入千子口中。諸子於是和合。自相勸率。以五百子與親父母。以五百子與養父母。時二國王各畜五百子。佛言。欲知彼時千子者。賢劫千佛是也。爾時嫉妒夫人緩他目者。文鱗瞽目龍是也。爾時父者。白淨王是也。爾時母者。摩耶夫人是也。」

【蓮臺】（物名）蓮華之臺座。諸佛菩薩及念佛行人往生彌陀淨土者之所托也。往生要集上本曰。「大悲觀世音申百福莊嚴手。擎寶蓮臺至行者前。（中略）當知草菴瞑目之間。便是蓮臺結跏之程。」

【蓮漏】（物名）蓮華漏之略。雲棲彌

陀經疏鈔二曰、「約禪誦之期號曰蓮漏宣趣向之極曰蓮宗」見蓮華漏條。

【蓮藏】（界名）蓮華藏世界也。性靈集七曰、「共沐平等之智水優遊不染之蓮藏。」

【蓮龕】（物名）佛龕也。雲仙雜記云、樂天語人曰吾已脫去利名枷鎖開清高門戶。但蓮龕子母丹不知何時可成。盛時泰詩云塔院蓮龕正試燈。

【慕何】（雜語）見讚賀條。

【慕捺囉】（術語）Mudrā 又作目擊羅。譯曰印契。見慧琳音義三十五。

【慕魄經】（經名）太子慕魄經之略名。

【慕羅健陀俱胝】（堂塔）Mūlagndhahakuṭi 譯曰根本香殿。那爛陀寺內之塔名。求法高僧傳上曰、「梵名慕攞健陀俱胝。唐云根本香殿矣。」香殿者名世尊居室之名也。

【慕攞薩婆悉底婆拕尼迦耶】（流派）Mūlasarvāstivādanikāya 譯曰根本說一切有部。

【蔡】（雜名）晷日晷也。三德指歸曰、「那爛陀僧吉祥月云西域立表晷影。影梵云蔡。此云影。朝蔡倒西去。便以脚足前後步之數足步影也。」

【蔡華】（故事）蓮華之異名。蔡靈龜名。出自蔡地。取千歲靈龜遊蓮華上之故事、名蓮華為蔡華。論語公冶長篇註曰、「蔡國君守龜。」史記龜策傳曰、「龜千歲乃遊蓮華之上。」觀經散善義曰、「言分陀利者名人中好華。亦名希有華。亦名人中上上華。亦名人中妙好華。此華相傳名蔡華。」

【熟調伏】（術語）見六種調伏條。

【熟調伏印】（術語）見六種調伏條。

【熟酥味】（飲食）五味之一。見五味條。

【熟酥經】（經名）謂般若部之諸經。以是為五味中熟酥味故也。見五味條。法華玄義二上曰、「熟酥經二種因果狹下短一種因果廣高長則二麤一妙」

【廣大】（術語）賞美德大之稱。

【廣大智慧觀】（術語）觀世音菩薩五觀之一。觀中道實相理之智也。法華經普門品曰、「真觀清淨觀廣大智慧觀悲觀及慈觀常願常瞻仰。」

【廣大發願頌】（書名）一卷。龍樹菩薩造。宋施護等譯。

【廣大儀軌】（書名）大毘盧舍那經廣大儀軌之略名。

【廣大寶樓閣善住祕密陀羅尼經】（經名）三卷。唐菩提流志譯。寶樓閣經三譯之一。廣大寶樓閣善住者陀羅尼名。說其緣起及功德示其修法。

【廣大蓮花莊嚴曼拏羅滅一切罪陀羅尼經】（經名）一卷宋施護譯佛在鹿野苑中、梵壽國王偶至一寺。寺僧以佛頂華鬘迎之王受戴頭上忽然頭痛醫不能療、使其妹勸見佛佛三請觀自在菩薩使說救濟之咒幷畫像念誦之儀軌。

【廣大智】（術語）佛之智慧廣大不可識量、因而謂佛智爲廣大智大日經三曰、「奇哉眞言行能具廣大智」同義釋八曰、「此廣大梵音曰毘富攞。Vipula 眞言聲普徧、一切法界與虛空等無所不至當知佛心亦爾、故曰廣大智。」

【十種廣大智】（名數）一、知一切衆生心行智二、知一切衆生業報智三、知一切佛法智四、知一切佛法深密理趣智五、知一切陀羅尼門智六、知一切文字辯才智七、知一切衆生語言音聲辭辯善巧智八、於一切世界中普現其身智九、於一切衆會中普現影像智十、於一切受生處中具一切智見。唐華嚴經四十九。

【廣大義】（術語）虛空十義之一。見虛空條附錄。

【廣大會】（術語）阿彌陀佛也。具廣大集會之德故有此名。十方衆生往生集於極樂其法會盛大、全爲彌陀之德故也。

【廣大軌】（書名）大毘盧遮那經廣大儀軌之略名。

【廣大轉】（術語）六轉依之一。見轉依條。

【廣五蘊論】（書名）大乘廣五蘊論之略名。

【廣六度行】（術語）廣施、廣戒、廣忍、廣精進、廣一心、廣智慧之稱。

【廣目天】（界名）梵名毘留博叉。四天王天之一。又十二天之一。十六善神之一。又名西方天。住須彌山西面半腹。常以淨天眼觀察閻浮提之衆生、爲西方守護神。詳見起世經等。

【廣生佛頂】（菩薩）胎藏界釋迦院釋尊右第四位。密號曰難都金剛。主增益之德、故有黃色佛頂辨事佛頂之名。又有極廣大、極廣生、最廣大、光勝等名。黃色、右手屈無名小兩指餘指立而當胸、左手持蓮上有寶形。坐於赤蓮。

【廣弘明集】（書名）三十卷、唐釋道宣撰。其書續梁僧祐弘明集而體小殊。分十篇。一曰歸正。二曰辨惑。三曰佛德。四曰法義。五曰僧行。六曰慈濟。七曰戒功。八曰啓福。九曰悔罪。十曰統歸。每篇各爲小序。大旨與僧祐書相同。見四庫提要。

【廣百論本】（書名）一卷、聖天菩薩造。唐玄奘譯。皆五言之偈頌。破我見等之一切法。

【廣百論釋論】（書名）十卷、護法菩

薩造唐玄奘譯是釋廣百論本者與成唯識之破我法二執相表裏

【廣長舌】(術語)三十二相之一。舌廣而長柔軟紅薄能覆面至髮際智度論八曰「問曰。如佛世尊大德尊重何以故出廣長舌似如輕相答曰。舌相如是語必眞實如昔佛出廣長舌覆面上至髮際語婆羅門言汝見經書頗有如此舌人而作妄語不婆羅門言若人舌能覆鼻無虛妄何況至髮際我心信佛必不妄語」法華經神力品曰「現大神力出廣長舌上至梵世」阿彌陀經曰「恒河沙數諸佛各於其國出廣長舌相偏覆三千大千世界說誠實言」

【廣長舌相】(術語)見前項。

【廣長輪相】(術語)大日如來將說眞言出周偏法界之廣長舌證其言之爲誠實謂之如來廣長輪相大日經二曰「如來有如來出世廣長輪相」

【廣果天】(界名)Vrhatphala 色界第四禪天八天中第三天之名在第四禪天爲凡夫得生之天最勝處自此已上五天(八天中)稱爲五淨居天獨爲聖者之生處倶舍頌疏八曰「於色界中異生生中此最殊勝故名廣果天」

【廣神】(神名)具名廣大神王此神王有二種一稱鳩那耶神王住於金剛山一向出生吉祥神主二稱遮毘佉羅神王住於大海中出生種種之吉祥神主與過患神主因而譬之於衆生所具之一心鳩那耶神王者心眞如門也遮毘佉羅神王者心生滅門也見釋摩訶衍論。

【廣狹自在無礙門】(術語)十玄門之一見玄門條。

【廣參】(儀式)大衆一同參也見象器箋十一。

【廣敎】(術語)律宗之語佛成道以後十二年間唯說諸惡莫作等敎制弟子之行法謂之略敎十二年已後弟子中非法漸多爲廣說戒律示一一持犯謂之廣敎南山戒疏一上曰「言廣敎者由略名含未曉前相雖造諸非不謂有犯故須廣張綱目收攝罪聚鈍根之流聞便得解因廣說故名爲廣敎」

【廣智】(人名)宋延慶寺尙賢賜號廣智依四明尊者法智學敎觀悟性宗之旨仁宗天聖六年繼法智主延慶寺道化大行雪竇山顯禪師出山來訪申賀禮人傳以爲盛事與靈芝淨覺論性具之旨輔四明之說學者賴之見佛祖統紀十二。

【廣敎總管府】(職位)元文宗至順二年二月立廣敎總管府以掌僧尼之政府凡十六所分布諸道諸路設達嚕噶齊總管同知府事判官各一人宣政院選流內官擬注以聞惟總管則以僧爲之順帝元統二年

革龍之、別置行宣政院於揚州亦不踰兩年而廢之見續文獻通考。

【廣博】（雜語）所容多、所收周也。

【廣博身如來】（佛名）大日如來之異名。以佛身廣大完具法界之事物故也。焰口餓鬼經曰、「由稱廣博身如來名號加持故能令諸鬼咽喉寬大所施之食恣意充飽。」秘藏記本曰、「廣博身如來中央毘盧遮那佛也。」

【廣博嚴淨經】（經名）廣博嚴淨不退轉輪經之略名。

【廣博嚴淨不退轉輪經】（經名）四卷、劉宋智嚴寶雲共譯文殊師利以神通力、與舍利弗同到十方世界供養佛、集一切菩薩還祇園。請轉不退之法輪。佛因說羅漢成就五逆滿足五欲遠離正見等之密語。衆會驚疑、文殊釋之其他有菩薩之密語、佛之解釋、菩薩之讚偈等。法華部之攝。

【廣疏記】（書名）荊溪湛然著維摩疏記六卷、對於同著維摩略疏十卷而謂之廣疏記。見諸宗章疏錄一。

【廣略要】（術語）謂就經論之解釋等分廣略要三科、以次第詮顯一部之眼目也。如於法華一部八卷二十八品、受持讀誦、隨喜護持者廣也。受持方便品壽量品等者、略也。但護持一四句偈或題目者要也。此外懺悔亦立要略廣之別。

【廣照】（人名）滁州琅琊山廣照禪師名慧覺。得法於汾陽昭禪師。應緣於滁州與明州雪竇山顯禪師同時唱道、時謂為二甘露門。見稽古四。

【廣說】（雜語）與四種廣說同。見四種墨印條。

【廣慧力】（術語）如來深廣之智慧力、即廣攝化衆生之光明力也。

【廣燈錄】（書名）禪宗廣燈錄、三十卷。宋仁宗天聖年中、駙馬都尉李遵勗撰。帝製序賜之。見稽古略四。

【廣濟衆生神咒】（經名）七佛八菩薩所說大陀羅尼神咒經之異名。

【廣嚴城】（地名）梵語曰毘舍離。Vaiśālī 譯曰廣嚴。在中印度。佛在此說藥師經維摩經等。藥師本願經曰、「一時薄伽梵遊化諸國至廣嚴城。住樂音樹下。」同古迹曰、「言廣嚴者梵云毘舍離。或云毘耶離。」行宗記二上曰、「廣嚴城者廣謂土境之大。嚴即風物之美。昔波羅奈國王夫人生一肉團。羞愧不已。封之金函棄於江內。有一道人見而取之。後生一兒一女有大人相。乃立為王。子孫漸多。三展其國。故曰廣嚴。」

【廣釋菩提心論】（書名）四卷、宋施護譯。引諸經明大悲為本。又明聞思修之三慧。

【廣顯定意經】（經名）弘道廣顯三

味經之異名。

【廚】（物名）安像之櫝也。字典曰、「廚庖屋也。又櫝也。南史齊陸澄傳王儉戲之曰、陸公書廚也。」廣弘明集十八梁簡文帝書曰、「十尊五聖共處一廚。」校定淸規曰、「至後門對聖像廚立。」

【摩奴沙】（雜語）見次項。

【摩奴闍】（雜語）Mánuga 又作 Manusya 末奴沙、摩㝹沙、摩㝹賒、摩奴沙、摩努娑、摩㝹奢、摩奴顯、摩努史也。略曰摩㝹。又曰摩拏赦、摩㝹舍喻。譯曰人、意。玄應音義二十五曰、「末奴沙亦云摩㝹沙。此云人。」法華文句四曰、「人者胡言摩㝹奢。此云意。」慧琳音義二十五曰、「摩奴沙此云人。卽人之總名也。或云摩奴娑。」梵語雜名曰、「人摩拏史也。娜羅。」又以名外道之邪計。女人眷屬論師之說、大自在天作八女人。第六名摩㝹。摩㝹生人。外道小乘涅槃論曰、「摩醯首羅作八女人。（中畧）六名摩㝹。摩㝹生人。」大日經疏二曰、「經云摩奴闍者。智度翻爲人。卽是人執也。具譯當言人生。此是自在天外道部類。計人卽從人生。故以爲名。唐三藏云意生。非也。末那是意。今云末奴。聲轉義別。誤耳。」大日經疏十六曰、「滿奴所生者是一類外道見滿奴是我。言一切似我而生也。」

【摩奴顯】（雜語）見前項。

【摩奴末耶】（術語）見摩㝹摩條。

【摩奴沙心】（雜名）指人之心、卽肝臟。

【摩奴闍外道】（術語）見外道條附錄。

【摩奴跋沙柁】（雜語）Manusyahan 譯曰人殺。殺人也。見飾宗記四末。

【摩尼】（物名）Mani 又作末尼。譯曰珠、寶、離垢、如意。珠之總名。玄應音義一曰、「摩尼。珠之總名也。」同二十三曰、「末尼。亦云摩尼。此云寶珠。謂珠之總名也。」慧苑音義上曰、「摩尼。正云末尼。末謂末羅。此云垢也。尼謂離也。謂此寶光淨不爲垢穢所染也。又云、末尼此曰增長。謂有此寶處。必增其威德。舊翻爲如意、隨意等。逐義譯也。」仁王經良賁疏下三曰、「梵云摩尼。此翻爲寶。順舊譯也。新云末尼。具足當云震路摩尼。此云思惟寶。會意翻云如意寶珠。隨意所求皆滿足故。」圓覺大鈔一下曰、「摩尼此云如意。」涅槃經九曰「摩尼珠投之濁水。水卽爲淸。」

【摩尼輪】（術語）六輪之一。見六輪條。

【摩尼輪王】（雜語）見六輪條。

【摩尼折羅】（術語）見摩尼遮羅條。

【摩尼跋陀】（天名）Manibhadra 又作摩尼跋陀羅。夜叉八大將之一。譯曰寶賢、滿賢。大日經疏五曰、「夜叉八大將一名摩尼跋陀羅。譯曰寶賢」慧琳音義二十六曰、「摩尼跋陀。摩尼此云滿或云如意。跋陀此云賢」同三十五曰、「摩尼跋捺羅。藥叉將名。唐云滿賢。」

【摩尼遮羅】（雜語）Maṇicara 又作摩尼折羅。夜叉名。孔雀王咒經上曰、「摩尼遮羅。梁言珠行。」大孔雀經曰「摩尼折羅。此云寶行。」

【摩尼跋陀羅】（人名）又作摩尼跋捺羅。見摩尼跋陀條。

【摩尼羅亶經】（經名）一卷、東晉竺曇蘭譯。陀羅尼雜集第八卷之別出。說除災厄之法。摩尼羅亶之義未詳。

【摩尼犍大龍王】（異類）摩尼正言末尼。即如意珠也。此云離垢。謂龍王腦中有此珠、若人得之、毒不能害、火不能燒。犍大正言犍達、此云香。梵語那伽、此云龍王也。

【摩尼阿修羅王】（天名）胎藏界外金剛部院南方之一尊。赤色忿怒形、著甲冑、右執大刀、左拳安腰、坐於筵。

【摩由羅】（動物）Mayūra 又作摩裕羅、摩庾囉。譯曰孔雀。大威德陀羅尼經曰、「摩由羅。此云孔雀」慧琳音義八十二曰「摩裕羅。唐云孔雀」梵語雜名曰、「麼庾囉。」

【摩多】（術語）Mātṛ (N.sg.f.mātā) 又作莽多。譯曰母。見梵語雜名。悉曇四十七字母韻之十二字、爲摩多。子韻之三十五字、爲體文。摩多者母之義、以彼發體文之韻故也。悉曇三密鈔一曰「摩多此云點畫。或云韻」是義譯也。但梵字之相承有四種。其中梵王相承（又曰南天相承）者、摩多爲十二字。大日及釋迦之相承者、稱爲別摩多。加紇哩丞訖梨丞哩[illegible]梨[illegible]之四文也。參照悉曇章條。

【摩多梨】（天名）譯曰無著處。天神名。見本行集經四十四。梵 Mātalin

【摩多羅迦】（術語）Mātṛkā 論藏之別名。見摩怛理迦條。

【摩夷】（術語）Mātṛkā 論藏四名之一。譯曰行母、本母。論藏詮顯行法、即爲生行之母。故名行母。又論藏詮顯理、理爲教本故曰本。彼能生爲教本之理、故名本母。大乘義章一曰、「言摩夷者此名行母。辨詮行法。能生行故名爲行母」玄應音義一曰、「摩夷。正言摩怛理迦。此云本母。理爲教本。故以名焉」

【摩地菩提心】（術語）三種菩提心之一。見菩提心條附錄。

【摩休勒】（雜語）Mahoraga 新稱摩睺羅伽也。

【摩利】（人名）Mallikā 又作末利。波斯匿王夫人之名。譯曰鬘。見末利夫人條。図供物名。略出經四曰、「又以塗香燒香種稱妙華燈鬘末利等而作供養」。註曰、「末利者。以諸飲食果子等和水置瓶盆中。是以施鬼神也」、末利者上出鬘字之重出可為華鬘。

【摩利支】（天名）Marici 又曰摩梨支、摩利支天、摩利支菩薩、摩利支提婆、譯曰陽燄。以其形相不可見不可取、故名。又曰華鬘。以天女之形相名之、常在日前行、有自在通力之天神也。若念之則離一切之災厄、特為武士之守護神、密家所傳此天之印咒、以隱形法為其至極。本行集經三十一曰、「摩梨支隋云陽燄」。不空譯之摩利支天經曰、「有天名摩利支。有大神通自在之法。常行日前。日不見彼。彼能見日。無人能見。無人能知。無人能害。無人欺誑。無人能縛。無人能債其財物。無人能罰。不畏怨家能得其便」、天息災譯之大摩利支菩薩經一曰、「摩利支菩薩陀羅尼。能令有情在道路中隱身。非道路中隱身。衆身中隱身。王難時隱身。水火盜賊一切諸難皆能隱身不令得便」

【形像】（圖像）阿地瞿多譯之摩利支天經（陀羅尼集經十）曰、「若人欲得供養摩利支天者。應用金若銀若赤銅若白檀若赤檀等。隨力所辦作魔利支天像。其作像法。似天女形。其像左手屈臂向上手腕當左乳前作拳。拳中把天扇。扇如維摩詰前天女把扇。於扇當中作西國卍字。字如佛胸上卍字。字四曲內各作四箇日形。著之其天扇上作燄光形。右手伸臂並伸五指。指頭垂下。身長大小一寸二寸乃至一肘。其中最好者一二寸好（中畧）其像左右各作一侍者。其侍者作天女形。種種莊嚴。作此像已。若比丘欲行遠道。於袈裟中裹着彼像。若是優婆塞頭髻中藏著。於像大小行時。離身放著。不得共身上則大小行」。天息災譯之大摩利支菩薩經一曰、「今有成就法。用好綵帛及板木等。於其上畫無憂樹。於此樹下畫摩利支菩薩。身如黃金色。作童女相。掛青天衣。手執蓮華。頂戴寶塔。莊嚴（中略）別明成就法。令彼行人先作觀想。想彼摩利支菩薩坐金色猪身之上。身著白衣。頂戴寶塔。左手執無憂相華枝。復有群猪圍繞」

【經軌】（經名）摩利支提婆華鬘經、一卷。不空譯。摩利支天菩薩陀羅尼經、一卷。不空譯。摩利支天經、一卷。阿地瞿多譯。攝於陀羅尼集經第十。摩利支菩薩略念誦法、一卷。不空譯。摩利支天一印法、一卷。失譯。摩利支天陀羅尼咒經、一卷。失譯。大摩利支菩薩經、七卷。天息災譯。

【摩利迦】（植物）花名。譯曰次第花。見慧琳音義二十六。梵Mallikā。又（人名）夫人名。舊曰末利夫人。新曰摩利迦夫人。見末利夫人條。

【摩利支天】（天名）見摩利支條。

【摩利伽羅】（人名）王名譯曰莊嚴。見華嚴疏鈔六十三梵 Mallikara

【摩利室羅】（人名）Malyasri 譯曰勝鬘舍衛城主波斯匿王之女見勝鬘夫人條。

【摩利伽羅耶】（地名）山名見摩羅耶條。

【摩利支天經】（經名）不空譯摩利支天菩薩陀羅尼經之略名又指陀羅尼集經第十所攝阿地瞿多譯之摩利支天經。

【摩利支提婆】（天名）Marici-deva 卽摩利支天也提婆譯言天。

【摩利支提婆經】（經名）摩利支提婆華鬘經之略名。

【摩利支天一印法】（經名）一卷、失譯。

【摩利支提婆華鬘經】（經名）一卷、唐不空譯。華鬘蓋爲摩利支之譯語。

【摩利支菩薩略念誦法】（經名）一卷、唐不空譯。

【摩利支天陀羅尼咒經】（經名）一卷、失譯。

【摩利支天菩薩陀羅尼經】（經名）一卷、唐不空譯。

【摩那埵】（術語）巴 Mānatta 又作摩那垛、摩那軸。譯曰悅意。比丘犯僧殘罪、行懺悔得依懺悔洗除罪自喜使衆僧悅也。又爲僧中治罰之名。行事鈔中一曰、「摩那埵者翻爲悅衆意隨順衆教咸生歡喜」。慧琳音義十六曰「摩那軸此云遍淨」。同六十三曰、「古云摩那垛僧中責罰之名也此云治罰」

【摩那垛】（術語）見前條。

【摩那斯】（異類）Manasvati 又曰摩那蘇婆帝、龍王名譯言大身慈心高意等。法華光宅疏一曰、「摩那斯。譯云大身。則繞須彌七匝也」法華文句二曰、「摩那斯此云大身或大意大力等。修羅排海淹喜見城。此龍縈身以遏海水」同玄贊二曰、「摩那斯。此云慈心」探玄記二曰、「摩那蘇婆帝龍王亦名摩那斯此云慈心亦云得意正云摩那云意。斯云高謂有威德意高餘龍」

【摩那婆】（術語）又作摩拏婆。見摩納條。

【摩那軸】（術語）見摩那埵條。

【摩那屎羅】（物名）又作摩那叱羅。譯曰雄黃。千手千眼觀世音菩薩治病合藥經曰、「摩那屎羅者雄黃是也」陀羅尼集經五曰、「摩那叱羅唐名云雄黃也」梵 Manahsilā

【摩那蘇婆帝】（異類）Manasvati 龍王名見摩那斯條。

【摩伽】（雜名）Maghā 星名。玄應音義一曰、「一說云摩伽星名此言不惡主十一月」翻梵語九曰「摩伽山。譯曰星名。」又(異類)Makara摩伽羅之略。卽摩竭魚也。可洪音義三曰、「摩伽亦云摩竭此云鯨魚也。魚王也。」

【摩伽羅】(異類) Makara 新譯摩竭。舊曰摩伽羅。魚名。見摩竭條。

【摩伽陀】(地名) Magadha 新曰摩竭陀。舊曰摩伽陀。中印度之國名。見摩竭陀條。又第十一月之名。俱舍光記十一曰、「摩伽陀(Mạgha)月。當此間十一月。」西域記二曰「摩祛月。」

【摩男】(人名) 見摩訶男條。

【摩男俱利】(人名) 見五比丘條。

【摩努婆】(雜語) 見摩奴闍條。

【摩努史也】(雜語) 見摩奴闍條。

【摩努沙嚕地囉】(修法) Manuṣya-rudhira 摩努沙爲人。嚕地囉爲血。大威德明王之法。以人血和於白芥子及毒藥而火燒之也。見聖閻曼德迦念誦法。

【摩沙】(物名) 見磨灑條。

【摩沙豆粥】(飲食) 八種粥之一。見粥條附錄。

【摩佉】(雜語) 見摩祛條。

【摩低梨迦】(雜語) 見摩窒里迦條。

【摩陀那】(植物) 見末達那條。

【摩佉麼洗】(雜語) Mâgha-māsa 譯曰十一月。摩佉星名。麼洗月之義。

【摩蛇】(飲食) 藥名。見摩祇條。

【摩陀羅】(人名) 小乘外道二十論師之一。執那羅延天爲萬物之生本者。見外道條。又(物名)寶名。義楚六帖十九曰、「般若論云。摩陀羅寶。此寶金翅鳥中出。綵色。辟一切邪媚。」

【摩怛里】(異類) Mātṛ 譯曰母。大日經疏五曰、「七摩怛哩。譯云七母。皆鬼女也。」

【摩怛理迦】(雜語) Mātṛkā 又作摩怛履迦、摩夷、摩得勒伽、摩德勒伽、摩任梨迦、摩多羅迦。論藏之別名。譯曰本母、行母、本爲理論藏爲生理之母。故曰本母。又爲生行法之母。故曰行母。玄應音義一曰、「摩夷。正言摩怛理迦。此云本母。理爲敎本。故以名焉。」同十六曰、「摩得勒伽。或言摩任梨迦。或言摩怛履迦。此譯云母。以生智故也。」顯揚論六行瑫音義曰、「摩怛履迦。此云行母。」慧琳音義十八曰、「摩怛理迦。唐云本母。亦云論也。」

【摩怛理伽羅摩】(物名) Mātṛgrāma 譯曰母村。玄應音義二十三曰、「梵言摩怛理。此云母。伽羅摩。此云村。」

【摩怛理神眞言】(眞言) 摩怛哩神之秘呪也。能作疾疫。大日經三曰、「摩怛哩神眞言能作衆生疾疫災癘。」

【摩呼洛伽】(異類) Mahoraga 莫呼洛伽、摩舊曰休勒、摩睺羅伽、新曰莫呼洛伽、摩護囉誐。八部衆之一。大蟒神也。胎藏界第三院之一尊、釋迦如來之眷屬也。是爲大日如來普門示現之一法門身、一類衆生、因此法而遂得到於一切智地。大日經一曰、「爾時執金剛秘密主。於彼衆會中坐。白佛言。世尊云何如來應供正遍知。得一切智智。彼得一切智智。爲無量衆生。廣演分布。隨種種趣種種性欲。（中略）夜叉乾闥婆乃至說生摩睺羅伽法。」法華玄贊二曰、「梵云莫呼羅伽。此云大腹。摩睺羅伽訛也。」慧琳音義十一曰、「摩休勒。古譯質朴。亦名摩睺羅伽。亦是樂神之類。或曰非人。或云大蟒神。其形人身而蛇首也。」同一曰、「莫呼洛伽。梵語不妙。正云摩護囉誐。人形蛇首。亦名大蟒神也。」慧苑音義上曰、「摩睺此云大也。羅伽云胸腹行也。此於諸畜龍類所攝。舊云蟒神者相似。翻名非正對也。」種子通諸摩睺羅伽。總有三字。一𑖐伽。行動之義、去來之義、入阿字門、則爲行不可得、來不可得。是大日如來不行之行、不來之來、以遊化法界而度衆生之意也。二𑖨囉。塵垢之義、入阿字門、則爲燒除一切諸障、生如來實慧之意。三𑖩嚧。是相之義、上加圓點、是爲大空、如來住於大空三昧、示現一切諸相之意也。以此中一字爲其種子。眞言爲伽囉嚧伽囉嚧。阿闍梨不說其句義、是彼土呼摩睺囉伽之方言也、而所以重言之者、或斷二障、或對於自利利他自證加持等種種之二法門故也。見大日經疏十、同義釋七。

【摩呼茶迦】（飲食）餅子名。本行集經五十九曰、「有一人屏處食摩呼茶迦。隋言歡喜丸。」大日經疏七曰、「漫茶迦。是方薄餅也。」梵 Mahotika Maṇḍaka

【摩呬】（術語）譯曰等引、心引起平等也。玄應音義二十三曰、「呬虛利切。此云等引。謂勝定地。離沈掉等。平等能引也。或引平等。謂引諸功德。或平等所引。謂定前加行故名能引也。」

【摩呬陀】（人名）Mahendra 阿育王之子也、出家證聖果、傳法於錫蘭。善見律二曰、「摩呬陀。是阿育王兒也。持律藏至師子國。」玄應音義十六曰、「摩呬陀。式忍反。是阿育王子也。」若依西域記、則於錫蘭傳法者爲阿育王之弟摩醯因陀羅。

【摩虎羅】（天名）藥師經所說十二神將之一。案應爲摩呼洛伽。

【摩任梨迦】（術語）見摩怛理迦條。

【摩底僧訶】（人名）Matisiṃha 比丘名。譯曰師子慧。見求法高僧傳上。

【摩迦】（植物）草名。玄應音義二十二曰、「摩迦。亦言摩魯迦。舊經中作摩樓迦。此亦藤類。藂生纏遶樹至死者也。」慧琳音義二十六曰、「摩婁伽子。此云遊子藤也。」梵 Marūka

【摩迦吒】（雜語）Markaṭa 譯曰獼猴。玄應音義一曰「麼迦吒此云獼猴也。」名義集二曰、「摩斯吒。或麼迦吒。或末迦吒。此云獼猴」梵語雜名曰、「猴梵名麼迦羅。」

【摩迦羅】（異類）見摩竭條。

【摩拏赦】（雜語）Manuṣya 與摩奴沙同。

【摩拏產捺囉】（雜語）Mānuṣendra 譯曰仁王。仁王經良賁疏一曰、「梵云摩拏。此翻為仁。梵云產捺羅。此翻為王。」

【摩耶經】（經名）摩訶摩耶經之略名。

【摩耶尼】（經名）譯曰法相。百論疏上之中曰、「摩耶尼。此云法相。法相有五。」梵 Māyinī

【摩耶夫人】（人名）見摩訶摩耶條。

【摩祇】（飲食）又作莫耆、摩蚳、摩醯、摩蛇。藥名。放光般若經九曰、「譬如拘翼有藥名摩祇。有蛇飢行。求索蟲欲食之。蟲遙見蛇蚖。走趣藥所。蛇欲得往。以藥氣故不能得前。何以故。以藥威德故使蛇中道還。」智度論五十六曰、「譬如憍尸迦有藥名摩祇。有蛇飢行索食。見蟲欲噉。蟲趣藥所。藥氣力故蛇不得前。即便還去」玄應音義三曰、「摩祇。長安品作摩蛇。小品經作摩醯。皆梵言也。明度經作神丹。此言也。」慧琳音義五曰、「莫耆梵語也。能除衆毒神藥名也。其藥功力。經中自說」可洪音義二曰、「摩蚳。巨支反。藥名也。自前諸部作摩祇。小品經作摩醯。」梵 Mahilā

【摩度】（飲食）見蘇蜜條。

【摩剌諵】（雜語）Maraṇa 譯曰死。名義集六曰、「末剌諵。此云死。」梵語雜名曰、「死毋娜」(Mṛta)

【摩突羅】（地名）Mathurā 又作秣菟羅。城名。譯曰密善。見摩偷羅條。

【摩咥哩制吒】（人名）Mātṛceṭa 比丘名。譯曰母兒。寄歸傳四曰、「如尊者摩咥哩制吒者。乃西方宏才碩德。秀冠羣英之人也。傳云昔佛在時。佛因親領徒衆人間遊行。時有鸎鳥。見佛相好儼若金山。乃於林內發和雅音。如似讚詠。佛乃顧諸弟子曰。此鳥見我歡喜。不覺哀鳴。緣斯福故。我沒世後獲得人身。名摩咥哩制吒。廣為稱嘆讚我實德也。」同註曰、「摩咥哩是母。制吒是兒也」

【摩㝹】（雜語）Manuṣya 摩㝹沙之略。譯曰人。意人類也。初為外道所誓劫初魔女之名。祖庭事苑曰、「提婆菩薩釋楞伽經中小乘涅槃論云外道女人眷屬論師說。（云云）」見摩奴闍條。因摩㝹摩或摩奴末那之略。見摩㝹摩條。

【摩㝹沙】（雜語）Mānuṣa 又作摩奴闍、末奴沙、摩㝹賒。譯曰人。人類之總稱。

【摩㝹奢】（雜語）見摩奴闍條。

【摩㝹賒】(雜語) 見摩奴闍條。

【摩㝹摩】(術語) Manomaya 又作摩㝹摩奴末耶。譯曰意生身。諸佛菩薩及諸天等從自意化生之身也。華嚴疏二十曰、「摩㝹摩者此云意生。亦云意成。即是意生身也」玄應音義一曰、「摩㝹正言摩奴末耶。此云意生身。言諸天等從意化生也。」

【摩㝹舍喃】(雜語) Manusyānam (Manusya 之多言聲屬聲之形) 譯曰多人。見摩奴闍條。

【摩㝹羅他】(人名) Manoratha 論師名。譯曰心願。見婆藪槃豆傳。

【摩納】(術語) Mānavaka 又作摩納婆、摩婆婆迦、摩納婆嚩迦、那羅摩那。譯曰儒童、年少、人、長者。玄應音義一曰、「摩納或云摩納婆。或云摩那婆。或云那羅摩那。或皆是梵音訛轉也。此譯云年少淨行。或云人。」同二十一曰、「摩納婆。又言摩納縛迦。此云儒童。舊言摩那婆。或作那羅摩那。又作摩納。翻為年少淨行。五分律名那羅摩納。譯為人。皆一也」慧苑音義上曰、「摩納婆正曰摩那婆。此曰年少者。或謂儒童也。」唯識述記一末曰、「摩納婆迦。此云儒童」華嚴疏鈔十九下曰、「摩納婆。此云儒童。此名依一聲中但呼一人。若呼多人。多聲中呼應云摩納婆嚩迦」或言翻為儒童。或年少者非也。一類之外道執人身中有勝妙之我體。其義謂為摩納婆。摩納婆者勝我之義也。大日經疏二曰、「經云摩納婆者。是毘紐天外道部類。正翻應言勝我。言我於身心中最為勝妙也。彼常於心中觀我可一寸許。智度亦云。有計神在心中。微細如芥子。(中略)唐三藏翻為儒童。非也。儒童梵云摩拏婆。此中云納義別。誤耳。(此二名是菩提闍梨解)」大日經疏十六曰、「末那仙生者。言從彼生也。亦是一類外道等見也。」

【摩納仙】(本生) 譯為儒童。釋迦如來在因位時。於第二阿僧祇劫終。遭燃燈佛出世。獻五莖蓮於佛。以髮布泥。使佛蹈之。因受未來成佛之記別。其時名曰摩納。心地觀經一曰、「昔為摩納仙人時。布髮供養燃燈佛。以是精進因緣故。八劫超于生死海。」

【摩納縛】(術語) 見摩納條。

【摩納縛迦】(術語) 同上。

【摩納婆外道】(雜語) 見外道條附錄。

【摩納婆嚩迦】(術語) 見摩納條。

【摩娑】(雜語) Māṁsa 又作莽娑。譯曰肉。希麟音義五曰、「莽娑梵語也。此云是未壞人肉也」梵語雜名曰「肉麼娑」

【摩娑羅伽隸】(雜語) Musāragalva 見牟娑羅條。

【摩祇】(飲食) 見摩祇條。

【摩祛】(雜語) 又作摩佉 Māgha 十

一月之稱見摩伽陀條。

【摩拏赦】（雜語）見摩奴闍條。

【摩旃陀】（人名）Mahācandra大臣名。譯曰大月見賢愚經五。

【摩頂】（術語）佛爲囑累大法、摩弟子之頂或爲授記摩頂。法華經囑累品曰、「釋迦牟尼佛從法座起現大神力以右手摩無量菩薩摩訶薩頂而作是言」

【摩頂松】（人名）佛祖統紀二十九玄奘傳曰、「初遊天竺手摩門徑松曰。吾西求法可枝向西吾若言歸枝可東指既往枝果西一日忽東指弟子曰教主歸矣因號摩頂松。」三體詩李洞送僧還南海詩曰、「長安却回日。松偃舊房枝。」東坡詩集和合浦愈上人韻詩曰、「爲問庭松尙西指。不知老奘幾時歸。」

【摩婁伽】（雜名）見摩魯迦條。

【麼莫枳】（菩薩）見麼麼雞條。

【摩偷羅】（地名）Mathurā 又作摩度、摩突羅、秣菟羅國名。譯曰孔雀。密善慧苑音義下曰、「摩度羅城或云摩偷羅亦云摩突羅。此云孔雀城或云密善皆吉事者也」探玄記十五曰、「摩偷羅者正云秣菟羅此云孔雀或云蜜並是古世因事爲名是中印度。此國中有舍利弗等塔及文殊師利塔於王城東五六里有山寺是烏波毱多所造寺北巖間有石室是毱多度人安籌所也（中畧）具在西域記第四說。」

【摩婆羅】（異類）鬼神名。譯曰除曲心。見光明文句十。梵Mavara

【摩婆婆迦】（術語）見摩納條。

【摩窒里迦】（雜語）Mātṛkā 又作摩低梨迦、譯曰本母。論藏之別名。希麟音義九曰、「摩窒里迦。窒丁結反。或云摩怛里迦。或云摩德勒迦。皆梵語輕重也。此云本母。卽論藏。」見摩怛里迦條。

【摩得勒伽】（術語）Mātṛkā 又作摩德勒伽。見摩怛里迦條。

【摩梨】（地名）山名。出栴檀之處。

【摩梨支】（天名）見摩利支條。

【摩梨尼】（人名）Mālinī 王女名。譯曰小鬘。見本行集經三十六。

【摩訶】（雜語）Mahā 又作莫訶、摩醯。譯曰大、多、勝、智度論三曰、「摩訶秦言大或多或勝」仁王經儀軌曰「摩賀」寄歸傳曰、「莫訶」禪門課誦於楞嚴咒之尾常念摩訶般若波羅蜜。敕修淸規楞嚴會曰、「咒畢唱摩訶衆和。畢維那回向。」

【摩訶魚】（動物）卽摩竭魚也。見摩竭條。

【摩訶男】（人名）比丘名。見摩訶那摩條。

【摩訶衄】（人名）羅漢名。譯曰大長。玄應音義十三曰、「摩訶衄。側於切。此譯云大長也」。

【摩訶羅】（雜語）Mahallaka 又作摩迦羅、莫訶羅、莫喝洛迦。譯曰無知老。玄應音義四曰「摩訶羅。此譯云無知也。或言老也」。俱舍光記十五曰、「莫喝洛迦。此云老。謂老苾芻」。飾宗記二末曰、「梵云莫喝洛迦。此云大愚鈍者。舊言摩訶羅訛也」。毘奈耶雜事十曰、「忽見一摩訶羅苾芻以衣覆頭樹下便利」。同三十八曰「有一莫訶羅苾芻重性愚鈍」止觀十曰、「一切外道。及摩迦羅」。又（異類）又曰摩竭魚。名見摩竭條。

【摩訶薩】（術語）摩訶薩埵之略。見摩訶薩埵條。

【摩訶衍】（術語）具曰摩訶衍那。Mahayāna 譯曰大乘。聲聞緣覺二乘之敎法爲小乘、菩薩之敎法爲大乘。慧苑音義上曰、「摩訶衍。具云摩訶衍那。言摩訶者。此云大也。衍那者云乘也」。勝鬘經曰、「摩訶衍者。出世一切聲聞緣覺世間出世間善法」。起信論曰、「摩訶衍者。總說有二種。一者法二者義」。智度論百曰、「摩訶衍是大乘法。」

【摩訶槃】（地名）Mahāvana 林名。譯曰大林。翻梵語九曰、「摩訶槃。應云摩訶槃那。亦云摩訶婆那。譯曰摩訶者大。槃那者林」。西域記三曰、「摩訶伐那。唐言大林。」

【摩訶止觀】（書名）天台三大部之一。天台大師說之。弟子章安記之。有十卷。開爲二十卷。述觀心之事。荊溪大師註釋之曰止觀輔行傳弘決。有十卷。開爲四十卷。此外各家疏註如下。大乘止觀法門四卷、陳慧思說。修習止觀坐禪法要一卷、隋智顗說。陳鍼傳。附始終心要一卷、唐湛然述。止觀義例二卷、唐湛然述。科止觀大意一卷、唐湛然述。摩訶止觀科文五卷、唐湛然述。摩訶止觀輔行搜要記十卷、唐湛然述。天台止觀統例一卷、唐梁肅述。刪定止觀三卷、唐梁肅述。附智者大師傳論。摩訶止觀科節一卷。唐失名。遂和尙止觀記中異義一卷、唐道邃說、乾淑集。摩訶止觀輔行補注四卷、宋從義述。摩訶止觀義例纂要六卷、宋從義撰。摩訶止觀義例科一卷、宋從義排。摩訶止觀義例隨釋六卷、宋處元述。摩訶止觀輔行助覽四卷、宋有嚴注。摩訶止觀輔行讀敎記六卷、宋法照撰。摩訶止觀義顯一卷、宋遵式述。大乘止觀釋要二卷、宋遵式述。大乘止觀法門宗圓記五卷、宋了然述。止觀坐禪法要記一卷、宋陳瓘撰。摩訶止觀貫義科二卷、受登說、靈耀補定。

【摩訶尼羅】（物名）Mahānīla 又作摩訶泥羅。譯曰大靑。帝釋之寶珠也。智度論十曰、「因陀尼羅。（天靑珠）摩訶尼羅。（大靑珠）」玄應音義二十三曰「摩訶泥羅。此云大靑。是帝釋所用寶也。」

【摩訶伐那】（地名）Mahāvana 又作摩訶婆那。見摩訶槃條。

【摩訶至那】（地名）Mahācina印度人呼漢地曰摩訶至那。摩訶譯曰大、尊稱也、至那或書眞丹、震旦等、正爲漢地之稱。見支那條。

【摩訶夜泥】（術語）Mahāyāne（止格）譯曰大乘。見大日經疏五。

【摩訶衍那】（術語）一作摩訶耶那。Mahāyāna 舊曰摩訶衍。譯曰大乘。

【摩訶沫麗】（雜語）Mahābalin 譯曰大力。見大日經疏。

【摩訶剎頭】（術語）Mahāsattva 餘經所謂摩訶薩也。譯言大衆生。

【摩訶部祉】（異類）夜叉名。譯曰大肩。見孔雀王呪經上。梵Mahābhuja

【摩訶斯那】（雜語）Mahāsena 摩訶者大之義、斯那者軍之義。卽大軍將也。慧琳音義二十六曰、「摩訶斯那。此云大軍將也。」

【摩訶棱伽】（雜語）譯曰大價衣。見慧琳音義十一。梵 Mahāraṅga

【摩訶提婆】（人名）Mahā-deva 譯曰大天。論師名。見大天條。

【摩訶耆利】（異類）Mahāgiri 夜叉名。譯曰大山。見孔雀王呪經上。

【摩訶僧祇】（流派）Mahāsaṃgha 譯曰大衆。結集二部之一。又律藏五部之一。見大衆部條。

【摩訶彌樓】（地名）Mahāmeru 山名。譯曰大光。翻梵語九曰、「摩訶彌樓山。譯曰大光。法華經法師功德品。」

【摩訶羅伽】（雜語）譯曰大臣。仁王經吉藏疏曰、「摩訶羅迦者此翻大臣。」梵語雜名曰、「貴摩訶剌伽」梵 Mahārgha

【摩訶薩埵】（術語）舊譯曰大心。又曰大衆生。新譯曰大有情。有作佛大心之衆生、卽菩薩之通稱也。智度論五曰、「摩訶名大。薩埵名衆生。或名勇心。此人心能爲大事。不退不還大勇心。故爲摩訶薩埵。」同四十五曰、「摩訶秦言大。薩埵秦言心。或言衆生。是衆生於世間諸衆生中第一最上。故名爲大。」法華嘉祥疏二曰、「摩訶薩埵者。摩訶言大。十地論云大有三種。願大、行大、度衆生大。薩埵言衆生。則大衆生也。」法華玄贊二曰、「薩埵有情義。」梵 Mahāsattva

【摩訶薩埵以身施虎】（本生）釋迦如來往昔修菩薩大行時、以身投餓虎。見金光明經捨身品、賢愚經一。

【摩訶羅闍】（雜語）Mahārāja 又作摩賀羅惹、譯曰大王。見梵語雜名。

【摩訶婆伽】（異類）Mahābhāga 龍王名。見慧琳音義十二。

【摩訶婆那】（地名）見摩訶槃條。

【摩訶震旦】（地名）卽中國也。唐書西域傳曰、「貞觀十五年(中畧)帝命雲騎尉梁懷璥持節慰撫。尸羅逸多驚問國人、自古亦有摩訶震旦使者至吾國乎」同注曰、「一切經音義、摩訶此言大也」法苑珠林曰、「梵稱此方爲脂那、或云眞丹、或作震旦、蓋承聲有楚夏耳。」

【摩訶迦葉】（人名）Mahākāśyapa 具曰摩訶迦葉波。摩訶譯曰大、迦葉波譯曰龜、或飲光。婆羅門種之一姓。名畢波羅、Pippala 彼父母禱於畢波羅樹神而生、故名畢波羅。爲大富長者之子、能捨大財與大姓、修頭陀之大行、爲大人所識、故標大之名、以別於十力、優樓頻羅等之迦葉。姓法華光宅疏一曰、「摩訶言大。迦葉是姓。此翻爲龜也。所以呼爲大者、異於三小迦葉。故呼此人爲大也。」法華文句一曰、「摩訶迦葉、此翻大龜氏。其先代學道、靈龜負仙圖而應、從德命族。故言龜氏。眞諦三藏翻光波。古仙人身光炎涌、能映餘光使不現。故言光波。亦云飲光。迦葉身光亦能映物。名畢波羅。（中畧）畢波羅樹也。父母禱樹神求得此子。以樹名之。」法華嘉祥疏一曰、「摩訶迦葉者、文殊問經翻爲大龜。摩伽陀國之大姓也。從姓立名。別名必波羅者、在必波羅樹下生。故名必波羅童子。（中略）十八部論疏云、具足應云迦葉波。迦葉此云光。波此云飲。合而言之、故云飲光。飲光是其姓。上古有仙人名爲飲光。以此仙人身有光明、能飲諸光、令不復現。今此迦葉是飲光仙人種。卽以飲光爲姓。從姓立名。稱飲光也。又此羅漢亦自有飲光事」

【頭陀第一】（故事）十大弟子中以迦葉爲頭陀行第一。增一阿含經三曰、「十二頭陀難得之行、所謂大迦葉比丘是」法華文句一曰、「增一阿含、佛法中行十二頭陀難行苦行、大迦葉第一」

【佛分半座迦葉】（傳說）佛爲示三乘解脫同一、分半座與迦葉使坐。華手經一曰、「爾時長老摩訶迦葉在韋提訶山帝釋石室。五百比丘俱止其中。皆行頭陀乞食納衣。受常坐法。隨敷樹下。少欲知足。樂遠離行。時大迦葉以佛神力、於彼石室忽然不現。現於竹園行詣佛所。（中畧）世尊遙命之曰、善來迦葉。久乃相見。汝當就此如來半座。佛移身時、大千世界六種震動。」付法藏傳一曰、「爾時迦葉披糞掃衣來詣佛所。稽首禮敬。合掌而立。白佛而言、世尊我今歸依無上淸涼。願哀納受。聽在末次。世尊歎曰、善來迦葉。卽分半座、命令就座。迦葉白佛、我是如來末行弟子。顧命分座不敢順旨。是時衆會咸生疑曰、此老沙門有何異德。乃令天尊分座命之。此人殊勝、唯佛知耳。於是如來知衆心念、欲決所說。卽宣迦葉大行淵廣」

【迦葉衣十萬兩】（傳說）智度論二十六曰、「佛初成道時、知迦葉衣應佛所著。迦葉衣價直十萬兩金。次後耆域上佛染摩根羯簸衣。價亦直十萬兩金。佛敕阿難。持此衣去。割裁作僧伽梨。作已。佛受著」

【迦葉起舞】(傳說)香山大樹緊那羅鼓琴。頭陀第一之迦葉、不堪於坐。起而舞。見緊那羅條。

【迦葉破顏微笑】(傳說)世尊在靈鷲山。一日拈天華示衆。百萬人天不會其意。迦葉獨破顏微笑。世尊曰、我有正法眼藏涅槃妙心。以屬汝。是禪門一流所傳也。見拈笑微笑條。

【迦葉受記】(傳說)迦葉於法華會座。捨小乘而歸於大乘。受未來成佛之記別。法華經授記品曰、「爾時世尊說此偈已。告諸大衆唱如是言。我此弟子摩訶迦葉。於未來世當得奉覲三百萬億諸佛世尊。供養恭敬。尊重讚嘆。廣宣諸佛無量大法。於最後身得成爲佛。名曰光明如來」

【無上正法付屬】(傳說)涅槃經二、諸比丘再三請佛住世。佛言、「汝等不應作爲是語。我今所有無上正法。悉以付囑摩訶迦葉。是迦葉者當爲汝等作大依止」舍利弗問經曰、「我尋涅槃。大迦葉等當共分別。爲比丘比丘尼作大依止。如我不異。迦葉傳付阿難。(中略)舍那婆私傳付優波笈多」

【迦葉傳衣彌勒】(傳說)迦葉自釋迦如來受袈裟。於雞足山入定。以傳之於彌勒。毘奈耶雜事、付法藏傳、以爲糞掃衣。西域記以爲金襴衣。增一阿含經四十四曰、「世尊告大迦葉。不應般涅槃。要須彌勒出世。(中略)彌勒當取迦葉僧伽梨著之」智度論三曰、「迦葉卽著從佛所得僧伽梨。持衣鉢。捉杖。如金翅鳥現上昇虛空。(中略)與衣鉢俱作是願言。令我身不壞。彌勒成佛。我骨身還出。以此因緣度衆生。如是思惟已。直入耆闍崛山石頭中。如入軟泥。入已還合」毘奈耶雜事四十曰、「大迦攝波欲涅槃。住雞足山中。於三峯中敷草而坐。作如是念。我今宜以世尊所授糞掃納衣。用覆於身。令身乃至慈氏下生。彼薄伽梵以我此身示諸弟子及諸大衆。令生厭離。卽便入定。三峯覆身。猶如密室。不壞而住」付法藏傳一曰、「迦葉至雞足山。於草敷上跏趺而坐。作是願言。今此身著佛所與糞掃之衣。自持己鉢。乃至彌勒。令不朽壞。使彼弟子皆見我身而生厭惡。(中略)時彌勒佛卽就迦葉取僧伽梨。時大衆見神力。除憍慢心。成阿羅漢」西域記九曰、「如來化緣斯畢。垂將涅槃。告迦葉波曰。我於曠劫勤修苦行。爲諸衆生求無上法。昔所願期。今已果滿。我今將欲入大涅槃。以諸法藏囑累於汝。住持宣布。勿有失墜。姨母所獻金縷袈裟。慈氏成佛。留以傳付」

【迦葉結集法藏】(故事)如來入滅後、迦葉打鐘集衆。結集小乘之三藏。見結集條。

【迦葉入定】（傳說）摩訶摩耶經下曰、「摩訶迦葉共阿難結集法藏事悉畢已。摩訶迦葉於狼跡山中入滅盡定」。毘婆沙論百三十五曰、「尊者大迦葉波入王舍城。最後乞食食已未久登雞足山。山有三峯如仰雞足。尊者入中結跏趺坐」。西域記九曰、「屈屈吒播陀山。(唐言雞足)亦謂窶盧播陀山(唐言尊足)高巒陗險(中畧)其後尊者大迦葉波居中寂滅不敢指言故言尊足。」

【摩訶迦羅】（天名）Mahākāla 又作莫訶歌羅。譯曰大黑天神名。見大黑天條。

【摩訶耶那】（術語）見摩訶衍那條。

【摩訶那鉢】（菩薩）Mahāsthāmaprāpta。譯曰大勢至。可洪音義二下曰、「摩訶那鉢此云大勢至菩薩」。見大勢至條。

【摩訶那摩】（人名）Mahā-nāman 佛最初所度五比丘之一。譯曰大名。本行集經三十四曰、「長老摩訶那摩隋言大名」。五分律曰「摩訶納」。四分律曰「摩訶摩男」。增一阿含經三曰、「速成神通中不有悔所謂訶摩男比丘是」。見五比丘條。

【摩訶那伽】（雜語）Mahānāga 譯曰大無罪、大龍象。阿羅漢及佛世尊之德號。智度論三曰、「摩訶言大。那名無。伽名罪。阿羅漢諸煩惱斷。以是故名大無罪。復次那伽或名龍或名象。是五千阿羅漢諸阿羅漢中最大力。以是故言如龍如象。水行中龍力大。陸行中象力大」。大日經疏五曰、「摩訶那伽是如來別號。以現不可思議無方大用也」。可洪音義一曰、「摩訶此言大。那伽此云龍。亦云象。合而言之。卽云大龍象也。謂世尊爲大龍象者。以彼有大威德故以譬之」。

【摩訶摩耶】（人名）Mahā-māyā 譯曰大術、大幻。天臂城釋種善覺長者之長女、淨飯王之夫人。生悉多太子。七日而沒。生於忉利天。西域記六曰、「摩訶摩耶唐言大術。」慧苑音義上曰、「摩耶此云幻也」。衆許摩訶帝經二曰、「爾時酥鉢羅沒馱王忽於後時妃乃有娠懷九月誕生一女。顏貌端正。諸相具足。福德智慧。於其世間最爲殊勝。如是衆人覩福相俱言希有應是毘首竭摩天所作。或是幻化之所作。女生之後一日二日至三七日。王爲此女集諸戚里及群臣等慶賀爲樂。卽爲立名名摩耶。其女身相而有八乳。相師占此女後時當生貴子紹灌頂王位。有一城名曰天臂。彼天臂城有一釋種豪貴長者。名爲善覺。大富多財積諸珍寶(中略)彼釋長者生於八女。一名爲意。二名無比意。三名大意。四名無邊意。五名髻意。六名黑牛。七名瘦牛。八名摩訶波闍跋提。(中略)卽納二女爲妃。其二女者第一名爲意。及以第八名大慧者。自餘六女分與三弟。」爲意卽摩耶夫人也。

【摩訶衍化】（術語）以大乘法治國也。金光明經上曰、「舍衛國主波斯匿王。名曰月光。德行十地六度三十七品四不壞淨。行摩訶衍化」。

【摩訶衍那】（術語）譯曰大乘。見摩訶衍條。

【摩訶衍經】（經名）明諸大乘法經典之通名也。華嚴法華等是也。智度論三曰、「諸摩訶衍經。多在耆闍崛中說。」

【摩訶衍論】（書名）起信論之異名。

【摩訶衍藏】（術語）二藏之一。小乘之經典曰三藏、大乘之經典單曰摩訶衍藏。智度論百曰、「佛口所說。以文字語言分為二種。三藏是聲聞法。摩訶衍是大乘法。」

【摩訶般若】（術語）Mahāprajñā 譯曰大慧。涅槃三德之一。照了諸法實相之智慧也。唯識樞要上本曰、「眞如上慧本性故名摩訶般若」。

【摩訶三末多】（雜語）Mahāsamm-ata-mahārāja 譯曰大等意。即大平等王也。瑜伽倫記一曰、「摩訶三末多。此云大等意。大衆齊等意樂。共同立以為尊者也。亦名差摩塞縛彌。此云田主。諸刹帝利種此後也。」

【摩訶沙利婆】（雜語）Mahāśālivat 樹名。翻梵語九曰、「摩訶沙利者大稻。婆者有也。」

【摩訶因陀羅】（人名）Mahendra 王子名。西域記作摩醯因陀羅。

【摩訶半託迦】（人名）Mahā-panthaka 羅漢名。譯曰路邊生。見半託迦條。

【摩訶毋陀羅】（雜語）Mahāmndrā 譯曰大印。印為不可改變者、不可違越者。見印條。

【摩訶目犍連】（人名）Mahā-maudgalyāyana 比丘名。法華經作大目犍連。阿彌陀經作摩訶目犍連、略曰目犍連、又曰目連。新稱曰摩訶沒特伽羅、沒特伽羅子。姓也。譯曰大讚誦、大萊茯根、大胡豆、大採菽等。佛十大弟子之一人。稱為神通第一者。初與舍利弗同為六師外道之一人、頗精通數學。雖領一百徒弟、然中心有不安之念。因而與舍利弗互約、先得解脫者、必以告、故共競修行精進。一日舍利弗至王舍城、見五比丘中之馬勝、儀容端正、問其理由、始知佛陀出現、由一偈之法門、忽開悟得脫。次於竹園精舍聞佛陀親說、得法眼淨之悟、因告之目連、共為諸佛子。二人弟子合二百人、亦入佛門。法華文句一曰、「大目犍連姓也。翻讚誦。文殊問經翻萊茯根。眞諦云。勿伽羅。此翻胡豆。二物古仙所嗜。因以命族。（中略）同名者多。故舉大也。」法華玄贊一曰、「梵云摩訶沒特伽羅。言大目犍連者訛也。此云大採菽氏。上古有仙。居山寂處。常採菽豆而食。因以為姓。尊者之母是彼之族。取母氏姓而僞其名。得大神通。簡餘此姓。故云大採菽氏。從父本名俱利迦。亦云拘隸多。先云俱律陀。訛也。大般若云舍利子大採菽氏」。玄應音義六曰、「云目犍連。或言目伽略子者訛也。則正言沒特伽羅子。或言毛馱伽羅子。此乃從母爲名。沒特伽此云綠豆。羅此云執取。或云挽取。本名俱利迦。或言拘隸多。此從父名也。舊云俱律陀不正也」

【神通第一】（故事）　增一阿含經三曰、「神足輕擧。飛到十方。所謂大目犍連比丘是」。智度論四十一曰、「如舍利弗於智慧中第一。目犍連神足第一」

【目犍連與舍利弗爲佛左右弟子】（雜語）　目連爲神通第一。神通爲定力所使然。故配之於左方、爲佛左面之弟子。智度論四十曰、「舍利弗是右面弟子。目犍連是佛左面弟子。」天台淨名疏一曰、「若據勝劣身子爲左。若據定慧身子爲右。」

【目犍連爲執杖梵志所殺】（傳說）　佛涅槃之先、上足二弟子先涅槃者、三世諸佛之常法也。舍利弗目連既知佛將涅槃、夏坐竟將般涅槃。是時尊者大目犍連入羅閱城乞食、執杖梵志遙見目連來、各各相謂曰、此是沙門瞿曇弟子、彼弟子中無出此人上者。我等盡共圍打殺之。諸梵志共圍打之、爛盡、苦惱甚。是時目連以神通還祇洹精舍至舍利弗所。舍利弗言、於世尊弟子中爲神足第一。何不以神足避之。目連曰、我宿業極重、我於神字尚不能憶、況發通耶、我極患疼痛、來辭汝、取般涅槃。舍利弗言、汝今少停、我當先取滅度。舍利弗乃至世尊所辭、去而至本生處、爲親戚鄉人說法、遂取滅度。目連亦至世尊所辭、去而至本生處說法、取滅度。（增一阿含經十八十九）　時阿闍世王聞梵志打殺目連、極瞋怒。告大臣曰、索彼外道焚殺之。目連聞之、報曰、大王不可作是事、我先作業、注來於身、非可代受。王曰、尊命難違、若捉得當但使出國。（毘奈耶雜事十八）　然目連弟子馬宿滿宿二人、爲所謂六羣比丘之隨一、聞師打殺、憤怒不堪、身毛悉竪、以大力士力、盡捕執杖梵志殺之。（戒因緣經二、毘婆沙論四）　時諸苾芻皆有疑、請於世尊言、聖者目連有何業、而外道粉碎其身。世尊曰、往古爲婆羅門子、婬溺其婦、於母不孝。一日怒母、發惡語曰、如何得勇力人打彼身形。依此麤惡語、於五百生中、常被打碎、今日雖證聖道爲神通第一、然猶受此報。（毘奈耶雜事十八）　又曰、彼昔爲弊魔時、數數觸嬈拘樓孫佛上足弟子尊者毘樓、化作小兒、以大杖擊彼[illegible]　使之流血、即時墮大地獄、以斯宿業、今日爲釋迦文佛上足、爲外道所打殺。（魔嬈亂經）

【摩訶劫賓那】（人名）　又作摩訶劫

醫那。Mahākapphina 見劫賓那條。

【摩訶刹頭經】（經名）一卷、西秦聖堅譯。說四月八日灌佛之事。以經首有摩訶刹頭（摩訶薩也）諸天人民長老明聽之語、故名摩訶刹頭經。

【摩訶拘絺羅】（人名）Mahākauṣṭhila 新稱摩訶俱瑟耻羅。羅漢名。見拘瑟耻羅條。

【摩訶諾伽那】（雜語）Mahānagna 譯曰大露身。大力神之名。玄應音義二十一曰「摩訶諾伽那、力謂露身大力神名也」見諸健那條。

【摩訶僧祇律】（經名）四十卷、東晉佛陀跋陀羅與法顯共譯。大衆部所傳之律藏也。法顯傳曰、「法顯本求戒律、而北天竺諸國皆師師口傳、無本可寫。是以遠涉乃至中天竺。於此摩訶衍僧伽藍得一部律。是摩訶僧祇衆律。佛在世時最初大衆所行也。於祇洹精舍傳其本。自餘十八部各有師資。大歸不異。然小小不同。或用開塞。但此最是廣說備悉者」

【摩訶陳那伽】（人名）Mahādinnāga 菩薩名。譯曰大域龍。見陳那條。

【摩訶憍曇彌】（人名）Mahāgautamī 摩訶爲尊稱。憍曇彌爲喬多摩之女聲、卽佛姨母之稱也。見憍曇彌條。

【摩訶盧瑟拏】（雜語）譯曰大忿怒。見大日經疏十三。梵 Mahārosạṇa

【摩訶鉢特摩】（界名）Mahāpadma 譯曰大紅蓮華。又八寒地獄之第八名。俱舍光記十一曰、「摩訶鉢特摩。此云大紅蓮華。嚴寒逼切身變折裂如大紅蓮華」

【摩訶迦旃延】（人名）Mahākātyāyana 佛十大弟子之一。摩訶譯言大。尊稱也。迦旃延新曰迦多衍那。姓也。於同姓中最尊大、故曰大迦旃延。見迦旃延條。

【摩訶迦樓那】（雜語）Mahākaruṇa 譯曰大悲。見迦樓那條。

【摩訶摩耶經】（經名）一名佛昇忉利天爲母說法經。二卷、齊曇景譯。佛一夏昇於忉利天爲母摩耶說法。使證初果。後自天下、漸次化度。受魔王之請。入於涅槃。摩耶趣來棺所、開佛棺、母子相見、說法以彰孝道。

【摩訶摩瑜梨】（人名）Mahāmayūri 王名。譯曰大孔雀。見陀羅尼集經九。

【摩訶毘佛略】（雜語）Mahāvaipulya 譯曰大方廣。華嚴玄談鈔九曰、「摩訶言大。毘佛略言方廣」

【摩訶妹咀履也】（雜語）Mahāmaitreya. 譯曰大慈。見大日經疏九。

【摩訶沒特伽羅】（人名）見摩訶目犍連條。

【摩訶波闍波提】（人名）Mahāprajāpatī 又作摩訶鉢刺闍鉢底。鉢邏闍鉢底。波闍鉢提、波闍波提。譯曰大愛道、大生主。佛之姨母名。法華文句二曰、「波闍波提。此翻大愛道。亦云憍曇彌。此云衆主」。西域記六曰、「佛姨母鉢邏闍鉢底。唐言生主。舊云波闍波提訛也」。法華玄贊一曰、「摩訶鉢剌闍鉢底。此云大勝生主。佛母有三。此爲小母。大術生佛七日命終。此尼養佛。大術姊妹之類。故號爲姨母。大勝生主本梵王名。一切衆生皆彼子。故從彼乞得因以爲名」。俱舍光記十四曰、「摩訶此云大。波闍此云生。波提此云主」。

【摩訶俱瑟耻羅】（人名） 舊稱摩訶拘絺羅。漢名見拘瑟耻羅條。

【摩訶質帝薩埵】（雜語） Mahācittasattva 譯曰大心衆生。天台戒疏一曰、「天竺梵音摩訶質帝薩埵。今言菩薩。略其餘字。譯云大道心成衆生。亦云開大士。亦大勇心。復云善美。隨行爲名。以其運心廣普。因是立

號。」

【摩訶迦多衍那】（人名） 摩訶迦旃延之新稱。

【摩訶耶那提婆】（人名） Mahāyānadeva 譯曰大乘天。印度人稱玄奘三藏爲大乘天。西域記十二曰、「印度學人咸仰盛德。既曰經笥。亦稱法將。小乘學徒號木叉提婆。（唐言解脫天）大乘法衆號摩訶耶那提婆。（唐言大乘天）」

【摩訶衍僧伽藍】（寺名） Mahāyāna-saṃghārāma 摩訶衍譯曰大乘、僧伽藍譯曰衆園。即大乘寺也。法顯傳曰、「於阿育塔摩訶衍僧伽藍甚嚴麗。」

【摩訶曼陀羅華】（術語） 梵音Mahāmandārava 譯曰大白蓮華。四華之一。

【摩訶曼珠沙華】（植物） 梵音Mahāmañjūṣaka 譯曰大柔軟、大赤團花。天華名。見曼珠沙條。

【摩訶般若心經】（經名） 摩訶般若波羅蜜多心經之異名。

【摩訶般涅槃那】（術語） Mahāparinirvāṇa 舊譯曰大滅度。新譯曰大圓寂入。涅槃玄義上曰、「若具依梵本。應言摩訶般涅槃那。今翻爲大滅度」。又曰、「大即法身。滅者即是解脫。度者即是摩訶般若」。華嚴大疏鈔五十二曰、「摩呵般涅槃那。具翻爲大圓寂入。謂那即入義。應迴在上」。見大般涅槃條。

【摩訶毘盧遮那】（佛名） Mahāvairocana 台家依普賢觀經譯爲遍一切處、密家譯爲大日、皆爲法身如來之極稱。普賢觀經曰、「釋迦牟尼名毘盧遮那遍一切處」。法華文句九曰、「法身如來名毘盧遮那。此云遍一切處」。大日經疏一曰、「梵音毘盧遮那者。是日之別名。即除暗遍明之義也。然世間日則別方分。若照其外不能及內。（中

礙）世間之日不可爲喻。但取其少分相似。故加以大名曰摩訶毘盧遮那也。」

【摩訶祖特陀羅尼】（雜名）Mahā-tantradhāraṇī 大方等陀羅尼經所說神咒之名。止觀二曰、「摩訶祖特陀羅尼。翻爲大秘要遮惡持善。」

【摩訶三摩曷羅闍】（雜語）譯曰大平等王。劫初之民主也。見名義集三。梵 Mahāsammatarāja

【摩訶僧那僧涅陀】（雜語）譯曰大誓願。見僧那僧涅條。

【摩訶鉢刺闍鉢底】（人名）見摩訶波闍波提條。

【摩訶菩提僧伽藍】（寺名）Mahā-bodhisaṃghārāma 譯曰大覺寺。在摩竭陀國。菩提樹園之北門外。錫蘭王所建。西域記八曰、「菩提樹北門外。摩訶菩提僧伽藍。其先僧伽羅國王之所建也。庭宇六院。觀閣三層。周堵垣墻。高三四丈。極工人之妙。窮丹青之飾。」法顯傳曰、「於阿育王塔邊。造摩訶菩提僧伽藍。甚嚴麗。」求法高僧傳上曰、「金剛座大覺寺。卽僧訶羅國王所造。此寺初基纔餘方堵。其後代國王。苗裔相承。造製宏壯。則贍部洲中當今無以加也。」

【摩訶般若波羅蜜】（術語）Mahā-prajñāpāramitā 譯曰大慧到彼岸。六度之一。大慧爲到涅槃岸之要法。故曰到彼岸。智度論十八曰、「摩訶。秦言大。般若言慧。波羅蜜言到彼岸。」心經法藏疏曰、「般若是體。此云智慧。卽神悟玄奧。妙證眞源也。波羅蜜多是用。此云到彼岸。卽由此妙慧。翻生死過盡。至眞空之際。卽簡不到彼岸之慧。故以爲名。」

【摩訶毘佛略勃陀】（佛名）Mahā-vaipulyabuddha 譯曰大方廣覺者。卽大方廣佛也。

【摩訶迦葉度貧母經】（經名）一卷。劉宋求那跋陀羅譯。迦葉度最貧之老母。使生於天。天帝釋化爲貧人。以供養迦葉。

【摩訶菩提質帝薩埵】（術語）見菩薩條。

【摩訶般若波羅蜜經】（經名）有同名二經。一、二十七卷（明本三十卷）羅什譯。是與大般若經之第二分同本。一、十卷同羅什譯。是與大般若經之第四分同本。以此二經同名。故分之。二十七卷本稱爲大品般若經。十卷本稱爲小品般若經。

【摩訶般若波羅蜜多】（術語）舊稱曰摩訶般若波羅蜜。新稱曰摩訶般若波羅蜜多。梵語之具略也。

【摩訶止觀輔行傳弘決】（書名）十卷。天台宗六祖荊溪湛然撰。爲注釋三大部中之摩訶止觀者。普通略稱爲止觀輔行。輔行或弘決。

【摩訶般若波羅蜜經釋論】（書名）大智度論之異名。

【摩訶薩羅悉知婆底提婆仳】（天名）Mahā-sarasvati-devi 譯曰大辯才天女。最勝王經慧沼疏五曰、「摩訶此云大。悉知婆底此云辯才。提婆仳此云天女。」

【摩訶鉢羅枳穰播羅弭諦】（術語）Mahāprajñā-pāramitā 譯曰大極智到彼岸。仁王經念誦儀軌曰、「摩訶此云大。鉢羅枳穰此云極智。播羅弭諦依聲明論分句釋云播藍伊多伊多者此岸也。播藍者彼岸也。乘大極智離生死此岸到涅槃彼岸得無住處大涅槃也。」

【摩訶般若波羅蜜大明咒經】（經名）一卷、秦羅什譯。與般若波羅蜜多心經同本。明咒為陀羅尼之異名。

【摩訶吠室囉末那野提婆喝囉闍】（天名）Mahāvaiśravaṇa-deva-rāja 摩訶為大、吠室囉末那野舊所謂毘沙門、提婆為天、喝囉闍為王、卽大毘沙門天王也。

【摩訶毘佛略勃陀健拏驃訶修多羅】（經名）Mahāvaipulyabuddha-gaṇḍavyūha-sūtra 譯曰大方廣覺者雜華嚴飾經。卽華嚴經之具名也。華嚴玄談九曰、「依今梵本云摩訶毘佛略勃陀健拏驃訶修多羅。此云大方廣佛雜華嚴飾經。今略雜飾字耳。」同鈔曰、「若別對者摩訶言大。毘佛略云方廣。勃陀云覺者。卽是佛字略存梵音故。健拏言雜華。驃訶云嚴飾。修多羅云經。」

【摩訶吠室囉末那野提婆喝囉闍陀羅尼儀軌】（經名）一卷、唐般若斫羯羅譯。毘沙門天王之供養儀軌也。

【摩登】（人名）又作摩鄧、摩蹬、摩鄧伽或摩鄧祇之略。

【摩登伽】（人名）見摩鄧伽條。

【摩登伽女】（人名）見摩鄧伽條附錄。

【摩登伽經】（經名）二卷、吳竺律炎等譯。佛度摩鄧伽女及說星宿等。

【摩登祇咒】（雜名）見摩鄧伽咒條。

【摩登伽阿蘭若】（術語）梵音 Mātaṅga-araṇyaka 三處阿蘭若之一、比丘之住處於去村落一俱盧舍大牛吼聲不聞之處建之。

【摩庾囉】（動物）見摩由羅條。

【摩提】（雜語）見末底條。

【摩愉】（雜語）西域記三曰、「摩愉。唐言豆。」梵語雜名曰、「麼史。」

【摩斯吒】（雜語）Markaṭa 譯曰猴。見麼迦吒條。斯恐為期字。

【摩裕羅】（動物）見摩由羅條。

【摩揭梨】（雜語）Maskāri 外道名。見末伽梨條。

【摩賀三漫多跋捺羅】（菩薩）Mala-samantabhadra 譯曰大普賢。仁王護國經道場念誦儀軌曰、「摩賀此云大也三漫多此云普也跋捺羅此云賢也」

【摩達】（地名）國名其國生摩達那果故名。

【摩達那】（植物）見末達那條。

【摩達國王經】（經名）一卷劉宋沮渠京聲譯有羅漢比丘、以宿業故養視官馬。七日後現神通化王使歸於佛。

【摩犍提】（人名）梵志名。智度論一曰、「摩犍提難佛之偈曰決定諸法中橫生種種想悉捨內外滅云何當得道。佛答曰非見聞覺知非持戒所得。亦非不見聞非不持戒得。如是論悉捨亦捨我我所不取諸法相如是可得道。摩犍提問曰若非見聞等非持戒所得亦非不見聞非不持戒得。如我心觀察持啞法得道。佛答曰汝依邪見門我知汝痴道汝不見妄想汝爾時自啞」同三曰、「如摩犍提弟子、舉其尸著床上舁行城中多人處。唱言若眼見摩犍提之尸者是人皆得清淨道何況禮拜供養者。多人信其言諸比丘以白佛佛說偈言小人眼見求清淨如是無智無實道。諸結煩惱滿心中云何眼見得淨道若有眼見得清淨何用智慧功德寶。眼見求淨無是事智慧功德乃爲淨。」止觀一曰、「內無實德虛比賢聖起下品十惡。如摩犍提者此發鬼心行刀途道」梵 Makandi

【摩竭】（異類）又作摩伽羅摩迦羅。Makara 譯曰鯨魚巨鼇。玄應音義一曰、「摩伽羅魚亦言摩竭魚正言摩迦羅魚此云鯨魚謂魚之王也」慧苑音義下曰、「摩竭魚此云大體也謂此方巨鼇魚也」慧琳音義四十一曰、「摩竭海中大魚吞陷一切」探玄記二十曰、「摩伽羅魚者此云極大之魚謂是巨鼇魚也」法苑珠林十曰、「如四分律說摩竭大魚身長或三百由旬。四百由旬乃至極大者長七百由旬。故阿含經云眼如日月。鼻如太山。口如赤谷」

【念佛免摩竭難】（傳說）五百賈客、入海採寶值摩伽羅魚王開口。海水入其中船去駛疾船師問樓上人汝見何等、答言見三日出白山羅列水流奔趣如入大坑船師言是摩伽羅魚王開口也一日是實日兩日是魚目白山是魚齒水流奔趣是入其口我曹將了、宜各各求其天神以自救濟中有五戒之優婆塞語衆人曰吾等當共稱南無佛佛爲無上能救苦厄衆人一心同聲稱南無佛是魚先世是佛破戒弟子得宿命智聞稱佛聲心自悔悟即合口船人得脫見大悲經三譬喻經六賢愚經六智度論七分別功德論中。

【摩竭陀】（地名）Magadha 又作摩訶陀摩竭提摩伽陀。中印度國名王舍城所在。譯言持甘露、善勝、無惱、無害等。或爲星名。

或爲古仙人或帝釋前身之名。仁王經吉藏疏一曰「摩訶陀者名持甘露處」西域記七曰、「摩竭陀國。舊曰摩伽陀。又曰摩竭提。皆訛也」玄應音義一曰「摩竭提或云摩竭陀亦言默偈陀又作摩伽陀皆梵音訛轉也。正言摩揭陀此譯云善勝國或云無惱害國。一說云摩伽星名此言不惡主十二月陀者處也名爲不惡處國亦名星處國也。揭音渠謁反。」同二十一曰、「摩揭陀舊云摩伽陀或言摩竭陀又作摩竭提皆梵音轉耳摩伽此云露陀此云處名甘露處國上古諸天與阿修羅鑽海水甘露安置此國故以名焉。又摩竭陀是人名往昔有人於此修功德得生天上逐本爲名亦言善勝國又名星處國也。」慧苑音義上曰「摩竭提者或云摩伽陀或云摩揭陀或云墨竭陀此之多名由依八轉聲勢呼名致異然其意義大略不殊或有釋云摩者不也竭提至也其國將謀兵勇隣敵不侵至也。又有云摩遍也。竭提聰慧也。言聰慧之人遍其國內也。又有云摩大也竭提體也。謂五印度中此國最大統攝諸國故名大體也。釋云摩無也竭提害也此國法不行刑戮有其犯死罪者送置寒林耳」法華玄贊二曰、「帝釋過去字憍尸迦此云蠒兒。名阿摩揭陀此云無毒害即摩揭陀國過去帝釋修因之處用爲國名彼國古名致甘露處。即劫初帝釋與阿修羅戰以山爲鑽鑽乳海得甘露致於此國因以爲名焉」梵語雜名曰、「摩誐娜尾沙野。」

【摩竭宮】（天名）十二宮之一。在胎藏界曼荼羅外金剛院南方摩竭魚之形也。

【摩竭魚】（異類）見摩伽條。

【摩竭提】（地名）見摩竭陀條。

【摩竭掩室】（故事）摩竭爲摩竭提。或摩竭陀之略國名肇論曰、「釋迦掩室於摩竭。淨名杜口於毘耶」同新疏下曰、「摩竭國名。法華說如來成佛三七日中而不說法智度論七云佛得道五十七日不說等義言掩室也。」祖庭事苑一曰、「掩室。言世尊禪定普光法堂也西域記云。昔如來於摩竭陀國初成正道梵王建七寶堂帝釋建七寶座佛坐其上於七日中思惟是事義同掩室也」案諸佛要集經上佛在摩竭陀國說法、以是時衆生不肯聽聞奉行於因沙舊室（帝樹譯曰石室）坐夏九旬不使一切人天入室、此間佛以神力變形詣東方普光國天王如來所、講說諸佛之要集法摩竭掩室殆指之乎。經曰、「佛告阿難。如來當入因沙舊室燕坐三月。諸天龍神（中略）人與非人若有來者解喻其意勿令入室。（中略）既有所聞不聽不入不思奉行。以故諸佛善權方便而坐燕室。更化變形詣普光界天王佛所。講說分別諸佛要集。」

【摩羯寶】（物名）綠色之寶珠也。大

疏五曰、「或如綠寶是綠摩羯寶」。智度論十日、「摩羅伽陀此珠金翅鳥口邊出綠色。能辟一切毒也」。

【摩鄧女】（雜名）摩鄧伽女之略。

【摩鄧祇】（雜名）Mātaṅgī 摩鄧伽之女聲。見摩鄧伽條。

【摩鄧伽】（人名）Mātaṅga 又作摩登伽、摩登伽男曰摩鄧伽、女曰摩鄧祇。Mātaṅgī 正翻曰有志。義譯曰憍逸、惡作業賤種之通稱也。摩鄧女經、摩登女解行中六事經直作入者、譯人之誤也。（長水等從之）摩登伽經曰、「過去有王名帝勝伽、是旃陀羅摩登伽種」。舍頭諫經曰、「過去有王名曰摩登。摩登此言有志」。玄應音義二十二曰、「阿死羅摩登羅女之別名也。此女由卑賤故、但以拂市爲業用供衣食也」。瑜伽倫記二十三曰、「阿死羅是人別名也。摩登祇者旃荼羅女名摩登祇。旃荼羅男名摩登伽。此二是通名也。此女但以拂帚爲活」。二十唯識述記下曰、「末登伽此云憍逸」。可洪音義八上曰、「摩瞪或作摩瞪伽摩登祇此云惡作業」。

【摩登伽女】（人名）佛在世有一摩登伽女、爲其女鉢吉帝、以幻術蠱惑阿難、將使婬樂。佛說神咒解其難。見鉢吉帝條。

【摩鄧女經】（經名）一卷、後漢安世高譯。摩登伽經第一品之異譯。

【摩鄧祇咒】（雜名）見次項。

【摩鄧伽咒】（雜名）又曰摩登祇咒、先梵天咒。摩鄧伽種族所傳梵天之神咒也。摩鄧伽女以之幻惑阿難。鼻奈耶三曰、「時母亦澡浴著白服飾。以牛屎塗地。以五色縷結縷。盛滿四瓶水。盛滿四碗血。盛滿椀四種香水。盛滿四椀𪌉漿。以四口大刀竪牛屎四角頭。竪四枚箭。然八明燈。取四死人髑髏。種種香塗其上。以華布地。捉熨斗燒香繞三匝。向東方跪而誦摩鄧伽咒術。時阿難於祇洹意便恍惚。爲咒所縛、如魚被鐵鉤、如象隨鉤。」楞嚴經一曰、「阿難因乞食次經歷婬室。遭大幻術摩登伽女以娑毘迦羅先梵天咒攝入婬席。」大法炬陀羅尼經十三曰、「摩登祇咒隋言作惡業」。

【摩鄧伽神】（天名）摩鄧伽咒之神體也。佛在世有摩鄧伽女、誦此神之符咒、幻惑佛弟子阿難。鼻奈耶三曰、「有摩鄧伽神語符咒。能移日月以墮著地。」

【摩鄧女解形中六事經】（經名）一卷、失譯人名。佛爲摩登女分解身中眼等六處。一一說其無愛相。

【摩摩帝】（職位）（Vihāra-svāmin）譯曰寺主。知事。寺中之知事也。行事鈔中一曰、「寺主摩摩帝」。同資持記中一之四曰、「摩摩帝是梵語。卽知事人」。行宗記二上曰、「摩摩帝卽經營人」。梵 Mamati

【摩摩詰】（人名）見維摩條。

【摩睺勒】（異類）摩呼洛伽之古音。

【摩睺羅】（雜語）Muhūrta 時分名。譯曰須臾。見名義集二。又（異類）見摩呼洛伽條。

【摩睺羅伽】（異類）一作摩護囉誐。見摩呼洛伽條。

【摩樓】（植物）樹名。譯曰堅。翻梵語九曰、「摩樓樹譯曰堅也。出曜經第三。」梵 Maru

【摩樓迦】（雜名）見摩魯迦條。

【摩黎】（地名）又作摩梨。摩羅耶之訛略。山名。見摩賴耶條。

【摩魯迦】（雜名）又作摩樓迦、摩婁伽。見摩迦條。

【摩燈迦】（人名）見摩鄧伽條。

【摩頭】（植物）Madhuka 果名。譯曰美果。玄應音義二十四曰、「末度迦果。舊云摩頭。此云美果也。」俱舍光記十八曰、「末度迦是果名。其形如棗。樹似皂賴樹。」

【摩頭鳩羅】（地名）Madhukula 山名。譯曰蜜種。翻梵語九曰、「摩頭鳩羅山。譯曰摩頭者蜜。鳩羅者種姓也。」見四分律十一。

【摩頭羅瑟質】（人名）兒名。譯曰蜜勝。賢愚經十二曰、「摩頭羅瑟質。晉言蜜勝。」其初生之日蜜爲瑞應、故名。

【摩賴耶】（地名）Malaya 國名。摩羅耶山所在之處。開元錄九曰、「摩賴耶國。此云光明國。其國近觀音宮殿補陀落山。」

【摩離】（地名）國名。見摩羅提條。梵 Malaya

【摩離他羅】（異類）Mālādhara 夜叉名。譯曰持華鬘。見孔雀王咒經上。

【摩蹬伽林】（地名）見次項。

【摩蹬伽仙人】（人名）往昔有仙人名摩蹬伽。形極醜陋。修得五通。坐禪於山中。有婬女觸王怒被驅出。入山見仙人、念我今被驅出、是不祥事。若還此不祥、我當吉祥。乃取糞汁洗灌仙人。仙人忍受不生瞋恨。婬女後還爲王所寵。又有一國師亦哀惱、婬女語曰、以不吉祥還仙、必還吉祥。國師依言以糞汁洗仙。仙復忍受。國師還得吉事。王後將征敵國、國師勸以洗仙。王於山中造屋、恒取糞汁洗仙。遂征而得勝。自是若心有不稱、輒取糞汁洗之。仙人不能復忍。心生瞋恨、乃雨石。王人皆死。須臾間王城爲山林。今名摩蹬伽林。見二十唯識述記下。

【摩羅】（動物）Māra 譯曰鰐魚。名義集二曰、「摩羅善見云鰐魚。」恐爲失收摩羅（Śisumāra）之略。

【摩羅延】（地名）Malaya 山名。見摩羅耶條。

【摩羅提】（地名）Malaya-deśa 又曰

摩離國名。慧苑音義下曰、「摩羅提國具云摩羅耶提數。此云鬘地。或曰摩羅耶山名也。提數中也。言此國中央有摩羅耶山。故因名也。」探玄記二十曰、「摩離者具云摩羅底數也。摩羅此云鬘。底數此云中。謂鬘中國也。此近摩羅耶山。故名相同也。」

【摩羅耶】（地名）Malaya 又作魔羅耶。摩羅延。摩梨山名。出旃檀香之處。慧苑音義下曰、「摩羅耶山具云摩利伽羅耶。其山在南天竺境摩利伽羅耶國南界。而因國以立山名。其山中多出白旃檀木也。」慧琳音義二十六曰、「摩羅耶山亦云摩羅延。摩羅此云垢也。耶云除也。山在南天竺境。因國為名。其山出白旃檀香。入者香潔。故云除垢也。」智度論二曰、「如旃檀香出摩梨山。除摩梨山無出旃檀。」

【摩羅伽陀】（物名）譯曰綠色寶。玄應音義二十一曰、「末羅羯多。亦言磨羅伽多。綠色寶也。大論云出金翅鳥口邊。能避諸毒也。」智度論曰「摩羅伽陀」梵 Mārakata

【摩羅呵羅】（異類）Mālākhāda 夜叉名。譯曰食鬘。見孔雀王咒經上。

【摩羅祁梨】（地名）Mālāgiri 譯曰鬘山。見本行集經三十一。

【摩羅毗闍耶】（異類）Mālāvijaya 夜叉名。譯曰鬘勝。見大威德陀羅尼經十八。

【摩醯】（雜語）Mahā 又作莫醯。譯曰大。大品般若經義疏一曰、「摩訶或云摩醯。或云優婆。此言大。」図摩醯首羅（Maheś-vara）之略。譯曰大自在天。性靈集六曰、「植因所以憑念。摩醯歸之接足。」図藥名。與摩祇同。見摩祇條。

【摩醯首羅】（天名）又作摩醯守羅。見莫醯伊濕伐羅條。

【摩醯因陀羅】（人名）Mahendra 譯曰大帝。阿輸迦王之弟。有罪。王欲刑之。乃請王寬七日。使進王之珍羞。每一日使守者唱曰。已過一日。餘有六日。乃至至第七日。遂證聖果。後至錫蘭。始傳正法。西域記八曰、「無憂王有同母弟名摩醯因陀羅。唐言大帝。」同十一曰、「僧伽羅國先時唯宗淫祠。佛去世後第一百年。無憂王弟摩醯因陀羅捨離欲愛。志求聖果。得六神通。具八解脫。足步虛空。來遊此國。弘宣正法。流布遺教。」以上西域記摩醯因陀羅之記事。乃阿育王弟帝須之事蹟。與王子摩哂陀之事蹟混同為一者。誤也。蓋得罪於王而後出家悟聖果者為帝須。若夫至錫蘭之布教者。第三結集後各地有傳道師派遣之事。王子摩哂陀將法來此島。史跡昭然。無挾疑之餘地也。

【摩醯沙達多】（人名）Maheśadat-ta 六群比丘之一。見六群比丘條。

【摩醯奢娑迦】（流派）Mahīśāsak-a 小乘十八部中化地部也。參照彌沙塞條。

【摩醯濕伐羅】（天名）見摩醯伊濕伐羅條。

【摩醯邏矩羅】（人名）譯曰大族王。名見西域記四。

【摩醯首羅論師】（流派）二十外道之一。見外道條附錄。

【摩醯首羅頂生天女法】（修法）摩醯首羅大自在天神通化生伎藝天女念誦法之異名。

【摩醯首羅說法阿尾奢法】（修法）速疾立驗摩醯首羅天說法阿尾奢法之略名。

【摩醯首羅大自在天王神通化生伎藝天女念誦法】（修法）別名摩醯首羅頂生天女法。一卷、摩醯首羅天頂上生一伎藝天女、天女說陀羅尼、滿一切之祈願。幷說念誦之儀軌。

【摩觸】（術語）學法女六法之一。接觸男身也。

【摩觸戒】（術語）八波羅夷之一。見波羅夷條附錄。

【摩騰】（人名）比丘名。見迦葉摩騰條。

【摩護囉識】（異類）見摩呼洛伽條。

【慶友尊者】（羅漢）十八羅漢之第十七。見羅漢條。

【慶昭】（人名）錢塘人。姓胡氏、字子文。出家後侍奉先寺源清十七年。源清寂後、嗣其講、不墜家風。景德元年、住梵天寺、講風大振。初源清、洪敏、扶其師晤恩之光明玄義發揮記、作難辭二十條。知禮著扶宗釋難以斥之。景德三年、師與智圓共撰辨訛、亦救發揮之說。知禮作問疑反詰之、往復五番、經過七年、互相問難。世稱爲山家山外之諍論。師實爲山外之代表者。天禧元年四月寂。年五十五。智圓錄其行業。見閒居編、十義書、四明教行錄等。

【慶喜】（術語）念佛者於信之一念、喜已往生治定、入正定聚之數之事也。對於歡喜而言。

【慶導師】（職位）慶讚法會之導師。

【慶懺】（術語）與慶讚同。禪苑清規看藏經曰、「於看經了日。設齋供慶懺。」象器箋十一曰、「碧巖錄云。長慶云。大似因齋慶讚。卽作讚。恐作懺者訛。然諸錄多作懺。」

【慶讚】（術語）新調佛像經卷及堂塔等時之法事也。慶喜成功、讚善根之義。安像三昧儀軌經曰、「從三昧起。說彼塑像畫雕莊嚴。一切佛及諸賢聖之衆。安像慶讚儀軌之法。」

【廢三顯一】（術語）廢權教之三乘、顯實教之一乘。與廢權立實同。法華玄義七曰、「華落蓮成卽喩廢三顯一。」見開顯條。

【廢立】（術語）猶言存廢。又有無之

意。解深密經二曰「思擇廢立而常安住。」梁高僧傳明律篇曰「開遮廢立、不無小異。」

【廢前敎】（術語）就戒律等事、於涅槃經廢以前之所說、謂之廢前敎。如以前比丘許三淨肉、於涅槃經一切禁斷之。行事鈔下之二曰「諸律並明魚肉爲時食。此是廢前敎。涅槃云。從今日後不聽弟子食肉。觀察如子肉想。」

【廢師自立】（術語）背師之說而主張自己之說也。

【廢迹顯本】（術語）本門法華十重顯本之第二。廢說近迹成佛、爲實成之敎也。此門舉方便品我始坐道場、化城喩品於娑婆成阿耨菩提、人記品於空王佛所發阿耨菩提心等敎亦廢之。法華玄義九曰、「廢迹顯本者、亦就說法。昔爲五濁障重不得遠說本地、但示迹中近成。今障除機動、須廢道樹王城迹中之說。皆是方便。執近之心既斷。封近之敎亦息。」參照開顯及本迹條。

【廢惡修善】（術語）止惡事而行善事也。卽所謂散善。

【廢詮談旨】（術語）法相宗之語。彼宗所立眞俗四重之二諦中、第四重之眞諦、卽一眞法界、不能以言語詮顯、須廢言詮、但以正智於內心證會其理旨也。起信論所謂離言眞如也。旨者指所證之眞理。義林章二末曰、「勝義勝義諦、亦名廢詮談旨諦」

【廢權立實】（術語）台家之語。迹門法華三喩之一。謂如花落蓮成、三乘之權敎廢已、獨一乘之實敎成立也。法華開顯之能事畢於茲矣。四敎儀曰、「開前頓漸、會入非頓非漸、故言開權顯實。又言廢權立實。又言會三歸一」見開顯條。

【瘡】（雜語）男根女根爲人身九瘡門之一。故曰瘡。見九瘡條。

【瘡門】（術語）通者爲人身九孔之總名、別者指男女之二根。見九瘡條。

【蒼龍窟】（雜語）蒼龍藏玉而蟠之處。爲得之、不顧喪身失命者、大丈夫之膽。碧巖第三則雪竇頌曰、「二十年來曾辛苦、爲君幾下蒼龍窟」。

【實】（雜語）外道十一宗之一。見外道條附錄。

【實之極微】（術語）見極微條。

【實大乘敎】（術語）不帶權方便之大乘敎也。言天台華嚴眞言禪等。

【實叉難陀】（人名）Śikṣānanda 譯曰學喜。于闐國人。譯出華嚴等經十九部一百七卷。見開元錄九。

【實化】（術語）權化之外、有實化。同一丈六之釋尊、法華已前爲權化、法華已後爲實化。

【實化二身】（名數）見二身條附錄。

【實本】（術語）爾前之三乘、謂之權

迹法華之一乘、謂之實本。妙玄十上曰、「拂之以權迹、顯之以實本。」

【實有】（術語）非虛妄而為事實之義。凡夫不知一切諸法為因緣生、無其實性、執之為實有也。

【實色身】（術語）諸佛二種色身之一。見色身條。

【實我】（術語）假我之外有實我。見假我條。

【實空】（術語）諸法為因緣生、無自性、謂之實空。智度論十九曰、「一切諸法因緣生故、無有自性。是為實空。」

【實性】（術語）眞如之異名也。仁王經中曰、「諸法實性、清淨平等、非有非無。」同良賁疏曰、「諸法實性者、諸法性也。」

【實相】（術語）實者非虛妄之義、相者無相也。是指稱萬有本體之語。曰法性、曰眞如、曰實相、其體同一也。就其為萬法體性之義言之、則為法性。就其體眞實常住之義言之、則為眞如。就此眞實常住為萬法實相之義言之、則為實相。其他所謂一實、一如、一相、無相、法身、法位、涅槃、無為、眞諦、眞性、眞空、實性、實諦、實際、皆是實相之異名。又依名隨德用之三諦言之、則空諦為眞如、假諦為實相、中諦為法界。法華說實相、華嚴說法界、解深密說眞如、或無為、般若說般若佛母、楞伽說如來藏、涅槃說佛性、阿含說涅槃。在華嚴之始教、天台之通教已下者、不變之空眞如為實相、在華嚴之終教已上、天台之別教已上者、不變隨緣之二相為實相。華嚴以隨緣之萬法為實相、天台眞言以性具之諸法為實相。小乘以我空之涅槃、大乘以我法二空之涅槃為實相。維摩經弟子品曰、「迦旃延、無以生滅心行說實相法。」同觀衆生品曰、「佛為實相法人。」涅槃經四十曰、「無相之相、名為實相。」妙玄二上曰、「實相之境、非佛天人所作。本自有之、非適今也。」法華文句記四中曰、「言實相者、非虛故實、非相為相、故名實相。」頓悟入道要門論上曰、「法性空者、即一切處無心是、若得一切處無心時、即無有一相可得。何以故、為自性空故、無一相可得。無一相可得者、即是實相。實相者、即是如來妙色身相也。」

【實相印】（術語）實相是從本以來佛佛傳持之印璽、故謂之實相印。一切之小乘經以三法印印之、一切之大乘經以此實相印印之。法華經序品曰、「我以相嚴身、光明照世間、無量衆所尊、為說實相印。」

【實相花】（雜語）實相之妙理、為佛道修行者之欲證悟而眺望者、故喻之以世間之花、而謂為實相之花。

【實相門】（雜語）與實相之法門同。

【實相風】（雜語）實相之妙理、吹拂凡夫迷妄之塵垢、如世間風之拂塵垢也。

【實相身】（術語）諸佛三種身之一。見三身條。

【實相義】（術語）諸法實相之深義也。法華經序品曰、「佛今放光明助發實相義」

【實相慧】（術語）證實慧實相。謂之實相慧。維摩經淨影疏三曰、「眞慧證實名實相慧」

【實相觀】（術語）又云理觀。占察經所說二觀之一。見二觀條。密教以月輪觀爲金剛界之實相觀、以五大觀爲胎藏界之實相觀。秘藏記本曰、「淨菩提心觀念誦分限了。卽歸實印觀五字。是月輪觀。又實相觀。謂阿毘羅吽欠也」

【實相三昧】（術語）行空無相無作之三三昧也。智度論五曰、「有人行空無相無作。是名得實相三昧」

【實相法界】（術語）又曰法界實相。法華說實相、華嚴說法界、同體異名也。見實相條。

【實相法身】（術語）華嚴宗所立五種法身之一。見法身條。

【實相普賢】（術語）三種普賢之一。見普賢條附錄。

【實相經典】（術語）說實相妙理之經典也。維摩經法供養品曰、「釋提桓因於大衆中白佛言、世尊我雖從佛及文殊師利聞百千經。未曾聞此不可思議自在神通決定實相經典」

【實相爲物】（術語）見二身條附錄。

【實相念佛】（術語）三種念佛之一。見念佛條。

【實相智身】（術語）大日如來以法界體性智爲身。故曰實相智身。是華嚴所說十身中之智身也。演密鈔二曰、「所謂如來實相智身者。此之法界全是如來實相之身也。（中略）亦是華嚴十身中之智身也」

【實相眞如】（術語）十眞如之一。

【實相無相】（術語）實智無緣、則實相無相。於智有緣。不如於實體。則非實智。於相有相、非實智之境、則非實相也。往生論註下曰、「實相無相。故眞智無知」輔行一之五曰、「實相無相。無相亦無。實智無緣。無緣亦絕」

【實相平等禮】（術語）見七種禮佛條。

【實相般若】（術語）二般若之一。見般若條。

【實相般若經】（經名）實相般若波羅蜜經之略名。

【實相無漏大海】（雜語）眞如實相、離一切之妄染。故曰無漏。是空眞如也。而藏一切之功德、故曰海。是不空眞如也。

【實相般若波羅蜜經】（經名）一卷、

唐菩提流支譯與不空譯之大樂金剛不空眞實三昧耶般若波羅蜜多理趣經同本。

【實者】（術語）諸佛菩薩現諸趣之身謂之權化、惡鬼惡靈之現身惱人者謂之實者。

【實敎】（術語）權敎之外有實敎之稱見二敎條。

【實眼】（術語）眼能照物能稱於實、故曰實眼是五眼中之佛眼也勝鬘經曰、「佛爲實眼實智。」

【實唱】（術語）說如來眞實之法謂之實唱法華文句記二下曰「演一乘之實唱飽妙行之機緣。」

【實智】（術語）權實二智之一。

【實智菩提】（術語）三菩提之一。

【實智無緣】（術語）見實相無相條。

【實報無障礙土】（界名）四土之一。見四土條。

【實報土】（界名）實相無障礙土之略。

【實報寂光】（界名）實報無障礙土與常寂光土之二台家所立四土之二也見四土條。

【實經】（術語）對於三乘之權論而一乘之諸經謂之實經法華文句記曰、「若將求滅權論用釋開會實經。」

【實義】（雜語）眞實之義理也華嚴經二十九曰「分別實義得究竟」、報恩經六曰「不可以實義。」正理論二十三曰、「能止推徵令證實義」

【實道】（雜語）眞實之正道也法華經譬喩品曰「世尊說實道波旬無此事」。

【實業】（術語）善惡之業眞實得苦樂之果謂之實業。

【實際】（術語）眞如法性爲諸際極、故曰實際又極眞如之實理至於其窮極謂之實際最勝王經一曰、「實際之性、無有戲論。」智度論三十二曰、「實際者以法性爲實證故爲際。（中略）善入法性是爲實際。」大乘義章一曰、「實際者理體不虛目之爲實實之畔齊故稱爲際」唯識述記九末曰、「無倒究竟無倒所緣名爲實際。」

【實際海】（雜語）實際廣大如海、謂之實際海。觀佛三昧經十曰、「行是定者住過去佛實際海中。」

【實際回向】（術語）三種回向之一。見回向條附錄。

【實際理地】（術語）眞如無相之境界也。護法錄六曰、「實際理地不染一塵。」

【實語】（術語）實者不妄不異之義。顯敎謂語之稱於實、又行能與語相應者爲實語。密敎謂說眞如之言爲實語。是釋摩訶衍論所明五種語之第五如義語也。金剛經曰、「如來是眞語者。實語者。如語者。不誑語者不異語者。」大集經十曰、「猛風可說索繫縛須彌可說口吹動不可說佛有二語實語眞語及淨語。」探玄記六曰、「如言起行。故云實語。」大日經疏一曰、「眞言梵曰漫怛羅卽是眞語如語不妄不異之音。」

【實德處】（術語）四德處之一。

【實諦】（術語）假諦之外有眞諦理諦之外有實諦聖者所見之理眞實誠諦謂之實諦涅槃經十三曰、「言實諦名曰眞法。若法非眞不名實諦。」

【實諦甚深】（術語）五種甚深之一。見甚深條。

【實願】（術語）有行於願相應乃至如所願得果謂之實願勝鬘經曰、「以此實願安慰無量無邊衆生。」同寶窟上末曰、「此願有行來應之故名實願也。又眞實心起願故名實願。又此願實能利物故名實願又此願實能得果故名實願。」

【實證諸法】（術語）見十金剛心條。

【寮元】（職位）又曰坐元寮首座司衆寮之事者象器箋六曰、「舊說曰維那司僧堂寮元司衆寮。」僧堂淸規五曰、「寮元者亦稱寮首座。請久住某寺、熟於諸事之人。與寮主懷合、點檢寮中之看讀、誡非例、韋紘兄弟之爭論、使之和睦、於新到者敎誡規矩、應常以衆寮淸規爲用心之龜鑑。」

【寮主】（職位）僧堂淸規五曰、「寮主者入寮前後次第輪請或一月半月十日。依某寺之先規常守護寮內衆僧衣物與僧堂之直堂同與寮元和合而勸之寮中諸道具備簿如於受取先職渡於後職其時受寮元點對。」象器箋六曰、「舊說曰寮主輔佐寮元者侍者類也。」

【寮長】（職位）僧堂淸規五曰、「寮長者今時之席頭也。」象器箋六曰、「寮長位於寮元分手也。」（分手者左右也。）

【寮暇】（雜語）禪林之語請暇於寮內休止也。

【寮首座】（職位）卽寮元也。

【寫瓶】（術語）傳法無遺漏譬諸一瓶之水寫於他一瓶也。涅槃經四十曰、「如寫瓶水置之一瓶。」

【寫照】（雜語）畫肖像謂之寫照照者鏡也見鏡之所照模倣而寫其面像也。

【寫經】（雜名）書寫經文而供養之也。

【寫氈】（雜名）寫於白氈之佛像也。祖庭事苑六曰、「摩騰、竺法蘭以白氈畫釋迦像並四十二章經載以白馬云云。」

【窮子】（譬喩）法華經七喩之一。三界生死之衆生、譬之無功德法財之窮子。法華經信解品曰、「譬若有人年既幼稚捨父逃逝。久住他國。或十、二十、至五十歲。年既長大加復窮困。馳騁四方。以求衣食。漸漸遊行。」

遇向本國。其父先來。求子不得。中止一城。其家大富。(中略)商估賈客。亦甚衆多。時貧窮子遊諸聚落。經歷國邑。遂到其父所止之城(中略)爾時窮子傭賃展轉。遇到父舍。住立門側。遙見其父踞師子床。寶几承足。(中略)威德特尊。窮子見有父大力勢。卽懷恐怖。悔來至此。(中略)疾走而去。時富長者於師子座見子便識。心大歡喜。(中略)卽遣傍人急追將來。爾時使者疾走往捉。窮子驚愕。稱怨大喚。我不相犯。何爲見捉。使者執之逾急。強牽將還。於時窮子自念。無罪而被囚執。此必定死。轉更惶怖。悶絕躃地。父遙見之。而語使言。不須此人。勿強將來。以冷水灑面。令得醒悟。(中略)使者語之。我今放汝。隨意所趣。窮子歡喜。得未曾有。從地而起。往至貧里。以求衣食。爾時長者。欲誘引其子。而設方便。密遣二人。形色憔悴。無威德者。汝可詣彼。徐語窮子。此有作處。倍與汝直。窮子若許。將來使作。若言欲何所作。便可語之。雇汝除糞。我等二人亦共汝作。時二使人。卽求窮子。既已得之。具陳上事。爾時窮子。先取其價。尋與除糞。其父見子。愍而怪之。(中略)卽脫瓔珞細軟上服嚴飾之具。更著麤弊垢膩之衣。塵土坌身。右手執持除糞之器。狀有所畏。語諸作人。汝等勤作。勿得懈息。以方便故。得近其子。後復告言。咄男子。汝常此作。勿復餘去。當加汝價。(中略)汝常作時。無有欺怠瞋恨怨言。都不見汝有此諸惡。如餘作人。自今以後。如所生子。卽時長者。更與作字。名之爲兒。爾時窮子。雖欣此遇。猶故自謂客作賤人。由是之故。於二十年中。常令除糞。過是已後。心相體信。入出無難。然其所止。猶在本處。世尊。爾時長者有疾。自知將死不久。語窮子言。我今多有金銀珍寶。倉庫盈溢。其中多少。所應取與。汝悉知之。爾時窮子。卽受教敕。領知衆物金銀珍寶及諸庫倉。而無希取一飡之意。然其所止。故在本處。下劣之心。亦未能捨。復經少時。父知子意漸已通泰。成就大志。自鄙先心。臨欲終時。而命其子。並會親族國王大臣剎利居士。皆悉已集。卽自宣言。諸君當知。此是我子。我之所生。於某城中。捨我逃走。竛竮辛苦。五十餘年、其本字某。我名某甲、(中略)今我所有一切財物。皆是子有。先所出內。是子所知。世尊。是時窮子。聞父此言。卽大歡喜。得未曾有。而作是念。我本無心有所希求。今此寶藏。自然而至。」此譬喻者、須菩提等四大聲聞領得今日始說與大乘之佛意、已等如窮子、佛如長者、述大悲攝化之狀。楞嚴經一曰、「譬如窮子捨父逃逝。」長水疏一下曰、「絕無功德法財以養法身慧命。故云窮子。」

【窮生死蘊】(術語) 謂至生死窮極之金剛喻定、相續隨轉之根本蘊、卽六識以上之細意識。攝大乘論本卷上所云「化地部中。亦以異門密意說此名窮生死蘊。」是也。小乘中雖唯說六識、而六識時有斷絕不起者。故至有別計恒轉不斷之一種識者。即大乘部之根本識、說假部之有分識、及此窮生死蘊等是也。唯識大乘謂此爲以異門密意說阿賴耶識者。

【窮鼻尼】（天名）天女名。譯曰極端正。見增一阿含經四十七。

【窮露】（雜名）貧窮而無恃怙之覆育者。露爲露出之義。楞嚴經一曰「惟願如來哀愍窮露」

【褒沙陀】（行事）見布薩條。

【褒灑陀】（行事）Poṣadha 見布薩條。

【褒羅那地耶】（雜名）Purāṇa-dvitīya 又 Pārva 譯曰故二。或第二。比丘之舊妻也。玄應音義十四曰、「律中故二。梵本云褒羅那地耶。譯言舊第二。雜心論云衆具及第二是也」

【齒木】（物名）刷齒之小木也。寄歸傳一曰、「齒木者梵憚哆家瑟託。Tan lak-aṣṭha。憚哆譯之爲齒。家瑟託即是其木。長十二指。短不減八指。大如小指。一頭緩須熟嚼」大日經疏五曰、「印度國人。凡請僧食。乃至世人相命。皆先遺其齒木。以種種香華嚴飾而授與之。當知明日請彼飯食也」

【齒印】（雜名）印度之法。有以齒印於證書者。如吾邦之拇印。雜阿含經二十五曰、「時王以此語盡書紙上。而封緘之。以齒印印之」法華玄贊八曰、「如王齒印非餘人物」

【髮塔】（堂塔）供養佛髮之塔也。十誦律五十六曰、「起塔法者。給孤獨居士白佛言。世尊遊行諸國土時。我不見世尊故甚渴仰。願賜一物。我當供養。佛與爪髮。居士即時白佛言。願世尊聽我起髮塔爪塔。佛言聽起髮塔爪塔。是名起塔法」是爲佛塔之嚆矢。

【髮論】（書名）黃髮外道之論。即勝論也。名義集二曰、「婆毘迦羅。亦云劫毘羅。(Kapila) 此云金頭。或云黃髮。食米齋外道」性靈集六曰、「爪章髮論。冥絕有涯」。

【髮闍羅】（物名）見縛曰羅條。

【閱叉】（異類）即夜叉也。

【閱頭檀】（人名）Śuddhodana 又作首圖馱那。譯曰淨飯。白淨飯王。本行集經五曰、「閱檀頭王。隋言淨飯王」玄應音義四曰、「閱頭檀王。此譯云白淨飯王也。或言淨飯王也」見淨飯王條。

【閱經十二種】（書名）二卷、明淨挺著。閱讀十二種之經典、而記其所感者。即華嚴經頌、梵網戒光、楞伽心印、維摩饒舌、圓覺連珠、楞嚴問答、藥師燈焰、彌陀舌相、金剛三味、心經句義、法華懸譚、及涅槃末後是也。

【閱藏】（雜語）閱者披閱、藏者大藏

經之略。卽披閱大藏經也。

【閱藏知津】（書名）明智旭著。四十卷。叙一切經每部或每品之大意。且詮考翻譯之單複者。

【墨印】（術語）見四種墨印條。

【墨衣】（衣服）墨染之衣。僧衣也。

【墨竭提】（地名）又作默竭提國名。與摩竭提Magadha同。見摩竭陀條。

【罷參】（雜語）禪林之語。大事了畢。參禪罷休也。見象器箋十二。

【罷參齋】（儀式）參禪了畢。設齋供養大衆也。見象器箋十四。

【罷講】（術語）經文等之講義終了也。

【罷講齋】（儀式）敎家之人。參禪有省悟之分。卽罷講敎而辦齋供養大衆也。見象器箋十四。

【弊耶伽羅】（雜名）Vyāghra 譯曰虎。氏天竺之姓。見續高僧傳三。

【弊欲】（術語）世間弊惡之五欲也。法華經信解品曰：「我等心著弊欲。樂於小法。」

【弊宿】（人名）又作蜱肆。婆羅門名。拘薩羅國斯婆醯婆羅門村有婆羅門名弊宿。童女迦葉已證羅漢。與五百比丘共遊行詣彼處。種種說法。破其斷見。使之歸正。翻邪死生於天。見長阿含經七弊宿經。中阿含經十六蜱肆經。巴 Pāyāsi

【弊魔試目連經】（經名）一卷。吳支謙譯。中阿含降魔經之別譯。

【箭喻經】（經名）一卷。失譯。中阿含第六十箭喻經之別譯。有鬘童子欲佛說一向世之有常。佛呵責之。說拔毒箭之喻。

【箭道】（雜語）箭可達之距離也。法華義疏曰：「一箭道者二里也。」

【箭過新羅】（譬喻）新羅遠在支那東方。若放矢遠過新羅。去則誰知其落處。以喻物之落著難知。

【篇目】（術語）標題也。羯磨疏一之三曰：「前標釋篇目。」梁僧傳明律編曰：「隨有犯緣乃製篇目。」

【篇聚】（術語）類比丘比丘尼具足戒之稱目也。此有篇門與聚門之別。篇門者依結成之罪果及急要之義而區別為五篇聚門者類聚其罪性及因罪（犯波羅夷僧殘二罪而未成者曰偷蘭遮）而為六聚七聚八聚也。

【五篇】（名數）一波羅夷罪Pārājika譯曰斷頭。其罪最重。如斷頭而不能再生。不復得為比丘也。比丘有四戒。比丘尼有八戒。二僧殘罪。梵名僧伽婆尸沙 Saṅghāvaśeṣa 僧者僧伽之略。殘為婆尸沙之譯。殘者。比丘犯此罪。殆瀕于死。僅有殘餘之命。因此而向於僧衆懺悔此罪。以全殘命。故名僧殘。

比丘有十三戒、比丘尼有十七戒。三波逸提罪、Pāyattika 譯曰墮。墮獄之人也。此有捨墮與捨二種、二種合而比丘有一百二十戒、比丘尼有二百八戒。四提舍尼罪、具云波羅提提舍Pratideśanīya 譯曰向彼悔、向他比丘而懺悔、便得除滅之罪也。比丘有四戒、比丘尼有八戒。五突吉羅罪、Duṣkṛta 譯曰惡作、其所作之惡也。其罪尤輕、比丘二不定、百衆學、七滅諍合有一百九戒。比丘尼亦同。行事鈔資持記中一之一曰「五篇名者。一波羅夷。二僧殘。三波逸提。四提舍尼。五突吉羅。」

【六聚】（名數）上五篇於第三位加偷蘭遮罪Sthūlātyaya之一也。偷蘭遮者、譯曰大障善道、犯波羅夷與僧殘二罪而未成就之罪也。因之而置於二罪之次。行事鈔中一曰。「五篇七聚約義差別。正結罪科止樹六法。今依六聚且釋其名。一波羅夷。二僧伽婆尸沙。三偷蘭遮。四波逸提。五波羅提提舍尼。五突吉羅。」

【七聚】（名數）於前六聚中分突吉羅罪之一爲惡作惡說、即身口二業。而第六爲突吉羅、第七爲惡說。行事鈔中一曰「言七聚者。一波羅夷。二僧殘。三偷蘭遮。四波逸提。五提舍尼。六突吉羅。七惡說。」

【八聚】（名數）此日本凝然師便宜所立之類聚也。一波羅夷。如上。二僧殘。如上。三二不定。自篇門之突吉罪別開。四捨墮。梵云尼薩耆波逸提Naiḥsargikapāyattika 尼薩耆者、翻云盡捨。今略云捨。盡捨與所犯之財物於僧中也。波逸提翻云墮。是結墮獄之罪故也。此有三十戒。五波逸提。譯曰墮、此罪無所犯之財物。故云單提。亦云單墮。有九十戒。六提舍尼。如上。七百衆學。自篇門之突吉罪別出。八七滅諍。亦自篇門之突吉罪別出。見八宗綱要上。

【九聚】（名數）于八聚上更加偷蘭遮一聚而爲九聚。

【黎昌】（雜名）見離車條。

【黎呫毘】（雜名）見離車條。

【黎耶】（術語）Ālaya 阿黎耶之略。新稱阿賴耶識、舊作阿梨耶、阿黎耶。宋高僧傳七曰、「黎耶是報非報、化人有心無心」

【樂】（術語）梵語曰素佉。Sukha 又曰蘇吉施羅。遇好緣好境而身心適悅也。佛地論五曰「適悅身心名樂」梵語雜名曰「素佉」又曰「蘇吉施羅。」

【三樂】（名數）一天樂、修十善者、生於天上、受種種之妙樂也。二禪樂、修行之人、入諸禪定、一心清淨、萬慮俱止、得寂靜之悅樂也。三涅槃樂、離生死之苦而證涅槃、究竟得無爲安穩也。見寶積經一百一。

【五樂】（名數）一出家樂、世間之人、多諸惑業煩惱、出家達道、永斷此苦也。二遠離樂、爲色界初禪天之樂。初禪能遠離欲界之愛染煩惱、生禪定之喜樂也。三寂靜樂、爲二禪天之樂。二禪離初禪尋伺之散動、澄心寂靜發深妙之樂也。四菩提樂、成無上道、於法界得自在之法樂也。五涅槃樂、離生死之苦、入於無餘涅槃究竟寂滅之樂也。見華嚴大疏鈔十三。

【十樂】（名數）見十字部十樂條。

【樂土】（術語）安樂之國土也。法華經序品曰「便捨樂土宮殿臣妾」。

【樂天】（界名）胎藏界外金剛部院西方之北端、有樂天四人、是乾闥婆類也。

【樂行】（術語）悉達太子六年苦行之後、知其爲徒勞、浴於尼連禪河、受乳糜、於菩提樹下金剛座上禪坐觀念、謂之樂行。或謂苦行六年、此樂行亦六年、卽十九出家、三十成道、八十入滅。是常途之說也。此說依本起經因果經智度論。總之釋尊之出家成道有三說。

【樂如漏盡願】（術語）受樂無染願之別名。

【樂邦】（術語）安樂之邦土、稱西方之極樂世界。天台觀經疏序曰「夫樂邦之與苦域、金寶之與泥沙」。天照彌陀經疏序曰「一乘極唱、終歸咸指於樂邦」。

【樂邦文類】（書名）五卷、南宋慶元甲申四明石芝沙門宗曉編、次關於彌陀淨土之一切法文。

【樂果】（術語）涅槃之妙體、離一切之生滅、謂之樂。此妙樂爲菩提所得、故曰果。觀經玄義分曰、「開示長劫之苦因、悟入永生之樂果」。

【樂法】（術語）樂求妙法也。無量壽經下曰「愛法樂法」。

【樂受】（術語）三受之一。領受順情之境、使身心適悅者。唯識論五曰、「領順境相適悅身心說名樂受」。大乘義章三本曰、「順緣生適名爲樂受」。

【樂波羅蜜】（術語）四德波羅蜜之一。常寂光土常樂我淨之四德、盡爲波羅蜜行所成、故從所由而謂爲波羅蜜。普賢觀經曰、「樂波羅蜜不住身心相處」。

【樂音】（雜名）管絃絲竹之聲。

【樂音樹】（植物）微風吹樹葉、出音樂之聲者。阿彌陀經曰、「彼佛國土、微風吹動諸寶行樹及寶羅網、出微妙音。譬如百千種樂同時俱作」。藥師經曰、「薄伽梵遊化諸國、至廣嚴城、住樂音樹下」。

【樂音乾闥婆】（天名）法華經序品所列四乾闥婆之一。

【樂施】（人名）長者名。舍衛國之長者須達、一譯樂施。好施與之義。與所云給孤獨同。見須達條。

【樂根】（術語）樂受之所依、爲樂根。六識之中有眼耳鼻舌身之五識。

【樂修】（術語）三修之一。見三修條。

【樂神】（天名）八部衆之一。乾闥婆也。

【樂欲】（術語）樂者、願也、好也。樂欲者、願求欲望也。最勝王經一曰「一切煩惱。以樂欲爲本。從樂欲生。諸佛世尊斷樂欲故。名爲涅槃。」盂蘭盆經宗密疏曰、「願者心之樂欲也。」

【樂速通行】（術語）四通行之一。見通行條附錄。

【樂乾闥婆】（天名）法華經序品四種乾闥婆中之一。樂爲音樂、其名也。

【樂著】（術語）娛樂執著也。法華經譬喻品曰「猶故樂著嬉戲不已。」大悲經三曰「若有衆生樂著生死三有愛果。」

【樂說】（術語）四無礙之一。大乘義章十一曰「詞稱物情。名爲樂說。」是就聞者之情解樂字。聞者樂聽其說也。法華嘉祥疏二曰、「言樂說者。凡有二義。一者菩薩自得勝法。樂爲物說。如父母得於勝事。樂欲與子。二者知衆生欲樂而爲說法。」是第一義就說者適悅之情解樂字。第二義就聞者之意樂解之。

【樂說辯才】（術語）第三地之菩薩、內智明而好爲衆生振辯才也。法華經序品曰「樂說辯才」

【樂說無礙】（術語）見四無礙解條。

【樂說無礙智】（術語）四無礙智之一。又曰樂說無礙辯。就心言、名爲智。就口言名爲辯。其體一也。新譯家謂爲辯才無礙解。

【樂說無礙辯】（雜語）四無礙辯之一。與樂說無礙智同。

【樂德】（術語）四德之一。見四德條。

【樂遲通行】（術語）四通行之一。見通行條附錄。

【樂顛倒】（術語）四顛倒之一。見顛倒條附錄。

【樂變化天】（界名）梵名須涅蜜陀。舊譯化自樂天、或化樂天。新譯樂變化天、或妙變化天。欲界六天中第五重之天也。自以通力自在變作妙樂而娛樂、故名。智度論九曰、「化自樂者。自化五塵而自娛樂。故言化自樂。」佛地論五曰、「樂變化天。樂自變化作諸樂具以自娛樂。」俱舍頌疏世品一曰、「樂變化天。於五欲境自變化故。」可洪音義一曰、「妙變化天。樂變化天王也。大智度論云須涅蜜陀。秦言化樂天。唐言樂變化天。」然玄應師有別釋。玄應音義二十三曰、「樂變化天。五孝切。但此天雖有寶女。於變化者心多愛著。於男亦爾。故以名焉。舊言化樂天。音洛。失之久矣。」即愛樂變化男女之意。

【慾金剛】（菩薩）見五秘密條。

【慾愛住地】（術語）見五住地條。

【質多】（術語）Citta又曰質多耶。質帝。譯曰心。慮知之心也。止觀三曰、「質多者天竺音。此方言心。卽慮知之心也。」唯識述記三末曰、「梵云質多。此名心也。(中略)是集起義。是心義。」大日經疏十六曰、「心名質多。質多者猶如衆綵莊嚴精聚名爲質多」秘藏記末曰、「質多名慮知有情等心也。(中畧)釋名集起曰心。」梵語雜名曰、「心。指多。」名義集六曰、「質多耶。或名質帝。或名彼茶。此方翻心。」是五心之一。法相宗立心意識之三爲別體。以此質多心爲第八識之特名。其他諸宗以之爲諸識之通名。

【質多迦】(流派)部宗名。四分律開宗記一本曰、「質多迦部。此云西山部。」梵 Cetyaka

【質多耶】(術語)見質多條。

【質多羅】(雜語)譯曰雜色。見大日經疏九。又星名。寶星陀羅尼經四曰、「質多羅(唐言角宿)星生者。男女陰上當有黶子。爲性純直。而多愛欲。後歌舞。」因天神名。在胎藏界外金剛部。因藥名。善見論十七曰、「質多羅是外國藥名。」因山名。梵語雜名九曰、「質多羅山譯曰種種。」梵 Citra

【質多翳迦阿羯羅多】(術語)Citta ekāgratā 譯曰心一境性。定之異名。唯識了義燈五本曰、「質多翳迦阿羯羅多。此云心一境性。質多云心。翳迦云一。阿羯羅云境。多云性。」

【質直】(術語)質者正也。正直之心。無謟曲也。佛道在悟達衆生本有之天眞。故示其意曰質直。是淨土法華經壽量品曰、「衆生旣信伏。質直意柔軟。一心欲見佛。不自惜身命。時我及衆僧。俱出靈鷲山。」又曰、「諸有修功德。柔和質直者。則皆見我身在此而說法。」維摩經佛道品曰、「直心是菩薩淨土。菩薩成佛時。不謟衆生來生其國。」註曰、「直心者謂質直無謟。此心乃是萬行之本。」同菩薩品曰、「於六和敬起質直心。」

【質底】(術語)Citi 譯曰積聚。寄歸傳三曰、「大師世尊旣涅槃後。人天共集。以火焚之。衆聚香柴。遂成大積。卽名此處以爲質底。是積聚義。據從生理。遂有制底 Caitya 之名。」

【質怛羅】(雜名)Citra 亦云唧怛羅。錦繡也。大日經義釋七曰、「西方謂錦繡爲唧怛羅。」梵語千字文曰、「質怛羅錦。」今稱 Chinz 印花布也。

【質怛羅婆拏】(人名)Citrabhāna 譯曰火辨。世親同時人。十大論師之一。見唯識述記一本。

【質帝】(術語)見質多條。

【磐石劫】(術語)量劫之長遠。以磐石之喩、謂之磐石劫。見劫條。

【盤茶味】(雜語)Vandāmi 見和南條。

【盤坐】（雜語）即趺坐也。吾國俗語謂之盤膝坐。又謂之盤膝股坐。六祖壇經曰、「惠能遂出盤坐石上。」

【盤袱】（物名）盤與袱之二物也。盤上鋪小袱盛疏印等物也。勅修清規受法衣、曰「以盤袱托呈法衣信物。」

【適化】（術語）應緣而教化適宜也。瓔珞經上曰、「適化隨宜。」肇論曰、「適化衆生謂之漚和。」三論玄義曰、「適化無方、陶誘非一。」

【適莫】（雜語）適者適我意也。莫者不適也。無量壽經上曰、「去來進止情無所係。隨意自在無所適莫。無彼無我無競無訟。」淨影疏曰、「於衆生所無適適之親無莫莫之疏名無適莫。」

【適悅持金剛】（菩薩）胎藏界金剛手院第三行第三位之尊。密號曰慶喜金剛。主唯佛與佛自受法樂之適悅、故名。

【遮文荼】（異類）舊云嫉妬女、又曰怒神、惡鬼名、即起尸鬼也。演密鈔五曰「遮文荼者此是夜叉趣攝、能以呪術厭禱害於世人。世人亦有行此法者。法華經云若吉遮若人吉遮、即是也。」法華文句十曰、「吉遮起尸鬼、若人若夜叉俱有此鬼。」見起尸鬼條。梵 Chamuṇḍā

【遮末邏】（地名）Cāmara 又作遮摩羅。瞻部大洲邊二中洲之一。俱舍論十一曰「瞻部洲邊二中洲者、一遮末羅洲、二筏羅遮末羅洲。」同光記十一曰、「遮末羅此云猫牛也。」

【遮吒迦】（動物）Cātaka 鳥名。正法念經十六曰、「遮吒迦鳥此鳥唯會天雨仰口承天雨而飲之。莫得食餘水。」

【遮那】（術語）又作舍那、毘盧遮那之略、顯教用舍字、密教用遮字。

【遮那咒】（術語）大日經所說之真言。

【遮那教主】（術語）毘盧遮那如來是真言兩部之教主也。

【遮那圓頓】（術語）以華嚴經爲毘盧遮那法身所說圓融頓極之法、指華嚴宗而云。

【遮那果滿】（術語）言遮那佛果海之衆德圓滿也。

【遮那果德】（術語）果德者、佛果德用之義、換言之則遮那佛所具之絕對德用也。

【遮戒】（術語）二種戒之一。

【遮努羅】（天名）神名。譯曰執持。見俱舍光記二十七。梵 Cānura

【遮性】（術語）遮戒與性戒也。資持記上一之一曰、「遮性者毘尼所制無出遮性。」參照戒條。

【遮制】（術語）見遮戒條。

【遮迦和】（地名）山名見爍迦羅條。

【遮迦越羅】（雜名）・譯曰轉輪聖王。見斫迦羅伐辣底條。

【遮情】（術語）遮情表德二門之一。見二門條。

【遮情門】（術語）二門之一。見二門條。

【遮梨夜】（術語）又作遮唎耶Car-yā譯曰諸行諸有爲法也。智度論四十八曰、「遮利夜秦言行」大日經疏七曰「梵音遮唎耶。是諸行義」

【遮惡】（術語）對於性惡而言如飲酒依佛遮制而爲惡者。非自性之惡。

【遮詮】（術語）對於表詮之稱。見二門條。

【遮詮表詮異】（術語）見二宗條。

【遮詮門】（術語）見二門條。

【遮罪】（術語）對於性罪之稱。如飲酒伐木、依佛之遮制而於比丘法中爲罪者。非自性之罪。又梵網之大乘戒稱七逆爲七遮罪而遮止之使不受菩薩戒。見七逆條。

【遮照】（術語）破法歸空謂之遮、存法觀義謂之照。破立空有之異名也。宗鏡錄八曰「破立一際遮照同時」

【遮犍度】（書名）不使有罪科之比丘居於僧中說擧罪不可不具備五德等。見四分律四十八。

【遮遣】（術語）法被遮止遣去、不使存立也。如心外之法、遮遣爲空。

【遮摩那】（人名）外道名。見旃遮條。梵 Samana

【遮閱那】（術語）梵音Bājan 又作曷囉闍。譯曰王。見光明玄義。

【遮遺】（雜語）見茶毘條。

【遮盧鄔波遮盧】（人名）Cāru Up-acāru 遮盧與鄔波遮盧二人之名。此二人共爲劫初濕生之人。俱舍光記八曰、「遮盧唐言髀。鄔波遮盧。唐言小髀。於我養王兩髀上各生一皰。皰生一子顏貌端正。從所生處爲名以小標別」

【遮斷】（術語）對於永斷之稱。一時遮止煩惱不使起謂之遮斷。

【遮難】（術語）十六遮、十三難也。小乘律之法。揀受具足戒人之器非器以此十六遮與十三難。遮者總非自性之惡。但以於受具不適、遮止之不使受戒。故名爲遮。難者爲自性惡。畢竟非受具之器。故名之爲難。有此遮難中之一者、不得受具戒。故於受戒之前、先有敎授師向受者問此遮難之有無。其遮難至後世數漸增、南傳之律書最少。自四分律至有部律大增其數。其次行事鈔由於四分律。

【十三難】（名數）一邊罪難、先受具足戒而犯四波羅夷者。是爲佛法邊外。故曰邊罪。二犯比丘尼、於白衣時犯淨戒之比丘尼者。三賊心受戒者曾於白衣或沙彌時盜聽他之說戒羯磨詐稱爲比丘者。四破內外道者原是外道來投佛法受具竟還復本道、今欲復來受戒者是彼此通壞而志性無定。五黃門、五種不男也六殺父七殺母八殺阿羅漢九破僧破法輪僧也若爲破羯磨僧則非難。十出佛身血十一非人難、八部之鬼神變化人形者。十二畜生難、畜生變爲人者。十三二形難具男女之二根者。

【十六遮】（名數）一不知自名者。二不知和尚之名者。三年不滿二十者。四不具三衣者。五不具鉢者。六父不聽者。七母不聽者。八自有負債者。九爲他之奴者。十爲官人者。十一非爲男子者。十二有癩病者。十三有癰疽者。十四有白癩者。十五有乾痟者。十六有顛狂者。

【十三難十遮】（名數）依罪之輕重、次第遮難、細別遮罪、雖有十六種、然正向受者質問時於十六遮中合衣鉢爲一、合父母爲一、合五病爲一、總合之爲十遮。且初問十三難之重難、後問十遮之輕難也。見行事鈔上三。

【遮魔】（異類）魔子名。過去久遠劫光明無垢光王如來出世時、有一魔子名遮、即今持地菩薩是也。依金剛齊菩薩之教化、歸於光王佛、發菩提心。彼金剛齊即今奮迅菩薩是也。見奮迅王經上。

【趣】（術語）衆生所往之國土、名爲趣。俱舍論八曰、「趣謂所往。」大乘義章八末曰「趣者蓋乃對因以名是也。因能向果、果爲因趣。故名爲趣。」法華文句記曰、「從一至一、故名趣。」梵語雜名曰、「趣迦也。」

【趣寂】（術語）二乘人趣向寂滅之涅槃、謂之趣寂。五性中之聲聞定性獨覺定性也。唯識述記八本曰、「彼趣寂者心樂趣寂。爲此心拘馳流無相。不趣無上正等菩提。」

【趣果無間】（術語）見五無間及無間地獄條。

【億】（雜語）億有四等。瑜伽略纂二曰、「西方有四種億、一十萬爲億、二百萬爲億。三千萬爲億。四萬萬爲億。今瑜伽顯揚百萬爲億。華嚴千萬爲億。智度論十萬爲億。」探玄記四曰、「西國數法有三種億、一百萬。二千萬。三萬萬（中略）此中據千萬一億。」

【億劫】（術語）一億之劫數、今轉謂極長之時間。

【億法明門】（術語）一億法門之數。仁王經上曰、「菩薩摩訶薩仕億佛刹、作覩史多天王、修億法明門、行菩提分法、化一切衆生。」

【儀式】（術語）作法也。法華經方便品曰、「如三世諸佛說法儀式。」八教大意曰、

「頓漸秘密不定化之儀式」。

【儀同三司】（職位）唐代宗初賜不空三藏開府儀同三司肅國公。見僧史略下。

【儀軌】（術語）記密部本經所說佛菩薩諸天神等念誦供養儀式軌則之書。謂之儀軌。原爲龍樹所誦出、最爲廣博不空善無畏自其中抄出而傳譯之者、卽今之儀軌也。宋元以下之大藏經中載之。

【儀晏】（人名）唐吳興人。遊歷諸方、參鏡淸道怤、嗣法後、依括蒼唐山德巖而落髮、後晉開運年間、遊江郎岩、入石龕中、令弟子慧興以石鎖之。淳化元年、寂於衢州烏巨山。年百十五。見五燈嚴統八。

【增一阿含經】（經名）五十卷、東晉瞿曇僧伽提婆譯。四阿含之第一。見阿含經條。梵 Ekottara-āgama 巴 Aṅguttara

【增上】（術語）總言勢力之强。

【增上心】（術語）强盛之心。圓覺經曰、「一切衆生於大圓覺起增上心。當發菩薩清淨大願」。因定心也。定心之勢力强盛、故名。中阿含經二十五曰、「增上心經」。

【增上果】（術語）五果之一。依增上緣而生者。如眼識之於眼根、眼識爲增上果也。

【增上緣】（術語）四緣之一。謂起他法與以强力者。如眼根之能生眼識、田土之能生米麥。大乘義章三本曰、「增上緣者。起法强故曰增上」。觀經玄義分曰、「凡夫得生者莫不皆乘阿彌陀佛大願業力爲增上緣也」。

【增上慢】（術語）言我得增上之法而起慢心也。如未得聖道、謂爲已得是也。七慢之一。俱舍論十九曰、「於未證得殊勝德中。謂已證得名增上慢」。法華經方便品曰、「此輩罪根深重。及增上慢。未得謂得。未證謂證。有如是失」。

【五千增上慢】（故事）釋尊將說法華時、懷增上慢之心者有五千人、言我等已證妙果、何要聞法華、各立座而去。法華經方便品曰、「說此語時。會中有比丘比丘尼優婆塞優婆夷五千人等。卽從座立。禮佛而退」。

【增上心學】（術語）三學之一。定學也。定學有增上之力、故謂之增上心學。又爲增進心之學、故曰增上心學。

【增上戒學】（術語）三學之一。見增戒學條。

【增上慧學】（術語）三學之一。發增勝智慧之學。又增進智慧之學。

【增上慢聲聞】（術語）五種聲聞之一。於小乘之涅槃不甘聞大乘法者。如法華之五千人。

【增上心殊勝殊勝語】（術語）見十殊勝語條。

【增上戒殊勝殊勝語】（術語）同上。

【增上慧殊勝殊勝語】（術語）同上。

【增加句】（術語）眞言上下所增加之緊要語句也。隨於法各有差別。

【增劫】（術語）於住劫中人壽自十歲每百年增一年至人壽八萬四千歲之間、謂之增劫。

【增戒學】（術語）增上戒學之略。戒律爲三學之一。故曰戒學、此法力强、故曰增上。增上謂力之强也。因而三學共冠增字。資持記上一之二曰、「增戒學者出世正道。增上勝法。非謂漸制而言增也。定慧亦同。」又增上其戒之義。

【增長】（術語）橫增豎長也。勝鬘寶窟上末曰、「增長者橫闊爲增。豎進爲長。」

【增長天】（天名）四王天中南方天之名。見四天王條。

【增長廣目】（天名）增長天與廣目天。

【增益】（術語）四種壇法之一。爲增益福德、祈念南方寶部諸尊之修法也。大日經疏十一曰、「增益亦名圓滿。謂能滿一切所願也。」秘藏記末曰、「增益用寶部尊。」同本曰、「增益法。以白月日出起首。行者面向東方。半跏坐若結跏趺坐。其修福德者即觀我身遍法界。成黃金方壇。又觀身成降三世尊極善怡相也。我口即爐口。又想身作如意寶珠。雨七寶及雜財物。滿自界院內及法界。若爲他覓官位封祿。觀國王大臣愛念某甲授與官祿。若爲他求慶者。觀諸佛菩薩加被國王大臣愛念與慶。若修智慧者。觀從我心智慧日輪光明出現照曜法界。」

【增益法】（修法）見前項。

【增益邊】（術語）見二邊條。

【增息】（術語）增益息災也。以名加持祈禱之功能。

【增悲】（術語）菩薩之種性有悲增智增之二種。速斷煩惱而證佛果、謂之智增。不斷煩惱而永利益衆生、謂之悲增。又名之爲增悲增智。稽古略三曰、「明州普賢懺院幼璋禪師收瘞台溫明三郡餓殍遺骸數千。時人呼師曰增悲菩薩。」祖庭事苑曰、「增悲猶悲增也。菩薩人不取涅槃而利生。曰悲增也。」

【增進佛道樂】（術語）往生要集所說十樂之第十。往生極樂、則有自然增進佛道之樂事。見往生要集上本。

【增道損生】（術語）法華本門之利益也。謂初住已上至于佛果四十二位之間、漸增悟智、漸減生死之類也。迹門之法華、聲聞之人、受成佛之記、既爲菩薩、則本門之法華、得菩薩增道損生之益也。觀音義疏下曰、「聲聞疑除受記作佛。菩薩迷去增道損生。」法華文句九曰、「本門增道損生。皆約圓位解釋。」

【增慧經】（經名）增慧陀羅尼經之略名。

【增慧陀羅尼經】（經名）一卷、趙宋施護譯。大慧菩薩住於須彌山頂、由童子相菩薩之請、說此咒。

【撰三藏及雜藏經】（經名）撰集三藏及雜藏傳之畧名。

【撰號】（術語）撰述論釋疏記人之名號也。凡於題號下、置撰號、有自署與他置之制、其意不出二義、一爲別於他之撰述、一爲使因人而重法。自署之撰號、依第一義、他置者、二義共有之。往生論註上曰、「庶因人重法。故云某造。」

【播尼】（雜語）Pāṇi 譯曰手掌。見大日經疏一。

【播般曩結使波】（神名）譯曰步擲。金剛神之名也。有播般曩結使波金剛念誦儀一卷。

【播捨】（物名）Pāśa 譯曰羂索。梵語雜名曰、「羂索。播捨。」

【播磨】（術語）Upamā 譯曰喩。因明論纂要曰、「喩者西方云爲播磨。此譯爲喩。今因明中後同異支。準西方云達利瑟致案多。(Dṛṣṭānta) 此云見邊。爲順此方故義言喩。」

【播輸鉢多】（流派）Pāśupata 又曰波輸鉢多、塗灰外道也。玄應音義二十二曰、「波輸鉢多。此塗灰外道名也。遍身塗灰、髮則有剃不剃。衣纔蔽形。但非赤色爲異耳。專魔醯首羅天者也。」同二十四曰、「播輸鉢多。亦作波輸。」俱舍光記九曰、「播輸鉢多外道。此云牛主。謂事天主摩醯首羅天乘牛而行。故云牛主。此外道學彼天法。從彼爲主。故名牛主。此外道持受頂上持一髻子。身體塗灰。」唯識述記一本曰、「有外道云播輸鉢多。翻爲獸主。如一瞿聲。別目於牛。通名於獸。但言牛主者未善方言。非但與牛爲主故。如伏犧等。」

【撥非】（雜語）禪家謂俗氣爲撥非。

【撥草參玄】（術語）見次項。

【撥草瞻風】（術語）又曰撥草參玄。撥無明之荒草、瞻望佛祖之玄風也。又涉險路、瞻仰知識之德風也。洞山錄曰、「此去澧陵攸縣石室相連。有雲巖道人。若能撥草瞻風。必爲子之所重。」無門關曰、「兜率悅和尚。設三關問學者。撥草參玄。只圖見性。」碧巖十七則評唱曰、「古人行脚結交擇友。爲同行同伴。撥草瞻風。」同種電鈔曰、「涉險路瞻仰知識之德風也。」

【撥無】（術語）見次項。

【撥無因果】（術語）撥者、絕也、除也、除遣爲無其事、謂之撥無。撥無因果者、否定因果之道理也、是五見中之邪見也。地藏十輪經七曰、「撥無因果斷滅善根。」楞嚴經九曰「撥無因果一向入空。」廣百論釋五曰、「若無善惡者苦樂亦無是則撥無一切因果。」俱舍論十七曰、「緣何邪見能斷善根。謂定撥無因果邪見。」慧琳音義七十二曰、「左傳云撥猶絕也考聲云撥却也除也。」

【撥遣】（術語）又曰發遣眞言法修法事已解界之後奉送召請之佛於本宮又奉還自心所觀之佛於心內本土謂之撥遣。輪王經二曰、「合掌頂禮依方撥遣。」又釋迦如來使此土之衆生往生彌陀之淨土謂之發遣觀經玄義分曰「仰惟釋迦此方發遣。彌陀即彼國來迎。」

【彈多】（雜名）見憚哆條。

【彈多落迦】（地名）Dantaloka-giri 山名舊稱曰檀特山西域記二曰、「彈多落迦山舊曰檀特訛也。」見檀特條。

【彈多掘瑟搋】（物名）見憚哆家瑟詫條。

【彈宅迦】（人名）Daṇḍaka 譯曰治罰王名二十唯識述記下曰、「彈宅迦者眞諦云檀陀柯此云治罰治罰罪人處也今罰罪人尙置其內中阿含云是王名也。」

【彈宅迦林】（地名）爲彈宅迦王所領有故曰彈宅迦林昔有仙人名摩燈伽得五通入山禪坐其妻有容色侍仙奉食彈宅迦王遊行入山將妻還曰仙旣離欲何用妻爲仙大忿雨大石壓殺國王及國人彈宅迦林遂爲空墟見二十唯識述記下飾宗記三末。

【彈指】（雜語）經中有三意一爲許諾行事鈔下三之三曰、「增一云如來許諾或默然或儼頭或彈指。」一爲歡喜法華經神力品曰「一時謦欬俱共彈指」法華文句十曰「彈指者隨喜也」一爲警告嘉祥法華義疏十一曰「爲令覺悟是故彈指」又（雜語）時名戒疏二下曰、「僧祇云二十念爲瞬二十瞬爲彈指。」

【彈指頃】（雜語）一彈指之頃觀無量壽經曰「如彈指頃卽生彼國」

【隣近釋】（術語）六合釋之一。謂二體聚集一處就其中之强物而立名也如所謂四念處念處之體雖爲慧而其時相應而起之念心所力爲强故名爲念處是卽爲隣近釋也。

【隣阿伽色】（術語）見阿迦色條附錄。

【隣珍】（譬喩）隣家之珍寶也。以喩於己無益。

【隣單】（雜語）己之單位左右也。以小紅紙片題衆僧之名、貼於各位上、謂之單。有己名單之位謂之單位

【隣智】（術語）隣似佛之智慧、謂等覺之智慧也。唯識述記序曰、「具體隣智。演

贖鉤深。」

【隣虛】（術語）又曰隣虛塵。新譯曰極微色法之最極少分、隣似虛空者。此爲色法之根本。勝論外道謂此隣虛於三災劫末時亦不壞、分散於虛空而常住。佛敎之小乘有部宗雖立極微爲實有、然以爲因緣所作、業力盡極微亦壞。故明爲無常生滅。是內外道之區別也。楞嚴經三曰「汝觀地性。麤爲大地、細爲微塵、至隣虛塵。」百論序疏曰「外道計隣虛無十方分、圓而是常。（中略）毘曇明亦有隣虛塵、無十方分、具二緣生、故是無常。一因緣二增上緣。」止觀三曰、「如釋論解檀波羅蜜。破外道隣虛云、此塵爲有爲無。若有極微色則有十方分。若無極微色則無十方分。」

【隣虛塵】（術語）見前項。

【隣極】（術語）隣似佛之極果也。謂舍利弗等之大弟子。三論玄義曰、「隣極亞聖名舍利弗。」

【隣圓】（術語）隣近圓滿妙覺之位、即等覺之證也。法華文句會本十曰、「憎道彌高、損生彌盡。隣圓際極、唯一生在。」同記曰、「言隣圓者、圓謂圓滿、近於滿位、隣妙覺也。」

【澄什】（雜名）晉之神僧佛圖澄與姚秦之譯師鳩摩羅什也。

【澄觀】（人名）唐代州五臺山清涼寺澄觀、嗣賢首、弘華嚴宗。初居五臺山大華嚴寺、作新華嚴經疏二十卷。自興元元年正月至貞元三年十二月而畢功。四年正月寺主賢林請講新疏。七年河東節度使復請使於崇福寺講新疏。德宗下詔入都、使與罽賓般若三藏譯四十華嚴經。譯成、詔使作疏。師於終南草堂寺編成十卷進呈。天和年中寂、壽七十餘。初德宗誕節、講經於內殿、以妙法清涼帝心。遂賜號清涼法師、禮爲敎授和上。元和五年。憲宗問華嚴法界之旨、豁然有得、加號大統清涼國師。師身長九尺四寸、垂手過膝、歷九朝、爲七帝之門師。師去賢首百餘年、遙稟其旨。所著疏記四百餘卷、宰相裴休奉勅作碑。見宋高僧傳五、佛祖統紀二十九。

【潮音洞】（地名）普陀山志一曰、「潮音洞在普濟寺左龍灣之麓、金沙盡處。巖石叢起、沙中廣至畝餘、齒齒然不可容足。從崖至洞脚高二十餘丈、歧處如門穹上。虛下、皆若漏屋。朝山士女向洞叩拜、大士現身不一。隨誠所感。康熙三十八年、御書潮音洞額賜掛。」

【潤生】（術語）煩惱有分別起與俱生起二種。依邪師邪敎邪思惟之三緣而故起、謂之分別起。習爲性、自然而起、謂之俱生起。八識中意識爲主起此二種。分別起之煩惱、造善惡之業、俱生起之煩惱、潤其業種而使受生、謂之潤生。俱生起之煩惱、起於臨終之時即自體愛境界愛當生愛之三愛是也。見愛條出於唯識論八百法問答鈔四。

【九品潤生】（名數）三界九地俱生之煩惱、（即修惑）各有九品其中欲惑九品之修惑有潤七生之作用因而建立一來不還之二果。

欲惑
- 上品
  - 上上品　二生
  - 上中品　一生
  - 上下品　一生
- 中品
  - 中上品　一生
  - 中中品　半生 ┐一生
  - 中下品　半生 ┘

斷之終則爲一來果。

- 下品
  - 下上品　半生 ┐
  - 下中品　　　　├一生
  - 下下品　半生 ┘

斷之已、則爲不還果九品七生相對則上三者爲四生中三者爲二生下三者爲一生更分別之則上上爲二生、上中、上下、共爲二生。如中三品亦然中上爲一生中中、中下、共爲一生下三品亦然下上品爲半生下中品下下品共爲半生因而可隨惑之强弱而知潤生之勢力增減此一生者人天各一生半生者又曰小生人或天之一生也故爲十四生。更分別生有與中有則爲二十八生以七之數等故謂爲七生猶言七葉樹七處善問第六識相應俱生之煩惱自無始即在一切有情身中潤生無窮何限七生耶答曰是惟謂入於聖位而俱生之煩惱勢力非言以前入於見道則其身成就無漏之聖道故俱生之煩惱抑於彼聖道勢力僅限七生也見了義燈一俱舍光記八。

【潤生業】（術語）謂其業爲潤迷界之生之原因者。

【潤業】（術語）以俱生起之煩惱、潤漑已造之業使生苦果也。謂以俱生起之煩惱、潤漑、必生苦果之善惡業。見潤生條。

【溈山】（人名）唐潭州溈山禪師、名靈祐福州長谿人年十五出家在杭州龍興寺究大小乘教年二十三遊江西參百丈海禪師、究明心法往溈山搆梵宇值武宗毀釋裹頭隱於民大中初裴休請師還溈山連帥李景讓奏額曰同慶寺禪會殊盛。敷揚宗教四十餘年大中七年寂壽八十三勅諡大圓禪師師嗣百丈海海嗣馬祖一見傳燈錄九、會元八稽古畧三。

【溈山侍立百丈】（公案）「溈山五峯雲巖同侍立百丈百丈問溈山併却咽喉唇吻作麼生道溈山云却請和尚道丈云我不辭向汝道恐己後喪我兒孫」見碧巖集第七十則。

【溈山擧米】（公案）「溈山嘗擧一粒米曰百千萬粒從這一粒生此一粒從何處生自曰此一粒莫不輕」見葛藤集下。

【溈山業識】（公案）「溈山問仰山。忽有人問一切衆生但有業識茫茫無本可據。子作麼生驗。仰云若有僧來。卽召云某甲。僧回頭。乃云是甚麼。待伊擬議向道非唯業識茫茫。亦乃無本可據。溈云善哉。」見從容錄三十七則。

【溈山摘茶】（公案）「溈山與仰山摘茶次。溈云終日只聞子聲。不見子形。仰遂撼茶樹。溈云子只得其用。不得其體。仰云和尚只得其體。不得其用。溈云放子三十棒。」見宗門葛藤集上。

【溈山警策】（書名）一卷、溈山靈祐著。註釋數種。如下。溈山警策註一卷宋守遂註。溈山警策指南一卷明道霈述。溈山警策句釋記二卷明弘贊註開詞記。溈山警策注一卷明大香註。

【溈仰宗】（流派）禪宗五家之一。唐潭州溈山禪師名靈祐、嗣法於百丈海禪師。江西仰山禪師名慧寂、嗣法於溈山。師資相承、別爲一流。法道甚盛。遂有溈仰宗之名。見稽古畧三。

【嘞里】（異類）夜叉名。又作訶利。譯曰獅子。孔雀王咒經上曰「訶利。梁云獅子。」大孔雀王咒經曰、「嘞里。」

【嘞里雞舍】（異類）夜叉名。又作訶利枳舍。譯曰獅子髮。孔雀王咒經上曰、「訶利枳舍。梁云獅子髮。」大孔雀王咒經曰、「嘞里雞舍。」Harikeśa

【幢】（物名）梵名馱縛若、Dhvaja又曰計都。Ketu譯曰幢。爲竿柱高出以種種之絲帛莊嚴者。藉表麾羣生、制魔衆。而於佛前建之。或於幢上置如意寶珠。號之爲與願印、寶生如來或地藏菩薩之三昧耶形也。大日經疏九曰「梵云馱縛若。此翻爲幢。梵云計都。此翻爲旗。其相稍異。幢但以種種雜色絲幖幟莊嚴。計都相亦大同。而更加旒旗密號。如兵家畫作象龍鳥獸等種種類形。以爲三軍節度」演密鈔五曰、「釋名曰幢者童也。（童獨也）其貌童童然。卽軍中獨出之謂也。」

【幢相】（衣服）解脫幢相之畧、袈裟之異名。

【幢幡】（物名）幢幡皆爲旌旗之屬。梵語馱縛若、Dhvaja譯曰幢。梵語波吒迦、Pataka譯曰幡。竿柱高秀。頭安寶珠。以種種之綵帛莊嚴之者曰幢。長帛下垂者曰幡。又自幢竿垂幢曰幢幡。觀無量壽經曰、「幢幡無量寶蓋。」瑜祇經拾古鈔上曰、「幡者懸於龍頭之幢也。旗竿頭安寶珠云幢。旗幡竿頭置龍頭云金剛幡也。」參照幢條。

【幡】（物名）旛之省寫。詳見旛條。

【幡刹】（物名）沙門得一法、建旛告遠、曰刹竿。故寺中恒有之。南唐近事曰、馮僎一夕夢登崇孝寺幡刹頂高處打方響。

【幡蓋】（物名）幡與蓋也。齊書曰、「禁民間華僞雜物。不得用紅色爲幡蓋」岑參詩曰、「焚香如雲屯。幡蓋珊珊垂。」

【憍】（術語）恃自己之盛事而心高傲也。唯識論六曰、「云何爲憍。於自盛事深生染著。醉傲爲性。」

【憍尸】（衣服）衣名。見憍奢耶條。

【憍尸迦】（天名）Kauśika 又曰憍支迦。帝釋之姓。雜阿含經四十曰、「比丘復白佛言。世尊何因何緣。釋提桓因復名憍尸迦。佛告比丘。彼釋提桓因本爲人時。爲憍尸族姓。以是因緣故。彼釋提桓因復名憍尸迦。」智度論五十六曰、「昔摩訶陀國中有婆羅門。名摩訶。姓憍尸迦。有福德大智慧。知友三十三人。共修福德。命終皆生須彌山頂第二天上。摩伽婆羅門爲天主。三十二人爲輔臣。以三十三人故。名爲三十三天。喚其本姓。故言憍尸迦。」法華玄贊二曰、「過去字憍尸迦。此云蠒兒。名阿摩揭陀。此云無害毒。卽摩揭陀國過去帝釋修因之處。用爲國名。」

【憍坑】（術語）憍慢之深坑。智度論十八曰、「勝者墮憍坑。負者墜憂獄。」

【憍拉婆】（界名）八中洲之一。譯曰有勝邊。見俱舍光記十一。梵 Kaurava

【憍矩胝】（流派）譯曰雞胤。小乘二十部之一。見雞胤部條。

【憍梵】（人名）憍梵波提之畧。比丘名。

【憍梵波提】（人名）Gavāṃpati 又作憍梵鉢提。迦梵波提。笈房鉢底。比丘名。譯曰牛呞。牛王。牛相等。解律第一。法華文句二上曰、「憍梵波提。此翻牛呞。無量壽稱牛王。增一云牛跡。昔五百世曾爲牛王。牛若食後恒事虛哨。餘報未夷。嘍嘍常嚼。時人稱爲牛呞。」法華玄贊一曰、「梵云笈房鉢底。此云牛相。憍梵波提訛也。過去因摘一莖禾數顆墜地。五百生中作牛償他。今雖人身。尙作牛蹄牛呞之相。因號爲牛相比丘。」

【憍梵波提常在天上】（傳說）於過去世爲雁時。以供養雁王之功德。今生爲羅漢後。常在天上。文句二上曰、「昔五百雁一雁常得花果。供於雁王。佛一夏受阿耆達王請。五百比丘皆食馬麥。而憍梵波提獨在天上尸利沙園。受天王供養。增一云。樂在天上。不樂人間者。牛跡比丘第一。」

【憍梵波提入水定涅槃】（傳說）智度論二曰、「佛旣入滅。摩訶迦葉欲結集三藏。議言誰能結集毘尼法藏者。長老阿泥盧豆言。舍利弗有好弟子。名憍梵波提。能知毘尼法藏。今在天上尸利沙樹園中住。可遣使請來。迦葉便遣下座比丘。召憍梵波提。比丘至天上。傳迦葉意。憍梵波提語比丘言。召我佛日滅度耶。比丘言。實如所言。大師佛巳滅度。憍梵波提言。佛滅度大疾。世間眼滅。能逐佛轉法輪、將我和上舍利弗、今在何所。答曰、先入涅槃。憍梵波提言大師法將各自別離、當奈何。摩訶目犍連今在何處。比丘言是亦滅度。憍梵波提言佛法欲散、大人過去、衆生可憐。(中畧)我失離欲大師、於是尸利沙樹園中住亦何所爲。我和上大師皆已滅度、我今不能復下閻浮提、住此入涅槃。說是言已、入禪定中踊在虛空、身放光明、又出水火、手摩日月、現種種神變、自心出火燒身、身中出水四道流下、至大迦葉所、水中有聲說此偈言、憍梵波提稽首禮、妙衆第一大德僧、聞佛滅度我隨去、如大象去象子隨。」此偈名水說偈(一本有四偈誤)

【憍陳如】(人名)　與次項同。

【憍陳那】(人名)　Kāuṇḍinya　巴 Koṇḍañña　舊稱憍陳如。亦曰拘隣。尊者之姓。譯曰火器、了本際。玄應音義二十四曰、「憍陳那。舊云憍陳如訛也。此云火器。是姓也。阿若是名。亦云初智。以最初悟無生而得智由本願也。」五比丘之筆頭人。初釋尊出家求道、淨飯王命供奉共爲苦行。後釋尊觀破苦行於成道無効而棄之、彼以此爲釋尊破戒墮落、與他四比丘共去、後於波羅捺國鹿野園受釋尊教化、爲弟子。卽佛最初之弟子也。

【憍奢耶】(衣服)　Kāuśeya　又作憍舍耶、憍尸、高世耶。絹衣名。取野蠶繭之絲所作之衣。西域記二曰、「憍奢耶者野蠶絲也。」玄應音義一曰、「憍奢耶。此譯云蟲衣。謂以野蠶絲綿作衣也。應云俱舍。此云藏。謂蠶藏在繭中。此卽野蠶也。」慧琳音義二十五曰、「憍奢耶。五分律云。野蠶所作綿。撚織爲衣。」行事鈔中之二曰、「憍奢耶者。絲中微者。蠶口初出名忽。」七佛經作「憍尸衣。」參照高世耶條。

【憍睒彌】(地名)　與憍賞彌同。國名。見俱睒彌條。

【憍賞彌】(地名)　見俱睒彌條。

【憍都褐羅】(菩薩)　菩薩名。大日經疏十三曰、「憍都褐羅。譯謂除疑也。或除垢也。當斷一切衆生疑惑。故以爲名也。」梵 Kautūhara

【憍慢】(術語)　煩惱名。五上分結之一。自高凌物之心也。大乘義章五末曰、「自舉凌物稱曰憍慢。」俱舍論四曰、「慢對他心舉。憍由染自法。心高無所顧。」大集經二十曰、「摧憍慢山。拔生死樹。」

【憍慢僻說戒】(術語)　四十八輕戒之第二十三。誡恃自己之智解勢力、有來問經律深旨者、以輕慢心、不善答之、故隱沒義理、倒說法相者。是爲制乖於敎訓之道之戒。通於大小二乘、道俗七衆。法藏謂爲輕新求學戒、太賢謂爲輕蔑新學戒、今依天台。出於菩薩戒義疏下、梵網經本疏三等。

【憍慢不請法戒】(術語)　四十八輕

戒之第二十二誡。未有所解、憍慢不遜、恃自已之智力或地位權勢財力等、反輕侮精通一切經律學德衆優之師家、不諮受法者、是爲制乖於傳化之益之戒。通於大小二乘、道俗七衆。但小乘不請於五夏之內、卽爲得罪、大乘則不問其時限。此雖與第六不供給請法相似、然彼制懈怠不請、此在誡憍慢不請、制意不同也。法藏太賢皆謂爲慢人輕法戒。今依天台。

【曇彌】(人名) Gautami 巴 Gotami 新稱喬答彌。舊稱憍曇彌、俱曇彌、瞿曇姓之女聲。佛姨母摩訶波闍波提之稱。嘉祥法華疏九曰「憍曇是姓、翻爲泥土。彌者女也。」慧琳音義二十五曰、「彌者是女聲、爲是佛姨母、故以女聲呼之也。」法華玄贊九曰、「梵云喬答摩。此云日炙種。亦云甘蔗種。男聲中呼佛。是釋迦姓之本望也。今云喬答彌。於女聲中呼日炙甘蔗種。是佛母故以彌聲呼。訛云憍曇彌。」文句二上曰、「波闍波提。此翻大愛道。亦云憍曇彌。此翻衆主。」

【憍曇彌育佛】(故事) 佛母生佛後、七日而命終。姨母代養之。因果經一曰、「太子旣生。始滿七日。其母命終。(中略)爾時姨母摩訶波闍波提。乳養太子。如母無異。」佛本行集經十一姨母養育品曰、「時淨飯王。見其摩耶國大夫人命終之後。卽便喚召諸釋種親年德長者。皆令雲集而告之言。汝等眷屬。並是國親。今是童子嬰孩失母。乳哺之寄。將付囑誰。(中略)淨飯王卽將太子付囑姨母摩訶波闍波提。以是太子親姨母故。而告之言。善來夫人。如是童子。應當養育。善須護持。應令增長。依時澡浴。」大愛道般泥洹經曰、「阿難言。我自念摩訶卑耶和題俱曇彌於佛有阜恩。佛母壽終時。摩訶卑耶和題俱曇彌乳養長大佛。」

【憍曇彌授記】(故事) 於法華經勸持品受未來成佛、號爲一切衆生喜見如來之記別。

【憍薩羅】(地名) Kosala 又作拘薩羅、拘娑羅、居薩羅。譯曰工巧。或無鬥戰。南印度古王國名(西域記作中印度)。法顯傳所謂達嚫國。卽此地也。對於北憍薩羅而謂之爲南憍薩羅、又號爲大憍薩羅。龍樹菩薩嘗住此國、爲娑多婆訶王所歸敬。於跋邏末羅山營造五層大伽藍。首府之位置不明。見西域記十、玄應音義二十二、慧琳音義十等。図中印度古王國名。對於南憍薩羅而謂之爲北憍薩羅。十六大國之一。首府卽舍衞城。佛久住之。法顯傳所謂拘薩羅國舍衛城是也。

【德士】(雜名) 僧之異名。釋門正統四曰、「唐宣和元年。詔革釋氏爲金仙。菩薩爲大士。僧爲德士。」宋費袞梁谿漫志曰、宣和庚子改僧爲德士。饒德操已爲僧。因作改德士頌。末二首云、衲子紛紛惱不禁。倚松傳與法安心。餅盤釵釧形雖異。還我從來一色金。小年曾著書生帽。老大當簪德士冠。此身無我亦無物。三教從來處處安。

【德生】（人名）童子名。善財童子所參五十三知識之一。

【德叉迦】（異類）Takṣaka 龍王名。法華經所列四龍王之一。法華文句二曰「此云視毒。亦云多舌。或云兩舌」同玄贊二曰「此云多舌。舌有多故。或由嗜語。故名多舌也」

【德叉尸羅】（地名）國名。見阿育條。

【德山】（人名）唐朗州德山院釋宣鑑。姓周氏。劍南人。幼出家。深明經律。最達金剛經。時稱為周金剛。不信南方禪宗之道。山欲破碎之。負金剛經疏鈔到澧州。見一婆子賣油糍。欲買之作點心。婆指其擔云。這箇是甚麼。師曰。金剛經疏鈔。婆云。我有一問。若道得。我當供上座油糍。若道不得。別處買去。師云。但問。婆云。經中道過去心不可得。未來心不可得。現在心不可得。上座欲點那個心。師無語。婆遂指使去參龍潭。直之澧州龍潭寺至法堂。曰。久聞龍潭。到來潭又不見。龍又不現。龍潭和尚引身屏風後云。子親到龍潭矣。師無語。一夕侍立。久潭云。更深何不下去。師便出。却回云。外面黑。潭點紙燭度與之。師擬取。潭即吹滅之。師當下大悟禮拜。翌日悉焚經疏。辭抵溈山。復還住澧陽三十年。遭武宗廢教。隱獨浮山石室。宣宗大中初。武陵刺史薛延望堅請居德山。其道峻嶮。棒殺天下衲子。咸通六年寂。壽八十四。見宋高僧傳十二。傳燈十五。會元七。

【德山托鉢】（公案）雪峯在德山作飯頭。一日飯遲。德山托鉢至法堂。峯曬飯巾次。見德山云。這老漢。鐘未鳴。鼓未響。托鉢向什麼處去。德山便歸方丈。峯舉似巖頭。巖頭云。大小德山。未會末後句。山聞。使侍者呼巖頭來。問曰。汝不肯老僧耶。巖頭密啓其意。德山至來日上堂。果與尋常不同。巖頭至僧堂前。打掌大笑云。且喜老漢得會末後之句。他後天下人不奈伊何。見會元巖頭章。無門關。

【德尸羅】（地名）Takṣaśilā 城名。付法藏傳六曰「德叉尸羅城」。闍夜多比丘度餓鬼之處。

【德天】（天名）功德天女也。涅槃經聖行品說功德天女黑闇天女之譬。

【德王觀音】（菩薩）三十三觀音之一。趺座岩上。左手按膝。右手持綠葉之枝。

【德本】（術語）猶言善根。德者善也。本者根也。諸善萬行之功德。為佛果菩提之本者。法華經序品曰「於諸佛所植眾德本」。無量壽經上曰「消除諸漏。植眾德本」。圓德中之根本也。依是義而彌陀之名號名為德本。無量壽經上曰「係念我國。植諸德本」。教行信證六本曰「德本者如來德號。此德號者一聲稱念至德成滿衆禍皆轉十方三世德號之本故曰德本也。」

【德田】（術語）阿羅漢及如來等也。以是能具諸勝功德及供養之則生勝功德故也。田者能生之義。倶舍光記十八曰、「德田謂餘阿羅漢僧及如來具諸勝功德。及能生他勝功德故。」

【德母】（術語）功德之母也。猶言德本。華嚴經曰「信道元爲功德母」。廣弘明集序曰、「信爲德母。智是聖因。」

【德行】（術語）所成之善謂爲德。能成之道謂爲行。卽功德與行法也。又具足功德之行法也。三學六度是也。仁王經上曰、「有十億七賢居士德行具足。」

【德行品】（經名）無量義經之品名、品中明阿羅漢與菩薩及佛之德與行。

【德風】（術語）極樂之淸風具萬德者。無量壽經上曰「自然德風起微動其餘風調和不寒不暑溫涼柔軟不遲不疾。」

【德香】（術語）謂德之譬如香也。無量義經曰「道風德香熏一切」。無量壽經下曰、「流布萬種溫雅德香。」

【德瓶】（物名）又名賢瓶、善瓶、吉祥瓶、如意瓶等。人若祈天神而感得此瓶則所須如意自瓶中出云。智度論十三曰、「持戒之人無事不得。破戒之人一切皆失。譬如有人常供養天得德瓶。」法華玄贊二曰、「智度論戒爲德瓶。」

【德海】（術語）功德之弘大如海也。最勝王經十曰、「我今略讚佛功德。於德海中唯一諦。」敎行信證序曰「大聖一代敎無如是方德海。」

【德華】（人名）見賢劫條附錄。

【德缾喻】（譬喻）又云吉祥瓶。見瓶條附錄。

【德無垢女經】（經名）一卷、元魏瞿曇般若流支譯。大寶積經二十三、無垢施菩薩應辯會第三十三之異譯。

【德號】（術語）功德圓滿之名號也。指彌陀之六字名號。稱讚淨土經曰、「不可思議功德名號。」

【德慧】（人名）見十六論師條。

【德護】（人名）梵名室利毱多、又曰尸利崛多Śrigupta 那連提黎耶舍譯曰德護。玄奘譯曰勝密。王舍城之長者也。受外道之勸、造火坑於門內、置毒藥於食中。請佛欲害之。佛知而至其家、現大神力。長者見神力、慚愧懺悔。佛卽授長者月光等以大菩提之記。見佛說德護長者經、西域記九。

【德護長者經】（經名）二卷、隋那連提黎耶舍譯。

【徹心明】（術語）五相第一通達本心之眞言也。蓮華部心軌曰、「諸佛同音言。汝應觀自心。既聞是說已。如敎觀自心。久住諦觀察。不見自心相。復想禮佛足。白言最勝尊。我不見自心。此心爲何相。諸佛咸告言。心相難測量。授與心眞言。卽誦徹心明。觀心如月輪。若在輕霧中。如理諦觀察。眞言曰唵。質多鉢羅底吠鄧迦嚕（引）弭。

【徹見十方願】（術語）阿彌陀佛四十八願中第三十一願。願使彼國土淸淨照見十方世界也。無量壽經上曰、「設我得佛。國土淸淨。皆悉照見十方一切無量無數不可思議諸佛世界。猶如明鏡覩其面像。若不爾者不取正覺」願名諸師不同。望西樓鈔四曰、「第三十一國土淸淨願（中略）眞源云徹見十方願」

【徹悟】（人名）淸代乾嘉時人。名際醒。字徹悟。一字訥堂。京東豐潤縣人。俗姓馬氏。投三聖菴榮池老宿薙髮。於性相二宗三觀十乘之旨。靡不通達。乾隆三十三年冬。參廣通粹如純翁。乃印心焉。是爲臨濟三十六世。磬山七世也。嘗慕永明延壽禪師之爲人。遂棲心淨土。主張蓮宗。日限尺香晤客。過此惟禮拜持念而已。師每當說法。如瓶瀉雲興。辯才無礙。蓮宗之風大扇。當時爲法門第一人。嘉慶十五年十二月十七日。西向合掌端坐念佛。見佛垂引而化。年七十歲。所著有示禪教律。念佛伽陀。行於世。見徹悟語錄下。

【衛世師】（流派）又曰鞞世師。新稱吠世史迦 Vaiśeṣika 譯曰勝。古仙所造之論名。成劫末人壽無量歲時。有外道出世。名嗢露迦。譯曰鵂鶹。又號羯拏僕。譯曰食米齋。此人多年修道。成就五通。證六句義爲宗。因而造論。名吠世史迦。此譯曰勝論。以諸論無匹故也。以彼爲勝論之師。故亦稱勝論師。其後者有慧月、更加四句義爲十句義。十句義論是也。玄應音義十曰、「衛世師。此語訛略也。應言鞞崽迦。論此云勝。其論以六句義爲宗。舊云六諦」慧琳音義二十六曰、「衛世師此云無勝。外道論也」唯識述記一末曰、「吠世史迦。此翻爲勝。造六句論。諸論罕匹。故云勝也。或勝人所造。故名勝論。舊云衛世師。或云鞞世師。皆訛略也（中略）多年修道。遂獲五通。謂證菩提。便欲入滅。但嗟所悟未有傳人。愍世有情癡無慧目。乃觀七德。授法令傳。一生中國。二父母俱是婆羅門姓。三有般涅槃性。四身相具足。五聰明辯捷。六性行柔和。七有大悲心。經無量時。無具七者。後住多劫。波羅痆斯國有婆羅門。名摩納縛迦。此云儒童。其儒童子名般遮尸棄。此云五頂。頂髮五旋。頭有五角。其人七德雖具。根熟稍遲。旣染妻孥。卒難化度。經無量歲。伺其根熟。後三千歲。因入戲園。與其妻室競華相忿。鵂鶹因之乘通化之。五頂不從。仙人且返。又三千歲。化又不得。更三千年。兩競尤甚。相厭旣切。仰念空仙。仙人應時神力化引。騰空迎往所住山中。徐說所悟六句義法。一實。二德。三業。四有五同異六和合(中略)後其苗裔名爲慧月立十句義。」

【標月】(術語)標者表也。經文譬之表示月之指。謂之標月。圓覺經曰「修多羅敎如標月指。若復見月。了知所標畢竟非月。」

【標領】(術語)秀於物而爲標幟首領也。高僧傳六(僧叡傳)曰「姚興問嵩叡公何如。嵩答實鄴衛之松栢。興敕見之。(中略)與後謂嵩曰乃四海之標領。何獨鄴衛之松柏。」

【標幟】(術語)一作幖幟。標者表也。又旌旗也。標幟者彰表之義。眞言之法以身印器具等彰表如來內證之德。大日經五曰、「秘密主有造漫荼羅聖尊分位種子標幟。汝當諦聽善思念之。」同疏四曰「種種世諦門皆是法界幖幟。」同演密鈔九曰、「標幟者彰表之義也。謂彰表如來內證之德也。」玄應音義二十五曰、「幖幟通俗文徽號曰幖。私記曰幟。字皆從巾。或從木作標。謂以木爲標。標而記之。此亦兩通。」

【槽廠】(雜名)馬房也。六祖壇經曰、「五祖云這獦獠根性大利。汝更勿言著槽廠去。慧能退至後院。有一行者差慧能破柴踏碓。」

【樓】(雜名)十八地獄之一。見地獄條附錄。

【樓由】(佛名)又作樓至。佛名。見樓至佛條。

【樓至】(佛名)又作盧至、佛名爲樓至。長者名爲盧至。見樓至佛及盧至長者條。

【樓至佛】(佛名)Rucika 又作盧至佛、樓由佛、盧遮佛。賢劫千佛中最後之佛也。譯曰愛樂佛。或啼哭佛。玄應音義二十一曰、「盧至佛舊言樓至佛。此云可愛樂。最後佛也。」慧琳音義十一曰、「樓由亦名樓至。皆梵語訛也。」同十八曰、「盧至古云樓至。唐云愛樂。卽此賢劫中第一千佛。劫末後成佛。卽今之執金剛神是也。亦名密迹金剛。」嘉祥法華義疏十二曰、「樓至此云啼哭佛。」大部補註五曰、「樓至此云啼泣。又曰盧遮。亦云魯支。此翻愛樂。」

【樓夷亘羅佛】(佛名)Lokeśvara-rāja 世自在王佛之梵名。無量淸淨平等覺經上曰、「有過去佛名錠光如來。(中略)復次有佛名樓夷亘羅。」或翻爲世饒王佛。無量壽經上翻爲世自在王如來。

【樓佉】(人名)Ulūka 優樓佉之畧。外道名。見優樓迦條。

【樓陀】(天名)天名。譯曰可畏。見慧琳音義二十六。梵 Rudra

【樓陀羅】(天名)Rudra 見魯達羅條。

【樓毘】(地名)園名。見嵐毘尼條。

【樓炭】（雜語）名義集三曰、「此翻成敗」世界之成壞也。

【樓炭經】（經名）大樓炭經之略名。六卷西晉法立譯記世界之成壞者卽長阿含第四分世起經也隋闍那崛多譯之謂爲起世經。隋梵摩笈多譯之謂爲起世因本經。

【樓閣正法甘露鼓經】（經名）一卷、趙宋天息災譯佛依阿難之問廣說曼拏羅乃至作像之功德廣大。

【樓黎】（人名）瑠璃王、一作樓黎王。

【瞋】（術語）又云瞋恚三毒之一。梵曰訖羅馱。Krodha 於苦與苦具憎恚謂之瞋使身心熱惱起諸惡業者唯識論六曰、「云何爲瞋於苦苦具憎恚爲性（中略）瞋必令身心熱惱起諸惡業」大乘義章五本曰、「忿怒爲瞋」遺敎經曰、「瞋心甚於猛火常當防護無令得入劫功德賊無過瞋恚」決定毘尼經曰、「寧起百千貪心不起一瞋恚。以違害大慈莫過此故。」往生要集中曰、「或處經云能損大利無過瞋一念因緣悉焚滅俱胝廣劫所修善。」（同指髦鈔曰未知何說）

【瞋火】（術語）瞋恚之熱惱譬如火、謂之瞋火萬善同歸集五曰、「慈雲旣潤瞋火潛消。」

【瞋心】（術語）三毒之一。瞋恚之心也。三毒中此爲最惡資持記下四之一曰、「華嚴云一念瞋心起百萬障門開。又云、一念起瞋殃墮無間」

【瞋心不受悔戒】（術語）顯敎十重戒之一。

【瞋斗㖃地】（雜語）瞋者忿怒、斗者獰視、㖃者怒號聲、地者助字。赫怒之狀。

【瞋毒】（術語）三毒之一。

【瞋病】（術語）三病之一。

【瞋恚】（術語）三毒之一。

【瞋恚火】（譬喩）瞋恚之熱惱如火、謂之瞋恚火。又瞋恚能燒盡一切之功德、故譬之於火。增一阿含經十四曰、「諸佛涅槃汝竟不遭遇皆由瞋恚火。」

【瞋恚心】（術語）六蔽心之一。見六蔽條。

【瞋恚使】（術語）五鈍使之一。

【瞋恚尸利】（術語）三毒尸利之一。見三毒條。

【瞋恚身縛】（術語）見四縛條。

【瞋習因】（術語）十習因之一。

【瞋想】（術語）三想之一。見三想條。

【瞋業道】（術語）十惡業道之一。見善惡條。

【瞋煩惱】（術語）六煩惱之一。

【瞋縛】（術語）三縛之一。

【瞋覺】（術語）三覺之一。

【瞎屢生】（雜語）瞎者盲目。屢與婁

通、愚也、昧也。生者、指人之稱呼。至愚者謂之瞎屢生。臨濟錄曰「瞎屢生索飲錢有日在。」

【瞎驢】（譬喻）盲目之驢馬。譬至愚也。臨濟錄序曰「正法誰傳瞎驢邊滅。」

【稻田衣】（物名）即水田衣袈裟也。德異壇經序曰、「悉棄罟網褒稻田之衣。」餘見水田衣條。

【稻麻竹葦】（譬喻）譬物之多也。法華經方便品曰、「如稻麻竹葦充滿十方剎。」維摩經法供養品曰、「甘蔗竹葦稻麻叢林。」

【稻稈經】（經名）又曰稻芉經、稻䕡經、稈芉䕡三字禾藁也。有二經。一稻芉經一卷失譯。說十二因緣之法。十二因緣之次第生等於稻芉之由種生芽、由芽生葉等。故取以爲喻。一、慈氏菩薩所說大乘緣生稻䕡喻經一卷、不空譯。與上同本。梵 Śalistambha

【稻䕡喻經】（經名）慈氏菩薩所說大乘緣生稻䕡喻經之畧名。

【羯布羅】（物名）Karpūra 香名。譯曰龍腦香。玄應音義四曰、「羯布羅香。案西域記云。羯布羅香。樹松身異葉。花果亦別。初採既濕。尚未有香。木乾之後。修理而折。其中有香。狀若雲母。色如氷雪。此謂龍腦香者也。」

【羯句村那】（佛名）佛名。見拘留孫佛條。

【羯句摘劍龍】（異類）龍名。大日經疏二曰、「商佉龍。羯句摘劍龍。」

【羯尼迦】（植物）又作迦尼迦、尼迦割羅、尼割迦羅。（尼迦尼割二字顚倒）譯云耳作。印度所產之樹名。參照迦尼迦條。

【羯地羅】（植物）木名。見軻地羅條。

【羯朱嗢祇羅】（地名）國名。在中印度。土地卑濕、稼穡豐饒、崇重學藝、昔戒日王之遊東印度也、於此築宮、理國務。至則葺茅爲宇、去則焚燒之。伽藍六七所、僧徒三百餘人。見西域記十。梵 Kajughil

【羯吒斯】（術語）又曰羯吒私。譯曰貪愛。玄應音義二十二曰、「羯吒斯羯居謁切。謂貪愛之別名也。」俱舍光記九曰、「羯吒私。此云貪愛。亦名血鏤。」梵 Kaṭasi

【羯吒布怛那】（異類）又作竭吒富呾那。譯曰奇臭鬼。見迦吒富單那條。

【羯利】（人名）王名。新稱、竭利。舊稱、哥利。見迦利條。

【羯車婆】（動物）梵語。Kacchapa 譯曰龜。

【羯利沙鉢那】（雜名）又作羯利沙鉢拏、錢量名。見迦利沙波拏條。

【羯拏僕】（人名）Kaṇabhuj 舊稱、蹇尼陀。Kaṇāda 譯曰食米齋。嗢露迦仙人之別名。勝論之祖。唯識述記一末曰、「或名羯拏僕。羯拏云米齊。僕翻爲食。先爲夜遊驚他稚婦。遂收場碾糠粃之中米齊食之。故以名也。時人號曰食米齊仙人。舊云塞尼陀訛也。」

【羯娑】（雜名）Pulkasa Paulkasa Pukkasa 譯曰除糞。見補羯娑條。

【羯毗】（動物）又作羯隨、迦毘。鳥名。譯曰好聲鳥。玄應音義四曰「羯毘或言羯隨。或云迦毘。此皆梵音訛也。此譯云迦毘聲迦羅者好名。為好聲鳥也。」見迦陵頻伽條。

【羯毗迦羅】（動物）又作羯鞞伽羅、羯脾迦羅、鶡鵯迦羅。鳥名。見迦陵頻伽條。

【羯若鞠闍】（地名）Kanyākubja 國名。譯曰曲女城國。中印度。周四千餘里。國之大都城。臨西殑伽河。長二十餘里。廣四五里。名曲女城。玄奘渡天時。戒日王於此開無遮大會。西域記四曰「羯若鞠闍國。唐言曲女城國。中印度境。」

【羯洛迦孫馱】（佛名）佛名。見拘留孫條。

【羯耻那】（雜名）又作羯耻羅、伽絺那。譯曰煮狗人、斷獄官。玄應音義二十三曰、「羯耻那此謂煮狗人。」行瑫之雜集論音義曰「羯耶那。此云殺狗人。」了義燈二本曰、「羯耻羅。此云斷獄官。」瑜伽倫記五下曰、「羯耻那家者。謂旃茶羅。即根本執惡。依執惡家更作極惡。名羯耻那。如屠兒名執惡。執惡執刀杖等。名羯耻那。此即典獄之類。又解。羯耻那家。此名堅勤家。」Khaṭika

【羯耻羅】（雜名）見前項。

【羯栗底迦】（雜名）月名。見迦絺那月條。

【羯茶】（地名）國名。百一羯磨五曰、「羯茶國。此屬佛逝。舶到之時。當正二月。若向師子洲。西南進舶。傳有七百驛。停此至冬。汎舶南上一月許。到末羅逝洲。今為佛逝多國矣。」Kaccha

【羯陵伽】（動物）又作羯餕伽、迦陵伽。譯曰和雅。鳥名。見迦陵頻伽條。

【羯陵伽林】（地名）唯識述記下曰、「羯陵迦者。此云和雅。如彼鳥名。陵字去聲呼也。」

【羯陵伽國】（地名）Kaliṅga 在南印度。周五千餘里。稼穡豐饒。僧徒多學習大乘上座部之法。此國觸五通仙人怒。以咒術殘害國人。今不充實。云見西域記十。

【羯專鉢失遮薄底迦】（雜語）譯曰不重受食。一時受食。再度不受也。飾宗記五本曰「羯專鉢失遮薄底迦。此云不重受食也。此含二義。一者不作餘法而食。二者一時受訖更益不受也。」

【羯絺那】（衣服）譯曰功德衣。見迦絺那條。

【羯瑟那自那】（印相）印象名。譯曰着鹿皮印。見陀羅尼集經四。

【羯摩師】（術語）與羯磨阿闍梨同。

【羯播死迦】（衣服）見七種衣條。

【羯磨】（術語）Karma 譯曰作業。作授戒懺悔等業事之一種宣告式也。以由此宣告文而其事成就故也。行事鈔上一曰、「明了論疏翻爲業也。所作是業。亦翻爲所作。百論云事也。若約義求翻爲辦事。」玄應音義十四曰、「羯磨此譯云作法辦事。優婆離問經作劍暮此梵言之訛也。」慧苑音義上曰、「羯磨此云辦事。謂諸法事由茲成辦也。」此羯磨必具四法。一、法、正舉行之作法也。名之爲秉法。二、事、或犯罪之事、或懺悔之事等、羯磨所行之事實也。三、人、就行羯磨而定之人數也。四、界、行羯磨處之結界也。見行事鈔上一。又其秉法有三種、一、心念法、二、對首法、三、衆僧法。心念法者、事至微小之時、或界中無人雖無衆僧及對首、亦獨發心念境、而明了口言之、則其事成辦。謂之獨秉此心念法。又有三。一、但心念法。唯得自說、界中假令有人。亦不要對之、如懺輕微之突吉羅罪。二、對首心念法。原是對首之法、由界內無人而佛開心念、說淨受藥等之事也。三、衆心法念。原是衆僧法。但界內無人、故開獨秉之心念。二、對首法。對首者對一人已上三人之比丘而說之也。此有二。一、但對首法、爲當分之對首法、故界中有多僧、不要用之、對首於一人乃至三人卽事足也。受三衣等事是也。二、衆法對首、可爲衆僧法者、由界中無人而開對、與前心念同。三、衆僧法、必四人以上秉羯磨、是爲僧所秉、故曰衆僧法。亦云僧秉。（慈恩以三人以上爲衆、南山以四人以上爲衆、）此有三。一單白、或曰白一、Jñaptikarma 巴 Natti（此爲唱言、以爲白一不可也、此實非羯磨之形式、合此唱言與決定之二而羯磨成就、）或事、或常所行、或嚴制、一說告僧事便成也。二白二。Jñapti-dvitiyam Karmavācā 巴 Natti duttiyā Kamma-vācā 由參涉而宜通和。故先爲表白、舉事告知、後舉一羯磨、量處可不也。通於白及羯磨謂之白二。三白四。Jñapti-caturtkaṁ Karma-vācā 巴 Natti-catutthā Kamma-vācā 於受戒懺重等事、先以一白告事使知。後舉三回羯磨、量處可不也。一白三羯磨合爲白四。見行事鈔上一。據上行事鈔之說觀之、則惟心念、似亦成羯磨。但律文所敎之羯磨、非如此簡單自由者。事事必規定一定之形式。前述中惟衆僧法之一、爲眞羯磨。羯磨有一定之形式、亦須一定之人衆。

二十人、出罪羯磨之最少限衆。

十　人、授具足戒之最少限衆。

五　人、自恣與邊地授具足戒之最少限衆。

四　人、爲上記外一切之羯磨時。

此人衆不可以比丘尼、式叉摩那、沙彌、沙彌尼、或得罪者、俗人等加於人數。必取清淨同見之和合僧比丘尼之羯磨、必須比丘之同數者列坐。故爲上數之倍羯磨最重大之要件、在無非法（不具一定之形式者）及無不和合。（同一結界內僧之意見缺一致者）

【二種羯磨】（名數）一、治罪羯磨。比丘犯罪、則大衆作法治定其罪也。二、成善羯磨。比丘有犯戒之罪、許對衆發露、得滅其罪、而成就善根也。見四分律懺六聚法篇。又一、永擯羯磨。佛在世時、若比丘犯罪、不見自過、其性剛強、永無改悔、卽作法白衆、隨卽擯黜、盡此一身、不復再同僧事也。二、調伏羯磨。比丘犯法、未曾懺悔、則凡飲食坐起言語一切僧事、皆不得與衆共之、以使調停攝伏、自能知過改悔、求僧懺。不復犯罪也。見毘尼母論二。

【羯磨曼陀羅】（術語）四曼之一。諸佛菩薩等身體手足動作之形。秘藏記本曰、「羯磨曼陀羅威儀也。謂木像泥等作業之義。」辨惑指南三曰、「羯磨曼陀羅羯磨梵語、此翻事業、謂諸佛菩薩金剛明王天等揚手申足傾頭等諸威儀、取捨屈申行等。」凡四曼之釋有二、一、就木佛畫像釋、一就實體生身釋。秘藏記之釋、但就木佛畫像上釋之。指一繪像之全體、謂之大曼、指其所持之器具、謂之三昧耶曼。指其種子、謂之法曼。指其威儀之姿、謂之羯磨曼。

【羯磨會】（術語）此爲金剛界九會曼陀羅之中央會、亦曰根本會、成身會。此爲示諸尊之本體者、故名成身會。於四曼中爲大曼（爲身相之全體故）然名之爲羯磨會者、以於眞實之人體上作業之義勝故也。秘藏記鈔二說此會中有三十七尊、賢劫千佛、二十天、四執金剛、一千六十一尊。

【羯磨身】（術語）密教對於顯教之法報應三身而立種子、三昧耶、尊形之三身。以尊形名爲羯磨身。種子身爲阿等字、三昧耶身爲獨鈷等器、羯磨身爲諸尊之形體。是由微赴顯、法報應之次第也。但名尊形不以大曼之名、而以羯磨曼者、與成身會謂爲羯磨會同。上已辨之。

【羯磨部】（術語）金剛界五部之一。金剛界五大月輪中、北方名羯磨部。爲衆生垂慈悲、成種種事業之部分也。佛爲不空成就如來（釋迦之別名）智爲成所作智、應形爲鬼神。秘藏記本曰、「爲衆生垂悲愍、成辦一切事業、云羯磨部。」潮音之辯天經略疏一曰、「羯磨部謂諸鬼神咒。」

【羯磨金剛】（物名）法器名。横三股作十字者。於修法用之羯磨者、必以金屬製、謂之羯磨金剛。大日經五曰、「以本性清淨故、羯磨金剛所護持故、淨除一切塵垢、我乃至株杌過患。」疏十六曰、「金剛有二種。一者智金剛、二者業金剛。此梵云金剛羯磨、謂所作事業也。以此金剛業而加持故、得淨除其心地。」金剛頂義決曰「若欲種族得增長。爐內作羯磨印相、謂三股十字形。」此形爲三股與三股相突貫之相、正示金剛杵之作業者。

【羯磨橛】（物名）謂羯磨金剛。

【羯磨印】（印相）無論何尊、結顯其尊威儀之印也。

【軍荼利明王羯磨印】（印相）先舒左手五指、以智押慧之甲、方願力之三指如三鈷之形。右手同作此印。以右押左而交臂。見圖印集三。

【金剛薩埵羯磨印】（印相）左手作金剛拳、置於左胯、右手爲擲金剛杵勢。見圖印集二。

【阿閦如來羯磨印】（印相）左手安於臍、右手垂觸地。見圖印集四。

【寶生如來羯磨印】（印相）左拳置於臍、右手爲施願印。見圖印集四。

【羯磨疏】（書名）四分律刪補隨機羯磨疏之略名、四卷、南山律三大部之一。

【羯磨僧】（術語）四人已上之比丘、居同一結界內、行羯磨之作法者。大乘義章七曰「羯磨僧出家之中具戒比丘四人已上。不簡凡聖。在一界內、於彼百一羯磨之法。同遵不乖、名羯磨僧。」

【羯磨羅】（植物）木名。譯曰香花。翻梵語九曰「竭摩羅。應云犍陀摩。譯曰香花。增一阿含第二十九。」

【羯磨輪】（雜名）見四輪條附錄。

【羯磨文釋】（書名）若薩戒羯磨文釋之略名。

【羯磨戒師】（術語）與羯磨阿闍梨同。是爲授戒時之師、故云戒師。

【羯磨陀那】（職位）Karmadāna 舊稱維那。譯曰授事。寺役名。求法高僧傳上曰「若鳴犍稚及監食者、名爲羯磨陀那。譯爲授事。言維那者略也。」見維那條。

【羯磨阿闍梨】（術語）Karmacārya 授戒三師之一。授戒時讀羯磨文之人。受者請其人而定之。行事鈔上三「請羯磨阿闍梨之文曰、「今請大德爲羯磨阿闍梨。願大德爲我作羯磨阿闍梨。我依大德故、得受具足戒。」

【羯磨波羅蜜】（菩薩）住於金剛界曼荼羅中央如來北方之尊。密號曰妙用金剛。或曰作業金剛。四波羅蜜之一。大日如來之侍女也。聖位經曰「毘盧遮那佛於內心證得羯磨金剛大精進三摩地。智自受用故、成羯磨波羅蜜形、住於毘盧遮那如來左邊月輪。大日如來入北方釋迦如來三摩地、出生此波羅蜜。」

【羯隨】（動物）鳥名。與迦陵頻伽同。釋迦譜五曰、「佛有八種音聲。今海邊有鳥名曰羯隨。其音哀亮。頗似萬一。」見迦陵頻伽條。

【羯諾迦牟尼】（佛名）佛名。見迦那伽牟尼條。

【羯餧伽國】（地名）見羯陵伽條附錄。

【羯霜那】（地名）國名。譯曰史國。以鐵門關接東南之方覩貨羅國。見西域記一。Kasana

【羯濕弭羅】（地名）國名。見迦濕彌羅條。

【羯鞞迦羅】（動物）見迦陵頻伽條。

【羯闍尸利沙】（地名）Gajaśirṣa 又作揭闍尸利沙。山名。譯曰象頭山。舊稱伽耶、伽種。有二處。一在靈鷲山附近、提婆成破僧罪之處。一在佛成道處附近。俱舍光記十八曰、「羯闍尸利沙山。此云象頭山。山頂如象頭。故以名焉。去鷲峯山北可三四里。同一界內。天授住彼。而破僧。（中略）舊云伽耶山者訛也。以羯闍之與伽耶音相近。故謬傳爾。然西方別有伽耶山。去鷲峯山一百五十餘里。非同一界。非破僧處。」開宗記九末曰、「伽種山名。文中錯舉。應言揭闍尸利沙山。此云象頭。以山頂似象頭。故此山在鷲峯山北。可三四里。同一界內。（中略）文言伽種者。梵音相似也。但以譯人謬錯故耳。然彼實有伽種山。此山在鷲峯山東北可一百五十餘里。非同一界。豈得破僧。」見伽耶山條。

【羯藍】（地名）見揭藍婆條。

【羯雞都】（雜名）寶名。慧琳音義四曰、「羯雞都寶。寶名也。此卽水精之異名。其寶色白。小如鵝卵許大也。」梵 Karketana

【羯羅舍】（物名）Kalaśa 又作迦羅舍、羯攞賖。譯云瓶、寶瓶、賢瓶。謂在大壇四方並中央之五個瓶也。於此盛五寶五穀五香五藥二十種之香藥、故名五瓶。見大日疏、蘇悉地經等。

【羯羅那】（植物）豆之一類。食之於人無益。見玄應音義二十三。Kāraṇḍava

【羯羅拏蘇伐剌那】（地名）Karṇa-svarṇa 國名。南印度之境。周四千四五百里。國之大都城二十餘里、人多家富。伽藍十餘所、僧徒二千餘人、習學小乘正量部之法。別有三伽藍、不食乳酪。遵提婆達多之遺訓。見西域記十。

【羯羅訶】（神名）神名。羯羅訶譯言執。作祟之神也、作祟自執著起。故曰羯羅訶神。梵 Graha

【羯羅頻伽】（動物）又作羯羅頻迦。鳥名。見迦陵頻伽條。

【羯嬾馱迦】（雜名）地名。又動物名。見迦蘭陀條。

【羯臘婆】（雜名）Karabha 數名。十大醯都。六十數之一。見俱舍論。

【羯蘭鐸迦】（雜名）地名又動物名。見迦蘭陀條。

【羯攞賒】（物名）見羯羅舍條。

【羯囉微囉】（植物）見迦羅毘囉條。

【羯邏藍】（物名）Kalala 又作羯羅藍、歌羅邏、羯刺藍、羯邏羅等。譯曰凝滑、雜穢等。父母之兩精初和合凝結者。自受生之初至七日間之位。胎內五位之一。玄應音義二十三曰：「羯邏藍舊言歌羅邏此云和合又云凝滑父母不淨和合如蜜和酪泯然成一。於受生七日中凝滑如酪上凝膏漸結有肥滑也」同二十四曰「羯剌藍」慧琳音義十三曰「羯邏羅初受胎時父之遺泄也」俱舍光記九曰「翻云雜穢」

【羯邏藍識】（術語）寄託於羯邏藍之心識、即十二緣起支中之第三識支是也。

【羯邏羅】（雜名）見前項。

【頞多和】（經名）見次項。

【頞多和耆】（經名）經名。慧琳音義五十七曰、「頞多和西國經名」

【頞多和耆經】（經名）佛說頞多和多耆經、一卷失譯說布施之事。

【頞那】（地名）Anna 山名譯曰飯。見普曜經七、翻梵語九。

【頞杜迦曼折利】（植物）見阿梨條。

【頞悉多】（地名）Asta 山名譯曰日沒宗輪論述記曰、「梵云頞悉多此云沒鄔陀延此但云出西方見日西沒呼言頞悉多」

【頞哳吒】（界名）Atata 八寒地獄之一見八寒地獄條。

【頞浮陀】（界名）見次項。

【頞部陀】（界名）Arbuda 又作頞浮陀、或安浮陀。皰或腫物之義。八寒地獄之一。嚴寒逼身其身生皰、故名。

【頞部曇】（術語）Arbuda 又作阿部曇、遏部曇。譯曰皰、腫物。胎內五位之一。託胎後第二之七日間也。即於凝酪中生皰結之位。

【頞順那】（植物）見阿順那條。

【頞溫縛拏】（地名）（溫或濕之誤）Asvakarna 山名譯曰馬耳。山狀似彼。見名義集三。

【頞瑟吒】（雜名）又作阿史吒。Asṭan 譯曰八時見唯識演秘一本。印度之俗有分日夜爲八時者。見義林章一本。

【頞飯底】（地名）見阿般提條。

【頞鞞】（人名）見五比丘條。

【頞濕縛羯拏】（界名）Asvakarna 又作阿沙干那九山之一。譯曰馬耳玄應音義二十四曰、「頞濕縛羯拏此言馬耳。」翻梵語九曰「阿沙干那譯曰馬耳」

【頞濕婆庾闍】（雜語）Asvayuj 譯曰七月。見西域記二、梵語雜名。

【練行】（雜語）修練行法也。

【練若】（術語）阿練若之略。又曰阿蘭若。見阿蘭若條。

【練磨】（術語）菩薩有三種之練磨。見三種練磨條。

【緣】（術語）Pratyaya 攀緣之義。人之心識攀緣於一切之境界也。如眼識攀緣色境而見之。乃至身識攀緣觸境而覺之。因而心識爲能緣。其境界爲所緣。其心識向境界而動之作用、謂之緣。卽心攀緣境界也。緣爲心對於境之作用。易言之則爲心之慮知。故常曰緣慮。示緣卽慮知也。成唯識論一曰、「在第六識緣識所變五取蘊相」。因由藉之義。依藉于他者。大乘義章三本曰「緣者由藉之義。緣別不同。故分爲四。一者因緣。二者次第緣。三者緣緣。四者增上緣。」

【緣力】（術語）助緣之力。對於因力而言。無量壽經下曰「因力緣力」。慧遠疏曰、「近善知識聽聞正法名爲緣力」。

【緣了】（術語）三因中之緣因、了因。智慧謂之了因。其他一切之善根謂之緣因。見三因條。

【緣已生】（術語）謂由緣而生者。由無明之緣而生之行、爲緣已生。由行而見之時、識卽緣已生也。

【緣中】（術語）緣中乃指心之所緣之境中也。故大智度論二十一曰、「初學繫心緣中。若眉間。若額上。若鼻端」。此是所緣之境。非緣中亦是境之名目。若緣中亦是境之名目。下當云及。不當用若字。小止觀曰、「爾時當繫念鼻端、令心住在緣中。無分散意。」可知繫念鼻端、卽是心住緣中。若謂緣中是境、則一心繫念兩境、豈不心境分張。何由成定。故智度論雖說三境。畢竟止緣其一。故一一皆用若字。道家以兩目齊平之中間、謂之緣中。此乃附會之詞。

【緣化】（術語）與勸化同。勸化有緣者、使行布施也。禪苑淸規曰「堂主緣化」。

【緣心】（術語）攀緣事物之心。圓覺經曰、「此虛妄心若無六塵。則不能有。四大分解無塵可得。緣塵各歸散滅。畢竟無有緣心可見」。楞嚴經二曰、「我悟佛現說法。現以緣心允所瞻仰」。

【緣日】（術語）有緣日之略。謂某佛於娑婆有緣之日也。又結緣日之義。衆生於其佛結緣之日也。此緣日之義、經論無典據。但以三十佛分配於三十日而拜之、則自五祖戒禪師始。是緣日之根元也。

緣日	佛名
一日	定光佛
二日	燃燈佛
三日	多寶佛
四日	阿閦佛
五日	彌勒菩薩

六日　二萬燈佛
七日　三萬燈佛
八日　藥師如來
九日　大通智勝佛
十日　日月燈明佛
十一日　歡喜佛
十二日　難勝如來
十三日　虛空藏菩薩
十四日　普賢菩薩
十五日　阿彌陀佛
十六日　陀羅尼菩薩
十七日　龍樹菩薩
十八日　觀世音菩薩
十九日　日光菩薩
二十日　月光菩薩
二十一日　無盡意菩薩
二十二日　施無畏菩薩
二十三日　得大勢至菩薩
二十四日　地藏菩薩
二十五日　文殊師利菩薩
二十六日　藥上菩薩
二十七日　盧遮那如來
二十八日　大日如來
二十九日　藥王菩薩
三十日　釋迦如來

【緣生】（術語）謂由緣而生也。指一切之有爲法而言。與緣起同。但緣起者爲由其因而立之名。緣生者爲由其果而立之名。新譯之仁王經二曰、「深入緣生空無相願。」良賁疏上二曰、「言緣生者緣謂衆緣生者起也。諸有爲法皆從緣生。」唯識述記十六曰、「瑜伽五十六說因名緣起果名緣生。」

【十二緣生】（術語）十二因緣也。祖庭事苑曰、「緣生卽十二因緣亦名十二緣生。」

【緣生初勝分法本經】（經名）佛說緣生初勝分法本經、一卷、隋達摩笈多譯。與分別緣起初勝法門經同本。說有十一種之勝分因而於十二緣生初置無明之故者。

【緣生論】（書名）一卷。聖者鬱楞迦造。明十二因緣之義者。隋達摩笈多譯。

【大乘緣生論】（書名）一卷、唐不空譯。與上本同實小乘之論也。

【緣生偈】（術語）與緣起偈同。見法身偈條。

【緣正】（術語）三佛性中緣因佛性與正因佛性也。文句七曰、「衆生但正無緣。今聞信解緣正具足開佛知見。」

【緣本致經】（經名）佛說緣本致經。一卷、失譯。與佛說本相倚致經皆爲中阿含本際經之別出。說善惡諸法皆次第緣生者。本者因之義。致者生之義。

【緣因】（術語）緣者緣助、謂一切之功德善根、資助了因、開發正因之性、故曰緣因二因之一。見涅槃經二十八三藏法數六等。

【緣因佛性】（術語）五佛性之一。見佛性條附錄。

【緣法】（術語）因緣也。凡遇相契者謂有緣法。

【緣如是】（術語）十如是之一。見十如條。

【緣成】（術語）對於自性而言。謂諸法爲因緣所成、全無自性也。華嚴之無礙緣起基於此理。

【緣念】（術語）攀緣境界之事物而思想也。歸敬儀下曰、「想倒空時緣念斯絕。」

【緣念處】（術語）三念處之一。見三種念處條。

【緣事】（術語）緣事相之心、對於緣理而言。信非因非果法性之妙理、謂之緣理、信因果應報之事相、謂之緣事。往生要集上末曰、「緣事誓願亦有勝利耶。答。雖不知緣理此亦有勝利。」又關係于吾身之事務。圓覺經曰、「若在伽藍安處徒衆。有緣事。故隨分思察。」又緣影也。見緣影條。

【緣事菩提心】（術語）見菩提心條附錄。

【緣性自性】（術語）七種自性之一。見自性條附錄。

【緣者】（雜語）於吾身有緣者。

【緣相】（術語）緣慮之狀。圓覺經曰、「六根四大中外合成。妄有緣氣於中積集。似有緣相假名爲心。」

【緣佛】（雜語）謂於已有因緣之亡者。俗謂人死爲成佛、故稱亡者爲佛。

【緣起】（術語）事物之待緣而起也。一切之有爲法、皆自緣而起者。中論疏十末曰、「緣起者體性可起待緣而起。故名緣起。」」法華經方便品曰、「佛種從緣起。」俱舍論九曰、「諸支因分說名緣起。由此爲緣能起果故。諸支果分說緣已生。由此皆從緣所生故。」維摩經佛國品曰、「深入緣起斷諸邪見。」大日經三曰、「緣起甚深難可見。」又事物之起因輔行一之一曰、「述此緣起凡有十意。」又述事起由來之書名。如顯戒論緣起。付法藏緣起。三國佛法傳通緣起等。

【四種緣起】（名數）華嚴宗之敎理、以緣起爲主。具之一字、彌顯今宗者、天台之事也。本宗對之得云起之一字、益振當家。何則以本宗之至極、在於法界緣起故也。今就五敎而分別之、各有一箇之緣起。（但除頓敎）曰業感緣起、是小乘敎也。曰賴耶緣起、是大乘始敎也。曰如來藏緣起、是大乘終敎也。曰法界緣起、是圓敎也。而獨除頓敎者、以彼爲無相離言之宗、不更涉敎相之敎也。茲辨四種緣起之大要。則一業感緣起是謂惑業苦三道展轉、而因果相續也。惑爲心之病、業爲身之惡、苦爲生死之果報。心之病爲緣、而造身之惡、身之惡爲因、而感生死之果。故稱之爲業感緣起。例如有人起瞋恚、是惑也。由之而終至引刀殺他、是業也。此業自牽引未來之苦果、是一具之緣也。而感了未來之苦果、則於其苦果之身更起惑造業、招他世之苦果、是亦一具之緣起也。如此惑業苦三道展轉互爲因果、如輪環玉者、生死輪廻之相也。故溯之則過去永永更無生之始、趁之則未來漫漫更無死之終。佛教所談三世因果之相、大要不過於此。而詳之者、卽十二因緣觀是也。然而如是論來、雖足知因果之關係、若問此三法從何生來、則宜爲答之之辨解。此所以於業感緣起之次、有賴耶緣起也。二賴耶緣起。賴耶者、阿賴耶之略、譯曰藏種子之義。有微細不可知之一大藏識、爲一有情之根本依也。差排有情之萬法、皆爲自此藏識所執持之種子現行者、是謂爲種子生現行。彼所現行之萬法、爲新熏其種子於藏識者、此謂爲現行熏種子。因而可得三法。一本有種子。是爲藏識所執持、遇緣則現行之種子也。二現行法。是本有種子遇緣現行之法也。三新熏種子。是由現行法新熏之種子也。此三法展轉同時爲因果、猶如秤之一時高低。是謂爲種子生現行、現行熏種子、三法展轉因果同時。是一具之緣起也。而後時更遇緣、則自種子生現行、自現行熏種子、更爲一具之緣起。如此展轉因果無究、此爲賴耶緣起之相。而所謂緣者、非有別法。反由賴耶現行之諸法也。以現行之諸法爲緣而皷動種子、生惑造業招果也。然則可知爲三世因果相之惑業苦三道、皆由吾一心緣起者、賴耶緣起之功也。雖然更進一步而謂賴耶心反由何而生、則宜爲答之之辨解。若謂由前七識而生、則更詰賴耶與前七識皆由何而生。豈有答之之辭耶。此所以於賴耶緣起之次、有如來藏緣起也。三如來藏緣起。又曰眞如緣起。有一味平等之眞如、而爲無始無終不增不減之實體者、爲染淨之緣所驅、生種種之法也。其實體有眞如門、生滅門之二義、以眞如門故、爲一味平等之體、以生滅門故、由染緣而現六道、由淨緣而出四聖。於此有三法。一眞如之體。二生滅之相。三因緣之用。眞如之體爲因、因緣之用爲緣、因生生滅之相。而其生滅之果、卽現行之賴耶識也。於是知賴耶識由如來藏而生。而如來藏更不可詰問從何而生。何則以如來藏體爲眞如、更有所生、卽非眞如也。而如是一切萬法爲由一如來藏變造者、則論其萬法、互相融通、可爲一大緣起。是法界緣起也。四法界緣起。謂法界之事法、有爲無爲色心依正過去未來、盡成一大緣起、更無單立者。故以一法成一切法、以一切法起一法。以他語言之、則所謂萬有緣於萬有而起者、是法界緣起之義也。詳釋之者、卽六相十玄之法也。

【十玄緣起】（術語）此爲四種緣記中之法界緣起、具體的說明者、緣起之義理、窮極於此、是爲華嚴一家之特色。其爲緣起精神之點、在於一多相卽。於此有錢貨十錢、此十錢爲成自一錢者何、則本來自性無十。十爲積一得成之緣成法、無一卽十亦無。反之而可知一錢由十錢而成、何則本來自性非有一、一是對於十而得成之緣成法、無十則一亦無也。然則舉一、則一具能造十之勢力、十卽爲一中之十也。又舉十、則十具能造一之勢力、一卽爲十中之一也。如此十爲一中之十、一爲十中之一者、稱之爲一多相入。之義是就諸法之勢力而論也。而如此十爲一中之十、則一之體卽爲十、一之外更無十、因而舉一爲體、則十卽爲虛。又一爲十中之一、則十之體卽爲一、十之外更無一、因而舉十爲體、則一卽爲虛。是一爲實、則十爲虛、十爲實、則一爲虛、一十相望、則常一虛一實、恰如物體與虛空、更無所離隔障礙、稱之爲一多相卽之義、是就諸法之體而論也。如此就勢力而論相入、就自體而論相卽、謂法界萬有之法、盡爲相卽相入者、可知是緣起之妙義也。立此理而極說法界之事事無礙、謂爲十玄緣起。見玄門條。

【十二緣起】（術語）一有情流轉於過去現在未來三世之緣起、分十二段而說明之者。見十二因緣條。

【緣起因分】（術語）對於性海果分而言。華嚴宗之語。原來如來之果海不可稱不可說、隨機緣而起說、專爲因人、因而其所說皆爲因人所知所了之分齊、謂之緣起因分。（因人者因位之人、卽等覺以還者）五教章上曰「緣起因分、卽普賢境界也。」

【緣起聖道經】（經名）佛說緣起聖道經、一卷、唐玄奘譯。方等部之攝。佛說初坐樹下觀十二因緣流轉還滅之道理而成正覺者。與佛說貝多樹下十二因緣經同本。

【緣起經】（經名）一卷、唐玄奘譯。小乘部之攝。釋十二因緣之義。

【緣起法】（術語）卽十二緣起也。

【緣起門】（術語）二門之一。見二門條。

【緣起偈】（術語）說佛教根本義之四諦中苦集滅三諦之偈文也。（但偈中說三諦者、惟智度論之文、其他爲苦滅之二諦。）約於其中苦諦之因緣生、謂之緣起偈。又曰緣起法頌。又以此法頌安置於塔基、塔內或佛像體內、則謂之法身舍利偈、亦曰法身偈。見法身偈條。寄歸傳四曰「凡形像及以制底、金銀銅鐵泥漆甎石、或聚沙雪、當作之時、中安二種舍利。一謂大師身骨、二謂緣起法頌。其頌曰、諸法從緣起、如來說是因、彼法因緣盡、是大沙門說。」金剛童子成就儀軌上曰、「又欲成就殊勝果者。於神通日月白分就趣河海側印沙印泥爲塔中置緣起偈。」

【緣起頌】（術語）與緣起偈同。

【緣起法頌】（術語）見緣起偈條。

【緣起善巧】（術語）十善巧之一。卽十二因緣也。

【緣氣】（術語）緣慮心之氣分也。見緣影條。

【緣修】（術語）二修之一。見二修條。

【緣乘】（術語）五乘之一。

【緣缺不生】（術語）一切法由因緣之和合而生。故雖顯現之因存在而缺緣時、則永久止於未來而不得顯現也。

【緣務】（術語）謂吾身世間之務也。止觀四下曰、「緣務妨禪由來甚矣。（中略）緣務有四。一生活。二人事。三伎能。四學問。」

【緣理】（術語）觀念眞理也。止觀輔行一之三曰、「一切發心莫不緣理。」往生要集上末曰、「緣理願者一切諸法本來寂靜。非有非無。非常非斷。不生不滅。不垢不淨。一色一香無非中道。」

【緣理斷九】（術語）於十界中、獨觀念佛界之眞理、斷他九界之妄法也。天台別敎、華嚴圓敎之所說。觀音玄義記三曰、「通別人緣理斷九。」

【緣理菩提心】（術語）見菩提心條附錄。

【緣理觀】（術語）三現觀之一。見現觀條附錄。

【緣想】（術語）攀緣境界之妄想也。止觀四下曰、「如是呵已。色欲卽息。緣想不生。專心入定。」

【緣塵】（術語）緣色聲等之六塵也。楞嚴經二曰、「念無始來失却本心。妄認緣塵分別影事。」長水之義疏曰、「悟知緣塵之心是影事。」

【緣影】（術語）又曰緣氣、緣事。是爲心識四分中、見分緣慮外塵而生之外塵影像、故謂之緣影。爲見分緣慮外塵之氣分。故曰緣氣。是非能緣之心性、而爲所緣之事相。（卽四分中之相分）故曰緣事。緣影有二種。五識及五因緣之意識緣外之五塵時、心內所現之色聲等是一也。又五後之意識、獨頭之意識、分別見聞覺知外之六塵之性覺也。（五感及五因緣之意識、雖亦見聞覺知、而無見聞覺知之分別心）、分別此見聞覺知之分別性、爲緣外塵而生者、故亦是緣影也。然則第一與第二、雖有所緣能緣之別、然皆是緣影也。

【緣緣】（術語）舊曰緣緣。新曰所緣緣。所緣之緣也。四緣之一。心識對於境界時（如眼之於色）心識謂之能緣、境界謂之所緣。緣爲攀緣。心識各自攀緣境界之義也。因而境界於心識爲所緣之緣、卽心識緣其所緣而起者稱之爲緣之緣或所緣之緣與他之諸緣別異見大乘義章三本三藏法數十五。

【緣慮心】（術語）攀緣境界思慮事物之心卽眼耳乃至阿賴耶八種之心識也。又曰慮知心梵名質多四種心之一。止觀一之上曰「質多者天竺音此方言心卽慮知之心也。天竺又稱汗栗駄此方稱是草木之心也又稱矣栗駄此方是積集精要者爲心也」名義集六曰「質多耶或名質帝或名波茶。此方翻心黃帝經五藏論目之爲神西域外道計之爲我此土佛教翻緣慮心此通八識」見四種心條。

【緣機】（術語）因緣機會也。止觀十下曰「若有緣機熟卽坐道場斷結作佛」。

【緣縛斷】（術語）斷所緣之縛也。對於自性斷而言所緣境者五部之煩惱縛所緣之境使不自在也。見俱舍論二十一。

【緣熏習鏡】（術語）四鏡之一。見四鏡條。

【緣覺】（術語）梵語 Pratyekabuddha 舊稱辟支佛。又曰辟支迦羅。新稱鉢刺翳伽佛陀。舊譯曰緣覺新譯曰獨覺。緣覺者一、觀十二因緣之理而斷惑證理。一、因飛花落葉之外緣而自覺悟無常斷惑證理。獨覺者彼於無佛之世宿因所萌或觀十二因緣、或觀飛花落葉而獨自覺悟也。大乘義章十七末曰「言緣覺者外國正音名辟支佛此翻辟支名曰因緣佛名爲覺緣覺名義解有兩種。一約所觀法門以釋緣者是其十二緣法。始從無明乃至老死。觀斯悟解從緣得覺故號緣覺。二就得道因緣以釋如辟支佛得道因緣經中廣說如拂迦沙見風動樹而得悟道。如是等皆藉現事緣而得覺悟曰緣覺。」瑜伽倫記八上曰「獨覺地若依梵語名鉢刺翳迦陀。舊云辟支。訛也。此云獨覺。初發心時。亦値佛世。聞法思惟。後得道身出無佛世。性樂寂靜。不欲雜居。修加行滿。無師友敎自然獨悟。永出世間。中行中果。故名獨覺。或觀待緣而悟聖果。亦名緣覺。」玄贊五曰「樂獨善寂者。是獨覺義。出無佛世。得能證道。獨自菩證寂滅理。故又以此慧。深知諸法因緣者。是緣覺義。故瑜伽云。或觀待緣而證聖果故名緣覺。觀十二緣起而證果故」。然天台一家區分此二者。出於佛世。觀十二因緣而得悟者爲緣覺。出於無佛世。觀飛花落葉之外緣而成道者爲獨覺。四敎儀三曰「辟支迦羅。是天竺之言。此土翻爲緣覺。此人宿世福德神根勝利。學十二因緣以悟道也。大智度論云。緣覺有二種。一獨覺。二因緣覺。一明獨覺辟支迦羅者。若佛不出世。佛法已滅。是人先世因緣。能獨出智慧。不從他聞。自以智慧得道。故名獨覺（中略）二明因緣覺者。因聞十二因緣覺悟成辟支佛也」輔行九之三曰「大論二十一云迦羅此翻因緣覺亦云獨覺出値佛世聞因緣法名爲緣覺出無佛世自然得悟名爲獨覺」文句四上曰「釋論云緣覺獨覺獨覺出無佛世緣覺願出佛世」四敎儀集註中曰「緣覺者觀內因緣稟佛敎法獨覺者觀外因緣無師自悟」

【緣覺乘】（術語）觀十二因緣覺悟眞空之理之敎法三乘之一

【緣覺身】（術語）楞嚴經六曰「若諸有學斷十二因緣緣斷勝性勝妙現圓我於彼前現緣覺身而爲說法令其解脫」

【緣覺法界】（術語）十法界之一諸佛衆生之本體謂之法界有十種之差別緣覺爲其中之一天台所立

【緣覺菩提】（術語）三菩提之一緣覺人之發菩提心也不勸化他衆生欲己獨解脫出生菩提經之說見三藏法數九

【緣覺乘十地】（名數）見十地條

【聲聞與緣覺同異】（雜語）大乘義章十七末言五同六異法華文句七下言六同十異法華義疏八言七同十一異

【緣覺十二因緣院】（堂塔）緣覺之人於院內修習十二因緣觀故名往昔在祇園精舍之內

【緣變】（術語）對於生變而言謂諸八識之自體分變現見相二分從其見分而緣相分也見唯識述記五

【緣觀】（術語）所緣之境與能觀之心三論玄義曰「內外並稱緣觀俱寂」天台仁王經疏中曰「緣觀俱空」

【編髮仙人】（雜名）亦曰螺髻梵志印度之梵志編髮如螺形者文殊師利問經曰「與大比丘衆千人俱其先悉是編髮仙人」此指三迦葉等之弟子也

【緊池】（飲食）毒果名慧琳音義四十一曰「緊池果梵語也西國大毒藥名也此果端正人見生愛愚夫執之觸著卽死故喩慘毒也」

【緊那羅】（天名）Kinnara 又作緊捺羅緊陀羅甄陀羅眞陀羅緊捺洛舊譯曰人非人疑神新譯曰歌神卽樂神名八部衆之一注維摩一曰「什曰秦言人作人似人而頭上有角人見之言人耶非人耶故因以名之亦天伎神也小不及乾闥婆」文句二下曰「緊那羅亦云眞陀羅此云疑神似人而有一角故號人非人天帝法樂神居十寶山」玄贊二曰「梵云緊捺洛此云歌神緊那羅訛也」玄應音義三曰「甄陀羅甄之人反又作眞陀羅或作緊那羅正言緊捺羅此譯云是人非人也」慧琳音義十一曰「眞陀羅古作緊那羅音樂天也有微妙音響能作歌舞男則馬首人身能歌女則端正能舞次此天女多與乾達婆天爲妻室也」

【大樹緊那羅瑠璃琴】（物名）大樹緊那羅王所問經一曰「已所彈瑠璃之琴。閻浮檀金花葉莊嚴善淨業報之所造作在如來前善自調琴及餘八萬四千伎樂。（中畧）時諸一切聲聞大衆聞琴樂音不能堪任各從座起放捨威儀誕貌逸樂如小兒舞戲不能自持」又見智度論十一。

【甄陀羅女歌聲】（雜語）智度論十七曰「如五百仙人在山中住甄陀羅女於雪山池中浴聞其歌聲卽失禪定心醉狂逸。不能自持譬如大風吹諸林樹」同下文曰、「如五百仙人飛行時聞緊陀羅女歌聲心著狂醉皆失神足一時墮地」

【緊陀羅王屯崙摩】（天名）智度論十七曰「如聲聞聞緊陀羅王屯崙摩。Druma 彈琴歌聲以諸伎實法讚佛是時須彌山及樹木皆動大迦葉等諸大弟子皆於座上不能自安」

【緊陀羅】（神名）歌神名八部衆之一。見緊那羅條。

【緊祝】（植物）樹名又寶名見次項。

【緊祝迦】（植物）Kiṁśuka 又作甄叔迦堅叔迦樹名又寶名慧琳音義十六曰、「緊祝迦梵語寶名也古譯或云堅叔迦」可洪音義二曰、「緊祝樹名也諸經作甄叔迦。」參照甄叔迦條

【緊捺】（天名）緊捺羅之畧。

【監寺】（職位）禪宗六知事之一監督一寺者與寺主同釋氏要覽下曰「會要云監者惣領之稱所以不稱寺院主者蓋推尊長老」祖庭事苑八曰、「僧史曰知事三綱者若網罟之巨繩提之則百目正矣梵語摩摩帝此云寺主卽今監寺也詳其寺主起於東漢白馬也寺既爰處人必主之於時雖無寺主之名而有知事之者至東晉以來此職方盛今吾禪門有內外知事以監寺為首者蓋相沿襲而然也。」

【監收】（職位）司寺產收入及租稅之僧也元時與莊主同設多為住持私住見百丈清規四

【監院】（職位）古謂監寺為監院。見象器箋七

【監齋使者】（圖像）監護僧食之神。支那僧寺稱為監齋菩薩青面朱髮見象器箋四

【請折】（雜語）請者受食也、折者棄其餘也日用清規曰「隨量受食不得請折」韻會曰「折毀棄也」

【請車輅印】（印相）十八契印之一。見十八道條。

【請佛住世】（術語）十種行願之一。

【請來】（雜語）自他國請經論佛像等齎來自國也。

【請雨經】（經名）大雲輪請雨經之

略名。

【請雨法】(修法) 依大雲輪請雨經所說、勸請諸大龍王以祈雨之法也。

【請客頭】(職位) 禪林接待客人者。

【請客侍者】(職位) 禪林之用語。接待住持私客之僧也。

【請益】(雜語) 和尚先有所與、復請餘分、謂之請益。其法、學者若願請益、則先稟燒香侍者、侍者通於住持、若允、則因住持之指揮、定時多爲定鐘後。侍者於方丈秉燭燒香、引入參學者而出外、或依住持之命、立于椽之左。參學者於當面問訊燒香、大展九拜、收具進云、某爲生死事大、無常迅速、伏望和尚慈悲、方便開示。肅而側立、以聞垂誨。或胡跪、或坐、依住持之指揮。開示了。復燒香大展九拜、是謝因緣也。(住持之開示曰因緣、謝開示也、) 免則觸禮三拜。次於室外向侍者觸禮一拜而歸寮。見僧堂清規二。

【請假】(雜語) 又曰暫假。禪林之語。暫請假而外出也。假者假可辦事之月日之義、俗作暇爲非。

【請僧】(雜語) 法會所請待之僧衆也。

【請賓頭盧】(書名) 請賓頭盧法之異名。

【請賓頭盧法】(書名) 一卷、劉宋慧簡譯。

【請轉法輪】(術語) 十種行願之一。因釋尊成道時之梵天勸請也。

【請觀音法】(修法) 依請觀音經祈禱觀音之法也。於疫病之時修之。

【請觀音經】(經名) 請觀音菩薩消伏毒害陀羅尼咒經之畧名。

【請觀音經疏】(書名) 一卷、隋智者大師說、灌頂記。

【請觀世音菩薩消伏毒害陀羅尼經】(經名)一卷、東晉難提譯。佛在菴羅樹園、月蓋長者請佛救療毘舍離國之惡病。佛爲說西方一佛二菩薩之名。即得見佛菩薩。觀音菩薩爲說神呪。智者大師有請觀音經疏。並立行法。

【調伏】(術語) 調伏身口意三業而制伏諸惡行也。又調理惡魔使降伏我也。又柔者以法調之、剛者以勢伏之。唐華嚴經五曰、「調伏衆生令究竟出離。」探玄記四曰、「調者調和。伏者制伏。謂調和控御身口意業。制伏除滅諸惡行故。」維摩經淨影疏曰、「調令離惡。離過順法。故名調伏。」無量壽經下曰、「如法調伏諸衆生力。」同嘉祥疏曰、「柔者以法調之。剛者以勢伏之。」

【調伏天】(界名) 金剛界外金剛部北方中央之尊。又曰象頭天。或曰金色毘奈耶迦。

【調伏行】(術語) 三昧耶戒也。大日

經七曰「妙眞言調伏行」。

【調伏法】(術語)修法四種之一。念五大明王等而修護摩、以退治惡魔怨敵之法也。「調伏法取黑月日中亦夜半起首不論善惡日行之不得三時行若急速者不論白黑其火曜星宿等尤吉行者面向南方蹲居以右足蹈左足上。卽觀自身遍法界成靑黑色三角曼荼羅。我身一法界我口卽爐口。我作降三世忿怒尊眷屬圍繞。又想追置彼惡人身於壇上。放大智火燒淨我身中業煩惱及彼惡人貪瞋痴並所作惡事彼此平等蒙法利益獲得長壽福樂」見護摩條。

【調伏藏】(術語)三藏之一、毘奈耶藏也。義林章二本曰、「毘奈耶者此云調伏。(中略)調和控御身語等業。制伏滅除諸惡行故」

【調伏羯磨】(術語)毘尼母論所說二羯磨之一。比丘犯法而未懺悔、則凡飲食坐起語言一切僧事、皆不得與衆共。以使犯者自悔過也。譯曰羯磨作法於衆中行如此調伏之作法也。

【調直定】(術語)天台譯三昧爲調直定、調心之暴直、心之曲、定心之散也。止觀二曰、「通稱三昧者調直定也。大論云善心一處住不動是名三昧」

【調度】(術語)調養身之一切資具也。度者器物各自之度量。行事鈔鉢器篇註曰、「房舍衆具五行調度」資持記曰、「謂調養具度卽衆物之通名」

【調柔善】(術語)見七善條。

【調御】(術語)一切衆生譬如狂象惡馬、佛譬如象馬師而調御之也。無量義經曰、「調御大調御無諸放逸行。猶如象馬師能調無不調」智度論二曰、「佛法爲車弟子馬。實法寶主佛調御。若馬出道失正轍。如是當治令調伏」又佛十號之一曰調御丈夫。

【調御師】(術語)佛之異名。見次項。

【調御丈夫】(術語)佛十號之一。梵語富樓沙曇藐婆羅提Puruṣa-damya-sārathi 佛能調御一切可度之丈夫、使入修道也。佛雖亦化女人今從尊而唯謂爲丈夫。智度論二曰、「復名富樓沙曇藐婆羅提。富樓沙秦言丈夫。曇藐秦言可化。婆羅提秦言調御師。是名可化丈夫調御師。佛以大慈大悲大智故。有時輭美語。有時苦切語。有時雜語。以此調御令不失道。(中畧)問曰。女人佛亦化令得道。何以獨言丈夫。答曰。男尊女卑故。女從男故。男爲事業主故」

【調婆達多】(人名)卽提婆達多也。

【調意】(術語)制伏意之惡也。無量壽經上曰、「布施調意」。同淨影疏曰、「修施治慳爲調意」

【調達】(人名)涅槃經三十三曰、「調婆達多」觀無量壽經曰「調達」法華經提婆品曰、「提婆達多。」同陀羅尼品曰、「調達」具略之異耳。譯曰天熱。又譯天授。見提婆達多條。

【調熟】（術語）使惡調伏、使善成熟也。法華玄義一曰、「調伏長養而成熟之。」同釋籤曰「因調而熟名爲調熟。」

【調練心作意】（術語）見四種作意條。

【調聲】（雜語）導師之音頭也。

【談林】（術語）談議之林、謂僧徒之學場也。猶言學林。續高僧傳十三曰、「釋志念頻弘二論三十餘年。學觀霞開。談林霧結。」宋書列傳五十七曰、「又有慧嚴慈議道人。並住東安寺。學行精整。爲道俗所推。時鬬場寺多禪僧。京師爲之語曰。鬬場禪師窟。東安談議林。」

【談空說有】（雜語）佛教有空有二宗。說法者各執其一以相競也。蘇軾詩曰、「誰似龍丘居士賢。談空說有夜不眠。」

【談義】（術語）談話法義也。

【談議】（術語）談話商議也。唐華嚴經五十三曰、「知諸語言。知諸談議。」

【論】（術語）十二部經中有優婆提舍。Upadeśa 譯曰論。佛自論議問答而辨理也。而佛弟子論佛語。議法相。與佛相應者。亦名優婆提舍。三藏中之阿毘達磨藏 Abhidharma 是也。阿毘達磨藏有四名。優婆提舍爲其一。亦譯爲論。然則論之名、通於師資。但爲立師資之別。故十二部經中之論稱爲經。特以三藏中之優婆提舍謂之論。大乘義章一曰、「優婆提舍。此正名論。論諸法故。」淨土論註上曰、「梵言優婆提舍。此間無正名相譯。若舉一隅。可名爲論（中略）佛所說十二部經。有論議經。名優婆提舍。若舉佛諸弟子解佛經敎與佛義相應者。佛亦許名優婆提舍。以佛法相故。」瑜伽論十五曰、「研究決擇。敎授敎誡。爲斷有情所疑惑故。故稱爲論。」瑜伽師地論釋曰、「問答決擇諸法性相。故名爲論。」俱舍論一曰、「敎誡學徒。故稱爲論。」肇論慧達序曰、「問答折徵。所以爲論。」起信論義記上曰、「假立賓主。往復折徵。論量正理。故名爲論。」

【二種論】（名數）一宗經論、以大小乘經敎爲所依而造之論也、如唯識論等。二釋經論。解釋大小乘之經義者。如智度論等。

【論力外道】（雜名）有外道自負論議之力最大。名爲論力。止觀輔行十曰、「大論云。有外道名論力。自謂論議無與等者。其力最大。故云論力。」

【論用】（術語）五重玄義之一。見玄義條附錄。

【論主】（術語）指論之作者而言。如天親菩薩稱爲千部之論主。百論序疏曰、「天親本小乘學。造五百部小乘論（中略）於是造大乘五百部論。時人呼爲千部論主。」淨土門特專稱天親菩薩、一爲千部之論主、一爲淨土論之作者。

【論匠】（術語）巧於論議者。

【論床】（術語）爲論議之床也。智度論十一曰、「便昇論床結跏趺坐。」

【論宗】（術語）以論藏爲宗旨者、如三論宗又論家之異名。

【論家】（術語）作論解釋佛經深義之人也。如龍樹天親等菩薩。光明玄義下曰、「論家何故不預次第。」光明文句四曰、「論家呼爲當有。」教行信證曰、「信順諸師如來眞說、披閱論家釋家宗義。」

【論師】（術語）造論而弘法者。

【論疏】（術語）賢聖之述作爲論、人師之解釋爲疏。

【論偈】（術語）願生偈之異名。以是爲往生論之本偈故也。

【論部】（術語）三藏中之論藏也。

【論註】（書名）無量壽經優婆提舍願生偈註之異名。天親之無量壽經優婆提舍願生偈、一名淨土往生論、亦曰淨土論、往生論。故曇鸞之註解、曰往生論註、淨土論註、單曰論註或註論。

【論場】（雜名）法華最勝等論議之場處也。

【論鼓】（物名）論場之大鼓也、欲論議者鳴之而集衆也。三論玄義曰、「提婆菩薩震論鼓於王庭、九十六師一時雲集。」

【論藏】（術語）三藏之一。十二部經中有曰優婆提舍者、譯曰論議經。是佛自問答決擇法相者。佛弟子及滅後諸菩薩等准之而聚集解釋經義、論辨法相者、名爲阿毘達磨藏、三藏之第三。蓋阿毘達磨藏者、弟子之優婆提舍也。因爲論藏、阿毘達磨有四名。優婆提舍其一名也。

【論議】（術語）問答而分別諸法也。涅槃經三十六曰、「樂論議者處五淨居。」宋楞伽經一曰、「藏識滅者、不異外道斷見論議。」

【論議經】（術語）十二部經之第十二、梵名優婆提舍、譯曰論議。經中設問答而辨明法相之處、名之爲論議經。智度論三十三曰、「論議經者、答諸問者釋其所以。又復廣說諸義。如佛說四諦、何等是四、所謂四聖諦。何等是四所謂苦集滅道聖諦、是爲論議。」

【輪】（物名）梵語斫羯羅 Cakra。見梵語雜名。

【三輪】（名數）惑業苦之三道、輪轉無究故曰輪。

【五輪】（名數）地水火風空之五大、周圓具足、故曰輪。

【九輪】（名數）塔上突出之九層輪

蓋也。

【輪王】（雜名）卽轉輪王也。

【輪王跏】（雜名）轉輪王之坐法也、有三種。一字頂輪王時處念誦軌曰「或作輪王坐。交脚或垂一。乃至獨膝竪。輪王三種坐」

【輪王四輪】（名數）見轉輪王條。

【輪王七寶】（名數）見轉輪王條。

【輪王七寶經】（經名）一卷、趙宋施護譯。與中阿含經之七寶經同本。

【輪火】（譬喩）又曰旋火輪。於木頭點火急轉之爲火輪之形者。以譬遍計所執之假有實無。圓覺經曰、「猶廻輪火」。

【輪字】（術語）稱金剛因菩薩之種子ヌ滿字。金剛因菩薩爲轉法輪之彌勒菩薩、故約於其彌勒之三形、而稱爲輪。瑜祇經曰、「金剛轉輪者。輪字化諸輪。」又稱金剛業菩薩之種子ゑ劍字。以是爲其菩薩羯磨之種子故也。瑜祇經曰、「羯磨金剛藏輪字。發光明能令一切愛」

【輪多梨華】（物名）寶珠名。釋摩訶衍論三曰「此中鏡者謂輪多梨華鏡。如取輪多梨華安置一處同集諸物。由此華熏一切諸物皆悉明淨。又明淨物華中現前皆悉無餘。一切諸物中彼華現前亦復無餘。因熏習鏡亦復如是。」通法之贊玄疏曰「輪多梨華。此云明耀珠」

【輪身】（術語）密教之法、於佛菩薩之身、說三種之輪身。見教令輪身條。

【輪相】（物名）在塔頂上之輪蓋也。通常有九層、俗曰九輪。經律中、謂爲輪相、相輪、金刹、金幢、露盤等。寄歸傳四曰「制底如小粟。上置輪相。竿若細針」見相輪條。[illegible]（雜名）觀佛三昧海經曰、「佛舉足時足下千輻輪相」謂足掌紋如千輻輪也。

【輪相閣】（雜名）見閣條附錄。

【輪廻】（術語）衆生無始以來、旋轉於六道之生死、如車輪之轉而無窮也。法華經方便品曰、「以諸欲因緣。墜墮三惡道。輪廻六趣中。備受諸苦毒」心地觀經三曰、「有情輪廻生六道。猶如車輪無始終」觀佛三昧經六曰、「三界衆生。輪廻六趣。如旋火輪」身觀經曰「循環三界內。猶如汲井輪」觀念法門曰、「生死凡夫罪障深重。輪迴六道」Samsāra

【輪差】（雜語）輪番也、自上位差遣到下位、復還及上位、如車輪。故名。

【輪座】（雜語）轉輪王之座位也。

【輪華】（物名）輪多梨華之略。寶珠名。秘藏寶鑰下曰、「輪華能出體大等」。見輪多梨華條。

【輪埵】（術語）圓輪之耳埵也。就佛之相好而言。般若經三百八十一曰、「世尊耳厚廣大周長輪埵成就」

【輪番】（職位）輪守寺院之僧也。

【輪塔】（物名）五輪之塔婆也。

【輪圍山】（雜名）具名鐵輪圍山見鐵圍山條。

【輪圓】（術語）見次項。

【輪圓具足】（術語）曼荼羅 Maṇḍala 一譯輪圓具足。輪爲車輪、如車輪之轂輞輻等諸相圓滿具足、曼荼羅謂諸佛如來之眞實功德圓滿具足而無欠缺也。大日經疏三曰、「十方世界微塵數大悲萬行波羅蜜門猶如華藏三乘六道無量應身猶如根莖條葉發暉相間以如是衆德輪圓周備故名漫荼羅也。」同四曰、「漫荼羅是輪圓之義」同四曰「漫荼羅者名爲聚集今以如來眞實功德集在一處乃至十世界微塵輳數差別智印輪圓輻輳翼輔大日心王。使一切衆生普門進趣是故說爲漫荼羅也。」

【輪瑞】（雜語）輪寶之祥瑞也。感得金銀等輪寶而制伏天下、謂爲轉輪王。見轉輪王條。

【輪際】（雜語）金輪際也。大地之底、謂之金輪。見金輪條。

【輪橖】（物名）貫塔上九輪之柱也。希麟音義六曰「輪橖下釋耕反字書云橖柱也。亦作橕。說文亦云柱也。從木堂聲。案輪橖卽塔上持露盤之柱杆也。」

【輪輻辟支佛】（佛名）胎藏界釋迦院上行南端第八位之尊。密號曰摧障金剛。四緣覺之一。又曰圓輪輻辟支佛。輪輻者觀十二因緣之輪迴而開覺故名。

【輪壇】（術語）圓形之壇場也。息災法之爐壇也。見護摩條。

【輪燈】（物名）佛前吊垂之燈器也。其形爲輪形、故曰輪燈。律中有輪燈、其製異。行事鈔下二之三曰、「若夜集關須燈器燈炷鐵著鐵柱轉輪燈樹。」同資持記曰、「轉輪燈樹謂作層輪周而安燈機關運轉形如樹焉。」廣弘明集三十六陳文帝藥師齋懺文曰「十方世界若輪燈而明朗」

【輪臍】（雜語）輪之中心也。瑜祇經曰、「行人自爲佛處於輪臍中。」

【輪寶】（物名）轉輪王感得之寶器、王遊行之處、必自前進而制伏四方者也。有金銀銅鐵四種、故分金輪王乃至鐵輪王之四等。俱舍論十二曰、「此王由輪旋轉應導威伏一切名轉輪王。（中畧）若王生在刹帝利種紹灑頂位於十五日受齋戒時沐浴首身受勝齋戒升高臺殿臣僚輔翼東方忽有金輪寶現其輪千輻具足轂輞衆相圓淨如巧匠成舒妙光明來應王所此王定是金轉輪王。餘轉輪王應知亦爾。」

【輪藏】（堂塔）於大層龕中心、建一柱、開八面、架一切經、設機輪使可旋轉、謂之輪藏。一旋之則與看讀同其功。梁傅大士創之。釋門正統塔廟志曰、「復次諸方梵剎立藏殿者。初梁朝善慧大士(傅翕玄風)愍諸世人雖於此道頗知信向然於贖命法寶或有男女生來不識字者或識字而爲他緣逼迫不暇披閱者。大士爲是之故。特設方便。創成轉輪之藏。令信心者推之一匝。則與看讀同功。故其自誓曰。有登吾藏門者。生生不失人身。又能旋轉不計數者。是人所積功德。則與誦經無異。(中略)若夫諸處俱奉大士寶像於藏殿前。首頂戴道冠。肩披釋服。足躡儒履。謂之和會三家。佛印禪師了元爲王荊公贊其所收畫像曰。道冠儒履釋加沙。和會三家作一家。忘却率陀天上路。雙林痴坐待龍華。又列八大神將運轉其輪。謂天龍八部也。又立保境將軍助香花之奉。謂是在日烏傷宰也。玆三者攷錄無文。不能自決。」傅翕生於齊建武四年、寂於陳大建元年(佛祖統紀二十三有傳)然而於藏前安大士像者、由來已久、左右童子俗稱笑佛、不見典據。相傳是大士之子、左爲普建、右爲普成也。

【輪轉】(術語)與輪迴同。輪轉三界六道、無脫出之期也。往生要集上本曰、「輪轉無際。不免三途。」有佛說輪轉五道罪福報應經一卷。

【醉婆羅門】(人名)佛在祇園、有婆羅門因醉故來佛所求度。佛勅阿難度之。彼醉既醒、即還家。比丘問佛以何度彼。佛答曰。彼自無量世以來、無出家之心。因醉發心。依此因後當得道。見智度論十三。

【醉象】(譬喻)譬惡心之難制者。涅槃經二十五曰、「譬如醉象狂騃暴惡多欲殺害。有調象師以大鐵鉤鉤斷其頂。即時調順。惡心都盡。一切衆生亦復如是。」

【敷華】(術語)眞言十心之一。見十心條附錄。

【敷具】(物名)袈裟之異名。以袈裟之形相與敷物同也。十誦律七曰、「六羣比丘以純黑羊毛作敷具」六物圖曰、「通名者總括經律名袈裟(中畧)或名臥具或云敷具(皆謂相同被褥)」又敷於佛前之卓上者。漢字書卓聞經論曰敷具。十住論九曰「諸佛師子座金薄幃帳柔軟滑澤種種天衣以爲敷具」菩提場莊嚴陀羅尼經曰「於是幢中有師子座。閻浮檀金所成。七寶莊嚴。以種種天妙衣服敷其座上」

【敷曼荼羅】(術語)又曰布曼荼羅。懸於壁謂之懸曼荼羅、敷於地謂之敷曼荼羅。結緣灌頂之時投華、必敷曼荼羅也。

【敵者】(雜名)敵論者之略。

【敵論者】(雜名)因明之對論法、以三支建立自宗者、謂之立論者、爲立論者之所對者、謂之敵論者。

【敵證】(雜名)敵論者與證義者。

【數】(術語)智之異名也。了義燈二

本曰、「數是智慧」。

【數人】（流派）薩婆多部（卽一切有部）之異名也。主論法數。故曰數人。止觀五曰、「數人說五陰同時識是心王。四陰是數」同輔行曰、「數人卽是薩婆多師」。

【數行煩惱】（術語）二煩惱之一。見煩惱條附錄。

【數門】（術語）數息門之略。卽數息觀也。圓覺經曰、「若諸衆生修禪那。先取數門。心中了知生住異滅分齊頭數」。見五停心觀條。

【數法人】（流派）指稱小乘之薩婆多部。見數人條。

【數取趣】（術語）梵語曰補特伽羅。Pudgala 有情流轉。數數取諸趣者。舊譯曰人。玄應音義一曰、「補特伽羅。此云數取趣也。言數數往來諸趣也」。

【數事所滅流】（術語）見七流條。

【數珠】（物名）梵名鉢塞莫。是念三寶名時記其數之具也。牟黎曼陀咒經曰、「鉢塞莫。云數珠」。木槵子經曰、「佛告王（毘琉璃王）言。大王若欲滅煩惱障報障者。當貫木槵子一百八。以常自隨。若行若坐若臥。恒常至心無分散意。稱佛陀達磨僧伽名。乃過一木槵子。如是漸次度木槵子。若十若二十。若百若千。乃至百千萬。若能滿二十萬遍。身心不亂。無諸諂曲者。得生第三焰天。（中略）若復能滿一百萬徧者。當得斷百八結業。始名背生死流。趣向涅槃」。珠數之起原。有數說。皆恐自比丘爲逐次數布薩日所持之黑白三十珠起原也。

【數珠顆數】（雜語）數珠功德經曰、「其數珠者。要當須滿一百八顆。如其難得。或爲五十四顆。或二十七。或十四顆。亦皆得用」。陀羅尼集經二曰、「其數皆滿一百八珠。或五十四。或四十二。或二十一。亦得中用」。金剛頂瑜伽念誦經曰、「念珠分別有四種。上品最勝及中下。一千八十以爲上。一百八珠爲最勝。五十四珠以爲中。二十七珠爲下類」。文殊儀軌經數珠儀則品曰、「數珠不定。亦有三品。上品一百八。中品五十四。下品二十七。別有最上品。當用一千八十爲數」。依已上經軌之說。則有一千八十、一百八、五十四、四十二、二十七、二十一、十四之七種。其他有古來念佛宗慣用之三十六珠與禪門所用之十八珠二種。總爲九種。此珠顆之數目各有表示。一千八十者。十界各有百八。成一千八十。一百八者。表百八煩惱。或百八尊百八三昧。或本有之五十四位與修生之五十四位。五十四者。表修生之五十四位。四十二者。表住行向地等妙之四十二位。二十七者。表聲聞乘之二十七賢聖。二十一者。表本有之十地與修生之十地及佛果。十四者。表仁王經所說之十四忍。卽住行向之三忍與十地與十忍與佛果之一忍其三十六與十八者只爲携帶之便三分百八爲三十六、又六分爲十八非別有深義之所表。

【數珠母珠記子】（雜語）陀羅尼集經曰「作是相珠一百八顆造成珠已。又作一金珠。爲母珠又更作十顆銀珠以充記子。」此母珠表無量壽佛記子者爲捻一百八珠而記其遍數之用其十顆表示十波羅蜜之無盡藏也淨土宗用記子爲念佛之記數。

【四天珠】（雜名）又書四點。密宗之數珠每七顆或二十一顆挿入異類異種或同珠之小形者四顆是非有經軌可憑惟彼宗常誦眞言以七遍或二十一遍爲常規故爲其記子而加之也。

【百八數珠】（雜名）數珠之種類有九種其中特以百八之一種爲之根本瑜伽念誦經曰「珠表菩薩之勝果於中間絕爲斷漏繩線貫串表觀音母珠表無量壽愼莫驀過越法界」。

【珠顆用對功德多少】（雜語）

陀羅尼集經四
- 赤銅
- 銀
- 金
- 水精

數珠功德經十
- 鐵　五倍
- 赤銅　十倍
- 眞珠、珊瑚梵名、鉢羅摩禍羅（Pravāla）百倍
- 木槵子、梵名、阿梨瑟迦紫 Ariṣṭaka 千倍
- 蓮子　萬倍
- 帝釋青子　因陀羅尼羅迦叉（Indranīlakṣa）百萬倍
- 水精　百億倍
- 金剛子　梵名、烏嚧多羅迦叉（Budrākṣa）千億倍
- 菩提子　（Tib. Bode）無數倍

攝眞實經十

材	功德
香木	一分
鍮石、銅、鐵、	二分
水精、眞珠、	一分
蓮子、金剛子、	二分
諸寶、菩提子、	無數分

瑜伽念誦經十一

材	功德
硨磲珠梵名、婆洛揭拉婆(Musāragalva)	一倍
木槵子	二倍
鐵	三倍
熟銅	四倍
水精、眞珠、諸寶、	百倍
帝釋靑	千倍
金剛子	倶胝倍
蓮子	千倶胝倍
菩提子	無數倍

守護國界經六

材	功德
金、銀、	兩倍
眞珠	一倶胝倍
金剛子、蓮子。	百千倶胝倍
和合、菩提子、	無數倍

蘇悉地經十一

木槵子、多羅樹子、
土珠、螺珠、
水精、眞珠、
牙珠、咽珠、
摩尼寶珠、
草子、赤珠、梵名、甄叔迦(Kiṁśuka)

此中一分者、爲念一徧之一功德、一倍者、爲念一徧之二功德、卽逐數倍增也。又此用材之中、總有二十餘種。獨陀羅尼集經以水精爲第一最勝、其餘經軌皆以菩提子爲第一最勝。

【五部相應數珠】（雜語）攝眞實經持念品謂佛部菩提子。金剛部金剛子。寶部金銀玻璃種種諸寶。蓮華部蓮子。羯磨部種種間錯雜色。瑜伽念誦經謂如來部菩提子。金剛部金剛子。寶部金珠。蓮華部蓮子。羯磨部雜寶間錯。

【掐珠法】（儀式）攝眞實經謂佛部、右手拇指與頭指。金剛部、右手拇指與中指。寶部、右手拇指與無名指。蓮華部、右手拇指與小指。羯磨部、右手拇指與四指。蘇悉地經謂胎藏界之三部。佛部、右手大指與無名指之頭相合。中指與小指直立。頭指少屈附於中指中節以掐之。蓮華部、合大指與中指之頭。餘指皆舒而掐之。金剛部、合大指與頭指之頭。餘指皆舒而掐之。

【數息門】（術語）六妙門之一。見妙門條。

【數息觀】（雜語）五停心觀之一。數出入之息。停止心想散亂之觀法。梵名、阿那波那。見阿那波那條。

【數珠功德經】（經名）校量數珠功德經之略名。又曼殊室利咒藏中校量數珠功德經之略名。

【數滅無爲】（術語）三無爲之一。與新譯之擇滅無爲同。數者慧之心所法也。以智慧斷惑障而證之寂滅涅槃。謂之數滅。見大乘義章二。

【數論】（流派）薩婆多部之諸論也。彼之部宗爲論佛敎法數之根本。故謂之數論。大部補注十一曰「諸文或云數人。又云數論。卽薩婆多論師也。涅槃疏云數人宗薩婆多。純明無我。破諸外道。」又迦毘羅仙所造之論亦稱爲數論。卽金七十論是也。見數論外道條。

【數論外道】（流派）又曰數論師。唯識述記一末言劫初有外道。名曰劫比羅。Kapila古云迦毘羅者訛也。此曰黃赤。以鬢髮面色並爲黃赤。故今西方之貴婆羅門種。皆黃赤色也。於時世號爲黃赤色仙人。立二十五諦。論生死涅槃。其後諸門徒分爲十八部。其上首名伐里沙。此翻爲雨。以生於雨時故名。其雨之徒黨名爲雨衆外道。數論爲此雨衆外道中別人所作。今之金七十論是也。梵名曰僧佉。Sāmkhya 此翻爲數。卽智慧之數也。數爲量諸法之根本。故以立名。從數而起之論。故名數論。又論能生數。故亦名數論。其造數論及學數論之人。名爲數論者。謂有外道。入於金耳國。以鍱鍱腹。頂戴火盆。擊王之論鼓。求與僧論議。使僧墮負。遂作七十行頌。以申數論之宗。王賞之以金。外道欲彰已令譽。名之爲金七十論。彼論之長行。天親菩薩所造也。然考天親菩薩傳。則爲佛滅後九百年中頻闍訶婆娑外道之事。謂此外道制僧佉論。入阿輸闍國。於正勤王處。爲此論議。

遂制勝。王賜以三洛沙黃金、入於頻闍訶山之石窟中化爲石云。天親菩薩後聞此事、卽造七十眞實論、破彼外道所造之僧佉論。首尾冗解無有一句得立。王復以三洛沙金賞之。唯識述記四末之再說稍與之同。謂「世親菩薩時東天竺有僧、與數論師之學徒論議。彼立二十五諦說大地等之爲常。僧竟不能答。王信受外道。外道爲王造七十行之頌、上於王。王賜千金以顯揚之。今之金七十論是也。世親乃造第一義諦論、亦名勝義七十論。以對彼論而破彼外道。」百論疏上之中曰、「僧佉此云制數論。明一切法不出二十五諦。故一切法攝入二十五諦中名爲制數論。」

【二十五諦】（術語） 數論外道說明宇宙萬有開展狀況順序之根本原理也。所謂二十五諦者如次表。

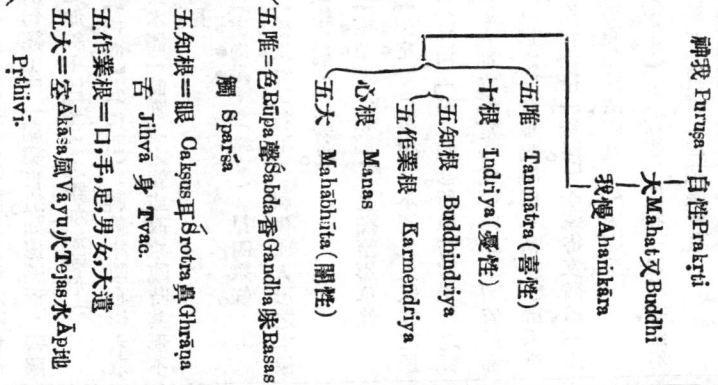

神我 Puruṣa—自性 Prakṛti
　大 Mahat 又 Buddhi
　我慢 Ahaṁkāra
　　五唯 Tanmātra（喜性）
　　十根 Indriya（憂性）｛五知根 Buddhindriya｜五作業根 Karmendriya｝
　　心根 Manas
　　五大 Mahābhūta（闇性）

五唯＝色 Rūpa 聲 Śabda 香 Gandha 味 Rasas 觸 Śparśa

五知根＝眼 Cakṣus 耳 Śrotra 鼻 Ghrāṇa 舌 Jihvā 身 Tvac.

五作業根＝口,手,足,男女,大遺

五大＝空 Ākāśa 風 Vāyu 火 Tejas 水 Āp 地 Pṛthivī.

卽自性（物質的本體）受神我（精神的本體）之作用而生大、由大生我慢、由我慢生五唯、五知根、五作業根、心根、又由五唯生五大。而神我與自性之關係、恰如跛者與瞽者。神我雖有智的作用、然不能動。自性雖有活動作用、然不能生爲其活動之源之動機。蓋神我爲使自性有活動者、自性爲使活動動機實現者。由此二相生中間之二十三諦也。

【夜摩尼夜摩】（術語） Yama-Niyama 此學派之修行方法也。金七十論上曰。「法者何爲相。夜摩尼夜摩。夜摩者有五。一無瞋恚。二恭敬師尊。三內外清淨。四減損飲食。五不放逸。尼夜摩亦五。一不殺。二不盜。三實語。四梵行。五無諂曲。十種所成就是故名爲法。」

【出家行道具】（雜語） 此派擧出家者宜持之道具、如金七十論下所謂「取者一切出家行道具。具有四種。謂三杖。澡罐。袈裟。吉祥等吉祥有五。一灰囊。二天目珠。三三縷縷身。四諸咒術章句。五以一長草安頂髻上。謂吉祥草。此五並是學道之具。能去不淨。故曰吉祥。就前三種合八具也。

【數緣盡】（術語）新譯之擇滅、舊譯曰數緣盡。智度論九十八曰、「一切有爲法。及虛空非數緣盡名爲有上法。數緣盡是無上法」見非數緣盡條。

【數數死】（術語）十二品生死之一。見生死條。

【數識】（術語）十一識之一。見識條附錄。

【影】（雜名）遮日光而生之薄闇色。十二顯色之一。俱舍論一曰、「障光明生於中餘色可見名影」。因影自實體生而無實性。故以譬因緣生之事物。維摩經方便品曰、「是身如影。從業緣生」無量壽經下曰、「知法如電影。究竟菩薩道」。金剛經曰、「一切有爲法。如夢幻泡影」。因以譬物之不相離。法句經上曰、「福樂自追。如影隨形」菩薩處胎經七曰、「善惡之報。如影隨形」

【影向】（術語）神佛來臨也。影者取其本體一時應現之義、或取來臨時其形不可見。

【影向衆】（術語）見四衆條。

【影供】（行事）神佛或人形之木像或繪像捧供物者也。

【影草】（雜語）見探竿影草條。

【影堂】（堂塔）奉祀先人遺像之所。古今注曰、「廟者貌也。所以彷佛先人之容貌。庶人則立影堂」。釋氏借此二字。謂安置佛祖眞影之堂舍。雍陶詩曰、「秋磬數聲天欲曉。影堂斜掩一燈深」。李遠寄友詩曰、「他時若更相隨去。祇是含酸對影堂」

【影事】（術語）世界一切事物、虛幻如影。並非眞實、故曰前塵影事。

【影堅】（人名）頻婆娑羅王之譯名。西域記八曰、「頻毘娑羅唐言影堅。舊曰頻婆娑羅訛也。」

【影現】（術語）佛爲衆生濟度現形也。

【影略互顯】（術語）猶言慈父悲母父非無悲。母亦非無慈。是各舉一、各略一、上句所略以下句所舉影顯之、下句所略以上句所舉影顯之。謂之影略互顯。

【影勝】（人名）摩竭陀國之頻婆娑羅王、玄奘譯曰影堅。義淨譯曰影勝。見頻婆娑羅條。

【影像】（譬喩）物體遮光線而生之形也、形雖可見而體爲空、以喩諸法之無自性。圓覺經曰、「此菩薩及末世衆生。證得諸幻滅影像故。爾時便得無方清淨」又妄識分別、於心上現種種之相。名爲影像。是猶如鏡面水上之影像也。

【影護】（術語）如影之隨形、不離其身而擁護之也。觀念法門曰「隨逐影護愛樂相見」。

【影響衆】（術語）或作影向衆。四衆之一。諸佛及法身之菩薩、爲贊助釋迦如來之敎化應現如影如響之身也。釋迦之法主如形聲、諸菩薩如影響、文殊普賢等諸菩薩是也。法華文句三曰「影響者往古諸佛法身菩薩隱其圓極匡補法王。如衆星遶月。雖無爲作而有巨益。此名影響衆」。同記曰「次釋影響衆者。然化主形聲必資伴以影響方令發起擊動事遂。如響之應聲、影之隨形」。

【颰陀】（菩薩）又作跋陀、輆陀、颰陀和羅 Bhadrapāla 之略。菩薩名。見跋陀婆羅條。玄應音義五曰、「颰陀經中或作輆跋拔三形同。蒲沫切。此譯云仁賢。或云賢護」。

【颰柁梨】（植物）果名。玄應音義二十四曰、「婆柁梨是西方一類小棗者也」。見婆柁梨條。

【颰陀劫】（術語）Bhadrakalpa 又作波陀劫。颰陀劫簸之略。劫簸爲分別世界成壞之時量。今卽成劫也。常略曰劫。颰陀譯曰賢或善。此一劫中千佛出世。故名賢劫。智度論三十八曰、「劫簸秦言分別時分。颰陀者秦言善。有千萬劫過去空無有佛。是一劫中有千佛興。諸淨居天歡喜。故名爲善劫」。修行本起經上曰、「劫名波陀。漢言爲賢」。法華文句八曰「颰陀此云聖。劫之異名耳」。賢劫經一曰、「颰陀劫三昧。晉曰賢劫定意」。

【颰陀和】（菩薩）又作婆陀和、跋陀婆羅、跋陀羅婆梨。菩薩名。譯曰賢護。見賢護條。

【颰陀和羅】（菩薩）見颰陀條。

【颰陀波羅】（菩薩）又曰跋陀波羅。菩薩名。見跋陀婆羅條。

【颰陀劫簸】（術語）見颰陀劫條。

【颰陀神咒經】（經名）幻師颰陀神咒經之略名。

【颰陀羅跋陀】（雜名）Pūrvabhadrapadā 星名。譯曰室宿。見寶星陀羅尼經四。

【颰陀羅波梨】（菩薩）見賢護條。

【颰陀劫三昧經】（經名）賢劫經之異名。

【暫出還沒人】（術語）見四種人條。

【暫暇】（雜語）與起單同。

【麨】（飮食）梵語怛鉢那。乾飯之粹屑也。廣韻曰、「麨糗也。糗音去久反。乾飯屑也」。

【圜】（雜語）攘除魔障之符字。釋摩訶衍論曰「圜字治魔事」。似出自道敎。

【墳】（雜名）墓也。秦晉之代、謂塚爲墳。積土而高之墓也。

【櫁】（植物）密規以櫁葉代蓮華之用。

【劍山】（界名）十六遊增地獄之一、或曰劍樹地獄又曰刀刄路。

【槵子】（植物）木槵子也。於數珠用之。校量數珠經曰、「槵子掐一遍得福千倍」木槵子經曰、「若欲滅煩惱障報者當貫木槵子一百八。常自隨若行若坐若臥恒常至心無分散意稱佛陀達磨僧伽名乃過一木槵子」。

【窣尸】（雜名）Pesi 見蔽尸條。

【瑩山】（人名）日本曹洞宗紹瑾禪師之道號。其宗呼道元禪師爲高祖稱瑩山爲太祖。

【魅女】（修法）阿毘舍之法、呪面貌端正之童男童女、令邪鬼妖魅附之以使所附之鬼魅言吉凶或使述其希望。童男雖亦通用而多用童女、故書魅女。

【鋒刃增】（界名）見遊增地獄條。

【犛牛】（動物）尾長之牛也。法華經方便品曰、「深著於五欲。如犛牛愛尾」。法華玄贊四曰、「犛牛說文西南夷長髦牛也。有作貓字人間捕鼠者非此中義。有作猫从犬不知所從」。康熙字典曰「說文本作犛長髦牛也。从牛𠩺聲。玉篇獸如牛而尾長名曰犛牛」。

【磁石吸鐵】（譬喩）喩無緣之慈悲心。止觀五之三曰、「如磁石吸鐵無心而取。夫鐵在障外石不能吸。衆生心性卽無緣慈。無明障隔不能任運吸取。一切今欲破無明障顯佛慈石任運吸取無量佛法無量衆生」。

【箒衣】（衣服）比丘尼之裙也。慧琳音義六十三曰、「箒衣者周帀相連縫合猶如箒篼。名曰箒衣。卽今之女人所著裙是也」。

【銷釋】（術語）銷釋金剛科儀會要註解一曰、「銷釋喩科文之解判能分事理。銷者煎銷也。釋者解釋也」。

【輦寺】（雜名）輦車往來之寺也。言王公建立之大寺。

【踞地獅子】（術語）臨濟四喝之一。臨濟錄曰「有時一喝如踞地金毛獅子」。人天眼目曰、「踞地獅子者發言吐氣。威勢振立百獸恐悚衆魔腦裂」。

【踢倒淨瓶】（雜語）傳燈錄曰、「百丈召潙山云、潙山勝境汝當居之。嗣續吾宗。華林曰某甲忝居上首。祐公何得住持。百丈曰若能下得一句出格當與住持。卽指淨瓶問云不得喚作淨瓶。華林曰、不可喚作木楔也。百丈不肯乃問祐師。師踢倒淨瓶。百丈笑云輸卻山子也」。

【踏床】（物名）椅子前承足之小几也。又曰脚凳。毘奈耶雜事作承足杌僧祇律作承足机。

【僻見】（雜語）邪僻不中於理之惡

見也。如身等之五見是。俱舍論十八曰、「就五僻見說邪見重。」

【諄那】（人名）譯曰碎末。沙彌之名也。

【餉供】（雜語）於佛前或靈前供食膳也。

【墜芥】（譬喻）於閻浮提立針。以一芥子自忉利天墜下。使貫其針鋒。喻值佛之至難也。涅槃經二曰、「芥子投針鋒。佛出難於此。」止觀五曰、「盲龜由何值浮孔。墜芥豈得下貫針鋒。」輔行五曰、「如針鋒豎閻浮提。以一芥子從忉利天投閻浮提。何由可得貫針鋒上。」

【墜腰石】（物名）六祖壇經曰、「次日祖潛至碓坊。見能腰石舂米。」案六祖墜腰石鐫龍朔元年盧居士誌八字。今存黃梅東禪寺。

【憐念】（術語）六蔽之一。見六蔽條。

【憐愍】（術語）謂矜䘏也。漢書、哀夫老耗孤寡鰥獨。或匱於衣食。甚憐愍焉。

【憎愛】（雜語）憎怨愛親也。無量壽經下曰、「當為導師等無憎愛。」圓覺經曰、「認四顛倒為實我體。由此便生憎愛二境。」

【憧摩】（雜名）天竺賤族之一種。唯識了義燈二本曰、「憧摩此云不共死。」

【懿摩】（人名）見懿摩彌條。

【蓬飳】（故事）周利槃特愚蠢。婆羅門師敎之以蓬飳二字。道、蓬則忘飳。道飳則忘蓬。此二字為吠陀論中之秘密語也。參照半託迦條。

【蔑戾車】（雜名）Mleccha 又作篾隸車、畢嚟車。舊曰彌離車。譯曰邊地下賤種也。見蜜利車條。

【蔓陀囉】（術語）與曼荼羅同。

【皺波那】（飲食）又作怛鉢那。譯曰麨。玄應音義十四曰、「皺波那食。譯曰麨也。」飾宗記八本曰、「怛鉢那。或為皺波那。此云乳粥。音義云此云麨也。」

【樞要】（書名）唯識論樞要也。

【膠盆子】（譬喻）盛膠之盆。喻文字葛藤。臨濟錄曰、「眞正學人便喝。先拈出一箇膠盆子。善知識不辨是境。便上他境上作模作樣。」

【膜拜】（雜語）長跪而拜也。穆天子傳曰、「乃膜拜而受。」梁書曰、「北闕藁街之使。風車火徽之民。膜拜稽首。願為臣妾。」一說。今之禮佛。舉手加頭。稱南謨拜。即此類也。

【蓽茇利】（飲食）五種果之一。百一羯磨八曰、「蓽茇利即蒟醬也。舊云蓽茇略也。」梵 Pippali

【憚哆】（雜名）Danta 又作彈多、娜哆。譯曰齒。

【憚哆家瑟詑】（物名）Dantakāṣṭha 譯曰齒木。寄歸傳一曰、「齒木者。梵云憚哆家瑟詑。憚哆譯之爲齒。家瑟詑是其木。長十二指。短不減八指。大如小指。一頭緩須熟嚼」玄應音義十五曰「彈多抳瑟搋。彈多此云齒。抳瑟搋此云木。謂齒木也」梵語雜名曰「娜哆家瑟哆」

【稽首】（術語）和南、一譯稽首。僧家禮拜也。

【稽薑那】（地名）Kikāṇa 西印度古王國名。在伐剌拏國之西方山中。以多產羊馬而有名。見西域記十一。

【瘧加持】（修法）又名瘧病法。加持病瘧人使之平癒之法也。法令病者南向。修法者坐其後方。先作護身法、並結結界之印、防惡魔障礙。次結彌陀定印入於冥想。觀念病者之心月輪有鑁、吽、怛洛、紇哩、惡之五字、此五字如其次第變爲大日、阿閦、寶生、彌陀、不空之五佛。此五佛又成五大明王。不動明王降伏一切諸魔、降三世明王降伏天魔、軍荼利明王降伏身魔、大威德明王降伏人魔、金剛夜叉明王降伏地魔。次誦慈救呪加持病者。後以頭指於其頂、左肩、胸、右肩及項、如次第書五大明王之種子。背書五種阿字。胸書鑁、吽、怛洛、紇哩、惡之五字、左臂書鑁字。右腕書阿闍梨位之眞言。額書鑁字。其左書紇哩。其右憾字。皆書梵字。更誦慈救呪。終不使病者觀後方。令立行。於背或胸書梵字。有順序等。出於作法集。又毘沙門儀軌、大元帥儀軌中等別有簡易之法。

【瘧鬼】（異類）梵名阿婆魔羅。譯曰無花鬘。或曰顚狂。

【僧娑洛】（術語）Saṃsāra 譯曰流轉。玄應音義二十二曰「僧娑洛。此云流轉。謂於六趣循環往來不絕也」見流轉條。

【噉月】（故事）大智度論曰「十方諸菩薩來之餘一時、羅睺阿修羅王欲噉月。月天子怖疾到佛所。佛說偈言。羅睺羅卽疾放月」。

【噇酒糟漢】（雜語）只喰人糟粕之鈍漢也。唐代罵人之語。碧巖十一則曰「黃檗示衆云。汝等諸人盡是噇酒糟漢」同評唱曰「唐時愛罵人作噇酒糟漢」

【樝庵】（人名）台州赤城崇善寺法師名有嚴。退庵於樝木下。號爲樝庵。拾薪汲水自炊。以安養爲期。宋建中靖國元年寂。壽八十一。著大部借備撿四卷、箋雄四卷、助覽四卷、或對四卷。見釋門正統八。

【蔫乾淨】（飲食）五淨食之一。見五種淨食條。

【嬉戲菩薩】（菩薩）內四供養之一。見八供養條。

【魯達羅】（天名）Rudra 又作澇達羅、嚕捺羅。譯曰暴惡。黑天。自在天之別名也。俱舍光記七曰「恒以苦具逼害有情。名恒逼害。或時樂食血肉髓。故名魯達羅。此云暴惡大自在天異名大自在天總有千名今現行世唯有六十魯達羅即一名也」大日經疏二曰「黑天梵音嚕捺羅是自在天眷屬」同五曰「嚕捺羅即是商羯羅忿怒身」同十曰「嚕捺羅亦佛所化身是摩醯首羅之化身也(亦名伊舍那)」闍曼德迦儀軌曰「能壞嚧那囉亦斷閻摩命」

【黑意經】(經名)一卷後漢安世高譯雜說一切善惡之法多似律中之語

【諍論】(術語)張我見而互諍也寶積經九十二偈曰「戲論諍論處多起諸煩惱智者應遠離當去百由旬」

【範衛】(雜語)範爲軌範衛爲護衛以其法爲軌範爲其法所護衛也末法燈明記曰「範衛一如以流化者法王光宅四海以乘風者仁王」

【審慮思】(術語)三思之一見思條

【劈箭急】(譬喻)劈箭者劈物之箭也譬事之迅曰劈箭急

【蝙蝠僧】(雜名)又曰鳥鼠僧見鳥鼠僧條

【穀頭】(職位)禪家掌米穀之僧也

【誹謗正法】(術語)正法爲佛法誹謗佛法也其罪最重永不可成佛故曰謗法闡提(闡提爲不成佛之義)無量壽經上曰「若不生者不取正覺唯除五逆誹謗正法」淨土論上曰「經云五逆罪人墮阿鼻大地獄中具受一切重罪誹謗正法人墮阿鼻大地獄中此劫若盡復轉至他方阿鼻大地獄中如是展轉經百千阿鼻大地獄佛不記得出時節以誹謗正法罪極重故又正法者即是佛法」

【潔齋】(術語)謂止婬事斷酒肉也

【澁觸】(術語)見八觸條

【潭柘寺】(寺名)見岫雲寺條

【澆季】(雜語)澆者薄季者末謂末世之行德浮薄也

【貦具】(術語)印名即羯磨會嬉菩薩所結之印契也見金剛頂蓮華部心念誦儀軌金剛頂瑜伽中略出念誦經三等

【憬興】(人名)新羅國人十八歲出家專事著述其說以法相爲主所著有涅槃經疏十四卷法華疏十六卷金光明經述贊七卷彌勒經述贊三卷瑜伽論疏十卷瑜伽記三十六卷解深密經疏觀無量壽經疏二卷等數十種見三國遺事五新編諸宗敎藏總錄一二等

【噁】(術語)梵字ah又作惡阿之轉聲也參照惡條

【磋】(術語)梵字Cha悉曇五十字門之一四十二字門之一又作車綽擦揮瑳[illegible]其字義說者不一金剛頂經釋字母品曰「稱磋字門一切法影像不可得故」大日經二曰「車字門一切諸法影像不可得

故」是由梵語車野Chāyā有影之義故有此說。新華嚴經七十六曰、「唱車字時入般若波羅蜜門名修行方便藏各別圓滿」入法界品四十二字觀門曰、「稱磋字時入修加行藏蓋差別道場般若波羅蜜門悟一切法欲樂覆性不可得故」涅槃經八曰、「車者喩如來覆蔭一切衆生如大蓋」文殊問經字母品曰、「稱磋字時是不覆欲聲」般若波羅蜜經五曰、「車字門入諸法欲不可得故」是由梵語繖怛羅Chattra有欲及蓋之義故有此說。智度論四十八曰、「闍車字卽知一切法無所去」是由梵語伽車Gaccha有去之義故有此說。

【熱鐵輪】（術語）五燈會元曰、「世尊說大集經有不赴者四天門王飛熱鐵輪追之令集」。

【蝦虹梁】（雜名）連繫殿堂向拜之柱與本殿之柱之梁作波形其狀如蝦、故名。

【蝦蟆股】（物名）堂塔建築其搏風或楣與臺輪之間上部開爲左右之作雲形曲線者謂之蝦蟆股以其似蝦蟆之開後股、故有此名。

【蝦蟆禪】（術語）蝦蟆唯解一跳、不解他術以喩認一知半解爲是而不通於他之不活脫不自由之死禪。

【頡麗伐多】（人名）羅漢名舊稱離波多梨波多Revata等玄應音義二十二曰、「頡麗伐多賢結切此言過時又云室星。則北方宿也祠之得子仍以名焉坐禪第一者是也。舊言梨波多或云黎婆多皆訛也」

【樊籠】（譬喩）木作曰樊竹作曰籠、以容禽獸者喩業煩惱之繫縛及三界之苦域。寶積經九十二曰、「是人多愛染往來婬女家如鳥入樊籠」大日經義釋十一曰、「爲業煩惱之所樊籠繫屬生死不能得自在之力」。往生要集上本曰、「樊籠未出隨事有礙。」通眞記上曰、「樊籠囚衆生之具也。木作曰樊竹作曰籠」又演密鈔九曰、「樊籠者火籠也西京雜記曰天子以象牙爲火籠謂之樊籠也」一切衆生恆處三界爲業煩惱之所燒逼不得出離如籠飛禽故云樊籠也」又作煩籠法事讚下曰、「萬中無一出煩籠」般舟讚曰、「獨超三界出煩籠」

【歐文佛書】（雜名）歐美各國開佛敎研究之端緖者雖在百年以前然當其初期不過僅街談巷議試其臆說耳惟曾駐劄尼波羅加德門府之霍奇孫Brian Houghton Hodgson於彼地初發見梵語之佛典千八百三十七年以來寄贈之於各地圖書館法蘭西之皮爾奴Eugeue Burnouf先熱心從事研究之其門弟英國之馬克邈羅F. Max Müller. 法國之攝奈爾、Emile Senart. 荷蘭之愷倫Heinrich Kern. 俄國之夸司了富、Wassilij Pawlowitsch Wassilijew. 及其門弟彌奈宮 Minayeff 等諸氏、漸次重研鑽、同時南方巴利語佛典之研究亦盛行、英國之列司遜克慈 T. W. Rhys Davids. 德國之渥屯倍赫 Hermann Oidenberg 等爲之巨魁。又如何牙利之啓沃買、Csoma. 德國之斯福爾、Anton Schiefner 開西藏佛教研究之端緒、至英國之皮露 Samuel Beal. 及愛德根斯 Joseph Edkins 等、遂涉獵支那佛典之本文。是等學者、或將原本出版、或翻譯、或於著述及論說、發表其意見、其他有幾多旅行家、記述刊行佛教國之風俗習慣等、斯而現今歐文所成佛教書類之數實及幾百種之多。今舉其中主要者如左。The Dhamma of Gotama the Buddha and the Gospel of Jesus the Christ. 佛陀之教法與基督之福音、(Aiker Ch. F. 著、一九〇〇)A Brief Account of Shin-shiu. 眞宗綱要、(赤松連城著、一八九三) The Wheel of the Law. 法輪、(Alabaster, H. 著、一八七一)The Modern Buddhist. 近世佛教徒、(同人著、一八七〇) Ce que l' Inde doit à la Grèce. 印度之希臘影響、(Alviella, G. 著、一八九七)Buddhist Nirvāṇa. 佛教涅槃論、(Alwis J. 著、一八七一)Attanagaluvansa. 阿陀那伽羅寺史、(同人著、一八六六)Buddhism. 佛教論、(同人著、一八六二)Histoire du Bouddhisme. 佛教史、(Ampere J.J. 著、一八三七)Religious History of Japan. 日本宗教史、(姉崎正治著、一九〇七)Light of Asia. 亞細亞之光、(Arnold, E. 著、一八八三)Prince Siddartha. 悉達多王子、(Atkinson 著、一八九三) Visit to Ladakh. 羅陀克紀行、(Aynslay 著)Cyclopaedia of India. 印度事彙、(Balfour 著、一八八五)Le Bouddha et sa Religion. 佛陀及其宗教、(Barthelemy, St. Hilaire 著、一八六〇)Du Bouddhisme. 佛教論(同人著、一八五五)The Religion of India 印度之宗教、(Barth, A. 著、一八八二)Religionsphilosophische Probleme auf dem forschungsfelde buddhistischer Psychologie und der vergleichenden Mythologie. 佛教之心理學及關於比較神話之宗教哲學問題、(Bastian, A. 著、一八八四)Die Weltauffassung der Buddhisten. 佛教徒之世界觀、(同人著、一八七〇)Der Buddhismus in seiner Psychologie. 心理學上之佛教、(同人著、一八八二)Über die Psychologie des Buddhismus. 說佛教之心理學、(同人著、一八八一)The Buddhist Tripitaka. 佛教三藏、(Beal, S. 著、一八七六)On Buddhist Literature in China. 支那佛教文學論、(同人著、一八八二)Buddhism in China. 支那佛教論、(同人著、一八八四)Catena of Buddhist

Scriptures from the Chinese. 支那佛經之連鎖(同人著一八七一)Romantic Legend of Sakya Buddha. 釋迦佛之傳說(同人著一八七五)A Peep into the Early History of India. 印度古代史瞥見(Bhandarkar 著)the Life or Legend of Gautama, the Buddha of the Burmese. 緬甸佛傳(Bigandet, P. 著一八八〇)Memoires sur les Phonies. 佛僧傳 (同人著一八六五)Historical Researches on the Origin and Principle of the Buddha and Jaina Religion. 佛教及耆那教之起原及教義之歷史的研究(Bird, J.著一八四七)Wandering in Burma. 緬甸漫遊(Bird, W. 著一八九七) Materiaux pur servir á l' histoire de la déesse bouddhique Tārā. 多羅女神記(Bloney, G. 著一八九五)La vie contemplative, ascétique et monastique chez des Indous etchez les peuples bouddhistes. 印度佛教徒之生活(Bochinger 著一八三一) De Bhddhaismi origine et aetate definiendes. 佛教原理及定義(Bohlen, P. A. 著一八三七)Indian Studies. 印度研究 (Büller 著一八九八)Three New Edicts of Aśoka. 阿育王之新三勅令(同人著) Archaeological Survey of Western India. 西部印度考古學(Burgess, J. 著一八四七—七八)The Buddhist Stūpas of Amaravati and Jaggayyapeta. 阿摩洛括地及伽伽耶勃多之佛教窣堵婆(同人著)Introduction á l, histoire du Bouddhisme Indien. 印度佛教史序論(Burnouf, E. 著一八七六)Considerations sur l' origine du Bouddhisme. 佛教原理論 (同人著一八四三) Buddhistical Atheism, and how to meet it. 佛教無神論及其處分法 (Carter, C. 著一八六一)The Gospel of Buddha. 佛陀之福音(Carus, P. 著一八九六) Buddhism and its Chistian Critics. 佛教及其批判(同人著一八九七)Karma: 業論(同人著一八九七)Nirvāṇa, a story of Buddhist Psychology. 涅槃論(同人著一八九七)The Burined cities of Ceylon. 錫蘭舊都誌(Cave, H.W. 著一八九七) Esai sur la philosophie bouddhique. 佛教哲學論 (Chaboseau, A. 著一八九一) On Buddhism. 說佛教(Chine, G. W. 著一八六八)Buddhism. 佛教論 (Claughton, P. C. 著一八七四)The Ritual of Buddhist Pristhood. 佛教教團之儀式 (Clough 著一八三四) Religion in Japanese. 日本之宗教 (Cobbold, C. A. 著一八九四)Buddhism. 佛教 (Copleston 著一八九二) Analysise du Kand'our et

Tandjour 甘珠及登珠分類 (Csoma de Körös 著一八八一) Corpus Inscriptionum Indicarum. 印度碑文誌 (Cunningham, A. 著一八七九) The Ancient Geography of India. 古代印度地理(同人著一八七一) The Bhilsa Topes. 毘盧窣堵婆誌 (同人著一八五四) The Stupa of Bharhut. 婆蒲德窣堵婆誌. (同人著一八七九) Mahabodhi. 大菩提寺(同人著一八九二) Inscriptions of Asoka. 阿育王之刻文 (同人著一八七七) Buddha 佛陀論 (Dahlmann, J. 著一八九八) Nirvāṇa. 涅槃論(同人著一八九六) Buddhism. 佛教 (Davids, T. W. R. 著一八七八) Buddhism, its history and literature. 佛教其歷史及文學 (同人著一八九六) Buddhist India. 佛教時代之印度(同人著一九〇三) Buddhist Birth Stories. 佛教之本生譚(同人著一八八〇) Lectures on the Origin and Growth of Religion, illustrated by Buddhism. 依佛教說明之宗教起原及發達 (同人著一八八一) A Buddhist Manual of Psychological Ethics of the fourth Century B.C. 紀元前四世紀佛教之心理學的倫理書(Davids, C. R. 著一九〇〇) Ancient Coins and Measures of Ceylon. 錫蘭古代之泉貨及尺度(同人著) La Discipline Bouddhique. 佛教之律制(Dechamps, A. 著一八六一) Les Origines du Bouddhisme. 佛教起原論(同人著一八六一) Le Tibet. 西藏(Desgodins 著) Christus oder Buddha, wem wollen wir folgen? 基督佛陀吾人欲隨誰乎(Dyayas 著一八九四) The Life and Works of Alexander Csoma de Körös. 啓沃買之生涯及著書(Duka著) Das Leben des Buddhas. 佛陀傳 (Dutoit 著一九〇六) The Civilization of India. 印度文明論(Dutt, C. 著一九〇〇) History of Civilization in Ancient India. 印度古代文明史(同人著一八八九—九〇) Ancient India 200 B. C. 古代印度(同人著一八九三) Report on a Visit to Sikhim and Tibetan Frontier. 色目及西藏國境見聞記 (Edgar 著) Pali-English Dictionary with Sanskrit Equivalant. 巴英辭典(Childers 著一八七五) Notice of the Chinese Buddhism. 支那佛教評說(Edkins, T. 著一八八五) Chinese Buddhism. 支那佛教(同人著一八八〇) The Religious Condition of the Chinese. 支那宗教事情(同人著一八五九) Religions in China. 支那之宗教(同人著一八八四) The Nirvāṇa of the Northern Buddhism. 北方佛教之涅槃論 (Edgar 著一八八一) Buddhist and Christian Gospels. 佛教及基督教之福音、(Edmunds, A. J. 著、一九〇二) Hymns of the Faith. 信仰之歌、(同人著、一九〇二) Buddha, a Dialogue on former Existence and on the marvellous Birth and Career of the Buddhas. 本生說話、(同人著、一八九九) Lecture on Buddhism 佛教講話、(Eitel, E. J.著、一八七一) Hand-Book of Chinese Buddhism. 梵漢字彙、(同人著、一八七〇) Buddhism. 佛教論、(同人著、一八七三) Nirvāṇa. 涅槃論、(Eklund, J.A. 著、一八九九) Memories on the History, Folk-lore, and Distribution of the Races on the N. W. Provinces of India. 西北印度諸種族之歷史傳說及分布備忘錄、(Elliot, H. M.著、一八六九) History of India. 印度史、(Elphinston 著、一八七四) Article on Buddhism. 佛教、(Davids, C.R. 著大英百科全書所載、) Two articles: Bouddha and Boudhdisme. 佛陀及佛教、(Léon Feer 著法國大百科全書所載、) Etudes sur les Jātaka. 本生譚論、(Feer, L. 著、一八七五) Fragments extracts du Kandjour. 甘珠拔萃、(同人著、一八八三) Le Bhikkuni Sanyuttam. 比丘尼雜阿含、(同人著、一八七七) Le Légende du roi Aśoka. Texte Tibëtain, avec traduction. 阿育王傳說、(同人著、一八六五) Les Jātaka dans les mémoires de Hiouen Thsang. 玄奘紀行中之本生譚、(同人著、一八九八) Professions interdites par le Bouddhisme. 佛教之禁職業、(同人著、一八九〇) Tree and Serpent Worship. 樹木及龍蛇崇拜、(Fergusson, J.著、一八七三) Description of the Amaravati Tope. 阿摩洛括地塔誌、(同人著、一八六七) Die Sociale Gliederung in Nordöst Indien zu Buddha's Zeit. 佛陀時代西北印度之社會階級、(Fick, R 著、一八九七) Short Chapters on Buddhism pastand present. 過去及現在之佛教、(Fitcoms, J.H.著、一八三八) Descriptions of the Early Gupta Kings. 笈多古王志、(Fleet, J. F. 著、一八八九) Etude sur le Lalita Vistara; du spécimen d'um glossaire des mots particuliers au Sanskrit Bouddhique. 普曜經研究佛教特有梵語彙之標本、(Foucaux, P.E. 著、一八七〇) Le Béligieux ehassé de la communanté Conte Bouddhique, traduit du Tibétan. 大衆擯斥之西藏佛教說話、(同人著、) Etudes. l' iconographic bouddhique de l' Inded' aprés des documents nouveaux. 印度佛像研究、(Foucher著、一九〇〇) Catalogue des peintures népalaises et tibétes, de la collectu. Hodgson 尼波羅西藏所傳佛書目錄、(同人著一八九七)l'Art gréco-bouddhique du Gandhāra. 伽陀波羅佛教美術、(同人著一九〇五) Doctrine des Bouddhist sur le Nirvāṇa. 佛教徒之涅槃論、(同人著一八六四)Le Bouddhisme au Tibét. 西藏佛教、(同人著一八六四) Le Bouddhisme Japonais. 日本佛教、(藤島了穩著一八九八) The Buddhist Cave Temples of Ajanta, Khandesh, India. 阿闍多之窟寺、(Griffiths, J. 著一八五六一七)The Religious System of China. 支那之宗教組織(De Groot J. M. 著一八九二)The Story of We-than-da-ya. A Buddhist Legend, sketched from the Burmese Version. 依緬甸譯本之佛教記錄、(Gross, A. 著一八九五) Mythologie d. Buddhismus in Tibet und Mongolei. 西藏及蒙古之佛教神話、(Grünwedel 著一九〇〇)Buddhistische Kunst in Indien. 印度佛教美術、(同人著一八九三)Buddhistische Studien. 佛教研究(同人著一八九七)Der Buddhismus nach alteren Pāli-Werken. 巴利古典之佛教、(Hardy, Edmond 著一八九〇)Eastern Monachism. 東方寺院組織(Hardy, Spence. 著一八五〇) Manual of Buddhism. 袖珍佛教(同人著一八五三)The Legends and Theories of the Buddhists 佛教徒之傳說及教義(同人著一八八一)Christianity and Buddhism compared. 佛耶兩教之比較(同人著一八七四)König Aśoka. 阿育王(Hardy, E. 著一九〇二)Gleanings in Buddha-field. 佛教落穗集(Hearn, R. 著一八九七)Alt Indien und die Kurtur des Ostens. 古代印度與東方文明、(Hillebrandt, A. 著一九〇一) Illustrations of the Literature and Religion of the Buddhists. 佛教徒之文學與宗教、(Hodgson, B. H. 著一八四一)Essays on the Language, Literature and Religion of Nepal and Tibet. 尼波羅及西藏之言語文學及宗教論集(同人著一八七四)Traces de Bouddhisme en Norve'ge avaut l'introduction du Christianisme. 耶蘇教傳來以前那威之佛教痕跡(Holmbol著)The Religion of India. 印度之宗教、(Hopkins 著、一八九五)The Chinese Empire. 支那帝國(Huc. E. R. 著一八五五) Historisch-kritischer Versuch über die Lamaische Religion. 喇嘛教之歷史的及批判的研究(Hullmaun, K. D. 著一七九六) The Indian Empire. 印度帝國(Hunter, W. W. 著一八八六)Imperial Gazotteer of India.印度官報(同人著一八八五)Geschichte d. Buddhismus in d. Mongolei蒙古佛教史(Hoth, G. 著一八九二)Religions, or Results of the mysterious Buddhism. 祕密佛教之影響(印度傳道會報告一八五八)Der Buddhismus und seine Geschichte in Indien. 印度佛教史(Kern. H.著一八八二—八四)Manual of Indian Buddhism. 袖珍印度佛教(同人著一八九六) Over de Jaartelling der Zuidelijke Buddhisten en de Gedenkstukken van Acoka den Buddhist.阿育王碑文中佛教徒之年代論(同人著一八七三) Buddha and his Doctrine. 佛陀及佛教(Kistner, O.著一八六九)Description du Tibet. traduite du Chinois. 支那所傳之西藏記(同人著)Fragments Bouddhiques. 佛教斷片(Klaproth, M.著一八三一)Die Relig-

ion des Buddha und ihre Entstehung.佛陀之宗教及其成立(Köppen, C. F. 著一八五七—五九)Einige Wörte über den Buddhismus. 佛教一二言(同人著一八五一) Account of the Pandets Journey in Great Tibet from Leh in Ladakh to Lhāsa, and of his return to India via Assam. 班底達西藏旅行記(Krishna著)Outlines of Mahāyana.大乘佛教大意(黑田眞洞著一八九三)Le Bouddhisme Précéd'un Eessai sur le Védisme et le Brahmanisme.佛教論(Lafont, G. D. 著一八九五) Indische Altertumskunde. 印度考古學(Lassen, Ch. 著一八四七—五七)Geschichte von Buddha bis auf die Gupta Königet. 至笈多王朝之佛教史(同人著一八四九)Selection from the vernacular Boodist Literature of Burmah.緬甸

之方語佛教文學拔萃(Latter, T.著一八五〇)Le Bouddhisme au Cambodge柬埔寨佛教(Leclère 著一八九九)The Popular life of Buddha. 通俗佛陀傳(Lillie, A.著一八八三) Buddha and Buddhism. 佛陀及佛教(同人著一九〇〇) Buddhism in Christendom 基督教國之佛教(同人著一八八七) Report on a mission to Sikhim.色目傳道報告(Macaulay 著)Sanchi and its Remains. 珊支及其遺物(Maisay, F. C.著一八七三) Narratives of the Mission of George Bogle to Tibet, of the Journey of Thomas Manning to Lhāsa. 濮克爾及曼仁克兩氏西藏傳道記(Markham 著)India in the fifteenth Century. 十五世紀之印度(Major, R. H.著一八五七)Moines et ascetes indiens. 印度之僧徒及苦行者(Mazelière 著

一八九八)Buddhisme. 佛敎、(Minayeff著)Buddhagayā. 佛陀伽耶、(Mitra, R. 著、一八七八)Nepalese Buddhist literature. 尼波羅佛敎文學、(同人著一八八二) Notices of Sanskrit Mss. belonging to the Bengal Asiatic Society.頻迦羅亞細亞協會所藏梵經目錄(同人著一八七一—八六) Buddhism. 佛敎(Monier Williams著一八九〇)Original Sanskrit Texts on the Origin and History of the People of India. 關於印度人起原及歷史之梵典、(Muir, T.著一八六八—七一)Orientalische Bibliographie. 東洋圖書解題、(Müller, August 著一八八七—一九〇一) Buddhism and Buddhist Pilgrims.佛敎及佛敎巡禮者、(Muller, Max. 著一八五七、) India: What can it teach us? 印度論(同人著、一八八五)Chips from a German Workshop.德國工場之木片、(同人著一八八〇)Selected Essays on Language, Mythology, and Religion. 關於言語神話及宗敎之論文選、(同人著、一八八一) De Tand van Boeddha: een Indisch Mirakel. 佛齒論、(Muller, S. 著一八四五)Catalogue of the Chinese Translation of the Buddhist Tripiṭaka.大明三藏聖敎目錄、(南條文雄著一八八三)Die Reden Gotamo Buddho's. 佛陀之說法(Neumann, K.E. 著一八九六—九二) Buddhistische Anthologie 佛敎要文集、(同人著、一八九二) Le Bouddhime, son fondateur et ses ecritures.佛敎論(Neve, F.著) De l'etat présent das Etudes surle Bouddhisme et de leur application. 佛敎研究之現狀及其適用(同人著)Buddhism in Siberia. 西比利亞之佛敎(Nil著一八五八) Du Nirvāṇa Indien. 涅槃論、(Obry, T. B. F. 著、一八五六) Du Nirvāṇa Bouddhique, enréponse á M. Barthélemy Saint-Hilaire. 涅槃論答辯書、(同人著、一八六三) A Buddhist Catechism, according to the Sinhalese Canon. 錫蘭僧舍之佛敎初學問答書(Olcott, H. S. 著一八八六)A Budhist Catechism, according to the Canon of the Southern Church南方僧舍之佛敎初學問答書、(同人著一八八五) Buddha 佛陀論(Oldenberg, H.著、一八八一) Sketches from Nepal.尼波羅略誌、(Oldfield, H.A.著一八八〇)Kasmir et Tibet.迦濕彌羅及西藏(Ollivier 著) Recherches sur Buddou on Bouddhou 佛陀論、(Ozeray, J. F.著一八一七) Das Pantheon-des Tschangtscha Kutuktu, ein Beitrae zur Iconographie des Buddhismus. 章嘉呼土胡

圖之婆帝恩、(Pander 著)The Piprahwa Stūpa, containing Relics of Buddha. 畢普羅滑窣堵婆、(Peppé, W. C. 著一八九八)The Sacred Tree; or the Tree in Religion and Myth. 聖樹、(Philpot, J.H. 著一八九一)Die Buddha Legende in den Skulpturen des Temples von Bōrō Budur. 濮洛菩爾寺彫刻中之佛陀傳說、(Pleyte, C.M. 著)Tangut Conntry, and the Solitudes of Northern Tibet. 丹克德國及北西藏之幽棲、(Prejevalski 著)Reisen in Tibet. 西藏旅行、(同人著)Tibet, Tartary and Mongolia, their social and political conditions and religion of Bondh 西藏韃靼蒙古之政治宗敎、(Prinsep, H.T. 著一八五一)Tibetan Tales. 西藏說話、(Ralston 著)Western Tibet. 西部西藏、(Ramsay 著)Japan: its history, traditions and religions; with the narative of a visit in 1879. 日本之歷史傳說及宗敎、(Reed, E. Z. 著一八八〇)Primitive Buddhism, its Origin and Teachings. 原始佛敎其起原及敎義、(Reed, A. E. 著一八九六)Die Stūpas. 窣堵婆、(Ritter, K. 著一八三八)Historical Relation of the Island Ceylon in the East India. 印度與錫蘭之歷史的關係、(Robert, Knox. 著一八八一) The Life of Buddha, and the Early History of his Order, from Tibetan Works; with Notices on the Early History of Tibet and Khoten. 西藏之佛傳及原始僧伽之歷史、(Rockhill, W. W. 著)Prātimoksha Sutra, on le Treité d' Émancipation selon la Version Tibétanie, avec Notes et Extracts du Dulva. 戒經、(同人著一八八四)The Land of the Lamas. 喇嘛敎國、(同人著)Buddha and his Religion 佛陀及其宗敎、(Sargant, W. L. 著一八六四)Catalogue of Palm Leaf, and selected Paper Mss. belonging to the Durber Library, Nepal. 尼波羅達滑圖書館所藏貝葉經及紙經目錄(Sastri 著一九〇五)Alberuni's India. 亞爾勃路尼之印度誌(Sachau, K. E. 著一八八八)Tibetan Studien. 西藏研究、(Schiener 著)Tibesche Lebensbeschreibung Çakyamuni's. 西藏釋迦傳、(同人著一八四九)Buddhistische Triglotte. 三國佛敎語比較、(同人著一八五九)Tibetan Tales derived from Indian Source. 印度傳來之西藏說話、(同人著一八八二)Buddhism in Tibet. 西藏佛敎、(Schlagintweit, E. 著一八六三)On the Bodily proportion of Buddhist Idols in Tibet. 西藏佛像形體均衡論、(同人著一八

六三)Über die Verwantschaft der gnotischtheosophichen Lehren mit der Religions-systemen des Orients, vory. dem Buddhismus. 究智及靈知說與東洋宗教佛教之關係、(Schmidt, I. J. 著、一八二八)Le Bouddha et le Bouddhisme.佛陀及佛教、(Schoebel, C. 著、一八五七)Zur Literatur des chinesischen Buddhismus.支那佛教文學、(Schott, W. 著、一八七三、) Über den Buddhismus in Hochasien und in China. 高亞細亞及支那之佛教、(同人著、一八四六、)Der Buddhismus als Religion der Zukunft. 爲未來宗教之佛教、(Schultze, Th. 著、一八九八、)Über einige Grundlehren des Buddhismus. 佛教之原理二三、() The Buddhist Praying Wheel. 佛教徒之祈禱論(Simpson, W. 著、一八九六、)Buler of India: Asóka, the Buddhist Emperor of India. 阿育王傳、(Smith, V. A. 著、一九〇一、)Early History of India. 印度古代史、(同人著、一九〇四、) De religione Lamaica cum Christiana cognatione.喇嘛教與基督教之親緣、(Staudlin, C. F. 著、一八〇八、)Ancient Khotan, or Detailes Report of Archaeological Explorations on Chinese Turkestan.古于闐、(Stein 著、一九〇七、)Notes on the Monetary system of ancient Kaşmir. 古代迦濕彌羅之貨幣制度、(Stein, M.A. 著、)The Doctrine of the Perfect One, or the Law of Piety. 佛陀之教義、(Strong, D. M. 著、一九〇二、) The Dathāvansa; or the History of the Tooth-Relic of Gotama Buddha. 佛牙史、(Swamy, M. C. 著、一八七四、) Die Legende von Kisāgotami. 克沙憍曇彌之記錄、(Thiessen, J. H. 著、一八八〇、)Christianisme et Buddhisme. 基督教與佛教、(Thomas, A. 著、

(Schmidt, S. J. 著、一八二九—三〇、)Buddhism and Christianity.佛教與基督教、(Scott, A. 著、一八九〇、) Notes sur quelques Termes buddhiques. 佛教語箋、(Senart, E.著、一八七六、) Les Inscriptions de Piyadasi.畢牙陀斯之碑文、(同人著、一八八一—一八八六、)Essai sur la légende du Buddha. 佛陀傳論、(同人著、一八八二、) Das Evangelium von Jesu in seinen Verhältnissen zu Buddha-Sage und Buddha-Lehre. 佛陀之說話及教理與耶穌之福音、(Seydel, R. 著、一八八二、) Die Buddha Legende und das Leben Jesu nach dem Evanglium. 佛陀傳說與福音書中之耶穌傳、(同人著、一八九七、) Der Buddhismus nach seiner Entstehung, Fortbildung und Verbreitung. 佛教論、(Sibernagl 著、一八九一、

一九〇〇)Pali Buddhism 巴利佛教(Tilbe, H. H. 著一九九〇)Theorie des Wissens und der Logik in der Lehre der späteren Buddhisten. 佛教之知識論及論理學(Tscherbatskoi, Th. J. 著一九〇三) Inquiry into the Origine and Principles of Budaic Sabesin. 佛教之起原及原理(Tyler 著一八一七)The History and Doctrine of Buddhism Popularly illustrated. 通俗佛教史及教義(Upham, E. 著一八二九)Bouddhisme. 佛教(Valée Poussin 著一九〇〇) The Buddhism of Tibet. 西藏佛教(Waddell, L. A. 著一八九五) Lamaism in Sikhim. 色目之喇嘛教(同人著)Lhassa and its Mysteries. 拉薩及其神祕(同人著一九〇五) Buddhism in Translations. 翻譯之佛教(Warren, H.C.著一八九六)Two Bas-Reliefs of the Stūpa of Bharhāt. 婆箝德塔婆之二浮彫(Warren, S. J. 著一八九〇)Buddhism. 佛教(Wassilief 著一八六〇)De Buddhaistarum Discipline. 佛教戒律論(Wattka, A. 著一八四八)On Yuang chwang. 玄奘論(Waters, T. 著一九〇五)Buddhas Dödsaarog nongle andre Tidspunkter i Indiens aeldre Histoire. 佛入滅之年代(Westergaard, N. L. 著一八六〇) Indische Studien. 印度研究(Weber 著) Indische Streifen. 印度漫遊(同人著) Indische Skizzen. 印度要略(同人著) Vorlesungen über Indische Literaturgeschichte. 印度文學史講義(同人著一八八二) Über den Ältesten Zeitraum der Indischen Geschic hte. 印度史之最古代(Westergaad 著一八六二) History of India from the Earliest Ages. 太古以降印度史(Whoeler, J. T.著一八六七—八七) Indian Wisdom 印度之賢(Williams, M. 著一八七五) Sanskrit-English Dictionary. 梵英辭典(同人著一九〇二)English-Sanskrit Dictionary. 英梵辭典(同人著)Māra und Buddha. 魔與佛(Windisch, E.著一八九五) Geschichte der indischen Religion. 印度宗教史(Wurm, P. 著一八七四)Der Buddhismus. 佛教(同人著一八六八) The Burman. 緬甸人(Yoe. S. 著一八八二) The Kingdom of the Yellow Rode, 黃衣之王國(Young, E. 著一八九八)The Book of Sir Mārco Polo the Venetian. 亞爾克僕洛東方誌(Yule, C.H. 著一八七一) 等次舉其翻譯者則如 Le Lotus de la bonne Loi 妙法蓮華經(Burnouf, E. 梵文法譯一八五二)The Legend of Dīpankara Buddha 燃燈佛之記錄(Beal, S. 漢

文英譯一八七三）Maka-Vamsa. 大統史（Turnour, G. 巴利文英譯一八三七）Dipa-Vamsa. 島史（Oldenberg, H. 巴利文英譯）Foé-Koué-ki. 佛國記（Rémusat, A. 漢文法譯一八三六）Record of Buddhist Kingdoms. 佛國記（Legge 漢文英譯）Memoires sur les contées occidentals. 西域記（Julien, S. 漢文法譯一八五七）Histoire de la vie de Hiouen Thsang et de ses voyages dans l' Inde entre les années 629 et 645 de Notreére. 大慈恩寺三藏法師傳（同人漢文法譯一八五三）Si-yu-ki. 西域記（Beal, S. 漢文英譯一八八四）The Life of Hieuen-Tsang. 大慈恩寺三藏法師傳.（同上一八八八）Record of Buddhist Kingdom. 佛國記（同上一八八六）Travels of Fahien and Sun-yun. 法顯宋雲旅行記（同上一八八六）

Text from he Buddhist Canon. 法句經（同上一八七八）Le Religieux éminents quiallérent chercher la Loidans les pays d' occident. 求法高僧傳（Chavannes, E. 漢文法譯一八九四）L' Itineralir d' Ou-kong. 悟空傳（同上一八九五）Dialogues of the Buddha. 佛陀之說話（Davids, T. W. R. 巴利文英譯一八九九）Lalita-vistara. 普曜經（Mitra, R. 梵文英譯一八八六）Udānavarga 鄔陀那品（Rockhill, W. W. 西藏文英譯一八八三）Jātaka-mālā. 本生鬘論（Speyer, T. S. 梵文英譯一八九五）Avadāna-śataka. 撰集百緣經（Feer. L. 梵文佛譯一八九一）Sutra en quarante deux articles. 四十二章經（同人漢文英譯一八七八）Legende du roi Açoka. 阿育王傳說（同人西藏文法譯一八六五）Histoire du Bouddha Sakyamuni 釋迦佛傳（Foucaux, P. E. 西藏文法譯一八六八）Parabole de l' enfant égaré. 窮子之話（同人梵文法華信解品法譯一八五四）Esquise des huit Sectes bouddhistes du Japon. 八宗綱要（漢文法譯一八九二）Vocabulaire bouddhique Sanscrit-Chinois. 梵漢佛教語對照（Harley, C. 漢文法譯一八九一）The Udāna. 嫗陀那（Strong D. M. 巴利文英譯一九〇二）Das Buddha Pantheon Nippon: Buto-zo-dsu-i. 佛像圖彙（Hoffmann, J. 漢文德譯一八五一）Geschichte de Buddhismus in Indien. 多羅那他印度佛教史（Shiefner, A. 出版及西藏文法譯一八六八）The Dhammapada 法句經（Müllex, Max, F. 巴利文英譯東方聖書第十）The Sutta-Nipāta. 法經集錄（Fausböll, V. 巴利文英譯同上）The Mahāparinibbāna Suttanta. 大般涅槃經、(Rhys Davids, W. T.巴利文英譯同第十一、)The Dhamma-cakkappavattana Sutta. 轉法輪經、(同上、)The Tevijja-suttanta.三明經、(同上、)The Ākaṅkheyya Sutta. 阿康祇經、(同上、) The Cetokhila Sutta.心悬經、(同上、) The Mahāsudassana Suttanta. 大善見經、(同上、) The Sabbāsava Sutta. 總煩惱經、(同上、) Vinaya Texts.律藏、(Rhys Davids, W. T.及Oldenberg, H. 巴利文英譯同第十三第十七、第二十、)The Fo-sho-hing-tsanking. 佛所行讚經、(Beal, S. 漢文英譯同第十九、) The Saddharma-puṇḍarika. 妙法蓮華經、(Kern, H. 梵文英譯同第二十一、)The Questions of King Milinda. 那先比丘經、(Rhys Davids, W.T. 巴利文英譯同第三十五第三十六、)Buddha-carita. 佛所行讚經、(Cowell, B, E. 梵文英譯同第四十九、)

Larger Sukhāvati-vyuha. 大無量經、(Muller Max, F. 梵文英譯同上、) Smaller Sukhāvati-vyuha. 阿彌陀經、(同上、) Vajrcchedikā.金剛般若波羅蜜經、(同上、)Prajña-Pāramita-hṛidaya. 般若心經、(同上、) Amitāyur-Dhyāna-Sutra. 觀無量壽經、(高楠順次郎、漢文英譯同上、)A Record of the Buddhis Region.南海寄歸內法傳、(同人、漢文英譯一八九六、) Aśvaghoṣa's Discourse on the Awaking of Faith in the Mahā-yāna.大乘起信論、(鈴木大拙、漢文英譯、)Praises of Amita.修道講話、(Roid, A.一九〇六、) Legend and Miracles of Buddha Sakya Sinha. 佛陀之記錄及其奇蹟、(Chandra. 梵文英譯一八九五、)Buddhaghosuppatti, or the Historical Romance of the rise and career of Buddhaghosha. 關於覺音行跡之歷史小說、(Gray, J. 巴利原文並其英譯、一八九二、) Short History, of Twelve Japanese Buddhist Sects. 十二宗綱要、(南條文雄英譯一八八六、)The Jātaka. 本生說話集、(Cowell 出版、Chalmers, Francis, Neil, Rouse 巴利文英譯、一八九五—)Buddhaghosha's Parables. 覺音之譬喻、(Rogers, T. 緬甸文英譯、一八七〇) 等。

十六畫

【盧至】(佛名) 即樓至佛。(人名) 即盧至長者。

【盧至長者】(人名) 又作盧志長者、留志長者。佛在世中舍衛城中有一長者名盧至。家有巨財而慳貪、服弊衣食糠菜、常為世人所笑。偶城中有節會、人民莊嚴舍宅、飲食歌舞、盧至歸家、開寶庫取五錢、自念若在家食則有母妻眷屬、不可周徧、即以兩錢買麨兩錢酤酒、一錢買葱自家中取鹽一把出城外至一樹下見樹下烏鳥多恐來撮、卽至塚間復見猪狗更逃避至空靜處、酒中著鹽和麨而飲之卽時大醉起舞歌曰、「我今節慶會縱酒大歡樂逾過毘沙門亦勝天帝釋。」時天帝釋在佛前以方便開盧至寶庫、悉施與世人盧至不知所作、詣佛所佛爲說法度之。見盧至長者因緣經、法苑珠林七十七。

【盧至長者經】（經名）具名盧至長者因緣經、一卷失譯、記慳貪之盧至長者得道因緣。

【盧行者】（人名）六祖慧能、姓盧氏、初在五祖弘忍下修道、稱爲盧行者或盧居士。行者者有髮之修行者也。傳燈錄三五祖章曰、「問衣法誰得耶。師曰能者得。於是衆議盧行者名能、尋訪旣失。」

【盧伽耶】（流派）Lokāyata 外道之一種。見路迦耶底迦條。

【盧舍】（雜語）Krośa 俱盧舍之略。里程名。

【盧舍那經】（經名）江南敏法師立二教、法華涅槃等爲釋迦經、華嚴經爲盧舍那經。是就能說之教主而名所說之法也。見五教章上。

【盧脂那】（植物）Rocana 花名。慧琳音義二十六曰、「盧脂那亦云盧遮那、此云眼花也。」

【盧遮】（佛名）又曰盧至。佛名。見樓至佛條。

【盧遮那】（佛名）見流舍那條。

【盧醯多】（雜語）Rohita 盧醯多迦之略。

【盧醯多迦】（雜語）Rohitaka 譯曰赤色。西域記三曰、「盧醯呾迦窣堵婆、唐言赤。」正法念經十八曰、「盧醯多龍王、魏言赤龍。」

【橐子】（物名）托子、亦作橐子、假字也。

【磬】（物名）梵語犍稚、譯爲鐘或磬。犍稚與磬、質形雖異、而其用法則同、故配譯之耳。磬原爲支那之樂器、以石爲本、金者假用也。見犍稚條。

【鼙羅䟦】（異類）見次項。

【鼙羅䟦那】（異類）見鼙羅䟦那條。

【奮迅三昧】（術語）師子奮迅三昧也。

【奮拏達多】（人名）Guṇadatta 三藏法師名。譯曰德施。見續高僧傳二。

【歷劫】（術語）歷者經也、經過劫數也。世界成壞之期名爲劫。法華經普門品曰、「弘誓深如海、歷劫不思議。」

【歷劫迂迴】（術語）漸教之法門、歷三祇百大劫修行後始成佛、其迂遠與頓教一念成佛之迅速相較、故有此名。

【歷然】（雜語）區別分明之貌。肇論曰「好思歷然可解」探玄記一曰「不礙事相歷然差別」。

【歷緣對境】（術語）觸於行住坐臥之緣、對於色聲等之境也。即日常之動作。小止觀曰「第二明歷緣對境修止觀者。端身常坐。乃爲入道之勝要。而有累之身。必涉事緣。若隨緣對境而不修習止觀。是則修心有間絕。結業隨處而起。豈得疾與佛法相應。（中畧）云何名歷緣修止觀。所言緣者謂六種緣。一行。二住。三坐。四臥。五作。六言語。云何名對境修止觀。所言境者謂六塵境。」止觀七曰「觀行若明。能歷緣對境。觸處得用。」輔行二曰「歷緣對境。咸會一如。」

【壁定】（譬喻）惡覺譬如風。定譬如壁。壁定堅固。則覺風不能入也。止觀五曰「止是壁定。八風惡覺所不能入」同輔行曰「壁定者室有四壁。則八風不入」

【壁觀】（故事）達磨在嵩山少林寺面壁九年。世人稱爲壁觀婆羅門。會元達磨章曰「達磨寓止嵩山少林寺。面壁而坐。終日默然。人莫測之。謂之壁觀婆羅門」因直以禪門之觀謂爲壁觀。釋門正統八曰「獨以眞法如是安心。謂壁觀也」註曰「客塵僞妄不入曰壁」

【壁觀胡僧】（人名）謂初祖達磨也。見前項。

【導化】（術語）導引教化衆生也。無量壽經上曰「如來導化各能宣布」

【導引】（術語）教導他也。唐高僧傳（僧稠傳）曰「棟梁三寶。導引四民」探玄記二曰「或闇夜中導引衆生」

【導師】（術語）導人入佛道者。佛菩薩之通稱。釋氏要覽上曰「十住斷結經云。號導師者。令衆生類示其正道故。華首經云。能爲人說無生死道。故名導師。佛報恩經云。大導師者。以正路示涅槃經。使得無爲常樂故」法華經序品曰「文殊師利。導師何故眉間白毫大光普照」法華經涌出品曰「是四菩薩。於其衆中最爲上首唱導之師」因法會之式。表白者謂之導師。觀音懺法式有導師香華自歸之三職。僧史略曰「導師之名而含二義。若法華經中商人白導師言此即引路指迷也。若唱導之師。此即表白也。」

【毱呬耶經】（經名）又曰瞿醯壇哆羅經、玉呬耶經。慧琳音義作掬呬耶亶怛囉經、三卷。唐不空譯。所謂瞿醯經是也。見瞿醯經條。梵Guhya-tantra 毱宜作毱

【蔽尸】（雜語）Peśi 又作閉尸、箄尸、蜱羅尸。譯曰肉團、結胎內五位之第三。玄應音義一曰「蜱羅尸或作閉尸。此譯云肉團也。至第三七日結集成肉團。若男則上闊下狹。若女則上狹下闊。成肉團猶未堅」瑜伽

略纂一曰、「閉尸。此名結。雖已成完。仍柔軟故。西域呼熟血亦名閉尸。彼相類也。」

【蕭寺】（雜名）寺之異名。本於梁武帝多造寺以姓爲名。釋氏要覽上曰、「今多稱僧居爲蕭寺者。必因梁武造寺以姓爲題也。」李肇國史補曰、「梁武帝造寺。令蕭子雲飛白大書蕭寺。至今存焉。李約竭產自江南買歸東洛。匣於小亭以翫之。號爲蕭齋。」

【臈】（術語）與臘同。詳見臘條。

【磨牛】（譬喻）挽臼石之牛也、彼磨牛只勞身形、以喩比丘之徒、身雖行道、而心無行道者。四十二章經曰、「佛言沙門行道。無如磨牛。身雖行道。心道不行。心道若行。何用行道。」萬善同歸集二曰、「行道禮拜。未具眞修。祖立客春之愢。佛有磨牛之誚。」

【磨司】（雜名）見磨院條。

【磨貝】（衣服）衣名。玄應音義十五曰、「磨貝。補蓋反。西域衣名也。」

【磨衲】（衣服）袈裟名。六祖壇經曰、「朕積善餘慶。宿種善根。值師出世、頓悟上乘。感荷師恩頂戴無已。並奉磨衲袈裟及水晶鉢。」標註曰、「或云。高麗國產。世所珍奇。未見其所由。可重考矣。」東坡全集磨衲贊序曰、「長老佛印大師了元遊京師。天子聞其名。以高麗所貢磨衲賜之。」雞林志曰、「高麗國衣摩衲者爲禪法師。衲甚精好。」書林揚觶曰、「磨衲二字、見梵經、元應一切經音義云、年少淨行。上字从手、下字从糸。魏書盧景讓傳有邪摩納。今困學紀聞、从衣从石、誤也。然東坡有磨衲贊、卽指衲衣。」

【磨院】（雜名）禪林之語。又曰磨下、磨司。舂米磨麪之所也。

【磨滅】（雜語）物碾磨、則終消滅、謂有爲法漸衰損終消滅也。寶積經九十六曰、「須彌河海盡燋枯。畢竟磨滅歸虛空。」無量壽經下曰、「威勢無幾。隨以磨滅。」大乘義章九曰、「一切有爲。無常磨滅。」中阿含經四十三曰「欲者苦無常磨滅法。」

【磨磚】（故事）磨磚欲成鏡也。以示終不能成之意。傳燈錄曰、沙門道一、住傳法院。常日坐禪。南嶽讓禪師往問曰、大德坐禪圖什麼。一曰、圖作佛。師乃取一磚於彼庵前石上磨之。一曰、師作什麼。師曰、磨作鏡。一曰、磨磚豈能成鏡耶。師曰、坐禪豈得作佛耶。

【磨頭】（職位）禪林之語。掌米麥等之碾磨者。

【磨賴伽】（雜語）Mhrga 譯曰道。見大日經疏五。

【磨磨迦羅】（術語）Mamakāra 譯曰我所。我所有也。見智度論四十八。

【磨羅伽多】（物名）見摩羅伽陀條。

【磨灑】（物名）Māṣa 又作摩沙。金寶名。比丘盜五磨灑、則當波羅夷。慧琳音義六十曰、「是西方市金寶之名也。其金一九如梧桐子許大名一磨灑。以東西兩國通貨價直約之。可直此方銅錢八十。其五磨灑計當四百。彼國土法偷盜財物。計當五磨灑者。罪當永棄送於山林。任其生死。若盜一二三四磨灑量罪別科。不至於棄。佛制戒一准王法。比丘所盜之物價直五磨灑者。卽名犯重。擯棄出家不共住也。古人譯經錯會將一磨灑同於一錢。錯之甚矣。佛言我之教法隨方國土爲制。若准此國王法。上從五帝三王。下及大唐王制。未聞盜五錢卽合至死（中略）盜五匹已上方至流。別貫百之間有杖不至流貶。而言五錢犯重者傷其太急。雖爲護持。不覺破此戒者其數多矣。有部律文云四百犯重者。由故嚴峻。於此國土制以校量寬猛。正得其中。合佛本制也。」百一羯磨一曰、「何況五磨灑。若過五磨灑。」註曰、「西方檢問諸部律。皆同此名。斷其重罪。不云五錢。此是貝齒計八十箇名一磨灑。大數總有四百貝齒。一時離處方是犯盜。元不據錢。若譯爲五錢者。全乖本文。故存梵語。」

【麈尾】（物名）鹿之大者謂之麈、群鹿皆隨之。講者取其尾、爲拂子、以象彼麈指授聽衆也。比丘持之則犯墮罪。行事鈔下二曰「五百問云若僧中說法高座上不病。不得憑几捉麈尾犯墮。」同資持記曰「麈謂鹿之大者。羣鹿行時看尾指處。卽隨所往。講者持拂指授聽衆。故以爲名。但不得畜毛爲之。故制犯罪。」

【廨院主】（職位）廨院者禪林食物管理之所。主者其管事也。禪苑淸規曰、「廨院主之職。主院門收糴買賣。」

【窺基】（人名）唐京兆大慈恩寺窺基、事玄奘學五竺語、傳唯識因明之旨、造疏百本、稱爲百本疏主、法相宗之開祖也。永淳元年、壽五十一寂。嘗書彌勒上生經之疏、感舍利二七粒。又造彌勒像、於像前日誦菩薩戒一徧、以願兜率之往生。世稱慈恩大師。見宋高僧傳四。

【窶拏末底】（人名）Guṇamati 又作求那摩帝、瞿那末底、窶拏摩提。印度論師名。譯曰德慧。爲安慧之師。十大論師之一。西域記八。記降伏數論外道摩沓婆。唯識述記一本曰「梵云窶拏末底。唐言德慧。安慧之師。業冠前英。道光時彥。」

【求那摩帝隨相論】（書名）隨相論之異名。

【窶拏折里多】（寺名）Guṇacarita 譯曰德行寺。在摩揭陀國、近於大覺寺。見慧琳音義八十一。

【窶盧播陀】（地名）山名。譯曰尊足。雞足山之別名。見屈屈吒播陀條。尊足者宜爲 Gurupada、雞足者 Kukkuṭapada。或兩稱之乎。

【窶鴦利摩羅】（人名）見央掘摩羅

條。

【婆嚕達磨】（術語）譯曰敬法。八敬法也。見瞿婁達磨條。

【髻珠】（譬喩）髻中之珠也。法華七喩之一。有大功者。王解髻中之明珠而與之。以喩爲已出分段生死。進而離變易生死之機。說法華也。法華經安樂行品曰「文殊師利。譬如强力轉輪聖王。欲以威勢降伏諸國。而諸小王不順其命。時轉輪王起種種兵而往討伐。王見兵衆戰有功者。卽大歡喜。隨功賞賜。或與田宅聚落城邑。(中略)奴婢人民。唯髻中明珠。不以與之。所以者何。獨王頂上有此一珠。若以與之。王諸眷屬必大驚怪。文殊師利。如來亦復如是。以禪定智慧力得法國土。王於三界。而諸魔王不肯順伏。如來賢聖諸將與之共戰。其有功者。心亦歡喜。於四衆中爲說諸經。令其心悅。賜以禪定解脫無漏根力諸法之財。又復賜與涅槃之城。言得滅度。引導其心。令皆歡喜。而不爲說是法華經。文殊師利。如轉輪王見諸兵衆有大功者。心甚歡喜。以此難信之珠。久在髻中。不妄與人。而今與之。(中略)此法華經。是諸如來第一之說。於諸說中最爲甚深。末後賜與。如彼强力之王久護明珠。今乃與之。文殊師利。此法華經。諸佛如來秘密之藏。於諸經中最在其上。長夜守護。不妄宣說。始於今日乃與汝等而敷演之。」涅槃經三曰、「譬如國王髻中明珠付典藏臣。藏臣得已。頂戴恭敬。增加守護。我亦如是。頂戴恭敬。增加守護如來所說方等深義。何以故。令我廣得深智慧故。」方等陀羅尼集經四曰、「譬如國王髻中明珠。愛之甚重。若臨終時。授與所愛之子。我今爲諸法王。此經卽如髻中明珠。汝如我子。今以此大方等陀羅尼經授與於汝。譬如此王以髻明珠授與其子。」

【髻珠經】（經名）大乘金剛髻珠菩薩修行分經之略名。

【髻利吉羅】（菩薩）又作計利枳攞、計里計羅。金剛手菩薩名。譯曰觸。男女相觸着之義。般若經義述曰、「髻利吉羅。於中國之言名觸。以不捨衆生必令解脫。故欲明觸性卽菩提。故所以住抱持相而現其觸淨。俱幻平等智身。」慧琳音義三十九曰、「計利枳攞。金剛部大使者名也。」五秘密軌曰、「金剛計里計羅者。是虛空藏菩薩三摩地。與無邊衆生安樂。所求世出世間希願皆令滿足。」梵 Kelikila

【髻寶】（譬喩）國王髻中之寶珠也。見髻珠條。慈恩寺傳序曰、「解其髻寶。示以衣珠。」義楚六帖七曰、「衣珠已現。髻寶仍傳。」

【曇】（雜名）曇摩 Dharma（巴）Dhamma）之略。譯曰法。唐僧之名。如曇鸞、曇曜等多冠曇字者是也。甄正論上曰、「竊尋曇梵二字。此土先無。玉篇說文字林字統竟無此字。曇梵二字本出佛經。（中略）翻譯人造用詮天竺之音演述釋迦之旨。在於此方先無此字。後葛洪於佛經上錄梵字訓以爲淨。陸法言因而撰入切韻。」

【曇花】（植物）優曇華之略。

【曇花一現】（雜語）謂偶見即逝也。法華經言佛告舍利弗。如是妙法。如優曇鉢花。時一現耳。參看優曇華條。

【曇柯迦羅】（人名）Dharmakāla又曰曇摩訶羅。譯曰法時。天竺沙門。魏嘉平中至洛陽。譯出僧祇戒心。高僧傳一曰、「曇柯迦羅。此云法時。」四分戒本疏一上曰、「天竺沙門曇摩迦羅。魏言法時。出僧祇戒心。」僧宗記三本曰、「中天竺沙門曇摩迦羅。或云柯羅。此云法時。」

【曇無】（術語）又作達磨、曇摩。譯曰法。戒疏一上曰、「所言法者。此方土言。大夏梵音即云達磨。或云曇無。曇摩之異傳耳。未解聲明。故言多僻。」

【曇無德】（人名）律主名。見曇摩毱多條。

【曇無竭】（菩薩）菩薩名、具名達摩鬱伽陀。譯曰法盛、法勇、法上、法起等。於衆香城爲王、常宣說般若波羅蜜多。常啼菩薩到此聞般若。智度論九十七曰、「鬱伽陀。秦言盛。達磨。秦言法。此菩薩在衆香城中。爲衆生隨意說法。令衆生廣種善根。故號法盛。其國無王。此中人民皆無吾我。如鬱單越人。唯以曇無竭菩薩爲主。其國難到。薩陀波崙（譯爲常啼）不惜身命。又得諸佛菩薩接助能到。大菩薩爲度衆生故。生如是國中。」華嚴疏鈔四十五曰、「曇無竭。此云法生。亦云法勇。亦云法尚。今言法起。與生勇義同。」般若經三十卷行玿音義曰、「曇無竭。此云法上。」図（人名）比丘名。高僧傳三曰、「曇無竭。此云法勇。」梵Dharmodgata

【曇無諦】（人名）比丘名。開元錄一曰、「沙門曇無諦。亦云曇諦。魏云法實。安息國人。」按曇無爲梵語、譯爲法、諦者漢言也。梵Dharmasatya

【曇無蘭】（人名）比丘名。譯曰法正。見歷代三寶記七、開元錄三、貞元錄五。梵Dharmarakṣa

【曇無讖】（人名）Dharmarakṣa 比丘名。又作曇摩讖、曇摩羅讖、曇謨讖。譯曰法豐。高僧傳二曰、「曇無讖。或云曇摩讖。或云曇無讖。蓋取梵音不同也。」歷代三寶記八曰、「涼言法豐。」法華傳一曰、「曇摩羅讖。此云法豐。中印度人。婆羅門種。亦稱伊波勒菩薩。」

【曇無毱多】（人名）與曇無德同。見曇摩毱多條。

【曇無德部】（流派）律宗五部之一。

曇無德比丘之部宗也、佛滅後百年優婆毱多羅漢五弟子之一、於戒律藏建立一部、部名曰曇無德部。律名曰四分律。見曇摩毱多條。

【曇無德律】（書名）四分律之異名。

【曇無德戒本】（書名）四分比丘戒本之異名。

【曇摩】（術語）新曰達磨。譯爲法。図（人名）比丘名。譯曰法。歴代三寶記七曰、「曇摩此云法。」図（佛名）法苑珠林曰、昔舍衛國中有二鸚鵡。解人言語。時阿難見鳥聰黠。爲說四諦苦寂滅道。二鳥聞法。飛向樹上。歡喜誦持。夜宿爲野狸所食。緣此善根。來生人中。出家修道。得辟支佛。一名曇摩。二名修曇摩。

【曇摩迦】（人名）又作曇摩迦留。法藏比丘之梵名。支謙譯之大阿彌陀經上曰、「爾時世有大國王。王聞佛經道。心卽歡喜開解。便棄國捐王。行作沙門。字曇摩迦。」平等覺經一曰、「便棄國位。行作比丘。名曇摩迦留。」本經以下之文譯爲法寶藏。莊嚴經曰、「作法。」如來會曰、「法處。」智度論五十曰、「法積。」無量壽經上曰、「法藏。」梵 Dharmākara

【曇摩毱】（人名）曇摩毱多之略。

【曇摩德】（人名）與曇無德同。

【曇摩蜱】（人名）Dharmapriya 比丘名。譯曰法愛。見歴代三寶記八。

【曇摩讖】（人名）比丘名。見曇無讖條。

【曇摩毱多】（人名）Dharmagupta 比丘名。又作曇摩毱、曇摩德、曇摩屈多迦、曇無德、曇無毱多、皆梵音之楚夏耳、譯曰法正、法鏡、法藏、法護、法密等。佛滅後百年優婆毱多五弟子中之一。於律藏立一部、名爲曇無德部。律名四分律。可洪音義三曰、「曇摩毱律部師宗名。曇摩毱多。亦云曇無德。此云法鏡。亦云法藏。卽四分律部也。」戒本疏一上曰、「曇摩毱多此云法正。律名四分。」又曰、「梵音曇無德。曇摩德。與毱多。傳有訛僻。唐言度之。同云法正。謂法正律主。明慧卓朗。除邪倒也。又言法護者。能與建正法。不墮於時。卽十八部中法護部是也。又言法鏡者。能照達萬法也。」飾宗記二本曰、「曇無德者。部執疏中曇摩毱多。翻爲法護。宗輪論中名法藏部。」大集經二十二曰、「我涅槃後。有諸弟子受持如來十二部經。書寫讀誦。顚倒解義。顚倒宣說。以例解說。覆隱法藏。故名曇摩毱多。」

【曇摩迦羅】（人名）又曰曇柯迦羅。見曇柯迦羅條。

【曇摩羅】（人名）洛陽伽藍記法雲寺。西域烏場國沙門曇摩羅所立也。摩羅聰慧利根。學窮釋氏。至中國。卽曉魏言隸書。凡所聞見無不通神。

【曇摩羅察】（人名）Dharmarakṣa 又作曇摩羅刹、比丘名。

【曇摩羅讖】（人名）比丘名。與曇無讖同。

【曇摩耶舍】（人名）Dharmayaśas 比丘名。高僧傳一曰、「曇摩耶舍此云法明。罽賓人也」開元錄四曰、「曇摩耶舍秦言法稱」。

【曇摩流支】（人名）Dharmaruci 比丘名。高僧傳二曰、「曇摩流支此云法樂」。歷代三寶記八曰、「曇摩流支此云法希」

【曇摩蜜多】（人名）Dharmamitra 比丘名。譯曰法秀、罽賓國人。見高僧傳二。

【曇摩跋羅】（雜名）鬼神名。譯曰學帝王。見金光明文句七。

【曇摩難提】（人名）Dharmānandi 比丘名、譯曰法喜、兜佉勒人、苻秦建元中至長安、與道安佛念等共譯出中阿含增一阿含及毘曇心等一百六卷。及後姚萇寇關內、辭還西域。不知所終。後僧伽提婆校正難提所譯二阿含、今經是也。高僧傳一曰、「曇摩難提。此云法喜。兜佉勒人。（中略）以苻氏建元中至於長安。及姚萇寇逼關內。人情危阻。難提即辭還西域。不知所終」

【曇摩屈多迦】（人名）曇摩毱多、一作曇摩屈多迦。見四分律開宗記一本。梵 Dharmaguptaka

【曇摩伽陀耶舍】（人名）Dharmagatayaśas 比丘名。歷代三寶記十一曰、「天竺沙門曇摩迦陀耶舍齊言法生稱」

【曇讖】（人名）曇無讖之略。此人立半滿二教、以判一代教。

【曇讖二教】（術語）西秦曇無讖所立二教之判。即半字教。滿字教也。

【曇鸞】（人名）續高僧傳六曰、「曇鸞或作巒。雁門人。初研究四諦之佛性、註解大集經、半而羅疾、欲以長生之道究佛教之蘊、學仙法。大通年中至梁、接陶隱居、得仙經十卷、欲往名山依法修治、行至洛下。途遇天竺三藏菩提留支、問曰佛經中長生不死法有勝此仙經者否。留支唾地曰、是何言也。此方何處有長生法。縱得長生、終輪廻於三有而已。即以觀無量壽經授之曰、是大仙方也。鸞頂受、燒仙經、一心修淨業。魏主重之、號曰神鸞。下勅使住幷州大寺。晚移住北山石壁玄中寺。魏興和四年寂於平州遙山寺、壽六十七。所著有往生論註、贊阿彌陀佛偈。自號爲有魏玄鑒大士。曇者、梵語。譯曰法。鸞爲漢言、是淨土眞宗七祖之第三祖也。

【閼伽】（術語）又作阿伽。Arghya 之略、譯曰水。名義集二曰、「阿伽。此云水」。但內典特指奉佛之水而言。即於水入香花者。大日經疏十一曰、「閼伽水。此即香花之水。」如意輪儀軌曰、「由獻閼伽香水故行者三業清淨洗染煩惱垢。」

【閼伽桶】(物名)或閼伽水之桶。

【閼伽棚】(物名)載閼伽器之棚。

【閼伽杯】(物名)盛閼伽之金屬製杯。

【閼伽器】(物名)即閼伽杯等。由此轉謂供養佛之一般器具。佛祖統紀四十三曰、「阿伽此云器。凡供養之器皆稱曰阿伽。」

【閼伽花】(雜名)閼伽上所浮之花。用樒由此轉爲奉佛之花。

【閼伽水】(雜名)與常水異、故曰閼伽之水。猶言菩提之道。

【閼伽井】(雜名)汲閼伽水之井。

【閼伽印】(印相)八字文殊軌曰、「定慧(左右手)並仰開云云。」

【閼伽印言】(眞言)出於攝眞實經中。

【閼伽眞言】(眞言)大日經疏九曰、「南摩三漫多勃陀喃云云。」

【閼伽水加持】(修法)三摩耶戒當日之後夜汲水行之。

【閼伽灌頂】(修法)以香水灌佛道修行者之頂、證明其修功之儀式作法。

【閻王】(天名)又作燄王。閻魔王也。秘藏寶鑰中曰、「釋帝詘之摧修羅之軍。閻王跪之、禮受持之人。」法苑珠林曰、「閻羅王者昔爲沙毘國王。常與維陀如生王戰兵力不敵、因立誓願爲地獄主。臣佐十八人悉忿懟、同誓曰、後當奉助治此罪人。十八人即主領十八地獄也。」閻羅王五天使者經曰、「人死當墮地獄、則主者持行白閻羅王具其善惡。閻羅王爲現五使者而問言。」睽車志曰、「張叔言判冥鬼有十人。而十人內兩是婦人。」翻譯名義亦云閻羅一名琰魔、此云雙王。其兄及妹皆作地獄主、兄治男事、妹治女事、故曰雙王。」參照琰魔條。

【閻老】(天名)閻魔王也。臨濟錄曰、「閻老前呑熱鐵丸。」

【閻牟河】(河名)六波羅蜜多經曰、「復有無量衆生往殑伽河南、閻牟河北二水中間。」

【閻魔王】(天名)即閻王。參照閻羅琰魔各條。

【閻魔卒】(異類)呵責墮獄罪人之獄卒也。心常懷忿毒、好集諸惡業、欣悅他苦者、死爲琰魔卒。

【閻摩兜】(眞言)陀羅尼之名。譯曰解衆生繫縛。

【閻摩羅】(天名)閻摩羅社之畧。見琰魔條。

【閻摩羅社】(天名)又作琰摩邏闍。譯曰雙王。見琰魔及閻羅條。

【閻摩德迦】(明王)大威德明王之

梵名。見閻曼德迦條。

【閻浮】（界名）見閻浮提條。又（植物）Jambu 又曰剡浮、琰浮。舊稱閻浮。新稱贍部。譯曰穢。樹名。嘉祥之法華經義疏八曰、「閻浮者此云穢」善見律十七曰、「閻浮子其形如沈菻大紫色酢酣」參照閻浮樹條。

【閻浮提】（界名）Jambudvipa 舊稱閻浮提、琰浮洲、閻浮提鞞波。新稱贍部洲。當須彌山之南方大洲名。卽吾人之住處。閻浮者新稱贍部。樹名。提爲提鞞波之略。譯曰洲。此洲之中心有閻浮樹之林。故以爲洲名。又閻南方故曰南閻浮提。智度論三十五曰、「如閻浮提者。閻浮樹名。其林茂盛。此樹於林中最大。提名爲洲」俱舍論十一曰「大雪山北有香醉山。雪北香南有大池水。名無熱池。(中略)於此池側有贍部林。樹形高大。其果甘美。依此林故名贍部洲」玄應音義十八曰、「剡浮或云閻浮提。或作譫浮。又云贍部。皆梵音訛轉也。剡浮者從樹爲名。提者畧也。應言提鞞波。此云洲也」西域記一曰、「南贍部洲。舊曰閻浮提洲。訛也。」

【閻浮樹】（植物）印度所產之喬木。學名 Eugeniajambolana 雖爲落葉植物。而其期極短。新葉相續而出。其葉爲對生葉。葉端尖。四五月頃開花。爲淡黃白色。形微小。果最初爲黃白色。漸漸變爲橙赤紫色。及熟則帶黑色而爲深紫色。形及大略似雀卵。其味澁少帶酸而甘。南本涅槃經九所謂「菴羅樹及閻浮樹一年三變」者是也。參照閻浮及閻浮提條。

【閻浮檀金】（雜名）Jambunadasuvarna 又作炎浮檀金、閻浮那提金、閻浮那陀金、剡浮那他金。金名。其色赤黃帶紫焰氣。閻浮爲樹名。檀或那提譯曰河。閻浮樹下有河、曰閻浮檀。此河中出金曰閻浮檀金。卽閻浮河金也。智度論三十五曰、「此洲上有樹林。林中有河。底有金沙。名爲閻浮檀金」玄應音義二十一曰、「贍部捺陀金。或作剡浮那他金。舊云閻浮檀金。名一也(中畧)那他此言江。亦云海也」大日經疏五曰、「鬱金卽是閻浮金色」法華經授記品曰、「閻浮那提金光如來」

【閻浮那提金】（雜名）見前項。

【閻曼德迦】（明王）Yamāntaka 又曰焰曼威怒王。閻摩德迦尊、降閻魔尊、大威德明王。六足尊。五大明王西方之尊。無量壽佛之敎令輪身。胎曼陀羅大鈔三曰、「大威德密號也。大威德金剛也。正名焰曼德迦也。漢號不明」見「降焰魔尊」條。

【閻曼德迦威怒王】（明王）是爲忿怒之明王。故曰威怒王。

【閻曼德迦尊】（明王）威德尊。大故曰尊。

【閻曼德迦儀軌】（經名）有四本。一、

聖閻曼德迦威怒王立成大神驗念誦法一卷。二大乘方廣曼殊室利菩薩華嚴本教閻曼德迦忿怒王眞言大威德儀軌品第三十一卷。三大方廣曼殊室利童眞菩薩華嚴本教讚閻曼德迦忿怒王眞言阿毘遮嚕迦儀軌品第三十一一卷、四妙吉祥最勝根本大教經三卷。

【閻婆度】（畜生）苦地獄罪人之鳥名。往生要集上本引正法念經十三曰、「有惡鳥身大如象名曰閻婆對利生炎執罪人遙上空中東西遊行然後放之如石墮地碎爲百分」

【閻婆度處】（界名）十六眷屬地獄之一閻婆度鳥所居之處見往生要集上本

【閻婆叵度】（界名）閻婆度也與前項同。正法念經十三曰、「閻婆叵度」。

【閻羅】（天名）俗傳管地獄之神曰閻羅。其說有二或以爲十王之一。羣書拾唾曰、「釋氏所謂十王者、五曰閻羅」。或以爲位在十八王上。戒庵漫筆曰、「佛言琰魔羅蓋主捺落迦者。閻羅卽琰魔羅之異譯。餘十八王見於阿含等經名皆梵語。王主一獄乃閻羅僚屬」。按梵語閻羅。其義爲雙王。佛經云。昔有兄及妹皆作地獄主兄治男事妹治女事故曰雙王。參照琰魔條。

【閻羅天子】（雜名）十王之第五。司掌大海底東北沃燋石下叫喚大地獄幷十六誅心小地獄。犯鬼照過孽鏡後、牛頭馬面差鬼押入大地獄細查再發入誅心十六小地獄受苦。受滿期限、轉解第六殿查對。

【閻羅王星】（雜名）瑟星也。仁王經六曰、「瑟星者外國名閻羅王星。隨此星所出、必有災難」

【閻邏】（天名）又作閻羅、燄羅、琰羅。閻摩羅闍之略。慧苑音義上曰、「閻邏具正云琰摩邏闍」。見琰魔條。

【閻羅王五天使經】（經名）佛說閻羅王五天使經一卷。宋慧簡譯。說世間生老、病死、刑罰、是閻羅王五天使之旨者。

【燄羅經】（經名）上經之略名。

【燄羅王供行法次第】（書名）唐不空三藏撰。說燄羅王之供養法者。

【興化】（人名）魏府興化山存獎禪師。臨濟玄之法嗣。後唐莊宗之師。滅後敕諡廣濟大師。見傳燈錄十二。

【興化打中】（公案）僧問四方八面來時如何。師云打中間底。僧便禮拜。師云山僧昨日赴個村齋。途中遇一陣狂風暴雨。向古廟裡避得過。見五燈會元十一興化章。

【興行】（雜語）與事行事也。經名有「佛說興起行經」

【興世】（雜語）佛之出世也。行持鈔上之一曰、「至人興世」。資持記上一之一曰、「佛身充滿。隨物現形。示生唱滅。拯接羣品。

今此且據娑婆所見。誕育王宮。厭世修行。降魔成佛。故云興世。」

【興起行經】（經名）佛說興起行經、二卷。一名嚴成宿緣經。後漢康孟詳譯。說佛一生中所受十難之因緣。

【興盛】（雜語）事之盛起也。大灌頂神呪經二曰「末世九百年中魔道興盛」法事讚下曰「正治五濁時興盛。」

【興渠】（飲食）Hingu 又作興瞿、興舊、興宜。五辛之一。玄應音義十八曰「興渠此言訛也。應言興舊。興宜出闍烏茶婆佗那國。彼土人常所食者也。此方相傳以為芸薹非也。此樹汁似桃膠。西國作食皆著之。今時阿魏藥是也。」慧琳音義六十八曰「興瞿梵語藥名。唐云阿魏也。」宋僧傳二十九慧日傳曰「僧徒多迷五辛中興渠。興渠人多說不同。或云蕓薹胡荽。或云阿魏。（中略）五辛此土唯有四。一蒜二韮三葱四薤。闕於興渠。梵語稍訛。正云形具。餘國不見。迴至于闐方得見也。根麤如細蔓菁根而白。其臭如蒜。彼國人種取根食也。於時冬天到彼不見枝葉。蕓荽非五辛所食無罪。」

【興道下八祖】（名數）支那天台道邃以下之八祖也。即天台興道道邃。天台至行廣脩。國清正定物外。國清妙說元琇。國清高論清竦。螺溪淨光義寂。四明寶雲義通。四明法智智禮之八師。

【興儔】（人名）金華浦陽人。姓蔣氏。字心越。號東臯。十歲薙染。清康熙七年。三十歲。參翠微闊堂。居二年。堂問狗子話。師將啟口。堂一喝。如此者七八次。他日又入室。堂喝出。於是平生之疑礙冰釋。堂乃付偈印證之。師時年三十三也。時明僧澄一住日本長崎興福寺。聞師德望。聘之。師遂於康熙十五年六月東渡。大弘法化。年五十七寂。見日本續高僧傳。

【興禪護國論】（書名）三卷。日本榮西著。一論十門中之第二。有鎮護國家門。示興禪之本意在此。以為題名。

【興瞿】（飲食）五辛之一。見興渠條。

【興顯經】（經名）如來興顯經之略名。

【興顯如幻經】（經名）如來興顯經之異名。

【鴦俱舍】（物名）（梵Aṅgiras）又作鴦俱奢。鴦俱者。鴦俱尸。武器名。譯曰曲鉤。慧琳音義二十一曰「鴦俱奢。此云曲鉤。」可洪音義九曰「鴦俱尸。此云鉤。」（aṅgusa 鏑矢之義。）

【鴦俱舍印】（印相）陀羅尼集經四曰「鴦俱舍印。唐云鉤印。」

【鴦掘多】（人名）鴦崛摩羅之略。

【鴦崛摩經】（經名）佛說鴦崛摩經、一卷。增一阿含經力品之別出。西晉竺法護譯。小乘部之攝。

【鴦崛髻】（人名）與鴦崛鬘同。

【鴦崛髻經】（經名）佛說鴦崛髻經一卷。與鴦崛摩經同本。小乘部之攝。西晉法炬譯。

【鴦崛摩羅】（人名）見央崛摩羅條。

【鴦崛利摩羅】（人名）見央掘摩羅條。

【鴦掘多羅】（地名）國名。飾宗記八末曰、「眞諦部執疏云。鴦掘多羅國。在摩竭陀國北。或云鴦伽國。」(Aṅga)

【鴦堀多羅阿含】（經名）五阿含之一。見善見律毘婆沙一。

【鴦竭羅私】（人名）仙人名。大日經疏十六曰、「鴦竭羅私是汗液義也。此仙不從胎生。從汗液而生。故得名也。」

【鴦輸伐摩】（人名）Aṁśuvarman 王名。西域記七曰、「鴦輸伐摩。唐言光冑。」第七世紀頃尼波羅國王名也。

【鴦輪伐摩】（人名）鴦輸伐摩之誤。

【鴦窶利摩羅】（人名）見央崛摩羅條。

【鴦伽】（地名）國名。見鴦崛多羅條。

【鴦伽陀】（人名）王名。佛本行集經曰、「有刹利王。名鴦伽陀。隋言與分身。」

【鴦伽社哆】（雜名）Aṅgajāta 譯曰生支。男莖也。根本百一羯磨六曰、「梵云鴦伽社哆。譯作生支。即是根也。」

【鴛班】（雜語）凡諷經、面面相看而對立、謂之鴛班。

【器】（譬喻）根器、器量等。人之根性譬如物、謂之器。法華經提婆品曰、「女身垢穢。非是法器。」名義集二曰、「五道非成佛器。由是諸佛唯出人間。」

【器手天】（天名）又曰器酒天。胎藏界外金剛部衆之一天。手把酒器。見胎曼大鈔六。

【器手天后】（天名）胎藏界外金剛部衆之一。伊舍那之眷屬也。與器手天並手把酒器。故名、

【器仗印】（印相）獨鈷等之三昧耶形也。

【器朴論】（書名）三卷、日本託阿述。叙述時宗之義者。有十五門。

【器世間】（界名）一切衆生可住居之國土世界、謂之器世間。對於衆生世間或有情世間之語。俱舍論十一曰、「如是已說有情世間。器世間今當說。」楞嚴經四曰、「無始衆生世界生纏縛。故於器世間。不能超越。」

【器世界】（界名）即器世間。

【器界】（譬喻）國土爲入衆生之器物世界。故曰器界。與器世界、器世間等同。三藏法數二十曰、「器界者世界如器。即國土也。」

【器界說】（雜語）如來以不思議之神力能使草木國土說法。如華嚴經之菩提樹等能作佛事、極樂之樹林說妙法。五類說法之一。見三藏法數二十。

【器量】（雜語）才能之多少。最勝王經一曰、「佛世尊無有分別隨其器量應其機緣爲彼說法」。百論肇公序曰、「鳩摩羅什器量淵宏。」

【慧伽】（物名）又作朅伽。譯曰劍。或名大慧刀。見慧琳音義三十六。見竭誐條。梵Khadga

【學】（術語）學修戒定慧三者。因位曰學。果上曰無學。

【學人】（雜語）學道之人也。菩薩瓔珞經曰、「佛子莊嚴二種法身是人名學行人。」

【學生】（術語）少年寓寺院習學外典者。寄歸傳三曰、「凡諸白衣詣苾芻所若專誦佛典。情希落髮。畢願緇衣。號爲童子。或求外典無心出離。名曰學生。」

【學匠】（術語）學徒、學生。師曰師匠、故弟子曰學匠。

【學戒】（術語）見六事成就條。

【學法女】（術語）見式叉摩那尼條。

【學法灌頂】（儀式）對於傳法灌頂而言。印可爲弟子之位、謂之學法灌頂。印可爲師之位、謂之傳法灌頂。大疏演奧鈔三曰、「學法傳法者。師資兩位灌頂也。印可資位名學法。印可師位名傳法。此二座眞言行者入修次第。故處處對明之也。」

【學和敬】（術語）見六和敬條。

【學侶】（雜語）有學問之僧侶。

【學海】（人名）續高僧傳一（菩提流支傳）曰、「沙門曇顯依大乘經撰菩薩藏衆經要及百二十法門。（中略）雖山東江表。乃稱學海。」

【學海涌智水】（譬喻）學解智辯、如水之滾滾湧出也。

【學徒】（術語）與學生同。俱舍論一曰、「敎誡學徒。故稱爲論」。義林章一本曰、「庶後學徒詳而易入。」

【學悔】（術語）比丘一旦犯婬盜殺妄之一而懺悔者。蓋一犯此重罪者、卽失爲比丘之資格。然若懺悔、則名之爲學悔。終身列於比丘之最末。

【學處】（術語）可學之箇處。菩薩地持經一曰、「菩薩於何處學。學有七處。一者自利。二者利他。三者眞實義。四者力。五者成熟衆生。六者自熟佛法。七者無上菩提。」

【學敎成迷】（雜語）學佛說之敎法、而生謬解者。如小乘、權大乘。是三論宗之用語。三論玄義作學敎起迷。三論玄義曰、「言不會道。破而不收。說必契理。收而不破。學敎起迷。亦破亦收。破其能迷之情。收取所感之數。諸法實相言忘慮絕。實無可破亦無可收。」

【學無學】（術語）研究眞理、以斷妄惑、謂之學。眞理究、妄惑盡、無更可修學者、謂之無學。小乘之學無學、以前三果爲學、阿羅漢果爲無學。大乘之學無學、以菩薩之十地爲學、佛果爲無學。文句八上曰、「研眞斷惑、名爲學。眞窮惑盡、名無學。研修眞理、慕求勝見、名之爲學。學位在三果四句、眞無漏慧也。阿羅漢果、研理已窮、勝見已極、無復所學、故名無學」嘉祥之法華義疏九曰、「若緣眞之心、更有增進義、是名爲學。緣眞之心已滿、不復進求、是名無學」法華經序品曰、「學無學二千人」

【選友】（人名）婆羅門名。悉達太子就此人學書。佛祖統記二曰、「太子時七歲、令學書、訪國中聰明婆羅門、名曰選友、起大學堂、牀榻學具、太子問師書有幾種」

【選佛場】（雜名）釋氏開堂設戒之地、曰選佛場。傳燈錄曰、丹霞將應舉、道遇一禪客、曰、選官何如選佛。霞曰、選佛當往何所。客曰、江西馬大師出世、此選佛場也。

【選擇】（術語）去惡而取善也。大阿彌陀經上曰、「曇摩迦便一其心、卽得天眼徹視、悉自見二百一十億諸佛國中諸天人民之善惡、國土之好醜、卽選擇心中所願、便結得是二十四願經」

【選擇集】（書名）選擇本願念佛集之略名。

【選擇本願】（術語）法藏菩薩在世自在王佛所、自二百一十億佛土中、能選擇而立之本願也。總爲四十八願（大阿彌陀爲二十四願）別爲第十八念佛往生之願。

【選擇諸法經】（經名）佛藏經之異名。

【選擇本願念佛集】（書名）二卷、日本源空著。淨土宗之典也。

【遷化】（術語）遷者遷移、化者化滅、通謂人之死。原爲儒典之語。前漢書外戚傳曰、「李夫人卒、武帝自作賦曰（中略）忽遷化而不反兮、魄放逸以飛揚」文選魏文帝典籍論文曰、「日月遊於上、體貌衰於下、忽然與萬物遷化、斯亦志士之大痛也」佛者更爲說、偏名釋氏之死、化者化度、教化、濟度衆生也。遷者遷移此處衆生之緣盡、而化度之事、移於他方之義也。大乘義章五本曰、「菩薩後時遷化他土」廣弘明集哭玄奘文曰、「上人遷化於異方」釋氏要覽曰、「釋氏死謂涅槃、圓寂、歸眞、歸寂、滅度、遷化、順世、皆一義也。從便稱之、蓋異俗也」

【遺化】（術語）遺於後人之教化也。梁高僧傳一曰、「夫塔寺之興、以表遺化也」

【遺弟】（雜語）師滅後所遺之弟子。

【遺形】（雜語）佛舍利之異名。長阿

含經四曰「如來遺形不敢相許」。

【遺法】（術語）佛去而遺於世之教法也。

【遺訓】（術語）遺於後人之教訓也。大日經疏八曰「以法王遺訓而教訓之」。

【遺教】（術語）遺留後人之教法也。唐太宗三藏聖教序曰「遺訓遐宣」。

【遺教經】（經名）佛垂般涅槃略說教誡經之異名。佛垂滅時之遺誡也。此經或謂爲大乘或謂爲小乘。台家以爲大乘稱爲涅槃部之結經。見文句私記三本。

【遺教經論】（書名）一卷。天親菩薩造、陳眞諦譯。以七分解釋之。建立菩薩所修之所法。依此論釋則遺教經爲大乘部也。

【遺跡】（雜語）古人所遺之舊跡也。梁僧傳（康法朗傳）曰「誓往伽夷仰瞻遺跡」。

【遺經】（經名）遺教經更約之曰遺經。

【遺誡】（雜語）遺於後人之教誡也。唐僧傳道安曰「作遺誡九章以訓門人」。

【遺式】（人名）宋慈雲懺主之實名。見慈雲條。

【遶佛】（術語）西天之法。旋遶長上。表恭敬愛慕之意也。西域記二曰「隨所宗事多有旋遶。或唯一周或復三帀」。釋氏要覽中曰「遶佛亦云旋遶。此方稱行道。（中略）歸敬至也。唯佛法右遶」。法華經曰「頭面禮足遶佛三帀」。

【遶塔】（術語）右遶佛塔也。歸敬之意同於遶佛。

【遶塔功德經】（經名）右遶佛塔功德經之略名。

【儐茶波多】（術語）Piṇḍapāta 又作賓茶波底迦。賓茶夜。譯曰常乞食。見分衛條。

【儞羅建他】（菩薩）Nīlakaṇṭha 青頸觀音之梵名也。

【儒童】（術語）梵名磨納縛迦 Māṇavaka 譯曰儒童。童子之總稱也。然有以爲別稱者。唯識述記一末曰「摩納縛迦此云儒童」。因謂孔子也。溧水縣南七十五里相傳有儒童寺。本孔子祠。唐景福二年立。以孔子適楚。經此。南唐改曰儒童寺。蓋釋氏有所謂造天地經云。寶曆菩薩下生世間。曰伏羲。吉祥菩薩下生世間。曰女媧。摩訶迦葉號曰老子。儒童菩薩號曰孔子。復有淸淨法行經云。眞丹國人難化。佛遣摩訶迦葉往。爲老子。淨光童子往。爲孔子。又遣月明儒童往。爲顏回。三弟子者出生其國。乃能從化。故唐杜嗣先有吉祥御字儒童衍教之說。見焦氏筆乘。參照次項。

【儒童菩薩】（本生）釋尊往昔爲菩薩供養燃燈佛時之名也。見然燈佛條。因謂孔子也。海錄碎事十三上引清淨法行經云、「佛遣三弟子震旦敎化。儒童菩薩彼稱孔丘。淨光菩薩彼稱顏回。摩訶迦葉彼稱老子。」按清淨行法經大藏經不載、蓋僞經也。竹窻二筆曰、相傳孔子號儒童菩薩。童者純一無僞之稱也。文殊爲七佛師而曰文殊師利童子。善財一生得無上菩提而曰善財童子。乃至四十二位賢聖有童眞住。皆嘆德之極。非幼小之謂也。參照前項。

【壇】（術語）Maṇḍala 梵語曼荼羅、義譯爲壇。以築壇安置曼荼羅之諸尊故也。壇形有種種。密門雜抄曰、「今於堂內造木壇。此其本說也。諸部要目云、四角者曰地輪壇。圓者曰水輪壇。三角者曰火輪壇。半月形者曰風輪壇。又土壇爲地壇。作小木壇、無論何處。自在持行。如流水者、爲水壇。護摩壇爲火壇。隨處爲本尊者爲風壇。」

【壇戒】（術語）登壇受戒也。

【壇經】（書名）具名六祖大師法寶壇經。六祖大師慧能於韶州大梵寺壇上所說之法、門人記之。尊爲法寶壇經。畧曰壇經。稱經者、後人尊其法也。非六祖之意。夾註輔敎編六壇經贊題註曰、「始其衆人欲請宗門第六祖大鑑禪師開演東山法門於韶陽大梵寺。尊敬大鑑之道。乃封土爲壇。以資其說法。其後其弟子者集大鑑之說、因而目爲壇經也。」疏註二家。如下。六祖壇經增註、日本山田大應注。六祖壇經箋註、丁福保注。

【壇經眞僞】（雜語）傳燈錄二十八南陽忠國師語曰、「吾比遊方、多見此色。近尤盛矣。聚却三五百衆、目視雲漢、云是南方宗旨。把他壇經改換、添糅鄙談、削除聖意、惑亂後徒。豈成言敎。苦哉吾宗喪矣。」忠國師者曹溪之直弟也。可見此時已有改換之僞本矣。其後在遼國、遂爲焚棄。佛祖統紀十四高麗國義天傳曰、「見飛山別傳議。爲跋曰。甚矣古禪之與今禪名實相遼也。（中略）珠公諭辯斯其至焉。近者遼國詔有司令義學沙門詮曉再定經錄。世所謂六祖壇經寶林傳等。皆與焚棄。而比世中國禪宗章句多涉異端。此所以海東人師疑華夏爲無人。今見飛山高議。乃知有護法開士百世之下住持末法者。豈不賴珠公力乎。（成珠作別傳議。於禪敎之際、深有發明）」其後至元、德異宗寶二老探古本刪定之。刊行於世。此今之壇經也。德異序曰、「惜哉壇經爲後人節畧太多。不見六祖大全之旨。德異幼年嘗見古本。自後遍求三十餘載。近得通上人尋到全文。遂刊於吳中休休禪庵、與諸勝士同一受用。」是元世宗至元二十七年之記也。宗寶跋曰、「余初入道有感於斯。續見三本不同、互有得失。其版亦已漫滅。因取其本校讎。訛者正之。略者詳之。復增入弟子淸益機緣。庶幾學者得蘊曹溪之旨」是其翌年之記也。案二公同時刊行二本而宗寶本爲勝、後人取德異之序冠之以廣流通云。

【據勝爲論】（術語）通論事實、謂之據實通論。就其中之多者勝者而論、謂之據勝爲論。如色之名、據實通論、則五根五境無表色之十一法悉爲色、獨於眼根所對之境、與以色之名、則據勝爲論也。天台戒疏一曰、「三業之中意業爲主、身口居次、據勝爲論。故言心地」

【據實通論】（術語）見前項。

【擁護】（術語）扶持守護也。金光明經一曰「常觀擁護此閻浮提」毘奈耶雜事四曰、「擁護佛法使長存」

【擇力】（術語）以智慧簡別諸法之力也。

【擇地】（術語）依眞言法造壇、選勝地也。是爲具支分之隨一。

【擇法眼】（術語）簡別法之是非之識見也

【擇法覺支】（術語）見七覺分條。

【擇乳眼】（譬喻）乳混水、使鵝飲之、彼能擇乳而遺水。見鵝王條。

【擇時】（術語）修眞言法、選其法相應之時日也。

【擇滅】（術語）涅槃之異名。滅者滅諸相之無爲法也。涅槃者是由眞智之揀擇力所得之滅法、故曰擇滅。倶舍論一曰、「擇謂揀擇、卽慧差別、各別揀擇四聖諦故。擇力所得滅、名爲擇滅。如牛所駕車、名曰牛車。略去中言、故作是說」唯識述記二末曰、「卽此眞如名爲擇滅、卽由慧力方證會故」

【擇滅無爲】（術語）三無爲之一。涅槃之無爲法也。

【擔木山】（界名）梵名朅地洛迦山、Khadiraka 之譯名。九山、七金山之一。

【擔步羅】（植物）又作躭餔羅。藥果名。慧琳音義六十六曰、「躭餔羅、西國藥果名。俗士女多含此藥」慈恩傳三曰、「擔步羅」梵 Tāmbūla

【擔板漢】（譬喻）人夫之負板者、但見前方、不能見左右方。語曰、「擔板漢但見一方」

【凝然常】（術語）凝然常住之意。對於不斷常、相續常而言。又云自性常、或本性常。卽自性常住之眞如法性也。見群疑論二。

【濁世】（術語）五濁惡世也。阿彌陀經曰、「娑婆國土五濁惡世」法華經勸持品曰、「濁世惡比丘」往生要集上本曰、「往生極樂之敎行、濁世末代之目足也」

【濁劫】（術語）濁惡之時期也。劫者、梵語長時之稱。五濁中之劫濁是也。減劫中人壽二萬歲以後。法華經勸持品曰、「濁劫惡世中多有諸恐怖」

【濁惡】（術語）五濁與十惡也。觀無量壽經曰、「佛滅後諸衆生等濁惡不善五苦所逼。」天台觀經疏曰、「濁惡者濁五濁也。一見、二煩惱、三衆生、四命、五劫。惡者十惡也。殺、盜、婬、妄語、惡口、兩舌、綺語、貪、瞋、邪見也。」

【濁惡世】（術語）五濁十惡熾盛之時期也。法華經方便品曰、「我出濁惡世。」同普賢勸發品曰、「後五百歲濁惡世中。」

【濁惡處】（界名）謂此娑婆世界也。五濁十惡所行之處也。觀無量壽經曰、「不樂閻浮提濁惡世也。此濁惡處地獄餓鬼畜生充滿多不善聚。」

【濁業】（術語）三業之一。見業條附錄。

【濁亂】（術語）謂惡法盛與、濁人亂世也。總有五種、謂之五濁。

【濊佉阿悉底迦】（術語）Ekasitika 佛之德相八十一隨好也。濊與穢同。

【澡甁天子】（天名）一作作瓶天子。釋迦佛爲太子時、因出四門歷觀諸相、忻厭之意日愈一日。繇是父王益其伎樂以悅之。每至夜分有淨居天人名作瓶、住在空中發言警策、復使樂器皆出五欲非樂、世間無常、涅槃寂靜、速須出離之聲。(云云)詳見佛本行集經、王勑釋迦如來成道記曰、「於是澡瓶天子以聲覺彰伎女之醜容。」

【嚩叉】（地名）Vakṣu (the Oxus) 河名。

【憶】（術語）心懸一處而不忘也。大乘義章二曰、「常守一緣、不能捨離。於緣發悟名憶。」

【憶念】（術語）記憶不忘也。華嚴大疏鈔三十四上曰、「攝法在心、故名憶念。」

【憶持】（術語）記憶受持而不忘失也。觀無量壽經曰、「汝等憶持廣爲大衆分別解說。」

【懊惱三處經】（經名）長者子懊惱三處經之略稱。

【憺怕】（雜語）說文、憺安也。謂憺然安樂也。憺亦恬靜也。怕靜也。無爲也。廣雅、憺怕寂寞也。亦恬靜也。言寂寥無人也。經文憺有時誤作惔。說文、惔憂也。非此義。怕又作泊。說文泊無爲也。廣雅泊靜也。

【懈怠】（術語）於斷惡修善之事不盡力也。唯識百法隨煩惱二十之一。俱舍七十五法六大煩惱之一。唯識論六曰、「懈怠於善惡品修斷事中懶惰爲性、能障精進增染爲業。謂懈怠者滋長染故。於諸染事而策勵亦名懈怠。」俱舍論四曰、「怠謂懈怠。心不勇悍。是前所說勤所對治。」菩薩本行經上曰、「夫懈怠者衆行之累。居家懈怠者則衣食不供、產業不舉。出家懈怠則不能出離生死之苦。」

【懈怠賊】（術語）懈怠賊道心、故云。智度論十五曰、「一切諸賊中無過懈怠賊」

【懈怠耕者經】（經名）佛說懈怠耕者經一卷、宋惠簡譯。佛對耕者說懈怠之過、彼聞而悔過、得不退轉。

【懈怠不聽法戒】（術語）制懈怠而不聽受正法之戒也。四十八輕戒之一。新學之菩薩、每有講法應持經律卷至法師所聽受諮問之、山林樹下僧地房中之一切說法處、亦應悉至而聽受。此戒即誡菩薩自抱無知懈怠不聽法者。通於大小二乘道俗七衆。法藏名之爲不聽經律戒、太賢謂爲不能學戒、今依天台。

【懈慢界】（界名）與懈慢國同。

【懈慢國】（界名）在閻浮提西方十二億那由陀、至極樂國之中途、生於此國者、染着其國土之快樂、而起懈怠憍慢之心、不更進而生於極樂、故謂爲懈慢國。疑佛智不思議、雜修自力之善根、而願生於極樂者生之。菩薩處胎經二曰、「西方去此閻浮提十二億那由陀、有懈慢界。國土快樂、作倡伎樂。衣被服飾、香花莊嚴、七寶轉關床（中略）前後發意衆生、欲生阿彌陀佛國者、皆深染着懈慢國土、不能前進生阿彌陀佛國。億千萬衆、時有一人能生阿彌陀佛國。何以故、皆由懈慢執心不牢固。」

【懈慢邊地】（界名）日本眞宗視懈慢界與邊地爲一、故曰懈慢邊地。懈慢界爲菩薩處胎經所說、邊地爲無量壽經所說。假令爲別、亦皆爲極樂之附庸也。

【獨一善】（術語）見七善條。

【獨一法界】（術語）顯曰一眞法界。密曰獨一法界。一切諸法、眞如平等、故爲一、一切即一、一切法、一切法即一法、舉一法則一切諸法悉歸、以一法該收萬法、謂之獨一法界。大日如來之智拳印、幖幟此獨一法界之一也。大日經疏一曰、「如來獨一法界加持之相」同十七曰、「言一者、此即如如之道、獨一法界、故言一也」

【獨生獨死獨去獨來】（術語）謂死生之際、唯爲自己一身也。無量壽經下曰、「人在世間愛欲之中、獨生獨死、獨去獨來、當行至趣苦樂之地」

【獨角仙人】（人名）又曰一角仙人。見一角仙人條。

【獨空】（術語）隨事緣而說諸法之空然、空理是一、名之爲一空、或獨空。止觀七曰、「一切法趣十八空、歷十八緣、名十八空。但是一空、方等云大空小空皆歸一空、一空即法性實相諸佛實法。大品云獨空也。」

【獨法】（術語）見七善條。

【獨秉】（術語）謂心念法也。以此告於自己一人之心念、而其事成故也。見羯磨條。

【獨股杵】（物名）見獨鈷及不動明王條。

【獨孤洛迦】（衣服）見七種衣條。

【獨柯多】（術語）梵語與突吉羅同。

【獨尊】（術語）三界中佛獨尊貴也。長阿含經一曰、「天上天下唯我獨尊」。

【獨散意識】（術語）亦曰散位獨頭之意識。第六意識於散位不伴前五識而起、不緣五塵之境、獨緣三世諸法及空華水月等色之時也。

【獨園】（地名）給孤獨園之略。

【獨鈷】（物名）又曰獨鈷杵。眞言師所用之金剛杵也。鈷爲股之借字。金剛杵之獨頭謂之獨鈷、分爲三股謂之三鈷、分爲五股謂之五鈷、分爲九股謂之九鈷。原爲西土之武器。獨鈷者、幖幟大日如來獨一法界之智。見金剛杵條。

【獨影境】（術語）三類境之一。第六意識之妄想分別、浮實我實法之相、如現空華兎角之境、所現之相多爲相分。此相分非有實體、惟爲意識之見分所變現之影像。故名之爲獨影境。對於帶質境之相分有本質、而謂爲獨。對於性境之相分有實性、而謂爲影。故獨影境者、爲一時妄分別之反應、爲情有理無之法、三性中之徧計所執性也。既是妄分別之反應、故其性（善惡無記之性）其繫（三界之繫屬）其種子（能生之種子）皆與妄分別之本體（卽見分）相同、體性總爲見分、如鏡中之影、隨本質之形。唯識樞要上本曰、「獨影之境、唯從見分、性繫種子皆定同故。如第六識緣龜毛空華石女無爲他界緣等、所有諸境、如是等類、皆是隨心無別體用、假境攝故、名爲獨影。」

【獨頭無明】（術語）二種無明或五種無明之一。又名不共無明。貪、瞋、痴、慢、疑、惡見六大惑中、無明獨起、不與其他五大惑共行、謂之獨頭無明。與其他五大惑隨一共起之無明、名爲相應無明。是於六大惑中論共不共也。故獨頭無明亦不遮與五大惑以外之諸惑俱起也。見百法問答鈔一。

【獨頭意識】（術語）四種意識之一。見意識條。

【獨覺】（術語）又曰緣覺。卽辟支。常樂寂靜、獨自修行、修行功成、於無佛之世、自己覺悟而離生死者、謂之獨覺。此有麟角喻部行二種。獨身無伴侶、如麟一角、爲前者。有伴侶而同一獨悟、爲部行。出於無佛世、不藉佛之敎法、則一也。是不依佛之聲敎、故勝於聲聞、自脫生死而止、不能兼濟他、故不及佛。卽大中小三乘之中乘也。俱舍論十二曰、「言獨覺者、謂現身中離稟至敎、唯自悟道。以能自調不調他故。」又曰、「諸獨覺有二種殊、一者部行、二者麟角喻。部行獨覺先是聲聞、得勝果時轉爲獨勝。（中略）由本事中說。一山處總有五百苦行外仙有一獼猴曾與獨覺相近而住見彼威儀展轉遊行至外仙。現先所見獨覺威儀諸仙覩之咸生敬慕。須臾皆證獨覺菩提(中畧)麟角喩者謂必獨居。」見緣覺條。

【獨覺身】(術語)見佛身條附錄。

【獨覺捨悲障】(術語)謂獨覺有捨大悲心之障也。蓋獨覺之人。但能自度無利他心。故不能起大悲心。利益一切衆生。從而不能至於佛果。故謂之捨悲障。

【衛世師】(流派)見勝論宗條。

【衡山】(地名)又曰南岳。古支那之衡州天台宗第二祖慧思居之。輔行一之一曰。「博物誌云。嵩高爲中岳。屬豫州。華山爲西岳。屬同州。泰山爲東岳。屬兗州。恒山爲北岳。屬冀州。衡山爲南岳。屬荊州。後開衡州。從山爲名。」

【璟興】(人名)新羅人。法相宗。有無量壽經連義述文贊三卷行於世。

【樹下坐】(術語)十二頭陀行之一。見頭陀條。

【樹下思十二因緣經】(經名)貝多樹下思惟十二因緣經之略名。

【樹王】(雜名)爲樹中之王。故曰樹王。猶言牛王鵝王等。法華經序品曰、「國界自然殊特妙好。如天樹王其華開敷。」天之樹王。卽忉利天上所謂波利質多之樹也。波利質多出於起世經六、長阿含二十等。譯爲高遍樹或晝度樹。

【樹林神】(神名)千手陀羅尼所說十五神之一。見神條。

【樹根】(譬喩)八喩之一。見譬喩條附錄。

【樹提】(人名)樹提伽之略。

【樹提迦】(人名)新曰殊底色迦。譯爲星宿。或有命。照耀火。西域記九曰、「殊底色迦。唐言星宿。舊曰樹提伽訛也。」俱舍光記五曰、「殊底穡迦。此云有命。舊曰樹提迦訛也。」探玄記十五曰、「梵云樹提。此云照耀。」梵Jyotiṣka

【樹提伽在火中生】(傳說)有大長者、其家巨富。年老無子。忽懷孕。因問六師外道。六師咸言是女而不長命。及其問佛。佛說其爲男。長年具德。六師聞之。心生嫉妬。以菴羅卑和合毒藥。使服之。服已尋死。長者多積薪火葬。是時死尸火燒腹裂。子從中出。端坐火中。猶如鴛鴦處於蓮華臺。佛告耆婆、汝往火中抱兒來。耆婆欲往。六師告曰、相害不能脫。耆婆言。如來之使。雖入阿鼻獄猛火。尚不能燒。況世間火耶。爾時耆婆入火。猶如入淸涼大河水中。乃抱持其兒還長者。云願如來立名字。佛曰。是兒生於猛火中。火名樹提。應名樹提。見涅槃經師子吼品。

【樹提伽往昔給病道人緣】(傳說)

樹提伽倉庫盈實、金銀具足、奴婢成行、無所乏少、其富過國王。一時國王與樹提伽同車詣佛所問言、世尊、樹提伽是我臣、前身有何功德、而婦女家宅過我甚。佛言、樹提伽布施功德、現天上受樂也。往昔五百商主、將諸商人齎持重寶、經過險路、於空山中逢一病道人、給草屋厚敷床褥、給米漿米糧燈燭、乞願天堂之報。今果得報。佛言是時布施者、今樹提伽夫婦是也。時病人、今我身是也。五百商主及商人、皆得阿羅漢道。見樹提伽經。

【樹提伽經】（經名）一卷、劉宋求那跋陀羅譯。說樹提伽長者之福德及往昔之因緣。

【樹提長者】（人名）見樹提伽條。

【樹提摩納】（人名）摩納者童子之梵語也。見樹提伽條。

【樹想】（術語）十六觀之第四觀也。

【樹經】（物名）梵典刻於貝多羅樹等、謂之樹經。大周新翻三藏聖敎序曰、「拂石年窮樹經無泯。」

【樹頭】（職位）禪家司莊園之樹木者。見象器箋七。

【橫】（術語）對於縱而言。「空間的」之別名。

【橫出】（術語）淨土門易行道有橫超橫出之二道。聞如來之本願而不疑、信之一念、得卽得往生之益、死後直往生眞實之報土、是爲橫超。以自力之心、修定散之諸行、生於方便之化土、是爲橫出。

【橫死】（雜語）非前世之業果、而命終、謂之橫死。有九種。

【橫柱指合掌】（術語）十二合掌之一。

【橫豎】（雜語）橫與豎也。與縱橫同。次第曰豎、不次第曰橫、又亘於時間曰豎、空間曰橫。例如法華文句九曰、「若但性德三如來是橫、修德三如來是縱、先法次報後應、亦是縱。今經圓說不縱不橫三如來。」又選擇決疑鈔三曰、「若橫若豎具足三心、而行念佛者、百千皆生、萬無一失」皆有次第不次第之意味也。顯名鈔曰、「光明無量者、橫顯十方利益無邊、壽命無量者、豎示三世化導無限」是取時間空間之意也。

【橫超】（術語）見橫出條。

【橫截】（術語）橫截三界五趣生死之流、而往生於極樂也。無量壽經下曰、「宜各勤精進。努力自求之。必得超絕去。往生極樂國。橫截五惡趣。惡趣自然閉。昇道無窮極。」

【橙子】（物名）椅子前所置承脚之小几也。見象器箋十九。

【橋】（雜名）梵語細覩 Setu 見梵語雜名。

【問橋】（故事）方等陀羅經三說佛

往昔對智者發愚問而數智者也。止觀十日、「方等云種種問橋智者所呵。」

【橋梁】（譬喩）卑下而忍人之凌辱、譬之於橋梁。註維摩經七曰、「示行憍慢而於衆生猶如橋梁。」注曰、「什曰言其謙下。爲物所凌踐。忍受無慢。猶如橋梁也。」

【機】（術語）常曰根機、機緣等。本來自己之心性有之、爲敎法所激發而活動之心働也。玄義六上曰、「機有三義。一者機是微義。故易云、機者動之微。吉之先現。又阿含云、衆生有善法機。聖人來應也。衆生有將生之善。此善微微將動而得爲機。（中略）如弩有可發之機。故射者發之。發之箭動。不發則不前。衆生有可生之善。故聖應則善生。不應則不生。故言機者微也。二者古注楞迦經云。機是關義。何者衆生有善有惡。關聖慈悲。故機是關義也。三者機是宜義。如欲拔無明之苦。正宜於悲。欲與法性之樂。正宜於慈。故機是宜義也。」㈠會本文句記十一曰、「問機器何別。答雖並從譬。各有一意。機論可發。器語堪任。」㈡契合眞理之機關。大明錄曰、「文義俱明者謂之理。忘言獨契者謂之機。」

【機水】（譬喩）衆生之機根、譬如水也。性靈集二曰、「臺鏡瑩磨。俯應機水。」

【機用】（術語）禪家之宗匠、以言語不及之機微證悟、用心施於學者、謂之機用。谷響集九曰、「大機在宗師。施之學者謂之大用也。」

【機見】（術語）依衆生之機而感見佛也。宗鏡錄二十一曰、「他受用及變化二土正證於前。相似名同。而隨機見異。」

【機性】（術語）人之機根性質。最勝王經一曰、「此諸衆生有上中下。隨彼根性。而爲說法。」

【機宜】（術語）衆生有善根之機、而宜於布敎者。玄義六上曰、「機是宜義。如欲拔無明之苦。正宜於悲。欲與法性之樂。正宜於慈。故機是宜義。」同一下曰、「夫敎本應機。機宜不同。故部別異。」唯識述記一本曰、「如來設機。隨敎所宜。」

【機要】（術語）機密緊要。唐高僧傳（玄奘）曰、「極空有之精微。體生滅之機要。」

【機根】（術語）衆生之根性。性質也。二敎論上曰、「文隨執見隱。義逐機根現。」

【機敎】（術語）衆生之機與佛之敎也。二者必可相應者。文句一上曰、「若應機設敎。敎有權實淺深不同。」華嚴玄談四曰、「約佛雖則一音。就機差而敎別。」

【機感】（術語）衆生有善根之機、而感佛也。又衆生有善根之機。故佛感應之也。探玄記一曰、「機感相應。有形言現。」釋籤一之一曰、「機感相應得益。」文句一上曰、「機成致感。逮得己利。」

【機語】（術語）神機之語句。大明錄

曰、「文義俱明者謂之理。忘言獨契者謂之機。」山菴雜錄曰「機語相投容入室。」

【機緣】（術語）機謂根機。緣謂因緣。言衆生有善根之機。而爲受教法之緣者。最勝王經一曰「隨其器量善應機緣。而爲說法。」淨名玄一曰「聖人說法深鑒機緣。」文句記二下曰、「演一乘之實唱飽妙行之機緣。」四教義一曰、「夫衆生機緣不一。是以教門種種不同。」因禪家宗匠臨機應緣之行藏作略。謂之機緣。六祖壇經有機緣篇。

【機應】（術語）衆生之機與如來之應也。文句一上曰、「信則論機見則是應。」又曰「機應相稱故曰道交。」

【機關】（術語）謂禪門之宗匠、以古則公案一喝一棒接得學人也。七帖見聞一末曰、「神智云。宗門立理致機關二門敎化機緣。」

【機關木人】（譬喩）喩五蘊之假者。智度論六曰、「都無有作者。是事是幻耶。爲機關木人爲是夢中事。」

【豫修】（術語）與逆修同。豫修死後之佛事也。見逆修條。

【豫修齋】（儀式）爲豫修請僧供齋也。

【燒斗香】（雜名）清嘉錄八曰、「案吳曼雲江鄉節物詞小序云。杭俗糊紙爲斗。炷香其中。高者可二尺許。中秋夜祀月則設之。詩云。心字燒殘寸寸灰。靈香上睇月輪開。斗量畢竟人間少。桂粟新收萬斛來。」

【燒炙地獄】（界名）見地獄條附錄。

【燒香】（儀式）五種供養及六種供養之一。世諦所釋。則爲拂邪氣請神靈。第一義諦所釋。則爲使所修之功德周遍一切處。陔餘叢考三十三曰、「李相之賢已集。因謂燒香始於佛圖澄。襄國城塹水源暴竭。石勒問澄。澄曰今當勅龍取水。乃燒安息香呪數百言。水大至云。然燒香實不自此始。三國志孫策謂張津著絳帕頭燒香讀道書。又江表傳。道士于吉來吳會立精舍燒香讀道書。則漢末道家已用之。又按漢武故事。昆邪王殺休屠王。以其衆來降。得其金人之神。其祭不用牛羊。惟燒香禮拜。則燒香之始於佛家可知。」大日經疏八曰、「燒香是遍至法界義。如天樹王開敷時。香氣逆風順風自然遍布。菩提香亦爾。隨一一功德。卽爲慧火所燒解脫風所吹。隨悲願力自在而轉普熏一切。故曰燒香。」見香條。按行法中有五處之燒香。第一初入道場見法會聖衆。五體投地禮拜恭敬。此時應先燒香。第二爲引入已身行者先於身上觀月輪。於月輪中現本尊身。爲供此所現之佛身而燒香。第三爲供道場所布列之諸尊而燒香。第四正念誦時。現對本尊爲此法。故爲供彼尊而燒香。第五觀念了後。爲奉送本尊而燒香。

【燒香侍者】（職位）禪家掌燒香行禮兼記錄法語之僧。

【燒指】（雜語）佛敎苦行之事、自燒其指以表示其信仰之誠也。北史曰、並令燒指吞炭出家爲尼。韓愈文曰焚頂燒指百十爲羣。

【燈】（物名）梵語儞播Dīpa燈明也。六種供具之一。見燈明條。

【一燈】（雜語）貧女之一燈也。見貧女條。

【燈滅方盛】（術語）如燈光將滅時、暫時增光、佛法將滅時、一時彩然法盛之豫言也。止觀六曰「初果猶七反未盡。如燈滅方盛」法滅盡經曰「吾法滅時、譬如油燈。臨欲滅時光明更盛於是便滅吾法滅時亦如燈滅」

【燈王】（佛名）維摩經云。東方有世界名須彌相其佛號須彌燈王其師子座高四萬八千由旬。維摩詰現神通力。卽時彼佛遣三萬二千師子之座。來入維摩詰室。謝靈運賦曰、「應鐙王之贈席」詠此事也。

【燈光梵志】（人名）止觀輔行二曰、「慧上菩薩經云。過去無數有梵志名燈光。在林藪間行吉祥願經四百二十歲。入摩竭國有陶師女見梵志端正。投梵志前。梵志報言吾不樂欲。女言設不能吾尋自害。梵志自念吾常護戒若數犯者非吉祥。離之七步。卽起慈心而欲犯戒。不然女死。寧令女安。我入地獄。從其所願。經十二年。終生梵天」

【燈明】（物名）神佛前所奉之燈火也。六種供具之一。以標佛之智波羅蜜。菩薩藏經曰「百千燈明懺悔罪」無量壽經下曰、「爲世燈明最勝福田」同淨影疏曰「自具智慧。能生物解。名世燈明」羂索經十九曰「如是眞言三遍加持燈明。獻供養之。持法者觀燭諸暗障」

【燈明佛】（佛名）具名日月燈明佛。于過去出世、如今之釋迦佛、現六瑞之相、說法華經之佛也。法華經序品曰、「次復有佛。亦名日月燈明。次復有佛。亦名日月燈明。是二萬佛皆同一字名日月燈明」

【燈指】（人名）比丘名。王舍城長者之子、生時一指放光、故名燈指。初富而中貧、後又富出家得羅漢果。見燈指因緣經、法苑珠林三十五。

【燈指因緣經】（經名）一卷、秦羅什譯。說燈指比丘在俗時、前後富福中間貧困之往昔宿因。

【燈菩薩】（菩薩）金剛界曼荼羅外四供養菩薩之一。

【燈頭】（職位）禪林司燈燭之職。

【燈爐】（物名）俗通用燈籠。

【燈籠】（物名）佛在世時僧房燃燈之具也。後爲佛前之供具。毘奈耶雜事十三曰、「苾芻夏月然燈。損蟲。佛言應作燈籠。苾芻不知云何應作。佛言應以竹片爲籠。薄顯遮障。此若難求用雲母片。此更難得應作百目。苾芻不解如何。當作佛言令瓦師作如燈籠形。傍邊多穿小孔。」

【燉煌三藏】（人名）與燉煌菩薩同。

【燉煌菩薩】（人名）燉煌國沙門竺曇摩羅刹、晉曰法護。至洛陽、傳譯甚盛。時人尊其道。稱爲燉煌菩薩。正法華經卽其譯也。見高僧傳一。

【曉了】（雜語）猶言了解。淨住子曰、深悟在別世曉了因緣法。図（人名）五燈會元匾擔山曉了禪師者六祖之嫡嗣。

【曉瑩】（人名）氏族不詳。字仲溫。歷參諸方叢林、頓明大事、嗣法於大慧杲日。晚年歸隱江西羅湖畔、杜門不與世接。南宋紹興二十五年十月撰羅湖野錄四卷、雲臥紀談二卷。年壽並缺。見佛祖通載三十、續傳燈錄三十二目錄等。

【曉鼓】（雜名）曉打之鼓。對於昏鼓而言。

【隨一】（術語）多數中之一也。俗以隨一解第一之事者不可也。瑜伽論二曰、「人中隨一有情」順正理論五十曰、「六境中隨一攝故。」

【隨一不成】（術語）因明三十三過中四不成之第二。謂立敵二者出一方不許容之因由也。故有他隨一不成、自隨一不成之別。

【隨分】（術語）隨力量之分限也。唐華嚴經三十四曰、「餘波羅蜜非不修行。但隨力隨分。」圓覺經曰「隨分思察」佛地論七曰、「我今隨分已略釋。」因隨於本分之義也。正法念經一曰、「六道四生隨其本分受未來劫。」

【隨分果】（術語）隨分覺之結果也。

【隨分覺】（術語）起信論所說四覺之一。初地以上法身菩薩之覺智也。與台家六卽中之分眞卽同。起信論曰、「如法身菩薩等。覺於念住念無住相。以分別麤念相故名隨分覺」對於究竟覺而曰隨分。

【隨心咒】（眞言）觀自在菩薩隨心咒之略名。

【隨心金剛】（菩薩）金剛忿怒身。梵云雞利緊羅。與金剛薩埵眷屬觸金剛同名。或稱金剛隨心菩薩。降伏諸夜叉之尊也。爲忿怒形。有火炎髮、右手張出、持獨股杵、左手作胎拳當腰、舉右手、坐磐石上。

【隨心供佛樂】（術語）往生要集所說十樂之第九。往生淨土則隨心所欲得供養佛之樂也。

【隨方毘尼】（術語）戒律中佛未禁止之事、佛未開許之事、不經開（開許）廢（禁止）之新事例、得隨其時其處之宜而開廢之。是謂隨方毘尼。有部百一羯磨十曰、「爾時佛在拘尸那城壯士生池娑羅雙樹間。臨欲涅槃。告諸苾芻曰、我先爲汝等廣已開闡毘奈耶敎。而未略說。汝等今時宜聽略敎。(梵云僧泣多毘奈耶)且如有事。我於先來非許非聽。若於此事順不淸淨違淸淨者。此是不淨。卽不應行。若事順淸淨違不淸淨者。此卽是淨。應可順行。」然依五分律、則卽經世尊之開遮者、於餘方似亦許取捨也。律二十二曰、「告諸比丘。雖是我所制。而於餘方不以爲淸淨者。皆不應用。雖非我所制。而於餘方必應行者。皆不得不行。」因而義淨三藏以五分律之文爲譯者之謬。寄歸傳二曰、「有現着非法衣服。將爲無過。引彼略敎文云。此方不淨。餘方淸淨。得行無罪者。斯乃譯者之謬。意不然矣。」由小乘涅槃經之說及佛平素之訓誡觀之、却似五分律爲正。

【隨文作釋】(術語)作經論釋時、作玄義卽總論、付後文句釋之。所謂文句是也。字句之逐次釋也。

【隨他】(術語)隨他意語之略。

【隨他意】(術語)隨他意語之略。

【隨他意語】(術語)隨他之機情而說方便之敎也。

【隨他權敎】(術語)隨自意語爲實敎、隨他意語爲權敎。

【隨犯隨制】(術語)對於大乘戒之一時頓制、而謂小乘戒爲隨犯隨制。小乘戒者、佛成道後十二年已來、隨弟子漸犯法而漸制之、以具足二百五十戒者。

【隨犯隨懺】(術語)愚惡之凡夫、不能斷罪、則隨犯隨懺悔、以消除其罪也。往生禮讚曰、「無間修。所謂相續恭敬禮拜稱名讚嘆憶念觀察廻向發願。心心相續。不以餘業來間。故云無間修。又不以貪瞋煩惱來間。隨犯隨懺。不令隔念隔時隔日。常使淸淨。亦名無間修。」

【隨自】(術語)隨自意語之略。

【隨自意】(術語)隨自意語之略。

【隨自意語】(術語)如來三語之一。佛隨順自意自說所證之一實等法者。涅槃經三十五曰、「如我所說十二部經。或隨自意說。或隨他意說。或隨自他意說。」

【隨自實敎】(術語)佛隨自意語之眞實敎也。對於隨他意語之權敎而言。

【隨自意三昧】(術語)台家四種三昧中、非行非坐三昧之別名。天台爲成四句曰非行非坐。南岳就實而曰隨自意。隨意之起、卽修三昧、不關於行坐也。

【隨妄】(術語)眞如隨妄緣、生種種之染法也。

【隨至施】(術語)八種施之一。隨近自已來者而爲布施也。

【隨色摩尼】(物名)謂摩尼寶珠、不

有別色、隨所對之物色而現色相也。

【隨名釋義】（術語）與依名釋義同。

【隨求經】（經名）普徧光明燄鬘清淨熾盛如意寶印心無能勝大明王大隨求陀羅尼經之略名。其他有佛說隨求卽得大自在陀羅尼神呪經一卷。

【隨求天子】（人名）與隨求卽得天子同。

【隨求菩薩】（菩薩）具名大隨求菩薩、胎藏界曼陀羅中觀音院之一尊、觀音菩薩之變身別名也。念此菩薩、誦其眞言、則隨衆生之求願而施與、故名隨求。其眞言曰隨求陀羅尼。秘藏記末曰、「大隨求菩薩、深黃色。并有八臂。左上手蓮華上有金輪光炎、次手梵篋。次手寶幢。次手索。右手五鈷跋折羅。次手鎊鉾。次手寶劍。次手鉞斧鉤。」大鈔二曰、「理性院習云。隨求觀音別名也。」

【經軌】（經名）普徧光明燄鬘清淨熾盛如意寶印心無能勝大明王大隨求陀羅尼經、不空譯、二卷、隨求卽得大自在陀羅尼神呪經、寶思惟譯、一卷、大隨求卽得大陀羅尼明王懺悔法、一卷、失譯、大隨求八印、宗叡傳、一卷。

【隨求如意經】（經名）消除一切閃電障難隨求如意陀羅尼經之略名。

【隨求陀羅尼】（經名）隨求者隨衆生之求願而成就之意、由陀羅尼之効驗而名之者。二本之隨求陀羅尼經說之。破戒比丘逢重病時、有一優婆塞婆羅門、書此神呪、繫病僧之頭、此人命終、雖一旦入於地獄、而依此神呪之功德、自身及諸人悉免地獄之苦、生於忉利天、稱爲先身隨求天子。見不空譯隨求陀羅尼經上。

【隨求陀羅尼經】（經名）與單曰隨求經者同。

【隨求卽得天子】（人名）不空譯之隨求經、謂之先身隨求天子、寶思惟譯之隨求經、謂爲隨求卽得天子。一惡比丘死、雖墮地獄、然以其屍懸隨求卽得大自在陀羅尼之功德、罪障消滅、生忉利天、因名爲隨求卽得天子。見隨求經。

【隨求卽得大自在陀羅尼神呪經】（經名）一卷、唐寶思惟譯。大梵天王請佛乞說呪、佛爲說根本呪一與隨呪六及其功德、並說書寫結壇之法。與不空譯一卷之隨求經同本。隨求卽得大自在以陀羅尼之功德而名之。

【隨形好】（術語）佛身先具幾多大人之相、隨其相一一復有幾許之好形、名之爲相好。因而好爲隨逐於相之形容、故曰隨形好。或單曰好。觀無量壽經曰、「無量壽佛有八萬四千相、一一相各有八萬四千隨形好。」

【隨邪利】（雜名）見隨舍利條。

【隨年錢】（行事）應其人之年數而施與錢財也。聯燈會要亡名尊宿章曰、「昔有施主入寺行衆諸隨年錢。知事云、聖僧前著一分。施主云、聖僧年多少。僧無對。法眼代云、心斯滿處卽知。」

【隨宜】（術語）隨衆生根機之所宜也。法華經方便品曰、「隨宜所說意趣難解」

【隨法行】（術語）聲聞乘見道之聖者而爲利根者。對於隨信行之鈍根而言自思惟法而成行之人也。見隨信行條。

【隨舍利】（雜名）又曰隨邪利、隨舍種。種族名。玄應音義三曰、「隨邪利、或云隨舍利、或云隨舍種、或云栗唱、或云離唱、或作黎昌、皆梵言訛轉也。正言栗呫婆 Licliavi 此云仙施王種。呫音昌葉反。經論或作離車。或作律車、同一也。」

【隨其心淨】（雜語）諸佛各隨其心淨而得淨土也。維摩經佛國品曰、「菩薩欲得淨土、當淨其心。隨其心淨、則佛土淨。」

【隨念分別】（術語）三種分別之一。追念過去之境也。唯存意識之作用耳。

【隨相】（術語）又曰小相。生住異滅、各具一相、謂之隨相。隨於大相之小相也。見有爲條附錄。

【隨相戒】（術語）隨者隨順。相者形相。順如來之教法而具足衣鉢、剃髮乞食而守威儀也。

【隨相論】（書名）二卷、德慧法師造、陳眞諦譯。解四諦十六行相、破外道之我執。

【隨信行】（術語）聲聞乘見道位中有利鈍之二根。利根名隨法行、鈍根名隨信行。以信他之言教隨而修行故也。俱舍論二十三曰、「見道位中聖者有二。一隨信行、二隨法行。由根鈍利別立二名。諸鈍根名隨信行者。諸利根名隨法行者。」

【隨眠】（術語）於小乘有部之宗義、爲煩惱之異名。於大乘唯識之宗義、爲煩惱障所知障種子之名。有部之義、貪瞋等之煩惱、隨逐有情而不離、故曰隨。煩惱之狀體幽微而難了知、猶如睡眠之狀體、故曰眠。又有情隨逐而增昏滯、如睡眠、故曰隨眠。俱舍論光記十九曰、「隨逐有情名隨。行相微細名眠。如人睡眠行相難了。」俱舍頌疏十九曰、「貪等煩惱名曰隨眠。隨逐有情、增昏滯故、名隨眠。」唯識之義、諸惑之種子、隨逐於人、眠伏於阿賴耶識中、故曰隨眠。又諸惑之種子、隨逐於人、益增過失、如人之耽眠而益長眠、故名隨眠。唯識論九曰、「隨逐有情、眠伏藏識、或隨增過、故名隨眠。卽是所知煩惱障種。」

【六隨眠】（名數）俱舍論所說。一貪、二瞋、三慢、四無明、五見、六疑。唯識稱之爲六根本煩惱。見俱舍論十九。

【七隨眠】（名數）俱舍論所說。前貪

之一、分爲欲界之貪與上二界之貪而爲七隨眠。一欲貪隨眠、（欲界之貪也）二瞋隨眠、三有貪隨眠、（上二界之貪）四慢隨眠、五無明隨眠、六見隨眠七疑隨眠見俱舍論十九。

【十隨眠】（名數）開六隨眠中之見爲五見因而爲十隨眠、五見者一有身見、二邊執見三邪見四見取見五戒禁取見見五見條出於俱舍論十九。

【十二隨眠】（名數）於前十隨眠中分貪之一爲欲貪色貪無色貪（卽三界之貪）之三、是爲十二隨眠見衆事分阿毘曇論三。

【九十八隨眠】（名數）前十隨眠分見道所斷與修道所斷之二、其見道所斷之分配屬於三界之四諦而分八十八修道所斷之分配屬於三界而分十、因得九十八之數。

【隨眠無明】（術語）四無明之一。無明煩惱也。無明煩惱、常隨逐衆生、眠伏於第八識中、故名。

【隨逐】（術語）親近而不離也。唐華嚴經一曰、「親近如來。隨逐不捨」觀念法門曰、「隨逐影護。愛樂相見。」

【隨情】（術語）隨他意之異名。隨順於人情也。輔行曰、「隨順物情。名隨他意。亦名隨情」。

【隨喜】（術語）見人之善事、隨之歡喜之心也。法華玄贊十曰。「隨者順從之名。喜者欣悅之稱。身心順從。深生欣悅。」修懺要旨曰、「隨他修善喜他得成。」勝鬘經曰、「爾時世尊。於勝鬘所說攝受正法大精進力。起隨喜心。」又謂隨己所喜。譬如布施。富施金帛。貧施水草。各隨所喜。皆爲布施。按五悔中有隨喜一科、觀行卽五品經之第一爲隨喜品、法華經之隨喜功德品、爲說此隨喜之功德者。又游謁寺院、亦曰隨喜。杜甫詩曰、「時應淸盥、能隨喜給孤園。」

【隨喜品】（經名）法華經所說觀行五品位之第一。見五品條。

【隨喜廻向】（術語）隨喜與廻向也。五悔中之二法。見五悔條。

【隨喜功德品】（經名）法華經卷六第十八品之名。明佛滅後聞法華經而隨喜者之功德廣大者。

【隨順】（術語）信他之教、從他之意也。文句二曰、「供養諸佛者、只是隨順佛語。」

【隨順巧方便】（術語）六種巧方便之一。見六種巧方便條。

【隨惑】（術語）與隨煩惱同。最勝王經一曰、「煩惱隨惑。皆是客塵。法性是主。」

【隨意】（行事）安居竟日所行之作法名。舊譯曰自恣。見自恣條。

【隨意聞法願】（術語）阿彌陀佛四十八願中第四十六願。使極樂之衆生隨意聞妙法之願也。無量壽經上曰、「設我得佛。國中菩薩。隨其志願。所欲聞法自然得聞。若不爾者。不取正覺。」

【隨經律】（術語）於律藏之中、明定慧之法。謂之隨律經、於經藏之中明戒律。謂之隨經律。如涅槃經說五篇七治之戒。戒疏一上曰、「如涅槃經中八穢七治十篇五戒。阿含中七滅六報犯聚等相豈是俗行。故名斯經隨經之律。」又曰、「餘二藏明律相處。皆名衆律。故論云隨經律也。」

【隨煩惱】（術語）又曰隨惑。俱舍論有二義。一名一切之煩惱以一切之煩惱皆隨逐於心、爲惱亂之事也。二對於六隨眠之根本煩惱而名其餘之煩惱爲隨煩惱。又對於根本而名爲枝末惑。七十五法中除六大煩惱無明之一。五大煩惱及大不善之二、小煩惱之十。不定中之不善睡眠與惡作等十九法是也。俱舍論二十一曰、「此諸煩惱亦名隨煩惱。以皆隨心爲惱亂事。故復有此餘異諸煩惱。染汚心所行蘊所攝。隨煩惱起。故亦名隨煩惱。不名煩惱。非根本故。」於大乘百法中對於六大惑（同六隨眠）之根本煩惱而名其餘二十爲隨煩惱。忿、恨、惱、覆、誑、諂、憍、害、嫉、慳之十、爲小隨惑。無慚、無愧之二、爲中隨惑。不信、懈怠、放逸、惛沈、掉舉、失念、不正知、散亂之八、爲大隨惑。此三種二十之煩惱、盡隨他之根本煩惱而起。故名隨煩惱。唯識論六曰、「唯是煩惱分別差別等流性。故名隨煩惱。」

【隨義轉用】（雜語）又作隨宜轉用。止觀私記七曰、「隨義轉用」補忘記中曰、「隨宜轉用」義宜相通。言一法門隨義之宜而轉用於他也。如詩之斷章取義。

【隨緣】（術語）外界之事物來、與自體以感觸。謂之緣。應其緣而自體動作。謂之隨緣。如水應風之緣而起波。眞如之於諸法、佛陀之於敎化、皆然。最勝王經五曰、「隨緣所在覺群迷。」又隨其機緣。不加勉强也。齊書陸法和傳曰、文宣賜法和奴婢二百人。法和盡免之。曰各隨緣去。

【隨緣行】（術語）行四種之一。見二入條。

【隨緣假】（術語）四假之一。應緣說假者之假也。如三乘敎是也。

【隨緣化物】（術語）隨緣敎化衆生也。

【隨緣不變】（術語）有隨緣動作之不變之意。眞如者其體雖爲不變。然觸緣則生起萬有。故曰隨緣不變。見次項。

【隨緣眞如】（術語）如法相三論於權大乘立眞如凝然不作所法。謂萬物之本體眞實如常。不變不動。此不變不動之眞如爲所依。而因緣之事相安立也。然則眞如爲體。萬物爲相。體與相雖所依畢竟不離。然彼此本來各別、如合木與石也。如華嚴天台、爲實大乘。於眞如立二相、一爲不變眞如。二爲隨緣眞如。不變眞如之邊。雖如彼權大乘所言、然謂眞如不止於不變之一邊。更有隨緣之用、應外來之緣、而現森羅萬象、猶如不變之水、依外緣之風而起千波萬波也。其所起之波、猶不失水之性、森羅萬象之事相、猶無變不變之眞如性者、故萬法卽眞如。眞如卽萬法也。蓋眞如有隨緣之德、故眞如卽萬法也。而眞如又具不變之性、故萬法卽眞如也。起信論曰、「依一心法有二種門。云何爲二。一者心眞如門。二者心生滅門。」同義記中本曰、「一如來藏心含於二義。一約體絕相義。卽眞如門也。(中略)二隨緣起滅義。卽生滅門也。」金錍論曰、「應知萬法是眞如。由不變故。眞如是萬法。由隨緣故。」

【隨緣眞如之波】(術語)不變眞如比水、隨緣眞如較波。此波有二根本無明爲緣、攪亂平等一味之性海、而作善惡之業、感苦樂之果、昇沈六道者、凡夫自身隨緣眞如之波也。又吹於大悲之風、現種種之境化種種之身、布種種之敎者、佛菩薩爲他隨緣眞如之波也。

【隨機】(術語)謂佛之設敎、一隨衆生之機也。最勝王經二曰、「隨機說法利衆生。」瑜伽釋曰、「諸經論就相隨機種種異說。」戒疏一上曰、「適化無方隨機隱顯。」

【隨機散說】(術語)謂佛應衆生之機類、於諸處爲相異之說法也。特就戒律之說相而言。

【隨機曼荼羅】(術語)現圖曼荼羅之異名。以是爲善無畏三藏應末世之機而感得者故也。見曼荼羅大鈔一。

【隨轉】(術語)隨轉理門之略。

【隨轉門】(術語)隨轉理門之略。

【隨轉理門】(術語)法相宗之用語、隨佛菩薩之本意而明其實義、謂之眞實理門。隨轉他之機情而爲方便之說、謂之隨轉理門。以此二門會諸乘中之相違也。唯識樞要上本曰、「開隨轉眞實理門。令知二藏三藏等不相違故。」唯識論五曰、「然有經中說六識者。當知彼是隨轉理門。」同述記曰、「隨轉理門依小根器故。」菩提心義一曰、「古法相師用二種門。一隨轉理門。二眞實理門。」大日經疏四曰、「是隨轉一門。非其具體。」

【隨轉宣說法經】(經名)見次項。

【隨轉宣說諸法經】(經名)具名佛說大乘隨轉宣說諸法經。三卷。趙宋紹德等譯。諸法無行經之異譯。

【隨類】(術語)佛菩薩隨衆生之類而現形垂敎也。

【隨類不定】(術語)佛濟度衆生、應其機類而現諸種之身、滿虛空身丈六身等不定。

【隨類應同】(術語) 佛隨衆生之機類而施叶於其根性之教化也。

【隨藍】(地名) 風名。譯曰迅猛。見毘嵐條。

【隨難別解】(術語) 釋經論、隨其中之難義而別別解釋也。對於所謂總釋大意而言。

【隨願往生經】(經名) 具名佛說灌頂隨願往生十方淨土經、別名普廣菩薩經、東晉帛尸梨蜜多羅譯。佛說灌頂經之第十一卷是也。

【隨願藥師經】(經名) 藥師經之異名。准於隨願往生經而冠隨願二字。隨願成就之義也。有數譯。見藥師經條。

【隨釋】(術語) 隨本文而解釋難義。義例隨釋也。

【隨護斷】(術語) 四正斷之一。見四正斷條。

【燃燈佛】(佛名) 見然燈佛條。然燃通。

【熾盛法】(修法) 熾盛光佛頂法之略稱。

【熾盛光】(雜語) 熾盛光佛頂法也。又熾盛光如來也。

【熾盛光法】(修法) 熾盛光佛頂法之略稱。

【熾盛光如來】(佛名) 佛頂尊之名也。見次項。

【熾盛光佛頂法】(修法) 略曰熾盛光法。熾盛光者金輪佛頂尊之別名。佛身之毛孔、放熾盛之光明。故名熾盛光如來。其本體為金輪佛頂。故曰熾盛光佛頂如來。其修法曰熾盛光佛頂法。其道場觀曰、「前地結上金剛墻內有大海。海中有寶山。山上有寶師子座。座上有寶蓮華。華上有寶樓閣。閣內有無量莊嚴周匝懸列。閣內有大曼荼羅。(中略) 本尊位上有[illegible]字。字變成金輪。輪變成本尊。毛孔飛光散首冠五佛相。二手如釋迦。本尊放光照諸尊座位」(百二十尊法) 不空譯熾盛光大威德消災吉祥陀羅尼經一卷、唐代失譯大威德金輪佛頂熾盛光如來消除一切災難陀羅尼經一卷。不空譯之經曰、「若有國王及諸大臣所居之處及諸國界。或五星所陵逼。(中略) 作諸障難者。於清淨處置立道場念此陀羅尼。一切災難皆悉消滅。」

【熾盛光道場念誦儀】(書名) 一卷、宋遵式撰。記熾盛光佛頂法之壇場及念誦之法。

【熾盛光大威德消災吉祥陀羅尼經】(經名) 一卷。唐不空釋。說熾盛光之陀羅尼及其功德。

【積功】(雜語) 積累功德也。法華經

提婆品曰、「難行苦行。積功累德。」

【積累】（雜語）積聚功德善根也。無量壽經下曰、「精明求願積累善本。」

【積聚】（術語）心六義之一。見心條。

【積聚心】（術語）見六十心條。

【積聚精要心】（術語）四種心之一。見心條。

【稽首】（術語）梵語曰伴談 Vandana 或曰伴題。Vandi 譯曰稽首。下頭至地也。義林章四本曰、「若云伴談。或云伴題。此云稽首。訛名和南」行宗記一上曰、「頭至地為稽首」。

【縛】（術語）煩惱之異名。煩惱能繫縛人。不使得自在。故曰縛。大乘義章五本曰、「羈繫行人。故曰為縛」。梵語雜名曰、「縛滿馱。又縛訶」。

【二縛】（名數）一相應縛。諸煩惱縛彼同時之心心所法。使於所緣不得自在也。二所緣縛。惑緣境有毒之勢力、縛此所緣使不得自在也。見俱舍光記一。

【三縛】（名數）貪瞋痴之三者。俱舍論二十一曰、「縛有三種。一貪縛謂一切貪。二瞋縛謂一切瞋。三痴縛謂一切痴。何緣唯說此三為縛。由隨三受說縛有三。謂於樂受貪縛隨增。所緣相應俱隨增故。於苦受瞋。於捨受痴。應知亦爾」。

【五縛】（名數）於相應所緣二縛之中。更開所緣為四縛。合於相應縛而為五縛。四縛者、一同部同品縛。二同部異品縛。三異部同品縛。四異部異品縛。部謂四諦修道之五部。品謂貪瞋等之各種。見俱舍光記一。

【縛曰羅】（物名）Vajra 又作嚩日囉、跋曰羅、嚩曰囉、跋折羅、跋闍羅、波闍羅、伐闍羅、髮闍羅、伐折羅、跋折多、（斫迦羅）譯曰金剛、金剛杵。陀羅尼集經二曰、「跋折囉。唐云金剛杵」。大日經疏一曰、「伐折羅即金剛杵。」孔雀王咒經上曰、「髮闍羅夜夜」賢愚經二曰、「波闍羅女晉云金剛」。西域記九曰、「伐闍羅王子唐言金剛」。開元錄九金剛智傳曰、「縛曰羅」宋僧傳一不空金剛傳曰、「跋折多」。大日經疏八注曰、「嚩馹囉」。金剛經天台疏曰、「西云跋闍羅。亦云斫伽羅。此翻金剛」。金剛經纂要曰、「金剛者梵云跋折羅。力士所執之杵。是此之寶也。金中最剛。故名金剛」。原為印度之武器。如三股鎗。寶也者。天授武器之意。金中最剛之解為最適。天台疏謂斫迦羅者為金剛輪寶杵者。其制略異。至後為諸魔降伏碎破障礙之象徵而用之。曰字日字通用。

【縛曰羅吽】（菩薩）Vajra hūm 胎藏界持明院五大尊中之第二尊。金剛名曰縛曰羅吽。金剛。密號曰勝三世金剛。秘藏記末曰、「縛曰羅吽。金剛。黑色。四面八臂。面上三目。頭有火焰。鬘極忿怒之相。左右二手作契印。左手取鉾。次手弓。次手索。右手持三鈷鈴。次手劍。幷在熾盛火炎中坐白蓮華。五大皆白色也。」

【縛曰羅胃地】（人名）見跋曰羅菩提條。

【縛尼】（雜語）見飯那條。

【縛利沙鍵拏】（流派）見跋利沙鍵拏條。

【縛底】（雜語）Patni 譯曰女。性靈集八曰、「心似四波之縛底」同便蒙曰「四波四波羅蜜菩薩。縛底女梵語也。亦云波帝。此云夫主。秘藏記曰四波羅蜜爲定。定門爲女」

【縛定印】（印相）金剛部之入定印也。見定印條。

【縛始迦魯拏】（雜名）四種檀法之一。敬愛法也。見嚩施迦羅拏條。

【縛迦】（雜語）又作薄迦。譯曰章。又曰言。俱舍光記五曰、「梵云縛迦。唐言章。詮義究。是如說諸行無常等章。」義林章一本曰、「梵云縛迦。此云言也」寄歸傳四曰、「薄迦論。頌有七百。釋有七千。亦是伐檄呵利所造。敘聖教量及比量義。」與跋渠同梵 Vakya

【縛臾】（天名）見婆瘦條。

【縛臾方】（雜語）Vāya 西北方也。慧琳音義三十曰、「縛臾唐云風。卽西北方是也」大日經疏五曰「西南涅哩底西北爲嚩庾」

【縛芻】（地名）Vakṣu Vaṅkṣu 又作婆輸。婆叉。婆槎。薄叉。博叉。闍浮提四大河之一也。出自阿耨達池之西面。入於西北海云。西域記一曰、「池西面瑠璃馬口流出縛芻河。（舊曰博叉河訛也）繞池一匝入西北海。」玄應音義二十四曰、「縛芻河。舊言博叉河。或作薄叉。又亦云婆叉河。又言嚩叉河。皆一也。此云靑河。」

【縛馬答】（雜語）順環答、不得要領之喻也。俱舍論八曰、「今此所言問縛馬答。猶如有問縛馬者誰。答言馬主。卽彼復問馬主是誰。答言縛者。如是二答皆不分解」俱舍光記八曰、「外道殺馬祀天。縛馬著杜。有人問言縛馬者誰。答言馬主。馬主是誰。答言縛者。如是二答皆不分解。不知何人姓名。」

【縛脫】（術語）縛者受煩惱之繫縛也。脫者解脫之也。楞嚴經五曰、「根塵同源。縛脫無二」

【縛野吠】（人名）Vāyave 風神名、（與格）以初之縛字爲眞言之體。嚩者縛之義。以入於阿字門而本來無縛。以無縛故。卽爲眞解脫。眞解脫卽是如來。又是乘之義。又是一種之風天乘。末後之吠字是無言三昧。亦是畢竟空之義。此解脫之風乘於畢竟空中旋轉無礙。是故往返迅速。能普度衆生也。

見大日經義釋七。參照婆瘦條。

【縛斯仙】（天名）Vasiṣṭha 又曰婆藪。在胎藏界外金剛部東方六火天之一。爲赤肉色仙形。右持蓮華。竪左膝座於筵。右有天后。又有住於虛空藏院者。爲肉色苦行仙人形。右手如彈子形。右手持仙杖而立。

【縛魄鬼】（雜名）十王經所說鬼之名。

【縛摩路迦也底迦】（流派）Vāma-lokāyatika 又曰逆路迦耶。左順世外道也。見逆路迦耶陀條。

【縛薩怛羅】（雜名）Vastra 又作婆參。譯曰衣。瑜伽倫記六下曰、「婆參此云衣。」梵語雜名曰「衣婆薩壓」

【縛羅】（雜語）Bala 譯曰毛。名義集二曰「應法師云梵語縛羅。此云毛。婆羅此云愚。」

【縒縻野】（雜語）Samaya 慧琳音義三十九曰、「縒縻野古云三昧耶。」

【諸天】（界名）欲界有六天、謂之六欲天。色界之四禪有十八天。無色界之四處有四天。其他有日天月天韋䭾天等諸種天神。即諸天部也。

【諸天傳】（書名）二卷、宋行霆撰。爲修天供。記大梵天等之傳、且定道場之列次。

【諸天五苦經】（經名）五苦章句經之異名。

【諸仙】（雜語）稱婆羅門淨行者。法華經序品曰、「最後天中天號曰然燈佛。諸仙之導師。」

【諸行】（術語）行者遷流之義、謂生自因緣遷流三世之有爲法也。其法數多、故曰諸行。中論觀行品曰「諸行名五蘊。」法華玄義十曰「諸行是因緣生法。」

【諸行依果】（術語）見十種依果條。

【諸行無常】（術語）萬物常變轉之意。涅槃經十四曰、「諸行無常。是生滅法。生滅滅已。寂滅爲樂。」此名諸行無常偈、亦曰雪山偈。此一偈爲總佛法之大綱、各依其宗義、所釋不同。今明通途之一義、則諸三世遷流之有爲法、名爲諸行。諸行爲無常、是生滅之法、此生滅之法、是苦。此半偈是流轉門。滅此生與滅已、無生無滅爲寂滅。寂滅即涅槃、是樂。爲樂者非言受涅槃樂、謂對於有爲之苦而寂滅爲樂耳。此半偈是還滅門。諸行無常 Aniccā vata saṅkhārā 是生滅法 Uppādavayadhammo 生滅滅已 Uppajjitvā nirujjhanti 寂滅爲樂 Tesaṁ rūpasamo sukho

【諸行無常印】（術語）三法印之一。

【諸行有爲經】（經名）一卷。宋法天譯。佛在給孤獨園說一切行之遷流乃至佛亦不免捨此身。

【諸有】（術語）衆生之果報、有因有

果、故謂之有。有三有四有、七有九有、二十五有等之別、故總謂之諸有。法華經序品曰「盡諸有結。心得自在」仁王經中曰「永無分段超諸有」大乘義章八曰、「生死果報。是有不無。故名爲有」

【諸有海】（術語）三有乃至二十五有、爲凡夫浮沈之生死海、故曰諸有海。敎行信證信卷曰「迴於諸有海」。

【諸色】（雜名）種種之事物也。敕修淸規月令須知曰、「歲終結呈諸色簿書」。

【諸因宿作宗】（流派）外道十六宗之一。謂現世所受之果報由於過去之宿因、故於現在精進、則滅舊業、於未來不受惡果云。亦曰無慙外道。義林章一曰、「諸因宿作宗。謂離繫親子。亦云無慙外道。謂現所受苦皆宿作爲因。若現精進。便吐舊業。由不作因之所害。故如是於後不復有漏」。

【諸佛家】（雜語）淨土也。觀無量壽經曰、「觀世音菩薩。大勢至菩薩。爲其勝友。當坐道場生諸佛家」散善義曰、「卽入諸佛之家。卽淨土是也」

【諸佛頂】（菩薩）三佛頂五佛頂等之佛頂尊也。見佛頂尊條。

【諸佛經】（經名）一卷、宋施護譯。說過去出世之諸佛。

【諸佛十樂】（名數）見十樂條附錄。

【諸佛心經】（經名）諸佛心陀羅尼經之略名。

【諸佛菩提】（術語）三菩提之一。見菩提條。

【諸佛心印經】（經名）諸佛心印陀羅尼經之畧名。又諸佛心陀羅尼經之異名。

【諸佛法身經】（經名）如來智印經之異名。

【諸佛稱揚願】（術語）法藏比丘四十八願中之第十七。

【諸佛稱讚益】（術語）見現生十種益條。

【諸佛母菩薩】（菩薩）虛空眼之異名。

【諸佛咨嗟願】（術語）彌陀四十八願中十七願。無量壽經上曰、「設我得佛。十方世界無量諸佛。不悉咨嗟稱我名者。不取正覺」

【諸佛護念益】（術語）現生十種益之一。言念彌陀者爲十方諸佛所護念也。

【諸佛要集經】（經名）二卷、西晉竺法護譯。佛遊奈叢樹間、於石室中晏坐三月、變身至東方普光世界天王佛處、與諸佛說要集之法。乃至說文殊竭其神力不能起離意女之入定事。

【諸佛現前三昧】（術語）見十方世界諸佛現顯自己前說法之三昧。

【諸佛心陀羅尼經】（經名）一卷、唐

玄奘譯與諸佛心印陀羅尼經同。

【諸佛心印陀羅尼經】（經名）一卷、宋法天譯佛在兜率天說二咒、聞者不生魔界、速證菩提。

【諸佛供養經】（經名）頻婆沙羅王諸佛供養經之略稱。

【諸佛集會陀羅尼經】（經名）一卷、唐提雲般若譯佛在恒伽河邊、爲衆生怖死、集十方佛同聲說呪、次說壇法。

【諸佛法普入方便慧分別焰明持經】（經名）須眞天子經之異名。

【諸見】（術語）諸邪見也。總有六十二見。無量壽經曰「摑裂邪網、消滅諸見」。維摩經弟子品曰「於諸見不動」。註曰、「肇曰諸見者六十二諸妄見也。生曰諸見者邪見也」。

【諸見法界】（術語）見法界條附錄觀門十法界條。

【諸法】（術語）與萬法同。

【諸法皆空】（術語）是三諦中之空諦也。一切諸法、爲因緣生故無有實性、無實性謂之空。是般若經之所明也。然依法相權宗之意則遍計性爲非有、依他性爲但有、圓成實性爲實有、故非一切皆空、若依華天之實宗則圓成卽依他遍計、故空諦者諸法皆空也。

【諸法無我】（術語）三法印之一。

【諸法無相】（術語）謂諸法爲因緣假和合、無一定之相也。

【諸法實相】（術語）是名究極之眞理之嘉名也。或曰眞如、或曰法性、或曰實際。皆同體異名也。雖然、諸宗自有常用之語、華嚴約於中諦、頻唱法界、天台約於性具之妙有、盛鳴諸法實相。所以然者、以空中之眞諦、爲諸宗之通談、妙有之俗諦、獨限於台家故也。故言具一字彌顯今宗。諸法實相者、諸法爲十界因果之法、天台約之於三世間十界十如、所謂爲三千。諸法實相者、言離本來虛妄之相而相相皆實也。其諸法之實相、法華經方便品解之曰、「是法住法位、世間相常住」。是法爲三千之諸法、法位爲三諦圓融之法位。抑世間之法、視爲生滅無常者、爲見空諦一邊之小乘偏見、其無常之處、具不變之性、是爲假諦。譬如花之落、空諦也。而具開於落處之性、是假諦也。更案具開於落處之性者、並具落於開處之性、此二相卽爲不二、則是中諦也。此中諦謂之中道實相。此中道實相一切諸法之相也。故天台止觀謂之一色一香無非中道。然則花雖落而具此中道實相、柳雖枯而亦有此中道之實相。實相爲常住之異名、故爲中道實相、散也枯也、皆常住也。是卽諸法之實相也。然吾等牛羊之眼、迷執諸法爲實我實法（是凡夫之見）、不能見無常生滅之世相（是二乘之見）者、如何能徹見中道實相之妙理乎。非除無明、開佛慧、則不能也。故法華經方便品曰「唯佛與佛乃能究盡諸法實相」智度論五曰、「除諸法實相餘殘一切法悉名為魔」。同十曰、「三世諸佛皆以諸法實相為師」。同十七曰、「諸菩薩從初發心求一切種智於其中間知諸法實相慧是般若波羅蜜」。然此諸法實相之語、瀰滿諸經乃至外道之經書亦說之、各以其義解之。或以諸法皆空為諸法實相、或以涅槃為諸法實相、或以苦空無常無我為諸法實相、又淨土門以彌陀之名號為諸法實相、眞言宗以阿字不生為諸法實相、華嚴宗以一眞法界為諸法實相、法相宗以圓成實性為諸法實相、三論宗以八不中道為諸法實相、成實宗以皆空為諸法實相、有部宗以苦空無常無我為諸法實相。今所明者乃天台一家之諸法實相也。智度論十八曰、「一切世間經書及九十六種出家經中。皆說有諸法實相。又聲聞三藏中亦有諸法實相」。又曰「問曰云何是諸法實相。答曰。衆人各說諸法實相以自為是。此中實相不可破壞常住不異」。同七十九曰、「諸法實相有種種名字。或說空或說畢竟空或說般若波羅蜜或名阿耨多羅三藐三菩提」。維摩經法供養品曰、「依於諸法實相明定無常苦空無我寂滅之法」。思益經二曰、「諸法實相即是涅槃」。佛藏經上曰「何等名諸法實相所謂諸法畢竟空無所有」

【諸法實相異名】（雜語）諸法實相、有種種之語。智度論三十三曰、「如法性實際。此三皆是諸法實相異名」。大乘玄論三曰「大聖隨緣善巧於諸經中說名不同。故於涅槃經中名為佛性。則於華嚴名為法界。於勝鬘中名為如來藏自性清淨心。楞伽名為八識。首楞嚴經名首楞嚴三昧。法華名為一道、一乘。大品名為般若法性。維摩名為無住、實際。如是等名皆是佛性之異名也。」日本慧心之自行略記曰、「此一實理名大菩提。亦名大涅槃。亦名畢竟空。亦名如來藏。亦名中道。亦名法身。亦名法性。亦名眞如。亦名眞諦。亦名第一義諦。雖有如是種種異名。但實相一理」。

【諸法無因宗】（流派）外道十六宗之一。主張我及世間無因而起之無因外道也。

【諸法無我印】（術語）見三法印條。

【諸法無行經】（經名）二卷、秦羅什譯。說諸法實相無善惡之行。

【諸法皆常宗】（流派）外道十六宗之一。亦曰伊師迦 Īśika 外道。主張我及世間之常住。義林章一曰、「諸法皆常宗、謂伊師迦計我及世間皆是常住、即計全常一分常等計極微常亦是此攝」。

【諸法因緣生】（術語）見法身偈條。

【諸法但名宗】（術語）華嚴十宗之一。見宗條。

【諸法從緣生】（術語）見法身偈條。

【諸法寂滅相】（術語）諸法之實相、爲言語道斷心行處滅故謂之寂滅法華經方便品曰「諸法寂滅相不可以言宣。」又曰、「諸法從本來常示寂滅相。」

【諸法相卽自在門】（術語）十玄門之第四。

【諸宗】（術語）八宗九宗等多數之宗派也見宗派條。

【諸受】（術語）苦樂捨等之三受五受也見受條。

【諸波羅蜜】（術語）布施持戒等之六波羅蜜十波羅蜜也見波羅蜜條。

【諸波羅蜜依果】（術語）見十種依果條。

【諸相】（術語）諸差別之形相事物也。維摩經弟子品曰、「法常寂然滅諸相故。」

【諸冥】（術語）諸無知無明也無知無明冥眞實之義故曰冥俱舍論一曰、「以諸無知能覆實義及障眞見故說爲冥。」

【諸根】（術語）信勤念定慧之五根、其他一切之善根也。無量壽經曰、「諸根智慧」慧遠疏曰、「信勤念等名爲諸根若通論之一切善法悉名諸根。如涅槃說」又眼耳鼻舌身之五根也。無量壽經上曰、「諸根悅豫」慧遠疏曰、「眼等五根同現喜相。」

【諸根具足願】（術語）彌陀四十八願之第四十一願也願念佛行者由於佛之功德而諸根具足也。

【諸欲】（術語）色等之五欲也。法華經方便品曰、「以諸欲因緣墜墮三惡道。」

【諸欲致患經】（經名）一卷西晉竺法護譯。

【諸執】（術語）七曜及羅睺計都之九執也。大日經疏四曰、「諸執者執有九種。卽是日月火水木金土七曜及與羅睺計都都合爲九執。」

【諸通】（術語）諸種之神通也。有五通六通等。無量壽經上曰「諸通明慧」慧遠疏一曰、「諸通六通也。」見通條。

【諸部要目】（書名）陀羅尼門諸部要目之略名。

【諸尊】（術語）眞言曼陀羅界之諸聖衆也。

【諸尊別行護摩秘法】（修法）眞言之護摩法有諸尊合行與諸尊別行之二、別行者於諸尊各各修護摩供也。

【諸閑不閑】（術語）閑者安也。於人天趣中無障難者謂之諸閑墮於難處者謂之不閑。無量壽經上曰、「濟諸劇難諸閑不閑。」義寂疏曰、「人天趣中非難處者名爲諸閑以容能起諸聖道故墮難處者名爲不閑以無容起諸聖道故。」

【諸惡莫作】（術語）諸惡莫作。諸善奉行。自淨其意。是諸佛敎。此一四句偈總括一切佛敎。佛敎之廣海。攝盡於此一偈。大小乘八萬之法藏。自此一偈流出也。增一阿含一曰、「時大迦葉問阿難曰。增一阿含乃能出三十七道品之敎。及諸法皆由此生。阿難報言如是如是。(中略)增一阿含一偈之中。便出三十七品及諸法。迦葉問言。何等偈中出生三十七品及諸法。時尊者阿難便說是偈。諸惡莫作。諸善奉行。自淨其意。是諸佛敎。」北本涅槃經十四曰、「何等名爲伽陀經。除修多羅及諸戒律。其餘有說四句之偈。所謂諸惡莫作。諸善奉行。自淨其意。是諸佛敎。」智度論十八曰、「隨相門者。如佛說偈。諸惡莫作。諸善奉行。自淨其意。是諸佛敎。」法華玄義四之一曰、「戒經云。諸惡莫作。諸善奉行。自淨其意。是諸佛敎。諸惡即七支過罪。輕重非違。五部律明其相。如是等戒所防止。諸善者。善三業若散若靜。前後方便。支林功德。悉是清昇。故稱爲善。自淨其意者。即是破諸邪倒。了知世間出世間因果正助法門。能消除心垢。淨諸瑕穢。豈過於慧。佛法曠海。此三攝盡。」釋氏要覽上曰、「阿難云。諸惡莫作。衆善奉行。自淨其意。是諸佛敎。」世謂之七佛通戒偈。其義雖爲通誡。然七佛各各有禁戒偈。此四句偈爲第六佛迦葉如來之偈也。增一阿含經四十四曰、「於此賢劫中有佛名爲迦葉如來。壽二萬歲。二十年中恒以一偈以爲禁戒。一切惡莫作。當奉行其善。自淨其志意。是則諸佛敎。」

【諸善萬行】（術語）所有之善行也。

【諸經要集】（書名）二十卷。唐道世集。自大藏中摘集其要義。

【諸著】（術語）著者執著也。凡夫執著於生死。二乘執著於涅槃。菩薩執著於所證之法。統之曰諸著。法華經方便品曰、「廣演言敎。無數方便。引導衆生。令離諸著。」

【諸漏】（術語）漏者。煩惱之異名也。諸煩惱也。總攝三界之諸煩惱。爲三漏。法華經方便品曰、「諸漏已盡。復無煩惱。」見漏條。

【諸塵】（術語）色聲香味觸之五塵也。此五法汚眞性。故名塵。普賢觀經曰、「以著色故。愛諸塵。」

【諸福田經】（經名）諸德福田經之略名。

【諸數】（術語）數者法數也。有爲之諸法有種種差別之數。故名諸數。維摩經弟子品曰、「佛身無爲。不墮諸數。」

【諸敎決定名義論】（書名）一卷。宋施護譯。明一切敎中諸根本字之如實義。唵字爲最上首。及吽字阿字等。即三身。

【諸趣】（術語）人天等之五趣六趣

也。楞伽經四曰、「讀生死海諸趣曠野。如汲井輪」見趣條。

【諸德福田經】（經名）一卷、西晉法立譯。帝釋問良田、佛答以五德淨名為福田。即沙彌之五德也。又名七法之廣施為福田。建立佛圖等也。

【諸緣】（術語）色香等百般之世相、總為我心識之所攀緣者。據大乘之實義、則諸緣皆心識之所變也。首楞嚴經一曰、「汝今識精元明、能生諸緣、緣所遺者」

【諸蔽】（術語）見六蔽條。

【諸龍衆】（異類）八部衆之一。

【諸藏純雜具德門】（術語）十玄門之一。見玄門條。

【諸寶行樹】（雜名）出種種之寶之並樹也。在於極樂。阿彌陀經曰、「彼佛國土。微風吹動諸寶行樹及寶羅網、出微妙音。譬如百千種樂同時俱作。聞是音者皆自然生念佛念法念僧之心。」

【諸蘊】（術語）色受等之五蘊也。見五蘊條。

【諷供】（儀式）諷經供僧也。

【諷頌】（儀式）梵語伽陀、一譯諷頌。是以諷詠讚深妙義理、頌三寶功德之言句也。名義集四曰、「伽陀、亦曰諷頌」俱舍光記十八曰、「言諷頌者、謂以勝妙緝句言詞而為讚詠。或二三四五六句等。」

【諷經】（儀式）調音聲而諷誦經文也。原為婆羅門之法。佛亦於比丘許之。即梵唄是也。能之者稱為經師。梁僧傳設經師一科。

【六諷經】（名數）每月有兩回六度之諷經也。初二日為土地堂、初三日為祖師堂、初四日為火德神、初五日為韋天將軍、初六日為普菴禪師、初七日為鎮守堂。自十六日至二十一日、亦如上之次第。是皆為報其恩也。雖為此方禪林通規、然不知為何人創制。見象器箋十三。

【每日三時諷經】（儀式）即三時之勤行也。粥罷與齋罷與放參罷之三時、上佛殿諷經。是為祈天下太平檀信安穩也。

【日中諷經】（儀式）即三時諷經之日中也。

【半齋諷經】（儀式）早粥已過、午齋未及、在其中間諷經、謂之半齋諷經。

【臨齋諷經】（儀式）臨午齋時諷經也。祖師之諷經、行於半齋、為亡者諷經、於臨齋行之。

【結緣諷經】（儀式）開山忌及歷代之祖忌、鄉人或江湖僧來舉經咒、謂之結緣諷經。今時僧俗之葬式、他僧參加稱為諷經者、就結緣諷經而言也。

【諷誦】（儀式）揚誦經文、或偈頌、謂之諷誦。無量壽經上曰、「受讀經法、諷誦持說」因請諷誦文略曰諷誦。所謂諷誦願文等是也。

【諷誦文】（雜名）請諷誦文也。爲追薦亡者於三寶供施物、請僧誦經之文書也。首題請諷誦事次揭供養物文中書其志願。法會之導師讀之。

【諸們罕】（職位）大喇嘛之名號。即法王之義位次呼圖克圖。蒙藏青海皆有之。

【諸健那】（神名）Niragrapha 又作荼健那、諾伽那。梵音 Nagna 譯曰露身裸形、有大力好戰即大力神也。玄應音義二十五曰「諸健那謂露身大力神名也」俱舍頌疏世品四曰、「諸健那此云露形神」同智品二曰、「十凡象力當一香象力二十香象力當一摩訶諸健那力」

【諸距羅】（羅漢）尊者名、十六羅漢之一。

【諸瞿陀】（植物）Nyagrodha 樹名。玄應音義二十二曰、「諸瞿陀。舊經中作尼拘陀或作尼俱廬陀。亦作尼俱律又作尼俱類皆訛也。舊譯云無節或言縱橫也。」慧琳音義四曰、「諸瞿陀梵語樹名也或云尼俱陀此樹端正傭直圓滿可愛此國無有云柳者非也」見尼拘陀條。

【諫王經】（經名）佛說諫王經一卷、宋沮渠京聲譯佛對國王不離先尼教誡切諫治世之要者。言言適實、百王之洪範。

【諦】（術語）眞實不虛之義言眞實之道理不虛妄也。如俗事虛妄之道理、名爲俗諦、涅槃寂靜之道理、名爲眞諦。見此諦理者爲聖者不然爲凡夫。大日經疏八曰、「諦者即是如來眞實句」義林章二末曰、「諦者實義有如實有無如實無有無不虛名之爲諦」又曰「事如實事理如實理事理不謬名之爲諦」二諦義上曰、「諦是實義有於凡實空於聖實是二皆實」

【二諦】（名數）一眞諦、眞理上之實義又聖者所見之實義也。二俗諦、俗事上之實義又凡夫所知之實義也。

【三諦】（名數）一空諦、謂因緣生之事物體性實空無之道理也。二假諦、言體性雖空而假相實存在之道理也。三中諦、言空假二性不二一如之道理也。天台所立。又見三字部三諦條。

【四諦】（名數）見四字部四諦條。

【八諦】（名數）法相宗於世俗諦開四重於勝義諦立四重、世俗勝義合爲八諦。瑜伽論六十四明兩種之四諦唯識論九說勝義之四諦。世俗之四諦者一世間世俗諦、又名有名無實諦瓶衣軍林等之假法也。是爲隱覆眞理世俗之法故曰世間。爲凡法之認爲實有者故曰世俗。二道理世俗諦、又名隨事差別諦、五蘊十二處十八界等種種差別之法門也。一一法門順於道理、故曰道理。

事相差別易見、故名世俗。三證得世俗諦、又名方便安立諦。以佛之方便安立知斷證修之苦等四諦也。是爲行人證悟之法、故曰證得。因果之相狀分明可知、故名世俗。四勝義世俗諦、又名假名非安立諦。二空眞如也。（空我而得之眞如、空法而得之法空眞如也、）是離諸相（非安立之義）而爲聖智所覺、故云勝義、尙以假相安立、體非離言（假名之義）故名世俗。勝義之四諦者、一世間勝義、又名體用顯現諦、卽第二俗三科等之法也。事相麤顯、猶可破壞、故曰世間、爲聖者所知、異於第一之俗、故名勝義。二道理勝義、又名因果差別諦、卽第三俗苦等之四諦也。知斷證修因果之差別、謂之道理、無漏智之境界、異於前第二俗、故名勝義。三證得勝義諦、又名依門顯實諦、卽第四俗之二空眞如也。依聖智詮空門觀、而顯理、故曰證得、凡愚不測、勝於前第三俗、故名勝義。四勝義勝義諦、又名廢詮談旨。卽一眞法界也。妙體離言、超法相、故曰勝義。爲聖智之內智、勝於前第四俗、故復曰勝義。見義林章二末。

【諦殊羅施】（術語）Tejorāśi 譯曰火聚頂。五佛頂之第四。大日經疏五曰、「諦殊羅施、譯云火聚頂。」

【諦婆達兜】（人名）與提婆達多同。見提婆達多條。

【諦善巧】（術語）見十善巧條。

【諦察法忍】（術語）三忍之一。見忍條。

【諦觀】（人名）高麗國沙門。吳越王錢俶發幣使於高麗、求天台之敎乘、彼國使諦觀齎之、且誡曰、於中國求師問難、若不能答、則奪敎文而回。師既至、聞螺溪義寂善於講授、往參謁之、一見心服、遂禮爲師。嘗以所製四敎儀藏於篋、人無知者。師留螺溪二日坐亡。後人見故篋放光、開而視之、則唯此書而已。由是盛傳諸方。見佛祖統紀十。

【輭賊】（術語）名聞利養、壞道人之功德者。智度論曰、「利養如賊、壞功德本。」智者大師別傳曰、「今乃表諸輭賊毛繩截骨。」

【輸那】（地名）Śuna 國名。譯曰勇猛。見慧苑音義下。

【輸波迦羅】（人名）Śubhākarasiṁha 又作輸婆迦羅。善無畏三藏之梵名也。貞元錄十四曰、「沙門輸波迦羅、具足梵音應云戍婆揭羅僧訶、唐音正翻云淨師子、以義譯之、名善無畏。中印度摩訶陀國人也。」

【輸拘盧那】（人名）Śuklodana 譯曰白飯王。尸休羅王之第二子、淨飯王之弟也。見本行集經五。

【輸婆迦羅】（人名）三藏法師名。見輸波迦羅條。

【輸盧迦波】（雜語）見首盧條。

【輸羅】（地名）國名。見輸那條。

【輸羅印】（印相）輸羅爲勇猛之義。卽戟也。形戟之印相也。演密鈔九曰、「輸羅印者戟也。」梵Śūla

【𨍏轢鑽】（譬喩）廻柄穿穴之錐也。傳燈錄十二睦州章曰、「秦時𨍏轢鑽。」秦代古錐、腐蝕而不爲穿穴之用、以喩鈍漢無入頭之處。

【頭上安頭】（譬喩）喩事之複沓也。傳燈錄曰、「元安示衆曰。今有一事問汝等。若道是。卽頭上安頭。若道不是。卽斬頭求活。」黃庭堅拙軒頌亦有此語。

【頭北面西】（術語）頭北面西、右脇而臥者、如來涅槃之相也。後分涅槃經上曰、「爾時世尊三反入諸禪定。三反示誨衆已。於七寶牀右脇而臥。頭枕北方。足指南方。面向西方。後背東方。（中畧）於其中夜入第四禪。寂然無聲。於是時頃卽般涅槃。」長阿含曰、「爾時世尊入拘尸那城。向本生處娑羅雙樹間。告阿難曰。汝爲如來於雙樹間敷置牀座。使頭北首面向西方。所以然者。吾法流布當久住北方。」婆沙論一百九十一曰、「問。世尊何故令敷設北首臥牀而臥耶。答。欲顯彼國論師法應爾故。謂彼國論師皆敷設北首牀而臥。世尊亦爾。有說。欲顯遠離世所妄執吉祥事故。謂彼國死者乃令牀上北首而臥。佛爲破彼妄吉祥執。是故未般涅槃則令敷設北首牀而臥。有說。欲止拘尸那中諸力士等不淨心故。謂彼國俗皆於北方建立天祠。若佛北足而臥者。則諸力士生不淨心。云何欺蔑我等所事北足而臥。有說。爲欲顯佛恭敬正法故。謂佛豫知般涅槃後無上法炬北方熾然久久不滅。故於牀上北首而臥。」又曰、「問。世尊何故右脇而臥。答。欲顯佛如師子王而臥故。如契經說。臥有四種。謂師子王臥。天臥。鬼臥。躭欲者臥。師子王右脇而臥。天則仰面。鬼則伏面。躭欲者臥左脇著地。佛是無上人中師子。故右脇而臥。」

【頭光】（術語）在佛或羅漢頂上之圓光也。又曰背光。亦曰後光。

【頭陀】（術語）Dhūta 又作杜荼、杜多。譯曰抖擻、抖揀、洮汰、浣洗等。謂抖擻衣服飮食住處三種貪着之行法也。行事鈔頭陀行儀編曰、「善見云。頭陀者漢言抖擻。謂抖擻煩惱。離諸滯著。」同資持記曰、「抖擻舉棄。於物令盡無餘。從喩爲名。」大乘義章十五曰、「頭陀胡語。此方正翻名爲抖揀。此離著行。從喩名之。如衣抖揀能去塵垢。修習此行。能捨貪著。故曰抖揀。」玄應音義七曰、「頭陀。此應訛也。正言杜多。譯云洮汰。言大灑也。舊云斗藪。一義也。」瑜伽倫記六下曰、「舊言頭陀。訛也。今名杜多。此云修治。或翻抖揀。翻洮浣等。」釋氏稽古略曰、「宗一禪師往開元寺受具。雪峯以其苦行。呼爲頭陀。」

按俗稱僧人之行脚乞食者爲頭陀。亦稱行者。

【十二頭陀】（術語）頭陀之行者、應守十二種之條項。一納衣、又曰糞掃衣。以同於人所委棄之糞掃者、縫納爲衣也。二三衣、又曰但三衣。但着僧伽梨鬱多羅安陀會之三衣、不用其餘長衣也。已上二者。屬於衣服。三乞食、又曰常乞食。自行乞食、不敢受他之請待及僧中之食也。四不作餘食、午前中但作一度之正食、不更作二度以上之正食也。二度已上之正食、謂之餘食。作小食則不在此限。餅菓粥等謂之小食。五一坐食、又曰一食。午前中作一度之正食外、不更作小食也。六一摶食、又曰節量食。受一丸之食於鉢中、便止不多受也。假令一食或多食、則以爲有害而節食量也。已上四種屬於食事。七阿蘭若處、譯曰遠離處或空閑處。住於遠離人家之空閑處也。八塚間坐、住於墳墓之處也。九樹下坐、住於樹下也。十露地坐、樹下猶有庇蔭、去而住於露天之地也。十一隨坐、有草地即住也。不必樹下露地。十二常坐不臥、常趺坐而不橫臥也。已上六種屬於住處。頭陀之行法、經論所說、隱顯不同、若具舉之、則有十六種。今十二之各體、依淨影南山之宣說。見大乘義章十五行事鈔頭陀行儀篇。天台之說、依智度論除不作餘食與隨坐之二、加次第乞食與中後不飲漿之二。見止觀輔行一。

【十六資具】（名數）眞言行者有十六資具。衣四種、處六種、食六種、衣之四種、一糞掃衣。拾人之委棄者、洗淨之、以製法衣也。二毳衣。取鳥之細毛、洗淨之、而製衣也。行者無糞掃衣時得用之。三納衣。種種之細片綴納爲衣者也。四三衣。是如常。食之六種、一乞食。二次第乞食。三不作餘食法。四一坐食。五一摶食。六不中後飲水。處之六種、一阿蘭若處。二塚間。三樹下。四露地。五常坐。六隨處。見大日經不思議疏上。

【頭陀行】（術語）頭陀之行法、雖有十二種。然多就乞食之一行而云。

【頭陀袋】（物名）爲頭陀行人所攜之袋也。

【頭陀十八物】（名數）頭陀所使用之十八種道具。即楊枝、澡豆、三衣、瓶、鉢、坐具、錫杖、香爐奩、漉水囊、手巾、刀子、火燧、鑷子、繩床、經、律、佛像、菩薩像之稱。律中之十三資具。爲比丘用物。與此有別。爲後世之修行者制之。

【頭首】（職位）禪林分諸役僧爲東西之兩班。西班之諸役、謂之頭首。東班之諸役、謂之知事。前堂首座、後堂首座、書記等是頭首也。敕修淸規兩序章列西序之頭首曰、「前堂首座、後堂首座、書記、知藏、知客、知浴、知殿、燒香侍者、書狀侍者、請客侍者、衣鉢侍者、湯藥侍者、聖僧侍者是也。」

【六頭首】（名數）禪苑清規以首座、書狀、藏主、知客、庫頭、浴主、爲六頭首。此中庫頭之一、雖屬知事、然從衆名爲六頭首。

【秉拂五頭首】（名數）前堂首座、後堂首座、東藏主、西藏主、書記、謂之秉拂五頭首。此五人得執秉拂之職。

【頭面作禮】（術語）以我頭面頂禮尊者之足也。智度論十曰、「何以曰頭面禮足。答曰、人身中第一貴者頭。五情所著而最在上故。足第一賤。履不淨處最在下故。是故以所貴禮所賤。貴重供養故。」觀無量壽經曰、「遙見世尊頭面作禮。」法華經化城喻品曰、「時諸梵天王頭面禮佛、繞百千帀。」

【頭袖】（物名）頭巾之異名。頭巾之形、似衣袖之形、故名頭袖。即帽子也。其稱本於國一禪師。經山無準範禪師錄曰、「入內引對陞坐云。唐代宗嘗宣召本山國一祖師。每加禮敬。適遇天寒。代宗以銷金龍袖覆其頂。後竟以龍袖爲帽。至今祖師遺像儼然猶存。」

【頭破七分】（雜語）謂爲鬼神所打、頭作七分也。法華經陀羅尼品曰、「若不順我咒惱亂說法者、頭破作七分、如阿梨樹枝。」

【頭然】（譬喻）然即燃、頭上火燃也。急遽宜救者、譬危急。佛藏經三曰、「勤行精進、如救頭然。」心地觀經五曰、「精勤修習未嘗暫捨、如去頂石、如救頭然。」止觀七曰、「眠不安席、食不甘哺、如救頭然。」

【頭鑚】（物名）第一之鑚子也。爲盛羹者、於三個鑚中爲最大、故名頭鑚。見鑚子條。

【賴吒】（術語）賴吒羅之畧。馬鳴菩薩所造伎曲之名。見次項。

【賴吒啝羅】（雜名）Rastrapāla 馬鳴菩薩所造伎曲之名。付法藏傳五曰、「於華氏城遊行教化。欲度彼城諸衆生、故作妙伎樂、名賴吒啝羅。其音清雅哀婉調和。」見馬鳴條。因比丘名。本爲婆羅門之子。求父使出家、不許、斷食強之。遂出家得道。見賴吒和羅經。

【賴吒和羅經】（經名）一卷、吳支謙譯、中阿含第十三賴吒和羅經之別譯也。記賴吒和羅之出家得道及爲父母說法。

【賴吒和羅所問太子經】（經名）德光太子經之異名。佛對賴吒和羅比丘所問、說大乘之行法及德光太子之行歷。

【賴耶】（術語）Ālaya 阿賴耶之略。

【賴耶識】（術語）Ālayavijñāna 阿賴耶識之略。

【賴耶緣起】（術語）法相宗之緣起論也。四種緣起之一。見緣起條。

【頻伽】（動物）Kalaviṅka 迦羅頻迦、或迦陵頻迦之畧。鳥名。於義爲妙音鳥。此

鳥常住極樂淨土。酉陽雜俎曰、頻伽共命鳥。一頸兩身。舊唐書曰元和十八年訶陵國獻五色鸚鵡頻伽鳥

【頻伽陀】（飲食）又曰毘笈摩。藥名。探玄記二十曰、「頻伽陀藥者具云毘笈摩。此云除去謂能除去毒惡故。」慧苑音義下曰、「毘笈摩此云普去謂能普去一切疾病也。」梵 Vigata, Vigama

【頻伽餅】（物名）餅形似頻迦鳥、故名。佛以喩無空之去來無識之生滅。楞嚴經二曰、「阿難譬如有人取頻伽餅塞其兩孔。滿中擎空千里遠行用餉他國。識蘊當知亦復如是。阿難。如是虛空非彼方來非此方入。如是阿難若彼方來者則本瓶中既貯空去。於本瓶地應少虛空若此方入開孔倒瓶應見空出。是故當知識蘊虛妄本非因緣非自然性。」同長水疏曰、「頻伽好聲鳥也。瓶形似彼。識陰無形。在有情身如空盛空。」

【頻那夜迦】（天名）Vināyaka 鬼神名。卽歡喜天也。見歡喜天及毘那夜迦條。

【頻那夜迦天儀軌經】（經名）金剛薩埵說頻那夜迦天成就儀軌經之略名。

【頻來果】（術語）梵名斯陀含 Sakṛdāgāmin 譯曰一來果。或頻來果。聲聞四果中之第二果也。一來者欲界之人與天一往來之義也。玄應師云頻當爲頓之誤。頓卽一之義也。玄應音義三曰、「頻來言斯陀含也。此云一往來。頻字應誤也。字宜作頓。」

【頻毘娑羅】（人名）王名。見頻婆娑羅條。又經名也。出於倶舍論三十卷同光記三十曰、「頻毘此云圓。娑羅此云員實。」

【頻婆】（雜語）Vimvara 頻婆羅之略。數量名。譯曰十兆。大集日藏經三曰、「頻婆人」又（植物）Bimba 亦作頻螺、頻羅婆、避邏、頻蠡。赤色之果實也。華嚴入法界品曰、「脣口丹潔如頻婆果。」慧苑音義下曰、「頻婆果者。其果似此方林檎。極鮮明赤也。」玄應音義曰、「頻婆果此譯曰相思。」同二十三曰、「毘羅婆果亦云頻螺果或言避邏果。皆訛也。果形金色如甘子。大西國祠天多用此木作幢莊嚴供養也。」瑜伽略纂二曰、「頻螺果者頻婆果也。此吉祥果也。」同倫記二上曰、「頻蠡果者頻婆果也。其形似枳其中囊內如爵金色。」

【頻婆羅】（物名）香名。慧苑音義上曰、「頻婆羅香或色鮮赤或能現影。準前釋帳。」又（雜語）一作頻跋羅。新曰毘婆訶數量名。當於此方之十兆。玄應音義一曰、「頻婆羅。按佛本行經云頻婆羅此數當十兆也。」同二十一曰、「頻跋羅。」倶舍頌疏世品五曰、「十大阿芻婆爲毘婆訶。」梵 Vimvara

【頻婆娑羅】（人名）Bimbisāra 佛在世摩竭陀國王之名。又作洴沙、瓶沙、萍沙。新曰頻毘娑羅。古譯爲顏色端正模實等。模

實者身模充實之義。又譯形牢。玄奘譯爲影堅、義淨譯爲影勝。深歸佛法。積善根雖多。終爲逆子阿闍世王幽囚。幽中照於佛之光明。證阿那含果而死。頻婆娑羅王請佛供養。經曰、「摩竭國王頻婆（顏色）娑羅（端正）」。阿育王經二曰「頻毘娑羅翻模實」玄應音義三曰、「洴沙正言頻婆娑羅王。或言頻毘。此譯云形牢。一云頻毘此云顏色。娑羅此云端正。或云色像殊勝」同十四曰、「瓶沙王此言訛也。是摩伽陀國王也」西域記七曰、「頻毘娑羅唐言影堅。舊曰頻婆娑羅訛也。」毘奈耶雜事二十曰、「影勝。梵云頻毘娑羅。」有部毘奈耶四十五曰「摩揭陀國王舍城王名曰影勝」毘奈耶雜事二十曰、「王舍城中有王名曰大蓮華。（中略）大蓮華王告衆人曰。我子生時如日光影乾坤洞照。勝妙希奇。應與我子名曰影勝。（梵云頻毘娑羅）」

【頻婆娑羅王爲佛最初檀越】（故事）涅槃經二十九說、善男子。我初出家。未得阿耨多羅三藐三菩提時。頻婆娑羅王遣使言。悉達太子若爲聖王。我當臣屬。若不樂家。得阿耨多羅三藐三菩提。則願先來至此王舍城。說法度人。受我供養。我時默然已受彼請。（中略）我時赴信。受彼王請。詣王舍城。未至中路。王與無量百千衆悉來奉迎。我爲說法。聞法已。欲界諸天發八萬六千阿耨多羅三藐三菩提心。頻婆娑羅王所將管從十二萬人得須陀洹果。無量衆生成就忍心。智度論三說頻婆娑羅王至伽耶祀舍中迎佛及除結髮之千阿羅漢。佛於此中爲王說法。得須陀洹道。即請佛言。願佛及僧就我王舍城盡形壽受衣服飲食臥具醫藥。佛即受請。

【毘婆娑羅王幽死】（故事）增一阿含經八謂提婆達兜惡人便往婆羅留支（阿闍世之別名）所告言。昔民氓壽命極長。如今人壽不過百年。王子當知人命無常。終不上位而中命終。不亦痛乎。王子於時宜斷父王命。統領國人。我今當殺沙門瞿曇而爲無上至眞等正覺。於摩竭陀國界爲新王新佛。不亦快哉。如日貫雲無所不照。如月雲消明於衆星之中。爾時婆羅留支王子即收父王。著於鐵牢中。更設臣佐統領人民。又出於十誦律三十六、毘奈耶雜事十七、涅槃經三十四等。觀無量壽經曰、「王舍大城有一太子。名阿闍世。隨順調達惡友之教。收執父王頻婆娑羅。幽閉置於七重室內。制諸群臣一不得往。（中略）有五色光明從佛口出。一一光照頻婆娑羅頂。爾時大王雖在幽閉。心眼無障。遙見世尊頭面作禮。自然增進。成阿那含。」

【頻婆娑羅夢】（傳說）寄歸傳一曰、「頻婆娑羅王夢見一氎裂爲十八片。一金杖斬爲十八段。怖而問佛。佛言。我滅度後一百餘年。有阿輸迦王。威加贍部時諸苾芻。敎分十八趣解脫門其致一也此卽先兆王勿見憂耳」。

【頻婆娑羅王經】（經名）一卷、趙宋法賢譯。王來見佛、佛使優樓頻螺迦葉釋衆之疑事卽中阿含頻鞞娑邏王迎佛經之別譯。

【頻婆果】（植物）頻婆樹之果實。

【頻婆帳】（物名）頻婆者身影之義。帳上繡種種之身形、故名頻婆帳。又頻婆果名此帳之色似彼也。慧苑音義上曰、「頻婆此云身影質。此帳上莊嚴具中能現一切外質之影也。或曰頻婆鮮赤果名。此帳似之。故以名之」

【頻螺】（植物）又作頻蠡。果名。見頻婆條。

【頻闍訶婆娑】（人名）數論外道名。自龍王承數論之義、大破佛法、後於頻闍訶山石窟內化爲石。天親傳曰、「佛滅後九百年中有外道名頻闍訶婆娑。頻闍訶是山名。婆娑譯爲住。此外道住此山。因以爲名」。梵Vindhyavāsa

【頻羅婆】（植物）見頻婆條。

【頻蠡】（植物）見頻婆條。

【醍鞞沙】（雜語）Dveṣa 譯曰瞋恚。見名義集六。

【醍醐】（飲食）五味之一。製自牛乳。味中第一、藥中第一。涅槃經三曰、「醍醐者名世間第一上味」。又曰、「諸藥中醍醐第一。善治衆生熱惱亂心」。同八曰、「雪山有草名曰肥膩。牛若食者純得醍醐」

【醍醐喻】（譬喻）天台依涅槃經喻之於第五時之法華涅槃。眞言依六波羅蜜經譬之於陀羅尼藏。其他諸宗各喻其自宗。涅槃經十四曰、「譬如從牛出乳。從乳出酪。從酪出生蘇。從生蘇出熟蘇。從熟蘇出醍醐。醍醐最上。若有服者。衆病皆除。所有諸藥。悉入其中。善男子。佛亦如是。從佛出生十二部經。從十二部經出修多羅。從修多羅出方等經。從方等經出般若波羅蜜。從般若波羅蜜出大涅槃。猶如醍醐。言醍醐者喩於佛性」。六波羅蜜經一曰、「一素呾纜。二毘奈耶。三阿毘達磨。四般若波羅蜜多。五陀羅尼門。此五種藏敎化有情。隨所應度而爲說之。（中畧）此五法藏譬如乳酪生蘇熟蘇及妙醍醐。契經如乳。調伏如酪。對法敎者如彼生蘇。大乘般若猶如熟蘇。總持門者譬如醍醐。醍醐之味。乳酪蘇中微妙第一。能除諸病。令諸有情身心安樂。總持門者。契經中最爲第一。能除重罪。令諸衆生解脫生死。速證涅槃安樂法身」。

【醍醐味】（譬喻）五味之第五。見前項。

【醍醐經】（經名）天台以法華涅槃

二經爲醍醐味之經典法華玄義三曰、「醍醐經妙因妙果」。

【醍醐殺人】（術語）於過去佛所嘗聞、大乘實相之敎譬如毒今値釋迦之說醍醐經其毒卽發斷結惑之生謂之醍醐殺人如涅槃經中鈍根之聲聞開發慧眼得見佛性是也法華玄義十曰、「醍醐殺人者如涅槃經中鈍根聲聞開發慧眼得見佛性乃至鈍根緣覺菩薩七種方便皆入究竟涅槃卽其義也」。

【醍醐灌頂】（術語）以醍醐灌人之頂喩輸入人之智慧也今以爲令人舒適之喩顧況詩曰、豈知灌頂有醍醐能使清涼頭不熱。

【頰車如師子相】（術語）三十二相之一兩頰隆滿如師子王之相。

【辨才天】（天名）司音樂之天爲福德之神或作美音天、妙音天。卽乾闥婆之類。後與吉祥天混而爲一、遂至以爲福德之神。胎藏界外金剛部院西方那羅延天之旁有其位。

【辨意長者子所問經】（經名）一卷元魏法場譯佛應長者子之問、答生天乃至佛會各有五事。

【辨體】（術語）五重玄義之一。見玄義條附錄。

【辨正論】（書名）八卷、唐沙門法琳撰以道儒二敎與佛敎對比而辨佛敎正直之書也分三敎治道篇以下十一品終載撰者與尙書右僕射蔡國公之書。

【辨事明王】（菩薩）謂辨事之明王也於金剛部爲金剛軍茶利、或金剛童子於蓮華部爲蓮華軍茶利於佛部爲不動明王。通用不動明王請佛於本土時牽車或行供養也。

【辨事眞言】（術語）成辨事業之神呪也大日經疏八曰、「凡欲灌頂時用辨事眞言加持座物安置蓮華臺上」。因於諸尊奉供物時所誦之眞言也隨部而不定日本栂尾護摩鈔曰、「辨事眞言者於佛部中以難勝忿怒王爲辨事也於蓮華部以呵耶訶利婆眞言爲辨事也於金剛部中以軍茶利眞言爲辨事也難勝忿怒眞言曰唵戶魯戶魯旃茶利、摩登祇、莎波訶馬頭明王（卽呵耶訶利婆王）眞言曰唵阿密哩姤姤嚩婆娑婆賀。軍茶利明王眞言曰唵阿密哩底、吽吽」此約於三部耳、若約於五部則如日本高雄口決曰、「佛部忿怒尊（不動）蓮華部忿怒尊（馬頭）金剛部忿怒尊（軍茶利）寶部忿怒尊（降三世）羯磨部忿怒尊（無能勝）」。

【辨道】（術語）修行也。勅修淸規侍者進退曰、「隨衆辨道」。

【靜力】（術語）靜慮卽禪定之力也。

圓覺經曰、「諸菩薩取極靜。由靜力故永斷煩惱。」

【靜主】（術語）禪僧靜思坐禪、謂之靜衆其中之長老、謂之靜主。黃檗清規曰、「本山住持與各院靜主既同宗派。」

【靜思】（術語）梵語之沙門、一翻靜思約於其行之義譯也。歸敬儀上曰、「沙門此云靜思以義目之。」

【靜息】（天名）梵名琰魔。譯爲靜息。琰魔之方便以靜人之罪、息人之罪也。見琰魔條。

【靜智】（術語）靜寂而絕煩亂之智也。歸敬儀曰、「後因前業。重更修明。靜智澄清方遂前願。」

【靜室】（譬喩）譬禪定而言。智度論十七曰、「常樂涅槃從實智慧生。實智慧從一心禪定生。譬如然燈。燈雖能照。在大風中不能作用。若置之密室。其用則全。散心中智慧亦如是。若無禪定靜室。雖有智慧。其用不全。得禪定則實智慧生。」

【靜牌】（物名）坐禪牌又稱靜牌。靜者靜慮之義、梵語禪那之新譯語也。見象器箋十六。

【靜琬】（人名）隋大業中幽州智泉寺沙門。刻大藏經於石、封藏於涿州白帶山者。

【靜慮】（術語）梵語馱耶演那 Dhyāna譯爲靜慮。七種定命之一。見三昧條。此靜慮有生定之二種、爲生於色界四禪天、修其禪定、謂之四種定靜慮。（見四禪定條）其所生之天處、謂之四種生靜慮。見四禪天條。

【靜慮生】（術語）生靜慮也。見靜慮條。

【靜慮律儀】（術語）見三律儀條。

【靜慮生律儀】（術語）見律儀條附錄。

【靜慮波羅蜜】（雜語）十波羅蜜之一。

【靜慮律儀無表色】（術語）見無表色條附錄。

【靜慧】（術語）安靜之智慧、卽空慧也。圓覺經曰、「於陀羅尼不失寂念及諸靜慧。」又曰「靜慧發生身心客塵從此永滅」

【踰捺野經】（經名）薩鉢夜酥里踰捺野經之略名。

【踰闍】（地名）Ayodhyā 阿踰闍之略、彌勒菩薩自天降說瑜伽論之大講堂。卽在此國。可洪音義二曰、「踰闍國名。阿踰闍國此云不可戰。」

【踰闍那】（雜語）Yojana見由旬條。

【踰繕那】（雜語）又作喩繕那。舊稱由旬見由旬條。

【錫】（物名）錫杖之略。

【錫杖】（物名）十八物之一。梵語、喫

棄羅 Khakkhara 譯爲錫杖、聲杖、鳴杖、錫者、取振時作錫之聲。又有智杖德杖之德名。有顯密之二意。顯教爲乞食或驅蟲也。錫杖經曰、「佛告比丘。汝等當受持錫杖。所以者何。過去未來現在諸佛皆執故。又名智杖。彰顯聖智故。亦名德杖。行功德本故。聖人之表幟。賢士之明記。道法之正幢。」毘奈耶雜事三十四曰、「苾芻乞食入人家作聲警覺。拳打門扇。家人怪問何故打破我門。默爾無答。佛言不應打門。可作錫杖。苾芻不解。佛言杖頭安環圓如盞口。安小環子。搖動作聲而警覺。(中畧)至不信家。久搖錫時。遂生疲倦。而彼家人竟無出問。佛言不應多時搖動。可二三度搖。無人問時。卽須行去。」十誦律五十六曰、「杖法者。佛在寒園林中住。多諸腹行毒蟲。嚙諸比丘。佛言應作有聲杖。驅遣毒蟲。是名杖法。」四分律五十三曰、「諸比丘道行。見蛇蝎蜈蚣百足。未離欲比丘見皆怖。白佛。佛言。聽投錫杖動。」其制法依錫杖經、迦葉佛爲二股十二環。釋迦佛爲四股十二環。四股十二環表四諦十二因緣。二股十二環表世諦第一諦之二諦與十二因緣。然寄歸傳四曰、「言錫杖者。梵云喫棄羅。則是鳴聲之義。古人譯爲錫者。意取錫作聲。鳴杖錫杖任情稱說。目驗西方所持錫杖。頭上唯有一股鐵捲。可容三二寸。安其鐏管。長四五指。其竿用木。麤細隨時。高與肩齊。下安鐵纂。可二寸許。其環或圓或偏。屈合中間可容大指。或六或八。穿安股上。銅鉛任情。元斯制意。爲乞食時防其牛犬。何用辛苦擎奉。勞心而復通身總鐵。頭安四股。重滯將持。非常冷澁。非本制也。」密教以爲五大所成之法界塔婆、地藏觀音之三昧耶形也。故有六環以表六大。上頭有五輪之捲形。以表寶塔。

【九條錫杖】(儀式) 四個法要之第四謂之錫杖。諷詠錫杖之頌文而振錫也。其頌文之作者不詳。初四句依華嚴經十四、「手執錫杖。當願衆生。設大施會。示如實道。」之經文。其他偈句爲古德所作。有九節。每一節終輒振錫。故曰九條錫杖。

【三條錫杖】(儀式) 九條錫杖中之前三條、略用之法也。

【解虎錫】(故事) 高齊僧稠禪師、以錫杖解兩虎之鬭。續高僧傳十六(僧稠傳)曰、「後詣懷州西王屋山修習前法。聞兩虎交鬭咆響震巖。乃以錫杖中解。各散而去。」又隋曇詢禪師有此事。續高僧傳十六(曇詢傳)曰、「又山行値二虎相鬭。累時不歇。詢乃執錫分之。以身爲翳。語云同居林藪。計無大乖。幸各分路。虎低頭受命。便飲氣而散。」證道歌曰、「降龍鉢。解虎錫。兩鈷金環鳴歷歷。」

【錫杖經】(書名) 得道梯隥錫杖經之略名。

【錫崙】（地名）印度半島東南端之一島。雖稱世尊傳道之地、然實非也。乃阿育王、王子摩哂陀開教之地耳。又曰獅子洲。

【燄口】（異類）餓鬼名。阿難獨坐靜室、其夜三更、見一餓鬼、名燄口。身體枯瘦、咽如針、口吐火燄。告阿難曰、却後三日汝命盡、將生餓鬼中。阿難恐、問免苦之方便。鬼曰、汝明日為我等百千餓鬼及諸婆羅門仙人等、各施一斛食、且為我供養三寶、則汝得增壽、我得生天。阿難以白佛。佛即說陀羅尼曰、誦此陀羅尼、能使無量百千施食充足。見燄口餓鬼經。燄口亦名面然。

【燄口餓鬼經】（經名）佛說救拔燄口餓鬼陀羅尼經之略稱。

【焰口儀軌經】（經名）瑜伽集要救阿難陀羅尼焰口儀軌經之略名。

【焰口施食儀】（經名）瑜伽集要焰口施食儀之略稱。

【龍】（異類）梵語、那伽。Nāga 長身、無足、蛇屬之長也。八部衆之一。有神力。變化雲雨。智度論曰、「那伽。秦言龍。」梵語雜名曰、「龍、梵名曩誐。」善見論十七曰、「龍者長身無足。」慈雲之天竺別集上曰、「天龍一鱗蟲耳。得一滴之水。散六虛以為洪流。」輔行四曰、「龍得小水以降大雨。」五不思議之中有龍之不思議。孔雀王經、大雲經等說諸龍王之護持佛法。

【龍有三苦】（傳說）又曰三熱。見三熱條。

【龍女】（異類）娑竭羅龍王 Sāgara-nāgarāja 之女、八歲、詣靈鷲山、現成佛之相。法華經提婆品曰、「爾時文殊師利坐千葉蓮華、大如車輪、俱來菩薩亦坐寶蓮華、從大海娑竭羅龍宮自然涌出、住虛空中、詣靈鷲山、從蓮華下、至佛前。頭面敬禮二世尊（釋迦與多寶）足。（中略）智積菩薩問文殊師利言、此經甚深微妙。諸經中寶。世所希有。衆生勤加精進、修行此經、有速得佛者否。文殊師利言有。娑竭羅龍王女、年始八歲、智慧利根、善知衆生諸根行業。得陀羅尼。諸佛所說甚深秘藏、悉能受持、深入禪定、了達諸法、於剎那頃、發菩提心、得不退轉。（中略）智積菩薩言、我見釋迦如來於無量劫難行苦行、積功累德、求菩提道、未曾止息。（中畧）然後乃得成菩提道。不信此女於須臾頃、便成正覺。言論未訖時、龍王女忽於現前。頭面禮敬。（中略）爾時舍利弗語龍女言、謂汝不久得無上道、是事難信。所以者何、女身垢穢、非是法器。云何能得無上菩提。佛道懸曠、經無量劫、勤苦積行、具修諸度、然後乃成。又女人身猶有五障。（中畧）云何女身速得成佛。爾時龍女有一寶珠、價直三千大世界、持以上佛。佛即受之。龍女謂智積菩薩尊者舍利弗言、我獻寶珠、世尊納受、此事疾不。答言甚疾。女言以汝神力觀我成佛、復速於此、當時衆會皆見龍女忽然間變爲男子、具菩薩行、卽往南方無垢世界坐寶蓮華、成等正覺、三十二相八十種好、普爲十方一切衆生演說妙法。」

【龍子】（異類）大海龍子、常爲金翅鳥所食、龍王請佛得袈裟一縷、免其難。見海龍王經四。

【龍王】（異類）龍屬之王。對其眷屬而稱王也。

【五類龍王】（名數）大集經須彌藏品曰「善住龍王爲一切象龍王、婆難陀龍王爲一切蛇龍王、阿耨達龍王爲一切馬龍王。婆樓那龍王爲一切魚龍王。摩那蘇婆帝龍王爲一切蝦蟇龍王也。」

【七龍王】（名數）一、蓮華龍王。二、毉羅葉龍王。三、大力龍王。四、大吼龍王。五、小波龍王。六、持驛水龍王。七、金面龍王。見最勝經一。

【八龍王】（名數）法華經序品曰、「有八龍王難陀龍王 Nanda 跋難陀龍王 Upananda 娑伽羅龍王 Sâgara 和修吉龍王 Vâsuki 德叉迦龍王 Takṣaka 阿那婆達多龍王 Anavatapta 摩那斯龍王 Manasvin 優鉢羅龍王 Utpalaka 等各與若千百千眷屬俱」

【八十一龍王】（名數）出於名義大集一六七。

【一百八十五龍王】（名數）出於大雲請雨經。

【龍王兄弟經】（經名）一卷、吳支謙譯。說目連尊者降伏難頭和難兄弟之二龍。

【龍王吼菩薩】（菩薩）見五大力菩薩條。

【龍牙】（地名）湖南龍牙山居遁禪師、初參翠微並臨濟、後嗣洞山。見五燈會元十三。

【龍戶】（雜語）龍宮也。寄歸傳一曰、「恚損輕枝、現生龍戶。」

【龍天】（雜語）八部中之龍衆與天衆也。又龍樹天親之二菩薩也。

【龍方】（雜語）北方也以五行中北方爲水也。大日經一曰、「是等依龍方。」

【龍心】（術語）見六十心條。

【龍主仙】（術語）念誦羂索而成就、名爲龍主仙。於諸龍中得自在見聖迦抳金剛童子軌上。

【龍光王佛】（佛名）舍衛國波斯匿王在此佛所、旣爲深位之菩薩。仁王經中曰、「爾時世尊告大衆言是波斯匿王。已於過去十千劫龍光王佛法中爲四地菩薩。我爲八地菩薩。」

【龍光瑞像】（圖像）揚州龍光寺所安置之旃檀瑞像也。見瑞像條。

【龍軍】（人名）Nāgasena 菩薩名。即那先比丘也。佛滅後出世、立佛不說法之義。俱舍論三十曰、「若有大德名曰龍軍、三明六通具八解脫」。深密經疏一曰、「那伽犀那此云龍軍。即是舊翻三身輪主。彼說佛果唯有眞如及眞如智。無色聲等麤相功德」。見那先比丘條。

【龍河】（地名）尼連禪河之異名、此河中有龍住、故名。在金剛座之東而不遠。破僧事五曰、「尼連禪河龍名伽陵伽。此云黑色。以先業緣住此河中。兩目皆盲。若佛出世眼即得明。若佛滅後其眼還盲」。寄歸傳一曰、「創成正覺龍河。九有興出塵之望」。同四曰、「擇散寶於龍河。頗達其妙」。

【龍泉】（雜名）龍所住之泉池也。以龍力故水不竭。智度論七曰、「譬如龍泉。龍力故水不竭」。

【龍施女經】（經名）一卷、吳支謙譯。須福長者女名龍施。浴時遙見佛之相好、發菩提心。魔變爲父之相、初使修小乘、心堅不動。魔教自樓投下而死、變成男子、得道記。

【龍施菩薩本起經】（經名）一卷。西晉竺法護譯。龍施女自說過去之經歷。

【龍神】（異類）龍能具不測之力用、故稱爲神。八部衆之一也。法華經序品曰、「一四衆龍神瞻察仁者」。

【龍神八部】（雜語）八部衆中以天及龍爲魁、故曰天龍八部。又曰龍神八部。如言詩書六經。見八部衆條。

【龍神三熱】（傳說）除阿耨達池之龍王外、其他一切龍屬有三熱之苦。見三熱條。

【龍宮】（雜名）龍王之宮殿。在大海之底。爲龍王之神力所化作。海龍王經請佛品說海龍王詣靈鷲山聞佛說法、信心歡喜。欲請佛至大海龍宮供養。佛許之。龍王即入大海化作大殿。無量珠寶、種種莊嚴、且自海邊涌海底造三道寶階。恰如佛往昔化寶階自忉利天降閻浮提時。佛與諸比丘菩薩共涉寶階入龍宮。受諸龍供養。爲說大法。

【佛法隱沒龍宮】（傳說）摩訶摩耶經曰、「千五百歲（中略）惡魔波旬及外道衆踴躍歡喜。競破塔寺、殺害比丘。一切經藏皆悉流移至鳩尸那竭國。阿耨達龍王悉持入海。於是佛法而滅盡也」。蓮華面經下曰、「佛言阿難。此閻浮提及餘十方所有佛鉢及佛舍利、皆在娑伽羅龍王宮中」。

【龍畜】（雜語）龍屬於六趣中爲畜生趣、故曰畜。

【龍峯】（人名）黃龍派之祖慧南禪師住於宋黃龍山。故其法脈稱黃龍派。師稱龍峯。

【龍座】（儀式）屈膝而坐也。文殊師利根本大敎王經金翅鳥王品曰、「作龍座而坐(貼膝坐也)」

【龍珠】(物名)　龍頷下之珠也。四分戒本二上曰、「律中龍珠鳥翅。一去不還」。行宗記二上曰、「龍珠者昔有螺髻梵志居恒水邊。爲龍所擾。佛令從彼乞頸下珠瓔。龍卽不來」

【龍章】(雜語)　經卷之異名也。其梵文之形。如龍蛇之蟠旋、故云。

【龍猛】(人名)　舊譯曰龍樹、新譯曰龍猛。西域記八曰、「南印度那伽閼剌樹那菩薩。唐言龍猛。舊譯曰龍樹。非也」。龍樹之譯名有三、一龍樹(羅什譯之龍樹傳)二、龍勝(般若流支譯之順中論)三、龍猛。(今之西域記)嘉祥中論疏序會龍樹與龍勝之名。賢首宗致義記上會龍樹與龍猛之名。眞言宗常依新譯用龍猛之名。

【龍華】(術語)　法苑珠林曰、彌勒爲佛時。於龍華樹下坐。華枝如龍頭。故名。亦云種出龍宮。故曰龍華樹。詳見龍華會條。

【龍華會】(術語)　彌勒菩薩今在兜率天內院。經當來五十六億七千萬年。於此土出世。在華林園中龍華樹下開法會。普度人天。謂之龍華會。中世身化龍身。又入禪定。以待龍華會。荊楚歲時記曰、四月八日諸寺各設齋以五香水浴佛。作龍華會。以爲彌勒下生之徵。劉禹錫詩曰、「支公去已久。寂寞龍華會」。

【龍華三會】(術語)　彌勒佛於華林園中龍華樹下成道。開三番法會。度盡上中下三根之衆生。故曰龍華三會。羅什譯之彌勒下生經曰、「坐龍華菩提樹下。得阿耨多羅三藐三菩提。在華林園。其園縱廣一百由旬。大衆滿中。初會說法九十六億人得阿羅漢。第二大會說法九十四億人得阿羅漢。第三大會說法九十二億人得阿羅漢。彌勒佛旣轉法輪度天人已。將諸弟子入城乞食」。增一阿含經四十四曰、「爾時去雉頭城不遠。有道樹名曰龍華。高一由旬。廣五百步。時彌勒菩薩坐彼樹下成無上道果。(中畧)爾時彌勒初會八萬四千阿羅漢。第二會有九十四億人。第三之會九十二億人民。皆是阿羅漢。亦復是我遺法弟子」。心地觀經二曰、「若有得聞此心地觀報四恩品。(中略)若命終時卽得往生彌勒內宮。覩白毫相。超越生死。龍華三會當得解脫」。

【龍華寺】(寺名)　茶香室叢鈔曰、水經泗水篇注云。泗水西有龍華寺。是沙門釋法顯遠出西域。浮海東還。持龍華圖。首創此制。法流中夏自法顯始也。據此則龍華寺實中國第一佛寺矣。

【龍華樹】(植物)　彌勒佛成道時之道樹也。梵名奔那伽。彌勒大成佛經曰、「枝如寶龍。吐百寶華」。大日經疏七曰、「奔那伽是龍樹華。彌勒世尊於此樹下成佛。其直云龍華者。是龍中所尙之花。西方頗有其種」

【龍華懺法】（書名）一卷、明如惺集。說祈念彌勒菩薩懺悔罪障之作法。

【龍象】（雜語）Nāga 梵語、那伽。譯曰龍。又譯象。諸阿羅漢中修行勇猛、有最大力者、佛氏稱爲龍象。蓋水行龍力最大、陸行象力最大、故以爲喩也。涅槃經二曰、「世尊我今已與大龍象菩薩摩訶薩斷諸結漏。文殊師利法王子等。」舊華嚴經七曰、「威儀巧妙最無比。是名龍象自在力。」智度論三曰、「那伽或名龍。或名象。是五千阿羅漢諸阿羅漢中最大力。以是故言如龍如象。水行中龍力大。陸行中象力大。」中阿含龍象經說唯佛大龍象。因象之大者曰龍象。如馬之美者曰龍馬。維摩經不思議品曰、「譬如龍象蹴蹋。非驢所堪。」注曰、「肇曰。象之上者爲龍象也。」同嘉祥疏曰、「此言龍象者只是一象耳。如好馬名龍馬。好象云龍象也。」又僧之敬稱。禪門言「西來龍象」「法筵龍象衆」等。

【龍象衆】（雜名）見四衆條。

【龍象經】（經名）說唯佛爲大龍象。烏陀夷因作頌讚之。見中阿含經二十九。

【龍尊】（佛名）龍種尊之略。文殊菩薩之本地名。又龍王之尊稱。大日經疏二曰、「龍尊是諸大龍。俱吠囉等皆世所宗奉大天也。」

【龍尊王】（佛名）文殊菩薩之本地、龍種上尊王佛之略稱。

【龍勝】（人名）龍樹菩薩之異名。舊譯曰龍樹。新譯曰龍猛。龍勝、龍猛、名異義同。大藏經目錄曰、「順中論二卷龍勝菩薩造。無着菩薩釋」釋氏稽古略一曰、「龍樹大士。西天竺人也。亦名龍勝。」見龍樹條。

【龍腦鉢盂】（雜名）蘇軾文曰、大覺禪師持律嚴。仁宗賜龍腦鉢盂。師對使者焚之。

【龍湯】（飲食）成自人畜糞尿之藥也。又曰黃龍湯。爲一種之陳棄藥。吾國之僧俗用之。義淨三藏痛斥之。寄歸傳三曰、「自有方處鄙俗久行。病發即服大便小便。疾起便用猪糞貓糞。或堈盛甕貯。號曰龍湯。雖加美名。穢惡斯極。」南山羯磨疏三下曰、「腐爛藥者世所同棄。而實可收。即大小便也。」濟緣記三下曰、「小便治勞。大便解熱。名黃湯。」止觀二之三曰、「譬如父母見子得病不宜餘藥。須黃龍湯。鑿齒瀉之。服已病愈。」大部補注十二曰、「止觀云黃龍湯者大便汁也。」見陳棄藥條。

【龍鉢】（雜名）晉書僧涉傳曰、涉西域人。苻堅時入長安。能以秘咒下神龍。每旱。堅常使之咒龍請雨。俄而龍下鉢中。天輒大雨。堅及羣臣親就鉢觀之。李紳詩曰、龍鉢已傾無法雨。

【龍智】（人名）龍猛之弟子、金剛智之師、密宗之第四祖也。壽踰七百、面貌如少壯、玄奘三藏親就其人學中觀論百論等。見付法傳上。

【龍種尊】（佛名）文殊之本地。見次項。

【龍種上佛】（佛名）與次項同。

【龍種上尊王佛】（佛名）文殊菩薩之本地。首楞嚴三昧經下曰「龍種上如來」、心地觀經三曰「龍種淨智尊王佛」。智度論二十九曰「龍種尊」。法華文句記二曰「龍種上尊王」。異名同體也。見文殊條。

【龍潭紙燈】（公案）五燈會元曰、「宣覽禪師傳龍潭棲止一夕立次。潭曰更深何不下去。師珍重便出。却回曰外面黑。潭點紙燈度與師、師擬接、潭便吹滅。師於此大悟、便禮拜曰從今向去、更不疑天下老和尙舌頭也」。

【龍樹】（人名）菩薩名。舊稱那伽曷樹那、那伽阿周陀那 Nagarjuna 生於阿周陀那下、故名阿周陀那。以龍成道、故字曰龍。新稱那伽閼剌樹那、譯爲龍猛。佛滅後七百年出世於南天竺（摩訶摩耶經下）馬鳴弟子迦毘摩羅尊者之弟子、提婆菩薩之師也。（付法藏傳五）入龍宮齎華嚴經、開鐵塔傳密藏、顯密八宗之祖師也。龍樹傳曰、「龍樹菩薩者出南天竺梵志種也。（中略）其母樹下生之。因字阿周陀那。阿周陀那樹名也。以龍成其道。故以龍配字。號曰龍樹也」。西域記八曰「那伽閼剌樹那菩薩唐言龍猛舊譯曰龍樹非也」

【龍樹本迹】（本生）龍樹菩薩之本地、謂爲過去之妙雲相佛、又曰妙雲自在王如來。今爲垂迹之身、在初歡喜地之位云。三寶感應錄下曰、「金剛正智經中馬鳴過去成佛號大光明佛。龍樹名妙雲相佛。大莊嚴三昧經中馬鳴過去成佛號日月星明佛。龍樹名妙雲自在王如來。」弘法之付法傳上曰、「尋本則妙雲如來、現迹則位登歡喜」八宗綱要上曰、「龍樹則昔之妙雲相佛。今則寄位於初歡喜」（但三寶感應所引二經藏經中無之）

【龍樹出家因緣】（故事）龍樹傳云、龍樹生於婆羅門種、一切經書道術無所不通。有契友三人、相共至術家學隱身法。於王宮中爲婬樂。王悟之、閉諸宮門、使數百力士、以刀斬空。三人者卽死。唯龍樹依王頭側得免。是時始知欲爲衆禍本。入山詣一佛塔出家受戒。（付法傳亦同）

【龍樹入龍宮齎華嚴經】（傳說）龍樹傳云、龍樹已出家、入靈山。山中有塔、塔中有一老比丘、以大乘經典授之。誦持愛樂、雖通實義、然未得通利。周遊諸國、更求餘經、不得。自念言、佛經雖妙、猶有所未盡。我欲推未盡而演之、以悟後學。於此欲更造衣服立敎戒、附於佛法而小異。獨在靜處水精房中、思惟此事。大龍菩薩見而憐之、卽接之入海。於宮殿中發七寶華函、以諸方等深奧之經典、無量之妙法授之。龍樹受讀九十日中通解甚多。龍問曰、看經遍否。答言、汝諸函中經典無量、我所讀已十倍閻浮提。龍送出南天竺。大弘佛法、摧伏外道。(付法藏傳五亦同)賢首華嚴傳一曰、「如眞諦三藏云、西域傳記說、龍樹菩薩往龍宮見此華嚴大不思議解脫經有三本(中略)下本見流閻浮。」

【龍樹開鐵塔傳密敎】(傳說) 見鐵塔條。

【龍樹傳法提婆】(故事) 見提婆條。

【龍樹自殺】(傳說) 龍樹傳記有一小乘師、見龍樹高明、常懷忿嫉。龍樹爲入閑室、自行蟬脫。西域記十記爲引正太子自刎。見引正太子條。

【龍樹宗】(術語) 龍樹雖爲八宗之祖、然單曰龍樹宗、爲三論之空宗。是在天竺、與彌勒之瑜伽宗並行、大乘宗之隨一也。寄歸傳一曰、「所云大乘無過二種、一則中觀、二乃瑜伽。中觀則假有眞空、體虛如幻。瑜伽則外無內有、事皆唯識。」

【龍樹菩薩傳】(書名) 一卷、秦羅什譯。與付法藏傳龍樹章大同。

【龍興寺】(寺名) 唐玄宗敕天下諸郡建開元寺、龍興寺。見佛祖統紀五十三。

【龍奮迅三昧】(術語) 此三昧之力、能如龍之奮迅、現勇猛之威勢也。正宗記龍樹章曰、「卽入龍奮迅三昧、據身空中如日輪相。然後復本座示寂。」

【龍藏】(雜語) 龍宮之經藏也。禪宗龜鑑曰、「庭前柏子話、龍藏所未有底。」

【龍藏寺碑】(雜名) 畿輔通志云、隆興寺在正定府治東。一名龍藏寺。隋開皇六年建。初爲龍藏寺、寺有碑在殿隅。集古錄稱其字畫遒勁、有歐虞之體云。

【龍鬚】(譬喻) 以龍鬚之繩縛身入水、則轉緊轉痛、猶如牛皮繫體而向日、以喻利養之害身。智度論曰、「夫利養者如龍鬚繩縛身入水。初損戒皮、次損定肉、後損慧骨」止觀五曰、「狂計邪黠、逾迷逾遠、渴更飮鹹。龍鬚縛身入水轉痛、牛皮繫體向日彌堅。」

【龍龕】(物名) 賢聖之威德、譬如龍、藏其道體之棺槨、謂之龍龕。正宗記馬鳴章曰、「四衆以眞體閟之龍龕。」

【覩貨羅】(地名) Tukhāra 國名。西域記一曰、「出鐵門至覩貨羅國。(舊曰吐火羅國、訛也。)其地南北千餘里、東西三千餘里、東阨葱嶺、西接波剌斯、南大雪山、北據鐵門。(中畧)諸僧徒以十二月十六日入安居三月十五日解安居斯乃據其多雨亦是設敎隨時也」

【覩史多天】（界名）即兜率陀天此翻知足涅槃經曰「此天欲界最勝故補處菩薩皆示生此天爲敎化衆生故」

【親友】（雜語）觀無量壽經釋迦如來稱念佛者爲我善親友見善親友條

【親友七法】（名數）四分律云具七法方成親友一難作能成二難與能與三難忍能忍四密事相告五互相覆藏六遭苦不捨七貧窮不輕見釋氏要覽下

【親里覺】（術語）八覺之一

【親迷惑】（術語）謂見道所斷十惑中疑與五見之六惑也以是爲親迷諦理之惑也

【親敎】（術語）梵語鄔波馱耶Upādhyāya譯曰親敎師親受敎之師也略曰親敎舊所謂和尙也寄歸傳三曰「鄔波馱耶譯爲親敎師」唯識述記一本曰「我親敎三藏法師玄奘」

【親敎師】（術語）見前項

【親勝】（人名）梵曰畔徒室利Bandhuśrī唯識十大論師之一天親菩薩同時人見唯識述記上本

【親緣】（術語）淨土門所立三緣之一觀經定善義曰「衆生起行口常稱佛佛即聞之（中略）衆生憶念佛者佛亦憶念衆生彼此三業不相捨離故名親緣也」見三緣條

【親鸞】（人名）日本淨土眞宗之開祖也法名綽空自稱愚禿親鸞勅諡見眞大師

【餓鬼】（異類）梵語薜荔哆Preta譯曰餓鬼三塗之一法華經云受地獄餓鬼畜生之苦是也又爲六趣之一餓鬼趣常苦飢餓由其所受果報不同而有勝劣有福德者則爲山林塚廟之神下者居不淨處不得飮食常受刀杖之苦雜心論八曰「從他希求故說餓鬼」婆沙論百七十二曰「有說飢渴增故名鬼由彼積集感飢渴業經百千歲不得聞水名豈能得見況復得觸有說被驅役故名鬼恒爲諸天處處驅役馳走故有說多希望故名鬼謂五趣中從他有情多希望者無過此故」大乘義章八末曰「言餓鬼者如雜心釋以從他求故名餓鬼又常飢虛故名爲餓恐怯多畏故名爲鬼」此鬼類中有有藥叉羅刹之大威德者故新譯曰鬼不曰餓然舊譯之經論多曰餓鬼以鬼類中餓鬼最多故也

【九鬼】（名數）順正理論三十一云鬼之種類有三一無財鬼二少財鬼三多財鬼此三各有三無財鬼之三者一炬口鬼二鍼口鬼三臭口鬼少財鬼之三者一鍼毛鬼其毛如針以自刺刺他也二臭毛鬼三癭鬼

多財鬼之三者、一希祠鬼。常居社祠中、希其食物也。二希棄鬼。常希人之棄而食之也。三、大勢鬼。大勢大福如天也。俱舍論十一曰、「或有端嚴具大威德受諸富樂自在如天。或有飢羸顏貌醜陋如是等類。廣說如經。」

【三十六鬼】（名數） 正法念經十六舉三十六種曰、「一鑊身餓鬼、二針口餓鬼、三食吐鬼、四食糞鬼、五無食鬼、六食氣鬼、七食法鬼、八食水鬼、九希望鬼、十食唾鬼、十一食髮鬼、十二食血鬼、十三食肉鬼、十四食香鬼、十五疾行鬼、十六伺便鬼、十七地下鬼、十八神通鬼、十九熾燃鬼、二十伺嬰兒便鬼、二十一欲色鬼、二十二住海渚鬼、二十三使執杖鬼。即閻魔王也。二十四食小兒鬼、二十五、食人精氣鬼、二十六羅剎鬼、二十七火爐燒食鬼、二十八住不淨巷陌鬼、二十九食風鬼、三十食火炭鬼、三十一食毒鬼、三十二曠野鬼、三十三住塚間食熱灰土鬼、三十四樹中住鬼、三十五住四交道鬼、三十六殺身餓鬼。」

【餓鬼住處】（雜語） 正法念經十六曰、「餓鬼所住略有二種。一者人中住。二者住於餓鬼世界。是人中鬼。若人夜行則有見者。餓鬼世界者。住閻浮提下五百由旬長三萬六千由旬。」俱舍論十一曰、「諸鬼本處琰魔王國。於此贍部洲下過五百踰繕那。有琰魔王國縱橫量亦爾。從此展轉散居餘處。

【餓鬼城】（雜語） 順正理論三十一曰、「贍部洲西有五百渚。於中有二。唯鬼所居。渚各有城。二百五十有威德鬼住一渚城。一渚城居無威德鬼。」

【餓鬼因】（語雜） 可爲餓鬼之因緣也。楞嚴經八曰、「是諸衆生。非破律儀。犯菩薩戒。毀佛涅槃。諸餘雜業。歷劫燒然。後還罪畢受諸鬼形。」止觀一下曰、「若其心念念。欲得名聞。四遠八方稱揚欽詠。內無實德。虛比賢聖。起下品十惡。如摩犍提者。此發鬼心。行刀途道。」此通因也。若別別之因。則餓鬼報應經。佛說雜藏經。佛說鬼問目連經之三經詳說之。

【餓鬼道】（界名） 道者道路之義。造餓鬼業因者所行之道路。故曰餓鬼道。五道或六道之一。

【餓鬼趣】（異類） 大乘義章八末曰、「此之六種。經名爲道。亦名爲趣。」有餓鬼業因者之所趣。故曰餓鬼趣。五趣或六趣之一。

【餓鬼界】（界名） 餓鬼之世界。曰餓鬼界。十界之一。

【餓鬼食子】（傳說） 百緣經五說。昔有一夫人。見其妾有妊。大嫉妬。竊與毒使之墮胎。後命終爲餓鬼。一日一夜生五百子。隨生隨食。俱舍論八曰、「餓鬼母白目連云。我夜生五子。隨生皆自食。晝生五亦然。雖盡而無飽」

【德尸羅城餓鬼】（傳說）往昔德叉尸羅住一餓鬼。五百歲間不得食而食其子云。見付法藏傳六。

【師子國餓鬼】（傳說）月支摩訶衍傳法菩薩遊化蘇摩耶諸國。至師子國海畔。見五百餓鬼問住海洛幾時矣。餓鬼答曰。不知幾時。只見大海七變與耳。見法華傳記九。

【餓鬼報應經】（經名）一卷。失譯人名。與佛說雜藏經一卷、佛說鬼問目連經一卷。皆為目連對於各種餓鬼一一說明其業因者。

【餓鬼愛】（術語）二愛之一。欲愛之異名。以凡夫愛着五欲。同於餓鬼趣也。涅槃經五曰「愛有二種。一者餓鬼愛。二者法愛」

【餘甘子】（植物）梵名菴摩洛迦果、Amraphala 毘奈耶雜事一曰「餘甘子出廣州。堪沐髮。西方名菴摩洛迦果也」見菴摩洛迦條。

【餘念】（術語）心於所對之境不一、念餘事也。大寶積經六十八曰「此諸衆會無餘念」大法炬陀羅尼經九曰「汝於法師應起佛想。莫作餘念」

【餘宗】（雜語）由自己之宗而指稱他宗也。

【餘流】（雜語）自宗外之流義也。

【餘乘】（儀式）乘者敎法也。自宗之敎法呼為宗乘、餘宗之敎法。謂之餘乘。

【餘習】（術語）又曰殘習、餘氣、習氣。既斷煩惱。猶存殘餘之習氣也。二乘不能斷此餘習。獨佛斷之。唐華嚴經二曰「離一切煩惱心垢及其餘習」智度論二曰「阿羅漢辟支佛雖破三毒。氣分不盡。譬如香在器中。香雖去。餘氣故在。又如草木薪火烟燒出。炭灰不盡。火力薄故。佛三毒永盡無餘。譬如劫盡火燒須彌山。一切地都盡。無烟無炭。如舍利弗瞋恚餘習。難陀婬欲餘習。畢陵伽婆蹉慢餘習。譬如人被鎖初脫時。行猶不便」

【餘執】（術語）殘留於心而不離之執念也。

【餘結】（術語）殘餘之結使也。結使為煩惱之異名。

【餘蘊】（術語）餘者殘餘、蘊者五蘊、謂已脫分段五蘊而餘未變易五蘊之菩薩身。又言最後身之二乘及菩薩。

【融三世間十身】（術語）華嚴宗二種十身之一。見十身條。

【融三世間十佛】（術語）謂解境之十佛也。以解境之十佛、融衆生器智正覺之三世間而為十佛故也。

【融通】（術語）彼此混同而無差別曰融通。遣無礙曰通。止觀七曰「今有十意融通佛法」

【融通念佛】（術語）日本良忍所弘通之念佛也。謂我念佛之功德、融通於一切人、一切人念佛之功德、融通於我。且念佛之功德融通於一切行、一切行之功德融通於念佛之一行。一切之功德、於此圓滿、而往生淨土也。見融通圓門章。

【融通妄想】（術語）見五妄想條。

【融通淘汰】（術語）台家所立五時中、般若部之意也。般若與一切之法皆爲大乘融會、故曰融通。以空智之水、遣蕩小乘之執情、故曰淘汰。四敎儀集註上曰「般若會一切法皆摩訶衍、故曰融通。以空慧水蕩其執情、故曰淘汰。」

【融通念佛宗】（流派）日本良忍師感無量壽佛現身相授與融通念佛曰、一人一切人、一切人一人。一行一切行、一切行一行。是名他力往生。十界一念融通念佛、億百萬遍。功德圓滿。後毘沙門天王現身曰、師蒙佛授、何不弘融通念佛耶。師曰、何謂也。天王曰、廻所我唱融通於衆人、衆人所唱融攝於我。是融通念佛也。其功踰獨稱不可勝計。師自是創融通念佛宗。本宗之敎義、念佛一行、頂受於無量壽佛、圓融妙理、相承於華嚴天台、開一因一果之妙義、故選取念佛、依淨土三經、敷揚圓理依華嚴法華也。圓門章曰、「敷揚圓理、則直據雜法。」（雜法者華嚴經也）又曰「宗祖正依華嚴法華」

【融通圓門章】（書名）一卷日本融通念佛宗大通融觀著。分十門、辯宗義之要領。

【融通念佛緣起】（書名）二卷、日本大通撰、明融通念佛之宗義。

【融識】（術語）能通達事理之人也。唯識述記序曰、「誕茲能識、秀迹傳燈。」

【駱駝山】（地名）見肉山條。

【駱駝坐】（雜語）兩膝並立而蹲踞也。行事鈔下三之四曰、「僧祇不得作駱駝坐。應加趺坐。」資持記曰、「駱駝謂兩膝柱地。」釋門歸敬儀下曰、「兩膝道坐者、經中名爲駱駝坐也。」同通眞記曰「兩膝並坐者、謂竪兩膝以尻蹲居、經中斥爲駱駝坐也。」

【默不二】（術語）維摩居士、默然無言之入不二法門也。見默然條。

【默理】（術語）默然無言之妙理、謂維摩之入不二法門也。五敎章上曰、「淨名默理。」

【默然】（術語）維摩會上顯不二法門、三十一聖各說不二之法相、文殊說無言無說、是爲不二法門、維摩於最後默然無言。維摩經入不二法門品曰、「於是文殊師利問維摩詰、我等各自說已、仁者當說何等是菩薩入不二法門。時維摩默然無言。文殊師利嘆曰、善哉善哉、乃至無有言語文字、是眞入不二法門。」註曰、「肇曰、上諸菩薩措言於法相文殊有言於無言淨名無言於無言。此三明宗雖同而亦有深淺。」世謂爲維摩一默。

【默傳】（術語）以心傳心見性成佛、在宗門傳授言語之外故曰默六祖壇經曰、「須傳授從上以來默傳分付不得匿其正法。」

【默傳心印】（雜語）禪源諸詮二曰、「畢竟不與他先言知字直待自悟方驗實是親證其體然後印之令絕餘疑故云默傳心印所言默者唯默知字非總不言」

【默置記】（術語）四記之一。對於非理之問默而不答也佛地論六曰「默置記者。如有問言實有性我爲善爲惡石女兒色爲黑爲白如是等問應默置記不應記故長戲論故」

【默擯】（術語）梵曰梵壇、對於強獷之比丘、一切之七衆、不與之往來談話也。行事鈔上二之二曰、「言默擯者五分云梵壇法者。一切七衆不來往交言」同資持記曰、「梵壇者有云梵王宮前立一壇天衆不如法者令立壇上餘天不與往來交言。五分因闡陀惱僧故用此治」維摩經畧疏一曰「彼梵天治罪法別立一壇其犯法者令入此壇諸梵不得共語」梵網經法藏疏六曰、「梵壇者此翻爲滅擯良以非理違犯不受調伏故以此治之」參照梵壇條。

【戰捺羅】（雜語）見戰達羅條。

【戰捺羅野】（眞言）Candrāya 是月天子之名、卽其眞言也息除一切世間之熱惱施以清涼之樂故謂之爲甘露今以最初之戰字爲眞言之體戰是不死之義一切甘露味中無過於淨月三昧其服之者卽離諸變遷而不死不生也捺是施與之義、囉是無塵之義、又爲淨月之用以加曳字之聲卽名月天乘。見大日經義釋七。

【戰達羅】（術語）一作戰捺羅Candra譯曰月。因外道名因明大疏中曰「十八部中上首名戰達羅此云慧月造十句論」

【戰達羅鉢喇婆】（人名）Candraprabha 國王名譯曰月光西域記三曰、「如來昔修菩薩行。爲大國王號戰達羅鉢剌婆。唐言月光志求菩提斷頭惠施。」賢愚經五曰、「旃陀婆羅鞞王晉言月光」

【劍印】（印相）有二種、一不動明王之印劍在鞘中之形右手擬劍左手擬鞘者。二大日如來之劍印大日如來劍印曰、「二手當心合掌屈二頭指中節橫相跓以二大母指並押二頭指上節如劍形」

【劍波】（天名）地動神曰天之眷屬也。演奧鈔十四曰、「注大佛頂云劍波婆耶（地動難）若依此記卽是地動神歟。」

【劍林地獄】（界名）十六小地獄之一。長阿含經地獄品曰、「劍樹地獄」智度論十六曰「劍林地獄」見劍樹地獄條。

【劍輪法】（修法）爲降伏惡魔使用刀劍之法以秘印秘呪行之大元帥儀軌有其法。

【劍摩舍帝】（異類）鬼神名譯曰伏衆根見金光明文句六。

【劍樹地獄】（界名）十六小地獄之一。長阿含第十九地獄品曰「久受苦已乃出豺狼地獄。慞惶馳走求自救護宿罪所牽。不覺忽至劍樹地獄劍樹地獄縱橫五百由旬。罪人入彼劍樹林中有大暴風。起吹劍樹葉。墮其身上著手手絕著足足絕身體頭面無不傷壞。」

【撿挍】（術語）又作檢校。謂於事點撿典挍而監查之也。四分律所謂「應壽究修多羅毘尼撿挍法律」百一羯磨所謂「言共印持者。如撿挍營作之苾芻創起基石。將欲興功告共住諸苾芻曰諸具壽仁應共知。於此處當爲僧伽作淨厨。」是也。

【曀】（術語）梵字。e 悉曇五十字門之一。又十二韻之一。或作藹、醫、翳、噎、衣。詳見翳條。

【醇陀】（術語）見勃陀條。

【褰帷】（故事）馬鳴菩薩降伏鬼辯婆羅門之故事。西域記八曰「摩揭陀國波吒釐子城有一婆羅門。祠鬼求福。高論劇談。人來激難。垂帷酬對。終不面談。以辯資於鬼故也。馬鳴菩薩聞之。奏王乞對論。來難婆羅門。婆羅門在帷中默然寨口。馬鳴叱曰。何不釋難。所事鬼魅宜速授辭。疾褰其帷見其怪。婆羅門惶遽曰止止。」

【憨山】（人名）名德清。號憨山。大那羅延窟。復興曹溪之道場。所著楞嚴通議、楞伽記、南華註等行於世。見續稽古畧三。

【憨山大師全集】（書名）四十卷。明福善等錄。

【憨山大師夢遊全集】（書名）憨山大師全集之異名。

【憨山大師年譜】（書名）二卷。明德清自著。

【錦髆𩫖】（雜語）酉陽雜俎曰「錦髆𩫖謂繡佛也。」

【鴿路戰娜】（飲食）Kharacchada 香藥三十二味之一。譯曰竹黃。最勝王經慧沼疏五曰「竹黃者竹內所出。」

【餔多外道】（流派）天竺外道之一種。塗灰外道也。慈恩寺傳四曰「餔多之輩。以灰塗體用爲修道。遍身艾白。猶寢竈之猫狸」梵 Bhūtika

【歘爾】（雜語）唐韻曰「許物切」玉篇曰「忽也」與忽然同。

【圜悟】（人名）圜與圓字同。宋四川成都府昭覺寺克勤。五祖山演禪師之法嗣也。建炎初。遷鎮江金山寺。適高宗幸揚州。詔入對賜號圜悟禪師。師在夾山靈泉禪院時、於雪竇頌古百則加垂示、著語、評唱者。卽古來稱爲禪門第一書之碧巖集也。見五燈會元十九。

十七畫

【聲】（術語）五塵之一。爲四大種之所造、屬於色法、耳根所對之境也。有八種之別。

【八種聲】（名數）如人口舌所發之聲、發自有情之四大種者、謂之有執受大種爲因。如木石等之聲、發自非情之四大種者、謂之無執受大種爲因。此二種之聲、各有言語之聲與不然、謂之有情名非有情名。卽發自有執受之大種、而爲言語之聲者、如尋常之語聲、（是一）同發自有執受之大種、而不爲言語之聲者、如拍手之聲、（是二）次發自無執受之四大而爲言語之聲者、如佛陀以神通力變作化人之言語、（是三）又同發自無執受之大種而不爲言語者、如溪聲水音。（是四）已上四種、又各分可意不可意（卽好惡）之二聲而爲八種。

- 有執受大種爲因
  - 有情名
    - 可意聲—好語聲
    - 不可意聲—惡語聲
  - 非有情名
    - 可意聲—好拍手聲
    - 不可意聲—惡拍手聲
- 無執受大種爲因
  - 有情名
    - 可意聲—化人好語
    - 不可意聲—化人惡語
  - 非有情名
    - 可意聲—木石好聲
    - 不可意聲—木石惡聲

見俱舍論一

【聲爲敎體】（術語）佛之敎法、以聲爲體、小乘有部之正義也。俱舍論一曰「諸說佛敎語爲體者、彼說法蘊皆色蘊攝。」法華玄義八上舉舊解之經體三種、其中第一曰、「如佛在世、金口演說、但有聲音詮辯、聽者得道。故以聲爲經。」唯識述記本一論四種之出體、其中第三曰、「能說能聽所有名等聲上屈曲、故假從實體卽是聲。是卽第三攝假隨實。對法論云成所引聲謂諸聖說。」起信論義記上出敎體四門、中第一之隨相門有四句、其第二句曰「或喩以音聲爲性。名句文等聲上屈曲假定無體。故雜集論云、成所引聲謂諸聖說。」

【聲爲佛事】（雜語）以聲演說法、因而濟度衆生也。天台維摩經疏二曰、「菩薩觀衆生眼等六根何根偏利。若耳根偏利、卽聲爲佛事。」

【尋聲救苦】（雜語）彌陀攝取念佛

之衆生也。般舟讚曰、「一切時中緣法界。攝取六道現身中。眼見耳聞心內事。尋聲救苦刹那間。」

【聲入】（術語）十二入之一。五根之一。見五根條。

【聲生念誦】（術語）五種念誦之一。見念誦條。

【聲生者外道】（流派）三十外道之一。見外道條附錄。

【聲杖】（物名）錫杖之異名。十誦律五十六曰、「杖法者。佛在寒園林中住。多諸腹行毒蟲。嚙諸比丘。佛言應作有聲杖。驅遣毒蟲。是名杖法。」

【聲生論師】（流派）聲論師之一派。見聲論師條。

【聲佛事】（儀式）誦經稱佛名、音聲之佛事也。天台維摩經疏二曰、「若耳根偏利。即聲爲佛事。」

【聲明】（術語）梵語攝拖苾馱 Sabdavidyā 五明之一。瑜伽論十五曰、「當知此處畧有六相。一法施設建立相。（中畧）云何法施設建立。謂名句文身及五德相應聲。一不鄙陋。二輕易。三雄朗。四相應。五義善。」探玄記十二曰、「聲論治軟智。以解了文章聲字。」菩薩持記經三曰、「聲論有二種。一者顯示界色。（字界字緣也）二者顯示巧便言辭。」西域記二曰、「聲明釋詁訓字。詮目流別。今此聲明唯論音曲。誦文有高下。唱偈有屈曲。（中畧）異五明中聲明相狀。然亦精音似彼聲明。」

【聲明記論】（雜名）見毘伽羅條。

【聲念誦】（雜語）五種念誦之一。見念誦條附錄。

【聲前一句】（雜語）碧巖第七則垂示曰、「聲前一句。千聖不傳。」謂言外之妙音也。

【聲敎】（術語）敎由聲而說、故曰聲敎。佛有六塵說法。是聲塵說法也。止觀七曰、「聲敎開合化道可知。」行宗記一上曰、「敎由聲說。故云聲敎。」

【聲欲】（術語）五欲之一。見欲條。

【聲處】（雜語）十二處之一。聲有種種。見聲條。

【聲量】（術語）聖敎量之異名。見量條。

【聲聞】（術語）梵語、舍羅婆迦 Srāvaka 爲佛之小乘法中弟子。聞佛之聲敎。悟四諦之理。斷見思之惑。而入於涅槃者也。是爲佛道中之最下根。勝鬘寶窟上末曰、「聲聞者下根。從敎立名。聲者敎也。」

【聲聞三釋】（術語）大乘義章十七本云。聲聞之名義。汎解有三。一就得道之因緣而釋。聞如來所說之言敎而悟解。故曰聲聞。地持論曰、「從他聞聲而通達。故名聲聞。

」二就所觀之法門而釋、如地持論所說。我、衆生、人等唯有名而無實、故目之爲聲。觀此聲（卽我衆生等）而聞解無我無衆生之義、謂之聞。三就化地之佛說而釋、佛所說一乘之法旨爲聲、衆生聞而悟解名爲聞。法華經所謂「以佛道聲令一切聞」是也。（愚案台家五種聲聞中之大乘聲聞是也）見大乘義章十七本、大經淨影疏上。

【二種聲聞】（名數）一愚法聲聞、二不愚法聲聞。大乘義章所說。見愚法條。

【三種聲聞】（名數）一愚法聲聞、小乘敎之聲聞也。二稱實聲聞、大乘始敎之聲聞也。三假立聲聞、大乘終敎之聲聞也。見五敎章。

【四種聲聞】（名數）一、決定聲聞、久習小乘、今世道熟、聞小敎而證果也。二、上慢聲聞。於小法未得謂爲得、未證謂爲證、是實凡夫也。三、退大聲聞、原是菩薩、於積功修道之中間、疲厭生死、退大樂小、値佛出世、聞說小法而得小果也。四、應化聲聞、菩薩內秘外現而示聲聞之相也。見法華論、大乘義章十七本、法華文句一。此四種如次第、卽藏通別圓四種之聲聞也。見菩提心義一。

【五種聲聞】（名數）以上四種聲聞、加大乘聲聞一種而爲五種。大乘聲聞者、卽佛道聲聞也。以佛道之聲、使一切聞、因而一切衆生悉終歸大涅槃之實所也。依此義則一切衆生悉爲聲聞。依法華一乘之義、立此聲聞也。法華經所言「我等今者眞是聲聞。以佛道聲令一切聞」是也。（聲聞三義中第三義當之）見法華文句一。

【聲聞乘】（術語）二乘又三乘之一。見乘條。

【聲聞身】（術語）融三世間十身之第四。見佛身條。

【聲聞界】（界名）十界之第七。

【聲聞僧】（術語）二種僧之一。見僧條。

【聲聞說】（術語）五人說經之一。

【聲聞藏】（術語）二藏之一。見藏條。

【聲聞酒】（雜語）王摩詰胡居士臥病詩曰、「旣飮香積飯不醉聲聞酒」。

【聲聞法界】（術語）十法界之一。見法界條附錄。

【聲聞乘敎】（術語）光宅四敎之一。見四敎條附錄。

【聲聞四果】（術語）見四果條。

【聲聞菩提】（術語）三種菩提之一。見菩提條。

【聲聞緣覺】（術語）聲聞與緣覺之二乘也。

【聲聞畏苦障】（雜語）聲聞之人、怖世間生死之苦、願求眞空之涅槃、爲礙佛果之障也。

【聲聞無數願】（術語）四十八願中之第十四願。

【聲聞乘三生】（術語）見三生條附錄。

【聲聞乘十地】（名數）見十地條附錄四乘十地項。

【聲塵】（雜語）五塵又六塵之一。見塵條。

【聲塵得道】（術語）觀音之圓通也。楞嚴經、佛對二十五聖、各問圓通門、觀音最後答以音聲圓通。經六曰、「我今白世尊。佛出娑婆界。此方眞敎體。淸淨在音聲。欲取三摩提。實以聞中入。離苦得解脫。」是觀音自說聞佛所說聲塵之說法而圓通得道也。後文殊判諸聖之圓通、以之爲圓通至極。是佛之敎體、雖涉六塵、而如娑婆世界之衆生、爲耳根最利之衆生、佛以聲塵爲敎體、八萬之法藏是也。故觀音亦以聲爲圓通之至法。是爲最適娑婆世界之機根者、故文殊特讚稱之。

【聲境】（術語）五境之一。

【聲緣】（雜語）聲聞緣覺之二乘也。

【聲論】（術語）又曰聲明記論。舊曰毘伽羅論、Vyākaraṇa 新曰毘訶羯喇拏、（寄歸傳）毘耶羯刺誦。（慈恩寺傳）五明中聲明之記論也。有五經四論等。見毘伽羅條。

【聲論師】（流派）依唯識論有二種。一爲波羅門師之計。崇奉四吠陀、論謂其論之聲、爲誦諸法實義之梵王聲、故是常住、他聲不契實義、則爲無常者。一爲學習聲論卽毘伽羅論者之計。此中有聲顯論師與聲生論師之二派。聲之性本來實有常住、待尋伺等緣爲名句文而顯於世也。其名句文之音響、謂是無常、聲顯論師也。謂其非有本來實有之聲性、待緣始生、生已、則常住不滅者、是聲生論師也。已上二種中、於因明而對論者、後之聲顯聲生聲論師也。唯識述記一末曰、「明論聲常是波羅門等計。明論者先云韋陀論。今云吠陀論。吠陀者明也。明諸實事故。彼計此論聲爲能詮定量。表詮諸法。諸法楷量。故是常住。所說是非皆決定故。餘非楷量。故不是常。設有少言稱可於法。多不實故。亦名非常。梵王誦者而本性有。」又曰、「待緣顯者聲顯也。待緣發者聲生也。發是生義。聲皆是常。」

【聲獨】（雜語）聲聞與獨覺也。

【聲顯論師】（流派）聲論師之一派。見聲論師條。

【聲顯者外道】（流派）三十外道之一。見外道條附錄。

【臂吒犍稚】（物名）Piṭaghaṇṭikā 譯爲打犍椎。比丘尼鈔一曰、「西域傳云時至應臂吒犍稚。臂吒此云打。犍稚者所打之木。或用檀桐木等。彼無鐘磬。故多打木集人也」見犍稚條。

【臂卑履也】（動物）Pipili（多）Pipilikā 又作比臂里迦、譯曰蟻子。大威德經六曰「臂卑履也蟻子也」梵語雜名曰「蟻子比臂里迦」

【臂索】（物名）眞言修法者手臂所懸之珠索也。謂之眞言索。蘇悉地經一曰「作諸事時常須右手臂常以眞言索帶右手。持珠索以香而塗持誦眞言或一百遍或一千遍。帶持此等索者毘那夜迦不能爲障。身得清淨速得成就滿所求願」（略鈔）

【臂釧】（物名）眞言修法者臂所懸之環釧也。蘇悉地供養法下曰「其臂釧者作二十五金剛之結中置一珠兩頭各一」

【臂香】（雜語）聞見錄曰「歲大旱。仁宗祈雨甚切至然臂香以禱。宮人內璫皆然」今俗事神者以鉤貫臂下懸香爐焚香於神前謂之燒臂香。

【臂奢拓】（術語）見畢舍遮條。

【臂線】（修法）以五色之線懸於臂次除病、是婆羅門之法。佛亦爲病緣於諸弟子開之。毘奈耶雜事一曰「六衆乞食見諸婆羅門以妙香華莊嚴形體將五色線繫臂上。六衆亦以五色線繫臂上入城乞食。諸人見之而譏嫌之。佛因制之言若繫者得越法罪。時有苾芻嬰病、詣醫問處方。答言聖者取五色線呪之、繫於臂卽病愈。曰世尊不聽。彼言仁大師慈悲爲本、緣病開許無疑。時諸苾芻言於佛。佛言我今聽諸苾芻爲病因緣、受醫人教者繫線亦無犯」

【翳】（術語）𑖊 悉曇五十字門之一。十二韻之一。又作曀、藹、曳、嘢。字記曰「短藹字去聲聲近櫻係反」大日經作「翳」金剛頂作「曀」涅槃經作「嘢」金剛頂經字母品曰「曀字門一切法求不可得故」文殊問經曰「稱曀字時是起所求聲」大莊嚴經曰「唱翳字時出所希求諸過患事聲」涅槃經曰「嘢者卽是諸佛法性涅槃」法求不可得者自 Eṣaṇā（所求）釋之也。

【翳身藥】（雜名）用此藥則能隱身、不觸他人之目云。爲印度之仙法。謂之隱形藥。龍樹菩薩傳曰「四人相親莫逆於心。俱至術家求隱身法（中略）各與青藥一丸。告之曰汝在靜處以水磨之用塗眼瞼汝形當隱無人見者。龍樹磨此藥時聞其氣卽皆識之分數多少錙銖無失。還告藥師向所得藥有七十種。分數多少皆如其方（中略）四人得術縱意自在常入王宮。宮中美人皆被侵凌」

【翳泥耶】（術語）又作瞖泥耶。鹿名、三十二相之一。見伊尼延條。

【翳迦珊尼】（雜語）Ekāsanika 譯曰一坐食。見四分律疏飾宗記五本。

【翳迦惹吒】（菩薩）Ekajaṭa 翳迦

爲一、惹吒爲髻一髻尊之梵名也。

【翳迦訖沙羅】（雜語）Ekākṣara 譯曰一字見一字頂輪王瑜伽經。

【翳迦鼻指迦】（術語）Ekavīcika 舊譯曰一種子新譯曰一間聖者之位名見一間條。玄應音義二十三曰、「翳迦此云一。鼻至迦此云間言有一間在不得般涅槃也。舊云一種子者梵言鼻致迦此云種斯或譯者不善梵音或筆人不尋本語致玆訛失也。」瑜伽倫記六曰、「一間者唯爲一生所間。不得涅槃故名一間間是隙舊名一種子謂不正也。

【翳荼迦】（動物）蟲名食糞蛣蜣之類見慧琳音義十五。

【翳羅】（植物）又作𪇆羅、鹽羅。樹名。見㶿羅那條。

【翳醯呬】（雜語）Akarṣaṇaṁ 譯曰召請慧琳音義三十五曰、「此句梵語也唐名召請句來義也。」

【薑羯羅】（雜語）Kaṅkara 數法名。慧琳音義十三曰、「俱舍論六十種數法中有矜羯羅。」

【糞果】（譬喻）涅槃經十二云、「如婆羅門幼稚童子爲飢所逼於人糞中見菴羅果卽取之、有智之人見之呵責言汝婆羅門種姓淸淨何故取是糞中穢果童子聞已赧然有愧卽答言我實不食洗除還欲棄捨之智者語言汝大愚痴若還棄原不宜取譬男子菩薩摩訶薩亦復如是於此生分不受不捨如彼智者呵責童子凡夫之人欣生惡死如彼童子取果還棄」欣生如取果遂歸於死如捨果故不如自始不欣生也。

【糞除】（譬喻）長者置窮子於家爲奴付價使除糞屎喩佛置小乘敎使小機除三界之見思出於法華經信解品。三十七尊出生義曰、「起化城以接之由糞除而誘之。」

【糞掃衣】（衣服）又曰衲衣。火燒牛嚼鼠嚙死人衣月水衣等、天竺之人棄之於巷野與拭糞之穢物同故名糞掃衣。浣洗縫治之而著於外也。又補納糞掃之衣片而著用之故亦名納衣比丘著此糞掃衣、不更用檀越之施衣爲十二頭陀行之一。糞掃衣之功德在於離食著行事鈔下一曰、「糞掃衣。制著意此乃世人所棄無復任用義同糞掃」大乘義章十五曰「糞掃衣者所謂火燒牛嚼鼠嚙死人衣等外國之人此等之衣棄之巷野事同糞掃名糞掃衣行者取之浣洗縫治用以供身」行事鈔下三曰、「納衣者四分云捨檀越施衣著糞掃衣」梵 Pāṁsukulika

【燕坐】（術語）與宴坐同中阿含經二十八曰「入室燕坐」

【薜舍】（地名）Vaiśālī 見毘舍離條。

【薜舍離】（地名）見毘舍離條。

【薜陀】（雜名）Veda 與吠陀同。見韋陀條。

【薜服】（衣服）薜羅之服、喻僧衣之陋劣也。

【薜室羅末拏】（天名）Vaiśravaṇa 見毘沙門條。

「薜荔」（異類）薜荔多之畧。

【薜荔多】（異類）Preta 又作閉黎多、閉麗多、閉戾多、髀禮多、卑帝黎。（Pitṛ）新稱彌荔多、俾禮多。譯曰祖父。餓鬼之總名也。玄應音義三曰、「薜荔。上蒲計切。下力計切。或言卑帝黎。或云帝黎耶。或言閉黎多。皆訛也。正言彌荔多。此譯云祖父鬼。舊譯云餓鬼。於中最劣者也。」王漁洋先生曰、余前記梵書薜荔爲餓鬼。又按酉陽雜俎云、人犯五千惡爲五獄鬼。萬惡乃墮薜荔也。（香祖筆記十）

【薜攞斫羯羅】（物名）Velācakra 譯曰時輪。計時之器也。寄歸傳三曰、「於要處安小土臺。圓闊一尺。高五寸。中揷細杖。或時石上竪丁。如竹箸許。可高四指。取其正午之影。西方在處。多悉有之。名爲薜攞斫羯羅。譯爲時輪矣。」

【薜羅】（雜語）又曰薜荔。蔓草也。形容破袈裟之語。

【薄地】（術語）薄者逼也。逼於下地也。爲諸苦所逼迫之地位也。言凡夫之境界。淨心戒觀下曰、「薄地凡夫鼻身鄙陋。果報卑劣。」同發眞鈔中末曰、「文選注云。薄逼也。謂逼下地而居耳。此通收四洲人也。」彌陀經元照疏曰、「薄地凡夫業惑纒縛。流轉五道百千萬劫。」同戒度記下曰、「薄音博。逼也。」大部補注十一曰、「博地。博廣多也。下凡之地廣多故耳。」（依此說則薄字博之假借也）図通敎十地之第五地。欲界九品之思惑中。既斷前六品、餘後三品、欲惑輕薄、故名薄地。大乘義章十四曰、「或須陀洹。或斯陀含。薄欲結。故名薄地。」

【薄佉羅】（地名）國名。玄應音義四曰、「月氏國薄佉羅國應是也。在雪山之西北也。」梵 Bhuḥkhāra

【薄拘羅】（人名）Vakkula 又作薄矩羅、薄俱羅、薄羅婆拘羅、縛矩羅、波鳩蠡。羅漢名。譯曰善容、或偉形。法華文句二曰、「薄拘羅者。此云善容。或偉形。或大肥盛。（中畧）色貌端正。故言善容也。」玄應音義二十五曰、「薄俱羅。舊言薄俱羅。此云善容。持一不殺戒。得五不死者也。」俱舍寶疏二十二曰、「縛矩羅。舊云薄羅。」可洪音義二曰、「波鳩蠡。卽薄拘羅也。」薄拘羅經曰、「我於此正法律中學道以來八十年。未曾有病。乃至彈指頭痛者。未曾憶服藥。乃至一片訶梨勒。」

【薄拘羅無病】（雜語）智度論二十

九日、「如薄拘羅阿羅漢以一呵梨勒菓藥布施。九十一劫不墮惡道。受天人福樂。身常無病。末後身得阿羅漢道。」法華玄義曰、「自有人從生無病。如薄拘羅。生來不識頭痛。況餘病。」中論疏十末曰、「如薄拘羅云我年過八十未曾頭病。」

【薄拘羅不偃臥】（雜語）薄拘羅經曰、「薄拘羅作是說。諸賢我結跏趺坐於八十年未曾倚壁倚樹。」

【薄拘羅省事第一】（雜語）薄拘羅經曰、「我於此正法律中學道以來八十年。未曾憶畜沙彌。未曾憶爲白衣說法。乃至四句頌亦不爲說。」分別功德論四曰、「阿難問薄拘羅。何以不爲人說法耶。爲無四辯爲之智慧而不說法乎。答曰。我於四辯捷疾之智非爲不足。唯自樂靜不喜憒鬧。故不說法耳。」

【長壽第一】（故事）增一阿含經三曰、「我聲聞中第一比丘。壽命極長。終不中夭。所謂婆薄羅比丘是。」

【薄拘羅經】（經名）中阿含經八未曾有品收之。薄拘羅自說種種未曾有法。

【薄迦梵】（術語）又曰婆伽婆。梵音 Bhagavat 譯曰世尊。見世尊條。

【薄迦】（雜語）薄迦梵之訛畧。世尊之梵名。見婆伽婆條。

【薄迦地】（雜語）薄迦梵。即世尊之地位也。

【薄矩羅】（人名）又作波鳩羅。比丘名。見薄拘羅條。

【薄福】（術語）今世福德薄之人也。今世福德薄。以無宿世之善根故也。唐華嚴經十曰、「苦多而樂少。薄福之所處。」南本涅槃經九曰、「薄福之人則不得聞。」止觀二曰、「一種衆生底下薄福。決不能於善中修道。」戒疏一上曰、「三寶薄福不過。」

【薄證】（術語）輕薄之證悟也。止觀七曰、「那得薄證片禪而以爲喜。」

【薪盡】（雜語）謂佛之涅槃也。法華經序品曰、「佛此夜滅度。如薪盡火滅。」法華義疏三曰、「薪盡火滅者。依小乘義。以身爲薪。智慧爲火。故智慧依於身。身盡智便滅。就大乘釋者。薪喻於感火喻於應。衆生感盡諸佛應息。」

【薪盡日】（雜語）二月十五日。如來之涅槃日也。

【薪盡火滅】（術語）謂佛入無餘涅槃也。小乘之菩薩。爲伏惑行因。故成佛果之最後身。爲實業所生。謂之齊業。身業壞報盡謂之薪盡。果報之身盡。則智慧隨滅。謂之火滅。若大乘之菩薩。爲斷惑行因。故佛果之身非實業所生。只隨機生滅。故曰齊緣身。故衆生之機盡。謂之薪盡。隨而應身之滅。謂之火滅。法華經序曰、「佛此夜滅度。如薪盡火滅。」

【齋】（術語）又作時。齋食時食也。齋者謂不過中食。正午以前所作之食事也。戒律上於食分時非時。正午以前爲正時。以後爲非時。時者宜食。非時者不宜食。因而時中之食爲齋食。字典曰「齋戒也。敬也。」是通於一切。梵名烏晡沙他。又曰布薩 Upavasatha 巴。Uposatha 說式也。清淨之義。後轉曰齋曰時。正指不過中食之法。守之曰持齋。是爲齋之本義。然後又一轉而爲不爲肉食。此因大乘敎之本意。置重禁肉食。遂曰持齋者禁肉食也。精進云者。惟不肉食之事也。寄歸傳三曰「時非時。且如時經所說。自應別是會機。然四部律文皆以午時爲正。若影過線許。卽曰非時。」起世經七曰「烏晡沙他隋言增上。謂受持齋法。增上善根。」起世因本經七曰「烏晡沙他隋言受齋。亦云增長。」多論一曰「齋法以過中不食爲體。」

【齋七】（行事）謂人死後七七日之齋會也。見累七齋條。

【齋七幡子】（儀式）七七日之齋會。以紙作幡子。使主僧火化之。以期亡靈見幡子之好相而得好身也。釋氏要覽下曰「北俗亡累七齋日。皆令主齋僧剪紙幡子一首。隨紙化之。按正法念處經有一十七種中有。謂死時若生天者。卽見中有如白氎垂下。其人識神見已。舉手攬之。便受天人中有。故今七七日是中有死生之日。以白紙幡子勝幢之相示之。」

【齋日】（雜語）祖先忌日等爲齋供之日。又六齋日也。

【齋月】（術語）正五九三箇月爲宜持齋食法而愼惡事之月。故曰三長齋月。見三長齋月條。

【齋主】（術語）齋食之施主。楞嚴經一曰「求最後檀越以爲齋主。」

【齋戒】（術語）清心之不淨謂之齋。禁身之過非謂之戒。大乘義章十二曰「防禁故名爲戒。潔淸故名爲齋。」周易韓康伯注曰「洗心曰齋。防患曰戒。」

【八齋戒】（名數）又作八關齋戒。八支齋法等。一不殺。二不盜。三不婬。四不妄語。五不飲酒。六身不塗飾香鬘。七不自歌舞。又不觀聽歌舞。八於高廣之床座不眠坐。九不過中食。此中前八者爲戒而非齋。第九者正爲齋戒。卽合八種之戒與一種之齋戒而名八齋戒。是成實論智度論之意也。若俱舍論之意。合第六塗飾香鬘與第七歌舞觀聽爲一戒。以前七爲七戒。第八爲齋戒。合爲八齋戒。俱舍論十四曰「何等名爲八所應離。一殺生。二不與取。三非梵行。四虛誑語。五飲諸酒。六塗飾香鬘舞歌觀聽。七眠坐嚴麗牀座。八食非時食。」又曰「離非時食是齋。亦齋支。所餘七支是齋支非齋。如正見是道亦道支。餘七支是道支非道。」

【齋法】（術語）過正午不食之法。見齋條。又淸肅整威儀之法。楞嚴經一曰、「嚴整威儀。肅恭齋法。」

【齋板】（物名）庫司有大板、齋時打之者。見象器箋十八。

【齋非時】（術語）午前之食、謂之時。午後之食謂之非時。沙彌之十戒有不過中食。比丘之具足戒有非時食戒。故出家之僧尼、總不可受非時食。後呼齋非時爲齋供非時之稱者、非也。善見論十六曰、「非時食言是時食」寄歸傳三曰「時非時且如經說」。

【齋食】（術語）過午時不食。謂午前中之食也。齋非就食體而云。就食時而云也。持比丘戒沙彌戒者勿論、持在家八齋戒者之食法也。汝僧家之食及法會之施食、總名爲齋。但俗以爲精進而禁肉類、是大乘戒之別意、非關於齋之本義。

【齋持】（術語）如言持齋。爲修道而受持不過中食之法也。

【齋時】（術語）喫齋食之時也。自明相現至正午之間。僧祇律曰、「午時日影過一髮一瞬卽是非時。」

【齋退】（雜語）禪林之語。又曰齋罷。午齋之後也。

【齋席】（雜名）設齋供之法席。

【齋堂】（堂塔）齋堂卽食堂。食堂卽

【齋場】（雜名）爲齋供之場所。

【齋粥】（飲食）齋者午食。粥者朝餐。釋門正統三曰、「齋粥而不愆期」。又曰、「粥則見手掌文。齋則過午不食」。曉光漸現至得見掌中之文爲粥時。

【齋會】（行事）會僧而施齋食、故名齋會。佛祖統記三十七曰、「陳文帝天嘉四年、帝於太極殿設無遮大會」。又曰、「後主至德二年。詔虎丘智聚法師赴太極殿講金光明經」。皆齋會也。

【齋鼓】（物名）報齋時之鼓。

【齋筵】（術語）設齋食以供養三寶之法會。

【齋經】（經名）佛說齋經、一卷、吳支謙譯。中阿含經持齋經也。說持齋之功德。

【齋僧】（雜語）設食以供僧衆也。唐六典曰、凡國忌日兩京定大寺觀各二散齋。諸道士僧尼皆集於齋所。五代會要曰、晉天福五年令每遇國忌行香之後。齋僧一百人。永爲定制。

【齋罷】（雜語）又曰齋退。謂午齋終後。

【齋燈】（物名）與柴燈同。

【齋嚫】（雜名）齋者齋食、嚫者施物也。

【齋鐘】（雜名）報齋時之大鐘也。三十六下見僧堂清規五。

【應】（術語）又曰應供。梵語阿羅訶 Arhat 之譯名。如來十號之一。智德圓滿、應受人天供養之義。涅槃經十八曰「應者一切人天應以種種香花瓔珞幢幡妓樂而供養之。是故名應」

【應人】（術語）阿羅漢也。見應身條。

【應土】（術語）二土之一。又三土之一。謂應於衆生之機而化現之國土也。又作化土。見二土條。

【應化】（術語）應者應現。應衆生之機類而現身也。化者變化。應眞佛緣而變化種種也。西域記七曰「天帝釋欲驗修菩薩行者。降靈應化爲一老夫」

【應化身】（術語）又單曰應身、化身。三身中之第三。自眞體變現者。

【應化聲聞】（術語）四種聲聞之一。本體雖爲佛菩薩、而爲導他姑現聲聞之身者。舍利弗、目連之類。見法華文句四上、三藏法數十六。

【應化利生】（術語）諸佛菩薩之應現爲諸衆生說法、使入佛道、與以無上之利益也。

【應化法身】（術語）法身之佛、應現無量之身也。菩薩瓔珞經上自初地至佛地各有二種之法身。法性身、應化法身是也。謂於第一義諦之法流水中、由實性生智故、爲實智之法身。法名自體集藏爲身。一切衆生之善根、感此實智之法身。故法身能現應無量之法身、一切世界國土身、一切衆生身、一切佛身、一切菩薩身、皆悉能現不可思議身云。又同經下有二法身。一果極法身、二應化法身。其應化法身、如影之隨形。以果身爲常。故應身亦爲常。是即他受用報身及應身、化身等總名爲法身也。見法身條。

【應化佛菩提】（術語）三佛菩提之一。見菩提條附錄。

【應文】（人名）諱允炆。明太祖之孫、懿文太子之長子。即建文帝也。燕王迫金川門、帝將自盡。王鉞曰先帝升遐時、附一篋。命臨大難時發之。即進一紅篋。封鎖甚嚴。帝碎篋觀之。內有度牒三葉。一云應文、二云應能、三云應賢。並有袈裟、帽、鞋、剃刀及白金十錠。帝曰命也。即令程濟祝髮改名應文。時楊應能、葉希賢亦祝髮、各改名易衣、取牒從鬼門逃、暮至神樂觀、明朝向溧陽而去。自是經湖湘入蜀、游雲南、後還閩、入廣西橫州南門壽佛寺、住十五年。尋寓南寧一蕭寺、落魄過三十九年。時正統五年、年六十四。恩州知事岑瑛聞之於京師、賜號老佛、迎入西內。途中賦詩曰、流落江湖四十秋。歸來不覺雪盈頭。乾坤有恨家何在。江漢無情水自流。長樂宮中雲影暗。昭陽殿裏雨聲愁。新蒲細柳年年綠。野老吞聲哭未休。後寂于宮中。弘治中、謚恭仁康定景皇帝見明高僧傳三、續釋氏稽古畧三、元明清史路二等。但明高僧傳等共名作應能恐誤。

【應天】（人名）滁州人。姓蔣氏。依天衣義懷傳雲門之宗要、住眞州長蘆寺。號佛照禪師。年壽並缺。門人有長蘆宗頤、雪竇道榮、慧日智覺等二十五人。見續傳燈錄八等。

【應能】（人名）見應文條。

【應本】（術語）應化身之根本也。別圓二教以中道爲應本。

【應正遍知】（術語）應與正遍知。佛十號中第二號與第三號也。應爲應供之略。正遍知又曰正等覺。見十號條。

【應用無邊】（術語）佛爲救濟衆生而應現之妙用無礙自在、無時而不現、無處而不顯、卽應化之神力自在也。

【應身】（術語）Nirmāṇakāya 三身之一。應他之機緣而化現之佛身也。又與眞如相應之佛身也。義林章七本曰、「應宜現身名應身。」勝鬘經寶窟上本曰「與眞如相應一名爲應身。」定應身之體、依經論有三種之不同。一依同性經、攝論、則對於地上之菩薩現無量之相好身爲應身、現於地前之菩薩及二乘凡夫爲化身。勝鬘經寶窟上本曰、「同性經云。應身住淨土。化身居穢土。（中略）攝論云地前是化佛。登地是應身者。此應身是與眞如相應名爲應身（中略）地前未見眞如。但見八相成道。故言見化身。」二依起信論、則凡夫二乘之所見、卽三十二相之佛身爲應身。此應身卽同性經之化身也。起信論曰、「凡夫二乘心所見名爲應身。（中略）諸菩薩從初發意乃至菩薩究竟地心所見者名爲報身。」三、依金光明經、則不論凡夫二乘菩薩、不問相好多少、凡應他而現之佛身爲應身。不現佛身、現五趣之身、爲化身。此應身含有同性經及起信論之二身也。義林章七本釋金光明經之文曰、「如來相應如如。如如智願力故所現相好頂背圓光。爲地前三乘及十地菩薩所現之身名爲應身。爲化三乘所現佛身及化十地他受用身並名應身。應他機宜現佛身故。（中略）隨衆生類現五趣身。是名化身。不現佛形而顯化故」然天台於應身立勝劣之二、能會通此三種。一勝應身、是同性經等之說。二劣應身。是起信論之說。而通此二身者、卽金光明經之說。

【應身與化身同異】（雜語）同性經金光明經於應身之外立化身、則二身差別。起信論於應身之外不立化身、又唯識論法華論等於化身之外不立應身、則化身卽應身也。見三身條。

【應身土】（界名）應身佛所居住之國土也。謂應衆生機緣而變現之國土。

【應作】（術語）應機而作。與應現同。

文句二下曰、「名月是寶吉祥月天子。大勢至應作。(中略)寶光是寶意日天子。觀世音應作。」

【應形】(術語)應物之形。卽應身。註維摩經序曰「觀應形則謂之身。」

【應伽】(雜語)Anga 譯語曰支分。慧苑音義下曰、「應伽此云身。身有四名。一曰迦耶。二曰沒理羅。三曰弟訶。四曰應伽。然應伽亦云分。謂支分也。」

【應佛】(術語)應身佛也。見應身條。

【應法】(術語)與法相應、不背於理也。猶言如法。

【應法沙彌】(雜名)三沙彌之一。正應沙彌之年齡者。卽自十四歲至十九之沙彌也。行事鈔資持記下四之二曰、「應法者。正合沙彌位也。」

【應法妙服】(雜名)如法之三衣、卽袈裟也。無量壽經上曰、「如佛所讚應法妙服。自然在身。」

【應法記】(書名)具名釋門章服儀應法記、一卷。宋元照撰。

【應法經】(經名)佛說應法經、一卷、西晉竺法護譯。卽中阿含受法經之下卷。

【應果】(術語)阿羅漢果也。阿羅漢、一譯應。具可應人天供養之德故也。

【應供】(術語)如來十號之一。梵語、阿羅訶Arhat 譯曰應供。斷一切之惡。應受人天之供養者。智度論二十四曰、「應受一切世間供養。故名爲應供人。」大乘義章二十末曰、「外國名爲阿羅訶也。此云應供。如來諸過悉已斷盡。福田淸淨。應受物供。故名應供。」

【應赴僧】(雜語)禪宗記曰、「禪僧衣褐。講僧衣紅。瑜伽僧衣葱白。瑜伽者。今應赴僧也。」

【應受識】(術語)十一識之一。見識條附錄。

【應客侍者】(職位)六侍者之一。見侍者條附錄。

【應眞】(術語)阿羅漢之舊譯。應受人天供養之眞人。出三藏記一曰、「舊經無著果。亦應眞。亦應儀。新經阿羅漢。」又應於眞理之人。法華文句一上曰、「阿颰經云應眞。瑞應云眞人。」同記曰、「阿颰經能所雙標。應謂能應之智。眞卽所應之理。以智應理之人。故云應眞。」

【應迹】(術語)應化垂迹。應於機緣而化現垂迹之身也。觀音玄義上曰、「上地爲眞爲本。下地爲應爲迹。」勝鬘寶窟中本曰「應迹爲論。應感旣彰」

【應病與藥】(譬喻)佛對衆生種種之機、說種種之敎、猶之醫應人之病而與藥也。維摩經佛國品曰「應病與藥。令得服行。」菩提心論曰、「諸佛慈悲。從眞起用。救攝衆生。病與藥施諸法門」。

【應現】（術語）應機而現身也。淨名玄二曰「智論功德相法身處處應現往」。觀經疏定善義曰「彌陀應聲卽現」。定善義傳通記二曰「釋迦許說彌陀應現」。金光明經二曰「佛眞法身猶如虛空應物現形。如水中月」。

【應庵】（人名）明州天童應庵禪師。名曇華嗣法於虎丘隆禪師宋孝宗隆興元年寂見稽古略四。

【應理宗】（流派）應理圓實宗之略。法相宗之別名。

【應理圓實宗】（流派）法相宗四名之一此宗所明盡應於理圓滿眞實就理而設之宗名也見法相宗條。

【應報】（術語）應於善惡之業而來苦樂之果報也經名有罪業應報敎化地獄經。

【應量器】（物名）鐵鉢也。與應器同。

【應頌】（術語）十二分經之一。梵名祇夜 Geya 應前之所說而重頌者。亦名重頌。正理論四十四曰「言應頌者謂以勝妙緝句言詞隨述讚前契經所說」。

【應感】（術語）神佛之感應勝鬘寶窟中本曰「應迹爲論應感旣彰」。

【應滅擯】（術語）Pravāsanīya 律中刑罰之名。犯了四波羅夷罪當加滅擯之罰者。行事鈔資持記上一之四曰「應擯者應猶當也罪合當擯而未擯故」。見滅擯條。

【應儀】（術語）具應人天供養之威儀者。卽阿羅漢之舊譯。出三藏記集一曰「舊經無著果亦應眞亦應儀新經阿羅漢亦言阿羅訶」。玄應音義四曰「應儀道又言應眞或言眞人舊云無著果亦云阿羅訶今言阿羅漢皆是一義」。

【應器】（物名）鐵鉢也。比丘之食器。梵語鉢多羅、Pātra 譯曰應器。又曰應量器。謂應法之食器也。又應受人供養者所用之食器也。又應腹分量而食之食器也。行事鈔資持記下二之三曰「鉢是梵言。具云鉢多羅此翻應器應量之器。對法爲名。準章服儀云堪受供者用之名當應器。此卽對人爲目。或處說云量腹而食。故云應器。卽對食爲名。」名義集七曰「鉢多羅此云應器。發軫云應法之器也」。楞嚴義疏一上曰「鉢多羅此云應量器。色與體量皆應法度也」。

【應應】（術語）對於法應而言。法身之感應謂之法應。應身之感應謂之應應。妙玄六上曰「法應則冥益。應應則顯益」。

【應護】（術語）諸佛菩薩等應同衆生之所願隱見而保護其衆生之意也。

【療痔病經】（經名）一卷。唐義淨譯。有神咒治痔病。

【賽錢】（雜名）奉於神佛之錢。俗曰

散錢、參錢。

【塞尼陀】（人名）勝論之祖食米齋山人之梵名。見優樓迦條。

【塞荼】（物名）Khaṇḍa 砂糖名。大日經七曰、「此砂糖名為塞荼。狀如益州所出者。而色甚鮮白。觸之便碎」

【塞陀達多】（人名）比丘名。慧琳音義十四曰、「塞陀達多。是提婆達多眷屬等五百比丘名也」梵Skanda-datta

【塞拏僕】（人名）Kaṇabhuj 勝論之祖食米齋山人之梵名。見優樓迦條。

【嬰兒行】（術語）涅槃經所說五行之一。有自利利他之二釋。就自利釋之。則菩薩之大行。總離分別。如彼嬰兒。故名嬰兒行。就利他釋之。則人天聲聞緣覺之諸乘。猶如嬰兒。菩薩為化彼以大悲心示現此等小善。故名嬰兒行。大乘義章十二曰、「嬰兒行有二種。一者自利。二者利他。若論自利。從喻為名。行離分別。如彼嬰兒無所辨了。名嬰兒行。若論利他。從所化為名。如經中說。凡夫二乘始行菩薩。如似嬰兒。化此嬰兒。名嬰兒行」

【嬰童心】（術語）眞言十心之一。見十心條附錄。

【嬰童無畏心】（術語）眞言所立十住心之第三。修十善行。求天道果之住心也。天上之果報雖勝。然比之佛果則為劣滕。故曰嬰童。而離三途之苦難。故曰無畏。見十住心條。

【闇】（術語）梵am 又作菴、暗。是十二摩多之第十一。轉聲五轉之第四。輪成菩提也。五十字門之一。金剛頂經字母品曰、「闇字門。一切法邊際不可得故」理趣釋曰、「菴字者覺悟義」文殊問經曰、「稱暗字時。是無我所聲」大莊嚴經曰、「菴者能遮一切諸不淨物。於佛法中能捨一切金銀寶物。是故名菴」大日經疏十四曰、「暗是成菩提」同十八曰、「暗字一切眞言之心。於一切眞言最為上首」此於阿字加空點也。於普通之梵語為母音。而不數。邊際不可得。自Anta（邊際）釋之。無我所聲。自Anamakara（無我所）釋之。

【闇林】（地名）西域記曰、「秣蘇伐那。此言闇林。千佛皆於此地說法」

【闇室】（雜語）黑闇之室。

【闇室忽明】（譬喻）如來密藏經下曰、「迦葉。若闇室中然火燈明。是闇頓能作如是說。我百千載住。今不應去。迦葉白言。不也。世尊。當然燈時。是闇已去。佛言。如是。迦葉。百千萬劫所造業障（中略）諸煩惱等。智慧燈照。勢不能住」大集經一曰、「譬如一處百年闇室。一燈能破」止觀一下曰、「如百年闇室。若然燈時。闇不可言我是室主。住此久而不肯去」

【闇室念佛】（術語）為絕外界視聽、

避亂想專心修念佛三昧在闇室作高聲念佛也。

【闇密里帝軍茶利菩薩】（菩薩）Amṛtikuṇḍalin 譯曰甘露瓶集經云闇密里帝（甘露金剛）軍茶利。（瓶）

【闇鈍】（術語）闇且鈍也法華經譬喩品曰、「諸根闇鈍矬陋攣躄」。

【闇鈍障】（術語）見十重障條。

【闇誦】（術語）背讀也行事鈔上曰、「說戒人先當闇誦令利。」

【闇障】（術語）無明之障也。八十華嚴經十五曰、「所有闇障靡不除」。大集經十二曰、「一切法中悉有闇障壞闇障故卽是菩提」。

【闇心】（術語）疑心也。大日經一曰、「云何闇心。於無疑慮法生疑慮解。」

【闇藍水】（雜名）水名見智度論二十八。Amla

【闍王】（人名）阿闍世王之略。

【闍世】（人名）阿闍世之畧。敎行信證序曰、「調達闍世與逆害」。

【闍尼沙】（異類）夜叉名譯曰勝結使見長阿含經五梵 Janeśa

【闍多伽】（術語）梵音 Jātaka、譯曰本生十二部經之一。

【闍伊那敎】（流派）闍伊那者梵音、Jaina 亦曰耆那敎開祖曰若提子 Jñātiputra 其起原與佛殆爲同時代而少早其開宗之動機、亦與佛敎同在於排吠陀之敎權打破四姓之階級其敎理與數論同爲物心對立論使有生 Jiva 與無生 Ajiva 對立謂有生之善神、爲無生之物質的關係所繫縛至於營惡之生故吾人修一切之道德、由於苦行禁欲而從物質界解脫由於一切智而得常滿精神 Nityasiddha 云其與佛敎異者主張我之實在於此點常罵佛敎開敎後二百年頃北方摩伽陀之信徒與南方加羅奈克地方之信徒間生敎義上之異論、北方取寬容主義而著白衣南方依然嚴格體敎祖之旨而主張裸體前者稱爲白衣派後者稱爲空衣派、二者各各編輯其所依敎典爲佛敎云尼乾子卽宿作外道是也。

【闍利】（雜名）Jala 水之異名見涅槃經十三。

【闍那耶舍】（人名）Jñānayaśas 比丘名譯曰藏稱見續高僧傳二。

【闍那崛多】（人名）梵音 Jñānagupta、比丘名譯曰德志見續高僧傳二。

【闍陀伽】（術語）新作社得迦。十二部經之一譯曰本生經佛說自身之過去經歷事見十二部經條。

【闍陀波羅】（菩薩）菩薩位之名仁王經曰、「入無相闍陀波羅位化一切衆生。」同吉藏疏五曰、「闍陀波羅此翻爲度累、闍無復黑闇。亦名無畏地。三藏師翻爲滿定也。」

【闍夜】(印相)Jaya 一作闍耶、印名。勝印或得勝印也。陀羅尼集經四曰、「闍夜印。唐言勝印。」又次下曰「闍耶印。唐言得勝印。」

【闍毘】(雜語)見茶毘條。

【闍耶宰那】(人名)見次項。

【闍耶犀那】(人名)Jayasena 譯曰勝軍。西域鄔波索迦之名也。見西域記九。

【闍梨】(術語)阿闍梨之略。僧徒之師也。其義爲正行。謂能糾正弟子品行。又謂之軌範師。以其能爲弟子軌範也。梨亦作黎。寄歸傳曰、「梵語阿遮黎耶。唐言軌範。今稱訛略。」

【闍婆隸】(異類)Jvāla 餓鬼名。譯曰熾然。見正法念經十六。

【闍提首那】(人名)涅槃經所說十仙之一。慧琳音義二十六曰、「闍提首那。此翻爲願勇。遠法師云。邪見外道。以執涅槃是無常也。」了義燈二本曰、「有云。涅槃經云。上古有仙。名闍提首那。彼仙造論。名三彌叉。此云觀察。廣明二十五諦。准此觀察即無智慧。與數論名同。數即智慧故。」梵 Jati-sena

【闍維】(儀式)梵語。一作茶毘。亦作茶毘。又作闍鼻多。謂僧死而焚之也。徐陵文曰、「用震旦之常儀。乖闍維之舊法。」參照茶毘條。

【闍維分】(雜名)大般涅槃經後分之異名。

【闍鼻多】(雜語)見茶毘條。

【闍演底】(雜語)梵音 Jayanti。見次項。

【闍演帝】(雜語)Jayante 梵音勝之別名、即是戰勝之義。能降伏他之義也。見大日經疏十。

【闍樓】(雜語)譯曰兒衣。涅槃經九曰、「女人產者。闍樓未出。若服此藥。闍樓即出。亦令嬰兒安樂無患。」同疏曰、「闍樓、此言兒衣。」

【闍嚩囉】(雜語)Jvāla 譯曰光明。大日經疏十曰、「闍嚩(二合)囉。光英明義也。由住無去無來之行。成大威光。無與爲比也。」因 Jvāla 無相不生之義也。大日經疏十三曰、「闍嚩囉。闍者生也。嚩縛也。囉相也。側有阿點。與不生義同。無相不生也。」

【闍嚩羅摩履儞】(雜語)Jvālamālini 譯曰焰鬘。謂如來之光焰、連環不斷如鬘也。演密鈔八曰、「闍嚩羅、此譯爲焰。摩履儞、此譯爲鬘。謂如身光之焰。連環不斷。猶如鬘形。」

【闍利沙盤】(雜名)見迦利沙波拏條。

【闍那尸棄佛】(佛名)釋迦修行中

出初僧祇滿位之佛名。智度論四曰、「從過去釋迦文佛到罽那尸棄爲初阿僧祇。」舊俱舍十三作「剌那尸棄」。新婆沙一百七十七、新俱舍十八作「寶髻」。優婆塞戒經一作「寶頂」。菩薩本行經作「螺髻」。玄應音義九曰「罽那居例切秦言寶積經本或作剌那。力達切」。梵 Ratnasikhin.

【罽賓】（地名）漢西域國名。在北印度。新稱迦濕彌羅。卽今克什米爾一帶之地。

【罽賓王臂墮】（傳說）付法藏第二十三祖師子尊者、遊化罽賓國。時彼國王名彌羅崛。大起邪見破壞佛敎。以利劍斬師子尊者頭。中無血。唯乳流出。師資之付法於此遂絕。時王臂墮、七日而亡。見付法藏傳六、佛祖統紀五。

【罽賓國龍地】（傳說）西城記三說國內有阿羅婆樓龍王 Aravada 降大雨、流禾稻。阿育王時爲大德末田地受敎化。

【罽膩吒王】（人名）一作罽尼吒王。付法藏傳五記月支國王、名栴檀罽呢吒王。Canda-kanita 伐中天竺索九億金贖償、獲馬鳴菩薩與佛鉢及一慈心雞而還。後王與安息國戰、殺九億人。王心悔、恐其罪報。馬鳴爲王說清淨之法、使其重罪漸微薄。王尙征伐四方不止。群臣憾之。乃弒王。

【罽膩吒王爲千頭魚】（傳說）王以多殺之罪、雖聞馬鳴說法、猶生大海中爲千頭魚。劍輪廻身、斫頭隨斫隨生、須臾不止。時有羅漢爲維那、鳴犍稚、王聞其聲苦痛止息、因請羅漢長打犍稚。見付法藏傳五、行事鈔上一、經律異相。

【罽羅多】（地名）Kirata 北方山夷之義、謂棲息雪山西北部之種族也。似指前漢初侵入北印度征服罽賓之塞種族。西域記之「訖利多」、與此種族同一歟。

【罽饒夷】（地名）又曰羯若鞠闍。Kanyākubja 所謂曲女城也。今日克腦其。Kanauj 在恆河禪那河之間。太古王城曰拘蘇磨補羅。Kusumapure 在梵授王時、觸仙人之怒、以其惡咒使九十九婇女一時腰曲、故有此名。續高僧傳作罽拏究撥闍。翻爲耳出城。玄奘渡天時、吠奢種曷利沙伐彈那 Harsavardhana 王君臨此地。卽有名之戒日王也。

【避羅】（植物）果名。見頻婆條。

【避死經】（經名）婆羅門避死經之略名。

【還生】（術語）自涅槃界復活也。依實大乘之意、則二乘之人、雖一旦入無餘涅槃界、而餘業未盡、則經若干劫數、還生心身來、發大乘之菩提心而成佛云。因一旦破戒爲佛海之死屍者、懺悔而復正命、謂之還生。止觀輔行曰、「若違三歸而歸邪師邪法邪衆。破五戒乃至二百五十戒中重罪。卽成佛法死人因懺戒復故云還生。」

【還年藥】（飲食）老人還少壯之藥。智度論二十二曰、「如是耆老相還變成少身。如服還年藥。」

【還門】（術語）六妙門之一。謂反照能觀之心不可得之理也。法界次第上之下曰、「轉心返照名之爲還。行者雖修觀照而眞明未發、即當轉心反照能觀之心。若知能觀之心虛妄無實、即所觀執我之倒自亡。因是無漏方便自然而朗。故以還爲門。」

【還拜】（儀式）禪語與答拜同。

【還相】（術語）迴向二相之一。自淨土還來穢土、濟度一切衆生使向佛道也。淨土論註下曰、「迴向有二種相、一者往相、二者還相。（中略）還相者、生彼土已。得奢摩他毘婆舍那方便力成就、迴入生死稠林、敎化一切衆生共向佛道。」

【還相迴向】（術語）二種迴向之一。見前條。

【還相迴向願】（術語）彌陀四十八願中第二十二願。說往生極樂之菩薩、有爲濟度衆生遊出他方國土者。

【還俗】（術語）僧道犯罪歸家、謂之還俗。自願止僧道、謂之歸俗。居家必攜吏學指南篇曰、「還俗謂道犯罪歸家者。歸俗謂僧道無罪自願歸家也。」因還俗歸俗一也。寶積經八十八曰、「五百比丘曰、我等不能精進。恐不能消信施。請乞還俗。文殊讚曰、若不能消信施、寧可一日數百歸俗、不應一日破戒受人信施也。」

【還香】（術語）人來爲我燒香禮拜者、我亦爲彼插香拜禮。又曰答香。見象器箋九。

【還滅】（術語）滅者涅槃也。造業受生死之果、謂之流轉、而修道證涅槃、謂之還滅。正理論九曰、「生死止息是還滅義。」俱舍頌疏根品一曰、「言還滅者生死止息。名爲還滅。取涅槃得爲還滅體。」

【還滅門】（術語）對於流轉門而言。見前項。

【還源】（術語）轉迷而入於悟也。止觀五下曰、「還源反本法界俱寂是名爲止。」

【還源觀】（書名）修華嚴奧旨妄盡還源觀之畧稱。一卷、唐法藏著。說華嚴家之觀法。

【六種還源觀】（名數）還源觀說六觀。一、攝境歸心眞空觀。二、從心現境妙有觀。三、心境秘密圓融觀。四、智身影現衆緣觀。五、多身入一境像觀。六、主伴互現帝網觀。

【還禮】（儀式）禪語與回禮同。

【優尸羅】（植物）Usira 冷藥草名。見正法念經二十三。譯曰香菜。見四分律疏九。

【優多】（術語）陷人於暗坑之法。戒

疏與感註中曰、「優多者律中作無烟火坑。以土覆上令人陷死」梵 Gūḍha

【優多羅】（人名）Uttara 人名譯曰上百緣經五曰、「佛在王舍城迦蘭陀竹林。時彼國中有一長者其婦懷妊滿足十月生一男兒端正殊妙世所希有父母歡喜因爲立字名優多羅」

【塚間第一】（故事）優多羅比丘常離人中而在塚間思味法樂、爲佛弟子中第一位增一阿含三曰、「常樂塚間不處人中。所謂優多羅比丘是」

【優多羅僧】（衣服）見鬱多羅僧條。

【優多羅摩納】（人名）Uttaramāṇas 婆羅門名譯曰上志大梵志之貴族見慧上菩薩問大善權經下。

【優伽】（書名）本行集經十一曰、「優伽隋言嚴熾」梵 Ulkā

【優伽賒國鉢】（物名）或云憂伽賒、或云烏伽賒、皆一也諸比丘得此國貴好瓦鉢、不敢受佛聽受畜。

【優波替】（人名）Upatiṣya 舍利弗之名。

【優波替舍】（人名）見舍利弗條。

【優波陀】（植物）見優鉢羅條。

【優波離】（人名）又作鄔波離優婆利憂波利見優婆離條。

【優波那訶】（術語）見優婆馱耶條。

【優波底沙】（人名）Upatei 阿羅漢名譯曰大光解脫道論之著者見解脫道論一。

【優波笈多】（人名）又作鄔波笈多、鄔波級多羅漢名見優婆毱多條。

【優波柯羅】（異類）Upākala 鄔波哥羅夜叉名譯曰小黑見孔雀王咒經下。

【優波扇多】（人名）Upaśānta 比丘名阿毘曇心論經之著者。

【優波娑迦】（術語）見優婆塞條。

【優波婆娑】（術語）Upavāsa 又作鄔婆沙譯曰近住近聖道而住之義又曰齋。持八齋戒之義又曰善宿離不善而宿於善道之義不拘男女持八齋戒者之稱玄應音義二十三曰、「鄔波婆娑亦言優波婆娑此云近住謂受八戒者近阿羅漢等善人而住者也」俱舍光記十四曰、「鄔波婆娑、或翻爲齋西方有人一日持齋亦名鄔波婆沙共受八齋戒亦名優波婆沙」成實論九曰、「八戒齋名優婆娑秦言善宿是人善心離破戒宿故爲善宿」

【優波毱多】（人名）又作鄔波毱多。羅漢名見優婆毱多條。

【優波斯那】（人名）Upasena 梵志名譯曰最上征將見本行集經四十二。

【優波提舍】（術語）見優婆提舍條。

【優波摩那】（人名）Upamāna 人名。

譯曰譬喻。是佛之庶子也。見慧琳音義二十六。

【優波難陀】（人名）Upananda 比丘名。譯曰重喜、大喜。慧琳音義二十五曰「優波難陀或云拔難陀。此云重喜。」涅槃經疏一曰「優波難陀此翻大喜。或云重喜。其形端正。父母字之為大喜。」

【優波羅懺】（術語）Upalakṣa 又作優婆羅叉。譯曰律。四分律開宗記一本曰「言律藏者梵云優波羅懺。此譯為律。律則法也。非法無以肅威儀也。」大乘義章一曰「優婆羅叉。此翻為律。」

【優波弟鑠】（術語）見優婆提舍條。

【優波弟耶夜】（術語）見優婆馱耶條。

【優羅尼沙士】（書名）梵名 Upaniṣad 一作優婆尼沙曇。記述為印度哲學根本之思想者。非一人所作、亦非一時所編。故不能確定其成立之年代、但視為出於西曆前七八世紀者、似無大差。蓋印度之宗教、以吠陀之讚誦而始。後以說其用法及儀式為目的之佛羅般摩那 Brāhmaṇa 者起、其中有所謂阿蘭若迦 Araṇyaka 之章、所說甚極幽微森嚴。優波尼沙士即為說明之而起者、於宇宙之原始、諸神之性質、精神物質之本性、及其關係等、作哲學的解釋、頗富神祕與譬喻。此所以為所謂六派哲學所依出之源泉也。此書出之時代、史家稱為歷史上優波尼沙士時代。蓋優波尼沙士者、依最上精神認識破殘餘無明之謂、或侍坐於他足下傾聽其言教之謂、或謂為神祕之義。考其思想之大要、及於吠陀時代之末期、以究明世界太原為考察中心點之結果、或以大自在天為世界之太原、或以為神我、或以為聲因、欲說其原因、遂至全脫神話的區域、而產出一個原體「梵」Brahman 之思想。因世界之開發生成、發現此唯一之梵自行繁殖之意志、遂以斯所造之世界、為差別的惡毒之世界、苦痛虛妄之世界、無有真樂。是即為優波尼沙士之思想、此厭世思想、遂生所謂平等與差別之對立、孕龐大之印度哲學者也。言其解脫之方法、彼等謂差別之生活精神與最上精神、原非別物。不過愛著差別、迷惑生活精神而已。故個人精神、若知其自性、則得直與最上精神之梵合一矣。蓋梵為世界之太原、亦即為世界萬有非人格的根本之精神力也。以差別之萬有、探其一原、知一原而於差別之內認之、神與世界對立而不阻隔。說二者之合一、為其特長。即在梵為中心之一元的萬有神教、同時於他面作平等差別對立觀、因使厭離解脫可能也。所謂「其者汝也」Tat tvam asi「我者梵也」Aham Brahma asmi 之二句、稱為優波尼沙士哲學之最高真義。顧其思想雖已達高潮、而言語朦朧、不無未脫朴素幼稚之觀、優波尼沙土中主要者爲Aitareya-up. Kauṣitaki-up. Taittirīya-up. Bṛhadāraṇyaka-up. 等。參照優婆尼沙曇條。

【優波尼沙陀】（術語）見鄔波尼殺曇條。

【優波憍舍羅】（術語）又作傴恕拘舍羅。譯曰善巧方便。十波羅蜜中第七波羅蜜之名。出於可洪音義二。參照傴和拘舍羅條。

【優陀夷】（人名）Udāyin又作烏陀夷、鄔陀夷人名。譯曰出現。法華經義疏九曰、「優陀夷亦烏陀夷。此云出也。」唯識述記七本曰、「鄔陀夷此名出現。日出時生。故以名也。」佛本行集經五十二優陀夷品曰、「長老優陀夷」図（經名）出於順正理論十二。依人而名經者。

【勸導第一】（故事）勸發化導人、佛弟子中以優陀夷爲第一。增一阿含三曰、「善能勸導福度人民。所謂優陀夷比丘是。」

【優陀羅】（雜名）風名。譯曰火破。見翻梵語九図（人名）優陀羅羅摩子之略。

【憂陀羅經】（經名）說優陀羅羅摩子不知癰本雖生於非想天、而還墮於狸中。身爲癰、愛爲癰本。攝於中阿含經二十八。見鬱頭藍弗條。

【優陀延山】（地名）見鄔陀延條附錄。

【優陀延王】（人名）見鄔陀延條附錄。

【優陀羅羅摩子】（人名）見鬱頭藍弗條。

【優畢叉】（術語）見優畢捨條。

【優流漫陀】（地名）Urumaṇḍa又作優留曼荼。山名。阿育經七曰、「優流漫山名。此翻大醍醐。」翻梵語曰、「優留曼荼。大醍醐」。

【優差波跋多】（書名）書名、譯曰舉轉。見本行集經十一。梵Uccāpavarta

【優留毘迦葉】（人名）見優樓頻螺迦葉條。

【優婁佉】（人名）見優樓迦條。

【優畢捨】（術語）Upekṣā又作憂畢叉。譯曰捨。平等持心平等、不偏一方。捨者捨偏心也。涅槃經三十曰、「憂畢叉者、名曰平等。亦名不諍。又名不觀。亦名不行。是名爲捨。」慧琳音義二十六曰、「憂畢叉此云捨也。」大乘義章十曰、「止觀捨者、經中亦名定慧及捨。此乃修中之差別也。修義不同。一門分三。止者外國名奢摩他。此翻爲止。守心住緣。離於散動。故名爲止。止心不亂。故復名定。觀者外國名毘婆舍那。此翻爲觀。於法推求簡擇名觀。觀達稱慧。捨者外國名優畢叉。此翻爲捨。行心平等。捨離偏執。故名爲捨。」

【優婆斯】（術語）見優婆夷條。

【優婆離】（人名）Upāli 又作優婆利、鄔波離、優波離、憂波利。譯曰近取近執。羅漢名。悉達太子執事之人。是本行集經五十三優婆離因緣品所說。持律第一之比丘。更有一人。本為尼犍外道之弟子。是中阿含經三十二優婆離經所說。註維摩經三曰、「肇曰優婆離秦言上首。弟子中持律第一也。」二十唯識述記下曰、「鄔波離者。此云近執。親近於王執王事也。如世說言朝廷執事。」彌勒上生經疏下曰、「優波離。此云近執。佛為太子。彼為大臣。親近太子執事之臣。古人云佛家人非也。」淨名疏五曰、「優波離。此云上首。有翻化生。」

【持律第一】（雜語）增一阿含經三說百比丘第一中。以優婆離為持戒第一。曰、「奉持戒律無所觸犯。優波離比丘是。」智度論二曰、「長老憂波利。於五百阿羅漢中。持律第一。」注維摩經三曰、「什云長夜誓願世世常作持律。故於今持律第一也。」

【優婆離結集律藏】（故事）佛滅後第一結集時。優波離結集律藏。見智度論二、四分律五十四、善見律毘婆沙一、西域記九。

【優婆離問佛經】（經名）一卷。宋求那跋摩譯。因優婆離之問說小乘戒之大要者。

【優婆離問經】（經名）優婆離問佛經之略稱。

【優婆離律】（經名）優婆離問佛經之異名。

【優婆離問菩薩受戒法】（經名）一卷。菩薩善戒經之異名。

【優婆離經】（經名）有二部。一攝於中阿含經三十三。苦行尼犍弟子有優婆離居士。云三業中意業最重。欲難破佛之立義而來。反受佛化。斷惑證果。案是別一優婆離也。一攝於中阿含經五十二。就七滅諍等問答如法不如法者。是持律第一之優婆離也。

【優婆離因緣品】（經名）憂婆離之史傳。攝於佛本行集經五十三。

【優婆塞】（術語）Upāsaka 舊稱優婆塞、伊蒲塞。新稱鄔波索迦、優波娑迦、優婆娑柯、鄔波塞迦、鄔波索迦等。譯曰清信士。近事男。善宿男等。親近奉事三寶之義。總稱受五戒之男子。四衆之一。七衆之一。西域記九曰、「鄔波索迦。唐言近事男。舊曰伊蒲塞。又曰優波塞。皆訛也。」玄應音義二十一曰、「鄔波索迦。或言優波娑迦。近侍也。言優婆塞者訛也。此云近善男。亦云近宿男。謂近三寶而住宿也。或言清信士。善宿男者義譯也。」同二十三曰、「鄔波索迦。亦云優婆娑柯。受三歸住五戒者。優婆此云受。娑柯此云男。」希麟音義五曰、「烏波塞迦。舊云優婆塞。新云鄔波索迦。鄔波此云近。迦此云事。索即男聲也。卽近事男也。謂親近承事三寶者故云。」華嚴疏鈔六十二曰、「親近比丘而承事故」業疏二下曰「正音云鄔波塞迦。唐翻善宿也。故成論云此人善能離破戒宿。古錄以爲清信士者。淸是離過之名。信爲入道之本。士卽男子通稱。取意得矣。在言少異」涅槃經八曰、「歸依於佛者。眞名優婆塞」

【優婆塞戒】（術語）不殺、不盜、不邪婬、不妄語、不飲酒之五戒也。是爲優婆塞宜受持之戒法。

【優婆塞戒經】（經名）七卷、北涼曇無讖譯。說在家菩薩入道修行之法。大乘律之攝。

【優婆塞五戒威儀經】（經名）一卷、宋求那跋摩譯。與曇無讖譯之菩薩戒本經、玄奘譯之菩薩戒本同本異譯。記菩薩戒之戒相者。五戒者爲五邪命五放逸事等。非殺、盜等五戒。大乘律之攝。

【優婆塞五戒相經】（經名）佛說優婆塞五戒相經一卷、宋求那跋摩譯。依淨飯王之請分別五戒之相。小乘律之攝。

【優婆塞經】（經名）說優婆塞能持五戒及念三寶、則得證果。攝於中阿含經三十。

【優婆娑】（術語）見優波婆娑條。

【優婆夷】（術語）Upāsikā 舊稱優波夷、優婆斯。新稱鄔婆斯迦、鄔波斯迦、優波賜迦、優婆私柯。譯曰清淨女、清信女、近善女、近事女。近事三寶之義。總稱受五戒之女子。四衆之一。七衆之一。淨名疏曰、「優婆夷此云清淨女」玄應音義二十一曰、「鄔波斯迦。或言優波賜迦。此云近善女。言優婆夷者。訛也」同二十三曰、「優婆、此云受。私柯此云女」受齋受五戒之義。慧琳音義十三曰、「鄔波斯迦、唐言近善女。或言近事女」西域記九曰「鄔波斯迦。唐言近事女。舊曰優波斯。又曰優波夷。皆訛也」華嚴疏六十二曰、「親近比丘尼而承事故」（在俗之信女也）

【優婆夷淨行法門經】（經名）二卷、失譯。因毘舍佉母之問、廣說優婆夷之淨行者。方等部之攝。

【優婆夷淨行經】（經名）優婆夷淨行法門經之略。

【優婆夷墮舍迦經】（經名）佛說優婆夷墮舍迦經一卷、失譯。與佛說齋經皆爲中阿含經五十五持齋經之別譯。對優婆夷墮舍迦說齋戒之法及其功德。墮舍迦爲夫人之名。

【優婆塞迦】（術語）見優婆塞條。

【優婆娑柯】（術語）見優婆塞條。

【優婆毱多】（人名）Upagupta 又作優婆鞠多、優婆掘多、優波笈多、鄔波毱多、優婆毱提、鄔波級多、鄔波屈多、烏波毱多、優波毱多等。譯曰大護、近藏、近護、小護等。阿育王經七曰、「優波笈多翻大護也。」西域記四曰、「鄔波毱多此云近護。」毘奈耶雜事四十曰、「鄔波笈多此云小護。」俱舍寶疏五曰、「鄔波毱多此云近藏。佛涅槃後一百年出。是阿育王門師。」付法藏之第五師、出於佛滅後二百年阿育王時。稱爲無相佛。見賢愚經十三優婆毱提品、付法藏傳三、阿育王經六。

【無相好佛】（人名）優婆毱多身雖不具三十二相八十種好、然其功德與佛齊、故時人稱爲無相好佛。付法藏傳三曰、「大德今者。智慧高勝。世人號爲無相好佛。」阿育王經八曰、「如佛所記。我入涅槃百年後。有比丘。名優波笈多無相佛。當作佛事。」

【黑白石】（故事）優婆毱多依其師商那和修敎、若起惡心、則下黑石、若生善心、則下白石。初黑多白少、漸漸修習而白黑平等、至滿七日、黑石都盡、唯有白石。其時商那和修、說四聖諦、卽時使得須陀洹道。見付法藏傳三。

【優婆毱提】（人名）見前條。

【優婆私柯】（術語）又作鄔波斯迦。見優婆夷條。

【優婆底沙】（人名）見優波底沙條。

【優婆掘多】（人名）又作鄔波屈多。見優婆毱多條。

【優婆提舍】（術語）Upadeśa 又作鄔波題鑠、優婆題舍、優波提舍、鄔波弟鑠、優波替舍等。譯曰論議。十二部經之一。大乘義章一曰、「優婆提舍此正名論。論諸法故。」同卷曰、「優婆提舍此名論義。問答論理。名論義經。」法苑義林章二之本曰、「鄔波題鑠。古優婆題舍。此云論議。」玄應音義十七曰、「優婆提舍。此云逐分別所說。沙門隨彼卽釋。舊人義譯。爲論義經也。」同二十三曰、「鄔波弟鑠。此云論議也。」

【優婆馱耶】（術語）Upādhyāya 又作鄔波柁耶、優波那訶、憂波第耶夜、鄔波陀耶、優波陀訶、郁波弟耶、鄔波鞄耶、塢波陀耶、鄔婆提耶、郁波弟耶夜等。譯曰親敎師、依止師、依學等。呼師之稱。善見律四曰、「優波那訶。漢言瞋盛。」百一羯磨一注曰、「鄔波馱耶。譯爲親敎師。言和尙者。乃是西方俗語。非是典語。然諸經律梵本皆云鄔波馱耶。」寄歸傳三曰、「鄔波是其親近。波字長喚。中有阿字。義當敎讀。言和尙者非也。西方汎喚博士。皆名鄔社。（中畧）北方諸國。皆喚和社。致令傳譯習彼訛音。」菩提資糧論五曰、「憂波弟耶。隋言近誦。」玄應音義二十一曰、「鄔波柁耶。舊言和尙。或言和闍。皆訛也。此云親敎。亦云近誦。以弟子年少不離於師。常逐常近。受經而誦也。」同二十三曰、「舊云和尙和闍。皆于闐等諸國訛也。義譯云知罪知無罪爲和上也。」業疏三上曰、「中梵本音。鄔波陀耶在唐譯言名之依學依附此人學出道故。自古翻譯多雜蕃胡傳天語不得聲實故有訛僻轉云和上。如昔人解和中最上。此逐字釋不知音本。人又解云翻力生。弟子道力假教生成。得其遠意。失其近語。眞諦所譯明了論疏則云優波陀訶。稍近梵音。猶乖聲論。余親參譯委問本音如上所述。彥琮譯云鄔波弟耶。聲相似也。

【優婆羅叉】（人名）見優波羅懺條。

【優婆尼沙陀】（術語）見鄔波尼殺曇條。

【優婆尼沙曇】（術語）Upan-iṣad 一作優波尼沙土。吠陀後所出佛羅般摩那 Brāhmaṇa 文學之末期有附屬於阿蘭若迦 Āraṇyaka 部分之一大文學。謂之優婆尼沙曇。優婆尼沙曇其數極多。其內容非一人之思想、其所說區區。今亘於全體而觀其思想之傾向、論宇宙之本源、造化之本體、確立爲印度思想根本之梵我不二大義、脫婆羅門傳說之宗教的色彩、爲純然自由思索之哲學。此其特色也。優婆尼殺曇之字源爲 Upa-ni-ṣad 根 sad 有二義、一爲「坐」。他爲「滅」。歐洲學者專採前義、解爲「近侍」或「侍坐」之義、其名自近侍於師而可隨聞者而來。印度學者多襲香羅之說、歸於後義、其名由打破人之欲情、迷妄、與以智識者而得、然原義與「近侍」之意相違。卽非可於公會稠坐中說之。唯可於秘密對坐間傳之之教義也。以此優婆尼殺曇爲有秘奧秘密秘義等意味者。優婆尼殺曇中多於此等之意而用之。因而優婆尼殺曇之異名、有用秘密教、最上秘密、至上秘密之名者。印度有二種優婆尼殺曇。一含五十二種。一有百八種。五十二集爲印度學者間所公認之定數。百八集惟存於南印度。其內容似非全可信用者。雖然其全體之數極多、法之婆婁德氏以爲總數有二百五十種。德之曷勃羅氏列擧二百三十五種。其中屬於「四吠陀」而爲世承認者、約五十種。分之以新舊屬於最古之「三吠陀」卽「利俱」「撒門」「雅求斯」者十一種稱爲古優婆尼沙曇。屬於第四吠陀。卽「阿答樓華」者三十九種、謂之新優婆尼沙曇、優婆尼沙曇之翻譯有波斯譯、羅甸譯、德譯及英譯之四種。波斯譯爲西曆一六五七年波斯國皇子達臘脩売弗 Dārā Shukoh 使婆羅門學士翻譯者、羅甸譯爲法人安愷知竇不隆 Anquetil du Peron 由波斯譯翻譯爲羅甸語者。此稱爲優潑納伽曇。德譯爲勃烏羅黷伊孫 Paul Deussen 於屬於四吠陀五十種以外、加譯優潑納伽曇中所存十種之原本合稱爲六十優婆尼沙曇 Sechzig Upanisads des Veda 者、英譯有種種。其中馬翁之東方聖書第一卷及第十五卷十二種之譯、在印度圖書 Bibliotheca Indica 中殆爲以同數之飜譯而重者。而上記四種飜譯中其尤爲完全於學者之坐右不可缺者。爲讀伊孫之德譯也。又見優波尼沙土條。

【優婆尼殺曇】（術語）見鄔波尼殺曇條。

【優塡】（人名）見次項。

【優塡王】（人名）Udayana 舊稱優塡、于闐、新稱優陀延、鄔陀衍那、嗢陀演那、伐蹉。拘睒彌國王名。譯曰出愛。西域記五曰、「鄔陀衍那王唐言出愛。舊云優塡王訛也。」釋迦方誌上曰、「鄔陀衍那王古優陀延也。唐云出愛」瑜伽略纂十六曰、「云出愛王者。卽舊言優塡王也。正本音言嗢陀演那（此云出）伐蹉（此云愛）。揭剌闍（此云王）。云優塡者、訛也」心地觀經一曰、「于闐王」

【優塡王造佛像】（傳說）釋尊一夏九旬昇忉利天爲母說法。不還閻浮。時拘睒彌國優塡王思慕之。以牛頭栴檀造如來像高五尺、如來自天宮還、刻檀之像立而迎之。故世尊於彼像囑末世之教化。見增一阿含經二十八、西域記五、經律異相六。又佛上天時、優塡王鑄金作像云。見觀佛三昧經六。

【優塡王經】（經名）佛說優塡王經。一卷、西晉法炬譯。此經與佛說大乘日子王所問經共爲大寶積經九十七卷優陀延王會之異譯。優塡王之正后歸佛、得須陀洹果、王信無比夫人之譖、欲殺之、發三箭而箭還住於王頂上之空中。王大驚悔、與無比夫人共來佛所懺罪。佛爲說大夫及夫人之道。

【優塡王作佛形像經】（經名）佛說作佛形像經之別名。一卷、失譯。佛以優塡王之問說作像之功德者。

【佛爲優塡王說王法正論經】（經名）一卷、唐不空譯。說帝王十種之過失、十種之功德、及五種之衰損法、五種之可愛樂法。

【優鉢】（植物）又作烏鉢。花名。優鉢羅之略。見優鉢羅條。法華經隨喜功德品曰、「優鉢華之香常從其口出」

【優鉢羅】（植物）Utpala 又作烏鉢羅、漚鉢羅、優鉢剌。花名。譯曰青蓮花、黛花、紅蓮花。慧苑音義上曰、「優鉢羅。具正云尼羅烏鉢羅。尼羅（Nila）者此云青。烏鉢羅者花號也。其葉狹長、近下小圓、向上漸尖、佛眼似之。經多爲喩。其花莖似藕、稍有刺也。」玄應音義三曰、「優鉢剌、又作漚鉢羅。此譯云黛花也」法華玄贊一曰、「優鉢羅者此云紅蓮花」大日經疏十五曰、「優鉢羅花有赤白二色。又有不赤不白者、形如泥盧鉢羅花」

【優鉢羅龍王】（異類）法華經序品所列八龍王中之一。文句二上曰、「漚鉢羅。此云黛色蓮花池。龍依池住。從池得名」法華義疏二曰、「漚鉢羅龍者、從蓮華池作名也」

【優鉢羅華】（植物）見前項。

【優鉢羅槃那】（人名）王舍城之婬女也。見夢條附錄。

【優鉢羅比丘尼】（人名）即華色比丘尼也。

【優樓】（人名）優樓迦之略。見優樓迦條。止觀十上曰、「優樓僧佉」

【優樓佉】（人名）見優樓迦條。

【優樓迦】（人名）Ulūka 又作憂流迦、嘔盧伽、優婁佉、嗢露迦、漏樓（僧佉）優樓（僧佉）譯曰鵂鶹。仙人名。出於佛出世以前八百年之頃。說六句義之勝論者。百論疏上之中曰、「優樓迦。此云鵂鶹仙云鵂角仙。亦云晁胡仙。此人釋迦未與八百年前已出世。而白日造論。夜半遊行。欲供養之。當於夜半營辦飲食。仍與眷屬來受供養。所說之經名衛世師。有十萬偈。明於六諦。」玄應音義二十四曰、「優婁佉。此云鵂鶹。是造鞞世師論師。說六諦義者也。」唯識述記一末曰、「成劫末人壽無量。外道出世。名嗢露迦。此云鵂鶹。晝避色聲。匿跡山藪。夜絕視聽。方行乞食。時人謂似鵂鶹。因以名也。舊云優婁佉。訛也。或名羯拏僕。羯拏、云米齋。僕。翻為食。先為夜遊。驚他稚婦。遂收場碾糠粃之中米齋食之。故以名也。時人號曰食米齋仙人。舊云蹇尼陀、訛也。亦云吠世師迦。此翻為勝。造六句論。諸論罕匹。故云勝也。或勝人所造。故名勝論。舊云衛世師。或云鞞世師。皆訛略也。」止觀十上曰、「漏樓（僧佉）此翻休睺。計因中無果。」同輔行曰、「優樓（僧佉）此云休留仙。」參照勝論宗及數論條。（Kaṇabhuj Ada）

【優樓頻螺】（植物）Uruvilvā 巴 Uruvelā 又作漚樓頻螺、烏盧頻羅、烏盧頻螺、優樓毘蠡、優樓頻蠡。木名。譯曰木瓜。智度論三十四曰、「如釋迦文佛於漚樓頻螺樹林中。食一麻一米。」文句一之下曰、「優樓頻蠡。亦優樓毘（中畧）此翻木瓜林。」又村名。苦行林所在之地。

【優樓頻螺迦葉】（人名）Uruvilvā-kāśyapa 又作優樓頻贏迦葉、優盧頻螺迦葉、優樓頻蠡迦葉、優留毘迦葉、烏盧頻螺迦葉波。羅漢名。譯曰木瓜林。三迦葉之第一。玄應音義二十五曰、「烏盧頻螺。此云木瓜林。在此林下修道。故以名焉。迦葉波是姓。舊言優樓頻螺。」正法華經云。上時迦葉兄弟三人。居長者也。」玄贊一曰、「迦葉波者姓也。此云飲光。婆羅門姓。上古有仙。身有光明。飲蔽日月之光。（中畧）三迦葉皆飲光種。兄弟三人。梵云鄔盧頻螺。言優樓。訛也。此云木瓜。當其胸前有一癃起。猶如木瓜。又池中龍亦名木瓜。從彼為稱。故以為名。」為歸佛前有五百弟子之外道論師。導佛於毒蛇窟、不得害。與二弟及弟子共歸佛出家。見四分律三十二。

【供養第一】（故事）供養僧伽以優留頻羅迦葉爲第一。增一阿含三曰「將養聖衆四事供養所謂優留毘迦葉比丘是」。

【優樓頻螺聚落】（地名）在中印度摩揭陀國隔伽耶城東南七里許。以佛於此地作苦行而有名。又以爲優樓頻螺迦葉之生地而有名。優樓頻螺說見前。

【優摩陀】（異類）見烏摩條。

【優曇】（植物）Udumbara 又作烏曇花。名具曰優曇婆羅、烏曇跋羅、鄔曇鉢羅、優曇鉢等。譯曰靈瑞、瑞應。法華文句四上曰、「優曇花者此言靈瑞。三千年一現。現則金輪王出」。慧琳音義八曰「優曇花訛略也。正音烏曇跋羅。此云祥瑞靈異天花也」。同二十六曰、「此云起空。亦云瑞應」。玄應音義二十一曰「烏曇跋羅花。舊言優曇波羅花。或作優曇婆羅花。此葉似梨。果大如拳。其味甘。無花而結實。亦有花而難植。故經中以喩希有者也」。慧苑音義下曰、「烏曇花此云希有也。此花多時乃一開也」。法華玄贊三曰、「鄔曇鉢羅。此云瑞應」。法華義疏三末曰「河西道朗云此云靈瑞花。又云空起花。天竺有樹而無其花。若輪王出世此花則現」。翻梵語九曰「鬱曇鉢林。亦云優曇婆羅。亦云優曇鉢。譯曰優者起也。曇婆羅者空也」。法華經方便品曰、「譬如優曇華。一切皆愛樂。天人所希有。時時乃一出」。同品曰、「如是妙法。諸佛如來時乃說之。如優曇鉢華時一現耳」。同化城喩品曰「昔所未曾覩。無量智慧者。如優曇鉢羅」。同妙莊嚴王品曰、「佛難得值。如優曇鉢羅華」。參照優曇華條。

【優曇鉢】（植物）又作優曇盋花名。見前條。

【優曇華】（植物）即優曇。亦名優曇鉢華。按此花爲無花果類。產於喜馬拉耶山麓、及德干高原、錫蘭等處。幹高丈餘。葉有二種。一平滑。一麤糙。皆長四五寸。端尖。雌雄異花。甚細。隱於壺狀凹陷之花托中。常誤以爲隱花植物。花托大如拳。或如拇指。十餘聚生。可食而味劣。世稱三千年開化一度。值佛出世始開。南史曰、「優曇華乃佛瑞應。三千年一現。現則金輪出世」。故今稱不世出之物曰曇花一現。本此。參照優曇條。又草蜻蛉之卵子也。其卵附著柳葉上。有線形長柄托之。多數簇聚如樹之有花。日本稱爲優曇華。

【優曇波羅】（植物）又作優曇婆羅。花名。見優曇條。

【優曇婆羅】（植物）又作優曇波羅。花名。見優曇條。

【優曇婆邏經】（經名）王舍城有一居士曰實瑟居士。詣優曇婆羅林之異學園。古異學以我一論滅瞿曇。如弄空瓶。世尊聞之、至其園說種種之法。使彼屈服。攝於中阿含經二十六。

【優檀那】（術語）優檀那、譯曰說印。

【優禪伽摩】（動物）又作憂承伽摩。鳥名。譯曰高行。起世因本經二曰、「優禪伽摩。隋言高行鳥名也。」異譯經本曰、「憂承伽摩。此言高逝。」梵Uccangama

【償起羅】（物名）又作倘企羅。見商羯羅條。

【擯治】（術語）擯斥惡比丘而治罰之也。此有三種。一擯出、從本處驅出之、待彼懺悔乃許還來。二默擯、一切之人不與之交語。三滅擯、極惡之比丘犯重罪而不懺、滅除彼名、永由本處驅出。

【擯出】（術語）又曰驅遣、驅擯。比丘七種治罰法之一。為折伏惡比丘擯出本處也。若隨順懺悔而乞解、則許還來。其擯出時、僧衆相集、行白四之羯磨、謂之擯出羯磨。見行事鈔上之二。

【擯罰】（術語）與擯出同。

【擬寶珠】（雜名）本為佛塔相輪上之寶珠、象其形置於欄杆之柱頭者。

【擦擦】（雜語）小浮屠也。元史二百二曰、「有作擦擦者、以泥作小浮屠也。」又曰、「作擦擦者、或十萬二十萬以至三十萬。」

【彌天】（人名）晉道安也。法師在襄陽、習鑿齒負才來謁云、四海習鑿齒。安答曰、彌天釋道安。自此稱為彌天之道安。見高僧傳。

【彌多羅尼】（術語）（Mitra）譯曰善知識。朋友之義。玄應音義九曰、「彌多羅尼子。秦言善知識。」梵 Maitrāyaṇi

【彌沙塞】（流派）Mahiśāsakāḥ 律部之名。譯曰化地。就宗計而義翻為不著有無觀。優婆毱多五弟子之一。此律主之部宗稱為彌沙塞、或化地部。律本名五分律。支那譯有三十卷。律藏分派五部之一也。又小乘十八部中有化地部、佛滅三百年中自一切有部別立者。玄應音義二十三曰、「化地部。第三百年中從一切有部出也。梵言摩醯奢娑迦。亦言彌喜捨娑柯。此云地。亦教地。或言正地。人名也。但此羅漢在俗為王國師。匡化土境。故名化地。今入佛法。佛法如地。又匡化之。故以名也。舊名彌沙塞者、訛也。」可洪音義三曰、「彌沙塞律部師宗名也。亦云彌沙翼。亦云彌嬉捨娑柯。此云化地。」南山戒疏一上曰、「彌沙塞。此云不著有無觀。」拾毘尼義鈔上一曰、「彌沙塞。此云廣解義。亦名不著有無。法名五分。」又曰、「彌沙塞者、人名。此人禪思入微。究暢玄旨。著青袈裟。」大集經二十二曰、「我涅槃後。我諸弟子受持如來十二部經。讀誦書寫。不作地相水火風相虛空識相。是故名當彌沙塞部。」

【彌沙塞律】（書名）彌沙塞部和醯五分律之略稱。

【彌沙塞部】（流派）謂彌沙塞羅漢部宗之律藏卽五分律是也。

【彌沙塞羯磨本】（書名）一卷唐愛同錄。五部律所用僧中之羯磨法也。

【彌沙塞五分戒本】（書名）一卷宋佛陀什譯列舉五分律之戒相者。

【彌沙塞部和醯五分律】（經名）五分律之具名三十卷宋佛陀什等譯和醯之梵語未詳。

【彌伽】（菩薩）Megha 善財童子五十三知識中之第四知識名良醫也。晉華嚴經四十七曰、「於此南方有一國土名曰自在城名視藥彼有良醫名曰彌伽汝詣彼問。云何菩薩向菩薩行。」探玄記十八曰「彌伽者此翻名雲謂能注法雨潤益衆生故名也」慧苑音義下曰「彌伽此云能降伏或翻爲雲也。」

【彌伽釋迦】（人名）Meghasikhara 沙門名。譯曰雲峯。宋僧傳二曰、「烏萇國沙門彌伽釋迦注云釋迦稍訛正云鑠佉此云雲峯」。

【彌迦】（人名）Meka 牧女名。慧琳音義十二曰、「彌迦佛成道來獻乳糜牧牛女名也此無正翻也。」

【彌迦那】（人名）Mekhala 婬女名。本行集經十六曰、「有一婬女名彌迦那。隋言一者」

【彌迦羅】（人名）Mekhala 長者名。譯曰金帶慧琳音義二十六曰、「彌迦羅、此云金帶金寶嚴身因以爲名」

【彌陀】（佛名）如來名卽阿彌陀佛之省稱南史庾說傳曰、「舉室咸聞空中唱上行先生已生彌陀淨域矣」見阿彌陀條。

【彌陀三尊】（圖像）彌陀觀音勢至也。阿彌陀如來爲中尊觀音菩薩爲左脇侍、勢至菩薩爲右脇士。見觀無量壽經。

【彌陀本願】（術語）彌陀如來立四十八願而成極樂以救一切衆生見無量壽經上。

【彌陀寶號】（雜語）又曰彌陀名號。南無阿彌陀佛之六字也。

【彌陀利劍】（雜語）彌陀之名號譬如利劍也。般舟讚曰、「利劍卽是彌陀號一聲稱念罪皆除」

【彌陀成道日】（雜語）十五日也。五祖戒禪師配三十佛於三十日、俗所謂緣日也。

【彌陀山】（人名）沙門名。譯曰寂友。開元錄九曰、「沙門彌陀山唐言寂友。覩貨羅國人也。譯無垢淨光陀羅尼經一卷。」

【彌陀供】（修法）又曰阿彌陀護摩。阿彌陀如來之供養法也。多爲追薦廻向修之。

【彌陀經】（經名）佛說阿彌陀經之

略稱。

【彌陀頭】（職位）禪林之目。為供養彌陀佛司勸化之僧也。

【彌陀講】（行事）念阿彌陀佛之講會也。

【彌陀三部】（名數）見三部經條附錄。

【彌陀三聖】（名數）見三聖條附錄。

【彌陀名號】（術語）彌陀為救濟一切衆生而成就之名號也。此有四字之名號、有六字之名號。四字者為「阿彌陀佛」。六字者為「南無阿彌陀佛」。有重四字者、有重六字者。念持其名號、一心不亂、不雜餘念、則得無量無邊之功德。所有罪障、亦得消滅。此外有以為本尊而禮拜之名號。九字之名號為南無不可思議光如來。十字之名號為歸命盡十方無礙光如來。

【彌陀名願】（術語）謂阿彌陀佛以其名號救濟衆生之本願也。即彌陀之第十八願。

【彌陀定印】（印相）彌陀之住定印也。見定印條。

【彌陀散華】（雜語）見散華條。

【彌陀護摩】（修法）Amitābha-homa 見彌陀供條。

【彌陀初會聖衆】（雜語）謂阿彌陀佛於十劫之昔成就正覺後、初說法時、列其會座聞法之聲聞菩薩等也。

【彌戾車】（雜名）Mleccha 華言惡見。見蜜利車條。

【彌帝隸】（菩薩）Maitreya 見彌勒條。

【彌荔多】（異類）Preta 餓鬼之梵名。見薜荔多條。

【彌勒】（佛名）Maitreya 新稱彌帝隸、梅低梨、迷諦隸、梅怛麗、每怛哩、梅怛麗藥、昧怛囇曳。菩薩之姓也。譯曰慈氏。名阿逸多、譯曰無能勝。或言阿逸多為姓、彌勒為名。生於南天竺婆羅門家、紹釋迦如來之佛位、為補處之菩薩。先佛入滅、生於兜率天內院。彼經四千歲（即人中五十六億七千萬歲）下生人間、於華林園龍華樹下成正覺、初過去之彌勒、值佛而修得慈心三昧、故稱為慈氏。乃至成佛、猶立是名也。註維摩經一曰、「什曰、彌勒、菩薩姓也。阿逸多、字也。南天竺婆羅門子。」法華嘉祥疏二曰、「彌勒此云慈氏也。過去值彌勒佛、發願名彌勒也。出一切智光仙人經。彌勒昔作一切智光仙人、值慈氏佛說慈心三昧經、故曰慈也。華嚴經云、初得慈心三昧、故名慈也。」天台淨名疏五曰、「言彌勒者、有云從姓立名。今謂非姓。恐是名也。何者。彌勒、此翻慈氏。過去為王、名曇摩流支、慈育國人、國人稱為慈氏。自爾至今常名慈氏。姓阿逸多、此云無勝。有言阿逸多是名。既不親見正文。未可定執。」俱舍光記十八曰、「梅怛此云慈。儷藥此云氏。菩薩於慈姓中生。從姓立名。故名慈氏。舊云彌勒訛也。」玄應音義二十五曰、「梅怛麗藥此云慈。即舊云慈氏者也。慈有二因緣。一值慈佛發心。二初得慈心三昧。因以名焉。言彌勒或云梅低黎並訛也。」慧苑音義下曰「彌勒具昧怛㘑曳。此翻爲慈氏也。」慧琳音義十四曰、「彌帝隸古云彌勒皆訛略不正也。正音云每怛哩。」西域記七曰、「梅怛麗耶唐言慈。即姓也。舊曰彌勒訛略也。」在密敎胎藏界之彌勒坐於中台八葉院東北方之蓮上、金剛界之彌勒在賢劫十六尊中坐於東方、羯磨會三十七尊中之西方金剛因菩薩、即爲此尊之本誓。大輪金剛者此尊之敎令輪身也。密號曰迅疾金剛。

【彌勒釋迦成佛前後】（雜語）二菩薩昔在底沙佛所修行。釋迦菩薩以極爲精進超九大劫而成佛。見底沙條。

【彌勒生緣】（雜語）彌勒上生經曰、「佛告優婆離。彌勒先於波羅捺國劫波利村波婆利大婆羅門生。劫後十二年二月十五日。還家本生處結加趺坐。如入滅定。身紫金色光明豔赫如百千日。上至兜率陀天。」一切智光明仙人慈心因緣不食肉經曰、「佛住摩伽提國寂滅道場彌伽女村自在天祠精舍。時有迦波利婆羅門子名彌勒。軀體金色。三十二相八十種好。」

【彌勒出世】（術語）彌勒爲賢劫千佛之第五佛。自今經五十六億七千萬年出世於第十之滅劫。繼紹釋迦佛。於龍華樹下以三會之說法、化了一切之人天也。一切智光明仙人慈心因緣不食肉經曰、「時誦經仙人者、今此衆中婆羅門子彌勒菩薩摩訶薩是。我涅槃後五十六億萬歲當穰佉轉輪聖王國土華林園中金剛座處龍華菩提樹下得成佛道。轉妙法輪。」菩薩處胎經二曰、「彌勒當知。汝復受記。五十六億七千萬歲於此樹下成無上等正覺。」

【彌勒本經】（經名）彌勒大成佛經一卷、秦羅什譯。觀彌勒菩薩下生經。一卷、西晉竺法護譯。彌勒來時經一卷、失譯人名。彌勒下生成佛經。一卷、唐義淨譯。彌勒下生經一卷、秦羅什譯。已上諸經大同小異。共說彌勒自兜率天下生閻浮提成佛時之國土、時節、種族、出家、成道、轉法輪事。觀彌勒菩薩上生兜率天經。一卷、宋沮渠京聲譯。說彌勒菩薩上生兜率天宮種種極妙之樂事。

【彌勒樓閣】（雜名）華嚴經七十七曰、「於此南方有國名海岸。有園名大莊嚴。其中有一廣大樓閣名毘盧遮那莊嚴藏。從菩薩善根果報生。」同七十九曰、「爾時善財童子。恭敬右繞彌勒菩薩摩訶薩已而白之言唯願大聖開樓閣門令我得入。時彌勒菩薩。前詣樓閣彈指出聲。其門卽開命善財入善財心喜入已還閉見其樓閣廣博無量同於虛空」

【彌勒淨土】（界名）欲界六天中第四之兜率天有內外二院。其內院常爲補處菩薩之生處今彌勒菩薩生於此。故謂之爲彌勒之淨土彌勒上生經說淨土之相。以勸願生。

【彌勒三尊】（圖像）中尊爲彌勒佛、左爲法花林菩薩、右爲大妙相菩薩。

【彌勒會】（行事）祈念彌勒菩薩之法會也。

【彌勒經】（經名）總稱彌勒上生經及彌勒下生經。上生經雖惟爲宋京聲譯觀彌勒菩薩上生兜率天經之一本。然彌勒下生經於羅什之彌勒下生經外。有異譯數本。

【彌勒經遊意】（書名）一卷唐吉藏撰。

【彌勒講】（行事）念彌勒菩薩之講會也。

【彌勒三部】（名數）見三部經條附錄。

【彌勒難經】（經名）彌勒菩薩所問本願經之異名。

【彌勒三會】（名數）見三會條附錄。

【彌勒上生經】（經名）具名觀彌勒菩薩上生兜率天經。一卷宋沮渠京聲譯說彌勒上生兜率天及兜率內院（卽彌勒淨土）之樂事。疏註如下。彌勒上生經宗要一卷、新羅元曉撰。觀彌勒上兜率天經贊二卷、唐窺基撰。彌勒上生經料簡記一卷、唐憬興撰。彌勒上生經述贊卷一唐失名。不全

【彌勒下生經】（經名）說彌勒自兜率天下生閻浮成佛之事。後秦鳩摩羅什譯。又竺法護譯、觀彌勒菩薩下生經之異名。同本異譯也。本經之疏註如下。彌勒下生經疏一卷、唐憬興撰。彌勒下生經述贊卷二。唐失名。不全

【彌勒六部經】（名數）彌勒下生經、彌勒來時經、彌勒下生成佛經、彌勒大成佛經、觀彌勒菩薩上生兜率天經、彌勒下生成佛經（此與上第三雷同、疑有誤未敢擅改。）之六部也。是等經典專說關於彌勒菩薩者。

【彌勒成佛經】（經名）彌勒大成佛經之略名。

【彌勒受決經】（經名）羅什譯彌勒下生經之異名。

【彌勒來時經】（經名）一卷、失譯。彌勒下生經之異譯。

【彌勒大成佛經】（經名）一卷、秦羅什譯。佛因舍利弗之問說彌勒菩薩下生成佛之事。與彌勒下生經大同小異。疏一卷、唐憬興撰

【彌勒問本願經】（經名）彌勒菩薩

所問本願經之略名。

【彌勒下生成佛經】（經名）一卷、唐義淨譯彌勒下生經之異譯。

【彌勒當來成佛經】（經名）羅什譯、彌勒下生經之異名。

【彌勒菩薩所問經論】（書名）七卷、元魏菩提流支譯釋彌勒菩薩所問本願經。

【彌勒菩薩所問本願經】（經名）一卷西晉竺法護譯大寶積經之第四十二會、彌勒菩薩所問會之別出異譯。

【彌窒】（菩薩）彌窒耶尼子之子。與彌帝隸同。

【彌樓】（地名）山名譯曰高山、光山。或謂與須彌山一體或謂為別體依法華經則為別山也法華嘉祥疏十一曰、「彌樓山此云高山又云光山」慧琳音義十五曰、「彌樓山即須彌樓山也皆梵語訛轉也唐云妙高山或云妙光山」大部補註十曰、「有人謂彌樓此云光明山即七金山也金色光明故云耳若准第一義法勝經云須彌樓山則彌樓山是須彌山也如新俱舍云蘇迷盧山舊譯俱舍其須彌山亦云彌據山是則梵音有楚夏耳若據今文（法華經）下句自云須彌鐵圍是則彌樓須彌有異」以同一為正。

【彌盧】（雜語）Meru 譯曰高華嚴經四十八曰、「如來口右輔上牙有大人相、名寶燄彌盧藏雲」同疏曰「右輔上牙名彌盧者顯妙高故」慧苑音義下曰「彌盧此云高以在佛上牙故也」

【彌盧等心】（術語）見六十心條。

【彌遲伽】（堂塔）塔名本行集經三十三曰、「龍王起塔名彌遲伽隋言土塔」梵 Mṛttika

【彌離車】（雜名）見蜜利車條。

【彌薩羅】（地名）Meghasāra 林名。譯曰雲杉翻梵語九曰、「彌薩羅應云彌伽薩羅譯曰彌伽者雲薩羅者杉中阿含第十四」

【彌醯】（人名）Mihira 比丘名、佛對彼說法謂之彌醯經中阿含十巴 Meghiya

【彌蘭】（人名）Milinda 王名譯曰慈彌蘭王問那先比丘人一生造惡、命終時念佛生天如何那先以船上置石之譬答之。見那先比丘經。

【獲】（術語）得之一種對於不獲而言謂得未曾得者又言今得曾得而已失者、例如見道初無漏凡夫未曾得、又如有漏定曾得而已失今並得之是也。

【獲免惡道經】（經名）嗟韈曩法天子受三歸依獲免惡道經之略名。

【獲得】（術語）得物也獲與得字同義教行信證三所謂「獲得信樂者自如來選擇之願心發起」是也。

【隱元】（人名）明僧隆琦字隱元、赴日本爲日本黃蘗宗之開祖。

【隱元禪師語錄】（書名）明海寧編、十六卷。

【隱劣顯勝識】（術語）見唯識觀條。

【隱形法】（修法）隱形使人不見之法。

【隱形藥】（飲食）與翳身藥同。見翳身藥條。

【隱形印】（印相）梵語安怛祖那印。譯曰隱形印。摩利支天經云左手爲空拳、舒右手掌覆之之形。

【隱形算】（雜語）以算法極意行隱形秘術之法。

【隱身】、（術語）隱身之術。與隱形同。龍樹傳曰「唯有隱身之術、斯樂可辨」。參照翳身藥條。

【隱所法】（修法）密敎行者上厠時所修之法。入一切穢所亦修之。法於頂上觀嚩字、於左右脇觀長之吽字、念烏瑟沙摩明王。蓋以此尊住於不淨餐食之三昧也。

【隱峯】（人名）姓鄧氏、稱爲鄧隱峯。初遊馬祖之門、不能見其奧、來往石頭兩番。後於馬祖言下契悟。唐元和中上五臺山寂。見會元三。

【隱峯推車】（術語）公案。「隱峯禪師。一日推車。次馬祖展脚。在路上坐。師云請師收脚。大師云已展不縮。師云已進不退。乃推車碾損祖脚。祖歸法堂。執斧子曰適來碾損老僧脚底出來。師便出於祖前引頸。祖乃置斧」。見會元三、光明藏中、葛藤集下。

【隱密】（術語）如來說法有顯了隱密之二意。顯了爲於文面分明顯然者。隱密爲說者本意所存、密隱文內者。顯說爲方便、密意爲眞實。與以了義敎爲眞實、以不了義敎爲方便者不同。演密鈔二曰、「此宗多有隱密之語」。敎行證文類六本曰、「依釋家之意。按無量壽佛觀經者有顯彰隱密義」。

【隱密顯了俱成門】（術語）十玄門之一。見玄門條附錄。

【隱勝彰劣恩】（術語）見十恩條。

【隱實施權恩】（術語）見十恩條。

【隱覆】（術語）隱實事也。

【隱覆說】（術語）隱實理而說也。方便說。大法鼓經上曰、「隱覆說者。謂言如來畢竟涅槃。而實如來常住不滅」。

【隱覆授記】（術語）與其人以成佛之記別、以佛之神力隱於其人而使他人知之。謂之隱覆授記。四種授記之一。見授記條。

【濫波】（地名）Lampā 國名。北印度之境有部毘奈耶四十六曰、「時紺顏童子。執師衣角懸身而去。時人遙見皆悉唱言。濫波底濫波底。（是懸掛義）其所經過方國之處。因號濫波。今北印度現有其國」。西域記二曰「越黑嶺入北印度境至濫波國」。

【濡佛】（圖像）露佛也。無厨子或堂宇之佛像也。毘盧舍那佛之露佛在於諸方、

【濡首】（菩薩）文殊師利之前後畧也。見文殊條。

【濡首分衛經】（經名）濡首菩薩無上清淨分衛經之畧。

【濡首菩薩無上清淨分衛經】（經名）二卷、劉宋釋翔公譯。一名決了諸法如幻三昧與大般若第八會同。

【濟下】（雜語）謂臨濟之門下也。

【濟度】（術語）衆生沈居生死海、濟而渡於彼岸也。度者渡也。法華經方便品曰、「終不以小乘濟度衆生」。

【濟度方便】（術語）方便爲方法便宜之義。卽所謂手段。佛救濟衆生之手段也。

【濟家】（流派）謂臨濟宗也。

【濟緣記】（書名）四分律隨機羯磨濟緣記、八卷、宋元照著。釋南山之業疏者。

【濟諸方等學經】（經名）一卷、西晉竺法護譯。大乘方廣總持經之異譯。

【濟顚僧】（人名）宋天台人名道濟。李氏子。就靈隱剃度。狂嗜酒肉。人稱濟顚。居淨慈寺。火發寺燬。濟行化嚴陵。以袈裟籠罩諸山。山木盡拔。浮江而出。報寺衆曰木在香積井中。六丈夫勾之而出。蓋六甲神也。見淸一統志。師臨終作偈曰、六十年來狼藉。東壁打倒西壁。於今收拾歸來。依舊水連天碧。入滅後有僧遇於六和塔下。復附書歸。有憶昔面前當一箭。至今猶覺骨毛寒。只因面目無人識。又往天台走一番之句。蓋天台五百應眞之一也。

【濕生】（雜語）四生之一。如蚊蛇、依濕氣而生者。

【濕生化生】（術語）四生中之二。有水氣之所生物自行出生、謂之濕生化生者、不藉父母之因緣、從蓮華等自然變化出生者。

【濕潤心作意】（術語）見四種作意條。

【濮陽】（人名）又作樸楊。是非未詳。名知周。著唯識演秘、紀傳未詳。

【檀】（術語）Dāna 又作檀那、陀那。譯曰布施。施與。大乘義章十二曰、「言檀者是外國語。此名布施。以己財事分布與他名之爲布。惙己惠人目之爲施」。慧琳音義十二曰、「陀那正云馱曩。唐云施。古曰檀那。一也」。

【二檀】（名數）一世間檀、凡夫之布施。或聖人作有漏心布施者。二出世間檀、聖人無漏心之布施也。見智度論十一。

【檀中】（雜語）在檀家之數者。

【檀主】（雜名）又曰檀家施主也。

【檀耳】（物名）旃檀耳之畧。耳者茸

也。佛於最後之齋食受之而涅槃。見旃檀耳條。

【檀尼迦】（人名）或云檀貳迦、或云但尼迦、或云達膩迦、或云陀尼迦。善見律云、檀尼迦是名、此比丘是瓦作家子。善見和泥作屋、窗牖戶扃悉是泥作、唯戶扇是木、取柴薪牛屎及草、以赤土圬塗外燒之、熟已、赤色如火、打之鳴喚、狀如鈴聲、風吹窗牖、猶如樂音。

【檀那】（術語）Dāna 又作陀那。譯曰施。陀那鉢底 Dānapati 譯曰施主。遂畧稱施主為檀那、或檀越。慧琳音義上曰、「檀具云檀那、此云施。」寄歸傳一曰、「梵云陀那鉢底、譯為施主。陀那是施、鉢底是主。」翻譯名義集曰、「要覽曰、梵語陀那鉢底、唐言施主。今稱檀那、訛陀為檀、去鉢底留那也。又稱檀越者、檀卽施也。此人行施、越貧窮海。」又布施也。翻譯名義集曰、「檀那法界次第云、秦言布施。若內有信心、外有福田有財物、三事和合、心生捨法、能破慳貪、是為檀那。」

【檀那寺】（雜名）由檀家歸屬之寺也。檀那為施與之義、俗家施與僧寺以資緣、則自僧稱俗曰檀那、又曰檀家。僧施與俗家以法利、則自俗家呼僧寺為檀那寺。

【檀那達羅多】（人名）Dhanadatta 婆羅門之名。譯曰財與。見本行集經四十七。

【檀陀柯】（地名）又作彈宅迦 Daṇḍaka 林名。譯曰治罰。二十唯識述記下曰、「彈宅迦者、眞諦云檀陀訶、此云治罰。治罰罪人處也。」

【檀陀伽阿蘭若】（術語）梵音 Daṇḍaka-āraṇyaka 三處阿蘭若之一。見三處阿蘭若條。

【檀林】（術語）栴檀之林、寺院之尊稱也。李紳詩曰、「世人遙禮二檀林」。西域記敍曰、「業光上首擢秀檀林、德契中庸騰芬蘭室。」觀佛三昧經說念佛之功德曰、「如伊蘭林四十由旬、有一科牛頭栴檀、雖有根芽、猶未出土。其伊蘭林唯臭無香、若有噉其華果、發狂後時。栴檀根芽漸漸生長、纔欲成樹、香氣昌盛、遂能改變此林、普皆香美、衆生見者皆生希有心。」

【檀法】（術語）金胎兩部曼荼羅之法曼荼羅一。譯曰壇、又曰護摩法、以設壇修護摩供養之法故也。護摩法有四種、五種、六種之別、謂之四種壇法乃至六種壇法。見護摩條。

【檀波羅蜜】（術語）Dānapāramitā 六波羅蜜之一、又十波羅蜜之一。檀為檀那之畧、譯曰布施、或施主。以財或法施與人也。波羅蜜譯曰度、或到彼岸。謂度生死海而到涅槃彼岸之行法也。布施卽其行法之一。又（菩薩）胎藏界虛空藏院中央左第一位之尊也。密號曰普施金剛。

【檀拏】（物名）Daṇḍa 又作檀陀、但茶。譯曰棒杖。陀羅尼集經四曰：「檀陀唐言策杖」。演密鈔八曰：「但茶棒也」。図（地名）山名。與檀特山同。

【檀拏印】（物名）又作但茶印。於棒頭戴人頭者。閻摩王之幖幟也。治罰罪人之意幖幟。或印契謂之印。大日經疏五曰：「琰摩法王手執檀拏印。此相猶如棒形。上有人首。作極忿怒之狀」。大日經密印品曰：「以定慧手相合。風輪地輪入於掌中。餘皆上向。是焰摩但茶印」。

【檀信】（術語）施主之信仰。檀越之信施。檀爲施與之義。僧史畧中曰：「或契宿因。冥招檀信」。

【檀施】（術語）檀爲梵語。譯曰施。是梵漢雙舉之熟語。

【檀度】（術語）六度之一。檀波羅蜜也。檀爲施與之義。波羅蜜爲度之義。謂度生死之行法也。施與爲可度生死而到涅槃之一行法。

【檀契】（術語）對於師而謂有檀家之契也。

【檀特】（地名）又作檀德、檀陀、單多羅迦、彈多落迦。Dantaloka 山名。譯曰陰山。西域記謂此山在北印度健馱羅國。爲往昔須大拏太子修菩薩行之處。西域記二曰：「昔蘇達拏太子擯在彈多落迦山。舊曰檀特山訛也。（中畧）跋虜城東北二十餘里至彈多落迦山。嶺上有窣堵波。無憂王所建。蘇達拏太子於此棲隱」。玄應音義五曰：「檀特山或云單多羅迦山。或言檀陀山。此譯云陰山」。然禪門記錄中多以之爲悉達太子之苦行處。但未見經說。祖庭事苑三曰：「普曜經云。世尊踰城出家。至檀特山。始於阿藍迦藍處。五年學不用處定」。明教之正宗記一曰：「太子年十九歲二月八日夜。乘馬出自北門。至檀特山」。檢普曜經無此文。

【檀特羅和】（地名）Daṇḍavara 林名。翻梵語九曰：「檀特羅和。應云檀茶波羅。譯曰檀茶者罰。波羅者勝」。

【檀徒】（雜名）檀家之徒輩。言檀家之人也。

【檀家】（雜語）謂繫屬於一定寺院。而投信施之俗家也。檀爲檀那或檀越之略。施與之義。

【檀捨】（術語）檀者梵語。譯曰施。爲捨之義。故曰檀捨。寄歸傳一曰：「由行檀捨。自可越度貧窮」。

【檀茶幢】（物名）又曰人頭幢。大日經所云檀茶印也。

【檀越】（術語）Dānapati 謂施主也。越爲施之功德。已越貧窮海之義也。寄歸傳一曰：「梵云陀那鉢底。譯爲施主。陀那是施。鉢底是主。而言檀越者。本非正譯。略去那字取上陀音轉名爲檀。更加越字。意道由行檀捨自可越渡貧窮。妙釋雖然。終乖正本。」資持記曰、「檀越。亦云檀那。並訛略也。義淨三藏云。具云陀那鉢底。此翻施主。」

【檀槃那】（地名）Dānavana 園名。譯曰施林。翻梵語九曰、「增一第十檀那槃那。（檀那槃那疑檀槃那之誤）應云檀那槃那。譯曰施林。」

【檀德】（地名）山名。與檀特山同。

【檀頭】（雜名）檀徒中之頭首。

【檀與】（術語）檀者布施行。與者與福。爲施行而與福果也。

【檀彌離】（人名）長者名。昔有五比丘共入山行道。時相語曰、此中一人行乞食、他四人專行道。一比丘許之。往至世間勸諸檀越日送食。四人身安、專行道、於一夏中得道果。卽共謂彼比丘曰、吾等以汝緣故、達所期。汝何願。比丘曰、使我得天上人中富貴。然後發心獲道果。於是此比丘死後九十一劫中、常生於天人中、極豪貴、今復生於拘薩羅國長者家、爲檀彌離長者、値釋迦出世出家證道果。見賢愚經十二。

【檀彌羅】（人名）Danbyi-la 西藏王名。王爲惡逆、破塔毀寺。以劍殺害西天第二十四祖師子尊者。西天之付法於此絕。見付法藏傳六。

【檀嚫】（術語）Dakṣiṇā 與噠嚫同。見達嚫條。

【檢校】（術語）與撿挍同。見撿挍條。

【膝蘆】（雜語）釋迦菩薩修禪時、地之生草、穿菩薩之肉、上生至於肘。云見觀佛三昧海經。雪竇祖英集上曰、「蘆芽穿膝。」

【膿血地獄】（界名）十六遊增地獄之一。

【膿爛想】（術語）九想之一。

【臊陀】（動物）Śuka 或作叔迦婆嘻。Śukasakuni 譯鸚鵡。見名義集二。陀字疑誤。

【臊陀祁梨】（雜語）譯曰與山。鸚鵡鳥之名。佛本行集經三十二曰、「有二兄弟鸚鵡之鳥。一名摩羅祁梨、隋言鬘山。一名臊陀祁梨、隋言與山。」玄應音義十九曰、「臊陀祁梨、梵言鸚鵡、鳥名。」Sūttagiri

【燠】（術語）又作炮、奧。悉曇十二母音之第十也。

【禪】（術語）禪那 Dhyāna 之略。譯曰棄惡、功德叢林、思惟修等。新譯曰靜慮。屬於色界之心地定法也。今於欲界人中發得之、謂之修得。生於色界而發之、謂之生得。思惟而修得之。則名爲思惟修。成就之之心體、卽爲寂靜、有能如實處知所對之境之用。故名靜慮。棄惡、功德叢林之名、以其結果之功能而名之者。是亦一種定心之法、故雖時翻爲定、而定之梵名、爲三昧或三摩地、總爲心一境性所附之名也。又禪宗之禪、其名雖取思惟靜慮之義、而其體爲涅槃之妙心、非謂色界所屬之禪。見禪定條。智度論十七曰「諸定功德都是思惟修。禪、秦言思惟修。」法界次第曰「禪是西土音、此翻棄惡。能棄欲界五蓋等一切諸惡、故云棄惡。或翻功德叢林、或翻思惟修。」大乘義章十三曰「禪定者別名不同、略有七種。一名爲禪、二名爲定、三名三昧、四名正受、五名三摩提、六名奢摩他、七名解脫、亦名背捨。禪者是其中國之言、此翻名爲思惟修習、亦云功德叢林。」慧苑音義上曰「禪那、此云靜慮、謂靜心思慮也。舊翻爲思惟修者、略也。」

【三種禪】（名數）一世間禪、此有二種。一根本味禪、此有四禪、四無量、四空之三品、合爲十二、稱爲十二門禪。厭欲界之散亂者修四禪、欲大福者修四無量、厭色籠者修四空。爲生一切出世善法之根本、故名根本。又闇證而爲觀慧、故名隱沒。於其禪定生愛味、故名有垢。所觀之境界不分明、故名無記。（此中出世善、非於四禪四無量四空直生、乃以之爲所依更修諦觀而生。）二根本淨禪、亦有三品、六妙門、十六特勝、通明禪也。慧性多者修六妙門、定性多者修十六特勝、定慧均等者修通明。根本之義與前同、是不隱沒、無垢、有記、與上相反。然而前之根本味禪、爲凡夫外道厭下地欣上地者、以六行觀修得之。或佛弟子以八聖種修得之、因而發有漏智、無生無漏智者、故名爲世間禪。後之根本淨禪、利根之外道凡夫、於佛出世前亦修之、因而發有漏智、故名爲世間禪。但逢佛之出世、聞佛之說此法、則得依之而直發無漏智、故此與前之純有漏殊別、稱爲淨禪。止觀九之一稱爲亦有漏亦無漏。二出世禪、此有觀練熏修之四種。觀禪有九想、八背捨、八勝處、十一切處之四種。觀爲觀照之義、明觀照不淨等之境、故名爲觀。練禪者、九次第定也。練爲鍛練之義、前之觀禪、行用未調練、出入之中間尚雜異念。此禪自淺至深、順次鍛練四禪滅盡定、不雜異念、故名爲練。又以無漏鍛練有漏、故名爲練。俱舍名之爲雜修靜慮。但彼局於四禪、今爲通練八地也。熏禪者、獅子奮迅三昧也。熏爲熏熟自在之義、前之九次第定、但能得順次入、未得逆次出、今順逆自在如師子奮迅、進退自在。又能除異念之間雜、如師子奮迅而拂塵土、故名爲師子奮迅三昧。修禪者、超越三昧也。修爲修治之義、更修治前定、使之精妙也。前之熏禪雖逆順隨意、但次第無間出入、未得超越自在出入。更修治前定、方得超越遠近、（如自初地至三地爲近超、乃至至滅盡定爲遠超云。）出入自在、故名爲超越。此觀練熏修之四種禪、雖是緣有爲法之事禪、而能離欲、過不俟觀諦理。以是能發無漏智、故總稱爲出世間禪。但依小乘、則俱舍成實皆是觀有爲法之事禪、故是爲有漏禪。彼宗無漏智局於觀諦理之理觀也。間若以發無漏智而名爲出世禪、如彼未至中間之二定及四禪下三空之九地、亦依之而發無漏、亦可稱爲出世間禪。何以彼爲世間禪耶。答九地發無漏智、非單用其定而發。但以此定爲所依。必觀諦理方發無漏智。九想等不然。直以之發無漏智也。故不得爲例。三、出世間上上禪。地持經五所說九種之大禪也。一、自性禪。所修之禪。觀心之實相。於外不求。故名爲自性。二、一切禪。能得自行化他一切之功德。故名爲一切。三、難禪。爲深妙難修之禪。故名爲難。四、一切門禪。一切之禪定皆由此門出。故名爲一切門。五、善人禪。大善根之衆生所共修。故名爲善人。六、一切行禪。大乘一切之行法無不含攝。故名爲一切行。七、除惱禪。除滅衆生之苦惱。故名爲除惱。八、此世他世樂禪。能使衆生悉得二世之樂。故名爲此世他世樂。九、清淨淨禪。惑業斷盡。得大菩提之淨報。故名爲清淨清淨之相亦不可得。故重曰淨。經中一一說其修相。見法華玄義四之一、止觀九之一、玄籤講述四上。◎俱舍論十八立三種禪。論謂之三等至。一、味等至。與煩惱相應之定也。通於四禪四無色八定。而在於定中起貪愛味著定中之妙境。因而名爲味定。此時失墜其定。何則以定爲純善。不與貪等不善相應故也。二、淨等至。與無貪等之有漏善法相應而起。故名爲淨定。即是味定所味著之境也。是亦通於八定。三、無漏等至。與無漏智相應之定也。是爲無漏。故非爲味定之所味著。此無漏定依色界之四禪。與下三無色之七地淨定而起。有頂地之淨定。定心昧劣。故不能生起無漏定。此外成實有欲界定與中間定。俱舍有未至定與中間定。有亦無漏定與味淨定。無漏定之所依。總有九定。三定之中爲淨定。下爲味定之緣。上爲無漏定之緣。以此淨定分別四分。

【四禪】（名數）色界四天之四禪定也。見四禪定條。

【五種禪】（名數）一、四念處。二、八背捨。三、九次第定。四、師子奮迅三昧。五、超越三味。

【九種大禪】（名數）詳見本書一七二頁出世間之上上禪也。

【十二門禪】（名數）四禪、四無量、四空也。

【禪人】（雜語）以禪爲宗之人。止觀五曰「一種禪人不達他根性純教乳藥」。

【禪巾】（物名）禪者所被之頭巾。畫中維摩所被者是也。見象器箋十七。

【禪三昧】（術語）禪那與三昧。禪那譯思惟。三昧譯定。同體異名也。或以色界之所屬爲禪。無色界之所屬爲三昧。

【禪天】（界名）色界有四重之天處。修各禪那生於此。所生之天人亦隨生。各有其禪那。故曰禪天。即初禪天乃至第四禪天也。

【禪月】（人名）見貫休條。

【禪化】（術語）禪法之化導。

【禪心】（術語）寂定之心也。李頎題璿公山池詩曰、「片石孤峯窺色相。清池皓月照禪心。」劉長卿宿北山禪寺蘭若詩曰、「密行傳人少。禪心對虎閑。」

【禪尼】（雜語）女性之出家者。禪爲入禪定門之義。尼爲梵語。示女性之聲。故譯曰女。

【禪史】（雜語）禪宗之歷史。

【禪行】（雜語）坐禪之行法。禪家之行儀。

【禪行法想經】（經名）一卷、後漢安世高譯。明一彈指之間、亦思惟死想等。則能堪食人之信施。

【禪行歛意經】（經名）阿那律八念經之異名。

【禪行三十七品經】（經名）一卷、後漢安世高譯。明少時修三十七科之道品。

【禪衣】（衣服）禪僧所著之衣。有掛絡等。禪家特殊之衣。上古雖諸宗一樣。而至後世。則皆依宗生別。律衣、敎衣、禪衣、各異其制。

【禪那】（術語）譯曰思惟修。新譯曰靜慮。與禪定同。心定一境而審爲思慮者。是爲色界所屬之心德。不具欲界之心。離欲界之煩惱。乃可得之。思惟修者、爲寄於因之名。一心思惟研修爲因。乃得此定心。故名爲思惟修。靜慮者就當體而名之。其禪那之體爲寂靜。而亦具審慮之用。故曰靜慮。靜即定。慮即慧也。定慧均等之妙體曰禪那。次第禪門一上曰、「思惟修者。此可對因。何以故。思惟是籌量之念。修是專心研習之名。故以對彥因。」大乘義章十二曰、「上界靜法。審觀方成名思惟修。」俱舍論二十八曰、「依何義故立靜慮名。由是寂靜能審慮故。審慮即是實了知義。如說心在定能如實了知。」同光記十八曰、「由定寂靜慧能審慮。（中略）馱南此云靜慮。舊云禪。或云禪那。或云持阿那。皆訛也。（中畧）婆沙八十三云、靜謂等引。慮謂遍觀。故名靜慮。」（等引爲定之異名）修得此禪那。則死後必生於色界之四禪天。外道爲生天而修之。佛者爲依此發無漏智而修之。欲成就之。必脫離欲界生得之散心妄念。外道佛法其揆一也。梵 Dhyāna 又（河名）Jamna Jumna 在印度發源西部喜馬拉雅山中。南東流經特里阿固拉阿拉哈巴等處而會於恒河。長八六〇哩。聯以運河以便灌漑。灌域約一一八〇〇〇方哩。

【禪那波羅蜜】（菩薩）十波羅蜜菩薩之一。主靜慮。胎藏界虛空藏院中央左第五位之尊也。密號曰正定金剛。

【禪那觀】（術語）圓覺三觀之一。見圓覺條附錄。

【禪戒】（術語）禪定與戒法。又禪宗與律宗。

【禪坐】（術語）謂之結跏趺坐。以是爲修禪人之坐法也。智度論七曰、「諸坐法中結跏趺坐最安穩不疲極。此是坐禪人坐法。（中畧）此是禪坐取道法坐。魔王見之其心恐怖。」

【禪杖】（物名）以竹葦作之。以物包一頭、坐禪有昏睡者。則以輭頭突之。十誦律曰、「若故睡不止。佛言。聽用禪杖。取禪杖時應生敬心。云何生敬心。言以兩手捉杖。戴頂上。應起看餘睡者以禪杖築。」資持記下二之三曰、「禪杖竹葦爲之。長八肘。下座手執巡行。有睡者。點起付之。」今以泛稱僧所用之杖也。劉基詩「過橋禪杖落。坐石袈裟祖。」

【禪定】（術語）禪爲梵語禪那之畧、譯曰思惟修。新譯曰靜慮。思惟修者思惟所對之境、而研習之義、靜慮者心體寂靜。能審慮之義。定者、爲梵語三昧之譯、心定止一境而離散動之義。即一心考物爲禪、一境靜念爲定也。故定之名寬、一切之息慮凝心名之、禪之名狹、定之一分也。蓋禪那之思惟審慮、自有定止寂靜之義、故得名爲定、而三昧無思惟審慮之義、故得名爲禪也。今總別合稱而謂之禪定。然禪定雖皆爲心之德、而欲界所屬之心非有此德、屬於色界、無色界之界之心德也。若色無色相對、則禪爲色界之法、定爲無色界之法。其中各有四等之淺深、故謂之四禪四定。此四禪四定爲世間法、佛法外道凡夫聖者共通也、其他佛菩薩阿羅漢證得之諸無漏諸定爲出世間法、非三界所屬之心體所具、故欲得禪、則必離欲界之煩惱。欲得定、則必斷欲界之煩惱、欲得無漏之諸定、則必絕無色界之煩惱。而此中禪在最初、不惟爲諸定之根本、而發天眼天耳等之通力、亦依此禪。且禪有審慮之用、觀念眞理、必依於禪、故以禪爲學道之最要者。大乘義章十三曰、「禪者是中國之言。此翻爲思惟修習。（中畧）心住一緣離於散動故名爲定。言三昧者是外國語。此名正定。定如前釋。離邪亂故說爲正。」智度論二十八曰、「四禪亦名禪。亦名定。亦名三昧。除四禪諸餘定亦名定亦名三昧。不名爲禪。」次第禪門一上曰、「禪是外國之言。此間翻則不定。今略出三翻。一摩訶衍論中。翻禪、秦言思惟修。二舉例往翻。如檀波羅蜜、此言布施度。禪波羅蜜、此言定度。故知用定以翻禪。三阿毘曇中。以功德叢林以翻禪。」法華經安樂行品曰、「深入禪定見十方佛。」無量壽經上曰、「得深禪定。」同淨影疏曰、「禪謂四禪。定所謂四空定等。」六度集經曰、「復有四種禪定。具足智慧。一常樂獨處。二常樂一心。三求禪及通。四求無礙佛智。」頓悟入道要門論上曰「問云何爲禪、云何爲定。答妄念不生爲禪、坐見本性爲定。本性者、是汝無生心。定者對境無心。八風不能動。八風者、利衰毀譽稱譏苦樂、是名八風。若得如是定者、雖是凡夫即入佛位。」

【禪定十種利益】（名數）修菩薩之行者、善能修習禪定、則萬緣俱息、定性現前、故獲此十種之利益。一安住儀式、菩薩習諸禪定、必須整肅威儀、一遵法式而行之。既久、則諸根寂靜、正定現前、自然安住而無所勉強、是爲安住儀式。二行慈境界、菩薩習諸禪定、常存慈愛之心、無傷殺之念、於諸衆生、悉使安穩、是爲行慈境界。三無煩惱、菩薩習諸禪定、諸根寂靜、則貪瞋癡等一切煩惱、自然不生、是爲無煩惱。四守護諸根、菩薩習諸禪定、常當防衛眼等諸根、不爲色等諸塵所動、是爲守護諸根。五無食喜樂、菩薩習諸禪定、既得禪悅之味、以資道體、雖無飲食之奉、亦自然欣豫、是爲無食喜樂。六遠離愛欲、菩薩修習禪定、寂默一心、不使散亂、則一切愛欲之境、悉無染著、是爲遠離愛欲。七修禪不空、菩薩習諸禪定、雖獲諸禪之功德、證眞空之理、然不墮於斷滅之空、是爲修禪不空。八解脫魔羂、菩薩習諸禪定、則能遠離生死一切之魔網、悉皆不能纏縛、是爲解脫魔羂。九安住佛境、菩薩習諸禪定、開發無量之智慧、通達甚深之法義、於佛知見、自然明了、故心心寂滅、住持不動、是爲安住佛境。十解脫成熟、菩薩習諸禪定、一切惑業、不能撓亂、行之既久、則無礙解脫、自然圓熟、是爲解脫成熟。見月燈三昧經七。

【禪定門】（術語）禪定之門戶。又以入禪定門戶之義、呼一切出家入道之人。略曰禪門。位牌書某禪定門、某禪門是也。

【禪定窟】（雜名）禪定之窟宅、比丘多於山林巖窟坐禪、故有此名。涅槃經三十曰「如來今住於拘尸那城入大三昧深禪定窟。衆不見故、名入涅槃。」師子吼言、如來何故入禪定窟。善男子、爲欲度脫諸衆生故。（中畧）爲令衆生尊重所聞禪定法故、以是因緣入禪定窟。」

【禪定境】（術語）見十境條。

【禪定藏】（術語）禪定之庫藏。千手陀羅尼經曰「誦持此陀羅尼者、（中畧）當知此人是禪定藏、百千三昧常現前故。」

【禪定法界】（術語）觀門十法界之一。見法界條附錄。

【禪定堅固】（術語）大集經所說五種堅固之一。謂佛滅後第二五百年間、諸比丘堅固修禪定之第二期也。見五五百年條。

【禪定波羅蜜】（術語）又云靜慮波羅蜜。見六波羅蜜條。

【禪枝】（雜語）禪堂之樹枝也。庾信

安昌寺碑曰、「禪枝四靜慧窟三明。」少陵遊修覺寺詩曰「禪枝宿衆鳥」

【禪波】（譬喩）禪定譬湛然之水、妄念亂想比波性靈集九曰、「靜禪波而涉開覺華以芳。」

【禪波羅蜜】（術語）Dhyāna-pāra-mitā 六波羅蜜之一。舊譯定度新譯定到彼岸謂禪定乃渡生死海到涅槃岸之行法也。

【禪法】（術語）有二種。一曰如來禪。一曰祖師禪。如來禪者經論所說、秦羅什初傳之至天台而極詳悉祖師禪者經論之外、祖祖自心印心、魏達磨初傳之。佛於靈山會上拈一枝蓮華示四衆百萬人天不能解其意、獨摩訶迦葉破顏微笑而領佛旨。佛言我付汝以涅槃之妙心。是如來禪之宗源也。故稱爲佛心宗、常言禪法者指此佛心宗之禪。

【禪法要解】（書名）又名禪法要解經。二卷、秦羅什譯。明不淨觀、四禪四定等諸種之禪觀。

【禪門】（術語）禪定之法門也。止觀九曰「禪門無量且約十門。一根本四禪。二、十六特勝。三、通明。四、九想。五、八背捨。六、大不淨。七、慈心。八、因緣。九、念佛。十、神通。」依俱舍成實、則此十禪但緣事而不緣諦理、故總爲有漏。天台依大乘之敎理以爲十六特勝以下之事禪亦通於無漏禪。又禪定之法門。三學中之定學、六波羅蜜中之禪波羅蜜也。心定於一而除妄念之法也。又達磨所傳禪那之法門也。敎外別傳不立文字之佛心宗也。證道歌曰、「是以禪門了却心頓入無生知見力。」輔行一曰、「預則禪門衣鉢傳授者盈耳。」又在家而剃髮入道者謂之禪門。離世染入佛法禪定門之義也。非謂禪宗之人。某禪門、某禪定、某禪定門等、依人之高下稱呼分具略耳。

【禪門五宗】（名數）皆六祖之後。臨濟宗。溈仰宗。雲門宗。法眼宗。曹洞宗也。法眼流入高麗。溈仰至石晉時已亡。今惟雲門曹洞臨濟存而臨濟尤盛

【禪門戒】（術語）禪宗所傳之戒法

【禪門口決】（書名）具名天台智者大師禪門口決。一卷、說數息觀之法。

【禪林】（雜語）僧徒和樂之園林。又禪院之叢林。叢林譬衆之多。

【禪林寶訓】（書名）四卷、宋妙喜竹庵共集、東吳淨善重集。凡三百篇。敎訓學人。註釋如下。禪林寶訓音義一卷、明大建較。禪林寶訓合註四卷、張文嘉較定、張文憲參閱。禪林寶訓拈頌一卷、行盛著、超記錄。禪林寶訓順硃四卷、德玉順硃。禪林寶訓筆說三卷、智祥述、張照撰心賦附。

【禪和】（術語）又曰禪和子、禪和者。參禪之人也。和子、和者、親人之語。碧巖六十

三則著語曰、「杜撰禪和如麻似粟。」六祖壇經御序曰「越之南有禪和者盧慧能」、碧巖二則評唱曰「如今禪和子問著也道。我亦不知不會。」

【禪和子】（術語）與禪和同。

【禪和者】（術語）與禪和子同。

【禪味】（術語）入於禪定則有輕安寂靜之妙味、適悅身心。所謂禪悅食也。維摩經方便品曰、「以禪悅爲味。」同問疾品曰、「貪著禪味是菩薩縛」。大集經十一曰、「讚嘆寂靜貪著禪味。」

【禪房】（雜語）修禪者之房舍。總名僧之居室。善見律二曰、「是時太子往到禪房。」

【禪宗】（流派）以禪那爲宗、故名。禪那或譯思惟修、或譯靜慮。爲思惟眞理靜息念慮之法、原爲三學六度之一。初祖達磨天竺人、梁魏之世來支那傳佛心宗。其法唯靜坐默念、發明佛心、凝工夫而已、其外相一等於禪那、故稱爲禪宗。所謂禪宗者、非三學六度之一分禪、於是而如來禪、祖師禪之稱起。以經論所說、六度所攝之禪爲如來禪、達磨所傳之心印爲祖師禪。故由彼宗之本義言之、則與其謂爲禪宗。毋寧目爲佛心宗爲適當。釋尊在靈山會上拈華、迦葉破顏微笑、爲第一祖。二十八傳、至達磨。爲東土初祖。在少林寺面壁九年、是敎無言之心印於無言也。慧可得其心印爲二祖。僧璨爲三祖。道信爲四祖。弘忍爲五祖。弘忍之下、有慧能神秀二大師、慧能之禪、行於南地、故稱南宗、神秀之化、盛於北地、故稱北宗。而北宗不免如來禪之跡、南宗的得祖師禪之神髓。六祖慧能之下、生南嶽靑原兩系。南嶽傳於馬祖、靑原傳於石頭。馬祖之下獨盛、轉傳而分潙仰曹洞臨濟雲門法眼之五家。至宋朝、臨濟之下又附楊岐黃龍之二流。總是五家七宗。案禪宗之稱、始於李唐。

【禪宗雜毒海】（書名）十卷、元祖闡重編、性音重編爲八卷。

【禪河】（譬喩）禪定之水、能滅心火、故譬之於河。一心戒文下曰、「注禪河、滌煩籠。」図（地名）尼連禪河之畧。

【禪供】（雜語）對於修禪人之供養。對於僧之施物。

【禪居】（術語）禪者之住居也。祖庭事苑八云、自達磨來梁隱居魏地、六祖相繼至大寂之世、凡二百五十餘年、未有禪居。洪州百丈大智禪師懷海始創意不拘大小乘、折中經中之法、以設制範堂布長床、爲禪宴食息之具、高橫椸架、置巾單瓶鉢之器。屛佛殿、建法堂、明佛祖親自屬授、當代爲尊也。行普請之法、上下均力、置諸寮務、各有司存。齋粥二時、賓主均偏、示法食之平等也。後世各隨於宜、別立規式。

【禪念】（術語）樂禪定之心念。厭世之煩累之念慮也。

【禪版】（物名）坐禪時安手或㩒身之器也。上頭穿小圓孔、此名向上一竅。蓋此穴貫索、縛著繩床背後之橫繩、使板面斜以㩒身也。今時夏日橫安膝上、於其上定印、或支頤而已。釋氏要覽曰「倚版今呼禪版。毘奈耶攝頌曰倚版為除勞。僧私皆許畜。（僧即衆私即己）」

【禪陀迦】（人名）Jñātaka 南天竺國王名。龍樹菩薩為此王作偈贈之。稱為禪陀迦王偈。藏經中有龍樹菩薩為禪陀迦王說法要偈。寄歸傳四曰、「龍樹菩薩以詩代書。名為蘇頡里離佉。譯為密友書。寄與舊檀越南方大國王號娑多婆漢那。名市演得迦。」

【禪要】（術語）修禪之要道、禪法之要義。僧史畧中曰、「或註解經文、或敷揚禪要。」

【禪要經】（經名）一卷、失譯。別名訶欲經。說色欲之可厭惡。

【禪要訶欲經】（經名）禪要經之異名。

【禪要秘密治經】（經名）治禪病秘要法之異名。

【禪者】（術語）習禪法者。

【禪思】（術語）禪為梵語禪那之略、寂靜之義。思惟寂靜、謂之禪思。即禪定也。無量壽經下曰、「禪思一心。」釋門歸敬儀中曰、「樂禮拜者、又以禪思為坐睡。」

【禪室】（雜名）修禪定人之居室。中阿含經四十三曰「無事禪室。」日藏經一曰、「或有建立講讀論堂經行禪室。」行事鈔下三之三曰、「阿含云、佛及比丘食竟皆入禪室坐禪。晡時從禪起而說法也。」

【禪苑】（雜語）與禪林同。

【禪屋】（雜名）禪者之小屋。中阿含經五十二曰、「在無事處、住禪屋中。」

【禪侶】（雜語）修禪定之僧侶總名僧家。

【禪律】（流派）禪宗與律宗也。

【禪客】（職位）禪家之寺院、豫擇辯口者、於應白衣之請陞座說法時、使出衆與陞座之人問答者、謂之禪客。始自宋代。圓悟大慧之頃、官人屢入寺、請陞坐說法時。

【禪師】（術語）修禪定之師也。善住意天子所問經曰、「天子問、何等比丘得言禪師。文殊師利答言、天子。此禪師者、於一切法一行思量。所謂不生。若如是知、得言禪師。」獨孤及文曰、「問生禪師、俾以敎尊。」三敎指歸一曰、「修心靜慮曰禪師。」毘奈耶雜事十三曰、「經師律師論師法師禪師。不以同類令聚一處。」禪師之稱號有二種。一係天子之褒賞。一禪僧呼前人為禪師。師家衆僧通用之天子之褒賞始於陳宣帝大建元年崇南岳慧思和尚爲大禪師唐中宗神龍二年賜北宗神秀上座以大通禪師之謚號。

【禪悅】（術語）入於禪定、快樂心神也。華嚴經曰、「若飯食時當願衆生禪悅爲食法喜充滿」維摩經方便品曰、「雖復飲食而以禪悅爲味」同淨影疏曰、「禪定釋神名之爲悅」

【禪悅食】（術語）二食之一。以禪定閑寂之樂養心身者。法華經弟子授記品曰、「其國衆生常以二食一者法喜食二者禪悅食」心地觀經五曰、「唯有法喜禪悅食。乃是聖賢所食者。」

【禪帶】（物名）修禪定時以帶束腰使便於靜止者。五分律曰、「諸比丘廣作禪帶。以是白佛。佛言不應過人八指」

【禪病】（術語）謂一切之妄念也。妄念爲禪定之病魔。圓覺經、聞佛說我人衆生、壽命四相之過曰、「大悲世尊快說禪病令諸大衆得未曾有心意蕩然獲大安穩。」因修禪定人種種之病魔也。藏中有治禪病秘要法二卷、詳說其病相及治法。

【禪家】（流派）禪宗之一家。四家大乘之一。

【禪院】（雜語）修禪之院房、禪宗之寺院。

【禪徒】（雜語）禪家之僧徒。又佛徒之總名。

【禪拳】（術語）禪者左。卽左拳也。以智慧配於右、禪定配於左也。

【禪梵天】（界名）色界中有四重之天處皆修禪定所生之處。故曰禪天其第一禪天更有三天、第一爲大梵天。第二爲梵輔天第三爲梵衆天此三天通曰禪梵天。

【禪祕要法經】（經名）三卷、秦羅什譯。說白骨觀、數息觀等種種之禪觀。

【禪教】（術語）禪宗之教法。又禪與教。三藏所詮之法門爲教。教外別傳之宗旨爲禪。禪家者流之判也。傳通緣起上曰、「或禪教兩門或顯密二教」

【禪規】（術語）禪家寺院所行之規則也。唐百丈山懷海初制規則而行之。稱爲百丈淸規。

【禪偈】（術語）禪門宗匠之偈頌。禪源詮曰、「教者諸佛菩薩所留經論也。禪者諸善知識所述句偈也。但佛經開張。羅大千八部之衆。禪偈撮略。就此方一類之機。羅衆則淼蕩難依。就機則指的易見」

【禪毬】（物名）以毛作毬而擲之。覺禪者之睡者。十誦律曰、「有比丘衆中睡。佛言聽水洗頭（中畧）若故睡不止。聽以毱擲。若故不止。佛言聽用禪杖」智度論曰、「菩薩供給坐禪者衣服飲食醫藥法杖禪毱。禪鎮。」資持記下二之三曰、「禪毱如毛毱，遙擲以警睡者。」

【禪習】（術語）心住於禪而習修道也。唯識樞要上本曰、「叡無常以禪習。」

【禪寂】（術語）禪者梵語、譯為靜慮。寂靜思慮之義。俱舍論二十八曰、「依何義立靜慮名。由此寂靜能審慮故。」維摩經方便品曰、「一心禪寂。攝諸亂意。」不動經曰、「其心禪寂。常住三昧。」盧綸詠蒲團詩曰、「惟當學禪寂。終身與之俱。」

【禪堂】（術語）修禪之處。及禪家之僧堂起、僧堂亦名禪堂。以衆僧於此坐禪也。首楞嚴經曰、「一心勸令持我佛頂陀羅尼。若不能誦。寫於禪堂。或帶身上。一切諸魔所不能動。」止觀曰、「身開常坐遮行住坐。或可處衆獨則彌善。」輔行曰、「或可處中者。謂禪堂中別處最勝。故云彌善。」

【禪會】（術語）參禪之會坐。謂學禪道之法席也。傳燈錄十一曰、「溈山禪會。」

【禪經】（經名）坐禪三昧經之異名。

【禪道】（術語）達磨所傳禪宗之道。

【禪源詮】（書名）禪源諸詮集都序之畧名。

【禪源諸詮集】（書名）禪源諸詮集都序之略名。

【禪源諸詮集都序】（書名）四卷、唐宗密著。述教禪不二之旨趣。

【禪僧】（雜語）禪家之僧、坐禪之僧。

【禪榻】（物名）修坐禪之橙子也。

【禪樂】（術語）三樂之一。修行之人、入諸禪定、則一心清淨、萬慮俱寂、自然得適悅之妙味者。大集經十一曰、「菩薩修行禪波羅蜜時。獲得禪定。不能調伏一切衆生。心生悔厭。貪著禪樂。（中畧）是名魔業。」

【禪慧】（術語）禪定與智慧。此二者以攝一切之證行。無量壽經上曰、「以甚深禪慧。開導衆人。」淨影疏曰、「淨止禪觀證行雖衆。要不出此。」止觀輔行一曰、「南山歎云。唯衡岳台崖雙弘禪慧。」

【禪頭】（雜名）禪林之稱。首座之異名。

【禪靜】（術語）梵語禪那 Dhyāna 譯曰靜慮。謂寂靜審慮而攝亂意也。釋門歸敬儀中曰。「或樂禪靜者則以禮拜為疏。」

【禪錄】（雜語）禪宗之語錄。參學之機緣、宗匠之說話、以當時之俗語錄之者。

【禪餘】（術語）習禪之餘暇。又禪僧之餘殘。

【禪學】（術語）禪家之學。見性成道之法也。

【禪髓】（術語）禪道之骨髓。傳燈錄（達磨章）曰、「迄九年已。欲西返天竺。乃命門人曰。時將至矣。汝等盍各言所得乎。時門人道副對曰。如我所見不執文字不離文字而爲道用。師曰汝得吾皮。尼總持曰我今所解如慶喜見阿閦佛國。一見更不再見。師曰汝得吾肉。道育曰四大本空五陰非有。而我見處無一法可得。師曰汝得吾骨。最後慧可禮拜後依位而立。師曰汝得吾髓。」因楞嚴經之別稱楞嚴文句講錄一曰、「古人有禪髓之語。」

【禪窟】（雜名）修禪者所住之巖窟。法華經分別功德品曰、「園林浴池經行禪窟。」又如會住湖南東寺號禪窟。

【禪齋】（術語）禪室也。釋氏要覽上曰、「中阿含經云佛入禪室燕坐。又有呼爲禪齋者。齋者肅靜義也。如儒中靜室謂之書齋。」

【禪鎭】（物名）坐禪時頭上所鎭警睡之木片也。十誦律曰、「諸比丘故睡。聽用禪鎭。作孔。已以繩貫孔中。繩頭施紐掛耳上。去額前四頭著禪鎭。」資持記下二之三曰、「禪鎭如笏。坐禪時鎭頂。」釋氏要覽下曰、「禪鎭以木版爲之。其形似笏。中作孔施紐串於耳下。頭戴去額四指。坐禪人若眠睡頭傾則墮以自警。」

【禪襟】（雜語）禪僧之稱。著禪衣之義也。

【禪鎧】（譬喩）以禪定爲鎧甲護身也。華嚴經淨行品曰、「見著甲冑當願衆生、常服禪鎧趨無師法。」

【禪禮】（術語）坐禪與禮拜。此二者以統比丘之自行。唯識樞要上本曰、「禮拜之暇注裁斯釋。」

【禪關】（術語）禪法之關門。釋門正統三曰、「然啓禪關者、雖分宗不同。挹流尋源亦不越經論之禪定一度與今家之定聖一行也。」

【禪關策進】（書名）一卷、雲棲寺袾宏撰。分諸祖之法語節要。諸祖之苦功節略、諸經引證節略之三部。

【禪觀】（術語）坐禪而觀念眞理也。善無畏傳曰、「總持禪觀妙達其源。」本事詩曰、「太和末敕僧尼試驗若干紙。不通者勒還俗。李章武爲成都少尹有山僧來見云。禪觀有年。未嘗念經。願長者宥之。」

【禪鑽】（術語）鑽者錐也。以禪法爲錐穿覬所也。瑯琊代醉編三十一曰、「呂申公素喜釋氏之學及爲相務簡靜。罕與士大夫接。惟能談禪者多得從遊。於是好進之徒、往往幅巾道袍日遊禪寺。隨僧齋粥。談說理性。覬以自售。時人謂之禪鑽。」

【賻儀】（雜語）爲他家有死人時補助費用所贈之錢財。

【聰明橋】（術語）見八橋條。

【噃喇】（印相）印契名。施與一切食法印也。陀羅尼集經五曰、「施與一切食法印。」註曰、「雜音噃喇。」梵 Bali

【噃雌子部】（流派）見犢子部條。

【噃施迦羅拏】（術語）Vaśī-karaṇa 又作嚩舍嚩誐羯囉拏、嚩始迦唘拏。譯曰敬愛。四種壇法之第三。妙吉祥平等觀門大教王經略出護摩儀曰、「三嚩舍。此云敬愛」。千手千眼觀自在菩薩行儀軌曰「嚩誐羯囉拏法。敬愛也。亦」要略念誦經曰、「噃施伽羅拏」。

【臨終】（術語）臨命終之時也。

【臨終正念】（術語）行者臨死期、三毒之邪念無起、專任菩提之心也。此正念爲平生之行業所熏修。彌陀經略記曰、「由尋常所行、得臨終正念也。」龍舒淨土文、樂邦文類等載善導之臨終正念訣。

【臨終業成】（術語）至臨終、往生之業事始成辨也。爲報土往生之因之念佛、多念修習薰成、至於臨終、由平生多念之功而見佛往生也。往生之定者、謂爲臨終見佛之時也。對於平生業成而言。

【臨終鳴鐘】（雜語）見鐘條附錄。

【臨終現前願】（術語）又曰來迎引接願、聖衆來迎願、現其人前願。彌陀如來四十八願中之第十九願。念佛行者到臨終時、彌陀如來願與諸聖衆共現其人之前而引接之也。

【臨壇】（儀式）僧尼之戒壇、爲授戒之作法、謂之蒞壇。其僧尼謂之臨壇大德。三師七證是也。見僧史畧下。

【臨齋】（雜語）臨午齋之時也。午齋時之諷誦、謂之臨齋諷經。

【臨齋諷經】（儀式）於食時前讀經也。

【臨濟】（人名）唐鎮州臨濟義玄、曹州南華人、姓荆氏、嗣黃檗、臨濟宗之祖也。見傳燈錄十三。

【臨濟大悟】（故事）臨濟問黃檗、如何是佛法的的大意、檗便打、如是三度。乃辭檗見大愚。愚問從甚麼處來、濟云從黃檗來。愚云、黃檗有何言句。濟云、某甲三問佛法的的大意、喫三度棒、不知有過無過。愚云、黃檗恁麼老婆、爲儞得徹困、更來問有過無過。濟言下大悟。見臨濟錄、會元十一、從容錄。（八十六則）

【臨濟四喝】（公案）臨濟錄曰、「臨濟問僧。有時一喝如金剛王寶劍、有時一喝如踞地金毛獅子、有時一喝如探竿影草、有時一喝不作一喝用。汝作麼生會。僧擬議、師便喝。」

【臨濟眞人】（公案）臨濟上堂云、赤肉團上有一無位眞人、常從汝等諸人面門出入、未證據者看看。時有僧出問、如何是無位眞人。師下禪床把住云、道道。其僧擬議。濟托開云、無位眞人是什麼乾屎橛。便歸方丈。見臨濟錄、人天眼目上、從容錄。（三十八則）

【臨濟栽松】（公案）臨濟栽松次黃檗問深山裏栽許可作什麼。師云、一與山門作境致一與後人作標榜。道了、將钁頭打地三下。黃檗云、雖然如是已喫吾三十棒了也。師又以钁頭打地三下、作噓噓聲。黃檗云吾宗到汝大興於世。見臨濟錄、會元十一。

【臨濟瞎驢】（公案）臨濟臨遷化時、據坐云吾滅後不得滅却吾正法眼藏。三聖出云爭敢滅却和尚正法眼藏。師云已後有人問儞向他道什麼。三聖便喝。師云誰知吾正法眼藏向這瞎驢邊滅却。言訖端然示寂。見臨濟錄、會元十一、從容錄一（十三則）。

【臨濟宗】（流派）禪宗五家之一。自曹溪之六祖慧能歷南嶽、馬祖、百丈、黃檗、至臨濟之義玄張一家、稱爲臨濟宗。卽慧能六世之孫也。又臨濟六世孫爲石霜之圓禪師。圓禪師之下分楊岐黃龍之二派。

【螺溪】（人名）宋螺溪傳敎定慧院淨光法師義寂、天台荊溪尊者六世之法嗣也。佛祖統紀八有傳。

【螺髻】（雜語）梵天王留頂髮、結之如螺、稱爲螺髻。西土之梵志效之而爲螺髻。故曰螺髻仙人。象頭精舍經有「螺髻仙人」。異譯之大乘伽耶山頂經謂之「長髻梵志」。伽耶山頂經謂之「編髮梵志」又指梵王而曰螺髻。維摩經佛國品曰「螺髻梵王語舍利弗」。

【螺髻仙人】（本生）佛昔爲螺髻仙人、名尙闍梨。修禪定、鳥來巢頂上。見頂巢條。

【螺髻梵】（雜名）螺髻梵志、又螺髻梵王也。

【螺髮】（圖像）佛之頭髮、旋屈爲螺文者。不惟頭髮、佛之身毛悉爲右旋。般若經三百八十一曰、「世尊首髮香潔細軟潤澤旋轉」。

【螺髻梵王】（雜語）梵天王頂髻作螺形、故曰螺髻梵王。在維摩會上與舍利弗問答。維摩經佛國品曰、「爾時螺髻梵王語舍利弗。勿作是念。謂此佛土以爲不淨。所以者何。我見釋迦牟尼佛土淸淨如自在天宮。舍利弗言我見此土丘陵坑坎荊棘沙礫。土石諸山穢惡充滿。螺髻梵王言仁者心有高下。不依佛慧。故見此土爲不淨耳。舍利弗菩薩於一切衆生意皆平等。深心淸淨。依佛智慧則能見此佛土淸淨。於是佛以足指按地。卽時三千大千世界若干百千珍寶嚴飾。譬如寶莊嚴佛無量功德寶莊嚴土」。淨心誡觀曰、「德如螺髻梵去處見西方」。

【螺髻梵志】（雜名）螺髻仙人也。見螺髻條。

【鴿】（動物）梵語、播羅縛多。Pārāvata 見梵語雜名。西域記九曰「迦布德迦 Kapotaka 唐言鴿」。

【鴿隱佛影】（傳說）涅槃經二十八

云佛昔止住摩伽陀國瞻婆大城時有獵師逐一鴿是鴿惶怖至舍利弗影猶如故戰慄如芭蕉樹之動至佛影中身中安穩恐怖得除是故當知世尊持戒乃至身影猶有是力智度論十一亦出之

【釋迦作鴿救飢人】(本生) 智度論十一云釋迦文佛原爲一鴿在雪山中時大雪有一人失道窮厄辛苦至於飢寒命在須臾鴿見此人卽飛求火集薪燃之以身投火施此飢人

【鴿園】(寺名) 在迦濕彌羅國五百僧園之一宗輪論述記曰「爾時雞園靜猶未息後隨異見遂分二部一上座部二大衆部時諸賢聖和衆乖違便捨雞園欲往他處王聞旣瞋便敕臣曰宜皆引至殑伽河邊截以破船中流墜溺卽驗斯輩是聖是凡臣奉王言便將驗試時諸賢聖各起神通猶如雁王凌虛而往復以神力攝取船中同捨雞園未得通者現諸神變作種種形相次乘空西北而去王聞見已深生愧悔速卽遣人尋其所趣使還知在迦濕彌羅後固請還僧皆辭命王終總捨迦濕彌羅國造僧伽藍安置賢聖衆隨先所變作種種形卽以標題僧伽藍號謂鴿園等」見迦布德迦條附錄梵 Kapotakasaṃghārāma

【鴿鬘】(人名) 濕生女子之名俱舍光記八曰「鴿鬘者昔有一王名跋羅哈摩達多唐言淨授於王䏶下有疱生一女子名爲鴿鬘從䏶下出如鴿飛出王重如鬘故以名焉」

【縹帽】(物名) 縹爲花田色花田色之帽子也俚言集覽曰「花田者淺木色也天台眞言之僧得其位者著縹帽子爲一幅之輪形常掛於首象器箋十七曰「燕南紀談云台家密家有縹帽子又名裹頭宗鳳雜集云隋煬帝請天台大師受菩薩戒時祁寒帝解御衣縹袖令裹大師頭」(案煬帝解衣袖裹智者頭中華紀傳未見所載)

【縵衣】(衣服) 縵者漫也通漫而無條相之袈裟也是原爲沙彌沙彌尼之衣而大僧不能得割截之正衣者許用以代三衣而著之六物圖曰「縵通三用(三衣之用)然本是沙彌衣律制沙彌著漫衣一當七條入衆一當五條作務今時剃髮卽著五條僭濫大僧深求本制」釋氏要覽上曰「縵衣梵音鉢吒唐言縵條卽是一幅氎量以三衣等但無田相者是也自佛法至漢涉一百八十七年凡出家者未識割截法只著此衣」

【總別】(術語) 總釋別釋總相別相總業別業卽寬狹之一雙也

【總別二義安心】(術語) 謂通佛敎全體之安心與特異之安心也如淨土宗以厭欣心菩提心爲總至誠心深心廻向發願心爲別

【總卽別名】（術語）如開山之名爲一切宗祖之總名而別名各宗之開祖、如大師之稱通於一切之大師而別名某某大師、如色蘊總體之中別於眼根所對之境與以色之名者皆此例也。俱舍光記一餘曰「雖標總稱卽受別名。」

【總供】（術語）供養本尊、供塗香、華、燒香、飲食、燈明之五種者稱之爲別供、供已更以印明、行普供之法。從此印明出無邊廣大之供物、供養一切海會之聖衆、故名之爲總供。

【總明論】（書名）俱舍論之異名。俱舍論頌疏一曰、「千部之內俱舍論是其一焉。斯乃包括六足、呑納八蘊、義雖諸部宗唯以正。故得西域學者號爲總明論也。」

【總制院】（職位）見宣政院條。

【總門唯識】（術語）五位各別不立唯識之義、以一切諸法不離識之一義、說唯識之理也。

【總持】（術語）梵語陀羅尼Dhāraṇī。譯言總持。持善不失、持惡不使起之義、以念與定慧爲體。菩薩所修之念定慧具此功德也。註維摩經一曰、「肇曰、總持謂持善不失、持惡不生、無所漏忘、謂之持。」嘉祥法華疏二曰、「問以何爲持體。答智度論云。或說念或說定或說慧。今明一正觀隨義異名」

【四種總持】（名數）菩薩總持之德無量、姑舉四種。一、法總持、又名聞總持。於佛之敎法聞持不忘也。二、義總持。於諸法之義理總持不失也。三、呪總持。菩薩依定起呪、持呪神驗、除衆生之災患也。四、忍總持。菩薩之實智忍持法之實相而不失也。眞言陀羅尼者此中之呪總持也。見大乘義章十一末。

【總持尼】（人名）梁武之女就達磨得法。祖庭事苑八曰、「總持號也。諱明練。梁武之女。事達磨爲弟子。悟道示滅。塔去少林五里許。事具褚詢望所寫塔碑。」

【總持門】（術語）總持之法門。總有法、義、呪、忍四種。然密敎所稱者、別就第三之呪總持而言、指呪之一、而謂爲總持門。總卽別名也。因而亦指密敎總體曰總持門、或曰陀羅尼藏。見總持條。

【總持經】（經名）大乘方廣總持經之略名。

【總相】（術語）一切之有爲法、有總別二相。如無常無我之相、通於一切、故謂之總相。如地有堅相、水有濕相、謂之別相。見智度論三十一。因六相之一。

【總相戒】（術語）如三聚戒十善戒謂之總相戒。如二百五十戒、十戒、謂之別相戒。

【總相念住】（術語）與次項同。

【總相念處】（術語）新譯家謂之總相念住。小乘三賢之第三、一切之有漏法、於總相觀爲苦空無常無我也。是非別別觀四念處後則不能也。見四念處觀條。

【總神分】（術語）於法華講最勝講等之講式、爲除魔障勸請天神地祇、於其神祇之總體供養法樂讀般若心經爲法見神分條。

【總報業】（術語）有情之果報有二種。若生於人趣、則彼此之人類受同一人界之果報。名爲總報。如彼此之衆生六根有好醜、壽命有長短、各自別別。名爲別報。因而業因又有二。其招總報之業因爲總報業、感別報之業因爲別報業。

【總願】（術語）諸佛有總願別願。如四弘誓願爲總願、如藥師十二願、阿彌陀四十八願爲別願。止觀七曰「菩薩生生化物。須總願別願。四弘是總願。法藏華嚴所說一一善行陀羅尼皆有別願。」

【總觀想】（術語）觀無量壽經十六觀中第六觀也。觀寶地寶樹寶池、觀寶樓閣、而觀報土之全體終、故謂爲總觀想。見觀無量壽經。

【襆物頭】（雜語）上音僕。帊也。帛三幅曰帊。頭乃俄頃。謂似以帊裹物之少頃也。

【講下鐘】（雜語）法華八講等時。通知講師下座所打之鐘也。

【講式】（術語）書法會之法式表白者。如六道講式、往生講式、愛染講式、不動講式等。

【講宗】（術語）除禪宗律宗其他諸宗謂之講宗。以多講說經義也。禪宗之指稱。

【講供】（行事）講經供僧也。

【講師】（職位）法華會最勝會等講經義之人也。每講會選其人。

【講師讀師高座】（物名）講師讀師宜昇之高座、在佛前左右。講師之座在佛右、讀師之座在佛左而相對。讀師讀經題、講師講經義。

【講座】（雜名）講師之座席。

【講堂】（堂塔）說法講經之堂舍。無量壽經下曰、「無量壽佛爲諸聲聞菩薩大衆班定法時、都悉集會七寶講堂。廣宣道敎演暢妙法」

【講衆】（術語）聽聞講義之大衆。集於講堂之人衆。

【講筵】（雜語）講義之席。

【講經】（雜語）講說經典也。僧之講經、始見於晉書鳩摩羅什講經於草堂寺是也。又（職位）見僧錄司條。

【講說】（術語）講述法義演說法義也。維摩經佛國品曰、「演法無畏猶師子吼。其所講說乃如雷震」

【講演】（雜語）講義、演說。

【講嚫】（術語）講義之謝禮。嚫爲梵語達嚫Dakṣiṇā之略。譯曰布施。

【講讚】（術語）和解曰講、褒美曰讚。故講讚者和解其義理、褒美其利益也。

【謗三寶戒】（術語）顯教十重戒之一。

【謗佛經】（經名）一卷、元魏菩提流支譯。有師子遊戲菩薩等十大菩薩、已爲七年陀羅尼、雖精進修業、然不得悉地、因而於佛法生疑惑、捨戒還家、作鄙劣之行。時阿闍世王設大施、十大菩薩在其會座、不畏行菩薩請問佛以十大菩薩之事。佛爲明過去世謗佛之因緣、且說惡業消滅之陀羅尼。

【謗法】（術語）誹謗正法之略。

【謗法闡提】（術語）二種闡提之一。又曰斷善闡提。闡提（爲梵語一闡提之略、不成佛之人也。）以誹謗大乘而斷善巧、故不可成佛也。見闡提條。

【謝因緣】（術語）禪宗住持之誨示、謂之因緣。開示後對之大展三拜或九拜、謂之謝因緣。見象器箋十二。

【謝戒】（術語）禪林有沙彌得度受戒後、至師所拜謝之禮、名爲謝戒。見象器箋九。

【醜目天王】（天名）廣目天王也。

【醜陋比丘】（人名）鈴聲比丘、其形甚醜陋、稱爲醜陋比丘。見唄比丘條。

【隸車】（雜名）見離車條。

【隸籍】（雜語）名籍隸於某寺處也。六祖壇經曰、「師遊境內山水勝處、輒憩止。遂成蘭若一十三所、今曰華果院、隸籍寺門。」

【鍵】（術語）梵字ঘgha 悉曇五十字門之一。四十二字門之一。又作伽、鍼、嚕、喱。詳見伽條。

【鍵南】（術語）梵語Ghana、又作伽訶那。譯曰堅、堅厚、凝厚、或硬肉。胎內五位之第四、即託胎後至第四七日、胎兒漸爲堅厚之位也。玄應音義二十三所謂「鍵南、渠偃反、亦云伽訶那、此云堅。至第四七日時、肉團方堅實」是也。

【鍵鎡】（物名）又作鍵茨、健支、建鎡。譯曰淺鐵鉢。鐵鉢中之小鉢也。別名鐼子。應量器中累三箇小鉢、自大至小、總名鐼子。其第二曰大鍵鎡、其第三曰小鍵鎡。尼鈔曰、「鍵鎡者、謂小盋也」。出要律儀曰、「鍵鎡者、爲助食器、秦言淺鐵鉢也」。釋氏要覽中曰、「鉢器大小數、十誦律云、鉢、半鉢、大鍵鎡（鍵音虔、鎡音咨。經音疏云、鉢之中之小鉢、助鉢用故）、小鍵鎡（僧祇同）。四分律云、鍵鎡入小鉢、小鉢入次鉢、次鉢入大鉢（此律言小鉢、即十誦大鍵鎡也。次鉢、即半鉢也。准諸律、四事可見也。今呼爲鐼子。鐼音訓、切韻云、鐵類也。非故器）」。名義集曰、「鍵鎡、音虔咨。母論譯爲淺鐵鉢。或作鍵茨、建鎡、並梵音輕重」。

【鍵鎡】（物名）又作犍茨、建鎡、淺鐵鉢也。見前項。

【鞞多】（人名）又作毱多。優婆鞠多之略。比丘名。見優婆毱多條。

【鞞世師】（流派）Vaiśesika 卽衞世師也。

【鞞尼迦】（術語）見毘奈耶條。

【鞞佛畧】（術語）見毘佛略條。

【鞞陀】（經名）見韋陀條。

【鞞陀梨】（地名）Vidhāra 山名。慧苑音義上曰：「鞞、此云種種也。陀梨、亦曰陀羅、此云持也。謂此山中能持種種衆寶及諸華藥、故名之。」

【鞞陀路婆】（異類）起屍鬼也。見毘陀羅條。

【鞞沙門】（天名）梵語。亦曰毘沙門。四天王之一。其義爲遍聞、多聞。古婆羅門敎以爲財神。此神住須彌第四層。主夜叉羅刹。

【鞞舍】（雜語）見吠舍條。

【鞞舍隸夜】（地名）見毘舍離條。

【鞞舍離】（地名）見毘舍離條。

【鞞侈遮羅那三般那】（術語）Vidyā-carana-sampanna 又作鞞多遮羅那。譯曰明行足。佛十號之一。智度論二曰：「鞞侈遮羅那三般那、秦言明行足。云何爲明行足。宿命天眼漏盡名三明。（中畧）行名身業口業。唯佛身業口業具足。餘皆有失。是故名明行足。」坐禪三昧經上曰：「鞞侈秦言明。遮羅那言善行。明三明也。行淸淨之行。」玄應音[illegible]十[illegible]、「鞞侈遮羅那。蒲迷切。此譯云明行足。」

【鞞浮羅】（地名）見毘富羅修

【鞞殺社】（雜語）Bhaiṣajya 譯曰藥。寄歸傳三曰：「鞞殺社、譯之爲藥。卽是陳棄藥也。」梵語雜名曰：「藥、毘敍社。」

【鞞恕婆附】（佛名）見毘舍浮條。

【鞞紐婆那】（地名）Veṇuvana 譯曰竹林。見迦蘭陀條附錄。

【鞞婆尸】（佛名）見毘婆尸條。

【鞞婆沙】（術語）見毘婆沙條。

【鞞婆沙論】（書名）十四卷。尸陀般尼阿羅漢造。符秦僧伽跋澄譯。廣說有部之法相者。

【鞞婆訶羅】（流派）EkaVyāvahārikāḥ 譯曰一說部。小乘十八部之一。見四分開宗記一本。

【鞞婆麗陵耆】（地名）巴 Vebhaliṅga 往昔迦葉佛時之村邑名。佛與阿難共行道、到此處而微笑。阿難問故。佛因說昔迦葉佛時此村邑長者有優多羅童子、與難提婆羅陶師爲親友。難提婆羅勸優多羅使見佛出家事。中阿含鞞婆麗陵耆經是也。

【鞞跋致】（術語）Vaivartika 譯曰退。初心之菩薩、退失所修之行也。阿鞞跋致、即不退也。智度論四曰、「菩提薩埵有兩種。有鞞跋致有阿毘跋致。」

【鞞跋羅】（地名）Vaibhāra 山名、在王舍城。

【鞞頭梨】（物名）見吠瑠璃條。

【鞞嵐】（雜名）見毘嵐條。

【鞞訶羅】（術語）見毘訶羅條。

【鞞稠利夜】（物名）Vaidūrya 見瑠璃條。

【鞞瑟氏羅居士】（菩薩）華嚴經五十三善知識之第二十六。見五十三知識條。

【鞞摩那修】（人名）巴 Vekhanassa 外道名。佛爲說法、悟道出家。中阿含鞞摩那修經是也。

【鞞摩肅經】（經名）一卷、宋求那跋陀羅譯。即中阿含之鞞摩那修經也。見前項。

【鞞羯俞】（佛名）佛名。譯曰離愁。見可洪音義二。

【鞞藍婆】（雜名）見毘藍婆條。

【鞞禮多】（異類）Preta 餓鬼之梵名。見薜荔多條。

【鞞羅羨】（人名）鞞羅羨那之略。國王名。

【鞞羅羨那】（人名）Virasena 國王名。譯曰勇軍。一日一夜出家持戒、生於天上、永受富樂。遂修道而爲辟支佛。見出家功德經、諸經要集四。

【鞞嚧杜那】（佛名）見毘盧舍那條。

【鞞鐸佉】（寺名）見毘鐸佉條。

【鞞醯得枳】（飲食）藥名。慧琳音義六十三曰、「鞞醯得枳藥名也。」梵 Vihetaka

【甕形】（異類）Kumbhāṇḍaka 即鳩槃茶。

【甕中捉鼈】（譬喻）喻不能走脫也。五燈會元曰、「圓悟答徐俯曰。甕裏何曾走却鼈。」按元曲有甕中捉鼈之語。

【戲忘天】（界名）又曰戲忘念天。在欲界六天之中間。此天衆以戲笑而忘失正念退沒彼之天處、故名戲忘念天。唯識演秘四末曰、「按瑜伽云、謂有欲界諸天名遊戲忘念。彼諸天衆或時耽着種種戲樂。久相續住。由久住故忘失正念。由失念故、從彼天沒。」

【戲忘念天】（界名）與戲忘天同。見前項。

【戲論】（術語）非理之言論。無義之言論。又不問理非理、總斥一切之言論與俗所謂滑稽冗談等。同大日經疏十九曰、「戲論者。如世戲人以散亂心動作種種身口。但悅前人而無實義。今妄見者所作者亦同於此、故名戲論也。」大乘玄論二曰、「戲論是借譬之名。（中略）於道無所克獲。如小兒戲論爲耳。」嘉祥法華義疏二曰、「無記心中往復言論名爲戲論。中論云。戲論有二種。一者愛論。二者見論。」最勝王經一曰「實際之性。無有戲論。惟獨如來證實際法。戲論永斷。名爲涅槃。」法華經信解品曰、「今日世尊令我等思惟蠲除諸法戲論之糞。」

【點化】(術語)爲他緣所點。己性分之變化也。

【點心】(飲食)正食前後之小食也。小食點空心之義。曬耕錄曰、「今以早飯前及飯後午前午後晡時食爲點心。唐史鄭修爲江淮留後。家人備夫人晨饌。夫人顧其弟曰治粧未畢。我未及餐。爾且可點心。則此語唐時已然。」

【點石】(故事)竺道生在虎丘山、對石講涅槃經、使石點頭之故事也。見道生條。

【點茶湯】(儀式)與點茶同。又言點茶點湯。

【點茶】(儀式)點者以茶筅點湯。又點冷水於湯也。文公家禮曰、「主婦執茶筅。執事者執湯瓶隨之。點茶。盞以神主櫝前先設盞托。至是乃注湯於盞。用茶筅點之耳。古人飲茶用末。所謂點茶者。先置末茶於器中。然後投以滾湯。點以冷水。而用茶筅調之。今人燒湯煎葉茶。而此猶云點茶者。存舊也。」

【點淨】(術語)比丘得三衣坐具尼師壇等而受用之、以少分之故衣貼於新衣、或以墨著點於此。謂之點淨。淨者離過非而爲清淨之義、不過依此點法而受用之、故名點淨。行事鈔中三曰、「僧祇作淨者。極大齊四指。極小如豌豆。(善見如麻子大)不得並作。或一三五七九。不得如華形作。若新僧伽梨趣一角作。乃至一切衣新細揲亦爾。」

【點湯】(儀式)禪林之式、點茶之外、有點湯。供湯於人謂之點湯。湯有米湯七香湯等。

【點對】(雜語)點檢對校帳簿與實物。

【點塵】(術語)塵點之數量也。對於恒沙之數而曰點塵。性靈集七曰、「點塵身雲。恒沙心數。」見塵點條。

【黿】(動物)四靈之一。介族也。

【一眼之黿】(譬喻)法華經莊嚴王品曰、「佛難得值。如優曇波羅華。又如一眼之黿。值浮木孔。」十住論八曰、「人身難得。如大海中有一眼龜頭入板孔。」

【盲龜浮木】(譬喻)涅槃經二曰、「生世爲人難。值佛世亦難。猶如大海中盲龜。值浮孔。」同二十三曰、「清淨法寶難得見聞。我今已聞。猶如盲龜值浮木孔。」圓覺經曰「浮木盲龜難值遇。」稱揚諸佛功德經中曰、「一切世界設滿中水。水上有板。而板有孔。有一盲龜。於百歲中乃一擧頭。欲値於孔。斯亦甚難。求索人身甚難甚難。」

【龜藏六】(譬喻)人之六識譬如龜

之藏六支也。雜阿含經四十三曰、「過去世時。有河中草有龜於中住止。時有野干飢行覓食。遙見龜蟲疾來捉取。龜蟲見來即便藏六。野干守伺冀出頭足欲取食之。久守龜蟲。永不出頭亦不出足。野干飢乏瞋恚而去。諸比丘汝等。今日亦復如是。（中略）爾時世尊即說偈曰。龜蟲畏野干。藏六於殼內。比丘善攝心密藏諸覺想。」又見涅槃經一。

【龜不愼言】（譬喩）過去世時、阿練若池水邊有二鴈與一龜爲親友。後池水涸竭。二鴈議言今此池水涸竭。親友必受大苦。議已。語龜言此池水涸竭、汝無可生之理。宜銜一木我等各銜一頭。將汝著於大水處。銜木時愼不可語。便銜之。經過聚落、諸小兒見之。皆言鴈銜龜去。龜即瞋言、何預汝事。便失木墜地死。見法苑珠林八十二。

【龜毛】（譬喩）譬有名無實之物也。智度論十二曰、「如兎角龜毛。亦但有名而無實」成實論二曰、「世間事中。兎角龜毛蛇足鹽香風色等。是爲無」止觀十上曰「人我如龜毛兎角不可得」宗鏡錄四十六曰、「如辯兎角之大小。了龜毛之短長」楞伽經二曰「無性而作言說。謂兎角龜毛等世間現言說」楞嚴經一曰、「無則同於龜毛兎角」

【龜茲】（地名）Kuche 又作丘慈、俱支曩、屈支。漢西域古國名。唐置龜茲都督府。安西都護嘗治此。即今新疆庫車縣地。國治延城。在今庫車城南百四十里。沙雅縣北四十里。古來佛教繁昌之地。鳩摩羅什之生國也。西域記一曰、「屈支國。舊曰龜茲」玄應音義四曰、「丘慈。或言龜茲。正言屈支也。屈音居勿反。多出龍馬。左傳云屈產之乘」梵語雜名曰、「龜茲俱支曩」詳細見西域記一。

【鬭惱】（雜語）擾攘之意。隋書曰、釋迦之苦行也。是諸邪道。並來鬭惱。以亂其心。

【諂】（術語）小煩惱地法之一。二十隨煩惱之一。心所之名。目向他人秘內心表面裝作親愛之精神作用也。

【諂曲】（術語）爲欺他而作嬌態、曲順人情也。無量壽經上曰、「諂曲之心。和顏愛語」法華經曰「我慢自矜高。諂曲心不實」

【鵂鶹】（動物）又作休留。梟鵂之類。晝間不能見者。莊子秋水篇曰、「鴟鵂夜撮蚤。察見毫末。晝出瞋目而不見丘山」梵 Ulūka

【鵂鶹仙人】（人名）Ulūka 勝論派之鼻祖。始說六句義之法。止觀十上曰、「漚樓（僧佉）此翻休睺」同輔行十之一曰、「優樓（僧佉）此云休留仙。其人晝藏山谷。以造經。書夜則遊行說法教化。猶如彼鳥。故得此名。（中畧）其人在佛前八百年出世。亦得五通。」見優樓迦條。

【鵂鶹仙化石】（傳說）止觀私記十曰「眞諦云休留仙人成劫末出服長生藥。變爲石形如牛臥。在佛前八百年中石消融如灰。門人皆稱入涅槃。」

【鵂鶹心】（術語）見六十心條。

【壓沙油】（譬喻）譬物之不可得也。涅槃經二十五曰「世尊譬如壓沙油不可得。心亦復如是。雖復厭之貪不可得。當知貪心二理各異。沒復有之何能污心。」

【壓油輪罪】（術語）以輪壓造油、殺害麻中蟲之罪也。十輪經四云、善男子譬如壓油、一一麻中皆生諸蟲。以壓油輪壓取之、卽得油。善男子汝等當見壓油之人於其日夜應定殺幾衆生。若復有人以是十輪壓油、一輪一日一夜壓油千斛。如是乃至滿千年、其壓油人得幾罪耶、地藏菩薩言甚多。世尊、是人罪量無數不可知。唯佛與佛知之。經中更比於婬女舍、酒家、屠兒、旃陀羅等、校量其罪輕重。

【聻】（雜語）又作⿰氵聻。詰問辭之餘聲也。⿰口爾亦同。諸錄俗語解曰、「聻亦作⿰氵聻。正字通音儞。梵書聻爲助語。如禪錄云何故聻。未見桃花時聻。皆語餘聲。」宗門統要七曰、「百丈夾起火曰儞道無這個聻。」

【㲉藏】（譬喻）人爲無明煩惱所纏覆、如鳥之藏於卵㲉內也。勝鬘經曰、「爲無明㲉藏世間開現演說。是故名聖諦。」同寶窟下末曰「爲於無明纏覆如鳥在㲉爲㲉所藏故名爲藏。」

【懡㦬】（雜語）愧也。碧巖第一則著語曰、「不免一場懡㦬。」同種電鈔曰、「一場慚羞。」梵Mūra (Mūḍha)

【糟糠】（譬喻）糟者取酒後之滓。糠者取米後之糠。以喻憍慢之比丘及粗惡之法。法華經方便品曰、「衆中之糟糠。」大法鼓經上曰、「此諸比丘淸淨純一。眞實强力。離諸糟糠。」

【瞥地】（雜語）速急也。

【簸隸車】（雜名）見蔑戾車條。

【鍱腹】（傳說）有憍慢之外道、謂我腹中容一切之智慧。恐其破裂以銅鍱鍱腹也。智度論二十六曰、「薩遮祇尼犍子銅鍱鍱腹自誓言無有人得我難而不流汗破壞者。大象乃至樹木瓦石聞我難聲亦皆流汗。」光明文句五曰、「世智辯聰如長爪鍱腹。雞石石裂雞樹樹折。」

十八畫

【擧】（術語）擧起公案也。但此爲擧起公案而記載時所用之詞、在座上正唱其公案時但言「記得」。碧巖種電鈔一曰、「擧者記者之語也。圜悟擧起達磨公案也。拈提之時於座上自唱則言記得也。」

【擧一明三】(術語)擧一示之則直了解三也言知解之銳碧巖第一則垂示曰、「擧一明三目機銖兩」。

【擧一全收】(術語)擧一法則收一切法也唐判五教章中曰、「三性一際擧一全收」(和本擧一作隨一)清涼華嚴玄談二曰「上十處共爲緣起擧一全收」。

【擧一蔽諸】(術語)擧一而該一切也文句三下曰「但略擧一而蔽諸耳」。

【擧手低頭】(雜語)法華經方便品曰、「或有人禮拜或復但合掌乃至擧一手。或復小低頭以此供養像漸見無量佛自成無上道」卽敬禮之輕者。

【擧似】(雜語)以物示人也。臨濟錄曰「樂普回擧似師」

【擧哀】(儀式)禪林之葬式有佛事畢後大衆一同擧哀哀聲三度之式謂之擧哀佛事見象器箋十四。

【擧體全攝】(雜語)擧一法之體全攝收他法之體也。又作擧體全收五教章中所謂「二義鎔融擧體全攝」卽其例也。

【擧體不淨】(雜語)見七種不淨條。

【謦欬】(雜語)欬也聲之輕者曰謦、重者曰咳連用之則喻言笑也。◎(術語)十神力之一。見神力條附錄。

【戴塔吉祥】(菩薩)阿闍梨所傳曼荼羅觀音院之一尊又窣堵波大吉祥菩薩、謂之戴塔吉祥卽彌勒菩薩也。表菩薩紹釋迦如來之佛位或以手結窣堵波印或頂戴塔也。圖作帶塔德菩薩。大疏六曰、「戴塔吉祥於頂髻上置窣堵波或在所持華上」不同記二曰、「窣堵波大吉祥菩薩。梵號阿梨耶窣堵波摩訶室利。Āryastāpa-mahā-śrī 所傳圖云帶塔德菩薩又云戴塔吉祥」演密鈔八曰、「觀音持佛佛現在故慈氏持塔師滅度故。又八大菩薩經說。慈氏菩薩頂帶如來率都婆。又名帶塔之尊。」

【覆】(術語)小煩惱地法之一。二十隨煩惱之一。心所名。恐名譽之欲墮、隱覆自造之罪之精神作用也。

【覆手合掌】(印相)見次項。

【覆手向下合掌】(印相)十二合掌之一。大日經疏十三曰、「第十一次又俱覆二掌亦以二手中指相接名阿馱囉合掌。此云覆手向下合掌。第十二次又雙覆兩手以二大指並而相接十指頭向外亦同名也。亦名覆手合手也」

【覆帛】(物名)覆佛像之布帛也。準提儀軌曰、「將像於靜室秘密供養以帛覆像。念誦時去覆帛瞻禮供養。念誦畢卻以帛覆。愼勿令人見」

【覆肩衣】(衣服)依南山之舊律家、則覆肩衣與祇支爲二物。覆肩衣爲覆右肩者、祇支爲覆左肩者。是比丘尼受持五衣中之二衣也。其本制興於比丘尼。但智度論記佛對阿難特聽覆肩衣、別有緣由。又漢地之風不好露體。故倣阿難兩用祇支與覆肩衣。遂製出縫合兩衣而爲褊衫者。云此以四分律以三衣與祇支及覆肩衣爲五衣。因而爲比丘尼之受衣也。又義淨之新律家以此二者爲梵漢之異名。非爲二物。覆肩衣卽祇支、正音名僧腳崎。智度論所謂覆肩衣、亦覆左肩。乃祇支之事也。（然四分律以爲別衣者一重之物曰祇支。二重三重之物曰覆肩衣、十八物圖引僧祇律會釋之。）智度論三曰、「阿難端正淸淨如好明鏡。（中略）女人見之欲心卽動。是故佛聽阿難著覆肩衣。」行事鈔下之一曰、「僧祇支法此是中國梵音。此翻云上狹下廣衣。（中略）僧祇祇支覆肩衣長四肘廣二肘。如是受持。」又曰、「是衣厥修羅長四肘廣二肘半。（準似祇支國語不同）是衣覆肩衣長四肘廣二肘。」六物圖曰、「初制意者。尼女報弱。故制祇支披左肩以襯袈裟。又制覆肩掩於右髆。開遮形醜。是故尼衆用五衣。大僧又有畜用。但是聽衣耳。（非製衣）二釋名者。梵語僧祇支。此云上狹下廣衣。覆肩華語未詳梵音。」

【覆面】（雜語）覆口之布帛也。瞿醯經下曰「持誦新帛繫其面門。」餘軌謂之淨帛。

【覆俗諦】（術語）世俗諦、新曰覆俗諦。覆者覆眞之義。覆眞理之世俗事相也。寄歸傳四曰、「覆俗諦者。舊云世俗諦。義不盡。也。意道俗事覆他眞理。色本非瓶。妄爲瓶解。聲無歌曲。漫作歌心。（中略）由此覆眞。名爲覆俗矣。此據覆卽俗名爲覆俗。或可但云眞諦覆諦。」

【覆迹顯本】（術語）十重顯本之一。

【覆腋衣】（衣服）見竭支條。

【覆鉢】（雜名）塔頂作覆鉢形、爲九輪之基者。謂之覆鉢。俗名斗形者是也。玄應音義曰、「案西域別無旛竿。卽於塔覆鉢柱頭懸旛。」

【覆業無明】（術語）十五種無明之一。見無明條附錄。

【覆墓】（雜語）省墓也。釋氏要覽下曰、「殯後三日再往墓所。謂之覆墓。」

【覆器】（譬喩）轉覆之器。雖注水而水不入。以喩無慚無愧之人。心旣轉覆。則道法不入也。智度論十五曰、「佛子羅云其年幼稚未知愼口。人來問之世尊在否。詭言不在。若不在時詭言佛在。有人白佛。佛語羅云。於澡盤取水與吾洗足。洗已。語言覆此澡盤。如勅卽覆。佛曰。以水注之。注已。問曰。水入中否。答曰。不入。佛語羅云。無慚愧人。以妄語覆心。道法不入。亦復如是。」釋門歸敬儀上曰、「覆器之喩。塵露於目前。」

【覆諦】（術語）覆俗諦之略。

【覆諦過失】（術語）見十心條。

【覆講】（雜語）師之講、弟子更反覆講之也。法華經化城喻品說十六王子覆講法華經。法華玄義六曰「十六王子覆講法華」。

【覆藏犍度】（術語）二十犍度之一。明治覆藏過失罪之章篇。四分律所說。

【覆藏他重罪戒】（術語）八波羅夷之一。見波羅夷條附錄。

【醫方】（術語）醫療禁咒之術。

【醫方明】（術語）五明之一。見五明條。

【醫方論】（術語）五明論之一。說醫術之論。

【醫子】（譬喻）法華經七喻之一。醫本門之開近顯遠者。有良醫為事用到他國。諸子後飲毒藥、悶絕宛轉。是時父還、諸子歡喜乞救療。父即與色香味具足之好藥草。諸子中不失心者服之、病盡愈。其失心者、毒氣深入於身、不敢服。父因方便至他國、詐言死。諸子聞之、悲哀之餘、遂醒悟、服其好藥、病毒悉除。於是父復歸來相見、歡喜無極。此其大旨也。如來譬之醫子、喻之三乘。如來以方便力、對三乘之人、雖說滅度、實則壽命無量劫而不滅度也。

【醫王】（術語）醫中之王。稱讚佛譬以醫王。無量義經曰「醫王大醫王。分別病相、曉了藥性、隨病授藥、令衆生服」。涅槃經五曰「成等正覺為大醫王」。

【醫王善逝】（術語）藥師如來之別名。（醫王之名、諸佛通用、今因藥師之名、特謂此如來為醫王）善逝者、諸佛十號之一。

【醫喻經】（經名）佛說醫喻經、宋施護譯、一卷。以醫有四法、譬佛法有四諦法。

【醫羅鉢龍王】（異類）亦云醫羅鉢羅。醫羅、樹名、此翻云臭氣。鉢羅、此翻云極。由此龍王往昔損此樹葉、故致頭上生此臭極之樹也。

【醫羅鉢呾邏龍王池】（地名）醫羅鉢呾邏 Elāpattra 者、梵名。在北印度呾叉始羅國。西域記三謂其周百餘步、其水澄清、雜色蓮華、開榮有異彩云。

【醫羅跋那】（術語）Iśvaravāṇa 又作翳羅跋那。佛之聲。譯曰自在聲、圓音。以佛之聲於一音具衆音故也。華嚴疏鈔十二曰、「醫羅跋那者、具云翳濕弗羅跋那。翳濕弗、自在也。羅跋那者、聲也。即圓音自在耳」。慧苑音義上曰、「翳羅跋那。翳者、具云翳濕弗羅。跋此云自在也。羅跋那者、大聲也。謂佛號大自在聲」。可洪音義四曰、「翳羅跋、上烏兮反、下蒲末反。佛名也。正作翳字」。

【藍宇】（雜語）伽藍堂宇、即佛寺也。

【藍風】（雜名）毘藍風也。毘藍又作毘嵐。暴風名。弘明集序曰、「須彌峻而藍風起、寶藏積而怨賊生。」

【藍婆】（異類）Lambā 法華經所說十羅刹女、第一謂之藍婆。第二謂之毘藍婆。Vilambā 正法華經翻爲結縛。慧琳音義二十五曰、「準法華中。十羅刹女有名藍婆。此云乘。」

【藏】（術語）蘊積之義、包含之義。經典能包含蘊積文義。故名爲藏。善見律毘婆沙一「藏者器也。何謂爲器。器者能聚集衆義也。」大乘義章一、「包含蘊積名藏。」釋摩訶衍論一、「持其行法。隨意不失所以立名曰藏焉。」玄應音義五、「梵本名篋。以藏更之也。」

【一藏】（名數）一切之敎法唯攝於一藏。法界法輪藏是也。釋摩訶衍論一曰、「唯立一藏總攝諸法。謂法界法輪藏。」

【二藏】（名數）小乘之經量部立二藏。一、經藏。二、律藏。論藏者、但爲諸經中詮慧之處、及弟子釋經之疏也。是非藏之所攝見。順正理論一。因摩訶僧祇律三十二敍佛滅後五百聖者之結集、唯舉經律二藏、無論藏之結集。因大乘亦立二藏。一、三藏。經律論結集於別部之小乘法藏也。二、摩訶衍藏。說大乘之敎理行果者。此二者卽爲聲聞藏菩薩藏。三論之嘉祥以之爲彼宗之敎相判釋。智度論百曰、「雖俱求一解脫門。而有自利利人之異。故有大小乘差別。爲是二種人。故佛口所說以文字語言分爲二種。三藏是聲聞法。摩訶衍是大乘法。」釋摩訶衍論一曰、「立三藏總攝諸法。謂聲聞藏及菩薩藏。」瑜伽論二十五、對法論十一、顯揚論六、攝論一廣明之。

【三藏】（名數）謂大小乘各經律論也。參照三字部三藏條。

【四藏】（名數）小乘之大衆部立四藏。經藏加雜藏也。雜藏者諸大乘經也。增一阿含經序品曰、「契經一藏。律二藏。阿毘曇經爲三藏。方等大乘義玄邃。及諸契經爲雜藏。」智度論四十九曰、「四藏者所謂阿含。阿毘曇。毘尼。雜藏。」分別功德論一曰、「阿難所撰今四藏是也。」智度論十一曰、「以四種法藏敎人。一修妬路藏。二毘尼藏。三阿毘曇藏。四雜藏。是爲法施。」小乘之犢子部亦立四藏。於經律論之三藏加明咒藏。明咒者陀羅尼也。見義林章諸藏章。

【五藏】（名數）佛滅後窟外大衆部之結集出五藏。西域記九曰、「於是凡聖咸會。賢智畢萃。復集素呾纜藏。毘奈耶藏。阿毘達磨藏。雜集藏。禁咒藏。別爲五藏。而此結集凡聖同會。因而謂之大衆部。」又分別功德論一說五藏。一、契經藏。二、毘尼藏。三、阿毘曇藏。四、雜藏。五、菩薩藏。此中前四藏爲佛滅後阿難之結集。菩薩藏者佛在世時卽有之云。文曰、「諸方等正經皆是菩薩藏中事。先佛在時巳名大士藏。阿難所撰卽今四藏是也。合而言之爲五藏也」。又曰「所謂雜藏者非一人說。或佛所說。或弟子說。或諸天讚誦。或說宿緣三阿僧祇菩薩所生。文義非一。多於三藏。故曰雜藏也」。又小乘之法藏部亦立五藏。一、經藏。二、律藏。三、論藏。四、明咒藏。五、菩薩藏。見宗輪論述記。又密敎立五藏。似大集部所立之五藏。六波羅蜜經一曰「一、素呾纜。二、毘奈耶。三、阿毘達磨。四、般若波羅蜜多。五、陀羅尼門。此五種藏敎化有情。隨所應度而爲說之。（中略）此五法藏譬如乳、酪、生酥、熟酥、及妙醍醐。（中略）我滅度後。令阿難陀受持所說素呾纜藏。鄔波離受持所說毘奈耶藏。迦多衍那受持所說阿毘達磨藏。曼殊師利菩薩受持所說大乘般若波羅蜜多。其金剛生菩薩受持所說甚深微妙諸總持門」。

【八藏】（名數）一、胎化藏。二、中陰藏。三、摩訶衍方等藏。四、戒律藏。五、十住菩薩藏。六、雜藏。七、金剛藏。八、佛藏。見菩薩處胎經七。又大乘部立八藏。以聲聞藏與菩薩藏各立四藏故也。四藏者、經律論之三藏及雜藏也。義林章二本曰「大乘部又說八藏。菩薩聲聞各有四故」。

【藏六】（譬喩）龜藏六處。免野干之難。以喩比丘藏六根而免魔害。見龜條附錄。

【藏主】（職位）司經藏者。大禪苑大藏經分二副、置於東西。因而有東藏主西藏主。

【藏司】（職位）藏主寮也。若呼人則曰藏主。

【藏持】（術語）五持之一。見五持條。

【藏海】（譬喩）如來藏譬之海。秘藏寶鑰下曰、「藏海息七轉之波。蘊落斷六賊之害」。吽字義曰、「藏海常住。七波推轉」。

【藏敎】（術語）三藏敎之畧。天台四敎之一。

【藏敎四門】（名數）見四門條附錄。

【藏敎七階】（名數）謂藏敎菩薩修行之階級有七階也。一、觀四諦之境而起四弘誓願。二、於三阿僧祇劫修六度之行、而得本願滿足。是爲三祇修六度。三、於百劫中種諸相好、用百福德成一相好。至三十二相具足而得身莊嚴。是爲百劫種相好。四、如世尊在因位時多數之善根修行六度相滿。五、爲補處菩薩、自兜率降生。六、厭生老病死之苦而出家入山修道。降神出家也。七、菩提樹下降服魔軍、安坐不動而成佛道。菩提樹下成道也。

【藏通】（術語）三藏敎與通敎。天台四敎之第一第二。

【藏通別圓】（術語）天台所立化法之四敎。見四敎條。

【藏理】（術語）如來藏之實理。止觀

十曰、「實相卽如來藏。無量客塵覆此藏理。修恒沙法門顯淸淨性。」

【藏經】（術語）隋書經籍志記梁武帝於華林園中總集釋氏經典凡五千四百卷。沙門寶唱撰經目錄。按此是佛經有藏之始。南史姚察傳遂有讀一藏經之說。開元釋經錄列五千四十八卷其後宋元明日本高麗公私刻板多至二十餘副。然存者無多。略舉存者則一爲高麗本六千四百六十七卷。此本最古。一爲宋本五千七百十四卷。一爲元本五千三百九十七卷。日本天海僧正由南宋藏翻刻六百六十五帙。一爲明本六千七百七十一卷。明萬曆年間密藏禪師依當時北藏（當時明有南北二藏）初刻經本者。日本黃蘗山翻刻之。淸代重刻明本且刊行續藏九十函又續藏三十函。日本弘敎書院根據麗藏。校合天海本元藏鐵眼本增以其國古鈔本出縮印藏經四十帙、千九百十六部、八千五百三十四卷。其後藏經書院、又由鐵眼本、刊行卐字藏經千六百六十八部、及引續續藏經千七百五十七部。最近頻伽精舍主人羅詩氏、據弘敎本略加增減、益以淸刊龍藏及乾隆續藏千一百二十七卷。刊行藏經四十帙、四百十四冊、凡一千九百十六部、八千四百十六卷。餘詳一切經條。

【石經山藏經】（術語）房山縣石經山峯巒秀拔名小西天。隋大業間僧靜琬懼本敎有難、不能流通、發願募工鑿石刊造一大藏經。積於此山。至唐貞觀初、僅成大涅槃一部。靜琬沒後其弟子遞刊造餘部、歷遼金始完一大藏。貯於巖洞者七。地穴者三。洞鍵以石門穴鎭以浮圖。自來兵燹不之及。見人海記上。

【大藏總經目錄】（書名）嘗見行脚禪和佩帶小摺經目奉爲法寶。閱其名目卷數與藏內多不相符。欲究其根源而未得也。一日檢西遊記。見有唐僧取經目次。卽此摺所由來矣。按西遊記係邱長春借唐僧取經名相。演道家修煉內丹之術。其於經卷數目。不過借以表五千四十八黃道耳。所以任意撫拾。全未考核也。乃後人不察。以此爲實。居然鈔出刊行。廣宣流布。雖禪林修士。亦莫辨其眞僞。良可浩歎。余旣知其源流。遂記之以告夫來者。見等不等觀雜錄。

【一藏數目】（名數）今時僧俗持誦經呪。動稱一藏。問其數則云五千四十八也。嘗考歷代藏經目錄。惟開元釋敎錄有五千四十八卷之數。餘則增減不等。至今乃有七千二百餘卷矣。世俗執著五千四十八者。乃依西遊記之說耳。夫持誦者。量自心力如法定數。或以一百爲藏。表大乘百法也。或以五百爲藏。應五位進修。有五百波羅蜜也。或以一千爲藏。顯百界千如也。或以三千爲藏。闡三千性相也。或以五千爲藏。以五百波羅蜜。

一一具十也。或以一萬爲藏。乃萬德齊彰也。或以八萬四千爲藏。轉八萬四千塵勞。成八萬四千法門也。上來廣略多般。行之均合教意。又何必專依丹書黃道之數爲定法耶。見等不等觀雜錄。

【藏經紙】（物名）海鹽金粟寺。爲唐宋以來古刹。有藏經千軸。用硬黃繭紙書之。紙背每幅有小紅印曰金粟山藏經紙。紙上間有元豐年號。知爲宋時物也。見金粟箋說。此紙本有黃白兩種。今仿造爲箋。對斗方等用。惟黃色斑駁者名爲藏經箋。

【藏殿】（堂塔）經藏之異名。置藏經之樓殿也。釋門正統三曰、「諸方梵刹立藏殿」

【藏塵】（術語）佛之劣應身三十二相、對於勝應身尊特之相而言。含藏塵垢之義也。法華經信解品曰、「卽脫瓔珞細軟上服嚴飾之具。更著塵弊垢膩之衣。」

【藏識】（術語）八識中第八阿賴耶識也。阿賴耶、譯曰藏。含藏一切種子之識也。依性宗則爲眞妄和合之識也。圓覺經曰、「我相堅固執持潛伏藏識。遊戲諸根曾不間斷」六波羅蜜多經十曰、「藏識爲所依隨緣現衆像。如人目有翳。妄見空中華」業疏濟緣記三下曰、「梵云阿梨耶。或云阿賴耶。此云含藏識。謂含藏一切善惡因果染淨種子」

【藏識四相】（名數）見四相條附錄。

【薩他泥濕伐羅】（地名）Sadaniśvara 國名。在中印度。見西域記四。

【薩多琦梨】（異類）鬼王名。譯曰大力天。見金光明文句七。

【薩多般那求訶】（堂塔）Saptaparṇaguha 王舍城五精舍之一。法華文句一曰、「薩多般那求訶。此云七葉穴」翻梵語九曰、「薩多般那求呵。應云薩多般羅那。譯曰七葉。求呵。譯曰穴。又云薩多般那舊呵山。譯曰薩多者七。般那者葉。舊呵者窟」

【薩利殺跛】（植物）Sarṣapa 譯曰芥子。見最勝王經七。

【薩底也】（術語）見薩哆也條。

【薩陀波崙】（菩薩）見波崙條。

【薩怛多般怛羅】（眞言）陀羅尼名。譯曰白傘蓋。喩如來藏性。淸淨無染。覆一切有情也。見名義集上。

【薩迦耶見】（術語）Sat-kāyadarśana 又曰薩迦耶達利瑟致。譯曰有身見。五見中之身見也。執著五蘊假和合之體。思爲有眞實之我。起我我所之見也。

【薩婆多部】（流派）小乘二十部之一。卽說一切有部也。見說一切有部條。

【薩婆愼若提婆】（人名）Sarvajñadeva 譯曰一切智天。高僧名。見求法高僧傳上。

【薩婆若】(雜語)Sarvajña 又作薩云若、薩雲若、薩云然、薩婆若、薩伐若、薩婆若囊、薩婆若那、薩婆若多、薩囀吉孃、薩栰若、薩芸然等。譯曰一切智。放光般若經十一曰「又云薩云然、此云一切智」慧琳音義七曰「薩婆若記也。正音薩囀吉孃(二合)唐言一切智。卽般若波羅蜜之異名也。又云薩栰若心。梵語不正也。」圓覺大疏鈔一曰「薩婆若此云一切種智。卽諸佛究竟圓滿果位之智也。種謂種類。卽無法不通之義也。謂世出世間種種品類無不了知。故云一切種智。故華嚴如來名號品中列佛種種名。於中云。亦名一切義成。一切義成者。卽翻梵語悉達多。爲此言也。謂於一切義理悉皆通達成就。卽是一切種智也。」

【薩婆薩埵】(雜語)譯曰一切衆生。見大日經疏十。Sarvasattva

【薩婆吃隸奢】(雜名)譯曰一切煩惱。見大日經疏十。梵Sarva-kleśa

【薩婆悉達多】(人名)見薩婆曷剌他悉陀條。梵Sarvasiddhārtha

【薩婆悉多】(雜語)又作薩婆悉馱。譯曰一切成就。又釋迦太子幼時略稱與次項同。

【薩婆曷剌他悉陀】(人名)Sarvārthasiddha 又作薩婆悉達多、薩婆頞他悉陀、薩縛頞他悉地。悉達太子之具名。譯曰一切義成就、一切事成。西域記七曰「薩婆曷剌他悉陀。唐言一切義成。舊曰悉達多、訛略也。」有部毘奈耶雜事二十曰「一切事成。梵云薩婆頞他悉陀。此是菩薩最初立字。」慧苑音義曰「悉達者具云薩縛頞他悉地。」

【薩偷羅】(術語)見偷藍遮條。

【薩埵】(術語)Sattva 譯曰情。或有情、衆生。(起世經)有生命者之稱。又作薩多婆、薩和薩、薩婆薩埵、薩怛嚩、索埵。玄應音義二十三曰「釋有情。云梵言薩埵。薩此云有。埵此云情。故云有情。言衆生者案梵本僕呼膳那。此云衆生。語各別也。」俱舍寶記一曰「衆生者卽情異名。梵名薩埵。此云有情。梵名社伽(上聲)此名衆生。卽與有情體一名異(云云)」見衆生條。因菩提薩埵之略。見菩薩條。

【薩埵王子】(本生)過去世有一國王名大車。有三子。太子曰摩訶波羅。次子曰摩訶提婆。幼子曰摩訶薩埵。三子遊山林。一虎產七子。纔經七日。諸子圍繞。見逼於饑渴。各生悲愴之念而去。既而摩訶薩埵大生悲心。爲無上菩提。欲捨此穢身。先使二兄去。獨入林中至餓虎處。脫衣服置竹上。委身而臥。虎畏薩埵慈威力不敢食。薩埵見之、上高投身於地。時小神以手捧王子。曾無傷損。薩埵乃以乾竹刺頸出血。漸近於虎。爾時大地六種震動、天華亂墜。餓虎見薩埵頭流血、即舐血食肉盡。王子即今釋迦牟尼是也。以此功德超越十一劫。見最勝王經捨身品、賢愚經摩訶薩埵以身施虎緣品。

【薩埵刺闍答摩】（術語）Sattva Rajas Tamas 數論二十五諦中自性諦之三德。薩埵為勇健之義。刺闍為塵坌之義。答摩為闇鈍之義。自性具此三德故生一切萬物、使所生之萬物、千差萬別。謂喜憂闇之三德也。見三德條。

【薩哆也】（術語）Sattya 又作薩底也。譯曰諦。眞實之義。大日經疏七曰、「梵云薩哆也。此翻為諦。諦謂如諸法眞相而知不倒不謬。」同九曰、「薩底也是諦。」

【薩達喇摩】（術語）Saddharma 譯曰正法。三時中第一時。佛滅後五百年也。見三時條。

【薩達磨芬陀利】（經名）Saddharmapuṇḍarika 譯曰妙法蓮華。法華經之題名。芬陀利、具名芬茶利迦。白蓮華名。

【薩達磨芬茶利迦】（經名）又作薩達磨奔茶利迦。譯曰妙法蓮華。薩者妙、達磨者法、芬茶利迦者白蓮華名。

【薩達磨芬陀利修多羅】（經名）是四譯之稱。新譯家之稱、為薩達磨奔茶利迦素怛纜。法護譯言正法華經、羅什譯言妙法蓮華經。法華玄贊一曰、「梵云薩達摩奔茶利迦素怛纜。薩者正妙之義。故法護云正法華。羅什云妙法蓮華。達摩法也。奔茶利迦者白蓮華也。西域呼白蓮華為奔茶利迦。素怛纜者經義。」

【薩達摩奔茶利迦素怛纜】（經名）見前項。

【薩陀波崙】（菩薩）又作薩陀波倫。菩薩名。譯曰常啼。為求般若七日七夜啼哭。故名。見常啼菩薩條。

【薩闍羅娑】（物名）Sarjarasa 又作薩折羅娑。譯曰白膠香。見名義集七。

【薩曇分陀利】（經名）與薩達磨芬陀利同。譯曰妙法蓮華。慧琳音義二十八曰、「薩曇分陀利。梵語訛略也。正梵語云薩達摩奔拏里迦。唐言妙法白蓮華。姚秦羅什譯為妙法蓮華經。略去白字也。」梵Saddhanmapuṇḍarika

【薩嚩咀二】（術語）又作薩多婆。薩埵之轉。

【薩羅國】（地名）又作薩盧國。譯曰杉國。見翻梵語九。梵Sālve-sālva

【薩羅國經】（經名）佛說薩羅國經、一卷。失譯人名。佛由祇園往彼國化王及國人。

【薩羅計】（飲食）Sarki 最勝王經三十二香味之一。譯曰叱脂。

【薩羅縛奢】（雜名）譯曰要願求事

之願心也。演密鈔五曰、「要之願梵語薩羅縛奢。Sarvāsā 與之願梵語嚩嚧。Vara 要者心之所祈也。與者隨他願能滿故。」

【薩羅薩伐底】（天名）Sarasvatī 譯曰妙音樂天。辯才天。見大辯才天條。

【藉通開導】（術語）台家之名目。借通敎開導別圓之機也。三通中第三種之機類也。見通敎條。

【藁幹喻經】（經名）蘇婆呼童子經上曰、「譬如有人耕田種稻。唯求子實。不望藁幹。子實成熟。收穫子已。藁幹不求而自然得。行者欲得菩提種子功德。不爲世樂。求無上菩提。以喻其實。諸餘世樂。況喻草幹。不求自得。」智度論八十七曰、「譬如人爲穀故種禾。而藁草自至。」藁幹喻經者。從此等所說而立其名者。此例頗多。

【薰修】（術語）薰爲薰習。如熏香於衣也。修者修行。以德薰身。修行也。觀無量壽經曰、「戒香薰修。」八十華嚴經二十五曰、「恒普薰修一切善法。」

【薰習】（術語）身口所現之善惡行法或意所現之善惡思想起時。其氣分留於眞如或阿賴耶識。如香之於衣也。其身口意所現者。謂之現行法。氣分留於眞如或阿賴耶識者。謂之種子或習氣。因而現行法於眞如或阿賴耶識留其種子或習氣之作用、謂之薰習。起信論曰、「薰習義者。如世間衣服實無於香。若人以香而薰習。故則有香氣。」唯識述記一之本曰、「薰者擊發義。習者數數義。由數數薰發有此種故。」

【三種薰習】（名數）一、名言薰習。名者名字。言者言說也。分別名字言說之識、卽是第六之意識。由第七識第八種子之識。傳送薰習。能成就染分之相者。故名。二、色識薰習。色者。對於眼根之諸色也。因此諸色而引生眼識、名爲色識。於此分別、卽是第六之意識、亦由第七識第八種子之識。傳送薰習。能成就染分之相者。故名。三、煩惱薰習。貪瞋邪見等之煩惱也。此煩惱乃是第六意識所起、亦由第七識第八種子之識傳送薰習。能成就染分之相者、故名。

【四種薰習】（名數）見四薰習條。

【薰陸香】（物名）梵名君杜嚕。Kuṇ-duruka 如桃之膠、有香氣者。西域記十一曰、「薰陸香樹。樹葉若棠梨也。」演密鈔六曰、「薰陸者。出於西方。卽樹膠。夏天日炙。銷滴沙中。在地有香。謂之薰陸。」土耳古語 G-hyünluk

【舊住】（雜語）又作久住。舊時住者之意。法華經神力品所謂「舊住娑婆世界之菩薩摩訶薩」是也。禪家多用此語。如石溪報恩錄云「首座謝舊住上堂」等。

【舊住菩薩】（術語）對於新往生淨土之菩薩。而稱舊住於淨土之菩薩。

【舊事淨法】（雜語）跋闍子十事非法之一。見跋闍子比丘條附錄。

【舊律家】（雜名）譯家有新舊之別。律家亦有新舊。律書中四分五分等屬於舊、有部律爲新。然古來多就律之註釋而論新舊。唐南山之行事鈔、宋元照之資持記等爲舊律家。唐義淨之南海寄歸傳、懷素之開宗記、定賓之飾宗記等爲新律宗。

【舊俱舍】（書名）陳眞諦三藏所譯之俱舍釋論、對於唐玄奘三藏譯之俱舍論而稱爲舊俱舍。

【舊城喩經】（經名）佛說舊城喩經。一卷。宋法賢譯。與佛說緣起聖道經、佛說貝多樹下思惟十二因緣經同本。說十二因緣之觀法。或逆或順、觀十二因緣。如行舊道達舊城。因以爲經名。

【舊華嚴】（經名）東晉佛馱跋陀羅譯六十卷之華嚴經、對於唐實叉難陀譯八十卷之華嚴經而稱爲舊華嚴。又依卷數而謂之六十華嚴。

【舊善客善】（雜語）釋尊出世以前、敎世人之忠孝仁義等道、爲舊善根。謂之舊善。釋尊之敎法、敎人之三歸戒律等善根。謂爲客善。

【舊論】（雜名）眞諦譯之俱舍論、謂之舊俱舍。或曰舊論。性相學者之稱。

【舊醫】（譬喩）新舊二醫皆用乳藥、一非一是也。見新醫條。

【舊雜譬喩經】（經名）二卷。吳康僧會譯。集種種之譬喩者。對於後漢譯而曰舊。

【舊譯】（術語）唐代已下之諸譯爲新譯。以前者爲舊譯。舊譯家中以羅什眞諦爲翹楚。新譯家內以玄奘義淨爲司南。大部補註五曰「劉漢已來謂之舊譯。李唐而下。謂之新譯」。法雲所見少異之。名義集一曰。「梁唐之新傳。乃殊秦晉之舊譯。」

【瞿折羅】（地名）梵名 Gurjjara 國名。在西印度。其首府曰毘羅摩羅城。見西域記十一。

【瞿夷】（人名）Gopikā 又作瞿毘耶、瞿比迦、瞿波、瞿婆（憍曇彌）（喬答彌）譯曰明女、守護大地。舍夷長者之女。悉達太子第一夫人。十二遊經曰「舍夷長者名水光。其婦母名月女。有一城。居近其邊。生女之時。日將欲沒。餘明照其家室內皆明。因字之爲瞿夷。晉言明女。瞿夷者是太子第一夫人」古來對於悉多太子之妃。其說不一。十二遊經爲瞿夷耶惟檀（羅瞿羅女）鹿野智度論十七爲瞿毘耶耶輸陀羅（羅母）法華文句二上與十二遊經之說。皆謂「未曾有及瑞應皆云羅睺是瞿夷子。涅槃及法華皆云是耶輸子」瞿夷又單稱 Gopā 譯曰守護地覆障。牛護。亦曰善覺王之女。與耶輸陀羅爲同一人。按憍曇彌 Gautami 爲瞿曇 Gautama

之女性名詞此瞿曇妃之意也與耶輸陀羅爲同人異稱明矣（亦稱佛姨母）三妃之說雖根據三時殿然三時殿爲由於印度之氣候而作也。

【瞿夷本生】（本生）　本起經上談本生云昔定光佛出世時有謂爲儒童者聞佛出世喜行城中欲以華供養不得有一女瞿夷持七莖青蓮花儒童由瞿夷得華瞿夷與儒童約爲後生婦儒童者今之世尊瞿夷者太子妃也此爲有名之錠光佛授記條又見寶積經百七智度論三十五。

【瞿伽尼】（界名）　又作劬伽尼。西大洲名譯曰牛見瞿陀尼條。

【瞿迦離】（人名）　又作俱迦利、俱迦離比丘名見次項。

【瞿伽離】（人名）　Kokālika 巴 Kokāliya又作俱迦離、仇伽離、瞿迦離、俱迦利比丘名譯曰惡時者、牛守提婆達多之弟子大寶積經二曰、「俱迦利比丘。（唐言惡時者）」慧琳音義二十六曰、「瞿伽離亦云瞿波離亦云瞿和離此云牛守」

【瞿伽離謗二聖墮地獄】（傳說）　智度論十三云舍利弗目連遇雨宿陶家暗中先有女人二人不知女人夜夢失精晨朝水浴瞿伽離見之謂二人行不淨三度爲佛所呵不改遂生瘡死墮於大蓮華地獄雜寶藏經三雜阿含經四十八十誦律三十七亦見之涅槃經二十曰「瞿伽離比丘生身入地至阿鼻獄」

【俱迦離無信墮惡道】（傳說）　智度論一曰、「如提婆達多大弟子俱迦離無信法故墮惡道中是人無信於佛法自以智慧求不能得何以故佛法甚深故」

【瞿沙】（人名）　Ghoṣa　比丘名譯曰妙音美音阿育王時住菩提樹伽藍瞽王太子拘浪拏之盲目者西域記三曰、「時菩提樹伽藍有瞿沙（唐言妙音）大阿羅漢者四辯無礙三明具足王將盲子陳告其事（中略）眼得復明明視如昔」　又婆沙四評家之一俱舍光記二十曰、「音聲妙故名曰妙音梵云懼沙舊云瞿沙訛也」　又甘露味阿毘曇論之著者開元錄十三曰「甘露味阿毘曇論二卷尊者瞿沙（唐言妙音）造曹魏代譯」

【瞿沙經】（經名）　玄應音義二十三曰、「瞿沙此云妙音人名也從人名經也」

【瞿私多】（地名）　Ghosita　園名譯曰白牛翻梵語曰、「瞿私多園譯曰白牛善見律第十三卷」　又（人名）見瞿師羅條。

【瞿波】（人名）　又曰瞿夷悉達太子第一夫人之名見瞿夷條。

【瞿波羅】（異類）　Gopāla　又作鳩波羅夜叉名譯曰守地孔雀王經下曰、「瞿波羅梁言守地大夜叉名也」　又長者之子名。

慧苑音義下曰、「瞿波羅案西方訓字。瞿有九義。此中但取地白義。波羅此云守護也。謂守護心地守護白法也。」

【瞿波洛迦】（雜名）Gopālaka 譯曰牧牛經見玄應音義二十五。

【瞿波理迦】（人名）Gopāli 舊稱俱迦梨。人名。譯曰牛主。見慧琳音義十八。見瞿伽離條。

【瞿陀尼】（界名）Godānīya 舊稱瞿耶尼、瞿伽尼。新稱瞿陀尼、瞿陀尼耶。在須彌山西方之大洲名。譯曰牛貨。西域記一曰、「西瞿陀尼洲。舊曰瞿耶尼。又曰劬伽尼。訛也。」玄應音義十二曰、「瞿陀尼名俱耶尼。或名瞿耶尼。或名瞿伽尼。皆是訛轉也。瞿此譯云牛。陀尼耶此云取與。以多牛市易。如此間用錢帛等。」慧苑音義上曰、「瞿耶尼。具云阿鉢唎瞿陀尼。Aparagodānīya 言阿鉢唎者。此云西。或云鉢執忙。此云後。謂日沒邊處也。瞿、牛也。陀尼、貨也。謂以牛買物。如此洲用錢也。」

【瞿拉坡】（雜語）譯曰踝。見玄應音義二十一。梵 Gulpha

【瞿毘耶】（人名）Gopā之轉。悉達太子夫人耶輸陀羅之稱。見瞿夷條。

【瞿毘霜那】（地名）Govisana 在中印度秣底補羅國東南之國。見西域記四。

【瞿耶尼】（地名）又作俱耶尼。西大洲名。見瞿陀尼條。

【瞿枳羅】（動物）Kokila 又作俱枳羅、鴝鳲羅、拘枳羅。鳥名。見鳩夷羅條。

【俱枳羅經】（經名）俱枳羅陀羅尼經之異名。

【俱枳羅陀羅尼經】（經名）佛說俱枳羅陀羅尼經、一卷。宋法賢譯。佛對阿難說之。俱枳羅爲陀羅尼名。

【瞿室餕伽】.（地名）Gośṛṅga 山名。譯曰牛角。見釋迦誌上。

【瞿拏鉢剌婆】（人名）Guṇaprabha 又作瞿拏鉢賴婆。印度論師名。譯曰德光。西域記四曰、「昔瞿拏鉢剌婆論師（唐曰德光）於此作辯眞等論凡百餘部。論師少而英傑、長而弘敏、博物强識、碩學多聞。本習大乘、未窮玄奧、因覽毘婆沙論、退業而學小乘。作數十部論、破大乘綱紀、成小乘執著。又製俗書數十餘部、非斥先進所作典論。覃思佛經十數不決、研精雖久、疑情未除。時有提婆犀那羅漢。往來覩史多天。德光願見慈氏、決疑請益。提婆犀那以神通力接上天宮。既見慈氏、長揖不禮。提婆犀那曰、慈氏菩薩次紹佛位。何乃自高、敢不致敬、方欲受業、如何不屈。德光對曰、尊者此言誠爲指誨、然我爲具戒苾芻、出家弟子、慈氏菩薩受天福樂、非出家之侶。而欲使作禮、恐非所宜。菩薩知其我慢心固、非爲法器、往來三返、不能決疑。」

【瞿師】（動物）　又作瞿支瞿師羅之路。

【瞿師羅】（人名）　梵名Ghoṣira 又作具史羅、瞿私羅、劬史羅。巴利語曰瞿私多。Ghosita　譯言美音或妙音聲。中印度憍賞彌國之長者名。歸依釋尊於瞿師羅園建精舍而布施之。見中本起經下西域記五等。

【瞿師羅園】（地名）　此是長者名也。此翻美音。由過去世作狗子時、以聲吠請辟支佛至家供食、故生生中報得好音。是長者身長三尺。佛亦化身爲三尺、以化彼。令歸正法。西域記云。具史羅、舊云瞿師羅、訛也。城東南不遠。有故伽藍具史羅長者舊園。中有窣堵波、無憂王之所建立。高二百餘丈。如來於此數年說法。其側則有過去四佛座及經行遺迹。復有如來髮爪墖。

【瞿翅羅】（動物）　見瞿枳羅條。

【瞿修羅】（衣服）　衣名。圓衣。比丘尼之褃。見俱蘇洛迦條。

【瞿婆】（人名）　見瞿夷條。

【瞿婁達磨】（術語）　Gurudharma 又作窶嚕達磨。譯曰敬法。尊法。比丘尼宜受持之八敬法也。四分律法礪疏一本曰、「瞿婁曰尊。達磨是法。謂八尊法。」百一羯磨二（細註）曰、「窶嚕達磨。是尊義。師義。所恭敬義。此字既含多義。爲此比來譯者。科隨其一。於理皆得也。」見八敬戒條。

【瞿答摩】（人名）　Gautama　釋氏五姓之一。見瞿曇條。

【瞿摩】（雜名）　譯曰牛糞。出於演密鈔一。見瞿摩夷條。

【瞿摩帝】（物名）　Gomati與瞿摩夷同。

【瞿摩帝河】（地名）　正法念經六十七曰、「有河名瞿摩帝。廣半由旬。長三百由旬。入於大海。瞿摩帝名牛也。以多饒牛故名牛河。」

【瞿摩帝伽藍】（堂塔）　法顯傳曰、「僧伽藍名瞿摩帝。」

【瞿摩夷】（物名）　Gomati譯曰牛糞。密教修法時、於造壇之際塗之。又有爲護摩供物之一種、投於爐中者。蓋印度吠陀以來、神聖視牛之結果、以其糞爲清淨者。於祭壇塗之使爲清淨、其風習入於密教、至於造壇法亦塗牛糞也。大日經疏四曰、「次用瞿摩夷瞿摸怛羅。和合塗之。若淺略釋者。此是牛糞及液。爲順彼方俗以爲清淨故。」千手千眼觀世音菩薩治病合藥經註曰、「瞿摩夷。烏牛屎是也。」日照譯之准胝陀羅尼經曰、「瞿摩夷唐云牛糞。」演密鈔一曰、「瞿摩、牛也。阿夷、糞也。」

【瞿摸怛羅】（物名）　Gomūtra　譯曰牛尿。慧琳音義三十六曰、「瞿摸怛羅。梵語。唐云牛溺。」演密鈔一曰、「瞿摩、牛也。烏怛羅、液也。」梵語雜名曰「屎梵語畝怛羅」與牛糞共於清淨者用之見瞿摩夷條。

【瞿曇】(雜名) Gautama 舊稱瞿曇、俱譚具譚等新稱喬答摩釋種之姓古來佛姓稱瞿曇甘蔗日種釋迦舍夷之五種論其異同有諸說十二遊經舉瞿曇與舍夷二名之因緣梵志瞿曇之弟子曰瞿曇世人稱爲小瞿曇爲賊所殺(在甘蔗園或甘蔗果園)師知之以屍和泥爲兩團咒十月成一男一女以瞿曇爲姓又名舍夷佛本行集經謂淨飯六代之祖被射殺從血塊生二莖之甘蔗、次生一男一女姓爲甘蔗別稱爲日種四子移於北倡釋迦姓其別稱曰舍夷佛爲甘蔗王 Ikṣvāku 之末瞿曇乃姓日種 Sūryavaṃsa 中之釋迦族、Śākya 故有此稱舍夷宜爲 Śākī(釋迦之女性名詞)又瞿曇之意味、天台以爲純淑見文句一下慧苑以爲最勝。慈恩以爲日炙種泥土種。(二十唯識述記下同上) 法華玄贊九曰、「若毀之曰泥土種牛糞種」此以 Gautama 誤爲 Gomati 之名也。

【瞿曇仙】(人名) 過去世之大仙名。甘蔗王依此仙生出如上所引十二遊經密教謂爲火天之眷屬六火天之一。

【瞿曇彌】(雜名) Gautami 又作俱曇彌舊稱瞿曇彌憍曇彌新稱瞿答彌、憍答彌皆以女聲呼瞿曇姓之稱經中以爲佛姨母之別號姨母本名摩訶波闍婆提以姓呼之時謂之瞿曇彌法華經勸持品記佛呼姨母曰喬曇彌見憍曇彌條。

【瞿曇彌經】(經名) 說依阿難之請而制八法許瞿曇彌出家攝於中阿含經二十八此比丘尼八法也律中皆載之

【瞿曇彌記果經】(經名) 佛說瞿曇彌記果經一卷宋慧簡譯卽中阿含之瞿曇彌經。

【瞿曇法智】(人名) Gautama Dharmajñāna 瞿曇姓法智名梵名達磨闍那元魏般若流支之長子父子相承而習傳譯見續高僧傳二(闍那崛多傳附)開元釋教錄七。

【瞿曇留支】(人名) 瞿曇般若流支之略。

【瞿曇僧伽】(人名) 比丘名瞿曇僧伽提婆之略。

【瞿曇僧伽提婆】(人名) Gautama Saṅghadeva 瞿曇姓僧伽提婆名譯曰衆天。罽賓國人與慧遠竺佛念等共譯諸論見歷代三寶記七梁僧傳一開元錄三。

【瞿曇般若流支】(人名) Gautama-prajñā-ruci 瞿曇姓般若流支名譯曰智希。中印度之婆羅門也元魏孝明帝熙平元年至洛陽譯諸經論見續高僧傳一(菩提流支傳附) 開元釋教錄六。

【瞿默】（人名）又作瞿墨。瞿默目犍連之署田作人之名。見次項。

【瞿默目犍連】（人名）巴Gopakam-oggallāna田作人之名。能與阿難問答法相。見瞿默目犍連經。

【瞿默目犍連經】（經名）佛涅槃後、阿難往田作人瞿默所、彼問比丘有與佛等者否。阿難答以無有此人且說種種之法相。攝於中阿含經三十六。

【瞿盧折娜】（飲食）藥名。見次項。

【瞿薩旦那】（地名）Kustana 國名。西域記十二曰、「瞿薩旦那國。唐言地乳。即其俗之雅言也。俗語謂之渙那國。匈奴謂之于遁。諸胡謂之豁旦。印度謂之屈丹。舊曰于闐。訛也」今之Khotan也。見于闐條。

【瞿嚧者那】（飲食）Gorocanā 藥名。譯曰牛黃。最勝王經七曰、「瞿盧折娜。」陀羅尼集十曰「瞿嚧者那」

【瞿醯】（書名）譯曰念誦。大日經疏四曰、「餘如瞿醯中說」演密鈔五曰、「餘如瞿醯等者梵語瞿醯此云念誦。即指念誦儀也。此未見本」

【瞿醯經】（經名）八家秘錄上曰、「瞿醯經三卷（最澄宗叡將來）蕤呬經三卷（空海宗叡云蕤呬耶經三卷）玉呬怛蕤羅經三卷不空譯（圓仁惠運將來）私云已上三經是同本異名」蕤作蕤非也。梵Guhy-atantra

【瞿醯檀哆羅經】（經名）又曰㩲呬耶亶怛囉經、蕤呬耶之異名。梵 Guhyatan-tra

【闕過】（術語）對於支過而言。因明作法中或不陳言、又雖陳言而義有所闕之過失也。

【蟲】（雜語）梵語曰鉢羅孥。見梵語雜名。

【蟲食木】（譬喻）涅槃經二曰、「如蟲食木有成字者。此蟲不知是字非字。智人見之終不唱言是蟲解字。亦不驚怪。大王當知。舊醫亦爾。不別諸病。悉與乳藥。如彼蟲道偶成於字」止觀一曰、「若但聞名口說。如蟲食木偶得成字。是蟲不知是字非字。既不通達。寧是菩提」

【叢林】（譬喻）僧俗和合住於一處、如樹木之叢集。爲林也。特爲禪庭之名。以禪之翻名、有功德叢林之語也。智度論三曰、「僧伽。秦言衆。多比丘一處和合是名僧伽。譬如大樹叢聚是名爲林。（中略）僧聚處得名叢林」大乘義章十三曰、「禪者是中國之言。此翻名爲思惟修習。亦云功德叢林。（中略）功德叢林者從果爲名。智慧神通四無量等是其功德。衆德積聚說爲叢林。定能生之因從果目。是故說爲功德叢林」宋高僧傳石霜諸傳曰、「諸得石霜山便議終焉之志。（中畧）堂中老宿長臥不坐屹。著楣杌。天下謂之石霜枯木衆是也。南方謂之叢林者。翻禪那爲功德叢林也」祖庭事苑二曰、「梵語貧婆那。此云叢林」

【叢規】（術語）叢林之規則。敕修清規、禪苑淸規等。皆書叢林之規則者。

【簡言】（術語）又曰簡別語。因明爲豫防論法上之過失、冠於宗或因喩上之制限語。

【簡別】（雜語）簡擇差別之意。又曰簡異、別異、分異。畧曰簡。謂簡擇諸法之同異、而明其差別也。

【簡器】（雜語）簡擇弟子之器非器也。

【雙木】（雜語）與雙樹同。謂之娑羅雙樹。正宗記曰、「趍拘尸那城。既至雙木之間」

【雙身法】（修法）有二種。一、毘那夜迦雙身法、即聖天之雙身也。二、毘沙門雙身法、即毘沙門天之雙身也。

【雙身毘沙門】（天名）日本台密所傳四種毘沙門之一。毘沙門天與吉祥天男女合體之尊形也。毘沙門天之三昧耶形持獨鈷、吉祥天之三昧耶形持輪寶。傳敎相承爲抱合之形。慈覺相承爲背合者。二尊各出四長牙。合有八牙。故曰八牙王。其修法以油浴像等、與聖天之法同。此法爲台密之深秘、對於東密之聖天法而立也。雙身毘沙門之儀軌、唐土無譯者。傳敎入唐、以口決相承、歸國後亦然。至法性房時始記錄之、名爲吽迦陀耶。雙身毘沙門天王瑜伽念誦儀軌。有十三卷。外有口決一卷。合爲四卷、畧曰雙身儀軌。見雙身毘沙門雜篇畧評。

【雙身毘那耶伽法】（經名）大聖天歡喜雙身毘那耶伽法之畧名。記聖天之法。

【雙林】（雜名）娑羅雙樹之林也。

【雙林樹】（雜名）娑羅雙樹也。

【雙非】（術語）四句分別之時、謂第四句。第一亦非第二亦非也。又曰雙亡。見四句分別條。

【雙卷經】（經名）佛說無量壽經之異名。有二卷。故名。觀經玄義分楷定記三曰、「大經者無量壽經。三經之中此經廣。故對餘二經名大經也。天台此經名大本。阿彌陀經名小本。嘉祥名雙卷。淨影道綽與今家同。（名大本）龍興名兩卷經」

【雙持】（雜名）見瑜乾馱羅條。

【雙流】（術語）化道與觀心、二事並行也。四敎儀曰、「道觀雙流」三論大義鈔一曰、「德備三忍。道貫雙流」

【雙魚宮】（天名）十二宮之一。胎藏界外金剛部院之一衆。以二魚爲三昧耶形。見胎曼大鈔六。

【雙圓】（術語）圓圓海也。圓之又圓、

圓滿之至極也。釋摩訶衍論曰、「大本華嚴經中作如是說其圓圓海德諸佛勝其一切佛不能成圓圓海劣故。」性靈集六曰、「雙圓大我。」

【雙運】（術語）猶言並行。唯識述記三末曰、「剎那剎那眞俗雙運。」

【雙樹】（雜名）娑羅雙樹之畧。佛入滅之處。寄歸傳一曰、「跡滅兩河人天掩望。影淪雙樹龍鬼摧心。」

【雙樹林下往生】（術語）法事讚所說極樂淨土三種往生之一。往生極樂之化土也。雙樹林爲釋迦化身之涅槃。故明極樂之化土借之。

【雙觀經】（經名）佛說無量壽經之異名。本經爲明淨土觀行之經。故名觀經。有兩卷、故曰雙。以與單卷之佛說觀無量壽經揀別。往生十因初曰雙觀經。後曰雙卷經。

【題】（術語）經論之題目。凡大乘經之首題、一部之總標也。總括一部、則歸於題、廣說題者卽一部也。故受持首題之名字、與受持一部之功德相均。勝鬘寶窟上本曰、「題者至人說法有畧有廣。略則一題之名。廣則一部之敎。演略爲廣、開一題成一部。括廣爲略、卷一部成一題也。」觀無量壽經曰「命欲終時遇善知識爲說大乘十二部經首題名字以聞如是諸經名故。除却千劫極重惡業。」

【七種立題】（名數）天台之說。一大藏經之題、不出人法譬之三。此中由單複具足之不同、而生七種之別。一單人立題。如佛說阿彌陀經、佛爲能說之人、阿彌陀爲所說之人。是以兩土之果人立名也。二單法立題。如大般涅槃經、大般涅槃爲經中所說之法也。三單譬立題。如梵網經、梵網爲梵天之羅網、以譬戒律之節目絞絡無盡也。四人法立題。如文殊問般若經、文殊爲人、般若爲法也。五、法譬立題。如妙法蓮華經、妙法爲法、蓮華爲譬也。六人譬立題。如如來師子吼經。如來爲人、師子吼爲譬也。七具足立題。三者具足也。如大方廣佛華嚴經、大方廣爲法、佛爲人、華嚴爲譬也。已上單三複三具足一、謂之七種三題。見四敎儀集註上。

【二種立題】（名數）凡諸經之題目、有佛自立有經家所立。佛自立者如金剛經。經曰、「是經名爲金剛般若波羅蜜。以是名字汝當奉持。」經家所立者。佛滅後結集之時立之。如妙法蓮華經。見法華文句一。

【二宗釋題】（名數）天台賢首二宗、釋諸經之題目、有通別能所之不同。一天台通別釋題、天台以通別之二義釋經題。如妙法蓮華經上四字是別。別在於此經、故經之一字是通。通於一切諸經。故他例亦然。二賢首能所釋題、賢首必以能詮之文與所詮之義判之。如大方廣佛華嚴經、上六字是所詮、經之一字是能詮。餘經例皆然。見華嚴經疏三。

【題目】（術語）經論之題號也。凡大乘之經典置重題號、題爲一部之總標題。與本文以但爲廣畧之別。爲通規。故受持題目之功德、等於受持一經之功德。觀無量壽經曰「命欲終時。遇善知識。爲說大乘十二部經首題名字。以聞如是諸經名故。除却千劫極重惡業。」以是日本日蓮宗於彼宗所依法華經一部八卷題號、妙法蓮華經之五字、示歸敬信受之意。冠以南無二字。唱爲南無妙法蓮華經。

【題名僧】（職位）參列法會之僧中、除導師及七僧外、其他衆僧稱爲題名僧。類之多少無一定。題名人有於讀師之次舉經之題目者。故名。

【擲惡人印】（印相）以右手大指、捻無名指甲上。每誦眞言一徧、一度向彼惡人擲之。見歡喜毋成就法。

【濱迦毘黎河】（地名）唐書西域傳曰、「中天竺在四天竺之會。都城曰茶鎛和羅城。濱迦毘黎河。」同註曰「今安治士河也。佛經言恒河皆指此。」

【瀉瓶】（譬喩）見瓶條附錄。

【瀉藥】（飮食）下劑藥也。慧琳音義六十三曰、「瀉藥爲除五臟腸胃積熱及宿食不消。故以藥湯除去其滓滯。令體氣通暢。卽如今之大黃朴消巴豆犀角等是也。」

【瀑流】（術語）三界之煩惱能漂流善品。故名瀑流。俱舍論二十曰「極漂善品。故名瀑流。」瀑或作暴。

【四瀑流】（名數）一、欲瀑流。欲界之貪瞋痴、各有五種。（四諦修道）合爲二十。疑有四。（除修）加之以十纏。爲二十九物、此名欲瀑流。二有瀑流。色界無色界之貪與慢各有五種、故爲二十。（上界總無瞋）疑有八、故總有二十八物、謂之有瀑流。三、見瀑流。三界之見惑也。先於欲界苦諦下有身見等五見、於集諦滅諦下各有邪見見取二見、於道諦下有邪見見取戒禁取三見。合爲十二見。上二界之見惑亦同。因而三界合有三十六見。此名見瀑流。四、無明瀑流。三界之無明各有五。四諦修道之五部無明也。因有三界合有十五無明、此名無明瀑流。見俱舍論二十。

【獵師】（譬喩）以譬破戒之僧。涅槃經四相品曰、「雖服袈裟。猶如獵師。」同邪正品曰、「佛告迦葉。我般涅槃七百歲後。是魔波旬漸當壞亂我之正法。譬如獵師身服法衣。」

【嚕多】（雜語）Ruta譯曰大聲。大日經疏一曰、「嚕多是大聲。囉尾多是小聲。涅瞿衫者是長聲。又兼多聲。」

【嚕捺羅】（天名）又曰驢那囉。見魯達羅條。

【嚧羅婆地獄】（界名）無譯名。瞿醯經下曰、「命終之後。墮嚧羅婆地獄」梵 Raurava

【嚏】（雜語）音帝。鼻塞噴嚏也。西域凡僧俗禮敬時若嚏、皆願言長壽無病。如此方小兒若嚏、僉願言百歲。

【櫃頭】（雜語）象器箋七謂「副寺亦曰櫃頭」

【旛】（物名）梵語波哆迦Patākā為表佛世尊威德、所作之莊嚴具。猶如大將之旌旗也。又為祈福立之。梵語雜名曰、「旛。波哆迦」

【五色旛】（物名）止觀輔行曰、「五色旛者總舉五色。繡畫間色亦應無在。字應作旛。旛者旌旗之總名也。經中多作此幡。幡帑字耳。今佛法供具相狀似彼。故云旛耳。凡造旛法。切不得安佛菩薩像。旛是供具。供於所供。如何復以形像為之。」

【五種旗旛】（名數）有部尼陀那五曰、「給孤獨長者來至佛所而白佛言。我今欲作贍部影像。唯佛聽許。佛言應作。欲安旛蓋。佛言隨意。時彼長者不知欲造何旛。佛言有五種旗旛。謂師子旛。莫羯羅旛。龍旛。揭路茶旛。牛王旛。」（已上為供具之幡）

【灌頂旛】（物名）眞言宗之說、謂旛具無量之佛德、以頂觸之。則先受輪王之灌頂、終受佛位之灌頂。故因中說果、名旛為灌頂云。此名為菩薩形旛。秘藏記末曰、「世人皆以旛號灌頂。是以旛功德先為輪王。終成佛。以致佛果。名為灌頂。是故知以果名因也。」參照灌頂條。

【續命神旛】（物名）是祈壽命延長之神旛也。藥師經曰、「時彼病人親屬知識若能為彼歸依世尊藥師瑠璃光如來。請諸衆僧轉讀此經。燃七層之燈。懸著五色續命神旛。或有是處。彼識得還。如在夢中明了自見」釋迦譜十、說阿育王造八萬四千塔、未成而得病。乃以造旛懸之之功力、延十二年之命（經律異相六亦同）又諸經要集十引迦葉語阿難經曰、「阿育王二十五年延壽。故名續命神旛」

【薦亡旛】（物名）名為命過旛。以命過之時所建故也。隨願往生經（灌頂經亦名普廣經）曰、「普廣菩薩語四輩言、若人臨命未終日。當為燒香燃燈續明。於塔寺中表剎之上懸命過旛。轉讀尊經竟三七日。所以然者。命終之人在中陰中。身如小兒。罪福未定。應為修福。願亡者神生十方無量剎土。承此功德。必得往生」又曰、「若四輩男女若臨終時若已過命。是其亡日。我今亦勸造作黃旛懸著剎上。使獲福德。離八難苦。得生十方諸佛淨土。旛蓋供養。隨心所願。至成菩提。旛隨風轉。破碎都盡。至成微塵。風吹旛塵。其福無量。旛一轉時。轉輪王位。乃至吹塵小王之位。其報無量。」釋氏要覽十曰、「齋七旛子北俗亡累七齋日皆令主齋僧剪紙旛子一首隨紙化之。」

【命過旛】（物名）卽薦亡旛也。

【信旛】（物名）爲信號之旛也。祖庭事苑三曰、「今晉朝唯白虎示信用鳥取其飛騰輕疾也。一曰鴻雁燕乙有去來之信是也。」

【造旛功德】（雜語）百緣經七舉波多迦比丘之緣。見波哆迦條附錄。

【旛王經】（經名）無能勝旛王如來莊嚴陀羅尼經之略名。

【曜宿】（術語）七曜與二十八宿。見星宿條。

【禮拜】（雜語）梵語伴談、又曰和南、Vandana 或作那謨悉羯羅 Namas-kāra 譯爲禮拜。恭敬之意現於身相也。陀羅尼集經一曰、「那謨悉羯羅。唐云禮拜。」義林章四本曰、「若云伴談。或云伴題。此云稽首。亦云禮拜訛名和南。」西域記二曰、「致敬之式。其儀九等。一發言慰問。二俯首示敬。三舉手高揖。四合掌平拱。五屈膝。六長跪。七手膝踞地。八五輪俱屈。九五體投地。」

【禮拜門】（術語）淨土論所說五念門之一。淨土論註上曰、「歸命卽是禮拜門。」

【禮拜正行】（術語）五種正行之一。見五種正行條。

【禮拜雜行】（術語）五種雜行之一。見五種雜行條。

【禮敬】（雜語）禮拜恭敬也。法華經提婆品曰、「龍王女忽現於前頭面禮敬。」普賢行願品曰、「一者禮敬諸佛。」

【禮盤】（物名）爲禮佛而坐之高座。在須彌壇正面。前有可置經卷之經机。右磬、左置柄香爐之臺。

【禮懺】（術語）禮拜三寶、懺悔所造之罪也。有唐智昇撰集之諸經禮懺儀二卷。

【禮讚】（書名）禮拜三寶、讚歎其經也。有唐善導之往生禮讚、宋仁岳之釋迦如來涅槃禮讚文等。

【瞻仰】（術語）以恭敬之心而仰觀也。法華經方便品曰、「瞻仰兩足尊。」維摩經上曰、「瞻仰尊顏目不暫捨。」

【瞻波】（植物）Campaka 又作占婆、瞻婆、瞻匐、瞻博、旃波迦、瞻博迦、睒婆樹名。譯曰金色花樹。其花有香氣遠熏。玄應音義二十一曰、「瞻博花。舊言旃簸迦。或作瞻波花。亦作瞻匐。又作占婆花。皆方夏之差耳。此云金色花。大論云黃花樹也。樹形高大。花亦甚香。其氣逐風彌遠也。」玄應音義二曰、「睒婆又作覘婆。同式染反。此譯云木綿。」

【瞻波國】（地名）Campā 瞻波、木名。以木名國。在中印度恒河濱。此國都城名瞻波城。中印度都城之元始也。西域記十曰、「

昔劫初人物伊始。野居穴處。未知宮室。後有天女降迹人中。遊殑伽河。濯流自媚。感靈有娠。生四子。分王瞻部洲。各擅區宇。建都築邑。封疆畫界。此則一子之國都。瞻部洲諸城之始也。」

【瞻波經】（經名）佛在瞻波國為目連說犯戒之事。攝於中阿含經九。

【瞻波犍度】（術語）Campākhanda 四分律二十犍度之一。佛在瞻波國如羯磨法明非之篇章名。見四分律四十四。

【瞻風】（雜名）見擔草瞻風條。

【瞻病】（雜語）與看病同。瞻病有五德。見五德條附錄。

【瞻婆城】（地名）又作占婆城。瞻婆國之都城。見瞻波國條。

【瞻婆怛伽】（地名）河名。以花得名。見瞻婆比丘經。

【瞻婆比丘經】（經名）一卷。西晉法炬譯。中阿含大品瞻婆經之別譯。

【瞻蔔】（植物）又作薝蔔。香樹名。見瞻婆條。維摩經觀衆生品曰：「如人入瞻蔔林。唯嗅瞻蔔。不嗅餘香。如是若入此室。但聞佛功德之香。不樂聞聲聞辟支佛功德香也。」

【瞻蔔迦】（植物）見瞻波條。

【瞻博】（植物）又作占婆。瞻婆樹名。見瞻波條。

【瞻博迦】（植物）又作旃簸迦、占博迦。樹名。見瞻波條。

【穢土】（術語）猶言濁世也。對於淨土而言。凡夫所居之娑婆世界。謂之穢土。觀經妙宗鈔上曰：「堪忍穢土。多受衆苦。」

【穢身】（術語）謂凡夫之身。污穢不淨也。觀經玄義分曰：「捨此穢身。即證彼法性之常樂。」

【穢剎】（術語）剎為梵語。國土之義。對於淨土而謂此娑婆世界為穢剎。穢土。穢國等。迦才淨土論序曰：「永辭穢剎。」

【穢食】（雜語）貧人所食不淨之食物也。大日經疏三曰：「如貧里穢食。不可置於寶器。」

【穢迹金剛】（菩薩）即穢積金剛。烏芻澁摩明王。Ucchuṣma 主不淨處之執金剛也。經軌作穢迹。秘藏記作穢積。

【穢迹金剛禁百變法經】（經名）一卷。唐阿質達霰譯。為穢迹金剛之印法。載符四十六。以滅種種之苦難。而以急急如律令為呪語。不說餘呪符。似抱朴子中入山之符。是明為偽經也。

【穢迹金剛說神通大滿陀羅尼法術靈要文經】（經名）一卷。唐阿質達霰譯。如來臨涅槃時。自左心以穢迹金剛化現。說穢迹金剛大圓滿陀羅尼一呪。退治一切天魔外道之惱亂佛法者。

【穢國】（術語）又曰穢土。此娑婆世界、汚穢不淨、故云穢國。

【穢業】（術語）三業之一。見業條附錄。

【穢積金剛】（菩薩）卽穢迹金剛也。

【職吉蹉】（雜語）譯曰治療。唯識述記六末曰、「職吉蹉Cikitsā是治療義。昆職吉蹉Vicikitsā是疑義。」

【職衆】（雜名）總稱法會時帶梵唄、散華等各職務、參於一座之僧衆。又作色衆。色爲色目之義。

【繡利密多】（天名）神王名。譯曰有功勳。見金光明經文句七。

【繡佛】（圖像）佛像或曼荼羅、以彩絲刺繡或織出者。吾國於唐代卽有之。唐詩選飮中八仙曰、「蘇晉長齋繡佛前、醉中往往愛逃禪」是也。

【繒蓋】（物名）以絹布所作之大蓋。

【繕都】（術語）Jantu 又作禪頭、禪豆、禪兜。譯曰衆生。玄應音義曰、「禪頭或云禪豆禪兜、或云繕都。此譯云衆生也。」

【繕摩末剌諵】（雜語）Janmamaraṇa 譯曰生死。玄應音義二十二曰、「繕摩此云生、末剌諵此云死。」

【謨賀】（雜語）Moha 又作慕何。譯曰痴。

【轉】（術語）依物之因緣而生起曰轉、以生起卽其物之轉變也。唯識論一曰、「有種種相轉。」同述記曰、「轉是起義。」

【轉凡爲聖】（術語）宗鏡錄曰、「還丹一粒、轉鐵爲金、至理一言、轉凡爲聖。」

【轉大般若經】（儀式）轉讀大般若經六百卷也。轉讀者、唯讀每卷之初中後數行。若言讀大般若經、卽每行通讀。因此對於轉讀而謂之眞讀。此轉讀般若之本據、爲蘇悉地經成就具支法品所謂「猶不成者當作是法。決定成就。所謂乞食精勤念誦。發大恭敬。巡八聖跡。禮拜行道。或復轉讀大般若經七遍或一百遍。」

【轉女成男】（術語）轉化女身而成男子也。與變成男子同。

【轉女身經】（經名）一卷、劉宋曇摩蜜多譯。佛爲無垢光女說轉女成男之法。由一法增至十法、兼明女身種種之苦惱。

【轉女成男願】（術語）與女人往生願同。

【轉女成佛經】（經名）佛說轉女身經之異名。

【轉不退法輪方便】（術語）十種方便之一。見十種方便條。

【轉化】（術語）與還化同。轉敎化於他土之義。又爲還轉變化之義。謂命終之變也。無量壽經下曰、「是二菩薩於此國土修菩薩行、命終轉化生彼佛國。」

【轉世】（術語）二十七賢聖之一。於當生得預流果、一來果後、轉身而爲今生得不還果之聖者。此人不入色無色界、直即般涅槃。

【轉他門句】（術語）大日如來所說四句之一。大日經百字成就持誦品曰「爾時世尊又復宣說淨除無盡衆生界句。流出三昧句、不思議句、轉他門句」

【轉衣】（儀式）禪門之傳法也。

【轉有經】（經名）一卷、元魏佛陀扇多譯。佛說大乘流轉諸有經之異譯、前出。

【轉妙法輪】（術語）與轉法輪同。說妙法也。

【轉劫所】（傳說）所地廣七百由旬、周圍上下俱是鐵柵。內分八十一處。逐處皆有亭臺、判吏、設案記事。柵外另有羊腸細路十萬八千條、盤曲灣通四大部洲。其內暗如煤漆。使犨道死生進出此路。外則望入亮如水晶、綠窗畢露。判派吏役輪班把守進出。凡不孝、及多殺物命之鬼、發交所內、用桃條抽死、爲犨。改頭換面、發進細路、爲畜類。

【轉迴】（雜語）即輪廻。言既死而轉生、既生而復死、如車輪之迴轉也。心地觀經曰、「有情轉廻生六道、猶如車輪無始終」

【轉法輪】（術語）佛之敎法、謂之法輪。說敎法、謂之轉法輪。輪者、轉輪聖王之輪寶、有廻轉與碾摧之二義、廻轉四天下、碾摧諸怨敵。佛之敎法、亦廻轉一切衆生界、摧破諸煩惱、故譬之曰法輪。轉者、僭說敎法、轉自心之法而移他之心、恰如轉車輪也。止觀輔行一曰、「輪具二義。一者轉義。二摧破義。以四諦輪轉度與他、摧破結惑、如王輪寶能壞能安。」嘉祥法華義疏曰、「流圓演通、不繫於一人。故稱爲輪。無累不摧。亦是輪之義」法華經方便品曰、「恭敬合掌禮、請我轉法輪。」法華文句五曰、「轉佛心中化他之法、度入他心、名轉法輪。」

【轉法輪日】（雜名）佛初在鹿野園說法之日、八月八日也。俱舍寶疏一曰、「定轉法輪日者、諸經論中、皆云波羅奈國鹿野苑中爲五比丘轉四諦法輪。說中間事、日數不同。然不指陳說法月日者、不可憑準。唯有婆沙及釋律論分明指陳說法月日。應依此文。婆沙一百八十三云。佛於迦栗底迦月白半第八日度阿若憍陳那。迦栗底迦當此方八月也。（中略）故知八月八日轉法輪定。」行事鈔中三曰、「若佛生日轉法輪日乃至大會通夜說法」

【轉法輪印】（印相）三種三昧耶中金剛薩埵三昧耶印之德名也。」

【轉法輪相】（術語）八相成道之一。謂如來成道後、至涅槃、一代中之說法也。

【轉法輪時】（術語）嘉祥所立三法輪敎之第一。見三敎條。

【轉法輪堂】（堂塔）佛祖說法之堂舍也。禪宗曰法堂。教宗曰講堂。

【轉法輪座】（術語）佛祖說法之高座也。

【轉法輪蓋】（物名）說法高座上所懸之天蓋也。

【轉法輪經】（經名）一卷、後漢安世高譯。佛在鹿野園樹下手撫飛輪、三說四諦之所法。

【轉法輪像】（術語）顯轍如來轉法輪之像、可以刻於寺中公用之印者。毘奈耶雜事一曰「凡印有二種。一是大衆、二是私物。若大衆印可刻轉法輪像。兩邊安鹿伏跪而住。其下應書元本造寺施主名字。」

【轉法輪菩薩】（菩薩）仁王經所說五大力菩薩中、金剛波羅蜜多菩薩（又曰般若菩薩）之異名也。不空三藏所持之梵本金剛頂瑜伽經、謂之轉法輪菩薩。新譯仁王經謂之金剛波羅蜜多菩薩。舊譯仁王經謂之無量力菩薩。此菩薩爲大日如來之正法輪身、不動明王乃其教令輪身也。仁王經儀軌下曰「言金剛波羅蜜多者。此云到彼岸也。如彼經云轉法輪菩薩也。依正法輪現勝妙身。行願圓滿。住等覺位也。手持金剛輪者。毘盧遮那佛初成正覺時。請轉法輪。以表示故。又以法輪化導有情令到彼岸故。依教令輪現作威怒金剛不動。摧伏一切鬼魅惑亂諸障礙者。」

【經軌】（術語）轉法輪菩薩摧魔怨敵法、一卷。不空譯。

【轉法輪經論】（書名）轉法輪經優婆提舍之異名。

【轉法輪經優婆提舍】（書名）一卷、天親菩薩造、元魏毘目智仙譯。是爲解大乘之轉法輪經者。

【轉物】（術語）經云。若能轉物。即同如來。古德云。轉得山河歸自己。轉得自己歸山河。又云老僧轉得十二時。汝諸人被十二時轉。又云拈一莖草作丈六金身。拈丈六金身作一莖草。皆轉物之義。又依教義羅漢得六通時。地水火風空皆能轉變自由。菩薩神通過於羅漢。見山河大地皆如幻影。芥納須彌。毛呑巨海。亦尋常事也。

【轉依】（術語）謂菩提涅槃之二果也。轉者轉捨轉得之義、依者所依之義、指第八識。第八識爲依他起性之法。此中藏煩惱所知二障之種子、並無漏智（卽菩提）之種子。且第八識之實性、卽圓成實性之涅槃也。此中二障之種子爲所轉捨之法、菩提與涅槃爲所轉得之法。如此則第八識爲所轉捨二障與所轉得二果之所依、故名因之。今修聖道。轉捨其第八識中煩惱障之種子、而轉得其實性之涅槃。又轉捨第八識中所知障之種子、而轉得其中無漏之眞智（卽菩提謂之轉依。所得之菩提涅槃、謂爲二轉依之妙果。唯識論九曰「由轉煩惱得大涅槃。轉所知障證無上覺。成立唯識意爲有情證得如斯二轉依果。」見百法問答鈔八。

【六轉依】（名數）轉依從所得之位、分爲六種。一、損力益能轉。三賢資糧位與四善根加行位之轉依也。此位未斷種子、未證眞如。原非轉依。但依勝解慚愧之二力能損本識中染種之勢力。益本識內淨種之功德、故名爲轉依。二、通達轉。爲見道位之轉依。由此已去爲斷惡證理則眞實之轉依也。但爲分證。三、修習轉。修道位之轉依也。四、圓滿轉。妙覺位之轉依也。五、下劣轉。二乘所得生空之菩提涅槃也。六、廣大轉。大乘所得生法二空之菩提涅槃也。見百法問答鈔八。

【轉依難證屈】（術語）見三退屈條。

【轉宗】（術語）與改宗同。

【轉計】（術語）計者、計度分別也。計度分別所立之宗義、謂之計。若爲他所難、更變其宗義、名爲轉計。

【轉派】（術語）脫所屬之宗派、轉於他宗內也。

【轉骨】（儀式）禪林之葬式、入骨於塔時由寢堂起骨向塔所在途中、在門首下骨使向裏以奠茶湯。謂爲轉骨之佛事。見象器箋十四。

【轉起】（術語）轉即起之義、依有爲法之因緣而生起也。唯識述記一本曰「轉是起義。」

【轉迷開悟】（術語）捨三界生死之迷、達於涅槃之悟也。離煩惱之迷、得菩提之證也。

【轉格欄】（雜語）西藏新志中曰、「拉薩宮殿之廊壁、盡繪佛像。信徒至此以頭摩之。故黑而生光。宮殿內外道路皆石砌。信徒匍匐過之、以頭貼地、爲盡敬禮。故石道膩如油滑。宮殿周圍約七里。一週名曰轉格欄。可以祈福除災。婦女每至午後、共向轉格欄一週。每行三步、全身伏地、口誦經語、叉手於頂、右手持牛骨向頭上一畫。起行三步復如前。數日方能一週。始終須三十餘里云。」

【轉教】（術語）見次項。

【轉教付財】（術語）天台所立五時中第四之般若時、佛故使須菩提等聲聞人代說般若經於大乘之菩薩、謂爲轉教。大乘之妙理、原非聲聞人所知、但以佛之加被力、移轉佛之教於他也。佛所以使須菩提轉教者、其意在使須菩提自領知大乘之妙理。故寄喻而謂爲付財。付財之信、取法華經信解品之喻。示轉教之本意也。四教儀曰、「次說般若。轉教付財。融通淘汰。」同集註上曰、「所以令其轉教菩薩。意在二乘領知法門。故曰付財。二乘本所不知。但謂加被令說。故曰轉教。」

【轉欲】（術語）衆僧作法事、有比丘欲缺席、則以自己贊同衆事之欲望說於他比丘。使其比丘於衆中傳說之、名之爲欲法。由缺席本人對出席之人而說之、謂之與欲、他受之謂之受欲、來衆中傳說之謂之說欲。而其受欲之比丘若有緣、不得出席、則更與欲於他比丘、謂之轉欲。行事鈔上一曰「受欲已更忽緣礙、欲轉與他、毘尼母云得齊七反」同資持記曰「律云、持欲比丘自有事起、佛言聽授與餘比丘」

【轉梵輪】（術語）轉法輪之異名。梵者、清淨之義、佛法清淨、故曰梵輪。智度論二十五曰、「轉梵輪者、清淨故名梵。佛智慧及智慧相應法、是名輪。佛之所說。受者隨法行。是名轉」

【轉惡成善益】（術語）現生十種益之一。信彌陀之信心、其利益能斷滅五逆十惡罪惡之罪障、成就不可稱不可說之大善根云。

【轉經】（儀式）有二義、一謂誦經也。即尋常之讀經、每行閱過謂之眞讀、是讀經也。高僧傳經師論曰「詠經則稱爲轉讀。歌讚則稱爲梵音」一轉經與讀經有別、眞讀名讀經、別有轉讀之法、名之爲轉讀。轉讀者、唯讀每卷之初中後數行、而轉翻經卷也。轉經卷、轉大般若經等是也。図轉爲旋轉之義。唐詩云服玩僧收爲轉經。今人謂寫字爲轉經、非也。西域之俗、以木規圓爲二輪象。一用梵篆牝書。一用梵篆牡書。牝書自內而外。牡書自外而內。牝輪在下。牡輪在上。以機而圓轉之。所謂三藐母䭾也。見升庵外集。

【轉經會】（行事）轉讀大般若經之法會也。

【轉輪】（術語）轉輪王也。轉輪之威德、轉輪之果報等。

【轉輪王】（雜名）梵曰斫迦羅代棘底曷羅闍 Cakravarti-raja 又作遮迦越羅、轉輪聖王、轉輪聖帝、轉輪王、輪王。此王身具三十二相、即位時由天感得輪寶、轉其輪寶而降伏四方、故曰轉輪王。又飛行空中、故曰飛行皇帝。在增劫、人壽至二萬歲以上、則出世、在滅劫、人壽自無量歲至八萬歲時乃出世。其輪寶有金銀銅鐵四種。如其次第領四三二一之大洲、即金輪王爲四洲、銀輪王爲東西南之三洲、銅輪王爲東南之二洲、鐵輪爲南閻浮提之一洲也。俱舍論十二曰、「從此洲人壽無量歲乃至八萬歲、有轉輪王生。減八萬時、有情富樂壽量損減、衆惡漸盛。非大人器。故無輪王。此王由輪旋轉應導威伏一切、名轉輪王。施設足中說有四種、金銀銅鐵輪應別故。如其次第勝上中下。逆次能王領一二三四洲。」（中畧）契經云、若王生在剎帝利種、紹灑頂位、於十五日受齋戒時、沐浴首身、受勝齋戒、升高臺殿、臣僚輔佐、東方忽有金輪寶現。其輪千輻。具足轂輞。衆相圓淨。如巧匠成。舒妙光明。來應王所。此王定是金轉輪王。餘轉輪王應知亦爾。」智度論四曰、「問曰。轉輪聖王有三十二相。菩薩亦有三十二相。有何差別。答曰。菩薩相者有七事勝轉輪聖王。菩薩相者。一淨好。二分明。三不失處。四具足。五深入。六隨智慧行不隨世間。七隨遠離。轉輪聖王相不爾。」図(天名)十王之第十。殿居幽冥沃燋石外正東。直對世界五濁之處。設有金銀玉石木板奈何等橋六座。專司各殿解到鬼魂分別核定。發往投生。每月彙記細數、交第一殿註冊、送呈酆都。

【轉輪王七寶千子】(傳說)轉輪王於輪寶之外、具六種之寶、合有七寶、又具足千子。長阿含六卷轉輪聖王修行經曰、「一金輪寶。二白象寶。三紺馬寶。四神珠寶。五玉女寶。六居士寶。七主兵寶。千子具足。勇健雄猛。」涅槃經十二曰、「即於東方金輪寶。其輪千輻。轂輞具足。(中畧)復有象寶。狀白端嚴。如白蓮華。(中畧)次有馬寶。其色紺焰。髦尾金色。(中畧)次有女寶。形容端正。微妙第一。(中畧)其後不久。於王宮內自然而有寶摩尼珠。純青瑠璃。大如人髀。(中畧)其後不久。有主藏臣。自然而出。多饒財寶。巨富無量。(中畧)其後不久。有主兵臣。自然而出。勇健猛略。策謀第一。(中略)七寶成就。千子具足。」俱舍論十二曰、「經語輪王出現於世便有七寶出現世間。其七者何。一者輪寶。二者象寶。三者馬寶。四者珠寶。五者女寶。六者主藏臣寶。七者主兵臣寶。」此中長阿含所說之居士寶、涅槃俱舍謂之主藏臣寶。雜譬喻經謂之典財寶。

【轉輪王爲半偈剜身燃千燈】(傳說)昔有轉輪聖王爲婆羅門剜身燃千燈、以供養之、聞半偈曰、「夫生輒死。此滅爲寂。」見大方便佛報恩經三、經律異相二十四。

【轉輪藏】(物名)爲回轉書架而收經文者。梁傅大士所創造。見輪藏條。

【轉輪高座】(術語)轉輪王之高座也。四分律三十六曰、「一處有大衆來集說戒者。聲音大小衆不悉聞。諸比丘往白佛。佛言。自今已去。聽當在衆中立說戒。猶故不聞。應在衆中敷高座。極令高好。座上說戒。猶故不聞。應作轉輪高座。平手立及在座上說戒。」

【轉輪聖王】(雜名)略曰轉輪王、又曰輪王。見轉輪王條。

【轉輪五道經】(經名)罪福報應經之異名。

【轉輪王一字心呪】(眞言)唵勃嚕唵。又部林也。見一字心呪經。

【轉藏】(儀式)轉讀大藏經也。轉藏與看藏不同、看者每行閱過、自首徹尾。轉者唯讀每卷之初中後數行而已。見轉讀條。

【轉轆轆地】（雜語）碧巖五十三則評曰「阿轆轆地」中峯語錄二十四曰「轉轆轆地」圓轉自在之貌。

【轉識】（術語）起信論所說五識之一。無明門中之轉相識、體門謂之轉識。業識之根本無明、一轉而爲能見之識者。因唯識論所說八識中第八阿賴耶識謂之本識、其餘七識謂之轉識、七轉識是也。以此爲本識轉生之末識故也。因轉有漏之八識而得無漏之四智、謂之轉識。見次項。

【轉識得智】（術語）轉有漏之八識、而得與無漏之八識相應之四智也。轉有漏之第八識而得與無漏之第八識相應之大圓鏡智、轉有漏之第七識而得與無漏之第七識相應之平等性智、轉有漏之第六識而得與無漏之第六識相應之妙觀察智、轉有漏之前五識而得與無漏之前五識相應之成所作智也。此四智雖各有二十二心心所、共相應而起、然此中智之心所、作用最爲顯勝。故標智之名也。唯識論十曰、「如是四智相應心品。雖各定有二十二法能變所變種現俱生而智用增。以智名顯。故此四品總攝佛地一切有爲功德皆盡。此轉有漏八七六五識相應品如次而得。」

【轉變】（術語）因緣生之法、於相續中前後異其相者。四相中之異相也。俱舍論四曰「何名轉變。謂相續中前後異性。」

【轉變秘密】（術語）見四種秘密條。

【轉變無常】（術語）見七種無常條。

【轉讀】（術語）讀誦經典也。轉者自此移彼展轉之義。地藏本願經下曰、「或轉讀尊經。」高僧傳經師論曰「詠經則稱爲轉讀。歌讚則爲梵音。」因有對眞讀而謂爲轉讀者。讀誦經之初中後數行而轉廻經本也。如轉大般若經。

【轉讀般若】（儀式）轉讀大般若經六百卷也。見轉大般若經條。

【轉龕】（儀式）禪家送亡之中路於山門首轉龕向裏。爲奠茶湯之佛事也。見象器箋十四。

【蹠俱羅】（動物）翠鳥名。見慧琳音義三十四。梵 Cakra

【鵝王】（譬喩）譬佛也。佛三十二相中手足爲縵網相。以手指足指之中間有縵網交合似鵝鳥之足也。涅槃經二十八曰、「若菩薩摩訶薩修四攝法。攝取衆生。以是業緣。得網縵指如白鵝王。」金光明經二曰、「足指網縵猶如鵝王。」又佛之行步如鵝鳥。故云。求那跋陀羅譯之央堀摩羅經一曰、「住住大沙門。儀雅鵝王趍。」同卷曰、「爾時世尊猶如鵝王庠行七步。」Haṁsarāja

【鵝王別乳】（傳說）和水乳置之於一器、則鵝鳥但飲乳汁而留水。祖庭事苑五曰、「正法念經云。譬如水乳同置一器。鵝王飲之。但飲其乳汁。其水猶存。」玄義五上曰、「無明是同體惑。如水內乳。唯登住已去菩薩鵝王。能唼無明乳。淸法性水。」此鵝王喻菩薩。

【鵝王眼】（譬喻）如鵝王之能別水乳、喻學者之擇法眼明也。高僧傳二曰、「直入正宗。可謂具鵝王眼也。」

【鵝眼】（譬喻）又曰乳水眼。鵝鳥能分一器之乳水、以譬學者之擇法眼也。見鵝王別乳條。

【鵝珠】（傳說）大莊嚴經論十一說「昔有一比丘、乞食至穿珠家、立於門。時彼珠師、爲國王穿摩尼珠。爲比丘入舍取食間、鵝鳥來、含其珠、珠師還來不見珠。疑比丘而責之。比丘恐殺鵝取珠、說偈諷之、不聽。遂縛比丘、大加棒打。耳眼口鼻盡出血。時彼鵝來食血。珠師瞋、打殺鵝。比丘見而懊惱。說偈曰、菩薩往昔時。捨身以救鴿。我亦作此意。捨身欲代鵝。由汝殺鵝故。心願不滿足。爾時珠師開鵝腹視之、有珠。乃舉聲號哭。語比丘言、汝護鵝命不惜身、使我作此非法事。」天台霞標二光定戒牒曰、「乞食沙門。顯鵝珠於死後。賊縛比丘。脫草繫於王遊。」

【鵠林】（雜名）娑羅雙樹林謂之鶴林。一轉而爲鵠林。四敎儀一曰、「鹿野鵠林之文。」三論玄義曰、「始從鹿苑。終覺鵠林。」正字通曰「鵠通作鶴。」

【鎖龕】（儀式）又曰蓋棺。棺自寢室移法堂、請僧爲佛事、待佛事畢、以鎖鎖棺蓋之式也。見象器箋十四。

【鎧庵】（人名）吳克己、字復之、號鎧庵。幼穎悟、學無所不通。忽患目疾、以人勸念圓通道大士之號、便瘳。於是深信佛法、讀楞嚴至空生心內猶雲點太淸、豁然發蒙。嘗讀宗鏡錄。寶積曰、此書無規矩、不如讀止觀。日夜使悟境觀二字。果有悟入。嘉定七年冬、終於寶山。以僧禮茶毘。壽七十五。所著有法華樞鍵、楞嚴集解科等。晚編釋門正統、未就而亡。良渚宗鑑、續成之。見佛祖統記十七。

【鎭守】（術語）護伽藍神也、爲掃除伽藍境內之魔障、勸請天神地祇、於寺院之內設社廟者。天竺以來之制也。殿內安置四天王像、亦爲此意。釋氏要覽下曰、「四分云。伽藍中立神屋。傳云。中國（謂天竺）僧寺立鬼廟。（卽鬼子母）次立伽藍神廟。（護伽藍神有十或今土地神也）次立賓頭盧廟。」

【鎭宅不動法】（修法）爲鎭護第宅之不動尊修法也。

【鎭國道場】（堂塔）鎭護國家之道場也。

【鎭將夜叉法】（修法）鎭護國家之金剛夜叉秘法也、日本傳敎大師自唐之順曉阿闍梨傳至日本。見天台史略上。

【鎭頭迦】（植物）Tinduka 譯曰柿。

止觀十曰、「有害無害譬如迦羅鎮頭二果。」牟梨曼陀羅咒經曰、「鎮頭迦木。此云柿木」慧琳音義二十五曰、「鎮頭迦果古譯云狀同此方柿木之類也。」西域記二曰、「鎮杜迦果」梵語雜名曰、「底朶覩娑。」見迦羅鎮頭條。

【鎮頭迦羅】（植物）鎮頭迦果與迦羅迦果也。見迦羅鎮頭條。

【鎮護國家道場】（堂塔）佛於仁王經、金光明守護國界經等、說消滅七難、鎮護國家之法。修此法之寺院、謂之鎮護國家之道場。如唐之青龍寺是也。

【鎌子】（公案）會元三曰、「師（南泉普願）一日在山上作務。僧問南泉路向那處去。師拈起茅鎌子曰、這茅鎌子三十文錢買得。僧曰、不問茅鎌子。南泉路向那處去。師曰、我使得正快。」

【額上珠】（譬喻）各人固有之佛性、譬之額上之金剛珠。涅槃經七曰、「譬如王家有大力士。其人眉間有金剛珠。與餘力士較力相撲。而彼力士以頭抵觸其額上珠。尋沒膚中。都不自知是珠所在。其處有瘡。即命良醫。欲自療治。時有明醫善知方藥。即知是瘡因珠入體。是珠入皮。即便停住。（中略）是時力士不信醫言。若在皮裏。膿血不淨。何緣不出。若在筋裏。不應可見。汝今云何欺誑於我。時醫執鏡以照其面。珠在鏡中。明了顯現。力士見已。心懷驚怪。生奇特想。善男子。一切衆生亦復如是。不能親近善知識。故雖有佛性。皆不能見。而為貪婬瞋恚愚痴之所蔽覆。故墮地獄畜生餓鬼。」

【額珠】（譬喻）見額上珠條。

【雜心論】（書名）雜阿毘曇心論之略。

【雜生世界】（術語）如娑婆世界獄鬼畜人天五趣雜居之世界也。淨土論註下曰、「雜生世界。若胎若卵若濕若化。眷屬若干。苦樂一品。以雜業故。」

【雜行】（術語）唐善導就淨土之行業、判五種之正行與五種之雜行。見二行條。

【雜住界】（術語）同五趣雜居地條。

【雜含】（經名）雜阿含經之略稱。

【雜毒】（術語）譬苦性及煩惱為毒。混雜毒之法。謂之雜毒。正法念經五十六曰、「諸有雖名樂。猶如雜毒蜜。」

【雜毒善】（術語）雜三毒、汚於煩惱之善根修行。如自力之修善是也。觀經散善義曰、「惡性難侵。事同蛇蝎。雖起三業。名為雜毒之善。」

【雜林苑】（雜名）帝釋四苑之一。

【雜阿含經】（經名）四阿含經或五阿含經之一。雜集不攝於其餘之阿含經者。宋求那跋陀羅譯。五十卷。此外有別譯雜阿含經十六卷。失譯。雜阿含經一卷。失譯。皆自

大部中撮要別譯者。梵 Saṃyuktāgama

【雜阿毘曇經】（書名）雜阿毘曇心論之異名。

【雜阿毘曇心論】（書名）雜者、雜糅之義。謂於本論雜糅解釋也。即法勝阿毘曇心論之釋、法救尊者造、十一卷、劉宋僧伽跋摩譯。

【雜阿毘曇毘婆沙】（書名）雜阿毘曇心論之異名。

【雜染】（術語）一切有漏法之總名。該善惡無記之三性。唯言染則煩惱局於惡性。言雜染則與善及無記亦通。以有漏之善無記、與煩惱之惡性雜糅故也。唯識論述記二末曰、「諸有漏法。皆名雜染。非唯染法。梵云僧吉隸鑠。此名雜染。若不言僧、即唯染也。」淨土文類聚卷曰「雜染堪忍羣萌」。

【三雜染】（名數）謂惑業苦之三者。見顯揚聖教論一。

【雜修】（術語）雜修異類之行業也。俱舍論二十四、名有漏定與無漏定相雜而修為雜修定。文曰「如是有漏中間剎那前後剎那無漏雜故名雜修定」。又唐善導於往生淨土之行、分別五種之正行與五種之雜行。正行中第四之念佛為正業、他為助業、念佛之一行、雜糅他之助業及雜行、名為雜業。修雜業。謂之雜修。往生禮讚曰、「若欲捨專修雜業者。百時希得一二。千時希得三五。」又曰「使專意作者十即十生。修雜不至心者千中無一」。日本見眞大師更甄別雜行雜修之二。念佛兼雜行為雜行、念佛兼前三後一之助業為雜修。是日本眞宗之特色也。淨土文類化土卷曰、「雜行雜修其言一而其意惟異」。又曰、「諸善兼行故曰雜行。助正兼行故曰雜修」。

【雜修靜慮】（術語）雜修有漏無漏之禪定也。雜修者以無漏之力、資有漏之定力也。五淨居天為純聖之依處、但第四禪之有漏定、不得感其果、必須以無漏定之薰力、資助有漏定也。俱舍論二十四曰、「先雜修第四成由一念雜。為受生現樂及遮煩惱退。」

【雜華】（雜語）見雜華經條。

【雜華雲】（物名）雜種種之妙華而為雲形者。觀無量壽經曰、「或作眞珠網或作雜華雲」。

【雜華經】（經名）華嚴經之異名。萬行譬如華。以萬行莊嚴佛果、謂之華嚴。百行交雜謂之雜華。其意一也。華嚴玄談九曰、「今經受稱多種不同（中略）其二從譬受名。如涅槃及觀佛三昧經名。此經為雜華經。以萬行交雜緣起集成故」。觀佛三昧經本行品曰、「佛實相好我初成道摩伽陀國寂滅道場。為普賢賢首等諸大菩薩。於雜華經中已廣分別」。

【雜善】（術語）對於他力之念佛而言自力之諸善、謂之雜善。

【雜集論】（書名）大乘阿毘達磨雜集論之異名。

【雜無極經】（經名）六度集經之異名。

【雜業】（術語）如娑婆世界、於一界中感鬼畜人天胎卵濕化等種種雜多苦果之業因也。是非就一人言之、就受生於同一界之各人而言之也。淨土論註一曰、「雜生世界（中略）苦樂萬品以雜業故。」

【雜碎衣】（衣服）三衣中大衣之異名。以割截之條數最多故也。六物圖曰「梵云僧伽梨。此云雜碎衣條相多故。」此解恐為不妥當。是拾集破碎雜布所作之衣之意。即糞掃衣也。

【雜想觀】（術語）觀經所說十六觀中之第十三觀、觀阿彌陀佛與觀音勢至二菩薩三尊種種變現雜相之觀法也。天台觀經疏曰、「普雜何異而為二耶。普觀作自身往想。稱彼境界一一具觀。雜觀明佛菩薩神力自在。轉變非恒。大小不定。或隨物現。故名為雜。」

【雜犍度】（術語）見八犍度條。二十犍度之一。四分律五十一卷以下三卷說規定修道資具之章也。

【雜緣】（術語）外來雜亂吾正念者。無論何事凡妨正念者皆是也。往生禮讚曰、「若能如上念念相續畢命為期者十即十生。百即百生。何以故。無外雜緣得正念故。」

【雜藏】（術語）佛滅後經典之結集。有二藏三藏四藏五藏等之別。經量部為經律二藏之結集。薩婆多部為三藏之結集。大衆部為四藏或五藏之結集。四藏者三藏與雜藏也。此中攝一切菩薩之教行。增一阿含經序品曰、「方等大乘總玄邃。及諸契經為雜藏。」分別功德論一曰、「雜藏者非一人說。或佛所說。或弟子說。或諸天頌。或說宿緣三阿僧祇菩薩所生。文義非一。多於三藏。故曰雜藏。」集藏傳曰、「雜藏之法。讚菩薩生。此中諸義多於三藏。都合諸法結在一處。」此雜藏為大乘。智度論四十九曰、「四藏所謂阿含。阿毘曇。毘尼。雜藏。摩訶般若波羅蜜等諸摩訶衍經皆名為法。」摩訶衍經亦解為雜藏。分別功德論一曰、「諸方等正經皆是菩薩藏中事。先佛在時已名大士藏。阿難所撰即今四藏是也。合而言之為五藏。」

【雜藏經】（經名）一卷、晉法顯譯。記餓鬼與目連之問答。

【雜寶藏經】（經名）十卷、元魏吉迦夜譯。舉王子以肉濟父母等百二十一條之因緣。勸人作福與持戒。

【雜寶聲明論】（經名）護法菩薩造、有一萬五千頌。西方之學者以為聲明論之至極。見唯識樞要上本。

【雜譬喻經】（經名）有四部。一、舊雜譬喻經二卷。西土賢聖集。吳康僧會譯。二、雜譬喻經一名衆經撰雜譬喻經一卷。比丘道略集。秦羅什譯。三、雜譬喻經二卷。失譯。四、雜譬喻經一卷。後漢支婁迦讖譯。五、譬喻經十卷。不入藏經。有坊刋。

【雜觀想】（術語）見雜想觀條。

【騎牛求牛】（譬喻）見牛條附錄。

【騎牛歸家】（譬喻）十牛之一。

【騎驢覓驢】（譬喻）寶法大士之語也。通玄鈔曰「德公云若欲有情覓佛。將網山上羅魚。不解即心即佛。眞似騎驢覓驢。」言不見己心之佛性而迷也。大藏一覽曰「參禪有二病。一是騎驢覓驢。一是騎不肯下。」黃庭堅詩曰「騎驢覓驢但可笑。以馬喩馬亦成癡。」

【雜僧】（雜名）稚僧也。

【雞舌香】（物名）名義集三曰、「異物志曰、是草蓁可合香。箋外國胡人說衆香共是一木。華爲雞舌香。」

【雞足山】（地名）梵 Kukkuṭapada 迦葉尊者入定之山。在摩揭陀國。又曰狼跡山。西域記九曰、「莫訶河東入大林野。行百餘里至屈屈吒播陀山。（中略）唐言雞足。亦謂窶盧播陀山 Gurupada 唐言尊足。其後尊者大迦葉波居中寂滅。不敢指言。故云尊足。」毘奈耶雜事四十曰、「舊云雞足。由尊者在中。後人喚爲尊足。又嶺有佛跡。然雞足尊足梵音相濫也。」見屈屈吒播陀條。

【雞足守衣】（傳說）迦葉尊者於雞足山入定。奉持如來附屬之金襴衣。以待彌勒之出世。見金襴衣條。

【雞足洞】（地名）雞足山之洞。

【雞毒】（地名）天竺也。與賢豆、身毒等同。

【雞舍鉢喇底揭喇呵】（衣服）Kes-apratigrahaṇam 譯曰剃髮衣。披着剃髮者。十三資具衣之一。見百一羯磨十。

【雞狗戒】（術語）天竺之外道。有奉雞戒狗戒者。雞戒者、終日一足而立也。狗戒者。噉人之糞也。見苦行條附錄。

【雞胤部】（流派）Gokulika(Kaukk-utika) 小乘二十部之一。又曰灰山住部、窟居部、高拘梨訶部。佛滅後二百年頃自大衆部中分出者。主張過未無體論。且以論爲主。以經律爲應於機類之方便而輕視之。宗輪論述記曰、「憍矩胝部。此婆羅門姓也。此云雞胤。上古有仙貪欲所逼。遂染一雞。後所生族因名雞胤。婆羅門中仙人種姓。（中略）此部唯弘對法。不弘經律。是佛世尊方便教故。」

【雞鑿】（地名）雞足山也。

【雞雀寺】（寺名）在摩揭陀國波吒

瞿子城。阿育王所建。雜阿含經二十五阿育王施半阿摩勒果因緣經曰、「雞雀寺」阿育王傳三曰「雞頭末寺」阿育王經五曰、「雞寺」西域記八曰「雞園」皆同一處也。見雞園條。

【雞婁鼓】(物名)又作奚樓子、雞婁子鼓之一種。其形如甕。胴較鼓面為大。自首懸於腋下而擊之。

【雞貴】(地名)高麗國之別名。寄歸傳一曰「雞貴者西方名高麗國為俱俱吒醫設羅。Kukkuṭeśvara 俱俱吒是雞。醫設羅是貴。西方傳云彼國敬雞神而所尊故戴翎羽而表飾矣」

【雞園】(地名)Kukkuṭārāma 梵名屈屈吒阿濫摩之譯。在摩揭陀國波吒釐子城之側。無憂王(即阿育王)建立之處。西域記八曰、「故城東南有屈屈吒阿濫摩(唐言雞園)僧伽藍。無憂王之所建焉。無憂王初信佛法也。式遵崇建。修殖善種。召集千僧凡聖兩衆、四事供養。什物周給」或曰雞頭摩寺、雞頭末寺、雞雀寺、雞寺等。

【雞園寺】(寺名)見前項。

【雞頭摩】(寺名)又曰雞頭末。見前。

【雞嶺】(地名)迦葉入定之雞足山也。因而復以名迦葉。與禪護國論序曰「鷲峯廻面。雞嶺笑顏」

【雞薩羅】(物名)寶名。慧苑音義下曰、「師子身毛旋文呼為雞薩羅。西域有寶旋文恰如師子毛旋形。從其為名耳也」梵 Keśara

【雞羅多摩】(物名)香名。慧苑音義上曰、「雞羅具云雞薩羅。此云花蘂也。多摩具云多摩羅。此云天花也。謂此香天上花蘂所作」

【甌忘臺】(傳說)若禽獸魚蟲過千百等劫受報滿後、判發四大洲為男為女者、即交甌忘臺下。其臺居十殿冥王殿前六橋之外。甚高大。四圍廊房一百零八間。向東甬道僅闊一尺四寸。孟婆神設盞於此。使人飲湯以忘前生之事。

【歸入】(術語)撥妄而入於眞也。漢光類聚一、曰「斷九界迷情。歸入佛界一理」

【歸元】(術語)又曰歸眞、歸寂、歸化、歸本。出生滅界。還歸於眞寂本元之意。謂人之死亡也。與圓寂同義。禪家於亡者之位牌題新歸元或新歸眞。其下有具法名者。普通謂僧侶之死亡。

【歸仰】(術語)歸依仰慕也。義林章四本曰「起般淨心策殊勝業。申誠歸仰。故名敬禮」無量壽經上曰、「天人歸仰」

【歸戒】(術語)三歸戒也。歸依佛法僧三寶之戒法。見三歸條。

【歸命】(術語)Namas Namaḥ Namo 梵語曰南無。譯曰歸命。有三義。一、身命歸趣於佛之義。二歸順佛之敎命之義。三命根還歸於一心本元之義。揔爲表信心至極之詞。起信論淨影疏上曰「內正報中命根爲要。故舉要命屬彼三寶名之爲歸」起信論義記上曰「歸者趣向義命謂己身性命生靈所重莫此爲先(中略)二歸是敬順義命謂諸佛敎命」同海東疏上曰「敬順義是歸義。趣向義是歸義命謂命根總御諸根一身之要唯命爲主萬生所重莫是爲先舉此無二之命以奉無上之尊表信心極故言歸命。又復歸命者還源義所以者衆生六根從一心起而背自源馳散六塵今舉命總攝六情還歸其一心源故曰歸命所歸一心卽是三寶故也」法華嘉祥疏四曰「歸命者以命歸投十方諸佛也」

【歸命頂禮】(術語)　頂禮者以神佛之足戴我頂上而禮拜者是歸命爲意業之禮拜頂禮爲身業之禮拜也大日經疏十二曰「重言歸命頂禮者此義大同小異重言者恭敬深至故爾也」

【歸命合掌】(術語)　十二合掌之一。禮拜之時合左右之掌交叉十指謂之歸命合掌卽金剛合掌也大日經疏十三曰「今十指頭相叉皆以右手指加於左手指上如金剛合掌也此云歸命合掌梵音名鉢囉拏摩合掌」蓮華部心軌曰「歸命合掌亦名金剛合掌」梵 Praṇama

【歸依】(術語)　於勝者歸投依伏也。大乘義章十曰「歸投依伏故曰歸依歸投之相如子歸父依伏之義如民依王如怯依勇」法界次第上之上曰「歸以反還爲義依者憑也」義林章四本曰「歸依者歸敬依投之義」勝鬘經曰「一切法常住是故我歸依」

【歸依佛】(術語)　捨邪師而事正師也。大乘義章十曰「依佛爲師故曰歸佛」

【歸依法】(術語)　捨邪法而修正法也。大乘義章十曰「憑法爲藥故名歸法」

【歸依僧】(術語)　捨邪友而伴正友也。大乘義章十曰「依僧爲友故稱歸僧」

【歸性】(術語)　攝有爲之事相歸於眞如之實性也。述記一本曰「攝相歸性皆如爲體故經說言一切法亦如也至於彌勒亦如也」

【歸性門】(術語)　華嚴宗四門出體之一見出體條附錄。

【歸宗寺】(寺名)　在江西廬山西晉咸康六年右將軍王羲之捨其故宅爲西天達摩多羅所建唐元和中智常住此而復興。白樂天李渤等時來訪道爾後爲禪院經第二世澹權第三世懷惲第四世弘章而策貞慧超又居之宋太平興國九年道詮住之爲第十二世義柔嗣之淳化四年柔寂而慧誠補第十四世之席住十四年歷可宣慧通等有志芝、於山頂結茅庵而居。其次正賢住之、於宋代爲禪宗之大道場。見傳燈錄、續傳燈錄等。

【歸南】（人名）歸宗之常禪師與南泉之願禪師也。略禪林類集四曰、「歸宗常禪師因剗草次。有座主來參。偶見一蛇過。師遂鋤斷之。主云。久嚮歸宗。元來是個麤行沙門。師云。儞麤我麤。主云。如何是麤。師豎起鋤頭。主云。如何是細。師作斬蛇勢。主云。與麼則依而行之。師云。依而行之且置。儞甚處見我斬蛇。主無對」。同四曰、「南泉願禪師因兩堂首座爭貓兒。師乃提起云。大衆道得即救取。道不得即斬却也。衆無對。遂斬之。至晚趙州從外歸。師舉似州。州乃脫履安頭上而出。師云。子若在。即救得貓兒。」宗論三之三曰、「寒拾之訶律主。歸南之斬貓蛇。醫良醫砒霜治病。大將奇計除賊。」

【歸俗】（雜語）棄僧而復歸於俗生活也。象器箋十二曰、「居家必用吏學指南篇云。還俗謂僧道犯罪歸家者。歸俗謂僧道無罪自願歸家也。」

【歸寂】（術語）又曰入寂。歸於寂滅入於寂滅之義。示證果人死之詞。寂滅爲涅槃之譯語。原爲生死共滅之義。惟今偏於生之一邊而曰歸寂。後遂尊僧侶之死而用之。輔行一之二曰、「圓音斂風。息化歸寂。」釋氏要覽下曰、「釋氏死謂涅槃、圓寂、歸眞、歸寂、滅度、遷化、順世。皆一義也。隨便稱之。蓋異俗也。」

【歸眞】（術語）終歸於眞如也。謂涅槃。四教儀一曰、「夫道絕二途。畢竟者常樂。法唯一味。寂滅者歸眞。」又釋尊之死謂之歸眞。見歸寂條。

【歸敬】（術語）對於賢善歸依敬禮也。義林章四本有歸敬章。

【歸敬序】（雜語）於所信之如來表歸命敬禮之序文也。謂經論釋之初。歸命大智海毘盧遮那佛、南無釋迦牟尼佛、南無阿彌陀佛等記。

【黠慧】（術語）謂世俗之智慧也。大般若經三百三曰、「是善男子善女人等有黠慧不。」

【翻邪歸正】（術語）翻外之邪道而歸內之正道也。

【翻梵語】（書名）梁寶唱撰。其書逸而不傳。纔見殘編。又義淨三藏有翻梵語一卷。

【翻經臺】（雜名）謝靈運見遠公。肅然心服。乃即寺中觀翻涅槃經。爲鑿植白蓮池中名翻經臺。見廬山記。

【翻譯】（雜語）轉梵語而成漢言也。亦作繙譯。隋書經籍志曰、「漢桓帝時。有安息國沙門安靜。齎經至洛。翻譯最爲通解。」宋僧傳二曰、「譯之言易也。謂以所有見所無也。」同三曰、「如翻錦繡背面俱花但其花有左右不同。」翻譯名義集一曰、「夫翻譯者、謂翻梵天之語、轉成漢地之言、音雖似別、義則大同、宋僧傳云、如翻錦繡、背面俱華、但左右不同耳、譯之言易也、謂以所有、易其所無、故以此方之經、而顯彼土之法、周禮掌四方之語、各有其官、東方曰寄、南方曰象、西方曰狄鞮、北方曰譯、今通西言而云譯者、蓋漢世多事北方、而譯官兼善西語、故摩騰始至、而譯四十二章、固稱譯也、」又卷三曰、「彥琮法師云、夫預翻譯、有八備十條、一誠心受法、志在益人、二將踐勝場、先牢戒足、三文詮三藏、義貫五乘、四傍涉文史、工綴典詞、不過魯拙、五襟抱平恕、器量虛融、不好專執、六沈於道術、淡於名利、不欲高衒、七要識梵言、不墜彼學、八傳閱蒼雅、麤諳篆隸、不昧此文、十條者、一句韻、二問答、三名義、四經論、五歌頌、六呪功、七品題、八專業、九字部、十字聲、」

【翻譯官職】（雜語）翻譯名義集三曰、「宋僧傳云、譯場經館、設官分職、可得聞乎、曰、此務所司、先宗譯主、即齎葉書之三藏、明練顯密二教者是也、次則筆受者、必言通華梵、學綜有空、相問委知、然後下筆、西晉僞秦已來、立此員者、即沙門道含玄賾、姚嵩聶（女涉切）承遠父子、至於帝王執翰、即興梁武太后中宗、又謂之綴文也、次則度語、正云譯語、亦名傳語、傳度轉令生解矣、如翻顯識論、沙門戰陀譯語是也、次則證梵本者、求其量果、密以證知、能詮不差、所顯無謬矣、如居士伊舍羅、證譯毘奈耶梵本是也、至有立證梵義一員、乃明西義得失、貴令華語下、不失梵義也、復立證禪義一員、沙門大通曾充之、次則潤文一位、員數不恆、令通內外學者充之、良以筆受在其油素、文言豈無俚俗、儻不失於佛意、何妨刊而正之、故義淨譯場、李嶠韋嗣立盧藏用等二十餘人、次文潤色也、次則證義一位、蓋證已譯之文所詮之義也、如譯婆沙論、慧嵩道朗等三百人、考證文義、唐復禮累場充其任焉、次有梵唄者、法筵肇啓、梵唄前興、用作先容、令生物善、唐永泰中、方聞此位也、次有校勘、清隋彥琮覆疏文義、蓋重慎之至也、次有監護大使、後周平高公侯壽爲總監檢校、唐房梁公爲奘師監護、相次觀楊慎交杜行顗等充之、或用僧員、則隋以明穆曇遷等十人、監掌翻譯事、詮定宗旨也、」

【翻譯名義集】（書名）宋姑蘇景德寺僧法雲編。共二十卷。六十四目。以經典所用之語。分類編列。如係梵語。則釋以華言。並詳得名之由及其沿革。誠讀內典者不可少之書也。

【斷七】（雜語）人死後四十九日。召僧道誦經。俗曰斷七。參看七七條。

【斷末摩】（術語）末摩譯曰支節、又曰死穴。身中有特異之支節、他物觸之、則起劇痛、其命必終。人將死時水風火三大中其一大偏增、觸其末摩、使命斷絕、謂之斷末摩。斷者非切斷末摩、乃觸於末摩而命斷絕也。俱舍論十曰、「於身中有異支節、觸便致死。是謂末摩。若水火風隨一增盛、如利刀刃觸彼末摩、因此便生增上苦受、從斯不久遂致命終。」俱舍光記十曰、「末摩是身中死穴。其量極小、觸便致死。」又解對法藏中說衆生身中有百處名末摩、觸便致死。」同頌疏曰、「末摩此云支節、然於身中有百處異支節。其量甚小、觸便致死、是謂之末摩。水等者等取風火。於此三大隨一增盛、如利刀刃、觸彼末摩、因此命終。故名爲斷。此言斷者、非如斷薪令成兩段、但由三大觸彼末摩、令身無覺、說名爲斷。」梵Marmacchid

【斷伏】（術語）滅煩惱之種子、謂之斷。制煩惱之現行、謂之伏。初伏之、後斷之也。

【斷肉】（術語）佛於小乘律、開比丘之食三淨肉、於大乘之經律、向菩薩嚴禁之。以大乘之敎理、大悲心爲主故也。而於涅槃經更制比丘之食肉、廢前小乘律之說。故依大乘家之說、則小乘之比丘、大乘之菩薩、皆不得食肉。梵網經下曰、「一切肉不得食。斷大慈悲性種子、一切衆生見而捨去。是故一切菩薩不得食一切衆生肉。」涅槃經四曰、「善男子從今日始不聽聲聞弟子食肉。若受檀越信施之時、應觀是食如子肉想。」

【斷肉經】（經名）師子素馱婆王經之略名。

【斷見】（術語）有情之身心、見爲限一期而斷絕、謂之斷見。反之而見身心皆常住不滅、謂之常見。此二者名邊見、爲五惡見之第二。涅槃經二十七曰、「衆生起見凡有二種、一者常見、二者斷見。如是二見、不名中道。無常無斷、乃名中道。」智度論七曰、「斷見者見五衆滅。」（五衆者五蘊也）

【斷見論】（流派）十六外論之一。見外道條附錄。

【斷見外道】（流派）外道六宗之一。富蘭那迦葉也。此人起邪見、謂無善無善之報、無惡無惡之報。見涅槃經十九。

【斷和】（術語）彼此有爭、則斷事之人斷其是非、使兩者和。

【斷事沙門】（職位）僧中之判決犯罪者。僧史略中曰、「周隋之際、有法導專精律範。北齊主既敬法門、五衆斯盛、有犯律者令逆理之、勅爲斷事沙門。」

【斷食】（術語）原爲外法、一爲忍苦。一爲自己斷食施與於他、以爲功德之法。顯敎稱之爲自餓外道、以爲無義之法而戒之。佛本行集經曰、「若因斷食當得大福者、其野獸等應得大福。」然密敎修秘法者、一爲表至誠、一爲停便利之不淨。有斷食之法。蘇婆呼經曰、「念誦人起首求悉地者、應具八戒。或二三日亦須斷食。然後作成就法。（中略）欲令彼等屎尿涕唾鼻穢不出故爲遣斷食。非爲妨道而遣斷也」瞿醯經曰、「換表是外潔。斷食是內潔。若內外淨潔。所得果報微妙第一。」不動使者法曰、「一日一夜。水亦不飲。」陀羅尼集經十一面法曰、「其呪師一日不食。若不忍飢。唯得食酥。」

【斷苦法】（術語）斷苦際之法、由小乘教而得涅槃也。法華經方便品曰「大勢佛及與斷苦法」

【斷律儀】（術語）與九無間道共生之靜慮律儀（定共戒）及無漏律儀之稱。有斷煩惱之作用、故名。

【斷相續心】（術語）見十心條。

【斷畜生命】（術語）見六法戒條。

【斷屠】（雜語）高承事物紀原曰、「唐會要曰、武德二年正月詔自今以後每正月五月九月及每月十齋日、並斷屠。此斷屠之始。」通俗編二十曰、「隋書禮志、祈雨不應、乃徙市禁屠。百官斷傘扇。許觀東齋記事、隋高祖仁壽二年、詔六月十三日是朕生日、宜令海內斷屠。則此事隋已有之。不始於唐。」

【斷常二見】（術語）五惡見中第二謂之邊見。邊見有二、一爲斷見、二爲常見也。見斷見條。

【斷善根】（術語）斷無人身固有之善根也。起因果撥無之邪見時、初斷善根。是極惡之人、比畜類亦劣。何則、畜類尚有生得之善根也。俱舍論十七曰、「惡業道中。唯有止品圓滿邪見能斷善根。」

【斷善闡提】（術語）永不成佛之機、謂之闡提。有二類。爲救衆生之大悲永不成佛、謂之大悲闡提。爲極惡斷善根永不成佛、謂之斷善闡提。

【斷結】（術語）結者煩惱之異名。謂斷煩惱也。四教儀四曰、「三藏佛三十四心發眞斷三界結盡。」

【斷智】（術語）斷煩惱之智也。大乘義章十三曰、「煩惱盡處名之爲斷。斷是智果。」

【斷惑】（術語）以眞智斷妄惑也。斷惑則眞理於是顯。謂之證理。證理者斷惑之果也。三乘之見道已上始斷一分之惑。自是已後爲聖者。已前爲凡夫。

【斷惡修善】（術語）見十心條。

【斷滅】（術語）諸法因果各別、故非爲常。因果相續、故非爲斷。撥無此因果相續之理、謂之斷滅之見。即斷見也。屬於邪見中之極惡者。

【斷道】（術語）斷惑之道位也。如於見道斷見惑、於修道斷修惑。

【斷對治】（術語）見對治條。

【斷障無上】（術語）見七種無上條。

【斷疑生信】（術語）於實相之妙理、

斷疑生信也。天台以之爲法華經一部之功用。法華玄義九曰、「用是如來之妙能。此經之勝用。如來以權實二智爲妙能。此經以斷疑生信爲勝用。祇二智能斷疑生信。生信斷疑由於二智。約人約法左右互論耳。」

【斷德】（術語）諸佛三德之一、斷盡一切煩惱之德也。涅槃三德之解脫德當之。

【斷頭者】（雜名）犯斷頭罪者。梵網古迹上曰、「雖失淨戒。說卽悔。亦得重受。不同聲聞如斷頭者。現身不能復入僧數。」

【斷頭罪】（術語）律稱婬盜殺妄四者爲波羅夷罪、譯爲斷頭罪。比丘犯此罪者、絕比丘之資格。猶如斷人之頭首不可再生也。行事鈔中一曰、「四分云。波羅夷者。譬如斷人頭不可復起。若犯此法。不復成比丘故。」

【斷諸煩惱念處】（術語）十念處之一。見念處條附錄。

【斷臂】（故事）慧可大師自斷左臂、置於祖師之前也。見傳燈錄四達磨章。

【斷斷】（雜語）四正斷之一。所起之惡法、斷已更生、則更精進而不使生起、斷之又斷、故曰斷斷。

【斷證】（術語）斷妄惑、證得勝果也。唯識論一曰、「斷障爲得二勝果。故由斷續生煩惱障。故證眞解脫。由斷礙解所知障。故得大菩提。」

【斷鹽】（雜語）於神呪之法不喫鹽也。五部律二十六曰、「有諸比丘。誦呪時。不噉鹽。不眠床上。稱言南無伽神婆。生疑我將無墮異見。受餘師法耶。以是白佛。佛言神呪法爾。但莫墮其見。」穰虞利童女經曰、「修行者欲成就此法者。先斷五辛。亦不食鹽。不食油。斷語。於一靜處。三時澡浴。三時澡衣。結印誦隨心眞言滿一萬徧。則行法成就。」蓋斷鹽者減食欲之意也。

【濾水囊】（物名）與漉水囊同。律家謂之漉水囊。禪家謂之濾水囊。濾漉義同。見漉水囊條。

【濾羅】（物名）漉水之羅、卽漉水囊也。

【羂索】（物名）取鳥獸之具。以爲佛菩薩攝取衆生之象徵。不空羂索觀音之羂索及不動尊所持之羂索是也。梵語雜名曰、「羂索梵語播捨。」大日經疏五釋不動之羂索曰、「羂索是菩提心中四攝方便。以此執繫不降伏者。以利慧刄斷其業壽無窮之命。令得大空生。」演密鈔五曰、「羂索是菩提心中等者。四攝是法。羂索是喩。諸佛菩薩以四攝法攝取衆生。無空過者。世間羂索。索取諸獸。少有所失。故以爲喩。」図（譬喩）喩凡夫之心、爲我見所縛也。大日經一曰、「云何羂索心。謂一切處住於我縛爲性。」

【羂索觀音】（菩薩）不空羂索觀音

之略稱。

【颺談】(譬喻)颺者浮動之義、談者陽談也。見陽談條。

【蟭螟作窠】(公案)傳燈錄曰、「洪恩禪師執仰山手作舞云、譬如蟭螟蟲在蚊子眼睫上作窠、向十字街頭叫喚。」

【豐干】(人名)豐一作封。原居天台山國淸寺、剪髮齊眉、衣布裘、身量七尺餘。人或借問、則止對曰隨時二字、更無他語。嘗乘虎直入松門。衆僧驚懼。口唱道歌。時衆方崇重。終後於先天年中在京兆行化、非恒人常調。士庶見之、無不敬禮。嘗養二士、云寒山拾得。見宋僧傳、傳燈錄。又傳燈錄云「閭丘徹出牧丹陽。豐干禪師謂曰、到任須謁文殊普賢。在天台國淸寺執爨洗器者寒山拾得也。閭丘訪之、見二人致拜。寒山笑曰、豐干饒舌。」釋文曰「豐干是阿彌陀佛。」

【豐財菩薩】(菩薩)胎藏界觀音院第三行第三位之尊。密號曰如意金剛。司福智之二門。

十九畫

【繫】(術語)繫縛之意也。

【繫念】(術語)念繫於一處而不思他也。寶積經四十七曰、「晝夜常繫念。勿思於欲境。」觀無量壽經曰、「汝及衆生。應當專心繫念一處想於西方。」

【繫珠】(譬喻)不知己衣裏繫珠、貧窮求衣食之喻也。見衣珠條。大日經疏四曰、「繫珠毒鼓之緣。豈當已乎。」

【繫著】(術語)心繫於事物而局執也。與執著同。涅槃經十七曰、「繫著者爲魔縛。若不著者則脫魔縛。」

【繫緣】(術語)廣於法界之事物懸思也。對一念之語而言。一念者一思而止也。止觀上曰、「圓頓者初緣實相。造境卽中。無不眞實。繫緣法界。一念法界。一色一香。無非中道。」

【繫縛】(雜語)煩惱纏綿身心而不使自由、故以名煩惱。

【繫驢橛】(譬喻)路傍繫驢馬之木杭。譬言心非貴重之物、非可保重而爲其所繫縛。碧巖第一則著語曰、「是甚繫驢橛。」

【麗藏】(雜名)高麗版大藏經之畧稱。

【麗藏目錄】(書名)大藏目錄之異名。高麗版大藏經之目錄也。

【麗塔】(堂塔)美麗之塔也。宋書謝靈運傳曰、「謝麗塔於郊郭。殊世間於城傍。」

【藤蛇喻】(術語)出金光明經。迷執妄情所現之相、以爲實有、恰如見藤蔓而以爲蛇也。

【藥山】(人名)唐禪師惟儼、嗣石頭遷禪師、住澧州之藥山。海衆雲合。文宗太和二年入寂、壽八十四。

【藥山陞座】（故事）藥山久不陞座、院主白云大衆久思示誨、請和尚爲衆說法。山便打鐘、衆方集、山陞座良久、便下座歸方丈、院主隨於後問、適來許爲衆說法、云何不垂一言。山云、經有經師、論有論師、爭怪得老僧。見從容錄第七則。

【藥叉】（異類）見夜叉條。

【藥叉持明】（異類）位於胎藏界外金剛院之南方、是增長天之眷屬也。

【藥乞叉】（異類）Yakṣa 又作夜乞叉、藥叉、舊稱夜叉。

【藥上菩薩】（菩薩）見藥王菩薩條。

【藥王】（雜名）藥中之爲最者。

【藥王品】（經名）藥王菩薩本事品之略稱。

【藥王樹】（雜名）見藥樹王條。

【藥王藏】（雜名）良藥之庫藏也。千手經曰、「當知其人是藥王藏。常以陀羅尼療衆生病故。」

【藥王菩薩】（菩薩）觀藥王藥上二菩薩經云、「過去久遠劫有佛、號瑠璃光照如來、劫名正安穩、國名懸勝旛、彼佛涅槃後、於像法中有千比丘發心修行、衆中有一比丘、曰日藏、聰明多智、爲諸衆說大乘之平等大慧、衆中有一長者、名星宿光、聞大乘心生歡喜、持訶黎勒果及諸雜藥、供養日藏比丘及諸衆、因發大菩提心、時星宿光之弟曰電光明、亦隨兄持諸良藥供養日藏及諸衆、發大誓願。此時大衆讚嘆、號兄爲藥王、弟爲藥上。是今藥王藥上二菩薩也。佛告彌勒、是藥王菩薩久修梵行、諸願已滿、於未來世成佛、號淨眼如來。藥上菩薩亦次藥王作佛、號淨藏如來。」法華嘉祥疏二曰、「藥王者、過去世以藥救病、因以爲名。」

【藥王燒臂】（傳說）法華經藥王菩薩本事品曰、「過去有佛、號日月淨明德如來。彼佛爲一切衆喜見菩薩及大衆說法華經。一切衆生喜見菩薩樂修苦行、得現一切色身三昧。得此三昧已、心大歡喜、入此三昧、雨諸妙華妙香、供養日月淨明德佛及法華經。作是供養已、自念不如以我身供養。服諸妙香、身塗香油、於日月燈明佛前、以願力燒身。其火燃千二百歲、其身乃盡。菩薩命終後、復化生於日月淨明德佛國土淨德王家。即白父詣佛所、以偈讚佛。佛曰、我涅槃時到、我以佛法囑累於汝。於夜後分入涅槃。爾時菩薩收佛舍利、立八萬四千塔而供養之。菩薩復自念、我作是供養、心猶不足。即於大衆前燃百福莊嚴之臂、七萬二千歲中供養八萬四千之塔。爾時大衆見其無臂、憂惱悲哀。一切衆生喜見菩薩於大衆前立此誓言。我捨兩臂、必當得佛金色之身、若實不虛、令我兩臂還復如故。作是誓已、自然還復。佛言、一切喜見菩薩、今藥王菩薩是也。」摩訶止觀一曰、「藥王燒手普明刎頭」

【藥王菩薩品】（經名）藥王菩薩本事品之略稱。

【藥王藥上經】（經名）觀藥王藥上經之略名。

【藥王菩薩本事品】（經名）法華經二十八品中第二十二品之名。說藥王菩薩往昔爲供養法華燒身燃臂之本事因緣。

【藥石】（雜語）又作藥食。有療病之意味。謂禪林晚間之粥。隱語也。黃檗清規曰、「藥石晚食也。比丘過午不食。故晚食名藥石。爲療饑渴病也。」

【藥食】（雜語）見藥石條。

【藥師】（菩薩）具曰藥師瑠璃光如來。又有大醫王佛、醫王善逝等稱。梵名鞞殺社寠嚕 Bhaiṣajyaguruvaiḍūryaprabhāsa、爲東方淨瑠璃國之教主。發十二誓願、救衆生之病源、治無明之痼疾。藥師瑠璃光如來本願功德經曰、「佛告曼殊室利。東方去此過十殑伽沙等佛土。有世界名淨瑠璃。佛號藥師瑠璃光如來（中略）佛薄伽梵曼殊室利。彼世尊藥師瑠璃如來。本行菩薩道時。發十二大願。令諸有情所求皆得。」又醫也。大寶積經曰、「譬如藥師持藥囊。自身病不能療治。」

【藥師十二誓願】（名數）第一自他身光明熾盛之願。第二威德巍巍開曉衆生之願。第三使衆生飽滿所欲而無乏少之願。第四使一切衆生安立大乘之願。第五使一切衆生、行梵行、具三聚戒之願。第六使一切不具者諸根完具之願。第七除一切衆生衆病、令身心安樂、證得無上菩提之願。第八轉女成男之願。第九使諸有情解脫天魔外道纏縛、邪思惡見稠林、引攝正見之願。第十使衆生解脫惡王劫賊等橫難之願。第十一使飢渴衆生得上食之願。第十二使貧乏無衣服者得妙衣之願。見藥師經。

【藥師三尊】（圖像）中尊藥師如來、左脇侍日光遍照菩薩、右脇侍月光遍照菩薩也。藥師經曰、「於其國中有二菩薩摩訶薩。一名日光遍照。二名月光遍照。是彼無量無數菩薩衆之上首。悉持彼世尊藥師瑠璃光如來正法寶藏。」

【藥師七佛】（菩薩）見七佛藥師條。

【藥師八大菩薩】（菩薩）藥師經曰、「以此善根願生西方極樂世界無量壽佛所。聽聞正法而未定者。若聞世尊藥師瑠璃光如來名號。臨命終時有八菩薩乘神通來示其道路。卽於彼界種種雜色衆寶華中自然化生。」經中不舉八菩薩之名。

【藥師十二神將】（如來）以藥師如來神力守護行者之十二大將也。一、宮毘羅大將。二、伐折羅大將。三、迷企羅大將。四、安底羅大將。五頞儞羅大將。六珊底羅大將。七因陀羅大將。八波夷羅大將。九摩虎羅大將。十眞達羅大將。十一招杜羅大將。十二毘羯羅大將。見藥師經。

【藥師印相】（印相）開左手置臍下。以右手重於上。二大指之頭相合。名爲法界定印。是藥師如來之根本印也。見圖印集一。

【藥師眞言】（眞言）「唵呼嚧呼嚧戰馱利摩橙祇莎訶」見藥師如來觀行儀軌法。

【藥師經軌】（經名）藥師瑠璃光如來本願功德經一卷。玄奘譯。藥師瑠璃光七佛本願功德經二卷。義淨譯。藥師如來觀行儀軌法一卷。金剛智譯。藥師如來念誦儀軌一卷。不空譯。藥師瑠璃光如來消災除難念誦儀軌一卷。失譯人名。藥師瑠璃光王七佛本願功德經念誦儀軌二卷。沙囉巴譯。

【藥師燈】（物名）北周書張元傳曰「其祖喪明。元讀藥師經見盲者得視之言。遂請七僧然七燈。七日七夜轉藥師經言願祖目明見。元求代闇。如此經七日。其夜夢一老翁以金鎞治其祖目。」灌頂經曰「救脫菩薩白佛言。若有厄羸痛惱。請諸僧七日七夜齋戒誦經。勸然七層之燈。懸五色續命神旛四十九首。燈亦復爾。七層每一層七燈。轉如車輪。其遭厄難。可以過度。救脫菩薩。蓋即藥師佛也。」

【藥師經】（經名）有五譯。一、題曰佛說灌頂拔除過罪生死得脫經。佛說灌頂經十二所載。東晉帛尸梨蜜多羅譯。一卷。二、宋慧簡譯。一卷。藥師瑠璃光經。（不入藏經）三、隋達摩笈多譯。一卷。佛說藥師如來本願經。四、唐玄奘譯。一卷。藥師瑠璃光如來本願功德經。五、唐義淨譯。二卷。藥師瑠璃光七佛本願功德經。此中前四譯。單譯出藥師如來之部。第五義淨譯。於前卷譯出六佛。於後卷譯出藥師佛。故單言藥師經。則爲前四譯。特指玄奘譯。言義淨譯者。則稱七佛藥師經。各家疏註如下。藥師經疏一卷。唐窺基撰。藥師經鐙錟一卷。淨挺著。藥師經直解一卷。靈耀撰。附梵文神咒。藥師經古迹二卷。新羅太賢撰。藥師經鈔二卷。善珠撰。藥師經纂解四卷。亮汰撰。

【藥師講】（行事）念誦藥師如來之法會也。

【藥師悔過】（修法）向藥師如來懺悔罪障之法也。

【藥師護摩】（修法）供養七佛藥師之秘法也。

【藥師散華】（儀式）見散華條。

【藥師瑠璃光佛】（菩薩）藥師佛之具名。見藥師條。

【藥師瑠璃光如來】（菩薩）藥師佛之具名。

【藥師如來本願經】（經名）一卷、隋達摩笈多譯。五譯之一。

【藥師如來念誦儀軌】（經名）一卷、唐不空譯。

【藥師如來觀行儀軌法】（經名）一卷、唐金剛智譯。說七佛藥師之念誦法。

【藥師瑠璃光如來本願功德經】（經名）一卷、唐玄奘譯。五譯之一、常稱藥師經者是也。

【藥師瑠璃光七佛本願功德經】（經名）二卷、唐義淨譯。說藥師七佛之本願並淨土。

【藥草】（譬喻）法華經藥草喻品以佛之教法譬之雨。衆生之機類譬之草木。佛教之雨雖爲一味、然隨衆生之種類、而滋生各自之智性、因而治惑。稱爲藥草。此中雖有三草二木之差別、然木爲二而少。草爲三而多。故廢少而取多。又三草中之中草爲聲緣之二乘、此品所明、正在聲緣之二乘、故舉藥草而兼他也。經曰、「譬如三千大千世界山川谿谷土地所生卉木叢林及諸藥草種類若干。名色各異。密雲彌布。徧覆三千大千世界。一時等澍。其澤普洽卉木叢林及諸藥草。小根小莖小枝小葉。中根中莖中枝中葉。大根大莖大枝大葉。諸樹大小隨上中下各有所受。一雲所雨。稱其種性而得生長。草實敷實。雖一地所生。一雨所潤。而諸草木各有差別。迦葉當知。如來亦復如是。出現於世。如大雲起。以大音聲普徧世界天人阿修羅。如彼大雲徧覆三千大千國土。」

【藥草喻品】（經名）法華經二十八品中第五品。見藥草條。

【藥珠二身】（名數）藥樹王身與如意珠王身也。佛爲拔衆生苦化現之身。謂之藥樹王身。（見藥樹王身條）爲與衆生以樂化現之身、謂之如意珠王身。法華玄義六曰、「示身輪者。即是示藥樹王身如意珠王身。」法華嘉祥疏二曰、「菩薩有二種身。一如意珠王身。能與一切樂。二藥樹王身。見聞之者無不苦滅。」

【藥厠抳】（天名）Yakṣin 不動明王使者之名。譯曰勇健神。聖無動尊成就使者法品曰、「次無動尊藥厠抳（唐云勇健神）使者像。一身四手。左邊上手把三股叉。下手把棒。右邊上手掌把一輪。下手把羂索。其身青色而大張口。狗牙上出。眼赤如血。而有三眼。頂戴髑髏。頭髮聳豎。如火燄色。頂纏大蛇。二膊各有倒垂一龍。龍頭相向。其像腰纏二大赤蛇。二脚腕上纏大赤蛇。所把棒上亦纏大蛇。虎皮縵袴。髑髏瓔珞。」

【藥童子】（傳說）耆域 Jiva 以藥草作童子之形。以醫諸病。云大寶積經八曰、「耆域醫王合集諸藥。以取藥草作童子形。端正殊好。世之希有。所作安諦。所有究竟殊異無比。往來周旋。住立安坐。臥寐經行。無所缺漏。所顯變業。或有大豪國王太子大臣百官貴姓長者。來至耆域醫王所。視藥童子。與共歌戲。相其顏色。病皆得除。便致安穩。」

【藥犍度】（書名）二十犍度之第七。四分律四十二。就時藥非時藥七日藥盡形壽藥等細說之。藥猶言食。

【藥樹王】（雜名）又曰藥王樹。草木有可以治病者。其中最勝者、稱為藥王。捺女耆域因緣經曰、「逢一小兒擔樵。耆域望視悉見此兒五臟腸胃縷悉分明。耆域心念。本草經說有藥王樹。從外照內見人腹臟、此兒樵中得無有藥王耶。」

【藥樹王身】（術語）菩薩應現於六道、救衆生苦難之身也。觀音玄義上曰、「如華嚴云。有上藥樹。其根深入。枝葉四布。根莖枝葉。皆能癒病。聞香觸身。無不得益。菩薩亦如是。大悲熏身形聲利物。名大藥王身。又如如意珠。能雨大千珍寶。隨意而不窮不盡。菩薩大慈熏身與衆生樂。名如意藥王身。」法華玄義六曰、「示身輪者。卽是示藥樹王身如意珠王身。」法華入疏七曰、「五約藥樹珠王明。觀世音譬藥樹王遍體愈病。普門者譬如意珠王隨意所與。」

【藥藏】（堂塔）阿育王於四門立藥藏、施藥於一切比丘。見善見律毘婆沙二。

【藺藹】（植物）見食藺藹條。

【藪中捨位】（本生）薩埵王子之故事。見薩埵王子條。

【藪達梨舍䑐】（菩薩）妙見菩薩之梵名。北辰星也。見翻梵語。梵 Sudarśana

【藕孔】（雜名）阿修羅與天帝戰敗、北四兵盡入一藕孔中。見雜阿含經十六。又觀佛三昧經曰、「阿修羅王往攻帝釋於虛空中。有刀輪自然而下、當阿修羅上。耳目手足、一時盡落。時阿修羅卽便驚怖、遁走無處、入藕絲孔中。」

【藕益】（人名）又作蕅益。明末高僧智旭、號蕅益。住于靈峯。見智旭條。

【藕絲】（譬喻）於見道可斷之迷理惑、其性猛利、斷之却易、故譬之於破石。於修道可斷之迷事惑、其性鈍弱、斷之反難、故譬之於藕絲。古德之頌曰、「見道如破石。修道如藕絲。」朝野群載二仁王會咒願文曰、「長斷藕絲。共昇蓮蘂。」

【龐居士】（人名）嗣馬祖。有好雪片片不落別處之機語。見碧巖四十二則。

【廬山衣】（衣服）今淨土宗所用之法衣也。是唐土廬山白蓮社衆徒之風儀。原爲禪家之法衣也。

【廬山流】（流派）㊐又曰慧遠流。東晉時、慧遠居廬山、結白蓮社、與百二十三人共修念佛。事理雙修之念佛也。吾國淨土敎三傳之一。

【盧陵米價】(雜語)禪家之公案也。五燈會元五青原章曰、「僧問如何是佛法大意師曰盧陵米作麼價」。從容錄五則曰、「青原米價」。

【關】(公案)見雲門條附錄。

【關中四聖】(名數)見四聖條。

【關帝】(神名)關雲長嘗於玉泉山現靈受戒於天台之智者、(佛祖統紀六智者傳)問禪於神秀禪師、(三國英雄志傳十三)故僧伽藍有以爲護伽藍神而祭之者。

【關捩子】(物名)喻物之緊要處。傳燈九黃檗章曰、「如四祖下牛頭大師橫說竪說未知向上關捩子」。碧巖第一則評唱曰、「撥轉關捩子出自己見解」。

【羅】(術語)ⱶ Ra 又作囉。悉曇五十字門之一。大日經曰、「囉字門一切法離諸塵染故」者自 Rajas (塵染) 釋之文殊問經曰、「稱囉字時是樂求勝義聲」者、自 Rati (樂) 解之。又爲火大之種子。大日經疏一曰、「囉字門爲火」。同七曰、「囉字門一切諸法離一切塵染故者。梵云囉逝是塵染義。塵是妄情所行處。故說眼等六情行色等六塵。若見囉字門則知一切可見聞觸知法皆是塵相。猶如淨衣爲塵垢所染。亦如遊塵紛動使太虛昏濁。日月不明。是爲字相」。演密鈔五曰、「以囉字之慧火除煩惱之暗。資智慧之明」。又此種子有消除塵垢之功能。故眞言行者欲淨心身必觀此字。大疏四曰、「以囉字門自淨心地及此道場地」。又ⱶ爲諸菩薩諸阿修羅之種子。

【羅叉私】(異類)見羅刹條。

【羅叉娑】(異類)Rākṣasa 見羅刹條。

【羅乞叉】(術語)Rakṣa 譯曰擁護。見大日經疏九。

【羅云忍辱經】(經名)一卷、西晉法炬譯。羅云爲人所打、佛廣說忍辱之道。

【羅皂衣】(衣服)以黑色之羅所作之禪衣也。

【羅吼羅】(人名)Rahula 見羅睺羅條。

【羅刹】(異類)Rākṣasa 又具曰羅刹娑。羅叉娑。女曰羅叉私(Rākṣasī)。惡鬼之總名也。譯爲暴惡可畏等。按羅刹本爲印度古民族之名稱。至雅利安人遂成爲畏惡之名詞。又謂羅刹男黑身朱髮綠眼。羅刹女爲絕美之婦人。玄應音義二十四曰、「刹娑或言阿落刹娑。是惡鬼之通名也。又云囉叉娑。此云護者。若女則名囉叉私。舊云羅刹訛略也」。慧琳音義二十二曰、「囉刹娑梵語食人惡鬼都名也」。法華玄贊二曰、「夜叉此云勇健。(中畧)羅刹云暴惡。亦云可畏。彼皆訛音。梵語正云藥叉。囉刹娑」。梵語雜名曰、

「羅刹。梵名羅(引)察娑。」慧琳音義二十五曰「羅刹此云惡鬼也食人血肉或飛空或地行捷疾可畏也。」玄應音義十八曰「羅刹或云囉叉娑此云護王若女則名囉叉斯。」

【羅刹女】（異類）食人之鬼女也。羅刹爲惡鬼之總名男曰羅刹娑女曰羅刹私。

【八大羅刹女】（名數）一、謨訶蘇咀磨矩二、舍惡器三、雞施膩四、甘篩侍五、蘇蜜怛羅六、廬七、多惡器八、迦折羅。

【十大羅刹女】（名數）一、訶利底羅刹女二、難陀羅刹女三、冰揭羅羅刹女四、商企儞羅刹女五、哥夷迦羅刹女六、提婆蜜怛羅羅刹女七、君多羅刹女八、槊牙羅刹女九、藍毘迦羅刹女十、頞捺羅羅刹女。

【十二大羅刹女】（名數）一、無主羅刹女二、大海羅刹女三、毒害羅刹女四、斷他命羅刹女五、明智羅刹女六、持弓羅刹女七、持箭羅刹女八、持犁羅刹女九、持刀羅刹女。十、持輪羅刹女十一、圍輪羅刹女十二、可畏羅刹女。孔雀經別有七十二羅刹名。

【五百羅刹女】（名數）今之錫蘭島往昔爲五百羅刹鬼女所住處。見西域記十一。

【羅刹天】（界名）十二天之一。八方天之一。諸羅刹之王也。爲西南隅之守護神。

【羅刹心】（術語）見六十心條。

【羅刹日】（雜語）凶日之名。宿曜經下曰、「大陽直日月與胃合。大陰直日月與鬼合。火曜直日月與翼合。水曜直日月與參合。木曜直日月與氐合。金曜直日月與金合。土曜直日月與柳合。已上名羅刹日。不宜舉百事必有殃禍。」

【羅刹私】（異類）Rākṣasī 女性之羅刹也。見羅刹條。

【羅刹國】（界名）食人鬼之所住處。在大海之中。法華經普門品曰、「入於大海。假使黑風吹其船舫。飄墮羅刹鬼國。其中若有乃至一人稱觀世音菩薩名者。是稱人等皆得解脫羅刹之難。」西域記十一僧伽羅國曰、「佛法所記則曰此寶洲大鐵城中五百羅刹女之所居也。」

【羅刹娑】（異類）見羅刹條。

【羅刹鬼】（異類）三十六鬼之一。

【羅刹羅】（術語）Akṣara 譯曰字。玄應音義二曰、「字者文字之總名。梵云羅刹羅。譯言無異流轉。或云無盡。無盡是字。字存紙墨。可得不滅。（中略）凡有四十七字。爲一切字本。」

【羅門】（雜語）Brāhmaṇa 婆羅門之略。性靈集三曰、「士流是日強占。羅門是歲勇進。」

【羅陀那】（物名）與囉怛娜同。

【羅陀那質多】（界名）Ratnacitta 世界名。譯曰寶意。見道神無極變化經三。

【羅陀那犍頭】（佛名）Ratnakhaṇḍa 佛名。譯曰寶品。見道神足無極變化經三。

【羅陀隣那朱】（菩薩）Ratnacūḍa 菩薩名。譯曰寶髻。見寶積經一百十七。

【羅怛那】（雜語）見囉怛娜條。

【羅怛曩】（雜語）見囉怛娜條。

【羅怛曩計度】（佛名）Ratnaketu 佛名。譯曰寶幢。見文殊師利寶藏陀羅尼經。

【羅差】（雜語）Lakṣā 譯曰紫色。玄應音義一曰、「羅差或言洛沙。訛也。應云勒叉。此譯云紫色也。」

【羅被那】（術語）Ravaṇa 貪欲之一種也。大乘義章二曰、「心貪其利。口悅人意。名羅被那。」

【羅婆】（雜名）梵語六十剎那為一息。十息為一羅婆。見法苑珠林。

【羅婆醯陀】（植物）樹名。智首四分律疏九曰、「囉婆醯陀者貝多樹也。交州有。餘方不見。」

【羅越】（地名）Rājagṛha 與羅閱同。城名。見羅閱祇條。

【羅雲】（人名）Rāhula 又曰羅云。比丘名。見羅睺羅條。

【羅惹】（雜語）Rājan 又作曷羅惹。譯曰王。梵語雜名曰、「王梵名羅（引）惹。」又曰、「大王梵名摩賀羅（引）惹。」守護國界經曰、「言王者即羅惹義。」

【羅湖野錄】（書名）四卷。宋釋曉瑩撰。曉瑩倦遊、歸憩羅湖。後追憶所見所聞。錄為四卷。其中多載禪門公案及機鋒語句。緇徒故實。紀述頗詳。蓋亦林間錄之流也。見四庫提要。

【羅預】（雜語）Lava 時名。戒疏二下曰、「僧祇云二十彈指為羅預。二十羅預為一須臾。」同行宗記二下曰、「羅預是西梵時名。未詳所釋。」

【羅網】（物名）連綴寶珠為網、以作莊嚴之具者。帝釋殿前之羅網。謂之帝網。法華經曰、「真珠羅網張設其上。」無量壽經上曰、「道場樹高四百萬里（中略）珍妙羅網羅覆其上。」淨土論曰、「寶欄遍圍繞。無量寶交絡。羅網遍虛空。種種鈴發響。」又捕魚鳥之具也。

【羅漢】（術語）Arhat(N.sg.m.Arhan) 阿羅漢之略。小乘之極果也。見阿羅漢條。

【三種羅漢】（名數）一時解脫羅漢。鈍根之羅漢、待衣食住處師友等好緣具足。方證羅漢之機根也。二不時解脫羅漢。利根之羅漢、不待衣食等事緣具足、自解法之道理。隨時證羅漢之人也。見俱舍論二十五。〔又〕一慧解脫羅漢。但得慧障解脫、發得無漏地、即證涅槃之羅漢也。二俱解脫羅漢、解脫慧障、定障、亦解脫於為定之極處之滅盡定得出入自在者也。此人兼好事用之功德、故練習禪定得種種之神通等也。見俱舍論二十五。

【三種羅漢】（名數）就修三種之四念處、而分三種之羅漢。一、慧解脫羅漢。修性念處而破一切智外道之人也。二、俱解脫羅漢。修共念處而破神通外道之人也。三、無疑解脫羅漢。修緣念處而破韋陀外道（又曰文字外道）也。是通於一切之外道而無所疑、故曰無疑羅漢。中之最勝也。見四教儀二。

【六種羅漢】（名數）一、退法羅漢。一旦得羅漢果、遇些惡緣、便退失所得者。二、思法羅漢。懼將退失所得之證果、恒思自害而入無餘涅槃者。三、護法羅漢。於所得之證果、能自防護者。四、安住法羅漢。不退不進、安住於當位者。五、堪達法羅漢。能修練根而達於不動羅漢之性者。六、不動羅漢。根性最爲殊勝、過無論如何之逆緣、亦不動轉所得之法者。見俱舍論二十五。

【七種羅漢】（名數）於前六種羅漢、加不退羅漢之一也。是前之第六不動有練根不動與本住不動二種、因而以練根者爲不動、本住者爲不退也。練根者原爲劣之五種、更加修練而成不動種性者。本住者爲生就之不動種性、不要修練者。婆沙開之、正理俱舍合之。見俱舍論二十五。

【九種羅漢】（名數）稱之爲九無學。經論所說其位次名稱雖異、其體則一也。俱舍論之說。於前七種加第八慧解脫與第九俱解脫者。慧解脫爲但依慧力而離煩惱障者。俱解脫爲兼離定障而得滅盡定者。成實論之說。一、退相。俱舍九無學之第一退法也。二、守相。九無學中之第三護法也。三、死相。九無學中之第二思法也。四、住相。九無學中之第四安住法也。五、可進相。九無學中之第五堪達法也。六、不壞相。九無學中之第七不退也。八、不退相。九無學中之第六不動也。八、慧解脫。九無學中之第八慧解脫也。九、俱解脫。九無學中之第九俱解脫也。（大乘義章十一本）中阿含福田經之說。一、思法。是前俱舍之第三死相也。二、昇進法。是第五可進相也。三、不動法。是前第七不退相也。四、退法。是前第一退相也。五、不退法。是前第六不壞相也。第六護法。是前第二守相也。第七住法。是前之住相也。第八慧解脫。第九俱解脫。此二者與前同。（大乘義章十一本）此九無學加十八有學、稱爲二十七賢聖。見賢聖條附錄。

【十六羅漢】（名數）以賓頭盧尊者爲始、十六大阿羅漢受佛勅、永住此世濟度衆生者。其名字住處等、詳於法住記。此法住記爲佛滅後八百年中師子國（今之錫蘭）阿羅漢難提蜜多羅尊者之說。記初有「尊者告曰。汝等諦聽。如來先已說法住經。今當爲汝粗更宣說」則原爲佛說、彼惟述說耳。

其名第一賓度羅跋囉惰闍尊者。Piṇḍola-bharadvāja（舊稱賓頭盧頗羅墮誓）第二迦諾迦伐蹉尊者 Kanakavatsa 第三迦諾迦跋釐惰闍尊者。Kanakabharadvāja 第四蘇頻陀尊者。Suvinda 第五諾距羅尊者。Nakula 第六跋陀羅尊者。Bhadra（一作跋陀婆羅、今諸寺之浴室多安其像其因由出楞嚴經）第七迦理迦尊者。Karika 第八伐闍羅弗多羅尊者。Vajraputra 第九戍博迦尊者。Śvaka 第十半托迦尊者。Panthaka 第十一囉怙羅尊者。Rāhula（舊稱羅云）第十二那伽犀那尊者。Nāgasena 第十三因揭陀尊者。Ingata 第十四伐那婆斯尊者。Vanavāsin 第十五阿氏多尊者。Ajita 第十六注茶半托迦尊者。Cūdapanthaka（Śuddhipanthaka）（一作朱利槃陀迦、即周利槃特之轉音）梁貫休夢裡感見其像而畫之。宋之東坡、明之柴柏之作贊。有十六羅漢因果識見頌一卷、闍那崛多迦譯、雖載宋苑文正公之序、然不入藏中。恐爲唐代之作。偈頌皆押韻語義俱妙。

【十八羅漢】（名數）此有二種。一、於前之十六加慶友尊者爲第十七、加賓頭盧尊者爲第十八。然慶友爲難提蜜多羅之譯名、即法住記之說者、賓頭盧即第一尊者之賓度羅跋囉惰闍。是由不知經典不解梵語而致此訛也。如洪覺範蘇軾亦依十八羅漢而爲頌贊、何耶。（然則十八中前十六爲貫休之實蹟、他二者後人添加、軾不辨之）清乾隆帝考證曰、「良由此土僧伽未能深通貝筴。展轉傳訛。博辨如軾。亦不免因人致誤耳」（引於羅漢圖讚集）二、蜀金水張氏所畫之十八羅漢、爲東坡之頌贊者。此於十六羅漢之前、加迦葉尊者、軍徒鉢歎尊者之二爲十八。且記各尊之示神通靈感。是更不可解者。（西藏所傳有加佛母摩耶夫人與彌勒之圖）

【五百羅漢】（名數）象器箋十四曰、「五百羅漢名莫聞藏乘說。近有南宗江陰軍乾明院羅漢尊號碑一卷刊布。亦不載本據矣」案殆因佛滅後第一結集之五百羅漢或毘婆沙論結集之五百羅漢等數目而私擧其名號耳。

【羅漢供】（儀式）供養五百羅漢之法會。

【羅漢講】（儀式）講讚五百羅漢之法會也。

【羅漢比丘】（術語）比丘爲男僧之梵名。羅漢比丘者羅漢之男僧。別於菩薩之男僧也。

【羅睺】（異類）Rāhu 又作羅護、星名。以能障蔽日月而使蝕、故印度傳說謂之阿修羅王。大日經疏四曰、「羅睺是交會蝕神」希麟音義六曰、「羅睺或云羅護此云暗障能障日月之光明。即暗曜也。」見羅睺阿修羅條。因佛子羅睺羅。略曰羅睺。

【羅睺羅】（人名）Rāhula 舊作羅云。羅吼羅、羅睺羅、羅睺。新作曷羅怙羅、何羅怙羅。羅怙羅。佛之嫡子。在胎六年。生於成道之夜。十五歲出家。舍利弗為和上。而彼為沙彌。遂成阿羅漢果。在十大弟子中為密行第一。後於法華會上。廻於大乘。受蹈七寶華如來之記。別以生於羅睺羅阿修羅王障蝕月時。故名羅睺羅。又六年為母胎所障蔽。故名羅睺羅。為執月及障蔽之義。母有異說。（見下項）註維摩經三曰。「什曰。阿修羅食月時。名羅睺羅。羅睺羅秦言覆障。謂障月明也。羅睺羅六年處母胎。所覆障故。因以為名。明聲聞法中密行第一。」同二十一曰。「何羅怙羅。或言曷羅怙羅。云障月。舊言羅睺羅。亦作羅吼羅。或言羅云。皆訛也。言羅怙羅阿修羅以手障月時生。因以名也。又言覆障六年在胎。為胎所覆也。又七年在母腹中。一由往業。一由現在。往業者昔曾作國王。制斷獨覺不聽入境。獨覺在山七日不得乞食。因墮地獄。餘報七年在母腹中。又由現在者。瞿夷是懷羅怙羅後。太子出家。六年苦行。方得成道。於六年中瞿夷憂惱。四大羸弱。不能得生。至太子成道。瞿夷歡喜。四大有力。方乃得生。與阿難同時而生。故首尾七年也。如來還國七日。即度出家也。」法華玄贊一曰。「梵云羅怙羅。此云執日。舊言羅睺羅。翻為障蔽。非也。」

【羅睺羅六年在胎往因】（傳說）玄應師之說如上。所引佛本行集經五十五曰。「羅睺羅昔為國王。時有仙人犯盜戒。欲就王懺悔。詣王宮。王耽五欲。六日不見。外人以此因緣。今生六年在母胎也。」法華文句二曰。「往昔塞鼠穴。又不看婆羅門。六日由是緣故言覆障。」維摩經嘉祥疏二曰。「所以六年在胎者。從來言。過去埋塞鼠孔。故六年在胎。大論云。有仙人入王國。輒飲王水取王楊枝。犯不與取。就王懺悔治罪。王見即便入內。六日五欲自娛樂。忘外仙人。仙人云。不應以此治我。以六日在內不出。見仙人故。今生六年在胎也。」

【羅睺羅生母異說】（雜語）據十二遊經。則佛有三夫人。第一瞿夷。第二耶輸陀羅。第三鹿野。須達拏經及瑞應經。以羅睺為瞿夷之子。未曾有因緣經、涅槃經、法華經。以為耶輸之子。天台慈恩共會之曰。據智度論。瞿夷為玉女。定無子。瑞應經就長母謂之瞿夷。未曾有經等就所生謂之耶輸。見法華文句二。法華玄贊一。（見未曾有因緣經以為耶輸之子。然天台慈恩嘉祥等共舉彼經以為瞿夷之子何也。今從經文）

【諸釋子以火聚驗羅睺羅】（傳說）佛出家之夜。耶輸懷胎。六年後。佛成道之夜始生。故諸釋子疑之。惡聲盈城。乃作火坑。毋子共投之無恙。諸釋子始不疑。見雜寶藏經十。

【佛還國始見羅睺羅】（故事）佛成道後六年、始還迦毘羅城、見父王。此時羅睺羅年六歲、耶輸陀羅使羅睺羅持一歡喜丸於大衆中覓父奉之。羅睺羅直往佛所施之。見佛本行集經五十五。

【羅睺羅出家因緣】（故事）未曾有因緣經曰「佛在祇園精舍、遣目連至迦毘羅城、請羅睺羅於耶輸。舍利弗爲和上、目連爲教授師、度彼爲沙彌。時年十五歲。淨飯王憐之、令童子五十人從之出家」

【羅睺羅密行第一】（故事）注維摩經三曰「什曰聲聞法中密行第一」見密行及忍辱條。

【羅睺羅受記】（故事）法華經人記品曰「爾時佛告羅睺羅。汝於來世當得作佛。號蹈七寶華如來」

【羅睺羅多】（人名）Rāhulata 付法藏第十五祖之名。略曰羅睺羅尊者。

【羅睺阿修羅】（異類）Rāhuasura 具曰羅睺羅阿修羅。四種阿修羅王之一。羅睺羅譯執月。此阿修羅王與帝釋戰時。能以其手執日月、障蔽其光。故名。法華文句二曰、「羅睺者此云障持。障持日月者也」法華嘉祥疏二曰、「羅睺者此云覆障。又云吸氣。（中略）問何故修羅手障月。答婆沙云。月是帝釋軍前鋒。故以手障之而欲食月。正法念經云。日月放光。障修羅眼。令不見。故以手障之」智度論十曰、「一時羅睺羅阿修羅王欲噉月。月天子怖疾到佛所說偈。大智精進佛世尊。我今歸命稽首禮。是羅睺羅惱亂我。願佛憐愍見救護。佛與羅睺羅而說偈言。月能照暗而清涼。是虛空中天燈明。其色白淨有千光。汝莫呑月疾放去。是時羅睺羅怖懅流汗。卽疾放月波梨」法華玄贊二曰、「羅睺此云執日非天（阿修羅）與天鬬時。將四天王天先與其戰。日月天子放盛光明射非天之眼。此爲非天之前鋒。以手執日障蔽其光。故云執日」

【羅閱】（地名）城名。見次項。

【羅閱耆】（地名）見次項。

【羅閱祇】（地名）又曰羅閱耆、羅閱、羅越、羅閱祇迦羅、羅閱揭黎醯、囉惹訖哩呬 Rājagṛha 等。摩竭陀國王舍城之梵名也。法華文句一曰、「王舍城者。天竺稱羅閱祇伽羅。羅閱祇此云王舍。伽羅此云城」十二遊經曰、「羅閱祇此言王舍城」善見律十七曰「羅閱城王舍城。摩竭國。此三義一名異。漢言王舍城。羅閱城是外國音。羅者言王。閱者言舍。故言羅閱城也。摩竭者此是外國音也。摩竭者是初國名耳」玄應音義三曰、「羅閱、案阿闍世王經云。羅閱祇晉言王舍城。以應訛也。正言羅閱揭黎醯。羅閱義是料理。以王代之謂能料理人民也揭黎醯此云舍中。總名王舍城在摩伽陀國中城名也」梵語雜名曰、「王舍梵名囉惹訖哩呬」。

【羅閱祇伽羅】（地名）見前項。

【羅閱揭黎醯】（地名）見前項。

【羅誐】（術語）Rāga譯曰貪見梵語雜名日本有寬空之羅誐口決一帖仁海之羅誐秘法一卷愛染明王之法也。

【羅摩】（雜語）Rāma 譯曰士、喜樂、戲俱舍光記一曰、「羅摩此云喜樂」。論師之名也阿育王經一曰、「羅摩翻戲」林之名也。本行集經二十六曰、「羅摩王名也隋言能喜」。

【羅摩伽】（雜語）譯曰入法界華嚴經入法界品之梵語也華嚴玄談八曰、「言羅摩伽者卽入法界之梵語也羅者離垢染義摩者轉義伽者一合義謂離垢染轉卽淨法界一合卽入義」。

【羅摩伽經】（經名）三卷、西秦聖堅譯卽華嚴經入法界品之別譯也。

【羅縠】（雜名）皆爲絹布之稀薄輕妙者天衆之衣由此而成云冈菩薩之見佛性如隔羅縠而見物祖庭事苑一曰、「華嚴疏云菩薩智與如來智如明眼人隔輕縠覩衆色像此言菩薩與佛見性同品」。

【羅齋】（雜語）禪林之語托鉢受齋食也。

【羅羅哩】（雜語）歌曲間所入之語也見諸錄俗語解。

【羆菩薩】（菩薩）昔有一人入山採薪遇雪飢寒羆將收養餘命得存天晴路通、其人下山遇見獵師示彼羆之處共來加害。分取其肉時身著大患受現報見毘婆沙論一百十四俱舍光記十八。

【贊那囊】（物名）Candana 香名玄應音義八曰、「贊那囊古譯云栴檀香是也出外國海島中」。

【贊寧】（人名）佛祖歷代通載二十六曰、「沙門贊寧隨錢王歸朝。（指宋太祖時）姓高氏其先渤海人唐天祐中生於吳興之德淸金鵝別墅出家杭之祥符習南山律著述毘尼時人謂之律虎文學日茂聲望日隆武肅諸王公族咸慕重之署爲兩浙僧統賜號明義宗文興國三年、太宗聞其名召對滋福殿延問彌日改賜通惠詔修大宋高僧傳三十卷及詔撰三敎聖賢事跡一百卷。初補左街講經首座知西京敎門事咸平初、加右街僧錄又著內典集一百五十卷外學集四十九卷內翰王禹偁作文集序、極其贊美云至道二年示寂葬龍井塢焉」。十國春秋拾遺曰、「近世釋子多務吟詠惟贊寧獨以著書立言尊崇儒術爲佛事故所著駁董仲舒繁露二篇難王充論衡三篇證蔡邕獨斷四篇斥顏師古正俗七篇非史通六篇答雜斥諸史五篇折海潮論彙明錄二篇抑春秋無賢臣論一篇爲王禹偁所激賞」餘詳釋氏稽古略四。

【皤膩復多】（異類）夜叉名無量門破魔陀羅尼經曰「皤膩復多此云衆多」名義集二曰「波羅赳亦云鉢剌部此翻自在。」梵 Prabhūta

【攀緣】（術語）心不獨起必有所對之境攀緣於彼而起恰如老人之攀杖而起、謂之攀緣又心忽彼忽此馳回外界之事物、如猿攀木枝忽在彼處忽在此處謂之攀緣。常畧之以緣之一字而說之心爲能緣境爲所緣心涉於境謂之緣楞伽經一曰「法佛者離攀緣攀緣離一切所作根量相滅」楞嚴經一曰「諸衆生以攀緣爲自性」維摩經問疾品曰「何謂病本謂有攀緣（中畧）云何斷攀緣以無所得若無所得則無攀緣。」

【攀覺】（術語）散亂之心於外境攀緣覺知也止觀五曰「攀覺流動皆從妄生、如旋火輪輟手則息洪波鼓怒風靜則澄淨。」

【邊五得】（術語）十種得戒緣之一。謂邊國以僧侶少不能從正式行三師七證、之十人受故減人數以四僧衆與一羯磨師作法授戒依之而得具足戒也。

【邊地】（雜名）閻浮提洲之邊隅謂之邊地又彌陀之淨土有邊地五百歲中不得見聞三寶名爲懈慢界亦曰胎宮畧論曰、「五百歲中常不見聞三寶安樂國土謂之邊地亦曰胎生。」

【邊地懈慢】（術語）彌陀之化土邊地與懈慢國土也邊地卽疑城胎宮異門自力念佛人所生之處懈慢爲懈慢界要門諸行往生人所入之土敎行信證曰「顯化身土者佛者如無量壽佛觀經說眞身觀佛是也土者觀經淨土是也復如菩薩處胎經等說卽懈慢界是也亦如大無量壽經說卽疑城胎宮是也」

【邊州】（雜名）佛敎以印度爲閻浮提大州之中地以外爲邊州。

【邊見】（術語）五見之一或斷見或常見偏於一邊之惡見謂之邊見又起身見、其後邊所起斷常之惡見名爲邊見見五見條。

【邊界】（界名）邊地懈慢界之略。

【邊執見】（術語）五見之一略曰邊見見五見條。

【邊無邊】（術語）見六十二見條。

【邊罪】（術語）比丘犯婬等四重罪者是爲邊罪此人罪重爲佛法邊外之人更不堪重入淨戒之海也行事鈔上三曰、「邊罪難者謂先受具戒毀破重禁捨戒還來欲更受具此人罪重名佛法邊外之人不堪重入淨戒海也。」

【邊罪難】（術語）見遮難條附錄。

【邊際】（術語）言物之窮極也。唯識述記二本曰、「邊際者是窮盡義。」

【邊際智】（術語）謂等覺菩薩之智慧也。是居妙覺位之邊際故也。四敎儀四十曰「邊際智滿入重玄門。」

【邊鄙衆】（雜名）見四衆條。

【壞山】（譬喩）別譯阿含經四謂人之老病死衰耗如四山之壓迫。壞山即衰耗山也。文曰、「老山能壞壯年盛色。（中畧）衰耗之山能壞一切榮華富貴妻子喪沒眷屬分離錢財亡失。」

【壞色】（雜語）梵語袈裟Kaṣāya譯曰壞色。避靑黃赤白黑五正色以他之不正色染壞之、故曰壞色。有三種、一靑壞色、二、黑壞色、三木蘭壞色。此爲如法之袈裟色。以作法衣、因而法衣稱爲袈裟。遺敎經曰、「汝等比丘當自摩頭以捨飾好。著壞色衣。執持應器以乞自活。」梵網經下曰、「應敎身所著袈裟皆使壞色與道相應。」行事鈔中之三曰「四分云壞色者若靑黑木蘭也。彼得衣不作三種壞著者墮。」六物圖曰、「律云、上色染衣不得服。當壞作袈裟色。即戒本中三種染壞皆如法也。」

【壞色衣】（衣服）僧衣也。翻譯名義集曰、「梵云袈裟、此云壞色衣。言非五方正色。」見前項。

【壞劫】（術語）四劫之一、謂三千大千世界破壞之時也。此中有二十小劫。其初十九小劫壞有情世間。第二十小劫之一劫壞器世間。

【壞見】（術語）如提婆雖犯五逆、然有天王如來之記別。是爲壞行之人、非爲壞見之人也。如善星比丘無惡行、然依撥無之邪見、墮獄無出期。是爲壞見之人、非爲壞行之人也。大集地藏十輪經五曰、「有戒壞見不壞。有見壞戒不壞。有戒見共壞。」

【壞法】（術語）成就白骨觀之人有二類。一類之人、但好離煩惱、更恐於白骨生着、爲燒骨人作灰之想。壞法者即燒骨人也。

【壞相】（術語）六相之一。

【壞相金剛陀羅尼經】（經名）一卷、元沙囉巴譯。此陀羅尼如金剛之堅利、能破壞一切煩惱魔障、故名壞相金剛。

【壞苦】（術語）三苦之一。身中之四大互相侵、互相壞爲壞苦。又樂相壞時生苦想、謂之壞苦。止觀七曰、「四大相侵互相破壞是名壞苦。」大乘義章三本曰、「從彼順緣離壞生惱名爲壞苦。」

【壞衲】（衣服）壞色之衲衣也。比丘之法衣以木蘭等不正色染壞之、謂之壞納綴種種之雜片而造之、謂之衲。因而指比丘之袈裟或比丘、謂之壞衲。祖英集上曰、「壞

衲之外皆淸𧀼」(此指迦葉尊者尊者爲頭陀第一常著壞衲)

【壞道沙門】(術語) 四沙門之一。破戒無慚破壞佛道之沙門也。地藏十輪經謂爲汚道沙門瑜伽論謂爲壞道沙門。

【壞驢車】(譬喩) 壞車之駕弊驢者。對於法華之大白牛車而言涅槃經二十曰、「乘壞驢車正南而遊」章安疏曰「南方爲離離火也。即是乘邪見乘趣三途火故云南方而遊」止觀七曰、「若但爾者乘邪見乘入險惡道是壞驢車耳」止觀大意曰、「正觀者何所謂十法若無此十名壞驢車」止觀義例曰「十乘十境以爲正修所以者何。若無十境乘則無體若無十法名壞驢車」

【懷兎】(雜語) 梵語Śaśin (Śaśa者兎也、Śaśin 者月也)印度之俗信月中有兎、謂懷兎者即月也因而因明論示世間相違之過借之爲其宗法因明入正理論曰「世間相違者如說懷兎非月」

【懷素】(人名) 京兆人玄奘之弟子。偏究律部慨古人義章未能盡善撰四分律開宗記以大毘婆沙論俱舍論等爲宗彈糺古疏之十六失別立一家後人稱爲東塔律宗與法礪之相部宗道宣之南山宗鼎立爲三師又別撰論疏六十餘卷景龍六年寂年七十四見續開元釋敎錄貞元釋敎錄宋高僧傳等。

【懷海】(人名) 唐洪州百丈山大智禪師名懷海參馬祖得法後居百丈山作禪門之儀式稱爲百丈淸規爲一宗之洪範元和九年寂壽九十五見宋高僧傳四十傳燈錄六。

【懷感】(人名) 唐千福寺懷感依善導決往生之業隸修三年遂證念佛三昧述淨土羣疑論七卷見宋高僧傳六。

【懷讓】(人名) 唐南岳觀音院懷讓、六祖能大師之傳法也天寶三年寂於南岳、壽六十四得馬祖道一而師之禪道大興於江西諡號大慧禪師見宋高僧傳九傳燈錄五。

【懷靈】(術語) 有情之異名猶言含識懷抱靈識之義也西域記序曰「穹儀方載之廣蘊識懷靈之異」

【嚧遮那】(佛名) 又作盧遮那見盧遮那條。

【嚩】(術語) ব Va 又作婆和啝悉曇五十字門之一體文遍口聲之第四金剛頂經曰「嚩字門一切法語言道斷故」文殊問經曰「稱嚩字時是最上乘聲」智度論曰「若聞和字即知一切諸法離諸言相。和波他秦言語言」此自 Vākpatha (語言道)及 Varayāna (最上乘)釋之也。又在五大中爲水大之種子大日經疏一曰、「嚩字門爲水」図(術語) वः Vaḥ 是緣覺之眞言也。不爲言語道斷之義、辟支佛智慧深利、覩一切之集法皆是滅法故名爲證寂然界住此三昧時觀諸法涅槃之相無可宜說故名爲極滅語言三昧以此因緣不樂諸法欲滿衆生之願故但以神力加此一字爲眞言也。見大日經義釋七。

【嚩日羅】（物名）見縛曰羅條。

【嚩舍】（雜語）四種壇法之一敬愛法之梵名見嚩施迦羅拏條。

【嚩泥】（雜語）見婆那條。

【嚩馹囉】（物名）見縛曰羅條。

【嚩馹囉阿避庾】（經名）大日經疏入注曰、「嚩馹囉阿避庾經譯云金剛起經也」梵 Vajra-abhyudaya

【嚩誐羯囉拏】（雜名）見嚩施迦羅拏條。

【嚩盧枳諦】（雜語） Avalokita 譯曰所觀卽指所觀之理體。仁王經良賁疏下三曰、「嚩盧枳諦者此云所觀卽一切佛所觀實相也」

【嚩嚕拏】（天名） Varuṇa 水天之梵名。西方大日經疏五曰、「南方餤摩羅西方嚩嚕拏」

【嚫金】（物名）又曰嚫財。齋後之施物謂之達嚫、因而布施之金銀衣服等總曰嚫金嚫財等。

【嚫物】（物名）齋後之說法謂之噠嚫其供物謂之嚫物。

【嚫施】（術語）嚫爲噠嚫 Dakṣiṇā 之略齋後之說法所謂法施也、供之以財施、謂之嚫施。

【嚫財】（術語）齋後之說法、謂之噠嚫。Dakṣiṇā 嚫財者其布施物也噠嚫爲僧家之法施、嚫財爲俗人之財施。

【嚫資】（術語）布施之資具物也。

【嚫錢】（雜名）與嚫財同。

【爍迦羅】（雜名）又作灼羯羅、斫迦羅、斫迦婆羅。梵音 Cakravāḍa 遮迦山名譯曰輪鐵圍卽鐵圍山也起世經一曰、「斫迦羅隋言輪圍」正法念經十六曰、「斫迦婆羅山魏言輪山」慧苑音義上曰、「斫迦羅山正云灼羯羅。此曰輪圍山」玄應音義二十三曰、「柘迦羅此云輪山舊言鐵圍圍卽輪義本無鐵名譯人義立耳」又（雜語）又作斫迦羅爍羯羅。梵音 Cakra 譯曰金剛輪、精進楞嚴經三曰、「爍迦羅心無動轉」同長水疏曰、「爍迦羅云堅固不壞也又翻爲輪」慧琳音義四十二曰、「爍迦羅此名精進也」梵語雜名曰、「輪斫羯羅」碧巖九則頌古曰「爍迦羅眼絕塵埃」

【爍羯囉】（天名）又作睒羯羅、釋揭羅、釋迦囉。梵音 Śakra 帝釋天名帝釋之法謂之睒羯羅教。寶積經一百二十曰、「此是廣博（仙人名）作圍陀典奉持習修睒羯羅敎。」慧琳音義十六曰、「睒羯羅。上音奢。梵語訛也。正梵音爍羯囉。天帝釋之異名也。」同三十一曰、「釋羯羅梵語。諸天名也。」演密鈔二曰、「釋者具足應云釋迦囉。主也。即三十三天之主也。」又國名。慧琳音義五十一曰、「鑠羯羅西國號名也。」

【臘】（術語）又作臈。歲終祭神、漢謂爲臘。因而比丘受戒後、終三旬之安居、名爲臘。取歲終之義也。出家之年歲、與俗異、以受戒以後之安居數爲年次也。故有戒臘夏臘法臘等稱。玄應音義十四曰、「臘力盍切。案風俗通曰。夏曰嘉平。殷曰清祀。周曰大蜡。漢曰臘。臘獵也。獵取禽獸祭先祖也。此歲終祭神之名也。經中言臘佛者。即是義也。或曰臘者接也。新故交接也。諸經律中亦名歲。如新歲經等。（中略）今比丘或言臘。或言夏。或言雨。亦爾。皆取一終之義。案天竺多雨。名雨安居。從五月十五日至八月十五日也。土火羅諸國至十二月安居。今言臘者近是也。此方言夏安居。各就其事制名也。」元稹詩曰、「七十八年三十臘。」

【臘八】（行事）十二月八日釋尊成道日之法會。即成道會也。

【臘八粥】（雜名）宋時東京十二月初八日。都城諸大寺。送七寶五味粥。謂之臘八粥。見天中記。又清嘉錄卷十二曰、「案荊楚歲時記、十二月初八日爲臘日。魏臺訪議漢以戌臘、魏以丑臘。以臘非定以初八日也。又西域諸國志云、天竺國十二月十六日爲臘。而唐書曆志以十二月爲臘月、故八日爲臘八。吳自牧書夢粱錄云、十二月八日寺院謂之臘。八大剎等寺、俱設五味粥、名曰臘八粥。又夢元老東京夢華錄、十二月初八日諸僧寺送七寶五味粥於門徒闘飲、謂之臘八粥。一名佛粥。陸放翁詩、今朝佛粥更相餽。反覺江村節物新。周密武林舊事云、寺院及人家、皆有臘八粥。用胡桃松子乳蕈柿栗爲之。又孫國敉燕都游覽志云、十二月八日、民間作臘八粥、以米果雜成、多者爲勝。又吳曼雲江鄉節物詞小序云、杭俗臘八粥一名七寶粥、本僧齋供。今則居室者亦爲之矣。詩云、雙弓學得僧厨法。瓦鉢分盛和蔗胎。莫笑今年榛栗少。記曾畫粥斷齏來。而九縣志亦皆云十二月八日以菜果入米煑粥名曰臘八粥。」李福臘八粥詩曰、「臘月八日粥。傳自梵王國。七寶美調和。五味香糝入。用以供伊蒲。藉之作功德。僧尼多好事。踵事增華飾。此風未汰除。歉歲尙沿襲。今晨或饋遺。啜之不能食。吾家住城南。飢民兩寺（時開元瑞光兩寺官設粥廠救濟貧民）集。男女叫號喧。老少吞聲泣。問爾泣何爲。答言我無得。此景親見之。令我心悽惻。荒政十有二。蠲賑最下策。慳囊未易破。胥吏弊何極。所以經費艱。安能按戶給。吾佛好施捨。君子貴周急。願言借粟多。蒼生免菜色。此志虛寘儥。嗟歎復何益。安得布地金。憑仗大慈力。聪焉對是粥。跂望蒸民粒。」

【臘次】（術語）又曰臈次、法臈之次第也。

【臘伐尼】（地名）見嵐毘尼條。

【臘佛】（行事）謂七月十五日之夏末獻供於佛。所謂盂蘭盆也。

【臘餅】（儀式）七月十五日獻佛之餅也。玄應音義十六曰、「臘餅謂今七月十五日夏能獻供之餅也。」

【臘縛】（雜語）Lava 時刻名。倶舍論十二曰、「刹那百二十爲一怛刹那。六十怛刹那爲一臘縛。三十臘縛爲一牟呼栗多。三十牟呼栗多爲一晝夜。」

【犢子】（人名）原爲外道、故稱爲犢子外道。後出家入佛、故謂之犢子比丘。犢子部之部主也。詳見次項。

【犢子部】（流派）小乘二十部之一。佛在世、有外道歸佛出家、成立實我。其門徒相續不絕。佛滅後二百年中、自說一切有部流出一派、稱爲犢子部。建立非卽非離蘊之我、謂衆生有實我、非卽五蘊、非離五蘊、卽不可說藏也。此違佛敎所立眞無我之理、故名之爲附佛之外道。倶舍論破我品痛斥之。眞諦玄應記之爲可住子部。智度論一曰、「佛法中亦有犢子比丘說。如四大和合有眼法。如是五衆和合有人法。犢子阿毘曇中說。五衆不離人。人不離五衆。不可說五衆是人離五衆是人。人是第五不可說法藏中所攝說。一」（人指實我、五衆卽五蘊、）宗輪論曰、「於此第三百年中從說一切有部流出一部。名犢子部。（中略）其犢子部本宗同義。謂補特伽羅非卽蘊離蘊。依蘊處界假施設名。」（補特伽羅譯言人）唯識述記一本曰、「筏蹉氏外道名。犢子外道。男聲中呼。歸佛出家。皤雌子部女聲中呼。卽是一也。上古有仙居山寂處。貪心不止。遂染母牛。因遂生男。流諸苗裔。此後種類皆言犢子。卽婆羅門之一姓也。涅槃經說。犢子外道歸佛出家。此後門徒相傳不絕。今時此部是彼苗裔。遠襲爲名。名犢子部。」玄應音義二十三曰、「犢子部梵言跋私弗多羅。（Vatsiputriya）此云可住子部。舊言犢子者。猶不了梵音長短故也。長音呼跋私則是可住。若短音呼則言犢。從上座部中一切有部出也。」

【犢牛前身】（雜語）南泉潙山之宗匠、皆言老僧百年後、成了一頭水牯牛。牯牛爲牝牛、可以生犢。然則今之諸禪師是犢牛之前身而已、假以罵禪宗也。

【彊梁婁至】（人名）Kalyāṇaruci 沙門名。貞元錄四曰、「沙門彊梁婁至晉言眞喜。西域人。志情放曠。弘化在懷。以武帝太康二年辛丑。於廣州譯十二遊經一部。」

【嚩瑟吒麼洗】（雜名）譯曰三月。梵Jyaistha-māsa

【曠劫】（術語）曠者久也懸也、劫者梵語劫波之略、謂長時期。極言過去時之長、謂之曠劫、未來時之長謂之永劫。止觀五下曰「彌生曠劫不覩界內一隅、況復界外邊表。」觀經玄義分曰「我等愚痴身、曠劫來流轉。」

【曠野城】（地名）根本律云、時摩竭陀僑薩羅二國中間大曠野處有五百羣賊殺害商旅。由斯兩界人行路絕。時影勝王聞知已命大將往彼屏除羣賊。其將至彼方便降伏。羣賊求哀請活。大將愍之慈心向彼。即於二界中間築一新城。總集諸人共住於此。從斯已後名曠野城。

【穩坐】（術語）無事安坐也。臨濟錄曰「老僧穩坐。」

【蟻】（動物）蟲名。

【祇園寺蟻】（傳說）精舍建立時過去世世於地見蟻。淨心誡觀發眞鈔中本曰、「靈感傳云。須達共舍利弗往圖精舍。（即祇洹也）須達自捉繩一頭。舍利弗自捉一頭共經精舍。（中畧）舍利弗慘然憂色。即問尊者何故憂色。答曰汝今見此地中蟻子不。答曰見。時舍利弗語須達言汝於過去毘婆尸佛。亦於此地。爲彼世尊起立精舍。而此蟻子在此中生。乃至七佛以來汝皆爲佛起立精舍。而此蟻子亦在此中。至今九十一劫受一種身不得解脫。」

【沙彌救蟻】（傳說）有羅漢畜一沙彌。知七日後命終、使歸家。路見蟻穴欲被水漂、以土救之。七日後歸至。師怪問之。具說其事。師曰可延壽命者心也。見雜寶藏經七帖五。

【蟻術】（雜語）救蟻之術也。演密鈔序曰「幼攻蟻術。長號鵬者。」

【蟻喻經】（雜名）佛說蟻喻經、一卷、宋施護譯。以蟻之蝟集譬五蘊。

【繩床】（物名）張繩之極粗椅子也。禪者倚之。

【譚婆】（雜名）食狗肉者。玄應音義七曰「譚婆謂食狗肉人也。」

【證】（術語）無漏之正智、能契合於所緣之眞理、謂之證。勝鬘寶窟中末曰、「緣起相應名之爲證。」大乘義章一曰「已情契實名之爲證。」同九曰、「證者是知得之別名也。」俱舍論二十五曰、「如實覺知四聖諦理故名爲證。」

【證入】（術語）以正智如實證得眞理也。此有分滿。二乘之極果及初地以上乃至十地等覺爲分、妙覺爲滿。

【證入生】（術語）華嚴宗所立三生成佛第三。見三生條。

【證入成佛】（術語）華嚴宗所立三

生成佛各生成佛之一。見三生成佛條。

【證大菩提】（術語）證得大菩提也。佛之正覺謂之大菩提。

【證文】（雜名）見「經院條。

【證不退】（術語）一、退 二、不退五不退中第　也。見不退條。

【證成道理】（術語）見四種道理條。

【證法】（術語）俱舍論所說教證二法之一。四諦十二因緣六度聲聞緣覺佛種種差別之道法也。俱舍光記二十九曰、「證法者。謂聲聞緣覺如來三乘菩提分法。」

【證明】（術語）證明於本誓無違越之證言也。首楞嚴經三曰、「伏請世尊爲證明。五濁惡世誓先入如一衆生未成佛終不於此取泥洹。」

【證果】（術語）小乘證得佛果、緣覺果及聲聞之四果。又大乘證得初地乃至等覺十一地菩薩之分果、佛之滿果、謂之證果。證果者正名無漏之正智也。五燈會元曰、「依吾行者定證妙果。」

【證金剛心】（術語）見五相成身條。

【證信序】（術語）又曰發起序。爲經首說「如是我聞、一時佛在（中畧）與（云云）」之序。使衆生知所聞的確、又顯無誤而起信者、故名。

【證悟】（術語）以正智於眞理證知悟解也。勝鬘寶窟中本曰、「攝受正法。證悟於理。」禪源都序上曰、「識字看經元不證悟。」

【證得】（術語）以正智如實證悟眞理也。華嚴經十一曰、「即時證得十種法門」十卷楞伽經九曰、「證得歡喜地。」

【證得法身】（術語）二法身之一。見法身條。

【證得世俗諦】（術語）見諦條附錄。

【證得勝義諦】（術語）八諦中四種勝義諦之第三。見諦條。

【證淨】（術語）證淨有四種。以無漏智如實覺知四聖諦之理、因而正信三寶及戒也。俱舍論二十五曰、「證淨有四種。謂佛法僧戒（中畧）如實覺知正聖諦理。故名爲證。正信三寶及妙尸羅。皆名爲淨。離不信垢破戒垢。故由證得淨。立證淨」

【證教授】（術語）見四種教授條。

【證智】（術語）菩薩於初地證悟中道眞實之理之無漏正智也。仁王經下曰、「證智自在。」觀經玄義分曰「證智未證智。」

【證發心】（術語）起信論所說三種發心之第三。見三種發心條。

【證道】（術語）教證二道之一。證悟中道眞實之道也。見二道條。

【證道歌】（書名）唐永嘉大師玄覺著。各家註釋如下。證道歌頌一卷、法泉繼頌。證道歌註一卷、宋知訥述。證道歌註一卷、元永盛述德弘編。

【證道同圓】（術語）台家之語別教之初地菩薩斷一品之無明而證一分之中。圓教之初住亦然故別教初地之證住與圓教之初住同其斷證、謂之證道同圓。

【證滿成佛】（術語）四滿成佛之一。

【證轉】（術語）見三轉法輪條。

【證覺】（雜語）證得佛道覺悟眞理也。

【識】（術語）梵語、婆哩若儞 Parijñ-ana 心之異名了別之義也心對於境而了別名爲識唯識論一曰「識謂了別」同五曰、「識以了境爲自性」大乘義章三曰「識者乃是神知之別名也」止觀二曰、「對境覺智異乎木石名爲心次心籌量名爲意了了別知名爲識」同四曰「識是一期心主」往生禮讚曰「識揚神飛觀難成就也」

【一識】（名數）小乘之成實宗及經部、謂衆生唯有一識、一識依於六根而緣六境而說明之以經中所說六窗一猿之喻是。亦有一理密教亦立一識中臺大日尊之法界體性智是也。

【二識】（名數）起信論之法門也。一、阿梨耶識 Ālaya-vijñāna 譯曰無沒。如來藏與無明和合而爲阿梨耶識、藏一切諸法之種子而不沒失且常了別自識所現之境、（卽種子五根器界）故名無沒識。二分別事識、又名意識。Mano-vijñāna 依阿梨耶識而生分別色聲等六境之眼耳等六識也。以唯識所說之八識觀之、則阿梨耶識當於第八阿賴耶分別事識當於前六識、第七末那識略而不說之。

【三識】（名數）楞伽經所說。一、眞識、如來藏也、又自性淸淨心也離生滅相之眞心也又自性淸淨心也離生滅相之眞心也。起信論名之爲心、亦名如來藏。性宗唯識不立此識。二、現識又名藏識、眞心與無明和合而生染淨法之識體也。起信論所謂阿梨耶識之業轉現三細也。唯識論所謂阿賴耶識也。但彼不立眞妄和合之義。三、分別事識名轉識。緣現識而生之眼等六識也。起信亦名分別事識楞伽經一曰「畧說有三種識。廣說有八相何等爲三。謂眞識、現識、分別事識。」

【五識】（名數）起信論所說。一、業識、依根本無明之惑而始動本心者。業爲動作之義。二、轉識。業識一轉而生能見之作用者。三、現識。伴能見之作用而現所見之妄境界者。已上三識當於唯識論阿賴耶識之自體分見分相分。四、知識。向自心所現之境界而生種種之邪分別者。五、相續識。由邪分別而於愛境生樂覺、於不愛境生苦覺苦樂之念、相續不絕者。且依之起惑潤業、使生死相續者。已上二識屬於意識之作用。見起信論義記末。又由眼耳鼻舌身而生之色聲香味觸。見五字部五識條。

【六識】（名數）眼識、耳識、鼻識、舌識、身識、意識也。言六根如其次第對於色聲香味觸法之六境而生見聞嗅味覺知之了別作用者。爲大小乘通說之法門位於大乘所說八識中第一至第六。故常稱爲前六識。此六識在欲界六識皆有在色界之初禪天有眼耳身意之四識無鼻舌之二識、又第二禪天以上至無色界之有頂唯有意識無眼耳身之三識以是爲識相應而非與禪定相應故也。見百法問答抄又此六識有體一體別之論小乘之俱舍與大乘法相取體別小乘成實取體一。參照一識條。

【八識】（名數）眼耳鼻舌身意之六識與末那識Manas及第八識也。末那爲意。意爲思量之義無始已來無間斷了別第八識思量我痴我見我慢我愛故名意識。此識爲識體、意故名意識。前之第六識以此意爲所依故名意識因而爲別二識存梵名也。是爲一切衆生妄惑之根本第八識卽阿賴耶識也。譯曰藏、以含藏一切諸法之種子故是爲有漏無漏一切有爲法之根本恒了識種子五根器界之三境故名爲識舊曰阿梨耶譯曰無沒。無沒爲不失之義與藏同意。（賢首）又雖在生死亦不失沒故名無沒。（淨影）因性宗於楞伽經開眞識現識分別事識而爲八識。因大乘義章三末列八識前六識如常第七爲阿陀那識Ādāna譯曰無解。以體是無明痴闇故也。是當於唯識之第七識。第八爲阿梨耶識合楞伽經之眞識與唯識之阿賴耶識而爲一識之名也。

【性相八識相異】（術語）是在如來藏（卽眞如）爲識體與否相宗之八識唯於有爲法上立之性宗入無爲之眞如於識中。如大乘義章、問曰前六識有所了別、故可名識、後阿陀那阿梨耶二識、云何名識。答了別有三、一事相之了別前六識也。二妄相之了別、阿陀那識也。三眞實自體之了別、阿梨耶識是也。

【九識】（名數）是性宗所立。於八識之外證有無爲之眞如識。初無著菩薩造攝大乘論至支那而二譯不同。梁朝眞諦乃立九識前六識如常第七識名阿陀那識第八識名阿梨耶識、第九名菴摩羅Amala識。譯曰無垢識或清淨識卽眞如也、眞心也、楞伽經之眞識也。是華天性宗九識家之立義也。然唐玄奘譯攝論惟立八識、以九識爲第八識之異名謂第八識有染淨二分取其染分之有爲有漏名爲阿賴耶識取淨分之無爲無漏（卽四智）名爲菴摩羅識。故唯識論、亦於阿賴耶識之異名有無垢識之稱而不別立爲九識是畢竟不許眞如識相宗之立義也。

【十識】（名數）密教依釋摩訶衍論而立者、前之八識與唯識所立不異。第九識之一切一心識、又曰多一識。是眞如隨緣而爲有情非情、此一一有情非情各有一心、故曰一切、或曰多。爲同一眞性、故曰一心。配於台宗之四教、則當於別教。第十之一一心識、又曰一切一心識。是通隨緣之一切有情非情而唯爲一心、故曰一心。眞如之體唯一、故曰一心。卽當於圓教。例如一切一心識與顯教一切諸佛之佛法同、故名爲一佛。一切一心識爲密教之法界中大日一佛、佛體爲一、故名爲一佛。見菩提心義八。釋摩訶衍論二曰「心是有十。云何爲十。一者眼識心。二者耳識心。（中略）九者多一識心。十者一一識心。如是十中初九種心不緣眞理。後一種心得緣眞理爲境界。今據前九作如是說離心緣相。」

【十一識】（名數）一、身識。眼等五根。二、身者識。染汚識也。三、受者識。意根也。四、應受識。色等六塵。五、正受識。眼等六識。六、世識。生死相續不斷絕之識也。七、數識。一乃至阿僧祇數之識。八、處識。器世界。九、言說識。依於見聞覺知之一切言說也。十、自他差別識。自身他身依止之差別也。十一、善惡兩道差別識。生死多種之差別也。是明有情識周徧於一切法、且分十一識也。見眞諦譯世親攝論釋五。

【無量識】（術語）眞言宗雖由釋論一往立十識、其實立無量之心識也。其故、眞言立心卽智、智卽佛、則以佛有無量、故心識亦無量也。因而本宗就胎藏界曼荼羅之諸尊立一識、八識、九識、十識、無量識之五釋。一識者、中台大日尊一種之心王也。以攝一切之心數、是與小乘成實之所立同。八識者、八葉尊八種之心王也。以攝一切之心數、是與性相二宗八識家之所立同。九識者、中臺八葉九尊九種之心王也。以攝一切之心數、是與大乘華天之所立同。十識者、除前九尊、攝其餘十佛刹微塵數之一切心王而爲一識、此名爲一切一心識。（卽釋論之一一識心）加之以前之九識而爲十識、攝一切之心數。無量識者、開上之一切一心識、卽無量識也。以攝一切之心數。見秘藏記末。顯教亦存此義。法華經一曰「諸佛智慧甚深無量。」文句九解之曰「境既無量無邊常住不滅、智亦如是。」是既明經中智智無邊之義。釋家亦述理理無邊智智無邊之義。又華嚴經三十六說「此菩薩摩訶薩知心意識非卽如來。知如來智無量故心亦無量。」五教章下說十心以顯無盡。是亦經釋同曰無量無盡也。又淨影之大乘義章三曰「隨義別分、識乃是無量。今據一門且論八識。」如是諸說亦非智智無邊之義耶。顯教約知一心無量之法而成無量心、密教本來有無量心各自知無量之法也。又華嚴法華有此等之言者、以揷佛密義故也。見吽字義探宗記下。

【九識尊】（名數）八葉院之九尊、配於九識。（據日本說）

	高尾口決	檜尾口決
眼識	觀音	普賢
耳識	彌勒	文殊
鼻識	文殊	觀音
舌識	普賢	彌勒
身識	阿閦	鼓音（釋迦）
意識	寶生	彌陀
末那識	彌陀	華開敷（寶生）
阿賴耶識	不空成就（釋迦）	寶幢（阿閦）
菴摩羅識	大日	大日

【識牛】（譬喩）身譬車、識比牛。智度論十九曰、「如車有兩輪牛力牽故能有所至。二世因緣以成身車。識牛所牽周旋往返。」

【識主】（術語）爲識心中之主者、即第八識也。

【識幻】（譬喩）識之不實、譬如幻化。性靈集八曰「識幻構三有獄。」止觀一曰、「行城識幻。」

【識心】（術語）六識或八識之心王也。楞嚴經一曰、「一切世間十種衆生、同將識心居住身內。」

【識外道】（流派）三十外道之一。見外道條附錄。

【識住】（術語）識之所安住、識之所愛著名爲識住。有四識住七識住之別。

【四識住】（名數）一、色識住、二受識住。三想識住。四行識住。即以有漏自身中之四蘊爲體。此四蘊是識所依也、是識所著也、彼四蘊爲識之所依所著、而使識起。故名爲識住。見俱舍論八。

【七識住】（名數）於三界五趣、長養其識。欲識自住差別所樂、而立七識住。一、第一識住、爲有色身之有情、身想共異之處、即人趣之全及一分之天也。一分之天者、欲界之六天與色界初靜慮三天、除劫初起之有情餘時之有情也。是有情各自之身形有小大勝劣、思想亦各異、故曰身想俱異。二、第二識住、爲同有色身之有情身異想一之處、即色界初靜慮三天之梵天也。身異者、以大梵天王之身與梵衆之身有大小勝劣之差、故也。想一者、梵衆起想以爲我等皆是大梵王所生、大梵王亦起想以爲此諸梵衆皆是我所生、其思想同一也。三、第三識住、爲同有色身之有情身一想異之處、即色界第二靜慮之三天也。身一者、以彼天人之形貌皆同、故也。四、第四識住、同爲色身有情身一想一之處、即色界第三靜慮之三天也。以身形同一、故曰身一。唯爲樂受之想、故曰想一。五、第五識住、無色界之二無邊處天也。六、第六識住、無色界之識無邊處天也。七、第七識住、無色界之無所有處天也。已上三天處無身形、唯有捨受想而已。然而於三界五趣中諸惡趣有重苦受能損識有情之心不樂來止。故不立爲識住。又色界之第四靜慮有無想天。又無色界之非想非非想天有滅盡定、能滅識而不使相續、故彼二處亦不立爲識住。見俱舍論八。又餘處有情之心樂來若至於此、則不願更出、故說名識住。於諸惡趣二善俱無、故非識住。又第四靜慮心恒欲求出、謂第四靜慮有無雲、福生、廣果之三及無想天與五淨居天之九天、(薩婆多無想收於廣果上座部開之)其中初三天凡聖同居、而諸凡夫求入無想天、諸聖者樂入五淨居天、或無色、若淨居天之聖者樂證圓寂、故處於識住。又非想天心識昧劣、故非識住。

【識身】(術語)猶言身心。

【識身足論】(書名)阿毘達磨識身足論之略名。

【識使】(雜語)色欲馳使人、故名爲使。普賢觀經曰「色使所使、爲恩愛奴」

【識食】(雜語)四食之一。地獄之衆生及無色界之諸天等、皆無段食等之三食、只以識持體、故名識食。傳心法要上曰「有識食有智食、四大之身飢瘡爲患、隨順給養、不生貪著、謂之智食。恣情取味、妄生分別、唯求適口、不生厭離、謂之識食。」

【識界】(界名)十八界之一。六識心王及八識心王自持其體、而與他差別、故名識界。

【識神】(雜語)識者識心、心法也。神者神魂也。無量壽經下曰「魂神精識」。三論玄義曰「識神俱表」

【識浪】(譬喩)心體之眞如、譬如海、諸識之緣動、譬如波浪。楞伽經一曰「水流處藏識轉識浪生。」

【識海】(譬喩)藏識之海也。稱眞如爲如來藏識、眞如隨緣而起諸法、如海之波濤、故曰識海。楞伽經一曰、「譬如巨海浪、斯由猛風起、洪波鼓冥壑、無有斷絕時。藏識海常住、境界風所動、種種諸識浪、騰躍而轉生。」

【識處天】(界名)無色界之第二色無邊處天也。

【識處定】(術語)四空處定之一、無色界第二識無邊之禪定也。見四空處條。

【識通塞】(術語)十乘觀法之一。識別觀智之通塞、使去塞而就通也。見十乘觀條。

【識宿命通】(術語)五通之一。知宿世生死之通力也。

【識無邊處天】(界名)四空處之一。無色界之第二天也。見四空處條。

【識無邊處定】(術語)見四空定條。

【識塞通】（術語）見十乘觀條。

【識精】（術語）衆生之眞心、識知精明、謂爲識精。圓覺經曰、「汝今者識精元明、能生諸緣。」

【識實性唯識】（術語）就法相宗以心心所等五法觀爲唯識言之、觀第五之無爲法、卽圓成實性、此謂識爲實性之唯識也。唯識論七曰、「識自相故、（中略）四實性故。」

【識藏】（術語）如來藏與無明和合而爲阿梨耶識、生一切萬法、故指如來藏爲識藏。楞伽經四曰、「如來之藏是善不善之因、（中略）爲無始虛僞惡習所薰故、爲名識藏。」

【識蘊】（術語）五蘊之一。俱舍成實以爲眼等之六識心王、唯識以爲八識心王。此等心王有種種差別、集於一所而爲識蘊。

【識變】（術語）謂一切萬法、唯爲識之所變。法相獨特之法門也。

【識變六無爲】（術語）由於識變而於心內現似六無爲之相分也。見識變與六無爲條。

【譏嫌】（雜語）又作機嫌。譏嫌者、謂他人之譏嫌也。不爲他人譏嫌之事、謂之護機嫌。起信論曰、「當護譏嫌、不令衆生妄起過罪故。」楞嚴經九曰、「誹謗比丘、罵詈徒衆、訐露人事、不避譏嫌。」涅槃經十一曰、「息世譏嫌戒。」淨土論曰、「大乘善根界、等無譏嫌名。」

【譏嫌戒】（術語）具曰息世譏嫌戒。謂止世人忌嫌之戒律。其事性質上爲惡、謂之性重戒。其事之性質雖不敢爲惡、而世人之見以爲忌嫌之事、謂之譏嫌戒。涅槃經十一曰、「善男子、有二種戒、一者性重戒、二者息世譏嫌戒。性重戒者、謂四禁也。息世譏嫌戒者、不作販賣等。」新譯之起信論曰、「護持如來所制禁戒、不令見者有所譏嫌。能使衆生捨罪修善。」

【醯哩】（神名）女神名。最勝王經大辯才天女品曰、「醯哩言詞妙辯才。」梵 Heraya 又 Hari

【醯都】（術語）Hetu 譯曰因。卽因緣之因。見大日經疏十。

【醯都費陀】（術語）Hetuvidyā 譯曰因明。因明大疏一曰、「醯都爲因、費陀云明。」

【醯都鉢羅底也】（術語）Hetupratyaya 譯曰因緣。醯都爲因、鉢羅底也爲緣也。見大日經疏十。

【醯補盧沙】（術語）八轉聲之第八。譯曰呼聲。見補盧沙條。Hepurusa

【醯摩嚩多】（異類）又作醯摩跋陀。鬼神名。譯曰舍主。住於雪山。毘沙門天王夜叉八大將之一。金光明經曰、「復有大神奢羅密帝。醯摩跋陀。」同文句七曰、「醯摩跋陀。翻爲舍主。」大日經疏五曰、「次於北門。當置毘沙門天王。於其左右置夜叉八大將。（中略）五名醯摩嚩多。卽是住雪山者。」梵 Haimavata

【醯遮波多】（異類）夜叉名。譯曰雪山主。見孔雀王咒經下。

【醯羅山】（地名）Hila 在北印度烏仗那國之山名。是釋尊於過去世爲菩薩時。爲欲聞半偈捨身之處。見西域記三。

【醯羅城】（地名）Hidda 北印度那揭羅曷國都府之名。一曰佛頭骨城。以有佛之頂骨而有名。

【瓣香】（物名）香之形似瓜瓣、故名。其製上圓下方。表裏條條豎而成畦。祖庭事苑曰、「古今尊宿拈香多云一瓣。瓣皮莧切。瓜瓣也。以香似之故稱焉。」

【贈五重】（雜語）淨土宗以死者之父母妻子等親近緣者。代死者受五重相傳、使死者爲佛祖歷代血脈相承之人。於法名加譽號。期以此功德使死者增進佛道也。

【贈別夜】（術語）送葬日之前夜也。又名逮夜、宿夜、大夜。

【贈別經】（儀式）送葬日之前夜、謂之贈別夜。贈別夜之諷經、謂之贈別經。

【鵲巢和尙】（人名）鳥巢禪師之別稱。

【鵲園】（地名）廣弘明集二十內典碑銘集序曰、「鵲園能誘。馬苑弘宣。」案經論中不見鵲園之語。是阿輸迦王之鷄雀寺、一稱爲雀園。故取其音之同似。造爲鵲者與。鵲園卽竹林也。梵具名 Veṇuvana kāraṇḍaka nivāpa kāraṇḍa 爲鵲。故譯竹林鵲園。書簫條鵲封之處。非園爲鵲棲。下句之馬苑。卽漢之白馬寺也。

【鏡】（物名）律名好照。資持記下二之三曰、「坐禪之處。多懸明鏡。以助心行。」

【鏡谷】（譬喻）影之映鏡、響之應谷、譬佛與衆生之感應。

【鏡像】（譬喻）見有而無有、譬之鏡中之影像。般若經十喩之一。智度論六曰、「如鏡像實空不生不滅。誑惑人眼。一切諸法。亦復如是。空不實不生不滅。誑惑凡夫人眼。（中略）諸法因緣生無自性。如鏡中像。」

【顚迦】（雜語）此翻極惡。又名畢竟。以畢竟無涅槃性。卽無性闡提。

【顚倒】（術語）如以無常爲常、以苦爲樂、反於本眞事理之妄見也。是爲無明之所使然。倒見事理也。圓覺經曰、「一切衆生從無始來。種種顚倒。猶如迷人四方易處。」維摩經觀衆生品曰、「虛妄分別孰爲本。答曰顚倒想爲本。」註曰、「什曰有無見反於法相。名爲顚倒。」宗鏡錄七十八曰、「顚倒是煩惱根本。」

【三顚倒】（名數）一、想倒、於六塵之

境而思想非理者。二、見顛倒。於事理之法而邪計度推求者。卽邪見也。三、心顛倒。於妄心邪識了事物者。是諸顛倒之根本也。涅槃經三十七曰「如來已離三種顛倒。所謂想倒見倒心倒。」宗鏡錄四十二曰「心如停賊主人。見是賊身。想如賊脚。根塵是賊媒。內外搆速劫盡家寶。」

【四顛倒】（名數）有二種之四倒。一、凡夫之四倒。二、二乘之四倒。凡夫之四倒。一、常顛倒。於世門無常之法而起常見者。二、樂顛倒。於世間之諸苦而起樂見者。三、淨顛倒。於世間之不淨法而起淨見者。四、我顛倒。於世間之無我法而起我見者。心受身法之四念處。如其次第爲破此四倒之觀法也。見俱舍論十九、止觀二。二乘之四倒。一、無常顛倒。於涅槃之常而計無常也。二、無樂顛倒。於涅槃之樂而計無樂也。三、無我顛倒。於涅槃之我而計無我也。四、無淨顛倒。於涅槃之淨而計無淨也。涅槃經二曰「爲諸煩惱無明所覆。生顛倒心。我計無我。常計無常。淨計不淨。樂計爲苦。」

【七顛倒】（名數）瑜伽論八謂一、想倒。二、見倒。三、心倒。四、於無常常倒。五、於苦樂倒。六、於不淨淨倒。七、於無我我倒。是合前之三顛倒與四顛倒者。

【八顛倒】（名數）凡夫二乘各有四倒。合爲八倒。大疏鈔一曰「倒有八種。外道謂世間爲常樂我淨爲四顛倒。二乘計永寂爲涅槃。卽無常樂我淨爲四顛倒。若謂世間無常樂我淨。涅槃乃有常樂我淨。則名八行。皆非顛倒。」

【顛倒善果】（術語）謂人間天上果報也。雖爲依五戒十善之因所得之善果。而爲執著於其果報之凡夫迷倒境界。故曰顛倒之善果。

【顛倒妄想】（術語）見五妄想條。

【願】（術語）梵曰尼底。Pranidhana 譯曰願。志求滿足也。法界次第下之上曰「自制其心。名之曰誓。志求滿足。故云願也。」法窟上末曰「於出世道。悕求爲願。亦是期心爲願。」止觀七下曰「發願者誓也。如許人物。若不分劵。物則不定。施衆生善。若不要心。或恐退悔。加之以誓。又無誓願。如牛無御。不知所趣。願來持行。將至行在。（中略）二乘生盡。故不須願。菩薩生生化物。須總願別願。四弘是總願。法華華嚴所說一一善行陀羅尼。別有別願。」

【總願】（術語）顯敎立四弘誓。密敎立五大願。

【別願】（術語）如藥師之十二願。（見藥師條）千手觀音之六願及十願。（見千手觀音條）普賢之十願。（見普賢條）彌陀之二十四願及四十八願。釋迦之五百願。

【願人】（雜名）於神佛立願之人。

【願力】（術語）誓願之力。亦曰本願力。陸游詩曰「香火徒勤願力違」。智度論七曰、「莊嚴佛界事大。獨行功德不能成。故要須願力」。

【願力自然】（術語）衆生往生、非由行者之思惟分別、乃依阿彌陀佛之本願力、自然卽得往生也。

【願力信心】（術語）爲如來本願力所與之信心。又爲如來本願力所救之信心。對於名號信心而言。

【願力廻向】（術語）亦曰他力廻向。謂彌陀以本願力收因位之萬行、果地之萬德於名號內。與之於衆生也。行信因果往相、還相皆自如來淸淨之願心廻施於衆生也。

【願土】（界名）依阿彌陀佛本願「成就之國土。卽極樂淨土也。往生禮讚曰、而觀彼彌陀極樂界。廣大寬平衆寶成。四十八願莊嚴起。超諸佛刹最爲精」。

【願心】（術語）佛願救衆生之心。衆生願成佛之心。總之爲四弘誓願之心也。

【願文】（術語）爲法事時述施主願意之表白文也。

【願公】（佛名）見上行先生條。

【願主】（雜語）發起起立塔像書寫經典等、擔關於佛道善根之人也。此人以此善根願成佛或往生。故名爲願主。又曰本願。無量壽經下曰、「起立塔像。飯食沙門。懸繒然燈。散華燒香。以此廻向願生彼國」。

【願巧】（雜語）巧妙之本願也。轉語而謂爲願巧。如轉巧善爲善巧也。

【願生偈】（書名）無量壽經優婆提舍願生偈之略稱。又曰往生論。

【願行】（術語）誓願與修行也。此二者相待而成事、缺一不可也。大智度論七曰、「莊嚴佛國事大。獨行功德不能成。故要須願力。譬如牛力雖能挽車。要須御者。能有所至」。讚阿彌陀佛偈曰、「一切菩薩增願行」。玄義五上曰、「念念開發一切法界願行事理自然和融」。

【願行具足】（術語）具足願與行之意。善導觀經疏一曰、「如經中說。但有其行。行卽孤。亦無所至。但有其願。願卽虛。亦無所至。要須願行相扶。所爲皆尅。（中略）今此觀經中十聲稱佛。卽有十願十行具足。云何具足。言南無者。卽是歸命。亦是發願廻向之義。言阿彌陀佛者。卽是其行。以斯義故。必得往生」。

【願自在】（術語）十自在之一。見自在條附錄。

【願身】（術語）佛具十身之一。見佛身條附錄。

【願佛】（術語）十種佛之一。謂八相成道之化身佛。是爲酬報因願之佛。故名願佛。見八十華嚴經五十三、三藏法數三十六。

【願作心師】（術語）涅槃經二十八曰、「願作心師不師於心。」

【願作佛心】（術語）願作佛之心也。往生論註下曰、「案王舍城所說無量壽經。三輩生中雖行有優劣莫不皆發無上菩提之心。此無上菩提心即是願作佛心。願作佛心即是度衆生心。度衆生心即攝取衆生生有佛國土心。」案菩提心爲上求下化之心。願作佛心是上求菩提之心。度衆生心是下化衆生之心。

【願作度生】（術語）願作佛心與願作度衆生心之稱。見前項。

【願成就文】（術語）法藏菩薩建四十八願中、以第十八願爲王本願。其說十八願成就之文、謂之願成就文。在無量壽經下卷之初（四十八願上卷）。其文曰、「諸有衆生聞其名號信心歡喜乃至一念至心迴向。願生彼國。即得往生。住不退轉。唯除五逆誹謗正法。」

【願波羅蜜】（術語）十波羅蜜之第八。菩薩以上求菩提下化衆生之誓願。爲到彼岸之大行者。見三藏法數三十八。

【願波羅蜜十德】（名數）一盡成就一切衆生。二盡莊嚴一切世界。三盡供養一切諸佛。四盡通達無障礙之法。五盡修行徧法界之行。六身恒住而盡未來劫。七智盡知一切之心念。八盡覺悟流轉還滅。九盡示現一切之國土。十證得如來之智慧。見唐華嚴經十八。

【願波羅蜜菩薩】（菩薩）胎藏界虛空藏院上行右第三位之尊。密號曰成就金剛。以主四弘誓願而名。白黃色。着羯磨衣。左持澡水囊。右立無名小二指。餘屈作刀印。坐於赤蓮。

【願度】（術語）十度之一。見度條附錄。

【願食】（術語）五食之一。聖者以願力資持身修萬行。故稱爲食。三藏法數二十四曰、「願食謂修聖道之人以願持身。不捨萬行。長養一切善根。如世之食資益身根。是爲願食。」

【願海】（譬喩）菩薩之願、事深廣。譬如海也。江總詩曰、「未泛慈舟遠。徒令願海深。」八十華嚴經六曰「顯示一切大願海。」萬善同歸集六曰、「超三有之苦津。入普賢之願海。」往生要集上本曰、「開一實道。入普賢之願海。」

【願船】（譬喩）彌陀之本願、渡衆生於彼岸。故譬以船。迦才淨土論下曰、「阿彌陀佛與觀世音大勢至乘大願船。浮生死海。就此娑婆世界。呼喚衆生。令上大願船。」龍舒淨土文二引此文言出淨土傳。往生要集中本引此文言出清淨覺經。而經無其文。敎行證文類二曰、「乘大悲願船。浮光明廣海。

至德風靜衆禍波轉。」

【願偈】（術語）願生偈之略名。天親菩薩作。願生淨土之偈文也。淨土論曰、「我依修多羅眞實功德相。說願偈總持與佛教相應。」

【願智】（術語）如來共德之一。（共德爲別於不共德之語）謂如願生來之妙智也。俱舍論二十七曰、「以願爲先。引妙智起。如願而了。故名願智。」

【願輪】（術語）菩薩之誓願堅固。摧破一切之敵、如輪王之輪寶。故謂爲輪。又菩薩之身爲終始轉於自己之誓願者。故願謂之輪。

【願慧】（術語）誓願與智慧。無量壽經上曰、「願慧悉成滿。得爲三界雄。」

【類智】（術語）觀欲界四諦之智名爲法智。觀上二界四諦之智名爲類智、以是爲彼之同類故也。

【難】（雜語）詰責邪義、謂爲難。常謂之難詰難問等。字典曰、「詰辯也。孟子於禽獸又何難焉。註難責也。」

【難入】（術語）無上之妙理、悟入爲難也。法華經方便品曰、「其智慧門難解難入。」

【難化】（術語）衆生之根性狠戾、教化爲難也。維摩經下曰、「此土衆生剛强難化。」

【難化三機】（名數）教化濟度無望之三種惡機也。卽謗大乘與五逆罪及一闡提。或曰難治之三病。涅槃經所說。

【難中之難】（術語）信受無上之妙法至難也。無量壽經下曰、「若聞斯經。信樂受持。難中之難。無過此難。」

【難伏地】（術語）佛地之異名。無他之强力足以降伏佛者、稱爲難伏地。勝鬘經曰、「降伏心過惡及與身四種。已到難伏地。是故禮如來。」同寶窟上末曰、「如來生不能生。老不能老。病不能病。死不能死。故云難伏地。」

【難石石裂】（故事）見石條附錄。

【難行】（術語）艱難之行法也。常曰苦行。或對於易行而言。法華經提婆品曰、「智積菩薩言。我見釋迦牟尼如來。於無量劫難行苦行。積功累德。求菩薩道。未曾止息。」報恩經一曰、「難行苦行發大誓願。」

【難行道】（術語）龍樹菩薩所判二道之一。對於易行道而言。於此土積修行之功入聖得果之教道、謂爲難行道。念佛往生淨土、於彼土成佛得道、謂爲易行道。見易行道條。

【難行苦行恩】（術語）見十恩條。

【難有】（術語）與希有同。大莊嚴論六曰、「汝今除痴心。能作難有事（中略）我今日見知斯事實難有。」

【難陀】（人名）Nanda 比丘名。譯曰善歡喜。亦名牧牛。對於孫陀羅難陀而謂爲牧牛難陀。因問佛放牛十一事、知佛具一切智。出家獲阿羅漢果。根本律云「難鐸迦尊者。佛遣彼爲尼衆說法教誡。時五百苾芻尼聞法得阿羅漢果。」薩婆多論云「往昔惟衞佛出現於世。爲衆生說法。彼佛滅後。有王起牛頭旃檀塔。種種莊嚴。此王有五百夫人。供養此塔。各發願言。願我等將來從此王邊而得解脫。爾時王者。今難陀是。爾時五百夫人者。今五百比丘尼是。以是本願因緣。故應從難陀而得解脫。」法華經序品曰「難陀。孫陀羅難陀」同文句二曰、「難陀亦云放牛難陀。此翻善歡喜。亦翻欣樂。淨飯王通十萬釋子出家。即一人也。有師言是律中跋難陀。」法華玄贊一曰「梵云難陀。此翻爲喜。根本乃是牧牛之人。因問佛牧牛十一事。知佛具一切智。獲阿羅漢。甚極聰明。音聲絕妙。」因孫陀羅難陀、略曰難陀。與牧牛難陀有別、是佛之親弟也。身長一丈五尺二寸、具三十相。孫陀羅、譯曰艷。是其妻之號、以彼有艷妻故、稱爲孫陀羅難陀、以別於牧牛難陀。彼溺於其妻、不樂出家、佛方便化之、得阿羅漢。增一阿含經二曰、「大體端正。與世殊異。所謂難陀比丘是。諸根寂靜。心不變易。亦是難陀比丘。」見孫陀羅難陀條。因貧女名。欽波斯匿王以油千斛燃佛燈、乃以一錢買油燃一燈、所謂長者之萬燈、貧女之一燈也。見賢愚經。因唯識十大論師之一。唯識述記一本曰「梵云難陀。唐言歡喜。勝軍祖習。」因（異類）龍王名。見難陀跋難陀條。

【難陀弟子】（雜名）此難陀是跋難陀之兄。非佛弟難陀也。根本律云。難陀有一共住弟子名達磨。常懷慚恥。追悔爲心。於諸學處。愛樂尊重。彼未曾知難陀惡行。與之共住。既知行跡。即便捨之。與善苾芻而爲同住。除三時禮。除三時禮者。律制弟子日三時中若不禮拜和尚者得越法罪。

【難陀婆怛那】（地名）見婆怛那條。

【難陀跋難陀】（異類）Nanda-upananda 摩竭陀國兄弟二龍王之名也。法華文句二曰「難陀此云歡喜。跋難陀此云善歡喜。兄弟常護摩竭陀國。」法華經光宅疏一曰、「難陀者譯言歡喜。跋難陀者爲善歡喜也。變爲人形。佛邊聽法。於人有染潤之恩。見人皆歡喜也。」愚案跋爲優波或鄔波或優婆之約音、有小或亞或近之義、難陀爲大龍、跋難陀爲小龍、或又名兄弟、又名主從也。髻設尼、烏波髻設尼、世羅、烏波世羅等、其例甚多。大疏五曰、「第二重廂曲之中置二龍王。右曰難陀。左曰跋難陀。首上皆有七龍頭、右手持刀。左手持羂索。乘雲而住。」同疏十曰、「難陀跋難陀守門二龍王真言。難徒。以初難字爲體。是歡（似歡字之誤）義也。即觀難觀而住於中。自通達已。以利衆生也。抜難陀庾拔字聲勢有鄔波音。」增一阿含經二十八曰、「難陀優槃難陀龍王之所造。」智度論三十二曰、「如難陀婆難陀龍王兄弟。欲破舍婆提城雨諸兵杖毒蛇之屬。」華嚴經六十四曰、「難陀優婆難陀。」慧苑音義下曰、「難陀此云歡喜也。優婆此云近也。」図(人名) Nanda-upananda 六羣比丘之中有二比丘、薩婆多論謂之難陀跋難陀。毘奈耶雜事謂之難陀鄔波難陀。可準龍王之名而解之。

【難陀鄔波難陀】(人名) 難陀、優槃難陀。二龍或比丘之名。見前項。

【難陀優婆難陀】(異類) 二龍王名。見前項。

【難治機】(地名) 見難化三機條。

【難治三病】(名數) 謗法與闡提及五逆難化度之三機、如不治之重病也。

【難信之法】(術語) 世間常識難信甚深微妙之法門。如善因善果惡因惡果、雖爲易信之法、而大乘圓頓之敎、則甚難信、凡夫成佛速疾之他力念佛法門、尤爲難信中之難信也。

【難信金剛信樂】(術語) 彌陀之救濟、信之無疑、堅固如金剛也。

【難易二道】(名數) 謂難行道與易行道也。龍樹所立之名目。初地至不退位有二道。自力修行勤苦而後漸達佛位之困難、以如陸路步行之苦、故稱之爲難行道。反之而以信方便之念佛、得速至佛位之他力道、恰如水道乘船、無何等苦痛而樂、是名易行道。淨土十疑論曰、「論曰於五濁惡世無量佛所。求阿鞞跋致甚難可得。蓋言娑婆世塵境蟲彊。五欲障蔽。難入於道。故名難行道。謂憑信佛語。修行念佛三昧。求生淨土。復乘阿彌陀佛願力攝持。決定往生。故名易行土。」

【難長者經】(經名) 越難經之異名。

【難思】(術語) 讚嘆法之詞、謂其法廣大深遠而難思議也。資持記上一之一曰、「難思乃能歎之詞。所以不云難議者。以心思切近。口議疎遠。思之既難。必非可議。或可句局理必兼之。」

【難思議】(術語) 見前項。

【難思弘誓】(術語) 聲聞菩薩(因人) 所不能思慮之無上甚深誓願、即彌陀之本願也。敎行信證曰、「難思弘誓度難度海大船。」

【難思光佛】(術語) 十二光佛之一。

【難思往生】(術語) 同於難思議往生。図日本眞宗所謂三往生之一。謂眞門自力之往生也。由自力念佛之因而往生於疑城胎宮者。其所稱之名號、與難思議往生之生因、雖無何等之異、而以其行之心爲自力故、與弘願他力之難思議往生不同。爲有此異故省略議字而單云難思往生。一字具略示褒貶也。是第二十願之誓、而阿彌陀經所說之往生也。

【難思議往生】（術語）往生淨土所享受之樂、爲無量不可思議、故謂之難思議往生樂。又日本眞宗所說三往生之一。謂弘願他力之往生也。從他力迴向之信心、得往生於彌陀之眞實報土者、非凡夫言說思慮所及、故謂之難思議往生。是第十八願之誓、而大無量壽經所說之往生也。

【難度】（術語）同難化剛强之衆生、濟度爲難也。

【難度海】（譬喩）謂生死海也。生死之海深廣難渡也。六十華嚴經五曰、「已度難度海。」十住毘婆沙論易行品曰、「乘彼八道船、能度難度海。」

【難拏】（物名）Daṇḍa 同於檀拏。閻魔王之印也。見檀拏條。

【難破】（術語）於異義難問破斥之也。中論疏四本曰、「即難破之。」慈恩傳四曰、「若有難破一條者、我則斬首相謝。」

【難得行】（術語）十行之第八位。見十行條。

【難値難見】（術語）謂値見生身之如來難也。無量壽經下曰、「如來興世難値難見。」

【難提】（術語）塔婆之別名。祖庭事苑一曰、「梵云塔婆、此言方墳。或云支提、或云難提。此言滅惡。」又（人名）Nandi 比丘名。譯曰喜增。一阿含經二曰、「乞食耐辱、不避寒暑、所謂難提比丘是。」探玄記十五曰、「難提此云喜。」

【難提釋經】（經名）一卷、西晉法炬譯。佛爲難提比丘解釋五法六念、出雜阿含三十卷。

【難提迦】（人名）Nandika 長者名。譯曰自喜。見佛本行經二十四。

【難提迦物多】（術語）Nandikāva-rta 譯曰右旋。佛之德相也。見慧苑音義上。見右繞條。

【難勝地】（術語）菩薩行位、十地之第五。菩薩至此地、能破一切之情見、通達一切之法、即是諸佛之境界、而無能勝之者、故名。菩薩瓔珞本業經下曰、「佛子順忍修道。三界無明疑見一切無不皆空。八辯功德入五明論。（中略）五論者內外方道因果鬼神。無不通達、故名難勝地。」仁王經下曰、「如實知諸諦世間諸技藝、種種利羣生、名爲難勝地。」唯識論九曰、「五極難勝地、眞俗兩智行相互違、合令相應、極難勝故。」

【難報經】（經名）父母恩難報經之略名。

【難勢】（雜語）難問異義之氣勢也。法華文句記十曰、「廣立難勢、不越先規。」續高僧傳(僧粲傳)曰、「又續前難勢更延累。」

【難經】(經名) 越難經之略名。

【難解難入】(術語) 解知難、悟入難也。法華經方便品曰「諸佛智慧甚深無量。其智慧門難解難入。」

【難禪】(術語) 九種大禪之一。以修行困難而有此名。有三種、第一之難禪者、菩薩久修禪定、心則自在、而爲救衆生故、捨禪定之樂而生於欲界也。第二之難禪者、菩薩修了無數量之諸深禪定、而自拔於一切聲聞辟支佛上也。第三之難禪者、菩薩由禪定而達於無上之覺道也。

【難龍王經】(經名) 龍王兄弟經之異名。

【離二邊分別止】(術語) 三止之一。不執有無迷悟等之二邊、而離於差別也。

【離曰】(人名) 又作離越、比丘名。見離婆多條。

【離中知】(術語) 對於合中知而言。見合中知條。

【離文字普光明藏經】(經名) 具名大乘離文字普光明藏經、一卷、唐地婆訶羅譯。與無字寶篋經同本而稍異。

【離生】(術語) 離生死也。三乘之人、入於見道而見諦理、斷見惑、永離三界之生、是云正性離生。俱舍論十三曰「得世第一法雖住異生位而能趣入正性離生。」萬善同歸集六曰、「齊登解脫之門、咸闡離生之道。」

【離生性】(術語) 出離生死之正性也。卽聖者之正性。俱舍論所謂正性離生是也。

【離生喜樂地】(術語) 三界九地之一。色界之初禪天也。以爲離欲界之惡而生喜樂二受之處故也。俱舍頌疏十曰「於初靜慮三處生中受一種樂。謂離生喜樂。離欲界惡。生喜樂故。」

【離車】(雜名) Licchavi 又作利車、離奢、栗唱隸車、黎昌律車、梨車、毘離車、毘栗呫婆、栗呫毘等。毘舍離城剎帝利種之名也。譯曰薄皮。其祖先從一胞肉中生、因有此名。又譯爲貴族豪族等。善見論十謂往昔波羅捺國王夫人懷妊、生一肉團、赤如木槿華。以爲恥、盛之器中、作金薄朱書波羅捺國王夫人所生、投之江中。有一道士將歸、置之一處、過半月、一肉分爲二片、又過半月、二片各生五胞。又經半月、一片爲男、一片爲女、男黃金色、女白銀色。道士見之、以慈心力故、手指自然出乳、乳入子腹、道士號兒爲離車子、漢云皮薄。又言同皮。二子長至十六、牧牛人共立宅舍、以女嫁男、拜男爲王、女爲夫人。後多生王子、以三次開廣舍宅、故名毘舍離。(毘舍離譯廣嚴) 慧琳音義六曰、「栗呫毘王、豪族之類。是剎利種系也。又云離車毘童子。上舊名也。」同二十九曰、「梨車毘童子。梵語訛也。正梵音栗呫毘。唐言貴族公子也。諸經或云離車子是也。呫音昌葉反」西域記七、曰「栗呫(昌葉反)婆子。舊言離車子訛也。」

【離車子】(雜名)離車者梵語種族之稱。子者總稱其族類也。見前項。

【離車毘】(雜名)見離車條。

【離作法】(術語)謂於因明異喩中之喩、依附加一稱爲喩體之命題也。此爲陳那所創治。例如於「如虛空等」上添加「視諸非無常者皆非所作」是也。

【離言眞如】(術語)二眞如之一。離心念之相、離言說之相眞如之法體也。

【離我三業念佛】(術語)日本時宗、離自力我執之見界、離分別離執着而修之他力無我念佛也。謂如是而修之念佛、衆生之三業、與阿彌陀佛之三業等。故爲成就阿彌陀佛三業之念佛也。

【離法愛】(術語)又云無法愛。十乘觀之一。

【離波多】(人名)又作梨波多。見離婆多條。

【離性無別佛】(雜語)謂性卽是佛也。六祖壇經曰、「性卽是佛。離性無別佛。」頓悟入道要門論下曰、「僧問何者是佛。師曰離心之外卽無有佛。」達磨血脈論曰、「一切時中、一切處所、皆是汝本心、皆是汝本佛。」

【離怖畏如來】(佛名)施餓鬼之法、五如來中北方如來之名。卽釋迦如來也。秘藏記本曰、「離怖畏如來北方釋迦牟尼佛。(中畧)離怖畏如來者成所作智用變化身也。住六道四生界。爲一切衆生作諸事業。無怖畏也。」

【離垢】(術語)離煩惱之垢染也。維摩經佛國品曰、「遠塵離垢得法眼淨。」註曰、「肇曰塵垢八十八使也。」

【離垢地】(術語)菩薩行位十地第二之名。具清淨之戒行、離煩惱之垢染。故名。唯識論九曰、「離垢地具淨尸羅遠離能起微細毀犯煩惱垢故。」

【離垢眼】(術語)離煩惱垢染之清淨法眼也。以可見得聖道。故維摩經佛國品曰、「遠塵離垢得法眼淨。」往生要集末曰、「願得離垢眼。證無上菩提。」

【離垢世界】(界名)舍利弗當來成佛之國名也。見法華經譬喩品。

【離垢清淨】(術語)見二種清淨條。

【離苦】(術語)離苦難也。最勝王經二曰、「願以智劍爲斷除離苦速證菩提處。」

【離相】(術語)法華經所說三相之一。見三相條。

【離相戒】(術語)對於隨相戒而言。又云無相戒。持戒之人、心無所著、一切之戒、猶如虛空、了無持犯之相也。見華嚴大疏。

【離相三昧】（術語）隸字也。攝者一切法相不可得之義、於此加三昧聲、即離相三昧也。大疏十曰、「羅是相。加此翳聲即是三昧。離相三昧也。具一切相而離諸相」。

【離染服】（衣服）袈裟之異名。釋氏要覽上曰、「大集經云袈裟名離染服」。

【離欲】（術語）離貪欲婬欲也。法華經普門品曰、「若有衆生多於婬欲。常念恭敬觀世音菩薩便得離欲」四十二章經曰、「離欲寂靜是最爲勝」。

【離欲地】（術語）通教十地之第六。地離欲界煩惱之位。即藏教之不還果也。

【離欲退】（術語）斷盡欲界九品之修惑而得不還果之聖者、再起欲界之煩惱而退轉也。

【離婆多】（人名）Revata又云梨婆多、離越、離曰。羅漢名。正云頡隸伐多。二十八宿中室宿之名。祈星而得之子也。或名假和合。彼遇二鬼爭屍、悟人身假和合之理、而爲出家得道之因緣也。法華文句二曰、「離婆多亦云離越。此翻星宿。或室宿。或假和合。文殊問經云常作聲。父母從星辰乞子。既其感獲因星作名」。玄應音義六曰、「離婆多。案文殊問經云此譯云室星。則北方宿也。祠之得子仍以名焉。正言頡隸伐多。經中作梨婆多。或作黎離多。訛也。即首楞嚴經中坐禪第一如離婆多者是也。頡音賢結切」。

【離婆多坐禪第一】（故事）增一阿含經三曰、「坐禪入定。心不錯亂。所謂離曰比丘是」。

【離貪心】（術語）有貪心之對。不與貪欲煩惱相應之善心。

【離奢】（雜名）見離車條。

【離越】（人名）比丘名。見離婆多條。

【離間語】（術語）十惡業之一。離甲乙二人親和之言語也。俱舍論十六曰、「若染汚心發壞他語。若他壞不壞。俱成離間語。」

【離喜妙樂地】（術語）三界九地之一。色界之三禪天也。離二禪天麤動之喜受、而住於勝妙之樂受之地。故名。

【離微】（術語）法性之體、離諸相而寂滅無餘、是云離、法性之用、微妙不可思議、是云微。離者涅槃也、微者般若也。寶藏論離微體淨品曰、「無眼無耳謂之離。有見有聞謂之微。無我無造謂之離。有智有用謂之微。無心無意謂之離。有通有達謂之微。又離者涅槃。微者般若。般若故興大用。涅槃故寂滅無餘。無餘故煩惱永盡。大用故聖化無窮」宗鏡錄九十二曰、「離微者萬法體用。離者即體。微者功用」

【離癡亂行】（術語）見十行條。

【離蓋】（術語）蓋者五蓋也、五種之

煩惱覆蓋心者。離蓋者。脫離五蓋也。無量壽經下曰、「離蓋清淨」見五蓋條。

【離塵服】（衣服）袈裟之異名。遠離六塵之義也。六物圖曰、「通名者總括經律。或名袈裟。或名道服。（中略）或名離塵服。」

【離睡經】（經名）一卷。西晉竺法護譯。佛爲目連說離睡之法、卽中阿含經之長老上尊睡眠經也。

【離諠】（術語）見六事成就條。

【離縛斷】（術語）四斷之一。見四斷條。

【離戲論菩薩】（菩薩）胎藏界金剛手院第三行第五位之尊。密號曰眞行金剛。以依一實智遠離妄想戲論爲本誓。

【離繫子】（流派）舊云尼虔子。裸形外道也。離一切繫縛而修苦行之義也。以其裸形。故佛徒稱之爲無慙外道。唯識述記一本曰、「尼虔子。今言呢犍陀弗呾羅。翻爲離繫子。苦行修勝因。名爲離繫。露形少羞恥。亦名無慙。本師稱離繫。是彼門徒。名之爲子。」

【離繫果】（術語）五果之一。擇滅無爲。卽涅槃也。由智慧遠離煩惱之繫縛而得之。俱舍論六曰、「由慧盡法名離繫果。滅故名盡。擇故名慧。卽說擇滅無爲名離繫果。」

【離繫外道】（流派）見離繫子條。

【離譏嫌名願】（術語）彌陀之第十六願。使淨土無譏嫌惡名之願。又謂之無諸不善願。

【寶】（雜名）梵語摩尼。一譯寶。

【寶山】（雜名）珍寶累積之山也。心地觀經六曰、「如人無手。雖至寶山終無所得。無信手者。雖遇三寶無所得故。」智度論一曰、「信爲手。如人有手入寶山中自在能取。若無手不能有所有。」

【寶女】（雜名）又云玉女。轉輪王七寶之一。法華經曰、「轉輪王寶女聞香知所在。」智度論曰、「瞿毘耶是寶女。故不孕子。」

【寶女經】（經名）寶女所問經之畧名。

【寶女三昧經】（經名）寶女所問經之異名。

【寶女所問經】（經名）四卷。西晉竺法護譯。大方等大集經寶女品第三之別譯。分爲十三品。有寶女爲舍利弗說大乘之深義。佛明其往因。

【寶王】（術語）佛陀之尊稱也。佛以諸功德爲莊嚴。故云寶王。楞嚴經三曰、「願今得果成寶王。還度如是恒沙衆。」往生論註上曰、「華嚴經寶王如來。」

【寶王論】（書名）念佛三昧寶王論之略名。

【寶王三昧】（術語）念佛三昧之美稱也。念佛者卽三昧中之至寶。故名寶王三昧。大集經菩薩念佛三昧分九曰、「善男子善女人。雖能以上一切世界盛滿七寶衆具。供施一切衆生。功德雖廣。然故不及前善男子善女人等聞此三味寶王名字」。寶王論下曰、「法華三味者。念佛三味也。是以如來名此勝定爲三味寶王。爲光明藏。爲除罪珠。爲邪見燈。」

【寶王如來】（術語）非佛之名、尊佛而云寶王如來也。見寶王條。

【寶手】（雜名）從手出財寶、名寶手。維摩經佛道品曰、「示入貧窮而有寶手功德無盡。」

【寶手比丘】（人名）舍衛國有長者、財寶無盡、生一子、從其兩手中出金財、因名寶手、功歲詣佛出家、遂證阿羅漢、佛說其往因見百緣經九。

【寶手菩薩】（菩薩）又名寶常。胎藏界地藏院九尊中之一。肉色、左手取蓮華、上有三股杵、右手上有寶珠華鬘。見胎曼大鈔四。

【寶手菩薩印明】（印相）義釋十曰、「右手作拳、以大指壓諸指、直竪無名指也。眞言、。唵囉怛怒（密）怛婆嚩（出世謂此聖者從寶而生、從何寶生耶、謂從菩提心寶而生也）莎訶。（成就）」

【寶主】（地名）四主之一。從雪山之西至於西海、其間多出財寶、故曰寶主。見釋迦方志上。

【寶天比丘】（人名）舍衞國長者有一子、生時天雨七寶、因名勒那提婆、Ratnadeva 此譯寶天。既長、詣佛所、出家爲比丘、得阿羅漢果、佛說其往因。見賢愚經二。

【寶月智嚴音自在王如來】（佛名）七佛藥師之一。東方過五恒伽沙佛土妙寶國之佛名。發八大願者。

【寶月童子問法經】（經名）具名大乘寶月童子問法經。一卷、趙宋施護譯。頻婆娑羅王子、問佛號之功德。佛以十方各一佛之名答之。

【寶生印】（印相）寶生如來之寶形印也。成金剛縛、以左右中指使如寶形。圖印集一曰、「寶生印金剛縛。忍願如寶形。」

【寶生佛】（佛名）見寶生如來條。

【寶生經】（經名）寶生陀羅尼經之略名。

【寶生論】（書名）成唯識寶生論之略名。

【寶生如來】（佛名）金剛界曼陀羅五智如來之第三、南方月輪之中尊也。自大日如來之平等性智流出、從寶光幢笑之四金剛菩薩司一切之財寶。金色、左手爲拳、右手開於外方、屈無名指與小指、中指與頭指大指劍立、或曰、左手執衣兩角、右手仰掌、成滿願印。密號云平等金剛。其種子爲丕。胎藏界謂之開敷華王如來、其密號同。秘藏記末曰、「南方中臺寶如來金色左手拳右手開外無名小指屈中指大指劍立。」守護經曰、「復於南方面向北坐亦作如上金剛結跏端身正坐。左手如前執衣兩角右手仰掌名滿願印。此卽寶生如來之印。」參照五智如來條。

【寶生馬座】（雜名）五佛座之一。見金剛界條附錄。

【寶生陀羅尼經】（經名）一卷、趙宋施護譯。經說持誦者能滅一切罪、得清淨天眼。

【寶生如來羯磨印】（印相）見羯磨印條附錄。

【寶地】（術語）謂佛地也。王勃文曰、「香城寶地。」沈佺期詩曰「長歌遊寶地」皆就僧寺而言。

【寶印】（術語）三寶中之法寶也。又三法印也。是諸寶中之實寶、堅固不壞故名寶印。智度論四十七曰、「於諸法中法寶是實寶。今世後世乃至涅槃能爲利益。如經中說。佛語比丘爲汝說法。所說法者所謂法印。法印卽是寶印。寶印卽是解脫門。復次三法印名爲寶印三昧。」楞嚴經曰、「此經名大佛頂悉怛多般怛羅無上寶印。」寶悉地成佛陀羅尼經曰、「常住眞如寶王大印。」図（術語）諸佛菩薩種種之印契、美稱之而云寶印。図（印相）寶生印及菩薩印生財寶之寶形印、畧稱云寶印。図（術語）印佛之種子眞言等者云寶印。烏樞瑟摩經曰、「以莽度迦木刻其印。一內木印於蘇蜜燒之。及出以印印山山碎。印海海竭。」図（譬喩）念佛之心印、堅固不壞、譬之國王之寶印也。觀佛三昧經十觀佛密行品云「譬有貧人依豪貴衣食。時有王子出遊、執大寶瓶。瓶內藏王寶印。貧者詐來親附、挐寶瓶逃走。王子覺之。使六大兵乘六黑象追之。持瓶人走入空野澤中、毒蛇自四面來欲噛持瓶者、惶懼而東西馳走、見空澤中有一大樹蓊鬱。頭戴寶瓶攀樹而上。時六兵疾馳至樹下。貧人見而吞王寶。以手覆面。六黑象以鼻絞樹倒之。貧人墮地、身體散壞。唯金印在寶瓶放光。毒蛇見光四散。佛告阿難、仕於念佛者、心印不壞亦復如是。」宗鏡錄九十五有釋。

【寶印三昧】（術語）百八三昧之一。觀法之實相、又入諸法無我、諸行無常、涅槃寂滅之三法印、謂之寶印三昧。見智度論四十七。

【寶印手菩薩】（菩薩）維摩經同聞衆之一。經註曰、「什曰印者相也。手有出寶之相。亦曰手中有寶印。」又胎藏界地藏院之一尊。密號曰執契金剛、執事金剛。

【寶池】（雜名）淨土之八功德池也。觀無量壽經曰、「極樂世界寶樹寶地寶池。」

【寶池觀】（術語）觀經所說十六觀

中之第五。觀見極樂淨土八功德池之相也。經曰、「次當想水想水者極樂國土有八池水。(中略)是爲八功德水想名第五觀。」

【寶陀巖】(地名)觀音之住處、寶陀洛迦山Potalaka也。又作補陀洛迦、布呾洛迦補陀洛祖英集曰、「寶陀巖上客應笑未歸人。」冷齋夜話二曰、「有如世畫寶陀巖竹今猶在。」見補陀落迦條。

【寶光天子】(菩薩)三光天子之一。日天子也、名寶意。觀音之應現也。法華文句二曰、「寶光是寶意日天子觀世音菩薩應作。」嘉祥法華經疏二曰、「寶光天子者謂日天子也。(中略)有經云觀世音名寶意作日天子。」

【寶光明池】(地名)在摩伽陀國、佛在此池邊說寶篋印陀羅尼經。寶篋印陀羅尼經曰、「一時佛在摩伽陀國無垢園中寶光明池。」

【寶吉祥天】(菩薩)月天也。月天之名云寶吉祥。勢至菩薩之應現也。法華經文句二曰、「名月是寶吉祥月天子。大勢至應作。」嘉祥法華經疏二曰、「有經云大勢至名寶吉祥作月天子。」

【寶如來三昧經】(經名)二卷、東晉祇多蜜譯。佛說無極寶三昧經之別譯。

【寶車】(譬喩)以衆寶莊嚴之大白牛車也。以譬一乘之法。法華經譬喩品曰、「以衆寶物造諸大車。(中畧)有大白牛。肥壯多力。形體姝好。以駕寶車。」

【寶車輅印】(印相)十八契印之一。見十八道條。

【寶坊】(雜名)寺院之美稱也。欲界色界之中間有大寶坊、佛於此說大集經。大集經一曰、「爾時如來示現無量神通力。漸漸至彼七寶坊中。」又曰、「諸大菩薩俱共發來至娑婆世界大寶坊中。」六祖壇經曰、「重建梵宇延師居之俄成寶坊。」因給孤長者布黃金地爲伽藍故寺宇號爲寶坊。」

【寶沙麼洗】(雜語)Pausamāsa 又作報砂麼洗。十月之梵名。見飾宗記六。又作布史。見梵語雜名。

【寶性】(術語)如來藏之異名也。眞金在糞穢中其性不變、如來藏性在衆生煩惱中、不失眞如清淨之性。故云寶性。寶性論之名本此。寶性論曰、「塵勞諸境中皆有如來藏、下至阿鼻獄皆有如來身眞如清淨法名爲如來體。」

【寶性論】(書名)究竟一乘寶性論之畧名。

【寶性功德草】(雜名)莊嚴淨土之七寶柔軟如草、故云寶性功德草。以草爲喩也。淨土論偈曰、「寶性功德草。柔軟左右旋。觸者生勝樂。過迦旃隣陀。」同論註曰、「此間土石草木各有定體。譯者何緣目彼寶爲草耶。當以其葳能榮蔭故以草目之耳。余若參譯當別有途。」

【寶林】（植物）極樂淨土七寶之樹林也。無量壽經上曰「七寶諸樹周滿世界」又觀經寶樹觀所說是也。図（寺名）禪宗六祖慧能大師所住之寺也。在廣東韶州曲江縣南六十里南華山即曹溪南華寺也。法海壇經序曰、「先是西國智藥三藏、自南海經曹溪口掬水而飲香美異之謂其徒曰此水與西天之水無別溪源上必有勝地堪爲蘭若。隨流至源步顧山水回環峯巒奇秀、嘆曰宛如西天寶林山也乃謂曹侯村居民曰可於此山建一梵刹。一百七十年後、當有無上法寶於此演化得道者如林。宜號寶林。時韶州牧侯敬中以其言具表聞奏上可其請賜寶林爲額遂成梵宮。蓋始於梁天監三年也。」又云「師（六祖大師）至寶林觀堂宇湫隘不足容衆。欲廣之遂謁里人陳亞仙曰、老僧欲就檀越求坐具地、得不。仙曰和尚坐具幾許闊。祖出具示之。亞仙唯然。祖以坐具一展、盡罩曹溪四境。四天王現身、坐鎮四方。今寺境有天王嶺因茲而名。仙曰知和尚法力廣大。但吾高祖墳墓並坐此地。他日造塔、幸望存留。餘願盡捨、永爲寶坊。然此地乃生龍白象來脈。（此地指南華山而言在曲江縣南六十里。生龍指迴龍山而言在曲江南四十五里。白象指象嶺而言在南華山之上方。見清一統志三百四十一）只可平天不可平地。寺後營建、一依其言」。傳燈錄五曰、「中宗神龍元年十二月十九日敕改古寶林爲中興寺。三年十一月十八日、又敕爲法泉寺。」宋高僧傳八曰、「太平興國三年勅建塔改爲南華寺。又改曰華果寺。」

【寶林傳】（書名）唐德宗貞元十七年建康沙門慧炬與天竺三藏勝持編禪宗諸祖傳法之讖記及宗師之機緣、名爲寶林傳。（稽古略三）如七佛之說偈、世尊之拈華、皆寶林之揑造也。而傳燈廣燈等諸錄皆因襲之以爲口實。釋門正統四曰、「德宗之末乃有金陵沙門慧炬撰寶林傳、誇大其宗。至與僧傳所記如皂白冰炭之不相入。（中略）鐔庵論之曰寶林說詭。非特達磨慧可事跡與僧傳不同。其最虛誕無稽而流俗至今猶以爲然者、七佛說偈世尊拈華是也。」

【續寶林傳】（書名）五代梁朝南嶽維勁。唐昭宗光化年中集寶林傳以後宗師之機緣、作續寶林傳四卷。見稽古略三。

【寶所】（譬喩）珍寶之所也。法華經化城喩品以譬究竟之涅槃。經曰、「欲過此道至珍寶所。（中略）前至寶所」。又曰、「寶所在近。此城非實」。止觀一曰、「如是道品直通寶所」。戒本一上曰、「利者以慧資成便至寶所」。

【寶刹】（雜名）佛土之尊稱也。又爲

佛寺之美稱。刹者梵語Ksetra之略譯曰土田。莊嚴經下曰「偏覆如來寶刹中」。

【寶典】（雜名）經典之美稱也。敎行信證六末曰「無上甚深之寶典」。

【寶雨經】（經名）十卷、唐達摩流支譯。一名顯授不退轉菩薩記。佛於伽耶山頂放光明、遍照十方、攝入面門、授記於月光天子當於支那國作女王。東方蓮華眼佛世界止一切蓋菩薩來問一百一事、佛以十法答之。

【寶尙光基】（雜名）玄奘門下之四哲。即大慈恩寺之法寶、嘉尙、普光、窺基也。見宋僧傳四。

【寶波羅蜜】（菩薩）金剛界大日如來四親近菩薩之第二。白黃色、左手蓮華上有寶珠、右手持四角金剛輪、密號曰平等金剛。見胎曼大鈔一。

【寶界】（雜名）七寶之世界、即諸佛之淨土也。迦才淨土論上曰、「彌陀寶界。凡聖開欣。」

【寶洲】（譬喩）譬佛果之大妙地。華嚴經三十五曰、「離染寂靜住於一切智慧寶洲。」又（人名）沙門覺岸號寶洲、元朝人。著釋氏稽古史畧。見續稽古史略一。

【寶星經】（經名）寶星陀羅尼經之略名。

【寶星陀羅尼經】（經名）八卷、唐波羅頗蜜多羅譯。即大方等大集經中寶幢分之同本別譯也。說調伏魔王、護持國土。寶星者三昧之名、舊經謂之寶幢三昧。得此三昧、則觀見一切法、如寶星猶如在高幢而下觀、故云寶星。寶幢經四曰、「時光味仙人即得菩薩三昧、名曰寶星。所得三昧於菩薩三昧一切觀見如在高幢。」

【寶相】（雜語）謂佛像莊嚴也。邢邵文曰、「神儀內鑒。寶相外宣。」

【寶思惟】（人名）北印度迦濕蜜羅國人。梵云阿儞眞那、此云寶思惟。唐天后長壽二年至洛京、譯出不空羂索經等。後於龍門山創天竺寺、制度皆依西域。開元九年寂、壽百有餘歲。見宋僧傳三。

【寶要義論】（書名）具名大乘寶要義論、十卷、宋法護等譯。集諸經論中菩薩發心修行之功德。

【寶冠釋迦】（圖像）頂著寶冠之釋迦像也。菩提樹下初成道之佛像、有寶冠瓔珞。詳記如西域記八。又南山之三寶感通錄曰、「東晉楊都金像華臺有西域書、三藏求那跋摩曰、此古梵書也。是阿育王第四女所造。其像有七寶冠、飾以珠玉、可重三斤。」蓋造立者爲尊重恭敬、故飾以寶冠瓔珞、非有別意。然後世作說曰、寶冠釋迦者、大乘佛轉輪聖王之相也。不同小乘厭俗出家之相。十六羅漢之中尊、必爲寶冠釋迦也。華嚴合論曰、「畧說大相在九十七種大人之相隨好無盡。頂有華冠頂著瓔珞手著環釧非同三乘厭俗出家。」

【寶冠菩薩】（菩薩）胎藏界文殊院文殊菩薩右第二位之尊密號曰莊嚴金剛主文殊菩薩莊嚴之德之使者也爲童子形、三髻黃色左手持細葉青蓮上載寶冠右手載寶珠當胸坐於赤蓮。

【寶香合成願】（術語）彌陀四十八願中第三十二願淨土萬物以無量雜寶與百千種香合成之誓願也。

【寶契陀羅尼經】（經名）消除一切災難寶髻陀羅尼經之畧名。

【寶海】（譬喻）功德之寶珠甚多無數不可測量喻之以海淨土論偈曰「功德大寶海」

【寶海梵志】（本生）釋迦如來之前身也見無諍念王條。

【寶乘】（譬喻）又云寶車大白牛車也以譬法華經所說一乘之法經譬喻品曰、「乘此寶乘直至道場」

【寶座】（物名）珍寶之座牀也見法華經。

【寶城】（譬喻）珍寶充滿之城郭也、以譬佛之正法涅槃經二曰、「汝等比丘云何莊嚴正法寶城具足種種功德珍寶戒定智慧以爲墻塹埤垸汝今遇是佛法寶城不應取此虛僞之物。」

【寶珠】（物名）摩尼珠也。譯云如意珠法華經曰、「淨如寶珠以求佛道」寶悉地成佛陀羅尼經曰、「心性寶性無有染污」智度論五十九曰「如意珠能除四百四病」

【寶珠法】（修法）寶珠者舍利之幖幟也寶珠法卽舍利法也。寶悉地成佛陀羅尼經曰「大寶陀羅尼名曰法身馱都如意寶珠甘露藥王金剛精進常經眞如寶王大印。」

【寶聚三昧】（術語）百八三昧之一。入此三昧則一切境土悉爲世寶故名智度論四十七曰、「寶聚三昧者得是三昧所有國土悉成七寶」

【寶珠比丘尼】（人名）舍衛國有長者生一女頂上自然有一寶珠因字云寶珠、有來乞者卽取而施與施已復生年長詣佛所出家遂證阿羅漢佛說其往因見百緣經八。

【寶甁】（物名）梵云軍持。Kundika 尊稱佛具法具之甁器也有華甁水甁等數種觀無量壽經曰、「有一寶甁盛諸光明」因密法容灌頂誓水之器謂之寶甁。

【寶甁印】（印相）寶甁形之印契也。初成合掌屈左右頭指使至於中指之根下、左右拇指並壓之使如甁也圖印集二曰、「寶甁印作三補吒屈二風指令指頭至火指根下二空指並壓之。」十八道事鈔上曰、「塔印寶瓶印大慧刀印此三印同印別名也隨其所用改阿闍梨觀心也。」

【寶唱】（人名）梁沙門僧祐律師之弟子也奉敕與僧旻等共撰經律異相等者。見唐僧傳一。

【寶部】（術語）密教五部之一。謂佛之自利圓滿而具無邊福德之方面也。

【寶偈】（雜語）至寶之偈頌也唯識述記序曰、「此寶偈南贊」。

【寶國】（雜名）極樂淨土之異名。

【寶授菩薩】（菩薩）三歲童子而說大乘之深義見寶授菩薩菩提行經。

【寶授菩薩菩提行經】（經名）一卷、趙宋法賢譯寶授童子年始三歲以金蓮供佛遂與目連舍利弗互相問答明大乘之法義。又與妙吉祥菩薩問答寶授次以一器之飲食、徧供佛僧而不盡。

【寶處三昧】（術語）釋迦世尊之三昧也世尊住此三昧而化現天部八部第三院之諸衆施與功德之寶財於一切故名寶處三昧大日經疏十曰、「次釋迦入於寶處三昧。寶從彼出名爲寶處。（中畧）佛入此三昧已從其面門出種種光光中現此眞言乃至普遍一切佛刹。」同義釋七曰、「已上皆是釋迦眷屬寶三昧中一種法界門」

【寶處菩薩】（菩薩）胎藏界地藏院上第四位密號曰祥瑞金剛。萬法能所依能生之尊也大疏謂「寶處者如從寶海生從彼處生、故名寶處如在寶海、從彼而有故名。」

【寶帶陀羅尼經】（經名）一卷、趙宋施護譯佛說聖莊嚴陀羅尼經之別譯。爲童子帶佩可避惡鬼之神咒故名寶帶。

【寶悉地成佛陀羅尼經】（經名）一卷、唐不空譯。佛在摩伽陀國清淨園白蓮池側七寶如意樹王下、住於如意寶珠王三摩地而說佛設利之神咒及修法。經題之寶、卽如意寶珠幖衆生心性之寶珠且幖佛舍利之寶印也。

【寶筏】（譬喻）喻以佛之妙法渡生死也。

【寶膘】（物名）法螺之貝也。

【寶疏】（書名）指神寶師之俱舍論疏。

【寶階】（雜名）以七寶所作之階段。佛從忉利天下之階段也。西域記四曰、「劫比他國城西二十餘里有大伽藍伽藍大垣內有三寶階。南北列東面下。是如來自三十三天降還也。」

【寶階塔】（雜名）八塔之一。心地觀經一曰、「曲女城邊寶階塔」然依西域記則劫比他國也見前項。

【寶掌】（人名）謂千歲寶掌和尚也。

中印度人、於周威烈十二年丁卯降神、左手握拳、七歲祝髮乃展。因名寶掌。魏晉間來遊此土。入蜀。一日謂衆曰。吾願住世千載。今年六百二十有六。後歷遊海內、唐顯慶二年、寂於浦江寶巖寺。見五燈會元。

【寶掌菩薩】（菩薩）法華經之同聞衆也。智度論四十五曰、「如寶掌菩薩等。七寶從手中出。給施衆生。」嘉祥法華經疏二曰「寶掌者。掌出衆寶。惠施無竭也。」因胎藏界地藏院上第六位之尊。密號曰滿足金剛。

【寶雲】（人名）西涼州人。以晉隆安初、遠遊西域、與法顯智嚴前後相隨、備覩天竺諸國所有之靈異。諸國之音字詁訓。無不了解。還長安隨禪師佛馱跋陀羅策進禪道、後止江左之道場寺、譯出諸經。初關中之竺佛念於苻秦二代出衆經、江左之譯梵無過於雲者。元嘉二十六年寂。壽七十四。其遊履外國、別有紀傳。見梁僧傳三。

【寶雲經】（經名）七卷、蕭梁沙門曼陀羅仙譯。寶雨經之舊譯、缺月光天子作女王之事。

【寶華】（雜名）至寶之妙華也。法華經譬喻品曰「寶華承足。」

【寶華太子】（人名）智度論九曰、「寶華佛生時。一切身邊有種種光明華色。故名寶華太子。」

【寶渚】（譬喻）珍寶之洲渚也。涅槃經以譬究竟之涅槃。同於法華經寶所之喻。經二十五曰、「譬如估客。欲至寶渚。不知道路。有人示之。其人隨語。即至寶渚。多獲諸珍。不可稱計。一切衆生亦復如是。欲至善處採取道寶。不知其路通塞之處。菩薩示之。衆生隨巳得至善處。獲得無上大涅槃寶。」

【寶勝如來】（佛名）於施餓鬼法、五智如來之南方寶生如來、稱為寶勝如來。教行錄一放生文曰、「釋迦本師。彌陀慈父。寶勝如來。」秘藏記本曰、「施餓鬼義。寶勝如來南方寶生佛。」

【寶童子經】（經名）寶網經之異名。

【寶菩薩印】（印相）金剛寶菩薩之寶印也。成金剛縛、以左右之頭指如寶形、並立左右之拇指。圖印集一曰、「寶菩薩寶金剛縛。進力如寶形。禪智並立。」

【寶號】（術語）謂佛菩薩之名字也。

【寶號經】（經名）日本淨土真宗一家多引用此經。但不載於經錄。

【寶塔】（雜名）嚴飾珍寶之塔也。法華經寶塔品曰、「爾時多寶佛。於寶塔中分半座。與釋迦牟尼佛。」佛祖統紀四十一曰、「無著禪師入五臺。至金剛窟。見山翁說偈曰。一念淨心是菩提。勝造恒沙七寶塔。寶塔畢竟化為塵。一念淨心成正覺。」

【寶塔品】（經名）具云見寶塔品。法

華經二十八品中第十一品之名。為證明法華所說、多寶如來之寶塔、忽自地涌出。一會大衆悉見之品中敘此事故名。

【寶意】（界名）羅陀那質多之譯語。

【寶鈴】（物名）珍寶之風鈴、又鈴子也。無量壽經上曰、「垂以寶鈴光色晃曜。」

【寶網】（物名）珍寶之羅網也。帝釋宮之羅網為帝網、亦云因陀羅網。無量壽經上曰、「珍妙寶網。羅覆其上。」

【寶網經】（經名）一卷、西晉竺法護譯。依寶網童子之請問、說六方佛之功德。

【寶臺】（雜名）珍寶之臺閣也。法華經曰、「其土人民皆處寶臺珍妙樓閣。」

【寶聚】（譬喻）珍寶之積聚也。以譬無上道。法華經信解品曰、「無上寶聚。不求自得。」

【寶蓋】（物名）飾以寶玉之天蓋、佛菩薩及講師讀師之高座上所懸者。維摩經佛國品曰、「毘耶離城有長者子名曰寶精。與五百長者子持七寶蓋。來詣佛所。」

【寶輪】（雜名）轉法輪四輪之一。見四輪條附條。

【寶誌】（人名）六朝時高僧。金城人、俗姓朱。師事僧儉、修禪業。往來都邑已五六十年。宋齊之交稍顯靈跡。齊武帝忿其惑衆、收付獄。且日咸見遊市里。既而檢校。猶在獄中。武帝乃迎入華林園。梁天監中無疾而終。世稱寶公。亦作誌公。詳見梁僧傳十。

【寶誌瘞所】（雜名）人海記曰、「明孝陵、即梁名僧寶誌瘞所。傍有八功德水、誠意伯奏改葬之、乃見二大缶對合、啓之、誌公端坐於內。髮被體。指爪繞腰矣。瘞既還、水亦隨徃。太祖異焉。敕建靈谷寺賜之。莊田甚廣。仍迎其像、建塔居之。命太常歲祭。」

【寶像】（雜名）以珍寶所造之佛像也。法華經方便品曰、「寶像及畫像。」

【寶幢】（物名）以寶珠莊嚴之幢竿也。大日經疏五曰、「上置如意珠。故曰寶幢。」兜率天神名、司音樂。彌勒上生經上曰、「兜率天宮有五大神。第一大師名曰寶幢。身雨七寶。散宮牆內。一一寶珠化成樂器。懸處虛空。不鼓自鳴。」觀無量壽經曰、「又有樂器。懸處虛空。如天寶幢。不鼓自鳴。」

【寶幢如來】（佛名）胎藏界中臺八葉院東方之尊也、赤白色、即日初出之色也。寶幢者以菩提心統率萬行、降伏四魔軍衆之標幟也。密號曰福聚金剛、是此如來轉第八識而得之大圓鏡智所成。而此鏡智含藏一切智德、故亦曰福壽。左手為拳、安於脇、右手垂而觸地。種子為無點之𑖀字、以是為初發之菩提心故也。金剛界稱阿閦如來。其密號同。是四種法身中之自受用身也。大日經一曰、「東方號寶幢。身色如日暉。」同疏四曰、「次於四方八葉上觀四方佛。東方觀寶幢如來。如朝日初現。赤白相輝之色。寶幢是發菩提心義也。譬如軍將統御大衆。要得幢旗。然後部分齊一。能破敵國。成大功名。如來萬行亦復如是。以一切智願爲幢旗。於菩提樹下降伏四魔軍衆。故以爲名也。」

【寶篋印】（眞言）寶篋印陀羅尼也。

【寶篋印塔】（堂塔）納寶篋印陀羅尼之塔也。經中說其功德曰、造像作塔者。奉安此呪。卽成七寶所成之塔。卽是奉藏三世如來全身舍利也。佛祖統紀四十三曰、「吳越王錢俶。天性敬佛。慕阿育王造塔之事。用金銅精鋼造八萬四千塔。中藏寶篋印心呪經。布散部內。凡十年而訖功。」見塔條。

【寶篋印陀羅尼】（眞言）寶篋印陀羅尼經所說之神呪也。經曰、「若有惡人。死墮地獄。受苦無間。免脫無期。有其子孫。稱亡者名。誦上神呪。纔至七遍。洋銅熱鐵。忽然變爲八功德池。」

【寶篋印陀羅尼經】（經名）具名一切如來祕密全身舍利寶篋印陀羅尼經、一卷。唐不空譯。此陀羅尼藏三世諸佛全分之法身舍利、故云寶篋。堅固不壞、故云印。

【寶樓觀】（術語）觀經所說十六觀法中第六觀。極樂寶樓珠閣之相也。經曰、「衆寶國土一一界上有五百億寶樓閣。其樓閣中有無量諸天作天伎樂。」

【寶樓閣法】（修法）寶樓閣經之修法也。道場觀有千葉之大蓮華。七寶莊嚴。於中有曼荼羅。曼荼羅中心有不字。字變成佛鉢。鉢變成釋迦如來。住於說法印。相好圓滿。大衆圍繞。有根本陀羅尼。能誦持之。則成就一切所願。見寶樓閣經百二十尊法。

【寶樓閣經】（經名）大寶廣博樓閣善住祕密陀羅尼經之略名。

【寶賢大將】（異類）夜叉王名。最勝王經四天王品云、彼獻佛以陀羅尼、名寶賢陀羅尼經。」

【寶賢陀羅尼經】（經名）一卷。趙宋法賢譯。佛在祇園。寶賢大夜叉王獻呪。使貧苦之衆生安樂。

【寶德藏經】（經名）佛母寶德藏般若波羅蜜經之略名。

【寶器】（雜名）寶玉之器也。維摩經弟子品曰「無以穢食置於寶器。」

【寶輻辟支佛】（佛名）胎藏界釋迦院上行南端第七位之尊。密號曰圓寂金剛。四緣覺之一。白黃色。比丘形。右手掌向外。垂指當胸。左手執袈裟二角。置臍下。坐於赤蓮。

【寶積佛】（佛名）以無漏聖道之法寶積集莊嚴。故名。智度論九曰、「寶積以無漏根力覺道等法寶集。名爲寶積。」

【寶積經】（經名）大寶積經之略名。

【寶積三昧】（術語）如摩尼寶珠映徹一切、入此三昧者。能觀見諸法之本際、故名寶積三昧寶積三昧文殊師利菩薩問法身經曰、「何故名寶積佛言譬如摩尼珠本自淨好復以水洗置其平地轉更明徹無不見者(中略)住是三昧中無不見諸法本際。其有住者以爲得印。」

【寶積菩薩】(菩薩) 法華經之同聞衆也。嘉祥法華經疏二曰、「寶積者財法二寶積累兼充也。」

【寶積經論】(書名) 大寶積經論之略名。

【寶積長者子】(人名) 毘耶離城之長者子也、五百長者子皆持七寶之寶蓋獻佛以偈贊佛請問菩薩淨土之行。見維摩經佛國品。

【寶積三昧文殊師利菩薩問法身經】(經名) 一卷、後漢安世高譯。佛入寶積三昧、自三昧起、與文殊問答法身不生不滅之深義。後舍利弗與文殊應答。

【寶髻佛】(佛名) 囉怛那尸緊鷄佛之譯名。

【寶髻經四法優婆提舍】(書名) 一卷、天親造、元魏毘目智仙譯。釋大方等大集經之第十分。

【寶樹】(雜名) 珍寶之樹林也。謂淨土之草木。法華經壽量品曰、「寶樹多華樹。衆生所遊樂。」觀經詳說寶樹觀。

【寶樹觀】(術語) 觀經所說十六觀中之第四觀。淨土寶樹之相也。經曰、「地想成已、次觀寶樹。(中略)觀見樹莖枝葉華菓皆令分明。是爲樹想。名第四觀。」

【寶螺】(物名) 螺貝也、爲法具、故云法螺。尊重而云寶螺也。千手經曰、「若欲召呼一切諸天善神者、當手寶螺。」參照法螺條。

【寶藏】(譬喩) 累積珍寶之庫藏也、妙法能濟衆生之苦厄、故以爲喩。無量壽經曰、「無量寶藏自然發應。敎化安立無數衆生。」法華經信解品曰、「今此寶藏自然而至。」

【貧女寶藏喩】(譬喩) 貧女不知埋伏寶藏、困窮貧苦、智者敎之、使發掘得大安樂。以喩衆生不知有佛性、自沈淪於生死、佛敎之使悟道成佛。見涅槃經七同二十七。

【寶藏神】(異類) 司無盡財寶之大夜叉王也。衆生敬信者能安住一切之財寶。見寶藏神大明曼拏羅儀軌經。

【寶藏論】(書名) 一卷、姚秦僧肇著。一云肇論。

【寶藏天】(天名) 福德之天。梵云吒羅佉、卽寶藏天女也。

【寶藏天女】(天名) 天女名吒羅佉、能藏金寶、故號寶藏。能祈禱之者、可獲無盡之寶財。見寶藏陀羅尼法。

【寶藏如來】(佛名) 寶海梵志之子、

出家成道、號寶藏如來、阿彌陀佛乃至釋迦牟尼佛、皆依此佛而發心成道。

【寶藏天女陀羅尼法】（經名）一卷、失譯。說寶藏天女之陀羅尼及修法。

【寶藏神大明曼拏羅儀軌經】（經名）二卷、趙宋法天譯。佛在楞伽國說寶藏神大夜叉王之陀羅尼及修法。

【寶獸摩羅】（動物）即失收摩羅。翻譯名義集謂是鰐魚。六波羅蜜多經不退轉品曰、「寶獸摩羅水族之類。」

【寶鏡】（物名）至寶之明鏡也。千手千眼觀世音菩薩大悲心陀羅尼經曰、「若爲求大智慧者。當於寶鏡手。」般若軌二十一種供物中第十八爲寶鏡、又神前置寶鏡、是壇鏡也。

【寶鏡三昧歌】（書名）洞山大師所作。比心於明鏡也。會元十三洞山章曰、「因曹小辭。師遂囑曰。吾在雲巖先師處。親印寶鏡三昧。事窮的要。今付示汝。」寶鏡才命論曰、「心徹寶鏡。」注曰、「夫心以鑑物。庶品不遺。洞徹幽明。同乎寶鏡。」

【寶嚴經】（經名）摩訶衍寶嚴經之略名。

【寶鐸】（物名）又云風鐸、簷鐸。今懸於堂塔之檐端之大鈴也。法華經曰、「金鐸琴箜篌。」

【寶鑰】（書名）秘藏寶鑰之略稱。

【辭無礙智】（術語）四無礙智之一。

【辭無礙辯】（術語）同辭無礙智。

【鯨魚】（動物）梵云摩竭。一譯鯨魚。見摩竭條。

【鯨音】（譬喩）譬梵鐘之聲也。祖庭事苑曰、「物類感志云。海岸有獸曰蒲牢。而性畏鯨魚。食於海畔。鯨或躍。蒲牢即鳴。聲如鐘。今人多狀蒲牢獸形施鐘上。斲撞爲鯨而聲之。鯨本無聲。因鯨躍而蒲牢鳴。故曰鯨音。」

【闍黎】（雜名）闍音社、平聲、讀若蛇音、今作闍非。王播題木蘭寺詩曰、「上堂已了各西東、慙愧闍黎飯後鐘、二十年來塵撲面、而今始得碧紗籠。」餘詳闍黎條中。

【獸主】（流派）梵名播輸鉢多。Paśupati 唯識論所說五種外道之一。

【鏧】（物名）又作金、或作鏧子銅鉢。樂器名。以銅製之、如仰半鐘、擊以枹木、取勸行之節者。

【懶殘】（人名）高僧傳曰、「衡岳寺僧明瓚禪師性懶而食殘。號懶殘。李泌異之。往見。正撥火煨芋啖之。取其半授泌曰、勿多言。領取十年宰相。」

二十畫

【露】（雜名）梵語、波嚕沙拏。譬物之無常。金剛經曰、「如露亦如電。」涅槃經三十

八曰、「如朝露勢不久停。」原語、金剛經作 Avaśyāya

【露牛】（譬喻）露地之大白牛車也。譬一乘之妙法。法華經譬喻品曰、「諸子等安穩得出皆於四衢道中露地而坐。（中略）爾時長者各賜諸子等一大車、其車高廣、衆寶莊校。（中畧）駕以白牛。」秘藏寶鑰下曰、「羊鹿幾而露牛疾。」

【露地】（雜語）無物被覆於上之土地也。法華經譬喻品曰、「諸子等安穩得出。皆於四衢道中露地而坐。」

【露地坐】（術語）十二頭陀行之一。於露地坐禪也。行事鈔下三之一曰、「在露地者、智論云、我觀樹下如半舍無異、蔭覆涼樂、又生愛著、便受露地日光遍照、空中淨明。易入空定。」大乘義章十五曰、「露地坐者。樹下陰濕、久居致患、故至露地。」

【露地白牛】（譬喻）法華經譬喻品所說立於門外露地之大白牛車也、譬大乘法。碧巖九十四則垂示曰、「露地白牛眼卓朔耳卓朔。」見露牛條。

【露形外道】（流派）又云離繫外道。梵云尼犍子是也。以脫衣露形爲正行者。俱舍寶疏九曰、「離繫者即是露形外道、離衣等繫、故名離繫。此外道受持種種露形拔髮等禁。」

【露柱】（物名）立於堂外正面二本之柱也。碧巖八十三則曰、「雲門示衆云、古佛與露柱相交、是第幾機。」

【露命】（譬喻）譬壽命無常如露也。成實論十七曰、「智者知今無常如條上露。」鹿母經偈曰、「無常難得久、命如露著草。」

【露堂堂】（堂塔）物堂堂然顯了分明。對於黑漫漫而言、見貞和集一。

【露槃重數】（雜語）十二因緣經曰、「八種塔並有露槃、佛塔八重、菩薩七重、辟支佛六重、四果五重、三果四重、二果三重、初果二重、凡僧但蕉葉火珠而已。」

【露幔】（物名）露出於堂塔外之幔幕也。法華經序品曰、「珠交露幔。」

【露遮】（人名）婆羅門名、無譯名。佛破此婆羅門之惡見、見長阿含經十七露遮經。巴 Lohicca

【譬喻】（術語）梵云阿波陀那。Avadāna 以了知之法、顯未了知之法也。法華文句五曰、「譬者比況也、喻者曉訓也、託此比彼、寄淺訓深。（中畧）動樹訓風、舉扇喻月、故言譬喻。」涅槃經二十九說八種之喻法、一、順喻、隨順世諦次第、自小向大而喻也。天降大雨則小坑滿、小坑滿故大坑滿、大坑滿、故乃至大海滿、如來法雨亦如是、衆生戒滿、乃至解脫滿、解脫滿故涅槃滿、是名順喻。二、逆喻、逆於世諦次第、自大向小爲喻也。大海本爲大河、大河本爲小河、乃至溝澮本爲大雨、如是如來涅槃本爲解脫乃至持戒本爲法雨、是名逆喩。三現喩以現前事爲喩也、如說衆生心性猶如獮猴、四非喩假設非實事之事爲喩也、如說佛告波斯匿王有大山自四方來欲害人民、則王如何是假設四山譬老病生死也。五先喩先設譬喩、後以法合也、如說有人貪著妙花而採取之時爲水漂流、衆生如是貪愛五欲、爲生死之水漂沒、六後喩先說法後設喩而顯之也、如經云勿輕小罪以爲無殃、水滴雖微、漸滿大海是也。七先後喩先後所說皆是譬喩之意、如經云譬如芭蕉生果則死、愚人得養亦復如是、如騾懷妊命不久全是也。八徧喩始末皆假喩而顯之也、如具說忉利天質多羅樹生長之狀、而徧喩佛弟子等。

【波羅夷四喩】（名數）佛就比丘波羅夷特說四喩戒之。五分律一曰「犯婬者。如針鼻缺不可復用。如人命盡不可復活、如石破不可復合、如斷多羅樹心不可復生」。

【佛壽四喩】（名數）王舍城中有一菩薩、名信相（最勝王經曰妙幢）一時作是思惟、何因何緣釋迦如來壽命短速方八十年耶。復更念如佛所說有二因緣壽命得長、一不殺。二施食、而我世尊於無量百千萬億那由陀阿僧祇劫修不殺戒、具足十善、飲食惠施、不可限量、乃至以己身骨髓肉血令飢餓衆生充足飽滿、況餘飲食耶。菩薩作是念時其室成廣博莊嚴淨妙寶室、於室四面各有四寶上妙高座自然而出、是妙座上有蓮華、蓮華上有四如來、東方名阿閦、南方名寶相、西方名無量壽、北方名微妙聲。是四如來坐師子座上、放大光明、照三千大千世界、欲色界諸天八部衆及無量百千萬億諸大菩薩、以佛神力一時來集。爾時四佛於大衆中以略偈說釋迦如來所得之壽量曰、一切諸水可知幾滴、釋尊之壽命無有數、（是云海滴喩）諸須彌山能知其斤兩、釋尊之壽命無有量、（是云山斤喩）一切之大地能知其塵數、釋尊之壽命無有算、（是云地塵喩）虛空之分界尚可盡邊、釋尊之壽命無有計、（是云虛空界喩）見金光明經一。（最勝王經說第二山斤喩、作析諸妙高山如芥能知其數、釋迦之壽量數不可知、此爲山芥喩）

【金剛經六譬】（名數）金剛經曰「一切有爲法、如夢幻泡影、如露亦如電、應作如是觀」

【觀佛三昧海經六譬】（名數）示念佛三昧之勝德以六譬、一長者閻浮檀那紫金之喩、二王寶印之喩、三長者如意珠之喩、四仙人善況之喩、五力士髻珠之喩、六劫末金剛山之喩、見往生要集下末。

【法華經七喩】（名數）一火宅喩、出於第二卷譬喩品。二窮子喩、出於第二卷信解品。三藥草喩、出於第三卷藥草喩品。四化城喩、出於第三卷化城喩品。五衣珠喩、出於第四卷授記品。六髻珠喩、出於第五卷安樂行品。七醫子喩出於第六卷壽量品。

【如來藏經十喩】（名數）爲顯一切衆生皆有如來藏性而說九喩合所喩之法稱爲十喩。一萎花中之佛。二巖樹之蜂蜜。三稃中之秔粱。四不淨處之金。五貧家之寶藏。六菴羅果之種。七弊物中之金像。八貧女之貴胎。九模中之金像。見大方等如來藏經。名義集五。

【般若經十喩】（名數）大乘顯諸法之空性有十喩。智度論六曰「經解了諸法如幻、如焰、如水中月、如虛空、如響、如犍闥婆城、如夢、如影、如鏡中像、如化。」

【維摩經十喩】（名數）顯人身之無實以十喩。一是身如聚沫。二是身如泡。三是身如焰。四是身如芭蕉。五是身如幻。六是身如夢。七是身如影。八是身如響。九是身如浮雲、十是身如電。見維摩經方便品。

【仁王經八喩】（名數）一一切衆生心識之神本。神本者神髓根本也。般若明一切衆生心識之實相。故稱心識之神本。是實相般若也。新譯經言能出生一切諸佛法、一切菩薩解脫法是也。二一切國王之父母。般若生王慧解之心。故稱國王之父母。是觀照般若也。新譯經言能出生一切國王無上法、一切衆生少離法是也。三神符。是依般若而能達實相之境界。故能伏天魔外道。是世出世之善根皆能守護。故譬以神符。新譯經言能鎭毒龍諸惡鬼神是也。四辟鬼珠。般若能辟鬼神之難。故名辟鬼。新譯經以與上之神符攝而爲一。五如意珠。能稱人心之所求而使滿足。故譬以如意珠。新譯經言摩尼寶體具衆德。能遂人心所求滿足。能應輪王。名如意珠是也。六護國珠。般若之力能拂七難。使國土安穩。故名護國珠。所以爲鎭護國家之經也。七天地鏡。般若能照一切衆生之迷闇。故稱天地鏡。新譯經言若於闇夜置高幢上。光照天地。明如日出是也。八龍寶神王。依於此經能得甘雨。故稱爲龍寶神王。新譯經言能令難陀跋難陀等諸大龍王降霔甘雨。潤澤草木是也。神符以下六種之功德者。文字般若也。見仁王經受持品天台疏下。嘉祥疏六。良賁疏下。

【二十種喩法】（名數）一般若爲母。二方便爲父。三檀爲乳母。四尸羅爲養母。五忍爲莊嚴具。六勤爲養育者。七禪爲浣濯人。八善知識爲敎授師。九一切菩提分爲伴侶。十一切善法爲眷屬。十一一切菩薩爲兄弟。十二菩提心爲家。十三如理修行爲家法。十四諸地爲家處。十五諸忍爲家族。十六大願爲家敎。十七滿足諸行爲順家之法。十八勸發大乘爲紹家業。十九法水灌頂一生所繫之菩薩爲王之太子。二十成就菩提爲能淨家族。

【譬喻周】（術語）法華迹門三周說法之一。說火宅之譬喻、以化中根之一周也。見三周條。

【譬喻品】（經名）法華經二十八品中之第三、出於經之第二卷。說火宅之喻。

【譬喻師】（人名）又云日出論者。小乘十八部中經量部之元祖也。唯識述記二本曰、「日出論者卽經部本師。佛去世後一百年中、北印度怛叉翅羅國有鳩摩邏多。此言童首。造九百論。時五天竺有五大論師。喻如日出明導世間。名日出者。以似於日。亦名譬喻師。或爲此師造喻鬘論集諸奇事名爲譬喻師。經部之種族。經部以此所說爲宗。當時猶未有經部。經部四百年中方出世故。」因之而古攝論謂之經部師、新攝論謂之譬喻師。

【譬喻部】（術語）譬喻師之部宗、卽經部也。見譬喻師條。

【譬喻說】（術語）十二部經之一。見次項。

【譬喻經】（術語）十二部經之一。梵云阿波陀那。經中說譬喻而令曉悟義宗所在者也。正理論四十四曰、「言譬喻者爲令曉悟所說義宗。廣引多門比例開示。如長喻等契經所說。」法華經方便品曰、「亦說於因緣譬喻幷祇夜。」又（經名）藏經中題譬喻經者有五部、一比丘道略集之雜譬喻經一卷、二失譯之衆經撰雜譬喻經二卷、三吳康僧會譯之舊雜譬喻經二卷、四失譯之雜譬喻經二卷、五後漢支婁迦讖譯之雜譬喻經一卷。已上五部同名別本。又經律異相等引十卷譬喻經、今不傳。往生要集記五曰、「十卷文、唐法遂造賢聖集也。」此外涅滅之同名經十部、載於出三藏記。又佛說譬喻經、一卷、唐義淨譯、佛爲勝光王說空井樹根、二鼠、四蛇、毒龍、蜜滴、蜂螫、火燒之喻。

【譬喻量】（術語）四量之一。見量條附錄。

【譬喻王經】（經名）大集譬喻王經之略名。

【譬喻論師】（人名）與譬喻師同。

【蘆葉達磨】（故事）達磨於大通元年來支那、爲武帝說法、見其非器、去梁渡江至魏洛陽時、折蘆葉爲船而渡江云。

【譪吉】（鬼名）見次項。

【譪吉支】（鬼名）魅人死尸之鬼也。玄應音義二十一曰、「譪吉梵言譪吉支。此云起屍鬼也。」慧琳音義五十四曰、「譪吉支起屍鬼名也。」詳見毘陀羅條。

【譪羅筏拏】（異類）Airāvana 又作愛羅筏、龍名。又象王名。玄應音義二十五曰、「譪羅筏拏、舊名伊羅鉢多羅、亦云㷃羅鉢多羅。Elāpattra 伊羅此云香、鉢多羅此云葉。名香葉象也。」(鉢多羅 Pattra 者葉也 vana者林也) 慧琳音義八曰、「大龍王名。此無正翻。」俱舍光記十九曰、「藹羅筏拏。是水名水中龍象從水爲名即帝釋所乘龍象王也。」見堙羅那條。

【蘇乞史麼】(雜語) 同於蘇吉施羅。

【蘇末那】(人名) Sumana 又作蘇摩那、蘇蔓那、須摩那。人名。譯曰善意。見本行集經四十三。因花名。蘇摩那花也。玄應音義二十一曰、「蘇末那。舊云蘇磨那。花色黃白。亦甚香。不作大樹。纔高三四尺。四垂似蓋。」一知首四分律疏九曰、「蘇蔓那花。末利末相似。廣州有。」

【蘇目可】(異類) Sumukha 夜叉名。譯曰善面。見大孔雀經中。

【蘇弗多羅】(動物) Suputra 鳥名。譯曰善子。見本行集經五十二。

【蘇弗窒利】(雜語) Suputri 譯曰善女。見本行集經五十二。

【蘇合】(雜名) 香名。梵名咄嚕瑟劍。名義集三曰、「咄嚕瑟劍。此云蘇合。珙鈔引續漢書云。出大秦國。合諸香煎其汁謂之蘇合。」梵 Turuska

【蘇陀】(飲食) Suta, Sudhā 舊稱須陀、譯曰甘露、天上之食物。玄應音義二十二曰、「蘇陀味。舊經中作須陀飯。此天甘露食也。」瑜伽論四曰、「有食樹從其樹裏出四食味。名曰蘇陀。所謂青黃赤白。」同略纂二曰、「有四種蘇陀味者。謂青黃赤白四色妙味。」

【蘇陀夷】(人名) Sudāya, Sudāna 又作須陀、須陀那、沙彌名。譯曰善施。俱舍光記十四曰、「蘇陀夷。此云善施。年始七歲。佛問。汝家在何。彼答言三界無家。稱可佛心。未滿二十。佛許僧中羯磨受戒。」旃陀越國王經詳說之。

【蘇陀沙拏】(人名) 見蘇達拏條。

【蘇陀扇陀】(飲食) 良藥名。智度論六曰、「有妙藥名蘇陀扇陀。病人眼見衆疾皆愈。」梵 Sudhasyanda

【蘇伐羅】(雜名) 見素嚩哩拏條。

【蘇伐剌拏瞿怛羅】(地名) 國名。譯曰金氏。西域記四曰、「大雪山中有蘇伐剌拏瞿怛羅國。唐言金氏。出上黃金。故以名焉」梵 Suvarṇa-gotra

【蘇多達】(人名) Sudatta 舊稱須達、須達多、譯曰善施、善與、給孤獨長者之名。西域記六曰、「蘇達多。唐言名施。舊曰須達。訛也。」見須達條。

【蘇吉施羅】(雜語) 譯曰樂。梵語雜名曰、「樂梵語蘇吉施羅。」文殊師利寶藏陀羅尼經曰、「極安穩佛梵名蘇乞史麼。」梵 Suksema

【蘇利耶】(天名) Sūrya 又作蘇哩

耶、須梨耶。譯曰日。慧琳音義上曰、「蘇利耶者此云日也。」梵語雜名曰「蘇哩也」。

【蘇那摩】（人名）Sunāman 天子名。譯曰善名見勝天王般若經七。

【蘇伽密多】（人名）Sugatamitra 比丘名譯曰如來友見慈恩傳二。

【蘇沒囉多】（術語）見蘇嚩囉多條。

【蘇呵】（術語）Svāhā 卽蘇波訶也。

【蘇油】（飲食）牛乳所製之油或食或塗身寄歸傳一曰「蘇油（Ghṛta）乳酪、所在皆有」。又以蘇摩那之花汁而作之香油法華經法師功德品曰「諸樹華果實及蘇油香氣」。

【蘇波故】（人名）見蘇婆呼條。

【蘇波訶】（術語）Svāhā 又作蘇婆訶、娑婆訶、莎縛訶、薩婆訶、率縛訶、娑嚩賀、蘇和訶、馺婆訶、馺皤訶、沙訶、娑訶、莎訶等。眞言之結句也。仁王經儀軌下曰「娑縛賀此云成就義。亦云吉祥義。亦云圓寂義。亦云息災增益義。亦云無住義。今依無住義。卽是無住涅槃。依此無住涅槃。盡未來際利樂有情無盡期故。」大日經疏四曰、「末句云莎訶是驚覺義。以一切如來行菩薩道時同見如是義故。必定獅子吼發誠實言。我要當以此阿字門遍淨無盡衆生界。若我此誓不虛者。共有一切衆生誦我誠言。不斷法則。則當如其所願。皆充滿之。我今以隨如來三昧耶。敎說是眞言。唯願不違本誓。故令我道場具足嚴淨。故言莎訶也。」又曰「莎訶者如僧羯磨竟加忍更可印成句。若我所發誠言必定無謬。唯願諸佛不越三昧耶。故令所作圓滿也。」同九曰、「莎訶是驚覺諸佛令作證明。亦憶念持義。」同十三曰、「娑訶是警發義也。以此眞言警發諸佛。說此明時諸佛卽警發而起加持行人也。」又曰、「娑嚩訶娑嚩自也。訶是本也更問。」演密鈔六曰、「梵語娑嚩（合二）訶。此云本誓。謂諸佛如來同一大誓故。」同七曰、「莎縛訶是攝取義。」秘藏記本曰、「娑婆訶究竟義。圓滿義。驚覺義。成就義。散去義。」此五義如其次第表法界體性智等之五智也。究竟之義者法界體性智也。是爲方便究竟之極果。故圓滿之義者大圓鏡智也。圓鏡圓滿其義同故。驚覺之義者平等性智也。平等性智主修行之德。依三密之修行。驚覺已成之如來。又驚覺自己本有之菩提心。故成就義者妙觀察智也。妙觀察智主成菩提之德。故散去義者。成所作智也。成所作智主入涅槃之德。若入涅槃則佛散失故。見秘藏記鈔五。

【蘇和呵】（術語）見前項。

【蘇怛羅】（術語）Sūtra 又作蘇多羅、素呾纜、蘇呾纜。舊稱修多羅、修妬路。譯曰綖線。以通貫物而連綴之者。大日經五曰、「四種蘇多羅」。同疏十五曰、「綖者梵音名蘇呾纜。是連持衆德令其不散故名綖也。」玄應音義二十三曰、「素怛纜。此譯云綫。舊言修多羅或云修妬路皆訛也。」圖譯曰經、契經綖經。經典之通稱也、經典連持文義而使不散故寄喩而云素呾纜經有綖之義。且以稱聖賢之書爲經因此對翻。

【蘇夜摩】（界名）Suyāma 天名。見夜摩條。

【蘇泥怛羅】（異類）Sunetra 夜叉名。譯曰妙目。見大孔雀經中。

【蘇剌他】（術語）見蘇囉多條。

【蘇若那】（雜語）Sujñāna 譯曰妙智。見探玄記一。

【蘇迷】（雜名）蘇迷盧之略。山名。見須彌條。

【蘇迷嚧】（雜名）山名。見須彌條。

【蘇扇多】（佛名）Suśānta 佛名。譯曰妙息災。見慧琳音義七。

【蘇哩耶】（天名）見蘇利耶條。

【蘇息處】（術語）謂小乘所說灰身滅智之涅槃。勝鬘經曰、「言阿羅漢辟支佛觀察解脫四智究竟得蘇息處者。亦是如來有餘不了義說。」同寶窟中末曰、「蘇息處者。灰身滅智身永寂之處也。」

【蘇畢利耶】（人名）Supriya 人名。譯曰善愛。見本行集經四十八。

【蘇氣怛羅】（人名）Sunakṣatra 比丘名。譯曰善星。見名義集二。

【蘇婆呼】（人名）Subāhu 又作蘇摩呼、蘇波故。譯曰妙臂。蘇婆呼經有蘇婆呼童子、胎藏界曼荼羅有蘇波故菩薩。

【蘇婆訶】（術語）見蘇波訶條。

【蘇婆利】（人名）Suvarṣa 迦葉遺部部主之名。譯曰善歲。因之云蘇婆利師部。見開宗記一本。

【蘇婆師多】（雜語）Subhāṣita 譯曰妙語。大衆誦經終之言詞也。寄歸傳四曰、「經了之時大衆皆云蘇婆師多。蘇卽是妙。婆師多是語。意欲讚經是微妙語。」

【蘇婆呼經】（經名）蘇婆呼童子請問經之略稱。

【蘇婆呼菩薩】（菩薩）Subāhu 又作蘇波胡。譯曰妙臂。胎藏界曼荼羅虛空藏院虛空藏菩薩之左第二位。密號曰悉地金剛、主虛空藏吉祥之德。三昧耶形爲蓮花上一股杵。像肉色、左手持未敷蓮華、右手與願於蓮上立左膝而坐。

【蘇婆呼童子經】（經名）蘇婆呼童子請問經之略稱。

【蘇婆呼童子請問經】（經名）三卷、唐輸婆迦羅譯。與趙宋法賢譯之妙臂菩薩所問經同本。屬於密三藏中毘尼藏之秘經要典也。開元錄九曰、「蘇婆呼童子。唐言妙臂童子。」希麟音義七曰、「蘇摩呼。此云妙臂」。

【蘇部底】（人名）見蘇補底條。

【蘇部摩】（異類）Subhūma 夜叉名。譯曰妙地。見大孔雀經中。

【蘇曼那】（植物）花名。見蘇末那條。

【蘇偷婆】（術語）Stūpa 見率都婆條。

【蘇跋陀羅】（人名）Subhadra 舊稱須跋陀、譯曰善賢。佛最後之弟子名。西域記六曰、「蘇跋陀羅、唐言善賢。舊曰須跋陀羅訛也。」慧琳音義十八曰、「蘇跋陀羅。阿羅漢名也。唐言善賢。是佛在世時。最後得度聖弟子也。即涅槃經中須跋陀羅是也」拘尸那城之梵志也。壽一百二十、通四圍陀經、聰明多智、得五神通、得非想非非想定、聞佛涅槃、往佛所、聞八聖道、遂成羅漢。涅槃經四十曰、「佛告阿難。是娑羅林外有一梵志。名須跋陀。其年極老。已百二十。雖得五通。未捨憍慢。」大般涅槃經下曰、「拘尸城有一外道。年百二十。名須跋陀羅。聰明多智。誦四毗陀經。」智度論三曰、「須跋陀梵志年百二十歲得五神通。」

【蘇跋里舍那】（人名）Sudarśana 比丘名。譯曰善見。見毘奈耶雜事四十。

【蘇悉地】（術語）譯曰妙成就。Susidhi

【蘇悉地法】（修法）眞言三部大法之一。蘇悉地經所明。胎金合一之作法也。

【蘇悉地院】（術語）胎藏界曼荼羅十三院之第十一。安置不空金剛菩薩等八尊。胎藏界三部中屬於佛部。

【蘇悉地經】（經名）蘇悉地羯羅經之略稱。

【蘇悉地經疏】（書名）七卷、日本慈覺著。

【蘇悉地羯羅】（術語）Susiddhikara 譯曰妙成就作業。成就一切世間出世間作業之妙法也。蘇悉地經疏一曰、「羯羅者。又云迦羅掘。此云作也。又羯嚩麼掘。此云業。又迦羅掘。此云務也。並應通用。」開元錄九曰、「蘇悉地羯羅。唐云妙成就法。此與蘇婆呼並是咒毘奈耶。不曾入於曼荼羅。不合輒讀。同未受具人盜聽戒律。便成盜法。」

【蘇悉地供養法】（經名）蘇悉地羯羅供養法之畧稱。

【蘇悉地羯羅經】（經名）譯曰妙成就業經。三卷、唐輸婆迦羅譯。密宗三部經之一。說蘇悉地之法。眞言經一百餘部內、雖皆說速疾成就之法、而此經獨爲其至極、故名妙成就法。

【蘇悉地羯羅菩薩】（菩薩）位於胎藏界曼荼羅虛空藏院虛空藏菩薩左之第四、密號云成就金剛、主萬法成就之德。此尊雖爲蘇悉地院之主、元來爲虛空藏之眷屬、故不開立別院。三昧耶形爲斂印。相爲普通掌、又爲軍茶利印。眞言歸命爾嚩曰囉（二合）悉體（二合）羅沒第布囉嚩（二合）嚩怛麼（二合）滿怛囉（二合）娑嚩娑嚩（二合）賀（引）。像爲白黃色、當心結印。坐赤蓮華。

【蘇悉地羯羅供養法】（經名）二卷、唐善無畏譯。說蘇悉地之供養法。

【蘇悉地羯羅五莊嚴法】（修法）蘇悉地經上曰、「蘇悉地羯羅五莊嚴法。何謂爲五。一謂精進。二謂明王。三謂除障。四謂成就諸勇猛事。五謂成就一切眞言。此蘇悉地經」

【蘇揭】（術語）蘇揭多之略。

【蘇揭多】（術語）Sugata 舊稱修伽陀、修伽度、修伽多、莎伽陀等。新稱蘇揭多、索揭多。譯曰善逝。如來十號之一。去生死海而不再廻來也。玄應音義二十一曰、「蘇揭多。舊言修伽陀。或作修伽度。或作修伽多。此云善逝。卽如來德之一號也。有三義。一讚嘆，二不迴。三圓滿也。」慧琳音義十曰、「正音索蘗多。」因比丘名。飾宗記六本曰、「蘇揭多此云善來。卽莎伽陀是也。」

【蘇喇多】（術語）見蘇囉多條。

【蘇補底】（人名）Subhūti 又作蘇部底。譯曰善現。舊稱須菩提。譯曰善吉。西域記四曰。「蘇部底。唐言善現。舊曰須扶提。或曰須菩提。譯曰善吉。皆訛也。」

【蘇達拏】（本生）又作蘇陀沙拏、舊作須大拏、須達拏、須提梨拏。譯曰善牙、善施等。釋迦如來因位時、爲葉波國太子、行檀波羅蜜時之名、又名須提梨拏、譯曰好愛。太子須大拏經曰、「如來往昔爲葉波國太子、好施。應敵國來求而與以國寶白象。父王怒、放之檀特山、太子攜一妃二子至山中、後復施與之于婆羅門。」智度論十二曰、「須提梨拏太子。秦言好愛。以其二子布施婆羅門。次以妻施。其心不動。」西域記二曰、「城北有窣視婆。是蘇達拏太子以父王大象施婆羅門。蒙譴被擯、顧謝國人。」寄歸傳四曰、「東印度月宮大士作毘輸安呾囉太子歌。詞人皆舞。詠遍五天矣。舊云蘇達拏太子者是也。」玄應音義五曰、「須大拏。或言須達拏。或云蘇陀沙拏。此云善與。亦云善施。」梵 Sudāna

【蘇達梨舍那】（界名）Sudarśana 七金山之第四。譯曰善見。瑜伽略纂一曰、「蘇達梨舍那。蘇者善義。舍那見義。卽善見山。見彼山形善多生故。」

【蘇鉢剌尼】（動物）揭路茶鳥之異名。譯曰妙翅。舊譯金翅鳥。俱舍光記八曰、「或云蘇鉢剌尼。此云妙翅。翅殊妙也。舊云金翅鳥。非正所目。」梵 Suparṇin

【蘇鉢喇味底多】（雜語）譯曰善了

知華嚴疏鈔二十曰、「蘇者善也。鉢喇味底多了知也」。梵 Suparividita

【蘇蜜】（飲食）蘇者梵語伽里多。Ghrta 以酪精製者。蜜爲梵語摩度 Madhu 蜂所製者。

【蘇槃多】（術語）Subanta 又作蘇漫多。梵語之文法上示名詞之變化者。所謂八轉聲也。槃多者後之義、蘇字居於語尾之聲也。是梵語名詞中多數第七格語尾之名、爲名詞語尾一般之名詞也。唯識樞要上本曰、「聲論辨此聲中蘇字居後。漫多是後義。則是蘇字居後聲也」。寄歸傳四曰、「言七例者一切聲上皆悉有之。一一聲中各分三節。謂一言二言多言。總成二十一言也。（中畧）於七例外更有呼召聲。便成八例。初句既三。餘皆准之。恐繁不錄。名蘇槃多聲。總有三八二十四聲。」

【蘇漫多】（術語）見前項。

【蘇摩】（雜語）Soma 譯曰月。見孔雀王咒經下。因香油因神酒。見甘露條附錄。

【蘇摩呼】（人名）見蘇婆呼條。

【蘇摩那】（人名）見蘇末那條。

【蘇摩鉢】（物名）佛鉢名。五分律十七曰、「佛在蘇摩國自作鉢坯。令窰師燒。初成金鉢。次成」。參照蘇摩國鉢條。梵 Soma-pātra

【蘇摩浮帝】（人名）一作蘇摩浮抵、童子名。譯曰尊月。見寶積經百九。梵 Soma-bhūti

【蘇摩浮抵】（人名）見前項。

【蘇摩國鉢】（物名）蘇摩此翻云月。按第四分云、佛在此國人間遊行。彼國有一信樂陶師。佛一一指授教令作鉢。彼如教隨作即成。特異貴好。蘇摩鉢與諸比丘不敢受。佛聽受畜。五分律云、佛於蘇摩國自作鉢坯。以爲後式。令陶師燒。陶師便多作。合燒開竈視之皆成金色鉢。怖懼言此是大沙門神力、若王聞者。必當謂我多有金寶。使舉埋藏。佛復作令燒皆成銀鉢。亦怖懼埋藏。佛復作令燒乃成銅鉢。色青好如閻浮樹。與諸比丘不敢受。佛聽受畜。

【蘇憂那】（人名）見蘇末那條。

【蘇樓波】（雜語）Surupa 譯曰妙色。見勝天王般若經七。

【蘇頡里離佉】（書名）Suhṛ-lekha 譯曰密友書。龍樹與南大國檀越之書名。見寄歸傳四。求那跋摩三藏譯之、謂之勸發諸王要偈。義淨三藏譯之。謂之龍樹菩薩勸誡王頌。並在藏中。

【蘇頻陀】（人名）十六羅漢中第四尊者之名。無對翻。

【蘇盧都訶】（雜名）咒名。七佛神咒所說經一曰、「惟越佛說有一萬八千病。以一咒悉以治之。此陀羅尼名蘇盧都訶。晉言梵音決定。」

【蘇彌盧】（界名）蘇彌樓山名。見須彌條。

【蘇羅】（飲食）見窣羅條。

【蘇嚩囉多】（術語）又作蘇沒囉多。Suvrata 譯曰善住戒者。持戒者之美稱。大日經疏五曰：「所云善住戒者。梵云謂之蘇嚩囉多。是弟子之美稱。如言弟子之類也。」同九曰：「蘇沒囉多。翻爲善住戒者。以其美住三昧耶。故亦名善住戒者。即是異門說佛弟子之名。」

【蘇嚩囉拏】（雜語）Suvarṇa 譯曰好色。見梵語雜名。

【蘇囉多】（術語）Surata 一作蘇喇多。譯曰妙適、妙住、妙著、妙樂。如男女相婬者。理趣釋曰：「妙適者。即梵音蘇囉多也。蘇囉多者。如世間那羅那哩娛樂。金剛薩埵亦是蘇囉多。以無緣大悲徧緣無盡衆生界。願得安樂利益心。無曾休息。自他平等無二。故名蘇囉多耳。」大日經十六曰：「蘇喇多金剛妙住也。謂共住安穩也。」同十七曰：「梵音名蘇羅多。是著義。著微妙之法。故名蘇羅多也。復次蘇羅多者。是共住安樂義。謂共妙理而住受於現法之樂也。復次樂著妙事業。故名蘇羅多也。又以棄邪趣正義。故名蘇羅多也。又遍欲求義。故名蘇羅多也。」又阿羅漢名。慧琳音義十八曰：「蘇剌多。亦阿羅漢名。唐云善樂。」又國名。西域記十一曰：「蘇剌佗（Suraṭha）國。西印度境。」

【蘇嶺】（雜語）蘇達盧山之嶺。舊稱曰須彌山。

【蘊】（術語）梵名塞建陀 Skandha 舊譯曰陰。蔭覆之義。謂色心之法。蔭覆眞理也。新譯曰蘊。積集之義。謂色心之法。大小前後等。積集而成自體也。色蘊、心蘊等。義林章五本曰：「梵云塞建陀。唐言蘊。舊譯名陰。（於禁反）此陰是蔭覆義。若言蔭者。梵本應云鉢羅婆陀（中界）。或翻爲聚。故法華云五衆之生滅。此亦不然。若言衆者。梵本應云僧伽。或翻爲聚。此亦不然。若言聚者。梵本應云曷維陀」俱舍論光記一之餘同。俱舍論一曰：「聚生門種族。是蘊處界義。」頌疏界品一曰：「聚謂積聚。即是蘊義。」然新譯之仁王經上。並用二義曰：「色名色蘊。心名四蘊。皆積聚性。隱覆眞實。」

【五蘊】（術語）色受想行識之五法、皆積集爲性者。故云五蘊。

【非色四蘊】（術語）五蘊中受想行識之四者。爲心法之差別。而非色法。故云非色之四蘊。仁王經上曰：「色名色蘊。心名四

【蘊不攝無爲】（雜語）積集性者謂爲蘊。然無爲法非積集性。故不攝於蘊之中。因之而五蘊之中。雖含攝一切之有爲法。獨

無無爲法在其中也。俱舍論一曰、「蘊不攝無爲義不相應故。」

【蘊界】（術語）五蘊與十八界也。更加十二處謂之三科。俱舍論頌疏一曰、「三科蘊界訓談。」

【蘊善巧】（術語）見十善巧條。

【蘊處界】（術語）五蘊十二處十八界之畧稱。舊譯曰陰入界、普通名之爲三科。分類諸法萬有之名也。俱舍論第一頌曰、「愚根樂三故、說蘊處界三。」

【蘊落】（術語）譬五蘊之聚合於聚落也。釋摩訶衍論曰、「已過五蘊聚落故。」秘藏寶鑰下曰、「藏海息七轉之波。蘊落斷六賊之害。」

【蘊馱南】（術語）與嗢拕南同。

【蘊識】（術語）蘊蓄心識之意、如云含識、謂有情也。西域記序曰、「蘊識懷靈之異。」因識爲五蘊之一、故云蘊識。

【蘊魔】（術語）四魔之一。見四魔條。

【癢和子】（雜名）如意之異名。

【懸衣翁】（異類）十王經曰、「官前有大樹名衣領樹。影住二鬼。一名奪衣婆。二名懸衣翁。（中畧）婆鬼脫衣。翁鬼懸枝。顯罪低昂、送後王廳。」

【懸香】（物名）又作掛香。入香於囊、置之室內、以拂惡臭也。宋代禪僧用之。釋氏要覽中曰、「四分云、比丘房內臭、佛許用香泥泥之。猶臭、佛言應四角懸香。」

【懸記】（術語）懸者懸曠、懸遠也。遙記未來之事、謂之懸記。即豫言也。如楞伽經豫言龍樹之出世、摩耶經豫言馬鳴之降生。六祖壇經曰「跋陀羅之懸記」西域記曰、「昔釋迦佛懸記、當有國王於此勝地建窣堵波。」文句七上曰、「懸記如化城品未來弟子也。」

【懸脚坐】（術語）降伏鬼神之法。阿吒薄俱元帥儀軌下曰、「懸脚坐。以左右二手急作拳。捺左右二眼上。急以上脣齧下脣。裂眼看。是阿吒婆拘降伏大魔鬼神印。」

【懸鼓】（術語）修日想觀時、正坐西向而觀日之將沒、狀如懸鼓。觀無量壽經曰、「一切衆生自非生盲、有目之徒、皆見日沒。當起想念。正坐西向、諦觀於日欲沒之處。令心堅住。專想不移。見日欲沒、狀如懸鼓。既見日已。閉目開目、皆令明了。」

【懸談】（術語）講經論者、先於文前論一部之要義綱領、謂之懸談。如天台之法華玄義、淸涼之華嚴玄談是也。盂蘭盆疏記下曰、「未入經文、義章先說。故曰懸談。懸即先也。」

【懸曠】（雜語）謂佛道之幽遠也。法華經提婆品曰、「佛道懸曠。經無量劫、勤苦積行、具修諸度。然後乃成。」

【懸鏡】（物名）懸置佛堂之鏡。經中

譬鏡于佛智也。

【嚴王品】（經名）妙莊嚴王本事品之略名出於法華經第八卷記妙莊嚴王夫人淨德使其二子淨藏淨眼勸父王詣佛所聽聞法華經之往古事歷。

【嚴佛調】（人名）後漢沙門與優婆塞安玄同譯法鏡經等者開元錄一曰、「沙門嚴佛調亦云浮調」佛調二字或爲梵語。

【嚴身眞言】（術語）稱如來頂相、如來甲、如來圓光、如來舌相之四種眞言作阿闍梨事業之法必同於佛身是故以如來頂等眞言加持自身卽忽同佛之莊嚴也如來會三十二箇眞言中此四眞言以嚴身之功德殊勝故特出之大疏九曰「次下有四眞言亦是曼荼羅阿闍梨莊嚴之相」。

【嚴淨】（雜語）國土之莊嚴淸淨也。法華經序品曰、「示諸佛土衆寶嚴淨」

【嚴淨佛土經】（經名）文殊師利佛土嚴淨經之異名。

【嚴飾】（雜語）同於莊嚴。法華經序品曰、「嚴飾國界」

【嚴誡宿緣經】（經名）與起行經之異名。

【嚴熾王】（人名）嚴熾王聞大薩遮尼乾子讚嘆釋尊說深法而生解見大薩遮尼乾子所說經。

【嚴護】（雜語）嚴護其法也無量壽經上曰、「嚴護法城」。

【闡陀】（人名）又作闡那、車匿、闡擇迦比丘名太子出城時爲御馬者六群比丘之一。見車匿條因外道六論之一。百論疏上之下曰「闡陀論釋作首盧迦法佛弟子五通仙等說偈名首盧迦」因婆羅門讀誦之法也。五分律二十六曰、「有婆羅門兄弟二人誦闡陀鞞陀書後於正法出家聞諸比丘誦經不正譏訶言諸大德久出家而不知男女語一語多語現在過去未來語長短音輕重音乃作如此誦讀佛經。比丘聞羞恥二比丘往至佛所具以白佛。佛言聽隨國音讀誦。但不得違失佛意不聽以佛語作外書語。」有部毘奈耶雜事六曰、「苾芻不應歌詠引聲而誦經法。若苾芻作闡陀聲誦經典者得越法罪若方國言音須引聲者作時無犯」註曰、「言闡陀者。謂婆羅門讀誦之法長引其聲以手指點空而作節段博士先唱諸人隨後」。

【闡陀鞞陀】（術語）十八鞞陀之一。梵 Chandas

【闡敎】（職位）見僧錄司條。

【闡提】（術語）一闡提之畧。不成佛之義也此有二種、一斷善闡提、起大邪見而斷一切之善根者二、大悲闡提、菩薩有大悲心欲度盡一切衆生而成佛、衆生無盡故已畢竟無成佛之期者。見一闡提條。楞伽經一曰、「一闡提有二種。一者捨一切善根。及於無始衆生發願。」止觀六曰、「闡提有心。猶可作佛。二乘滅智。心不可生。」又比丘名。涅槃經二十六曰、「屠家之子。常修惡業。以見我故。即便捨離。如闡提比丘。」

【闡鐸迦】（人名）Chandaka又作闡陀。舊稱車匿。比丘名。譯曰樂欲。太子出城時御馬者。玄應音義二十三曰、「鐸徒洛切。人名也。此云樂欲。」慧琳音義六十三曰、「闡鐸迦。如來僕使之名。古云車匿也。」見車匿條。

【籌】（物名）梵語舍羅。Salākā 算人數之器。以竹木作之。於投票等用之。行事鈔說戒正儀篇曰、「十誦云。行籌者爲檀越問僧不知數。行籌數之。若人施布薩物。沙彌亦得。雖不住布薩羯磨處。由受籌故。」（中畧）五分籌極短並五指。極長拳一肘。極麤不過小指。極細不得減箸。（中畧）四分云。聽行舍羅。此云籌也。」同資持記曰、「並五指者。謂中人五指相並。當五寸也。拳一肘者。謂尺八也。（舒手則二尺故）然不明物體。今時多以竹木爲之。（中畧）疏云。舍羅草名。以爲籌計。」

【籌室】（故事）昔優婆毱多度人無數。算其人之籌。量盈縱橫六丈之室。云付法藏傳曰、「優波毱多化度無量衆生。皆悉獲得阿羅漢果。其得道者。一人一籌。籌長四寸。滿一石室。室高六丈。縱橫亦爾。於是名滿閻浮提。世號爲無相好佛。（中畧）尊者於無餘涅槃而取滅度。以室中籌而用耶旬。」

【纂要】（書名）六卷。宋智禮從義著。釋荆溪之止觀義例。而立異計。所謂山外宗也。

【覺】（術語）梵語菩提。Bodhi 舊譯曰道。新翻曰覺。覺有覺察覺悟之兩義。覺察者察知惡事也。覺悟者開悟眞理也。大乘義章二十末曰、「有兩義。一覺察名覺。如人覺賊。二覺悟名覺。如人睡寤。覺察。覺對煩惱障。煩惱侵害。事等如賊。唯聖覺知。不爲其害。故名爲覺。覺悟覺對其智障。無明昏寢。事等如睡。聖慧一起。翻然大悟。如睡得寤。故名爲覺。」俱舍論以盡智無生地之二爲覺體。唯識以大圓鏡智等四智爲覺體。智度論以一切種智等三智爲覺體。密教以法界體性智等五智爲覺體。

【覺了】（術語）覺悟了知事理也。無量壽經下曰、「佛眼具足。覺了法性。」楞嚴經一曰、「應知汝言覺了能知之心。住在身內。無有是處。」

【覺了法性】（術語）見十金剛心條。

【覺人】（術語）覺悟眞記之人。佛祖統紀四十二曰、「唐穆宗南山律師讚曰。代有覺人。爲如來使。龍鬼歸仰。天人奉侍。」

【覺山】（譬喻）譬佛之妙覺於山也。

性靈集七曰「覺山妙果不可仰。」

【覺心】（術語）本覺之妙心。一心之靈性本來離迷妄。故云覺。全之卽稱佛。圓覺經曰「一切衆生種種幻化皆生如來圓覺妙心。猶如空華從空而有。幻化雖滅。空性不壞。衆生幻心還依幻滅。諸幻盡滅。覺心不動。」

【覺心不生心】（術語）日本弘法十住心論所立十住心之第七。覺知自心本來不生也。是說三論宗之意。不生者舉彼宗所說不生不滅不去不來不一不異不斷不常八不中之第一不而略他之七不者。卽覺一心不生。乃至不常之道理而離一切戲論妄想之住心也。住於此位之行者心相。卽當於三論宗。大日經住心品說「心主自在。覺自心本不生」此其略語也。秘藏寶鑰上曰「不生覺心。獨空慮絕。則一心寂靜。不二無相。」

【覺王】（術語）佛於覺得自在。故云覺王。萬善同歸集六曰「同躡先聖之遺蹤。共稟覺王之慈勅」往生十因曰「覺王一發。妄軍悉退。」

【覺分】（術語）梵語菩提分。新譯覺分。順於覺之支分有三十七法。名覺分。卽三十七科之道品也。俱舍論二十五曰「經說覺分有三十七。謂四念住。四正斷。四神足。五根。五力。七等覺支。八聖道支。（中畧）三十七法順趣菩提。是故皆名菩提分法。」Bodhyanga

【覺天】（人名）Buddhadeva 婆沙四評家之一。俱舍光記二十曰「能覺悟天。故名覺天。梵云勃陀提婆。勃陀名覺。提婆名天。舊云佛陀提婆訛也。」

【覺日】（術語）謂常住不變之日時。性靈集三曰。「覺日者也本常。妄時者也代謝。」大日經疏一曰「卽此實相之日圓明常住。湛若虛空。」

【覺支】（術語）覺察心術之偏正。謂之覺法。其覺非一。故云支。舊譯稱菩提分。（菩提譯覺）

【七覺支】（術語）覺法有七種。故云七覺支。卽七菩提分也。

【覺他】（術語）自既覺已。又說法開悟他。使離生死之苦也。三覺之一。見三藏法數四。

【覺母】（菩薩）文殊之德號。譯佛爲覺。故覺母卽佛母也。文殊於理智二門中司智門之義。因稱爲佛母。以諸佛自智慧出生故也。心地觀經三曰「文殊師利大聖尊。三世諸佛以爲母。十方如來初發心。皆是文殊敎化力。」同八曰「三世覺母妙吉祥。」（梵文殊師利。譯妙吉祥）華嚴經略策曰「問文殊菩薩。現是因人。那稱佛母。（中畧）偏主摩訶般若。復爲佛之名。」名義集二曰「

本所事佛名不動智。故常爲佛母。」

【覺行】（術語）自覺覺他之行法。大乘義章二十末曰、「覺行究滿。故名爲佛。」

【覺如】（術語）覺眞如也。

【覺位】（術語）正覺之位。成佛之位。

【覺性】（術語）離一切迷妄之覺悟自性也。圓覺經曰、「若諸菩薩以圓覺慧圓合一切。於諸性相無離覺性。此菩薩者名爲圓修三種自性清淨隨順。」又覺知之性。謂心識也。唯識論一曰、「非覺性故。」同述記一末曰、「覺者覺察。心心所總名。」

【覺岸】（譬喩）比迷於海。譬覺於岸。佛也者。到於悟岸者也。玄贊一曰、「庶令畢離苦津。終登覺岸。」又（人名）元吳興沙門覺岸、號寶洲。考釋氏之事實。著釋氏稽古略四卷。有至正十四年李桓之序。見續稽古略一。

【覺皇】（術語）如云覺王。謂佛也。釋門正統八曰、「覺皇盛心。其欲躋天下於仁壽者。」

【覺者】（術語）梵語佛陀、Buddha 譯曰覺者。覺有覺察覺悟之二義。以之自覺覺他覺行窮滿者。謂之覺者。此三缺一則非覺者。大乘義章二十末曰、「既能自覺。復能覺他。覺行圓滿。故名爲佛。」道言自覺簡異凡夫。云言覺他明異二乘。覺行究滿彰異菩薩。是故獨此偏名佛矣。」

【覺苑】（雜語）謂淨土也。又喩心也。僧清珙詩曰、「覺苑常開智慧花。」又（人名）遼燕京圓福寺沙門覺苑、號總秘大師。秘密瑜伽宗也。天祐皇帝大康三年。奉勅撰大日經義釋演密鈔十卷。有趙孝嚴引文及自序。他無紀傳可考。大康三年丁巳、宋神宗十年也。

【覺悟】（術語）會得眞理也。開眞智也。南本涅槃經十六曰、「佛者名覺。既自覺悟。復能覺他。」六十華嚴經七曰、「彼光覺悟命終者。念佛三昧必見佛。」

【覺悟知】（術語）佛智能了達諸法、故云覺悟智。金剛頂經一曰、「一切金剛界覺悟智。」

【覺悟方便】（術語）見十種方便條。

【覺城】（譬喩）覺悟之內、不入一切衆惑。故譬以城。圓覺經曰、「一切諸衆生皆由執我愛無始妄流轉。（中畧）愛憎生於心。諂曲存諸念。是故多迷悶。不能入覺城。」圭峯疏曰、「了心性空。衆惑不入。如防外敵。」又佛成正覺之都城。即摩竭陀國之伽耶城。Gayā 因明大疏上曰、「乃振錫中區。以發覺城之地。」

【覺帝】（術語）與覺王同。謂佛也。性靈集七曰、「奇哉覺帝之德。異哉經王之功。」

【覺海】（譬喩）覺性甚深滿然。譬如海也。楞嚴經六曰、「覺海性澄圓。圓澄覺元妙。」長水疏曰、「覺性周徧。甚深湛然。故如海也。」續入藏經明神宗序曰、「假筏迷津。施航覺海。」因謂佛敎也。佛以覺悟爲宗。言海者喻其敎義之深廣也。廬思道文曰、「投心覺海。束意玄門。」

【覺起印】（印相）又作金剛起印、驚覺一切如來印。驚覺諸佛使自定起之印契。修法時爲請諸佛出定護念而結之眞言。修行鈔二曰、「憲深口傳云、上觀佛時雖奉見遍空諸佛。彼諸佛未出定。故今結金剛起印加時時入定諸佛被驚覺出定護念行者。及法界衆生。千手儀軌云驚覺一切如來印攝眞實經云覺起印也。」

【覺堅】（術語）六堅法之一。謂覺了之堅固也。見三藏法數二十五。

【覺路】（術語）正覺之道路。菩提之道。楞嚴經六曰、「無上覺路。」

【覺策】（術語）醒覺妄心。警策煩惱也。止觀四上曰、「覺策煩惱。」

【覺雄】（雜語）又作世雄、梵雄等。皆佛之尊稱。覺雄者於覺道有大威猛力也。祖英集曰、「必須覺雄讓雄。」

【覺華】（佛名）智度論四十曰、「時劫名華積。佛皆號覺華。」又（譬喩）譬眞覺於華。覺者智慧也。智慧之開、如華之開。長阿含經曰、「受法而能行。覺華而爲供。」

【覺勝印】（印相）稱大日金輪之智拳印。

【覺道】（術語）大覺之道。正覺之大道。維摩經佛國品曰、「始在佛樹力降魔。得甘露滅覺道成。」肇註曰、「大覺之道寂滅無相。至味和神。如甘露。」因七覺與八正道。法華經譬喻品曰、「根力覺道。」

【覺道支】（術語）七覺支與八正道支。稱讚淨土經曰、「甚深念住。正斷神足根力覺道支等無量妙法。」

【覺義】（職位）見僧錄司條。

【覺意三昧】（術語）能使諸三昧成無漏。與七覺相應之三昧也。智度論四十七曰、「得是三昧。令諸三昧變成無漏。與七覺相應。譬如石汁一斤能變千斤銅爲金。」天台智者有釋摩訶般若波羅蜜經覺意三昧一卷。

【覺範】（人名）宋瑞州清涼寺寶覺禪師名德洪。字覺範。初名慧洪。就眞淨克文禪師而得悟。著禪林僧寶傳三十卷及林間錄。高宗建炎二年五月入寂。壽五十八。賜寶覺圓明之號。見稽古略四、佛祖通載二十九。

【覺滿】（術語）覺之圓滿者。謂佛也。大乘義章二十末曰、「既能自覺。復能覺他。覺行圓滿。故名爲佛。」

【覺德】（人名）比丘名。涅槃經云、世尊於過去爲王。名有德。爲擁護覺德比丘。與惡比丘鬪戰而死。涅槃經會疏一曰、「仙豫行誅。覺德破陣。諸菩薩上求心大。至此如海。

」

【覺劍】（譬喩）覺悟之力能破邪執、故以劍爲喩。王勃文曰、揮覺劍而破邪山。

【覺輪】（譬喩）覺性圓融周遊不息、故以車輪爲喩。關尹子曰、修眞鍊圓性通覺輪。

【覺樹】（植物）世尊於畢波羅樹下成菩提、故稱其樹爲菩提樹。梵語菩提、新譯曰覺。因云覺樹。又（譬喩）可開正覺之功德善根、譬於樹也。

【覺蘂】（譬喩）正覺爲自修行之根而發者、故譬之於花。

【覺魔子】（雜名）西藏新志中曰、「藏民篤信佛教。所生子女、出家者居多數。男子爲喇嘛、女子爲覺魔子。猶如比丘尼。其數當以五六萬計。即豪富如噶布倫家擁巨貲、其女子亦爲覺魔子。」

【覺觀】（術語）新譯云尋伺、舊譯云覺觀。麤思名覺、細思名觀。二者皆爲妨定心者。因此覺觀之有無而判定心之淺深。智度論二十三曰、「是覺觀撓亂三昧。以是故說此二事雖善而是三昧賊。難可捨離。」（中畧）麤心相名覺、細心相名觀。」往生要集中本曰、「願除滅我麤動覺觀心。」因覺與觀者爲發言語之因、離覺觀之心則無言語。維摩經弟子品曰、「法無名字言語斷故。法無有說離覺觀故。」肇註曰、「覺觀麤心言語之本。」

【覺觀風】（雜語）智度論十七曰、「譬塵蔽天日、大雨能淹之。覺觀風散心、禪定能滅之。」

【攘那䟦陀羅】（人名）Jñānabhadra 譯曰智賢。波頭摩國人。見開元錄七。

【懺】（術語）梵語懺摩 Kṣamayati 之略。悔過之義。茶香室叢鈔十三曰、宋錢易南部新書云、懺之始本自南齊竟陵王。因夜夢往東方普光王如來所聽彼如來說法。後因述懺悔之言。覺後即賓席梁武王融謝朓沈約共言其事。王因玆乃述成竟陵集二十篇懺悔一篇。後梁武得位、思懺六根罪業、即將懺悔一篇召眞觀法師慧式廣演其文。非是爲郗后所作。按今竟陵王集有淨住子三十一篇。內第三篇爲滌除三業門。其文云、滅苦之要、莫過懺悔。懺悔之法、先當潔其心、淨其意、端其形、整其貌、恭其身、肅其容云云。豈即所謂懺悔篇乎。

【懺主】（人名）杭州天竺靈山寺遵式、於靈山寺建金光明懺堂、造金光明懺儀、行其法、因之稱爲懺主。

【懺法】（術語）謂禮懺之儀制也。釋氏通鑑謂梁武帝爲妃郗氏閱大藏製慈悲道場懺法。

【慈悲懺法】（修法）釋氏通鑑云、梁武帝妃郗氏、帝爲雍州刺史時、妃薨。其性酷妬化爲巨蛇入後宮通夢於帝求爲修功德使離苦帝閱大藏製慈悲懺法請僧懺罪尋化爲天人於空中謝帝既得生天帝畢生不復立后。

【水懺法】（修法）神僧傳云唐懿宗朝有悟達法師知玄膝上生人面瘡依神僧之告而修懺悔以三昧之水洗之瘡乃癒因著慈悲水懺法三卷名水懺法。

【觀音懺法】（修法）宋咸平年中天台遵式治定請觀音經消伏毒害之懺儀現今所流布之觀音懺法是也所述正意爲勸請觀世音及一切三寶懺悔三業以成就現當之二利也其文或取經疏止觀等全文本意或取其意而略其辭或文意皆自作。

【阿彌陀懺法】（修法）又云無量壽懺法忍辱雜記上曰無量壽懺法者卽罪障懺悔神超淨域之勝法也又慈雲懺主遵式法師有往生淨土懺願儀一卷在明藏中。

【圓通懺法】（修法）觀音懺法之別名此法以觀音爲道場之主故名觀音懺法復稱觀音爲圓通大士故名圓通懺法。

【法華懺法】（修法）天台大師依法華經普賢觀經及諸大乘經之意而定六根懺悔之儀式方法著法華三昧行法（又名法華三昧懺儀）一卷由此中抄出流行於世者法華懺法是也但行其法者傳自南嶽大師起。

【方等懺法】（修法）天台大師依大方等陀羅尼經所說有方等三昧行法一卷。

【金光明懺法】（修法）天台大師依金光明經而創之宋遵式完成之撰金光明懺法補助儀一卷常爲國家修之亦名吉祥懺法。

【吉祥懺法】（修法）金光明懺法之別名因金光明懺法以吉祥天爲道場之法門主故也。

【懺法堂】（堂塔）法華三昧堂之異名法華懺法卽法華三昧之法也。

【懺悔】（術語）止觀七曰「懺名陳露先惡悔名改往修來」然懺爲梵語懺摩 Kṣamayati 之略而非漢語故台宗之子弟不取之四明之金光明經文句記三曰「懺悔二字乃雙舉二音梵語懺摩華言悔過」悔過之譯不叶本義懺摩者請他忍恕之義也又謂發露已犯罪則梵語提舍那矣 Deśayati 或 Deśanākaraṇīya 譯曰說罪也玄應音義十四曰「懺悔此言訛略也書無懺字正言叉摩此云忍謂容恕我罪也」南山戒疏一下曰「懺悔悔是此土之言懺是西方略語如梵本言懺摩也載字非蒼雅所陳近俗相傳故耳」寄歸傳二曰「舊云懺悔非關說罪何者懺摩乃是西音自當忍義悔乃東夏之字追悔爲目懺之與忍逈不相干」（中畧）恐懷後滯就他致謝卽說懺摩之言。

必若自己陳罪。乃云提舍耶矣。」有部毘奈耶十五註曰、「言懺摩者。此方正譯當乞容恕。容忍致謝義也。若觸誤前人。欲乞歡喜者。皆云懺摩。無問大小。咸同此說。若悔罪者。本云阿鉢底提舍那。Āpattidesanā 阿鉢底是罪。提舍那是說。應言說罪。云懺悔者。懺是西音。悔是東語。不當請恕。復非說罪。誠無由致。」慧苑音義下曰、「懺悔謂懺摩。此云請忍。謂請前人忍受我悔罪。」

【懺悔功德】（術語）懺悔罪為天台所立五悔之一、洗除已造之罪之唯一要法也。心地觀經一曰、「若覆罪者。罪即增長。發露懺悔罪即消除。」業報差別經曰、「若人造重罪。作已深自責。懺悔更不造。能拔根本罪。」四分律毘尼增一法曰、「佛告比丘言。汝自懺悔。於我法中能至誠如法懺悔者。便得增長。汝懺悔應生厭離心。汝比丘至誠如法懺悔。我為受之。」

【三種悔法】（名數）一、作法懺、向佛前披陳過罪、身口所作、一依於法度者。為滅犯戒之罪。二、取相懺、於定心而運懺悔之想、如佛來摩頂、以感瑞相為期者。為滅煩惱之性罪。三、無生懺、正心端坐、而觀無生之理者。為滅障中道之無明。觀普賢經曰、「若欲懺悔者。端坐念實相。衆罪如霜露。慧日能消除。」見四敎儀集註下。

【事理二懺】（名數）以上三懺中取作法與取相為事懺、無生為理懺。涅槃經十七明闍王懺悔之相、耆婆所敎者為事懺、如來所說者為理懺。止觀二曰、「理事不出三種懺法。理謂無生妙懺。事謂取相作法。」

【三品懺悔】（術語）往生禮讚曰、「懺悔有三品。上中下。上品懺悔者。身毛孔中血流。眼中血出者。名上品懺悔。中品懺悔者。偏身熱行從毛孔出。眼中血流者。名中品懺悔。下品懺悔者。偏身徹熱。眼中淚出者。名下品懺悔。」

【懺悔文】（雜語）普賢行願品曰、「我昔所造諸惡業。皆由無始貪瞋痴。從身語意之所生。一切我今皆懺悔。」此文謂之懺悔文。

【懺悔品】（經名）金光明經一曰、「懺悔品。」金光明最勝王經二曰、「夢見金鼓懺悔品。」妙幢菩薩、夢金鼓出大音聲而說懺悔之偈頌。次日述之於佛前。

【懺悔五法】（儀式）比丘懺悔罪時行五種之方式。著袈裟、袒右肩。右膝著地。合掌。禮大比丘足。說所犯之罪名。

【懺除】（術語）懺悔而除罪也。普賢觀經曰、「若欲懺悔者。端坐念實相。衆罪如霜露。慧日能消除。」華嚴經曰、「懺除罪障。隨喜福德。」

【懺儀】（修法）懺法之儀式也。法華懺法、方等懺法、觀音懺法、彌陀懺法等。佛祖統紀三十三曰、「僧傳稱漢魏以來請僧設供。同於祠祀。起坐威儀。略無規矩。至晉朝安法師始依經律作赴請禮讚等儀。」

【懺摩】（術語）Ksamaya 譯曰忍恕。請忍恕於人之辭。寄歸傳二曰、「懺摩乃是西音。自當忍義。（中畧）口云懺摩。意是請恕。」然舊譯家翻為悔者。資持記中之三曰、「梵云懺摩。此翻悔往。」見懺悔條。（又）衣名。四分律開宗記三末曰、「懺摩衣 Ksauma 野麻作衣也。」西域記二曰、「㲨摩衣。麻之類也。」

【懺禮】（術語）謂齋禮懺悔以冀降福也。南史曰、「比來慕法。普天信向。家家齋戒。人人懺禮。」

【臛臛婆】（界名）Hahava 又作嚯嚯婆、阿波波。八寒地獄第三之名。俱舍寶記十二曰、「臛臛婆者。是寒轉增。故舌不得動。但得作臛臛聲。」舊俱舍八曰、「阿波波。」

【騰蘭】（雜名）摩騰與竺法蘭。初傳佛教于支那之人。

【爐煨增】（界名）見遊增地獄條。

【爐壇】（物名）又云護摩壇。為修護摩法，据火爐之木壇也。

【襪】（雜語）又云襪子。釋氏要覽曰、「鈔云襪亦是衣。四分律云寒聽著襪。」

【襪子】（物名）即襪。

【蠕動】（雜名）總稱無足而動之蟲。即腹行之蟲也。

【繼忠】（人名）宋四明尊者知禮之法孫。得法於四明弟子廣智尚賢。有弟子二人。一曰從義。三大部補註之著者。一曰處元。義例隨釋之著者。見稽古略四。

【譯】（雜名）以本國言文與外國言文互譯也。亦作繙譯。隋書經籍志曰、「漢桓帝時。有安息國沙門安靜。齎經至洛。翻譯最為通解。」說文曰、「譯傳譯四夷之言者。從言睪聲。」李善注東京賦引作傳四夷之語者。後漢書和帝紀注引亦作語。尚書大傳曰、「越裳以三象重九譯而獻白雉。曰道路悠遠。山川阻深。恐使之不通。故重九譯而朝。注云欲其轉相曉也。」呂氏春秋慎勢篇曰、「不用象譯狄鞮。方三千里。注云周禮象胥古掌蠻夷閩越戎狄之國使。傳通其言也。東方曰羈。南方曰象。西方曰狄鞮。北方曰譯。」大戴禮保傅篇曰、「胡越之人。生而同聲。嗜慾不異。及其長而成俗也。累數譯而不能相通。」說苑善說篇曰、「鄂君子晳曰。吾不知越歌。子試為我楚說之。於是乃召越譯。乃楚說之。」漢書百官表、典客屬官有行人譯官丞。令。漢黃支國。自武帝以來。皆獻見。有譯長屬黃門。後漢書馬融傳曰、「南徼因九譯而致貢。朔狄屬象胥而來同。」方言曰、「譯、傳也。譯見也。注云、傳宣語。即相見。」急就篇曰、「旃裘蠚韡蠻夷民。去俗歸義來附親。譯導贊拜稱妾臣。」顏注、譯、傳言也。」周禮大行人、屬象胥諭言語協辭命、鄭司農云、象胥、譯官也。又象胥掌蠻夷閩貉戎狄之國使、掌傳王之言而諭說焉、以和親之、若以時入賓、則協其禮、與其辭言傳之。鄭注敍官云、通夷狄之言者曰象、此類之本名、東方曰寄、南方曰象、西方曰狄鞮、北方曰譯。案國語、舌人委而禮之、舌人卽象胥。漢書平帝紀、越裳氏重譯、顏注、譯謂傳言也、道路絕遠、風俗殊隔、故累譯而後乃通。又佞幸傳、單于怪賢年少、以問譯、顏注、譯傳語之人也。餘詳翻譯條。

【譯主】（職位）見譯經院條。

【譯師】（雜名）翻譯經論之法師也。

【譯經院】（堂塔）翻譯梵本之道場也。佛祖統紀四十三曰「天息災述譯經儀式、於東堂面西粉布聖壇、（作壇以粉飾之事在藏經）開四門、各以一梵僧主之、持秘密咒七日夜、又設木壇、布聖賢名字輪、（壇形正圓、層列佛大士天神名佐、環遶其上、如車輪之狀、）目曰大法曼拏羅、（此云大會）請聖賢阿伽沐浴、（阿伽此云器、凡供養之器皆稱曰阿伽、今言阿伽、乃是沐浴器）設香華燈水殽果之供、禮拜遶旋、祈請冥祐、以殄魔障。第一譯主、正坐面外、宣傳梵文。第二證義、坐其左、與譯主評量梵文。第三證文、坐其右、聽譯主高讀梵文、以驗差誤。第四書字梵學僧、審聽梵文、書成華字、猶是梵音。「[illegible]初爲紇哩第野、[illegible]爲素怛覽」第五筆受、翻梵音成華音。（紇哩第野再翻爲心、素怛覽翻爲經、）第六綴文、回綴文字、使成句義。（如筆受云、照見五蘊彼自性空見此、今云照見五蘊皆空、大率梵音多先能後所、如念佛爲佛念、打鐘爲鐘打、故須回綴字句、以順此土之文。）第七參譯、參考兩土文字、使無誤。第八刊定、刊削冗長、定取句義。（如無無明無明、剩兩字、如上正遍知上、闕一無字、）第九潤文、官於僧衆南向設位、參詳潤色。（如心經度一切苦厄一句、元無梵本、又是故空中一句、是故兩字、元無梵本、）僧衆日日沐浴、三衣坐具、威儀整肅、所須受用、悉從官給。天息災言、譯文有與御名廟諱同者、前代皆不避、若變文回避、慮妨經旨、今欲依國學九經、但闕點畫。詔、答佛經用字宜從正文、廟諱御名、不須回避。」山堂考索曰「太宗崇尙釋敎、置院於太平興國寺、後改爲傳法院、車駕亦嘗臨幸、得西域僧法天及天息災施獲等、取所獻梵書翻譯焉。天息災等並賜紫袍師號、又命文臣潤色其文。是歲天息災等獻所譯經文一卷、詔入藏刻板流行、自是盡取禁中梵夾、俾之翻譯、每誕節、卽獻經焉。天息災等皆至朝散大夫光祿寺鴻臚卿、以卒、自是譯經之盛、後世無比」。

【警策】（雜名）禪堂僧衆坐禪時、警醒惰氣睡魔之策鞭也。長四尺二寸、上幅少廣、有二寸弱、不問睡與不睡、可打卽打、受者合掌低頭而謝之。

【警覺】（術語）警醒心之惛沈也。唯識論三曰、「作意謂能警心爲性」。俱舍論四曰、「作意謂能令心警覺」。寶篋印陀羅尼經曰、「從佛身出種種光明間錯妙色。照觸十方。悉皆警覺一切如來。」

【釋】（雜語）釋迦或設枳也（Sakya）之略稱。佛世尊之姓也、佛法始來漢土、僧猶稱俗姓、或稱竺、或弟子多呼師之姓。如支遁本姓關、學於支謙、故爲支。帛道猷本姓馮、學於帛尸梨蜜多、故爲帛。（避暑錄話下）晉道安始云、佛以釋迦爲氏、今爲佛子者、宜從佛之氏、卽姓釋。及後阿含經渡來、經說果然、因是舉天下從之。增一阿含經二十一曰、「四大河入海。亦無本名字。但名爲海。此亦如是。有四姓。云何爲四。刹利。婆羅門。長者。居士種。於如來所剃除鬚髮。著三法衣。出家學道。無復本姓。但言沙門釋迦弟子。（中畧）是故諸比丘。諸有四姓剃除鬚髮。以信堅固出家學道者。彼當滅本名字自稱釋迦弟子。」僧祇律二十八亦同。慧能大師上唐高宗辭疾表曰、「韶州曹溪山釋迦慧能辭疾表。」四朝聞見錄附錄曰、「晉王大令保母帖攷王羲云、或有謂佛之徒稱釋、起於道安。大令時未應有釋老之稱。此又不稽古之甚者。阿含經云、四河入海、與海同流鹹。四姓出家、與佛同姓釋。釋佛姓也。此土謂佛爲釋久矣。志稱釋老、以佛對老、非謂佛之徒也。晉史云何充性好釋典、崇脩佛寺、是也。然道安以前比丘、各稱其姓、道安欲令皆從佛姓、初不之信、後得阿含經、始信之。爾後此土比丘皆姓釋、如釋慧遠是也。」香祖筆記七曰、「僧祐釋迦譜云。懿摩王四子、被擯到雪山、住直樹林中。四子生子。王歡喜言。此眞釋子、能自存立。故名釋。注、釋迦爲能。又云、在直樹林中。故名爲釋。注、梵語呼直亦曰釋。別傳云。此國有釋迦樹、甚茂盛。相師云、必出國王。因移四子立國、因名釋種。」易居錄二十二曰、「沙門自魏晉已來。依師爲姓。道安尊釋迦。乃以釋爲氏。後見阿含經云四河入海、無復河名。四姓沙門。皆稱釋種。自是遂爲定式。爲沙門稱釋之始。程大昌雍錄曰、葱嶺之西、餘國冠昭武爲姓者、皆釋種也。錢牧翁釋迦方誌辨云、釋種者、卽刹利帝王種。釋姓最貴。中天竺王、奕世君臨。居四天竺之會。其散而之四方者、王曰塞王。民曰塞種人。顏師古漢書注、釋塞聲相近。本一姓也。」又（術語）解也。唯識述記一本曰、「釋者解釋開演之義。安教立理名曰釋也。」二字以上之名句、有六種之釋體、謂之六合釋。

【釋子】（雜名）釋迦佛之弟子也。從釋迦師之敎化而出生、故名釋子。大般若經四百五十三曰、「非沙門非釋迦子。」楞嚴經六曰、「奈何如來滅度之後。食衆生肉。名爲釋子。」維摩經慧遠疏曰、「從佛釋師敎化出生故名釋子」。增一阿含經云、佛告諸比丘有四姓出家者無復本姓但言沙門釋子。所以然者生由我生。成由法成。其猶四大河皆從阿耨達池出。此方東晉安法師受業佛圖澄。乃謂師莫過佛。宜通稱釋氏。後斯經來懸合聖意。而道安法師乃印手菩薩一轉也。復有四句分別。一是釋子非沙門。乃王種也。二是沙門非釋子。婆羅門也。三是沙門是釋子比丘也。四非沙門非釋子二賤姓也。梵Śakyaputrya

【釋女】（雜名）釋種之婦女也。毘盧釋迦王殺五百釋女見西域記六。

【釋文】（雜語）解釋經論之文句也。

【釋氏】（雜名）釋爲釋迦之略稱。佛世尊之姓也。晉書何充傳曰、「充與弟準崇信釋氏」。參照釋條。

【釋氏稽古略】（書名）四卷、元覺岸撰。用編年之體。以歷代統系爲綱、而以有佛以來釋家世次行業爲緯。援據頗博。見四庫提要。

【釋外道小乘涅槃論】（書名）提婆菩薩造釋楞伽經中外道小乘涅槃論之略名。

【釋名】（術語）凡釋諸經論有大意、釋名、入文解釋三段、次第之古來之通規也。大意者先辨一經之綱要、釋名者次釋其題目之名義、入文解釋者入文而解一一文句也。如法華講最勝講、亦准此例。

【釋名字三昧】（術語）百八三昧之一。能釋諸法名字之三昧也。智度論四十七曰「諸法雖空以名字辨諸法義令人得解」。

【釋志磐】（人名）宋四明沙門志磐、著佛祖統紀者。

【釋典】（雜語）釋敎之經典也。

【釋金剛經刊定記】（書名）金剛經纂要刊定記之異名。

【釋門】（術語）釋敎之門戶也。門者通入之義、差別之義、有緣之衆生通入之、故云門、差別於他敎故云門。俱舍論七曰、「不越釋門因緣正理」。章服儀曰、「釋門常務無時不經」。釋氏往來曰、「釋門之棟梁、法衣之領袖」。

【釋門正統】（書名）八卷、宋嘉熙年中良渚沙門宗鑑集。天台宗之記傳史也。吳鎧庵居士草之、未竣而歿。其後鑑師增續舊史、准於史法而完成之、以證述釋門之正統、在台宗對於禪家所謂傳燈相承之誣罔。

【釋門章服儀】（書名）一卷、唐道宣著。舊律宗比丘之章服、依此而可知。元照有釋門章服儀應法記一卷。

【釋門歸敬儀】（書名）一卷、唐道宣撰。宋彥起有釋門歸敬儀護法記、了然有通眞記三卷。其護法記僅存卷上。

【釋風】（雜語）釋教之風規也。

【釋侶】（雜名）釋門之徒侶、謂佛弟子也。行事鈔下三曰「沙門釋侶三界之賓。」

【釋帝】（天名）三十三天之帝王、爲釋羅、故云釋帝、常稱爲帝釋天之尊也。

【釋帝善見宮】（堂塔）帝釋天之宮殿名善見城。見善見城條。

【釋迦】（佛名）Śākya 釋迦牟尼、釋迦文之略。見釋迦牟尼條。

【釋迦文】（佛名）釋迦牟尼之訛略。

【釋迦法】（修法）供養釋迦之壇法也。

【釋迦院】（術語）胎藏界曼陀羅之第六院也。

【釋迦越】（雜名）釋迦越羅之略。

【釋迦經】（術語）江南敏法師所立二教之一。謂法華涅槃等釋迦身所說之經典也。

【釋迦譜】（書名）五卷、梁僧祐撰。從三藏中選集釋迦一代教化之履歷。

【釋迦氏譜】（書名）一卷、唐道宣撰。大意同僧祐之釋迦譜而簡略。

【釋迦方誌】（書名）二卷、唐道宣撰。記釋迦一代遊化所及及滅後教法之興亡。

【釋迦牟尼】（佛名）Śākyamuni 印度迦毘羅城 Kapilavastu 主淨飯王 Śuddhodana 之子、母曰摩耶 Māyā 名呼悉多太子。誕生於城東嵐毘尼園 Lumbini 生後七日、母歿、姨母波闍波提養育之、跋陀羅尼 Bharaṇi 教養之、幼對於人生諸現象、既有思惟之處、或於閻浮樹下思耕農之苦、或見諸獸相食而厭人生之鬪爭。又於四門出遊之途上、觀生老病死之相、有遁世之志、遂乘月夜令侍者車匿爲伴、跨白馬犍陟出家。尋跋伽婆、Bhārgava（巴 Bhagavā）而聞苦行出離之道、更訪阿藍迦藍於摩揭陀國王舍城北彌樓山、Meru 聞僧佉派之法、轉而歷問鬱陀羅仙、Udraka 皆不得所求之大法、去而入優婁頻羅村苦行林、嚴苦六年、形容削瘦、極酷烈之苦、纔以爲苦行非解脫涅槃之道、斷然改前日之行、浴於尼連禪河、以去身垢、受村女所捧之乳糜、坐正覺山菩提樹下、思惟曰不得等正覺不起此坐、思惟七七日、觀四諦十二因緣之法、於是成覺者 Buddha 世尊、Lokajyestha 爲人天之師。時年三十五、自是以後四十餘年遊歷四方、化導群類、西歷紀元前四百八十七年、於拘尸城外娑羅雙樹、包於白花之香、而遂大般涅槃。

【釋迦氏姓】（雜語）Śākyamuni 又云釋迦文、釋迦文尼、釋迦者姓也、爲刹帝利種之一族、本稱瞿曇氏、後分族而稱釋迦氏。總有五名、見瞿曇條。釋迦譯曰能、能者能力也。法華玄贊曰「釋迦能姓。」慧苑音義下曰、

「釋迦能也。種族望稱也。」釋迦譜一曰、「釋迦。釋義齊云能瑞應本起亦云釋迦爲能。其解是同。」牟尼者又云文尼。譯言寂、寂嘿。又譯仁、忍、滿、儒等。身口意三業、離諸過而靜寂之義也。是爲尊稱內外諸聖德行之號。金七十論所謂「牟尼依悲說」者指迦毘羅仙人也。法華玄贊曰、「牟尼寂號也。今略云文」。慧苑音義下曰、「牟尼此云寂默也。德行之號」。大日經疏十三曰、「牟尼是佛都號也。」(見牟尼條)太子瑞應本起經上註曰、「釋迦文天竺語。釋迦爲能。文爲儒。義名能儒。」修行本起經上註曰、「釋迦文。漢言能仁。」然則釋迦牟尼翻能寂者爲正翻。譯能儒能仁能滿等者乃義譯也。

【釋迦發心】(本生)依智度論四、俱舍論十八之說、則三大阿僧祇劫前有佛名釋迦牟尼。逢此佛而發心。且願如其佛作佛、此爲最初之發心。今如其願爲釋迦牟尼、其行化一同彼佛也。俱舍論十八曰、「我世尊。昔菩薩位。最初逢一佛。號釋迦牟尼。遂對其前發弘誓願。願我當三作佛。一如今世尊。彼佛亦於末劫出世。滅後正法亦住千年。故今如來一一同彼。」依法華經化城喩品之說、則過去久遠劫有佛名大通智勝如來。其佛未出家時有十六王子。後亦皆出家爲沙彌、聽法華。遂皆成佛。其第十王子、卽今釋迦如來也。但經言「已曾供養百千萬億諸佛。淨修梵行。求阿耨多羅三藐三菩提」。則此時非初發心矣。又依悲華經二三之說、則往昔删提嵐國無諍念王時、寶海梵志有一子出家成道爲寶藏如來。其時寶海梵志勸王及王之千子、與其他數多弟子發心。王等隨之而願求淸淨佛國。其一千弟子與五侍者、願求濁惡世界。梵志最後發五百大願。亦願求濁惡世界。是今釋迦如來也。是爲賢劫佛中之第四。但僅是記賢劫出世化身佛之一化。依法華經壽量品之說、則其報身成道於過去久遠。又依梵網經上之說、則其化身佛往來娑婆者八千遍。

【釋迦三僧祇修行】(本生)智度論四云、「菩薩過一阿僧祇、還從一起。初阿僧祇中心不自知我當作佛不作佛。二阿僧祇中心能知我必當作佛。口不稱我當作佛。三阿僧祇中心了了自知得作佛。口自發言無所畏難言我於來世當得作佛。」釋迦文佛自過去釋迦文佛至罽那尸棄佛、爲初阿僧祇。其中菩薩永離女人身。自罽那尸棄佛至然燈佛、爲二阿僧祇。其中菩薩以七莖青蓮華供養然燈佛。敷鹿皮衣布髮掩泥。是時然燈佛便授記。汝當於來世作佛。名釋迦牟尼。自然燈佛至毘婆尸佛、爲第三阿僧祇。若過三阿僧祇劫、則是時種三十二相業因緣。」俱舍論十八曰、「最初發心位所逢之佛名釋迦牟尼。從此供養七萬五千佛。其最後之佛名寶髻（卽上之罽那尸棄）是爲第一祇劫滿。從此供養七萬六千佛、其最後之佛名然燈、是爲第二祇劫滿。從此供養七萬七千佛、其最後之佛名勝觀（卽上之毘婆尸）是爲第三祇劫滿」此外小乘爲感三十二相說百劫之修行。因依優婆塞戒經一之說、則往昔於釋迦牟尼佛所初發心、於寶頂佛所滿第一阿僧祇劫、於然燈佛所滿第二阿僧祇劫、（此與上同）於迦葉佛所滿第三阿僧祇劫、是大乘於三祇外不別立百劫總攝之於第三祇劫。

【釋迦密教成佛】（本生）　一切義成就菩薩、旣依顯教經三無數劫修行、坐於色究竟天金剛座而證無上菩提、住於空觀而作佛果圓滿之思。然猶未見自心之本性、因是而遍空之諸佛來集、驚覺之使自禪定起、授五相之觀門、使得五智圓滿之佛果。見金剛頂經一。

【釋迦出家成道年時】（故事）　有二說。中阿含經五十六、增一阿含經三十七、有部律雜事三十八、大般涅槃經、本行集經等、皆言二十九出家、苦行六年、三十五成道、修行本起經、瑞應本起經、六度集經等、則云十九出家、三十成道。其前說有歷史可考、皆承認之。

【釋迦夾侍】（傳說）　文殊普賢二菩薩爲二夾侍、或以文殊普賢阿難迦葉爲四夾侍。此迦葉阿難之左右次第、依於臘之上下、（印度俗法尙左）普賢文殊之次第、密教胎藏界曼荼羅金剛部置於左、蓮華部置於右、與通常之理智定慧左右分配異也。

【釋迦掩室】（雜語）　肇論下曰、「釋迦掩室於摩竭、淨名杜口於毘耶」

【釋迦異名】（雜語）　華嚴經十二曰、「文殊承佛力言。諸佛子。如來於此娑婆世界諸四天下、（中略）或名一切義成。或名圓滿月。或名師子吼。或名釋迦牟尼。或名第七仙。或名毘盧遮那。或名瞿曇氏。或名大沙門。或名導師。如是等其數十千。令諸衆生各各知見」

【釋迦發遣】（術語）　對於招喚而言。謂釋迦自此土勸說往生彌陀之淨土也。觀經玄義分曰、「仰惟釋迦此方發遣、彌陀卽彼國來迎。彼喚此遣、豈容不去也」

【釋迦無師】（雜語）　止觀一之一曰、「論曰。我行無師保。經云受莂定光」同輔行曰、「智度論第二云。我行無師保。志一無等侶。積一行得佛。自然增其道。增一第十五云。阿若等五人問師。佛師爲是誰。佛答曰。我亦無師保。亦復無等侶。獨等無過者。冷而無復溫。那先經。佛無道成道。自悟一切法。法華云。佛智無師智。次受莂等者。如瑞應云」下文會之曰、「然無師之與記莂。約事雖異。其理不二。在因必藉師保。果滿稱爲獨悟」問最初之一佛有師否耶。答、無師。唯依眞如之妙薰而自發靈智也。

【釋迦如來成道記】（書名）一卷、唐王勃撰。唐釋道誠有注二卷。

【釋迦鉢印】（印相）表釋迦如來持鉢相之印相、置兩手於臍間也。大日經密印品曰「住瑜伽座持鉢相應以定慧手俱在臍間是名釋迦牟尼大鉢印。」

【釋迦多寶】（佛名）釋迦如來與多寶如來也。多寶塔中並坐之二佛也。釋迦坐右、多寶坐左。見多寶塔條。

【釋迦散華】（雜語）見散華條。

【釋迦毘楞伽】（物名）梵音 Śakrā-bhilagna 寶珠名、譯曰能勝。以此寶能勝一切世間之寶故也。觀經妙宗鈔二曰、「釋迦毘楞伽此云能勝」

【釋迦因陀羅】（天名）舊云釋提桓因。見釋提桓因條。

【釋迦彌多羅】（人名）獅子國人、譯曰能友。見華嚴持驗記。Śakyamitra

【釋迦提婆因提】（天名）見釋提桓因條。

【釋迦提桓因陀羅】（天名）見釋提桓因條。

【釋迦提婆因陀羅】（天名）見釋提桓因條。

【釋迦毘楞伽摩尼】（物名）寶珠名。釋迦毘楞伽、譯曰能勝、摩尼、寶珠之總名、此譯離垢。觀經妙宗鈔二曰、「摩尼正云末尼。此翻離垢」

【釋翅】（地名）婆兜釋翅搜之畧。迦毘羅城之別稱也。增一阿含經四十七曰、「佛在釋翅迦毘羅越尼拘留園中」見迦毘羅婆蘇都條。

【釋翅搜】（地名）又作釋氏廋。迦毘羅城之別名。見迦毘羅婆蘇都條。梵 Śākyesu (Loc.)

【釋翅搜迦維羅衛尼拘律園】（地名）釋翅搜、此云能也。迦維羅衛、此云赤澤。總謂能仁住處赤澤城也。鼻奈耶云、釋翅搜者、釋種也。迦維羅衛、亦云迦毘羅衛、又翻赤澤、又翻黃頭。尼拘律、如大房戒、釋此園在赤澤城南三四里。是釋迦如來成等正覺已、還國見父王、爲說法處。時淨飯王知佛不住王宮、卽於此園造大寺院。如祇陀林等無有異。迎佛歸國、於此而住。佛卽於此度八王子及五百釋種出家入道。八王子者、除第九優婆離是也。

【釋師】（雜名）佛爲人天之師、而釋迦爲始、故名釋師。

【釋師子】（術語）釋尊之德號也。佛於三界無畏自在、如獸中之師子王、故稱釋師子。法華經序品曰、「其六波羅蜜今見釋師子」大日經一曰「釋師子救世」大日經列十六曰。「釋師子漫荼羅卽釋迦也。」

【釋家】（術語）對於經家論家之稱。解釋經論之文義者謂之釋家。

【釋家寫經字數】（儀式）宋趙彥衛雲麓漫鈔曰、「釋氏寫經一行以十七字爲準。故國朝試童行誦經。計其紙數以十七字爲行。二十五行爲一紙。」

【釋宮】（堂塔）釋迦氏之宮殿也。法華經涌出品曰「如來爲太子時出於釋宮。」

【釋梵】（天名）帝釋與梵天也。法華經藥草喻品曰、「轉輪聖王。釋梵諸王。」無量壽經上曰、「釋梵奉持天人歸仰。」肇論下曰、「須菩提唱無說以顯道。釋梵絕聽而雨花。」大經慧遠疏曰、「釋謂帝釋。梵謂梵王。」

【釋梵護世】（天名）帝釋、梵王、爲護持世界佛法之天神、故云護世。

【釋教】（雜語）釋迦之教法也。

【釋尊】（佛名）今之佛世尊、姓釋迦、故云釋尊。

【釋雄】（雜名）釋尊之尊號也、釋尊爲世間第一之勇雄、故稱世雄與釋雄。

【釋提桓因】（天名）又云釋迦提婆因提、釋迦因陀羅、釋迦羅因陀羅、賒羯羅因陀羅、釋迦提桓因陀羅、新云釋迦提婆因陀羅、釋迦提婆因達羅。梵音 Sakra devānām Indra 釋羅爲名、譯曰能、提婆譯曰天、因陁羅譯曰主、又曰帝、卽能天主。住於須彌山頂上、忉利天（卽三十三天）之主也。略稱釋帝與帝釋。舊音之釋提桓因者、釋之一字寫釋羅、提桓之二字、寫提婆、因之一字寫因陀羅。智度論五十四曰、「釋迦秦言能。提婆秦言天。因提秦言主。」慧苑音義上曰、「釋迦者能也。因陀羅主也。言其能爲天主。」慧琳音義二十五曰、「釋提桓因具云釋迦提婆因陀羅。此云能仁天主。」觀音經義疏下曰、「釋迦言能。提桓只是提婆。提婆卽是天。因陀羅名主。能作天主。」法華玄贊二曰、「梵云釋迦提婆因達羅。釋迦姓也。此翻爲能。提婆天也。因達羅帝也。正云能天帝。釋提桓因云天帝釋俱訛例也。此在妙高山頂住三十三天之帝王。過去字憍尸迦。此云璽兒。名阿摩揭陀。此云無害毒。卽摩揭陀國過去帝釋修因之處。用爲國名。彼國古名致甘露處。」

【帝釋異名】（雜名）一帝釋桓因、爲人時行頓施、於沙門婆羅門貧苦乞於路者、施以飲食錢財、以堪能、故名爲釋提桓因。二、富蘭陀羅、爲人時、數數行施、故名。三、摩伽婆、彼爲人時之本名也。四、婆婆婆、彼爲人時數數布施供養婆詵私衣故也。五、憍尸迦、彼爲人時之本姓也。六、舍脂鉢低、以彼阿修羅女名舍脂、爲天帝釋之第一天后故也。七、千眼、以爲人時聰明智慧故也。八、因陀利、以彼天帝釋於三十三天爲王爲主故也。見雜阿含經四十。

【釋義】（術語）諸宗釋經論眞言之文句、有種種之釋體。見四釋條。

【釋經】（書名）大樂金剛不空眞實三昧耶般若波羅蜜多理趣釋二卷。畧云理趣釋、理趣釋經、釋經。

【釋種】（雜名）釋迦之種族也。釋迦種在印度爲貴族、古來尊重。後世轉而謂佛弟子。宗輪論頌曰「具大智覺慧釋種眞苾芻」同述記曰「釋種者標是佛之種、佛刹帝利姓。卽是釋迦。此翻爲能。古仙姓能。能導世故。能具德能故。」

【釋論】（雜語）於顯敎爲大智度論之略名、是釋大品般若經之書也。於密敎爲釋摩訶衍論之略稱。因對於宗論而有釋論之稱。見宗論條。

【釋疑】（書名）日本續藏經中、載名爲釋疑之著作頗多。有日本圓澄疑問唐廣修決答者。有日本圓澄疑問唐維蠲決答者。有日本義眞疑問唐口口決答者。有日本光定疑問唐宗穎決答者。有日本德圓疑問唐宗穎決答者。有日本源信疑問唐知禮決答者各一卷。

【釋摩男】（人名）五比丘之一。俱利太子也。大部補註十一曰、「善見律云釋摩男是佛叔父之子。如大經中。釋摩男執諸瓦礫皆悉爲寶。斯由過去心力所致。」

【釋摩訶衍論】（書名）十卷、龍樹菩薩造、筏提摩多譯。釋起信論者。常畧云釋論。諸家疏注如下。釋摩訶衍論記一卷唐聖法鈔。釋摩訶衍論疏六卷、缺中卷本末唐法敏集。釋摩訶衍論贊玄疏五卷、宋法悟撰。釋摩訶衍論記六卷宋普觀述。釋摩訶衍論通玄鈔四卷、宋志福撰。

【釋摩男本四子經】（經名）一卷、吳支謙譯。中阿含苦陰經下之別譯也。

【釋摩訶般若波羅蜜經覺意三昧】（書名）一卷。智者大師說。說覺意三昧之行法。

【釋輪】（物名）又云因陀羅輪。是金剛輪、卽地輪也。爲黃色方形。瑜祇經疏三曰、「天帝釋一名因陀羅。此云帝。亦云主也。居妙高山頂善法堂中。中有常住金剛界大曼茶羅三十七尊。此曼茶羅名爲釋輪。輪者方壇也。名爲大因陀羅。是地輪名也。」

【釋禪波羅蜜次第法門】（書名）十卷、智者大師說、弟子法愼記、灌頂再治。天台三止觀中說漸次止觀者也。畧云禪波羅蜜。

【釋藏】（雜名）釋敎之三藏也。宋元明皆有雕本。鴻編鉅帙。捜羅詳備。其中傳記部、纂集目錄部、可以考釋敎源流。宗派護敎部、音義部、則多隋唐以前古文。不徒修行之寶筏。亦爲藝林之珍祕也。

【釋魔梵】（天名）此爲天中之三大

主。智度論十曰、「四天中有三大主。釋提婆那民二處(四王忉利)天主。魔王六欲天主。梵世界中梵天王爲主。」

【釋籤】(書名) 法華玄義釋籤之略名。荊溪撰。註釋天台法華玄義者也。釋籤者、門人以疑義書籤而問荊溪、荊溪釋其籤中所書疑義之意。故名釋籤。荊溪自序曰、「昔在台嶺。隨諸問者籤下所錄。」籤是問釋是答也。故題釋籤者猶云問答。智度論三十三曰、「論義經者答諸問者釋其所以。」法華六瑞中有四答問序。

【辮髮】(雜名) 不動明王之頂髻也。

【辮髮梵志】(雜名) 辮與編同。交也、織也。列也。謂以頂髮交列爲紒。紒同結也。

【觸】(術語) 梵語薩婆羅奢 Sparśa、五境之一、身根所觸有堅濕煖動等十一種。俱舍論一曰、「觸者有十一。謂四大種滑性。澁性。重性。輕性。及冷。飢。渴。」図心所法之一。俱舍之十大地法、唯識之五遍行攝之。彼屬於五境者、爲所觸之色法、而此爲能觸之心法也。使根境識三者和合之心作用也。俱舍論四曰、「觸者。謂根境識和合生能有觸對。」大乘義章二曰、「令根塵識和合名觸。」十二支中之觸支是也。図不淨爲觸。增韻曰、「觸汚也。」蓋觸於不淨物而自爲不淨者、是云觸穢。

【觸入】(術語) 十二入之一。

【觸因】(術語) 見二十五圓通條。

【觸光柔軟願】(術語) 彌陀如來四十八願中之第三十三。觸於彌陀佛之光明者得身心之柔軟也。離身口之惡、爲身之柔軟、離三毒之煩惱、爲心之柔軟。無量壽經上曰、「設我得佛。十方無量不可思議諸佛世界衆生之類。蒙我光明觸其身者。身心柔軟超過人天。若不爾者。不取正覺。」

【觸杖】(物名) 同於觸籌。

【觸金剛】(菩薩) 金剛界曼荼羅理趣會五尊之一。卽五秘密尊之一。別名、計里吉羅金剛。交二手腕而持五鈷。觸者觸於欲境之煩惱也。今明觸性卽菩提之深秘、故住於抱持之相而立觸之名。見金剛界曼荼羅鈔三。

【觸背關】(術語) 宋釋惠洪冷齋夜話曰、寶覺禪師見學者必舉手示之。曰喚作拳是觸。不喚拳是背。莫有契之者。叢林謂之觸背關。

【觸毒】(術語) 觸塵害人如毒也。毘奈耶雜事九曰、「女是觸毒、被摩觸時。心便動亂發諸惡念。」

【觸食】(術語) 四食之一。觸對於六識順情之境而資益心身者。如觀劇而不覺飢。図食物之觸穢不淨者。如觸於他人之手及觸於他未洗淨之器物衣巾等者、或非爲受食而觸於自己之手者、又有種種之觸穢。

西方道俗、悉決之爲不淨而不食也。見行事鈔下一之二寄歸傳一。

【觸指】（雜名）印度之俗、上厠以左手之第四指第五指洗肛門、故左手無論左手之四五指皆爲觸指、忌觸於食器也。觸者增韻云汚也。日用軌範展鉢法曰「以兩手大拇指迸取鐼子。從小次第展、不得敲磕作聲。仍護第四第五指爲觸指不得用。」

【觸莊嚴】（術語）二十九種莊嚴之一。見莊嚴條附錄。

【觸境】（術語）見七十五法條。

【觸欲】（術語）五欲之一。男女身分等之觸境、使人起愛欲之心者。

【觸瓶】（物名）觸者汚也。攜帶於厠中之瓶也。

【觸桶】（物名）糞器也。又名淨桶。本是觸器、却名淨器者、以凡厠爲觸穢之處、而必使之淨潔、故云。西淨東淨等之稱、爲此也。見象器箋二十。

【觸象】（譬喻）同於摸象。三教指歸曰「俱醒觸象之醉、並學師吼之道。」見摸象條。

【觸落牌】（物名）牌之一面書觸字、一面書落字。觸者不淨之義。落者遺落之義。若厠中有不淨汚穢、則挂觸牌、有鞋履等落於厠內、則挂落牌、告之於淨頭。見象器箋十六。

【觸塵】（術語）六塵之一。身根所對之境爲觸、堅濕等是也。此境能眩惑人之識情、而汚眞性、故斥之云塵。

【觸鼻羊】（雜語）羊目不能辨物、凡有觸於鼻者、卽食、故云。臨濟錄曰「今時學者總不識法。猶如觸鼻羊逢着物安在口裏。」

【觸樂】（術語）依於觸對而發樂情者。如男女之身分相觸。

【觸禮】（儀式）以坐具觸於地爲叩頭之禮者。見象器箋十。

【觸穢】（術語）觸於不淨物而自汚、謂之觸。自是直訓觸爲汚。增韻曰「觸汚也」。婆羅門法中嚴立觸穢之條制、且有祓除之法。大日經疏二十曰、「觸穢時者謂失淨法。如沙門犯戒也。或謂有時放逸不覺人截其髮、或絡身繩斷、或三奇杖折、或食時爲首陀觸等。欲懺悔自罰、集三二百同姓者、大衆中用微吹至火自悔。」佛法中亦有之。雜阿含經曰「食五辛人觸穢三寶、死墮屎糞地獄、出作野狐猪狗、若得人身其體腥臭。」

【觸鐘】（雜語）鳴鐘之法、起止之二名爲觸鐘。見象器箋十八。

【觸籌】（物名）屎橛之尚未使用者曰淨籌。已使用者曰觸籌。

【鐃】（物名）見次項。

【鐃鈸】（物名）鐃與鈸爲二物、西戎

南蠻之樂器也。三才圖會曰、「金鐃如火斗。有柄以銅爲匡。疏其上。如鈴。中有丸。執其柄而搖之。其聲譊譊然。以止鼓。」杜氏通典曰、「銅鈸亦謂之銅盤。出於西戎及南蠻。其圓數寸。隱起如浮漚。貫之以韋。相擊以和樂也。」法華經曰、「琵琶鐃銅鈸。」後混爲一種、以爲法事之樂器。正字通曰、「鈸蒲活切。音拔。銅鈸今鐃鈸也。」是鐃鈸爲一物之本據也。僧史略曰、「初集鳴鐃鈸。唱佛歌讚。」

●【鐘】（物名）Ghaṇṭā 梵語、犍稚。譯曰鐘。又曰磬。爲作法事時集衆而打者。增一阿含經曰、「阿難即升講堂。手執犍稚。並作是說。我今擊此如來信鼓。諸有如來弟子衆者。盡當普集。爾時復說此偈。降伏魔力怨。除結無有餘。露地擊犍稚。比丘聞當集。諸欲聞法人。度流生死海。聞此妙響音。盡當雲集此。」行事鈔上之一曰、「佛在世時但有三下。故五分云打三通。後因他請。方有長打。（中畧）然初欲鳴時。當依經論建心標爲。必有感徵。應至鐘所禮三寶訖。具儀立念。我鳴此鐘者。爲召十方僧衆有得聞者。並皆雲集。共同和利。又諸有惡趣受苦衆生。令得停息。」參照。犍稚條。

【晨昏鐘】（雜名）山內晨昏打鐘者、支那之寺規也。敕修清規法器章曰、「大鐘叢林號令資始也。曉擊即破長夜。警睡眠。暮擊則覺昏衢。疏冥昧。」

【百八鐘】（術語）晨昏大鐘、打之一百八下也。敕修清規法器章曰、「引杵宜緩。揚聲欲長。凡三通。各三十六下。總一百八下。起止三下稍緊。」其百八之數、支那之世典以爲合所謂十二月、二十四氣、七十二候而成百八者。琴談探餘曰、「鐘聲晨昏叩一百八聲者。一歲之義也。蓋年有十二月。有二十四氣。又有七十二候。正得此數。」或以醒一百八煩惱之睡云。

【鳴鐘功德】（雜語）行事鈔上之一曰、「增一阿含云。若打鐘時。一切惡道諸苦。並得停止。」付法藏傳五云、月支國栴檀罽呢吒王、與安息國王戰而勝、殺九億人、死後生於大海中爲千頭魚、劍輪繞身而斫頭、隨斫隨生。時有羅漢僧維那、王白曰、我聞鐘聲時、苦痛少息、願爲我長打鐘、自此此寺至今長打。唐高僧傳（智興傳）曰、「亡者通夢其妻曰。不幸病死生於地獄。賴蒙禪定寺僧智興鳴鐘。響震地獄。同受苦者。一時解脫。」西域記一曰、「迦膩色迦王由惡龍請、建伽藍、打鐘息其瞋心。」

【臨終鳴鐘】（儀式）俱舍論曰、「爲臨終令生善念中死。打鐘鳴磬。引生善心故。」行事鈔下之四曰、「若終亡者打無常磬。」佛祖統紀六（智者傳）曰、「又誡維那曰、人命將終。聞鐘磬聲。增其正念。惟長惟久。氣盡爲期。」

【龍宮鐘】（傳說）祖庭事苑四曰、「感通傳云西國修多羅院有一石鐘形如吳樣色如青碧玉可受十斛鼻上有三十三天像四面以金銀隱東西兩面有寶珠大如五升一角分耀狀如華形周匝作十方諸佛初成道像至日出時鐘上有諸化佛說十二部經舍衛城童男童女悉來聽之聞法證聖犯欲者不聞法摩尼大將以金剛杵擊之百億世界中聞聲於光明中悉聞百千釋迦佛說修多羅經此鐘是拘留秦佛所造彼佛滅度後娑竭龍王收去至釋迦佛興復將來至佛滅度鐘先唱言却後三月當般涅槃鐘鼻諸天聞皆涕泣龍復將去」

【祇園精舍鐘】（物名）祇園圖經曰、「無常院中有一堂但以白銀爲飾院有八鐘四爲白銀四爲頗梨銀鐘在院之四角也而置之頗梨鐘在無常堂之四角其頗梨鐘形如腰鼓鼻有一金毘崙乘金獅子手執白拂病僧之氣（無常堂置病僧）將大漸時從是金毘崙之口說無常苦空無我手擧白拂鐘即自鳴音中說諸行無常是生滅法生滅滅已寂滅爲樂病僧聞音苦惱即除得清涼之樂如入三昧往生於淨土（中略）銀鐘者帝釋所作頗梨鐘者月天子所造其聲所至百億世界至佛滅度二鐘上去各還本土」

【鐘梵】（雜語）鐘聲梵唄也。表制集曰「時中禮懺鐘梵遞虧」性靈集八曰「鐘梵斷而亦續」

【鐘樓】（堂塔）懸大鐘之樓也。

【鐘頭】（職位）禪寺司曉昏齋鐘定鐘四時鳴鐘之職鳴鐘則別有打鐘行者爲之見僧堂清規五。

【鐘聲七條】（公案）「雲門曰世界恁麼廣闊因甚向鐘聲裏披七條」見會元十五雲門章無門關。

【鐼子】（物名）鉢中之小鉢也。名義集七曰、「鍵鎡母論譯爲淺鐵鉢經音疏云、鉢中之小鉢今呼爲鐼（音訓）子」象器箋二十曰、「應量器內累三箇小鉢自大至小總名鐼子世尊成道受四天王四鉢重作一鉢外有四脣今鐼子三與應器重爲四脣蓋本世尊故事」

【藿香】（植物）香木名法華經謂之多摩羅跋香楞嚴經謂之兜婁婆香金光明經謂之鉢怛羅香涅槃經謂之迦算香南州異物志曰、「藿香出海邊國形如都梁可着衣服中」南方草木狀曰、「藿香出交阯九眞武平興古諸國民自種之榛生五六月採日晒乾乃芬香」吳時外國傳曰「都昆在扶南南三千餘里出藿香」華夏草木考曰、「頓遜國出藿香插枝便生葉如都梁以裹衣」

【騷毗羅】（物名）譯曰濾水囊。比丘六物之一。希麟音義七曰、「騷毘羅此云濾水囊也」寄歸傳一曰、「鉢里薩羅伐拏 P

arisrāvaṇa 漉水羅也。」

【𩣡揭多】（術語）正音曰修伽陀。Sugata 卽佛十號中善逝之梵語。見玄應音義二十三。

【鹹水喩經】（經名）佛說鹹水喩經一卷。失譯人名。擧沒於海水人乃至渡海水人之七喩、以譬沒於生死人乃至到於彼岸人之七種而說法者。

【獻身】（術語）獻身於佛也。金剛頂經瑜伽修習毗盧遮那三摩地法說行者以身獻阿閦等之四佛曰、「爲欲承事諸如來。捨身奉獻阿閦佛。全身委地以心禮。金剛合掌舒頂上。（中畧）由此獻身方便故。便能示現種種身。」

【獻珠】（故事）法華經提婆品、記龍女上寶珠於佛、以表已證圓果曰、「爾時龍女有一寶珠。價直三千大千世界。持以上佛。佛卽受之。龍女謂智積菩薩、尊者舍利弗言。我獻寶珠。世尊納受。是事疾不。答曰甚疾。女言。以汝神力觀我成佛復速於此。」

【獻珠偈】（雜名）指提婆品龍女所頌深達罪福相等三行半之偈也。龍女先頌此偈、後獻寶珠。以珠顯偈之意也。玄義私記六曰、「指三行半偈名獻珠偈。珠表得記。偈明成菩提事。珠顯偈意故也。」

【獻華座印言】（印相）立印軌曰、「復次獻華座。名金剛蓮華。定慧芙蓉合。水（無名）火中俱散開。猶如蓮華葉。二風頭屈附火初節之側。住奉諸佛菩薩。」

【獻蓮華座印】（印相）十八契印之一。兩手合掌中虛、左右無名指中指頭指舒開而屈、如微敷蓮華之形。

【獻閼伽香水印】（印相）十八契印之一。兩手捧閼伽器也。見十八契印軌。

【勸化】（術語）勸人使寄附淨財於三寶也。又勸人使轉邪入正也。增一阿含經三曰、「寬仁博識善能勸化。」俱舍論十二曰、「勸化令修十善業道。」天台戒疏上曰、「勸化人受戒功德勝造八萬四千寶塔。」

【勸化帳】（物名）募集淨財之帳簿。

【須達勸化】（故事）須達長者建立祇園精舍時、雖得唯以己之貨財辦之、而爲使衆人植福、亦自乘象而勸化人云。見百緣經六。

【勸門】（術語）勸誡二門之一。勸善行之敎也。百論疏上中曰、「佛法大宗唯誡與勸。惡止明諸惡莫作。謂誡門也。善行則衆善奉行。明勸門也。」

【勸持品】（經名）法華經卷第五、第十三品之名。品之前半說諸菩薩比丘等奉佛命受持法華而弘通之、品之後半、佛更說諸菩薩勸人受持弘通、故云勸持品。前半爲持、後半爲勸持也。

【勸茶】（雜語）勸喫茶也。禪苑於食

後、有向人勸茶之禮。見象器箋十。

【勸進】（術語）勸誘策進人之善根功德也。觀無量壽經曰：「讚嘆行者。勸進其心。」法華經信解品曰：「初不勸進說有實利。」

【勸進學道經】（經名）進學經之異名。

【勸發】（術語）勸人使發佛道之心也。

【勸發品】（經名）普賢菩薩勸發品之畧。法華經第八卷第二十八品之名。說普賢菩薩自東方來、以種種勝事獎發持經人之心。

【勸發諸王要偈】（書名）一卷、龍樹撰、劉宋僧伽跋摩譯。與龍樹菩薩爲禪陀迦王說法要偈及龍樹菩薩勸誡王頌同本、說種種之勸誡。

【勸湯】（雜語）以湯爲勸也。禪林食後有勸湯之禮。

【勸誡】（術語）敎善云勸、制惡云誡。如來之敎法、必具此兩門。大判一代敎。則經藏者勸門也、律藏者誡門也。乃至諸惡莫作者誡門也。衆善奉行者勸門也。文句五下曰、「依三昧斷德則有神通。依智慧智德則有說法。智斷之力能成法身。此之智斷還從勸誡兩門入。勸卽爲人悉檀。誡卽對治悉檀。此二悉檀爲第一義悉檀而作方便。如來初欲勸門擬宜衆生。令衆善奉行。成就十力無畏一切種智。而衆生不堪。次欲以誡門擬宜。令諸惡莫作。證大涅槃。而衆生不堪。無機息化。故知念用大乘。秖是勸誡兩悉檀神通智斷耳。」

【勸誡王頌】（書名）龍樹菩薩勸誡王頌之略名。

【勸請】（術語）轉法輪請佛住世等也。而密敎之勸請有二種。一、法會之初勸請梵天夜叉等、以拂魔障者。二、正勸請所祈禱之尊也。其勸請分四方爲四種。各隨其修法之方角而勸請其方面之善衆也。最勝王經三曰、「勸請諸佛轉大法輪。」十住毘婆沙論五曰、「我今頭面禮勸請令久住。」廣弘明集三十四（淨經子）曰、「勸請者慇懃之至意也。」

【勸請神分】（術語）五種神分之一。見神分條附錄。

【勸緣】（雜語）勸有緣之人而使寄附淨財也。

【勸轉】（術語）三轉法輪之一。於苦集滅道之法、如其次第、勸知斷證修也。見三藏法數九。

【鶖鷺子】（人名）又作鶖露子、秋露子。舍利弗之譯名也。玄應音義四曰、「梵言舍利弗。舊文言舍利子、或言奢利富多囉。S ariputra 譯此言鶖鴿子。從母爲名。母眼似鴝鵒。或如秋露鳥眼。因以名焉。舊云身子者謬也。身者奢梨Śarira與此奢利聲有長短。故有斯誤。或言優波提舍Upatiṣya者從父名也。」同二十一曰、「鶖鷺鶖大鳥也。其羽鮮白。鷺白鳥也。卽白鷺也。」可洪音義二曰、「秋露子。亦作鶖鷺。鳥名也。梵言舍利弗。亦云奢利弗多羅。此云鴝鵒子也。舍利此云鴝鵒。弗此云子。此是時人見其母眼似鸜鵒。故語云舍利子也。本名優波提舍。」見舍利弗條。

【鶖子】（人名）又作鶖鷺子。舍利弗之譯名也。作鶖子者非。見舍利弗條及前項。

【孽鏡臺】（傳說）在秦廣王殿右、高丈一、鏡大十圍、向東懸掛。使惡人照此自見在世自心之險、死赴地獄之險。

【鐔津集】（書名）宋釋契嵩撰。四庫著錄本二十二卷。萬曆經房刻本則十九卷。契嵩字仲靈。本藤州鐔津人。故名其詩文集曰鐔津。宋之藤州。今廣西藤縣也。

【聻】（異類）又作魙。音讀如賤。或音接。相傳鬼死爲魙。書此字貼於門以辟邪祟。謂之辟邪符。

【鶡鵯伽羅】（動物）見迦陵頻伽條。

【贍部】（地名）Jambū 舊稱閻浮、剡浮。樹名。印度多有之。瑜伽倫記二十三曰、「西國多有贍部之樹。陰厚。此丘多在彼樹影中住。」玄應音義二十四曰、「贍部樹名也。舊經中或言剡浮。或作閻浮。訛也。」嘉祥法華義疏八曰、「閻浮者。此云穢。」

【贍部洲】（界名）此大地之總名。此地中央有贍部樹。以樹名洲。又贍部樹Jambū下生好金、名爲贍部檀金。以此金名洲。舊作剡浮洲、閻浮提洲Jambudvipa等。一洲分四主、雪山以南爲象主、以多出象也。以北爲馬主、以多出馬也。以西爲寶主、以多出寶也。以東爲人主、以人文最備也。統此四主者名爲輪王。玄應音義二十三曰、「贍部洲。從樹爲名。舊言剡浮。或云閻浮。皆一也。」慧琳音義五曰、「贍部洲此大地之總名也。因金因樹立此名。」釋迦方誌上曰、「右翻此洲云好金地。謂閻浮檀金在洲北海岸中。金光浮出海上。其傍有閻浮樹林。其果極大。得神力者方至於彼。又此一洲四主所統。」

【贍部金】（物名）贍部捺陀金之略。

【贍部提】（術語）Jambudvipa見贍部洲條。

【贍部光像】（圖像）以贍部檀金所造之佛像。給孤獨長者作之、安置於大衆之上首。有部尼陀那五曰、「若佛世尊自居衆首爲上座者。便有威肅。衆皆嚴整。世尊不在。卽無上事。是時給孤獨長者來至佛所。禮雙足已。退坐一面。而白佛言。我今欲作贍部影像。唯願聽許。佛言。應作。」寄歸傳四曰、「言贍部光像者。卽如律中所出緣起。元爲世尊不處衆時。衆無威肅。致便給園長者請世尊曰。願作贍部光像衆首置之大師許作。」

【贍部捺陀金】（物名）Jambunada-suvarṇa 贍部樹名。捺陀爲江及海之義。謂贍部樹下水中所出之金也。舊所謂閻浮檀金是也。玄應音義二十一曰、「贍部捺陀金。或作剡浮那他。舊云閻浮檀金。名一也。但贍部樹半臨陸地。半臨海中。此海水底有金也。而水極深。然金色徹出水上。若轉輪王出世。諸夜叉等神取此金將來博易。故人間有之。若著閻中。闇色則滅也。那他此言江。亦云海也。」見閻浮檀金條。

【獼猴】（動物）梵語雜名曰、「摩迦羅。」Markaṭa 經中以譬凡夫之妄心。心地觀經八曰、「心如猿猴。遊五欲樹。暫不住故。」涅槃經二十九曰、「衆生心性。猶如獼猴。獼猴之性。捨一取一。衆生心性。亦復如是。」同三十一曰、「心輕躁動轉。難捉難調。（中略）躁擾不住。猶如獼猴。」

【獼猴捉水月】（譬喩）涅槃經九曰、「喩如獼猴捉水中月。」摩訶僧祇律七曰、「過去世時有城名波羅奈。國名伽尸。於空閑處有五百獼猴。遊行林中。到一尼拘律樹。樹下有井。井中有月影現。時獼猴主見是月影。語諸伴言。月今日死落在井中。當共出之。莫令世間長夜闇冥。共作議言。云何能出。時獼猴主言。我知出法。我捉樹枝。汝捉我尾。展轉相連。乃可出之。時諸獼猴。卽如主語。展轉相捉。少未至水。連獼猴重。樹弱枝折。一切獼猴墮井水中。佛告諸比丘。爾時獼猴主者。今提婆達多是。爾時餘獼猴者。今六羣比丘是。」

【獼猴著黐】（傳說）涅槃經二十五曰、「如諸獵師純以黐膠置之案上。用捕獼猴。獼猴癡故。往手觸之。觸已粘手。欲脫手故。以脚蹋之。脚復隨著。欲脫脚故。以口齧之。口復粘著。如是五處悉無得脫。於是獵師以杖貫之。負還歸之。（中略）獼猴者。喩諸凡夫。獵師者。喩魔波旬。黐膠者。喩貪欲結。（中略）凡夫之人。五欲所縛。令魔波旬自在將去。如彼獵師黐捕獼猴。擔負歸家。」

【獼猴娙鼈】（傳說）摩訶僧祇律五曰、「過去世時。香山中有仙人住處。去山不遠有一池水。時池水中有一鼈。出池求食。食已向日張口而眠。時香山中有諸獼猴。入池飮水已。上岸見此鼈張口而眠。時彼獼猴便欲作娙法。卽以身生內鼈口中。鼈覺合口藏六甲裏。時鼈急捉獼猴。却行欲入水。獼猴急怖。便作是念。若我入水。必死無疑。然苦痛力弱。任鼈迴轉。流離牽曳。過値險處。鼈時仰臥。是時獼猴兩手抱鼈。作是念言。誰當爲我脫此苦難。獼猴曾知仙人往處。彼當救我。便抱此鼈。向彼處去。仙人遙見。便作是念。咄哉異事。今是獼猴作何等。欲戲弄獼猴。故言。婆羅門是何等寶物。滿鉢持來。得何等信而來向我。爾時獼猴卽說偈言。我愚痴獼猴。無事觸惱他。救厄者賢士。命急在不久。今日婆羅門。若不救我者。須臾斷身生。困厄還山林。」

【獼猴池】（地名）又作獼猴江。在毘舍離國菴羅園之側。佛在此處說諸經。天竺五精舍之一。玄應音義十四曰、「獼猴江。梵言末迦吒。此云猴。賀邏馱。此云池。在毘舍離菴羅側。昔獼猴為佛共集穿池。今言江者譯人義立耳。」西域記七（吠舍釐國）曰、「石柱南有池。是羣獼猴為佛穿也。在昔如來曾住於此。」智度論三曰、「毘耶離二處。一名摩訶槃。二名獼猴池岸精舍。」

【獼猴江】（地名）梵語麼迦吒。此云獼猴。賀邏馱。此云池。而云江者、乃譯人義立耳。此池在毘舍離宮城外、約五六里、菴羅女園側。是昔獼猴羣集、為佛穿作此池也。參照前項。

二十一畫

【蘭】（雜語）偷蘭遮Sthūlatyaya之略。

【蘭若】（術語）阿蘭若Araṇya之略稱。僧人所居處也。其義卽空淨閑靜之處。見釋氏要覽。能改齋漫錄曰、蘭若二字。白樂天作惹字押。上官儀酬薛舍人萬年宮晚景寓直懷友詩中四句云。東望安仁署。西臨子雲閣。長嘯求烟霞。高步尋蘭若。此又作日灼切也。

【蘭室】（雜語）佛寺之異名。蘭為梵語蘭若之略、或取蘭草芬芳之義。西域記張說序曰、「業光上首。擢秀檀林。德契中庸。騰芬蘭室。」俱舍頌疏序曰、「咀以眞詮。狎以蘭室。」

【蘭盆】（修法）歲華紀麗曰、「道門寶蓋。獻在中元。釋氏蘭盆。盛於此日。」今俗中元節尙盛行之。亦稱盂蘭會。參看盂蘭盆條。

【蘭盆會】（修法）荊楚歲時記曰、「七月十五日、僧尼道俗悉營盆作盂蘭盆會。」唐六典曰、「中尙署七月望日進盂蘭盆。」楊炯有盂蘭盆賦。」翻譯名義曰、「盂蘭西域之語、轉本云烏藍、此翻救倒懸。盆是貯食之器。三藏云、盆羅百味、式供三尊、仰大衆之恩光、救倒懸之倉急。」

【蘭香稍】（譬喻）稍又作梢。凡蘭香花生時、梢頭花子分為七分、以譬鬼神碎罪人之頭為七分。舊所謂阿梨樹枝是也。慧琳音義三十五曰、「蘭香稍。此卽如來譬喻說也。凡蘭香花出時。梢頭花子分為七分。罪人善神碎其頭。破作七分。如彼蘭香頭。古譯云阿梨樹枝者訛也。本無阿梨樹。」

【蘭菊】（譬喻）春蘭秋菊、各當於時而美、以譬物之兩美也。法華文句一曰、「分節經文。悉是人情。蘭菊各擅其美。後生不應是非。」續高僧傳十五（神素傳）曰、「晉川稱爲素傑二公。秋菊春蘭各擅其美。」太平廣記百八十五曰「譬之春蘭秋菊俱不可廢。」

【蘭奢待】（雜語）胡語。指物之善者。稱爲蘭奢待。晉王導嘗謂胡僧曰蘭奢待。僧悅。蘭奢胡語之褒譽也。（見朱子語錄）。

【蘭闍】（術語）西竺譽人曰蘭闍。亦曰蘭奢。世說二曰「王丞相拜揚州賓客數百人。幷加霑接。人人有悅色。惟有臨海一客姓任及數胡人爲未洽。公因便還到過任邊云君出臨海便復無人。任大喜悅。因過胡人前彈指云蘭闍蘭闍。羣胡同笑。四坐並懽。」案翁注困學紀聞二十、誤作蘭若解。」

【欄楯】（物名）闌干之橫木。謂之欄。竪木謂之楯。阿彌陀經曰「七重欄楯七重羅網。」

【魔】（術語）梵語魔羅 Māra 之略。譯爲能奪命、障礙、擾亂、破壞等。害人命。障礙人之善事者。欲界之第六天主爲魔王。其眷屬爲魔民魔人。舊譯之經論作磨。梁武改爲魔字。婆沙論四十二曰「問曰。何故名魔。答曰。斷慧命故名魔。復次常行放逸害自身故。名魔。」智度論五曰「除諸法實相餘殘一切法盡名爲魔。（中畧）問曰。何以名魔。答曰。奪慧命。壞道法功德善本。是故名爲魔。」智度論六十八曰「魔秦言能奪命者。唯死魔實能奪命。餘者亦能作奪命因緣。亦奪智慧命。是故名殺者。」義林章六本曰「梵云魔羅。此云擾亂障礙破壞。擾亂身心障礙善法破壞勝事。故名魔羅。此畧云魔。」玄應音義二十一曰「魔莫何反。書無此字。譯人義作。梵云魔羅。此翻名障。能爲修道作障礙故。亦言殺者。常行放逸。斷慧命故。或云惡者。多愛欲故。」慧琳音義十二曰「魔羅唐云力也。卽他化自在天中魔王波旬之異名也。此類鬼神有大神力。能與修出世法者爲留難事。名爲魔羅。以力爲名。又畧去羅字。」

【三魔】（名數）一善知識魔。二三昧魔。三菩提心魔。是華嚴經所說十魔中之後三也。

【四魔】（名數）一煩惱魔。貪等煩惱。能惱害身心。故名魔。二陰魔。又云五衆魔。新譯云蘊魔。色等五陰。能生種種之苦惱。故名魔。三死魔。死能斷人之命根。故名魔。四他化自在天子魔。新譯云自在天魔。欲界第六天（卽他化自在天）之魔王。能害人之善事。故名魔。此中第四爲魔之本法。他三魔皆類從而稱魔也。見智度論五。義林章六本。

【八魔】（名數）四魔又加無常無樂無我無淨之四爲八魔。是前四爲凡夫之魔。後四爲二乘之魔也。涅槃經二十二曰「八魔者。所謂四魔。無常無樂無我無淨。」法華文句六曰「圓教法身安處空理。無復通別二惑八魔等畏。故言踞師子床也。」

【十魔】（名數）一、蘊魔、色等五蘊、爲衆惡之淵藪、障蔽正道、害慧命者。二煩惱魔、貪等煩惱、迷惑事理、障蔽正道、害慧命者。三業魔、殺等惡業、障蔽正道、害慧命者。四心魔、我慢之心、障蔽正道、害慧命者。五死魔、人之壽命有限、妨修道、害慧命者。六天魔、欲界第六天主、作種種之障礙、害人之修道者。七善根魔、執著自身所得之善根、不更增修、障蔽正道、害慧命者。八三昧魔、三昧者禪定也、就著於自身所得之禪定、不求昇進、障蔽正道、害慧命者。九善知識魔、慳吝於法、不能開導人、障蔽正道、害慧命者。十菩提法智魔、於菩提法起智執著、障蔽正道、害慧命者。見華嚴疏鈔二十九。

【治魔法】（修法）凡治魔障者、或念三歸五戒等、或誦般若經、菩薩戒本等、及大乘方等經所說之治魔呪。見小止觀、起信疏等。又以念佛治之、在止觀九之二。淨土修證儀云、十乘之理觀、能發九境之魔事、以五蘊生死迷暗之法、爲境、故淨土之事觀、以彌陀果人清淨之功德爲境、故永絕魔事、心無邪念時、則聖境現前、光明發顯。

【魔子】（雜語）魔所生之子也。又子者指物之稱、直謂魔爲子也。法華經普賢勸發品曰「若魔若魔子若魔女若魔民」碧巖四則評唱曰、「他南方魔子便說卽心是佛。」

【魔王】（天名）天魔中之王也。卽欲界第六天之他化自在天主、彼常率眷屬、向人界爲佛道之障礙、其名謂之波旬。但從大乘之法門言之、則深位之菩薩、以大方便力現爲魔王、敎化衆生也。楞嚴經六曰、「若不斷婬、必落魔道、上品魔王、中品魔民、下品魔女」。維摩經不思議品曰、「維摩詰告大迦葉、仁者十方無量阿僧祇世界中作魔王者。多是住不可思議解脫菩薩、以方便力敎化衆生。現作衆生」。

【魔天】（天名）惡魔之天神也。居於欲界之頂上、稱爲他化自在天者是也。

【魔女】（異類）魔界之女人也。楞嚴經六曰、「不斷婬、必落魔道、上品魔王、中品魔民、下品魔女」。

【魔民】（雜語）魔界之民衆也。

【魔旬】（異類）Māra pāpiyas (N.sg. m.pāpiyān) 魔波旬之略。

【魔戒】（術語）比丘爲求名聞利養而持戒、爲魔戒。止觀八曰、「久遠劫來爲魔所使、起於魔檀、爲有報故、持於魔戒、邀利養故」。

【魔忍】（術語）魔道之忍行也。如爲他畏而修忍辱。止觀八曰、「久遠劫來爲魔所使。（中畧）行於魔忍、爲畏他故」

【魔波旬】（異類）Māra-papiyān 魔爲魔羅之略、天魔之總名。波旬者、魔王之別名也。義林章六本曰、「又云波卑夜。此云惡者。天魔別名。波旬訛也。成就惡法懷惡意故。惡魔波旬號名雙舉」玄應音義六曰、「言魔波旬者訛也。正言波卑夜。此云惡者。謂有惡意成就惡法也。或云惡魔波旬。存二音也。」慧琳音義二十五曰、「魔波旬。具足梵云禰嚩摩羅波稗旬。Devamāra Pāpīyas (N. sg.m. Pāpiyān) 禰嚩云天。摩羅云障礙。波稗旬云罪惡。謂此類報生天宮。性勸人造惡。令退善根。不令生離欲界也。」見波旬條。旬者旬之誤。

【魔界】(界名) 又云魔道。惡魔之境界也。智度論五曰、「奪慧命壞道法功德善本。是故名爲魔。」止觀五曰、「首楞嚴云魔界如佛界如。一如無二如。」見魔佛條。

【魔事】(術語) 惡魔之所作。爲佛道障礙之事柄。法華經授記品曰、「無有魔事。雖有魔及魔民。皆護佛法。」楞嚴經六曰、「入三摩提。永無魔事。」止觀四曰、「轉魔事爲佛事。即巧慧。」

【魔事境】(術語) 見十境條。

【魔佛】(術語) 天魔與佛陀。對舉極善極惡而云魔佛。止觀五曰、「首楞嚴云魔界如佛界如。一如無二如。」梵網經上曰、「能轉魔界入佛界。佛界入魔界。」止觀八曰、「魔界即佛界。而衆生不知。迷於佛界。橫起魔界。於菩提中而生煩惱。」

【魔怨】(術語) 惡魔者佛之怨敵。故云魔怨。維摩經佛國品曰、「降伏魔怨。制諸外道。」新譯仁王經上曰、「摧伏魔怨。雙照二諦。」止觀輔行二曰、「魔爲佛怨。故云魔怨。」

【魔宮】(雜名) 天魔之宮殿。維摩經菩薩品曰、「諸女問維摩詰。我等云何止於魔宮。」

【魔梵】(天名) 欲界第六天之魔王與色界之梵天王也。法華嘉祥疏八曰、「欲天主爲魔。色天主爲梵。」俱舍光記三曰、「魔謂他化自在天魔。梵謂梵王。」

【魔病】(術語) 天魔之使人病惱者。止觀八曰、「魔病者與鬼亦不異。鬼但病身殺身。魔則破觀心。破法身慧命。起邪念想。奪人功德。與鬼爲異。」

【魔境】(術語) 魔障之境界。智度論十二曰、「墮魔境界。」

【魔軍】(雜名) 惡魔之軍兵。佛成道時。第六天魔王率諸眷屬來妨成道。佛以神力悉降伏之。又一切惡事妨佛道者爲魔軍。法華經化城喻品曰、「其佛坐道場破魔軍已」大日經疏九曰、「猶如婆伽婆樹王下時。慶以慈心力故。破無量魔軍。(中略)此中言魔軍者。梵本正音博吃㗚。是羽翼黨援之義。今依古譯會意言耳。」智度論五曰、「我以智慧箭。修定智慧力。摧破汝魔軍。」

【魔道】（術語）邪鬼天魔之世界也。道如云餓鬼道畜生道、彼等往來之道途也。楞嚴經六曰「縱有多智禪定現前、如不斷婬。必落魔道。上品魔王中品魔民下品魔女」止觀一曰「若其心念念欲大威勢身口意纔有所作。一切弭從此發欲界主心行魔羅道」

【魔逆經】（經名）一卷西晉竺法護譯大光天子與文殊師利問答魔事。魔來亂法、文殊五縛魔。

【魔精進】（術語）精進行之害正道者。止觀八曰「習魔精進。求名聞故」

【魔禪】（術語）禪定行之害正道者。如爲使役鬼神而修禪定也。止觀八曰「得於魔禪。眛於鬼法」

【魔障】（術語）惡魔之障礙也。又梵語曰魔羅、Māra 譯曰障、梵漢雙舉而云魔障。止觀輔行五曰「曾聞有人自謂成佛。待天不曉。謂爲魔障」大經淨影疏上曰、「遠障眞德故名爲魔」勝義諦品經說十種之魔障。虛空藏菩薩所問經說四十五種之魔障。

【魔鄉】（術語）魔障之鄉里。謂娑婆世界也。觀經定善義曰、「歸去來魔鄉不可停。曠劫來流轉六道盡皆經到處無餘樂唯聞愁嘆聲。畢此生平後入涅槃城」

【魔檀】（術語）布施行之害正道者。魔人之布施行也。心有煩惱爲憂惱之布施、如爲求三有之果報而爲布施。智度論十二曰、「檀有二種、一者魔檀。二者佛檀。若爲結使賊所奪。憂惱怖畏是爲魔檀。若有清淨布施。無結使賊、無所怖畏。得至佛道。是爲佛檀。」止觀八曰「久遠劫來爲魔所使。起於魔檀。爲有報故」

【魔網】（術語）天魔網人之種種邪業也。無量壽經上曰、「壞裂魔網。解諸纏縛」智度論八曰、「有念墮魔網。無念則得出」

【魔緣】（術語）魔爲欲界之第六天主、常妨害人之善事者。魔王惑亂人而作種種之妨害、謂之魔緣。

【魔羅】（術語）Māra 又作麼羅。畧云魔。

【魔羅耶】（地名）見摩羅耶條。

【魔羅道】（術語）畧稱魔道。

【魔縛】（雜語）天魔之繫縛也。涅槃經十七曰、「十二部經中說繫著者名爲魔縛」長阿含經一曰「盡漏離魔縛智慧轉法輪。」

【魔繫】（術語）惡魔之繫縛也。雜阿含經六曰「爲魔所縛不脫魔繫」

【魔嬈亂經】（經名）一卷失譯。與弊魔試目連經皆爲中阿含降魔經之別譯。

【覽字】（術語）Raṃ 一作濫字。羅者五大中火大之種子、以覽字爲慧火之種子。對於𑖪𑖽鑁字之智水而稱𑖨𑖽𑖪𑖽即火水也、日月也。秘密眞言觀行要覽曰、「𑖨𑖽字法界生火神。即是毘盧遮那一切智智體也」。大日經疏八曰「又觀彼頂上有一囉字。字上安點。故云嚴以大空點。（此是嚂字也）此字四邊遍有光燄。猶如花鬘連環不斷。字中又遍流出白光。如淨滿月之暉」

【嚂字門】（術語）𑖨𑖽字門。五大中之火大。表大日如來慧火之法門也。如護摩法屬於火性者。總爲嚂字門也。空華叢談序曰、「不投𑖨𑖽字門而付之室灑」。

【曩莫】（術語）與納莫同。

【鬘】（植物）末利之譯語。又瓔珞也。

【鬘菩薩】（菩薩）金剛界三十七尊中內四供養菩薩之一。

【闢妄救】（書名）十卷。明釋圓悟說。侍者眞啓編。此書圓悟（即天童和尚）因漢月謬認一〇爲千佛萬佛之祖。作五宗原。潭吉又妄作五宗救。恐後世禪宗門下入此邪見。故說之也。蓋禪宗不立文字。安有〇之相貌。爲千萬佛之祖。有此一〇、則慧命斷矣。後淸世宗亦有揀魔錄一書以闢之。

【闥婆】（天名）乾闥婆之畧。

【瓔珞】（物名）梵語枳由羅Keyūra。編玉而懸於身者。印度邦俗貴人男女皆作之。法華經普門品曰、「解頸衆寶珠瓔珞價直百千兩金而以與之」。同信解品曰、「即脫瓔珞細軟上服嚴飾之具。更著麤弊垢膩之衣」。觀無量壽經曰、「諸瓔珞中盛蒲桃漿」。玄應音義一曰、「吉由羅應云枳由邏。此云瓔珞」。

【瓔珞經】（經名）菩薩本業瓔珞經之畧名。攝於大乘律部。又菩薩瓔珞經之畧。攝於方等部。

【瓔珞粥】（飲食）雜糅野菜加米而造之。菜牽連如瓔珞、故名。永覺賢禪師詩曰、「每挑野菜根和汝瓔珞粥」。

【瓔珞羯磨】（術語）羯磨者謂授戒之作法。瓔珞經大衆受學品所明授戒之作法也。是爲梵網戒宗之相宗、天台一乘家之所遵由者。

【瓔珞本業經】（經名）菩薩本業瓔珞經之畧名。

【懼曩】（雜語）Guṇa譯曰功德。華嚴疏鈔八曰、「懼曩此云功德」。梵語雜名作「虞囊」。

【爛脫】（雜語）一行之大日經疏、文句前後、義理不連續、是名爛脫。此不依師、則難讀、藉免破法因緣之善巧方便也。大日經疏十八曰、「前說眞言品、即令說之。何故不說。至此方說耶。爲迷彼尋經文人也。佛具大悲。何不顯說而迷惑衆生耶。答曰。非有悋也。但謂世間有諸論師。自以利根分別者。智力說諸法相。通達文字。以慢心故。不依於師。輒附尋經即欲自行。然此法微妙。若不依於明導師。終不能成。又恐妄行自損損他。若隱互其文。令彼自以智力不得達解。即捨高慢而依於師。以此因緣不生破法因緣。故須如此也」有大疏爛脫聞書三卷。

【蠟印】（譬喻）印蠟印於泥。蠟印溶解。同時泥中成字形。以譬現在之五陰滅。中有之五陰生也。涅槃經二十九曰「如蠟印印泥。印與泥合。印滅文成。而是蠟印不變在泥。文非出泥。不餘處來。以印因緣而生是文。現在陰滅。中陰陰生。是現在陰終不變爲中陰五陰。中陰五陰亦非自生。不從餘來。因現陰故生中陰。陰如印印泥。印壞文成」

【續一切經音義】（書名）十卷。唐希麟集。又名希麟音義。

【續入法界品】（經名）大方廣佛華嚴經入法界品之異名。

【續古今譯經圖紀】（書名）一卷。唐智昇撰。

【續命法】（修法）續命神幡之祈禱法也。

【續命神幡】（物名）祈禱藥師如來所用五色神幡之名。以得延命之益故也。藥師經曰「時彼病人親屬知識。若能爲彼歸依世尊藥師瑠璃光如來。請諸衆僧轉讀此經。燃七層之燈。懸着五色續命神幡。或有是處彼識得還。如在夢中明了自見。」經律異相六載阿育王依之而延二十五年壽之事。

【續開元釋教錄】（書名）具名大唐貞元續開元釋教錄。三卷。唐圓照集。

【續高僧傳】（書名）三十卷。唐道宣集。

【續寶林傳】（書名）見寶林傳條附錄。

【纏】（術語）煩惱之異名。以煩惱能使人之心身不自在故也。大乘義章五本曰。「能纏行人。目之爲纏。又能纏心。亦名爲纏。」

【八纏】（名數）纏爲煩惱之通名。而特舉八法名爲纏。一無慚。令於所造之罪自省無耻者。二無愧。令於所造之罪對他無耻者。三嫉。令於他人之盛事心不喜者。四慳。令於所有之財與法心生悋著者。五悔。令于所作之善事追悔者。六眠。使心闇昧者。七掉擧。使心不安靜者。八惛沈。使心惛重者。俱舍論二十一曰「纏八無慚愧嫉慳并悔眠及掉擧惛沈。（中略）品類品說有八纏」

【十纏】（名數）於上八纏加忿覆之二爲十纏。忿者對有情非情使心憤發者。覆者隱藏自罪使不發露者。俱舍論二十一曰。「毘婆沙宗說纏有十。謂於前八更加忿覆。」

【纏無明】（術語）四無明之一。纏者纏縛之義。無明煩惱。繫縛衆生。而使不能出生死。故有此名。大藏法數曰「纏即纏縛。謂由此無明之惑纏縛。不能出離生死。故謂纏無明。」

【纏報】（術語）纏縛有情而使不自在之生死苦報也。

【纏縛】（術語）十纏四縛也、又一切之煩惱纏縛有情而繫於三界之獄者。無量壽經上曰「解諸纏縛」同淨願疏曰、「纏謂十纏縛謂四縛亦可一切諸煩惱結通名纏縛。」

【辯才】（雜語）善巧說法義之才能也。分別之有四種謂之四無礙辯。淨影大經疏上曰、「言能辯了語能才巧故曰辯才。」嘉祥法華疏二曰、「速疾應機名辯言含文采曰才。」

【辯才天】（天名）亦云大辯才天女、亦云大辯天神。見大辯才天條。

【辯才妙音】（天名）辯才天、即妙音天也。

【辯天】（天名）大辯才天之畧稱。

【辯無礙解】（術語）四無礙解之一。

【辯積菩薩】（菩薩）金剛界曼荼羅外廓北方之尊。密號曰巧辯金剛、大慧金剛。賢劫十六尊之一。

【鐵牛】（譬喻）以譬不可動、又譬無容嘴之處。碧巖三十八則曰、「祖師心印狀似鐵牛之機。」同著語曰、「千人萬人撼不動。」五燈會元藥山章曰、「某甲在石頭如蚊子上鐵牛。」

【鐵丸地獄】（界名）十六遊增地獄之一。有熱鐵丸、獄卒驅罪人令撮之手足盡爛壞。見三藏法數四十五。

【鐵札】（物名）冥土記人間罪福之金鐵帳簿也。十王經註曰、「二童子以亡人罪福諸業錄金鐵札奉見閻王也。」

【鐵多羅】（物名）見六物條。

【鐵城】（雜名）地獄之城也。大藏中有鐵城泥犁經一卷。

【鐵城泥犁經】（經名）一卷東晉竺曇無蘭譯。說五天使並地獄之苦狀。泥犁者地獄之梵語。

【鐵刺林地獄】（界名）犯邪婬人所墮之處。智度論十七曰、「若犯邪婬。侵他婦女。貪受樂觸。如是等種種因緣。墮鐵刺林地獄中。刺樹高一由旬。上有大毒蛇。化作善女身。喚此罪人上來共汝作樂。獄卒驅之令上。刺皆向下。貫刺罪人。身被刺害。入骨徹髓。既至樹上。化女還復蛇身。破頭入腰。處處穿穴。

【鐵觜蟲】（蟲名）六波羅蜜多經不退轉品曰、「復有衆生。忽被擲置糞穢深坑。坑中有蟲。其觜銛利。純是鋼鐵。長十六指。啄噉衆生皮骨髓腦。」十住毘婆沙論七曰、「家是鐵觜蟲。不善覺觀常唼食人。」智度論曰、「阿鼻地獄中有鐵嘴毒蟲、從鼻中入、脚底出。從足下入、口中出。」

【鐵塔】（傳說）南天竺有鐵塔、收藏一切秘部大經、龍猛菩薩（舊譯龍樹）入其中、值金剛薩埵、傳受兩部之大經、金剛智三藏口傳其弟子沙門智藏（不空三藏之法諱）記之於金剛頂經義訣、是鐵塔說之本據也。日本東密台密皆依用之而不疑。安然之教時問答三曰、「沙門智藏金剛頂義訣云、此經有百千頌廣本（中畧）其大經本阿闍梨云。經筴廣長如床。厚四五尺。有無量頌。在南天界鐵塔之中。佛滅度後數百年間無人能開此塔。以鐵扇鐵鎖而封閉之。其中天竺國佛法漸衰。時有大德先誦持大毘盧遮那眞言。得毘盧遮那佛而現其身。現於多身於空中說此法門及文字章句。次第令寫訖。即滅。即毘盧遮那念誦法要一卷是。時大德持誦成就。願開此塔。於七日中遶塔念誦。以白芥子七粒打此塔門。乃開塔門。諸神一時踊怒不令得入。唯見塔內香燈光明一丈二丈。名華寶蓋。滿中懸列。又聞讚聲。此大德至心懺悔。發大誓願。然後得入塔中。入已。其塔尋閉。經於多日誦此經王廣本一遍。爲如食頃。得諸佛菩薩指授所堪記持不忘。便令出塔。塔門還閉如故。」弘法之付法傳下、亦敍此說、終曰、「然前所述事略。載金剛頂義決中。」

【鐵輪】（雜名）鐵輪圍山、即鐵圍山也。俱舍論曰、「第七山外有大洲等。此外復有鐵輪圍山周匝如輪。圍一世界。」

【鐵輪王】（雜名）四輪王之一。感得鐵之輪寶、統御南閻浮提一洲之帝王也。至增劫時人壽二萬歲出現。（智度論）或於減劫時人壽八萬歲以上出現。（俱舍論）

【鐵樹】（譬喻）金鐵之樹木、無開花結果之事。碧巖四十則垂示曰、「休去歇去。鐵樹開花。」同種電鈔曰、「宗師家到大休歇處。領鐵樹花開劫外春。不是蟲細識人爭得如此乎。」

【鐵鉢】（物名）鉢者梵語鉢多羅Pātra之略、譯曰應量器、爲應於各自身量而受施食之器物、以鐵製之、故云鐵鉢、以瓦或石製者、謂之瓦鉢石鉢。石鉢者局於佛、瓦鉢鐵鉢、比丘得通用之、最多者鐵鉢也。行事鈔鉢器制聽篇曰、「體者。律云。大要有二。泥及鐵也。」

【鐵圍山】（界名）圍繞鹹海而區劃一小世界之鐵山也、由鐵而成、須彌山爲中心、外有七山八海、第八海即鹹海、贍部等四大洲在此、圍繞此鹹海者、即鐵圍山、此爲一小世界。俱舍論十一曰、「於金輪上有九大山。妙高山王處中而住。餘八周匝遶妙高山。於八山中前七名內。第七山外有大洲等。此外復有鐵輪圍山。周帀如輪。圍一世界。」梵Cakravāḍa

【鐵圍結集】（傳說）彌勒菩薩等率

阿難於鐵圍山結集大乘經。見結集條。

【鐵際】（雜名）鐵圍山之際。

【鐵蒺藜】（譬喻）金鐵之蒺藜、以譬無著手之處。碧巖十二則著語曰「鐵蒺藜」。同種電鈔曰「眞佛無相故著手無處。」

【鐵餕餡】（譬喻）鐵之饅頭。以譬沒滋味。

【鐵橛子】（譬喻）喻古人之公案、無容易下嘴之處也。無盡燈論上曰、「又有一般往往以古人公案生容易見。一齊見之曰。鐵橛子沒滋味。阿呵呵。悟如生盲者問乳言似貝作聲會。言似雪作冷會。夫鐵橛子者非所以無滋味。無汝下嘴處。是謂之鐵橛子。只向難下嘴處。奮發大勇猛心。竪咬橫咬。咬咬不止。則忽然一咬咬破。咬破將來。始知此中有無盡法味。是謂鐵橛子。後人不會。錯作沒滋味會。」

【鐸曷攞】（術語）Dahara 譯曰小師。受具足戒而未經十夏者。寄歸傳三曰、「西方行法。受近圓已去名鐸曷攞。譯爲小師。滿十夏名悉他薛攞。Sthavira 譯爲住位。」

【鐶釧】（物名）鐶者指之飾、釧者臂之飾。是西國之俗風。菩薩之像有之。涅槃經四十曰、「在額上者名之爲鬘。在頸下者名之爲纓。在臂上者名之爲釧。在指上者名之爲鐶。」

【鑁】（術語）Vaṃ 智慧之幖示。金剛界大日如來之種子也。三種悉地軌曰、「鑁字卽大日如來智海水大種子。神通自在法名爲智法身。」秘藏記本曰「阿字者毘盧遮那理法身種子。鑁字者智法身種子。」

【鑁字】（術語）見鑁條。

【鑁字門】（術語）鑁字之法門也。見鑁條。

【鑁乳】（術語）喻法味之厚而云乳、卽眞言之法味也。性靈集六曰、「同飽鑁乳之味。齊遊阿字之閣。」

【鑁鑁鑁】（術語）佛頂尊之眞言也、以最初之鑁字爲眞言之體。縛者是心智不行之處、言語不及之處、又加大空者卽是遍於一切處而無邊際也。以三乘萬行究竟歸會之處。故三轉而言之、又於三部爲最無上、故於三諦中最眞實。故在三德之頂、故三轉而言之也。見大日經義釋七。

【饒王】（佛名）佛名也。見次項。

【饒王佛】（佛名）Lokeśvara 具云世饒王佛。無量壽經上、初稱世自在王佛、後謂世饒王佛。饒者卽自在之義、同名異譯也。同經甯遠疏曰、「世饒王佛者。世自在王佛之別名也」。阿彌陀佛向於此佛而立四十八願。

【饒舌】（術語）多言也。隋書曰、「齊時諺云饒舌老母不得語」。吳越備史曰、「僧延壽告王曰長耳和尚定光佛應身也。王越爲參禮。行修默然。但云延壽饒舌。」傳燈錄曰、「閭丘公牧台州。乞豐干一言。曰到任後謁文殊普賢。在國淸寺執爨滌器者。寒山拾得是也。閭丘訪之。見二人。致拜。二人笑曰。豐干饒舌。」

【饒益】（術語）豐足利人也。法華經譬喩品曰、「饒益諸子等與大車。」

【饒益有情戒】（術語）三聚淨戒之一。

【饒益有情發心】（術語）見三發心條。

【饑饉災】（雜語）中劫末所起小三災之一。倶舍論十一曰、「小三災中劫末起。三災者。一刀兵。二疾疫。三饑饉。（中略）中劫末十歲時人亦具如前諸過失。故天龍忿責。不降甘雨。由是世間久遭飢饉。既無支濟。多分命終。」

【饑餓地獄】（界名）十六遊增地獄之一。見三藏法數四十五。

【驅烏】（雜名）自七歲至十三歲之沙彌也。能驅逐烏鳥不使奪食之義。四分律三十四曰、「爾時阿難有檀越家死盡。唯有一小兒在。將至佛所。頭面禮足在一面坐。佛知而故問。此是何等小兒。阿難以此因緣具白世尊。世尊告言。何故不度令出家。答言。世尊先有制。不得度減年十二者。是以不度。佛問阿難。此小兒能驅烏能持戒。能一食不。若能如是者。聽令出家。阿難報言。此小兒能驅烏。能持戒。能一食。佛告阿難。若此小兒盡能驅烏者。聽度令出家。」

【驅烏沙彌】（雜名）三沙彌之一。驅逐烏鳥不使奪比丘食之沙彌也。僧祇律曰、「阿難有親里二小兒孤露。阿難養畜之。佛問是二小兒能作此驅烏未。答能。佛言聽作驅烏沙彌。最下七歲。至年十三者。皆名驅烏沙彌。」參照前項。

【驅龍】（故事）持戒之羅漢、依戒力而驅逐毒龍也。婆沙論四十四曰、「昔此迦濕彌羅國中有一毒龍。名無怯懼。（梵云阿利那）稟性暴惡。多爲損害。去彼不遠有毘訶羅（譯曰寺）數數爲彼龍所嬈惱。寺有五百大阿羅漢。共議入定。欲逐彼龍。盡其神力、不能遣。有阿羅漢自外來。諸舊住僧爲說上事。時外來者至龍住處。彈指語言。賢廻遠去。龍聞其聲。卽遠去。諸阿羅漢怪問言。汝遣此龍。是何定力。彼答衆曰。我不入定。亦不起通。但護尸羅。故有此力。我護輕罪。如防重禁。故使惡龍驚怖而去。」行事鈔上之一曰、「如驅龍事。五百羅漢不能逐之。有一羅漢。但以護戒力故。卽便驅出。」

【髏鬘外道】（流派）以人之髏骨爲鬘。而懸於頭之外道也。慈恩傳四曰、「離繫外道。髏鬘外道。（中畧）髏鬘之類。以髏骨爲鬘。裝頭掛頭。陷枯磈磊。若塚側之藥叉。」

【鶴林】（地名）釋尊於娑羅雙樹間入滅時樹一時開華林色變白如鶴之羣居故云鶴林。涅槃經一曰「爾時拘尸那城娑羅樹林其林變白猶如白鶴」止觀一上曰、「始鹿苑中鷲嶺後鶴林」同七上曰「鶴林施化既足於榮枯中間而入涅槃」

【鶴苑】（雜名）如言鶴林名僧園也。不應拜俗等事序曰、「希風崛岫啓鶴苑於神畿仰化連河構蜂臺於勝壤」

【鶴勒】（人名）鶴勒那之略西天第二十三祖之名。

【鶴勒那】（人名）西天付法藏第二十三祖之名勒那者梵語鶴者漢言尊者出世後感羣鶴之隨逐故名梵爲 Haklena 故此解不正。月支國人年二十二出家遇摩拏羅尊者而得法眼至中印度行化得師子尊者付法而寂見付法藏傳傳燈錄二佛祖統紀五。

【鶴悉那】（地名）梵名北印度古王國漕矩吒 Tsau-kū-ṭa 之首府名見西域記十二。

【鶴樹】（地名）亦云鶴林。如來出世、說法利生化緣事訖於娑羅雙樹間二月十五日入涅槃雙樹皆悉變白猶如鶴色故名鶴樹。

【攝一切佛頂能擢一切魔三摩地】（術語）破一切惡魔之一字佛頂輪王三擢見摩地也一字奇特佛頂經下。

【攝大軌】（經名）攝大毘盧遮那成佛神變加持經入蓮華胎藏海會悲生曼荼羅廣大念誦儀軌之畧名。又攝無礙大悲心大陀羅尼經計一法中出無量義南方滿願補陀落海會五部諸尊等弘誓力方位及威儀形色執持三摩耶幖幟曼荼羅儀軌之畧名。

【攝大乘論】（書名）無着菩薩所造、有三譯、一爲後魏佛陀扇多譯、二卷。二爲陳眞諦譯三卷三爲唐玄奘譯三卷、前二謂之攝大乘論後一謂之攝大乘論本法華玄義私記一末曰、「玄贊要集云西方攝大乘經有七百卷此方不來有一品名攝大乘品造攝大乘論解之」

【攝大乘論釋】（書名）釋無着之攝大乘論者有二本。一爲世親菩薩作、一爲無性菩薩作。前之一本有三譯、一爲陳眞諦譯、十五卷二爲隋笈多譯十卷、三爲唐玄奘譯十卷後之一本唯玄奘譯十卷。

【攝大乘現證經】（經名）金剛頂一切如來眞實攝大乘現證大敎王經之畧名。

【攝大乘論現證三昧經】（經名）一切如來眞實攝大乘現證三昧大敎王經之畧名。

【攝心】（術語）攝散亂之心於一也。遺敎經曰、「常當攝心在心」

【攝末歸本識】（術語）五重唯識觀之一。

【攝末歸本法輪】（術語）嘉祥所立三轉法輪教之第三。

【攝化利生】（術語）攝化而利益衆生也。

【攝化隨緣】（術語）順衆生之機緣而以種種方便攝受化益之也。

【攝召句】（術語）又云引召句。梵阿字也。大日經悉地出現品曰、「阿字第一命。是爲引攝句。」義釋九曰、「是能攝召句也。若想此字能攝召一切內外法也。攝召長聲。卽是行。若觸阿字卽引一切佛行。故云攝召。是攝令屬已自在受用義也。此阿字引能攝召一切如來功德。令歸自身亦能滿足一切願故也。」

【攝衣界】（術語）三種結界之一。見結界條。

【攝折】（術語）攝受折伏之二門也。止觀十曰、「夫佛有兩說。一攝二折。如安樂行不稱長短是攝義。大經執持刀杖乃至斬首是折義。雖與奪殊途。倶令利益。」

【攝受】（術語）又曰攝取。佛以慈心攝取衆生也。勝鬘經曰、「願佛常攝受。」唐華嚴經二十八曰、「普能攝受一切衆生。」止觀十曰、「夫佛有兩說。一攝二折。」

【攝受因】（術語）十因之一。見因條附錄。

【攝受門】（術語）見二門條。

【攝受奇特】（術語）三種奇特之一。見奇特條附錄。

【攝取】（術語）攝物而取之也。又佛以慈悲之光明攝救苦衆生也。無量壽經上曰、「我當修行攝取佛國清淨莊嚴無量妙土。」觀無量壽經曰、「一一光明徧照十方世界。念佛衆生攝取不捨。」

【攝取門】（術語）見二門條。

【攝取不捨】（術語）謂彌陀如來光明之功德。見攝取條。

【攝取光益】（術語）攝取念佛之衆生、彌陀光明之利益也。

【攝念山林】（雜語）坐禪於山林也。法華經序品偈曰、「又見菩薩離諸戲笑及痴眷屬親近智者。一心除亂。攝念山林億千萬歲求以佛道。」

【攝食界】（術語）三種結界之一。見結界條。

【攝待】（雜語）又謂之門茶。布施行脚僧旅僧之一法。於路傍或屋前出淸水或茶湯而使通行之旅人修行僧飲用也。

【攝相歸性】（術語）法相家所立四重出體之一。眞如之實性。周徧一切萬法之事相而爲所依。無一事離眞如者。故爲攝萬差事相使歸於眞如實性。就眞如而出體之法門也。唯識述記一本曰、「攝相歸性皆如爲體。故經說言一切法亦如也。至於彌勒亦如也」

【攝相歸性體】（術語）法相宗四重出體之一。見出體條附錄。

【攝拖苾馱】（術語）Śabda-vidyā 譯曰因明。寄歸傳四曰「攝拖苾馱。攝拖是因。苾馱是明。五明論之一也。」見因明條。

【攝提】（術語）譯曰假施設。見三攝提條。

【攝摩騰】（人名）Kāśyapa-mātaṅga 印度之僧。初至漢土譯四十二章經者。開元釋敎錄一曰、「沙門迦葉摩騰。或云竺葉摩騰。亦云攝摩騰。群錄互存。未詳孰是。」梁高僧傳曰、攝摩騰本中天竺人。善風儀。解大小乘經。常遊化爲任。漢永平中遣郎中蔡愔、博士弟子秦景等使往天竺尋訪佛法。愔等於彼遇見摩騰。乃要還漢地。騰誓志弘通。不憚疲苦。冒涉流沙。至乎雒邑。明帝甚加賞接。於城西門外立精舍以處之。漢地有沙門之始也。茶香室叢鈔十三曰、宋葉夢得石林燕語云、摩騰竺法蘭自西域以佛經至。舍於鴻臚寺。今洛中白馬寺摩騰眞身尙在。或云寺即漢鴻臚舊地。摩騰眞身至今不枯朽。漆棺石室。扃鎖甚固。藏其鑰於府廨。有欲觀者。請鑰秉燭。乃可詳視。按摩騰眞身至宋猶在。此事人所罕知。亦未知何時毀滅也。楊衒之伽藍記、於白馬寺下。但云寺上經函至今猶存。常燒香供養之。經函時放光明。耀於堂宇。是以道俗禮敬之。如仰眞容。不言有摩騰眞身。或即經函放光。遂以此訛傳後世耳。

【攝淨土願】（術語）求佛土之願。彌陀四十八願中三十一三十二之二願是也。

【攝眞實經】（經名）諸佛境界攝眞實經之略名。

【攝衆生戒】（術語）又謂之接生戒、饒益有情戒。三聚淨戒之一。以攝一切衆生而饒益之爲戒法者。

【攝敎未盡過失】（術語）作敎相判釋。當於判釋中攝一切之敎、不能攝盡。即是過失也。

【攝僧界】（術語）三種結界之一。見結界條。

【攝律儀戒】（術語）三聚淨戒之一。該攝大小乘一切戒律而持之也。

【攝善法戒】（術語）又作接善戒。三聚淨戒之一。攝一切之善法而使行於吾身爲戒者。

【攝意音樂】（術語）音樂能攝人心、使住於一緣。故云攝意。大日經二曰「奏攝意音樂」。同疏八曰、「言攝意者。如世人見微妙色聲。心爲文辭。情有所注。不復異緣。今此金剛伎樂能感人心。亦復如是。」

【攝論】（書名）攝大乘論之略名。

【攝論宗】（流派）無著菩薩釋攝大乘經（未渡）之攝大乘品而作攝大乘論。世親無性二菩薩各造其釋論。本釋合有三本。梁眞諦譯無著之本論及世親之釋論。唐玄奘亦譯無著之本論幷世親無性之二釋論。此稱梁論新論。其中弘布梁論者名攝論宗。沙門慧曠親就諦師聞攝論。同時法常智儼等諸德各研之。其後道岳慧休等諸師。師資相承。甚昌於陳隋之間。爲支那十三宗之一。然及玄奘三藏譯新論而張法相宗。講梁論者卽絕迹。梁論新論不但譯語相違。其於眞如亦異。隨緣不隨緣之大義。梁論如起信論說眞如隨緣之義。則爲法性宗。新論如唯識論等明眞如凝然之義。卽法相宗也。蓋新舊兩論非同本異譯。而相傳之梵本有異。他經如其例者。非一也。

【攝諸福經】（經名）華手經之異名。

【攝諸善根經】（經名）華手經之異名。

【攝假隨實】（術語）法相家所立四重出體之一。法有實體有假立。四塵爲實體。如四塵所成之瓶爲假立。依之而爲攝假法使歸實體。就實體而出體之法門也。唯識述記一本曰「攝假隨實如不相應色心分位」。

【攝假從實體】（術語）法相宗四重出體之一。見出體條附錄。

【攝境從心】（術語）法相家所立四重出體之一。萬法者唯識之所變。故攝千差萬別之境而歸於一心。出其本體。無論何事。定爲心一之法門也。唯識述記一本曰「攝境從心。一切唯識。如經中說三界唯心」。

【攝境從識體】（術語）法相宗四重出體之一。見出體條附錄。

【攝嚩】（雜語）Śava新死而尚未壞之屍也。慧琳音義三十五曰「攝嚩者。唐云新死人未壞者也」。

【灌室】（雜名）設秘密壇場而行灌頂聖式之處也。

【灌頂】（術語）梵語 Abhisecani 天竺國王卽位時。以四大海之水。灌於頂而表祝意。密教做此世法。於其人加行成就。嗣阿闍梨位時。設壇而行灌頂之式。顯教雖說等覺菩薩於色界之魔醯首羅天由十方諸佛受灌頂而成佛之事。而無說於學人實行之之法則者。大日經疏八曰「如西方世人受灌頂法時。取四大海水及境內一切河水。具置寶藥穀等。作境內地圖。令此童子踞師子座。以種種珍寶莊嚴。所統眷屬隨其大小列次陪奉。韋陀梵志師坐於象寶。以臨其後。持此寶水。以注象牙。令墮其頂上。而後唱令。以告衆人。又歎說古先哲王治人濟代之法。如是隨順行者。當得壽命長遠。本枝繁盛。克紹轉輪之業。若不作如是事者。則當自退其位。殞身絕嗣。如是一一而教誨之。今此法王子灌頂。則不如是陳列密嚴佛土法界大圓坐於妙法蓮華自在神通師子之座。以本性淸淨智慧慈悲水具含萬德而灌其心。爾時諸菩薩衆。下至八部衆生。莫不歡喜讚喜而生敬仰。時阿闍梨以法王遺訓而敎訓之。從此以後。當得生如來家。定紹佛位。若不如是。對明則不知正法尊法也。」同十五曰、「譬如世間刹利之種。謂欲紹其繼嗣令王種不斷故。爲其嫡子而作灌頂。取四大海水。以四寶瓶盛之。種種嚴飾。又嚴飾子身。衆物咸備。又飾大象。於象背上持瓶令太子坐於壇中。所統畢集。於象牙上水令流注太子之頂。灌此水已。本聲三唱。汝等當知太子已受位竟。自今以後。所有敎勅皆當奉行。今如來法王亦復如是。爲令佛種不斷故。以甘露法水而灌佛子之頂。令佛種永不斷故。爲順世法故。有此方便印持之法。從此以後。一切聖衆咸所敬仰。亦知此人畢竟不退於無上菩提。定紹法王之位。諸有所作。眞言身印。瑜伽等業。皆不敢違越也」此就行人之初位而釋之。秘藏記末曰、「灌頂義。灌者諸佛大悲。灌頂者上之義。菩薩初地乃至等覺究竟遷佛果時。諸佛以大悲水灌頂。卽自行圓滿得證佛果。是頂義也。」此就後位而釋之。表制集一曰、「灌謂灌持明諸佛護念。頂謂頭頂表大行尊高。」秘藏記鈔七曰、「以水灌頂是五種中甘露灌頂也。自餘四種無灑水義。雖無灑水名灌頂。其故灌者大悲護念義。頂者佛果最頂義。諸佛護念。令至佛頂。住。皆名灌頂也。」

【二種灌頂】（名數）一、傳敎灌頂。對於如法積行之人。傳受秘法。使紹阿闍梨職位之灌頂也。又稱傳法灌頂。受職灌頂。二、結緣灌頂。唯爲使結佛緣。引入一般之人於灌頂壇。使投花而授其本尊之印與眞言。無秘法之授受也。演密鈔四曰、「灌頂之言有二種別。一傳敎灌頂。二結緣灌頂。結緣者。准下疏明若人因遇道場。便云法緣難値。乞兼爲濟者。爲作灌頂。得灌頂已。於一切眞言門本尊法中求受眞法印法。隨分修行。故名結緣。二傳敎灌頂。從初發心求阿闍梨。爲欲紹阿闍梨位。故師許可已。爲造立漫茶羅。具足儀軌而與灌頂。得灌頂已。堪紹師位。故名得傳敎灌頂。名阿闍梨也。」

【三種灌頂】（名數）一、摩頂灌頂。諸佛摩行者之頂而授成佛之記也。二、授記灌頂。諸佛以言說與成佛之記也。三、放光灌頂。諸佛放光而使其人被利益也。見秘藏記末。図一、成就眞言灌頂。受明灌頂也。二、滅罪求福灌頂。息災灌頂也。三、來生求果灌頂。增益灌頂也。見瞿醯經上。図一、結緣灌頂。二、傳法灌頂。三、自證灌頂。

【四種灌頂】（名數）一、除難灌頂。降伏灌頂也。二、成就灌頂。受明灌頂也。三、增益己身灌頂。四、得阿闍梨位灌頂。傳法灌頂也。見瞿醯經下。図一、庭儀灌頂。二、堂上灌頂。三、無職衆灌頂。古名無作法灌頂。四、平座灌頂。

【五種灌頂】（名數）一、阿闍梨灌頂。即傳法灌頂。此有三部之別。二、受明灌頂。又云成就灌頂。三、息災灌頂。又云滅罪灌頂。四、增益灌頂。又云求果灌頂。五、降伏灌頂。又云除難灌頂。見入壇鈔二。図一、光明灌頂。以光明加被行者之身也。二、甘露灌頂。以香水灌頂也。三、種子灌頂。觀種子而布於身心也。四、智印灌頂。以印契加持於五處也。五、句義灌頂。觀眞言之義。布之於心胸。能悟解之也。見金剛頂義釋。図五種之三昧耶。謂之五種灌頂。已上諸種中。三種中之事業灌頂。一與四種灌頂之四。五種灌頂中第一種中之甘露灌頂。一。其第二種中學法灌頂。已下之三。正是瀉水灌頂。餘者皆或受師之護念。或傳佛智而灌頂也。

【授職灌頂】（修法）密教之授職灌頂。如上所說二種灌頂中之傳教灌頂也。顯教於等覺菩薩說之。七卷楞伽經二曰、「得此智已。知無境界了諸地相。即入初地。心生歡喜。次第漸進。乃至善慧及以法雲。諸有所作。皆悉已辦。住此地已。有大寶蓮華王。衆寶莊嚴。於其華上。有寶宮殿。狀如蓮華。菩薩往修幻性法門之所成就。而坐其上。同行佛子。前後圍繞。一切佛刹所有如來。皆舒其手。如轉輪王子灌頂之法而灌其頂。超佛子地。獲自證法。成就如來自在法身。」六十華嚴經二十七曰、「爾時。諸佛及大菩薩。知某世界某甲菩薩摩訶薩行如是道成就受職。即時十方無邊菩薩乃至住九地者。皆來圍繞。（中略）於金剛莊嚴胸出一大光明。名破魔賊。無量百千萬光。以爲眷屬。照十方世界。（中略）照一切世界已。集在虛空。示大神通莊嚴之事。入是菩薩頂。眷屬光明。入眷屬蓮華上諸菩薩頂。（中畧）十方一切諸佛光明。入是菩薩頂時。名爲得職。名爲入諸佛界。具佛十力。墮在佛數。佛子。譬如轉輪聖王太子成就王相。轉輪聖王令子在白象寶閻浮檀金座。取四大海水。上張羅幔。種種莊嚴幢幡妓樂。執金鍾香水。灌子頂上。即名爲灌頂大王。具足轉十善道。故名轉輪聖王。菩薩摩訶薩亦復如是。受職時。諸佛以智水灌此菩薩頂。名灌頂法王。」

【灌頂護摩】（修法）修於灌頂中之息災護摩也。其法於初夜已了金剛界灌頂。將移於胎藏界之中間、大阿闍梨自登護摩壇、以金剛界大日爲本尊、使受者坐於阿闍梨左側、西面而修之。或有阿闍梨不自爲此而使親教師爲此者。有於四座或二座三座修之者。其修法、於火天壇請火天、於部主壇、觀理智冥合之寶生如來、於本尊壇、觀金剛界大日、於諸尊壇觀五佛而攝兩部之諸尊、於世天壇觀金剛界外金剛部之二十天於各壇修護摩以祈受者之息災。

【灌頂壇授弟子道具】（雜名）灌頂前有楊枝金剛線之二種灌頂後有金錍明鏡寶輪法螺之四種見大疏八演奧鈔三十。

【灌頂壇曼荼羅】（修法）弟子受灌頂後以自身成中臺大日勸請十二尊使之圍繞因修護摩而供養自之新佛也見大疏八。

【灌頂幡】（物名）幡具灌頂之功德故名灌頂又高懸其幡而使其端觸人之頂類於灌頂故附以灌頂之名秘藏記末曰「世人皆以幡號灌頂是以幡功德先爲輪王後終成佛以致佛果名爲灌頂是故知以果名因也」

【灌頂加行】（修法）行灌頂法式前準備豫修之修行也。

【灌頂經】（經名）佛說灌頂經十二卷東晉帛尸梨蜜多譯自三歸五戒經至生死得度經集十二部之經者十二經一一有佛說灌頂之四字故名灌頂經此就其功德而言非灑水灌頂之義。

【灌頂王喩經】（經名）佛說灌頂王喩經一卷宋施護譯以三種之灌頂王爲喩而說三種之比丘。

【灌頂】（人名）天台章安大師名灌頂字法雲章安人天台之法嗣玄義文句止觀三大部皆成於師之筆唐貞觀六年八月七日終於國淸寺壽七十二見續高僧傳十九。

【灌頂國師】（人名）唐金剛智三藏所至必行結壇灌頂寂後謚曰灌頂國師見釋門正統紀八。

【灌頂住】（術語）十住之一爲十住位之最頂故名。

【灌頂部】（術語）謂密敎之經典以行灌頂之式傳授其奧義故也稽古略三曰「於灌頂部誦出一品名楞嚴經」

【灌頂壇】（物名）又名密壇行灌頂壇式之壇場梵謂之曼陀羅壇者非唯築土之謂且謂隨於其法布列諸尊以作圓滿之部會也因此曼陀羅亦譯爲輪圓具足此法由金剛智始宋高僧傳一（金剛智傳）曰「開元巳未歲達于廣府勅迎就慈恩寺尋移薦福寺所住之刹必建大曼拏羅灌頂道場度於四衆」

【灌頂三摩耶】（術語）三昧耶者要誓之義行灌頂時宜發堅固之要誓是云三昧耶因而就作法稱爲灌頂就受者之心謂之三昧耶其體一也大日經秘密曼陀羅品說三種之灌頂與五種之三昧耶三種之灌頂者示作法之差別五種之三昧耶者辨灌頂之淺深見大日經疏十五。

【灌洗】（行事）洗浴佛像也寄歸傳

四曰「灌洗聖儀實爲通濟」

【灌洗佛形像經】（經名）佛說灌洗佛形像經一卷。西晉法炬譯。

【灌佛】（行事）又云浴佛。灌浴佛像而拂拭之。其功德廣大。經說之。西天每作之。寄歸傳四曰「但西國諸寺灌沐尊儀。每於禺中（正午）之時。授事（執事）便鳴揵椎。寺庭張施寶蓋。殿側羅列香瓶。取金銀銅石之像。置以銅金木石盤內。令諸妓女奏其音樂。塗以磨香。灌以香水。以淨白氎而揩拭之。然後安置殿中。布諸華綵。此乃寺衆之儀。令羯磨陀那（譯授事）作之矣。然於房房之內。自浴尊儀。日日皆爲。要心無闕（中畧）至於銅像。無問小大。須細灰甎末揩拭。光明淸水灌之。澄華若鏡。大者月半月盡。合衆共爲。小者隨己所能。每須洗沐。斯則所費雖少。而福利尤多。其浴像之水。舉以兩指。瀝自頂上。斯謂吉祥之水。冀求勝利（中畧）曾見有處。四月八日。或道或俗。持像路邊。灌洗隨宜。不知揩拭。風飄日曝。未稱其儀矣」依此則西天之浴灌佛。爲平常之事。依佛說摩訶刹頭經。則特說四月八日佛生日之灌佛。依般泥洹後灌臘經。則說四月八日佛生日與七月十五日夏滿日之灌佛。諸宗行佛生日之灌佛。禪宗於十二月八日之佛成道。亦行灌佛式。臘八之浴佛。依譬喻經。見臘八條。秘藏記本說密敎之沐像法曰「卽觀以此本來自性淸淨水。浴諸佛無垢身及洗自他衆生界百六十心卽浴」有般泥洹後灌臘經。佛說灌洗佛形像經。摩訶刹頭經。佛說浴像功德經。浴佛功德經。新集浴像儀軌之經軌。

【灌佛香湯】（物名）浴像功德經曰「應以牛頭旃檀。紫檀。多摩羅香。甘松。芎藭。白檀。鬱金。龍腦。沈香。麝香。丁香。如是等妙香。隨所得者。以爲湯水。置淨器中」然禪宗之一法。但用七種之香。象器箋十三曰「舊說曰。浴佛香湯方。沈香（一兩）白檀（一兩）甘松（半兩）丁子（半兩）熏陸（半兩）芎藭（半兩）鬱金（一錢三分）此七種盛淨布囊投鐺內」

【灌佛齋】（行事）劉宋孝武帝大明六年四月八日。於內殿設灌佛齋。見佛祖統紀三十六。

【灌佛會】（行事）又云佛生會。於四月八日行之。

【灌佛經】（經名）佛說灌洗佛形像經之略名。

【灌佛偈】（雜名）敕修淸規佛降誕曰「維那宣疏畢。舉唱浴佛偈云。我今灌沐諸如來。淨智莊嚴功德衆。五濁衆生令離垢。同證如來淨法身」偈出浴像功德經。日本瑩山淸規浴佛偈曰「稽首大聖薄伽梵。天上天下兩足尊。我等今以功德水。灌浴如來淨法身」未知出於何典。

【灌經】（經名）灌洗佛形像經之略。

【灌臘】（行事）灌者卽浴佛。臘者夏滿之日。每年夏滿之日行灌佛之式。謂之灌臘。

【灌臘經】（經名）般泥洹後灌臘經之略名。灌者四月八日之灌佛也。臘者七月十五日之盂蘭盆也。（此日爲比丘安居之終日。故云臘。）佛依阿難之問。說滅後於此兩日可設齋會者。一卷。西晉竺法護譯。

【竈神】（神名）禮記月令曰。「孟夏之月共祀竈。」又祭法曰。「庶士庶人立一祀。或立戶。或立竈。」御覽引淮南子萬畢術曰。「竈神晦日歸天白人罪。」（萬畢人姓名。見龜策列傳。蓋八公之輩。有術一卷。高誘所注。見淮南外篇今亡。）陸龜蒙祀竈解曰。「竈神以時錄人功過。上白於天。當祀之以祈福祥。」周禮註曰。「顓頊氏有子曰黎。祀爲竈神。」淮南子氾論訓曰。「炎帝作火而死爲竈。」莊子達生篇曰。「竈有髻。」音義司馬彪云曰。「髻竈神。著赤衣。狀如美女。」許愼五經通義。謂竈神姓蘇。名吉利。或云姓張。名單。字子郭。其婦姓王。名摶頰。字卿忌。酉陽雜俎謂神名隗。一名壤子。有六女。皆名察洽。其屬神有天帝嬌孫。天帝大夫。硎上童子。突上紫官等。按諸說不同。流俗稱之曰竈君。或曰竈王。戰國策復塗偵謂衛君曰。昔日臣夢見竈君。唐李廓鏡聽詞曰。匣中取鏡辭竈王。君與王皆經道之。而竈君尤古。

【竈經】（書名）隋書經籍志曰。「五行家有竈經十四卷。梁簡文帝撰。」

【護不妄語五神】（名數）見二十五神條。

【護不飮酒五神】（名數）見二十五神條。

【護不邪婬五神】（名數）見二十五神條。

【護不盜戒五神】（名數）見二十五神條。

【護不殺戒五神】（名數）見二十五神條。

【護世】（天名）謂四天王也。見次項。

【護世四王】（天名）見次項。

【護世四天王】（天名）又云護國四王。四天王居須彌山半腹。各護其一天下。故云護世。維摩經方便品曰。「護世四天王也。諸惡鬼神殘食衆生。護世四王護之不令害也。」肇曰。「護世四王。各治一方。護其所部。使惡鬼神不得侵害也。」法華經方便品曰。「諸天帝釋。護世四天王。」

【護世者】（天名）四天王爲守護世界之神。故總云護世者。法華經陀羅尼品說。「毘沙門天王護世者。」同於護世四天王。

【護世威德天院】（術語）胎藏三重曼荼羅第三曼荼羅之總稱也。

【護月】（人名）梵名Candragupta又曰月藏。中印度那爛陀寺之沙門。與護法論師同代。嘗造辨中邊論之釋、說賴耶緣起論、唱道本有種子之說。見西域記九。唯識述記二末等。

【護法】（術語）護持自己所得之善法也。又擁護佛之正法也。俱舍論二十五曰、「護法者謂於所得善自防護。」無量壽經上曰「嚴護法城。」佛菩薩覺世濟人之道。無大有力者護之。則道將滅。故上自梵天帝釋八部鬼神。下至人世帝王及諸檀越。皆保護佛法之人。稱之曰護法。又（人名）Dharmapāla菩薩名。佛滅後一千年出生於南印度達羅毘荼國之建志補羅城、大臣之長子。梵名達磨波羅。見西域記十。極瑜伽唯識之旨、與清辨菩薩爭有空之義、造世親菩薩唯識論三十頌之解釋、而弘其正宗。傳法於戒賢論師、年三十二、寂於摩竭陀國之大菩提寺。臨終之日、空中有聲曰、此是賢劫千佛之一佛也。見唯識述記一本。

【護法心】（術語）菩薩十信位之第七。能保護任持一切佛法之心。

【護法論】（書名）一卷、宋無盡居士張商英著。廣破歐陽修之謗佛。

【護法錄】（書名）十卷明宋濂著、袾宏集。

【護法神】（術語）四天王、堅牢地祇等、護持佛法之神。各於佛前為護法之誓。瀰漫於諸大乘經。

【護法善神】（術語）於佛法添力之神。如四天王帝釋等。

【護法天童】（術語）護法善神之使者、為護持佛法者、故云護法。為有法力人所使。中為天童形而來者。天童者天人之童形也。

【護法阿羅漢】（術語）六種阿羅漢之一。於自己所證之法、心生愛樂、偏常護持者。不然則有退失所得阿羅漢果之恐也。

【護所滅流】（術語）見七流條。

【護身】（術語）以密教加持之法護持其身。故有護身加持等名。加持之力、與被金剛之甲冑等、故云被甲護身。無量壽軌及十八道軌有護身法之印明。

【護身法】（修法）又名護身加持。即為避內魔外魔障難、守護自己身心、結通五種印言之作法也。五種印言者、淨三業印、佛部三昧耶印、蓮華部三昧耶印、金剛部三昧耶印、被甲護身印也。見如意輪念誦法等。

【護身符】（雜名）傳燈錄曰、「耽原為惠忠國師侍者。云須要覓箇護身符子。異日攜籃入方丈。國師曰、籃裏有甚麼物。曰青梅。曰何用。曰供養。」陸游詩曰、「求僧疏搭袈裟展鉢盂卻要護身符。」謂度牒也。今謂恃勢藐法者所託庇之人曰護身符。又西藏新志中曰、「藏民均帶護符於身、以絲束經典一頁、或置之金屬小匣、藏之懷中、旅人以馬及金剛繫犬兩種畫品、爲護符、遇猛犬時、攜金剛繫犬圖、可免、或遇暴風雨時、飛散畫馬之紙可免、另有咒語、又民家中更藏有護符、以佛像之衣服、或所持孔雀羽、包以魔紙、纏以毛線、（以狗毛山羊毛或羊毛捻成）更以鼴鼠皮包其全部、謂可祈家與隆云」。

【護身加持】（修法）即護身法、見護身法條。

【護身三昧耶】（術語）十八道之一。被甲護身法之印與明也、見十八道條。

【護身結界十八道】（雜名）十八道中之護身法與結界法。

【護伽藍神】（神名）見伽藍條。

【護念】（術語）保護憶念也、無量壽經上曰「無量諸佛咸共護念」、嘉祥法華義疏九曰「令外惡不侵爲護、內善得生爲念」。

【護念經】（經名）佛說阿彌陀經之異名、信此經者、一切諸佛所護念、故名阿彌陀經、曰「若有善男子善女人、聞是諸佛所說名及經名者、是諸善男子善女人、皆爲一切諸佛共所護念、皆得不退轉於阿耨多羅三藐三菩提」。

【護念增上緣】（術語）善導觀念法門明念佛之行者、得五種增上緣、其中第二爲護念得長命增上緣、謂現生爲佛護念、得長壽之強力因緣也。

【護明大士】（雜名）釋迦如來生於覩史多天、號護明大士、見正宗記一。

【護命神咒經】（經名）護命法門神咒經之署名。

【護命放生儀軌法】（經名）一卷、唐義淨作、說放生之儀則。

【護命法門神咒經】（經名）一卷、唐菩提流志譯、與佛說延命妙門陀羅尼經同本、先譯。

【護戒神】（神名）守佛制戒之善神也、受三歸者、有三十六部之善神護之、又受五戒者、五戒一一各有五神、合有二十五神。護持五戒者、灌頂經一曰「是故我說是言令清信士女、勸受歸戒、歸有三十六鬼神之王、隨逐護助、戒有二十五神、營護左右門戶之上、辟除凶惡」、參照二十五神條。

【護符】（雜語）書眞言種子等之秘符、持之則常爲神佛加持護念、避一切之疾病危難等、蒙長壽增智之利益云、密教說種種之符、三種悉地軌曰「五部眞言、是一切如來無比甘露之珍漿醍醐佛性之妙藥、一字入於五臟、萬病不生、況修日觀月觀」、穢迹金剛禁百變法門經說神變之符四十二曰、「穢迹金剛說此符已、大衆同聲讚言、善哉大力士、汝能說是大妙之法、爾時金剛白諸大衆、當知我於此法流行之處、我等大天當護此行法之人」。

【護淨經】（經名）佛說護淨經、一卷、失譯。見大池之中有蟲而說食不淨食之報、幷示護淨之法。

【護諸童子經】（經名）佛說護諸童子陀羅尼經之畧名。

【護諸童子陀羅尼經】（經名）佛說護諸童子陀羅尼經、一卷、元魏菩提留支譯。大梵天王說鬼神之名及咒而護童子。佛亦爲說一咒。

【護國品】（經名）最勝王經六有四天王護國品、金光明經二曰四天王品。又仁王經下有護國品。皆說其經流布之所有四天王守護其國。

【護童子法】（修法）大梵天王詣佛所曰、世有十五鬼神、對於諸童子、作種種之惱害。我說其鬼神之形相及童子惱害之相、及驅除之之法。鬼神之形相與被惱之相狀如下。

一	彌酬迦神	Miṣika Mahissaka	牛形	小兒眼睛迴轉
二	彌迦王神	Mṛgarāja	師子形	小兒數數嘔吐
三	騫陀鬼神	Skanda	鳩魔羅天形	小兒兩肩搖動
四	阿波悉魔羅神	Apasmāra	野狐形	小兒口中沫出
五	牟致迦神	Muṣṭika	獼猴形	小兒把捲不展
六	魔致迦神	Mātṛkā	羅刹女形	小兒自齧其舌
七	閻彌迦神	Jāmikā	馬形	小兒喜啼喜笑
八	迦彌尼神	Kāminī	婦女形	小兒樂著女人
九	棃婆坻神	Revatī	狗形	小兒種種雜相
十	富多那神	Putanā	豬形	小兒眠中驚怖
十一	曼多難提神	Matṛnandi	猫形	小兒喜啼喜笑
十二	舍究尼神	Sakni	鳥形	小兒不肯飲乳
十三	揵吒波尼尼神	Kāṇṭhapāṇini	雉形	小兒咽喉聲塞
十四	目佉曼茶神	Mukhamaṇḍikā	獵狐	小兒氣熱病痢
十五	藍婆神	Laṃbā	蛇形	小兒數數噎噦

其調治之法、有大鬼神王名旃檀乾闥婆、於諸鬼神最爲上首、當以五色之線誦此陀羅尼一徧一結、作一百八結、並書其所害鬼神之名。使人齎此書與線言於彼徙、令疾走速如風、神王與其眷屬皆從十五神所在、以彼五色線縛其鬼神、俾勿害衆生。因以種種之美味飲食香華燈明及乳粥供養神王。梵王復言、若有女人不生男女、或在胎中失壞墮落、或已生奪命、此諸女等欲求子息保命長壽、當繫念而修行善法、於月之八日十五日受持八戒、洗浴清淨、着新淨衣、禮十方之佛、至中夜運小芥子置已頂上、誦我所說之陀羅尼、則令此女人如意所生男子安穩無苦、盡其形壽而勿中天。若有鬼神不順我呪、我當使其頭爲七分、如阿梨樹枝、因而說呪、世尊又說一呪除童子之難。見護諸童子陀羅尼經。

【護國珠】（譬喩）　譬仁王經於護國之寶珠也。仁王經受持品曰、「得般若波羅蜜是諸佛菩薩一切衆生心識之神本也。（中畧）亦名如意珠。亦名護國珠。」

【護國經】（經名）　佛說護國經一卷、趙宋法賢譯。護國長者之子出家得道、爲俱盧大王說法。與佛說賴吒和羅經 Rāṣṭra-pāla-sūtra 同本。因法華經仁王經金光明經、稱爲護國經之三部。

【護國四王】（天名）　又作護世四王。持國、增長、廣目、多聞之四天王也。此四天居須彌山四方之半腹、常護持四天下、故名護世。又名護國。法華經曰「護世四天王」。

【護國尊者所問大乘經】（經名）　四卷。宋施護譯。畧云護國尊者所問。與收於大寶積經八十八十一兩卷之第十八護國菩薩會（隋闍那崛多譯）同本異譯。

【護雁】（本生）　阿闍世王於過去爲大王時、見羣雁之慕雁王、有威於心、遂發慈心、誓不復捕雁。見報恩經四。見雁條。性靈集九曰、「護雁之愛弘深、驅龍之威益猛。」

【護摩】（術語）　Homa 又作護魔、呼麽。譯曰燒。原爲事火婆羅門燒火祀天、彼以火爲天之口、謂燒饗物於火、則天食之、而與人以福。密敎取其法設火爐燒乳木、以智慧之火燒煩惱之薪、以眞理之性火爲盡魔害之幖幟。大日經護摩品說婆羅門四十四種之火法、後說佛法之火法十二種。大日疏八曰「護摩是如來慧火、能燒棄因緣所生災橫」。又曰「煩惱爲薪、智慧爲火、以是因緣成涅槃飯、令諸弟子悉皆甘嗜」。同十五曰、「護摩是燒義也。由護摩能燒除諸業」。慧琳音義四十一曰、「護摩梵語、唐云火祭祀法、爲饗祭賢聖之物、火中焚燎、如祭四郊五岳等」。希麟音義一曰、「護摩二字、或作呼麽、梵語也。唐云火祭。案瑜伽護魔經有四種爐、謂半月形、滿月形、方與八角、應四種法。謂鉤召。降伏。息災。敬愛。等加持雖異。皆以三白食及三雜花果等於爐中焚燎。用祭賢聖。如此方燔柴之祭。」

【護摩法由來】（故事）大日經疏十九曰、「外典淨行圍陀論中有火祀法。然大乘眞言門亦有火法。所以然者。爲攝伏一類故。以言韋陀事而攝伏之。然其義趣猶如天地不可相並。（中畧）佛所以作此說者。欲伏諸外道分別邪正。令彼知有眞護摩故。以諸淨行等於所宗韋陀典自謂秘密而生慢心。今佛自說韋陀原本。而於其中更顯正理眞護摩法。此佛韋陀當知最爲第一秘密之藏。彼聞已生希有心。卽生信解也。我昔未成正覺。無所曉知。略說如上四十四種火法。廣則無量。如韋陀典中具明。今成正覺。復說眞慧之火十二種法。所謂能成大事。除盡一切垢障之暗而成大事。不同往昔邪道非法之行也。」百論疏中上曰、「外道謂火是天口。故就朝瞑二時再供養火。問外道何故謂火爲天口耶。答俱舍論云。有天從火中出。語言諸天口中有光明。謂言是火。故云天口。（中略）外道謂火是天口。正燒蘇等十八種物。令香氣上達諸天。天得食之。令人獲福。將欲燒時前遣人咒然後燒。」

【內護摩外護摩】（術語）佛法之護摩有二種。擇地作壇。以世火燒供物乳木爲外護摩。自身爲壇。以如來之智火燒煩惱之薪爲內護摩。是云出世護摩。世諦護摩事護摩、理護摩而作世諦之事護摩、亦添理性之內觀也。大日經秘密曼陀羅品曰、「護摩有二種。所謂內及外。」大日經疏十五曰、「阿闍梨卽作內護摩。若淺行人卽作外法。而究竟爲內法因。」瑜祇經疏中曰、「或直用內能得成就。若直用外不得成就。故作外法。必作內法。」大日經疏八曰、「若眞言行者。但作世諦護摩。不解此中密意。則與韋陀火祀不相濫耶。故譯者兼智之名。庶令淺深二釋義用兼舉。」

【四種護摩】（名數）一、息災法、梵名扇底迦 Śantika 爲息惡難者。二、增益法、梵名布瑟致迦 Puṣṭika 爲增福利者。三、鉤召法、梵名縛始迦羅拏 Vaśīkaraṇa 爲召集善類者。四、降伏法、梵名阿毘遮嚕迦 Abhicāraka 爲折伏惡黨者。尊勝軌護摩品曰、「護摩雖有多種。今畧說四種。盡攝一切護摩之法。所謂除災圓爐。增益方爐。攝召半月。降伏三角。」

【五種護摩】（名數）從上四種中鉤召法開敬愛法。梵名迦多耶。而爲五種。以配金剛界之五部。爲請諸佛菩薩愛護者。瑜祇經疏上曰、「金剛頂瑜伽護摩儀軌有五種法。息災。增益。降伏。鉤召。敬愛。」秘藏記末曰、「以五種法相充五種。一息災用佛部尊。二增益用寶部尊。三降伏用金剛部尊。四敬愛用蓮華部尊。五鉤召用羯磨部尊。」

【六種護摩】（名數）從上五種增益法中開延命法爲六種。爲祈壽命之延長者。瑜祇經疏上曰、「亦爲六種。增益壇中更加延命。」

【五部護摩】（修法）護摩法總有六種、其中延命之一法入於增益中而爲五種。以配五部諸經軌之說不同。

瑜伽經內護摩品

息災法　五佛四波羅蜜與金剛部之金剛薩埵、及愛喜之二菩薩。

增益法　寶生部寶光幢笑之四菩薩。

降伏法　蓮華部法利因語之四菩薩。

敬愛法　羯磨部業護牙拳之四菩薩。

鉤召法　鉤索鎖鈴之四攝天女。

又內外八供通用於一切法。此二者屬於五部。

瑜伽經（內作業灌頂悉地品）		攝眞實經（護摩品）	
息災法	佛部。	寂靜法（卽息災法）	大日白色。
降伏法	金剛部。	調伏法	阿閦青色。
增益法	摩尼部（卽寶生部）	求財法	寶生金色。
敬愛法	蓮華部。	敬愛法	彌陀紅色。
鉤召法	羯磨部。	增益法	不空五色。

秘藏記末

息災法　佛部之尊、（佛母）

增益法　寶部之尊、願福者寶菩薩、求智慧者光菩薩、求官位者幢菩薩、求愛護者笑菩薩。

降伏法　金剛部之尊、（降三世等忿怒尊）

敬愛法　蓮華部之尊、（觀音）

鉤召法　羯磨部之尊、（鉤菩薩）

是三十七尊雖各有所成之悉地、然亦通而皆成一切法、故如是通別互說也。今略解秘藏記之說、先息災段以佛母爲本尊。佛母者佛眼尊也。兩部皆以佛眼爲佛部之母。佛部之尊甚多、於其中獨舉此尊者、佛眼有破諸宿恨之功能、一切災難多者係惡星所爲、故歸於此尊而除其災厄也。次增益段各隨所求之事而以四菩薩爲本尊。求福德者以寶菩薩爲本尊。寶菩薩者卽虛空藏、以寶珠爲三昧耶形、故求福者歸之。求智慧者以光菩薩爲本尊。慧光照破愚闇、故其義相應。求官位者以幢菩薩爲本尊。於高幢上安寶珠、是爲幢官位者秀出其義相應也。求愛念者以笑菩薩爲本尊。歡喜微笑、爲愛念之至極、故其義相應。次降伏段忿怒尊者、依瑜伽軌之意、降伏之法以降三世爲本尊、以四忿怒爲眷屬。四忿怒者薩王愛喜之四菩薩也。是卽東方之五尊、各住於忿怒之三摩地、故云忿怒尊降伏之法、以摧破他人爲功能、故此敎令輪之忿怒尊獨爲相應。次敬愛段、觀音者西方四菩薩中之法菩薩也。敬愛之法、以蓮華爲幖幟。阿彌陀雖爲蓮華部之主、而觀音正手持蓮華、爲敬愛之表示、故獨舉此尊也。次鉤召段以鉤菩薩爲本尊、此有二義。一按瑜伽軌之意、鉤召之法以阿閦爲本尊薩王愛喜爲眷屬、其中菩薩特與鉤召相應、言其故、則王菩薩以鉤爲三昧耶形、故以義名鉤菩薩也。一四攝中之鉤菩薩也。瑜祇經云鉤索鎖鈴四盡成鉤召事。四攝者利他之相、北方之釋迦、亦居於化他之極、仍以四攝菩薩屬於北方、以其中鉤菩薩爲本尊也。其以北方羯磨部之鉤召法、出東方金剛部之尊者、以經軌中往往東北二部有相通之義、今依通義而出之也。

【五法互具】(術語) 息災等之五法、又互具五法、今就息災一法而言之、此有內心外法之二種、先言內心之法、則行息災法、而除貪瞋等之諸煩惱、是息災也。依此息災而除煩惱之闇、定慧等之功德增長、是增益也。因此諸功德增長而摧破無明等、是調伏也。依是調伏而違隔之煩惱與菩提相和、爲煩惱卽菩提、又受諸佛菩薩之愛護、是敬愛也。因無違隔而諸善友集生、又由智慧之鏡明照而萬法現集、是鉤召也。次就外法而言、則爲國家修法除國家之諸災、是息災也。增諸福德是增益也。無諸災殃是調伏也。又因之而無戰亂諍鬪等事、是敬愛也。諸善集生是鉤召也。他四法準此可知。見秘藏記末同鈔九。

【五種法加句】(術語) 於上五法加於其眞言上下之語、各隨於其法而定諸軌之說不同。

	尊勝軌上	大日經疏七	烏芻澁摩軌
增益	初後娜摩	初後納摩	初唵後娑婆訶
息災	初後娑嚩訶	初唵後莎訶	初唵後娑婆訶
降伏	初後𤙖泮吒	初後吽發	初唵後吽發吒
攝召	初後訶利計急	初唵後𤙖發	初唵後娑婆訶敬愛

	瑜伽軌	祕藏記末
息災	初唵後娑婆訶	初唵後娑婆訶
增益	初唵後娑婆訶	初吽後那莫
降伏	初吽後發吒	初吽後發吒
鉤召	初吽後弱	初吽後弱
敬愛	初吽後弱	初吽後弱

上表中尊勝軌、大日經疏、攝敬愛法於召攝法中、烏芻澁摩軌、反之。

於已上五說中、就秘藏記之說而釋之、則息災法安唵字於眞言之初者、歸命之義也。行者歸於本尊、彼此不二之義、一切災難依於貪瞋痴之煩惱、煩惱之根無始之間隔（無始無明）也。若生佛不二、自他一息、達於如理、則諸災卽時止息、故以唵字爲息災相應之字。後之娑婆訶者、寂靜之義、寂靜者息災之義、以諸事無爲而無災難時、一切寂靜故也。增益法安吽字於眞言之初者、寶悉地陀羅尼經以吽字爲寶珠之種子、寶珠爲增益之三昧耶形、故安於最初。那莫者歸命之義、寶珠所在、萬人朝宗、是歸命之義也。降伏法安吽字於眞言之初吽者其音如牛吼、是降伏之聲也。又吽者風大之種子、風有摧破之能、故爲降伏之加句。後安發吒者、發吒爲破壞之義、又能與調伏相應。鉤召法、敬愛法、於此二法眞言之初安吽字者、吽爲因緣之義、因緣必招果、故爲鉤召、又與鉤和合而成果、故爲敬愛、又吽爲風大之種子、風大爲半月形而懸一方、故是鉤召敬愛之義、弱者來之義、體文之ゑ字爲生之字、生即來也、加涅槃點：者、ゑ生即無生、來即無來之義、無來之來是眞言之來、來是鉤召之義、又敬愛之義也。見秘藏記鈔九。

【四種爐形】（名數）修護摩時、從其種類而異其爐形。四種者、攝六種護摩中延命鉤召二法於增益法中。一息災者圓、圓形者水輪之形、水有息災之功能、一者洗淨不淨、是息災之義也、二者鑁字爲種子、鑁字爲離言說之義、若離言則成寂靜、寂靜者息災之義也、三能滅火、世間衆生之熱惱如火、毘盧遮那之智水滅彼之火、是息災之義也。二增益者方、此有二由、一者方形爲金之形、金爲世界衆寶中最勝、增益爲寶部之法、故以金形表壇相也、二者方形爲地大之形、地者生長萬物、故以爲增益之表相也。三敬愛者蓮華、蓮華爲諸人共愛之物、故以爲表相、又蓮華在泥中而不染於泥、是顯迷悟不二、垢淨一如、敬愛法彼此相愛、永離怨親、不著於惡、不驚於染淨、不動於生死而至於涅槃、在於煩惱而成菩提、所以有於蓮壇修此法之誠也。四降伏法者三角。怨爲赤色、且火吽軌云、大日經疏等以赤色爲降伏色、當時用青或黑色、秘藏記尊勝軌(不空)等是也、用三角壇者、三角爲摧破是物之形也、降伏者摧破惡人、故以爲表相、又云三角爲火輪之形、降伏之法向南方而行之、南方爲火方、故用火形。見護摩供事鈔上。

【四種色】（名數）一、息災爲白、白者水色也。二增益爲黃、黃者金、又爲地形也。此二者準上之形可知。三敬愛爲赤、世人愛樂赤色、故用之。四降伏爲黑、降伏所以用黑色者、黑色爲風大之色、風爲大力之義、水火風三災之時、風災力强、故能壞第三禪、如來成道時、亦以風指降伏惡魔、降伏之法、摧破惡人之故、此爲相應之色、或又因火依風而增力用、故向於火方而行之法用此色。見秘藏記鈔三。

【四種方向】（名數）一、息災爲北方、日本花藏院護摩要集上擧息災向北之說云、北方主冬、草木枯槁、以表除災、若對於五行則以北爲水方、息災之壇爲水形、故向于北方也。北方爲寂靜之方、故寂災之法向北方也。北方主冬、世人秋收冬藏、更無所作、故謂之寂靜歟。二增益爲東、護摩要集上云、東方主春、草木生長、以表增益、又日月出於東而草木生長、故以表增益。對於五行、則以東爲木、以木之茂盛表增益也。三降伏爲南、護摩要集上云、南方司夏、陽氣熾盛而熱炎燒物、以表降伏、若對於五行、則以南爲火、降伏壇之形爲火(三角)故向南方。四敬愛者西、護摩要集上云、秋者草木結實開花、世人愛之、故以表敬愛。金光明經疏云、秋時萬物結實。人計爲常爲樂。計爲常樂、可表敬愛。若對於五行、則以西爲金、金者世之所愛、故表敬愛。

【四種起首時】（名數）一、息災爲初夜、此有二由。一、火吽軌曰、「初夜名入定時。終日作業入夜息。故與息災法相應。息災法亦名寂靜法故也。疏第四云、初夜分如自證之地住大涅槃」息災法之至極者、護得大般涅槃、故爲相應之時。二、初夜者加護之時也」瞿醯上曰、「又於日沒之時。諸天集會。觀視作方之處。加威彼人。是故於夜作曼荼羅。」即此意也。二、增益爲日出、此有三由。一、增益者向東方修之、以東方日出故也。二、日出而萬物力用增長、以增益法又名增長法故也。三、爲諸天加被之時故也。一字佛頂經曰、「是日出時。吉祥諸天下遊此界。歡喜集時樂成世間求豐饒法。」三、敬愛法爲後夜。後夜者寅剋也。此時分、陰陽和合、故爲相應之時。常言四夜八晝。四夜者戌亥子丑、八晝者自寅至酉。寅者陰之終而陽之始也、故云陰陽和合。四、降伏法爲日中、又爲夜半、日中者日光熾盛、萬物枯旱之時也、最相應於調伏損害之法、夜半者黑闇增盛、威光失沒之時也、是亦相應於調伏損減之義。日中爲午時、夜半爲子時也、火吽軌曰、「降伏赤色者日中起故」

【四種行日】（雜語）有二說。一、仁王經儀軌曰、「若息災法從月一日至八日。若求增益從月九日至十五日。若求敬愛從十六日至二十二日。若調伏者從二十三日至月盡日。」二、諸部要目曰、「一日分爲四時。月生一日至八日應作息災。從九日至十五日應作增益。從十六日至二十三日應作降伏。從二十四日至月盡日應作敬愛法。」息災者除災生德之法也、以月生之一日、背暗向明、故爲息災相應之日。增益者福智圓滿之法也、至十五日而月輪滿、以故爲增益相應之日。降伏者損減爲能、黑月有損減和合之二德、自十六日月輪漸減。仁王儀軌取損減至極之義、故調伏。至月之盡日、要目以爲月之盡日者月合宿、故爲敬愛相應之日。見秘藏記鈔二。

【五種護摩色】（名數）寂災法（息災法）白。白是寂災之色、如來部之義、故爲最初。增益法黃。黃是增益之色、蓮華部之義、故爲第二。降伏法赤。赤是降伏之色、金剛部之義、故爲第三。求財法青、青是成辦所事、亦出生隨類之形、故爲第四。（青色含五色）攝召法（鉤召法）黑。黑是攝召之義、即諸奉敎者忿怒等所爲衆務、故爲第五。

【五種護摩木】（名數）息災者甘木、降伏者苦木、增益者果木、敬愛者花木、鉤召者刺木。

【二十種護摩法】（名數）扇底迦有四法、布瑟致迦有九法、阿毘遮羅迦有七法。是名二十種護摩法。此中更廣之則有一百一十種之火法。秘而不譯。見金剛頂經義訣。

【護摩木】（物名）修護摩時焚於爐中者。要段木與乳木二種。段木者松等之乾木段段切之者。乳木者桑等之生木有濕氣者。先積段木於爐內、於其上置乳木。以強火力、其木材之種類及寸法削狀依於增益等四種壇法而各異。見護摩供事鈔中。

【護摩堂】（堂塔）應於增益等法、各安置其所尊、而爲護摩修法之處。

【護摩衆】（雜語）爲護摩之修法者。

【護摩壇】（物名）修護摩而据爐者。有大壇水壇木壇三種。掘地而塗牛糞如式行大作法、謂之大壇。不作掘地等事、但以灑水淨其地、急速作之、謂之水壇。如當今所行、以木作壇、爐据其中、謂之木壇。

【護摩八千薰修】（修法）修不動護摩、燒乳木八千枚也。立印軌曰「作護摩事業、應以苦楝木兩頭搵酥燒八千枚爲限」

【護鵝】（故事）有比丘知鵝鳥吞寶珠、恐鵝鳥將殺、自負其罪而救鵝。見鵝珠條。

【護磨】（術語）卽護摩也。

【辟鬼星】（界名）胎藏界外金剛部院東方日天旁之尊。應爲日天眷屬、表世之夢幻者。肉色童子形、於頂上合掌、作飛行之勢。

【欄竭節】（雜名）見刺竭節條。

【蘖哩訶】（異類）Graha 執著於人之鬼名。四鬼之一。大日經疏七曰「經云鬼魅所著、或云非人所持。智度云著者、皆是蘖哩訶鬼所作。以著人不相捨離、故以爲名。其日月五星等、亦以終始相隨、故梵語名蘖哩訶。翻爲九執（中畧）是執持義」同 Graha。

【蘖嚕拏】（動物）見迦樓羅條。

【蘖羅訶】（異類）梵名 Graha。又作蘖嘌訶、蘖嘌何。鬼魅之祟。又鬼魅之著於人也。大日經疏八曰「蘖嘌何是魅鬼著人者」又出瑜祇經愛染王品。

【蘖馱矩吒】（堂塔）Gandakuti 譯曰香臺殿。世尊之居室也。位於祇園精舍之中央部。

【蘖喇婆】（雜語）Garbha 譯曰中心。大日經疏八曰「梵音蘖喇婆是中心之藏、中胎藏之藏、與比吒迦俱舍等其義各殊也」

【嚩羅呬】（天名）地下之神也。慧琳音義四十二曰「呬音馨異反。地下諸天名也。此天人身豕首四臂、有大神力、常居地下。亦地神之類也」嚩爲嚩之誤。梵 Varāhi。

【嚼蠟】（譬喻）喻婬欲無樂趣也。首楞嚴經曰「我無欲心、應汝行事、於橫陳時、味如嚼蠟」

【嚼食】（飲食）珂但尼之譯語。見珂但尼條。

【酆都城】（地名）在四川省忠州。相傳此城有酆都大帝宮殿。

【酆都大帝】（傳說）相傳卽地藏王菩薩也。

【矐矐婆】（界名）與臛臛婆同。八寒地獄之一。見臛臛婆條。

【羼底】（術語）Kṣānti 譯曰忍辱、安忍。舊稱羼提。慧琳音義十三曰、「羼底上察限反下丁以反唐云忍辱或云安忍。」

【羼底僧訶】（人名）Kṣāntisiṃha 比丘名。譯曰師子忍。見慈恩傳二。

【羼提】（術語）Kṣānti 六度之一。譯曰忍辱。忍屈辱堪苦難也。智度論十四曰、「羼提秦言忍辱。

【羼提仙人】（本生）佛往昔修菩薩行、成滿忍辱行時之名。又云　提比丘。賢愚經名羼提波梨。智度論十四曰、「行者常行慈心、雖有惱亂、必能忍受。譬如羼提仙人在大林中行忍慈時、迦利王得諸婬女入林遊戲、飲食既訖、王小睡息、諸婬女採華林間、見此仙人、而加禮敬、在一面立。仙人爲諸婬女讚說忍慈、聽者無厭、久而不去。迦利王覺、不見婬女、拔劍追蹤。見在仙人前立、大怒、奮劍問仙人、汝爲何物。仙人答言、我今在此修忍行慈。王曰、我今試汝。」同四曰、「羼提波羅蜜云何滿耶。答曰、若人來罵、撾捶、割剝、支解、奪命、心不起瞋、如羼提比丘爲迦梨王截其手足耳鼻、心堅不動。」賢愚經二曰、「羼提波梨品。」

【羼提羅】（術語）Ṣaṇḍha 一作扇提羅。新稱曰扇搋。譯曰石女。不具男女根者。勝鬘寶窟上本曰、「依外國語四名相濫。一名旃提羅。Ṣaṇḍila 此云奄人。二扇提羅、ṣaṇḍhila 此云石女。三旃陀羅。Caṇḍāla 此云殺狗人。四旃茶羅。Candra 此名爲月。」

【五扇提羅】（傳說）五惡比丘各得石女之報者。止觀一曰、「如五扇提羅者。此發地獄心。」同輔行曰、「言扇提羅者。未曾有經下卷云。昔五比丘懶惰懈怠。不修經書。時世穀貴。爲人所輕。不供養之。五人議云。夫人生計。隨其行儀。人命至重。不可守死。各共乞求。辦具繩床。坐曠野中。掃灑莊嚴。依次而坐。外形似禪。內思邪濁。見者[illegible][illegible]。因此招供。飽足有餘。有一女人名曰提韋。聞之喜供。提韋有十頃園林。令住終身（中畧）提韋眞心供養。福盡命終生化樂天。其五比丘專行巧僞。邪濁心。福盡命終生於地獄。經八千劫。償其施主。雖復爲人。諸根闇鈍。無男女根。名爲石女。經爾所劫。償施主已。佛告匿王。時提韋者。今皇后是。五比丘者隨從擔轝五人者是。」

【羼提提婆】（人名）Kṣāntideva 釋

算幼時敎武術之人。

【羼提波羅蜜】（術語）Kṣānti-pāramitā 六波羅蜜之一。譯曰忍度。提者忍、波羅蜜者度忍辱之行、爲度生死海到涅槃岸之道故稱爲度新譯云到彼岸。

二十二畫

【灑】（術語）ㄉ Ṣa 悉曇五十字門之一。一切法法性鈍之義、制伏六處得六神通智之聲也蓋後義由 Ṣaṣ（六）釋之。文殊問經曰、「稱灑字時是制伏六處得六通智聲。」

【灑水】（物名）灑淨用之香水也。見灑淨條。

【灑水印】（印相）標灑水之印相也。

【灑水杖】（物名）見散杖條。

【灑水器】（物名）容灑水之器物。

【灑水觀音】（菩薩）三十三觀音之一。右手持瓶作灑水之相者。

【灑淨】（術語）眞言之修法有念龍灑海水而取灑水器香水灑於壇場之法、即以鑁字之智水灑於一切衆生之心地使淨菩提心之種子生長之意也。

【響】（雜語）見十緣生句條。

【籠堂】（堂塔）爲通夜而建在佛閣側之堂舍也。

【籠頭角馱】（譬喩）籠頭者被於馬首之具、角馱者重荷也以譬無明業識知見會解。碧巖十七則雪竇頌曰「脫却籠頭卸角馱」諸錄俗語解曰「籠通籠、龐居士偈、嶺上著籠頭口中著鐵牛。」種電鈔二末曰、「籠頭謂無明業識角馱乃知見解會也」

【權】（術語）對於實之語方便之異名暫用之而終廢之者。

【權大乘】（術語）大乘之中分權實之二、立一切皆成佛之宗爲實大乘不然者爲權大乘。蓋華嚴天台等爲實大乘、法相三論爲權大乘也。但此判爲華嚴天台自己所說而法相三論無首肯者。

【權化】（術語）佛菩薩以通力權現種種之身種種之物也。法華經化城喩品曰、「權化作此城」。義林章七末曰、「權示化形」。敎行信證文類序曰「權化仁齊救濟苦惱羣萌。」

【權方便】（術語）佛菩薩一時濟度衆生之權謀、爲權其方法、能適於便宜爲方便。無量壽經上曰、「遊步十方、行權方便」一最勝王經一曰、「或時見有般涅槃者是權方便」。淨影大經疏曰「隨物所宜種種異現名權方便」

【權巧】（雜語）如來之權謀、巧叶於時機也。靈芝彌陀經疏上曰、「權巧赴機行法非一」

【權門】（術語）方便門也。

【權者】（術語）佛菩薩以通力而現之假身也。又云化者、權化、大權等。止觀十下曰「佛日初出權者引實開法卽悟」。

【權迹】（術語）謂自久遠實成之本地所現之權化垂迹身。八相成道之釋迦如來是也。對實而云權、對本而云迹。玄義十上曰「拂之以權迹、顯之以實本」。

【權乘實果】（術語）眞言之十住心中、前九住心名權乘、第十住心爲實果。唯識三論、華嚴、天台等爲權乘之法、佛皆爲因位之權佛、眞實之佛果、但爲第十住心之法身密佛。

【權敎】（術語）華嚴天台等一乘家所判、以法相三論之三乘敎爲權敎、以自宗之一乘敎爲實敎。又就天台所立之四敎而判之、則以藏通別之三敎爲權敎、以圓敎爲實敎。

【權理】（術語）偏於一方之理也。權假之理。

【權現】（術語）同於權化。自本地權現垂迹之化身也。最勝王經七曰「世尊金剛體權現於化身」。

【權智】（術語）達於諸法之實相、爲如來之實智、達於諸種之差別、爲如來之權智。實智者體也、權智者用也。如來成佛之本體在於實智、一代敎化之妙用存於權智。見權實條、密敎以胎藏曼荼羅之心蓮華臺爲實智、八葉之開敷爲權智。大日經二曰「諸佛甚希有權智不思議」。同疏六曰、「權智不思議者具存梵本者應云智方便不思議。（中畧）智謂心蓮華臺具足、權謂華葉開敷。二種具不思議、故云希有也」。

【權智實智之一心三觀】（術語）如來所證之一心三觀、爲實智之一心三觀、如來所說之一心三觀、爲權智之一心三觀。以本迹二門配之、則迹門法華、當於權智之一心三觀、本門法華、當於實智之一心三觀。

【權悲】（雜語）從佛之權智而起之大悲也。秘藏寶鑰上曰、「後得權智」。

【權實】（術語）適於一時機宜之法名爲權、究竟不變之法名爲實。止觀三下曰、「權謂權謀、暫用還廢、實謂實錄、究竟旨歸」。權實之判、雖涉於諸法、通於諸宗、而獨天台於其本經方便品之方便名下、立權實之四句十雙之權實、三種之權實、以極精微。其中就諸法之事理與如來之智及所說之敎法而定權實、最爲樞要。

【事理權實】（術語）一切差別之事相悉爲權法、以常住不變之眞理爲實法。諸法二字顯權法、實相二字示實法。是十雙權實之第一雙、而權實之根本標準也。

【權實二智】（名數）諸法既有權實之二法、達於其權法之差別、爲如來之權智、達於其實相之一理、爲如來之實智。開三顯一之如來善巧者、權智之妙用、故本經方便品讚嘆二智中、獨置重權智也。玄義三上曰、「前來二十種智不出權實二智。如經如來方便知見波羅蜜皆悉具足。卽總束前來諸權智也。如來知見廣大深遠、卽是總束前來實智也。」同三下曰「對二諦境明智者、權實二智也。」同二上曰、「佛法不出權實。是法甚深妙難見難可了。一切衆生類無能知佛者。卽實智妙也。及佛諸餘法亦無能測者。卽佛權智妙也。」

【權實二敎】（名數）如來以權智初開三乘之敎爲權敎、後示一乘之理爲實敎。如此開會之妙用、悉爲權智所使然。就四敎而判之、則藏通別之三敎爲權敎、圓敎之一爲實敎。若就華嚴之五敎而判之、則頓敎已下皆權敎。如法相三論者、止於天台通敎華嚴始敎之分、故貶之爲權敎權大乘、以我而稱實敎實大乘。玄義一下曰「大悲順物、不與世諍。是故明諸權實不同。」文句一上曰、「若應機設敎。敎有權實淺深不同」止觀三下曰「一明大小。二明半滿。三明偏圓。四明漸頓五明權實」

【權實不二門】（術語）十不二門之一。明三乘權敎卽一乘實敎之不二之理。法華文句三下曰、「若雙照、則權卽是實、實卽是權、雖二而不二」又見十不二門指要鈔下。

【權謀】（雜語）方便之異名。應於便宜而假施設事物也。文句記二下曰「應物施設故名爲權。順宜制立故名爲謀。有權之謀。故云權謀。」輔行三之四曰、「謀謂謀度。此是不謀而謀。故曰權謀。」

【權應身】（術語）見眞實身條。

【權機】（術語）實機之對。當佛說法、正聽受其法之對機不現時、則對於其非正所被之機根而說法、此對告衆爲權假之機根、故云權機。

【權關】（譬喻）權設之關門、譬佛假設方便之諸敎。二敎論上曰、「壅權關以稅駕。」

【讀師】（職位）法華八講之時、與講師同登高座而讀經題之僧也。

【讀師高座】（物名）行八講時、設八講壇於佛前左右、二高座相對、佛之左方爲讀師之座、右方爲講師之座。

【讀經】（術語）法華經所說五種法師行之一。對文曰讀。正心端坐、目視經文、口

【讀經爭】（行事）讀經文而無滯爲勝、滯者爲負、以爭勝負也。

【讀經法師】（職位）見五種法師條。

【讀誦】（術語）就文字曰讀、離文字曰誦。法華經法師品曰、「受持讀誦解說書寫妙法華經乃至一偈。」

【讀誦品】（術語）台家所立觀行即五品之第二。至心讀誦妙經以助內觀之位也。止觀七曰、「善言妙義與心相會。如膏助火。是時心觀益明。名第二品也」

【讀誦大乘】（術語）讀誦大乘經典也。

【讀誦正行】（術語）五種正行之第一。一心專念讀誦淨土三部經也。

【讀誦雜行】（術語）五種雜行之第一。對於讀誦正行而言。受持讀誦淨土三部經以外大小顯密之諸經典也。

【贖命】（術語）佛以末代比丘起惡見、亡法身之慧命。爲之說涅槃經、扶戒律而談圓常之理。以爲贖命之重寶。是曰涅槃之贖命。涅槃經十四說「如人七寶不出外用之、名之爲藏。是人所以積此寶者、爲未來故。所謂穀貴賊來侵國值遇惡王、用爲贖命、得財難時乃當出用。諸佛秘藏亦復如是。爲未來世諸惡比丘畜不淨物、爲四衆說、如來畢竟入涅槃、而爲是等惡出現於世時、滅此惡說此經典。

【贖命涅槃】（術語）對於常住涅槃之稱。涅槃經二教中之扶律談常教也。見前項。

【讖羅半尼】（衣服）Kṣārapāṇiya 見差羅波尼條。

【鑊湯地獄】（異名）煮於鑊湯之地獄也。觀佛三昧海經五說此地獄有十八鑊、一一鑊縱廣四十由旬。有七重之鐵網。中滿沸鐵。五百羅刹鼓大石炭以燒其銅鑊。不火焰焰不滅。鑊沸上湧、如星化成火輪。還入鑊中。毀佛之禁戒、殺生噉肉、燒山野而傷害衆生、及焚殺衆生者、命終身心熱又冷如冰。欲得大溫水而浴、及生於鑊中、其身忽消爛。唯餘骨在。又見於正法念經七、經律異相五十。

【鑑眞】（人名）俗姓淳于氏、唐揚州江陽縣人。年十四、就智滿禪師出家、研極三藏、尤精戒律。受日本入唐僧榮叡普照之請、與其徒一百八十四人至日本弘法。見宋高僧傳十四。

【聽衣】（雜名）見二衣條。

【聽經樓】（雜名）人海記曰、「成祖靖難後、於都城四達之衢、必建一聽經樓。每夜令僧於上諷誦經義。俾臣民席地靜聽之。既遷都百年後、舊制盡失。尚存其一於北門橋。與十廟相近。嘉靖初、僧復新之。人莫知其爲聽經樓之故址也」。

【聽敎】（術語）佛所說之三藏中、獨律藏有制聽二敎。依理而制之法、謂之制敎。隨緣計情而聽許之法、謂之聽敎。如四重禁者制敎也。如十二頭陀法者聽敎也。三衣者制敎也。三衣之外得畜餘衣者聽敎也。

【聽衆】（雜語）聽聞說法之人也。

【聽聞】（雜語）聞敎法也。最勝王經

四曰、「若得聽聞是經典皆不退阿耨多羅三藐三菩提」。法華玄義六曰「受戒之時。說此戒法授於前人前人聽聞卽得發戒師弟所由生也」

【龕】（物名）安置佛像之櫃。卽厨子也。增韻曰「浮圖塔」。廣韻曰「塔下室」。敕修淸規結制禮儀曰「侍者於聖僧龕後立」。又盛尸之棺謂之龕。釋氏要覽下曰「今釋氏之周身其形如塔故名龕。方志云受也。廣雅云盛也。此名蓋異俗也」。

【龕前疏】（雜名）龕前所讀之疏文。百丈淸規所謂「鄉人法眷作祭文」是也。

【龕塔】（堂塔）有龕室之塔。卽常塔也。十誦律五十六曰「佛聽作龕塔柱塔」。

【歡喜】（術語）梵語波牟提陀 Pramudita 接於順情之境而身心喜悅也。法華經譬喻品曰「歡喜踊躍」。又（人名）尊者名。釋迦之弟子阿難陀 Ānanda 譯曰歡喜。慶喜。寄歸傳一曰、「薛舍初辭魔王惑歡喜之志。熙連後唱無滅顯亡疑之理」。

【歡喜丸】（飲食）又曰歡喜團。餅名。梵語曰摩呼茶迦。涅槃經三十九曰、「酥麪蜜薑胡椒蓽茇蒲萄胡桃石榴桵子。如是和合。名歡喜丸」。大日經疏七曰、「歡喜丸。應以酥煮諸餅糅以衆味及三種辛藥等。令種種莊嚴」。智度論十七曰「佛告諸比丘。此耶輸多羅非但今世以歡喜丸惑我。乃往過去世時。亦以歡喜丸惑我」。谷響集三曰、「歡喜名相應於歡喜天。故修供必用梵語摩呼茶迦 Mahotika 隋言歡喜丸。見於法苑」。

【歡喜天】（天名）又云大聖歡喜天。大聖天。聖天。夫婦二身相抱象頭人身之形。爲本尊。男天者大自在天之長子。爲暴害世界之大荒神。女天者觀音化現。而與彼抱著。得其歡心。以鎭彼暴者。因稱歡喜天。梵名誐那鉢底 Gaṇapati 就其形而謂之毘那夜迦。Vināyaka 象鼻天。善無畏譯之大聖歡喜供養法曰「大聖自在天烏摩女爲婦。所生有三千子。其左千五百。毘那夜迦王爲第一。行諸惡事。右千五百扇那夜迦持善天爲第一。修一切善利。此扇那夜迦王。則觀音之化身也。爲調和彼毘那夜迦惡行。同生一類。成兄弟夫婦。示現相抱同體之形。其本因緣。具在大明咒賊經」。毘那夜迦含光軌曰、「今說毘那夜迦有多種。或似人天。或似婆羅門。或現男女端正之貌。卽分四部攝衆多類。如是種種作諸障礙。唯大聖天歡喜王。是權現之身。如上所說。爲欲誘進諸作障者。令入正見故。所以不似餘毘那夜迦。而現象頭。此是示喻。故謂如象王雖有瞋恚强力。能隨養育者及調御師也。誐那鉢底亦復如是。雖現障身。能隨歸依人。乃至歸佛者。是故此天現象頭也。毘那夜迦。亦名毘那怛迦。此云象鼻也。其形如人。但鼻極長。卽愛香塵故也。唯今大聖天。其頭眼耳鼻舌諸相皆似象。能隨行者也。此天者。卽誐那鉢底。此云歡喜。」使咒法經曰、「爾時毘那羅囊伽。將領九千八百諸大鬼王。（中略）向於世尊。俱發聲言。我以自在神通故。號毘那羅囊伽。亦名毘那夜迦。亦名毘微那囊伽。亦曰摩訶毘那夜迦。如是四天下。稱皆不同。」

【形像】（圖像）　其像不一。一為雙身抱合之像。大聖歡喜形像品儀軌曰、「夫婦二天。令相抱立。其長七寸。或五寸作之。二天俱象頭人身。但男天面繫女天右肩。而令視女天背。亦女天面繫男天右肩。而令視男天背。足踵皆俱露現。手足柔軟。猶如壯肥端正女人。男天頭無華鬘。肩係赤色袈裟。女天頭有華鬘。而不著袈裟。手足有瓔珞環。亦用其兩足踏男天足端。此二天俱白肉色。著赤色裙。各以二手互抱腰上。其右手覆左手背。二天右手中指端令至左手中指中節背上。」含光儀軌曰、「二天身相抱正立。雙象頭人身。其左天著天華冠。鼻牙短。其目亦細。著赤袈裟福田相衣。身亦白色。右天面目不慈。鼻長目廣。不著天冠及福田衣。身赤黃色。唯以黑色衣而纏其頸肩。此天以面相著前女天面。作愛著相。（中略）又像二形如形、相抱正立。唯以男天面繫女天之右肩。而視女天背。亦以女天面繫男天之右肩。而視男天背也。目細牙短為婦天。其二天並不著法衣天冠。而現本毘那夜迦身。」二為單身二臂之像。秘藏記末曰、「歡喜天。左手羅蔔。右手持團。」金剛界曼陀羅大鈔一曰、「歡喜天。象頭人身。左手羅蔔。右手持團。羅蔔大根也。」三為單身四臂之像。形像品儀軌曰、「復有四臂像。其形象頭人身。具足四臂。所謂右第一手執鉞斧。第二手把歡喜團盤。左第一手把牙。（或執杵）第二手執寶棒。」四為單身六臂之像。含光儀軌曰、「象頭人身。左牙出。右牙折。面少向左。其鼻向外瘦。身色赤黃。有六臂。左上手把刀。（金剛智言把劍）次手把菓盤。（金剛智言歡喜團）下手把輪。右上手把棒。次手把索。下手把牙。」

【修法供物】（修法）　毘那夜迦法曰、「當取一升淸細麻油。以淨銅器盛之。用上咒文咒油一百八遍。卽煖其油。然後將像放著油中。安置壇內。用淨銅匙銅杓等攣油灌其二像頂身。一百八遍。（中略）正灌油之時。數數發願。復用蘇蜜和麨作團。及羅蔔根。並酒一盞。及歡喜團。時新華菓等。如是日別取新者供養。」

【經軌】（雜名）　大聖天歡喜雙身毘那夜伽法、一卷。不空譯。使咒法經、一卷。菩提留支譯。大聖歡喜雙身大自在天毘那夜迦王歸依念誦供養法、一卷。善無畏譯。大聖歡喜雙身毘那夜迦天形像品儀軌、一卷。憬瑟撰。毘那夜迦誐那鉢底瑜迦悉地品秘要、一卷。舍光記佛說金色迦那鉢底陀羅尼經、一卷、金剛智譯。

【歡喜日】（雜名）佛歡喜之日。卽七月十五日安居竟之日也。至後世凡十五日謂之歡喜日。

【歡喜母】（天名）訶梨帝母之譯名。見訶利底條。

【歡喜母愛子成就法】（經名）大藥叉歡喜母並愛子成就法之略名。

【歡喜行】（術語）見十行條。

【歡喜地】（術語）十地之第一地。菩薩經一大阿僧祇劫之修行、初成斷惑證理之一分、大歡喜之位也。自此十地之間、經二大阿僧祇劫而成佛。新譯仁王經下曰、「初證平等性。而生諸佛家。由初得覺悟名爲歡喜地」。觀經天台疏曰、「歡喜地者初證聖處多生歡喜也」。

【歡喜光】（術語）十二光之一。見阿彌陀條。

【歡喜佛】（雜名）西藏新志中曰、「四月十五日、龍王塘大會。廟在水中周匝水環須以舟渡（中略）而正殿旁特塑一大秘戲像。卽俗所謂歡喜佛。喇嘛云是佛公佛母四壁所畫、亦皆此式。甚爲不雅。」

【歡喜國】（界名）又作妙喜國。東方阿閦如來淨土之名。法華經化城喩品曰、「東方有二佛。一名阿閦。在歡喜國」。維摩經見阿閦佛品曰、「有國名妙喜佛號無動」。

【歡喜會】（行事）盂蘭盆會之異名。當日由供養自恣僧之功德而目連之母免餓鬼之苦、故取歡喜之意而名之。

【歡喜園】（界名）又曰歡喜苑。又曰歡樂園、喜林苑。忉利天帝釋四園之一。在喜見城之外面北方。諸天入此、則自起歡喜之情、故名歡喜。智度論八曰、「三十三天王歡樂園中。諸天入者。心皆柔軟。歡樂和悅。麤心不生。若阿修羅起兵來時。都無鬬心。是時釋提婆那民（天王名）將諸天衆入麤澁園中。（亦四園之一）以此園中樹木華實氣不和悅。麤澁惡故。諸天人衆鬬心卽生」。起世經六曰、「歡喜園」俱舍論十一曰、「喜林苑」。

【歡喜團】（物名）同於歡喜丸。供歡喜天者。又持於歡喜天之手者。

【歡喜三昧】（術語）於諸法生歡喜之禪定也。智度論四十七曰、「歡喜三昧者。得此三昧者。於法生歡喜樂」。

【歡喜光佛】（佛名）十二光佛之一。阿彌陀佛之異名。見無量壽經上。

【歡喜懺法】（修法）結願之日、以歡忻其無爲成滿意之味而行之懺法也。

【歡喜藏摩尼寶積佛】（佛名）文殊菩薩之本地。文句二上曰、「悲華云。寶藏佛言汝作功德其深甚深。願取妙土。今故號汝名文殊師利。在北方歡喜世界作佛。號歡喜藏摩尼寶積佛。今猶現在。聞名滅四重罪。爲菩薩影響釋迦耳。」

【囊莫三曼多沒馱南】（術語）Namaḥ Samanta-Buddhānāṃ 佛部之歸命句也。曩莫者歸命、三曼多者平等、沒馱者佛、南者諸。卽歸命平等諸佛也。見諸尊眞言句義鈔上。囊似曩字之誤。

【顩鉢羅】（衣服）Kambala 羊毛織成者。西域記二曰、「顩鉢羅衣。織細羊毛也。」

【懿摩彌】（人名）Ikṣvāku 又曰懿摩、伊摩。譯爲甘蔗。又作日種、善生。見甘蔗條。

【禳日蝕】（修法）日蝕之時、爲除災厄而祈禱也。

【禳月蝕】（修法）月蝕之時、以除去災厄之目的而爲祈禱也。

【囉】（術語）𑖨施一切衆生無畏之種子也。

【囉乞尖拏】（術語）見邏乞灑條。

【囉字】（術語）梵字𑖨者、五大中火大之種子也。大日經疏七曰、「囉字門爲火。」演密鈔九曰、「以囉字之慧火除煩惱之暗。」

【囉字三義】（名數）一爲塵垢之義、二爲無塵無垢之義、三爲到彼岸之義、此中前一爲字相、後二爲字義也。如此三義次第有空中之三點也。大疏七曰、「又如囉字亦有三義。一者塵義。二者以入阿字門故。卽是無塵義。又有波羅蜜義。以究竟到彼岸故。卽是本初不生。當知亦具三點。三點卽攝一切法。」

【囉字門】（術語）囉字之法門也。見羅條。

【囉尾多】（雜語）Ravita 小聲也。見嚕多條。

【囉怛娜】（雜語）Ratna 又云羅怛那、羅怛曩、曷剌怛那、剌那。譯曰寶。仁王良賁疏下三曰、「囉怛娜。此云寶。」

【囉怛那尸緊雞佛】（佛名）Ratna-śikhin 譯曰稱檀德佛、寶髻佛。見陀羅尼集經二。

【囉迦沙彌】（植物）木名。陀羅尼集經十曰、「囉迦沙彌木。是菩提樹之別名。」梵 Bakāśvāmin

【囉逝】（雜語）Rājñī 譯曰王妃。大日經疏九曰、「妃者梵云囉逝。卽是王字作女聲呼之。故傳度者義說爲妃。」

【囉惹訖哩呬】（地名）Rājagṛha 王舍城之梵名。見梵語雜名。

【囉爾迦】（物名）Rājikā 一作羅爾迦。譯曰芥子。用於降魔之法。大日經息障品曰、「或以羅爾迦。微妙共和合。行者造形像。而以塗其身。」同疏九曰、「用芥子及諸毒藥。二種相和。作彼爲障者形像。而用塗之。令彼身如火燒速被中傷。」同義釋曰、「囉爾迦。

此云芥子其味辛辣是降伏相應性類。」

【囉闍苾利叉】（雜名）Rājavṛkṣa 譯曰王樹木名見陀羅尼集經八。

【囉嚩拏】（天名）Rāvaṇa 天仙名。

【囉嚩拏說救療小兒疾病經】（經名）一卷趙宋法賢譯有十二曜母鬼遊行於世間爲小兒障害此說以祭祀及咒術救療之法。

【攞都迦】（物名）Laḍḍuka 譯曰喜團卽歡喜丸也見梵語雜名。

【鬻香長者】（人名）華嚴經入法界品曰、「於此南方有一國土名爲廣大有鬻香長者名優鉢羅華。」

【鄮】（術語）見蹉條。

【贍謨】（界名）Jambu 此大地之總稱。見閻浮提條。

【鵓鴣斑】（雜語）好香謂之鵓鴣斑、以其色斑似之也。

二十三畫

【戀着】（雜語）戀慕執着諸可意之境而不捨離也。法華經譬喩品曰、「諸子幼稚未有所識戀著戲處」訶欲經曰、「女色者世間之枷鎖凡夫戀著不能自拔」

【變不男】（雜名）見五種不男條。

【變化】（術語）轉換舊形名爲變無而忽有名爲化、佛菩薩之通力能變化有情非情之一切也。法華經曰、「神通變化不可思議」義林章七本曰、「轉換舊形名變無而忽有名化變與化異是相違釋」

【變化人】（雜名）佛菩薩之化爲人身者法華經曰、「卽遣變化人爲之作衞護」

【變化土】（術語）三土之一。變化身所住之土也。此中有淨土穢土之別唯識論十曰、「變化身依變化土」義林章七末曰、「身既有三。土隨亦爾（中畧）三變化土。通淨及穢。」見三土條。

【變化生】（術語）四生中之化生也。不處於胞胎而忽然生也。法華經曰、「其國諸衆生婬欲皆巳斷純一變化生。」

【變化身】（術語）諸佛三身之一。爲濟度衆生變現六趣有情之化身也。佛地論七曰、「變化身爲欲利益安樂衆生示現種種變化事故」見三身條。

【變化法身】（術語）五種法身之一。見法身條。

【變化通力】（術語）見通條。

【變化無記】（術語）四無記之一。見無記條附錄。

【變成王】（異類）地獄十王之一。司掌大海底正北沃燋石下大叫喚大地獄。此獄廣大五百由旬四圍另設十六小地獄。查核第五殿解來鬼犯。更有餘罪則發入大地獄分發小地獄。受苦受滿轉解第七殿。

【變成男子】（術語）女性變成男子也。女子有五障、非成佛道之器、其成男子、或於現身得之、或生於淨土而得、諸佛各有變成男子之願。法華經提婆達多品曰、「當時衆會、皆見龍女忽然之間變成男子。」智度論四曰、「初僧祇中永離女身。」

【變成男子願】（術語）諸佛有一切女人各變成男子之願。無量壽經上曰、「其有女人聞我名字、歡喜信樂、發菩提心、厭惡女身。壽終之後、復爲女像者、不取正覺。」藥師經曰、「聞我名已、一切皆得轉女成男。」法華經曰、「盡此女身、後不復受。」諸教中密教獨許女身成佛。

【變易】（術語）其形體狀況如異物間之變。恰如代以他物、謂之易。因變易生死也。法華科註曰、「雖離分段、而未離變易。故非自在。」

【變易身】（術語）變易生死之身也、三乘聖人於界外淨土所受之正報也。

【變易生死】（術語）見生死條。

【變食眞言】（眞言）卽「娜謨薩縛怛他蘖多、嚩盧枳帝、唵、三婆囉三婆囉吽」二十字也。銷釋金剛科儀會要注解二曰、「行人念此眞言三徧、七徧、或二十一徧。由此眞言之力、其所供物、自然變成種種諸天餚饍。皆有五種色香上味。一一如須彌山。」案先念普供養眞言。次念此變食眞言。而後再念普供養眞言。上供十方佛。中奉諸賢聖。下及六道品等施無差別。隨感皆飽滿。

【變相】（術語）對於所謂圓輪具足之曼荼羅。而謂諸尊極樂地獄等之曼荼羅。有二義。一、變動也。畫極樂或地獄種種動相、故曰變相。二、轉變其形相、寫此之義也。又轉變本質爲畫圖相也。毘奈耶雜事十七曰、「浴室火堂依天使經法式畫之。并畫少多地獄變。」觀念法門曰、「畫造淨土莊嚴變。」西方要決曰、「造西方彌陀像變。」瑞應傳曰、「見西方變相。」

【變壞】（術語）變者、有形之物、異其相也。壞者、對於外物不得抵抗、而忽變形體也。卽色法有性之一義、形色體質有之物、觸於外物、以變化破壞而言也。例如肉體觸於他人之手、乃至蚊蛇之類而爲其所壞是也。

【蘿衣】（衣服）薜蘿之衣服、謂山林苦行者之衣也。性靈集三曰、「五綴持錫觀妙法。六年蘿衣啜蔬食。」

【驚覺】（術語）三昧耶四義之一。秘藏記本曰、「若衆生有歸依者。住法界定自受法樂如來。驚覺不敢違越本願。影向行者所。以眞言印契加持護念。譬如國王自遣法令。不敢違犯。令他行之。（中畧）如來驚覺是驚覺義。」

【驚覺一切如來印】（印相）又作金剛起印、覺起印。爲驚覺一切如來之印契也。

見眞言修行鈔二。

【鷲覺眞言】（眞言）爲鷲覺三世十方諸尊之陀羅尼名密教之修法唱之見魚山集略。

【鷲山】（地名）又云靈鷲山佛嘗居此世俗所稱鷲嶺、靈山皆指此而言智度論曰耆闍崛山卽鷲頭山山頂似鷲王舍城人因而名之又王舍城南林中多死人諸鷲常來食之還集山頭時人遂名鷲頭山山最高大多好林泉聖人住處。

【鷲峯】（地名）靈鷲山之異名又云鷲頭山、鷲臺玄應音義二十一曰「鷲峯梵言姞栗陀羅矩吒 Grdhrakūṭa 山此云鷲峯或鷲臺言此山既栖鷲鳥又類高臺也舊言耆闍崛山者訛略也。」

【鷲峯偈】（書名）稱法華經也。

【鷲臺】（地名）靈鷲山也西域記九曰、「姞栗陀羅矩吒唐言鷲峯亦謂鷲臺舊曰耆闍崛山訛也。」

【鷲頭】（地名）靈鷲山也止觀一之一曰、「大覺世尊積劫行滿涉六年以伏見舉一指而降魔始鹿苑中鷲頭後鶴林。」

【鷲頭山】（地名）王舍城之耆闍崛山也又云靈鷲山、鷲峯山慧琳音義十一曰、「鷲頭山名也在王舍城側亦名鷲峯山亦名靈鷲山梵云耆闍崛山並一山也。」

【鷲嶺】（地名）靈鷲山也詳鷲山條。徐陵文曰、「昆吾在衣皆鳴鷲嶺之鐘」

【鷲嶽】（地名）靈鷲山也。

【鷲巖】（雜名）靈鷲山也華嚴玄談一曰「鷲巖西峙象駕東馳。」

【癰瘡刺箭】（譬喩）譬五欲之害身。止觀七曰、「癰瘡刺箭常自是苦有何可樂」智度論三十一曰「世間樂顚倒病故著五欲樂煩惱轉多以是故行者不見樂但見苦如病如癰如瘡如刺。」

【顯加】（術語）二加之一。佛於華嚴會上加被神力於菩薩而使說法有冥顯之二加。佛以身業摩菩薩頂以口業勸說法以意業與智謂之顯加但以意業與智、謂之冥加蓋身口二業之加被顯然可見故爲顯加、意業之加被冥然不可見故爲冥加也華嚴經疏一曰、「加有二種一者顯加具於三業二者冥加但與智令說」

【顯本】（術語）於法華經壽量品顯釋迦如來久遠之本地也見開顯條。

【十重顯本】（術語）玄義九下說用玄義中於本迹二門各明十義其中本門之十義名十重顯本一破迹顯本二廢迹顯本三開迹顯本四會迹顯本五住本顯本六住迹顯本七住非迹本顯本八覆迹顯本九住迹用本十住本用迹淨嚴之法華經秘要鈔五有略釋。

【顯本神分】（術語）五種神分之一。

見神分條附錄。

【顯示】（術語）顯者顯露、示者曉示。一切衆生之本性具有因果理事等法。佛以言敎顯示之。無量壽經下曰、「今佛慈悲顯示大道。耳目開明長得度脫。」

【顯示因】（術語）六種因之一。一念之妄情生、必有所作善惡之業相。如燈之照物顯然可見也。見入楞伽經二、三藏法數二十六。

【顯正】（術語）對於破邪而言。又名申正、立正。謂申明中正之義旨也。如大乘起信論對於對治邪執、設顯示正義之一科。卽其例也。中論百論等亦多寓破邪顯正之意。

【顯正緣】（書名）四卷、山外五家之一、孤山智圓著。釋荊溪之金錍論。

【顯色】（術語）二色之一。青、黃、赤、白、雲、煙、塵、霧、影、光、明、闇之十二。顯然可見者。此中青黃赤白之四、爲本色。餘八色爲此四色之差別。俱舍論一曰、「言色二者。一顯二形。顯色有四。青黃赤白。餘顯是此四差別。」

【顯色心】（術語）見六十心條。

【顯色貪】（術語）四種貪之一。見顯色而起之貪欲也。例如見女人之膚而起之貪是也。

【顯戒論】（書名）三卷、日本傳敎大師最澄著。說明台宗所傳圓頓戒之旨者。

【顯形】（術語）顯色形色之二。見顯色條。

【顯宗】（術語）顯敎之宗旨。除眞言宗外、謂餘之諸宗也。

【顯宗論】（書名）阿毘達磨藏顯宗論之略稱。四十卷、薩婆多部衆賢造、唐玄奘譯。顯揚諸法實有之宗義。天親傳稱爲光三摩耶論。梵 Samaya pradīpikā

【顯性敎】（術語）具名一乘顯性敎。圭峯所立五敎之一。見五敎條。

【顯明】（術語）無惡之垢染也。無量壽經上曰、「洗濯垢汗。顯明淸白。」

【顯益】（術語）現得佛菩薩之利益也。玄義七下曰、「此土他土弘經論其功德。觀文但明冥利。不說顯益。」

【顯典】（術語）顯敎之經典。

【顯無邊佛土功德經】（經名）一卷、唐玄奘譯。華嚴經壽量品中如來自說之一段也。

【顯家】（術語）顯敎之宗家。謂眞言宗以外之諸宗也。

【顯淨土敎行證文類】（書名）顯淨土眞實敎行證文類之略名。

【顯淨土眞實敎行證文類】（書名）六卷。建立敎、行、信、證、眞佛土、化身土之六科。廣明淨土眞宗之敎相。每科各一卷。但信卷與化身土卷並分兩卷。故總爲八卷。日本親鸞撰。後世略曰敎行證、敎行信證、淨土文類教行證文類、顯淨土教行證文類等。

【顯過破】（術語）因明論者之立論、敵者不別立論法反對之、惟於論者之論法指摘其有過誤、並辯結論之非、此謂之顯過破。

【顯密】（術語）眞言宗之所判。一切佛教、分顯密之二教、自宗為密教、他宗盡為顯教。顯教者、計衆生之機、為報身化身之說法、顯了斷惑證理修因證果之法門者。是為隨他意之教法、其理由顯然可知、故云顯教。密教者、法身佛為自受法樂與自性之眷屬、談話三密之法門者。此三密之法門、唯為佛與佛內證之境界、等覺之菩薩、尚不能窮知、故云密教。密者秘奧幽妙之義。非云秘而不示也。蓋大小乘三藏十二部經所說四諦十二因緣六度萬行之法門、是顯教、而釋迦為其教主、大日經金剛頂經等所說金胎兩部之法門、陀羅尼印契念誦灌頂之儀軌、是密教、而大日為其教主。凡眞言宗有二種之教判、一為顯密二教、二為十住心。顯密為橫判一代教者、十住心為竪判諸宗者。顯密之意、在金剛頂經、日本空海據之作二教論、十住心之義、在大日經十住心品、空海據之作十住心論。二教論上曰、「夫佛有三身。教則二種。應化開說。名曰顯教。言顯略逗機。法佛談話。謂之密教。言秘奧實說。」又曰、「自性受用佛。自受法樂故。與自眷屬各說三密門。謂之密教。此三密門者。所謂如來內證智境界也。等覺十地不能入室。何況二乘凡夫誰得昇堂。」又曰、「問。顯密二教。其別如何。答。他受用應化身隨機之說。謂之顯也。自受用法性佛說內證智境。是名秘也。」淨土指歸上曰、「諸佛法藏。有顯有密。顯謂十二部經三藏聖教。密謂壇場作法。誦持秘密。決取神效。」宋僧傳三曰、「夫教者不倫。有三疇類。一顯教者諸乘經律論也。二密教者瑜伽灌頂五部護摩三密曼拏羅法也。三心教者直指人心見性成佛禪法也。」

【顯密三重配立】（術語）一、世間出世間。守護經曰、「我是凡夫未知求處。唯願慈悲為我說之。」（撿守護經不見此文）顯教究竟之如來已自稱凡夫、故顯教諸宗、皆是世間、密教獨為出世間。二、大小二乘。謂不空三藏五秘密經表制集等之意、以諸顯教攝屬小乘聲聞之道、果眞言密教為菩薩大士之灌頂法門。三、三乘一乘、善無畏三藏大日經疏之意、顯教為通達三乘、眞言為唯一佛乘。見二教論杲寶鈔二。案是為日本東密一宗之言、他宗不許也。

【顯密兼學】（術語）兼修顯密二教之學、即學修一代之佛法也。

【顯密戒三學】（名數）於顯教法華、華嚴等與眞言密教加戒律之宗、而云顯密戒之三學。

【顯密圓通成佛心要】（書名）二卷。宋北遼五臺山金河寺沙門道㲀集。本是一卷。後人分之。宣政殿學士陳覺序之云、文成一卷、理盡萬途。會四教總歸於圓宗。收五密成入於獨部。蓋此書於顯教闡揚賢首宗四法界之理。於密教則獨明持準提神咒之種種行法而廣讚之。

【顯教】（術語）眞言宗判一切之佛教為顯教密教之二、總釋尊所說大小乘之契經為顯教、大日所說之金胎兩部為密教。見顯密條。

【顯得】（術語）眞言所立三種成佛之一。見次項。

【顯得成佛】（術語）密教謂三密行業相應、修行圓滿具足、心中自開顯內證之無量功德、於意證得依正無礙十界平等之佛身。眞言名目曰、「加持內證唯獨自明了、餘人所不見、故開示自身之萬德、出現佛相、地地昇進、十一地所顯圓極是也。」三種即身成佛之一、參照即身成佛條。

【顯揚論】（書名）顯揚聖教論之略。

【顯揚聖教論】（書名）二十卷、無著造、唐玄奘譯。法相宗十一論之一。取瑜伽論之樞要者。

【顯道釋義】（術語）三論四釋之一。見四釋條附錄。

【顯實宗】（術語）淨影所立四宗之第四。

【顯境名言】（術語）表義名言之對。七識之心心所識別境也。以恰如名句文之詮義、故指心心所而謂為顯境名言。

【顯頓】（術語）開三教之漸教、而顯一乘之頓教也。

【顯經】（術語）顯教之經典也。除眞言宗外、謂自餘一切大小乘諸宗所依之經典。二教論上曰、「顯教契經部有百億。」見顯教條。

【顯應】（術語）有冥機顯應與顯機冥應等之四。見感應妙條。

【顯識】（術語）顯識論二種識之一。阿梨耶識之異名。阿梨耶識含藏一切善惡之種子、能顯現一切之境界、故名顯識。見顯識論、三藏法數五。

【顯識經】（經名）大乘顯識經之略名。二卷、唐地婆訶羅譯。大寶積經第三十九賢護長者會之異譯也。

【顯識論】（書名）一卷、梁眞諦譯。說三界但有顯識（即阿梨耶識）與分別識（即意識）之二種識。

【顯露】（術語）呈於外而無所隱也。涅槃經五曰、「如秋滿月處空顯露、清淨無翳、人皆覩見。如來之言亦復如是、開發顯露清淨無翳。愚人不解、謂之祕密。」玄義一上曰、「法華是顯露非秘密。」

【顯露秘密二敎】（名數）天台宗所言與眞言宗之顯密二敎不同。彼就敎法而料之者、此於說法之儀式上言之也。天台所立化儀四敎中有秘密敎、對此而他之化儀三敎、頓、漸、不定、謂爲顯露敎。如來以不思議力隱密敎化其機類、不使自餘之人知之者、爲秘密敎。公開而使自他一般知之者爲顯露敎。例如鹿苑時之說法、聲聞之人見八萬諸天得無生法忍、阿若憍陳如一人得初果、是顯露敎。而菩薩於其座見無數人得聲聞道、乃至無數人得一生補處、則秘密敎也。此二敎之意、原據龍樹。智度論六十五曰、「諸佛事有二種。一者密。二者現」

【顯機】（術語）有顯機顯應、顯機冥應等之四。見感應妙條。

【顯機冥應】（術語）見感應妙條。

【顯機顯應】（術語）見感應妙條。

【邏】（術語）La 又作砢、羅、攞。悉曇五十字門之一。大日經曰、「邏字門一切法相不可得故」此自 Lakṣaṇa（相）釋之。文殊問經曰、「稱砢字時、是斷愛救聲」大莊嚴經曰、「唱羅字時、時出斷一切生死枝條聲」此自 Laighana（愛枝）解之。

【邏求】（雜語）Laghu 譯曰輕。智度論四十八曰、「若聞邏字、即知一切法離輕重相」

【邏乞洒】（術語）見次項。

【邏吃灑】（術語）Lakṣaṇa 又作邏乞洒、攞乞尖拏。譯曰相。事物之諸相也。大日經七曰、「梵云邏吃灑、此翻爲相」演密鈔八曰、「梵語邏乞洒、此釋爲相」梵語雜名曰、「相羅乞尖拏」

【邏闍伐彈那】（人名）Rājavardhana 譯曰王增。王名。見西域記五。

【驗入涅槃】（術語）見死相條。

【驗生人中】（術語）見死相條。

【驗生地獄】（術語）見死相條。

【驗生畜趣】（術語）見死相條。

【驗生餓鬼】（術語）見死相條。

【驗主問】（術語）汾陽十八問之一。由弟子發問而驗師宗之深淺也。又云探拔問。見碧巖第九則評唱。

【驗來果】（術語）從死相而驗知未來之果也。出瑜伽論。

【驗相】（雜語）靈驗之相貌。

【鼈】（動物）介族。甲魚也。

【鼈不愼口】（傳說）鼈過枯旱、湖澤乾竭、不能自至有食之地。時有大鶴住於其邊、鼈來求哀、鶴銜之飛過都邑。鼈問此爲何等、如此不止。鶴便應之、口開、鼈墜、人得而食之。見舊雜譬喩經下、法苑珠林四十六。

【鼈謀猴肝】（傳說）有鼈與林間一獼猴親、屢往遊。其婦妬之、欲殺獼猴、止夫外出、佯臥病、謂夫言、吾病甚重、當得汝所親獼猴之肝、吾乃活。夫不得已、往請獼猴、謂將供小食獼猴曰、吾居陸地、卿在水中、安得相從。鼈曰、吾當負卿。獼猴便從之。負至中道、謂獼猴言、所以請卿者、因吾婦病困、欲得卿之肝也。獼猴報曰、吾肝掛在樹、今未持來。速還取肝相從。便還樹上、跳踯歡喜。時鼈問曰、卿何不早持肝來。獼猴曰、天下之至愚、無如卿者、誰以肝掛於樹、共爲親友而反相圖、欲危我命、自今以往、各自別處。見本生經一。

【體】（術語）梵語駄都Dhātu 譯曰體、界、性等。物之一定不變而爲差別支分之所依根本者、謂之體、對此而名能依之差別爲相。此體相有性相二宗之別、法相宗謂能依之相外有所依之體、如草木之外尙有大地也、法性宗謂只完能依之相爲所依之體、猶如種種器具通爲一全體也。例如人身、法相宗謂四支五官者相也、此外有衆同分或阿賴耶識者、是所依之體、法性宗謂該攝四支五官衆同分阿賴耶識者爲體、此外無有別體。圓成實性與依他起性之關係亦如此、法相宗謂依他起之萬有外、有圓成實之眞如、法性宗謂該通依他起之萬有相者、卽圓成實之眞體。身體之體、梵語Kāya。因體者通之義、謂通達於理也。常言體信、體達、體會等。述記九末曰「體者通也。」金光明玄義曰、「體是達義。」

【體大】（術語）三大之一。一切衆生之心性、唯一絕待、不生不滅、眞實如常爲體、周遍法界而無限量爲大。

【體內方便】（術語）方便有體內體外之二種。見方便條。

【體外方便】（術語）方便有體內體外之二種、圓敎所說之方便爲體內方便、餘敎所說之方便爲體外方便。天台所立也。見方便條。

【體用】（術語）一味之實相爲體、因果之諸法爲用。法華文句三曰、「體卽實相。無有分別。用卽立一切法。差降不同。如大地一生種種芽。」

【體用別論體】（術語）法相宗四重出體之一。見出體條附錄。

【體如是】（術語）見十如條。

【體宗用】（術語）此乃台宗五重玄義中之三重、是涅槃之三德、起信之三大、正爲法華一部之大宗也。釋籤一之本曰、「當知體等三章只是三德乃至只是一切三法。」又曰、「部內不出體宗用。」文句記一之一曰。「三法始末亘一部。」同十之二曰、「通指一部體宗用三。」又曰、「故知並是此經體宗用也。是則序正流通無非妙法。」

【體空】（術語）經中所明之空理、有二種、一者體空、二者拆空、如分拆人而爲五蘊、十二處、十八界等、分拆色而至於極微、分拆心而至於一念、分拆之結果、始觀空、謂之拆空、是一切小乘教之空理也。體空者無須分拆之直押法之體而觀如幻如夢是空、存體隨顯之空理也如金剛經如夢幻泡影如露亦如電之喩、說此體空是大乘之所明。此體空中自含中道之理、故謂之不但空亦曰含中空。不但空者謂非如拆空之但空（分拆諸法而但使歸空故云但空）也含中空者謂含中道之空也。

【體空教】（術語）說體空之教門、在方等部般若部之諸經及涅槃經。如金剛般若之六喩維摩經之十喩是也天台之四教、名之爲通教。鈍根之菩薩、依此而證等於三藏教之空寂涅槃利根之菩薩依此而證如別圓二教之中道、一教通於前後故也。

【體空觀】（術語）見體空之觀法也。爲大乘菩薩之觀法、有利鈍之二種鈍根之菩薩、依之而證空寂之涅槃、故同於小乘之覺、利根之菩薩、依之而達觀中道。（體空之裏含中道、於體空之下辨之）

【體空無生觀法】（術語）觀一切諸法、觀其體空無性如夢幻如露亦如電之觀法也。

【體法】（術語）通教之人、不如藏教人依拆色之法、直體達諸法卽空無生而入於眞空、謂之體法。法華文句十曰、「有體法三乘人同學無生斷煩惱盡。」四教儀集註下曰「體法念處等觀。」

【體法念處觀】（術語）通教人所修之四念處觀也。見前項。

【體性】（術語）物之實質爲體、體之無改爲性。體卽性也。

【體性同體】（術語）就理之法門而論則如來與衆生、其體性同一而無差別也。

【體信】（術語）體者通也、通於他之心而能信之也。法華經信解品曰、「心相體信。」

【體相】（術語）實質爲體、依於實質而外現差別之支分爲相。體者一也相者非一也、體者絕待也相者相待也、體者無限也、相者有限也。見體條。

【體相用】（術語）起信論所說之三大也。眞如爲體、眞如體內智慧慈悲等無量之功德爲相、此體相不固定、應於緣而活動爲用。見三大條。

【體達】（術語）體者達也、通也、通達事物之理而無壅塞、謂之體達。金光明玄義下曰、「體是達義、得此體意、通達無壅、如風行空中自在無障礙。」唯識述記九末曰、「體者通也。」止觀五曰、「體達旣成。不得妄想、亦不得法性、還源反本、法界俱寂、是名爲止。如此止時上來一切流動皆止。」

【體毘履】（術語）Sthavira 又作體毘、裏梯毘梨、他鞞羅、他俾羅、譯曰上坐、老宿。文殊問經曰、「體毘履此云老宿、淳老宿人同會共出律部也」四分開宗記一本曰、「他俾羅。此云上座」十八部論曰、「他鞞羅。秦言上座部」探玄記十五曰、「體毘裏」。

【體智】（術語）體達眞空之智也。法華玄義三曰、「通敎亦有三人同以體智觀界內十二因緣理」

【體義】（術語）體者諸法平等之理、義者諸法差別之相。又義如第一義諦之義、直指平等之法體。故體卽義也。

【體解】（術語）體者通達、解者悟解。晉華嚴經六曰、「體解大道發無上意」

【體眞止】（術語）三止之一。體眞空之理而不動心者。

【體滅】（術語）有爲法之事體、由緣而生、刹那刹那、其體滅亡、謂之體滅。但滅非斷滅之謂、其體滅亡、皆爲後生法之因、更生新事體而使相續、故自其當體言、則爲滅亡、由因果之關係言之、則非畢竟斷滅。是成實法相等所立之實義也。若依薩婆多部所立、則三世實有法體恒有之宗義、不論一時與永久、總不許體上之滅亡。只就體上之作用言之也。故彼宗有用滅而無體滅。

【體露】（雜語）物全然顯出也。傳燈錄雲門章曰、「問樹凋葉落時如何。師曰、體露金風」傳燈錄古靈章曰、「師登座舉唱百丈門風、乃曰靈光獨耀、迥脫根塵。體露眞常、不拘文字。心性無染、本自圓成。但離妄緣、卽如如佛」

【髑髏】（物名）人之頭骨也。

【叩髑髏知生處】（故事）五分律二十曰、「耆域能別音聲本末之相。佛將至塚間、示五人髑髏。耆域遍叩白佛言、第一叩者生地獄、第二叩者生餓鬼、第三叩者生畜生、第四叩者生人道、第五叩者生天上。佛言、善哉皆如汝所說。復示一髑髏、耆域三叩不知所之。白佛言、我不知此人所生之處。佛言、汝應不知。何以故。此是羅漢髑髏、無有生處」又增一阿含經二十（聲聞品）謂世尊將鹿頭梵志至塚間、取髑髏與之曰、汝明星宿、能知死之因緣、今我問汝、此是何人、男耶女耶。復由何病而取命終、死至於何處。是時梵志取髑髏反覆觀察、以手擊之曰、是爲男子。是衆病集而百節酸痛、取命終。此人命終墮於三惡趣。佛曰、如汝所言。更取髑髏與之、梵志打之、一一答之。爾時香山之南有優陀延比丘、入於無餘涅槃界。世尊申臂取其髑髏、與梵志而問之。梵志復以手擊之、白世尊言、我觀此髑髏、非男非女、亦不見生、亦不見斷、亦不見周旋往來。所以然者、觀八方上下、都無音響。世尊告之曰、止止。梵志汝竟不識之。此髑髏無終無始、亦無生死、亦無八方上下可適之所。此是阿羅漢之取無餘涅槃界者。梵志卽歎未曾有、爲弟子、遂證阿羅漢果。止觀七下曰、「外道打髑髏作聲、聽知生處。知無量事。」

【髑髏裏眼睛】（術語）或言「棺木裏瞠眼」。死中得活之意。謂至道者非識之所識。此道之不現實由於此識。一旦心識喪盡了、卽有大活處、此爲髑髏無識之活境界。卽枯木裏龍吟髑髏裏眼睛也。碧巖二則頌評曰、「僧問香嚴如何是道。巖云、枯木裏龍吟。僧云、如何是道中人。巖云、髑髏裏眼睛。」

【鑠訖底】（物名）一作鑠枳底。譯曰戟。希麟音義七曰、「鑠訖底此云戟也。經中云手操鑠訖底。卽威怒王所持戟槊也。」慧琳音義三十五曰、「鑠訖底印契名。唐云槊印也。」同三十九曰、「鑠枳底幡。如槍叉下小幟幡也。」梵 Śakti

【鑠雞讀儞】（佛名）釋迦牟尼也。見陀羅尼集經二。

【鑠迦羅阿逸多】（人名）Śakrāditya 國王名。譯曰帝日。爲佛建寺之王也。見西域記九。

【麟角】（術語）具名麟角喩。略云麟角。或云麟喩。緣覺佛之獨證、譬於麟之一角也。見獨覺條。

【麟喩】（譬喩）麟喩獨覺也、獨覺有麟喩部行之二種。見獨覺條。

【籤之呼畢勒罕】（雜名）西藏新志中曰、「宗喀巴經言達賴六世班禪七世後、不復再來。故登座者、亦無復眞觀密諦。清高宗深知其弊、創頒金奔巴瓶一、送往西藏。設遇達賴或班禪示寂、則由駐藏大臣行文各路、民間有生子靈異、呈報確有徵驗者若干人、擇日以金瓶使掣籤。先七日、各寺喇嘛虔誠諷經。傳知各呼圖克圖喇嘛等、齊集佛前。駐藏大臣監視。凡一呼畢勒罕出世、則寫名籤一枝、又寫空籤一枝、入於瓶內。如法誦經。若對衆掣出空籤、則名籤之呼畢勒罕、認爲不確。達賴班禪以下及各大呼圖克圖之承繼法亦然。喇嘛承襲、自乾隆定制、至今不改。惟嘉慶十五年第八世達賴喇嘛之呼畢勒罕、靈徵衆著。由駐藏大臣奏聞請旨、不復瓶掣。此其特例也。」

【矖厮】（雜語）Sukha 譯曰大安樂。見可洪音義七下。

【矖經台】（地名）明朱孟震西南夷風土記曰、都魯濮水關。有唐僧寫經台板。古有河曰流沙。唐僧取經故道。亦有矖經台。

【翳】（術語）一作愛藹。南本涅槃經作「翳」。北本涅槃經作「野」。字記曰、「長藹字。近於界反」。大日經作「藹」。金剛頂經作「愛」。見愛條。

【翳羅】（植物）見伊蘭條。

【鷺池】（地名）白鷺池之畧。

【巖頭】（人名）唐鄂州巖頭全豁禪師、參德山而契旨。住於巖頭。值武宗汰教、隱身爲渡子。後庵於洞之臥龍山、徒衆輻湊。光啟三年入寂、勅諡清巖禪師。見傳燈錄十六。

二十四畫

【鹽心】（術語）凡入鹽之處、皆增鹹味、喻人心一旦思念之事、更增思念也。大日經一曰「云何鹽心。謂所思念彼復增加思念。」

【鹽天】（界名）Yāma 又作焰天、炎天、夜摩、須夜摩、焰摩。譯曰妙善、善時分。欲界之第三重天也。可洪音義一曰「鹽天、或云炎天、或云焰天、或云夜摩。智度論云須夜摩、秦言妙善。大般若經云善時分。」見焰摩天條。

【鹽事淨】（雜語）跋闍子十事非法之一。見跋闍子比丘條附錄。

【鹽牟那】（地名）Yamunā 又作藍牟尼那、搖尤那。恒河之支流、至鉢邏耶伽 Allahabad 而合於本流。翻梵語九曰「藍牟尼那、應云鹽牟那、亦云搖尤那。譯曰縛也。」大智度論第二十八卷曰「河名也。」

【鹽水佛】（雜名）西藏新志中曰「如達賴及尊貴之僧圓寂、斂尸棺內、塞之以鹽、鹽水漏於棺底、則以黃土和之、作小佛像、名鹽水佛。最為貴重、得之甚艱、若得之者、異常寶重、永傳於家。」

【鹽官】（人名）杭州鹽官縣鎮國海昌院齊安禪師、海門郡人、姓李氏。生時神光照室。出家後聞大寂行化於龔公山、詣之、大寂一見器之、命入室密示正法。見傳燈錄七。

【鹽官犀牛扇子】（公案）鹽官一日喚侍者、與我將犀牛扇子來。侍者云、扇子破矣。官云、扇子既破、還我犀牛兒來。侍者無對。投子云、不辭將出、恐頭角不全。雪竇拈云、我要不全底頭角。石霜云、若還和尚即無也。雪竇拈云、犀牛兒猶在。資福畫一圓相、於中書一牛字。雪竇拈云、適來為什麼不得出。保福云、和尚年尊、別請人好。雪竇拈云、可惜勞而無功。」見碧巖九十一則、種電鈔十、從容錄二十五則。

【鹽淨】（雜語）跋闍子十非法之一。見跋闍子比丘條附錄。

【鹽香】（譬喻）鹽原無香、以譬無法也。同於龜毛兔角。成實論二曰「世間事中、兔角龜毛蛇足鹽香風色等、是名無。」萬善同歸集五曰「何起龜毛兔角之心、作蛇足鹽香之見。」

【靈山】（地名）靈鷲山之略。

【靈山淨土】（界名）靈鷲山者、釋迦如來報身之淨土也。法華經壽量品曰「衆生見劫盡大火所燒時、我此土安穩、天人常充滿。」

【靈山會上】（術語）謂靈鷲山釋迦如來說法華經之會坐。

【靈鷲山】（地名）舊稱耆闍崛、（巴

Gijjhakūṭa)新稱姞栗陀羅矩吒、Gṛdhrakūṭa 譯曰靈鷲、鷲頭、新譯鷲峯、鷲臺。又稱靈山、靈嶽、鷲嶽。山形似鷲、名又以山上鷲鳥多、故名。摩竭陀國之正中名上茅城、五山周圍如城郭、是爲摩竭陀國之舊都。自此東北四五里、有王舍城、毘婆娑羅王之新都也。自此東北十里、靈鷲山在焉。卽五山中之最高者。在上茅城之舊都東北十四五里。(西域記九釋迦方誌下) 中土往往沿用其名。如福建福淸縣北之鷲峯。浙江杭州之飛來峯亦名靈鷲是也。

【靈谷寺】(寺名) 皇明寺觀志曰、「靈谷寺在應天府鍾山東南、晉建。宋改太平興國寺。洪武年徙建於此。」

【靈供】(修法) 於亡魂供齋食也。人死七七日間、當生未定、謂之中有。中有之身、謂之健達縛。此譯尋香。以尋香而食故也。故爲進食物之香氣於死者而供齋食。俱舍論九曰、「欲界中有身資段食不。雖資段食。然細非麤。其細者何。謂唯香氣。由斯故得健達縛名。」行事鈔上曰、「今有爲亡人設食者。依中含云、若爲死人布施祭祀者、若生人處餓鬼中者得。餘趣不得。由各有活命食故。雜含中廣明此事。若親族不生人處中者。但施心施其自得功德。」蘇婆呼童子經上曰、「若欲食時先出鉢中飯分爲五分。一分準擬路行飢人來者。是一分施水中衆生、一分施陸地衆生、一分施七世父母及餓鬼衆生。」

【靈河】(雜名) 住龍之河川也。智度論謂之龍泉。以龍力故、雖大旱而河水不竭。安樂集上曰、「譬如寄花五淨。風日不萎。附水靈河、世旱無竭。」智度論七曰、「譬如龍泉。龍力故不竭。」

【靈芝】(人名) 宋律師元照晚主杭州靈芝寺三十年、因稱靈芝。

【靈祠】(雜語) 又云仁祠。佛寺之異名。靈者靈驗也。

【靈峯大師】(人名) 見智旭條。

【靈光】(術語) 人人固有之佛性、靈靈照照而放光明者。百丈禪師上堂曰、「靈光獨耀、迥脫根塵。體露眞常、不拘文字。心性無染、本自圓成。但離妄緣、卽如如佛。」見五燈會元三百丈章。

【靈妙】(雜語) 以凡智爲不可思議者。

【靈界】(雜語) 亡魂所住之世界也。焰羅王供行法次第曰、「一切冥官冥道僧尼靈界。」

【靈鬼】(異類) 鬼趣之有靈異者。鬼趣者六趣之一。

【靈神】(術語) 靈魂也。四十二章經曰、「阿那含者壽終靈神上十九天、證阿羅漢果。」図靈異之神鬼也。西域記中曰、「靈神警衛聖賢遊息。」

【靈雲】（人名）唐福州靈雲山志勤禪師、本州長谿人、初在潙山因見桃花而悟道。有頌云、「三十年來尋劍客、幾回葉落又抽枝、自從一見桃花後、直至如今更不疑。」潙山覽偈、語其所悟、相契符曰、由緣悟達者、永無退失、善自護持。見五燈會元四靈雲章。

【靈堂】（雜名）靈異神妙之殿堂也。

【靈骨】（雜名）佛舍利也。名義集五曰、「舍利新云室利羅、或設利羅、此云骨身。又云靈骨、卽所遺骨分通名舍利。」

【靈場】（雜名）靈佛靈神之道場也。廣弘明集二十二竟陵王發講頌曰、「靈場絢彩、正水興蓮、乘此上果、永導芳緣。」

【靈照】（人名）龐蘊居士之女也。龐蘊居士語錄曰、「居士將入滅、謂女靈照曰、視日早晚、及午以報。靈照出戶遽報曰、日已中矣、而有蝕焉、可試暫觀。居士避席臨窻、靈照乃據榻趺坐而逝。居士回見笑曰、吾女鋒疾矣。」

【靈感】（術語）神靈之感應也。

【靈覺】（術語）謂衆生本具靈靈覺悟之性也。四十二章經曰、「觀靈覺卽菩提。」肇論曰、「萬累都盡而靈覺獨存。」

【靈驗】（術語）靈妙之効驗實證也。大日經疏九曰、「此尊有靈驗、故所作善事皆成。」盂蘭盆經疏曰、「今受神方、兼視靈驗。」

【靈魄】（術語）不可思議之精神也。以爲肉體之外、別有精神的實體者。然佛敎不立靈魂。

【靈像】（雜名）神佛之形像、彫刻圖畫者、靈者以名靈驗之德。釋門歸敬儀中曰、「諦惟形聚、但見塵叢。舉目澄清、無非靈像。」

【靈廟】（雜名）率都波一譯靈廟。玄應音義六曰、「正言率都波、此譯云廟。」

【靈應】（術語）神靈之感應也。

【靈隱】（山名）在浙江杭州西。本名武林山、亦名靈苑、又名仙居。寰宇記謂許由、葛洪、皆隱此山。之西有北高峯、爲靈隱最高處、奇勝與南高峯相埒。山有靈隱寺、淸時改名雲林寺、古剎中之有名者也。

【靈隱寺】（寺名）支那五山之第四。具稱北山景德靈隱寺、在杭州。

【靈異】（術語）靈妙不思議之事也。俱舍論十二曰、「審有如斯甚爲靈異。」梁僧傳（耆域傳）曰、「自發天竺（中略）爰涉交廣、並有靈異。」

【靈瑞華】（植物）梵語優曇華、又云優曇波羅華、一譯靈瑞華。無量壽經上曰、「無量億劫難値難見、猶靈瑞華時時乃出。」見優曇條。

【靈簿】（物名）記每日禮拜佛菩薩名、或記先亡靈名之過去帳也。

【靈嶽】（地名）靈鷲山也。

【靈龕】（物名）藏亡者屍之龕、卽棺槨也。

【蠶繭】（譬喻）蠶爲繭而自縛、譬衆生自以煩惱之綱繫體也。三啓經曰、「循環三界內。猶如汲井輪。亦如蠶作繭。吐絲還自纏」涅槃經二十七曰、「如蠶作繭。內住自死。一切衆生亦復如是。不見佛性。故自造結業。流轉生死」

【囑累】（術語）囑託以事而累彼也。法華文句中曰、「囑是佛所付。累是煩爾宣傳」天台維摩經疏十曰、「囑是付囑。爲義。累是煩勞荷負之義矣」因以累付囑於彼之義。淨影維摩經疏曰、「累是擔累。法是宣傳者之重擔。故名爲擔累。以此囑付令人傳通。故名囑累」

【囑累品】（經名）明囑托弘通本經之品名。在法華維摩經等諸法。但諸經之囑累品、例在經末。法華在二十八品中第二十二、慈恩家以爲編次之誤、天台家不然之。各有一理。

【鬭勝】（傳說）佛敎徒與道士比術而勝之也。後漢明帝永平十四年正月元旦五嶽諸山道士褚善信等朝賀之次。表請比較佛敎與道敎之優劣、帝許可之。於其月之十五日自臨幸白馬寺。使佛典與道經共焚。道經歸於灰燼、佛典其軸爲火、紙爲黃色、而一字無損、故謂之鬭勝。

【鬭諍堅固】（術語）五種堅固之一。自如來入滅第五五百年間、諸比丘不修戒律、唯尙鬭諍、增長邪見、謂之鬭諍堅固。見五五百年條。

【攬實成權】（術語）持眞實敎作方便權化之敎也。

【衢】（術語）又作瞿衢。之聲含十名。四阿含暮抄下曰、「梵言衢十名。羊也。眼也。地也。天也。水也。說也。方也。金剛也。光也。箭也」俱舍論五曰、「且如古者於九義中共立一瞿聲。爲能詮定量。故有頌言。方獸地光言金剛眼天水。於斯九種義。智者立瞿聲」

二十五畫

【觀】（術語）觀察妄惑之謂、又達觀眞理也。卽智之別名。梵之Vipaśyanā（毘婆舍那）又Vidarśanā也。觀經淨影疏曰、「觀者繫念思察。說以爲觀」大乘義章二曰、「麤思名覺。細思名觀」淨名經三觀玄義上曰、「觀以觀穿爲義。亦是觀達爲能觀穿者。卽是觀穿見思恒沙無明之惑。故名觀穿也。觀達者達三諦之理」遊心法界記曰、「言觀者觀智是法。離諸情計。故名爲觀也」止觀五曰、「法界洞朗。咸皆大明。名之爲觀」

【觀一切法空】（雜語）法華經安樂行品曰、「菩薩摩訶薩觀一切法空。如實相不轉倒。不動。不退。不轉。如虛空。無所有性」

是說一切法眞如實相之狀也。

【觀力】（術語）觀法之力。止觀大意曰、「如上諸境。並須觀力而調伏之。」

【觀不思議境】（術語）十乘觀法之第一。就一念之心而觀不思議之理也。境者理之別名。對於理之智謂之境。不思議者卽空卽假卽中也、此法三而一、一而三、三一互融、而不前不後、指此而云不思議也。此不思議之理、就於一念之妄心而觀之也。要之照一念之妄心卽三千三諦之妙理而已。四敎儀曰、「觀不思議境。謂觀一念心。具足無減三千性相百界千如。卽此之境卽空卽假卽中。更不前後。廣不圓滿。横竪自在。」

【兩重能所】（術語）天台山外之異義、以眞性而立觀境、不許以陰妄之念爲所觀。四明尊者十義書通破之、且於指要鈔立兩重之能所、明陰妄正爲所觀之境。觀者觀三千之能觀智也、猶如槌。不思議境者三千之妙諦、卽所觀也、猶如砧。此觀智與妙境相望而立一重之能所。而陰妄之一念、猶如淳朴、何則、以觀解陰妄之一念是三千之妙境（卽不思議境）故也。（卽觀）故此二望於陰妄之心、則皆爲能觀、而更有一重之能所。要之以能觀智慧之槌與所觀妙境之砧、而鍛現前陰妄之心之淳朴、使爲三千三諦之妙體也。指要鈔上曰、「今更自立一譬。雙明兩重能所。如器諸淳朴。豈單用槌而無砧耶。故知槌砧自分能所。若望淳朴。皆屬所也。智者以喩得解。」

【觀支】（術語）觀法之部分。止觀五上曰、「禪有觀支。因生邪慧。逸觀於法。僻起諸倒。」同十上曰、「如是見慧從何處出。由禪中有觀支。」

【觀心】（術語）觀察心性如何、謂之觀心。心爲萬法之主、無一事漏於心者、故觀察心、卽觀察一切也。因而凡究事觀理、盡稱爲觀心。對於是而商量釋迦一代之敎法、謂之敎相。此二者、大乘諸宗、無不具備、法相宗三時之判、爲敎相、五重唯識、爲觀心、乃至天台之五時八敎、爲敎相、一心三觀、爲觀心、十界二門曰、「勸心乃是敎行樞機。」同指要鈔上曰、「一代敎門、皆以觀心爲要。」敎觀綱宗上曰、「佛祖之要。敎觀而已矣。觀非敎不正。敎非觀不傳。有敎無觀則罔。有觀無敎則殆。」台宗觀心之法有三種。見觀法條。

【觀心論】（書名）一卷、隋智顗述。發三十六問而切勸觀心。灌頂有疏五卷。

【觀心食法】（書名）一卷、隋智顗述。

【觀心釋】（術語）天台四釋之一。見四釋條附錄。

【觀心誦經法記】（書名）一卷、隋智顗說、唐湛然述。

【觀世音】（菩薩）畧稱觀音。法華經曰、「苦惱衆生。一心稱名。菩薩卽時觀其音聲。皆得解脫。以是名觀世音。」按觀世音像。世俗多作婦人。胡石麟筆叢王世貞觀音本紀。皆謂古時無作婦人像者。陔餘叢考據南北史駁之。蓋六朝時已然矣。參照觀音條。

【觀世音經】（經名）即觀音經。

【觀世音菩薩普門品】（經名）法華經第二十五品之名。說觀世音菩薩開周遍法界之門而濟度衆生者。河西王沮渠蒙遜之代。使別行此一品。稱爲觀音經。

【觀世音受記經】（經名）過去世佛分衛經之異名。

【觀世音菩薩授記經】（經名）又云觀世音菩薩得大勢至菩薩授記經。一卷。宋曇無竭譯。佛在鹿苑爲華德藏菩薩說如幻三昧已。放光照安樂世界。觀音勢至二大士來。佛說其過去發心之因。並授補處成佛之記。

【觀世音菩薩得大勢至菩薩授記經】（經名）觀世音菩薩授記經之異名。

【觀世音菩薩秘密藏神咒經】（經名）觀世音菩薩秘密藏如意輪陀羅尼神咒經之異名。

【觀世音菩薩秘密藏如意輪陀羅尼神咒經】（經名）一卷。唐實叉難陀譯。與如意輪陀羅尼經同本稍略。

【觀世音菩薩如意摩尼陀羅尼經】（經名）一卷。唐寶思惟譯。與如意輪陀羅尼經同本稍略。

【觀世自在】（菩薩）大日經疏五曰。「觀世自在者。即是蓮華部主。謂如來究竟觀察十緣生句。得成此普眼蓮華。故名觀自在」。見觀音條。

【觀行】（術語）於心觀理而如理身行之也。又觀心之行法也。

【觀行即】（術語）天台六即位之一。稟圓頓之教。如教正修行之位也。於此位修五品之行。當於通相五十位中之十信位。見六即條。

【觀行五品位】（名數）於上示觀行即之位。成就五品之功德。故云觀行五品之位。五品者法華分別功德品所說。一隨喜品。二讀誦品。三說法品。四兼行六度。五正行六度也。天台大師居於此位。云四教儀曰。「依教修行。爲觀行即五品位。」

【觀行教】（術語）波頗蜜多羅三藏五教之一。即華嚴經也。

【觀行佛】（術語）見六即佛條。

【觀行儀軌】（經名）一字頂輪王瑜伽經之異名。

【觀因緣】（術語）見四種觀行條。

【觀如來身】（術語）見四種觀行條。

【觀在薩埵】（菩薩）觀自在菩提薩埵之略。菩提薩埵者菩薩之具名。即觀音菩薩也。心經秘鍵曰。「觀在薩埵則擧諸乘之行人。」

【觀自身】（術語）見四種觀行條。

【觀自在】（術語）法藏之心經略疏曰、「於事理無礙之境觀達自在故立此名。又機往救自在無關故以爲名前釋就智後釋就悲」見觀音條。

【觀自在菩薩如意輪瑜伽】（書名）一卷唐不空譯閱藏知津謂之觀自在菩薩如意輪瑜伽念誦法先有偈頌次說種種之印呪終說如意輪之根本與心及隨心之三印呪。

【觀自在菩薩如意輪誦課法】（書名）一卷宋仁岳撰記法式觀想禮讚等者。

【觀自在菩薩如意心陀羅尼呪經】（經名）一卷唐義淨譯即如意輪陀羅尼經序品第一之別譯此中之呪爲流通十小呪中之第一首。

【觀自在菩薩母陀羅尼經】（經名）一卷宋法賢譯佛在廣嚴城普賢菩薩說此呪。

【觀自在菩薩化身蘘麌哩曳童女消伏毒害陀羅尼經】（經名）一卷唐不空譯蘘麌哩 Nakuli 童女自說神呪。

【觀自在菩薩說普賢陀羅尼經】（經名）一卷唐不空譯佛在靈鷲山觀音菩薩說一根本呪與一結界呪與一奉請呪。

【觀自在菩薩心眞言一印念誦法】（書名）一卷唐不空譯以一印而成辦種種作法之念誦法也。

【觀自在菩薩大悲智印周遍法界利益衆生薰眞如法】（書名）一卷唐不空譯說二種之香印有圖見香印條。

【觀自在妙香印法】（書名）上經之異名。

【觀自在菩薩怛嚩多利隨心陀羅尼經】（經名）一卷唐智通譯佛住極樂世界、觀世音菩薩說此陀羅尼、及四十八之印法與療諸病之壇法。

【觀自在菩薩隨心經】（經名）上經之別本

【觀自在如意輪菩薩瑜伽法要】（書名）一卷唐金剛智譯與不空譯之如意輪瑜伽同。

【觀自在菩薩如意輪念誦儀軌】（書名）如意輪菩薩念誦法之別名。

【觀自在多羅瑜伽念誦法】（書名）金剛頂經多羅菩薩念誦法之異名。

【觀自在王如來】（佛名）密敎以之爲阿彌陀佛之本名以阿彌陀爲其德稱見觀音條。

【觀河】（譬喩）釋迦牟尼佛示波斯匿王以本無生滅也首楞嚴經曰、「波斯匿王言我生三歲慈母携我謁耆婆天經過此流爾時即知是恒河水佛言汝今自傷髮白面皺。其面必覺皺於童年。則汝今時觀此恒河。與昔童時觀河之見。有童耄否。王言不也。佛言皺者爲變。不皺非變。變者受滅。彼不變者。元無生滅。」

【觀法】（術語）於心觀念眞理之法也。同於觀心。止觀曰、「觀法雖正著心同邪。」止觀大意曰、「慧文但列內觀視聽而已。洎乎南嶽天台。復因法華三昧發陀羅尼。開拓義門。觀法周備。」

【六觀法】（名數）出於本業經上。一、住觀。別教之菩薩於十住位中修習一切法性皆空之空觀也。二、行觀。別教之菩薩於十行位中修習一切法無不具足之假觀也。三、向觀。別教之菩薩於十回向位中修習一切法非空非假即中道之觀也。四、地觀。別教之菩薩於十地位中修習中觀。住持而不動也。五、無相觀。別教之菩薩於等覺位中修習中觀。了知惑染之性相本空也。六、一切種智。別教妙覺之果佛。成中道之觀。知一切道種差別之觀也。

【三種觀法】（名數）天台所立觀心之法規有三種。一、託事觀。又名歷事觀。事相一一入於心而於實理成觀也。如觀王舍城爲心王。觀萬二千聲聞於十二入各具千如而爲萬二千文句。一曰、「一一句入心成觀。故云觀與經合。」輔行二曰、「槃特掃篲。支佛華飛。並是託事具理之明文也。」四釋中之觀心釋是也。二、附法觀。佛所說之四諦十二因緣等法門入於心而觀實理也。是亦如前不別限定能觀之智與所觀之境。釋籤一曰、「觀心者。隨聞一句。攝事成理。不待觀境。方名修觀。」三、約行觀。又名從行觀。直達觀。一念之心定爲所觀之境。於其心性觀爲即空即假即中也。就之而立十乘。是爲異於前二而專於觀行者。故又名從行。或約行。配此三種於三大部。則文句者託事觀也。玄義者附法觀也。止觀者約行觀也。止觀義例下曰、「夫三觀義唯三種。一者從行。唯於萬境觀於一心。萬境雖殊。妙觀理等。如觀陰等即其意也。二約法相。如約四諦五行之文。入一念心以爲圓觀。三託事相。如王舍耆闍名從事立。借事爲觀。以導執情。」

【觀門】（術語）教觀二門之一。又六妙門之一。謂觀法也。觀法者法門之一、而爲入道之門戶。故名門。止觀大意曰、「教觀門戶。」

【觀念】（術語）觀察思念眞理及佛體也。

【觀念法門】（書名）一卷、唐善導著。卷首之題爲觀經阿彌陀佛相海三昧功德法門一卷、卷末之題爲觀念阿彌陀佛相海三昧功德法門經一卷。明觀佛三昧念佛三昧之法門者。五部九卷之一。

【觀念念佛】（術語）對於口稱念佛

而言觀察憶念阿彌陀佛也。

【觀空】（術語）觀照諸法之空相也。仁王經一有觀空品天台仁王經疏中曰、「言觀空者謂無相妙慧照無相境內外並寂。緣觀共空」

【觀空品】（經名）舊譯仁王經第二品之名此品廣說諸法皆空之理、中有十八空之法門。

【觀身成佛儀軌】（經名）妙吉祥平等瑜伽秘密觀身成佛儀軌之略。

【觀作】（術語）曼荼羅有畫作與觀作之二種、觀作者內心觀想之所作、故是爲內壇、又云心壇、畫作者云外壇。義釋十二所謂「若行者或內或外敷列彼本尊等曼荼羅座位」之內敷列是也。作觀之法、觀種子之字門而成三摩耶形、三摩耶形爲本尊也。大日經二曰、「次應轉明字門而以觀作本尊形。」

【觀待因】（術語）十因之一。見因條附錄。

【觀待道理】（術語）見四種道理條。

【觀果報】（術語）見四種觀行條。

【觀音】（菩薩）舊云光世音、觀世音、略稱觀音、新云觀世自在、觀自在。梵音 Avalokitesvara、觀世音者、觀世人稱彼菩薩名之音而垂救、故云觀世音、觀世自在者、觀世界而自在拔苦與樂。觀音有六觀音、七觀音乃至三十三觀音、但常稱之觀音、指六觀音中之聖觀音。如法華普門品之觀音、觀無量壽經之觀音是也。此爲觀音之總體。是與西方彌陀四菩薩之最初法菩薩同體。顯教以爲阿彌陀之弟子、密教以爲阿彌陀之化身、與大勢至菩薩皆在阿彌陀佛之左右（觀音左勢至右）而贊其教化。故稱彌陀之二脇士。梵號禮懺、則阿彌陀佛之本名爲觀自在王、觀依其本師之名而自稱觀自在王、猶如今之釋迦牟尼依久遠本師釋迦牟」而得其稱也。日本安然之菩提心義十曰、尼此佛亦名無量壽佛。（中略）彼佛壽命無量。光明無量。眷屬無量。一切皆無量。故以立證號。而本名曰觀自在王如來。眼如四大海。遍觀法界衆生。隨其機緣。拔苦與樂。故爲名也。「依密教三輪身則阿彌陀爲自性輪身、觀音爲正法輪身、馬頭明王爲教令輪身。（仁王經儀軌意）依二輪身則阿彌陀觀音皆爲自性輪身、馬頭明王爲教令輪身。（秘藏記）見五大明王條。大日經一曰、「北方大精進。觀世自在者。光色如皓月。商佉軍那華。微笑坐白蓮。髻現無量壽」。案觀音本作觀世音。唐人諱世字。故但稱觀音。後世遂沿用之。唐龍朔二年。洛陽龍門佛弟子彌偈造尊像一龕。卽世尊像。避世字。與此例同。見陶齋藏石記。又莊岳委談曰、「今塑畫觀音者、無不作婦人相。攷宣和畫譜、唐宋名手寫觀音像甚多。俱不飾婦人冠服。太平廣記載一仕宦妻爲神所攝、因作觀音像奉焉、其妻尋夢一僧救之得甦。則唐以前塑像、亦不作婦人也。一元僧譏陋無識、以爲妙莊王女、可一笑也。

【觀音本地】（術語）觀音之本地、乃旣開正覺之正法明佛也。爲濟度衆生、今現菩薩之身、又於未來現成佛之相焉。伽梵達摩譯之千手千眼大悲心陀羅尼經曰、「觀世音菩薩。不可思議威神之力。已於過去無量劫中已作佛竟。號正法明如來。大慈願力安樂衆生。故現作菩薩」法華嘉祥疏十二曰、「觀音三昧經云。觀音在我前成佛。名正法明如來。我爲苦行弟子」此中之我者釋迦如來也。然悲華經三云、於西方極樂阿彌陀涅槃之後、觀音成佛、名遍出一切光明功德山如來、又觀音授記經云、阿彌陀佛滅度之後、補處而號普光功德山王如來。蓋均爲方便示現也。

【觀音淨土】（界名）謂之補陀落山、Potalaka 在印度之南海岸。千手經曰、「一時。釋迦牟尼佛在補陀落山觀世音宮殿寶莊嚴道場中」十一面觀自在菩薩儀軌經上曰、「一時薄伽梵住補陀洛山大聖觀自在宮殿中」八十華嚴經六十八曰、「於此南方有山名補怛洛迦。彼有菩薩名觀自在」西域記十（秣羅矩吒國南印度境）曰、「秣剌耶山東有布呾洛迦山。山徑危嶮。巖谷欹傾。山頂有池。其水澄鏡。流出大河。周流遶山二十币。入南海。池側有石天宮。觀自在菩薩往來遊舍」

【觀音無畏】（雜名）觀音有施無畏者之別號。故略云觀音無畏。法華經普門品曰、「是觀世音菩薩摩訶薩。於怖畏急難之中。能施無畏。是故此娑婆世界皆號之爲施無畏者」

【觀音觀】（術語）觀經十六觀之一。觀念極樂之觀音菩薩身相也。觀經曰、「見無量壽佛了了分明已。次當觀觀世音菩薩。此菩薩身長八十萬億那由陀由旬。身紫金色。頂有肉髻。（中略）其餘身相衆好具足。如佛無異。唯頂上肉髻及無見頂相。不及世尊」

【觀音頂戴彌陀】（圖像）觀無量壽經述觀音之相曰、「毘楞伽摩尼寶以爲天冠。其天冠中有一立化佛。高二十五由旬」大日經一曰、「北方大精進觀世自在者。光色如皓月商佉軍那花。微笑坐白蓮。髻現無量壽」龍樹十二禮曰、「觀音頂戴冠中住。種種妙相寶莊嚴。能伏外道魔憍慢。故我頂禮彌陀尊」般舟讚曰、「天冠化佛高千里。念報慈恩常頂戴」往生禮讚曰、「西方阿彌陀佛觀音頂戴冠中住」

【觀音應現日天子】（雜語）文句二下曰、「寶光是寶意日天子。觀世音應作」

嘉祥法華疏二曰、「有經云觀世音名寶意作日天子大勢至名寶吉祥作月天子虛空藏名寶光作星天子也」玄贊二同之安樂集下曰「須彌四域經云阿彌陀佛遣二菩薩一名寶應聲二名寶吉祥即伏犧女媧是此二菩薩共相籌議向第七梵天上取其七寶來至此界造日月星辰二十八宿以照天下」證眞私記一曰、「十一面經疏云天地本起經云阿彌陀佛遣應聲吉祥二菩薩爲日月應聲是觀音吉祥是勢至」

【觀音頂上十一面】（圖像）千光眼秘法經曰、「頂有十一面當前三面爲菩薩相右邊三面白牙出上相左邊三面忿怒相當後一面暴笑相頂上一面如來相」見十一面觀音條

【觀音曼荼羅八大菩薩】（圖像）一、金剛觀自在菩薩二與願觀自在菩薩三數珠觀自在菩薩四鉤召觀自在菩薩五除障觀自在菩薩（亦云施無畏）六寶劍觀自在菩薩七寶印觀自在菩薩八不退轉金輪觀自在菩薩見千光眼觀自在菩薩秘密法經

【觀音院三十七尊】（雜語）胎藏界曼陀羅之第三院云觀音院中有三十七尊

【觀自在大菩薩三昧耶】（術語）大日如來出生西方金剛法菩薩之三昧耶也見金剛頂經

【觀音三昧耶形】（術語）八葉之蓮華也大日經疏十一曰、「蓮華者以金作八葉蓮華等此中持誦若成即同觀音也」

【觀音印】（印相）大日經四曰、「以定慧手合散舒五輪猶如鈴鐸以虛空地輪和合相持作蓮華形是觀自在印」

【觀自在六字大明咒】（眞言）大乘莊嚴寶王經四曰、「是時觀自在菩薩摩訶薩與蓮華上如來應正等覺說是六字大明陀羅尼曰ओं（歸命）मणि（寶）पद्मे（蓮華）हूं（三身三降）此中ओं爲金剛部、मणि爲寶部पद्मे爲蓮華部、हूं爲羯磨部此四部之全體即佛部也

【觀世音母】（菩薩）稱多羅菩薩見陀羅尼經一

【觀音經】（經名）法華經卷第八觀世音菩薩普門品第二十五一品別行者稱爲觀音經法華傳記一曰、「唯有什公普門品於西海而別行所以者何曇摩羅讖此云法豐中印人婆羅門種亦稱伊波勒菩薩弘化爲志遊化葱嶺來至河西河西王沮渠蒙歸命正法兼有疾患以語菩薩即云觀世音此土有緣乃令誦念病苦即除因是別傳一品流通部外也」案河西沮渠蒙遜與姚秦並立爲王是本經譯出（姚秦弘始八年羅什翻譯）不久即別行也各家疏註如下觀音玄義二卷隋智顗說灌頂記觀音玄義記四卷宋知禮述記觀音義疏二卷隋智顗說、

灌頂記。觀音義疏記四卷、宋知禮記。觀音經玄義記會本科一卷、觀音經玄義記會本四卷、隋智顗說宋知禮述日本實乘分會。觀音經義疏記會本科文一卷、觀音經義疏記會本四卷、隋智顗說宋知禮述日本實乘分會。釋普門品重頌一卷、宋遵式述。觀世音菩薩普門品膚說一卷、靈耀說。觀世音經箋注、丁福保註。觀音經持驗記二卷、周克復集。

【觀音品】（經名）觀世音菩薩普門品之畧稱。

【觀音聰明咒】（經名）陀羅尼咒經有觀世音說咒藥服得一聞持陀羅尼、又觀音聞持不忘陀羅尼又續觀音感應集有觀音智慧咒、殆所謂聰明咒也。

【觀音懺法】（行事）向於觀音之懺悔法也。自梁武帝始。今之法式、爲宋遵式所治定。懺法小序曰、「梁武帝修此法救后妃死爲巨蟒。（中畧）大宋咸平年中天台遵式。治定請觀音經消伏毒害懺儀。今所流布天下者是也。其文者。或用經疏止觀等。全文本意。或取其意而畧其言辭。或文意共自作。以終卷也。」

【觀音授記經】（經名）觀世音菩薩授記經之畧。

【觀音勢至授記經】（經名）觀世音菩薩授記經之異名。

【觀音衲】（衣服）僧史畧上曰、「昔唐末豫章有觀音禪師。見南方禪客多搭白衲。常以瓶器。盛染色。勸令染之。今天下皆謂黃衲爲觀音衲也。」以白衣爲戒律所嚴制故。

【觀音籤】（物名）於觀音之前、引竹籤以卜吉凶者。釋門正統三曰、「又有菩薩一百籤。及越之圓通一百三十籤。以決群迷吉凶禍福。禱之誠者。纖毫不差。敍其事者謂是菩薩化身所撰。理或然也。」依此說則有一百籤與一百三十籤之兩種、一百籤者從天竺寺之觀音院起、一百三十籤者從越之圓通寺起。

【觀音洞】（地名）普陀山志一曰、「洞口峭壁危峻。石色靑黝。高三四十丈。陡劈兩崖如門。洞深廣百餘丈。禮佛求現者、拜不絕踵。康熙三十八年御書梵音洞額賜掛。」

【觀音堂】（堂塔）安置觀世音菩薩像之堂也。

【觀音院】（術語）胎藏界曼荼羅十三大院之一。又云蓮華部院。在曼荼羅右方（即行者之左方）第一重、爲司大悲之觀音部類集合之院。故名。

【觀音玄】（書名）觀音玄義之畧稱。

【觀音玄義】（書名）二卷。天台說、灌頂記。觀音經之玄義也。

【觀音義疏】（書名）二卷。說者記者同上。解觀音經之文句者。

【觀所緣緣論】（書名）一卷、陳那菩薩造、唐玄奘譯。以因明三支之法、說明心外之所緣緣非有、心內之所緣緣非無者。註釋如下。觀所緣緣論會釋一卷、明明昱會釋。觀所緣緣論直解一卷、明智旭解。觀所緣緣論釋記一卷、附問答釋疑、明明昱錄記。觀所緣緣論釋直解一卷、明智旭解。

【觀所緣緣論釋】（書名）一卷、護法菩薩造、唐義淨譯。釋觀所緣緣論中破外執之與奪意者。

【觀普賢經】（經名）佛說觀普賢菩薩行法經之略名。一卷、劉宋曇摩蜜多譯。說觀念普賢菩薩而懺悔六根之罪之法。是與法華經之普賢勸發品相表裏。故定之為法華之結經。且天台修法華之懺法、全宗此經。疏註如下。觀普賢菩薩行法經義疏科一卷、失名。觀普賢菩薩行法經義疏二卷、宋本如述、處咸續解。觀普賢菩薩行法經箋註、丁福保注。

【觀普賢觀經】（經名）觀普賢經之別名。

【觀頂三昧】（術語）百八三昧之一。智度論四十七曰、「觀頂三昧者。入此三昧中。能遍見諸三昧。如住山頂悉見衆物。」

【觀無量壽經】（經名）佛說觀無量壽佛經之略名。一卷、宋畺良耶舍譯。說佛應韋提希夫人之請、而臨頻婆娑羅王之宮中、分十六觀而說觀想阿彌陀佛之身相及淨土之相者。各家疏註如下。觀無量壽佛經疏一卷、隋智者大師說。觀無量壽經義疏二卷、隋慧遠撰。觀無量壽經義疏一卷、隋吉藏撰。觀無量壽佛經疏四卷、唐善導集記。釋觀無量壽佛經記一卷、唐法聰撰。觀無量壽佛經疏妙宗鈔六卷、宋知禮述。觀無量壽佛經融心解一卷、宋知禮撰。觀無量壽佛經義疏三卷、宋元照述。觀經扶新論一卷、宋戒度述。靈芝觀經義疏正觀記三卷、宋戒度述。觀無量壽經疏妙宗鈔科一卷、宋知禮排定、明眞覺重排。觀無量壽佛經疏妙宗鈔會本五卷、明眞覺分會、日本實觀改修。觀無量壽佛經圖頌一卷、明傳燈述。觀無量壽經直指疏二卷、續法集。觀無量壽佛經約論一卷、彭際清述。觀無量壽佛經箋註、丁福保註。

【觀無量壽經王宮會】（術語）一經有二會。一、王宮會、釋尊正於王宮說十六觀者。二、耆闍會、阿難於王宮閙之後、還耆闍崛山（譯靈鷲山）複演之者。因此今之經文、止於王宮會、耆闍會者、但於最末記有其事而已。

【觀無量壽經得益分】（術語）唐善導觀經疏科一經為五段、第一序分、第二正宗分、第三得益分、第四王宮流通分、第五耆闍分。得益分者、十六觀之正宗說終後、說韋提希夫人及五百侍女得見西方淨土及彌陀三尊韋提希得無生法忍五百侍女各發無上菩提心之利益一段也。

【觀經】（經名）佛說觀無量壽經之略名。

【觀經化前序】（術語）唐善導科分觀經之序分與他師異意以如是我聞之一句（通常六成就中信成就聞成就之二）爲證信序一時佛至而爲上首之數句（通常六成就中之後四成就）爲化前序是爲未入觀經教化前之序釋通恐釋迦一代之化相者也何則本經之正說降臨王宮而後起非靈鷲山上之事故此序與本經之正說無切實之關係也因是科之爲化前序使觀經以前之諸經攝在此序中也。

【觀道】（術語）觀法之道止觀大意曰「內順觀道外扶教門」

【觀禪】（術語）觀心坐禪觀心卽坐禪也往生要集上末曰「勸心觀禪苦而得道」見八背捨條。

【觀智】（術語）觀見法之正智也遊心法界記曰「觀者觀智」

【觀達】（術語）智慧之用觀理而達其源底也大乘義章十二曰「於法觀達故稱爲慧」天台戒疏上曰「觀達無始無明源底」

【觀解】（術語）觀念眞理而解了也。大乘義章十二曰「始習觀解能伏煩惱」唐僧傳（道傑傳）曰「兩夕專想觀解大明」因謂天台四釋中之觀心釋。

【觀慧】（術語）觀眞理之智慧也華嚴疏三十六曰「觀卽是慧」

【觀象】（譬喻）盲人摸象畢竟不得實具眼觀之則一瞥了然此謂有觀象之目。見摸象條涅槃經疏梁武序曰「導求珠之心開觀象之目」

【觀照】（術語）以智慧而照見事理也。

【觀照般若】（術語）三種般若之一。觀照實相之理之智慧卽般若之身體也（般若譯曰智慧）肇論曰「觀照般若照事照理故」法藏心經疏曰「觀照能觀妙慧」

【觀察義禪】（術語）觀人法之無我諸法之無性漸進而見其他之義理也

【觀佛】（術語）觀想佛體也觀無量壽經觀佛經等詳說之。

【觀佛三昧】（術語）一心觀想佛之相好形色也此三昧成就則見佛之來現。

【觀佛眞言】（眞言）二卷敎王經上曰「於虛空觀佛徧滿如胡麻則誦徧照明歷然見諸佛觀佛眞言曰[illegible]（虛空叉金界大日種子）[illegible]（金剛）[illegible]（界）」

【觀佛經】（經名）佛說觀佛三昧海經之略名。

【觀佛三昧經】（經名）同上。

【觀佛三昧海經】（經名）佛說觀佛三昧海經、十卷東晉佛陀跋陀譯。以觀佛之相好及其功德為教者。海者譬三昧之功德深廣也。

【觀佛為宗】（術語）觀無量壽經以觀佛三昧為經宗。對於無量壽經之以念佛為宗而言。

【觀楞伽經記】（書名）十八卷、補遺一卷明釋德清筆記。觀楞伽寶經閣筆記曰、「丙申春過吉州、遇大行王公性海於淨土中、請益是經。因出前二章公首肯。遂以正受注幷三譯本稽首屬余請卒業焉。余攜之以是年三月十日抵戍所（憨山師以弘法罹難）。於四月朔即命筆。（中略）至七月朔甫完卷半（中略）又首事於十月朔。至明年佛成道日洒閣筆焉」案此書憨山大師融會三譯本而定其句讀、顯其義理。故枝詞異說、刷洗殆盡。

【觀察】（術語）與觀想觀念等同。

【觀察門】（術語）五念門之一。觀想極樂淨土莊嚴相之法門也。見淨土論、三藏法數二十三。

【觀察正行】（術語）淨土門所立五正行之一。見五正行條。

【觀察法忍】（術語）二忍之一。觀察諸法體性不生不滅、安然忍可而心不動者。見地持經五、三藏法數五。

【觀察諸方行經】（經名）四卷、隋闍那崛多譯。為喜王菩薩說觀察諸法行之三摩地者。

【觀想】（術語）想浮於心也。觀無量壽經曰「名見無量壽佛極樂世界是為普觀想」。安像三昧儀軌經曰、「一心觀想如來一切圓滿之相」

【十六觀想】（術語）觀無量壽經所說、自淨土境界至往生人分十六種而觀想者。

【觀想念佛】（術語）四種念佛之一。觀念阿彌陀佛之真身於心裡也。觀經之觀佛當之。見普賢行觀記、三藏法數十七。

【觀想佛母般若菩薩經】（經名）觀想佛母般若波羅蜜多菩薩經之略名。

【觀想佛母般若波羅蜜多菩薩經】（經名）佛說觀想佛母般若波羅蜜多菩薩經、一卷。宋天息災譯。說般若菩薩之咒與觀門者。

【觀想曼拏羅淨諸惡趣經】（經名）具名佛說大乘觀想曼拏羅淨諸惡趣經、二卷、趙宋法賢譯。備說理觀之儀

【觀罪性空】（術語）見七種懺悔心

【觀虛空藏菩薩經】（經名）一卷、宋曇摩蜜多譯。說欲治人罪者、應先決定毘尼、觀想虛空藏菩薩。

【觀像念佛】（術語）四種念佛之一。觀念阿彌陀佛化身之形像於心也。見普賢行觀記、三藏法數十七。

【觀練薰修】（術語）三種禪中第二出世間禪之四種。一、觀禪。九想、八背捨、八勝處、十一切處也。此四通觀法相故名觀禪。二、練禪。四禪四空滅盡定之九次第定也。於上之觀禪雖得色無色之八定而入於此則有垢滓之間離。今欲純熟而自初淺至後深次第而入。中間無有垢滓之間雜。使不次第而爲次第。故名次第。亦是練無漏有漏而除諸間穢。故名練禪。三、熏禪。獅子奮迅三昧也。於前之九次第定雖得入次第無間而不能出逆次無間。今入次第無間亦能出於無間。因能除麤間昧禪法愛之念。猶如獅子之能進能却而奮諸塵土。行者入出於此法而能遍薰諸禪。悉使通利轉變自在。如薰皮使熟隨意作物。故名薰禪。四、修禪。超越三昧也。是更修得前之九次第定而使精妙。因得近遠（如自初禪入三禪、近也。又如自初禪入滅盡定、遠也。）超入近遠、超出近遠、超住自在。故名修禪。是功德最深。故又名頂禪。復次以八背捨觀、四念處、名觀禪。以九次第定練四念處、名練禪。以奮迅三昧薰習四念處、名薰禪。以超越三昧修四念處、名修禪。法華玄籤講述四上曰「私記四本云觀練薰修。名由何處。檢今謂義出大品。名始南岳。此是一字相傳禪法。不必求名出處可也。淨名疏四云。觀練薰修四出大品。此南岳所出。」

【觀遍計所執】（術語）法苑義林章一末曰「略有五重。一遣虛存實識。觀遍計所執唯虛妄起。都無體用。應正遣空。情有理無故。觀依他圓成諸法體實。二智境界。應正存有。理有情無故。」此法相宗觀萬法唯識之理。自麤及細立五重觀中第一重遣虛存實之唯識觀也。遣虛存實者、觀三性中遍計所執性體性空無而撥遣之。依他起性與圓成實性非虛無而存留之也。遍計所執性者、一止於凡夫之迷情、無其體性。恰如見繩而思爲蛇。蛇但爲妄想、無蛇之實體。依他起性者、依因緣而起之假事物。此因緣所生之法、雖非實有而亦決非空無。如尚有繩之假相。圓成實性者、眞性之體性、此性周徧萬有而爲實有。如繩之麻。因之而遍計者空無。依他者假有。圓成者實有也。分別此三性、第一重之唯識觀也。

【觀樹】（雜名）釋尊成道已、起金剛座、觀菩提樹也。法華經方便品曰「我始坐道場、觀樹亦經行。」文句五上曰、「感樹恩故、觀察念地德故經行。」嘉祥義疏四曰「有人言。此是隨從世法。卽世界悉檀也。世人思惟凡有二種。一觀物思惟。二經行思惟。今隨從世法。亦作此二也。」玄贊四曰、「觀樹喜自道圓經行思惟利物。又觀樹心凝妙理。」

經行想化群生。

【觀藥王藥上二菩薩經】（經名）一卷、宋畺良耶舍譯。佛在青蓮華池精舍放眼光照二菩薩之頂。現十方之佛事、二菩薩各說呪獻瓔珞於佛、佛授二菩薩成佛之記、次說其觀法、說五十三佛之名。終爲阿難說二菩薩往昔之因緣。

【觀彌勒上生經】（經名）佛說觀彌勒菩薩上生兜率天經之略名。見彌勒條。

【觀彌勒下生經】（經名）佛說彌勒下生經之別名。有二部、一羅什譯、一卷。一竺法護譯、一卷。

二十六畫

【讚】（術語）梵語戍怛羅、Stotra、以偈頌而讚嘆佛德者。梵語謂之梵讚、漢語謂之漢讚。

【讚阿彌陀佛偈】（書名）一卷、北魏曇鸞作。讚嘆阿彌陀佛之偈頌。

【讚佛】（術語）讚嘆佛德也。

【讚佛超九劫】（雜語）釋迦佛昔與彌勒同修菩薩之行時、見弗沙佛入火定而放光明、釋迦即七日七夜翹一足、以一偈讚佛。因是比彌勒超九劫而成佛。見智度論四、本行略經一。

【讚佛乘】（術語）讚嘆佛乘而教化人也。法華經方便品曰、「我即自思惟、若但讚佛乘、衆生沒在苦。不能信是法。」

【讚佛轉法輪】（雜語）讚佛與轉法輪也。轉法輪者、謂成道而說如來之教法也。讚即轉法輪之義。

【讚佛偈】（雜名）無量壽經上法藏比丘讚世自王如來之偈頌。

【讚衆】（雜語）於法事之式、唱讚偈者。其頭首謂爲讚頭、餘人謂之讚衆。有四智讚、吉祥讚等種種之讚文。

【讚唄】（雜語）讚嘆佛德之梵唄也。僧史略中曰、「讚唄原始、案十誦律中俱胝耳作三契聲以讚佛、其人善唄、易了解。」

【讚頭】（職位）法會職務之名。讚衆中之頭首發讚之音頭者。

【讚禮】（儀式）讚嘆禮拜賢聖也。

【讚歎】（雜語）以口業稱美其德也。文句二曰、「發言稱美名讚嘆。」行事鈔下三曰、「美其功德爲讚。讚文不足、又稱揚之爲歎。」

【讚歎供養雜行】（術語）讚嘆供養諸佛菩薩諸天而爲往生之因也。

【讚歎供養正行】（術語）一心讚嘆供養彌陀一佛也。

【讚嘆門】（術語）淨土論五念門之一。

【讚題】（雜名）說法時於冐頭引經論一二句而爲講讚之題目者。

【驢牛二乳】（譬喩）譬似是而非之物。見牛驢二乳條。

【驢年】（譬喩）謂其無期也。十二支中無驢名之年、故遂以譬無會期也。雲門錄曰「驢年會麽」傳燈錄九古靈章曰、「鑽他古紙驢年出得」碧巖三則評唱曰、「有什麽交涉。驢年未夢見在」

【驢前馬後】（雜語）隨逐驢馬前後之奴隸也。指斥凡人之識情分別。傳燈錄十五良价傳曰、「師曰苦哉苦哉。今時人例皆如此。只是認驢前馬後、將爲自己佛法平沈。此之是也」碧巖五十三則評唱曰、「若只依草附木。認個驢前馬後。有何用處」同種電鈔六曰、「如隨驢馬前後奴隸者。不是主人公也。今謂情識分別」

【驢乳】（譬喩）與牛乳相對、譬似而非者。秘藏寶鑰上曰、「摩尼燕石。驢乳牛醐。不可不察」

【驢鞍橋】（雜語）驢骨中自有似鞍之骨、非實鞍也。碧巖九十八則著語曰、「錯認鞍驢橋喚作爺下頷」種電鈔十曰、「瑣碎錄曰。驢鞍橋者。驢骨中自有似鞍骨非實鞍。或人以鞍骨爲阿爺下頷骨也」北魏書傳永傳曰、「永有氣幹。拳勇過人。能執鞍橋倒立馳騁」

【驢脣仙人】（人名）說星宿法之古仙名。見佉樓條。

【鬮】（雜名）鬮者從佛敎出、而有種種之別。

【輪相鬮】（雜名）此占察善惡業報經地藏菩薩所說。以小指許之木、切爲一寸長、四面平、兩頭尖。其一平面書十善之一字。其反面書十惡之一字。合成十本之輪相。先於地藏菩薩前念十方之佛、歸依三寶、焚香以之擲於淨物之上。依其所現善惡文字之多少、而知其人宿世善業惡業之多少。經中舉三種占法、此爲占知宿世善惡業之一法也。是名輪相者、經中有二釋。一以木片之形易轉故、一以轉邪見疑網而爲正道故。

【竹鬮】（雜名）如世流布之觀音籤、以竹策刻善惡之語句者。此灌頂梵天神策經梵天王所說也。經曰、「我（梵王）常見諸異道輩九十五種。各有雜術。爲人決疑。而今世尊正覺最上。更無此法。是故啓問。唯願聽許。佛言梵王善哉善哉。（中畧）若四輩弟子。欲爲人行此神策法時。當以竹帛書此上偈。以五色綵作囊盛之。若欲卜時。探取三策至於七策。審定無疑」此經出於佛說灌頂卷十。

【紙鬮】（雜名）永明智覺禪師始爲之。佛祖統紀二十六（永明智覺法師傳）曰、「夜半遶像。見普賢前蓮花在手。遂上智者岩作二鬮。一曰一生禪定。二曰誦經萬善莊嚴佛土。乃冥心淸禱。得誦經萬善鬮。乃至七度。於是一意專修淨業。」

【饑燈】（器名）花田紀事一曰、「閱佛經有饑燈。初不解。查爲魷魚。卽懶婦魚也。多膏。可以爲燈。照酒食則明。照紡績則暗。此可爲懶婦之喩。」

二十七畫

【鑽水求酥】（譬喩）喩無理强求也。本緣經曰、「譬如鑽水求酥。理實難得。」

【鑽火得冰】（譬喩）法苑珠林曰、「未見鑽火得冰。種豆得麥。」喩因果不能相反也。

【鑽故紙】（雜語）譏死閱經典之僧也。傳燈錄曰、「古靈禪師一日在牕下看經。蜂子投牕紙求出。師曰。世界如許廣闊不肯出。鑽他故紙。」

【鑽紙蠅】（譬喩）白雲端禪師偈中之譬喩也。洪覺範林間錄曰、「白雲端禪師作蠅子透窻偈曰、爲愛尋光紙上鑽。不能透處幾多難。忽然撞著來時路。始覺平生被眼瞞。」

【鑽籬菜】（雜語）叢林之隱語。云雞也。東坡志林曰、「僧謂酒爲般若湯。魚爲水梭花。鷄爲鑽籬菜。」

二十八畫

【鸚鵡】（動物）梵云臊陀。或云叔迦。Śuka 能作人言。見名義集二。

【鸚鵡孝養】（本生）佛因位時爲鸚鵡而養盲父母。見雜寶藏經一。義楚二十三。

【鸚鵡聞法】（傳說）須達長者有二鸚鵡。阿難爲說四諦之法。聞而信解。死而生天。見金藏經。義楚二十三。行事鈔下資持記下四之一。

【鸚鵡說法】（傳說）夜摩天中、鸚鵡說法化導諸天。見正法念經、義楚二十三。

【鸚鵡請佛】（傳說）鸚鵡請佛於林中說法宴坐。後得生天。見百緣經六、義楚二十三。

【阿彌陀佛化鸚鵡】（傳說）安息國人不知佛法。阿彌陀佛化爲鸚鵡。敎化國人。見三寶感應錄上。

【鸚鵡救山火】（傳說）山火燒林。鸚鵡思林恩。取水灑林。天帝見而感之。降雨止火。見僧伽羅刹經、經律異相十一、義楚二十三。

【鸚鵡諫王】（傳說）有王無道。養一鸚鵡。聰明能言。見王無道。言其惡。王慙而受諫。見鸚鵡諫王經、義楚二十三。

【鸚鵡屎】（雜語）問答乖角。如問河答山也。百喩經曰「有二小兒。水中得一毛。一曰仙人鬚。一曰熊尾。來問仙人。時仙人嚼麻子在手。答曰。此似鸚鵡屎。」

【鸚鵡事】（雜語）古禪師語、設有人、

道得言語尖新而無實行謂之鸚鵡車見瑯琊代醉編三十二。

【鸚鵡塔】（雜名）戒庵漫筆曰「韋南康鎮蜀時有一鸚鵡甚慧馴養者曉以佛理一日不震不仆斂翼委足奄然而絕焚之有舍利韋公爲立塔瘞之號曰鸚鵡塔」。

【鸚鵡經】（經名）有人名鸚鵡摩牢兜羅佛嘗於此家乞食爲說法謂之佛說鸚鵡經一卷宋求那跋陀羅譯。

二十九畫

【鬱多摩】（雜語）Uttama 譯曰明。金光明經之明見金光明經玄義。（鬱多摩譯曰最勝非明之梵語古來謂爲金光明之明者非也。

【鬱多羅】（人名）又作優多梨仙人名。釋迦之本生、嘗於過去住波羅捺國、求正道之念深自剝身皮爲紙、折取身骨爲筆以血和墨、聽受書寫婆羅門所誦之頌偈。見賢愚經一、菩薩本行經下。

【鬱多羅僧】（衣服）Uttarāsaṅga 又作嗢多羅僧、優多羅僧、郁多羅僧伽、嗢怛羅僧伽等。袈裟名。三衣之一。譯曰上衣。玄應音義十四曰「鬱多羅僧或云郁多羅僧伽或云優多羅僧或作漚多羅僧亦猶梵言訛轉耳此譯云上著衣也著謂與身相合言於常所服中最在其上。故以名焉。或云覆左肩衣」。慧琳音義十五曰、「鬱多羅伽梵語僧衣名也。即七條袈裟。是三衣之中常服衣也。亦名上衣」瑜伽論二十五曰「嗢怛羅僧伽」。

【七條衣】（衣服）鬱多羅僧衣以有橫割截之條數七故云七條衣。見六物圖。

【中價衣】（衣服）就價言、則居三衣之中。因名中價衣。見六物圖。此非價額、乃於衣聳貴之點而得名。

【入衆衣】（衣服）禮拜誦經齋會等、大衆會合之時、必服之。因云入衆衣。六物圖曰「從用名入衆衣」

【鬱多羅迦神】（神名）天竺雪山神也。有禪法擁護之誓。梵 Uttaraka。

【鬱多羅拘樓】（界名）見次項。

【鬱多羅鳩婁】（界名）見次項。

【鬱多羅究留】（界名）Uttarakuru 又作鬱多羅鳩婁、鬱多羅拘樓、郁多羅鳩留、鬱怛羅究瑠、鬱怛羅越、鬱單越、鬱單曰、殟怛羅句嚧、殟怛羅矩嚕、北拘盧、拘盧等。四大洲中北方之大洲名。玄應音義十二曰「鬱單越。或言鬱怛羅越。或言鬱多羅拘樓。或言郁多羅鳩留。正言鬱怛羅究瑠。此譯言高上作。謂高上於餘方也。亦言勝。鳩瑠此云作。亦云姓也。不詳何義立名」同十八曰、「鬱單曰。或言鬱怛羅越」同二十四曰、「俱盧洲此云上勝。亦云勝生。舊經中作鬱單越」。華嚴疏鈔十三上曰、「鬱單越。此云勝生。以定壽千歲衣食自然故。」起世因本經二曰、「有何因緣說彼名曰鬱多羅究留洲。諸比丘。其鬱多羅究留洲。於四天下比餘三洲最上最妙最勝。彼故說鬱多羅究留洲。鬱多羅究留洲。隋言上作。」慧苑音義上曰、「鬱單越。具正云嗢怛羅句嚧。言嗢怛羅者此云上也。勝也。句嚧所作也。謂彼洲人於所作事。皆無我所勝餘三洲故也。」西域記一曰、「北拘盧洲。舊曰鬱單越。又曰鳩樓。訛也。」慧琳音義一曰、「嗢怛羅矩嚧。此譯爲高勝。常受樂勝故爲名。古鬱單越。Uttravatti 或鬱拘樓。」

【鬱持】（雜名）Udaka 又作鬱持迦、憂陀伽、烏娜迦等。水之別名。涅槃經十三曰、「隨其種類說言其水。或言波尼。或言鬱持。或言絺利藍。」慧琳音義二十六曰、「鬱持東天竺人呼水名也。」玄應音義二曰、「鬱持迦。此水之一異名也。」翻梵語九曰、「鬱持應云憂陀伽。譯曰水也。」梵語雜名曰、「烏娜迦。」案持者特之誤也。

【鬱持迦】（雜名）與鬱持同。

【鬱尼沙】（術語）見烏瑟膩沙條。

【鬱金香】（植物）鬱金草名。梵語恭矩磨。Kunkuma 其花黃而香。可以爲薰香。名義集三曰、「恭矩磨。此云鬱金。周禮春官鬱人采取以鬯酒。說文云。鬱金草之華。遠方所貢芳物。鬱人合而釀之以降神也。宗廟用之。」最勝王經七曰、「鬱金恭矩麼」

【鬱波尸】（人名）Upāsi 女名。譯曰自在。見慧琳音義二十五。

【鬱波羅槃尼柯】（人名）比丘尼名。阿育王經三曰、「鬱波羅翻青。槃尼柯翻色。」智度論十三曰、「鬱盋羅華。」梵 Utpala-varnikā

【鬱陀那】（術語）見憂陀那條。

【鬱陀伽】（人名）仙人名。涅槃經二十一曰、「夜半踰城至鬱陀伽阿羅羅等大仙人所」慧琳音義二十六曰、「鬱陀伽。古音云勝也。亦名盛也。」見鬱頭藍弗條。

【鬱陀羅伽】（人名）見鬱頭藍弗條。

【鬱陀羅羅摩】（人名）見鬱頭藍弗條。

【鬱怛羅越】（界名）見鬱多羅究留條。

【鬱怛羅究瑠】（界名）見鬱多羅究留條。

【鬱伽陀達磨菩薩】（菩薩）Udgat-adharma 菩薩名。譯曰法盛。智度論九十七曰、「鬱伽陀秦言盛。達磨秦言法。此菩薩在衆香城中。爲衆生隨意說法。令衆生廣種善根。故號法盛」

【鬱曾伽】（雜語）Ucchaṅga 數名。譯曰數千萬百見本行集經十二。

【鬱提尸】（地名）山名。譯曰遠開。探

玄記十五曰、「鬱提尸山。此云遠聞山。謂多處遠人皆聞故。即此國四周之山處也。」梵 Udeśin 又譯曰日出處。見翻梵語九。

【鬱底迦】（人名）梵名 Uktika 又作郁胝歌、鬱低迦。譯曰能說。佛在世之外道、嘗詣佛所問世間有邊無邊等四句。見雜阿含經三十四。

【鬱低迦】（人名）見前項。

【鬱單曰】（界名）見鬱多羅究留條、

【鬱單越】（界名）見鬱多羅究留條。

【鬱瑟尼沙】（術語）見烏瑟膩沙條。

【鬱瘦歌邏】（人名）婆羅門名。

【鬱瘦歌邏經】（經名）鬱瘦歌邏婆羅門說四種之奉事而立四姓之差別。佛說種種之喻而明四姓之平等。見中阿含經。巴 Esukāri

【鬱庾伽波羅】（異類）夜叉名。譯曰勤守。見梁譯孔雀王咒經下。又作溫獨伽波羅。譯曰勇進勤護。見唐譯大孔雀王咒經中。梵 Udyoga-pāla

【鬱鉢羅華比丘尼】（人名）即華色比丘尼也。見華色條及蓮華女條。

【鬱頭】（人名）婆羅門名。鬱頭藍弗之略。

【鬱頭藍】（人名）鬱頭藍弗之略。

【鬱頭藍弗】（人名）Udraka Rāma-putra 涅槃經三十八曰、「鬱頭藍弗。」同二十一曰、「鬱陀伽。」佛本行集經二十二曰、「優陀羅羅摩子。」中阿含優陀羅經曰、「優陀羅羅摩子。」中阿含羅摩經曰、「鬱陀羅羅摩子。」十輪經三曰、「嗢達洛迦。」智度論十七曰、「鬱陀羅伽仙人。」同一梵語也。佛出家而問道之仙人名。慧琳音義二十六曰、「鬱頭藍弗。此云獺戲子。坐得非想定。獲五神通。飛入王宮。遂失定。徒步歸山。」名義集二曰、「鬱陀羅羅摩子。亦云鬱頭藍弗。此云猛喜。又云極喜。」

【佛問鬱頭藍弗】（故事）釋尊出家、先問阿羅邏與伽藍。次問鬱頭藍弗。彼以非想定示之。見佛本行集經二十二、中阿含經五十六羅摩經。

【鬱頭爲女失五通】（傳說）智度論十七曰、「如鬱陀羅伽仙人。得五通。日日飛到王宮中食。王大夫人如其國法。接足而禮。夫人手觸。即失神通。從王求車。乘駕而出。還其本處。」

【鬱頭生非想天後爲飛狸】（傳說）彼欲得一旦所失之五通。於林間一心專至。當垂得時、有鳥在樹上。以急鳴亂其意。捨樹而至水邊求定。復聞魚鬬動水聲。不得禪。即生瞋恚。我當盡殺魚鳥。此人久後得定。生於非想天。壽八萬劫。終下生而爲飛狸、殺諸魚鳥。作無量罪。墮三惡道。見智度論十七、止觀輔行四之二。

【鬱曇鉢】（植物）花名。見優曇條。

【鬱楞伽】（人名）緣生論及大乘緣生論之作者。梵 Ullanga

【鬱鞞羅】（地名）Uruvilvā 河名。譯曰過時。見翻梵語。同於優婁頻螺。本爲苦行林之村名。以流其村。故又爲河名也。

【鬱鞞羅尼連禪】（地名）河名。譯曰大時不受。見翻梵語、卽優婁頻螺村之尼連禪河。世尊成道前捨苦行而沐浴之河也。

【鬱鬱黃花】（雜語）秦道生法師之語。言草木盡具佛性。而迯一眞法界之理。祖庭事苑五曰、「道生法師說無情亦有佛性。乃云青青翠竹盡是眞如。鬱鬱黃花無非般若。（中畧）禪客問南陽國師。青青翠竹盡是眞如。鬱鬱黃花無非般若。人有信否。意旨如何。師曰。此蓋是文殊普賢大人境界。非諸凡小而能信受。皆與大乘了義經意合。故華嚴經云。佛身充滿於法界。普現一切衆生前。隨緣赴感靡不周。而常處此菩提座。翠竹不出法。豈非法身乎。又經云。色無邊故般若亦無邊。黃花既不越色。豈非般若乎。」

三十三畫

【麤人】（術語）小乘之行人爲麤人、大乘之行者爲細人。智度論三十九曰、「聲聞法中十不善道是爲罪業。摩訶衍中見有身口意所作是爲罪。作者見者皆是虛誑。故麤人則麤罪。細人則細罪」天台之教判上借之有麤人細人之目。四教之中。奉藏通別之三教者爲麤人。奉圓教者爲細人。釋籤一曰、「細人麤人二俱犯過。從過邊說爲俱麤人」

【麤言】（術語）麤惡之語。又佛有大小乘之二教、小乘之教、謂之麤言、又有勸誡之二門。誡門之教。謂之麤言。涅槃經二十曰、「麤言及軟語。皆歸第一義。是故我今者歸依於世尊。」

【麤相】（術語）起信論分別無明爲三種之細相與六種之麤相。見六相條。

【麤重散亂】（術語）見五種散亂及六種散亂條。

【麤惡苑】（雜名）帝釋天四苑之一。帝釋諸天若欲鬭戰。則入此苑中。隨其所須、而現出甲杖等器。見俱舍論頌疏世間品五。參照麤澁苑條。

【麤惡語】（術語）十惡業之一。舊譯曰惡口。以惡誹謗他之言語也。俱舍論十六曰、「若以染心發非愛語。毀訾於他。名麤惡語」

【麤澁苑】（雜語）帝釋四苑之一。六波羅蜜經、俱舍論、正理論等作麤惡苑。長阿含經、起世經、瑜伽論等作麤澁苑。帝釋欲戰、則入此苑。所須之甲杖等自然現出。正理論三十曰、「麤惡苑。天欲戰時。隨其所須甲杖等現。」智度論八曰、「是時釋提婆那民。將諸天衆入麤澁園中。以此園中樹木華實氣不和悅。麤澁惡故。諸天人衆鬪心卽生。」

補遺

【一行居集】（書名）八卷、清彭紹升著、紹升字允初、號尺木、別號知歸子。法名際清。因劉遺民高忠憲二公往來修學之地、皆名東林。故題其居曰二林。自號二林居士。居士治古文、言有物而文有則。熟於本朝掌故。所述事狀、信而有徵、卓然可傳於後世。論學之文。精心密意、紀律森然、彙爲二十有四卷、名二林居集。居士談內典之作、亦擇言爾雅。不涉語錄陋習。字字從性海中流出。發揮淨土之精義最多。爲佛門之大著作。彙爲八卷、名一行居集。

【天台山方外志】（書名）三十卷、明釋傳燈著。自山名以訖文章、有涉茲山者、罔不采其故實、掇彼菁藻。至台敎之眞文、高人之遺韻、尤加詳焉。凡研究台敎者此爲必備之書。図十二卷。清齊召南原撰。阮元重訂。志以天台山方外爲名、與郡邑志體例稍殊。宜詳山水、而略城鄉。詳釋道、而略儒門。齊志於此三門、間有漏誤。今以太平御覽、太平寰宇記、赤城志、梁高僧傳、唐續高僧傳、宋高僧傳諸書、訂訛補闕。以成完書。

【引接】（術語）又作引攝。佛菩薩之手引取衆生也。涅槃經二十八曰、「方便引接。」往生要集上本曰、「與無量聖衆同時讚嘆授手引接。」

【引接悲願】（術語）引接衆生之本願也。指彌陀四十八願中之第十九願。願曰。「十方衆生。發菩提心。修諸功德。至心發願。欲生我國。臨壽終時。假令不與大衆圍繞現其人前者。不取正覺。」見無量壽經上。

【引接結緣樂】（雜語）往生要集十樂中之第六樂。往生淨土後、將娑婆結緣之父母知友、自在引接而濟度之樂也。要集上末曰、「若生極樂。智慧高明。神通洞達。世世生生恩所知識。隨心引接。（中畧）無緣尙爾。況結緣乎。」

【公】（術語）金石要例曰、「僧之稱公、當以其名。宋景濂塔銘可按也。及今乃以其字、失之矣。文章家不得因之。」僧之稱公、當稱名之第二字。如慧遠法師則稱遠公。道生法師則稱生公。又如生公說法、頑石點頭。

【西域記地理考證】（書名）一卷、清丁謙著。英人有恭寗翰者。久居印度。精心攷古。著玄奘游蹟圖。將記中各國所在。逐一註明、今爲何城。此書以此圖爲藍本。惟圖所未及。或確知其有誤者。必詳加攷定。以衷一是。恭圖所無。最難攷定者。惟葱嶺以西大雪山內覩貨羅故此諸小國。著者因此易稾至七八次。繼思疆域沿革。今昔不同。而山川道途。

必無大異。遂先審察彼此之離距及方向。即以今日通行之路線依次求之。果然十得八九。且與各隣國疆界方位。並皆符合。即間有未敢自信者。要當相去不遠。

【西域求經記地理考證】（書名）一卷、清丁謙著。其序曰、「此由楊衒之洛陽伽藍記中摘出。衒之跋云。惠生行記、事多不盡錄。今以道藥傳宋雲家記並載。按上三書。藏經既未收入。亦無他傳本。蓋亡佚久矣。尙賴此記存其涯略。亟加攷證。以爲究心地學之助。因記首有西域取經字。即以名篇。」

【安士全書】（書名）周夢顏著。是書凡四種。印光法師曰、「安士先生、姓周、名夢顏。一名思仁。江蘇崑山諸生也。博通三教經書、深信念佛法門。弱冠入泮、遂厭仕進。發菩提心、著書覺民。欲令斯民先立於無過之地、後出乎生死之海。故著戒殺之書、曰萬善先資。戒淫之書、曰欲海回狂。良以衆生造業、唯此二者最多。改過亦唯此二者最要。又著陰騭文廣義、使人法法頭頭、皆知取法。皆知懲戒。批評辯論、洞徹精微。可謂帝君功臣。直將垂訓之心、徹底掀翻、和盤托出。使千古之上、千古之下、垂訓受訓、兩無遺憾矣。以其以奇才妙悟、取佛祖聖賢幽微奧妙之義、而以世間事跡文字發揮之、使其雅俗同觀、智愚共曉故也。又以修行法門、唯淨土最爲切要。又著西歸直指一書。明念佛求生西方、了生脫死大事。良以積德修善、只得人天之福、福盡還須墮落。念佛往生、便入菩薩之位、決定直成佛道。前三種書、雖教人修世善、而亦具了生死法。此一種書、雖教人了生死、而又須力行世善。誠可謂現居士身說法度生者。不謂之菩薩再來、吾不信也。」

【印光法師文鈔】（書名）釋聖量著。無卷數。共九十五篇。徐文蔚跋曰、「印光法師、法名聖量、別號常慚。陝之郃陽人。駐錫普陀法雨寺之藏經樓。世罕知者。甲寅歲、高鶴年居士、攫師文稿數篇、印入佛學叢報。爵受而讀之、合掌歡喜、歎未曾有。大法淩夷、於今爲極。不圖當世尙有具正知見者如我師者。續佛慧命、於是乎在。師之文、蓋無一語無來歷。深入顯出。妙契時機。誠末法中應病良藥也。」

【伅眞陀羅】（天名）Druma-kimnara 緊那羅王名、羅什之譯本謂爲大樹緊那羅。支婁迦讖之譯謂爲伅眞陀羅。玄應音義七曰、「伅眞徒損切。字又作屯。徒門切。此譯云眞人也。」

【伅眞陀羅所問如來三昧經】（經名）三卷、後漢支婁迦讖譯。與羅什譯之大樹緊那羅王所問經同本先出。

【佛國記地理攷證】（書名）一卷、清丁謙著。晉初統一。爲時無幾。即成偏安。當時四裔交涉寥寥。紀載因之簡略。然幸賴此記、方得與南北諸史相接。是書攷證之要。大略有八。一曰揆地望。二曰度情形。三曰審方向。四曰察遠近。五曰核時日。六曰攷道途。七曰辨同異。八曰闕疑似。故全書攷證精密、頗爲善本。

【坏器】（譬喻）土製之器物。以喻人心之易敗壞也。止觀七曰、「坏器易棇。菴華難實。」歸敬儀曰、「或比行厠甕瓶。或擬危城坏器。」涅槃經曰、「譬如坏瓶不耐風雨。一切衆生心亦如是。不耐寒熱飢渴風雨等。」

【陀羅尼經被】（雜名）陀羅尼經被、爲佛教密宗塋品。前淸王公大員奉旨賞用、視爲異數。此被遍印梵文密咒、由該宗高僧如法加持。飾終用之、有不可思議功德。

【法華經句解】（書名）八卷、宋釋聞達解。中國早已失傳、今得仿宋本於日本而重刊之。

【庾嶺】（地名）在廣東省。六祖至此放置衣鉢。大明一統志卷八十廣東南雄府曰、「大庾嶺在府城北八十里。漢兵擊呂嘉。有裨將姓庾者戍此。故名。以其多梅亦曰梅嶺。（中畧）六祖塔在大庾嶺上。」祖庭事苑三曰、「六祖盧行者。自密授衣法。是夜潛遁。有道明者。與數十人躡迹而追。至大庾嶺。明最先見。祖乃置衣鉢於磐石曰。此衣表信。可力爭耶。任君將去。明舉之如山不動。」

【密教綱要】（書名）四卷、王弘願譯。其自序曰、「是書爲日本阿闍黎權田雷斧所著。提綱挈領、啓竅導閒、無愧其綱要之標名。可謂有功於我佛之密教矣。

【普爾】（地名）西域記地理考證曰、「印度稱城爲普爾。或作波爾。或作婆耳。或作不耳。或作波羅。或作補羅。或作波里。或作潑力。或作普力。又作古耳、土耳、各耳。」

【善趣】（術語）六道之中地獄、餓鬼、畜生、修羅、爲四惡趣。而人天爲二善趣。又地獄餓鬼畜生爲三惡道、修羅人天爲三善趣。無量壽經下曰、「閉塞諸惡道。通達善趣門。」

【傳燈】（人名）明釋傳燈、字無盡、號有門。居高明寺。博通內典。傳南教宗。釋楞嚴維摩諸經。著天台山方外志。

【慧命經】（書名）印光法師曰、「國初魔民柳華陽作慧命經、盡用佛經祖語、證煉丹法。挽正作邪。以法謗法。未開眼人見其邪說、認爲眞實正見。永失所言所修、皆破壞佛法。而猶囂囂自得、謂吾幸遇眞乘、得聞正法。所謂認賊爲子、煑砂作飯、一盲引衆盲、相牽入火坑。可不哀哉。」

【撐天柱】（物名）凡殿堂正面左右之二露柱也。見象器箋一。

【龍門伊闕造像】（雜名）龍門伊闕造像、約一萬二千尊。高者過八丈。就山石鑿成佛殿。千佛圍繞。可謂鉅觀。自魏及唐、造像有字可拓者、尚存二千品。佛像身首殘缺者、約有七千餘頭宜修補。

【露盤】（物名）塔上所建重重之相輪、（俗云九輪）名爲承露盤謂承露之盤也、略云露盤。谷響集曰「又重重相輪名承露盤。故高僧傳中云承露金盤一十一重。鐵鎖角張盤及鎖上皆有金鐸。承露盤或略云露盤。盤九重或云露盤九重。」又塔之重重屋根也。行事鈔資持記下四之一曰、「若十二因緣經八種塔並有露盤。（即四簷也）佛八重。（中畧）輪王一重凡僧不得出簷安級、（今有出簷者由不知教僧同上聖）」

佛學大辭典終

王漁洋先生曰、「遜園居士言金陵盛仲交、家多藏書。書前後副葉上必有字。或記書所從來、或記他事往往盈幅皆有鈐印。常熟趙定宇少宰閱舊唐書。每卷畢、必有硃字數行、或評史、或閱之日所遇某人某事、一一書之。馮具區校刻監本諸史、卷後亦然幷以入梓。前輩讀書游泳賞味處可以想見此語良然。予所見劉欽謨昌官河南督學時、所刻中州文表、每卷亦然。嘗觀袁中郎所刻宗鏡摘錄、亦復如是。」案此可知古人刻書每於卷尾記校刊時所歷各事、以爲記念也。追憶此書初付印時在八年正月、是時吾母八十三歲、尚健全無恙。詎意三月二十五日忽患重症、延至九年三月十二日棄養。今此書印竣、距吾母之歿已一年有半矣。嗚乎日月不居、終天有恨。余見此書猶憶初付印時吾母康强慈惠之容貌、以及中間吾母之病之歿歷歷如昨日事。輒悲不自勝、泫然流涕而記之。中華人民建國之十年五月、無錫丁福保識

此書自付印以至斷手、歷二年有半。其間所遇某人某事、多至不克以縷指數。茲以偶然憶及者言之。此二年半中、頗有以古書向余質款者、其書以宋元本爲最貴。鈔本以毛鈔酒邊詞、黃鈔皇元通雅集爲最佳、每册皆值百元以外。又有南宋本魚玄機集一册、原書及題跋、各十二葉、皆精美絕倫。質洋六百元。又有北宋本莊子、聲壞集、宋文選、祖庭事苑等、皆宋本書中之最有價値者。其後有一半爲傳沅叔居士所得。余於今歲廣搜小學書、得百餘種、爲改編一切經音義參攷之用。段芝泉居士、閱佛學撮要、一日而畢、即日茹素戒殺、誦經念佛、託慕韓匯余洋二百元、印送撮要四千册。程雪樓居士、贈余手鈔本地藏經、及地藏懺法。傅沅叔居士贈余影宋本皇甫持正文集、及公孫龍子等、凡此皆可記者也。今錄册尾、以補餘白。十年六月福保識

圖書在版編目(CIP)數據

佛學大辭典:全2册/丁福保編. —上海:上海書店出版社,2015.1(2025.3重印)
ISBN 978-7-5458-0982-4

Ⅰ.①佛… Ⅱ.①丁… Ⅲ.①佛學—詞典 Ⅳ.①B94-61

中國版本圖書館CIP數據核字(2014)第262370號

責任編輯 鄧小嬌
裝幀設計 酈書徑
技術編輯 丁 多

佛學大辭典(全2册)
丁福保 編

出　版 上海書店出版社
(201101 上海市閔行區號景路159弄C座)
發　行 上海人民出版社發行中心
印　刷 常州市金壇古籍印刷廠有限公司
開　本 889×1194 1/32
印　張 104
版　次 2015年1月第一版
印　次 2025年3月第八次印刷
ISBN 978-7-5458-0982-4/B·54
定　價 350.00圓